CB123244

27	CLT
183	Profissões
271	Direito Internacional do Trabalho
331	Legislação
859	TST e Normas Complementares
1009	Constituição Federal
1157	Códigos
1537	Normas Regulamentadoras

s da
do

- Instruções Normativas, Portarias e Atos
- Súmulas, OJs, Precedentes Normativos e Enunciados

onais

- Emendas à Constituição da República Federativa do Brasil

dor

THOMSON REUTERS

ProView

Tenha acesso à versão eletrônica do Vade Mecum, com 2 atualizações do conteúdo impresso em 2019.

Para baixar seu Vade Mecum eletrônico:

1. Acesse o link www.livrariart.com.br/proview
2. Digite seu nome, seu e-mail e o CÓDIGO DE ACESSO que se encontra abaixo.
3. Você receberá no e-mail informado a validação do código de acesso.
4. Se você já é usuário ProView, seu Vade Mecum aparecerá em sua biblioteca. Caso ainda não seja, siga os passos do e-mail que recebeu para criar seu usuário OnePass, um sistema de login que permite o acesso a vários sites da Thomson Reuters com um único nome de usuário e senha.
5. Faça seu cadastro no OnePass e em seu primeiro acesso ao ProView, digite a chave que recebeu por e-mail.

Aproveite seu Vade Mecum eletrônico!

Caso sejam necessários mais esclarecimentos, entre em contato com a nossa Central de Relacionamento, pelo telefone 0800-702-2433, em dias úteis, das 9h00 às 18h00.

Esperamos que tenha uma ótima experiência!

ABAIXO O SEU CÓDIGO DE ACESSO:

890-6R7-QY7H-TG1D-8LOD

FUNCIONALIDADES DO LIVRO ELETRÔNICO **PROVIEW**

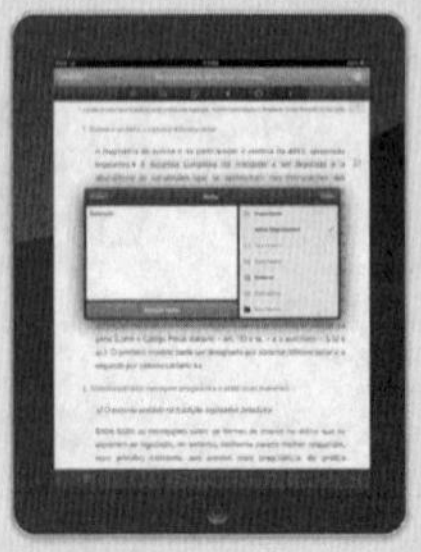

SELECIONE E DESTAQUE TEXTOS

Faça anotações e escolha entre uma variedade de cores para organizar suas notas e destaques.

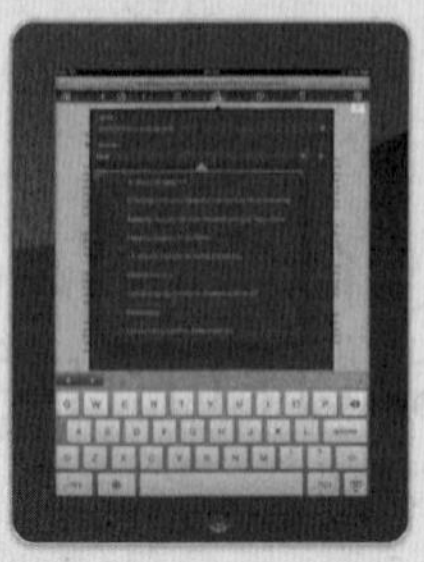

USE O TESAURO PARA BUSCAR INFORMAÇÕES

Neste tipo de busca, ao começar a escrever um termo, irão aparecer diversas palavras do índice Tesauro relacionadas ao termo pesquisado.

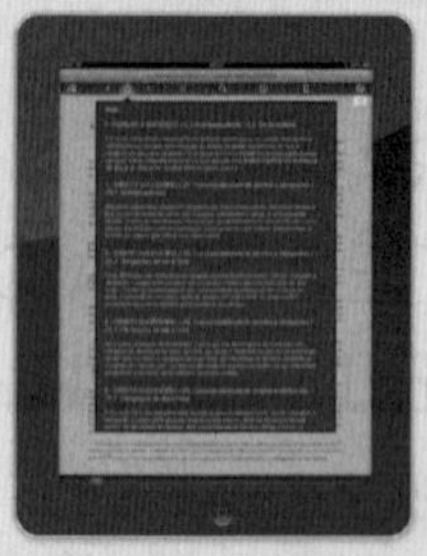

HISTÓRICO DE NAVEGAÇÃO

Acompanhe as páginas navegadas.

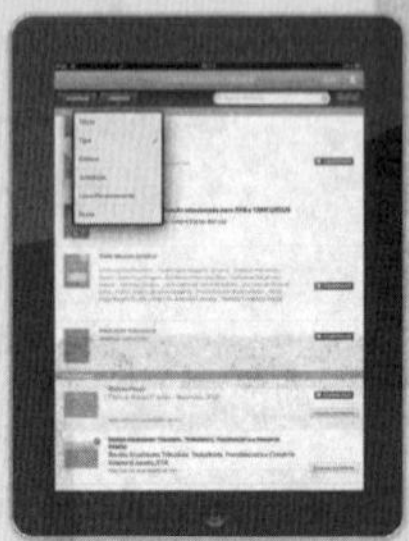

ORDENAR

Ordene sua biblioteca por: Título (ordem alfabética), Tipo (livros e revistas), Editora, Lidos Recentemente, Posse (exibe apenas os livros próprios, não os emprestados de uma biblioteca).

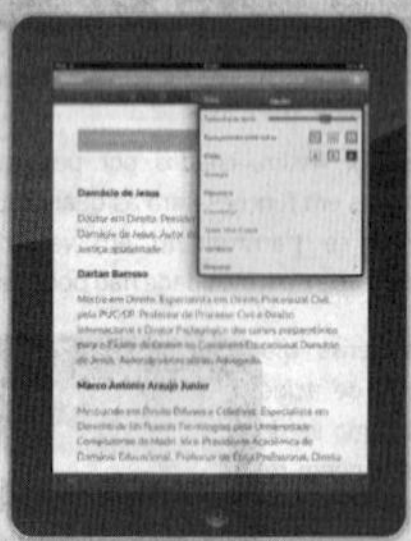

CONFIGURAÇÕES E PREFERÊNCIAS

Escolha a aparência dos seus livros/periódicos no ProView mudando a fonte do texto, o tamanho do texto, o espaçamento entrelinhas e o esquema de cores.

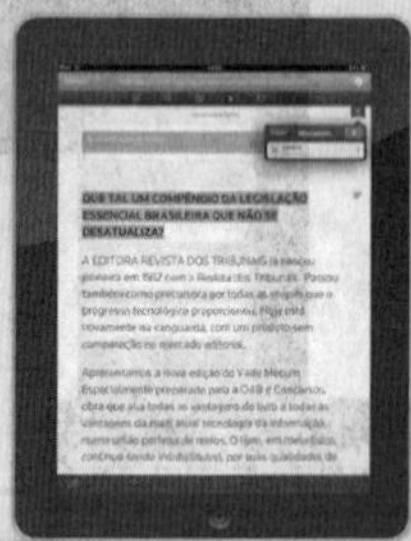

MARCADORES DE PÁGINA

Crie um marcador de página no livro tocando no ícone de Marcador de Página 1 situado no canto superior direito da página.

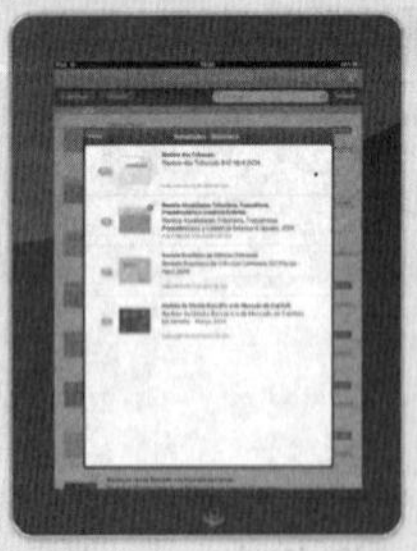

PESQUISE EM SUA BIBLIOTECA

Pesquise em todos seus *e-books* baixados e obtenha resultados com os nomes dos livros/periódicos onde os termos foram encontrados e o número de vezes que eles aparecem em cada livro/periódico.

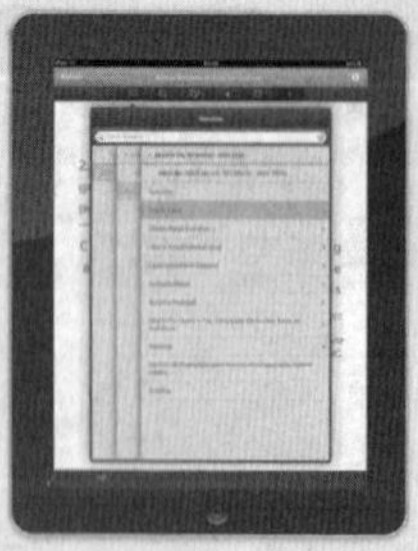

***LINKS* NO SUMÁRIO**

Sumário com *links* diretos para o conteúdo abordado.

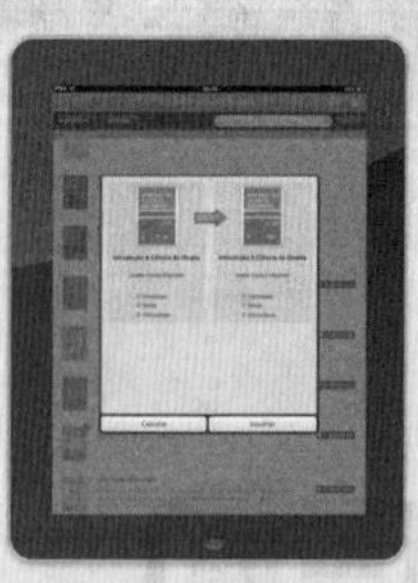

TRANSFIRA ANOTAÇÕES PARA UMA NOVA EDIÇÃO

Transfira todas as suas anotações e marcadores de maneira automática com a função "Importar Anotações".

VADE MECUM 2019

Carreiras Trabalhistas

Diretora de Operações de Conteúdo
Juliana Mayumi Ono

Gerente de Conteúdo
Milisa Cristine Romera

Editora: Camilla Furegato da Silva

Direitos Autorais: Viviane M. C. Carmezim

Assistente Editorial: Francisca Sena

Produção Editorial
Coordenação
Camilla Furegato da Silva

Analistas de Legislação: Amanda Rodrigues, Bruna Bastos Ferreira Fernandes, Emanuel Silva, João Eufrosino, Joselia de Freitas, Juliana Gurgel, Max R. Costa, Rafael Cattai, Tuani Menezes e Vanessa Mafra

Estagiários: Afonso Scrivani e Leila Harumi Higa

Qualidade Editorial
Coordenação
Andréia R. Schneider Nunes Carvalhaes

Especialistas Editoriais: Gabriele Lais Sant'Anna dos Santos e Maria Angélica Leite

Analistas de Qualidade Editorial: Carina Xavier, Fernanda Lessa, Rafael Ribeiro e Thais Pereira

Analista de Projetos: Larissa Gonçalves de Moura

Estagiária: Beatriz Fialho

Capa: Linotec

Projeto Gráfico e Controle de Qualidade de Diagramação: Carla Lemos

Produção Gráfica
Coordenação
Mauricio Monte

Analista de Produção Gráfica: Aline Ferrarezi Regis

O autor agradece especialmente ao empenho dos pesquisadores Carla Denise Theodoro e Thiago Mendonça de Castro.

Dados Internacionais de Catalogação na Publicação (CIP)
(Câmara Brasileira do Livro, SP, Brasil)

Vade Mecum carreiras trabalhistas / coord. Homero Mateus Batista. -- São Paulo : Thomson Reuters Brasil, 2019.

ISBN 978-85-5321-665-9

1. Direito - Brasil 2. Direito do trabalho 3. Direito do trabalho - Leis e legislação - Brasil 4. Manuais, vademécuns etc. I. Batista, Homero Mateus.

19-27854 CDU-34:331(81)
-34(81)(02)

Índices para catálogo sistemático: 1. Brasil : Direito do trabalho 34:331(81)
2. Vademécuns : Direito : Brasil 34(81)(02)

Cibele Maria Dias - Bibliotecária - CRB-8/9427

VADE MECUM 2019
Carreiras Trabalhistas

THOMSON REUTERS
REVISTA DOS TRIBUNAIS™

Homero Batista

COORDENAÇÃO

VADE MECUM 2019
Carreiras Trabalhistas

Thomson Reuters Brasil Conteúdo e Tecnologia Ltda.
Juliana Mayumi Ono
Diretora responsável

Rua do Bosque, 820 – Barra Funda
Tel. 11 3613.8400 – Fax 11 3613.8450
CEP 01136-000 – São Paulo, SP, Brasil

Acesse o nosso *eComm*
www.livrariart.com.

Central de Relacionamento Thomson Reuters Selo Revista dos Tribunais
(atendimento, em dias úteis, das 9 às 18 horas)

Tel. 0800-702-2433

e-mail de atendimento ao consumidor: sacrt@thomsonreuters.com

Conheça mais sobre Thomson Reuters: www.thomsonreuters.com.

Diagramação eletrônica:
Linotec Fotocomposição e Fotolito Ltda., CNPJ 60.442.175/0001-80

Impressão e encadernação:
Geo-Gráfica e Editora Ltda., CNPJ 44.197.044/0001-29

Impresso no Brasil
[07-2019]

Conteúdo impresso atualizado até
[04.07.2019]

978-85-5321-665-9

ASC 5231

Apresentação da Editora

A Thomson Reuters, pelo seu selo editorial Revista dos Tribunais™, tem o orgulho de publicar esta obra inédita, voltada para exames e provas jurídicas de direito do trabalho, inclusive Exame da OAB.

O *Vade Mecum Carreiras Trabalhistas* foi totalmente pensado e estruturado de forma a atender tanto o dia a dia dos profissionais, quanto aos estudantes de concursos públicos na área trabalhista e exames profissionais.

Para isso, contamos com a coordenação do Dr. Homero Batista, juiz e professor de direito, que uniu esses dois universos de forma prática e inteligente.

Nota-se isso pela organização do *Vade Mecum Carreiras Trabalhistas*, assim como pela seleção do que realmente importa para compor a obra.

Não obstante, temos em nosso universo digital, ProView, uma compilação de atos nacionais e internacionais de forma complementar. Lá é possível fazer buscas por palavras que trazem um resultado mais assertivo, bem como a possibilidade de uma experiência interativa, com a facilidade de marcar o texto e fazer anotações.

Assim como tivemos uma experiência única e prazerosa na construção desta obra, esperamos que tenham um excelente estudo.

EDITORIAL THOMSON REUTERS

Apresentação do Autor

Como sintetizar a legislação trabalhista brasileira – uma odisseia

Em quase 2.000 páginas, eu e a equipe da Editora Revista dos Tribunais assumimos a ambição quase insensata de apresentar para os leitores a essência da legislação trabalhista brasileira em um só volume, para leitura, consulta, referência e, sobretudo, máxima portabilidade – ao contrário dos dispositivos eletrônicos, este livro não precisa ser recarregado, não depende da velocidade da banda larga nem tem sua transmissão interrompida pela publicidade.

Pode parecer lugar-comum, mas a publicação de um livro físico com essas dimensões e propósitos é quase um ato de resistência ou de liberdade: o autor e a editora mantêm acesa a chama da difusão de informações de qualidade, da facilitação dos estudos e pesquisas e, em última análise, da busca pelo equilíbrio nas relações de trabalho.

Foi assim que pensamos na divisão desse compêndio em 8 grandes seções:

CLT: o texto mais importante da legislação trabalhista brasileira, a Consolidação das Leis do Trabalho promulgada em 1943, com 922 artigos, quase 600 alterações empreendidas ao longo dos anos e sua completa reformulação em 2017, conhecida como "a reforma trabalhista".
Profissões: embora haja dúvidas se a legislação brasileira deveria editar normas profissões específicas, o fato é que isso se tornou uma verdadeira tradição, iniciada com 13 profissões constantes do texto da CLT – como bancário, ferroviário, professor e jornalista – até chegar aos tempos presentes, com constantes alterações da legislação dos motoristas rodoviários, dos transportadores de carga e dos aeronautas. Assim, o livro físico apresenta uma lista de 25 profissões, selecionadas pelo critério de relevância das questões controvertidas no mundo jurídico e recorrência de debates em processos judiciais, acrescida de aproximadamente 100 profissões na versão eletrônica, a que o leitor pode acessar pelo sistema ProView.
Direito Internacional do Trabalho: se inicialmente os tratados e as convenções eram estudados apenas no âmbito do direito internacional, hoje o tema está plenamente incorporado ao dia a dia do mundo do trabalho, o que justifica a ênfase dada por este livro ao estudo de normas como a abolição do trabalho infantil, o combate à desigualdade no ambiente de trabalho e as nuances da liberdade sindical.
Legislação Trabalhista e Processual: apresentamos em ordem cronológica a essência da legislação trabalhista complementar à CLT, produzida no Brasil desde os anos 1940, com uma ampla gama de temas do cotidiano, como o sistema do fundo de garantia, o regime de terceirização e o pagamento de alguns benefícios, como 13º salário e participação nos lucros.
TST e normas complementares: o Tribunal Superior do Trabalho tem o papel de uniformizar os diversos entendimentos regionais da legislação trabalhista brasileira, editar normas de funcionamento interno dos tribunais – especialmente em matéria de recursos – e manter a estabilidade do sistema. Daí a imensa variedade de instruções que ele edita, súmulas, orientações e precedentes, além de seu próprio regimento interno.

Constituição Federal: nossa lei maior dispensa comentários de apresentação, por ser a norma de maior hierarquia na legislação brasileira e a guardiã dos procedimentos de criação e revogação das demais leis. Sua apresentação quase ao final do livro objetivou dar mais ênfase aos textos essencialmente trabalhistas e facilitar a busca.
Códigos: em complemento à legislação trabalhista propriamente dita, vez por outra precisamos nos entender com as novidades da legislação civil e comercial, tributária e administrativa, consumerista e falimentar, com amplo destaque para o Código de Processo Civil, que, de uma forma ou de outra, dita os caminhos de boa parte dos procedimentos na Justiça do Trabalho.
Normas Regulamentadoras: nome estranho e pomposo para representar o que há de melhor em nossa legislação de saúde e segurança do trabalho. A formação do advogado e dos membros das carreiras jurídicas fica bastante vulnerável se não possuir noções básicas desses textos, quase todos oriundos de uma única Portaria Ministerial de 1978, que abrange temas variados como nível de ruído e de calor nos ambientes de trabalho até cuidados com o manuseio de matérias primas perigosas.

Se você toma conhecimento da legislação trabalhista pela primeira vez, dá para encarar a leitura na ordem proposta acima. Se já conhece um pouco do panorama laboral, dá para ler em blocos ou em ordem alternada.

Procuramos melhorar a qualidade da fonte utilizada e o número da página está mais claro no rodapé, tendo os números das leis em destaque no centro da página.

O maior desafio, porém, está na elaboração dos índices, que dificilmente conseguirão atender a todas as expectativas:

CLT, Constituição e Código de Processo Civil possuem cada qual seu próprio índice sistemático.
Legislação trabalhista possui um índice alfabético-remissivo para apoiar pesquisas genéricas.
No verso da capa fizemos um quadro e após esta apresentação, um sumário geral.

Incentivamos a apresentação de sugestões para o aprimoramento desta obra, através dos diversos canais de comunicação da editora.

Afinal, esperamos desenvolver outras edições futuras – ou será que eu fui o único que errei ao prever que a internet iria matar as publicações de códigos, compilações e livros do tipo vade-mecum?

Bem, se fui o único, eu me desculpo publicamente e peço que sejam indulgentes com os vícios e as virtudes deste trabalho – coletivo e em construção – que apresentamos afetuosamente nas páginas que se seguem.

Homero Batista Mateus da Silva,
Juiz titular da 88ª Vara do Trabalho de São Paulo e Professor da Faculdade de Direito do Largo de São Francisco (USP).

Sumário Geral

* Conteúdo parcial

7. Códigos e LINDB

8. Normas Regulamentadoras

Legislação Exclusiva ProView

Conteúdo Extra Proview

Súmulas, Precedentes Normativos e Teses Jurídicas Prevalecentes TRTs

Conteúdo Extra Proview

Precedentes Administrativos SIT

Conteúdo Extra Proview

Reforma Trabalhista

Conteúdo Extra Proview

Índice Cronológico da Legislação

* Conteúdo parcial.

MEDIDAS PROVISÓRIAS

DECRETOS-LEIS

DECRETOS

Índice Cronológico da Legislação

NORMAS REGULAMENTADORAS

INSTRUÇÕES NORMATIVAS

RESOLUÇÕES

Índice Cronológico da Legislação

RESOLUÇÃO ADMINISTRATIVA

PROVIMENTOS

ATOS

ATOS CONJUNTOS

CONVENÇÕES

DECLARAÇÕES

PACTOS

PROTOCOLO

Índice Cronológico da Legislação Exclusiva

LEIS COMPLEMENTARES

146, de 25.06.2014

LEIS

1.408, de 09.08.1951
1.411, de 13.08.1951
2.146, de 29.12.1953
2.800, de 18.06.1956
3.820, de 11.11.1960
3.857, de 22.12.1960
3.968, de 05.10.1961
4.021, de 20.12.1961
4.076, de 23.06.1962
4.119, de 27.08.1962
4.504, de 30.11.1964
4.594, de 29.12.1964
4.680, de 18.06.1965
4.739, de 15.07.1965
4.769, de 09.09.1965
5.081, de 24.08.1966
5.085, de 27.08.1966
5.194, de 24.12.1966
5.377, de 11.12.1967
5.517, de 23.10.1968
5.524, de 05.11.1968
5.550, de 04.12.1968
5.564, de 21.12.1968
6.224, de 14.07.1975
6.242, de 23.09.1975
6.530, de 12.05.1978
6.546, de 04.07.1978
6.664, de 26.06.1979
6.684, de 03.09.1979
6.710, de 05.11.1979
6.835, de 14.10.1980
6.888, de 10.12.1980
6.965, de 09.12.1981
7.115, de 29.08.1983
7.183, de 05.04.1984
7.287, de 18.12.1984
7.290, de 19.12.1984
7.377, de 30.09.1985
7.387, de 21.10.1985
8.112, de 11.12.1990
8.234, de 17.09.1991
8.432, de 11.06.1992
8.623, de 28.01.1993
8.650, de 20.04.1993
8.662, de 07.06.1993
8.856, de 1º.03.1994
9.432, de 08.01.1997
9.537, de 11.12.1997
9.674, de 25.06.1998
9.696, de 1º.09.1998
10.220, de 11.04.2001
10.224, de 15.05.2001
10.803, de 11.12.2003
11.350, de 05.10.2006
11.476, de 29.05.2007
11.692, de 10.06.2008
11.718, de 20.06.2008
11.760, de 31.07.2008
11.889, de 24.12.2008
12.009, de 29.07.2009
12.198, de 14.01.2010
12.302, de 02.08.2010
12.319, de 01.09.2010
12.378, de 31.12.2010
12.467, de 26.08.2011
12.468, de 26.08.2011
12.591, de 18.01.2012
12.790, de 14.03.2013
12.869, de 15.10.2013
12.870, de 15.10.2013
13.021, de 08.08.2014
13.369, de 12.12.2016
13.462, de 05.07.2017
13.595, de 05.01.2018
13.601, de 09.01.2018
13.643, de 03.04.2018
13.653, de 18.04.2018
13.676, de 11.06.2018
13.691, de 10.07.2018
13.695, de 12.07.2018
13.708, de 14.08.2018
13.794, de 03.01.2019

MEDIDA PROVISÓRIA

808, de 14.11.2017

DECRETOS-LEIS

9.295, de 27.05.1946
806, de 04.09.1969
938, de 13.10.1969
972, de 17.10.1969

DECRETOS

21.981, de 19.10.1932
13.609, de 21.10.1943
31.794, de 17.11.1952
53.464, de 21.01.1964
56.903, de 24.09.1965
57.690, de 1º.02.1966
61.934, de 22.12.1967

PORTARIAS

NORMAS REGULAMENTADORAS

INSTRUÇÕES NORMATIVAS

RESOLUÇÕES

Índice Cronológico da Legislação Exclusiva

2, de 21.06.2015, do CPPE
21, de 12.11.2017, do CNIG
2, de 1º.12.2017, do CNIG
13, de 12.12.2017, do CNIG
23, de 12.12.2017, do CNIG

RESOLUÇÕES NORMATIVAS

24, de 18.02.1970, do CFQ
2, de 1º.12.2017, do MTE/CNI
13, de 12.12.2017, do MTE/CNI
21, de 12.12.2017, do MTE/CNI
23, de 12.12.2017, do MTE/CNI

CONVENÇÕES

Convenção OIT 6 – Trabalho Noturno dos Menores na Indústria

Convenção OIT 11 – Direito de Sindicalização na Agricultura

Convenção OIT 12 – Indenização por Acidente do Trabalho na Agricultura

Convenção OIT 14 – Repouso Semanal na Indústria

Convenção OIT 16 – Exame Médico de Menores no Trabalho Marítimo

Convenção OIT 19 – Igualdade de Tratamento (Indenização por Acidente de Trabalho)

Convenção OIT 21 – Inspeção dos Emigrantes a Bordo dos Navios

Convenção OIT 22 – Contrato de Engajamento de Marinheiros

Convenção OIT 26 – Métodos de Fixação de Salários Mínimos

Convenção OIT 42 – Indenização por Enfermidade Profissional (Revista, 1934)

Convenção OIT 45 – Emprego de Mulheres nos Trabalhos Subterrâneos das Minas

Convenção OIT 53 – Certificados de Capacidade dos Oficiais da Marinha Mercante

Convenção OIT 80 – Revisão dos Artigos Finais

Convenção OIT 81 – Inspeção do Trabalho na Indústria e no Comércio

Convenção OIT 88 – Organização do Serviço de Emprego

Convenção OIT 89 – Trabalho Noturno das Mulheres na Indústria (Revista, 1948)

Convenção OIT 92 – Alojamento de Tripulação a Bordo (Revista, 1949)

Convenção OIT 94 – Cláusulas de Trabalho em Contratos com Órgãos Públicos

Convenção OIT 95 – Proteção do Salário

Convenção OIT 97 – Trabalhadores Migrantes (Revista, 1949)

Convenção OIT 99 – Métodos de Fixação de Salário Mínimo na Agricultura

Convenção OIT 102 – Normas Mínimas da Seguridade Social

Convenção OIT 103 – Amparo à Maternidade (Revista, 1952)

Convenção OIT 104 – Abolição das Sanções Penais no Trabalho Indígena

Convenção OIT 106 – Repouso Semanal no Comércio e nos Escritórios

Convenção OIT 109 - Sobre os Salários, a Duração do Trabalho a Bordo e as Lotações (Revista em 1958)

Convenção OIT 113 – Exame Médico dos Pescadores

Convenção OIT 115 – Proteção Contra as Radiações

Convenção OIT 116 – Revisão dos Artigos Finais

Convenção OIT 117 – Objetivos e Normas Básicas da Política Social

Convenção OIT 118 – Igualdade de Tratamento entre Nacionais e Estrangeiros em Previdência Social

Convenção OIT 119 – Proteção das Máquinas

Convenção OIT 120 – Higiene no Comércio e nos Escritórios

Convenção OIT 122 – Política de Emprego

Convenção OIT 124 – Exame Médico dos Adolescentes para o Trabalho Subterrâneo nas Minas

Convenção OIT 125 – Certificados de Capacidade dos Pescadores

Convenção OIT 126 – Alojamento a Bordo dos Navios de Pesca

Convenção OIT 127 – Peso Máximo das Cargas

Convenção OIT 131 – Fixação de Salários Mínimos, Especialmente nos Países em Desenvolvimento

Convenção OIT 132 – Férias Remuneradas (Revista, 1970)

Convenção OIT 133 – Alojamento a Bordo de Navios (Disposições Complementares)

Convenção OIT 134 – Prevenção de Acidentes do Trabalho dos Marítimos

Convenção OIT 135 – Proteção de Representantes dos Trabalhadores

Convenção OIT 136 – Proteção Contra os Riscos da Intoxicação pelo Benzeno

Convenção OIT 137 – Trabalho Portuário

Convenção OIT 139 – Prevenção e Controle de Riscos Profissionais Causados por Substâncias ou Agentes Cancerígenos

Convenção OIT 140 – Licença Remunerada para Estudos

Convenção OIT 141 – Organizações de Trabalhadores Rurais

Convenção OIT 142 – Desenvolvimento de Recursos Humanos

Convenção OIT 144 – Consultas Tripartites sobre Normas Internacionais do Trabalho

Convenção OIT 145 – Continuidade no Emprego do Marítimo

Convenção OIT 146 – Relativa às Férias Anuais Pagas dos Marítimos

Convenção OIT 147 – Normas Mínimas da Marinha Mercante

Convenção OIT 148 – Contaminação do Ar, Ruído e Vibrações

Convenção OIT 151 – Direito de Sindicalização e Relações de Trabalho na Administração Pública

Convenção OIT 152 – Segurança e Higiene dos Trabalhos Portuários

Convenção OIT 154 – Fomento à Negociação Coletiva

Convenção OIT 155 – Segurança e Saúde dos Trabalhadores

Convenção OIT 159 – Reabilitação Profissional e Emprego de Pessoas Deficientes

Convenção OIT 160 – Estatísticas do Trabalho

Convenção OIT 161 – Serviços de Saúde do Trabalho

Convenção OIT 162 – Utilização do Amianto com Segurança

Convenção OIT 163 – Bem-Estar dos Trabalhadores Marítimos no Mar e no Porto

Convenção OIT 164 – Proteção à Saúde e Assistência Médica aos Trabalhadores Marítimos

Convenção OIT 166 – Repatriação de Trabalhadores Marítimos (Revista, 1987)

Convenção OIT 167 – Sobre a Segurança e Saúde na Construção

Convenção OIT 168 – Promoção do Emprego e Proteção Contra o Desemprego

Convenção OIT 169 – Sobre Povos Indígenas e Tribais

Convenção OIT 170 – Segurança no Trabalho com Produtos Químicos

Convenção OIT 171 – Trabalho Noturno

Convenção OIT 174 – Sobre a Prevenção de Acidentes Industriais Maiores

Convenção OIT 176 – Sobre Segurança e Saúde nas Minas

Convenção OIT 178 – Relativa à Inspeção das Condições de Vida e de Trabalho dos Trabalhadores Marítimos

Convenção OIT 185 – Sobre os Documentos de Identidade da gente do mar (Revisada)

Convenção OIT 189 – Trabalho Decente para as Trabalhadoras e os Trabalhadores Domésticos

Consolidação das Leis do Trabalho

1

Índice Sistemático da Consolidação das Leis do Trabalho

DECRETO-LEI 5.452, DE 1º DE MAIO DE 1943

CLT

Notas de Atualização

I – Unidades Monetárias:

a) Dec.-lei 4.791, de 05.10.1942 – instituiu o cruzeiro (Cr$) equivalente a mil-réis;
b) Lei 4.511, de 01.12.1964 – extinguiu o centavo;
c) Dec.-lei 1, de 13.11.1965 – instituiu o cruzeiro novo (NCr$), equivalente a 1.000 (mil) cruzeiros, com vigência a partir de 13.02.1967;
d) Res. BCB 144, de 31.03.1970 – reinstituiu o cruzeiro (Cr$);
e) Lei 7.214, de 15.08.1984 – extinguiu o centavo;
f) Dec.-lei 2.284, de 10.03.1986 – instituiu o cruzado (CZ$), equivalente a 1.000 (mil) cruzeiros;
g) Lei 7.730, de 31.01.1989 – instituiu o cruzado novo (NCZ$), equivalente a 1.000 (cruzados);
h) Lei 8.024, de 12.04.1990 – reinstituiu o cruzeiro (Cr$), sem outras modificações;
i) Lei 8.697, de 27.08.1993 – instituiu o cruzeiro real (CR$), equivalente a 1.000 (mil) cruzeiros;
j) Lei 8.880, de 27.05.1994 – criou a unidade real de valor (URV), equivalente a CR$ 2.750,00 (dois mil setecentos e cinquenta) cruzeiros reais;
k) Lei 9.069, de 29.06.1995 – instituiu o real (R$), equivalente a uma URV, com vigência a partir de 01.07.1994.

II – Multas:

1. As multas originais constantes da CLT eram expressas em cruzeiros, e, com o advento do Dec.-lei 229/1967, algumas foram transformadas em salário mínimo regional.
2. Após essa data, muitos foram os diplomas a alterar seus valores:
   a) Lei 6.205, de 29.04.1975, que dispôs que os valores monetários fixados com base no salário mínimo não mais seriam considerados para quaisquer fins;
   b) Lei 6.986, de 13.04.1982, que dispôs que os valores das multas por infração aos preceitos da CLT seriam decuplicados;
   c) Constituição Federal, art. 7º, IV, que unificou o valor do salário mínimo para todo o País e vedou sua vinculação para qualquer fim, exceto para os benefícios da Previdência Social;
   d) Lei 7.855, de 24.10.1989, que dispôs que os valores das multas administrativas por violação das normas da CLT e legislação extravagante seriam triplicados e, em seguida, expressos em BTNs;
   e) Lei 8.177, de 01.03.1991, que extinguiu o BTN fiscal (instituído pela Lei 7.799, de 10.07.1989) e o BTN (da Lei 7.777, de 19.06.1989);
   f) Lei 8.383, de 30.12.1991, que instituiu a UFIR como medida de valor e parâmetro de atualização monetária de tributos e de valores expressos na legislação tributária federal, bem como os relativos a multas e penalidades de qualquer natureza;
   g) Lei 9.069, de 29.06.1995, que extinguiu a UFIR diária;
   h) Medida Provisória 1.750-48, de 11.03.1999, que dispôs que a UFIR, durante o ano de 1996 seria reajustada semestralmente, e, a partir de 01.01.1997, anualmente. A MP 1.750 foi convertida na Lei 10.192/2001;
   i) Lei 10.522, de 19.07.2002, que extinguiu a UFIR.
3. Atualmente, a Portaria MTb 290, de 11.04.1997, estabelece as normas para a imposição de multas administrativas previstas na legislação trabalhista, tendo como parâmetro o último valor da UFIR, que é atualizado segundo coeficientes oficiais.

Observações:

1. O art. 19 da Lei 13.844, de 18.06.2019, estabelece os seguintes Ministérios:

- a Controladoria-Geral da União
- da Agricultura, Pecuária e Abastecimento
- da Cidadania
- da Ciência, Tecnologia, Inovações e Comunicações
- da Defesa
- da Economia
- da Educação
- da Infraestrutura
- da Justiça e Segurança Pública
- da Mulher, da Família e dos Direitos Humanos
- da Saúde
- das Relações Exteriores
- de Minas e Energia
- do Desenvolvimento Regional
- do Meio Ambiente
- do Turismo

2. O art. 20 da Lei 13.844, de 18.06.2019, estabelece: "São Ministros de Estado: I – os titulares dos Ministérios; II – o Chefe da Casa Civil da Presidência da República; III – o Chefe da Secretaria de Governo da Presidência da República; IV – o Chefe da Secretaria-Geral da Presidência da República; V – o Chefe do Gabinete de Segurança Institucional da Presidência da República; VI – o Advogado-Geral da União, até que seja aprovada emenda constitucional para incluí-lo no rol das alíneas *c* e *d* do inciso I do *caput* do art. 102 da Constituição Federal; e VII – o Presidente do Banco Central do Brasil, até que seja aprovada a autonomia da entidade."
3. A Emenda Constitucional 24, de 09.12.1999, substituiu as Juntas de Conciliação e Julgamento por Varas do Trabalho (juiz singular) e extinguiu a representação classista na Justiça do Trabalho.
4. De acordo com a Emenda Constitucional 45, de 08.12.2004, ao alterar a redação do art. 112 da CF, nas comarcas não abrangidas pelas varas da Justiça do Trabalho, a jurisdição é atribuída aos Juízes de Direito, com recurso para o respectivo Tribunal Regional do Trabalho.
5. A Emenda Constitucional 45, de 08.12.2004 modificou a competência da Justiça do Trabalho ao alterar a redação do art. 114 da CF.
6. A composição do Tribunal Superior do Trabalho foi modificada pela Emenda Constitucional 45, de 08.12.2004, que acrescentou o art. 111-A da CF.

7. A Resolução TST 129/2005 (*DJU* 20.04.2005) modificou a denominação dos verbetes da jurisprudência predominante do Tribunal Superior do Trabalho de "Enunciado" para "Súmula" e determinou várias alterações no conteúdo das Súmulas e Orientações Jurisprudenciais deste Tribunal.
8. Posteriormente à Resolução TST 129/2005 foi publicada a Resolução TST 137/2005 (*DJU* 22.08.2005), que determinou várias alterações no conteúdo das Súmulas e Orientações Jurisprudenciais do Tribunal Superior do Trabalho.
9. A Resolução TST 208/2016 (*DEJT* 22.04.2016) determinou várias alterações no conteúdo das Súmulas e Orientações Jurisprudenciais do Tribunal Superior do Trabalho.
10. A Resolução TST 209/2016 (*DEJT* 01.06.2016) determinou várias alterações no conteúdo das Súmulas e Orientações Jurisprudenciais do Tribunal Superior do Trabalho.

Exposição de Motivos da Consolidação das Leis do Trabalho

Sr. Presidente da República:

Tenho grande honra de apresentar a Vossa Excelência o projeto definitivo de Consolidação das Leis de Proteção ao Trabalho, relevante cometimento jurídico e social, cuja redação última foi procedida, havendo sido escrupulosamente apreciadas as sugestões e emendas propostas ao anteprojeto, após uma verdadeira autocrítica, que a própria Comissão efetuou, do texto original divulgado pelo *Diário Oficial* de 5 de janeiro do corrente ano.

2. A Comissão cotejou e julgou cerca de dois mil reparos, observações ou comentários feitos à Consolidação.

3. Peço vênia a Vossa Excelência, preliminarmente, para ressaltar o esforço, a cultura, a inteligência com que, no desempenho da difícil incumbência, se houveram os signatários do Relatório incluso no aprofundado exame da matéria.

4. Durante quase um ano, em longas reuniões diárias, entregaram-se à tarefa complexa e ilustre, com uma dedicação e um espírito público que bem demonstram o patriotismo que os inspirou. Desejo, por isso, antes de mais nada, e perante V. Exa., patentear o meu reconhecimento e a minha admiração por esses notáveis colaboradores da obra ministerial.

5. É da mais alta significação social e merece uma referência especial o interesse suscitado pela divulgação do anteprojeto.

6. Juristas e magistrados, entidades públicas, empresas privadas e associações culturais concorreram com a judiciosa reflexão de sua experiência para sugerir um ou outro retoque.

7. Revelando, não só a repercussão alcançada pelo monumento legal projetado, mas, principalmente, uma vigorosa consciência sindical – prova plena de um regime social já radicado – manifestaram-se as classes de empregadores e de empregados, através das respectivas instituições representativas. Esta foi, na realidade, a contribuição mais palpitante, trazida à Comissão, quer pelo teor original da discussão das teses, quer pela eficiência patente do sistema paritário de equilíbrio social, evidenciando-se, do contraste de interesses, sob a luz de um pensamento público de bem comum, a fórmula de composição harmônica das forças do capital e do trabalho.

8. A Consolidação corresponde a um estágio no desenvolvimento do progresso jurídico.

9. Entre a compilação ou coleção de leis e um código – que são, respectivamente, os momentos extremos de um processo de corporificação do direito – existe a consolidação, que é a fase própria da concatenação dos textos e da coordenação dos princípios, quando já se denuncia primeiro o pensamento do sistema depois de haverem sido reguladas, de modo amplo, relações sociais em determinado plano da vida política.

10. Projetada a ação do Estado em várias direções, para atender ao tratamento de situações especiais e constantes em uma mesma órbita jurídica, impõe-se, desde o instante em que se surpreende a unidade interna desses problemas, perscrutar a sua inteligência ordenadora, que será então a *ratio legis* do sistema normativo necessário.

11. Esse o significado da Consolidação, que não é uma coleção de leis, mas a sua coordenação sistematizada.

Não é apenas um engenho de arquitetura legislativa, mas uma recapitulação de valores coerentes, que resultaram de uma grande expansão legislativa, anterior, em um dado ramo de direito.

12. É o diploma do idealismo excepcional do Brasil orientado pela clarividência genial de V. Exa., reajustando o imenso e fundamental processo de sua dinâmica econômica, nas suas relações com o trabalho, aos padrões mais altos de dignidade e de humanidade da justiça social. É incontestavelmente a síntese das instituições políticas estabelecidas por V. Exa. desde o início de seu governo.

13. Empenhou-se, por isso, a Comissão na articulação dos textos legais vigentes, na exata dedução dos princípios, na concordância essencial das regras, na unidade interna do sistema. As lacunas preenchidas propuseram-se a tornar explícitas verdades inerentes às leis anteriores. Algumas inovações aparentes não passam de necessárias consequências da Constituição. As omissões intencionalmente ocorridas restringiram-se a excluir do conjunto as leis tipicamente transitórias e que, para atender a situações de emergência decorrentes do estado de guerra, ficaram à margem dos postulados do nosso direito social.

14. O que importa salientar é ter havido a preocupação dominante de subordinação às leis preexistentes e não como se procedesse à organização de um código, para o qual se permite modernamente a originalidade inicial e onde é mesmo espontânea e essencial a livre criação do direito, sem qualquer dependência do regime vigente.

15. A Consolidação representa, portanto, em sua substância normativa e em seu título, neste ano de 1943, não um ponto de partida, nem uma adesão recente a uma doutrina, mas a maturidade de uma ordem social há mais de um decênio instituída, que já se consagrou pelos benefícios distribuídos, como também pelo julgamento da opinião pública consciente, e sob cujo espírito de equidade confraternizaram as classes na vida econômica, instaurando nesse ambiente, antes instável e incerto, os mesmos sentimentos de humanismo cristão que encheram de generosidade e de nobreza os anais do nossa vida pública e social.

16. No relatório elaborado pela Comissão respectiva, que corresponde a um prefácio admirável da obra monumental, e no qual se filia a presente exposição de motivos, encontrará Vossa Excelência minucioso e brilhante estudo das doutrinas, dos sistemas, das leis, dos regulamentos e das emendas sugeridas, comprovando que a Consolidação representa um documento resultante da intuição do gênio com que Vossa Excelência vem preparando o Brasil para uma missão universal.

17. A estrutura da Consolidação e a ordenada distribuição das matérias que lhe compõem o texto evidenciam claramente não só um plano lógico como também um pensamento doutrinário.

18. A sucessiva disposição das matérias, nos Títulos e Capítulos, corresponde a uma racional precedência.

19. Assim, sem fazer injúria ao bom-senso geral, exemplificarei, entretanto: o contrato individual do trabalho pressupõe a regulamentação legal de tutela do empregado, não lhe podendo ser adversa; a organização sindical pressupõe igualmente a condição de emprego ou o exercício de profissão e a constituição da empresa; o contrato coletivo de trabalho seria, por sua vez, inviável sem a prévia formação sindical das classes.

20. Essa uma distribuição em que os institutos jurídico-políticos são alinhados, não ao sabor de classificações subjetivas ou sob a sugestão irrefletida de padrões quaisquer, mas sim, e verdadeiramente, de acordo com dados racionais derivados do próprio valor e da função social que lhes é essencial.

21. Para melhor compreensão, dividiu a Comissão o Título II do anteprojeto em dois Títulos, visando tornar ainda mais intuitivo o esquema da Consolidação: ocupando-se essas duas divisões, respectivamente, "Das Normas Gerais de Tutela do Trabalho" e "Das Normas Especiais de Tutela do Trabalho", que constituem exatamente os princípios institucionais e básicos da proteção do trabalho.

22. Mais uma vez nota-se nessa concepção um ânimo de ordem que resultou de uma meditação exclusiva sobre os institutos concatenados.

23. O pormenorizado exame, nesta exposição, de todos os temas ali discutidos, importaria reproduzir, quase na íntegra, o referido relatório, com prejuízo talvez de sua harmonia e da lógica irretorquível com que se apresenta.

24. Peço licença, entretanto, para assinalar alguns aspectos principais do trabalho da Comissão.

25. No concernente à identificação profissional, há quem incorra em absoluto equívoco, ignorando o sentido exato dessa instituição jurídica.

26. Houve quem lhe apontasse apenas a utilidade de mero instrumento de contrato do trabalho, quando, na verdade, é este, embora de grande alcance, apenas um aspecto da carteira profissional, cujo caráter fundamental é o de documento de qualificação profissional, constituindo mesmo a primeira manifestação de tutela do Estado ao trabalhador, antes formalmente "desqualificado" sob o ponto de vista profissional e a seguir, com a emissão daquele título, habilitado à ocupação de um emprego ou ao exercício de uma profissão. Não há como subordinar essa criação típica do Direito Social ao papel acessório de prova do contrato de trabalho, quando, como se vê, a sua emissão antecede livremente o ajuste do emprego e agora, pela Consolidação, passará até a constituir uma condição obrigatória para o trabalho.

27. Foi, aliás, considerando a importância da carteira profissional como elemento primacial para manutenção do cadastro profissional dos trabalhadores, como título de qualificação profissional, como documento indispensável à colocação e à inscrição sindical e, finalmente, por servir de instrumento prático do contrato individual do trabalho – que a Comissão encontrou razões bastantes para reputar uma instituição fundamental de proteção do trabalhador e não admitir fosse relegada à inoperância da franquia liberal, tornando-a, então, obrigatória.

28. Em relação aos contratos de trabalho, cumpre esclarecer que a precedência das "normas" de tutela sobre os "contratos" acentuou que a ordem institucional ou estatutária prevalece sobre a concepção contratualista.

29. A análise do conteúdo da nossa legislação social provava exuberantemente a primazia do caráter institucional sobre o efeito do contrato, restrito este à objetivação do ajuste, à determinação do salário e à estipulação da natureza dos serviços e isso mesmo dentro de *standards* e sob condições preestabelecidas na lei.

30. Ressaltar essa expressão peculiar constituiria certamente uma conformação com a realidade e com a filosofia do novo Direito, justificando-se assim a ênfase inicial atribuída à enumeração das normas de proteção ao trabalho, para somente em seguida ser referido o contrato individual.

31. Nem há como contestar semelhante método, desde que o Direito Social é, por definição, um complexo de normas e de instituições votadas à proteção do trabalho dependente na atividade privada.

32. Entre as inúmeras sugestões trazidas, uma houve que suscitou singular estranheza, dada a sua procedência de uma entidade representativa de empregados.

33. Objetava contra a exclusão da permissão contida no inciso final do parágrafo único do art. 4º da Lei 264, de 5 de outubro de 1936, e reclamava a sua incorporação à Consolidação.

34. Esse texto propositadamente omitido colidia rigorosamente com um dispositivo legal posterior – art. 12 do Decreto-lei 2.308, de 13 de junho de 1942 – em que se anunciava uma regra irrecusável de proteção ao trabalhador.

35. Como se tolerar, efetivamente, que possa um empregado realizar os encargos de sua função, por mais rudimentar que esta seja, durante oito horas sucessivas, sem um intervalo para repouso ou alimentação?

36. Talvez uma incompreensão tivesse surgido na consideração desse preceito legal vigente: há, na realidade, determinadas funções de supervisão e de controle, tais como as exercidas por encarregados de estações ou usinas elétricas, cujo trabalho é intermitente, não exigindo uma atenção constante e um esforço continuado, sendo benéfica, então, para esses empregados, a exclusão da hora de repouso pela redução que se dá no tempo de permanência no serviço, facilitada, por outro lado, a organização das tabelas de rodízio dos ocupantes desses cargos pelas empresas.

37. Essa hipótese, constituindo tipicamente o caso do trabalho descontínuo, segundo a conhecida definição de Barassi, não se enquadra, entretanto, na determinação do citado art. 12 do Decreto-lei 2.308, que apenas abrange o "trabalho contínuo", conforme foi incluído à Consolidação no Capítulo "Da Duração do Trabalho", parecendo, portanto, resolvida a dúvida.

38. O trabalho dos menores, entre quatorze e dezoito anos, ou tem como finalidade a preparação dos mesmos para um ofício, uma profissão, ou, então, constitui uma exploração e um aniquilamento da juventude.

39. Esse pensamento fez com que o Decreto-lei 3.616, de 13 de setembro de 1941, salvo nos casos excepcionais de força maior ou de interesse público, proibisse para os menores a prorrogação da duração normal de trabalho. Tal a fonte do dispositivo idêntico que se encontra na Consolidação, sem incorrer em inovação.

40. Atentando, também, nos deveres impostos aos empregadores de menores, ver-se-á que são eles obrigados a permitir a esses seus empregados a frequência às aulas, quer às de instrução primária, conforme sempre foi estabelecido, como também às de formação profissional a cargo do Serviço Nacional de Aprendizagem dos Industriários, de acordo com o estatuído pelo Decreto-lei 4.481, de 16 de julho de 1942.

41. Acreditamos que não se levantará mais qualquer argumento contra a razoabilíssima disposição legal de proibição da prorrogação do horário normal do trabalho dos menores, justificada não só por óbvias considerações biológicas de preservação da saúde dos adolescentes, como também por motivos educacionais irrefutáveis.

42. A clara e total definição que do contrato individual do trabalho foi dada pelo anteprojeto da Consolidação, provocou algumas divergências de mero gosto polêmico.

43. A emenda então apresentada não pôde ser aceita. Revelava, primeiramente, incompreensão do espírito institucional tantas vezes salientado nesses empreendimentos. Repetia ainda um conceito prévio e básico já formulado, qual seja, o de empregado.

44. O que os objetantes não alcançaram foi o deliberado propósito de se reconhecer a correspondência e equivalência entre a "relação de emprego" e o "contrato individual do trabalho", para os efeitos da legislação social, correspondência essa que a escola contratualista italiana nega, exigindo a expressa pactuação.

45. Na concepção do projeto, admitido, como fundamento de contrato, o acordo tácito, é lógico que a "relação de emprego" constitui o ato jurídico suficiente para provocar a objetivação das medidas tutelares que se contêm no direito do trabalho em vigor.

46. O conceito firmado na Consolidação é tanto mais justo e relevante quanto é o que se evidencia em face de contratos formalmente nulos ou substancialmente contrários à ordem pública dos preceitos da legislação de proteção ao trabalho.

47. Embora seja plenamente positivo o texto da Consolidação, diante de dúvidas propostas, urge repetir que o projeto não feriu nenhum direito, garantindo até simples expectativas de direito, uma vez que todos os empregados bancários admitidos até a data da vigência do decreto-lei que aprovar a Consolidação terão assegurada a estabilidade em dois anos, nos termos do art. 15 do mesmo Decreto 24.615, de 9 de julho de 1934.

48. O que não poderia ser admitido, em uma Consolidação que se propõe a sistematizar os princípios do nosso Direito Social, era a persistência de um singular privilégio para uma categoria de trabalhadores, quando o prestígio das instituições públicas exige exatamente uma igualdade de tratamento para situações sociais idênticas.

49. Fosse uma medida de proteção especial correlata de peculiares condições de trabalho, e não teria havido a menor dúvida em se manter tal regime, conforme aliás procedeu a Comissão, conservando do estatuto profissional dos bancários todos os preceitos que lhes fossem favoráveis e suprimindo os que não se equiparassem às disposições gerais de proteção à duração de trabalho, tais como os que legitimavam a prorrogação a horas suplementares independentemente de pagamento extraordinário.

50. Houve, portanto, estrita justiça.

51. Conforme ficou esclarecido, inicialmente, a redação final que tenho a subida honra de apresentar a Vossa Excelência foi precedida de um meticuloso exame de todas as sugestões apresentadas, não constituindo menor contribuição a que cada um dos membros da Comissão procurou fazer, corrigindo e completando o anteprojeto.

52. Na revisão realizada, a Comissão assumiu uma posição censora de sua própria obra, promovendo consequentemente o aprimoramento do respectivo teor.

53. Na introdução aperfeiçoou a redação dos artigos; inseriu a definição de empregador, que integra o conceito definitivo da relação de emprego, acompanhando-a da noção legal de empregadora única dada pela Lei 435, de 17 de maio de 1937; removeu, outrossim, para o Capítulo pertinente, a declaração da igualdade de salário por trabalho do mesmo valor sem distinção de sexo. Foi, por outro lado, suprimida a afirmação concernente à proibição da renúncia de direitos, que entendeu a Comissão ser elementar do princípio de ordem pública, mediante o qual são nulos os atos praticados no intuito de excluir a eficácia da legislação social.

54. O Título das normas institucionais foi reconstituído em dois outros, para mais fácil apresentação dos preceitos nele contidos.

55. O Capítulo sobre a identificação profissional e os registros de empregados foi melhorado na nomenclatura, na redação e na disposição das Seções.

56. Sofreu alteração o texto que reproduziu o parágrafo único do art. 18 do Decreto 22.035, de 29 de outubro de 1932, eliminando-se agora da carteira profissional a averbação de notas desabonadoras, as quais, somente quando resultarem de sentença transitada em julgado, serão inscritas no prontuário do portador da carteira.

57. Ligeiros retoques foram dados ao Capítulo sobre a duração geral do trabalho.

58. Considerou-se de justiça equiparar o regime de trabalho dos operadores das empresas de serviços telefônicos aos das que exploram serviços de telegrafia, radiotelegrafia e radiotelefonia, cujas condições de fadiga são idênticas.

59. A duração do trabalho nos serviços ferroviários foi reexaminada de acordo com sugestões do Sindicato dos Empregados Ferroviários do Rio de Janeiro, e das empresas responsáveis por esses serviços, principalmente a Companhia Paulista de Estradas de Ferro, cuja cooperação inteligente favoreceu a racionalização imprimida ao projeto, com a supressão, pela qual se batia a Comissão, do confuso e prejudicial sistema de ciclos de 96 horas em 14 dias, com duração máxima diária de 16 horas, do citado Decreto 279, de graves consequências para a saúde dos ferroviários.

60. As disposições destinadas à regulamentação das condições de trabalho nos serviços de estiva mereceram igual reexame, atendidas, em harmonia, as sugestões da Comissão de Marinha Mercante, do Sindicato dos Estivadores do Rio de Janeiro e do Sindicato dos Trabalhadores em Estiva de Minérios desta Capital.

61. Houve também a preocupação de atender tanto quanto possível à equiparação, pleiteada pelo Sindicato dos Operários nos Serviços Portuários de Santos, entre os serviços de estiva e os de capatazias, que realmente funcionam em necessária coordenação.

62. Uma lacuna estava a exigir, há longa data, fosse coberta na nossa legislação. Recomendado, reiteradas vezes, pelo Presidente da República, diante da insuficiência da lei geral, não se ultimara, entretanto, até o presente, o projetado decreto-lei especial amparando as condições de trabalho em minas de subsolo. Coligindo os dados apurados pelo Departamento Nacional do Trabalho, depois de sucessivas e conclusivas investigações locais, foi constituída uma Seção prevendo as reduções do horário nos trabalhos em minas subterrâneas, trabalhos esses árduos e particularmente ruinosos para a vida dos respectivos operários.

63. Na Seção em que se regula o exercício da profissão de químico, foi adotada a indicação da Federação das Indústrias do Estado de São Paulo, no sentido de ficarem declinados os tipos de indústrias em que se torna obrigatória a admissão de um químico. De acordo com a sugestão e segundo o critério do Instituto Nacional de Tecnologia deste Ministério, ficou resolvida essa questão e homologada a orientação prática deste Ministério.

64. O Capítulo da Nacionalização do Trabalho recebeu pequenas emendas de redação, tendo sido suprimido o dispositivo do anteprojeto relativo aos cargos de chefia. Reconsiderando a matéria, verificou a Comissão que o problema, que suscitava a emenda aditiva ao anteprojeto, encontrava solução no próprio texto legal quando este disciplina que os ocupantes de funções técnicas somente ficarão à margem da proporcionalidade na falta de trabalhadores nacionais especializados. Sem gerar confusões que não haviam sido, aliás, pretendidas pelo preceito ora suprimido, o qual não continha qualquer restrição à desejada colaboração de iniciativas e de capitais estrangeiros, restará sempre no dispositivo acima referido o remédio para o Governo proporcionar garantias às elites de técnicos nacionais.

65. O regime de Higiene e Segurança do Trabalho, pela revisão efetuada, adquiriu maior eficácia, por força da explícita declaração que constitui formalidade longamente seguida, da exigência de prévia verificação e aprovação das instalações dos estabelecimentos industriais para o respectivo funcionamento.

66. Estabeleceu-se, igualmente, a obrigatoriedade do uso, pelos empregados, dos equipamentos de defesa pessoal fornecidos pelos empregadores e aprovados pelas autoridades de Higiene do Trabalho.

67. Quanto aos Capítulos da proteção ao trabalho das mulheres e dos menores, as correções limitaram-se a erros de impressão, tendo sido, por outro lado, restabelecido o preceito inscrito no parágrafo único do art. 16 do antigo Decreto 22.042, de 3 de novembro de 1932, que, pela referência feita no § 3º do art. 16 do Decreto-lei 3.616, de 13 de setembro de 1941, é intuitivo concluir fôra omitido, involuntariamente, neste último diploma legal.

68. Os deveres impostos aos empregadores para o efeito da habilitação profissional dos respectivos empregados menores e consubstanciados no Decreto-lei 4.481, de 16 de julho de 1942, corporificando normas de tutela dessa classe de empregados, cujo trabalho tem de ser orientado pelo alto escopo da educação técnica, passaram a integrar a Seção correspondente do Capítulo versando esse regime especial.

69. É oportuno salientar que a legislação social, universalmente, vem atribuindo um remarcado desvelo pelas condições de trabalho dos menores.

70. Em consonância com as convenções internacionais e as recomendações de congressos, e mesmo a estas se antecipando, o Brasil, pela pessoal inspiração de Vossa Excelência, vem realizando, através deste Ministério, uma salutar ação pública de preservação da juventude que trabalha.

71. O prosseguimento dessa política especializada é um imperativo e pareceu à Comissão dever ser assim ponderado na revisão, a que se procede, do Código de Menores, pois os seus preceitos atinentes ao trabalho foram totalmente melhorados e anexados à nossa legislação trabalhista, cujo Decreto-lei 3.616, consolidado agora, consagra a melhor solução de articulação e distinção entre a competência dos magistrados de menores e a das autoridades de trabalho, conferindo àqueles a plenitude das funções morais, jurisdicionais e supletivas do pátrio poder, que lhes são eminentemente reservados, e atribuindo às autoridades deste Ministério a efetivação do regime de proteção ao trabalho.

72. O Título em que se compendiam as regras constitutivas do contrato individual de trabalho careceu apenas de pequenas especificações do pensamento já expresso, acrescentando-se-lhe, entretanto, as

CLT

normas pertinentes aos contratos de autores teatrais e congêneres, oriundos da celebrada Lei Getúlio Vargas, cuja atualização vinha sendo ultimamente promovida por uma Comissão Interministerial, da qual provieram os artigos de lei aditados ao presente projeto.

73. Estatuiu a Consolidação que aos trabalhadores rurais se aplicam as regras básicas do contrato individual do trabalho, inclusive o aviso-prévio, não lhes atingindo, porém, o regime de garantias em caso de rescisão, a que não tenham dado motivo, nem o instituto da estabilidade. A essa conclusão chegou a Comissão, em voto preponderante, sob a alegação de serem imprescindíveis maiores esclarecimentos das exatas condições das classes rurais, inibidas, no momento, por falta de lei, da representação sindical dos respectivos interesses.

74. Em seu relatório, manifesta a Comissão, consequentemente e em princípio, a sua restrição quanto ao projeto do Código Rural, publicado no *Diário Oficial* de 16 de janeiro último, na parte referente ao Contrato de Trabalho, objeto preciso desta Consolidação e não de um Código em que, com exclusividade, deveriam ser tratados os problemas relativos à produção na agricultura e em atividades conexas.

75. A revisão dos artigos compreendidos no Título da Organização Sindical ofereceu oportunidade para pequenas adaptações, sem afetar o sistema.

76. Procedeu-se à consolidação do Decreto-lei 5.242, de 11 de fevereiro de 1943, que dispôs sobre a exigência da sindicalização para o exercício da função de representação social em órgão oficial bem como para o gozo de favores ou isenções tributárias.

77. Suprimiu-se a emenda constante do anteprojeto tendente à instituição do regime de tomada de contas dos sindicatos. A eficiência do sistema de controle contábil do patrimônio das entidades sindicais e o regime de recolhimento do imposto sindical, posteriormente criados pela Portaria Ministerial 884, de 5 de dezembro de 1942, veio indicar ser prescindível esse processo de tomada de contas, que poderia determinar a burocratização desses órgãos de classe, por todos os títulos evitável, a fim de se conservar a espontaneidade e originalidade do regime sindical.

78. A Federação das Indústrias do Estado de São Paulo propôs e foram aceitos os aumentos, de um para sete, do número máximo de membros da diretoria das entidades de grau superior, e de Cr$ 20,00 para Cr$ 30,00, da importância mínima correspondente ao imposto sindical de empregadores.

79. A Comissão de Enquadramento Sindical, dado o crescente desenvolvimento de sua atividade, teve a respectiva composição ampliada, incluindo um representante do Ministério da Agricultura na previsão da próxima sindicalização das classes rurais.

80. Ligeiros reparos foram feitos ao Capítulo do Imposto Sindical, na base do regime estabelecido pelo Decreto-lei 4.298, de 14 de maio de 1942, introduzindo-se apenas um artigo destinado a facultar a ação executiva, com os privilégios da Fazenda Pública, excluído o foro próprio, para a cobrança do imposto sindical, quando houver débito certificado pela autoridade competente deste Ministério.

81. Finalmente, quanto à Justiça do Trabalho, deliberou-se a exclusão de toda a parte consistente em regimento dos órgãos e serviços, bem como dos assuntos referentes à administração dos seguros sociais.

82. O julgamento dos agravos foi elevado ao seu verdadeiro nível, que é o da instância superior, necessário à adequada conceituação desses recursos e à jurídica apreciação da respectiva substância. Apurou-se, outrossim, a definição do prejulgado, estabelecendo-se a forma do seu processamento e os efeitos que gera.

83. Tais, em rápida resenha, as principais modificações operadas no anteprojeto publicado. De todas essas alterações deflui um único pensamento – o de ajustar, mais e mais, a obra constituída às diretrizes da Política Social do Governo, fixadas de maneira tão ampla e coerente no magnífico quadro das disposições legais que acabam de ser recapituladas.

84. Ao pedir a atenção de Vossa Excelência para essa notável obra de construção jurídica, afirmo, com profunda convicção e de um modo geral, que, nesta hora dramática que o mundo sofre, a Consolidação constitui um marco venerável na história de nossa civilização, demonstra a vocação brasileira pelo direito e, na escureza que envolve a humanidade, representa a expressão de uma luz que não se apagou.

Apresento a Vossa Excelência os protestos do meu mais profundo respeito.

Rio de Janeiro, 19 de abril de 1943.

Alexandre Marcondes Filho

Consolidação das Leis do Trabalho

1

CLT

DECRETO-LEI 5.452, DE 1º DE MAIO DE 1943

Aprova a Consolidação das Leis do Trabalho.

O Presidente da República, usando da atribuição que lhe confere o art. 180 da Constituição, decreta:

Art. 1º Fica aprovada a Consolidação das Leis do Trabalho, que a este Decreto-lei acompanha, com as alterações por ela introduzidas na legislação vigente.

Parágrafo único. Continuam em vigor as disposições legais transitórias ou de emergência, bem como as que não tenham aplicação em todo o território nacional.

Art. 2º O presente Decreto-lei entrará em vigor em 10 de novembro de 1943.

Rio de Janeiro, 1º de maio de 1943; 122º da Independência e 55º da República.

Getúlio Vargas

(*DOU* 09.08.1943)

CONSOLIDAÇÃO DAS LEIS DO TRABALHO

TÍTULO I
Introdução

Art. 1º Esta Consolidação estatui as normas que regulam as relações individuais e coletivas de trabalho, nela previstas.

Art. 2º Considera-se empregador a empresa, individual ou coletiva, que, assumindo os riscos da atividade econômica, admite, assalaria e dirige a prestação pessoal de serviços.

§ 1º Equiparam-se ao empregador, para os efeitos exclusivos da relação de emprego, os profissionais liberais, as instituições de beneficência, as associações recreativas ou outras instituições sem fins lucrativos, que admitirem trabalhadores como empregados.

§ 2º Sempre que uma ou mais empresas, tendo, embora, cada uma delas, personalidade jurídica própria, estiverem sob a direção, controle ou administração de outra, ou ainda quando, mesmo guardando cada uma sua autonomia, integrem grupo econômico, serão responsáveis solidariamente pelas obrigações decorrentes da relação de emprego.

- § 2º com redação determinada pela Lei 13.467/2017 (*DOU* 14.07.2017), em vigor após decorridos 120 (cento e vinte) dias da sua publicação oficial.
- V. art. 173, § 1º, II, CF.
- V. Súmula 129, TST.

§ 3º Não caracteriza grupo econômico a mera identidade de sócios, sendo necessárias, para a configuração do grupo, a demonstração do interesse integrado, a efetiva comunhão de interesses e a atuação conjunta das empresas dele integrantes.

- § 3º acrescentado pela Lei 13.467/2017 (*DOU* 14.07.2017), em vigor após decorridos 120 (cento e vinte) dias da sua publicação oficial.

Art. 3º Considera-se empregado toda pessoa física que prestar serviços de natureza não eventual a empregador, sob a dependência deste e mediante salário.

- V. Lei 3.207/1957 (Empregados vendedores, viajantes ou pracistas).
- V. Portaria MPAS 4.677/1998 (Preenchimento de cargos por pessoas portadoras de deficiência).
- V. Res. INSS 630/1998 (Garantia de vagas pelas empresas para pessoas portadoras de deficiência).
- V. Súmula 386, TST.

Parágrafo único. Não haverá distinções relativas à espécie de emprego e à condição de trabalhador, nem entre o trabalho intelectual, técnico e manual.

- V. art. 7º, XXX a XXXII e XXXIV, CF.
- V. Súmula 214, TFR.

Art. 4º Considera-se como de serviço efetivo o período em que o empregado esteja à disposição do empregador, aguardando ou executando ordens, salvo disposição especial expressamente consignada.

§ 1º Computar-se-ão, na contagem de tempo de serviço, para efeito de indenização e estabilidade, os períodos em que o empregado estiver afastado do trabalho prestando serviço militar e por motivo de acidente do trabalho.

- Primitivo parágrafo único com redação determinada pela Lei 13.467/2017 (*DOU* 14.07.2017), em vigor após decorridos 120 (cento e vinte) dias da sua publicação oficial.

§ 2º Por não se considerar tempo à disposição do empregador, não será computado como período extraordinário o que exceder a jornada normal, ainda que ultrapasse o limite de cinco minutos previsto no § 1º do art. 58 desta Consolidação, quando o empregado, por escolha própria, buscar proteção pessoal, em caso de insegurança nas vias públicas ou más condições climáticas, bem como adentrar ou permanecer nas dependências da empresa para exercer atividades particulares, entre outras:

- § 2º acrescentado pela Lei 13.467/2017 (*DOU* 14.07.2017), em vigor após decorridos 120 (cento e vinte) dias da sua publicação oficial.

I – práticas religiosas;

II – descanso;

III – lazer;

IV – estudo;

V – alimentação;

VI – atividades de relacionamento social;

VII – higiene pessoal;

VIII – troca de roupa ou uniforme, quando não houver obrigatoriedade de realizar a troca na empresa.

- V. Súmula 463, STF.

Art. 5º A todo trabalho de igual valor corresponderá salário igual, sem distinção de sexo.

- V. arts. 5º, I, e 7º, XXX, CF.

Art. 6º Não se distingue entre o trabalho realizado no estabelecimento do empregador, o executado no domicílio do empregado e o realizado a distância, desde que estejam caracterizados os pressupostos da relação de emprego.

- Artigo com redação determinada pela Lei 12.551/2011.

Parágrafo único. Os meios telemáticos e informatizados de comando, controle e supervisão se equiparam, para fins de subordinação jurídica, aos meios pessoais e diretos de comando, controle e supervisão do trabalho alheio.

Art. 7º Os preceitos constantes da presente Consolidação, salvo quando for, em cada caso, expressamente determinado em contrário, não se aplicam:

- *Caput* do artigo com redação determinada pelo Dec.-lei 8.079/1945.

a) aos empregados domésticos, assim considerados, de um modo geral, os que prestam serviços de natureza não econômica à pessoa ou à família, no âmbito residencial destas;

- V. art. 7º, parágrafo único, CF.
- V. LC 150/2015 (Contrato de trabalho doméstico).

b) aos trabalhadores rurais, assim considerados aqueles que, exercendo funções diretamente ligadas à agricultura e à pecuária, não sejam empregados em atividades que, pelos métodos de execução dos respectivos trabalhos ou pela finalidade de suas operações, se classifiquem como industriais ou comerciais;

- V. art. 7º, CF.
- V. Lei 5.889/1973 (Trabalho rural).
- V. Dec. 73.626/1974 (Regulamenta a Lei 5.889/1973).

c) aos funcionários públicos da União, dos Estados e dos Municípios e aos respectivos extranumerários em serviço nas próprias repartições;

- Alínea *c* com redação determinada pelo Dec.-lei 8.079/1945.
- V. arts. 37, 39, 42 e 114, I, CF.

d) aos servidores de autarquias paraestatais, desde que sujeitos a regime próprio de proteção ao trabalho, que lhes assegure situação análoga à dos funcionários públicos.

- Alínea *d* com redação determinada pelo Dec.-lei 8.079/1945.
- V. arts. 37, 39, 42, 114, I, e 173, § 1º, II, CF.

Parágrafo único. Aos trabalhadores ao serviço de empresas industriais da União, dos Estados e dos Municípios, salvo aqueles classificados como funcionários públicos, aplicam-se os preceitos da presente Consolidação.

- Parágrafo único acrescentado pelo Dec.-lei 8.079/1945.
- O Dec.-lei 8.079/1945 foi revogado pelo Dec.-lei 8.249/1945, na parte em que acrescenta este parágrafo único.

Art. 8º As autoridades administrativas e a Justiça do Trabalho, na falta de disposições legais ou contratuais, decidirão, conforme o caso, pela jurisprudência, por analogia, por equidade e outros princípios e normas gerais do direito, principalmente do direito do trabalho, e, ainda, de acordo com os usos e costumes, o direito comparado, mas sempre de maneira que nenhum interesse de classe ou particular prevaleça sobre o interesse público.

- V. art. 5º, § 2º, CF.

§ 1º O direito comum será fonte subsidiária do direito do trabalho.

- Primitivo parágrafo único renumerado pela Lei 13.467/2017 (*DOU* 14.07.2017), em vigor após decorridos 120 (cento e vinte) dias da sua publicação oficial.

§ 2º Súmulas e outros enunciados de jurisprudência editados pelo Tribunal Superior do Trabalho e pelos Tribunais Regionais do Trabalho não poderão restringir direitos legalmente previstos nem criar obrigações que não estejam previstas em lei.

- § 2º acrescentado pela Lei 13.467/2017 (*DOU* 14.07.2017), em vigor após decorridos 120 (cento e vinte) dias da sua publicação oficial.

§ 3º No exame de convenção coletiva ou acordo coletivo de trabalho, a Justiça do Trabalho analisará exclusivamente a conformidade dos elementos essenciais do negócio jurídico, respeitado o disposto no art. 104 da Lei 10.406, de 10 de janeiro de 2002 (Código Civil), e balizará sua atuação pelo princípio da intervenção mínima na autonomia da vontade coletiva.

- § 3º acrescentado pela Lei 13.467/2017 (*DOU* 14.07.2017), em vigor após decorridos 120 (cento e vinte) dias da sua publicação oficial.
- V. Dec.-lei 4.657/1942 (Lei de Introdução às normas do Direito Brasileiro).

Art. 9º Serão nulos de pleno direito os atos praticados com o objetivo de desvirtuar, impedir ou fraudar a aplicação dos preceitos contidos na presente Consolidação.

- V. Súmulas 91 e 152, TST.

Art. 10. Qualquer alteração na estrutura jurídica da empresa não afetará os direitos adquiridos por seus empregados.

Art. 10-A. O sócio retirante responde subsidiariamente pelas obrigações trabalhistas da sociedade relativas ao período em que figurou como sócio, somente em ações ajuizadas até dois anos depois de averbada a modificação do contrato, observada a seguinte ordem de preferência:

- Artigo acrescentado pela Lei 13.467/2017 (*DOU* 14.07.2017), em vigor após decorridos 120 (cento e vinte) dias da sua publicação oficial.

I – a empresa devedora;

II – os sócios atuais; e

III – os sócios retirantes.

Parágrafo único. O sócio retirante responderá solidariamente com os demais quando ficar comprovada fraude na alteração societária decorrente da modificação do contrato.

Art. 11. A pretensão quanto a créditos resultantes das relações de trabalho prescreve em cinco anos para os trabalhadores urbanos e rurais, até o limite de dois anos após a extinção do contrato de trabalho.

- *Caput* do artigo com redação determinada pela Lei 13.467/2017 (*DOU* 14.07.2017), em vigor após decorridos 120 (cento e vinte) dias da sua publicação oficial.
- V. art. 7º, XXIX, CF.

I – (*Revogado pela Lei 13.467/2017 – DOU 14.07.2017, em vigor após decorridos 120 (cento e vinte) dias da sua publicação oficial).*

- V. art. 7º, XXIX, CF.

II – (*Revogado pela Lei 13.467/2017 – DOU 14.07.2017, em vigor após decorridos 120 (cento e vinte) dias da sua publicação oficial).*

§ 1º O disposto neste artigo não se aplica às ações que tenham por objeto anotações para fins de prova junto à Previdência Social.

§ 2º Tratando-se de pretensão que envolva pedido de prestações sucessivas decorrente de alteração ou descumprimento do pactuado, a prescrição é total, exceto quando o direito à parcela esteja também assegurado por preceito de lei.

- § 2º com redação determinada pela Lei 13.467/2017 (*DOU* 14.07.2017), em vigor após decorridos 120 (cento e vinte) dias da sua publicação oficial.

§ 3º A interrupção da prescrição somente ocorrerá pelo ajuizamento de reclamação trabalhista, mesmo que em juízo incompetente, ainda que venha a ser extinta sem resolução do mérito, produzindo efeitos apenas em relação aos pedidos idênticos.

- § 3º com redação determinada pela Lei 13.467/2017 (*DOU* 14.07.2017), em vigor após decorridos 120 (cento e vinte) dias da sua publicação oficial.
- V. Súmulas 327 e 349, STF.
- V. Súmulas 6, 114, 153, 206, 268, 275, 294, 308 e 382, TST.

Art. 11-A. Ocorre a prescrição intercorrente no processo do trabalho no prazo de dois anos.

- Artigo acrescentado pela Lei 13.467/2017 (*DOU* 14.07.2017), em vigor após decorridos 120 (cento e vinte) dias da sua publicação oficial.

§ 1º A fluência do prazo prescricional intercorrente inicia-se quando o exequente deixa de cumprir determinação judicial no curso da execução.

§ 2º A declaração da prescrição intercorrente pode ser requerida ou declarada de ofício em qualquer grau de jurisdição.

Art. 12. Os preceitos concernentes ao regime de seguro social são objeto de lei especial.

- V. arts. 194 a 204, CF.

TÍTULO II
Das Normas Gerais de Tutela do Trabalho

Capítulo I
Da Identificação Profissional

Seção I
Da Carteira de Trabalho e Previdência Social

Art. 13. A Carteira de Trabalho e Previdência Social é obrigatória para o exercício de qualquer emprego, inclusive de natureza rural, ainda que em caráter temporário, e para o exercício por conta própria de atividade profissional remunerada.

- *Caput* com redação determinada pelo Dec.-lei 926/1969.
- V. Lei 6.019/1974 (Trabalho temporário).
- V. Dec. 73.841/1974 (Regulamenta a Lei 6.019/1974).

§ 1º O disposto neste artigo aplica-se, igualmente, a quem:

- § 1º com redação determinada pelo Dec.-lei 926/1969.

I – proprietário rural ou não, trabalhe individualmente ou em regime de economia familiar, assim entendido o trabalho dos membros da mesma família, indispensável à própria subsistência, e exercido em condições de mútua dependência e colaboração;

II – em regime de economia familiar e sem empregado, explore área não excedente do módulo rural ou de outro limite que venha a ser fixado, para cada região, pelo Ministério do Trabalho e Previdência Social.

§ 2º A Carteira de Trabalho e Previdência Social e respectiva Ficha de Declaração obedecerão aos modelos que o Ministério do Trabalho e Previdência Social adotar.

- § 2º com redação determinada pelo Dec.-lei 926/1969.

§ 3º Nas localidades onde não for emitida a Carteira de Trabalho e Previdência Social poderá ser admitido, até 30 (trinta) dias, o exercício de emprego ou atividade remunerada por quem não a possua, ficando a empresa obrigada a permitir o comparecimento do empregado ao posto de emissão mais próximo.

- § 3º com redação determinada pela Lei 5.686/1971.

§ 4º Na hipótese do § 3º:

- § 4º com redação determinada pelo Dec.-lei 926/1969.

I – o empregador fornecerá ao empregado, no ato da admissão, documento do qual constem a data da admissão, a natureza do trabalho, o salário e a forma de seu pagamento;

II – se o empregado ainda não possuir a carteira na data em que for dispensado, o empregador lhe fornecerá atestado de que conste o histórico da relação empregatícia.

- V. Portaria MTPS 3.626/1991 (Registro de empregados e anotações na CTPS).
- V. Súmula 225, STF.

Seção II
Da Emissão da Carteira de Trabalho e Previdência Social

Art. 14. A Carteira de Trabalho e Previdência Social será emitida pelas Delegacias Regionais do Trabalho e Emprego ou, mediante convênio, pelos órgãos federais, estaduais e municipais da administração direta ou indireta.

- *Caput* com redação determinada pelo Dec.-lei 926/1969.

Parágrafo único. Inexistindo convênio com os órgãos indicados ou na inexistência destes, poderá ser admitido convênio com sindicatos para o mesmo fim.

- Parágrafo único com redação determinada pela Lei 5.686/1971.

Art. 15. Para obtenção da Carteira de Trabalho e Previdência Social o interessado comparecerá pessoalmente ao órgão emitente, onde será identificado e prestará as declarações necessárias.

- Artigo com redação determinada pelo Dec.-lei 926/1969.

Art. 16. A Carteira de Trabalho e Previdência Social, além do número, série, data de emissão e folhas destinadas às anotações pertinentes ao contrato de trabalho e as de interesse da Previdência Social, conterá:

- Artigo com redação determinada pela Lei 8.260/1991.

I – fotografia, de frente, modelo 3 x 4;

II – nome, filiação, data e lugar de nascimento e assinatura;

III – nome, idade e estado civil dos dependentes;

IV – número do documento de naturalização ou data da chegada ao Brasil e demais elementos constantes da identidade de estrangeiro, quando for o caso.

Parágrafo único. A Carteira de Trabalho e Previdência Social será fornecida mediante a apresentação de:

a) duas fotografias com as características mencionadas no inciso I;

b) qualquer documento oficial de identificação pessoal do interessado, no qual possam ser colhidos dados referentes ao nome completo, filiação, data e lugar de nascimento.

Art. 17. Na impossibilidade de apresentação, pelo interessado, de documento idôneo que o qualifique, a Carteira de Trabalho e Previdência Social será fornecida com base em declarações verbais confirmadas por duas testemunhas, lavrando-se, na primeira folha de anotações gerais da carteira, termo assinado pelas mesmas testemunhas.

- Artigo com redação determinada pelo Dec.-lei 926/1969.

§ 1º Tratando-se de menor de 18 (dezoito) anos, as declarações previstas neste artigo serão prestadas por seu responsável legal.

§ 2º Se o interessado não souber ou não puder assinar sua carteira, ela será fornecida mediante impressão digital ou assinatura a rogo.

Arts. 18 e 19. *(Revogados pela Lei 7.855/1989).*

Art. 20. As anotações relativas à alteração do estado civil e aos dependentes do portador da Carteira de Trabalho e Previdência Social serão feitas pelo Instituto Nacional de Previdência Social (INPS) e somente em sua falta por qualquer dos órgãos emitentes.

- Artigo com redação determinada pelo Dec.-lei 926/1969.

Art. 21. Em caso de imprestabilidade ou esgotamento do espaço destinado a registros e anotações, o interessado deverá obter outra carteira, conservando-se o número e a série da anterior.

- *Caput* com redação determinada pela Lei 5.686/1971.

§§ 1º e 2º *(Revogados pelo Dec.-lei 926/1969).*

Arts. 22 a 24. *(Revogados pelo Dec.-lei 926/1969).*

Seção III
Da Entrega das Carteiras de Trabalho e Previdência Social

Art. 25. As Carteiras de Trabalho e Previdência Social serão entregues aos interessados pessoalmente, mediante recibo.

Art. 26. Os sindicatos poderão, mediante solicitação das respectivas diretorias, incumbir-se da entrega das Carteiras de Trabalho e Previdência Social pedidas por seus associados e pelos demais profissionais da mesma classe.

- Artigo com redação determinada pelo Dec.-lei 229/1967.

Parágrafo único. Não poderão os sindicatos, sob pena das sanções previstas neste Capítulo, cobrar remuneração pela entrega das Carteiras de Trabalho e Previdência Social, cujo serviço nas respectivas sedes será fiscalizado pelas Delegacias Regionais do Trabalho e Emprego ou órgãos autorizados.

Arts. 27 e 28. *(Revogados pela Lei 7.855/1989).*

Seção IV
Das Anotações

- V. Portaria MTE 41/2007 (Registro e anotação na CTPS).

Art. 29. A Carteira de Trabalho e Previdência Social será obrigatoriamente apresentada, contra recibo, pelo trabalhador ao empregador que o admitir, o qual terá o prazo de 48 (quarenta e oito) horas para nela anotar, especificamente, a data de admissão, a remuneração e as condições especiais, se houver, sendo facultada a adoção de sistema manual, mecânico ou eletrônico, conforme instruções a serem expedidas pelo Ministério do Trabalho.

- *Caput* com redação determinada pela Lei 7.855/1989.

§ 1º As anotações concernentes à remuneração devem especificar o salário, qualquer que seja sua forma de pagamento, seja ele em dinheiro ou em utilidades, bem como a estimativa da gorjeta.

- § 1º com redação determinada pelo Dec.-lei 229/1967.

§ 2º As anotações na Carteira de Trabalho e Previdência Social serão feitas:

- § 2º com redação determinada pela Lei 7.855/1989.

a) na data-base;

b) a qualquer tempo, por solicitação do trabalhador;

c) no caso de rescisão contratual; ou

d) necessidade de comprovação perante a Previdência Social.

§ 3º A falta de cumprimento pelo empregador do disposto neste artigo acarretará a lavratura do auto de infração, pelo Fiscal do Trabalho, que deverá, de ofício, comunicar a falta de anotação ao órgão competente, para o fim de instaurar o processo de anotação.

- § 3º com redação determinada pela Lei 7.855/1989.
- V. Súmula 225, STF.
- V. Súmula 12, TST.

§ 4º É vedado ao empregador efetuar anotações desabonadoras à conduta do empregado em sua Carteira de Trabalho e Previdência Social.

- § 4º acrescentado pela Lei 10.270/2001.

§ 5º O descumprimento do disposto no § 4º deste artigo submeterá o empregador ao pagamento de multa prevista no art. 52 deste Capítulo.

- § 5º acrescentado pela Lei 10.270/2001.

Art. 30. Os acidentes do trabalho serão obrigatoriamente anotados pelo Instituto Nacional de Previdência Social na carteira do acidentado.

- Artigo com redação determinada pelo Dec.-lei 926/1969.

Art. 31. Aos portadores de Carteiras de Trabalho e Previdência Social fica assegurado o direito de as apresentar aos órgãos autorizados, para o fim de ser anotado o que for cabível, não podendo ser recusada a solicitação, nem cobrado emolumento não previsto em lei.

- Artigo com redação determinada pelo Dec.-lei 229/1967.

Art. 32. As anotações relativas a alterações no estado civil dos portadores de Carteiras de Trabalho e Previdência Social serão feitas mediante prova documental. As declarações referentes aos dependentes serão registradas nas fichas respectivas, pelo funcionário encarregado da identificação profissional, a pedido do próprio declarante, que as assinará.

- Artigo com redação determinada pelo Dec.-lei 229/1967.

Parágrafo único. As Delegacias Regionais do Trabalho e Emprego e os órgãos autorizados deverão comunicar à Secretaria de Relações do Trabalho todas as alterações que anotarem nas Carteiras de Trabalho e Previdência Social.

Art. 33. As anotações nas fichas de declaração e nas Carteiras de Trabalho e Previdência Social serão feitas seguidamente sem abreviaturas, ressalvando-se no fim de cada assentamento, as emendas, entrelinhas e quaisquer circunstâncias que possam ocasionar dúvidas.

- Artigo com redação determinada pelo Dec.-lei 229/1967.

Art. 34. Tratando-se de serviço de profissionais de qualquer atividade, exercido por empreitada individual ou coletiva, com ou sem fiscalização da outra parte contratante, a carteira será anotada pelo respectivo sindicato profissional ou pelo representante legal de sua cooperativa.

Art. 35. *(Revogado pela Lei 6.533/1978).*

Seção V
Das Reclamações por Falta ou Recusa de Anotação

Art. 36. Recusando-se a empresa a fazer as anotações a que se refere o art. 29 ou a devolver a Carteira de Trabalho e Previdência Social recebida, poderá o empregado comparecer, pessoalmente ou por intermédio de seu sindicato, perante a Delegacia Regional ou órgão autorizado, para apresentar reclamação.

- Artigo com redação determinada pelo Dec.-lei 229/1967.
- V. art. 1º, Dec.-lei 926/1969 (Carteira de Trabalho e Previdência Social).

Art. 37. No caso do art. 36, lavrado o termo de reclamação, determinar-se-á a realização de diligência para instrução do feito, observado, se for o caso, o disposto no § 2º do art. 29, notificando-se posteriormente o reclamado por carta registrada, caso persista a recusa, para que, em dia e hora previamente designados, venha prestar esclarecimentos ou efetuar as devidas anotações na Carteira de Trabalho e Previdência Social ou sua entrega.

- Artigo com redação determinada pelo Dec.-lei 229/1967.
- V. art. 1º, Dec.-lei 926/1969 (Carteira de Trabalho e Previdência Social).

Parágrafo único. Não comparecendo o reclamado, lavrar-se-á termo de ausência, sendo considerado revel e confesso sobre os termos da reclamação feita, devendo as anotações ser efetuadas por despacho da autoridade que tenha processado a reclamação.

Art. 38. Comparecendo o empregador e recusando-se a fazer as anotações reclamadas, será lavrado um termo de comparecimento, que deverá conter, entre outras indicações, o lugar, o dia e hora de sua lavratura, o nome e a residência do empregador, assegurando-se-lhe o prazo de 48 (quarenta e oito) horas, a contar do termo, para apresentar defesa.

Parágrafo único. Findo o prazo para a defesa, subirá o processo à autoridade administrativa de primeira instância, para se ordenarem diligências, que completem a instrução do feito, ou para julgamento, se o caso estiver suficientemente esclarecido.

Art. 39. Verificando-se que as alegações feitas pelo reclamado versam sobre a não existência de relação de emprego, ou sendo impossível verificar essa condição pelos meios administrativos, será o processo encaminhado à Justiça do Trabalho, ficando, nesse caso, sobrestado o julgamento do auto de infração que houver sido lavrado.

- Artigo com redação determinada pelo Dec.-lei 229/1967.

§ 1º Se não houver acordo, a Junta de Conciliação e Julgamento, em sua sentença, ordenará que a Secretaria efetue as devidas anotações uma vez transitada em julgado, e faça a comunicação à autoridade competente para o fim de aplicar a multa cabível.

- A EC 24/1999 substituiu as Juntas de Conciliação e Julgamento por Varas do Trabalho (juiz singular) e extinguiu a representação classista na Justiça do Trabalho.

§ 2º Igual procedimento observar-se-á no caso de processo trabalhista de qualquer natureza, quando for verificada a falta de anotações na Carteira de Trabalho e Previdência Social, devendo o Juiz, nesta hipótese, mandar proceder, desde logo, àquelas sobre as quais não houver controvérsia.

- V. art. 1º, Dec.-lei 926/1969 (Carteira de Trabalho e Previdência Social).

Seção VI
Do Valor das Anotações

Art. 40. As Carteiras de Trabalho e Previdência Social regularmente emitidas e anotadas servirão de prova nos atos em que sejam exigidas carteiras de identidade e especialmente:

- Artigo com redação determinada pelo Dec.-lei 229/1967.

I – nos casos de dissídio na Justiça do Trabalho entre a empresa e o empregado por motivo de salário, férias ou tempo de serviço;

II – perante a Previdência Social, para o efeito de declaração de dependentes;

III – para cálculo de indenização por acidente do trabalho ou moléstia profissional.

Seção VII
Dos Livros de Registro de Empregados

- V. Lei 6.868/1980 (Dispensa de documentos).
- V. Portaria MTPS 3.626/1991 (Registro de empregados e anotações na CTPS).

Art. 41. Em todas as atividades será obrigatório para o empregador o registro dos respectivos trabalhadores, podendo ser adotados livros, fichas ou sistema eletrônico, conforme instruções a serem expedidas pelo Ministério do Trabalho.

- Artigo com redação determinada pela Lei 7.855/1989.
- V. Lei 4.923/1965 (Cadastro permanente das admissões e dispensas de empregados; medidas contra o desemprego).
- V. Portaria MTPS 3.626/1991 (Registro de empregados e anotações na CTPS).
- V. Portaria MTE 41/2007 (Registro e anotação na CTPS).

Parágrafo único. Além da qualificação civil ou profissional de cada trabalhador, deverão ser anotados todos os dados relativos à sua admissão no emprego, duração e efetividade do trabalho, a férias, acidentes e demais circunstâncias que interessem à proteção do trabalhador.

Art. 42. *(Revogado pela Lei 10.243/2001).*

Arts. 43 e 44. *(Revogados pela Lei 7.855/1989).*

Arts. 45 e 46. *(Revogados pelo Dec.-lei 229/1967).*

Art. 47. O empregador que mantiver empregado não registrado nos termos do art. 41 desta Consolidação ficará sujeito a multa no valor de R$ 3.000,00 (três mil reais) por empregado não registrado, acrescido de igual valor em cada reincidência.

- Artigo com redação determinada pela Lei 13.467/2017 (*DOU* 14.07.2017), em vigor após decorridos 120 (cento e vinte) dias da sua publicação oficial.
- Multas: ver Notas de Atualização e Portaria MTb 290/1997.

§ 1º Especificamente quanto à infração a que se refere o *caput* deste artigo, o valor final da multa aplicada será de R$ 800,00 (oitocentos reais) por empregado não registrado, quando se tratar de microempresa ou empresa de pequeno porte.

§ 2º A infração de que trata o *caput* deste artigo constitui exceção ao critério da dupla visita.

Art. 47-A. Na hipótese de não serem informados os dados a que se refere o parágrafo único do art. 41 desta Consolidação, o empregador ficará sujeito à multa de R$ 600,00 (seiscentos reais) por empregado prejudicado.

- Artigo acrescentado pela Lei 13.467/2017 (*DOU* 14.07.2017), em vigor após decorridos 120 (cento e vinte) dias da sua publicação oficial.

Art. 48. As multas previstas nesta Seção serão aplicadas pelas Delegacias Regionais do Trabalho e Emprego.

Seção VIII
Das Penalidades

Art. 49. Para os efeitos da emissão, substituição ou anotação de Carteiras de Trabalho e Previdência Social, considerar-se-á crime de falsidade, com as penalidades previstas no art. 299 do Código Penal:

- Artigo com redação determinada pelo Dec.-lei 229/1967.
- V. art. 1º, Dec.-lei 926/1969 (Carteira de Trabalho e Previdência Social).

I – fazer, no todo ou em parte, qualquer documento falso ou alterar o verdadeiro;

II – afirmar falsamente a sua própria identidade, filiação, lugar de nascimento, residência, profissão ou estado civil e beneficiários, ou atestar os de outra pessoa;

III – servir-se de documentos, por qualquer forma falsificados;

IV – falsificar, fabricando ou alterando, ou vender, usar ou possuir Carteira de Trabalho e Previdência Social assim alterada;

- V. art. 1º, Dec.-lei 926/1969 (Carteira de Trabalho e Previdência Social).

V – anotar dolosamente em Carteira de Trabalho e Previdência Social ou registro de empregado, ou confessar ou declarar em juízo, ou fora dele, data de admissão em emprego diversa da verdadeira.

- V. art. 1º, Dec.-lei 926/1969 (Carteira de Trabalho e Previdência Social).

Art. 50. Comprovando-se falsidade, quer nas declarações para emissão de Carteira de Trabalho e Previdência Social, quer nas respectivas anotações, o fato será levado ao conhecimento da autoridade que houver emitido a carteira, para fins de direito.

- V. art. 1º, Dec.-lei 926/1969 (Carteira de Trabalho e Previdência Social).

Art. 51. Incorrerá em multa de valor igual a três vezes o salário mínimo regional aquele que, comerciante ou não, vender ou expuser à venda qualquer tipo de carteira igual ou semelhante ao tipo oficialmente adotado.

- Artigo com redação determinada pelo Dec.-lei 229/1967.
- Multas: ver Notas de Atualização e Portaria MTb 290/1997.

Art. 52. O extravio ou inutilização da Carteira de Trabalho e Previdência Social por culpa da empresa sujeitará esta à multa de valor igual à metade do salário mínimo regional.

- Artigo com redação determinada pelo Dec.-lei 926/1969.
- Multas: ver Notas de Atualização e Portaria MTb 290/1997.

Art. 53. A empresa que receber Carteira de Trabalho e Previdência Social para anotar e a retiver por mais de 48 (quarenta e oito) horas ficará sujeita à multa de valor igual à metade do salário mínimo regional.

- Artigo com redação determinada pelo Dec.-lei 229/1967.
- V. art. 1º, Dec.-lei 926/1969 (Carteira de Trabalho e Previdência Social).
- Multas: ver Notas de Atualização e Portaria MTb 290/1997.

Art. 54. A empresa que, tendo sido intimada, não comparecer para anotar a Carteira de Trabalho e Previdência Social de seu empregado, ou cujas alegações para recusa tenham sido julgadas improcedentes, ficará sujeita à multa de valor igual a um salário mínimo regional.

- Artigo com redação determinada pelo Dec.-lei 229/1967.
- V. art. 1º, Dec.-lei 926/1969 (Carteira de Trabalho e Previdência Social).
- Multas: ver Notas de Atualização e Portaria MTb 290/1997.

Art. 55. Incorrerá na multa de valor igual a um salário mínimo regional a empresa que infringir o art. 13 e seus parágrafos.

- Artigo com redação determinada pelo Dec.-lei 229/1967.
- Multas: ver Notas de Atualização e Portaria MTb 290/1997.

Art. 56. O sindicato que cobrar remuneração pela entrega de Carteira de Trabalho e Previdência Social ficará sujeito à multa de valor igual a três vezes o salário mínimo regional.

- Artigo com redação determinada pelo Dec.-lei 229/1967.
- V. art. 1º, Dec.-lei 926/1969 (Carteira de Trabalho e Previdência Social).
- Multas: ver Notas de Atualização e Portaria MTb 290/1997.

Capítulo II
Da Duração do Trabalho

Seção I
Disposição Preliminar

Art. 57. Os preceitos deste Capítulo aplicam-se a todas as atividades, salvo as expressamente excluídas, constituindo exceções as disposições especiais, concernentes estritamente a peculiaridades profissionais constantes do Capítulo I do Título III.

Seção II
Da Jornada de Trabalho

Art. 58. A duração normal do trabalho, para os empregados em qualquer atividade privada, não excederá de 8 (oito) horas diárias, desde que não seja fixado expressamente outro limite.

- V. art. 7º, XIII e XIV, CF.
- V. MP 2.164-41/2001 (Trabalho a tempo parcial e suspensão do contrato de trabalho).
- V. Súmulas 90, 102 e 320, TST.

§ 1º Não serão descontadas nem computadas como jornada extraordinária as variações de horário no registro de ponto não excedentes de 5 (cinco) minutos, observado o limite máximo de 10 (dez) minutos diários.

- § 1º acrescentado pela Lei 10.243/2001.
- V. Súmula 366, TST.

§ 2º O tempo despendido pelo empregado desde a sua residência até a efetiva ocupação do posto de trabalho e para o seu retorno, caminhando ou por qualquer meio de transporte, inclusive o fornecido pelo empregador, não será computado na jornada de trabalho, por não ser tempo à disposição do empregador.

- § 2º com redação determinada pela Lei 13.467/2017 (*DOU* 14.07.2017), em vigor após decorridos 120 (cento e vinte) dias da sua publicação oficial.

§ 3º *(Revogado pela Lei 13.467/2017 – DOU 14.07.2017, em vigor após decorridos 120 (cento e vinte) dias da sua publicação oficial).*

Art. 58-A. Considera-se trabalho em regime de tempo parcial aquele cuja duração não exceda a trinta horas semanais, sem a possibilidade de horas suplementares semanais, ou, ainda, aquele cuja duração não exceda a vinte e seis horas semanais, com a possibilidade de acréscimo de até seis horas suplementares semanais.

- *Caput* com redação determinada pela Lei 13.467/2017 (*DOU* 14.07.2017), em vigor após decorridos 120 (cento e vinte) dias da sua publicação oficial.

§ 1º O salário a ser pago aos empregados sob o regime de tempo parcial será proporcional à sua jornada, em relação aos empregados que cumprem, nas mesmas funções, tempo integral.

- § 1º acrescentado pela MP 2.164-41/2001.

§ 2º Para os atuais empregados, a adoção do regime de tempo parcial será feita mediante opção manifestada perante a empresa, na forma prevista em instrumento decorrente de negociação coletiva.

- § 2º acrescentado pela MP 2.164-41/2001.

§ 3º As horas suplementares à duração do trabalho semanal normal serão pagas com o acréscimo de 50% (cinquenta por cento) sobre o salário-hora normal.

- § 3º acrescentado pela Lei 13.467/2017 (*DOU* 14.07.2017), em vigor após decorridos 120 (cento e vinte) dias da sua publicação oficial.

§ 4º Na hipótese de o contrato de trabalho em regime de tempo parcial ser estabelecido em número inferior a vinte e seis horas semanais, as horas suplementares a este quantitativo serão consideradas horas extras para fins do pagamento estipulado no § 3º, estando também limitadas a seis horas suplementares semanais.

- § 4º acrescentado pela Lei 13.467/2017 (*DOU* 14.07.2017), em vigor após decorridos 120 (cento e vinte) dias da sua publicação oficial.

§ 5º As horas suplementares da jornada de trabalho normal poderão ser compensadas diretamente até a semana imediatamente posterior à da sua execução, devendo ser feita a sua quitação na folha de pagamento do mês subsequente, caso não sejam compensadas.

- § 5º acrescentado pela Lei 13.467/2017 (*DOU* 14.07.2017), em vigor após decorridos 120 (cento e vinte) dias da sua publicação oficial.

§ 6º É facultado ao empregado contratado sob regime de tempo parcial converter um terço do período de férias a que tiver direito em abono pecuniário.

- § 6º acrescentado pela Lei 13.467/2017 (*DOU* 14.07.2017), em vigor após decorridos 120 (cento e vinte) dias da sua publicação oficial.

§ 7º As férias do regime de tempo parcial são regidas pelo disposto no art. 130 desta Consolidação.

- § 7º acrescentado pela Lei 13.467/2017 (*DOU* 14.07.2017), em vigor após decorridos 120 (cento e vinte) dias da sua publicação oficial.

Art. 59. A duração diária do trabalho poderá ser acrescida de horas extras, em número não excedente de duas, por acordo individual, convenção coletiva ou acordo coletivo de trabalho.

- *Caput* com redação determinada pela Lei 13.467/2017 (*DOU* 14.07.2017), em vigor após decorridos 120 (cento e vinte) dias da sua publicação oficial.
- V. Súmulas 45, 63, 102, 109, 110, 113, 115, 118, 172, 199, 226, 253, 264, 291, 354 e 376, TST.

§ 1º A remuneração da hora extra será, pelo menos, 50% (cinquenta por cento) superior à da hora normal.

- § 1º com redação determinada pela Lei 13.467/2017 (*DOU* 14.07.2017), em vigor após decorridos 120 (cento e vinte) dias da sua publicação oficial.
- V. art. 7º, XVI, CF.

§ 2º Poderá ser dispensado o acréscimo de salário se, por força de acordo ou convenção coletiva de trabalho, o excesso de horas em um dia for compensado pela correspondente diminuição em outro dia, de maneira que não exceda, no período máximo de 1 (um) ano, à soma das jornadas semanais de trabalho previstas, nem seja ultrapassado o limite máximo de 10 (dez) horas diárias.

- § 2º com redação determinada pela MP 2.164-41/2001.
- V. art. 7º, XIII e XIV, CF.
- V. Súmulas 222 e 226, TFR.
- V. Súmula 85, TST.

§ 3º Na hipótese de rescisão do contrato de trabalho sem que tenha havido a compensação integral da jornada extraordinária, na forma dos §§ 2º e 5º deste artigo, o trabalhador terá direito ao pagamento das horas extras não compensadas, calculadas sobre o valor da remuneração na data da rescisão.

- § 3º com redação determinada pela Lei 13.467/2017 (*DOU* 14.07.2017), em vigor após decorridos 120 (cento e vinte) dias da sua publicação oficial.

§ 4º *(Revogado pela Lei 13.467/2017 – DOU 14.07.2017, em vigor após decorridos 120 (cento e vinte) dias da sua publicação oficial).*

§ 5º O banco de horas de que trata o § 2º deste artigo poderá ser pactuado por acordo individual escrito, desde que a compensação ocorra no período máximo de seis meses.

- § 5º acrescentado pela Lei 13.467/2017 (*DOU* 14.07.2017), em vigor após decorridos 120 (cento e vinte) dias da sua publicação oficial.

§ 6º É lícito o regime de compensação de jornada estabelecido por acordo individual, tácito ou escrito, para a compensação no mesmo mês.

- § 6º acrescentado pela Lei 13.467/2017 (*DOU* 14.07.2017), em vigor após decorridos 120 (cento e vinte) dias da sua publicação oficial.

Art. 59-A. Em exceção ao disposto no art. 59 desta Consolidação, é facultado às partes, mediante acordo individual escrito, convenção coletiva ou acordo coletivo de trabalho, estabelecer horário de trabalho de doze horas seguidas por trinta e seis horas ininterruptas de descanso, observados ou indenizados os intervalos para repouso e alimentação.

- Artigo acrescentado pela Lei 13.467/2017 (*DOU* 14.07.2017), em vigor após decorridos 120 (cento e vinte) dias da sua publicação oficial.
- **Redação anterior determinada pela MP 808/2017 (*DOU* 14.11.2017, edição extra), que alterava este dispositivo, vigente entre 14.11.2017 e 23.04.2018, teve seu prazo encerrado pelo Ato Declaratório CN 22/2018 (*DOU* 25.04.2018): "Art. 59-A. Em exceção ao disposto no art. 59 e em leis específicas, é facultado às partes, por meio de convenção coletiva ou acordo coletivo de trabalho, estabelecer horário de trabalho de doze horas seguidas por trinta e seis horas ininterruptas de descanso, observados ou indenizados os intervalos para repouso e alimentação. § 1º. A remuneração mensal pactuada pelo horário previsto no *caput* abrange os pagamentos devidos pelo descanso semanal remunerado e pelo descanso em feriados e serão considerados compensados os feriados e as prorrogações de trabalho noturno, quando houver, de que tratam o art. 70 e o § 5º do art. 73. § 2º. É facultado às entidades atuantes no setor de saúde estabelecer, por meio de acordo individual escrito, convenção coletiva ou acordo coletivo de trabalho, horário de trabalho de doze horas seguidas por trinta e seis horas ininterruptas de descanso, observados ou indenizados os intervalos para repouso e alimentação."**

Parágrafo único. A remuneração mensal pactuada pelo horário previsto no *caput* deste artigo abrange os pagamentos devidos pelo descanso semanal remunerado e pelo descanso em feriados, e serão considerados compensados os feriados e as prorrogações de trabalho noturno, quando houver, de que tratam o art. 70 e o § 5º do art. 73 desta Consolidação.

Art. 59-B. O não atendimento das exigências legais para compensação de jornada, inclusive quando estabelecida mediante acordo tácito, não implica a repetição do pagamento das horas excedentes à jornada normal diária se não ultrapassada a duração máxima semanal, sendo devido apenas o respectivo adicional.

- Artigo acrescentado pela Lei 13.467/2017 (*DOU* 14.07.2017), em vigor após decorridos 120 (cento e vinte) dias da sua publicação oficial.

Parágrafo único. A prestação de horas extras habituais não descaracteriza o acordo de compensação de jornada e o banco de horas.

Art. 60. Nas atividades insalubres, assim consideradas as constantes dos quadros mencionados no Capítulo "Da Segurança e da Medicina do Trabalho", ou que neles venham a ser incluídas por ato do Ministro do Trabalho, Indústria e Comércio, quaisquer prorrogações só poderão ser acordadas mediante licença prévia das autoridades competentes em matéria de higiene do trabalho, as quais, para esse efeito, procederão aos necessários exames locais e à verificação dos métodos e processos de trabalho, quer diretamente, quer por intermédio de autoridades sanitárias federais, estaduais e municipais, com quem entrarão em entendimento para tal fim.

- V. art. 7º, XXIII, CF.
- V. Lei 6.514/1977 (Altera o Capítulo V do Título II da Consolidação das Leis do Trabalho, relativo à segurança e medicina do trabalho).
- V. art. 57, I, Lei 13.844/2019 (Estabelece a organização básica da Presidência da República e dos Ministérios, no qual fica transformado o Ministério do Trabalho em Ministério da Economia).

Parágrafo único. Excetuam-se da exigência de licença prévia as jornadas de doze horas de trabalho por trinta e seis horas ininterruptas de descanso.

- Parágrafo único acrescentado pela Lei 13.467/2017 (*DOU* 14.07.2017), em vigor após decorridos 120 (cento e vinte) dias da sua publicação oficial.

Art. 61. Ocorrendo necessidade imperiosa, poderá a duração do trabalho exceder do limite legal ou convencionado, seja para fazer face a motivo de força maior, seja para atender à realização ou conclusão de serviços inadiáveis ou cuja inexecução possa acarretar prejuízo manifesto.

§ 1º O excesso, nos casos deste artigo, pode ser exigido independentemente de convenção coletiva ou acordo coletivo de trabalho.

- § 1º com redação determinada pela Lei 13.467/2017 (*DOU* 14.07.2017), em vigor após decorridos 120 (cento e vinte) dias da sua publicação oficial.

§ 2º Nos casos de excesso de horário por motivo de força maior, a remuneração da hora excedente não será inferior à da hora normal. Nos demais casos de excesso previsto neste artigo, a remuneração será, pelo menos, 25% (vinte e cinco por cento) superior à da hora normal, e o trabalho não poderá exceder de 12 (doze) horas, desde que a lei não fixe expressamente outro limite.

- V. art. 7º, XVI, CF.

§ 3º Sempre que ocorrer interrupção do trabalho, resultante de causas acidentais, ou de força maior, que determinem a impossibilidade de sua realização, a duração do trabalho poderá ser prorrogada pelo tempo necessário até o máximo de 2 (duas) horas, durante o número de dias indispensáveis à recuperação do tempo perdido, desde que não exceda de 10 (dez) horas diárias, em período não superior a 45 (quarenta e cinco) dias por ano, sujeita essa recuperação à prévia autorização da autoridade competente.

Art. 62. Não são abrangidos pelo regime previsto neste Capítulo:

- *Caput* do artigo com redação determinada pela Lei 8.966/1994.
- V. Súmula 287, TST.

I – os empregados que exercem atividade externa incompatível com a fixação de horário de trabalho, devendo tal condição ser anotada na Carteira de Trabalho e Previdência Social e no registro de empregados;

- Inciso I acrescentado pela Lei 8.966/1994.
- V. art. 1º, Dec.-lei 926/1969 (Carteira de Trabalho e Previdência Social).

II – os gerentes, assim considerados os exercentes de cargos de gestão, aos quais se equiparam, para efeito do disposto neste artigo, os diretores e chefes de departamento ou filial.

- Inciso II acrescentado pela Lei 8.966/1994.

III – os empregados em regime de teletrabalho.

- Inciso III acrescentado pela Lei 13.467/2017 (*DOU* 14.07.2017), em vigor após decorridos 120 (cento e vinte) dias da sua publicação oficial.

Parágrafo único. O regime previsto neste Capítulo será aplicável aos empregados mencionados no inciso II deste artigo, quando o salário do cargo de confiança, compreendendo a gratificação de função, se houver, for inferior ao valor do respectivo salário efetivo acrescido de 40% (quarenta por cento).

- Parágrafo único acrescentado pela Lei 8.966/1994.
- V. Súmula 372, TST.

Art. 63. Não haverá distinção entre empregados e interessados, e a participação em lucros ou comissões, salvo em lucros de caráter social, não exclui o participante do regime deste Capítulo.

Art. 64. O salário-hora normal, no caso do empregado mensalista, será obtido dividindo-se o salário mensal correspondente à duração do trabalho, a que se refere o art. 58, por trinta vezes o número de horas dessa duração.

Parágrafo único. Sendo o número de dias inferior a 30 (trinta), adotar-se-á para o cálculo, em lugar desse número, o de dias de trabalho por mês.

Art. 65. No caso do empregado diarista, o salário-hora normal será obtido dividindo-se o salário diário correspondente à duração do trabalho, estabelecido no art. 58, pelo número de horas de efetivo trabalho.

Seção III
Dos Períodos de Descanso

Art. 66. Entre duas jornadas de trabalho haverá um período mínimo de 11 (onze) horas consecutivas para descanso.

- V. art. 7º, XV, CF.

Art. 67. Será assegurado a todo empregado um descanso semanal de 24 (vinte e quatro) horas consecutivas, o qual, salvo motivo de conveniência pública ou necessidade imperiosa do serviço, deverá coincidir com o domingo, no todo ou em parte.

- V. Súmulas 27, 146, 172, 351 e 354, TST.

Parágrafo único. Nos serviços que exijam trabalho aos domingos, com exceção quanto aos elencos teatrais, será estabelecida escala de revezamento, mensalmente organizada e constando do quadro sujeito à fiscalização.

- V. Lei 605/1949 (Repouso semanal remunerado).
- V. Dec. 27.048/1949 (Regulamenta a Lei 605/1949).

Art. 68. O trabalho em domingo, seja total ou parcial, na forma do art. 67, será sempre subordinado à permissão prévia da autoridade competente em matéria de trabalho.

- V. art. 10, Portaria MTE 945/2015 (Autorização transitória para trabalho aos domingos e feriados).

Parágrafo único. A permissão será concedida a título permanente nas atividades que, por sua natureza ou pela conveniência pública, devem ser exercidas aos domingos, cabendo ao Ministro do Trabalho, Indústria e Comércio expedir instruções em que sejam especificadas tais atividades. Nos demais casos, ela será dada sob forma transitória, com discriminação do período autorizado, o qual, de cada vez, não excederá de 60 (sessenta) dias.

- V. art. 57, I, Lei 13.844/2019 (Estabelece a organização básica da Presidência da República e dos Ministérios, no qual fica transformado o Ministério do Trabalho em Ministério da Economia).

Art. 69. Na regulamentação do funcionamento de atividades sujeitas ao regime deste Capítulo, os municípios atenderão aos preceitos nele estabelecidos, e as regras que venham a fixar não poderão contrariar tais preceitos nem as instruções que, para seu cumprimento, forem expedidas pelas autoridades competentes em matéria de trabalho.

- V. art. 22, I, CF.

Art. 70. Salvo o disposto nos arts. 68 e 69, é vedado o trabalho em dias feriados nacionais e feriados religiosos, nos termos da legislação própria.

- Artigo com redação determinada pelo Dec.-lei 229/1967.
- V. art. 30, CF.
- V. art. 6º, Lei 10.101/2000 (Participação nos lucros e trabalho em domingos e feriados).

Art. 71. Em qualquer trabalho contínuo, cuja duração exceda de 6 (seis) horas, é obrigatória a concessão de um intervalo para repouso ou alimentação, o qual será, no mínimo, de 1 (uma) hora e, salvo acordo escrito ou contrato coletivo em contrário, não poderá exceder de 2 (duas) horas.

§ 1º Não excedendo de 6 (seis) horas o trabalho, será, entretanto, obrigatório um intervalo de 15 (quinze) minutos quando a duração ultrapassar 4 (quatro) horas.

- V. Súmula 675, STF.

§ 2º Os intervalos de descanso não serão computados na duração do trabalho.

§ 3º O limite mínimo de 1 (uma) hora para repouso ou refeição poderá ser reduzido por ato do Ministro do Trabalho, Indústria e Comércio quando, ouvido o Serviço de Alimentação de Previdência Social, se verificar que o estabelecimento atende integralmente às exigências concernentes à organização dos refeitórios e quando os respectivos empregados não estiverem sob regime de trabalho prorrogado a horas suplementares.

- V. Portaria MTE 1.095/2010 (Disciplina os requisitos para a redução de intervalo intrajornada).
- V. art. 57, I, Lei 13.844/2019 (Estabelece a organização básica da Presidência da República e dos Ministérios, no qual fica transformado o Ministério do Trabalho em Ministério da Economia).

§ 4º A não concessão ou a concessão parcial do intervalo intrajornada mínimo, para repouso e alimentação, a empregados urbanos e rurais, implica o pagamento, de natureza indenizatória, apenas do período suprimido, com acréscimo de 50% (cinquenta por cento) sobre o valor da remuneração da hora normal de trabalho.

- § 4º com redação determinada pela Lei 13.467/2017 (*DOU* 14.07.2017), em vigor após decorridos 120 (cento e vinte) dias da sua publicação oficial.

§ 5º O intervalo expresso no *caput* poderá ser reduzido e/ou fracionado, e aquele estabelecido no § 1º poderá ser fracionado, quando compreendidos entre o término da primeira hora trabalhada e o início da última hora trabalhada, desde que previsto em convenção ou acordo coletivo de trabalho, ante a natureza do serviço e em virtude das condições especiais de trabalho a que são submetidos estritamente os motoristas, cobradores, fiscalização de campo e afins nos serviços de operação de veículos rodoviários, empregados no setor de transporte coletivo de passageiros, mantida a remuneração e concedidos intervalos para descanso menores ao final de cada viagem.

- § 5º com redação determinada pela Lei 13.103/2015.
- V. art. 1º, Dec.-lei 4.657/1942 (Lei de Introdução às Normas do Direito Brasileiro).

Art. 72. Nos serviços permanentes de mecanografia (datilografia, escrituração ou cálculo), a cada período de 90 (noventa) minutos de trabalho consecutivo corresponderá um repouso de 10 (dez) minutos não deduzidos da duração normal de trabalho.

- V. Súmula 346, TST.

Seção IV
Do Trabalho Noturno

Art. 73. Salvo nos casos de revezamento semanal ou quinzenal, o trabalho noturno terá remuneração superior à do diurno e, para esse efeito, sua remuneração terá um acréscimo de 20% (vinte por cento), pelo menos, sobre a hora diurna.

- Artigo com redação determinada pelo Dec.-lei 9.666/1946.
- V. art. 7º, IX, CF.

§ 1º A hora do trabalho noturno será computada como de 52 (cinquenta e dois) minutos e 30 (trinta) segundos.

- V. Súmula 214, STF.
- V. Súmulas 65 e 112, TST.

§ 2º Considera-se noturno, para os efeitos deste artigo, o trabalho executado entre as 22 (vinte e duas) horas de um dia e as 5 (cinco) horas do dia seguinte.

§ 3º O acréscimo a que se refere o presente artigo, em se tratando de empresas que não mantêm, pela natureza de suas atividades, trabalho noturno habitual, será feito tendo em vista os quantitativos pagos por trabalhos diurnos de natureza semelhante. Em relação às empresas cujo trabalho noturno decorra da natureza de suas atividades, o aumento será calculado sobre o salário mínimo geral vigente na região, não sendo devido quando exceder desse limite, já acrescido da percentagem.

- V. art. 76, CLT.
- V. Súmula 313, STF.

§ 4º Nos horários mistos, assim entendidos os que abrangem períodos diurnos e noturnos, aplica-se às horas de trabalho noturno o disposto neste artigo e seus parágrafos.

§ 5º Às prorrogações do trabalho noturno aplica-se o disposto neste Capítulo.

- V. Súmulas 213 e 402, STF.
- V. Súmulas 60, 140, 265 e 354, TST.

Seção V
Do Quadro de Horário

Art. 74. O horário do trabalho constará de quadro, organizado conforme modelo expedido pelo Ministro do Trabalho, Indústria e Comércio e afixado em lugar bem visível. Esse quadro será discriminativo no caso de não ser o horário único para todos os empregados de uma mesma seção ou turma.

- V. art. 13, Portaria MTPS 3.626/1991 (Registro de empregados e anotações na CTPS).
- V. art. 57, I, Lei 13.844/2019 (Estabelece a organização básica da Presidência da República e dos Ministérios, no qual fica transformado o Ministério do Trabalho em Ministério da Economia).

§ 1º O horário de trabalho será anotado em registro de empregados com a indicação de acordos ou contratos coletivos porventura celebrados.

§ 2º Para os estabelecimentos de mais de dez trabalhadores será obrigatória a anotação da hora de entrada e de saída, em registro manual, mecânico ou eletrônico, conforme instruções a serem expedidas pelo Ministério do Trabalho, devendo haver pré-assinalação do período de repouso.

- § 2º com redação determinada pela Lei 7.855/1989.
- V. Súmulas 338 e 340, TST.

§ 3º Se o trabalho for executado fora do estabelecimento, o horário dos empregados constará, explicitamente, de ficha ou papeleta em seu poder, sem prejuízo do que dispõe o § 1º deste artigo.

Seção VI
Das Penalidades

Art. 75. Os infratores dos dispositivos do presente Capítulo incorrerão na multa de 50 (cinquenta) a 5.000 (cinco mil) cruzeiros, segundo a natureza da infração, sua extensão e a intenção de quem a praticou, aplicada em dobro no caso de reincidência e oposição à fiscalização ou desacato à autoridade.

- Multas: ver Notas de Atualização e Portaria MTb 290/1997.

Parágrafo único. São competentes para impor penalidades as Delegacias Regionais do Trabalho e Emprego.

Capítulo II-A
Do Teletrabalho

- Capítulo II-A acrescentado pela Lei 13.467/2017 (*DOU* 14.07.2017), em vigor após decorridos 120 (cento e vinte) dias da sua publicação oficial.

Art. 75-A. A prestação de serviços pelo empregado em regime de teletrabalho observará o disposto neste Capítulo.

- Artigo acrescentado pela Lei 13.467/2017 (*DOU* 14.07.2017), em vigor após decorridos 120 (cento e vinte) dias da sua publicação oficial.

Art. 75-B. Considera-se teletrabalho a prestação de serviços preponderantemente fora das dependências do empregador, com a utilização de tecnologias de informação e de comunicação que, por sua natureza, não se constituam como trabalho externo.

- Artigo acrescentado pela Lei 13.467/2017 (*DOU* 14.07.2017), em vigor após decorridos 120 (cento e vinte) dias da sua publicação oficial.

Parágrafo único. O comparecimento às dependências do empregador para a realização de atividades específicas que exijam a presença do empregado no estabelecimento não descaracteriza o regime de teletrabalho.

Art. 75-C. A prestação de serviços na modalidade de teletrabalho deverá constar expressamente do contrato individual de trabalho, que especificará as atividades que serão realizadas pelo empregado.

- Artigo acrescentado pela Lei 13.467/2017 (*DOU* 14.07.2017), em vigor após decorridos 120 (cento e vinte) dias da sua publicação oficial.

§ 1º Poderá ser realizada a alteração entre regime presencial e de teletrabalho desde que haja mútuo acordo entre as partes, registrado em aditivo contratual.

§ 2º Poderá ser realizada a alteração do regime de teletrabalho para o presencial por determinação do empregador, garantido prazo de transição mínimo de quinze dias, com correspondente registro em aditivo contratual.

Art. 75-D. As disposições relativas à responsabilidade pela aquisição, manutenção ou fornecimento dos equipamentos tecnológicos e da infraestrutura necessária e adequada à prestação do trabalho remoto, bem como ao reembolso de despesas arcadas pelo empregado, serão previstas em contrato escrito.

- Artigo acrescentado pela Lei 13.467/2017 (*DOU* 14.07.2017), em vigor após decorridos 120 (cento e vinte) dias da sua publicação oficial.

Parágrafo único. As utilidades mencionadas no *caput* deste artigo não integram a remuneração do empregado.

Art. 75-E. O empregador deverá instruir os empregados, de maneira expressa e ostensiva, quanto às precauções a tomar a fim de evitar doenças e acidentes de trabalho.

- Artigo acrescentado pela Lei 13.467/2017 (*DOU* 14.07.2017), em vigor após decorridos 120 (cento e vinte) dias da sua publicação oficial.

Parágrafo único. O empregado deverá assinar termo de responsabilidade comprometendo-se a seguir as instruções fornecidas pelo empregador.

Capítulo III
Do Salário Mínimo

- V. Lei 8.542/1992 (Política Nacional de Salários).
- V. Lei 8.716/1993 (Garantia do salário mínimo).
- V. Lei 10.192/2001 (Medidas complementares ao Plano Real).
- V. Lei 12.382/2011 (Dispõe sobre o valor do salário mínimo em 2011 e a sua política de valorização de longo prazo; disciplina a representação fiscal para fins penais nos casos em que houve parcelamento do crédito tributário).

Seção I
Do Conceito

Art. 76. Salário mínimo é a contraprestação mínima devida e paga diretamente pelo empregador a todo trabalhador, inclusive ao trabalhador rural, sem distinção de sexo, por dia normal de serviço, e capaz de satisfazer, em determinada época e região do País, as suas necessidades normais de alimentação, habitação, vestuário, higiene e transporte.

- O art. 7º, IV, da CF ampliou o conceito de salário mínimo, unificou seu valor para todo o País e vedou sua vinculação para qualquer fim, exceto para os benefícios da Previdência Social (art. 201, § 2º, da CF).
- V. Lei 7.418/1985 (Vale-transporte).
- V. Dec. 95.247/1987 (Regulamenta a Lei 7.418/1985).
- V. Súmula 203, STF.

Art. 77. A fixação do salário mínimo, a que todo trabalhador tem direito, em retribuição ao serviço prestado, compete às Comissões de Salário Mínimo, na forma que este Capítulo dispõe.

- O art. 23 da Lei 4.589/1964 revoga os artigos da CLT ref. às Comissões de Salário Mínimo.

Art. 78. Quando o salário for ajustado por empreitada, ou convencionado por tarefa ou peça, será garantida ao trabalhador uma remuneração diária nunca inferior à do salário mínimo por dia normal.

- V. art. 7º, IV e V, CF.

Parágrafo único. Quando o salário mínimo mensal do empregado a comissão ou que tenha direito a percentagem for integrado por parte fixa e parte variável, ser-lhe-á sempre garantido o salário mínimo, vedado qualquer desconto em mês subsequente a título de compensação.

- Parágrafo único acrescentado pelo Dec.-lei 229/1967.
- V. art. 7º, VII, CF.
- V. Lei 8.716/1993 (Garantia do salário mínimo).

Art. 79. Quando se tratar da fixação do salário mínimo dos trabalhadores ocupados em serviços insalubres, poderão as Comissões de salário mínimo aumentá-lo até de metade do salário mínimo normal.

- O art. 23 da Lei 4.589/1964 revoga os artigos da CLT ref. às Comissões de Salário Mínimo.
- V. art. 7º, IV, CF.
- V. art. 76, CLT.

Art. 80. *(Revogado pela Lei 10.097/2000).*

Art. 81. O salário mínimo será determinado pela fórmula Sm = a + b + c + d + e, em que *a*, *b*, *c*, *d* e *e* representam, respectivamente, o valor das despesas diárias com alimentação, habitação, vestuário, higiene e transporte necessários à vida de um trabalhador adulto.

- V. art. 76, CLT.
- V. Lei 8.716/1993 (Garantia do salário mínimo).

§ 1º A parcela correspondente à alimentação terá um valor mínimo igual aos valores da lista de provisões, constantes dos quadros devidamente aprovados e necessários à alimentação diária do trabalhador adulto.

§ 2º Poderão ser substituídos pelos equivalentes de cada grupo, também mencionados nos quadros a que alude o parágrafo anterior, os alimentos, respeitados os valores nutritivos determinados nos mesmos quadros.

§ 3º O Ministério do Trabalho, Indústria e Comércio fará, periodicamente, a revisão dos quadros a que se refere o § 1º deste artigo.

- V. art. 57, I, Lei 13.844/2019 (Estabelece a organização básica da Presidência da República e dos Ministérios, no qual fica transformado o Ministério do Trabalho em Ministério da Economia).

Art. 82. Quando o empregador fornecer, *in natura*, uma ou mais das parcelas do salário mínimo, o salário em dinheiro será determinado pela fórmula Sd = Sm – P, em que *Sd* representa o salário em dinheiro, *Sm* o salário mínimo e *P* a soma dos valores daquelas parcelas.

- Ver nota ao art. 76, CLT.
- V. Súmula 258, TST.

Parágrafo único. O salário mínimo pago em dinheiro não será inferior a 30% (trinta por cento) do salário mínimo.

Art. 83. É devido o salário mínimo ao trabalhador em domicílio, considerado este como o executado na habitação do empregado ou em oficina de família, por conta de empregador que o remunere.

Seção II
Das Regiões e Sub-Regiões

Art. 84. *Revogado pela Lei 13.467/2017 – DOU 14.07.2017, em vigor após decorridos 120 (cento e vinte) dias da sua publicação oficial).*

Art. 85. O ministro do Trabalho, Indústria e Comércio, mediante proposta das Comissões de Salário Mínimo, e ouvido o Serviço de Estatística da Previdência e Trabalho, poderá, atendendo aos índices de padrão de vida, dividir uma região em duas ou mais zonas, desde que cada zona abranja, pelo menos, quinhentos mil habitantes.

- O art. 23 da Lei 4.589/1964 revoga os artigos da CLT ref. às Comissões de Salário Mínimo.
- V. art. 57, I, Lei 13.844/2019 (Estabelece a organização básica da Presidência da República e dos Ministérios, no qual fica transformado o Ministério do Trabalho em Ministério da Economia).

§ 1º A decisão deverá enumerar, taxativamente, os municípios que ficam sujeitos a cada zona, para efeito de se determinar a competência de cada Comissão.

§ 2º Quando uma região se dividir em duas ou mais zonas, as respectivas Comissões de Salário Mínimo funcionarão, uma, obrigatoriamente, na capital do Estado, ou na sede do governo do Território do Acre, e a outra, ou outras, nos municípios de maior importância econômica aferida pelo valor dos impostos federais, arrecadados no último biênio.

Art. 86. *(Revogado pela Lei 13.467/2017 – DOU 14.07.2017, em vigor após decorridos 120 (cento e vinte) dias da sua publicação oficial).*

Seção III
Da Constituição das Comissões

Art. 87. O número dos componentes das Comissões de Salário Mínimo, inclusive o presidente, será fixado pelo ministro do Trabalho, Indústria e Comércio, no mínimo de cinco e até ao máximo de onze.

- O art. 23 da Lei 4.589/1964 revoga os artigos da CLT ref. às Comissões de Salário Mínimo.

Art. 88. Os representantes dos empregadores e empregados serão eleitos, na forma do art. 96, pelo respectivo sindicato e, na falta deste, por associações legalmente registadas, não podendo sua escolha recair em indivíduos estranhos ao quadro social dessas entidades.

§ 1º Os membros das Comissões ou Subcomissões de Salário Mínimo serão nomeados pelo ministro do Trabalho, Indústria e Comércio, dentre os representantes dos empregadores e empregados, eleitos no prazo fixado.

- O art. 23 da Lei 4.589/1964 revoga os artigos da CLT ref. às Comissões de Salário Mínimo.
- V. art. 57, I, Lei 13.844/2019 (Estabelece a organização básica da Presidência da República e dos Ministérios, no qual fica transformado o Ministério do Trabalho em Ministério da Economia).

§ 2º O número de representantes dos empregadores, nas Comissões de Salário Mínimo, será igual ao dos empregados.

- O art. 23 da Lei 4.589/1964 revoga os artigos da CLT ref. às Comissões de Salário Mínimo.

Art. 89. De cada Comissão não poderá participar como representante dos empregadores ou dos empregados, mais de um componente que pertença à mesma profissão ou à mesma atividade produtora.

- O art. 23 da Lei 4.589/1964 revoga os artigos da CLT ref. às Comissões de Salário Mínimo.

Art. 90. O presidente da Comissão do Salário Mínimo notificará, três meses antes da extinção do mandato da mesma Comissão aos sindicatos de empregadores e de empregados da região, zona ou subzona, determinando que procedam às iniciais eleições de seus vogais e suplentes, a serem indicados para a recomposição da Comissão.

- O art. 23 da Lei 4.589/1964 revoga os artigos da CLT ref. às Comissões de Salário Mínimo.

Art. 91. No penúltimo mês do mandato das Comissões de Salário Mínimo, cada sindicato remeterá ao presidente da Comissão da respectiva região zona ou subzona, uma lista de três associados eleitos para a indicação a vogais e três para suplentes.

- O art. 23 da Lei 4.589/1964 revoga os artigos da CLT ref. às Comissões de Salário Mínimo.

Art. 92. Onde não funcionarem sindicatos ou associações profissionais registadas, o presidente da Comissão convocará empregadores e empregados para uma reunião, que presidirá, a fim de serem eleitos os vogais e suplentes de cada classe.

- O art. 23 da Lei 4.589/1964 revoga os artigos da CLT ref. às Comissões de Salário Mínimo.

Art. 93. Serão observadas, nas eleições dos vogais e suplentes dos empregadores e dos empregados, nas Subcomissões de Salário Mínimo, as mesmas formalidades relativas às Comissões, devendo o presidente da Subcomissão remeter ao da Comissão a que estiver subordinado a lista dos eleitos.

- As Comissões de Salário Mínimo foram revogadas pelo art. 23 da Lei 4.589/1964.

Art. 94. De posse das listas, o presidente as remeterá, por intermédio do Serviço de Estatística da Previdência e Trabalho, ao ministro do Trabalho Indústria e Comércio, que nomeará os componentes das Comissões e Subcomissões.

- O art. 23 da Lei 4.589/1964 revoga os artigos da CLT ref. às Comissões de Salário Mínimo.
- V. art. 57, I, Lei 13.844/2019 (Estabelece a organização básica da Presidência da República e dos Ministérios, no qual fica transformado o Ministério do Trabalho em Ministério da Economia).

Parágrafo único. As listas remetidas ao ministro do Trabalho, Indústria e Comércio pelos presidentes das Comissões de Salário Mínimo deverão mencionar o nome e a sede do sindicato, associação profissional a que pertençam os eleitos.

Art. 95. Na hipótese de não comparecimento de empregadores ou de empregados, ou no caso de uma classe ou ambas deixarem de indicar número suficiente de representantes, o ministro do Trabalho, Indústria e Comércio fará as nomeações, sem dependência de eleição.

- V. art. 57, I, Lei 13.844/2019 (Estabelece a organização básica da Presidência da República e dos Ministérios, no qual fica transformado o Ministério do Trabalho em Ministério da Economia).

Parágrafo único. A prova da qualidade de empregador ou empregadores não sindicalizados será feita mediante recibo de quitação do imposto sindical.

Art. 96. Os representantes dos empregadores e dos empregados, nas Comissões e Subcomissões de Salário Mínimo deverão fazer prova de residência por tempo não inferior a dois anos, na região, zona ou subzona em que exercerem a sua atividade.

- O art. 23 da Lei 4.589/1964 revoga os artigos da CLT ref. às Comissões de Salário Mínimo.

Art. 97. Os presidentes das Comissões ou Subcomissões de Salário Mínimo serão nomeados, em comissão, pelo Presidente da República, mediante proposta do ministro do Trabalho, Indústria e Comércio, dentre os cidadãos brasileiros de notória idoneidade moral, versados em assuntos de ordem econômica e social.

- O art. 23 da Lei 4.589/1964 revoga os artigos da CLT ref. às Comissões de Salário Mínimo.
- V. art. 57, I, Lei 13.844/2019 (Estabelece a organização básica da Presidência da República e dos Ministérios, no qual fica transformado o Ministério do Trabalho em Ministério da Economia).

Art. 98. O mandato dos membros das Comissões e Subcomissões será de dois anos, podendo os seus componentes ser reconduzidos ao terminar o respectivo prazo.

- O art. 23 da Lei 4.589/1964 revoga os artigos da CLT ref. às Comissões de Salário Mínimo.

Art. 99. As Comissões e Subcomissões reunir-se-ão por convocação do presidente ou da maioria absoluta de seus membros.

- O art. 23 da Lei 4.589/1964 revoga os artigos da CLT ref. às Comissões de Salário Mínimo.

§ 1º As Comissões e Subcomissões deliberarão com a presença do presidente e de dois terços de seus componentes, sendo as suas decisões pronunciadas por maioria de votos.

§ 2º O presidente, que tomará parte nos debates, só terá voto de desempate.

Art. 100. Os componentes das Comissões e Subcomissões perceberão a gratificação, de cinquenta cruzeiros por sessão a que comparecerem, até o máximo de duzentos cruzeiros por mês.

- O art. 23 da Lei 4.589/1964 revoga os artigos da CLT ref. às Comissões de Salário Mínimo.

Seção IV
Das Atribuições das Comissões de Salário Mínimo

Art. 101. As Comissões de Salário Mínimo têm por incumbência fixar o salário mínimo da região ou zona, de sua jurisdição.

- O art. 23 da Lei 4.589/1964 revoga os artigos da CLT ref. às Comissões de Salário Mínimo.

Parágrafo único. Compete-lhes, igualmente, pronunciar-se sobre a alteração do salário mínimo que lhe for requerida por algum de seus componentes, pelo Serviço de Estatística da Previdência e Trabalho do Ministério do Trabalho, Indústria e Comércio, ou pelos sindicatos, associações profissionais registadas e, na falta destes, por dez pessoas residentes na região, zona ou subzona, há mais de um ano, e que não tenham entre si laços de parentesco até segundo grau, incluídos os afins.

- V. art. 57, I, Lei 13.844/2019 (Estabelece a organização básica da Presidência da República e dos Ministérios, no qual fica transformado o Ministério do Trabalho em Ministério da Economia).

Art. 102. O ministro do Trabalho, Indústria e Comércio, *ex officio*, a requerimento dos sindicatos, associações profissionais registadas ou por solicitação da Comissão de Salário Mínimo, poderá classificar os trabalhadores segundo a identidade das condições necessárias e normais da vida nas respectivas regiões.

- O art. 23 da Lei 4.589/1964 revoga os artigos da CLT ref. às Comissões de Salário Mínimo.
- V. art. 57, I, Lei 13.844/2019 (Estabelece a organização básica da Presidência da República e dos Ministérios, no qual fica transformado o Ministério do Trabalho em Ministério da Economia).

Art. 103. O salário mínimo será fixado para cada região, zona ou subzona, de modo geral, ou segundo a identidade das condições e necessidades normais da vida nas respectivas regiões, zonas ou subzonas.

Art. 104. Realizar-se-á inquérito censitário para conhecer as condições econômicas de cada região, zona ou subzona do País, bem como os salários efetivamente pagos aos trabalhadores, sempre que essa providência se fizer mister, afim de proporcionar às Comissões de Salário Mínimo os elementos indispensáveis à fixação do salário mínimo.

- O art. 23 da Lei 4.589/1964 revoga os artigos da CLT ref. às Comissões de Salário Mínimo.

Art. 105. Todos os indivíduos, empresas, associações, sindicatos, companhias ou firmas que tenham a seu serviço empregados, ou operários, deverão remeter ao Ministério do Trabalho, Indústria e Comércio, ou à autoridade que o representar nos Estados dentro do prazo de 15 (quinze) dias, a contar da data da notificação que lhes for feita, a indicação dos salários mais baixos efetivamente pagos, com a discriminação do serviço desempenhado pelos trabalhadores, conforme modelo aprovado pelo ministro do Trabalho, Indústria e Comércio.

- V. art. 57, I, Lei 13.844/2019 (Estabelece a organização básica da Presidência da República e dos Ministérios, no qual fica transformado o Ministério do Trabalho em Ministério da Economia).

§ 1º O disposto neste artigo será igualmente observado pelos encarregados de serviços ou obras, tanto do Governo Federal, como dos Governos Estaduais e Municipais.

§ 2º Os dados censitários recolhidos pelo Ministério do Trabalho, Indústria e Comércio serão enviados às Comissões de Salário Mínimo, podendo estas, nos casos de insuficiência desses dados, colher, os elementos complementaras de que precisarem, diretamente junto às partes interessadas residentes na região, zona ou subzona de sua jurisdição.

- As Comissões de Salário Mínimo foram revogadas pelo art. 23 da Lei 4.589/1964.
- V. art. 57, I, Lei 13.844/2019 (Estabelece a organização básica da Presidência da República e dos Ministérios, no qual fica transformado o Ministério do Trabalho em Ministério da Economia).

Art. 106. As Comissões de Salário Mínimo, mediante delegação do Serviço de Estatística da Previdência e Trabalho, representarão o Ministério do Trabalho, Indústria e Comércio, para o efeito do recolhimento das declarações, de que trata o art. 109, e de outros elementos estatísticos.

- O art. 23 da Lei 4.589/1964 revoga os artigos da CLT ref. às Comissões de Salário Mínimo.
- V. art. 57, I, Lei 13.844/2019 (Estabelece a organização básica da Presidência da República e dos Ministérios, no qual fica transformado o Ministério do Trabalho em Ministério da Economia).

Parágrafo único. Para os fins deste artigo, as Comissões de Salário Mínimo poderão delegar as suas funções às autoridades federais, estaduais ou municipais, da região, zona ou subzona a que pertencerem.

Art. 107. As Comissões de Salário Mínimo, ao fixar o salário mínimo, darão à publicidade os índices estatísticos que justifiquem sua adoção e o valor de cada uma das parcelas que o constituírem.

- O art. 23 da Lei 4.589/1964 revoga os artigos da CLT ref. às Comissões de Salário Mínimo.

Art. 108. As Comissões de Salário Mínimo enviarão ao Serviço de Estatística da Previdência e Trabalho do Ministério do Trabalho, Indústria e Comércio as declarações recebidas, devidamente relacionadas, dentro do prazo improrrogável de 15 (quinze) dias, utilizando-se da via de transporte mais rápida.

- O art. 23 da Lei 4.589/1964 revoga os artigos da CLT ref. às Comissões de Salário Mínimo.
- V. art. 57, I, Lei 13.844/2019 (Estabelece a organização básica da Presidência da República e dos Ministérios, no qual fica transformado o Ministério do Trabalho em Ministério da Economia).

Art. 109. Dentro do prazo de 45 (quarenta e cinco) dias, contados do recebimento das declarações que lhe forem enviadas, o Serviço de Estatística da Previdência e Trabalho do Ministério do Trabalho, Indústria e Comércio remeterá às Comissões de Salário Mínimo, não só o material, como as instruções para a realização de inquéritos ou pesquisas que melhor elucidem ou completem o acervo de elementos necessários ao estudo e determinação do salário mínimo na região, zona ou subzona.

- O art. 23 da Lei 4.589/1964 revoga os artigos da CLT ref. às Comissões de Salário Mínimo.
- V. art. 57, I, Lei 13.844/2019 (Estabelece a organização básica da Presidência da República e dos Ministérios, no qual fica transformado o Ministério do Trabalho em Ministério da Economia).

Parágrafo único. Os inquéritos serão realizados sob a orientação de técnicos e funcionários do Ministério do Trabalho, Indústria e Comércio, designados especialmente para esse fim.

Art. 110. As Comissões de Salário Mínimo centralizarão na região ou zona os elementos dos inquéritos ou pesquisas determinados pelo Serviço de Estatística da Previdência e Trabalho do Ministério do Trabalho, Indústria e Comércio, remetendo-lhes esses elementos dentro do prazo que, antecipadamente, lhes for fixado.

- O art. 23 da Lei 4.589/1964 revoga os artigos da CLT ref. às Comissões de Salário Mínimo.
- V. art. 57, I, Lei 13.844/2019 (Estabelece a organização básica da Presidência da República e dos Ministérios, no qual fica transformado o Ministério do Trabalho em Ministério da Economia).

Parágrafo único. As Comissões remeterão, imediatamente, ao Serviço de Estatística da Previdência e Trabalho cópia autêntica de todas as suas decisões ou resoluções.

Art. 111. O Serviço de Estatística da Previdência e Trabalho, do Ministério do Trabalho, Indústria e Comércio, uma vez satisfeita a exigência dos arts. 108 e 110, deverá fornecer às Comissões de Salário Mínimo, dentro do prazo máximo de 240 (duzentos e quarenta) dias, uma informação fundamentada indicando o salário mínimo aplicável à região, zona ou subzona de que se tratar.

- O art. 23 da Lei 4.589/1964 revoga os artigos da CLT ref. às Comissões de Salário Mínimo.
- V. art. 57, I, Lei 13.844/2019 (Estabelece a organização básica da Presidência da República e dos Ministérios, no qual fica transformado o Ministério do Trabalho em Ministério da Economia).

Parágrafo único. No caso de não receber, em tempo útil, os elementos a que se refere este artigo, o Serviço de Estatística da Previdência e Trabalho elaborará uma recomendação baseada no critério de comparação com regiões, zonas ou subzonas de condições semelhantes.

Seção V
Da Fixação do Salário Mínimo

Art. 112. Recebida a informação a que se refere o art. 111, cada Comissão de Salário Mínimo fixará, dentro do prazo improrrogável de 9 (nove) meses, o salário mínimo da respectiva região ou zona.

- O art. 23 da Lei 4.589/1964 revoga os artigos da CLT ref. às Comissões de Salário Mínimo.

§ 1º A decisão fixando o salário será publicada nos órgãos oficiais, ou nos jornais de maior circulação, na região, zona ou subzona, de jurisdição da Comissão, e no Diário Oficial, na capital da República, por 3 (três) meses, durante o prazo de 90 (noventa) dias.

§ 2º Dentro do prazo fixado no parágrafo anterior, a Comissão receberá as observações que as classes interessadas lhe dirigirem. Findo esse prazo, reunir-se-á, imediatamente, para apreciar as observações recebidas, alterar ou confirmar o salário mínimo fixado e, dentro de 20 (vinte) dias, proferir a sua decisão definitiva.

Art. 113. Dentro do prazo improrrogável de 15 (quinze) dias, contados da decisão definitiva da Comissão de Salário Mínimo, cabe recurso para o ministro do Trabalho, Indústria e Comércio.

- As Comissões de Salário Mínimo foram revogadas pelo art. 23 da Lei 4.589/1964.
- V. art. 57, I, Lei 13.844/2019 (Estabelece a organização básica da Presidência da República e dos Ministérios, no qual fica transformado o Ministério do Trabalho em Ministério da Economia).

Art. 114. A ata da reunião da Comissão de Salário Mínimo, em que for ultimada a sua decisão definitiva, será publicada na região, zona ou subzona, a que interessar.

- O art. 23 da Lei 4.589/1964 revoga os artigos da CLT ref. às Comissões de Salário Mínimo.

Parágrafo único. Uma cópia autêntica da ata a que se refere este artigo será enviada pelo presidente da Comissão, no prazo improrrogável de 15 (quinze) dias, ao Serviço de Estatística da Previdência e Trabalho, do Ministério do Trabalho, Indústria e Comércio.

- V. art. 57, I, Lei 13.844/2019 (Estabelece a organização básica da Presidência da República e dos Ministérios, no qual fica transformado o Ministério do Trabalho em Ministério da Economia).

Art. 115. De posse das decisões definitivas das Comissões de Salário Mínimo, submeterá o Ministério do Trabalho, Indústria e Comércio ao Presidente da República o decreto instituindo o salário mínimo em cada região, zona ou subzona.

- O art. 23 da Lei 4.589/1964 revoga os artigos da CLT ref. às Comissões de Salário Mínimo.
- V. art. 57, I, Lei 13.844/2019 (Estabelece a organização básica da Presidência da República e dos Ministérios, no qual fica transformado o Ministério do Trabalho em Ministério da Economia).

Parágrafo único. Se uma ou várias Comissões de Salário Mínimo deixarem de remeter cópia autêntica da ata a que se refere o artigo anterior e no prazo fixado pelo parágrafo do mesmo artigo, o Ministro do Trabalho, Indústria e Comércio submeterá ao Presidente da República uma proposta de salário mínimo para a região, zona ou subzona, interessada, baseada no critério de comparação com regiões, zonas ou subzonas, de condições semelhantes.

Art. 116. O decreto fixando o salário mínimo, decorridos 60 (sessenta) dias de sua publicação no *Diário Oficial*, obrigará a todos que utilizem o trabalho de outrem mediante remuneração.

- O art. 7º, IV, da CF estabelece que o salário mínimo só poderá ser fixado por lei.
- V. art. 76, CLT.
- V. Lei 4.589/1964 (Salário mínimo).

§ 1º O salário mínimo, uma vez fixado, vigorará pelo prazo de 3 (três) anos, podendo ser modificado ou confirmado por novo período de 3 (três) anos, e assim seguidamente, por decisão da respectiva Comissão de salário mínimo, aprovada pelo Ministro do Trabalho, Indústria e Comércio.

- O art. 23 da Lei 4.589/1964 revoga os artigos da CLT ref. às Comissões de Salário Mínimo.
- V. art. 57, I, Lei 13.844/2019 (Estabelece a organização básica da Presidência da República e dos Ministérios, no qual fica transformado o Ministério do Trabalho em Ministério da Economia).

§ 2º Excepcionalmente, poderá o salário mínimo ser modificado, antes de decorridos 3 (três) anos de sua vigência, sempre que a respectiva Comissão de salário mínimo, pelo voto de 3/4 (três quartos) de seus componentes, reconhecer que fatores de ordem econômica tenham alterado de maneira profunda a situação econômica e financeira da região interessada.

- V. art. 23, Lei 4.589/1964 (Salário mínimo).

Seção VI
Disposições Gerais

Art. 117. Será nulo de pleno direito, sujeitando o empregador às sanções do art. 120, qualquer contrato ou convenção que estipule remuneração inferior ao salário mínimo.

- V. art. 7º, IV, CF.
- V. art. 76, CLT.

Art. 118. O trabalhador a quem for pago salário inferior ao mínimo terá direito, não obstante qualquer contrato, ou convenção em contrário, a reclamar do empregador o complemento de seu salário mínimo.

- V. art. 7º, IV, CF.
- V. art. 76, CLT.

Art. 119. Prescreve em 2 (dois) anos a ação para reaver a diferença, contados, para cada pagamento, da data em que o mesmo tenha sido efetuado.

- V. art. 7º, XXIX, CF.

Art. 120. Aquele que infringir qualquer dispositivo concernente ao salário mínimo será passível de multa de 50 (cinquenta) a 2.000 (dois mil) cruzeiros, elevada ao dobro na reincidência.

- Multas: ver Notas de Atualização e Portaria MTb 290/1997.

Art. 121. *(Revogado pelo Dec.-lei 229/1967).*

Art. 122. O membro da Comissão ou Subcomissão de Salário Mínimo que deixar de comparecer a três sessões seguidas, sem justificação documentada, além da multa prevista no art. 120, será destituído de suas funções e substituído pelo respectivo suplente.

- O art. 23 da Lei 4.589/1964 revoga os artigos da CLT ref. às Comissões de Salário Mínimo.

Art. 123. O presidente da Comissão ou Subcomissão de Salário Mínimo que, por omissão ou negligência, infringir o presente Decreto-lei será passível de demissão, sem prejuízo da imposição da multa prevista no artigo 122.

- O art. 23 da Lei 4.589/1964 revoga os artigos da CLT ref. às Comissões de Salário Mínimo.

Art. 124. A aplicação dos preceitos deste Capítulo não poderá, em caso algum, ser causa determinante da redução do salário.

- V. art. 7º, VI, CF.

Art. 125. Os presidentes das Comissões de Salário Mínimo poderão requisitar ao ministro do Trabalho, Indústria e Comércio, por intermédio do Serviço de Estatística da Previdência e Trabalho do seu Ministério, os funcionários de que necessitarem.

- O art. 23 da Lei 4.589/1964 revoga os artigos da CLT ref. às Comissões de Salário Mínimo.
- V. art. 57, I, Lei 13.844/2019 (Estabelece a organização básica da Presidência da República e dos Ministérios, no qual fica transformado o Ministério do Trabalho em Ministério da Economia).

Art. 126. O Ministro do Trabalho, Indústria e Comércio expedirá as instruções necessárias à fiscalização do salário mínimo, podendo cometer essa fiscalização a qualquer dos órgãos componentes do respectivo Ministério, e, bem assim, aos fiscais dos Institutos de Aposentadoria e Pensões, na forma da legislação em vigor.

- V. art. 57, I, Lei 13.844/2019 (Estabelece a organização básica da Presidência da República e dos Ministérios, no qual fica transformado o Ministério do Trabalho em Ministério da Economia).

Arts. 127 e 128. *(Revogados pelo Dec.-lei 229/1967).*

Capítulo IV
Das Férias Anuais

Seção I
Do Direito a Férias e da sua Duração

Art. 129. Todo empregado terá direito anualmente ao gozo de um período de férias, sem prejuízo da remuneração.

- Artigo com redação determinada pelo Dec.-lei 1.535/1977.
- V. art. 7º, XVII e XXXIV, CF.
- V. Súmulas 7, 10 e 14, TST.

Art. 130. Após cada período de 12 (doze) meses de vigência do contrato de trabalho, o empregado terá direito a férias, na seguinte proporção:

- Artigo com redação determinada pelo Dec.-lei 1.535/1977.

I – trinta dias corridos, quando não houver faltado ao serviço mais de 5 (cinco) vezes;

II – vinte e quatro dias corridos, quando houver tido de 6 (seis) a 14 (quatorze) faltas;

III – dezoito dias corridos, quando houver tido de 15 (quinze) a 23 (vinte e três) faltas;

IV – doze dias corridos, quando houver tido de 24 (vinte e quatro) a 32 (trinta e duas) faltas.

§ 1º É vedado descontar, do período de férias, as faltas do empregado ao serviço.

- V. Súmulas 89 e 155, TST.

§ 2º O período de férias será computado, para todos os efeitos, como tempo de serviço.

- V. art. 7º, XVII, CF.

Art. 130-A. *(Revogado pela Lei 13.467/2017 – DOU 14.07.2017, em vigor após decorridos 120 (cento e vinte) dias da sua publicação oficial).*

Art. 131. Não será considerada falta ao serviço, para os efeitos do artigo anterior, a ausência do empregado:

- *Caput* do artigo com redação determinada pelo Dec.-lei 1.535/1977.

I – nos casos referidos no art. 473;

- Inciso I com redação determinada pelo Dec.-lei 1.535/1977.

II – durante o licenciamento compulsório da empregada por motivo de maternidade ou aborto, observados os requisitos para percepção do salário-maternidade custeado pela Previdência Social;

- Inciso II com redação determinada pela Lei 8.921/1994.

III – por motivo de acidente do trabalho ou enfermidade atestada pelo Instituto Nacional do Seguro Social – INSS, excetuada a hipótese do inciso IV do art. 133;

- Inciso III com redação determinada pela Lei 8.726/1993.
- V. Súmula 46, TST.

IV – justificada pela empresa, entendendo-se como tal a que não tiver determinado o desconto do correspondente salário;

- Inciso IV com redação determinada pelo Dec.-lei 1.535/1977.

V – durante a suspensão preventiva para responder a inquérito administrativo ou de prisão preventiva, quando for impronunciado ou absolvido; e

- Inciso V com redação determinada pelo Dec.-lei 1.535/1977.

VI – nos dias em que não tenha havido serviço, salvo na hipótese do inciso III do art. 133.

- Inciso VI com redação determinada pelo Dec.-lei 1.535/1977.
- V. Súmula 198, STF.
- V. Súmula 89, TST.

Art. 132. O tempo de trabalho anterior à apresentação do empregado para serviço militar obrigatório será computado no período aquisitivo, desde que ele compareça ao estabelecimento dentro de 90 (noventa) dias da data em que se verificar a respectiva baixa.

- Artigo com redação determinada pelo Dec.-lei 1.535/1977.

Art. 133. Não terá direito a férias o empregado que, no curso do período aquisitivo:

- *Caput* com redação determinada pelo Dec.-lei 1.535/1977.

I – deixar o emprego e não for readmitido dentro dos 60 (sessenta) dias subsequentes à sua saída;

II – permanecer em gozo de licença, com percepção de salários, por mais de 30 (trinta) dias;

III – deixar de trabalhar, com percepção do salário, por mais de 30 (trinta) dias, em virtude de paralisação parcial ou total dos serviços da empresa; e

IV – tiver percebido da Previdência Social prestações de acidente de trabalho ou de auxílio-doença por mais de 6 (seis) meses, embora descontínuos.

§ 1º A interrupção da prestação de serviços deverá ser anotada na Carteira de Trabalho e Previdência Social.

- § 1º com redação determinada pelo Dec.-lei 1.535/1977.

§ 2º Iniciar-se-á o decurso de novo período aquisitivo quando o empregado, após o implemento de qualquer das condições previstas neste artigo, retornar ao serviço.

- § 2º com redação determinada pelo Dec.-lei 1.535/1977.

§ 3º Para os fins previstos no inciso III deste artigo a empresa comunicará ao órgão local do Ministério do Trabalho, com antecedência mínima de 15 (quinze) dias, as datas de início e fim da paralisação total ou parcial dos serviços da empresa, e, em igual prazo, comunicará, nos mesmos termos, ao sindicato representativo da categoria profissional, bem como afixará aviso nos respectivos locais de trabalho.

- § 3º acrescentado pela Lei 9.016/1995.

§ 4º *(Vetado).*

- § 4º acrescentado pela Lei 9.016/1995.

Seção II
Da Concessão e da Época das Férias

Art. 134. As férias serão concedidas por ato do empregador, em um só período, nos 12 (doze) meses subsequentes à data em que o empregado tiver adquirido o direito.

- *Caput* com redação determinada pelo Dec.-lei 1.535/1977.
- V. Súmula 7, TST.

§ 1º Desde que haja concordância do empregado, as férias poderão ser usufruídas em até três períodos, sendo que um deles não poderá ser inferior a quatorze dias corridos e os demais não poderão ser inferiores a cinco dias corridos, cada um.

- § 1º com redação determinada pela Lei 13.467/2017 (*DOU* 14.07.2017), em vigor após decorridos 120 (cento e vinte) dias da sua publicação oficial.

§ 2º *(Revogado pela Lei 13.467/2017 – DOU 14.07.2017, em vigor após decorridos 120 (cento e vinte) dias da sua publicação oficial).*

§ 3º É vedado o início das férias no período de dois dias que antecede feriado ou dia de repouso semanal remunerado.

- § 3º acrescentado pela Lei 13.467/2017 (*DOU* 14.07.2017), em vigor após decorridos 120 (cento e vinte) dias da sua publicação oficial.

Art. 135. A concessão das férias será participada, por escrito, ao empregado, com antecedência de, no mínimo, 30 (trinta) dias. Dessa participação o interessado dará recibo.

- *Caput* com redação determinada pela Lei 7.414/1985.

§ 1º O empregado não poderá entrar no gozo das férias sem que apresente ao empregador sua Carteira de Trabalho e Previdência Social, para que nela seja anotada a respectiva concessão.

- § 1º com redação determinada pelo Dec.-lei 1.535/1977.

§ 2º A concessão das férias será, igualmente, anotada no livro ou nas fichas de registro dos empregados.

- § 2º com redação determinada pelo Dec.-lei 1.535/1977.

Art. 136. A época da concessão das férias será a que melhor consulte os interesses do empregador.

- Artigo com redação determinada pelo Dec.-lei 1.535/1977.

§ 1º Os membros de uma família, que trabalharem no mesmo estabelecimento ou empresa, terão direito a gozar férias no mesmo período, se assim o desejarem e se disto não resultar prejuízo para o serviço.

§ 2º O empregado estudante, menor de 18 (dezoito) anos, terá direito a fazer coincidir suas férias com as férias escolares.

Art. 137. Sempre que as férias forem concedidas após o prazo de que trata o art. 134, o empregador pagará em dobro a respectiva remuneração.

- Artigo com redação determinada pelo Dec.-lei 1.535/1977.
- V. Súmulas 7 e 81, TST.

§ 1º Vencido o mencionado prazo sem que o empregador tenha concedido as férias, o empregado poderá ajuizar reclamação pedindo a fixação, por sentença, da época de gozo das mesmas.

§ 2º A sentença cominará pena diária de 5% (cinco por cento) do salário mínimo, devida ao empregado até que seja cumprida.

- V. art. 76, CLT.

§ 3º Cópia da decisão judicial transitada em julgado será remetida ao órgão local do Ministério do Trabalho, para fins de aplicação da multa de caráter administrativo.

Art. 138. Durante as férias, o empregado não poderá prestar serviços a outro empregador, salvo se estiver obrigado a fazê-lo em virtude de contrato de trabalho regularmente mantido com aquele.

- Artigo com redação determinada pelo Dec.-lei 1.535/1977.

Seção III
Das Férias Coletivas

Art. 139. Poderão ser concedidas férias coletivas a todos os empregados de uma empresa ou de determinados estabelecimentos ou setores da empresa.

- Artigo com redação determinada pelo Dec.-lei 1.535/1977.

§ 1º As férias poderão ser gozadas em dois períodos anuais desde que nenhum deles seja inferior a 10 (dez) dias corridos.

§ 2º Para os fins previstos neste artigo, o empregador comunicará ao órgão local do Ministério do Trabalho, com a antecedência mínima de 15 (quinze) dias, as datas de início e fim das férias, precisando quais os estabelecimentos ou setores abrangidos pela medida.

§ 3º Em igual prazo, o empregador enviará cópia da aludida comunicação aos sindicatos representativos da respectiva categoria profissional, e providenciará a afixação de aviso nos locais de trabalho.

Art. 140. Os empregados contratados há menos de 12 (doze) meses gozarão, na oportunidade, férias proporcionais, iniciando-se, então, novo período aquisitivo.

- Artigo com redação determinada pelo Dec.-lei 1.535/1977.

Art. 141. Quando o número de empregados contemplados com as férias coletivas for superior a 300 (trezentos), a empresa poderá promover, mediante carimbo, as anotações de que trata o art. 135, § 1º.

- Artigo com redação determinada pelo Dec.-lei 1.535/1977.

§ 1º O carimbo, cujo modelo será aprovado pelo Ministério do Trabalho, dispensará a referência ao período aquisitivo a que correspondem, para cada empregado, as férias concedidas.

§ 2º Adotado o procedimento indicado neste artigo, caberá à empresa fornecer ao empregado cópia visada do recibo correspondente à quitação mencionada no parágrafo único do art. 145.

§ 3º Quando da cessação do contrato de trabalho, o empregador anotará na Carteira de Trabalho e Previdência Social as datas dos períodos aquisitivos correspondentes às férias coletivas gozadas pelo empregado.

Seção IV
Da Remuneração e do Abono de Férias

Art. 142. O empregado perceberá, durante as férias, a remuneração que lhe for devida na data da sua concessão.

- Artigo com redação determinada pelo Dec.-lei 1.535/1977.
- O art. 7º, XVII, da CF estabeleceu que a remuneração das férias será pelo menos 1/3 (um terço) maior do que a remuneração normal.

§ 1º Quando o salário for pago por hora com jornadas variáveis, apurar-se-á a média do período aquisitivo, aplicando-se o valor do salário na data da concessão das férias.

- V. Súmula 199, STF.

§ 2º Quando o salário for pago por tarefa, tomar-se-á por base a média da produção no período aquisitivo do direito a férias, aplicando-se o valor da remuneração da tarefa na data da concessão das férias.

- V. art. 7º, VII, CF.
- V. Súmula 149, TST.

§ 3º Quando o salário for pago por percentagem, comissão ou viagem, apurar-se-á a média percebida pelo empregado nos 12 (doze) meses que precederem à concessão das férias.

§ 4º A parte do salário paga em utilidades será computada de acordo com a anotação na Carteira de Trabalho e Previdência Social.

- V. art. 1º, Dec.-lei 926/1969 (Carteira de Trabalho e Previdência Social).

§ 5º Os adicionais por trabalho extraordinário, noturno, insalubre ou perigoso serão computados no salário que servirá de base ao cálculo da remuneração das férias.

- V. art. 7º, XVI, CF.
- V. Súmula 347, TST.

§ 6º Se, no momento das férias, o empregado não estiver percebendo o mesmo adicional do período aquisitivo, ou quando o valor deste não tiver sido uniforme, será computada a média duodecimal recebida naquele período, após a atualização das importâncias pagas, mediante incidência dos percentuais dos reajustamentos salariais supervenientes.

- V. Súmulas 253 e 328, TST.

Art. 143. É facultado ao empregado converter 1/3 (um terço) do período de férias a que tiver direito em abono pecuniário, no valor da remuneração que lhe seria devida nos dias correspondentes.

- *Caput* com redação determinada pelo Dec.-lei 1.535/1977.

§ 1º O abono de férias deverá ser requerido até 15 (quinze) dias antes do término do período aquisitivo.

- § 1º com redação determinada pelo Dec.-lei 1.535/1977.

§ 2º Tratando-se de férias coletivas, a conversão a que se refere este artigo deverá ser objeto de acordo coletivo entre o empregador e o sindicato representativo da respectiva categoria profissional, independendo de requerimento individual a concessão do abono.

- § 2º com redação determinada pelo Dec.-lei 1.535/1977.

§ 3º *(Revogado pela Lei 13.467/2017 – DOU 14.07.2017, em vigor após decorridos 120 (cento e vinte) dias da sua publicação oficial).*

Art. 144. O abono de férias de que trata o artigo anterior, bem como o concedido em virtude de cláusula do contrato de trabalho, do regulamento da empresa, de convenção ou acordo coletivo, desde que não excedente de 20 (vinte) dias do salário, não integrarão a remuneração do empregado para os efeitos da legislação do trabalho.

- Artigo com redação determinada pela Lei 9.528/1997.
- V. art. 7º, XVII, CF.

Art. 145. O pagamento da remuneração das férias e, se for o caso, o do abono referido no art. 143 serão efetuados até 2 (dois) dias antes do início do respectivo período.

- Artigo com redação determinada pelo Dec.-lei 1.535/1977.

Parágrafo único. O empregado dará quitação do pagamento, com indicação do início e do termo das férias.

Seção V
Dos Efeitos da Cessação do Contrato de Trabalho

Art. 146. Na cessação do contrato de trabalho, qualquer que seja a sua causa, será devida ao empregado a remuneração simples ou em dobro, conforme o caso, correspondente ao período de férias cujo direito tenha adquirido.

- Artigo com redação determinada pelo Dec.-lei 1.535/1977.
- V. Súmula 386, STJ.

Parágrafo único. Na cessação do contrato de trabalho, após 12 (doze) meses de serviço, o empregado, desde que não haja sido demitido por justa causa, terá direito à remuneração relativa ao período incompleto de férias, de acordo com o art. 130, na proporção de 1/12 (um doze avos) por mês de serviço ou fração superior a 14 (quatorze) dias.

- V. Súmula 200, STF.

Art. 147. O empregado que for despedido sem justa causa, ou cujo contrato de trabalho se extinguir em prazo predeterminado, antes de completar 12 (doze) meses de serviço, terá direito à remuneração relativa ao período incompleto de férias, de conformidade com o disposto no artigo anterior.

- Artigo com redação determinada pelo Dec.-lei 1.535/1977.
- V. Súmula 261, TST.

Art. 148. A remuneração das férias, ainda quando devida após a cessação do contrato de trabalho, terá natureza salarial, para os efeitos do art. 449.

- Artigo com redação determinada pelo Dec.-lei 1.535/1977.

Seção VI
Do Início da Prescrição

Art. 149. A prescrição do direito de reclamar a concessão das férias ou o pagamento da respectiva remuneração é contada do término do prazo mencionado no art. 134 ou, se for o caso, da cessação do contrato de trabalho.

- Artigo com redação determinada pelo Dec.-lei 1.535/1977.
- V. art. 7º, XXIX, CF.

Seção VII
Disposições Especiais

Art. 150. O tripulante que, por determinação do armador, for transferido para o serviço de outro, terá computado, para o efeito de gozo de férias, o tempo de serviço prestado ao primeiro, ficando obrigado a concedê-las o armador em cujo serviço ele se encontra na época de gozá-las.

- Artigo com redação determinada pelo Dec.-lei 1.535/1977.

§ 1º As férias poderão ser concedidas, a pedido dos interessados e com aquiescência do armador, parceladamente, nos portos de escala de grande estadia do navio, aos tripulantes ali residentes.

§ 2º Será considerada grande estadia a permanência no porto por prazo excedente de 6 (seis) dias.

§ 3º Os embarcadiços, para gozarem férias nas condições deste artigo, deverão pedi-las, por escrito, ao armador, antes do início da viagem, no porto de registro ou armação.

§ 4º O tripulante, ao terminar as férias, apresentar-se-á ao armador, que deverá designá-lo para qualquer de suas embarcações ou o adir a algum dos seus serviços terrestres, respeitadas a condição pessoal e a remuneração.

§ 5º Em caso de necessidade, determinada pelo interesse público, e comprovada pela autoridade competente, poderá o armador ordenar a suspensão das férias já iniciadas ou a iniciar-se, ressalvado ao tripulante o direito ao respectivo gozo posteriormente.

§ 6º O Delegado do Trabalho Marítimo poderá autorizar a acumulação de dois períodos de férias do marítimo, mediante requerimento justificado:

I – do sindicato, quando se tratar de sindicalizado; e

II – da empresa, quando o empregado não for sindicalizado.

- O cargo de Delegado do Trabalho Marítimo foi extinto.
- V. Súmula 531, STF.

Art. 151. Enquanto não se criar um tipo especial de caderneta profissional para os marítimos, as férias serão anotadas pela Capitania do Porto na caderneta matrícula do tripulante, na página das observações.

- Artigo com redação determinada pelo Dec.-lei 1.535/1977.

Art. 152. A remuneração do tripulante, no gozo de férias, será acrescida da importância correspondente à etapa que estiver vencendo.

- Artigo com redação determinada pelo Dec.-lei 1.535/1977.

Seção VIII
Das Penalidades

Art. 153. As infrações ao disposto neste Capítulo serão punidas com multas de valor igual a 160 (cento e sessenta) BTN por empregado em situação irregular.

- Artigo com redação determinada pela Lei 7.855/1989.
- Multas: ver Notas de Atualização e Portaria MTb 290/1997.

Parágrafo único. Em caso de reincidência, embaraço ou resistência à fiscalização, emprego de artifício ou simulação com o objetivo de fraudar a lei, a multa será aplicada em dobro.

Capítulo V
Da Segurança e da Medicina do Trabalho

- Capítulo V com redação determinada pelo art. 1º da Lei 6.514/1977.

Seção I
Disposições Gerais

- V. NR-1 (Disposições gerais).

Art. 154. A observância, em todos os locais de trabalho, do disposto neste Capítulo, não desobriga as empresas do cumprimento de outras disposições que, com relação à matéria, sejam incluídas em códigos de obras ou regulamentos sanitários dos Estados ou Municípios em que se situem os respectivos estabelecimentos, bem como daquelas oriundas de convenções coletivas de trabalho.

- Artigo com redação determinada pela Lei 6.514/1977.

Art. 155. Incumbe ao órgão de âmbito nacional competente em matéria de segurança e medicina do trabalho:

- Artigo com redação determinada pela Lei 6.514/1977.
- V. art. 7º, XXII e XXIII, CF.

I – estabelecer, nos limites de sua competência, normas sobre a aplicação dos preceitos deste Capítulo, especialmente os referidos no art. 200;

II – coordenar, orientar, controlar e supervisionar a fiscalização e as demais atividades relacionadas com a segurança e a medicina do trabalho em todo o território nacional, inclusive a Campanha Nacional de Prevenção de Acidentes do Trabalho;

III – conhecer, em última instância, dos recursos, voluntários ou de ofício, das decisões proferidas pelos Delegados Regionais do Trabalho e Emprego, em matéria de segurança e medicina do trabalho.

Art. 156. Compete especialmente às Delegacias Regionais do Trabalho e Emprego, nos limites de sua jurisdição:

- Artigo com redação determinada pela Lei 6.514/1977.

I – promover a fiscalização do cumprimento das normas de segurança e medicina do trabalho;

II – adotar as medidas que se tornem exigíveis, em virtude das disposições deste Capítulo, determinando as obras e reparos que, em qualquer local de trabalho, se façam necessárias;

III – impor as penalidades cabíveis por descumprimento das normas constantes deste Capítulo, nos termos do art. 201.

Art. 157. Cabe às empresas:

- Artigo com redação determinada pela Lei 6.514/1977.

I – cumprir e fazer cumprir as normas de segurança e medicina do trabalho;

II – instruir os empregados, através de ordens de serviço, quanto às precauções a tomar no sentido de evitar acidentes do trabalho ou doenças ocupacionais;

III – adotar as medidas que lhes sejam determinadas pelo órgão regional competente;

IV – facilitar o exercício da fiscalização pela autoridade competente.

Art. 158. Cabe aos empregados:

- Artigo com redação determinada pela Lei 6.514/1977.

I – observar as normas de segurança e medicina do trabalho, inclusive as instruções de que trata o item II do artigo anterior;

II – colaborar com a empresa na aplicação dos dispositivos deste Capítulo.

Parágrafo único. Constitui ato faltoso do empregado a recusa injustificada:

a) à observância das instruções expedidas pelo empregador na forma do item II do artigo anterior;

b) ao uso dos equipamentos de proteção individual fornecidos pela empresa.

Art. 159. Mediante convênio autorizado pelo Ministro do Trabalho, poderão ser delegadas a outros órgãos federais, estaduais ou municipais atribuições de fiscalização ou orientação às empresas quanto ao cumprimento das disposições constantes deste Capítulo.

- Artigo com redação determinada pela Lei 6.514/1977.

Seção II
Da Inspeção Prévia e do Embargo ou Interdição

- V. NR-2 (Inspeção Prévia).
- V. NR-3 (Embargo e Interdição).

Art. 160. Nenhum estabelecimento poderá iniciar suas atividades sem prévia inspeção e aprovação das respectivas instalações pela autoridade regional competente em matéria de segurança e medicina do trabalho.

- Artigo com redação determinada pela Lei 6.514/1977.

§ 1º Nova inspeção deverá ser feita quando ocorrer modificação substancial nas instalações, inclusive equipamentos, que a empresa fica obrigada a comunicar, prontamente, à Delegacia Regional do Trabalho.

§ 2º É facultado às empresas solicitar prévia aprovação, pela Delegacia Regional do Trabalho, dos projetos de construção e respectivas instalações.

Art. 161. O Delegado Regional do Trabalho, à vista do laudo técnico do serviço competente que demonstre grave e iminente risco para o trabalhador, poderá interditar estabelecimento, setor de serviço, máquina ou equipamento, ou embargar obra, indicando na decisão, tomada com a brevidade que a ocorrência exigir, as providências que deverão ser adotadas para prevenção de infortúnios de trabalho.

- Artigo com redação determinada pela Lei 6.514/1977.
- V. Portaria MTE 1.719/2014 (Procedimentos relativos aos embargos e interdições).

§ 1º As autoridades federais, estaduais e municipais darão imediato apoio às medidas determinadas pelo Delegado Regional do Trabalho.

§ 2º A interdição ou embargo poderão ser requeridos pelo serviço competente da Delegacia Regional do Trabalho e, ainda, por agente da inspeção do trabalho ou por entidade sindical.

§ 3º Da decisão do Delegado Regional do Trabalho poderão os interessados recorrer, no prazo de 10 (dez) dias, para o órgão de âmbito nacional competente em matéria de segurança e medicina do trabalho, ao qual será facultado dar efeito suspensivo ao recurso.

§ 4º Responderá por desobediência, além das medidas penais cabíveis, quem, após determinada a interdição ou embargo, ordenar ou permitir o funcionamento do estabelecimento ou de um dos seus setores, a utilização de máquina ou equipamento, ou o prosseguimento de obra, se, em consequência, resultarem danos a terceiros.

§ 5º O Delegado Regional do Trabalho, independente de recurso, e após laudo técnico do serviço competente, poderá levantar a interdição.

§ 6º Durante a paralisação dos serviços, em decorrência da interdição ou embargo, os empregados receberão os salários como se estivessem em efetivo exercício.

Seção III
Dos Órgãos de Segurança e de Medicina do Trabalho nas Empresas

- V. NR-4 (Serviço Especializado em Segurança e Medicina do Trabalho – SESMT).
- V. NR-5 (Comissão Interna de Prevenção de Acidentes).

Art. 162. As empresas, de acordo com normas a serem expedidas pelo Ministério do Trabalho, estarão obrigadas a manter serviços especializados em segurança e em medicina do trabalho.

- Artigo com redação determinada pela Lei 6.514/1977.

Parágrafo único. As normas a que se refere este artigo estabelecerão:

a) a classificação das empresas segundo o número de empregados e a natureza do risco de suas atividades;

b) o número mínimo de profissionais especializados exigido de cada empresa, segundo o grupo em que se classifique, na forma da alínea anterior;

c) a qualificação exigida para os profissionais em questão e o seu regime de trabalho;

d) as demais características e atribuições dos serviços especializados em segurança e em medicina do trabalho, nas empresas.

Art. 163. Será obrigatória a constituição de Comissão Interna de Prevenção de Acidentes (CIPA), de conformidade com instruções expedidas pelo Ministério do Trabalho, nos estabelecimentos ou locais de obra nelas especificadas.

- Artigo com redação determinada pela Lei 6.514/1977.

Parágrafo único. O Ministério do Trabalho regulamentará as atribuições, a composição e o funcionamento das CIPAs.

Art. 164. Cada CIPA será composta de representantes da empresa e dos empregados, de acordo com os critérios que vierem a ser adotados na regulamentação de que trata o parágrafo único do artigo anterior.

- Artigo com redação determinada pela Lei 6.514/1977.

§ 1º Os representantes dos empregadores, titulares e suplentes, serão por eles designados.

§ 2º Os representantes dos empregados, titulares e suplentes, serão eleitos em escrutínio secreto, do qual participem, independentemente de filiação sindical, exclusivamente os empregados interessados.

§ 3º O mandato dos membros eleitos da CIPA terá a duração de 1 (um) ano, permitida uma reeleição.

§ 4º O disposto no parágrafo anterior não se aplicará ao membro suplente que, durante o seu mandato, tenha participado de menos da metade do número de reuniões da CIPA.

§ 5º O empregador designará, anualmente, dentre os seus representantes, o Presidente da CIPA e os empregados elegerão, dentre eles, o Vice-Presidente.

Art. 165. Os titulares da representação dos empregados nas CIPAs não poderão sofrer despedida arbitrária, entendendo-se como tal a que não se fundar em motivo disciplinar, técnico, econômico ou financeiro.

- Artigo com redação determinada pela Lei 6.514/1977.
- O art. 10, II, *a*, do ADCT vedou a dispensa arbitrária ou sem justa causa do empregado eleito para cargo de direção das CIPAs.
- V. Súmula 676, STF.

Parágrafo único. Ocorrendo a despedida, caberá ao empregador, em caso de reclamação à Justiça do Trabalho, comprovar a existência de qualquer dos motivos mencionados neste artigo, sob pena de ser condenado a reintegrar o empregado.

- V. Súmula 197, STF.
- V. Súmula 339, TST.

Seção IV
Do Equipamento de Proteção Individual

- V. NR-6 (Equipamentos de Proteção Individual – EPI).

Art. 166. A empresa é obrigada a fornecer aos empregados, gratuitamente, equipamento de proteção individual adequado ao risco e em perfeito estado de conservação e funcionamento, sempre que as medidas de ordem geral não ofereçam completa proteção contra os riscos de acidentes e danos à saúde dos empregados.

- Artigo com redação determinada pela Lei 6.514/1977.

Art. 167. O equipamento de proteção só poderá ser posto à venda ou utilizado com a indicação do Certificado de Aprovação do Ministério do Trabalho.

- Artigo com redação determinada pela Lei 6.514/1977.

Seção V
Das Medidas Preventivas de Medicina do Trabalho

- V. NR-7 (Exames Médicos).

Art. 168. Será obrigatório exame médico, por conta do empregador, nas condições estabelecidas neste artigo e nas instruções complementares a serem expedidas pelo Ministério do Trabalho:

- Artigo com redação determinada pela Lei 7.855/1989.

I – na admissão;

II – na demissão;

III – periodicamente.

§ 1º O Ministério do Trabalho baixará instruções relativas aos casos em que serão exigíveis exames:

a) por ocasião da demissão;

b) complementares.

§ 2º Outros exames complementares poderão ser exigidos, a critério médico, para apuração da capacidade ou aptidão física e mental do empregado para a função que deva exercer.

- V. Lei 9.029/1995 (Proibição de atestados de gravidez e esterilização para efeitos admissionais).

§ 3º O Ministério do Trabalho estabelecerá, de acordo com o risco da atividade e o tempo de exposição, a periodicidade dos exames médicos.

§ 4º O empregador manterá, no estabelecimento, o material necessário à prestação de primeiros socorros médicos, de acordo com o risco da atividade.

§ 5º O resultado dos exames médicos, inclusive o exame complementar, será comunicado ao trabalhador, observados os preceitos da ética médica.

§ 6º Serão exigidos exames toxicológicos, previamente à admissão e por ocasião do desligamento, quando se tratar de motorista profissional, assegurados o direito à contraprova em caso de resultado positivo e a confidencialidade dos resultados dos respectivos exames.

- § 6º acrescentado pela Lei 13.103/2015 (Exercício da profissão de motorista).
- V. art. 1º, Dec.-lei 4.657/1942 (Lei de Introdução às Normas do Direito Brasileiro).
- V. art. 13, Lei 13.103/2015 (Exercício da profissão de motorista).
- V. Portaria MTPS 116/2015 (Regulamenta a realização dos exames toxicológicos previstos nos §§ 6º e 7º do art. 168 da CLT).

§ 7º Para os fins do disposto no § 6º, será obrigatório exame toxicológico com janela de detecção mínima de 90 (noventa) dias, específico para substâncias psicoativas que causem dependência ou, comprovadamente, comprometam a capacidade de direção, podendo ser utilizado para essa finalidade o exame toxicológico previsto na Lei 9.503, de 23 de setembro de 1997 – Código de Trânsito Brasileiro, desde que realizado nos últimos 60 (sessenta) dias.

- § 7º acrescentado pela Lei 13.103/2015.
- V. art. 1º, Dec.-lei 4.657/1942 (Lei de Introdução às Normas do Direito Brasileiro).
- V. art. 13, Lei 13.103/2015 (Exercício da profissão de motorista).
- V. Portaria MTPS 116/2015 (Regulamenta a realização dos exames toxicológicos previstos nos §§ 6º e 7º do art. 168 da CLT).

Art. 169. Será obrigatória a notificação das doenças profissionais e das produzidas em virtude de condições especiais de trabalho, comprovadas ou objeto de suspeita, de conformidade com as instruções expedidas pelo Ministério do Trabalho.

- Artigo com redação determinada pela Lei 6.514/1977.

Seção VI
Das Edificações

- V. NR-8 (Edificações).

Art. 170. As edificações deverão obedecer aos requisitos técnicos que garantam perfeita segurança aos que nelas trabalhem.

- Artigo com redação determinada pela Lei 6.514/1977.

Art. 171. Os locais de trabalho deverão ter, no mínimo, três metros de pé-direito, assim considerada a altura livre do piso ao teto.

- Artigo com redação determinada pela Lei 6.514/1977.

Parágrafo único. Poderá ser reduzido esse mínimo desde que atendidas as condições de iluminação e conforto térmico compatíveis com a natureza do trabalho, sujeitando-se tal redução ao controle do órgão competente em matéria de segurança e medicina do trabalho.

Art. 172. Os pisos dos locais de trabalho não deverão apresentar saliências nem depressões que prejudiquem a circulação de pessoas ou a movimentação de materiais.

- Artigo com redação determinada pela Lei 6.514/1977.

Art. 173. As aberturas nos pisos e paredes serão protegidas de forma que impeçam a queda de pessoas ou de objetos.

- Artigo com redação determinada pela Lei 6.514/1977.

Art. 174. As paredes, escadas, rampas de acesso, passarelas, pisos, corredores, coberturas e passagens dos locais de trabalho deverão obedecer às condições de segurança e de saúde no trabalho estabelecidas pelo Ministério do Trabalho e manter-se em perfeito estado de conservação e limpeza.

- Artigo com redação determinada pela Lei 6.514/1977.

Seção VII
Da Iluminação

Art. 175. Em todos os locais de trabalho deverá haver iluminação adequada, natural ou artificial, apropriada à natureza da atividade.

- Artigo com redação determinada pela Lei 6.514/1977.

§ 1º A iluminação deverá ser uniformemente distribuída, geral e difusa, a fim de evitar ofuscamento, reflexos incômodos, sombras e contrastes excessivos.

§ 2º O Ministério do Trabalho estabelecerá os níveis mínimos de iluminamento a serem observados.

Seção VIII
Do Conforto Térmico

- V. NR-9 (Riscos Ambientais).
- V. Portaria MS 3.523/1998 (Qualidade do ar de interiores).

Art. 176. Os locais de trabalho deverão ter ventilação natural, compatível com o serviço realizado.

- Artigo com redação determinada pela Lei 6.514/1977.
- V. Portaria MS 3.523/1998 (Qualidade do ar de interiores).

Parágrafo único. A ventilação artificial será obrigatória sempre que a natural não preencha as condições de conforto térmico.

Art. 177. Se as condições de ambiente se tornarem desconfortáveis, em virtude de instalações geradoras de frio ou de calor, será obrigatório o uso de vestimenta adequada para o trabalho em tais condições ou de capelas, anteparos, paredes duplas, isolamento térmico e recursos similares, de forma que os empregados fiquem protegidos contra as radiações térmicas.

- Artigo com redação determinada pela Lei 6.514/1977.

Art. 178. As condições de conforto térmico dos locais de trabalho devem ser mantidas dentro dos limites fixados pelo Ministério do Trabalho.

- Artigo com redação determinada pela Lei 6.514/1977.
- V. Portaria MS 3.523/1998 (Qualidade do ar de interiores).

Seção IX
Das Instalações Elétricas

- V. NR-10 (Instalações e serviços de eletricidade).

Art. 179. O Ministério do Trabalho disporá sobre as condições de segurança e as medidas especiais a serem observadas relativamente a instalações elétricas, em qualquer das fases de produção, transmissão, distribuição ou consumo de energia.

- Artigo com redação determinada pela Lei 6.514/1977.

Art. 180. Somente profissional qualificado poderá instalar, operar, inspecionar ou reparar instalações elétricas.

- Artigo com redação determinada pela Lei 6.514/1977.

Art. 181. Os que trabalharem em serviços de eletricidade ou instalações elétricas devem estar familiarizados com os métodos de socorro a acidentados por choque elétrico.

- Artigo com redação determinada pela Lei 6.514/1977.

Seção X
Da Movimentação, Armazenagem e Manuseio de Materiais

- V. NR-11 (Transporte, movimentação armazenagem e manuseio de materiais).

Art. 182. O Ministério do Trabalho estabelecerá normas sobre:

- Artigo com redação determinada pela Lei 6.514/1977.

I – as precauções de segurança na movimentação de materiais nos locais de trabalho, os equipamentos a serem obrigatoriamente utilizados e as condições especiais a que estão sujeitas a operação e a manutenção desses equipamentos, inclusive exigências de pessoal habilitado;

II – as exigências similares relativas ao manuseio e à armazenagem de materiais, inclusive quanto às condições de segurança e higiene relativas aos recipientes e locais de armazenagem e os equipamentos de proteção individual;

III – a obrigatoriedade de indicação de carga máxima permitida nos equipamentos de transporte, dos avisos de proibição de fumar e de advertência quanto à natureza perigosa ou nociva à saúde das substâncias em movimentação ou em depósito, bem como das recomendações de primeiros socorros e de atendimento médico e símbolo de perigo, segundo padronização internacional, nos rótulos dos materiais ou substâncias armazenados ou transportados.

Parágrafo único. As disposições relativas ao transporte de materiais aplicam-se, também, no que couber, ao transporte de pessoas nos locais de trabalho.

Art. 183. As pessoas que trabalharem na movimentação de materiais deverão estar familiarizadas com os métodos racionais de levantamento de cargas.

- Artigo com redação determinada pela Lei 6.514/1977.

Seção XI
Das Máquinas e Equipamentos

- V. NR-12 (Máquinas e equipamentos).

Art. 184. As máquinas e os equipamentos deverão ser dotados de dispositivos de partida e parada e outros que se fizerem necessários para a prevenção de acidentes do trabalho, especialmente quanto ao risco de acionamento acidental.

- Artigo com redação determinada pela Lei 6.514/1977.

Parágrafo único. É proibida a fabricação, a importação, a venda, a locação e o uso de máquinas e equipamentos que não atendam ao disposto neste artigo.

Art. 185. Os reparos, limpeza e ajustes somente poderão ser executados com as máquinas paradas, salvo se o movimento for indispensável à realização do ajuste.

- Artigo com redação determinada pela Lei 6.514/1977.

Art. 186. O Ministério do Trabalho estabelecerá normas adicionais sobre proteção e medidas de segurança na operação de máquinas e equipamentos, especialmente quanto à proteção das partes móveis, distância entre estas, vias de acesso às máquinas e equipamentos de grandes dimensões, emprego de ferramentas, sua adequação e medidas de proteção exigidas quando motorizadas ou elétricas.

- Artigo com redação determinada pela Lei 6.514/1977.

Seção XII
Das Caldeiras, Fornos e Recipientes sob Pressão

Art. 187. As caldeiras, equipamentos e recipientes em geral que operam sob pressão deverão dispor de válvulas e outros dispositivos de segurança, que evitem seja ultrapassada a pressão interna de trabalho compatível com a sua resistência.

- Artigo com redação determinada pela Lei 6.514/1977.

Parágrafo único. O Ministério do Trabalho expedirá normas complementares quanto à segurança das caldeiras, fornos e recipientes sob pressão, especialmente quanto ao revestimento interno, à localização, à ventilação dos locais e outros meios de eliminação de gases ou vapores prejudiciais à saúde, e demais instalações ou equipamentos necessários à execução segura das tarefas de cada empregado.

Art. 188. As caldeiras serão periodicamente submetidas a inspeções de segurança, por engenheiro ou empresa especializada, inscritos no Ministério do Trabalho, de conformidade com as instruções que, para esse fim, forem expedidas.

- Artigo com redação determinada pela Lei 6.514/1977.

§ 1º Toda caldeira será acompanhada de "Prontuário", com documentação original do fabricante, abrangendo, no mínimo: especificação técnica, desenhos, detalhes, provas e testes realizados durante a fabricação e a montagem, características funcionais e a pressão máxima de trabalho permitida (PMTP), esta última indicada, em local visível, na própria caldeira.

§ 2º O proprietário da caldeira deverá organizar, manter atualizado e apresentar, quando exigido pela autoridade competente, o Registro de Segurança, no qual serão anotadas, sistematicamente, as indicações das provas efetuadas, inspeções, reparos e quaisquer outras ocorrências.

§ 3º Os projetos de instalação de caldeiras, fornos e recipientes sob pressão deverão ser submetidos à aprovação prévia do órgão regional competente em matéria de segurança do trabalho.

Seção XIII
Das Atividades Insalubres ou Perigosas

- V. NR-15 (Atividades e operações insalubres).
- V. NR-16 (Atividades e operações perigosas).

Art. 189. Serão consideradas atividades ou operações insalubres aquelas que, por sua natureza, condições ou métodos de trabalho, exponham os empregados a agentes nocivos à saúde, acima dos limites de tolerância fixados em razão da natureza e da intensidade do agente e do tempo de exposição aos seus efeitos.

- Artigo com redação determinada pela Lei 6.514/1977.
- V. art. 7º, XXXIII, CF.

Art. 190. O Ministério do Trabalho aprovará o quadro das atividades e operações insalubres e adotará normas sobre os critérios de caracterização da insalubridade, os limites de tolerância aos agentes agressivos, meios de proteção e o tempo máximo de exposição do empregado a esses agentes.

- Artigo com redação determinada pela Lei 6.514/1977.

Parágrafo único. As normas referidas neste artigo incluirão medidas de proteção do organismo do trabalhador nas operações que produzem aerodispersóides tóxicos, irritantes, alergênicos ou incômodos.

- V. Súmulas 194 e 460, STF.

Art. 191. A eliminação ou a neutralização da insalubridade ocorrerá:

- Artigo com redação determinada pela Lei 6.514/1977.
- V. Súmula 289, TST.

I – com a adoção de medidas que conservem o ambiente de trabalho dentro dos limites de tolerância;

II – com a utilização de equipamentos de proteção individual ao trabalhador, que diminuam a intensidade do agente agressivo a limites de tolerância.

Parágrafo único. Caberá às Delegacias Regionais do Trabalho e Emprego, comprovada a insalubridade, notificar as empresas, estipulando prazos para sua eliminação ou neutralização, na forma deste artigo.

Art. 192. O exercício de trabalho em condições insalubres, acima dos limites de tolerância estabelecidos pelo Ministério do Trabalho, assegura a percepção de adicional respectivamente de 40% (quarenta por cento), 20% (vinte por cento) e 10% (dez por cento) do salário-mínimo da região, segundo se classifiquem nos graus máximo, médio e mínimo.

- Artigo com redação determinada pela Lei 6.514/1977.
- V. art. 7º, IV e XXIII, CF.
- V. art. 76, CLT.
- V. Súmula vinculante 4, STF.
- V. Súmula 307, STF.
- V. Súmula 187, TRF.
- V. Súmulas 47, 80, 139, 228 e 248, TST.

Art. 193. São consideradas atividades ou operações perigosas, na forma da regulamentação aprovada pelo Ministério do Trabalho e Emprego, aquelas que, por sua natureza ou métodos de trabalho, impliquem risco acentuado em virtude de exposição permanente do trabalhador a:

- *Caput* do artigo com redação determinada pela Lei 12.740/2012.
- V. art. 7º, XXIII, CF.
- V. Súmula 364, TST.

I – inflamáveis, explosivos ou energia elétrica;

- Inciso I acrescentado pela Lei 12.740/2012.

II – roubos ou outras espécies de violência física nas atividades profissionais de segurança pessoal ou patrimonial.

- Inciso II acrescentado pela Lei 12.740/2012.

§ 1º O trabalho em condições de periculosidade assegura ao empregado um adicional de 30% (trinta por cento) sobre o salário sem os acréscimos resultantes de gratificações, prêmios ou participações nos lucros da empresa.

- § 1º acrescentado pela Lei 6.514/1977.
- V. Lei 10.101/2000 (Participação dos trabalhadores nos lucros ou resultados da empresa).
- V. Súmula 212, STF.
- V. Súmulas 39, 70, 132, 191, 361 e 364, TST.

§ 2º O empregado poderá optar pelo adicional de insalubridade que porventura lhe seja devido.

- § 2º acrescentado pela Lei 6.514/1977.

§ 3º Serão descontados ou compensados do adicional outros da mesma natureza eventualmente já concedidos ao vigilante por meio de acordo coletivo.

- § 3º acrescentado pela Lei 12.740/2012.

§ 4º São também consideradas perigosas as atividades de trabalhador em motocicleta.

- § 4º acrescentado pela Lei 12.997/2014.

Art. 194. O direito do empregado ao adicional de insalubridade ou de periculosidade cessará com a eliminação do risco à sua saúde ou integridade física, nos termos desta Seção e das normas expedidas pelo Ministério do Trabalho.

- Artigo com redação determinada pela Lei 6.514/1977.

Art. 195. A caracterização e a classificação da insalubridade e da periculosidade, segundo as normas do Ministério do Trabalho, far-se-ão através de perícia a cargo de Médico do Trabalho ou Engenheiro do Trabalho, registrado no Ministério do Trabalho.

- Artigo com redação determinada pela Lei 6.514/1977.

§ 1º É facultado às empresas e aos sindicatos das categorias profissionais interessadas requererem ao Ministério do Trabalho a realização de perícia em estabelecimento ou setor deste, com o objetivo de caracterizar e classificar ou delimitar as atividades insalubres ou perigosas.

§ 2º Arguida em juízo insalubridade ou periculosidade, seja por empregado, seja por sindicato em favor de grupo de associados, o juiz designará perito habilitado na forma deste artigo, e, onde não houver, requisitará perícia ao órgão competente do Ministério do Trabalho.

- V. Súmula 293, TST.

§ 3º O disposto nos parágrafos anteriores não prejudica a ação fiscalizadora do Ministério do Trabalho, nem a realização *ex officio* da perícia.

Art. 196. Os efeitos pecuniários decorrentes do trabalho em condições de insalubridade ou periculosidade serão devidos a contar da data da inclusão da respectiva atividade nos quadros aprovados pelo Ministério do Trabalho, respeitadas as normas do art. 11.

- Artigo com redação determinada pela Lei 6.514/1977.

Art. 197. Os materiais e substâncias empregados, manipulados ou transportados nos locais de trabalho, quando perigosos ou nocivos à saúde, devem conter, no rótulo, sua composição, recomendações de socorro imediato e o símbolo de perigo correspondente, segundo a padronização internacional.

- Artigo com redação determinada pela Lei 6.514/1977.

Parágrafo único. Os estabelecimentos que mantenham as atividades previstas neste artigo afixarão, nos setores de trabalho atingidos, avisos ou cartazes, com advertência quanto aos materiais e substâncias perigosos ou nocivos à saúde.

Seção XIV
Da Prevenção da Fadiga

- V. NR-17 (Ergonomia).

Art. 198. É de 60 (sessenta) quilogramas o peso máximo que um empregado pode remover individualmente, ressalvadas as disposições especiais relativas ao trabalho do menor e da mulher.

- Artigo com redação determinada pela Lei 6.514/1977.

Parágrafo único. Não está compreendida na proibição deste artigo a remoção de material feita por impulsão ou tração de vagonetes sobre trilhos, carros de mão ou quaisquer outros aparelhos mecânicos, podendo o Ministério do Trabalho, em tais casos, fixar limites diversos, que evitem sejam exigidos do empregado serviços superiores às suas forças.

Art. 199. Será obrigatória a colocação de assentos que assegurem postura correta ao trabalhador, capazes de evitar posições incômodas ou forçadas, sempre que a execução da tarefa exija que trabalhe sentado.

- Artigo com redação determinada pela Lei 6.514/1977.

Parágrafo único. Quando o trabalho deva ser executado de pé, os empregados terão à sua disposição assentos para serem utilizados nas pausas que o serviço permitir.

Seção XV
Das Outras Medidas Especiais de Proteção

Art. 200. Cabe ao Ministério do Trabalho estabelecer disposições complementares às normas de que trata este Capítulo, tendo em vista as peculiaridades de cada atividade ou setor de trabalho, especialmente sobre:

- Artigo com redação determinada pela Lei 6.514/1977.

I – medidas de prevenção de acidentes e os equipamentos de proteção individual em obras de construção, demolição ou reparos;

II – depósitos, armazenagem e manuseio de combustíveis, inflamáveis e explosivos, bem como trânsito e permanência nas áreas respectivas;

III – trabalho em escavações, túneis, galerias, minas e pedreiras, sobretudo quanto à prevenção de explosões, incêndios, desmoronamentos e soterramentos, eliminação de poeiras, gases etc., e facilidades de rápida saída dos empregados;

IV – proteção contra incêndio em geral e as medidas preventivas adequadas, com exigências ao especial revestimento de portas e paredes, construção de paredes contra fogo, diques e outros anteparos, assim como garantia geral de fácil circulação, corredores de acesso e saídas amplas e protegidas, com suficiente sinalização;

V – proteção contra insolação, calor, frio, umidade e ventos, sobretudo no trabalho a céu aberto, com provisão, quanto a este, de água potável, alojamento e profilaxia de endemias;

VI – proteção do trabalhador exposto a substâncias químicas nocivas, radiações ionizantes e não ionizantes, ruídos, vibrações e trepidações ou pressões anormais ao ambiente de trabalho, com especificação das medidas cabíveis para eliminação ou atenuação desses efeitos, limites máximos quanto ao tempo de exposição, à intensidade da ação ou de seus efeitos sobre o organismo do trabalhador, exames médicos obrigatórios, limites de idade, controle permanente dos locais de trabalho e das demais exigências que se façam necessárias;

VII – higiene nos locais de trabalho, com discriminação das exigências, instalações sanitárias, com separação de sexos, chuveiros, lavatórios, vestiários e armários individuais, refeitórios ou condições de conforto por ocasião das refeições, fornecimento de água potável, condições de limpeza dos locais de trabalho e modo de sua execução, tratamento de resíduos industriais;

VIII – emprego das cores nos locais de trabalho, inclusive nas sinalizações de perigo.

Parágrafo único. Tratando-se de radiações ionizantes e explosivos, as normas a que se refere este artigo serão expedidas de acordo com as resoluções a respeito adotadas pelo órgão técnico.

Seção XVI
Das Penalidades

- V. NR-28 (Fiscalização e penalidades).

Art. 201. As infrações ao disposto neste Capítulo relativas à medicina do trabalho serão punidas com multa de três a trinta vezes o valor de referência previsto no art. 2º, parágrafo único, da Lei 6.205, de 29 de abril de 1975, e as concernentes à segurança do trabalho com multa de cinco a cinquenta vezes o mesmo valor.

- Artigo com redação determinada pela Lei 6.514/1977.
- Multas: ver Notas de Atualização e Portaria MTb 290/1997.
- V. art. 47, CLT.

Parágrafo único. Em caso de reincidência, embaraço ou resistência à fiscalização, emprego de artifício ou simulação com o objetivo de fraudar a lei, a multa será aplicada em seu valor máximo.

Arts. 202 a 223. *(Revogados pela Lei 6.514/1977).*

TÍTULO II-A
Do Dano Extrapatrimonial

- Título II-A acrescentado pela Lei 13.467/2017 (*DOU* 14.07.2017), em vigor após decorridos 120 (cento e vinte) dias da sua publicação oficial.

Art. 223-A. Aplicam-se à reparação de danos de natureza extrapatrimonial decorrentes da relação de trabalho apenas os dispositivos deste Título.

- Artigo acrescentado pela Lei 13.467/2017 (*DOU* 14.07.2017), em vigor após decorridos 120 (cento e vinte) dias da sua publicação oficial.

Art. 223-B. Causa dano de natureza extrapatrimonial a ação ou omissão que ofenda a esfera moral ou existencial da pessoa física ou jurídica, as quais são as titulares exclusivas do direito à reparação.

- Artigo acrescentado pela Lei 13.467/2017 (*DOU* 14.07.2017), em vigor após decorridos 120 (cento e vinte) dias da sua publicação oficial.

Art. 223-C. A honra, a imagem, a intimidade, a liberdade de ação, a autoestima, a sexualidade, a saúde, o lazer e a integridade física são os bens juridicamente tutelados inerentes à pessoa física.

- Artigo acrescentado pela Lei 13.467/2017 (*DOU* 14.07.2017), em vigor após decorridos 120 (cento e vinte) dias da sua publicação oficial.
- **Redação anterior determinada pela MP 808/2017 (*DOU* 14.11.2017, edição extra), que alterava este dispositivo, vigente entre 14.11.2017 e 23.04.2018, teve seu prazo encerrado pelo Ato Declaratório CN 22/2018 (*DOU* 25.04.2018): "Art. 223-C. A etnia, a idade, a nacionalidade, a honra, a imagem, a intimidade, a liberdade de ação, a autoestima, o gênero, a orientação sexual, a saúde, o lazer e a integridade física são os bens juridicamente tutelados inerentes à pessoa natural."**

Art. 223-D. A imagem, a marca, o nome, o segredo empresarial e o sigilo da correspondência são bens juridicamente tutelados inerentes à pessoa jurídica.

- Artigo acrescentado pela Lei 13.467/2017 (*DOU* 14.07.2017), em vigor após decorridos 120 (cento e vinte) dias da sua publicação oficial.

Art. 223-E. São responsáveis pelo dano extrapatrimonial todos os que tenham colaborado para a ofensa ao bem jurídico tutelado, na proporção da ação ou da omissão.

- Artigo acrescentado pela Lei 13.467/2017 (*DOU* 14.07.2017), em vigor após decorridos 120 (cento e vinte) dias da sua publicação oficial.

Art. 223-F. A reparação por danos extrapatrimoniais pode ser pedida cumulativamente com a indenização por danos materiais decorrentes do mesmo ato lesivo.

- Artigo acrescentado pela Lei 13.467/2017 (*DOU* 14.07.2017), em vigor após decorridos 120 (cento e vinte) dias da sua publicação oficial.

§ 1º Se houver cumulação de pedidos, o juízo, ao proferir a decisão, discriminará os valores das indenizações a título de danos patrimoniais e das reparações por danos de natureza extrapatrimonial.

§ 2º A composição das perdas e danos, assim compreendidos os lucros cessantes e os danos emergentes, não interfere na avaliação dos danos extrapatrimoniais.

Art. 223-G. Ao apreciar o pedido, o juízo considerará:

- Artigo acrescentado pela Lei 13.467/2017 (*DOU* 14.07.2017), em vigor após decorridos 120 (cento e vinte) dias de sua publicação oficial.

I – a natureza do bem jurídico tutelado;

II – a intensidade do sofrimento ou da humilhação;

III – a possibilidade de superação física ou psicológica;

IV – os reflexos pessoais e sociais da ação ou da omissão;

V – a extensão e a duração dos efeitos da ofensa;

VI – as condições em que ocorreu a ofensa ou o prejuízo moral;

VII – o grau de dolo ou culpa;

VIII – a ocorrência de retratação espontânea;

IX – o esforço efetivo para minimizar a ofensa;

X – o perdão, tácito ou expresso;

XI – a situação social e econômica das partes envolvidas;

XII – o grau de publicidade da ofensa.

§ 1º Se julgar procedente o pedido, o juízo fixará a indenização a ser paga, a cada um dos ofendidos, em um dos seguintes parâmetros, vedada a acumulação:

- **Redação anterior determinada pela MP 808/2017 (*DOU* 14.11.2017, edição extra), que alterava este dispositivo, vigente entre 14.11.2017 e 23.04.2018, teve seu prazo encerrado pelo Ato Declaratório CN 22/2018 (*DOU* 25.04.2018): "§ 1º. Ao julgar procedente o pedido, o juízo fixará a reparação a ser paga, a cada um dos ofendidos, em um dos seguintes parâmetros, vedada a acumulação: I - para ofensa de natureza leve - até três vezes o valor do limite máximo dos benefícios do Regime Geral de Previdência Social; II - para ofensa de natureza média - até cinco vezes o valor do limite máximo dos benefícios do Regime Geral de Previdência Social; III - para ofensa de natureza grave - até vinte vezes o valor do limite máximo dos benefícios do Regime Geral de Previdência Social; ou IV - para ofensa de natureza gravíssima - até cinquenta vezes o valor do limite máximo dos benefícios do Regime Geral de Previdência Social."**

I – ofensa de natureza leve, até três vezes o último salário contratual do ofendido;

II – ofensa de natureza média, até cinco vezes o último salário contratual do ofendido;

III – ofensa de natureza grave, até vinte vezes o último salário contratual do ofendido;

IV – ofensa de natureza gravíssima, até cinquenta vezes o último salário contratual do ofendido.

§ 2º Se o ofendido for pessoa jurídica, a indenização será fixada com observância dos mesmos parâmetros estabelecidos no § 1º deste artigo, mas em relação ao salário contratual do ofensor.

§ 3º Na reincidência entre partes idênticas, o juízo poderá elevar ao dobro o valor da indenização.

- **Redação anterior determinada pela MP 808/2017 (*DOU* 14.11.2017, edição extra), que alterava o § 3º e acrescentava os §§ 4º e 5º, vigente entre 14.11.2017 e 23.04.2018, teve seu prazo encerrado pelo Ato Declaratório CN 22/2018 (*DOU* 25.04.2018): "§ 3º. Na reincidência de quaisquer das partes, o juízo poderá elevar ao dobro o valor da indenização. § 4º. Para fins do disposto no § 3º, a reincidência ocorrerá se ofensa idêntica ocorrer no prazo de até dois anos, contado do trânsito em julgado da decisão condenatória. § 5º. Os parâmetros estabelecidos no § 1º não se aplicam aos danos extrapatrimoniais decorrentes de morte."**

TÍTULO III
Das Normas Especiais de Tutela do Trabalho

Capítulo I
Das Disposições Especiais sobre Duração e Condições de Trabalho

Seção I
Dos Bancários

Art. 224. A duração normal do trabalho dos empregados em bancos, casas bancárias e Caixa Econômica Federal será de 6 (seis) horas contínuas nos dias úteis, com exceção dos sábados, perfazendo um total de 30 (trinta) horas de trabalho por semana.

- *Caput* com redação determinada pela Lei 7.430/1985.

§ 1º A duração normal do trabalho estabelecida neste artigo ficará compreendida entre 7 (sete) e 22 (vinte e duas) horas, assegurando-se ao empregado, no horário diário, um intervalo de 15 (quinze) minutos para alimentação.

- § 1º com redação determinada pelo Dec.-lei 229/1967.

§ 2º As disposições deste artigo não se aplicam aos que exercem funções de direção, gerência, fiscalização, chefia e equivalentes, ou que desempenhem outros cargos de confiança, desde que o valor da gratificação não seja inferior a 1/3 (um terço) do salário do cargo efetivo.

- § 2º com redação determinada pelo Dec.-lei 754/1969.
- V. Súmulas 93, 102, 109, 113, 117, 119, 124, 239, 240, 247, 257 e 287, TST.

Art. 225. A duração normal de trabalho dos bancários poderá ser excepcionalmente prorrogada até 8 (oito) horas diárias, não excedendo de 40 (quarenta) horas semanais, observados os preceitos gerais sobre a duração do trabalho.

- Artigo com redação determinada pela Lei 6.637/1979.
- V. Súmula 226, TFR.
- V. Súmula 199, TST.

Art. 226. O regime especial de 6 (seis) horas de trabalho também se aplica aos empregados de portaria e de limpeza, tais como porteiros, telefonistas de mesa, contínuos e serventes, empregados em bancos e casas bancárias.

- Artigo com redação determinada pela Lei 3.488/1958.

Parágrafo único. A direção de cada banco organizará a escala de serviço do estabelecimento de maneira a haver empregados do quadro da portaria em função, meia hora antes e até meia hora após o encerramento dos trabalhos, respeitado o limite de 6 (seis) horas diárias.

Seção II
Dos Empregados nos Serviços de Telefonia, de Telegrafia Submarina e Subfluvial, de Radiotelegrafia e Radiotelefonia

Art. 227. Nas empresas que explorem o serviço de telefonia, telegrafia submarina ou subfluvial, de radiotelegrafia ou de radiotelefonia, fica estabelecida para os respectivos operadores a duração máxima de 6 (seis) horas contínuas de trabalho por dia ou 36 (trinta e seis) horas semanais.

- *Caput* com redação determinada pelo Dec.-lei 6.353/1944.
- V. Súmula 178, TST.

§ 1º Quando, em caso de indeclinável necessidade, forem os operadores obrigados a permanecer em serviço além do período normal fixado neste artigo, a empresa pagar-lhes-á extraordinariamente o tempo excedente com acréscimo de 50% (cinquenta por cento) sobre o seu salário-hora normal.

§ 2º O trabalho aos domingos, feriados e dias santos de guarda será considerado extraordinário e obedecerá, quanto à sua execução e remuneração, ao que dispuserem empregadores e empregados em acordo, ou os respectivos sindicatos em contrato coletivo de trabalho.

- § 2º com redação determinada pelo Dec.-lei 6.353/1944.

Art. 228. Os operadores não poderão trabalhar, de modo ininterrupto, na transmissão manual, bem como na recepção visual, auditiva, com escrita manual ou datilográfica, quando a velocidade for superior a 25 (vinte e cinco) palavras por minuto.

Art. 229. Para os empregados sujeitos a horários variáveis, fica estabelecida a duração máxima de 7 (sete) horas diárias de trabalho e 17 (dezessete) horas de folga, deduzindo-se desse tempo 20 (vinte) minutos para descanso, de cada um dos empregados, sempre que se verificar um esforço contínuo de mais de 3 (três) horas.

§ 1º São considerados empregados sujeitos a horários variáveis, além dos operadores, cujas funções exijam classificação distinta, os que pertençam a seções de técnica, telefones, revisão, expedição, entrega e balcão.

- § 1º com redação determinada pelo Dec.-lei 6.353/1944.

§ 2º Quanto à execução e remuneração aos domingos, feriados e dias santos de guarda e às prorrogações de expediente, o trabalho dos empregados a que se refere o parágrafo anterior será regido pelo que se contém no § 1º do art. 227 desta Seção.

- § 2º com redação determinada pelo Dec.-lei 6.353/1944.

Art. 230. A direção das empresas deverá organizar as turmas de empregados, para a execução dos seus serviços, de maneira que prevaleça sempre o revezamento entre os que exercem a mesma função, quer em escalas diurnas, quer em noturnas.

§ 1º Aos empregados que exerçam a mesma função será permitida, entre si, a troca de turmas, desde que isso não importe em prejuízo dos serviços, cujo chefe ou encarregado resolverá sobre a oportunidade ou possibilidade dessa medida, dentro das prescrições desta Seção.

§ 2º As empresas não poderão organizar horários que obriguem os empregados a fazer a refeição do almoço antes das 10 (dez) e depois das 13 (treze) horas e a do jantar antes das 16 (dezesseis) e depois das 19 (dezenove) horas e 30 (trinta) minutos.

Art. 231. As disposições desta Seção não abrangem o trabalho dos operadores de radiotelegrafia embarcados em navios ou aeronaves.

Seção III
Dos Músicos Profissionais

Art. 232. Será de 6 (seis) horas a duração de trabalho dos músicos em teatro e congêneres.

- V. Lei 3.857/1960 (Disciplina o exercício da profissão de músico).

Parágrafo único. Toda vez que o trabalho contínuo em espetáculo ultrapassar de 6 (seis) horas, o tempo de duração excedente será pago com um acréscimo de 25 % (vinte e cinco por cento) sobre o salário da hora normal.

Art. 233. A duração normal de trabalho dos músicos profissionais poderá ser elevada até 8 (oito) horas diárias, observados os preceitos gerais sobre duração do trabalho.

- V. Lei 3.857/1960 (Disciplina o exercício da profissão de músico).

Seção IV
Dos Operadores Cinematográficos

Art. 234. A duração normal do trabalho dos operadores cinematográficos e seus ajudantes não excederá de 6 (seis) horas diárias, assim distribuídas:

- *Caput* com redação determinada pelo Dec.-lei 6.353/1944.

a) 5 (cinco) horas consecutivas de trabalho em cabina, durante o funcionamento cinematográfico;

b) um período suplementar, até o máximo de 1 (uma) hora para limpeza, lubrificação dos aparelhos de projeção, ou revisão de filmes.

Parágrafo único. Mediante remuneração adicional de 25% (vinte e cinco por cento) sobre o salário da hora normal e observado um intervalo de 2 (duas) horas para folga, entre o período a que se refere a alínea *b* deste artigo e o trabalho em cabina de que trata a alínea *a*, poderá o trabalho dos operadores cinematográficos e seus ajudantes ter a duração prorrogada por 2 (duas) horas diárias, para exibições extraordinárias.

- De acordo com a Constituição Federal, o percentual é de no mínimo 50% (cinquenta por cento) sobre a hora normal (art. 7º, XVI).

Art. 235. Nos estabelecimentos cujo funcionamento normal seja noturno, será facultado aos operadores cinematográficos e seus ajudantes, mediante acordo ou convenção coletiva de trabalho e com um acréscimo de 25% (vinte e cinco por cento) sobre o salário da hora normal, executar o trabalho em sessões diurnas extraordinárias e, cumulativamente, nas noturnas, desde que isso se verifique até três vezes por semana e entre as sessões diurnas e as noturnas haja o intervalo de 1 (uma) hora, no mínimo, de descanso.

- De acordo com a Constituição Federal, o percentual é de no mínimo 50% (cinquenta por cento) sobre a hora normal (art. 7º, XVI).

§ 1º A duração de trabalho cumulativo a que alude o presente artigo não poderá exceder de 10 (dez) horas.

§ 2º Em seguida a cada período de trabalho haverá um intervalo de repouso no mínimo de 12 (doze) horas.

Seção IV-A
Do Serviço do Motorista Profissional Empregado

- Rubrica da Seção IV-A com redação determinada pela Lei 13.103/2015.
- V. art. 1º, Dec.-lei 4.657/1942 (Lei de Introdução às Normas do Direito Brasileiro).

Art. 235-A. Os preceitos especiais desta Seção aplicam-se ao motorista profissional empregado:

- Artigo com redação determinada pela Lei 13.103/2015.
- V. art. 1º, Dec.-lei 4.657/1942 (Lei de Introdução às Normas do Direito Brasileiro).

I – de transporte rodoviário coletivo de passageiros;

II – de transporte rodoviário de cargas.

Art. 235-B. São deveres do motorista profissional empregado:

- *Caput* do artigo com redação determinada pela Lei 13.103/2015.
- V. art. 1º, Dec.-lei 4.657/1942 (Lei de Introdução às Normas do Direito Brasileiro).

I – estar atento às condições de segurança do veículo;

- Inciso I acrescentado pela Lei 12.619/2012 (*DOU* 02.05.2012), em vigor 45 (quarenta e cinco) dias após a data de sua publicação, de acordo com o art. 1º do Dec.-lei 4.657/1942.

II – conduzir o veículo com perícia, prudência, zelo e com observância aos princípios de direção defensiva;

- Inciso II acrescentado pela Lei 12.619/2012 (*DOU* 02.05.2012), em vigor 45 (quarenta e cinco) dias após a data de sua publicação, de acordo com o art. 1º do Dec.-lei 4.657/1942.

III – respeitar a legislação de trânsito e, em especial, as normas relativas ao tempo de direção e de descanso controlado e registrado na forma do previsto no art. 67-E da Lei 9.503, de 23 de setembro de 1997 – Código de Trânsito Brasileiro;

- Inciso III com redação determinada pela Lei 13.103/2015.
- V. art. 1º, Dec.-lei 4.657/1942 (Lei de Introdução às Normas do Direito Brasileiro).

IV – zelar pela carga transportada e pelo veículo;

- Inciso IV acrescentado pela Lei 12.619/2012 (*DOU* 02.05.2012), em vigor 45 (quarenta e cinco) dias após a data de sua publicação, de acordo com o art. 1º do Dec.-lei 4.657/1942.

V – colocar-se à disposição dos órgãos públicos de fiscalização na via pública;

- Inciso V acrescentado pela Lei 12.619/2012 (*DOU* 02.05.2012), em vigor 45 (quarenta e cinco) dias após a data de sua publicação, de acordo com o art. 1º do Dec.-lei 4.657/1942.

VI – (*Vetado*).

- Inciso VI acrescentado pela Lei 12.619/2012 (*DOU* 02.05.2012), em vigor 45 (quarenta e cinco) dias após a data de sua publicação, de acordo com o art. 1º do Dec.-lei 4.657/1942.

VII – submeter-se a exames toxicológicos com janela de detecção mínima de 90 (noventa) dias e a programa de controle de uso de droga e de bebida alcoólica, instituído pelo empregador, com sua ampla ciência, pelo menos uma vez a cada 2 (dois) anos e 6 (seis) meses, podendo ser utilizado para esse fim o exame obrigatório previsto na Lei 9.503, de 23 de setembro de 1997 – Código de Trânsito Brasileiro, desde que realizado nos últimos 60 (sessenta) dias.

- Inciso VII com redação determinada pela Lei 13.103/2015.
- V. art. 13, Lei 13.103/2015 (Exercício da profissão de motorista).
- V. art. 1º, Dec.-lei 4.657/1942 (Lei de Introdução às Normas do Direito Brasileiro).

Parágrafo único. A recusa do empregado em submeter-se ao teste ou ao programa de controle de uso de droga e de bebida alcoólica previstos no inciso VII será considerada infração disciplinar, passível de penalização nos termos da lei.

- Parágrafo único com redação determinada pela Lei 13.103/2015.
- V. art. 1º, Dec.-lei 4.657/1942 (Lei de Introdução às Normas do Direito Brasileiro).

Art. 235-C. A jornada diária de trabalho do motorista profissional será de 8 (oito) horas, admitindo-se a sua prorrogação por até 2 (duas) horas extraordinárias ou, mediante previsão em convenção ou acordo coletivo, por até 4 (quatro) horas extraordinárias.

- *Caput* com redação determinada pela Lei 13.103/2015.
- V. art. 1º, Dec.-lei 4.657/1942 (Lei de Introdução às Normas do Direito Brasileiro).

§ 1º Será considerado como trabalho efetivo o tempo em que o motorista empregado estiver à disposição do empregador, excluídos os intervalos para refeição, repouso e descanso e o tempo de espera.

- § 1º com redação determinada pela Lei 13.103/2015.
- V. art. 1º, Dec.-lei 4.657/1942 (Lei de Introdução às Normas do Direito Brasileiro).

§ 2º Será assegurado ao motorista profissional empregado intervalo mínimo de 1 (uma) hora para refeição, podendo esse período coincidir com o tempo de parada obrigatória na condução do veículo estabelecido pela Lei 9.503, de 23 de setembro de 1997 – Código de Trânsito Brasileiro, exceto quando se tratar do motorista profissional enquadrado no § 5º do art. 71 desta Consolidação.

- § 2º com redação determinada pela Lei 13.103/2015.
- V. art. 1º, Dec.-lei 4.657/1942 (Lei de Introdução às Normas do Direito Brasileiro).

§ 3º Dentro do período de 24 (vinte e quatro) horas, são asseguradas 11 (onze) horas de descanso, sendo facultados o seu fracionamento e a coincidência com os períodos de parada obrigatória na condução do veículo estabelecida pela Lei 9.503, de 23 de setembro de 1997 – Código de Trânsito Brasileiro, garantidos o mínimo de 8 (oito) horas ininterruptas no primeiro período e o gozo do remanescente dentro das 16 (dezesseis) horas seguintes ao fim do primeiro período.

- § 3º com redação determinada pela Lei 13.103/2015.
- V. art. 1º, Dec.-lei 4.657/1942 (Lei de Introdução às Normas do Direito Brasileiro).

§ 4º Nas viagens de longa distância, assim consideradas aquelas em que o motorista profissional empregado permanece fora da base da empresa, matriz ou filial e de sua residência por mais de 24 (vinte e quatro) horas, o repouso diário pode ser feito no veículo ou em alojamento do empregador, do contratante do transporte, do embarcador ou do destinatário ou em outro local que ofereça condições adequadas.

- § 4º com redação determinada pela Lei 13.103/2015.
- V. art. 1º, Dec.-lei 4.657/1942 (Lei de Introdução às Normas do Direito Brasileiro).

§ 5º As horas consideradas extraordinárias serão pagas com o acréscimo estabelecido na Constituição Federal ou compensadas na forma do § 2º do art. 59 desta Consolidação.

- § 5º com redação determinada pela Lei 13.103/2015.
- V. art. 1º, Dec.-lei 4.657/1942 (Lei de Introdução às Normas do Direito Brasileiro).

§ 6º À hora de trabalho noturno aplica-se o disposto no art. 73 desta Consolidação.

- § 6º com redação determinada pela Lei 13.103/2015.
- V. art. 1º, Dec.-lei 4.657/1942 (Lei de Introdução às Normas do Direito Brasileiro).

§ 7º *(Vetado).*

- Inciso VII acrescentado pela Lei 12.619/2012 (*DOU* 02.05.2012), em vigor 45 (quarenta e cinco) dias após a data de sua publicação, de acordo com o art. 1º do Dec.-lei 4.657/1942.

§ 8º São considerados tempo de espera as horas em que o motorista profissional empregado ficar aguardando carga ou descarga do veículo nas dependências do embarcador ou do destinatário e o período gasto com a fiscalização da mercadoria transportada em barreiras fiscais ou alfandegárias, não sendo computados como jornada de trabalho e nem como horas extraordinárias.

- § 8º com redação determinada pela Lei 13.103/2015.
- V. art. 1º, Dec.-lei 4.657/1942 (Lei de Introdução às Normas do Direito Brasileiro).

§ 9º As horas relativas ao tempo de espera serão indenizadas na proporção de 30% (trinta por cento) do salário-hora normal.

- § 9º com redação determinada pela Lei 13.103/2015.
- V. art. 1º, Dec.-lei 4.657/1942 (Lei de Introdução às Normas do Direito Brasileiro).

§ 10. Em nenhuma hipótese, o tempo de espera do motorista empregado prejudicará o direito ao recebimento da remuneração correspondente ao salário-base diário.

- § 10 acrescentado pela Lei 13.103/2015.
- V. art. 1º, Dec.-lei 4.657/1942 (Lei de Introdução às Normas do Direito Brasileiro).

§ 11. Quando a espera de que trata o § 8º for superior a 2 (duas) horas ininterruptas e for exigida a permanência do motorista empregado junto ao veículo, caso o local ofereça condições adequadas, o tempo será considerado como de repouso para os fins do intervalo de que tratam os §§ 2º e 3º, sem prejuízo do disposto no § 9º.

- § 11 acrescentado pela Lei 13.103/2015.
- V. art. 1º, Dec.-lei 4.657/1942 (Lei de Introdução às Normas do Direito Brasileiro).

§ 12. Durante o tempo de espera, o motorista poderá realizar movimentações necessárias do veículo, as quais não serão consideradas como parte da jornada de trabalho, ficando garantido, porém, o gozo do descanso de 8 (oito) horas ininterruptas aludido no § 3º.

- § 12 acrescentado pela Lei 13.103/2015.
- V. art. 1º, Dec.-lei 4.657/1942 (Lei de Introdução às Normas do Direito Brasileiro).

§ 13. Salvo previsão contratual, a jornada de trabalho do motorista empregado não tem horário fixo de início, de final ou de intervalos.

- § 13 acrescentado pela Lei 13.103/2015.
- V. art. 1º, Dec.-lei 4.657/1942 (Lei de Introdução às Normas do Direito Brasileiro).

§ 14. O empregado é responsável pela guarda, preservação e exatidão das informações contidas nas anotações em diário de bordo, papeleta ou ficha de trabalho externo, ou no registrador instantâneo inalterável de velocidade e tempo, ou nos rastreadores ou sistemas e meios eletrônicos, instalados nos veículos, normatizados pelo Contran, até que o veículo seja entregue à empresa.

- § 14 acrescentado pela Lei 13.103/2015.
- V. art. 1º, Dec.-lei 4.657/1942 (Lei de Introdução às Normas do Direito Brasileiro).

§ 15. Os dados referidos no § 14 poderão ser enviados a distância, a critério do empregador, facultando-se a anexação do documento original posteriormente.

- § 15 acrescentado pela Lei 13.103/2015.
- V. art. 1º, Dec.-lei 4.657/1942 (Lei de Introdução às Normas do Direito Brasileiro).

§ 16. Aplicam-se as disposições deste artigo ao ajudante empregado nas operações em que acompanhe o motorista.

- § 16 acrescentado pela Lei 13.103/2015.
- V. art. 1º, Dec.-lei 4.657/1942 (Lei de Introdução às Normas do Direito Brasileiro).

§ 17. O disposto no *caput* deste artigo aplica-se também aos operadores de automotores destinados a puxar ou a arrastar maquinaria de qualquer natureza ou a executar trabalhos de construção ou pavimentação e aos operadores de tratores, colheitadeiras, autopropelidos e demais aparelhos automotores destinados a puxar ou a arrastar maquinaria agrícola ou a executar trabalhos agrícolas.

- § 17 acrescentado pela Lei 13.154/2015.

Art. 235-D. Nas viagens de longa distância com duração superior a 7 (sete) dias, o repouso semanal será de 24 (vinte e quatro) horas por semana ou fração trabalhada, sem prejuízo do intervalo de repouso diário de 11 (onze) horas, totalizando 35 (trinta e cinco) horas, usufruído no retorno do motorista à base (matriz ou filial) ou ao seu domicílio, salvo se a empresa oferecer condições adequadas para o efetivo gozo do referido repouso.

- *Caput* do artigo com redação determinada pela Lei 13.103/2015.
- V. art. 1º, Dec.-lei 4.657/1942 (Lei de Introdução às Normas do Direito Brasileiro).

I – *(Revogado pela Lei 13.103/2015).*

II – *(Revogado pela Lei 13.103/2015).*

III – *(Revogado pela Lei 13.103/2015).*

§ 1º É permitido o fracionamento do repouso semanal em 2 (dois) períodos, sendo um destes de, no mínimo, 30 (trinta) horas ininterruptas, a serem cumpridos na mesma semana e em continuidade a um período de repouso diário, que deverão ser usufruídos no retorno da viagem.

- § 1º acrescentado pela Lei 13.103/2015.
- V. art. 1º, Dec.-lei 4.657/1942 (Lei de Introdução às Normas do Direito Brasileiro).

§ 2º A cumulatividade de descansos semanais em viagens de longa distância de que trata o *caput* fica limitada ao número de 3 (três) descansos consecutivos.

- § 2º acrescentado pela Lei 13.103/2015.
- V. art. 1º, Dec.-lei 4.657/1942 (Lei de Introdução às Normas do Direito Brasileiro).

§ 3º O motorista empregado, em viagem de longa distância, que ficar com o veículo parado após o cumprimento da jornada normal ou das horas extraordinárias fica dispensado do serviço, exceto se for expressamente autorizada a sua permanência junto ao veículo pelo empregador, hipótese em que o tempo será considerado de espera.

- § 3º acrescentado pela Lei 13.103/2015.
- V. art. 1º, Dec.-lei 4.657/1942 (Lei de Introdução às Normas do Direito Brasileiro).

§ 4º Não será considerado como jornada de trabalho, nem ensejará o pagamento de qualquer remuneração, o período em que o motorista empregado ou o ajudante ficarem espontaneamente no veículo usufruindo dos intervalos de repouso.

- § 4º acrescentado pela Lei 13.103/2015.
- V. art. 1º, Dec.-lei 4.657/1942 (Lei de Introdução às Normas do Direito Brasileiro).

§ 5º Nos casos em que o empregador adotar 2 (dois) motoristas trabalhando no mesmo veículo, o tempo de repouso poderá ser feito com o veículo em movimento, assegurado o repouso mínimo de 6 (seis) horas consecutivas fora do veículo em alojamento externo ou, se na cabine leito, com o veículo estacionado, a cada 72 (setenta e duas) horas.

- § 5º acrescentado pela Lei 13.103/2015.
- V. art. 1º, Dec.-lei 4.657/1942 (Lei de Introdução às Normas do Direito Brasileiro).

§ 6º Em situações excepcionais de inobservância justificada do limite de jornada de que trata o art. 235-C, devidamente registradas, e desde que não se comprometa a segurança rodoviária, a duração da jornada de trabalho do motorista profissional empregado poderá ser elevada pelo tempo necessário até o veículo chegar a um local seguro ou ao seu destino.

- § 6º acrescentado pela Lei 13.103/2015.
- V. art. 1º, Dec.-lei 4.657/1942 (Lei de Introdução às Normas do Direito Brasileiro).

§ 7º Nos casos em que o motorista tenha que acompanhar o veículo transportado por qualquer meio onde ele siga embarcado e em que o veículo disponha de cabine leito ou a embarcação disponha de alojamento para gozo do intervalo de repouso diário previsto no § 3º do art. 235-C, esse tempo será considerado como tempo de descanso.

- § 7º acrescentado pela Lei 13.103/2015.
- V. art. 1º, Dec.-lei 4.657/1942 (Lei de Introdução às Normas do Direito Brasileiro).

§ 8º Para o transporte de cargas vivas, perecíveis e especiais em longa distância ou em território estrangeiro poderão ser aplicadas regras conforme a especificidade da operação de transporte realizada, cujas condições de trabalho serão fixadas em convenção ou acordo coletivo de modo a assegurar as adequadas condições de viagem e entrega ao destino final.

- § 8º acrescentado pela Lei 13.103/2015.
- V. art. 1º, Dec.-lei 4.657/1942 (Lei de Introdução às Normas do Direito Brasileiro).

Art. 235-E. Para o transporte de passageiros, serão observados os seguintes dispositivos:

- *Caput* com redação determinada pela Lei 13.103/2015.
- V. art. 1º, Dec.-lei 4.657/1942 (Lei de Introdução às Normas do Direito Brasileiro).

I – é facultado o fracionamento do intervalo de condução do veículo previsto na Lei 9.503, de 23 de setembro de 1997 – Código de Trânsito Brasileiro, em períodos de no mínimo 5 (cinco) minutos;

II – será assegurado ao motorista intervalo mínimo de 1 (uma) hora para refeição, podendo ser fracionado em 2 (dois) períodos e coincidir com o tempo de parada obrigatória na condução do veículo estabelecido pela Lei 9.503, de 23 de setembro de 1997 – Código de Trânsito Brasileiro, exceto quando se tratar do motorista profissional enquadrado no § 5º do art. 71 desta Consolidação;

III – nos casos em que o empregador adotar 2 (dois) motoristas no curso da mesma viagem, o descanso poderá ser feito com o veículo em movimento, respeitando-se os horários de jornada de trabalho, assegurado, após 72 (setenta e duas) horas, o repouso em alojamento externo ou, se em poltrona correspondente ao serviço de leito, com o veículo estacionado.

§ 1º *(Revogado pela Lei 13.103/2015).*

§ 2º *(Vetado).*

- § 2º acrescentado pela Lei 12.619/2012 (*DOU* 02.05.2012), em vigor 45 (quarenta e cinco) dias após a data de sua publicação, de acordo com o art. 1º do Dec.-lei 4.657/1942.

§ 3º *(Revogado pela Lei 13.103/2015).*

§ 4º *(Revogado pela Lei 13.103/2015).*

§ 5º *(Revogado pela Lei 13.103/2015).*

§ 6º *(Revogado pela Lei 13.103/2015).*

§ 7º *(Revogado pela Lei 13.103/2015).*

§ 8º *(Vetado).*

- § 8º acrescentado pela Lei 12.619/2012 (*DOU* 02.05.2012), em vigor 45 (quarenta e cinco) dias após a data de sua publicação, de acordo com o art. 1º do Dec.-lei 4.657/1942.

§ 9º *(Revogado pela Lei 13.103/2015).*

§ 10. *(Revogado pela Lei 13.103/2015).*

§ 11. *(Revogado pela Lei 13.103/2015).*

§ 12. *(Revogado pela Lei 13.103/2015).*

Art. 235-F. Convenção e acordo coletivo poderão prever jornada especial de 12 (doze) horas de trabalho por 36 (trinta e seis) horas de descanso para o trabalho do motorista profissional empregado em regime de compensação.

- Artigo com redação determinada pela Lei 13.103/2015.
- V. art. 1º, Dec.-lei 4.657/1942 (Lei de Introdução às Normas do Direito Brasileiro).

Art. 235-G. É permitida a remuneração do motorista em função da distância percorrida, do tempo de viagem ou da natureza e quantidade de produtos transportados, inclusive mediante oferta de comissão ou qualquer outro tipo de vantagem, desde que essa remuneração ou comissionamento não comprometa a segurança da rodovia e da coletividade ou possibilite a violação das normas previstas nesta Lei.

- Artigo com redação determinada pela Lei 13.103/2015.
- V. art. 1º, Dec.-lei 4.657/1942 (Lei de Introdução às Normas do Direito Brasileiro).

Art. 235-H. *(Revogado pela Lei 13.103/2015).*

Seção V
Do Serviço Ferroviário

Art. 236. No serviço ferroviário – considerado este o de transporte em estradas de ferro abertas ao tráfego público, compreendendo a administração, construção, conservação e remoção das vias férreas e seus edifícios, obras de arte, material rodante, instalações complementares e acessórias, bem como o serviço de tráfego, de telegrafia, telefonia e funcionamento de todas as instalações ferroviárias – aplicam-se os preceitos especiais constantes desta Seção.

Art. 237. O pessoal a que se refere o artigo antecedente fica dividido nas seguintes categorias:

a) funcionários de alta administração, chefes e ajudantes de departamentos e seções, engenheiros residentes, chefes de depósito, inspetores e demais empregados que exercem funções administrativas ou fiscalizadoras;

b) pessoal que trabalhe em lugares ou trechos determinados e cujas tarefas requeiram atenção constante; pessoal de escritório, turmas de conservação e construção da via permanente, oficinas e estações principais, inclusive os respectivos telegrafistas; pessoal de tração, lastro e revistadores;

c) das equipagens de trens em geral;

d) pessoal cujo serviço é de natureza intermitente ou de pouca intensidade, embora com permanência prolongada nos locais de trabalho; vigias e pessoal das estações do interior, inclusive os respectivos telegrafistas.

Art. 238. Será computado como de trabalho efetivo todo o tempo em que o empregado estiver à disposição da Estrada.

- Artigo alterado pela Lei 3.970/1961 e com redação original restabelecida pelo Dec.-lei 5/1966.

§ 1º Nos serviços efetuados pelo pessoal da categoria *c*, não será considerado como de trabalho efetivo o tempo gasto em viagens do local ou para o local de terminação e início dos mesmos serviços.

§ 2º Ao pessoal removido ou comissionado fora da sede será contado como de trabalho normal e efetivo o tempo gasto em viagens, sem direito à percepção de horas extraordinárias.

§ 3º No caso das turmas de conservação da via permanente, o tempo efetivo do trabalho será contado desde a hora da saída da casa da turma até a hora em que cessar o serviço em qualquer ponto compreendido dentro dos limites da respectiva turma. Quando o empregado trabalhar fora dos limites da sua turma, ser-lhe-á também computado como de trabalho efetivo o tempo gasto no percurso da volta a esses limites.

§ 4º Para o pessoal da equipagem de trens, só será considerado esse trabalho efetivo, depois de chegado ao destino, o tempo em que o ferroviário estiver ocupado ou retido à disposição da Estrada. Quando, entre dois períodos de trabalho, não mediar intervalo superior a 1 (uma) hora, será esse intervalo computado como de trabalho efetivo.

§ 5º O tempo concedido para refeição não se computa como de trabalho efetivo, senão para o pessoal da categoria *c*, quando as refeições forem tomadas em viagem ou nas estações durante as paradas. Esse tempo não será inferior a 1 (uma) hora, exceto para o pessoal da referida categoria em serviço de trens.

§ 6º No trabalho das turmas encarregadas da conservação de obras de arte, linhas telegráficas ou telefônicas e edifícios, não será contado como de trabalho efetivo o tempo de viagem para o local do serviço, sempre que não exceder de 1 (uma) hora, seja para ida ou para volta, e a Estrada fornecer os meios de locomoção, computando-se sempre o tempo excedente a esse limite.

Art. 239. Para o pessoal da categoria *c*, a prorrogação do trabalho independe de acordo ou contrato coletivo, não podendo, entretanto, exceder de 12 (doze) horas, pelo que as empresas organizarão, sempre que possível, os serviços de equipagens de trens com destacamentos nos trechos das linhas de modo a ser observada a duração normal de 8 (oito) horas de trabalho.

§ 1º Para o pessoal sujeito ao regime do presente artigo, depois de cada jornada de trabalho haverá um repouso de 10 (dez) horas contínuas, no mínimo, observando-se, outrossim, o descanso semanal.

§ 2º Para o pessoal da equipagem de trens, a que se refere o presente artigo, quando a empresa não fornecer alimentação, em viagem, e hospedagem, no destino, concederá uma ajuda de custo para atender a tais despesas.

§ 3º As escalas do pessoal abrangido pelo presente artigo serão organizadas de modo que não caiba a qualquer empregado, quinzenalmente, um total de horas de serviço noturno superior às de serviço diurno.

§ 4º Os períodos de trabalho do pessoal a que alude o presente artigo serão registrados em cadernetas especiais, que ficarão sempre em poder do empregado, de acordo com o modelo aprovado pelo Ministro do Trabalho, Indústria e Comércio.

- V. art. 57, I, Lei 13.844/2019 (Estabelece a organização básica da Presidência da República e dos Ministérios, no qual fica transformado o Ministério do Trabalho em Ministério da Economia).

Art. 240. Nos casos de urgência ou de acidente, capazes de afetar a segurança ou regularidade do serviço, poderá a duração do trabalho ser excepcionalmente elevada a qualquer número de horas, incumbindo à Estrada zelar pela incolumidade dos seus empregados e pela possibilidade de revezamento de turmas, assegurando ao pessoal um repouso correspondente e comunicando a ocorrência ao Ministério do Trabalho, Indústria e Comércio, dentro de 10 (dez) dias da sua verificação.

- V. art. 57, I, Lei 13.844/2019 (Estabelece a organização básica da Presidência da República e dos Ministérios, no qual fica transformado o Ministério do Trabalho em Ministério da Economia).

Parágrafo único. Nos casos previstos neste artigo, a recusa, sem causa justificada, por parte de qualquer empregado, à execução de serviço extraordinário será considerada falta grave.

Art. 241. As horas excedentes das do horário normal de 8 (oito) horas serão pagas como serviço extraordinário na seguinte base: as duas primeiras com o acréscimo de 25% (vinte e cinco por cento) sobre o salário-hora normal; as duas subsequentes com um adicional de 50% (cinquenta por cento) e as restantes com um adicional de 75% (setenta e cinco por cento).

- De acordo com a Constituição Federal, o percentual é de no mínimo 50% (cinquenta por cento) sobre a hora normal (art. 7º, XVI).

Parágrafo único. Para o pessoal da categoria *c*, a primeira hora será majorada de 25% (vinte e cinco por cento), a segunda hora será paga com o acréscimo de 50% (cinquenta por cento) e as 2 (duas) subsequentes com o de 60% (sessenta por cento), salvo caso de negligência comprovada.

- De acordo com a Constituição Federal, o percentual é de no mínimo 50% (cinquenta por cento) sobre a hora normal (art. 7º, XVI).

Art. 242. As frações de 1/2 (meia) hora superiores a 10 (dez) minutos serão computadas como 1/2 (meia) hora.

Art. 243. Para os empregados de estações do interior, cujo serviço for de natureza intermitente ou de pouca intensidade, não se aplicam os preceitos gerais sobre duração do trabalho, sendo-lhes, entretanto, assegurado o repouso contínuo de 10 (dez) horas, no mínimo, entre dois períodos de trabalho e descanso semanal.

- V. Súmula 61, TST.

Art. 244. As estradas de ferro poderão ter empregados extranumerários, de sobreaviso e de prontidão, para executarem serviços imprevistos ou para substituições de outros empregados que faltem à escala organizada.

- *Caput* alterado pela Lei 3.970/1961 e com redação original restabelecida pelo Dec.-lei 5/1966.

§ 1º Considera-se "extranumerário" o empregado não efetivo, candidato à efetivação, que se apresentar normalmente ao serviço, embora só trabalhe quando for necessário. O extranumerário só receberá os dias de trabalho efetivo.

- § 1º alterado pela Lei 3.970/1961 e com redação original restabelecida pelo Dec.-lei 5/1966.

§ 2º Considera-se de "sobreaviso" o empregado efetivo, que permanecer em sua própria casa, aguardando a qualquer momento o chamado para o serviço. Cada escala de "sobreaviso" será, no máximo, de 24 (vinte e quatro) horas. As horas de "sobreaviso", para todos os efeitos, serão contadas à razão de 1/3 (um terço) do salário normal.

- § 2º com redação determinada pelo Dec.-lei 6.353/1944.
- V. Súmula 229, TST.

§ 3º Considera-se de "prontidão" o empregado que ficar nas dependências da Estrada, aguardando ordens. A escala de prontidão será, no máximo, de 12 (doze) horas. As horas de prontidão serão, para todos os efeitos, contadas à razão de 2/3 (dois terços) do salário-hora normal.

- § 3º alterado pela Lei 3.970/1961 e com redação original restabelecida pelo Dec.-lei 5/1966.

§ 4º Quando, no estabelecimento ou dependência em que se achar o empregado, houver facilidade de alimentação, as 12 (doze) horas de prontidão, a que se refere o parágrafo anterior, poderão ser contínuas. Quando não existir essa facilidade, depois de 6 (seis) horas de prontidão, haverá sempre um intervalo de 1 (uma) hora para cada refeição, que não será, nesse caso, computada como de serviço.

- § 4º alterado pela Lei 3.970/1961 e com redação original restabelecida pelo Dec.-lei 5/1966.

Art. 245. O horário normal de trabalho dos cabineiros nas estações de tráfego intenso não excederá de 8 (oito) horas e deverá ser dividido em 2 (dois) turnos com intervalo não inferior a 1 (uma) hora de repouso, não podendo nenhum turno ter duração superior a 5 (cinco) horas, com um período de descanso entre 2 (duas) jornadas de trabalho de 14 (quatorze) horas consecutivas.

Art. 246. O horário de trabalho dos operadores telegrafistas nas estações de tráfego intenso não excederá de 6 (seis) horas diárias.

Art. 247. As estações principais, estações de tráfego intenso e estações do interior serão classificadas para cada empresa pelo Departamento Nacional de Estradas de Ferro.

Seção VI
Das Equipagens das Embarcações da Marinha Mercante Nacional, de Navegação Fluvial e Lacustre, do Tráfego nos Portos e da Pesca

Art. 248. Entre as horas 0 (zero) e 24 (vinte e quatro) de cada dia civil, o tripulante poderá ser conservado em seu posto durante 8 (oito) horas, quer de modo contínuo, quer de modo intermitente.

§ 1º A exigência do serviço contínuo ou intermitente ficará a critério do comandante e, neste último caso, nunca por período menor que 1 (uma) hora.

§ 2º Os serviços de quarto nas máquinas, passadiço, vigilância e outros que, consoante parecer médico, possam prejudicar a saúde do tripulante, serão executados por períodos não maiores e com intervalos não menores de 4 (quatro) horas.

Art. 249. Todo o tempo de serviço efetivo, excedente de 8 (oito) horas, ocupado na forma do artigo anterior, será considerado de trabalho extraordinário, sujeito à compensação a que se refere o art. 250, exceto se se tratar de trabalho executado:

a) em virtude de responsabilidade pessoal do tripulante e no desempenho de funções de direção, sendo consideradas como tais todas aquelas que a bordo se achem constituídas em um único indivíduo com responsabilidade exclusiva e pessoal;

b) na iminência de perigo, para salvaguarda ou defesa da embarcação, dos passageiros, ou da carga, a juízo exclusivo do comandante ou do responsável pela segurança a bordo;

c) por motivo de manobras ou fainas gerais que reclamem a presença, em seus postos, de todo o pessoal de bordo;

d) na navegação lacustre e fluvial, quando se destina ao abastecimento do na-

CLT

vio ou embarcação de combustível e rancho, ou por efeito das contingências da natureza da navegação, na transposição de passos ou pontos difíceis, inclusive operações de alívio ou transbordo de carga, para obtenção de calado menor para essa transposição.

§ 1º O trabalho executado aos domingos e feriados será considerado extraordinário, salvo se se destinar:

a) ao serviço de quartos e vigilância, movimentação das máquinas e aparelhos de bordo, limpeza e higiene da embarcação, preparo de alimentação da equipagem e dos passageiros, serviço pessoal destes e, bem assim, aos socorros de urgência ao navio ou ao pessoal;

b) ao fim da navegação ou das manobras para a entrada ou saída de portos, atracação, desatracação, embarque ou desembarque de carga e passageiros.

§ 2º Não excederá de 30 (trinta) horas semanais o serviço extraordinário prestado para o tráfego nos portos.

Art. 250. As horas de trabalho extraordinário serão compensadas, segundo a conveniência do serviço, por descanso em período equivalente, no dia seguinte ou no subsequente, dentro das do trabalho normal, ou no fim da viagem, ou pelo pagamento do salário correspondente.

Parágrafo único. As horas extraordinárias de trabalho são indivisíveis, computando-se a fração de hora como hora inteira.

Art. 251. Em cada embarcação haverá um livro em que serão anotadas as horas extraordinárias de trabalho de cada tripulante, e outro, do qual constarão, devidamente circunstanciadas, as transgressões dos mesmos tripulantes.

Parágrafo único. Os livros de que trata este artigo obedecerão a modelos organizados pelo Ministério do Trabalho, Indústria e Comércio, serão escriturados em dia pelo comandante da embarcação e ficam sujeitos às formalidades instituídas para os livros de registro de empregados em geral.

- V. art. 57, I, Lei 13.844/2019 (Estabelece a organização básica da Presidência da República e dos Ministérios, no qual fica transformado o Ministério do Trabalho em Ministério da Economia).
- V. Súmula 96, TST.

Art. 252. Qualquer tripulante que se julgue prejudicado por ordem emanada de superior hierárquico poderá interpor recurso, em termos, perante a Delegacia do Trabalho Marítimo, por intermédio do respectivo comandante, o qual deverá encaminhá-lo com a respectiva informação dentro de 5 (cinco) dias, contados de sua chegada ao porto.

- A Lei 7.731/1989 extinguiu a Delegacia do Trabalho Marítimo.

Seção VII
Dos Serviços Frigoríficos

Art. 253. Para os empregados que trabalham no interior das câmaras frigoríficas e para os que movimentam mercadorias do ambiente quente normal para o frio e vice-versa, depois de 1 (uma) hora e 40 (quarenta) minutos de trabalho contínuo, será assegurado um período de 20 (vinte) minutos de repouso, computado esse intervalo como de trabalho efetivo.

Parágrafo único. Considera-se artificialmente frio, para os fins do presente artigo, o que for inferior, nas primeira, segunda e terceira zonas climáticas do mapa oficial do Ministério do Trabalho, Indústria e Comércio, a 15º (quinze graus), na quarta zona a 12º (doze graus), e nas quinta, sexta e sétima zonas a 10º (dez graus).

- V. art. 57, I, Lei 13.844/2019 (Estabelece a organização básica da Presidência da República e dos Ministérios, no qual fica transformado o Ministério do Trabalho em Ministério da Economia).

Seção VIII
Dos Serviços de Estiva

Arts. 254 a 284. *(Revogados pela Lei 8.630/1993).*

Seção IX
Dos Serviços de Capatazias nos Portos

Arts. 285 a 292. *(Revogados pela Lei 8.630/1993).*

Seção X
Do Trabalho em Minas de Subsolo

Art. 293. A duração normal do trabalho efetivo para os empregados em minas no subsolo não excederá de 6 (seis) horas diárias ou de 36 (trinta e seis) semanais.

Art. 294. O tempo despendido pelo empregado da boca da mina ao local do trabalho e vice-versa será computado para o efeito de pagamento do salário.

Art. 295. A duração normal do trabalho efetivo no subsolo poderá ser elevada até 8 (oito) horas diárias ou 48 (quarenta e oito) semanais, mediante acordo escrito entre empregado e empregador ou contrato coletivo de trabalho, sujeita essa prorrogação à prévia licença da autoridade competente em matéria de saúde do trabalho.

- De acordo com a Constituição Federal, o limite máximo é de 44 (quarenta e quatro) horas semanais (art. 7º, XIII).

Parágrafo único. A duração normal do trabalho efetivo no subsolo poderá ser inferior a 6 (seis) horas diárias, por determinação da autoridade de que trata este artigo, tendo em vista condições locais de insalubridade e os métodos e processos do trabalho adotado.

Art. 296. A remuneração da hora prorrogada será no mínimo de 25% (vinte e cinco por cento) superior à da hora normal e deverá constar do acordo ou contrato coletivo de trabalho.

- De acordo com a Constituição Federal, o percentual é de no mínimo 50% (cinquenta por cento) sobre a hora normal (art. 7º, XVI).

Art. 297. Ao empregado no subsolo será fornecida, pelas empresas exploradoras de minas, alimentação adequada à natureza do trabalho, de acordo com as instruções estabelecidas pelo Serviço de Alimentação da Previdência Social e aprovadas pelo Ministério do Trabalho, Indústria e Comércio.

- V. art. 57, I, Lei 13.844/2019 (Estabelece a organização básica da Presidência da República e dos Ministérios, no qual fica transformado o Ministério do Trabalho em Ministério da Economia).

Art. 298. Em cada período de 3 (três) horas consecutivas de trabalho, será obrigatória uma pausa de 15 (quinze) minutos para repouso, a qual será computada na duração normal de trabalho efetivo.

Art. 299. Quando nos trabalhos de subsolo ocorrerem acontecimentos que possam comprometer a vida ou a saúde do empregado, deverá a empresa comunicar o fato imediatamente à autoridade regional do trabalho, do Ministério do Trabalho, Indústria e Comércio.

- V. art. 57, I, Lei 13.844/2019 (Estabelece a organização básica da Presidência da República e dos Ministérios, no qual fica transformado o Ministério do Trabalho em Ministério da Economia).

Art. 300. Sempre que, por motivo de saúde, for necessária a transferência do empregado, a juízo da autoridade competente em matéria de segurança e saúde do trabalho, dos serviços no subsolo para os de superfície, é a empresa obrigada a realizar essa transferência, assegurando ao transferido a remuneração atribuída ao trabalhador de superfície em serviço equivalente, respeitada a capacidade profissional do interessado.

- Artigo com redação determinada pela Lei 2.924/1956.

Parágrafo único. No caso de recusa do empregado em atender a essa transferência, será ouvida a autoridade competente em matéria de segurança e saúde do trabalho, que decidirá a respeito.

Art. 301. O trabalho no subsolo somente será permitido a homens, com idade compreendida entre 21 (vinte e um) e 50 (cinquenta) anos, assegurada a transferência para a superfície nos termos previstos no artigo anterior.

- O art. 7º, XXX, da CF proíbe a discriminação em razão de sexo.
- V. art. 922, CLT.

Seção XI
Dos Jornalistas Profissionais

Art. 302. Os dispositivos da presente Seção se aplicam aos que nas empresas jornalísticas prestem serviços como jornalistas, revisores, fotógrafos, ou na ilustração, com as exceções nela previstas.

- V. arts. 5º, IX e XIV, e 220 a 224, CF.

§ 1º Entende-se como jornalista o trabalhador intelectual cuja função se estende desde a busca de informações até a redação de notícias e artigos e a organização, orientação e direção desse trabalho.

§ 2º Consideram-se empresas jornalísticas, para os fins desta Seção, aquelas que têm a seu cargo a edição de jornais, revistas, boletins e periódicos, ou a distribuição de noticiário, e, ainda, a radiodifusão e em suas seções destinadas à transmissão de notícias e comentários.

Art. 303. A duração normal do trabalho dos empregados compreendidos nesta Seção não deverá exceder de 5 (cinco) horas, tanto de dia como à noite.

Art. 304. Poderá a duração normal do trabalho ser elevada a 7 (sete) horas, mediante acordo escrito, em que se estipule aumento de ordenado, correspondente ao excesso do tempo de trabalho, e em que se fixe um intervalo destinado a repouso ou a refeição.

Parágrafo único. Para atender a motivos de força maior, poderá o empregado prestar serviços por mais tempo do que aquele permitido nesta Seção. Em tais casos, porém, o excesso deve ser comunicado à Divisão de Fiscalização da Secretaria de Segurança e Saúde no Trabalho e às Delegacias Regionais do Trabalho e Emprego, dentro de 5 (cinco) dias, com a indicação expressa dos seus motivos.

Art. 305. As horas de serviço extraordinário, quer as prestadas em virtude de acordo, quer as que derivam das causas previstas no parágrafo único do artigo anterior, não poderão ser remuneradas com quantia inferior à que resulta do quociente da divisão da importância do salário mensal por 150 (cento e cinquenta) para os mensalistas, e do salário diário por 5 (cinco) para os diaristas, acrescido de, pelo menos, 25% (vinte e cinco por cento).

- De acordo com a Constituição Federal, o percentual é de no mínimo 50% (cinquenta por cento) sobre a hora normal (art. 7º, XVI).

Art. 306. Os dispositivos dos arts. 303, 304 e 305 não se aplicam àqueles que exercem as funções de redator-chefe, secretário, subsecretário, chefe e subchefe de revisão, chefe de oficina, de ilustração e chefe de portaria.

Parágrafo único. Não se aplicam, do mesmo modo, os artigos acima referidos aos que se ocuparem unicamente em serviços externos.

Art. 307. A cada 6 (seis) dias de trabalho efetivo corresponderá 1 (um) dia de descanso obrigatório, que coincidirá com o domingo, salvo acordo escrito em contrário, no qual será expressamente estipulado o dia em que se deve verificar o descanso.

- V. art. 7º, XV, CF.

Art. 308. Em seguida a cada período diário de trabalho haverá um intervalo mínimo de 10 (dez) horas, destinado ao repouso.

Art. 309. Será computado como de trabalho efetivo o tempo em que o empregado estiver à disposição do empregador.

Art. 310. *(Revogado pelo Dec.-lei 972/1969).*

Art. 311. Para o registo de que trata o artigo anterior, deve o requerente exibir os seguintes documentos:

- V. Dec.-lei 972/1969 (Exercício da profissão de jornalista).

a) prova de nacionalidade brasileira;

b) folha corrida;

c) prova de que não responde a processo ou não sofreu condenação por crime contra a segurança nacional;

- V. art. 1º, Dec.-lei 8.305/1945, que suprime a exigência contida na alínea *c* do art. 311 da CLT para habilitação ao registro da profissão jornalística.

d) carteira profissional.

§ 1º Aos profissionais devidamente registados será feita a necessária declaração na carteira profissional.

§ 2º Aos novos empregados será concedido o prazo de 60 (sessenta) dias para a apresentação da carteira profissional, fazendo-se o registo condicionado a essa apresentação e expedindo-se um certificado provisório para aquele período.

Art. 312. O registo dos diretores proprietários de jornais será feito, no Distrito Federal e nos Estados, e independentemente da exigência constante do art. 311, letra *d*, da presente secção.

- V. Dec.-lei 972/1969 (Exercício da profissão de jornalista).

§ 1º A prova de profissão, apresentada pelo diretor proprietário juntamente com os demais documentos exigidos, consistirá em uma certidão, fornecida nos Estados e Território do Acre, pelas Juntas Comerciais ou Cartórios, e, no Distrito Federal, pela secção competente do Departamento Nacional de Indústria e Comércio, do Ministério do Trabalho, Indústria e Comércio.

- V. art. 57, I, Lei 13.844/2019 (Estabelece a organização básica da Presidência da República e dos Ministérios, no qual fica transformado o Ministério do Trabalho em Ministério da Economia).

§ 2º Aos diretores proprietários regularmente inscritos será fornecido um certificado, do qual deverão constar o livro e a folha em que houver sido feito o registo.

Art. 313. Aqueles que, sem caráter profissional, exercerem atividades jornalísticas, visando fins culturais, científicos ou religiosos, poderão promover sua inscrição como jornalistas, na forma desta secção.

- V. Dec.-lei 972/1969 (Exercício da profissão de jornalista).

§ 1º As repartições competentes do Ministério do Trabalho, Indústria e Comércio manterão, para os fins do artigo anterior, um registo especial, anexo ao dos jornalistas profissionais, nele inscrevendo os que satisfaçam os requisitos das alíneas *a*, *b* e *c* do artigo 311 e apresentem prova do exercício de atividade jornalística não profissional, o que poderá ser feito por meio de atestado de associação cultural, científica ou religiosa idônea.

- V. art. 57, I, Lei 13.844/2019 (Estabelece a organização básica da Presidência da República e dos Ministérios, no qual fica transformado o Ministério do Trabalho em Ministério da Economia).

§ 2º O pedido de registo será submetido a despacho do ministro que, em cada caso, apreciará o valor da prova oferecida.

§ 3º O registo de que trata o presente artigo tem caráter puramente declaratório e não implica no reconhecimento de direitos que decorrem do exercício remunerado e profissional do jornalismo.

Art. 314. *(Revogado pelo Dec.-lei 972/1969).*

Art. 315. O Governo Federal, de acordo com os governos estaduais, promoverá a criação de escolas de preparação ao jornalismo, destinadas à formação dos profissionais da imprensa.

Art. 316. A empresa jornalística que deixar de pagar pontualmente, e na forma acordada, os salários devidos a seus empregados, terá suspenso o seu funcionamento, até que se efetue o pagamento devido.

- V. Dec.-lei 368/1968 (Efeitos dos débitos salariais).

Parágrafo único. Para os efeitos do cumprimento deste artigo deverão os prejudicados reclamar contra a falta de pagamento perante a autoridade competente e, proferida a condenação, desde que a empresa não a cumpra, ou, em caso de recurso, não deposite o valor da indenização, a autoridade que proferir a condenação oficiará à autoridade competente, para a suspensão da circulação do jornal. Em igual pena de suspensão incorrerá a empresa que deixar de recolher as contribuições devidas às instituições de previdência social.

Seção XII
Dos Professores

Art. 317. O exercício remunerado do magistério, em estabelecimentos particulares de ensino, exigirá apenas habilitação legal e registro no Ministério da Educação.

- Artigo com redação determinada pela Lei 7.855/1989.
- V. arts. 37, XVI e XVII, e 207, § 1º, CF.

Art. 318. O professor poderá lecionar em um mesmo estabelecimento por mais de um turno, desde que não ultrapasse a jornada de trabalho semanal estabelecida legalmente, assegurado e não computado o intervalo para refeição.

- Artigo com redação determinada pela Lei 13.415/2017.

Art. 319. Aos professores é vedado, aos domingos, a regência de aulas e o trabalho em exames.

Art. 320. A remuneração dos professores será fixada pelo número de aulas semanais, na conformidade dos horários.

§ 1º O pagamento far-se-á mensalmente, considerando-se para este efeito cada mês constituído de quatro semanas e meia.

- V. Súmula 351, TST.

§ 2º Vencido cada mês, será descontada, na remuneração dos professores, a importância correspondente ao número de aulas a que tiverem faltado.

CLT

§ 3º Não serão descontadas, no decurso de 9 (nove) dias, as faltas verificadas por motivo de gala ou de luto em consequência de falecimento do cônjuge, do pai ou mãe, ou de filho.

Art. 321. Sempre que o estabelecimento de ensino tiver necessidade de aumentar o número de aulas marcado nos horários, remunerará o professor, findo cada mês, com uma importância correspondente ao número de aulas excedentes.

Art. 322. No período de exames e no de férias escolares, é assegurado aos professores o pagamento, na mesma periodicidade contratual, da remuneração por eles percebida, na conformidade dos horários, durante o período de aulas.

- *Caput* com redação determinada pela Lei 9.013/1995.

§ 1º Não se exigirá dos professores, no período de exames, a prestação de mais de 8 (oito) horas de trabalho diário, salvo mediante o pagamento complementar de cada hora excedente pelo preço correspondente ao de uma aula.

§ 2º No período de férias, não se poderá exigir dos professores outro serviço senão o relacionado com a realização de exames.

§ 3º Na hipótese de dispensa sem justa causa, ao término do ano letivo ou no curso das férias escolares, é assegurado ao professor o pagamento a que se refere o *caput* deste artigo.

- § 3º acrescentado pela Lei 9.013/1995.
- V. Súmula 10, TST.

Art. 323. Não será permitido o funcionamento do estabelecimento particular de ensino que não remunere condignamente os seus professores, ou não lhes pague pontualmente a remuneração de cada mês.

Parágrafo único. Compete aos Ministérios da Educação e da Cultura fixar os critérios para a determinação da condigna remuneração devida aos professores bem como assegurar a execução do preceito estabelecido no presente artigo.

Art. 324. *(Revogado pela Lei 7.855/1989).*

Seção XIII
Dos Químicos

Art. 325. É livre o exercício da profissão de químico em todo o território da República, observadas as condições de capacidade técnica e outras exigências previstas na presente Seção:

a) aos possuidores de diploma de químico, químico industrial, químico industrial agrícola ou engenheiro químico, concedido, no Brasil, por escola oficial ou oficialmente reconhecida;

b) aos diplomados em química por instituto estrangeiro de ensino superior, que tenham, de acordo com a lei e a partir de 14 de julho de 1934, revalidado os seus diplomas;

c) aos que, ao tempo da publicação do Dec. 24.693, de 12 de julho de 1934, se achavam no exercício efetivo de função pública ou particular, para a qual seja exigida a qualidade de químico, e que tenham requerido o respectivo registro até a extinção do prazo fixado pelo Dec.-lei 2.298, de 10 de junho de 1940.

§ 1º Aos profissionais incluídos na alínea *c* deste artigo, se dará, para os efeitos da presente Seção, a denominação de "licenciados".

§ 2º O livre exercício da profissão de que trata o presente artigo só é permitido a estrangeiros, quando compreendidos:

a) nas alíneas *a* e *b*, independentemente de revalidação do diploma, se exerciam, legitimamente, na República, a profissão de químico quando da data da promulgação da Constituição de 1934;

b) na alínea *b*, se a seu favor militar a existência de reciprocidade internacional, admitida em lei, para o reconhecimento dos respectivos diplomas;

c) na alínea *c*, satisfeitas as condições nela estabelecidas.

§ 1º O livre exercício da profissão a brasileiros naturalizados está subordinado à prévia prestação do serviço militar, no Brasil.

- Consta § 1º conforme publicação oficial.

§ 2º Só aos brasileiros natos é permitida a revalidação dos diplomas de químicos, expedidos por institutos estrangeiros de ensino superior.

- Consta § 2º conforme publicação oficial.
- V. arts. 5º, *caput*, e 12, § 2º, CF.
- V. Lei 6.192/1974 (Proíbe distinções entre brasileiro nato e naturalizado).

Art. 326. Todo aquele que exercer ou pretender exercer as funções de químico é obrigado ao uso de Carteira de Trabalho e Previdência Social, devendo os profissionais que se encontrarem nas condições das alíneas *a* e *b* do art. 325 registrar os seus diplomas de acordo com a legislação vigente.

- V. art. 1º, Dec.-lei 926/1969 (Carteira de Trabalho e Previdência Social).

§ 1º A requisição de Carteiras de Trabalho e Previdência Social para uso dos químicos, além do disposto no capítulo "Da Identificação Profissional", somente será processada mediante apresentação dos seguintes documentos que provem:

- V. art. 1º, Dec.-lei 926/1969 (Carteira de Trabalho e Previdência Social).

a) ser o requerente brasileiro, nato ou naturalizado, ou estrangeiro;

- V. arts. 5º, *caput*, e 12, § 2º, CF.
- V. Lei 6.192/1974 (Proíbe distinções entre brasileiro nato e naturalizado).

b) estar, se for brasileiro, de posse dos direitos civis e políticos;

c) ter diploma de químico, químico industrial, químico industrial agrícola ou engenheiro químico, expedido por escola superior oficial ou oficializada;

d) ter, se diplomado no estrangeiro, o respectivo diploma revalidado nos termos da lei;

e) haver, o que for brasileiro naturalizado, prestado serviço militar no Brasil;

- V. arts. 5º, *caput*, e 12, § 2º, CF.
- V. Lei 6.192/1974 (Proíbe distinções entre brasileiro nato e naturalizado).

f) achar-se o estrangeiro, ao ser promulgada a Constituição de 1934, exercendo legitimamente, na República, a profissão de químico, ou concorrer a seu favor a existência de reciprocidade internacional, admitida em lei, para o reconhecimento dos diplomas dessa especialidade.

§ 2º A requisição de que trata o parágrafo anterior deve ser acompanhada:

a) do diploma devidamente autenticado, no caso da alínea *b* do artigo precedente, e com as firmas reconhecidas no país de origem na Secretaria de Estado das Relações Exteriores, ou da respectiva certidão, bem como do título de revalidação, ou certidão respectiva, de acordo com a legislação em vigor;

b) do certificado ou atestado comprobatório de se achar o requerente, na hipótese da alínea *c* do referido artigo, ao tempo da publicação do Dec. 24.693, de 12 de julho de 1934, no exercício efetivo de função pública, ou particular, para a qual seja exigida a qualidade de químico, devendo esses documentos ser autenticados pelo Delegado Regional do Trabalho, quando se referirem a requerentes moradores nas capitais dos Estados, ou coletor federal, no caso de residirem os interessados nos municípios do interior;

c) de três exemplares de fotografia exigida pelo art. 329 e de uma folha com as declarações que devem ser lançadas na Carteira de Trabalho e Previdência Social, de conformidade com o disposto nas alíneas do mesmo artigo e seu parágrafo único.

- V. art. 1º, Dec.-lei 926/1969 (Carteira de Trabalho e Previdência Social).

§ 3º Reconhecida a validade dos documentos apresentados, o Serviço de Identificação Profissional do Departamento Nacional do Trabalho, no Distrito Federal, ou os órgãos regionais do Ministério do Trabalho, Indústria e Comércio, nos Estados e no Território do Acre, registrarão, em livros próprios, os documentos a que se refere a alínea *c* do § 1º e, juntamente com a Carteira de Trabalho e Previdência Social emitida, os devolverão ao interessado.

- V. Lei 2.800/1956 (Disciplina o exercício da profissão de químico).

Art. 327. Além dos emolumentos fixados no Capítulo "Da Identificação Profissional", o registro do diploma fica sujeito à taxa de Cr$ 30,00 (trinta cruzeiros).

- V. Lei 2.800/1956 (Disciplina o exercício da profissão de químico).

Art. 328. Só poderão ser admitidos a registro os diplomas, certificados de diplomas, cartas e outros títulos, bem como atestados e certificados que estiverem na devida forma e cujas firmas hajam sido regularmente reconhecidas por tabelião público e, sendo estrangeiros, pela Secretaria do Estado das Relações Exteriores, acompanhados estes últimos da respectiva tradução, feita por intérprete comercial brasileiro.

Parágrafo único. O Departamento Nacional do Trabalho e as Delegacias Regionais do Ministério do Trabalho, Indústria e Comércio, nos Estados, publicarão, periodicamente, a lista dos químicos registrados na forma desta Seção.

- V. Lei 2.800/1956 (Disciplina o exercício da profissão de químico).
- V. art. 57, I, Lei 13.844/2019 (Estabelece a organização básica da Presidência da República e dos Ministérios, no qual fica transformado o Ministério do Trabalho em Ministério da Economia).

Art. 329. A cada inscrito, e como documento comprobatório do registro, será fornecida pelo Departamento Nacional do Trabalho, no Distrito Federal, ou pelas Delegacias Regionais, nos Estados e no Território do Acre, uma Carteira de Trabalho e Previdência Social numerada, que, além da fotografia, medindo 3 (três) por 4 (quatro) centímetros, tirada de frente, com a cabeça descoberta, e das impressões do polegar, conterá as declarações seguintes:

- V. Lei 2.800/1956 (Disciplina o exercício da profissão de químico).
- V. art. 1º, Dec.-lei 926/1969 (Carteira de Trabalho e Previdência Social).

a) o nome por extenso;

b) a nacionalidade e, se estrangeiro, a circunstância de ser ou não naturalizado;

- V. art.12, § 2º, CF.
- V. Lei 6.192/1974 (Proíbe distinção entre brasileiro nato e naturalizado).

c) a data e lugar do nascimento;

d) a denominação da escola em que houver feito o curso;

e) a data da expedição do diploma e o número do registro no Ministério do Trabalho, Indústria e Comércio;

- V. Lei 2.800/1956 (Disciplina o exercício da profissão de químico).

f) a data da revalidação do diploma, se de instituto estrangeiro;

g) a especificação, inclusive data, de outro título ou títulos de habilitação;

h) a assinatura do inscrito.

Parágrafo único. A carteira destinada aos profissionais a que se refere o § 1º do art. 325 deverá, em vez das declarações indicadas nas alíneas *d*, *e* e *f* deste artigo, e além do título – licenciado – posto em destaque, conter a menção do título de nomeação ou admissão e respectiva data, se funcionário público, ou do atestado relativo ao exercício, na qualidade de químico, de um cargo em empresa particular, com designação desta e da data inicial do exercício.

- V. Lei 2.800/1956 (Disciplina o exercício da profissão de químico).

Art. 330. A Carteira de Trabalho e Previdência Social, expedida nos termos desta Seção, é obrigatória para o exercício da profissão, substitui em todos os casos o diploma ou título e servirá de carteira de identidade.

- Artigo com redação determinada pelo Dec.-lei 5.922/1943.
- V. art. 1º, Dec.-lei 926/1969 (Carteira de Trabalho e Previdência Social).

Art. 331. Nenhuma autoridade poderá receber impostos relativos ao exercício profissional de químico, senão à vista da prova de que o interessado se acha registrado de acordo com a presente Seção, e essa prova será também exigida para a realização de concursos periciais e todos os outros atos oficiais que exijam capacidade técnica de químico.

Art. 332. Quem, mediante anúncios, placas, cartões comerciais ou outros meios capazes de ser identificados, se propuser ao exercício da química, em qualquer dos seus ramos, sem que esteja devidamente registrado, fica sujeito às penalidades aplicáveis ao exercício ilegal da profissão.

Art. 333. Os profissionais a que se referem os dispositivos anteriores só poderão exercer legalmente as funções de químicos depois de satisfazerem as obrigações constantes do art. 330 desta Seção.

Art. 334. O exercício da profissão de químico compreende:

a) a fabricação de produtos e subprodutos químicos em seus diversos graus de pureza;

b) a análise química, a elaboração de pareceres, atestados e projetos da especialidade e sua execução, perícia civil ou judiciária sobre essa matéria, a direção e a responsabilidade de laboratórios ou departamentos químicos, de indústria e empresas comerciais;

c) o magistério nas cadeiras de química dos cursos superiores especializados em química;

d) a engenharia química.

§ 1º Aos químicos, químicos industriais e químicos industriais agrícolas que estejam nas condições estabelecidas no art. 325, alíneas *a* e *b*, compete o exercício das atividades definidas nos itens *a*, *b* e *c* deste artigo, sendo privativa dos engenheiros químicos a do item *d*.

§ 2º Aos que estiverem nas condições do art. 325, alíneas *a* e *b*, compete, como aos diplomados em medicina ou farmácia, as atividades definidas no art. 2º, alíneas *d*, *e* e *f* do Dec. 20.377, de 8 de setembro de 1931, cabendo aos agrônomos e engenheiros agrônomos as que se acham especificadas no art. 6º, alínea *h*, do Dec. 23.196, de 12 de outubro de 1933.

Art. 335. É obrigatória a admissão de químicos nos seguintes tipos de indústria:

a) de fabricação de produtos químicos;

b) que mantenham laboratório de controle químico;

c) de fabricação de produtos industriais que são obtidos por meio de reações químicas dirigidas, tais como: cimento, açúcar e álcool, vidro, curtume, massas plásticas artificiais, explosivos, derivados de carvão ou de petróleo, refinação de óleos vegetais ou minerais, sabão, celulose e derivados.

Art. 336. No preenchimento de cargos públicos, para os quais se faz mister a qualidade de químico, ressalvadas as especializações referidas no § 2º do art. 334, a partir da data da publicação do Dec. 24.693, de 12 de julho de 1934, requer-se, como condição essencial, que os candidatos previamente hajam satisfeito as exigências do art. 333 desta Seção.

Art. 337. Fazem fé pública os certificados de análises químicas, pareceres, atestados, laudos de perícias e projetos relativos a essa especialidade, assinados por profissionais que satisfaçam as condições estabelecidas nas alíneas *a* e *b* do art. 325.

Art. 338. É facultado aos químicos que satisfizerem as condições constantes do art. 325, alíneas *a* e *b*, o ensino da especialidade a que se dedicarem, nas escolas superiores, oficiais ou oficializadas.

Parágrafo único. Na hipótese de concurso para o provimento de cargo ou emprego público, os químicos a que este artigo se refere terão preferência, em igualdade de condições.

Art. 339. O nome do químico responsável pela fabricação dos produtos de uma fábrica, usina ou laboratório deverá figurar nos respectivos rótulos, faturas e anúncios, compreendida entre estes últimos a legenda impressa em cartas e sobrecartas.

Art. 340. Somente os químicos habilitados, nos termos do art. 325, alíneas *a* e *b*, poderão ser nomeados *ex officio* para os exames periciais de fábricas, laboratórios e usinas e de produtos aí fabricados.

Parágrafo único. Não se acham compreendidos no artigo anterior os produtos farmacêuticos e os laboratórios de produtos farmacêuticos.

Art. 341. Cabe aos químicos habilitados, conforme estabelece o art. 325, alíneas *a* e *b*, a execução de todos os serviços que, não especificados no presente regulamento, exijam por sua natureza o conhecimento de química.

Art. 342. A fiscalização do exercício da profissão de químico incumbe ao Departamento Nacional do Trabalho no Distrito Federal e às autoridades regionais do Ministério do Trabalho, Indústria e Comércio, nos Estados e Território do Acre.

- V. Lei 2.800/1956 (Disciplina a profissão de químico).
- V. art. 57, I, Lei 13.844/2019 (Estabelece a organização básica da Presidência da República e dos Ministérios, no qual fica transformado o Ministério do Trabalho em Ministério da Economia).

Art. 343. São atribuições dos órgãos de fiscalização:

a) examinar os documentos exigidos para o registro profissional de que trata o art. 326 e seus §§ 1º e 2º e o art. 327, proceder à respectiva inscrição e indeferir o pedido dos interessados que não satisfizerem as exigências desta Seção;

b) registrar as comunicações e contratos, a que aludem o art. 350 e seus parágrafos, e dar as respectivas baixas;

c) verificar o exato cumprimento das disposições desta Seção, realizando as investigações que forem necessárias, bem como o exame dos arquivos, livros de escrituração, folhas de pagamento, contratos e outros documentos de uso de firmas ou empresas industriais ou comerciais, em cujos serviços tome parte um ou mais profissionais que desempenhem função para a qual se deva exigir a qualidade de químico.

Art. 344. Aos sindicatos de químicos devidamente reconhecidos é facultado auxiliar a fiscalização, no tocante à observação da alínea *c* do artigo anterior.

- V. Lei 2.800/1956 (Disciplina a profissão de químico).

Art. 345. Verificando-se, pelo Ministério do Trabalho, Indústria e Comércio, serem falsos os diplomas ou outros títulos dessa natureza, atestados, certificados e quaisquer documentos exibidos para os fins de que trata esta Seção, incorrerão os seus autores e cúmplices nas penalidades estabelecidas em lei.

- V. art. 15, Lei 2.800/1956 (Exercício da profissão de químico).

Parágrafo único. A falsificação de diploma ou outros quaisquer títulos, uma vez verificada, será imediatamente comunicada ao Serviço de Identificação Profissional, do Departamento Nacional do Trabalho, remetendo-se-lhe os documentos falsificados, para instauração do processo que no caso couber.

- V. art. 15, Lei 2.800/1956 (Exercício da profissão de químico).

Art. 346. Será suspenso do exercício de suas funções, independentemente de outras penas em que possa incorrer, o químico, inclusive o licenciado, que incidir em alguma das seguintes faltas:

- V. Res. Normativa CFQ 241/2011 (Regulamenta o art. 346 da CLT).

a) revelar improbidade profissional, dar falso testemunho, quebrar o sigilo profissional e promover falsificações, referentes à prática de atos de que trata esta Seção;

b) concorrer com seus conhecimentos científicos para a prática de crime ou atentado contra a pátria, a ordem social ou a saúde pública;

c) deixar, no prazo marcado nesta Seção, de requerer a revalidação e registro do diploma estrangeiro, ou o seu registro profissional no respectivo Ministério do Trabalho, Indústria e Comércio.

- V. art. 15, Lei 2.800/1956 (Exercício da profissão de químico).

Parágrafo único. O tempo de suspensão a que alude este artigo variará entre 1 (um) mês e 1 (um) ano, a critério do Departamento Nacional do Trabalho, após processo regular, ressalvada a ação da justiça pública.

- V. art. 15, Lei 2.800/1956 (Exercício da profissão de químico).

Art. 347. Aqueles que exercerem a profissão de químico sem ter preenchido as condições do art. 325 e suas alíneas, nem promovido o seu registro, nos termos do art. 326, incorrerão na multa de 2/5 (dois quintos) do salário mínimo a dez salários mínimos regionais, que será elevada ao dobro, no caso de reincidência.

- Multas: ver Notas de Atualização e Portaria MTb 290/1997.

Art. 348. Aos licenciados a que alude o § 1º do art. 325 poderão, por ato do Departamento Nacional do Trabalho, sujeito à aprovação do Ministro, ser cassadas as garantias asseguradas por esta Seção, desde que interrompam, por motivo de falta prevista no art. 346, a função pública ou particular em que se encontravam por ocasião da publicação do Dec. 24.693, de 12 de julho de 1934.

- V. art. 15, Lei 2.800/1956 (Exercício da profissão de químico).

Art. 349. O número de químicos estrangeiros a serviço de particulares, empresas ou companhias não poderá exceder de 1/3 (um terço) ao dos profissionais brasileiros compreendidos nos respectivos quadros.

- V. arts. 5º, *caput*, e 12, § 2º, CF.
- V. Lei 6.192/1974 (Proíbe distinções entre brasileiros natos e naturalizados).

Art. 350. O químico que assumir a direção técnica ou cargo de químico de qualquer usina, fábrica, ou laboratório industrial ou de análise deverá, dentro de 24 (vinte e quatro) horas e por escrito, comunicar essa ocorrência ao órgão fiscalizador, contraindo, desde essa data, a responsabilidade da parte técnica referente à sua profissão, assim como a responsabilidade técnica dos produtos manufaturados.

§ 1º Firmando-se contrato entre o químico e o proprietário da usina, fábrica ou laboratório, será esse documento apresentado, dentro do prazo de 30 (trinta) dias, para registro, ao órgão fiscalizador.

§ 2º Comunicação idêntica à de que trata a primeira parte deste artigo fará o químico quando deixar a direção técnica ou o cargo de químico, em cujo exercício se encontrava, a fim de ressalvar a sua responsabilidade e fazer-se o cancelamento do contrato. Em caso de falência do estabelecimento, a comunicação será feita pela firma proprietária.

Seção XIV
Das Penalidades

Art. 351. Os infratores dos dispositivos do presente Capítulo incorrerão na multa de cinquenta a cinco mil cruzeiros, segundo a natureza da infração, sua extensão e a intenção de quem a praticou, aplicada em dobro no caso de reincidência, oposição à fiscalização ou desacato à autoridade.

- Multas: ver Notas de Atualização e Portaria MTb 290/1997.

Parágrafo único. São competentes para impor penalidades as autoridades de primeira instância incumbidas da fiscalização dos preceitos constantes do presente Capítulo.

Capítulo II
Da Nacionalização do Trabalho

Seção I
Da Proporcionalidade de Empregados Brasileiros

- V. arts. 5º, *caput*, e 12, § 2º, CF.
- V. Lei 6.192/1974 (Proíbe distinções entre brasileiros natos e naturalizados).

Art. 352. As empresas, individuais ou coletivas, que explorem serviços públicos dados em concessão, ou que exerçam atividades industriais ou comerciais, são obrigadas a manter, no quadro do seu pessoal, quando composto de três ou mais empregados, uma proporção de brasileiros não inferior à estabelecida no presente Capítulo.

§ 1º Sob a denominação geral de atividades industriais e comerciais compreendem-se, além de outras que venham a ser determinadas em portaria do Ministro do Trabalho, Indústria e Comércio, as exercidas:

- V. art. 57, I, Lei 13.844/2019 (Estabelece a organização básica da Presidência da República e dos Ministérios, no qual fica transformado o Ministério do Trabalho em Ministério da Economia).

a) nos estabelecimentos industriais em geral;

b) nos serviços de comunicações, de transportes terrestres, marítimos, fluviais, lacustres e aéreos;

c) nas garagens, oficinas de reparos e postos de abastecimento de automóveis e nas cocheiras;

d) na indústria da pesca;

e) nos estabelecimentos comerciais em geral;

f) nos escritórios comerciais em geral;

g) nos estabelecimentos bancários, ou de economia coletiva, nas empresas de seguros e nas de capitalização;

h) nos estabelecimentos jornalísticos, de publicidade e de radiodifusão;

i) nos estabelecimentos de ensino remunerado, excluídos os que neles trabalhem por força de voto religioso;

j) nas drogarias e farmácias;

k) nos salões de barbeiro ou cabeleireiro e de beleza;

l) nos estabelecimentos de diversões públicas, excluídos os elencos teatrais, e nos clubes esportivos;

m) nos hotéis, restaurantes, bares e estabelecimentos congêneres;

n) nos estabelecimentos hospitalares e fisioterápicos cujos serviços sejam remunerados, excluídos os que neles trabalhem por força de voto religioso;

o) nas empresas de mineração;

p) nas autarquias, empresas públicas, sociedades de economia mista e demais órgãos da Administração Pública, direta ou indireta, que tenham em seus quadros de pessoal empregados regidos pela Consolidação das Leis do Trabalho.

§ 2º Não se acham sujeitas às obrigações da proporcionalidade as indústrias rurais, as que, em zona agrícola, se destinem ao beneficiamento ou transformação de produtos da região e as atividades industriais de natureza extrativa, salvo a mineração.

Art. 353. Equiparam-se aos brasileiros, para os fins deste Capítulo, ressalvado o exercício de profissões reservadas aos brasileiros natos ou aos brasileiros em geral, os estrangeiros que, residindo no País há mais de 10 (dez) anos, tenham cônjuge ou filho brasileiro, e os portugueses.

- Artigo com redação determinada pela Lei 6.651/1979.

Art. 354. A proporcionalidade será de 2/3 (dois terços) de empregados brasileiros, podendo, entretanto, ser fixada proporcionalidade inferior, em atenção às circunstâncias especiais de cada atividade, mediante ato do Poder Executivo, e depois de devidamente apurada pelo Departamento Nacional do Trabalho e pelo Serviço de Estatística de Previdência e Trabalho a insuficiência do número de brasileiros na atividade de que se tratar.

Parágrafo único. A proporcionalidade é obrigatória não só em relação à totalidade do quadro de empregados, com as exceções desta Lei, como ainda em relação à correspondente folha de salários.

- V. Nota de Atualização.

Art. 355. Consideram-se como estabelecimentos autônomos, para os efeitos da proporcionalidade a ser observada, as sucursais, filiais e agências em que trabalhem três ou mais empregados.

Art. 356. Sempre que uma empresa ou indivíduo explore atividades sujeitas a proporcionalidades diferentes, observar-se-á, em relação a cada uma delas, a que lhe corresponder.

Art. 357. Não se compreendem na proporcionalidade os empregados que exerçam funções técnicas especializadas, desde que, a juízo do Ministério do Trabalho, Indústria e Comércio, haja falta de trabalhadores nacionais.

- V. art. 57, I, Lei 13.844/2019 (Estabelece a organização básica da Presidência da República e dos Ministérios, no qual fica transformado o Ministério do Trabalho em Ministério da Economia).

Art. 358. Nenhuma empresa, ainda que não sujeita à proporcionalidade, poderá pagar a brasileiro que exerça função análoga, a juízo do Ministério do Trabalho, Indústria e Comércio, à que é exercida por estrangeiro a seu serviço, salário inferior ao deste, excetuando-se os casos seguintes:

- V. art. 57, I, Lei 13.844/2019 (Estabelece a organização básica da Presidência da República e dos Ministérios, no qual fica transformado o Ministério do Trabalho em Ministério da Economia).

a) quando, nos estabelecimentos que não tenham quadros de empregados organizados em carreira, o brasileiro contar menos de 2 (dois) anos de serviço, e o estrangeiro mais de 2 (dois) anos;

b) quando, mediante aprovação do Ministério do Trabalho, Indústria e Comércio, houver quadro organizado em carreira em que seja garantido o acesso por antiguidade;

- V. art. 57, I, Lei 13.844/2019 (Estabelece a organização básica da Presidência da República e dos Ministérios, no qual fica transformado o Ministério do Trabalho em Ministério da Economia).

c) quando o brasileiro for aprendiz, ajudante ou servente, e não o for o estrangeiro;

d) quando a remuneração resultar de maior produção, para os que trabalham a comissão ou por tarefa.

Parágrafo único. Nos casos de falta ou cessação de serviço, a dispensa do empregado estrangeiro deve preceder à de brasileiro que exerça função análoga.

Seção II
Das Relações Anuais de Empregados

Art. 359. Nenhuma empresa poderá admitir a seu serviço empregado estrangeiro sem que este exiba a carteira de identidade de estrangeiro devidamente anotada.

Parágrafo único. A empresa é obrigada a assentar no registro de empregados os dados referentes à nacionalidade de qualquer empregado estrangeiro e o número da respectiva carteira de identidade.

Art. 360. Toda empresa compreendida na enumeração do art. 352, § 1º, deste Capítulo, qualquer que seja o número de seus empregados, deve apresentar anualmente às repartições competentes do Ministério do Trabalho, Indústria e Comércio, de 2 de maio a 30 de junho, uma relação em três vias, de todos os seus empregados, segundo o modelo que for expedido.

- *Caput* retificado pelo Dec.-lei 6.353/1944.
- O Dec. 76.900/1975 instituiu a Relação Anual de Informações Sociais – RAIS.
- O Dec. 97.936/1989 instituiu o Documento de Informações Sociais – DIS, em substituição à RAIS, que, no entanto, não é utilizado.
- V. art. 57, I, Lei 13.844/2019 (Estabelece a organização básica da Presidência da República e dos Ministérios, no qual fica transformado o Ministério do Trabalho em Ministério da Economia).

§ 1º As relações terão, na 1ª via, o selo de três cruzeiros pela folha inicial e dois cruzeiros por folha excedente, além do selo do Fundo de Educação, e nelas será assinalada, em tinta vermelha, a modificação havida com referência à última relação apresentada. Se se tratar de nova empresa, a relação, encimada pelos dizeres – Primeira Relação – deverá ser feita dentro de 30 (trinta) dias de seu registro no Departamento Nacional da Indústria e Comércio ou repartições competentes.

§ 2º A entrega das relações far-se-á diretamente às repartições competentes do Ministério do Trabalho, Indústria e Comércio ou, onde não as houver, às Coletorias Federais, que as remeterão desde logo àquelas repartições. A entrega operar-se-á contra recibo especial, cuja exibição é obrigatória, em caso de fiscalização, enquanto não for devolvida ao empregador a via autenticada da declaração.

- V. art. 57, I, Lei 13.844/2019 (Estabelece a organização básica da Presidência da República e dos Ministérios, no qual fica transformado o Ministério do Trabalho em Ministério da Economia).

§ 3º Quando não houver empregado far-se-á declaração negativa.

Art. 361. Apurando-se, das relações apresentadas, qualquer infração, será concedido ao infrator o prazo de 10 (dez) dias para defesa, seguindo-se o despacho pela autoridade competente.

Art. 362. As repartições às quais competir a fiscalização do disposto no presente Capítulo manterão fichário especial de empresas, do qual constem as anotações referentes ao respectivo cumprimento, e fornecerão aos interessados as certidões de quitação que se tornarem necessárias, no prazo de 30 (trinta) dias, contados da data do pedido.

- Artigo com redação determinada pelo Dec.-lei 229/1967.

§ 1º As certidões de quitação farão prova até 30 de setembro do ano seguinte àquele a que se referirem e estarão sujeitas à taxa correspondente a 1/10 (um décimo) do valor de referência regional. Sem elas nenhum fornecimento ou contrato poderá ser feito com o Governo da União, dos Estados ou Municípios, ou com as instituições paraestatais a eles subordinadas, nem será renovada autorização à empresa estrangeira para funcionar no País.

- A taxa criada por este parágrafo foi extinta pela Lei 8.522/1992.

§ 2º A primeira via da relação, depois de considerada pela repartição fiscalizadora, será remetida anualmente ao Departamento Nacional de Mão de Obra (DNMO), como subsídio ao estudo das condições de mercado de trabalho, de um modo geral, e, em particular, no que se refere à mão de obra qualificada.

§ 3º A segunda via da relação será remetida pela repartição competente ao Serviço de Estatística da Previdência e Trabalho e a terceira via devolvida à empresa, devidamente autenticada.

Seção III
Das Penalidades

Art. 363. O processo das infrações do presente Capítulo obedecerá ao disposto no Título "Do Processo de Multas Administrativas", no que lhe for aplicável, com observância dos modelos de auto a serem expedidos.

Art. 364. As infrações do presente Capítulo serão punidas com a multa de cem a dez mil cruzeiros.

• Multas: ver Notas de Atualização e Portaria MTb 290/1997.

Parágrafo único. Em se tratando de empresa concessionária de serviço público, ou de sociedade estrangeira autorizada a funcionar no País, se a infratora, depois de multada, não atender afinal ao cumprimento do texto infringido, poderá ser-lhe cassada a concessão ou autorização.

CLT

Seção IV
Disposições Gerais

Art. 365. O presente Capítulo não derroga as restrições vigentes quanto às exigências de nacionalidade brasileira para o exercício de determinadas profissões nem as que vigoram para as faixas de fronteiras, na conformidade da respectiva legislação.

Art. 366. Enquanto não for expedida a carteira a que se refere o art. 359 deste Capítulo, valerá, a título precário, como documento hábil, uma certidão, passada pelo serviço competente do Registro de Estrangeiros, provando que o empregado requereu sua permanência no País.

Art. 367. A redução a que se refere o art. 354, enquanto o Serviço de Estatística da Previdência e Trabalho não dispuser dos dados estatísticos necessários à fixação da proporcionalidade conveniente para cada atividade, poderá ser feita por ato do Ministro do Trabalho, Indústria e Comércio mediante representação fundamentada da associação sindical.

• V. art. 57, I, Lei 13.844/2019 (Estabelece a organização básica da Presidência da República e dos Ministérios, no qual fica transformado o Ministério do Trabalho em Ministério da Economia).

Parágrafo único. O Serviço de Estatística da Previdência e Trabalho, deverá promover, e manter em dia, estudos necessários aos fins do presente Capítulo.

Seção V
Das Disposições Especiais sobre a Nacionalização da Marinha Mercante

• V. Lei 9.719/1998 (Proteção ao trabalho portuário).

Art. 368. O comando de navio mercante nacional só poderá ser exercido por brasileiro nato.

• V. arts. 5º, *caput*, e 12, § 2º, CF.
• V. Lei 6.192/1974 (Proíbe distinções entre brasileiro nato e naturalizado).

Art. 369. A tripulação de navio ou embarcação nacional será constituída, pelo menos, de 2/3 (dois terços) de brasileiros natos.

• Artigo com redação determinada pela Lei 5.683/1971.
• V. arts. 5º, *caput*, e 12, § 2º, CF.
• V. Lei 6.192/1974 (Proíbe distinções entre brasileiro nato e naturalizado).

Parágrafo único. O disposto neste artigo não se aplica aos navios nacionais de pesca, sujeitos à legislação específica.

• V. art. 178, parágrafo único, CF.

Art. 370. As empresas de navegação organizarão as relações dos tripulantes das respectivas embarcações, enviando-as, no prazo a que se refere a Seção II deste Capítulo, à Delegacia do Trabalho Marítimo onde as mesmas tiverem sede.

• O Dec. 76.900/1975 instituiu a Relação Anual de Informações Sociais – RAIS.
• O Dec. 97.936/1989 instituiu o Documento de Informações Sociais – DIS, em substituição à RAIS, que, no entanto, não é utilizado.
• A Lei 7.731/1989 extinguiu a Delegacia do Trabalho Marítimo.

Parágrafo único. As relações a que alude o presente artigo obedecerão, na discriminação hierárquica e funcional do pessoal embarcadiço, ao quadro aprovado pelo regulamento das Capitanias dos Portos.

Art. 371. A presente Seção é também aplicável aos serviços de navegação fluvial e lacustre e à praticagem nas barras, portos, rios, lagos e canais.

Capítulo III
Da Proteção do Trabalho da Mulher

• V. Lei 9.029/1995 (Proibição de atestados de gravidez e esterilização para efeitos admissionais).

Seção I
Da Duração, Condições do Trabalho e da Discriminação contra a Mulher

• Rubrica da Seção I com redação determinada pela Lei 9.799/1999.

Art. 372. Os preceitos que regulam o trabalho masculino são aplicáveis ao trabalho feminino, naquilo em que não colidirem com a proteção especial instituída por este Capítulo.

• V. arts. 5º, I, e 7º, XX e XXX, CF.

Parágrafo único. *(Revogado pela Lei 13.467/2017 – DOU 14.07.2017, em vigor após decorridos 120 (cento e vinte) dias da sua publicação oficial).*

Art. 373. A duração normal de trabalho da mulher será de 8 (oito) horas diárias, exceto nos casos para os quais for fixada duração inferior.

• V. art. 7º, XIII, CF.

Art. 373-A. Ressalvadas as disposições legais destinadas a corrigir as distorções que afetam o acesso da mulher ao mercado de trabalho e certas especificidades estabelecidas nos acordos trabalhistas, é vedado:

• Artigo acrescentado pela Lei 9.799/1999.

I – publicar ou fazer publicar anúncio de emprego no qual haja referência ao sexo, à idade, à cor ou situação familiar, salvo quando a natureza da atividade a ser exercida, pública e notoriamente, assim o exigir;

II – recusar emprego, promoção ou motivar a dispensa do trabalho em razão de sexo, idade, cor, situação familiar ou estado de gravidez, salvo quando a natureza da atividade seja notória e publicamente incompatível;

III – considerar o sexo, a idade, a cor ou situação familiar como variável determinante para fins de remuneração, formação profissional e oportunidades de ascensão profissional;

IV – exigir atestado ou exame, de qualquer natureza, para comprovação de esterilidade ou gravidez, na admissão ou permanência no emprego;

V – impedir o acesso ou adotar critérios subjetivos para deferimento de inscrição ou aprovação em concursos, em empresas privadas, em razão de sexo, idade, cor, situação familiar ou estado de gravidez;

VI – proceder o empregador ou preposto a revistas íntimas nas empregadas ou funcionárias.

Parágrafo único. O disposto neste artigo não obsta a adoção de medidas temporárias que visem ao estabelecimento das políticas de igualdade entre homens e mulheres, em particular as que se destinam a corrigir as distorções que afetam a formação profissional, o acesso ao emprego e as condições gerais de trabalho da mulher.

Arts. 374 e 375. *(Revogados pela Lei 7.855/1989).*

Art. 376. *(Revogado pela Lei 10.244/2001).*

Art. 377. A adoção de medidas de proteção ao trabalho das mulheres é considerada de ordem pública, não justificando, em hipótese alguma, a redução de salário.

• V. art. 7º, VI, CF.

Art. 378. *(Revogado pela Lei 7.855/1989).*

Seção II
Do Trabalho Noturno

Arts. 379 e 380. *(Revogados pela Lei 7.855/1989).*

Art. 381. O trabalho noturno das mulheres terá salário superior ao diurno.

• V. art. 7º, XXX, CF.

§ 1º Para os fins desse artigo, os salários serão acrescidos duma percentagem adicional de 20% (vinte por cento) no mínimo.

§ 2º Cada hora do período noturno de trabalho das mulheres terá 52 (cinquenta e dois) minutos e 30 (trinta) segundos.

Seção III
Dos Períodos de Descanso

Art. 382. Entre duas jornadas de trabalho, haverá um intervalo de 11 (onze) horas consecutivas, no mínimo, destinado ao repouso.

Art. 383. Durante a jornada de trabalho, será concedido à empregada um período para refeição e repouso não inferior a 1 (uma) hora nem superior a 2 (duas) horas, salvo a hipótese prevista no art. 71, § 3º.

Art. 384. *(Revogado pela Lei 13.467/2017 – DOU 14.07.2017, em vigor após decorridos 120 (cento e vinte) dias da sua publicação oficial).*

Art. 385. O descanso semanal será de 24 (vinte e quatro) horas consecutivas e coincidirá no todo ou em parte com o domingo, salvo motivo de conveniência pública ou necessidade imperiosa de serviço, a juízo da autoridade competente, na forma das disposições gerais, caso em que recairá em outro dia.

- V. art. 7º, IX, CF.
- V. Lei 605/1949 (Repouso semanal remunerado).
- V. Dec. 27.048/1949 (Regulamenta a Lei 605/1949).
- V. art. 6º, Lei 10.101/2000 (Participação nos lucros e trabalho em domingos e feriados).

Parágrafo único. Observar-se-ão, igualmente, os preceitos da legislação geral sobre a proibição de trabalho nos feriados civis e religiosos.

Art. 386. Havendo trabalho aos domingos, será organizada uma escala de revezamento quinzenal, que favoreça o repouso dominical.

- V. art. 7º, IX, CF.
- V. art. 6º, Lei 10.101/2000 (Participação nos lucros e trabalho em domingos e feriados).

Seção IV
Dos Métodos e Locais de Trabalho

Art. 387. *(Revogado pela Lei 7.855/1989).*

Art. 388. Em virtude de exame e parecer da autoridade competente, o Ministro do Trabalho, Indústria e Comércio poderá estabelecer derrogações totais ou parciais às proibições a que alude o artigo anterior, quando tiver desaparecido, nos serviços considerados perigosos ou insalubres, todo e qualquer caráter perigoso ou prejudicial mediante a aplicação de novos métodos de trabalho ou pelo emprego de medidas de ordem preventiva.

- Artigo sem efeito em face da revogação do artigo anterior.

Art. 389. Toda empresa é obrigada:

- Artigo com redação determinada pelo Dec.-lei 229/1967.
- V. art. 7º, XV, CF.

I – a prover os estabelecimentos de medidas concernentes à higienização dos métodos e locais de trabalho, tais como ventilação e iluminação e outros que se fizerem necessários à segurança e ao conforto das mulheres, a critério da autoridade competente;

II – a instalar bebedouros, lavatórios, aparelhos sanitários; dispor de cadeiras ou bancos, em número suficiente, que permitam às mulheres trabalhar sem grande esgotamento físico;

III – a instalar vestiários com armários individuais privativos das mulheres, exceto os estabelecimentos comerciais, escritórios, bancos e atividades afins, em que não seja exigida a troca de roupa, e outros, a critério da autoridade competente em matéria de segurança e saúde do trabalho, admitindo-se como suficientes as gavetas ou escaninhos, onde possam as empregadas guardar suas pertences;

IV – a fornecer, gratuitamente, a juízo da autoridade competente, os recursos de proteção individual, tais como óculos, máscaras, luvas e roupas especiais, para a defesa dos olhos, do aparelho respiratório e da pele, de acordo com a natureza do trabalho.

§ 1º Os estabelecimentos em que trabalharem pelo menos trinta mulheres, com mais de 16 (dezesseis) anos de idade, terão local apropriado onde seja permitido às empregadas guardar sob vigilância e assistência os seus filhos no período da amamentação.

§ 2º A exigência do § 1º poderá ser suprida por meio de creches distritais mantidas, diretamente ou mediante convênios, com outras entidades públicas ou privadas, pelas próprias empresas, em regime comunitário, ou a cargo do SESI, do SESC, da LBA ou de entidades sindicais.

Art. 390. Ao empregador é vedado empregar a mulher em serviço que demande o emprego de força muscular superior a 20 (vinte) quilos para o trabalho contínuo, ou 25 (vinte e cinco) quilos para o trabalho ocasional.

- V. art. 7º, XXX, CF.

Parágrafo único. Não está compreendida na determinação deste artigo a remoção de material feita por impulsão ou tração de vagonetes sobre trilhos, de carros de mão ou quaisquer aparelhos mecânicos.

Art. 390-A. *(Vetado).*

- Artigo acrescentado pela Lei 9.799/1999.

Art. 390-B. As vagas dos cursos de formação de mão de obra, ministrados por instituições governamentais, pelos próprios empregadores ou por qualquer órgão de ensino profissionalizante, serão oferecidas aos empregados de ambos os sexos.

- Artigo acrescentado pela Lei 9.799/1999.

Art. 390-C. As empresas com mais de cem empregados, de ambos os sexos, deverão manter programas especiais de incentivos e aperfeiçoamento profissional da mão de obra.

- Artigo acrescentado pela Lei 9.799/1999.

Art. 390-D. *(Vetado).*

- Artigo acrescentado pela Lei 9.799/1999.

Art. 390-E. A pessoa jurídica poderá associar-se a entidade de formação profissional, sociedades civis, sociedades cooperativas, órgãos e entidades públicas ou entidades sindicais, bem como firmar convênios para o desenvolvimento de ações conjuntas, visando à execução de projetos relativos ao incentivo ao trabalho da mulher.

- Artigo acrescentado pela Lei 9.799/1999.

Seção V
Da Proteção à Maternidade

Art. 391. Não constitui justo motivo para a rescisão do contrato de trabalho da mulher o fato de haver contraído matrimônio ou de encontrar-se em estado de gravidez.

Parágrafo único. Não serão permitidas em regulamentos de qualquer natureza, contratos coletivos ou individuais de trabalho, restrições ao direito da mulher ao seu emprego, por motivo de casamento ou de gravidez.

- V. art. 7º, XVIII e XXX, CF.
- V. art. 10, II, *b*, ADCT.
- V. Lei 9.029/1995 (Proibição de atestados de gravidez e esterilização para efeitos admissionais).

Art. 391-A. A confirmação do estado de gravidez advindo no curso do contrato de trabalho, ainda que durante o prazo do aviso prévio trabalhado ou indenizado, garante à empregada gestante a estabilidade provisória prevista na alínea *b* do inciso II do art. 10 do Ato das Disposições Constitucionais Transitórias.

- *Caput* acrescentado pela Lei 12.812/2013.

Parágrafo único. O disposto no *caput* deste artigo aplica-se ao empregado adotante ao qual tenha sido concedida guarda provisória para fins de adoção.

- Parágrafo único acrescentado pela Lei 13.509/2017.

Art. 392. A empregada gestante tem direito à licença-maternidade de 120 (cento e vinte) dias, sem prejuízo do emprego e do salário.

- *Caput* com redação determinada pela Lei 10.421/2002.
- V. art. 7º, XVIII, CF, que estabelece licença à gestante de 120 (cento e vinte) dias.

§ 1º A empregada deve, mediante atestado médico, notificar o seu empregador da data do início do afastamento do emprego, que poderá ocorrer entre o 28º (vigésimo oitavo) dia antes do parto e ocorrência deste.

- § 1º com redação determinada pela Lei 10.421/2002.

§ 2º Os períodos de repouso, antes e depois do parto, poderão ser aumentados de 2 (duas) semanas cada um, mediante atestado médico.

- § 2º com redação determinada pela Lei 10.421/2002.

§ 3º Em caso de parto antecipado, a mulher terá direito aos 120 (cento e vinte) dias previstos neste artigo.

- § 3º com redação determinada pela Lei 10.421/2002.

§ 4º É garantido à empregada, durante a gravidez, sem prejuízo do salário e demais direitos:

- § 4º acrescentado pela Lei 9.799/1999.

I – transferência de função, quando as condições de saúde o exigirem, assegurada a retomada da função anteriormente exercida, logo após o retorno ao trabalho;

II – dispensa do horário de trabalho pelo tempo necessário para a realização de, no mínimo, seis consultas médicas e demais exames complementares.

- V. art. 7º, XVIII, CF, que estabelece licença à gestante de 120 (cento e vinte) dias.
- V. art. 10, II, *b*, ADCT.

§ 5º *(Vetado).*

- § 5º acrescentado pela Lei 10.421/2002.

Art. 392-A. À empregada que adotar ou obtiver guarda judicial para fins de adoção de criança ou adolescente será concedida licença-maternidade nos termos do art. 392 desta Lei.

- *Caput* com redação determinada pela Lei 13.509/2017.

§ 1º *(Revogado pela Lei 12.010/2009 – DOU 04.08.2009, em vigor noventa dias após a data de sua publicação).*

§ 2º *(Revogado pela Lei 12.010/2009 – DOU 04.08.2009, em vigor noventa dias após a data de sua publicação).*

§ 3º *(Revogado pela Lei 12.010/2009 – DOU 04.08.2009, em vigor noventa dias após a data de sua publicação).*

§ 4º A licença-maternidade só será concedida mediante apresentação do termo judicial de guarda à adotante ou guardiã.

- § 4º acrescentado pela Lei 10.421/2002.

§ 5º A adoção ou guarda judicial conjunta ensejará a concessão de licença-maternidade a apenas um dos adotantes ou guardiães empregado ou empregada.

- § 5º acrescentado pela Lei 12.873/2013.

Art. 392-B. Em caso de morte da genitora, é assegurado ao cônjuge ou companheiro empregado o gozo de licença por todo o período da licença-maternidade ou pelo tempo restante a que teria direito a mãe, exceto no caso de falecimento do filho ou de seu abandono.

- Artigo acrescentado pela Lei 12.873/2013 (*DOU* 25.10.2013), em vigor 90 (noventa) dias após a data de sua publicação (v. art. 63, II, *b*, da referida Lei).

Art. 392-C. Aplica-se, no que couber, o disposto no art. 392-A e 392-B ao empregado que adotar ou obtiver guarda judicial para fins de adoção.

- Artigo acrescentado pela Lei 12.873/2013.

Art. 393. Durante o período a que se refere o art. 392, a mulher terá direito ao salário integral e, quando variável, calculado de acordo com a média dos seis últimos meses de trabalho, bem como aos direitos e vantagens adquiridos, sendo-lhe ainda facultado reverter à função que anteriormente ocupava.

- Artigo com redação determinada pelo Dec.-lei 229/1967.
- V. Súmula 244, TST.

Art. 394. Mediante atestado médico, à mulher grávida é facultado romper o compromisso resultante de qualquer contrato de trabalho, desde que este seja prejudicial à gestação.

Art. 394-A. Sem prejuízo de sua remuneração, nesta incluído o valor do adicional de insalubridade, a empregada deverá ser afastada de:

- *Caput* do artigo com redação determinada pela Lei 13.467/2017 (*DOU* 14.07.2017), em vigor após decorridos 120 (cento e vinte) dias de sua publicação oficial.
- **Redação anterior determinada pela MP 808/2017 (*DOU* 14.11.2017, edição extra), que alterava este dispositivo, vigente entre 14.11.2017 e 23.04.2018, teve seu prazo encerrado pelo Ato Declaratório CN 22/2018 (*DOU* 25.04.2018): "Art. 394-A. A empregada gestante será afastada, enquanto durar a gestação, de quaisquer atividades, operações ou locais insalubres e exercerá suas atividades em local salubre, excluído, nesse caso, o pagamento de adicional de insalubridade."**
- O STF, na ADIn 5.938 (*DJE* 03.06.2019), confirmou a medida cautelar e julgou procedente a ação para declarar a inconstitucionalidade da expressão "quando apresentar atestado de saúde, emitido por médico de confiança da mulher, que recomende o afastamento", contida nos incisos II e III do art. 349-A da Consolidação das Leis do Trabalho (CLT), inseridos pelo art. 1º da Lei 13.467/2017.

I – atividades consideradas insalubres em grau máximo, enquanto durar a gestação;

- Inciso I acrescentado pela Lei 13.467/2017 (*DOU* 14.07.2017), em vigor após decorridos 120 (cento e vinte) dias de sua publicação oficial.
- **A MP 808/2017 (*DOU* 14.11.2017, edição extra), que revogou este dispositivo, vigente entre 14.11.2017 e 23.04.2018, teve seu prazo encerrado pelo Ato Declaratório CN 22/2018 (*DOU* 25.04.2018).**

II – atividades consideradas insalubres em grau médio ou mínimo, quando apresentar atestado de saúde, emitido por médico de confiança da mulher, que recomende o afastamento durante a gestação;

- Inciso II acrescentado pela Lei 13.467/2017 (*DOU* 14.07.2017), em vigor após decorridos 120 (cento e vinte) dias de sua publicação oficial.
- **A MP 808/2017 (*DOU* 14.11.2017, edição extra), que revogou este dispositivo, vigente entre 14.11.2017 e 23.04.2018, teve seu prazo encerrado pelo Ato Declaratório CN 22/2018 (*DOU* 25.04.2018).**

III – atividades consideradas insalubres em qualquer grau, quando apresentar atestado de saúde, emitido por médico de confiança da mulher, que recomende o afastamento durante a lactação.

- Inciso III acrescentado pela Lei 13.467/2017 (*DOU* 14.07.2017), em vigor após decorridos 120 (cento e vinte) dias de sua publicação oficial.
- **A MP 808/2017 (*DOU* 14.11.2017, edição extra), que revogou este dispositivo, vigente entre 14.11.2017 e 23.04.2018, teve seu prazo encerrado pelo Ato Declaratório CN 22/2018 (*DOU* 25.04.2018):**

§ 1º (*Vetado*).

- Anterior parágrafo único renumerado pela Lei 13.467/2017 (*DOU* 14.07.2017), em vigor após decorridos 120 (cento e vinte) dias de sua publicação oficial.

§ 2º Cabe à empresa pagar o adicional de insalubridade à gestante ou à lactante, efetivando-se a compensação, observado o disposto no art. 248 da Constituição Federal, por ocasião do recolhimento das contribuições incidentes sobre a folha de salários e demais rendimentos pagos ou creditados, a qualquer título, à pessoa física que lhe preste serviço.

- § 2º acrescentado pela Lei 13.467/2017 (*DOU* 14.07.2017), em vigor após decorridos 120 (cento e vinte) dias de sua publicação oficial.
- **Redação anterior determinada pela MP 808/2017 (*DOU* 14.11.2017, edição extra), que alterava este dispositivo, vigente entre 14.11.2017 e 23.04.2018, teve seu prazo encerrado pelo Ato Declaratório CN 22/2018 (*DOU* 25.04.2018): "§ 2º. O exercício de atividades e operações insalubres em grau médio ou mínimo, pela gestante, somente será permitido quando ela, voluntariamente, apresentar atestado de saúde, emitido por médico de sua confiança, do sistema privado ou público de saúde, que autorize a sua permanência no exercício de suas atividades."**

§ 3º Quando não for possível que a gestante ou a lactante afastada nos termos do *caput* deste artigo exerça suas atividades em local salubre na empresa, a hipótese será considerada como gravidez de risco e ensejará a percepção de salário-maternidade, nos termos da Lei 8.213, de 24 de julho de 1991, durante todo o período de afastamento.

- § 3º acrescentado pela Lei 13.467/2017 (*DOU* 14.07.2017), em vigor após decorridos 120 (cento e vinte) dias de sua publicação oficial.
- **Redação anterior determinada pela MP 808/2017 (*DOU* 14.11.2017, edição extra), que alterava este dispositivo, vigente entre 14.11.2017 e 23.04.2018, teve seu encerrado pelo Ato Declaratório CN 22/2018 (*DOU* 25.04.2018): "§ 3º. A empregada lactante será afastada de atividades e operações consideradas insalubres em qualquer grau quando apresentar atestado de saúde emitido por médico de sua confiança, do sistema privado ou público de saúde, que recomende o afastamento durante a lactação."**

Art. 395. Em caso de aborto não criminoso, comprovado por atestado médico oficial, a mulher terá um repouso remunerado de 2 (duas) semanas, ficando-lhe assegurado o direito de retornar à função que ocupava antes de seu afastamento.

Art. 396. Para amamentar seu filho, inclusive se advindo de adoção, até que este complete 6 (seis) meses de idade, a mulher terá direito, durante a jornada de trabalho, a 2 (dois) descansos especiais de meia hora cada um.

- *Caput* com redação determinada pela Lei 13.509/2017.

§ 1º Quando o exigir a saúde do filho, o período de 6 (seis) meses poderá ser dilatado, a critério da autoridade competente.

- Primitivo parágrafo único renumerado pela Lei 13.467/2017 (*DOU* 14.07.2017), em vigor após decorridos 120 (cento e vinte) dias da sua publicação oficial.

§ 2º Os horários dos descansos previstos no *caput* deste artigo deverão ser definidos em acordo individual entre a mulher e o empregador.

- § 2º acrescentado pela Lei 13.467/2017 (*DOU* 14.07.2017), em vigor após decorridos 120 (cento e vinte) dias da sua publicação oficial.

Art. 397. O SESI, o SESC, a LBA e outras entidades públicas destinadas à assistência à infância manterão ou subvencionarão, de acordo com suas possibilidades financeiras, escolas maternais e jardins de infância, distribuídos nas zonas de maior densidade de trabalhadores, destinados especialmente aos filhos das mulheres empregadas.

- V. arts. 7º, XXV, CF.

Art. 398. *(Revogado pelo Dec.-lei 229/1967).*

Art. 399. O Ministro do Trabalho, Indústria e Comércio conferirá diploma de benemerência aos empregadores que se distinguirem pela organização e manutenção de creches e de instituições de proteção aos menores em idade pré-escolar, desde que tais serviços se recomendem por sua generosidade e pela eficiência das respectivas instalações.

- V. art. 57, I, Lei 13.844/2019 (Estabelece a organização básica da Presidência da República e dos Ministérios, no qual fica transformado o Ministério do Trabalho em Ministério da Economia).

Art. 400. Os locais destinados à guarda dos filhos das operárias durante o período da amamentação deverão possuir, no mínimo, um berçário, uma saleta de amamentação, uma cozinha dietética e uma instalação sanitária.

- V. art. 7º, XXV, CF.

Seção VI
Das Penalidades

Art. 401. Pela infração de qualquer dispositivo deste Capítulo, será imposta ao empregador a multa de dois a vinte valores de referência regionais, aplicada pelas Delegacias Regionais do Trabalho e Emprego ou por autoridades que exerçam funções delegadas.

- Multas: ver Notas de Atualização e Portaria MTb 290/1997.

§ 1º A penalidade será sempre aplicada no grau máximo:

a) se ficar apurado o emprego de artifício ou simulação para fraudar a aplicação dos dispositivos deste Capítulo;

b) nos casos de reincidência.

§ 2º O processo na verificação das infrações, bem como na aplicação e cobrança das multas, será o previsto no Título "Do Processo de Multas Administrativas", observadas as disposições deste artigo.

Art. 401-A. *(Vetado).*

- Artigo acrescentado pela Lei 9.799/1999.

Art. 401-B. *(Vetado).*

- Artigo acrescentado pela Lei 9.799/1999.

Capítulo IV
Da Proteção do Trabalho do Menor

Seção I
Disposições Gerais

- V. Lei 8.069/1990 (Estatuto da Criança e do Adolescente).
- V. Instrução Normativa SIT/MTE 102/2013 (Atuação da Inspeção do Trabalho no combate ao trabalho infantil e proteção ao trabalhador adolescente).

Art. 402. Considera-se menor para os efeitos desta Consolidação o trabalhador de 14 (quatorze) até 18 (dezoito) anos.

- *Caput* com redação determinada pela Lei 10.097/2000.
- V. art. 7º, XXXIII, CF.

Parágrafo único. O trabalho do menor reger-se-á pelas disposições do presente Capítulo, exceto no serviço em oficinas em que trabalhem exclusivamente pessoas da família do menor e esteja este sob a direção do pai, mãe ou tutor, observado, entretanto, o disposto nos arts. 404, 405 e na Seção II.

- Parágrafo único com redação determinada pelo Dec.-lei 229/1967.

Art. 403. É proibido qualquer trabalho a menores de 16 (dezesseis) anos de idade, salvo na condição de aprendiz, a partir dos 14 (quatorze) anos.

- Artigo com redação determinada pela Lei 10.097/2000.
- V. art. 7º, XXXIII, CF.

Parágrafo único. O trabalho do menor não poderá ser realizado em locais prejudiciais à sua formação, ao seu desenvolvimento físico, psíquico, moral e social e em horários e locais que não permitam a frequência à escola.

a) *(Revogada pela Lei 10.097/2000);*

b) *(Revogada pela Lei 10.097/2000).*

Art. 404. Ao menor de 18 (dezoito) anos é vedado o trabalho noturno, considerado este o que for executado no período compreendido entre as 22 (vinte e duas) horas e as 5 (cinco) horas.

- V. art. 7º, XXXIII, da CF, que estabelece a proibição de trabalho noturno, perigoso ou insalubre a menores de 18 anos e de qualquer trabalho a menores de 16 anos, salvo na condição de aprendiz, a partir de 14 anos.

Art. 405. Ao menor não será permitido o trabalho:

- *Caput* com redação determinada pelo Dec.-lei 229/1967.
- V. art. 7º, XXXIII, CF.

I – nos locais e serviços perigosos ou insalubres, constantes de quadro para esse fim aprovado pela Secretaria da Segurança e Saúde no Trabalho;

- V. art. 441, CLT.
- V. Dec. 6.481/2008 (Lista das Piores Formas de Trabalho Infantil).

II – em locais ou serviços prejudiciais à sua moralidade.

§ 1º *(Revogado pela Lei 10.097/2000).*

§ 2º O trabalho exercido nas ruas, praças e outros logradouros dependerá de prévia autorização do Juiz da Infância e da Juventude, ao qual cabe verificar se a ocupação é indispensável à sua própria subsistência ou à de seus pais, avós ou irmãos e se dessa ocupação não poderá advir prejuízo à sua formação moral.

- § 2º com redação determinada pelo Dec.-lei 229/1967.

§ 3º Considera-se prejudicial à moralidade do menor o trabalho:

- § 3º com redação determinada pelo Dec.-lei 229/1967.

a) prestado de qualquer modo em teatros de revista, cinemas, boates, cassinos, cabarés, *dancings* e estabelecimentos análogos;

b) em empresas circenses, em funções de acrobata, saltimbanco, ginasta e outras semelhantes;

c) de produção, composição, entrega ou venda de escritos, impressos, cartazes, desenhos, gravuras, pinturas, emblemas, imagens e quaisquer outros objetos que possam, a juízo da autoridade competente, prejudicar sua formação moral;

d) consistente na venda, a varejo, de bebidas alcoólicas.

§ 4º Nas localidades em que existirem, oficialmente reconhecidas, instituições destinadas ao amparo dos menores jornaleiros, só aos que se encontrem sob o patrocínio dessas entidades será outorgada a autorização do trabalho a que alude o § 2º.

- § 4º com redação determinada pelo Dec.-lei 229/1967.

§ 5º Aplica-se ao menor o disposto no art. 390 e seu parágrafo único.

- § 5º com redação determinada pelo Dec.-lei 229/1967.

Art. 406. O Juiz da Infância e da Juventude poderá autorizar ao menor o trabalho a que se referem as letras *a* e *b* do § 3º do art. 405:

- Artigo com redação determinada pelo Dec.-lei 229/1967.

I – desde que a representação tenha fim educativo ou a peça de que participe não possa ser prejudicial à sua formação moral;

II – desde que se certifique ser a ocupação do menor indispensável à própria subsistência ou à de seus pais, avós ou irmãos e não advir nenhum prejuízo à sua formação moral.

Art. 407. Verificado pela autoridade competente que o trabalho executado pelo menor é prejudicial à sua saúde, ao seu desenvolvimento físico ou à sua moralidade, poderá ela obrigá-lo a abandonar o serviço, devendo a respectiva empresa, quando for o caso, proporcionar ao menor todas as facilidades para mudar de funções.

- Artigo com redação determinada pelo Dec.-lei 229/1967.

Parágrafo único. Quando a empresa não tomar as medidas possíveis e recomendadas pela autoridade competente para que o menor mude de função, configurar-se-á a rescisão do contrato de trabalho, na forma do art. 483.

Art. 408. Ao responsável legal do menor é facultado pleitear a extinção do contrato de trabalho, desde que o serviço possa acarretar para ele prejuízos de ordem física ou moral.

- Artigo com redação determinada pelo Dec.-lei 229/1967.

Art. 409. Para maior segurança do trabalho e garantia da saúde dos menores, a autoridade fiscalizadora poderá proibir-lhes o gozo dos períodos de repouso nos locais de trabalho.

Art. 410. O Ministro do Trabalho, Indústria e Comércio poderá derrogar qualquer proibição decorrente do quadro a que se refere o inciso I do art. 405 quando se certificar haver desaparecido, parcial ou totalmente, o caráter perigoso ou insalubre, que determinou a proibição.

- V. art. 57, I, Lei 13.844/2019 (Estabelece a organização básica da Presidência da República e dos Ministérios, no qual fica transformado o Ministério do Trabalho em Ministério da Economia).

Seção II
Da Duração do Trabalho

Art. 411. A duração do trabalho do menor regular-se-á pelas disposições legais relativas à duração do trabalho em geral, com as restrições estabelecidas neste Capítulo.

- V. art. 7º, XIII, CF.

Art. 412. Após cada período de trabalho efetivo, quer contínuo, quer dividido em dois turnos, haverá um intervalo de repouso, não inferior a 11 (onze) horas.

Art. 413. É vedado prorrogar a duração normal diária do trabalho do menor, salvo:

- Artigo com redação determinada pelo Dec.-lei 229/1967.

I – até mais 2 (duas) horas, independentemente de acréscimo salarial, mediante convenção ou acordo coletivo nos termos do Título VI desta Consolida-

CLT

ção, desde que o excesso de horas em um dia seja compensado pela diminuição em outro, de modo a ser observado o limite máximo de 48 (quarenta e oito) horas semanais ou outro inferior legalmente fixado;

- De acordo com a Constituição Federal, o limite máximo é de 44 (quarenta e quatro) horas semanais (art. 7º, XIII).
- V. art. 58, CLT.

II – excepcionalmente, por motivo de força maior, até o máximo de 12 (doze) horas, com acréscimo salarial de pelo menos 25% (vinte e cinco por cento) sobre a hora normal e desde que o trabalho do menor seja imprescindível ao funcionamento do estabelecimento.

- De acordo com a Constituição Federal, o percentual é de no mínimo 50% (cinquenta por cento) sobre a hora normal (art. 7º, XVI).
- V. art. 59, CLT.

Parágrafo único. Aplica-se à prorrogação do trabalho do menor o disposto no art. 375, no parágrafo único do art. 376, no art. 378 e no art. 384 desta Consolidação.

Art. 414. Quando o menor de 18 (dezoito) anos for empregado em mais de um estabelecimento, as horas de trabalho em cada um serão totalizadas.

Seção III
Da Admissão em Emprego e da Carteira de Trabalho e Previdência Social

Art. 415. Haverá a Carteira de Trabalho e Previdência Social para todos os menores de 18 anos, sem distinção de sexo, empregados em empresas ou estabelecimentos de fins econômicos e daqueles que lhes forem equiparados.

- V. art. 1º, Dec.-lei 926/1969 (Carteira de Trabalho e Previdência Social).

Parágrafo único. A carteira obedecerá ao modelo que o Ministério do Trabalho, Indústria e Comércio adotar e será emitida no Distrito Federal, pelo Departamento Nacional do Trabalho e, nos Estados, pelas Delegacias Regionais do referido Ministério.

- V. art. 57, I, Lei 13.844/2019 (Estabelece a organização básica da Presidência da República e dos Ministérios, no qual fica transformado o Ministério do Trabalho em Ministério da Economia).

Art. 416. Os menores de 18 anos só poderão ser admitidos, nas empresas ou estabelecimentos de fins econômicos e naqueles que lhes forem equiparados, quando possuidores da carteira a que se refere o artigo anterior, salvo a hipótese do art. 422.

- V. art. 1º, Dec.-lei 926/1969 (Carteira de Trabalho e Previdência Social).
- V. Lei 5.686/1971 (Normas sobre a CTPS).

Art. 417. A emissão da carteira será feita o pedido do menor, mediante a exibição dos seguintes documentos:

- Artigo com redação determinada pelo Dec.-lei 229/1967.
- V. art. 1º, Dec.-lei 926/1969 (Carteira de Trabalho e Previdência Social).
- V. Lei 5.686/1971 (Normas sobre a CTPS).

I – certidão de idade ou documento legal que a substitua;

II – autorização do pai, mãe ou responsável legal;

III – autorização do Juiz de Menores, nos casos dos artigos 405, § 2º, e 406;

IV – atestado médico de capacidade física e mental;

V – atestado de vacinação;

VI – prova de saber ler, escrever e contar;

VII – duas fotografias de frente, com as dimensões de 0,04m x 0,03m.

Parágrafo único. Os documentos exigidos por este artigo serão fornecidos gratuitamente.

Art. 418. *(Revogado pela Lei 7.855/1989).*

Art. 419. A prova de saber ler, escrever e contar, a que se refere a alínea f do art. 417 será feita mediante certificado de conclusão de curso primário. Na falta deste, a autoridade incumbida de verificar a validade dos documentos submeterá o menor ou mandará submetê-lo, por pessoa idônea, a exame elementar que constará de leitura de quinze linhas, com explicação do sentido, de ditado, nunca excedente de dez linhas, e cálculo sobre as quatro operações fundamentais de aritmética. Verificada a alfabetização do menor, será emitida a carteira.

- V. Lei 5.686/1971 (Normas sobre a CTPS).

§ 1º Se o menor for analfabeto ou não estiver devidamente alfabetizado, a carteira só será emitida pelo prazo de um ano, mediante a apresentação de um certificado ou atestado de matrícula e frequência em escola primária.

§ 2º A autoridade fiscalizadora, na hipótese do parágrafo anterior, poderá renovar o prazo nele fixado, cabendo-lhe, em caso de não renovar tal prazo, cassar a carteira expedida.

§ 3º Dispensar-se-á a prova de saber ler, escrever e contar, se não houver escola primária dentro do raio de dois quilômetros da sede do estabelecimento em que trabalhe o menor e não ocorrer a hipótese prevista no parágrafo único do art. 427. Instalada que seja a escola, proceder-se-á como nos parágrafos anteriores.

Art. 420. A carteira, devidamente anotada, permanecerá em poder do menor, devendo, entretanto, constar do Registro de empregados os dados correspondentes.

- Artigo com redação determinada pelo Dec.-lei 229/1967.
- V. Lei 5.686/1971 (Normas sobre a CTPS).

Parágrafo único. Ocorrendo falta de anotação por parte da empresa, independentemente do procedimento fiscal previsto no § 2º do art. 29, cabe ao representante legal do menor, ao agente da inspeção do trabalho, ao órgão do Ministério Público do Trabalho ou ao Sindicato, dar início ao processo de reclamação, de acordo com o estabelecido no Título II, Capítulo I, Seção V.

Art. 421. A carteira será emitida gratuitamente, aplicando-se à emissão de novas vias o disposto nos artigos 21 e seus parágrafos e no artigo 22.

- Artigo com redação determinada pelo Dec.-lei 229/1967.
- V. Lei 5.686/1971 (Normas sobre a CTPS).

Art. 422. Nas localidades em que não houver serviço de emissão de carteiras poderão os empregadores admitir menores como empregados, independentemente de apresentação de carteiras, desde que exibam os documentos referidos nas alíneas *a*, *d* e *f* do art. 417. Esses documentos ficarão em poder do empregador e, instalado o serviço de emissão de carteiras, serão entregues à repartição emissora, para os efeitos do § 2º do referido artigo.

- V. Lei 5.686/1971 (Normas sobre a CTPS).

Art. 423. O empregador não poderá fazer outras anotações na Carteira de Trabalho e Previdência Social além das referentes ao salário, data da admissão, férias e saída.

- V. Lei 5.686/1971 (Normas sobre a CTPS).
- V. art. 1º, Dec.-lei 926/1969 (Carteira de Trabalho e Previdência Social).

Seção IV
Dos Deveres dos Responsáveis Legais de Menores e dos Empregadores. Da Aprendizagem

Art. 424. É dever dos responsáveis legais de menores, pais, mães, ou tutores, afastá-los de empregos que diminuam consideravelmente o seu tempo de estudo, reduzam o tempo de repouso necessário à sua saúde e constituição física, ou prejudiquem a sua educação moral.

- V. art. 208, § 3º, CF.

Art. 425. Os empregadores de menores de 18 (dezoito) anos são obrigados a velar pela observância, nos seus estabelecimentos ou empresas, dos bons costumes e da decência pública, bem como das regras de higiene e segurança do trabalho.

Art. 426. É dever do empregador, na hipótese do art. 407, proporcionar ao menor todas as facilidades para mudar de serviço.

Art. 427. O empregador, cuja empresa ou estabelecimento ocupar menores, será obrigado a conceder-lhes o tempo que for necessário para a frequência às aulas.

Parágrafo único. Os estabelecimentos situados em lugar onde a escola estiver a maior distância que dois quilômetros, e que ocuparem, permanentemente, mais de trinta menores analfabetos, de 14 (quatorze) a 18 (dezoito) anos, serão obrigados a manter local apropriado em que lhes seja ministrada a instrução primária.

Art. 428. Contrato de aprendizagem é o contrato de trabalho especial, ajustado por escrito e por prazo determinado, em que o empregador se compromete a assegurar ao maior de 14 (quatorze) e menor de 24 (vinte e quatro) anos inscrito em programa de aprendizagem formação técnico-profissional metódica, compatível com o seu desenvolvimento físico, moral e psicológico, e o aprendiz, a executar com zelo e diligência as tarefas necessárias a essa formação.

- *Caput* com redação determinada pela Lei 11.180/2005.
- V. Instrução Normativa SIT/MTE 97/2012 (Fiscalização das condições de trabalho nos programas de aprendizagem).

§ 1º A validade do contrato de aprendizagem pressupõe anotação na Carteira de Trabalho e Previdência Social, matrícula e frequência do aprendiz na escola, caso não haja concluído o ensino médio, e inscrição em programa de aprendizagem desenvolvido sob orientação de entidade qualificada em formação técnico-profissional metódica.

- § 1º com redação determinada pela Lei 11.788/2008.
- V. art. 1º, Dec.-lei 926/1969 (Carteira de Trabalho e Previdência Social).

§ 2º Ao aprendiz, salvo condição mais favorável, será garantido o salário mínimo hora.

- § 2º com redação determinada pela Lei 13.420/2017.

§ 3º O contrato de aprendizagem não poderá ser estipulado por mais de 2 (dois) anos, exceto quando se tratar de aprendiz portador de deficiência.

- § 3º com redação determinada pela Lei 11.788/2008.

§ 4º A formação técnico-profissional a que se refere o *caput* deste artigo caracteriza-se por atividades teóricas e práticas, metodicamente organizadas em tarefas de complexidade progressiva desenvolvidas no ambiente de trabalho.

- § 4º acrescentado pela Lei 10.097/2000.
- V. art. 7º, XXXIII, CF.

§ 5º A idade máxima prevista no *caput* deste artigo não se aplica a aprendizes portadores de deficiência.

- § 5º acrescentado pela Lei 11.180/2005.

§ 6º Para os fins do contrato de aprendizagem, a comprovação da escolaridade de aprendiz com deficiência deve considerar, sobretudo, as habilidades e competências relacionadas com a profissionalização.

- § 6º com redação determinada pela Lei 13.146/2015 (*DOU* 07.07.2015), em vigor após decorridos 180 (cento e oitenta) dias de sua publicação oficial.

§ 7º Nas localidades onde não houver oferta de ensino médio para o cumprimento do disposto no § 1º deste artigo, a contratação do aprendiz poderá ocorrer sem a frequência à escola, desde que ele já tenha concluído o ensino fundamental.

- § 7º acrescentado pela Lei 11.788/2008.

§ 8º Para o aprendiz com deficiência com 18 (dezoito) anos ou mais, a validade do contrato de aprendizagem pressupõe anotação na CTPS e matrícula e frequência em programa de aprendizagem desenvolvido sob orientação de entidade qualificada em formação técnico-profissional metódica.

- § 8º acrescentado pela Lei 13.146/2015 (*DOU* 07.07.2015), em vigor após decorridos 180 (cento e oitenta) dias de sua publicação oficial.

Art. 429. Os estabelecimentos de qualquer natureza são obrigados a empregar e matricular nos cursos dos Serviços Nacionais de Aprendizagem número de aprendizes equivalente a 5% (cinco por cento), no mínimo, e 15% (quinze por cento), no máximo, dos trabalhadores existentes em cada estabelecimento, cujas funções demandem formação profissional.

- *Caput* do artigo com redação determinada pela Lei 10.097/2000.
- V. art. 62, ADCT.

a) *(Revogada pela Lei 10.097/2000);*

b) *(Revogada pelo Dec.-lei 9.576/1946 e pela Lei 10.097/2000).*

§ 1º As frações de unidade, no cálculo da percentagem de que trata o *caput*, darão lugar à admissão de um aprendiz.

- § 1º acrescentado pela Lei 10.097/2000.
- V. art. 7º, XXXIII, CF.

§ 1º-A. O limite fixado neste artigo não se aplica quando o empregador for entidade sem fins lucrativos, que tenha por objetivo a educação profissional.

- § 1º-A acrescentado pela Lei 10.097/2000.

§ 1º-B. Os estabelecimentos a que se refere o *caput* poderão destinar o equivalente a até 10% (dez por cento) de sua cota de aprendizes à formação técnico-profissional metódica em áreas relacionadas a práticas de atividades desportivas, à prestação de serviços relacionados à infraestrutura, incluindo as atividades de construção, ampliação, recuperação e manutenção de instalações esportivas e à organização e promoção de eventos esportivos.

- § 1º-B acrescentado pela Lei 13.420/2017.

§ 2º Os estabelecimentos de que trata o *caput* ofertarão vagas de aprendizes a adolescentes usuários do Sistema Nacional de Atendimento Socioeducativo (Sinase) nas condições a serem dispostas em instrumentos de cooperação celebrados entre os estabelecimentos e os gestores dos Sistemas de Atendimento Socioeducativo locais.

- § 2º acrescentado pela Lei 12.594/2012 (*DOU* 19.01.2012; ret. 20.01.2012), em vigor após decorridos 90 (noventa) dias de sua publicação oficial.

§ 3º Os estabelecimentos de que trata o *caput* poderão ofertar vagas de aprendizes a adolescentes usuários do Sistema Nacional de Políticas Públicas sobre Drogas – SISNAD nas condições a serem dispostas em instrumentos de cooperação celebrados entre os estabelecimentos e os gestores locais responsáveis pela prevenção do uso indevido, atenção e reinserção social de usuários e dependentes de drogas.

- § 3º acrescentado pela Lei 13.840/2019.

Art. 430. Na hipótese de os Serviços Nacionais de Aprendizagem não oferecerem cursos ou vagas suficientes para atender à demanda dos estabelecimentos, esta poderá ser suprida por outras entidades qualificadas em formação técnico-profissional metódica, a saber:

- *Caput* do artigo com redação determinada pela Lei 10.097/2000.
- V. art. 7º, XXXIII, CF.
- V. Portaria MTE 723/2012 (Cadastro Nacional de Aprendizagem Profissional – CNAP).

I – Escolas Técnicas de Educação;

- Inciso I acrescentado pela Lei 10.097/2000.

II – entidades sem fins lucrativos, que tenham por objetivo a assistência ao adolescente e à educação profissional, registradas no Conselho Municipal dos Direitos da Criança e do Adolescente.

- Inciso II acrescentado pela Lei 10.097/2000.

III – entidades de prática desportiva das diversas modalidades filiadas ao Sistema Nacional do Desporto e aos Sistemas de Desporto dos Estados, do Distrito Federal e dos Municípios.

- Inciso III acrescentado pela Lei 13.420/2017.

§ 1º As entidades mencionadas neste artigo deverão contar com estrutura adequada ao desenvolvimento dos programas de aprendizagem, de forma a manter a qualidade do processo de ensino, bem como acompanhar e avaliar os resultados.

- § 1º acrescentado pela Lei 10.097/2000.

§ 2º Aos aprendizes que concluírem os cursos de aprendizagem, com aproveitamento, será concedido certificado de qualificação profissional.

- § 2º acrescentado pela Lei 10.097/2000.

§ 3º O Ministério do Trabalho fixará normas para avaliação da competência das entidades mencionadas nos incisos II e III deste artigo.

- § 3º com redação determinada pela Lei 13.420/2017.

§ 4º As entidades mencionadas nos incisos II e III deste artigo deverão cadastrar seus cursos, turmas e aprendizes matriculados no Ministério do Trabalho.

- § 4º acrescentado pela Lei 13.420/2017.

§ 5º As entidades mencionadas neste artigo poderão firmar parcerias entre si para o desenvolvimento dos programas de aprendizagem, conforme regulamento.

- § 5º acrescentado pela Lei 13.420/2017.

Art. 431. A contratação do aprendiz poderá ser efetivada pela empresa onde se realizará a aprendizagem ou pelas entidades mencionadas nos incisos II e III do art. 430, caso em que não gera vínculo de emprego com a empresa tomadora dos serviços.

- *Caput* do artigo com redação determinada pela Lei 13.420/2017.

a) *(Revogada pela Lei 10.097/2000);*

b) *(Revogada pela Lei 10.097/2000);*

c) *(Revogada pela Lei 10.097/2000).*

Parágrafo único. Aos candidatos rejeitados pela seleção profissional deverá ser dada, tanto quanto possível orientação profissional para ingresso em atividade mais adequada às qualidades e aptidões que tiverem demonstrado.

Art. 432. A duração do trabalho do aprendiz não excederá de 6 (seis) horas diárias, sendo vedadas a prorrogação e a compensação de jornada.

- *Caput* com redação determinada pela Lei 10.097/2000.
- V. art. 7º, XXXIII, CF.

§ 1º O limite previsto neste artigo poderá ser de até 8 (oito) horas diárias para os aprendizes que já tiverem completado o ensino fundamental, se nelas forem computadas as horas destinadas à aprendizagem teórica.

- § 1º com redação determinada pela Lei 10.097/2000.

§ 2º *(Revogado pela Lei 10.097/2000).*

Art. 433. O contrato de aprendizagem extinguir-se-á no seu termo ou quando o aprendiz completar 24 (vinte e quatro) anos, ressalvada a hipótese prevista no § 5º do art. 428 desta Consolidação, ou ainda antecipadamente nas seguintes hipóteses:

- *Caput* do artigo com redação determinada pela Lei 11.180/2005.
- V. art. 7º, XXXIII, CF.

a) (Revogada pela Lei 10.097/2000);

b) (Revogada pela Lei 10.097/2000);

I – desempenho insuficiente ou inadaptação do aprendiz, salvo para o aprendiz com deficiência quando desprovido de recursos de acessibilidade, de tecnologias assistivas e de apoio necessário ao desempenho de suas atividades;

- Inciso I com redação determinada pela Lei 13.146/2015 (*DOU* 07.07.2015), em vigor após decorridos 180 (cento e oitenta) dias de sua publicação oficial.

II – falta disciplinar grave;

- Inciso II acrescentado pela Lei 10.097/2000.

III – ausência injustificada à escola que implique perda do ano letivo; ou

- Inciso III acrescentado pela Lei 10.097/2000.

IV – a pedido do aprendiz.

- Inciso IV acrescentado pela Lei 10.097/2000.

Parágrafo único. *(Revogado pela Lei 3.519/1958).*

§ 2º Não se aplica o disposto nos arts. 479 e 480 desta Consolidação às hipóteses de extinção do contrato mencionadas neste artigo.

- § 2º acrescentado pela Lei 10.097/2000 (a Lei 10.097/2000 não renumerou os parágrafos deste artigo).

Seção V
Das Penalidades

Art. 434. Os infratores das disposições deste Capítulo ficam sujeitos à multa de valor igual a um salário mínimo regional, aplicada tantas vezes quantos forem os menores empregados em desacordo com a lei, não podendo, todavia, a soma das multas exceder a cinco vezes o salário mínimo regional, salvo no caso de reincidência, em que esse total poderá ser elevado ao dobro.

- Artigo com redação determinada pelo Dec.-lei 229/1967.
- Multas: ver Notas de Atualização e Portaria MTb 290/1997.

Art. 435. Fica sujeita à multa de valor igual a um salário mínimo regional e ao pagamento da emissão de nova via a empresa que fizer na Carteira de Trabalho e Previdência Social do menor anotação não prevista em lei.

- Artigo com redação determinada pelo Dec.-lei 229/1967.
- V. art. 1º, Dec.-lei 926/1969 (Carteira de Trabalho e Previdência Social).
- Multas: ver Notas de Atualização e Portaria MTb 290/1997.

Arts. 436 e 437. *(Revogados pela Lei 10.097/2000).*

Art. 438. São competentes para impor as penalidades previstas neste capítulo:

a) no Distrito Federal, a autoridade de 1ª instância do Departamento Nacional do Trabalho;

- V. art. 35, IV, Dec.-lei 229/1967 (Altera a CLT).

b) nos Estados e Território do Acre, os delegados regionais do Ministério do Trabalho, Indústria e Comércio ou os funcionários por eles designados para tal fim.

- V. art. 57, I, Lei 13.844/2019 (Estabelece a organização básica da Presidência da República e dos Ministérios, no qual fica transformado o Ministério do Trabalho em Ministério da Economia).

Parágrafo único. O processo, na verificação das infrações, bem como na aplicação e cobrança das multas, será o previsto no Título "Do Processo de Multas Administrativas", observadas as disposições deste artigo.

Seção VI
Disposições Finais

Art. 439. É lícito ao menor firmar recibo pelo pagamento dos salários. Tratando-se, porém, de rescisão do contrato de trabalho, é vedado ao menor de 18 (dezoito) anos dar, sem assistência dos seus responsáveis legais, quitação ao empregador pelo recebimento da indenização que lhe for devida.

Art. 440. Contra os menores de 18 (dezoito) anos não corre nenhum prazo de prescrição.

Art. 441. O quadro a que se refere o item I do art. 405 será revisto bienalmente.

- Artigo com redação determinada pelo Dec.-lei 229/1967.

TÍTULO IV
Do Contrato Individual do Trabalho

Capítulo I
Disposições Gerais

- V. Lei 9.601/1998 (Contrato de trabalho por prazo determinado).
- V. Dec. 2.490/1998 (Regulamenta a Lei 9.601/1998).
- V. Portaria MTb 207/1998 (Instruções sobre a forma de cálculo das médias previstas nos arts. 3º e 4º da Lei 9.601/1998).

Art. 442. Contrato individual de trabalho é o acordo tácito ou expresso, correspondente à relação de emprego.

Parágrafo único. Qualquer que seja o ramo de atividade da sociedade cooperativa, não existe vínculo empregatício entre ela e seus associados, nem entre estes e os tomadores de serviços daquela.

- Parágrafo único acrescentado pela Lei 8.949/1994.
- V. Lei 9.867/1999 (Criação e funcionamento de Cooperativas Sociais).

Art. 442-A. Para fins de contratação, o empregador não exigirá do candidato a emprego comprovação de experiência prévia por tempo superior a 6 (seis) meses no mesmo tipo de atividade.

- Artigo acrescentado pela Lei 11.644/2008.

Art. 442-B. A contratação do autônomo, cumpridas por este todas as formalidades legais, com ou sem exclusividade, de forma contínua ou não, afasta a qualidade de empregado prevista no art. 3º desta Consolidação.

- Artigo acrescentado pela Lei 13.467/2017 (DOU 14.07.2017), em vigor após decorridos 120 (cento e vinte) dias de sua publicação oficial.
- **Redação anterior determinada pela MP 808/2017 (*DOU* 14.11.2017, edição extra) que alterava este dispositivo, vigente entre 14.11.2017 e 23.04.2018, teve seu prazo encerrado pelo Ato Declaratório CN 22/2018 (*DOU* 25.04.2018): "Art. 442-B. A contratação do autônomo, cumpridas por este todas as formalidades legais, de forma contínua ou não, afasta a qualidade de empregado prevista no art. 3º desta Consolidação. § 1º. É vedada a celebração de cláusula de exclusividade no contrato previsto no *caput*. § 2º. Não caracteriza a qualidade de empregado prevista no art. 3º o fato de o autônomo prestar serviços a apenas um tomador de serviços. § 3º. O autônomo poderá prestar serviços de qualquer natureza a outros tomadores de serviços que exerçam ou não a mesma atividade econômica, sob qualquer modalidade de contrato de trabalho, inclusive como autônomo. § 4º. Fica garantida ao autônomo a possibilidade de recusa de realizar atividade demandada pelo contratante, garantida a aplicação de cláusula de penalidade prevista em contrato. § 5º. Motoristas, representantes comerciais, corretores de imóveis, parceiros, e trabalhadores de outras categorias profissionais reguladas por leis específicas relacionadas a atividades compatíveis com o contrato autônomo, desde que cumpridos os requisitos do *caput*, não possuirão a qualidade de empregado prevista o art. 3º. § 6º. Presente a subordinação jurídica, será reconhecido o vínculo empregatício. § 7º. O disposto no *caput* se aplica ao autônomo, ainda que exerça atividade relacionada ao negócio da empresa contratante."**

Art. 443. O contrato individual de trabalho poderá ser acordado tácita ou expressamente, verbalmente ou por escrito, por prazo determinado ou indeterminado, ou para prestação de trabalho intermitente.

- *Caput* com redação determinada pela Lei 13.467/2017 (*DOU* 14.07.2017), em vigor após decorridos 120 (cento e vinte) dias da sua publicação oficial.

§ 1º Considera-se como de prazo determinado o contrato de trabalho cuja vigência dependa de termo prefixado ou da execução de serviços especificados ou ainda da realização de certo acontecimento suscetível de previsão aproximada.

- Primitivo parágrafo único renumerado pelo Dec.-lei 229/1967.
- V. Lei 9.601/1998 (Contrato de trabalho por prazo determinado).
- V. Dec. 2.490/1998 (Regulamenta a Lei 9.601/1998).
- V. Portaria MTb 207/1998 (Instruções sobre a forma de cálculo das médias previstas nos arts. 3º e 4º da Lei 9.601/1998).

§ 2º O contrato por prazo determinado só será válido em se tratando:

- § 2º acrescentado pelo Dec.-lei 229/1967.
- V. art. 37, IX, CF.

a) de serviço cuja natureza ou transitoriedade justifique a predeterminação do prazo;

b) de atividades empresariais de caráter transitório;

c) de contrato de experiência.

§ 3º Considera-se como intermitente o contrato de trabalho no qual a prestação de serviços, com subordinação, não é contínua, ocorrendo com alternância de períodos de prestação de serviços e de inatividade, determinados em horas, dias ou meses, independentemente do tipo de atividade do empregado e do empregador, exceto para os aeronautas, regidos por legislação própria.

- § 3º acrescentado pela Lei 13.467/2017 (*DOU* 14.07.2017), em vigor após decorridos 120 (cento e vinte) dias da sua publicação oficial.

Art. 444. As relações contratuais de trabalho podem ser objeto de livre estipulação das partes interessadas em tudo quanto não contravenha às disposições de proteção ao trabalho, aos contratos coletivos que lhes sejam aplicáveis e às decisões das autoridades competentes.

- V. art. 5º, XIII, CF.
- V. Súmulas 51, 91, 92 e 288, TST.

Parágrafo único. A livre estipulação a que se refere o *caput* deste artigo aplica-se às hipóteses previstas no art. 611-A desta Consolidação, com a mesma eficácia legal e preponderância sobre os instrumentos coletivos, no caso de empregado portador de diploma de nível superior e que perceba salário mensal igual ou superior a duas vezes o limite máximo dos benefícios do Regime Geral de Previdência Social.

- Parágrafo único acrescentado pela Lei 13.467/2017 (*DOU* 14.07.2017), em vigor após decorridos 120 (cento e vinte) dias da sua publicação oficial.

Art. 445. O contrato de trabalho por prazo determinado não poderá ser estipulado por mais de 2 (dois) anos, observada a regra do art. 451.

- Artigo com redação determinada pelo Dec.-lei 229/1967.
- V. Lei 9.601/1998 (Contrato de trabalho por prazo determinado).
- V. Dec. 2.490/1998 (Regulamenta a Lei 9.601/1998).
- V. Portaria MTb 207/1998 (Instruções sobre a forma de cálculo das médias previstas nos arts. 3º e 4º da Lei 9.601/1998).

Parágrafo único. O contrato de experiência não poderá exceder de 90 (noventa) dias.

- V. Súmulas 163 e 188, TST.

Art. 446. *(Revogado pela Lei 7.855/1989).*

Art. 447. Na falta de acordo ou prova sobre condição essencial ao contrato verbal, esta se presume existente, como se a tivessem estatuído os interessados, na conformidade dos preceitos jurídicos adequados à sua legitimidade.

- V. Súmula 12, TST.

Art. 448. A mudança na propriedade ou na estrutura jurídica da empresa não afetará os contratos de trabalho dos respectivos empregados.

- V. arts. 60, parágrafo único, e 141, § 2º, Lei 11.101/2005 (Lei de Recuperação de Empresas e Falência).

Art. 448-A. Caracterizada a sucessão empresarial ou de empregadores prevista nos arts. 10 e 448 desta Consolidação, as obrigações trabalhistas, inclusive as contraídas à época em que os empregados trabalhavam para a empresa sucedida, são de responsabilidade do sucessor.

- Artigo acrescentado pela Lei 13.467/2017 (*DOU* 14.07.2017), em vigor após decorridos 120 (cento e vinte) dias da sua publicação oficial.

Parágrafo único. A empresa sucedida responderá solidariamente com a sucessora quando ficar comprovada fraude na transferência.

Art. 449. Os direitos oriundos da existência do contrato de trabalho subsistirão em caso de falência, concordata ou dissolução da empresa.

- V. arts. 60, parágrafo único, e 141, § 2º, e 151, Lei 11.101/2005 (Lei de Recuperação de Empresas e Falência).

§ 1º Na falência, constituirão créditos privilegiados a totalidade dos salários devidos ao empregado e a totalidade das indenizações a que tiver direito.

- § 1º com redação determinada pela Lei 6.449/1977.
- V. art. 83, I, Lei 11.101/2005 (Lei de Recuperação de Empresas e Falência).

§ 2º Havendo concordata na falência, será facultado aos contratantes tornar sem efeito a rescisão do contrato de trabalho e consequente indenização, desde que o empregador pague, no mínimo, a metade dos salários que seriam devidos ao empregado durante o interregno.

- V. Súmula 227, STF.
- V. Súmula 173, TST.

Art. 450. Ao empregado chamado a ocupar, em comissão, interinamente, ou em substituição eventual ou temporária, cargo diverso do que exercer na empresa, serão garantidas a contagem do tempo naquele serviço, bem como volta ao cargo anterior.

- V. Súmula 204, STF.
- V. Súmula 159, TST.

Art. 451. O contrato de trabalho por prazo determinado que, tácita ou expressamente, for prorrogado mais de uma vez, passará a vigorar sem determinação de prazo.

- V. Súmula 188, TST.

Art. 452. Considera-se por prazo indeterminado todo contrato que suceder, dentro de 6 (seis) meses, a outro contrato por prazo determinado, salvo se a expiração deste dependeu da execução de serviços especializados ou da realização de certos acontecimentos.

- V. Súmula 195, STF.

Art. 452-A. O contrato de trabalho intermitente deve ser celebrado por escrito e deve conter especificamente o valor da hora de trabalho, que não pode ser inferior ao valor horário do salário mínimo ou àquele devido aos demais empregados do estabelecimento que exerçam a mesma função em contrato intermitente ou não.

- Artigo acrescentado pela Lei 13.467/2017 (*DOU* 14.07.2017), em vigor após decorridos 120 (cento e vinte) dias de sua publicação oficial.
- **Redação anterior determinada pela MP 808/2017 (*DOU* 14.11.2017, edição extra), que alterava este dispositivo, vigente entre 14.11.2017 e 23.04.2018, teve seu prazo encerrado pelo Ato Declaratório CN 22/2018 (*DOU* 25.04.2018): "Art. 452-A. O contrato de trabalho intermitente será celebrado por escrito e registrado na CTPS, ainda que previsto acordo coletivo de trabalho ou convenção coletiva, e conterá: I - identificação, assinatura e domicílio ou sede das partes; II - valor da hora ou do dia de trabalho, que não poderá ser inferior ao valor horário ou diário do salário mínimo, assegurada a remuneração do trabalho noturno superior à do diurno e observado o disposto no § 12; e III - o local e o prazo para o pagamento da remuneração."**

§ 1º O empregador convocará, por qualquer meio de comunicação eficaz, para a prestação de serviços, informando qual será a jornada, com, pelo menos, três dias corridos de antecedência.

§ 2º Recebida a convocação, o empregado terá o prazo de um dia útil para responder ao chamado, presumindo-se, no silêncio, a recusa.

- **Redação anterior determinada pela MP 808/2017 (*DOU* 14.11.2017, edição extra), que alterava este dispositivo, vigente entre 14.11.2017 e 23.04.2018, teve seu prazo encerrado pelo Ato Declaratório CN 22/2018 (*DOU* 25.04.2018): "§ 2º. Recebida a convocação, o empregado terá o prazo de vinte e quatro horas para responder ao chamado, presumida, no silêncio, a recusa."**

§ 3º A recusa da oferta não descaracteriza a subordinação para fins do contrato de trabalho intermitente.

§ 4º Aceita a oferta para o comparecimento ao trabalho, a parte que descumprir, sem justo motivo, pagará à outra parte, no prazo de trinta dias, multa de 50% (cinquenta por cento) da remuneração que seria devida, permitida a compensação em igual prazo.

- **A MP 808/2017 (*DOU* 14.11.2017, edição extra), que revogou este dispositivo, vigente entre 14.11.2017 e 23.04.2018, teve seu prazo encerrado pelo Ato Declaratório CN 22/2018 (*DOU* 25.04.2018).**

§ 5º O período de inatividade não será considerado tempo à disposição do empregador, podendo o trabalhador prestar serviços a outros contratantes.

- **A MP 808/2017 (*DOU* 14.11.2017, edição extra), que revogou este dispositivo, vigente entre 14.11.2017 e 23.04.2018, teve seu prazo encerrado pelo Ato Declaratório CN 22/2018 (*DOU* 25.04.2018).**

§ 6º Ao final de cada período de prestação de serviço, o empregado receberá o pagamento imediato das seguintes parcelas:

- **Redação anterior determinada pela MP 808/2017 (*DOU* 14.11.2017, edição extra), que alterava este dispositivo, vigente entre 14.11.2017 e 23.04.2018, teve seu prazo encerrado pelo Ato Declaratório CN 22/2018 (*DOU* 25.04.2018): "§ 6º. Na data acordada para o pagamento, observado o disposto no § 11, o empregado receberá, de imediato, as seguintes parcelas:"**

I – remuneração;
II – férias proporcionais com acréscimo de um terço;
III – décimo terceiro salário proporcional;
IV – repouso semanal remunerado; e
V – adicionais legais.

§ 7º O recibo de pagamento deverá conter a discriminação dos valores pagos relativos a cada uma das parcelas referidas no § 6º deste artigo.

§ 8º O empregador efetuará o recolhimento da contribuição previdenciária e o depósito do Fundo de Garantia do Tempo de Serviço, na forma da lei, com base nos valores pagos no período mensal e fornecerá ao empregado comprovante do cumprimento dessas obrigações.

- **A MP 808/2017 (*DOU* 14.11.2017, edição extra), que revogou este dispositivo, vigente entre 14.11.2017 e 23.04.2018, teve seu prazo encerrado pelo Ato Declaratório CN 22/2018 (*DOU* 25.04.2018).**

§ 9º A cada doze meses, o empregado adquire direito a usufruir, nos doze meses subsequentes, um mês de férias, período no qual não poderá ser convocado para prestar serviços pelo mesmo empregador.

- *** Redação anterior determinada pela MP 808/2017 (*DOU* 14.11.2017, edição extra), que acrescentava os §§ 10 a 15 e os artigos 452-C, 452-D, 452-E, 452-F, 452-G e 452-H, vigente entre 14.11.2017 e 23.04.2018, teve seu prazo encerrado pelo Ato Declaratório CN 22/2018 (*DOU* 25.04.2018): "§ 10. O empregado, mediante prévio acordo com o empregador, poderá usufruir suas férias em até três períodos, nos termos dos § 1º e § 2º do art. 134. § 11. Na hipótese de o período de convocação exceder um mês, o pagamento das parcelas a que se referem o § 6º não poderá ser estipulado por período superior a um mês, contado a partir do primeiro dia do período de prestação de serviço. § 12. O valor previsto no inciso II do *caput* não será inferior àquele devido aos demais empregados do estabelecimento que exerçam a mesma função. § 13. Para os fins do disposto neste artigo, o auxílio-doença será devido ao segurado da Previdência Social a partir da data do início da incapacidade, vedada a aplicação do disposto § 3º do art. 60 da Lei 8.213, de 1991. § 14. O salário maternidade será pago diretamente pela Previdência Social, nos termos do disposto no § 3º do art. 72 da Lei 8.213, de 1991. § 15. Constatada a prestação dos serviços pelo empregado, estarão satisfeitos os prazos previstos nos § 1º e § 2º." "Art. 452-B. É facultado às partes convencionar por meio do contrato de trabalho intermitente: I – locais de prestação de serviços; II – turnos para os quais o empregado será convocado para prestar serviços; III – formas e instrumentos de convocação e de resposta para a prestação de serviços; IV – formato de reparação recíproca na hipótese de cancelamento de serviços previamente agendados nos termos dos § 1º e § 2º do art. 452-A." "Art. 452-C. Para fins do disposto no § 3º do art. 443, considera-se período de inatividade o intervalo temporal distinto daquele para o qual o empregado intermitente haja sido convocado e tenha prestado serviços nos termos do § 1º do art. 452-A. § 1º. Durante o período de inatividade, o empregado poderá prestar serviços de qualquer natureza a outros tomadores de serviço, que exerçam ou não a mesma atividade econômica, utilizando contrato de trabalho intermitente ou outra modalidade de contrato de trabalho. § 2º. No contrato de trabalho intermitente, o período de inatividade não será considerado tempo à disposição do empregador e não será remunerado, hipótese em que restará descaracterizado o contrato de trabalho intermitente caso haja remuneração por tempo à disposição no período de inatividade." "Art. 452-D. Decorrido o prazo de um ano sem qualquer convocação do empregado pelo empregador, contado a partir da data da celebração do contrato, da última convocação ou do último dia de prestação de serviços, o que for mais recente, será considerado rescindido de pleno direito o contrato de trabalho intermitente." "Art. 452-E. Ressalvadas as hipóteses a que se referem os art. 482 e art. 483, na hipótese de extinção do contrato de trabalho intermitente serão devidas as seguintes verbas rescisórias: I – pela metade: a) o aviso prévio indenizado, calculado conforme o art. 452-F; e b) a indenização sobre o saldo do Fundo de Garantia do Tempo de Serviço – FGTS, prevista no § 1º do art. 18 da Lei 8.036, de 11 de maio de 1990; e II – na integralidade, as demais verbas trabalhistas. § 1º. A extinção de contrato de trabalho intermitente permite a movimentação da conta vinculada do trabalhador no FGTS na forma do inciso I-A do art. 20 da Lei 8.036, de 1990, limitada a até oitenta por cento do valor dos depósitos. § 2º. A extinção do contrato de trabalho intermitente a que se refere este artigo não autoriza o ingresso no Programa de Seguro-Desemprego." "Art. 452-F. As verbas rescisórias e o aviso prévio serão calculados com base na média dos valores recebidos pelo empregado no curso do contrato de trabalho intermitente. § 1º. No cálculo da média a que se refere o *caput*, serão considerados apenas os meses durante os quais o empregado tenha recebido parcelas remuneratórias no intervalo dos últimos doze meses ou o período de vigência do contrato de trabalho intermitente, se este for inferior. § 2º. O aviso prévio será necessariamente indenizado, nos termos dos § 1º e § 2º do art. 487." "Art. 452-G. Até 31 de dezembro de 2020, o empregado registrado por meio de contrato de trabalho por prazo indeterminado demitido não poderá prestar serviços para o mesmo empregador por meio de contrato de trabalho intermitente pelo prazo de dezoito meses, contado da data da demissão do empregado." "Art. 452-H. No contrato de trabalho intermitente, o empregador efetuará o recolhimento das contribuições previdenciárias próprias e do empregado e o depósito do FGTS com base nos valores pagos no período mensal e fornecerá ao empregado comprovante do cumprimento dessas obrigações, observado o disposto no art. 911-A."**

Art. 453. No tempo de serviço do empregado, quando readmitido, serão computados os períodos, ainda que não contínuos, em que tiver trabalhado anteriormente na empresa, salvo se houver sido despedido por falta grave, recebido indenização legal ou se aposentado espontaneamente.

- *Caput* com redação determinada pela Lei 6.204/1975.
- V. Súmula 156, TST.

§ 1º Na aposentadoria espontânea de empregados das empresas públicas e sociedades de economia mista é permitida sua readmissão desde que atendidos aos requisitos constantes do art. 37, inciso XVI, da Constituição, e condicionada à prestação de concurso público.

- § 1º acrescentado pela Lei 9.528/1997.
- O STF, na ADIn 1.770-4 (*DOU* e *DJU* 20.10.2006), declarou a inconstitucionalidade do § 1º do art. 453 da CLT.

§ 2º O ato de concessão de benefício de aposentadoria a empregado que não tiver completado 35 (trinta e cinco) anos de serviço, se homem, ou 30 (trinta), se mulher, importa em extinção do vínculo empregatício.

- § 2º acrescentado pela Lei 9.528/1997.
- O STF, na ADIn 1.721-3 (*DOU* e *DJU* 20.10.2006), declarou a inconstitucionalidade do § 2º do art. 453 da CLT.
- V. Súmula 215, STF.

Art. 454. Na vigência do contrato de trabalho, as invenções do empregado, quando decorrentes de sua contribuição pessoal e da instalação ou equipamento fornecidos pelo empregador, serão de propriedade comum, em partes iguais, salvo se o contrato de trabalho tiver por objeto, implícita ou explicitamente, pesquisa científica.

- V. Lei 9.279/1996 (Código da Propriedade Industrial).
- V. Lei 9.609/1998 (Proteção da propriedade intelectual do programa de computador).

Parágrafo único. Ao empregador caberá a exploração do invento, ficando obrigado a promovê-la no prazo de 1 (um) ano da data da concessão da patente, sob pena de reverter em favor do empregado a plena propriedade desse invento.

Art. 455. Nos contratos de subempreitada responderá o subempreiteiro pelas obrigações derivadas do contrato de trabalho que celebrar, cabendo, todavia, aos empregados, o direito de reclamação contra o empreiteiro principal pelo inadimplemento daquelas obrigações por parte do primeiro.

Parágrafo único. Ao empreiteiro principal fica ressalvada, nos termos da lei civil, ação regressiva contra o subempreiteiro e a retenção de importâncias a este devidas, para a garantia das obrigações previstas neste artigo.

Art. 456. A prova do contrato individual de trabalho será feita pelas anotações constantes da Carteira de Trabalho e Previdência Social ou por instrumento escrito e suprida por todos os meios permitidos em direito.

- V. art. 1º, Dec.-lei 926/1969 (Carteira de Trabalho e Previdência Social).

Parágrafo único. À falta de prova ou inexistindo cláusula expressa a tal respeito, entender-se-á que o empregado se obrigou a todo e qualquer serviço compatível com a sua condição pessoal.

- V. Súmula 12, TST.

Art. 456-A. Cabe ao empregador definir o padrão de vestimenta no meio ambiente laboral, sendo lícita a inclusão no uniforme de logomarcas da própria empresa ou de empresas parceiras e de outros itens de identificação relacionados à atividade desempenhada.

- Artigo acrescentado pela Lei 13.467/2017 (*DOU* 14.07.2017), em vigor após decorridos 120 (cento e vinte) dias da sua publicação oficial.

Parágrafo único. A higienização do uniforme é de responsabilidade do trabalhador, salvo nas hipóteses em que forem necessários procedimentos ou produtos diferentes dos utilizados para a higienização das vestimentas de uso comum.

Capítulo II
Da Remuneração

- V. Lei 4.090/1962 (Gratificação de Natal para os trabalhadores).
- V. Lei 4.266/1963 (Salário-família do trabalhador).
- V. Dec. 53.153/1963 (Regulamento da Lei 4.266/1963).
- V. Lei 4.749/1965 (Pagamento da gratificação prevista na Lei 4.090/1962).
- V. Dec. 57.155/1965 (Regulamentação da Lei 4.090/1962).
- V. Lei 8.542/1992 (Política Nacional de Salários).
- V. Lei 9.424/1996 (Fundo de manutenção e desenvolvimento do ensino fundamental).
- V. Lei 9.766/1998 (Salário-educação).

Art. 457. Compreendem-se na remuneração do empregado, para todos os efeitos legais, além do salário devido e pago diretamente pelo empregador, como contraprestação do serviço, as gorjetas que receber.

- *Caput* com redação determinada pela Lei 1.999/1953.
- V. arts. 7º, VII, VIII, X e XI, e 201, §§ 4º e 6º, CF.
- V. Súmula 63, TST.

§ 1º Integram o salário a importância fixa estipulada, as gratificações legais e as comissões pagas pelo empregador.

- § 1º com redação determinada pela Lei 13.467/2017 (*DOU* 14.07.2017), em vigor após decorridos 120 (cento e vinte) dias de sua publicação oficial.
- V. Súmulas 207, 209, 459 e 462, STF.
- V. Súmulas 101, 115, 152, 203, 226 e 264, TST.
- **Redação anterior determinada pela MP 808/2017 (*DOU* 14.11.2017, edição extra) que alterava este dispositivo, vigente entre 14.11.2017 e 23.04.2018, teve seu prazo encerrado pelo Ato Declaratório CN 22/2018 (*DOU* 25.04.2018): "§ 1º. Integram o salário a importância fixa estipulada, as gratificações legais e de função e as comissões pagas pelo empregador."**

§ 2º As importâncias, ainda que habituais, pagas a título de ajuda de custo, auxílio-alimentação, vedado seu pagamento em dinheiro, diárias para viagem, prêmios e abonos não integram a remuneração do empregado, não se incorporam ao contrato de trabalho e não constituem base de incidência de qualquer encargo trabalhista e previdenciário.

- § 2º com redação determinada pela Lei 13.467/2017 (*DOU* 14.07.2017), em vigor após decorridos 120 (cento e vinte) dias de sua publicação oficial.
- V. Lei 10.101/2000 (Participação dos trabalhadores nos lucros ou resultados da empresa).
- V. Súmulas 101 e 318, TST.
- **Redação anterior determinada pela MP 808/2017 (*DOU* 14.11.2017, edição extra) que alterava este dispositivo, vigente entre 14.11.2017 e 23.04.2018, teve seu prazo encerrado pelo Ato Declaratório CN 22/2018 (*DOU* 25.04.2018): "§ 2º. As importâncias, ainda que habituais, pagas a título de ajuda de custo, limitadas a cinquenta por cento da remuneração mensal, o auxílio-alimentação, vedado o seu pagamento em dinheiro, as diárias para viagem e os prêmios não integram a remuneração do empregado, não se incorporam ao contrato de trabalho e não constituem base de incidência de encargo trabalhista e previdenciário."**

§ 3º Considera-se gorjeta não só a importância espontaneamente dada pelo cliente ao empregado, como também o valor cobrado pela empresa, como serviço ou adicional, a qualquer título, e destinado à distribuição aos empregados.

- § 3º com redação determinada pela Lei 13.419/2017 (*DOU* 14.03.2017), em vigor após decorridos 60 (sessenta) dias de sua publicação oficial.
- V. Súmula 354, TST.

§ 4º Consideram-se prêmios as liberalidades concedidas pelo empregador em forma de bens, serviços ou valor em dinheiro a empregado ou a grupo de empregados, em razão de desempenho superior ao ordinariamente esperado no exercício de suas atividades.

- § 4º com redação determinada pela Lei 13.467/2017 (*DOU* 14.07.2017), em vigor após decorridos 120 (cento e vinte) dias de sua publicação oficial.
- Os §§ 5º ao 11 acrescentados pela Lei 13.419/2017 foram suprimidos pela Lei 13.467/2017.
- **Redação anterior determinada pela MP 808/2017 (*DOU* 14.11.2017, edição extra) que acrescentava os §§ 12 a 23, vigente entre 14.11.2017 e 23.04.2018, teve seu prazo encerrado pelo Ato Declaratório CN 22/2018 (*DOU* 25.04.2018): "§ 12. A gorjeta a que se refere o § 3º não constitui receita própria dos empregadores, destina-se aos trabalhadores e será distribuída segundo os critérios de custeio e de rateio definidos em convenção coletiva ou acordo coletivo de trabalho. § 13. Se inexistir previsão em convenção coletiva ou acordo coletivo de trabalho, os critérios de rateio e distribuição da gorjeta e os percentuais de retenção previstos nos § 14 e § 15 serão definidos em assembleia geral dos trabalhadores, na forma estabelecida no art. 612. § 14. As empresas que cobrarem a gorjeta de que trata o § 3º deverão: I – quando inscritas em regime de tributação federal diferenciado, lançá-la na respectiva nota de consumo, facultada a retenção de até vinte por cento da arrecadação correspondente, mediante previsão em convenção coletiva ou acordo coletivo de trabalho, para custear os encargos sociais, previdenciários e trabalhistas derivados da sua integração à remuneração dos empregados, hipótese em que o valor remanescente deverá ser revertido integralmente em favor do trabalhador; II – quando não inscritas em regime de tributação federal diferenciado, lançá-la na respectiva nota de consumo, facultada a retenção de até trinta e três por cento da arrecadação correspondente, mediante previsão em convenção coletiva ou acordo coletivo de trabalho, para custear os encargos sociais, previdenciários e trabalhistas derivados da sua integração à remuneração dos empregados, hipótese em que o valor remanescente deverá ser revertido integralmente em favor do trabalhador; e III – anotar na CTPS e no contracheque de seus empregados o salário contratual fixo e o percentual percebido a título de gorjeta. § 15. A gorjeta, quando entregue pelo consumidor diretamente ao empregado, terá seus critérios definidos em convenção coletiva ou acordo coletivo de trabalho, facultada a retenção nos parâmetros estabelecidos no § 14. § 16. As empresas anotarão na CTPS de seus empregados o salário fixo e a média dos valores das gorjetas referente aos últimos doze meses. § 17. Cessada pela empresa a cobrança da gorjeta de que trata o § 3º, desde que cobrada por mais de doze meses, essa se incorporará ao salário do empregado, a qual terá como base a média dos últimos doze meses, sem prejuízo do estabelecido em convenção coletiva ou acordo coletivo de trabalho. § 18. Para empresas com mais de sessenta empregados, será constituída comissão de empregados, mediante previsão em convenção coletiva ou acordo coletivo de trabalho, para acompanhamento e fiscalização da regularidade da cobrança e distribuição da gorjeta de que trata o § 3º, cujos representantes serão eleitos em assembleia geral convocada para esse fim pelo sindicato laboral e gozarão de garantia de emprego vinculada ao desempenho das funções para que foram eleitos, e, para as demais empresas, será constituída comissão intersindical para o referido fim. § 19. Comprovado o descumprimento ao disposto nos § 12, § 14, § 15 e § 17, o empregador pagará ao trabalhador prejudicado, a título de multa, o valor correspondente a um trinta avos da média da gorjeta por dia de atraso, limitada ao piso da categoria, assegurados, em qualquer hipótese, o princípio do contraditório e da ampla defesa. § 20. A limitação prevista no § 19 será triplicada na hipótese de reincidência do empregador. § 21. Considera-se reincidente o empregador que, durante o período de doze meses, descumprir o disposto nos § 12, § 14, § 15 e § 17 por período superior a sessenta dias. § 22. Consideram-se prêmios as liberalidades concedidas pelo empregador, até duas vezes ao ano, em forma de bens, serviços ou valor em dinheiro, a empregado, grupo de empregados ou terceiros vinculados à sua atividade econômica em razão de desempenho superior ao ordinariamente esperado no exercício de suas atividades. § 23. Incidem o imposto sobre a renda e quaisquer outros encargos tributários sobre as parcelas referidas neste artigo, exceto aquelas expressamente isentas em lei específica."**

Art. 458. Além do pagamento em dinheiro, compreende-se no salário, para todos os efeitos legais, a alimentação, habitação, vestuário ou outras prestações *in natura* que a empresa, por força do contrato ou do costume, fornecer habitualmente ao empregado. Em caso algum será permitido o pagamento com bebidas alcoólicas ou drogas nocivas.

- *Caput* com redação determinada pelo Dec.-lei 229/1967.
- V. art. 7º, IV e VII, CF.
- V. Lei 6.321/1976 (Programa de Alimentação do Trabalhador).
- V. Dec. 5/1991 (Regulamenta a Lei 6.321/1976).
- V. Lei 9.294/1996 (Restrições ao uso de produtos fumígeros).
- V. Dec. 2.018/1996 (Regulamenta a Lei 9.294/1996).
- V. Súmulas 258 e 367, TST.

§ 1º Os valores atribuídos às prestações *in natura* deverão ser justos e razoáveis, não podendo exceder, em cada caso, os dos percentuais das parcelas componentes do salário mínimo (arts. 81 e 82).

- § 1º com redação determinada pelo Dec.-lei 229/1967.

§ 2º Para os efeitos previstos neste artigo, não serão consideradas como salário as seguintes utilidades concedidas pelo empregador:

- *Caput* do § 2º com redação determinada pela Lei 10.243/2001.

I – vestuários, equipamentos e outros acessórios fornecidos aos empregados e utilizados no local de trabalho, para a prestação do serviço;

- Inciso I acrescentado pela Lei 10.243/2001.

II – educação, em estabelecimento de ensino próprio ou de terceiros, compreendendo os valores relativos a matrícula, mensalidade, anuidade, livros e material didático;

- Inciso II acrescentado pela Lei 10.243/2001.

III – transporte destinado ao deslocamento para o trabalho e retorno, em percurso servido ou não por transporte público;

- Inciso III acrescentado pela Lei 10.243/2001.

IV – assistência médica, hospitalar e odontológica, prestada diretamente ou mediante seguro-saúde;

- Inciso IV acrescentado pela Lei 10.243/2001.

V – seguros de vida e de acidentes pessoais;

- Inciso V acrescentado pela Lei 10.243/2001.

VI – previdência privada;

- Inciso VI acrescentado pela Lei 10.243/2001.

VII – *(Vetado).*

- Inciso VII acrescentado pela Lei 10.243/2001.

VIII – o valor correspondente ao vale-cultura.

- Inciso VIII acrescentado pela Lei 12.761/2012.

§ 3º A habitação e a alimentação fornecidas como salário-utilidade deverão atender aos fins a que se destinam e não poderão exceder, respectivamente, a 25% (vinte e cinco por cento) e 20% (vinte por cento) do salário contratual.

- § 3º acrescentado pela Lei 8.860/1994.

§ 4º Tratando-se de habitação coletiva, o valor do salário-utilidade a ela correspondente será obtido mediante a divisão do justo valor da habitação pelo número de coocupantes, vedada, em qualquer hipótese, a utilização da mesma unidade residencial por mais de uma família.

- § 4º acrescentado pela Lei 8.860/1994.

§ 5º O valor relativo à assistência prestada por serviço médico ou odontológico, próprio ou não, inclusive o reembolso de despesas com medicamentos, óculos, aparelhos ortopédicos, próteses, órteses, despesas médico-hospitalares e outras similares, mesmo quando concedido em diferentes modalidades de planos e coberturas, não integram o salário do empregado para qualquer efeito nem o salário de contribuição, para efeitos do previsto na alínea *q* do § 9º do art. 28 da Lei 8.212, de 24 de julho de 1991.

- § 5º acrescentado pela Lei 13.467/2017 (*DOU* 14.07.2017), em vigor após decorridos 120 (cento e vinte) dias da sua publicação oficial.

Art. 459. O pagamento do salário, qualquer que seja a modalidade do trabalho, não deve ser estipulado por período superior a 1 (um) mês, salvo no que concerne a comissões, percentagens e gratificações.

- V. art. 7º, X, CF.
- V. Súmula 381, TST.

§ 1º Quando o pagamento houver sido estipulado por mês, deverá ser efetuado, o mais tardar, até o quinto dia útil do mês subsequente ao vencido.

- § 1º com redação determinada pela Lei 7.855/1989.
- O correto é parágrafo único, diferentemente do que consta da publicação oficial.

Art. 460. Na falta de estipulação do salário ou não havendo prova sobre a importância ajustada, o empregado terá direito a perceber salário igual ao daquele que, na mesma empresa, fizer serviço equivalente, ou do que for habitualmente pago para serviço semelhante.

Art. 461. Sendo idêntica a função, a todo trabalho de igual valor, prestado ao mesmo empregador, no mesmo estabelecimento empresarial, corresponderá igual salário, sem distinção de sexo, etnia, nacionalidade ou idade.

- *Caput* com redação determinada pela Lei 13.467/2017 (*DOU* 14.07.2017), em vigor após decorridos 120 (cento e vinte) dias da sua publicação oficial.
- V. art. 7º, XXX e XXXI, CF.
- V. Súmula 6, TST.

§ 1º Trabalho de igual valor, para os fins deste Capítulo, será o que for feito com igual produtividade e com a mesma perfeição técnica, entre pessoas cuja diferença de tempo de serviço para o mesmo empregador não seja superior a quatro anos e a diferença de tempo na função não seja superior a dois anos.

- § 1º com redação determinada pela Lei 13.467/2017 (*DOU* 14.07.2017), em vigor após decorridos 120 (cento e vinte) dias da sua publicação oficial.

§ 2º Os dispositivos deste artigo não prevalecerão quando o empregador tiver pessoal organizado em quadro de carreira ou adotar, por meio de norma interna da empresa ou de negociação coletiva, plano de cargos e salários, dispensada qualquer forma de homologação ou registro em órgão público.

- § 2º com redação determinada pela Lei 13.467/2017 (*DOU* 14.07.2017), em vigor após decorridos 120 (cento e vinte) dias da sua publicação oficial.
- V. Súmulas 6, 19 e 127, TST.

§ 3º No caso do § 2º deste artigo, as promoções poderão ser feitas por merecimento e por antiguidade, ou por apenas um destes critérios, dentro de cada categoria profissional.

- § 3º com redação determinada pela Lei 13.467/2017 (*DOU* 14.07.2017), em vigor após decorridos 120 (cento e vinte) dias da sua publicação oficial.
- V. Súmula 127, TST.

§ 4º O trabalhador readaptado em nova função por motivo de deficiência física ou mental atestada pelo órgão competente da Previdência Social não servirá de paradigma para fins de equiparação salarial.

- § 4º acrescentado pela Lei 5.798/1972.
- V. Súmula 202, STF.

§ 5º A equiparação salarial só será possível entre empregados contemporâneos no cargo ou na função, ficando vedada a indicação de paradigmas remotos, ainda que o paradigma contemporâneo tenha obtido a vantagem em ação judicial própria.

- § 5º acrescentado pela Lei 13.467/2017 (*DOU* 14.07.2017), em vigor após decorridos 120 (cento e vinte) dias da sua publicação oficial.

§ 6º No caso de comprovada discriminação por motivo de sexo ou etnia, o juízo determinará, além do pagamento das diferenças salariais devidas, multa, em favor do empregado discriminado, no valor de 50% (cinquenta por cento) do limite máximo dos benefícios do Regime Geral de Previdência Social.

- § 6º acrescentado pela Lei 13.467/2017 (*DOU* 14.07.2017), em vigor após decorridos 120 (cento e vinte) dias da sua publicação oficial.

Art. 462. Ao empregador é vedado efetuar qualquer desconto nos salários do empregado, salvo quando este resultar de adiantamentos, de dispositivos de lei ou de contrato coletivo.

- V. art. 7º, VI, CF.
- V. Súmula 342, TST.

§ 1º Em caso de dano causado pelo empregado, o desconto será lícito, desde que esta possibilidade tenha sido acordada ou na ocorrência de dolo do empregado.

- Primitivo parágrafo único renumerado pelo Dec.-lei 229/1967.

§ 2º É vedado à empresa que mantiver armazém para venda de mercadorias aos empregados ou serviços destinados a proporcionar-lhes prestações *in natura* exercer qualquer coação ou induzimento no sentido de que os empregados se utilizem do armazém ou dos serviços.

- § 2º acrescentado pelo Dec.-lei 229/1967.

§ 3º Sempre que não for possível o acesso dos empregados a armazéns ou serviços não mantidos pela empresa, é lícito à autoridade competente determinar a adoção de medidas adequadas, visando a que as mercadorias sejam vendidas e os serviços prestados a preços razoáveis, sem intuito de lucro e sempre em benefício dos empregados.

- § 3º acrescentado pelo Dec.-lei 229/1967.

§ 4º Observado o disposto neste Capítulo, é vedado às empresas limitar, por qualquer forma, a liberdade dos empregados de dispor do seu salário.

- § 4º acrescentado pelo Dec.-lei 229/1967.

Art. 463. A prestação, em espécie, do salário será paga em moeda corrente do País.

Parágrafo único. O pagamento do salário realizado com inobservância deste artigo considera-se como não feito.

Art. 464. O pagamento do salário deverá ser efetuado contra recibo, assinado pelo empregado; em se tratando de analfabeto, mediante sua impressão digital, ou, não sendo esta possível, a seu rogo.

Parágrafo único. Terá força de recibo o comprovante de depósito em conta bancária, aberta para esse fim em nome de cada empregado, com o consentimento deste, em estabelecimento de crédito próximo ao local de trabalho.

- Parágrafo único acrescentado pela Lei 9.528/1997.

Art. 465. O pagamento dos salários será efetuado em dia útil e no local do trabalho, dentro do horário do serviço ou imediatamente após o encerramento deste, salvo quando efetuado por depósito em conta bancária, observado o disposto no artigo anterior.

- Artigo com redação determinada pela Lei 9.528/1997.

Art. 466. O pagamento de comissões e percentagens só é exigível depois de ultimada a transação a que se referem.

§ 1º Nas transações realizadas por prestações sucessivas, é exigível o pagamento das percentagens e comissões que lhes disserem respeito proporcionalmente à respectiva liquidação.

§ 2º A cessação das relações de trabalho não prejudica a percepção das comissões e percentagens devidas na forma estabelecida por este artigo.

Art. 467. Em caso de rescisão de contrato de trabalho, havendo controvérsia sobre o montante das verbas rescisórias, o empregador é obrigado a pagar ao trabalhador, à data do comparecimento à Justiça do Trabalho, a parte incontroversa dessas verbas, sob pena de pagá-las acrescidas de 50% (cinquenta por cento).

- Artigo com redação determinada pela Lei 10.272/2001.
- A MP 2.180-35/2001 (*DOU* 27.08.2001) acrescentava o seguinte texto a este artigo: "Parágrafo único. O disposto no *caput* não se aplica à União, aos Estados, ao Distrito Federal, aos Municípios e as suas autarquias e fundações públicas".
- A Lei 10.272/2001 (*DOU* 06.09.2001), ao alterar o art. 467, não manteve o parágrafo único e nem fez constar linha pontilhada indicando sua continuidade.
- V. Súmula 388, TST.

Capítulo III
Da Alteração

Art. 468. Nos contratos individuais de trabalho só é lícita a alteração das respectivas condições por mútuo consentimento, e, ainda assim, desde que não resultem, direta ou indiretamente, prejuízos ao empregado, sob pena de nulidade da cláusula infringente desta garantia.

- V. Súmulas 51, 152, 288 e 391, TST.

§ 1º Não se considera alteração unilateral a determinação do empregador para que o respectivo empregado reverta ao cargo efetivo, anteriormente ocupado, deixando o exercício de função de confiança.

- Primitivo parágrafo único renumerado pela Lei 13.467/2017 (*DOU* 14.07.2017), em vigor após decorridos 120 (cento e vinte) dias da sua publicação oficial.
- V. arts. 7º, VI e XXVII, e 37, XV, CF.
- V. art. 17, ADCT.

§ 2º A alteração de que trata o § 1º deste artigo, com ou sem justo motivo, não assegura ao empregado o direito à manutenção do pagamento da gratificação correspondente, que não será incorporada, independentemente do tempo de exercício da respectiva função.

- § 2º acrescentado pela Lei 13.467/2017 (*DOU* 14.07.2017), em vigor após decorridos 120 (cento e vinte) dias da sua publicação oficial.

Art. 469. Ao empregador é vedado transferir o empregado, sem a sua anuência, para localidade diversa da que resultar do contrato, não se considerando transferência a que não acarretar necessariamente a mudança do seu domicílio.

§ 1º Não estão compreendidos na proibição deste artigo os empregados que exerçam cargos de confiança e aqueles cujos contratos tenham como condição, implícita ou explícita, a transferência, quando esta decorra de real necessidade de serviço.

- § 1º com redação determinada pela Lei 6.203/1975.

§ 2º É lícita a transferência quando ocorrer extinção do estabelecimento em que trabalhar o empregado.

- V. Súmula 221, STF.

§ 3º Em caso de necessidade de serviço o empregador poderá transferir o empregado para localidade diversa da que resultar do contrato, não obstante as restrições do artigo anterior, mas, nesse caso, ficará obrigado a um pagamento suplementar, nunca inferior a 25% (vinte e cinco por cento) dos salários que o empregado percebia naquela localidade, enquanto durar essa situação.

- § 3º com redação determinada pela Lei 6.203/1975.
- V. Lei 7.064/1982 (Trabalho no exterior).
- V. Dec. 89.339/1984 (Regulamenta a Lei 7.064/1982).
- V. Súmula 29, TST.

Art. 470. As despesas resultantes da transferência correrão por conta do empregador.

- Artigo com redação determinada pela Lei 6.203/1975.

Capítulo IV
Da Suspensão e da Interrupção

Art. 471. Ao empregado afastado do emprego, são asseguradas, por ocasião de sua volta, todas as vantagens que, em sua ausência, tenham sido atribuídas à categoria a que pertencia na empresa.

- V. Súmula 269, TST.

Art. 472. O afastamento do empregado em virtude das exigências do serviço militar, ou de outro encargo público, não constituirá motivo para a alteração ou rescisão do contrato de trabalho por parte do empregador.

§ 1º Para que o empregado tenha direito a voltar a exercer o cargo do qual se afastou em virtude de exigência do serviço militar ou de encargo público, é indispensável que notifique o empregador dessa intenção, por telegrama ou carta registrada, dentro do prazo máximo de 30 (trinta) dias, contados da data em que se verificar a respectiva baixa ou a terminação do encargo a que estava obrigado.

- V. arts. 60 e 61, Lei 4.375/1964 (Lei do Serviço Militar).

§ 2º Nos contratos por prazo determinado, o tempo de afastamento, se assim acordarem as partes interessadas, não será computado na contagem do prazo para a respectiva terminação.

§ 3º Ocorrendo motivo relevante de interesse para a segurança nacional, poderá a autoridade competente solicitar o afastamento do empregado do serviço ou do local de trabalho, sem que se configure a suspensão do contrato de trabalho.

- § 3º acrescentado pelo Dec.-lei 3/1966.

§ 4º O afastamento a que se refere o parágrafo anterior será solicitado pela autoridade competente diretamente ao empregador, em representação fundamentada, com audiência da Procuradoria Regional do Trabalho, que providenciará desde logo a instauração do competente inquérito administrativo.

- § 4º acrescentado pelo Dec.-lei 3/1966.

§ 5º Durante os primeiros 90 (noventa) dias desse afastamento, o empregado continuará percebendo sua remuneração.

- § 5º acrescentado pelo Dec.-lei 3/1966.

Art. 473. O empregado poderá deixar de comparecer ao serviço sem prejuízo do salário:

- *Caput* do artigo com redação determinada pelo Dec.-lei 229/1967.

I – até 2 (dois) dias consecutivos, em caso de falecimento do cônjuge, ascendente, descendente, irmão ou pessoa que, declarada em sua Carteira de Trabalho e Previdência Social, viva sob sua dependência econômica;

- Inciso I com redação determinada pelo Dec.-lei 229/1967.

II – até 3 (três) dias consecutivos, em virtude de casamento;

- Inciso II com redação determinada pelo Dec.-lei 229/1967.
- Inciso V. art. 1º, Dec.-lei 926/1969 (Carteira de Trabalho e Previdência Social).

III – por 1 (um) dia, em caso de nascimento de filho, no decorrer da primeira semana;

- Inciso III com redação determinada pelo Dec.-lei 229/1967.
- Inciso V. art. 7º, XIX, CF.
- Inciso De acordo com o ADCT, o referido prazo é de 5 (cinco) dias (art. 10, § 1º).

IV – por 1 (um) dia, em cada 12 (doze) meses de trabalho, em caso de doação voluntária de sangue devidamente comprovada;

- Inciso IV com redação determinada pelo Dec.-lei 229/1967.

V – até 2 (dois) dias consecutivos ou não, para o fim de se alistar eleitor, nos termos da lei respectiva;

- Inciso V com redação determinada pelo Dec.-lei 229/1967.

VI – no período de tempo em que tiver de cumprir as exigências do serviço militar referidas na letra *c* do art. 65 da Lei 4.375, de 17 de agosto de 1964 (Lei do Serviço Militar);

- Inciso VI acrescentado pelo Dec.-lei 757/1969.

VII – nos dias em que estiver comprovadamente realizando provas de exame vestibular para ingresso em estabelecimento de ensino superior;

- Inciso VII acrescentado pela Lei 9.471/1997.
- V. Súmula 89, TST.

VIII – pelo tempo que se fizer necessário, quando tiver que comparecer a juízo;

- Inciso VIII acrescentado pela Lei 9.853/1999.
- V. Súmula 155, TST.

IX – pelo tempo que se fizer necessário, quando, na qualidade de representante de entidade sindical, estiver participando de reunião oficial de organismo internacional do qual o Brasil seja membro;

- Inciso IX acrescentado pela Lei 11.304/2006.

X – até 2 (dois) dias para acompanhar consultas médicas e exames complementares durante o período de gravidez de sua esposa ou companheira;

- Inciso X acrescentado pela Lei 13.257/2016.

XI – por 1 (um) dia por ano para acompanhar filho de até 6 (seis) anos em consulta médica.

- Inciso X acrescentado pela Lei 13.257/2016.

☛ **XII** – até 3 (três) dias, em cada 12 (doze) meses de trabalho, em caso de realização de exames preventivos de câncer devidamente comprovada.

- Inciso XII acrescentado pela Lei 13.767/2018.

Art. 474. A suspensão do empregado por mais de 30 (trinta) dias consecutivos importa na rescisão injusta do contrato de trabalho.

Art. 475. O empregado que for aposentado por invalidez terá suspenso o seu contrato de trabalho durante o prazo fixado pelas leis de previdência social para a efetivação do benefício.

§ 1º Recuperando o empregado a capacidade de trabalho e sendo a aposentadoria cancelada, ser-lhe-á assegurado o direito à função que ocupava ao tempo da aposentadoria, facultado, porém, ao empregador, o direito de indenizá-lo por rescisão do contrato de trabalho, nos termos dos arts. 477 e 478, salvo na hipótese de ser ele portador de estabilidade, quando a indenização deverá ser paga na forma do art. 497.

- § 1º com redação determinada pela Lei 4.824/1965.
- V. Súmulas 217, 219 e 220, STF.
- V. Súmulas 97 e 160, TST.

§ 2º Se o empregador houver admitido substituto para o aposentado, poderá rescindir, com este, o respectivo contrato de trabalho sem indenização, desde que tenha havido ciência inequívoca da interinidade ao ser celebrado o contrato.

Art. 476. Em caso de seguro-doença ou auxílio-enfermidade, o empregado é considerado em licença não remunerada, durante o prazo desse benefício.

Art. 476-A. O contrato de trabalho poderá ser suspenso, por um período de 2 (dois) a 5 (cinco) meses, para participação do empregado em curso ou programa de qualificação profissional oferecido pelo empregador, com duração equivalente à suspensão contratual, mediante previsão em convenção ou acordo coletivo de trabalho e aquiescência formal do empregado, observado o disposto no art. 471 desta Consolidação.

- Artigo acrescentado pela MP 2.164-41/2001.

§ 1º Após a autorização concedida por intermédio de convenção ou acordo coletivo, o empregador deverá notificar o respectivo sindicato, com antecedência mínima de 15 (quinze) dias da suspensão contratual.

§ 2º O contrato de trabalho não poderá ser suspenso em conformidade com o disposto no *caput* deste artigo mais de uma vez no período de 16 (dezesseis) meses.

§ 3º O empregador poderá conceder ao empregado ajuda compensatória mensal, sem natureza salarial, durante o período de suspensão contratual nos termos do *caput* deste artigo, com valor a ser definido em convenção ou acordo coletivo.

§ 4º Durante o período de suspensão contratual para participação em curso ou programa de qualificação profissional, o empregado fará jus aos benefícios voluntariamente concedidos pelo empregador.

§ 5º Se ocorrer a dispensa do empregado no transcurso do período de suspensão contratual ou nos 3 (três) meses subsequentes ao seu retorno ao trabalho, o empregador pagará ao empregado, além das parcelas indenizatórias previstas na legislação em vigor, multa a ser estabelecida em convenção ou acordo coletivo, sendo de, no mínimo, 100% (cem por cento) sobre o valor da última remuneração mensal anterior à suspensão do contrato.

§ 6º Se durante a suspensão do contrato não for ministrado o curso ou programa de qualificação profissional, ou o empregado permanecer trabalhando para o empregador, ficará descaracterizada a suspensão, sujeitando o empregador ao pagamento imediato dos salários e dos encargos sociais referentes ao período, às penalidades cabíveis previstas na legislação em vigor, bem como às sanções previstas em convenção ou acordo coletivo.

§ 7º O prazo limite fixado no *caput* poderá ser prorrogado mediante convenção ou acordo coletivo de trabalho e aquiescência formal do empregado, desde que o empregador arque com o ônus correspondente ao valor da bolsa de qualificação profissional, no respectivo período.

- V. Lei 4.923/1965 (Cadastro permanente das admissões e dispensas de empregados; medidas contra o desemprego).

Capítulo V
Da Rescisão

- V. LC 110/2001 (Institui contribuições sociais e autoriza créditos de complementos de atualização monetária em contas vinculadas do FGTS).
- V. Dec. 3.914/2001 (Regulamentação das contribuições sociais pela LC 110/2001).
- V. Instrução Normativa SRT/MTE 15/2010 (Estabelece procedimentos para assistência e homologação na rescisão de contrato de trabalho).

Art. 477. Na extinção do contrato de trabalho, o empregador deverá proceder à anotação na Carteira de Trabalho e Previdência Social, comunicar a dispensa aos órgãos competentes e realizar o pagamento das verbas rescisórias no prazo e na forma estabelecidos neste artigo.

- *Caput* com redação determinada pela Lei 13.467/2017 (*DOU* 14.07.2017), em vigor após decorridos 120 (cento e vinte) dias da sua publicação oficial.
- V. art. 7º, I a III, CF.
- V. Lei 7.998/1990 (Seguro-desemprego, FAT).

§ 1º *(Revogado pela Lei 13.467/2017 – DOU 14.07.2017, em vigor após decorridos 120 (cento e vinte) dias da sua publicação oficial).*

§ 2º O instrumento de rescisão ou recibo de quitação, qualquer que seja a causa ou forma de dissolução do contrato, deve ter especificada a natureza de cada parcela paga ao empregado e discriminado o seu valor, sendo válida a quitação, apenas, relativamente às mesmas parcelas.

- § 2º com redação determinada pela Lei 5.584/1970.

§ 3º *(Revogado pela Lei 13.467/2017 – DOU 14.07.2017, em vigor após decorridos 120 (cento e vinte) dias da sua publicação oficial).*

§ 4º O pagamento a que fizer jus o empregado será efetuado:

- § 4º com redação determinada pela Lei 13.467/2017 (*DOU* 14.07.2017), em vigor após decorridos 120 (cento e vinte) dias da sua publicação oficial.

I – em dinheiro, depósito bancário ou cheque visado, conforme acordem as partes; ou

II – em dinheiro ou depósito bancário quando o empregado for analfabeto.

§ 5º Qualquer compensação no pagamento de que trata o parágrafo anterior não poderá exceder o equivalente a 1 (um) mês de remuneração do empregado.

- § 5º com redação determinada pela Lei 5.584/1970.

§ 6º A entrega ao empregado de documentos que comprovem a comunicação da extinção contratual aos órgãos competentes bem como o pagamento dos valores constantes do instrumento de rescisão ou recibo de quitação deverão ser efetuados até dez dias contados a partir do término do contrato.

- *Caput* do § 6º com redação determinada pela Lei 13.467/2017 (*DOU* 14.07.2017), em vigor após decorridos 120 (cento e vinte) dias da sua publicação oficial.

- V. Instrução Normativa SRT/MTE 15/2010 (Estabelece procedimentos para assistência e homologação na rescisão de contrato de trabalho).

a) (Revogada pela Lei 13.467/2017 – DOU 14.07.2017, em vigor após decorridos 120 (cento e vinte) dias da sua publicação oficial).

b) (Revogada pela Lei 13.467/2017 – DOU 14.07.2017, em vigor após decorridos 120 (cento e vinte) dias da sua publicação oficial).

§ 7º *(Revogado pela Lei 13.467/2017 – DOU 14.07.2017, em vigor após decorridos 120 (cento e vinte) dias da sua publicação oficial).*

§ 8º A inobservância do disposto no § 6º deste artigo sujeitará o infrator à multa de 160 (cento e sessenta) BTN, por trabalhador, bem assim ao pagamento da multa a favor do empregado, em valor equivalente ao seu salário, devidamente corrigido pelo índice de variação do BTN, salvo quando, comprovadamente, o trabalhador der causa à mora.

- § 8º acrescentado pela Lei 7.855/1989.
- Multas: ver Notas de Atualização e Portaria MTb 290/1997.
- V. Súmula 388, TST.

§ 9º *(Vetado).*

- § 9º acrescentado pela Lei 7.855/1989.

§ 10. A anotação da extinção do contrato na Carteira de Trabalho e Previdência Social é documento hábil para requerer o benefício do seguro-desemprego e a movimentação da conta vinculada no Fundo de Garantia do Tempo de Serviço, nas hipóteses legais, desde que a comunicação prevista no *caput* deste artigo tenha sido realizada.

- § 10 acrescentado pela Lei 13.467/2017 (*DOU* 14.07.2017), em vigor após decorridos 120 (cento e vinte) dias da sua publicação oficial.

Art. 477-A. As dispensas imotivadas individuais, plúrimas ou coletivas equiparam-se para todos os fins, não havendo necessidade de autorização prévia de entidade sindical ou de celebração de convenção coletiva ou acordo coletivo de trabalho para sua efetivação.

- Artigo acrescentado pela Lei 13.467/2017 (*DOU* 14.07.2017), em vigor após decorridos 120 (cento e vinte) dias da sua publicação oficial.

Art. 477-B. Plano de Demissão Voluntária ou Incentivada, para dispensa individual, plúrima ou coletiva, previsto em convenção coletiva ou acordo coletivo de trabalho, enseja quitação plena e irrevogável dos direitos decorrentes da relação empregatícia, salvo disposição em contrário estipulada entre as partes.

- Artigo acrescentado pela Lei 13.467/2017 (*DOU* 14.07.2017), em vigor após decorridos 120 (cento e vinte) dias da sua publicação oficial.

Art. 478. A indenização devida pela rescisão de contrato por prazo indeterminado será de 1 (um) mês de remuneração por ano de serviço efetivo, ou por ano e fração igual ou superior a 6 (seis) meses.

§ 1º O primeiro ano de duração do contrato por prazo indeterminado é considerado como período de experiência, e, antes que se complete, nenhuma indenização será devida.

§ 2º Se o salário for pago por dia, o cálculo da indenização terá por base 30 (trinta) dias.

§ 3º Se pago por hora, a indenização apurar-se-á na base de 200 (duzentas) horas por mês.

- De acordo com a Constituição Federal, a indenização apurar-se-á na base de 220 (duzentas e vinte) horas (art. 7º, XIII).

§ 4º Para os empregados que trabalhem a comissão ou que tenham direito a percentagens, a indenização será calculada pela média das comissões ou percentagens percebidas nos últimos 12 (doze) meses de serviço.

- § 4º com redação determinada pelo Dec.-lei 229/1967.

§ 5º Para os empregados que trabalhem por tarefa ou serviço feito, a indenização será calculada na base média do tempo costumeiramente gasto pelo interessado para realização de seu serviço, calculando-se o valor do que seria feito durante 30 (trinta) dias.

Art. 479. Nos contratos que tenham termo estipulado, o empregador que, sem justa causa, despedir o empregado, será obrigado a pagar-lhe, a título de indenização, e por metade, a remuneração a que teria direito até o termo do contrato.

Parágrafo único. Para a execução do que dispõe o presente artigo, o cálculo da parte variável ou incerta dos salários será feito de acordo com o prescrito para o cálculo da indenização referente à rescisão dos contratos por prazo indeterminado.

Art. 480. Havendo termo estipulado, o empregado não se poderá desligar do contrato, sem justa causa, sob pena de ser obrigado a indenizar o empregador dos prejuízos que desse fato lhe resultarem.

§ 1º A indenização, porém, não poderá exceder àquela a que teria direito o empregado em idênticas condições.

- Primitivo parágrafo único renumerado pelo Dec.-lei 6.353/1944.

§ 2º *(Revogado pela Lei 6.533/1978).*

Art. 481. Aos contratos por prazo determinado, que contiverem cláusula assecuratória do direito recíproco de rescisão antes de expirado o termo ajustado, aplicam-se, caso seja exercido tal direito por qualquer das partes, os princípios que regem a rescisão dos contratos por prazo indeterminado.

- V. Lei 9.601/1998 (Contrato de trabalho por prazo determinado).
- V. Dec. 2.490/1998 (Regulamenta a Lei 9.601/1998).
- V. Portaria MTb 207/1998 (Instruções sobre a forma de cálculo das médias previstas nos arts. 3º e 4º de Lei 9.601/1998).
- V. Súmula 163, TST.

Art. 482. Constituem justa causa para rescisão do contrato de trabalho pelo empregador:

a) ato de improbidade;

b) incontinência de conduta ou mau procedimento;

c) negociação habitual por conta própria ou alheia sem permissão do empregador, e quando constituir ato de concorrência à empresa para a qual trabalha o empregado, ou for prejudicial ao serviço;

d) condenação criminal do empregado, passada em julgado, caso não tenha havido suspensão da execução da pena;

e) desídia no desempenho das respectivas funções;

f) embriaguez habitual ou em serviço;

g) violação de segredo da empresa;

h) ato de indisciplina ou de insubordinação;

i) abandono de emprego;

- V. Súmulas 32 e 62, TST.

j) ato lesivo da honra ou da boa fama praticado no serviço contra qualquer pessoa, ou ofensas físicas, nas mesmas condições, salvo em caso de legítima defesa, própria ou de outrem;

k) ato lesivo da honra ou da boa fama ou ofensas físicas praticadas contra o empregador e superiores hierárquicos, salvo em caso de legítima defesa, própria ou de outrem;

l) prática constante de jogos de azar.

m) perda da habilitação ou dos requisitos estabelecidos em lei para o exercício da profissão, em decorrência de conduta dolosa do empregado.

- Alínea *m* acrescentada pela Lei 13.467/2017 (*DOU* 14.07.2017), em vigor após decorridos 120 (cento e vinte) dias da sua publicação oficial.

Parágrafo único. Constitui igualmente justa causa para dispensa de empregado a prática, devidamente comprovada em inquérito administrativo, de atos atentatórios à segurança nacional.

- Parágrafo único acrescentado pelo Dec.-lei 3/1966.
- V. Súmula 316, STF.

Art. 483. O empregado poderá considerar rescindido o contrato e pleitear a devida indenização quando:

a) forem exigidos serviços superiores às suas forças, defesos por lei, contrários aos bons costumes, ou alheios ao contrato;

b) for tratado pelo empregador ou por seus superiores hierárquicos com rigor excessivo;

c) correr perigo manifesto de mal considerável;

d) não cumprir o empregador as obrigações do contrato;

- V. Súmula 13, TST.

e) praticar o empregador ou seus prepostos, contra ele ou pessoas de sua família, ato lesivo da honra e boa fama;

f) o empregador ou seus prepostos ofenderem-no fisicamente, salvo em caso de legítima defesa, própria ou de outrem;

g) o empregador reduzir o seu trabalho, sendo este por peça ou tarefa, de forma a afetar sensivelmente a importância dos salários.

§ 1º O empregado poderá suspender a prestação dos serviços ou rescindir o contrato, quando tiver de desempenhar obrigações legais, incompatíveis com a continuação do serviço.

§ 2º No caso de morte do empregador constituído em empresa individual, é facultado ao empregado rescindir o contrato de trabalho.

§ 3º Nas hipóteses das letras *d* e *g*, poderá o empregado pleitear a rescisão de seu contrato de trabalho e o pagamento das respectivas indenizações, permanecendo ou não no serviço até final decisão do processo.

- § 3º acrescentado pela Lei 4.825/1965.

Art. 484. Havendo culpa recíproca no ato que determinou a rescisão do contrato de trabalho, o tribunal de trabalho reduzirá a indenização à que seria devida em caso de culpa exclusiva do empregador, por metade.

- V. Súmula 14, TST.

Art. 484-A. O contrato de trabalho poderá ser extinto por acordo entre empregado e empregador, caso em que serão devidas as seguintes verbas trabalhistas:

- Artigo acrescentado pela Lei 13.467/2017 (*DOU* 14.07.2017), em vigor após decorridos 120 (cento e vinte) dias da sua publicação oficial.

I – por metade:

a) o aviso prévio, se indenizado; e

b) a indenização sobre o saldo do Fundo de Garantia do Tempo de Serviço, prevista no § 1º do art. 18 da Lei 8.036, de 11 de maio de 1990;

II – na integralidade, as demais verbas trabalhistas.

§ 1º A extinção do contrato prevista no *caput* deste artigo permite a movimentação da conta vinculada do trabalhador no Fundo de Garantia do Tempo de Serviço na forma do inciso I-A do art. 20 da Lei 8.036, de 11 de maio de 1990, limitada até 80% (oitenta por cento) do valor dos depósitos.

§ 2º A extinção do contrato por acordo prevista no *caput* deste artigo não autoriza o ingresso no Programa de Seguro-Desemprego.

Art. 485. Quando cessar a atividade da empresa, por morte do empregador, os empregados terão direito, conforme o caso, à indenização a que se referem os arts. 477 e 497.

Art. 486. No caso de paralisação temporária ou definitiva do trabalho, motivada por ato de autoridade municipal, estadual ou federal, ou pela promulgação de lei ou resolução que impossibilite a continuação da atividade, prevalecerá o pagamento da indenização, que ficará a cargo do governo responsável.

- *Caput* com redação determinada pela Lei 1.530/1951.

§ 1º Sempre que o empregador invocar em sua defesa o preceito do presente artigo, o tribunal do trabalho competente notificará a pessoa de direito público apontada como responsável pela paralisação do trabalho, para que, no prazo de 30 (trinta) dias, alegue o que entender devido, passando a figurar no processo como chamada à autoria.

- § 1º com redação determinada pelo Dec.-lei 6.110/1943.

§ 2º Sempre que a parte interessada, firmada em documento hábil, invocar defesa baseada na disposição deste artigo e indicar qual o juiz competente, será ouvida a parte contrária, para, dentro de 3 (três) dias, falar sobre essa alegação.

- § 2º com redação determinada pela Lei 1.530/1951.

§ 3º Verificada qual a autoridade responsável, a Junta de Conciliação ou Juiz dar-se-á por incompetente, remetendo os autos ao Juiz Privativo da Fazenda, perante o qual correrá o feito nos termos previstos no processo comum.

- § 3º com redação determinada pela Lei 1.530/1951.
- A EC 24/1999 substituiu as Juntas de Conciliação e Julgamento por Varas do Trabalho (juiz singular) e extinguiu a representação classista na Justiça do Trabalho.
- V. art. 109, I, CF.
- V. Lei 5.010/1966, que transferiu a competência das Varas da Fazenda para os Juízes Federais.

Capítulo VI
Do Aviso-Prévio

- V. Lei 12.506/2011 (Aviso-prévio).

Art. 487. Não havendo prazo estipulado, a parte que, sem justo motivo, quiser rescindir o contrato deverá avisar a outra da sua resolução com a antecedência mínima de:

- V. Súmulas 371 e 380, TST.

I – 8 (oito) dias, se o pagamento for efetuado por semana ou tempo inferior;

- Inciso I com redação determinada pela Lei 1.530/1951.
- V. art. 7º, XXI, CF.

II – 30 (trinta) dias aos que perceberem por quinzena ou mês, ou que tenham mais de 12 (doze) meses de serviço na empresa.

- Inciso II com redação determinada pela Lei 1.530/1951.
- V. Súmulas 44, 73, 163 e 253, TST.

§ 1º A falta do aviso-prévio por parte do empregador dá ao empregado o direito aos salários correspondentes ao prazo do aviso, garantida sempre a integração desse período no seu tempo de serviço.

- V. Súmulas 182, 305, 348 e 354, TST.

§ 2º A falta de aviso-prévio por parte do empregado dá ao empregador o direito de descontar os salários correspondentes ao prazo respectivo.

- V. Súmula 276, TST.

§ 3º Em se tratando de salário pago na base de tarefa, o cálculo, para os efeitos dos parágrafos anteriores, será feito de acordo com a média dos últimos 12 (doze) meses de serviço.

§ 4º É devido o aviso-prévio na despedida indireta.

- § 4º acrescentado pela Lei 7.108/1983.

§ 5º O valor das horas extraordinárias habituais integra o aviso-prévio indenizado.

- § 5º acrescentado pela Lei 10.218/2001.

§ 6º O reajustamento salarial coletivo, determinado no curso do aviso-prévio, beneficia o empregado pré-avisado da despedida, mesmo que tenha recebido antecipadamente os salários correspondentes ao período do aviso, que integra seu tempo de serviço para todos os efeitos legais.

- § 6º acrescentado pela Lei 10.218/2001.

Art. 488. O horário normal de trabalho do empregado, durante o prazo do aviso, e se a rescisão tiver sido promovida pelo empregador, será reduzido de 2 (duas) horas diárias, sem prejuízo do salário integral.

Parágrafo único. É facultado ao empregado trabalhar sem a redução das 2 (duas) horas diárias previstas neste artigo, caso em que poderá faltar ao serviço, sem prejuízo do salário integral, por 1 (um) dia, na hipótese do inciso I, e por 7 (sete) dias corridos, na hipótese do inciso II do art. 487 desta Consolidação.

- Parágrafo único acrescentado pela Lei 7.093/1983.
- V. Súmula 230, TST.

Art. 489. Dado o aviso-prévio, a rescisão torna-se efetiva depois de expirado o respectivo prazo, mas, se a parte notificante reconsiderar o ato, antes de seu termo, à outra parte é facultado aceitar ou não a reconsideração.

Parágrafo único. Caso seja aceita a reconsideração ou continuando a prestação depois de expirado o prazo, o contrato continuará a vigorar, como se o aviso não tivesse sido dado.

Art. 490. O empregador que, durante o prazo do aviso-prévio dado ao empregado, praticar ato que justifique a rescisão imediata do contrato, sujeita-se ao pagamento da remuneração correspondente ao prazo do referido aviso, sem prejuízo da indenização que for devida.

Art. 491. O empregado que, durante o prazo do aviso-prévio, cometer qualquer das faltas consideradas pela lei como justas para a rescisão, perde o direito ao restante do respectivo prazo.

Capítulo VII
Da Estabilidade

Art. 492. O empregado que contar mais de 10 (dez) anos de serviço na mesma empresa não poderá ser despedido senão por motivo de falta grave ou circunstância de força maior, devidamente comprovadas.

- V. art. 7º, I e III, CF.
- V. Lei 8.036/1990 (Fundo de Garantia do Tempo de Serviço – FGTS).
- V. Dec. 99.684/1990 (Regulamento do FGTS).

- V. Lei 8.844/1994 (Fiscalização, apuração e cobrança judicial das contribuições).
- V. Portaria MTb 1.061/1996 (Procedimentos para organização e tramitação dos processos de débito salarial).
- V. Portaria MTE 854/2015 (Organização e tramitação dos processos de multas administrativas e de Notificação de Débito de Fundo de Garantia do Tempo de Serviço e/ou Contribuição Social).
- V. Súmulas 54 e 98, TST.

Parágrafo único. Considera-se como de serviço todo o tempo em que o empregado esteja à disposição do empregador.

Art. 493. Constitui falta grave a prática de qualquer dos fatos a que se refere o art. 482, quando por sua repetição ou natureza representem séria violação dos deveres e obrigações do empregado.

Art. 494. O empregado acusado de falta grave poderá ser suspenso de suas funções, mas a sua despedida só se tornará efetiva após o inquérito em que se verifique a procedência da acusação.

- V. Súmulas 62, 77 e 379, TST.

Parágrafo único. A suspensão, no caso deste artigo, perdurará até a decisão final do processo.

- V. Súmulas 197 e 403, STF.

Art. 495. Reconhecida a inexistência de falta grave praticada pelo empregado, fica o empregador obrigado a readmiti-lo no serviço e a pagar-lhe os salários a que teria direito no período da suspensão.

Art. 496. Quando a reintegração do empregado estável for desaconselhável, dado o grau de incompatibilidade resultante do dissídio, especialmente quando for o empregador pessoa física, o tribunal do trabalho poderá converter aquela obrigação em indenização devida nos termos do artigo seguinte.

- V. Súmulas 28 e 396, TST.

Art. 497. Extinguindo-se a empresa, sem a ocorrência de motivo de força maior, ao empregado estável despedido é garantida a indenização por rescisão do contrato por prazo indeterminado, paga em dobro.

- V. Súmula 220, STF.

Art. 498. Em caso de fechamento do estabelecimento, filial ou agência, ou supressão necessária de atividade, sem ocorrência de motivo de força maior, é assegurado aos empregados estáveis, que ali exerçam suas funções, o direito à indenização, na forma do artigo anterior.

Art. 499. Não haverá estabilidade no exercício dos cargos de diretoria, gerência ou outros de confiança imediata do empregador, ressalvado o cômputo do tempo de serviço para todos os efeitos legais.

§ 1º Ao empregado garantido pela estabilidade, que deixar de exercer cargo de confiança, é assegurada, salvo no caso de falta grave, a reversão ao cargo efetivo que haja anteriormente ocupado.

§ 2º Ao empregado despedido sem justa causa, que só tenha exercido cargo de confiança e que contar mais de 10 (dez) anos de serviço na mesma empresa, é garantida a indenização proporcional ao tempo de serviço nos termos dos arts. 477 e 478.

§ 3º A despedida que se verificar com o fim de obstar ao empregado a aquisição de estabilidade sujeitará o empregador a pagamento em dobro da indenização prescrita nos arts. 477 e 478.

Art. 500. O pedido de demissão do empregado estável só será válido quando feito com a assistência do respectivo Sindicato e, se não o houver, perante autoridade local competente do Ministério do Trabalho e Previdência Social ou da Justiça do Trabalho.

- Artigo revigorado e com redação determinada pela Lei 5.584/1970.
- V. art. 57, I, Lei 13.844/2019 (Estabelece a organização básica da Presidência da República e dos Ministérios, no qual fica transformado o Ministério do Trabalho em Ministério da Economia).

Capítulo VIII
Da Força Maior

Art. 501. Entende-se como força maior todo acontecimento inevitável, em relação à vontade do empregador, e para realização do qual este não concorreu, direta ou indiretamente.

§ 1º A imprevidência do empregador exclui a razão de força maior.

§ 2º À ocorrência do motivo de força maior que não afetar substancialmente, nem for suscetível de afetar, em tais condições, a situação econômica e financeira da empresa, não se aplicam as restrições desta Lei referentes ao disposto neste Capítulo.

Art. 502. Ocorrendo motivo de força maior que determine a extinção da empresa, ou de um dos estabelecimentos em que trabalhe o empregado, é assegurada a este, quando despedido, uma indenização na forma seguinte:

I – sendo estável, nos termos dos arts. 477 e 478;

II – não tendo direito à estabilidade, metade da que seria devida em caso de rescisão sem justa causa;

III – havendo contrato por prazo determinado, aquela a que se refere o art. 479 desta Lei, reduzida igualmente à metade.

- V. Súmula 221, STF.

Art. 503. É lícita, em caso de força maior ou prejuízos devidamente comprovados, a redução geral dos salários dos empregados da empresa, proporcionalmente aos salários de cada um, não podendo, entretanto, ser superior a 25% (vinte e cinco por cento), respeitado, em qualquer caso, o salário mínimo.

- V. art. 7º, VI e X, CF.
- V. art. 76, CLT.

Parágrafo único. Cessados os efeitos decorrentes do motivo de força maior, é garantido o restabelecimento dos salários reduzidos.

Art. 504. Comprovada a falsa alegação do motivo de força maior, é garantida a reintegração aos empregados estáveis, e aos não estáveis o complemento da indenização já percebida, assegurado a ambos o pagamento da remuneração atrasada.

Capítulo IX
Disposições Especiais

Art. 505. São aplicáveis aos trabalhadores rurais os dispositivos constantes dos Capítulos I, II e VI do presente Título.

- V. art. 7º, CF.

Art. 506. No contrato de trabalho agrícola é lícito o acordo que estabelecer a remuneração *in natura*, contanto que seja de produtos obtidos pela exploração do negócio e não exceda de 1/3 (um terço) do salário total do empregado.

- V. Lei 5.889/1973 (Trabalho rural).

Art. 507. As disposições do Capítulo VII do presente Título não serão aplicáveis aos empregados em consultórios ou escritórios de profissionais liberais.

Parágrafo único. *(Revogado pela Lei 6.533/1978).*

Art. 507-A. Nos contratos individuais de trabalho cuja remuneração seja superior a duas vezes o limite máximo estabelecido para os benefícios do Regime Geral de Previdência Social, poderá ser pactuada cláusula compromissória de arbitragem, desde que por iniciativa do empregado ou mediante a sua concordância expressa, nos termos previstos na Lei 9.307, de 23 de setembro de 1996.

- Artigo acrescentado pela Lei 13.467/2017 (*DOU* 14.07.2017), em vigor após decorridos 120 (cento e vinte) dias da sua publicação oficial.

Art. 507-B. É facultado a empregados e empregadores, na vigência ou não do contrato de emprego, firmar o termo de quitação anual de obrigações trabalhistas, perante o sindicato dos empregados da categoria.

- Artigo acrescentado pela Lei 13.467/2017 (*DOU* 14.07.2017), em vigor após decorridos 120 (cento e vinte) dias da sua publicação oficial.

Parágrafo único. O termo discriminará as obrigações de dar e fazer cumpridas mensalmente e dele constará a quitação anual dada pelo empregado, com eficácia liberatória das parcelas nele especificadas.

Art. 508. *(Revogado pela Lei 12.347/2010).*

Art. 509. *(Revogado pela Lei 6.533/1978).*

Art. 510. Pela infração das proibições constantes deste Título, será imposta à empresa a multa de valor igual a um salário mínimo regional, elevada ao dobro, no caso de reincidência, sem prejuízo das demais cominações legais.

- Artigo com redação determinada pela Lei 5.562/1968.
- Multas: ver Notas de Atualização e Portaria MTb 290/1997.

TÍTULO IV-A
Da Representação dos Empregados

- Título IV-A acrescentado pela Lei 13.467/2017 (*DOU* 14.07.2017), em vigor após decorridos 120 (cento e vinte) dias da sua publicação oficial.

Art. 510-A. Nas empresas com mais de duzentos empregados, é assegurada a eleição de uma comissão para representá-los, com a finalidade de promover-lhes o entendimento direto com os empregadores.

- Artigo acrescentado pela Lei 13.467/2017 (*DOU* 14.07.2017), em vigor após decorridos 120 (cento e vinte) dias da sua publicação oficial.

§ 1º A comissão será composta:

I – nas empresas com mais de duzentos e até três mil empregados, por três membros;

II – nas empresas com mais de três mil e até cinco mil empregados, por cinco membros;

III – nas empresas com mais de cinco mil empregados, por sete membros.

§ 2º No caso de a empresa possuir empregados em vários Estados da Federação e no Distrito Federal, será assegurada a eleição de uma comissão de representantes dos empregados por Estado ou no Distrito Federal, na mesma forma estabelecida no § 1º deste artigo.

Art. 510-B. A comissão de representantes dos empregados terá as seguintes atribuições:

- Artigo acrescentado pela Lei 13.467/2017 (*DOU* 14.07.2017), em vigor após decorridos 120 (cento e vinte) dias da sua publicação oficial.

I – representar os empregados perante a administração da empresa;

II – aprimorar o relacionamento entre a empresa e seus empregados com base nos princípios da boa-fé e do respeito mútuo;

III – promover o diálogo e o entendimento no ambiente de trabalho com o fim de prevenir conflitos;

IV – buscar soluções para os conflitos decorrentes da relação de trabalho, de forma rápida e eficaz, visando à efetiva aplicação das normas legais e contratuais;

V – assegurar tratamento justo e imparcial aos empregados, impedindo qualquer forma de discriminação por motivo de sexo, idade, religião, opinião política ou atuação sindical;

VI – encaminhar reivindicações específicas dos empregados de seu âmbito de representação;

VII – acompanhar o cumprimento das leis trabalhistas, previdenciárias e das convenções coletivas e acordos coletivos de trabalho.

§ 1º As decisões da comissão de representantes dos empregados serão sempre colegiadas, observada a maioria simples.

§ 2º A comissão organizará sua atuação de forma independente.

Art. 510-C. A eleição será convocada, com antecedência mínima de trinta dias, contados do término do mandato anterior, por meio de edital que deverá ser fixado na empresa, com ampla publicidade, para inscrição de candidatura.

- Artigo acrescentado pela Lei 13.467/2017 (*DOU* 14.07.2017), em vigor após decorridos 120 (cento e vinte) dias da sua publicação oficial.

§ 1º Será formada comissão eleitoral, integrada por cinco empregados, não candidatos, para a organização e o acompanhamento do processo eleitoral, vedada a interferência da empresa e do sindicato da categoria.

§ 2º Os empregados da empresa poderão candidatar-se, exceto aqueles com contrato de trabalho por prazo determinado, com contrato suspenso ou que estejam em período de aviso prévio, ainda que indenizado.

§ 3º Serão eleitos membros da comissão de representantes dos empregados os candidatos mais votados, em votação secreta, vedado o voto por representação.

§ 4º A comissão tomará posse no primeiro dia útil seguinte à eleição ou ao término do mandato anterior.

§ 5º Se não houver candidatos suficientes, a comissão de representantes dos empregados poderá ser formada com número de membros inferior ao previsto no art. 510-A desta Consolidação.

§ 6º Se não houver registro de candidatura, será lavrada ata e convocada nova eleição no prazo de um ano.

Art. 510-D. O mandato dos membros da comissão de representantes dos empregados será de um ano.

- Artigo acrescentado pela Lei 13.467/2017 (*DOU* 14.07.2017), em vigor após decorridos 120 (cento e vinte) dias da sua publicação oficial.

§ 1º O membro que houver exercido a função de representante dos empregados na comissão não poderá ser candidato nos dois períodos subsequentes.

§ 2º O mandato de membro de comissão de representantes dos empregados não implica suspensão ou interrupção do contrato de trabalho, devendo o empregado permanecer no exercício de suas funções.

§ 3º Desde o registro da candidatura até um ano após o fim do mandato, o membro da comissão de representantes dos empregados não poderá sofrer despedida arbitrária, entendendo-se como tal a que não se fundar em motivo disciplinar, técnico, econômico ou financeiro.

§ 4º Os documentos referentes ao processo eleitoral devem ser emitidos em duas vias, as quais permanecerão sob a guarda dos empregados e da empresa pelo prazo de cinco anos, à disposição para consulta de qualquer trabalhador interessado, do Ministério Público do Trabalho e do Ministério do Trabalho.

- **Redação anterior determinada pela MP 808/2017 (*DOU* 14.11.2017, edição extra) que acrescentava o artigo 510-E, vigente entre 14.11.2017 e 23.04.2018, teve seu prazo encerrado pelo Ato Declaratório CN 22/2018 (*DOU* 25.04.2018): "Art. 510-E. A comissão de representantes dos empregados não substituirá a função do sindicato de defender os direitos e os interesses coletivos ou individuais da categoria, inclusive em questões judiciais ou administrativas, hipótese em que será obrigatória a participação dos sindicatos em negociações coletivas de trabalho, nos termos do incisos III e VI do *caput* do art. 8º da Constituição."**

TÍTULO V
Da Organização Sindical

- V. arts. 5º, XVIII, e 8º, CF.
- V. Lei 8.073/1990 (Substituição processual).
- V. Lei 11.648/2008 (Reconhecimento formal das centrais sindicais).
- V. Portaria MJSP 501/2019 (Registro sindical).

Capítulo I
Da Instituição Sindical

Seção I
Da Associação em Sindicato

Art. 511. É lícita a associação para fins de estudo, defesa e coordenação dos seus interesses econômicos ou profissionais de todos os que, como empregadores, empregados, agentes ou trabalhadores autônomos, ou profissionais liberais, exerçam, respectivamente, a mesma atividade ou profissão ou atividades ou profissões similares ou conexas.

- V. art. 8º, CF.
- V. Lei 4.886/1965 (Representantes comerciais autônomos).

§ 1º A solidariedade de interesses econômicos dos que empreendem atividades idênticas, similares ou conexas, constitui o vínculo social básico que se denomina categoria econômica.

§ 2º A similitude de condições de vida oriunda da profissão ou trabalho em comum, em situação de emprego na mesma atividade econômica ou em atividades econômicas similares ou conexas, compõe a expressão social elementar compreendida como categoria profissional.

§ 3º Categoria profissional diferenciada é a que se forma dos empregados que exerçam profissões ou funções diferenciadas por força de estatuto profissional especial ou em consequência de condições de vida singulares.

- V. Súmula 374, TST.

§ 4º Os limites de identidade, similaridade ou conexidade fixam as dimensões dentro das quais a categoria econômica ou profissional é homogênea e a associação é natural.

Art. 512. Somente as associações profissionais constituídas para os fins e na forma do artigo anterior e registradas de acordo com o art. 558 poderão ser reconhecidas como sindicatos e investidas nas prerrogativas definidas nesta Lei.

- V. art. 8º, CF.

Art. 513. São prerrogativas dos sindicatos:

a) representar, perante as autoridades administrativas e judiciárias, os interesses gerais da respectiva categoria ou profissão liberal ou os interesses individuais dos associados relativos à atividade ou profissão exercida;

- V. arts. 5º, LXX, *b*, 8º, III, e 103, IX, CF.
- V. Lei 8.073/1990 (Substituição processual).

b) celebrar contratos coletivos de trabalho;

• V. art. 20, Dec.-lei 229/1967 (Altera a CLT).

c) eleger ou designar os representantes da respectiva categoria ou profissão liberal;

d) colaborar com o Estado, como órgãos técnicos e consultivos, no estudo e solução dos problemas que se relacionam com a respectiva categoria ou profissão liberal;

e) impor contribuições a todos aqueles que participam das categorias econômicas ou profissionais ou das profissões liberais representadas.

• V. art. 8º, IV, CF.

Parágrafo único. Os sindicatos de empregados terão, outrossim, a prerrogativa de fundar e manter agências de colocação.

Art. 514. São deveres dos sindicatos:

a) colaborar com os poderes públicos no desenvolvimento da solidariedade social;

b) manter serviços de assistência judiciária para os associados;

c) promover a conciliação nos dissídios de trabalho;

d) sempre que possível, e de acordo com as suas possibilidades, manter no seu quadro de pessoal, em convênio com entidades assistenciais ou por conta própria, um assistente social com as atribuições específicas de promover a cooperação operacional na empresa e a integração profissional na classe.

• Alínea *d* acrescentada pela Lei 6.200/1975.

Parágrafo único. Os sindicatos de empregados terão, outrossim, o dever de:

a) promover a fundação de cooperativas de consumo e de crédito;

b) fundar e manter escolas de alfabetização e pré-vocacionais.

Seção II
Do Reconhecimento e Investidura Sindical

Art. 515. As associações profissionais deverão satisfazer os seguintes requisitos para serem reconhecidas como sindicatos:

• V. art. 8º, CF.

a) reunião de 1/3 (um terço), no mínimo, de empresas legalmente constituídas, sob a forma individual ou de sociedade, se se tratar de associação de empregadores; ou de 1/3 (um terço) dos que integrem a mesma categoria ou exerçam a mesma profissão liberal, se se tratar de associação de empregados ou de trabalhadores ou agentes autônomos ou de profissão liberal;

b) duração de 3 (três) anos para o mandato da diretoria;

• Alínea *b* com redação determinada pelo Dec.-lei 771/1969.

c) exercício do cargo de presidente e dos demais cargos de administração e representação por brasileiros.

Parágrafo único. O Ministro do Trabalho, Indústria e Comércio poderá, excepcionalmente, reconhecer como sindicato a associação cujo número de associados seja inferior ao terço a que se refere a alínea *a*.

• V. art. 57, I, Lei 13.844/2019 (Estabelece a organização básica da Presidência da República e dos Ministérios, no qual fica transformado o Ministério do Trabalho em Ministério da Economia).

Art. 516. Não será reconhecido mais de um sindicato representativo da mesma categoria econômica ou profissional, ou profissão liberal, em uma dada base territorial.

• V. art. 8º, II, CF.

Art. 517. Os sindicatos poderão ser distritais, municipais, intermunicipais, estaduais e interestaduais. Excepcionalmente, e atendendo às peculiaridades de determinadas categorias ou profissões, o Ministro do Trabalho, Indústria e Comércio poderá autorizar o reconhecimento de sindicatos nacionais.

• V. art. 8º, CF.

• V. art. 57, I, Lei 13.844/2019 (Estabelece a organização básica da Presidência da República e dos Ministérios, no qual fica transformado o Ministério do Trabalho em Ministério da Economia).

§ 1º O Ministro do Trabalho, Indústria e Comércio outorgará e delimitará a base territorial do sindicato.

• V. art. 57, I, Lei 13.844/2019 (Estabelece a organização básica da Presidência da República e dos Ministérios, no qual fica transformado o Ministério do Trabalho em Ministério da Economia).

§ 2º Dentro da base territorial que lhe for determinada é facultado ao sindicato instituir delegacias ou seções para melhor proteção dos associados e da categoria econômica ou profissional ou profissão liberal representada.

Art. 518. O pedido de reconhecimento será dirigido ao Ministro do Trabalho, Indústria e Comércio instruído com exemplar ou cópia autenticada dos estatutos da associação.

• V. art. 8º, CF.

• V. art. 57, I, Lei 13.844/2019 (Estabelece a organização básica da Presidência da República e dos Ministérios, no qual fica transformado o Ministério do Trabalho em Ministério da Economia).

§ 1º Os estatutos deverão conter:

a) a denominação e a sede da associação;

b) a categoria econômica ou profissional ou a profissão liberal cuja representação é requerida;

c) a afirmação de que a associação agirá como órgão de colaboração com os poderes públicos e as demais associações no sentido da solidariedade social e da subordinação dos interesses econômicos ou profissionais ao interesse nacional;

d) as atribuições, o processo eleitoral e das votações, os casos de perda de mandato e de substituição dos administradores;

e) o modo de constituição e administração do patrimônio social e o destino que lhe será dado no caso de dissolução;

f) as condições em que se dissolverá a associação.

§ 2º O processo de reconhecimento será regulado em instruções baixadas pelo Ministro do Trabalho, Indústria e Comércio.

• V. art. 57, I, Lei 13.844/2019 (Estabelece a organização básica da Presidência da República e dos Ministérios, no qual fica transformado o Ministério do Trabalho em Ministério da Economia).

Art. 519. A investidura sindical será conferida sempre à associação profissional mais representativa, a juízo do Ministro do Trabalho, Indústria e Comércio, constituindo elementos para essa apreciação, entre outros:

• V. art. 8º, CF.

• V. art. 57, I, Lei 13.844/2019 (Estabelece a organização básica da Presidência da República e dos Ministérios, no qual fica transformado o Ministério do Trabalho em Ministério da Economia).

a) o número de associados;

b) os serviços sociais fundados e mantidos;

c) o valor do patrimônio.

Art. 520. Reconhecida como sindicato a associação profissional, ser-lhe-á expedida carta de reconhecimento, assinada pelo Ministro do Trabalho, Indústria e Comércio, na qual será especificada a representação econômica ou profissional conferida e mencionada a base territorial outorgada.

• V. art. 8º, CF.

• V. art. 57, I, Lei 13.844/2019 (Estabelece a organização básica da Presidência da República e dos Ministérios, no qual fica transformado o Ministério do Trabalho em Ministério da Economia).

Parágrafo único. O reconhecimento investe a associação nas prerrogativas do art. 513 e a obriga aos deveres do art. 514, cujo inadimplemento a sujeitará às sanções desta Lei.

Art. 521. São condições para o funcionamento do sindicato:

• V. art. 8º, CF.

a) proibição de qualquer propaganda de doutrinas incompatíveis com as instituições e os interesses da Nação, bem como de candidaturas a cargos eletivos estranhos ao sindicato;

• Alínea *a* com redação determinada pelo Dec.-lei 9.502/1946.

b) proibição de exercício de cargo eletivo cumulativamente com o de emprego remunerado pelo sindicato ou por entidade sindical de grau superior;

c) gratuidade do exercício dos cargos eletivos;

d) proibição de quaisquer atividades não compreendidas nas finalidades mencionadas no art. 511, inclusive as de caráter político-partidário;

• Alínea *d* acrescentada pelo Dec.-lei 9.502/1946.

e) proibição de cessão gratuita ou remunerada da respectiva sede a entidade de índole político-partidária.

• Alínea *e* acrescentada pelo Dec.-lei 9.502/1946.

Parágrafo único. Quando, para o exercício de mandato, tiver o associado de sindicato de empregados, de trabalhadores autônomos ou de profissionais liberais de se afastar do seu trabalho, poderá ser-lhe arbitrada pela assembleia geral uma gratificação nunca excedente da importância de sua remuneração na profissão respectiva.

Seção III
Da Administração do Sindicato

Art. 522. A administração do sindicato será exercida por uma diretoria constituída, no máximo, de sete e, no mínimo, de três membros e de um conselho fiscal composto de três membros, eleitos esses órgãos pela assembleia geral.

- V. art. 8º, CF.
- V. Súmula 369, TST.

§ 1º A diretoria elegerá, dentre os seus membros, o presidente do sindicato.

§ 2º A competência do conselho fiscal é limitada à fiscalização da gestão financeira do sindicato.

§ 3º Constituirá atribuição exclusiva da diretoria do sindicato e dos delegados sindicais, a que se refere o art. 523, a representação e a defesa dos interesses da entidade perante os poderes públicos e as empresas, salvo mandatário com poderes outorgados por procuração da diretoria, ou associado investido em representação prevista em lei.

- § 3º com redação determinada pelo Dec.-lei 9.502/1946.

Art. 523. Os delegados sindicais destinados à direção das delegacias ou seções instituídas na forma estabelecida no § 2º do art. 517 serão designados pela diretoria dentre os associados radicados no território da correspondente delegacia.

- V. art. 8º, CF.

Art. 524. Serão sempre tomadas por escrutínio secreto, na forma estatutária, as deliberações da assembleia geral concernentes aos seguintes assuntos:

- *Caput* do artigo com redação determinada pela Lei 2.693/1955.
- V. art. 8º, CF.

a) eleição de associado para representação da respectiva categoria prevista em lei;

- Alínea *a* com redação determinada pelo Dec.-lei 9.502/1946.

b) tomada a aprovação de contas da diretoria;

- Alínea *b* com redação determinada pelo Dec.-lei 9.502/1946.

c) aplicação do patrimônio;

- Alínea *c* com redação determinada pelo Dec.-lei 9.502/1946.

d) julgamento dos atos da diretoria, relativos a penalidades impostas a associados;

- Alínea *d* com redação determinada pelo Dec.-lei 9.502/1946.

e) pronunciamento sobre relações ou dissídio de trabalho. Neste caso, as deliberações da assembleia geral só serão consideradas válidas quando ela tiver sido especialmente convocada para esse fim, de acordo com as disposições dos estatutos da entidade sindical. O *quorum* para validade da assembleia será de metade mais um dos associados quites; não obtido esse *quorum* em primeira convocação, reunir-se-á a assembleia em segunda convocação com os presentes, considerando-se aprovadas as deliberações que obtiverem 2/3 (dois terços) dos votos.

- Alínea *e* com redação determinada pela Lei 2.693/1955.

§ 1º A eleição para cargos de diretoria e conselho fiscal será realizada por escrutínio secreto, durante 6 (seis) horas contínuas, pelo menos, na sede do sindicato, na de suas delegacias e seções e nos principais locais de trabalho, onde funcionarão as mesas coletoras designadas pelos Delegados Regionais do Trabalho e Emprego.

- § 1º acrescentado pelo Dec.-lei 9.502/1946.

§ 2º Concomitantemente ao término do prazo estipulado para a votação, instalar-se-á, em assembleia eleitoral pública e permanente, na sede do sindicato, a mesa apuradora, para a qual serão enviadas, imediatamente, pelos presidentes das mesas coletoras, as urnas receptoras e as atas respectivas. Será facultada designação de mesa apuradora supletiva sempre que as peculiaridades ou conveniências do pleito a exigirem.

- § 2º acrescentado pelo Dec.-lei 9.502/1946.

§ 3º A mesa apuradora será presidida por membro do Ministério Público do Trabalho ou pessoa de notória idoneidade, designada pelo Procurador-Geral da Justiça do Trabalho ou procuradores regionais.

- § 3º acrescentado pelo Dec.-lei 9.502/1946.

§ 4º O pleito só será válido na hipótese de participarem da votação mais de 2/3 (dois terços) dos associados com capacidade para votar. Não obtido esse coeficiente, será realizada nova eleição dentro de 15 (quinze) dias, a qual terá validade se nela tomarem parte mais de 50% (cinquenta por cento) dos referidos associados. Na hipótese de não ter sido alcançado, na segunda votação, o coeficiente exigido, será realizado o terceiro e último pleito, cuja validade dependerá do voto de mais de 40% (quarenta por cento) dos aludidos associados, proclamando o presidente da mesa apuradora, em qualquer dessas hipóteses, os eleitos, os quais serão empossados automaticamente na data do término do mandato expirante, não tendo efeito suspensivo os protestos ou recursos oferecidos na conformidade da lei.

- § 4º acrescentado pelo Dec.-lei 9.502/1946.

§ 5º Não sendo atingido o coeficiente legal para a eleição, o Ministério do Trabalho, Indústria e Comércio declarará a vacância da administração, a partir do término do mandato dos membros em exercício, e designará administrador para o sindicato, realizando-se novas eleições dentro de 6 (seis) meses.

- § 5º acrescentado pelo Dec.-lei 9.502/1946.
- V. art. 57, I, Lei 13.844/2019 (Estabelece a organização básica da Presidência da República e dos Ministérios, no qual fica transformado o Ministério do Trabalho em Ministério da Economia).

Art. 525. É vedada a pessoas físicas ou jurídicas, estranhas ao sindicato, qualquer interferência na sua administração ou nos seus serviços.

- *Caput* com redação determinada pelo Dec.-lei 9.502/1946.
- V. art. 8º, CF.

Parágrafo único. Estão excluídos dessa proibição:

a) os Delegados do Ministério do Trabalho, Indústria e Comércio especialmente designados pelo Ministro ou por quem o represente;

- V. art. 57, I, Lei 13.844/2019 (Estabelece a organização básica da Presidência da República e dos Ministérios, no qual fica transformado o Ministério do Trabalho em Ministério da Economia).

b) os que, como empregados, exerçam cargos no sindicato mediante autorização da assembleia geral.

Art. 526. Os empregados do sindicato serão nomeados pela diretoria respectiva *ad referendum* da assembleia geral, não podendo recair tal nomeação nos que estiverem nas condições previstas nos itens II, IV, V, VI, VII e VIII do art. 530 e, na hipótese de o nomeado haver sido dirigente sindical, também nas do item I do mesmo artigo.

- *Caput* com redação determinada pelo Dec.-lei 925/1969.
- V. art. 8º, CF.

Parágrafo único. *(Revogado pela Lei 11.295/2006).*

§ 2º Aplicam-se ao empregado de entidade sindical os preceitos das leis de proteção do trabalho e de previdência social, inclusive o direito de associação em sindicato.

- § 2º acrescentado pela Lei 11.295/2006.
- Numeração do § 2º de acordo com a Lei 11.295/2006.

Art. 527. Na sede de cada sindicato haverá um livro de registro, autenticado pelo funcionário competente do Ministério do Trabalho, Indústria e Comércio, e do qual deverão constar:

- V. art. 8º, CF.
- V. art. 57, I, Lei 13.844/2019 (Estabelece a organização básica da Presidência da República e dos Ministérios, no qual fica transformado o Ministério do Trabalho em Ministério da Economia).

a) tratando-se de sindicato de empregadores, a firma, individual ou coletiva, ou a denominação das empresas e sua sede, o nome, idade, estado civil, nacionalidade e residência dos respectivos sócios, ou, em se tratando de sociedade por ações, dos diretores, bem como a indicação desses dados quanto ao sócio ou diretor que representar a empresa no sindicato;

b) tratando-se de sindicato de empregados, ou de agentes ou trabalhadores autônomos ou de profissionais liberais, além do nome, idade, estado civil, nacionalidade, profissão ou função e residência de cada associado, o estabelecimento ou lugar onde exerce a sua profissão ou função, o número e a série da respectiva Carteira de Trabalho e Previdência Social e o número da inscrição na instituição de previdência a que pertencer.

- V. Lei 4.886/1965 (Representantes comerciais autônomos).
- V. Dec.-lei 72/1966 (Cria o Instituto Nacional de Previdência Social).
- V. art. 1º, Dec.-lei 926/1969 (Carteira de Trabalho e Previdência Social).
- V. art. 57, I, Lei 13.844/2019 (Estabelece a organização básica da Presidência da República e dos Ministérios, no qual fica transformado o Ministério do Trabalho em Ministério da Economia).

Art. 528. Ocorrendo dissídio ou circunstâncias que perturbem o funcionamento de entidade sindical ou motivos relevantes de segurança nacional, o Ministro do Trabalho e Previdência Social poderá nela intervir, por intermédio de Delegado ou de Junta Interventora, com atribuições para administrá-la e executar ou propor as medidas necessárias para normalizar-lhe o funcionamento.

- Artigo com redação determinada pelo Dec.-lei 3/1966.
- V. art. 8º, CF.

Seção IV
Das Eleições Sindicais

Art. 529. São condições para o exercício do direito do voto como para a investidura em cargo de administração ou representação econômica ou profissional:

- V. art. 8º, CF.

a) ter o associado mais de 6 (seis) meses de inscrição no quadro social e mais de 2 (dois) anos de exercício da atividade ou da profissão;

- Alínea *a* com redação determinada pelo Dec.-lei 8.080/1945.

b) ser maior de 18 (dezoito) anos;

c) estar no gozo dos direitos sindicais.

Parágrafo único. É obrigatório aos associados o voto nas eleições sindicais.

- Parágrafo único acrescentado pelo Dec.-lei 229/1967.
- V. Súmula 4, STJ.
- V. Súmula 255, TFR.

Art. 530. Não podem ser eleitos para cargos administrativos ou de representação econômica ou profissional, nem permanecer no exercício desses cargos:

- *Caput* do artigo com redação determinada pelo Dec.-lei 229/1967.
- V. arts. 8º e 15, CF.

I – os que não tiverem definitivamente aprovadas as suas contas de exercício em cargos de administração;

- Inciso I com redação determinada pelo Dec.-lei 229/1967.

II – os que houverem lesado o patrimônio de qualquer entidade sindical;

- Inciso II com redação determinada pelo Dec.-lei 229/1967.

III – os que não estiverem, desde 2 (dois) anos antes, pelo menos, no exercício efetivo da atividade ou da profissão dentro da base territorial do sindicato, ou no desempenho de representação econômica ou profissional;

- Inciso III com redação determinada pelo Dec.-lei 229/1967.
- V. art. 15, III, CF.

IV – os que tiverem sido condenados por crime doloso enquanto persistirem os efeitos da pena;

- Inciso IV com redação determinada pelo Dec.-lei 229/1967.

V – os que não estiverem no gozo de seus direitos políticos;

- Inciso V com redação determinada pelo Dec.-lei 229/1967.

VI – *(Revogado pela Lei 8.865/1994);*

VII – má conduta, devidamente comprovada;

- Inciso VII acrescentado pelo Dec.-lei 507/1969.

VIII – *(Revogado pela Lei 8.865/1994).*

Art. 531. Nas eleições para cargos de diretoria e do conselho fiscal serão considerados eleitos os candidatos que obtiverem maioria absoluta de votos em relação ao total dos associados eleitores.

- V. art. 8º, CF.

§ 1º Não concorrendo à primeira convocação maioria absoluta de eleitores, ou não obtendo nenhum dos candidatos essa maioria, proceder-se-á a nova convocação para dia posterior, sendo então considerados eleitos os candidatos que obtiverem maioria dos eleitores presentes.

§ 2º Havendo somente uma chapa registrada para as eleições, poderá a assembleia, em última convocação, ser realizada 2 (duas) horas após a primeira convocação, desde que do edital respectivo conste essa advertência.

§ 3º Concorrendo mais de uma chapa, poderá o Ministro do Trabalho, Indústria e Comércio designar o presidente da sessão eleitoral, desde que o requeiram os associados que encabeçarem as respectivas chapas.

- § 3º com redação determinada pelo Dec.-lei 8.080/1945.
- V. art. 57, I, Lei 13.844/2019 (Estabelece a organização básica da Presidência da República e dos Ministérios, no qual fica transformado o Ministério do Trabalho em Ministério da Economia).

§ 4º O Ministro do Trabalho, Indústria e Comércio expedirá instruções regulando o processo das eleições.

- V. art. 57, I, Lei 13.844/2019 (Estabelece a organização básica da Presidência da República e dos Ministérios, no qual fica transformado o Ministério do Trabalho em Ministério da Economia).

Art. 532. As eleições para a renovação da diretoria e do conselho fiscal deverão ser procedidas dentro do prazo máximo de 60 (sessenta) dias e mínimo de 30 (trinta) dias, antes do término do mandato dos dirigentes em exercício.

- *Caput* com redação determinada pelo Dec.-lei 8.080/1945.
- V. art. 8º, CF.

§ 1º Não havendo protesto na ata da assembleia eleitoral ou recurso interposto por algum dos candidatos, dentro de 15 (quinze) dias, a contar da data das eleições, a posse da diretoria eleita independerá da aprovação das eleições pelo Ministério do Trabalho, Indústria e Comércio.

- § 1º com redação determinada pelo Dec.-lei 8.080/1945.
- V. art. 57, I, Lei 13.844/2019 (Estabelece a organização básica da Presidência da República e dos Ministérios, no qual fica transformado o Ministério do Trabalho em Ministério da Economia).

§ 2º Competirá à diretoria em exercício, dentro de 30 (trinta) dias da realização das eleições e não tendo havido recurso, dar publicidade ao resultado do pleito, fazendo comunicação ao órgão local do Ministério do Trabalho, Indústria e Comércio da relação dos eleitos, com os dados pessoais de cada um e a designação da função que vai exercer.

- § 2º com redação determinada pelo Dec.-lei 8.080/1945.
- V. art. 57, I, Lei 13.844/2019 (Estabelece a organização básica da Presidência da República e dos Ministérios, no qual fica transformado o Ministério do Trabalho em Ministério da Economia).

§ 3º Havendo protesto na ata da assembleia eleitoral ou recurso interposto dentro de 15 (quinze) dias da realização das eleições, competirá à diretoria em exercício encaminhar, devidamente instruído, o processo eleitoral ao órgão local do Ministério do Trabalho, Indústria e Comércio, que o encaminhará para decisão do Ministro de Estado. Nesta hipótese, permanecerão na administração, até despacho final do processo, a diretoria e o conselho fiscal que se encontrarem em exercício.

- § 3º com redação determinada pelo Dec.-lei 8.080/1945.
- V. art. 57, I, Lei 13.844/2019 (Estabelece a organização básica da Presidência da República e dos Ministérios, no qual fica transformado o Ministério do Trabalho em Ministério da Economia).

§ 4º Não se verificando as hipóteses previstas no parágrafo anterior, a posse da nova diretoria deverá se verificar dentro de 30 (trinta) dias subsequentes ao término do mandato da anterior.

- § 4º com redação determinada pelo Dec.-lei 8.080/1945.

§ 5º Ao assumir o cargo, o eleito prestará, por escrito e solenemente, o compromisso de respeitar, no exercício do mandato, a Constituição, as leis vigentes e os estatutos da entidade.

- § 5º acrescentado pelo Dec.-lei 229/1967.

Seção V
Das Associações Sindicais de Grau Superior

Art. 533. Constituem associações sindicais de grau superior as federações e confederações organizadas nos termos desta Lei.

- V. art. 8º, CF.

Art. 534. É facultado aos sindicatos, quando em número não inferior a 5 (cinco), desde que representem a maioria absoluta de um grupo de atividades ou profissões idênticas, similares ou conexas, organizarem-se em federação.

- Artigo com redação determinada pela Lei 3.265/1957.
- V. art. 8º, CF.
- V. Súmula 156, TFR.

§ 1º Se já existir federação no grupo de atividades ou profissões em que deva ser constituída a nova entidade, a criação desta não poderá reduzir a menos de 5 (cinco) o número de sindicatos que àquela devam continuar filiados.

§ 2º As federações serão constituídas por Estados, podendo o Ministro do Trabalho, Indústria e Comércio autorizar a constituição de federações interestaduais ou nacionais.

- V. art. 57, I, Lei 13.844/2019 (Estabelece a organização básica da Presidência da República e dos Ministérios, no qual fica transformado o Ministério do Trabalho em Ministério da Economia).

§ 3º É permitido a qualquer federação, para o fim de lhes coordenar os interesses, agrupar os sindicatos de determinado município ou região a ela filiados, mas a União não terá direito de representação das atividades ou profissões agrupadas.

Art. 535. As confederações organizar-se-ão com o mínimo de três federações e terão sede na Capital da República.

- V. art. 8º, CF.

§ 1º As confederações formadas por federações de sindicatos de empregadores denominar-se-ão: Confederação Nacional da Indústria, Confederação Nacional do Comércio, Confederação Nacional de Transportes Marítimos, Fluviais e Aéreos, Confederação Nacional de Transportes Terrestres, Confederação Nacional de Comunicações e Publicidade, Confederação Nacional das Empresas de Crédito e Confederação Nacional de Educação e Cultura.

§ 2º As confederações formadas por federações de sindicatos de empregados terão a denominação de: Confederação Nacional dos Trabalhadores na Indústria, Confederação Nacional dos Trabalhadores no Comércio, Confederação Nacional dos Trabalhadores em Transportes Marítimos, Fluviais e Aéreos, Confederação Nacional dos Trabalhadores em Transportes Terrestres, Confederação Nacional dos Trabalhadores em Comunicações e Publicidade, Confederação Nacional dos Trabalhadores nas Empresas de Crédito e Confederação Nacional dos Trabalhadores em Estabelecimentos de Educação e Cultura.

§ 3º Denominar-se-á Confederação Nacional das Profissões Liberais a reunião das respectivas federações.

§ 4º As associações sindicais de grau superior da Agricultura e Pecuária serão organizadas na conformidade do que dispuser a lei que regular a sindicalização dessas atividades ou profissões.

Art. 536. (Revogado *pelo Dec.-lei 229/1967*).

Art. 537. O pedido de reconhecimento de uma federação será dirigido ao Ministro do Trabalho, Indústria e Comércio acompanhado de um exemplar dos respectivos estatutos e das cópias autenticadas das atas da assembleia de cada sindicato ou federação que autorizar a filiação.

- V. art. 8º, CF.
- V. art. 57, I, Lei 13.844/2019 (Estabelece a organização básica da Presidência da República e dos Ministérios, no qual fica transformado o Ministério do Trabalho em Ministério da Economia).

§ 1º A organização das federações e confederações obedecerá às exigências contidas nas alíneas *b* e *c* do art. 515.

§ 2º A carta de reconhecimento das federações será expedida pelo Ministro do Trabalho, Indústria e Comércio, na qual será especificada a coordenação econômica ou profissional conferida e mencionada a base territorial outorgada.

- V. art. 57, I, Lei 13.844/2019 (Estabelece a organização básica da Presidência da República e dos Ministérios, no qual fica transformado o Ministério do Trabalho em Ministério da Economia).

§ 3º O reconhecimento das confederações será feito por decreto do Presidente da República.

Art. 538. A administração das federações e confederações será exercida pelos seguintes órgãos:

- *Caput* com redação determinada pela Lei 2.693/1955.
- V. art. 8º, CF.

a) diretoria;

b) conselho de representantes;

c) conselho fiscal.

§ 1º A diretoria será constituída no mínimo de três membros e de três membros se comporá o conselho fiscal, os quais serão eleitos pelo conselho de representantes com mandato por 3 (três) anos.

- § 1º com redação determinada pelo Dec.-lei 771/1969.

§ 2º Só poderão ser eleitos os integrantes dos grupos das federações ou dos planos das confederações, respectivamente.

- § 2º com redação determinada pela Lei 2.693/1955.

§ 3º O presidente da federação ou confederação será escolhido dentre os seus membros, pela diretoria.

- § 3º com redação determinada pela Lei 2.693/1955.

§ 4º O conselho de representantes será formado pelas delegações dos sindicatos ou das federações filiadas, constituída cada delegação de dois membros, com mandato por 3 (três) anos, cabendo um voto a cada delegação.

- § 4º com redação determinada pelo Dec.-lei 771/1969.

§ 5º A competência do conselho fiscal é limitada à fiscalização da gestão financeira.

- § 5º com redação determinada pela Lei 2.693/1955.

Art. 539. Para a constituição e administração das federações serão observadas, no que for aplicável, as disposições das Seções II e III do presente Capítulo.

- V. art. 8º, CF.

Seção VI
Dos Direitos dos Exercentes de Atividades ou Profissões e dos Sindicalizados

Art. 540. A toda empresa ou indivíduo que exerçam, respectivamente, atividade ou profissão, desde que satisfaçam as exigências desta Lei, assiste o direito de ser admitido no sindicato da respectiva categoria, salvo o caso de falta de idoneidade, devidamente comprovada, com recurso para o Ministério do Trabalho, Indústria e Comércio.

- V. art. 8º, V, CF.
- V. art. 57, I, Lei 13.844/2019 (Estabelece a organização básica da Presidência da República e dos Ministérios, no qual fica transformado o Ministério do Trabalho em Ministério da Economia).

§ 1º Perderá os direitos de associado o sindicalizado que, por qualquer motivo, deixar o exercício de atividade ou de profissão.

§ 2º Os associados de sindicatos de empregados, de agentes ou trabalhadores autônomos e de profissões liberais que forem aposentados, estiverem em desemprego ou falta de trabalho ou tiverem sido convocados para prestação de serviço militar não perderão os respectivos direitos sindicais e ficarão isentos de qualquer contribuição, não podendo, entretanto, exercer cargo de administração sindical ou de representação econômica ou profissional.

- V. Lei 4.886/1965 (Representantes comerciais autônomos).

Art. 541. Os que exercerem determinada atividade ou profissão onde não haja sindicato da respectiva categoria, ou de atividade ou profissão similar ou conexa, poderão filiar-se a sindicato de profissão idêntica, similar ou conexa, existente na localidade mais próxima.

Parágrafo único. O disposto neste artigo se aplica aos sindicatos em relação às respectivas federações, na conformidade do Quadro de Atividades e Profissões a que se refere o art. 577.

Art. 542. De todo ato lesivo de direitos ou contrário a esta Lei, emanado da diretoria, do conselho ou da assembleia geral da entidade sindical, poderá qualquer exercente de atividade ou profissão recorrer, dentro de 30 (trinta) dias, para a autoridade competente do Ministério do Trabalho, Indústria e Comércio.

- V. art. 8º, I, CF.
- V. art. 57, I, Lei 13.844/2019 (Estabelece a organização básica da Presidência da República e dos Ministérios, no qual fica transformado o Ministério do Trabalho em Ministério da Economia).

Art. 543. O empregado eleito para cargo de administração sindical ou representação profissional, inclusive junto a órgão de deliberação coletiva, não poderá ser impedido do exercício de suas funções, nem transferido para lugar ou mister que lhe dificulte ou torne impossível o desempenho das suas atribuições sindicais.

- *Caput* com redação determinada pelo Dec.-lei 229/1967.

§ 1º O empregado perderá o mandato se a transferência for por ele solicitada ou voluntariamente aceita.

- § 1º com redação determinada pelo Dec.-lei 229/1967.

§ 2º Considera-se de licença não remunerada, salvo assentimento da empresa ou cláusula contratual, o tempo em que o empregado se ausentar do trabalho no desempenho das funções a que se refere este artigo.

- § 2º com redação determinada pelo Dec.-lei 229/1967.

§ 3º Fica vedada a dispensa do empregado sindicalizado ou associado, a partir do momento do registro de sua candidatura a cargo de direção ou representação de entidade sindical ou de associação profissional, até 1 (um) ano após o final do seu mandato, caso seja eleito, inclusive como suplente, salvo se cometer falta grave devidamente apurada nos termos desta Consolidação.

- § 3º com redação determinada pela Lei 7.543/1986.
- V. art. 8º, VIII, CF.
- V. Súmulas 369 e 379, TST.

§ 4º Considera-se cargo de direção ou de representação sindical aquele cujo exercício ou indicação decorre de eleição prevista em lei.

- § 4º com redação determinada pela Lei 7.223/1984.

§ 5º Para os fins deste artigo, a entidade sindical comunicará por escrito à empresa, dentro de 24 (vinte e quatro) horas, o dia e a hora do registro da candidatura do seu empregado e, em igual prazo, sua eleição e posse, fornecendo, outrossim, a este, comprovante no mesmo sentido. O Ministério do Trabalho e Previdência Social fará no mesmo prazo a comunicação no caso da designação referida no final do § 4º.

- § 5º com redação determinada pelo Dec.-lei 229/1967.
- V. Súmula 369, TST.

§ 6º A empresa que, por qualquer modo, procurar impedir que o empregado se associe a sindicato, organize associação profissional ou sindical ou exerça os direitos inerentes à condição de sindicalizado fica sujeita à penalidade prevista na letra *a* do art. 553, sem prejuízo da reparação a que tiver direito o empregado.

- § 6º com redação determinada pelo Dec.-lei 229/1967.

Art. 544. É livre a associação profissional ou sindical, mas ao empregado sindicalizado é assegurada, em igualdade de condições, preferência:

- V. arts. 5º, XX, e 8º, V, CF.

I – para a admissão nos trabalhos de empresa que explore serviços públicos ou mantenha contrato com os poderes públicos;

II – para ingresso em funções públicas ou assemelhadas, em caso de cessação coletiva de trabalho, por motivo de fechamento de estabelecimento;

III – nas concorrências para aquisição de casa própria, pelo Plano Nacional de Habitação ou por intermédio de quaisquer instituições públicas;

IV – nos loteamentos urbanos ou rurais, promovidos pela União, por seus órgãos de administração direta ou indireta ou sociedades de economia mista;

V – na locação ou compra de imóveis, de propriedade de pessoa de direito público ou sociedade de economia mista, quando sob ação de despejo em tramitação judicial;

VI – na concessão de empréstimos simples concedidos pelas agências financeiras do Governo ou a ela vinculadas;

VII – na aquisição de automóveis, outros veículos e instrumentos relativos ao exercício da profissão, quando financiados pelas autarquias, sociedades de economia mista ou agências financeiras do Governo;

VIII – *(Revogado pela Lei 8.630/1993);*

IX – na concessão de bolsas de estudo para si ou para seus filhos, obedecida a legislação que regule a matéria.

- Inciso IX com redação determinada pelo Dec.-lei 229/1967.

Art. 545. Os empregadores ficam obrigados a descontar da folha de pagamento dos seus empregados, desde que por eles devidamente autorizados, as contribuições devidas ao sindicato, quando por este notificados.

- *Caput* com redação determinada pela Lei 13.467/2017 (*DOU* 14.07.2017), em vigor após decorridos 120 (cento e vinte) dias da sua publicação oficial.
- V. art. 8º, IV, CF.
- V. Súmula 666, STF.
- O STF, na ADI 5.794 (*DJE* 22.04.2019), julgou improcedentes os pedidos das ADI's apensadas e julgou procedente a ADC 55 para assentar a compatibilidade da Lei 13.467/2017 com a Carta Magna, que extinguiu a obrigatoriedade da contribuição sindical.
- **Redação anterior determinada pela MP 873/2019 (*DOU* 1º.03.2019, edição extra), que alterava este dispositivo, vigente entre 1º.03.2019 e 28.06.2019, teve seu prazo encerrado pelo Ato Declaratório CN 43/2019 (*DOU* 03.07.2019): "As contribuições facultativas ou as mensalidades devidas ao sindicato, previstas no estatuto da entidade ou em norma coletiva, independentemente de sua nomenclatura, serão recolhidas, cobradas e pagas na forma do disposto nos art. 578 e art. 579."**

Parágrafo único. O recolhimento à entidade sindical beneficiária do importe descontado deverá ser feito até o décimo dia subsequente ao do desconto, sob pena de juros de mora no valor de 10% (dez por cento) sobre o montante retido, sem prejuízo da multa prevista no art. 553 e das cominações penais relativas à apropriação indébita.

- Parágrafo único acrescentado pelo Dec.-lei 925/1969.
- **A MP 873/2019 (*DOU* 1º.03.2019, edição extra), que revogava este dispositivo, vigente entre 1º.03.2019 e 28.06.2019, teve seu prazo encerrado pelo Ato Declaratório CN 43/2019 (*DOU* CN 03.07.2019).**

Art. 546. Às empresas sindicalizadas é assegurada preferência, em igualdade de condições, nas concorrências para exploração de serviços públicos, bem como nas concorrências para fornecimento às repartições federais, estaduais e municipais e às entidades paraestatais.

Art. 547. É exigida a qualidade de sindicalizado para o exercício de qualquer função representativa de categoria econômica ou profissional, em órgão oficial de deliberação coletiva, bem como para o gozo de favores ou isenções tributárias, salvo em se tratando de atividades não econômicas.

- V. arts. 5º, XX, 8º, V, e 150, VI, *c*, CF.

Parágrafo único. Antes da posse ou exercício das funções a que alude o artigo anterior ou de concessão dos favores, será indispensável comprovar a sindicalização, ou oferecer prova, mediante certidão negativa no Departamento Nacional do Trabalho, no Distrito Federal, ou da autoridade regional do Ministério do Trabalho, Indústria e Comércio, nos Estados e no Território do Acre, de que não existe sindicato no local onde o interessado exerce a respectiva atividade ou profissão.

- V. Lei 4.923/1965 (Cadastro permanente de admissões e dispensas de empregados).
- V. art. 57, I, Lei 13.844/2019 (Estabelece a organização básica da Presidência da República e dos Ministérios, no qual fica transformado o Ministério do Trabalho em Ministério da Economia).

Seção VII
Da Gestão Financeira do Sindicato e sua Fiscalização

Art. 548. Constituem o patrimônio das associações sindicais:

a) as contribuições devidas aos sindicatos pelos que participem das categorias econômicas ou profissionais ou das profissões liberais representadas pelas referidas entidades, sob a denominação de contribuição sindical, pagas e arrecadadas na forma do Capítulo III deste Título;

b) as contribuições dos associados, na forma estabelecida nos estatutos ou pelas assembleias gerais;

c) os bens e valores adquiridos e as rendas produzidas pelos mesmos;

d) as doações e legados;

e) as multas e outras rendas eventuais.

Art. 549. A receita dos sindicatos, federações e confederações só poderá ter aplicação na forma prevista nos respectivos orçamentos anuais, obedecidas as disposições estabelecidas na lei e nos seus estatutos.

- Artigo com redação determinada pela Lei 6.386/1976.

§ 1º Para alienação, locação ou aquisição de bens imóveis, ficam as entidades sindicais obrigadas a realizar avaliação prévia pela Caixa Econômica Federal ou pelo Banco Nacional da Habitação ou, ainda, por qualquer outra organização legalmente habilitada a tal fim.

§ 2º Os bens imóveis das entidades sindicais não serão alienados sem a prévia autorização das respectivas assembleias gerais, reunidas com a presença da maioria absoluta dos associados com direito a voto ou dos conselhos de representantes com a maioria absoluta dos seus membros.

§ 3º Caso não seja obtido o *quorum* estabelecido no parágrafo anterior, a matéria poderá ser decidida em nova assembleia geral, reunida com qualquer número de associados com direito a voto, após o transcurso de 10 (dez) dias da primeira convocação.

§ 4º Nas hipóteses previstas nos §§ 2º e 3º a decisão somente terá validade se adotada pelo mínimo de 2/3 (dois terços) dos presentes, em escrutínio secreto.

§ 5º Da deliberação da assembleia geral, concernente à alienação de bens imóveis, caberá recurso voluntário, dentro do prazo de 15 (quinze) dias, ao Ministro do Trabalho, com efeito suspensivo.

- V. art. 57, I, Lei 13.844/2019 (Estabelece a organização básica da Presidência da República e dos Ministérios, no qual fica transformado o Ministério do Trabalho em Ministério da Economia).

§ 6º A venda do imóvel será efetuada pela diretoria da entidade, após a decisão da assembleia geral ou do conselho de representantes, mediante concorrência pública, com edital publicado no *Diário Oficial da União* e na imprensa diária, com antecedência mínima de 30 (trinta) dias da data de sua realização.

§ 7º Os recursos destinados ao pagamento total ou parcelado dos bens imóveis adquiridos serão consignados, obrigatoriamente, nos orçamentos anuais das entidades sindicais.

Art. 550. Os orçamentos das entidades sindicais serão aprovados, em escrutínio secreto, pelas respectivas assembleias gerais ou conselho de representantes, até 30 (trinta) dias antes do início do exercício financeiro a que se referem, e conterão a discriminação da receita e da despesa, na forma das instruções e modelos expedidos pelo Ministério do Trabalho.

- Artigo com redação determinada pela Lei 6.386/1976.
- V. art. 57, I, Lei 13.844/2019 (Estabelece a organização básica da Presidência da República e dos Ministérios, no qual fica transformado o Ministério do Trabalho em Ministério da Economia).

§ 1º Os orçamentos, após a aprovação prevista no presente artigo, serão publicados, em resumo, no prazo de 30 (trinta) dias, contados da data da realização da respectiva assembleia geral ou da reunião do conselho de representantes, que os aprovou, observada a seguinte sistemática:

a) no *Diário Oficial da União* – Seção I – Parte II, os orçamentos das confederações, federações e sindicatos de base interestadual ou nacional;

b) no órgão de imprensa oficial do Estado ou Território ou jornal de grande circulação local, os orçamentos das federações estaduais e sindicatos distritais municipais, intermunicipais e estaduais.

§ 2º As dotações orçamentárias que se apresentarem insuficientes para o atendimento das despesas, ou não incluídas nos orçamentos correntes, poderão ser ajustadas ao fluxo dos gastos, mediante a abertura de créditos adicionais solicitados pela diretoria da entidade às respectivas assembleias gerais ou conselhos de representantes, cujos atos concessórios serão publicados até o último dia do exercício correspondente, obedecida a mesma sistemática prevista no parágrafo anterior.

§ 3º Os créditos adicionais classificam-se em:

a) suplementares, os destinados a reforçar dotações alocadas no orçamento; e

b) especiais, os destinados a incluir dotações no orçamento, a fim de fazer face às despesas para as quais não se tenha consignado crédito específico.

§ 4º A abertura dos créditos adicionais depende da existência de receita para sua compensação, considerando-se, para esse efeito, desde que não comprometidos:

a) o superávit financeiro apurado em balanço do exercício anterior;

b) o excesso de arrecadação, assim entendido o saldo positivo da diferença entre a renda prevista e a realizada, tendo-se em conta, ainda, a tendência do exercício; e

c) a resultante da anulação parcial ou total de dotações alocadas no orçamento ou de créditos adicionais abertos no exercício.

§ 5º Para efeito orçamentário e contábil sindical, o exercício financeiro coincidirá com o ano civil, a ele pertencendo todas as receitas arrecadadas e as despesas compromissadas.

Art. 551. Todas as operações de ordem financeira e patrimonial serão evidenciadas pelos registros contábeis das entidades sindicais, executadas sob a responsabilidade de contabilista legalmente habilitado, em conformidade com o plano de contas e as instruções baixadas pelo Ministério do Trabalho.

- Artigo com redação determinada pela Lei 6.386/1976.
- V. art. 57, I, Lei 13.844/2019 (Estabelece a organização básica da Presidência da República e dos Ministérios, no qual fica transformado o Ministério do Trabalho em Ministério da Economia).

§ 1º A escrituração contábil a que se refere este artigo será baseada em documentos de receita e despesa, que ficarão arquivados nos serviços de contabilidade, à disposição dos órgãos responsáveis pelo acompanhamento administrativo e da fiscalização financeira da própria entidade, ou do controle que poderá ser exercido pelos órgãos da União, em face da legislação específica.

§ 2º Os documentos comprobatórios dos atos de receita e despesa, a que se refere o parágrafo anterior, poderão ser incinerados, após decorridos 5 (cinco) anos da data de quitação das contas pelo órgão competente.

§ 3º É obrigatório o uso do livro Diário, encadernado, com folhas seguida e tipograficamente numeradas, para a escrituração, pelo método das partidas dobradas, diretamente ou por reprodução, dos atos ou operações que modifiquem ou venham a modificar a situação patrimonial da entidade, o qual conterá, respectivamente, na primeira e na última páginas, os termos de abertura e de encerramento.

§ 4º A entidade sindical que se utilizar de sistema mecânico ou eletrônico para sua escrituração contábil poderá substituir o Diário e os livros facultativos ou auxiliares por fichas ou formulários contínuos, cujos lançamentos deverão satisfazer a todos os requisitos e normas de escrituração exigidos com relação aos livros mercantis, inclusive no que respeita a termos de abertura e de encerramento e numeração sequencial e tipográfica.

§ 5º Na escrituração por processos de fichas ou formulários contínuos, a entidade adotará livro próprio para inscrição do balanço patrimonial e da demonstração do resultado do exercício, o qual conterá os mesmos requisitos exigidos para os livros de escrituração.

§ 6º Os livros e fichas ou formulários contínuos serão obrigatoriamente submetidos a registro e autenticação das Delegacias Regionais do Trabalho e Emprego localizadas na base territorial da entidade.

§ 7º As entidades sindicais manterão registro específico dos bens de qualquer natureza, de sua propriedade, em livros ou fichas próprios, que atenderão às mesmas formalidades exigidas para o livro Diário, inclusive no que se refere ao registro e autenticação da Delegacia Regional do Trabalho local.

§ 8º As contas dos administradores das entidades sindicais serão aprovadas, em escrutínio secreto, pelas respectivas assembleias gerais ou conselhos de representantes, com prévio parecer do conselho fiscal, cabendo ao Ministro do Trabalho estabelecer prazos e procedimentos para a sua elaboração e destinação.

- V. art. 57, I, Lei 13.844/2019 (Estabelece a organização básica da Presidência da República e dos Ministérios, no qual fica transformado o Ministério do Trabalho em Ministério da Economia).

Art. 552. Os atos que importem em malversação ou dilapidação do patrimônio das associações ou entidades sindicais ficam equiparados ao crime de peculato, julgado e punido na conformidade da legislação penal.

- Artigo com redação determinada pelo Dec.-lei 925/1969.

Seção VIII
Das Penalidades

Art. 553. As infrações ao disposto neste Capítulo serão punidas, segundo o seu caráter e a sua gravidade, com as seguintes penalidades:

- V. art. 8º, I, CF.

a) multa de Cr$ 100 (cem cruzeiros) e 5.000 (cinco mil cruzeiros), dobrada na reincidência;

- Multas: ver Notas de Atualização e Portaria MTb 290/1997.

b) suspensão de diretores por prazo não superior a 30 (trinta) dias;

c) destituição de diretores ou de membros de conselho;

d) fechamento de sindicato, federação ou confederação por prazo nunca superior a 6 (seis) meses;

e) cassação da carta de reconhecimento;

f) multa de 1/30 (um trinta avos) do salário mínimo regional, aplicável ao associado que deixar de cumprir, sem causa justificada, o disposto no parágrafo único do art. 529.

- Alínea *f* acrescentada pelo Dec.-lei 229/1967.
- Multas: ver Notas de Atualização e Portaria MTb 290/1997.

§ 1º A imposição de penalidades aos administradores não exclui a aplicação das que este artigo prevê para a associação.

- Primitivo parágrafo único renumerado pelo Dec.-lei 925/1969.

§ 2º Poderá o Ministro do Trabalho e Previdência Social determinar o afastamento preventivo de cargo ou representação sindicais de seus exercentes, com fundamento em elementos constantes de denúncia formalizada que constituam indício veemente ou início de prova bastante do fato e da autoria denunciados.

- § 2º acrescentado pelo Dec.-lei 925/1969.
- V. art. 57, I, Lei 13.844/2019 (Estabelece a organização básica da Presidência da República e dos Ministérios, no qual fica transformado o Ministério do Trabalho em Ministério da Economia).

Art. 554. Destituída a administração, na hipótese da alínea *c* do artigo anterior, o Ministro do Trabalho, Indústria e Comércio nomeará um delegado para dirigir a associação e proceder, dentro do prazo de 90 (noventa) dias, em assembleia geral por ele convocada e presidida, à eleição dos novos diretores e membros do conselho fiscal.

- V. arts. 5º, XIX, e 8º, I, CF.
- V. art. 57, I, Lei 13.844/2019 (Estabelece a organização básica da Presidência da República e dos Ministérios, no qual fica transformado o Ministério do Trabalho em Ministério da Economia).

Art. 555. A pena de cassação da carta de reconhecimento será imposta à entidade sindical:

- V. art. 8º, I, CF.

a) que deixar de satisfazer as condições de constituição e funcionamento estabelecidas nesta Lei;

b) que se recusar ao cumprimento de ato do Presidente da República, no uso da faculdade conferida pelo art. 536;

c) que criar obstáculos à execução da política econômica adotada pelo Governo.

- Alínea *c* com redação determinada pelo Dec.-lei 8.080/1945.

Art. 556. A cassação da carta de reconhecimento da entidade sindical não importará o cancelamento de seu registro, nem, consequentemente, a sua dissolução, que se processará de acordo com as disposições da lei que regulam a dissolução das associações civis.

- V. art. 8º, I, CF.

Parágrafo único. No caso de dissolução, por se achar a associação incursa nas leis que definem crimes contra a personalidade internacional, a estrutura e a segurança do Estado e a ordem política e social, os seus bens, pagas as dívidas decorrentes das suas responsabilidades, serão incorporados ao patrimônio da União e aplicados em obras de assistência social.

Art. 557. As penalidades de que trata o art. 553 serão impostas:

- V. art. 8º, I, CF.

a) as das alíneas *a* e *b*, pelo diretor-geral do Departamento Nacional do Trabalho, com recurso para o Ministro de Estado;

- V. art. 57, I, Lei 13.844/2019 (Estabelece a organização básica da Presidência da República e dos Ministérios, no qual fica transformado o Ministério do Trabalho em Ministério da Economia).

b) as demais, pelo Ministro de Estado.

§ 1º Quando se tratar de associações de grau superior, as penalidades serão impostas pelo Ministro de Estado, salvo se a pena for de cassação da carta de reconhecimento de confederação, caso em que a pena será imposta pelo Presidente da República.

§ 2º Nenhuma pena será imposta sem que seja assegurada defesa ao acusado.

Seção IX
Disposições Gerais

Art. 558. São obrigadas ao registro todas as associações profissionais constituídas por atividades ou profissões idênticas, similares ou conexas, de acordo com o art. 511 e na conformidade do Quadro de Atividades e Profissões a que alude o Capítulo II deste Título. As associações profissionais registradas nos termos deste artigo poderão representar, perante as autoridades administrativas e judiciárias, os interesses individuais dos associados relativos à sua atividade ou profissão, sendo-lhes também extensivas as prerrogativas contidas na alínea *d* e no parágrafo único do art. 513.

- V. art. 8º, CF.

§ 1º O registro a que se refere o presente artigo competirá às Delegacias Regionais do Ministério do Trabalho e Previdência Social ou às repartições autorizadas em virtude da lei.

- § 1º com redação determinada pelo Dec.-lei 925/1969.

§ 2º O registro das associações far-se-á mediante requerimento, acompanhado da cópia autêntica dos estatutos e da declaração do número de associados, do patrimônio e dos serviços sociais organizados.

§ 3º As alterações dos estatutos das associações profissionais não entrarão em vigor sem aprovação da autoridade que houver concedido o respectivo registro.

- V. Portaria MJSP 501/2019 (Registro sindical).

Art. 559. O Presidente da República, excepcionalmente e mediante proposta do Ministro do Trabalho, Indústria e Comércio, fundada em razões de utilidade pública, poderá conceder, por decreto, às associações civis constituídas para a defesa e coordenação de interesses econômicos e profissionais e não obrigadas ao registro previsto no artigo anterior, a prerrogativa da alínea *d* do art. 513 deste Capítulo.

- V. art. 8º, I, CF.
- V. art. 57, I, Lei 13.844/2019 (Estabelece a organização básica da Presidência da República e dos Ministérios, no qual fica transformado o Ministério do Trabalho em Ministério da Economia).

Art. 560. Não se reputará transmissão de bens, para efeitos fiscais, a incorporação do patrimônio de uma associação profissional ao da entidade sindical, ou das entidades aludidas entre si.

Art. 561. A denominação "sindicato" é privativa das associações profissionais de primeiro grau, reconhecidas na forma desta Lei.

Art. 562. As expressões "federação" e "confederação", seguidas da designação de uma atividade econômica ou profissional, constituem denominações privativas das entidades sindicais de grau superior.

Art. 563. *(Revogado pelo Dec.-lei 925/1969).*

Art. 564. Às entidades sindicais, sendo-lhes peculiar e essencial a atribuição representativa e coordenadora das correspondentes categorias ou profissões, é vedado, direta ou indiretamente, o exercício de atividade econômica.

- V. art. 8º, CF.

Art. 565. As entidades sindicais reconhecidas nos termos desta Lei não poderão filiar-se a organizações internacionais, nem com elas manter relações, sem prévia licença concedida por decreto do Presidente da República.

- Artigo com redação determinada pela Lei 2.802/1956.
- V. art. 8º, CF.

Art. 566. Não podem sindicalizar-se os servidores do Estado e os das instituições paraestatais.

- V. arts. 8º, I, e 37, VI, CF.

Parágrafo único. Excluem-se da proibição constante deste artigo os empregados das sociedades de economia mista, da Caixa Econômica Federal e das fundações criadas ou mantidas pelo Poder Público da União, dos Estados e Municípios.

- Parágrafo único com redação determinada pela Lei 7.449/1985.

Arts. 567 a 569. *(Revogados pelo Dec.-lei 229/1967).*

Capítulo II
Do Enquadramento Sindical

Art. 570. Os sindicatos constituir-se-ão, normalmente, por categorias econômicas ou profissionais específicas, na conformidade da discriminação do Quadro de Atividades e Profissões a que se refere o art. 577, ou segundo as subdivisões que, sob proposta da Comissão do Enquadramento Sindical, de que trata o art. 576, forem criadas pelo Ministro do Trabalho, Indústria e Comércio.

- V. art. 8º, I e II, CF.
- V. art. 57, I, Lei 13.844/2019 (Estabelece a organização básica da Presidência da República e dos Ministérios, no qual fica transformado o Ministério do Trabalho em Ministério da Economia).
- V. OJ 23, SDC.

Parágrafo único. Quando os exercentes de quaisquer atividades ou profissões se constituírem, seja pelo número reduzido, seja pela natureza mesma dessas atividades ou profissões, seja pelas afinidades existentes entre elas, em condições tais que não se possam sindicalizar eficientemente pelo critério de especificidade de categoria, é-lhes permitido sindicalizar-se pelo critério de categorias similares ou conexas, entendendo-se como tais as que se acham compreendidas nos limites de cada grupo constante do Quadro de Atividades e Profissões.

- V. Súmula 196, STF.

Art. 571. Qualquer das atividades ou profissões concentradas na forma do parágrafo único do artigo anterior poderá dissociar-se do sindicato principal, formando um sindicato específico, desde que o novo sindicato, a juízo da Comissão do Enquadramento Sindical, ofereça possibilidade de vida associativa regular e de ação sindical eficiente.

- V. art. 8º, I e II, CF.

Art. 572. Os sindicatos que se constituírem por categorias similares ou conexas, nos termos do parágrafo único do art. 570, adotarão denominação em que fiquem, tanto quanto possível, explicitamente mencionadas as atividades ou profissões concentradas, de conformidade com o Quadro de Atividades e Profissões, ou se se tratar de subdivisões, de acordo com o que determinar a Comissão do Enquadramento Sindical.

- V. art. 8º, I e II, CF.

Parágrafo único. Ocorrendo a hipótese do artigo anterior, o sindicato principal terá a denominação alterada, eliminando-se-lhe a designação relativa à atividade ou profissão dissociada.

Art. 573. O agrupamento dos sindicatos em federações obedecerá às mesmas regras que as estabelecidas neste Capítulo para o agrupamento das atividades e profissões em sindicatos.

- V. art. 8º, I e II, CF.

Parágrafo único. As federações de sindicatos de profissões liberais poderão ser organizadas independentemente do grupo básico da confederação, sempre que as respectivas profissões se acharem submetidas, por disposições de lei, a um único regulamento.

- Primitivo § 1º renumerado pelo Dec.-lei 229/1967, que também revogou o § 2º deste artigo.

Art. 574. Dentro da mesma base territorial, as empresas industriais do tipo artesanal poderão constituir entidades sindicais, de primeiro e segundo graus, distintas das associações sindicais das empresas congêneres, de tipo diferente.

- V. art. 8º, I e II, CF.

Parágrafo único. Compete à Comissão do Enquadramento Sindical definir, de modo genérico, com a aprovação do Ministro do Trabalho, Indústria e Comércio, a dimensão e os demais característicos das empresas industriais de tipo artesanal.

- V. art. 57, I, Lei 13.844/2019 (Estabelece a organização básica da Presidência da República e dos Ministérios, no qual fica transformado o Ministério do Trabalho em Ministério da Economia).

Art. 575. O Quadro de Atividades e Profissões será revisto de 2 (dois) em 2 (dois) anos, por proposta da Comissão do Enquadramento Sindical, para o fim de ajustá-lo às condições da estrutura econômica e profissional do País.

- V. art. 8º, I e II, CF.

§ 1º Antes de proceder à revisão do Quadro, a Comissão deverá solicitar sugestões às entidades sindicais e às associações profissionais.

§ 2º A proposta de revisão será submetida à aprovação do Ministro do Trabalho, Indústria e Comércio.

- V. art. 57, I, Lei 13.844/2019 (Estabelece a organização básica da Presidência da República e dos Ministérios, no qual fica transformado o Ministério do Trabalho em Ministério da Economia).

Art. 576. A Comissão do Enquadramento Sindical será constituída pelo Diretor-Geral do Departamento Nacional do Trabalho e Emprego, que a presidirá, e pelos seguintes membros:

- V. art. 8º, I e II, CF.
- *Caput* com redação determinada pela Lei 5.819/1972.

I – dois representantes do Departamento Nacional do Trabalho;

II – um representante da Diretoria das Relações do Trabalho;

III – um representante do Instituto Nacional de Tecnologia, do Ministério da Indústria, do Comércio e do Turismo;

IV – um representante do Instituto Nacional de Colonização e Reforma Agrária, do Ministério da Agricultura;

V – um representante do Ministério dos Transportes;

VI – dois representantes das categorias econômicas; e

VII – dois representantes das categorias profissionais.

§ 1º Os membros da CES serão designados pelo Ministro do Trabalho e Previdência Social, mediante:

- § 1º com redação determinada pelo Dec.-lei 229/1967.
- V. art. 57, I, Lei 13.844/2019 (Estabelece a organização básica da Presidência da República e dos Ministérios, no qual fica transformado o Ministério do Trabalho em Ministério da Economia).

a) indicação dos titulares das Pastas, quanto aos representantes dos outros Ministérios;

b) indicação do respectivo Diretor-Geral, quanto ao da Secretaria das Relações do Trabalho;

c) eleição pelas respectivas confederações, em conjunto, quanto aos representantes das categorias econômicas e profissionais, de acordo com as instruções que forem expedidas pelo Ministro do Trabalho e Previdência Social.

- V. art. 57, I, Lei 13.844/2019 (Estabelece a organização básica da Presidência da República e dos Ministérios, no qual fica transformado o Ministério do Trabalho em Ministério da Economia).

§ 2º Cada membro terá um suplente designado juntamente com o titular.

- § 2º com redação determinada pelo Dec.-lei 229/1967.

§ 3º Será de 3 (três) anos o mandato dos representantes das categorias econômica e profissional.

- § 3º com redação determinada pelo Dec.-lei 925/1969.

§ 4º Os integrantes da Comissão perceberão a gratificação de presença que for estabelecida por decreto executivo.

- § 4º com redação determinada pelo Dec.-lei 229/1967.

§ 5º Em suas faltas ou impedimentos, o Diretor-Geral do DNT será substituído na presidência pelo Diretor substituto do Departamento ou pelo representante deste na Comissão, nesta ordem.

- § 5º com redação determinada pelo Dec.-lei 506/1969.

§ 6º Além das atribuições fixadas no presente Capítulo e concernentes ao enquadramento sindical, individual ou coletivo, e à classificação das atividades e profissões, competirá também à CES resolver, com recurso para o Ministro do Trabalho e Previdência Social, todas as dúvidas e controvérsias concernentes à organização sindical.

- § 6º com redação determinada pelo Dec.-lei 229/1967.
- V. art. 57, I, Lei 13.844/2019 (Estabelece a organização básica da Presidência da República e dos Ministérios, no qual fica transformado o Ministério do Trabalho em Ministério da Economia).

Art. 577. O Quadro de Atividades e Profissões em vigor fixará o plano básico do enquadramento sindical.

- V. art. 8º, I e II, CF.

Capítulo III
Da Contribuição Sindical

- V. arts. 5º, XX, e 8º, V, CF.
- V. Dec.-lei 27/1966, que determina que "imposto sindical" passe à denominação de "contribuição sindical".
- V. art. 35, V, Dec.-lei 229/1967 (Altera a CLT).
- V. art. 7º, Lei 11.648/2008, que determina que os artigos abrangidos por este Capítu-

lo, vigorarão até que a lei venha disciplinar a contribuição negocial, vinculada ao exercício efetivo da negociação coletiva e à aprovação em assembleia geral da categoria.

Seção I
Da Fixação e do Recolhimento da Contribuição Sindical

- V. Dec.-lei 27/1966, que determina que "imposto sindical" passe à denominação de "contribuição sindical".
- V. art. 35, V, Dec.-lei 229/1967 (Altera a CLT).

Art. 578. As contribuições devidas aos sindicatos pelos participantes das categorias econômicas ou profissionais ou das profissões liberais representadas pelas referidas entidades serão, sob a denominação de contribuição sindical, pagas, recolhidas e aplicadas na forma estabelecida neste Capítulo, desde que prévia e expressamente autorizadas.

- Artigo com redação determinada pela Lei 13.467/2017 (*DOU* 14.07.2017), em vigor após decorridos 120 (cento e vinte) dias da sua publicação oficial.
- V. art. 8º, IV, CF.
- V. Súmula 396, STJ.
- O STF, na ADI 5.794 (DJE 22.04.2019), julgou improcedentes os pedidos das ADI's apensadas e julgou procedente a ADC 55 para assentar a compatibilidade da Lei 13.467/2017 com a Carta Magna, que extinguiu a obrigatoriedade da contribuição sindical.
- **Redação anterior determinada pela MP 873/2019 (*DOU* 1º.03.2019, edição extra), que alterava este dispositivo, vigente entre 1º.03.2019 e 28.06.2019, teve seu prazo encerrado pelo Ato Declaratório CN 43/2019 (*DOU* 03.07.2019): "As contribuições devidas aos sindicatos pelos participantes das categorias econômicas ou profissionais ou das profissões liberais representadas pelas referidas entidades serão recolhidas, pagas e aplicadas na forma estabelecida neste Capítulo, sob a denominação de contribuição sindical, desde que prévia, voluntária, individual e expressamente autorizado pelo empregado.**

Art. 579. O desconto da contribuição sindical está condicionado à autorização prévia e expressa dos que participarem de uma determinada categoria econômica ou profissional, ou de uma profissão liberal, em favor do sindicato representativo da mesma categoria ou profissão ou, inexistindo este, na conformidade do disposto no art. 591 desta Consolidação.

- *Caput* com redação determinada pela Lei 13.467/2017 (*DOU* 14.07.2017), em vigor após decorridos 120 (cento e vinte) dias da sua publicação oficial.
- V. art. 8º, IV, CF.
- * O STF, na ADI 5.794 (DJE 22.04.2019), julgou improcedentes os pedidos das ADI's apensadas e julgou procedente a ADC 55 para assentar a compatibilidade da Lei 13.467/2017 com a Carta Magna, que extinguiu a obrigatoriedade da contribuição sindical.
- **Redação anterior determinada pela MP 873/2019 (*DOU* 1º.03.2019, edição extra), que alterava o caput e acrescentava os §§ 1º e 2º e o artigo 579-A, vigente entre 1º.03.2019 e 28.06.2019, teve seu prazo encerrado pelo Ato Declaratório CN 43/2019 (*DOU* 03.07.2019): "O requerimento de pagamento da contribuição sindical está condicionado à autorização prévia e voluntária do empregado que participar de determinada categoria econômica ou profissional ou de profissão liberal, em favor do sindicato representativo da mesma categoria ou profissão ou, na inexistência do sindicato, em conformidade o disposto no art. 591. § 1º A autorização prévia do empregado a que se refere o caput deve ser individual, expressa e por escrito, não admitidas a autorização tácita ou a substituição dos requisitos estabelecidos neste artigo para a cobrança por requerimento de oposição. § 2º É nula a regra ou a cláusula normativa que fixar a compulsoriedade ou a obrigatoriedade de recolhimento a empregados ou empregadores, sem observância do disposto neste artigo, ainda que referendada por negociação coletiva, assembleia-geral ou outro meio previsto no estatuto da entidade." "Art. 579-A. Podem ser exigidas somente dos filiados ao sindicato: I – a contribuição confederativa de que trata o inciso IV do caput do art. 8º da Constituição; II – a mensalidade sindical; e III – as demais contribuições sindicais, incluídas aquelas instituídas pelo estatuto do sindicato ou por negociação coletiva.**

Art. 580. A contribuição sindical será recolhida, de uma só vez, anualmente, e consistirá:

- *Caput* do artigo com redação determinada pela Lei 6.386/1976.
- V. art. 8º, IV, CF.

I – na importância correspondente à remuneração de 1 (um) dia de trabalho, para os empregados, qualquer que seja a forma da referida remuneração;

- Inciso I com redação determinada pela Lei 6.386/1976.

II – para os agentes ou trabalhadores autônomos e para os profissionais liberais, numa importância correspondente a 30% (trinta por cento) do maior valor de referência fixado pelo Poder Executivo, vigente à época em que é devida a contribuição sindical, arredondada para Cr$ 1,00 (um cruzeiro) a fração porventura existente;

- Inciso II com redação determinada pela Lei 7.047/1982.
- V. Lei 4.886/1965 (Representantes comerciais autônomos).

III – para os empregadores, numa importância proporcional ao capital social da firma ou empresa, registrado nas respectivas Juntas Comerciais ou órgãos equivalentes, mediante a aplicação de alíquotas, conforme a seguinte tabela progressiva:

Classes de Capital	Alíquota (%)
1 – Até 150 vezes o maior valor de referência	0,8
2 – Acima de 150, até 1.500 vezes o maior valor de referência	0,2
3 – Acima de 1.500, até 150.000 vezes o maior valor de referência	0,1
4 – Acima de 150.000, até 800.000 vezes o maior valor de referência	0,02

- Inciso III com redação determinada pela Lei 7.047/1982.

§ 1º A contribuição sindical prevista na tabela constante do item III deste artigo corresponderá à soma da aplicação das alíquotas sobre a porção do capital distribuído em cada classe, observados os respectivos limites.

- § 1º com redação determinada pela Lei 6.386/1976.

§ 2º Para efeito do cálculo de que trata a tabela progressiva inserta no item III deste artigo, considerar-se-á o valor de referência fixado pelo Poder Executivo, vigente à data de competência da contribuição, arredondando-se para Cr$ 1,00 (um cruzeiro) a fração porventura existente.

- § 2º com redação determinada pela Lei 6.386/1976.

§ 3º É fixado em 60% (sessenta por cento) do maior valor de referência, a que alude o parágrafo anterior, a contribuição mínima devida pelos empregadores, independentemente do capital social da firma ou empresa, ficando, do mesmo modo, estabelecido o capital equivalente a 800.000 vezes o maior valor de referência, para efeito do cálculo da contribuição máxima, respeitada a tabela progressiva constante do item III.

- § 3º com redação determinada pela Lei 7.047/1982.

§ 4º Os agentes ou trabalhadores autônomos e os profissionais liberais, organizados em firma ou empresa, com capital social registrado, recolherão a contribuição sindical de acordo com a tabela progressiva a que se refere o item III.

- § 4º com redação determinada pela Lei 6.386/1976.

§ 5º As entidades ou instituições que não estejam obrigadas ao registro de capital social considerarão como capital, para efeito do cálculo de que trata a tabela progressiva constante do item III deste artigo, o valor resultante da aplicação do percentual de 40% (quarenta por cento) sobre o movimento econômico registrado no exercício imediatamente anterior, do que darão conhecimento à respectiva entidade sindical ou à Delegacia Regional do Trabalho, observados os limites estabelecidos no § 3º deste artigo.

- § 5º com redação determinada pela Lei 6.386/1976.

§ 6º Excluem-se da regra do § 5º as entidades ou instituições que comprovarem, através de requerimento dirigido ao Ministério do Trabalho, que não exercem atividade econômica com fins lucrativos.

- § 6º com redação determinada pela Lei 6.386/1976.

Art. 581. Para os fins do item III do artigo anterior, as empresas atribuirão parte do respectivo capital às suas sucursais, filiais ou agências, desde que localizadas fora da base territorial da entidade sindical representativa da atividade econômica do estabelecimento principal, na proporção das correspondentes operações econômicas, fazendo a devida comunicação às Delegacias Regionais do Trabalho e Emprego, conforme a localidade da sede da empresa, sucursais, filiais ou agências.

• Artigo com redação determinada pela Lei 6.386/1976.

§ 1º Quando a empresa realizar diversas atividades econômicas, sem que nenhuma delas seja preponderante, cada uma dessas atividades será incorporada à respectiva categoria econômica, sendo a contribuição sindical devida à entidade sindical representativa da mesma categoria, procedendo-se, em relação às correspondentes sucursais, agências ou filiais, na forma do presente artigo.

§ 2º Entende-se por atividade preponderante a que caracterizar a unidade de produto, operação ou objetivo final, para cuja obtenção todas as demais atividades convirjam, exclusivamente, em regime de conexão funcional.

Art. 582. Os empregadores são obrigados a descontar da folha de pagamento de seus empregados relativa ao mês de março de cada ano a contribuição sindical dos empregados que autorizaram prévia e expressamente o seu recolhimento aos respectivos sindicatos.

• *Caput* com redação determinada pela Lei 13.467/2017 (*DOU* 14.07.2017), em vigor após decorridos 120 (cento e vinte) dias da sua publicação oficial.
• V. art. 8º, IV, CF.
• O STF, na ADI 5.794 (DJE 22.04.2019), julgou improcedentes os pedidos das ADI's apensadas e julgou procedente a ADC 55 para assentar a compatibilidade da Lei 13.467/2017 com a Carta Magna, que extinguiu a obrigatoriedade da contribuição sindical.

§ 1º Considera-se um dia de trabalho, para efeito de determinação da importância a que alude o item I do art. 580, o equivalente:

• § 1º com redação determinada pela Lei 6.386/1976.

a) a uma jornada normal de trabalho, se o pagamento ao empregado for feito por unidade de tempo;

b) a 1/30 (um trinta avos) da quantia percebida no mês anterior, se a remuneração for paga por tarefa, empreitada ou comissão.

§ 2º Quando o salário for pago em utilidades, ou nos casos em que o empregado receba, habitualmente, gorjetas, a contribuição sindical corresponderá a 1/30 (um trinta avos) da importância que tiver servido de base, no mês de janeiro, para a contribuição do empregado à Previdência Social.

• § 2º com redação determinada pela Lei 6.386/1976.
• **Redação anterior determinada pela MP 873/2019 (*DOU* 1º.03.2019, edição extra), que alterava este dispositivo, vigente entre 1º.03.2019 e 28.06.2019, teve seu prazo encerrado pelo Ato Declaratório CN 43/2019 (*DOU* 03.07.2019): "A contribuição dos empregados que autorizarem, prévia e expressamente, o recolhimento da contribuição sindical será feita exclusivamente por meio de boleto bancário ou equivalente eletrônico, que será encaminhado obrigatoriamente à residência do empregado ou, na hipótese de impossibilidade de recebimento, à sede da empresa. § 1º A inobservância ao disposto neste artigo ensejará a aplicação do disposto no art. 598. § 2º É vedado o envio de boleto ou equivalente à residência do empregado ou à sede da empresa, na hipótese de inexistência de autorização prévia e expressa do empregado. § 3º Para fins do disposto no inciso I do caput do art. 580, considera-se um dia de trabalho o equivalente a: I – uma jornada normal de trabalho, na hipótese de o pagamento ao empregado ser feito por unidade de tempo; ou II – 1/30 (um trinta avos) da quantia percebida no mês anterior, na hipótese de a remuneração ser paga por tarefa, empreitada ou comissão. § 3º Na hipótese de pagamento do salário em utilidades, ou nos casos em que o empregado receba, habitualmente, gorjetas, a contribuição sindical corresponderá a 1/30 (um trinta avos) da importância que tiver servido de base, no mês de janeiro, para a contribuição do empregado à Previdência Social. *Consta conforme publicação oficial.**

Art. 583. O recolhimento da contribuição sindical referente aos empregados e trabalhadores avulsos será efetuado no mês de abril de cada ano, e o relativo aos agentes ou trabalhadores autônomos e profissionais liberais realizar-se-á no mês de fevereiro, observada a exigência de autorização prévia e expressa prevista no art. 579 desta Consolidação.

• *Caput* com redação determinada pela Lei 13.467/2017 (*DOU* 14.07.2017), em vigor após decorridos 120 (cento e vinte) dias da sua publicação oficial.
• V. Lei 4.886/1965 (Representantes comerciais autônomos).
• V. Dec. 63.912/1968 (Pagamento da gratificação de Natal ao trabalhador avulso).
• V. Lei 9.719/1998 (Proteção ao trabalho portuário).
• O STF, na ADI 5.794 (*DJE* 22.04.2019), julgou improcedentes os pedidos das ADI's apensadas e julgou procedente a ADC 55 para assentar a compatibilidade da Lei 13.467/2017 com a Carta Magna, que extinguiu a obrigatoriedade da contribuição sindical.

§ 1º O recolhimento obedecerá ao sistema de guias, de acordo com as instruções expedidas pelo Ministro do Trabalho.

• § 1º acrescentado pela Lei 6.386/1976.
• V. art. 57, I, Lei 13.844/2019 (Estabelece a organização básica da Presidência da República e dos Ministérios, no qual fica transformado o Ministério do Trabalho em Ministério da Economia).

§ 2º O comprovante de depósito da contribuição sindical será remetido ao respectivo sindicato; na falta deste, à correspondente entidade sindical de grau superior, e, se for o caso, ao Ministério do Trabalho.

• § 2º acrescentado pela Lei 6.386/1976.

Art. 584. Servirá de base para o pagamento da contribuição sindical, pelos agentes ou trabalhadores autônomos e profissionais liberais, a lista de contribuintes organizada pelos respectivos sindicatos e, na falta destes, pelas federações ou confederações coordenadoras da categoria.

• Artigo com redação determinada pela Lei 6.386/1976.

Art. 585. Os profissionais liberais poderão optar pelo pagamento da contribuição sindical unicamente à entidade sindical representativa da respectiva profissão, desde que a exerça, efetivamente, na firma ou empresa e como tal sejam nelas registrados.

• Artigo com redação determinada pela Lei 6.386/1976.

Parágrafo único. Na hipótese referida neste artigo, à vista da manifestação do contribuinte e da exibição da prova de quitação da contribuição, dada por sindicato de profissionais liberais, o empregador deixará de efetuar, no salário do contribuinte, o desconto a que se refere o art. 582.

Art. 586. A contribuição sindical será recolhida, nos meses fixados no presente Capítulo, à Caixa Econômica Federal, ao Banco do Brasil S/A, ou aos estabelecimentos bancários nacionais integrantes do Sistema de Arrecadação dos Tributos Federais, os quais, de acordo com instruções expedidas pelo Conselho Monetário Nacional, repassarão à Caixa Econômica Federal as importâncias arrecadadas.

• Artigo com redação determinada pela Lei 6.386/1976.

§ 1º Integrarão a rede arrecadadora as Caixas Econômicas Estaduais, nas localidades onde inexistam os estabelecimentos previstos no *caput* deste artigo.

§ 2º Tratando-se de empregador, agentes ou trabalhadores autônomos ou profissionais liberais, o recolhimento será efetuado pelos próprios, diretamente ao estabelecimento arrecadador.

§ 3º A contribuição sindical devida pelos empregados e trabalhadores avulsos será recolhida pelo empregador e pelo sindicato, respectivamente.

Art. 587. Os empregadores que optarem pelo recolhimento da contribuição sindical deverão fazê-lo no mês de janeiro de cada ano, ou, para os que venham a se estabelecer após o referido mês, na ocasião em que requererem às repartições o registro ou a licença para o exercício da respectiva atividade.

• Artigo com redação determinada pela Lei 13.467/2017 (*DOU* 14.07.2017), em vigor após decorridos 120 (cento e vinte) dias da sua publicação oficial.
• O STF, na ADI 5.794 (*DJE* 22.04.2019), julgou improcedentes os pedidos das ADI's apensadas e julgou procedente a ADC 55 para assentar a compatibilidade da Lei 13.467/2017 com a Carta Magna, que extinguiu a obrigatoriedade da contribuição sindical.

Art. 588. A Caixa Econômica Federal manterá conta-corrente intitulada "Depósitos da Arrecadação da Contribuição Sindical", em nome de cada uma das entidades sindicais beneficiadas, cabendo ao Ministério do Trabalho cientificá-la das ocorrências pertinentes à vida administrativa dessas entidades.

• Artigo com redação determinada pela Lei 6.386/1976.
• V. art. 57, I, Lei 13.844/2019 (Estabelece a organização básica da Presidência da Repúbli-

ca e dos Ministérios, no qual fica transformado o Ministério do Trabalho em Ministério da Economia).

§ 1º Os saques na conta-corrente referida no *caput* deste artigo far-se-ão mediante ordem bancária ou cheque com as assinaturas conjuntas do presidente e do tesoureiro da entidade sindical.

§ 2º A Caixa Econômica Federal remeterá, mensalmente, a cada entidade sindical, um extrato da respectiva conta-corrente, e, quando solicitado, aos órgãos do Ministério do Trabalho.

- V. art. 57, I, Lei 13.844/2019 (Estabelece a organização básica da Presidência da República e dos Ministérios, no qual fica transformado o Ministério do Trabalho em Ministério da Economia).

Art. 589. Da importância da arrecadação da contribuição sindical serão feitos os seguintes créditos pela Caixa Econômica Federal, na forma das instruções que forem expedidas pelo Ministro do Trabalho:

- *Caput* do artigo com redação determinada pela Lei 6.386/1976.
- V. art. 57, I, Lei 13.844/2019 (Estabelece a organização básica da Presidência da República e dos Ministérios, no qual fica transformado o Ministério do Trabalho em Ministério da Economia).

I – para os empregadores:

- Inciso I com redação determinada pela Lei 11.648/2008.

a) 5% (cinco por cento) para a confederação correspondente;

b) 15% (quinze por cento) para a federação;

c) 60% (sessenta por cento) para o sindicato respectivo; e

d) 20% (vinte por cento) para a "Conta Especial Emprego e Salário";

II – para os trabalhadores:

- Inciso II com redação determinada pela Lei 11.648/2008.

a) 5% (cinco por cento) para a confederação correspondente;

b) 10% (dez por cento) para a central sindical;

c) 15% (quinze por cento) para a federação;

d) 60% (sessenta por cento) para o sindicato respectivo; e

e) 10% (dez por cento) para a "Conta Especial Emprego e Salário";

III – *(Revogado pela Lei 11.648/2008).*

IV – *(Revogado pela Lei 11.648/2008).*

§ 1º O sindicato de trabalhadores indicará ao Ministério do Trabalho e Emprego a central sindical a que estiver filiado como beneficiária da respectiva contribuição sindical, para fins de destinação dos créditos previstos neste artigo.

- § 1º acrescentado pela Lei 11.648/2008.

§ 2º A central sindical a que se refere a alínea *b* do inciso II do *caput* deste artigo deverá atender aos requisitos de representatividade previstos na legislação específica sobre a matéria.

- § 2º acrescentado pela Lei 11.648/2008.

Art. 590. Inexistindo confederação, o percentual previsto no art. 589 desta Consolidação caberá à federação representativa do grupo.

- *Caput* com redação determinada pela Lei 11.648/2008.

§ 1º *(Revogado pela Lei 11.648/2008).*

§ 2º *(Revogado pela Lei 11.648/2008).*

§ 3º Não havendo sindicato, nem entidade sindical de grau superior ou central sindical, a contribuição sindical será creditada, integralmente, à "Conta Especial Emprego e Salário".

- § 3º com redação determinada pela Lei 11.648/2008.

§ 4º Não havendo indicação de central sindical, na forma do § 1º do art. 589 desta Consolidação, os percentuais que lhe caberiam serão destinados à "Conta Especial Emprego e Salário".

- § 4º acrescentado pela Lei 11.648/2008.

Art. 591. Inexistindo sindicato, os percentuais previstos na alínea *c* do inciso I e na alínea *d* do inciso II do *caput* do art. 589 desta Consolidação serão creditados à federação correspondente à mesma categoria econômica ou profissional.

- Artigo com redação determinada pela Lei 11.648/2008.

Parágrafo único. Na hipótese do *caput* deste artigo, os percentuais previstos nas alíneas *a* e *b* do inciso I e nas alíneas *a* e *c* do inciso II do *caput* do art. 589 desta Consolidação caberão à confederação.

Seção II
Da Aplicação da Contribuição Sindical

- V. Dec.-lei 27/1966, que determina que "imposto sindical" passe à denominação de "contribuição sindical".
- V. art. 35, V, Dec.-lei 229/1967 (Altera a CLT).

Art. 592. A contribuição sindical, além das despesas vinculadas à sua arrecadação, recolhimento e controle, será aplicada pelos sindicatos, na conformidade dos respectivos estatutos, visando aos seguintes objetivos:

- Artigo com redação determinada pela Lei 6.386/1976.

I – sindicatos de empregadores e de agentes autônomos:

a) assistência técnica e jurídica;

b) assistência médica, dentária, hospitalar e farmacêutica;

c) realização de estudos econômicos e financeiros;

d) agências de colocação;

e) cooperativas;

f) bibliotecas;

g) creches;

h) congressos e conferências;

i) medidas de divulgação comercial e industrial no País, e no estrangeiro, bem como em outras tendentes a incentivar e aperfeiçoar a produção nacional;

j) feiras e exposições;

l) prevenção de acidentes do trabalho;

m) finalidades desportivas;

II – sindicatos de empregados:

a) assistência jurídica;

b) assistência médica, dentária, hospitalar e farmacêutica;

c) assistência à maternidade;

d) agências de colocação;

e) cooperativas;

f) bibliotecas;

g) creches;

h) congressos e conferências;

i) auxílio-funeral;

j) colônias de férias e centros de recreação;

l) prevenção de acidentes do trabalho;

m) finalidades desportivas e sociais;

n) educação e formação profissional;

o) bolsas de estudo;

III – sindicatos de profissionais liberais:

a) assistência jurídica;

b) assistência médica, dentária, hospitalar e farmacêutica;

c) assistência à maternidade;

d) bolsas de estudo;

e) cooperativas;

f) bibliotecas;

g) creches;

h) congressos e conferências;

i) auxílio-funeral;

j) colônias de férias e centros de recreação;

l) estudos técnicos e científicos;

m) finalidades desportivas e sociais;

n) educação e formação profissional;

o) prêmios por trabalhos técnicos e científicos;

IV – sindicatos de trabalhadores autônomos:

a) assistência técnica e jurídica;

b) assistência médica, dentária, hospitalar e farmacêutica;

c) assistência à maternidade;

d) bolsas de estudo;

e) cooperativas;

f) bibliotecas;

g) creches;

h) congressos e conferências;

i) auxílio-funeral;

j) colônias de férias e centros de recreação;

l) educação e formação profissional;

m) finalidades desportivas e sociais.

§ 1º A aplicação prevista neste artigo ficará a critério de cada entidade, que, para tal fim, obedecerá, sempre, às peculiaridades do respectivo grupo ou categoria, facultado ao Ministro do Trabalho permitir a inclusão de novos programas, desde que assegurados os serviços assistenciais fundamentais da entidade.

- V. art. 8º, I, CF.

§ 2º Os sindicatos poderão destacar, em seus orçamentos anuais, até 20% (vinte por cento) dos recursos da contribuição sindical para o custeio das suas atividades administrativas, independentemente de autorização ministerial.

CLT

§ 3º O uso da contribuição sindical prevista no § 2º não poderá exceder do valor total das mensalidades sociais, consignadas nos orçamentos dos sindicatos, salvo autorização expressa do Ministro do Trabalho.

- V. art. 57, I, Lei 13.844/2019 (Estabelece a organização básica da Presidência da República e dos Ministérios, no qual fica transformado o Ministério do Trabalho em Ministério da Economia).

Art. 593. As percentagens atribuídas às entidades sindicais de grau superior e às centrais sindicais serão aplicadas de conformidade com o que dispuserem os respectivos conselhos de representantes ou estatutos.

- Artigo com redação determinada pela Lei 11.648/2008.

Parágrafo único. Os recursos destinados às centrais sindicais deverão ser utilizados no custeio das atividades de representação geral dos trabalhadores decorrentes de suas atribuições legais.

Art. 594. O Fundo Social Sindical será gerido e aplicado pela Comissão do Imposto Sindical em objetivos que atendam aos interesses gerais da organização sindical nacional ou à assistência social aos trabalhadores.

- Artigo com redação determinada pelo Dec.-lei 9.615/1946.

Seção III
Da Comissão da Contribuição Sindical

- V. Dec.-lei 27/1966, que determina que "imposto sindical" passe à denominação de "contribuição sindical".
- V. art. 35, IV, Dec.-lei 229/1967 (Altera a CLT).

Arts. 595 a 597. *(Revogados pela Lei 4.589/1964).*

Seção IV
Das Penalidades

- V. Dec.-lei 27/1966, que determina que "imposto sindical" passe à denominação de "contribuição sindical".
- V. art. 35, V, Dec.-lei 229/1967 (Altera a CLT).

Art. 598. Sem prejuízo da ação criminal e das penalidades previstas no art. 553, serão aplicadas multas de 10 (dez) cruzeiros a 10.000 (dez mil) cruzeiros, pelas infrações deste Capítulo, impostas pelas Delegacias Regionais do Trabalho e Emprego.

- Multas: ver Notas de Atualização e Portaria MTb 290/1997.

Parágrafo único. A gradação da multa atenderá à natureza da infração e às condições sociais e econômicas do infrator.

Art. 599. Para os profissionais liberais, a penalidade consistirá na suspensão do exercício profissional, até a necessária quitação, e será aplicada pelos órgãos públicos ou autárquicos disciplinadores das respectivas profissões mediante comunicação das autoridades fiscalizadoras.

Art. 600. O recolhimento da contribuição sindical efetuado fora do prazo referido neste Capítulo, quando espontâneo, será acrescido da multa de 10% (dez por cento), nos 30 (trinta) primeiros dias, com o adicional de 2% (dois por cento) por mês subsequente de atraso, além de juros de mora de 1% (um por cento) ao mês e correção monetária, ficando, nesse caso, o infrator, isento de outra penalidade.

- Artigo com redação determinada pela Lei 6.181/1974.

§ 1º O montante das cominações previstas neste artigo reverterá sucessivamente:

a) ao sindicato respectivo;

b) à federação respectiva, na ausência de sindicato;

c) à confederação respectiva, inexistindo federação.

§ 2º Na falta de sindicato ou entidade de grau superior, o montante a que alude o parágrafo precedente reverterá à conta "Emprego e Salário".

Seção V
Disposições Gerais

- V. Dec.-lei 27/1966, que determina que "imposto sindical" passe à denominação de "contribuição sindical".
- V. art. 35, V, Dec.-lei 229/1967 (Altera a CLT).

Art. 601. *(Revogado pela Lei 13.467/2017 – DOU 14.07.2017, em vigor após decorridos 120 (cento e vinte) dias da sua publicação oficial).*

Art. 602. Os empregados que não estiverem trabalhando no mês destinado ao desconto da contribuição sindical e que venham a autorizar prévia e expressamente o recolhimento serão descontados no primeiro mês subsequente ao do reinício do trabalho.

- *Caput* com redação determinada pela Lei 13.467/2017 (*DOU* 14.07.2017), em vigor após decorridos 120 (cento e vinte) dias da sua publicação oficial.
- O STF, na ADI 5.794 (*DJE* 22.04.2019), julgou improcedentes os pedidos das ADI's apensadas e julgou procedente a ADC 55 para assentar a compatibilidade da Lei 13.467/2017 com a Carta Magna, que extinguiu a obrigatoriedade da contribuição sindical.

Parágrafo único. De igual forma se procederá com os empregados que forem admitidos depois daquela data e que não tenham trabalhado anteriormente nem apresentado a respectiva quitação.

Art. 603. Os empregadores são obrigados a prestar aos encarregados da fiscalização os esclarecimentos necessários ao desempenho de sua missão e a exibir-lhes, quando exigidos, na parte relativa ao pagamento de empregados, os seus livros, folhas de pagamento e outros documentos comprobatórios desses pagamentos, sob pena da multa cabível.

Art. 604. *(Revogado pela Lei 13.467/2017 – DOU 14.07.2017, em vigor após decorridos 120 (cento e vinte) dias da sua publicação oficial).*

Art. 605. As entidades sindicais são obrigadas a promover a publicação de editais concernentes ao recolhimento da contribuição sindical, durante 3 (três) dias, nos jornais de maior circulação local e até 10 (dez) dias da data fixada para depósito bancário.

Art. 606. As entidades sindicais cabe, em caso de falta de pagamento da contribuição sindical, promover a respectiva cobrança judicial, mediante ação executiva, valendo como título de dívida a certidão expedida pelas autoridades regionais do Ministério do Trabalho e Previdência Social.

- *Caput* com redação determinada pelo Dec.-lei 925/1969.
- V. art. 57, I, Lei 13.844/2019 (Estabelece a organização básica da Presidência da República e dos Ministérios, no qual fica transformado o Ministério do Trabalho em Ministério da Economia).

§ 1º O ministro do Trabalho, Indústria e Comércio baixará as instruções regulando a expedição das certidões a que se refere o presente artigo, das quais deverá constar a individualização do contribuinte, a indicação do débito e a designação da entidade a favor da qual é recolhida a importância da contribuição sindical, de acordo com o respectivo enquadramento sindical.

- V. art. 57, I, Lei 13.844/2019 (Estabelece a organização básica da Presidência da República e dos Ministérios, no qual fica transformado o Ministério do Trabalho em Ministério da Economia).

§ 2º Para os fins da cobrança judicial da contribuição sindical, são extensivos às entidades sindicais, com exceção do foro especial, os privilégios da Fazenda Pública, para cobrança da dívida ativa.

Art. 607. São consideradas como documento essencial ao comparecimento às concorrências públicas ou administrativas e para o fornecimento às repartições paraestatais ou autárquicas a prova da quitação da respectiva contribuição sindical e a de recolhimento da contribuição sindical descontada dos respectivos empregados.

Art. 608. As repartições federais, estaduais ou municipais não concederão registro ou licenças para funcionamento ou renovação de atividades aos estabelecimentos de empregadores e aos escritórios ou congêneres dos agentes ou trabalhadores autônomos e profissionais liberais, nem concederão alvarás de licença ou localização, sem que sejam exibidas as provas de quitação da contribuição sindical, na forma do artigo anterior.

Parágrafo único. A não observância do disposto neste artigo acarretará, de pleno direito, a nulidade dos atos nele referidos, bem como dos mencionados no art. 607.

- Parágrafo único acrescentado pela Lei 6.386/1976.

Art. 609. O recolhimento da contribuição sindical e todos os lançamentos e movimentos nas contas respectivas são isentos de selos e taxas federais, estaduais ou municipais.

Art. 610. As dúvidas no cumprimento deste Capítulo serão resolvidas pelo

Secretário das Relações de Trabalho que expedirá as instruções que se tornarem necessárias à sua execução.

- Artigo com redação determinada pela Lei 4.589/1964.

TÍTULO VI
Das Convenções Coletivas de Trabalho

- V. art. 7º, XXVI, e 8º, VI, CF.
- V. Lei 4.725/1965 (Normas para o processo dos dissídios coletivos).
- V. Portaria MTb 3.122/1988 (Composição dos conflitos individuais e coletivos de trabalho).
- V. Súmula 679, STF.

Art. 611. Convenção Coletiva de Trabalho é o acordo de caráter normativo, pelo qual dois ou mais sindicatos representativos de categorias econômicas e profissionais estipulam condições de trabalho aplicáveis, no âmbito das respectivas representações, às relações individuais de trabalho.

- Artigo com redação determinada pelo Dec.-lei 229/1967.

§ 1º É facultado aos sindicatos representativos de categorias profissionais celebrar Acordos Coletivos com uma ou mais empresas da correspondente categoria econômica, que estipulem condições de trabalho, aplicáveis no âmbito da empresa ou das empresas acordantes às respectivas relações de trabalho.

§ 2º As federações e, na falta destas, as confederações representativas de categorias econômicas ou profissionais poderão celebrar convenções coletivas de trabalho para reger as relações das categorias a elas vinculadas, inorganizadas em sindicatos, no âmbito de suas representações.

Art. 611-A. A convenção coletiva e o acordo coletivo de trabalho têm prevalência sobre a lei quando, entre outros, dispuserem sobre:

- *Caput* do artigo acrescentado pela Lei 13.467/2017 (*DOU* 14.07.2017), em vigor após decorridos 120 (cento e vinte) dias de sua publicação oficial.
- **Redação anterior determinada pela MP 808/2017 (*DOU* 14.11.2017, edição extra) que alterava este dispositivo, vigente entre 14.11.2017 e 23.04.2018, teve seu prazo encerrado pelo Ato Declaratório CN 22/2018 (*DOU* 25.04.2018): "Art. 611-A. A convenção coletiva e o acordo coletivo de trabalho, observados os incisos III e VI do *caput* do art. 8º da Constituição, têm prevalência sobre a lei quando, entre outros, dispuserem sobre:"**

I – pacto quanto à jornada de trabalho, observados os limites constitucionais;

- Inciso I acrescentado pela Lei 13.467/2017 (*DOU* 14.07.2017), em vigor após decorridos 120 (cento e vinte) dias da sua publicação oficial.

II – banco de horas anual;

- Inciso II acrescentado pela Lei 13.467/2017 (*DOU* 14.07.2017), em vigor após decorridos 120 (cento e vinte) dias da sua publicação oficial.

III – intervalo intrajornada, respeitado o limite mínimo de trinta minutos para jornadas superiores a seis horas;

- Inciso III acrescentado pela Lei 13.467/2017 (*DOU* 14.07.2017), em vigor após decorridos 120 (cento e vinte) dias da sua publicação oficial.

IV – adesão ao Programa Seguro-Emprego (PSE), de que trata a Lei 13.189, de 19 de novembro de 2015;

- Inciso IV acrescentado pela Lei 13.467/2017 (*DOU* 14.07.2017), em vigor após decorridos 120 (cento e vinte) dias da sua publicação oficial.

V – plano de cargos, salários e funções compatíveis com a condição pessoal do empregado, bem como identificação dos cargos que se enquadram como funções de confiança;

- Inciso V acrescentado pela Lei 13.467/2017 (*DOU* 14.07.2017), em vigor após decorridos 120 (cento e vinte) dias da sua publicação oficial.

VI – regulamento empresarial;

- Inciso VI acrescentado pela Lei 13.467/2017 (*DOU* 14.07.2017), em vigor após decorridos 120 (cento e vinte) dias da sua publicação oficial.

VII – representante dos trabalhadores no local de trabalho;

- Inciso VII acrescentado pela Lei 13.467/2017 (*DOU* 14.07.2017), em vigor após decorridos 120 (cento e vinte) dias da sua publicação oficial.

VIII – teletrabalho, regime de sobreaviso, e trabalho intermitente;

- Inciso VIII acrescentado pela Lei 13.467/2017 (*DOU* 14.07.2017), em vigor após decorridos 120 (cento e vinte) dias da sua publicação oficial.

IX – remuneração por produtividade, incluídas as gorjetas percebidas pelo empregado, e remuneração por desempenho individual;

- Inciso IX acrescentado pela Lei 13.467/2017 (*DOU* 14.07.2017), em vigor após decorridos 120 (cento e vinte) dias da sua publicação oficial.

X – modalidade de registro de jornada de trabalho;

- Inciso X acrescentado pela Lei 13.467/2017 (*DOU* 14.07.2017), em vigor após decorridos 120 (cento e vinte) dias da sua publicação oficial.

XI – troca do dia de feriado;

- Inciso XI acrescentado pela Lei 13.467/2017 (*DOU* 14.07.2017), em vigor após decorridos 120 (cento e vinte) dias da sua publicação oficial.

XII – enquadramento do grau de insalubridade;

- Inciso XII acrescentado pela Lei 13.467/2017 (*DOU* 14.07.2017), em vigor após decorridos 120 (cento e vinte) dias de sua publicação oficial.
- **Redação anterior determinada pela MP 808/2017 (*DOU* 14.11.2017, edição extra) que alterava este dispositivo, vigente entre 14.11.2017 e 23.04.2018, teve seu prazo encerrado pelo Ato Declaratório CN 22/2018 (*DOU* 25.04.2018): " XII – enquadramento do grau de insalubridade e prorrogação de jornada em locais insalubres, incluída a possibilidade de contratação de perícia, afastada a licença prévia das autoridades competentes do Ministério do Trabalho, desde que respeitadas, na integralidade, as normas de saúde, higiene e segurança do trabalho previstas em lei ou em normas regulamentadoras do Ministério do Trabalho;"**

XIII – prorrogação de jornada em ambientes insalubres, sem licença prévia das autoridades competentes do Ministério do Trabalho;

- Inciso XIII acrescentado pela Lei 13.467/2017 (*DOU* 14.07.2017), em vigor após decorridos 120 (cento e vinte) dias de sua publicação oficial.
- **A MP 808/2017 (*DOU* 14.11.2017, edição extra), que revogou este dispositivo, vigente entre 14.11.2017 e 23.04.2018, teve seu prazo encerrado pelo Ato Declaratório CN 22/2018 (*DOU* 25.04.2018).**

XIV – prêmios de incentivo em bens ou serviços, eventualmente concedidos em programas de incentivo;

- Inciso XIV acrescentado pela Lei 13.467/2017 (*DOU* 14.07.2017), em vigor após decorridos 120 (cento e vinte) dias da sua publicação oficial.

XV – participação nos lucros ou resultados da empresa.

- Inciso XV acrescentado pela Lei 13.467/2017 (*DOU* 14.07.2017), em vigor após decorridos 120 (cento e vinte) dias da sua publicação oficial.

§ 1º No exame da convenção coletiva ou do acordo coletivo de trabalho, a Justiça do Trabalho observará o disposto no § 3º do art. 8º desta Consolidação.

- § 1º acrescentado pela Lei 13.467/2017 (*DOU* 14.07.2017), em vigor após decorridos 120 (cento e vinte) dias da sua publicação oficial.

§ 2º A inexistência de expressa indicação de contrapartidas recíprocas em convenção coletiva ou acordo coletivo de trabalho não ensejará sua nulidade por não caracterizar um vício do negócio jurídico.

- § 2º acrescentado pela Lei 13.467/2017 (*DOU* 14.07.2017), em vigor após decorridos 120 (cento e vinte) dias da sua publicação oficial.

§ 3º Se for pactuada cláusula que reduza o salário ou a jornada, a convenção coletiva ou o acordo coletivo de trabalho deverão prever a proteção dos empregados contra dispensa imotivada durante o prazo de vigência do instrumento coletivo.

- § 3º acrescentado pela Lei 13.467/2017 (*DOU* 14.07.2017), em vigor após decorridos 120 (cento e vinte) dias da sua publicação oficial.

§ 4º Na hipótese de procedência de ação anulatória de cláusula de convenção coletiva ou de acordo coletivo de trabalho, quando houver a cláusula compensatória, esta deverá ser igualmente anulada, sem repetição do indébito.

- § 4º acrescentado pela Lei 13.467/2017 (*DOU* 14.07.2017), em vigor após decorridos 120 (cento e vinte) dias da sua publicação oficial.

§ 5º Os sindicatos subscritores de convenção coletiva ou de acordo coletivo de trabalho deverão participar, como litisconsortes necessários, em ação individual ou coletiva, que tenha como objeto a anulação de cláusulas desses instrumentos.

- § 5º acrescentado pela Lei 13.467/2017 (*DOU* 14.07.2017), em vigor após decorridos 120 (cento e vinte) dias da sua publicação oficial.
- **Redação anterior determinada pela MP 808/2017 (*DOU* 14.11.2017, edição extra) que alterava este dispositivo, vigente entre 14.11.2017 e 23.04.2018, teve seu prazo encerrado pelo Ato Declaratório CN 22/2018 (*DOU* 25.04.2018): "§ 5º. Os sindicatos subscritores de convenção coletiva ou de acordo coletivo de trabalho participarão, como litisconsortes necessários, em ação coletiva que tenha como obje-**

to a anulação de cláusulas desses instrumentos, vedada a apreciação por ação individual."

Art. 611-B. Constituem objeto ilícito de convenção coletiva ou de acordo coletivo de trabalho, exclusivamente, a supressão ou a redução dos seguintes direitos:

- Artigo acrescentado pela Lei 13.467/2017 (*DOU* 14.07.2017), em vigor após decorridos 120 (cento e vinte) dias da sua publicação oficial.

I – normas de identificação profissional, inclusive as anotações na Carteira de Trabalho e Previdência Social;

II – seguro-desemprego, em caso de desemprego involuntário;

III – valor dos depósitos mensais e da indenização rescisória do Fundo de Garantia do Tempo de Serviço (FGTS);

IV – salário mínimo;

V – valor nominal do décimo terceiro salário;

VI – remuneração do trabalho noturno superior à do diurno;

VII – proteção do salário na forma da lei, constituindo crime sua retenção dolosa;

VIII – salário-família;

IX – repouso semanal remunerado;

X – remuneração do serviço extraordinário superior, no mínimo, em 50% (cinquenta por cento) à do normal;

XI – número de dias de férias devidas ao empregado;

XII – gozo de férias anuais remuneradas com, pelo menos, um terço a mais do que o salário normal;

XIII – licença-maternidade com a duração mínima de cento e vinte dias;

XIV – licença-paternidade nos termos fixados em lei;

XV – proteção do mercado de trabalho da mulher, mediante incentivos específicos, nos termos da lei;

XVI – aviso prévio proporcional ao tempo de serviço, sendo no mínimo de trinta dias, nos termos da lei;

XVII – normas de saúde, higiene e segurança do trabalho previstas em lei ou em normas regulamentadoras do Ministério do Trabalho;

XVIII – adicional de remuneração para as atividades penosas, insalubres ou perigosas;

XIX – aposentadoria;

XX – seguro contra acidentes de trabalho, a cargo do empregador;

XXI – ação, quanto aos créditos resultantes das relações de trabalho, com prazo prescricional de cinco anos para os trabalhadores urbanos e rurais, até o limite de dois anos após a extinção do contrato de trabalho;

XXII – proibição de qualquer discriminação no tocante a salário e critérios de admissão do trabalhador com deficiência;

XXIII – proibição de trabalho noturno, perigoso ou insalubre a menores de dezoito anos e de qualquer trabalho a menores de dezesseis anos, salvo na condição de aprendiz, a partir de quatorze anos;

XXIV – medidas de proteção legal de crianças e adolescentes;

XXV – igualdade de direitos entre o trabalhador com vínculo empregatício permanente e o trabalhador avulso;

XXVI – liberdade de associação profissional ou sindical do trabalhador, inclusive o direito de não sofrer, sem sua expressa e prévia anuência, qualquer cobrança ou desconto salarial estabelecidos em convenção coletiva ou acordo coletivo de trabalho;

XXVII – direito de greve, competindo aos trabalhadores decidir sobre a oportunidade de exercê-lo e sobre os interesses que devam por meio dele defender;

XXVIII – definição legal sobre os serviços ou atividades essenciais e disposições legais sobre o atendimento das necessidades inadiáveis da comunidade em caso de greve;

XXIX – tributos e outros créditos de terceiros;

XXX – as disposições previstas nos arts. 373-A, 390, 392, 392-A, 394, 394-A, 395, 396 e 400 desta Consolidação.

Parágrafo único. Regras sobre duração do trabalho e intervalos não são consideradas como normas de saúde, higiene e segurança do trabalho para os fins do disposto neste artigo.

Art. 612. Os sindicatos só poderão celebrar Convenções ou Acordos Coletivos de Trabalho, por deliberação de assembleia geral especialmente convocada para esse fim, consoante o disposto nos respectivos estatutos, dependendo a validade da mesma do comparecimento e votação, em primeira convocação, de 2/3 (dois terços) dos associados da entidade, se se tratar de Convenção, e dos interessados, no caso de Acordo, e, em segunda, de 1/3 (um terço) dos membros.

- Artigo com redação determinada pelo Dec.-lei 229/1967.

Parágrafo único. O *quorum* de comparecimento e votação será de 1/8 (um oitavo) dos associados em segunda convocação, nas entidades sindicais que tenham mais de 5.000 (cinco mil) associados.

Art. 613. As Convenções e os Acordos deverão conter obrigatoriamente:

- Artigo com redação determinada pelo Dec.-lei 229/1967.

I – designação dos sindicatos convenentes ou dos sindicatos e empresas acordantes;

II – prazo de vigência;

III – categorias ou classes de trabalhadores abrangidas pelos respectivos dispositivos;

IV – condições ajustadas para reger as relações individuais de trabalho durante sua vigência;

V – normas para a conciliação das divergências surgidas entre os convenentes por motivos da aplicação de seus dispositivos;

VI – disposições sobre o processo de sua prorrogação e de revisão total ou parcial de seus dispositivos;

VII – direitos e deveres dos empregados e empresas;

VIII – penalidades para os sindicatos convenentes, os empregados e as empresas em caso de violação de seus dispositivos.

Parágrafo único. As Convenções e os Acordos serão celebrados por escrito, sem emendas nem rasuras, em tantas vias quantos forem os sindicatos convenentes ou as empresas acordantes, além de uma destinada a registro.

Art. 614. Os sindicatos convenentes ou as empresas acordantes promoverão, conjunta ou separadamente, dentro de 8 (oito) dias da assinatura da Convenção ou Acordo, o depósito de uma via do mesmo, para fins de registro e arquivo, no Departamento Nacional do Trabalho, em se tratando de instrumento de caráter nacional ou interestadual, ou nos órgãos regionais do Ministério do Trabalho e Previdência Social, nos demais casos.

- *Caput* com redação determinada pelo Dec.-lei 229/1967.
- V. Portaria MTE 282/2007 (Implantação do Sistema de Negociações Coletivas de Trabalho – MEDIADOR).
- V. Instrução Normativa SRT/MTE 16/2013 (Depósito, registro e arquivo de convenções e acordos coletivos de trabalho nos órgãos do Ministério do Trabalho e Emprego e sobre a solicitação de mediação coletiva de conflitos trabalhistas).

§ 1º As Convenções e os Acordos entrarão em vigor 3 (três) dias após a data da entrega dos mesmos no órgão referido neste artigo.

- § 1º acrescentado pelo Dec.-lei 229/1967.

§ 2º Cópias autênticas das Convenções e dos Acordos deverão ser afixadas de modo visível, pelos sindicatos convenentes, nas respectivas sedes e nos estabelecimentos das empresas compreendidas no seu campo de aplicação, dentro de 5 (cinco) dias da data do depósito previsto neste artigo.

- § 2º acrescentado pelo Dec.-lei 229/1967.

§ 3º Não será permitido estipular duração de convenção coletiva ou acordo coletivo de trabalho superior a dois anos, sendo vedada a ultratividade.

- § 3º acrescentado pela Lei 13.467/2017 (*DOU* 14.07.2017), em vigor após decorridos 120 (cento e vinte) dias da sua publicação oficial.

Art. 615. O processo de prorrogação, revisão, denúncia ou revogação total ou parcial de Convenção ou Acordo ficará subordinado, em qualquer caso, à aprovação de assembleia geral dos sindicatos convenentes ou partes acordantes, com observância do disposto no art. 612.

- Artigo com redação determinada pelo Dec.-lei 229/1967.

§ 1º O instrumento de prorrogação, revisão, denúncia ou revogação de Convenção ou Acordo será depositado, para fins de registro e arquivamento, na repartição em que o mesmo originariamente foi depositado, observado o disposto no art. 614.

§ 2º As modificações introduzidas em Convenção ou Acordo, por força de revisão ou de revogação parcial de suas cláusulas, passarão a vigorar 3 (três) dias após a realização do depósito previsto no § 1º.

Art. 616. Os sindicatos representativos de categorias econômicas ou profissionais e as empresas, inclusive as que não tenham representação sindical, quando provocados, não podem recusar-se à negociação coletiva.

- *Caput* com redação determinada pelo Dec.-lei 229/1967.

§ 1º Verificando-se recusa à negociação coletiva, cabe aos sindicatos ou empresas interessadas dar ciência do fato, conforme o caso, ao Departamento Nacional do Trabalho ou aos órgãos regionais do Ministério do Trabalho e Previdência Social, para convocação compulsória dos sindicatos ou empresas recalcitrantes.

- § 1º com redação determinada pelo Dec.-lei 229/1967.

§ 2º No caso de persistir a recusa à negociação coletiva, pelo desatendimento às convocações feitas pelo Departamento Nacional do Trabalho ou órgãos regionais do Ministério do Trabalho e Previdência Social, ou se malograr a negociação entabulada, é facultada aos sindicatos ou empresas interessadas a instauração de dissídio coletivo.

- § 2º com redação determinada pelo Dec.-lei 229/1967.
- V. art. 114, §§ 1º e 2º, CF.
- V. Lei 4.725/1965 (Normas para o processo dos dissídios coletivos).

§ 3º Havendo convenção, acordo ou sentença normativa em vigor, o dissídio coletivo deverá ser instaurado dentro dos 60 (sessenta) dias anteriores ao respectivo termo final, para que o novo instrumento possa ter vigência no dia imediato a esse termo.

- § 3º com redação determinada pelo Dec.-lei 429/1969.
- V. Súmula 277, TST.

§ 4º Nenhum processo de dissídio coletivo de natureza econômica será admitido sem antes se esgotarem as medidas relativas à formalização da Convenção ou Acordo correspondente.

- § 4º com redação determinada pelo Dec.-lei 229/1967.

Art. 617. Os empregados de uma ou mais empresas que decidirem celebrar Acordo Coletivo de Trabalho com as respectivas empresas darão ciência de sua resolução, por escrito, ao sindicato representativo da categoria profissional, que terá o prazo de 8 (oito) dias para assumir a direção dos entendimentos entre os interessados, devendo igual procedimento ser observado pelas empresas interessadas com relação ao sindicato da respectiva categoria econômica.

- Artigo com redação determinada pelo Dec.-lei 229/1967.

§ 1º Expirado o prazo de 8 (oito) dias sem que o sindicato tenha se desincumbido do encargo recebido, poderão os interessados dar conhecimento do fato à federação a que estiver vinculado o sindicato e, em falta dessa, à correspondente confederação, para que, no mesmo prazo, assuma a direção dos entendimentos. Esgotado esse prazo, poderão os interessados prosseguir diretamente na negociação coletiva até final.

- V. art. 8º, VI, CF.

§ 2º Para o fim de deliberar sobre o Acordo, a entidade sindical convocará assembleia geral dos diretamente interessados, sindicalizados ou não, nos termos do art. 612.

Art. 618. As empresas e instituições que não estiverem incluídas no enquadramento sindical a que se refere o art. 577 desta Consolidação poderão celebrar Acordos Coletivos de Trabalho com os sindicatos representativos dos respectivos empregados, nos termos deste Título.

- Artigo com redação determinada pelo Dec.-lei 229/1967.

Art. 619. Nenhuma disposição de contrato individual de trabalho que contrarie normas de Convenção ou Acordo Coletivo de Trabalho poderá prevalecer na execução do mesmo, sendo considerada nula de pleno direito.

- Artigo com redação determinada pelo Dec.-lei 229/1967.

Art. 620. As condições estabelecidas em acordo coletivo de trabalho sempre prevalecerão sobre as estipuladas em convenção coletiva de trabalho.

- Artigo com redação determinada pela Lei 13.467/2017 (*DOU* 14.07.2017), em vigor após decorridos 120 (cento e vinte) dias da sua publicação oficial.

Art. 621. As Convenções e os Acordos poderão incluir, entre suas cláusulas, disposição sobre a constituição e funcionamento de comissões mistas de consulta e colaboração, no plano da empresa e sobre participação nos lucros. Estas disposições mencionarão a forma de constituição, o modo de funcionamento e as atribuições das comissões, assim como o plano de participação, quando for o caso.

- Artigo com redação determinada pelo Dec.-lei 229/1967.
- V. arts. 7º, XI, e 11, CF.
- V. Lei 10.101/2000 (Participação dos trabalhadores nos lucros ou resultados da empresa).

Art. 622. Os empregados e as empresas que celebrarem contratos individuais de trabalho, estabelecendo condições contrárias ao que tiver sido ajustado em Convenção ou Acordo que lhes for aplicável, serão passíveis da multa neles fixada.

- Artigo com redação determinada pelo Dec.-lei 229/1967.
- V. Súmula 384, TST.

Parágrafo único. A multa a ser imposta ao empregado não poderá exceder da metade daquela que, nas mesmas condições, seja estipulada para a empresa.

Art. 623. Será nula de pleno direito disposição de Convenção ou Acordo que, direta ou indiretamente, contrarie proibição ou norma disciplinadora da política econômico-financeira do Governo ou concernente à política salarial vigente, não produzindo quaisquer efeitos perante autoridades e repartições públicas, inclusive para fins de revisão de preços e tarifas de mercadorias e serviços.

- Artigo com redação determinada pelo Dec.-lei 229/1967.

Parágrafo único. Na hipótese deste artigo, a nulidade será declarada, de ofício ou mediante representação, pelo Ministro do Trabalho e Previdência Social, ou pela Justiça do Trabalho, em processo submetido ao seu julgamento.

Art. 624. A vigência de cláusula de aumento ou reajuste salarial, que implique elevação de tarifas ou de preços sujeitos à fixação por autoridade pública ou repartição governamental, dependerá de prévia audiência dessa autoridade ou repartição e sua expressa declaração no tocante à possibilidade de elevação da tarifa ou do preço e quanto ao valor dessa elevação.

- Artigo com redação determinada pelo Dec.-lei 229/1967.

Art. 625. As controvérsias resultantes da aplicação de Convenção ou de Acordo celebrado nos termos deste Título serão dirimidas pela Justiça do Trabalho.

- Artigo com redação determinada pelo Dec.-lei 229/1967.
- V. art. 114, § 2º, CF.

TÍTULO VI-A
Das Comissões de Conciliação Prévia

- Título VI-A acrescentado pela Lei 9.958/2000.

Art. 625-A. As empresas e os sindicatos podem instituir Comissões de Conciliação Prévia, de composição paritária, com representantes dos empregados e dos empregadores, com a atribuição de tentar conciliar os conflitos individuais do trabalho.

- Artigo acrescentado pela Lei 9.958/2000.

Parágrafo único. As Comissões referidas no *caput* deste artigo poderão ser constituídas por grupos de empresas ou ter caráter intersindical.

Art. 625-B. A Comissão instituída no âmbito da empresa será composta de, no mínimo, dois e, no máximo, dez membros, e observará as seguintes normas:

- Artigo acrescentado pela Lei 9.958/2000.

I – a metade de seus membros será indicada pelo empregador e a outra metade eleita pelos empregados, em escrutínio secreto, fiscalizado pelo sindicato da categoria profissional;

II – haverá na Comissão tantos suplentes quantos forem os representantes titulares;

III – o mandato dos seus membros, titulares e suplentes, é de 1 (um) ano, permitida uma recondução.

§ 1º É vedada a dispensa dos representantes dos empregados membros da Comissão de Conciliação Prévia, titulares e suplentes, até 1 (um) ano após o final do mandato, salvo se cometerem falta grave, nos termos da lei.

§ 2º O representante dos empregados desenvolverá seu trabalho normal na empresa, afastando-se de suas atividades apenas quando convocado para atuar como conciliador, sendo computado como tempo de trabalho efetivo o despendido nessa atividade.

Art. 625-C. A Comissão instituída no âmbito do sindicato terá sua constituição e normas de funcionamento definidas em convenção ou acordo coletivo.

• Artigo acrescentado pela Lei 9.958/2000.

Art. 625-D. Qualquer demanda de natureza trabalhista será submetida à Comissão de Conciliação Prévia se, na localidade da prestação de serviços, houver sido instituída a Comissão no âmbito da empresa ou do sindicato da categoria.

• Artigo acrescentado pela Lei 9.958/2000.
• O STF, na Med. Caut. em ADIn 2.139-7 e 2.160-5 (*DOU* e *DJE* 22.05.2009), deferiu parcialmente a cautelar para dar interpretação conforme a Constituição Federal relativamente ao art. 625-D, introduzido pelo art. 1º da Lei 9.958/2000.

§ 1º A demanda será formulada por escrito ou reduzida a termo por qualquer dos membros da Comissão, sendo entregue cópia datada e assinada pelo membro aos interessados.

§ 2º Não prosperando a conciliação, será fornecida ao empregado e ao empregador declaração da tentativa conciliatória frustrada com a descrição de seu objeto, firmada pelos membros da Comissão, que deverá ser juntada à eventual reclamação trabalhista.

§ 3º Em caso de motivo relevante que impossibilite a observância do procedimento previsto no *caput* deste artigo, será a circunstância declarada na petição inicial da ação intentada perante a Justiça do Trabalho.

§ 4º Caso exista, na mesma localidade e para a mesma categoria, Comissão de empresa e Comissão sindical, o interessado optará por uma delas para submeter a sua demanda, sendo competente aquela que primeiro conhecer do pedido.

Art. 625-E. Aceita a conciliação, será lavrado termo assinado pelo empregado, pelo empregador ou seu preposto e pelos membros da Comissão, fornecendo-se cópia às partes.

• Artigo acrescentado pela Lei 9.958/2000.

Parágrafo único. O termo de conciliação é título executivo extrajudicial e terá eficácia liberatória geral, exceto quanto às parcelas expressamente ressalvadas.

Art. 625-F. As Comissões de Conciliação Prévia têm prazo de 10 (dez) dias para a realização da sessão de tentativa de conciliação a partir da provocação do interessado.

• Artigo acrescentado pela Lei 9.958/2000.

Parágrafo único. Esgotado o prazo sem a realização da sessão, será fornecida, no último dia do prazo, a declaração a que se refere o § 2º do art. 625-D.

Art. 625-G. O prazo prescricional será suspenso a partir da provocação da Comissão de Conciliação Prévia, recomeçando a fluir, pelo que lhe resta, a partir da tentativa frustrada de conciliação ou do esgotamento do prazo previsto no art. 625-F.

• Artigo acrescentado pela Lei 9.958/2000.

Art. 625-H. Aplicam-se aos Núcleos Intersindicais de Conciliação Trabalhista em funcionamento ou que vierem a ser criados, no que couber, as disposições previstas neste Título, desde que observados os princípios da paridade e da negociação coletiva na sua constituição.

• Artigo acrescentado pela Lei 9.958/2000.

TÍTULO VII
Do Processo de Multas Administrativas

• Multas: ver Notas de Atualização e Portaria MTb 290/1997.

Capítulo I
Da Fiscalização, da Autuação e da Imposição de Multas

Art. 626. Incumbe às autoridades competentes do Ministério do Trabalho, Indústria e Comércio, ou àquelas que exerçam funções delegadas, a fiscalização do fiel cumprimento das normas de proteção ao trabalho.

• V. art. 57, I, Lei 13.844/2019 (Estabelece a organização básica da Presidência da República e dos Ministérios, no qual fica transformado o Ministério do Trabalho em Ministério da Economia).

Parágrafo único. Os fiscais dos Institutos de Seguro Social e das entidades paraestatais em geral, dependentes do Ministério do Trabalho, Indústria e Comércio, serão competentes para a fiscalização a que se refere o presente artigo, na forma das instruções que forem expedidas pelo Ministro do Trabalho, Indústria e Comércio.

• V. art. 21, XXIV, CF.
• V. art. 57, I, Lei 13.844/2019 (Estabelece a organização básica da Presidência da República e dos Ministérios, no qual fica transformado o Ministério do Trabalho em Ministério da Economia).

Art. 627. A fim de promover a instrução dos responsáveis no cumprimento das leis de proteção do trabalho, a fiscalização deverá observar o critério de dupla visita nos seguintes casos:

a) quando ocorrer promulgação ou expedição de novas leis, regulamentos ou instruções ministeriais, sendo que, com relação exclusivamente a esses atos, será feita apenas a instrução dos responsáveis;

b) em se realizando a primeira inspeção dos estabelecimentos ou dos locais de trabalho, recentemente inaugurados ou empreendidos.

Art. 627-A. Poderá ser instaurado procedimento especial para ação fiscal, objetivando a orientação sobre o cumprimento das leis de proteção ao trabalho, bem como a prevenção e o saneamento de infrações à legislação mediante Termo de Compromisso, na forma a ser disciplinada no Regulamento da Inspeção do Trabalho.

• Artigo acrescentado pela MP 2.164-41/2001.
• V. Instrução Normativa SIT/MTB 133/2017 (Procedimento especial para a ação fiscal de que trata o art. 627-A da CLT).

Art. 628. Salvo o disposto nos arts. 627 e 627-A, a toda verificação em que o Auditor Fiscal do Trabalho concluir pela existência de violação de preceito legal deve corresponder, sob pena de responsabilidade administrativa, a lavratura de auto de infração.

• *Caput* com redação determinada pela MP 2.164-41/2001.

§ 1º Ficam as empresas obrigadas a possuir o livro intitulado "Inspeção do Trabalho", cujo modelo será aprovado por portaria ministerial.

• § 1º acrescentado pelo Dec.-lei 229/1967.

§ 2º Nesse livro, registrará o agente da inspeção sua visita ao estabelecimento, declarando a data e a hora do início e término da mesma, bem como o resultado da inspeção, nele consignando, se for o caso, todas as irregularidades verificadas e as exigências feitas, com os respectivos prazos para seu atendimento, e, ainda, de modo legível, os elementos de sua identificação funcional.

• § 2º acrescentado pelo Dec.-lei 229/1967.

§ 3º Comprovada má-fé do agente da inspeção, quanto à omissão ou lançamento de qualquer elemento no livro, responderá ele por falta grave no cumprimento do dever, ficando passível, desde logo, da pena de suspensão até 30 (trinta) dias, instaurando-se, obrigatoriamente, em caso de reincidência, inquérito administrativo.

• § 3º acrescentado pelo Dec.-lei 229/1967.

§ 4º A lavratura de autos contra empresas fictícias e de endereços inexistentes, assim como a apresentação de falsos relatórios, constituem falta grave, punível na forma do § 3º.

• § 4º acrescentado pelo Dec.-lei 229/1967.

Art. 629. O auto de infração será lavrado em duplicata, nos termos dos modelos e instruções expedidos, sendo uma via entregue ao infrator, contra recibo, ou ao mesmo enviada, dentro de 10 (dez) dias da lavratura, sob pena de responsabilidade, em registro postal, com franquia e recibo de volta.

• Artigo com redação determinada pelo Dec.-lei 229/1967.

§ 1º O auto não terá o seu valor probante condicionado à assinatura do infrator ou de testemunhas, e será lavrado no local da inspeção, salvo havendo motivo justificado que será declarado no próprio auto, quando então deverá ser lavrado no prazo de 24 (vinte e quatro) horas, sob pena de responsabilidade.

§ 2º Lavrado o auto de infração, não poderá ele ser inutilizado, nem sustado o curso do respectivo processo, devendo o agente da inspeção apresentá-lo à au-

CLT

toridade competente, mesmo se incidir em erro.

§ 3º O infrator terá, para apresentar defesa, o prazo de 10 (dez) dias contados do recebimento do auto.

§ 4º O auto de infração será registrado com a indicação sumária de seus elementos característicos, em livro próprio que deverá existir em cada órgão fiscalizador, de modo a assegurar o controle do seu processamento.

Art. 630. Nenhum agente da inspeção poderá exercer as atribuições do seu cargo sem exibir a carteira de identidade fiscal, devidamente autenticada, fornecida pela autoridade competente.

- Artigo com redação determinada pelo Dec.-lei 229/1967.

§ 1º É proibida a outorga de identidade fiscal a quem não esteja autorizado, em razão do cargo ou função, a exercer ou praticar, no âmbito da legislação trabalhista, atos de fiscalização.

§ 2º A credencial a que se refere este artigo deverá ser devolvida para inutilização, sob as penas da lei, em casos de provimento em outro cargo público, exoneração ou demissão, bem como nos de licenciamento por prazo superior a 60 (sessenta) dias e de suspensão do exercício do cargo.

§ 3º O agente da inspeção terá livre acesso a todas as dependências dos estabelecimentos sujeitos ao regime da legislação trabalhista, sendo as empresas, por seus dirigentes ou prepostos, obrigadas a prestar-lhe os esclarecimentos necessários ao desempenho de suas atribuições legais e a exibir-lhe, quando exigidos, quaisquer documentos que digam respeito ao fiel cumprimento das normas de proteção ao trabalho.

§ 4º Os documentos sujeitos à inspeção deverão permanecer, sob as penas da lei, nos locais de trabalho, somente se admitindo, por exceção, a critério da autoridade competente, sejam os mesmos apresentados em dia e hora previamente fixados pelo agente da inspeção.

§ 5º No território do exercício de sua função, o agente da inspeção gozará de passe livre nas empresas de transportes, públicas ou privadas, mediante a apresentação da carteira de identidade fiscal.

§ 6º A inobservância do disposto nos §§ 3º, 4º e 5º configurará resistência ou embaraço à fiscalização e justificará a lavratura do respectivo auto de infração, cominada a multa de valor igual a meio salário mínimo regional, até cinco vezes esse valor, levando-se em conta, além das circunstâncias atenuantes ou agravantes, a situação econômico-financeira do infrator e os meios a seu alcance para cumprir a lei.

- Multas: ver Notas de Atualização e Portaria MTb 290/1997.

§ 7º Para o efeito do disposto no § 5º, a autoridade competente divulgará, em janeiro e julho de cada ano, a relação dos agentes da inspeção titulares da carteira de identidade fiscal.

§ 8º As autoridades policiais, quando solicitadas, deverão prestar aos agentes da inspeção a assistência de que necessitarem para o fiel cumprimento de suas atribuições legais.

Art. 631. Qualquer funcionário público federal, estadual ou municipal, ou representante legal de associação sindical, poderá comunicar à autoridade competente do Ministério do Trabalho, Indústria e Comércio as infrações que verificar.

- V. art. 57, I, Lei 13.844/2019 (Estabelece a organização básica da Presidência da República e dos Ministérios, no qual fica transformado o Ministério do Trabalho em Ministério da Economia).

Parágrafo único. De posse dessa comunicação, a autoridade competente procederá desde logo às necessárias diligências, lavrando os autos de que haja mister.

Art. 632. Poderá o autuado requerer a audiência de testemunhas e as diligências que lhe parecerem necessárias à elucidação do processo, cabendo, porém, à autoridade julgar da necessidade de tais provas.

Art. 633. Os prazos para defesa ou recurso poderão ser prorrogados de acordo com despacho expresso da autoridade competente, quando o autuado residir em localidade diversa daquela onde se achar essa autoridade.

Art. 634. Na falta de disposição especial, a imposição das multas incumbe às autoridades regionais competentes em matéria de trabalho, na forma estabelecida por este Título.

§ 1º A aplicação da multa não eximirá o infrator da responsabilidade em que incorrer por infração das leis penais.

- Primitivo parágrafo único renumerado pela Lei 13.467/2017 (*DOU* 14.07.2017), em vigor após decorridos 120 (cento e vinte) dias da sua publicação oficial.

§ 2º Os valores das multas administrativas expressos em moeda corrente serão reajustados anualmente pela Taxa Referencial (TR), divulgada pelo Banco Central do Brasil, ou pelo índice que vier a substituí-lo.

- § 2º acrescentado pela Lei 13.467/2017 (*DOU* 14.07.2017), em vigor após decorridos 120 (cento e vinte) dias da sua publicação oficial.

Capítulo II
Dos Recursos

Art. 635. De toda decisão que impuser multa por infração das leis e disposições reguladoras do trabalho, e não havendo forma especial de processo, caberá recurso para o Diretor-Geral Departamento ou Serviço do Ministério do Trabalho e da Previdência Social, que for competente na matéria.

- Artigo com redação determinada pelo Dec.-lei 229/1967.

Parágrafo único. As decisões serão sempre fundamentadas.

Art. 636. Os recursos devem ser interpostos no prazo de 10 (dez) dias, contados do recebimento da notificação, perante a autoridade que houver imposto a multa, a qual, depois de os informar, encaminhá-los-á à autoridade de instância superior.

- Artigo com redação determinada pelo Dec.-lei 229/1967.

§ 1º O recurso só terá seguimento se o interessado o instruir com a prova do depósito da multa.

- O STF, na ADPF 156 (*DOU* e *DJE* 26.08.2011 e *DJE* 28.10.2011), por votação unânime, julgou procedente a ação para declarar a não recepção do § 1º do art. 636 da CLT pela CF.
- V. Súmula 424, TST.

§ 2º A notificação somente será realizada por meio de edital, publicado no órgão oficial, quando o infrator estiver em lugar incerto e não sabido.

§ 3º A notificação de que trata este artigo fixará igualmente o prazo de 10 (dez) dias para que o infrator recolha o valor da multa, sob pena de cobrança executiva.

§ 4º As guias de depósito ou recolhimento serão emitidas em três vias e o recolhimento da multa deverá proceder-se dentro de 5 (cinco) dias às repartições federais competentes, que escriturarão a receita a crédito do Ministério do Trabalho e Previdência Social.

§ 5º A segunda via da guia de recolhimento será devolvida pelo infrator à repartição que a emitiu, até o sexto dia depois de sua expedição, para a averbação no processo.

§ 6º A multa será reduzida de 50% (cinquenta por cento) se o infrator, renunciando ao recurso, a recolher ao Tesouro Nacional dentro do prazo de 10 (dez) dias contados do recebimento da notificação ou da publicação do edital.

§ 7º Para a expedição da guia, no caso do § 6º, deverá o infrator juntar a notificação com a prova da data do seu recebimento, ou a folha do órgão oficial que publicou o edital.

Art. 637. De todas as decisões que proferirem em processos de infração das leis de proteção ao trabalho e que impliquem arquivamento destes, observado o disposto no parágrafo único do art. 635, deverão as autoridades prolatoras recorrer de ofício para a autoridade competente de instância superior.

- Artigo com redação determinada pelo Dec.-lei 229/1967.

Art. 638. Ao Ministro do Trabalho, Indústria e Comércio é facultado avocar ao seu exame e decisão, dentro de 90 (noventa) dias do despacho final do assunto, ou no curso do processo, as questões referentes à fiscalização dos preceitos estabelecidos nesta Consolidação.

- V. art. 57, I, Lei 13.844/2019 (Estabelece a organização básica da Presidência da República e dos Ministérios, no qual fica transformado o Ministério do Trabalho em Ministério da Economia).

Capítulo III
Do Depósito, da Inscrição e da Cobrança

Art. 639. Não sendo provido o recurso, o depósito se converterá em pagamento.

CLT

Art. 640. É facultado às Delegacias Regionais do Trabalho e Emprego, na conformidade de instruções expedidas pelo Ministro de Estado, promover a cobrança amigável das multas antes do encaminhamento dos processos à cobrança executiva.

- Artigo com redação determinada pelo Dec.-lei 229/1967.

Art. 641. Não comparecendo o infrator, ou não depositando a importância da multa ou penalidade, far-se-á a competente inscrição em livro especial, existente nas repartições das quais se tiver originado a multa ou penalidade, ou de onde tenha provindo a reclamação que a determinou, sendo extraída cópia autêntica dessa inscrição e enviada às autoridades competentes para a respectiva cobrança judicial, valendo tal instrumento como título de dívida líquida e certa.

Art. 642. A cobrança judicial das multas impostas pelas autoridades administrativas do trabalho obedecerá ao disposto na legislação aplicável à cobrança da dívida ativa da União, sendo promovida, no Distrito Federal e nas capitais dos Estados em que funcionarem Tribunais Regionais do Trabalho, pela Procuradoria da Justiça do Trabalho, e, nas demais localidades, pelo Ministério Público Estadual, nos termos do Dec.-lei 960, de 17 de dezembro de 1938.

- Expressão "Conselhos Regionais" substituída por "Tribunais Regionais", de acordo com o art. 2º do Dec.-lei 9.797/1946.

Parágrafo único. No Estado de São Paulo a cobrança continuará a cargo da Procuradoria do Departamento Estadual do Trabalho, na forma do convênio em vigor.

- V. Dec.-lei 9.509/1943 (Aprova o Acordo celebrado em 20 de Julho de 1946, entre os Governos da União e do Estado de São Paulo).

TÍTULO VII-A
Da Prova de Inexistência de Débitos Trabalhistas

- Título VII-A acrescentado pela Lei 12.440/2011 (*DOU* 08.07.2011), em vigor 180 (cento e oitenta) dias após a data de sua publicação.

Art. 642-A. É instituída a Certidão Negativa de Débitos Trabalhistas (CNDT), expedida gratuita e eletronicamente, para comprovar a inexistência de débitos inadimplidos perante a Justiça do Trabalho.

- Artigo acrescentado pela Lei 12.440/2011 (*DOU* 08.07.2011), em vigor 180 (cento e oitenta) dias após a data de sua publicação.

§ 1º O interessado não obterá a certidão quando em seu nome constar:

I – o inadimplemento de obrigações estabelecidas em sentença condenatória transitada em julgado proferida pela Justiça do Trabalho ou em acordos judiciais trabalhistas, inclusive no concernente aos recolhimentos previdenciários, a honorários, a custas, a emolumentos ou a recolhimentos determinados em lei; ou

II – o inadimplemento de obrigações decorrentes de execução de acordos firmados perante o Ministério Público do Trabalho ou Comissão de Conciliação Prévia.

§ 2º Verificada a existência de débitos garantidos por penhora suficiente ou com exigibilidade suspensa, será expedida Certidão Positiva de Débitos Trabalhistas em nome do interessado com os mesmos efeitos da CNDT.

§ 3º A CNDT certificará a empresa em relação a todos os seus estabelecimentos, agências e filiais.

§ 4º O prazo de validade da CNDT é de 180 (cento e oitenta) dias, contado da data de sua emissão.

TÍTULO VIII
Da Justiça do Trabalho

- V. Dec. Lei 779/1969 (Normas processuais trabalhistas aplicadas aos entes federados).
- V. Lei 7.701/1988 (Especialização de Turmas dos Tribunais do Trabalho).
- A EC 24/1999 substituiu as Juntas de Conciliação e Julgamento por Varas do Trabalho (juiz singular) e extinguiu a representação classista na Justiça do Trabalho.

Capítulo I
Introdução

- V. arts. 109, I, II e IV, e 114, CF.

Art. 643. Os dissídios, oriundos das relações entre empregados e empregadores, bem como de trabalhadores avulsos e seus tomadores de serviços, em atividades reguladas na legislação social, serão dirimidos pela Justiça do Trabalho, de acordo com o presente Título e na forma estabelecida pelo processo judiciário do trabalho.

- *Caput* com redação determinada pela Lei 7.494/1986.
- V. art. 7º, XXXIV, CF.
- V. Súmula 736, STF.
- V. Súmulas 19, 189, 368, 389 e 392, TST.

§ 1º As questões concernentes à Previdência Social serão decididas pelos órgãos e autoridades previstos no Capítulo V deste Título e na legislação sobre Seguro Social.

- V. Lei 3.807/1960 (Lei Orgânica da Previdência Social).

§ 2º As questões referentes a acidentes do trabalho continuam sujeitas à justiça ordinária, na forma do Dec. 24.637, de 10 de julho de 1934, e legislação subsequente.

- V. Súmula 15, STJ.
- V. Súmulas 18, 66, 82, 88, 150, 158, 169 e 200, TFR.

§ 3º A Justiça do Trabalho é competente, ainda, para processar e julgar as ações entre trabalhadores portuários e os operadores portuários ou o Órgão Gestor de Mão de Obra – OGMO decorrentes da relação de trabalho.

- § 3º acrescentado pela MP 2.164-41/2001.

Art. 644. São órgãos da Justiça do Trabalho:

- Artigo com redação determinada pelo Dec.-lei 9.797/1946.

a) o Tribunal Superior do Trabalho;

- V. art. 111-A, CF.

b) os Tribunais Regionais do Trabalho;

c) as Juntas de Conciliação e Julgamento ou os Juízos de Direito.

- A EC 24/1999 substituiu as Juntas de Conciliação e Julgamento por Varas do Trabalho (juiz singular) e extinguiu a representação classista na Justiça do Trabalho.

Art. 645. O serviço da Justiça do Trabalho é relevante e obrigatório, ninguém dele podendo eximir-se, salvo motivo justificado.

Art. 646. Os órgãos da Justiça do Trabalho funcionarão perfeitamente coordenados, em regime de mútua colaboração, sob a orientação do presidente do Tribunal Superior do Trabalho.

- Expressão "Conselho Nacional do Trabalho" substituída por "Tribunal Superior do Trabalho", de acordo com o art. 2º do Dec.-lei 9.797/1946.
- V. arts. 10, 111-A, § 2º, II, 113 e 116, CF.

Capítulo II
Das Juntas de Conciliação e Julgamento

- A EC 24/1999 substituiu as Juntas de Conciliação e Julgamento por Varas do Trabalho (juiz singular) e extinguiu a representação classista na Justiça do Trabalho.

Seção I
Da Composição e Funcionamento

Art. 647. Cada Junta de Conciliação e Julgamento terá a seguinte composição:

- Artigo com redação determinada pelo Dec.-lei 9.797/1946.
- A EC 24/1999 substituiu as Juntas de Conciliação e Julgamento por Varas do Trabalho (juiz singular) e extinguiu a representação classista na Justiça do Trabalho.
- V. art. 116, CF.

a) um juiz do trabalho, que será seu presidente;

b) dois vogais, sendo um representante dos empregadores e outro dos empregados.

Parágrafo único. Haverá um suplente para cada vogal.

Art. 648. São incompatíveis entre si, para os trabalhos da mesma Junta, os parentes consanguíneos e afins até o terceiro grau civil.

- A EC 24/1999 substituiu as Juntas de Conciliação e Julgamento por Varas do Trabalho (juiz singular) e extinguiu a representação classista na Justiça do Trabalho.

Parágrafo único. A incompatibilidade resolve-se a favor do primeiro vogal designado ou empossado, ou por sorteio, se a designação ou posse for da mesma data.

Art. 649. As Juntas poderão conciliar, instruir ou julgar com qualquer número, sendo, porém, indispensável a presença do presidente, cujo voto prevalecerá em caso de empate.

- Artigo com redação determinada pelo Dec.-lei 8.737/1946.
- A EC 24/1999 substituiu as Juntas de Conciliação e Julgamento por Varas do Trabalho (juiz singular) e extinguiu a representação classista na Justiça do Trabalho.

§ 1º No julgamento de embargos deverão estar presentes todos os membros da Junta.

§ 2º Na execução e na liquidação das decisões funciona apenas o presidente.

Seção II
Da Jurisdição e Competência das Juntas

- A EC 24/1999 substituiu as Juntas de Conciliação e Julgamento por Varas do Trabalho (juiz singular) e extinguiu a representação classista na Justiça do Trabalho.

Art. 650. A jurisdição de cada Junta de Conciliação e Julgamento abrange todo o território da Comarca em que tem sede, só podendo ser estendida ou restringida por lei federal.

- Artigo com redação determinada pela Lei 5.442/1968.
- A EC 24/1999 substituiu as Juntas de Conciliação e Julgamento por Varas do Trabalho (juiz singular) e extinguiu a representação classista na Justiça do Trabalho.

Parágrafo único. As leis locais de Organização Judiciária não influirão sobre a competência de Juntas de Conciliação e Julgamento já criadas, até que lei federal assim determine.

Art. 651. A competência das Juntas de Conciliação e Julgamento é determinada pela localidade onde o empregado, reclamante ou reclamado, prestar serviços ao empregador, ainda que tenha sido contratado noutro local ou no estrangeiro.

- A EC 24/1999 substituiu as Juntas de Conciliação e Julgamento por Varas do Trabalho (juiz singular) e extinguiu a representação classista na Justiça do Trabalho.
- V. art. 114, CF.

§ 1º Quando for parte no dissídio agente ou viajante comercial, a competência será da Junta da localidade em que a empresa tenha agência ou filial e a esta o empregado esteja subordinado e, na falta, será competente a Junta da localização em que o empregado tenha domicílio ou a localidade mais próxima.

- § 1º com redação determinada pela Lei 9.851/1999.

§ 2º A competência das Juntas de Conciliação e Julgamento, estabelecida neste artigo, estende-se aos dissídios ocorridos em agência ou filial no estrangeiro, desde que o empregado seja brasileiro e não haja convenção internacional dispondo em contrário.

§ 3º Em se tratando de empregador que promova realização de atividades fora do lugar do contrato de trabalho, é assegurado ao empregado apresentar reclamação no foro da celebração do contrato ou no da prestação dos respectivos serviços.

- V. Súmula 18, TFR.

Art. 652. Compete às Varas do Trabalho:

- *Caput* do artigo com redação determinda pela Lei 13.467/2017 (*DOU* 14.07.2017), em vigor após decorridos 120 (cento e vinte) dias da sua publicação oficial.
- A EC 24/1999 substituiu as Juntas de Conciliação e Julgamento por Varas do Trabalho (juiz singular) e extinguiu a representação classista na Justiça do Trabalho.

a) conciliar e julgar:

I – os dissídios em que se pretenda o reconhecimento da estabilidade de empregado;

II – os dissídios concernentes a remuneração, férias e indenizações por motivo de rescisão do contrato individual de trabalho;

III – os dissídios resultantes de contratos de empreitadas em que o empreiteiro seja operário ou artífice;

IV – os demais dissídios concernentes ao contrato individual de trabalho;

- V. Súmula 300, TST.

V – as ações entre trabalhadores portuários e os operadores portuários ou o Órgão Gestor de Mão de Obra – OGMO decorrentes da relação de trabalho;

- Inciso V acrescentado pela MP 2.164-41/2001.

b) processar e julgar os inquéritos para apuração de falta grave;

c) julgar os embargos opostos às suas próprias decisões;

d) impor multas e demais penalidades relativas aos atos de sua competência;

- Alínea *d* com redação determinada pelo Dec.-lei 6.353/1944.

e) *(Revogada pelo Dec.-lei 6.353/1944).*

f) decidir quanto à homologação de acordo extrajudicial em matéria de competência da Justiça do Trabalho.

- Alínea *f* acrescentada pela Lei 13.467/2017 (*DOU* 14.07.2017), em vigor após decorridos 120 (cento e vinte) dias da sua publicação oficial.

Parágrafo único. Terão preferência para julgamento os dissídios sobre pagamento de salário e aqueles que derivarem da falência do empregador, podendo o presidente da Junta, a pedido do interessado, constituir processo em separado, sempre que a reclamação também versar sobre outros assuntos.

Art. 653. Compete, ainda, às Juntas de Conciliação e Julgamento:

- A EC 24/1999 substituiu as Juntas de Conciliação e Julgamento por Varas do Trabalho (juiz singular) e extinguiu a representação classista na Justiça do Trabalho.

a) requisitar às autoridades competentes a realização das diligências necessárias ao esclarecimento dos feitos sob sua apreciação, representando contra aquelas que não atenderem a tais requisições;

b) realizar as diligências e praticar os atos processuais ordenados pelos Tribunais Regionais do Trabalho ou pelo Tribunal Superior do Trabalho;

- Alínea *b* retificada pelo Dec.-lei 6.353/1944.
- Expressões "Conselhos Regionais do Trabalho" e "Conselho Nacional do Trabalho" substituídas por "Tribunais Regionais do Trabalho" e "Tribunal Superior do Trabalho", respectivamente, de acordo com o art. 2º do Dec.-lei 9.797/1946.

c) julgar as suspeições arguidas contra os seus membros;

d) julgar as exceções de incompetência que lhes forem opostas;

e) expedir precatórias e cumprir as que lhes forem deprecadas;

- V. Súmula 89, TFR.

f) exercer, em geral, no interesse da Justiça do Trabalho, quaisquer outras atribuições que decorram da sua jurisdição.

Seção III
Dos Presidentes das Juntas

- A EC 24/1999 substituiu as Juntas de Conciliação e Julgamento por Varas do Trabalho (juiz singular) e extinguiu a representação classista na Justiça do Trabalho.

Art. 654. O ingresso na magistratura do trabalho far-se-á para o cargo de juiz do trabalho substituto. As nomeações subsequentes por promoção, alternadamente, por antiguidade e merecimento.

- *Caput* com redação determinada pelo Dec.-lei 229/1967.

§ 1º Nas 7ª e 8ª Regiões da Justiça do Trabalho, nas localidades fora das respectivas sedes, haverá suplentes de juiz do trabalho presidente de Junta, sem direito a acesso, nomeados pelo Presidente da República, dentre brasileiros, bacharéis em direito, de reconhecida idoneidade moral, especializados em direito do trabalho, pelo período de 2 (dois) anos, podendo ser reconduzidos.

- § 1º revogado. V. Lei 7.221/1984 (Cargos de Suplente de Juiz do Trabalho Presidente).
- A EC 24/1999 substituiu as Juntas de Conciliação e Julgamento por Varas do Trabalho (juiz singular) e extinguiu a representação classista na Justiça do Trabalho.

§ 2º Os suplentes de juiz do trabalho receberão, quando em exercício, vencimentos iguais aos dos juízes que substituíram.

- § 2º revogado. V. Lei 7.221/1984 (Cargos de Suplente de Juiz do Trabalho Presidente).

§ 3º Os juízes substitutos serão nomeados após aprovação em concurso público de provas e títulos realizado perante o Tribunal Regional do Trabalho da Região, válido por 2 (dois) anos e prorrogável, a critério do mesmo órgão, por igual período, uma só vez, e organizado de acordo com as instruções expedidas pelo Tribunal Superior do Trabalho.

- § 3º com redação determinada pela Lei 6.087/1974.
- V. art. 37, III, CF.
- V. Súmula 478, STF.

§ 4º Os candidatos inscritos só serão admitidos ao concurso após apreciação prévia, pelo Tribunal Regional do Trabalho da respectiva Região, dos seguintes requisitos:

- § 4º com redação determinada pelo Dec.-lei 229/1967.

a) idade maior de 25 (vinte e cinco) anos e menor de 45 (quarenta e cinco) anos;

- V. arts. 7º, XXX, e 39, § 3º, CF.

b) idoneidade para o exercício das funções.

§ 5º O preenchimento dos cargos de presidente de Junta, vagos ou criados por lei, será feito dentro de cada Região:

- *Caput* do § 5º com redação determinada pelo Dec.-lei 229/1967.

a) pela remoção de outro presidente, prevalecendo a antiguidade no cargo, caso haja mais de um pedido, desde que a remoção tenha sido requerida, dentro de 15 (quinze) dias, contados da abertura da vaga, ao presidente do Tribunal Regional, a quem caberá expedir o respectivo ato.

- Alínea *a* com redação determinada pela Lei 6.090/1974.

b) pela promoção do substituto, cuja aceitação será facultativa, obedecido o critério alternado de antiguidade e merecimento.

- Alínea *b* com redação determinada pelo Dec.-lei 229/1967.

§ 6º Os juízes do trabalho, presidentes de Junta, juízes substitutos e suplentes de juiz tomarão posse perante o presidente do Tribunal da respectiva Região. Nos Estados que não forem sede de Tribunal Regional do Trabalho a posse dar-se-á perante o presidente do Tribunal de Justiça, que remeterá o termo ao presidente do Tribunal Regional da jurisdição do empossado. Nos Territórios, a posse dar-se-á perante o presidente do Tribunal Regional do Trabalho da respectiva Região.

- § 6º com redação determinada pelo Dec.-lei 229/1967.

Art. 655. Os presidentes e os presidentes substitutos tomarão posse do cargo perante o presidente do Conselho Regional da respectiva jurisdição.

- Artigo com redação determinada pelo Dec.-lei 8.737/1946.
- V. art. 22, Dec.-lei 229/1967 (Altera a CLT).
- Expressões "Conselhos Regionais do Trabalho" e "Conselho Nacional do Trabalho" substituídas por "Tribunais Regionais do Trabalho" e "Tribunal Superior do Trabalho", respectivamente, de acordo com o art. 2º do Dec.-lei 9.797/1946.

§ 1º Nos Estados em que não houver sede de Conselhos a posse dar-se-á perante o presidente do Tribunal de Apelação, que remeterá o respectivo termo ao presidente do Conselho Regional da jurisdição do empossado.

- Expressões "Conselhos Regionais do Trabalho" e "Conselho Nacional do Trabalho" substituídas por "Tribunais Regionais do Trabalho" e "Tribunal Superior do Trabalho", respectivamente, de acordo com o art. 2º do Dec.-lei 9.797/1946.

§ 2º Nos Territórios a posse dar-se-á, perante o juiz de Direito da capital, que procederá na forma prevista no § 1º.

- Expressões "Conselhos Regionais do Trabalho" e "Conselho Nacional do Trabalho" substituídas por "Tribunais Regionais do Trabalho" e "Tribunal Superior do Trabalho", respectivamente, de acordo com o art. 2º do Dec.-lei 9.797/1946.

Art. 656. O juiz do trabalho substituto, sempre que não estiver substituindo o juiz-presidente de Junta, poderá ser designado para atuar nas Juntas de Conciliação e Julgamento.

- Artigo com redação determinada pela Lei 8.432/1992.
- A EC 24/1999 substituiu as Juntas de Conciliação e Julgamento por Varas do Trabalho (juiz singular) e extinguiu a representação classista na Justiça do Trabalho.

§ 1º Para o fim mencionado no *caput* deste artigo, o território da Região poderá ser dividido em zonas, compreendendo a jurisdição de uma ou mais Juntas, a juízo do Tribunal Regional do Trabalho respectivo.

§ 2º A designação referida no *caput* deste artigo será de atribuição do juiz-presidente do Tribunal Regional do Trabalho ou, não havendo disposição regimental específica, de quem este indicar.

§ 3º Os juízes do trabalho substitutos, quando designados ou estiverem substituindo os juízes-presidentes de Juntas, perceberão os vencimentos destes.

§ 4º O juiz-presidente do Tribunal Regional do Trabalho ou, não havendo disposição regimental específica, que este indicar, fará a lotação e a movimentação dos juízes substitutos entre as diferentes zonas da Região na hipótese de terem sido criadas na forma do § 1º deste artigo.

Art. 657. Os presidentes de Juntas e os presidentes substitutos perceberão a remuneração ou os vencimentos fixados em lei.

- Artigo com redação determinada pelo Dec.-lei 8.737/1946.
- A EC 24/1999 substituiu as Juntas de Conciliação e Julgamento por Varas do Trabalho (juiz singular) e extinguiu a representação classista na Justiça do Trabalho.
- V. art. 93, V, CF, com redação determinada pela EC 19/1998.

Art. 658. São deveres precípuos dos presidentes das Juntas, além dos que decorram do exercício de sua função:

- Artigo com redação determinada pelo Dec.-lei 8.737/1946.
- A EC 24/1999 substituiu as Juntas de Conciliação e Julgamento por Varas do Trabalho (juiz singular) e extinguiu a representação classista na Justiça do Trabalho.

a) manter perfeita conduta pública e privada;

b) abster-se de atender a solicitações ou recomendações relativamente aos feitos que hajam sido ou tenham de ser submetidos à sua apreciação;

c) residir dentro dos limites de sua jurisdição, não podendo ausentar-se sem licença do presidente do Tribunal Regional;

- Expressão "Conselho Regional" substituída por "Tribunal Regional", de acordo com o art. 2º do Dec.-lei 9.797/1946.

d) despachar e praticar todos os atos decorrentes de suas funções, dentro dos prazos estabelecidos, sujeitando-se ao desconto correspondente a 1 (um) dia de vencimento para cada dia de retardamento.

Art. 659. Competem privativamente aos presidentes das Juntas, além das que lhes forem conferidas neste Título e das decorrentes de seu cargo, as seguintes atribuições:

- A EC 24/1999 substituiu as Juntas de Conciliação e Julgamento por Varas do Trabalho (juiz singular) e extinguiu a representação classista na Justiça do Trabalho.

I – presidir as audiências das Juntas;

II – executar as suas próprias decisões, as proferidas pela Junta e aquelas cuja execução lhes for deprecada;

III – dar posse aos vogais nomeados para a Junta, ao chefe de Secretaria e aos demais funcionários da Secretaria;

IV – convocar os suplentes dos vogais, no impedimento destes;

V – representar ao presidente do Tribunal Regional da respectiva jurisdição, no caso de falta de qualquer vogal a três reuniões consecutivas, sem motivo justificado, para os fins do art. 727;

- Expressão "Conselho Regional" substituída por "Tribunal Regional", de acordo com o art. 2º do Dec.-lei 9.797/1946.

VI – despachar os recursos interpostos pelas partes, fundamentando a decisão recorrida antes da remessa ao Tribunal Regional, ou submetendo-os à decisão da Junta, no caso do art. 894;

- Expressão "Conselho Regional" substituída por "Tribunal Regional", de acordo com o art. 2º do Dec.-lei 9.797/1946.

VII – assinar as folhas de pagamento dos membros e funcionários da Junta;

VIII – apresentar ao presidente do Tribunal Regional, até 15 de fevereiro de cada ano, o relatório dos trabalhos do ano anterior;

- Expressão "Conselho Regional" substituída por "Tribunal Regional", de acordo com o art. 2º do Dec.-lei 9.797/1946.

IX – conceder medida liminar, até decisão final do processo, em reclamações trabalhistas que visem a tornar sem efeito transferência disciplinada pelos parágrafos do art. 469 desta Consolidação;

- Inciso IX acrescentado pela Lei 6.203/1975.

X – conceder medida liminar, até decisão final do processo, em reclamações trabalhistas que visem reintegrar no emprego dirigente sindical afastado, suspenso ou dispensado pelo empregador.

- Inciso X acrescentado pela Lei 9.270/1996.

Seção IV
Dos Vogais das Juntas

- A EC 24/1999 substituiu as Juntas de Conciliação e Julgamento por Varas do Trabalho (juiz singular) e extinguiu a representação classista na Justiça do Trabalho.

Art. 660. Os vogais das Juntas são designados pelo presidente do Tribunal Regional da respectiva jurisdição.

- Expressão "Conselho Regional" substituída por "Tribunal Regional", de acordo com o art. 2º do Dec.-lei 9.797/1946.
- A EC 24/1999 substituiu as Juntas de Conciliação e Julgamento por Varas do Trabalho (juiz singular) e extinguiu a representação classista na Justiça do Trabalho.

Art. 661. Para o exercício da função de vogal da Junta ou suplente deste são exigidos os seguintes requisitos:

- A EC 24/1999 substituiu as Juntas de Conciliação e Julgamento por Varas do Trabalho (juiz singular) e extinguiu a representação classista na Justiça do Trabalho.

a) ser brasileiro;

- Alínea *a* com redação determinada pelo Dec.-lei 229/1967.

b) ter reconhecida idoneidade moral;

c) ser maior de 25 (vinte e cinco) anos e ter menos de 70 (setenta) anos;

- Alínea *c* com redação determinada pelo Dec.-lei 229/1967.

d) estar no gozo dos direitos civis e políticos;

e) estar quite com o serviço militar;

f) contar mais de 2 (dois) anos de efetivo exercício na profissão e ser sindicalizado.

Parágrafo único. A prova da qualidade profissional a que se refere a alínea *f* deste artigo é feita mediante declaração do respectivo sindicato.

Art. 662. A escolha dos vogais das Juntas e seus suplentes far-se-á dentre os nomes constantes das listas que, para esse efeito, forem encaminhadas pelas associações sindicais de primeiro grau ao presidente do Tribunal Regional.

- Expressão "Conselho Regional" substituída por "Tribunal Regional", de acordo com o art. 2º do Dec.-lei 9.797/1946.
- A EC 24/1999 substituiu as Juntas de Conciliação e Julgamento por Varas do Trabalho (juiz singular) e extinguiu a representação classista na Justiça do Trabalho.

§ 1º Para esse fim, cada sindicato de empregadores e de empregados, com base territorial extensiva à área de jurisdição da Junta, no todo ou em parte, procederá, na ocasião determinada pelo presidente do Tribunal Regional, à escolha de três nomes que comporão a lista, aplicando-se à eleição o disposto no art. 524 e seus §§ 1º a 3º.

- § 1º com redação determinada pela Lei 5.657/1971.

§ 2º Recebidas as listas pelo presidente do Tribunal Regional, designará este, dentro de 5 (cinco) dias, os nomes dos vogais e dos respectivos suplentes, expedindo para cada um deles um título, mediante a apresentação do qual será empossado.

- Expressão "Conselho Regional" substituída por "Tribunal Regional", de acordo com o art. 2º do Dec.-lei 9.797/1946.

§ 3º Dentro de 15 (quinze) dias, contados da data da posse, pode ser contestada a investidura do vogal ou do suplente, por qualquer interessado, sem efeito suspensivo, por meio de representação escrita, dirigida ao presidente do Tribunal Regional.

- Expressão "Conselho Regional" substituída por "Tribunal Regional", de acordo com o art. 2º do Dec.-lei 9.797/1946.

§ 4º Recebida a contestação, o presidente do Tribunal designará imediatamente relator, o qual, se houver necessidade de ouvir testemunhas ou de proceder a quaisquer diligências, providenciará para que tudo se realize com a maior brevidade, submetendo, por fim, a contestação ao parecer do Tribunal, na primeira sessão.

- § 4º com redação determinada pela Lei 2.244/1954.

§ 5º Se o Tribunal julgar procedente a contestação, o presidente providenciará a designação de novo vogal ou suplente.

- § 5º com redação determinada pelo Dec.-lei 229/1967.

§ 6º Em falta de indicação, pelos sindicatos, de nomes para representantes das respectivas categorias profissionais e econômicas nas Juntas de Conciliação e Julgamento, ou nas localidades onde não existirem sindicatos, serão esses representantes livremente designados pelo presidente do Tribunal Regional do Trabalho, observados os requisitos exigidos para o exercício da função.

- § 6º acrescentado pelo Dec.-lei 229/1967.

Art. 663. A investidura dos vogais das Juntas e seus suplentes é de 3 (três) anos, podendo, entretanto, ser dispensado, a pedido, aquele que tiver servido, sem interrupção, durante metade desse período.

- *Caput* com redação determinada pela Lei 2.244/1954.
- A EC 24/1999 substituiu as Juntas de Conciliação e Julgamento por Varas do Trabalho (juiz singular) e extinguiu a representação classista na Justiça do Trabalho.

§ 1º Na hipótese da dispensa do vogal a que alude este artigo, assim como nos casos de impedimento, morte ou renúncia, sua substituição far-se-á pelo suplente, mediante convocação do presidente da Junta.

- § 1º com redação determinada pela Lei 2.244/1954.

§ 2º Na falta do suplente, por impedimento, morte ou renúncia, serão designados novo vogal e o respectivo suplente, dentre os nomes constantes das listas a que se refere o art. 662, servindo os designados até o fim do período.

Art. 664. Os vogais das Juntas e seus suplentes tomam posse perante o presidente da Junta em que têm de funcionar.

- A EC 24/1999 substituiu as Juntas de Conciliação e Julgamento por Varas do Trabalho (juiz singular) e extinguiu a representação classista na Justiça do Trabalho.

Art. 665. Enquanto durar sua investidura, gozam os vogais das Juntas e seus suplentes das prerrogativas asseguradas aos jurados.

- A EC 24/1999 substituiu as Juntas de Conciliação e Julgamento por Varas do Trabalho (juiz singular) e extinguiu a representação classista na Justiça do Trabalho.

Art. 666. Por audiência a que comparecerem, até o máximo de vinte por mês, os vogais das Juntas e seus suplentes perceberão a gratificação fixada em lei.

- A EC 24/1999 substituiu as Juntas de Conciliação e Julgamento por Varas do Trabalho (juiz singular) e extinguiu a representação classista na Justiça do Trabalho.

Art. 667. São prerrogativas dos vogais das Juntas, além das referidas no art. 665:

- A EC 24/1999 substituiu as Juntas de Conciliação e Julgamento por Varas do Trabalho (juiz singular) e extinguiu a representação classista na Justiça do Trabalho.

a) tomar parte nas reuniões do Tribunal a que pertençam;

b) aconselhar às partes a conciliação;

c) votar no julgamento dos feitos e nas matérias de ordem interna do Tribunal, submetidas às suas deliberações;

d) pedir vista dos processos pelo prazo de 24 (vinte e quatro) horas;

e) formular, por intermédio do presidente, aos litigantes, testemunhas e peritos, as perguntas que quiserem fazer, para esclarecimento do caso.

Capítulo III
Dos Juízos de Direito

Art. 668. Nas localidades não compreendidas na jurisdição das Juntas de Conciliação e Julgamento, os Juízos de Direito são os órgãos de administração da Justiça do Trabalho, com a jurisdição que lhes for determinada pela lei de organização judiciária local.

- V. art. 112, CF.
- A EC 24/1999 substituiu as Juntas de Conciliação e Julgamento por Varas do Trabalho (juiz singular) e extinguiu a representação classista na Justiça do Trabalho.

Art. 669. A competência dos Juízos de Direito, quando investidos na administração da Justiça do Trabalho, é a mesma das Juntas de Conciliação e Julgamento, na forma da Seção II do Capítulo II.

- V. art. 112, CF.
- A EC 24/1999 substituiu as Juntas de Conciliação e Julgamento por Varas do Trabalho (juiz singular) e extinguiu a representação classista na Justiça do Trabalho.

§ 1º Nas localidades onde houver mais de um Juízo de Direito a competência é determinada, entre os juízes do cível, por distribuição ou pela divisão judiciária local, na conformidade da lei de organização respectiva.

§ 2º Quando o critério de competência da lei de organização judiciária for diverso do previsto no parágrafo anterior, será competente o juiz do cível mais antigo.

Capítulo IV
Dos Tribunais Regionais do Trabalho

- Expressão "Conselhos Regionais do Trabalho" substituída por "Tribunais Regionais do Trabalho", de acordo com o art. 2º do Dec.-lei 9.797/1946.
- A EC 24/1999 substituiu as Juntas de Conciliação e Julgamento por Varas do Trabalho (juiz singular) e extinguiu a representação classista na Justiça do Trabalho.

Seção I
Da Composição e do Funcionamento

Art. 670. O Tribunal Regional do Trabalho da 1ª Região compor-se-á de 54 (cinquenta e quatro) juízes, sendo 36 (trinta e seis) togados, vitalícios, e 18 (dezoito) classistas, temporários; o Tribunal Regional da 2ª Região compor-se-á de 64 (sessenta e quatro) juízes, sendo 42 (quarenta e dois) togados, vitalícios, e 22 (vinte e dois) classistas, temporários; o Tribunal Regional da 3ª Região compor-se-á de 36 (trinta e seis) juízes, sendo 24 (vinte e quatro) togados, vitalícios, e 12 (doze) classistas, temporários; o Tribunal Regional da 4ª Região compor-se-á de 36 (trinta e seis) juízes, sendo 24 (vinte e quatro) togados, vitalícios, e 12 (doze) classistas, temporários; o Tribunal Regional da 5ª Região compor-se-á de 29 (vinte e nove) juízes, sendo 19 (dezenove) togados, vitalícios, e 10 (dez) classistas, temporários; o Tribunal Regional da 6ª Região compor-se-á de 18 (dezoito) juízes, sendo 12 (doze) togados, vitalícios, e 6 (seis) classistas, temporários; o Tribunal Regional da 7ª Região compor-se-á de 8 (oito) juízes, sendo 6 (seis) togados, vitalícios, e 2 (dois) classistas, temporários; o Tribunal Regional da 8ª Região compor-se-á de 23 (vinte e três) juízes, sendo 15 (quinze) togados, vitalícios, e 8 (oito) classistas, temporários; o Tribunal Regional da 9ª Região compor-se-á de 28 (vinte e oito) juízes, sendo 18 (dezoito) togados, vitalícios, e 10 (dez) classistas, temporários; o Tribunal Regional da 10ª Região compor-se-á de 17 (dezessete) juízes, sendo 11 (onze) togados, vitalícios, e 6 (seis) classistas, temporários; o Tribunal Regional da 11ª Região compor-se-á de 8 (oito) juízes, sendo 6 (seis) togados, vitalícios, e 2 (dois) classistas, temporários; o Tribunal Regional da 12ª Região compor-se-á de 18 (dezoito) juízes, sendo 12 (doze) togados, vitalícios, e 6 (seis) classistas, temporários; o Tribunal Regional da 13ª Região compor-se-á de 8 (oito) juízes, sendo 6 (seis) togados, vitalícios, e 2 (dois) classistas, temporários; o Tribunal Regional da 14ª Região compor-se-á de 8 (oito) juízes, sendo 6 (seis) togados, de investidura vitalícia, e 2 (dois) classistas, de investidura temporária; o Tribunal Regional da 15ª Região compor-se-á de 36 (trinta e seis) juízes, sendo 24 (vinte e quatro) togados, vitalícios, e 12 (doze) classistas, temporários; o Tribunal Regional da 16ª Região compor-se-á de 8 (oito) juízes, sendo 6 (seis) togados, de investidura vitalícia, e 2 (dois) classistas, de investidura temporária; o Tribunal Regional da 17ª Região compor-se-á de 8 (oito) juízes, sendo 6 (seis) togados, de investidura vitalícia, e 2 (dois) classistas, de investidura temporária; o Tribunal Regional da 18ª Região compor-se-á de 8 (oito) juízes, sendo 6 (seis) togados, de investidura vitalícia, e 2 (dois) classistas, de investidura temporária; o Tribunal Regional da 19ª Região compor-se-á de 8 (oito) juízes, sendo 6 (seis) togados, de investidura vitalícia, e 2 (dois) classistas, de investidura temporária; o Tribunal Regional da 20ª Região compor-se-á de 8 (oito) juízes, sendo 6 (seis) togados, de investidura vitalícia, e 2 (dois) classistas, de investidura temporária; o Tribunal Regional da 21ª Região compor-se-á de 8 (oito) juízes, sendo 6 (seis) togados, de investidura vitalícia, e 2 (dois) classistas, de investidura temporária; o Tribunal Regional da 22ª Região compor-se-á de 8 (oito) juízes, sendo 6 (seis) togados, de investidura vitalícia, e 2 (dois) classistas, de investidura temporária; o Tribunal Regional da 23ª Região compor-se-á de 8 (oito) juízes, sendo 6 (seis) togados, de investidura vitalícia, e 2 (dois) classistas, de investidura temporária; e o Tribunal Regional da 24ª Região compor-se-á de 8 (oito) juízes, sendo 6 (seis) togados, de investidura vitalícia, e 2 (dois) classistas, de investidura temporária, todos nomeados pelo Presidente da República.

- V. art. 115, CF.
- A EC 24/1999 substituiu as Juntas de Conciliação e Julgamento por Varas do Trabalho (juiz singular) e extinguiu a representação classista na Justiça do Trabalho.

§ 1º Haverá um suplente para cada juiz representante classista.

- § 1º com redação determinada pelo Dec.-lei 9.797/1946.
- A Lei 5.442/1968 propôs nova redação a este dispositivo mas teve seu texto vetado.

§ 2º Nos Tribunais Regionais constituídos de seis ou mais juízes togados, e menos de onze, um deles será escolhido dentre advogados, um dentre membros do Ministério Público da União junto à Justiça do Trabalho e os demais dentre juízes do trabalho, presidentes de Junta da respectiva Região, na forma prevista no parágrafo anterior.

- § 2º com redação determinada pela Lei 5.442/1968.
- V. arts. 94 e 115, I e II, CF.

§ 3º Nos Tribunais do Trabalho das demais Regiões, terão assento três juízes alheios aos interesses profissionais.

- § 3º com redação determinada pelo Dec.-lei 9.797/1946.
- A Lei 5.442/1968 propôs nova redação a este dispositivo mas teve seu texto vetado.

§ 4º Os juízes classistas referidos neste artigo representarão, paritariamente, empregadores e empregados.

- § 4º acrescentado pela Lei 5.442/1968.

§ 5º Haverá um suplente para cada juiz classista.

- § 5º acrescentado pela Lei 5.442/1968.

§ 6º Os Tribunais Regionais, no respectivo regimento interno, disporão sobre a substituição de seus juízes, observados, na convocação de juízes inferiores, os critérios de livre escolha e antiguidade, alternadamente.

- V. arts. 93 e 118, LC 35/1979, com redação determinada pela LC 54/1986.
- § 6º acrescentado pela Lei 5.442/1968.

§ 7º Dentre os seus juízes togados, os Tribunais Regionais elegerão os respectivos presidente e vice-presidente, assim como os presidentes de Turmas, onde as houver.

- § 7º acrescentado pela Lei 5.442/1968.

§ 8º Os Tribunais Regionais das 1ª e 2ª Regiões dividir-se-ão em Turmas, facultada essa divisão aos constituídos de, pelo menos, doze juízes. Cada Turma se comporá de três juízes togados e dois classistas, um representante dos empregados e outro dos empregadores.

- § 8º acrescentado pela Lei 5.442/1968.
- V. arts. 113 e 115, I e II, CF.

Art. 671. Para os trabalhos dos Tribunais Regionais existe a mesma incompatibilidade prevista no art. 648, sendo idêntica a forma de sua resolução.

- Expressão "Conselhos Regionais" substituída por "Tribunais Regionais", de acordo com o art. 2º do Dec.-lei 9.797/1946.

Art. 672. Os Tribunais Regionais, em sua composição plena, deliberarão com a presença, além do presidente, da metade e mais um do número de seus juízes, dos quais, no mínimo, um representante dos empregados e outro dos empregadores.

- Artigo com redação determinada pela Lei 5.442/1968.
- A EC 24/1999 substituiu as Juntas de Conciliação e Julgamento por Varas do Trabalho (juiz singular) e extinguiu a representação classista na Justiça do Trabalho.

§ 1º As Turmas somente poderão deliberar presentes, pelo menos, três dos seus juízes, entre eles os dois classistas. Para a integração desse *quorum*, poderá o presidente de uma Turma convocar juízes de outra, da classe a que pertencer o ausente ou impedido.

§ 2º Nos Tribunais Regionais, as decisões tomar-se-ão pelo voto da maioria dos juízes presentes, ressalvada, no Tribunal Pleno, a hipótese de declaração de inconstitucionalidade de lei ou ato do poder público (art. 116 da Constituição).

- V. art. 97, CF.

§ 3º O presidente do Tribunal Regional, excetuada a hipótese de declaração de inconstitucionalidade de lei ou ato do poder público, somente terá voto de desempate. Nas sessões administrativas, o presidente votará como os demais juízes, cabendo-lhe, ainda, o voto de qualidade.

- V. art. 97, CF.

§ 4º No julgamento de recursos contra decisão ou despacho do presidente, do vice-presidente ou do relator, ocorrendo empate, prevalecerá a decisão ou despacho recorrido.

Art. 673. A ordem das sessões dos Tribunais Regionais será estabelecida no respectivo regimento interno.

- Expressão "Conselhos Regionais" substituída por "Tribunais Regionais", de acordo com o art. 2º do Dec.-lei 9.797/1946.

Seção II
Da Jurisdição e Competência

Art. 674. Para efeito da jurisdição dos Tribunais Regionais, o território nacional é dividido nas 24 (vinte e quatro) Regiões seguintes:

1ª Região: Estado do Rio de Janeiro;

2ª Região: Estado de São Paulo;

- A Lei 7.520, de 15 de julho de 1986, estabelece, no § 1º do art. 1º, que a 2ª Região da Justiça do Trabalho passa a abranger apenas o Município da Capital do Estado de São Paulo e os Municípios de Arujá, Barueri, Biritiba-Mirim, Caieiras, Cajamar, Carapicuíba, Cotia, Cubatão, Diadema, Embu, Embu-Guaçu, Ferraz de Vasconcelos, Francisco Morato, Franco da Rocha, Guararema, Guarujá, Guarulhos, Itapecerica da Serra, Itapevi, Itaquaquecetuba, Jandira, Juquitiba, Mairiporã, Mauá, Mogi das Cruzes, Osasco, Pirapora do Bom Jesus,

Poá, Praia Grande, Ribeirão Pires, Rio Grande da Serra, Salesópolis, Santa Isabel, Santana do Parnaíba, Santo André, Santos, São Bernardo do Campo, São Caetano do Sul, São Vicente, Suzano e Taboão da Serra.

3ª Região: Estado de Minas Gerais;

4ª Região: Estado do Rio Grande do Sul;

5ª Região: Estado da Bahia;

6ª Região: Estado de Pernambuco;

7ª Região: Estado do Ceará;

8ª Região: Estados do Pará e do Amapá;

9ª Região: Estado do Paraná;

- Criada pela Lei 6.241/1975.

10ª Região: Distrito Federal e Tocantins;

- Criada pela Lei 6.927/1981.

11ª Região: Estados do Amazonas e de Roraima;

- Criada pela Lei 6.915/1981.

12ª Região: Estado de Santa Catarina;

- Criada pela Lei 6.928/1981.

13ª Região: Estado da Paraíba;

- Criada pela Lei 7.324/1985.

14ª Região: Estados de Rondônia e Acre;

- Criada pela Lei 7.523/1986.

15ª Região: Estado de São Paulo (área não abrangida pela jurisdição estabelecida na 2ª Região);

- Criada pela Lei 7.520/1986.

16ª Região: Estado do Maranhão;

- Criada pela Lei 7.671/1988.

17ª Região: Estado do Espírito Santo;

- Criada pela Lei 7.872/1989.

18ª Região: Estado de Goiás;

- Criada pela Lei 7.873/1989.

19ª Região: Estado de Alagoas;

- Criada pela Lei 8.219/1991.

20ª Região: Estado de Sergipe;

- Criada pela Lei 8.233/1991.

21ª Região: Estado do Rio Grande do Norte;

- Criada pela Lei 8.215/1991.

22ª Região: Estado do Piauí;

- Criada pela Lei 8.221/1991.

23ª Região: Estado do Mato Grosso;

- Criada pela Lei 8.430/1992.

24ª Região: Estado do Mato Grosso do Sul.

- Criada pela Lei 8.431/1992.

Parágrafo único. Os Tribunais têm sede nas cidades: Rio de Janeiro (1ª Região), São Paulo (2ª Região), Belo Horizonte (3ª Região), Porto Alegre (4ª Região), Salvador (5ª Região), Recife (6ª Região), Fortaleza (7ª Região), Belém (8ª Região), Curitiba (9ª Região), Brasília (10ª Região), Manaus (11ª Região), Florianópolis (12ª Região), João Pessoa (13ª Região), Porto Velho (14ª Região), Campinas (15ª Região), São Luís (16ª Região), Vitória (17ª Região), Goiânia (18ª Região), Maceió (19ª Região), Aracaju (20ª Região), Natal (21ª Região), Teresina (22ª Região), Cuiabá (23ª Região) e Campo Grande (24ª Região).

Art. 675. *(Revogado pela Lei 5.442/1968).*

Art. 676. O número de regiões, a jurisdição e a categoria dos Tribunais Regionais, estabelecidos nos artigos anteriores, somente podem ser alterados pelo Presidente da República.

- V. arts. 96, II, e 113, CF.

Art. 677. A competência dos Tribunais Regionais determina-se pela forma indicada no art. 651 e seus parágrafos e, nos casos de dissídio coletivo, pelo local onde este ocorrer.

- Expressão "Conselhos Regionais" substituída por "Tribunais Regionais", de acordo com o art. 2º do Dec.-lei 9.797/1946.
- V. Lei 4.725/1965 (Normas para o processo dos dissídios coletivos).
- V. Portaria MTb 3.122/1988 (Composição dos conflitos individuais e coletivos de trabalho).

Art. 678. Aos Tribunais Regionais, quando divididos em Turmas, compete:

- Artigo com redação determinada pela Lei 5.442/1968.

I – ao Tribunal Pleno, especialmente:

- V. art. 93, XI, CF.

a) processar, conciliar e julgar originariamente os dissídios coletivos;

b) processar e julgar originariamente:

1) as revisões de sentenças normativas;

2) a extensão das decisões proferidas em dissídios coletivos;

3) os mandados de segurança;

4) as impugnações à investidura de vogais e seus suplentes nas Juntas de Conciliação e Julgamento;

- A EC 24/1999 substituiu as Juntas de Conciliação e Julgamento por Varas do Trabalho (juiz singular) e extinguiu a representação classista na Justiça do Trabalho.

c) processar e julgar em última instância:

1) os recursos das multas impostas pelas Turmas;

2) as ações rescisórias das decisões das Juntas de Conciliação e Julgamento, dos juízes de direito investidos na jurisdição trabalhista, das Turmas e de seus próprios acórdãos;

3) os conflitos de jurisdição entre as suas Turmas, os juízes de direito investidos na jurisdição trabalhista, as Juntas de Conciliação e Julgamento, ou entre aqueles e estas;

d) julgar em única ou última instância:

1) os processos e os recursos de natureza administrativa atinentes aos seus serviços auxiliares e respectivos servidores;

2) as reclamações contra atos administrativos de seu presidente ou de qualquer de seus membros, assim como dos juízes de primeira instância e de seus funcionários;

II – às Turmas:

a) julgar os recursos ordinários previstos no art. 895, *a*;

b) julgar os agravos de petição e de instrumento, estes de decisões denegatórias de recursos de sua alçada;

c) impor multas e demais penalidades relativas a atos de sua competência jurisdicional, e julgar os recursos interpostos das decisões das Juntas e dos juízes de direito que as impuserem.

Parágrafo único. Das decisões das Turmas não caberá recurso para o Tribunal Pleno, exceto no caso do inciso I, alínea *c*, item 1, deste artigo.

Art. 679. Aos Tribunais Regionais não divididos em Turmas compete o julgamento das matérias a que se refere o artigo anterior, exceto a de que trata o inciso I, alínea *c*, item 1, como os conflitos de jurisdição entre Turmas.

- Artigo com redação determinada pela Lei 5.442/1968.

Art. 680. Compete, ainda, aos Tribunais Regionais, ou suas Turmas:

- Artigo com redação determinada pela Lei 5.442/1968.
- V. art. 96, CF.

a) determinar às Juntas e aos juízes de direito a realização dos atos processuais e diligências necessárias ao julgamento dos feitos sob sua apreciação;

- A EC 24/1999 substituiu as Juntas de Conciliação e Julgamento por Varas do Trabalho (juiz singular) e extinguiu a representação classista na Justiça do Trabalho.

b) fiscalizar o cumprimento de suas próprias decisões;

c) declarar a nulidade dos atos praticados com infração de suas decisões;

d) julgar as suspeições arguidas contra seus membros;

e) julgar as exceções de incompetência que lhes forem opostas;

f) requisitar às autoridades competentes as diligências necessárias ao esclarecimento dos feitos sob apreciação, representando contra aquelas que não atenderem a tais requisições;

g) exercer, em geral, no interesse da Justiça do Trabalho, as demais atribuições que decorram de sua jurisdição.

Seção III
Dos Presidentes dos Tribunais Regionais

- Expressão "Conselhos Regionais" substituída por "Tribunais Regionais", de acordo com o art. 2º do Dec.-lei 9.797/1946.

Art. 681. Os presidentes e vice-presidentes dos Tribunais Regionais do Trabalho tomarão posse perante os respectivos Tribunais.

- *Caput* com redação determinada pela Lei 6.320/1976.

Parágrafo único. *(Revogado pela Lei 6.320/1976).*

Art. 682. Competem privativamente aos presidentes dos Tribunais Regionais, além das que forem conferidas neste e no título e das decorrentes do seu cargo, as seguintes atribuições:

- *Caput* e incisos com redação determinada pelo Dec.-lei 8.737/1946.
- Expressão "Conselhos Regionais" substituída por "Tribunais Regionais", de acordo com o art. 2º do Dec.-lei 9.797/1946.

I – *(Revogado pela Lei 5.442/1968);*

II – designar os vogais das Juntas e seus suplentes;

- A EC 24/1999 substituiu as Juntas de Conciliação e Julgamento por Varas do Trabalho (juiz singular) e extinguiu a representação classista na Justiça do Trabalho.

III – dar posse aos presidentes de Juntas e presidentes substitutos, aos vogais e suplentes e funcionários do próprio Tribunal e conceder férias e licenças aos mesmos e aos vogais e suplentes das Juntas;

CLT

IV – presidir às sessões do Tribunal;
V – presidir às audiências de conciliação nos dissídios coletivos;
VI – executar suas próprias decisões e as proferidas pelo Tribunal;
VII – convocar suplentes dos juízes do Tribunal, nos impedimentos destes;

- Expressão "dos vogais do Conselho" substituída por "juízes do Tribunal", de acordo com os arts. 2º e 3º do Dec.-lei 9.797/1946.

VIII – representar ao presidente do Tribunal Superior do Trabalho contra os presidentes e os vogais, nos casos previstos no art. 727 e seu parágrafo único;

- Expressão "Conselho Nacional do Trabalho" substituída por "Tribunal Superior do Trabalho", de acordo com o art. 2º do Dec.-lei 9.797/1946.

IX – despachar os recursos interpostos pelas partes;
X – requisitar às autoridades competentes, nos casos de dissídio coletivo, a força necessária, sempre que houver ameaça de perturbação da ordem;
XI – exercer correição, pelo menos uma vez por ano, sobre as Juntas, ou parcialmente sempre que se fizer necessário, e solicitá-la, quando julgar conveniente, ao presidente do Tribunal de Justiça, relativamente aos juízes de direito investidos na administração da Justiça do Trabalho;
XII – distribuir os feitos, designando os juízes que os devem relatar;
XIII – designar, dentre os funcionários do Tribunal e das Juntas existentes em uma mesma localidade, o que deve exercer a função de distribuidor;
XIV – assinar as folhas de pagamento dos juízes e servidores do Tribunal.
§ 1º Na falta ou impedimento do presidente da Junta e do substituto da mesma localidade, é facultado ao presidente do Tribunal Regional designar substituto de outra localidade, observada a ordem de antiguidade entre os substitutos desimpedidos.

- § 1º com redação determinada pelo Dec.-lei 8.737/1946.
- Expressão "Conselho Regional" substituída por "Tribunal Regional", de acordo com o art. 2º do Dec.-lei 9.797/1946.

§ 2º Na falta ou impedimento do vogal da Junta e do respectivo suplente, é facultado ao presidente do Tribunal Regional designar suplente de outra Junta, respeitada a categoria profissional ou econômica do representante e a ordem de antiguidade dos suplentes desimpedidos.

- § 2º com redação determinada pelo Dec.-lei 8.737/1946.
- Expressão "Conselho Regional" substituída por "Tribunal Regional", de acordo com o art. 2º do Dec.-lei 9.797/1946.

§ 3º Na falta ou impedimento de qualquer juiz representante classista e seu respectivo suplente, é facultado ao presidente do Tribunal Regional designar um dos vogais de Junta de Conciliação de Julgamento para funcionar nas sessões do Tribunal, respeitada a categoria profissional ou econômica do representante.

- § 3º acrescentado pela Lei 3.440/1958.

Art. 683. Na falta ou impedimento dos presidentes dos Tribunais Regionais, e como auxiliares destes, sempre que necessário, funcionarão seus substitutos.

- Artigo com redação determinada pelo Dec.-lei 8.737/1946.
- Expressão "Conselhos Regionais" substituída por "Tribunais Regionais", de acordo com o art. 2º do Dec.-lei 9.797/1946.

§ 1º Nos casos de férias, por 30 (trinta) dias, licença, morte ou renúncia, a convocação competirá diretamente ao presidente do Tribunal Superior do Trabalho.

- Expressão "Conselho Nacional do Trabalho" substituída por "Tribunal Superior do Trabalho", de acordo com o art. 2º do Dec.-lei 9.797/1946.

§ 2º Nos demais casos, mediante convocação do próprio presidente do Tribunal ou comunicação do secretário deste, o presidente substituto assumirá imediatamente o exercício, ciente o presidente do Tribunal Superior do Trabalho.

- Expressões "Conselho" e "Conselho Nacional do Trabalho" substituídas por "Tribunal" e "Tribunal Superior do Trabalho", respectivamente, de acordo com o art. 2º do Dec.-lei 9.797/1946.

Seção IV
Dos Juízes Representantes Classistas dos Tribunais Regionais

- Expressão "Conselhos Regionais" substituída por "Tribunais Regionais", de acordo com o art. 2º do Dec.-lei 9.797/1946.
- A EC 24/1999 substituiu as Juntas de Conciliação e Julgamento por Varas do Trabalho (juiz singular) e extinguiu a representação classista na Justiça do Trabalho.

Art. 684. Os juízes representantes classistas dos Tribunais Regionais são designados pelo Presidente da República.

- Expressão "Conselhos Regionais" substituída por "Tribunais Regionais", de acordo com o art. 2º do Dec.-lei 9.797/1946.
- A EC 24/1999 substituiu as Juntas de Conciliação e Julgamento por Varas do Trabalho (juiz singular) e extinguiu a representação classista na Justiça do Trabalho.
- V. art. 115, CF.

Parágrafo único. Aos juízes representantes classistas dos empregados e dos empregadores, nos Tribunais Regionais, aplicam-se as disposições do art. 661.

- Primitivo § 1º renumerado pela Lei 5.442/1968, que também revogou o § 2º deste artigo.

Art. 685. A escolha dos juízes e suplentes dos Tribunais Regionais, representantes dos empregadores e empregados, é feita dentre os nomes constantes das listas para esse fim encaminhadas ao presidente do Tribunal Superior do Trabalho pelas associações sindicais de grau superior com sede nas respectivas Regiões.

- Expressões "Conselhos Regionais" e "Conselho Nacional do Trabalho" substituídas por "Tribunais Regionais" e "Tribunal Superior do Trabalho", respectivamente, de acordo com o art. 2º do Dec.-lei 9.797/1946.
- A EC 24/1999 substituiu as Juntas de Conciliação e Julgamento por Varas do Trabalho (juiz singular) e extinguiu a representação classista na Justiça do Trabalho.
- V. art. 115, CF.

§ 1º Para o efeito deste artigo, o conselho de representantes de cada associação sindical de grau superior, na ocasião determinada pelo presidente do Tribunal Superior do Trabalho, organizará, por maioria de votos, uma lista de três nomes.
§ 2º O presidente do Tribunal Superior do Trabalho submeterá os nomes constantes das listas ao Presidente da República, por intermédio do Ministro da Justiça.

- § 2º com redação determinada pela Lei 2.244/1954.

Art. 686. *(Revogado pelo Dec.-lei 9.797/1946).*

Art. 687. Os juízes representantes classistas dos Tribunais Regionais tomam posse perante o respectivo presidente.

- Expressão "Conselhos Regionais" substituída por "Tribunais Regionais", de acordo com o art. 2º do Dec.-lei 9.797/1946.
- A EC 24/1999 substituiu as Juntas de Conciliação e Julgamento por Varas do Trabalho (juiz singular) e extinguiu a representação classista na Justiça do Trabalho.

Art. 688. Aos juízes representantes classistas dos Tribunais Regionais aplicam-se as disposições do art. 663, sendo a nova escolha feita dentre os nomes constantes das listas a que se refere o art. 685, ou na forma indicada no art. 686 e, bem assim, as dos arts. 665 e 667.

- Expressão "Conselhos Regionais" substituída por "Tribunais Regionais", de acordo com o art. 2º do Dec.-lei 9.797/1946.
- A EC 24/1999 substituiu as Juntas de Conciliação e Julgamento por Varas do Trabalho (juiz singular) e extinguiu a representação classista na Justiça do Trabalho.

Art. 689. Por sessão a que comparecerem, até o máximo de quinze por mês, perceberão os juízes representantes classistas e suplentes dos Tribunais Regionais a gratificação fixada em lei.

- Artigo com redação determinada pelo Dec.-lei 8.737/1946.
- Expressão "Conselhos Regionais" substituída por "Tribunais Regionais", de acordo com o art. 2º do Dec.-lei 9.797/1946.
- A EC 24/1999 substituiu as Juntas de Conciliação e Julgamento por Varas do Trabalho (juiz singular) e extinguiu a representação classista na Justiça do Trabalho.

Parágrafo único. Os juízes representantes classistas que retiverem processos além dos prazos estabelecidos no Regimento Interno dos Tribunais Regionais sofrerão automaticamente, na gratificação mensal a que teriam direito, desconto equivalente a 1/30 (um trinta avos) por processo retido.

Capítulo V
Do Tribunal Superior do Trabalho

- Expressão "Conselho Nacional do Trabalho" substituída por "Tribunal Superior do Trabalho", de acordo com o art. 2º do Dec.-lei 9.797/1946.

- V. art. 111-A, CF.
- V. Regimento Interno do TST (RITST).

Seção I
Disposições Preliminares

Art. 690. O Tribunal Superior do Trabalho, com sede na Capital da República e jurisdição em todo o território nacional, é a instância superior da Justiça do Trabalho.

- Artigo atualizado pela Lei 7.701/1988.
- Artigo com redação determinada pela Lei 2.244/1954.
- V. art. 111-A, CF.

Parágrafo único. O Tribunal funciona na plenitude de sua composição ou dividido em Turmas, com observância da paridade de representação de empregados e empregadores.

Arts. 691 e 692. *(Revogados pelo Dec.-lei 8.737/1946).*

Seção II
Da Composição e Funcionamento do Tribunal Superior do Trabalho

- Expressão "Conselho Nacional do Trabalho" substituída por "Tribunal Superior do Trabalho", de acordo com o art. 2º do Dec.-lei 9.797/1946.

Art. 693. O Tribunal Superior do Trabalho compõe-se de dezessete juízes, com a denominação de ministros, sendo:

a) onze togados e vitalícios, nomeados pelo Presidente da República, depois de aprovada a escolha pelo Senado Federal, dentre brasileiros natos, maiores de 35 (trinta e cinco) anos, de notável saber jurídico e de reputação ilibada;

b) seis classistas, em representação paritária dos empregadores e dos empregados, nomeados pelo Presidente da República, de conformidade com o disposto nos §§ 2º e 3º deste artigo.

- A EC 24/1999 substituiu as Juntas de Conciliação e Julgamento por Varas do Trabalho (juiz singular) e extinguiu a representação classista na Justiça do Trabalho.
- V. art. 111-A, CF.

§ 1º Dentre os juízes togados do Tribunal Superior do Trabalho, alheios aos interesses profissionais, serão eleitos o presidente, o vice-presidente e o corregedor, além dos presidentes das Turmas, na forma estabelecida em seu regimento interno.

- § 1º com redação determinada pela Lei 2.244/1954.

§ 2º Para nomeação trienal dos juízes classistas, o presidente do Tribunal Superior do Trabalho publicará edital, com antecedência mínima de 15 (quinze) dias, convocando as associações sindicais de grau superior, para que cada uma, mediante maioria de votos do respectivo conselho de representantes, organize uma lista de três nomes, que será encaminhada, por intermédio daquele Tribunal, ao Ministro da Justiça, dentro do prazo que for fixado no edital.

- § 2º com redação determinada pela Lei 2.244/1954.
- V. art. 111-A, CF.

§ 3º Na lista de que trata o parágrafo anterior figurarão somente brasileiros natos, de reconhecida idoneidade, maiores de 25 (vinte e cinco) anos, quites com o serviço militar, que estejam no gozo de seus direitos civis e políticos e contem mais de 2 (dois) anos de efetivo exercício da profissão ou se encontrem no desempenho de representação profissional prevista em lei.

- § 3º com redação determinada pelo Dec.-lei 9.797/1946.
- V. art. 111-A, CF.

Art. 694. Os juízes togados escolher-se-ão: sete, dentre magistrados da Justiça do Trabalho, dois, dentre advogados no efetivo exercício da profissão, e dois, dentre membros do Ministério Público da União junto à Justiça do Trabalho.

- Artigo com redação determinada pela Lei 5.442/1968.
- V. art. 111-A, CF.

Art. 695. *(Suprimido pelo Dec.-lei 9.797/1946).*

Art. 696. Importará em renúncia o não comparecimento do membro do Tribunal, sem motivo justificado, a mais de três sessões ordinárias consecutivas.

- Artigo com redação determinada pelo Dec.-lei 8.737/1946.
- V. art. 111-A, CF.

§ 1º Ocorrendo a hipótese prevista neste artigo, o presidente do Tribunal comunicará, imediatamente, o fato ao Ministro da Justiça, a fim de que seja feita a substituição do juiz renunciante, sem prejuízo das sanções cabíveis.

- § 1º revogado. V. LC 35/1979 (Lei Orgânica da Magistratura Nacional).

§ 2º Para os efeitos do parágrafo anterior, a designação do substituto será feita dentre os nomes constantes das listas de que trata o § 2º do art. 693.

Art. 697. Em caso de licença superior a 30 (trinta) dias, ou de vacância, enquanto não for preenchido o cargo, os ministros do Tribunal poderão ser substituídos mediante convocação de juízes, de igual categoria, de qualquer dos Tribunais Regionais do Trabalho, na forma que dispuser o Regimento do Tribunal Superior do Trabalho.

- Artigo com redação determinada pela Lei 6.289/1975.

Art. 698. *(Revogado pelo Dec.-lei 8.737/1946).*

Art. 699. O Tribunal Superior do Trabalho não poderá deliberar, na plenitude de sua composição, senão com a presença de, pelo menos, nove dos seus juízes, além do presidente.

- V. Lei 7.701/1988 (Especialização de Turmas do TST).
- V. art. 111-A, CF.

Parágrafo único. As Turmas do Tribunal, compostas de cinco juízes, só poderão deliberar com a presença de, pelo menos, três de seus membros, além do respectivo presidente, cabendo também a este funcionar como relator ou revisor nos feitos que lhe forem distribuídos, conforme estabelecer o regimento interno.

Art. 700. O Tribunal reunir-se-á em dias previamente fixados pelo presidente, o qual poderá, sempre que for necessário, convocar sessões extraordinárias.

- Artigo com redação determinada pelo Dec.-lei 8.737/1946.
- V. art. 96, I, *a*, CF.

Art. 701. As sessões do Tribunal serão públicas e começarão às 14 (quatorze) horas, terminando às 17 (dezessete) horas, mas poderão ser prorrogadas pelo presidente em caso de manifesta necessidade.

- Artigo com redação determinada pelo Dec.-lei 8.737/1946.
- V. art. 96, I, *a*, CF.

§ 1º As sessões extraordinárias do Tribunal só se realizarão quando forem comunicadas aos seus membros com 24 (vinte e quatro) horas, no mínimo, de antecedência.

§ 2º Nas sessões do Tribunal, os debates poderão tornar-se secretos, desde que, por motivo de interesse público, assim resolver a maioria de seus membros.

Seção III
Da Competência do Tribunal Pleno

Art. 702. Ao Tribunal Pleno compete:

- *Caput* do artigo com redação determinada pela Lei 2.244/1954.
- V. Lei 7.701/1988 (Especialização de Turmas do TST).

I – em única instância:

- *Caput* do inciso I com redação determinada pela Lei 2.244/1954.

a) decidir sobre matéria constitucional, quando arguido, para invalidar lei ou ato do poder público;

- Alínea *a* com redação determinada pela Lei 2.244/1954.

b) conciliar e julgar os dissídios coletivos que excedam a jurisdição dos Tribunais Regionais do Trabalho, bem como estender ou rever suas próprias decisões normativas, nos casos previstos em lei;

- Alínea *b* com redação determinada pela Lei 2.244/1954.

c) homologar os acordos celebrados em dissídios de que trata a alínea anterior;

- Alínea *c* com redação determinada pela Lei 2.244/1954.

d) julgar os agravos dos despachos do presidente, nos casos previstos em lei;

- Alínea *d* com redação determinada pela Lei 2.244/1954.

e) julgar as suspeições arguidas contra o presidente e demais juízes do Tribunal, nos feitos pendentes de sua decisão;

- Alínea *e* com redação determinada pela Lei 2.244/1954.

f) estabelecer ou alterar súmulas e outros enunciados de jurisprudência uniforme, pelo voto de pelo menos dois terços de seus membros, caso a mesma matéria já tenha sido decidida de forma idêntica por unanimidade em, no mínimo, dois terços das turmas em pelo menos dez sessões diferentes em cada uma delas, podendo, ainda, por maioria de dois terços de seus membros, restringir os efeitos daquela declaração ou decidir

CLT

que ela só tenha eficácia a partir de sua publicação no Diário Oficial;

- Alínea *f* com redação determinada pela Lei 13.467/2017 (*DOU* 14.07.2017), em vigor após decorridos 120 (cento e vinte) dias da sua publicação oficial.

g) aprovar tabela de custas e emolumentos, nos termos da lei;

- Alínea *g* com redação determinada pela Lei 2.244/1954.

h) elaborar o Regimento Interno do Tribunal e exercer as atribuições administrativas previstas em lei, ou decorrentes da Constituição Federal;

- Alínea *h* com redação determinada pela Lei 2.244/1954.

II – em última instância:

- *Caput* do inciso II com redação determinada pela Lei 2.244/1954.

a) julgar os recursos ordinários das decisões proferidas pelos Tribunais Regionais em processos de sua competência originária;

- Alínea *a* com redação determinada pela Lei 2.244/1954.

b) julgar os embargos opostos às decisões de que tratam as alíneas b e c do inciso I deste artigo;

- Alínea *b* com redação determinada pela Lei 2.244/1954.

c) julgar embargos das decisões das Turmas, quando estas divirjam entre si ou de decisão proferida pelo próprio Tribunal Pleno, ou que forem contrárias à letra de lei federal;

- Alínea *c* com redação determinada pela Dec.-lei 229/1967.

d) julgar os agravos de despachos denegatórios dos presidentes de Turmas, em matéria de embargos, na forma estabelecida no regimento interno;

- Alínea *d* com redação determinada pela Lei 2.244/1954.

e) julgar os embargos de declaração opostos aos seus acórdãos.

- Alínea *e* com redação determinada pela Lei 2.244/1954.

§ 1º Quando adotada pela maioria de 2/3 (dois terços) dos juízes do Tribunal Pleno, a decisão proferida nos embargos de que trata o inciso II, alínea *c*, deste artigo, terá força de prejulgado, nos termos dos §§ 2º e 3º do art. 902.

- § 1º acrescentado pela Lei 2.244/1954.

§ 2º É da competência de cada uma das Turmas do Tribunal:

- § 2º acrescentado pela Lei 2.244/1954.

a) julgar, em única instância, os conflitos de jurisdição entre Tribunais Regionais do Trabalho e os que se suscitarem entre juízes de direito ou Juntas de Conciliação e Julgamento de regiões diferentes;

- A EC 24/1999 substituiu as Juntas de Conciliação e Julgamento por Varas do Trabalho (juiz singular) e extinguiu a representação classista na Justiça do Trabalho.

b) julgar, em última instância, os recursos de revista interpostos de decisões dos Tribunais Regionais e das Juntas de Conciliação e Julgamento ou juízes de direito, nos casos previstos em lei;

c) julgar os agravos de instrumento dos despachos que denegarem a interposição de recursos ordinários ou de revista;

d) julgar os embargos de declaração opostos aos seus acórdãos;

e) julgar as habilitações incidentes e arguições de falsidade, suspeição e outras nos casos pendentes de sua decisão.

§ 3º As sessões de julgamento sobre estabelecimento ou alteração de súmulas e outros enunciados de jurisprudência deverão ser públicas, divulgadas com, no mínimo, trinta dias de antecedência, e deverão possibilitar a sustentação oral pelo Procurador-Geral do Trabalho, pelo Conselho Federal da Ordem dos Advogados do Brasil, pelo Advogado-Geral da União e por confederações sindicais ou entidades de classe de âmbito nacional.

- § 3º acrescentado pela Lei 13.467/2017 (*DOU* 14.07.2017), em vigor após decorridos 120 (cento e vinte) dias da sua publicação oficial.

§ 4º O estabelecimento ou a alteração de súmulas e outros enunciados de jurisprudência pelos Tribunais Regionais do Trabalho deverão observar o disposto na alínea f do inciso I e no § 3º deste artigo, com rol equivalente de legitimados para sustentação oral, observada a abrangência de sua circunscrição judiciária.

- § 4º acrescentado pela Lei 13.467/2017 (*DOU* 14.07.2017), em vigor após decorridos 120 (cento e vinte) dias da sua publicação oficial.

Seção IV
Da Competência da Câmara de Justiça do Trabalho

Arts. 703 a 705. *(Revogados pelo Dec.-lei 8.737/1946).*

Seção V
Da Competência da Câmara de Previdência Social

Art. 706. *(Revogado pelo Dec.-lei 8.737/1946).*

Seção VI
Das Atribuições do Presidente do Tribunal Superior do Trabalho

- Expressão "Conselho Nacional do Trabalho" substituída por "Tribunal Superior do Trabalho", de acordo com o art. 2º do Dec.-lei 9.797/1946.
- V. arts. 96, I, *a*, e 113, CF.

Art. 707. Compete ao presidente do Tribunal:

- Artigo com redação determinada pelo Dec.-lei 8.737/1946.

a) presidir às sessões do Tribunal, fixando os dias para a realização das sessões ordinárias e convocando as extraordinárias;

b) superintender todos os serviços do Tribunal;

c) expedir instruções e adotar as providências necessárias para o bom funcionamento do Tribunal e dos demais órgãos da Justiça do Trabalho;

d) fazer cumprir as decisões originárias do Tribunal, determinando aos Tribunais Regionais e aos demais órgãos da Justiça do Trabalho a realização dos atos processuais e das diligências necessárias;

e) submeter ao Tribunal os processos em que tenha de deliberar e designar, na forma do regimento interno, os respectivos relatores;

f) despachar os recursos interpostos pelas partes e os demais papéis em que deva deliberar;

g) determinar as alterações que se fizerem necessárias na lotação do pessoal da Justiça do Trabalho, fazendo remoções *ex officio* de servidores entre os Tribunais Regionais, Juntas de Conciliação e Julgamento e outros órgãos, bem como conceder as requeridas que julgar convenientes ao serviço, respeitada a lotação de cada órgão;

- A EC 24/1999 substituiu as Juntas de Conciliação e Julgamento por Varas do Trabalho (juiz singular) e extinguiu a representação classista na Justiça do Trabalho.

h) conceder licenças e férias aos servidores do Tribunal, bem como impor-lhes as penas disciplinares que excederem da alçada das demais autoridades;

i) dar posse e conceder licença aos membros do Tribunal, bem como conceder licenças e férias aos presidentes dos Tribunais Regionais;

j) apresentar ao Ministro da Justiça, até 31 de março de cada ano, o relatório das atividades do Tribunal e dos demais órgãos da Justiça do Trabalho.

Parágrafo único. O presidente terá um secretário, por ele designado dentre os funcionários lotados no Tribunal, e será auxiliado por servidores designados nas mesmas condições.

Seção VII
Das Atribuições do Vice-Presidente

Art. 708. Compete ao vice-presidente do Tribunal:

- Artigo com redação determinada pela Lei 2.244/1954.

a) substituir o presidente e o corregedor em suas faltas e impedimentos;

b) *(Revogada pela Lei 2.244/1954).*

Parágrafo único. Na ausência do presidente e do vice-presidente, será o Tribunal presidido pelo juiz togado mais antigo, ou pelo mais idoso quando igual a antiguidade.

Seção VIII
Das Atribuições do Corregedor

Art. 709. Compete ao corregedor, eleito dentre os ministros togados do Tribunal Superior do Trabalho:

- *Caput* com redação determinada pelo Dec.-lei 229/1967.

I – exercer funções de inspeção e correição permanente com relação aos Tribunais Regionais e seus presidentes;

- Inciso I com redação determinada pelo Dec.-lei 229/1967.

II – decidir reclamações contra os atos atentatórios da boa ordem processual praticados pelos Tribunais Regionais e seus presidentes, quando inexistir recurso específico;

- Inciso II com redação determinada pelo Dec.-lei 229/1967.

III – *(Revogado pela Lei 5.442/1968).*

§ 1º Das decisões proferidas pelo corregedor, nos casos do artigo, caberá o agravo regimental, para o Tribunal Pleno.

- § 1º com redação determinada pelo Dec.-lei 229/1967.

§ 2º O corregedor não integrará as Turmas do Tribunal, mas participará, com voto, das sessões do Tribunal Pleno, quando não se encontrar em correição ou em férias, embora não relate nem revise processos, cabendo-lhe, outrossim, votar em incidente de inconstitucionalidade, nos processos administrativos e nos feitos em que estiver vinculado por visto anterior à sua posse na Corregedoria.

- § 2º com redação determinada pela Lei 7.121/1983.

Capítulo VI
Dos Serviços Auxiliares da Justiça do Trabalho

Seção I
Da Secretaria das Juntas de Conciliação e Julgamento

- A EC 24/1999 substituiu as Juntas de Conciliação e Julgamento por Varas do Trabalho (juiz singular) e extinguiu a representação classista na Justiça do Trabalho.
- V. art. 96, I, *a*, CF.

Art. 710. Cada Junta terá uma Secretaria, sob a direção de funcionário que o presidente designar, para exercer a função de secretário, e que receberá, além dos vencimentos correspondentes ao seu padrão, a gratificação de função fixada em lei.

- Artigo com redação determinada pelo Dec.-lei 8.737/1946.
- A EC 24/1999 substituiu as Juntas de Conciliação e Julgamento por Varas do Trabalho (juiz singular) e extinguiu a representação classista na Justiça do Trabalho.

Art. 711. Compete à Secretaria das Juntas:

- A EC 24/1999 substituiu as Juntas de Conciliação e Julgamento por Varas do Trabalho (juiz singular) e extinguiu a representação classista na Justiça do Trabalho.

a) o recebimento, a autuação, o andamento, a guarda e a conservação dos processos e outros papéis que lhe forem encaminhados;

b) a manutenção do protocolo de entrada e saída dos processos e demais papéis;

c) o registro das decisões;

d) a informação, às partes interessadas e seus procuradores, do andamento dos respectivos processos, cuja consulta lhes facilitará;

e) a abertura de vista dos processos às partes, na própria Secretaria;

f) a contagem das custas devidas pelas partes, nos respectivos processos;

g) o fornecimento de certidões sobre o que constar dos livros ou do arquivamento da Secretaria;

h) a realização das penhoras e demais diligências processuais;

i) o desempenho dos demais trabalhos que lhe forem cometidos pelo presidente da Junta, para melhor execução dos serviços que lhe estão afetos.

Art. 712. Compete especialmente aos diretores de secretaria das Juntas de Conciliação e Julgamento:

- Artigo com redação determinada pelo Dec.-lei 8.737/1946.
- A EC 24/1999 substituiu as Juntas de Conciliação e Julgamento por Varas do Trabalho (juiz singular) e extinguiu a representação classista na Justiça do Trabalho.

a) superintender os trabalhos da Secretaria, velando pela boa ordem do serviço;

b) cumprir e fazer cumprir as ordens emanadas do presidente e das autoridades superiores;

c) submeter a despacho e assinatura do presidente o expediente e os papéis que devam ser por ele despachados e assinados;

d) abrir a correspondência oficial dirigida à Junta e ao seu presidente, a cuja deliberação será submetida;

e) tomar por termo as reclamações verbais nos casos de dissídios individuais;

f) promover o rápido andamento dos processos, especialmente na fase de execução, e a pronta realização dos atos e diligências deprecadas pelas autoridades superiores;

g) secretariar as audiências da Junta, lavrando as respectivas atas;

h) subscrever as certidões e os termos processuais;

i) dar aos litigantes ciência das reclamações e demais atos processuais de que devam ter conhecimento, assinando as respectivas notificações;

j) executar os demais trabalhos que lhe forem atribuídos pelo presidente da Junta.

Parágrafo único. Os serventuários que, sem motivo justificado, não realizarem os atos, dentro dos prazos fixados, serão descontados em seus vencimentos, em tantos dias quantos os do excesso.

Seção II
Dos Distribuidores

Art. 713. Nas localidades em que existir mais de uma Junta de Conciliação e Julgamento haverá um distribuidor.

- A EC 24/1999 substituiu as Juntas de Conciliação e Julgamento por Varas do Trabalho (juiz singular) e extinguiu a representação classista na Justiça do Trabalho.

Art. 714. Compete ao distribuidor:

a) a distribuição, pela ordem rigorosa de entrada, e sucessivamente a cada Junta, dos feitos que, para esse fim, lhe forem apresentados pelos interessados;

- A EC 24/1999 substituiu as Juntas de Conciliação e Julgamento por Varas do Trabalho (juiz singular) e extinguiu a representação classista na Justiça do Trabalho

b) o fornecimento, aos interessados, do recibo correspondente a cada feito distribuído;

c) a manutenção de dois fichários dos feitos distribuídos, sendo um organizado pelos nomes dos reclamantes e o outro dos reclamados, ambos por ordem alfabética;

d) o fornecimento a qualquer pessoa que o solicite, verbalmente ou por certidão, de informações sobre os feitos distribuídos;

e) a baixa na distribuição dos feitos, quando isto lhe for determinado pelos presidentes das Juntas, formando, com as fichas correspondentes, fichários à parte, cujos dados poderão ser consultados pelos interessados, mas não serão mencionados em certidões.

Art. 715. Os distribuidores são designados pelo presidente do Tribunal Regional, dentre os funcionários das Juntas e do Tribunal Regional, existentes na mesma localidade, e ao mesmo presidente diretamente subordinados.

- Expressão "Conselho Regional" substituída por "Tribunal Regional", de acordo com o art. 2º do Dec.-lei 9.797/1946.
- A EC 24/1999 substituiu as Juntas de Conciliação e Julgamento por Varas do Trabalho (juiz singular) e extinguiu a representação classista na Justiça do Trabalho.

Seção III
Do Cartório dos Juízos de Direito

Art. 716. Os Cartórios dos Juízos de Direito, investidos na administração da Justiça do Trabalho, têm, para esse fim, as mesmas atribuições e obrigações conferidas na Seção I às Secretarias das Juntas de Conciliação e Julgamento.

- A EC 24/1999 substituiu as Juntas de Conciliação e Julgamento por Varas do Trabalho (juiz singular) e extinguiu a representação classista na Justiça do Trabalho.

Parágrafo único. Nos juízos em que houver mais de um Cartório, far-se-á entre eles a distribuição alternada e sucessiva das reclamações.

Art. 717. Aos escrivães dos Juízos de Direito, investidos na administração da Justiça do Trabalho, competem especialmente as atribuições e obrigações dos diretores de secretaria das Juntas; e aos demais funcionários dos Cartórios, as que couberem nas respectivas funções, dentre as que competem às Secretarias das Juntas, enumeradas no art. 711.

- A EC 24/1999 substituiu as Juntas de Conciliação e Julgamento por Varas do Trabalho (juiz singular) e extinguiu a representação classista na Justiça do Trabalho.

Seção IV
Das Secretarias dos Tribunais Regionais

- Expressão "Conselhos Regionais" substituída por "Tribunais Regionais", de acordo com o art. 2º do Dec.-lei 9.797/1946.

Art. 718. Cada Tribunal Regional tem uma Secretaria, sob a direção do funcionário designado para exercer a função de secretário, com a gratificação de função fixada em lei.

- Artigo com redação determinada pelo Dec.-lei 8.737/1946.
- Expressão "Conselho Regional" substituída por "Tribunal Regional", de acordo com o art. 2º do Dec.-lei 9.797/1946.

Art. 719. Competem à Secretaria dos Tribunais, além das atribuições estabelecidas no art. 711, para a Secretaria das Juntas, mais as seguintes:

- Expressão "Conselhos" substituída por "Tribunais", de acordo com o art. 2º do Dec.-lei 9.797/1946.
- A EC 24/1999 substituiu as Juntas de Conciliação e Julgamento por Varas do Trabalho (juiz singular) e extinguiu a representação classista na Justiça do Trabalho.

a) a conclusão dos processos ao presidente e sua remessa, depois de despachados, aos respectivos relatores;

b) a organização e a manutenção de um fichário de jurisprudência do Tribunal, para consulta dos interessados.

Parágrafo único. No regimento interno dos Tribunais Regionais serão estabelecidas as demais atribuições, o funcionamento e a ordem dos trabalhos de suas Secretarias.

- Expressão "Conselhos Regionais" substituída por "Tribunais Regionais", de acordo com o art. 2º do Dec.-lei 9.797/1946.

Art. 720. Competem aos secretários dos Tribunais Regionais as mesmas atribuições conferidas no art. 712 aos diretores de secretaria das Juntas, além das que lhes forem fixadas no regimento interno dos Tribunais.

- Expressão "Conselhos Regionais" substituída por "Tribunais Regionais", de acordo com o art. 2º do Dec.-lei 9.797/1946.
- A EC 24/1999 substituiu as Juntas de Conciliação e Julgamento por Varas do Trabalho (juiz singular) e extinguiu a representação classista na Justiça do Trabalho.

Seção V
Dos Oficiais de Justiça e Oficiais de Justiça Avaliadores

Art. 721. Incumbe aos oficiais de justiça e oficiais de justiça avaliadores da Justiça do Trabalho a realização dos atos decorrentes da execução dos julgados das Juntas de Conciliação e Julgamento e dos Tribunais Regionais do Trabalho, que lhes forem cometidos pelos respectivos presidentes.

- Artigo com redação determinada pela Lei 5.442/1968.
- A EC 24/1999 substituiu as Juntas de Conciliação e Julgamento por Varas do Trabalho (juiz singular) e extinguiu a representação classista na Justiça do Trabalho.

§ 1º Para efeito de distribuição dos referidos atos, cada oficial de justiça ou oficial de justiça avaliador funcionará perante uma Junta de Conciliação e Julgamento, salvo quando da existência, nos Tribunais Regionais do Trabalho, de órgão específico, destinado à distribuição de mandados judiciais.

§ 2º Nas localidades onde houver mais de uma Junta, respeitado o disposto no parágrafo anterior, a atribuição para o cumprimento do ato deprecado ao oficial de justiça ou oficial de justiça avaliador será transferida a outro oficial, sempre que, após o decurso de 9 (nove) dias, sem razões que o justifiquem, não tiver sido cumprido o ato, sujeitando-se o serventuário às penalidades da lei.

§ 3º No caso de avaliação, terá o oficial de justiça avaliador, para cumprimento do ato, o prazo previsto no art. 888.

§ 4º É facultado aos presidentes dos Tribunais Regionais do Trabalho cometer a qualquer oficial de justiça ou oficial de justiça avaliador a realização dos atos de execução das decisões desses Tribunais.

§ 5º Na falta ou impedimento do oficial de justiça ou oficial de justiça avaliador, o presidente da Junta poderá atribuir a realização do ato a qualquer serventuário.

Capítulo VII
Das Penalidades

Seção I
Do Lockout e da Greve

- V. art. 9º, CF.
- V. Lei 7.783/1989 (Exercício do direito de greve).

Art. 722. Os empregadores que, individual ou coletivamente, suspenderem os trabalhos dos seus estabelecimentos, sem prévia autorização do Tribunal competente, ou que violarem, ou se recusarem a cumprir decisão proferida em dissídio coletivo, incorrerão nas seguintes penalidades:

a) multa de 5.000 (cinco mil) a 50.000 (cinquenta mil) cruzeiros;

- Multas: ver Notas de Atualização e Portaria MTb 290/1997.

b) perda do cargo de representação profissional em cujo desempenho estiverem;

c) suspensão, pelo prazo de 2 (dois) a 5 (cinco) anos, do direito de serem eleitos para cargos de representação profissional.

§ 1º Se o empregador for pessoa jurídica, as penas previstas nas alíneas *b* e *c* incidirão sobre os administradores responsáveis.

§ 2º Se o empregador for concessionário de serviço público, as penas serão aplicadas em dobro. Nesse caso, se o concessionário for pessoa jurídica, o presidente do Tribunal que houver proferido a decisão poderá, sem prejuízo do cumprimento desta e da aplicação das penalidades cabíveis, ordenar o afastamento dos administradores responsáveis, sob pena de ser cassada a concessão.

§ 3º Sem prejuízo das sanções cominadas neste artigo, os empregadores ficarão obrigados a pagar os salários devidos aos seus empregados, durante o tempo de suspensão do trabalho.

Arts. 723 a 725. *(Revogados pela Lei 9.842/1999).*

Seção II
Das Penalidades contra os Membros da Justiça do Trabalho

Art. 726. Aquele que recusar o exercício da função de vogal de Junta de Conciliação e Julgamento ou juiz representante classista do Tribunal Regional, sem motivo justificado, incorrerá nas seguintes penas:

- Expressão "vogal do Conselho Regional" substituída por "juiz representante classista do Tribunal Regional", de acordo com o art. 3º do Dec.-lei 9.797/1946.
- A EC 24/1999 substituiu as Juntas de Conciliação e Julgamento por Varas do Trabalho (juiz singular) e extinguiu a representação classista na Justiça do Trabalho.

a) sendo representante de empregadores, multa de 100 (cem) a 1.000 (mil) cruzeiros e suspensão do direito de representação profissional por 2 (dois) a 5 (cinco) anos;

b) sendo representante de empregados, multa de 100 (cem) cruzeiros e suspensão do direito de representação profissional por 2 (dois) a 5 (cinco) anos.

- Multas: ver Notas de Atualização e Portaria MTb 290/1997.

Art. 727. Os vogais das Juntas de Conciliação e Julgamento, ou juízes representantes classistas dos Tribunais Regionais, que faltarem a três reuniões ou sessões consecutivas, sem motivo justificado, perderão o cargo, além de incorrerem nas penas do artigo anterior.

- Expressão "vogais dos Conselhos Regionais" substituída por "juízes representantes classistas dos Tribunais Regionais", de acordo com o art. 3º do Dec.-lei 9.797/1946.
- A EC 24/1999 substituiu as Juntas de Conciliação e Julgamento por Varas do Trabalho (juiz singular) e extinguiu a representação classista na Justiça do Trabalho.

Parágrafo único. Se a falta for de presidente, incorrerá ele na pena de perda do cargo, além da perda dos vencimentos correspondentes aos dias em que tiver faltado às audiências ou sessões consecutivas.

Art. 728. Aos presidentes, membros, juízes, vogais e funcionários auxiliares da Justiça do Trabalho, aplica-se o disposto no Título XI do Código Penal.

- A EC 24/1999 substituiu as Juntas de Conciliação e Julgamento por Varas do Trabalho (juiz singular) e extinguiu a representação classista na Justiça do Trabalho.

Seção III
De Outras Penalidades

Art. 729. O empregador que deixar de cumprir decisão passada em julgado sobre a readmissão ou reintegração de empregado, além do pagamento dos salários deste, incorrerá na multa de 500 (quinhentos) a 5.000 (cinco mil) cruzeiros por dia, até que seja cumprida a decisão.

- Multas: ver Notas de Atualização e Portaria MTb 290/1997.

§ 1º O empregador que impedir ou tentar impedir que empregado seu sirva como vogal em Tribunal de Trabalho, ou que perante este preste depoimento, incorrerá na multa de 500 (quinhentos) a 5.000 (cinco mil) cruzeiros.

- Multas: ver Notas de Atualização e Portaria MTb 290/1997.
- A EC 24/1999 substituiu as Juntas de Conciliação e Julgamento por Varas do Trabalho (juiz singular) e extinguiu a representação classista na Justiça do Trabalho.

§ 2º Na mesma pena do parágrafo anterior incorrerá o empregador que dispensar seu empregado pelo fato de haver servido como vogal ou prestado depoimento como testemunha, sem prejuízo da indenização que a lei estabeleça.

Art. 730. Aqueles que se recusarem a depor como testemunhas, sem motivo justificado, incorrerão na multa de 50 (cinquenta) a 500 (quinhentos) cruzeiros.

- Multas: ver Notas de Atualização e Portaria MTb 290/1997.

Art. 731. Aquele que, tendo apresentado ao distribuidor reclamação verbal, não se apresentar, no prazo estabelecido no parágrafo único do art. 786, à Junta ou Juízo para fazê-lo tomar por termo, incorrerá na pena de perda, pelo prazo de 6 (seis) meses, do direito de reclamar perante a Justiça do Trabalho.

- V. art. 133, CF.
- A EC 24/1999 substituiu as Juntas de Conciliação e Julgamento por Varas do Trabalho (juiz singular) e extinguiu a representação classista na Justiça do Trabalho.

Art. 732. Na mesma pena do artigo anterior incorrerá o reclamante que, por duas vezes seguidas, der causa ao arquivamento de que trata o art. 844.

Art. 733. As infrações de disposições deste Título, para as quais não haja penalidades cominadas, serão punidas com a multa de 50 (cinquenta) a 5.000 (cinco mil) cruzeiros, elevada ao dobro na reincidência.

- Multas: ver Notas de Atualização e Portaria MTb 290/1997.

Capítulo VIII
Disposições Gerais

Art. 734. O ministro do Trabalho, Indústria e Comércio, poderá rever, *ex officio*, dentro do prazo de 30 (trinta) dias, contados de sua publicação no órgão oficial, ou mediante representação apresentada dentro de igual prazo:

- V. Lei 3.807/1960 (Lei Orgânica da Previdência Social).
- V. Lei 5.890/1973 (Altera a legislação de previdência social).

a) as decisões da Câmara da Previdência Social, quando proferidas pelo voto de desempate, ou que violarem disposições expressas de direito ou modificarem jurisprudência até então observada;

b) as decisões do presidente do Conselho Nacional do Trabalho em matéria de previdência social.

- Expressão "Conselho Nacional do Trabalho" substituída por "Tribunal Superior do Trabalho", de acordo com o art. 2º do Dec.-lei 9.797/1946.

Parágrafo único. O Ministro do Trabalho, Indústria e Comércio, poderá avocar ao seu conhecimento os assuntos de natureza administrativa referentes às instituições de previdência social, sempre que houver interesse público.

Art. 735. As repartições públicas e as associações sindicais são obrigadas a fornecer aos juízes e Tribunais do Trabalho e à Procuradoria da Justiça do Trabalho as informações e os dados necessários à instrução e ao julgamento dos feitos submetidos à sua apreciação.

Parágrafo único. A recusa de informações ou dados a que se refere este artigo, por parte de funcionários públicos, importa na aplicação das penalidades previstas pelo Estatuto dos Funcionários Públicos por desobediência.

TÍTULO IX
Do Ministério Público do Trabalho

- V. arts. 127 a 130, CF.
- V. art. 29, § 4º, ADCT.
- V. arts. 83 a 115, LC 75/1993 (Estatuto do Ministério Público da União).

Capítulo I
Disposições Gerais

Art. 736. O Ministério Público do Trabalho é constituído por agentes diretos do Poder Executivo, tendo por função zelar pela exata observância da Constituição Federal, das leis e demais atos emanados dos poderes públicos, na esfera de suas atribuições.

Parágrafo único. Para o exercício de suas funções, o Ministério Público do Trabalho reger-se-á pelo que estatui esta Consolidação e, na falta de disposição expressa, pelas normas que regem o Ministério Público Federal.

Art. 737. O Ministério Público do Trabalho compõe-se da Procuradoria da Justiça do Trabalho e da Procuradoria da Previdência Social, aquela funcionando como órgão de coordenação entre a Justiça do Trabalho e o Ministério do Trabalho, Indústria e Comércio, ambas diretamente subordinadas ao Ministro de Estado.

- Artigo com redação determinada pelo Dec.-lei 8.737/1946.
- V. art. 57, I, Lei 13.844/2019 (Estabelece a organização básica da Presidência da República e dos Ministérios, no qual fica transformado o Ministério do Trabalho em Ministério da Economia).

Art. 738. Os procuradores, além dos vencimentos fixados na tabela constante do Decreto-Lei 2.874, de 16 de dezembro de 1940, continuarão a perceber a percentagem de 8%, por motivo de cobrança da dívida ativa da União ou de multas impostas pelas autoridades administrativas e judiciárias do trabalho e da previdência social.

Parágrafo único. Essa percentagem será calculada sobre as somas efetivamente arrecadadas e rateada de acordo com as instruções expedidas pelos respectivos procuradores gerais.

Art. 739. Não estão sujeitos a ponto os procuradores-gerais e os procuradores.

Capítulo II
Da Procuradoria da Justiça do Trabalho

Seção I
Da Organização

Art. 740. A Procuradoria da Justiça do Trabalho compreende:

- Artigo atualizado pela Lei 8.470/1992.

a) uma Procuradoria-Geral, que funcionará junto ao Tribunal Superior do Trabalho;

b) vinte e quatro Procuradorias Regionais, que funcionarão junto aos Tribunais Regionais do Trabalho.

Art. 741. As Procuradorias Regionais são subordinadas diretamente ao procurador-geral.

Art. 742. A Procuradoria-Geral é constituída de um procurador-geral e de procuradores.

Parágrafo único. As Procuradorias Regionais compõem-se de um procurador regional, auxiliado, quando necessário, por procuradores adjuntos.

Art. 743. Haverá, nas Procuradorias Regionais, substitutos de procurador adjunto ou, quando não houver este cargo, de procurador regional, designados previamente por decreto do Presidente da República, sem ônus para os cofres públicos.

§ 1º O substituto tomará posse perante o respectivo procurador regional, que será a autoridade competente para convocá-lo.

§ 2º O procurador regional será substituído em suas faltas e impedimentos pelo procurador adjunto, quando houver, e, havendo mais de um, pelo que for por ele designado.

§ 3º O procurador adjunto será substituído, em suas faltas e impedimentos, pelo respectivo procurador substituto.

§ 4º Será dispensado, automaticamente, o substituto que não atender à convocação, salvo motivo de doença, devidamente comprovada.

§ 5º Nenhum direito ou vantagem terá o substituto além do vencimento do cargo do substituído e somente durante o seu impedimento legal.

Art. 744. A nomeação do procurador-geral deverá recair em bacharel em ciências jurídicas e sociais, que tenha exercido, por 5 (cinco) ou mais anos, cargo de magistratura ou de Ministério Público, ou a advocacia.

- V. art. 88, LC 75/1993 (Estatuto do Ministério Público da União).

Art. 745. Para a nomeação dos demais procuradores, atender-se-á aos mesmos requisitos estabelecidos no artigo anterior, reduzido a 2 (dois) anos, no mínimo, o tempo de exercício.

Seção II
Da Competência da Procuradoria-Geral

Art. 746. Compete à Procuradoria-Geral da Justiça do Trabalho:

- Artigo com redação determinada pelo Dec.-lei 8.737/1946.
- V. Res. CSMPT 1/1993 (Intervenção obrigatória do Ministério Público do Trabalho nos processos de competência do TST).
- V. Res. CSMPT 2/1993 (Intervenção obrigatória do Ministério Público do Trabalho nos processos de competência dos TRTs).

a) oficiar, por escrito, em todos os processos e questões de trabalho de competência do Tribunal Superior do Trabalho;

CLT

b) funcionar nas sessões do mesmo Tribunal, opinando verbalmente sobre a matéria em debate e solicitando as requisições e diligências que julgar convenientes, sendo-lhe assegurado o direito de vista do processo em julgamento sempre que for suscitada questão nova, não examinada no parecer exarado;

c) requerer prorrogação das sessões do Tribunal, quando essa medida for necessária para que se ultime o julgamento;

d) exarar, por intermédio do procurador-geral, o seu "ciente" nos acórdãos do Tribunal;

e) proceder às diligências e inquéritos solicitados pelo Tribunal;

f) recorrer das decisões do Tribunal, nos casos previstos em lei;

g) promover, perante o juízo competente, a cobrança executiva das multas impostas pelas autoridades administrativas e judiciárias do trabalho;

h) representar às autoridades competentes contra os que não cumprirem as decisões do Tribunal;

i) prestar às autoridades do Ministério do Trabalho, Indústria e Comércio as informações que lhe forem solicitadas sobre os dissídios submetidos à apreciação do Tribunal e encaminhar aos órgãos competentes cópia autenticada das decisões que por eles devam ser atendidas ou cumpridas;

- V. art. 57, I, Lei 13.844/2019 (Estabelece a organização básica da Presidência da República e dos Ministérios, no qual fica transformado o Ministério do Trabalho em Ministério da Economia).

j) requisitar, de quaisquer autoridades, inquéritos, exames periciais, diligências, certidões e esclarecimentos que se tornem necessários no desempenho de suas atribuições;

l) defender a jurisdição dos órgãos da Justiça do Trabalho;

m) suscitar conflitos de jurisdição.

Seção III
Da Competência das Procuradorias Regionais

Art. 747. Compete às Procuradorias Regionais exercer, dentro da jurisdição do Tribunal Regional respectivo, as atribuições indicadas na Seção anterior.

- Expressão "Conselho Regional" substituída por "Tribunal Regional", de acordo com o art. 2º do Dec.-lei 9.797/1946.

Seção IV
Das Atribuições do Procurador-Geral

Art. 748. Como chefe da Procuradoria-Geral da Justiça do Trabalho, incumbe ao procurador-geral:

- Artigo com redação determinada pelo Dec.-lei 8.737/1946.

a) dirigir os serviços da Procuradoria-Geral, orientar e fiscalizar as Procuradorias Regionais, expedindo as necessárias instruções;

b) funcionar nas sessões do Tribunal Superior do Trabalho, pessoalmente ou por intermédio do procurador que designar;

c) exarar o seu "ciente" nos acórdãos do Tribunal;

d) designar o procurador que o substitua nas faltas e impedimentos e o diretor da secretaria da Procuradoria;

e) apresentar, até o dia 31 de março, ao Ministro do Trabalho, Indústria e Comércio, relatório dos trabalhos da Procuradoria-Geral no ano anterior, com as observações e sugestões que julgar convenientes;

- V. art. 57, I, Lei 13.844/2019 (Estabelece a organização básica da Presidência da República e dos Ministérios, no qual fica transformado o Ministério do Trabalho em Ministério da Economia).

f) conceder férias aos procuradores e demais funcionários que sirvam na Procuradoria e impor-lhes penas disciplinares, observada, quanto aos procuradores, a legislação em vigor para o Ministério Público Federal;

g) funcionar em juízo, em primeira instância, ou designar os procuradores que o devam fazer;

h) admitir e dispensar o pessoal extranumerário da Secretaria e prorrogar o expediente remunerado dos funcionários e extranumerários.

Seção V
Das Atribuições dos Procuradores

Art. 749. Incumbe aos procuradores com exercício na Procuradoria-Geral:

- Artigo com redação determinada pelo Dec.-lei 8.737/1946.

a) funcionar, por designação do procurador-geral, nas sessões do Tribunal Superior do Trabalho;

- Expressão "Conselho Nacional do Trabalho" substituída por "Tribunal Superior do Trabalho", de acordo com o art. 2º do Dec.-lei 9.797/1946.

b) desempenhar os demais encargos que lhes forem atribuídos pelo procurador-geral.

Parágrafo único. Aos procuradores é facultado, nos processos em que oficiarem, requerer ao procurador-geral as diligências e investigações necessárias.

Seção VI
Das Atribuições dos Procuradores Regionais

Art. 750. Incumbe aos procuradores regionais:

- Artigo com redação determinada pelo Dec.-lei 8.737/1946.

a) dirigir os serviços da respectiva Procuradoria;

b) funcionar nas sessões do Tribunal Regional, pessoalmente ou por intermédio do procurador adjunto que designar;

- Expressão "Conselho Regional" substituída por "Tribunal Regional", de acordo com o art. 2º do Dec.-lei 9.797/1946.

c) apresentar, semestralmente, ao procurador-geral, um relatório das atividades da respectiva Procuradoria, bem como dados e informações sobre a administração da Justiça do Trabalho na respectiva região;

d) requerer e acompanhar perante as autoridades administrativas ou judiciárias as diligências necessárias à execução das medidas e providências ordenadas pelo procurador-geral;

e) prestar ao procurador-geral as informações necessárias sobre os feitos em andamento e consultá-lo nos casos de dúvidas;

f) funcionar em juízo, na sede do respectivo Tribunal Regional;

- Expressão "Conselho Regional" substituída por "Tribunal Regional", de acordo com o art. 2º do Dec.-lei 9.797/1946.

g) exarar o seu "ciente" nos acórdãos do Tribunal;

- Expressão "Conselho" substituída por "Tribunal", de acordo com o art. 2º do Dec.-lei 9.797/1946.

h) designar o procurador que o substitua nas faltas e impedimentos e o secretário da Procuradoria.

Art. 751. Incumbe aos procuradores adjuntos das Procuradorias Regionais:

- Artigo com redação determinada pelo Dec.-lei 8.737/1946.

a) funcionar por designação do procurador regional, nas sessões do Tribunal Regional;

- Expressão "Conselho Regional" substituída por "Tribunal Regional", de acordo com o art. 2º do Dec.-lei 9.797/1946.

b) desempenhar os demais encargos que lhes forem atribuídos pelo procurador regional.

Seção VII
Da Secretaria

Art. 752. A Secretaria da Procuradoria-Geral funcionará sob a direção de um diretor designado pelo procurador-geral e terá o pessoal designado pelo Ministro do Trabalho, Indústria e Comércio.

- Artigo com redação determinada pelo Dec.-lei 8.737/1946.
- V. art. 57, I, Lei 13.844/2019 (Estabelece a organização básica da Presidência da República e dos Ministérios, no qual fica transformado o Ministério do Trabalho em Ministério da Economia).

Art. 753. Compete à Secretaria:

a) receber, registrar e encaminhar os processos ou papéis entrados;

b) classificar e arquivar os pareceres e outros papéis;

c) prestar informações sobre os processos ou papéis sujeitos à apreciação da Procuradoria;

d) executar o expediente da Procuradoria;

e) providenciar sobre o suprimento do material necessário;

f) desempenhar os demais trabalhos que lhe forem cometidos pelo procurador-geral, para melhor execução dos serviços a seu cargo.

Art. 754. Nas Procuradorias Regionais, os trabalhos a que se refere o artigo anterior serão executados pelos funcionários para esse fim designados.

Capítulo III
Da Procuradoria de Previdência Social

Seção I
Da Organização

Art. 755. A Procuradoria de Previdência Social compõe-se de um procurador-geral e de procuradores.

- V. Dec.-lei 72/1966 (Instituto Nacional de Previdência Social).

Art. 756. Para a nomeação do procurador-geral e dos demais procuradores atender-se-á ao disposto nos arts. 744 e 745.

- V. Dec.-lei 72/1966 (Instituto Nacional de Previdência Social).

Seção II
Da Competência da Procuradoria

Art. 757. Compete à Procuradoria da Previdência Social:

- Artigo com redação determinada pelo Dec.-lei 8.737/1946.
- V. Dec.-lei 72/1966 (Instituto Nacional de Previdência Social).
- V. art. 57, I, Lei 13.844/2019 (Estabelece a organização básica da Presidência da República e dos Ministérios, no qual fica transformado o Ministério do Trabalho em Ministério da Economia).

a) oficiar, por escrito, nos processos que tenham de ser sujeitos à decisão do Conselho Superior de Previdência Social;

b) oficiar, por escrito, nos pedidos de revisão das decisões do mesmo Conselho;

c) funcionar nas sessões do mesmo Conselho, opinando verbalmente sobre a matéria em debate e solicitando as requisições e diligências que julgar convenientes, sendo-lhe assegurado o direito de vista do processo em julgamento, sempre que for suscitada questão nova, não examinada no parecer exarado;

d) opinar, quando solicitada, nos processos sujeitos à deliberação do Ministro de Estado, do Conselho Técnico do Departamento Nacional de Previdência Social ou do Diretor do mesmo Departamento, em que houver matéria jurídica a examinar;

e) funcionar, em primeira instância, nas ações propostas contra a União, no Distrito Federal, para anulação de atos e decisões do Conselho Superior de Previdência Social ou do Departamento Nacional de Previdência Social, bem como do Ministro do Trabalho, Indústria e Comércio, em matéria de previdência social;

f) fornecer ao Ministério Público as informações por este solicitadas em virtude de ações propostas nos Estados e Territórios para execução ou anulação de atos e decisões dos órgãos ou da autoridade a que se refere a alínea anterior;

g) promover em juízo, no Distrito Federal, qualquer procedimento necessário ao cumprimento das decisões do Conselho Superior de Previdência Social e do Departamento Nacional de Previdência Social, bem como do Ministro do Trabalho, Indústria e Comércio, em matéria de previdência social;

h) recorrer das decisões dos órgãos e autoridades competentes em matéria de previdência social e requerer revisão das decisões do Conselho Superior de Previdência Social, que lhe pareçam contrárias à lei.

Seção III
Das Atribuições do Procurador-Geral

Art. 758. Como chefe da Procuradoria da Previdência Social, incumbe ao Procurador-Geral:

- Artigo com redação determinada pelo Dec.-lei 8.737/1946.
- V. Dec.-lei 72/1966 (Instituto Nacional de Previdência Social).

a) dirigir os serviços da Procuradoria, expedindo as necessárias instruções;

b) funcionar nas sessões do Conselho Superior de Previdência Social, pessoalmente ou por intermédio do procurador que designar;

c) designar o procurador que o substitua nas faltas e impedimentos e o chefe da Secretaria da Procuradoria;

d) conceder férias aos procuradores e demais funcionários lotados na Procuradoria e impor-lhes penas disciplinares, observada, quanto aos procuradores, a legislação em vigor para o Ministério Público Federal;

e) funcionar em juízo, em primeira instância, ou designar os procuradores que devam fazê-lo;

f) admitir e dispensar o pessoal extranumerário da Secretaria e prorrogar o expediente renumerado dos funcionários e extranumerários;

g) apresentar, até 31 de março de cada ano, ao Ministro do Trabalho, Indústria e Comércio, o relatório dos trabalhos da Procuradoria no ano anterior, com as observações e sugestões que julgar convenientes.

- V. art. 57, I, Lei 13.844/2019 (Estabelece a organização básica da Presidência da República e dos Ministérios, no qual fica transformado o Ministério do Trabalho em Ministério da Economia).

Seção IV
Das Atribuições dos Procuradores

Art. 759. Aos procuradores e demais funcionários incumbe desempenhar os encargos que lhes forem cometidos pelo procurador-geral.

- V. Dec.-lei 72/1966 (Instituto Nacional de Previdência Social).

Parágrafo único. Aos procuradores é facultado, nos processos em que oficiarem, requerer ao procurador-geral as diligências e investigações necessárias.

Seção V
Da Secretaria

Art. 760. A Procuradoria da Previdência Social terá uma Secretaria dirigida por um chefe designado pelo Procurador-Geral.

- Artigo com redação determinada pelo Dec.-lei 8.737/1946.
- V. Dec.-lei 72/1966 (Instituto Nacional de Previdência Social).

Art. 761. A Secretaria terá o pessoal designado pelo Ministro do Trabalho, Indústria e Comércio.

- Artigo com redação determinada pelo Dec.-lei 8.737/1946.
- V. Dec.-lei 72/1966 (Instituto Nacional de Previdência Social).
- V. art. 57, I, Lei 13.844/2019 (Estabelece a organização básica da Presidência da República e dos Ministérios, no qual fica transformado o Ministério do Trabalho em Ministério da Economia).

Art. 762. À Secretaria da Procuradoria de Previdência Social compete executar serviços idênticos aos referidos no art. 753.

- V. Dec.-lei 72/1966 (Instituto Nacional de Previdência Social).

TÍTULO X
Do Processo Judiciário do Trabalho

Capítulo I
Disposições Preliminares

- V. arts. 22, I, e 24, XI, CF.

Art. 763. O processo da Justiça do Trabalho, no que concerne aos dissídios individuais e coletivos e à aplicação de penalidades, reger-se-á, em todo o território nacional, pelas normas estabelecidas neste Título.

Art. 764. Os dissídios individuais ou coletivos submetidos à apreciação da Justiça do Trabalho serão sempre sujeitos à conciliação.

§ 1º Para os efeitos deste artigo, os juízes e Tribunais do Trabalho empregarão sempre os seus bons ofícios e persuasão no sentido de uma solução conciliatória dos conflitos.

§ 2º Não havendo acordo, o juízo conciliatório converter-se-á obrigatoriamente em arbitral, proferindo decisão na forma prescrita neste Título.

§ 3º É lícito às partes celebrar acordo que ponha termo ao processo, ainda mesmo depois de encerrado o juízo conciliatório.

Art. 765. Os Juízos e Tribunais do Trabalho terão ampla liberdade na direção do processo e velarão pelo andamento rápido das causas, podendo determinar qualquer diligência necessária ao esclarecimento delas.

Art. 766. Nos dissídios sobre estipulação de salários, serão estabelecidas condições que, assegurando justos salários aos trabalhadores, permitam também justa retribuição às empresas interessadas.

Art. 767. A compensação, ou retenção, só poderá ser arguida como matéria de defesa.

- Artigo atualizado pelo Dec.-lei 6.353/1944.
- V. Súmulas 18 e 48, TST.

Art. 768. Terá preferência em todas as fases processuais o dissídio cuja decisão tiver de ser executada perante o juízo da falência.

CLT

Art. 769. Nos casos omissos, o direito processual comum será fonte subsidiária do direito processual do trabalho, exceto naquilo em que for incompatível com as normas deste Título.

- V. Súmula 10, STJ.

Capítulo II
Do Processo em Geral

Seção I
Dos Atos, Termos e Prazos Processuais

Art. 770. Os atos processuais serão públicos, salvo quando o contrário determinar o interesse social, e realizar-se-ão nos dias úteis das 6 (seis) às 20 (vinte) horas.

Parágrafo único. A penhora poderá realizar-se em domingo ou dia feriado, mediante autorização expressa do juiz ou presidente.

Art. 771. Os atos e termos processuais poderão ser escritos a tinta, datilografados ou a carimbo.

Art. 772. Os atos e termos processuais, que devam ser assinados pelas partes interessadas, quando estas, por motivo justificado, não possam fazê-lo, serão firmados a rogo, na presença de duas testemunhas, sempre que não houver procurador legalmente constituído.

Art. 773. Os termos relativos ao movimento dos processos constarão de simples notas, datadas e rubricadas pelos secretários ou escrivães.

- V. Lei 409/1948 (Quadros do pessoal da Justiça do Trabalho).

Art. 774. Salvo disposição em contrário, os prazos previstos neste Título contam-se, conforme o caso, a partir da data em que for feita pessoalmente, ou recebida a notificação, daquela em que for publicado o edital no jornal oficial ou no que publicar o expediente da Justiça do Trabalho, ou, ainda, daquela em que for afixado o edital na sede da Junta, Juízo ou Tribunal.

- *Caput* com redação determinada pela Lei 2.244/1954.
- A EC 24/1999 substituiu as Juntas de Conciliação e Julgamento por Varas do Trabalho (juiz singular) e extinguiu a representação classista na Justiça do Trabalho.

Parágrafo único. Tratando-se de notificação postal, no caso de não ser encontrado o destinatário ou no de recusa de recebimento, o Correio ficará obrigado, sob pena de responsabilidade do servidor, a devolvê-la, no prazo de 48 (quarenta e oito) horas, ao Tribunal de origem.

- Parágrafo único com redação determinada pelo Dec.-lei 8.737/1946.
- V. Súmula 16, TST.

Art. 775. Os prazos estabelecidos neste Título serão contados em dias úteis, com exclusão do dia do começo e inclusão do dia do vencimento.

- Artigo com redação determinada pela Lei 13.467/2017 (*DOU* 14.07.2017), em vigor após decorridos 120 (cento e vinte) dias da sua publicação oficial.
- V. Súmula 310, STF.
- V. Súmulas 1, 100, 262 e 385, TST.

§ 1º Os prazos podem ser prorrogados, pelo tempo estritamente necessário, nas seguintes hipóteses:

I – quando o juízo entender necessário;

II – em virtude de força maior, devidamente comprovada.

§ 2º Ao juízo incumbe dilatar os prazos processuais e alterar a ordem de produção dos meios de prova, adequando-os às necessidades do conflito de modo a conferir maior efetividade à tutela do direito.

Art. 775-A. Suspende-se o curso do prazo processual nos dias compreendidos entre 20 de dezembro e 20 de janeiro, inclusive.

- Artigo acrescentado pela Lei 13.545/2017.

§ 1º Ressalvadas as férias individuais e os feriados instituídos por lei, os juízes, os membros do Ministério Público, da Defensoria Pública e da Advocacia Pública e os auxiliares da Justiça exercerão suas atribuições durante o período previsto no *caput* deste artigo.

§ 2º Durante a suspensão do prazo, não se realizarão audiências nem sessões de julgamento.

Art. 776. O vencimento dos prazos será certificado nos processos pelos escrivães ou secretários.

- V. Lei 409/1948 (Quadros do pessoal da Justiça do Trabalho).

Art. 777. Os requerimentos e documentos apresentados, os atos e termos processuais, as petições ou razões de recursos e quaisquer outros papéis referentes aos feitos formarão os autos dos processos, os quais ficarão sob a responsabilidade dos escrivães ou secretários.

- V. Lei 409/1948 (Quadros do pessoal da Justiça do Trabalho).

Art. 778. Os autos dos processos da Justiça do Trabalho não poderão sair dos cartórios ou secretarias, salvo se solicitados por advogado regularmente constituído por qualquer das partes, ou quando tiverem de ser remetidos aos órgãos competentes, em caso de recurso ou requisição.

- Artigo com redação determinada pela Lei 6.598/1978.

Art. 779. As partes, ou seus procuradores, poderão consultar, com ampla liberdade, os processos nos cartórios ou secretarias.

Art. 780. Os documentos juntos aos autos poderão ser desentranhados somente depois de findo o processo, ficando traslado.

Art. 781. As partes poderão requerer certidões dos processos em curso ou arquivados, as quais serão lavradas pelos escrivães ou secretários.

- V. Lei 409/1948 (Quadros do pessoal da Justiça do Trabalho).

Parágrafo único. As certidões dos processos que correrem em segredo de justiça dependerão de despacho do juiz ou presidente.

Art. 782. São isentos de selo as reclamações, representações, requerimentos, atos e processos relativos à Justiça do Trabalho.

Seção II
Da Distribuição

Art. 783. A distribuição das reclamações será feita entre as Juntas de Conciliação e Julgamento, ou os juízes de direito do cível, nos casos previstos no art. 669, § 1º, pela ordem rigorosa de sua apresentação ao distribuidor, quando o houver.

- A EC 24/1999 substituiu as Juntas de Conciliação e Julgamento por Varas do Trabalho (juiz singular) e extinguiu a representação classista na Justiça do Trabalho.

Art. 784. As reclamações serão registradas em livro próprio, rubricado em todas as folhas pela autoridade a que estiver subordinado o distribuidor.

Art. 785. O distribuidor fornecerá ao interessado um recibo, do qual constarão, essencialmente, o nome do reclamante e do reclamado, a data da distribuição, o objeto da reclamação e a Junta ou o Juízo a que coube a distribuição.

- A EC 24/1999 substituiu as Juntas de Conciliação e Julgamento por Varas do Trabalho (juiz singular) e extinguiu a representação classista na Justiça do Trabalho.

Art. 786. A reclamação verbal será distribuída antes de sua redução a termo.

Parágrafo único. Distribuída a reclamação verbal, o reclamante deverá, salvo motivo de força maior, apresentar-se no prazo de 5 (cinco) dias, ao cartório ou à secretaria, para reduzi-la a termo, sob a pena estabelecida no art. 731.

Art. 787. A reclamação escrita deverá ser formulada em duas vias e desde logo acompanhada dos documentos em que se fundar.

- V. Súmula 8, TST.

Art. 788. Feita a distribuição, a reclamação será remetida pelo distribuidor à Junta ou Juízo competente, acompanhada do bilhete de distribuição.

- A EC 24/1999 substituiu as Juntas de Conciliação e Julgamento por Varas do Trabalho (juiz singular) e extinguiu a representação classista na Justiça do Trabalho.

Seção III
Das Custas e Emolumentos

- Seção III com redação determinada pela Lei 10.537/2002.

Art. 789. Nos dissídios individuais e nos dissídios coletivos do trabalho, nas ações e procedimentos de competência da Justiça do Trabalho, bem como nas demandas propostas perante a Justiça Estadual, no exercício da jurisdição trabalhista, as custas relativas ao processo de conhecimento incidirão à base de 2% (dois por cento), observado o mínimo de R$ 10,64 (dez reais e sessenta e quatro centavos) e o máximo de quatro vezes o limite máximo dos benefícios do Regime Geral de Previdência Social, e serão calculadas:

- *Caput* do artigo com redação determinada pela Lei 13.467/2017 (*DOU* 14.07.2017), em vigor após decorridos 120 (cento e vinte) dias da sua publicação oficial.

I – quando houver acordo ou condenação, sobre o respectivo valor;

- Inciso I com redação determinada pela Lei 10.537/2002 (*DOU* 28.08.2002), em vigor após decorridos 30 (trinta) dias de sua publicação oficial.

II – quando houver extinção do processo, sem julgamento do mérito, ou julgado totalmente improcedente o pedido, sobre o valor da causa;

- Inciso II com redação determinada pela Lei 10.537/2002 (*DOU* 28.08.2002), em vigor após decorridos 30 (trinta) dias de sua publicação oficial.

III – no caso de procedência do pedido formulado em ação declaratória e em ação constitutiva, sobre o valor da causa;

- Inciso III com redação determinada pela Lei 10.537/2002 (*DOU* 28.08.2002), em vigor após decorridos 30 (trinta) dias de sua publicação oficial.

IV – quando o valor for indeterminado, sobre o que o juiz fixar.

- Inciso IV com redação determinada pela Lei 10.537/2002 (*DOU* 28.08.2002), em vigor após decorridos 30 (trinta) dias de sua publicação oficial.

§ 1º As custas serão pagas pelo vencido, após o trânsito em julgado da decisão. No caso de recurso, as custas serão pagas e comprovado o recolhimento dentro do prazo recursal.

- § 1º com redação determinada pela Lei 10.537/2002 (*DOU* 28.08.2002), em vigor após decorridos 30 (trinta) dias de sua publicação oficial.

§ 2º Não sendo líquida a condenação, o juízo arbitrar-lhe-á o valor e fixará o montante das custas processuais.

- § 2º com redação determinada pela Lei 10.537/2002 (*DOU* 28.08.2002), em vigor após decorridos 30 (trinta) dias de sua publicação oficial.

§ 3º Sempre que houver acordo, se de outra forma não for convencionado, o pagamento das custas caberá em partes iguais aos litigantes.

- § 3º com redação determinada pela Lei 10.537/2002 (*DOU* 28.08.2002), em vigor após decorridos 30 (trinta) dias de sua publicação oficial.

§ 4º Nos dissídios coletivos, as partes vencidas responderão solidariamente pelo pagamento das custas, calculadas sobre o valor arbitrado na decisão, ou pelo Presidente do Tribunal.

- § 4º com redação determinada pela Lei 10.537/2002 (*DOU* 28.08.2002), em vigor após decorridos 30 (trinta) dias de sua publicação oficial.

Art. 789-A. No processo de execução são devidas custas, sempre de responsabilidade do executado e pagas ao final, de conformidade com a seguinte tabela:

- Artigo acrescentado pela Lei 10.537/2002 (*DOU* 28.08.2002), em vigor após decorridos 30 (trinta) dias de sua publicação oficial.

I – autos de arrematação, de adjudicação e de remição: 5% (cinco por cento) sobre o respectivo valor, até o máximo de R$ 1.915,38 (mil novecentos e quinze reais e trinta e oito centavos);

II – atos dos oficiais de justiça, por diligência certificada:

a) em zona urbana: R$ 11,06 (onze reais e seis centavos);

b) em zona rural: R$ 22,13 (vinte e dois reais e treze centavos);

III – agravo de instrumento: R$ 44,26 (quarenta e quatro reais e vinte e seis centavos);

IV – agravo de petição: R$ 44,26 (quarenta e quatro reais e vinte e seis centavos);

V – embargos à execução, embargos de terceiro e embargos à arrematação: R$ 44,26 (quarenta e quatro reais e vinte e seis centavos);

VI – recurso de revista: R$ 55,35 (cinquenta e cinco reais e trinta e cinco centavos);

VII – impugnação à sentença de liquidação: R$ 55,35 (cinquenta e cinco reais e trinta e cinco centavos);

VIII – despesa de armazenagem em depósito judicial – por dia: 0,1% (um décimo por cento) do valor da avaliação;

IX – cálculos de liquidação realizados pelo contador do juízo – sobre o valor liquidado: 0,5% (cinco décimos por cento) até o limite de R$ 638,46 (seiscentos e trinta e oito reais e quarenta e seis centavos).

Art. 789-B. Os emolumentos serão suportados pelo Requerente, nos valores fixados na seguinte tabela:

- Artigo acrescentado pela Lei 10.537/2002 (*DOU* 28.08.2002), em vigor após decorridos 30 (trinta) dias de sua publicação oficial.

I – autenticação de traslado de peças mediante cópia reprográfica apresentada pelas partes – por folha: R$ 0,55 (cinquenta e cinco centavos de real);

II – fotocópia de peças – por folha: R$ 0,28 (vinte e oito centavos de real);

III – autenticação de peças – por folha: R$ 0,55 (cinquenta e cinco centavos de real);

IV – cartas de sentença, de adjudicação, de remição e de arrematação – por folha: R$ 0,55 (cinquenta e cinco centavos de real);

V – certidões – por folha: R$ 5,53 (cinco reais e cinquenta e três centavos).

Art. 790. Nas Varas do Trabalho, nos Juízos de Direito, nos Tribunais e no Tribunal Superior do Trabalho, a forma de pagamento das custas e emolumentos obedecerá às instruções que serão expedidas pelo Tribunal Superior do Trabalho.

- *Caput* com redação determinada pela Lei 10.537/2002 (*DOU* 28.08.2002), em vigor após decorridos 30 (trinta) dias de sua publicação oficial.

§ 1º Tratando-se de empregado que não tenha obtido o benefício da justiça gratuita, ou isenção de custas, o sindicato que houver intervindo no processo responderá solidariamente pelo pagamento das custas devidas.

- § 1º acrescentado pela Lei 10.537/2002 (*DOU* 28.08.2002), em vigor após decorridos 30 (trinta) dias de sua publicação oficial.

§ 2º No caso de não pagamento das custas, far-se-á execução da respectiva importância, segundo o procedimento estabelecido no Capítulo V deste Título.

- § 2º acrescentado pela Lei 10.537/2002 (*DOU* 28.08.2002), em vigor após decorridos 30 (trinta) dias de sua publicação oficial.

§ 3º É facultado aos juízes, órgãos julgadores e presidentes dos tribunais do trabalho de qualquer instância conceder, a requerimento ou de ofício, o benefício da justiça gratuita, inclusive quanto a traslados e instrumentos, àqueles que perceberem salário igual ou inferior a 40% (quarenta por cento) do limite máximo dos benefícios do Regime Geral de Previdência Social.

- § 3º com redação determinada pela Lei 13.467/2017 (*DOU* 14.07.2017), em vigor após decorridos 120 (cento e vinte) dias da sua publicação oficial.

§ 4º O benefício da justiça gratuita será concedido à parte que comprovar insuficiência de recursos para o pagamento das custas do processo.

- § 4º acrescentado pela Lei 13.467/2017 (*DOU* 14.07.2017), em vigor após decorridos 120 (cento e vinte) dias da sua publicação oficial.

Art. 790-A. São isentos do pagamento de custas, além dos beneficiários de justiça gratuita:

- Artigo acrescentado pela Lei 10.537/2002 (*DOU* 28.08.2002), em vigor após decorridos 30 (trinta) dias de sua publicação oficial.

I – a União, os Estados, o Distrito Federal, os Municípios e respectivas autarquias e fundações públicas federais, estaduais ou municipais que não explorem atividade econômica;

II – o Ministério Público do Trabalho.

Parágrafo único. A isenção prevista neste artigo não alcança as entidades fiscalizadoras do exercício profissional, nem exime as pessoas jurídicas referidas no inciso I da obrigação de reembolsar as despesas judiciais realizadas pela parte vencedora.

Art. 790-B. A responsabilidade pelo pagamento dos honorários periciais é da parte sucumbente na pretensão objeto da perícia, ainda que beneficiária da justiça gratuita.

- Artigo com redação determinada pela Lei 13.467/2017 (*DOU* 14.07.2017), em vigor após decorridos 120 (cento e vinte) dias da sua publicação oficial.
- O STF, na ADI 5.766 (Med. Liminar – *DJE* 17.05.2018) após o voto do Ministro Roberto Barroso (Relator), julgou parcialmente procedente a ação direta de inconstitucionalidade, para assentar interpretação conforme a Constituição, consubstanciada nas seguintes teses: "1. O direito à gratuidade de justiça pode ser regulado de forma a desincentivar a litigância abusiva, inclusive por meio da cobrança de custas e de honorários a seus beneficiários. 2. A cobrança de honorários sucumbenciais do hipossuficiente poderá incidir: (i) sobre verbas não alimentares, a exemplo de indenizações por danos morais, em sua integralidade; e (ii) sobre o percentual de até 30% do valor que exceder ao teto do Regime Geral de Previdência Social, mesmo quando pertinente a verbas remuneratórias. 3. É legítima a cobrança

CLT

de custas judiciais, em razão da ausência do reclamante à audiência, mediante prévia intimação pessoal para que tenha a oportunidade de justificar o não comparecimento", e após o voto do Ministro Edson Fachin, julgando integralmente procedente a ação.

§ 1º Ao fixar o valor dos honorários periciais, o juízo deverá respeitar o limite máximo estabelecido pelo Conselho Superior da Justiça do Trabalho.

§ 2º O juízo poderá deferir parcelamento dos honorários periciais.

§ 3º O juízo não poderá exigir adiantamento de valores para realização de perícias.

§ 4º Somente no caso em que o beneficiário da justiça gratuita não tenha obtido em juízo créditos capazes de suportar a despesa referida no *caput*, ainda que em outro processo, a União responderá pelo encargo.

Seção IV
Das Partes e dos Procuradores

Art. 791. Os empregados e os empregadores poderão reclamar pessoalmente perante a Justiça do Trabalho e acompanhar as suas reclamações até o final.

- V. Súmula 425, TST.

§ 1º Nos dissídios individuais os empregados e empregadores poderão fazer-se representar por intermédio do sindicato, advogado, solicitador, ou provisionado, inscrito na Ordem dos Advogados do Brasil.

§ 2º Nos dissídios coletivos é facultada aos interessados a assistência por advogado.

§ 3º A constituição de procurador com poderes para o foro em geral poderá ser efetivada, mediante simples registro em ata de audiência, a requerimento verbal do advogado interessado, com anuência da parte representada.

- § 3º acrescentado pela Lei 12.437/2011.

Art. 791-A. Ao advogado, ainda que atue em causa própria, serão devidos honorários de sucumbência, fixados entre o mínimo de 5% (cinco por cento) e o máximo de 15% (quinze por cento) sobre o valor que resultar da liquidação da sentença, do proveito econômico obtido ou, não sendo possível mensurá-lo, sobre o valor atualizado da causa.

- Artigo acrescentado pela Lei 13.467/2017 (*DOU* 14.07.2017), em vigor após decorridos 120 (cento e vinte) dias da sua publicação oficial.
- O STF, na ADI 5.766 (Med. Liminar – *DJE* 17.05.2018) após o voto do Ministro Roberto Barroso (Relator), julgou parcialmente procedente a ação direta de inconstitucionalidade, para assentar interpretação conforme a Constituição, consubstanciada nas seguintes teses: "1. O direito à gratuidade de justiça pode ser regulado de forma a desincentivar a litigância abusiva, inclusive por meio da cobrança de custas e de honorários a seus beneficiários. 2. A cobrança de honorários sucumbenciais do hipossuficiente poderá incidir: (i) sobre verbas não alimentares, a exemplo de indenizações por danos morais, em sua integralidade; e (ii) sobre o percentual de até 30% do valor que exceder ao teto do Regime Geral de Previdência Social, mesmo quando pertinente a verbas remuneratórias. 3. É legítima a cobrança de custas judiciais, em razão da ausência do reclamante à audiência, mediante prévia intimação pessoal para que tenha a oportunidade de justificar o não comparecimento", e após o voto do Ministro Edson Fachin, julgando integralmente procedente a ação.

§ 1º Os honorários são devidos também nas ações contra a Fazenda Pública e nas ações em que a parte estiver assistida ou substituída pelo sindicato de sua categoria.

§ 2º Ao fixar os honorários, o juízo observará:

I – o grau de zelo do profissional;

II – o lugar de prestação do serviço;

III – a natureza e a importância da causa;

IV – o trabalho realizado pelo advogado e o tempo exigido para o seu serviço.

§ 3º Na hipótese de procedência parcial, o juízo arbitrará honorários de sucumbência recíproca, vedada a compensação entre os honorários.

§ 4º Vencido o beneficiário da justiça gratuita, desde que não tenha obtido em juízo, ainda que em outro processo, créditos capazes de suportar a despesa, as obrigações decorrentes de sua sucumbência ficarão sob condição suspensiva de exigibilidade e somente poderão ser executadas se, nos dois anos subsequentes ao trânsito em julgado da decisão que as certificou, o credor demonstrar que deixou de existir a situação de insuficiência de recursos que justificou a concessão de gratuidade, extinguindo-se, passado esse prazo, tais obrigações do beneficiário.

§ 5º São devidos honorários de sucumbência na reconvenção.

Art. 792. *(Revogado pela Lei 13.467/2017 – DOU 14.07.2017, em vigor após decorridos 120 (cento e vinte) dias da sua publicação oficial).*

Art. 793. A reclamação trabalhista do menor de 18 (dezoito) anos será feita por seus representantes legais e, na falta destes, pela Procuradoria da Justiça do Trabalho, pelo sindicato, pelo Ministério Público estadual ou curador nomeado em juízo.

- Artigo com redação determinada pela Lei 10.288/2001.

Seção IV-A
Da Responsabilidade por Dano Processual

- Seção IV-A acrescentada pela Lei 13.467/2017 (*DOU* 14.07.2017), em vigor após decorridos 120 (cento e vinte) dias da sua publicação oficial.

Art. 793-A. Responde por perdas e danos aquele que litigar de má-fé como reclamante, reclamado ou interveniente.

- Artigo acrescentado pela Lei 13.467/2017 (*DOU* 14.07.2017), em vigor após decorridos 120 (cento e vinte) dias da sua publicação oficial.

Art. 793-B. Considera-se litigante de má-fé aquele que:

- Artigo acrescentado pela Lei 13.467/2017 (*DOU* 14.07.2017), em vigor após decorridos 120 (cento e vinte) dias da sua publicação oficial.

I – deduzir pretensão ou defesa contra texto expresso de lei ou fato incontroverso;

II – alterar a verdade dos fatos;

III – usar do processo para conseguir objetivo ilegal;

IV – opuser resistência injustificada ao andamento do processo;

V – proceder de modo temerário em qualquer incidente ou ato do processo;

VI – provocar incidente manifestamente infundado;

VII – interpuser recurso com intuito manifestamente protelatório.

Art. 793-C. De ofício ou a requerimento, o juízo condenará o litigante de má-fé a pagar multa, que deverá ser superior a 1% (um por cento) e inferior a 10% (dez por cento) do valor corrigido da causa, a indenizar a parte contrária pelos prejuízos que esta sofreu e a arcar com os honorários advocatícios e com todas as despesas que efetuou.

- Artigo acrescentado pela Lei 13.467/2017 (*DOU* 14.07.2017), em vigor após decorridos 120 (cento e vinte) dias da sua publicação oficial.

§ 1º Quando forem dois ou mais os litigantes de má-fé, o juízo condenará cada um na proporção de seu respectivo interesse na causa ou solidariamente aqueles que se coligaram para lesar a parte contrária.

§ 2º Quando o valor da causa for irrisório ou inestimável, a multa poderá ser fixada em até duas vezes o limite máximo dos benefícios do Regime Geral de Previdência Social.

§ 3º O valor da indenização será fixado pelo juízo ou, caso não seja possível mensurá-lo, liquidado por arbitramento ou pelo procedimento comum, nos próprios autos.

Art. 793-D. Aplica-se a multa prevista no art. 793-C desta Consolidação à testemunha que intencionalmente alterar a verdade dos fatos ou omitir fatos essenciais ao julgamento da causa.

- Artigo acrescentado pela Lei 13.467/2017 (*DOU* 14.07.2017), em vigor após decorridos 120 (cento e vinte) dias da sua publicação oficial.

Parágrafo único. A execução da multa prevista neste artigo dar-se-á nos mesmos autos.

Seção V
Das Nulidades

Art. 794. Nos processos sujeitos à apreciação da Justiça do Trabalho só haverá nulidade quando resultar dos atos inquinados manifesto prejuízo às partes litigantes.

Art. 795. As nulidades não serão declaradas senão mediante provocação das partes, as quais deverão argui-las à primeira vez em que tiverem de falar em audiência ou nos autos.

§ 1º Deverá, entretanto, ser declarada *ex officio* a nulidade fundada em incompetência de foro. Nesse caso, serão considerados nulos os atos decisórios.

§ 2º O juiz ou tribunal que se julgar incompetente determinará, na mesma ocasião, que se faça remessa do processo, com urgência, à autoridade competente, fundamentando sua decisão.

Art. 796. A nulidade não será pronunciada:

a) quando for possível suprir-se a falta ou repetir-se o ato;

b) quando arguida por quem lhe tiver dado causa.

Art. 797. O juiz ou tribunal que pronunciar a nulidade declarará os atos a que ela se estende.

Art. 798. A nulidade do ato não prejudicará senão os posteriores que dele dependam ou sejam consequência.

Seção VI
Das Exceções

Art. 799. Nas causas da jurisdição da Justiça do Trabalho, somente podem ser opostas, com suspensão do feito, as exceções de suspeição ou incompetência.

- Artigo com redação determinada pelo Dec.-lei 8.737/1946.

§ 1º As demais exceções serão alegadas como matéria de defesa.

§ 2º Das decisões sobre exceções de suspeição e incompetência, salvo, quanto a estas, se terminativas do feito, não caberá recurso, podendo, no entanto, as partes alegá-las novamente no recurso que couber da decisão final.

Art. 800. Apresentada exceção de incompetência territorial no prazo de cinco dias a contar da notificação, antes da audiência e em peça que sinalize a existência desta exceção, seguir-se-á o procedimento estabelecido neste artigo.

- Artigo com redação determinada pela Lei 13.467/2017 (*DOU* 14.07.2017), em vigor após decorridos 120 (cento e vinte) dias da sua publicação oficial.

§ 1º Protocolada a petição, será suspenso o processo e não se realizará a audiência a que se refere o art. 843 desta Consolidação até que se decida a exceção.

§ 2º Os autos serão imediatamente conclusos ao juiz, que intimará o reclamante e, se existentes, os litisconsortes, para manifestação no prazo comum de cinco dias.

§ 3º Se entender necessária a produção de prova oral, o juízo designará audiência, garantindo o direito de o excipiente e de suas testemunhas serem ouvidos, por carta precatória, no juízo que este houver indicado como competente.

§ 4º Decidida a exceção de incompetência territorial, o processo retomará seu curso, com a designação de audiência, a apresentação de defesa e a instrução processual perante o juízo competente.

Art. 801. O juiz, presidente ou classista, é obrigado a dar-se por suspeito, e pode ser recusado, por algum dos seguintes motivos, em relação à pessoa dos litigantes:

- A EC 24/1999 substituiu as Juntas de Conciliação e Julgamento por Varas do Trabalho (juiz singular) e extinguiu a representação classista na Justiça do Trabalho.

a) inimizade pessoal;

b) amizade íntima;

c) parentesco por consanguinidade ou afinidade até o terceiro grau civil;

d) interesse particular na causa.

Parágrafo único. Se o recusante houver praticado algum ato pelo qual haja consentido na pessoa do juiz, não mais poderá alegar exceção de suspeição, salvo sobrevindo novo motivo. A suspeição não será também admitida, se do processo constar que o recusante deixou de alegá-la anteriormente, quando já a conhecia, ou que, depois de conhecida, aceitou o juiz recusado ou, finalmente, se procurou de propósito o motivo de que ela se originou.

Art. 802. Apresentada a exceção de suspeição, o juiz ou tribunal designará audiência dentro de 48 (quarenta e oito) horas, para instrução e julgamento da exceção.

§ 1º Nas Juntas de Conciliação e Julgamento e nos Tribunais Regionais, julgada procedente a exceção de suspeição, será logo convocado para a mesma audiência ou sessão, ou para a seguinte, o suplente do membro suspeito, o qual continuará a funcionar no feito até decisão final. Proceder-se-á da mesma maneira quando algum dos membros se declarar suspeito.

- Expressão "Conselhos Regionais" substituída por "Tribunais Regionais", de acordo com o art. 2º do Dec.-lei 9.797/1946.
- A EC 24/1999 substituiu as Juntas de Conciliação e Julgamento por Varas do Trabalho (juiz singular) e extinguiu a representação classista na Justiça do Trabalho.

§ 2º Se se tratar de suspeição de juiz de direito, será este substituído na forma da organização judiciária local.

Seção VII
Dos Conflitos de Jurisdição

Art. 803. Os conflitos de jurisdição podem ocorrer entre:

a) Juntas de Conciliação e Julgamento e Juízes de Direito investidos na administração da Justiça do Trabalho;

- A EC 24/1999 substituiu as Juntas de Conciliação e Julgamento por Varas do Trabalho (juiz singular) e extinguiu a representação classista na Justiça do Trabalho.

b) Tribunais Regionais do Trabalho;

- Expressão "Conselhos Regionais" substituída por "Tribunais Regionais", de acordo com o art. 2º do Dec.-lei 9.797/1946.

c) Juízos e Tribunais do Trabalho e órgãos da Justiça Ordinária;

d) Câmaras do Tribunal Superior do Trabalho.

- V. Dec.-lei 8.737/1946 (Altera a CLT).
- V. Súmula 3, STJ.

Art. 804. Dar-se-á conflito de jurisdição:

a) quando ambas as autoridades se considerarem competentes;

b) quando ambas as autoridades se considerarem incompetentes.

Art. 805. Os conflitos de jurisdição podem ser suscitados:

a) pelos juízes e Tribunais do Trabalho;

b) pelo procurador-geral e pelos procuradores regionais da Justiça do Trabalho;

c) pela parte interessada, ou o seu representante.

Art. 806. É vedado à parte interessada suscitar conflitos de jurisdição quando já houver oposto na causa exceção de incompetência.

Art. 807. No ato de suscitar o conflito deverá a parte interessada produzir a prova de existência dele.

Art. 808. Os conflitos de jurisdição de que trata o art. 803 serão resolvidos:

- *Caput* atualizado pelo Dec.-lei 6.353/1944.
- V. art. 102, CF.

a) pelos Tribunais Regionais, os suscitados entre Juntas e entre Juízos de Direito, ou entre umas e outros, nas respectivas regiões;

- Expressão "Conselhos Regionais" substituída por "Tribunais Regionais", de acordo com o art. 2º do Dec.-lei 9.797/1946.
- A EC 24/1999 substituiu as Juntas de Conciliação e Julgamento por Varas do Trabalho (juiz singular) e extinguiu a representação classista na Justiça do Trabalho.

b) pelo Tribunal Superior do Trabalho, os suscitados entre Tribunais Regionais, ou entre Juntas e Juízos de Direito sujeitos à jurisdição de Tribunais Regionais diferentes;

- Expressões "Conselho Nacional do Trabalho" e "Conselhos Regionais" substituídas por "Tribunal Superior do Trabalho" e "Tribunais Regionais", respectivamente, de acordo com o art. 2º do Dec.-lei 9.797/1946.

c) pelo Conselho Pleno, os suscitados entre as Câmaras de Justiça do Trabalho e de Previdência Social;

- V. Dec.-lei 9.797/1946 (Altera a CLT).

d) pelo Supremo Tribunal Federal, os suscitados entre as autoridades da Justiça do Trabalho e as da Justiça Ordinária.

Art. 809. Nos conflitos de jurisdição entre as Juntas e os Juízos de Direito observar-se-á o seguinte:

- A EC 24/1999 substituiu as Juntas de Conciliação e Julgamento por Varas do Trabalho (juiz singular) e extinguiu a representação classista na Justiça do Trabalho.

I – o juiz ou presidente mandará extrair dos autos as provas do conflito e, com a sua informação, remeterá o processo assim formado, no mais breve prazo possível, ao presidente do Tribunal Regional competente;

- Expressão "Conselho Regional" substituída por "Tribunal Regional", de acordo com o art. 2º do Dec.-lei 9.797/1946.

II – no Tribunal Regional, logo que der entrada o processo, o presidente determinará a distribuição do feito, podendo o relator ordenar imediatamente às Juntas e aos Juízos, nos casos de conflito positivo, que sobrestejam o andamento dos respectivos processos, e solicitar, ao mesmo tempo, quaisquer informações que julgue convenientes. Seguidamente, será ouvida a Procuradoria, após o que o relator submeterá o feito a julgamento na primeira sessão;

- Expressão "Conselho Regional" substituída por "Tribunal Regional", de acordo com o art. 2º do Dec.-lei 9.797/1946.

III – proferida a decisão, será a mesma comunicada, imediatamente, às autoridades em conflito, prosseguindo no foro julgado competente.

Art. 810. Aos conflitos de jurisdição entre os Tribunais Regionais aplicar-se-ão as normas estabelecidas no artigo anterior.

- Expressão "Conselhos Regionais" substituída por "Tribunais Regionais", de acordo com o art. 2º do Dec.-lei 9.797/1946.

Art. 811. Nos conflitos suscitados na Justiça do Trabalho entre as autoridades desta e os órgãos da Justiça Ordinária, o processo do conflito, formado de acordo com o inciso I do art. 809, será remetido diretamente ao presidente do Supremo Tribunal Federal.

- V. Súmula 180, STJ.

Art. 812. A ordem processual dos conflitos de jurisdição entre as Câmaras do Tribunal Superior do Trabalho será a estabelecida no seu regimento interno.

- V. Dec.-lei 9.797/1946 (Altera disposições da Consolidação das Leis do Trabalho referentes à Justiça do Trabalho).

Seção VIII
Das Audiências

Art. 813. As audiências dos órgãos da Justiça do Trabalho serão públicas e realizar-se-ão na sede do Juízo ou Tribunal em dias úteis previamente fixados, entre 8 (oito) e 18 (dezoito) horas, não podendo ultrapassar 5 (cinco) horas seguidas, salvo quando houver matéria urgente.

§ 1º Em casos especiais, poderá ser designado outro local para a realização das audiências, mediante edital afixado na sede do Juízo ou Tribunal, com a antecedência mínima de 24 (vinte e quatro) horas.

§ 2º Sempre que for necessário, poderão ser convocadas audiências extraordinárias, observado o prazo do parágrafo anterior.

Art. 814. Às audiências deverão estar presentes, comparecendo com a necessária antecedência, os escrivães ou secretários.

- V. Lei 409/1948 (Quadros do pessoal da Justiça do Trabalho).

Art. 815. À hora marcada, o juiz ou presidente declarará aberta a audiência, sendo feita pelo secretário ou escrivão a chamada das partes, testemunhas e demais pessoas que devam comparecer.

Parágrafo único. Se, até 15 (quinze) minutos após a hora marcada, o juiz ou presidente não houver comparecido, os presentes poderão retirar-se, devendo o ocorrido constar do livro de registro das audiências.

- Parágrafo único atualizado pela Lei 409/1948.

Art. 816. O juiz ou presidente manterá a ordem nas audiências, podendo mandar retirar do recinto os assistentes que a perturbarem.

Art. 817. O registro das audiências será feito em livro próprio, constando de cada registro os processos apreciados e a respectiva solução, bem como as ocorrências eventuais.

Parágrafo único. Do registro das audiências poderão ser fornecidas certidões às pessoas que o requererem.

Seção IX
Das Provas

Art. 818. O ônus da prova incumbe:

- Artigo com redação determinada pela Lei 13.467/2017 (*DOU* 14.07.2017), em vigor após decorridos 120 (cento e vinte) dias da sua publicação oficial.
- V. Súmula 225, STF.
- BV. Súmulas 6 e 212, TST.

I – ao reclamante, quanto ao fato constitutivo de seu direito;

II – ao reclamado, quanto à existência de fato impeditivo, modificativo ou extintivo do direito do reclamante.

§ 1º Nos casos previstos em lei ou diante de peculiaridades da causa relacionadas à impossibilidade ou à excessiva dificuldade de cumprir o encargo nos termos deste artigo ou à maior facilidade de obtenção da prova do fato contrário, poderá o juízo atribuir o ônus da prova de modo diverso, desde que o faça por decisão fundamentada, caso em que deverá dar à parte a oportunidade de se desincumbir do ônus que lhe foi atribuído.

§ 2º A decisão referida no § 1º deste artigo deverá ser proferida antes da abertura da instrução e, a requerimento da parte, implicará o adiamento da audiência e possibilitará provar os fatos por qualquer meio em direito admitido.

§ 3º A decisão referida no § 1º deste artigo não pode gerar situação em que a desincumbência do encargo pela parte seja impossível ou excessivamente difícil.

Art. 819. O depoimento das partes e testemunhas que não souberem falar a língua nacional será feito por meio de intérprete nomeado pelo juiz ou presidente.

§ 1º Proceder-se-á da forma indicada neste artigo, quando se tratar de surdo-mudo, ou de mudo, que não saiba escrever.

☛ **§ 2º** As despesas decorrentes do disposto neste artigo correrão por conta da parte sucumbente, salvo se beneficiária de justiça gratuita.

- § 2º com redação determinada pela Lei 13.660/2018.

Art. 820. As partes e testemunhas serão inquiridas pelo juiz ou presidente, podendo ser reinquiridas, por seu intermédio, a requerimento dos vogais, das partes, seus representantes ou advogados.

- A EC 24/1999 substituiu as Juntas de Conciliação e Julgamento por Varas do Trabalho (juiz singular) e extinguiu a representação classista na Justiça do Trabalho.

Art. 821. Cada uma das partes não poderá indicar mais de três testemunhas, salvo quando se tratar de inquérito, caso em que esse número poderá ser elevado a seis.

- Artigo com redação determinada pelo Dec.-lei 8.737/1946.

Art. 822. As testemunhas não poderão sofrer qualquer desconto pelas faltas ao serviço, ocasionadas pelo seu comparecimento para depor, quando devidamente arroladas ou convocadas.

Art. 823. Se a testemunha for funcionário civil ou militar, e tiver de depor em hora de serviço, será requisitada ao chefe da repartição para comparecer à audiência marcada.

Art. 824. O juiz ou presidente providenciará para que o depoimento de uma testemunha não seja ouvido pelas demais que tenham de depor no processo.

Art. 825. As testemunhas comparecerão à audiência independentemente de notificação ou intimação.

Parágrafo único. As que não comparecerem serão intimadas, *ex officio* ou a requerimento da parte, ficando sujeitas a condução coercitiva, além das penalidades do art. 730, caso, sem motivo justificado, não atendam à intimação.

Art. 826. É facultado a cada uma das partes apresentar um perito ou técnico.

- V. Lei 5.584/1970 (Processo do trabalho e assistência judiciária).

Art. 827. O juiz ou presidente poderá arguir os peritos compromissados ou os técnicos, e rubricará, para ser junto ao processo, o laudo que os primeiros tiverem apresentado.

Art. 828. Toda testemunha, antes de prestar o compromisso legal, será qualificada, indicando o nome, nacionalidade, profissão, idade, residência e, quando empregada, o tempo de serviço prestado ao empregador, ficando sujeita, em caso de falsidade, às leis penais.

Parágrafo único. Os depoimentos das testemunhas serão resumidos, por ocasião da audiência, pelo secretário da Junta ou funcionário para esse fim designado, devendo a súmula ser assinada pelo presidente do Tribunal e pelos depoentes.

- V. Lei 409/1948 (Quadros do pessoal da Justiça do Trabalho).
- A EC 24/1999 substituiu as Juntas de Conciliação e Julgamento por Varas do Trabalho (juiz singular) e extinguiu a representação classista na Justiça do Trabalho.
- V. Súmula 357, TST.

Art. 829. A testemunha que for parente até o terceiro grau civil, amigo íntimo ou inimigo de qualquer das partes não prestará compromisso, e seu depoimento valerá como simples informação.

Art. 830. O documento em cópia oferecido para prova poderá ser declarado autêntico pelo próprio advogado, sob sua responsabilidade pessoal.

- Artigo com redação determinada pela Lei 11.925/2009 (*DOU* 17.04.2009, edição extra), em vigor 90 (noventa) dias após a data de sua publicação.

- V. Súmula 8, TST.

Parágrafo único. Impugnada a autenticidade da cópia, a parte que a produziu será intimada para apresentar cópias devidamente autenticadas ou o original, cabendo ao serventuário competente proceder à conferência e certificar a conformidade entre esses documentos.

Seção X
Da Decisão e sua Eficácia

Art. 831. A decisão será proferida depois de rejeitada pelas partes a proposta de conciliação.

Parágrafo único. No caso de conciliação, o termo que for lavrado valerá como decisão irrecorrível, salvo para a Previdência Social quanto às contribuições que lhe forem devidas.

- Parágrafo único com redação determinada pela Lei 10.035/2000.

Art. 832. Da decisão deverão constar o nome das partes, o resumo do pedido e da defesa, a apreciação das provas, os fundamentos da decisão e a respectiva conclusão.

§ 1º Quando a decisão concluir pela procedência do pedido, determinará o prazo e as condições para o seu cumprimento.

§ 2º A decisão mencionará sempre as custas que devam ser pagas pela parte vencida.

§ 3º As decisões cognitivas ou homologatórias deverão sempre indicar a natureza jurídica das parcelas constantes da condenação ou do acordo homologado, inclusive o limite de responsabilidade de cada parte pelo recolhimento da contribuição previdenciária, se for o caso.

- § 3º acrescentado pela Lei 10.035/2000.

§ 4º A União será intimada das decisões homologatórias de acordos que contenham parcela indenizatória, na forma do art. 20 da Lei 11.033, de 21 de dezembro de 2004, facultada a interposição de recurso relativo aos tributos que lhe forem devidos.

- § 4º com redação determinada pela Lei 11.457/2007 (*DOU* 19.03.2007), em vigor no primeiro dia útil do segundo mês subsequente à data de sua publicação (v. art. 51, II, da referida Lei).

§ 5º Intimada da sentença, a União poderá interpor recurso relativo à discriminação de que trata o § 3º deste artigo.

- § 5º acrescentado pela Lei 11.457/2007 (*DOU* 19.03.2007), em vigor no primeiro dia útil do segundo mês subsequente à data de sua publicação (v. art. 51, II, da referida Lei).

§ 6º O acordo celebrado após o trânsito em julgado da sentença ou após a elaboração dos cálculos de liquidação de sentença não prejudicará os créditos da União.

- § 6º acrescentado pela Lei 11.457/2007 (*DOU* 19.03.2007), em vigor no primeiro dia útil do segundo mês subsequente à data de sua publicação (v. art. 51, II, da referida Lei).

§ 7º O Ministro de Estado da Fazenda poderá, mediante ato fundamentado, dispensar a manifestação da União nas decisões homologatórias de acordos em que o montante da parcela indenizatória envolvida ocasionar perda de escala decorrente da atuação do órgão jurídico.

- § 7º acrescentado pela Lei 11.457/2007 (*DOU* 19.03.2007), em vigor no primeiro dia útil do segundo mês subsequente à data de sua publicação (v. art. 51, II, da referida Lei).

Art. 833. Existindo na decisão evidentes erros ou enganos de escrita, de datilografia ou de cálculo, poderão os mesmos, antes da execução, ser corrigidos, *ex officio*, ou a requerimento dos interessados ou da Procuradoria da Justiça do Trabalho.

Art. 834. Salvo nos casos previstos nesta Consolidação, a publicação das decisões e sua notificação aos litigantes, ou seus patronos, consideram-se realizadas nas próprias audiências em que forem as mesmas proferidas.

Art. 835. O cumprimento do acordo ou da decisão far-se-á no prazo e condições estabelecidos.

Art. 836. É vedado aos órgãos da Justiça do Trabalho conhecer de questões já decididas, excetuados os casos expressamente previstos neste Título e a ação rescisória, que será admitida na forma do disposto no Capítulo IV do Título IX da Lei 5.869, de 11 de janeiro de 1973 – Código de Processo Civil, sujeita ao depósito prévio de 20% (vinte por cento) do valor da causa, salvo prova de miserabilidade jurídica do autor.

- *Caput* com redação determinada pela Lei 11.495/2007 (*DOU* 25.06.2007), em vigor 90 (noventa) dias após a data de sua publicação.
- V. Instrução Normativa TST 31/2007 (Regulamenta a forma de realização do depósito prévio em ação rescisória de que trata o art. 836 da CLT).
- V. Súmula 338, STF.
- V. Súmulas 83, 99, 100, 192, 219, 298, 299, 365 e 397 a 413, TST.

Parágrafo único. A execução da decisão proferida em ação rescisória far-se-á nos próprios autos da ação que lhe deu origem, e será instruída com o acórdão da rescisória e a respectiva certidão de trânsito em julgado.

- Parágrafo único acrescentado pela MP 2.180-35/2001.

Capítulo III
Dos Dissídios Individuais

Seção I
Da Forma de Reclamação e da Notificação

Art. 837. Nas localidades em que houver apenas uma Junta de Conciliação e Julgamento, ou um escrivão do cível, a reclamação será apresentada diretamente à secretaria da Junta, ou ao cartório do Juízo.

- A EC 24/1999 substituiu as Juntas de Conciliação e Julgamento por Varas do Trabalho (juiz singular) e extinguiu a representação classista na Justiça do Trabalho.

Art. 838. Nas localidades em que houver mais de uma Junta ou mais de um Juízo, ou escrivão do cível, a reclamação será, preliminarmente, sujeita a distribuição, na forma do disposto no Capítulo II, Seção II, deste Título.

- A EC 24/1999 substituiu as Juntas de Conciliação e Julgamento por Varas do Trabalho (juiz singular) e extinguiu a representação classista na Justiça do Trabalho.

Art. 839. A reclamação poderá ser apresentada:

a) pelos empregados e empregadores, pessoalmente, ou por seus representantes, e pelos sindicatos de classe;

- O art. 133 da CF estabelece que o advogado é indispensável à administração da justiça.

b) por intermédio das Procuradorias Regionais da Justiça do Trabalho.

Art. 840. A reclamação poderá ser escrita ou verbal.

§ 1º Sendo escrita, a reclamação deverá conter a designação do juízo, a qualificação das partes, a breve exposição dos fatos de que resulte o dissídio, o pedido, que deverá ser certo, determinado e com indicação de seu valor, a data e a assinatura do reclamante ou de seu representante.

- § 1º com redação determinada pela Lei 13.467/2017 (*DOU* 14.07.2017), em vigor após decorridos 120 (cento e vinte) dias da sua publicação oficial.
- A EC 24/1999 substituiu as Juntas de Conciliação e Julgamento por Varas do Trabalho (juiz singular) e extinguiu a representação classista na Justiça do Trabalho.

§ 2º Se verbal, a reclamação será reduzida a termo, em duas vias datadas e assinadas pelo escrivão ou secretário, observado, no que couber, o disposto no § 1º deste artigo.

- § 2º com redação determinada pela Lei 13.467/2017 (*DOU* 14.07.2017), em vigor após decorridos 120 (cento e vinte) dias da sua publicação oficial.
- V. Lei 409/1948 (Quadros do pessoal da Justiça do Trabalho).

§ 3º Os pedidos que não atendam ao disposto no § 1º deste artigo serão julgados extintos sem resolução do mérito.

- § 3º acrescentado pela Lei 13.467/2017 (*DOU* 14.07.2017), em vigor após decorridos 120 (cento e vinte) dias da sua publicação oficial.

Art. 841. Recebida e protocolada a reclamação, o escrivão ou secretário, dentro de 48 (quarenta e oito) horas, remeterá a segunda via da petição, ou do termo, ao reclamado, notificando-o, ao mesmo tempo, para comparecer à audiência de julgamento, que será a primeira desimpedida, depois de 5 (cinco) dias.

- Artigo atualizado pela Lei 409/1948.

§ 1º A notificação será feita em registro postal com franquia. Se o reclamado criar embaraços ao seu recebimento ou não for encontrado, far-se-á a notificação por edital, inserto no jornal oficial ou no que publicar o expediente forense, ou, na falta, afixado na sede da Junta ou Juízo.

- A EC 24/1999 substituiu as Juntas de Conciliação e Julgamento por Varas do Trabalho (juiz singular) e extinguiu a representação classista na Justiça do Trabalho.
- V. Súmula 262, TST.

§ 2º O reclamante será notificado no ato da apresentação da reclamação ou na forma do parágrafo anterior.

§ 3º Oferecida a contestação, ainda que eletronicamente, o reclamante não poderá, sem o consentimento do reclamado, desistir da ação.

- § 3º acrescentado pela Lei 13.467/2017 (*DOU* 14.07.2017), em vigor após decorridos 120 (cento e vinte) dias da sua publicação oficial.

Art. 842. Sendo várias as reclamações e havendo identidade de matéria, poderão ser acumuladas num só processo, se se tratar de empregados da mesma empresa ou estabelecimento.

Seção II
Da Audiência de Julgamento

Art. 843. Na audiência de julgamento deverão estar presentes o reclamante e o reclamado, independentemente do comparecimento de seus representantes, salvo nos casos de reclamatórias plúrimas ou ações de cumprimento, quando os empregados poderão fazer-se representar pelo sindicato de sua categoria.

- *Caput* com redação determinada pela Lei 6.667/1979.
- V. Súmula 74, TST.

§ 1º É facultado ao empregador fazer-se substituir pelo gerente, ou qualquer outro preposto que tenha conhecimento do fato, e cujas declarações obrigarão o proponente.

- V. Súmula 377, TST.

§ 2º Se por doença ou qualquer outro motivo poderoso, devidamente comprovado, não for possível ao empregado comparecer pessoalmente, poderá fazer-se representar por outro empregado que pertença à mesma profissão, ou pelo seu sindicato.

- Consta na publicação oficial "poderoso", em vez de "ponderoso".
- V. Súmula 122, TST.

§ 3º O preposto a que se refere o § 1º deste artigo não precisa ser empregado da parte reclamada.

- § 3º acrescentado pela Lei 13.467/2017 (*DOU* 14.07.2017), em vigor após decorridos 120 (cento e vinte) dias da sua publicação oficial.

Art. 844. O não comparecimento do reclamante à audiência importa o arquivamento da reclamação, e o não comparecimento do reclamado importa revelia, além de confissão quanto à matéria de fato.

- V. Súmula 9, TST.

§ 1º Ocorrendo motivo relevante, poderá o juiz suspender o julgamento, designando nova audiência.

- Primitivo parágrafo único renumerado pela Lei 13.467/2017 (*DOU* 14.07.2017), em vigor após decorridos 120 (cento e vinte) dias da sua publicação oficial.

§ 2º Na hipótese de ausência do reclamante, este será condenado ao pagamento das custas calculadas na forma do art. 789 desta Consolidação, ainda que beneficiário da justiça gratuita, salvo se comprovar, no prazo de quinze dias, que a ausência ocorreu por motivo legalmente justificável.

- § 2º acrescentado pela Lei 13.467/2017 (*DOU* 14.07.2017), em vigor após decorridos 120 (cento e vinte) dias da sua publicação oficial.
- O STF, na ADI 5.766 (Med. Liminar – *DJE* 17.05.2018) após o voto do Ministro Roberto Barroso (Relator), julgou parcialmente procedente a ação direta de inconstitucionalidade, para assentar interpretação conforme a Constituição, consubstanciada nas seguintes teses: "1. O direito à gratuidade de justiça pode ser regulado de forma a desincentivar a litigância abusiva, inclusive por meio da cobrança de custas e de honorários a seus beneficiários. 2. A cobrança de honorários sucumbenciais do hipossuficiente poderá incidir: (i) sobre verbas não alimentares, a exemplo de indenizações por danos morais, em sua integralidade; e (ii) sobre o percentual de até 30% do valor que exceder ao teto do Regime Geral de Previdência Social, mesmo quando pertinente a verbas remuneratórias. 3. É legítima a cobrança de custas judiciais, em razão da ausência do reclamante à audiência, mediante prévia intimação pessoal para que tenha a oportunidade de justificar o não comparecimento", e após o voto do Ministro Edson Fachin, julgando integralmente procedente a ação.

§ 3º O pagamento das custas a que se refere o § 2º é condição para a propositura de nova demanda.

- § 3º acrescentado pela Lei 13.467/2017 (*DOU* 14.07.2017), em vigor após decorridos 120 (cento e vinte) dias da sua publicação oficial.

§ 4º A revelia não produz o efeito mencionado no *caput* deste artigo se:

- § 4º acrescentado pela Lei 13.467/2017 (*DOU* 14.07.2017), em vigor após decorridos 120 (cento e vinte) dias da sua publicação oficial.

I – havendo pluralidade de reclamados, algum deles contestar a ação;

II – o litígio versar sobre direitos indisponíveis;

III – a petição inicial não estiver acompanhada de instrumento que a lei considere indispensável à prova do ato;

IV – as alegações de fato formuladas pelo reclamante forem inverossímeis ou estiverem em contradição com prova constante dos autos.

§ 5º Ainda que ausente o reclamado, presente o advogado na audiência, serão aceitos a contestação e os documentos eventualmente apresentados.

- § 5º acrescentado pela Lei 13.467/2017 (*DOU* 14.07.2017), em vigor após decorridos 120 (cento e vinte) dias da sua publicação oficial.

Art. 845. O reclamante e o reclamado comparecerão à audiência acompanhados das suas testemunhas, apresentando, nessa ocasião, as demais provas.

- V. Súmulas 8 e 74, TST.

Art. 846. Aberta a audiência, o juiz ou presidente proporá a conciliação.

- Artigo com redação determinada pela Lei 9.022/1995.

§ 1º Se houver acordo lavrar-se-á termo, assinado pelo presidente e pelos litigantes, consignando-se o prazo e demais condições para seu cumprimento.

§ 2º Entre as condições a que se refere o parágrafo anterior, poderá ser estabelecida a de ficar a parte que não cumprir o acordo obrigada a satisfazer integralmente o pedido ou pagar uma indenização convencionada, sem prejuízo do cumprimento do acordo.

Art. 847. Não havendo acordo, o reclamado terá 20 (vinte) minutos para aduzir sua defesa, após a leitura da reclamação, quando esta não for dispensada por ambas as partes.

- *Caput* com redação determinada pela Lei 9.022/1995.

Parágrafo único. A parte poderá apresentar defesa escrita pelo sistema de processo judicial eletrônico até a audiência.

- Parágrafo único acrescentado pela Lei 13.467/2017 (*DOU* 14.07.2017), em vigor após decorridos 120 (cento e vinte) dias da sua publicação oficial.

Art. 848. Terminada a defesa, seguir-se-á a instrução do processo, podendo o presidente, *ex officio* ou a requerimento de qualquer juiz temporário, interrogar os litigantes.

- *Caput* com redação determinada pela Lei 9.022/1995.

§ 1º Findo o interrogatório, poderá qualquer dos litigantes retirar-se, prosseguindo a instrução com o seu representante.

§ 2º Serão, a seguir, ouvidas as testemunhas, os peritos e os técnicos, se houver.

Art. 849. A audiência de julgamento será contínua; mas, se não for possível, por motivo de força maior, concluí-la no mesmo dia, o juiz ou presidente marcará a sua continuação para a primeira desimpedida, independentemente de nova notificação.

Art. 850. Terminada a instrução, poderão as partes aduzir razões finais, em prazo não excedente de 10 (dez) minutos para cada uma. Em seguida, o juiz ou presidente renovará a proposta de conciliação, e, não se realizando esta, será proferida a decisão.

Parágrafo único. O presidente da Junta, após propor a solução do dissídio, tomará os votos dos vogais, e, havendo divergência entre estes, poderá desempatar ou proferir decisão que melhor atenda ao cumprimento da lei e ao justo equilíbrio entre os votos divergentes e ao interesse social.

- A EC 24/1999 substituiu as Juntas de Conciliação e Julgamento por Varas do Trabalho (juiz singular) e extinguiu a representação classista na Justiça do Trabalho.

Art. 851. Os trâmites de instrução e julgamento da reclamação serão resumidos em ata, de que constará, na íntegra, a decisão.

- Artigo com redação determinada pelo Dec.-lei 8.737/1946.

§ 1º Nos processos de exclusiva alçada das Juntas, será dispensável, a juízo do presidente, o resumo dos depoimentos, devendo constar da ata a conclusão do tribunal quanto à matéria de fato.

- A EC 24/1999 substituiu as Juntas de Conciliação e Julgamento por Varas do Trabalho (juiz singular) e extinguiu a representação classista na Justiça do Trabalho.

§ 2º A ata será, pelo presidente ou juiz, junta ao processo, devidamente assinada, no prazo improrrogável de 48 (quarenta e oito) horas, contado da audiência de julgamento, e assinada pelos vogais presentes à mesma audiência.

Art. 852. Da decisão serão os litigantes notificados, pessoalmente, ou por seu representante, na própria audiência. No caso de revelia, a notificação far-se-á pela forma estabelecida no § 1º do art. 841.

Seção II-A
Do Procedimento Sumaríssimo

- Seção II-A (arts. 852-A a 852-I) acrescentada pela Lei 9.957/2000.

Art. 852-A. Os dissídios individuais cujo valor não exceda a quarenta vezes o salário mínimo vigente na data do ajuizamento da reclamação ficam submetidos ao procedimento sumaríssimo.

Parágrafo único. Estão excluídas do procedimento sumaríssimo as demandas em que é parte a Administração Pública direta, autárquica e fundacional.

Art. 852-B. Nas reclamações enquadradas no procedimento sumaríssimo:

I – o pedido deverá ser certo ou determinado e indicará o valor correspondente;

II – não se fará citação por edital, incumbindo ao autor a correta indicação do nome e endereço do reclamado;

III – a apreciação da reclamação deverá ocorrer no prazo máximo de 15 (quinze) dias do seu ajuizamento, podendo constar de pauta especial, se necessário, de acordo com o movimento judiciário da Junta de Conciliação e Julgamento.

- A EC 24/1999 substituiu as Juntas de Conciliação e Julgamento por Varas do Trabalho (juiz singular) e extinguiu a representação classista na Justiça do Trabalho.

§ 1º O não atendimento, pelo reclamante, do disposto nos incisos I e II deste artigo importará no arquivamento da reclamação e condenação ao pagamento de custas sobre o valor da causa.

§ 2º As partes e advogados comunicarão ao juízo as mudanças de endereço ocorridas no curso do processo, reputando-se eficazes as intimações enviadas ao local anteriormente indicado, na ausência de comunicação.

Art. 852-C. As demandas sujeitas a rito sumaríssimo serão instruídas e julgadas em audiência única, sob a direção de juiz presidente ou substituto, que poderá ser convocado para atuar simultaneamente com o titular.

Art. 852-D. O juiz dirigirá o processo com liberdade para determinar as provas a serem produzidas, considerado o ônus probatório de cada litigante, podendo limitar ou excluir as que considerar excessivas, impertinentes ou protelatórias, bem como para apreciá-las e dar especial valor às regras de experiência comum ou técnica.

Art. 852-E. Aberta a sessão, o juiz esclarecerá as partes presentes sobre as vantagens da conciliação e usará os meios adequados de persuasão para a solução conciliatória do litígio, em qualquer fase da audiência.

Art. 852-F. Na ata de audiência serão registrados resumidamente os atos essenciais, as afirmações fundamentais das partes e as informações úteis à solução da causa trazidas pela prova testemunhal.

Art. 852-G. Serão decididos, de plano, todos os incidentes e exceções que possam interferir no prosseguimento da audiência e do processo. As demais questões serão decididas na sentença.

Art. 852-H. Todas as provas serão produzidas na audiência de instrução e julgamento, ainda que não requeridas previamente.

§ 1º Sobre os documentos apresentados por uma das partes manifestar-se-á imediatamente a parte contrária, sem interrupção da audiência, salvo absoluta impossibilidade, a critério do juiz.

§ 2º As testemunhas, até o máximo de duas para cada parte, comparecerão à audiência de instrução e julgamento independentemente de intimação.

§ 3º Só será deferida intimação de testemunha que, comprovadamente convidada, deixar de comparecer. Não comparecendo a testemunha intimada, o juiz poderá determinar sua imediata condução coercitiva.

§ 4º Somente quando a prova do fato o exigir, ou for legalmente imposta, será deferida prova técnica, incumbindo ao juiz, desde logo, fixar o prazo, o objeto da perícia e nomear perito.

§ 5º *(Vetado).*

§ 6º As partes serão intimadas a manifestar-se sobre o laudo, no prazo comum de 5 (cinco) dias.

§ 7º Interrompida a audiência, o seu prosseguimento e a solução do processo dar-se-ão no prazo máximo de 30 (trinta) dias, salvo motivo relevante justificado nos autos pelo juiz da causa.

Art. 852-I. A sentença mencionará os elementos de convicção do juízo, com resumo dos fatos relevantes ocorridos em audiência, dispensado o relatório.

§ 1º O juízo adotará em cada caso a decisão que reputar mais justa e equânime, atendendo aos fins sociais da lei e as exigências do bem comum.

§ 2º *(Vetado).*

§ 3º As partes serão intimadas da sentença na própria audiência em que prolatada.

Seção III
Do Inquérito para Apuração de Falta Grave

Art. 853. Para a instauração do inquérito para apuração de falta grave contra empregado garantido com estabilidade, o empregador apresentará reclamação por escrito à Junta ou Juízo de Direito, dentro de 30 (trinta) dias, contados da data da suspensão do empregado.

- A EC 24/1999 substituiu as Juntas de Conciliação e Julgamento por Varas do Trabalho (juiz singular) e extinguiu a representação classista na Justiça do Trabalho.

Art. 854. O processo do inquérito perante a Junta ou Juízo obedecerá às normas estabelecidas no presente Capítulo, observadas as disposições desta Seção.

- A EC 24/1999 substituiu as Juntas de Conciliação e Julgamento por Varas do Trabalho (juiz singular) e extinguiu a representação classista na Justiça do Trabalho.

Art. 855. Se tiver havido prévio reconhecimento da estabilidade do empregado, o julgamento do inquérito pela Junta ou Juízo não prejudicará a execução para pagamento dos salários devidos ao empregado, até a data da instauração do mesmo inquérito.

- A EC 24/1999 substituiu as Juntas de Conciliação e Julgamento por Varas do Trabalho (juiz singular) e extinguiu a representação classista na Justiça do Trabalho.

Seção IV
Do Incidente de Desconsideração da Personalidade Jurídica

- Seção IV acrescentada pela Lei 13.467/2017 (*DOU* 14.07.2017), em vigor após decorridos 120 (cento e vinte) dias da sua publicação oficial.

Art. 855-A. Aplica-se ao processo do trabalho o incidente de desconsideração da personalidade jurídica previsto nos arts. 133 a 137 da Lei 13.105, de 16 de março de 2015 – Código de Processo Civil.

- Artigo acrescentado pela Lei 13.467/2017 (*DOU* 14.07.2017), em vigor após decorridos 120 (cento e vinte) dias da sua publicação oficial.

§ 1º Da decisão interlocutória que acolher ou rejeitar o incidente:

I – na fase de cognição, não cabe recurso de imediato, na forma do § 1º do art. 893 desta Consolidação;

II – na fase de execução, cabe agravo de petição, independentemente de garantia do juízo;

III – cabe agravo interno se proferida pelo relator em incidente instaurado originariamente no tribunal.

§ 2º A instauração do incidente suspenderá o processo, sem prejuízo de concessão da tutela de urgência de natureza cautelar de que trata o art. 301 da Lei 13.105, de 16 de março de 2015 (Código de Processo Civil).

Capítulo III-A
Do Processo de Jurisdição Voluntária Para Homologação de Acordo Extrajudicial

- Capítulo III-A acrescentado pela Lei 13.467/2017 (*DOU* 14.07.2017), em vigor após decorridos 120 (cento e vinte) dias da sua publicação oficial.

Art. 855-B. O processo de homologação de acordo extrajudicial terá início por petição conjunta, sendo obrigatória a representação das partes por advogado.

- Artigo acrescentado pela Lei 13.467/2017 (*DOU* 14.07.2017), em vigor após decorridos 120 (cento e vinte) dias da sua publicação oficial.

§ 1º As partes não poderão ser representadas por advogado comum.

§ 2º Faculta-se ao trabalhador ser assistido pelo advogado do sindicato de sua categoria.

Art. 855-C. O disposto neste Capítulo não prejudica o prazo estabelecido no § 6º do art. 477 desta Consolidação e não afasta a aplicação da multa prevista no § 8º art. 477 desta Consolidação.

- Artigo acrescentado pela Lei 13.467/2017 (*DOU* 14.07.2017), em vigor após decorridos 120 (cento e vinte) dias da sua publicação oficial.

Art. 855-D. No prazo de quinze dias a contar da distribuição da petição, o juiz analisará o acordo, designará audiência se entender necessário e proferirá sentença.

- Artigo acrescentado pela Lei 13.467/2017 (*DOU* 14.07.2017), em vigor após decorridos 120 (cento e vinte) dias da sua publicação oficial.

Art. 855-E. A petição de homologação de acordo extrajudicial suspende o prazo prescricional da ação quanto aos direitos nela especificados.

- Artigo acrescentado pela Lei 13.467/2017 (*DOU* 14.07.2017), em vigor após decorridos 120 (cento e vinte) dias da sua publicação oficial.

Parágrafo único. O prazo prescricional voltará a fluir no dia útil seguinte ao do trânsito em julgado da decisão que negar a homologação do acordo.

Capítulo IV
Dos Dissídios Coletivos

Seção I
Da Instauração da Instância

Art. 856. A instância será instaurada mediante representação escrita ao presidente do Tribunal. Poderá ser também instaurada por iniciativa do presidente ou, ainda, a requerimento da Procuradoria da Justiça do Trabalho, sempre que ocorrer suspensão do trabalho.

Art. 857. A representação para instaurar a instância em dissídio coletivo constitui prerrogativa das associações sindicais, excluídas as hipóteses aludidas no art. 856, quando ocorrer suspensão do trabalho.

- *Caput* com redação determinada pelo Dec.-lei 7.321/1945.

Parágrafo único. Quando não houver sindicato representativo da categoria econômica ou profissional, poderá a representação ser instaurada pelas federações correspondentes e, na falta destas, pelas confederações respectivas, no âmbito de sua representação.

- Parágrafo único acrescentado pela Lei 2.693/1955.

Art. 858. A representação será apresentada em tantas vias quantos forem os reclamados e deverá conter:

a) designação e qualificação dos reclamantes e dos reclamados e a natureza do estabelecimento ou do serviço;

b) os motivos do dissídio e as bases da conciliação.

Art. 859. A representação dos sindicatos para instauração da instância fica subordinada à aprovação de assembleia, da qual participem os associados interessados na solução do dissídio coletivo, em primeira convocação, por maioria de 2/3 (dois terços) dos mesmos, ou, em segunda convocação, por 2/3 (dois terços) dos presentes.

Parágrafo único. *(Revogado pelo Dec.-lei 7.321/1945).*

Seção II
Da Conciliação e do Julgamento

Art. 860. Recebida e protocolada a representação, e estando na devida forma, o presidente do Tribunal designará a audiência de conciliação, dentro do prazo de 10 (dez) dias, determinando a notificação dos dissidentes, com observância do disposto no art. 841.

Parágrafo único. Quando a instância for instaurada *ex officio*, a audiência deverá ser realizada dentro do prazo mais breve possível, após o reconhecimento do dissídio.

Art. 861. É facultado ao empregador fazer-se representar na audiência pelo gerente, ou por qualquer outro preposto que tenha conhecimento do dissídio, e por cujas declarações será sempre responsável.

Art. 862. Na audiência designada, comparecendo ambas as partes ou seus representantes, o presidente do Tribunal as convidará para se pronunciarem sobre as bases da conciliação. Caso não sejam aceitas as bases propostas, o presidente submeterá aos interessados a solução que lhe pareça capaz de resolver o dissídio.

Art. 863. Havendo acordo, o presidente o submeterá à homologação do Tribunal na primeira sessão.

Art. 864. Não havendo acordo, ou não comparecendo ambas as partes ou uma delas, o presidente submeterá o processo a julgamento, depois de realizadas as diligências que entender necessárias e ouvida a Procuradoria.

- Artigo com redação determinada pelo Dec.-lei 8.737/1946.

Art. 865. Sempre que, no decorrer do dissídio, houver ameaça de perturbação da ordem, o presidente requisitará à autoridade competente as providências que se tornarem necessárias.

Art. 866. Quando o dissídio ocorrer fora da sede do Tribunal, poderá o presidente, se julgar conveniente, delegar à autoridade local as atribuições de que tratam os arts. 860 e 862. Nesse caso, não havendo conciliação, a autoridade delegada encaminhará o processo ao Tribunal, fazendo exposição circunstanciada dos fatos e indicando a solução que lhe parecer conveniente.

Art. 867. Da decisão do Tribunal serão notificadas as partes, ou seus representantes, em registrado postal, com franquia, fazendo-se, outrossim, a sua publicação no jornal oficial, para ciência dos demais interessados.

Parágrafo único. A sentença normativa vigorará:

- Parágrafo único acrescentado pelo Dec.-lei 424/1969.
- V. Súmulas 277 e 279, TST.

a) a partir da data de sua publicação, quando ajuizado o dissídio após o prazo do art. 616, § 3º, ou, quando não existir acordo, convenção ou sentença normativa em vigor, da data do ajuizamento;

b) a partir do dia imediato ao termo final de vigência do acordo, convenção ou sentença normativa, quando ajuizado o dissídio no prazo do art. 616, § 3º.

Seção III
Da Extensão das Decisões

Art. 868. Em caso de dissídio coletivo que tenha por motivo novas condições de trabalho e no qual figure como parte apenas uma fração de empregados de uma empresa, poderá o Tribunal competente, na própria decisão, estender tais condições de trabalho, se julgar justo e conveniente, aos demais empregados da empresa que forem da mesma profissão dos dissidentes.

Parágrafo único. O Tribunal fixará a data em que a decisão deve entrar em execução, bem como o prazo de sua vigência, o qual não poderá ser superior a 4 (quatro) anos.

Art. 869. A decisão sobre novas condições de trabalho poderá também ser estendida a todos os empregados da mesma categoria profissional compreendida na jurisdição do Tribunal:

a) por solicitação de um ou mais empregadores, ou de qualquer sindicato destes;

b) por solicitação de um ou mais sindicatos de empregados;

c) *ex officio*, pelo Tribunal que houver proferido a decisão;

d) por solicitação da Procuradoria da Justiça do Trabalho.

Art. 870. Para que a decisão possa ser estendida, na forma do artigo anterior, torna-se preciso que 3/4 (três quartos) dos empregadores e 3/4 (três quartos) dos empregados, ou os respectivos sindicatos, concordem com a extensão da decisão.

§ 1º O Tribunal competente marcará prazo, não inferior a 30 (trinta) nem superior a 60 (sessenta) dias, a fim de que se manifestem os interessados.

§ 2º Ouvidos os interessados e a Procuradoria da Justiça do Trabalho, será o processo submetido ao julgamento do Tribunal.

Art. 871. Sempre que o Tribunal estender a decisão, marcará a data em que a extensão deva entrar em vigor.

Seção IV
Do Cumprimento das Decisões

Art. 872. Celebrado o acordo, ou transitada em julgado a decisão, seguir-se-á o seu cumprimento, sob as penas estabelecidas neste Título.

Parágrafo único. Quando os empregadores deixarem de satisfazer o pagamento de salários, na conformidade da decisão proferida, poderão os empregados ou seus sindicatos, independentes de outorga de poderes de seus associados, juntando certidão de tal decisão, apresentar reclamação à Junta ou Juízo competente, observado o processo previsto no Capítulo II deste Título, sendo vedado, porém, questionar sobre a matéria de fato e de direito já apreciada na decisão.

- Parágrafo único com redação determinada pela Lei 2.275/1954.
- A EC 24/1999 substituiu as Juntas de Conciliação e Julgamento por Varas do Trabalho (juiz singular) e extinguiu a representação classista na Justiça do Trabalho.

Seção V
Da Revisão

Art. 873. Decorrido mais de 1 (um) ano de sua vigência, caberá revisão das decisões que fixarem condições de trabalho, quando se tiverem modificado as circunstâncias que as ditaram, de modo que tais condições se hajam tornado injustas ou inaplicáveis.

Art. 874. A revisão poderá ser promovida por iniciativa do Tribunal prolator, da Procuradoria da Justiça do Trabalho, das associações sindicais ou de empregador ou empregadores interessados no cumprimento da decisão.

Parágrafo único. Quando a revisão for promovida por iniciativa do Tribunal prolator ou da Procuradoria, as associações sindicais e o empregador ou empregadores interessados serão ouvidos no prazo de 30 (trinta) dias. Quando promovida por uma das partes interessadas, serão as outras ouvidas também por igual prazo.

Art. 875. A revisão será julgada pelo Tribunal que tiver proferido a decisão, depois de ouvida a Procuradoria da Justiça do Trabalho.

Capítulo V
Da Execução

Seção I
Das Disposições Preliminares

Art. 876. As decisões passadas em julgado ou das quais não tenha havido recurso com efeito suspensivo; os acordos, quando não cumpridos; os termos de ajuste de conduta firmados perante o Ministério Público do Trabalho e os termos de conciliação firmados perante as Comissões de Conciliação Prévia serão executados pela forma estabelecida neste Capítulo.

- *Caput* com redação determinada pela Lei 9.958/2000.

Parágrafo único. A Justiça do Trabalho executará, de ofício, as contribuições sociais previstas na alínea a do inciso I e no inciso II do *caput* do art. 195 da Constituição Federal, e seus acréscimos legais, relativas ao objeto da condenação constante das sentenças que proferir e dos acordos que homologar.

- Parágrafo único com redação determinada pela Lei 13.467/2017 (*DOU* 14.07.2017), em vigor após decorridos 120 (cento e vinte) dias da sua publicação oficial.

Art. 877. É competente para a execução das decisões o juiz ou presidente do Tribunal que tiver conciliado ou julgado originariamente o dissídio.

Art. 877-A. É competente para a execução de título executivo extrajudicial o juiz que teria competência para o processo de conhecimento relativo à matéria.

- Artigo acrescentado pela Lei 9.958/2000.

Art. 878. A execução será promovida pelas partes, permitida a execução de ofício pelo juiz ou pelo Presidente do Tribunal apenas nos casos em que as partes não estiverem representadas por advogado.

- *Caput* com redação determinada pela Lei 13.467/2017 (*DOU* 14.07.2017), em vigor após decorridos 120 (cento e vinte) dias da sua publicação oficial.

Parágrafo único. *(Revogado pela Lei 13.467/2017 – DOU 14.07.2017, em vigor após decorridos 120 (cento e vinte) dias da sua publicação oficial).*

Art. 878-A. Faculta-se ao devedor o pagamento imediato da parte que entender devida à Previdência Social, sem prejuízo da cobrança de eventuais diferenças encontradas na execução *ex officio*.

- Artigo acrescentado pela Lei 10.035/2000.

Art. 879. Sendo ilíquida a sentença exequenda, ordenar-se-á, previamente, a sua liquidação, que poderá ser feita por cálculo, por arbitramento ou por artigos.

- *Caput* com redação determinada pela Lei 2.244/1954.

§ 1º Na liquidação, não se poderá modificar, ou inovar, a sentença liquidanda, nem discutir matéria pertinente à causa principal.

- § 1º com redação determinada pela Lei 8.432/1992.

§ 1º-A. A liquidação abrangerá, também, o cálculo das contribuições previdenciárias devidas.

- § 1º-A acrescentado pela Lei 10.035/2000.

§ 1º-B. As partes deverão ser previamente intimadas para a apresentação do cálculo de liquidação, inclusive da contribuição previdenciária incidente.

- § 1º-B acrescentado pela Lei 10.035/2000.

§ 2º Elaborada a conta e tornada líquida, o juízo deverá abrir às partes prazo comum de oito dias para impugnação fundamentada com a indicação dos itens e valores objeto da discordância, sob pena de preclusão.

- § 2º com redação determinada pela Lei 13.467/2017 (*DOU* 14.07.2017), em vigor após decorridos 120 (cento e vinte) dias da sua publicação oficial.

§ 3º Elaborada a conta pela parte ou pelos órgãos auxiliares da Justiça do Trabalho, o juiz procederá à intimação da União para manifestação, no prazo de 10 (dez) dias, sob pena de preclusão.

- § 3º com redação determinada pela Lei 11.457/2007 (*DOU* 19.03.2007), em vigor no primeiro dia útil do segundo mês subsequente à data de sua publicação (v. art. 51, II, da referida Lei).

§ 4º A atualização do crédito devido à Previdência Social observará os critérios estabelecidos na legislação previdenciária.

- § 4º acrescentado pela Lei 10.035/2000.

§ 5º O Ministro de Estado da Fazenda poderá, mediante ato fundamentado, dispensar a manifestação da União quando o valor total das verbas que integram o salário de contribuição, na forma do art. 28 da Lei 8.212, de 24 de julho de 1991, ocasionar perda de escala decorrente da atuação do órgão jurídico.

- § 5º acrescentado pela Lei 11.457/2007 (*DOU* 19.03.2007), em vigor no primeiro dia útil do segundo mês subsequente à data de sua publicação (v. art. 51, II, da referida Lei).

§ 6º Tratando-se de cálculos de liquidação complexos, o juiz poderá nomear perito para a elaboração e fixará, depois da conclusão do trabalho, o valor dos respectivos honorários com observância, entre outros, dos critérios de razoabilidade e proporcionalidade.

- § 6º acrescentado pela Lei 12.405/2011.

§ 7º A atualização dos créditos decorrentes de condenação judicial será feita pela Taxa Referencial (TR), divulgada pelo Banco Central do Brasil, conforme a Lei 8.177, de 1º de março de 1991.

- § 7º acrescentado pela Lei 13.467/2017 (*DOU* 14.07.2017), em vigor após decorridos 120 (cento e vinte) dias da sua publicação oficial.

Seção II
Do Mandado e da Penhora

Art. 880. Requerida a execução, o juiz ou presidente do tribunal mandará expedir mandado de citação do executado, a fim de que cumpra a decisão ou o acordo no prazo, pelo modo e sob as cominações estabelecidas ou, quando se tratar de pagamento em dinheiro, inclusive de contribuições sociais devidas à União, para que o faça em 48 (quarenta e oito) horas ou garanta a execução, sob pena de penhora.

- *Caput* com redação determinada pela Lei 11.457/2007 (*DOU* 19.03.2007), em vigor no primeiro dia útil do segundo mês subsequente à data de sua publicação (v. art. 51, II, da referida Lei).

§ 1º O mandado de citação deverá conter a decisão exequenda ou o termo de acordo não cumprido.

§ 2º A citação será feita pelos oficiais de justiça.

CLT

§ 3º Se o executado, procurado por duas vezes no espaço de 48 (quarenta e oito) horas, não for encontrado, far-se-á a citação por edital, publicado no jornal oficial ou, na falta deste, afixado na sede da Junta ou Juízo, durante 5 (cinco) dias.

- A EC 24/1999 substituiu as Juntas de Conciliação e Julgamento por Varas do Trabalho (juiz singular) e extinguiu a representação classista na Justiça do Trabalho.

Art. 881. No caso de pagamento da importância reclamada, será este feito perante o escrivão ou secretário, lavrando-se termo de quitação, em duas vias, assinadas pelo exequente, pelo executado e pelo mesmo escrivão ou secretário, entregando-se a segunda via ao executado e juntando-se a outra ao processo.

- V. Lei 409/1948 (Quadros do pessoal da Justiça do Trabalho).

Parágrafo único. Não estando presente o exequente, será depositada a importância, mediante guia, em estabelecimento oficial de crédito ou, em falta deste, em estabelecimento bancário idôneo.

- Parágrafo único com redação determinada pela Lei 7.305/1985.

Art. 882. O executado que não pagar a importância reclamada poderá garantir a execução mediante depósito da quantia correspondente, atualizada e acrescida das despesas processuais, apresentação de seguro-garantia judicial ou nomeação de bens à penhora, observada a ordem preferencial estabelecida no art. 835 da Lei 13.105, de 16 de março de 2015 – Código de Processo Civil.

- Artigo com redação determinada pela Lei 13.467/2017 (*DOU* 14.07.2017), em vigor após decorridos 120 (cento e vinte) dias da sua publicação oficial.

Art. 883. Não pagando o executado, nem garantindo a execução, seguir-se-á penhora dos bens, tantos quantos bastem ao pagamento da importância da condenação, acrescida de custas e juros de mora, sendo estes, em qualquer caso, devidos a partir da data em que for ajuizada a reclamação inicial.

- Artigo com redação determinada pela Lei 2.244/1954.

Art. 883-A. A decisão judicial transitada em julgado somente poderá ser levada a protesto, gerar inscrição do nome do executado em órgãos de proteção ao crédito ou no Banco Nacional de Devedores Trabalhistas (BNDT), nos termos da lei, depois de transcorrido o prazo de quarenta e cinco dias a contar da citação do executado, se não houver garantia do juízo.

- Artigo acrescentado pela Lei 13.467/2017 (*DOU* 14.07.2017), em vigor após decorridos 120 (cento e vinte) dias da sua publicação oficial.

Seção III
Dos Embargos à Execução e da sua Impugnação

Art. 884. Garantida a execução ou penhorados os bens, terá o executado 5 (cinco) dias para apresentar embargos, cabendo igual prazo ao exequente para impugnação.

- O art. 1º-B da Lei 9.494/1997, com redação determinada pela MP 2.180-35/2001, dispõe: "O prazo a que se refere o *caput* dos arts. 730 do Código de Processo Civil, e 884 da Consolidação das Leis do Trabalho, aprovada pelo Decreto-lei 5.452, de 1º de maio de 1943, passa a ser de 30 (trinta) dias".
- O STF, na Med. Caut. em ADC 11-8 (*DJU* 29.06.2007), deferiu a cautelar para suspender todos os processos em que se discuta a constitucionalidade do art. 1º-B da Lei 9.494/1997, acrescentado pela MP 2.180-35/2001.

§ 1º A matéria de defesa será restrita às alegações de cumprimento da decisão ou do acordo, quitação ou prescrição da dívida.

§ 2º Se na defesa tiverem sido arroladas testemunhas, poderá o juiz ou o presidente do Tribunal, caso julgue necessários seus depoimentos, marcar audiência para a produção das provas, a qual deverá realizar-se dentro de 5 (cinco) dias.

§ 3º Somente nos embargos à penhora poderá o executado impugnar a sentença de liquidação, cabendo ao exequente igual direito e no mesmo prazo.

- § 3º com redação determinada pela Lei 2.244/1954.

§ 4º Julgar-se-ão na mesma sentença os embargos e as impugnações à liquidação apresentadas pelos credores trabalhista e previdenciário.

- § 4º com redação determinada pela Lei 10.035/2000.

§ 5º Considera-se inexigível o título judicial fundado em lei ou ato normativo declarados inconstitucionais pelo Supremo Tribunal Federal ou em aplicação ou interpretação tidas por incompatíveis com a Constituição Federal.

- § 5º acrescentado pela MP 2.180-35/2001.

§ 6º A exigência da garantia ou penhora não se aplica às entidades filantrópicas e/ou àqueles que compõem ou compuseram a diretoria dessas instituições.

- § 6º acrescentado pela Lei 13.467/2017 (*DOU* 14.07.2017), em vigor após decorridos 120 (cento e vinte) dias da sua publicação oficial.

Seção IV
Do Julgamento e dos Trâmites Finais da Execução

Art. 885. Não tendo sido arroladas testemunhas na defesa, o juiz ou presidente, conclusos os autos, proferirá sua decisão, dentro de 5 (cinco) dias, julgando subsistente ou insubsistente a penhora.

Art. 886. Se tiverem sido arroladas testemunhas, finda a sua inquirição em audiência, o escrivão ou secretário fará, dentro de 48 (quarenta e oito) horas, conclusos os autos ao juiz ou presidente, que proferirá sua decisão, na forma prevista no artigo anterior.

§ 1º Proferida a decisão, serão da mesma notificadas as partes interessadas, em registrado postal, com franquia.

§ 2º Julgada subsistente a penhora, o juiz ou presidente mandará proceder logo à avaliação dos bens penhorados.

Art. 887. A avaliação dos bens penhorados em virtude da execução de decisão condenatória será feita por avaliador escolhido de comum acordo pelas partes, que perceberá as custas arbitradas pelo juiz, ou presidente do Tribunal Trabalhista, de conformidade com a tabela a ser expedida pelo Tribunal Superior do Trabalho.

- V. Lei 5.442/1968 (Normas processuais).

§ 1º Não acordando as partes quanto à designação de avaliador, dentro de 5 (cinco) dias após o despacho que determinou a avaliação, será o avaliador designado livremente pelo juiz ou presidente do Tribunal.

§ 2º Os servidores da Justiça do Trabalho não poderão ser escolhidos ou designados para servir de avaliador.

Art. 888. Concluída a avaliação, dentro de 10 (dez) dias, contados da data da nomeação do avaliador, seguir-se-á a arrematação, que será anunciada por edital afixado na sede do Juízo ou Tribunal e publicado no jornal local, se houver, com a antecedência de 20 (vinte) dias.

- Artigo com redação determinada pela Lei 5.584/1970.

§ 1º A arrematação far-se-á em dia, hora e lugar anunciados e os bens serão vendidos pelo maior lance, tendo o exequente preferência para a adjudicação.

§ 2º O arrematante deverá garantir o lance com o sinal correspondente a 20% (vinte por cento) do seu valor.

§ 3º Não havendo licitante, e não requerendo o exequente a adjudicação dos bens penhorados, poderão os mesmos ser vendidos por leiloeiro nomeado pelo juiz ou presidente.

§ 4º Se o arrematante, ou seu fiador, não pagar dentro de 24 (vinte e quatro) horas o preço da arrematação, perderá, em benefício da execução, o sinal de que trata o § 2º deste artigo, voltando à praça os bens executados.

Art. 889. Aos trâmites e incidentes do processo da execução são aplicáveis, naquilo em que não contravierem ao presente Título, os preceitos que regem o processo dos executivos fiscais para a cobrança judicial da dívida ativa da Fazenda Pública Federal.

Art. 889-A. Os recolhimentos das importâncias devidas, referentes às contribuições sociais, serão efetuados nas agências locais da Caixa Econômica Federal ou do Banco do Brasil S.A., por intermédio de documento de arrecadação da Previdência Social, dele se fazendo constar o número do processo.

- *Caput* acrescentado pela Lei 10.035/2000.

§ 1º Concedido parcelamento pela Secretaria da Receita Federal do Brasil, o devedor juntará aos autos a comprovação do ajuste, ficando a execução da contribuição social correspondente suspensa até a quitação de todas as parcelas.

- § 1º com redação determinada pela Lei 11.457/2007 (*DOU* 19.03.2007), em vigor no primeiro dia útil do segundo mês subsequente à data de sua publicação (v. art. 51, II, da referida Lei).

§ 2º As Varas do Trabalho encaminharão mensalmente à Secretaria da Receita Federal do Brasil informações sobre os recolhimentos efetivados nos autos, salvo se outro prazo for estabelecido em regulamento.

- § 2º com redação determinada pela Lei 11.457/2007 (*DOU* 19.03.2007), em vigor no primeiro dia útil do segundo mês subsequente à data de sua publicação (v. art. 51, II, da referida Lei).

Seção V
Da Execução por Prestações Sucessivas

Art. 890. A execução para pagamento de prestações sucessivas far-se-á com observância das normas constantes desta Seção, sem prejuízo das demais estabelecidas neste Capítulo.

Art. 891. Nas prestações sucessivas por tempo determinado, a execução pelo não pagamento de uma prestação compreenderá as que lhe sucederem.

Art. 892. Tratando-se de prestações sucessivas por tempo indeterminado, a execução compreenderá inicialmente as prestações devidas até a data do ingresso na execução.

Capítulo VI
Dos Recursos

- V. arts. 96, I, e 113, CF.
- V. Lei 5.638/1970 (Processo e julgamento das ações trabalhistas de competência da Justiça Federal).
- V. Lei 8.177/1991 (Depósito recursal).
- V. Instrução Normativa TST 3/1993 (Depósito para recurso nas ações da Justiça do Trabalho).
- V. Lei 9.756/1998 (Processamento dos recursos no âmbito dos tribunais).

Art. 893. Das decisões são admissíveis os seguintes recursos:

- *Caput* com redação determinada pela Lei 861/1949.
- V. Súmulas 184, 197, 283, 297 e 385, TST.

I – embargos;

II – recurso ordinário;

III – recurso de revista;

IV – agravo.

§ 1º Os incidentes do processo serão resolvidos pelo próprio Juízo ou Tribunal, admitindo-se a apreciação do merecimento das decisões interlocutórias somente em recursos da decisão definitiva.

- § 1º com redação determinada pelo Dec.-lei 8.737/1946.
- V. Súmula 214, TST.

§ 2º A interposição de recurso para o Supremo Tribunal Federal não prejudicará a execução do julgado.

- § 2º com redação determinada pelo Dec.-lei 8.737/1946.
- V. art. 102, III, CF.

Art. 894. No Tribunal Superior do Trabalho cabem embargos, no prazo de 8 (oito) dias:

- *Caput* do artigo com redação determinada pela Lei 11.496/2007 (*DOU* 25.06.2007), em vigor 90 (noventa) dias após a data de sua publicação.

I – de decisão não unânime de julgamento que:

- Inciso I com redação determinada pela Lei 11.496/2007 (*DOU* 25.06.2007), em vigor 90 (noventa) dias após a data de sua publicação.

a) conciliar, julgar ou homologar conciliação em dissídios coletivos que excedam a competência territorial dos Tribunais Regionais do Trabalho e estender ou rever as sentenças normativas do Tribunal Superior do Trabalho, nos casos previstos em lei; e

b) *(Vetado).*

II – das decisões das Turmas que divergirem entre si ou das decisões proferidas pela Seção de Dissídios Individuais, ou contrárias a súmula ou orientação jurisprudencial do Tribunal Superior do Trabalho ou súmula vinculante do Supremo Tribunal Federal.

- Inciso II com redação determinada pela Lei 13.015/2014 (*DOU* 22.07.2014), em vigor após decorridos 60 (sessenta) dias de sua publicação oficial.

Parágrafo único. *(Revogado pela Lei 11.496/2007 – DOU 25.06.2007, em vigor 90 (noventa) dias após a data de sua publicação).*

§ 2º A divergência apta a ensejar os embargos deve ser atual, não se considerando tal a ultrapassada por súmula do Tribunal Superior do Trabalho ou do Supremo Tribunal Federal, ou superada por iterativa e notória jurisprudência do Tribunal Superior do Trabalho.

- § 2º acrescentado pela Lei 13.015/2014 (*DOU* 22.07.2014), em vigor após decorridos 60 (sessenta) dias de sua publicação oficial.
- Consta § 2º conforme publicação oficial.

§ 3º O Ministro Relator denegará seguimento aos embargos:

- § 3º acrescentado pela Lei 13.015/2014 (*DOU* 22.07.2014), em vigor após decorridos 60 (sessenta) dias de sua publicação oficial.
- Consta § 3º conforme publicação oficial.

I – se a decisão recorrida estiver em consonância com súmula da jurisprudência do Tribunal Superior do Trabalho ou do Supremo Tribunal Federal, ou com iterativa, notória e atual jurisprudência do Tribunal Superior do Trabalho, cumprindo-lhe indicá-la;

II – nas hipóteses de intempestividade, deserção, irregularidade de representação ou de ausência de qualquer outro pressuposto extrínseco de admissibilidade.

§ 4º Da decisão denegatória dos embargos caberá agravo, no prazo de 8 (oito) dias.

- § 4º acrescentado pela Lei 13.015/2014 (*DOU* 22.07.2014), em vigor após decorridos 60 (sessenta) dias de sua publicação oficial.
- Consta § 4º conforme publicação oficial.

Art. 895. Cabe recurso ordinário para a instância superior:

I – das decisões definitivas ou terminativas das Varas e Juízos, no prazo de 8 (oito) dias; e

- Anterior alínea *a* renomeada e com redação determinada pela Lei 11.925/2009 (*DOU* 17.04.2009, edição extra), em vigor 90 (noventa) dias após a data de sua publicação.

II – das decisões definitivas ou terminativas dos Tribunais Regionais, em processos de sua competência originária, no prazo de 8 (oito) dias, quer nos dissídios individuais, quer nos dissídios coletivos.

- Anterior alínea *b* renomeada e com redação determinada pela Lei 11.925/2009 (*DOU* 17.04.2009, edição extra), em vigor 90 (noventa) dias após a data de sua publicação.

§ 1º Nas reclamações sujeitas ao procedimento sumaríssimo, o recurso ordinário:

- § 1º acrescentado pela Lei 9.957/2000.

I – *(Vetado).*

II – será imediatamente distribuído, uma vez recebido no Tribunal, devendo o relator liberá-lo no prazo máximo de 10 (dez) dias, e a Secretaria do Tribunal ou Turma colocá-lo imediatamente em pauta para julgamento, sem revisor;

III – terá parecer oral do representante do Ministério Público presente à sessão de julgamento, se este entender necessário o parecer, com registro na certidão;

IV – terá acórdão consistente unicamente na certidão de julgamento, com a indicação suficiente do processo e parte dispositiva, e das razões de decidir do voto prevalente. Se a sentença for confirmada pelos próprios fundamentos, a certidão de julgamento, registrando tal circunstância, servirá de acórdão.

§ 2º Os Tribunais Regionais, divididos em Turmas, poderão designar Turma para o julgamento dos recursos ordinários interpostos das sentenças prolatadas nas demandas sujeitas ao procedimento sumaríssimo.

- § 2º acrescentado pela Lei 9.957/2000.

Art. 896. Cabe recurso de revista para Turma do Tribunal Superior do Trabalho das decisões proferidas em grau de recurso ordinário, em dissídio individual, pelos Tribunais Regionais do Trabalho, quando:

- *Caput* do artigo com redação determinada pela Lei 9.756/1998.
- V. art. 111-A, § 1º, CF.
- V. Súmula 297, TST.

a) derem ao mesmo dispositivo de lei federal interpretação diversa da que lhe houver dado outro Tribunal Regional do Trabalho, no seu Pleno ou Turma, ou a Seção de Dissídios Individuais do Tribunal Superior do Trabalho, ou contrariarem súmula de jurisprudência uniforme dessa Corte ou súmula vinculante do Supremo Tribunal Federal;

- Alínea *a* com redação determinada pela Lei 13.015/2014 (*DOU* 22.07.2014), em vigor após decorridos 60 (sessenta) dias de sua publicação oficial.
- V. Súmula 413, TST.

b) derem ao mesmo dispositivo de lei estadual, convenção coletiva de trabalho, acordo coletivo, sentença normativa ou regulamento empresarial de observância obrigatória, em área territorial que exceda a jurisdição do Tribunal Regional

CLT

prolator da decisão recorrida, interpretação divergente, na forma da alínea *a*;

- Alínea *b* com redação determinada pela Lei 9.756/1998.

c) proferidas com violação literal de disposição de lei federal ou afronta direta e literal à Constituição Federal.

- Alínea *c* com redação determinada pela Lei 9.756/1998.

§ 1º O recurso de revista, dotado de efeito apenas devolutivo, será interposto perante o Presidente do Tribunal Regional do Trabalho, que, por decisão fundamentada, poderá recebê-lo ou denegá-lo.

- § 1º com redação determinada pela Lei 13.015/2014 (*DOU* 22.07.2014), em vigor após decorridos 60 (sessenta) dias de sua publicação oficial.

§ 1º-A. Sob pena de não conhecimento, é ônus da parte:

- *Caput* do § 1º-A acrescentado pela Lei 13.015/2014 (*DOU* 22.07.2014), em vigor após decorridos 60 (sessenta) dias de sua publicação oficial.

I – indicar o trecho da decisão recorrida que consubstancia o prequestionamento da controvérsia objeto do recurso de revista;

- Inciso I acrescentado pela Lei 13.015/2014 (*DOU* 22.07.2014), em vigor após decorridos 60 (sessenta) dias de sua publicação oficial.

II – indicar, de forma explícita e fundamentada, contrariedade a dispositivo de lei, súmula ou orientação jurisprudencial do Tribunal Superior do Trabalho que conflite com a decisão regional;

- Inciso II acrescentado pela Lei 13.015/2014 (*DOU* 22.07.2014), em vigor após decorridos 60 (sessenta) dias de sua publicação oficial.

III – expor as razões do pedido de reforma, impugnando todos os fundamentos jurídicos da decisão recorrida, inclusive mediante demonstração analítica de cada dispositivo de lei, da Constituição Federal, de súmula ou orientação jurisprudencial cuja contrariedade aponte.

- Inciso III acrescentado pela Lei 13.015/2014 (*DOU* 22.07.2014), em vigor após decorridos 60 (sessenta) dias de sua publicação oficial.

IV – transcrever na peça recursal, no caso de suscitar preliminar de nulidade de julgado por negativa de prestação jurisdicional, o trecho dos embargos declaratórios em que foi pedido o pronunciamento do tribunal sobre questão veiculada no recurso ordinário e o trecho da decisão regional que rejeitou os embargos quanto ao pedido, para cotejo e verificação, de plano, da ocorrência da omissão.

- Inciso IV acrescentado pela Lei 13.467/2017 (*DOU* 14.07.2017), em vigor após decorridos 120 (cento e vinte) dias da sua publicação oficial.

§ 2º Das decisões proferidas pelos Tribunais Regionais do Trabalho ou por suas Turmas, em execução de sentença, inclusive em processo incidente de embargos de terceiro, não caberá recurso de revista, salvo na hipótese de ofensa direta e literal de norma da Constituição Federal.

- § 2º com redação determinada pela Lei 9.756/1998.

§ 3º *(Revogado pela Lei 13.467/2017 – DOU 14.07.2017, em vigor após decorridos 120 (cento e vinte) dias da sua publicação oficial).*

§ 4º *(Revogado pela Lei 13.467/2017 – DOU 14.07.2017, em vigor após decorridos 120 (cento e vinte) dias da sua publicação oficial).*

§ 5º *(Revogado pela Lei 13.467/2017 – DOU 14.07.2017, em vigor após decorridos 120 (cento e vinte) dias da sua publicação oficial).*

§ 6º *(Revogado pela Lei 13.467/2017 – DOU 14.07.2017, em vigor após decorridos 120 (cento e vinte) dias da sua publicação oficial).*

§ 7º A divergência apta a ensejar o recurso de revista deve ser atual, não se considerando como tal a ultrapassada por súmula do Tribunal Superior do Trabalho ou do Supremo Tribunal Federal, ou superada por iterativa e notória jurisprudência do Tribunal Superior do Trabalho.

- § 7º acrescentado pela Lei 13.015/2014 (*DOU* 22.07.2014), em vigor após decorridos 60 (sessenta) dias de sua publicação oficial.

§ 8º Quando o recurso fundar-se em dissenso de julgados, incumbe ao recorrente o ônus de produzir prova da divergência jurisprudencial, mediante certidão, cópia ou citação do repositório de jurisprudência, oficial ou credenciado, inclusive em mídia eletrônica, em que houver sido publicada a decisão divergente, ou ainda pela reprodução de julgado disponível na internet, com indicação da respectiva fonte, mencionando, em qualquer caso, as circunstâncias que identifiquem ou assemelhem os casos confrontados.

- § 8º acrescentado pela Lei 13.015/2014 (*DOU* 22.07.2014), em vigor após decorridos 60 (sessenta) dias de sua publicação oficial.

§ 9º Nas causas sujeitas ao procedimento sumaríssimo, somente será admitido recurso de revista por contrariedade a súmula de jurisprudência uniforme do Tribunal Superior do Trabalho ou a súmula vinculante do Supremo Tribunal Federal e por violação direta da Constituição Federal.

- § 9º acrescentado pela Lei 13.015/2014 (*DOU* 22.07.2014), em vigor após decorridos 60 (sessenta) dias de sua publicação oficial.

§ 10. Cabe recurso de revista por violação a lei federal, por divergência jurisprudencial e por ofensa à Constituição Federal nas execuções fiscais e nas controvérsias da fase de execução que envolvam a Certidão Negativa de Débitos Trabalhistas (CNDT), criada pela Lei 12.440, de 7 de julho de 2011.

- § 10 acrescentado pela Lei 13.015/2014 (*DOU* 22.07.2014), em vigor após decorridos 60 (sessenta) dias de sua publicação oficial.

§ 11. Quando o recurso tempestivo contiver defeito formal que não se repute grave, o Tribunal Superior do Trabalho poderá desconsiderar o vício ou mandar saná-lo, julgando o mérito.

- § 11 acrescentado pela Lei 13.015/2014 (*DOU* 22.07.2014), em vigor após decorridos 60 (sessenta) dias de sua publicação oficial.

§ 12. Da decisão denegatória caberá agravo, no prazo de 8 (oito) dias.

- § 12 acrescentado pela Lei 13.015/2014 (*DOU* 22.07.2014), em vigor após decorridos 60 (sessenta) dias de sua publicação oficial.

§ 13. Dada a relevância da matéria, por iniciativa de um dos membros da Seção Especializada em Dissídios Individuais do Tribunal Superior do Trabalho, aprovada pela maioria dos integrantes da Seção, o julgamento a que se refere o § 3º poderá ser afeto ao Tribunal Pleno.

- § 13 acrescentado pela Lei 13.015/2014 (*DOU* 22.07.2014), em vigor após decorridos 60 (sessenta) dias de sua publicação oficial.

§ 14. O relator do recurso de revista poderá denegar-lhe seguimento, em decisão monocrática, nas hipóteses de intempestividade, deserção, irregularidade de representação ou de ausência de qualquer outro pressuposto extrínseco ou intrínseco de admissibilidade.

- § 14 acrescentado pela Lei 13.467/2017 (*DOU* 14.07.2017), em vigor após decorridos 120 (cento e vinte) dias da sua publicação oficial.

Art. 896-A. O Tribunal Superior do Trabalho, no recurso de revista, examinará previamente se a causa oferece transcendência com relação aos reflexos gerais de natureza econômica, política, social ou jurídica.

- *Caput* acrescentado pela MP 2.226/2001.

§ 1º São indicadores de transcendência, entre outros:

- § 1º acrescentado pela Lei 13.467/2017 (*DOU* 14.07.2017), em vigor após decorridos 120 (cento e vinte) dias da sua publicação oficial.

I – econômica, o elevado valor da causa;

II – política, o desrespeito da instância recorrida à jurisprudência sumulada do Tribunal Superior do Trabalho ou do Supremo Tribunal Federal;

III – social, a postulação, por reclamante-recorrente, de direito social constitucionalmente assegurado;

IV – jurídica, a existência de questão nova em torno da interpretação da legislação trabalhista.

§ 2º Poderá o relator, monocraticamente, denegar seguimento ao recurso de revista que não demonstrar transcendência, cabendo agravo desta decisão para o colegiado.

- § 2º acrescentado pela Lei 13.467/2017 (*DOU* 14.07.2017), em vigor após decorridos 120 (cento e vinte) dias da sua publicação oficial.

§ 3º Em relação ao recurso que o relator considerou não ter transcendência, o recorrente poderá realizar sustentação oral sobre a questão da transcendência, durante cinco minutos em sessão.

- § 3º acrescentado pela Lei 13.467/2017 (*DOU* 14.07.2017), em vigor após decorridos 120 (cento e vinte) dias da sua publicação oficial.

§ 4º Mantido o voto do relator quanto à não transcendência do recurso, será lavrado acórdão com fundamentação sucinta, que constituirá decisão irrecorrível no âmbito do tribunal.

- § 4º acrescentado pela Lei 13.467/2017 (*DOU* 14.07.2017), em vigor após decorridos 120 (cento e vinte) dias da sua publicação oficial.

§ 5º É irrecorrível a decisão monocrática do relator que, em agravo de instrumento em recurso de revista, considerar ausente a transcendência da matéria.

- § 5º acrescentado pela Lei 13.467/2017 (*DOU* 14.07.2017), em vigor após decorridos 120 (cento e vinte) dias da sua publicação oficial.

§ 6º O juízo de admissibilidade do recurso de revista exercido pela Presidência dos Tribunais Regionais do Trabalho limita-se à análise dos pressupostos intrínsecos e extrínsecos do apelo, não abrangendo o critério da transcendência das questões nele veiculadas.

- § 6º acrescentado pela Lei 13.467/2017 (*DOU* 14.07.2017), em vigor após decorridos 120 (cento e vinte) dias da sua publicação oficial.

Art. 896-B. Aplicam-se ao recurso de revista, no que couber, as normas da Lei 5.869, de 11 de janeiro de 1973 (Código de Processo Civil), relativas ao julgamento dos recursos extraordinário e especial repetitivos.

- Artigo acrescentado pela Lei 13.015/2014 (*DOU* 22.07.2014), em vigor após decorridos 60 (sessenta) dias de sua publicação oficial.

Art. 896-C. Quando houver multiplicidade de recursos de revista fundados em idêntica questão de direito, a questão poderá ser afetada à Seção Especializada em Dissídios Individuais ou ao Tribunal Pleno, por decisão da maioria simples de seus membros, mediante requerimento de um dos Ministros que compõem a Seção Especializada, considerando a relevância da matéria ou a existência de entendimentos divergentes entre os Ministros dessa Seção ou das Turmas do Tribunal.

- Artigo acrescentado pela Lei 13.015/2014 (*DOU* 22.07.2014), em vigor após decorridos 60 (sessenta) dias de sua publicação oficial.

§ 1º O Presidente da Turma ou da Seção Especializada, por indicação dos relatores, afetará um ou mais recursos representativos da controvérsia para julgamento pela Seção Especializada em Dissídios Individuais ou pelo Tribunal Pleno, sob o rito dos recursos repetitivos.

§ 2º O Presidente da Turma ou da Seção Especializada que afetar processo para julgamento sob o rito dos recursos repetitivos deverá expedir comunicação aos demais Presidentes de Turma ou de Seção Especializada, que poderão afetar outros processos sobre a questão para julgamento conjunto, a fim de conferir ao órgão julgador visão global da questão.

§ 3º O Presidente do Tribunal Superior do Trabalho oficiará os Presidentes dos Tribunais Regionais do Trabalho para que suspendam os recursos interpostos em casos idênticos aos afetados como recursos repetitivos, até o pronunciamento definitivo do Tribunal Superior do Trabalho.

§ 4º Caberá ao Presidente do Tribunal de origem admitir um ou mais recursos representativos da controvérsia, os quais serão encaminhados ao Tribunal Superior do Trabalho, ficando suspensos os demais recursos de revista até o pronunciamento definitivo do Tribunal Superior do Trabalho.

§ 5º O relator no Tribunal Superior do Trabalho poderá determinar a suspensão dos recursos de revista ou de embargos que tenham como objeto controvérsia idêntica à do recurso afetado como repetitivo.

§ 6º O recurso repetitivo será distribuído a um dos Ministros membros da Seção Especializada ou do Tribunal Pleno e a um Ministro revisor.

§ 7º O relator poderá solicitar, aos Tribunais Regionais do Trabalho, informações a respeito da controvérsia, a serem prestadas no prazo de 15 (quinze) dias.

§ 8º O relator poderá admitir manifestação de pessoa, órgão ou entidade com interesse na controvérsia, inclusive como assistente simples, na forma da Lei 5.869, de 11 de janeiro de 1973 (Código de Processo Civil).

§ 9º Recebidas as informações e, se for o caso, após cumprido o disposto no § 7º deste artigo, terá vista o Ministério Público pelo prazo de 15 (quinze) dias.

§ 10. Transcorrido o prazo para o Ministério Público e remetida cópia do relatório aos demais Ministros, o processo será incluído em pauta na Seção Especializada ou no Tribunal Pleno, devendo ser julgado com preferência sobre os demais feitos.

§ 11. Publicado o acórdão do Tribunal Superior do Trabalho, os recursos de revista sobrestados na origem:

I – terão seguimento denegado na hipótese de o acórdão recorrido coincidir com a orientação a respeito da matéria no Tribunal Superior do Trabalho; ou

II – serão novamente examinados pelo Tribunal de origem na hipótese de o acórdão recorrido divergir da orientação do Tribunal Superior do Trabalho a respeito da matéria.

§ 12. Na hipótese prevista no inciso II do § 11 deste artigo, mantida a decisão divergente pelo Tribunal de origem, far-se-á o exame de admissibilidade do recurso de revista.

§ 13. Caso a questão afetada e julgada sob o rito dos recursos repetitivos também contenha questão constitucional, a decisão proferida pelo Tribunal Pleno não obstará o conhecimento de eventuais recursos extraordinários sobre a questão constitucional.

§ 14. Aos recursos extraordinários interpostos perante o Tribunal Superior do Trabalho será aplicado o procedimento previsto no art. 543-B da Lei 5.869, de 11 de janeiro de 1973 (Código de Processo Civil), cabendo ao Presidente do Tribunal Superior do Trabalho selecionar um ou mais recursos representativos da controvérsia e encaminhá-los ao Supremo Tribunal Federal, sobrestando os demais até o pronunciamento definitivo da Corte, na forma do § 1º do art. 543-B da Lei 5.869, de 11 de janeiro de 1973 (Código de Processo Civil).

§ 15. O Presidente do Tribunal Superior do Trabalho poderá oficiar os Tribunais Regionais do Trabalho e os Presidentes das Turmas e da Seção Especializada do Tribunal para que suspendam os processos idênticos aos selecionados como recursos representativos da controvérsia e encaminhados ao Supremo Tribunal Federal, até o seu pronunciamento definitivo.

§ 16. A decisão firmada em recurso repetitivo não será aplicada aos casos em que se demonstrar que a situação de fato ou de direito é distinta das presentes no processo julgado sob o rito dos recursos repetitivos.

§ 17. Caberá revisão da decisão firmada em julgamento de recursos repetitivos quando se alterar a situação econômica, social ou jurídica, caso em que será respeitada a segurança jurídica das relações firmadas sob a égide da decisão anterior, podendo o Tribunal Superior do Trabalho modular os efeitos da decisão que a tenha alterado.

Art. 897. Cabe agravo, no prazo de 8 (oito) dias:

- *Caput* com redação determinada pela Lei 8.432/1992.

a) de petição, das decisões do juiz ou presidente, nas execuções;

b) de instrumento, dos despachos que denegarem a interposição de recursos.

§ 1º O agravo de petição só será recebido quando o agravante delimitar, justificadamente, as matérias e os valores impugnados, permitida a execução imediata da parte remanescente até o final, nos próprios autos ou por carta de sentença.

- § 1º com redação determinada pela Lei 8.432/1992.
- V. Súmula 416, TST.

§ 2º O agravo de instrumento interposto contra o despacho que não receber agravo de petição não suspende a execução da sentença.

- § 2º com redação determinada pela Lei 8.432/1992.

§ 3º Na hipótese da alínea *a* deste artigo, o agravo será julgado pelo próprio tribunal, presidido pela autoridade recorrida, salvo se se tratar de decisão de Juiz do Trabalho de 1ª Instância ou de Juiz de Direito, quando o julgamento competirá a uma das Turmas do Tribunal Regional a que estiver subordinado o prolator da sentença, observado o disposto no art. 679, a quem este remeterá as peças necessárias para o exame da matéria controvertida, em autos apartados, ou nos próprios autos, se tiver sido determinada a extração de carta de sentença.

- § 3º com redação determinada pela Lei 10.035/2000.

§ 4º Na hipótese da alínea *b* deste artigo, o agravo será julgado pelo Tribunal

CLT

CLT

que seria competente para conhecer o recurso cuja interposição foi denegada.

- § 4º com redação determinada pela Lei 8.432/1992.

§ 5º Sob pena de não conhecimento, as partes promoverão a formação do instrumento do agravo de modo a possibilitar, caso provido, o imediato julgamento do recurso denegado, instruindo a petição de interposição:

- *Caput* do § 5º acrescentado pela Lei 9.756/1998.

I – obrigatoriamente, com cópias da decisão agravada, da certidão da respectiva intimação, das procurações outorgadas aos advogados do agravante e do agravado, da petição inicial, da contestação, da decisão originária, do depósito recursal referente ao recurso que se pretende destrancar, da comprovação do recolhimento das custas e do depósito recursal a que se refere o § 7º do art. 899 desta Consolidação;

- Inciso I com redação determinada pela Lei 12.275/2010 (*DOU* 29.06.2010, edição extra), em vigor 45 (quarenta e cinco) dias após a data de sua publicação, de acordo com o art. 1º do Dec.-lei 4.657/1942.

II – facultativamente, com outras peças que o agravante reputar úteis ao deslinde da matéria de mérito controvertida.

- Inciso II acrescentado pela Lei 9.756/1998.

§ 6º O agravado será intimado para oferecer resposta ao agravo e ao recurso principal, instruindo-a com as peças que considerar necessárias ao julgamento de ambos os recursos.

- § 6º acrescentado pela Lei 9.756/1998.

§ 7º Provido o agravo, a Turma deliberará sobre o julgamento do recurso principal, observando-se, se for o caso, daí em diante, o procedimento relativo a esse recurso.

- § 7º acrescentado pela Lei 9.756/1998.

§ 8º Quando o agravo de petição versar apenas sobre as contribuições sociais, o juiz da execução determinará a extração de cópias das peças necessárias, que serão autuadas em apartado, conforme dispõe o § 3º, parte final, e remetidas à instância superior para apreciação, após contraminuta.

- § 8º acrescentado pela Lei 10.035/2000.

Art. 897-A. Caberão embargos de declaração da sentença ou acórdão, no prazo de 5 (cinco) dias, devendo seu julgamento ocorrer na primeira audiência ou sessão subsequente a sua apresentação, registrado na certidão, admitido efeito modificativo da decisão nos casos de omissão e contradição no julgado e manifesto equívoco no exame dos pressupostos extrínsecos do recurso.

- *Caput* acrescentado pela Lei 9.957/2000.
- V. Súmula 421, TST.

§ 1º Os erros materiais poderão ser corrigidos de ofício ou a requerimento de qualquer das partes.

- § 1º acrescentado pela Lei 13.015/2014 (*DOU* 22.07.2014), em vigor após decorridos 60 (sessenta) dias de sua publicação oficial.

§ 2º Eventual efeito modificativo dos embargos de declaração somente poderá ocorrer em virtude da correção de vício na decisão embargada e desde que ouvida a parte contrária, no prazo de 5 (cinco) dias.

- § 2º acrescentado pela Lei 13.015/2014 (*DOU* 22.07.2014), em vigor após decorridos 60 (sessenta) dias de sua publicação oficial.

§ 3º Os embargos de declaração interrompem o prazo para interposição de outros recursos, por qualquer das partes, salvo quando intempestivos, irregular a representação da parte ou ausente a sua assinatura.

- § 3º acrescentado pela Lei 13.015/2014 (*DOU* 22.07.2014), em vigor após decorridos 60 (sessenta) dias de sua publicação oficial.

Art. 898. Das decisões proferidas em dissídio coletivo que afete empresa de serviço público, ou, em qualquer caso, das proferidas em revisão, poderão recorrer, além dos interessados, o presidente do Tribunal e a Procuradoria da Justiça do Trabalho.

Art. 899. Os recursos serão interpostos por simples petição e terão efeito meramente devolutivo, salvo as exceções previstas neste Título, permitida a execução provisória até a penhora.

- *Caput* com redação determinada pela Lei 5.442/1968.
- V. Ato CGJT 360/2017 (Divulga os novos valores referentes aos limites de depósito recursal previstos no artigo 899 da CLT).
- V. Ato TST 329/2018 (Divulga os novos valores referentes aos limites de depósito recursal previstos no artigo 899 da CLT).

§ 1º Sendo a condenação de valor até dez vezes o valor de referência regional, nos dissídios individuais, só será admitido o recurso, inclusive o extraordinário, mediante prévio depósito da respectiva importância. Transitada em julgado a decisão recorrida, ordenar-se-á o levantamento imediato da importância do depósito, em favor da parte vencedora, por simples despacho do juiz.

- § 1º com redação determinada pela Lei 5.442/1968.

§ 2º Tratando-se de condenação de valor indeterminado, o depósito corresponderá ao que for arbitrado para efeito de custas, pela Junta ou Juízo de Direito, até o limite de dez vezes o valor de referência regional.

- § 2º com redação determinada pela Lei 5.442/1968.
- A EC 24/1999 substituiu as Juntas de Conciliação e Julgamento por Varas do Trabalho (juiz singular) e extinguiu a representação classista na Justiça do Trabalho.

§ 3º *(Revogado pela Lei 7.033/1982).*

§ 4º O depósito recursal será feito em conta vinculada ao juízo e corrigido com os mesmos índices da poupança.

- § 4º com redação determinada pela Lei 13.467/2017 (*DOU* 14.07.2017), em vigor após decorridos 120 (cento e vinte) dias da sua publicação oficial.

§ 5º *(Revogado pela Lei 13.467/2017 – DOU 14.07.2017, em vigor após decorridos 120 (cento e vinte) dias da sua publicação oficial).*

§ 6º Quando o valor da condenação, ou o arbitrado para fins de custas, exceder o limite de dez vezes o valor de referência regional, o depósito para fins de recursos será limitado a este valor.

- § 6º com redação determinada pela Lei 5.442/1968.
- V. art. 40, Lei 8.177/1991 (Valor do depósito para fins de recursos).

§ 7º No ato de interposição do agravo de instrumento, o depósito recursal corresponderá a 50% (cinquenta por cento) do valor do depósito do recurso ao qual se pretende destrancar.

- § 7º acrescentado pela Lei 12.275/2010 (*DOU* 29.06.2010, edição extra), em vigor 45 (quarenta e cinco) dias após a data de sua publicação, de acordo com o art. 1º do Dec.-lei 4.657/1942.

§ 8º Quando o agravo de instrumento tem a finalidade de destrancar recurso de revista que se insurge contra decisão que contraria a jurisprudência uniforme do Tribunal Superior do Trabalho, consubstanciada nas suas súmulas ou em orientação jurisprudencial, não haverá obrigatoriedade de se efetuar o depósito referido no § 7º deste artigo.

- § 8º acrescentado pela Lei 13.015/2014 (*DOU* 22.07.2014), em vigor após decorridos 60 (sessenta) dias de sua publicação oficial.

§ 9º O valor do depósito recursal será reduzido pela metade para entidades sem fins lucrativos, empregadores domésticos, microempreendedores individuais, microempresas e empresas de pequeno porte.

- § 9º acrescentado pela Lei 13.467/2017 (*DOU* 14.07.2017), em vigor após decorridos 120 (cento e vinte) dias da sua publicação oficial.

§ 10. São isentos do depósito recursal os beneficiários da justiça gratuita, as entidades filantrópicas e as empresas em recuperação judicial.

- § 10 acrescentado pela Lei 13.467/2017 (*DOU* 14.07.2017), em vigor após decorridos 120 (cento e vinte) dias da sua publicação oficial.

§ 11. O depósito recursal poderá ser substituído por fiança bancária ou seguro garantia judicial.

- § 11 acrescentado pela Lei 13.467/2017 (*DOU* 14.07.2017), em vigor após decorridos 120 (cento e vinte) dias da sua publicação oficial.

Art. 900. Interposto o recurso, será notificado o recorrido para oferecer as suas razões, em prazo igual ao que tiver o recorrente.

Art. 901. Sem prejuízo dos prazos previstos neste Capítulo, terão as partes vistas dos autos em cartório ou na secretaria.

Parágrafo único. Salvo quando estiver correndo prazo comum, aos procuradores das partes será permitido ter vista dos autos fora do cartório ou secretaria.

- Parágrafo único acrescentado pela Lei 8.638/1993.

Art. 902. *(Revogado pela Lei 7.033/1982).*

Capítulo VII
Da Aplicação das Penalidades

- V. arts. 102, I, *c*, 105, I, *a*, e 108, I, *a*, CF.

Art. 903. As penalidades estabelecidas no Título anterior serão aplicadas pelo juiz, ou Tribunal, que tiver de conhecer da desobediência, violação, recusa, falta ou coação, *ex officio*, ou mediante representação de qualquer interessado ou da Procuradoria da Justiça do Trabalho.

- Artigo com redação determinada pelo Dec.-lei 8.737/1946.

Art. 904. As sanções em que incorrerem as autoridades da Justiça do Trabalho serão aplicadas pela autoridade ou Tribunal imediatamente superior, conforme o caso, *ex officio*, ou mediante representação de qualquer interessado ou da Procuradoria.

- *Caput* com redação determinada pelo Dec.-lei 8.737/1946.

Parágrafo único. Tratando-se de membro do Tribunal Superior do Trabalho será competente para a imposição de sanções o Senado Federal.

- Parágrafo único revogado. V. arts. 102, I, *c*, 105, I, *a*, e 108, I, *a*, CF.

Art. 905. Tomando conhecimento do fato imputado, o juiz, ou Tribunal competente, mandará notificar o acusado, para apresentar, no prazo de 15 (quinze) dias, defesa por escrito.

- V. LC 35/1979 (Lei Orgânica da Magistratura Nacional).

§ 1º É facultado ao acusado, dentro do prazo estabelecido neste artigo, requerer a produção de testemunhas até o máximo de cinco. Neste caso, será marcada audiência para a inquirição.

§ 2º Findo o prazo de defesa, o processo será imediatamente concluso para julgamento, que deverá ser proferido no prazo de 10 (dez) dias.

Art. 906. Da imposição das penalidades a que se refere este Capítulo, caberá recurso ordinário para o Tribunal Superior, no prazo de 10 (dez) dias, salvo se a imposição resultar de dissídio coletivo, caso em que o prazo será de 20 (vinte) dias.

Art. 907. Sempre que o infrator incorrer em pena criminal, far-se-á remessa das peças necessárias à autoridade competente.

Art. 908. A cobrança das multas estabelecidas neste Título será feita mediante executivo fiscal, perante o juiz competente para a cobrança de dívida ativa da Fazenda Pública Federal.

Parágrafo único. A cobrança das multas será promovida, no Distrito Federal e nos Estados em que funcionarem os Tribunais Regionais, pela Procuradoria da Justiça do Trabalho, e, nos demais Estados, de acordo com o disposto no Dec.-lei 960, de 17 de dezembro de 1938.

- Parágrafo único revogado. V. Lei 6.830/1980 (Lei de Execução Fiscal).

Capítulo VIII
Disposições Finais

- V. art. 96, I, *a*, CF.

Art. 909. A ordem dos processos no Tribunal Superior do Trabalho será regulada em seu regimento interno.

- Expressão "Conselho Nacional do Trabalho" substituída por "Tribunal Superior do Trabalho", de acordo com o art. 2º do Dec.-lei 9.797/1946.

Art. 910. Para os efeitos deste Título, equiparam-se aos serviços públicos os de utilidade pública, bem como os que forem prestados em armazéns de gêneros alimentícios, açougues, padarias, leiterias, farmácias, hospitais, minas, empresas de transportes e comunicações, bancos e estabelecimentos que interessem à segurança nacional.

TÍTULO XI
Disposições Finais e Transitórias

Art. 911. Esta Consolidação entrará em vigor em 10 de novembro de 1943.

- **Redação anterior determinada pela MP 808/2017 (*DOU* 14.11.2017, edição extra) que acrescentava este dispositivo, vigente entre 14.11.2017 e 23.04.2018, teve seu prazo encerrado pelo Ato Declaratório CN 22/2018 (*DOU* 25.04.2018): "Art. 911-A. O empregador efetuará o recolhimento das contribuições previdenciárias próprias e do trabalhador e o depósito do FGTS com base nos valores pagos no período mensal e fornecerá ao empregado comprovante do cumprimento dessas obrigações. § 1º. Os segurados enquadrados como empregados que, no somatório de remunerações auferidas de um ou mais empregadores no período de um mês, independentemente do tipo de contrato de trabalho, receberem remuneração inferior ao salário mínimo mensal, poderão recolher ao Regime Geral de Previdência Social a diferença entre a remuneração recebida e o valor do salário mínimo mensal, em que incidirá a mesma alíquota aplicada à contribuição do trabalhador retida pelo empregador. § 2º. Na hipótese de não ser feito o recolhimento complementar previsto no § 1º, o mês em que a remuneração total recebida pelo segurado de um ou mais empregadores for menor que o salário mínimo mensal não será considerado para fins de aquisição e manutenção de qualidade de segurado do Regime Geral de Previdência Social nem para cumprimento dos períodos de carência para concessão dos benefícios previdenciários."**

Art. 912. Os dispositivos de caráter imperativo terão aplicação imediata às relações iniciadas, mas não consumadas, antes da vigência desta Consolidação.

- V. art. 5º, § 1º, CF.

Art. 913. O Ministro do Trabalho, Indústria e Comércio expedirá instruções, quadros, tabelas e modelos que se tornarem necessários à execução desta Consolidação.

- V. art. 87, parágrafo único, II, CF.
- V. art. 57, I, Lei 13.844/2019 (Estabelece a organização básica da Presidência da República e dos Ministérios, no qual fica transformado o Ministério do Trabalho em Ministério da Economia).

Parágrafo único. O Tribunal Superior do Trabalho adaptará o seu regimento interno e os dos Tribunais Regionais do Trabalho às normas contidas nesta Consolidação.

- Parágrafo único revogado. V. art. 96, I, CF.

Art. 914. Continuarão em vigor os quadros, tabelas e modelos, aprovados em virtude de dispositivos não alterados pela presente Consolidação.

Art. 915. Não serão prejudicados os recursos interpostos com apoio em dispositivos alterados ou cujo prazo para interposição esteja em curso à data da vigência desta Consolidação.

Art. 916. Os prazos de prescrição fixados pela presente Consolidação começarão a correr da data da vigência desta, quando menores do que os previstos pela legislação anterior.

- V. art. 7º, XXIX, CF.

Art. 917. O Ministro do Trabalho, Indústria e Comércio marcará prazo para adaptação dos atuais estabelecimentos às exigências contidas no Capítulo "Da Segurança e da Medicina do Trabalho". Compete ainda àquela autoridade fixar os prazos dentro dos quais, em cada Estado, entrará em vigor a obrigatoriedade do uso da Carteira de Trabalho e Previdência Social, para os atuais empregados.

- V. art. 57, I, Lei 13.844/2019 (Estabelece a organização básica da Presidência da República e dos Ministérios, no qual fica transformado o Ministério do Trabalho em Ministério da Economia).

Parágrafo único. O Ministro do Trabalho, Indústria e Comércio fixará, para cada Estado e quando julgar conveniente, o início da vigência de parte ou de todos os dispositivos contidos no Capítulo "Da Segurança e da Medicina do Trabalho".

- V. Lei 6.514/1977 (Altera o Capítulo V do Título II da Consolidação das Leis do Trabalho, relativo a segurança e medicina do trabalho).
- V. art. 57, I, Lei 13.844/2019 (Estabelece a organização básica da Presidência da República e dos Ministérios, no qual fica transformado o Ministério do Trabalho em Ministério da Economia).

Art. 918. Enquanto não for expedida a Lei Orgânica da Previdência Social, competirá ao presidente do Tribunal Superior do Trabalho julgar os recursos interpostos com apoio no art. 1º, alínea *c*, do Decreto-lei 3.710, de 14 de outubro de 1941, cabendo recurso de suas decisões, nos termos do disposto no art. 734, alínea *b*, desta Consolidação.

- *Caput* com redação determinada pelo Dec.-lei 6.353/1944.
- V. Lei 3.807/1960 (Lei Orgânica da Previdência Social).
- V. Dec.-lei 72/1966 (Instituto Nacional de Previdência Social).

Parágrafo único. Ao diretor do Departamento de Previdência Social incumbirá presidir as eleições para a constituição dos Conselhos Fiscais dos Institutos e Caixas de Aposentadoria e Pensões e julgar, com recurso para a instância superior, os recursos sobre matéria técnico-administrativa dessas instituições.

Art. 919. Ao empregado bancário, admitido até a data da vigência da presente Lei, fica assegurado o direito à aquisição da estabilidade nos termos do art. 15 do Dec. 24.615, de 9 de julho de 1934.

Art. 920. Enquanto não forem constituídas as confederações, ou na falta destas, a representação de classes, econômicas ou profissionais, que derivar da indicação desses órgãos ou dos respectivos presidentes, será suprida por equivalente designação ou eleição realizada pelas correspondentes federações.

Art. 921. As empresas que não estiverem incluídas no enquadramento sindical de que trata o art. 577 poderão firmar contratos coletivos de trabalho com os sindicatos representativos da respectiva categoria profissional.

Art. 922. O disposto no art. 301 regerá somente as relações de emprego iniciadas depois da vigência desta Consolidação.

- Artigo acrescentado pelo Dec.-lei 6.353/1944.
- Deixamos de publicar o anexo a esta Consolidação.

Índice Alfabético-Remissivo da CLT, das Súmulas, das OJ e PN do TST

CLT

CLT

CLT

CLT

CLT

CLT

CLT

CLT

CLT

CLT

CLT

CLT

Quadro Demonstrativo de Feriados

LEGISLAÇÃO	FERIADOS OFICIAIS
Lei 662/1949 (alterada pela Lei 10.607/2002)	1º de janeiro (Confraternização Universal)
	21 de abril (Tiradentes)
	1º de maio (Dia do Trabalho)
	7 de setembro (Independência do Brasil)
	2 de novembro (Finados)
	15 de novembro (Proclamação da República)
	25 de dezembro (Natal)
Lei 4.737/1965 e Lei 9.504/1997	Eleições "Art. 380. Será feriado nacional o dia em que se realizarem eleições "[...]" (Lei 4.737/1965) "Art. 1º As eleições para Presidente e Vice-Presidente da República, Governador e Vice-Governador de Estado e do Distrito Federal, Prefeito e Vice-Prefeito, Senador, Deputado Federal, Deputado Estadual, Deputado Distrital e Vereador dar-seão, em todo o País, no primeiro domingo de outubro do ano respectivo. "[...]" "Art. 2º [...] "§ 1º Se nenhum candidato alcançar maioria absoluta na primeira votação, far-seá nova eleição no último domingo de outubro, concorrendo os dois candidatos mais votados, e considerando-se eleito o que obtiver a maioria dos votos válidos." "[...]" (Lei 9.504/1997)
Lei 6.802/1980	12 de outubro (Dia da Padroeira do Brasil)
Lei 9.093/1995 (alterada pela Lei 9.335/1996)	Feriados civis e religiosos "Art. 1º São feriados civis: "I – os declarados em lei federal; "II – a data magna do Estado fixada em lei estadual; "III – os dias do início e do término do ano do centenário de fundação do Município, fixados em lei municipal." "Art. 2º São feriados religiosos os dias de guarda, declarados em lei municipal, de acordo com a tradição local e em número não superior a quatro, neste incluída a Sexta-Feira da Paixão."

Quadro a que se refere o Artigo 577 da CLT – Consolidação das Leis do Trabalho

CONFEDERAÇÃO NACIONAL DA INDÚSTRIA	CONFEDERAÇÃO NACIONAL DOS TRABALHADORES NA INDÚSTRIA
1º Grupo – Indústria da Alimentação	**1º Grupo – Trabalhadores nas Indústrias de Alimentação**
Atividades ou Categorias Econômicas	**Categorias Profissionais**
Indústria do trigo.	Trabalhadores na Indústria do trigo, milho, soja e mandioca.
Indústria do milho e da soja.	Trabalhadores na Indústria do trigo, milho, soja e mandioca.
Indústria da mandioca.	Trabalhadores na Indústria do trigo, milho, soja e mandioca.
Indústria do arroz.	Trabalhadores na Indústria do arroz.
Indústria da aveia.	Trabalhadores na Indústria da aveia.
Indústria do açúcar.	Trabalhadores na Indústria do açúcar.
Indústria do açúcar e do engenho.	Trabalhadores na Indústria do açúcar.
Indústria da refinação do açúcar.	Trabalhadores na Indústria do açúcar.
Indústria de torrefação e moagem do café.	Trabalhadores na Indústria de torrefação e moagem do café.
Indústria de refinação do sal.	Trabalhadores na Indústria de refinação do sal.
Indústria de panificação e confeitaria.	Trabalhadores na Indústria de panificação e confeitaria.
Indústria de produtos de cacau e balas.	Trabalhadores na Indústria de produtos de cacau e balas.
Indústria do mate.	Trabalhadores na Indústria do mate.
Indústria de laticínios e produtos derivados.	Trabalhadores na Indústria de laticínios e produtos derivados.
Indústria de massas alimentícias e biscoitos.	Trabalhadores na Indústria de massas alimentícias e biscoitos.
Indústria de cerveja de alta fermentação.	Trabalhadores na Indústria de cerveja e bebidas em geral.
Indústria de cerveja de baixa fermentação.	Trabalhadores na Indústria de cerveja e bebidas em geral.
Indústria de cerveja e de bebidas em geral.	Trabalhadores na Indústria de cerveja e bebidas em geral.
Indústria do vinho.	Trabalhadores na Indústria do vinho.
Indústria de águas minerais.	Trabalhadores na Indústria de águas minerais.
Indústria de azeite e óleos alimentícios.	Trabalhadores na Indústria do azeite e óleos alimentícios.
Indústria de doces e conservas alimentícias.	Trabalhadores na Indústria de doces e conservas alimentícias.
Indústria de carnes e derivados.	Trabalhadores na Indústria de carnes e derivados.
Indústria do frio.	Trabalhadores na Indústria do frio.
Indústria do fumo.	Trabalhadores na Indústria do fumo.
Indústria da imunização e tratamento de frutas.	Trabalhadores na Indústria da imunização e tratamento de frutas.
Indústria do beneficiamento do café do café (inclusive rebeneficiamento).	Trabalhadores na Indústria do beneficiamento do café.
Indústria alimentar de congelamentos, supercongelados, sorvetes, concentrados e liofilizados.	Trabalhadores na Indústria alimentar de congelados, supercongelados sorvetes, concentrados e liofilizados.
Indústria de rações balanceadas.	Trabalhadores na Indústria de rações balanceadas.
Indústria do café solúvel.	Trabalhadores na Indústria do café solúvel.
Indústria da pesca.	Trabalhadores na Indústria da pesca.
2º Grupo – Indústrias do Vestuário	**2º Grupo – Trabalhadores nas Indústrias do Vestuário**
Atividades ou Categorias Econômicas	**Categorias Profissionais**
Indústria de calçados.	Trabalhadores na Indústria de calçados.
Indústria de solado palmilhado.	Trabalhadores na Indústria de tamancos, saltos, formas e paus.
Indústria de camisa para homens e roupas brancas.	Oficiais alfaiates, costureiros e trabalhadores na indústria de confecção de roupas.

Indústria de alfaiataria e de confecção de roupas de homem.	Oficiais alfaiates, costureiros e trabalhadores na indústria de confecção de roupas.
Indústria de guarda-chuvas e bengalas.	Trabalhadores na Indústria de guarda-chuvas e bengalas.
Indústria de luvas, bolsas e peles de resguardo.	Trabalhadores na Indústria de luvas, bolsas e peles de resguardo.
Indústria de pentes, botões e similares.	Trabalhadores na Indústria de pentes, botões e similares.
Indústria de chapéus.	Trabalhadores na Indústria de chapéus.
Indústria de confecção de roupas e chapéus de senhora.	Trabalhadores na Indústria de confecção de roupas e chapéus de senhora.
Indústria de material de segurança e proteção ao trabalho.	Trabalhadores na Indústria de material de segurança e proteção ao trabalho.
3º Grupo – Indústrias da Construção e do Mobiliário	**3º Grupo – Trabalhadores nas Indústrias da Construção e do Mobiliário**
Atividades ou Categorias Econômicas	**Categorias Profissionais**
Indústria da construção civil (inclusive engenharia consultiva).	Trabalhadores na Indústria da construção civil (pedreiros, carpinteiros, pintores e estucadores, bombeiros hidráulicos e trabalhadores em ger de estradas, pontes, portos e canais e engenharia consultiva).
Indústria de olaria.	Trabalhadores na Indústria de olaria.
Indústria de cal e gesso.	Trabalhadores na Indústria do cimento, cal e gesso.
Indústria do cimento.	Trabalhadores na Indústria do cimento, cal e gesso.
Indústria de ladrilhos hidráulicos e produtos de cimento.	Trabalhadores na Indústria de ladrilhos hidráulicos e produtos de cimento.
Indústria de cerâmica para construção.	Trabalhadores na Indústria de cerâmica para construção.
Indústria de mármores e granitos.	Trabalhadores na Indústria de mármores e granitos.
Indústria de pintura, decorações, estuques e ornatos.	Trabalhadores na Indústria de pintura, decorações, estuques e ornato
Indústria de serrarias, carpintarias, tanoarias, madeiras compensadas e laminados aglomerados e chapas de fibras de madeira.	Trabalhadores na Indústria de serrarias, carpintarias, tanoarias, madeiras compensadas e laminadas, aglomerados e chapas de fibras de madeira.
Indústria de marcenaria (móveis de madeira).	Oficiais marceneiros e trabalhadores nas indústrias de serrarias e de móveis de madeira.
Indústria de móveis de junco e vime e de vassouras.	Trabalhadores na Indústria de móveis de junco e vime e de vassouras
Indústria de cortinados e estofos.	Trabalhadores na Indústria de cortinados e estofos.
Indústria de escovas e pincéis.	Trabalhadores na Indústria de escovas e pincéis.
Indústria de artefatos de cimento armado.	Trabalhadores na Indústria de artefatos de cimento armado.
Indústria de instalações elétricas, gás, hidráulicas e sanitárias.	Oficiais eletricista e trabalhadores na indústria de instalações elétricas gás, hidráulicas e sanitárias.
Indústria da construção de estradas, pavimentação, obras de terraplanagem em geral (barragens, aeroportos, canais e engenharia consultiva).	Tratoristas (excetuados os rurais) – diferenciada Trabalhadores na Indústria da construção de estradas, pavimentação, obras de terraplanagem em geral (barragens, aeroportos, canais e engenharia consultiva).
Indústria de refratários.	Trabalhadores na Indústria de refratários.
4º Grupo – Indústrias Urbanas	**4º Grupo – Trabalhadores nas Indústrias Urbanas**
Atividades ou Categorias Econômicas	**Categorias Profissionais**
Indústria da purificação e distribuição de água.	Trabalhadores na Indústria da purificação e distribuição de água.
Indústria de energia elétrica.	Trabalhadores na Indústria de energia elétrica.
Indústria da produção do gás.	Trabalhadores na Indústria da produção do gás.
Serviços de esgotos.	Trabalhadores em serviços de esgotos.
5º Grupo – Indústrias Extrativas	**5º Grupo – Trabalhadores nas Indústrias Extrativas**
Atividades ou Categorias Econômicas	**Categorias Profissionais**
Indústria ou categorias do ouro e metais preciosos.	Trabalhadores na Indústria da extração do ouro e metais preciosos.

Indústria da extração do ferro e metais básicos.	Trabalhadores na Indústria da extração do ferro e metais básicos.
Indústria da extração do carvão e da fluorita.	Trabalhadores na Indústria da extração do carvão e da fluorita.
Indústria da extração de diamantes e pedras preciosas.	Trabalhadores na Indústria da extração de diamantes e pedras preciosas.
Indústria da extração de mármores, calcários e pedreiras.	Trabalhadores na Indústria da extração de mármore, calcários e pedreiras.
Indústria de extração de areias e barreiras.	Trabalhadores na Indústria da extração de areias e barreiras.
Indústria da extração do sal.	Trabalhadores na Indústria da extração do sal.
Indústria da extração do petróleo.	Trabalhadores na Indústria da extração do petróleo.
Indústria da extração de madeiras.	Trabalhadores na Indústria da extração de madeiras.
Indústria da extração de resinas.	Trabalhadores na Indústria da extração de resinas.
Indústria da extração da lenha.	Trabalhadores na Indústria da extração da lenha.
Indústria da extração de borracha.	Trabalhadores na Indústria da extração da borracha.
Indústria da extração de fibras vegetais.	Trabalhadores na Indústria da extração de fibras vegetais e de cera de carnaúba.
Indústria da extração de óleos vegetais e animais.	Trabalhadores na Indústria da extração de óleos vegetais e animais.
Indústria da extração do estanho.	Trabalhadores na Indústria da extração do estanho.
Indústria da extração de pirita.	Trabalhadores na Indústria da extração de pirita.
Garimpeiros (trabalhadores autônomos) Indústria da extração de minerais não metálicos (gesso, amianto, mica, quartzo, grafite, talco, greda etc.).	Trabalhadores na Indústria da extração de minerais não metálicos.
6º Grupo – Indústrias de Fiação e Tecelagem	**6º Grupo – Trabalhadores nas Indústrias de Fiação e Tecelagem**
Atividades ou Categorias Econômicas	**Categorias Profissionais**
Indústria da cordoalha e estopa.	Mestres e contramestres na Indústria de fiação e tecelagem.
Indústria da malharia e meias.	Trabalhadores na Indústria de fiação e tecelagem.
Indústria de fiação e tecelagem em geral.	Trabalhadores na Indústria de fiação e tecelagem.
Indústrias de especialidades têxteis (passamanarias, rendas, tapetes).	Técnicos têxteis.
Indústria de fibras artificiais e sintéticas (dissociada).	Técnicos têxteis.
7º Grupo – Indústrias de Artefatos de Couro	**7º Grupo – Trabalhadores nas Indústrias de Artefatos**
Atividades ou Categorias Econômicas	**Categorias Profissionais**
Indústrias de curtimentos de couros e de peles.	Trabalhadores na Indústria do curtimento de couros e peles.
Indústria de malas e artigos de viagem.	Trabalhadores na Indústria de artefatos de couro.
Indústria de correias em geral e arreios.	Trabalhadores na Indústria de artefatos de couro.
8º Grupo – Indústrias de Artefatos de Borracha	**8º Grupo – Trabalhadores nas Indústrias de Artefatos**
Atividades ou Categorias Econômicas	**Categorias Profissionais**
Indústria de artefatos de borracha.	Trabalhadores na Indústria de artefatos de borracha.
Indústria de pneumáticos e câmaras de ar para veículos.	Trabalhadores na Indústria de artefatos de borracha.
9º Grupo – Indústria de Joalheria e Lapidação de Pedras Preciosas	**9º Grupo – Trabalhadores nas Indústrias de Joalheria e Lapidação de Pedras Preciosas**
Atividades ou Categorias Econômicas	**Categorias Profissionais**
Indústria da joalheria e ourivesaria.	Oficiais joalheiros e ourives.
Indústria da lapidação de pedras preciosas.	Oficiais lapidários.
Indústria da relojoaria.	Trabalhadores na Indústria de relojoaria e oficiais relojoeiros.
10º Grupo – Indústrias Químicas e Farmacêuticas	**10º Grupo – Trabalhadores nas Indústrias Químicas e Farmacêuticas**
Atividades ou Categorias Econômicas	**Categorias Profissionais**

Indústria de produtos químicos para fins industriais.	Trabalhadores na Indústria de produtos químicos para fins industriais.
Indústria de produtos farmacêuticos.	Trabalhadores nas Indústrias de produtos farmacêuticos.
Indústria de preparação de óleos vegetais e animais.	Trabalhadores na Indústria de preparação de óleos vegetais e animais
Indústria de perfumaria e artigos de toucador.	Trabalhadores na Indústria de perfumaria e artigos de toucador.
Indústria de resinas sintéticas.	Trabalhadores na Indústria de resinas sintéticas.
Indústria de sabão e velas.	Trabalhadores na Indústria de sabão e velas.
Indústria de fabricação do álcool.	Trabalhadores na Indústria de fabricação do álcool.
Indústria de explosivos.	Trabalhadores na Indústria de explosivos.
Indústria de tintas e vernizes.	Trabalhadores na Indústria de tintas e vernizes.
Indústria de fósforos.	Trabalhadores na Indústria de fósforos.
Indústria de adubos e corretivos agrícolas.	Trabalhadores na Indústria se adubos e corretivos agrícolas.
Indústria de defensivos agrícolas.	Trabalhadores na Indústria de defensivos agrícolas.
Indústria de tinturaria.	Trabalhadores nas Indústrias de tinturaria.
Indústria de destilação e refinação de petróleo.	Trabalhadores na Indústria da destilação e refinação de petróleo.
Indústria de material plástico (inclusive da produção de laminados plásticos).	Trabalhadores na Indústria de material plástico (inclusive trabalhadores na indústria da produção de laminados).
Indústria de matérias-primas para inseticidas e fertilizantes.	Trabalhadores na Indústria de matérias-primas para inseticidas e fertilizantes.
Indústria de abrasivos.	Trabalhadores na indústria de abrasivos.
Indústria de álcalis.	Trabalhadores na Indústria petroquímica.
Indústria petroquímica.	Trabalhadores na Indústria petroquímica.
Indústria de lápis, canetas, tintas de escrever e similares.	Trabalhadores na Indústria de lápis, canetas, tintas de escrever e similares.
Indústria de defensivos animais.	Trabalhadores na Indústria de defensivos animais.
Indústria de re-refino de óleos minerais.	Trabalhadores na Indústria de re-refino de óleos minerais.
11º Grupo – Indústrias do Papel, Papelão e Cortiça	**11º Grupo – Trabalhadores nas Indústrias do Papel, Papelão e Cortiça**
Atividades ou Categorias Econômicas	**Categorias Profissionais**
Indústria do papelão.	Trabalhadores na Indústria do papel, celulose, pasta de madeira para papel, papelão e cortiça.
Indústria de cortiça.	Trabalhadores na Indústria do papel, celulose, pasta de madeira para papel, papelão e cortiça.
Indústria de papel, celulose e pasta de madeira para papel.	Trabalhadores na Indústria do papel, celulose, pasta de madeira para papel, papelão e cortiça.
Indústria de artefatos de papel, papelão e cortiça.	Trabalhadores na Indústria de artefatos de papel, papelão e cortiça.
12º Grupo – Indústrias Gráficas	**12º Grupo – Trabalhadores nas Indústrias Gráficas**
Atividades ou Categorias Econômicas	**Categorias Profissionais**
Indústria da tipografia.	Oficiais gráficos (diferenciada).
Indústria da gravura.	Oficiais gráficos (diferenciada).
Indústria de encadernação.	Oficiais encadernadores.
13º Grupo – Indústrias de Vidros, Cristais, Espelhos, Cerâmica de Louça e Porcelana	**13º Grupo – Trabalhadores nas Indústrias de Vidros, Cristais, Espelhos, Cerâmica de Louças e Porcelana**
Atividades ou Categorias Econômicas	**Categorias Profissionais**
Indústria de vidros e cristais planos.	Trabalhadores nas Indústrias de vidros, cristais e espelhos.
Indústria de vidros e cristais ocos (frascos, garrafas, copos e similares).	Trabalhadores nas Indústrias de vidros, cristais e espelhos.

Indústria de espelhos e polimentos (lapidação de vidro).	Trabalhadores nas Indústrias de vidros, cristais e espelhos.
Indústria de cerâmica, da louça de pó de pedra, da porcelana e da louça de barro.	Trabalhadores na Indústria de cerâmica, da louça de pó de pedra, da porcelana e da louça de barro.
Indústria da ótica.	Trabalhadores na Indústria da ótica.
14º Grupo – Indústrias Metalúrgicas, Mecânicas e de Material Elétrico	**14º Grupo – Trabalhadores nas Indústrias Metalúrgicas, Mecânicas e de Material Elétrico**
Atividades ou Categorias Econômicas	**Categorias Profissionais**
Indústria do ferro (siderurgia).	Trabalhadores metalúrgicos (siderurgia a fundição).
Indústria de trefilação e laminação de matais ferrosos.	Trabalhadores metalúrgicos (siderurgia a fundição).
Indústria de construção aeronáutica.	Trabalhadores na Indústria da construção aeronáutica.
Indústria de fundição.	Trabalhadores em oficinas mecânicas.
Indústria de artefatos de ferro e metais em geral.	Trabalhadores em oficinas mecânicas.
Indústria da serralheria.	Trabalhadores em oficinas mecânicas.
Indústria da mecânica.	Trabalhadores em oficinas mecânicas.
Indústria de proteção, tratamento e transformação de superfícies.	Trabalhadores em oficinas mecânicas.
Indústria de máquinas.	Trabalhadores em oficinas mecânicas.
Indústria de cutelaria.	Trabalhadores em oficinas mecânicas.
Indústria de balanças, pesos e medidas.	Trabalhadores em oficinas mecânicas.
Indústria de funilaria.	Trabalhadores em oficinas mecânicas.
Indústria de estamparia de metais.	Trabalhadores em oficinas mecânicas.
Indústria de móveis de metal indústria da construção naval.	Trabalhadores em oficinas mecânicas.
Indústria de materiais e equipamentos rodoviários e ferroviários (compreensiva das empresas industriais fabricantes de carrocerias para ônibus e caminhões, viaturas (reboques e semirreboques), locomotivas, vagões, carros e equipamentos ferroviários, motocicletas, motonetas e veículos semelhantes).	Trabalhadores na Indústria de reparação de veículos e acessórios.
Indústria de reparação de veículos e acessórios.	Trabalhadores na Indústria de reparação de veículos e acessórios.
14º Grupo – Indústrias Metalúrgicas, Mecânicas e de Material Elétrico	**14º Grupo – Trabalhadores nas Indústrias Metalúrgicas, Mecânicas e de Material Elétrico**
Atividades ou Categorias Econômicas	**Categorias Profissionais**
Indústria de artefatos de metais não ferrosos.	Trabalhadores na Indústria de reparação de veículos e acessórios.
Indústria de geradores de vapor (caldeiras e acessórios).	Trabalhadores na Indústria de reparação de veículos e acessórios.
Indústria de lâmpadas e aparelhos elétricos de iluminação.	Trabalhadores na Indústria do material elétrico.
Indústria de condutores elétricos, trefilação e laminação de metais não ferrosos.	Trabalhadores na Indústria do material elétrico.
Indústria de aparelhos elétricos, eletrônicos e similares.	Trabalhadores na Indústria do material elétrico.
Indústria de aparelhos de radiotransmissão.	Trabalhadores na Indústria do material elétrico.
Indústria de peças para automóveis e similares.	Trabalhadores na Indústria de peças para automóveis e similares.
Indústria de tratores, máquinas agrícolas, rodoviárias, e de terraplanagem, caminhões, ônibus, automóveis e veículos similares.	Trabalhadores na Indústria de peças para automóveis e similares.
Indústria de parafusos, porcas, rebites e similares.	Trabalhadores na Indústria de peças para automóveis e similares.
Indústria de artigos e equipamentos odontológicos, médicos e hospitalares.	Trabalhadores na Indústria de artigos e equipamentos odontológicos, médicos e hospitalares.
Indústria de forjaria.	Trabalhadores na Indústria de forjaria.
Indústria de refrigeração, aquecimento e tratamento de ar.	Trabalhadores na Indústria de refrigeração, aquecimento e tratamento de ar.

15º Grupo – Indústria de Instrumentos Musicais de Brinquedos	15º Grupo – Trabalhadores nas Indústrias de Instrumentos Musicais e de Brinquedos
Atividades ou Categorias Econômicas	**Categorias Profissionais**
Indústria de instrumentos musicais.	Trabalhadores na Indústria de instrumentos musicais.
Indústria de brinquedos.	Trabalhadores na Indústria de brinquedos.
16º Grupo – Indústrias Cinematográficas	**16º Grupo – Trabalhadores nas Indústrias Cinematográficas**
Atividades ou Categorias Econômicas	**Categorias Profissionais**
Indústria cinematográfica (inclusive laboratórios cinematográficos).	Trabalhadores na Indústria cinematográfica (inclusive trabalhadores e laboratórios cinematográficos).
17º Grupo – Indústrias de Beneficiamento	**17º Grupo – Trabalhadores nas Indústrias de Beneficiamento**
Atividades ou Categorias Econômicas	**Categorias Profissionais**
Indústria de beneficiamento de carvão.	Trabalhadores na Indústria de beneficiamento de carvão.
Indústria de beneficiamento de fibras vegetais e do descaroçamento de algodão.	Trabalhadores na Indústria de beneficiamento de fibras vegetais e do descaroçamento de algodão.
Indústria de beneficiamento de borracha.	Trabalhadores na Indústria de beneficiamento de borracha.
18º Grupo – Indústria de Artesanatos em Geral	**18º Grupo – Trabalhadores nas Indústrias de Artesanatos em Geral**
Atividade ou Categorias Econômicas	**Categorias Profissionais**
Empresas de artesanatos em geral.	Empregados em empresas de artesanatos em geral.
Artesãos autônomos.	
CONFEDERAÇÃO NACIONAL DO COMÉRCIO	**CONFEDERAÇÃO NACIONAL DOS TRABALHADORES NO COMÉRCIO**
1º Grupo – Comércio Atacadista	**1º Grupo – Empregados no Comércio**
Comércio atacadista de algodão e outras fibras vegetais.	Empregados no comércio (prepostos no comércio em geral).
Comércio atacadista de carnes frescas e congeladas.	Empregados no comércio (prepostos no comércio em geral).
CONFEDERAÇÃO NACIONAL DO COMÉRCIO	**CONFEDERAÇÃO NACIONAL DOS TRABALHADORES NO COMÉRCIO**
1º Grupo – Comércio Atacadista	**1º Grupo – Empregados no Comércio**
Comércio atacadista de carvão vegetal e lenha.	Empregados no comércio (prepostos no comércio em geral).
Comércio atacadista de gêneros alimentícios.	Empregados no comércio (prepostos no comércio em geral).
Comércio atacadista de tecidos, vestuários e armarinho.	Empregados no comércio (prepostos no comércio em geral).
Comércio atacadista de louças, tintas e ferragens.	Empregados no comércio (prepostos no comércio em geral).
Comércio atacadista de maquinismo em geral.	Empregados no comércio (prepostos no comércio em geral).
Comércio atacadista de materiais de construção.	Empregados no comércio (prepostos do comércio em geral).
Comércio atacadista de material elétrico.	Empregados no comércio (prepostos do comércio em geral).
Comércio atacadista de produtos químicos para indústria e lavoura.	Empregados no comércio (prepostos do comércio em geral).
Comércio atacadista de drogas e medicamentos.	Empregados no comércio (prepostos do comércio em geral).
Comércio atacadista de sacaria.	Empregados no comércio (prepostos do comércio em geral).
Comércio atacadista de pedras preciosas.	Empregados no comércio e viajantes do comércio (diferenciada).
Comércio atacadista de jóias e relógios.	Empregados vendedores e viajantes do comércio (diferenciada).
Comércio atacadista de papel e papelão.	Empregados vendedores e viajantes do comércio (diferenciada).
Comércio atacadista de álcool e bebidas em geral.	Empregados vendedores e viajantes do comércio (diferenciada).
Comércio atacadista de couros e peles.	Empregados vendedores e viajantes do comércio (diferenciada).
Comércio atacadista de frutas.	Empregados vendedores e viajantes do comércio (diferenciada).

Comércio atacadista de artigos sanitários.	Empregados vendedores e viajantes do comércio (diferenciada).
Comércio atacadista de vidros planos, cristais e espelhos.	Empregados vendedores e viajantes do comércio (diferenciada).
	Classificadores de produtos de origem vegetal (diferenciada).
Comércio atacadista de minérios e pesquisas.	Trabalhadores no comércio de minérios e derivados de petróleo (inclusive pesquisas de minérios).
Comércio atacadista de derivados de petróleo.	Trabalhadores no comércio de minérios e derivados de petróleo (inclusive pesquisas de minérios).
Comércio atacadista de solventes de petróleo.	Trabalhadores no comércio de minérios e derivados de petróleo (inclusive pesquisas de minérios).
Comércio atacadista de aparelhos e materiais óticos, fotográficos e cinematográficos.	
Comércio atacadista exportador.	
Comércio exportador do café.	
2º Grupo – Comércio Varejista	
Atividades ou Categorias Econômicas	**Categorias Profissionais**
Lojistas do comércio (estabelecimentos de tecidos, de vestuários, adorno e acessórios de arte, de louças finas, de cirurgia, de móveis e congêneres).	
Comércio varejista de carnes frescas.	Empregados no comércio varejista de carnes frescas.
Comércio varejista de gêneros alimentícios.	Práticos de farmácia (diferenciada).
Comércio varejista de produtos farmacêuticos.	Propagandistas, propagandistas-vendedores e vendedores de produtos farmacêuticos (diferenciada).
2º Grupo – Comércio Varejista	
Atividades ou Categorias Econômicas	**Categorias Profissionais**
Comércio varejista de maquinismo, ferragens e tintas (utensílios e ferramentas).	
Comércio varejista de calçados.	
Comércio varejista de material elétrico e aparelhos eletrodomésticos.	
Comércio varejista de veículos.	
Comércio varejista de peças e acessórios.	
Comércio varejista de carvão vegetal e lenha.	
Comércio de vendedores ambulantes (trabalhadores autônomos).	
Comércio varejista dos feirantes.	
Comércio varejista de frutas, verduras, flores e plantas.	
Estabelecimentos de serviços funerários (compreensiva de casas, agências e empresas funerárias).	
Comércio varejista de material ótico, fotográfico e cinematográfico.	
Comércio varejista de livros.	
Comércio varejista de material de escritório e papelaria.	
Empresas de garagem, estacionamento e de limpeza e conservação de veículos.	Empregados em empresas de garagem, estacionamento e de limpeza conservação de veículos.
Comércio varejista de derivados de petróleo.	Trabalhadores no comércio de minérios e derivados de petróleo (inclusive pesquisas de minérios).
3º Grupo – Agentes Autônomos do Comércio	**3º Grupo – Empregados de Agentes Autônomos do Comércio**
Atividades ou Categorias Econômicas	**Categorias Profissionais**
Corretores de mercadorias.	Empregados de agentes autônomos do comércio.

Corretores de navios.	Empregados de agentes autônomos do comércio.
Corretores de imóveis.	Empregados de agentes autônomos do comércio.
Despachantes aduaneiros.	Empregados de agentes autônomos do comércio.
Despachantes (exceto os despachantes aduaneiros).	Empregados de agentes autônomos do comércio.
Leiloeiros.	Empregados de agentes autônomos do comércio.
Representantes comerciais.	Empregados de agentes autônomos do comércio.
Comissários e consignatários.	Empregados de agentes autônomos do comércio.
Agentes da propriedade industrial.	Empregados de agentes autônomos do comércio.
Corretores de jóias e pedras preciosas.	Empregados de agentes autônomos do comércio.
Corretores de café.	Empregados de agentes autônomos do comércio.
Administradores de consórcios.	Empregados de agentes autônomos do comércio.
Empresas de assessoramento, perícias, informações e pesquisas.	Empregados de agentes autônomos do comércio.
4º Grupo – Comércio Armazenador	**4º Grupo – Trabalhadores no Comércio Armazenador**
Atividade ou Categorias Econômicas	**Categorias Profissionais**
Trapiches.	Arrumadores (trapiches, armazéns gerais e entrepostos).
Armazéns gerais (cereais, algodão e outros produtos).	Carregadores e ensacadores de sal.
Entreposto (de carne, leite e outros produtos).	
Comissários e consignatários de café.	Carregadores e ensacadores de café.
Comércio de café em geral (exceto varejistas).	Catadeiras e costureiras no comércio de café. Auxiliares de administração no comércio do café, em geral (inclusive correlato exceto varejistas).
5º Grupo – Empregados em Hospitalidade	**5º Grupo – Empregados em Turismo e Hospitalidade**
Atividades ou Categorias Econômicas	**Categorias Profissionais**
Empresas de turismo.	Empregados em empresas de turismo (inclusive intérpretes e guias de turismo).
Empresas exibidoras cinematográficas.	Operadores cinematográficos. Empregados em empresas exibidoras cinematográficas.
Instituto de beleza e cabeleireiros de senhoras.	Empregados em institutos de beleza e cabeleireiros de senhoras.
Hotéis, restaurantes, bares e similares (estabelecimento de hospedagem, alimentação preparada e bebidas a varejo).	Empregados no comércio hoteleiro e similares (inclusive empregados de edifícios: zeladores, porteiros, cabineiros, vigias, faxineiros, serventes e outros). Garçons (diferenciada).
Hospitais, clínicas, casas de saúde e laboratórios de pesquisas e análises clínicas.	Profissionais de Enfermagem, Técnicos, Duchistas, Massagistas e Empregados em Hospitais e Casas de Saúde, abrangendo os profissionais de enfermagem em geral, vinculados por contrato de trabalho (ressalvado o duplo enquadramento dos que também sejam "Enfermeiros"), auxiliares técnicos de serviços paramédicos, tais como técnicos de laboratório clínico, operador de Raios X, de radioterapia d cobaltoterapia, de eletroencefalografia, eletrocardiografia, de hemoterapia, atendentes, auxiliares de serviços médicos, burocratas, massagistas, duchistas, pedicuros e empregados em hospitais, clínica e casas de saúde, (mantido para essa categoria o caráter de diferenciada, que, pela Portaria Ministerial 3.005, de 05.01.70 foi atribuída a categoria cuja denominação foi alterada pela Port. 3.31 de 09.09.74 – *DOU* 09.09.74).
Empresas de conservação de elevadores.	Empregados de empresas de conservação de elevadores.
Casas de diversões.	Empregados em casas de diversões. Bailarinas e dançarinas.
Salões de barbeiro e cabeleireiros para homens.	Oficiais barbeiros (inclusive aprendizes, ajudantes, manicures e empregados nos salões de cabeleireiros para homens).
Empresas de compra, venda, locação e administração de imóveis.	Empregados em empresas de compra, venda, locação e administração de imóveis.
Serviços de lustradores de calçados.	Lustradores de calçados.

Empresas de asseio e conservação.	Empregados de empresas de asseio e conservação.
Instituições Beneficentes, Religiosas e Filantrópicas.	Empregados em Instituições Beneficentes, Religiosas e Filantrópicas.
Empresa de prótese dentária.	Auxiliares nos laboratórios de prótese dentária.
Lavanderias e similares.	Empregados em lavanderias e similares.
CONFEDERAÇÃO NACIONAL DOS TRANSPORTES MARÍTIMOS, FLUVIAIS E AÉREOS	**CONFEDERAÇÃO NACIONAL DOS TRABALHADORES EM TRANSPORTES MARÍTIMOS, FLUVIAIS E AÉREOS**
1º Grupo – Empresas de Navegação Marítima e Fluvial	**1º Grupo – Trabalhadores em Transportes Marítimos e Fluviais**
Atividades ou Categorias Econômicas	**Categorias Profissionais**
Empresas de navegação marítima. Empresas de navegação de tráfego portuário (dissociada).	Oficiais de náutica da marinha mercante (Práticos). Oficiais de máquinas da marinha mercante. Comissários da marinha mercante. Motoristas e condutores da marinha mercante. Mecânicos da marinha mercante. Conferentes de carga da marinha mercante. Arrais e mestres de cabotagem em transportes marítimos. Contramestres, marinheiros e moços em transportes marítimos. Radiotelegrafistas da marinha mercante. Taifeiros, culinários e panificadores marítimos. Foguistas da marinha mercante (inclusive carvoeiros). Médicos da marinha mercante. Enfermeiros da marinha mercante. Empregados em escritórios das empresas de navegação marítima. Mestres e encarregados de estaleiros das empresas de navegação marítima. Carpinteiros navais. Eletricistas da marinha mercante. Auxiliares técnicos, mestres, contramestres e encarregados artífices e estaleiros de empresas de navegação marítima.
CONFEDERAÇÃO NACIONAL DOS TRANSPORTES MARÍTIMOS, FLUVIAIS E AÉREOS	**CONFEDERAÇÃO NACIONAL DOS TRABALHADORES EM TRANSPORTES MARÍTIMOS, FLUVIAIS E AÉREOS**
1º Grupo – Empresas de Navegação Marítima e Fluvial	**1º Grupo – Trabalhadores em Transportes Marítimos e Fluviais**
Atividades ou Categorias Econômicas	**Categorias Profissionais**
Empresas de navegação marítima. Empresas de navegação de tráfego portuário (dissociada).	Oficiais de náutica em transportes fluviais (Práticos). Oficiais de máquinas em transportes fluviais. Comissários em transportes fluviais. Motoristas e condutores em transportes fluviais. Conferentes de carga em transportes fluviais.
Empresas de navegação fluvial e lacustre.	Arrais e mestres de cabotagem em transportes fluviais Contramestres, marinheiros e moços em transportes fluviais. Radiotelegrafistas em transportes fluviais. Taifeiros, culinários e panificadores em transportes fluviais. Foguistas em transportes fluviais (inclusive carvoeiros). Médicos em transportes fluviais. Enfermeiros em transportes fluviais. Amarradores.
Estaleiros navais.	Operários navais (trabalhadores em estaleiros de navegação e calafates navais).
	Empregados em escritórios das empresas de navegação fluvial.
	Mestres e encarregados de estaleiros das empresas de navegação fluvial.
Agências de navegação.	Operários fluviais (trabalhadores em estaleiros de navegação fluvial e calafates fluviais).
	Carpinteiros fluviais.
	Escreventes em transportes fluviais.
2º Grupo – Empresas Aeroviárias	**2º Grupo – Trabalhadores em Transportes Aéreos**
Atividades ou Categorias Econômicas	**Categorias Profissionais**
Empresas aeroviárias.	Aeroviários (diferenciada).
Empresas de táxis aéreos.	Aeronautas (diferenciada).
Carregadores e transportes de bagagens em aeroportos (trabalhadores autônomos).	Radiotelegrafistas em empresas aeroviárias (excluídos os aeronautas aeroviários).

3º Grupo – Empresários e Administradores de Portos	**3º Grupo – Estivadores**
Atividades ou Categorias Econômicas	**Categorias Profissionais**
Empresários e administradores de portos.	Estivadores (de acordo com o Dec.-lei 5, de 04.04.66, art. 21: Os trabalhadores de estiva e capotaria constituem categoria profissional única denominada operador de carga e descarga).
Carregadores e transportadores de bagagens dos portos (trabalhadores autônomos).	Trabalhador em estiva de minérios.
	Trabalhadores em alvarengas.
4º Grupo – Portuários	**4º Grupo – Portuários**
Atividades ou Categorias Econômicas	**Categorias Profissionais**
	Trabalhadores nos serviços portuários.
	Motoristas em guindastes dos portos.
	Conferentes e consertadores de carga e descarga nos portos.
	Vigias portuários.
	Classificadores de frutas nos portos (facultativo o uso da expressão "descartadores").
	Trabalhadores de bloco.
5º Grupo – Empresas de Pesca	**5º Grupo – Trabalhadores em Empresas de Pesca**
Atividades ou Categorias Econômicas	**Categorias Profissionais**
Armadores de pesca.	Pescadores.
	Patrões de pesca.
CONFEDERAÇÃO NACIONAL DE TRANSPORTES TERRESTRES	**CONFEDERAÇÃO NACIONAL DOS TRABALHADORES EM TRANSPORTES TERRESTRES**
1º Grupo – Empresas Ferroviárias	**Trabalhadores Ferroviários**
Atividades ou Categorias Econômicas.	Categorias Profissionais.
Empresas ferroviárias.	Trabalhadores em empresas ferroviárias.
Carregadores e transportadores de bagagens em estações ferroviárias (trabalhadores autônomos).	Trabalhadores em empresas ferroviárias.
2º Grupo – De Empresas de Transportes Rodoviários	**2º Grupo – Trabalhadores em Transportes Rodoviários**
Atividades ou Categorias Econômicas	**Categorias Profissionais**
Empresas de transportes de passageiros.	Empregados em escritórios de empresas de transportes rodoviários.
Empresas de transportes de carga (compreensiva das empresas de veículos de carga e das empresas de transportes interestadual de carga).	
Carregadores e transportadores de volumes de bagagens em geral inclusive carrinhos de mão (trabalhadores autônomos). Postos de serviço. Condutores autônomos de veículos rodoviários. Guardadores de automóveis (trabalhadores autônomos). Agências e estações rodoviárias. Carregadores e transportadores de bagagens em estações rodoviárias (trabalhadores autônomos).	Condutores de veículos rodoviários (inclusive ajudantes e carregadore trocadores de ônibus, lavadores de automóveis) e trabalhadores em transportes urbanos de passageiros (cabo aéreo e troleibus). Despacho Ministerial no proc. MTPS 312.748/70 – LTr. (36/582).
3º Grupo – Empresas de Carris Urbanos (inclusive Cabos Aéreos)	**3º Grupo – Trabalhadores em Empresas de Carris Urbanos (inclusive Cabos Aéreos)**
Atividades ou Categorias Econômicas	**Categorias Profissionais**
Empresas de carris urbanos, troleibus e cabos aéreos.	Nota: A categoria de "Trabalhadores em empresas de carris urbanos, troleibus e cabos aéreos" foi extinta, conforme despacho do Proc. MT 312.748/70 (LTr. 36/582).
4º Grupo – Empresas Metroviárias	**4º Grupo – Trabalhadores em Empresas de Transportes Metroviários**
Empresas de transportes metroviários.	Trabalhadores em empresas de transportes metroviários.

CONFEDERAÇÃO NACIONAL DE COMUNICAÇÕES E PUBLICIDADE	CONFEDERAÇÃO NACIONAL DOS TRABALHADORES EM COMUNICAÇÕES E PUBLICIDADE
1º Grupo – Empresas de Comunicações	**1º Grupo – Trabalhadores em Empresas de Comunicações**
Atividades ou Categorias Econômicas	**Categorias Profissionais**
Empresas telegráficas terrestres. Empresas telegráficas submarinas. Empresas radiotelegráficas e radiotelefônicas. Empresas telefônicas. Empresas mensageiras.	Trabalhadores em empresas de telecomunicações e operadores de mesas telefônicas (telefonistas em geral) – diferenciada.
Entidades mantenedoras de estabelecimentos de ensino superior. Estabelecimentos de ensino de arte. Estabelecimento de ensino de 1º e 2º graus. Estabelecimento de ensino técnico-profissional. Estabelecimentos de ensino comercial. Proprietários de autoescolas.	Professores (diferenciada). Auxiliares de administração escolar (empregados de estabelecimento de ensino).
2º Grupo – Empresas de Publicidade	**2º Grupo – Trabalhadores em Empresas de Publicidade**
Atividades ou Categorias Profissionais	**Categorias Profissionais**
Agência de propaganda.	Publicitários (diferenciada). Trabalhadores em agências de propaganda.
Empresas de radiodifusão e televisão.	Agenciadores de publicidade (diferenciada). Trabalhadores em empresas de radiodifusão e televisão.
Agências noticiosas.	Empregados em agências noticiosas. Profissionais de relações públicas (diferenciada).
3º Grupo – Empresas Jornalísticas	**3º Grupo – Trabalhadores em Empresas Jornalísticas**
Atividades ou Categorias Econômicas	**Categorias Profissionais**
Empresas proprietárias de jornais e revistas.	Jornalistas profissionais (redatores, repórteres, revisores, fotógrafos etc.). Empregados da administração das empresas proprietárias de jornais revistas.
Empresas distribuidoras e vendedoras de jornais e revistas (inclusive trabalhadores autônomos).	Empregados em empresas distribuidoras e vendedores de jornais e revistas e empregados em bancas, vendedores ambulantes de jornais revistas.
CONFEDERAÇÃO NACIONAL DAS EMPRESAS DE CRÉDITO	**CONFEDERAÇÃO NACIONAL DOS TRABALHADORES NAS EMPRESAS DE CRÉDITO**
1º Grupo – Estabelecimentos Bancários	**1º Grupo – Empregados em Estabelecimentos Bancários**
Atividades ou Categorias Econômicas	**Categorias Profissionais**
Bancos. Casas Bancárias. Sociedades de crédito, financiamento e investimentos.	Empregados em estabelecimentos bancários.
2º Grupo – Empresas de Seguros Privados e Capitalização	**2º Grupo – Empregados em Empresas de Seguros Privados e Capitalização e de Agentes Autônomos de Seguros Privados e de Crédito**
Atividades ou Categorias Econômicas	**Categorias Profissionais**
Empresas de seguros. Empresas de capitalização.	Empregados em empresas de seguros privados e capitalização.
3º Grupo – Agentes Autônomos de Seguros Privados e de Crédito	**3º Grupo – Agentes Autônomos de Seguros Privados e de Crédito**
Atividades ou Categorias Econômicas	**Categorias Profissionais**
Corretores de seguros e de capitalização. Sociedade e corretores de fundos públicos e câmbio. Empresas distribuidoras de títulos e valores mobiliários.	Empregados de agentes autônomos de seguros e de crédito e de empresas distribuidoras de títulos e valores mobiliários.
CONFEDERAÇÃO NACIONAL DE EDUCAÇÃO E CULTURA	**CONFEDERAÇÃO NACIONAL DOS TRABALHADORES EM ESTABELECIMENTOS DE EDUCAÇÃO E CULTURA**
1º Grupo – Estabelecimentos de Ensino	**1º Grupo – Trabalhadores em Estabelecimentos de Ensino**
Atividades ou Categorias Econômicas	**Categorias Profissionais**
Entidades mantenedoras de estabelecimentos de ensino superior. Estabelecimentos de ensino de arte. Estabelecimento de ensino de 1º e 2º graus. Estabelecimento de ensino técnico-profissional. Estabelecimentos de ensino comercial. Proprietários de autoescolas.	Professores (diferenciada). Auxiliares de administração escolar (empregados de estabelecimento de ensino).

2º Grupo – Empresas de Difusão Cultural e Artística	2º Grupo – Trabalhadores em Empresas de Difusão Cultural e Artística
Atividades ou Categorias Econômicas	**Categorias Profissionais**
Empresas editoras de livros e publicações culturais.	Empregados de empresas editoras de livros e publicações culturais.
Empresas teatrais. Empresas circenses. Empresas cinematográficas.	Empregados de empresas teatrais e cinematográficas. Artistas e técnicos em espetáculos de versões (esta categoria abrang as categorias "Cenógrafos e cenotécnicos", "Atores Teatrais" (inclusive corais e bailados), "Atores cinematográficos" e "Atores e Trabalhadore circenses", extintas pela Port. 91, de 10/02/67, *DOU* 20/02/67).
Bibliotecas.	Empregados de bibliotecas.
Empresas de gravação de discos e fitas.	Empregados em empresas de gravação de discos e fitas.
Museus e laboratórios de pesquisas tecnológicas e científicas.	Empregados de museus e laboratórios de pesquisas tecnológicas e científicas.
2º Grupo – Empresas de Difusão Cultural e Artística	**2º Grupo – Trabalhadores em Empresas de Difusão Cultural e Artística**
Atividades ou Categorias Econômicas	**Categorias Profissionais**
Empresas de orquestras.	Músicos profissionais (diferenciada).
Empresas de artes plásticas.	Artistas plásticos profissionais.
Empresas de arte fotográfica.	Fotógrafos profissionais.
Empresas distribuidoras cinematográficas.	Empregados das empresas distribuidoras cinematográfica
Desenhistas (trabalhadores autônomos).	Empregados desenhistas técnicos, artísticos, industriais, copistas, projetistas técnicos e auxiliares.
Entidades culturais, recreativas, de assistência social, de orientação e formação profissional. Técnicos autônomos em reparos de rádio e televisão.	Empregados em entidades culturais, recreativas, de assistência social de orientação e formação profissional.
3º Grupo – Estabelecimentos de Cultura Física	**3º Grupo – Trabalhadores em Estabelecimentos de Cultura Física**
Atividades ou Categorias Econômicas	**Categorias Profissionais**
Estabelecimento de esportes terrestres.	Atletas profissionais.
Estabelecimentos de esportes aquáticos.	Empregados de clubes esportivos.
Estabelecimentos de esportes aéreos.	Árbitros profissionais.
4º Grupo – Estabelecimentos Hípicos	**4º Grupo – Trabalhadores em Estabelecimentos Hípicos**
Atividades ou Categorias Econômicas	**Categorias Profissionais**
Clubes de hipismo e similares.	Tratadores, jóqueis e aprendizes.
Coudelarias, proprietários de cavalos de corrida e similares.	Empregados em estabelecimentos hípicos, cavalariços e similares.

CONFEDERAÇÃO NACIONAL DAS PROFISSÕES LIBERAIS	
Grupos:	
1º Advogados.	17º Jornalistas.
2º Médicos.	18º Protéticos dentários.
3º Odontologistas.	19º Bibliotecários.
4º Médicos veterinários.	20º Estatísticos.
5º Farmacêuticos.	21º Enfermeiros.
6º Engenheiros (civis, de minas, mecânicas, eletricistas, industriais e agrônomos).	22º Técnicos de Administração.
7º Químicos (químicos industriais, químicos industriais agrícolas e engenheiros químicos).	23º Arquitetos.
8º Parteiros.	24º Nutricionistas.
9º Economistas.	25º Psicólogos.

10º Atuários.	26º Geólogos.
11º Contabilistas.	27º Fisioterapeutas, terapeutas ocupacionais, auxiliares de fisioterapia auxiliares de terapia ocupacional.
12º Professores (privados).	28º Zootecnistas.
13º Escritores.	29º Profissionais liberais de relações públicas.
14º Autores teatrais.	30º Fonoaudiólogos.
15º Compositores artísticos, musicais e plásticos.	31º Sociólogos.
16º Assistentes sociais.	32º Biomédicos.
CATEGORIAS DIFERENCIADAS	
Grupos:	
Aeronautas.	Oficiais gráficos.
Agenciadores de publicidade.	Operadores de mesas telefônicas (telefonistas em geral).
CATEGORIAS DIFERENCIADAS	
Grupos:	
Aeroviários.	Professores.
Atores teatrais, cenotécnicos e auxiliares de teatro.	Profissionais de enfermagem, técnicos, duchistas, massagistas e empregados em hospitais e casas de saúde.
Cabineiros (ascensoristas).	Publicitários.
Classificadores de produtos de origem vegetal.	Práticos de farmácia.
CATEGORIAS DIFERENCIADAS	
Grupos:	
Condutores de veículos rodoviários (motoristas).	Profissionais de relações públicas.
Cozinheiros.	Propagandistas de produtos farmacêuticos (Propagandistas-vendedores e vendedores de produtos farmacêuticos).
Empregados desenhistas técnicos, artísticos, industriais, copistas, projetistas técnica e auxiliares.	Radiotelegrafistas (dissociada).
Garçons.	Radiotelegrafistas da Marinha Mercante.
Manequins e modelos.	Trabalhadores em agências de propaganda. Trabalhadores em atividades subaquáticas e afins.
Maquinistas e foguistas (de geradores termoelétricos, inclusive marítimos).	Tratoristas (excetuados os rurais).
Músicos profissionais.	Vendedores e viajantes do comércio.

2 Profissões

Advogado

LEI 8.906, DE 4 DE JULHO DE 1994

Dispõe sobre o Estatuto da Advocacia e a Ordem dos Advogados do Brasil – OAB.

O Presidente da República:

Faço saber que o Congresso Nacional decreta e eu sanciono a seguinte Lei:

TÍTULO I
Da Advocacia

Capítulo I
Da Atividade da Advocacia

Art. 1º São atividades privativas de advocacia:

- V. art. 4º.
- V. art. 133, CF.
- V. art. 103, CPC/2015.

I – a postulação a qualquer órgão do Poder Judiciário e aos juizados especiais;

- O STF, na ADIn 1.127-8 (*DOU* e *DJU* 26.05.2006), declarou inconstitucional a expressão "qualquer".
- V. art. 133, CF.
- V. art. 2º, Lei 5.478/1968 (Ação de alimentos).
- V. arts. 9º e 72, Lei 9.099/1995 (Juizados Especiais Cíveis e Criminais).

II – as atividades de consultoria, assessoria e direção jurídicas.

§ 1º Não se inclui na atividade privativa de advocacia a impetração de *habeas corpus* em qualquer instância ou tribunal.

- V. art. 654, *caput*, CPP.

§ 2º Os atos e contratos constitutivos de pessoas jurídicas, sob pena de nulidade, só podem ser admitidos a registro, nos órgãos competentes, quando visados por advogados.

- V. art. 114, Lei 6.015/1973 (Lei de Registros Públicos).

§ 3º É vedada a divulgação de advocacia em conjunto com outra atividade.

- V. art. 16, *caput* e § 2º.

Art. 2º O advogado é indispensável à administração da justiça.

- V. art. 133, CF.
- V. art. 2º, Lei 5.478/1968 (Ação de alimentos).
- V. arts. 9º e 72, Lei 9.099/1995 (Juizados Especiais Cíveis e Criminais).

§ 1º No seu ministério privado, o advogado presta serviço público e exerce função social.

§ 2º No processo judicial, o advogado contribui, na postulação de decisão favorável ao seu constituinte, ao convencimento do julgador, e seus atos constituem múnus público.

§ 3º No exercício da profissão, o advogado é inviolável por seus atos e manifestações, nos limites desta Lei.

- V. art. 7º, II, IV e XIX, §§ 2º e 3º.

Art. 3º O exercício da atividade de advocacia no território brasileiro e a denominação de advogado são privativos dos inscritos na Ordem dos Advogados do Brasil – OAB.

- V. arts. 8º a 14.

§ 1º Exercem atividade de advocacia, sujeitando-se ao regime desta Lei, além do regime próprio a que se subordinem, os integrantes da Advocacia-Geral da União, da Procuradoria da Fazenda Nacional, da Defensoria Pública e das Procuradorias e Consultorias Jurídicas dos Estados, do Distrito Federal, dos Municípios e das respectivas entidades de administração indireta e fundacional.

§ 2º O estagiário de advocacia, regularmente inscrito, pode praticar os atos previstos no art. 1º, na forma do Regulamento Geral, em conjunto com advogado e sob responsabilidade deste.

- V. arts. 9º e 34, XXIX.

Art. 4º São nulos os atos privativos de advogado praticados por pessoa não inscrita na OAB, sem prejuízo das sanções civis, penais e administrativas.

Parágrafo único. São também nulos os atos praticados por advogado impedido – no âmbito do impedimento – suspenso, licenciado ou que passar a exercer atividade incompatível com a advocacia.

- V. art. 2º.
- V. art. 2º, Lei 5.478/1968 (Ação de alimentos).
- V. arts. 9º e 72, Lei 9.099/1995 (Juizados Especiais Cíveis e Criminais).

Art. 5º O advogado postula, em juízo ou fora dele, fazendo prova do mandato.

- V. art. 104, CPC/2015.
- V. art. 266, CPP.
- V. art. 16, Lei 1.060/1950 (Assistência Judiciária).

§ 1º O advogado, afirmando urgência, pode atuar sem procuração, obrigando-se a apresentá-la no prazo de 15 (quinze) dias, prorrogável por igual período.

- V. art. 104, *caput* e § 1º, CPC/2015.

§ 2º A procuração para o foro em geral habilita o advogado a praticar todos os atos judiciais, em qualquer juízo ou instância, salvo os que exijam poderes especiais.

- V. art. 7º, VI, *d*.
- V. arts. 105 e 618, III, CPC/2015.
- V. arts. 44, 50, 98 e 146, CPP.

§ 3º O advogado que renunciar ao mandato continuará, durante os 10 (dez) dias seguintes à notificação da renúncia, a representar o mandante, salvo se for substituído antes do término desse prazo.

- V. art. 34, XI.
- V. art. 112, CPC/2015.

Capítulo II
Dos Direitos do Advogado

Art. 6º Não há hierarquia nem subordinação entre advogados, magistrados e membros do Ministério Público, devendo todos tratar-se com consideração e respeito recíprocos.

Parágrafo único. As autoridades, os servidores públicos e os serventuários da justiça devem dispensar ao advogado, no exercício da profissão, tratamento compatível com a dignidade da advocacia e condições adequadas a seu desempenho.

Art. 7º São direitos do advogado:

I – exercer, com liberdade, a profissão em todo o território nacional;

II – a inviolabilidade de seu escritório ou local de trabalho, bem como de seus instrumentos de trabalho, de sua correspondência escrita, eletrônica, telefônica e telemática, desde que relativas ao exercício da advocacia;

- Inciso II com redação determinada pela Lei 11.767/2008.

III – comunicar-se com seus clientes, pessoal e reservadamente, mesmo sem procuração, quando estes se acharem presos, detidos ou recolhidos em estabelecimentos civis ou militares, ainda que considerados incomunicáveis;

- V. art. 21, parágrafo único, CPP.

IV – ter a presença de representante da OAB, quando preso em flagrante, por motivo ligado ao exercício da advocacia, para lavratura do auto respectivo, sob pena de nulidade e, nos demais casos, a comunicação expressa à seccional da OAB;

V – não ser recolhido preso, antes de sentença transitada em julgado, senão em sala de Estado-Maior, com instalações e comodidades condignas, assim reconhecidas pela OAB, e, na sua falta, em prisão domiciliar;

- O STF, na ADIn 1.127-8 (*DOU* e *DJU* 26.05.2006), declarou inconstitucional a expressão "assim reconhecidas pela OAB".
- V. art. 295, VII, CPP.

VI – ingressar livremente:

a) nas salas de sessões dos tribunais, mesmo além dos cancelos que separam a parte reservada aos magistrados;

b) nas salas e dependências de audiências, secretarias, cartórios, ofícios de justiça, serviços notariais e de registro, e, no caso de delegacias e prisões, mesmo fora da hora de expediente e independentemente da presença de seus titulares;

c) em qualquer edifício ou recinto em que funcione repartição judicial ou outro serviço público onde o advogado deva praticar ato ou colher prova ou informação útil ao exercício da atividade profissional, dentro do expediente ou fora dele, e ser atendido, desde que se ache presente qualquer servidor ou empregado;

d) em qualquer assembleia ou reunião de que participe ou possa participar o seu cliente, ou perante a qual este deva comparecer, desde que munido de poderes especiais;

VII – permanecer sentado ou em pé e retirar-se de quaisquer locais indicados no inciso anterior, independentemente de licença;

VIII – dirigir-se diretamente aos magistrados nas salas e gabinetes de trabalho, independentemente de horário previamente marcado ou outra condição, observando-se a ordem de chegada;

IX – sustentar oralmente as razões de qualquer recurso ou processo, nas sessões de julgamento, após o voto do relator, em instância judicial ou administrativa, pelo prazo de 15 (quinze) minutos, salvo se prazo maior for concedido;

- O STF, nas ADIns 1.105-7 e 1.127-8 (*DOU* e *DJU* 26.05.2006), declarou inconstitucional este inciso.

X – usar da palavra, pela ordem, em qualquer juízo ou tribunal, mediante intervenção sumária, para esclarecer equívoco ou dúvida surgida em relação a fatos, documentos ou afirmações que influam no julgamento, bem como para replicar acusação ou censura que lhe forem feitas;

XI – reclamar, verbalmente ou por escrito, perante qualquer juízo, tribunal ou autoridade, contra a inobservância de preceito de lei, regulamento ou regimento;

XII – falar, sentado ou em pé, em juízo, tribunal ou órgão de deliberação coletiva da Administração Pública ou do Poder Legislativo;

- V. art. 793, CPP.

XIII – examinar, em qualquer órgão dos Poderes Judiciário e Legislativo, ou da Administração Pública em geral, autos de processos findos ou em andamento, mesmo sem procuração, quando não estiverem sujeitos a sigilo ou segredo de justiça, assegurada a obtenção de cópias, com possibilidade de tomar apontamentos;

- Inciso XIII com redação determinada pela Lei 13.793/2019.
- V. art. 107, I, CPC/2015.
- V. Súmula vinculante 14, STF.

XIV – examinar, em qualquer instituição responsável por conduzir investigação, mesmo sem procuração, autos de flagrante e de investigações de qualquer natureza, findos ou em andamento, ainda que conclusos à autoridade, podendo copiar peças e tomar apontamentos, em meio físico ou digital;

- Inciso XIV com redação determinada pela Lei 13.245/2016.
- V. Súmula vinculante 14, STF.

XV – ter vista dos processos judiciais ou administrativos de qualquer natureza, em cartório ou na repartição competente, ou retirá-los pelos prazos legais;

- V. art. 107, II e III, CPC/2015.
- V. art. 803, CPP.

XVI – retirar autos de processos findos, mesmo sem procuração, pelo prazo de 10 (dez) dias;

- V. art. 803, CPP.

XVII – ser publicamente desagravado, quando ofendido no exercício da profissão ou em razão dela;

XVIII – usar os símbolos privativos da profissão de advogado;

XIX – recusar-se a depor como testemunha em processo no qual funcionou ou deva funcionar, ou sobre fato relacionado com pessoa de quem seja ou foi advogado, mesmo quando autorizado ou solicitado pelo constituinte, bem como sobre fato que constitua sigilo profissional;

XX – retirar-se do recinto onde se encontre aguardando pregão para ato judicial, após 30 (trinta) minutos do horário designado e ao qual ainda não tenha comparecido a autoridade que deva presidir a ele, mediante comunicação protocolizada em juízo.

XXI – assistir a seus clientes investigados durante a apuração de infrações, sob pena de nulidade absoluta do respectivo interrogatório ou depoimento e, subsequentemente, de todos os elementos investigatórios e probatórios dele decorrentes ou derivados, direta ou indiretamente, podendo, inclusive, no curso da respectiva apuração:

- Inciso XXI acrescentado pela Lei 13.245/2016.

a) apresentar razões e quesitos;

b) (Vetado).

§ 1º Não se aplica o disposto nos incisos XV e XVI:

1) aos processos sob regime de segredo de justiça;

2) quando existirem nos autos documentos originais de difícil restauração ou ocorrer circunstância relevante que justifique a permanência dos autos no cartório, secretaria ou repartição, reconhecida pela autoridade em despacho motivado, proferido de ofício, mediante representação ou a requerimento da parte interessada;

3) até o encerramento do processo, ao advogado que houver deixado de devolver os respectivos autos no prazo legal, e só o fizer depois de intimado.

- V. art. 34, XXII.
- V. art. 234, *caput*, CPC/2015.

§ 2º O advogado tem imunidade profissional, não constituindo injúria, difamação ou desacato puníveis qualquer manifestação de sua parte, no exercício de sua atividade, em juízo ou fora dele, sem prejuízo das sanções disciplinares perante a OAB, pelos excessos que cometer.

- O STF, na ADIn 1.127-8 (*DOU* e *DJU* 26.05.2006), declarou inconstitucional a expressão "ou desacato".

§ 3º O advogado somente poderá ser preso em flagrante, por motivo de exercício da profissão, em caso de crime inafiançável, observado o disposto no inciso IV deste artigo.

§ 4º O Poder Judiciário e o Poder Executivo devem instalar, em todos os juizados, fóruns, tribunais, delegacias de polícia e presídios, salas especiais permanentes para os advogados, com uso e controle assegurados à OAB.

- O STF, na ADIn 1.127-8 (*DOU* e *DJU* 26.05.2006), declarou inconstitucional a expressão "e controle".

§ 5º No caso de ofensa a inscrito na OAB, no exercício da profissão ou de cargo ou função de órgão da OAB, o conselho competente deve promover o desagravo público do ofendido, sem prejuízo da responsabilidade criminal em que incorrer o infrator.

§ 6º Presentes indícios de autoria e materialidade da prática de crime por parte de advogado, a autoridade judiciária competente poderá decretar a quebra da inviolabilidade de que trata o inciso II do *caput* deste artigo, em decisão motivada, expedindo mandado de busca e apreensão, específico e pormenorizado, a ser cumprido na presença de representante da OAB, sendo, em qualquer hipótese, vedada a utilização dos documentos, das mídias e dos objetos pertencentes a clientes do advogado averiguado, bem como dos demais instrumentos de trabalho que contenham informações sobre clientes.

- § 6º acrescentado pela Lei 11.767/2008.
- V. Provimento CFOAB 127/2008 (Participação da OAB no cumprimento da decisão judicial que determinar a quebra da inviolabilidade de que trata a Lei 11.767/2008).

§ 7º A ressalva constante do § 6º deste artigo não se estende a clientes do advogado averiguado que estejam sendo formalmente investigados como seus partícipes ou coautores pela prática do mesmo crime que deu causa à quebra da inviolabilidade.

- § 7º acrescentado pela Lei 11.767/2008.

§ 8º *(Vetado).*

- § 8º acrescentado pela Lei 11.767/2008.

§ 9º *(Vetado).*

- § 9º acrescentado pela Lei 11.767/2008.

§ 10. Nos autos sujeitos a sigilo, deve o advogado apresentar procuração para o exercício dos direitos de que trata o inciso XIV.

- § 10 acrescentado pela Lei 13.245/2016.

§ 11. No caso previsto no inciso XIV, a autoridade competente poderá delimitar o acesso do advogado aos elementos de prova relacionados a diligências em andamento e ainda não documentados nos autos, quando houver risco de comprometimento da eficiência, da eficácia ou da finalidade das diligências.

- § 11 acrescentado pela Lei 13.245/2016.

§ 12. A inobservância aos direitos estabelecidos no inciso XIV, o fornecimento incompleto de autos ou o fornecimento de autos em que houve a retirada de peças já incluídas no caderno investigativo implicará responsabilização criminal e funcional por abuso de autoridade do responsável que impedir o acesso do advogado com o intuito de prejudicar o exercício da defesa, sem prejuízo do direito subjetivo do advogado de requerer acesso aos autos ao juiz competente.

- § 12 acrescentado pela Lei 13.245/2016.

§ 13. O disposto nos incisos XIII e XIV do *caput* deste artigo aplica-se integralmente a processos e a procedimentos eletrônicos, ressalvado o disposto nos §§ 10 e 11 deste artigo.

- § 13 acrescentado pela Lei 13.793/2019.

Art. 7º-A. São direitos da advogada:

- Artigo acrescentado pela Lei 13.363/2016.

I – gestante:

a) entrada em tribunais sem ser submetida a detectores de metais e aparelhos de raios X;

b) reserva de vaga em garagens dos fóruns dos tribunais;

II – lactante, adotante ou que der à luz, acesso a creche, onde houver, ou a local adequado ao atendimento das necessidades do bebê;

III – gestante, lactante, adotante ou que der à luz, preferência na ordem das sustentações orais e das audiências a serem realizadas a cada dia, mediante comprovação de sua condição;

IV – adotante ou que der à luz, suspensão de prazos processuais *quando* for a única patrona da causa, desde que haja notificação por escrito ao cliente.

§ 1º Os direitos previstos à advogada gestante ou lactante aplicam-se enquanto perdurar, respectivamente, o estado gravídico ou o período de amamentação.

§ 2º Os direitos assegurados nos incisos II e III deste artigo à advogada adotante ou que der à luz serão concedidos pelo prazo previsto no art. 392 do Decreto-lei 5.452, de 1º de maio de 1943 (Consolidação das Leis do Trabalho).

§ 3º O direito assegurado no inciso IV deste artigo à advogada adotante ou que der à luz será concedido pelo prazo previsto no § 6º do art. 313 da Lei 13.105, de 16 de março de 2015 (Código de Processo Civil).

Capítulo III
Da Inscrição

Art. 8º Para inscrição como advogado é necessário:

- V. arts. 34, XXVI, e 61, parágrafo único, *d*.

I – capacidade civil;

II – diploma ou certidão de graduação em direito, obtido em instituição de ensino oficialmente autorizada e credenciada;

III – título de eleitor e quitação do serviço militar, se brasileiro;

IV – aprovação em Exame de Ordem;

- V. art. 84.

V – não exercer atividade incompatível com a advocacia;

- V. arts. 27 e 28.

VI – idoneidade moral;

- V. art. 34, XXVII.

VII – prestar compromisso perante o Conselho.

§ 1º O Exame de Ordem é regulamentado em provimento do Conselho Federal da OAB.

- V. art. 58, VI.

§ 2º O estrangeiro ou brasileiro, quando não graduado em direito no Brasil, deve fazer prova do título de graduação, obtido em instituição estrangeira, devidamente revalidado, além de atender aos demais requisitos previstos neste artigo.

§ 3º A inidoneidade moral, suscitada por qualquer pessoa, deve ser declarada mediante decisão que obtenha no mínimo 2/3 (dois terços) dos votos de todos os membros do conselho competente, em procedimento que observe os termos do processo disciplinar.

§ 4º Não atende ao requisito de idoneidade moral aquele que tiver sido condenado por crime infamante, salvo reabilitação judicial.

Art. 9º Para inscrição como estagiário é necessário:

- V. art. 61, parágrafo único, *d*.

I – preencher os requisitos mencionados nos incisos I, III, V, VI e VII do art. 8º;

II – ter sido admitido em estágio profissional de advocacia.

§ 1º O estágio profissional de advocacia, com duração de 2 (dois) anos, realizado nos últimos anos do curso jurídico, pode ser mantido pelas respectivas instituições de ensino superior, pelos Conselhos da OAB, ou por setores, órgãos jurídicos e escritórios de advocacia credenciados pela OAB, sendo obrigatório o estudo deste Estatuto e do Código de Ética e Disciplina.

§ 2º A inscrição do estagiário é feita no Conselho Seccional em cujo território se localize seu curso jurídico.

§ 3º O aluno de curso jurídico que exerça atividade incompatível com a advocacia pode frequentar o estágio ministrado pela respectiva instituição de ensino superior, para fins de aprendizagem, vedada a inscrição na OAB.

- V. arts. 27 e 28.

§ 4º O estágio profissional poderá ser cumprido por bacharel em Direito que queira se inscrever na Ordem.

Art. 10. A inscrição principal do advogado deve ser feita no Conselho Seccional em cujo território pretende estabelecer o seu domicílio profissional, na forma do Regulamento Geral.

§ 1º Considera-se domicílio profissional a sede principal da atividade de advocacia, prevalecendo, na dúvida, o domicílio da pessoa física do advogado.

- V. art. 72, CC.

§ 2º Além da principal, o advogado deve promover a inscrição suplementar nos Conselhos Seccionais em cujos territórios passar a exercer habitualmente a profissão, considerando-se habitualidade a intervenção judicial que exceder de cinco causas por ano.

§ 3º No caso de mudança efetiva de domicílio profissional para outra unidade federativa, deve o advogado requerer a transferência de sua inscrição para o Conselho Seccional correspondente.

§ 4º O Conselho Seccional deve suspender o pedido de transferência ou de inscrição suplementar, ao verificar a existência de vício ou ilegalidade na inscrição principal, contra ela representando ao Conselho Federal.

Art. 11. Cancela-se a inscrição do profissional que:

I – assim o requerer;

II – sofrer penalidade de exclusão;

- V. art. 38.

III – falecer;

IV – passar a exercer, em caráter definitivo, atividade incompatível com a advocacia;

- V. arts. 27 e 28.

V – perder qualquer um dos requisitos necessários para inscrição.

- V. art. 8º.

§ 1º Ocorrendo uma das hipóteses dos incisos II, III e IV, o cancelamento deve ser promovido, de ofício, pelo Conselho competente ou em virtude de comunicação por qualquer pessoa.

§ 2º Na hipótese de novo pedido de inscrição – que não restaura o número de inscrição anterior – deve o interessado fazer prova dos requisitos dos incisos I, V, VI e VII do art. 8º.

§ 3º Na hipótese do inciso II deste artigo, o novo pedido de inscrição também deve ser acompanhado de provas de reabilitação.

Art. 12. Licencia-se o profissional que:

I – assim o requerer, por motivo justificado;

II – passar a exercer, em caráter temporário, atividade incompatível com o exercício da advocacia;

- V. arts. 27 e 28.

III – sofrer doença mental considerada curável.

Art. 13. O documento de identidade profissional, na forma prevista no Regulamento Geral, é de uso obrigatório no exercício da atividade de advogado ou de estagiário e constitui prova de identidade civil para todos os fins legais.

Art. 14. É obrigatória a indicação do nome e do número de inscrição em todos os documentos assinados pelo advogado, no exercício de sua atividade.

Parágrafo único. É vedado anunciar ou divulgar qualquer atividade relacionada com o exercício da advocacia ou o uso da expressão "escritório de advocacia", sem indicação expressa do nome e do número de inscrição dos advogados que o integrem ou o número de registro da sociedade de advogados na OAB.

- V. arts. 15 a 17.

Capítulo IV
Da Sociedade de Advogados

Art. 15. Os advogados podem reunir-se em sociedade simples de prestação de serviços de advocacia ou constituir sociedade unipessoal de advocacia, na forma disciplinada nesta Lei e no regulamento geral.

- *Caput* com redação determinada pela Lei 13.247/2016.
- V. art. 34, II.

§ 1º A sociedade de advogados e a sociedade unipessoal de advocacia adquirem personalidade jurídica com o registro aprovado dos seus atos constitutivos no Conselho Seccional da OAB em cuja base territorial tiver sede.

- § 1º com redação determinada pela Lei 13.247/2016.

§ 2º Aplica-se à sociedade de advogados e à sociedade unipessoal de advocacia o Código de Ética e Disciplina, no que couber.

- § 2º com redação determinada pela Lei 13.247/2016.

§ 3º As procurações devem ser outorgadas individualmente aos advogados e indicar a sociedade de que façam parte.

§ 4º Nenhum advogado pode integrar mais de uma sociedade de advogados, constituir mais de uma sociedade unipessoal de advocacia, ou integrar, simultaneamente, uma sociedade de advogados e uma sociedade unipessoal de advocacia, com sede ou filial na mesma área territorial do respectivo Conselho Seccional.

- § 4º com redação determinada pela Lei 13.247/2016.

§ 5º O ato de constituição de filial deve ser averbado no registro da sociedade e arquivado no Conselho Seccional onde se instalar, ficando os sócios, inclusive o titular da sociedade unipessoal de advocacia, obrigados à inscrição suplementar.

- § 5º com redação determinada pela Lei 13.247/2016.

§ 6º Os advogados sócios de uma mesma sociedade profissional não podem representar em juízo clientes de interesses opostos.

- V. art. 355, parágrafo único, CP.

§ 7º A sociedade unipessoal de advocacia pode resultar da concentração por um advogado das quotas de uma sociedade de advogados, independentemente das razões que motivaram tal concentração.

- § 7º acrescentado pela Lei 13.247/2016.

Art. 16. Não são admitidas a registro nem podem funcionar todas as espécies de sociedades de advogados que apresentem forma ou características de sociedade empresária, que adotem denominação de fantasia, que realizem atividades estranhas à advocacia, que incluam como sócio ou titular de sociedade unipessoal de advocacia pessoa não inscrita como advogado ou totalmente proibida de advogar.

- *Caput* com redação determinada pela Lei 13.247/2016.

§ 1º A razão social deve ter, obrigatoriamente, o nome de, pelo menos, um advogado responsável pela sociedade, podendo permanecer o de sócio falecido, desde que prevista tal possibilidade no ato constitutivo.

§ 2º O licenciamento do sócio para exercer atividade incompatível com a advocacia em caráter temporário deve ser averbado no registro da sociedade, não alterando sua constituição.

- V. arts. 27 e 28.

§ 3º É proibido o registro, nos cartórios de registro civil de pessoas jurídicas e nas juntas comerciais, de sociedade que inclua, entre outras finalidades, a atividade de advocacia.

§ 4º A denominação da sociedade unipessoal de advocacia deve ser obrigatoriamente formada pelo nome do seu titular, completo ou parcial, com a expressão "Sociedade Individual de Advocacia".

- § 4º acrescentado pela Lei 13.247/2016.

Art. 17. Além da sociedade, o sócio e o titular da sociedade individual de advocacia respondem subsidiária e ilimitadamente pelos danos causados aos clientes por ação ou omissão no exercício da advocacia, sem prejuízo da responsabilidade disciplinar em que possam incorrer.

- Artigo com redação determinada pela Lei 13.247/2016.
- V. art. 389, CC.

Capítulo V
Do Advogado Empregado

Art. 18. A relação de emprego, na qualidade de advogado, não retira a isenção técnica nem reduz a independência profissional inerentes à advocacia.

Parágrafo único. O advogado empregado não está obrigado à prestação de serviços profissionais de interesse pessoal dos empregadores, fora da relação de emprego.

Art. 19. O salário mínimo profissional do advogado será fixado em sentença normativa, salvo se ajustado em acordo ou convenção coletiva de trabalho.

Art. 20. A jornada de trabalho do advogado empregado, no exercício da profissão, não poderá exceder a duração diária de 4 (quatro) horas contínuas e a de 20 (vinte) horas semanais, salvo acordo ou convenção coletiva ou em caso de dedicação exclusiva.

§ 1º Para efeitos deste artigo, considera-se como período de trabalho o tempo em que o advogado estiver à disposição do empregador, aguardando ou executando ordens, no seu escritório ou em atividades externas, sendo-lhe reembolsadas as despesas feitas com transporte, hospedagem e alimentação.

§ 2º As horas trabalhadas que excederem a jornada normal são remuneradas por um adicional não inferior a 100% (cem por cento) sobre o valor da hora normal, mesmo havendo contrato escrito.

§ 3º As horas trabalhadas no período das 20 (vinte) horas de um dia até as 5 (cinco) horas do dia seguinte são remuneradas como noturnas, acrescidas do adicional de 25% (vinte e cinco por cento).

Art. 21. Nas causas em que for parte o empregador, ou pessoa por este representada, os honorários de sucumbência são devidos aos advogados empregados.

- O STF, na ADIn 1.194-4 (*DOU* e *DJE* 28.05.2009), julgou parcialmente procedente a ação para dar interpretação conforme ao art. 21 e seu parágrafo único da Lei 8.906/1994, "no sentido da preservação da liberdade contratual quanto à destinação dos honorários de sucumbência fixados judicialmente".

Parágrafo único. Os honorários de sucumbência, percebidos por advogado empregado de sociedade de advogados são partilhados entre ele e a empregadora, na forma estabelecida em acordo.

Capítulo VI
Dos Honorários Advocatícios

Art. 22. A prestação de serviço profissional assegura aos inscritos na OAB o direito aos honorários convencionados, aos fixados por arbitramento judicial e aos de sucumbência.

- V. arts. 23 e 24, §§ 2º a 4º.
- V. art. 85, CPC/2015.

§ 1º O advogado, quando indicado para patrocinar causa de juridicamente necessitado, no caso de impossibilidade da Defensoria Pública no local da prestação de serviço, tem direito aos honorários fixados pelo juiz, segundo tabela organizada pelo Conselho Seccional da OAB, e pagos pelo Estado.

§ 2º Na falta de estipulação ou de acordo, os honorários são fixados por arbitramento judicial, em remuneração compatível com o trabalho e o valor econômico da questão, não podendo ser inferiores aos estabelecidos na tabela organizada pelo Conselho Seccional da OAB.

§ 3º Salvo estipulação em contrário, 1/3 (um terço) dos honorários é devido no início do serviço, outro terço até a decisão de primeira instância e o restante no final.

§ 4º Se o advogado fizer juntar aos autos o seu contrato de honorários antes de expedir-se o mandado de levantamento ou precatório, o juiz deve determinar que lhe sejam pagos diretamente, por dedução da quantia a ser recebida pelo constituinte, salvo se este provar que já os pagou.

§ 5º O disposto neste artigo não se aplica quando se tratar de mandato outorgado por advogado para defesa em processo oriundo de ato ou omissão praticada no exercício da profissão.

☛ **§ 6º** O disposto neste artigo aplica-se aos honorários assistenciais, compreendidos como os fixados em ações coletivas propostas por entidades de classe em substituição processual, sem prejuízo aos honorários convencionais.

- § 6º acrescentado pela Lei 13.725/2018.

§ 7º Os honorários convencionados com entidades de classe para atuação em substituição processual poderão prever a faculdade de indicar os beneficiários que, ao optarem por adquirir os direitos, assumirão as obrigações decorrentes do contrato originário a partir do momento em que este foi celebrado, sem a necessidade de mais formalidades.

- § 7º acrescentado pela Lei 13.725/2018.

Art. 23. Os honorários incluídos na condenação, por arbitramento ou sucumbência, pertencem ao advogado, tendo este direito autônomo para executar a sentença nesta parte, podendo requerer que o precatório, quando necessário, seja expedido em seu favor.

- V. art. 26.
- V. arts. 92, 485, § 2º, e 486, CPC/2015.
- V. Súmula 306, STJ.

Art. 24. A decisão judicial que fixar ou arbitrar honorários e o contrato escrito que os estipular são títulos executivos e constituem crédito privilegiado na falência, concordata, concurso de credores, insolvência civil e liquidação extrajudicial.

- V. arts. 784, IX, e 917, CPC/2015.
- V. art. 83, V, c, Lei 11.101/2005 (Lei de Recuperação de Empresas e Falência).

§ 1º A execução dos honorários pode ser promovida nos mesmos autos da ação em que tenha atuado o advogado, se assim lhe convier.

§ 2º Na hipótese de falecimento ou incapacidade civil do advogado, os honorários de sucumbência, proporcionais ao trabalho realizado, são recebidos por seus sucessores ou representantes legais.

§ 3º É nula qualquer disposição, cláusula, regulamento ou convenção individual ou coletiva que retire do advogado o direito ao recebimento dos honorários de sucumbência.

- O STF, na ADIn 1.194-4 (*DOU* e *DJE* 28.05.2009), declarou a inconstitucionalidade do § 3º do art. 24 da Lei 8.906/1994.

§ 4º O acordo feito pelo cliente do advogado e a parte contrária, salvo aquiescência do profissional, não lhe prejudica os honorários, quer os convencionados, quer os concedidos por sentença.

Art. 25. Prescreve em 5 (cinco) anos a ação de cobrança de honorários de advogado, contado o prazo:

I – do vencimento do contrato, se houver;

II – do trânsito em julgado da decisão que os fixar;

III – da ultimação do serviço extrajudicial;

IV – da desistência ou transação;

V – da renúncia ou revogação do mandato.

Art. 25-A. Prescreve em 5 (cinco) anos a ação de prestação de contas pelas quantias recebidas pelo advogado de seu cliente, ou de terceiros por conta dele (art. 34, XXI).

- Artigo acrescentado pela Lei 11.902/2009.

Art. 26. O advogado substabelecido, com reserva de poderes, não pode cobrar honorários sem a intervenção daquele que lhe conferiu o substabelecimento.

Capítulo VII
Das Incompatibilidades e Impedimentos

Art. 27. A incompatibilidade determina a proibição total, e o impedimento, a proibição parcial do exercício da advocacia.

- V. arts. 4º, parágrafo único, e 16, § 2º.

Art. 28. A advocacia é incompatível, mesmo em causa própria, com as seguintes atividades:

I – chefe do Poder Executivo e membros da Mesa do Poder Legislativo e seus substitutos legais;

II – membros de órgãos do Poder Judiciário, do Ministério Público, dos tribunais e conselhos de contas, dos juizados especiais, da justiça de paz, juízes classistas, bem como de todos os que exerçam função de julgamento em órgão de deliberação coletiva da administração pública direta ou indireta;

- O STF, na ADIn 1.127-8 (*DOU* e *DJU* 26.05.2006), "julgou parcialmente procedente a ação, quanto ao inciso II do artigo 28, para excluir apenas os juízes eleitorais e seus suplentes".
- A EC 24/1999 substituiu as Juntas de Conciliação e Julgamento por Varas do Trabalho (juiz singular) e extinguiu a representação classista na Justiça do Trabalho.
- V. art. 83.

III – ocupantes de cargos ou funções de direção em órgãos da Administração Pública direta ou indireta, em suas fundações e em suas empresas controladas ou concessionárias de serviço público;

IV – ocupantes de cargos ou funções vinculados direta ou indiretamente a qualquer órgão do Poder Judiciário e os que exercem serviços notariais e de registro;

V – ocupantes de cargos ou funções vinculados direta ou indiretamente a atividade policial de qualquer natureza;

VI – militares de qualquer natureza, na ativa;

VII – ocupantes de cargos ou funções que tenham competência de lançamento, arrecadação ou fiscalização de tributos e contribuições parafiscais;

VIII – ocupantes de funções de direção e gerência em instituições financeiras, inclusive privadas.

§ 1º A incompatibilidade permanece mesmo que o ocupante do cargo ou função deixe de exercê-lo temporariamente.

- V. art. 16, § 2º.

§ 2º Não se incluem nas hipóteses do inciso III os que não detenham poder de decisão relevante sobre interesses de terceiro, a juízo do Conselho competente da OAB, bem como a administração acadêmica diretamente relacionada ao magistério jurídico.

Art. 29. Os Procuradores-Gerais, Advogados-Gerais, Defensores-Gerais e dirigentes de órgãos jurídicos da Administração Pública direta, indireta e fundacional são exclusivamente legitimados para o exercício da advocacia vinculada à função que exerçam, durante o período da investidura.

Art. 30. São impedidos de exercer a advocacia:

I – os servidores da administração direta, indireta e fundacional, contra a Fazenda Pública que os remunere ou à qual seja vinculada a entidade empregadora;

II – os membros do Poder Legislativo, em seus diferentes níveis, contra ou a favor das pessoas jurídicas de direito público, empresas públicas, sociedades de economia mista, fundações públicas, entidades paraestatais ou empresas concessionárias ou permissionárias de serviço público.

Parágrafo único. Não se incluem nas hipóteses do inciso I os docentes dos cursos jurídicos.

Capítulo VIII
Da Ética do Advogado

Art. 31. O advogado deve proceder de forma que o torne merecedor de respeito e que contribua para o prestígio da classe e da advocacia.

§ 1º O advogado, no exercício da profissão, deve manter independência em qualquer circunstância.

§ 2º Nenhum receio de desagradar a magistrado ou a qualquer autoridade, nem de incorrer em impopularidade, deve deter o advogado no exercício da profissão.

Art. 32. O advogado é responsável pelos atos que, no exercício profissional, praticar com dolo ou culpa.

- V. art. 17.
- V. art. 389, CC.

Parágrafo único. Em caso de lide temerária, o advogado será solidariamente responsável com seu cliente, desde que coligado com este para lesar a parte contrária, o que será apurado em ação própria.

- V. art. 80, CPC/2015.

Art. 33. O advogado obriga-se a cumprir rigorosamente os deveres consignados no Código de Ética e Disciplina.

Parágrafo único. O Código de Ética e Disciplina regula os deveres do advogado para com a comunidade, o cliente, o outro profissional e, ainda, a publicidade, a recusa do patrocínio, o dever de assistência jurídica, o dever geral de urbanidade e os respectivos procedimentos disciplinares.

Capítulo IX
Das Infrações e Sanções Disciplinares

Art. 34. Constitui infração disciplinar:

I – exercer a profissão, quando impedido de fazê-lo, ou facilitar, por qualquer meio, o seu exercício aos não inscritos, proibidos ou impedidos;

- V. arts. 28 a 30 e 36, I.

II – manter sociedade profissional fora das normas e preceitos estabelecidos nesta Lei;

- V. arts. 15 a 17 e 36, I.

III – valer-se de agenciador de causas, mediante participação nos honorários a receber;

- V. art. 36, I.

IV – angariar ou captar causas, com ou sem a intervenção de terceiros;

- V. art. 36, I.

V – assinar qualquer escrito destinado a processo judicial ou para fim extrajudicial que não tenha feito, ou em que não tenha colaborado;

- V. art. 36, I.

VI – advogar contra literal disposição de lei, presumindo-se a boa-fé quando fundamentado na inconstitucionalidade, na injustiça da lei ou em pronunciamento judicial anterior;

- V. arts. 32, parágrafo único, e 36, I.
- V. art. 80, I, CPC/2015.

VII – violar, sem justa causa, sigilo profissional;

- V. arts. 7º, XIX, e 36, I.
- V. art. 380, CPC/2015.

VIII – estabelecer entendimento com a parte adversa sem autorização do cliente ou ciência do advogado contrário;

- V. art. 36, I.

IX – prejudicar, por culpa grave, interesse confiado ao seu patrocínio;

- V. art. 36, I.
- V. art. 355, *caput*, CP.

X – acarretar, conscientemente, por ato próprio, a anulação ou a nulidade do processo em que funcione;

- V. art. 36, I.

XI – abandonar a causa sem justo motivo ou antes de decorridos 10 (dez) dias da comunicação da renúncia;

- V. arts 5º, § 3º, e 36, I.
- V. art. 112, CPC/2015.

XII – recusar-se a prestar, sem justo motivo, assistência jurídica, quando nomeado em virtude de impossibilidade da Defensoria Pública;

- V. arts. 22, § 1º, e 36, I.

XIII – fazer publicar na imprensa, desnecessária e habitualmente, alegações forenses ou relativas a causas pendentes;

- V. art. 36, I.

XIV – deturpar o teor de dispositivo de lei, de citação doutrinária ou de julgado, bem como de depoimentos, documentos e alegações da parte contrária, para confundir o adversário ou iludir o juiz da causa;

- V. art. 36, I.
- V. art. 80, II, CPC/2015.

XV – fazer, em nome do constituinte, sem autorização escrita deste, imputação a terceiro de fato definido como crime;

- V. art. 36, I.

XVI – deixar de cumprir, no prazo estabelecido, determinação emanada do órgão ou autoridade da Ordem, em matéria da competência desta, depois de regularmente notificado;

- V. art. 36, I.

XVII – prestar concurso a clientes ou a terceiros para realização de ato contrário à lei ou destinado a fraudá-la;

- V. art. 37, I.

XVIII – solicitar ou receber de constituinte qualquer importância para aplicação ilícita ou desonesta;

- V. art. 37, I.
- V. art. 317, *caput*, CP.

XIX – receber valores, da parte contrária ou de terceiro, relacionados com o objeto do mandato, sem expressa autorização do constituinte;

- V. art. 37, I.

XX – locupletar-se, por qualquer forma, à custa do cliente ou da parte adversa, por si ou interposta pessoa;

- V. art. 37, I.

XXI – recusar-se, injustificadamente, a prestar contas ao cliente de quantias recebidas dele ou de terceiros por conta dele;

- V. arts. 25-A e 37, I e § 2º.

XXII – reter, abusivamente, ou extraviar autos recebidos com vista ou em confiança;

- V. arts. 7º, § 1º, item 3, e 37, I.
- V. arts. 234, CPC/2015.

XXIII – deixar de pagar as contribuições, multas e preços de serviços devidos à OAB, depois de regularmente notificado a fazê-lo;

- V. art. 37, I e § 2º.

XXIV – incidir em erros reiterados que evidenciem inépcia profissional;

- V. art. 37, I e § 3º.

XXV – manter conduta incompatível com a advocacia;

- V. arts. 28, 31 e 37, I.

XXVI – fazer falsa prova de qualquer dos requisitos para inscrição na OAB;

- V. arts. 8º e 38, II.

XXVII – tornar-se moralmente inidôneo para o exercício da advocacia;

- V. arts. 8º, § 3º, e 38, II.

XXVIII – praticar crime infamante;

- V. arts. 8º, § 4º, e 38, II.

XXIX – praticar, o estagiário, ato excedente de sua habilitação.

- V. arts. 3º, § 2º, e 36, I.

Parágrafo único. Inclui-se na conduta incompatível:

a) prática reiterada de jogo de azar, não autorizado por lei;

b) incontinência pública e escandalosa;

c) embriaguez ou toxicomania habituais.

Art. 35. As sanções disciplinares consistem em:

I – censura;

II – suspensão;

III – exclusão;

IV – multa.

Parágrafo único. As sanções devem constar dos assentamentos do inscrito, após o trânsito em julgado da decisão, não podendo ser objeto de publicidade a de censura.

Art. 36. A censura é aplicável nos casos de:

I – infrações definidas nos incisos I a XVI e XXIX do art. 34;

II – violação a preceito do Código de Ética e Disciplina;

III – violação a preceito desta Lei, quando para a infração não se tenha estabelecido sanção mais grave.

Parágrafo único. A censura pode ser convertida em advertência, em ofício reservado, sem registro nos assentamentos do inscrito, quando presente circunstância atenuante.

Art. 37. A suspensão é aplicável nos casos de:

I – infrações definidas nos incisos XVII a XXV do art. 34;

II – reincidência em infração disciplinar.

§ 1º A suspensão acarreta ao infrator a interdição do exercício profissional, em todo o território nacional, pelo prazo de 30 (trinta) dias a 12 (doze) meses, de acordo com os critérios de individualização previstos neste capítulo.

§ 2º Nas hipóteses dos incisos XXI e XXIII do art. 34, a suspensão perdura até que satisfaça integralmente a dívida, inclusive com correção monetária.

§ 3º Na hipótese do inciso XXIV do art. 34, a suspensão perdura até que preste novas provas de habilitação.

Art. 38. A exclusão é aplicável nos casos de:

I – aplicação, por três vezes, de suspensão;

II – infrações definidas nos incisos XXVI a XXVIII do art. 34.

Parágrafo único. Para a aplicação da sanção disciplinar de exclusão é necessária a manifestação favorável de 2/3 (dois terços) dos membros do Conselho Seccional competente.

Art. 39. A multa, variável entre o mínimo correspondente ao valor de uma anuidade e o máximo de seu décuplo, é aplicável cumulativamente com a censura ou suspensão, em havendo circunstâncias agravantes.

Art. 40. Na aplicação das sanções disciplinares são consideradas, para fins de atenuação, as seguintes circunstâncias, entre outras:

I – falta cometida na defesa de prerrogativa profissional;

II – ausência de punição disciplinar anterior;

III – exercício assíduo e proficiente de mandato ou cargo em qualquer órgão da OAB;

IV – prestação de relevantes serviços à advocacia ou à causa pública.

Parágrafo único. Os antecedentes profissionais do inscrito, as atenuantes, o grau de culpa por ele revelada, as circunstâncias e as consequências da infração são considerados para o fim de decidir:

a) sobre a conveniência da aplicação cumulativa da multa e de outra sanção disciplinar;

b) sobre o tempo de suspensão e o valor da multa aplicáveis.

Art. 41. É permitido ao que tenha sofrido qualquer sanção disciplinar requerer, um ano após seu cumprimento, a reabilitação, em face de provas efetivas de bom comportamento.

Parágrafo único. Quando a sanção disciplinar resultar da prática de crime, o pedido de reabilitação depende também da correspondente reabilitação criminal.

- V. arts. 743 a 750, CPP.

Art. 42. Fica impedido de exercer o mandato o profissional a quem forem aplicadas as sanções disciplinares de suspensão ou exclusão.

- V. art. 4º, Parágrafo único.

Art. 43. A pretensão à punibilidade das infrações disciplinares prescreve em 5 (cinco) anos, contados da data da constatação oficial do fato.

§ 1º Aplica-se a prescrição a todo processo disciplinar paralisado por mais de 3 (três) anos, pendente de despacho ou julgamento, devendo ser arquivado de ofício, ou a requerimento da parte interessada, sem prejuízo de serem apuradas as responsabilidades pela paralisação.

§ 2º A prescrição interrompe-se:

I – pela instauração de processo disciplinar ou pela notificação válida feita diretamente ao representado;

II – pela decisão condenatória recorrível de qualquer órgão julgador da OAB.

TÍTULO II
Da Ordem dos Advogados do Brasil

Capítulo I
Dos Fins e da Organização

Art. 44. A Ordem dos Advogados do Brasil – OAB, serviço público, dotada de personalidade jurídica e forma federativa, tem por finalidade:

I – defender a Constituição, a ordem jurídica do Estado democrático de direito, os direitos humanos, a justiça social, e pugnar pela boa aplicação das leis, pela rápida administração da justiça e pelo aperfeiçoamento da cultura e das instituições jurídicas;

II – promover, com exclusividade, a representação, a defesa, a seleção e a disciplina dos advogados em toda a República Federativa do Brasil.

§ 1º A OAB não mantém com órgãos da Administração Pública qualquer vínculo funcional ou hierárquico.

§ 2º O uso da sigla "OAB" é privativo da Ordem dos Advogados do Brasil.

Art. 45. São órgãos da OAB:

I – o Conselho Federal;

- V. arts. 51 a 55.

II – os Conselhos Seccionais;

- V. arts. 56 a 59.

III – as Subseções;

- V. arts. 60 e 61.

IV – as Caixas de Assistência dos Advogados.

- V. art. 62.

§ 1º O Conselho Federal, dotado de personalidade jurídica própria, com sede na capital da República, é o órgão supremo da OAB.

§ 2º Os Conselhos Seccionais, dotados de personalidade jurídica própria, têm jurisdição sobre os respectivos territórios dos Estados-membros, do Distrito Federal e dos Territórios.

§ 3º As Subseções são partes autônomas do Conselho Seccional, na forma desta Lei e de seu ato constitutivo.

§ 4º As Caixas de Assistência dos Advogados, dotadas de personalidade jurídica própria, são criadas pelos Conselhos Seccionais, quando estes contarem com mais de mil e quinhentos inscritos.

§ 5º A OAB, por constituir serviço público, goza de imunidade tributária total em relação a seus bens, rendas e serviços.

☛ **§ 6º** Os atos, as notificações e as decisões dos órgãos da OAB, salvo quando reservados ou de administração interna, serão publicados no Diário Eletrônico da Ordem dos Advogados do Brasil, a ser disponibilizado na internet, podendo ser afixados no fórum local, na íntegra ou em resumo.

- § 6º com redação determinada pela Lei 13.688/2018 (*DOU* 04.07.2018), em vigor após decorridos 180 (cento e oitenta) dias de sua publicação oficial.

Art. 46. Compete à OAB fixar e cobrar, de seus inscritos, contribuições, preços de serviços e multas.

Parágrafo único. Constitui título executivo extrajudicial a certidão passada pela diretoria do Conselho competente, relativa a crédito previsto neste artigo.

- V. art. 784, IX, CPC/2015.
- V. art. 1º, Lei 6.830/1980 (Lei de Execução Fiscal).

Art. 47. O pagamento da contribuição anual à OAB isenta os inscritos nos seus quadros do pagamento obrigatório da contribuição sindical.

Art. 48. O cargo de conselheiro ou de membro de diretoria de órgão da OAB é de exercício gratuito e obrigatório, considerado serviço público relevante, inclusive para fins de disponibilidade e aposentadoria.

Art. 49. Os Presidentes dos Conselhos e das Subseções da OAB têm legitimidade para agir, judicial e extrajudicialmente, contra qualquer pessoa que infringir as disposições ou os fins desta Lei.

Parágrafo único. As autoridades mencionadas no *caput* deste artigo têm, ainda, legitimidade para intervir, inclusive como assistentes, nos inquéritos e processos em que sejam indiciados, acusados ou ofendidos os inscritos na OAB.

Art. 50. Para os fins desta Lei, os Presidentes dos Conselhos da OAB e das Subseções podem requisitar cópias de peças de autos e documentos a qualquer tribunal, magistrado, cartório e órgão da Administração Pública direta, indireta e fundacional.

- O STF, na ADIn 1.127-8 (*DOU* e *DJU* 26.05.2006), "julgou parcialmente procedente a ação para, sem redução de texto, dar interpretação conforme ao dispositivo, de modo a fazer compreender a palavra 'requisitar' como dependente de motivação, compatibilização com as finalidades da lei e atendimento de custos desta requisição. Ficam ressalvados, desde já, os documentos cobertos por sigilo".

Capítulo II
Do Conselho Federal

Art. 51. O Conselho Federal compõe-se:

I – dos conselheiros federais, integrantes das delegações de cada unidade federativa;

II – dos seus ex-presidentes, na qualidade de membros honorários vitalícios.

§ 1º Cada delegação é formada por três conselheiros federais.

§ 2º Os ex-presidentes têm direito apenas a voz nas sessões.

- V. art. 81.

Art. 52. Os presidentes dos Conselhos Seccionais, nas sessões do Conselho Federal, têm lugar reservado junto à delegação respectiva e direito somente a voz.

Art. 53. O Conselho Federal tem sua estrutura e funcionamento definidos no Regulamento Geral da OAB.

§ 1º O Presidente, nas deliberações do Conselho, tem apenas o voto de qualidade.

- V. art. 55, § 3º.

§ 2º O voto é tomado por delegação, e não pode ser exercido nas matérias de interesse da unidade que represente.

§ 3º Na eleição para a escolha da Diretoria do Conselho Federal, cada membro da delegação terá direito a um voto, vedado aos membros honorários vitalícios.

- § 3º acrescentado pela Lei 11.179/2005.

Art. 54. Compete ao Conselho Federal:

I – dar cumprimento efetivo às finalidades da OAB;

II – representar, em juízo ou fora dele, os interesses coletivos ou individuais dos advogados;

III – velar pela dignidade, independência, prerrogativas e valorização da advocacia;

IV – representar, com exclusividade, os advogados brasileiros nos órgãos e eventos internacionais da advocacia;

V – editar e alterar o Regulamento Geral, o Código de Ética e Disciplina, e os Provimentos que julgar necessários;

VI – adotar medidas para assegurar o regular funcionamento dos Conselhos Seccionais;

VII – intervir nos Conselhos Seccionais, onde e quando constatar grave violação desta Lei ou do Regulamento Geral;

VIII – cassar ou modificar, de ofício ou mediante representação, qualquer ato, de órgão ou autoridade da OAB, contrário a esta Lei, ao Regulamento Geral, ao Código de Ética e Disciplina, e aos Provimentos, ouvida a autoridade ou o órgão em causa;

IX – julgar, em grau de recurso, as questões decididas pelos Conselhos Seccionais, nos casos previstos neste Estatuto e no Regulamento Geral;

X – dispor sobre a identificação dos inscritos na OAB e sobre os respectivos símbolos privativos;

XI – apreciar o relatório anual e deliberar sobre o balanço e as contas de sua diretoria;

XII – homologar ou mandar suprir relatório anual, o balanço e as contas dos Conselhos Seccionais;

XIII – elaborar as listas constitucionalmente previstas, para o preenchimento dos cargos nos tribunais judiciários de âmbito nacional ou interestadual, com advogados que estejam em pleno exercício da profissão, vedada a inclusão de nome de membro do próprio Conselho ou de outro órgão da OAB;

• V. art. 94, *caput*, CF.

XIV – ajuizar ação direta de inconstitucionalidade de normas legais e atos normativos, ação civil pública, mandado de segurança coletivo, mandado de injunção e demais ações cuja legitimação lhe seja outorgada por lei;

• V. art. 103, VII, CF.

XV – colaborar com o aperfeiçoamento dos cursos jurídicos, e opinar, previamente, nos pedidos apresentados aos órgãos competentes para criação, reconhecimento ou credenciamento desses cursos;

XVI – autorizar, pela maioria absoluta das delegações, a oneração ou alienação de seus bens imóveis;

XVII – participar de concursos públicos, nos casos previstos na Constituição e na lei, em todas as suas fases, quando tiverem abrangência nacional ou interestadual;

• V. art. 93, I, CF.

• V. art. 21, § 4º, LC 73/1993 (Lei Orgânica da Advocacia-Geral da União).

XVIII – resolver os casos omissos neste Estatuto.

Parágrafo único. A intervenção referida no inciso VII deste artigo depende de prévia aprovação por 2/3 (dois terços) das delegações, garantido o amplo direito de defesa do Conselho Seccional respectivo, nomeando-se diretoria provisória para o prazo que se fixar.

Art. 55. A diretoria do Conselho Federal é composta de um Presidente, de um Vice-Presidente, de um Secretário-Geral, de um Secretário-Geral Adjunto e de um Tesoureiro.

§ 1º O Presidente exerce a representação nacional e internacional da OAB, competindo-lhe convocar o Conselho Federal, presidi-lo, representá-lo ativa e passivamente, em juízo ou fora dele, promover-lhe a administração patrimonial e dar execução às suas decisões.

§ 2º O Regulamento Geral define as atribuições dos membros da Diretoria e a ordem de substituição em caso de vacância, licença, falta ou impedimento.

§ 3º Nas deliberações do Conselho Federal, os membros da diretoria votam como membros de suas delegações, cabendo ao Presidente, apenas, o voto de qualidade e o direito de embargar a decisão, se esta não for unânime.

• V. art. 53, § 1º.

Capítulo III
Do Conselho Seccional

Art. 56. O Conselho Seccional compõe-se de conselheiros em número proporcional ao de seus inscritos, segundo critérios estabelecidos no Regulamento Geral.

§ 1º São membros honorários vitalícios os seus ex-presidentes, somente com direito a voz em suas sessões.

• V. art. 81.

§ 2º O Presidente do Instituto dos Advogados local é membro honorário, somente com direito a voz nas sessões do Conselho.

§ 3º Quando presentes às sessões do Conselho Seccional, o Presidente do Conselho Federal, os Conselheiros Federais integrantes da respectiva delegação, o Presidente da Caixa de Assistência dos Advogados e os Presidentes das Subseções, têm direito a voz.

Art. 57. O Conselho Seccional exerce e observa, no respectivo território, as competências, vedações e funções atribuídas ao Conselho Federal, no que couber e no âmbito de sua competência material e territorial, e as normas gerais estabelecidas nesta Lei, no Regulamento Geral, no Código de Ética e Disciplina, e nos Provimentos.

Art. 58. Compete privativamente ao Conselho Seccional:

I – editar seu Regimento Interno e Resoluções;

II – criar as Subseções e a Caixa de Assistência dos Advogados;

III – julgar, em grau de recurso, as questões decididas por seu Presidente, por sua diretoria, pelo Tribunal de Ética e Disciplina, pelas diretorias das Subseções e da Caixa de Assistência dos Advogados;

IV – fiscalizar a aplicação da receita, apreciar o relatório anual e deliberar sobre o balanço e as contas de sua diretoria, das diretorias das Subseções e da Caixa de Assistência dos Advogados;

V – fixar a tabela de honorários, válida para todo o território estadual;

VI – realizar o Exame de Ordem;

• V. art. 8º, § 1º.

VII – decidir os pedidos de inscrição nos quadros de advogados e estagiários;

VIII – manter cadastro de seus inscritos;

IX – fixar, alterar e receber contribuições obrigatórias, preços de serviços e multas;

X – participar da elaboração dos concursos públicos, em todas as suas fases, nos casos previstos na Constituição e nas leis, no âmbito do seu território;

• V. art. 54, XVII.

• V. art. 93, I, CF.

• V. art. 78, *caput*, LC 35/1979 (Lei Orgânica da Magistratura Nacional).

XI – determinar, com exclusividade, critérios para o traje dos advogados, no exercício profissional;

XII – aprovar e modificar seu orçamento anual;

XIII – definir a composição e o funcionamento do Tribunal de Ética e Disciplina, e escolher seus membros;

XIV – eleger as listas, constitucionalmente previstas, para preenchimento dos cargos nos tribunais judiciários, no âmbito de sua competência e na forma do Provimento do Conselho Federal, vedada a inclusão de membros do próprio Conselho e de qualquer órgão da OAB;

• V. art. 54, XIII.

• V. art. 94, *caput*, CF.

XV – intervir nas Subseções e na Caixa de Assistência dos Advogados;

• V. arts. 60, § 6º, e 62, § 7º.

XVI – desempenhar outras atribuições previstas no Regulamento Geral.

Art. 59. A diretoria do Conselho Seccional tem composição idêntica e atribuições equivalentes às do Conselho Federal, na forma do Regimento Interno daquele.

• V. art. 55, *caput* e § 2º.

Capítulo IV
Da Subseção

Art. 60. A Subseção pode ser criada pelo Conselho Seccional, que fixa sua área territorial e seus limites de competência e autonomia.

§ 1º A área territorial da Subseção pode abranger um ou mais municípios, ou parte de município, inclusive da capital do Estado, contando com um mínimo de quinze advogados, nela profissionalmente domiciliados.

§ 2º A Subseção é administrada por uma diretoria, com atribuições e composição equivalentes às da diretoria do Conselho Seccional.

- V. arts. 55, § 2º, e 59.

§ 3º Havendo mais de cem advogados, a Subseção pode ser integrada, também, por um Conselho em número de membros fixado pelo Conselho Seccional.

§ 4º Os quantitativos referidos nos parágrafos primeiro e terceiro deste artigo podem ser ampliados, na forma do Regimento Interno do Conselho Seccional.

§ 5º Cabe ao Conselho Seccional fixar, em seu orçamento, dotações específicas destinadas à manutenção das Subseções.

§ 6º O Conselho Seccional, mediante o voto de 2/3 (dois terços) de seus membros, pode intervir nas Subseções, onde constatar grave violação desta Lei ou do Regimento Interno daquele.

- V. art. 58, XIV.

Art. 61. Compete à Subseção, no âmbito de seu território:

I – dar cumprimento efetivo às finalidades da OAB;

II – velar pela dignidade, independência e valorização da advocacia, e fazer valer as prerrogativas do advogado;

III – representar a OAB perante os poderes constituídos;

IV – desempenhar as atribuições previstas no Regulamento Geral ou por delegação de competência do Conselho Seccional.

Parágrafo único. Ao Conselho da Subseção, quando houver, compete exercer as funções e atribuições do Conselho Seccional, na forma do Regimento Interno deste, e ainda:

- V. art. 58.

a) editar seu Regimento Interno, a ser referendado pelo Conselho Seccional;

b) editar resoluções, no âmbito de sua competência;

c) instaurar e instruir processos disciplinares, para julgamento pelo Tribunal de Ética e Disciplina;

d) receber pedido de inscrição nos quadros de advogado e estagiário, instruindo e emitindo parecer prévio, para decisão do Conselho Seccional.

- V. arts. 8º e 9º.

Capítulo V
Da Caixa de Assistência dos Advogados

Art. 62. A Caixa de Assistência dos Advogados, com personalidade jurídica própria, destina-se a prestar assistência aos inscritos no Conselho Seccional a que se vincule.

§ 1º A Caixa é criada e adquire personalidade jurídica com a aprovação e registro de seu Estatuto pelo respectivo Conselho Seccional da OAB, na forma do Regulamento Geral.

§ 2º A Caixa pode, em benefício dos advogados, promover a seguridade complementar.

§ 3º Compete ao Conselho Seccional fixar contribuição obrigatória devida por seus inscritos, destinada à manutenção do disposto no parágrafo anterior, incidente sobre atos decorrentes do efetivo exercício da advocacia.

§ 4º A diretoria da Caixa é composta de cinco membros, com atribuições definidas no seu Regimento Interno.

§ 5º Cabe à Caixa a metade da receita das anuidades recebidas pelo Conselho Seccional, considerado o valor resultante após as deduções regulamentares obrigatórias.

§ 6º Em caso de extinção ou desativação da Caixa, seu patrimônio se incorpora ao do Conselho Seccional respectivo.

§ 7º O Conselho Seccional, mediante voto de 2/3 (dois terços) de seus membros, pode intervir na Caixa de Assistência dos Advogados, no caso de descumprimento de suas finalidades, designando diretoria provisória, enquanto durar a intervenção.

- V. art. 58, XV.

Capítulo VI
Das Eleições e dos Mandatos

Art. 63. A eleição dos membros de todos os órgãos da OAB será realizada na segunda quinzena do mês de novembro, do último ano do mandato, mediante cédula única e votação direta dos advogados regularmente inscritos.

§ 1º A eleição, na forma e segundo os critérios e procedimentos estabelecidos no Regulamento Geral, é de comparecimento obrigatório para todos os advogados inscritos na OAB.

§ 2º O candidato deve comprovar situação regular junto à OAB, não ocupar cargo exonerável *ad nutum*, não ter sido condenado por infração disciplinar, salvo reabilitação, e exercer efetivamente a profissão há mais de 5 (cinco) anos.

Art. 64. Consideram-se eleitos os candidatos integrantes da chapa que obtiver a maioria dos votos válidos.

§ 1º A chapa para o Conselho Seccional deve ser composta dos candidatos ao Conselho e à sua Diretoria e, ainda, à delegação ao Conselho Federal e à Diretoria da Caixa de Assistência dos Advogados para eleição conjunta.

§ 2º A chapa para a Subseção deve ser composta com os candidatos à diretoria, e de seu Conselho quando houver.

Art. 65. O mandato em qualquer órgão da OAB é de 3 (três) anos, iniciando-se em 1º de janeiro do ano seguinte ao da eleição, salvo o Conselho Federal.

Parágrafo único. Os conselheiros federais eleitos iniciam seus mandatos em 1º de fevereiro do ano seguinte ao da eleição.

Art. 66. Extingue-se o mandato automaticamente, antes do seu término, quando:

I – ocorrer qualquer hipótese de cancelamento de inscrição ou de licenciamento do profissional;

II – o titular sofrer condenação disciplinar;

III – o titular faltar, sem motivo justificado, a três reuniões ordinárias consecutivas de cada órgão deliberativo do Conselho ou da diretoria da Subseção ou da Caixa de Assistência dos Advogados, não podendo ser reconduzido no mesmo período de mandato.

Parágrafo único. Extinto qualquer mandato, nas hipóteses deste artigo, cabe ao Conselho Seccional escolher o substituto, caso não haja suplente.

Art. 67. A eleição da Diretoria do Conselho Federal, que tomará posse no dia 1º de fevereiro, obedecerá às seguintes regras:

I – será admitido registro, junto ao Conselho Federal, de candidatura à presidência, desde 6 (seis) meses até 1 (um) mês antes da eleição;

II – o requerimento de registro deverá vir acompanhado do apoiamento de, no mínimo, seis Conselhos Seccionais;

III – até 1 (um) mês antes das eleições, deverá ser requerido o registro da chapa completa, sob pena de cancelamento da candidatura respectiva;

IV – no dia 31 de janeiro do ano seguinte ao da eleição, o Conselho Federal elegerá, em reunião presidida pelo conselheiro mais antigo, por voto secreto e para mandato de 3 (três) anos, sua diretoria, que tomará posse no dia seguinte;

- Inciso IV com redação determinada pela Lei 11.179/2005.

V – será considerada eleita a chapa que obtiver maioria simples dos votos dos Conselheiros Federais, presente a metade mais um de seus membros.

- Inciso V com redação determinada pela Lei 11.179/2005.

Parágrafo único. Com exceção do candidato a Presidente, os demais integrantes da chapa deverão ser conselheiros federais eleitos.

TÍTULO III
Do Processo na OAB

Capítulo I
Disposições Gerais

Art. 68. Salvo disposição em contrário, aplicam-se subsidiariamente ao processo disciplinar as regras da legislação processual penal comum e, aos demais processos, as regras gerais do procedimento administrativo comum e da legislação processual civil, nessa ordem.

Art. 69. Todos os prazos necessários à manifestação de advogados, estagiários e terceiros, nos processos em geral da OAB, são de 15 (quinze) dias, inclusive para interposição de recursos.

§ 1º Nos casos de comunicação por ofício reservado, ou de notificação pessoal, o prazo se conta a partir do dia útil imediato ao da notificação do recebimento.

§ 2º No caso de atos, notificações e decisões divulgados por meio do Diário Eletrônico da Ordem dos Advogados do

Brasil, o prazo terá início no primeiro dia útil seguinte à publicação, assim considerada o primeiro dia útil seguinte ao da disponibilização da informação no Diário.

- § 2º com redação determinada pela Lei 13.688/2018 (*DOU* 04.07.2018), em vigor após decorridos 180 (cento e oitenta) dias de sua publicação oficial.

Capítulo II
Do Processo Disciplinar

Art. 70. O poder de punir disciplinarmente os inscritos na OAB compete exclusivamente ao Conselho Seccional em cuja base territorial tenha ocorrido a infração, salvo se a falta for cometida perante o Conselho Federal.

§ 1º Cabe ao Tribunal de Ética e Disciplina, do Conselho Seccional competente, julgar os processos disciplinares, instruídos pelas Subseções ou por relatores do próprio Conselho.

§ 2º A decisão condenatória irrecorrível deve ser imediatamente comunicada ao Conselho Seccional onde o representado tenha inscrição principal, para constar dos respectivos assentamentos.

§ 3º O Tribunal de Ética e Disciplina do Conselho onde o acusado tenha inscrição principal pode suspendê-lo preventivamente, em caso de repercussão prejudicial à dignidade da advocacia, depois de ouvi-lo em sessão especial para a qual deve ser notificado a comparecer, salvo se não atender à notificação. Neste caso, o processo disciplinar deve ser concluído no prazo máximo de 90 (noventa) dias.

Art. 71. A jurisdição disciplinar não exclui a comum e, quando o fato constituir crime ou contravenção, deve ser comunicado às autoridades competentes.

Art. 72. O processo disciplinar instaura-se de ofício ou mediante representação de qualquer autoridade ou pessoa interessada.

§ 1º O Código de Ética e Disciplina estabelece os critérios de admissibilidade da representação e os procedimentos disciplinares.

§ 2º O processo disciplinar tramita em sigilo, até o seu término, só tendo acesso às suas informações as partes, seus defensores e a autoridade judiciária competente.

Art. 73. Recebida a representação, o Presidente deve designar relator, a quem compete a instrução do processo e o oferecimento de parecer preliminar a ser submetido ao Tribunal de Ética e Disciplina.

§ 1º Ao representado deve ser assegurado amplo direito de defesa, podendo acompanhar o processo em todos os termos, pessoalmente ou por intermédio de procurador, oferecendo defesa prévia após ser notificado, razões finais após a instrução e defesa oral perante o Tribunal de Ética e Disciplina, por ocasião do julgamento.

§ 2º Se, após a defesa prévia, o relator se manifestar pelo indeferimento liminar da representação, este deve ser decidido pelo Presidente do Conselho Seccional, para determinar seu arquivamento.

§ 3º O prazo para defesa prévia pode ser prorrogado por motivo relevante, a juízo do relator.

§ 4º Se o representado não for encontrado, ou for revel, o Presidente do Conselho ou da Subseção deve designar-lhe defensor dativo.

§ 5º É também permitida a revisão do processo disciplinar, por erro de julgamento ou por condenação baseada em falsa prova.

Art. 74. O Conselho Seccional pode adotar as medidas administrativas e judiciais pertinentes, objetivando a que o profissional suspenso ou excluído devolva os documentos de identificação.

Capítulo III
Dos Recursos

Art. 75. Cabe recurso ao Conselho Federal de todas as decisões definitivas proferidas pelo Conselho Seccional, quando não tenham sido unânimes ou, sendo unânimes, contrariem esta Lei, decisão do Conselho Federal ou de outro Conselho Seccional e, ainda, o Regulamento Geral, o Código de Ética e Disciplina e os Provimentos.

Parágrafo único. Além dos interessados, o Presidente do Conselho Seccional é legitimado a interpor o recurso referido neste artigo.

- V. art. 55, § 3º.

Art. 76. Cabe recurso ao Conselho Seccional de todas as decisões proferidas por seu Presidente, pelo Tribunal de Ética e Disciplina, ou pela diretoria da Subseção ou da Caixa de Assistência dos Advogados.

Art. 77. Todos os recursos têm efeito suspensivo, exceto quando tratarem de eleições (arts. 63 e seguintes), de suspensão preventiva decidida pelo Tribunal de Ética e Disciplina, e de cancelamento da inscrição obtida com falsa prova.

Parágrafo único. O Regulamento Geral disciplina o cabimento de recursos específicos, no âmbito de cada órgão julgador.

TÍTULO IV
Das Disposições Gerais e Transitórias

Art. 78. Cabe ao Conselho Federal da OAB, por deliberação de 2/3 (dois terços), pelo menos, das delegações, editar o Regulamento Geral deste Estatuto, no prazo de 6 (seis) meses, contados da publicação desta Lei.

- V. Regulamento Geral do Estatuto da Advocacia e da OAB (*DJU* 16.11.1994).

Art. 79. Aos servidores da OAB, aplica-se o regime trabalhista.

§ 1º Aos servidores da OAB, sujeitos ao regime da Lei 8.112, de 11 de dezembro de 1990, é concedido o direito de opção pelo regime trabalhista, no prazo de 90 (noventa) dias a partir da vigência desta Lei, sendo assegurado aos optantes o pagamento de indenização, quando da aposentadoria, correspondente a cinco vezes o valor da última remuneração.

§ 2º Os servidores que não optarem pelo regime trabalhista serão posicionados no quadro em extinção, assegurado o direito adquirido ao regime legal anterior.

Art. 80. Os Conselhos Federal e Seccionais devem promover trienalmente as respectivas Conferências, em data não coincidente com o ano eleitoral, e, periodicamente, reunião do colégio de presidentes a eles vinculados, com finalidade consultiva.

Art. 81. Não se aplicam aos que tenham assumido originariamente o cargo de Presidente do Conselho Federal ou dos Conselhos Seccionais, até a data da publicação desta Lei, as normas contidas no Título II, acerca da composição desses Conselhos, ficando assegurado o pleno direito de voz e voto em suas sessões.

- V. arts. 51, § 2º, e 56, § 1º.

Art. 82. Aplicam-se as alterações previstas nesta Lei, quanto a mandatos, eleições, composição e atribuições dos órgãos da OAB, a partir do término do mandato dos atuais membros, devendo os Conselhos Federal e Seccionais disciplinarem os respectivos procedimentos de adaptação.

Parágrafo único. Os mandatos dos membros dos órgãos da OAB, eleitos na primeira eleição sob a vigência desta Lei, e na forma do Capítulo VI do Título II, terão início no dia seguinte ao término dos atuais mandatos, encerrando-se em 31 de dezembro do terceiro ano do mandato e em 31 de janeiro do terceiro ano do mandato, neste caso com relação ao Conselho Federal.

Art. 83. Não se aplica o disposto no art. 28, inciso II, desta Lei, aos membros do Ministério Público que, na data de promulgação da Constituição, se incluam na previsão do art. 29, § 3º, do seu Ato das Disposições Constitucionais Transitórias.

Art. 84. O estagiário, inscrito no respectivo quadro, fica dispensado do Exame de Ordem, desde que comprove, em até dois anos da promulgação desta Lei, o exercício e resultado do estágio profissional ou a conclusão, com aproveitamento, do estágio de "Prática Forense e Organização Judiciária", realizado junto à respectiva faculdade, na forma da legislação em vigor.

- V. art. 8º, IV.

Art. 85. O Instituto dos Advogados Brasileiros e as instituições a ele filiadas têm qualidade para promover perante a OAB o que julgarem do interesse dos advogados em geral ou de qualquer dos seus membros.

Art. 86. Esta Lei entra em vigor na data de sua publicação.

Art. 87. Revogam-se as disposições em contrário, especialmente a Lei 4.215, de 27 de abril de 1963, a Lei 5.390, de 23 de fevereiro de 1968, o Dec.-lei 505, de 18 de março de 1969, a Lei 5.681, de 20 de julho de 1971, a Lei 5.842, de 6 de dezembro de 1972, a Lei 5.960, de 10 de dezembro de 1973, a Lei 6.743, de 5 de dezembro de 1979, a Lei 6.884, de 9 de dezembro de 1980, a Lei 6.994, de 26 de maio de 1982, mantidos os efeitos da Lei 7.346, de 22 de julho de 1985.

Brasília, 4 de julho de 1994; 173º da Independência e 106º da República.

Itamar Franco

(*DOU* 05.07.1994)

Aeronauta

LEI 13.475, DE 28 DE AGOSTO DE 2017

Dispõe sobre o exercício da profissão de tripulante de aeronave, denominado aeronauta; e revoga a Lei 7.183, de 5 de abril de 1984.

O Presidente da República:

Faço saber que o Congresso Nacional decreta e eu sanciono a seguinte Lei:

Capítulo I
Disposições Preliminares

Seção I
Dos Tripulantes de Aeronaves e da sua Classificação

Art. 1º Esta Lei regula o exercício das profissões de piloto de aeronave, comissário de voo e mecânico de voo, denominados aeronautas.

§ 1º Para o desempenho das profissões descritas no *caput*, o profissional deve obrigatoriamente ser detentor de licença e certificados emitidos pela autoridade de aviação civil brasileira.

§ 2º Esta Lei aplica-se também aos pilotos de aeronave, comissários de voo e mecânicos de voos brasileiros que exerçam suas funções a bordo de aeronave estrangeira em virtude de contrato de trabalho regido pela legislação brasileira.

Art. 2º O piloto de aeronave e o mecânico de voo, no exercício de função específica a bordo de aeronave, de acordo com as prerrogativas da licença de que são titulares, têm a designação de tripulante de voo.

Art. 3º O comissário de voo, no exercício de função específica a bordo de aeronave, de acordo com as prerrogativas da licença de que é titular, tem a designação de tripulante de cabine.

Art. 4º O tripulante de voo ou de cabine que se deslocar a serviço do empregador, em aeronave própria ou não, sem exercer função a bordo de aeronave, tem a designação de tripulante extra a serviço.

§ 1º O tripulante extra a serviço será considerado tripulante a serviço no que diz respeito aos limites da jornada de trabalho, ao repouso e à remuneração.

§ 2º Ao tripulante extra a serviço será disponibilizado assento na cabine de passageiros, salvo em aeronaves no transporte exclusivo de cargas.

Art. 5º Os tripulantes de voo e de cabine exercem suas funções profissionais nos seguintes serviços aéreos:

I – serviço de transporte aéreo público regular e não regular, exceto na modalidade de táxi aéreo;

II – serviço de transporte aéreo público não regular na modalidade de táxi aéreo;

III – serviço aéreo especializado (SAE), prestado por organização de ensino, na modalidade de instrução de voo;

IV – demais serviços aéreos especializados, abrangendo as atividades definidas pela Lei 7.565, de 19 de dezembro de 1986 (Código Brasileiro de Aeronáutica) e pela autoridade de aviação civil brasileira;

V – serviço aéreo privado, entendido como aquele realizado, sem fins lucrativos, a serviço do operador da aeronave.

§ 1º É denominado instrutor de voo o piloto de aeronave contratado para ministrar treinamento em voo em aeronave empregada no serviço aéreo especializado referido no inciso III do *caput* deste artigo.

§ 2º Para os efeitos do disposto em convenção ou acordo coletivo de trabalho:

I – os tripulantes empregados nos serviços aéreos definidos nos incisos III e V do *caput* deste artigo são equiparados aos tripulantes que exercem suas funções nos serviços de transporte aéreo público não regular na modalidade de táxi aéreo;

II – os tripulantes empregados no serviço aéreo definido no inciso V do *caput* deste artigo, quando em atividade de fomento ou proteção à agricultura, são equiparados aos tripulantes de voo que operam os serviços aéreos especializados na modalidade de atividade de fomento ou proteção à agricultura.

Art. 6º O exercício das profissões de piloto de aeronave, mecânico de voo e comissário de voo, previstas nesta Lei, é privativo de brasileiros natos ou naturalizados.

§ 1º As empresas brasileiras, quando estiverem prestando serviço aéreo internacional, poderão utilizar comissários de voo estrangeiros, desde que o número destes não exceda a 1/3 (um terço) dos comissários de voo a bordo da mesma aeronave.

§ 2º Todas as empresas de transporte aéreo público, salvo empresas estrangeiras de transporte aéreo público não regular na modalidade de táxi aéreo, quando estiverem operando voos domésticos em território brasileiro, terão obrigatoriamente seu quadro de tripulantes composto por brasileiros natos ou naturalizados, com contrato de trabalho regido pela legislação brasileira.

§ 3º Na falta de tripulantes de voo brasileiros, instrutores estrangeiros poderão ser admitidos em caráter provisório, por período restrito ao da instrução, de acordo com regulamento exarado pela autoridade de aviação civil brasileira.

Art. 7º Os tripulantes de voo exercem as seguintes funções a bordo da aeronave:

I – comandante: piloto responsável pela operação e pela segurança da aeronave, exercendo a autoridade que a legislação lhe atribui;

II – copiloto: piloto que auxilia o comandante na operação da aeronave; e

III – mecânico de voo: auxiliar do comandante, encarregado da operação e do controle de sistemas diversos, conforme especificação dos manuais técnicos da aeronave.

§ 1º Sem prejuízo das atribuições originalmente designadas, o comandante e o mecânico de voo poderão exercer cumulativamente outras prerrogativas decorrentes de qualificação ou credenciamento, previstas nos regulamentos aeronáuticos, desde que autorizados pela autoridade de aviação civil brasileira.

§ 2º O comandante será designado pelo operador da aeronave e será seu preposto durante toda a viagem.

§ 3º O copiloto é o substituto eventual do comandante nas tripulações simples, não o sendo nos casos de tripulação composta ou de revezamento.

Art. 8º Os tripulantes de cabine, na função de comissários de voo, são auxiliares do comandante encarregados do cumprimento das normas relativas à segurança e ao atendimento dos passageiros a bordo, da guarda de bagagens, documentos, valores e malas postais e de outras tarefas que lhes tenham sido delegadas pelo comandante.

§ 1º Sem prejuízo das atribuições originalmente designadas, os comissários de voo poderão exercer cumulativamente outras prerrogativas decorrentes de qualificação ou credenciamento, previstas nos regulamentos aeronáuticos, desde que autorizados pela autoridade de aviação civil brasileira.

§ 2º A guarda de valores é condicionada à existência de local apropriado e seguro na aeronave, sendo responsabilidade do empregador atestar a segurança do local.

§ 3º A guarda de cargas e malas postais em terra somente será confiada aos comissários de voo quando no local inexistir serviço próprio para essa finalidade.

Seção II
Das Tripulações

Art. 9º Tripulação é o conjunto de tripulantes de voo e de cabine que exercem função a bordo de aeronave.

Art. 10. O tripulante, sem prejuízo das atribuições originalmente designadas, não poderá exercer, simultaneamente, mais de uma função a bordo de aeronave, mesmo que seja titular de licenças correspondentes.

Art. 11. Os membros de uma tripulação são subordinados técnica e disciplinarmente ao comandante, durante todo o tempo em que transcorrer a viagem.

Art. 12. O comandante exerce a autoridade inerente à função desde o momento em que se apresenta para o voo até o momento em que, concluída a viagem, entrega a aeronave.

Art. 13. Uma tripulação pode ser classificada como mínima, simples, composta ou de revezamento.

Parágrafo único. A autoridade de aviação civil brasileira, considerando o interesse da segurança operacional, as características da rota e do voo e a programação a ser cumprida, poderá determinar a composição da tripulação ou as modificações necessárias para a realização do voo.

Art. 14. Tripulação mínima é a determinada na forma da certificação de tipo da aeronave, homologada pela autoridade de aviação civil brasileira, sendo permitida sua utilização em voos locais de instrução, de experiência, de vistoria e de traslado.

Art. 15. Tripulação simples é a constituída de uma tripulação mínima acrescida, quando for o caso, dos tripulantes necessários à realização do voo.

Art. 16. Tripulação composta é a constituída de uma tripulação simples acrescida de um comandante, de um mecânico de voo, quando o equipamento assim o exigir, e de, no mínimo, 25% (vinte e cinco por cento) do número de comissários de voo.

Parágrafo único. A tripulação composta somente poderá ser utilizada em voos internacionais, exceto nas seguintes situações, quando poderá ser utilizada em voos domésticos:

I – para atender a atrasos ocasionados por condições meteorológicas desfavoráveis ou por trabalhos de manutenção não programados;

II – quando os critérios de utilização dos tripulantes de voo e de cabine empregados no serviço aéreo definido no inciso I do *caput* do art. 5º estiverem definidos em convenção ou acordo coletivo de trabalho;

III – para atendimento de missão humanitária, transportando ou destinada ao transporte de enfermos ou órgãos para transplante, no caso de tripulantes de voo e de cabine empregados nos serviços aéreos definidos no inciso II do *caput* do art. 5º desta Lei.

Art. 17. Tripulação de revezamento é a constituída de uma tripulação simples acrescida de um comandante, de um piloto, de um mecânico de voo, quando o equipamento assim o exigir, e de 50% (cinquenta por cento) do número de comissários de voo.

Parágrafo único. A tripulação de revezamento só poderá ser empregada em voos internacionais.

Art. 18. Um tipo de tripulação só poderá ser transformado na origem do voo e até o limite de 3 (três) horas, contadas a partir da apresentação da tripulação previamente escalada.

Parágrafo único. A contagem de tempo para limite da jornada será a partir da hora de apresentação da tripulação original ou do tripulante de reforço, considerando o que ocorrer primeiro.

Seção III
Do Sistema de Gerenciamento de Risco de Fadiga Humana

Art. 19. As limitações operacionais estabelecidas nesta Lei poderão ser alteradas pela autoridade de aviação civil brasileira com base nos preceitos do Sistema de Gerenciamento de Risco de Fadiga Humana.

§ 1º As limitações operacionais referidas no *caput* deste artigo compreendem quaisquer prescrições temporais relativas aos tripulantes de voo e de cabine no que tange a limites de voo, de pouso, de jornada de trabalho, de sobreaviso, de reserva e de períodos de repouso, bem como a outros fatores que possam reduzir o estado de alerta da tripulação ou comprometer o seu desempenho operacional.

§ 2º O Sistema de Gerenciamento de Risco de Fadiga Humana será regulamentado pela autoridade de aviação civil brasileira com base nas normas e recomendações internacionais de aviação civil.

§ 3º A implantação e a atualização do Sistema de Gerenciamento de Risco de Fadiga Humana serão acompanhadas pelo sindicato da categoria profissional.

§ 4º Nos casos em que o Sistema de Gerenciamento de Risco de Fadiga Humana autorizar a superação das 12 (doze) horas de jornada de trabalho e a diminuição do período de 12 (doze) horas de repouso, em tripulação simples, tais alterações deverão ser implementadas por meio de convenção ou acordo coletivo de trabalho entre o operador da aeronave e o sindicato da categoria profissional.

Capítulo II
Do Regime de Trabalho

Seção I
Do Contrato de Trabalho

Art. 20. A função remunerada dos tripulantes a bordo de aeronave deverá, obrigatoriamente, ser formalizada por meio de contrato de trabalho firmado diretamente com o operador da aeronave.

§ 1º O tripulante de voo ou de cabine só poderá exercer função remunerada a bordo de aeronave de um operador ao qual não esteja diretamente vinculado por contrato de trabalho quando o serviço aéreo não constituir atividade fim, e desde que por prazo não superior a 30 (trinta) dias consecutivos, contado da data de início da prestação dos serviços.

§ 2º A prestação de serviço remunerado conforme prevê o § 1º deste artigo não poderá ocorrer por mais de uma vez ao ano e deverá ser formalizada por contrato escrito, sob pena de presunção de vínculo empregatício do tripulante diretamente com o operador da aeronave.

Art. 21. O operador da aeronave poderá utilizar-se de tripulantes instrutores que não estejam a ele vinculados por contrato de trabalho quando em seu quadro de tripulantes não existirem instrutores habilitados no equipamento em que se pretende operar, desde que por período restrito ao da instrução e mediante autorização da autoridade de aviação civil brasileira.

Art. 22. O operador de aeronaves poderá, por meio de contrato de prestação de serviços, autorizar que seus instrutores ministrem instrução para tripulantes que não estejam a ele vinculados por contrato de trabalho quando os empregadores dos respectivos tripulantes não possuírem equipamento ou instrutores próprios para a específica instrução, desde que por período restrito ao da instrução e mediante autorização da autoridade de aviação civil brasileira.

Parágrafo único. Este artigo só é aplicável aos operadores de aeronaves que realizam os serviços aéreos referidos nos incisos I e II do *caput* do art. 5º.

Seção II
Da Base Contratual

Art. 23. Entende-se por base contratual a matriz ou filial onde o contrato de trabalho do tripulante estiver registrado.

Art. 24. Resguardados os direitos e as condições previstos nesta Lei, os demais direitos, condições de trabalho e obrigações do empregado estarão definidos no contrato de trabalho e poderão ser devidamente regulados em convenção ou acordo coletivo de trabalho, desde que não ultrapassem os parâmetros estabelecidos na regulamentação da autoridade de aviação civil brasileira.

Art. 25. Será fornecido pelo empregador transporte gratuito aos tripulantes de voo e de cabine sempre que se iniciar ou finalizar uma programação de voo em aeroporto situado a mais de 50 (cinquenta) quilômetros de distância do aeroporto definido como base contratual.

§ 1º O tempo de deslocamento entre o aeroporto definido como base contratual e o aeroporto designado para o início do voo será computado na jornada de trabalho e não será remunerado.

§ 2º No caso de viagem que termine em aeroporto diferente do definido como base contratual e situado a mais de 50 (cinquenta) quilômetros de distância, a jornada de trabalho será encerrada conforme o disposto no art. 35, e o repouso mínimo regulamentar será acrescido de, no mínimo, 2 (duas) horas.

Seção III
Da Escala de Serviço

Art. 26. A prestação de serviço do tripulante empregado no serviço aéreo definido no inciso I do *caput* do art. 5º, respeitados os períodos de folgas e repousos regulamentares, será determinada por meio de:

I – escala, no mínimo mensal, divulgada com antecedência mínima de 5 (cinco) dias, determinando os horários de início e término de voos, serviços de reserva, sobreavisos e folgas, sendo vedada a consignação de situações de trabalho e horários não definidos;

II – escala ou convocação, para realização de cursos, reuniões, exames relacionados a treinamento e verificação de proficiência técnica.

§ 1º Em 4 (quatro) meses do ano, as empresas estão autorizadas, caso julguem necessário, a divulgar escala semanal para voos de horário, serviços de reserva, sobreavisos e folgas com antecedência mínima de 2 (dois) dias, para a primeira semana de cada mês, e de 7 (sete) dias, para as semanas subsequentes.

§ 2º Para voos exclusivamente cargueiros, é autorizada a divulgação de escala semanal para voos de horário, serviços de reserva, sobreavisos e folgas com antecedência mínima de 2 (dois) dias, para a primeira semana de cada mês, e 7 (sete) dias, para as semanas subsequentes.

§ 3º Os limites previstos no inciso I do *caput* deste artigo poderão ser alterados mediante convenção ou acordo coletivo de trabalho, desde que não ultrapassem os parâmetros estabelecidos na regulamentação da autoridade de aviação civil brasileira.

Art. 27. A determinação para a prestação de serviço do tripulante empregado nos serviços aéreos definidos nos incisos II, III, IV e V do *caput* do art. 5º, respeitados os períodos de folgas e repousos regulamentares, será feita por meio de:

I – escala, no mínimo semanal, divulgada com antecedência mínima de 2 (dois) dias, determinando os horários de início e término de voos, serviços de reserva, sobreavisos e folgas, sendo vedada a consignação de situações de trabalho e horários não definidos;

II – escala ou convocação, para realização de cursos, reuniões, exames relacionados a treinamento e verificação de proficiência técnica.

Parágrafo único. Outros critérios para a determinação da prestação de serviço dos tripulantes poderão ser estabelecidos em convenção ou acordo coletivo de trabalho, desde que não ultrapassem os parâmetros estabelecidos na regulamentação da autoridade de aviação civil brasileira.

Art. 28. Na escala de serviço, deverão ser observados regime de rodízio de tripulantes e turnos compatíveis com a saúde, a higiene e a segurança do trabalho.

Parágrafo único. A programação de rodízios e turnos obedecerá ao princípio da equidade na distribuição entre as diversas situações de trabalho para que não haja discriminação entre os tripulantes com qualificações idênticas, salvo em empresas que adotem critérios específicos estabelecidos em acordo coletivo de trabalho, desde que não ultrapassem os parâmetros estabelecidos na regulamentação da autoridade de aviação civil brasileira.

Seção IV
Das Acomodações para Descanso a Bordo de Aeronave

Art. 29. Será assegurado aos tripulantes de voo e de cabine, quando estiverem em voo com tripulação composta ou de revezamento, descanso a bordo da aeronave, em acomodação adequada, de acordo com as especificações definidas em norma estabelecida pela autoridade de aviação civil brasileira.

§ 1º Aos tripulantes de voo e de cabine realizando voos em tripulação composta será assegurado número de acomodações para descanso a bordo igual ao número de tripulantes somados à tripulação simples.

§ 2º Aos tripulantes de voo e de cabine realizando voos em tripulação de revezamento será assegurado número de acomodações para descanso a bordo igual à metade do total de tripulantes.

Seção V
Dos Limites de Voos e de Pousos

Art. 30. Denomina-se hora de voo ou tempo de voo o período compreendido desde o início do deslocamento, quando se tratar de aeronave de asa fixa, ou desde a partida dos motores, quando se tratar de aeronave de asa rotativa, até o momento em que, respectivamente, se imobiliza a aeronave ou se efetua o corte dos motores, ao término do voo ("calço a calço").

Art. 31. Aos tripulantes de voo ou de cabine empregados no serviço aéreo definido no inciso I do *caput* do art. 5º serão assegurados os seguintes limites de horas de voo e de pousos em uma mesma jornada de trabalho:

I – 8 (oito) horas de voo e 4 (quatro) pousos, na hipótese de integrante de tripulação mínima ou simples;

II – 11 (onze) horas de voo e 5 (cinco) pousos, na hipótese de integrante de tripulação composta;

III – 14 (catorze) horas de voo e 4 (quatro) pousos, na hipótese de integrante de tripulação de revezamento; e

IV – 7 (sete) horas sem limite de pousos, na hipótese de integrante de tripulação de helicópteros.

§ 1º O número de pousos na hipótese do inciso I deste artigo poderá ser aumentado em mais 1 (um), a critério do empregador, acrescendo-se, nesse caso, 2 (duas) horas ao repouso que precede a jornada.

§ 2º Não obstante o previsto no § 1º deste artigo, em caso de desvio para aeroporto de alternativa, será permitido o acréscimo de mais 1 (um) pouso aos limites estabelecidos nos incisos I, II e III deste artigo.

§ 3º Os tripulantes que operam aeronaves convencionais e turbo-hélice poderão ter o limite de pousos estabelecido no inciso I deste artigo aumentado em mais 2 (dois) pousos.

Art. 32. Aos tripulantes empregados nos serviços aéreos definidos nos incisos II, III, IV e V do *caput* do art. 5º são assegurados os seguintes limites de horas de voo em uma mesma jornada de trabalho:

I – 9 (nove) horas e 30 (trinta) minutos de voo, na hipótese de integrante de tripulação mínima ou simples;

II – 12 (doze) horas de voo, na hipótese de integrante de tripulação composta;

III – 16 (dezesseis) horas de voo, na hipótese de integrante de tripulação de revezamento;

IV – 8 (oito) horas de voo, na hipótese de integrante de tripulação de helicópteros.

§ 1º Aos tripulantes referidos neste artigo não serão assegurados limites de pousos em uma mesma jornada de trabalho.

§ 2º Os tripulantes empregados nos serviços aéreos definidos no inciso IV do *caput* do art. 5º, quando em atividade de fomento ou proteção à agricultura, poderão ter os limites previstos neste artigo estabelecidos em convenção ou acordo coletivo de trabalho, desde que não ultrapassem os parâmetros de segurança de voo determinados na regulamentação da autoridade de aviação civil brasileira.

Art. 33. Aos tripulantes são assegurados os seguintes limites mensais e anuais de horas de voo:

I – 80 (oitenta) horas de voo por mês e 800 (oitocentas) horas por ano, em aviões a jato;

II – 85 (oitenta e cinco) horas de voo por mês e 850 (oitocentas e cinquenta) horas por ano, em aviões turbo-hélice;

III – 100 (cem) horas de voo por mês e 960 (novecentas e sessenta) horas por ano, em aviões convencionais;

IV – 90 (noventa) horas de voo por mês e 930 (novecentas e trinta) horas por ano, em helicópteros.

§ 1º Quando os tripulantes operarem diferentes tipos de aeronaves, o limite inferior será respeitado.

§ 2º Os tripulantes de voo empregados nos serviços aéreos especializados definidos no inciso IV do *caput* do art. 5º, quando em atividade de fomento ou proteção à agricultura, poderão ter os limites previstos neste artigo estabelecidos em convenção ou acordo coletivo de trabalho, desde que não ultrapassem os parâmetros de segurança de voo determinados na regulamentação da autoridade de aviação civil brasileira.

Art. 34. O trabalho realizado como tripulante extra a serviço será computado para os limites da jornada de trabalho diária, semanal e mensal, não sendo considerado para o cômputo dos limites de horas de voo diários, mensais e anuais, previstos nos arts. 31, 32 e 33.

Seção VI
Dos Limites da Jornada de Trabalho

Art. 35. Jornada é a duração do trabalho do tripulante de voo ou de cabine, contada entre a hora da apresentação no local de trabalho e a hora em que ele é encerrado.

§ 1º A jornada na base contratual será contada a partir da hora de apresentação do tripulante no local de trabalho.

§ 2º Fora da base contratual, a jornada será contada a partir da hora de apresentação do tripulante no local estabelecido pelo empregador.

§ 3º Nas hipóteses previstas nos §§ 1º e 2º deste artigo, a apresentação no aeroporto ou em outro local estabelecido pelo empregador deverá ocorrer com antecedência mínima de 30 (trinta) minutos da hora prevista para o início do voo.

§ 4º A jornada será considerada encerrada 30 (trinta) minutos após a parada final dos motores, no caso de voos domésticos, e 45 (quarenta e cinco) minutos após a parada final dos motores, no caso de voos internacionais.

§ 5º Para atividades em terra, não se aplicam as disposições dos §§ 3º e 4º deste artigo.

§ 6º Os limites previstos no § 4º deste artigo podem ser alterados pelos operadores de aeronaves que possuírem Sistema de Gerenciamento de Risco de Fadiga Humana no planejamento e na execução das escalas de serviço de seus tripulantes, sendo o limite mínimo de 30 (trinta) minutos.

Art. 36. Aos tripulantes de voo ou de cabine empregados no serviço aéreo definido no inciso I do *caput* do art. 5º são assegurados os seguintes limites de jornada de trabalho:

I – 9 (nove) horas, se integrantes de uma tripulação mínima ou simples;

II – 12 (doze) horas, se integrantes de uma tripulação composta;

III – 16 (dezesseis) horas, se integrantes de uma tripulação de revezamento.

Art. 37. Aos tripulantes de voo ou de cabine empregados nos serviços aéreos definidos nos incisos II, III, IV e V do *caput* do art. 5º são assegurados os seguintes limites de jornada de trabalho:

I – 11 (onze) horas, se integrantes de uma tripulação mínima ou simples;

II – 14 (catorze) horas, se integrantes de uma tripulação composta;

III – 18 (dezoito) horas, se integrantes de uma tripulação de revezamento.

Parágrafo único. Os tripulantes de voo empregados nos serviços aéreos especializados definidos no inciso IV do *caput* do art. 5º, quando em atividade de fomento à agricultura, poderão ter os limites previstos neste artigo estabelecidos em convenção ou acordo coletivo de trabalho, desde que não ultrapassem os parâmetros de segurança de voo determinados na regulamentação da autoridade de aviação civil brasileira.

Art. 38. Em caso de interrupção de jornada, os tripulantes de voo ou de cabine empregados nos serviços aéreos definidos nos incisos II, IV e V do *caput* do art. 5º, quando compondo tripulação mínima ou simples, poderão ter suas jornadas de trabalho acrescidas de até a metade do tempo da interrupção, nos seguintes casos:

I – quando houver interrupção da jornada fora da base contratual, superior a 3 (três) horas e inferior a 6 (seis) horas consecutivas, e for proporcionado pelo empregador local para descanso separado do público e com controle de temperatura e luminosidade;

II – quando houver interrupção da jornada fora da base contratual, superior a 6 (seis) horas e inferior a 10 (dez) horas consecutivas, e forem proporcionados pelo empregador quartos individuais com banheiro privativo, condições adequadas de higiene e segurança, mínimo ruído e controle de temperatura e luminosidade.

Parágrafo único. A condição prevista neste artigo deverá ser consignada no diário de bordo da aeronave, com assinatura do comandante.

Art. 39. A hora de trabalho noturno, para efeito de jornada, será computada como de 52 (cinquenta e dois) minutos e 30 (trinta) segundos.

Parágrafo único. Para efeitos desta Lei, considera-se noturno:

I – o trabalho executado em terra entre as 22 (vinte e duas) horas de um dia e as 5 (cinco) horas do dia seguinte, considerado o horário local;

II – o período de tempo de voo realizado entre as 18 (dezoito) horas de um dia e as 6 (seis) horas do dia seguinte, considerado o fuso horário oficial da base contratual do tripulante.

Art. 40. Os limites da jornada de trabalho poderão ser ampliados em 60 (sessenta) minutos, a critério exclusivo do comandante da aeronave, nos seguintes casos:

I – inexistência, em local de escala regular, de acomodações apropriadas para o repouso da tripulação e dos passageiros;

II – espera demasiadamente longa, fora da base contratual, em local de espera regular intermediária, ocasionada por condições meteorológicas desfavoráveis e trabalho de manutenção não programada;

III – por imperiosa necessidade, entendida como a decorrente de catástrofe ou problema de infraestrutura que não configure caso de falha ou falta administrativa da empresa.

Parágrafo único. Qualquer ampliação dos limites das horas de trabalho deverá ser comunicada, em no máximo 24 (vinte e quatro) horas após a viagem, pelo comandante ao empregador, que, no prazo de 15 (quinze) dias, comunicará a autoridade de aviação civil brasileira.

Art. 41. A duração do trabalho dos tripulantes de voo ou de cabine não excederá a 44 (quarenta e quatro) horas semanais e 176 (cento e setenta e seis) horas mensais, computados os tempos de:

I – jornada e serviço em terra durante a viagem;

II – reserva e 1/3 (um terço) do sobreaviso;

III – deslocamento como tripulante extra a serviço;

IV – adestramento em simulador, cursos presenciais ou a distância, treinamentos e reuniões;

V – realização de outros serviços em terra, quando escalados pela empresa.

§ 1º O limite semanal de trabalho previsto neste artigo poderá ser alterado mediante convenção ou acordo coletivo de trabalho, desde que não ultrapasse os parâmetros estabelecidos na regulamentação da autoridade de aviação civil brasileira, sendo vedada, sob qualquer hipótese, a extrapolação do limite mensal de 176 (cento e setenta e seis) horas.

§ 2º Os tripulantes de voo ou de cabine empregados nos serviços aéreos definidos nos incisos II, III, IV e V do *caput* do art. 5º terão como período máximo de trabalho consecutivo 21 (vinte e um) dias, contados do dia de saída do tripulante de sua base contratual até o dia do regresso a ela.

§ 3º Para os tripulantes de voo ou de cabine empregados nos serviços aéreos definidos nos incisos II, III, IV e V do *caput* do art. 5º, o período consecutivo de trabalho, no local de operação, não poderá exceder a 17 (dezessete) dias.

§ 4º Quando prestarem serviço fora da base contratual por período superior a 6 (seis) dias, os tripulantes referidos no § 3º deste artigo terão, no retorno, folgas correspondentes a, no mínimo, o número de dias fora da base contratual menos 2 (dois) dias.

§ 5º Os tripulantes empregados no serviço aéreo definido no inciso I do *caput* do art. 5º que também exerçam atividades administrativas terão os limites de sua jornada de trabalho definidos em convenção ou acordo coletivo de trabalho, desde que não ultrapassem os parâmetros estabelecidos na regulamentação da autoridade de aviação civil brasileira.

§ 6º As disposições do *caput* e dos §§ 1º, 2º, 3º e 4º deste artigo não se aplicam aos tripulantes empregados nos serviços aéreos definidos no inciso IV do *caput* do art. 5º em atividade de fomento ou proteção à agricultura, que poderão ter os referidos limites reduzidos ou ampliados por convenção ou acordo coletivo de trabalho, desde que não ultrapassem os parâmetros de segurança de voo determinados na regulamentação da autoridade de aviação civil brasileira.

Art. 42. Será observado o limite máximo de 2 (duas) madrugadas consecutivas de trabalho, e o de 4 (quatro) madrugadas totais no período de 168 (cento e sessenta e oito) horas consecutivas, contadas desde a apresentação do tripulante.

§ 1º O tripulante de voo ou de cabine poderá ser escalado para jornada de trabalho na terceira madrugada consecutiva desde que como tripulante extra, em voo de retorno à base contratual e encerrando sua jornada de trabalho, vedada, nessa hipótese, a escalação do tripulante para compor tripulação no período que antecede a terceira madrugada consecutiva na mesma jornada de trabalho.

§ 2º Sempre que for disponibilizado ao tripulante período mínimo de 48 (quarenta e oito) horas livre de qualquer atividade, poderá ser iniciada a contagem de novo período de 168 (cento e sessenta e oito) horas consecutivas referido no *caput* deste artigo.

§ 3º Os limites previstos neste artigo poderão ser reduzidos ou ampliados mediante convenção ou acordo coletivo de trabalho, desde que não ultrapassem os parâmetros estabelecidos na regulamentação da autoridade de aviação civil brasileira.

§ 4º Entende-se como madrugada o período transcorrido, total ou parcialmente, entre 0 (zero) hora e 6 (seis) horas, considerado o fuso horário oficial da base contratual do tripulante.

Seção VII
Do Sobreaviso e da Reserva

Art. 43. Sobreaviso é o período não inferior a 3 (três) horas e não excedente a 12 (doze) horas em que o tripulante permanece em local de sua escolha à disposição do empregador, devendo apresentar-se no aeroporto ou em outro local determinado, no prazo de até 90 (noventa) minutos, após receber comunicação para o início de nova tarefa.

§ 1º Em Município ou conurbação com 2 (dois) ou mais aeroportos, o tripulante designado para aeroporto diferente da base contratual terá prazo de 150 (cento e cinquenta) minutos para a apresentação, após receber comunicação para o início de nova tarefa.

§ 2º As horas de sobreaviso serão pagas à base de 1/3 (um terço) do valor da hora de voo.

§ 3º Caso o tripulante seja convocado para uma nova tarefa, o tempo remunerado será contabilizado entre o início do sobreaviso e o início do deslocamento.

§ 4º Caso o tripulante de voo ou de cabine não seja convocado para uma tarefa durante o período de sobreaviso, o tempo de repouso mínimo de 8 (oito) horas deverá ser respeitado antes do início de nova tarefa.

§ 5º O período de sobreaviso, contabilizado desde seu início até o início do deslocamento caso o tripulante seja acionado para nova tarefa, não poderá ser superior a 12 (doze) horas.

§ 6º No período de 12 (doze) horas previsto no § 5º, não serão computados os períodos de deslocamento de 90 (noventa) e 150 (cento e cinquenta) minutos previstos no *caput* e no § 1º deste artigo.

§ 7º O tripulante de voo ou de cabine empregado no serviço aéreo previsto no inciso I do *caput* do art. 5º terá a quantidade de sobreavisos limitada a 8 (oito) mensais, podendo ser reduzida ou ampliada por convenção ou acordo coletivo de trabalho, observados os limites estabelecidos na regulamentação da autoridade de aviação civil brasileira.

Art. 44. Reserva é o período em que o tripulante de voo ou de cabine permanece à disposição, por determinação do empregador, no local de trabalho.

§ 1º A hora de reserva será paga na mesma base da hora de voo.

§ 2º A reserva do tripulante empregado no serviço aéreo previsto no inciso I do *caput* do art. 5º terá duração mínima de 3 (três) horas e máxima de 6 (seis) horas.

§ 3º A reserva do tripulante empregado nos serviços aéreos previstos nos incisos II, III, IV e V do *caput* do art. 5º terá duração mínima de 3 (três) horas e máxima de 10 (dez) horas.

§ 4º Prevista a reserva por prazo superior a 3 (três) horas, o empregador deverá assegurar ao tripulante acomodação adequada para descanso.

§ 5º Entende-se por acomodação adequada para fins deste artigo poltronas em sala específica com controle de temperatura, em local diferente do destinado ao público e à apresentação das tripulações.

§ 6º Para efeito de remuneração, caso o tripulante seja acionado em reserva para assumir programação de voo, será considerado tempo de reserva o período compreendido entre o início da reserva e o início do voo.

§ 7º Os limites previstos neste artigo poderão ser reduzidos ou ampliados por convenção ou acordo coletivo de trabalho, observados os parâmetros estabelecidos na regulamentação da autoridade de aviação civil brasileira.

Seção VIII
Das Viagens

Art. 45. Viagem é o trabalho realizado pelo tripulante de voo ou de cabine, contado desde a saída de sua base até o seu regresso.

§ 1º Uma viagem pode compreender uma ou mais jornadas.

§ 2º O tripulante de voo ou de cabine poderá cumprir uma combinação de voos, passando por sua base contratual sem ser dispensado do serviço, desde que a programação obedeça à escala previamente publicada.

§ 3º O empregador poderá exigir do tripulante de voo ou de cabine complementação de voo, quando fora da base contratual, para atender a realização de serviços inadiáveis.

§ 4º O empregador não poderá exigir do tripulante de voo ou de cabine complementação de voo ou qualquer outra atividade ao final da viagem, por ocasião do retorno à base contratual, sendo facultada ao tripulante a aceitação, não cabendo qualquer tipo de penalidade em caso de recusa.

Seção IX
Dos Períodos de Repouso

Art. 46. Repouso é o período ininterrupto, após uma jornada, em que o tripulante fica desobrigado da prestação de qualquer serviço.

Art. 47. É assegurada ao tripulante, fora de sua base contratual, acomodação adequada para repouso e transporte entre o aeroporto e o local de repouso, e vice-versa.

§ 1º O previsto neste artigo não será aplicado ao tripulante empregado nos serviços aéreos previstos nos incisos II, III, IV e V do *caput* do art. 5º quando o custeio do transporte e da hospedagem for ressarcido pelo empregador.

§ 2º O ressarcimento de que trata o § 1º deste artigo deverá ocorrer no máximo até 30 (trinta) dias após o pagamento.

§ 3º Entende-se por acomodação adequada para repouso do tripulante quarto individual com banheiro privativo e condições adequadas de higiene, segurança, ruído, controle de temperatura e luminosidade.

§ 4º Quando não houver disponibilidade de transporte ao término da jornada, o período de repouso será computado a partir da colocação de transporte à disposição da tripulação.

Art. 48. O tempo mínimo de repouso terá duração relacionada ao tempo da jornada anterior, observando-se os seguintes limites:

I – 12 (doze) horas de repouso, após jornada de até 12 (doze) horas;

II – 16 (dezesseis) horas de repouso, após jornada de mais de 12 (doze) horas e até 15 (quinze) horas;

III – 24 (vinte e quatro) horas de repouso, após jornada de mais de 15 (quinze) horas.

Parágrafo único. Os limites previstos neste artigo poderão ser alterados por convenção ou acordo coletivo de trabalho, observados os parâmetros de segurança de voo estabelecidos na regulamentação da autoridade de aviação civil brasileira.

Art. 49. Quando ocorrer o cruzamento de 3 (três) ou mais fusos horários em um dos sentidos da viagem, o tripulante terá, na base contratual, o repouso acrescido de 2 (duas) horas por cada fuso cruzado.

Seção X
Da Folga Periódica

Art. 50. Folga é o período não inferior a 24 (vinte e quatro) horas consecutivas em que o tripulante, em sua base contratual, sem prejuízo da remuneração, está desobrigado de qualquer atividade relacionada com seu trabalho.

§ 1º Salvo o previsto nos §§ 2º e 3º do art. 41, a folga deverá ter início, no máximo, após o 6º (sexto) período consecutivo de até 24 (vinte e quatro) horas, contada a partir da apresentação do tripulante, observados os limites da duração da jornada de trabalho e do repouso.

§ 2º Os períodos de repouso mínimo regulamentar deverão estar contidos nos 6 (seis) períodos consecutivos de até 24 (vinte e quatro) horas previstos no § 1º deste artigo.

§ 3º No caso de voos internacionais de longo curso, o limite previsto no § 1º deste artigo poderá ser ampliado em 36 (trinta e seis) horas, ficando o empregador obrigado a conceder ao tripulante mais 2 (dois) períodos de folga no mesmo mês em que o voo for realizado, além das folgas previstas neste artigo e no art. 51.

§ 4º Os limites previstos nos §§ 1º e 2º deste artigo poderão ser alterados por convenção ou acordo coletivo de trabalho, observados os parâmetros determinados na regulamentação da autoridade de aviação civil brasileira.

Art. 51. O tripulante empregado no serviço aéreo previsto no inciso I do *caput* do art. 5º terá número mensal de folgas não inferior a 10 (dez), das quais pelo menos 2 (duas) deverão compreender um sábado e um domingo consecutivos, devendo a primeira destas ter início até as 12 (doze) horas do sábado, no horário de Brasília.

§ 1º O número mensal de folgas previsto neste artigo poderá ser reduzido até 9 (nove), conforme critérios estabelecidos em convenção ou acordo coletivo de trabalho.

§ 2º Quando o tripulante concorrer parcialmente à escala de serviço do mês, por motivo de férias ou afastamento, aplicar-se-á a proporcionalidade do número de dias trabalhados ao número de folgas a serem concedidas, com aproximação para o inteiro superior.

Art. 52. O tripulante de voo ou de cabine empregado nos serviços aéreos previstos nos incisos II, III, IV e V do *caput* do art. 5º terá número de folgas mensal não inferior a 8 (oito), das quais pelo menos 2 (duas) deverão compreender um sábado e um domingo consecutivos.

Parágrafo único. O tripulante empregado nos serviços aéreos previstos no inciso IV do *caput* do art. 5º, quando em atividade de fomento ou proteção à agricultura, poderá ter os limites previstos neste artigo modificados por convenção ou acordo coletivo de trabalho, observados os parâmetros estabelecidos na regulamentação da autoridade de aviação civil brasileira.

Art. 53. A folga só terá início após a conclusão do repouso da jornada, e seus horários de início e término serão definidos em escala previamente publicada.

Art. 54. Quando o tripulante for designado para curso fora da base contratual, sua folga poderá ser gozada nesse local, devendo a empresa assegurar, no regresso, uma licença remunerada de 1 (um) dia para cada 15 (quinze) dias fora da base contratual.

Parágrafo único. A licença remunerada não deverá coincidir com sábado, domingo ou feriado se a permanência do tripulante fora da base for superior a 30 (trinta) dias.

Capítulo III
Da Remuneração e das Concessões

Seção I
Da Remuneração

Art. 55. Sem prejuízo da liberdade contratual, a remuneração do tripulante corresponderá à soma das quantias por ele percebidas da empresa.

Parágrafo único. Não integram a remuneração as importâncias pagas pela empresa a título de ajuda de custo, assim como as diárias de hospedagem, alimentação e transporte.

Art. 56. A remuneração dos tripulantes poderá ser fixa ou ser constituída por parcela fixa e parcela variável.

Parágrafo único. A parcela variável da remuneração será obrigatoriamente calculada com base nas horas de voo, salvo no caso:

I – do tripulante empregado no serviço de transporte aéreo público não regular na modalidade de táxi aéreo, previsto no inciso II do *caput* do art. 5º, que poderá ter a parcela variável de seu salário calculada com base na quilometragem entre a origem e o destino do voo, desde que estabelecido em convenção ou acordo coletivo de trabalho;

II – do tripulante empregado nos serviços aéreos previstos no inciso IV do *caput* do art. 5º em atividade de fomento ou proteção à agricultura, que poderá ter a parcela variável de seu salário calculada com base na área produzida ou aplicada ou conforme outros critérios estabelecidos em convenção ou acordo coletivo de trabalho.

Art. 57. O período de tempo em solo entre etapas de voo em uma mesma jornada será remunerado.

Parágrafo único. Os valores e critérios para remuneração do período de que trata o *caput* deste artigo serão estabelecidos no contrato de trabalho e em convenção ou acordo coletivo de trabalho.

Art. 58. A empresa pagará a remuneração do trabalho não realizado por motivo alheio à vontade do tripulante, se outra atividade equivalente não lhe for atribuída.

Art. 59. A remuneração da hora de voo noturno e das horas de voo como tripulante extra será calculada na forma da legislação em vigor, observadas as condições estabelecidas no contrato de trabalho e em convenção ou acordo coletivo de trabalho.

§ 1º Considera-se voo noturno, para efeitos deste artigo, o voo executado entre as 21 (vinte e uma) horas, Tempo Universal Coordenado, de um dia e as 9 (nove) horas, Tempo Universal Coordenado, do dia seguinte.

§ 2º A hora de voo noturno, para efeito de remuneração, é contada à razão de 52 (cinquenta e dois) minutos e 30 (trinta) segundos.

Art. 60. As frações de hora serão computadas para efeito de remuneração.

Seção II
Da Alimentação

Art. 61. Durante a viagem, o tripulante terá direito a alimentação, em terra ou em voo, de acordo com as instruções técnicas do Ministério do Trabalho e das autoridades competentes.

§ 1º O tripulante extra a serviço terá direito à alimentação.

§ 2º Quando em terra, o intervalo para a alimentação do tripulante deverá ter duração mínima de 45 (quarenta e cinco) minutos e máxima de 60 (sessenta) minutos.

§ 3º Quando em voo, a alimentação deverá ser servida em intervalos máximos de 4 (quatro) horas.

Art. 62. Para tripulante de helicópteros, a alimentação será servida em terra ou a bordo de unidades marítimas, com duração de 60 (sessenta) minutos, período este que não será computado na jornada de trabalho.

Art. 63. Nos voos realizados no período entre as 22 (vinte e duas) horas de um dia e as 6 (seis) horas do dia seguinte, deverá ser servida uma refeição se a duração do voo for igual ou superior a 3 (três) horas.

Art. 64. É assegurada alimentação ao tripulante que esteja em situação de reserva ou em cumprimento de uma programação de treinamento entre as 12 (doze) e as 14 (catorze) horas e entre as 19 (dezenove) e as 21 (vinte e uma) horas, em intervalo com duração de 60 (sessenta) minutos.

Parágrafo único. O intervalo para alimentação de que trata este artigo:

I – não será computado na duração da jornada de trabalho;

II – não será observado na hipótese de programação de treinamento em simulador.

Seção III
Da Assistência Médica

Art. 65. Ao tripulante em serviço fora da base contratual o empregador deverá assegurar e custear, em casos de urgência, assistência médica e remoção, por via aérea, para retorno à base ou ao local de tratamento.

Seção IV
Do Uniforme

Art. 66. O tripulante receberá gratuitamente da empresa, quando não forem de uso comum, as peças de uniforme e os equipamentos exigidos, por ato da autoridade competente, para o exercício de sua atividade profissional.

Parágrafo único. Não serão considerados como salário, para os efeitos previstos neste artigo, os vestuários, equipamentos e outros acessórios fornecidos ao tripulante para a realização dos respectivos serviços.

Seção V
Das Férias

Art. 67. As férias anuais do tripulante serão de 30 (trinta) dias consecutivos.

§ 1º Mediante acordo coletivo, as férias poderão ser fracionadas.

§ 2º A concessão de férias será comunicada ao tripulante, por escrito, com antecedência mínima de 30 (trinta) dias.

Art. 68. A empresa manterá quadro atualizado de concessão de férias, devendo existir rodízio entre os tripulantes do mesmo equipamento quando houver concessão nos meses de janeiro, fevereiro, julho e dezembro.

Art. 69. Ressalvados os casos de rescisão de contrato, as férias não serão convertidas em abono pecuniário.

Art. 70. Ressalvadas condições mais favoráveis, a remuneração das férias e o décimo terceiro salário do aeronauta serão calculados pela média das parcelas fixas e variáveis da remuneração no período aquisitivo.

Art. 71. O pagamento da remuneração das férias será realizado até 2 (dois) dias antes de seu início.

Seção VI
Dos Certificados e das Habilitações

Art. 72. É de responsabilidade do empregador o custeio do certificado médico e de habilitação técnica de seus tripulantes, sendo responsabilidade do tripulante manter em dia seu certificado médico, como estabelecido na legislação em vigor.

§ 1º Cabe ao empregador o controle de validade do certificado médico e da habilitação técnica para que sejam programadas, na escala de serviço do tripulante, as datas e, quando necessárias, as dispensas para realização dos exames necessários para a revalidação.

§ 2º É dever do empregador o pagamento ou o reembolso dos valores pagos pelo tripulante para a revalidação do certificado médico e de habilitação técnica, tendo como limite os valores definidos pelos órgãos públicos, bem como dos valores referentes a exames de proficiência linguística e a eventuais taxas relativas a documentos necessários ao exercício de suas funções contratuais.

§ 3º No caso dos tripulantes empregados nos serviços aéreos previstos no inciso IV do *caput* do art. 5º em atividade de fomento ou proteção à agricultura, o pagamento e o reembolso previstos neste artigo poderão observar valores e critérios estabelecidos em convenção ou acordo coletivo de trabalho.

Capítulo IV
Das Transferências

Art. 73. Para efeito de transferência, provisória ou permanente, considera-se base do tripulante a localidade onde ele está obrigado a prestar serviço.

§ 1º Entende-se como:

I – transferência provisória: o deslocamento do tripulante de sua base, por período mínimo de 30 (trinta) dias e não superior a 120 (cento e vinte) dias, para prestação de serviços temporários, sem mudança de domicílio, seguido de retorno à base tão logo cesse a incumbência que lhe foi atribuída; e

II – transferência permanente: o deslocamento do tripulante de sua base, por período superior a 120 (cento e vinte) dias, com mudança de domicílio.

§ 2º Após cada transferência provisória, o tripulante deverá permanecer na sua base por, pelo menos, 180 (cento e oitenta) dias.

§ 3º O interstício entre transferências permanentes será de 2 (dois) anos.

§ 4º Na transferência provisória, serão assegurados aos tripulantes acomodação, alimentação, transporte a serviço, transporte aéreo de ida e volta e, no regresso, licença remunerada de, considerada a duração da transferência, 2 (dois) dias para o primeiro mês mais 1 (um) dia para cada mês ou fração subsequente, sendo que, no mínimo, 2 (dois) dias não deverão coincidir com sábado, domingo ou feriado.

§ 5º Na transferência permanente, serão assegurados ao tripulante pelo empregador:

I – ajuda de custo, para fazer face às despesas de instalação na nova base, não inferior a 4 (quatro) vezes o valor do salário mensal, calculado o salário variável por sua taxa atual, multiplicada pela média do correspondente trabalho nos últimos 12 (doze) meses;

II – transporte aéreo para si e seus dependentes;

III – translação da respectiva bagagem; e

IV – dispensa de qualquer atividade relacionada com o trabalho pelo período de 8 (oito) dias, a ser fixado por sua opção, com aviso prévio de 8 (oito) dias ao empregador, dentro dos 60 (sessenta) dias seguintes à sua chegada à nova base.

§ 6º A transferência provisória poderá ser transformada em transferência permanente.

Art. 74. O tripulante deverá ser notificado pelo empregador com antecedência mínima de 60 (sessenta) dias na transferência permanente e de 15 (quinze) dias na provisória.

Capítulo V
Disposições Finais e Transitórias

Art. 75. Aos tripulantes de voo empregados nos serviços aéreos definidos no inciso IV do *caput* do art. 5º, quando em atividade de fomento ou proteção à agricultura, não se aplicam as seguintes disposições desta Lei:

I – a Seção II do Capítulo II;

II – os arts. 27, 28, 43, 44 e 45;

III – o Capítulo IV;

IV – o regime de transição estabelecido no art. 80.

Art. 76. Além dos casos previstos nesta Lei, as responsabilidades dos tripulantes são definidas na Lei 7.565, de 19 de dezembro de 1986 (Código Brasileiro de Aeronáutica), nas leis e nos regulamentos em vigor e, no que decorrer do contrato de trabalho, em convenções e acordos coletivos.

Art. 77. Sem prejuízo do disposto no Capítulo III do Título IX da Lei 7.565, de 19 de dezembro de 1986 (Código Brasileiro de Aeronáutica), os infratores das disposições constantes nesta Lei ficam sujeitos às penalidades previstas no art. 351 da Consolidação das Leis do Trabalho (CLT), aprovada pelo Decreto-Lei 5.452, de 1º de maio de 1943.

Parágrafo único. O processo de multas administrativas será regido pelo disposto no Título VII da Consolidação das Leis do Trabalho (CLT), aprovada pelo Decreto-Lei 5.452, de 1º de maio de 1943.

Art. 78. Caberá à autoridade de aviação civil brasileira expedir as normas necessárias para a implantação do Sistema de Gerenciamento de Risco de Fadiga Humana de que trata a Seção III do Capítulo I.

Art. 79. O art. 30 da Lei 7.183, de 5 de abril de 1984, passa a vigorar com a seguinte redação:

> "Art. 30. Os limites de tempo de voo do tripulante não poderão exceder em cada mês ou ano, respectivamente:
>
> I – em aviões convencionais, 100 (cem) e 1.000 (mil) horas;
>
> II – em aviões turbo-hélice, 100 (cem) e 935 (novecentas e trinta e cinco) horas;
>
> III – em aviões a jato, 85 (oitenta e cinco) e 850 (oitocentas e cinquenta) horas;
>
> IV – em helicópteros, 90 (noventa) e 960 (novecentas e sessenta) horas.
>
> § 1º Quando o aeronauta tripular diferentes tipos de aeronave, será observado o menor limite.

§ 2º Os limites de tempo de voo para aeronautas de empresas de transporte aéreo regular, em intervalo inferior a 30 (trinta) dias, serão proporcionais ao limite mensal mais 10 (dez) horas."

Art. 80. Aplicam-se aos tripulantes, desde a entrada em vigor desta Lei até que tenham decorrido 30 (trinta) meses de sua publicação, como regime de transição, os seguintes dispositivos da Lei 7.183, de 5 de abril de 1984:

I – os arts. 12, 13 e 20;

II – o *caput*, incluídas suas alíneas, e o § 1º, todos do art. 21;

III – os arts. 29 e 30.

Art. 81. Revogam-se:

I – após decorridos 90 (noventa) dias da publicação oficial desta Lei, a Lei 7.183, de 5 de abril de 1984, com exceção dos dispositivos referidos no art. 80;

II – após decorridos 30 (trinta) meses da publicação oficial desta Lei, os dispositivos da Lei 7.183, de 5 de abril de 1984, referidos no art. 80.

Art. 82. Esta Lei entra em vigor após decorridos 90 (noventa) dias de sua publicação oficial, exceto os arts. 31, 32, 33, 35, 36 e 37, que entram em vigor após decorridos 30 (trinta) meses da publicação oficial desta Lei.

Brasília, 28 de agosto de 2017; 196º da Independência e 129º da República.

Michel Temer

(*DOU* 29.08.2017)

Aeroviário

DECRETO 1.232, DE 22 DE JUNHO DE 1962

Regulamenta a profissão de Aeroviário.

O Presidente de Conselho de Ministros, usando da atribuição que lhe confere o artigo 18, inciso III, do Ato Adicional à Constituição Federal, decreta:

Capítulo I
Do Aeroviário e sua Classificação

Art. 1º É aeroviário o trabalhador que, não sendo aeronauta, exerce função remunerada nos serviços terrestres de Empresa de Transportes Aéreos.

Parágrafo único. É também considerado aeroviário o titular de licença e respectivo certificado válido de habilitação técnica expedidas pela Diretoria de Aeronáutica Civil para prestação de serviços em terra, que exerça função efetivamente remunerada em aeroclubes, escolas de aviação civil, bem como o titular ou não, de licença e certificado, que preste serviço de natureza permanente na conservação, manutenção e despacho de aeronaves.

Art. 2º O aeroviário só poderá exercer função, para a qual se exigir licença e certificado de habilitação técnica expedidos pela Diretoria de Aeronáutica Civil e outros órgãos competentes, quando estiver devidamente habilitado.

Art. 3º Os ajudantes são os aeroviários que auxiliam os técnicos, não lhes sendo facultada a execução de mão-de-obra especializada, sob sua responsabilidade quando for exigido certificado de habilitação oficial para o técnico de quem é auxiliar.

Art. 4º Qualquer outra denominação dada aos trabalhadores enquadrados no art. 1º e seu parágrafo único, não lhes retirará a classificação de aeroviário, exceção única para aquelas atividades diferenciadas, expressamente previstas em lei e que dispuserem, nessa conformidade de Estatuto próprio.

Art. 5º A profissão de aeroviário compreende os que trabalham nos serviços:

a) de manutenção;

b) de operações;

c) de auxiliares;

d) gerais.

Art. 6º Nos serviços de Manutenção estão incluídos, além de outros aeroviários que exerçam funções relacionadas com a manutenção de aeronaves, Engenheiros, Mecânicos de Manutenção nas diversas especializações designadas pela diretoria de Aeronáutica tais como:

I – Motores Convencionais ou Turbinas

II – Eletrônica

III – Instrumentos

IV – Rádio Manutenção

V – Sistemas Elétricos

VI – Hélices

VII – Estruturas

VIII – Sistema Hidráulico

IX – Sistemas diversos.

Art. 7º Nos serviços de Operações estão incluídas geralmente, as funções relacionadas como o tráfego, às telecomunicações e a meteorologia, compreendendo despachantes e controladores de vôo, gerentes, balconistas recepcionistas, radiotelegrafistas, radiotelefonistas, radioteletipistas, meteorologistas e outros aeroviários que exerçam funções relacionadas com as operações.

Art. 8º Nos serviços Auxiliares, estão incluídas as atividades compreendidas pelas profissões liberais, instrução, escrituração contabilidade e outras relacionadas com a organização técnica e comercial da empresa.

Art. 9º Nos serviços gerais, estão incluídas as atividades compreendidas pela limpeza e vigilância de edifícios, hangares, pistas, rampas, aeronaves e outras relacionadas com a conservação do Patrimônio Empresarial.

Capítulo II
Do Regime de Trabalho

Art. 10. A duração normal do trabalho do aeroviário não excederá de 44 horas semanais.

§ 1º A prorrogação do horário diário de oito horas é permitida até o máximo de duas horas, só podendo ser excedido este limite nas exceções previstas em lei ou acordo.

§ 2º Nos trabalhos contínuos que excedam de seis horas, será obrigatória a concessão de um descanso de no mínimo, uma hora e, máximo de duas horas, para refeição.

§ 3º Nos trabalhos contínuos que ultrapassem de quatro horas será obrigatório um intervalo de 15 minutos para descanso.

Art. 11. Para efeito de remuneração, será considerado como jornada normal, o período de trânsito gasto pelo aeroviário em viagem a serviço da Empresa independente das diárias, se devidas.

Art. 12. É assegurado ao aeroviário uma folga semanal remunerada de 24 horas contínuas, de preferência aos domingos.

Parágrafo único. Nos serviços executados por turno, a escala será organizada, de preferência de modo a evitar que a folga iniciada a zero hora de um dia termine às 24 horas do mesmo dia.

Art. 13. Havendo trabalho aos domingos por necessidade do serviço será organizada uma escala mensal de revezamento que favoreça um repouso dominical por mês.

Art. 14. O trabalho nos dias feriados nacionais, estaduais e municipais será pago em dobro, ou compensado com o repouso em outro dia da semana, não podendo este coincidir com o dia de folga.

Parágrafo único. Além do salário integral será garantido ao aeroviário, a vantagem de que trata este artigo, quando escalado pela Empresa mesmo que não complete as horas diárias de trabalho, por conveniência ou determinação da Empresa.

Art. 15. As férias anuais dos aeroviários serão de 30 (trinta) dias corridos.

Art. 16. Os aeroviários só poderão exercer outra função diferente daquela para qual foram contratados quando previamente e com sua anuência expressa, for procedida a respectiva anotação na Carteira Profissional.

Parágrafo único. O aeroviário chamado a ocupar cargo diverso do constante do seu contrato de trabalho, em comissão ou em substituição, terá direito a perceber salário que competir ao novo cargo, enquanto ao seu desempenho, bem como contagem de tempo de serviço para todos os efeitos, e retorno a função anterior com as vantagens outorgadas à categoria que detinha.

Capítulo III
Da Remuneração

Art. 17. O salário é contraprestação do serviço.

§ 1º Integram o salário a importância fixa estipulada, com as percentagens, gratificações ajustadas, abonos, excluídas ajuda de custo e diárias, quando em viagem ou em serviço fora da base.

§ 2º Quando se tratar de aeroviário que perceba salários acrescidos de comissões, percentagens, ajudas de custo e diárias, estas integram igualmente o salário, sendo que as duas últimas só serão computadas quando não excederem 50% (cinquenta por cento) do salário percebido.

§ 3º O trabalho noturno terá remuneração superior a do diurno e, para esse efeito será acrescido de 20% (vinte por cento) pelo menos, sobre a hora diurna.

§ 4º A hora de trabalho noturno será computada com 52 minutos e 30 segundos.

§ 5º Considera-se noturno, para os efeitos deste artigo, o trabalho executado entre as 22 horas de um dia e as cinco horas do dia seguinte.

§ 6º Nos horários mistos, assim entendidos os que abrangem períodos diurnos e noturnos, aplica-se às horas de trabalho noturno o disposto neste artigo e seus parágrafos.

Art. 18. O trabalho em atividades insalubres ou perigosas, assim consideradas pelas autoridades competentes será remunerado na forma da lei.

Art. 19. A remuneração das horas excedentes à prorrogação que se refere o § 3º do art. 17 será paga pelo menos 25% (vinte e cinco por cento) superior à hora normal, salvo acordo escrito entre as partes.

Parágrafo único. Poderá ser dispensado o acréscimo de salário se, por força de acordo com assistência do Sindicato ou contrato coletivo, excesso de horas em um dia for compensado pela correspondente diminuição em outro dia, de maneira que não exceda o horário normal da semana nem seja ultrapassado o limite máximo de dez horas diárias.

Art. 20. A duração normal do trabalho do aeroviário, habitual e permanente empregado na execução ou direção em serviço de pista, é de seis horas.

Parágrafo único. Os serviços de pista, a que se refere este artigo, serão os assim considerados, em portaria baixada pela Diretoria de Aeronáutica Civil.

Capítulo IV
Da Higiene e da Segurança do Trabalho

Art. 21. O aeroviário portador da licença expedida pela Diretoria de Aeronáutica Civil, será submetido periodicamente a inspeção de saúde, atendidos os requisitos da legislação em vigor.

Art. 22. As peças de vestuário e respectivos equipamentos individuais, de proteção, quando exigidos pela autoridade competente, serão fornecidos pela Empresa sem ônus para o aeroviário.

Parágrafo único. Se, para o desempenho normal da função for exigida pela Empresa, peça de vestuário que a identifique, será a mesma também fornecida sem ônus para o aeroviário.

Art. 23. O Ministério do Trabalho e Previdência Social, por sua Divisão de Higiene e Segurança do Trabalho, classificará os serviços e locais considerados insalubres ou perigosos na forma da legislação vigente, e desse fato dará ciência à Diretoria de Aeronáutica Civil do Ministério da Aeronáutica e notificará a Empresa.

Art. 24. As Empresas, o Ministério do Trabalho e Previdência Social e o Ministério da Aeronáutica, dentro de suas atribuições, deverão providenciar para que os aeroviários possam adquirir suas refeições a preços populares em todas as bases onde ainda não existam restaurantes do SAPS.

Capítulo V
Das Transferências

Art. 25. Para efeito de transferência, considera-se base de aeroviário, a localidade onde tenha sido admitido.

Art. 26. É facultado à empresa designar o aeroviário para prestar serviço fora de sua base em caráter permanente ou a título transitório até 120 (cento e vinte) dias.

§ 1º Na transferência, por período superior a 120 (cento e vinte) dias, considerada em caráter permanente, será assegurada ao aeroviário a gratuidade de sua viagem, dos que vivem sob sua dependência econômica, reconhecida pela instituição de previdência social e respectivos pertences.

§ 2º O prazo fixado neste artigo, para efeito de transferência a título transitório, poderá ser dilatado, quando para serviços de inspeção fora da base e mediante acordo.

§ 3º É assegurado ao aeroviário em serviço fora da base, também a gratuidade de sua viagem e do transporte de sua bagagem.

§ 4º Enquanto perdurar a transferência transitória, o empregador é ainda obrigado a pagar diárias compatíveis com os respectivos níveis salariais e de valor suficiente a cobrir as despesas de estadias e alimentação, nunca inferiores, entretanto, a um dia do menor salário da categoria profissional da base de origem.

§ 5º Quando o empregador fornecer estadia ou alimentação, é-lhe facultado reduzir até 50% (cinquenta por cento) o valor da diária fixada no parágrafo anterior, arbitrada em 25% (vinte e cinco por cento) cada utilidade.

§ 6º Ao aeroviário transferido em caráter permanente é assegurado o pagamento de uma ajuda de custo de dois meses de seu salário fixo.

Art. 27. A transferência para o exterior será precedida de contrato específico entre o empregado e o empregador.

Art. 28. Ao aeroviário transferido dentro do território nacional fica assegurado por 90 (noventa) dias do direito do seu retorno e de sua família, ao local anterior ou a base de origem quando dispensado sem justa causa, confirmada pelo Juízo de 2º Instância.

Parágrafo único. No caso de demissão ou morte do aeroviário brasileiro transferido para o exterior, fica também assegurado pela Empresa o prazo de 60 (sessenta) dias o seu repatriamento, pela Empresa, bem como o de seus dependentes.

Capítulo VI
Do Trabalho da Mulher e do Menor

Art. 29. É proibido o trabalho da mulher e do menor, aeroviário, nas atividades perigosas ou insalubres, especificadas nos quadros para esse fim aprovados pelo Ministério do Trabalho e Previdência Social.

Parágrafo único. Em virtude de exame e parecer da autoridade competente o Ministério do Trabalho e Previdência Social poderá estabelecer derrogações totais ou parciais às proibições a que alude este artigo, quando tiver desaparecido, nos serviços considerados perigosos ou insalubres, todo e qualquer caráter perigoso ou prejudicial, mediante aplicação de novos métodos de trabalho ou pelo emprego de medidas de ordem preventiva.

Art. 30. É proibido o trabalho noturno da aeroviária, considerando este trabalho, o que for executado dentro dos limites estabelecidos neste Regulamento.

Parágrafo único. Estão excluídas desta proibição, as maiores de 18 anos que executem serviços de radiotelefonia ou radiotelegrafia, telefonia, enfermagem, recepção e nos bares ou restaurante, e ainda as que não participando de trabalho contínuo ocupem postos de direção.

Art. 31. Em caso de aborto não criminoso, comprovado por atestado médico oficial, a aeroviária terá direito a um repouso remunerado de duas semanas, ficando-lhe assegurado ainda o retorno à função que ocupava.

Art. 32. Para amamentar o próprio filho, até que este complete seis meses de idade, terá também direito, durante a jornada de trabalho, a dois descansos especiais, de meia hora cada um.

Parágrafo único. Quando o exigir a saúde do filho, este período poderá ser dilatado a critério da autoridade médica competente.

Art. 33. É proibido o trabalho de aeroviário menor de 18 anos em serviços noturnos e em atividades exercidas nas ruas, praças e outros logradouros, sem prévia autorização do Juiz de Menores.

Art. 34. É proibido a prorrogação da duração normal de trabalho dos menores de 18 anos, salvo nas exceções previstas em lei.

Art. 35. A Empresa que empregar menores, fica obrigada a conceder-lhes o tempo que for necessário para a frequência às aulas e na forma da lei.

Art. 36. À Empresa é vedado empregar mulher em serviço que demande força muscular superior a 20 quilos, para trabalho contínuo, ou 25 quilos para o trabalho ocasional.

Parágrafo único. Não está compreendida na proibição deste artigo a remoção de material feita por impulsão e tração mecânica ou manual sobre rodas.

Art. 37. Não constitui justo motivo para a rescisão do contrato de trabalho da aeroviária, o fato de haver contraído matrimônio ou de encontrar-se em estado de gravidez.

Parágrafo único. Não serão permitidas, em regulamentos de qualquer natureza, contratos coletivos ou individuais de trabalho, restrições ao direito da aeroviária por motivo de casamento ou gravidez.

Art. 38. É proibido o trabalho da aeroviária grávida no período de seis semanas antes e de seis semanas depois do parto.

§ 1º Para fins previstos neste artigo, o afastamento da aeroviária de seu trabalho será determinado pelo atestado médico a que alude o art. 375 da CLT, que deverá ser visado pelo empregador.

§ 2º Em casos excepcionais os períodos de repouso antes e depois do parto poderão ser aumentados de mais duas semanas cada um, mediante atestado médico, dado na forma do parágrafo anterior.

Art. 39. Durante o período a que se refere o artigo anterior, a aeroviária terá direito aos salários integrais, calculados de acordo com a média dos seis últimos meses de trabalho, sendo-lhe ainda facultado reverter à função que anteriormente ocupava.

Parágrafo único. A concessão do Auxílio maternidade por parte de instituição de previdência, não isenta a empregadora da obrigação a que alude este artigo.

Capítulo VII
Das Disposições Finais

Art. 40. Além dos casos previstos neste Decreto, os direitos, vantagens e deveres do aeroviário são os definidos na legislação, contratos e acordos.

Art. 41. O aeroviário escalado para prestar serviços em vôo será obrigatoriamente segurado contra acidentes na mesma base do seguro de passageiros.

Art. 42. É facultado ao empregador, conceder descontos até 90% (noventa por cento) no preço das passagens aos aeroviários, esposa e filhos menores que queiram gozar suas férias fora da base, respeitado o disposto nas Condições Gerais do Transporte Aéreo.

Art. 43. Será alterado o Decreto 50.660, de 29 de maio de 1961, a fim de que os aeroviários participem da Comissão Permanente de Estudos Técnicos de Aviação Civil.

Art. 44. Os infratores deste Decreto são passíveis das penalidades estabelecidas pelas autoridades competentes, dentro de suas atribuições específicas, de acordo com a legislação vigente.

Art. 45. O presente Decreto entrará em vigor 30 (trinta) dias após a data de sua publicação, revogadas as disposições em contrário.

Brasília, 22 de junho de 1962; 141º da Independência e 74º da República.

Tancredo Neves

(*DOU* 22.06.1962)

Artista e Técnico em Espetáculos de Diversões

LEI 6.533, DE 24 DE MAIO DE 1978

Dispõe sobre a regulamentação das profissões de artista e de técnico em espetáculos de diversões, e dá outras providências.

- V. Dec. 82.385/1978 (Regulamenta a Lei 6.533/1978).

O Presidente da República:

Faço saber que o Congresso Nacional decreta e eu sanciono a seguinte Lei:

Art. 1º O exercício das profissões de Artista e de Técnico em Espetáculos de Diversões é regulado pela presente Lei.

Art. 2º Para os efeitos desta lei, é considerado:

I – Artista, o profissional que cria, interpreta ou executa obra de caráter cultural de qualquer natureza, para efeito de exibição ou divulgação pública, através de meios de comunicação de massa ou em locais onde se realizam espetáculos de diversão pública;

II – Técnico em Espetáculos de Diversões, o profissional que, mesmo em caráter auxiliar, participa, individualmente ou em grupo, de atividade profissional ligada diretamente à elaboração, registro, apresentação ou conservação de programas, espetáculos e produções.

Parágrafo único. As denominações e descrições das funções em que se desdobram as atividades de Artista e de Técnico em Espetáculos de Diversões constarão do regulamento desta lei.

Art. 3º Aplicam-se as disposições desta lei às pessoas físicas ou jurídicas que tiverem a seu serviço os profissionais definidos no artigo anterior, para realização de espetáculos, programas, produções ou mensagens publicitárias.

Parágrafo único. Aplicam-se, igualmente, as disposições desta Lei às pessoas físicas ou jurídicas que agenciem colocação de mão-de-obra de profissionais definidos no artigo anterior.

Art. 4º As pessoas físicas ou jurídicas de que trata o artigo anterior deverão ser previamente inscritas no Ministério do Trabalho.

Art. 5º Não se incluem no disposto nesta Lei os Técnicos em Espetáculos de Diversões que prestam serviços a empresa de radiodifusão.

Art. 6º O exercício das profissões de Artista e de Técnico em Espetáculos de Diversões requer prévio registro na Delegacia Regional do Trabalho do Ministério do Trabalho, o qual terá validade em todo o território nacional.

Art. 7º Para registro do Artista ou do Técnico em Espetáculos de Diversões, é necessário a apresentação de:

I – diploma de curso superior de Diretor de Teatro, Coreógrafo, Professor de Arte Dramática, ou outros cursos semelhantes, reconhecidos na forma da Lei; ou

II – diploma ou certificado correspondentes às habilitações profissionais de 2º Grau de Ator, Contra-regra, Cenotécnico, Sonoplasta, ou outras semelhantes, reconhecidas na forma da Lei; ou

III – atestado de capacitação profissional fornecido pelo Sindicato representativo das categorias profissionais e, subsidiariamente, pela Federação respectiva.

§ 1º A entidade sindical deverá conceder ou negar o atestado mencionado no item III, no prazo de 3 (três) dias úteis, podendo ser concedido o registro, ainda que provisório, se faltar manifestação da entidade sindical, nesse prazo.

§ 2º Da decisão da entidade sindical que negar a concessão do atestado mencionado no item III deste artigo, caberá recurso para o Ministério do Trabalho, até 30 (trinta) dias, a contar da ciência.

Art. 8º O registro de que trata o artigo anterior poderá ser concedido a título provisório, pelo prazo máximo de 1 (um) ano, com dispensa do atestado a que se refere o item III do mesmo artigo, mediante indicação conjunta dos Sindicatos de empregadores e de empregados.

Art. 9º O exercício das profissões de que trata esta Lei exige contrato de trabalho padronizado, nos termos de instruções a serem expedidas pelo Ministério do trabalho.

§ 1º O contrato de trabalho será visado pelo Sindicato representativo da categoria profissional e, subsidiariamente, pela Federação respectiva, como condição para registro no Ministério do Trabalho, até a véspera da sua vigência.

§ 2º A entidade sindical deverá visar ou não o contrato, no prazo máximo de 2 (dois) dias úteis, findos os quais ele poderá ser registrado no Ministério do Trabalho, se faltar a manifestação sindical.

§ 3º Da decisão da entidade sindical que negar o visto, caberá recurso para o Ministério do Trabalho.

Art. 10. O contrato de trabalho conterá, obrigatoriamente:

I – qualificação das partes contratantes;

II – prazo de vigência;

III – natureza da função profissional, com definição das obrigações respectivas;

IV – título do programa, espetáculo ou produção, ainda que provisório, com indicação do personagem nos casos de contrato por tempo determinado;

V – locais onde atuará o contratado, inclusive os opcionais;

VI – jornada de trabalho, com especificação do horário e intervalo de repouso;

VII – remuneração e sua forma de pagamento;

VIII – disposição sobre eventual inclusão do nome do contratado no crédito de apresentação, cartazes, impressos e programas;

IX – dia de folga semanal;

X – ajuste sobre viagens e deslocamentos;

XI – período de realização de trabalhos complementares, inclusive dublagem, quando posteriores a execução do trabalho de interpretação objeto do contrato;

XII – número da Carteira de Trabalho e Previdência Social.

Parágrafo único. Nos contratos de trabalho por tempo indeterminado deverá constar, ainda, cláusula relativa ao pagamento de adicional, devido em caso de deslocamento para prestação de serviço fora da cidade ajustada no contrato de trabalho.

Art. 11. A cláusula de exclusividade não impedirá o Artista ou Técnico em Espetáculos de Diversões de prestar serviços a outro empregador em atividade diversa da ajustada no contrato de trabalho, desde que em outro meio de comunicação, e sem que se caracterize prejuízo para o contratante com o qual foi assinada a cláusula de exclusividade.

Art. 12. O empregador poderá utilizar trabalho de profissional, mediante nota contratual, para substituição de Artista ou de Técnico em Espetáculos de Diversões, ou para prestação de serviço caracteristicamente eventual, por prazo não superior a 7 (sete) dias consecutivos, vedada a utilização desse mesmo profissional, nos 60 (sessenta) dias subseqüentes, por essa forma, pelo mesmo empregador.

Parágrafo único. O Ministério do Trabalho expedirá instruções sobre a utilização da nota contratual e aprovará seu modelo.

Art. 13. Não será permitida a cessão ou promessa de cessão de direitos autorais e conexos decorrentes da prestação de serviços profissionais.

Parágrafo único. Os direitos autorais e conexos dos profissionais serão devidos em decorrência de cada exibição da obra.

Art. 14. Nas mensagens publicitárias, feitas para cinema, televisão ou para serem divulgadas por outros veículos, constará do contrato de trabalho, obrigatoriamente:

I – o nome do produtor, do anunciante e, se houver, da agência de publicidade para quem a mensagem é produzida;

II – o tempo de exploração comercial da mensagem;

III – o produto a ser promovido;

IV – os veículos através dos quais a mensagem será exibida;

V – as praças onde a mensagem será veiculada;

VI – o tempo de duração da mensagem e suas características.

Art. 15. O contrato de trabalho e a nota contratual serão emitidos com numeração sucessiva e em ordem cronológica.

Parágrafo único. Os documentos de que trata este artigo serão firmados pelo menos em duas vias pelo contratado, ficando uma delas em seu poder.

Art. 16. O profissional não poderá recusar-se à auto dublagem, quando couber.

Parágrafo único. Se o empregador ou tomador de serviços preferir a dublagem por terceiros, ela só poderá ser feita com autorização, por escrito, do profissional, salvo se for realizada em língua estrangeira.

Art. 17. A utilização de profissional contratado por agência de locação de mão-de-obra, obrigará o tomador de serviço solidariamente pelo cumprimento das obrigações legais e contratuais, se se caracterizar a tentativa, pelo tomador de serviço, de utilizar a agência para fugir às responsabilidades e obrigações decorrentes desta Lei ou de contrato.

Art. 18. O comparecimento do profissional na hora e no lugar da convocação implica a percepção integral do salário, mesmo que o trabalho não se realize por motivo independente de sua vontade.

Art. 19. O profissional contratado por prazo determinado não poderá rescindir o contrato de trabalho sem justa causa, sob pena de ser obrigado a indenizar o em pregador dos prejuízos que desse fato lhe resultarem.

Parágrafo único. A indenização de que trata este artigo não poderá exceder àquela a que teria direito o empregado em idênticas condições.

Art. 20. Na rescisão sem justa causa, no distrato e na cessação do contrato de trabalho, o empregado poderá ser assistido pelo Sindicato representativo da categoria e, subsidiariamente, pela Federação respectiva, respeitado o disposto no artigo 477 da Consolidação das Leis do Trabalho.

Art. 21. A jornada normal de trabalho dos profissionais de que trata esta Lei, terá nos setores e atividades respectivos, as seguintes durações:

I – Radiodifusão, fotografia e gravação: 6 (seis) horas diárias, com limitação de 30 (trinta) horas semanais;

II – Cinema, inclusive publicitário, quando em estúdio: 6 (seis) horas diárias;

III – Teatro: a partir de estréia do espetáculo terá a duração das sessões, com 8 (oito) sessões semanais;

IV – Circo e variedades: 6 (seis) horas diárias, com limitação de 36 (trinta e seis) horas semanais;

V – Dublagem: 6 (seis) horas diárias, com limitação de 40 (quarenta) horas semanais.

§ 1º O trabalho prestado além das limitações diárias ou das sessões semanais previstas neste artigo será considerado extraordinário, aplicando-se-lhe o disposto nos artigos 59 a 61 da Consolidação das Leis do Trabalho.

§ 2º A jornada normal será dividida em 2 turnos, nenhum dos quais poderá exceder de 4 (quatro) horas, respeitado o intervalo previsto na Consolidação das Leis do Trabalho.

§ 3º Nos espetáculos teatrais e circenses, desde que sua natureza ou tradição o exijam, o intervalo poderá, em benefício do rendimento artístico, ser superior a 2 (duas) horas.

§ 4º Será computado como trabalho efetivo o tempo em que o empregado estiver à disposição do empregador, a contar de sua apresentação no local de trabalho, inclusive o período destinado a ensaios, gravações, dublagem, fotografias, caracterização, e todo àquele que exija a presença do Artista, assim como o destinado a preparação do ambiente, em termos de cenografia, iluminação e montagem de equipamento.

§ 5º Para o Artista, integrante de elenco teatral, a jornada de trabalho poderá ser de 8 (oito) horas, durante o período de ensaio, respeitado o intervalo previsto na Consolidação das Leis do Trabalho.

Art. 22. Na hipótese de exercício concomitante de funções dentro de uma mesma atividade, será assegurado ao profissional um adicional mínimo de 40% (quarenta por cento), pela função acumulada, tomando-se por base a função melhor remunerada.

Parágrafo único. É vedada a acumulação de mais de duas funções em decorrência do mesmo contrato de trabalho.

Art. 23. Na hipótese de trabalho executado fora do local constante do contrato de trabalho, correrão à conta do empregador, além do salário, as despesas de transporte e de alimentação e hospedagem, até o respectivo retorno.

Art. 24. É livre a criação interpretativa do Artista e do Técnico em Espetáculos de Diversões, respeitado o texto da obra.

Art. 25. Para contratação de estrangeiro domiciliado no exterior, exigir-se-á prévio recolhimento de importância equivalente a 10% (dez por cento) do valor total do ajuste à Caixa Econômica Federal em nome da entidade sindical da categoria profissional.

Art. 26. O fornecimento de guarda-roupa e demais recursos indispensáveis ao cumprimento das tarefas contratuais será de responsabilidade do empregador.

Art. 27. Nenhum Artista ou Técnico em Espetáculos de Diversões será obrigado a interpretar ou participar de trabalho possível de pôr em risco sua integridade física ou moral.

Art. 28. A contratação de figurante não qualificado profissionalmente, para atuação esporádica, determinada pela necessidade de características artísticas da obra, poderá ser feita pela forma da indicação prevista no artigo 8º.

Art. 29. Os filhos dos profissionais de que trata esta Lei, cuja atividade seja itinerante, terão assegurada a transferência da matrícula e conseqüente vaga nas escolas públicas locais de 1º e 2º Graus, e autorizada nas escolas particulares desses níveis, mediante apresentação de certificado da escola de origem.

Art. 30. Os textos destinados à memorização, juntamente com o roteiro de gravação ou plano de trabalho, deverão ser entregues ao profissional com antecedência mínima de 72 (setenta e duas) horas, em relação ao início dos trabalhos.

Art. 31. Os profissionais de que trata esta Lei têm penhor legal sobre o equipamento e todo o material de propriedade do empregador, utilizado na realização de programa, espetáculo ou produção, pelo valor das obrigações não cumpridas pelo empregador.

Art. 32. É assegurado o direito ao atestado de que trata o item III do artigo 7º ao Artista ou Técnico em Espetáculos de Diversões que, até a data da publicação desta Lei tenha exercido, comprovadamente, a respectiva profissão.

Art. 33. As infrações ao disposto nesta Lei serão punidas com multa de duas a vinte vezes o maior valor de referência previsto no artigo 2º, parágrafo único da Lei 6.205, de 29 de abril de 1975, calculada à razão de um valor de referência por empregado em situação irregular.

Parágrafo único. Em caso de reincidência, embaraço ou resistência à fiscalização, emprego de artifício ou simulação com o objetivo de fraudar a Lei, a multa será aplicada em seu valor máximo.

Art. 34. O empregador punido na forma do artigo anterior, enquanto não regularizar a situação que deu causa à autuação, e não recolher a multa aplicada, após esgotados os recursos cabíveis, não poderá:

I – receber qualquer benefício, incentivo ou subvenção concedidos por órgãos públicos;

II – obter liberação para exibição de programa, espetáculo, ou produção, pelo órgão ou autoridade competente.

Art. 35. Aplicam-se aos Artistas e Técnicos em Espetáculos de Diversões as normas da legislação do trabalho, exceto naquilo que for regulado de forma diferente nesta Lei.

Art. 36. O Poder Executivo regulamentará esta Lei no prazo de 60 (sessenta) dias a contar da data de sua publicação.

Art. 37. Esta Lei entrará em vigor no dia 19 de agosto de 1978, revogadas as disposições em contrário, especialmente o art. 35, o § 2º do art. 480, o parágrafo único do art. 507 e o art. 509 da Consolidação das Leis do Trabalho, aprovada pelo Decreto-lei 5.452, de 1943, a Lei 101, de 1947, e a Lei 301, de 1948.

Brasília, em 24 de maio de 1978; 157º da Independência e 90º da República.

Ernesto Geisel

(*DOU* 26.05.1978; ret. 28.06.1978)

DECRETO 82.385, DE 5 DE OUTUBRO DE 1978

Regulamenta a Lei 6.533, de 24 de maio de 1978, que dispõe sobre as profissões de artista e de técnico em espetáculos de diversões, e dá outras providências.

O Presidente da República, usando da atribuição que lhe confere o art. 81, item III, da Constituição, e tendo em vista o disposto no art. 36 da Lei 6.533, de 24 de maio de 1978, decreta:

Art. 1º O exercício das profissões de Artista e de Técnico em Espetáculos de Diversões é disciplinado pela Lei 6.533, de 24 de maio de 1978, e pelo presente Regulamento.

Art. 2º Para os efeitos da Lei 6.533, de 24 de maio de 1978, é considerado:

I – Artista, o profissional que cria, interpreta ou executa obra de caráter cultural de qualquer natureza para efeito de exibição ou divulgação pública, através de meios de comunicação de massa ou em locais onde se realizam espetáculos de diversões públicas;

II – Técnico em Espetáculos de Diversões, o profissional que, mesmo em caráter auxiliar, participa, individualmente ou em grupo, de atividade profissional ligada diretamente à elaboração, registro, apresentação ou conservação de programas, espetáculos e produções.

Parágrafo único. As denominações e descrições das funções em que se desdobram as atividades de Artista e de Técnico em Espetáculos de Diversões constam do Quadro anexo a este Regulamento.

Art. 3º Aplicam-se as disposições da Lei 6.533, de 24 de maio de 1978, às pessoas físicas ou jurídicas que tiverem a seu serviço os profissionais definidos no artigo anterior, para realização de espetáculos, programas, produções ou mensagens publicitárias.

Parágrafo único. As pessoas físicas ou jurídicas de que trata este artigo deverão ser previamente inscritas no Ministério do Trabalho.

Art. 4º Para inscrição das pessoas físicas e jurídicas de que trata o artigo anterior é necessário a apresentação de:

I – documento de constituição da firma, com o competente registro na Junta Comercial da localidade em que tenha sede;

II – comprovante de recolhimento da Contribuição Sindical;

III – número de inscrição no Cadastro Geral de Contribuinte do Ministério da Fazenda.

Parágrafo único. O Ministério do Trabalho fornecerá, a pedido da empresa interessada, cartão de inscrição que lhe faculte instruir pedido de registro de contrato de trabalho de Artista e Técnico em Espetáculos de Diversões.

Art. 5º Aplicam-se, igualmente, as disposições da Lei 6.533, de 24 de maio de 1978, às pessoas físicas ou jurídicas que agenciem colocação de mão-de-obra de Artista e Técnico em Espetáculos de Diversões.

Parágrafo único. Somente as empresas organizadas e registradas no Ministério do Trabalho, nos termos da Lei 6.019, de 3 de janeiro de 1974, poderão agenciar colocação de mão-de-obra de Artista e de técnico em Espetáculos de Diversões.

Art. 6º Não se incluem no disposto neste Regulamento os Técnicos em Espetáculos de Diversões que prestam serviços a empresa de radiodifusão.

Art. 7º O exercício das profissões de Artista e de Técnico em Espetáculos de Diversões requer prévio registro na Delegacia Regional do Trabalho do Ministério do Trabalho, o qual terá validade em todo o território nacional.

Art. 8º Para registro do Artista ou do Técnico em Espetáculos de Diversões, no Ministério do Trabalho, é necessário a apresentação de:

I – diploma de curso superior de Diretor de Teatro, Coreógrafo, Professor de Arte Dramática, ou outros cursos semelhantes, reconhecidos na forma da lei; ou

II – diploma ou certificado correspondente às habilitações profissionais de 2º Grau de Ator, Contra-Regra, Cenotécnico, Sonoplasta, ou outros semelhantes, reconhecidos na forma da lei; ou

III – atestado de capacitação profissional fornecido pelo Sindicato representativo das categorias profissionais e, subsidiariamente, pela federação respectiva.

Art. 9º O atestado mencionado no item III do artigo anterior deverá ser requerido pelo interessado, mediante preenchimento de formulário próprio, fornecido pela entidade sindical, e instruído com documentos ou indicações que comprovem sua capacitação profissional.

Art. 10. O sindicato representativo da categoria profissional constituirá Comissões, integradas por profissionais de reconhecidos méritos, às quais caberá emitir parecer sobre os pedidos de atestado de capacitação profissional.

Art. 11. Os Sindicatos e Federações de empregados, objetivando adotar critérios uniformes para o fornecimento do atestado de capacitação profissional, poderão estabelecer acordos ou convênios entre entidades sindicais, bem como Associações de Artistas e Técnicos em Espetáculos de Diversões.

Art. 12. As entidades sindicais encarregadas de fornecimento do atestado de capacitação profissional deverão elaborar instruções contendo requisitos, tais como documentos e provas de aferição de capacidade profissional, necessários para obtenção, pelos interessados, do referido atestado.

Parágrafo único. As entidades sindicais enviarão cópia das instruções, mencionadas neste artigo, ao Ministério do Trabalho.

Art. 13. A entidade sindical deverá decidir sobre o pedido de atestado de capacitação profissional no prazo de 3 (três) dias úteis, a contar da data em que se completar a apresentação da documentação necessária ou a diligência exigida pela mesma entidade.

Art. 14. Da decisão da entidade sindical, que negar fornecimento do atestado de capacitação profissional, caberá recurso ao Ministério do Trabalho, no prazo de 30 (trinta) dias a contar da ciência.

Parágrafo único. Para apreciação do recurso o Ministério do Trabalho solicitará, à entidade sindical, informações sobre as razões da negativa de concessão do atestado.

Art. 15. Poderá ser concedido registro provisório, caso a entidade sindical não se manifeste sobre o atestado de capacitação profissional no prazo mencionado no art. 13.

Art. 16. O registro de Artista e de Técnico em Espetáculos de Diversões será efetuado pela Delegacia Regional do Trabalho, do Ministério do Trabalho, a requerimento do interessado, instruído com os seguintes documentos:

I – diploma, certificado ou atestado mencionado nos itens I, II e III do art. 8;

II – Carteira de Trabalho e Previdência Social ou, caso não a possua o interessado, documentos mencionados no art. 16, parágrafo único, da Consolidação das Leis do Trabalho.

§ 1º Caso a entidade sindical não forneça o atestado de capacitação profissional no prazo mencionado no art. 13, o interessado poderá instruir seu pedido de registro com o protocolo de apresentação do requerimento ao Sindicato.

§ 2º Na hipótese prevista no parágrafo anterior o Ministério do Trabalho concederá à entidade sindical prazo não superior a 3 (três) dias úteis para se manifestar sobre o fornecimento do atestado.

Art. 17. O Ministério do Trabalho efetuará registro provisório de Artista e de Técnico em Espetáculos de Diversões, com prazo de validade de 1 (um) ano, sem direito a renovação, com dispensa do atestado de que trata o item III do art. 8, mediante indicação conjunta dos sindicatos de empregados e empregadores.

Art. 18. Os critérios de indicação para o registro provisório de que trata o artigo anterior serão estabelecidos por acordo entre os sindicatos e federações dos profissionais e empregadores interessados.

Art. 19. O exercício das profissões de que trata este regulamento exige contrato de trabalho padronizado, nos termos de instruções a serem expedidas pelo Ministério do Trabalho.

Art. 20. O contrato de trabalho será visado pelo sindicato representativo da categoria profissional e, subsidiariamente, pela federação respectiva, como condição para registro no Ministério do Trabalho até a véspera da sua vigência.

Art. 21. O sindicato representativo da categoria profissional e, subsidiariamente, a federação respectiva, verificará a observância da utilização do contrato de trabalho padronizado, de acordo com instruções expedidas pelo Ministério do Trabalho e das cláusulas constantes de Convenções Coletivas de Trabalho acaso existentes, como condição para apor o visto no contrato de trabalho.

Art. 22. A entidade sindical deverá visar ou não o contrato de trabalho, no prazo máximo de 2 (dois) dias úteis, a contar da data de sua apresentação, findos os quais ele poderá ser registrado no Ministério do Trabalho, se faltar a manifestação sindical.

Art. 23. A entidade sindical deverá comunicar à Delegacia Regional do Trabalho do Ministério do Trabalho as razões pelas quais não visou o contrato de trabalho no prazo de 2 (dois) dias úteis.

Art. 24. Da decisão da entidade sindical, que negar o visto, caberá recurso para o Ministério do Trabalho no prazo de 30 (trinta) dias contados da ciência.

Art. 25. O contrato de trabalho conterá obrigatoriamente:

I – qualificação das partes contratantes;

II – prazo de vigência;

III – natureza da função profissional, com definição das obrigações respectivas;

IV – título do programa, espetáculo ou produção, ainda que provisório, com indicação do personagem nos casos de contrato por tempo determinado;

V – locais onde atuará o contratado, inclusive os opcionais;

VI – jornada de trabalho, com especificações do horário e intervalo de repouso;

VII – remuneração e sua forma de pagamento;

VIII – disposição sobre eventual inclusão do nome do contratado no crédito de apresentação, cartazes, impressos, e programas;

IX – dia de folga semanal;

X – ajuste sobre viagens e deslocamento;

XI – período de realização de trabalhos complementares, inclusive dublagem, quando posteriores à execução do trabalho de interpretação, objeto do contrato de trabalho;

XII – número da Carteira de Trabalho e Previdência Social.

Art. 26. Nos contratos de trabalho por tempo indeterminado deverá constar, ainda, cláusula relativa ao pagamento de adicional devido em caso de deslocamento para prestação de serviço fora da cidade ajustada no contrato de trabalho.

Art. 27. A cláusula de exclusividade não impedirá o Artista ou Técnico em Espetáculos de Diversões de prestar serviços a outro empregador em atividade diversa da ajustada no contrato de trabalho, desde que em outro meio de comunicação, e sem que se caracterize prejuízo para o contratante com o qual foi assinada a cláusula de exclusividade.

Art. 28. O registro do contrato de trabalho deverá ser requerido pelo empregador à Delegacia Regional do Trabalho do Ministério do Trabalho.

Art. 29. O requerimento do registro deverá ser instruído com os seguintes documentos:

I – duas vias do instrumento do contrato de trabalho, visadas pelo sindicato representativo da categoria profissional e, subsidiariamente, pela federação respectiva;

II – Carteira de Trabalho e Previdência Social do Artista ou do Técnico em Espetáculos de Diversões contratado e contendo o registro nos termos dos artigos 15, 16 ou 17;

III – comprovante da inscrição de que trata o art. 4º

Art. 30. O empregador poderá utilizar trabalho de profissional, mediante nota contratual, para substituição de Artista ou de Técnico em Espetáculos de Diversões, ou para prestação de serviço caracteristicamente eventual, por prazo não superior a 7 (sete) dias consecutivos, vedada a utilização desse mesmo profissional, nos 60 (sessenta) dias subseqüentes, por essa forma, pelo mesmo empregador.

Art. 31. O Ministério do Trabalho expedirá instruções sobre a utilização da nota contratual e aprovará seu modelo.

Art. 32. O contrato de trabalho e a nota contratual serão emitidos com numeração sucessiva e em ordem cronológica.

Parágrafo único. Os documentos de que trata este artigo serão firmados pelo menos em duas vias pelo contratado, ficando uma delas em seu poder.

Art. 33. Não será permitida a cessão ou promessa de cessão de direitos autorais e conexos decorrentes da prestação de serviços profissionais.

Art. 34. Os direitos autorais e conexos dos profissionais serão devidos em decorrência de cada exibição da obra.

Parágrafo único. A exibição de obra ou espetáculo depende da autorização do titular dos direitos autorais e conexos.

- Parágrafo único acrescentado pelo Dec. 95.971/1988.

Art. 35. Nos ajustes relativos ao valor e à forma de pagamento dos direitos autorais e conexos, os artistas poderão ser representados pelas associações autorizadas a funcionar pelo Conselho Nacional de Direito Autoral.

- Artigo com redação determinada pelo Dec. 95.971/1988.

§ 1º No caso de ajuste direto pelo artista, sua validade dependerá de prévia homologação pelo Conselho Nacional de Direito Autoral.

§ 2º Não será homologado pelo Conselho Nacional de Direito Autoral ajuste direto que importe em fixar valor de direitos autorais e conexos inferior ao estabelecido em ajuste feito, com o mesmo empregador, por meio da participação de associação mencionada no *caput*.

Art. 36. Nas mensagens publicitárias filmadas para cinema, televisão ou para serem divulgadas para o público por outros veículos, constará do contrato de trabalho, obrigatoriamente:

I – o nome do produtor, do anunciante e, se houver, da agência de publicidade para quem a mensagem é produzida;

II – o tempo de exploração comercial da mensagem;

III – o produto, a marca, a denominação da empresa, o serviço ou o evento a ser promovido;

IV – os meios de comunicação através dos quais a mensagem será exibida;

V – as praças onde a mensagem será veiculada;

VI – o tempo de duração da mensagem e suas características, devendo ser mencionada eventual variação percentual.

Art. 37. O profissional não poderá recusar-se à autodublagem, quando couber, o que deve constar do respectivo contrato de trabalho.

Art. 38. Na hipótese de o empregador ou tomador de serviços preferir a dublagem por terceiros, ela só poderá ser feita com autorização, por escrito, do profissional, salvo se for realizada em língua estrangeira.

Art. 39. A utilização de profissional contratado por agência de locação de mão-de-obra obriga o tomador de serviço, solidariamente, pelo cumprimento das obrigações legais e contratuais, se se caracterizar a tentativa, pelo tomador de serviço, de utilizar a agência para fugir a essas responsabilidades e obrigações.

Art. 40. O comparecimento do profissional na hora e no lugar da convocação implica na percepção integral do salário, mesmo que o trabalho não se realize por motivos independentes de sua vontade.

Art. 41. O profissional contratado por prazo determinado não poderá rescindir o contrato de trabalho sem justa causa, sob pena de ser obrigado a indenizar o empregador dos prejuízos que desse fato lhe resultarem.

Art. 42. A indenização de que trata o artigo anterior não poderá exceder àquela que teria direito o empregado em idênticas condições.

Art. 43. Na rescisão sem justa causa, no distrato e na cessação do contrato de trabalho, o empregado poderá ser assistido pelo sindicato representativo da categoria e, subsidiariamente, pela federação respectiva, respeitado o disposto no art. 477 da Consolidação das Leis do Trabalho.

Art. 44. A jornada normal de trabalho dos profissionais de que trata este Regulamento terá, nos setores e atividades respectivos, as seguintes durações:

I – radiodifusão, fotografia e gravação: seis horas diárias, com limitação de 30 semanais;

II – cinema, inclusive publicitário, quando em estúdio: seis horas diárias;

III – teatro: a partir da estréia do espetáculo terá a duração das sessões, com oito sessões semanais;

IV – circo e variedades: seis horas diárias, com limitação de 36 horas semanais;

V – dublagem: seis horas diárias, com limitação de 40 horas semanais.

§ 1º O trabalho prestado além das limitações diárias ou das sessões previstas neste artigo será considerado extraordinário, aplicando-se-lhe o disposto nos artigos 59 a 61 da Consolidação das Leis do Trabalho.

§ 2º A jornada normal será dividida em dois turnos, nenhum dos quais poderá exceder de quatro horas, respeitado o intervalo previsto na Consolidação das Leis do Trabalho.

§ 3º Nos espetáculos teatrais e circenses, desde que sua natureza ou tradição o exijam, o intervalo poderá, em benefício do rendimento artístico, ser superior a duas horas.

Art. 45. Será computado como trabalho efetivo o tempo em que o empregado estiver à disposição do empregador, a contar de sua apresentação no local de trabalho, inclusive o período destinado a ensaios, gravações, dublagens, fotografias, caracterização, e todo aquele que exija a presença do Artista, assim como o destinado à preparação do ambiente, em termos de cenografia, iluminação e montagem de equipamento.

Art. 46. Para o Artista integrante de elenco teatral, a jornada de trabalho poderá ser de oito horas, durante o período de ensaio e reensaio, respeitado o intervalo previsto na Consolidação das Leis do Trabalho.

Art. 47. A jornada normal de trabalho do profissional de teatro, a partir da estréia, terá a duração das sessões e abrangerá o tempo destinado à caracterização e todo aquele que exija sua presença para preparação do ambiente.

Art. 48. Considera-se estúdio para os efeitos do item II do art. 44, o palco construído e utilizado exclusivamente para filmagens e gravações, em caráter permanente.

Art. 49. Na hipótese de exercício concomitante de funções dentro de uma mesma atividade, será assegurado ao profissional um adicional mínimo de 40% (quarenta por cento), pela função acumulada, tomando-se por base a função melhor remunerada.

Art. 50. É vedada a acumulação de mais de duas funções, em decorrência do mesmo contrato de trabalho.

Art. 51. Na hipótese de trabalho a ser executado fora do local constante do contrato de trabalho, correrão à conta do empregador, além do salário, as despesas de transporte e de alimentação e hospedagem, até o respectivo retorno.

Art. 52. É livre a criação interpretativa do Artista e do Técnico em Espetáculos de Diversões, respeitado o texto da obra.

Parágrafo único. Considera-se texto da obra, para fins deste artigo, a forma final do roteiro.

Art. 53. Para contratação de estrangeiro, domiciliado no exterior, exigir-se-á prévio recolhimento de importância equivalente a 10% (dez por cento) do valor total do ajuste à Caixa Econômica Federal em nome da entidade sindical da categoria profissional.

Art. 54. O fornecimento de guarda-roupa e demais recursos indispensáveis ao cumprimento das tarefas contratuais será de responsabilidade do empregador.

Art. 55. Nenhum Artista ou Técnico em Espetáculos de Diversão será obrigado a interpretar ou participar de trabalho passível de pôr em risco sua integridade física ou moral.

Art. 56. A contratação de figurante não qualificado profissionalmente, para atuação esporádica, determinada pela necessidade de características artísticas da obra, poderá ser feita mediante indicação conjunta dos sindicatos de empregados e empregadores.

Art. 57. Considera-se figurante a pessoa convocada pela produção para se colocar a serviço da empresa, em local e horário determinados, para participar, individual ou coletivamente, como complementação de cena.

Parágrafo único. Não será considerada figurante a pessoa cuja imagem seja registrada por se encontrar, ocasionalmente, no local utilizado como locação da filmagem.

Art. 58. Ao figurante não se exigirá prévio registro no Ministério do Trabalho, devendo os originais dos documentos de indicação conjunta permanecerem em poder do empregador e cópias desses mesmos documentos em poder dos sindicatos de empregados e empregadores.

Art. 59. Os filhos de profissionais de que trata este Regulamento, cuja atividade seja itinerante, terão assegurada a transferência da matrícula e conseqüente vaga nas escolas públicas locais de 1º e 2º graus, e autorizada nas escolas particulares desses níveis, mediante apresentação de certificado da escola de origem.

Art. 60. Os textos destinados à memorização, juntamente com o roteiro de gravação ou plano de trabalho, deverão ser entregues ao profissional com antecedência mínima de 72 (setenta e duas) horas, em relação ao início dos trabalhos.

Art. 61. Os profissionais de que trata este Regulamento têm penhor legal sobre o equipamento e todo o material de propriedade do empregador, utilizado na realização de programa, espetáculo ou produção, pelo valor das obrigações não cumpridas pelo empregador.

Art. 62. É assegurado o direito do atestado de que trata o item III do art. 8º, ao Artista ou Técnico em Espetáculos de Diversões que, até a data da publicação da Lei 6.533, de 24 de maio de 1978, tenha exercido, comprovadamente, a respectiva profissão.

Art. 63. As infrações ao disposto na Lei 6.533, de 24 de maio de 1978 e neste Regulamento, serão punidas com multa de duas a vinte vezes o Maior Valor de Referência previsto no art. 2º, parágrafo único, da Lei 6.205, de 29 de abril de 1975, calculada à razão de um valor de referência por empregado em situação irregular.

§ 1º Em caso de reincidência, embaraço ou resistência à fiscalização, emprego de artifício ou simulação com o objetivo de fraudar a lei, a multa será aplicada em seu valor máximo.

§ 2º O Ministério do Trabalho expedirá Portaria dispondo sobre a gradação e o recolhimento das multas de que trata este artigo.

§ 3º É competente para aplicar as multas de que trata este artigo o Delegado Regional do Trabalho do Ministério do Trabalho.

Art. 64. O empregador punido na forma do artigo anterior, enquanto não regularizar a situação que deu causa à autuação, e não recolher a multa aplicada, após esgotados os recursos cabíveis, não poderá:

I – receber qualquer benefício, incentivo ou subvenção concedidos por órgãos públicos;

II – obter liberação para exibição de programa, espetáculo ou produção, pelo órgão ou autoridade competente.

Parágrafo único. Caberá ao Ministério do Trabalho, através da Delegacia Regional do Trabalho, a iniciativa de comunicar ao órgão ou autoridade competente para liberação de programa, espetáculo ou produção, e aos órgãos públicos que concedem benefício, incentivo ou subvenção às pessoas físicas ou jurídicas referidas no art. 3º, a situação irregular do empregador que não houver regularizado a situação que deu causa à autuação e não houver recolhido a multa aplicada, após esgotados os recursos cabíveis.

Art. 65. Aplicam-se ao Artista e Técnico em Espetáculos de Diversões as normas da legislação do trabalho exceto naquilo que for regulado de forma diferente na Lei 6.533, de 24 de maio de 1978.

Art. 66. Este Decreto entrará em vigor na data da sua publicação, revogadas as disposições em contrário.

Brasília, em 5 de outubro de 1978; 157º da Independência e 90º da República.

Ernesto Geisel

(*DOU* 06.10.1978)

QUADRO ANEXO AO DECRETO 82.385/1978

TÍTULOS E DESCRIÇÕES DAS FUNÇÕES EM QUE SE DESDOBRAM AS ATIVIDADES DE ARTISTAS E TÉCNICOS EM ESPETÁCULOS E DIVERSÕES

I – ARTES CÊNICAS

ACROBATA – Executa acrobacias e demonstrações de ginástica, realizando exercícios de contorcionismo, força e equilíbrio, saltos e cambalhotas; utiliza-se de barras, trampolim, aparelhos, animais, bicicletas e outros meios. Pode atuar sozinho ou em conjunto com outros Artistas, no ar ou em terra.

ADERECISTA – Monta, transforma ou duplica objetos cenográficos, e de indumentária, seguindo a orientação do cenógrafo e/ou figurinista, utilizando-se de técnicas artesanais.

AMESTRADOR – Amestra animais domésticos para exercícios, através de comando de gestos, voz, baseando-se no reflexo condicionado.

ASSISTENTE DE COREÓGRAFO – Auxilia e substitui o coreógrafo durante o período de montagem ou remontagem do espetáculo, em suas tarefas específicas.

ASSISTENTE DE DIREÇÃO – Auxilia e assiste o Diretor em todas as suas atribuições, participando do processo criador; zela pela disciplina e andamento dos ensaios na ausência do Diretor, atuando também, como elemento de ligação junto à produção, equipe artística e técnica; providencia os avisos diariamente colocados em tabelas durante os ensaios; na ausência do Diretor a responsabilidade de toda a parte artística poderá lhe ser delegada.

ATOR – Cria, interpreta e representa uma ação dramática, baseando-se em textos, estímulos visuais, sonoros ou outros, previamente concebidos por um autor ou criados através de improvisações individuais ou coletivas; utiliza-se de recursos vocais, corporais e emocionais, apreendidos ou intuídos, com o objetivo de transmitir ao espectador, o conjunto de ideias e ações dramáticas propostas; pode utilizar-se de recursos técnicos para manipular bonecos, títeres e congêneres; pode interpretar sobre a imagem ou a voz de outrem; ensaia buscando aliar a sua criatividade à do Diretor.

BAILARINO OU DANÇARINO – Executa danças através de movimentos coreográficos preestabelecidos ou não; ensaia seguindo orientação do Coreógrafo, atuando individualmente ou em conjunto, interpretando papéis principais ou secundários; pode optar pela dança clássica, moderna, contemporânea, folclórica, popular ou "shows"; pode ministrar aulas de dança em academias ou escolas de dança, reconhecidas pelo Conselho Federal de Educação, obedecidas as condições para registro como professor.

BARREIRA – Cuida da manutenção do espetáculo circense, visando o bom andamento do mesmo; faz montagem e desmontagem dos números no decorrer do espetáculo; eventualmente ajuda o Artista, quando o mesmo se apresenta sozinho, sob orientação do Ensaiador Circense.

CABELEIREIRO DE ESPETÁCULOS – Executa penteados exigidos pela concepção do espetáculo, seguindo orientação da equipe de criação e utilizando produtos adequados.

CAMARADA – Ajuda a armar o circo e a cuidar da sua manutenção, limpando-o, ajustando todos os acessórios das instalações e executando outras tarefas auxiliares, sob orientação do Capataz.

CAMAREIRA – Encarrega-se da conservação das peças de vestuário utilizadas no espetáculo, limpando-as, passando-as e costurando-as, providenciando a sua lavagem; auxilia os Atores e Figurantes a vestirem as indumentárias cênicas; organiza o guarda-roupa e embalagem dos figurinos, em caso de viagem.

CAPATAZ – Encarregado geral do material; examina o bom estado das cordas, cabos de aço, mastaréus, grades, cruzetas, e todo material, para que haja segurança do público e dos artistas, tendo sob sua subordinação o Camarada.

CARACTERIZADOR – Cria e projeta características físicas artificiais, maquiagem e penteados da personagem, definidos pela direção do espetáculo.

CENÓGRAFO – Cria, projeta e supervisiona, de acordo com o espírito da obra, a realização e montagem de todas as ambientações e espaços necessários à cena, incluindo a programação cronológica dos cenários; determina os materiais necessários; dirige a preparação, montagem, desmontagem e remontagem das diversas unidades do trabalho.

CENOTÉCNICO – Planeja, coordena, constrói, adapta e executa todos os detalhes de material, serviços e montagem dos cenários, seguindo maquetes, croquis e plantas fornecidos pelo Cenógrafo.

COMEDOR DE FOGO – Introduz e expele fogo pela boca, utilizando-se de tochas, acendendo-as e apagando-as sucessivamente; faz também demonstrações de insensibilidade epidérmica ao fogo.

CONTORCIONISTA – Executa contorcionismo em vários sentidos, mediante exercícios específicos, para causar a impressão de fenômenos anatômicos.

CONTRA-REGRA – Executa tarefas de colocação dos objetos de cena e decoração do cenário; guarda-os em local próprio; cuida da sua manutenção solicitando aos técnicos os reparos necessários; dá sinais para o início e intervalos do espetáculo para Atores e público; executa a limpeza do palco; é encarregado pelos efeitos e ruídos na caixa do teatro, segundo as exigências do espetáculo.

COREÓGRAFO – Cria obras coreográficas e/ou movimentações cênicas, utilizando-se de recursos humanos, técnicos e artísticos, a partir de uma ideia básica, valendo-se, para tanto, de música, texto, ou qualquer outro estímulo; estrutura o esquema do trabalho a ser desenvolvido e cria as figuras coreográficas ou sequências; transmite aos Artistas a forma, a movimentação, o ritmo, a dinâmica ou interpretação, necessários para a execução da obra proposta; pode dedicar-se à preparação corporal de Artistas.

CORTINEIRO – Manipula cordas ou dispositivos elétricos, para o movimento das cortinas, seguindo as determinações do Diretor ou Diretor de Cena, mediante as necessidades determinadas pelo espetáculo.

COSTURA DE ESPETÁCULOS – Confecciona trajes específicos para espetáculos, a partir das ideias concebidas do Figurinista ou Cenógrafo.

DIRETOR – Cria, elabora e coordena a encenação do espetáculo a partir de uma ideia, texto, roteiro, obra literária, música ou qualquer outro estímulo utilizando-se de recursos técnico-artísticos, procurando assegurar o alcance dos resultados objetivados com a encenação; estuda a obra a ser representada, analisando o tema, personagem e outros elementos importantes, para obter uma percepção geral do espírito da mesma; define com o Coreógrafo, Figurinista, Cenógrafo, Iluminador e outros técnicos, quais as melhores soluções para o espetáculo, preservando assim a unidade da obra; assume uma linha filosófica ou ideológica individual ou coletiva para o trabalho, norteado pelos princípios da liberdade criativa; decide sobre quaisquer alterações no espetáculo; opina e sugere sobre a divulgação do espírito do espetáculo; presta assistência durante o período de apresentação; na relação com o Produtor fica preservada a sua autonomia quanto à criação; define com o Produtor a equipe técnica e artística.

DIRETOR CIRCENSE – Programa o espetáculo, dirige o ensaio e a apresentação e é responsável pela organização e boa ordem do espetáculo.

DIRETOR DE CENA – Encarrega-se da disciplina e andamento do espetáculo durante a representação; faz cumprir as normas e horários para o bom andamento do trabalho; elabora tabelas de avisos, notificando os corpos técnico e artístico do andamento ou alterações do trabalho; comunica ao Contra-Regra as irregularidades ou problemas de manutenção de objetos, cenários e figurinos.

DIRETOR DE PRODUÇÃO – Encarrega-se da produção do espetáculo junto à equipe técnica e artística; analisa e planeja as necessidades de montagem; controla o andamento da produção, dando cumprimento a prazos e tarefas.

DOMADOR – Doma e adestra animais ferozes, dentro de jaulas adequadas. Utiliza-se de aparelhos e objetos apropriados para obter dos animais o cumprimento de exercícios por ele determinados.

ELETRICISTA DE CIRCO – Cuida da iluminação interna e externa e mantém as fiações em bom estado; instala os refletores, quadros de luz e chaves; faz efeitos de iluminação e opera refletores.

ELETRICISTA DE ESPETÁCULOS – Instala e repara os equipamentos elétricos e de iluminação, montando-os, substituindo-os ou reparando circuitos elétricos, para adaptar essas instalações às exigências do espetáculo; afina os refletores e coloca gelatina colorida conforme esquema de iluminação; instala as mesas de comando das luzes e aparelhos elétricos.

ENSAIADOR CIRCENSE – Ensaia representações teatrais e outros Artistas para números de picadeiro ou de palco, visando melhor desenvolvimento do espetáculo; pode servir de ponto nas representações.

ENSAIADOR DE DANÇA – Ensaia os movimentos coreográficos com os Bailarinos ou Dançarinos, colocando-os técnica e interpretativamente dentro do espetáculo.

EQUILIBRISTA – Realiza exercícios de acrobacia baseado em pontos de equilíbrio, utilizando-se de aparelhos adequados para auxílio ou complementação do seu desempenho artístico; pode apresentar-se só ou acompanhado.

EXCÊNTRICO MUSICAL – Executa números musicais acrobáticos, utilizando-se de instrumentos que coloca sobre as costas ou sob as pernas, bem como de outros objetos não instrumentais necessários à execução de seus números; pode se apresentar sozinho ou acompanhado.

FAQUIR – Faz demonstrações de sua potencialidade em suportar dores ou sofrimento por meios próprios.

FIGURANTE – Participa, individual ou coletivamente, de espetáculos como complementação de cena.

FIGURINISTA – Cria e projeta os trajes e complementos usados por atores e figurantes, de acordo com a equipe de criação; indica os materiais a serem utilizados; acompanha, supervisiona e detalha a execução do projeto.

HOMEM-BALA – Lança-se ao ar por um canhão explosivo no lugar de uma bala.

HOMEM DO GLOBO DA MORTE – Realiza acrobacias sobre uma moto no interior de um globo metálico executando voltas de 360 graus; apresenta-se só, em duplas ou trios.

ICARISTA – Equilibra sobre os pés, objetos ou pessoas, em posições estáticas ou rotativas.

ILUMINADOR – Cria e projeta a iluminação do espetáculo em consenso com a equipe de criação; indica o equipamento necessário; elabora o plano geral de iluminação, o esquema para instalação e adequação dos refletores à mesa de luz, bem como a afinação dos mesmos; prepara o roteiro para a operação da mesa, ensaiando o operador.

MÁGICO – Faz deslocar ou desaparecer objetos; executa outros tipos de ilusionismo, realizando truques, jogos de mágica, de prestidigitação, utilizando aparelhos ou movimentos manuais.

MAÎTRE DE BALLET – Dirige os bailarinos ou dançarinos do corpo de baile, zelando pelo rendimento técnico e artístico do espetáculo; ensaia bailarinos ou dançarinos; remonta coreografias; ministra aulas de dança em uma companhia específica.

MALABARISTA – Pratica jogos com malabares, tendo habilidade no manuseio de aparelhos, substituindo, eventualmente os malabares por outros objetos, com ajuda ou não do auxiliar.

MANEQUIM – Representa e desfila usando seu corpo para exibir roupas e adereços.

MAQUILADOR DE ESPETÁCULO – Maquila o rosto, pescoço, mãos e, segundo a necessidade, o corpo do artista, utilizando produtos adequados e empregando técnicas especiais; analisa o tipo de personagem a ser vivido pelo ator, examinando no roteiro, ou segundo sugestões dadas pela equipe de criação, a idade e características a serem realçadas; aplica postiços.

MAQUINISTA – Constrói, monta e desmonta cenários; auxilia o setor cenotécnico; movimenta cortinas de cena, cabos de varanda ou alçapão; faz a manutenção da maquinaria do teatro e do urdimento; orienta e executa os movimentos do cenário durante o espetáculo.

MAQUINISTA AUXILIAR – Auxilia o Maquinista nas suas atribuições de construir, montar e desmontar cenários, bem como na sua movimentação.

MESTRE DE PISTA – Encarregado de espetáculo circense obedecendo e fazendo obedecer à programação do Diretor Artístico, através do programa interno; fixa avisos em tabelas, apresentando e auxiliando a apresentação, quando há apresentador.

OPERADOR DE LUZ – Opera os controles da mesa de iluminação, unidades fixas ou móveis; executa o roteiro de iluminação; verifica o funcionamento do equipamento elétrico.

OPERADOR DE SOM – Monta e opera a aparelhagem de som que reproduz a trilha sonora do espetáculo.

PALHAÇO – Realiza pantomimas, pilhérias e outros números cômicos, comunicando-se com o público por meio de cenas divertidas; caracteriza-se através de roupas extravagantes e empregando máscara constante, individual e intransferível ou disfarces cômicos, para apresentar seus números; orienta-se por instruções recebidas ou pela própria imaginação, fazendo gestos característicos, podendo se apresentar só ou acompanhado.

SECRETÁRIO DE FRENTE – Percorre as praças antecipadamente para localizar terrenos, fazer locações, licenciar o circo, promover publicidade e efetuar pagamento; é também responsável pelas despesas e liberação do espetáculo.

SECRETÁRIO TEATRAL – Organiza a administração da empresa; coordena a produção; disciplina, interna e externamente a atividade da companhia e da produção; encarrega-se da documentação legal da companhia e da produção; efetua pagamentos; controla os borderôs, fiscaliza a bilheteria.

SONOPLASTA – Elabora o fundo musical ou efeitos sonoros especiais, ao vivo ou gravados, selecionando músicas, efeitos adequados ao texto e de comum acordo com a equipe de criação; pesquisa as músicas ou efeitos, para montar a trilha sonora; pode operar a mesa de controle, produzindo os efeitos planejados ou ensaia o operador de som.

STRIP-TEASE – Representa usando a expressão corporal, para transmitir dramaticamente emoções sensuais, ensaiadas ou improvisadas, com ou sem música.

TÉCNICO DE SOM – Instala e repara os equipamentos de som de acordo com a direção; fornece manutenção a estes equipamentos; auxilia tecnicamente ao Operador de Som, quando necessário.

II – CINEMA

ADERECISTA – Monta, transforma ou duplica, utilizando-se de técnicas artesanais, objetos cenográficos e de indumentária, segundo orientação do Cenógrafo e/ou Figurinista.

ANIMADOR – Executa a visualização do roteiro, modelos dos personagens e os "layouts" de cena, conforme orientação do Diretor de Animação.

ARQUIVISTA DE FILMES – Organiza, controla e mantém sob sua guarda filmes e material publicitário em arquivos apropriados; avalia e relata o estado do material, coordenando os trabalhos de revisão e reparos das cópias, quando possível ou necessário, com o auxílio do Revisor.

ASSISTENTE DE ANIMAÇÃO – Transfere para o acetato os "layouts" do Animador e do Assistente de Animador.

ASSISTENTE DE ANIMADOR – Completa o planejamento do Animador intercalando os desenhos; faz pequenas animações.

ASSISTENTE DE CÂMARA DE CINEMA – Assiste o Operador de Câmara e o Diretor de Fotografia; monta e desmonta a câmara de cinema e seus acessórios; zela pelo bom estado deste equipamento, carrega e descarrega chassi, opera o foco, a "zoom" e o diafragma, redige os boletins de câmera, prepara o material a ser encaminhado ao laboratório, realiza os testes de verificação de equipamento.

ASSISTENTE DE CENOGRAFIA – Assiste o Cenógrafo em suas atribuições; coleta dados e realiza pesquisas relacionadas com o projeto cenográfico.

ASSISTENTE DO DIRETOR CINEMATOGRÁFICO – Assiste o Diretor Cinematográfico em suas atividades, desde a preparação da produção até o término das filmagens; coordena as comunicações entre o Diretor de Produção Cinematográfico e o conjunto da equipe e do elenco; colabora na análise técnica do roteiro, do plano e da programação diária de filmagens ou ordem do dia; supervisiona o recebimento e distribuição dos elementos requisitados na ordem do dia; coordena e dinamiza as atividades, visando o cumprimento da programação estabelecida.

ASSISTENTE DE MONTADOR CINEMATOGRÁFICO – Encarrega-se da ordenação, classificação e sincronização do som e imagem do copião; executa os cortes indicados pelo Montador Cinematográfico, classifica e ordena as sobras de som e imagem, sincroniza as diversas pistas componentes da trilha sonora do filme.

ASSISTENTE DE MONTADOR DE NEGATIVO – Assiste o Montador de Negativo em suas atribuições; prepara o material e equipamento a ser utilizado; acondiciona as sobras de material.

ASSISTENTE DE OPERADOR DE CÂMERA DE ANIMAÇÃO – Assiste o Operador de Câmara no processo de filmagem de animação.

ASSISTENTE DE PRODUTOR CINEMATOGRÁFICO – Assiste o Diretor de Produção Cinematográfica no desempenho de suas funções.

ASSISTENTE DE REVISOR E LIMPADOR – Encarrega-se da revisão e limpeza de películas e fitas magnéticas.

ASSISTENTE DE TRUCADOR – Assiste o Trucador Cinematográfico em suas atribuições.

ATOR – Cria, interpreta e representa uma ação dramática baseando-se em textos, estímulos visuais, sonoros ou outros, previamente concebidos por um autor ou criados através de improvisações individuais ou coletivas; utiliza-se de recursos vocais, corporais e emocionais apreendidos ou intuídos, com o objetivo de transmitir ao espectador o conjunto de ideias e ações dramáticas propostas; pode utilizar-se de recursos técnicos para manipular bonecos, títeres e congêneres; pode interpretar sobre a imagem ou a voz de outrem; ensaia buscando aliar a sua criatividade à do Diretor; atua em locais onde se apresentam espetáculos de diversões públicas e/ou nos demais veículos de comunicação.

AUXILIAR DE TRÁFEGO – Encarrega-se do encaminhamento dos filmes aos seus devidos setores.

CENARISTA DE ANIMAÇÃO – Executa os cenários necessários para cada plano, cena e seqüência, da animação conforme os "layouts" de cena e orientação do Chefe de Arte e do Diretor de Animação.

CENÓGRAFO – Cria, projeta e supervisiona, de acordo com o espírito da obra, a realização e montagem de todas as ambientações e espaços necessários à cena; determina os materiais necessários; dirige a preparação, montagem e remontagem das diversas unidades de trabalho. Nos filmes de longa metragem exerce, ainda, as funções de Diretor de Arte.

CENOTÉCNICO – Planeja, coordena, constrói, adapta e executa todos os detalhes de material, serviços e montagem dos cenários, segundo maquetes, croquis e plantas fornecidas pelo Cenógrafo.

CHEFE DE ARTE DE ANIMAÇÃO – Coordena o trabalho dos Coloristas e da copiadora eletrostática.

COLADOR-MARCADOR DE SINCRONISMO – Tira as pontas de sincronismo, ao mesmo tempo que faz a marca do ponto sincrônico do anel anterior, colocando, por meio de emendas, o rolo de filme e de magnético em seu estado original.

COLORISTA DE ANIMAÇÃO – Colore os desenhos impressos no acetato sob a supervisão do Chefe de Arte.

CONFERENTE DE ANIMAÇÃO – Confere o trabalho dos Coloristas; auxilia na filmagem; cuida do mapa de animação e da ordem dos desenhos e cenários, separando-os por planos e cenas.

CONTINUÍSTA DE CINEMA – Assiste o Diretor Cinematográfico no que se refere ao encadeamento e continuidade da narrativa, cenários, figurinos, adereços, maquilagem, penteados, luz, ambiente, profundidade de campo, altura e distância da câmera; elabora boletins de continuidade e controla os de som e de câmera; anota diálogos, ações, minutagens, dados de câmera e horário das tomadas; prepara a claquete; informa à produção os gastos diários de negativo e fita magnética.

CONTRA-REGRA DE CENA – Encarrega-se da guarda, conservação e colocação dos objetos de cena, sob orientação do Cenógrafo.

CORTADOR-COLADOR DE ANÉIS – Corta os trechos marcados do copião ou cópia do trabalho seguindo a numeração feita pelo Marcador de Anéis.

DIRETOR DE ANIMAÇÃO – Cria o planejamento de animação do filme, os "layouts" de cena, guias de animação, movimentos de câmera; supervisiona o processo de produção, inclusive trilha sonora; é o responsável pela qualidade do filme.

DIRETOR DE ARTE – Cria, conceitua, planeja e supervisiona a produção de todos os componentes visuais de um filme ou espetáculo; traduz em formas concretas as relações dramáticas imaginadas pelo Diretor Cinematográfico e sugeridas pelo roteiro; define a construção plástico-emocional de cada cena e de cada personagem dentro do contexto geral do espetáculo; verifica e elege as locações, as texturas, a cor e efeitos visuais desejados, junto ao Diretor Cinematográfico e ao Diretor de Fotografia; define e conceitua o espetáculo estabelecendo as bases sob as quais trabalharão o Cenógrafo, o Figurinista, o Maquilador, o Técnico de Efeitos Especiais Cênicos, os gráficos e os demais profissionais necessários, supervisionando-os durante as diversas fases de desenvolvimento do projeto.

DIRETOR DE ARTE DE ANIMAÇÃO – Responsável pelo visual gráfico dos filmes de animação; cria os personagens e os cenários do filme.

DIRETOR CINEMATOGRÁFICO – Cria a obra cinematográfica, supervisionando e dirigindo sua execução, utilizando recursos humanos, técnicos e artísticos; dirige artisticamente e tecnicamente a equipe e o elenco; analisa e interpreta o roteiro do filme, adequando-o à realização cinematográfica sob o ponto de vista técnico e artístico; escolhe a equipe técnica e o elenco; supervisiona a preparação da produção; escolhe locações; cenários, figurinos, cenografias e equipamentos; dirige e/ou supervisiona a montagem, dublagem, confecção da trilha musical e sonora, e todo o processamento do filme até a cópia final; acompanha a confecção do "trailer", do "avant-trailer".

DIRETOR DE DUBLAGEM – Assiste ao filme e sugere a escalação do elenco para a dublagem do filme; esquematiza a produção, programa nos horários de trabalho, orienta a interpretação e o sincronismo do Ator sobre sua imagem ou de outrem.

DIRETOR DE FOTOGRAFIA – Interpreta com imagens o roteiro cinematográfico, sob a orientação do Diretor Cinematográfico; mantém o padrão técnico e artístico da imagem; durante a preparação do filme, seleciona e aprova o equipamento adequado ao trabalho, indicando e/ou aprovando os técnicos sob sua orientação, o tipo de negativo a ser adotado, os testes de equipamento; examina e aprova locações interiores e exteriores, cenários e vestuários; nas filmagens orienta o Operador de Câmera, Assistente de Câmera, Eletricistas, Maquinistas e supervisiona o trabalho do Continuísta e do Maquilador, sob o ponto de vista fotográfico; no acabamento do filme, quando conveniente ou necessário, acompanha a cópia final, em laboratório, durante a marcação de luz.

DIRETOR DE PRODUÇÃO CINEMATOGRÁFICA – Mobiliza e administra recursos humanos, técnicos, artísticos e materiais para a realização do filme; racionaliza e viabiliza a execução do projeto, mediante análise técnica do roteiro, em conjunto com o Diretor Cinematográfico ou seu Assistente; administra financeiramente a produção.

EDITOR DE ÁUDIO – Encarrega-se da revisão e sincronização dos diálogos dublados; sincroniza as "bandas internacionais" e marca as correções a serem feitas na "mixagem".

ELETRICISTA DE CINEMA – Encarrega-se da guarda, manutenção e adequada instalação do equipamento elétrico e de iluminação do filme, distribuindo de acordo com as indicações do Diretor de Fotografia; determina as especificações dos geradores a serem utilizados.

FIGURANTE – Participa, individual ou coletivamente, como complementação de cena.

FIGURINISTA – Cria e projeta os trajes e complementos usados pelo elenco e figuração, executando o projeto gráfico dos mesmos; indica os materiais a serem utilizados; acompanha, supervisiona e detalha a execução do projeto.

FOTÓGRAFO DE CENA – Fotografa, durante as filmagens, cenas do filme para efeito de divulgação e confecção de material publicitário; indica o material adequado ao seu trabalho; trabalha em conjunto com o Diretor Cinematográfico e o Diretor de Fotografia.

GUARDA-ROUPEIRO – Encarrega-se da conservação das peças de vestuário utilizadas no espetáculo ou produção, auxilia o elenco e a figuração a vestir as indumentárias, organiza a guarda e embalagem dos figurinos, em caso de viagem.

LETRISTA DE ANIMAÇÃO – Executa os letreiros ou créditos para produções cinematográficas.

MAQUILADOR DE CINEMA – Encarrega-se da maquilagem ou caracterização do elenco e figuração de um filme, sob orientação do Diretor Cinematográfico, em comum acordo com o Diretor de Fotografia; indica os produtos a serem utilizados em seu trabalho.

MAQUINISTA DE CINEMA – Encarrega-se do apoio direto ao Operador de Câmera, Assistente de Câmera e Eletricista no que se refere ao material de maquinaria; instala e opera equipamentos destinados à fixação e/ou movimentação da câmera.

MARCADOR DE ANÉIS – Executa a marcação dos anéis de dublagem, no copião ou cópia de trabalho.

MICROFONISTA – Assiste o Técnico de Som; monta e desmonta o equipamento, zelando pelo seu bom estado; posiciona os microfones; confecciona os boletins de som.

MONTADOR DO FILME CINEMATOGRÁFICO – Monta e estrutura o filme, em sua forma definitiva, sob a orientação do Diretor Cinematográfico, a partir do material de imagem e som usando seus recursos artísticos, técnicos e equipamentos específicos; zela pelo bom estado e conservação das pistas sonoras, faz o plano de "mixagem", participando das mesmas; orienta o Assistente de Montagem.

MONTADOR DE NEGATIVO – Monta negativos de filmes cinematográficos a partir do copião montado, respeitando os cortes e marcação do Montador de Filme Cinematográfico.

OPERADOR DE CÂMERA – Opera a câmera cinematográfica a partir das instruções do Diretor Cinematográfico e do Diretor de Fotografia; enquadra as cenas do filme; indica os focos e os movimentos de "zoom" e câmera.

OPERADOR DE CÂMERA DE ANIMAÇÃO – Filma os desenhos em equipamento especial, responsabilizando-se pela qualidade fotográfica do filme.

OPERADOR DE GERADOR – Encarrega-se da manipulação e operação do gerador e corrente elétrica durante as filmagens.

PESQUISADOR CINEMATOGRÁFICO – Coleta e organiza dados e materiais, desenvolve pesquisas no sentido de preservação da memória cinematográfica, sob qualquer forma, quer fílmica, bibliográfica, fotográfica e outras.

PROJECIONISTA DE LABORATÓRIO – Opera projetor cinematográfico especialmente preparado para os trabalhos de estúdio de som.

REVISOR DE FILME – Executa a revisão e reparo das cópias de filmes, verificando as condições materiais das mesmas, sob coordenação do Arquivista de Filmes.

ROTEIRISTA DE ANIMAÇÃO – Cria, a partir de uma ideia, texto ou obra literária, sob a forma de argumento ou roteiro de animação, narrativa com sequências de ação, com ou sem diálogos, a partir do qual se realiza o filme de animação.

TÉCNICO EM EFEITOS ESPECIAIS CÊNICOS – Realiza e/ou opera, durante as filmagens, mecanismos que permitem a realização de cenas exigidas pelo roteiro cinematográfico, cujo efeito dá ao espectador convencimento da ação pretendida pelo Diretor Cinematográfico.

TÉCNICO EM EFEITOS ESPECIAIS ÓTICOS – Realiza e elabora trucagens, durante as filmagens, com acessórios complementares à câmera, sem a utilização de laboratório de imagens ou "truca".

TÉCNICO DE FINALIZAÇÃO CINEMATOGRÁFICA – Acompanha as trucagens e faz o tráfego de laboratório, supervisionando a qualidade do material trabalhado, na área do filme publicitário.

TÉCNICO DE MANUTENÇÃO ELETRÔNICA – Encarrega-se da conservação, manutenção e reparo do equipamento eletrônico de um estúdio de som.

TÉCNICO DE MANUTENÇÃO DE EQUIPAMENTO CINEMATOGRÁFICO – Responsável pelo bom andamento das máquinas, com profundo conhecimento de mecânica e/ou eletrônica cinematográfica.

TÉCNICO-OPERADOR DE MIXAGEM – Encarrega-se de reunir em uma única pista, todas as pistas sonoras de um filme, após submetê-las a vários processos de equalização sonora.

TÉCNICO DE SOM – Realiza a interpretação e registro durante as filmagens, dos sons requeridos pelo Diretor Cinematográfico, indica o material adequado ao seu trabalho e a equipe que o assiste; examina e aprova do ponto de vista sonoro, as locações internas e externas, cenários e figurinos, orienta o Microfonista, acompanha o acabamento do filme, a transcrição do material gravado para magnético perfurado, a "mixagem" e a transcrição ótica.

TÉCNICO EM TOMADA DE SOM – Realiza a gravação de vozes, ruídos e músicas, em estúdio de som; opera a mesa de gravação; executa equalizações sonoras.

TÉCNICO EM TRANSFERÊNCIA SONORA – Realiza a transferência de sons gravados em discos, fitas magnéticas ou óticas para fitas magnéticas ou negativo ótico; realiza testes de ajuste do equipamento e da qualidade do negativo ótico revelado.

TRUCADOR CINEMATOGRÁFICO – Executa trucagens óticas, realizando efeitos de imagem desejados pelo Diretor Cinematográfico; opera o equipamento denominado "truca".

III – FOTONOVELA

ARTE-FINALISTA DE FOTONOVELA – Aplica as fotos nas páginas; traça as legendas especificando a fala do personagem; faz os fios e o acabamento final de acordo com a diagramação.

ASSISTENTE DE FOTOGRAFIA DE FOTONOVELA – Encarrega-se do material fotográfico; executa a troca de lentes das câmeras; distribui o material de trabalho entre os iluminadores e toma a medição de luz.

CONTINUÍSTA DE FOTONOVELA – Acompanha e assiste ao Diretor no que se refere ao encadeamento e continuidade das cenas, cenários, figurinos, adereços, maquilagem, penteados, luz ambiente, altura e distância da câmera; elabora boletins de controle da continuidade.

COORDENADOR DE ELENCO – Seleciona atores para composição de elenco para fotonovela; promove o primeiro contato entre as partes.

DIAGRAMADOR DE FOTONOVELA – Dispõe a seqüência das fotos para serem impressas, tendo o cuidado especial na programação gráfica das cenas e na colocação das falas; orienta o laboratório fotográfico quanto ao padrão de ampliação das fotos.

DIRETOR DE FOTONOVELA – Dirige os Atores, Fotógrafo e Equipe Técnica; aprova as locações; quando necessário encaminha ao Redator adaptações do texto; determina a ambientação cênica e figurinos; discute com o Fotógrafo os melhores ângulos para as tomadas.

DIRETOR DE PRODUÇÃO DE FOTONOVELA – Analisa tecnicamente o roteiro; elabora o plano para a execução da fotonovela e decide as locações juntamente com o Diretor; determina a tabela de horário; providencia todos os meios materiais para a realização do plano de produção.

REDATOR FINAL DE FOTONOVELA – Revisa e reescreve quando necessário e devidamente autorizado pelo Roteirista os textos finais da fotonovela; cria histórias originais ou adapta obras de cunho literário ou não, transformando-as em roteiros com linguagem especifica adequada à fotonovela.

IV – RADIODIFUSÃO

ATOR – Cria, interpreta e representa uma ação dramática, baseando-se em textos, estímulos visuais, sonoros ou outros, previamente concebidos por um autor ou criados através de improvisações individuais ou coletivas; utiliza-se de recursos vocais, corporais e emocionais, apreendidos ou intuídos, com o objetivo de transmitir ao espectador o conjunto de ideias e ações dramáticas propostas; pode utilizar-se de recursos técnicos para manipular bonecos, títeres e congêneres; pode interpretar sobre a imagem ou a voz de outrem; ensaia buscando aliar a sua criatividade à do Diretor.

FIGURANTE – Participa individual ou coletivamente, de espetáculos como complementação de cena.

Ascensorista

LEI 3.270, DE 30 DE SETEMBRO DE 1957

Fixa em seis o número de horas de trabalho diário dos cabineiros de elevador e dá outras providências.

O Presidente da República:

Faço saber que o Congresso Nacional decreta e eu sanciono a seguinte Lei:

Art. 1º É fixado em seis o número de horas de trabalho diário dos cabineiros de elevador.

Parágrafo único. É vedado a empregador e empregado qualquer acordo visando ao aumento das horas de trabalho fixadas no art. 1º desta Lei.

Art. 2º Esta Lei entrará em vigor na data de sua publicação, revogadas as disposições em contrário.

Rio de Janeiro, 30 de setembro de 1957; 136º da Independência e 69º da República.

Juscelino Kubitschek

(*DOU* 03.10.1957)

Atleta

LEI 9.615, DE 24 DE MARÇO DE 1998

Institui normas gerais sobre desporto e dá outras providências.

O Presidente da República:

Faço saber que o Congresso Nacional decreta e eu sanciono a seguinte Lei:

Capítulo I
Disposições Iniciais

Art. 1º O desporto brasileiro abrange práticas formais e não-formais e obedece às normas gerais desta Lei, inspirado nos fundamentos constitucionais do Estado Democrático de Direito.

§ 1º A prática desportiva formal é regulada por normas nacionais e internacionais e pelas regras de prática desportiva de cada modalidade, aceitas pelas respectivas entidades nacionais de administração do desporto.

§ 2º A prática desportiva não-formal é caracterizada pela liberdade lúdica de seus praticantes.

§ 3º Os direitos e as garantias estabelecidos nesta Lei e decorrentes dos princípios constitucionais do esporte não excluem outros oriundos de tratados e acordos internacionais firmados pela República Federativa do Brasil.

- § 3º acrescentado pela Lei 13.322/2016.

Capítulo II
Dos Princípios Fundamentais

Art. 2º O desporto, como direito individual, tem como base os princípios:

I – da soberania, caracterizado pela supremacia nacional na organização da prática desportiva;

II – da autonomia, definido pela faculdade e liberdade de pessoas físicas e jurídicas organizarem-se para a prática desportiva;

III – da democratização, garantido em condições de acesso às atividades desportivas sem quaisquer distinções ou formas de discriminação;

IV – da liberdade, expresso pela livre prática do desporto, de acordo com a capacidade e interesse de cada um, associando-se ou não a entidade do setor;

V – do direito social, caracterizado pelo dever do Estado em fomentar as práticas desportivas formais e não-formais;

VI – da diferenciação, consubstanciado no tratamento específico dado ao desporto profissional e não-profissional;

VII – da identidade nacional, refletido na proteção e incentivo às manifestações desportivas de criação nacional;

VIII – da educação, voltado para o desenvolvimento integral do homem como ser autônomo e participante, e fomentado por meio da prioridade dos recursos públicos ao desporto educacional;

IX – da qualidade, assegurado pela valorização dos resultados desportivos, educativos e dos relacionados à cidadania e ao desenvolvimento físico e moral;

X – da descentralização, consubstanciado na organização e funcionamento harmônicos de sistemas desportivos diferenciados e autônomos para os níveis federal, estadual, distrital e municipal;

XI – da segurança, propiciado ao praticante de qualquer modalidade desportiva, quanto a sua integridade física, mental ou sensorial;

XII – da eficiência, obtido por meio do estímulo à competência desportiva e administrativa.

Parágrafo único. A exploração e a gestão do desporto profissional constituem exercício de atividade econômica sujeitando-se, especificamente, à observância dos princípios:

- Parágrafo único acrescentado pela Lei 10.672/2003.

I – da transparência financeira e administrativa;

II – da moralidade na gestão desportiva;

III – da responsabilidade social de seus dirigentes;

IV – do tratamento diferenciado em relação ao desporto não profissional; e

V – da participação na organização desportiva do País.

Capítulo III
Da Natureza e das Finalidades do Desporto

Art. 3º O desporto pode ser reconhecido em qualquer das seguintes manifestações:

I – desporto educacional, praticado nos sistemas de ensino e em formas assistemáticas de educação, evitando-se a seletividade, a hipercompetitividade de seus praticantes, com a finalidade de alcançar o desenvolvimento integral do indivíduo e a sua formação para o exercício da cidadania e a prática do lazer;

II – desporto de participação, de modo voluntário, compreendendo as modalidades desportivas praticadas com a finalidade de contribuir para a integração dos praticantes na plenitude da vida social, na promoção da saúde e educação e na preservação do meio ambiente;

III – desporto de rendimento, praticado segundo normas gerais desta Lei e regras de prática desportiva, nacionais e internacionais, com a finalidade de obter resultados e integrar pessoas e comunidades do País e estas com as de outras nações.

IV – desporto de formação, caracterizado pelo fomento e aquisição inicial dos conhecimentos desportivos que garantam competência técnica na intervenção desportiva, com o objetivo de promover o aperfeiçoamento qualitativo e quantitativo da prática desportiva em termos recreativos, competitivos ou de alta competição.

- Inciso IV acrescentado pela Lei 13.155/2015.

§ 1º O desporto de rendimento pode ser organizado e praticado:

- Primitivo parágrafo único renumerado pela Lei 13.155/2015.

I – de modo profissional, caracterizado pela remuneração pactuada em contrato formal de trabalho entre o atleta e a entidade de prática desportiva;

II – de modo não-profissional, identificado pela liberdade de prática e pela inexistência de contrato de trabalho, sendo permitido o recebimento de incentivos materiais e de patrocínio.

- Inciso II com redação determinada pela Lei 9.981/2000.

a) *(Revogada pela Lei 9.981/2000.)*

b) *(Revogada pela Lei 9.981/2000.)*

§ 2º *(Vetado.)*

- § 2º acrescentado pela Lei 13.155/2015.

Capítulo IV
Do Sistema Brasileiro do Desporto

Seção I
Da Composição e dos Objetivos

Art. 4º O Sistema Brasileiro do Desporto compreende:

I – o Ministério do Esporte;

- Inciso I com redação determinada pela Lei 10.672/2003.

II – *(Revogado pela Lei 10.672/2003.)*;

III – o Conselho Nacional do Esporte – CNE;

- Inciso III com redação determinada pela Lei 10.672/2003.

IV – o sistema nacional do desporto e os sistemas de desporto dos Estados, do Distrito Federal e dos Municípios, organizados de forma autônoma e em regime de colaboração, integrados por vínculos de natureza técnica específicos de cada modalidade desportiva.

§ 1º O Sistema Brasileiro do Desporto tem por objetivo garantir a prática desportiva regular e melhorar-lhe o padrão de qualidade.

§ 2º A organização desportiva do País, fundada na liberdade de associação, integra o patrimônio cultural brasileiro e é considerada de elevado interesse social, inclusive para os fins do disposto nos incisos I e III do art. 5º da Lei Complementar 75, de 20 de maio de 1993.

- § 2º com redação determinada pela Lei 10.672/2003.

§ 3º Poderão ser incluídas no Sistema Brasileiro de Desporto as pessoas jurídicas que desenvolvam práticas não-formais, promovam a cultura e as ciências do desporto e formem e aprimorem especialistas.

Seção II
Dos Recursos do Ministério do Esporte

- Rubrica com redação determinada pela Lei 12.395/2011.

Art. 5º Os recursos do Ministério do Esporte serão aplicados conforme dispuser o Plano Nacional do Desporto, observado o disposto nesta Seção.

- *Caput* com redação determinada pela Lei 12.395/2011.

§ 1º *(Revogado pela Lei 10.672/2003.)*

§ 2º *(Revogado pela Lei 10.672/2003.)*

§ 3º Caberá ao Ministério do Esporte, ouvido o CNE, nos termos do inciso II do art. 11, propor o Plano Nacional do Desporto, decenal, observado o disposto no art. 217 da Constituição Federal.

- § 3º com redação determinada pela Lei 12.395/2011.

§ 4º *(Revogado pela Lei 12.395/2011.)*

Art. 6º Constituem recursos do Ministério do Esporte:

- *Caput* com redação determinada pela Lei 10.672/2003.

☛ **I** – receitas oriundas de exploração de loteria destinadas ao cumprimento do disposto no art. 7º desta Lei;

- Inciso I com redação determinada pela Lei 13.756/2018.
- **Redação anterior determinada pela MP 841/2018 (*DOU* 12.06.2018), que alterava este dispositivo, vigeu entre 12.06.2018 e 23.10.2018 e teve seu prazo de vigência encerrado pelo Ato Declaratório CN 64/2018 (*DOU* 25.10.2018): "I – receitas oriundas de exploração de loteria destinadas ao cumprimento do disposto no art. 7º;"**

II – *(Revogado pela Lei 13.756/2018.)*

- **A MP 841/2018 (*DOU* 12.06.2018), que revogava este dispositivo, vigeu entre 12.06.2018 e 23.10.2018 e teve seu prazo de vigência encerrado pelo Ato Declaratório CN 64/2018 em 25.10.2018 (*DOU* 25.10.2018).**

III – *(Revogado pela Lei 13.756/2018.)*

- **A MP 841/2018 (*DOU* 12.06.2018), que revogava este dispositivo, vigeu entre 12.06.2018 e 23.10.2018 e teve seu prazo de vigência encerrado pelo Ato Declaratório CN 64/2018 em 25.10.2018 (*DOU* 25.10.2018).**

IV – *(Revogado pela Lei 13.756/2018.)*

- **A MP 841/2018 (*DOU* 12.06.2018), que revogava este dispositivo, vigeu entre**

12.06.2018 e 23.10.2018 e teve seu prazo de vigência encerrado pelo Ato Declaratório CN 64/2018 em 25.10.2018 (*DOU* 25.10.2018).

V – outras fontes.

VI – *(Revogado pela Lei 13.756/2018.)*

- A MP 841/2018 (*DOU* 12.06.2018), que revogava este dispositivo, vigeu entre 12.06.2018 e 23.10.2018 e teve seu prazo de vigência encerrado pelo Ato Declaratório CN 64/2018 em 25.10.2018 (*DOU* 25.10.2018).

VII – *(Vetado.)*;

- Inciso VII acrescentado pela Lei 13.155/2015.

§ 1º *(Revogado pela Lei 13.756/2018.)*

- A MP 841/2018 (*DOU* 12.06.2018), que revogava este dispositivo, vigeu entre 12.06.2018 e 23.10.2018 e teve seu prazo de vigência encerrado pelo Ato Declaratório CN 64/2018 em 25.10.2018 (*DOU* 25.10.2018).

§ 2º *(Revogado pela Lei 13.756/2018.)*

- A MP 841/2018 (*DOU* 12.06.2018), que revogava este dispositivo, vigeu entre 12.06.2018 e 23.10.2018 e teve seu prazo de vigência encerrado pelo Ato Declaratório CN 64/2018 em 25.10.2018 (*DOU* 25.10.2018).

§ 3º *(Revogado pela Lei 13.756/2018.)*

- A MP 841/2018 (*DOU* 12.06.2018), que revogava este dispositivo, vigeu entre 12.06.2018 e 23.10.2018 e teve seu prazo de vigência encerrado pelo Ato Declaratório CN 64/2018 em 25.10.2018 (*DOU* 25.10.2018).

§ 4º *(Revogado pela Lei 13.756/2018.)*

- A MP 841/2018 (*DOU* 12.06.2018), que revogava este dispositivo, vigeu entre 12.06.2018 e 23.10.2018 e teve seu prazo de vigência encerrado pelo Ato Declaratório CN 64/2018 em 25.10.2018 (*DOU* 25.10.2018).

Art. 7º Os recursos do Ministério do Esporte terão a seguinte destinação:

- *Caput* do artigo com redação determinada pela Lei 10.672/2003.

I – desporto educacional;

II – desporto de rendimento, nos casos de participação de entidades nacionais de administração do desporto em competições internacionais, bem como as competições brasileiras dos desportos de criação nacional;

III – desporto de criação nacional;

IV – capacitação de recursos humanos:

a) cientistas desportivos;

b) professores de educação física; e

c) técnicos de desporto;

V – apoio a projeto de pesquisa, documentação e informação;

VI – construção, ampliação e recuperação de instalações esportivas;

VII – apoio supletivo ao sistema de assistência ao atleta profissional com a finalidade de promover sua adaptação ao mercado de trabalho quando deixar a atividade;

VIII – apoio ao desporto para pessoas portadoras de deficiência.

Art. 8º *(Revogado pela Lei 13.756/2018.)*

- A MP 841/2018 (*DOU* 12.06.2018), que revogava este dispositivo, vigeu entre 12.06.2018 e 23.10.2018 e teve seu prazo de vigência encerrado pelo Ato Declaratório CN 64/2018 em 25.10.2018 (*DOU* 25.10.2018).

I – *(Revogado pela Lei 13.756/2018.)*

II – *(Revogado pela Lei 13.756/2018.)*

III – *(Revogado pela Lei 13.756/2018.)*

IV – *(Revogado pela Lei 13.756/2018.)*

V – *(Revogado pela Lei 13.756/2018.)*

Parágrafo único. *(Revogado pelas Lei 12.395/2011 e 13.756/2018.)*

Art. 9º *(Revogado pela Lei 13.756/2018.)*

- A MP 841/2018 (*DOU* 12.06.2018), que revogava este dispositivo, vigeu entre 12.06.2018 e 23.10.2018 e teve seu prazo de vigência encerrado pelo Ato Declaratório CN 64/2018 em 25.10.2018 (*DOU* 25.10.2018).

§ 1º *(Revogado pela Lei 13.756/2018.)*

§ 2º *(Revogado pela Lei 13.756/2018.)*

Art. 10. *(Revogado pela Lei 13.756/2018.)*

- A MP 841/2018 (*DOU* 12.06.2018), que revogava este dispositivo, vigeu entre 12.06.2018 e 23.10.2018 e teve seu prazo de vigência encerrado pelo Ato Declaratório CN 64/2018 em 25.10.2018 (*DOU* 25.10.2018).

§ 1º *(Revogado pela Lei 13.756/2018.)*

§ 2º *(Revogado pela Lei 13.756/2018.)*

Parágrafo único. *(Revogado pela 13.756/2018.)*

Seção III
Do Conselho de Desenvolvimento do Desporto Brasileiro – CDDB

Art. 11. O CNE é órgão colegiado de normatização, deliberação e assessoramento, diretamente vinculado ao Ministro de Estado do Esporte, cabendo-lhe:

- *Caput* do artigo com redação determinada pela Lei 10.672/2003.

I – zelar pela aplicação dos princípios e preceitos desta Lei;

II – oferecer subsídios técnicos à elaboração do Plano Nacional do Desporto;

III – emitir pareceres e recomendações sobre questões desportivas nacionais;

IV – propor prioridades para o plano de aplicação de recursos do Ministério do Esporte;

- Inciso IV com redação determinada pela Lei 10.672/2003.

V – exercer outras atribuições previstas na legislação em vigor, relativas a questões de natureza desportiva;

- Inciso V com redação determinada pela Lei 9.981/2000.

VI – aprovar os Códigos de Justiça Desportiva e suas alterações, com as peculiaridades de cada modalidade;

- Inciso VI com redação determinada pela Lei 13.322/2016.

VII – aprovar o Código Brasileiro Antidopagem – CBA e suas alterações, no qual serão estabelecidos, entre outros:

- *Caput* do inciso VII com redação determinada pela Lei 13.322/2016.

a) as regras antidopagem e as suas sanções;

- *Alínea* a acrescentada pela Lei 13.322/2016.

b) os critérios para a dosimetria das sanções; e

- *Alínea* b acrescentada pela Lei 13.322/2016.

c) o procedimento a ser seguido para processamento e julgamento das violações às regras antidopagem; e

- *Alínea* c acrescentada pela Lei 13.322/2016.

VIII – estabelecer diretrizes sobre os procedimentos relativos ao controle de dopagem exercidos pela Autoridade Brasileira de Controle de Dopagem – ABCD.

- Inciso VIII com redação determinada pela Lei 13.322/2016.

§ 1º O Ministério do Esporte prestará apoio técnico e administrativo ao CNE.

- Primitivo parágrafo único renumerado e com redação determinada pela Lei 13.322/2016.

§ 2º No exercício das competências a que se referem os incisos VII e VIII do *caput*, o CNE deverá observar as disposições do Código Mundial Antidopagem editado pela Agência Mundial Antidopagem.

- § 2º acrescentado pela Lei 13.322/2016.

§ 3º Enquanto não for exercida a competência referida no inciso VII do *caput*, competirá à ABCD publicar o CBA, que poderá ser referendado pelo CNE no prazo de cento e oitenta dias, contado da data de publicação da Medida Provisória 718, de 16 de março de 2016.

- § 3º acrescentado pela Lei 13.322/2016.

Art. 12. *(Vetado.)*

Art. 12-A. O CNE será composto por vinte e dois membros indicados pelo Ministro do Esporte, que o presidirá.

- *Caput* com redação determinada pela Lei 10.672/2003.

Parágrafo único. Os membros do Conselho e seus suplentes serão indicados na forma da regulamentação desta Lei, para um mandato de dois anos, permitida uma recondução.

- Parágrafo único acrescentado pela Lei 9.981/2000.

Seção IV
Do Sistema Nacional do Desporto

Art. 13. O Sistema Nacional do Desporto tem por finalidade promover e aprimorar as práticas desportivas de rendimento.

Parágrafo único. O Sistema Nacional do Desporto congrega as pessoas físicas e jurídicas de direito privado, com ou sem fins lucrativos, encarregadas da coordenação, administração, normatização, apoio e prática do desporto, bem como as incumbidas da Justiça Desportiva e, especialmente:

- Parágrafo único com redação determinada pela Lei 12.395/2011.

I – o Comitê Olímpico Brasileiro – COB;

II – o Comitê Paraolímpico Brasileiro;

III – as entidades nacionais de administração do desporto;

IV – as entidades regionais de administração do desporto;

V – as ligas regionais e nacionais;

VI – as entidades de prática desportiva filiadas ou não àquelas referidas nos incisos anteriores;

VII – a Confederação Brasileira de Clubes.

- Inciso VII acrescentado pela Lei 12.395/2011.

Art. 14. O Comitê Olímpico Brasileiro – COB, o Comitê Paralímpico Brasileiro – CPB e as entidades nacionais de administração do desporto, que lhes são filiadas ou vinculadas, constituem subsistema específico do Sistema Nacional do Desporto.

- *Caput* com redação determinada pela Lei 12.395/2011.

§ 1º Aplica-se aos comitês e às entidades referidas no *caput* o disposto no inciso II do art. 217 da Constituição Federal, desde que seus estatutos ou contratos sociais estejam plenamente de acordo com as disposições constitucionais e legais aplicáveis.

- § 1º com redação determinada pela Lei 13.155/2015.

§ 2º Compete ao Comitê Olímpico Brasileiro – COB e ao Comitê Paraolímpico Brasileiro – CPB o planejamento das atividades do esporte de seus subsistemas específicos.

- § 2º acrescentado pela Lei 12.395/2011.

Art. 15. Ao Comitê Olímpico Brasileiro – COB, entidade jurídica de direito privado, compete representar o País nos eventos olímpicos, pan-americanos e outros de igual natureza, no Comitê Olímpico Internacional e nos movimentos olímpicos internacionais, e fomentar o movimento olímpico no território nacional, em conformidade com as disposições da Constituição Federal, bem como com as disposições estatutárias e regulamentares do Comitê Olímpico Internacional e da Carta Olímpica.

§ 1º Caberá ao Comitê Olímpico Brasileiro – COB representar o olimpismo brasileiro junto aos poderes públicos.

§ 2º É privativo do Comitê Olímpico Brasileiro – COB e do Comitê Paraolímpico Brasileiro – CPOB o uso das bandeiras, lemas, hinos e símbolos olímpicos e paraolímpicos, assim como das denominações "jogos olímpicos", "olimpíadas", "jogos paraolímpicos" e "paraolimpíadas", permitida a utilização destas últimas quando se tratar de eventos vinculados ao desporto educacional e de participação.

- § 2º com redação determinada pela Lei 9.981/2000.

§ 3º Ao Comitê Olímpico Brasileiro – COB são concedidos os direitos e benefícios conferidos em lei às entidades nacionais de administração do desporto.

§ 4º São vedados o registro e uso para qualquer fim de sinal que integre o símbolo olímpico ou que o contenha, bem como do hino e dos lemas olímpicos, exceto mediante prévia autorização do Comitê Olímpico Brasileiro – COB.

§ 5º Aplicam-se ao Comitê Paraolímpico Brasileiro, no que couber, as disposições previstas neste artigo.

Art. 16. As entidades de prática desportiva e as entidades de administração do desporto, bem como as ligas de que trata o art. 20, são pessoas jurídicas de direito privado, com organização e funcionamento autônomo, e terão as competências definidas em seus estatutos ou contratos sociais.

- *Caput* com redação determinada pela Lei 13.155/2015.

§ 1º As entidades nacionais de administração do desporto poderão filiar, nos termos de seus estatutos ou contratos sociais, entidades regionais de administração e entidades de prática desportiva.

- § 1º com redação determinada pela Lei 13.155/2015.

§ 2º As ligas poderão, a seu critério, filiar-se ou vincular-se a entidades nacionais de administração do desporto, vedado a estas, sob qualquer pretexto, exigir tal filiação ou vinculação.

§ 3º É facultada a filiação direta de atletas nos termos previstos nos estatutos ou contratos sociais das respectivas entidades de administração do desporto.

- § 3º com redação determinada pela Lei 13.155/2015.

Art. 17. *(Vetado.)*

Art. 18. Somente serão beneficiadas com isenções fiscais e repasses de recursos públicos federais da administração direta e indireta, nos termos do inciso II do art. 217 da Constituição Federal, as entidades do Sistema Nacional do Desporto que:

I – possuírem viabilidade e autonomia financeiras;

II – *(Revogado pela Lei 12.395/2011.)*

III – atendam aos demais requisitos estabelecidos em lei;

IV – estiverem em situação regular com suas obrigações fiscais e trabalhistas;

- Inciso IV com redação determinada pela Lei 12.395/2011.

V – demonstrem compatibilidade entre as ações desenvolvidas para a melhoria das respectivas modalidades desportivas e o Plano Nacional do Desporto.

- pela Lei 12.395/2011.

Parágrafo único. A verificação do cumprimento das exigências contidas nos incisos I a V deste artigo será de responsabilidade do Ministério do Esporte.

- Parágrafo único com redação determinada pela Lei 12.395/2011.

Art. 18-A. Sem prejuízo do disposto no art. 18, as entidades sem fins lucrativos componentes do Sistema Nacional do Desporto, referidas no parágrafo único do art. 13, somente poderão receber recursos da administração pública federal direta e indireta caso:

- *Caput* acrescentado pela Lei 12.868/2013.

I – seu presidente ou dirigente máximo tenham o mandato de até 4 (quatro) anos, permitida 1 (uma) única recondução;

- Inciso I acrescentado pela Lei 12.868/2013.

II – atendam às disposições previstas nas alíneas "b" a "e" do § 2º e no § 3º do art. 12 da Lei 9.532, de 10 de dezembro de 1997;

- Inciso II acrescentado pela Lei 12.868/2013.

III – destinem integralmente os resultados financeiros à manutenção e ao desenvolvimento dos seus objetivos sociais;

- Inciso III acrescentado pela Lei 12.868/2013.

IV – sejam transparentes na gestão, inclusive quanto aos dados econômicos e financeiros, contratos, patrocinadores, direitos de imagem, propriedade intelectual e quaisquer outros aspectos de gestão;

- Inciso IV acrescentado pela Lei 12.868/2013.

V – garantam a representação da categoria de atletas das respectivas modalidades no âmbito dos órgãos da entidade incumbidos diretamente de assuntos esportivos e dos órgãos e conselhos técnicos responsáveis pela aprovação de regulamentos das competições;

- Inciso V com redação determinada pela Lei 13.756/2018.

VI – assegurem a existência e a autonomia do seu conselho fiscal;

- Inciso VI acrescentado pela Lei 12.868/2013.

VII – estabeleçam em seus estatutos:

- Inciso VII acrescentado pela Lei 12.868/2013.

a) princípios definidores de gestão democrática;

- Alínea *a* acrescentada pela Lei 12.868/2013.

b) instrumentos de controle social;

- Alínea *b* acrescentada pela Lei 12.868/2013.

c) transparência da gestão da movimentação de recursos;

- Alínea *c* acrescentada pela Lei 12.868/2013.

d) mecanismos de controle interno;

- Alínea *d* com redação determinada pela Lei 13.756/2018.

e) alternância no exercício dos cargos de direção;

- Alínea *e* acrescentada pela Lei 12.868/2013.

f) aprovação das prestações de contas anuais por conselho de direção, precedida por parecer do conselho fiscal; e

- Alínea *f* acrescentada pela Lei 12.868/2013.

g) participação de atletas nos colegiados de direção e na eleição para os cargos da entidade; e

- Alínea *g* acrescentada pela Lei 12.868/2013.

h) colégio eleitoral constituído de todos os filiados no gozo de seus direitos, observado que a categoria de atleta deverá possuir o equivalente a, no mínimo, 1/3 (um terço) dos votos, já computada a eventual diferenciação de valor de que trata o inciso I do *caput* do art. 22 desta Lei;

- Alínea *h* acrescentada pela Lei 13.756/2018.

i) possibilidade de apresentação de candidatura ao cargo de presidente ou dirigente máximo da entidade com exigência de apoiamento limitada a, no máximo, 5% (cinco por cento) do colégio eleitoral;

- Alínea *i* acrescentada pela Lei 13.756/2018.

j) publicação prévia do calendário de reuniões da assembleia geral e posterior publicação sequencial das atas das reuniões realizadas durante o ano; e

- Alínea *j* acrescentada pela Lei 13.756/2018.

k) participação de atletas nos colegiados de direção e no colégio eleitoral por meio de representantes de atletas eleitos diretamente e de forma independente pelos atletas filiados da entidade; e

- Alínea *k* acrescentada pela Lei 13.756/2018.

VIII – garantam a todos os associados e filiados acesso irrestrito aos documentos e informações relativos à prestação de contas, bem como àqueles relacionados à gestão da respectiva entidade de administração do desporto, os quais deverão ser publicados na íntegra no sítio eletrônico desta.

• Inciso VIII acrescentado pela Lei 12.868/2013.

§ 1º As entidades de prática desportiva estão dispensadas das condições previstas:

• § 1º acrescentado pela Lei 12.868/2013.

I – no inciso V do *caput*;

• Inciso I acrescentado pela Lei 12.868/2013.

☛ **II** – na alínea *g* do inciso VII do *caput* deste artigo, no que se refere à eleição para os cargos de direção da entidade, nas alíneas *h, i, j* e *k* do inciso VII do *caput* deste artigo, no que se refere à escolha de atletas para participação no colégio eleitoral; e

• Inciso II com redação determinada pela Lei 13.756/2018.

III – no inciso VIII do *caput*, quanto aos contratos comerciais celebrados com cláusula de confidencialidade, ressalvadas, neste caso, a competência de fiscalização do conselho fiscal e a obrigação do correto registro contábil de receita e despesa deles decorrente.

• Inciso III acrescentado pela Lei 12.868/2013.

§ 2º A verificação do cumprimento das exigências contidas nos incisos I a VIII do *caput* deste artigo será de responsabilidade do Ministério do Esporte.

• § 2º acrescentado pela Lei 12.868/2013.

§ 3º Para fins do disposto no inciso I do *caput*:

• § 3º acrescentado pela Lei 12.868/2013.

I – será respeitado o período de mandato do presidente ou dirigente máximo eleitos antes da vigência desta Lei;

• Inciso I acrescentado pela Lei 12.868/2013.

II – são inelegíveis o cônjuge e os parentes consanguíneos ou afins até o 2º (segundo) grau ou por adoção.

• Inciso II acrescentado pela Lei 12.868/2013.

§ 4º A partir do 6º (sexto) mês contado da publicação desta Lei, as entidades referidas no *caput* deste artigo somente farão jus ao disposto no art. 15 da Lei 9.532, de 10 de dezembro de 1997, e nos arts. 13 e 14 da Medida Provisória 2.158-35, de 24 de agosto de 2001, caso cumpram os requisitos dispostos nos incisos I a VIII do *caput*.

• § 4º acrescentado pela Lei 12.868/2013.

☛ **§ 5º** Ressalvado o disposto no inciso II do § 1º deste artigo, as exigências previstas nas alíneas *g, h, i, j* e *k* do inciso VII do *caput* deste artigo são exclusivas das entidades nacionais de administração do desporto.

• § 5º acrescentado pela Lei 13.756/2018.

Art. 19. *(Vetado.)*

Art. 20. As entidades de prática desportiva participantes de competições do Sistema Nacional do Desporto poderão organizar ligas regionais ou nacionais.

§ 1º *(Vetado.)*

§ 2º As entidades de prática desportiva que organizarem ligas, na forma do *caput* deste artigo, comunicarão a criação destas às entidades nacionais de administração do desporto das respectivas modalidades.

§ 3º As ligas integrarão os sistemas das entidades nacionais de administração do desporto que incluírem suas competições nos respectivos calendários anuais de eventos oficiais.

§ 4º Na hipótese prevista no *caput* deste artigo, é facultado às entidades de prática desportiva participarem, também, de campeonatos nas entidades de administração do desporto a que estiverem filiadas.

§ 5º É vedada qualquer intervenção das entidades de administração do desporto nas ligas que se mantiverem independentes.

§ 6º As ligas formadas por entidades de prática desportiva envolvidas em competições de atletas profissionais equiparam-se, para fins do cumprimento do disposto nesta Lei, às entidades de administração do desporto.

• § 6º acrescentado pela Lei 10.672/2003.

§ 7º As entidades nacionais de administração de desporto serão responsáveis pela organização dos calendários anuais de eventos oficiais das respectivas modalidades.

• § 7º acrescentado pela Lei 10.672/2003.

Art. 21. As entidades de prática desportiva poderão filiar-se, em cada modalidade, à entidade de administração do desporto do Sistema Nacional do Desporto, bem como à correspondente entidade de administração do desporto de um dos sistemas regionais.

Art. 22. Os processos eleitorais assegurarão:

☛ **I** – colégio eleitoral constituído de todos os filiados no gozo de seus direitos, admitida a diferenciação de valor dos seus votos, observado o disposto no § 1º deste artigo;

• Inciso I com redação determinada pela Lei 13.756/2018.

II – defesa prévia, em caso de impugnação, do direito de participar da eleição;

III – eleição convocada mediante edital publicado em órgão da imprensa de grande circulação, por três vezes;

IV – sistema de recolhimento dos votos imune a fraude;

V – acompanhamento da apuração pelos candidatos e meios de comunicação.

§ 1º Na hipótese da adoção de critério diferenciado de valoração dos votos, este não poderá exceder à proporção de um para seis entre o de menor e o de maior valor.

• Primitivo parágrafo único renumerado pela Lei 13.155/2015.

§ 2º Nas entidades nacionais de administração do desporto, o colégio eleitoral será integrado, no mínimo, pelos representantes das agremiações participantes da primeira e segunda divisões do campeonato de âmbito nacional.

• § 2º acrescentado pela Lei 13.155/2015.

Art. 22-A. Os votos para deliberação em assembleia e nos demais conselhos das entidades de administração do desporto serão valorados na forma do § 2º do art. 22 desta Lei.

• Artigo acrescentado pela Lei 13.155/2015.

Art. 23. Os estatutos ou contratos sociais das entidades de administração do desporto, elaborados de conformidade com esta Lei, deverão obrigatoriamente regulamentar, no mínimo:

• *Caput* com redação determinada pela Lei 13.155/2015.

I – instituição do Tribunal de Justiça Desportiva, nos termos desta Lei;

II – inelegibilidade, por dez anos, de seus dirigentes para desempenho de cargos e funções eletivas ou de livre nomeação de:

• *Caput* do inciso II com redação determinada pela Lei 13.155/2015.

a) condenados por crime doloso em sentença definitiva;

b) inadimplentes na prestação de contas de recursos públicos em decisão administrativa definitiva;

c) inadimplentes na prestação de contas da própria entidade;

d) afastados de cargos eletivos ou de confiança de entidade desportiva ou em virtude de gestão patrimonial ou financeira irregular ou temerária da entidade;

e) inadimplentes das contribuições previdenciárias e trabalhistas;

f) falidos.

III – a garantia de representação, com direito a voto, da categoria de atletas e entidades de prática esportiva das respectivas modalidades, no âmbito dos órgãos e conselhos técnicos incumbidos da aprovação de regulamentos das competições.

• Inciso III acrescentado pela Lei 13.155/2015.

§ 1º Independentemente de previsão estatutária, é obrigatório o afastamento preventivo e imediato dos dirigentes, eleitos ou nomeados, caso incorram em qualquer das hipóteses do inciso II do *caput* deste artigo, assegurados o processo regular e a ampla defesa para a destituição.

• Primitivo parágrafo único renumerado e com redação determinada pela Lei 13.155/2015.

§ 2º Os representantes dos atletas de que trata o inciso III do *caput* deste artigo deverão ser escolhidos pelo voto destes, em eleição direta, organizada pela entidade de administração do desporto, em conjunto com as entidades que os representem, observando-se, quanto ao processo eleitoral, o disposto no art. 22 desta Lei.

• § 2º acrescentado pela Lei 13.155/2015.

Art. 24. As prestações de contas anuais de todas as entidades de administração integrantes do Sistema Nacional do Desporto serão obrigatoriamente submetidas, com parecer dos Conselhos Fiscais, às respectivas assembléias-gerais, para a aprovação final.

Parágrafo único. Todos os integrantes das assembléias-gerais terão acesso irrestrito aos documentos, informações e comprovantes de despesas de contas de que trata este artigo.

Seção V
Dos Sistemas do Desporto dos Estados, do Distrito Federal e dos Municípios

- Rubrica com redação determinada pela Lei 12.395/2011.

Art. 25. Os Estados e o Distrito Federal constituirão seus próprios sistemas, respeitadas as normas estabelecidas nesta Lei e a observância do processo eleitoral.

Parágrafo único. Aos Municípios é facultado constituir sistemas próprios de desporto, observado o disposto nesta Lei e, no que couber, na legislação do respectivo Estado.

- Parágrafo único com redação determinada pela Lei 12.395/ 2011.

Capítulo V
Da Prática Desportiva Profissional

Art. 26. Atletas e entidades de prática desportiva são livres para organizar a atividade profissional, qualquer que seja sua modalidade, respeitados os termos desta Lei.

Parágrafo único. Considera-se competição profissional para os efeitos desta Lei aquela promovida para obter renda e disputada por atletas profissionais cuja remuneração decorra de contrato de trabalho desportivo.

- Parágrafo único acrescentado pela Lei 10.672/ 2003.

Art. 27. As entidades de prática desportiva participantes de competições profissionais e as entidades de administração de desporto ou ligas em que se organizarem, independentemente da forma jurídica adotada, sujeitam os bens particulares de seus dirigentes ao disposto no art. 50 da Lei 10.406, de 10 de janeiro de 2002, além das sanções e responsabilidades previstas no *caput* do art. 1.017 da Lei 10.406, de 10 de janeiro de 2002, na hipótese de aplicarem créditos ou bens sociais da entidade desportiva em proveito próprio ou de terceiros.

- *Caput* com redação determinada pela Lei 10.672/2003.

§ 1º *(Revogado pela Lei 9.981/2000.)*

- Primitivo parágrafo único renumerado pela Lei 9.981/2000.

§ 2º A entidade a que se refere este artigo não poderá utilizar seus bens patrimoniais, desportivos ou sociais para integralizar sua parcela de capital ou oferecê-los como garantia, salvo com a concordância da maioria absoluta da assembleia geral dos associados ou sócios e na conformidade do respectivo estatuto ou contrato social.

- § 2º com redação determinada pela Lei 13.155/2015.

§ 3º *(Revogado pela Lei 10.672/2003.)*

§ 4º *(Revogado pela Lei 10.672/2003.)*

§ 5º O disposto no art. 23 aplica-se, no que couber, às entidades a que se refere o *caput* deste artigo.

- § 5º acrescentado pela Lei 10.672/2003.

§ 6º Sem prejuízo de outros requisitos previstos em lei, as entidades de que trata o *caput* deste artigo somente poderão obter financiamento com recursos públicos ou fazer jus a programas de recuperação econômico-financeiros se, cumulativamente, atenderem às seguintes condições:

- § 6º com redação determinada pela Lei 12.395/2011.

I – realizar todos os atos necessários para permitir a identificação exata de sua situação financeira;

- Inciso I acrescentado pela Lei 10.672/2003.

II – apresentar plano de resgate e plano de investimento;

- Inciso II acrescentado pela Lei 10.672/2003.

III – garantir a independência de seus conselhos de fiscalização e administração, quando houver;

- Inciso III acrescentado pela Lei 10.672/2003.

IV – adotar modelo profissional e transparente; e

- Inciso IV acrescentado pela Lei 10.672/2003.

V – apresentar suas demonstrações financeiras, juntamente com os respectivos relatórios de auditoria, nos termos definidos no inciso I do art. 46-A desta Lei.

- Inciso V com redação determinada pela Lei 12.395/2011.

§ 7º Os recursos do financiamento voltados à implementação do plano de resgate serão utilizados:

- § 7º acrescentado pela Lei 10.672/2003.

I – prioritariamente, para quitação de débitos fiscais, previdenciários e trabalhistas; e

- Inciso I acrescentado pela Lei 10.672/2003.

II – subsidiariamente, para construção ou melhoria de estádio próprio ou de que se utilizam para mando de seus jogos, com a finalidade de atender a critérios de segurança, saúde e bem estar do torcedor.

- Inciso II acrescentado pela Lei 10.672/2003.

§ 8º Na hipótese do inciso II do § 7º, a entidade de prática desportiva deverá apresentar à instituição financiadora o orçamento das obras pretendidas.

- § 8º acrescentado pela Lei 10.672/2003.

§ 9º É facultado às entidades desportivas profissionais constituírem-se regularmente em sociedade empresária, segundo um dos tipos regulados nos arts. 1.039 a 1.092 da Lei 10.406, de 10 de janeiro de 2002 – Código Civil.

- § 9º acrescentado pela Lei 10.672/2003.

§ 10. Considera-se entidade desportiva profissional, para fins desta Lei, as entidades de prática desportiva envolvidas em competições de atletas profissionais, as ligas em que se organizarem e as entidades de administração de desporto profissional.

- § 10 acrescentado pela Lei 10.672/2003.

§ 11. Os administradores de entidades desportivas profissionais respondem solidária e ilimitadamente pelos atos ilícitos praticados, de gestão temerária ou contrários ao previsto no contrato social ou estatuto, nos termos da Lei 10.406, de 10 de janeiro de 2002 – Código Civil.

- § 11 com redação determinada pela Lei 12.395/2011.

§ 12. *(Vetado.)*

- § 12 acrescentado pela Lei 10.672/2003.

§ 13. Para os fins de fiscalização e controle do disposto nesta Lei, as atividades profissionais das entidades de que trata o *caput* deste artigo, independentemente da forma jurídica sob a qual estejam constituídas, equiparam-se às das sociedades empresárias.

- § 13 com redação determinada pela Lei 12.395/2011.

Art. 27-A. Nenhuma pessoa física ou jurídica que, direta ou indiretamente, seja detentora de parcela do capital com direito a voto ou, de qualquer forma, participe da administração de qualquer entidade de prática desportiva poderá ter participação simultânea no capital social ou na gestão de outra entidade de prática desportiva disputante da mesma competição profissional.

- *Caput* acrescentado pela Lei 9.981/2000.

§ 1º É vedado que duas ou mais entidades de prática desportiva disputem a mesma competição profissional das primeiras séries ou divisões das diversas modalidades desportivas quando:

- § 1º acrescentado pela Lei 9.981/2000.

a) uma mesma pessoa física ou jurídica, direta ou indiretamente, através de relação contratual, explore, controle ou administre direitos que integrem seus patrimônios; ou,

- Alínea *a* acrescentada pela Lei 9.981/2000.

b) uma mesma pessoa física ou jurídica, direta ou indiretamente, seja detentora de parcela do capital com direito a voto ou, de qualquer forma, participe da administração de mais de uma sociedade ou associação que explore, controle ou administre direitos que integrem os seus patrimônios.

- Alínea *b* acrescentada pela Lei 9.981/2000.

§ 2º A vedação de que trata este artigo aplica-se:

- § 2º acrescentado pela Lei 9.981/2000.

a) ao cônjuge e aos parentes até o segundo grau das pessoas físicas; e

- Alínea *a* acrescentada pela Lei 9.981/2000.

b) às sociedades controladoras, controladas e coligadas das mencionadas pessoas jurídicas, bem como a fundo de investimento, condomínio de investidores ou outra forma assemelhada que resulte na participação concomitante vedada neste artigo.

- Alínea *b* acrescentada pela Lei 9.981/2000.

§ 3º Excluem-se da vedação de que trata este artigo os contratos de administração e investimentos em estádios, ginásios e praças desportivas, de patrocínio, de licenciamento de uso de marcas e símbolos, de publicidade e de propaganda, desde que não importem na administração direta ou na co-gestão das atividades desportivas profissionais das entidades de prática desportiva, assim como os contratos individuais ou coletivos que sejam celebrados entre as detentoras de concessão, permissão ou autorização para exploração de serviços de radiodifusão sonora e de sons e imagens, bem como de televisão por assinatura, e entidades de prática desportiva para fins de transmissão de eventos desportivos.

- § 3º acrescentado pela Lei 9.981/2000.

§ 4º A infringência a este artigo implicará a inabilitação da entidade de prática desportiva para percepção dos benefícios de que trata o art. 18 desta Lei.

- § 4º com redação determinada pela Lei 10.672/2003.

§ 5º As empresas detentoras de concessão, permissão ou autorização para exploração de serviço de radiodifusão sonora e de sons e imagens, bem como de televisão por assinatura, ficam impedidas de patrocinar ou veicular sua própria marca, bem como a de seus canais e dos títulos de seus programas, nos uniformes de competições das entidades desportivas.

- § 5º com redação determinada pela Lei 10.672/2003.

§ 6º A violação do disposto no § 5º implicará a eliminação da entidade de prática desportiva que lhe deu causa da competição ou do torneio em que aquela se verificou, sem prejuízo das penalidades que venham a ser aplicadas pela Justiça Desportiva.

- § 6º acrescentado pela Lei 10.672/2003.

Art. 27-B. São nulas de pleno direito as cláusulas de contratos firmados entre as entidades de prática desportiva e terceiros, ou entre estes e atletas, que possam intervir ou influenciar nas transferências de atletas ou,ainda, que interfiram no desempenho do atleta ou da entidade de prática desportiva, exceto quando objeto de acordo ou convenção coletiva de trabalho.

- Artigo acrescentado pela Lei 12.395/2011.

Art. 27-C. São nulos de pleno direito os contratos firmados pelo atleta ou por seu representante legal com agente desportivo, pessoa física ou jurídica, bem como as cláusulas contratuais ou de instrumentos procuratórios que:

- Artigo acrescentado pela Lei 12.395/2011.

I – resultem vínculo desportivo;

II – impliquem vinculação ou exigência de receita total ou parcial exclusiva da entidade de prática desportiva, decorrente de transferência nacional ou internacional de atleta, em vista da exclusividade de que trata o inciso I do art. 28;

III – restrinjam a liberdade de trabalho desportivo;

IV – estabeleçam obrigações consideradas abusivas ou desproporcionais;

V – infrinjam os princípios da boa-fé objetiva ou do fim social do contrato; ou

VI – versem sobre o gerenciamento de carreira de atleta em formação com idade inferior a 18 (dezoito) anos.

Art. 27-D. *(Vetado.)*

- Artigo acrescentado pela Lei 13.155/2015.

Art. 28. A atividade do atleta profissional é caracterizada por remuneração pactuada em contrato especial de trabalho desportivo, firmado com entidade de prática desportiva, no qual deverá constar, obrigatoriamente:

- *Caput* com redação determinada pela Lei 12.395/2011.

I – cláusula indenizatória desportiva, devida exclusivamente à entidade de prática desportiva à qual está vinculado o atleta, nas seguintes hipóteses:

- Inciso I acrescentado pela Lei 12.395/2011.

a) transferência do atleta para outra entidade, nacional ou estrangeira, durante a vigência do contrato especial de trabalho desportivo; ou

- *Alínea* a acrescentada pela Lei 12.395/2011.

b) por ocasião do retorno do atleta às atividades profissionais em outra entidade de prática desportiva, no prazo de até 30 (trinta) meses; e

- *Alínea* b acrescentada pela Lei 12.395/2011.

II – cláusula compensatória desportiva, devida pela entidade de prática desportiva ao atleta, nas hipóteses dos incisos III a V do § 5º.

- Inciso II acrescentado pela Lei 12.395/2011.

§ 1º O valor da cláusula indenizatória desportiva a que se refere o inciso I do *caput* deste artigo será livremente pactuado pelas partes e expressamente quantificado no instrumento contratual:

- § 1º com redação determinada pela Lei 12.395/2011.

I – até o limite máximo de 2.000 (duas mil) vezes o valor médio do salário contratual, para as transferências nacionais; e

- Inciso I acrescentado pela Lei 12.395/2011.

II – sem qualquer limitação, para as transferências internacionais.

- Inciso II acrescentado pela Lei 12.395/2011.

§ 2º São solidariamente responsáveis pelo pagamento da cláusula indenizatória desportiva de que trata o inciso I do *caput* deste artigo o atleta e a nova entidade de prática desportiva empregadora.

- § 2º com redação determinada pela Lei 12.395/2011.

I – *(Revogado pela Lei 12.395/2011.)*

II – *(Revogado pela Lei 12.395/2011.)*

III – *(Revogado pela Lei 12.395/2011.)*

§ 3º O valor da cláusula compensatória desportiva a que se refere o inciso II do *caput* deste artigo será livremente pactuado entre as partes e formalizado no contrato especial de trabalho desportivo, observando-se, como limite máximo, 400 (quatrocentas) vezes o valor do salário mensal no momento da rescisão e, como limite mínimo, o valor total de salários mensais a que teria direito o atleta até o término do referido contrato.

- § 3º com redação determinada pela Lei 12.395/2011.

§ 4º Aplicam-se ao atleta profissional as normas gerais da legislação trabalhista e da Seguridade Social, ressalvadas as peculiaridades constantes desta Lei, especialmente as seguintes:

- § 4º com redação determinada pela Lei 12.395/2011.

I – se conveniente à entidade de prática desportiva, a concentração não poderá ser superior a 3 (três) dias consecutivos por semana, desde que esteja programada qualquer partida, prova ou equivalente, amistosa ou oficial, devendo o atleta ficar à disposição do empregador por ocasião da realização de competição fora da localidade onde tenha sua sede;

- Inciso I com redação determinada pela Lei 12.395/2011.

II – o prazo de concentração poderá ser ampliado, independentemente de qualquer pagamento adicional, quando o atleta estiver à disposição da entidade de administração do desporto;

- Inciso II com redação determinada pela Lei 12.395/2011.

III – acréscimos remuneratórios em razão de períodos de concentração, viagens, pré-temporada e participação do atleta em partida, prova ou equivalente, conforme previsão contratual;

- Inciso III com redação determinada pela Lei 12.395/2011.

IV – repouso semanal remunerado de 24 (vinte e quatro) horas ininterruptas, preferentemente em dia subsequente à participação do atleta na partida, prova ou equivalente, quando realizada no final de semana;

- Inciso IV com redação determinada pela Lei 12.395/2011.

V – férias anuais remuneradas de 30 (trinta) dias, acrescidas do abono de férias, coincidentes com o recesso das atividades desportivas;

- Inciso V acrescentado pela Lei 12.395/2011.

VI – jornada de trabalho desportiva normal de 44 (quarenta e quatro) horas semanais.

- Inciso VI acrescentado pela Lei 12.395/2011.

§ 5º O vínculo desportivo do atleta com a entidade de prática desportiva contratante constitui-se com o registro do contrato especial de trabalho desportivo na entidade de administração do desporto, tendo natureza acessória ao respectivo vínculo empregatício, dissolvendo-se, para todos os efeitos legais:

- § 5º com redação determinada pela Lei 12.395/2011.

I – com o término da vigência do contrato ou o seu distrato;

- Inciso I acrescentado pela Lei 12.395/2011.

Profissões

II – com o pagamento da cláusula indenizatória desportiva ou da cláusula compensatória desportiva;

- Inciso II acrescentado pela Lei 12.395/2011.

III – com a rescisão decorrente do inadimplemento salarial, de responsabilidade da entidade de prática desportiva empregadora, nos termos desta Lei;

- Inciso III acrescentado pela Lei 12.395/2011.

IV – com a rescisão indireta, nas demais hipóteses previstas na legislação trabalhista; e

- Inciso IV acrescentado pela Lei 12.395/2011.

V – com a dispensa imotivada do atleta.

- Inciso V acrescentado pela Lei 12.395/2011.

§ 6º *(Revogado pela Lei 10.672/2003.)*

§ 7º A entidade de prática desportiva poderá suspender o contrato especial de trabalho desportivo do atleta profissional, ficando dispensada do pagamento da remuneração nesse período, quando o atleta for impedido de atuar, por prazo ininterrupto superior a 90 (noventa) dias, em decorrência de ato ou evento de sua exclusiva responsabilidade, desvinculado da atividade profissional, conforme previsto no referido contrato.

- § 7º com redação determinada pela Lei 12.395/2011.

§ 8º O contrato especial de trabalho desportivo deverá conter cláusula expressa reguladora de sua prorrogação automática na ocorrência da hipótese prevista no § 7º deste artigo.

- § 8º acrescentado pela Lei 12.395/2011.

§ 9º Quando o contrato especial de trabalho desportivo for por prazo inferior a 12 (doze) meses, o atleta profissional terá direito, por ocasião da rescisão contratual por culpa da entidade de prática desportiva empregadora, a tantos doze avos da remuneração mensal quantos forem os meses da vigência do contrato, referentes a férias, abono de férias e 13º (décimo terceiro) salário.

- § 9º acrescentado pela Lei 12.395/2011.

§ 10. Não se aplicam ao contrato especial de trabalho desportivo os arts. 479 e 480 da Consolidação das Leis do Trabalho – CLT, aprovada pelo Decreto-Lei 5.452, de 1º de maio de 1943.

- § 10 acrescentado pela Lei 12.395/2011.

Art. 28-A. Caracteriza-se como autônomo o atleta maior de 16 (dezesseis) anos que não mantém relação empregatícia com entidade de prática desportiva, auferindo rendimentos por conta e por meio de contrato de natureza civil.

- Artigo acrescentado pela Lei 12.395/2011.

§ 1º O vínculo desportivo do atleta autônomo com a entidade de prática desportiva resulta de inscrição para participar de competição e não implica reconhecimento de relação empregatícia.

§ 2º A filiação ou a vinculação de atleta autônomo a entidade de administração ou a sua integração a delegações brasileiras partícipes de competições internacionais não caracteriza vínculo empregatício.

§ 3º O disposto neste artigo não se aplica às modalidades desportivas coletivas.

Art. 29. A entidade de prática desportiva formadora do atleta terá o direito de assinar com ele, a partir de 16 (dezesseis) anos de idade, o primeiro contrato especial de trabalho desportivo, cujo prazo não poderá ser superior a 5 (cinco) anos.

- *Caput* com redação determinada pela Lei 12.395/2011.

Parágrafo único. *(Vetado.)*

- A Lei 9.981/2000 nada mencionou sobre a renumeração deste parágrafo.

§ 2º É considerada formadora de atleta a entidade de prática desportiva que:

- § 2º com redação determinada pela Lei 12.395/ 2011.

I – forneça aos atletas programas de treinamento nas categorias de base e complementação educacional; e

- Inciso I acrescentado pela Lei 12.395/2011.

II – satisfaça cumulativamente os seguintes requisitos:

- Inciso II acrescentado pela Lei 12.395/2011.

a) estar o atleta em formação inscrito por ela na respectiva entidade regional de administração do desporto há, pelo menos, 1 (um) ano;

- Alínea *a* acrescentada pela Lei 12.395/2011.

b) comprovar que, efetivamente, o atleta em formação está inscrito em competições oficiais;

- Alínea *b* acrescentada pela Lei 12.395/2011.

c) garantir assistência educacional, psicológica, médica e odontológica, assim como alimentação, transporte e convivência familiar;

- Alínea *c* acrescentada pela Lei 12.395/2011.

d) manter alojamento e instalações desportivas adequados, sobretudo em matéria de alimentação, higiene, segurança e salubridade;

- Alínea *d* acrescentada pela Lei 12.395/2011.

e) manter corpo de profissionais especializados em formação técnico desportiva;

- Alínea *e* acrescentada pela Lei 12.395/2011.

f) ajustar o tempo destinado à efetiva atividade de formação do atleta, não superior a 4 (quatro) horas por dia, aos horários do currículo escolar ou de curso profissionalizante, além de propiciar-lhe a matrícula escolar, com exigência de frequência e satisfatório aproveitamento;

- Alínea *f* acrescentada pela Lei 12.395/2011.

g) ser a formação do atleta gratuita e a expensas da entidade de prática desportiva;

- Alínea *g* acrescentada pela Lei 12.395/2011.

h) comprovar que participa anualmente de competições organizadas por entidade de administração do desporto em, pelo menos, 2 (duas) categorias da respectiva modalidade desportiva; e

- Alínea *h* acrescentada pela Lei 12.395/2011.

i) garantir que o período de seleção não coincida com os horários escolares.

- Alínea *i* acrescentada pela Lei 12.395/2011.

§ 3º A entidade nacional de administração do desporto certificará como entidade de prática desportiva formadora aquela que comprovadamente preencha os requisitos estabelecidos nesta Lei.

- § 3º com redação determinada pela Lei 12.395/2011.

§ 4º O atleta não profissional em formação, maior de quatorze e menor de vinte anos de idade, poderá receber auxílio financeiro da entidade de prática desportiva formadora, sob a forma de bolsa de aprendizagem livremente pactuada mediante contrato formal, sem que seja gerado vínculo empregatício entre as partes.

- § 4º acrescentado pela Lei 10.672/2003.

§ 5º A entidade de prática desportiva formadora fará jus a valor indenizatório se ficar impossibilitada de assinar o primeiro contrato especial de trabalho desportivo por oposição do atleta, ou quando ele se vincular, sob qualquer forma, a outra entidade de prática desportiva, sem autorização expressa da entidade de prática desportiva formadora, atendidas as seguintes condições:

- § 5º com redação determinada pela Lei 12.395/2011.

I – o atleta deverá estar regularmente registrado e não pode ter sido desligado da entidade de prática desportiva formadora;

- Inciso I acrescentado pela Lei 12.395/2011.

II – a indenização será limitada ao montante correspondente a 200 (duzentas) vezes os gastos comprovadamente efetuados com a formação do atleta, especificados no contrato de que trata o § 4º deste artigo;

- Inciso II acrescentado pela Lei 12.395/2011.

III – o pagamento do valor indenizatório somente poderá ser efetuado por outra entidade de prática desportiva e deverá ser efetivado diretamente à entidade de prática desportiva formadora no prazo máximo de 15 (quinze) dias, contados da data da vinculação do atleta à nova entidade de prática desportiva, para efeito de permitir novo registro em entidade de administração do desporto.

- Inciso III acrescentado pela Lei 12.395/2011.

§ 6º O contrato de formação desportiva a que se refere o § 4º deste artigo deverá incluir obrigatoriamente:

- § 6º com redação determinada pela Lei 12.395/2011.

I – identificação das partes e dos seus representantes legais;

- Inciso I com redação determinada pela Lei 12.395/2011.

II – duração do contrato;

- Inciso II com redação determinada pela Lei 12.395/2011.

III – direitos e deveres das partes contratantes, inclusive garantia de seguro de vida e de acidentes pessoais para cobrir as atividades do atleta contratado; e

- Inciso III com redação determinada pela Lei 12.395/2011.

IV – especificação dos itens de gasto para fins de cálculo da indenização com a formação desportiva.

- Inciso IV com redação determinada pela Lei 12.395/2011.

§ 7º A entidade de prática desportiva formadora e detentora do primeiro contrato especial de trabalho desportivo com o atleta por ela profissionalizado terá o direito de preferência para a primeira renovação deste contrato, cujo prazo não poderá ser superior a 3 (três) anos, salvo se para equiparação de proposta de terceiro.

- § 7º com redação determinada pela Lei 12.395/2011.

I a V – *(Revogados pela Lei 12.395/2011.)*

§ 8º Para assegurar seu direito de preferência, a entidade de prática desportiva formadora e detentora do primeiro contrato especial de trabalho desportivo deverá apresentar, até 45 (quarenta e cinco) dias antes do término do contrato em curso, proposta ao atleta, de cujo teor deverá ser cientificada a correspondente entidade regional de administração do desporto, indicando as novas condições contratuais e os salários ofertados, devendo o atleta apresentar resposta à entidade de prática desportiva formadora, de cujo teor deverá ser notificada a referida entidade de administração, no prazo de 15 (quinze) dias contados da data do recebimento da proposta, sob pena de aceitação tácita.

- § 8º acrescentado pela Lei 12.395/2011.

§ 9º Na hipótese de outra entidade de prática desportiva resolver oferecer proposta mais vantajosa a atleta vinculado à entidade de prática desportiva que o formou, deve-se observar o seguinte:

- § 9º acrescentado pela Lei 12.395/2011.

I – a entidade proponente deverá apresentar à entidade de prática desportiva formadora proposta, fazendo dela constar todas as condições remuneratórias;

II – a entidade proponente deverá dar conhecimento da proposta à correspondente entidade regional de administração; e

III – a entidade de prática desportiva formadora poderá, no prazo máximo de 15 (quinze) dias, a contar do recebimento da proposta, comunicar se exercerá o direito de preferência de que trata o § 7º, nas mesmas condições oferecidas.

§ 10. A entidade de administração do desporto deverá publicar o recebimento das propostas de que tratam os §§ 7º e 8º, nos seus meios oficiais de divulgação, no prazo de 5 (cinco) dias contados da data do recebimento.

- § 10 acrescentado pela Lei 12.395/2011.

§ 11. Caso a entidade de prática desportiva formadora oferte as mesmas condições, e, ainda assim, o atleta se oponha a renovação do primeiro contrato especial de trabalho desportivo, ela poderá exigir da nova entidade de prática desportiva contratante o valor indenizatório correspondente a, no máximo, 200 (duzentas) vezes o valor do salário mensal constante da proposta.

- § 11 acrescentado pela Lei 12.395/2011.

§ 12. A contratação do atleta em formação será feita diretamente pela entidade de prática desportiva formadora, sendo vedada a sua realização por meio de terceiros.

- § 12 acrescentado pela Lei 12.395/2011.

§ 13. A entidade de prática desportiva formadora deverá registrar o contrato de formação desportiva do atleta em formação na entidade de administração da respectiva modalidade desportiva.

- § 13 acrescentado pela Lei 12.395/2011.

Art. 29-A. Sempre que ocorrer transferência nacional, definitiva ou temporária, de atleta profissional, até 5% (cinco por cento) do valor pago pela nova entidade de prática desportiva serão obrigatoriamente distribuídos entre as entidades de práticas desportivas que contribuíram para a formação do atleta, na proporção de:

- Artigo acrescentado pela Lei 12.395/2011.

I – 1% (um por cento) para cada ano de formação do atleta, dos 14 (quatorze) aos 17 (dezessete) anos de idade, inclusive; e

II – 0,5% (meio por cento) para cada ano de formação, dos 18 (dezoito) aos 19 (dezenove) anos de idade, inclusive.

§ 1º Caberá à entidade de prática desportiva cessionária do atleta reter do valor a ser pago à entidade de prática desportiva cedente 5% (cinco por cento) do valor acordado para a transferência, distribuindo-os às entidades de prática desportiva que contribuíram para a formação do atleta.

§ 2º Como exceção à regra estabelecida no § 1º deste artigo, caso o atleta se desvincule da entidade de prática desportiva de forma unilateral, mediante pagamento da cláusula indenizatória desportiva prevista no inciso I do art. 28 desta Lei, caberá à entidade de prática desportiva que recebeu a cláusula indenizatória desportiva distribuir 5% (cinco por cento) de tal montante às entidades de prática desportiva responsáveis pela formação do atleta.

§ 3º O percentual devido às entidades de prática desportiva formadoras do atleta deverá ser calculado sempre de acordo com certidão a ser fornecida pela entidade nacional de administração do desporto, e os valores distribuídos proporcionalmente em até 30 (trinta) dias da efetiva transferência, cabendo-lhe exigir o cumprimento do que dispõe este parágrafo.

Art. 30. O contrato de trabalho do atleta profissional terá prazo determinado, com vigência nunca inferior a três meses nem superior a cinco anos.

- *Caput* com redação determinada pela Lei 9.981/2000.

Parágrafo único. Não se aplica ao contrato especial de trabalho desportivo do atleta profissional o disposto nos arts. 445 e 451 da Consolidação das Leis do Trabalho – CLT, aprovada pelo Decreto-Lei 5.452, de 1º de maio de 1943.

- Parágrafo único com redação determinada pela Lei 12.395/2011.

Art. 31. A entidade de prática desportiva empregadora que estiver com pagamento de salário ou de contrato de direito de imagem de atleta profissional em atraso, no todo ou em parte, por período igual ou superior a três meses, terá o contrato especial de trabalho desportivo daquele atleta rescindido, ficando o atleta livre para transferir-se para qualquer outra entidade de prática desportiva de mesma modalidade, nacional ou internacional, e exigir a cláusula compensatória desportiva e os haveres devidos.

- *Caput* com redação determinada pela Lei 13.155/2015.

§ 1º São entendidos como salário, para efeitos do previsto no *caput*, o abono de férias, o décimo terceiro salário, as gratificações, os prêmios e demais verbas inclusas no contrato de trabalho.

§ 2º A mora contumaz será considerada também pelo não recolhimento do FGTS e das contribuições previdenciárias.

§ 3º *(Revogado pela Lei 12.395/2011.)*

§ 4º *(Vetado.)*

- § 4º acrescentado pela Lei 10.672/2003.

§ 5º O atleta com contrato especial de trabalho desportivo rescindido na forma do *caput* fica autorizado a transferir-se para outra entidade de prática desportiva, inclusive da mesma divisão, independentemente do número de partidas das quais tenha participado na competição, bem como a disputar a competição que estiver em andamento por ocasião da rescisão contratual.

- § 5º acrescentado pela Lei 13.155/2015.

Art. 32. É lícito ao atleta profissional recusar competir por entidade de prática desportiva quando seus salários, no todo ou em parte, estiverem atrasados em dois ou mais meses.

Art. 33. *(Revogado pela Lei 12.395/2011.)*

Art. 34. São deveres da entidade de prática desportiva empregadora, em especial:

- *Caput* com redação determinada pela Lei 9.981/2000.

I – registrar o contrato especial de trabalho desportivo do atleta profissional na entidade de administração da respectiva modalidade desportiva;

- Inciso I com redação determinada pela Lei 12.395/2011.

II – proporcionar aos atletas profissionais as condições necessárias à participação nas competições desportivas, treinos e outras atividades preparatórias ou instrumentais;

- Inciso II com redação determinada pela Lei 9.981/2000.

III – submeter os atletas profissionais aos exames médicos e clínicos necessários à prática desportiva.

• Inciso III com redação determinada pela Lei 9.981/2000.

Art. 35. São deveres do atleta profissional, em especial:

• Artigo com redação determinada pela Lei 9.981/2000.

I – participar dos jogos, treinos, estágios e outras sessões preparatórias de competições com a aplicação e dedicação correspondentes às suas condições psicofísicas e técnicas;

II – preservar as condições físicas que lhes permitam participar das competições desportivas, submetendo-se aos exames médicos e tratamentos clínicos necessários à prática desportiva;

III – exercitar a atividade desportiva profissional de acordo com as regras da respectiva modalidade desportiva e as normas que regem a disciplina e a ética desportivas.

Arts. 36 e 37. *(Revogados pela Lei 9.981/2000.)*

Art. 38. Qualquer cessão ou transferência de atleta profissional ou não-profissional depende de sua formal e expressa anuência.

• Artigo com redação determinada pela Lei 9.981/2000.

Art. 39. O atleta cedido temporariamente a outra entidade de prática desportiva que tiver os salários em atraso, no todo ou em parte, por mais de 2 (dois) meses, notificará a entidade de prática desportiva cedente para, querendo, purgar a mora, no prazo de 15 (quinze) dias, não se aplicando, nesse caso, o disposto no *caput* do art. 31 desta Lei.

• Artigo com redação determinada pela Lei 12.395/2011.

§ 1º O não pagamento ao atleta de salário e contribuições previstas em lei por parte da entidade de prática desportiva cessionária, por 2 (dois) meses, implicará a rescisão do contrato de empréstimo e a incidência da cláusula compensatória desportiva nele prevista, a ser paga ao atleta pela entidade de prática desportiva cessionária.

§ 2º Ocorrendo a rescisão mencionada no § 1º deste artigo, o atleta deverá retornar à entidade de prática desportiva cedente para cumprir o antigo contrato especial de trabalho desportivo.

Art. 40. Na cessão ou transferência de atleta profissional para entidade de prática desportiva estrangeira observar-se-ão as instruções expedidas pela entidade nacional de título.

§ 1º As condições para transferência do atleta profissional para o exterior deverão integrar obrigatoriamente os contratos de trabalho entre o atleta e a entidade de prática desportiva brasileira que o contratou.

• Primitivo parágrafo único renumerado pela Lei 10.672/2003.

§ 2º O valor da cláusula indenizatória desportiva internacional originalmente pactuada entre o atleta e a entidade de prática desportiva cedente, independentemente do pagamento da cláusula indenizatória desportiva nacional, será devido a esta pela entidade de prática desportiva cessionária caso esta venha a concretizar transferência internacional do mesmo atleta, em prazo inferior a 3 (três) meses, caracterizando o conluio com a entidade de prática desportiva estrangeira.

• § 2º com redação determinada pela Lei 12.395/2011.

Art. 41. A participação de atletas profissionais em seleções será estabelecida na forma como acordarem a entidade de administração convocante e a entidade de prática desportiva cedente.

§ 1º A entidade convocadora indenizará a cedente dos encargos previstos no contrato de trabalho, pelo período em que durar a convocação do atleta, sem prejuízo de eventuais ajustes celebrados entre este e a entidade convocadora.

§ 2º O período de convocação estender-se-á até a reintegração do atleta à entidade que o cedeu, apto a exercer sua atividade.

Art. 42. Pertence às entidades de prática desportiva o direito de arena, consistente na prerrogativa exclusiva de negociar, autorizar ou proibir a captação, a fixação, a emissão, a transmissão, a retransmissão ou a reprodução de imagens, por qualquer meio ou processo, de espetáculo desportivo de que participem.

• *Caput* com redação determinada pela Lei 12.395/2011.

§ 1º Salvo convenção coletiva de trabalho em contrário, 5% (cinco por cento) da receita proveniente da exploração de direitos desportivos audiovisuais serão repassados aos sindicatos de atletas profissionais, e estes distribuirão, em partes iguais, aos atletas profissionais participantes do espetáculo, como parcela de natureza civil.

• § 1º com redação determinada pela Lei 12.395/2011.

§ 1º-A *(Vetado.)*

• § 1º-A acrescentado pela Lei 13.155/2015.

§ 2º O disposto neste artigo não se aplica à exibição de flagrantes de espetáculo ou evento desportivo para fins exclusivamente jornalísticos, desportivos ou educativos ou para a captação de apostas legalmente autorizadas, respeitadas as seguintes condições:

• § 2º com redação determinada pela Lei 13.155/2015.

I – a captação das imagens para a exibição de flagrante de espetáculo ou evento desportivo dar-se-á em locais reservados, nos estádios e ginásios, para não detentores de direitos ou, caso não disponíveis, mediante o fornecimento das imagens pelo detentor de direitos locais para a respectiva mídia;

• Inciso I acrescentado pela Lei 12.395/2011.

II – a duração de todas as imagens do flagrante do espetáculo ou evento desportivo exibidas não poderá exceder 3% (três por cento) do total do tempo de espetáculo ou evento;

• Inciso II acrescentado pela Lei 12.395/2011.

III – é proibida a associação das imagens exibidas com base neste artigo a qualquer forma de patrocínio, propaganda ou promoção comercial.

• Inciso III acrescentado pela Lei 12.395/2011.

§ 3º O espectador pagante, por qualquer meio, de espetáculo ou evento desportivo equipara-se, para todos os efeitos legais, ao consumidor, nos termos do art. 2º da Lei 8.078, de 11 de setembro de 1990.

Art. 43. É vedada a participação em competições desportivas profissionais de atletas não-profissionais com idade superior a vinte anos.

• Artigo com redação determinada pela Lei 9.981/2000.

Art. 44. É vedada a prática do profissionalismo, em qualquer modalidade, quando se tratar de:

I – desporto educacional, seja nos estabelecimentos escolares de 1º e 2º graus ou superiores;

II – desporto militar;

III – menores até a idade de dezesseis anos completos.

Art. 45. As entidades de prática desportiva são obrigadas a contratar seguro de vida e de acidentes pessoais, vinculado à atividade desportiva, para os atletas profissionais, com o objetivo de cobrir os riscos a que eles estão sujeitos.

• *Caput* com redação determinada pela Lei 12.395/2011.

§ 1º A importância segurada deve garantir ao atleta profissional, ou ao beneficiário por ele indicado no contrato de seguro, o direito a indenização mínima correspondente ao valor anual da remuneração pactuada.

• Primitivo parágrafo único renumerado e com redação determinada pela Lei 12.395/2011.

§ 2º A entidade de prática desportiva é responsável pelas despesas médico-hospitalares e de medicamentos necessários ao restabelecimento do atleta enquanto a seguradora não fizer o pagamento da indenização a que se refere o § 1º deste artigo.

• § 2º acrescentado pela Lei 12.395/2011.

Art. 46. Ao estrangeiro atleta profissional de modalidade desportiva, referido no inciso V do art. 13 da Lei 6.815, de 19 de agosto de 1980, poderá ser concedido visto, observadas as exigências da legislação específica, por prazo não excedente a 5 (cinco) anos e correspondente à duração fixada no respectivo contrato especial de trabalho desportivo, permitida uma única renovação.

• *Caput* com redação determinada pela Lei 12.395/2011.

§ 1º É vedada a participação de atleta de nacionalidade estrangeira como integrante de equipe de competição de entidade de prática desportiva nacional nos campeonatos oficiais quando o visto de trabalho temporário recair na hipótese do inciso III do art. 13 da Lei 6.815, de 19 de agosto de 1980.

- § 1º com redação determinada pela Lei 12.395/2011.

§ 2º A entidade de administração do desporto será obrigada a exigir da entidade de prática desportiva o comprovante do visto de trabalho do atleta de nacionalidade estrangeira fornecido pelo Ministério do Trabalho e Emprego, sob pena de cancelamento da inscrição desportiva.

- § 2º com redação determinada pela Lei 12.395/2011.

Art. 46-A. As ligas desportivas, as entidades de administração de desporto e as de prática desportiva envolvidas em qualquer competição de atletas profissionais, independentemente da forma jurídica adotada, ficam obrigadas a:

- *Caput* acrescentado pela Lei 10.672/2003.

I – elaborar suas demonstrações financeiras, separadamente por atividade econômica, de modo distinto das atividades recreativas e sociais, nos termos da lei e de acordo com os padrões e critérios estabelecidos pelo Conselho Federal de Contabilidade, e, após terem sido submetidas a auditoria independente, providenciar sua publicação, até o último dia útil do mês de abril do ano subsequente, por período não inferior a 3 (três) meses, em sítio eletrônico próprio e da respectiva entidade de administração ou liga desportiva;

- Inciso I com redação determinada pela Lei 12.395/2011.

II – apresentar suas contas juntamente com os relatórios da auditoria de que trata o inciso I ao Conselho Nacional do Esporte – CNE, sempre que forem beneficiárias de recursos públicos, na forma do regulamento.

- Inciso II acrescentado pela Lei 10.672/2003.

§ 1º Sem prejuízo da aplicação das penalidades previstas na legislação tributária, trabalhista, previdenciária, cambial, e das conseqüentes responsabilidades civil e penal, a infringência a este artigo implicará:

- § 1º acrescentado pela Lei 10.672/2003.

I – para as entidades de administração do desporto e ligas desportivas, a inelegibilidade, por dez anos, de seus dirigentes para o desempenho de cargos ou funções eletivas ou de livre nomeação, em quaisquer das entidades ou órgãos referidos no parágrafo único do art. 13 desta Lei;

II – para as entidades de prática desportiva, a inelegibilidade, por cinco anos, de seus dirigentes para cargos ou funções eletivas ou de livre nomeação em qualquer entidade ou empresa direta ou indiretamente vinculada às competições profissionais da respectiva modalidade desportiva.

§ 2º As entidades que violarem o disposto neste artigo ficam ainda sujeitas:

- § 2º acrescentado pela Lei 10.672/2003.

I – ao afastamento de seus dirigentes; e

- Inciso I acrescentado pela Lei 10.672/2003.

II – à nulidade de todos os atos praticados por seus dirigentes em nome da entidade, após a prática da infração, respeitado o direito de terceiros de boa-fé.

- Inciso II com redação determinada pela Lei 12.395/2011.

§ 3º Os dirigentes de que trata o § 2º serão sempre:

- § 3º acrescentado pela Lei 10.672/2003.

I – o presidente da entidade, ou aquele que lhe faça as vezes; e

II – o dirigente que praticou a infração ainda que por omissão.

§ 4º *(Vetado.)*

- § 4º acrescentado pela Lei 10.672/2003.

[...]

Capítulo VIII
Dos Recursos para o Desporto

[...]

Art. 57. Constituirão recursos para a assistência social e educacional aos atletas profissionais, aos ex-atletas e aos atletas em formação os recolhidos:

- *Caput* com redação determinada pela Lei 12.395/2011.

I – diretamente para a federação das associações de atletas profissionais – FAAP, equivalentes a:

- Inciso I com redação determinada pela Lei 12.395/ 2011.

a) 0,5% (cinco décimos por cento) do valor correspondente à parcela ou parcelas que compõem o salário mensal, nos termos do contrato do atleta profissional pertencente ao Sistema Brasileiro do Desporto, a serem pagos mensalmente pela entidade de prática desportiva contratante; e

- Alínea *a* acrescentada pela Lei 12.395/2011.

b) 0,8% (oito décimos por cento) do valor correspondente às transferências nacionais e internacionais, a serem pagos pela entidade de prática desportiva cedente; e

- Alínea *b* acrescentada pela Lei 12.395/2011.

II – diretamente para a Federação Nacional dos Atletas Profissionais de Futebol – FENAPAF, equivalentes a 0,2% (dois décimos por cento) do valor correspondente às transferências nacionais e internacionais de atletas da modalidade de futebol, a serem pagos no ato do recebimento pela entidade de prática desportiva cedente;

- Inciso II com redação determinada pela Lei 12.395/2011.

III – *(Revogado pela Lei 12.395/2011.)*

IV – *(Revogado pela Lei 12.395/2011.)*

§ 1º A entidade responsável pelo registro de transferências de atleta profissional de entidade de prática desportiva para outra deverá exigir, sob pena de sua não efetivação, além dos documentos necessários, o comprovante do recolhimento dos valores fixados neste artigo.

- § 1º acrescentado pela Lei 12.395/2011.

§ 2º Os recursos de que trata este artigo serão integralmente aplicados em conformidade com programa de assistência social e educacional, previamente aprovado pelas entidades de que tratam os incisos I e II deste artigo, nos termos dos seus estatutos.

- § 2º acrescentado pela Lei 12.395/2011.

Art. 58. *(Vetado.)*

[...]

Capítulo X
Disposições Gerais

Art. 82. Os dirigentes, unidades ou órgãos de entidades de administração do desporto, inscritas ou não no registro de comércio, não exercem função delegada pelo Poder Público, nem são consideradas autoridades públicas para os efeitos desta Lei.

Art. 82-A. As entidades de prática desportiva de participação ou de rendimento, profissional ou não profissional, promoverão obrigatoriamente exames periódicos para avaliar a saúde dos atletas, nos termos da regulamentação.

- Artigo acrescentado pela Lei 12.346/2010.

Art. 82-B. São obrigadas a contratar seguro de vida e de acidentes pessoais, vinculado à atividade desportiva, com o objetivo de cobrir os riscos a que os atletas estão sujeitos:

- Caput do artigo acrescentado pela Lei 13.155/2015.

I – as entidades de prática desportiva que mantenham equipes de treinamento de atletas não profissionais de modalidades olímpicas ou paraolímpicas, para os atletas não profissionais a ela vinculados;

- Inciso I acrescentado pela Lei 13.155/2015.

II – as entidades de administração do desporto nacionais, no caso de:

- Inciso II acrescentado pela Lei 13.155/2015.

a) competições ou partidas internacionais em que atletas não profissionais de modalidades olímpicas ou paraolímpicas estejam representando selecionado nacional;

b) competições nacionais de modalidades olímpicas ou paraolímpicas, para os atletas não profissionais não vinculados a nenhuma entidade de prática desportiva.

§ 1º A importância segurada deve garantir ao atleta não profissional, ou ao beneficiário por ele indicado no contrato de seguro, o direito a indenização mínima correspondente a doze vezes o valor do salário mínimo vigente ou a doze vezes o valor de contrato de imagem ou de patrocínio referentes a sua atividade desportiva, o que for maior.

- § 1º acrescentado pela Lei 13.155/2015.

§ 2º A entidade de prática desportiva é responsável pelas despesas médico-hospitalares e de medicamentos necessários ao restabelecimento do atleta enquanto a seguradora não fizer o pagamento da indenização a que se refere o § 1º deste artigo.

• § 2º acrescentado pela Lei 13.155/2015.

§ 3º As despesas com seguro a que se refere o inciso II do *caput* deste artigo serão custeadas, conforme a hipótese, com recursos oriundos da exploração de loteria destinados ao COB, ao CPB, ao CBC, à CBDE e à CBDU.

• § 3º com redação determinada pela Lei 13.756/2018.

• **Redação anterior determinada pela MP 841/2018 (*DOU* 12.06.2018), que alterava este dispositivo, vigeu entre 12.06.2018 e 23.10.2018 e teve seu prazo de vigência encerrado pelo Ato Declaratório CN 64/2018 (*DOU* 25.10.2018): "§ 3º As despesas com o seguro a que se refere o inciso II do caput serão custeadas com os recursos oriundos de exploração de loteria destinados ao Ministério do Esporte."**

Art. 83. As entidades desportivas internacionais com sede permanente ou temporária no País receberão dos poderes públicos o mesmo tratamento dispensado às entidades nacionais de administração do desporto.

Art. 84. Será considerado como efetivo exercício, para todos os efeitos legais, o período em que o atleta servidor público civil ou militar, da Administração Pública direta, indireta, autárquica ou fundacional, estiver convocado para integrar representação nacional em treinamento ou competição desportiva no País ou no exterior.

• *Caput* com redação determinada pela Lei 9.981/2000.

§ 1º O período de convocação será definido pela entidade nacional de administração da respectiva modalidade desportiva, cabendo a esta ou aos Comitês Olímpico ou Paraolímpico Brasileiros fazer a devida comunicação e solicitar ao Ministério do Esporte a competente liberação do afastamento do atleta, árbitro e assistente, cabendo ao referido Ministério comunicar a ocorrência ao órgão de origem do servidor ou militar.

• § 1º com redação determinada pela Lei 12.395/2011.

§ 2º O disposto neste artigo aplica-se, também, aos profissionais especializados e dirigentes, quando indispensáveis à composição da delegação.

Art. 84-A. Todos os jogos das seleções brasileiras de futebol, em competições oficiais, deverão ser exibidos, pelo menos, em uma rede nacional de televisão aberta, com transmissão ao vivo, inclusive para as cidades brasileiras nas quais os mesmos estejam sendo realizados.

• Artigo acrescentado pela Lei 9.981/2000.

Parágrafo único. As empresas de televisão de comum acordo, ou por rodízio, ou por arbitramento, resolverão como cumprir o disposto neste artigo, caso nenhuma delas se interesse pela transmissão. O órgão competente fará o arbitramento.

Art. 85. Os sistemas de ensino da União, dos Estados, do Distrito Federal e dos Municípios, bem como as instituições de ensino superior, definirão normas específicas para verificação do rendimento e o controle de freqüência dos estudantes que integrarem representação desportiva nacional, de forma a harmonizar a atividade desportiva com os interesses relacionados ao aproveitamento e à promoção escolar.

Art. 86. É instituído o Dia do Desporto, a ser comemorado no dia 23 de junho, Dia Mundial do Desporto Olímpico.

Art. 87. A denominação e os símbolos de entidade de administração do desporto ou prática desportiva, bem como o nomeou apelido desportivo do atleta profissional, são de propriedade exclusiva dos mesmos, contando com a proteção legal, válida para todo o território nacional, por tempo indeterminado, sem necessidade de registro ou averbação no órgão competente.

Parágrafo único. A garantia legal outorgada às entidades e aos atletas referidos neste artigo permite-lhes o uso comercial de sua denominação, símbolos, nomes e apelidos.

Art. 87-A. O direito ao uso da imagem do atleta pode ser por ele cedido ou explorado, mediante ajuste contratual de natureza civil e com fixação de direitos, deveres e condições inconfundíveis com o contrato especial de trabalho desportivo.

• *Caput* acrescentado pela Lei 12.395/2011.

Parágrafo único. Quando houver, por parte do atleta, a cessão de direitos ao uso de sua imagem para a entidade de prática desportiva detentora do contrato especial de trabalho desportivo, o valor correspondente ao uso da imagem não poderá ultrapassar 40% (quarenta por cento) da remuneração total paga ao atleta, composta pela soma do salário e dos valores pagos pelo direito ao uso da imagem.

• Parágrafo único acrescentado pela Lei 13.155/2015.

Art. 88. Os árbitros e auxiliares de arbitragem poderão constituir entidades nacionais, estaduais e do Distrito Federal, por modalidade desportiva ou grupo de modalidades, objetivando o recrutamento, a formação e a prestação de serviços às entidades de administração do desporto.

• *Caput* com redação determinada pela Lei 12.395/2011.

Parágrafo único. Independentemente da constituição de sociedade ou entidades, os árbitros e seus auxiliares não terão qualquer vínculo empregatício com as entidades desportivas diretivas onde atuarem, e sua remuneração como autônomos exonera tais entidades de quaisquer outras responsabilidades trabalhistas, securitárias e previdenciárias.

Art. 89. Em campeonatos ou torneios regulares com mais de uma divisão, as entidades de administração do desporto determinarão em seus regulamentos o princípio do acesso e do descenso, observado sempre o critério técnico.

Art. 89-A. As entidades responsáveis pela organização de competições desportivas profissionais deverão disponibilizar equipes para atendimento de emergências entre árbitros e atletas, nos termos da regulamentação.

• Artigo acrescentado pela Lei 12.346/2010 (DOU 10.12/2010), em vigor 180 (cento e oitenta) dias após sua publicação.

Art. 90. É vedado aos administradores e membros de conselho fiscal de entidade de prática desportiva o exercício de cargo ou função em entidade de administração do desporto.

Art. 90-A. *(Vetado.)*

• Artigo acrescentado pela Lei 10.672/2003.

Art. 90-B. *(Vetado.)*

• Artigo acrescentado pela Lei 10.672/2003.

Art. 90-C. As partes interessadas poderão valer-se da arbitragem para dirimir litígios relativos a direitos patrimoniais disponíveis, vedada a apreciação de matéria referente à disciplina e à competição desportiva.

• Artigo acrescentado pela Lei 12.395/2011.

Parágrafo único. A arbitragem deverá estar prevista em acordo ou convenção coletiva de trabalho e só poderá ser instituída após a concordância expressa de ambas as partes, mediante cláusula compromissória ou compromisso arbitral.

Art. 90-D. Os atletas profissionais poderão ser representados em juízo por suas entidades sindicais em ações relativas aos contratos especiais de trabalho desportivo mantidos com as entidades de prática desportiva.

• Artigo acrescentado pela Lei 12.395/2011.

Art. 90-E. O disposto no § 4º do art. 28 quando houver vínculo empregatício aplica-se aos integrantes da comissão técnica e da área de saúde.

• Artigo acrescentado pela Lei 12.395/2011.

Art. 90-F. Os profissionais credenciados pelas Associações de Cronistas Esportivos quando em serviço têm acesso a praças, estádios e ginásios desportivos em todo o território nacional, obrigando-se a ocupar locais a eles reservados pelas respectivas entidades de administração do desporto.

• Artigo acrescentado pela Lei 12.395/2011.

Capítulo XI
Disposições Transitórias

Art. 91. Até a edição dos Códigos da Justiça dos Desportos Profissionais e Não-Profissionais continuam em vigor os atuais Códigos, com as alterações constantes desta Lei.

Art. 92. Os atuais atletas profissionais de futebol, de qualquer idade, que, na data de entrada em vigor desta Lei, estiverem com passe livre, permanecerão nesta situação, e a rescisão de seus contratos de trabalho dar-se-á nos termos dos arts. 479 e 480 da CLT.

Art. 93. O disposto no art. 28, § 2º, desta Lei somente produzirá efeitos jurídicos a partir de 26 de março de 2001, respeitados os direitos adquiridos decorrentes dos contratos de trabalho e vínculos desportivos de atletas profissionais pactuados com base na legislação anterior.

- *Caput* com redação determinada pela Lei 9.981/2000.

Parágrafo único. *(Vetado.)*

- Parágrafo único acrescentado pela Lei 9.981/2000.

Art. 94. O disposto arts. 27, 27-A, 28, 29, 29-A, 30, 39, 43, 45 e § 1º do art. 41 desta Lei será obrigatório exclusivamente para atletas e entidades de prática profissional da modalidade de futebol.

- *Caput* com redação determinada pela Lei 12.395/2011.

Parágrafo único. É facultado às demais modalidades desportivas adotar os preceitos constantes dos dispositivos referidos no *caput* deste artigo.

- Parágrafo único com redação determinada pela Lei 9.981/2000.

Art. 94-A. O Poder Executivo regulamentará o disposto nesta Lei, inclusive a distribuição dos recursos, gradação das multas e os procedimentos de sua aplicação.

- Artigo acrescentado pela Lei 9.981/2000.

Art. 95. Esta Lei entra em vigor na data de sua publicação.

Art. 96. São revogados, a partir da vigência do disposto no § 2º do art. 28 desta Lei, os incisos II e V e os §§ 1º e 3º do art. 3º, os arts. 4º, 6º, 11 e 13, o § 2º do art. 15, o parágrafo único do art. 16 e os arts. 23 e 26 da Lei 6.354, de 2 de setembro de 1976; são revogadas, a partir da data de publicação desta Lei, as Leis 8.672, de 6 de julho de 1993, e 8.946, de 5 de dezembro de 1994.

Brasília, 24 de março de 1998; 177º da Independência e 110º da República.

Fernando Henrique Cardoso

(*DOU* 25.03.1998)

Bombeiro Civil

LEI 11.901, DE 12 DE JANEIRO DE 2009

Dispõe sobre a profissão de Bombeiro Civil e dá outras providências.

O Presidente da República:

Faço saber que o Congresso Nacional decreta e eu sanciono a seguinte Lei:

Art. 1º O exercício da profissão de Bombeiro Civil reger-se-á pelo disposto nesta Lei.

Art. 2º Considera-se Bombeiro Civil aquele que, habilitado nos termos desta Lei, exerça, em caráter habitual, função remunerada e exclusiva de prevenção e combate a incêndio, como empregado contratado diretamente por empresas privadas ou públicas, sociedades de economia mista, ou empresas especializadas em prestação de serviços de prevenção e combate a incêndio.

§ 1º *(Vetado.)*

§ 2º No atendimento a sinistros em que atuem, em conjunto, os Bombeiros Civis e o Corpo de Bombeiros Militar, a coordenação e a direção das ações caberão, com exclusividade e em qualquer hipótese, à corporação militar.

Art. 3º *(Vetado.)*

Art. 4º As funções de Bombeiro Civil são assim classificadas:

I – Bombeiro Civil, nível básico, combatente direto ou não do fogo;

II – Bombeiro Civil Líder, o formado como técnico em prevenção e combate a incêndio, em nível de ensino médio, comandante de guarnição em seu horário de trabalho;

III – Bombeiro Civil Mestre, o formado em engenharia com especialização em prevenção e combate a incêndio, responsável pelo Departamento de Prevenção e Combate a Incêndio.

Art. 5º A jornada do Bombeiro Civil é de 12 (doze) horas de trabalho por 36 (trinta e seis) horas de descanso, num total de 36 (trinta e seis) horas semanais.

Art. 6º É assegurado ao Bombeiro Civil:

I – uniforme especial a expensas do empregador;

II – seguro de vida em grupo, estipulado pelo empregador;

III – adicional de periculosidade de 30% (trinta por cento) do salário mensal sem os acréscimos resultantes de gratificações, prêmios ou participações nos lucros da empresa;

IV – o direito à reciclagem periódica.

Art. 7º *(Vetado.)*

Art. 8º As empresas especializadas e os cursos de formação de Bombeiro Civil, bem como os cursos técnicos de segundo grau de prevenção e combate a incêndio que infringirem as disposições desta Lei, ficarão sujeitos às seguintes penalidades:

I – advertência;

II – *(Vetado.)*

III – proibição temporária de funcionamento;

IV – cancelamento da autorização e registro para funcionar.

Art. 9º As empresas e demais entidades que se utilizem do serviço de Bombeiro Civil poderão firmar convênios com os Corpos de Bombeiros Militares dos Estados, dos Territórios e do Distrito Federal, para assistência técnica a seus profissionais.

Art. 10. *(Vetado.)*

Art. 11. Esta Lei entra em vigor na data de sua publicação.

Brasília, 12 de janeiro de 2009; 188º da Independência e 121º da República.

Luiz Inácio Lula da Silva

(*DOU* 13.01.2009)

Cabeleireiro, Barbeiro, Esteticista, Manicure, Pedicure, Depilador e Maquiador

LEI 12.592, DE 18 DE JANEIRO DE 2012

Dispõe sobre o exercício das atividades profissionais de Cabeleireiro, Barbeiro, Esteticista, Manicure, Pedicure, Depilador e Maquiador.

A Presidenta da República:

Faço saber que o Congresso Nacional decreta e eu sanciono a seguinte Lei:

Art. 1º É reconhecido, em todo o território nacional, o exercício das atividades profissionais de Cabeleireiro, Barbeiro, Esteticista, Manicure, Pedicure, Depilador e Maquiador, nos termos desta Lei.

Parágrafo único. Cabeleireiro, Barbeiro, Esteticista, Manicure, Pedicure, Depilador e Maquiador são profissionais que exercem atividades de higiene e embelezamento capilar, estético, facial e corporal dos indivíduos.

Art. 1º-A. Os salões de beleza poderão celebrar contratos de parceria, por escrito, nos termos definidos nesta Lei, com os profissionais que desempenham as atividades de Cabeleireiro, Barbeiro, Esteticista, Manicure, Pedicure, Depilador e Maquiador.

- Artigo acrescentado pela Lei 13.352/2016 (DOU 28.10.2016), em vigor após decorridos 90 (noventa) dias de sua publicação oficial.

§ 1º Os estabelecimentos e os profissionais de que trata o *caput*, ao atuarem nos termos desta Lei, serão denominados salão-parceiro e profissional-parceiro, respectivamente, para todos os efeitos jurídicos.

§ 2º O salão-parceiro será responsável pela centralização dos pagamentos e recebimentos decorrentes das atividades de prestação de serviços de beleza realizadas pelo profissional-parceiro na forma da parceria prevista no *caput*.

§ 3º O salão-parceiro realizará a retenção de sua cota-parte percentual, fixada no contrato de parceria, bem como dos valores de recolhimento de tributos e contribuições sociais e previdenciárias devidos pelo profissional-parceiro incidentes sobre a cota-parte que a este couber na parceria.

§ 4º A cota-parte retida pelo salão-parceiro ocorrerá a título de atividade de aluguel de bens móveis e de utensílios para o desempenho das atividades de serviços de beleza e/ou a título de serviços de gestão, de apoio administrativo, de escritório, de cobrança e de recebimentos de valores transitórios recebidos de clientes das atividades de serviços de beleza, e a cota-parte destinada ao profissional-parceiro ocorrerá a título de atividades de prestação de serviços de beleza.

§ 5º A cota-parte destinada ao profissional-parceiro não será considerada para o cômputo da receita bruta do salão-parceiro ainda que adotado sistema de emissão de nota fiscal unificada ao consumidor.

§ 6º O profissional-parceiro não poderá assumir as responsabilidades e obrigações decorrentes da administração da pessoa jurídica do salão-parceiro, de ordem contábil, fiscal, trabalhista e previdenciária incidentes, ou quaisquer outras relativas ao funcionamento do negócio.

§ 7º Os profissionais-parceiros poderão ser qualificados, perante as autoridades fazendárias, como pequenos empresários, microempresários ou microempreendedores individuais.

§ 8º O contrato de parceria de que trata esta Lei será firmado entre as partes, mediante ato escrito, homologado pelo sindicato da categoria profissional e laboral e, na ausência desses, pelo órgão local competente do Ministério do Trabalho e Emprego, perante duas testemunhas.

§ 9º O profissional-parceiro, mesmo que inscrito como pessoa jurídica, será assistido pelo seu sindicato de categoria profissional e, na ausência deste, pelo órgão local competente do Ministério do Trabalho e Emprego.

§ 10. São cláusulas obrigatórias do contrato de parceria, de que trata esta Lei, as que estabeleçam:

I – percentual das retenções pelo salão-parceiro dos valores recebidos por cada serviço prestado pelo profissional-parceiro;

II – obrigação, por parte do salão-parceiro, de retenção e de recolhimento dos tributos e contribuições sociais e previdenciárias devidos pelo profissional-parceiro em decorrência da atividade deste na parceria;

III – condições e periodicidade do pagamento do profissional-parceiro, por tipo de serviço oferecido;

IV – direitos do profissional-parceiro quanto ao uso de bens materiais necessários ao desempenho das atividades profissionais, bem como sobre o acesso e circulação nas dependências do estabelecimento;

V – possibilidade de rescisão unilateral do contrato, no caso de não subsistir interesse na sua continuidade, mediante aviso prévio de, no mínimo, trinta dias;

VI – responsabilidades de ambas as partes com a manutenção e higiene de materiais e equipamentos, das condições de funcionamento do negócio e do bom atendimento dos clientes;

VII – obrigação, por parte do profissional-parceiro, de manutenção da regularidade de sua inscrição perante as autoridades fazendárias.

§ 11. O profissional-parceiro não terá relação de emprego ou de sociedade com o salão-parceiro enquanto perdurar a relação de parceria tratada nesta Lei.

Art. 1º-B. Cabem ao salão-parceiro a preservação e a manutenção das adequadas condições de trabalho do profissional-parceiro, especialmente quanto aos seus equipamentos e instalações, possibilitando as condições adequadas ao cumprimento das normas de segurança e saúde estabelecidas no art. 4º desta Lei.

- Artigo acrescentado pela Lei 13.352/2016 (DOU 28.10.2016), em vigor após decorridos 90 (noventa) dias de sua publicação oficial.

Art. 1º-C. Configurar-se-á vínculo empregatício entre a pessoa jurídica do salão-parceiro e o profissional-parceiro quando:

- Artigo acrescentado pela Lei 13.352/2016 (DOU 28.10.2016), em vigor após decorridos 90 (noventa) dias de sua publicação oficial.

I – não existir contrato de parceria formalizado na forma descrita nesta Lei; e

II – o profissional-parceiro desempenhar funções diferentes das descritas no contrato de parceria.

Art. 1º-D. O processo de fiscalização, de autuação e de imposição de multas reger-se-á pelo disposto no Título VII da Consolidação das Leis do Trabalho – CLT, aprovada pelo Decreto-lei 5.452, de 1º de maio de 1943.

- Artigo acrescentado pela Lei 13.352/2016 (DOU 28.10.2016), em vigor após decorridos 90 (noventa) dias de sua publicação oficial.

Art. 2º *(Vetado.)*

Art. 3º *(Vetado.)*

Art. 4º Os profissionais de que trata esta Lei deverão obedecer às normas sanitárias, efetuando a esterilização de materiais e utensílios utilizados no atendimento a seus clientes.

Art. 5º É instituído o Dia Nacional do Cabeleireiro, Barbeiro, Esteticista, Manicure, Pedicure, Depilador e Maquiador, a ser comemorado em todo o País, a cada ano, no dia e mês coincidente com a data da promulgação desta Lei.

Art. 6º Esta Lei entra em vigor na data de sua publicação.

Brasília, 18 de janeiro de 2012; 191º da Independência e 124º da República.

Dilma Rousseff

(*DOU* 19.01.2012; ret. 20.01.2012)

Comerciário

LEI 3.207, DE 18 DE JULHO DE 1957

Regulamenta as atividades dos empregados vendedores, viajantes ou pracistas.

O Presidente da República:

Faço saber que o Congresso Nacional decreta e eu sanciono a seguinte Lei:

Art. 1º As atividades dos empregados vendedores, viajantes ou pracistas, serão reguladas pelos preceitos desta Lei, sem prejuízo das normas estabelecidas na Consolidação das Leis do Trabalho – Decreto-lei 5.452, de 1º de maio de 1943 – no que lhes for aplicável.

Art. 2º O empregado vendedor terá direito à comissão avençada sobre as vendas que realizar. No caso de lhe ter sido reservada, expressamente, com exclusividade, uma zona de trabalho, terá esse direito sobre as vendas ali realizadas diretamente pela empresa ou por um preposto desta.

§ 1º A zona de trabalho do empregado vendedor poderá ser ampliada ou restringida de acordo com a necessidade da empresa, respeitados os dispositivos desta Lei quanto à irredutibilidade da remuneração.

§ 2º Sempre que, por conveniência da empresa empregadora, for o empregado viajante transferido da zona de trabalho, com redução de vantagens, ser-lhe-á assegurado, como mínimo de remuneração, um salário correspondente à média dos doze últimos meses anteriores à transferência.

Art. 3º A transação será considerada aceita se o empregador não a recusar por escrito, dentro de 10 (dez) dias, contados da data da proposta. Tratando-se de transação a ser concluída com comerciante ou empresa estabelecida noutro Estado ou no estrangeiro, o prazo para aceitação ou recusa da proposta de venda será de 90 (noventa) dias, podendo, ainda, ser prorrogado, por tempo determinado, mediante comunicação escrita feita ao empregado.

Art. 4º O pagamento de comissões e percentagens deverá ser feito mensalmente, expedindo a empresa, no fim de cada mês, a conta respectiva com as cópias das faturas correspondentes aos negócios concluídos.

Parágrafo único. Ressalva-se às partes interessadas fixar outra época para o pagamento de comissões e percentagens, o que, no entanto, não poderá exceder a um trimestre, contado da aceitação do negócio, sendo sempre obrigatória a expedição, pela empresa, da conta referida neste artigo.

Art. 5º Nas transações em que a empresa se obrigar por prestações sucessivas, o pagamento das comissões e percentagens será exigível de acordo com a ordem de recebimento das mesmas.

Art. 6º A cessação das relações de trabalho, ou a inexecução voluntária do negócio pelo empregador, não prejudicará percepção das comissões e percentagens devidas.

Art. 7º Verificada a insolvência do comprador, cabe ao empregador o direito de estornar a comissão que houver pago.

Art. 8º Quando for prestado serviço de inspeção e fiscalização pelo empregado vendedor, ficará a empresa vendedora obrigada ao pagamento adicional de 1/10 (um décimo) da remuneração atribuída ao mesmo.

Art. 9º O empregado vendedor viajante não poderá permanecer em viagem por tempo superior a 6 (seis) meses consecutivos. Em seguida a cada viagem haverá um intervalo para descanso, calculado na base de 3 (três) dias por mês da viagem realizada, não podendo, porém, ultrapassar o limite de 15 (quinze) dias.

Art. 10. Caracterizada a relação de emprego, aplicam-se os preceitos desta Lei a quantos exercerem funções iguais, semelhantes ou equivalentes aos empregados viajantes, embora sob outras designações.

Art. 11. Esta Lei entrará em vigor na data de sua publicação, revogadas as disposições em contrário.

Rio de Janeiro, 18 de julho de 1957; 136º da Independência e 69º da República.

Juscelino Kubitschek

(*DOU* 22.07.1957)

Doméstico

LEI COMPLEMENTAR 150, DE 1º DE JUNHO DE 2015

Dispõe sobre o contrato de trabalho doméstico; altera as Leis 8.212, de 24 de julho de 1991, 8.213, de 24 de julho de 1991, e 11.196, de 21 de novembro de 2005; revoga o inciso I do art. 3º da Lei 8.009, de 29 de março de 1990, o art. 36 da Lei 8.213, de 24 de julho de 1991, a Lei 5.859, de 11 de dezembro de 1972, e o inciso VII do art. 12 da Lei 9.250, de 26 de dezembro 1995; e dá outras providências.

A Presidenta da República:

Faço saber que o Congresso Nacional decreta e eu sanciono a seguinte Lei Complementar:

Capítulo I
Do Contrato de Trabalho Doméstico

Art. 1º Ao empregado doméstico, assim considerado aquele que presta serviços de forma contínua, subordinada, onerosa e pessoal e de finalidade não lucrativa à pessoa ou à família, âmbito residencial destas, por mais de 2 (dois) dias por semana, aplica-se o disposto nesta Lei.

Parágrafo único. É vedada a contratação de menor de 18 (dezoito) anos para desempenho de trabalho doméstico, de acordo com a Convenção 182, de 1999, da Organização Internacional do Trabalho (OIT) e com o Decreto 6.481, de 12 de junho de 2008.

Art. 2º A duração normal do trabalho doméstico não excederá 8 (oito) horas diárias e 44 (quarenta e quatro) semanais, observado o disposto nesta Lei.

§ 1º A remuneração da hora extraordinária será, mínimo, 50% (cinquenta por cento) superior ao valor da hora normal.

§ 2º O salário-hora normal, em caso de empregado mensalista, será obtido dividindo-se o salário mensal por 220 (duzentas e vinte) horas, salvo se o contrato estipular jornada mensal inferior que resulte em divisor diverso.

§ 3º O salário-dia normal, em caso de empregado mensalista, será obtido dividindo o salário mensal por 30 (trinta) e servirá de base para pagamento do repouso remunerado e dos feriados trabalhados.

§ 4º Poderá ser dispensado o acréscimo de salário e instituído regime de compensação de horas, mediante acordo escrito entre empregador e empregado, se o excesso de horas de um dia for compensado em outro dia.

§ 5º No regime de compensação previsto o § 4º:

I – será devido o pagamento, como horas extraordinárias, na forma do § 1º, das primeiras 40 (quarenta) horas mensais excedentes ao horário normal de trabalho;

II – das 40 (quarenta) horas referidas inciso I, poderão ser deduzidas, sem o correspondente pagamento, as horas não trabalhadas, em função de redução do horário normal de trabalho ou de dia útil não trabalhado, durante o mês;

III – o saldo de horas que excederem as 40 (quarenta) primeiras horas mensais de que trata o inciso I, com a dedução prevista inciso II, quando for o caso, será compensado período máximo de 1 (um) ano.

§ 6º Na hipótese de rescisão do contrato de trabalho sem que tenha havido a compensação integral da jornada extraordinária, na forma do § 5º, o empregado fará jus ao pagamento das horas extras não compensadas, calculadas sobre o valor da remuneração na data de rescisão.

§ 7º Os intervalos previstos nesta Lei, o tempo de repouso, as horas não trabalhadas, os feriados e os domingos livres em que o empregado que mora no local de trabalho nele permaneça não serão computados como horário de trabalho.

§ 8º O trabalho não compensado prestado em domingos e feriados deve ser pago em dobro, sem prejuízo da remuneração relativa ao repouso semanal.

Art. 3º Considera-se trabalho em regime de tempo parcial aquele cuja duração não exceda 25 (vinte e cinco) horas semanais.

§ 1º O salário a ser pago ao empregado sob regime de tempo parcial será proporcional a sua jornada, em relação ao empregado que cumpre, nas mesmas funções, tempo integral.

§ 2º A duração normal do trabalho do empregado em regime de tempo parcial poderá ser acrescida de horas suplementares, em número não excedente a 1 (uma) hora diária, mediante acordo escrito entre empregador e empregado, aplicando-se-lhe, ainda, o disposto nos §§ 2º e 3º do art. 2º, com o limite máximo de 6 (seis) horas diárias.

§ 3º Na modalidade do regime de tempo parcial, após cada período de 12 (doze) meses de vigência do contrato de trabalho, o empregado terá direito a férias, na seguinte proporção:

I – 18 (dezoito) dias, para a duração do trabalho semanal superior a 22 (vinte e duas) horas, até 25 (vinte e cinco) horas;

II – 16 (dezesseis) dias, para a duração do trabalho semanal superior a 20 (vinte) horas, até 22 (vinte e duas) horas;

III – 14 (quatorze) dias, para a duração do trabalho semanal superior a 15 (quinze) horas, até 20 (vinte) horas;

IV – 12 (doze) dias, para a duração do trabalho semanal superior a 10 (dez) horas, até 15 (quinze) horas;

V – 10 (dez) dias, para a duração do trabalho semanal superior a 5 (cinco) horas, até 10 (dez) horas;

VI – 8 (oito) dias, para a duração do trabalho semanal igual ou inferior a 5 (cinco) horas.

Art. 4º É facultada a contratação, por prazo determinado, do empregado doméstico:

I – mediante contrato de experiência;

II – para atender necessidades familiares de natureza transitória e para substituição temporária de empregado doméstico com contrato de trabalho interrompido ou suspenso.

Parágrafo único. No caso do inciso II deste artigo, a duração do contrato de trabalho é limitada ao término do evento que motivou a contratação, obedecido o limite máximo de 2 (dois) anos.

Art. 5º O contrato de experiência não poderá exceder 90 (noventa) dias.

§ 1º O contrato de experiência poderá ser prorrogado 1 (uma) vez, desde que a soma dos 2 (dois) períodos não ultrapasse 90 (noventa) dias.

§ 2º O contrato de experiência que, havendo continuidade do serviço, não for prorrogado após o decurso de seu prazo previamente estabelecido ou que ultrapassar o período de 90 (noventa) dias passará a vigorar como contrato de trabalho por prazo indeterminado.

Art. 6º Durante a vigência dos contratos previstos nos incisos I e II do art. 4º, o empregador que, sem justa causa, despedir o empregado é obrigado a pagar-lhe, a título de indenização, metade da remuneração a que teria direito até o termo do contrato.

Art. 7º Durante a vigência dos contratos previstos nos incisos I e II do art. 4º, o empregado não poderá se desligar do contrato sem justa causa, sob pena de ser obrigado a indenizar o empregador dos prejuízos que desse fato lhe resultarem.

Parágrafo único. A indenização não poderá exceder aquela a que teria direito o empregado em idênticas condições.

Art. 8º Durante a vigência dos contratos previstos nos incisos I e II do art. 4º, não será exigido aviso prévio.

Art. 9º A Carteira de Trabalho e Previdência Social será obrigatoriamente apresentada, contra recibo, pelo empregado ao empregador que o admitir, o qual terá o prazo de 48 (quarenta e oito) horas para nela anotar, especificamente, a data de admissão, a remuneração e, quando for o caso, os contratos previstos nos incisos I e II do art. 4º.

Art. 10. É facultado às partes, mediante acordo escrito entre essas, estabelecer horário de trabalho de 12 (doze) horas seguidas por 36 (trinta e seis) horas ininterruptas de descanso, observados ou indenizados os intervalos para repouso e alimentação.

§ 1º A remuneração mensal pactuada pelo horário previsto no *caput* deste artigo abrange os pagamentos devidos pelo descanso semanal remunerado e pelo descanso em feriados, e serão considerados compensados os feriados e as prorrogações de trabalho noturno, quando houver, de que tratam o art. 70 e o § 5º do art. 73 da Consolidação das Leis do Trabalho (CLT), aprovada pelo Decreto-lei 5.452, de 1º de maio de 1943, e o art. 9º da Lei 605, de 5 de janeiro de 1949.

§ 2º *(Vetado.)*

Art. 11. Em relação ao empregado responsável por acompanhar o empregador prestando serviços em viagem, serão consideradas apenas as horas efetivamente trabalhadas no período, podendo ser compensadas as horas extraordinárias em outro dia, observado o art. 2º.

§ 1º O acompanhamento do empregador pelo empregado em viagem será condicionado à prévia existência de acordo escrito entre as partes.

§ 2º A remuneração-hora do serviço em viagem será, no mínimo, 25% (vinte e cinco por cento) superior ao valor do salário hora normal.

§ 3º O disposto no § 2º deste artigo poderá ser, mediante acordo, convertido em acréscimo no banco de horas, a ser utilizado a critério do empregado.

Art. 12. É obrigatório o registro do horário de trabalho do empregado doméstico por qualquer meio manual, mecânico ou eletrônico, desde que idôneo.

Art. 13. É obrigatória a concessão de intervalo para repouso ou alimentação pelo período de, no mínimo, 1 (uma) hora e, no máximo, 2 (duas) horas, admitindo-se, mediante prévio acordo escrito entre empregador e empregado, sua redução a 30 (trinta) minutos.

§ 1º Caso o empregado resida no local de trabalho, o período de intervalo poderá ser desmembrado em 2 (dois) períodos, desde que cada um deles tenha, no mínimo, 1 (uma) hora, até o limite de 4 (quatro) horas ao dia.

§ 2º Em caso de modificação do intervalo, na forma do § 1º, é obrigatória a sua anotação no registro diário de horário, vedada sua prenotação.

Art. 14. Considera-se noturno, para os efeitos desta Lei, o trabalho executado entre as 22 horas de um dia e as 5 horas do dia seguinte.

§ 1º A hora de trabalho noturno terá duração de 52 (cinquenta e dois) minutos e 30 (trinta) segundos.

§ 2º A remuneração do trabalho noturno deve ter acréscimo de, no mínimo, 20% (vinte por cento) sobre o valor da hora diurna.

§ 3º Em caso de contratação, pelo empregador, de empregado exclusivamente para desempenhar trabalho noturno, o acréscimo será calculado sobre o salário anotado na Carteira de Trabalho e Previdência Social.

§ 4º Nos horários mistos, assim entendidos os que abrangem períodos diurnos e noturnos, aplica-se às horas de trabalho noturno o disposto neste artigo e seus parágrafos.

Art. 15. Entre 2 (duas) jornadas de trabalho deve haver período mínimo de 11 (onze) horas consecutivas para descanso.

Art. 16. É devido ao empregado doméstico descanso semanal remunerado de, no mínimo, 24 (vinte e quatro) horas consecutivas, preferencialmente aos domingos, além de descanso remunerado em feriados.

Art. 17. O empregado doméstico terá direito a férias anuais remuneradas de 30 (trinta) dias, salvo o disposto no § 3º do art. 3º, com acréscimo de, pelo menos, 1/3 (um terço) do salário normal, após cada período de 12 (doze) meses de trabalho prestado à mesma pessoa ou família.

§ 1º Na cessação do contrato de trabalho, o empregado, desde que não tenha sido demitido por justa causa, terá direito à remuneração relativa ao período incompleto de férias, na proporção de um doze avos por mês de serviço ou fração superior a 14 (quatorze) dias.

§ 2º O período de férias poderá, a critério do empregador, ser fracionado em até 2 (dois) períodos, sendo 1 (um) deles de, no mínimo, 14 (quatorze) dias corridos.

§ 3º É facultado ao empregado doméstico converter um terço do período de férias a que tiver direito em abono pecuniário, no valor da remuneração que lhe seria devida nos dias correspondentes.

§ 4º O abono de férias deverá ser requerido até 30 (trinta) dias antes do término do período aquisitivo.

§ 5º É lícito ao empregado que reside no local de trabalho nele permanecer durante as férias.

§ 6º As férias serão concedidas pelo empregador nos 12 (doze) meses subsequentes à data em que o empregado tiver adquirido o direito.

Art. 18. É vedado ao empregador doméstico efetuar descontos no salário do empregado por fornecimento de alimentação, vestuário, higiene ou moradia, bem como por despesas com transporte, hospedagem e alimentação em caso de acompanhamento em viagem.

§ 1º É facultado ao empregador efetuar descontos no salário do empregado em caso de adiantamento salarial e, mediante acordo escrito entre as partes, para a inclusão do empregado em planos de assistência médico-hospitalar e odontológica, de seguro e de previdência privada, não podendo a dedução ultrapassar 20% (vinte por cento) do salário.

§ 2º Poderão ser descontadas as despesas com moradia de que trata o *caput* deste artigo quando essa se referir a local diverso da residência em que ocorrer a prestação de serviço, desde que essa possibilidade tenha sido expressamente acordada entre as partes.

§ 3º As despesas referidas no *caput* deste artigo não têm natureza salarial nem se incorporam à remuneração para quaisquer efeitos.

§ 4º O fornecimento de moradia ao empregado doméstico na própria residência ou em morada anexa, de qualquer natureza, não gera ao empregado qualquer direito de posse ou de propriedade sobre a referida moradia.

Art. 19. Observadas as peculiaridades do trabalho doméstico, a ele também se aplicam as Leis 605, de 5 de janeiro de 1949, 4.090, de 13 de julho de 1962, 4.749, de 12 de agosto de 1965, e 7.418, de 16 de dezembro de 1985, e, subsidiariamente, a Consolidação das Leis do Trabalho (CLT), aprovada pelo Decreto-lei 5.452, de 1º de maio de 1943.

Parágrafo único. A obrigação prevista no art. 4º da Lei 7.418, de 16 de dezembro de 1985, poderá ser substituída, a critério do empregador, pela concessão, mediante recibo, dos valores para a aquisição das passagens necessárias ao custeio das despesas decorrentes do deslocamento residência-trabalho e vice-versa.

Art. 20. O empregado doméstico é segurado obrigatório da Previdência Social, sendo-lhe devidas, na forma da Lei 8.213, de 24 de julho de 1991, as prestações nela arroladas, atendido o disposto nesta Lei e observadas as características especiais do trabalho doméstico.

Art. 21. É devida a inclusão do empregado doméstico no Fundo de Garantia do Tempo de Serviço (FGTS), na forma do regulamento a ser editado pelo Conselho Curador e pelo agente operador do FGTS, no âmbito de suas competências, conforme disposto nos arts. 5º e 7º da Lei 8.036, de 11 de maio de 1990, inclusive no que tange aos aspectos técnicos de depósitos, saques, devolução de valores e emissão de extratos, entre outros determinados na forma da lei.

Parágrafo único. O empregador doméstico somente passará a ter obrigação de promover a inscrição e de efetuar os recolhimentos referentes a seu empregado após a entrada em vigor do regulamento referido no *caput*.

Art. 22. O empregador doméstico depositará a importância de 3,2% (três inteiros e dois décimos por cento) sobre a remuneração devida, no mês anterior, a cada empregado, destinada ao pagamento da indenização compensatória da perda do emprego, sem justa causa ou por culpa do empregador, não se aplicando ao empregado doméstico o disposto nos §§ 1º a 3º do art. 18 da Lei 8.036, de 11 de maio de 1990.

§ 1º Nas hipóteses de dispensa por justa causa ou a pedido, de término do contrato de trabalho por prazo determinado, de aposentadoria e de falecimento do empregado doméstico, os valores previstos no *caput* serão movimentados pelo empregador.

§ 2º Na hipótese de culpa recíproca, metade dos valores previstos no *caput* será movimentada pelo empregado, enquanto a outra metade será movimentada pelo empregador.

§ 3º Os valores previstos no *caput* serão depositados na conta vinculada do empregado, em variação distinta daquela em que se encontrarem os valores oriundos dos depósitos de que trata o inciso IV do art. 34 desta Lei, e somente poderão ser movimentados por ocasião da rescisão contratual.

§ 4º À importância monetária de que trata o *caput*, aplicam-se as disposições da Lei 8.036, de 11 de maio de 1990, e da Lei 8.844, de 20 de janeiro de 1994, inclusive quanto a sujeição passiva e equiparações, prazo de recolhimento, administração, fiscalização, lançamento, consulta, cobrança, garantias, processo administrativo de determinação e exigência de créditos tributários federais.

Art. 23. Não havendo prazo estipulado no contrato, a parte que, sem justo motivo, quiser rescindi-lo deverá avisar a outra de sua intenção.

§ 1º O aviso prévio será concedido na proporção de 30 (trinta) dias ao empregado que conte com até 1 (um) ano de serviço para o mesmo empregador.

§ 2º Ao aviso prévio previsto neste artigo, devido ao empregado, serão acrescidos 3 (três) dias por ano de serviço prestado para o mesmo empregador, até o máximo de 60 (sessenta) dias, perfazendo um total de até 90 (noventa) dias.

§ 3º A falta de aviso prévio por parte do empregador dá ao empregado o direito aos salários correspondentes ao prazo do aviso, garantida sempre a integração desse período ao seu tempo de serviço.

§ 4º A falta de aviso prévio por parte do empregado dá ao empregador o direito de descontar os salários correspondentes ao prazo respectivo.

§ 5º O valor das horas extraordinárias habituais integra o aviso prévio indenizado.

Art. 24. O horário normal de trabalho do empregado durante o aviso prévio, quando a rescisão tiver sido promovida pelo empregador, será reduzido de 2 (duas) horas diárias, sem prejuízo do salário integral.

Parágrafo único. É facultado ao empregado trabalhar sem a redução das 2 (duas) horas diárias previstas no *caput* deste artigo, caso em que poderá faltar ao serviço, sem prejuízo do salário integral, por 7 (sete) dias corridos, na hipótese dos §§ 1º e 2º do art. 23.

Art. 25. A empregada doméstica gestante tem direito a licença-maternidade de 120 (cento e vinte) dias, sem prejuízo do emprego e do salário, nos termos da Seção V do Capítulo III do Título III da Consolidação das Leis do Trabalho (CLT), aprovada pelo Decreto-Lei 5.452, de 1º de maio de 1943.

Parágrafo único. A confirmação do estado de gravidez durante o curso do contrato de trabalho, ainda que durante o prazo do aviso prévio trabalhado ou indenizado, garante à empregada gestante a estabilidade provisória prevista na alínea b do inciso II do art. 10 do Ato das Disposições Constitucionais Transitórias.

Art. 26. O empregado doméstico que for dispensado sem justa causa fará jus ao benefício do seguro-desemprego, na forma da Lei 7.998, de 11 de janeiro de 1990, no valor de 1 (um) salário mínimo, por período máximo de 3 (três) meses, de forma contínua ou alternada.

§ 1º O benefício de que trata o *caput* será concedido ao empregado nos termos do regulamento do Conselho Deliberativo do Fundo de Amparo ao Trabalhador (Codefat).

§ 2º O benefício do seguro-desemprego será cancelado, sem prejuízo das demais sanções cíveis e penais cabíveis:

I – pela recusa, por parte do trabalhador desempregado, de outro emprego condizente com sua qualificação registrada ou declarada e com sua remuneração anterior;

II – por comprovação de falsidade na prestação das informações necessárias à habilitação;

III – por comprovação de fraude visando à percepção indevida do benefício do seguro-desemprego; ou

IV – por morte do segurado.

Art. 27. Considera-se justa causa para os efeitos desta Lei:

I – submissão a maus tratos de idoso, de enfermo, de pessoa com deficiência ou de criança sob cuidado direto ou indireto do empregado;

II – prática de ato de improbidade;

III – incontinência de conduta ou mau procedimento;

IV – condenação criminal do empregado transitada em julgado, caso não tenha havido suspensão da execução da pena;

V – desídia no desempenho das respectivas funções;

VI – embriaguez habitual ou em serviço;

VII – *(Vetado.)*

VIII – ato de indisciplina ou de insubordinação;

IX – abandono de emprego, assim considerada a ausência injustificada ao serviço por, pelo menos, 30 (trinta) dias corridos;

X – ato lesivo à honra ou à boa fama ou ofensas físicas praticadas em serviço contra qualquer pessoa, salvo em caso de legítima defesa, própria ou de outrem;

XI – ato lesivo à honra ou à boa fama ou ofensas físicas praticadas contra o empregador doméstico ou sua família, salvo em caso de legítima defesa, própria ou de outrem;

XII – prática constante de jogos de azar.

Parágrafo único. O contrato de trabalho poderá ser rescindido por culpa do empregador quando:

I – o empregador exigir serviços superiores às forças do empregado doméstico, defesos por lei, contrários aos bons costumes ou alheios ao contrato;

II – o empregado doméstico for tratado pelo empregador ou por sua família com rigor excessivo ou de forma degradante;

III – o empregado doméstico correr perigo manifesto de mal considerável;

IV – o empregador não cumprir as obrigações do contrato;

V – o empregador ou sua família praticar, contra o empregado doméstico ou pessoas de sua família, ato lesivo à honra e à boa fama;

VI – o empregador ou sua família ofender o empregado doméstico ou sua família fisicamente, salvo em caso de legítima defesa, própria ou de outrem;

VII – o empregador praticar qualquer das formas de violência doméstica ou familiar contra mulheres de que trata o art. 5º da Lei 11.340, de 7 de agosto de 2006.

Art. 28. Para se habilitar ao benefício do seguro-desemprego, o trabalhador doméstico deverá apresentar ao órgão competente do Ministério do Trabalho e Emprego:

I – Carteira de Trabalho e Previdência Social, na qual deverão constar a anotação do contrato de trabalho doméstico e a data de dispensa, de modo a comprovar o vínculo empregatício, como empregado doméstico, durante pelo menos 15 (quinze) meses nos últimos 24 (vinte e quatro) meses;

II – termo de rescisão do contrato de trabalho;

III – declaração de que não está em gozo de benefício de prestação continuada da Previdência Social, exceto auxílio-acidente e pensão por morte; e

IV – declaração de que não possui renda própria de qualquer natureza suficiente à sua manutenção e de sua família.

Art. 29. O seguro-desemprego deverá ser requerido de 7 (sete) a 90 (noventa) dias contados da data de dispensa.

Art. 30. Novo seguro-desemprego só poderá ser requerido após o cumprimento de novo período aquisitivo, cuja duração será definida pelo Codefat.

Capítulo II
Do Simples Doméstico

Art. 31. É instituído o regime unificado de pagamento de tributos, de contribuições e dos demais encargos do empregador doméstico (Simples Doméstico), que deverá ser regulamentado no prazo de 120 (cento e vinte) dias a contar da data de entrada em vigor desta Lei.

Art. 32. A inscrição do empregador e a entrada única de dados cadastrais e de informações trabalhistas, previdenciárias e fiscais no âmbito do Simples Doméstico dar-se-ão mediante registro em sistema eletrônico a ser disponibilizado em portal na internet, conforme regulamento.

Parágrafo único. A impossibilidade de utilização do sistema eletrônico será objeto de regulamento, a ser editado pelo Ministério da Fazenda e pelo agente operador do FGTS.

Art. 33. O Simples Doméstico será disciplinado por ato conjunto dos Ministros de Estado da Fazenda, da Previdência Social e do Trabalho e Emprego que disporá sobre a apuração, o recolhimento e a distribuição dos recursos recolhidos por meio do Simples Doméstico, observadas as disposições do art. 21 desta Lei.

§ 1º O ato conjunto a que se refere o *caput* deverá dispor também sobre o sistema eletrônico de registro das obrigações trabalhistas, previdenciárias e fiscais e sobre o cálculo e o recolhimento dos tributos e encargos trabalhistas vinculados ao Simples Doméstico.

§ 2º As informações prestadas no sistema eletrônico de que trata o § 1º:

I – têm caráter declaratório, constituindo instrumento hábil e suficiente para a exigência dos tributos e encargos trabalhistas delas resultantes e que não tenham sido recolhidos no prazo consignado para pagamento; e

II – deverão ser fornecidas até o vencimento do prazo para pagamento dos tributos e encargos trabalhistas devidos no Simples Doméstico em cada mês, relativamente aos fatos geradores ocorridos no mês anterior.

§ 3º O sistema eletrônico de que trata o § 1º deste artigo e o sistema de que trata o *caput* do art. 32 substituirão, na forma regulamentada pelo ato conjunto previsto no *caput*, a obrigatoriedade de entrega de todas as informações, formulários e declarações a que estão sujeitos os empregadores domésticos, inclusive os relativos ao recolhimento do FGTS.

Art. 34. O Simples Doméstico assegurará o recolhimento mensal, mediante documento único de arrecadação, dos seguintes valores:

I – 8% (oito por cento) a 11% (onze por cento) de contribuição previdenciária, a cargo do segurado empregado doméstico, nos termos do art. 20 da Lei 8.212, de 24 de julho de 1991;

II – 8% (oito por cento) de contribuição patronal previdenciária para a seguridade social, a cargo do empregador doméstico, nos termos do art. 24 da Lei 8.212, de 24 de julho de 1991;

III – 0,8% (oito décimos por cento) de contribuição social para financiamento do seguro contra acidentes do trabalho;

IV – 8% (oito por cento) de recolhimento para o FGTS;

V – 3,2% (três inteiros e dois décimos por cento), na forma do art. 22 desta Lei; e

VI – imposto sobre a renda retido na fonte de que trata o inciso I do art. 7º da Lei 7.713, de 22 de dezembro de 1988, se incidente.

§ 1º As contribuições, os depósitos e o imposto arrolados nos incisos I a VI incidem sobre a remuneração paga ou devida no mês anterior, a cada empregado, incluída na remuneração a gratificação de Natal a que se refere a Lei 4.090, de 13 de julho de 1962, e a Lei 4.749, de 12 de agosto de 1965.

§ 2º A contribuição e o imposto previstos nos incisos I e VI do caput deste artigo serão descontados da remuneração do empregado pelo empregador, que é responsável por seu recolhimento.

§ 3º O produto da arrecadação das contribuições, dos depósitos e do imposto de que trata o *caput* será centralizado na Caixa Econômica Federal.

§ 4º A Caixa Econômica Federal, com base nos elementos identificadores do recolhimento, disponíveis no sistema de que trata o § 1º do art. 33, transferirá para a Conta Única do Tesouro Nacional o valor arrecadado das contribuições e do imposto previstos nos incisos I, II, III e VI do *caput*.

§ 5º O recolhimento de que trata o *caput* será efetuado em instituições financeiras integrantes da rede arrecadadora de receitas federais.

§ 6º O empregador fornecerá, mensalmente, ao empregado doméstico cópia do documento previsto no *caput*.

§ 7º O recolhimento mensal, mediante documento único de arrecadação, e a exigência das contribuições, dos depósitos e do imposto, nos valores definidos nos incisos I a VI do *caput*, somente serão devidos após 120 (cento e vinte) dias da data de publicação desta Lei.

Art. 35. O empregador doméstico é obrigado a pagar a remuneração devida ao empregado doméstico e a arrecadar e a recolher a contribuição prevista no inciso I do art. 34, assim como a arrecadar e a recolher as contribuições, os depósitos e o imposto a seu cargo discriminados nos incisos II, III, IV, V e VI do *caput* do art. 34, até o dia 7 do mês seguinte ao da competência.

§ 1º Os valores previstos nos incisos I, II, III e VI do *caput* do art. 34 não recolhidos até a data de vencimento sujeitar-se-ão à incidência de encargos legais na forma prevista na legislação do imposto sobre a renda.

§ 2º Os valores previstos nos incisos IV e V, referentes ao FGTS, não recolhidos até a data de vencimento serão corrigidos e terão a incidência da respectiva multa, conforme a Lei 8.036, de 11 de maio de 1990.

Capítulo III
Da Legislação Previdenciária e Tributária

Art. 36. O inciso V do art. 30 da Lei 8.212, de 24 de julho de 1991, passa a vigorar com a seguinte redação:

> "Art. 30. [...]
>
> [...]
>
> V – o empregador doméstico é obrigado a arrecadar e a recolher a contribuição do segurado empregado a seu serviço, assim como a parcela a seu cargo, até o dia 7 do mês seguinte ao da competência;
>
> [...]"

Art. 37. A Lei 8.213, de 24 de julho de 1991, passa a vigorar com as seguintes alterações:

> "Art. 18. [...]
>
> [...]
>
> § 1º Somente poderão beneficiar-se do auxílio-acidente os segurados incluídos nos incisos I, II, VI e VII do art. 11 desta Lei.
>
> [...]"
>
> "Art. 19. Acidente do trabalho é o que ocorre pelo exercício do trabalho a serviço de empresa ou de empregador doméstico ou pelo exercício do trabalho dos segurados referidos no inciso VII do art. 11 desta Lei, provocando lesão corporal ou perturbação funcional que cause a morte ou a perda ou redução, permanente ou temporária, da capacidade para o trabalho.
>
> [...]"
>
> "Art. 21-A. A perícia médica do Instituto Nacional do Seguro Social (INSS) considerará caracterizada a natureza acidentária da incapacidade quando constatar ocorrência de nexo técnico epidemiológico entre o trabalho e o agravo, decorrente da relação entre a atividade da empresa ou do empregado doméstico e a entidade mórbida motivadora da incapacidade elencada na Classificação Internacional de Doenças (CID), em conformidade com o que dispuser o regulamento.
>
> [...]
>
> § 2º A empresa ou o empregador doméstico poderão requerer a não aplicação do nexo técnico epidemiológico, de cuja decisão caberá recurso, com efeito suspensivo, da empresa, do empregador doméstico ou do segurado ao Conselho de Recursos da Previdência Social."
>
> "Art. 22. A empresa ou o empregador doméstico deverão comunicar o acidente do trabalho à Previdência Social até o primeiro dia útil seguinte ao da ocorrência e, em caso de morte, de imediato, à autoridade competente, sob pena de multa variável entre o limite mínimo e o limite máximo do salário de contribuição, sucessivamente aumentada nas reincidências, aplicada e cobrada pela Previdência Social.
>
> [...]"
>
> "Art. 27. Para cômputo do período de carência, serão consideradas as contribuições:

I – referentes ao período a partir da data de filiação ao Regime Geral de Previdência Social (RGPS), no caso dos segurados empregados, inclusive os domésticos, e dos trabalhadores avulsos;
II – realizadas a contar da data de efetivo pagamento da primeira contribuição sem atraso, não sendo consideradas para este fim as contribuições recolhidas com atraso referentes a competências anteriores, no caso dos segurados contribuinte individual, especial e facultativo, referidos, respectivamente, nos incisos V e VII do art. 11 e no art. 13."
"Art. 34. No cálculo do valor da renda mensal do benefício, inclusive o decorrente de acidente do trabalho, serão computados:
I – para o segurado empregado, inclusive o doméstico, e o trabalhador avulso, os salários de contribuição referentes aos meses de contribuições devidas, ainda que não recolhidas pela empresa ou pelo empregador doméstico, sem prejuízo da respectiva cobrança e da aplicação das penalidades cabíveis, observado o disposto no § 5º do art. 29-A;
II – para o segurado empregado, inclusive o doméstico, o trabalhador avulso e o segurado especial, o valor mensal do auxílio-acidente, considerado como salário de contribuição para fins de concessão de qualquer aposentadoria, nos termos do art. 31;
[...]"
"Art. 35. Ao segurado empregado, inclusive o doméstico, e ao trabalhador avulso que tenham cumprido todas as condições para a concessão do benefício pleiteado, mas não possam comprovar o valor de seus salários de contribuição no período básico de cálculo, será concedido o benefício de valor mínimo, devendo esta renda ser recalculada quando da apresentação de prova dos salários de contribuição."
"Art. 37. A renda mensal inicial, recalculada de acordo com o disposto no art. 35, deve ser reajustada como a dos benefícios correspondentes com igual data de início e substituirá, a partir da data do requerimento de revisão do valor do benefício, a renda mensal que prevalecia até então."
"Art. 38. Sem prejuízo do disposto no art. 35, cabe à Previdência Social manter cadastro dos segurados com todos os informes necessários para o cálculo da renda mensal dos benefícios."
"Art. 63. O segurado empregado, inclusive o doméstico, em gozo de auxílio-doença será considerado pela empresa e pelo empregador doméstico como licenciado.
[...]"
"Art. 65. O salário-família será devido, mensalmente, ao segurado empregado, inclusive o doméstico, e ao segurado trabalhador avulso, na proporção do respectivo número de filhos ou equiparados nos termos do § 2º do art. 16 desta Lei, observado o disposto no art. 66.
[...]"
"Art. 67. [...]
Parágrafo único. O empregado doméstico deve apresentar apenas a certidão de nascimento referida no *caput*."
"Art. 68. As cotas do salário-família serão pagas pela empresa ou pelo empregador doméstico, mensalmente, junto com o salário, efetivando-se a compensação quando do recolhimento das contribuições, conforme dispuser o Regulamento.
§ 1º A empresa ou o empregador doméstico conservarão durante 10 (dez) anos os comprovantes de pagamento e as cópias das certidões correspondentes, para fiscalização da Previdência Social.
[...]"

Art. 38. O art. 70 da Lei 11.196, de 21 de novembro de 2005, passa a vigorar com a seguinte redação:
"Art. 70. [...]
I – [...]
[...]
d) até o dia 7 do mês subsequente ao mês de ocorrência dos fatos geradores, no caso de pagamento de rendimentos provenientes do trabalho assalariado a empregado doméstico; e
e) até o último dia útil do segundo decêndio do mês subsequente ao mês de ocorrência dos fatos geradores, nos demais casos;
[...]"

Capítulo IV
Do Programa de Recuperação Previdenciária dos Empregadores Domésticos (Redom)

Art. 39. É instituído o Programa de Recuperação Previdenciária dos Empregadores Domésticos (Redom), nos termos desta Lei.

Art. 40. Será concedido ao empregador doméstico o parcelamento dos débitos com o Instituto Nacional do Seguro Social (INSS) relativos à contribuição de que tratam os arts. 20 e 24 da Lei 8.212, de 24 de julho de 1991, com vencimento até 30 de abril de 2013.

§ 1º O parcelamento abrangerá todos os débitos existentes em nome do empregado e do empregador, na condição de contribuinte, inclusive débitos inscritos em dívida ativa, que poderão ser:

I – pagos com redução de 100% (cem por cento) das multas aplicáveis, de 60% (sessenta por cento) dos juros de mora e de 100% (cem por cento) sobre os valores dos encargos legais e advocatícios;

II – parcelados em até 120 (cento e vinte) vezes, com prestação mínima no valor de R$ 100,00 (cem reais).

§ 2º O parcelamento deverá ser requerido no prazo de 120 (cento e vinte) dias após a entrada em vigor desta Lei.

§ 3º A manutenção injustificada em aberto de 3 (três) parcelas implicará, após comunicação ao sujeito passivo, a imediata rescisão do parcelamento e, conforme o caso, o prosseguimento da cobrança.

§ 4º Na hipótese de rescisão do parcelamento com o cancelamento dos benefícios concedidos:

I – será efetuada a apuração do valor original do débito, com a incidência dos acréscimos legais, até a data de rescisão;

II – serão deduzidas do valor referido no inciso I deste parágrafo as parcelas pagas, com a incidência dos acréscimos legais, até a data de rescisão.

Art. 41. A opção pelo Redom sujeita o contribuinte a:

I – confissão irrevogável e irretratável dos débitos referidos no art. 40;

II – aceitação plena e irretratável de todas as condições estabelecidas;

III – pagamento regular das parcelas do débito consolidado, assim como das contribuições com vencimento posterior a 30 de abril de 2013.

Capítulo V
Disposições Gerais

Art. 42. É de responsabilidade do empregador o arquivamento de documentos comprobatórios do cumprimento das obrigações fiscais, trabalhistas e previdenciárias, enquanto essas não prescreverem.

Art. 43. O direito de ação quanto a créditos resultantes das relações de trabalho prescreve em 5 (cinco) anos até o limite de 2 (dois) anos após a extinção do contrato de trabalho.

Art. 44. A Lei 10.593, de 6 de dezembro de 2002, passa a vigorar acrescida do seguinte art. 11-A:
"Art. 11-A. A verificação, pelo Auditor-Fiscal do Trabalho, do cumprimento das normas que regem o trabalho do empregado doméstico, no âmbito do domicílio do empregador, dependerá de agendamento e de entendimento prévios entre a fiscalização e o empregador.
§ 1º A fiscalização deverá ter natureza prioritariamente orientadora.
§ 2º Será observado o critério de dupla visita para lavratura de auto de infração, salvo quando for constatada infração por falta de anotação na Carteira de Trabalho e Previdência Social ou, ainda, na ocorrência de reincidência, fraude, resistência ou embaraço à fiscalização.
§ 3º Durante a inspeção do trabalho referida no *caput*, o Auditor-Fiscal do Trabalho far-se-á acompanhar pelo empregador ou por alguém de sua família por este designado."

Art. 45. As matérias tratadas nesta Lei Complementar que não sejam reservadas constitucionalmente a lei complementar poderão ser objeto de alteração por lei ordinária.

Art. 46. Revogam-se o inciso I do art. 3º da Lei 8.009, de 29 de março de 1990, e a Lei 5.859, de 11 de dezembro de 1972.

Art. 47. Esta Lei entra em vigor na data de sua publicação.

Brasília, 1º de junho de 2015; 194º da Independência e 127º da República.

Dilma Rousseff

(*DOU* 02.06.2015)

Enfermagem

LEI 7.498, DE 25 DE JUNHO DE 1986

Dispõe sobre a regulamentação do exercício da enfermagem, e dá outras providências.

- V. Dec. 8.778/1946 (Regula os exames de habilitação para os Auxiliares de Enfermagem e Parteiras Práticas).
- V. Dec. 94.406/1987 (Regulamenta a Lei 7.498/1986).

O Presidente da República:
Faço saber que o Congresso Nacional decreta e eu sanciono a seguinte lei:

Art. 1º É livre o exercício da enfermagem em todo o território nacional, observadas as disposições desta Lei.

Art. 2º A enfermagem e suas atividades auxiliares somente podem ser exercidas por pessoas legalmente habilitadas e inscritas no Conselho Regional de Enfermagem com jurisdição na área onde ocorre o exercício.

Parágrafo único. A enfermagem é exercida privativamente pelo Enfermeiro, pelo Técnico de Enfermagem, pelo Auxiliar de Enfermagem e pela Parteira, respeitados os respectivos graus de habilitação.

Art. 3º O planejamento e a programação das instituições e serviços de saúde incluem planejamento e programação de enfermagem.

Art. 4º A programação de enfermagem inclui a prescrição da assistência de enfermagem.

Art. 5º *(Vetado.)*

§ 1º *(Vetado.)*

§ 2º *(Vetado.)*

Art. 6º São enfermeiros:

I – o titular do diploma de Enfermeiro conferido por instituição de ensino, nos termos da lei;

II – o titular do diploma ou certificado de Obstetriz ou de Enfermeira Obstétrica, conferido nos termos da lei;

III – o titular do diploma ou certificado de Enfermeira e a titular do diploma ou certificado de Enfermeira Obstétrica ou de Obstetriz, ou equivalente, conferido por escola estrangeira segundo as leis do país, registrado em virtude de acordo de intercâmbio cultural ou revalidado no Brasil como diploma de Enfermeiro, de Enfermeira Obstétrica ou de Obstetriz;

IV – aqueles que, não abrangidos pelos incisos anteriores, obtiverem título de Enfermeiro conforme o disposto na alínea d do art. 3º do Decreto 50.387, de 28 de março de 1961.

Art. 7º São Técnicos de Enfermagem:

I – o titular do diploma ou do certificado de Técnico de Enfermagem, expedido de acordo com a legislação e registrado pelo órgão competente;

II – o titular do diploma ou do certificado legalmente conferido por escola ou curso estrangeiro, registrado em virtude de acordo de intercâmbio cultural ou revalidado no Brasil como diploma de Técnico de Enfermagem.

Art. 8º São Auxiliares de Enfermagem:

I – o titular de certificado de Auxiliar de Enfermagem conferido por instituição de ensino, nos termos da lei e registrado no órgão competente;

II – o titular de diploma a que se refere a Lei 2.822, de 14 de junho de 1956;

III – o titular do diploma ou certificado a que se refere o inciso III do art. 2º da Lei 2.604, de 17 de setembro de 1955, expedido até a publicação da Lei 4.024, de 20 de dezembro de 1961;

IV – o titular de certificado de Enfermeiro Prático ou Prático de Enfermagem, expedido até 1964 pelo Serviço Nacional de Fiscalização da Medicina e Farmácia, do Ministério da Saúde, ou por órgão congênere da Secretaria de Saúde nas Unidades da Federação, nos termos do Decreto-lei 23.774, de 22 de janeiro de 1934, do Decreto-lei 8.778, de 22 de janeiro de 1946, e da Lei 3.640, de 10 de outubro de 1959;

V – o pessoal enquadrado como Auxiliar de Enfermagem, nos termos do Decreto-lei 299, de 28 de fevereiro de 1967;

VI – o titular do diploma ou certificado conferido por escola ou curso estrangeiro, segundo as leis do país, registrado em virtude de acordo de intercâmbio cultural ou revalidado no Brasil como certificado de Auxiliar de Enfermagem.

Art. 9º São Parteiras:

I – a titular do certificado previsto no art. 1º do Decreto-lei 8.778, de 22 de janeiro de 1946, observado o disposto na Lei 3.640, de 10 de outubro de 1959;

II – a titular do diploma ou certificado de Parteira, ou equivalente, conferido por escola ou curso estrangeiro, segundo as leis do país, registrado em virtude de intercâmbio cultural ou revalidado no Brasil, até 2 (dois) anos após a publicação desta Lei, como certificado de Parteira.

Art. 10. *(Vetado.)*

Art. 11. O Enfermeiro exerce todas as atividades de enfermagem, cabendo-lhe:

I – privativamente:

a) direção do órgão de enfermagem integrante da estrutura básica da instituição de saúde, pública e privada, e chefia de serviço e de unidade de enfermagem;

b) organização e direção dos serviços de enfermagem e de suas atividades técnicas e auxiliares nas empresas prestadoras desses serviços;

c) planejamento, organização, coordenação, execução e avaliação dos serviços da assistência de enfermagem;

d) *(Vetado.)*;

e) *(Vetado.)*;

f) *(Vetado.)*;

g) *(Vetado.)*;

h) consultoria, auditoria e emissão de parecer sobre matéria de enfermagem;

i) consulta de enfermagem;

j) prescrição da assistência de enfermagem;

l) cuidados diretos de enfermagem a pacientes graves com risco de vida;

m) cuidados de enfermagem de maior complexidade técnica e que exijam conhecimentos de base científica e capacidade de tomar decisões imediatas;

II – como integrante da equipe de saúde:

a) participação no planejamento, execução e avaliação da programação de saúde;

b) participação na elaboração, execução e avaliação dos planos assistenciais de saúde;

c) prescrição de medicamentos estabelecidos em programas de saúde pública e em rotina aprovada pela instituição de saúde;

d) participação em projetos de construção ou reforma de unidades de internação;

e) prevenção e controle sistemático da infecção hospitalar e de doenças transmissíveis em geral;

f) prevenção e controle sistemático de danos que possam ser causados à clientela durante a assistência de enfermagem;

g) assistência de enfermagem à gestante, parturiente e puérpera;

h) acompanhamento da evolução e do trabalho de parto;

i) execução do parto sem distocia;

j) educação visando à melhoria de saúde da população.

Parágrafo único. As profissionais referidas no inciso II do art. 6º desta Lei incumbe, ainda:

a) assistência à parturiente e ao parto normal;

b) identificação das distocias obstétricas e tomada de providências até a chegada do médico;

c) realização de episiotomia e episiorrafia e aplicação de anestesia local, quando necessária.

Art. 12. O Técnico de Enfermagem exerce atividade de nível médio, envolvendo orientação e acompanhamento do trabalho de enfermagem em grau auxiliar, e participação no planejamento da assistência de enfermagem, cabendo-lhe especialmente:

a) participar da programação da assistência de enfermagem;

b) executar ações assistenciais de enfermagem, exceto as privativas do Enfermeiro, observado o disposto no parágrafo único do art. 11 desta Lei;

c) participar da orientação e supervisão do trabalho de enfermagem em grau auxiliar;

d) participar da equipe de saúde.

Art. 13. O Auxiliar de Enfermagem exerce atividades de nível médio, de natureza repetitiva, envolvendo serviços auxiliares de enfermagem sob supervisão, bem como a participação em nível de execução simples, em processos de tratamento, cabendo-lhe especialmente:

a) observar, reconhecer e descrever sinais e sintomas;

b) executar ações de tratamento simples;

c) prestar cuidados de higiene e conforto ao paciente;

d) participar da equipe de saúde.

Art. 14. *(Vetado.)*

Art. 15. As atividades referidas nos arts. 12 e 13 desta Lei, quando exercidas em instituições de saúde, públicas e privadas, e em programas de saúde, somente podem ser desempenhadas sob orientação e supervisão de Enfermeiro.

Art. 16. *(Vetado.)*

Art. 17. *(Vetado.)*

Art. 18. *(Vetado.)*

Parágrafo único. *(Vetado.)*

Art. 19. *(Vetado.)*

Art. 20. Os órgãos de pessoal da administração pública direta e indireta, federal, estadual, municipal, do Distrito Federal e dos Territórios observarão, no provimento de cargos e funções e na contratação de pessoal de enfermagem, de todos os graus, os preceitos desta Lei.

Parágrafo único. Os órgãos a que se refere este artigo promoverão as medidas necessárias à harmonização das situações já existentes com as disposições desta Lei, respeitados os direitos adquiridos quanto a vencimentos e salários.

Art. 21. *(Vetado.)*

Art. 22. *(Vetado.)*

Art. 23. O pessoal que se encontra executando tarefas de enfermagem, em virtude de carência de recursos humanos de nível médio nessa área, sem possuir formação específica regulada em lei, será autorizado, pelo Conselho Federal de Enfermagem, a exercer atividades elementares de enfermagem, observado o disposto no art. 15 desta Lei.

Parágrafo único. É assegurado aos atendentes de enfermagem, admitidos antes da vigência desta Lei, o exercício das atividades elementares da enfermagem, observado o disposto em seu artigo 15.

- Parágrafo único com redação determinada pela Lei 8.967/1994.

Art. 24. *(Vetado.)*

Parágrafo único. *(Vetado.)*

Art. 25. O Poder Executivo regulamentará esta lei no prazo de 120 (cento e vinte) dias a contar da data de sua publicação.

Art. 26. Esta Lei entra em vigor na data de sua publicação.

Art. 27. Revogam-se *(Vetado)* as demais disposições em contrário.

Brasília, 25 de junho de 1986; 165º da Independência e 98º da República.

José Sarney

(*DOU* 26.06.1986)

Engenheiro, Químico, Arquiteto, Agrônomo e Veterinário

LEI 4.950-A, DE 22 DE ABRIL DE 1966

Dispõe sobre a remuneração de profissionais diplomados em Engenharia, Química, Arquitetura, Agronomia e Veterinária.

- V. Resolução SF 12/1971 (Suspende, por inconstitucionalidade, a execução da Lei 4.950-A/1966, em relação aos servidores públicos sujeitos ao regime estatutário).

Faço saber que o Congresso Nacional aprovou e manteve, após veto presidencial, e eu, Auro Moura Andrade, Presidente do Senado Federal, de acordo com o disposto no § 4º do art. 70, da Constituição Federal, promulgo a seguinte Lei:

Art. 1º O salário-mínimo dos diplomados pelos cursos regulares superiores mantidos pelas Escolas de Engenharia, de Química, de Arquitetura, de Agronomia e de Veterinária é o fixado pela presente Lei.

Art. 2º O salário-mínimo fixado pela presente Lei é a remuneração mínima obrigatória por serviços prestados pelos profissionais definidos no art. 1º, com relação de emprego ou função, qualquer que seja a fonte pagadora.

Art. 3º Para os efeitos desta Lei as atividades ou tarefas desempenhadas pelos profissionais enumerados no art. 1º são classificadas em:

a) atividades ou tarefas com exigência de seis horas diárias de serviço;

b) atividades ou tarefas com exigência de mais de seis horas diárias de serviço.

Parágrafo único. A jornada de trabalho é a fixada no contrato de trabalho ou determinação legal vigente.

Art. 4º Para os efeitos desta Lei os profissionais citados no art. 1º são classificados em:

a) diplomados pelos cursos regulares superiores mantidos pelas Escolas de Engenharia, de Química, de Arquitetura, de Agronomia e de Veterinária com curso universitário de 4 (quatro) anos ou mais;

b) diplomados pelos cursos regulares superiores mantidos pelas Escolas de Engenharia, de Química, de Arquitetura, de Agronomia e de Veterinária com curso universitário de menos de quatro anos.

Art. 5º Para a execução das atividades e tarefas classificadas na alínea a do art. 3º, fica fixado o salário-base mínimo de seis vezes o maior salário-mínimo comum vigente no País, para os profissionais relacionados na alínea a do art. 4º, e de cinco vezes o maior salário-mínimo comum vigente no País, para os profissionais da alínea b do art. 4º.

Art. 6º Para a execução de atividades e tarefas classificadas na alínea b do art. 3º, a fixação do salário-base mínimo será feito tomando-se por base o custo da hora fixado no art. 5º desta Lei, acrescidas de 25% (vinte e cinco por cento) as horas excedentes das seis diárias de serviços.

Art. 7º A remuneração do trabalho noturno será feita na base da remuneração do trabalho diurno, acrescida de 25% (vinte e cinco por cento).

Art. 8º Esta Lei entrará em vigor na data da sua publicação, revogadas as disposições em contrário.

Brasília, 22 de abril de 1966; 145º da Independência e 78º da República.

Auro Moura Andrade

Presidente do Senado Federal

(*DOU* 29.04.1966)

Garimpeiro

LEI 11.685, DE 2 DE JUNHO DE 2008

Institui o Estatuto do Garimpeiro e dá outras providências.

O Vice-Presidente da República, no exercício do cargo de Presidente da República:

Faço saber que o Congresso Nacional decreta e eu sanciono a seguinte Lei:

Capítulo I
Disposições Preliminares

Art. 1º Fica instituído o Estatuto do Garimpeiro, destinado a disciplinar os direitos e deveres assegurados aos garimpeiros.

Art. 2º Para os fins previstos nesta Lei entende-se por:

I – garimpeiro: toda pessoa física de nacionalidade brasileira que, individualmente ou em forma associativa, atue diretamente no processo da extração de substâncias minerais garimpáveis;

II – garimpo: a localidade onde é desenvolvida a atividade de extração de substâncias minerais garimpáveis, com aproveitamento imediato do jazimento mineral, que, por sua natureza, dimensão, localização e utilização econômica, possam ser lavradas, independentemente de prévios trabalhos de pesquisa, segundo critérios técnicos do Departamento Nacional de Produção Mineral – DNPM; e

III – minerais garimpáveis: ouro, diamante, cassiterita, columbita, tantalita, wolframita, nas formas aluvionar, eluvional e coluvial, scheelita, demais gemas, rutilo, quartzo, berilo, muscovita, espodumênio, lepidolita, feldspato, mica e outros, em tipos de ocorrência que vierem a ser indicados, a critério do DNPM.

Art. 3º O exercício da atividade de garimpagem só poderá ocorrer após a outorga do competente título minerário, expedido nos termos do Decreto-lei 227, de 28 de fevereiro de 1967, e da Lei 7.805, de 18 de julho de 1989, sendo o referido título indispensável para a lavra e a primeira comercialização dos minerais garimpáveis extraídos.

Capítulo II
Das Modalidades de Trabalho

Art. 4º Os garimpeiros realizarão as atividades de extração de substâncias minerais garimpáveis sob as seguintes modalidades de trabalho:

I – autônomo;

II – em regime de economia familiar;

III – individual, com formação de relação de emprego;

IV – mediante Contrato de Parceria, por Instrumento Particular registrado em cartório; e

V – em Cooperativa ou outra forma de associativismo.

Capítulo III
Dos Direitos e Deveres do Garimpeiro

Seção I
Dos Direitos

Art. 5º As cooperativas de garimpeiros terão prioridade na obtenção da permissão de lavra garimpeira nas áreas nas quais estejam atuando, desde que a ocupação tenha ocorrido nos seguintes casos:

I – em áreas consideradas livres, nos termos do Decreto-lei 227, de 28 de fevereiro de 1967;

II – em áreas requeridas com prioridade, até a data de 20 de julho de 1989; e

III – em áreas onde sejam titulares de permissão de lavra garimpeira.

Parágrafo único. É facultado ao garimpeiro associar-se a mais de uma cooperativa que tenha atuação em áreas distintas.

Art. 6º As jazidas cujo título minerário esteja em processo de baixa no DNPM e que, comprovadamente, contenham, nos seus rejeitos, minerais garimpáveis que possam ser objeto de exploração garimpeira poderão ser tornadas disponíveis, por meio de edital, às cooperativas de garimpeiros, mediante a manifestação de interesse destas, conforme dispuser portaria do Diretor-Geral do DNPM.

Art. 7º As jazidas vinculadas a títulos minerários declarados caducos em conformidade com o art. 65 do Decreto-lei 227, de 28 de fevereiro de 1967, relativos a substâncias minerais garimpáveis que possam ser objeto de atividade garimpeira, poderão ser tornadas disponíveis, por meio de edital, às cooperativas de garimpeiros, mediante a manifestação de interesse destas, conforme dispuser portaria do Diretor-Geral do DNPM.

Art. 8º A critério do DNPM, será admitido o aproveitamento de substâncias minerais garimpáveis por cooperativas de garimpeiros em áreas de manifesto de mina e em áreas oneradas por alvarás de pesquisa e portarias de lavra, com autorização do titular, quando houver exequibilidade da lavra por ambos os regimes.

Art. 9º Fica assegurado ao garimpeiro, em qualquer das modalidades de trabalho, o direito de comercialização da sua produção diretamente com o consumidor final, desde que se comprove a titularidade da área de origem do minério extraído.

Art. 10. A atividade de garimpagem será objeto de elaboração de políticas públicas pelo Ministério de Minas e Energia destinadas a promover o seu desenvolvimento sustentável.

Art. 11. Fica assegurado o registro do exercício da atividade de garimpagem nas carteiras expedidas pelas cooperativas de garimpeiros.

Seção II
Dos Deveres do Garimpeiro

Art. 12. O garimpeiro, a cooperativa de garimpeiros e a pessoa que tenha celebrado Contrato de Parceria com garimpeiros, em qualquer modalidade de trabalho, ficam obrigados a:

I – recuperar as áreas degradadas por suas atividades;

II – atender ao disposto no Código de Mineração no que lhe couber; e

III – cumprir a legislação vigente em relação à segurança e à saúde no trabalho.

Art. 13. É proibido o trabalho do menor de 18 (dezoito) anos na atividade de garimpagem.

Capítulo IV
Das Entidades de Garimpeiros

Art. 14. É livre a filiação do garimpeiro a associações, confederações, sindicatos, cooperativas ou outras formas associativas, devidamente registradas, conforme legislação específica.

Art. 15. As cooperativas, legalmente constituídas, titulares de direitos minerários deverão informar ao DNPM, anualmente, a relação dos garimpeiros cooperados, exclusivamente para fins de registro.

§ 1º A apresentação intempestiva ou que contenha informações inverídicas implicará multa de R$ 2.000,00 (dois mil reais), a ser aplicada pelo DNPM.

§ 2º No caso de reincidência, a multa será aplicada em dobro, podendo, no caso de não pagamento ou nova ocorrência, ensejar a caducidade do título.

Capítulo V
Disposições Finais

Art. 16. O garimpeiro que tenha Contrato de Parceria com o titular de direito minerário deverá comprovar a regularidade de sua atividade na área titulada mediante apresentação de cópias autenticadas do contrato e do respectivo título minerário.

Parágrafo único. O contrato referido no *caput* deste artigo não será objeto de averbação no DNPM.

Art. 17. Fica o titular de direito minerário obrigado a enviar, anualmente, ao DNPM a relação dos garimpeiros que atuam em sua área, sob a modalidade de Contrato de Parceria, com as respectivas cópias desses contratos.

§ 1º A apresentação intempestiva ou que contenha informações inverídicas implicará multa de R$ 1.000,00 (mil reais), a ser aplicada pelo DNPM.

§ 2º No caso de reincidência, a multa será aplicada em dobro, podendo, no caso de não pagamento ou nova ocorrência, ensejar a caducidade do título.

Art. 18. É instituído o Dia Nacional do Garimpeiro a ser comemorado em 21 de julho.

Art. 19. Fica intitulado Patrono dos Garimpeiros o Bandeirante Fernão Dias Paes Leme.

Art. 20. Esta Lei entra em vigor na data de sua publicação.

Brasília, 2 de junho de 2008; 187º da Independência e 120º da República.

José Alencar Gomes da Silva

(*DOU* 03.06.2008)

Mãe Social

LEI 7.644, DE 18 DE DEZEMBRO DE 1987

Dispõe sobre a Regulamentação da Atividade de Mãe Social e dá outras Providências.

O Presidente da República:

Faço saber que o Congresso Nacional decreta e eu sanciono a seguinte Lei:

Art. 1º As instituições sem finalidade lucrativa, ou de utilidade pública de assistência ao menor abandonado, e que funcionem pelo sistema de casas-lares, utilizarão mães sociais visando a propiciar ao menor as condições familiares ideais ao seu desenvolvimento e reintegração social.

Art. 2º Considera-se mãe social, para efeito desta Lei, aquela que, dedicando-se à assistência ao menor abandonado, exerça o encargo em nível social, dentro do sistema de casas-lares.

Art. 3º Entende-se como casa-lar a unidade residencial sob responsabilidade de mãe social, que abrigue até dez menores.

§ 1º As casas-lares serão isoladas, formando, quando agrupadas, uma aldeia assistencial ou vila de menores.

§ 2º A instituição fixará os limites de idade em que os menores ficarão sujeitos às casas-lares.

§ 3º Para os efeitos dos benefícios previdenciários, os menores residentes nas casas-lares e nas Casas da Juventude são considerados dependentes da mãe social a que foram confiados pela instituição empregadora.

Art. 4º São atribuições da mãe social:

I – propiciar o surgimento de condições próprias de uma família, orientando e assistindo os menores colocados sob seus cuidados;

II – administrar o lar, realizando e organizando as tarefas a ele pertinentes;

III – dedicar-se, com exclusividade, aos menores e à casa-lar que lhes forem confiados.

Parágrafo único. A mãe social, enquanto no desempenho de suas atribuições, deverá residir, juntamente com os menores que lhe forem confiados, na casa-lar que lhe for destinada.

Art. 5º À mãe social ficam assegurados os seguintes direitos:

I – anotação na Carteira de Trabalho e Previdência Social;

II – remuneração, em valor não inferior ao salário mínimo;

III – repouso semanal remunerado de 24 (vinte e quatro) horas consecutivas;

IV – apoio técnico, administrativo e financeiro no desempenho de suas funções;

V – 30 (trinta) dias de férias anuais remuneradas nos termos do que dispõe o capítulo IV, da Consolidação das Leis do Trabalho;

VI – benefícios e serviços previdenciários, inclusive, em caso de acidente do trabalho, na qualidade de segurada obrigatória;

VII – gratificação de Natal (13º salário);

VIII – Fundo de Garantia do Tempo de Serviço ou indenização, nos termos da legislação pertinente.

Art. 6º O trabalho desenvolvido pela mãe social é de caráter intermitente, realizando-se pelo tempo necessário ao desempenho de suas tarefas.

Art. 7º Os salários devidos à mãe social serão reajustados de acordo com as disposições legais aplicáveis, deduzido o percentual de alimentação fornecida pelo empregador.

Art. 8º A candidata ao exercício da profissão de mãe social deverá submeter-se à seleção e treinamento específicos, a cujo término será verificada sua habilitação.

§ 1º O treinamento será composto de um conteúdo teórico e de uma aplicação prática, esta sob forma de estágio.

§ 2º O treinamento e estágio a que se refere o parágrafo anterior não excederão de 60 (sessenta) dias, nem criarão vínculo empregatício de qualquer natureza.

§ 3º A estagiária deverá estar segurada contra acidentes pessoais e receberá alimentação, habitação e bolsa de ajuda para vestuário e despesas pessoais.

§ 4º O Ministério da Previdência e Assistência Social assegurará assistência médica e hospitalar à estagiária.

Art. 9º São condições para admissão como mãe social:

a) idade mínima de 25 anos;

b) boa sanidade física e mental;

c) curso de primeiro grau, ou equivalente;

d) ter sido aprovada em treinamento e estágio exigidos por esta Lei;

e) boa conduta social;

f) aprovação em teste psicológico específico.

Art. 10. A instituição manterá mães sociais para substituir as efetivas durante seus períodos de afastamento do serviço.

§ 1º A mãe social substituta, quando não estiver em efetivo serviço de substituição, deverá residir na aldeia assistencial e cumprir tarefas determinadas pelo empregador.

§ 2º A mãe social, quando no exercício da substituição, terá direito à retribuição percebida pela titular e ficará sujeita ao mesmo horário de trabalho.

Art. 11. As instituições que funcionam pelo sistema de casas-lares manterão, além destas, Casas de Juventude, para jovens com mais de 13 anos de idade, os quais encaminharão ao ensino profissionalizante.

Parágrafo único. O ensino a que se refere o *caput* deste artigo poderá ser ministrado em comum, em cada aldeia assistencial ou em várias dessas aldeias assistenciais reunidas, ou, ainda, em outros estabelecimentos de ensino, públicos ou privados, conforme julgar conveniente a instituição.

Art. 12. Caberá à administração de cada aldeia assistencial providenciar a colocação dos menores no mercado de trabalho, como estagiários, aprendizes ou como empregados, em estabelecimentos públicos ou privados.

Parágrafo único. As retribuições percebidas pelos menores nas condições mencionadas no *caput* deste artigo serão assim distribuídas e destinadas:

I – até 40% (quarenta por cento) para a casa-lar a que estiverem vinculados, revertidos no custeio de despesas com manutenção do próprio menor;

II – 40% (quarenta por cento) para o menor destinados a despesas pessoais;

III – até 30% (trinta por cento) para depósito em caderneta de poupança ou equivalente, em nome do menor, com assistência da instituição mantenedora, e que poderá ser levantado pelo menor a partir dos 18 anos de idade.

Art. 13. Extinto o contrato de trabalho, a mãe social deverá retirar-se da casa-lar que ocupava, cabendo à entidade empregadora providenciar a imediata substituição.

Art. 14. As mães sociais ficam sujeitas às seguintes penalidades aplicáveis pela entidade empregadora:

I – advertência;

II – suspensão;

III – demissão.

Parágrafo único. Em caso de demissão sem justa causa, a mãe social será indenizada, na forma da legislação vigente, ou levantará os depósitos do Fundo de Garantia por Tempo de Serviço, com os acréscimos previstos em lei.

Art. 15. As casas-lares e as aldeias assistenciais serão mantidas exclusivamente com rendas próprias, doações, legados, contribuições e subvenções de entidades públicas ou privadas, vedada a aplicação em outras atividades que não sejam de seus objetivos.

Art. 16. Fica facultado a qualquer entidade manter casas-lares, desde que cumprido o disposto nesta Lei.

Art. 17. Por menor abandonado entende-se, para os efeitos desta Lei, o "menor em situação irregular" pela morte ou abandono dos pais, ou, ainda, pela incapacidade destes.

Art. 18. As instituições que mantenham ou coordenem o sistema de casas-lares para o atendimento gratuito de menores abandonados, registradas como tais no Conselho Nacional do Serviço Social, ficam isentas do recolhimento dos encargos patronais à previdência social.

Art. 19. Às relações do trabalho previstas nesta Lei, no que couber, aplica-se o disposto nos capítulos I e IV do Título II, Seções IV, V e VI do Capítulo IV do Título III e nos Títulos IV e VII, todos da Consolidação das Leis do Trabalho – CLT.

Art. 20. Incumbe às autoridades competentes do Ministério do Trabalho e do Ministério da Previdência e Assistência Social, observadas as áreas de atuação, a fiscalização do disposto nesta Lei, competindo à Justiça do Trabalho dirimir as controvérsias entre empregado e empregador.

Art. 21. Esta Lei entra em vigor na data de sua publicação.

Art. 22. Revogam-se as disposições em contrário.

Brasília, 18 de dezembro de 1987; 166º da Independência e 99º da República.

José Sarney

(*DOU* 21.12.1987)

Médico

LEI 3.999, DE 15 DE DEZEMBRO DE 1961

Altera o salário mínimo dos médicos e cirurgiões dentistas.

O Presidente da República:

Faço saber que o Congresso Nacional decreta e eu sanciono a seguinte Lei:

Art. 1º O salário-mínimo dos médicos passa a vigorar nos níveis e da forma estabelecida na presente Lei.

Art. 2º A classificação de atividades ou tarefas, desdobrando-se por funções, será a seguinte:

a) médicos (seja qual for a especialidade);

b) auxiliares (auxiliar de laboratorista e radiologista e internos).

Art. 3º Não se compreende na classificação de atividades ou tarefas, previstas nesta Lei (obrigando ao pagamento de remuneração) o estágio efetuado para especialização ou melhoria de tirocínio, desde que não exceda ao prazo máximo de 6 (seis) meses e permita a sucessão regular no quadro de beneficiados.

Art. 4º É salário-mínimo dos médicos a remuneração mínima, permitida por lei, pelos serviços profissionais prestados por médicos, com a relação de emprego, a pessoas físicas ou jurídicas de direito privado.

Art. 5º Fica fixado o salário-mínimo dos médicos em quantia igual a três vezes e o dos auxiliares a duas vezes mais o salário-mínimo comum das regiões ou sub-regiões em que exercerem a profissão.

Art. 6º O disposto no art. 5º aplica-se aos médicos que, não sujeitos ao horário previsto na alínea a do art. 8º, prestam assistência domiciliar por conta de pessoas físicas ou jurídicas de direito privado, como empregados destas, mediante remuneração por prazo determinado.

Art. 7º Sempre que forem alteradas as tabelas do salário-mínimo comum, nas localidades onde o salário-mínimo geral corresponder a valor inferior à metade da soma do mais alto e do mais baixo salário-mínimo em vigor no país, o salário-mínimo dos médicos será reajustado para valor correspondente a três vezes e o dos auxiliares para duas vezes mais esta metade.

Art. 8º A duração normal do trabalho, salvo acordo escrito que não fira de modo algum o disposto no art. 12, será:

a) para médicos, no mínimo de duas horas e no máximo de quatro horas diárias;

b) para os auxiliares será de quatro horas diárias.

§ 1º Para cada 90 minutos de trabalho gozará o médico de um repouso de dez minutos.

§ 2º Aos médicos e auxiliares que contratarem com mais de um empregador, é vedado o trabalho além de seis horas diárias.

§ 3º Mediante acordo escrito, ou por motivo de força maior, poderá ser o horário normal acrescido de horas suplementares, em número não excedente de duas.

§ 4º A remuneração da hora suplementar não será nunca inferior a 25% (vinte e cinco por cento) à da hora normal.

Art. 9º O trabalho noturno terá remuneração superior à do diurno e, para esse efeito, sua remuneração terá um acréscimo de 20% (vinte por cento), pelo menos, sobre a hora diurna.

Art. 10. O profissional, designado para servir fora da cidade ou vila para a qual tenha sido contratado, não poderá:

a) perceber importância inferior a do nível mínimo de remuneração que vigore naquela localidade;

b) sofrer redução, caso se observe nível inferior.

Art. 11. As modificações futuras de critério territorial para a fixação dos salários-mínimos comuns, em tabelas, aproveitarão, também, para os dos médicos.

Art. 12. Na hipótese do ajuste ou contrato de trabalho ser incluído à base-hora, o total da remuneração devida não poderá perfazer quantia inferior a 25 vezes o valor da soma das duas primeiras horas, conforme o valor horário calculado para a respectiva localidade.

Art. 13. São aplicáveis ao salário-mínimo dos médicos as disposições de caráter geral, sobre o salário-mínimo, constantes do Decreto-lei 5.452, de 1º de maio de 1943.

Art. 14. A aplicação da presente Lei não poderá ser motivo de redução de salário, nem prejudicará a situação de direito adquirido.

Art. 15. Os cargos ou funções de chefias de serviços médicos somente poderão ser exercidos por médicos, devidamente habilitados na forma da lei.

Art. 16. A partir da vigência da presente Lei, o valor das indenizações estatuídas na CLT, que venham a ser devidas, será desde logo calculado e pago de conformidade com os níveis de remuneração nela fixados.

Art. 17. *(Revogado pelo Dec.-lei 66/1966.)*

Art. 18. Aos médicos que exerçam a profissão como empregados de mais de um empregador é permitido contribuir, cumulativamente, na base dos salários efetivamente recebidos nos diversos empregos, até o máximo de dez vezes o maior salário-mínimo geral vigente para os trabalhadores não abrangidos por esta Lei, cabendo aos respectivos empregadores recolher as suas cotas, na proporção dos salários pagos.

Art. 19. Às instituições de fins beneficentes e caritativos, que demonstrem não poder suportar o pagamento dos níveis mínimos de salários instituídos na presente Lei, será facultado requerer ao Conselho Nacional do Serviço Social isenção total ou redução dos mesmos salários.

§ 1º A isenção, para ser concedida, deve subordinar-se à audiência do órgão sindical e da Associação Médica Brasileira, por intermédio de sua federada regional e, bem assim, do Serviço de Estatística da Previdência e do Trabalho, do Ministério do Trabalho e da Previdência Social.

§ 2º A isenção poderá ser declarada, em cada caso, na fase de execução da sentença proferida em litígio trabalhista, pelo Juízo ou Tribunal competente, podendo, contudo, a execução ser reaberta, independente de qualquer prazo prescricional, sempre que o interessado prove alteração superveniente das condições econômicas da instituição.

Art. 20. Os benefícios desta Lei estendem-se aos profissionais da medicina e seus auxiliares que trabalham ou venham a trabalhar em organizações industriais e agrícolas, localizadas em zonas urbanas e rurais.

§ 1º As empresas que já tenham serviço médico-social organizado, conservarão seus médicos e auxiliares com as vantagens decorrentes desta Lei, levando-se em consideração o tempo de serviço, as distâncias e outros fatores que possam influir na organização do horário, de acordo com as necessidades do serviço.

Art. 21. São automaticamente nulos todos os contratos de trabalho que, de qualquer forma, visem a elidir a presente Lei.

Art. 22. As disposições desta Lei são extensivas aos cirurgiões dentistas, inclusive aos que trabalham em organizações sindicais.

Art. 23. Esta Lei entrará em vigor na data de sua publicação, revogadas as disposições em contrário.

Brasília, 21 de dezembro de 1961; 140º da Independência e 73º da República.

João Goulart

(DOU 21.12.1961)

LEI 12.842, DE 10 DE JULHO DE 2013

Dispõe sobre o exercício da Medicina.

A Presidenta da República:

Faço saber que o Congresso Nacional decreta e eu sanciono a seguinte Lei:

Art. 1º O exercício da Medicina é regido pelas disposições desta Lei.

Art. 2º O objeto da atuação do médico é a saúde do ser humano e das coletividades humanas, em benefício da qual deverá agir com o máximo de zelo, com o melhor de sua capacidade profissional e sem discriminação de qualquer natureza.

Parágrafo único. O médico desenvolverá suas ações profissionais no campo da atenção à saúde para:

I – a promoção, a proteção e a recuperação da saúde;

II – a prevenção, o diagnóstico e o tratamento das doenças;

III – a reabilitação dos enfermos e portadores de deficiências.

Art. 3º O médico integrante da equipe de saúde que assiste o indivíduo ou a coletividade atuará em mútua colaboração com os demais profissionais de saúde que a compõem.

Art. 4º São atividades privativas do médico:

I – *(Vetado.)*

II – indicação e execução da intervenção cirúrgica e prescrição dos cuidados médicos pré e pós-operatórios;

III – indicação da execução e execução de procedimentos invasivos, sejam diagnósticos, terapêuticos ou estéticos, incluindo os acessos vasculares profundos, as biópsias e as endoscopias;

IV – intubação traqueal;

V – coordenação da estratégia ventilatória inicial para a ventilação mecânica invasiva, bem como das mudanças necessárias diante das intercorrências clínicas, e do programa de interrupção da ventilação mecânica invasiva, incluindo a desintubação traqueal;

VI – execução de sedação profunda, bloqueios anestésicos e anestesia geral;

VII – emissão de laudo dos exames endoscópicos e de imagem, dos procedimentos diagnósticos invasivos e dos exames anatomopatológicos;

VIII – *(Vetado.)*

IX – *(Vetado.)*

X – determinação do prognóstico relativo ao diagnóstico nosológico;

XI – indicação de internação e alta médica nos serviços de atenção à saúde;

XII – realização de perícia médica e exames médico-legais, excetuados os exames laboratoriais de análises clínicas, toxicológicas, genéticas e de biologia molecular;

XIII – atestação médica de condições de saúde, doenças e possíveis sequelas;

XIV – atestação do óbito, exceto em casos de morte natural em localidade em que não haja médico.

§ 1º Diagnóstico nosológico é a determinação da doença que acomete o ser humano, aqui definida como interrupção, cessação ou distúrbio da função do corpo, sistema ou órgão, caracterizada por, no mínimo, dois dos seguintes critérios:

I – agente etiológico reconhecido;

II – grupo identificável de sinais ou sintomas;

III – alterações anatômicas ou psicopatológicas.

§ 2º *(Vetado.)*

§ 3º As doenças, para os efeitos desta Lei, encontram-se referenciadas na versão atualizada da Classificação Estatística Internacional de Doenças e Problemas Relacionados à Saúde.

§ 4º Procedimentos invasivos, para os efeitos desta Lei, são os caracterizados por quaisquer das seguintes situações:

I – *(Vetado.)*

II – *(Vetado.)*

III – invasão dos orifícios naturais do corpo, atingindo órgãos internos.

§ 5º Excetuam-se do rol de atividades privativas do médico:

I – *(Vetado.)*

II – *(Vetado.)*

III – aspiração nasofaringeana ou orotraqueal;

IV – *(Vetado.)*

V – realização de curativo com desbridamento até o limite do tecido subcutâneo, sem a necessidade de tratamento cirúrgico;

VI – atendimento à pessoa sob risco de morte iminente;

VII – realização de exames citopatológicos e seus respectivos laudos;

VIII – coleta de material biológico para realização de análises clínico-laboratoriais;

IX – procedimentos realizados através de orifícios naturais em estruturas anatômicas visando à recuperação físico-funcional e não comprometendo a estrutura celular e tecidual.

§ 6º O disposto neste artigo não se aplica ao exercício da Odontologia, no âmbito de sua área de atuação.

§ 7º O disposto neste artigo será aplicado de forma que sejam resguardadas as competências próprias das profissões de assistente social, biólogo, biomédico, enfermeiro, farmacêutico, fisioterapeuta, fonoaudiólogo, nutricionista, profissional de educação física, psicólogo, terapeuta ocupacional e técnico e tecnólogo de radiologia.

Art. 5º São privativos de médico:

I – *(Vetado.)*

II – perícia e auditoria médicas; coordenação e supervisão vinculadas, de forma imediata e direta, às atividades privativas de médico;

III – ensino de disciplinas especificamente médicas;

IV – coordenação dos cursos de graduação em Medicina, dos programas de residência médica e dos cursos de pós-graduação específicos para médicos.

Parágrafo único. A direção administrativa de serviços de saúde não constitui função privativa de médico.

Art. 6º A denominação "médico" é privativa do graduado em curso superior de Medicina reconhecido e deverá constar obrigatoriamente dos diplomas emitidos por instituições de educação superior credenciadas na forma do art. 46 da Lei 9.394, de 20 de dezembro de 1996 (Lei de Diretrizes e Bases da Educação Nacional), vedada a denominação "bacharel em Medicina".

- Artigo com redação determinada pela Lei 13.270/2016.

Art. 7º Compreende-se entre as competências do Conselho Federal de Medicina editar normas para definir o caráter experimental de procedimentos em Medicina, autorizando ou vedando a sua prática pelos médicos.

Parágrafo único. A competência fiscalizadora dos Conselhos Regionais de Medicina abrange a fiscalização e o controle dos procedimentos especificados no *caput*, bem como a aplicação das sanções pertinentes em caso de inobservância das normas determinadas pelo Conselho Federal.

Art. 8º Esta Lei entra em vigor 60 (sessenta) dias após a data de sua publicação.

Brasília, 10 de julho de 2013; 192º da Independência e 125º da República.

Dilma Rousseff

(*DOU* 11.07.2013)

Médico-residente

LEI 6.932, DE 7 DE JULHO DE 1981

Dispõe sobre as atividades do médico residente e dá outras providências.

O Presidente da República:

Faço saber que o Congresso Nacional decreta e eu sanciono a seguinte Lei:

Art. 1º A Residência Médica constitui modalidade de ensino de pós-graduação, destinada a médicos, sob a forma de cursos de especialização, caracterizada por treinamento em serviço, funcionando sob a responsabilidade de instituições de saúde, universitárias ou não, sob a orientação de profissionais médicos de elevada qualificação ética e profissional.

§ 1º As instituições de saúde de que trata este artigo somente poderão oferecer programas de Residência Médica depois de credenciadas pela Comissão Nacional de Residência Médica.

§ 2º É vedado o uso da expressão "residência médica" para designar qualquer programa de treinamento médico que não tenha sido aprovado pela Comissão Nacional de Residência Médica.

§ 3º A Residência Médica constitui modalidade de certificação das especialidades médicas no Brasil.

- § 3º acrescentado pela Lei 12.871/2013.

§ 4º As certificações de especialidades médicas concedidas pelos Programas de Residência Médica ou pelas associações médicas submetem-se às necessidades do Sistema Único de Saúde (SUS).

- § 4º acrescentado pela Lei 12.871/2013.

§ 5º As instituições de que tratam os §§ 1º a 4º deste artigo deverão encaminhar, anualmente, o número de médicos certificados como especialistas, com vistas a possibilitar o Ministério da Saúde a formar o Cadastro Nacional de Especialistas e parametrizar as ações de saúde pública.

- § 5º acrescentado pela Lei 12.871/2013.

Art. 2º Para a sua admissão em qualquer curso de Residência Médica o candidato deverá submeter-se ao processo de seleção estabelecido pelo programa aprovado pela Comissão Nacional de Residência Médica.

Art. 3º O médico residente admitido no programa terá anotado no contrato padrão de matrícula:

a) a qualidade de médico residente, com a caracterização da especialidade que cursa;

b) o nome da instituição responsável pelo programa;

c) a data de início e a prevista para o término da residência;

d) o valor da bolsa paga pela instituição responsável pelo programa.

Art. 4º Ao médico-residente é assegurado bolsa no valor de R$ 2.384,82 (dois mil, trezentos e oitenta e quatro reais e oitenta e dois centavos), em regime especial de treinamento em serviço de 60 (sessenta) horas semanais.

- Artigo com redação determinada pela Lei 12.514/2011.

§ 1º O médico-residente é filiado ao Regime Geral de Previdência Social – RGPS como contribuinte individual.

§ 2º O médico-residente tem direito, conforme o caso, à licença-paternidade de 5 (cinco) dias ou à licença-maternidade de 120 (cento e vinte) dias.

§ 3º A instituição de saúde responsável por programas de residência médica poderá prorrogar, nos termos da Lei 11.770, de 9 de setembro de 2008, quando requerido pela médica-residente, o período de licença-maternidade em até 60 (sessenta) dias.

§ 4º O tempo de residência médica será prorrogado por prazo equivalente à duração do afastamento do médico-residente por motivo de saúde ou nas hipóteses dos §§ 2º e 3º.

§ 5º A instituição de saúde responsável por programas de residência médica oferecerá ao médico-residente, durante todo o período de residência:

I – condições adequadas para repouso e higiene pessoal durante os plantões;

II – alimentação; e

III – moradia, conforme estabelecido em regulamento.

§ 6º O valor da bolsa do médico-residente poderá ser objeto de revisão anual.

Art. 5º Os programas dos cursos de Residência Médica respeitarão o máximo de 60 horas semanais, nelas incluídas um máximo de 24 horas de plantão.

§ 1º O médico residente fará jus a um dia de folga semanal e a 30 dias consecutivos de repouso, por ano de atividade.

§ 2º Os programas dos cursos de Residência Médica compreenderão, num mínimo de 10% (dez por cento) e num máximo de 20% (vinte por cento) de sua carga horária, atividades teórico-práticas, sob a forma de sessões atualizadas, seminários, correlações clínico-patológicas ou outras, de acordo com os programas pré-estabelecidos.

Art. 6º Os programas de Residência Médica credenciados na forma desta Lei conferirão títulos de especialistas em favor dos médicos residentes neles habilitados, os quais constituirão comprovante hábil para fins legais junto ao sistema federal de ensino e ao Conselho Federal de Medicina.

Art. 7º A interrupção do programa de Residência Médica por parte do médico residente, seja qual for a causa, justificada ou não, não o exime da obrigação de, posteriormente, completar a carga horária total de atividade prevista para o aprendizado, a fim de obter o comprovante referido no artigo anterior, respeitadas as condições iniciais de sua admissão.

Art. 8º A partir da publicação desta Lei, as instituições de saúde que mantenham programas de Residência Médica terão um prazo máximo de 6 (seis) meses para submetê-los à aprovação da Comissão Nacional de Residência Médica.

Art. 9º Esta Lei será regulamentada no prazo de 90 (noventa) dias contados de sua publicação.

Art. 10. Esta Lei entrará em vigor na data de sua publicação.

Art. 11. Revogam-se as disposições em contrário.

Brasília, em 7 de julho de 1981; 160º da Independência e 93º da República.

João Figueiredo

(DOU 09.07.1981)

Motorista Profissional

LEI 12.619, DE 30 DE ABRIL DE 2012

Dispõe sobre o exercício da profissão de motorista; altera a Consolidação das Leis do Trabalho – CLT, aprovada pelo Decreto-Lei 5.452, de 1º de maio de 1943, e as Leis 9.503, de 23 de setembro de 1997, 10.233, de 5 de junho de 2001, 11.079, de 30 de dezembro de 2004, e 12.023, de 27 de agosto de 2009, para regular e disciplinar a jornada de trabalho e o tempo de direção do motorista profissional; e dá outras providências.

- V. art. 22, I, da Lei 13.103/2015, que estabelece que as penalidades decorrentes de infrações da Lei 12.619/2012, aplicadas até publicação desta Lei, ficam convertidas em sanção de advertência.

A Presidenta da República:

Faço saber que o Congresso Nacional decreta e eu sanciono a seguinte Lei:

Art. 1º *(Revogado pela Lei 13.103/2015.)*

Art. 2º *(Revogado pela Lei 13.103/2015.)*

Art. 3º O Capítulo I do Título III da Consolidação das Leis do Trabalho – CLT, aprovada pelo Decreto-Lei 5.452, de 1º de maio de 1943, passa a vigorar acrescido da seguinte Seção IV-A:

"TÍTULO III"

[...]

"Capítulo I"

[...]

"Seção IV-A"

"Do serviço do motorista profissional"

"Art. 235-A. Ao serviço executado por motorista profissional aplicam-se os preceitos especiais desta Seção."

"Art. 235-B. São deveres do motorista profissional:

I – estar atento às condições de segurança do veículo;

II – conduzir o veículo com perícia, prudência, zelo e com observância aos princípios de direção defensiva;

III – respeitar a legislação de trânsito e, em especial, as normas relativas ao tempo de direção e de descanso;

IV – zelar pela carga transportada e pelo veículo;

V – colocar-se à disposição dos órgãos públicos de fiscalização na via pública;

VI – *(Vetado.)*

VII – submeter-se a teste e a programa de controle de uso de droga e de bebida alcoólica, instituído pelo empregador, com ampla ciência do empregado.

Parágrafo único. A inobservância do disposto no inciso VI e a recusa do empregado em submeter-se ao teste e ao programa de controle de uso de droga e de bebida alcoólica previstos no inciso VII serão consideradas infração disciplinar, passível de penalização nos termos da lei."

"Art. 235-C. A jornada diária de trabalho do motorista profissional será a estabelecida na Constituição Federal ou mediante instrumentos de acordos ou convenção coletiva de trabalho.

§ 1º Admite-se a prorrogação da jornada de trabalho por até 2 (duas) horas extraordinárias.

§ 2º Será considerado como trabalho efetivo o tempo que o motorista estiver à disposição do empregador, excluídos os intervalos para refeição, repouso, espera e descanso.

§ 3º Será assegurado ao motorista profissional intervalo mínimo de 1 (uma) hora para refeição, além de intervalo de repouso diário de 11 (onze) horas a cada 24 (vinte e quatro) horas e descanso semanal de 35 (trinta e cinco) horas.

§ 4º As horas consideradas extraordinárias serão pagas com acréscimo estabelecido na Constituição Federal ou mediante instrumentos de acordos ou convenção coletiva de trabalho.

§ 5º À hora de trabalho noturno aplica-se o disposto no art. 73 desta Consolidação.

§ 6º O excesso de horas de trabalho realizado em um dia poderá ser compensado, pela correspondente diminuição em outro dia, se houver previsão em instrumentos de natureza coletiva, observadas as disposições previstas nesta Consolidação.

§ 7º *(Vetado.)*

§ 8º São consideradas tempo de espera as horas que excederem à jornada normal de trabalho do motorista de transporte rodoviário de cargas que ficar aguardando para carga ou descarga do veículo no embarcador ou destinatário ou para fiscalização da mercadoria transportada em barreiras fiscais ou alfandegárias, não sendo computadas como horas extraordinárias.

§ 9º As horas relativas ao período do tempo de espera serão indenizadas com base no salário-hora normal acrescido de 30% (trinta por cento)."

"Art. 235-D. Nas viagens de longa distância, assim consideradas aquelas em que o motorista profissional permanece fora da base da empresa, matriz ou filial e de sua residência por mais de 24 (vinte e quatro) horas, serão observados:

I – intervalo mínimo de 30 (trinta) minutos para descanso a cada 4 (quatro) horas de tempo ininterrupto de direção, podendo ser fracionados o tempo de direção e o de intervalo de descanso, desde que não completadas as 4 (quatro) horas ininterruptas de direção;

II – intervalo mínimo de 1 (uma) hora para refeição, podendo coincidir ou não com o intervalo de descanso do inciso I;

III – repouso diário do motorista obrigatoriamente com o veículo estacionado, podendo ser feito em cabine leito do veículo ou em alojamento do empregador, do contratante do transporte, do embarcador ou do destinatário ou em hotel, ressalvada a hipótese da direção em dupla de motoristas prevista no § 6º do art. 235-E."

"Art. 235-E. Ao transporte rodoviário de cargas em longa distância, além do previsto no art. 235-D, serão aplicadas regras conforme a especificidade da operação de transporte realizada.

§ 1º Nas viagens com duração superior a 1 (uma) semana, o descanso semanal será de 36 (trinta e seis) horas por semana trabalhada ou fração semanal trabalhada, e seu gozo ocorrerá no retorno do motorista à base (matriz ou filial) ou em seu domicílio, salvo se a empresa oferecer condições adequadas para o efetivo gozo do referido descanso.

§ 2º *(Vetado.)*

§ 3º É permitido o fracionamento do descanso semanal em 30 (trinta) horas mais 6 (seis) horas a serem cumpridas na mesma semana e em continuidade de um período de repouso diário.

§ 4º O motorista fora da base da empresa que ficar com o veículo parado por tempo superior à jornada normal de trabalho fica dispensado do serviço, exceto se for exigida permanência junto ao veículo, hipótese em que o tempo excedente à jornada será considerado de espera.

§ 5º Nas viagens de longa distância e duração, nas operações de carga ou descarga e nas fiscalizações em barreiras fiscais ou aduaneira de fronteira, o tempo parado que exceder a jornada normal será computado como tempo de espera e será indenizado na forma do § 9º do art. 235-C.

§ 6º Nos casos em que o empregador adotar revezamento de motoristas trabalhando em dupla no mesmo veículo, o tempo que exceder a jornada normal de trabalho em que o motorista estiver em repouso no veículo em movimento será considerado tempo de reserva e será remunerado na razão de 30% (trinta por cento) da hora normal.

§ 7º É garantido ao motorista que trabalha em regime de revezamento repouso diário mínimo de 6 (seis) horas consecutivas fora do veículo em alojamento externo ou, se na cabine leito, com o veículo estacionado.

§ 8º *(Vetado.)*

§ 9º Em caso de força maior, devidamente comprovado, a duração da jornada de trabalho do motorista profissional poderá ser elevada pelo tempo necessário para sair da situação extraordinária e chegar a um local seguro ou ao seu destino.

§ 10. Não será considerado como jornada de trabalho nem ensejará o pagamento de qualquer remuneração o período em que o motorista ou o ajudante ficarem espontaneamente no veículo usufruindo do intervalo de repouso diário ou durante o gozo de seus intervalos intrajornadas.

§ 11. Nos casos em que o motorista tenha que acompanhar o veículo transportado por qualquer meio onde ele siga embarcado, e que a embarcação disponha de alojamento para gozo do intervalo de repouso diário previsto no § 3º do art. 235-C, esse tempo não será considerado como jornada de trabalho, a não ser o tempo restante, que será considerado de espera.

§ 12. Aplica-se o disposto no § 6º deste artigo ao transporte de passageiros de longa distância em regime de revezamento."

"Art. 235-F. Convenção e acordo coletivo poderão prever jornada especial de 12 (doze) horas de trabalho por 36 (trinta e seis) horas de descanso para o trabalho do motorista, em razão da especificidade do transporte, de sazonalidade ou de característica que o justifique."

"Art. 235-G. É proibida a remuneração do motorista em função da distância percorrida, do tempo de viagem e/ou da natureza e quantidade de produtos transportados, inclusive mediante oferta de comissão ou qualquer outro tipo de vantagem, se essa remuneração ou comissionamento comprometer a segurança rodoviária ou da coletividade ou possibilitar violação das normas da presente legislação."

"Art. 235-H. Outras condições específicas de trabalho do motorista profissional, desde que não prejudiciais à saúde e à segurança do trabalhador, incluindo jornadas especiais, remuneração, benefícios, atividades acessórias e demais elementos integrantes da relação de emprego, poderão ser previstas em convenções e acordos coletivos de trabalho, observadas as demais disposições desta Consolidação."

Art. 4º O art. 71 da Consolidação das Leis do Trabalho – CLT, aprovada pelo Decreto-Lei 5.452, de 1º de maio de 1943, passa a vigorar acrescido do seguinte § 5º:

"Art. 71. [...]

[...]

§ 5º Os intervalos expressos no *caput* e no § 1º poderão ser fracionados quando compreendidos entre o término da primeira hora trabalhada e o início da última hora trabalhada, desde que previsto em convenção ou acordo coletivo de trabalho, ante a natureza do serviço e em virtude das condições especiais do trabalho a que são submetidos estritamente os motoristas, cobradores, fiscalização de campo e afins nos serviços de operação de veículos rodoviários, empregados no setor de transporte coletivo de passageiros, mantida a mesma remuneração e concedidos intervalos para descanso menores e fracionados ao final de cada viagem, não descontados da jornada."

Art. 5º A Lei 9.503, de 23 de setembro de 1997 – Código de Trânsito Brasileiro, passa a vigorar acrescida do seguinte Capítulo III-A:

"Capítulo III-A"

"Da Condução de Veículos por Motoristas Profissionais"

"Art. 67-A. É vedado ao motorista profissional, no exercício de sua profissão e na condução de veículo mencionado no inciso II do art. 105 deste Código, dirigir por mais de 4 (quatro) horas ininterruptas.

§ 1º Será observado intervalo mínimo de 30 (trinta) minutos para descanso a cada 4 (quatro) horas ininterruptas na condução de veículo referido no *caput*, sendo facultado o fracionamento do tempo de direção e do intervalo de descanso, desde que não completadas 4 (quatro) horas contínuas no exercício da condução.

§ 2º Em situações excepcionais de inobservância justificada do tempo de direção estabelecido no *caput* e desde que não comprometa a segurança rodoviária, o tempo de direção poderá ser prorrogado por até 1 (uma) hora, de modo a permitir que o condutor, o veículo e sua carga cheguem a lugar que ofereça a segurança e o atendimento demandados.

§ 3º O condutor é obrigado a, dentro do período de 24 (vinte e quatro) horas, observar um intervalo de, no mínimo, 11 (onze) horas de descanso, podendo ser fracionado em 9 (nove) horas mais 2 (duas), no mesmo dia.

§ 4º Entende-se como tempo de direção ou de condução de veículo apenas o período em que o condutor estiver efetivamente ao volante de um veículo em curso entre a origem e o seu destino, respeitado o disposto no § 1º, sendo-lhe facultado descansar no interior do próprio veículo, desde que este seja dotado de locais apropriados para a natureza e a duração do descanso exigido.

§ 5º O condutor somente iniciará viagem com duração maior que 1 (um) dia, isto é, 24 (vinte e quatro) horas após o cumprimento integral do intervalo de descanso previsto no § 3º.

§ 6º Entende-se como início de viagem, para os fins do disposto no § 5º, a partida do condutor logo após o carregamento do veículo, considerando-se como continuação da viagem as partidas nos dias subsequentes até o destino.

§ 7º Nenhum transportador de cargas ou de passageiros, embarcador, consignatário de cargas, operador de terminais de carga, operador de transporte multimodal de cargas ou agente de cargas permitirá ou ordenará a qualquer motorista a seu serviço, ainda que subcontratado, que conduza veículo referido no *caput* sem a observância do disposto no § 5º.

§ 8º *(Vetado.)*"

"Art. 67-B. *(Vetado.)*"

"Art. 67-C. O motorista profissional na condição de condutor é responsável por controlar o tempo de condução estipulado no art. 67-A, com vistas na sua estrita observância.

Parágrafo único. O condutor do veículo responderá pela não observância dos períodos de descanso estabelecidos no art. 67-A, ficando sujeito às penalidades daí decorrentes, previstas neste Código."

"Art. 67-D. *(Vetado.)*"

Art. 6º A Lei 9.503, de 23 de setembro de 1997 – Código de Trânsito Brasileiro, passa a vigorar com as seguintes alterações:

"Art. 145. [...]

Parágrafo único. A participação em curso especializado previsto no inciso IV independe da observância do disposto no inciso III."

"Art. 230. [...]

[...]

XXIII – em desacordo com as condições estabelecidas no art. 67-A, relativamente ao tempo de permanência do condutor ao volante e aos intervalos para descanso, quando se tratar de veículo de transporte de carga ou de passageiros:

Infração – grave;

Penalidade – multa;

Medida administrativa – retenção do veículo para cumprimento do tempo de descanso aplicável;

XXIV – *(Vetado.)*"

"Art. 259. [...]

[...]

§ 3º *(Vetado.)*"

"Art. 261. [...]

[...]

§ 3º *(Vetado.)*

§ 4º *(Vetado.)*"

"Art. 310-A. *(Vetado.)*"

Art. 7º *(Vetado.)*

Art. 8º *(Vetado.)*

Art. 9º *(Revogado pela Lei 13.103/2015.)*

Art. 10. *(Vetado.)*

Art. 11. *(Vetado.)*

Art. 12. *(Vetado.)*

Brasília, 30 de abril de 2012; 191º da Independência e 124º da República.

Dilma Rousseff

(*DOU* 02.05.2012)

LEI 13.103, DE 2 DE MARÇO DE 2015

Dispõe sobre o exercício da profissão de motorista; altera a Consolidação das Leis do Trabalho – CLT, aprovada pelo Decreto-lei 5.452, de 1º de maio de 1943, e as Leis 9.503, de 23 de setembro de 1997 – Código de Trânsito Brasileiro, e 11.442, de 5 de janeiro de 2007 (empresas e transportadores autônomos de carga), para disciplinar a jornada de trabalho e o tempo de direção do motorista profissional; altera a Lei 7.408, de 25 de novembro de 1985; revoga dispositivos da Lei 12.619, de 30 de abril de 2012; e dá outras providências.

- V. Dec. 8.433/2015 (Regulamenta a Lei 13.103/2015).

A Presidenta da República:

Faço saber que o Congresso Nacional decreta e eu sanciono a seguinte Lei:

Art. 1º É livre o exercício da profissão de motorista profissional, atendidas as condições e qualificações profissionais estabelecidas nesta Lei.

Parágrafo único. Integram a categoria profissional de que trata esta Lei os motoristas de veículos automotores cuja condução exija formação profissional e que exerçam a profissão nas seguintes atividades ou categorias econômicas:

I – de transporte rodoviário de passageiros;

II – de transporte rodoviário de cargas.

Art. 2º São direitos dos motoristas profissionais de que trata esta Lei, sem prejuízo de outros previstos em leis específicas:

I – ter acesso gratuito a programas de formação e aperfeiçoamento profissional, preferencialmente mediante cursos técnicos e especializados previstos no inciso IV do art. 145 da Lei 9.503, de 23 de setembro de 1997 – Código de Trânsito Brasileiro, normatizados pelo Conselho Nacional de Trânsito – Contran, em cooperação com o poder público;

II – contar, por intermédio do Sistema Único de Saúde – SUS, com atendimento profilático, terapêutico, reabilitador, especialmente em relação às enfermidades que mais os acometam;

III – receber proteção do Estado contra ações criminosas que lhes sejam dirigidas no exercício da profissão;

IV – contar com serviços especializados de medicina ocupacional, prestados por entes públicos ou privados à sua escolha;

V – se empregados:

a) não responder perante o empregador por prejuízo patrimonial decorrente da ação de terceiro, ressalvado o dolo ou a desídia do motorista, nesses casos mediante comprovação, no cumprimento de suas funções;

b) ter jornada de trabalho controlada e registrada de maneira fidedigna mediante anotação em diário de bordo, papeleta ou ficha de trabalho externo, ou sistema e meios eletrônicos instalados nos veículos, a critério do empregador; e

c) ter benefício de seguro de contratação obrigatória assegurado e custeado pelo empregador, destinado à cobertura de morte natural, morte por acidente, invalidez total ou parcial decorrente de acidente, traslado e auxílio para funeral referentes às suas atividades, no valor mínimo correspondente a 10 (dez) vezes o piso salarial de sua categoria ou valor superior fixado em convenção ou acordo coletivo de trabalho.

Art. 3º Aos motoristas profissionais dependentes de substâncias psicoativas é assegurado o pleno atendimento pelas unidades de saúde municipal, estadual e federal, no âmbito do Sistema Único de Saúde, podendo ser realizados convênios com entidades privadas para o cumprimento da obrigação.

[...]

Art. 9º As condições de segurança, sanitárias e de conforto nos locais de espera, de repouso e de descanso dos motoristas profissionais de transporte rodoviário de passageiros e rodoviário de cargas terão que obedecer ao disposto em normas regulamentadoras pelo ente competente.

§ 1º É vedada a cobrança ao motorista ou ao seu empregador pelo uso ou permanência em locais de espera sob a responsabilidade de:

I – transportador, embarcador ou consignatário de cargas;

II – operador de terminais de cargas;

III – aduanas;

IV – portos marítimos, lacustres, fluviais e secos;

V – terminais ferroviários, hidroviários e aeroportuários.

§ 2º Os locais de repouso e descanso dos motoristas profissionais serão, entre outros, em:

- V. Portaria MT 326/2015 (Procedimentos gerais para o reconhecimento dos pontos de parada e descanso em rodovias federais, de que trata a Lei 13.103/2015).

I – estações rodoviárias;

II – pontos de parada e de apoio;

III – alojamentos, hotéis ou pousadas;

IV – refeitórios das empresas ou de terceiros;

V – postos de combustíveis.

§ 3º Será de livre iniciativa a implantação de locais de repouso e descanso de que trata este artigo.

§ 4º A estrita observância às Normas Regulamentadoras do Ministério do Trabalho e Emprego, no que se refere aos incisos II, III, IV e V do § 2º, será considerada apenas quando o local for de propriedade do transportador, do embarcador ou do consignatário de cargas, bem como nos casos em que esses mantiverem com os proprietários destes locais contratos que os obriguem a disponibilizar locais de espera e repouso aos motoristas profissionais.

Art. 10. O poder público adotará medidas, no prazo de até 5 (cinco) anos a contar da vigência desta Lei, para ampliar a disponibilidade dos espaços previstos no art. 9º, especialmente:

I – a inclusão obrigatória de cláusulas específicas em contratos de concessão de exploração de rodovias, para concessões futuras ou renovação;

II – a revisão das concessões de exploração das rodovias em vigor, de modo a adequá-las à previsão de construção de pontos de parada de espera e descanso, respeitado o equilíbrio econômico-financeiro dos contratos;

III – a identificação e o cadastramento de pontos de paradas e locais para espera, repouso e descanso que atendam aos requisitos previstos no art. 9º desta Lei;

IV – a permissão do uso de bem público nas faixas de domínio das rodovias sob sua jurisdição, vinculadas à implementação de locais de espera, repouso e descanso e pontos de paradas, de trevos ou acessos a esses locais;

V – a criação de linha de crédito para apoio à implantação dos pontos de paradas.

Parágrafo único. O poder público apoiará ou incentivará, em caráter permanente, a implantação pela iniciativa privada de locais de espera, pontos de parada e de descanso.

Art. 11. Atos do órgão competente da União ou, conforme o caso, de autoridade do ente da federação com circunscrição sobre a via publicarão a relação de trechos das vias públicas que disponham de pontos de parada ou de locais de descanso adequados para o cumprimento desta Lei.

§ 1º A primeira relação dos trechos das vias referidas no *caput* será publicada no prazo de até 180 (cento e oitenta) dias a contar da data da publicação desta Lei.

§ 2º As relações de trechos das vias públicas de que trata o *caput* deverão ser ampliadas e revisadas periodicamente.

§ 3º Os estabelecimentos existentes nas vias poderão requerer no órgão competente com jurisdição sobre elas o seu reconhecimento como ponto de parada e descanso.

Art. 12. O disposto nos §§ 2º e 3º do art. 235-C do Capítulo I do Título III da Consolidação das Leis do Trabalho – CLT, aprovada pelo Decreto-lei 5.452, de 1º de maio de 1943, e no *caput* e nos §§ 1º e 3º do art. 67-C do Capítulo III-A da Lei 9.503, de 23 de setembro de 1997 – Código de Trânsito Brasileiro, produzirá efeitos:

I – a partir da data da publicação dos atos de que trata o art. 11, para os trechos das vias deles constantes;

II – a partir da data da publicação das relações subsequentes, para as vias por elas acrescidas.

Parágrafo único. Durante os primeiros 180 (cento e oitenta) dias de sujeição do trecho ao disposto na Consolidação das Leis do Trabalho – CLT, aprovada pelo Decreto-lei 5.452, de 1º de maio de 1943, e na Lei 9.503, de 23 de setembro de 1997 – Código de Trânsito Brasileiro, com as alterações constantes desta Lei, a fiscalização do seu cumprimento será meramente informativa e educativa.

Art. 13. O exame toxicológico com janela de detecção mínima de 90 (noventa) dias de que tratam o art. 148-A da Lei 9.503, de 23 de setembro de 1997 – Código de Trânsito Brasileiro, os §§ 6º e 7º do art. 168 e o inciso VII do art. 235-B da Consolidação das Leis do Trabalho – CLT, aprovada pelo Decreto-lei 5.452, de 1º de maio de 1943, será exigido:

I – em 90 (noventa) dias da publicação desta Lei, para a renovação e habilitação das categorias C, D e E;

II – em 1 (um) ano a partir da entrada em vigor desta Lei, para a admissão e a demissão de motorista profissional;

III – em 3 (três) anos e 6 (seis) meses a partir da entrada em vigor desta Lei, para o disposto no § 2º do art. 148-A da Lei 9.503, de 23 de setembro de 1997;

IV – em 2 (dois) anos e 6 (seis) meses a partir da entrada em vigor desta Lei, para o disposto no § 3º do art. 148-A da Lei 9.503, de 23 de setembro de 1997.

Parágrafo único. Caberá ao Contran estabelecer adequações necessárias ao cronograma de realização dos exames.

Art. 14. Decorrido o prazo de 3 (três) anos a contar da publicação desta Lei, os seus efeitos dar-se-ão para todas as vias, independentemente da publicação dos atos de que trata o art. 11 ou de suas revisões.

Art. 15. A Lei 11.442, de 5 de janeiro de 2007, passa a vigorar com as seguintes alterações:

"Art. 4º [...]

[...]

§ 3º Sem prejuízo dos demais requisitos de controle estabelecidos em regulamento, é facultada ao TAC a cessão de seu veículo em regime de colaboração a outro profissional, assim denominado TAC – Auxiliar, não implicando tal cessão a caracterização de vínculo de emprego.

§ 4º O Transportador Autônomo de Cargas Auxiliar deverá contribuir para a previdência social de forma idêntica à dos Transportadores Autônomos.

§ 5º As relações decorrentes do contrato estabelecido entre o Transportador Autônomo de Cargas e seu Auxiliar ou entre o transportador autônomo e o embarcador não caracterizarão vínculo de emprego."

"Art. 5º-A. O pagamento do frete do transporte rodoviário de cargas ao Transportador Autônomo de Cargas – TAC deverá ser efetuado por meio de crédito em conta mantida em instituição integrante do sistema financeiro nacional, inclusive poupança, ou por outro meio de pagamento regulamentado pela Agência Nacional de Transportes Terrestres – ANTT, à critério do prestador do serviço.

[...]

§ 7º As tarifas bancárias ou pelo uso de meio de pagamento eletrônico relativas ao pagamento do frete do transporte rodoviário de cargas ao Transportador Autônomo de Cargas – TAC correrão à conta do responsável pelo pagamento."

"Art. 11. [...]

[...]

§ 5º O prazo máximo para carga e descarga do Veículo de Transporte Rodoviário de Cargas será de 5 (cinco) horas, contadas da chegada do veículo ao endereço de destino, após o qual será devido ao Transportador Autônomo de Carga – TAC ou à ETC a importância equivalente a R$ 1,38 (um real e trinta e oito centavos) por tonelada/hora ou fração.

§ 6º A importância de que trata o § 5º será atualizada, anualmente, de acordo com a variação do Índice Nacional de Preços ao Consumidor – INPC, calculado pela Fundação Instituto Brasileiro de Geografia e Estatística – IBGE ou, na hipótese de sua extinção, pelo índice que o suceder, definido em regulamento.

§ 7º Para o cálculo do valor de que trata o § 5º, será considerada a capacidade total de transporte do veículo.

§ 8º Incidente o pagamento relativo ao tempo de espera, este deverá ser calculado a partir da hora de chegada na procedência ou no destino.

§ 9º O embarcador e o destinatário da carga são obrigados a fornecer ao transportador documento hábil a comprovar o horário de chegada do caminhão nas dependências dos respectivos estabelecimentos, sob pena de serem punidos com multa a ser aplicada pela Agência Nacional de Transportes Terrestres – ANTT, que não excederá a 5% (cinco por cento) do valor da carga."

"Art. 13-A. É vedada a utilização de informações de bancos de dados de proteção ao crédito como mecanismo de vedação de contrato com o TAC e a ETC devidamente regulares para o exercício da atividade do Transporte Rodoviário de Cargas."

Art. 16. O art. 1º da Lei 7.408, de 25 de novembro de 1985, passa a vigorar com a seguinte redação:

"Art. 1º Fica permitida, na pesagem de veículos de transporte de carga e de passageiros, a tolerância máxima de:

I – 5% (cinco por cento) sobre os limites de peso bruto total;

II – 10% (dez por cento) sobre os limites de peso bruto transmitido por eixo de veículos à superfície das vias públicas.

Parágrafo único. Os limites de peso bruto não se aplicam aos locais não abrangidos pelo disposto no art. 2º da Lei 9.503, de 23 de setembro de 1997 – Código de Trânsito Brasileiro, incluindo-se as vias particulares sem acesso à circulação pública."

☛ **Art. 17.** Em todo o território nacional, os veículos de transporte de cargas que circularem vazios ficarão isentos da cobrança de pedágio sobre os eixos que mantiverem suspensos.

- Artigo com redação determinada pela Lei 13.711/2018.

§ 1º O disposto no *caput* deste artigo abrange as vias terrestres federais, estaduais, distritais e municipais, inclusive as concedidas.

§ 2º Os órgãos e as entidades competentes da União, dos Estados, do Distrito Federal e dos Municípios disporão sobre as medidas técnicas e operacionais para viabilizar a isenção de que trata o *caput* deste artigo.

§ 3º Até a implementação das medidas a que se refere o § 2º deste artigo, considerar-se-ão vazios os veículos de transporte de carga que transpuserem as praças de pedágio com um ou mais eixos mantidos suspensos, assegurada a fiscalização dessa condição pela autoridade com circunscrição sobre a via ou pelo agente designado na forma prevista no § 4º do art. 280 da Lei 9.503, de 23 de setembro de 1997 (Código de Trânsito Brasileiro).

§ 4º Para as vias rodoviárias federais concedidas ou delegadas, será adotada a regulamentação da Agência Nacional de Transportes Terrestres (ANTT).

§ 5º Ficam sujeitos à penalidade prevista no art. 209 da Lei 9.503, de 23 de setembro de 1997 (Código de Trânsito Brasileiro), os veículos de transporte de cargas que circularem com eixos indevidamente suspensos.

§ 6º O aumento do valor do pedágio para os usuários da rodovia a fim de compensar a isenção de que trata o *caput* deste artigo somente será adotado após esgotadas as demais alternativas de reequilíbrio econômico-financeiro dos contratos.

Art. 18. O embarcador indenizará o transportador por todos os prejuízos decorrentes de infração por transporte de carga com excesso de peso em desacordo com a nota fiscal, inclusive as despesas com transbordo de carga.

Art. 19. Fica instituído o Programa de Apoio ao Desenvolvimento do Transporte de Cargas Nacional – Procargas, cujo objetivo principal é estimular o desenvolvimento da atividade de transporte terrestre nacional de cargas.

Parágrafo único. O Procargas tem como finalidade o desenvolvimento de programas visando à melhoria do meio ambiente de trabalho no setor de transporte de cargas, especialmente as ações de medicina ocupacional para o trabalhador.

Art. 20. Fica permitida a concessão de Autorização Especial de Trânsito – AET para composição de veículos boiadeiros articulados (Romeu e Julieta) com até 25 m de comprimento, sendo permitido a estes veículos autorização para transitar em qualquer horário do dia.

Art. 21. Ficam revogados os arts. 1º, 2º e 9º da Lei 12.619, de 30 de abril de 2012.

Art. 22. Ficam convertidas em sanção de advertência:

I – as penalidades decorrentes de infrações ao disposto na Lei 12.619, de 30 de abril de 2012, que alterou a Consolidação das Leis do Trabalho – CLT, aprovada pelo Decreto-lei 5.452, de 1º de maio de 1943, e a Lei 9.503, de 23 de setembro de 1997 – Código de Trânsito Brasileiro, aplicadas até a data da publicação desta Lei; e

II – as penalidades por violação do inciso V do art. 231 da Lei 9.503, de 23 de setembro de 1997 – Código de Trânsito Brasileiro, aplicadas até 2 (dois) anos antes da entrada em vigor desta Lei.

Brasília, 2 de março de 2015; 194º da Independência e 127º da República.

Dilma Rousseff

(*DOU* 03.03.2015)

Petroquímico

LEI 5.811, DE 11 DE OUTUBRO DE 1972

Dispõe sobre o regime de trabalho dos empregados nas atividades de exploração, perfuração, produção e refinação de petróleo, industrialização do xisto, indústria petroquímica e transporte de petróleo e seus derivados por meio de dutos.

- V. Súmula 391, TST.

O Presidente da República:

Faço saber que o Congresso Nacional decreta e eu sanciono a seguinte Lei:

Art. 1º O regime de trabalho regulado nesta Lei é aplicável aos empregados que prestam serviços em atividades de exploração, perfuração, produção e refinação de petróleo, bem como na industrialização do xisto, na indústria petroquímica e no transporte de petróleo e seus derivados por meio de dutos.

Art. 2º Sempre que for imprescindível a continuidade operacional, o empregado será mantido em seu posto de trabalho em regime de revezamento.

§ 1º O regime de revezamento em turno de 8 (oito) horas será adotado nas atividades previstas no art. 1º, ficando a utilização do turno de 12 (doze) horas restrita às seguintes situações especiais:

a) atividades de exploração, perfuração, produção e transferência de petróleo no mar;

b) atividades de exploração, perfuração e produção de petróleo em áreas terrestres distantes ou de difícil acesso.

§ 2º Para garantir a normalidade das operações ou para atender a imperativos de segurança industrial, poderá ser exigida, mediante o pagamento previsto no item II do art. 3º, a disponibilidade do empregado no local de trabalho ou nas suas proximidades, durante o intervalo destinado a repouso e alimentação.

Art. 3º Durante o período em que o empregado permanecer no regime de revezamento em turno de 8 (oito) horas, ser-lhe-ão assegurados os seguintes direitos:

I – pagamento do adicional de trabalho noturno na forma do art. 73 da Consolidação das Leis do Trabalho;

II – pagamento em dobro da hora de repouso e alimentação suprimida nos termos do § 2º do art. 2º;

III – alimentação gratuita, no posto de trabalho, durante o turno em que estiver em serviço;

IV – transporte gratuito para o local de trabalho;

V – direito a um repouso de 24 (vinte e quatro) horas consecutivas para cada três turnos trabalhados.

Parágrafo único. Para os empregados que já venham percebendo habitualmente da empresa pagamento à conta de horas de repouso e alimentação ou de trabalho noturno, os respectivos valores serão compensados nos direitos a que se referem os itens I e II deste artigo.

Art. 4º Ao empregado que trabalhe no regime de revezamento em turno de 12 (doze) horas, ficam assegurados, além dos já previstos nos itens I, II, III e IV do art. 3º, os seguintes direitos:

I – alojamento coletivo gratuito e adequado ao seu descanso e higiene;

II – repouso de 24 (vinte e quatro) horas consecutivas para cada turno trabalhado.

Art. 5º Sempre que for imprescindível à continuidade operacional durante as 24 (vinte e quatro) horas do dia, o empregado com responsabilidade de supervisão das operações previstas no art. 1º, ou engajado em trabalhos de geologia de poço, ou, ainda, em trabalhos de apoio operacional às atividades enumeradas nas alíneas a e b do § 1º do art. 2º, poderá ser mantido no regime de sobreaviso.

§ 1º Entende-se por regime de sobreaviso aquele em que o empregado permanece à disposição do empregador por um período de 24 (vinte e quatro) horas para prestar assistência aos trabalhos normais ou atender a necessidades ocasionais de operação.

§ 2º Em cada jornada de sobreaviso, o trabalho efetivo não excederá de 12 (doze) horas.

Art. 6º Durante o período em que permanecer no regime de sobreaviso, serão assegurados ao empregado, além dos já previstos nos itens III e IV do art. 3º e I do art. 4º, os seguintes direitos:

I – repouso de 24 (vinte e quatro) horas consecutivas para cada período de 24 (vinte e quatro) horas em que permanecer de sobreaviso;

II – remuneração adicional correspondente a, no mínimo 20% (vinte por cento) do respectivo salário básico, para compensar a eventualidade de trabalho noturno ou a variação de horário para repouso e alimentação.

Parágrafo único. Considera-se salário básico a importância fixa mensal correspondente à retribuição do trabalho prestado pelo empregado na jornada normal de trabalho, antes do acréscimo de vantagens, incentivos ou benefícios, a qualquer título.

Art. 7º A concessão de repouso na forma dos itens V do art. 3º, II do art. 4º e I do art. 6º quita a obrigação patronal relativa ao repouso semanal remunerado de que trata a Lei 605, de 5 de janeiro de 1949.

Art. 8º O empregado não poderá permanecer em serviço, no regime de revezamento previsto para as situações especiais de que tratam as alíneas a e b do § 1º do art. 2º, nem no regime estabelecido no art. 5º, por período superior a 15 (quinze) dias consecutivos.

Art. 9º Sempre que, por iniciativa do empregador, for alterado o regime de trabalho do empregado, com a redução ou supressão das vantagens inerentes aos regimes instituídos nesta Lei, ser-lhe-á assegurado o direito à percepção de uma indenização.

Parágrafo único. A indenização de que trata o presente artigo corresponderá a um só pagamento, igual à média das vantagens previstas nesta Lei, percebidas nos últimos doze meses anteriores à mudança, para cada ano ou fração igual ou superior a 6 (seis) meses de permanência no regime de revezamento ou de sobreaviso.

Art. 10. A variação de horário, em escalas de revezamento diurno, noturno ou misto, será estabelecida pelo empregador com obediência aos preceitos desta Lei.

- V. Súmula 391, TST.

Parágrafo único. Não constituirá alteração ilícita a exclusão do empregado do regime de revezamento, cabendo-lhe exclusivamente, nesta hipótese, o pagamento previsto no art. 9º.

Art. 11. Os atuais regimes de trabalho, nas atividades previstas no art. 1º, bem como as vantagens a eles inerentes, serão ajustados às condições estabelecidas nesta Lei, de forma que não ocorra redução de remuneração.

Parágrafo único. A aplicação do disposto neste artigo ao empregado que cumpra jornada inferior a 8 (oito) horas dependerá de acordo individual ou coletivo, assegurados, em tal caso, exclusivamente, os direitos constantes desta Lei.

Art. 12. As disposições desta Lei se aplicam a situações análogas, definidas em regulamento.

Art. 13. Esta Lei entrará em vigor na data de sua publicação, revogadas as disposições em contrário.

Brasília, 11 de outubro de 1972; 151º da Independência e 84º da República.

Emílio G. Médici

(*DOU* 16.10.1972)

Radialista

LEI 6.615, DE 16 DE DEZEMBRO DE 1978

Dispõe sobre a regulamentação da profissão de Radialista e dá outras providências.

- V. Dec. 84.134/1979 (Regulamenta a Lei 6.615/1978).

O Presidente da República:

Faço saber que o Congresso Nacional decreta e eu sanciono a seguinte Lei:

Art. 1º O exercício da profissão de Radialista é regulado pela presente Lei.

Art. 2º Considera-se Radialista o empregado de empresa de radiodifusão que exerça uma das funções em que se desdobram as atividades mencionadas no art. 4º.

Art. 3º Considera-se empresa de radiodifusão, para os efeitos desta Lei, aquela que explora serviços de transmissão de programas e mensagens, destinada a ser recebida livre e gratuitamente pelo público em geral, compreendendo a radiodifusão sonora (rádio) e radiodifusão de sons e imagens (televisão).

Parágrafo único. Considera-se, igualmente, para os efeitos desta Lei, empresa de radiodifusão:

a) a que explore serviço de música funcional ou ambiental e outras que executem, por quaisquer processos, transmissões de rádio ou de televisão;

b) a que se dedique, exclusivamente, à produção de programas para empresas de radiodifusão;

c) a entidade que execute serviços de repetição ou de retransmissão de radiodifusão;

d) a entidade privada e a fundação mantenedora que executem serviços de radiodifusão, inclusive em circuito fechado de qualquer natureza;

e) as empresas ou agências de qualquer natureza destinadas, em sua finalidade, a produção de programas, filmes e dublagens, comerciais ou não, para serem divulgados através das empresas de radiodifusão.

Art. 4º A profissão de Radialista compreende as seguintes atividades:

I – Administração;

II – Produção;

III – Técnica.

§ 1º As atividades de administração compreendem somente as especializadas, peculiares ás empresas de radiodifusão.

§ 2º As atividades de produção se subdividem nos seguintes setores:

a) autoria;

b) direção;

c) produção;

d) interpretação;

e) dublagem;

f) locução;

g) caracterização;

h) cenografia.

§ 3º As atividades técnicas se subdividem nos seguintes setores:

a) direção;

b) tratamento e registros sonoros;

c) tratamento e registros visuais;

d) montagem e arquivamento;

e) transmissão de sons e imagens;

f) revelação e copiagem de filmes;

g) artes plásticas e animação de desenhos e objetos;

h) manutenção técnica.

§ 4º As denominações e descrições das funções em que se desdobram as atividades e os setores mencionados nos §§ 1º, 2º e 3º, a serem previstas e atualizadas em regulamento, deverão considerar:

- § 4º com redação determinada pela Lei 13.424/2017 (DOU 29.03.2017), procedendo-se a primeira atualização no prazo de até 90 (noventa) dias subsequentes.

I – as ocupações e multifuncionalidades geradas pela digitalização das emissoras de radiodifusão, novas tecnologias, equipamentos e meios de informação e comunicação;

II – exclusivamente as funções técnicas ou especializadas, próprias das atividades de empresas de radiodifusão.

Art. 5º Não se incluem no disposto nesta Lei os Atores e os Figurantes que prestam serviços a empresas de radiodifusão.

Art. 6º O exercício da profissão de Radialista requer prévio registro na Delegacia Regional do Trabalho do Ministério do Trabalho, o qual terá validade em todo o território nacional.

Parágrafo único. O pedido de registro, de que trata este artigo, poderá ser encaminhado através do sindicato representativo da categoria profissional ou da federação respectiva.

Art. 7º Para registro do Radialista, é necessário a apresentação de:

I – diploma de curso superior, quando existente para as funções em que se desdobram as atividades de Radialista, fornecido por escola reconhecida na forma da lei; ou

II – diploma ou certificado correspondente às habilitações profissionais ou básicas de 2º Grau, quando existente para as funções em que se desdobram as atividades de Radialista, fornecido por escola reconhecida na forma da lei; ou

III – atestado de capacitação profissional conforme dispuser a regulamentação desta Lei.

Art. 8º O contrato de trabalho, quando por tempo determinado, deverá ser registrado no Ministério do Trabalho, até a véspera da sua vigência, e conter, obrigatoriamente:

I – a qualificação completa das partes contrates;

II – prazo de vigência;

III – a natureza do serviço;

IV – o local em que será prestado o serviço;

V – cláusula relativa a exclusividade e transferibilidade;

VI – a jornada de trabalho, com especificação do horário e intervalo de repouso;

VII – a remuneração e sua forma de pagamento;

VIII – especificação quanto à categoria de transporte e hospedagem assegurada em caso de prestação de serviços fora do local onde foi contratado;

IX – dia de folga semanal;

X – número da Carteira de Trabalho e Previdência Social.

§ 1º O contrato de trabalho de que trata este artigo será visado pelo sindicato representativo da categoria profissional ou pela federação respectiva, como condição para registro no Ministério do Trabalho.

§ 2º A entidade sindical deverá visar ou não o contrato, no prazo máximo de 2 (dois) dias úteis, findos os quais ele poderá ser registrado no Ministério do Trabalho, se faltar a manifestação sindical.

§ 3º Da decisão da entidade sindical que negar o visto, caberá recurso para o Ministério do Trabalho.

Art. 9º No caso de se tratar de rede de radiodifusão, de propriedade ou controle de um mesmo grupo, deverá ser mencionado na Carteira de Trabalho e Previdência Social o nome da emissora na qual será prestado o serviço.

Parágrafo único. Quando se tratar de emissora de Onda Tropical pertencente à mesma concessionária e que transmita simultânea, integral e permanentemente a programação de emissora de Onda Média, serão mencionados os nomes das duas emissoras.

Art. 10. Para contratação de estrangeiro, domiciliado no exterior, exigir-se-á prévio recolhimento de importância equivalente a 10% (dez por cento) do valor total do ajuste à Caixa Econômica Federal, a título de contribuição sindical, em nome da entidade sindical da categoria profissional.

Art. 11. A utilização de profissional, contratado por agência de locação de mão de obra, obrigará o tomador de serviço, solidariamente, pelo cumprimento das obrigações legais e contratuais, se se caracterizar a tentativa pelo tomador de serviço, de utilizar a agência para fugir às responsabilidades e obrigações decorrentes desta Lei ou do contrato de trabalho.

Art. 12. Nos contratos de trabalho por tempo determinado, para produção de Mensagens publicitárias, feitas para rádio e televisão, constará obrigatoriamente do contrato de trabalho:

I – o nome do produtor, do anunciante e, se houver, da agência de publicidade para quem a mensagem é produzida;

II – o tempo de exploração comercial da mensagem;

III – o produto, a ser promovido;

IV – os meios de comunicação através dos quais a mensagem será exibida;

V – e tempo de duração da mensagem e suas características.

Art. 13. Na hipótese de exercício de funções acumuladas dentro de um mesmo setor em que se desdobram as atividades mencionadas no art. 4º, será assegurado ao Radialista um adicional mínimo de:

I – 40% (quarenta por cento), pela função acumulada, tomando-se por base a função melhor remunerada, nas emissoras de potência igual ou superior a 10 (dez) quilowatts e, nas empresas equiparadas segundo o parágrafo único do art. 3º;

II – 20% (vinte por cento), pela função acumulada, tomando-se por base a função melhor remunerada, nas emissoras de potência inferior a 10 (dez) quilowatts e, superior a 1 (um) quilowatt;

III – 10% (dez por cento), pela função acumulada, tomando-se por base a função melhor remunerada, nas emissoras de potência igual ou inferior a 1 (um) quilowatt.

Art. 14. Não será permitido, por força de um só contrato de trabalho, o exercício para diferentes setores, dentre os mencionados no art. 4º.

Art. 15. Quando o exercício de qualquer função for acumulado com responsabilidade de chefia, o Radialista fará jus a um acréscimo de 40% (quarenta por cento) sobre o salário.

Art. 16. Na hipótese de trabalho executado fora do local constante do contrato de trabalho, correrão à conta do empregador, além do salário, as despesas de transportes e de alimentação e hospedagem, até o respectivo retorno.

Art. 17. Não será permitida a cessão ou promessa de cessão dos direitos de autor e dos que lhes são conexos, de que trata a Lei 5.988, de 14 de dezembro de 1973, decorrentes da prestação de serviços profissionais.

Parágrafo único. Os direitos autorais e conexos dos profissionais serão devidos em decorrência de cada exibição da obra.

Art. 18. A duração normal do trabalho do Radialista é de:

I – 5 (cinco) horas para os setores de autoria e de locução;

II – 6 (seis) horas para os setores de produção, interpretação, dublagem, tratamento e registros sonoros, tratamento e registros visuais, montagem e arquivamento, transmissão de sons imagens, revelação e copiagem de filmes, artes plásticas e animação de desenhos e objetos e manutenção técnica;

III – 7 (sete) horas para os setores de cenografia e caracterização, deduzindo-se desse tempo 20 (vinte) minutos para descanso, sempre que se verificar um esforço contínuo de mais de 3 (três) horas;

IV – 8 (oito) horas para os demais setores.

Parágrafo único. O trabalho prestado, além das limitações diárias previstas nos itens acima, será considerado trabalho extraordinário, aplicando-se-lhe o disposto nos arts. 59 a 61 da Consolidação das Leis do Trabalho (CLT).

Art. 19. Será considerado como serviço efetivo o período em que o Radialista permanecer à disposição do empregador.

Art. 20. É assegurada ao Radialista uma folga semanal remunerada de 24 (vinte e quatro) horas consecutivas, de preferência aos domingos.

Parágrafo único. As empresas organizarão escalas de revezamento de maneira a favorecer o empregado com um repouso dominical mensal, pelo menos, salvo quando, pela natureza do serviço, a atividade do Radialista for desempenhada habitualmente aos domingos.

Art. 21. A jornada de trabalho dos Radialistas, que prestem serviços em condições de insalubridade ou periculosidade, poderá ser organizada em turnos, respeitada a duração semanal do trabalho, desde que previamente autorizado pelo Ministério do Trabalho.

Art. 22. A cláusula de exclusividade, não impedirá o Radialista de prestar serviços a outro empregador, desde que em outro meio de comunicação, e sem que se caracterize prejuízo para o primeiro contratante.

Art. 23. Os textos destinados a memorização, juntamente com o roteiro da gravação ou plano de trabalho, deverão ser entregues ao profissional com antecedência mínima de 24 (vinte e quatro) horas, em relação ao início dos trabalhos.

Art. 24. Nenhum profissional será obrigado a participar de qualquer trabalho que coloque em risco sua integridade física ou moral.

Art. 25. O fornecimento de guarda-roupa e de mais recursos indispensáveis ao cumprimento das tarefas contratuais será de responsabilidade do empregador.

Art. 26. A empresa não poderá obrigar o Radialista a fazer uso de uniformes durante o desempenho de suas funções, que contenham símbolos, marcas ou qualquer mensagem de caráter publicitário.

Parágrafo único. Não se incluem nessa proibição os símbolos ou marcas identificadores do empregador.

Art. 27. As infrações ao disposto nesta Lei serão punidas com multa de 2 (duas) a 20 (vinte) vezes o maior valor de referência previsto no art. 2º, parágrafo único, da Lei 6.205, de 29 de abril de 1975, calculada à razão de um valor de referência por empregado em situação irregular.

Parágrafo único. Em caso de reincidência, embaraço ou resistência à fiscalização, emprego de artifício ou simulação com o objetivo de fraudar a lei, a multa será aplicada em seu valor máximo.

Art. 28. O empregador punido na forma do artigo anterior, enquanto não regularizar a situação que deu causa à autuação, e não recolher a multa aplicada, após esgotados os recursos cabíveis não poderá receber benefício, incentivo ou subvenção concedidos por órgãos públicos.

Art. 29. É assegurado o registro, a que se refere o art. 6º, ao Radialista que, até a data da publicação desta Lei, tenha exercido, comprovadamente, a respectiva profissão.

Art. 30. Aplicam-se ao Radialista as normas da legislação do trabalho, exceto naquilo que for incompatível com as disposições desta Lei.

Art. 31. São inaplicáveis a órgãos da Administração Pública, direta ou indireta, as disposições constantes do § 1º do art. 8º e do art. 10 desta Lei.

Art. 32. O Poder Executivo expedirá o regulamento desta Lei.

Art. 33. Esta Lei entrará em vigor 90 (noventa) dias após sua publicação.

Art. 34. Revogam-se as disposições em contrário.

Brasília, 16 de dezembro de 1978; 157º da Independência e 90º da República

Ernesto Geisel

(*DOU* 19.12.1978)

Representantes Comerciais Autônomos

LEI 4.886, DE 9 DE DEZEMBRO DE 1965

Regula as atividades dos representantes comerciais autônomos.

- V. art. 710 e ss., CC.

O Presidente da República:

Faço saber que o Congresso Nacional decreta e eu sanciono a seguinte Lei:

Art. 1º Exerce a representação comercial autônoma a pessoa jurídica ou a pessoa física, sem relação de emprego, que desempenha, em caráter não eventual por conta de uma ou mais pessoas, a mediação para a realização de negócios mercantis, agenciando propostas ou pedidos, para transmiti-los aos representados, praticando ou não atos relacionados com a execução dos negócios.

Parágrafo único. Quando a representação comercial incluir poderes atinentes ao mandato mercantil, serão aplicáveis, quanto ao exercício deste, os preceitos próprios da legislação comercial.

Art. 2º É obrigatório o registro dos que exerçam a representação comercial autônoma nos Conselhos Regionais criados pelo art. 6º desta Lei.

Parágrafo único. As pessoas que, na data da publicação da presente Lei, estiverem no exercício da atividade, deverão registrar-se nos Conselhos Regionais, no prazo de 90 (noventa) dias a contar da data em que estes forem instalados.

Art. 3º O candidato a registro, como representante comercial, deverá apresentar:

a) prova de identidade;

b) prova de quitação com o serviço militar, quando a ele obrigado;

c) prova de estar em dia com as exigências da legislação eleitoral;

d) folha corrida de antecedentes, expedida pelos cartórios criminais das comarcas em que o registrado houver sido domiciliado nos últimos 10 (dez) anos;

e) quitação com o Imposto Sindical.

§ 1º O estrangeiro é desobrigado da apresentação dos documentos constantes das alíneas b e c deste artigo.

§ 2º Nos casos de transferência ou de exercício simultâneo da profissão, em mais de uma região, serão feitas as devidas anotações na carteira profissional do interessado, pelos respectivos Conselhos Regionais.

§ 3º As pessoas jurídicas deverão fazer prova de sua existência legal.

Art. 4º Não pode ser representante comercial:

a) o que não pode ser comerciante;

b) o falido não reabilitado;

- V. art. 176, Lei 11.101/2005 (Lei de Recuperação de Empresas e Falência).

c) o que tenha sido condenado por infração penal de natureza infamante, tais como falsidade, estelionato, apropriação indébita, contrabando, roubo, furto, lenocínio ou crimes também punidos com a perda de cargo público;

d) o que estiver com seu registro comercial cancelado como penalidade.

Art. 5º Somente será devida remuneração, como mediador de negócios comerciais, a representante comercial devidamente registrado.

Art. 6º São criados o Conselho Federal e os Conselhos Regionais dos Representantes Comerciais, aos quais incumbirá a fiscalização do exercício da profissão, na forma desta Lei.

Parágrafo único. É vedado, aos Conselhos Federal e Regionais dos Representantes Comerciais, desenvolverem quaisquer atividades não compreendidas em suas finalidades previstas nesta Lei, inclusive as de caráter político e partidárias.

Art. 7º O Conselho Federal instalar-se-á dentro de 90 (noventa) dias, a contar da vigência da presente Lei, no Estado da Guanabara, onde funcionará provisoriamente, transferindo-se para a Capital da República, quando estiver em condições de fazê-lo a juízo da maioria dos Conselhos Regionais.

- A Lei Complementar 20/1974 ordenou a fusão dos Estados do Rio de Janeiro e da Guanabara, constituindo-se o atual Estado do Rio de Janeiro.

§ 1º O Conselho Federal será presidido por um dos seus membros, na forma que dispuser o Regimento Interno do Conselho, cabendo-lhe, além do próprio voto, o de qualidade, no caso de empate.

§ 2º A renda do Conselho Federal será constituída de 20% (vinte por cento) da renda bruta dos Conselhos Regionais.

Art. 8º O Conselho Federal será composto de representantes comerciais de cada Estado, eleitos pelos Conselhos Regionais, dentre seus membros, cabendo a cada Conselho Regional a escolha de dois delegados.

Art. 9º Compete ao Conselho Federal determinar o número dos Conselhos Regionais, o qual não poderá ser superior a um por Estado, Território Federal e Distrito Federal e estabelecer-lhes as bases territoriais.

Art. 10. Compete, privativamente, ao Conselho Federal:

I – elaborar o seu regimento interno;

- Primitiva alínea *a* renumerada pela Lei 12.246/2010.

II – dirimir as dúvidas suscitadas pelos Conselhos Regionais;

- Primitiva alínea *b* renumerada pela Lei 12.246/2010.

III – aprovar os regimentos internos dos Conselhos Regionais;

- Primitiva alínea *c* renumerada pela Lei 12.246/2010.

IV – julgar quaisquer recursos relativos às decisões dos Conselhos Regionais;

- Primitiva alínea *d* renumerada pela Lei 12.246/2010.

V – baixar instruções para a fiel observância da presente Lei;

- Primitiva alínea *e* renumerada pela Lei 12.246/2010.

VI – elaborar o Código de Ética Profissional;

- Primitiva alínea *f* renumerada pela Lei 12.246/2010.

VII – resolver os casos omissos;

- Primitiva alínea *g* renumerada pela Lei 12.246/2010.

VIII – fixar, mediante resolução, os valores das anuidades e emolumentos devidos pelos representantes comerciais, pessoas físicas e jurídicas, aos Conselhos Regionais dos Representantes Comerciais nos quais estejam registrados, observadas as peculiaridades regionais e demais situações inerentes à capacidade contributiva da categoria profissional nos respectivos Estados e necessidades de cada entidade, e respeitados os seguintes limites máximos:

- Inciso VIII acrescentado pela Lei 12.246/2010.
- V. Res. Confere 1.083/2016 (Fixa as anuidades para o exercício de 2017).

a) anuidade para pessoas físicas – até R$ 300,00 (trezentos reais);

b) *(Vetada).*

c) anuidade para pessoas jurídicas, de acordo com as seguintes classes de capital social:

1. de R$ 1,00 (um real) a R$ 10.000,00 (dez mil reais) – até R$ 350,00 (trezentos e cinquenta reais);
2. de R$ 10.000,01 (dez mil reais e um centavo) a R$ 50.000,00 (cinquenta mil reais) – até R$ 420,00 (quatrocentos e vinte reais);
3. de R$ 50.000,01 (cinquenta mil reais e um centavo) a R$ 100.000,00 (cem mil reais) – até R$ 504,00 (quinhentos e quatro reais);
4. de R$ 100.000,01 (cem mil reais e um centavo) a R$ 300.000,00 (trezentos mil reais) – até R$ 604,00 (seiscentos e quatro reais);
5. de R$ 300.000,01 (trezentos mil reais e um centavo) a R$ 500.000,00 (quinhentos mil reais) – até R$ 920,00 (novecentos e vinte reais);
6. acima de R$ 500.000,00 (quinhentos mil reais) – até R$ 1.370,00 (mil, trezentos e setenta reais);

d) *(Vetada).*

e) *(Vetada).*

§ 1º *(Suprimido pela Lei 8.420/1992).*

- Primitivo parágrafo único renumerado pela Lei 12.246/2010.

§ 2º Os valores correspondentes aos limites máximos estabelecidos neste artigo serão corrigidos anualmente pelo índice oficial de preços ao consumidor.

- § 2º acrescentado pela Lei 12.246/2010.

§ 3º O pagamento da anuidade será efetuado pelo representante comercial, pessoa física ou jurídica, até o dia 31 de março de cada ano, com desconto de 10% (dez por cento), ou em até 3 (três) parcelas, sem descontos, vencendo-se a primeira em 30 de abril, a segunda em 31 de agosto e a terceira em 31 de dezembro de cada ano.

- § 3º acrescentado pela Lei 12.246/2010.

§ 4º Ao pagamento antecipado será concedido desconto de 20% (vinte por cento) até 31 de janeiro e 15% (quinze por cento) até 28 de fevereiro de cada ano.

- § 4º acrescentado pela Lei 12.246/2010.

§ 5º As anuidades que forem pagas após o vencimento serão acrescidas de 2% (dois por cento) de multa, 1% (um por cento) de juros de mora por mês de atraso e atualização monetária pelo índice oficial de preços ao consumidor.

- § 5º acrescentado pela Lei 12.246/2010.

§ 6º A filial ou representação de pessoa jurídica instalada em jurisdição de outro Conselho Regional que não o da sua sede pagará anuidade em valor que não exceda a 50% (cinquenta por cento) do que for pago pela matriz.

- § 6º acrescentado pela Lei 12.246/2010.

§ 7º *(Vetado).*

- § 7º acrescentado pela Lei 12.246/2010.

§ 8º *(Vetado).*

- § 8º acrescentado pela Lei 12.246/2010.

§ 9º O representante comercial pessoa física, como responsável técnico de pessoa jurídica devidamente registrada no Conselho Regional dos Representantes Comerciais, pagará anuidade em valor correspondente a 50% (cinquenta por cento) da anuidade devida pelos demais profissionais autônomos registrados no mesmo Conselho.

- § 9º acrescentado pela Lei 12.246/2010.

Art. 11. Dentro de 60 (sessenta) dias, contados da vigência da presente Lei, serão instalados os Conselhos Regionais correspondentes aos Estados onde existirem órgãos sindicais de representação da classe dos representantes comerciais, atualmente reconhecidos pelo Ministério do Trabalho e Previdência Social.

- V. art. 26.

Art. 12. Os Conselhos Regionais terão a seguinte composição:

- V. art. 26.

a) 2/3 (dois terços) de seus membros serão constituídos pelo presidente do mais antigo sindicato da classe do respectivo Estado e por diretores de sindicatos da classe, do mesmo Estado, eleitos estes em assembleia geral;

b) 1/3 (um terço) formado de representantes comerciais no exercício efetivo da profissão, eleitos em assembleia geral realizada no sindicato da classe.

§ 1º A secretaria do sindicato incumbido da realização das eleições organizará cédula única, por ordem alfabética dos candidatos, destinada à votação.

§ 2º Se os órgãos sindicais de representação da classe não tomarem as providências previstas quanto à instalação dos Conselhos Regionais, o Conselho Federal determinará, imediatamente, a sua constituição, mediante eleições em assembleia geral, com a participação dos representantes comerciais no exercício efetivo da profissão no respectivo Estado.

§ 3º Havendo, num mesmo Estado, mais de um sindicato de representantes comerciais, as eleições a que se refere este artigo se processarão na sede do sindicato da classe situado na Capital e, na sua falta, na sede do mais antigo.

§ 4º O Conselho Regional será presidido por um dos seus membros, na forma que dispuser o seu Regimento Interno, cabendo-lhe, além do próprio voto, o de qualidade, no caso de empate.

§ 5º Os Conselhos Regionais terão no máximo 30 (trinta) membros e, no mínimo, o número que for fixado pelo Conselho Federal.

Art. 13. Os mandatos dos membros do Conselho Federal e dos Conselhos Regionais serão de 3 (três) anos.

§ 1º Todos os mandatos serão exercidos gratuitamente.

§ 2º A aceitação do cargo de presidente, secretário ou tesoureiro importará na obrigação de residir na localidade em que estiver sediado o respectivo Conselho.

Art. 14. O Conselho Federal e os Conselhos Regionais serão administrados por uma diretoria que não poderá exceder a 1/3 (um terço) dos seus integrantes.

Art. 15. Os presidentes dos Conselhos Federal e Regionais completarão o prazo do seu mandato, caso sejam substituídos na presidência do sindicato.

Art. 16. Constituem renda dos Conselhos Regionais as contribuições e multas devidas pelos representantes comerciais, pessoas físicas ou jurídicas, neles registrados.

Art. 17. Compete aos Conselhos Regionais:

a) elaborar o seu regimento interno, submetendo-o à apreciação do Conselho Federal;

b) decidir sobre os pedidos de registros de representantes comerciais, pessoas físicas ou jurídicas, na conformidade desta Lei;

c) manter o cadastro profissional;

d) expedir as carteiras profissionais e anotá-las, quando necessário;

e) impor as sanções disciplinares previstas nesta Lei, mediante a feitura de processo adequado, de acordo com o disposto no art. 18;

f) arrecadar, cobrar e executar as anuidades e emolumentos devidos pelos representantes comerciais, pessoas físicas e jurídicas, registrados, servindo como título executivo extrajudicial a certidão relativa aos seus créditos.

- Alínea *f* com redação determinada pela Lei 12.246/2010.

Parágrafo único. *(Suprimido pela Lei 8.420/1992).*

Art. 18. Compete aos Conselhos Regionais aplicar, ao representante comercial faltoso, as seguintes penas disciplinares:

a) advertência, sempre sem publicidade;

b) multa até a importância equivalente ao maior salário mínimo vigente no País;

c) suspensão do exercício profissional, até 1 (um) ano;

d) cancelamento do registro, com apreensão da carteira profissional.

§ 1º No caso de reincidência ou de falta manifestamente grave, o representante comercial poderá ser suspenso do exercício de sua atividade ou ter cancelado o seu registro.

§ 2º As penas disciplinares serão aplicadas após processo regular, sem prejuízo, quando couber, da responsabilidade civil ou criminal.

§ 3º O acusado deverá ser citado, inicialmente, dando-se-lhe ciência do inteiro teor da denúncia ou queixa, sendo-lhe assegurado, sempre, o amplo direito de defesa, por si ou por procurador regularmente constituído.

§ 4º O processo disciplinar será presidido por um dos membros do Conselho Regional, ao qual incumbirá coligir as provas necessárias.

§ 5º Encerradas as provas de iniciativa da autoridade processante, ao acusado será dado requerer e produzir as suas próprias provas, após o que lhe será assegurado o direito de apresentar, por escrito, defesa final e o de sustentar, oralmente, suas razões, na sessão do julgamento.

§ 6º Da decisão dos Conselhos Regionais caberá recurso voluntário, com efeito suspensivo, para o Conselho Federal.

Art. 19. Constituem faltas no exercício da profissão de representante comercial:

a) prejudicar, por dolo ou culpa, os interesses confiados aos seus cuidados;

b) auxiliar ou facilitar, por qualquer meio, o exercício da profissão aos que estiverem proibidos, impedidos ou não habilitados a exercê-la;

c) promover ou facilitar negócios ilícitos, bem como quaisquer transações que prejudiquem interesse da Fazenda Pública;

d) violar o sigilo profissional;

e) negar ao representado as competentes prestações de contas, recibos de quantias ou documentos que lhe tiverem sido entregues, para qualquer fim;

f) recusar a apresentação da carteira profissional, quando solicitada por quem de direito.

Art. 20. Observados os princípios desta Lei, o Conselho Federal dos Representantes Comerciais expedirá instruções relativas à aplicação das penalidades em geral e, em particular, aos casos em que couber imposições da pena de multa.

Art. 21. As repartições federais, estaduais e municipais, ao receberem tributos relativos à atividade do representante comercial, pessoa física ou jurídica, exigirão prova de seu registro no Conselho Regional da respectiva região.

Art. 22. Da propaganda deverá constar, obrigatoriamente, o número da carteira profissional.

Parágrafo único. As pessoas jurídicas farão constar, também, da propaganda, além do número da carteira do representante comercial responsável, o seu próprio número de registro no Conselho Regional.

Art. 23. O exercício financeiro dos Conselhos Federal e Regionais coincidirá com o ano civil.

Art. 24. As diretorias dos Conselhos Regionais prestarão contas da sua gestão ao próprio Conselho, até o dia 15 de fevereiro de cada ano.

- Artigo com redação determinada pela Lei 8.420/1992.

Art. 25. Os Conselhos Regionais prestarão contas até o último dia do mês de fevereiro de cada ano ao Conselho Federal.

- Artigo com redação determinada pela Lei 8.420/1992.

Parágrafo único. A diretoria do Conselho Federal prestará contas ao respectivo plenário até o último dia do mês de março de cada ano.

Art. 26. Os sindicatos incumbidos do processamento das eleições, a que se refere o art. 12, deverão tomar, dentro do prazo de 30 (trinta) dias, a contar da publicação desta Lei, as providências necessárias à instalação dos Conselhos Regionais dentro do prazo previsto no art. 11.

Art. 27. Do contrato de representação comercial, além dos elementos comuns e outros, a juízo dos interessados, constarão, obrigatoriamente:

- *Caput* com redação determinada pela Lei 8.420/1992.

a) condições e requisitos gerais da representação;

b) indicação genérica ou específica dos produtos ou artigos objeto da representação;

c) prazo certo ou indeterminado da representação;

d) indicação da zona ou zonas em que será exercida a representação;

- Alínea *d* com redação determinada pela Lei 8.420/1992.

e) garantia ou não, parcial ou total, ou por certo prazo, da exclusividade de zona ou setor de zona;

f) retribuição e época do pagamento, pelo exercício da representação, dependente da efetiva realização dos negócios, e recebimento, ou não, pelo representado, dos valores respectivos;

g) os casos em que se justifique a restrição de zona concedida com exclusividade;

h) obrigações e responsabilidades das partes contratantes;

i) exercício exclusivo ou não da representação a favor do representado;

j) indenização devida ao representante, pela rescisão do contrato fora dos casos previstos no art. 35, cujo montante não poderá ser inferior a 1/12 (um doze avos) do total da retribuição auferida durante o tempo em que exerceu a representação.

- Alínea *j* com redação determinada pela Lei 8.420/1992.
- V. art. 46.

§ 1º Na hipótese de contrato a prazo certo, a indenização corresponderá à importância equivalente à média mensal da retribuição auferida até a data da rescisão, multiplicada pela metade dos meses resultantes do prazo contratual.

- § 1º com redação determinada pela Lei 8.420/1992.

§ 2º O contrato com prazo determinado, uma vez prorrogado o prazo inicial, tácita ou expressamente, torna-se a prazo indeterminado.

- § 2º com redação determinada pela Lei 8.420/1992.

§ 3º Considera-se por prazo indeterminado todo contrato que suceder, dentro de 6 (seis) meses, a outro contrato, com ou sem determinação de prazo.

- § 3º com redação determinada pela Lei 8.420/1992.

Art. 28. O representante comercial fica obrigado a fornecer ao representado, segundo as disposições do contrato ou, sendo este omisso, quando lhe for solicitado, informações detalhadas sobre o andamento dos negócios a seu cargo, devendo dedicar-se à representação, de modo a expandir os negócios do representado e promover os seus produtos.

Art. 29. Salvo autorização expressa, não poderá o representante conceder abatimentos, descontos ou dilações, nem agir em desacordo com as instruções do representado.

Art. 30. Para que o representante possa exercer a representação em juízo, em nome do representado, requer-se mandato expresso. Incumbir-lhe-á, porém, tomar conhecimento das reclamações atinentes aos negócios, transmitindo-as ao representado e sugerindo as providências acauteladoras do interesse deste.

- V. art. 26

Parágrafo único. O representante, quanto aos atos que praticar, responde segundo as normas do contrato e, sendo este omisso, na conformidade do direito comum.

Art. 31. Prevendo o contrato de representação a exclusividade de zona ou zonas, ou quando este for omisso, fará jus o representante à comissão pelos negócios aí realizados, ainda que diretamente pelo representado ou por intermédio de terceiros.

- Artigo com redação determinada pela Lei 8.420/1992.

Parágrafo único. A exclusividade de representação não se presume na ausência de ajustes expressos.

Art. 32. O representante comercial adquire o direito às comissões quando do pagamento dos pedidos ou propostas.

- Artigo com redação determinada pela Lei 8.420/1992.

§ 1º O pagamento das comissões deverá ser efetuado até o dia 15 do mês subsequente ao da liquidação da fatura, acompanhada das respectivas cópias das notas fiscais.

§ 2º As comissões pagas fora do prazo previsto no parágrafo anterior deverão ser corrigidas monetariamente.

§ 3º É facultado ao representante comercial emitir títulos de créditos para cobrança de comissões.

§ 4º As comissões deverão ser calculadas pelo valor total das mercadorias.

§ 5º Em caso de rescisão injusta do contrato por parte do representando, a eventual retribuição pendente, gerada por pedidos em carteira ou em fase de execução e recebimento, terá vencimento na data da rescisão.

- V. art. 46.

§ 6º *(Vetado).*

§ 7º São vedadas na representação comercial alterações que impliquem, direta ou indiretamente, a diminuição da média dos resultados auferidos pelo representante nos últimos 6 (seis) meses de vigência.

Art. 33. Não sendo previstos, no contrato de representação, os prazos para recusa das propostas ou pedidos, que hajam sido entregues pelo representante, acompanhados dos requisitos exigíveis, ficará o representado obrigado a creditar-lhe a respectiva comissão, se não manifestar a recusa, por escrito, nos prazos de 15 (quinze), 30 (trinta), 60 (sessenta) ou 120 (cento e vinte) dias, conforme se trate de comprador domiciliado, respectivamente, na mesma praça, em outra do mesmo Estado, em outro Estado ou no estrangeiro.

- V. art. 42, § 4º.

§ 1º Nenhuma retribuição será devida ao representante comercial, se a falta de pagamento resultar de insolvência do comprador, bem como se o negócio vier a ser por ele desfeito ou for sustada a entrega de mercadorias devido à situação comercial do comprador, capaz de comprometer ou tornar duvidosa a liquidação.

§ 2º Salvo ajuste em contrário, as comissões devidas serão pagas mensalmente, expedindo o representado a conta respectiva, conforme cópias das faturas remetidas aos compradores, no respectivo período.

§ 3º Os valores das comissões para efeito tanto do pré-aviso como da indenização, prevista nesta Lei, deverão ser corrigidos monetariamente.

- § 3º com redação determinada pela Lei 8.420/1992.

Art. 34. A denúncia, por qualquer das partes, sem causa justificada, do contrato de representação, ajustado por tempo indeterminado e que haja vigorado por mais de 6 (seis) meses, obriga o denunciante, salvo outra garantia prevista no contrato, à concessão de pré-aviso, com antecedência mínima de 30 (trinta) dias, ou ao pagamento de importância igual a 1/3 (um terço) das comissões auferidas pelo representante, nos 3 (três) meses anteriores.

- V. art. 46.

Art. 35. Constituem motivos justos para rescisão do contrato de representação comercial, pelo representado:

- V. arts. 27, j, 37 e 40, Parágrafo único.

a) a desídia do representante no cumprimento das obrigações decorrentes do contrato;

b) a prática de atos que importem em descrédito comercial do representado;

c) a falta de cumprimento de quaisquer obrigações inerentes ao contrato de representação comercial;

d) a condenação definitiva por crime considerado infamante;

e) força maior.

Art. 36. Constituem motivos justos para rescisão do contrato de representação comercial, pelo representante:

a) redução de esfera de atividade do representante em desacordo com as cláusulas do contrato;

b) a quebra, direta ou indireta, da exclusividade, se prevista no contrato;

c) a fixação abusiva de preços em relação à zona do representante, com o exclusivo escopo de impossibilitar-lhe ação regular;

d) o não pagamento de sua retribuição na época devida;

e) força maior.

Art. 37. Somente ocorrendo motivo justo para a rescisão do contrato, poderá o representado reter comissões devidas ao representante, com o fim de ressarcir-se de danos por este causados e, bem assim, nas hipóteses previstas no art. 35, a título de compensação.

Art. 38. Não serão prejudicados os direitos dos representantes comerciais quando, a título de cooperação, desempenhem, temporariamente, a pedido do representado, encargos ou atribuições diversos dos previstos no contrato de representação.

Art. 39. Para julgamento das controvérsias que surgirem entre representante e representado é competente a Justiça Comum e o Foro do domicílio do representante, aplicando-se o procedimento sumaríssimo previsto no art. 275 do Código de Processo Civil, ressalvada a competência do Juizado de Pequenas Causas.

- Artigo com redação determinada pela Lei 8.420/1992.
- V. Lei 9.099/1995 (Juizados Especiais Cíveis e Criminais).

Art. 40. Dentro de 180 (cento e oitenta) dias da publicação da presente Lei, serão formalizadas, entre representado e representantes, em documento escrito, as condições das representações comerciais vigentes.

Parágrafo único. A indenização devida pela rescisão dos contratos de representação comercial vigentes na data desta Lei, fora dos casos previstos no art. 35, e quando as partes não tenham usado da faculdade prevista neste artigo, será calculada, sobre a retribuição percebida, pelo representante, nos últimos 5 (cinco) anos anteriores à vigência desta Lei.

Art. 41. Ressalvada expressa vedação contratual, o representante comercial poderá exercer sua atividade para mais de uma empresa e empregá-la em outros misteres ou ramos de negócios.

- Artigo acrescentado pela Lei 8.420/1992.

Art. 42. Observadas as disposições constantes do artigo anterior, é facultado ao representante contratar com outros representantes comerciais a execução dos serviços relacionados com a representação.

- Artigo acrescentado pela Lei 8.420/1992.

§ 1º Na hipótese deste artigo, o pagamento das comissões a representante comercial contratado dependerá da liquidação da conta de comissão devida pelo representando ao representante contratante.

§ 2º Ao representante contratado, no caso de rescisão de representação será devida pelo representante contratante a participação no que houver recebido da representada a título de indenização e aviso-prévio, proporcionalmente às retribuições auferidas pelo representante contratado na vigência do contrato.

§ 3º Se o contrato referido no *caput* deste artigo for rescindido sem motivo justo pelo representante contratante, o representante contratado fará jus ao aviso-prévio e indenização na forma da lei.

§ 4º Os prazos de que trata o art. 33 desta Lei são aumentados em 10 (dez) dias quando se tratar de contrato realizado entre representantes comerciais.

Art. 43. É vedada no contrato de representação comercial a inclusão de cláusulas del credere.

- Artigo acrescentado pela Lei 8.420/1992.

Art. 44. No caso de falência do representado as importâncias por ele devidas ao representante comercial, relacionadas com a representação, inclusive comissões vencidas e vincendas, indenização e aviso-prévio, serão considerados créditos da mesma natureza dos créditos trabalhistas.

- Artigo acrescentado pela Lei 8.420/1992.
- V. art. 6º, § 2º, Lei 11.101/2005 (Lei de Recuperação de Empresas e Falência).

Parágrafo único. Prescreve em 5 (cinco) anos a ação do representante comercial para pleitear a retribuição que lhe é devida e os demais direitos que lhe são garantidos por esta Lei.

Art. 45. Não constitui motivo justo para rescisão do contrato de representação comercial o impedimento temporário do representante comercial que estiver em gozo do benefício de auxílio-doença concedido pela Previdência Social.

- Artigo acrescentado pela Lei 8.420/1992.

Art. 46. Os valores a que se referem a alínea j do art. 27, o § 5º do art. 32 e o art. 34 desta Lei serão corrigidos monetariamente com base na variação dos BTNs ou por outro indexador que venha a substituí-los e legislação ulterior aplicável à matéria.

- Artigo acrescentado pela Lei 8.420/1992.

Art. 47. Compete ao Conselho Federal dos Representantes Comerciais fiscalizar a execução da presente Lei.

- Artigo acrescentado pela Lei 8.420/1992.

Parágrafo único. Em caso de inobservância das prescrições legais, caberá intervenção do Conselho Federal nos Conselhos Regionais, por decisão da Diretoria do primeiro, ad referendum da reunião plenária, assegurado, em qualquer caso, o direito de defesa. A intervenção cessará quando do cumprimento da Lei.

Art. 48. Esta Lei entra em vigor na data de sua publicação.

- Artigo renumerado em razão dos acréscimos determinados pela Lei 8.420/1992.

Art. 49. Revogam-se as disposições em contrário.

- Artigo renumerado em razão dos acréscimos determinados pela Lei 8.420/1992.

Brasília, 9 de dezembro de 1965; 144º da Independência e 77º da República.

H. Castello Branco

(*DOU* 10.12.1965)

Técnico de Segurança do Trabalho

LEI 7.410, DE 27 DE NOVEMBRO DE 1985

Dispõe sobre a especialização de Engenheiros e Arquitetos em Engenharia de Segurança do Trabalho, a profissão de Técnico de Segurança do Trabalho, e dá outras providências.

- V. Dec. 92.530/1986 (Regulamenta a Lei 7.410/1985).
- O Presidente da República:

Faço saber que o Congresso Nacional decreta e eu sanciono a seguinte Lei:

Art. 1º O exercício da especialização de Engenheiro de Segurança do Trabalho será permitido exclusivamente:

I – ao Engenheiro ou Arquiteto, portador de certificado de conclusão de curso de especialização em Engenharia de Segurança do Trabalho, a ser ministrado no País, em nível de pós-graduação;

II – ao portador de certificado de curso de especialização em Engenharia de Segurança do Trabalho, realizado em caráter prioritário, pelo Ministério do Trabalho;

III – ao possuidor de registro de Engenheiro de Segurança do Trabalho, expedido pelo Ministério do Trabalho, até a data fixada na regulamentação desta Lei.

Parágrafo único. O curso previsto no inciso I deste artigo terá o currículo fixado pelo Conselho Federal de Educação, por proposta do Ministério do Trabalho, e seu funcionamento determinará a extinção dos cursos de que trata o inciso II, na forma da regulamentação a ser expedida.

Art. 2º O exercício da profissão de Técnico de Segurança do Trabalho será permitido, exclusivamente:

I – ao portador de certificado de conclusão de curso de Técnico de Segurança do Trabalho, a ser ministrado no País em estabelecimentos de ensino de 2º grau;

II – ao Portador de certificado de conclusão de curso de Supervisor de Segurança do Trabalho, realizado em caráter prioritário pelo Ministério do Trabalho;

III – ao possuidor de registro de Supervisor de Segurança do Trabalho, expedido pelo Ministério do Trabalho, até a data fixada na regulamentação desta Lei.

Parágrafo único. O curso previsto no inciso I deste artigo terá o currículo fixado pelo Ministério da Educação, por proposta do Ministério do Trabalho, e seu funcionamento determinará a extinção dos cursos de que trata o inciso II, na forma da regulamentação a ser exercida.

Art. 3º O exercício da atividade de Engenheiros e Arquitetos na especialização de Engenharia de Segurança do Trabalho dependerá de registro em Conselho Regional de Engenharia, Arquitetura e Agronomia, após a regulamentação desta Lei, e o de Técnico de Segurança do Trabalho, após o registro no Ministério do Trabalho.

Art. 4º O Poder Executivo regulamentará esta Lei no prazo de 120 (cento e vinte) dias, contados de sua publicação.

Art. 5º Esta Lei entra em vigor na data de sua publicação.

Art. 6º Revogam-se as disposições em contrário.

Brasília, em 27 de novembro de 1985; 164º da Independência e 97º da República.

José Sarney

(*DOU* 28.11.1985)

Técnico em Radiologia

LEI 7.394, DE 29 DE OUTUBRO DE 1985

Regula o exercício da Profissão de Técnico em Radiologia, e dá outras providências.

- V. Dec. 92.790/1986 (Regulamenta a Lei 7.394/1986).

O Presidente da República:

Faço saber que o Congresso Nacional decreta e eu sanciono a seguinte Lei:

Art. 1º Os preceitos desta Lei regulam o exercício da profissão de Técnico em Radiologia, conceituando-se como tal todos os Operadores de Raios X que, profissionalmente, executam as técnicas:

I – radiológica, no setor de diagnóstico;
II – radioterápica, no setor de terapia;
III – radioisotópica, no setor de radioisótopos;
IV – industrial, no setor industrial;
V – de medicina nuclear.

Art. 2º São condições para o exercício da profissão de Técnico em Radiologia:

I – ser portador de certificado de conclusão do ensino médio e possuir formação profissional mínima de nível técnico em Radiologia;

- Inciso I com redação determinada pela Lei 10.508/2002.

II – possuir diploma de habilitação profissional, expedido por Escola Técnica de Radiologia, registrado no órgão federal *(Vetado)*.

Parágrafo único. *(Vetado.)*

Art. 3º Toda entidade, seja de caráter público ou privado, que se propuser instituir Escola Técnica de Radiologia, deverá solicitar o reconhecimento prévio *(Vetado)*.

Art. 4º As Escolas Técnicas de Radiologia só poderão ser reconhecidas se apresentarem condições de instalação satisfatórias e corpo docente de reconhecida idoneidade profissional, sob a orientação de Físico Tecnólogo, Médico Especialista e Técnico em Radiologia.

§ 1º Os programas serão elaborados pela autoridade federal competente e válidos para todo o Território Nacional, sendo sua adoção indispensável ao reconhecimento de tais cursos.

§ 2º Em nenhuma hipótese poderá ser matriculado candidato que não comprovar a conclusão de curso em nível de 2º Grau ou equivalente.

§ 3º O ensino das disciplinas será ministrado em aulas teóricas, práticas e estágios a serem cumpridos, no último ano do currículo escolar, de acordo com a especialidade escolhida pelo aluno.

Art. 5º Os centros de estágio serão constituídos pelos serviços de saúde e de pesquisa físicas, que ofereçam condições essenciais à prática da profissão na especialidade requerida.

Art. 6º A admissão à 1ª série da Escola Técnica de Radiologia dependerá:

I – do cumprimento do disposto no § 2º, do art. 4º, desta Lei;

II – de aprovação em exame de saúde, obedecidas as condições estatuídas no parágrafo único, do art. 46, do Decreto 29.155, de 17 de janeiro de 1951.

Art. 7º As Escolas Técnicas de Radiologia existentes, ou a serem criadas, deverão remeter ao órgão competente *(Vetado)*, para fins de controle e fiscalização de registros, cópia da ata relativa aos exames finais, na qual constem os nomes dos alunos aprovados e as médias respectivas.

Art. 8º Os diplomas expedidos por Escolas Técnicas de Radiologia, devidamente reconhecidos, têm âmbito nacional e validade para o registro de que trata o inciso II, do art. 2º, desta Lei.

Parágrafo único. Concedido o diploma, fica o Técnico em Radiologia obrigado a registrá-lo, nos termos desta Lei.

Art. 9º *(Vetado.)*

Art. 10. Os trabalhos de supervisão das aplicações de técnicas em radiologia, em seus respectivos setores, são da competência do Técnico em Radiologia.

Art. 11. Ficam assegurados todos os direitos aos denominados Operadores de Raios X, devidamente registrados no órgão competente *(Vetado)*, que adotarão a denominação referida no art. 1º desta Lei.

§ 1º Os profissionais que se acharem devidamente registrados na Divisão Nacional de Vigilância Sanitária de Medicamentos – DIMED, não possuidores do certificado de conclusão de curso em nível de 2º grau, poderão matricular-se nas escolas criadas, na categoria de ouvinte, recebendo, ao terminar o curso, certificado de presença, observadas as exigências regulamentares das Escolas de Radiologia.

§ 2º Os dispositivos desta Lei aplicam-se, no que couber, aos Auxiliares de Radiologia que trabalham com câmara clara e escura.

Art. 12. Ficam criados o Conselho Nacional e os Conselhos Regionais de Técnicos em Radiologia *(Vetado)*, que funcionarão nos mesmos moldes dos Conselhos Federal e Regionais de Medicina, obedecida igual sistemática para sua estrutura, e com as mesmas finalidades de seleção disciplinar e defesa da classe dos Técnicos em Radiologia.

Art. 13. *(Vetado.)*

Art. 14. A jornada de trabalho dos profissionais abrangidos por esta Lei será de 24 (vinte e quatro) horas semanais *(Vetado)*.

Art. 15. *(Vetado.)*

Art. 16. O salário mínimo dos profissionais, que executam as técnicas definidas no art. 1º desta Lei, será equivalente a dois salários mínimos profissionais da região, incidindo sobre esses vencimentos 40% (quarenta por cento) de risco de vida e insalubridade.

- O STF, na ADPF 151 (*DJE*-STF 10.04.2019), julgou parcialmente procedente o pedido formulado para declarar a não recepção do art. 16 da Lei 7.394/1985, ressalvando, porém, (i) os critérios estabelecidos pela referida lei devem continuar sendo aplicados, até que sobrevenha norma que fixe nova base de cálculo, seja lei federal, editada pelo Congresso Nacional, sejam convenções ou acordos coletivos de trabalho, ou, ainda, lei estadual, editada conforme delegação prevista na Lei Complementar 103/2000; e (ii) fica congelada a base de cálculo em questão, a fim de que seja calculada de acordo com o valor de dois salários mínimos vigentes na data do trânsito em julgado da decisão que deferiu a medida cautelar (i.e. 13.05.2011), de modo a desindexar o salário mínimo, nos termos do voto do Relator.

Art. 17. O Poder Executivo regulamentará esta Lei no prazo de até 180 (cento e oitenta) dias.

Art. 18. Esta Lei entra em vigor na data de sua publicação.

Art. 19. Revogam-se as disposições em contrário.

Brasília, 29 de outubro de 1985; 164º da Independência e 97º da República.

José Sarney

(*DOU* 30.10.1995)

Trabalhador Expatriado

LEI 7.064, DE 6 DE DEZEMBRO DE 1982

Dispõe sobre a situação dos trabalhadores contratados ou transferidos para prestar serviços no exterior.

O Presidente da República:

Faço saber que o Congresso Nacional decreta e eu sanciono a seguinte Lei:

Capítulo I
Introdução

Art. 1º Esta Lei regula a situação de trabalhadores contratados no Brasil ou transferidos por seus empregadores para prestar serviço no exterior.

- *Caput* com redação determinada pela Lei 11.962/2009.

Parágrafo único. Fica excluído do regime desta Lei o empregado designado para prestar serviços de natureza transitória, por período não superior a 90 (noventa) dias, desde que:

a) tenha ciência expressa dessa transitoriedade;

b) receba, além da passagem de ida e volta, diárias durante o período de trabalho no exterior, as quais, seja qual for o respectivo valor, não terão natureza salarial.

Capítulo II
Da Transferência

Art. 2º Para os efeitos desta Lei, considera-se transferido:

I – o empregado removido para o exterior, cujo contrato estava sendo executado no território brasileiro;

II – o empregado cedido a empresa sediada no estrangeiro, para trabalhar no exterior, desde que mantido o vínculo trabalhista com o empregador brasileiro;

III – o empregado contratado por empresa sediada no Brasil para trabalhar a seu serviço no exterior.

Art. 3º A empresa responsável pelo contrato de trabalho do empregado transferido assegurar-lhe-á, independentemente da observância da legislação do local da execução dos serviços:

I – os direitos previstos nesta Lei;

II – a aplicação da legislação brasileira de proteção ao trabalho, naquilo que não for incompatível com o disposto nesta

Lei, quando mais favorável do que a legislação territorial, no conjunto de normas e em relação a cada matéria.

Parágrafo único. Respeitadas as disposições especiais desta Lei, aplicar-se-á a legislação brasileira sobre Previdência Social, Fundo de Garantia do Tempo de Serviço (FGTS) e Programa de Integração Social (PIS/Pasep).

Art. 4º Mediante ajuste escrito, empregador e empregado fixarão os valores do salário-base e do adicional de transferência.

§ 1º O salário-base ajustado na forma deste artigo fica sujeito aos reajustes e aumentos compulsórios previstos na legislação brasileira.

§ 2º O valor do salário-base não poderá ser inferior ao mínimo estabelecido para a categoria profissional do empregado.

§ 3º Os reajustes e aumentos compulsórios previstos no § 1º incidirão exclusivamente sobre os valores ajustados em moeda nacional.

Art. 5º O salário-base do contrato será obrigatoriamente estipulado em moeda nacional, mas a remuneração devida durante a transferência do empregado, computado o adicional de que trata o artigo anterior, poderá, no todo ou em parte, ser paga no exterior, em moeda estrangeira.

§ 1º Por opção escrita do empregado, a parcela da remuneração a ser paga em moeda nacional poderá ser depositada em conta bancária.

§ 2º É assegurada ao empregado, enquanto estiver prestando serviços no exterior, a conversão e remessa dos correspondentes valores para o local de trabalho, observado o disposto em regulamento.

- V. Dec. 89.339/1984 (Regulamenta dispositivos da Lei 7.064/1982).

Art. 6º Após 2 (dois) anos de permanência no exterior, será facultado ao empregado gozar anualmente férias no Brasil, correndo por conta da empresa empregadora, ou para a qual tenha sido cedido o custeio da viagem.

§ 1º O custeio de que trata este artigo se estende ao cônjuge e aos demais dependentes do empregado com ele residentes.

§ 2º O disposto neste artigo não se aplicará ao caso de retorno definitivo do empregado antes da época do gozo das férias.

Art. 7º O retorno do empregado ao Brasil poderá ser determinado pela empresa quando:

I – não se tornar mais necessário ou conveniente o serviço do empregado no exterior;

II – der o empregado justa causa para a rescisão do contrato.

Parágrafo único. Fica assegurado ao empregado seu retorno ao Brasil, ao término do prazo da transferência ou, antes deste, na ocorrência das seguintes hipóteses:

a) após 3 (três) anos de trabalho contínuo;

b) para atender a necessidade grave de natureza familiar, devidamente comprovada;

c) por motivo de saúde, conforme recomendação constante de laudo médico;

d) quando der o empregador justa causa para a rescisão do contrato;

e) na hipótese prevista no inciso I deste artigo.

Art. 8º Cabe à empresa o custeio do retorno do empregado.

Parágrafo único. Quando o retorno se verificar, por iniciativa do empregado, ou quando der justa causa para rescisão do contrato, ficará ele obrigado ao reembolso das respectivas despesas, ressalvados os casos previstos no parágrafo único do artigo anterior.

Art. 9º O período de duração da transferência será computado no tempo de serviço do empregado para todos os efeitos da legislação brasileira, ainda que a lei local de prestação do serviço considere essa prestação como resultante de um contrato autônomo e determine a liquidação dos direitos oriundos da respectiva cessação.

- V. Dec. 89.339/1984 (Regulamenta dispositivos da Lei 7.064/1982).

§ 1º Na hipótese de liquidação de direitos prevista neste artigo, a empresa empregadora fica autorizada a deduzir esse pagamento dos depósitos do FGTS em nome do empregado, existentes na conta vinculada de que trata o art. 2º da Lei 5.107, de 13 de setembro de 1966.

§ 2º Se o saldo da conta a que se refere o parágrafo anterior não comportar a dedução ali mencionada, a diferença poderá ser novamente deduzida do saldo dessa conta quando da cessação, no Brasil, do respectivo contrato de trabalho.

§ 3º As deduções acima mencionadas, relativamente ao pagamento em moeda estrangeira, serão calculadas mediante conversão em cruzeiros ao câmbio do dia em que se operar o pagamento.

§ 4º O levantamento pelo empregador, decorrente da dedução acima prevista, dependerá de homologação judicial.

Art. 10. O adicional de transferência, as prestações in natura, bem como quaisquer outras vantagens a que fizer jus o empregado em função de sua permanência no exterior, não serão devidas após seu retorno ao Brasil.

Art. 11. Durante a prestação de serviços no exterior não serão devidas, em relação aos empregados transferidos, as contribuições referentes a: Salário-Educação, Serviço Social da Indústria, Serviço Social do Comércio, Serviço Nacional de Aprendizagem Comercial, Serviço Nacional de Aprendizagem Industrial e Instituto Nacional de Colonização e de Reforma Agrária.

Capítulo III
Da Contratação por Empresa Estrangeira

Art. 12. A contratação de trabalhador, por empresa estrangeira, para trabalhar no exterior está condicionada a prévia autorização do Ministério do Trabalho.

- V. Dec. 89.339/1984 (Regulamenta dispositivos da Lei 7.064/1982).

Art. 13. A autorização a que se refere o art. 12 somente poderá ser dada a empresa de cujo capital participe, em pelo menos 5% (cinco por cento) pessoa jurídica domiciliada no Brasil.

Art. 14. Sem prejuízo da aplicação das leis do país da prestação dos serviços, no que respeita a direitos, vantagens e garantias trabalhistas e previdenciárias, a empresa estrangeira assegurará ao trabalhador os direitos a ele conferidos neste Capítulo.

Art. 15. Correrão obrigatoriamente por conta da empresa estrangeira as despesas de viagem de ida e volta do trabalhador ao exterior, inclusive a dos dependentes com ele residentes.

Art. 16. A permanência do trabalhador no exterior não poderá ser ajustada por período superior a 3 (três) anos, salvo quando for assegurado a ele e a seus dependentes o direito de gozar férias anuais no Brasil, com despesas de viagem pagas pela empresa estrangeira.

Art. 17. A empresa estrangeira assegurará o retorno definitivo do trabalhador ao Brasil quando:

I – houver terminado o prazo de duração do contrato, ou for o mesmo rescindido;

II – por motivo de saúde do trabalhador, devidamente comprovado por laudo médico oficial que o recomende.

Art. 18. A empresa estrangeira manterá no Brasil procurador bastante, com poderes especiais de representação, inclusive o de receber citação.

Art. 19. A pessoa jurídica domiciliada no Brasil a que alude o art. 13 será solidariamente responsável com a empresa estrangeira por todas as obrigações decorrentes da contratação do trabalhador.

Art. 20. O aliciamento de trabalhador domiciliado no Brasil, para trabalhar no exterior, fora do regime desta Lei, configurará o crime previsto no art. 206 do Código Penal Brasileiro.

Capítulo IV
Disposições Comuns e Finais

Art. 21. As empresas de que trata esta lei farão, obrigatoriamente, seguro de vida e acidentes pessoais a favor do trabalhador, cobrindo o período a partir do embarque para o exterior até o retorno ao Brasil.

Parágrafo único. O valor do seguro não poderá ser inferior a doze vezes o valor da remuneração mensal do trabalhador.

Art. 22. As empresas a que se refere esta Lei garantirão ao empregado, no local de trabalho no exterior ou próximo a ele, serviços gratuitos e adequados de assistência médica e social.

Art. 23. Serão regulamentadas no prazo de 90 (noventa) dias as disposições dos arts. 5º, § 2º, 9º, §§ 1º a 4º, e 12.

Art. 24. Esta Lei entra em vigor na data de sua publicação, revogadas as disposições em contrário.

Brasília, 6 de dezembro de 1982; 161º da Independência e 94º da República.

João Figueiredo

(*DOU* 07.12.1982; ret. 13.12.1982)

DECRETO 89.339, DE 31 DE JANEIRO DE 1984

Regulamenta o disposto nos arts. 5º, § 2º, 9º, §§ 1º a 4º, e 12 da Lei 7.064, de 6 de dezembro de 1982, que dispõe sobre a situação de trabalhadores contratados ou transferidos para prestar serviços no exterior.

- V. Lei 7.064/1982 (Dispõe sobre a situação dos trabalhadores contratados ou transferidos para prestar serviços no exterior).

O Presidente da República, usando da atribuição que lhe confere o art. 81, inciso III, da Constituição e tendo em vista o disposto no art. 23 da Lei 7.064, de 6 de dezembro de 1982, decreta:

Art. 1º O empregado contratado no Brasil ou transferido por empresa prestadora de serviços de engenharia, inclusive consultoria, projetos, obras, montagens, gerenciamento e congêneres, para prestar serviços no exterior, enquanto estiver prestando serviços no estrangeiro, poderá converter e remeter para o local de trabalho, no todo ou em parte, os valores correspondentes à remuneração paga em moeda nacional.

Art. 2º As remessas referidas no art. 1º serão feitas através de instituição bancária autorizada a operar em câmbio, mediante requerimento escrito do empregado ou seu procurador, instruído com declaração da empresa empregadora indicando o valor da remuneração paga ao empregado, o local da prestação de serviços no exterior e os números da Carteira de Trabalho e de inscrição do empregado no cadastro de contribuintes.

Parágrafo único. As remessas a que se refere o artigo estarão sujeitas à fiscalização do Banco Central do Brasil.

Art. 3º Os valores pagos pela empresa empregadora prestadora dos serviços a que se refere o art. 1º, na liquidação de direitos determinados pela lei do local da prestação de serviços no exterior, poderão ser deduzidos dos depósitos do Fundo de Garantia do Tempo de Serviço – FGTS – em nome do empregado, existentes na conta vinculada de que trata o art. 2º da Lei 5.107, de 13 de setembro de 1965.

§ 1º O levantamento, pela empresa empregadora, dos valores correspondentes à liquidação de direitos, efetuada de conformidade com a lei do local da prestação de serviços no exterior, efetivar-se-á à vista do alvará expedido em decorrência da homologação judicial.

§ 2º A homologação dos valores a serem deduzidos dar-se-á mediante a apresentação, pela empresa empregadora, de cópia autêntica da documentação comprobatória da liquidação dos direitos do empregado no exterior, traduzida oficialmente.

§ 3º Requerida a homologação, o juiz determinará ao Banco depositário da conta vinculada que informe, no prazo de 3 (três) dias úteis, o valor existente na conta vinculada do empregado, na data do pedido de homologação.

Art. 4º A homologação deverá consignar a importância, em moeda estrangeira, a ser deduzida e o alvará autorizará o levantamento do seu valor correspondente em cruzeiros, junto ao Banco depositário, que efetuará a conversão ao câmbio do dia em que efetivar o pagamento, utilizando o dólar dos Estados Unidos da América como moeda de conversão, nos casos em que a liquidação de direitos do empregado tenha sido efetuada em moeda com a qual o cruzeiro não tenha paridade direta.

Parágrafo único. A empresa empregadora deverá apresentar o alvará a que se refere o artigo no prazo de 2 (dois) dias úteis da sua expedição, sob pena de correrem à sua conta as variações cambiais posteriores à data do alvará.

Art. 5º Caso o saldo existente na conta vinculada do FGTS, em nome do empregado, não seja suficiente para a dedução integral dos valores correspondentes aos direitos liquidados pela empresa no exterior, a diferença poderá ser levantada mediante nova dedução dessa conta, quando da cessação, no Brasil, do contrato de trabalho, mediante a expedição de novo alvará e independentemente de nova homologação.

Art. 6º A contratação de trabalhador por empresa estrangeira, para trabalhar no exterior, está condicionada à autorização do Ministério do Trabalho, nos termos de regulamento baixado pelo Ministro do Trabalho e observado o disposto no art. 7º deste Decreto.

Art. 7º A empresa requerente da autorização a que se refere o art. 6º deverá comprovar:

I – sua existência jurídica, segundo as leis do país no qual é sediada;

II – a participação de pessoa jurídica domiciliada no Brasil, em pelo menos 5% (cinco por cento) do seu capital social;

III – a existência de procurador legalmente constituído no Brasil com poderes especiais de representação, inclusive o de receber citação;

IV – a solidariedade da pessoa jurídica a que se refere o inciso II deste artigo no cumprimento das obrigações da empresa estrangeira decorrentes da contratação do empregado.

Art. 8º Este Decreto entra em vigor na data de sua publicação, revogadas as disposições em contrário.

Brasília, aos 31 do mês de janeiro de 1984; 163º da Independência e 96º da República.

João Figueiredo

(*DOU* 1º.02.1984)

Trabalhador Rural

LEI 5.889, DE 8 DE JUNHO DE 1973

Estatui normas reguladoras do trabalho rural e dá outras providências.

- V. Dec. 73.626/1974 (Aprova o Regulamento da Lei 5.889/1973).

O Presidente da República:

Faço saber que o Congresso Nacional decreta e eu sanciono a seguinte Lei:

Art. 1º As relações de trabalho rural serão reguladas por esta Lei e, no que com ela não colidirem, pelas normas da Consolidação das Leis do Trabalho, aprovada pelo Decreto-lei 5.452, de 1º de maio de 1943.

Parágrafo único. Observadas as peculiaridades do trabalho rural, a ele também se aplicam as Leis 605, de 5 de janeiro de 1949; 4.090, de 13 de julho de 1962; 4.725, de 13 de julho de 1965, com as alterações da Lei 4.903, de 16 de dezembro de 1965; e os Decretos-leis 15, de 29 de julho de 1966; 17, de 22 de agosto de 1966, e 368, de 19 de dezembro de 1968.

- V. art. 7º, XXIX, CF.

Art. 2º Empregado rural é toda pessoa física que, em propriedade rural ou prédio rústico, presta serviços de natureza não eventual a empregador rural, sob a dependência deste e mediante salário.

Art. 3º Considera-se empregador rural, para os efeitos desta Lei, a pessoa física ou jurídica, proprietário ou não, que explore atividade agroeconômica, em caráter permanente ou temporário, diretamente ou através de prepostos e com auxílio de empregados.

§ 1º Inclui-se na atividade econômica referida no *caput* deste artigo, além da exploração industrial em estabelecimento agrário não compreendido na Consolidação das Leis do Trabalho – CLT, aprovada pelo Decreto-lei 5.452, de 1º de maio de 1943, a exploração do turismo rural ancilar à exploração agroeconômica.

- § 1º com redação determinada pela Lei 13.171/2015.

§ 2º Sempre que uma ou mais empresas, embora tendo cada uma delas personalidade jurídica própria, estiverem sob direção, controle ou administração de outra, ou ainda quando, mesmo guardando cada uma sua autonomia, integrem grupo econômico ou financeiro rural, serão responsáveis solidariamente nas obrigações decorrentes da relação de emprego.

Art. 4º Equipara-se ao empregador rural, a pessoa física ou jurídica que, habitualmente, em caráter profissional e por conta de terceiros, execute serviços de natureza agrária, mediante utilização do trabalho de outrem.

Art. 5º Em qualquer trabalho contínuo, de duração superior a 6 (seis) horas, será obrigatória a concessão de um intervalo para repouso ou alimentação, observados os usos e costumes da região, não se computando este intervalo na duração do trabalho. Entre duas jornadas de trabalho haverá um período mínimo de 11 (onze) horas consecutivas para descanso.

Art. 6º Nos serviços, caracteristicamente intermitentes, não serão computados, como de efetivo exercício, os intervalos entre uma e outra parte da execução da tarefa diária, desde que tal hipótese seja expressamente ressalvada na Carteira de Trabalho e Previdência Social.

Art. 7º Para os efeitos desta Lei, considera-se trabalho noturno o executado entre as 21 (vinte e uma) horas de um dia e as 5 (cinco) horas do dia seguinte, na lavoura, e entre as 20 (vinte) horas de um dia e as 4 (quatro) horas do dia seguinte, na atividade pecuária.

Parágrafo único. Todo trabalho noturno será acrescido de 25% (vinte e cinco por cento) sobre a remuneração normal.

Art. 8º Ao menor de 18 (dezoito) anos é vedado o trabalho noturno.

Art. 9º Salvo as hipóteses de autorização legal ou decisão judiciária, só poderão ser descontadas do empregado rural as seguintes parcelas, calculadas sobre o salário mínimo:

a) até o limite de 20% (vinte por cento) pela ocupação da morada;

b) até 25% (vinte e cinco por cento) pelo fornecimento de alimentação sadia e farta, atendidos os preços vigentes na região;

c) adiantamentos em dinheiro.

§ 1º As deduções acima especificadas deverão ser previamente autorizadas, sem o que serão nulas de pleno direito.

§ 2º Sempre que mais de um empregado residir na mesma morada, o desconto, previsto na letra a deste artigo, será dividido proporcionalmente ao número de empregados, vedada, em qualquer hipótese, a moradia coletiva de famílias.

§ 3º Rescindido ou findo o contrato de trabalho, o empregado será obrigado a desocupar a casa dentro de 30 (trinta) dias.

§ 4º O Regulamento desta Lei especificará os tipos de morada para fins de dedução.

§ 5º A cessão pelo empregador, de moradia e de sua infraestrutura básica, assim como, bens destinados à produção para sua subsistência e de sua família, não integram o salário do trabalhador rural, desde que caracterizados como tais, em contrato escrito celebrado entre as partes, com testemunhas e notificação obrigatória ao respectivo sindicato de trabalhadores rurais.

- § 5º acrescentado pela Lei 9.300/1996.

Art. 10. A prescrição dos direitos assegurados por esta lei aos trabalhadores rurais só ocorrerá após 2 (dois) anos de cessação do contrato de trabalho.

- V. art. 7º, XXIX, CF, que determinou que o direito de ação para os trabalhadores urbanos e rurais, no que se refere aos créditos resultantes das relações de trabalho, terá prazo prescricional de 5 (cinco) anos, até o limite de 2 (dois) anos, após a extinção do contrato de trabalho.

Parágrafo único. Contra o menor de 18 (dezoito) anos não corre qualquer prescrição.

- V. art. 7º, XXIX, CF.
- V. Súmula 294, TST.

Art. 11. Ao empregado rural maior de 16 (dezesseis) anos é assegurado salário mínimo igual ao do empregado adulto.

Parágrafo único. Ao empregado menor de 16 (dezesseis) anos é assegurado salário mínimo fixado em valor correspondente à metade do salário mínimo estabelecido para o adulto.

- V. art. 7º, XXXIII, CF.

Art. 12. Nas regiões em que se adota a plantação subsidiária ou intercalar (cultura secundária), a cargo do empregado rural, quando autorizada ou permitida, será objeto de contrato em separado.

Parágrafo único. Embora devendo integrar o resultado anual a que tiver direito o empregado rural, a plantação subsidiária ou intercalar não poderá compor a parte correspondente ao salário mínimo na remuneração geral do empregado, durante o ano agrícola.

Art. 13. Nos locais de trabalho rural serão observadas as normas de segurança e higiene estabelecidas em portaria do Ministro do Trabalho e Previdência Social.

Art. 14. Expirado normalmente o contrato, a empresa pagará ao safrista, a título de indenização do tempo de serviço, importância correspondente a 1/12 (um doze avos) do salário mensal, por mês de serviço ou fração superior a 14 (quatorze) dias.

Parágrafo único. Considera-se contrato de safra o que tenha sua duração dependente de variações estacionais da atividade agrária.

Art. 14-A. O produtor rural pessoa física poderá realizar contratação de trabalhador rural por pequeno prazo para o exercício de atividades de natureza temporária.

- Artigo acrescentado pela Lei 11.718/2008.
- V. arts. 2º e 3º, Lei 11.718/2008, que dispõem sobre a previdência do trabalhador rural.

§ 1º A contratação de trabalhador rural por pequeno prazo que, dentro do período de 1 (um) ano, superar 2 (dois) meses fica convertida em contrato de trabalho por prazo indeterminado, observando-se os termos da legislação aplicável.

§ 2º A filiação e a inscrição do trabalhador de que trata este artigo na Previdência Social decorrem, automaticamente, da sua inclusão pelo empregador na Guia de Recolhimento do Fundo de Garantia do Tempo de Serviço e Informações à Previdência Social – GFIP, cabendo à Previdência Social instituir mecanismo que permita a sua identificação.

§ 3º O contrato de trabalho por pequeno prazo deverá ser formalizado mediante a inclusão do trabalhador na GFIP, na forma do disposto no § 2º deste artigo, e:

I – mediante a anotação na Carteira de Trabalho e Previdência Social e em Livro ou Ficha de Registro de Empregados; ou

II – mediante contrato escrito, em 2 (duas) vias, uma para cada parte, onde conste, no mínimo:

a) expressa autorização em acordo coletivo ou convenção coletiva;

b) identificação do produtor rural e do imóvel rural onde o trabalho será realizado e indicação da respectiva matrícula;

c) identificação do trabalhador, com indicação do respectivo Número de Inscrição do Trabalhador – NIT.

§ 4º A contratação de trabalhador rural por pequeno prazo só poderá ser realizada por produtor rural pessoa física, proprietário ou não, que explore diretamente atividade agroeconômica.

§ 5º A contribuição do segurado trabalhador rural contratado para prestar serviço na forma deste artigo é de 8% (oito por cento) sobre o respectivo salário de contribuição definido no inciso I do *caput* do art. 28 da Lei 8.212, de 24 de julho de 1991.

§ 6º A não inclusão do trabalhador na GFIP pressupõe a inexistência de contratação na forma deste artigo, sem prejuízo de comprovação, por qualquer meio admitido em direito, da existência de relação jurídica diversa.

§ 7º Compete ao empregador fazer o recolhimento das contribuições previdenciárias nos termos da legislação vigente, cabendo à Previdência Social e à Receita Federal do Brasil instituir mecanismos que facilitem o acesso do trabalhador e da entidade sindical que o representa às informações sobre as contribuições recolhidas.

§ 8º São assegurados ao trabalhador rural contratado por pequeno prazo, além de remuneração equivalente à do trabalhador rural permanente, os demais direitos de natureza trabalhista.

§ 9º Todas as parcelas devidas ao trabalhador de que trata este artigo serão calculadas dia a dia e pagas diretamente a ele mediante recibo.

§ 10. O Fundo de Garantia do Tempo de Serviço – FGTS deverá ser recolhido e poderá ser levantado nos termos da Lei 8.036, de 11 de maio de 1990.

Art. 15. Durante o prazo do aviso-prévio, se a rescisão tiver sido promovida pelo empregador, o empregado rural terá direito a um dia por semana, sem prejuízo do salário integral, para procurar outro trabalho.

- V. art. 7º, XXI, CF.

Art. 16. Toda propriedade rural, que mantenha a seu serviço ou trabalhando em seus limites mais de 50 (cinquenta) famílias de trabalhadores de qualquer natureza, é obrigada a possuir e conservar em funcionamento escola primária, inteiramente gratuita, para os filhos destes, com tantas classes quantos sejam os grupos de 40 (quarenta) crianças em idade escolar.

Parágrafo único. A matrícula da população em idade escolar será obrigatória, sem qualquer outra exigência, além da certidão de nascimento, para cuja obtenção o empregador proporcionará todas as facilidades aos responsáveis pelas crianças.

Art. 17. As normas da presente Lei são aplicáveis, no que couber, aos trabalhadores rurais não compreendidos na definição do art. 2º, que prestem serviços a empregador rural.

Art. 18. As infrações aos dispositivos desta Lei serão punidas com multa de R$ 380,00 (trezentos e oitenta reais) por empregado em situação irregular.

- Artigo com redação determinada pela MP 2.164-41/2001.

§ 1º As infrações aos dispositivos da Consolidação das Leis do Trabalho – CLT e legislação esparsa, cometidas contra o trabalhador rural, serão punidas com as multas nelas previstas.

§ 2º As penalidades serão aplicadas pela autoridade competente do Ministério do Trabalho e Emprego, de acordo com o disposto no Título VII da CLT.

§ 3º A fiscalização do Ministério do Trabalho e Emprego exigirá dos empregadores rurais ou produtores equiparados a comprovação do recolhimento da Contribuição Sindical Rural das categorias econômica e profissional.

Art. 19. O enquadramento e a contribuição sindical rurais continuam regidos pela legislação ora em vigor; o seguro social e o seguro contra acidente do trabalho rurais serão regulados por lei especial.

Art. 20. Lei especial disporá sobre a aplicação ao trabalhador rural, no que couber, do regime do Fundo de Garantia do Tempo de Serviço.

Art. 21. Esta Lei entra em vigor na data de sua publicação, revogadas as disposições em contrário, em especial a Lei 4.214, de 2 de março de 1963, e o Dec.-lei 761, de 14 de agosto de 1969.

Brasília, 8 de junho de 1973; 152º da Independência e 85º da República.

Emílio G. Médici

(*DOU* 11.06.1973)

DECRETO 73.626, DE 12 DE FEVEREIRO DE 1974

Aprova o Regulamento da Lei 5.889, de 8 de junho de 1973.

O Presidente da República, no uso da atribuição que lhe confere o art. 81, item III, da Constituição, e tendo em vista a Lei 5.889, de 8 de junho de 1973, decreta:

Art. 1º É aprovado o anexo Regulamento, assinado pelo Ministro do Trabalho e Previdência Social, disciplinando a aplicação de normas concernentes às relações individuais e coletivas de trabalho rural, estatuídas pela Lei 5.889, de 8 de junho de 1973.

Art. 2º O presente Decreto entrará em vigor na data de sua publicação, revogadas as disposições em contrário.

Brasília, 12 de fevereiro de 1974; 153º da Independência e 86º da República.

Emílio G. Médici

(*DOU* 13.02.1974)

REGULAMENTO DAS RELAÇÕES INDIVIDUAIS E COLETIVAS DE TRABALHO RURAL

Art. 1º Este Regulamento disciplina a aplicação das normas concernentes às relações individuais e coletivas de trabalho rural estatuídas pela Lei 5.889, de 8 de junho de 1973.

Art. 2º Considera-se empregador rural, para os efeitos deste Regulamento, a pessoa física ou jurídica, proprietária ou não, que explore atividade agroeconômica, em caráter permanente ou temporário, diretamente ou através de prepostos e com auxílio de empregados.

§ 1º Equipara-se ao empregador rural a pessoa física ou jurídica que, habitualmente, em caráter profissional, e por conta de terceiros, execute serviços de natureza agrária, mediante utilização do trabalho de outrem.

§ 2º Sempre que uma ou mais empresas, embora tendo cada uma delas personalidade jurídica própria, estiverem sob direção, controle ou administração de outra, ou ainda quando, mesmo guardando cada uma sua autonomia, integrem grupo econômico ou financeiro rural, serão responsáveis solidariamente nas obrigações decorrentes da relação de emprego.

§ 3º Inclui-se na atividade econômica referida no *caput* deste artigo a exploração industrial em estabelecimento agrário.

§ 4º Consideram-se como exploração industrial em estabelecimento agrário, para os fins do parágrafo anterior, as atividades que compreendem o primeiro tratamento dos produtos agrários in natura sem transformá-los em sua natureza, tais como:

I – o beneficiamento, a primeira modificação e o preparo dos produtos agropecuários e hortigranjeiros e das matérias-primas de origem animal ou vegetal para posterior venda ou industrialização;

II – o aproveitamento dos subprodutos oriundos das operações de preparo e modificação dos produtos in natura, referidos no item anterior.

§ 5º Para os fins previstos no § 3º, não será considerada indústria rural aquela que, operando a primeira transformação do produto agrário, altere a sua natureza, retirando-lhe a condição de matéria-prima.

Art. 3º Empregado rural é toda pessoa física que, em propriedade rural ou prédio rústico, presta serviços de natureza não eventual a empregador rural, sob a dependência deste e mediante salário.

Art. 4º Nas relações de trabalho rural aplicam-se os arts. 4º a 6º; 8º a 10; 13 a 19; 21; 25 a 29; 31 a 34; 36 a 44; 48 a 50; 62, b; 67 a 70; 74; 76; 78 e 79; 83; 84; 86; 116 a 118; 124; 126; 129 a 133; 134, a, c, d, e e f; 135 a 142; parágrafo único do art. 143; 144; 147; 359; 366; 372; 377; 379; 387 a 396; 399; 402; 403; 405, *caput* e § 5º; 407 a 410; 414 a 427; 437; 439; 441 a 457; 458, *caput* e § 2º; 459 a 479; 480, *caput* e § 1º; 481 a 487; 489 a 504; 511 a 535; 537 a 552; 553, *caput*, b, c, d e e, e parágrafos 1º e 2º; 554 a 562; 564 a 566; 570, *caput*; 601 a 603; 605 a 629; 630, *caput*, e parágrafos 1º, 2º, 3º, 4º, 5º, 7º e 8º; 631 a 685; 687 a 690; 693; 694; 696; 697; 699 a 702; 707 a 721; 722, *caput*, b e c e parágrafos 1º, 2º e 3º; 723 a 725; 727 a 733; 735 a 754; 763 a 914, da Consolidação das Leis do Trabalho, aprovada pelo Decreto-lei 5.452, de 1º de maio de 1943, com suas alterações.

Parágrafo único. Aplicam-se, igualmente, nas relações de trabalho rural:

I – os arts. 1º; 2º, caput, a; 4º; 5º (este com as limitações do Decreto-lei 86, de 27 de dezembro de 1966); 6º; 7º; 8º; 9º; 10; 11; 12; 13; 14; 15; 16 do Regulamento da Lei 605, de 5 de janeiro de 1949, aprovado pelo Decreto 27.048, de 12 de agosto de 1949;

II – os arts. 1º; 2º; 3º; 4º; 5º; 6º; 7º, do Regulamento da Lei 4.090, de 13 de junho de 1962, com as alterações da Lei 4.749, de 12 de agosto de 1965, aprovado pelo Decreto 57.155, de 3 de novembro de 1965;

III – os arts. 1º; 2º; 3º; 6º; 11; 12, da Lei 4.725, de 13 de julho de 1965, com as alterações da Lei 4.903, de 16 de dezembro de 1965;

IV – os arts. 1º; 2º; 3º; 5º; 7º; 8º; 9º; 10, do Decreto-lei 15, de 29 de julho de 1966, com a redação do Decreto-lei 17, de 22 de agosto de 1966.

Art. 5º Os contratos de trabalho, individuais ou coletivos, estipularão, conforme os usos, praxes e costumes de cada região, o início e o término normal da jornada de trabalho, que não poderá exceder de 8 (oito) horas por dia.

§ 1º Será obrigatória, em qualquer trabalho contínuo de duração superior a 6 (seis) horas, a concessão de um intervalo mínimo de 1 (uma) hora para repouso ou alimentação, observados os usos e costumes da região.

§ 2º Os intervalos para repouso ou alimentação não serão computados na duração do trabalho.

Art. 6º Entre duas jornadas de trabalho haverá um período mínimo de 11 (onze) horas consecutivas para descanso.

Art. 7º A duração normal do trabalho poderá ser acrescida de horas suplementares, em número não excedente de duas, mediante acordo escrito entre o empregador e o empregado ou mediante contrato coletivo de trabalho, observado o disposto no artigo anterior.

§ 1º Do acordo ou do contrato coletivo de trabalho deverá constar, obrigatoriamente, a importância da remuneração da hora suplementar que será, pelo menos, 20% (vinte por cento) superior à da hora normal.

§ 2º Poderá ser dispensado o acréscimo de salário se, por força de acordo ou contrato coletivo, o excesso de horas em um dia for compensado pela correspondente redução em outro dia, de maneira que não exceda o horário normal da semana.

Art. 8º A duração da jornada de trabalho poderá exceder do limite legal ou convencionado para terminar serviços que, pela sua natureza, não possam ser adiados, ou para fazer face a motivo de força maior.

§ 1º O excesso, nos casos deste artigo, poderá ser exigido independentemente de acordo ou contrato coletivo e deverá ser comunicado, dentro de 10 (dez) dias, à Delegacia Regional do Trabalho, ou, antes desse prazo, justificado aos agentes fiscais, sem prejuízo daquela comunicação.

§ 2º Nos casos de excesso de horário por motivo de força maior, a remuneração da hora excedente não será inferior à da hora normal. Nos demais casos de excesso previsto neste artigo, a remuneração será, pelo menos, 25% (vinte e cinco por cento) superior à da hora normal, e o trabalho não poderá exceder de 12 (doze) horas.

Art. 9º A duração da jornada de trabalho poderá igualmente exceder do limite legal ou convencionado, até o máximo de 2 (duas) horas, durante o número de dias necessários, para compensar interrupções do trabalho decorrentes de causas acidentais ou de força maior, desde que a jornada diária não exceda de 10 (dez) horas.

Parágrafo único. A prorrogação a que se refere este artigo não poderá exceder de 45 (quarenta e cinco) dias por ano, condicionada à prévia autorização da autoridade competente.

Art. 10. Nos serviços intermitentes não serão computados, como de efetivo exercício, os intervalos entre uma e outra parte da execução da tarefa diária, devendo essa característica ser expressamente ressalvada na Carteira de Trabalho e Previdência Social.

Parágrafo único. Considera-se serviço intermitente aquele que, por sua natureza, seja normalmente executado em duas ou mais etapas diárias distintas, desde que haja interrupção do trabalho de, no mínimo, 5 (cinco) horas, entre uma e outra parte da execução da tarefa.

Art. 11. Todo trabalho noturno acarretará acréscimo de 25% (vinte e cinco por cento) sobre a remuneração normal da hora diurna.

Parágrafo único. Considera-se trabalho noturno, para os efeitos deste artigo, o executado entre as 21 horas de um dia e as 5 horas do dia seguinte, na lavoura, e entre as 20 horas de um dia e as 4 horas do dia seguinte, na atividade pecuária.

Art. 12. Ao menor de 18 anos é vedado o trabalho noturno.

Art. 13. Ao menor de 12 anos é proibido qualquer trabalho.

Art. 14. As normas referentes à jornada de trabalho, trabalho noturno, trabalho do menor e outras compatíveis com a modalidade das respectivas atividades aplicam-se aos avulsos e outros trabalhadores rurais que, sem vínculo de emprego, prestam serviços a empregadores rurais.

Art. 15. Ao empregado maior de 16 anos é assegurado o salário mínimo regional de adulto.

Parágrafo único. Ao empregado menor de 16 anos é assegurado salário mínimo igual à metade do salário mínimo regional de adulto.

Art. 16. Além das hipóteses de determinação legal ou decisão judicial, somente poderão ser efetuados no salário do empregado os seguintes descontos:

I – até o limite de 20% (vinte por cento) do salário mínimo regional, pela ocupação da morada;

II – até o limite de 25% (vinte e cinco por cento) do salário mínimo regional, pelo fornecimento de alimentação;

III – valor de adiantamentos em dinheiro.

§ 1º As deduções especificadas nos itens I, II e III deverão ser previamente autorizadas pelo empregado, sem o que serão nulas de pleno direito.

§ 2º Para os fins a que se refere o item I deste artigo, considera-se morada a habitação fornecida pelo empregador, a qual, atendendo às condições peculiares de cada região, satisfaça os requisitos de salubridade e higiene estabelecidos em normas expedidas pelas Delegacias Regionais do Trabalho.

Art. 17. Sempre que mais de um empregado residir na mesma morada, o valor correspondente ao percentual do desconto previsto no item I, do art.15, será dividido igualmente pelo número total de ocupantes.

Parágrafo único. É vedada, em qualquer hipótese, a moradia coletiva de famílias.

Art. 18. Rescindido ou findo o contrato de trabalho, o empregado será obrigado a desocupar a morada fornecida pelo empregador dentro de 30 (trinta) dias.

Art. 19. Considera-se safreiro ou safrista o trabalhador que se obriga à prestação de serviços mediante contrato de safra.

Parágrafo único. Contrato de safra é aquele que tenha sua duração dependente de variações estacionais das atividades agrárias, assim entendidas as tarefas normalmente executadas no período compreendido entre o preparo do solo para o cultivo e a colheita.

Art. 20. Expirado normalmente o contrato de safra, o empregador pagará ao safreiro, a título de indenização do tempo de serviço, a importância correspondente a 1/12 (um doze avos) do salário mensal, por mês de serviço ou fração superior a 14 (quatorze) dias.

Art. 21. Não havendo prazo estipulado, a parte que, sem justo motivo, quiser rescindir o contrato de trabalho, deverá avisar à outra da sua resolução com a antecedência mínima de:

I – 8 (oito) dias, se o pagamento for efetuado por semana ou tempo inferior;

- V. art. 7º, XXI, CF.

II – 30 (trinta) dias, se o pagamento for efetuado por quinzena ou mês, ou se o empregado contar mais de 12 (doze) meses de serviço na empresa.

Art. 22. Durante o prazo do aviso-prévio, se a rescisão tiver sido promovida pelo empregador, o empregado rural terá direito a 1 (um) dia por semana, sem prejuízo do salário integral, para procurar outro emprego.

Art. 23. A aposentadoria por idade concedida ao empregado rural, na forma da Lei Complementar 11, de 25 de maio de 1971, e sua regulamentação, não acarretará rescisão do respectivo contrato de trabalho, nem constituirá justa causa para a dispensa.

Parágrafo único. Constitui justa causa, para rescisão do contrato de trabalho, além das apuradas em inquérito administrativo processado pelo Ministério do Trabalho, a incapacidade total e permanente, resultante de idade avançada, enfermidade ou lesão orgânica, comprovada mediante perícia médica a cargo da Delegacia Regional do Trabalho.

Art. 24. Aplicam-se ao empregado e empregador rural as normas referentes ao enquadramento e contribuição sindical constantes do Decreto-lei 1.166, de 15 de abril de 1971.

Art. 25. A plantação subsidiária ou intercalar (cultura secundária), a cargo do empregado, quando de interesse também do empregador, será objeto de contrato em separado.

§ 1º Se houver necessidade de utilização de safreiros nos casos previstos neste artigo, os encargos decorrentes serão sempre de responsabilidade do empregador.

§ 2º O resultado anual a que tiver direito o empregado rural, quer em dinheiro, quer em produto in natura, não poderá ser computado como parte correspondente ao salário mínimo na remuneração geral do empregado durante o ano agrícola.

Art. 26. O empregador rural que tiver a seu serviço, nos limites de sua propriedade, mais de cinquenta trabalhadores de qualquer natureza, com família, é obrigado a possuir e conservar em funcionamento escola primária, inteiramente gratuita, para os menores dependentes, com tantas classes quantos sejam os grupos de quarenta crianças em idade escolar.

Art. 27. A prescrição dos direitos assegurados aos trabalhadores rurais só ocorrerá após 2 (dois) anos da rescisão ou término do contrato de trabalho.

Parágrafo único. Contra o menor de 18 anos não corre qualquer prescrição.

Art. 28. O Ministro do Trabalho estabelecerá, através de Portaria, as normas de segurança e higiene do trabalho a serem observadas nos locais de trabalho rural.

Art. 29. As infrações aos dispositivos deste Regulamento e aos da Consolidação das Leis do Trabalho, salvo as do Título IV, Capítulos I, III, IV, VIII e IX, serão punidas com multa de 1/10 (um décimo) do salário mínimo regional a dez salários mínimos regionais, segundo a natureza da infração e sua gravidade, aplicada em dobro nos casos de reincidência, oposição à fiscalização ou desacato à autoridade, sem prejuízo de outras sanções cabíveis.

§ 1º A falta de registro de empregados ou o seu registro em livros ou fichas não rubricadas e legalizadas, na forma do art. 42, da Consolidação das Leis do Trabalho, sujeitará a empresa infratora à multa de um salário mínimo regional por empregado em situação irregular.

§ 2º Tratando-se de infrator primário, a penalidade, prevista neste artigo, não excederá de quatro salários mínimos regionais.

§ 3º As penalidades serão aplicadas pela autoridade competente do Ministério do Trabalho, de acordo com o disposto no Título VII, da Consolidação das Leis do Trabalho.

Art. 30. Aquele que recusar o exercício da função de vogal de Junta de Conciliação e Julgamento ou de juiz representante classista de Tribunal Regional, sem motivo justificado, incorrerá nas penas de multa previstas no artigo anterior, além da suspensão do direito de representação profissional por 2 (dois) a 5 (cinco) anos.

- A EC 24/1999 substituiu as Juntas de Conciliação e Julgamento por Varas do Trabalho (juiz singular) e extinguiu a representação classista na Justiça do Trabalho.

Trabalhador Temporário e Terceirizado

LEI 6.019, DE 3 DE JANEIRO DE 1974

Dispõe sobre o trabalho temporário nas empresas urbanas e dá outras providências.

- Lei regulamentada pelo Dec. 73.841/1974.

O Presidente da República:

Faço saber que o Congresso Nacional decreta e eu sanciono a seguinte Lei:

Art. 1º As relações de trabalho na empresa de trabalho temporário, na empresa de prestação de serviços e nas respectivas tomadoras de serviço e contratante regem-se por esta Lei.

- Artigo com redação determinada pela Lei 13.429/2017.
- V. Súmula 331, TST.

Art. 2º Trabalho temporário é aquele prestado por pessoa física contratada por uma empresa de trabalho temporário que a coloca à disposição de uma empresa tomadora de serviços, para atender à necessidade de substituição transitória de pessoal permanente ou à demanda complementar de serviços.

- Artigo com redação determinada pela Lei 13.429/2017.

§ 1º É proibida a contratação de trabalho temporário para a substituição de trabalhadores em greve, salvo nos casos previstos em lei.

§ 2º Considera-se complementar a demanda de serviços que seja oriunda de fatores imprevisíveis ou, quando decorrente de fatores previsíveis, tenha natureza intermitente, periódica ou sazonal.

Art. 3º É reconhecida a atividade da empresa de trabalho temporário, que passa a integrar o plano básico do enquadramento sindical a que se refere o art. 577, da Consolidação das Leis do Trabalho.

Art. 4º Empresa de trabalho temporário é a pessoa jurídica, devidamente registrada no Ministério do Trabalho, responsável pela colocação de trabalhadores à disposição de outras empresas temporariamente.

- Artigo com redação determinada pela Lei 13.429/2017.

Art. 4º-A. Considera-se prestação de serviços a terceiros a transferência feita pela contratante da execução de quaisquer de suas atividades, inclusive sua atividade principal, à pessoa jurídica de direito privado prestadora de serviços que possua capacidade econômica compatível com a sua execução.

- *Caput* com redação determinada pela Lei 13.467/2017 (DOU 14.07.2017), em vigor após decorridos 120 (cento e vinte) dias de sua publicação oficial.

§ 1º A empresa prestadora de serviços contrata, remunera e dirige o trabalho realizado por seus trabalhadores, ou subcontrata outras empresas para realização desses serviços.

- § 1º acrescentado pela Lei 13.429/2017.

§ 2º Não se configura vínculo empregatício entre os trabalhadores, ou sócios das empresas prestadoras de serviços, qualquer que seja o seu ramo, e a empresa contratante.

- § 2º acrescentado pela Lei 13.429/2017.

Art. 4º-B. São requisitos para o funcionamento da empresa de prestação de serviços a terceiros:

- Artigo acrescentado pela Lei 13.429/2017.

I – prova de inscrição no Cadastro Nacional da Pessoa Jurídica (CNPJ);

II – registro na Junta Comercial;

III – capital social compatível com o número de empregados, observando-se os seguintes parâmetros:

a) empresas com até dez empregados – capital mínimo de R$ 10.000,00 (dez mil reais);

b) empresas com mais de dez e até vinte empregados – capital mínimo de R$ 25.000,00 (vinte e cinco mil reais);

c) empresas com mais de vinte e até cinquenta empregados – capital mínimo de R$ 45.000,00 (quarenta e cinco mil reais);

d) empresas com mais de cinquenta e até cem empregados – capital mínimo de R$ 100.000,00 (cem mil reais); e

e) empresas com mais de cem empregados – capital mínimo de R$ 250.000,00 (duzentos e cinquenta mil reais).

Art. 4º-C. São asseguradas aos empregados da empresa prestadora de serviços a que se refere o art. 4º-A desta Lei, quando e enquanto os serviços, que podem ser de qualquer uma das atividades da contratante, forem executados nas dependências da tomadora, as mesmas condições:

- Artigo acrescentado pela Lei 13.467/2017 (DOU 14.07.2017), em vigor após decorridos 120 (cento e vinte) dias de sua publicação oficial.

I – relativas a:

a) alimentação garantida aos empregados da contratante, quando oferecida em refeitórios;

b) direito de utilizar os serviços de transporte;

c) atendimento médico ou ambulatorial existente nas dependências da contratante ou local por ela designado;

d) treinamento adequado, fornecido pela contratada, quando a atividade o exigir.

II – sanitárias, de medidas de proteção à saúde e de segurança no trabalho e de instalações adequadas à prestação do serviço.

§ 1º Contratante e contratada poderão estabelecer, se assim entenderem, que os empregados da contratada farão jus a salário equivalente ao pago aos empregados da contratante, além de outros direitos não previstos neste artigo.

§ 2º Nos contratos que impliquem mobilização de empregados da contratada em número igual ou superior a 20% (vinte por cento) dos empregados da contratante, esta poderá disponibilizar aos empregados da contratada os serviços de alimentação e atendimento ambulatorial em outros locais apropriados e com igual padrão de atendimento, com vistas a manter o pleno funcionamento dos serviços existentes.

Art. 5º Empresa tomadora de serviços é a pessoa jurídica ou entidade a ela equiparada que celebra contrato de prestação de trabalho temporário com a empresa definida no art. 4º desta Lei.

- Artigo com redação determinada pela Lei 13.429/2017.
- V. Instrução Normativa SRT/MTE 14/2009 (Registro de empresas de trabalho temporário).

Art. 5º-A. Contratante é a pessoa física ou jurídica que celebra contrato com empresa de prestação de serviços relacionados a quaisquer de suas atividades, inclusive sua atividade principal.

- *Caput* com redação determinada pela Lei 13.467/2017 (DOU 14.07.2017), em vigor após decorridos 120 (cento e vinte) dias de sua publicação oficial.

§ 1º É vedada à contratante a utilização dos trabalhadores em atividades distintas daquelas que foram objeto do contrato com a empresa prestadora de serviços.

- § 1º acrescentado pela Lei 13.429/2017.

§ 2º Os serviços contratados poderão ser executados nas instalações físicas da empresa contratante ou em outro local, de comum acordo entre as partes.

- § 2º acrescentado pela Lei 13.429/2017.

§ 3º É responsabilidade da contratante garantir as condições de segurança, higiene e salubridade dos trabalhadores, quando o trabalho for realizado em suas dependências ou local previamente convencionado em contrato.

- § 3º acrescentado pela Lei 13.429/2017.

§ 4º A contratante poderá estender ao trabalhador da empresa de prestação de serviços o mesmo atendimento médico, ambulatorial e de refeição destinado aos seus empregados, existente nas dependências da contratante, ou local por ela designado.

- § 4º acrescentado pela Lei 13.429/2017.

§ 5º A empresa contratante é subsidiariamente responsável pelas obrigações trabalhistas referentes ao período em que ocorrer a prestação de serviços, e o recolhimento das contribuições previdenciárias observará o disposto no art. 31 da Lei 8.212, de 24 de julho de 1991.

- § 5º acrescentado pela Lei 13.429/2017.

Art. 5º-B. O contrato de prestação de serviços conterá:

- Artigo acrescentado pela Lei 13.429/2017.

I – qualificação das partes;

II – especificação do serviço a ser prestado;

III – prazo para realização do serviço, quando for o caso;

IV – valor.

Art. 5º-C. Não pode figurar como contratada, nos termos do art. 4º-A desta Lei, a pessoa jurídica cujos titulares ou sócios tenham, nos últimos dezoito meses, prestado serviços à contratante na qualidade de empregado ou trabalhador sem vínculo empregatício, exceto se os referidos titulares ou sócios forem aposentados.

- Artigo acrescentado pela Lei 13.467/2017 (DOU 14.07.2017), em vigor após decorridos 120 (cento e vinte) dias de sua publicação oficial.

Art. 5º-D. O empregado que for demitido não poderá prestar serviços para esta mesma empresa na qualidade de empregado de empresa prestadora de serviços antes do decurso de prazo de dezoito meses, contados a partir da demissão do empregado.

- Artigo acrescentado pela Lei 13.467/2017 (DOU 14.07.2017), em vigor após decorridos 120 (cento e vinte) dias de sua publicação oficial.

Art. 6º São requisitos para funcionamento e registro da empresa de trabalho temporário no Ministério do Trabalho:

- *Caput* do artigo com redação determinada pela Lei 13.429/2017.

a) *(Revogada pela Lei 13.429/2017).*

b) *(Revogada pela Lei 13.429/2017).*

c) *(Revogada pela Lei 13.429/2017).*

d) *(Revogada pela Lei 13.429/2017).*

e) *(Revogada pela Lei 13.429/2017).*

f) *(Revogada pela Lei 13.429/2017).*

I – prova de inscrição no Cadastro Nacional da Pessoa Jurídica (CNPJ), do Ministério da Fazenda;

- Inciso I acrescentado pela Lei 13.429/2017.

II – prova do competente registro na Junta Comercial da localidade em que tenha sede;

- Inciso II acrescentado pela Lei 13.429/2017.

III – prova de possuir capital social de, no mínimo, R$ 100.000,00 (cem mil reais).

- Inciso III acrescentado pela Lei 13.429/2017.

Parágrafo único. *(Revogado pela Lei 13.429/2017).*

Art. 7º A empresa de trabalho temporário que estiver funcionando na data da vigência desta Lei terá o prazo de 90 (noventa) dias para o atendimento das exigências contidas no artigo anterior.

Parágrafo único. A empresa infratora do presente artigo poderá ter o seu funcionamento suspenso, por ato do Diretor-Geral do Departamento Nacional de Mão de Obra, cabendo recurso ao Ministro de Estado, no prazo de 10 (dez) dias, a contar da publicação do ato no Diário Oficial da União.

Art. 8º A empresa de trabalho temporário é obrigada a fornecer ao Departamento Nacional de Mão de Obra, quando solicitada, os elementos de informação julgados necessários ao estudo do mercado de trabalho.

Art. 9º O contrato celebrado pela empresa de trabalho temporário e a tomadora de serviços será por escrito, ficará à disposição da autoridade fiscalizadora no estabelecimento da tomadora de serviços e conterá:

- Artigo com redação determinada pela Lei 13.429/2017.

I – qualificação das partes;

II – motivo justificador da demanda de trabalho temporário;

III – prazo da prestação de serviços;

IV – valor da prestação de serviços;

V – disposições sobre a segurança e a saúde do trabalhador, independentemente do local de realização do trabalho.

§ 1º É responsabilidade da empresa contratante garantir as condições de segurança, higiene e salubridade dos trabalhadores, quando o trabalho for realizado em suas dependências ou em local por ela designado.

§ 2º A contratante estenderá ao trabalhador da empresa de trabalho temporário o mesmo atendimento médico, ambulatorial e de refeição destinado aos seus empregados, existente nas dependências da contratante, ou local por ela designado.

§ 3º O contrato de trabalho temporário pode versar sobre o desenvolvimento de atividades-meio e atividades-fim a serem executadas na empresa tomadora de serviços.

Art. 10. Qualquer que seja o ramo da empresa tomadora de serviços, não existe vínculo de emprego entre ela e os trabalhadores contratados pelas empresas de trabalho temporário.

- Artigo com redação determinada pela Lei 13.429/2017.

§ 1º O contrato de trabalho temporário, com relação ao mesmo empregador, não poderá exceder ao prazo de cento e oitenta dias, consecutivos ou não.

§ 2º O contrato poderá ser prorrogado por até noventa dias, consecutivos ou não, além do prazo estabelecido no § 1º deste artigo, quando comprovada a manutenção das condições que o ensejaram.

§ 3º *(Vetado).*

§ 4º Não se aplica ao trabalhador temporário, contratado pela tomadora de serviços, o contrato de experiência previsto no parágrafo único do art. 445 da Consolidação das Leis do Trabalho (CLT), aprovada pelo Decreto-Lei 5.452, de 1º de maio de 1943.

§ 5º O trabalhador temporário que cumprir o período estipulado nos §§ 1º e 2º deste artigo somente poderá ser colocado à disposição da mesma tomadora de serviços em novo contrato temporário, após noventa dias do término do contrato anterior.

§ 6º A contratação anterior ao prazo previsto no § 5º deste artigo caracteriza vínculo empregatício com a tomadora.

§ 7º A contratante é subsidiariamente responsável pelas obrigações trabalhistas referentes ao período em que ocorrer o trabalho temporário, e o recolhimento das contribuições previdenciárias observará o disposto no art. 31 da Lei 8.212, de 24 de julho de 1991.

Art. 11. O contrato de trabalho celebrado entre empresa de trabalho temporário e cada um dos assalariados colocados à disposição de uma empresa tomadora ou cliente será, obrigatoriamente, escrito e dele deverão constar, expressamente, os direitos conferidos aos trabalhadores por esta Lei.

Parágrafo único. Será nula de pleno direito qualquer cláusula de reserva, proibindo a contratação do trabalhador pela empresa tomadora ou cliente ao fim do prazo em que tenha sido colocado à sua disposição pela empresa de trabalho temporário.

Art. 12. Ficam assegurados ao trabalhador temporário os seguintes direitos:

a) remuneração equivalente à percebida pelos empregados de mesma categoria da empresa tomadora ou cliente calculados à base horária, garantida, em qualquer hipótese, a percepção do salário mínimo regional;

b) jornada de 8 (oito) horas, remuneradas as horas extraordinárias não excedentes de 2 (duas), com acréscimo de 20% (vinte por cento);

c) férias proporcionais, nos termos do art. 26 da Lei 5.107, de 13 de setembro de 1966;

d) repouso semanal remunerado;

e) adicional por trabalho noturno;

f) indenização por dispensa sem justa causa ou término normal do contrato, correspondente a 1/12 (um doze avos) do pagamento recebido;

g) seguro contra acidente do trabalho;

h) proteção previdenciária nos termos do disposto na Lei Orgânica da Previdência Social, com as alterações introduzidas pela Lei 5.890, de 8 de junho de 1973 (art. 5º, item III, letra c, do Decreto 72.771, de 6 de setembro de 1973).

§ 1º Registrar-se-á na Carteira de Trabalho e Previdência Social do trabalhador sua condição de temporário.

§ 2º A empresa tomadora ou cliente é obrigada a comunicar à empresa de trabalho temporário a ocorrência de todo acidente cuja vítima seja um assalariado posto à sua disposição, considerando-se local de trabalho, para efeito da legislação específica, tanto aquele onde se efetua a prestação do trabalho quanto a sede da empresa de trabalho temporário.

Art. 13. Constituem justa causa para rescisão do contrato do trabalhador temporário os atos e circunstâncias mencionados nos arts. 482 e 483, da Consolidação das Leis do Trabalho, ocorrentes entre o trabalhador e a empresa de trabalho temporário ou entre aquele e a empresa cliente onde estiver prestando serviço.

Art. 14. As empresas de trabalho temporário são obrigadas a fornecer às empresas tomadoras ou clientes, a seu pedido, comprovante da regularidade de sua situação com o Instituto Nacional de Previdência Social.

Art. 15. A fiscalização do trabalho poderá exigir da empresa tomadora ou cliente a apresentação do contrato firmado com a empresa de trabalho temporário, e, desta última, o contrato firmado com o trabalhador, bem como a comprovação do respectivo recolhimento das contribuições previdenciárias.

Art. 16. No caso de falência da empresa de trabalho temporário, a empresa tomadora ou cliente é solidariamente responsável pelo recolhimento das contribuições previdenciárias, no tocante ao tempo em que o trabalhador esteve sob suas ordens, assim como em referência ao mesmo período, pela remuneração e indenização previstas nesta Lei.

- V. Lei 11.101/2005 (Lei de Recuperação de Empresas e Falência).

Art. 17. É defeso às empresas de prestação de serviço temporário a contratação de estrangeiros com visto provisório de permanência no País.

Art. 18. É vedado à empresa de trabalho temporário cobrar do trabalhador qualquer importância, mesmo a título de mediação, podendo apenas efetuar os descontos previstos em Lei.

Parágrafo único. A infração deste artigo importa no cancelamento do registro para funcionamento da empresa de trabalho temporário, sem prejuízo das sanções administrativas e penais cabíveis.

Art. 19. Competirá à Justiça do Trabalho dirimir os litígios entre as empresas de serviço temporário e seus trabalhadores.

Art. 19-A. O descumprimento do disposto nesta Lei sujeita a empresa infratora ao pagamento de multa.

- Artigo acrescentado pela Lei 13.429/2017.

Parágrafo único. A fiscalização, a autuação e o processo de imposição das multas reger-se-ão pelo Título VII da Consolidação das Leis do Trabalho (CLT), aprovada pelo Decreto-Lei 5.452, de 1º de maio de 1943.

Art. 19-B. O disposto nesta Lei não se aplica às empresas de vigilância e transporte de valores, permanecendo as respectivas relações de trabalho reguladas por legislação especial, e subsidiariamente pela Consolidação das Leis do Trabalho (CLT), aprovada pelo Decreto-Lei 5.452, de 1º de maio de 1943.

- Artigo acrescentado pela Lei 13.429/2017.

Art. 19-C. Os contratos em vigência, se as partes assim acordarem, poderão ser adequados aos termos desta Lei.

- Artigo acrescentado pela Lei 13.429/2017.

Art. 20. Esta Lei entrará em vigor 60 (sessenta) dias após sua publicação, revogadas as disposições em contrário.

Brasília, 3 de janeiro de 1974; 153º da Independência e 86º da República.

Emílio G. Médici

(*DOU* 04.01.1974)

DECRETO 73.841, DE 13 DE MARÇO DE 1974

Regulamenta a Lei 6.019, de 3 de janeiro de 1974, que dispõe sobre o trabalho temporário.

O Presidente da República, no uso da atribuição que lhe confere o art. 81, item III, da Constituição, e tendo em vista a Lei 6.019, de 3 de janeiro de 1974, decreta:

Capítulo I
Do Trabalho Temporário

Art. 1º Trabalho temporário é aquele prestado por pessoa física a uma empresa, para atender necessidade transitória de substituição de pessoal regular e permanente ou acréscimo extraordinário de serviços.

Capítulo II
Da Empresa de Trabalho Temporário

Art. 2º A empresa de trabalho temporário tem por finalidade colocar pessoal especializado, por tempo determinado, à disposição de outras empresas que dele necessite.

Art. 3º A empresa de trabalho temporário, pessoa física ou jurídica, será necessariamente urbana.

Art. 4º O funcionamento da empresa de trabalho temporário está condicionado a prévio registro no Departamento Nacional de Mão de Obra do Ministério do Trabalho e Previdência Social.

- V. Instrução Normativa SRT/MTE 18/2014 (Registro de empresas de trabalho temporário).

§ 1º O pedido de registro deve ser acompanhado dos seguintes documentos:

I – prova de existência da firma individual ou da constituição da pessoa jurídica, com o competente registro na Junta Comercial da localidade em que tenham sede;

II – prova de nacionalidade brasileira do titular ou dos sócios;

III – prova de possuir capital social integralizado de, no mínimo, quinhentas vezes o valor do maior salário mínimo vigente no País, à época do pedido do registro;

IV – prova de propriedade do imóvel sede ou recibo referente ao último mês de aluguel;

V – prova de entrega da relação de trabalhadores a que se refere o art. 360 da Consolidação das Leis do Trabalho;

VI – prova de recolhimento da contribuição sindical;

VII – prova de inscrição no Cadastro Geral de Contribuintes do Ministério da Fazenda;

VIII – Certificado de Regularidade de Situação, fornecido pelo Instituto Nacional de Previdência Social.

§ 2º O pedido de registro a que se refere o parágrafo anterior é dirigido ao Diretor-Geral do Departamento Nacional de Mão de Obra e protocolado na Delegacia Regional do Trabalho no Estado em que se situe a sede da empresa.

Art. 5º No caso de mudança de sede ou de abertura de filiais, agências ou escritórios, é dispensada a apresentação dos documentos de que trata o § 1º do artigo anterior, exigindo-se, no entanto, o encaminhamento prévio ao Departamento Nacional de Mão de Obra de comunicação por escrito com justificativa e endereço da nova sede ou das unidades operacionais da empresa.

Art. 6º No caso de alteração na constituição de empresa já registrada, seu funcionamento dependerá de prévia comunicação ao Departamento Nacional de Mão de Obra e apresentação dos documentos mencionados no item II do § 1º do art. 4º.

Art. 7º A empresa do trabalho temporário é obrigada a fornecer ao Departamento Nacional de Mão de Obra, quando solicitada, os elementos de informação julgados necessários ao estudo do mercado de trabalho.

Art. 8º Cabe à empresa de trabalho temporário remunerar e assistir os trabalhadores temporários relativamente aos seus direitos, consignados nos arts. 17 a 20 deste Decreto.

Art. 9º A empresa de trabalho temporário fica obrigada a registrar na Carteira de Trabalho e Previdência Social do trabalhador sua condição de temporário.

Art. 10. A empresa de trabalho temporário é obrigada a apresentar à empresa tomadora de serviço ou cliente, a seu pedido, Certificado de Regularidade de Situação, fornecido pelo Instituto Nacional da Previdência Social.

Art. 11. A empresa de trabalho temporário é obrigada a apresentar ao agente da fiscalização, quando solicitada, o contrato firmado com o trabalhador temporário, os comprovantes de recolhimento das contribuições previdenciárias, bem como os demais elementos probatórios do cumprimento das obrigações estabelecidas neste Decreto.

Art. 12. É vedado à empresa de trabalho temporário:

I – contratar estrangeiro portador de visto provisório de permanência no País;

II – ter ou utilizar em seus serviços trabalhador temporário, salvo o disposto no art. 16 ou quando contratado com outra empresa de trabalho temporário.

Art. 13. Excetuados os descontos previstos em lei, é defeso à empresa de trabalho temporário exigir do trabalhador pagamento de qualquer importância, mesmo a título de mediação, sob pena de cancelamento do registro para funcionamento, sem prejuízo de outras sanções cabíveis.

Capítulo III
Da Empresa Tomadora de Serviço ou Cliente

Art. 14. Considera-se empresa tomadora de serviço ou cliente, para os efeitos deste Decreto, a pessoa física ou jurídica que, em virtude de necessidade transitória de substituição de seu pessoal regular e permanente ou de acréscimo extraordinário de tarefas, contrate locação de mão de obra com empresa de trabalho temporário.

Art. 15. A empresa tomadora de serviço ou cliente é obrigada a apresentar ao agente da fiscalização, quando solicitada, o contrato firmado com a empresa de trabalho temporário.

Capítulo IV
Do Trabalhador Temporário

Art. 16. Considera-se trabalhador temporário aquele contratado por empresa de trabalho temporário, para prestação de serviço destinado a atender a necessidade transitória de substituição de pessoal regular e permanente ou a acréscimo extraordinário de tarefas de outra empresa.

Art. 17. Ao trabalhador temporário são assegurados os seguintes direitos:

I – remuneração equivalente à percebida pelos empregados da mesma categoria da empresa tomadora ou cliente, calculada à base horária, garantido, em qualquer hipótese, o salário mínimo regional;

II – pagamento de férias proporcionais, em caso de dispensa sem justa causa ou término normal do contrato temporário de trabalho, calculado na base de 1/12 (um doze avos) do último salário percebido, por mês trabalhado, considerando-se como mês completo a fração igual ou superior a 15 (quinze) dias;

III – indenização do tempo de serviço em caso de dispensa sem justa causa, rescisão do contrato por justa causa do trabalhador ou término normal do contrato de trabalho temporário, calculada na base de 1/12 (um doze avos) do último salário percebido, por mês de serviço, considerando-se como mês completo a fração igual ou superior a 15 (quinze) dias;

IV – benefícios e serviços da Previdência Social, nos termos da Lei 3.807, de 26 de agosto de 1960, com as alterações introduzidas pela Lei 5.890, de 8 de junho de 1973, como segurado autônomo;

V – seguro de acidentes do trabalho, nos termos da Lei 5.316, de 14 de setembro de 1967.

Art. 18. A duração normal do trabalho, para os trabalhadores temporários, é de, no máximo, 8 (oito) horas diárias, salvo disposições legais específicas concernentes a peculiaridades profissionais.

Parágrafo único. A duração normal do trabalho pode ser acrescida de horas suplementares, em número não excedente de duas, mediante acordo escrito entre a empresa de trabalho temporário e o trabalhador temporário, sendo a remuneração dessas horas acrescida de, pelo menos, 20% (vinte por cento) em relação ao salário normal.

Art. 19. O trabalho noturno terá remuneração superior a 20% (vinte por cento), pelo menos, em relação ao diurno.

Art. 20. É assegurado ao trabalhador temporário descanso semanal remunerado nos termos do disposto na Lei 605, de 5 de janeiro de 1949.

Capítulo V
Do Contrato de Trabalho Temporário

Art. 21. A empresa de trabalho temporário é obrigada a celebrar contrato individual escrito de trabalho temporário com o trabalhador, no qual constem expressamente os direitos ao mesmo conferidos, decorrentes da sua condição de temporário.

Art. 22. É nula de pleno direito qualquer cláusula proibitiva da contratação do trabalhador pela empresa tomadora de serviço ou cliente.

Art. 23. Constituem justa causa para rescisão do contrato de trabalho temporário pela empresa:

I – ato de improbidade;

II – incontinência de conduta ou mau procedimento;

III – negociação habitual por conta própria ou alheia, sem permissão da empresa de trabalho temporário ou da empresa tomadora de serviço ou cliente e quando constituir ato de concorrência a qualquer delas, ou prejudicial ao serviço;

IV – condenação criminal do trabalhador, passada em julgado, caso não tenha havido suspensão da execução da pena;

V – desídia no desempenho das respectivas funções;

VI – embriaguez habitual ou em serviço;

VII – violação de segredo da empresa de serviço temporário ou da empresa tomadora de serviço ou cliente;

VIII – ato de indisciplina ou insubordinação;

IX – abandono do trabalho;

X – ato lesivo da honra ou da boa fama praticado no serviço contra qualquer pessoa ou ofensas físicas nas mesmas condições, salvo em caso de legítima defesa própria ou de outrem;

XI – ato lesivo da honra e boa fama ou ofensas físicas praticadas contra superiores hierárquicos, salvo em caso de legítima defesa própria ou de outrem;

XII – prática constante de jogo de azar;

XIII – atos atentatórios à segurança nacional, devidamente comprovados em inquérito administrativo.

Art. 24. O trabalhador pode considerar rescindido o contrato de trabalho temporário quando:

I – forem exigidos serviços superiores às suas forças, defesos por lei, contrários aos bons costumes ou alheios ao contrato;

II – for tratado pelos seus superiores hierárquicos com rigor excessivo;

III – correr perigo manifesto de mal considerável;

IV – não cumprir a empresa de trabalho temporário as obrigações do contrato;

V – praticar, a empresa de trabalho temporário ou a empresa tomadora de serviço ou cliente, ou seus prepostos, contra ele ou pessoa de sua família, ato lesivo da honra e boa fama;

VI – for ofendido fisicamente por superiores hierárquicos da empresa de trabalho temporário ou da empresa tomadora de serviço ou cliente, ou seus prepostos, salvo em caso de legítima defesa própria ou de outrem;

VII – for reduzido seu trabalho, sendo este por peça ou tarefa, de forma a reduzir sensivelmente a importância dos salários;

VIII – falecer o titular de empresa de trabalho temporário constituída em firma individual.

§ 1º O trabalhador temporário poderá suspender a prestação de serviços ou rescindir o contrato, quando tiver de desempenhar obrigações legais, incompatíveis com a continuação do serviço.

§ 2º Nas hipóteses dos itens IV e VII, deste artigo, poderá o trabalhador pleitear a rescisão do seu contrato de trabalho, permanecendo ou não no serviço até final decisão do processo.

Art. 25. Serão consideradas razões determinantes de rescisão, por justa causa, do contrato de trabalho temporário, os atos e circunstâncias mencionados nos arts. 23 e 24, ocorridos entre o trabalhador e a empresa de trabalho temporário e entre aquele e a empresa tomadora ou cliente, onde estiver prestando serviço.

Capítulo VI
Do Contrato de Prestação de Serviço Temporário

Art. 26. Para a prestação de serviço temporário é obrigatória a celebração de contrato escrito entre a empresa de trabalho temporário e a empresa tomadora de serviço ou cliente, dele devendo constar expressamente:

I – o motivo justificador da demanda de trabalho temporário;

II – a modalidade de remuneração da prestação de serviço, onde estejam claramente discriminadas as parcelas relativas a salários e encargos sociais.

Art. 27. O contrato entre a empresa de trabalho temporário e a empresa tomadora ou cliente, com relação a um mesmo empregado, não poderá exceder de 3 (três) meses, salvo autorização conferida pelo órgão local do Ministério do Trabalho e Previdência Social, segundo instruções a serem baixadas pelo Departamento Nacional de Mão de Obra.

Art. 28. As alterações que se fizerem necessárias, durante a vigência do contrato de prestação de serviços, relativas à redução ou ao aumento do número de trabalhadores colocados à disposição da empresa tomadora de serviço ou cliente, deverão ser objeto de termo aditivo ao contrato, observado o disposto nos arts. 26 e 27.

Capítulo VII
Disposições Gerais

Art. 29. Compete à Justiça do Trabalho dirimir os litígios entre as empresas de serviço temporário e seus trabalhadores.

Art. 30. No caso de falência da empresa de trabalho temporário, a empresa tomadora de serviço ou cliente é solidariamente responsável pelo recolhimento das contribuições previdenciárias no tocante ao tempo em que o trabalhador esteve sob suas ordens, assim como em referência ao mesmo período, pela remuneração e indenização previstas neste Decreto.

- V. Lei 11.101/2005 (Lei de Recuperação de Empresas e Falência).

Art. 31. A contribuição previdenciária é devida na seguinte proporcionalidade:

I – do trabalhador temporário, no valor de 8% (oito por cento) do salário efetivamente percebido, observado o disposto no art. 224 do Regulamento aprovado pelo Dec. 72.771, de 6 de setembro de 1973;

II – da empresa de trabalho temporário, em quantia igual à devida pelo trabalhador.

Art. 32. É devida pela empresa de trabalho temporário a taxa relativa ao custeio das prestações por acidente do trabalho.

Art. 33. O recolhimento das contribuições previdenciárias, inclusive as do trabalhador temporário, bem como da taxa de contribuição do seguro de acidentes do trabalho, cabe à empresa de trabalho temporário, independentemente do acordo a que se refere o art. 237 do Regulamento aprovado pelo Dec. 72.771, de 6 de setembro de 1973, de conformidade com instruções expedidas pelo INPS.

Art. 34. Aplicam-se às empresas de trabalho temporário, no que se refere às suas relações com o trabalhador, e perante o INPS, as disposições da Lei 3.807, de 26 de agosto de 1960, com as alterações introduzidas pela Lei 5.890, de 8 de junho de 1973.

Art. 35. A empresa de trabalho temporário é obrigada a elaborar folha de pagamento especial para os trabalhadores temporários.

Art. 36. Para os fins da Lei 5.316, de 14 de setembro de 1967, considera-se local de trabalho, para os trabalhadores temporários, tanto aquele onde se efetua a prestação do serviço quanto a sede da empresa de trabalho temporário.

§ 1º A empresa tomadora de serviço ou cliente é obrigada a comunicar à empresa de trabalho temporário a ocorrência de acidente do trabalho cuja vítima seja trabalhador posto à sua disposição.

§ 2º O encaminhamento do acidentado ao Instituto Nacional de Previdência Social pode ser feito diretamente pela empresa tomadora de serviço, ou cliente, de conformidade com normas expedidas por aquele Instituto.

Art. 37. Ao término normal do contrato de trabalho, ou por ocasião de sua rescisão, a empresa de trabalho temporário deve fornecer ao trabalhador temporário atestado, de acordo com modelo instituído pelo INPS.

Parágrafo único. O atestado a que se refere este artigo valerá, para todos os efeitos, como prova de tempo de serviço e salário de contribuição, podendo, em caso de dúvida, ser exigida pelo INPS a apresentação pela empresa de trabalho temporário dos documentos que serviram de base para emissão do atestado.

Art. 38. O disposto neste Decreto não se aplica aos trabalhadores avulsos.

Capítulo VIII
Disposições Transitórias

Art. 39. A empresa de trabalho temporário, em funcionamento em 5 de março de 1974, data da vigência da Lei 6.019, de 3 de janeiro de 1974, fica obrigada a atender aos requisitos constantes do art. 4º deste Decreto até o dia 3 de junho de 1974, sob pena de suspensão de seu funcionamento, por ato do Diretor-Geral do Departamento Nacional de Mão de Obra.

Parágrafo único. Do ato do Diretor-Geral do Departamento Nacional de Mão de Obra que determinar a suspensão do funcionamento da empresa de trabalho temporário, nos termos deste artigo, cabe recurso ao Ministro do Trabalho e Previdência Social, no prazo de 10 (dez) dias, a contar da data da publicação do ato no Diário Oficial.

Art. 40. Mediante proposta da Comissão de Enquadramento Sindical do Departamento Nacional do Trabalho, o Ministro do Trabalho e Previdência Social incluirá as empresas de trabalho temporário e os trabalhadores temporários em categorias existentes ou criará categorias específicas no Quadro de Atividades e Profissões a que se refere o art. 577 da Consolidação das Leis do Trabalho.

Art. 41. O presente Decreto entrará em vigor na data de sua publicação, revogadas as disposições em contrário.

Brasília, 13 de março de 1974; 153º da Independência e 86º da República.

Emílio G. Médici

(*DOU* 13.03.1974)

Transportador Autônomo de Cargas

LEI 11.442, DE 5 DE JANEIRO DE 2007

Dispõe sobre o transporte rodoviário de cargas por conta de terceiros e mediante remuneração e revoga a Lei 6.813, de 10 de julho de 1980.

O Presidente da República:

Faço saber que o Congresso Nacional decreta e eu sanciono a seguinte Lei:

Art. 1º Esta Lei dispõe sobre o Transporte Rodoviário de Cargas – TRC realizado em vias públicas, no território nacional, por conta de terceiros e mediante remuneração, os mecanismos de sua operação e a responsabilidade do transportador.

§ 1º No caso de transporte de produtos perigosos, será observado exclusivamente o disposto em lei federal, considerando-se as competências estabelecidas nos arts. 22 e 24 da Lei 10.233, de 5 de junho de 2001.

- § 1º acrescentado pela Lei 12.667/2012.

§ 2º *(Vetado.)*

Art. 2º A atividade econômica de que trata o art. 1º desta Lei é de natureza comercial, exercida por pessoa física ou jurídica em regime de livre concorrência, e depende de prévia inscrição do interessado em sua exploração no Registro Nacional de Transportadores Rodoviários de Cargas – RNTR-C da Agência Nacional de Transportes Terrestres – ANTT, nas seguintes categorias:

I – Transportador Autônomo de Cargas – TAC, pessoa física que tenha no transporte rodoviário de cargas a sua atividade profissional;

II – Empresa de Transporte Rodoviário de Cargas – ETC, pessoa jurídica constituída por qualquer forma prevista em lei que tenha no transporte rodoviário de cargas a sua atividade principal.

§ 1º O TAC deverá:

I – comprovar ser proprietário, co-proprietário ou arrendatário de, pelo menos, 1 (um) veículo automotor de carga, registrado em seu nome no órgão de trânsito, como veículo de aluguel;

II – comprovar ter experiência de, pelo menos, 3 (três) anos na atividade, ou ter sido aprovado em curso específico.

§ 2º A ETC deverá:

I – ter sede no Brasil;

II – comprovar ser proprietária ou arrendatária de, pelo menos, 1 (um) veículo automotor de carga, registrado no País;

III – indicar e promover a substituição do Responsável Técnico, que deverá ter, pelo menos, 3 (três) anos de atividade ou ter sido aprovado em curso específico;

IV – demonstrar capacidade financeira para o exercício da atividade e idoneidade de seus sócios e de seu responsável técnico.

§ 3º Para efeito de cumprimento das exigências contidas no inciso II do § 2º deste artigo, as Cooperativas de Transporte de Cargas deverão comprovar a propriedade ou o arrendamento dos veículos automotores de cargas de seus associados.

§ 4º Deverá constar no veículo automotor de carga, na forma a ser regulamentada pela ANTT, o número de registro no RNTR-C de seu proprietário ou arrendatário.

§ 5º A ANTT disporá sobre as exigências curriculares e a comprovação dos cursos previstos no inciso II do § 1º e no inciso III do § 2º, ambos deste artigo.

Art. 3º O processo de inscrição e cassação do registro bem como a documentação exigida para o RNTR-C serão regulamentados pela ANTT.

Art. 4º O contrato a ser celebrado entre a ETC e o TAC ou entre o dono ou embarcador da carga e o TAC definirá a forma de prestação de serviço desse último, como agregado ou independente.

§ 1º Denomina-se TAC-agregado aquele que coloca veículo de sua propriedade ou de sua posse, a ser dirigido por ele próprio ou por preposto seu, a serviço do contratante, com exclusividade, mediante remuneração certa.

§ 2º Denomina-se TAC-independente aquele que presta os serviços de transporte de carga de que trata esta Lei em caráter eventual e sem exclusividade, mediante frete ajustado a cada viagem.

§ 3º Sem prejuízo dos demais requisitos de controle estabelecidos em regulamento, é facultada ao TAC a cessão de seu veículo em regime de colaboração a outro profissional, assim denominado TAC – Auxiliar, não implicando tal cessão a caracterização de vínculo de emprego.

- § 3º acrescentado pela Lei 13.103/2015.

§ 4º O Transportador Autônomo de Cargas Auxiliar deverá contribuir para a previdência social de forma idêntica à dos Transportadores Autônomos.

- § 4º acrescentado pela Lei 13.103/2015.

§ 5º As relações decorrentes do contrato estabelecido entre o Transportador Autônomo de Cargas e seu Auxiliar ou entre o transportador autônomo e o embarcador não caracterizarão vínculo de emprego.

- § 5º acrescentado pela Lei 13.103/2015.

Art. 5º As relações decorrentes do contrato de transporte de cargas de que trata o art. 4º desta Lei são sempre de natureza comercial, não ensejando, em nenhuma hipótese, a caracterização de vínculo de emprego.

Parágrafo único. Compete à Justiça Comum o julgamento de ações oriundas dos contratos de transporte de cargas.

Art. 5º-A. O pagamento do frete do transporte rodoviário de cargas ao Transportador Autônomo de Cargas – TAC deverá ser efetuado por meio de crédito em conta mantida em instituição integrante do sistema financeiro nacional, inclusive poupança, ou por outro meio de pagamento regulamentado pela Agência Nacional de Transportes Terrestres – ANTT, à critério do prestador do serviço.

- *Caput* com redação determinada pela Lei 13.103/2015.

§ 1º A conta de depósitos ou o outro meio de pagamento deverá ser de titularidade do TAC e identificado no conhecimento de transporte.

- § 1º acrescentado pela Lei 12.249/2010 (*DOU* 14.06.2010), em vigor na data de sua publicação, produzindo efeitos a partir de 16 de dezembro de 2009.

§ 2º O contratante e o subcontratante dos serviços de transporte rodoviário de cargas, assim como o cossignatário e o proprietário da carga, são solidariamente responsáveis pela obrigação prevista no *caput* deste artigo, resguardado o direito de regresso destes contra os primeiros.

- § 2º acrescentado pela Lei 12.249/2010 (*DOU* 14.06.2010), em vigor na data de sua publicação, produzindo efeitos a partir de 16 de dezembro de 2009.

§ 3º Para os fins deste artigo, equiparam-se ao TAC a Empresa de Transporte Rodoviário de Cargas – ETC que possuir, em sua frota, até 3 (três) veículos registrados no Registro Nacional de Transportadores Rodoviários de Cargas – RNTRC e as Cooperativas de Transporte de Cargas.

- § 3º acrescentado pela Lei 12.249/2010 (*DOU* 14.06.2010), em vigor na data de sua publicação, produzindo efeitos a partir de 16 de dezembro de 2009.

§ 4º As Cooperativas de Transporte de Cargas deverão efetuar o pagamento aos seus cooperados na forma do *caput* deste artigo.

- § 4º acrescentado pela Lei 12.249/2010 (*DOU* 14.06.2010), em vigor na data de sua publicação, produzindo efeitos a partir de 16 de dezembro de 2009.

§ 5º O registro das movimentações da conta de depósitos ou do meio de pagamento de que trata o *caput* deste artigo servirá como comprovante de rendimento do TAC.

- § 5º acrescentado pela Lei 12.249/2010 (*DOU* 14.06.2010), em vigor na data de sua publicação, produzindo efeitos a partir de 16 de dezembro de 2009.

§ 6º É vedado o pagamento do frete por qualquer outro meio ou forma diverso do previsto no *caput* deste artigo ou em seu regulamento.

- § 6º acrescentado pela Lei 12.249/2010 (*DOU* 14.06.2010), em vigor na data de sua publicação, produzindo efeitos a partir de 16 de dezembro de 2009.

§ 7º As tarifas bancárias ou pelo uso de meio de pagamento eletrônico relativas ao pagamento do frete do transporte rodoviário de cargas ao Transportador Autônomo de Cargas – TAC correrão à conta do responsável pelo pagamento.

- § 7º acrescentado pela Lei 13.103/2015.

Art. 6º O transporte rodoviário de cargas será efetuado sob contrato ou conhecimento de transporte, que deverá conter informações para a completa identificação das partes e dos serviços e de natureza fiscal.

Art. 7º Com a emissão do contrato ou conhecimento de transporte, a ETC e o TAC assumem perante o contratante a responsabilidade:

I – pela execução dos serviços de transporte de cargas, por conta própria ou de terceiros, do local em que as receber até a sua entrega no destino;

II – pelos prejuízos resultantes de perda, danos ou avarias às cargas sob sua custódia, assim como pelos decorrentes de atraso em sua entrega, quando houver prazo pactuado.

Parágrafo único. No caso de dano ou avaria, será assegurado às partes interessadas o direito de vistoria, de acordo com a legislação aplicável, sem prejuízo da observância das cláusulas do contrato de seguro, quando houver.

Art. 8º O transportador é responsável pelas ações ou omissões de seus empregados, agentes, prepostos ou terceiros contratados ou subcontratados para a execução dos serviços de transporte, como se essas ações ou omissões fossem próprias.

Parágrafo único. O transportador tem direito a ação regressiva contra os terceiros contratados ou subcontratados, para se ressarcir do valor da indenização que houver pago.

Art. 9º A responsabilidade do transportador cobre o período compreendido entre o momento do recebimento da carga e o de sua entrega ao destinatário.

Parágrafo único. A responsabilidade do transportador cessa quando do recebimento da carga pelo destinatário, sem protestos ou ressalvas.

Art. 10. O atraso ocorre quando as mercadorias não forem entregues dentro dos prazos constantes do contrato ou do conhecimento de transporte.

Parágrafo único. Se as mercadorias não forem entregues dentro de 30 (trinta) dias corridos após a data estipulada, de conformidade com o disposto no *caput* deste artigo, o consignatário ou qualquer outra pessoa com direito de reclamar as mercadorias poderá considerá-las perdidas.

Art. 11. O transportador informará ao expedidor ou ao destinatário, quando não pactuado no contrato ou conhecimento de transporte, o prazo previsto para a entrega da mercadoria.

§ 1º O transportador obriga-se a comunicar ao expedidor ou ao destinatário, em tempo hábil, a chegada da carga ao destino.

§ 2º A carga ficará à disposição do interessado, após a comunicação de que trata o § 1º deste artigo, pelo prazo de 30 (trinta) dias, se outra condição não for pactuada.

§ 3º Findo o prazo previsto no § 2º deste artigo, não sendo retirada, a carga será considerada abandonada.

§ 4º No caso de bem perecível ou produto perigoso, o prazo de que trata o § 2º deste artigo poderá ser reduzido, conforme a natureza da mercadoria, devendo o transportador informar o fato ao expedidor e ao destinatário.

§ 5º O prazo máximo para carga e descarga do Veículo de Transporte Rodoviário de Cargas será de 5 (cinco) horas, contadas da chegada do veículo ao endereço de destino, após o qual será devido ao Transportador Autônomo de Carga – TAC ou à ETC a importância equivalente a R$ 1,38 (um real e trinta e oito centavos) por tonelada/hora ou fração.

- § 5º com redação determinada pela Lei 13.103/2015.

§ 6º A importância de que trata o § 5º será atualizada, anualmente, de acordo com a variação do Índice Nacional de Preços ao Consumidor – INPC, calculado pela Fundação Instituto Brasileiro de Geografia e Estatística – IBGE ou, na hipótese de sua extinção, pelo índice que o suceder, definido em regulamento.

- § 6º com redação determinada pela Lei 13.103/2015.

§ 7º Para o cálculo do valor de que trata o § 5º, será considerada a capacidade total de transporte do veículo.

- § 7º acrescentado pela Lei 13.103/2015.

§ 8º Incidente o pagamento relativo ao tempo de espera, este deverá ser calculado a partir da hora de chegada na procedência ou no destino.

- § 8º acrescentado pela Lei 13.103/2015.

§ 9º O embarcador e o destinatário da carga são obrigados a fornecer ao transportador documento hábil a comprovar o horário de chegada do caminhão nas dependências dos respectivos estabelecimentos, sob pena de serem punidos com multa a ser aplicada pela Agência Nacional de Transportes Terrestres – ANTT, que não excederá a 5% (cinco por cento) do valor da carga.

- § 9º acrescentado pela Lei 13.103/2015.

Art. 12. Os transportadores e seus subcontratados somente serão liberados de sua responsabilidade em razão de:

I – ato ou fato imputável ao expedidor ou ao destinatário da carga;

II – inadequação da embalagem, quando imputável ao expedidor da carga;

III – vício próprio ou oculto da carga;

IV – manuseio, embarque, estiva ou descarga executados diretamente pelo expedidor, destinatário ou consignatário da carga ou, ainda, pelos seus agentes ou prepostos;

V – força maior ou caso fortuito;

VI – contratação de seguro pelo contratante do serviço de transporte, na forma do inciso I do art. 13 desta Lei.

Parágrafo único. Não obstante as excludentes de responsabilidades previstas neste artigo, o transportador e seus subcontratados serão responsáveis pela agravação das perdas ou danos a que derem causa.

Art. 13. Sem prejuízo do seguro de responsabilidade civil contra danos a terceiros previsto em lei, toda operação de transporte contará com o seguro contra perdas ou danos causados à carga, de acordo com o que seja estabelecido no contrato ou conhecimento de transporte, podendo o seguro ser contratado:

I – pelo contratante dos serviços, eximindo o transportador da responsabilidade de fazê-lo;

II – pelo transportador, quando não for firmado pelo contratante.

Parágrafo único. As condições do seguro de transporte rodoviário de cargas obedecerão à legislação em vigor.

Art. 13-A. É vedada a utilização de informações de bancos de dados de proteção ao crédito como mecanismo de vedação de contrato com o TAC e a ETC devidamente regulares para o exercício da atividade do Transporte Rodoviário de Cargas.

- Artigo acrescentado pela Lei 13.103/2015.

Art. 14. A responsabilidade do transportador por prejuízos resultantes de perdas ou danos causados às mercadorias é limitada ao valor declarado pelo expedidor e consignado no contrato ou conhecimento de transporte, acrescido dos valores do frete e do seguro correspondentes.

Parágrafo único. Na hipótese de o expedidor não declarar o valor das mercadorias, a responsabilidade do transportador será limitada ao valor de 2 (dois) Direitos Especiais de Saque – DES por quilograma de peso bruto transportado.

Art. 15. Quando não definida no contrato ou conhecimento de transporte, a responsabilidade por prejuízos resultantes de atraso na entrega é limitada ao valor do frete.

Art. 16. Os operadores de terminais, armazéns e quaisquer outros que realizem operações de transbordo são responsáveis, perante o transportador que emitiu o conhecimento de transporte, pelas perdas e danos causados às mercadorias no momento da realização das referidas operações, inclusive de depósito.

Art. 17. O expedidor, sem prejuízo de outras sanções previstas em lei, indenizará o transportador pelas perdas, danos ou avarias:

I – resultantes de inveracidade na declaração de carga ou de inadequação dos elementos que lhe compete fornecer para a emissão do conhecimento de transporte, sem que tal dever de indenizar exima ou atenue a responsabilidade do transportador, nos termos previstos nesta Lei; e

II – quando configurado o disposto nos incisos I, II e IV do *caput* do art. 12 desta Lei.

Art. 18. Prescreve em 1 (um) ano a pretensão à reparação pelos danos relativos aos contratos de transporte, iniciando-se a contagem do prazo a partir do conhecimento do dano pela parte interessada.

Art. 19. É facultado aos contratantes dirimir seus conflitos recorrendo à arbitragem.

Art. 20. *(Vetado.)*

Art. 21. As infrações do disposto nesta Lei serão punidas com multas administrativas de R$ 550,00 (quinhentos e cinqüenta reais) a R$ 10.500,00 (dez mil e quinhentos reais), a serem aplicadas pela ANTT, sem prejuízo do cancelamento da inscrição no RNTR-C, quando for o caso.

Art. 22. Na aplicação do disposto nesta Lei, ficam ressalvadas as disposições previstas em acordos ou convênios internacionais firmados pela República Federativa do Brasil.

Art. 23. Esta Lei entra em vigor na data de sua publicação, assegurando-se aos que já exercem a atividade de transporte rodoviário de cargas inscrição no RNTR-C e a continuação de suas atividades, observadas as disposições desta Lei.

Art. 24. Revoga-se a Lei 6.813, de 10 de julho de 1980.

Brasília, 5 de janeiro de 2007; 186º da Independência e 119º da República.

Luiz Inácio Lula da Silva

(*DOU* 08.01.2007)

Vigilante Bancário

LEI 7.102, DE 20 DE JUNHO DE 1983

Dispõe sobre segurança para estabelecimentos financeiros, estabelece normas para constituição e funcionamento das empresas particulares que exploram serviços de vigilância e de transporte de valores, e dá outras providências.

O Presidente da República:

Faço saber que o Congresso Nacional decreta e eu sanciono a seguinte Lei:

Art. 1º É vedado o funcionamento de qualquer estabelecimento financeiro onde haja guarda de valores ou movimentação de numerário, que não possua sistema de segurança com parecer favorável à sua aprovação, elaborado pelo Ministério da Justiça, na forma desta Lei.

• *Caput* com redação determinada pela Lei 9.017/1995.

§ 1º Os estabelecimentos financeiros referidos neste artigo compreendem bancos oficiais ou privados, caixas econômicas, sociedades de crédito, associações de poupança, suas agências, postos de atendimento, subagências e seções, assim como as cooperativas singulares de crédito e suas respectivas dependências.

• Primitivo parágrafo único renumerado pela Lei 11.718/2008.

§ 2º O Poder Executivo estabelecerá, considerando a reduzida circulação financeira, requisitos próprios de segurança para as cooperativas singulares de crédito e suas dependências que contemplem, entre outros, os seguintes procedimentos:

• § 2º acrescentado pela Lei 11.718/2008.

I – dispensa de sistema de segurança para o estabelecimento de cooperativa singular de crédito que se situe dentro de qualquer edificação que possua estrutura de segurança instalada em conformidade com o art. 2º desta Lei;

II – necessidade de elaboração e aprovação de apenas um único plano de segurança por cooperativa singular de crédito, desde que detalhadas todas as suas dependências;

III – dispensa de contratação de vigilantes, caso isso inviabilize economicamente a existência do estabelecimento.

§ 3º Os processos administrativos em curso no âmbito do Departamento de Polícia Federal observarão os requisitos próprios de segurança para as cooperativas singulares de crédito e suas dependências.

• § 3º acrescentado pela Lei 11.718/2008.

Art. 2º O sistema de segurança referido no artigo anterior inclui pessoas adequadamente preparadas, assim chamadas vigilantes; alarme capaz de permitir, com segurança, comunicação entre o estabelecimento financeiro e outro da mesma instituição, empresa de vigilância ou órgão policial mais próximo; e, pelo menos, mais um dos seguintes dispositivos:

I – equipamentos elétricos, eletrônicos e de filmagens que possibilitem a identificação dos assaltantes;

II – artefatos que retardem a ação dos criminosos permitindo sua perseguição, identificação ou captura; e

III – cabina blindada com permanência ininterrupta de vigilante durante o expediente para o público e enquanto houver movimentação de numerário no interior do estabelecimento.

Parágrafo único. *(Revogado pela Lei 9.017/1995.)*

☛ **Art. 2º-A.** As instituições financeiras e demais instituições autorizadas a funcionar pelo Banco Central do Brasil, que colocarem à disposição do público caixas eletrônicos, são obrigadas a instalar equipamentos que inutilizem as cédulas de moeda corrente depositadas no interior das máquinas em caso de arrombamento, movimento brusco ou alta temperatura.

• Artigo acrescentado pela Lei 13.654/2018.

§ 1º Para cumprimento do disposto no *caput* deste artigo, as instituições financeiras poderão utilizar-se de qualquer tipo de tecnologia existente para inutilizar as cédulas de moeda corrente depositadas no interior dos seus caixas eletrônicos, tais como:

I – tinta especial colorida;

II – pó químico;

III – ácidos insolventes;

IV – pirotecnia, desde que não coloque em perigo os usuários e funcionários que utilizam os caixas eletrônicos;

V – qualquer outra substância, desde que não coloque em perigo os usuários dos caixas eletrônicos.

§ 2º Será obrigatória a instalação de placa de alerta, que deverá ser afixada de forma visível no caixa eletrônico, bem como na entrada da instituição bancária que possua caixa eletrônico em seu interior, informando a existência do referido dispositivo e seu funcionamento.

§ 3º O descumprimento do disposto acima sujeitará as instituições financeiras infratoras às penalidades previstas no art. 7º desta Lei.

§ 4º As exigências previstas neste artigo poderão ser implantadas pelas instituições financeiras de maneira gradativa, atingindo-se, no mínimo, os seguintes percentuais, a partir da entrada em vigor desta Lei:

I – nos municípios com até 50.000 (cinquenta mil) habitantes, 50% (cinquenta por cento) em nove meses e os outros 50% (cinquenta por cento) em dezoito meses;

II – nos municípios com mais de 50.000 (cinquenta mil) até 500.000 (quinhentos mil) habitantes, 100% (cem por cento) em até vinte e quatro meses;

III – nos municípios com mais de 500.000 (quinhentos mil) habitantes, 100% (cem por cento) em até trinta e seis meses.

Art. 3º A vigilância ostensiva e o transporte de valores serão executados:

• *Artigo* com redação determinada pela Lei 9.017/1995.

I – por empresa especializada contratada; ou

II – pelo próprio estabelecimento financeiro, desde que organizado e preparado para tal fim, com pessoal próprio, aprovado em curso de formação de vigilante autorizado pelo Ministério da Justiça e cujo sistema de segurança tenha parecer favorável à sua aprovação emitido pelo Ministério da Justiça.

Parágrafo único. Nos estabelecimentos financeiros estaduais, o serviço de vigilância ostensiva poderá ser desempenhado pelas Polícias Militares, a critério do Governo da respectiva Unidade da Federação.

Art. 4º O transporte de numerário em montante superior a vinte mil UFIR, para suprimento ou recolhimento do movimento diário dos estabelecimentos financeiros, será obrigatoriamente efetuado em veículo especial da própria instituição ou de empresa especializada.

- Artigo com redação determinada pela Lei 9.017/1995.

Art. 5º O transporte de numerário entre sete mil e vinte mil UFIR poderá ser efetuado em veículo comum, com a presença de dois vigilantes.

- Artigo com redação determinada pela Lei 9.017/1995.

Art. 6º Além das atribuições previstas no art. 20, compete ao Ministério da Justiça:

- Artigo com redação determinada pela Lei 9.017/1995.

I – fiscalizar os estabelecimentos financeiros quanto ao cumprimento desta Lei;

II – encaminhar parecer conclusivo quanto ao prévio cumprimento desta Lei, pelo estabelecimento financeiro, à autoridade que autoriza o seu funcionamento;

III – aplicar aos estabelecimentos financeiros as penalidades previstas nesta Lei.

Parágrafo único. Para a execução da competência prevista no inciso I, o Ministério da Justiça poderá celebrar convênio com as Secretarias de Segurança Pública dos respectivos Estados e Distrito Federal.

Art. 7º O estabelecimento financeiro que infringir disposição desta Lei ficará sujeito às seguintes penalidades, conforme a gravidade da infração e levando-se em conta a reincidência e a condição econômica do infrator:

- Artigo com redação determinada pela Lei 9.017/1995.

I – advertência;

II – multa, de mil a vinte mil UFIR;

III – interdição do estabelecimento.

Art. 8º Nenhuma sociedade seguradora poderá emitir, em favor de estabelecimentos financeiros, apólice de seguros que inclua cobertura garantindo riscos de roubo e furto qualificado de numerário e outros valores, sem comprovação de cumprimento, pelo segurado, das exigências previstas nesta Lei.

Parágrafo único. As apólices com infringência do disposto neste artigo não terão cobertura de resseguros pelo Instituto de Resseguros do Brasil.

Art. 9º Nos seguros contra roubo e furto qualificado de estabelecimentos financeiros, serão concedidos descontos sobre os prêmios aos segurados que possuírem, além dos requisitos mínimos de segurança, outros meios de proteção previstos nesta Lei, na forma de seu regulamento.

Art. 10. São considerados como segurança privada as atividades desenvolvidas em prestação de serviços com a finalidade de:

- *Caput* com redação determinada pela Lei 8.863/1994.

I – proceder a vigilância patrimonial das instituições financeiras e de outros estabelecimentos, públicos ou privados, bem como a segurança de pessoas físicas;

- Inciso I acrescentado pela Lei 8.863/1994.

II – realizar o transporte de valores ou garantir o transporte de qualquer outro tipo de carga.

- Inciso II acrescentado pela Lei 8.863/1994.

§ 1º Os serviços de vigilância e de transporte de valores poderão ser executados por uma mesma empresa.

- Primitivo parágrafo único renumerado pela Lei 8.863/1994.

§ 2º As empresas especializadas em prestação de serviços de segurança, vigilância e transporte de valores, constituídas sob a forma de empresas privadas, além das hipóteses previstas nos incisos do *caput* deste artigo, poderão se prestar ao exercício das atividades de segurança privada a pessoas; a estabelecimentos comerciais, industriais, de prestação de serviços e residências; a entidades sem fins lucrativos; e órgãos e empresas públicas.

- § 2º acrescentado pela Lei 8.863/1994.

§ 3º Serão regidas por esta Lei, pelos regulamentos dela decorrentes e pelas disposições da legislação civil, comercial, trabalhista, previdenciária e penal, as empresas definidas no parágrafo anterior.

- § 3º acrescentado pela Lei 8.863/1994.

§ 4º As empresas que tenham objeto econômico diverso da vigilância ostensiva e do transporte de valores, que utilizem pessoal de quadro funcional próprio, para execução dessas atividades, ficam obrigadas ao cumprimento do disposto nesta Lei e demais legislações pertinentes.

- § 4º acrescentado pela Lei 8.863/1994.

§ 5º *(Vetado.)*

§ 6º *(Vetado.)*

Art. 11. A propriedade e a administração das empresas especializadas que vierem a se constituir são vedadas a estrangeiros.

Art. 12. Os diretores e demais empregados das empresas especializadas não poderão ter antecedentes criminais registrados.

Art. 13. O capital integralizado das empresas especializadas não pode ser inferior a cem mil UFIR.

- Artigo com redação determinada pela Lei 9.017/1995.

Art. 14. São condições essenciais para que as empresas especializadas operem nos Estados, Territórios e Distrito Federal:

I – autorização de funcionamento concedida conforme o art. 20 desta Lei; e

II – comunicação à Secretaria de Segurança Pública do respectivo Estado, Território ou Distrito Federal.

Art. 15. Vigilante, para os efeitos desta Lei, é o empregado contratado para a execução das atividades definidas nos incisos I e II do *caput* e §§ 2º, 3º e 4º do art. 10.

- Artigo com redação determinada pela Lei 8.863/1994.

Art. 16. Para o exercício da profissão, o vigilante preencherá os seguintes requisitos:

I – ser brasileiro;

II – ter idade mínima de 21 anos;

III – ter instrução correspondente à 4ª série do 1º grau;

IV – ter sido aprovado, em curso de formação de vigilante, realizado em estabelecimento com funcionamento autorizado nos termos desta Lei;

- Inciso IV com redação determinada pela Lei 8.863/1994.

V – ter sido aprovado em exame de saúde física, mental e psicotécnico;

VI – não ter antecedentes criminais registrados; e

VII – estar quite com as obrigações eleitorais e militares.

Parágrafo único. O requisito previsto no inciso III deste artigo não se aplica aos vigilantes admitidos até a publicação da presente Lei.

Art. 17. O exercício da profissão de vigilante requer prévio registro no Departamento de Polícia Federal, que se fará após a apresentação dos documentos comprobatórios das situações enumeradas no art. 16.

- Artigo com redação determinada pela Medida Provisória 2.184/2001.

Art. 18. O vigilante usará uniforme somente quando em efetivo serviço.

Art. 19. É assegurado ao vigilante:

I – uniforme especial às expensas da empresa a que se vincular;

II – porte de arma, quando em serviço;

III – prisão especial por ato decorrente do serviço;

IV – seguro de vida em grupo, feito pela empresa empregadora.

Art. 20. Cabe ao Ministério da Justiça, por intermédio do seu órgão competente ou mediante convênio com as Secretarias de Segurança Pública dos Estados e Distrito Federal:

- *Caput* com redação determinada pela Lei 9.017/1995.

I – conceder autorização para o funcionamento:

a) das empresas especializadas em serviços de vigilância;

b) das empresas especializadas em transporte de valores; e

c) dos cursos de formação de vigilantes;

II – fiscalizar as empresas e os cursos mencionados no inciso anterior;

III – aplicar às empresas e aos cursos a que se refere o inciso I deste artigo as penalidades previstas no art. 23 desta Lei;

IV – aprovar uniforme;

V – fixar o currículo dos cursos de formação de vigilantes;

VI – fixar o número de vigilantes das empresas especializadas em cada Unidade da Federação;

VII – fixar a natureza e a quantidade de armas de propriedade das empresas especializadas e dos estabelecimentos financeiros;

VIII – autorizar a aquisição e a posse de armas e munições; e

IX – fiscalizar e controlar o armamento e a munição utilizados;

X – rever anualmente a autorização de funcionamento das empresas elencadas no inciso I deste artigo.

- Inciso X acrescentado pela Lei 8.863/1994.

Parágrafo único. As competências previstas nos incisos I e V deste artigo não serão objeto de convênio.

- Parágrafo único com redação determinada pela Lei 9.017/1995.

Art. 21. As armas destinadas ao uso dos vigilantes serão de propriedade e responsabilidade:

I – das empresas especializadas;

II – dos estabelecimentos financeiros quando dispuserem de serviço organizado de vigilância, ou mesmo quando contratarem empresas especializadas.

Art. 22. Será permitido ao vigilante, quando em serviço, portar revólver calibre 32 ou 38 e utilizar cassetete de madeira ou de borracha.

Parágrafo único. Os vigilantes, quando empenhados em transporte de valores, poderão também utilizar espingarda de uso permitido, de calibre 12, 16 ou 20, de fabricação nacional.

Art. 23. As empresas especializadas e os cursos de formação de vigilantes que infringirem disposições desta Lei ficarão sujeitos às seguintes penalidades, aplicáveis pelo Ministério da Justiça, ou, mediante convênio, pelas Secretarias de Segurança Pública, conforme a gravidade da infração, levando-se em conta a reincidência e a condição econômica do infrator:

I – advertência;

II – multa de quinhentas até cinco mil UFIR;

- Inciso II com redação determinada pela Lei 9.017/1995.

III – proibição temporária de funcionamento; e

IV – cancelamento do registro para funcionar.

Parágrafo único. Incorrerão nas penas previstas neste artigo as empresas e os estabelecimentos financeiros responsáveis pelo extravio de armas e munições.

Art. 24. As empresas já em funcionamento deverão proceder à adaptação de suas atividades aos preceitos desta Lei no prazo de 180 (cento e oitenta) dias, a contar da data em que entrar em vigor o regulamento da presente Lei, sob pena de terem suspenso seu funcionamento até que comprovem essa adaptação.

Art. 25. O Poder Executivo regulamentará esta Lei no prazo de 90 (noventa) dias a contar da data de sua publicação.

Art. 26. Esta Lei entra em vigor na data de sua publicação.

Art. 27. Revogam-se os Decretos-leis 1.034, de 21 de outubro de 1969, e 1.103, de 6 de abril de 1970, e as demais disposições em contrário.

Brasília, em 20 de junho de 1983; 162º da Independência e 95º da República.

João Figueiredo

(*DOU* 21.06.1983)

DECRETO 89.056, DE 24 DE NOVEMBRO DE 1983

Regulamenta a Lei 7.102, de 20 de junho de 1983, que "dispõe sobre segurança para estabelecimentos financeiros, estabelece normas para constituição e funcionamento das empresas particulares que exploram serviços de vigilância e de transporte de valores e dá outras providências".

O Presidente da República, usando das atribuições que lhe confere o artigo 81, inciso III, da Constituição Federal, decreta:

Art. 1º É vedado o funcionamento de qualquer estabelecimento financeiro onde haja guarda de valores ou movimento de numerário, que não possua sistema de segurança com parecer favorável à sua aprovação, elaborado pelo Ministério da Justiça, na forma deste Regulamento.

- *Caput* com redação determinada pela pelo Dec. 1.592/1995.

Parágrafo único. Os estabelecimentos financeiros referidos neste artigo compreendem bancos oficiais ou privados, caixas econômicas, sociedades de crédito, associações de poupança, suas agências, subagências e seções.

Art. 2º O sistema de segurança será definido em um plano de segurança compreendendo vigilância ostensiva com número adequado de vigilantes, sistema de alarme e pelo menos mais um dos seguintes dispositivos:

I – equipamentos elétricos, eletrônicos e de filmagens instalados de forma a permitir captar e gravar as imagens de toda movimentação de público no interior do estabelecimento;

II – artefatos que retardem a ação dos criminosos, permitindo sua perseguição, identificação ou captura; ou

III – cabina blindada com permanência ininterrupta de vigilante durante o expediente para o público e enquanto houver movimentação de numerário no interior do estabelecimento.

Art. 3º O estabelecimento financeiro ao requerer a autorização para funcionamento deverá juntar ao pedido o plano de segurança, os projetos de construção, instalação e manutenção do sistema de alarme e demais dispositivos de segurança adotados.

Art. 4º O Banco Central do Brasil autorizará o funcionamento do estabelecimento financeiro após verificar o atendimento dos requisitos mínimos de segurança indispensáveis, ouvida a Secretaria de Segurança Pública da Unidade da Federação onde estiver situado o estabelecimento.

Parágrafo único. *(Revogado pelo Dec. 1.592/1995)*

Art. 5º Vigilância ostensiva, para os efeitos deste Regulamento, consiste em atividade exercida no interior dos estabelecimentos e em transporte de valores, por pessoas uniformizadas e adequadamente preparadas para impedir ou inibir ação criminosa.

Art. 6º O número mínimo de vigilantes adequado ao sistema de segurança de cada estabelecimento financeiro será definido no plano de segurança a que se refere o art. 2º, observados, entre outros critérios, as peculiaridades do estabelecimento, sua localização, área, instalações e encaixe.

Art. 7º O sistema de alarme será de reconhecida eficiência, conforme projeto de construção, instalação e manutenção executado por empresa idônea, e de modo a permitir imediata comunicação do estabelecimento financeiro com órgão policial mais próximo, outro estabelecimento da mesma instituição ou empresa de vigilância.

Art. 8º Os dispositivos de segurança previstos nos incisos I, II e III do art. 2º, adotados pelo estabelecimento financeiro, obedecerão a projetos de construção, instalação e manutenção executados por empresas idôneas, observadas as especificações técnicas asseguradoras de sua eficiência.

Art. 9º O transporte de numerário em montante superior a 20.000 (vinte mil) Unidades Fiscais de Referência (UFIR), para suprimento ou recolhimento do movimento diário dos estabelecimentos financeiros, será efetuado em veículo especial da própria instituição ou de empresa especializada.

- *Caput* com redação determinada pelo Dec. 1.592/1995.

§ 1º Consideram-se especiais para os efeitos, deste Regulamento, os veículos com especificações de segurança e dotados de guarnição mínima de vigilantes a serem estabelecidas pelo Ministério da Justiça.

§ 2º Os veículos especiais para transporte de valores deverão ser mantidos em perfeito estado de conservação.

§ 3º Os veículos especiais para transporte de valores serão periodicamente vistoriados pelos órgãos de trânsito e policial competentes.

Art. 10. Nas regiões onde for comprovada a impossibilidade do uso de veículo especial pela empresa especializada ou pelo próprio estabelecimento financeiro, o Ministério da Justiça poderá autorizar o transporte de numerário por via aérea, fluvial ou outros meios, condicionado à presença de no mínimo, dois vigilantes.

- Artigo com redação determinada pelo Dec. 1.592/1995.

Art. 11. O transporte de numerário entre 7.000 (sete mil) e 20.000 (vinte mil) UFIR poderá ser efetuado em veículo comum, com a presença de dois vigilantes.

- Artigo com redação determinada pelo Dec. 1.592/1995.

Art. 12. A vigilância ostensiva e o transporte de valores serão executados:

I – por empresa especializada contratada; ou

II – pelo próprio estabelecimento financeiro, desde que organizado e preparado para tal fim, com pessoal próprio, e cujo sistema de segurança tenha parecer favorável à sua aprovação, emitido pelo Ministério da Justiça.

- Inciso II com redação determinada pelo Dec. 1.592/1995.

§ 1º O Estabelecimento financeiro que mantiver serviço próprio de vigilância e de transporte de valores somente poderá operar com vigilantes habilitados ao exercício profissional nos termos deste Regulamento.

§ 2º Nos estabelecimentos financeiro estaduais, o serviço de vigilância ostensiva poderá ser desempenhado pelas Polícias Militares, a critérios do Governo da respectiva Unidade da Federação.

- § 2º com redação determinada pelo Dec. 1.592/1995.

§ 3º Os serviços de vigilância ostensiva em estabelecimentos financeiros e o de transporte de valores poderão ser prestados por uma mesma empresa especializada.

Art. 13. O Ministério da Justiça, por intermédio do Departamento de Polícia Federal, ou mediante convênio com as Secretarias de Segurança Pública dos Estados, Territórios e do Distrito Federal, procederá pelo menos a uma fiscalização anual no estabelecimento financeiro, quanto ao cumprimento das disposições relativas ao sistema de segurança.

- Artigo com redação determinada pelo Dec. 1.592/1995.

Art. 14. O estabelecimento financeiro que infringir qualquer das disposições da Lei 7.102, de 20 de junho de 1983, e deste Regulamento, ficará sujeito às seguintes penalidades, aplicáveis pelo Ministério da Justiça, conforme a gravidade da infração e levando-se em conta a reincidência e a condição econômico do infrator:

- Artigo com redação determinada pelo Dec. 1.592/1995.

I – advertência;

II – multa, de 1000 (mil) a 20.000 (vinte mil) UFIR;

III – interdição do estabelecimento.

Parágrafo único. O Ministério da Justiça disporá sobre o procedimento para aplicação das penalidades previstas neste artigo, assegurado ao infrator direito de defesa e possibilidade de recurso.

Art. 15. Vigilante, para os efeitos deste Regulamento, é o empregado contratado para a execução das atividades definidas nos incisos I e II, e § 2º, do art. 30, e no art. 31, *caput*, deste Regulamento.

- Artigo com redação determinada pelo Dec. 1.592/1995.

Art. 16. Para o exercício da profissão, o vigilante deverá registrar-se na Delegacia Regional do Trabalho do Ministério do Trabalho, comprovando:

I – ser brasileiro;

II – ter idade mínima de 21 anos;

III – ter instrução correspondente à quarta série do ensino do primeiro grau;

IV – ter sido aprovado em curso de formação de vigilante, realizado em estabelecimento com funcionamento autorizado;

- Inciso IV com redação determinada pelo Dec. 1.592/1995.

V – ter sido aprovado em exame de saúde física, mental e psicotécnico;

VI – não ter antecedentes criminais registrados; e

VII – estar quite com as obrigações eleitorais e militares.

§ 1º O requisito previsto no inciso III deste artigo não se aplica aos vigilantes em exercício da profissão, desde que admitidos por empresa especializada até o dia 21 de junho de 1983.

§ 2º O exame de sanidade física e mental será realizado de acordo com o disposto em norma regulamentadora do Ministério do Trabalho.

§ 3º O exame psicotécnico será realizado conforme instruções do Ministério do Trabalho.

Art. 17. O registro de que trata o artigo anterior poderá ser promovido pela entidade realizadora do curso de formação de vigilantes.

Art. 18. O vigilante deverá submeter-se anualmente a rigoroso exame de saúde física e mental, bem como manter-se adequadamente preparado para o exercício da atividade profissional.

Art. 19. O vigilante usará uniforme somente quando em efetivo serviço.

Parágrafo único. Para os efeitos deste artigo, considera-se efetivo serviço o exercício da atividade de vigilância ostensiva no local de trabalho, conforme o disposto no art. 5º

Art. 20. É assegurado ao vigilante:

I – uniforme especial aprovado pelo Ministério da Justiça, a expensas do empregador;

II – porte de arma, quando no exercício da atividade de vigilância no local de trabalho;

III – prisão especial por ato decorrente do exercício da atividade de vigilância; e

IV – seguro de vida em grupo, feito pelo empregador.

Art. 21. A contratação do seguro de vida em grupo assegurado ao vigilante será disciplinada pelo Conselho Nacional de Seguros Privados.

Art. 22. Será permitido ao vigilante, quando em efetivo serviço, portar revólver calibre 32 ou 38 e utilizar cassetete de madeira ou de borracha.

Parágrafo único. Os vigilantes, quando empenhados em transporte de valores, poderão, também, portar espingarda de uso permitido, de calibre 12, 16 ou 20, de fabricação nacional.

Art. 23. O curso de formação de vigilantes somente poderá ser ministrado por instituição capacitada e idônea, autorizada a funcionar pelo Ministério da Justiça.

§ 1º Não será autorizado a funcionar o curso que não disponha de instalações seguras e adequadas, de uso exclusivo, para treinamento teórico e prático dos candidatos a vigilantes.

§ 2º Na hipótese de não haver disponibilidade de utilização de estande de tiro no município sede do curso, pertencente a organizações militares ou policiais civis, será autorizada a instalação de estande próprio.

Art. 24. O Ministério da Justiça fixará o currículo do curso de formação de vigilantes e a carga horária para cada disciplina.

Art. 25. São requisitos para a inscrição do candidato ao curso de formação de vigilantes:

I – ser brasileiro;

II – ter instrução correspondente à quarta série do ensino do primeiro grau;

III – ter sido aprovado em exame de saúde física, mental e psicotécnico;

IV – não ter antecedentes criminais registrados; e

V – estar quite com as obrigações eleitorais e militares.

Parágrafo único. Aos vigilantes em exercício na profissão, contratados até 21 de junho de 1983, não se aplica a exigência do inciso II.

Art. 26. A avaliação final do curso em formação de vigilantes será constituída de exame teórico e prático das disciplinas do currículo.

Parágrafo único. Somente poderá submeter-se à prova de avaliação final o candidato que houver concluído o curso com freqüência de 90% (noventa por cento) da carga horária de cada disciplina.

Art. 27. O candidato aprovado no curso de formação de vigilantes receberá certificado nominal de conclusão do curso expedido pela instituição especializada e registrado no Ministério da Justiça.

Art. 28. O curso de formação de vigilantes será fiscalizado pelo Ministério da Justiça.

Art. 29. A instituição responsável pelo curso de formação de vigilantes remeterá ao órgão fiscalizador, até 5 (cinco) dias após o início de cada curso, relação nominal e qualificação dos candidatos nele matriculados.

Art. 30. São considerados como segurança privada as atividades desenvolvidas em prestação de serviços com a finalidade de:

- Artigo com redação determinada pelo Dec. 1.592/1995.

I – proceder à vigilância patrimonial das instituições financeiras e de outros estabelecimentos, públicos ou privados, e à segurança de pessoas físicas;

II – realizar o transporte de valores ou garantir o transporte de qualquer outro tipo de carga.

§ 1º As atividades de segurança privada desenvolvidas por empresas especializadas em prestação de serviços, com a finalidade de proceder à segurança de pessoas físicas e de garantir o transporte de valores ou de qualquer outro tipo de carga, serão consideradas, para os efeitos deste Regulamento, segurança pessoal privada e escolta armada, respectivamente.

§ 2º As empresas especializadas em prestação de serviços de segurança, vigilância e transporte de valores, constituídas sob a forma de empresas privadas, além das hipóteses previstas nos incisos I e II deste artigo, poderão se prestar:

a) ao exercício das atividades de segurança privada a pessoas;

b) a estabelecimentos comerciais, indústrias, de prestação de serviços e residências;

c) a entidades sem fins lucrativos;

d) a órgãos e empresas públicas.

§ 3º Os serviços de vigilância e de transporte de valores poderão ser executados por uma mesma empresa.

§ 4º As empresas de que trata o § 2º deste artigo serão regidas pela Lei 7.102, de 20 de junho de 1983, por este Regulamento e pelas normas da legislação civil, comercial, trabalhista, previdenciária e penal.

§ 5º A propriedade e a administração das empresas especializadas que vierem a se constituir são vedadas a estrangeiros.

§ 6º Os diretores e demais empregados das empresas especializadas não poderão ter antecedentes criminais registrados.

§ 7º O capital integralizado das empresas especializadas não poderá ser inferior a 100.000 (cem mil) UFIR.

Art. 31. As empresas que tenham objeto econômico diverso da vigilância ostensiva e do transporte de valores, que utilizem pessoal de quadro funcional próprio para a execução dessas atividades, ficam obrigadas ao cumprimento do disposto neste Regulamento e demais legislações pertinentes.

- Artigo com redação determinada pelo Dec. 1.592/1995.

§ 1º Os serviços de segurança a que se refere este artigo denominam-se serviços orgânicos de segurança.

§ 2º As empresas autorizadas a exercer serviços orgânicos de segurança não poderão comercializar os serviços de vigilância e transporte de valores.

Art. 32. Cabe ao Ministério da Justiça, por intermédio do Departamento de Polícia Federal, autorizar, controlar e fiscalizar o funcionamento das empresas especializadas, dos cursos de formação de vigilantes e das empresas que exercem serviços orgânicos de segurança.

- Artigo com redação determinada pelo Dec. 1.592/1995.

§ 1º O pedido de autorização para o funcionamento das empresas especializadas será dirigido ao Departamento de Polícia Federal e será instruído com:

a) requerimento assinado pelo titular da empresa;

b) cópia ou certidão dos atos constitutivos devidamente registrados no registro de pessoas jurídicas;

c) comprovante de inscrição nos órgãos administrativos federais competentes;

d) modelo de uniforme especial de seus vigilantes;

e) cópia da Carteira de Identidade, CPF, Título de Eleitor e Certificado de Reservista ou documento equivalente dos sócios-proprietários, diretores e gerentes da empresa;

f) prova de que os sócios-proprietários, diretores e gerentes não tenham antecedentes criminais registrados;

§ 2º Qualquer alteração referente ao estabelecido nas alíneas b e d deste artigo dependerá de prévia autorização do Ministério da Justiça.

§ 3º Quando se tratar de pedido de autorização para o exercício da atividade de segurança pessoal privada e escolta armada a empresa deverá apresentar:

a) comprovante de funcionamento nas atividades de vigilância ou transporte de valores, há pelo menos 1 (um) ano;

b) prova de que a empresa e suas filiais estão em dia com as obrigações fiscais, com as contribuições previdenciárias e com o Fundo de Garantia por Tempo de Serviço (FGTS).

§ 4º O pedido de autorização para o funcionamento das empresas que executam serviços orgânicos de segurança será dirigido ao Ministério da Justiça e será instruído com:

a) comprovante de que a empresa possui instalações adequadas para operacionalizar os serviços orgânicos de segurança;

b) documentos pessoais dos responsáveis pelo setor que executará o serviço;

c) prova de que os sócios-proprietários, diretores e gerentes da empresa que executa serviços orgânicos e de que os responsáveis pelo setor de segurança não tenham condenação criminal registrada;

d) relação dos vigilantes;

e) modelo do uniforme especial dos vigilantes;

f) relação das armas e munições de propriedade e responsabilidade da empresa, acompanhada de cópia do registro no órgão de segurança pública ou declaração de que não as possui;

g) relação dos veículos especiais, no caso dos serviços próprios de transporte de valores.

§ 5º A relação dos vigilantes deverá conter:

a) cópia dos documentos pessoais;

b) comprovante de conclusão, com aproveitamento, do curso de formação de vigilantes e reciclagem, quando for o caso;

c) comprovante de registro na Delegacia Regional do Trabalho;

d) cópia da Carteira de Trabalho e Previdência Social, na parte referente à identificação e vínculo empregatício;

e) cópia de apólice de seguro que identifique o número dos segurados.

§ 6º Consideram-se possuidoras de instalações adequadas ao exercício da segurança orgânica as empresas que dispuserem de:

a) local seguro e adequado à guarda de armas e munições;

b) setor operacional dotado de sistema de comunicação com os vigilantes empenhados em serviço;

c) sistema de alarme ou outro meio de segurança eletrônica conectado com a unidade local da Polícia Militar, Civil ou empresa de segurança privada.

§ 7º A revisão da autorização de funcionamento das empresas de segurança privada e das empresas que executam serviços orgânicos de segurança deverá ser requerida, anualmente, a contar da publicação da autorização no Diário Oficial da União, mediante apresentação de:

a) comprovante de quitação das penas pecuniárias que tenham sido aplicadas à empresa por transgressões às normas que regulamentam a atividade;

b) Certidão Negativa quanto à Dívida Ativa da União, Estado e Município;

c) comprovante de recolhimento previdenciário e do FGTS;

d) Certificado de Segurança atualizado;

e) prova de que os sócios-proprietários, diretores e gerentes da empresa de segurança privada não tenham condenação criminal registrada;

f) prova de que os sócios-proprietários, diretores e gerentes da empresa que executa serviços orgânicos e de que os responsáveis pelo seu setor de segurança não tenham condenação criminal registrada.

§ 8º Para o desempenho das atividades de segurança pessoal privada e escolta armada, o vigilante, além do curso de formação, deverá:

a) possuir experiência mínima, comprovada, de um ano na atividade de vigilância;

b) ter comportamento social e funcional irrepreensível;

c) ter sido selecionado, observando-se a natureza especial do serviço;

d) portar credencial funcional, fornecida pela empresa, nos moldes fixados pelo Ministério da Justiça;

e) freqüentar os cursos de reciclagem, com aproveitamento, a cada período de dois (dois) anos, a contar do curso de extensão.

§ 9º Para o exercício das atividades de segurança pessoal privada e de escolta armada, o vigilante deverá ter concluído, com aproveitamento, curso de extensão correspondente em empresas de curso devidamente autorizada a ministrá-lo.

§ 10. O Ministério da Justiça fixará o currículo para os cursos de extensão em escolta armada e segurança pessoal privada

Art. 33. O uniforme será adequado às condições climáticas do lugar onde o vigilante prestar serviço e de modo a não prejudicar o perfeito exercício de suas atividades profissionais.

§ 1º Das especificações do uniforme constará:

I – apito com cordão;

II – emblema da empresa; e

III – plaqueta de identificação do vigilante.

§ 2º A plaqueta de identificação prevista no inciso III do parágrafo anterior será autenticada pela empresa, terá validade de 6 (seis) meses e conterá o nome, número de registro na Delegacia Regional do Trabalho do Ministério do Trabalho e fotografia tamanho 3x4 do vigilante.

Art. 34. O modelo de uniforme especial dos vigilantes não será aprovado pelo Ministério da Justiça quando semelhante aos utilizados pelas Forças Armadas e Forças Auxiliares.

Art. 35. Não será autorizado o funcionamento de empresa especializada que não disponha de recursos humanos e financeiros ou de instalações adequadas ao permanente treinamento de seus vigilantes.

Parágrafo único. Aplica-se às empresas especializadas o disposto no § 7º do art. 23.

Art. 36. Não será autorizado o funcionamento de empresa especializada em transporte de valores e de empresa que executa serviços orgânicos de transporte de valores sem a apresentação dos certificados de propriedade e dos laudos de vistoria dos veículos especiais.

- Artigo com redação determinada pelo Dec. 1.592/1995.

Art. 37. Não será autorizado o funcionamento de empresa especializada e de curso de formação de vigilantes quando seus objetivos ou circunstâncias relevantes indicarem destino ou atividades ilícitos, contrários, nocivos ou perigosos ao bem público e a segurança do Estado e da coletividade.

Art. 38. Para que as empresas especializadas e as que executem serviços orgânicos de segurança operem nos Estados e Distrito Federal, além de autorizadas a funcionar na forma deste Regulamento, deverão promover comunicação à Secretaria de Segurança Pública da respectiva Unidade da Federação.

- *Caput* com redação determinada pelo pelo Dec. 1.592/1995.

§ 1º Da comunicação deverá constar:

I – cópia do instrumento de autorização para funcionamento;

II – cópia dos atos construtivos da empresa;

III – nome, qualificação e endereço atualizado dos sócios-proprietários, diretores e gerentes da empresa; bem como dos responsáveis pelo armamento e munição;

IV – relação atualizada dos vigilantes e demais funcionários;

V – endereço da sede, escritório e demais instalações da empresa;

VI – especificações do uniforme especial aprovado para uso dos vigilantes;

VII – relação pormenorizada das armas e munições de propriedade e responsabilidade da empresa;

VIII – relação dos veículos especiais, no caso de empresa especializada em transporte de valores e de empresa que executa serviços orgânicos de transporte de valores;

- Inciso VIII com redação determinada pelo Dec. 1.592/1995.

IX – relação dos estabelecimentos aos quais são prestados serviços de vigilância ou de transporte de valores; e

X – outras informações, a critério da respectiva Secretaria de Segurança Pública.

§ 2º Os incisos II e IX do parágrafo anterior não se aplicam às empresas que executam serviços orgânicos de segurança.

- § 2º com redação determinada pelo Dec. 1.592/1995.

§ 3º Qualquer alteração dos dados a que se refere o parágrafo anterior será comunicada à respectiva Secretaria de Segurança Pública.

- § 3º acrescentado pelo Dec. 1.592/1995.

Art. 39. O Ministério da Justiça fiscalizará as empresas especializadas autorizadas a funcionar na forma deste Regulamento.

Parágrafo único. A fiscalização a que se refere este artigo será realizada ao menos uma vez por ano.

Art. 40. Verificada a existência de infração a dispositivo da Lei 7.102, de 20 de junho de 1983, e deste Regulamento, as empresas especializadas, as empresas que executam serviços orgânicos de segurança e os cursos de formação de vigilantes ficam sujeitos às seguintes penalidades, aplicáveis pelo Ministério da Justiça, conforme a gravidade da infração, levando-se em conta a reincidência e a condição econômica do infrator:

- Artigo com redação determinada pelo Dec. 1.592/1995

I – advertência;

II – multa de 500 (quinhentos) até 5.000 (cinco mil) UFIR;

III – proibição temporária de funcionamento; e

IV – cancelamento do registro para funcionar.

Parágrafo único. O Ministério da Justiça disporá sobre o procedimento para a aplicação das penalidades previstas neste artigo, assegurado ao infrator direito de defesa e possibilidade de recursos.

Art. 41. Os números máximo e mínimo de vigilantes das empresas especializadas em cada unidade da Federação serão fixados pelo Ministério da Justiça.

Parágrafo único. O número de vigilantes das empresas especializadas em cada unidade da Federação compreenderá o número de vigilantes contratados por empresas especializadas que tenham um mesmo sócio-proprietário.

Art. 42. As armas e as munições destinadas ao uso e treinamento dos vigilantes serão de propriedade e responsabilidade:

- Artigo com redação determinada pelo Dec. 1.592/1995

I – das empresas especializadas;

II – dos estabelecimentos financeiros, quando dispuserem de serviço organizado de vigilância, ou quando contratarem empresa especializada;

III – da empresa executante dos serviços orgânicos de segurança.

Art. 43. As armas e as munições utilizadas pelos Instrutores e alunos do curso de formação de vigilantes serão de propriedade e responsabilidade da instituição autorizada a ministrar o curso.

Art. 44. O Ministério da Justiça fixará a natureza e a quantidade de armas de propriedade e responsabilidade do estabelecimento financeiro, do curso de formação de vigilantes, da empresa especializada e da executante dos serviços orgânicos de segurança.

- Artigo com redação determinada pelo Dec. 1.592/1995

Art. 45. A aquisição e a posse de armas e munições por estabelecimento financeiro, empresa especializada, empresa executante de serviços orgânicos de segurança e cursos de formação de vigilantes dependerão de autorização do Ministério da Justiça.

• Artigo com redação determinada pelo Dec. 1.592/1995

Art. 46. As armas e munições de propriedade e responsabilidade dos cursos de formação de vigilantes, das empresas especializadas e dos estabelecimentos financeiros serão guardadas em lugar seguro, de difícil acesso a pessoas estranhas ao serviço.

Art. 47. Todo armamento e munição destinados à formação, ao treinamento e ao uso dos vigilantes serão fiscalizados e controlados pelo Ministério da Justiça.

Art. 48. Incorrerão nas penas previstas no art. 40 os cursos de formação de vigilantes, as empresas especializadas, as empresas que executam serviços orgânicos de segurança e os estabelecimentos financeiros responsáveis pelo extravio de armas e munições de sua propriedade e responsabilidade.

• Artigo com redação determinada pelo Dec. 1.592/1995

Art. 49. O armamento e as munições de que tratam os arts. 42 e 43 serão recolhidos ao Ministério da Justiça, para custódia, no caso de paralisação ou extinção da empresa especializada, da empresa executante dos serviços orgânicos de segurança do curso de formação de vigilantes ou da instituição financeira.

• Artigo com redação determinada pelo Dec. 1.592/1995

Art. 50. As empresas já em funcionamento no País, em 21 de junho de 1983 deverão adaptar-se a este Regulamento, no prazo de 180 (cento e oitenta) dias a contar de sua publicação, sob pena de terem suspenso o seu funcionamento até que comprovem essa adaptação.

Parágrafo único. As empresas, após a adaptação prevista neste artigo, deverão requerer a fiscalização do órgão competente e apresentar ao Ministério da Justiça relação pormenorizada das armas e munições de sua propriedade e responsabilidade.

Art. 51. O Ministério da Justiça e o Ministério do Trabalho baixarão normas dispondo sobre a competência que lhes é atribuída pela Lei 7.102, de 20 de junho de 1983.

• Artigo com redação determinada pelo Dec. 1.592/1995

Art. 52. A competência prevista nos arts. 27, 28, 32, 39, 40, *caput*, 41, 44, 45 e 47 poderá ser objeto de convênio com as Secretarias de Segurança Pública dos Estados e Distrito Federal.

• Artigo com redação determinada pelo Dec. 1.592/1995

Art. 53. As multas e taxas decorrentes da atividade de fiscalização das empresas de segurança privada constituirão recursos diretamente arrecadados na Fonte 150 a serem consignados no Orçamento do Departamento de Polícia Federal, no Programa de Trabalho 06.030.0174.2081.0001 – Operações do Policiamento Federal.

• Artigo com redação determinada pelo Dec. 1.592/1995

Art. 54. O Ministério da Justiça, pelo seu órgão próprio, encaminhará, no prazo de 30 (trinta) dias, ao competente Serviço de Fiscalização de Produtos Controlados Regional – SFPC, do Ministério do Exército, com relação às empresas especializadas e empresas executantes dos serviços orgânicos de segurança em funcionamento e às que vierem a ser constituídas, os seguintes dados:

• *Caput do artigo* com redação determinada pelo Dec. 1.592/1995

I – nome dos responsáveis;

II – números máximo e mínimo de vigilantes com que opera ou está autorizada a operar;

III – quantidade de armas que possui ou está autorizada a possuir e respectiva dotação de munição;

IV – qualquer alteração na quantidade de armas a que se refere o item anterior;

V – certificado de segurança para guarda de armas e munições;

VI – transferência de armas e munições de uma para outra unidade da Federação; e

VII – paralisação ou extinção de empresas especializadas e de serviços orgânicos de segurança.

• Inciso VII com redação determinada pelo Dec. 1.592/1995

§ 1º Para as empresas já em funcionamento, o prazo referido neste artigo será contado a partir da sua adaptação, nos termos do art. 50 deste Regulamento.

§ 2º Para as novas empresas o prazo será contado a partir da data da autorização para seu funcionamento.

Art. 55. Nenhuma sociedade seguradora poderá emitir, em favor de estabelecimento financeiro, apólice de seguro que inclua cobertura garantindo riscos de roubo e furto qualificado de numerário e outros valores, sem comprovação de cumprimento, pelo segurado, das exigências quanto ao sistema de segurança previstas na Lei 7.102, de 20 de junho de 1983, e neste Regulamento.

Parágrafo único. As apólices com infringência do disposto neste artigo não terão cobertura de resseguro pelo Instituto de Resseguros do Brasil.

Art. 56. Nos seguros contra roubo e furto qualificado de estabelecimentos financeiros, serão concedidos descontos sobre os prêmios aos segurados que possuírem, além dos requisitos mínimos de segurança, outros meios de proteção.

§ 1º Os descontos sobre prêmios previstos neste artigo constarão das tarifas dos seguros aprovados pela Superintendência de Seguros Privados – SUSEP.

§ 2º Enquanto as taxas e descontos não forem incluídos nas tarifas, as Seguradoras, de comum acordo com o Instituto de Resseguros do Brasil, darão tratamento privilegiado aos segurados que dispuserem de outros meios de proteção além dos requisitos mínimos exigidos.

Art. 57. Este decreto entra em vigor na data de sua publicação.

Brasília, 24 de novembro de 1983; 162º da Independência e 95º da República

João Figueiredo

(*DOU* 25.11.1983)

Profissões Disponibilizadas no ProView

PROFISSÕES	LEGISLAÇÃO	
Advogado	Lei 8.906/1994	X
Aeronauta	Lei 7.183/1984	*Conteúdo exclusivo ProView*
Aeronauta	Lei 13.475/2017	X
Aeroviário	Dec. 1.232/1962	X
Agente comunitário	Lei 11.350/2006	*Conteúdo exclusivo ProView*
Agrônomo	Lei 4.950-A/1966	X
Aquaviário	Leis 9.432/1997 e 9.537/1997	*Conteúdo exclusivo ProView*
Árbitro de futebol	Lei 12.867/2013	*Conteúdo exclusivo ProView*
Arqueólogo	Lei 13.653/2018	*Conteúdo exclusivo ProView*
Arquiteto	Lei 4.950-A/1966	X
Arquiteto e urbanista	Lei 12.378/2010	*Conteúdo exclusivo ProView*
Arquivista e técnico de arquivo	Lei 6.546/1978 e Dec. 82.590/1978	*Conteúdo exclusivo ProView*
Artista e técnico em espetáculos de diversões	Lei 6.533/1978 e Dec. 82.385/1978	X

PROFISSÕES	LEGISLAÇÃO	
Ascensorista	L 3.270/1957	X
Assistente social	Lei 8.662/1993	*Conteúdo exclusivo ProView*
Atleta	Lei 9.615/1998	X
Atuário	Dec.-lei 806/1969 e Dec. 66.408/1970	*Conteúdo exclusivo ProView*
Bibliotecário	Lei 9.674/1998	*Conteúdo exclusivo ProView*
Biólogo e biomédico	Lei 6.684/1979 e Decs. 88.438/1983 e 88.439/1983	*Conteúdo exclusivo ProView*
Bombeiro civil	Lei 11.901/2009	X
Cabeleireiro, Barbeiro, Esteticista, Manicure, Pedicure, Depilador e Maquiador	Lei 12.592/2012	X
Comerciário	Lei 3.207/1957	X
Comerciário	Lei 12.790/2013	*Conteúdo exclusivo ProView*
Contador e guarda-livros	Dec.-lei 9.295/1946	*Conteúdo exclusivo ProView*
Corretor de imóveis	Lei 6.530/1978 e Dec. 81.871/1978	*Conteúdo exclusivo ProView*
Corretor de moda	Lei 13.695/2018	*Conteúdo exclusivo ProView*
Corretor de seguros	Lei 4.594/1964 e Dec. 56.903/1965	*Conteúdo exclusivo ProView*
Corretor de valores	Lei 2.146/1953	*Conteúdo exclusivo ProView*
Dentista	Lei 5.081/1966	*Conteúdo exclusivo ProView*
Designer de interiores	Lei 13.369/2016	*Conteúdo exclusivo ProView*
Despachante aduaneiro	Dec. 6.759/2009	*Conteúdo exclusivo ProView*
Detetive particular	Lei 13.462/2017	*Conteúdo exclusivo ProView*
Doméstico	LC 150/2015	X
Economista	Lei 1.411/1951 e Dec. 31.794/1952	*Conteúdo exclusivo ProView*
Economista doméstico	Lei 7.387/1985 e Dec. 92.524/1986	*Conteúdo exclusivo ProView*
Educação física	Lei 9.696/1998	*Conteúdo exclusivo ProView*
Enfermagem	Dec. 94.406/1987	*Conteúdo exclusivo ProView*
Enfermagem	Lei 7.498/1986	X
Engenheiro	Lei 4.950-A/1966	X
Engenheiro e arquiteto em engenharia de segurança do trabalho	Lei 7.410/1985	X
Engenheiro e arquiteto em engenharia de segurança do trabalho	Dec. 92.530/1986	*Conteúdo exclusivo ProView*
Engenheiro e engenheiro agrônomo	Lei 5.194/1966	*Conteúdo exclusivo ProView*
Enólogo e técnico em enologia	Lei 11.476/2007	*Conteúdo exclusivo ProView*
Estatístico	Lei 4.739/1965 e Dec. 62.497/1968	*Conteúdo exclusivo ProView*
Esteticista	Lei 13.643/2018	*Conteúdo exclusivo ProView*
Farmacêutico	Leis 3.820/1960 e 13.021/14 e Dec. 85.878/1981	*Conteúdo exclusivo ProView*
Farmácia	Res. CFF 417/2004	*Conteúdo exclusivo ProView*
Físico	Lei 13.691/2018	*Conteúdo exclusivo ProView*
Fisioterapeuta e terapeuta ocupacional	Dec.-lei 938/1969 e Lei 8.856/1994	*Conteúdo exclusivo ProView*
Fonoaudiólogo	Lei 6.965/1981 e Dec. 87.218/1982	*Conteúdo exclusivo ProView*
Garimpeiro	Lei 11.685/2008	X
Geógrafo	Lei 6.664/1979 e Dec. 85.138/1980	*Conteúdo exclusivo ProView*
Geólogo	Lei 4.076/1962	*Conteúdo exclusivo ProView*
Guardador e lavador autônomo de veículos automotores	Lei 6.242/1975 e Dec. 79.797/1977	*Conteúdo exclusivo ProView*
Guia de turismo	Lei 8.623/1993 e Dec. 946/1993	*Conteúdo exclusivo ProView*
Instrutor de trânsito	Lei 12.302/2010	*Conteúdo exclusivo ProView*
Jornalista	Dec.-lei 972/1969 e Dec. 83.284/1979	*Conteúdo exclusivo ProView*
Leiloeiro	Dec. 21.981/1932	*Conteúdo exclusivo ProView*
Leiloeiro rural	Lei 4.021/1961	*Conteúdo exclusivo ProView*
Mãe social	Lei 7.644/1987	X
Massagista	Lei 3.968/1961	*Conteúdo exclusivo ProView*
Médico	Leis 3.999/1961 e 12.842/2013	X
Médico-residente	Lei 6.932/1981	X

PROFISSÕES	LEGISLAÇÃO	
Médico-residente	Dec. 80.281/1977	*Conteúdo exclusivo ProView*
Médico-veterinário	Lei 5.517/1968 e Dec. 64.704/1969	*Conteúdo exclusivo ProView*
Meteorologista	Lei 6.835/1980	*Conteúdo exclusivo ProView*
Motoboy e mototaxista	Lei 12.009/2009	*Conteúdo exclusivo ProView*
Motorista profissional	Leis 12.619/2012 e 13.103/2015	X
Museólogo	Lei 7.287/1984 e Dec. 91.775/1985	*Conteúdo exclusivo ProView*
Músico	Lei 3.857/1960	*Conteúdo exclusivo ProView*
Nutricionista	Lei 8.234/1991	*Conteúdo exclusivo ProView*
Oceanógrafo	Lei 11.760/2008	*Conteúdo exclusivo ProView*
Orientador educacional	Lei 5.564/1968 e Dec. 72.846/1973	*Conteúdo exclusivo ProView*
Peão de rodeio	Lei 10.220/2001	*Conteúdo exclusivo ProView*
Permissionário lotérico	Lei 12.869/2013	*Conteúdo exclusivo ProView*
Petroquímico	Lei 5.811/1972	X
Propagandista e vendedor de produtos farmacêuticos	Lei 6.224/1975	*Conteúdo exclusivo ProView*
Psicólogo	Lei 4.119/1962 e Dec. 53.464/1964	*Conteúdo exclusivo ProView*
Psicomotricista	Lei 13.794/2019	*Conteúdo exclusivo ProView*
Publicitário e agenciador de propaganda	Lei 4.680/1965 e Dec. 57.690/1966	*Conteúdo exclusivo ProView*
Químico	Lei 4.950-A/1966	X
Químico	Lei 2.800/1956 e Dec. 85.877/1981	*Conteúdo exclusivo ProView*
Radialista	Lei 6.615/1978	X
Radialista	Dec. 84.134/1979	*Conteúdo exclusivo ProView*
Redator, noticiarista, repórter, repórter de setor, radiorrepórter, arquivista pesquisador, revisor, ilustrador, repórter fotográfico, repórter cinematográfico	Dec.-lei 972/1969	*Conteúdo exclusivo ProView*
Relações públicas	Lei 5.377/1967 e Dec. 63.283/1968	*Conteúdo exclusivo ProView*
Repentista	Lei 12.198/2010	*Conteúdo exclusivo ProView*
Representantes comerciais autônomos	Lei 4.886/1965	X
Secretário	Lei 7.377/1985	*Conteúdo exclusivo ProView*
Servidor público	Lei 8.112/1990	*Conteúdo exclusivo ProView*
Sociólogo	Lei 6.888/1980 e Dec. 89.531/1984	*Conteúdo exclusivo ProView*
Sommelier	Lei 12.467/2011	*Conteúdo exclusivo ProView*
Taxista	Lei 12.468/2011	*Conteúdo exclusivo ProView*
Técnico agrícola e técnico industrial	Lei 5.524/1968 e Dec. 90.922/1985	*Conteúdo exclusivo ProView*
Técnico de segurança do trabalho	Lei 7.410/1985	X
Técnico de segurança do trabalho	Dec. 92.530/1986	*Conteúdo exclusivo ProView*
Técnico em administração	Lei 4.769/1965 e Dec. 61.934/1967	*Conteúdo exclusivo ProView*
Técnico em biblioteconomia	Lei 13.601/2018	*Conteúdo exclusivo ProView*
Técnico em prótese dentária	Lei 6.710/1979 e Dec. 87.689/1982	*Conteúdo exclusivo ProView*
Técnico em radiologia	Lei 7.394/1985	X
Técnico em radiologia	Dec. 92.790/1986	*Conteúdo exclusivo ProView*
Técnico em saúde bucal	Lei 11.889/2008	*Conteúdo exclusivo ProView*
Trabalhador expatriado	Lei 7.064/1982 e Dec. 89.339/1984	X
Trabalhador rural	Lei 5.889/1973 e Dec. 73.626/1974	X
Trabalhador temporário e terceirizado	Lei 6.019/1974 e Dec. 73.841/1974	X
Tradutor e intérprete da língua brasileira de sinais – LIBRAS	Lei 12.319/2010	*Conteúdo exclusivo ProView*
Tradutor público e intérprete comercial	Dec. 13.609/1943	*Conteúdo exclusivo ProView*
Transportador autônomo de cargas	Lei 11.442/2007	X
Transportador rodoviário autônomo de bens	Lei 7.290/1984	*Conteúdo exclusivo ProView*
Treinador profissional de futebol	Lei 8.650/1993	*Conteúdo exclusivo ProView*
Turismólogo	Lei 12.591/2012	*Conteúdo exclusivo ProView*
Vaqueiro	Lei 12.870/2013	*Conteúdo exclusivo ProView*
Veterinário	Lei 4.950-A/1966	X
Vigilante bancário	Lei 7.102/1983 e Dec. 89.056/1983	X
Zootecnista	Lei 5.550/1968	*Conteúdo exclusivo ProView*

3 Direito Internacional do Trabalho

Convenções OIT

3

CONVENÇÃO 29 DA OIT

Convenção concernente a trabalho forçado ou obrigatório, adotada pela conferência em sua décima-quarta sessão

- Promulgada pelo Dec. 41.721/1957 (*DOU* 28.06.1957)

A Conferência geral da Organização Internacional do Trabalho,

Convocada em Genebra pelo Conselho de Administração da Repartição Internacional do Trabalho e aí se tendo reunido em 10 de junho de 1930 em sua décima Quarta sessão.

Depois de haver decidido adotar diversas proposições relativas ao trabalho forçado ou obrigatório, questão compreendida no primeiro ponto da ordem do dia da sessão, e

Depois de haver decidido que essas proposições tomariam a forma de convenção internacional, adota, neste vigésimo oitavo dia de junho de mil novecentos e trinta, a convenção presente, que será denominada Convenção sobre o Trabalho Forçado, de 1930, a ser ratificada pelos Membros da Organização Internacional do Trabalho conforme as disposições da Constituição da Organização Internacional do Trabalho:

Artigo 1

1. Todos os Membros da Organização Internacional do Trabalho que ratificam a presente convenção se obrigam a suprimir o emprego do trabalho forçado ou obrigatório sob todas as suas formas no mais curto prazo possível.

2. Com o fim de alcançar-se essa supressão total, o trabalho forçado ou obrigatório poderá ser empregado, durante o período transitório, unicamente para fins públicos e a título excepcional, nas condições e com as garantias estipuladas nos artigos que seguem.

3. À expiração de um prazo de 5 (cinco) anos a partir da entrada em vigor da presente convenção e por ocasião do relatório previsto no artigo 31 abaixo, o Conselho de Administração da Repartição Internacional do trabalho examinará a possibilidade de suprimir sem nova delonga o trabalho forçado ou obrigatório sob todas as suas formas e decidirá da oportunidade de inscrever essa questão na ordem do dia da Conferência.

Artigo 2

1. Para os fins da presente convenção, a expressão "trabalho forçado ou obrigatório" designará todo trabalho ou serviço exigido de um indivíduo sob ameaça de qualquer penalidade e para o qual ele não se ofereceu de espontânea vontade.

2. Entretanto, a expressão "trabalho forçado ou obrigatório" não compreenderá, para os fins da presente convenção:

a) qualquer trabalho ou serviço exigido em virtude das leis sobre o serviço militar obrigatório e que só compreenda trabalhos de caráter puramente militar;

b) qualquer trabalho ou serviço que faça parte das obrigações cívicas normais dos cidadãos de um país plenamente autônomo;

c) qualquer trabalho ou serviço exigido de um indivíduo como conseqüência de condenação pronunciada por decisão judiciária, contanto que esse trabalho ou serviço seja executado sob a fiscalização e o controle das autoridades públicas e que o dito indivíduo não seja posto à disposição de particulares, companhias ou pessoas morais privadas;

d) qualquer trabalho ou serviço exigido nos casos de força maior, quer dizer, em caso de guerra, de sinistro ou ameaças de sinistro, tais como incêndios, inundações, fome, tremores de terra, epidemias, e epizootias, invasões de animais, de insetos ou de parasitas vegetais daninhos, e em geral todas as circunstâncias que ponham em perigo a vida ou as condições normais de existência, de toda ou de parte da população;

e) pequenos trabalhos de uma comunidade, isto é, trabalhos executados no interesse direto da coletividade pelos membros desta, trabalhos que, como tais, podem ser considerados obrigações cívicas normais dos membros da coletividade, contanto que a própria população ou seus representantes diretos tenham o direito de se pronunciar sobre a necessidade desse trabalho.

Artigo 3

Para os fins da presente convenção, o termo "autoridades competentes" designará as autoridades metropolitanas ou as autoridades centrais superiores do território interessado.

Artigo 4

1. As autoridades competentes não deverão impor ou deixar impor o trabalho forçado ou obrigatório em proveito de particulares, de companhias, ou de pessoas jurídicas de direito privado.

2. Se tal forma de trabalho forçado ou obrigatório em proveito de particulares, de companhias ou de pessoas jurídicas de direito privado, existir na data em que a ratificação da presente convenção por um Membro for registrada pelo Diretor-Geral da Repartição Internacional do Trabalho, este Membro deverá suprimir completamente o dito trabalho forçado ou obrigatório, na data da entrada em vigor da presente convenção para esse Membro.

Artigo 5

1. Nenhuma concessão feita a particulares, companhias ou pessoas jurídicas de direito privado deverá ter como conseqüência a imposição de qualquer forma de trabalho forçado ou obrigatório com o fim de produzir ou recolher os produtos que esses particulares, companhias ou pessoas jurídicas de direito privado utilizam ou negociam.

2. Se concessões existentes contêm disposições que tenham como conseqüência a imposição de trabalho forçado ou obrigatório, essas disposições deverão ser canceladas logo que possível, a fim de satisfazer as prescrições do artigo primeiro da presente convenção.

Artigo 6

Os funcionários da Administração, mesmo quando tenham que incentivar as populações sob seus cuidados a se ocupar com qualquer forma de trabalho, não deverão exercer sobre essas populações pressão coletiva ou individual, visando a fazê-los trabalhar para particulares, companhias ou pessoas jurídicas de direito privado.

Artigo 7

1. Os chefes que não exercem funções administrativas não deverão recorrer a trabalhos forçados ou obrigatórios.

2. Os chefes que exercem funções administrativas poderão, com a autorização expressa das autoridades competentes, recorrer ao trabalho forçado ou obrigatório nas condições expressas no artigo 10 da presente convenção.

3. Os chefes legalmente reconhecidos e que não recebem renumeração adequada sob outras formas, poderão beneficiar-se dos serviços pessoais devidamente regulamentados, devendo ser tomadas todas as medidas necessárias para prevenir abusos.

Artigo 8

1. A responsabilidade de qualquer decisão de recorrer ao trabalho forçado ou obrigatório caberá às autoridades civis superiores do território interessado.

2. Entretanto, essas autoridades poderão delegar às autoridades locais superiores o poder de impor trabalho forçado ou obrigatório nos casos em que esse trabalho não tenha por efeito afastar o trabalhador de sua residência habitual. Essas autoridades poderão igualmente delegar às autoridades locais superiores, pelo período e nas condições que serão estipuladas pela regulamentação prevista no artigo 23 da presente convenção, o poder de impor trabalho forçado ou obrigatório para cuja execução os trabalhadores deverão se afastar de sua residência habitual, quando se tratar de facilitar o deslocamento de funcionários da administração no exercício de suas funções e o transporte do material da administração.

Artigo 9

Salvo disposições contrárias estipuladas no artigo 10 da presente convenção, toda autoridade que tiver o direito de impor o trabalho forçado ou obrigatório não deverá permitir recurso a essa forma de trabalho, a não ser que tenha sido assegurado o seguinte:

a) que o serviço ou trabalho a executar é de interesse direto e importante para a coletividade chamada a executá-lo;

b) que esse serviço ou trabalho é de necessidade atual e premente;

c) que foi impossível encontrar mão-de-obra voluntária para a execução desse serviço ou trabalho, apesar do oferecimento de salários e condições de trabalho ao menos iguais aos que são usuais no território interessado para trabalhos ou serviços análogos, e

d) que não resultará do trabalho ou serviço ônus muito grande para a população atual, considerando-se a mão-de-obra disponível e sua aptidão para o desempenho do trabalho.

Artigo 10

1. O trabalho forçado ou obrigatório exigido a título de imposto e o trabalho forçado ou obrigatório exigido, para os trabalhos de interesse público, por chefes que exerçam funções administrativas, deverão ser progressivamente abolidos.

2. Enquanto não o forem quando o trabalho forçado ou obrigatório for a título de imposto ou exigido por chefes que exerçam funções administrativas, para a execução de trabalhos de interesse público, as autoridades interessadas deverão primeiro assegurar:

a) que o serviço ou trabalho a executar é de interesse direto e importante para a coletividade chamada a executá-los;

b) que este serviço ou trabalho é de necessidade atual ou premente;

c) que não resultará do trabalho ou serviço ônus muito grande para a população atual, considerando-se a mão-de-obra disponível e sua aptidão para o desempenho do trabalho;

d) que a execução desse trabalho ou serviço não obrigará os trabalhadores a se afastarem do lugar de sua residência habitual;

e) que a execução desse trabalho ou serviço será orientado conforme as exigências da religião, da vida social ou da agricultura.

Artigo 11

1. Somente os adultos válidos do sexo masculino cuja idade presumível não seja inferior a 18 anos nem superior a 45, poderão estar sujeitos a trabalhos forçados ou obrigatórios. Salvo para as categorias de trabalho estabelecidas no artigo 10 da presente convenção, os limites e condições seguintes deverão ser observados:

a) conhecimento prévio, em todos os casos em que for possível, por médico designado pela administração, da ausência de qualquer moléstia contagiosa e da aptidão física dos interessados para suportar o trabalho imposto e as condições em que será executado;

b) isenção do pessoal das escolas, alunos e professores, assim como do pessoal administrativo em geral;

c) manutenção, em cada coletividade, de um número de homens adultos e válidos indispensáveis à vida familiar e social;

d) respeito aos vínculos conjugais e familiares.

2. Para os fins indicados na alínea c) acima, a regulamentação prevista no artigo 23 da presente convenção fixará a proporção de indivíduos da população permanente masculina e válida que poderá ser convocada a qualquer tempo, sem, entretanto, que essa proporção possa, em caso algum, ultrapassar 25% (vinte e cinco por cento) dessa população. Fixando essa proporção, as autoridades competentes deverão ter em conta a densidade da população, o desenvolvimento social e físico dessa população, a época do ano e os trabalhos que devem ser executados pelos interessados no lugar e por sua própria conta; de um modo geral, elas deverão respeitar as necessidades econômicas e sociais da vida normal da coletividade interessada.

Artigo 12

1. O período máximo durante o qual um indivíduo qualquer poderá ser submetido a trabalho forçado ou obrigatório sob suas diversas formas, não deverá ultrapassar 60 (sessenta) dias por período de 12 (doze) meses, compreendidos nesse período os dias de viagem necessários para ir ao lugar de trabalho e voltar.

2. Cada trabalhador submetido ao trabalho forçado ou obrigatório deverá estar munido de certificado que indique os períodos de trabalho forçado e obrigatório que tiver executado.

Artigo 13

1. O número de horas normais de trabalho de toda pessoa submetida a trabalho forçado ou obrigatório deverá ser o mesmo adotado para o trabalho livre, e as horas de trabalho executado além do período normal deverão ser remuneradas nas mesmas bases usuais para as horas suplementares dos trabalhadores livres.

2. Um dia de repouso semanal deverá ser concedido a todas as pessoas submetidas a qualquer forma de trabalho forçado ou obrigatório, e esse dia deverá coincidir, tanto quanto possível, com o dia consagrado pela tradição ou pelos costumes do país ou região.

Artigo 14

1. Com exceção do trabalho previsto no artigo 10 da presente convenção, o trabalho forçado ou obrigatório sob todas as formas, deverá ser remunerado em espécie e em bases que, pelo mesmo gênero de trabalho, não deverão ser inferiores aos em vigor na região onde os trabalhadores estão empregados, nem aos que vigorarem no lugar onde foram recrutados.

2. No caso do trabalho imposto por chefes no exercício de suas funções administrativas, o pagamento de salários nas condições previstas no parágrafo precedente deverá ser introduzido o mais breve possível.

3. Os salários deverão ser entregues a cada trabalhador individualmente, e não a seu chefe de grupo ou a qualquer outra autoridade.

4. Os dias de viagem para ir ao trabalho e voltar deverão ser contados no pagamento dos salários como dias de trabalho.

5. O presente artigo não terá por efeito impedir o fornecimento aos trabalhadores de rações alimentares habituais como parte do salário, devendo essas rações ser ao menos equivalentes à soma de dinheiro que se supõe representarem; mas nenhuma dedução deverá ser feita no salário, nem para pagamento de impostos, nem para alimentação, vestuário ou alojamento especiais, que serão fornecidos aos trabalhadores para mantê-los em situação de continuar seu trabalho, considerando-se as condições especiais de seu emprego, nem pelo fornecimento de utensílios.

Artigo 15

1. Toda legislação concernente à indenização por acidentes ou moléstias resultantes de trabalho e toda legislação que prevê indenizações de pessoas dependentes de trabalhadores mortos ou inválidos, que estejam ou estiverem em vigor no território interessado, deverão se aplicar às pessoas submetidas ao trabalho forçado ou obrigatório nas mesmas condições dos trabalhadores livres.

2. De qualquer modo, toda autoridade que empregar trabalhador em trabalho forçado ou obrigatório, deverá ter a obrigação de assegurar a subsistência do dito trabalhador se um acidente ou uma moléstia resultante de seu trabalho tiver o efeito de torná-lo total ou parcialmente incapaz de prover às suas necessidades. Esta autoridade deverá igualmente ter a obrigação de tomar medidas para assegurar a manutenção de toda pessoa efetivamente dependente do dito trabalhador em caso de incapacidade ou morte resultante do trabalho.

Artigo 16

1. As pessoas submetidas a trabalho forçado ou obrigatório não deverão, salvo em caso de necessidade excepcional, ser transferidas para regiões onde as condições de alimentação e de clima sejam de tal maneira diferentes das que estão acostumadas que poderiam oferecer perigo para sua saúde.

2. Em caso algum, será autorizada tal transferência de trabalhadores sem que todas as medidas de higiene e de "habitat" que se impõe para sua instalação e para a proteção de sua saúde tenham sido estritamente aplicadas.

3. Quando tal transferência não puder ser evitada, deverão ser adotadas medidas que assegurem adaptação progressiva dos trabalhadores às novas condições de alimentação e de clima, depois de ouvido o serviço médico competente.

4. Nos casos em que os trabalhadores forem chamados a executar um trabalho regular ao qual não estão acostumados, deverão tomar-se medidas para assegurar a sua adaptação a esse gênero de trabalho, a disposição de repousos intercalados e a melhoria e aumento de rações alimentares necessárias.

Artigo 17

Antes de autorizar qualquer recurso ao trabalho forçado ou obrigatório para trabalhos de construção ou de manutenção que obriguem os trabalhadores a permanecerem nos locais de trabalho durante um período prolongado, as autoridades competentes deverão assegurar:

1) que todas as medidas necessárias foram tomadas para assegurar a higiene dos trabalhadores e garantir-lhes os cuidados médicos indispensáveis, e que, em particular;

a) esses trabalhadores passam por um exame médico antes de começar os trabalhos e se submetem a novos exames em intervalos determinados durante o período de emprego;

b) foi previsto um pessoal médico suficiente, assim como dispensários, enfermarias, hospitais e material necessários para fazer face a todas as necessidades, e

c) a boa higiene dos lugares de trabalho, o abastecimento de víveres, água, combustíveis e material de cozinha foram assegurados aos trabalhadores de maneira satisfatória, e roupas e alojamentos necessários foram previstos;

2) que foram tomadas medidas apropriadas para assegurar a subsistência da família do trabalhador, especialmente facilitando a entrega de parte do salário a ela, por um processo seguro, com o consentimento ou pedido do trabalhador;

3) que as viagens de ida e volta dos trabalhadores ao lugar do trabalho serão asseguradas pela administração sob sua responsabilidade e à sua custa, e que a administração facilitará essas viagens, utilizando, na medida do possível, todos os meios de transportes disponíveis;

4) que, em caso de enfermidade ou acidente do trabalhador que acarrete incapacidade de trabalho durante certo tempo, o repatriamento do trabalhador será assegurado às expensas da administração;

5) que todo trabalhador que desejar ficar no local como trabalhador livre, no fim do período de trabalho forçado ou obrigatório, terá permissão para fazê-lo, sem perder, durante um período de 2 (dois) anos, o direito de repatriamento gratuito.

Artigo 18

1. O trabalho forçado ou obrigatório para o transporte de pessoas ou mercadorias, tais como o trabalho de carregadores ou barqueiros, deverá ser suprimido o mais brevemente possível e, esperando essa providência, as autoridades competentes deverão baixar regulamentos fixando, especialmente:

a) a obrigação de não utilizar esse trabalho a não ser para facilitar o transporte de funcionários da administração no exercício de suas funções ou o transporte do material da administração, ou, em caso de necessidade absolutamente urgente, o transporte de outras pessoas que não sejam funcionários;

b) a obrigação de não empregar em tais transportes senão homens reconhecidos fisicamente aptos para esse trabalho em exame médico anterior, nos casos que isso for possível; quando não o for, a pessoa que empregar essa mão-de-obra deverá assegurar, sob sua responsabilidade, que os trabalhadores empregados possuem a aptidão física necessária e não sofram moléstias contagiosas;

c) a carga mínima a ser levada por esses trabalhadores;

d) o percurso máximo que poderá ser imposto a esses trabalhadores, do local de sua residência;

e) o número máximo de dias por mês ou por qualquer outro período durante o qual esses trabalhadores poderão ser requisitados, incluídos nesse número os dias da viagem de volta;

f) as pessoas autorizadas a recorrer a essa forma de trabalho forçado ou obrigatório, assim como até que ponto elas têm direito de recorrer a esse trabalho.

2. Fixando os máximos mencionados nas alíneas c), d) e e) do parágrafo precedente, as autoridades competentes deverão ter em conta os diversos elementos a considerar, notadamente a aptidão física da população que deverá atender à requisição, a natureza do itinerário a ser percorrido, assim como as condições climáticas.

3. As autoridades competentes deverão, outrossim, tomar medidas para que o trajeto diário normal dos carregadores não ultrapasse distância correspondente à duração média de um dia de trabalho de 8 (oito) horas, ficando entendido que, para determiná-la, dever-se-á levar em conta, não somente a carga a ser percorrida, mas ainda, o estado da estrada, a época do ano e todos os outros elementos a considerar; se for necessário impor horas de marcha suplementares aos carregadores, estas deverão ser remuneradas em bases mais elevadas do que as normais.

Artigo 19

1. As autoridades competentes não deverão autorizar o recurso às culturas obrigatórias a não ser com o fim de prevenir fome ou a falta de produtos alimentares e sempre com a reserva de que as mercadorias assim obtidas constituirão propriedade dos indivíduos ou da coletividade que os tiverem produzido.

2. O presente artigo não deverá tornar sem efeito a obrigação dos membros da coletividade de se desobrigarem do trabalho imposto, quando a produção se achar organizada segundo a lei e o costume, sobre base comunal, e quando os produtos ou benefícios provenientes da venda ficarem como propriedade da coletividade.

Artigo 20

As legislações que prevêem repressão coletiva aplicável a uma coletividade inteira por delitos cometidos por alguns dos membros, não deverão estabelecer trabalho forçado ou obrigatório para uma coletividade como um dos métodos de repressão.

Artigo 21

Não se aplicará o trabalho forçado ou obrigatório para trabalhos subterrâneos em minas.

Artigo 22

Os relatórios anuais que os Membros que ratificam a presente convenção, se comprometem a apresentar à Repartição Internacional do Trabalho, conforme as disposições do artigo 22, da Constituição da Organização Internacional do trabalho, sobre as medidas por eles tomadas para pôr em vigor as disposições da presente convenção, deverão conter as informações mais completas possíveis, para cada território interessado, sobre o limite da aplicação do trabalho forçado ou obrigatório nesse território, assim como os pontos seguintes: para que fins foi executado esse trabalho; porcentagem de enfermidades e de mortalidade; horas de trabalho; métodos de pagamento dos salários e totais destes, assim como quaisquer outras informações a isso pertinentes.

Artigo 23

1. Para pôr em vigor a presente convenção, as autoridades competentes deverão promulgar uma regulamentação completa e precisa sobre o emprego do trabalho forçado ou obrigatório.

2. Esta regulamentação deverá conter, notadamente, normas que permitam a cada pessoa submetida a trabalho forçado ou obrigatório apresentar às autoridades todas as reclamações relativas às condições de trabalho e lhes dêem garantias de que essas reclamações serão examinadas e tomadas em consideração.

Artigo 24

Medidas apropriadas deverão ser tomadas em todos os casos para assegurar a estreita aplicação dos regulamentos concernentes ao emprego do trabalho forçado ou obrigatório, seja pela extensão ao trabalho forçado ou obrigatório das atribuições de todo organismo de inspeção já criado para a fiscalização do trabalho livre, seja por qualquer outro sistema conveniente. Deverão ser igualmente tomadas medidas no sentido de que esses regulamentos sejam levados ao conhecimento das pessoas submetidas ao trabalho forçado ou obrigatório.

Artigo 25

O fato de exigir ilegalmente o trabalho forçado ou obrigatório será passível de sanções penais, e todo Membro que ratificar a presente convenção terá a obrigação de assegurar que as sanções impostas pela lei são realmente eficazes e estritamente aplicadas.

Artigo 26

1. Todo Membro da Organização Internacional do Trabalho que ratifica a presente convenção, compromete-se a aplicá-la aos territórios submetidos à sua soberania, jurisdição, proteção, suserania, tutela ou autoridade, na medida em que ele tem o direito de subscrever obrigações referentes a questões de jurisdição interior. Entretanto, se o Membro quer se prevalecer das disposições do artigo 35 da Constituição da Organização Internacional do Trabalho, deverá acompanhar sua ratificação de declaração estabelecendo:

1) os territórios nos quais pretende aplicar integralmente as disposições da presente convenção;

2) os territórios nos quais pretende aplicar as disposições da presente convenção com modificações e em que consistem as ditas modificações;

3) os territórios para os quais reserva sua decisão.

2. A declaração acima mencionada será reputada parte integrante da ratificação e terá idênticos efeitos. Todo Membro que formular tal declaração terá a faculdade de renunciar, em nova declaração, no todo ou em parte, às reservas feitas, em virtude das alíneas 2 e 3 acima, na sua declaração anterior.

Artigo 27

As ratificações oficiais da presente convenção nas condições estabelecidas pela Constituição da Organização Internacional do Trabalho serão comunicadas ao Diretor-Geral da Repartição Internacional do Trabalho e por ele registradas.

Artigo 28

1. A presente convenção não obrigará senão os Membros da Organização Internacional do Trabalho cuja ratificação tiver sido registrada na Repartição Internacional do Trabalho.

2. Ela entrará em vigor 12 (doze) meses depois que as ratificações de dois Membros tiverem sido registradas pelo Diretor-Geral.

3. Em seguida, esta convenção entrará em vigor para cada Membro 12 (doze) meses depois da data em que sua ratificação tiver sido registrada.

Artigo 29

Logo que as ratificações de dois Membros da Organização Internacional do Trabalho tiverem sido registradas na repartição Internacional do Trabalho, o Diretor-Geral da Repartição notificará o fato a todos os Membros da Organização Internacional do Trabalho. Será também notificado o registro das ratificações que lhe forem ulteriormente comunicadas por todos os outros Membros da Organização.

Artigo 30

1. Todo Membro que tiver ratificado a presente convenção pode denunciá-la no fim de um período de 10 (dez) anos depois da data da entrada em vigor inicial da convenção, por ato comunicado, ao Diretor-Geral da Repartição Internacional do Trabalho e por ele registrado. Essa denúncia não se tornará efetiva senão 1 (um) ano depois de registrada na Repartição Internacional do Trabalho.

2. Todo Membro que, tendo ratificado a presente convenção, no prazo de 1 (um) ano, depois da expiração do período de 10 (dez) anos mencionado no parágrafo precedente, não fizer uso da faculdade de denúncia prevista no presente artigo, está comprometido por um novo período de 5 (cinco) anos, e em seguida poderá denunciar a presente convenção no fim de cada período de 5 (cinco) anos nas condições previstas no presente artigo.

Artigo 31

No fim de cada período de 5 (cinco) anos a contar da entrada em vigor da presente convenção, o Conselho de Administração da Repartição Internacional do Trabalho deverá apresentar à Conferência Geral relatório sobre a aplicação da presente convenção e decidirá da oportunidade de inscrever na ordem do dia da Conferência a questão da sua revisão total ou parcial.

Artigo 32

1. No caso de a Conferência geral adotar nova convenção de revisão total ou parcial da presente convenção, a ratificação por um membro da nova convenção de revisão acarretará de pleno direito denúncia da presente convenção, sem condições de prazo, não obstante o artigo 30 acima, contanto que nova convenção de revisão tenha entrado em vigor.

2. A partir da data da entrada em vigor da nova convenção de revisão, a presente convenção cessará de estar aberta à ratificação dos Membros.

3. A presente convenção ficará, entretanto, em vigor na sua forma e teor para os Membros que a tiverem ratificado e não ratificarem a nova convenção de revisão.

Artigo 33

Os textos francês e inglês da presente convenção farão fé.

O texto precedente é o texto autêntico da Convenção sobre trabalho forçado, de 1930, tal qual foi modificada pela Convenção de revisão dos artigos finais, de 1946.

O texto original da convenção foi autenticado em 25 de julho, 1930, pelas assinaturas de M. E. Mahnaim, Presidente da Conferência, e de M. Albert Thomas, Diretor da Repartição Internacional do Trabalho.

A Convenção entrou em vigor inicialmente em 1º de maio de 1932.

Em fé do que autentiquei, com minha assinatura, de acordo com as disposições do artigo 6º da Convenção de revisão dos artigos finais, de 1946, neste trigésimo primeiro dia de agosto de 1948, dois exemplares originais do texto da convenção tal qual foi modificada. – Edward Phelan – Diretor-Geral da Repartição Internacional do Trabalho.

O texto da Convenção presente é cópia exata do texto autenticado pela assinatura do Diretor-Geral da Repartição Internacional do Trabalho.

Cópia certificada para o Diretor-Geral da Repartição Internacional do Trabalho – C. W. Jenks – Consultor Jurídico da Repartição Internacional do Trabalho.

O Presidente da Conferência,

Guildhaume Myrdd-Evans

CONVENÇÃO 87 DA OIT

Convenção relativa à liberdade sindical e à proteção do direito de sindicalização

• Convenção não ratificada.

A Conferência Geral da Organização Internacional do Trabalho:

Convocada em São Francisco pelo Conselho de Administração da Repartição Internacional do Trabalho, e reunida naquela cidade em 17 de junho de 1948 em sua trigésima primeira reunião;

Depois de haver decidido adotar, sob a forma de convenção, diversas propostas relativas à liberdade sindical e à proteção ao direito de sindicalização, questão que constitui o sétimo ponto da ordem do dia da reunião;

Considerando que o preâmbulo da Constituição da Organização Internacional do Trabalho enuncia, entre os meios suscetíveis de melhorar as condições de trabalho e de garantir a paz "a afirmação do princípio da liberdade de associação sindical";

Considerando que a Declaração de Filadélfia proclamou novamente que "a liberdade de expressão e de associação é essencial para o progresso constante";

Considerando que a Conferência Internacional do Trabalho, em sua trigésima reunião adotou por unanimidade os princípios que devem servir de base à regulamentação internacional, e

Considerando que a Assembléia Geral das Nações Unidas, em seu segundo período de sessões, atribuiu a si mesma estes princípios e solicitou da Organização Internacional do Trabalho a continuação de todos seus esforços com o fim de possibilitar a adoção de uma ou várias convenções internacionais,

adota, com data de 9 de julho de mil novecentos e quarenta e oito, a seguinte Convenção, que poderá ser citada como a Convenção sobre a liberdade sindical e a proteção ao direito de sindicalização, 1948:

PARTE I
LIBERDADE SINDICAL

Artigo 1

Todo Membro da Organização Internacional do Trabalho para quem esteja em vigor a presente Convenção se obriga a pôr em prática as seguintes disposições:

Artigo 2

Os trabalhadores e os empregadores, sem nenhuma distinção e sem autorização prévia, têm o direito de constituir as organizações que estimem convenientes, assim como o de filiar-se a estas organizações, com a única condição de observar os estatutos das mesmas.

Artigo 3

1. As organizações de trabalhadores e de empregadores têm o direito de redigir seus estatutos e regulamentos administrativos, o de eleger livremente seus representantes, o de organizar sua administração e suas atividades e o de formular seu programa de ação.

2. As autoridades públicas deverão abster-se de toda intervenção que tenha por objetivo limitar este direito ou entorpecer seu exercício legal.

Artigo 4

As organizações de trabalhadores e de empregadores não estão sujeitas a dissolução ou suspensão por via administrativa.

Artigo 5

As organizações de trabalhadores e de empregadores têm o direito de constituir federações e confederações, assim como de filiar-se às mesmas e toda organização, federação ou confederação tem o direito de filiar-se a organizações internacionais de trabalhadores e de empregadores.

Artigo 6

As disposições dos artigos 2, 3 e 4 desta Convenção aplicam-se às federações e confederações de organizações de trabalhadores e de empregadores.

Artigo 7

A aquisição da personalidade jurídica pelas organizações de trabalhadores e de empregadores, suas federações e confederações, não pode estar sujeita a condições cuja natureza limite a aplicação das disposições dos artigos 2, 3 e 4 desta Convenção.

Artigo 8

1. Ao exercer os direitos que lhes são reconhecidos na presente Convenção, os trabalhadores, os empregadores e suas organizações respectivas estão obrigados, assim como as demais pessoas ou coletividades organizadas, a respeitar a legalidade.

2. A legislação nacional não menoscabará nem será aplicada de forma que menoscabe as garantias previstas nesta Convenção

Artigo 9

1. A legislação nacional deverá determinar até que ponto aplicar-se-ão às forças armadas e à polícia as garantias previstas pela presente Convenção.

2. Conforme os princípios estabelecidos no parágrafo 8 do artigo 19 da Constituição da Organização Internacional do Trabalho, a ratificação desta Convenção por um membro não deverá considerar-se que menoscaba em modo algum as leis, sentenças, costumes ou acordos já existentes que concedam aos membros das forças armadas e da polícia, garantias prescritas na presente Convenção.

Artigo 10

Na presente Convenção, o termo organização significa toda organização de trabalhadores e de empregadores que tenha por objeto fomentar e defender os interesses dos trabalhadores e dos empregadores.

PARTE II
PROTEÇÃO DO DIREITO DE SINDICALIZAÇÃO

Artigo 11

Todo Membro da Organização Internacional do Trabalho para o qual esta Convenção esteja em vigor, obriga-se a adotar todas as medidas necessárias e apropriadas para garantir aos trabalhadores e aos empregadores o livre exercício do direito de sindicalização.

PARTE III
DISPOSIÇÕES DIVERSAS

Artigo 12

1. Respeito dos territórios mencionados no artigo 35 da Constituição da Organização Internacional do Trabalho, emendada pelo Instrumento de Emenda à Constituição à Constituição da Organização Internacional do Trabalho, 1946, exceção feita dos territórios a que se referem os parágrafos 4 e 5 do citado artigo, de acordo com a emenda, todo membro da Organização que ratifique a presente Convenção deverá comunicar ao Diretor-Geral da Repartição Internacional do Trabalho, no prazo mais breve possível, após sua ratificação, uma declaração na qual manifeste:

a) os territórios a respeito dos quais se obriga a que as disposições da Convenção sejam aplicadas sem modificações;

b) os territórios a respeito dos quais se obriga a que as disposições da Convenção sejam aplicadas com modificações, junto com os detalhes dessas modificações;

c) os territórios a respeito dos quais é inaplicável a Convenção e os motivos pelos quais é inaplicável;

d) os territórios a respeito dos quais reserva sua decisão.

2. As obrigações a que se referem os apartados a) e b) do parágrafo 1 deste artigo considerar-se-ão parte integrante da ratificação e produzirão os mesmos efeitos.

3. Todo Membro poderá renunciar, total ou parcialmente, por meio de uma nova declaração, a qualquer reserva formulada em sua primeira declaração em virtude dos apartados b), c) ou d) do parágrafo 1 deste artigo.

4. Durante os períodos em que esta Convenção possa ser denunciada, de acordo com as disposições do artigo 16, todo Membro poderá comunicar ao Diretor Geral uma declaração pela qual modifique, em qualquer outro aspecto, os termos de qualquer declaração anterior e na qual indique a situação dos territórios determinados.

Artigo 13

1. Quando as questões tratadas na presente Convenção sejam da competência das autoridades de um território não metropolitano, o membro responsável das relações internacionais deste território, de acordo com o governo do território, poderá comunicar ao Diretor Geral da Repartição Internacional do Trabalho uma declaração pela qual aceite, em nome do território, as obrigações da presente Convenção

2. Poderão comunicar ao Diretor Geral da Repartição Internacional do Trabalho uma declaração pelas qual aceitem as obrigações desta Convenção:

a) dois ou mais Membros da Organização, a respeito de qualquer território que esteja sob sua autoridade comum; ou

b) toda autoridade internacional responsável pela administração de qualquer território em virtude das disposições da Carta das Nações Unidas ou de qualquer outra disposição em vigor, referente a dito território.

3. As declarações comunicadas ao Diretor Geral da Repartição Internacional do Trabalho, de conformidade com os parágrafos precedentes neste artigo deverão indicar se as disposições da Convenção serão aplicadas no território interessado com modificações ou sem elas; quando a declaração indique que as disposições da Convenção serão aplicadas com modificações, deverá especificar em que consistem as citadas modificações.

4. O Membro, os Membros ou a autoridade internacional interessados poderão renunciar, total ou parcialmente, por meio de uma declaração ulterior, ao direito de invocar uma modificação indicada em qualquer outra declaração anterior.

5. Durante os períodos em que esta Convenção possa ser denunciada de conformidade com as disposições do artigo 16, o Membro, os Membros ou a autoridade internacional interessados poderão comunicar ao Diretor Geral uma declaração pela qual modifiquem, em qualquer outro aspecto , os termos de qualquer declaração anterior e na qual indiquem a situação no que se refere à aplicação da Convenção.

PARTE IV
DISPOSIÇÕES FINAIS

Artigo 14

As ratificações formais da presente Convenção serão comunicadas para seu registro ao Diretor Geral da Repartição Internacional do Trabalho.

Artigo 15

1. Esta Convenção obrigará unicamente aqueles Membros da Organização Internacional do Trabalho cujas ratificações houver registrado o Diretor Geral da Repartição Internacional do Trabalho.

2. A presente convenção entrará em vigor doze meses após a data em que as ratificações de dois membros tiverem sido registradas pelo Diretor Geral.

3. A partir daquele momento, esta Convenção entrará em vigor, para cada Membro, doze meses após a data em que tiver sido registrada sua ratificação.

Artigo 16

1. Todo Membro que tiver ratificado esta Convenção poderá denunciá-la à expiração de um período de dez anos, a partir da data em que tiver entrado inicialmente em vigor, mediante ata comunicada, para seu registro, ao Diretor da Repartição Internacional do Trabalho. A denúncia não terá efeito até um ano após a data em que tiver sido registrada.

2. Todo Membro que tiver ratificado esta Convenção e que no prazo de um ano depois da expiração do período de dez anos mencionado no parágrafo precedente, não fizer uso do direito de denúncia previsto neste artigo, ficará obrigado durante um novo período de dez anos, e no sucessivo poderá denunciar esta Convenção à expiração de cada período de dez anos, nas condições previstas neste artigo.

Artigo 17

1. O Diretor-Geral da Repartição Internacional do Trabalho notificará a todos os membros da Organização Internacional do Trabalho o registro de quantas ratificações, declarações e atas de denúncia lhe sejam comunicadas pelos Membros da Organização.

2. Ao notificar aos Membros da Organização o registro de segunda ratificação que lhe tiver sido comunicada, o Diretor Geral informará aos membros da Organização sobre a data em que esta Convenção entrará em vigor

Artigo 18

O Diretor Geral da Repartição Internacional do Trabalho comunicará ao Secretário Geral das Nações Unidas, para efeitos de registro e de conformidade com o artigo 102 da Carta das Nações Unidas, uma informação completa sobre todas as ratificações, declarações e atas de denúncia que houver registrado de acordo com os artigos precedentes.

Artigo 19

Cada vez que o estime necessário, o Conselho de Administração da Repartição Internacional do Trabalho apresentará à Conferência Geral uma memória sobre a aplicação da Convenção e considerará a conveniência de incluir na ordem do dia da Conferência a questão de sua revisão total ou parcial.

Artigo 20

1. Em caso de que a Conferência adote uma nova Convenção que implique uma revisão total ou parcial da presente, e a menos que a nova Convenção contenha disposições em contrário:

a) a ratificação por um Membro, da nova convenção revisora implicará ipso jure, a denuncia imediata desta Convenção, não obstante as disposições contidas no artigo 16, sempre que a nova Convenção revisora tiver entrado em vigor;

b) a partir da data em que entre em vigor a nova convenção revisora, a presente Convenção cessará de estar aberta à ratificação pelos Membros.

2. Esta Convenção continuará em vigor em todo caso, em sua forma e conteúdo atuais, para os Membros que a tiverem ratificado e não ratifiquem a Convenção revisora.

Artigo 21

As versões inglesa e francesa do texto desta Convenção são igualmente autênticas.

CONVENÇÃO 98 DA OIT

Convenção relativa à aplicação dos princípios do direito de organização e de negociação coletiva

• Promulgada pelo Dec. 33.196/1953 (*DOU* 04.07.1953; ret.18.07.1953)

A Conferência Geral da Organização Internacional do Trabalho,

Convocada em Genebra pelo Conselho de Administração da Repartição Internacional do Trabalho e tendo-se reunido a 8 de julho de 1949, em sua Trigésima Segunda Sessão,

Após ter decidido adotar diversas proposições relativas à aplicação dos princípios do direito de organização e de negociação coletiva, questão que constitui o quarto ponto na ordem do dia da sessão,

Após ter decidido que essas proposições tomariam a forma de uma convenção internacional, adota, a primeiro de julho de mil novecentos e quarenta e nove, a Convenção seguinte, que será denominada Convenção relativa ao Direito de Organização e de Negociação Coletiva, 1949:

Artigo 1

1. Os trabalhadores deverão gozar de proteção adequada contra quaisquer atos atentatórios à liberdade sindical em matéria de emprego.

2. Tal proteção deverá, particularmente, aplicar-se a atos destinados a:

a) subordinar o emprego de um trabalhador à condição de não se filiar a um sindicato ou de deixar de fazer parte de um sindicato;

b) dispensar um trabalhador ou prejudicá-lo, por qualquer modo, em virtude de sua filiação a um sindicato ou de sua participação em atividades sindicais, fora das horas de trabalho ou, com o consentimento do empregador, durante as mesmas horas.

Artigo 2

1. As organizações de trabalhadores e de empregadores deverão gozar de proteção adequada contra quaisquer atos de ingerência de umas em outras, quer diretamente, quer por meio de seus agentes ou membros, em sua formação, funcionante e administração.

2. Serão particularmente identificados a atos de ingerência, nos termos do presente Artigo, medidas destinadas a provocar a criação de organizações de trabalhadores dominadas por um empregador ou uma organização de empregadores, ou a manter organizações de trabalhadores por meios financeiros ou outros, com o fim de colocar essas organizações sob o controle de um empregador ou de uma organização de empregadores.

Artigo 3

Organismos apropriados às condições nacionais deverão, se necessário, ser estabelecidos para assegurar o respeito do direito de organização definido nos artigos precedentes.

Artigo 4

Deverão ser tomadas, se necessário for, medidas apropriadas às condições nacionais para fomentar e promover o pleno desenvolvimento e utilização de meios de negociação voluntária entre empregadores ou organizações de empregadores e organizações de trabalhadores, com o objetivo de regular, por meio de convenções coletivas, os termos e condições de emprego.

Artigo 5

1. A medida segundo a qual as garantias previstas pela presente Convenção se aplicarão às forças armadas e à polícia será determinada pela legislação nacional.

2. De acordo com os princípios estabelecidos no parágrafo 8º do Artigo 19 da Constituição da Organização Internacional do Trabalho, a ratificação desta Convenção, por parte de um Membro, não deverá ser considerada como devendo afetar qualquer lei, sentença, costume ou acordo já existentes, que concedam aos membros das forças armadas e da polícia garantias previstas pela presente Convenção.

Artigo 6

A presente Convenção não trata da situação dos servidores públicos e não poderá ser interpretada como devendo prejudicar seus direitos ou seu estatuto.

Artigo 7

As ratificações formais da presente Convenção serão transmitidas ao Diretor-Geral da Repartição Internacional do Trabalho e por ele registradas.

Artigo 8

1. A presente Convenção obrigará somente os Membros da Organização Internacional do Trabalho cujas ratificações tenham sido registradas pelo Diretor-Geral.

2. Entrará em vigor 12 (doze) meses após serem registradas, pelo Diretor-Geral, as ratificações por parte de dois Membros.

3. Posteriormente, esta Convenção entrará em vigor, para cada Membro, 12 (doze) meses após a data de registro de sua ratificação.

Artigo 9

1. As declarações transmitidas ao Diretor-Geral da Repartição Internacional do Trabalho, de acordo com o parágrafo 2º do Artigo 35 da Constituição da Organização Internacional do Trabalho, deverão estabelecer:

a) os territórios aos quais se compromete a aplicar as disposições da Convenção sem modificação;

b) os territórios aos quais se compromete a aplicar as disposições da Convenção com modificações, e em que consistem tais modificações;

c) os territórios aos quais a Convenção é inaplicável e, nesse caso, as razões pelas quais é ela inaplicável;

d) os territórios para os quais reserva sua decisão, à espera de exame mais profundo da situação com respeito aos mencionados territórios.

2. Os compromissos mencionados nas alíneas a) e b) do parágrafo primeiro do presente artigo serão considerados partes integrantes da ratificação e produzirão idênticos efeitos.

3. Qualquer Membro poderá, por nova declaração, retirar, no todo ou em parte, as reservas contidas na sua declaração anterior em virtude das alíneas b), c) e d) do parágrafo 1º do presente artigo.

4. Qualquer Membro poderá, nos períodos durante os quais a presente Convenção pode ser denunciada de acordo com as disposições do Artigo 11, transmitir ao Diretor-Geral uma nova declaração que modifique em qualquer outro sentido os termos de qualquer declaração anterior e estabeleça a situação relativamente a determinados territórios.

Artigo 10

1. As declarações transmitidas ao Diretor-Geral da Repartição Internacional do Trabalho de acordo com os parágrafos 4º e 5º do Artigo 35 da Constituição da Organização Internacional do Trabalho deverão indicar se as disposições da Convenção serão aplicadas no território, com ou sem modificações; quando a declaração indicar que as disposições da Convenção se aplicam sob reserva de modificações, ela deverá especificar em que consistem tais modificações.

2. O Membro ou os Membros ou a autoridade internacional interessados poderão, por uma declaração posterior, renunciar inteira ou parcialmente ao direito de invocar uma modificação indicada numa declaração anterior.

3. O Membro ou os Membros ou a autoridade internacional interessados poderão, nos períodos durante os quais a presente Convenção pode ser denunciada de acordo com as disposições do Artigo 11, transmitir ao Diretor-Geral da Repartição Internacional do Trabalho uma nova declaração que modifique em qualquer outro sentido os termos de qualquer declaração anterior e estabeleça a situação no que se refere à aplicação desta Convenção.

Artigo 11

1. Todo Membro que tenha ratificado a presente Convenção poderá denunciá-la ao expirar o prazo de 10 (dez) anos, contado da data inicial da vigência da Convenção, por meio de um ato transmitido ao Diretor-Geral da Repartição Internacional do Trabalho e por ele registrado. A denúncia somente se tornará efetiva 1 (um) ano após haver sido registrada.

2. Todo Membro que tenha ratificado a presente Convenção e que, no prazo de 1 (um) ano após o termo do período de 10 (dez) anos, mencionado no parágrafo precedente, não houver feito uso da faculdade de denúncia prevista pelo presente Artigo, ficará ligado por um novo período de 10 (dez) anos, e, posteriormente, poderá denunciar a presente Convenção ao termo de cada período de 10 (dez) anos, nas condições previstas no presente artigo.

Artigo 12

1. O Diretor-Geral da Repartição Internacional do Trabalho notificará a todos os Membros da Organização Internacional do Trabalho o registro de todas as ratificações, declarações e denúncias que lhe forem transmitidas pelos Membros da Organização.

2. Ao notificar aos Membros da Organização o registro da segunda ratificação que lhe tenha sido transmitida, o Diretor-Geral chamará a atenção dos Membros da Organização para a data na qual a presente Convenção entrará em vigor.

Artigo 13

O Diretor-Geral da Repartição Internacional do Trabalho transmitirá ao Secretário-Geral das Nações Unidas, para fins de registro, de acordo com o Artigo 102 da Carta das Nações Unidas, informações completas a respeito de todas as ratificações, declarações e atos de denúncia que tenha registrado de acordo com os Artigos precedentes.

Artigo 14

Ao termo de cada período de 10 (dez) anos, contados da entrada em vigor da presente Convenção, o Conselho de Administração da Repartição Internacional do Trabalho deverá apresentar à Conferência-Geral um relatório sobre a aplicação da presente Convenção e decidirá da conveniência de ser inscrita na ordem do dia da Conferência a questão de sua revisão total ou parcial.

Artigo 15

1. Caso a Conferência adotar uma nova Convenção que implique revisão total ou parcial da presente Convenção e a menos que a nova Convenção não disponha de outro modo:

a) a ratificação, por parte de um Membro, da nova Convenção revista acarretará do pleno direito, não obstante o Artigo 11 acima, denúncia imediata da presente Convenção, desde que a nova Convenção revista tenha entrado em vigor;

b) a partir da data da entrada em vigor da nova Convenção revista, a presente Convenção cessará de estar aberta à ratificação por parte dos Membros.

2. A presente Convenção permanecerá, entretanto, em vigor na sua forma e teor para os Membros que a houverem ratificado e que não ratificarem a Convenção revista.

Artigo 16

As versões francesa e inglesa do texto da presente Convenção são igualmente autênticas.

O Texto que precede é o texto autêntico da Convenção devidamente adotada pela Conferência Geral da Organização Internacional do Trabalho em sua trigésima segunda Sessão realizada em Genebra e declarada a 2 de julho de 1949.

Em fé do que apuseram suas assinaturas, a dezoito de agosto de 1949.

O Presidente da Conferência,

Guildhaume Myrdd-Evans

CONVENÇÃO 100 DA OIT

Convenção concernente a igualdade de remuneração para a mão de obra masculina e a mão de obra feminina por um trabalho de igual valor adotada pela Conferência em sua Trigésima Quarta Sessão, em Genebra a 29 de junho de 1951.

- Promulgada pelo Dec. 41.721/1957 (*DOU* 28.06.1957)

A Conferência geral da Organização Internacional do Trabalho,

Convocada em Genebra pelo Conselho de Administração da Repartição Internacional do Trabalho, e aí se tendo reunido em 6 de junho de 1951, em sua trigésima quarta sessão,

Depois de haver decidido adotar diversas proposições relativas ao princípio de igualdade de remuneração para a mão de obra masculina e a mão de obra feminina por trabalho de igual valor, questão que constituir o sétimo ponto da ordem do dia da sessão,

Depois de haver decidido que essas proposições tomariam a forma de uma convenção internacional,

Adota, neste vigésimo nono dia de junho de mil novecentos e cinquenta e um, a presente convenção, que será denominada Convenção sobre a igualdade de remuneração, de 1951.

Artigo 1º

Para os fins da presente convenção:

a) o termo "remuneração" compreende o salário ou o tratamento ordinário, de base, ou mínimo, e Todas as outras vantagens, pagas direta ou indiretamente, em espécie ou *in natura* pelo empregador ao trabalhador em razão do emprego deste último;

b) a expressão "igualdade de remuneração para a mão de obra masculina e a mão de obra feminina por um trabalho de igual valor", se refere às taxas de remuneração fixas sem discriminação fundada no sexo.

Artigo 2º

1. Cada Membro deverá, por meios adaptados aos métodos em vigor para a fixação das taxas de remuneração, incentivar e, na medida em que isto é compatível com os ditos métodos, assegurar a aplicação a todos os trabalhadores do princípio de igualdade de remuneração para a mão de obra masculina e a mão de obra feminina por um trabalho de igual valor.

2. Este princípio poderá ser aplicado por meio:

a) seja da legislação nacional;

b) seja de qualquer sistema de fixação de remuneração estabelecida ou reconhecido pela legislação;

c) seja de convenções coletivas firmadas entre empregadores e empregados;

d) seja de uma combinação desses diversos meios.

Artigo 3º

1. Quando tal providência facilitar a aplicação da presente convenção, tomar-se-ão medidas para desenvolver a avaliação objetiva dos empregados sobre a base dos trabalhos que eles comportam.

2. Os métodos a seguir para esta avaliação poderão ser objeto de decisões, seja da parte das autoridades competentes, no que concerne à fixação das taxas de remuneração, seja, se as taxas de remuneração forem fixadas em virtude de convenções coletivas, pelas partes destas convenções.

3. As diferenças entre as taxas de remuneração que correspondem, sem consideração de sexo, a diferenças resultantes de tal avaliação objetiva nos trabalhos a efetuar, não deverão ser consideradas como contrárias aos princípios de igualdade de remuneração para a mão de obra masculina e a mão de obra feminina por um trabalho de igual valor.

Artigo 4º

Cada Membro colaborará, da maneira que convier, com as organizações de empregadores e de trabalhadores interessadas, a fim de efetivar disposições da presente convenção.

Artigo 5º

As gratificações formais da presente convenção serão comunicadas ao Diretor geral da Repartição Internacional do Trabalho e por ele registradas.

Artigo 6º

1. A presente convenção não obrigará senão os Membros da Organização Internacional do Trabalho cuja ratificação tiver sido registrada pelo Diretor Geral.

2. Ela entrará em vigor doze meses depois que as ratificações de dois Membros tiverem sido registradas pelo Diretor Geral.

3. Depois disso, esta convenção entrará em vigor para cada Membro doze meses depois da data em que sua ratificação tiver sido registrada.

Artigo 7º

1. As declarações que forem comunicadas ao Diretor Geral da Repartição Internacional do Trabalho, de conformidade com o parágrafo 2º do artigo 35 da Constituição da Organização Internacional do Trabalho, deverão esclarecer:

a) os territórios nos quais o Membro interessado se compromete a aplicar, sem modificação, as disposições da convenção.

b) os territórios nos quais ele se compromete a aplicar as disposições da convenção com modificações, e em que consistem as ditas modificações;

c) os territórios aos quais a convenção é inaplicável e, neste caso, as razões pelas quais ela é inaplicável;

d) os territórios para os quais ele reserva sua decisão, esperando um exame mais aprofundado da respectiva situação.

2. As obrigações mencionadas nas alíneas *a)* e *b)* do primeiro parágrafo do presente artigo serão reputadas parte integrantes da ratificação e produzirão idênticos efeitos.

3. Qualquer Membro poderá renunciar, por meio de nova declaração, a Toda ou parte das reservas contidas na sua declaração anterior em virtude das alíneas *b), c)* e *d)* do primeiro parágrafo do presente artigo.

4. Qualquer Membro poderá, durante os períodos no curso dos quais a presente convenção pode ser denunciada de conformidade com as disposições do artigo 9, comunicar ao Diretor Geral uma nova declaração modificando em qualquer outro ponto os termos de qualquer declaração anterior e dando a conhecer a situação nos territórios que especificar.

Artigo 8º

1. As declarações comunicadas ao Diretor Geral da Repartição Internacional do Trabalho de conformidade com os parágrafos 4 e 5 do artigo 35 da Constituição da Organização Internacional do Trabalho devem indicar se as disposições da convenção serão aplicadas no território com ou sem modificações; quando a declaração indica que as disposições da convenção se aplicam sob reserva de modificações, ela deve especificar em que consistem as ditas modificações.

2. O Membro ou Membros ou autoridade internacional interessados poderão renunciar inteira ou parcialmente, em declaração ulterior, ao direito de invocar uma modificação indicada em declaração anterior.

3. O Membro ou Membros ou a autoridade internacional interessados poderão, durante os períodos no curso dos quais a convenção pode ser denunciada de conformidade com as disposições do artigo 9, comunicar ao Diretor Geral nova declaração modificando, em qualquer outro ponto, os termos de uma declaração anterior e dando a conhecer a situação no que concerne à aplicação desta convenção.

Artigo 9º

1. Um Membro que tiver ratificado a presente convenção pode denunciá-la à expiração de um período de dez anos após a data em que foi posta em vigor pela primeira vez, por ato comunicado ao Diretor Geral da Repartição Internacional do Trabalho e por ele registrado. A denúncia não terá efeito senão um ano depois de ter sido registrada.

2. Todo Membro que, tendo ratificado a presente convenção, dentro de um prazo de um ano após a expiração do período de dez anos mencionados no parágrafo precedente, não fizer uso da faculdade de denúncia prevista pelo presente artigo, estará obrigado por um novo período de dez anos e, depois disso, poderá denunciar a presente convenção à expiração de cada período de dez anos nas condições previstas pelo presente artigo.

Artigo 10

O Diretor Geral da Repartição Internacional do Trabalho notificará a todos os Membros da Organização Internacional do Trabalho o registro de Todas as ratificações, declarações e denúncias que lhe forem comunicadas pelos Membros da Organização.

2. Notificando aos Membros da Organização o registro da segunda ratificação que lhe tiver sido comunicado, o Diretor Geral chamará a atenção dos Membros da Organização para a data na qual a presente convenção entrar em vigor.

Artigo 11

O Diretor Geral da Repartição Internacional do Trabalho comunicará ao Secretário Geral das Nações Unidas, para fins de registro, de conformidade com o artigo 102 da Carta das Nações Unidas, as informações completas a respeito de Todas as ratificações, de Todas as declarações e de todos os atos de denúncia que tiver registrado de conformidade com os artigos precedentes.

Artigo 12

Cada vez que julgar necessário, o Conselho de Administração da Repartição Internacional do Trabalho apresentará à Conferência geral um relatório sobre a aplicação da presente convenção e examinará a oportunidade de inscrever, na ordem do dia Conferência, a questão de sua revisão total ou parcial.

Artigo 13

1. No caso em que a Conferência adote uma nova convenção revendo, total ou parcialmente, a presente convenção, a menos que a nova convenção disponha em contrário:

a) ratificação por um Membro da nova convenção de revisão, implicará, de pleno direito, não obstante o artigo 9º acima, denúncia imediata da presente convenção quando a nova convenção de revisão tiver entrado em vigor;

b) a partir da data da entrada em vigor da nova convenção de revisão, a presente convenção cessará de estar aberta à ratificação dos Membros.

2. A presente convenção ficará, em qualquer caso, em vigor, na forma e no conteúdo, para os Membros que a tiverem ratificado e que não tiverem ratificado a convenção de revisão.

Artigo 14

A versão francesa e a inglesa do texto da presente convenção fazem igualmente fé.

O texto precedente é o texto autêntico da convenção devidamente adotada pela Conferência geral da Organização Internacional do Trabalho na sua trigésima quarta sessão realizada em Genebra e que foi declarada encerrada em 29 de junho de 1951.

Em Fé Do Que apuseram suas assinaturas, neste segundo dia de agosto de 1951,

O Presidente da Conferência

Rappard

CONVENÇÃO 105 DA OIT

Convenção concernente à abolição do trabalho forçado

- Promulgada pelo Dec. 58.822/1966 (*DOU* 20.07.1966)

A Conferência Geral da Organização Internacional do Trabalho, convocada em Genebra, pelo Conselho de Administração da Repartição Internacional do Trabalho, e tendo-se reunido a 5 de junho de 1957, em sua quadragésima sessão;

Após ter examinado a questão do trabalho forçado, que constitui o quarto ponto da ordem do dia da sessão;

Após ter tomado conhecimento das disposições da convenção sobre o trabalho forçado, 1930;

Após ter verificado que a convenção de 1926, relativa à escravidão, prevê que medidas úteis devem ser tomadas para evitar que o trabalho forçado ou obrigatório produza condições análogas a escravidão, e que a convenção suplementar de 1956 relativa a abolição da escravidão, do tráfego de escravos e de Instituições e práticas análogas à escravidão visa a obter a abolição completa da escravidão por dívidas e da servidão;

Após ter verificado que convenção sobre a proteção do salário, 1940, declara que o salário será pago em intervalos regulares e condena os modos de pagamento que privam o trabalhador de toda possibilidade real de deixar seu emprego;

Após ter decidido adotar outras proposições relativas à abolição de certas formas de trabalho forçado ou obrigatório que constituem uma violação dos direitos do homem, da forma em que foram previstos pela Carta das Nações Unidas e enunciados na declaração universal dos direitos do homem;

Após ter decidido que estas proposições tomariam a forma de uma convenção internacional, adota, neste vigésimo quinto dia de junho de mil novecentos e cinqüenta e sete, a convenção que se segue, a qual será denominada Convenção sobre a abolição do trabalho forçado, 1957,

Artigo 1

Qualquer Membro da Organização Internacional do Trabalho que ratifique a presente convenção se compromete a suprimir o trabalho forçado ou obrigatório, e a não recorrer ao mesmo sob forma alguma;

a) como medida de coerção, ou de educação política ou como sanção dirigida a pessoas que tenham ou exprimam certas opiniões políticas, ou manifestem sua oposição ideológica, à ordem política, social ou econômica estabelecida;

b) como método de mobilização e de utilização da mão-de-obra para fins de desenvolvimento econômico;

c) como medida de disciplina de trabalho;

d) como punição por participação em greves;

e) como medida de discriminação racial, social, nacional ou religiosa.

Artigo 2

Qualquer Membro da Organização Internacional do Trabalho que ratifique a presente convenção se compromete a adotar medidas eficazes, no sentido da abolição imediata e completa do trabalho forçado ou obrigatório, tal como descrito no artigo 1º da presente convenção.

Artigo 3

As ratificações formais da presente convenção serão comunicadas ao Diretor-Geral da Repartição Internacional do Trabalho e por ele registradas.

Artigo 4

1. A presente convenção apenas vinculará os Membros da Organização Internacional do Trabalho cuja ratificação haja sido registrada pelo Diretor-Geral.

2. Esta convenção entrará em vigor 12 (doze) meses após terem sido registradas pelo Diretor-Geral as ratificações de dois membros.

3. Em seguida, a convenção entrará em vigor para cada Membro, 12 (doze) meses após a data em que a sua ratificação tiver sido registrada.

Artigo 5

1. Qualquer Membro, que houver ratificado a presente convenção, poderá denunciá-la ao término de um período de 10 (dez) anos após a data da sua vigência inicial, mediante comunicação ao Diretor-Geral da Repartição Internacional do Trabalho, e por ele registrada. A denúncia surtirá efeito somente 1 (um) ano após ter sido registrada.

2. Qualquer Membro que houver ratificado a presente convenção, e no prazo de 1 (um) ano após o término do período de 10 (dez) anos mencionado no parágrafo precedente não tiver feito uso da faculdade de denúncia, prevista no presente artigo, estará vinculando por um novo período de 10 (dez) anos e, em seguida, poderá denunciar a presente convenção no término de cada período de 10 (dez) anos, nas condições previstas no presente artigo.

Artigo 6

1. O Diretor-Geral da Repartição Internacional do Trabalho notificará a todos os membros da Organização Internacional do Trabalho do registro de todas as ratificações e denúncias que lhe forem comunicadas pelos membros da Organização.

2. Ao notificar os Membros da Organização do registro da segunda ratificação que lhe tiver sido comunicada, o Diretor-Geral chamará sua atenção para a data em que a presente convenção entrará em vigor.

Artigo 7

O Diretor-Geral da Repartição Internacional do Trabalho comunicará ao Secretário-Geral das Nações Unidas, para efeito de registro, nos termos do artigo 102, da Carta das Nações Unidas, os dados completos a respeito de todas as ratificações e atos de denúncia que houver registrado de acordo com os artigos precedentes.

Artigo 8

Sempre que julgar necessário, o Conselho de Administração da Repartição Internacional do Trabalho apresentará à conferência Geral um relatório sobre a aplicação da presente convenção, e examinará a conveniência de inscrever na ordem do dia da Conferência a questão de sua revisão total ou parcial.

Artigo 9

1. Caso a Conferência adote uma convenção que importe na revisão total ou parcial da presente, e a menos que a nova convenção disponha de outra forma:

a) a ratificação, por um membro da nova convenção que fizer a revisão, acarretará, de pleno direito, não obstante o artigo 5º acima, denúncia imediata da presente desde que a nova convenção tenha entrado em vigor;

b) a partir da data da entrada em vigor da nova convenção que fizer a revisão, a presente deixará de estar aberta à ratificação pelos Membros.

2. A presente convenção permanente em vigor, todavia, sua forma e conteúdo, para os Membros que a tiverem ratificado e que não ratifiquem a que fizer a revisão.

Artigo 10

As versões francesa e inglesa do texto da presente convenção farão igualmente fé.

O texto que precede é o texto autêntico da convenção devidamente adotada pela Conferência Geral da Organização Internacional do Trabalho, em sua quadragésima sessão, que se reuniu em Genebra e que foi encerrada a 27 de junho de 1957.

Em fé dos que assinaram a 4 de julho de 1957.

O Presidente da Conferência,

Harold Holt

CONVENÇÃO 111 DA OIT

Convenção concernente à discriminação em matéria de empregо e profissão

- Promulgada pelo Dec. 62.150/1968 (*DOU* 23.01.1968)

A Conferência Geral da Organização Internacional do Trabalho,

Convocada em Genebra pelo Conselho de Administração da Repartição Internacional do Trabalho e reunida a 4 de junho de 1958, em sua quadragésima-segunda sessão;

Após ter decidido adotar diversas disposições relativas à discriminação em matéria de emprego e profissão, assunto que constitui o quarto ponto da ordem do dia da sessão;

Após ter decidido que essas disposições tomariam a forma de uma convenção internacional;

Considerando que a declaração de Filadélfia afirma que todos os seres humanos, seja qual for a raça, credo ou sexo têm direito ao progresso material e desenvolvimento espiritual em liberdade e dignidade, em segurança econômica e com oportunidades iguais;

Considerando, por outro lado, que a discriminação constitui uma violação dos direitos enunciados na Declaração Universal dos Direitos do Homem, adota neste vigésimo quinto dia de junho de mil novecentos e cinqüenta e oito, a convenção abaixo transcrita que será denominada Convenção sobre a discriminação (emprego e profissão), 1958.

Artigo 1

1. Para fins da presente convenção, o termo "discriminação" compreende:

a) toda distinção, exclusão ou preferência fundada na raça, cor, sexo, religião, opinião política, ascendência nacional ou origem social, que tenha por efeito destruir ou alterar a igualdade de oportunidades ou de tratamento em matéria de emprego ou profissão;

b) qualquer outra distinção, exclusão ou preferência que tenha por efeito destruir ou alterar a igualdade de oportunidades ou tratamento em matéria de emprego ou profissão, que poderá ser especificada pelo Membro Interessado depois de consultadas as organizações representativas de empregadores e trabalhadores, quando estas existam, e outros organismos adequados.

2. As distinções, exclusões ou preferências fundadas em qualificações exigidas para um determinado emprego não são consideradas como discriminação.

3. Para os fins da presente convenção as palavras "emprego" e "profissão" incluem o acesso à formação profissional, ao emprego e às diferentes profissões, bem como as condições de emprego.

Artigo 2

Qualquer Membro para o qual a presente convenção se encontre em vigor compromete-se a formular e aplicar uma política nacional que tenha por fim promover, por métodos adequados às circunstâncias e aos usos nacionais, a igualdade de oportunidade e de tratamento em matéria de emprego e profissão, com objetivo de eliminar toda discriminação nessa matéria.

Artigo 3

Qualquer Membro para o qual a presente convenção se encontre em vigor deve, por métodos adequados às circunstâncias e os usos nacionais:

a) esforçar-se por obter a colaboração das organização de empregadores e trabalhadores e de outros organismos apropriados, com o fim de favorecer a aceitação e aplicação desta política;

b) promulgar leis e encorajar os programas de educação próprios a assegurar esta aceitação e esta aplicação;

c) revogar todas as disposições legislativas e modificar todas as disposições ou práticas, administrativas que sejam incompatíveis com a referida política;

d) seguir a referida política no que diz respeito a empregos dependentes do controle direto de uma autoridade nacional;

e) assegurar a aplicação da referida política nas atividades dos serviços de orientação profissional, formação profissional e colocação dependentes do controle de uma autoridade nacional;

f) indicar, nos seus relatórios anuais sobre a aplicação da convenção, as medidas tomadas em conformidade com esta política e os resultados obtidos.

Artigo 4

Não são consideradas como discriminação quaisquer medidas tomadas em relação a uma pessoa que, individualmente, seja objeto de uma suspeita legítima de se entregar a uma atividade prejudicial à segurança do Estado ou cuja atividade se encontre realmente comprovada, desde que a referida pessoa tenha o direito de recorrer a uma instância competente, estabelecida de acordo com a prática nacional.

Artigo 5

1. As medidas especiais de proteção ou de assistência previstas em outras convenções ou recomendações adotadas pela Conferência Internacional do Trabalho não são consideradas como discriminação.

2. Qualquer Membro pode, depois de consultadas às organizações representativas de empregadores e trabalhadores, quando estas existam, definir como não discriminatórias quaisquer outras medidas especiais que tenham por fim salvaguardar as necessidades particulares de pessoas em relação às quais a atribuição de uma proteção ou assistência especial seja de uma maneira geral, reconhecida como necessária, por razões tais como o sexo, a invalidez, os encargos de família ou o nível social ou cultural.

Artigo 6

Qualquer membro que ratificar a presente convenção compromete-se a aplicá-la aos territórios não metropolitanos, de acordo com as disposições da Constituição da Organização Internacional do Trabalho.

Artigo 7

As ratificações formais da presente convenção serão comunicadas ao Diretor-Geral da Repartição Internacional do Trabalho e por ele registradas.

Artigo 8

1. A presente convenção somente vinculará Membros da Organização Internacional do Trabalho cuja ratificação tiver sido registrada pelo Diretor-Geral.

2. A convenção entrará em vigor 12 (doze) meses após registradas pelo Diretor-Geral as ratificações de dois dos Membros.

3. Em seguida, esta convenção entrará em vigor, para cada Membro, 12 (doze) meses após a data do registro da respectiva ratificação.

Artigo 9

1. Qualquer Membro que tiver ratificado a presente convenção pode denunciá-la no término de um período de 10 (dez) anos após a data da entrada em vigor inicial da convenção por ato comunicado ao Diretor-Geral da Repartição Internacional do Trabalho e por ele registrado. A denuncia só produzirá efeito 1 (um) ano após ter sido registrada.

2. Qualquer Membro que tiver ratificado a presente convenção que, no prazo de 1 (um) ano, depois de expirado o período de 10 (dez) anos mencionados no parágrafo anterior, e que não fizer uso da faculdade de denúncia prevista no presente artigo, ficará vinculado por um novo período de 10 (dez) anos, e, em seguida, poderá denunciar a presente convenção no término de cada período de 10 (dez) anos, observadas as condições estabelecidas no presente artigo.

Artigo 10

1. O Diretor-Geral da Repartição Internacional do Trabalho notificará a todos os Membros da Organização Internacional do Trabalho o registro de todas as ratificações e denúncias que lhe forem comunicadas pelos Membros da Organização.

2. Ao notificar aos Membros da Organização o registro da segunda ratificação que lhe tiver sido comunicada o Diretor-Geral chamará a atenção para a data em que a presente convenção entrará em vigor.

Artigo 11

O Diretor-Geral da Repartição Internacional do Trabalho comunicará ao Secretário-Geral das Nações Unidas para efeitos de registro de acordo com o artigo 102 da Carta das Nações Unidas, informações completas a respeito de todas as ratificações e todos os atos de denúncia, que tiver registrado, nos termos dos artigos precedentes.

Artigo 12

Sempre que o julgar necessário, o Conselho de Administração da Repartição Internacional do Trabalho apresentará a Conferência Geral um relatório sobre a aplicação da presente convenção e decidirá da oportunidade de inscrever na ordem do dia da Conferência a questão da sua revisão total ou parcial.

Artigo 13

1. No caso de a Conferência adotar uma nova convenção que implique em revisão total ou parcial da presente convenção e salvo disposição em contrário da nova convenção:

a) A ratificação da nova convenção de revisão por um Membro implicará *ipso jure* a denúncia imediata da presente convenção, não obstante o disposto no artigo 9º, e sob reserva de que a nova convenção de revisão tenha entrada em vigor;

b) A partir da data da entrada em vigor da nova convenção, a presente convenção deixa de estar aberta à ratificação dos Membros.

2. A presente convenção continuará, todavia, em vigor na sua forma e conteúdo para os Membros que a tiverem ratificado, e que não ratificarem a convenção de revisão.

Artigo 14

As versões francesa e inglesa do texto da presente convenção fazem igualmente fé.

O texto que precede é o texto autêntico da convenção devidamente adotada pela Conferência Geral da Organização Internacional do Trabalho, em sua quadragésima-segunda sessão, que se reuniu em Genebra e que foi encerrada a 26 de junho de 1958.

Em fé do que, assinaram a 5 de julho de 1958:

O Presidente da Conferência,

B. K. Das

CONVENÇÃO 138 DA OIT

Convenção sobre idade mínima de admissão ao emprego

- Promulgada pelo Dec. 4.134/2002 (*DOU* 18.02.2002)

A Conferência Geral da Organização Internacional do Trabalho:

Convocada em Genebra pelo Conselho de Administração da Repartição Internacional do Trabalho e reunida em 6 de junho de 1973, em sua qüinquagésima oitava reunião;

Tendo decidido adotar diversas propostas relativas à idade mínima para admissão a emprego, tema que constitui o quarto ponto da agenda da reunião;

Considerando os dispositivos das seguintes Convenções:

Convenção sobre a idade mínima (indústria), de 1919;

Convenção sobre a idade mínima (trabalho marítimo), de 1920;

Convenção sobre a idade mínima (agricultura), de 1921;

Convenção sobre a idade mínima (estivadores e foguistas), de 1921;

Convenção sobre a idade mínima (emprego não-industrial), de 1932;

Convenção (revista) sobre a idade mínima (trabalho marítimo), de 1936;

Convenção (revista) sobre a idade mínima (indústria), de 1937;

Convenção (revista) sobre a idade mínima (emprego não industrial), de 1937;

Convenção sobre a idade mínima (pescadores), de 1959, e a Convenção sobre a idade mínima (trabalho subterrâneo), de 1965;

Considerando ter chegado o momento de adotar um instrumento geral sobre a matéria, que substitua gradualmente os atuais instrumentos, aplicáveis a limitados setores econômicos, com vistas à total abolição do trabalho infantil;

Tendo determinado que essas propostas tomem a forma de uma convenção internacional, adota, no dia vinte e seis de junho de mil novecentos e setenta e três, a seguinte Convenção, que pode ser citada como a Convenção sobre a Idade Mínima, de 1973:

Artigo 1

Todo País-Membro em que vigore esta Convenção, compromete-se a seguir uma política nacional que assegure a efetiva abolição do trabalho infantil e eleve progressivamente, a idade mínima de admissão a emprego ou a trabalho a um nível adequado ao pleno desenvolvimento físico e mental do adolescente.

Artigo 2

1. Todo Membro que ratificar esta Convenção especificará, em declaração anexa à ratificação, uma idade mínima para admissão a emprego ou trabalho em seu território e nos meios de transporte registrados em seu território; ressalvado o disposto nos Artigos 4º e 8º desta Convenção, nenhuma pessoa com idade inferior a essa idade será admitida a emprego ou trabalho em qualquer ocupação.

2. Todo País-membro que ratificar esta Convenção poderá notificar ao Diretor-Geral da Repartição Internacional do Trabalho, por declarações subseqüentes, que estabelece uma idade mínima superior à anteriormente definida.

3. A idade mínima fixada nos termos do parágrafo 1º deste Artigo não será inferior à idade de conclusão da escolaridade obrigatória ou, em qualquer hipótese, não inferior a quinze anos.

4. Não obstante o disposto no Parágrafo 3º deste Artigo, o País-membro, cuja economia e condições do ensino não estiverem suficientemente desenvolvidas, poderá, após consulta às organizações de empregadores e de trabalhadores concernentes, se as houver, definir, inicialmente, uma idade mínima de quatorze anos.

5. Todo País-membro que definir uma idade mínima de quatorze anos, de conformidade com o disposto no parágrafo anterior, incluirá em seus relatórios a serem apresentados sobre a aplicação desta Convenção, nos termos do Artigo 22 da Constituição da Organização Internacional do Trabalho, declaração:

a) de que subsistem os motivos dessa providência ou

b) de que renuncia ao direito de se valer da disposição em questão a partir de uma determinada data.

Artigo 3

1. Não será inferior a dezoito anos a idade mínima para a admissão a qualquer tipo de emprego ou trabalho que, por sua natureza ou circunstâncias em que for executado, possa prejudicar a saúde, a segurança e a moral do adolescente.

2. Serão definidos por lei ou regulamentos nacionais ou pela autoridade competente, após consulta às organizações de empregadores e de trabalhadores concernentes, se as houver, as categorias de emprego ou trabalho às quais se aplica o parágrafo 1 deste Artigo.

3. Não obstante o disposto no parágrafo 1 deste Artigo, a lei ou regulamentos nacionais ou a autoridade competente poderá, após consultar as organizações de empregadores e de trabalhadores concernentes, se as houver, autorizar emprego ou trabalho a partir da idade de dezesseis anos, desde que estejam plenamente protegidas a saúde, a segurança e a moral dos adolescentes envolvidos e lhes seja proporcionada instrução ou treinamento adequado e específico no setor da atividade pertinente.

Artigo 4

1. A autoridade competente, após consulta às organizações de empregadores e de trabalhadores concernentes, se as houver, poderá, na medida do necessário, excluir da aplicação desta Convenção um limitado número de categorias de emprego ou trabalho a respeito das quais se levantarem reais e especiais problemas de aplicação.

2. Todo País-membro que ratificar esta Convenção arrolará em seu primeiro relatório sobre sua aplicação, a ser submetido nos termos do Artigo 22 da Constituição da Organização Internacional do Trabalho, todas as categorias que possam ter sido excluídas de conformidade com o parágrafo 1 deste Artigo, dando as razões dessa exclusão, e indicará, nos relatórios subseqüentes, a situação de sua lei e prática com referência às categorias excluídas e a medida em que foi dado ou se pretende dar efeito à Convenção com relação a essas categorias.

3. Não será excluído do alcance da Convenção, de conformidade com este Artigo, emprego ou trabalho protegido pelo Artigo 3 desta Convenção.

Artigo 5

1. O País-membro, cuja economia e condições administrativas não estiverem suficientemente desenvolvidas, poderá, após consulta às organizações de empregadores e de trabalhadores, se as houver, limitar inicialmente o alcance de aplicação desta Convenção.

2. Todo País-membro que se servir do disposto no parágrafo 1 deste Artigo especificará, em declaração anexa à sua ratificação, os setores de atividade econômica ou tipos de empreendimentos aos quais aplicará os dispositivos da Convenção.

3. Os dispositivos desta Convenção serão aplicáveis, no mínimo, a: mineração e pedreira; indústria manufatureira; construção; eletricidade, água e gás; serviços sanitários; transporte, armazenamento e comunicações; plantações e outros empreendimentos agrícolas de fins comerciais, excluindo, porém, propriedades familiares e de pequeno porte que produzam para o consumo local e não empreguem regularmente mão-de-obra remunerada.

4. Todo País-membro que tiver limitado o alcance de aplicação desta Convenção, nos termos deste Artigo:

a) indicará em seus relatórios, nos termos do Artigo 22 da Constituição da Organização Internacional do Trabalho, a situação geral com relação ao emprego ou trabalho de adolescentes e crianças nos setores de atividade excluídos do alcance de aplicação desta Convenção e todo progresso que tenha sido feito no sentido de uma aplicação mais ampla de seus dispositivos;

b) poderá, em qualquer tempo, estender formalmente o alcance de aplicação com uma declaração encaminhada ao Diretor-Geral da Repartição Internacional do Trabalho.

Artigo 6

Esta Convenção não se aplicará a trabalho feito por crianças e adolescentes em escolas de educação vocacional ou técnica ou em outras instituições de treinamento em geral ou a trabalho feito por pessoas de no mínimo quatorze anos de idade em empresas em que esse trabalho for executado dentro das condições prescritas pela autoridade competente, após consulta com as organizações de empregadores e de trabalhadores concernentes, onde as houver, e constituir parte integrante de:

a) curso de educação ou treinamento pelo qual é principal responsável uma escola ou instituição de treinamento;

b) programa de treinamento principalmente ou inteiramente executado em uma empresa, que tenha sido aprovado pela autoridade competente, ou

c) programa de orientação vocacional para facilitar a escolha de uma profissão ou de um tipo de treinamento.

Artigo 7

1. As leis ou regulamentos nacionais poderão permitir o emprego ou trabalho a pessoas entre treze e quinze anos em serviços leves que:

a) não prejudiquem sua saúde ou desenvolvimento, e

b) não prejudiquem sua freqüência escolar, sua participação em programas de orientação vocacional ou de treinamento aprovados pela autoridade competente ou sua capacidade de se beneficiar da instrução recebida.

2. As leis ou regulamentos nacionais poderão também permitir o emprego ou trabalho a pessoas com, no mínimo, quinze anos de idade e que não tenham ainda concluído a escolarização obrigatória em trabalho que preencher os requisitos estabelecidos nas alíneas a) e b) do parágrafo 1º deste Artigo.

3. A autoridade competente definirá as atividades em que o emprego ou trabalho poderá ser permitido nos termos dos parágrafos 1º e 2º deste Artigo e estabelecerá o número de horas e as condições em que esse emprego ou trabalho pode ser desempenhado.

4. Não obstante o disposto nos parágrafos 1º e 2º deste Artigo, o País-membro que se tiver servido das disposições do parágrafo 4º do Artigo 2º poderá, enquanto continuar assim procedendo, substituir as idades de treze e quinze anos pelas idades de doze e quatorze anos e a idade de quinze anos pela idade de quatorze anos dos respectivos Parágrafos 1º e 2º deste Artigo.

Artigo 8

1. A autoridade competente, após consulta às organizações de empregadores e de trabalhadores concernentes, se as houver, poderá, mediante licenças concedidas em casos individuais, permitir exceções para a proibição de emprego ou trabalho provida no Artigo 2º desta Convenção, para finalidades como a participação em representações artísticas.

2. Licenças dessa natureza limitarão o número de horas de duração do emprego ou trabalho e estabelecerão as condições em que é permitido.

Artigo 9

1. A autoridade competente tomará todas as medidas necessárias, inclusive a instituição de sanções apropriadas, para garantir a efetiva vigência dos dispositivos desta Convenção.

2. As leis ou regulamentos nacionais ou a autoridade competente designarão as pessoas responsáveis pelo cumprimento dos dispositivos que colocam em vigor a Convenção.

3. As leis ou regulamentos nacionais ou a autoridade competente prescreverão os registros ou outros documentos que devem ser mantidos e postos à disposição pelo empregador; esses registros ou documentos conterão nome, idade ou data de nascimento, devidamente autenticados sempre que possível, das pessoas que emprega ou que trabalham para ele e tenham menos de dezoito anos de idade.

Artigo 10

1. Esta Convenção revê, nos termos estabelecidos neste Artigo, a Convenção sobre a Idade Mínima (Indústria), de 1919; a Convenção sobre a Idade Mínima (Marítimos), de 1920; a Convenção sobre a Idade Mínima (Agricultura), de 1921; a Convenção sobre a Idade Mínima (Estivadores e Foguistas), de 1921; a Convenção sobre a Idade Mínima (Emprego não-Industrial), de 1932; a Convenção (revista) sobre a Idade Mínima (Marítimos), de 1936; a Convenção (revista) sobre a Idade Mínima (Indústria), de 1937; a Convenção (revista) sobre a Idade Mínima (Emprego não-Industrial), de 1937; a Convenção sobre a Idade Mínima (Pescadores), de 1959 e a Convenção sobre a Idade Mínima (Trabalho Subterrâneo), de 1965.

2. A entrada em vigor desta Convenção não priva de ratificações ulteriores as seguintes convenções: Convenção (revista) sobre a Idade Mínima (Marítimos), de 1936; a Convenção (revista) sobre a Idade Mínima (Indústria) de 1937; a Convenção (revista) sobre a Idade Mínima (Emprego não-Industrial), de 1937; a Convenção sobre a Idade Mínima (Pescadores), de 1959 e a Convenção sobre a Idade Mínima (Trabalho Subterrâneo), de 1965.

3. A Convenção sobre a Idade Mínima (Indústria), de 1919; a Convenção (revista), sobre a Idade Mínima (Marítimos), de

Internacional

1920; a Convenção sobre a Idade Mínima, (Agricultura), de 1921 e a Convenção sobre a Idade Mínima (Estivadores e Foguistas), de 1921, não estarão mais sujeitas a ratificações ulteriores quando todos seus participantes assim estiverem de acordo pela ratificação desta Convenção ou por declaração enviada ao Diretor-Geral da Repartição Internacional do Trabalho.

4. Quando as obrigações desta Convenção forem aceitas –

a) por um País-membro que faça parte da Convenção (revista) sobre a Idade Mínima (Indústria), de 1937, e que tenha fixado uma idade mínima de admissão ao emprego não inferior a quinze anos, nos termos do Artigo 2º desta Convenção, isso implicará ipso jure a denúncia imediata daquela Convenção;

b) com referência ao emprego não-industrial, conforme definido na Convenção sobre Idade Mínima (Emprego não--Industrial), de 1932, por um País-membro que faça parte dessa Convenção, isso implicará ipso jure a denúncia imediata da referida Convenção;

c) com referência ao emprego não industrial, conforme definido na Convenção (revista) sobre a Idade Mínima (Emprego não Industrial), de 1937, por um País-membro que faça parte dessa Convenção e for fixada uma idade mínima de não menos de quinze anos nos termos do Artigo 2º desta Convenção, isso implicará ipso jure a denúncia imediata daquela Convenção;

d) com referência ao emprego marítimo, por um País-membro que faça parte da Convenção (revista) sobre a Idade Mínima (Marítimos), de 1936, e for fixada uma idade mínima de não menos de quinze anos, nos termos do Artigo 2º desta Convenção, ou País-membro definir que o Artigo 3º desta Convenção aplica-se ao emprego marítimo, isso implicará ipso jure a denúncia imediata daquela Convenção;

e) com referência ao emprego em pesca marítima, por um País-membro que faça parte da Convenção sobre a Idade Mínima (Pescadores), de 1959 e for especificada uma idade mínima de não menos de quinze anos, nos termos do Artigo 2º desta Convenção, ou o País-membro especificar que o Artigo 3º desta Convenção aplica-se ao emprego em pesca marítima, isso implicará ipso jure a denúncia imediata daquela Convenção;

f) por um País-membro que for parte da Convenção sobre a Idade Mínima (Trabalho Subterrâneo), de 1965 e for especificada uma idade mínima de não menos de quinze anos, nos termos do Artigo 2º desta Convenção, ou o País-membro estabelecer que essa idade aplica-se a emprego subterrâneo em minas, por força do Artigo 3º desta Convenção, isso implicará ipso jure a denúncia imediata daquela Convenção, a partir do momento em que esta Convenção entrar em vigor.

5. A aceitação das obrigações desta Convenção –

a) implicará a denúncia da Convenção sobre a Idade Mínima (Indústria), de 1919, de conformidade com seu Artigo 12;

b) com referência à agricultura, implicará a denúncia da Convenção sobre a Idade Mínima (Indústria), de 1919, de conformidade com seu Artigo 12;

c) com referência ao emprego marítimo, implicará a denúncia da Convenção sobre a Idade Mínima (Marítimos), de 1920, de conformidade com seu Artigo 10, e da Convenção sobre a Idade Mínima (Estivadores e Foguistas), de 1921, de conformidade com seu Artigo 12, a partir do momento em que esta Convenção entrar em vigor.

Artigo 11

As ratificações formais desta Convenção serão comunicadas, para registro, ao Diretor-Geral da Repartição Internacional do Trabalho.

Artigo 12

1. Esta Convenção obrigará unicamente os Países-membros da Organização Internacional do Trabalho cujas ratificações tiverem sido registradas pelo Diretor-Geral.

2. Esta Convenção entrará em vigor doze meses após a data de registro, pelo Diretor-Geral, das ratificações de dois Países-membros.

3. A partir de então, esta Convenção entrará em vigor, para todo País-membro, doze meses depois do registro de sua ratificação.

Artigo 13

1. O País-membro que ratificar esta Convenção poderá denunciá-la ao final de um período de dez anos, a contar da data de sua entrada em vigor, mediante comunicação ao Diretor-Geral da Repartição Internacional do Trabalho, para registro. A denúncia não terá efeito antes de se completar um ano a contar da data de seu registro.

2. Todo País-membro que ratificar esta Convenção e que, no prazo de um ano após expirado o período de dez anos referido no parágrafo anterior, não tiver exercido o direito de denúncia previsto neste Artigo, ficará obrigado a um novo período de dez anos e, daí por diante, poderá denunciar esta Convenção ao final de cada período de dez anos, nos termos deste Artigo.

Artigo 14

1. O Diretor-Geral da Repartição Internacional do Trabalho dará ciência a todos os Países-membros da Organização do registro de todas as ratificações e denúncias que lhe forem comunicadas pelos Países-membros da Organização.

2. Ao notificar os Países-membros da Organização sobre o registro da segunda ratificação que lhe tiver sido comunicada, o Diretor-Geral lhes chamará a atenção para a data em que a Convenção entrará em vigor.

Artigo 15

O Diretor-Geral da Repartição Internacional do Trabalho comunicará ao Secretário Geral das Nações Unidas, para registro, nos termos do Artigo 102 da Carta das Nações Unidas, informações pormenorizadas sobre todas as ratificações e atos de denúncia por ele registrados, conforme o disposto nos artigos anteriores.

Artigo 16

O Conselho de Administração da Repartição do Trabalho apresentará à Conferência Geral, quando considerar necessário, relatório sobre o desempenho desta Convenção e examinará a conveniência de incluir na pauta da Conferência a questão de sua revisão total ou parcial.

Artigo 17

1. No caso de adotar a Conferência uma nova convenção que reveja total ou parcialmente esta Convenção, a menos que a nova convenção disponha de outro modo,

a) A ratificação, por um País-membro, da nova convenção revisora implicará, ipso jure, a partir do momento em que entrar em vigor a convenção revisora, a denúncia imediata desta Convenção, não obstante os dispositivos do Artigo 13;

b) Esta Convenção deixará de estar sujeita à ratificação pelos Países-membros a partir da data de entrada em vigor da convenção revisora;

c) Esta Convenção continuará a vigorar, na sua forma e conteúdo, nos Países--membros que a ratificaram, mas não ratificarem a convenção revisora.

Artigo 18

As versões em inglês e francês do texto desta Convenção são igualmente autênticas.

CONVENÇÃO 182 DA OIT

Convenção sobre a proibição das piores formas de trabalho infantil e a ação imediata para a sua eliminação

- Promulgada pelo Dec. 3.597/2000 (*DOU* 13.09.2000)

A Conferência Geral da Organização Internacional do Trabalho:

Convocada em Genebra pelo Conselho de Administração da Repartição Internacional do Trabalho e reunida naquela cidade em 1º de junho de 1999 em sua octogésima sétima reunião;

Considerando a necessidade de adotar novos instrumentos para a proibição e eliminação das piores formas de trabalho infantil, principal prioridade da ação nacional e internacional, incluídas a cooperação e a assistência internacionais, como complemento da Convenção e Recomendação sobre a idade mínima de admissão ao emprego 1973, que continuam sendo instrumentos fundamentais sobre o trabalho infantil;

Considerando que a eliminação efetiva das piores formas de trabalho infantil requer uma ação imediata e abrangente que leve em conta importância da educação básica gratuita e a necessidade de liberar de todas essas formas de trabalho as crianças afetadas e assegurar a sua reabilitação e sua inserção social ao mesmo tempo em que são atendidas as necessidades de suas famílias;

Recordando a Resolução sobre a eliminação do trabalho infantil, adotada pela Conferência Internacional do Trabalho em sua 83ª reunião, celebrada em 1996;

Reconhecendo que o trabalho infantil é em grande parte causado pela pobreza e que a solução no longo prazo está no crescimento econômico sustentado conducente ao progresso social, em particular à mitigação da pobreza e à educação universal;

Recordando a Convenção sobre Direitos da Criança adotada pela Assembléia Geral das Nações Unidas em 20 de novembro de 1989;

Recordando a Declaração da OIT relativa aos princípios e direitos fundamentais no trabalho e seu seguimento, adotada pela Conferência Internacional do Trabalho em sua 86ª reunião, celebrada em 1998;

Recordando que algumas das piores formas de trabalho infantil são objeto de outros instrumentos internacionais, em particular a Convenção sobre o trabalho forçado, 1930, e a Convenção suplementar das Nações Unidas sobre a abolição da escravidão, o tráfico de escravos e as instituições e práticas análogas à escravidão, 1956;

Tendo decidido adotar diversas propostas relativas ao trabalho infantil, questão que constitui o quarto ponto da agenda da reunião, e

Tendo determinado que essas propostas tornem a forma de uma convenção internacional, adota, com data de dezessete de junho de mil novecentos e noventa e nove, a seguinte Convenção, que poderá ser citada como Convenção sobre as piores formas de trabalho infantil, 1999:

Artigo 1

Todo Membro que ratifica a presente Convenção deverá adotar medidas imediatas e eficazes para assegurar a proibição e eliminação das piores formas de trabalho infantil, em caráter de urgência.

Artigo 2

Para efeitos da presente Convenção, o termo "criança" designa toda pessoa menor de 18 anos.

Artigo 3

Para efeitos da presente Convenção, a expressão "as piores formas de trabalho infantil" abrange:

a) todas as formas de escravidão ou práticas análogas à escravidão, tais como a venda e tráfico de crianças, a servidão por dívidas e a condição de servo, e o trabalho forçado ou obrigatório, inclusive o recrutamento forçado ou obrigatório de crianças para serem utilizadas em conflitos armados;

b) a utilização, o recrutamento ou a oferta de crianças para a prostituição, a produção de pornografia ou atuações pornográficas;

c) a utilização, recrutamento ou a oferta de crianças para a realização de atividades ilícitas, em particular a produção e o tráfico de entorpecentes, tais com definidos nos tratados internacionais pertinentes; e,

d) o trabalho que, por sua natureza ou pelas condições em que é realizado, é suscetível de prejudicar a saúde, a segurança ou a moral das crianças.

- V. Dec. 6.481/2008 (Regulamenta os art. 3º, alínea *d*, e 4º da Convenção 182 da Organização Internacional do Trabalho – OIT).

Artigo 4

1. Os tipos de trabalhos a que se refere o Artigo 3, d), deverão ser determinados pela legislação nacional ou pela autoridade competente, após consulta às organizações de empregadores e de trabalhadores interessadas e levando em consideração as normas internacionais na matéria, em particular os parágrafos 3º e 4º da Recomendação sobre as piores formas de trabalho infantil, 1999.

2. A autoridade competente, após consulta às organizações de empregados e de trabalhadores interessadas, deverá localizar os tipos de trabalho determinados conforme o parágrafo 1º deste Artigo.

3. A lista dos tipos de trabalho determinados conforme o parágrafo 1º deste Artigo deverá ser examinada periodicamente e, caso necessário, revista, em consulta com as organizações de empregados e de trabalhadores interessadas.

- V. Dec. 6.481/2008 (Regulamenta os art. 3º, alínea *d*, e 4º da Convenção 182 da Organização Internacional do Trabalho – OIT).

Artigo 5

1. Todo Membro, após consulta às organizações de empregadores e de trabalhadores, deverá estabelecer ou designar mecanismos apropriados para monitorar a aplicação dos dispositivos que colocam em vigor a presente Convenção.

Artigo 6

1. Todo membro deverá elaborar e implementar programas de ação para eliminar, como medida prioritária, as piores formas de trabalho infantil.

2. Esses programas de ação deverão ser elaborados e implementados em consulta com as instituições governamentais competentes e as organizações de empregadores e de trabalhadores, levando em consideração as opiniões de outros grupos interessados, caso apropriado.

Artigo 7

1. Todo Membro deverá adotar todas as medidas necessárias para garantir a aplicação efetiva e o cumprimento dos dispositivos que colocam em vigor a presente Convenção, inclusive o estabelecimento e a aplicação de sanções penais ou outras sanções, conforme o caso.

2. Todo Membro deverá adotar, levando em consideração a importância para a eliminação de trabalho infantil, medidas eficazes e em prazo determinado, com o fim de:

a) impedir a ocupação de crianças nas piores formas de trabalho infantil;

b) prestar a assistência direta necessária e adequada para retirar as crianças das piores formas de trabalho infantil e assegurar sua reabilitação e inserção social;

c) assegurar o acesso ao ensino básico gratuito e, quando for possível e adequado, à formação profissional a todas as crianças que tenham sido retiradas das piores formas de trabalho infantil;

d) identificar as crianças que estejam particularmente expostas a riscos e entrar em contato direto com elas; e,

e) levar em consideração a situação particular das meninas.

3. Todo Membro deverá designar a autoridade competente encarregada da aplicação dos dispositivos que colocam em vigor a presente Convenção.

Artigo 8

Os Membros deverão tomar medidas apropriadas para apoiar-se reciprocamente na aplicação dos dispositivos da presente Convenção por meio de uma cooperação e/ou assistência internacionais intensificadas, as quais venham a incluir o apoio ao desenvolvimento social e econômico, aos programas de erradicação da pobreza e à educação universal.

Artigo 9

As ratificações formais da presente Convenção serão comunicadas, para registro, ao Diretor-Geral da Repartição Internacional do Trabalho.

Artigo 10

1. Esta Convenção obrigará unicamente aqueles Membros da Organização Internacional do Trabalho cujas ratificações tenham sido registradas pelo Diretor-Geral da Repartição Internacional do Trabalho.

2. Entrará em vigor 12 (doze) meses depois da data em que as ratificações de 2 (dois) dos Membros tenham sido registradas pelo Diretor-Geral.

3. A partir desse momento, esta Convenção entrará em vigor, para cada Membro, 12 (doze) meses após a data em que tenha sido registrada sua ratificação.

Artigo 11

1. Todo Membro que tenha ratificado esta Convenção poderá denunciá-la ao expirar um período de 10 (dez) anos, a partir da data em que tenha entrado em vigor, mediante ata comunicada, para registro, ao Diretor-Geral da Repartição Internacional do Trabalho. A denúncia não surtirá efeito até 1 (um) ano após a data em que tenha sido registrada.

2. Todo Membro que tenha ratificado esta Convenção e que, no prazo de 1 (um) ano após a expiração do período de 10 (dez) anos mencionados no parágrafo precedente, não faça uso do direito de denúncia previsto neste Artigo ficará obrigado durante um novo período de 10 (dez anos), podendo, sucessivamente, denunciar esta Convenção ao expirar cada período de 10 (dez) anos, nas condições previstas neste Artigo.

Artigo 12

1. O Diretor-Geral da Repartição Internacional do Trabalho notificará todos os membros da Organização Internacional do Trabalho do registro de todas as ratificações e atas de denúncia que lhe forem comunicadas pelos Membros da Organização.

2. Ao notificar os Membros da Organização do registro da segunda ratificação que lhe tenha sido comunicada, o Diretor-Geral informará os Membros da Organização sobre a data de entrada em vigor da presente Convenção.

Artigo 13

O Diretor-Geral da Repartição Internacional do Trabalho apresentará ao Secretário-Geral das Nações Unidas, para efeitos de registro e em conformidade com o Artigo 102 da Carta das Nações Unidas, informação completa sobre todas as ratificações e atas de denúncia que tenha registrado de acordo com os Artigos precedentes.

Artigo 14

Sempre que julgar necessário, o Conselho de Administração da Repartição Internacional do Trabalho apresentará à Conferência Geral um relatório sobre a aplicação da Convenção e examinará a conveniência de incluir na agenda da Conferência a questão de sua revisão total ou parcial.

Artigo 15

1. Caso a Conferência adote uma nova Convenção que revise, total ou parcialmente, a presente, e a menos que a nova Convenção contenha dispositivos em contrário:

a) a ratificação, por um Membro, da nova Convenção revisora implicará ipso jure a denúncia imediata desta Convenção, não obstante os dispositivos contidos no Artigo 11, desde que a nova Convenção revisora tenha entrado em vigor;

b) a partir da data em que entrar em vigor a nova Convenção revigora, a presente Convenção cessará de estar à ratificação pelos Membros.

2. Esta Convenção continuará em vigor em qualquer hipótese, em sua forma e conteúdo atuais, para os Membros que a tenham ratificado, mas não tenham ratificado a Convenção revisora.

Artigo 16

As versões inglesa e francesa do texto desta Convenção são igualmente autênticas.

CONVENÇÕES OIT DISPONÍVEIS EM PROVIEW

6	Trabalho Noturno dos Menores na Indústria
11	Direito de Sindicalização na Agricultura
12	Indenização por Acidente do Trabalho na Agricultura
14	Repouso Semanal na Indústria
16	Exame Médico de Menores no Trabalho Marítimo
19	Igualdade de Tratamento (Indenização por Acidente de Trabalho)
21	Inspeção dos Emigrantes a Bordo dos Navios
22	Contrato de Engajamento de Marinheiros
26	Métodos de Fixação de Salários Mínimos
42	Indenização por Enfermidade Profissional (Revista, 1934)
45	Emprego de Mulheres nos Trabalhos Subterrâneos das Minas
53	Certificados de Capacidade dos Oficiais da Marinha Mercante
80	Revisão dos Artigos Finais
81	Inspeção do Trabalho na Indústria e no Comércio
88	Organização do Serviço de Emprego
89	Trabalho Noturno das Mulheres na Indústria (Revista, 1948)
92	Alojamento de Tripulação a Bordo (Revista, 1949)
94	Cláusulas de Trabalho em Contratos com Órgãos Públicos
95	Proteção do Salário
97	Trabalhadores Migrantes (Revista, 1949)
99	Métodos de Fixação de Salário Mínimo na Agricultura
102	Normas Mínimas da Seguridade Social
103	Amparo à Maternidade (Revista, 1952)
104	Abolição das Sanções Penais no Trabalho Indígena
106	Repouso Semanal no Comércio e nos Escritórios
109	Sobre os Salários, a Duração do Trabalho a Bordo e as Lotações (Revista em 1958)
113	Exame Médico dos Pescadores
115	Proteção Contra as Radiações
116	Revisão dos Artigos Finais
117	Objetivos e Normas Básicas da Política Social
118	Igualdade de Tratamento entre Nacionais e Estrangeiros em Previdência Social
119	Proteção das Máquinas
120	Higiene no Comércio e nos Escritórios

Convenções OIT

122	Política de Emprego
124	Exame Médico dos Adolescentes para o Trabalho Subterrâneo nas Minas
125	Certificados de Capacidade dos Pescadores
126	Alojamento a Bordo dos Navios de Pesca
127	Peso Máximo das Cargas
131	Fixação de Salários Mínimos, Especialmente nos Países em Desenvolvimento
132	Férias Remuneradas (Revista, 1970)
133	Alojamento a Bordo de Navios (Disposições Complementares)
134	Prevenção de Acidentes do Trabalho dos Marítimos
135	Proteção de Representantes dos Trabalhadores
136	Proteção Contra os Riscos da Intoxicação pelo Benzeno
137	Trabalho Portuário
139	Prevenção e Controle de Riscos Profissionais Causados por Substâncias ou Agentes Cancerígenos
140	Licença Remunerada para Estudos
141	Organizações de Trabalhadores Rurais
142	Desenvolvimento de Recursos Humanos
144	Consultas Tripartites sobre Normas Internacionais do Trabalho
145	Continuidade no Emprego do Marítimo
146	Relativa às Férias Anuais Pagas dos Marítimos
147	Normas Mínimas da Marinha Mercante
148	Contaminação do Ar, Ruído e Vibrações
151	Direito de Sindicalização e Relações de Trabalho na Administração Pública
152	Segurança e Higiene dos Trabalhos Portuários
154	Fomento à Negociação Coletiva
155	Segurança e Saúde dos Trabalhadores
159	Reabilitação Profissional e Emprego de Pessoas Deficientes
160	Estatísticas do Trabalho
161	Serviços de Saúde do Trabalho
162	Utilização do Amianto com Segurança
163	Bem-Estar dos Trabalhadores Marítimos no Mar e no Porto
164	Proteção à Saúde e Assistência Médica aos Trabalhadores Marítimos
166	Repatriação de Trabalhadores Marítimos (Revista, 1987)
167	Sobre a Segurança e Saúde na Construção
168	Promoção do Emprego e Proteção Contra o Desemprego
169	Sobre Povos Indígenas e Tribais
170	Segurança no Trabalho com Produtos Químicos
171	Trabalho Noturno
174	Sobre a Prevenção de Acidentes Industriais Maiores
176	Sobre segurança e saúde nas minas
178	Relativa à Inspeção das Condições de Vida e de Trabalho dos Trabalhadores Marítimos
185	Sobre os Documentos de Identidade da gente do mar (Revisada)
189	Trabalho decente para as Trabalhadoras e os Trabalhadores Domésticos

Tratados

3

DECLARAÇÃO UNIVERSAL DOS DIREITOS HUMANOS

Preâmbulo

Considerando que o reconhecimento da dignidade inerente a todos os membros da família humana e dos seus direitos iguais e inalienáveis constitui o fundamento da liberdade, da justiça e da paz no mundo;

Considerando que o desconhecimento e o desprezo dos direitos do Homem conduziram a actos de barbárie que revoltam a consciência da Humanidade e que o advento de um mundo em que os seres humanos sejam livres de falar e de crer, libertos do terror e da miséria, foi proclamado como a mais alta inspiração do Homem;

Considerando que é essencial a proteção dos direitos do Homem através de um regime de direito, para que o Homem não seja compelido, em supremo recurso, à revolta contra a tirania e a opressão;

Considerando que é essencial encorajar o desenvolvimento de relações amistosas entre as nações;

Considerando que, na Carta, os povos das Nações Unidas proclamam, de novo, a sua fé nos direitos fundamentais do Homem, na dignidade e no valor da pessoa humana, na igualdade de direitos dos homens e das mulheres e se declaram resolvidos a favorecer o progresso social e a instaurar melhores condições de vida dentro de uma liberdade mais ampla;

Considerando que os Estados membros se comprometeram a promover, em cooperação com a Organização das Nações Unidas, o respeito universal e efectivo dos direitos do Homem e das liberdades fundamentais;

Considerando que uma concepção comum destes direitos e liberdades é da mais alta importância para dar plena satisfação a tal compromisso:

A Assembléia Geral proclama a presente Declaração Universal dos Direitos Humanos como ideal comum a atingir por todos os povos e todas as nações, a fim de que todos os indivíduos e todos os orgãos da sociedade, tendo-a constantemente no espírito, se esforcem, pelo ensino e pela educação, por desenvolver o respeito desses direitos e liberdades e por promover, por medidas progressivas de ordem nacional e internacional, o seu reconhecimento e a sua aplicação universais e efectivos tanto entre as populações dos próprios Estados membros como entre as dos territórios colocados sob a sua jurisdição.

Artigo 1º

Todos os seres humanos nascem livres e iguais em dignidade e em direitos. Dotados de razão e de consciência, devem agir uns para com os outros em espírito de fraternidade.

Artigo 2º

Todos os seres humanos podem invocar os direitos e as liberdades proclamados na presente Declaração, sem distinção alguma, nomeadamente de raça, de cor, de sexo, de língua, de religião, de opinião política ou outra, de origem nacional ou social, de fortuna, de nascimento ou de qualquer outra situação. Além disso, não será feita nenhuma distinção fundada no estatuto político, jurídico ou internacional do país ou do território da naturalidade da pessoa, seja esse país ou território independente, sob tutela, autônomo ou sujeito a alguma limitação de soberania.

Artigo 3º

Todo indivíduo tem direito à vida, à liberdade e à segurança pessoal.

Artigo 4º

Ninguém será mantido em escravatura ou em servidão; a escravatura e o trato dos escravos, sob todas as formas, são proibidos.

Artigo 5º

Ninguém será submetido a tortura nem a penas ou tratamentos cruéis, desumanos ou degradantes.

Artigo 6º

Todos os indivíduos têm direito ao reconhecimento, em todos os lugares, da sua personalidade jurídica.

Artigo 7º

Todos são iguais perante a lei e, sem distinção, têm direito a igual protecção da lei. Todos têm direito a protecção igual contra qualquer discriminação que viole a presente Declaração e contra qualquer incitamento a tal discriminação.

Artigo 8º

Toda a pessoa tem direito a recurso efectivo para as jurisdições nacionais competentes contra os actos que violem os direitos fundamentais reconhecidos pela Constituição ou pela lei.

Artigo 9º

Ninguém pode ser arbitrariamente preso, detido ou exilado.

Artigo 10

Toda a pessoa tem direito, em plena igualdade, a que a sua causa seja equitativa e publicamente julgada por um tribunal independente e imparcial que decida dos seus direitos e obrigações ou das razões de qualquer acusação em matéria penal que contra ela seja deduzida.

Artigo 11

1. Toda a pessoa acusada de um acto delituoso presume-se inocente até que a sua culpabilidade fique legalmente provada no decurso de um processo público em que todas as garantias necessárias de defesa lhe sejam asseguradas.

2. Ninguém será condenado por acções ou omissões que, no momento da sua prática, não constituíam acto delituoso à face do direito interno ou internacional. Do mesmo modo, não será infligida pena mais grave do que a que era aplicável no momento em que o acto delituoso foi cometido.

Artigo 12

Ninguém sofrerá intromissões arbitrárias na sua vida privada, na sua família, no seu domicílio ou na sua correspondência, nem ataques à sua honra e reputação. Contra tais intromissões ou ataques toda a pessoa tem direito a protecção da lei.

Artigo 13

Toda a pessoa tem o direito de livremente circular e escolher a sua residência no interior de um Estado.

Toda a pessoa tem o direito de abandonar o país em que se encontra, incluindo o seu, e o direito de regressar ao seu país.

Artigo 14

Toda a pessoa sujeita a perseguição tem o direito de procurar e de beneficiar de asilo em outros países.

Este direito não pode, porém, ser invocado no caso de processo realmente existente por crime de direito comum ou por actividades contrárias aos fins e aos princípios das Nações Unidas.

Artigo 15

Todo o indivíduo tem direito a ter uma nacionalidade.

Ninguém pode ser arbitrariamente privado da sua nacionalidade nem do direito de mudar de nacionalidade.

Artigo 16

A partir da idade núbil, o homem e a mulher têm o direito de casar e de constituir família, sem restrição alguma de raça, nacionalidade ou religião. Durante o casamento e na altura da sua dissolução, ambos têm direitos iguais.

O casamento não pode ser celebrado sem o livre e pleno consentimento dos futuros esposos.

A família é o elemento natural e fundamental da sociedade e tem direito à proteção desta e do Estado.

Artigo 17

Toda a pessoa, individual ou colectiva, tem direito à propriedade.

Ninguém pode ser arbitrariamente privado da sua propriedade.

Artigo 18

Toda a pessoa tem direito à liberdade de pensamento, de consciência e de religião; este direito implica a liberdade de mudar de religião ou de convicção, assim como a liberdade de manifestar a religião ou convicção, sozinho ou em comum, tanto em público como em privado, pelo ensino, pela prática, pelo culto e pelos ritos.

Artigo 19

Todo o indivíduo tem direito à liberdade de opinião e de expressão, o que implica o direito de não ser inquietado pelas suas opiniões e o de procurar, receber e difundir, sem consideração de fronteiras, informações e idéias por qualquer meio de expressão.

Artigo 20

Toda a pessoa tem direito à liberdade de reunião e de associação pacíficas.

Ninguém pode ser obrigado a fazer parte de uma associação.

Artigo 21

Toda a pessoa tem o direito de tomar parte na direcção dos negócios, públicos do seu país, quer directamente, quer por intermédio de representantes livremente escolhidos.

Toda a pessoa tem direito de acesso, em condições de igualdade, às funções públicas do seu país.

A vontade do povo é o fundamento da autoridade dos poderes públicos: e deve exprimir-se através de eleições honestas a realizar periodicamente por sufrágio universal e igual, com voto secreto ou segundo processo equivalente que salvaguarde a liberdade de voto.

Artigo 22

Toda a pessoa, como membro da sociedade, tem direito à segurança social; e pode legitimamente exigir a satisfação dos direitos econômicos, sociais e culturais indispensáveis, graças ao esforço nacional e à cooperação internacional, de harmonia com a organização e os recursos de cada país.

Artigo 23

Toda a pessoa tem direito ao trabalho, à livre escolha do trabalho, a condições equitativas e satisfatórias de trabalho e à protecção contra o desemprego.

Todos têm direito, sem discriminação alguma, a salário igual por trabalho igual.

Quem trabalha tem direito a uma remuneração equitativa e satisfatória, que lhe permita e à sua família uma existência conforme com a dignidade humana, e completada, se possível, por todos os outros meios de protecção social.

Toda a pessoa tem o direito de fundar com outras pessoas sindicatos e de se filiar em sindicatos para defesa dos seus interesses.

Artigo 24

Toda a pessoa tem direito ao repouso e aos lazeres, especialmente, a uma limitação razoável da duração do trabalho e as férias periódicas pagas.

Artigo 25

Toda a pessoa tem direito a um nível de vida suficiente para lhe assegurar e à sua família a saúde e o bem-estar, principalmente quanto à alimentação, ao vestuário, ao alojamento, à assistência médica e ainda quanto aos serviços sociais necessários, e tem direito à segurança no desemprego, na doença, na invalidez, na viuvez, na velhice ou noutros casos de perda de meios de subsistência por circunstâncias independentes da sua vontade.

A maternidade e a infância têm direito a ajuda e a assistência especiais. Todas as crianças, nascidas dentro ou fora do matrimônio, gozam da mesma protecção social.

Artigo 26

Toda a pessoa tem direito à educação. A educação deve ser gratuita, pelo menos a correspondente ao ensino elementar fundamental. O ensino elementar é obrigatório. O ensino técnico e profissional dever ser generalizado; o acesso aos estudos superiores deve estar aberto a todos em plena igualdade, em função do seu mérito.

A educação deve visar à plena expansão da personalidade humana e ao reforço dos direitos do Homem e das liberdades fundamentais e deve favorecer a compreensão, a tolerância e a amizade entre todas as nações e todos os grupos raciais ou religiosos, bem como o desenvolvimento das actividades das Nações Unidas para a manutenção da paz.

Aos pais pertence a prioridade do direito de escholher o género de educação a dar aos filhos.

Artigo 27

Toda a pessoa tem o direito de tomar parte livremente na vida cultural da comunidade, de fruir as artes e de participar no progresso científico e nos benefícios que deste resultam.

Todos têm direito à protecção dos interesses morais e materiais ligados a qualquer produção científica, literária ou artística da sua autoria.

Artigo 28

Toda a pessoa tem direito a que reine, no plano social e no plano internacional, uma ordem capaz de tornar plenamente efectivos os direitos e as liberdades enunciadas na presente Declaração.

Artigo 29

O indivíduo tem deveres para com a comunidade, fora da qual não é possível o livre e pleno desenvolvimento da sua personalidade.

No exercício deste direito e no gozo destas liberdades ninguém está sujeito senão às limitações estabelecidas pela lei com vista exclusivamente a promover o reconhecimento e o respeito dos direitos e liberdades dos outros e a fim de satisfazer as justas exigências da moral, da ordem pública e do bem-estar numa sociedade democrática.

Em caso algum estes direitos e liberdades poderão ser exercidos contrariamente e aos fins e aos princípios das Nações Unidas.

Artigo 30

Nenhuma disposição da presente Declaração pode ser interpretada de maneira a envolver para qualquer Estado, agrupamento ou indivíduo o direito de se entregar a alguma actividade ou de praticar algum acto destinado a destruir os direitos e liberdades aqui enunciados.

PACTO INTERNACIONAL SOBRE DIREITOS ECONÔMICOS, SOCIAIS E CULTURAIS

- Promulgado pelo Dec. 591/92 (*DOU* 07.07.1992).

Preâmbulo

Os Estados Partes do presente Pacto,

Considerando que, em conformidade com os princípios proclamados na Carta das Nações Unidas, o relacionamento da dignidade inerente a todos os membros da família humana e dos seus direitos iguais e inalienáveis constitui o fundamento da liberdade, da justiça e da paz no mundo,

Reconhecendo que esses direitos decorrem da dignidade inerente à pessoa humana,

Reconhecendo que, em conformidade com a Declaração Universal dos Direitos do Homem. O ideal do ser humano livre, liberto do temor e da miséria. Não pode ser realizado a menos que se criem condições que permitam a cada um gozar de seus direitos econômicos, sociais e culturais, assim como de seus direitos civis e políticos,

Considerando que a Carta das Nações Unidas impõe aos Estados a obrigação de promover o respeito universal e efetivo dos direitos e das liberdades do homem,

Compreendendo que o indivíduo, por ter deveres para com seus semelhantes e para com a coletividade a que pertence, tem a obrigação de lutar pela promoção e observância dos direitos reconhecidos no presente Pacto,

Acordam o seguinte:

PARTE I

Artigo 1º

1. Todos os povos têm direito a autodeterminação. Em virtude desse direito, determinam livremente seu estatuto político e asseguram livremente seu desenvolvimento econômico, social e cultural.

2. Para a consecução de seus objetivos, todos os povos podem dispor livremente de suas riquezas e de seus recursos naturais, sem prejuízo das obrigações decorrentes da cooperação econômica internacional, baseada no princípio do proveito mútuo, e do Direito Internacional. Em caso algum, poderá um povo ser privado de seus próprios meios de subsistência.

3. Os Estados Partes do Presente Pacto, inclusive aqueles que tenham a responsabilidade de administrar territórios não-autônomos e territórios sob tutela, deverão promover o exercício do direito à autodeterminação e respeitar esse direito, em conformidade com as disposições da Carta das Nações Unidas.

PARTE II

Artigo 2º

1. Cada Estado Parte do presente Pacto compromete-se a adotar medidas, tanto por esforço próprio como pela assistência e cooperação internacionais, principalmente nos planos econômico e técnico, até o máximo de seus recursos disponíveis, que visem a assegurar, progressivamente, por todos os meios apropriados, o pleno exercício dos direitos reconhecidos no presente Pacto, incluindo, em particular, a adoção de medidas legislativas.

2. Os Estados Partes do presente Pacto comprometem-se a garantir que os direitos nele enunciados e exercerão em discriminação alguma por motivo de raça, cor, sexo, língua, religião, opinião política ou de outra natureza, origem nacional ou social, situação econômica, nascimento ou qualquer outra situação.

3. Os países em desenvolvimento, levando devidamente em consideração os direitos humanos e a situação econômica nacional, poderão determinar em que garantirão os direitos econômicos reconhecidos no presente Pacto àqueles que não sejam seus nacionais.

Artigo 3º

Os Estados Partes do presente Pacto comprometem-se a assegurar a homens e mulheres igualdade no gozo de todos os direitos econômicos, sociais e culturais enumerados no presente Pacto.

Artigo 4º

Os Estados Partes do presente Pacto reconhecem que, no exercício dos direitos assegurados em conformidade com presente Pacto pelo Estado, este poderá submeter tais direitos unicamente às limitações estabelecidas em lei, somente na medida compatível com a natureza desses direitos e exclusivamente com o objetivo de favorecer o bem-estar geral em uma sociedade democrática.

Artigo 5º

1. Nenhuma das disposições do presente Pacto poderá ser interpretada no sentido de reconhecer a um Estado, grupo ou indivíduo qualquer direito de dedicar-se a quaisquer atividades ou de praticar quaisquer atos que tenham por objetivo destruir os direitos ou liberdades reconhecidos no presente Pacto ou impor-lhe limitações mais amplas do que aquelas nele previstas.

2. Não se admitirá qualquer restrição ou suspensão dos direitos humanos fundamentais reconhecidos ou vigentes em qualquer país em virtude de leis, convenções, regulamentos ou costumes, sob pretexto de que o presente Pacto não os reconheça ou os reconheça em menor grau.

PARTE III

Artigo 6º

1. Os Estados Partes do presente Pacto reconhecem o direito ao trabalho, que compreende o direito de toda pessoa de ter a possibilidade de ganhar a vida mediante um trabalho livremente escolhido ou aceito, e tomarão medidas apropriadas para salvaguardar esse direito.

2. As medidas que cada Estado Parte do presente Pacto tomará a fim de assegurar o pleno exercício desse direito deverão incluir a orientação e a formação técnica e profissional, a elaboração de programas, normas e técnicas apropriadas para assegurar um desenvolvimento econômico, social e cultural constante e o pleno emprego produtivo em condições que salvaguardem aos indivíduos o gozo das liberdades políticas e econômicas fundamentais.

Artigo 7º

Os Estados Partes do presente Pacto reconhecem o direito de toda pessoa de gozar de condições de trabalho justas e favoráveis, que assegurem especialmente:

a) Uma remuneração que proporcione, no mínimo, a todos os trabalhadores:

I) Um salário eqüitativo e uma remuneração igual por um trabalho de igual valor, sem qualquer distinção; em particular, as mulheres deverão ter a garantia de condições de trabalho não inferiores às dos homens e perceber a mesma remuneração que eles por trabalho igual;

II) Uma existência decente para eles e suas famílias, em conformidade com as disposições do presente Pacto;

b) A segurança e a higiene no trabalho;

c) Igual oportunidade para todos de serem promovidos, em seu Trabalho, à categoria superior que lhes corresponda, sem outras considerações que as de tempo de trabalho e capacidade;

d) O descanso, o lazer, a limitação razoável das horas de trabalho e férias periódicas remuneradas, assim como a remuneração dos feridos.

Artigo 8º

1. Os Estados Partes do presente Pacto comprometem-se a garantir:

a) O direito de toda pessoa de fundar com outras, sindicatos e de filiar-se ao sindicato de escolha, sujeitando-se unicamente aos estatutos da organização interessada, com o objetivo de promover e de proteger seus interesses econômicos e sociais. O exercício desse direito só poderá ser objeto das restrições previstas em lei e que sejam necessárias, em uma sociedade democrática, no interesse da segurança nacional ou da ordem pública, ou para proteger os direitos e as liberdades alheias;

b) O direito dos sindicatos de formar federações ou confederações nacionais e o direito destas de formar organizações sindicais internacionais ou de filiar-se às mesmas.

c) O direito dos sindicatos de exercer livremente suas atividades, sem quaisquer limitações além daquelas previstas em lei e que sejam necessárias, em uma sociedade democrática, no interesse da segurança nacional ou da ordem pública, ou para proteger os direitos e as liberdades das demais pessoas:

d) O direito de greve, exercido de conformidade com as leis de cada país.

2. O presente artigo não impedirá que se submeta a restrições legais o exercício desses direitos pelos membros das forças armadas, da política ou da administração pública.

3. Nenhuma das disposições do presente artigo permitirá que os Estados Partes da Convenção de 1948 da Organização Internacional do Trabalho, relativa à liberdade sindical e à proteção do direito sindical, venham a adotar medidas legislativas que restrinjam - ou a aplicar a lei de maneira a restringir as garantias previstas na referida Convenção.

Artigo 9º

Os Estados Partes do presente Pacto reconhecem o direito de toda pessoa à previdência social, inclusive ao seguro social.

Artigo 10

Os Estados Partes do presente Pacto reconhecem que:

1. Deve-se conceder à família, que é o elemento natural e fundamental da sociedade, as mais amplas proteção e assistência possíveis, especialmente para a sua constituição e enquanto ele for responsável pela criação e educação dos filhos. O matrimonio deve ser contraído com o livre consentimento dos futuros cônjuges.

2. Deve-se conceder proteção especial às mães por um período de tempo razoável antes e depois do parto. Durante esse período, deve-se conceder às mães que trabalham licença remunerada ou licença acompanhada de benefícios previdenciários adequados.

3. Devem-se adotar medidas especiais de proteção e de assistência em prol de todas as crianças e adolescentes, sem distinção alguma por motivo de filiação ou qualquer outra condição. Devem-se proteger as crianças e adolescentes contra a exploração econômica e social. O emprego de crianças e adolescentes em trabalhos que lhes sejam nocivos à moral e à saúde ou que lhes façam correr perigo de vida, ou ainda que lhes venham a prejudicar o desenvolvimento norma, será punido por lei.

Os Estados devem também estabelecer limites de idade sob os quais fique proibido e punido por lei o emprego assalariado da mão-de-obra infantil.

Artigo 11

1. Os Estados Partes do presente Pacto reconhecem o direito de toda pessoa a um nível de vida adequando para si próprio e sua família, inclusive à alimentação, vestimenta e moradia adequadas, assim como a uma melhoria contínua de suas condições de vida. Os Estados Partes tomarão medidas apropriadas para assegurar a consecução desse direito, reconhecendo, nesse sentido, a importância essencial da cooperação internacional fundada no livre consentimento.

2. Os Estados Partes do presente Pacto, reconhecendo o direito fundamental de toda pessoa de estar protegida contra a fome, adotarão, individualmente e mediante cooperação internacional, as medidas, inclusive programas concretos, que se façam necessárias para:

a) Melhorar os métodos de produção, conservação e distribuição de gêneros alimentícios pela plena utilização dos conhecimentos técnicos e científicos, pela difusão de princípios de educação nutricional e pelo aperfeiçoamento ou reforma dos regimes agrários, de maneira que se assegurem a exploração e a utilização mais eficazes dos recursos naturais;

b) Assegurar uma repartição eqüitativa dos recursos alimentícios mundiais em relação às necessidades, levando-se em conta os problemas tanto dos países importadores quanto dos exportadores de gêneros alimentícios.

Artigo 12

1. Os Estados Partes do presente Pacto reconhecem o direito de toda pessoa de desfrutar o mais elevado nível possível de saúde física e mental.

2. As medidas que os Estados Partes do presente Pacto deverão adotar com o fim de assegurar o pleno exercício desse direito incluirão as medidas que se façam necessárias para assegurar:

a) A diminuição da mortinatalidade e da mortalidade infantil, bem como o desenvolvimento é das crianças;

b) A melhoria de todos os aspectos de higiene do trabalho e do meio ambiente;

c) A prevenção e o tratamento das doenças epidêmicas, endêmicas, profissionais e outras, bem como a luta contra essas doenças;

d) A criação de condições que assegurem a todos assistência médica e serviços médicos em caso de enfermidade.

Artigo 13

1. Os Estados Partes do presente Pacto reconhecem o direito de toda pessoa à educação. Concordam em que a educação deverá visar ao pleno desenvolvimento da personalidade humana e do sentido de sua dignidade e fortalecer o respeito pelos direitos humanos e liberdades fundamentais. Concordam ainda em que a educação deverá capacitar todas as pessoas a participar efetivamente de uma sociedade livre, favorecer a compreensão, a tolerância e a amizade entre todas as nações e entre todos os grupos raciais, étnicos ou religiosos e promover as atividades das Nações Unidas em prol da manutenção da paz.

2. Os Estados Partes do presente Pacto reconhecem que, com o objetivo de assegurar o pleno exercício desse direito:

a) A educação primaria deverá ser obrigatória e acessível gratuitamente a todos;

b) A educação secundária em suas diferentes formas, inclusive a educação secundária técnica e profissional, deverá ser generalizada e torna-se acessível a todos, por todos os meios apropriados e, principalmente, pela implementação progressiva do ensino gratuito;

c) A educação de nível superior deverá igualmente torna-se acessível a todos, com base na capacidade de cada um, por todos os meios apropriados e, principalmente, pela implementação progressiva do ensino gratuito;

d) Dever-se-á fomentar e intensificar, na medida do possível, a educação de base para aquelas pessoas que não receberam educação primaria ou não concluíram o ciclo completo de educação primária;

e) Será preciso prosseguir ativamente o desenvolvimento de uma rede escolar em todos os níveis de ensino, implementar-se um sistema adequado de bolsas de estudo e melhorar continuamente as condições materiais do corpo docente.

1. Os Estados Partes do presente Pacto comprometem-se a respeitar a liberdade dos pais e, quando for o caso, dos tutores legais de escolher para seus filhos escolas distintas daquelas criadas pelas autoridades públicas, sempre que atendam aos padrões mínimos de ensino prescritos ou aprovados pelo Estado, e de fazer com que seus filhos venham a receber educação religiosa ou moral que esteja de acordo com suas próprias convicções.

2. Nenhuma das disposições do presente artigo poderá ser interpretada no sentido de restringir a liberdade de indivíduos e de entidades de criar e dirigir instituições de ensino, desde que respeitados os princípios enunciados no parágrafo 1 do presente artigo e que essas instituições observem os padrões mínimos prescritos pelo Estado.

Artigo 14

Todo Estado Parte do presente pacto que, no momento em que se tornar Parte, ainda não tenha garantido em seu próprio território ou territórios sob sua jurisdição a obrigatoriedade e a gratuidade da educação primária, se compromete a elaborar e a adotar, dentro de um prazo de 2 (dois) anos, um plano de ação detalhado destinado à implementação progressiva, dentro de um número razoável de anos estabelecidos no próprio plano, do princípio da educação primária obrigatória e gratuita para todos.

Artigo 15

1. Os Estados Partes do presente Pacto reconhecem a cada indivíduo o direito de:

a) Participar da vida cultural;

b) Desfrutar o processo cientifico e suas aplicações;

c) Beneficiar-se da proteção dos interesses morais e materiais decorrentes de toda a produção cientifica, literária ou artística de que seja autor.

2. As Medidas que os Estados Partes do Presente Pacto deverão adotar com a finalidade de assegurar o pleno exercício desse direito incluirão aquelas necessárias à convenção, ao desenvolvimento e à difusão da ciência e da cultura.

3. Os Estados Partes do presente Pacto comprometem-se a respeitar a liberdade de indispensável à pesquisa cientifica e à atividade criadora.

4. Os Estados Partes do presente Pacto reconhecem os benefícios que derivam do fomento e do desenvolvimento da cooperação e das relações internacionais no domínio da ciência e da cultura.

PARTE IV

Artigo 16

1. Os Estados Partes do presente Pacto comprometem-se a apresentar, de acordo com as disposições da presente parte do Pacto, relatórios sobre as medidas que tenham adotado e sobre o progresso realizado com o objetivo de assegurar a observância dos direitos reconhecidos no Pacto.

2. *a)* Todos os relatórios deverão ser encaminhados ao Secretário-Geral da Organização das Nações Unidas, o qual enviará cópias dos mesmos ao Conselho Econômico e Social, para exame, de acordo com as disposições do presente Pacto.

b) O Secretário-Geral da Organização das Nações Unidas encaminhará também às agências especializadas cópias dos relatórios — ou de todas as partes pertinentes dos mesmos enviados pelos Estados Partes do presente Pacto que sejam igualmente membros das referidas agências especializadas, na medida em que os relatórios, ou partes deles, guardem relação com questão que sejam da competência de tais agências, nos termos de seus respectivos instrumentos constitutivos.

Artigo 17

1. Os Estados Partes do presente Pacto apresentarão seus relatórios por etapas, segundo um programa a ser estabelecido pelo Conselho Econômico e Social no prazo de 1 (um) ano a contar da data da entrada em vigor do presente Pacto, após consulta aos Estados Partes e às agências especializadas interessadas.

2. Os relatórios poderão indicar os fatores e as dificuldades que prejudiquem o pleno cumprimento das obrigações previstas no presente Pacto.

3. Caso as informações pertinentes já tenham sido encaminhadas à Organização das Nações Unidas ou a uma agência especializada por um Estado Parte, não será necessário reproduzir as referidas informações, sendo suficiente uma referência precisa às mesmas.

Artigo 18

Em virtude das responsabilidades que lhe são conferidas pela Carta das Nações Unidas no domínio dos direitos humanos e das liberdades fundamentais, o Conselho Econômico e Social poderá concluir acordos com as agências especializadas sobre a apresentação, por estas, de relatórios relativos aos progressos realizados quanto ao cumprimento das disposições do presente Pacto que correspondam ao seu campo de atividades. Os relatórios poderão, incluir dados sobre as decisões e recomendações referentes ao cumprimento das disposições do presente Pacto adotadas pelos órgãos competentes das agências especializadas.

Artigo 19

O Conselho Econômico e Social poderá encaminhar à Comissão de Direitos Humanos, para fins de estudo e de recomendação de ordem geral, ou para informação, caso julgue apropriado, os relatórios concernentes aos direitos humanos que apresentarem os Estados nos termos dos artigos 16 e 17 e aqueles concernentes aos direitos humanos que apresentarem as agências especializadas nos termos do artigo 18.

Artigo 20

Os Estados Partes do presente Pacto e as agências especializadas interessadas poderão encaminhar ao Conselho Econômico e Social comentários sobre qualquer recomendação de ordem geral feita em virtude do artigo 19 ou sobre qualquer referencia a uma recomendação de ordem geral que venha a constar de relatório da Comissão de Direitos Humanos ou de qualquer documento mencionado no referido relatório.

Artigo 21

O Conselho Econômico e Social poderá apresentar ocasionalmente à Assembléia-Geral relatórios que contenham recomendações de caráter geral bem como resumo das informações recebidas dos Estados Partes do presente Pacto e das agências especializadas sobre as medidas adotadas e o progresso realizado com a finalidade de assegurar a observância geral dos direitos reconhecidos no presente Pacto.

Artigo 22

O Conselho Econômico e Social poderá levar ao conhecimento de outros órgãos da Organização das Nações Unidas, de seus órgãos subsidiários e das agências especializadas interessadas, às quais incumba a prestação de assistência técnica, quaisquer questões suscitadas nos relatórios mencionados nesta parte do presente Pacto que possam ajudar essas entidades a pronunciar-se, cada uma dentro de sua esfera de competência, sobre a conveniência de medidas internacionais que possam contribuir para a implementação efetiva e progressiva do presente Pacto.

Artigo 23

Os Estados Partes do presente Pacto concordam em que as medidas de ordem internacional destinada a tornar efetivos os direitos reconhecidos no referido Pacto incluem, sobretudo, a conclusão de convenções, a adoção de recomendações, a prestação de assistência técnica e a organização, em conjunto com os governos interessados, e no intuito de efetuar consultas e realizar estudos, de reuniões regionais e de reuniões técnicas.

Artigo 24

Nenhuma das disposições do presente Pacto poderá ser interpretada em detrimento das disposições da Carta das Nações Unidas ou das constituições das agências especializadas, as quais definem as responsabilidades respectivas dos diversos órgãos da Organização das Nações Unidas e agências especializadas relativamente às matérias tratadas no presente Pacto.

Artigo 25

Nenhuma das disposições do presente Pacto poderá ser interpretada em detrimento do direito inerente a todos os povos de desfrutar e utilizar plena e livremente suas riquezas e seus recursos naturais.

PARTE V

Artigo 26

1. O presente Pacto está aberto à assinatura de todos os Estados membros da Organização das Nações Unidas ou membros de qualquer de suas agências especializadas, de todo Estado Parte do Estatuto da Corte internacional de Justiça, bem como de qualquer outro Estado convidado pela Assembléia-Geral das Nações Unidas a torna-se Parte do presente Pacto.

2. O presente Pacto está sujeito à ratificação. Os instrumentos de ratificação serão depositados junto ao Secretário-Geral da Organização das Nações Unidas.

3. O presente Pacto está aberto à adesão de qualquer dos Estados mencionados no parágrafo 1 do presente artigo.

4. Far-se-á a adesão mediante depósito do instrumento de adesão junto ao Secretário-Geral da Organização das Nações Unidas.

5. O Secretário-Geral da Organização das Nações Unidas informará todos os Estados que hajam assinado o presente Pacto ou a ele aderido, do depósito de cada instrumento de ratificação ou de adesão.

Artigo 27

1. O presente Pacto entrará em vigor três meses após a data do depósito, junto ao Secretário-Geral da Organização das Nações Unidas, do trigésimo-quinto instrumento de ratificação ou de adesão.

2. Para os Estados que vierem a ratificar o presente Pacto ou a ele aderir após o depósito do trigésimo-quinto instrumento de ratificação ou de adesão, o presente Pacto entrará em vigor três meses após a data do depósito, pelo Estado em questão, de seu instrumento de ratificação ou de adesão.

Artigo 28

Aplicar-se-ão as disposições do presente Pacto, sem qualquer limitação ou exceção, a todas as unidades constitutivas dos Estados Federativos.

Artigo 29

1. Qualquer Estado Parte do presente Pacto poderá propor emendas e depositá-las junto ao Secretário-Geral da Organização das Nações Unidas. O Secretário-Geral comunicará todas as propostas de emenda aos Estados Partes do presente Pacto, pedindo-lhes que o notifiquem se desejam que se convoque uma conferência dos Estados Partes destinada a examinar as propostas e submetê-las à votação. Se pelo menos 1/3 (um terço) dos Estados Partes se manifestar a favor da referida convocação, o Secretário-Geral convocará a conferência sob os auspícios da Organização das Nações Unidas. Qualquer emenda adotada pela maioria dos Estados Partes presentes e votantes na conferência será submetida à aprovação da Assembléia-Geral das Nações Unidas.

2. Tais emendas entrarão em vigor quando aprovadas pela Assembléia-Geral das Nações Unidas e aceitas, em conformidade com seus respectivos procedimentos constitucionais, por uma maioria de 2/3 (dois terços) dos Estados Partes no presente Pacto.

3. Ao entrarem em vigor, tais emendas serão obrigatórias para os Estados Partes que as aceitaram, ao passo que os demais Estados Partes permanecem obrigatórios pelas disposições do presente Pacto e pelas emendas anteriores por eles aceitas.

Artigo 30

Independentemente das notificações previstas no parágrafo 5 do artigo 26, o Secretário-Geral da Organização das Nações Unidas comunicará a todos os Estados mencionados no parágrafo 1 do referido artigo:

a) as assinaturas, ratificações e adesões recebidas em conformidade com o artigo 26;

b) a data de entrada em vigor do Pacto, nos termos do artigo 27, e a data de entrada em vigor de quaisquer emendas, nos termos do artigo 29.

Artigo 31

1. O presente Pacto, cujos textos em chinês, espanhol, francês, inglês e russo são igualmente autênticos, será depositado nos arquivos da Organização das Nações Unidas.

2. O Secretário-Geral da Organização das Nações Unidas encaminhará cópias autenticadas do presente Pacto a todos os Estados mencionados no artigo 26.

Em fé do quê, os abaixo-assinados, devidamente autorizados por seus respectivos Governos, assinaram o presente Pacto, aberto à assinatura em Nova York, aos 19 dias no mês de dezembro do ano de mil novecentos e sessenta e seis.

PACTO INTERNACIONAL SOBRE DIREITOS CIVIS E POLÍTICOS (1992)

Atos Internacionais. Pacto Internacional sobre Direitos Civis e Políticos. Promulgação.

- Aprovado pelo Decreto Legislativo 226/1991, e promulgado pelo Dec. 592/1992.

ANEXO AO DECRETO QUE PROMULGA O PACTO INTERNACIONAL SOBRE DIREITOS CIVIS E POLÍTICOS/MRE

PACTO INTERNACIONAL SOBRE DIREITOS CIVIS E POLÍTICOS

Os Estados Partes no presente Pacto, Considerando que, em conformidade com os princípios proclamados na Carta das Nações Unidas, o reconhecimento da dignidade inerente a todos os membros da família humana e de seus direitos iguais e inalienáveis constitui o fundamento da liberdade, da justiça e da paz no mundo, Reconhecendo que esses direitos decorrem da dignidade inerente à pessoa humana, Reconhecendo que, em conformidade com a Declaração Universal dos Direitos do Homem, o ideal do ser humano livre, no gozo das liberdades civis e políticas e liberto do temor e da miséria, não pode ser realizado a menos que se criem as condições que permitam a cada um gozar de seus direitos civis e políticos, assim como de seus direitos econômicos, sociais e culturais, Considerando que a Carta das Nações Unidas impõe aos Estados a obrigação de promover o respeito universal e efetivo dos direitos e das liberdades do homem, Compreendendo que o indivíduo, por ter deveres para com seus semelhantes e para com a coletividade a que pertence, tem a obrigação de lutar pela promoção e observância dos direitos reconhecidos no presente Pacto, Acordam o seguinte:

PARTE I

Artigo 1º

1. Todos os povos têm direito à autodeterminação. Em virtude desse direito, determinam livremente seu estatuto político e asseguram livremente seu desenvolvimento econômico, social e cultural.

2. Para a consecução de seus objetivos, todos os povos podem dispor livremente de suas riquezas e de seus recursos naturais, sem prejuízo das obrigações decorrentes da cooperação econômica internacional, baseada no princípio do proveito mútuo, e do Direito Internacional. Em caso algum, poderá um povo ser privado de seus meios de subsistência.

3. Os Estados Partes no presente Pacto, inclusive aqueles que tenham a responsabilidade de administrar territórios não-autônomos e territórios sob tutela, deverão promover o exercício do direito à autodeterminação e respeitar esse direito, em conformidade com as disposições da Carta das Nações Unidas.

PARTE II

Artigo 2º

1. Os Estados Partes do presente Pacto comprometem-se a respeitar e a garantir a todos os indivíduos que se achem em seu território e que estejam sujeitos à sua jurisdição os direitos reconhecidos no presente Pacto, sem discriminação alguma por motivo de raça, cor, sexo, língua, religião, opinião política ou de outra natureza, origem nacional ou social, situação econômica, nascimento ou qualquer outra situação.

2. Na ausência de medidas legislativas ou de outra natureza destinadas a tornar efetivos os direitos reconhecidos no presente Pacto, os Estados Partes do presente pacto comprometem-se a tomar as providências necessárias com vistas a adotá-las, levando em consideração seus respectivos procedimentos constitucionais e as disposições do presente Pacto.

3. Os Estados Partes do presente Pacto comprometem-se a:

a) Garantir que toda pessoa, cujos direitos e liberdades reconhecidos no presente Pacto tenham sido violados, possa dispor de um recurso efetivo, mesmo que a violência tenha sido perpetrada por pessoas que agiam no exercício de funções oficiais;

b) Garantir que toda pessoa que interpuser tal recurso terá seu direito determinado pela competente autoridade judicial, administrativa ou legislativa ou por qualquer outra autoridade competente prevista no ordenamento jurídico do Estado em questão; e a desenvolver as possibilidades de recurso judicial;

c) Garantir o cumprimento, pelas autoridades competentes, de qualquer decisão que julgar procedente tal recurso.

Artigo 3º

Os Estados Partes no presente Pacto comprometem-se a assegurar a homens e mulheres igualdade no gozo de todos os direitos civis e políticos enunciados no presente Pacto.

Artigo 4º

1. Quando situações excepcionais ameacem a existência da nação e sejam proclamadas oficialmente, os Estados Partes no presente Pacto podem adotar, na estrita medida exigida pela situação, medidas que suspendam as obrigações decorrentes do presente Pacto, desde que tais medidas não sejam incompatíveis com as demais obrigações que lhes sejam impostas pelo Direito Internacional e não acarretem discriminação alguma apenas por motivo de raça, cor, sexo, língua, religião ou origem social.

2. A disposição precedente não autoriza qualquer suspensão dos artigos 6º, 7º, 8º (parágrafos 1º e 2º), 11, 15, 16 e 18.

3. Os Estados Partes do presente Pacto que fizerem uso do direito de suspensão devem comunicar imediatamente aos outros Estados Partes do presente Pacto, por intermédio do Secretário-Geral da Organização das Nações Unidas, as disposições que tenham suspenso, bem como os motivos de tal suspensão. Os Estados Partes deverão fazer uma nova comunicação, igualmente por intermédio do Secretário-Geral da Organização das Nações Unidas, na data em que terminar tal suspensão.

Artigo 5º

1. Nenhuma disposição do presente Pacto poderá ser interpretada no sentido de reconhecer a um Estado, grupo ou indivíduo qualquer direito de dedicar-se a quaisquer atividades ou de praticar quaisquer atos que tenham por objetivo destruir os direitos ou liberdades reconhecidos no presente Pacto ou impor-lhes limitações mais amplas do que aquelas nele previstas.

2. Não se admitirá qualquer restrição ou suspensão dos direitos humanos fundamentais reconhecidos ou vigentes em qualquer Estado Parte do presente Pacto em virtude de leis, convenções, regulamentos ou costumes, sob pretexto de que o presente Pacto não os reconheça ou os reconheça em menor grau.

PARTE III

Artigo 6º

1. O direito à vida é inerente à pessoa humana. Este direito deverá ser protegido pela lei. Ninguém poderá ser arbitrariamente privado de sua vida.

2. Nos países em que a pena de morte não tenha sido abolida, esta poderá ser imposta apenas nos casos de crimes mais graves, em conformidade com legislação vigente na época em que o crime foi cometido e que não esteja em conflito com as disposições do presente Pacto, nem com a Convenção sobre a Prevenção e a Punição do Crime de Genocídio. Poder-se-á aplicar essa pena apenas em decorrência de uma sentença transitada em julgado e proferida por tribunal competente.

3. Quando a privação da vida constituir crime de genocídio, entende-se que nenhuma disposição do presente artigo autorizará qualquer Estado Parte do presente Pacto a eximir-se, de modo algum, do cumprimento de qualquer das obrigações que tenha assumido em virtude das disposições da Convenção sobre a Prevenção e a Punição do Crime de Genocídio.

4. Qualquer condenado à morte terá o direito de pedir indulto ou comutação da pena. A anistia, o indulto ou a comutação da pena poderão ser concedidos em todos os casos.

5. A pena de morte não deverá ser imposta em casos de crimes cometidos por pessoas menores de 18 anos, nem aplicada a mulheres em estado de gravidez.

6. Não se poderá invocar disposição alguma do presente artigo para retardar ou impedir a abolição da pena de morte por um Estado Parte do presente Pacto.

Artigo 7º

Ninguém poderá ser submetido à tortura, nem a penas ou tratamentos cruéis, desumanos ou degradantes. Será proibido, sobretudo, submeter uma pessoa, sem seu livre consentimento, a experiências médicas ou científicas.

Artigo 8º

1. Ninguém poderá ser submetido à escravidão; a escravidão e o tráfico de escravos, em todas as suas formas, ficam proibidos.

2. Ninguém poderá ser submetido à servidão.

3. ***a)*** ninguém poderá ser obrigado a executar trabalhos forçados ou obrigatórios;

b) a alínea a do presente parágrafo não poderá ser interpretada no sentido de proibir, nos países em que certos crimes sejam punidos com prisão e trabalho forçados, o cumprimento de uma pena de trabalhos forçados, imposta por um tribunal competente;

c) para os efeitos do presente parágrafo, não serão considerados "trabalhos forçados ou obrigatórios":

i) qualquer trabalho ou serviço, não previsto na alínea b, normalmente exigido de um indivíduo que tenha sido encarcerado em cumprimento de decisão judicial ou que, tendo sido objeto de tal decisão, ache-se em liberdade condicional;

ii) qualquer serviço de caráter militar e, nos países em que se admite a isenção por motivo de consciência, qualquer serviço nacional que a lei venha a exigir daqueles que se oponham ao serviço militar por motivo de consciência;

iii) qualquer serviço exigido em casos de emergência ou de calamidade que ameacem o bem-estar da comunidade;

iv) qualquer trabalho ou serviço que faça parte das obrigações cívicas normais.

Artigo 9º

1. Toda pessoa tem direito à liberdade e à segurança pessoais. Ninguém poderá ser preso ou encarcerado arbitrariamente. Ninguém poderá ser privado de sua liberdade, salvo pelos motivos previstos em lei e em conformidade com os procedimentos nela estabelecidos.

2. Qualquer pessoa, ao ser presa, deverá ser informada das razões da prisão e notificada, sem demora, das acusações formuladas contra ela.

3. Qualquer pessoa presa ou encarcerada em virtude de infração penal deverá ser conduzida, sem demora, à presença do juiz ou de outra autoridade habilitada por lei a exercer funções judiciais e terá o direito de ser julgada em prazo razoável ou de ser posta em liberdade. A prisão preventiva de pessoas que aguardam julgamento não deverá constituir a regra geral, mas a soltura poderá estar condicionada a garantias que assegurem o comparecimento da pessoa em questão à audiência, a todos os atos do processo e, se necessário for, para a execução da sentença.

4. Qualquer pessoa que seja privada de sua liberdade por prisão ou encarceramento terá o direito de recorrer a um tribunal para que este decida sobre a legalidade de seu encarceramento e ordene sua soltura, caso a prisão tenha sido ilegal.

5. Qualquer pessoa vítima de prisão ou encarceramento ilegais terá direito à reparação.

Artigo 10

1. Toda pessoa privada de sua liberdade deverá ser tratada com humanidade e respeito à dignidade inerente à pessoa humana.

2. ***a)*** As pessoas processadas deverão ser separadas, salvo em circunstâncias excepcionais, das pessoas condenadas e receber tratamento distinto, condizente com sua condição de pessoa não-condenada.

b) As pessoas processadas, jovens, deverão ser separadas das adultas e julgadas o mais rápido possível.

3. O regime penitenciário consistirá num tratamento cujo objetivo principal seja a reforma e reabilitação moral dos prisioneiros. Os delinqüentes juvenis deverão ser separados dos adultos e receber tratamento condizente com sua idade e condição jurídica.

Artigo 11

Ninguém poderá ser preso apenas por não poder cumprir com uma obrigação contratual.

Artigo 12

1. Toda pessoa que se ache legalmente no território de um Estado terá o direito de nele livremente circular e escolher sua residência.

2. Toda pessoa terá o direito de sair livremente de qualquer país, inclusive de seu próprio país.

3. Os direitos supracitados não poderão constituir objeto de restrições, a menos que estejam previstas em lei e no intuito de proteger a segurança nacional e a ordem, saúde ou a moral públicas, bem como os direitos e liberdades das demais pessoas, e que sejam compatíveis com os outros direitos reconhecidos no presente Pacto.

4. Ninguém poderá ser privado arbitrariamente do direito de entrar em seu próprio país.

Artigo 13

Um estrangeiro que se ache legalmente no território de um Estado Parte do presente Pacto só poderá dele ser expulso em decorrência de decisão adotada em conformidade com a lei e, a menos que razões imperativas de segurança nacional a isso se oponham, terá a possibilidade de expor as razões que militem contra a sua expulsão e de ter seu caso reexaminado pelas autoridades competentes, ou por uma ou várias pessoas especialmente designadas pelas referidas autoridades, e de fazer-se representar com este objetivo.

Artigo 14

1. Todas as pessoas são iguais perante os tribunais e as cortes de justiça. Toda pessoa terá o direito de ser ouvida publicamente e com as devidas garantias por um tribunal competente, independente e imparcial, estabelecido por lei, na apuração de qualquer acusação de caráter penal formulada contra ela ou na determinação de seus direitos e obrigações de caráter civil. A imprensa e o público poderão ser excluídos de parte ou da totalidade de um julgamento, quer por motivo de moral pública, de ordem pública ou de segurança nacional em uma sociedade democrática, quer quando o interesse da vida privada das partes o exija, quer na medida em que iss anistia o seja estritamente necessário na opinião da justiça, em circunstâncias específicas, nas quais a publicidade venha a prejudicar os interesses da justiça; entretanto, qualquer sentença proferida em matéria penal ou civil deverá tornar-se pública, a menos que o interesse de menores exija procedimento oposto, ou o processo diga respeito a controvérsias matrimoniais ou à tutela de menores.

2. Toda pessoa acusada de um delito terá direito a que se presuma sua inocência enquanto não for legalmente comprovada sua culpa.

3. Toda pessoa acusada de um delito terá direito, em plena igualdade, a, pelo menos, as seguintes garantias:

a) De ser informado, sem demora, numa língua que compreenda e de forma minuciosa, da natureza e dos motivos da acusação contra ela formulada;

b) De dispor do tempo e dos meios necessários à preparação de sua defesa e a comunicar-se com defensor de sua escolha;

c) De ser julgado sem dilações indevidas;

d) De estar presente no julgamento e de defender-se pessoalmente ou por intermédio de defensor de sua escolha; de ser informado, caso não tenha defensor, do direito que lhe assiste de tê-lo e, sempre que o interesse da justiça assim exija, de ter um defensor designado ex officio gratuitamente, se não tiver meios para remunerá-lo;

e) De interrogar ou fazer interrogar as testemunhas de acusação e de obter o comparecimento e o interrogatório das testemunhas de defesa nas mesmas condições de que dispõem as de acusação;

f) De ser assistida gratuitamente por um intérprete, caso não compreenda ou não fale a língua empregada durante o julgamento;

g) De não ser obrigada a depor contra si mesma, nem a confessar-se culpada.

4. O processo aplicável a jovens que não sejam maiores nos termos da legislação penal levará em conta a idade dos mesmos e a importância de promover sua reintegração social.

5. Toda pessoa declarada culpada por um delito terá o direito de recorrer da sentença condenatória e da pena a uma instância superior, em conformidade com a lei.

6. Se uma sentença condenatória passada em julgado for posteriormente anulada ou se um indulto for concedido, pela ocorrência ou descoberta de fatos novos que provem cabalmente a existência de erro judicial, a pessoa que sofreu a pena decorrente dessa condenação deverá ser indenizada, de acordo com a lei, a menos que fique provado que se lhe pode imputar, total ou parcialmente, a não-revelação dos fatos desconhecidos em tempo útil.

7. Ninguém poderá ser processado ou punido por um delito pelo qual já foi absolvido ou condenado por sentença passada em julgado, em conformidade com a lei e os procedimentos penais de cada país.

Artigo 15

1. Ninguém poderá ser condenado por atos ou omissões que não constituam delito de acordo com o direito nacional ou internacional, no momento em que foram cometidos. Tampouco poder-se-á impor pena mais grave do que a aplicável no momento da ocorrência do delito. Se, depois de perpetrado o delito, a lei estipular a imposição de pena mais leve, o delinqüente deverá dela beneficiar-se.

2. Nenhuma disposição do presente Pacto impedirá o julgamento ou a condenação de qualquer indivíduo por atos ou omissões que, no momento em que foram cometidos, eram considerados delituosos de acordo com os princípios gerais de direito reconhecidos pela comunidade das nações.

Artigo 16

Toda pessoa terá direito, em qualquer lugar, ao reconhecimento de sua personalidade jurídica.

Artigo 17

1. Ninguém poderá ser objeto de ingerências arbitrárias ou ilegais em sua vida privada, em sua família, em seu domicílio ou em sua correspondência, nem de ofensas ilegais às suas honra e reputação.

2. Toda pessoa terá direito à proteção da lei contra essas ingerências ou ofensas.

Artigo 18

1. Toda pessoa terá direito à liberdade de pensamento, de consciência e de religião. Esse direito implicará a liberdade de ter ou adotar uma religião ou uma crença de sua escolha e a liberdade de professar sua religião ou crença, individual ou coletivamente, tanto pública como privadamente, por meio do culto, da celebração de ritos, de práticas e do ensino.

2. Ninguém poderá ser submetido a medidas coercitivas que possam restringir sua liberdade de ter ou de adotar uma religião ou crença de sua escolha.

3. A liberdade de manifestar a própria religião ou crença estará sujeita apenas às limitações previstas em lei e que se façam necessárias para proteger a segurança, a ordem, a saúde ou a moral públicas ou os direitos e as liberdades das demais pessoas.

4. Os Estados Partes do presente Pacto comprometem-se a respeitar a liberdade dos pais — e, quando for o caso, dos tutores legais — de assegurar a educação religiosa e moral dos filhos que esteja de acordo com suas próprias convicções.

Artigo 19

1. Ninguém poderá ser molestado por suas opiniões.

2. Toda pessoa terá o direito à liberdade de expressão; esse direito incluirá a liberdade de procurar, receber e difundir informações e idéias de qualquer natureza, independentemente de considerações de fronteiras, verbalmente ou por escrito, em forma impressa ou artística, ou por qualquer outro meio de sua escolha.

3. O exercício do direito previsto no parágrafo 2º do presente artigo implicará deveres e responsabilidades especiais. Conseqüentemente, poderá estar sujeito a certas restrições, que devem, entretanto, ser expressamente previstas em lei e que se façam necessárias para:

a) assegurar o respeito dos direitos e da reputação das demais pessoas;

b) proteger a segurança nacional, a ordem, a saúde ou a moral públicas.

Artigo 20

1. Será proibida por lei qualquer propaganda em favor da guerra.

2. Será proibida por lei qualquer apologia do ódio nacional, racial ou religioso que constitua incitamento à discriminação, à hostilidade ou à violência.

Artigo 21

O direito de reunião pacífica será reconhecido. O exercício desse direito estará sujeito apenas às restrições previstas em lei e que se façam necessárias, em uma sociedade democrática, no interesse da segurança nacional, da segurança ou da ordem públicas, ou para proteger a saúde ou a moral públicas ou os direitos e as liberdades das demais pessoas.

Artigo 22

1. Toda pessoa terá o direito de associar-se livremente a outras, inclusive o direito de constituir sindicatos e de a eles filiar-se, para proteção de seus interesses.

2. O exercício desse direito estará sujeito apenas às restrições previstas em lei e que se façam necessárias, em uma sociedade democrática, no interesse da segurança nacional, da segurança e da ordem públicas, ou para proteger a saúde ou a moral públicas ou os direitos e liberdades das demais pessoas. O presente artigo não impedirá que se submeta a restrições legais o exercício desse direito por membros das forças armadas e da polícia.

3. Nenhuma das disposições do presente artigo permitirá que os Estados Partes da Convenção de 1948 da Organização Internacional do Trabalho, relativa à liberdade sindical e à proteção do direito sindical, venham a adotar medidas legislativas que restrinjam — ou aplicar a lei de maneira a restringir — as garantias previstas na referida Convenção.

Artigo 23

1. A família é o elemento natural e fundamental da sociedade e terá o direito de ser protegida pela sociedade e pelo Estado.

2. Será reconhecido o direito do homem e da mulher de, em idade núbil, contrair casamento e constituir família.

3. Casamento algum será celebrado sem o consentimento livre e pleno dos futuros esposos.

4. Os Estados Partes do presente Pacto deverão adotar as medidas apropriadas para assegurar a igualdade de direitos e responsabilidades dos esposos quanto ao casamento, durante o mesmo e por ocasião de sua dissolução. Em caso de dissolução, deverão adotar-se disposições que assegurem a proteção necessária para os filhos.

Artigo 24

1. Toda criança terá direito, sem discriminação alguma por motivo de cor, sexo, língua, religião, origem nacional ou social, situação econômica ou nascimento, às medidas de proteção que a sua condição de menor requer por parte de sua família, da sociedade e do Estado.

2. Toda criança deverá ser registrada imediatamente após seu nascimento e deverá receber um nome.

3. Toda criança terá o direito de adquirir uma nacionalidade.

Artigo 25

Todo cidadão terá o direito e a possibilidade, sem qualquer das formas de discriminação mencionadas no artigo 2º e sem restrições infundadas:

a) de participar da condução dos assuntos públicos, diretamente ou por meio de representantes livremente escolhidos;

b) de votar e de ser eleito em eleições periódicas, autênticas, realizadas por sufrágio universal e igualitário e por voto secreto, que garantam a manifestação da vontade dos eleitores;

c) de ter acesso, em condições gerais de igualdade, às funções públicas de seu país.

Artigo 26

Todas as pessoas são iguais perante a lei e têm direito, sem discriminação alguma, a igual proteção da lei. A este respeito, a lei deverá proibir qualquer forma de discriminação e garantir a todas as pessoas proteção igual e eficaz contra qualquer discriminação por motivo de raça, cor, sexo, língua, religião, opinião política ou de outra natureza, origem nacional ou social, situação econômica, nascimento ou qualquer outra situação.

Artigo 27

Nos Estados em que haja minorias étnicas, religiosas ou lingüísticas, as pessoas pertencentes a essas minorias não poderão ser privadas do direito de ter, conjuntamente com outros membros de seu grupo, sua própria vida cultural, de professar e praticar sua própria religião e usar sua própria língua.

PARTE IV

Artigo 28

1. Constituir-se-á um Comitê de Direitos Humanos (doravante denominado "Comitê" no presente Pacto). O Comitê será composto de dezoito membros e desempenhará as funções descritas adiante.

2. O Comitê será integrado por nacionais dos Estados Partes do presente Pacto, os quais deverão ser pessoas de elevada reputação moral e reconhecida competência em matéria de direitos humanos, levando-se em consideração a utilidade da participação de algumas pessoas com experiência jurídica.

3. Os membros do Comitê serão eleitos e exercerão suas funções a título pessoal.

Artigo 29

1. Os membros do Comitê serão eleitos em votação secreta dentre uma lista de pessoas que preencham os requisitos previstos no artigo 28 e indicadas, com esse objetivo, pelos Estados Partes no presente Pacto.

2. Cada Estado Parte no presente Pacto poderá indicar duas pessoas. Essas pessoas deverão ser nacionais do Estado que as indicou.

3. A mesma pessoa poderá ser indicada mais de uma vez.

Artigo 30

1. A primeira eleição realizar-se-á no máximo 6 (seis) meses após a data da entrada em vigor do presente Pacto.

2. Ao menos 4 (quatro) meses antes da data de cada eleição do Comitê, e desde que não seja uma eleição para preencher uma vaga declarada nos termos do artigo 34, o Secretário-Geral da Organização das Nações Unidas convidará, por escrito, os Estados Partes do presente Protocolo a indicar, no prazo de 3 (três) meses, os candidatos a membro do Comitê.

3. O Secretário-Geral da Organização das Nações Unidas organizará uma lista por ordem alfabética de todos os candidatos assim designados, mencionando os Estados Partes que os tiverem indicado, e a comunicará aos Estados Partes no presente Pacto, no máximo 1 (um) mês antes da data de cada eleição.

4. Os membros do Comitê serão eleitos em reuniões dos Estados Partes convocadas pelo Secretário-Geral da Organização das Nações Unidas na sede da Organização. Nessas reuniões, em que o quorum será estabelecido por 2/3 (dois terços) dos Estados Partes do presente Pacto, serão eleitos membros do Comitê os candidatos que obtiverem o maior número de votos e a maioria absoluta dos votos dos representantes dos Estados Partes presentes e votantes.

Artigo 31

1. O Comitê não poderá ter mais de um nacional de um mesmo Estado.

2. Nas eleições do Comitê, levar-se-ão em consideração uma distribuição geográfica equitativa e uma representação das diversas formas da civilização, bem como dos principais sistemas jurídicos.

Artigo 32

1. Os membros do Comitê serão eleitos para um mandato de 4 (quatro) anos. Poderão, caso suas candidaturas sejam apresentadas novamente, ser reeleitos. Entretanto, o mandato de nove dos membros eleitos na primeira eleição expirará ao final de 2 (dois) anos; imediatamente após a primeira eleição, o presidente da reunião a que se refere o parágrafo 4º do artigo 30 indicará, por sorteio, os nomes desses nove membros.

2. Ao expirar o mandato dos membros, as eleições se realizarão de acordo com o disposto nos artigos precedentes desta Parte do presente Pacto.

Artigo 33

1. Se, na opinião unânime dos demais membros, um membro do Comitê deixar de desempenhar suas funções por motivos distintos de uma ausência temporária, o Presidente comunicará tal fato ao Secretário-Geral da Organização das Nações Unidas, que declarará vago o lugar que o referido membro ocupava.

2. Em caso de morte ou renúncia de um membro do Comitê, o Presidente comunicará imediatamente tal fato ao Secretário-Geral da Organização das Nações Unidas, que declarará vago o lugar desde a data da morte ou daquela em que a renúncia passe a produzir efeitos.

Artigo 34

1. Quando uma vaga for declarada nos termos do artigo 33 e o mandato do membro a ser substituído não expirar no prazo de 6 (seis) meses a contar da data em que tenha sido declarada a vaga, o Secretário-Geral da Organização das Nações Unidas comunicará tal fato aos Estados Partes no presente Pacto, que poderão, no prazo de 2 (dois) meses, indicar candidatos, em conformidade com o artigo 29, para preencher a vaga.

2. O Secretário-Geral da Organização das Nações Unidas organizará uma lista por ordem alfabética dos candidatos assim designados e a comunicará aos Estados Partes do presente Pacto. A eleição destinada a preencher tal vaga será realizada nos termos das disposições pertinentes desta parte do presente Pacto.

3. Qualquer membro do Comitê eleito para preencher uma vaga em conformidade com o artigo 33 fará parte do Comitê durante o restante do mandato do membro que deixar vago o lugar do Comitê, nos termos do referido artigo.

Artigo 35

Os membros do Comitê receberão, com a aprovação da Assembléia-Geral da Organização das Nações Unidas, honorários provenientes de recursos da Organização das Nações Unidas, nas condições fixadas, considerando-se a importância das funções do Comitê, pela Assembléia-Geral.

Artigo 36

O Secretário-Geral da Organização das Nações Unidas colocará à disposição do Comitê o pessoal e os serviços necessários ao desempenho eficaz das funções que lhe são atribuídas em virtude do presente Pacto.

Artigo 37

1. O Secretário-Geral da Organização das Nações Unidas convocará os Membros do Comitê para a primeira reunião, a realizar-se na sede da Organização.

2. Após a primeira reunião, o Comitê deverá reunir-se em todas as ocasiões previstas em suas regras de procedimento.

3. As reuniões do Comitê serão realizadas normalmente na sede da Organização das Nações Unidas ou no Escritório das Nações Unidas em Genebra.

Artigo 38

Todo membro do Comitê deverá, antes de iniciar suas funções, assumir, em sessão pública, o compromisso solene de que desempenhará suas funções imparcial e conscientemente.

Artigo 39

1. O Comitê elegerá sua mesa para um período de 2 (dois) anos. Os membros da mesa poderão ser reeleitos.

2. O próprio Comitê estabelecerá suas regras de procedimento; estas, contudo, deverão conter, entre outras, as seguintes disposições:

a) O quorum será de doze membros;

b) As decisões do Comitê serão tomadas por maioria dos votos dos membros presentes.

Artigo 40

1. Os Estados Partes do presente Pacto comprometem-se a submeter relatórios sobre as medidas por eles adotadas para tornar efetivos os direitos reconhecidos no presente Pacto e sobre o progresso alcançado no gozo desses direitos:

a) Dentro do prazo de 1 (um) ano, a contar do início da vigência do presente Pacto nos Estados Partes interessados;

b) A partir de então, sempre que o Comitê vier a solicitar.

2. Todos os relatórios serão submetidos ao Secretário-Geral da Organização das Nações Unidas, que os encaminhará, para exame, ao Comitê. Os relatórios deverão sublinhar, caso existam, os fatores e as dificuldades que prejudiquem a implementação do presente Pacto.

3. O Secretário-Geral da Organização das Nações Unidas poderá, após consulta ao Comitê, encaminhar às agências especializadas interessadas cópias das partes dos relatórios que digam respeito à sua esfera de competência.

4. O Comitê estudará os relatórios apresentados pelos Estados Partes do presente Pacto e transmitirá aos Estados Partes seu próprio relatório, bem como os comentários gerais que julgar oportunos. O Comitê poderá igualmente transmitir ao Conselho Econômico e Social os referidos comentários, bem como cópias dos relatórios que houver recebido dos Estados-partes do presente Pacto.

5. Os Estados Partes no presente Pacto poderão submeter ao Comitê as observações que desejarem formular relativamente aos comentários feitos nos termos do parágrafo 4º do presente artigo.

Artigo 41

1. Com base no presente Artigo, todo Estado Parte do presente Pacto poderá declarar, a qualquer momento, que reconhece a competência do Comitê para receber e examinar as comunicações em que um Estado Parte alegue que outro Estado Parte não vem cumprindo as obrigações que lhe impõe o presente Pacto. As referidas comunicações só serão recebidas e examinadas nos termos do presente artigo no caso de serem apresentadas por um Estado Parte que houver feito uma declaração em que reconheça, com relação a si próprio, a competência do Comitê. O Comitê não receberá comunicação alguma relativa a um Estado Parte que não houver feito uma declaração dessa natureza. As comunicações recebidas em virtude do presente artigo estarão sujeitas ao procedimento que segue:

a) Se um Estado Parte do presente Pacto considerar que outro Estado Parte não vem cumprindo as disposições do presente Pacto poderá, mediante comunicação escrita, levar a questão ao conhecimento desse Estado Parte. Dentro do prazo de 3 (três) meses, a contar da data do recebimento da comunicação, o Estado destinatário fornecerá ao Estado que enviou a comunicação explicações ou quaisquer outras declarações por escrito que esclareçam a questão, as quais deverão fazer referência, até onde seja possível e pertinente, aos procedimentos nacionais e aos recursos jurídicos adotados, em trâmite ou disponíveis sobre a questão;

b) Se, dentro do prazo de 6 (seis) meses, a contar da data do recebimento da comunicação original pelo Estado destinatário, a questão não estiver dirimida satisfatoriamente para ambos os Estados Partes interessados, tanto um como o outro terão o direito de submetê-la ao Comitê, mediante notificação endereçada ao Comitê ou ao outro Estado interessado;

c) O Comitê tratará de todas as questões que se lhe submetem em virtude do presente artigo somente após ter-se assegurado de que todos os recursos jurídicos internos disponíveis tenham sido utilizados e esgotados, em consonância com os princípios do Direito Internacional geralmente reconhecidos. Não se aplicará essa regra quanto a aplicação dos mencionados recursos prolongar-se injustificadamente;

d) O Comitê realizará reuniões confidenciais quando estiver examinando as comunicações previstas no presente artigo;

e) Sem prejuízo das disposições da alínea c, o Comitê colocará seus bons ofícios à disposição dos Estados Partes interessados no intuito de alcançar uma solução amistosa pra a questão, baseada no respeito aos direitos humanos e liberdades fundamentais reconhecidos no presente Pacto;

f) Em todas as questões que se lhe submetam em virtude do presente artigo, o Comitê poderá solicitar aos Estados Partes interessados, a que se faz referência na alínea b, que lhe forneçam quaisquer informações pertinentes;

g) os Estados Partes interessados, a que se faz referência na alínea b, terão o direito de fazer-se representar quando as questões forem examinadas no Comitê e de apresentar suas observações verbalmente e/ou por escrito;

h) O Comitê, dentro dos 12 (doze) meses seguintes à data de recebimento da notificação mencionada na alínea b, apresentará relatório em que:

i) se houver sido alcançada uma solução nos termos da alínea e, o Comitê restringir-se-á, em seu relatório, a uma breve exposição dos fatos e da solução alcançada;

ii) se não houver sido alcançada solução alguma nos termos da alínea e, o Comitê restringir-se-á, em seu relatório, a uma breve exposição dos fatos; serão anexados ao relatório o texto das observações escritas e as atas das observações orais apresentadas pelos Estados Partes interessados.

Para cada questão, o relatório será encaminhado aos Estados Partes interessados.

2. As disposições do presente artigo entrarão em vigor a partir do momento em que dez Estados Partes no presente Pacto houverem feito as declarações mencionadas no parágrafo 1º deste artigo. As referidas declarações serão depositadas pelos Estados Partes junto ao Secretário-Geral da Organização das Nações Unidas, que enviará cópia das mesmas aos demais Estados Partes.

Toda declaração poderá ser retirada, a qualquer momento, mediante notificação endereçada ao Secretário-Geral. Far-se-á essa retirada sem prejuízo do exame de quaisquer questões que constituam objeto de uma comunicação já transmitida nos termos deste artigo; em virtude do presente artigo, não se receberá qualquer nova comunicação de um Estado Parte, uma vez que o Secretário-Geral tenha recebido a notificação sobre a retirada da declaração, a menos que o Estado Parte interessado haja feito uma nova declaração.

Artigo 42

1. *a)* Se uma questão submetida ao Comitê, nos termos do artigo 41, não estiver dirimida satisfatoriamente para os Estados Partes interessados, o Comitê poderá, com o consentimento prévio dos Estados Partes interessados, constituir uma Comissão ad hoc (doravante denominada "a Comissão"). A Comissão colocará seus bons ofícios à disposição dos Estados Partes interessados no intuito de se alcançar uma solução amistosa para a questão baseada no respeito ao presente Pacto.

b) A Comissão será composta de cinco membros designados com o consentimento dos Estados Partes interessados. Se os Estados Partes interessados não chegarem a um acordo a respeito da totalidade ou de parte da composição da Comissão dentro do prazo de 3 (três) meses, os membros da Comissão em relação aos quais não se chegou a um acordo serão eleitos pelo Comitê, entre os seus próprios membros, em votação secreta e por maioria de 2/3 (dois terços) dos membros do Comitê.

2. Os membros da Comissão exercerão suas funções a título pessoal. Não poderão ser nacionais dos Estados interessados, nem de Estado que não seja Parte no presente Pacto, nem de um Estado Parte que não tenha feito a declaração prevista pelo artigo 41.

3. A própria Comissão elegerá seu Presidente e estabelecerá suas regras de procedimento.

4. As reuniões da Comissão serão realizadas normalmente na sede da Organização das Nações Unidas ou no Escritório das Nações Unidas em Genebra. Entretanto, poderão realizar-se em qualquer outro lugar apropriado que a Comissão determinar, após consulta ao Secretário-Geral da Organização das Nações Unidas e aos Estados Partes interessados.

5. O Secretariado referido no artigo 36 também prestará serviços às comissões designadas em virtude do presente artigo.

6. As informações obtidas e coligadas pelo Comitê serão colocadas à disposição da Comissão, a qual poderá solicitar aos Estados Partes interessados que lhe forneçam qualquer outra informação pertinente.

7. Após haver estudado a questão sob todos os seus aspectos, mas, em qualquer caso, no prazo de 12 (doze) meses após dela ter tomado conhecimento, a Comissão apresentará um relatório ao Presidente do Comitê, que o encaminhará aos Estados Partes interessados:

a) Se a Comissão não puder terminar o exame da questão, restringir-se-á, em seu relatório, a uma breve exposição sobre o estágio em que se encontra o exame da questão;

b) Se houver sido alcançada uma solução amistosa para a questão, baseada no respeito dos direitos humanos reconhecidos no presente Pacto, a Comissão restringir-se-á, em seu relatório, a uma breve exposição dos fatos e da solução alcançada;

c) Se não houver sido alcançada solução nos termos da alínea b, a Comissão incluirá no relatório suas conclusões sobre os fatos relativos à questão debatida entre os Estados Partes interessados, assim como sua opinião sobre a possibilidade de solução amistosa para a questão, o relatório incluirá as observações escritas e as atas das observações orais feitas pelos Estados Partes interessados;

d) Se o relatório da Comissão for apresentado nos termos da alínea c, os Estados Partes interessados comunicarão, no prazo de 3 (três) meses a contar da data do recebimento do relatório, ao Presidente do Comitê se aceitam ou não os termos do relatório da Comissão.

8. As disposições do presente artigo não prejudicarão as atribuições do Comitê previstas no artigo 41.

9. Todas as despesas dos membros da Comissão serão repartidas equitativamente entre os Estados Partes interessados, com base em estimativas a serem estabelecidas pelo Secretário-Geral da Organização das Nações Unidas.

10. O Secretário-Geral da Organização das Nações Unidas poderá, caso seja necessário, pagar as despesas dos membros da Comissão antes que sejam reembolsadas pelos Estados Partes interessados, em conformidade com o parágrafo 9 do presente artigo.

Artigo 43

Os membros do Comitê e os membros da Comissão de Conciliação ad hoc que forem designados nos termos do artigo 42 terão direito às facilidades, privilégios e imunidades que se concedem aos peritos no desempenho de missões para a Organização das Nações Unidas, em conformidade com as seções pertinentes da Convenção sobre Privilégios e Imunidades das Nações Unidas.

Artigo 44

As disposições relativas à implementação do presente Pacto aplicar-se-ão sem prejuízo dos procedimentos instituídos em matéria de direitos humanos pelos — ou em virtude dos mesmos — instrumentos constitutivos e pelas Convenções da Organização das Nações Unidas e das agências especializadas e não impedirão que os Estados Partes venham a recorrer a outros procedimentos para a solução das controvérsias em conformidade com os acordos internacionais gerais ou especiais vigentes entre eles.

Artigo 45

O Comitê submeterá à Assembléia-Geral, por intermédio do Conselho Econômico e Social, um relatório sobre suas atividades.

PARTE V

Artigo 46

Nenhuma disposição do presente Pacto poderá ser interpretada em detrimento das disposições da Carta das Nações Unidas e das constituições das agências especializadas, as quais definem as responsabilidades respectivas dos diversos órgãos da Organização das Nações Unidas e das agências especializadas relativamente às questões tratadas no presente Pacto.

Artigo 47

Nenhuma disposição do presente Pacto poderá ser interpretada em detrimento do direito inerente a todos os povos de desfrutar e utilizar plena e livremente suas riquezas e seus recursos naturais.

PARTE VI

Artigo 48

1. O presente Pacto está aberto à assinatura de todos os Estados Membros da Organização das Nações Unidas ou membros de qualquer de suas agências especializadas, de todo Estado Parte do Estatuto da Corte Internacional de Justiça, bem como de qualquer de suas agências especializadas, de todo Estado Parte do Estatuto da Corte Internacional de Justiça, bem como de qualquer outro Estado convidado pela Assembléia-Geral a tornar-se Parte do presente Pacto.

2. O presente Pacto está sujeito à ratificação. Os instrumentos de ratificação serão depositados junto ao Secretário-Geral da Organização das Nações Unidas.

3. O presente Pacto está aberto à adesão de qualquer dos Estados mencionados no parágrafo 1º do presente artigo.

4. Far-se-á a adesão mediante depósito do instrumento de adesão junto ao Secretário-Geral das Nações Unidas.

5. O Secretário-Geral da Organização das Nações Unidas informará todos os Estados que hajam assinado o presente Pacto ou a ele aderido do depósito de cada instrumento de ratificação ou adesão.

Artigo 49

1. O presente Pacto entrará em vigor 3 (três) meses após a data do depósito, junto ao Secretário-Geral da Organização das Nações Unidas, do trigésimo quinto instrumento de ratificação ou adesão.

2. Para os Estados que vierem a ratificar o presente Pacto ou a ele aderir após o depósito do trigésimo-quinto instrumento de ratificação ou adesão, o presente Pacto entrará em vigor 3 (três) meses após a data do depósito, pelo Estado em questão, de seu instrumento de ratificação ou adesão.

Artigo 50

Aplicar-se-ão as disposições do presente Pacto, sem qualquer limitação ou exceção, a todas as unidades constitutivas dos Estados federativos.

Artigo 51

1. Qualquer Estado Parte do presente Pacto poderá propor emendas e depositá-las junto ao Secretário-Geral da Organização das Nações Unidas. O Secretário-Geral comunicará todas as propostas de emenda aos Estados Partes do presente Pacto, pedindo-lhes que o notifiquem se desejam que se convoque uma conferência dos Estados Partes destinada a examinar as propostas e submetê-las a votação. Se pelo menos 1/3 (um terço) dos Estados Partes se manifestar a favor da referida convocação, o Secretário-Geral convocará a conferência sob os auspícios da Organização das Nações Unidas. Qualquer emenda adotada pela maioria dos Estados Partes presentes e votantes na conferência será submetida à aprovação da Assembléia-Geral das Nações Unidas.

2. Tais emendas entrarão em vigor quando aprovadas pela Assembléia-Geral das Nações Unidas e aceitas, em conformidade com seus respectivos procedimentos constitucionais, por uma maioria de 2/3 (dois terços) dos Estados Partes no presente Pacto.

3. Ao entrarem em vigor, tais emendas serão obrigatórias para os Estados Partes que as aceitaram, ao passo que os demais Estados Partes permanecem obrigados pelas disposições do presente Pacto e pelas emendas anteriores por eles aceitas.

Artigo 52

Independentemente das notificações previstas no parágrafo 5º do artigo 48, o Secretário-Geral da Organização das Nações Unidas comunicará a todos os Estados referidos no parágrafo 1º do referido artigo:

a) as assinaturas, ratificações e adesões recebidas em conformidade com o artigo 48;

b) a data da entrada em vigor do Pacto, nos termos do artigo 49, e a data em entrada em vigor de quaisquer emendas, nos termos do artigo 51.

Artigo 53

1. O presente Pacto, cujos textos em chinês, espanhol, francês, inglês e russo são igualmente autênticos, será depositado nos arquivos da Organização das Nações Unidas.

2. O Secretário-Geral da Organização das Nações Unidas encaminhará cópias autenticadas do presente Pacto a todos os Estados mencionados no artigo 48.

Em fé do quê, os abaixo-assinados, devidamente autorizados por seus respectivos Governos, assinaram o presente Pacto, aberto à assinatura em Nova York, aos 19 dias do mês de dezembro do ano de mil novecentos e sessenta e seis.

CONVENÇÃO AMERICANA SOBRE DIREITOS HUMANOS (1969)

Pacto de San José da Costa Rica

- Aprovada pelo Decreto Legislativo 27/1992, e promulgada pelo Dec. 678/1992.

Preâmbulo

Os Estados Americanos signatários da presente Convenção, Reafirmando seu propósito de consolidar neste Continente, dentro do quadro das instituições democráticas, um regime de liberdade pessoal e de justiça social, fundado no respeito dos direitos humanos essenciais;

Reconhecendo que os direitos essenciais da pessoa humana não derivam do fato de ser ela nacional de determinado Estado, mas sim do fato de ter como fundamento os atributos da pessoa humana, razão por que justificam uma proteção internacional, de natureza convencional, coadjuvante ou complementar da que oferece o direito interno dos Estados Americanos;

Considerando que esses princípios foram consagrados na Carta da Organização dos Estados Americanos, na Declaração Americana dos Direitos e Deveres do Homem e na Declaração Universal dos Direitos do Homem, e que foram reafirmados e desenvolvidos em outros instrumentos internacionais, tanto de âmbito mundial como regional;

Reiterando que, de acordo com a Declaração Universal dos Direitos Humanos, só pode ser realizado o ideal do ser humano livre, isento do temor e da miséria, se forem criadas condições que permitam a cada pessoa gozar dos seus direitos econômicos, sociais e culturais, bem como dos seus direitos civis e políticos; e

Considerando que a Terceira Conferência Interamericana Extraordinária (Buenos Aires, 1967) aprovou a incorporação à própria Carta da Organização de normas mais amplas sobre os direitos econômicos, sociais e educacionais e resolveu que uma Convenção Interamericana sobre Direitos Humanos determinasse a estrutura, competência e processo dos órgãos encarregados dessa matéria;

Convieram no seguinte:

PARTE I
Deveres dos Estados e Direitos Protegidos

Capítulo I
Enumeração dos Deveres

Artigo 1º
Obrigação de Respeitar os Direitos

1. Os Estados-partes nesta Convenção comprometem-se a respeitar os direitos e liberdades nela reconhecidos e a garantir seu livre e pleno exercício a toda pessoa que esteja sujeita à sua jurisdição, sem discriminação alguma, por motivo de raça, cor, sexo, idioma, religião, opiniões políticas ou de qualquer outra natureza, origem nacional ou social, posição econômica, nascimento ou qualquer outra condição social.

2. Para efeitos desta Convenção, pessoa é todo ser humano.

Artigo 2º
Dever de Adotar Disposições de Direito Interno

Se o exercício dos direitos e liberdades mencionados no artigo 1 ainda não estiver garantido por disposições legislativas ou de outra natureza, os Estados-partes comprometem-se a adotar, de acordo com as suas normas constitucionais e com as disposições desta Convenção, as medidas legislativas ou de outra natureza que forem necessárias para tornar efetivos tais direitos e liberdades.

Capítulo II
Direitos Civis e Políticos

Artigo 3º
Direito ao Reconhecimento da Personalidade Jurídica

Toda pessoa tem direito ao reconhecimento de sua personalidade jurídica.

Artigo 4º
Direito à Vida

1. Toda pessoa tem o direito de que se respeite sua vida. Esse direito deve ser protegido pela lei e, em geral, desde o momento da concepção. Ninguém pode ser privado da vida arbitrariamente.

2. Nos países que não houverem abolido a pena de morte, esta só poderá ser imposta pelos delitos mais graves, em cumprimento de sentença final de tribunal competente e em conformidade com a lei que estabeleça tal pena, promulgada antes de haver o delito sido cometido. Tampouco se estenderá sua aplicação a delitos aos quais não se aplique atualmente.

3. Não se pode restabelecer a pena de morte nos Estados que a hajam abolido.

4. Em nenhum caso pode a pena de morte ser aplicada a delitos políticos, nem a delitos comuns conexos com delitos políticos.

5. Não se deve impor a pena de morte a pessoa que, no momento da perpetração do delito, for menor de dezoito anos, ou maior de setenta, nem aplicá-la a mulher em estado de gravidez.

6. Toda pessoa condenada à morte tem direito a solicitar anistia, indulto ou comutação da pena, os quais podem ser concedidos em todos os casos. Não se pode executar a pena de morte enquanto o pedido estiver pendente de decisão ante a autoridade competente.

Artigo 5º
Direito à Integridade Pessoal

1. Toda pessoa tem direito a que se respeite sua integridade física, psíquica e moral.

2. Ninguém deve ser submetido a torturas, nem a penas ou tratos cruéis, desumanos ou degradantes. Toda pessoa privada de liberdade deve ser tratada com o respeito devido à dignidade inerente ao ser humano.

3. A pena não pode passar da pessoa do delinquente.

4. Os processados devem ficar separados dos condenados, salvo em circunstâncias excepcionais, e devem ser submetidos a tratamento adequado à sua condição de pessoas não condenadas.

5. Os menores, quando puderem ser processados, devem ser separados dos adultos e conduzidos a tribunal especializado, com a maior rapidez possível, para seu tratamento.

6. As penas privativas de liberdade devem ter por finalidade essencial a reforma e a readaptação social dos condenados.

Artigo 6º
Proibição da Escravidão e da Servidão

1. Ninguém poderá ser submetido a escravidão ou servidão e tanto estas como o tráfico de escravos e o tráfico de mulheres são proibidos em todas as suas formas.

2. Ninguém deve ser constrangido a executar trabalho forçado ou obrigatório. Nos países em que se prescreve, para certos delitos, pena privativa de liberdade acompanhada de trabalhos forçados, esta disposição não pode ser interpretada no sentido de proibir o cumprimento da dita pena, imposta por um juiz ou tribunal competente. O trabalho forçado não deve afetar a dignidade, nem a capacidade física e intelectual do recluso.

3. Não constituem trabalhos forçados ou obrigatórios para os efeitos deste artigo:

a) os trabalhos ou serviços normalmente exigidos de pessoa reclusa em cumprimento de sentença ou resolução formal expedida pela autoridade judiciária competente. Tais trabalhos ou serviços devem ser executados sob a vigilância e controle das autoridades públicas, e os indivíduos que os executarem não devem ser postos à disposição de particulares, companhias ou pessoas jurídicas de caráter privado;

b) serviço militar e, nos países em que se admite a isenção por motivo de consciência, qualquer serviço nacional que a lei estabelecer em lugar daquele;

c) o serviço exigido em casos de perigo ou de calamidade que ameacem a existência ou o bem-estar da comunidade;

d) o trabalho ou serviço que faça parte das obrigações cívicas normais.

Artigo 7º
Direito à Liberdade Pessoal

1. Toda pessoa tem direito à liberdade e à segurança pessoais.

2. Ninguém pode ser privado de sua liberdade física, salvo pelas causas e nas condições previamente fixadas pelas Constituições políticas dos Estados-partes ou pelas leis de acordo com elas promulgadas.

3. Ninguém pode ser submetido a detenção ou encarceramento arbitrários.

4. Toda pessoa detida ou retida deve ser informada das razões da detenção e notificada, sem demora, da acusação ou das acusações formuladas contra ela.

5. Toda pessoa presa, detida ou retida deve ser conduzida, sem demora, à presença de um juiz ou outra autoridade autorizada por lei a exercer funções judiciais e tem o direito de ser julgada em prazo razoável ou de ser posta em liberdade, sem prejuízo de que prossiga o processo. Sua liberdade pode ser condicionada a garantias que assegurem o seu comparecimento em juízo.

6. Toda pessoa privada da liberdade tem direito a recorrer a um juiz ou tribunal competente, a fim de que este decida, sem demora, sobre a legalidade de sua prisão ou detenção e ordene sua soltura, se a prisão ou a detenção forem ilegais. Nos Estados-partes cujas leis preveem que toda pessoa que se vir ameaçada de ser privada de sua liberdade tem direito a recorrer a um juiz ou tribunal competente, a fim de que este decida sobre a legalidade de tal ameaça, tal recurso não pode ser restringido nem abolido. O recurso pode ser interposto pela própria pessoa ou por outra pessoa.

7. Ninguém deve ser detido por dívidas. Este princípio não limita os mandados de autoridade judiciária competente expedidos em virtude de inadimplemento de obrigação alimentar.

Artigo 8º
Garantias Judiciais

1. Toda pessoa terá o direito de ser ouvida, com as devidas garantias e dentro de um prazo razoável, por um juiz ou Tribunal competente, independente e imparcial, estabelecido anteriormente por lei, na apuração de qualquer acusação penal formulada contra ela, ou na determinação de seus direitos e obrigações de caráter civil, trabalhista, fiscal ou de qualquer outra natureza.

2. Toda pessoa acusada de um delito tem direito a que se presuma sua inocência, enquanto não for legalmente comprovada sua culpa. Durante o processo, toda pessoa tem direito, em plena igualdade, às seguintes garantias mínimas:

a) direito do acusado de ser assistido gratuitamente por um tradutor ou intérprete, caso não compreenda ou não fale a língua do juízo ou tribunal;

b) comunicação prévia e pormenorizada ao acusado da acusação formulada;

c) concessão ao acusado do tempo e dos meios necessários à preparação de sua defesa;

d) direito do acusado de defender-se pessoalmente ou de ser assistido por um defensor de sua escolha e de comunicar-se, livremente e em particular, com seu defensor;

e) direito irrenunciável de ser assistido por um defensor proporcionado pelo Estado, remunerado ou não, segundo a legislação interna, se o acusado não se defender ele próprio, nem nomear defensor dentro do prazo estabelecido pela lei;

f) direito da defesa de inquirir as testemunhas presentes no Tribunal e de obter o comparecimento, como testemunhas ou peritos, de outras pessoas que possam lançar luz sobre os fatos;

g) direito de não ser obrigada a depor contra si mesma, nem a confessar-se culpada; e

h) direito de recorrer da sentença a juiz ou tribunal superior.

3. A confissão do acusado só é válida se feita sem coação de nenhuma natureza.

4. O acusado absolvido por sentença transitada em julgado não poderá ser submetido a novo processo pelos mesmos fatos.

5. O processo penal deve ser público, salvo no que for necessário para preservar os interesses da justiça.

Artigo 9º
Princípio da Legalidade e da Retroatividade

Ninguém poderá ser condenado por atos ou omissões que, no momento em que foram cometidos, não constituam delito, de acordo com o direito aplicável. Tampouco poder-se-á impor pena mais grave do que a aplicável no momento da ocorrência do delito. Se, depois de perpetrado o delito, a lei estipular a imposição de pena mais leve, o delinquente deverá dela beneficiar-se.

Artigo 10
Direito à Indenização

Toda pessoa tem direito de ser indenizada conforme a lei, no caso de haver sido condenada em sentença transitada em julgado, por erro judiciário.

Artigo 11
Proteção da Honra e da Dignidade

1. Toda pessoa tem direito ao respeito da sua honra e ao reconhecimento de sua dignidade.

2. Ninguém pode ser objeto de ingerências arbitrárias ou abusivas em sua vida privada, em sua família, em seu domicílio ou em sua correspondência, nem de ofensas ilegais à sua honra ou reputação.

3. Toda pessoa tem direito à proteção da lei contra tais ingerências ou tais ofensas.

Artigo 12
Liberdade de Consciência e de Religião

1. Toda pessoa tem direito à liberdade de consciência e de religião. Esse direito implica a liberdade de conservar sua religião ou suas crenças, ou de mudar de religião ou de crenças, bem como a liberdade de professar e divulgar sua religião ou suas crenças, individual ou coletivamente, tanto em público como em privado.

2. Ninguém pode ser submetido a medidas restritivas que possam limitar sua liberdade de conservar sua religião ou suas crenças, ou de mudar de religião ou de crenças.

3. A liberdade de manifestar a própria religião e as próprias crenças está sujeita apenas às limitações previstas em lei e que se façam necessárias para proteger a segurança, a ordem, a saúde ou a moral públicas ou os direitos e as liberdades das demais pessoas.

4. Os pais e, quando for o caso, os tutores têm direito a que seus filhos e pupilos recebam a educação religiosa e moral que esteja de acordo com suas próprias convicções.

Artigo 13
Liberdade de Pensamento e de Expressão

1. Toda pessoa tem o direito à liberdade de pensamento e de expressão. Esse direito inclui a liberdade de procurar, receber e difundir informações e ideias de qualquer natureza, sem considerações de fronteiras, verbalmente ou por escrito, ou em forma impressa ou artística, ou por qualquer meio de sua escolha.

2. O exercício do direito previsto no inciso precedente não pode estar sujeito à censura prévia, mas a responsabilidades ulteriores, que devem ser expressamente previstas em lei e que se façam necessárias para assegurar:

a) o respeito dos direitos e da reputação das demais pessoas; ou

b) a proteção da segurança nacional, da ordem pública, ou da saúde ou da moral públicas.

3. Não se pode restringir o direito de expressão por vias e meios indiretos, tais como o abuso de controles oficiais ou particulares de papel de imprensa, de frequências radioelétricas ou de equipamentos e aparelhos usados na difusão de informação, nem por quaisquer outros meios destinados a obstar a comunicação e a circulação de ideias e opiniões.

4. A lei pode submeter os espetáculos públicos a censura prévia, com o objetivo exclusivo de regular o acesso a eles, para proteção moral da infância e da adolescência, sem prejuízo do disposto no inciso 2.

5. A lei deve proibir toda propaganda a favor da guerra, bem como toda apologia ao ódio nacional, racial ou religioso que constitua incitamento à discriminação, à hostilidade, ao crime ou à violência.

Artigo 14

Direito de Retificação ou Resposta

1. Toda pessoa, atingida por informações inexatas ou ofensivas emitidas em seu prejuízo por meios de difusão legalmente regulamentados e que se dirijam ao público em geral, tem direito a fazer, pelo mesmo órgão de difusão, sua retificação ou resposta, nas condições que estabeleça a lei.

2. Em nenhum caso a retificação ou a resposta eximirão das outras responsabilidades legais em que se houver incorrido.

3. Para a efetiva proteção da honra e da reputação, toda publicação ou empresa jornalística, cinematográfica, de rádio ou televisão, deve ter uma pessoa responsável, que não seja protegida por imunidades, nem goze de foro especial.

Artigo 15

Direito de Reunião

É reconhecido o direito de reunião pacífica e sem armas. O exercício desse direito só pode estar sujeito às restrições previstas em lei e que se façam necessárias, em uma sociedade democrática, ao interesse da segurança nacional, da segurança ou ordem públicas, ou para proteger a saúde ou a moral públicas ou os direitos e as liberdades das demais pessoas.

Artigo 16

Liberdade de Associação

1. Todas as pessoas têm o direito de associar-se livremente com fins ideológicos, religiosos, políticos, econômicos, trabalhistas, sociais, culturais, desportivos ou de qualquer outra natureza.

2. O exercício desse direito só pode estar sujeito às restrições previstas em lei e que se façam necessárias, em uma sociedade democrática, ao interesse da segurança nacional, da segurança e da ordem públicas, ou para proteger a saúde ou a moral públicas ou os direitos e as liberdades das demais pessoas.

3. O presente artigo não impede a imposição de restrições legais, e mesmo a privação do exercício do direito de associação, aos membros das forças armadas e da polícia.

Artigo 17

Proteção da Família

1. A família é o núcleo natural e fundamental da sociedade e deve ser protegida pela sociedade e pelo Estado.

2. É reconhecido o direito do homem e da mulher de contraírem casamento e de constituírem uma família, se tiverem a idade e as condições para isso exigidas pelas leis internas, na medida em que não afetem estas o princípio da não discriminação estabelecido nesta Convenção.

3. O casamento não pode ser celebrado sem o consentimento livre e pleno dos contraentes.

4. Os Estados-partes devem adotar as medidas apropriadas para assegurar a igualdade de direitos e a adequada equivalência de responsabilidades dos cônjuges quanto ao casamento, durante o mesmo e por ocasião de sua dissolução. Em caso de dissolução, serão adotadas as disposições que assegurem a proteção necessária aos filhos, com base unicamente no interesse e conveniência dos mesmos.

5. A lei deve reconhecer iguais direitos tanto aos filhos nascidos fora do casamento, como aos nascidos dentro do casamento.

Artigo 18

Direito ao Nome

Toda pessoa tem direito a um prenome e aos nomes de seus pais ou ao de um destes. A lei deve regular a forma de assegurar a todos esse direito, mediante nomes fictícios, se for necessário.

Artigo 19

Direitos da Criança

Toda criança terá direito às medidas de proteção que a sua condição de menor requer, por parte da sua família, da sociedade e do Estado.

Artigo 20

Direito à Nacionalidade

1. Toda pessoa tem direito a uma nacionalidade.

2. Toda pessoa tem direito à nacionalidade do Estado em cujo território houver nascido, se não tiver direito a outra.

3. A ninguém se deve privar arbitrariamente de sua nacionalidade, nem do direito de mudá-la.

Artigo 21

Direito à Propriedade Privada

1. Toda pessoa tem direito ao uso e gozo de seus bens. A lei pode subordinar esse uso e gozo ao interesse social.

2. Nenhuma pessoa pode ser privada de seus bens, salvo mediante o pagamento de indenização justa, por motivo de utilidade pública ou de interesse social e nos casos e na forma estabelecidos pela lei.

3. Tanto a usura, como qualquer outra forma de exploração do homem pelo homem, devem ser reprimidas pela lei.

Artigo 22

Direito de Circulação e de Residência

1. Toda pessoa que se encontre legalmente no território de um Estado tem o direito de nele livremente circular e de nele residir, em conformidade com as disposições legais.

2. Toda pessoa terá o direito de sair livremente de qualquer país, inclusive de seu próprio país.

3. O exercício dos direitos supracitados não pode ser restringido, senão em virtude de lei, na medida indispensável, em uma sociedade democrática, para prevenir infrações penais ou para proteger a segurança nacional, a segurança ou a ordem públicas, a moral ou a saúde públicas, ou os direitos e liberdades das demais pessoas.

4. O exercício dos direitos reconhecidos no inciso 1 pode também ser restringido pela lei, em zonas determinadas, por motivo de interesse público.

5. Ninguém pode ser expulso do território do Estado do qual for nacional e nem ser privado do direito de nele entrar.

6. O estrangeiro que se encontre legalmente no território de um Estado-parte na presente Convenção só poderá dele ser expulso em decorrência de decisão adotada em conformidade com a lei.

7. Toda pessoa tem o direito de buscar e receber asilo em território estrangeiro, em caso de perseguição por delitos políticos ou comuns conexos com delitos políticos, de acordo com a legislação de cada Estado e com as Convenções internacionais.

8. Em nenhum caso o estrangeiro pode ser expulso ou entregue a outro país, seja ou não de origem, onde seu direito à vida ou à liberdade pessoal esteja em risco de violação em virtude de sua raça, nacionalidade, religião, condição social ou de suas opiniões políticas.

9. É proibida a expulsão coletiva de estrangeiros.

Artigo 23

Direitos Políticos

1. Todos os cidadãos devem gozar dos seguintes direitos e oportunidades:

a) de participar da condução dos assuntos públicos, diretamente ou por meio de representantes livremente eleitos;

b) de votar e ser eleito em eleições periódicas, autênticas, realizadas por sufrágio universal e igualitário e por voto secreto, que garantam a livre expressão da vontade dos eleitores; e

c) de ter acesso, em condições gerais de igualdade, às funções públicas de seu país.

2. A lei pode regular o exercício dos direitos e oportunidades, a que se refere o inciso anterior, exclusivamente por motivo de idade, nacionalidade, residência, idioma, instrução, capacidade civil ou mental, ou condenação, por juiz competente, em processo penal.

Artigo 24

Igualdade Perante a Lei

Todas as pessoas são iguais perante a lei. Por conseguinte, têm direito, sem discriminação alguma, à igual proteção da lei.

Artigo 25

Proteção Judicial

1. Toda pessoa tem direito a um recurso simples e rápido ou a qualquer outro recurso efetivo, perante os juízes ou tribunais competentes, que a proteja contra atos que violem seus direitos fundamentais reconhecidos pela Constituição, pela lei ou pela presente Convenção, mesmo quando tal violação seja cometida por pessoas que estejam atuando no exercício de suas funções oficiais.

2. Os Estados-partes comprometem-se:

a) a assegurar que a autoridade competente prevista pelo sistema legal do Estado decida sobre os direitos de toda pessoa que interpuser tal recurso;

b) a desenvolver as possibilidades de recurso judicial; e

c) a assegurar o cumprimento, pelas autoridades competentes, de toda decisão em que se tenha considerado procedente o recurso.

Capítulo III
Direitos Econômicos, Sociais e Culturais

Artigo 26
Desenvolvimento Progressivo

Os Estados-partes comprometem-se a adotar as providências, tanto no âmbito interno, como mediante cooperação internacional, especialmente econômica e técnica, a fim de conseguir progressivamente a plena efetividade dos direitos que decorrem das normas econômicas, sociais e sobre educação, ciência e cultura, constantes da Carta da Organização dos Estados Americanos, reformada pelo Protocolo de Buenos Aires, na medida dos recursos disponíveis, por via legislativa ou por outros meios apropriados.

Capítulo IV
Suspensão de Garantias, Interpretação e Aplicação

Artigo 27
Suspensão de Garantias

1. Em caso de guerra, de perigo público, ou de outra emergência que ameace a independência ou segurança do Estado-parte, este poderá adotar as disposições que, na medida e pelo tempo estritamente limitados às exigências da situação, suspendam as obrigações contraídas em virtude desta Convenção, desde que tais disposições não sejam incompatíveis com as demais obrigações que lhe impõe o Direito Internacional e não encerrem discriminação alguma fundada em motivos de raça, cor, sexo, idioma, religião ou origem social.

2. A disposição precedente não autoriza a suspensão dos direitos determinados nos seguintes artigos: 3 (direito ao reconhecimento da personalidade jurídica), 4 (direito à vida), 5 (direito à integridade pessoal), 6 (proibição da escravidão e da servidão), 9 (princípio da legalidade e da retroatividade), 12 (liberdade de consciência e religião), 17 (proteção da família), 18 (direito ao nome), 19 (direitos da criança), 20 (direito à nacionalidade) e 23 (direitos políticos), nem das garantias indispensáveis para a proteção de tais direitos.

3. Todo Estado-parte no presente Pacto que fizer uso do direito de suspensão deverá comunicar imediatamente aos outros Estados-partes na presente Convenção, por intermédio do Secretário-Geral da Organização dos Estados Americanos, as disposições cuja aplicação haja suspendido, os motivos determinantes da suspensão e a data em que haja dado por terminada tal suspensão.

Artigo 28
Cláusula Federal

1. Quando se tratar de um Estado-parte constituído como Estado federal, o governo nacional do aludido Estado-parte cumprirá todas as disposições da presente Convenção, relacionadas com as matérias sobre as quais exerce competência legislativa e judicial.

2. No tocante às disposições relativas às matérias que correspondem à competência das entidades componentes da federação, o governo nacional deve tomar imediatamente as medidas pertinentes, em conformidade com sua Constituição e com suas leis, a fim de que as autoridades competentes das referidas entidades possam adotar as disposições cabíveis para o cumprimento desta Convenção.

3. Quando dois ou mais Estados-partes decidirem constituir entre eles uma federação ou outro tipo de associação, diligenciarão no sentido de que o pacto comunitário respectivo contenha as disposições necessárias para que continuem sendo efetivas no novo Estado, assim organizado, as normas da presente Convenção.

Artigo 29
Normas de Interpretação

Nenhuma disposição da presente Convenção pode ser interpretada no sentido de:

a) permitir a qualquer dos Estados-partes, grupo ou indivíduo, suprimir o gozo e o exercício dos direitos e liberdades reconhecidos na Convenção ou limitá-los em maior medida do que a nela prevista;

b) limitar o gozo e exercício de qualquer direito ou liberdade que possam ser reconhecidos em virtude de leis de qualquer dos Estados-partes ou em virtude de Convenções em que seja parte um dos referidos Estados;

c) excluir outros direitos e garantias que são inerentes ao ser humano ou que decorrem da forma democrática representativa de governo;

d) excluir ou limitar o efeito que possam produzir a Declaração Americana dos Direitos e Deveres do Homem e outros atos internacionais da mesma natureza.

Artigo 30
Alcance das Restrições

As restrições permitidas, de acordo com esta Convenção, ao gozo e exercício dos direitos e liberdades nela reconhecidos, não podem ser aplicadas senão de acordo com leis que forem promulgadas por motivo de interesse geral e com o propósito para o qual houverem sido estabelecidas.

Artigo 31
Reconhecimento de Outros Direitos

Poderão ser incluídos no regime de proteção desta Convenção outros direitos e liberdades que forem reconhecidos de acordo com os processos estabelecidos nos artigos 69 e 70.

Capítulo V
Deveres das Pessoas

Artigo 32
Correlação entre Deveres e Direitos

1. Toda pessoa tem deveres para com a família, a comunidade e a humanidade.

2. Os direitos de cada pessoa são limitados pelos direitos dos demais, pela segurança de todos e pelas justas exigências do bem comum, em uma sociedade democrática.

PARTE II
Meios de Proteção

Capítulo VI
Órgãos Competentes

Artigo 33

São competentes para conhecer de assuntos relacionados com o cumprimento dos compromissos assumidos pelos Estados-partes nesta Convenção:

a) a Comissão Interamericana de Direitos Humanos, doravante denominada a Comissão; e

b) a Corte Interamericana de Direitos Humanos, doravante denominada a Corte.

Capítulo VII
Comissão Interamericana de Direitos Humanos

Seção 1
Organização

Artigo 34

A Comissão Interamericana de Direitos Humanos compor-se-á de sete membros, que deverão ser pessoas de alta autoridade moral e de reconhecido saber em matéria de direitos humanos.

Artigo 35

A Comissão representa todos os Membros da Organização dos Estados Americanos.

Artigo 36

1. Os membros da Comissão serão eleitos a título pessoal, pela Assembleia Geral da Organização, a partir de uma lista de candidatos propostos pelos governos dos Estados-membros.

2. Cada um dos referidos governos pode propor até três candidatos, nacionais do Estado que os propuser ou de qualquer outro Estado-membro da Organização dos Estados Americanos. Quando for proposta uma lista de três candidatos, pelo menos um deles deverá ser nacional de Estado diferente do proponente.

Artigo 37

1. Os membros da Comissão serão eleitos por quatro anos e só poderão ser reeleitos uma vez, porém o mandato de três dos membros designados na primeira eleição expirará ao cabo de dois anos. Logo depois da referida eleição, serão determinados por sorteio, na Assembleia Geral, os nomes desses três membros.

2. Não pode fazer parte da Comissão mais de um nacional de um mesmo país.

Artigo 38

As vagas que ocorrerem na Comissão, que não se devam à expiração normal do mandato, serão preenchidas pelo Conselho Permanente da Organização, de acordo com o que dispuser o Estatuto da Comissão.

Artigo 39

A Comissão elaborará seu estatuto e submetê-lo-á à aprovação da Assembleia Geral e expedirá seu próprio Regulamento.

Artigo 40

Os serviços da Secretaria da Comissão devem ser desempenhados pela unidade funcional especializada que faz parte da Secretaria-Geral da Organização e deve dispor dos recursos necessários para cumprir as tarefas que lhe forem confiadas pela Comissão.

Seção 2
Funções

Artigo 41

A Comissão tem a função principal de promover a observância e a defesa dos direitos humanos e, no exercício de seu mandato, tem as seguintes funções e atribuições:

a) estimular a consciência dos direitos humanos nos povos da América;

b) formular recomendações aos governos dos Estados-membros, quando considerar conveniente, no sentido de que adotem medidas progressivas em prol dos direitos humanos no âmbito de suas leis internas e seus preceitos constitucionais, bem como disposições apropriadas para promover o devido respeito a esses direitos;

c) preparar estudos ou relatórios que considerar convenientes para o desempenho de suas funções;

d) solicitar aos governos dos Estados-membros que lhe proporcionem informações sobre as medidas que adotarem em matéria de direitos humanos;

e) atender às consultas que, por meio da Secretaria-Geral da Organização dos Estados Americanos, lhe formularem os Estados-membros sobre questões relacionadas com os direitos humanos e, dentro de suas possibilidades, prestar-lhes o assessoramento que lhes solicitarem;

f) atuar com respeito às petições e outras comunicações, no exercício de sua autoridade, de conformidade com o disposto nos artigos 44 a 51 desta Convenção; e

g) apresentar um relatório anual à Assembleia Geral da Organização dos Estados Americanos.

Artigo 42

Os Estados-partes devem submeter à Comissão cópia dos relatórios e estudos que, em seus respectivos campos, submetem anualmente às Comissões Executivas do Conselho Interamericano Econômico e Social e do Conselho Interamericano de Educação, Ciência e Cultura, a fim de que aquela zele para que se promovam os direitos decorrentes das normas econômicas, sociais e sobre educação, ciência e cultura, constantes da Carta da Organização dos Estados Americanos, reformada pelo Protocolo de Buenos Aires.

Artigo 43

Os Estados-partes obrigam-se a proporcionar à Comissão as informações que esta lhes solicitar sobre a maneira pela qual seu direito interno assegura a aplicação efetiva de quaisquer disposições desta Convenção.

Seção 3
Competência

Artigo 44

Qualquer pessoa ou grupo de pessoas, ou entidade não governamental legalmente reconhecida em um ou mais Estados-membros da Organização, pode apresentar à Comissão petições que contenham denúncias ou queixas de violação desta Convenção por um Estado-parte.

Artigo 45

1. Todo Estado-parte pode, no momento do depósito do seu instrumento de ratificação desta Convenção, ou de adesão a ela, ou em qualquer momento posterior, declarar que reconhece a competência da Comissão para receber e examinar as comunicações em que um Estado-parte alegue haver outro Estado-parte incorrido em violações dos direitos humanos estabelecidos nesta Convenção.

2. As comunicações feitas em virtude deste artigo só podem ser admitidas e examinadas se forem apresentadas por um Estado-parte que haja feito uma declaração pela qual reconheça a referida competência da Comissão. A Comissão não admitirá nenhuma comunicação contra um Estado-parte que não haja feito tal declaração.

3. As declarações sobre reconhecimento de competência podem ser feitas para que esta vigore por tempo indefinido, por período determinado ou para casos específicos.

4. As declarações serão depositadas na Secretaria-Geral da Organização dos Estados Americanos, a qual encaminhará cópia das mesmas aos Estados-membros da referida Organização.

Artigo 46

Para que uma petição ou comunicação apresentada de acordo com os artigos 44 ou 45 seja admitida pela Comissão, será necessário:

a) que hajam sido interpostos e esgotados os recursos da jurisdição interna, de acordo com os princípios de Direito Internacional geralmente reconhecidos;

b) que seja apresentada dentro do prazo de 6 (seis) meses, a partir da data em que o presumido prejudicado em seus direitos tenha sido notificado da decisão definitiva;

c) que a matéria da petição ou comunicação não esteja pendente de outro processo de solução internacional; e

d) que, no caso do artigo 44, a petição contenha o nome, a nacionalidade, a profissão, o domicílio e a assinatura da pessoa ou pessoas ou do representante legal da entidade que submeter a petição.

2. As disposições das alíneas *a* e *b* do inciso 1 deste artigo não se aplicarão quando:

a) não existir, na legislação interna do Estado de que se tratar, o devido processo legal para a proteção do direito ou direitos que se alegue tenham sido violados;

b) não se houver permitido ao presumido prejudicado em seus direitos o acesso aos recursos da jurisdição interna, ou houver sido ele impedido de esgotá-los; e

c) houver demora injustificada na decisão sobre os mencionados recursos.

Artigo 47

A Comissão declarará inadmissível toda petição ou comunicação apresentada de acordo com os artigos 44 ou 45 quando:

a) não preencher algum dos requisitos estabelecidos no artigo 46;

b) não expuser fatos que caracterizem violação dos direitos garantidos por esta Convenção;

c) pela exposição do próprio peticionário ou do Estado, for manifestamente infundada a petição ou comunicação ou for evidente sua total improcedência; ou

d) for substancialmente reprodução de petição ou comunicação anterior, já examinada pela Comissão ou por outro organismo internacional.

Seção 4
Processo

Artigo 48

1. A Comissão, ao receber uma petição ou comunicação na qual se alegue a violação de qualquer dos direitos consagrados nesta Convenção, procederá da seguinte maneira:

a) se reconhecer a admissibilidade da petição ou comunicação, solicitará informações ao Governo do Estado ao qual pertença a autoridade apontada como responsável pela violação alegada e transcreverá as partes pertinentes da petição ou comunicação. As referidas informações devem ser enviadas dentro de um prazo razoável, fixado pela Comissão ao considerar as circunstâncias de cada caso;

b) recebidas as informações, ou transcorrido o prazo fixado sem que sejam elas recebidas, verificará se existem ou subsistem os motivos da petição ou comunicação. No caso de não existirem ou não subsistirem, mandará arquivar o expediente;

c) poderá também declarar a inadmissibilidade ou a improcedência da petição ou comunicação, com base em informação ou prova supervenientes;

d) se o expediente não houver sido arquivado, e com o fim de comprovar os fatos, a Comissão procederá, com conhecimento das partes, a um exame do assunto exposto na petição ou comunicação. Se for necessário e conveniente, a Comissão procederá a uma investigação para cuja eficaz realização solicitará, e os Estados interessados lhe proporcionarão, todas as facilidades necessárias;

e) poderá pedir aos Estados interessados qualquer informação pertinente e receberá, se isso for solicitado, as exposições verbais ou escritas que apresentarem os interessados; e

f) pôr-se-á à disposição das partes interessadas, a fim de chegar a uma solução amistosa do assunto, fundada no respeito aos direitos reconhecidos nesta Convenção.

2. Entretanto, em casos graves e urgentes, pode ser realizada uma investigação, mediante prévio consentimento do Estado em cujo território se alegue houver sido cometida a violação, tão somente com a apresentação de uma petição ou comunicação que reúna todos os requisitos formais de admissibilidade.

Artigo 49

Se se houver chegado a uma solução amistosa de acordo com as disposições do inciso 1, *f*, do artigo 48, a Comissão redigirá um relatório que será encaminhado ao peticionário e aos Estados-partes nesta Convenção e posteriormente transmitido, para sua publicação, ao Secretário-Geral da Organização dos Estados Americanos. O referido relatório conterá uma breve exposição dos fatos e da solução alcançada. Se qualquer das partes no caso o solicitar, ser-lhe-á proporcionada a mais ampla informação possível.

Artigo 50

1. Se não se chegar a uma solução, e dentro do prazo que for fixado pelo Estatuto da Comissão, esta redigirá um relatório no qual exporá os fatos e suas conclusões. Se o relatório não representar, no todo ou em parte, o acordo unânime dos membros da Comissão, qualquer deles poderá agregar ao referido relatório seu voto em separado. Também se agregarão ao relatório as exposições verbais ou escritas que houverem sido feitas pelos interessados em virtude do inciso 1, *e*, do artigo 48.

2. O relatório será encaminhado aos Estados interessados, aos quais não será facultado publicá-lo.

3. Ao encaminhar o relatório, a Comissão pode formular as proposições e recomendações que julgar adequadas.

Artigo 51

1. Se no prazo de 3 (três) meses, a partir da remessa aos Estados interessados do relatório da Comissão, o assunto não houver sido solucionado ou submetido à decisão da Corte pela Comissão ou pelo Estado interessado, aceitando sua competência, a Comissão poderá emitir, pelo voto da maioria absoluta dos seus membros, sua opinião e conclusões sobre a questão submetida à sua consideração.

2. A Comissão fará as recomendações pertinentes e fixará um prazo dentro do qual o Estado deve tomar as medidas que lhe competir para remediar a situação examinada.

3. Transcorrido o prazo fixado, a Comissão decidirá, pelo voto da maioria absoluta dos seus membros, se o Estado tomou ou não as medidas adequadas e se publica ou não seu relatório.

Capítulo VIII
Corte Interamericana de Direitos Humanos

Seção 1
Organização

Artigo 52

1. A Corte compor-se-á de sete juízes, nacionais dos Estados-membros da Organização, eleitos a título pessoal dentre juristas da mais alta autoridade moral, de reconhecida competência em matéria de direitos humanos, que reúnam as condições requeridas para o exercício das mais elevadas funções judiciais, de acordo com a lei do Estado do qual sejam nacionais, ou do Estado que os propuser como candidatos.

2. Não deve haver dois juízes da mesma nacionalidade.

Artigo 53

1. Os juízes da Corte serão eleitos, em votação secreta e pelo voto da maioria absoluta dos Estados-partes na Convenção, na Assembleia Geral da Organização, a partir de uma lista de candidatos propostos pelos mesmos Estados.

2. Cada um dos Estados-partes pode propor até três candidatos, nacionais do Estado que os propuser ou de qualquer outro Estado-membro da Organização dos Estados Americanos. Quando se propuser uma lista de três candidatos, pelo menos um deles deverá ser nacional do Estado diferente do proponente.

Artigo 54

1. Os juízes da Corte serão eleitos por um período de 6 (seis) anos e só poderão ser reeleitos uma vez. O mandato de três dos juízes designados na primeira eleição expirará ao cabo de 3 (três) anos. Imediatamente depois da referida eleição, determinar-se-ão por sorteio, na Assembleia Geral, os nomes desses três juízes.

2. O juiz eleito para substituir outro, cujo mandato não haja expirado, completará o período deste.

3. Os juízes permanecerão em suas funções até o término dos seus mandatos. Entretanto, continuarão funcionando nos casos de que já houverem tomado conhecimento e que se encontrem em fase de sentença e, para tais efeitos, não serão substituídos pelos novos juízes eleitos.

Artigo 55

1. O juiz, que for nacional de algum dos Estados-partes em caso submetido à Corte, conservará o seu direito de conhecer do mesmo.

2. Se um dos juízes chamados a conhecer do caso for de nacionalidade de um dos Estados-partes, outro Estado-parte no caso poderá designar uma pessoa de sua escolha para integrar a Corte, na qualidade de juiz *ad hoc*.

3. Se, dentre os juízes chamados a conhecer do caso, nenhum for da nacionalidade dos Estados-partes, cada um destes poderá designar um juiz *ad hoc*.

4. O juiz *ad hoc* deve reunir os requisitos indicados no artigo 52.

5. Se vários Estados-partes na Convenção tiverem o mesmo interesse no caso, serão considerados como uma só parte, para os fins das disposições anteriores. Em caso de dúvida, a Corte decidirá.

Artigo 56

O *quorum* para as deliberações da Corte é constituído por cinco juízes.

Artigo 57

A Comissão comparecerá em todos os casos perante a Corte.

Artigo 58

1. A Corte terá sua sede no lugar que for determinado, na Assembleia Geral da Organização, pelos Estados-partes na Convenção, mas poderá realizar reuniões no território de qualquer Estado-membro da Organização dos Estados Americanos em que considerar conveniente, pela maioria dos seus membros e mediante prévia aquiescência do Estado respectivo. Os Estados-partes na Convenção podem, na Assembleia Geral, por dois terços dos seus votos, mudar a sede da Corte.

2. A Corte designará seu Secretário.

3. O Secretário residirá na sede da Corte e deverá assistir às reuniões que ela realizar fora da mesma.

Artigo 59

A Secretaria da Corte será por esta estabelecida e funcionará sob a direção do Secretário-Geral da Organização em tudo o que não for incompatível com a independência da Corte. Seus funcionários serão nomeados pelo Secretário-Geral da Organização, em consulta com o Secretário da Corte.

Artigo 60

A Corte elaborará seu Estatuto e submetê-lo-á à aprovação da Assembleia Geral e expedirá seu Regimento.

Seção 2
Competência e Funções

Artigo 61

1. Somente os Estados-partes e a Comissão têm direito de submeter um caso à decisão da Corte.

2. Para que a Corte possa conhecer de qualquer caso, é necessário que sejam esgotados os processos previstos nos artigos 48 a 50.

Artigo 62

1. Todo Estado-parte pode, no momento do depósito do seu instrumento de ratificação desta Convenção ou de adesão a ela, ou em qualquer momento posterior, declarar que reconhece como obrigatória, de pleno direito e sem convenção especial, a competência da Corte em todos os casos relativos à interpretação ou aplicação desta Convenção.

2. A declaração pode ser feita incondicionalmente, ou sob condição de reciprocidade, por prazo determinado ou para casos específicos. Deverá ser apresentada ao Secretário-Geral da Organização, que encaminhará cópias da mesma a outros Estados-membros da Organização e ao Secretário da Corte.

3. A Corte tem competência para conhecer de qualquer caso, relativo à interpretação e aplicação das disposições desta Convenção, que lhe seja submetido, desde que os Estados-partes no caso tenham reconhecido ou reconheçam a referida competência, seja por declaração especial, como preveem os incisos anteriores, seja por convenção especial.

Artigo 63

1. Quando decidir que houve violação de um direito ou liberdade protegidos nesta Convenção, a Corte determinará que se assegure ao prejudicado o gozo do seu direito ou liberdade violados. Determinará também, se isso for procedente, que sejam reparadas as consequências da medida ou situação que haja configurado a violação desses direitos, bem como o pagamento de indenização justa à parte lesada.

2. Em casos de extrema gravidade e urgência, e quando se fizer necessário evitar danos irreparáveis às pessoas, a Corte, nos assuntos de que estiver conhecendo, poderá tomar as medidas provisórias que considerar pertinentes. Se se tratar de assuntos que ainda não estiverem submetidos ao seu conhecimento, poderá atuar a pedido da Comissão.

Artigo 64

1. Os Estados-membros da Organização poderão consultar a Corte sobre a interpretação desta Convenção ou de outros tratados concernentes à proteção dos direitos humanos nos Estados Americanos. Também poderão consultá-la, no que lhes compete, os órgãos enumerados no capítulo X da Carta da Organização dos Estados Americanos, reformada pelo Protocolo de Buenos Aires.

2. A Corte, a pedido de um Estado-membro da Organização, poderá emitir pareceres sobre a compatibilidade entre qualquer de suas leis internas e os mencionados instrumentos internacionais.

Artigo 65

A Corte submeterá à consideração da Assembleia Geral da Organização, em cada período ordinário de sessões, um relatório sobre as suas atividades no ano anterior. De maneira especial, e com as recomendações pertinentes, indicará os casos em que um Estado não tenha dado cumprimento a suas sentenças.

Seção 3
Processo

Artigo 66

1. A sentença da Corte deve ser fundamentada.

2. Se a sentença não expressar no todo ou em parte a opinião unânime dos juízes, qualquer deles terá direito a que se agregue à sentença o seu voto dissidente ou individual.

Artigo 67

A sentença da Corte será definitiva e inapelável. Em caso de divergência sobre o sentido ou alcance da sentença, a Corte interpretá-la-á, a pedido de qualquer das partes, desde que o pedido seja apresentado dentro de 90 (noventa) dias a partir da data da notificação da sentença.

Artigo 68

1. Os Estados-partes na Convenção comprometem-se a cumprir a decisão da Corte em todo caso em que forem partes.

2. A parte da sentença que determinar indenização compensatória poderá ser executada no país respectivo pelo processo interno vigente para a execução de sentenças contra o Estado.

Artigo 69

A sentença da Corte deve ser notificada às partes no caso e transmitida aos Estados-partes na Convenção.

Capítulo IX
Disposições Comuns

Artigo 70

1. Os juízes da Corte e os membros da Comissão gozam, desde o momento da eleição e enquanto durar o seu mandato, das imunidades reconhecidas aos agentes diplomáticos pelo Direito Internacional. Durante o exercício dos seus cargos gozam, além disso, dos privilégios diplomáticos necessários para o desempenho de suas funções.

2. Não se poderá exigir responsabilidade em tempo algum dos juízes da Corte, nem dos membros da Comissão, por votos e opiniões emitidos no exercício de suas funções.

Artigo 71

Os cargos de juiz da Corte ou de membro da Comissão são incompatíveis com outras atividades que possam afetar sua independência ou imparcialidade, conforme o que for determinado nos respectivos Estatutos.

Artigo 72

Os juízes da Corte e os membros da Comissão perceberão honorários e despesas de viagem na forma e nas condições que determinarem os seus Estatutos, levando em conta a importância e independência de suas funções. Tais honorários e despesas de viagem serão fixados no orçamento-programa da Organização dos Estados Americanos, no qual devem ser incluídas, além disso, as despesas da Corte e da sua Secretaria. Para tais efeitos, a Corte elaborará o seu próprio projeto de orçamento e submetê-lo-á à aprovação da Assembleia Geral, por intermédio da Secretaria-Geral. Esta última não poderá nele introduzir modificações.

Artigo 73

Somente por solicitação da Comissão ou da Corte, conforme o caso, cabe à Assembleia Geral da Organização resolver sobre as sanções aplicáveis aos membros da Comissão ou aos juízes da Corte que incorrerem nos casos previstos nos respectivos Estatutos. Para expedir uma resolução, será necessária maioria de dois terços dos votos dos Estados-membros da Organização, no caso dos membros da Comissão; e, além disso, de dois terços dos votos dos Estados-partes na Convenção, se se tratar dos juízes da Corte.

PARTE III
Disposições Gerais e Transitórias

Capítulo X
Assinatura, Ratificação, Reserva, Emenda, Protocolo e Denúncia

Artigo 74

1. Esta Convenção está aberta à assinatura e à ratificação de todos os Estados-membros da Organização dos Estados Americanos.

2. A ratificação desta Convenção ou a adesão a ela efetuar-se-á mediante depósito de um instrumento de ratificação ou adesão na Secretaria-Geral da Organização dos Estados Americanos. Esta Convenção entrará em vigor logo que onze Estados houverem depositado os seus respectivos instrumentos de ratificação ou de adesão. Com referência a qualquer outro Estado que a ratificar ou que a ela aderir ulteriormente, a Convenção entrará em vigor na data do depósito do seu instrumento de ratificação ou adesão.

3. O Secretário-Geral comunicará todos os Estados-membros da Organização sobre a entrada em vigor da Convenção.

Artigo 75

Esta Convenção só pode ser objeto de reservas em conformidade com as disposições da Convenção de Viena sobre o Direito dos Tratados, assinada em 23 de maio de 1969.

Artigo 76

1. Qualquer Estado-parte, diretamente, e a Comissão e a Corte, por intermédio do Secretário-Geral, podem submeter à Assembleia Geral, para o que julgarem conveniente, proposta de emendas a esta Convenção.

2. Tais emendas entrarão em vigor para os Estados que as ratificarem, na data em que houver sido depositado o respectivo instrumento de ratificação, por dois terços dos Estados-partes nesta Convenção. Quanto aos outros Estados-partes, entrarão em vigor na data em que eles depositarem os seus respectivos instrumentos de ratificação.

Artigo 77

1. De acordo com a faculdade estabelecida no artigo 31, qualquer Estado-parte e a Comissão podem submeter à consideração dos Estados-partes reunidos por ocasião da Assembleia Geral projetos de Protocolos adicionais a esta Convenção, com a finalidade de incluir progressivamente, no regime de proteção da mesma, outros direitos e liberdades.

2. Cada Protocolo deve estabelecer as modalidades de sua entrada em vigor e será aplicado somente entre os Estados-partes no mesmo.

Artigo 78

1. Os Estados-partes poderão denunciar esta Convenção depois de expirado o prazo de 5 (cinco) anos, a partir da data em vigor da mesma e mediante aviso-prévio de 1 (um) ano, notificando o Secretário-Geral da Organização, o qual deve informar as outras partes.

2. Tal denúncia não terá o efeito de desligar o Estado-parte interessado das obrigações contidas nesta Convenção, no que diz respeito a qualquer ato que, podendo constituir violação dessas obrigações, houver sido cometido por ele anteriormente à data na qual a denúncia produzir efeito.

Capítulo XI
Disposições Transitórias

Seção 1
Comissão Interamericana de Direitos Humanos

Artigo 79

Ao entrar em vigor esta Convenção, o Secretário-Geral pedirá por escrito a cada Estado-membro da Organização que apresente, dentro de um prazo de 90 (noventa) dias, seus candidatos a membro da Comissão Interamericana de Direitos Humanos. O Secretário-Geral preparará uma lista por ordem alfabética dos candidatos apresentados e a encaminhará aos Estados-membros da Organização, pelo menos trinta dias antes da Assembleia Geral seguinte.

Artigo 80

A eleição dos membros da Comissão far-se-á dentre os candidatos que figurem na lista a que se refere o artigo 79, por votação secreta da Assembleia Geral, e serão declarados eleitos os candidatos que obtiverem maior número de votos e a maioria absoluta dos votos dos representantes dos Estados-membros. Se, para eleger todos os membros da Comissão, for necessário realizar várias votações, serão eliminados sucessivamente, na forma que for determinada pela Assembleia Geral, os candidatos que receberem menor número de votos.

Seção 2
Corte Interamericana de Direitos Humanos

Artigo 81

Ao entrar em vigor esta Convenção, o Secretário-Geral pedirá a cada Estado-parte que apresente, dentro de um prazo de 90 (noventa) dias, seus candidatos a juiz da Corte Interamericana de Direitos Humanos. O Secretário-Geral preparará uma lista por ordem alfabética dos candidatos apresentados e a encaminhará aos Estados-partes pelo menos 30 (trinta) dias antes da Assembleia Geral seguinte.

Artigo 82

A eleição dos juízes da Corte far-se-á dentre os candidatos que figurem na lista a que se refere o artigo 81, por votação secreta dos Estados-partes, na Assembleia Geral, e serão declarados eleitos os candidatos que obtiverem o maior número de votos e a maioria absoluta dos votos dos representantes dos Estados-partes. Se, para eleger todos os juízes da Corte, for necessário realizar várias votações, serão eliminados sucessivamente, na forma que for determinada pelos Estados-partes, os candidatos que receberem menor número de votos.

Declarações e Reservas

Declaração do Chile

A Delegação do Chile apõe sua assinatura a esta Convenção, sujeita à sua posterior aprovação parlamentar e ratificação, em conformidade com as normas constitucionais vigentes.

Declaração do Equador

A Delegação do Equador tem a honra de assinar a Convenção Americana sobre Direitos Humanos. Não crê necessário especificar reserva alguma, deixando a salvo tão somente a faculdade geral constante da mesma Convenção, que deixa aos governos a liberdade de ratificá-la.

Reserva do Uruguai

O artigo 80, parágrafo 2, da Constituição da República Oriental do Uruguai, estabelece que se suspende a cidadania "pela condição de legalmente processado em causa criminal de que possa resultar pena de penitenciária". Essa limitação ao exercício dos direitos reconhecidos no artigo 23 da Convenção não está prevista entre as circunstâncias que a tal respeito prevê o parágrafo 2 do referido artigo 23, motivo por que a Delegação do Uruguai formula a reserva pertinente.

Em fé do que, os plenipotenciários abaixo assinados, cujos plenos poderes foram encontrados em boa e devida forma, assinam esta Convenção, que se denominará "Pacto de São José da Costa Rica", na cidade de São José, Costa Rica, em vinte e dois de novembro de mil novecentos e sessenta e nove.

Declaração Interpretativa do Brasil

Ao depositar a Carta de Adesão à Convenção Americana sobre Direitos Humanos (Pacto de São José da Costa Rica), em 25 de setembro de 1992, o Governo brasileiro fez a seguinte declaração interpretativa sobre os artigos 43 e 48, alínea *d*:

"O Governo do Brasil entende que os artigos 43 e 48, alínea *d*, não incluem o direito automático de visitas e inspeções *in loco* da Comissão Interamericana de Direitos Humanos, as quais dependerão da anuência expressa do Estado".

CONVENÇÃO AMERICANA SOBRE DIREITOS HUMANOS EM MATÉRIA DE DIREITOS ECONÔMICOS, SOCIAIS E CULTURAIS (1999)

Protocolo de São Salvador

- Aprovado pelo Dec. 56/1995, e promulgado pelo Dec. 3.321/1999.

O Presidente da República, no uso da atribuição que lhe confere o art. 84, inciso VIII, da Constituição;

Considerando que o Protocolo Adicional à Convenção Americana sobre Direitos Humanos em Matéria de Direitos Econômicos, Sociais e Culturais "Protocolo de São Salvador", foi concluído em 17 de novembro de 1988, em São Salvador, El Salvador.

Considerando que o Congresso Nacional aprovou o ato multilateral em epígrafe por meio do Decreto Legislativo 56, de 19 de abril de 1995;

Considerando que o Protocolo em tela entrou em vigor internacional em 16 de novembro de 1999;

Considerando que o Governo brasileiro depositou o Instrumento de Adesão do referido ato em 21 de agosto de 1996, passando o mesmo a vigorar, para o Brasil, em 16 de novembro de 1999, DECRETA:

Art. 1º

O Protocolo Adicional à Convenção Americana sobre Direitos Humanos em Matéria de Direitos Econômicos, Sociais e Culturais "Protocolo de São Salvador", concluído em 17 de novembro de 1988, em São Salvador, El Salvador, apenso por cópia a este Decreto, deverá ser executado e cumprido tão inteiramente como nele se contém.

Art. 2º

Este Decreto entra em vigor na data de sua publicação.

Brasília, 30 de dezembro de 1999; 178º da Independência e 111º da República.

Fernando Henrique Cardoso

PROTOCOLO ADICIONAL À CONVENÇÃO AMERICANA SOBRE DIREITOS HUMANOS EM MATÉRIA DE DIREITOS ECONÔMICOS, SOCIAIS E CULTURAIS

A Assembléia-Geral, Vistos:

A Resolução AG/RES. 836 (XVI-0/86), mediante a qual a Assembléia-Geral tomou nota do Projeto de Protocolo Adicional à Convenção Americana sobre Direitos Humanos, submetido pela Comissão interamericana de Direitos Humanos, e o transmitiu aos Governos dos Estados-Partes da Convenção param que formulassem suas observações e comentários sobre o Projeto e remetessem ao

Conselho Permanente para estudo e apresentação à Assembléia-Geral, em seu Décimo Sétimo Período Ordinário de Sessões;

A Resolução AG/RES. 887 (XVII-0/87), na qual solicitou ao Conselho Permanente que, com base no projeto apresentado pela Comissão interamericana de Direitos Humanos e nas observações e comentários formulados pelos Governos dos Estados-Partes na Convenção, apresentasse à Assembléia-Geral, em seu Décimo Oitavo Período Ordinário de Sessões, um projeto de Protocolo Adicional à Convenção, em matéria de direitos econômicos, sociais e culturais; e

O Relatório do Conselho Permanente que submete à Assembléia Geral o referido Projeto de Protocolo Adicional, e

Considerando:

Que a Convenção Americana sobre os Direitos Humanos estabelece que poderão ser submetidos à consideração dos Estados-Partes, reunidos por ocasião da Assembléia-Geral da Organização dos Estados Americanos, projetos de protocolos adicionais a essa Convenção, com a finalidade de incluir progressivamente no seu regime de proteção outros direitos e liberdades; e

A importância que reveste para o Sistema Interamericano a adoção de um Protocolo Adicional à Convenção, em matéria de direitos econômicos, sociais e culturais, Resolve:

Adotar o seguinte Protocolo Adicional à Convenção Americana sobre Direitos Humanos em matéria de Direitos Econômicos, Sociais e Culturais (Protocolo de São Salvador):

Preâmbulo.

Os Estados-Partes na Convenção Americana sobre os Direitos Humanos (Pacto de São José da Costa Rica), Reafirmando seu propósito de consolidar neste Continente, dentro do quadro das instituições democráticas, um regime de liberdade pessoal e de justiça social, fundado no respeito dos direitos essenciais do homem;

Reconhecendo que os direitos essenciais do homem não derivam do fato de ser ele nacional de determinado Estado, mas sim do fato de terem como fundamento os atributos da pessoa humana, razão por que justificam uma proteção internacional, de natureza convencional, coadjuvante ou complementar da que oferece o direito interno dos Estados americanos;

Considerando a estreita relação que existe entre a vigência dos direitos econômicos, sociais e culturais e a dos direitos civis e políticos, por motivo de as diferentes categorias de direito constituírem um todo indissolúvel que tem sua base no reconhecimento da dignidade da pessoa humana, razão pela qual exigem tutela e promoção permanente, com o objetivo de conseguir sua plena vigência, sem que jamais possa justificar-se a violação de uns a pretexto da observação de outros;

Reconhecendo os benefícios decorrentes do fomento e desenvolvimento da cooperação entre os Estados e das relações internacionais;

Recordando que, de acordo com a Declaração Universal dos Direitos do Homem e com a Convenção Americana sobre os Direitos Humanos, só pode tornar-se realidade o ideal do ser humano livre, isento de temor e da miséria, se forem criadas condições que permitam a cada pessoa gozar de seus direitos econômicos, sociais e culturais, bem como de seus direitos civis e políticos;

Levando em conta que, embora outros instrumentos internacionais, tanto de âmbito universal como regional, tenham reconhecido direitos econômicos, sociais e culturais fundamentais, é muito importante que esses direitos sejam reafirmados, desenvolvidos, aperfeiçoados e protegidos, a fim de consolidar na América, com base no respeito pleno dos direitos da pessoa, o regime democrático representativo de governo, bem como o direito de seus povos ao desenvolvimento, à livre determinação e a utilizar livremente suas riquezas e recursos naturais; e

Considerando que a Convenção Americana sobre os Direitos Humanos estabelece que poderão ser submetidos à consideração dos Estados-Partes, reunidos por ocasião da Assembléia-Geral da Organização dos Estados Americanos, projetos de protocolos adicionais a essa Convenção, com a finalidade de incluir progressivamente no regime de proteção da mesma, outros direitos e liberdades, Convieram no seguinte Protocolo Adicional à Convenção Americana sobre Direitos Humanos (Protocolo de São Salvador):

Artigo 1º
Obrigação de Adotar Medidas

Os Estados-Partes neste Protocolo Adicional à Convenção Americana sobre Direitos Humanos comprometem-se a adotar as medidas necessárias, tanto de ordem interna como por meio da cooperação entre os Estados, especialmente econômica e técnica, até o máximo dos recursos disponíveis e levando em conta seu grau de desenvolvimento, a fim de conseguir, progressivamente e de acordo com a legislação interna, a plena efetividade dos direitos reconhecidos neste Protocolo.

Artigo 2º
Obrigação de Adotar Disposições de Direito Interno

Se o exercício dos direitos estabelecidos neste Protocolo ainda não estiver garantido por disposições legislativas ou de outra natureza, os Estados-Partes comprometem-se a adotar, de acordo com suas normas constitucionais e com as disposições deste Protocolo, as medidas legislativas ou de outra natureza que forem necessárias para tornar efetivos esses direitos.

Artigo 3º
Obrigação de Não-Discriminação

Os Estados-Partes neste Protocolo comprometem-se a garantir o exercício dos direitos nele enunciados, sem discriminação alguma por motivo de raça, cor, sexo, idioma, religião, opiniões políticas ou de qualquer outra natureza, origem nacional ou social, posição econômica, nascimento ou qualquer outra condição social.

Artigo 4º
Não-Admissão de Restrições

Não se poderá restringir ou limitar qualquer dos direitos reconhecidos ou vigentes num Estado em virtude de sua legislação interna ou de convenções internacionais, sob pretexto de que este Protocolo não os reconhece ou os reconhece em menor grau.

Artigo 5º
Alcance das Restrições e Limitações

Os Estados-Partes só poderão estabelecer restrições e limitações ao gozo e exercício dos direitos estabelecidos neste Protocolo mediante leis promulgadas com o objetivo de preservar o bem estar geral dentro de uma sociedade democrática, na medida em que não contrariem o propósito e razão dos mesmos.

Artigo 6º
Direito ao Trabalho

1. Toda pessoa tem direito ao trabalho, o que inclui a oportunidade de obter os meios para levar uma vida digna e decorosa através do desempenho de atividade lícita, livremente escolhida ou aceita.

2. Os Estados-Partes comprometem-se a adotar medidas que garantam plena efetividade do direito ao trabalho, especialmente as referentes à consecução do pleno emprego, à orientação vocacional e ao desenvolvimento de projetos de treinamento técnico-profissional, particularmente os destinados aos deficientes. Os Estados-Partes comprometem-se também a executar e a fortalecer programas que coadjuvem o adequado atendimento da família, a fim de que a mulher tenha real possibilidade de exercer o direito ao trabalho.

Artigo 7º
Condições Justas, Eqüitativas e Satisfatórias de Trabalho

Os Estados-Partes neste Protocolo reconhecem que o direito ao trabalho, a que se refere o artigo anterior, pressupõe que toda pessoa goze desse direito em condições justas, eqüitativas e satisfatórias, para que esses Estados garantirão em suas legislações internas, de maneira particular:

a) remuneração que assegure, no mínimo, a todos os trabalhadores condições de subsistência digna e decorosa para eles e para suas famílias e salário eqüitativo e igual por trabalho igual, sem nenhuma distinção;

b) o direito de todo o trabalhador de seguir sua vocação e de dedicar-se à atividade que melhor atenda a suas expectativas, e a trocar de emprego, de acordo com regulamentação nacional pertinente;

c) o direito do trabalhador a promoção ou avanço no trabalho, para o qual serão levadas em conta suas qualificações, competência, probidade e tempo de serviço;

d) estabilidade dos trabalhadores em seus empregos, de acordo com as características das industrias e profissões e com as causas de justa dispensa. Nos casos de demissão injustificada, o trabalhador terá direito a indenização ou a readmissão no emprego, ou a quaisquer outros benefícios previstos pela legislação nacional;

e) segurança e higiene no trabalho;

f) proibição de trabalho noturno ou em atividades insalubres ou perigosas para os menores de 18 anos e, em geral, de todo o trabalho que possa pôr em perigo sua saúde, segurança ou moral. No caso dos menores de 16 anos, a jornada de trabalho deverá subordinar-se às disposições sobre ensino obrigatório e, em nenhum caso, poderá constituir impedimento à assistência escolar ou limitação para beneficiar-se da instrução recebida;

g) limitação razoável das horas de trabalho, tanto diárias quanto semanais. As jornadas serão de menor duração quando se tratar de trabalhos perigosos, insalubres ou noturnos;

h) repouso, gozo do tempo livre, férias remuneradas, bem como pagamento de salários nos dias feriados nacionais.

Artigo 8º
Direitos Sindicais

1. Os Estados-Partes garantirão:

a) o direito dos trabalhadores de organizar sindicatos e de filiar-se ao de sua escolha, para proteger e promover seus interesses. Como projeção deste direito, os Estados-Partes permitirão aos sindicatos formar federações e confederações nacionais e associar-se às já existentes, bem como formar organizações sindicais internacionais e associar-se à de sua escolha. Os Estados-Partes também permitirão que os sindicatos, federações e confederações funcionem livremente;

b) o direito de greve.

2. O exercício dos direitos enunciados acima só pode estar sujeito às limitações e restrições previstas pela lei, que sejam próprias de uma sociedade democrática e necessárias para salvaguardar a ordem pública e proteger a saúde ou a moral públicas, e os direitos ou liberdades dos demais. Os membros das forças armadas e da polícia, bem como de outros serviços públicos essenciais, estarão sujeitos às limitações e restrições impostas pela lei.

3. Ninguém poderá ser obrigado a pertencer a sindicato.

Artigo 9º
Direito à Previdência Social

1. Toda pessoa tem direito à Previdência Social que a proteja das conseqüências da velhice e da incapacitação que a impeça, física ou mentalmente, de obter os meios de vida digna e decorosa. No caso de morte do beneficiário, os benefícios da previdência social serão aplicados aos seus dependentes.

2. Quando se tratar de pessoas que estejam trabalhando, o direito à previdência social abrangerá pelo menos assistência médica e subsídio ou pensão em caso de acidente de trabalho ou de doença profissional e, quando se tratar da mulher, licença-maternidade remunerada, antes e depois do parto.

Artigo 10
Direito à Saúde

1. Toda pessoa têm direito à saúde, compreendendo-se como saúde o gozo do mais alto nível de bem-estar físico, mental e social.

2. A fim de tomar efetivo o direito à saúde, os Estados-Partes comprometem-se a reconhecer a saúde como bem público e, especialmente, a adotar as seguintes medidas para garantir esse direito:

a) assistência primária a saúde, entendendo-se como tal a assistência médica essencial ao alcance de todas as pessoas e famílias da comunidade;

b) extensão dos benefícios dos serviços de saúde a todas as pessoas sujeitas à jurisdição do Estado;

c) total imunização contra as principais doenças infecciosas;

d) prevenção e tratamento das doenças endêmicas, profissionais e de outra natureza;

e) educação da população com referência à prevenção e ao tratamento dos problemas da saúde; e

f) satisfação das necessidades de saúde dos grupos de mais alto risco e que, por sua situação de pobreza, sejam mais vulneráveis.

Artigo 11
Direito ao Meio Ambiente Sadio

1. Toda pessoa tem direito a viver em meio ambiente sadio e a dispor dos serviços públicos básicos.

2. Os Estados-Partes promoverão a proteção, preservação e melhoramento do meio ambiente.

Artigo 12
Direito à Alimentação

1. Toda pessoa tem direito a nutrição adequada, que lhe assegure a possibilidade de gozar do mais alto nível de desenvolvimento físico, emocional e intelectual.

2. A fim de tornar efetivo esse direito e de eliminar a desnutrição, os Estados -Partes comprometem-se a aperfeiçoar os métodos de produção, abastecimento e distribuição de alimentos, para o que se comprometem a promover maior cooperação internacional com vistas a apoiar as políticas nacionais referentes à matéria.

Artigo 13
Direito à Educação

1. Toda pessoa tem direito à educação.

2. Os Estados-Partes neste Protocolo convêm em que a educação deverá orientar-se para o pleno desenvolvimento da personalidade humana e do sentido de sua dignidade, e deverá fortalecer o respeito pelos direitos humanos, pelo pluralismo ideológico, pelas liberdades fundamentais, pela justiça e pela paz. Convêm também em que a educação deve tornar todas as pessoas capazes de participar efetivamente de uma sociedade democrática e pluralista e de conseguir uma subsistência digna; bem como favorecer a compreensão, a tolerância e a amizade entre todas as nações e todos os grupos raciais, étnicos ou religiosos, e promover as atividades em prol da manutenção da paz.

3. Os Estados-Partes neste Protocolo reconhecem que, a fim de conseguir o pleno exercício do direito à educação:

a) o ensino de primeiro grau deve ser obrigatório e acessível a todos gratuitamente;

b) o ensino de segundo grau, em suas diferentes formas, inclusive o ensino técnico e profissional, deve ser generalizado e acessível a todos, pelos meios que forem apropriados e, especialmente, pelo estabelecimento progressivo do ensino gratuito;

c) o ensino superior deve tornar-se igualmente acessível a todos, de acordo com a capacidade de cada um, pelos meios que forem apropriados e, especialmente, pelo estabelecimento progressivo do ensino gratuito;

d) deve-se promover ou intensificar, na medida do possível, o ensino básico para as pessoas que não tiverem recebido ou terminado o ciclo completo de instrução do primeiro grau;

e) deverão ser estabelecidos programas de ensino diferenciados para os deficientes, a fim de proporcionar instrução especial e formação a pessoas com impedimentos físicos ou deficiência mental.

De acordo com a legislação interna dos Estados-Partes, os pais terão direito a escolher o tipo de educação que deverá ser ministrada aos seus filhos, desde que esteja de acordo com os princípios enunciados acima.

Nenhuma das disposições do Protocolo poderá ser interpretada como restrição da liberdade das pessoas e entidades de estabelecer e dirigir instituições de ensino, de acordo com a legislação dos Estados-Partes.

Artigo 14
Direito aos Benefícios da Cultura

1. Os Estados-Partes neste Protocolo reconhecem o direito de toda pessoa a:

a) participar na vida cultural e artística da comunidade;

b) gozar dos benefícios do progresso científico e tecnológico;

c) beneficiar-se da proteção dos interesses morais e materiais que lhe correspondam em virtude de produções científicas, literárias ou artísticas de sua autoria.

2. Entre as medidas que os Estados-Partes neste Protocolo deverão adotar para assegurar o pleno exercício deste direito, deverão figurar as necessárias para a conservação, o desenvolvimento e a divulgação da ciência, da cultura e da arte.

3. Os Estados-Partes neste Protocolo comprometem-se a respeitar a liberdade indispensável para a pesquisa científica e a atividade criadora.

4. Os Estados-Partes neste Protocolo reconhecem os benefícios que decorrem da promoção e desenvolvimento da cooperação e das relações internacionais no que diz respeito a assuntos científicos, artísticos e culturais e, nesse sentido, comprometem-se a incentivar maior cooperação internacional nesses campos.

Artigo 15
Direito à Constituição e Proteção da Família

1. A família é o elemento natural e fundamental da sociedade e deve ser protegida pelo Estado, que deverá velar pelo melhoramento de sua situação moral e material.

2. Toda pessoa tem direito a constituir família, direito esse que deverá exercer de acordo com as disposições da legislação interna correspondente.

3. Os Estados-Partes comprometem-se, mediante este Protocolo, a proporcionar adequada proteção ao grupo familiar e especialmente a:

a) dispensar atenção e assistência especiais à mãe, por período razoável, antes e depois do parto;

b) garantir às crianças alimentação adequada, tanto no período de lactação quanto durante a idade escolar;

c) adotar medidas especiais de proteção dos adolescentes, a fim de assegurar o pleno amadurecimento de suas capacidades físicas, intelectuais e morais;

d) executar programas especiais de formação familiar, a fim de contribuir para a criação de ambiente estável e positivo, no qual as crianças percebam e desenvolvam os valores de compreensão, solidariedade, respeito e responsabilidade.

Artigo 16
Direito da Criança

Toda criança, seja qual for sua filiação, tem direito às medidas de proteção que sua condição de menor requer por parte de sua família, da sociedade e do Estado. Toda criança tem direito de crescer ao amparo e sob a responsabilidade de seus pais. Salvo em circunstâncias excepcionais, reconhecidas judicialmente, a criança de tenra idade não deve ser separada de sua mãe. Toda criança tem direito à educação gratuita e obrigatória, pelo menos no nível básico, e a continuar sua formação em níveis mais elevados do sistema educacional.

Artigo 17
Proteção de Pessoas Idosas

Toda pessoa tem direito a proteção especial na velhice. Nesse sentido, os Estados-Partes comprometem-se a adotar, de maneira progressiva, as medidas necessárias a fim de por em prática este direito e, especialmente, a:

a) proporcionar instalações adequadas, bem como alimentação e assistência médica especializada, às pessoas de idade avançada que não disponham delas e que não estejam em condições de adquiri-las por seus próprios meios;

b) executar programas de trabalho específicos, destinados a proporcionar a pessoas idosas a possibilidade de realizar atividades produtivas adequadas às suas capacidades, respeitando sua vocação ou desejos;

c) promover a formação de organizações sociais destinadas a melhorar a qualidade de vida das pessoas idosas.

Artigo 18
Proteção de Deficientes

Toda pessoa afetada pela diminuição de suas capacidades físicas e mentais tem direito a receber atenção especial, a fim de alcançar o máximo desenvolvimento de sua personalidade. Os Estados-Partes comprometem-se a adotar as medidas necessárias para esse fim e, especialmente, a:

a) executar programas específicos destinados a proporcionar aos deficientes os recursos e o ambiente necessário para alcançar esse objetivo, inclusive programas de trabalho adequados a suas possibilidades e que deverão ser livremente aceitos por eles ou, quando for o caso, por seus representantes legais;

b) proporcionar formação especial aos familiares dos deficientes, a fim de ajudá-los a resolver os problemas de convivência e a convertê-los em elementos atuantes do desenvolvimento físico, mental e emocional dos deficientes;

c) incluir, de maneira prioritária, em seus planos de desenvolvimento urbano a consideração de soluções para os requisitos específicos decorrentes das necessidades desse grupo;

d) promover a formação de organizações sociais nas quais os deficientes possam desenvolver uma vida plena.

Artigo 19
Meios de Proteção

1. Os Estados-Partes neste Protocolo comprometem-se a apresentar, de acordo com o disposto neste artigo e nas normas pertinentes que deverão ser elaboradas sobre o assunto pela Assembléia Geral da Organização dos Estados Americanos, relatórios periódicos a respeito das medidas progressivas que tiverem adotado para assegurar o devido respeito aos direitos consagrados no Protocolo.

2. Todos os relatórios serão apresentados ao Secretário-Geral da Organização dos Estados Americanos, que os transmitirá ao Conselho Interamericano Econômico e Social e ao Conselho Interamericano de Educação, Ciência e Cultura, a fim de que os examinem de acordo com o disposto neste artigo. O Secretário-geral enviará cópia desses relatórios à Comissão Interamericana de Direitos Humanos.

3. O Secretário-Geral da Organização dos Estados Americanos transmitirá também aos organismos especializados do Sistema Interamericano, dos quais sejam membros os Estados-Partes neste Protocolo, cópias dos relatórios enviados ou das partes pertinentes desses relatórios, na medida em que tenham relação com matérias que sejam da competência dos referidos organismos, de acordo com seus instrumentos constitutivos.

4. Os organismos especializados do Sistema Interamericano poderão apresentar ao Conselho Interamericano Econômico e Social e ao Conselho Interamericano de Educação, Ciência e Cultura relatórios sobre o cumprimento das disposições deste Protocolo, no que se refere ao campo de suas atividades.

5. Os relatórios anuais que o Conselho Interamericano Econômico e Social e o Conselho Interamericano da Educação, Ciência e Cultura apresentarem à Assembléia Geral deverão conter um resumo de informação recebida dos Estados-Partes neste Protocolo e dos organismos especializados, sobre as medidas progressivas adotadas, a fim de assegurar o respeito dos direitos reconhecidos no Protocolo e das recomendações de caráter geral que a respeito considerarem pertinentes.

6. Caso os direitos estabelecidos na alínea a do artigo 8, e no artigo 13, forem violados por ação que pode ser atribuída diretamente a um Estado-Parte neste Protocolo, essa situação poderia dar origem, mediante a participação da Comissão Interamericana de Direitos Humanos e, quando for cabível, da Corte Interamericana de Direitos Humanos, à aplicação do sistema de petições individuais regulado pelos artigos 44 a 51 e 61 a 69 da Convenção Americana sobre Direitos Humanos.

7. Sem prejuízo do disposto no parágrafo anterior, a Comissão Interamericana de Direitos Humanos poderá formular as observações e recomendações que considerar pertinentes sobre a situação dos direitos econômicos, sociais e culturais estabelecidos neste Protocolo, em todos ou em alguns dos Estados-Partes, as quais poderá incluir no relatório anual à Assembléia-Geral ou num relatório especial, conforme considerar mais apropriado.

8. No exercício das funções que lhes confere este Artigo, os Conselhos e a Comissão Interamericana de Direitos Humanos deverão levar em conta a natureza progressiva da vigência dos direitos objeto da proteção deste Protocolo.

Artigo 20
Reservas

Os Estados-Partes poderão formular reservas sobre uma ou mais disposições específicas deste Protocolo no momento de aprová-lo, assiná-lo, ratificá-lo ou de a ele aderir, desde que não sejam incompatíveis com o objetivo e o fim do Protocolo.

Artigo 21
Assinatura, Ratificação ou Adesão, Entrada em Vigor

1. Este Protocolo fica aberto à assinatura e à ratificação ou adesão de todo Estado-Parte na Convenção Americana sobre Direitos Humanos.

2. A ratificação deste Protocolo ou a adesão a ele será efetuada mediante depósito de um instrumento de ratificação ou de adesão, na Secretaria-Geral da Organização dos Estados Americanos.

3. O Protocolo entrará em vigor logo que onze Estados houverem depositados os seus respectivos instrumentos de ratificação ou de adesão.

4. O Secretário-geral informará todos os Estados-membros da Organização sobre a entrada em vigor do Protocolo.

Artigo 22
Inclusão de Outros Direitos e Ampliação dos Direitos Reconhecidos

1. Qualquer Estado-Parte e a Comissão Interamericana dos Direitos Humanos poderão submeter à consideração dos Estados-Partes, reunidos por ocasião da Assembléia-Geral, propostas de emenda para o reconhecimento de outros direitos e liberdades, ou outras propostas destinadas a estender ou ampliar os direitos e liberdades reconhecidos neste Protocolo.

2. As emendas entrarão em vigor para os Estados que ratificarem as mesmas na data em que houverem sido depositados os instrumentos de ratificação que correspondam a 2/3 (dois terços) do número de Estados-Partes neste Protocolo. Quanto aos outros Estados-Partes, entrarão em vigor na data em que depositarem eles os seus respectivos instrumentos de ratificação.

DECLARAÇÃO SOCIOLABORAL DO MERCOSUL DE 2015

Preâmbulo

• Texto retirado do site *Ministério das Relações Exteriores.*

Considerando o estabelecido no artigo 24 da Declaração Sociolaboral do MERCOSUL, os Estados Partes procederam à revisão da Declaração firmada em 10 de dezembro de 1998.

Considerando que os Estados Partes reconhecem, conforme os termos do Tratado de Assunção –1991–, que a integração constitui uma condição fundamental para o desenvolvimento econômico com justiça social;

Considerando que os Estados Partes, além disso, reconhecem que a concretização da justiça social requer indubitavelmente políticas que priorizem o emprego como centro do desenvolvimento e do trabalho de qualidade;

Considerando que os Estados Partes concordam que a plena vigência dos valores democráticos somente é possível em uma sociedade altamente participativa e inclusiva, nos âmbitos político, econômico, social e cultural, cuja construção requer necessariamente o compromisso de todos os setores para um modelo de desenvolvimento equitativo e comprometido com a criação de trabalho como fator determinante para enfrentar a pobreza e fortalecer a governabilidade democrática;

Considerando que reiteradamente os Estados Partes, em todas suas expressões políticas internacionais, tem evidenciado essa coincidência, como emerge da Declaração dos Ministros do Trabalho do MERCOSUL, da Conferência Regional de Emprego do MERCOSUL no ano 2004, da IV Cúpula das Américas que estabeleceu a pauta de um modelo de desenvolvimento sustentável e integrador da região, ou da adesão ao Pacto Mundial de Emprego da OIT;

Considerando que os Estados Partes concordam com os princípios e valores da Declaração de Filadélfia (1944) da OIT, particularmente, que todos os seres humanos, sem distinção de raça, credo ou sexo, tem direito a perseguir seu bem estar material em condições de liberdade e dignidade, de segurança econômica e de igualdade de oportunidades, e que alcançar estas condições deve ser o objetivo da política nacional e internacional dos países;

Considerando que os Estados Partes adotam os princípios da democracia política e do Estado de Direito e do respeito irrestrito aos direitos civis e políticos da pessoa humana que constituem a base inalienável do processo de integração;

Considerando, ademais, que os Estados Partes apoiaram a "Declaração da OIT relativa aos Princípios e Direitos Fundamentais no Trabalho" (1998), a qual reafirma o compromisso de promovê-la e respeitá-la;

Considerando que os Estados Partes estão comprometidos com as declarações, pactos, protocolos e outros tratados que integram o patrimônio jurídico da Humanidade, entre eles a Declaração Universal dos Direitos Humanos (1948), o Pacto Internacional dos Direitos Civis e Políticos (1966), o Pacto Internacional dos Direitos Econômicos, Sociais e Culturais (1966), a Declaração Americana de Direitos e Obrigações do Homem (1948), a Carta Interamericana de Garantias Sociais (1947) e a Carta da Organização dos Estados Americanos (1948).

Considerando que diferentes foros internacionais, entre eles a Cúpula de Copenhague (1995), têm enfatizado a necessidade de instituir mecanismos de seguimento e avaliação dos componentes sociais da globalização da economia, com o fim de assegurar a harmonia entre progresso econômico e bem-estar social;

Considerando a decisão dos Estados Partes de consolidar em um instrumento comum os progressos já alcançados na dimensão social no processo de integração, e assegurar os avanços futuros e constantes no campo social, sobretudo mediante a ratificação e cumprimento dos principais convênios da OIT;

Considerando que a Resolução sobre a promoção de empresas sustentáveis (OIT, 2007) reconhece que as empresas sustentáveis são fonte principal de crescimento, criação de riqueza e de emprego e que a promoção dessas empresas é ferramenta importante para se alcançar o trabalho decente, o desenvolvimento sustentável e a inovação que melhoram os níveis de vida e as condições sociais;

Adotam os seguintes princípios e direitos na área do trabalho, que passam a constituir a Declaração Sociolaboral do MERCOSUL, sem prejuízo de outros que a prática nacional ou internacional dos Estados Partes tenha instaurado ou venha a instaurar:

Capítulo I
Princípios Gerais

Artigo 1º
Definições

Para os efeitos do presente instrumento, os termos "trabalhador" e "trabalhadores" compreendem "trabalhador e trabalhadora" e "trabalhadores e trabalhadoras" e os termos "empregador" e "empregadores" compreendem "empregador e empregadora" e "empregadores e empregadoras".

Artigo 2º
Trabalho Decente

1. Os Estados Partes comprometem-se a:

a) formular e pôr em prática políticas ativas de trabalho decente e pleno emprego produtivo, em consulta com as organizações mais representativas de empregadores e de trabalhadores articuladas com políticas econômicas e sociais, de modo a favorecer a geração de oportunidades de ocupação e renda;

b) elevar as condições de vida dos cidadãos;

c) promover o desenvolvimento sustentável da região.

2. Na formulação das políticas ativas de trabalho decente, os Estados Partes devem ter presente:

a) a geração de empregos produtivos em um ambiente institucional, social e economicamente sustentável;

b) desenvolvimento de medidas de proteção social;

c) promoção do diálogo social e do tripartismo; e

d) respeito, difusão e aplicação dos princípios e direitos fundamentais do trabalho.

Artigo 3º
Empresas sustentáveis

Os Estados Partes comprometem-se a:

a) promover o desenvolvimento sustentável na região;

b) estimular a criação e o desenvolvimento de empresas sustentáveis;

c) promover o crescimento dos mercados internos e regional e o fortalecimento da competitividade das empresas sustentáveis para o acesso aos mercados internacionais;

d) promover o fortalecimento das cadeias produtivas regionais para conseguir maior valor agregado, identificar investimentos e integrá-los à produção;

e) promover um ambiente propício para a criação, crescimento e transformação de empresas sobre uma base sustentável que combine a busca legítima do seu crescimento, com a necessidade de um desenvolvimento que respeite a dignidade humana, a sustentabilidade do meio ambiente e o trabalho decente;

f) promover as condições básicas para o desenvolvimento de empresas sustentáveis, compreendendo o conjunto de fatores previstos na Resolução sobre a promoção de empresas sustentáveis da OIT, 2007.

Capítulo II
Direitos Individuais

Artigo 4º
Não discriminação

1. Os Estados Partes comprometem-se a garantir, conforme a legislação vigente e práticas nacionais, a igualdade efetiva de direitos, o tratamento e as oportunidades no emprego e na ocupação, sem distinção ou exclusão por motivo de sexo, etnia, raça, cor, ascendência nacional, nacionalidade, orientação sexual, identidade de gênero, idade, credo, opinião e atividade política e sindical, ideologia, posição econômica ou qualquer outra condição social, familiar ou pessoal.

2. Todo trabalhador perceberá igual salário por trabalho de igual valor, em conformidade com as disposições legais vigentesem cada Estado Parte.

3. Os Estados Partes comprometem-se a garantir a vigência deste princípio de não discriminação. Em particular, comprometem-se a realizar ações destinadas a eliminar a discriminação no que tange aos grupos em situação desvantajosa no mercado de trabalho.

Artigo 5º
Igualdade de oportunidades e de tratamento entre mulheres e homens

Os Estados Partes comprometem-se, conforme a legislação e práticas nacionais, a fomentar as políticas públicas visando a igualdade de oportunidades e de tratamento entre mulheres e homens no trabalho, em particular no que tange ao acesso ao emprego ou atividade produtiva, e não discriminação no acesso a postos de relevância nas empresas e instituições públicas, remuneração, condições de trabalho, proteção social, educação, qualificação profissional e conciliação de obrigações laborais e familiares, e o exercício do direito a sindicalização e a negociação coletiva.

Artigo 6º
Igualdade de oportunidades e de tratamento para trabalhadores com deficiência

1. As pessoas com deficiência serão tratadas de forma digna e não discriminatória, favorecendo-se sua inserção social e laboral.

2. Os Estados Partes comprometem-se a adotar e articular medidas efetivas, especialmente no que se refere à educação, qualificação, readaptação e orientação profissional, à acessibilidade e à percepção de bens e serviços coletivos, a fim de assegurar que as pessoas com deficiência tenham a possibilidade de desempenhar uma atividade produtiva em condições de trabalho decente.

Artigo 7º
Trabalhadores migrantes e fronteiriços

1. Todos os trabalhadores, independentemente de sua nacionalidade, têm direito à assistência, à informação, à proteção e à igualdade de direitos e condições de trabalho, bem como direito de acesso aos serviços públicos, reconhecidos aos nacionais do país em que estiver exercendo suas atividades, em conformidade com a legislação de cada país.

2. Os Estados Partes terão em conta os direitos estabelecidos no Acordo sobre Residência para Nacionais dos Estados Partes do MERCOSUL, Bolívia e Chile e demais instrumentos complementares que se firmem, na medida em que façam parte dos mesmos.

3. Os Estados Partes comprometem-se a adotar e articular medidas tendentes ao estabelecimento de normas e procedimentos comuns, relativos à circulação dos trabalhadores nas zonas de fronteira e a levar a cabo as ações necessárias para melhorar as oportunidades de emprego e as condições de trabalho e de vida desses trabalhadores, nos termos dos acordos específicos para essa população, tendo como base os direitos reconhecidos nos acordos de residência e imigração vigentes.

4. Os Estados Partes comprometem-se, ademais, a desenvolver ações coordenadas no campo da legislação, das políticas laborais, das instituições migratórias e em outras áreas afins, com vistas a promover a livre circulação dos trabalhadores e a integração dos mercados de trabalho, de forma compatível e harmônica com o processo de integração regional.

Artigo 8º
Eliminação do trabalho forçado ou obrigatório

1. Toda pessoa tem direito a um trabalho livremente escolhido e a exercer qualquer ofício ou profissão, de acordo com as disposições nacionais vigentes.

2. Os Estados Partes comprometem-se a adotar as medidas necessárias para eliminar toda forma de trabalho forçado ou obrigatório exigido a um indivíduo sob a ameaça de sanção e para o qual não se tenha oferecido espontaneamente.

3. Os Estados Partes comprometem-se, ademais, a adotar medidas para garantir a abolição de toda utilização de mão de obra que propicie, autorize ou tolere o trabalho forçado ou obrigatório.

4. Os Estados Partes comprometem-se, de modo especial, a suprimir toda forma de trabalho forçado, obrigatório ou degradante que possa utilizar-se:

a) como meio de coerção ou de educação política, ou como punição por não ter ou expressar, o trabalhador, determinadas opiniões políticas, ou por manifestar oposição ideológica à ordem política, social ou econômica estabelecida;

b) como método de mobilização e utilização da mão de obra com fins de fomento econômico;

c) como medida de disciplina no trabalho;

d) como punição por haver o trabalhador participado em atividades sindicais ou greves;

e) como medida de discriminação racial, social, nacional, religiosa ou de outra natureza.

Artigo 9º
Prevenção e erradicação do trabalho infantil e proteção ao trabalhador adolescente

1. A idade mínima de admissão ao trabalho será aquela estabelecida pelas legislações nacionais dos Estados Partes, não podendo ser inferior àquela em que cessa a escolaridade obrigatória.

2. Os Estados Partes comprometem-se a adotar políticas e ações que conduzam à prevenção e à erradicação do trabalho infantil e à elevação progressiva da idade mínima para o exercício de atividade laboral.

3. O trabalho dos adolescentes será objeto de proteção especial pelos Estados Partes, especialmente no que concerne à idade mínima de admissão no emprego ou trabalho e a outras medidas que possibilitem seu pleno desenvolvimento físico, intelectual, profissional e moral.

4. A jornada de trabalho dos adolescentes, limitada conforme as legislações nacionais dos Estados Partes, não admitirá sua extensão mediante a realização de horas extras e sob nenhum pretexto se permitirá sua realização em horários noturnos.

5. Os Estados Partes adotarão todas as medidas necessárias para impedir que adolescentes executem trabalhos que, por sua natureza ou circunstâncias, são suscetíveis de prejudicar a saúde, a segurança e a moral.

6. A idade de admissão a um trabalho com alguma das características antes assinaladas não poderá ser inferior a 18 anos.

Artigo 10º
Direitos dos empregadores

Os empregadores, em conformidade com a legislação nacional vigente em cada Estado Parte, têm o direito de criar, organizar e dirigir econômica e tecnicamente a empresa.

Artigo 11
Jornada

Todo trabalhador tem direito à jornada não superior a oito horas diárias, em conformidade com as legislações nacionais vigentes nos Estados Partes e o disposto em convenção ou acordo coletivo de trabalho, sem prejuízo de disposições específicas para a proteção de trabalhos perigosos, insalubres ou noturnos.

Artigo 12
Descanso, férias e dias feriados

1. Todo trabalhador tem direito ao repouso diário, dentro e entre jornada, em conformidade com as disposições legais vigentes nos Estados Partes.

2. Os trabalhadores, de acordo com a sua modalidade de contratação, terão direito a um dia de repouso semanal remunerado, preferencialmente aos domingos, em conformidade com as disposições legais vigentes nos Estados Partes.

3. Todo trabalhador tem direito ao gozo de férias anuais remuneradas, em conformidade com as disposições legais vigentes nos Estados Partes.

4. Todo trabalhador tem direito aos dias feriados, estabelecidos em conformidade com as disposições legais vigentes nos Estados Partes.

5. Os Estados Partes comprometem-se a adotar as medidas necessárias tendentes a garantir o gozo efetivo destes direitos por parte dos trabalhadores.

Artigo 13
Licenças

1. Todos os trabalhadores têm direito a gozar de licenças remuneradas e não remuneradas, em conformidade com a legislação vigente em cada Estado Parte e nas convenções e acordos coletivos de trabalho.

2. Os Estados Partes comprometem-se a adotar e articular as medidas necessárias para garantir o gozo efetivo desse direito, por parte dos trabalhadores.

Artigo 14
Remuneração

1. Todo trabalhador tem direito a um salário mínimo, em conformidade com a legislação vigente em cada Estado Parte, suficiente para atender as suas necessidades e as de sua família.

2. Os Estados Partes comprometem-se a adotar as medidas necessárias para garantir o gozo efetivo desses direitos, por parte dos trabalhadores.

Artigo 15
Proteção contra a demissão

1. Todo trabalhador tem direito a uma proteção adequada em caso de demissão, em conformidade com a legislação vigente em cada Estado Parte.

2. Os Estados Partes assegurarão disposições em suas legislações, que contemplem esse direito.

Capítulo III
Direitos Coletivos

Artigo 16
Liberdade sindical

1. Todos os empregadores e trabalhadores têm o direito de constituir as organizações que considerem convenientes, assim como de se afiliar a estas organizações, em conformidade com as legislações nacionais vigentes.

2. Os Estados Partes comprometem-se a assegurar, mediante dispositivos legais, o direito à livre associação, abstendo-se de qualquer ingerência na criação e gestão das organizações constituídas, além de reconhecer sua legitimidade na representação e na defesa dos interesses de seus representados.

3. Os trabalhadores deverão gozar de adequada proteção, contra todo ato de discriminação tendente a menoscabar a liberdade sindical, com relação a seu emprego.

4. Os Estados Partes deverão garantir aos trabalhadores:

a) a liberdade de filiação, de não filiação e desfiliação, sem que isto comprometa o ingresso em um emprego, a continuidade ou a oportunidade de ascensão no mesmo;

b) a proteção contra demissões ou prejuízos por causa de sua filiação sindical ou de sua participação em atividades sindicais;

c) o direito de serem representados sindicalmente, conforme a legislação, convenções e acordos coletivos de trabalho em vigor nos Estados Partes.

5. Os Estados Partes comprometem-se a envidar esforços para assegurar o direito à criação e à gestão das organizações de trabalhadores e de empregadores e de reconhecer a legitimidade na representação e na defesa de seus representados nos diferentes âmbitos.

Artigo 17
Negociação coletiva

1. Os empregadores ou suas organizações representativas, inclusive os do setor público, as organizações representativas de trabalhadores, inclusive as do setor público, têm direito de negociar e celebrar convenções e acordos coletivos para regular as condições de trabalho, em conformidade com as legislações e práticas nacionais dos Estados Partes.

2. Os Estados Partes comprometem-se a facilitar mecanismos para fomentar o exercício da negociação coletiva nos diferentes âmbitos.

Artigo 18
Greve

1. Os trabalhadores e as organizações sindicais têm garantido o exercício do direito de greve, observadas as disposições nacionais vigentes em cada Estado Parte.

2. Os mecanismos de prevenção, solução de conflitos ou a regulação deste direito não poderão impedir seu exercício ou desvirtuar sua finalidade.

Artigo 19
Promoção e desenvolvimento de procedimentos preventivos e de autocomposição de conflitos

Os Estados Partes comprometem-se a fomentar e articular a criação de mecanismos válidos de autocomposição de conflitos individuais e coletivos de trabalho, mediante procedimentos independentes, imparciais e voluntários, visando a melhoria do clima organizacional e da harmonia no ambiente de trabalho; a diminuição do custo e do tempo de duração do conflito.

Artigo 20
Diálogo social

1. Os Estados Partes comprometem-se a fomentar o diálogo social em âmbito nacional e regional, instituindo mecanismos efetivos de consulta permanente entre representantes dos governos, dos empregadores e dos trabalhadores, a fim de garantir, mediante o consenso social, condições favoráveis para o crescimento econômico sustentável e com justiça social na região e à melhoria das condições de vida de seus povos.

2. A consulta permanente, praticada com base efetiva no tripartismo previsto na Convenção 144 da OIT, deve permitir o exame conjunto de questões de interesse mútuo, a fim de alcançar, na medida do possível, soluções aceitas de comum acordo.

3. A consulta tem por objetivo geral incentivar a compreensão mútua e as boas relações entre as autoridades públicas e as organizações mais representativas de empregadores e de trabalhadores, bem como entre as próprias organizações, visando à promoção do diálogo social e à possibilidade de gerar acordos-marco de trabalho, como elementos essenciais para a consolidação de uma sociedade democrática, plural e justa.

Capítulo IV
Outros Direitos

Artigo 21
Centralidade do Emprego nas Políticas Públicas

Os Estados Partes reafirmam a centralidade do emprego nas políticas públicas para alcançar o desenvolvimento sustentável da região.

Artigo 22
Fomento do emprego

Os Estados Partes comprometem-se a promover e articular o desenvolvimento econômico, a ampliação dos mercados internos e regional, e pôr em prática as políticas ativas referentes ao fomento e criação do emprego, a fim de elevar o nível de vida e corrigir os desequilíbrios sociais e regionais.

Artigo 23
Proteção dos desempregados

Os Estados Partes comprometem-se a instituir, manter e melhorar mecanismos ou sistemas de proteção contra o desemprego, compatíveis com as legislações e as condições internas de cada país afetado pela desocupação involuntária e, ao mesmo tempo, facilitar o acesso dos trabalhadores aos serviços de recolocação e a programas de requalificação profissional que facilitem seu retorno a um emprego ou a uma atividade produtiva, a fim de garantir a inclusão social.

Artigo 24
Formação profissional para trabalhadores empregados e desempregados

1. Todo trabalhador tem direito à educação, à orientação, à formação e à qualificação profissional sistemática e contínua ao longo de sua vida laboral.

2. Os Estados Partes comprometem-se a instituir, com as entidades envolvidas, que voluntariamente assim o desejem, serviços e programas de formação, qualificação e orientação profissional contínua e permanente, de maneira a permitir aos trabalhadores obter as qualificações exigidas para o desempenho de uma atividade produtiva, aperfeiçoar, reciclar e atualizar os conhecimentos e habilidades, considerando, fundamentalmente, as modificações resultantes do progresso técnico.

3. Os Estados Partes comprometem-se a implementar Serviços Públicos de Emprego instalando oficinas de emprego nos seus territórios e adotarão medidas destinadas a promover a articulação entre os programas e serviços de orientação, formação e capacitação profissional, as atividades de intermediação laboral, a proteção dos desempregados e outros componentes do sistema público de emprego, com o objetivo de melhorar o acesso a postos de trabalho para os trabalhadores.

4. Os Estados Partes comprometem-se ademais a garantir a efetiva informação sobre os mercados de trabalho e sua difusão tanto em nível nacional como regional.

Artigo 25
Saúde e segurança no trabalho

1. Os Estados Partes deverão, em consulta com as organizações mais representativas de empregadores e de trabalhadores, formular, planificar, implementar, controlar e avaliar periodicamente, um sistema nacional de saúde e segurança no trabalho, que garanta a melhora contínua das condições e do ambiente de trabalho.

2. As instituições governamentais responsáveis pelo sistema de saúde e segurança no país deverão criar canais permanentes de consulta às representações de trabalhadores e de empregadores, que permitam a sua participação efetiva na elaboração e implementação de políticas nacionais de condições e meio ambiente de trabalho.

3. O sistema de saúde e segurança deverá dispor de mecanismos de notificação obrigatória dos acidentes e doenças do trabalho, que permitam a elaboração de estatísticas anuais sobre a matéria, devendo estar disponíveis para o conhecimento do público interessado.

4. Os Estados Partes deverão instituir, manter e fortalecer os serviços de inspeção do trabalho, dotando-os de recursos materiais e legais necessários, para que possibilitem um desempenho efetivo no controle das condições e do meio ambiente de trabalho, para uma proteção adequada da saúde física e psíquica dos trabalhadores.

5. O sistema de segurança e de saúde no trabalho deverá prever o acesso à orientação, educação, formação e informação em matéria de saúde e segurança no trabalho, disponíveis para trabalhadores, empregadores e especialistas da área.

6. O sistema de saúde e segurança no trabalho deverá prever a participação de trabalhadores e de empregadores no âmbito das empresas, com o objetivo de prevenir acidentes e doenças originárias do trabalho, de forma a tornar compatível, permanentemente, o trabalho com a preservação da vida e a promoção da saúde dos trabalhadores.

7. A legislação e as práticas nacionais deverão garantir que a fabricação, o uso e a cessão, a título oneroso ou gratuito, de máquinas, equipamentos e tecnologias sejam seguros.

8. A adoção de medidas de proteção contra os riscos ocupacionais e o sistema de saúde e segurança no trabalho deverão criar condições que privilegiem as ações de caráter coletivo. Quando as medidas coletivas não forem suficientes para o controle dos riscos, ou enquanto estiverem sendo implementadas ou em situações de emergência, as empresas deverão ministrar aos trabalhadores, gratuitamente, equipamentos de proteção individual adequados aos riscos e em perfeito estado de conservação e funcionamento e instruí-los para o seu uso.

9. O sistema de saúde e segurança deverá criar controles adequados de substâncias, procedimentos e tecnologias que, em base à evidência científica, possam produzir efeitos graves sobre a saúde dos trabalhadores.

10. As legislações nacionais deverão prever que as empresas estrangeiras instaladas nos países do MERCOSUL devem cumprir as mesmas condições de saúde e segurança que as empresas do MERCOSUL. Os Estados Partes procurarão garantir que, quando aquelas empresas dispuserem de padrões superiores em suas casas matrizes ou filiais, estes sejam aplicados nos países do MERCOSUL.

11. A legislação e as práticas nacionais deverão garantir que os trabalhadores possam se recusar a desenvolver suas atividades laborais, sempre que houver condições de risco grave e iminente, sem prejuízo para eles, conforme a legislação e usos nacionais.

12. Os Estados Partes reconhecerão o direito à informação dos trabalhadores sobre os riscos permanentes nos diversos processos de trabalho e as medidas adotadas para o seu controle ou eliminação.

13. A legislação e as práticas nacionais deverão prever os serviços competentes de saúde e segurança no trabalho, com o objetivo de assessorar os empregadores e os trabalhadores na prevenção dos acidentes e doenças profissionais.

Artigo 26
Inspeção do trabalho

Os Estados Partes comprometem-se a instituir e a manter serviços de inspeção do trabalho, com o propósito de assegurar, em seus respectivos territórios, a aplicação das disposições legais e regulamentares, incluindo as convenções internacionais ratificadas, as convenções e acordos coletivos de trabalho e as Decisões CMC Nº 32/06 e 33/06, no que concerne à proteção dos trabalhadores e às condições de trabalho.

Artigo 27
Seguridade social

1. Os trabalhadores têm direito à seguridade social, nos níveis e condições previstos nas respectivas legislações nacionais, observado, quanto aos trabalhadores dos Estados Partes, o Acordo Multilateral de Seguridade Social do MERCOSUL.

2. Os Estados Partes comprometem-se a garantir, mediante políticas públicas articuladas e universais, uma rede mínima de proteção social a seus habitantes, independentemente de sua nacionalidade, frente às contingências sociais adversas, especialmente as motivadas por enfermidade, deficiência, invalidez, velhice e morte.

Capítulo V
Aplicação e Seguimento

Artigo 28
Comissão Sociolaboral do MERCOSUL

1. Os Estados Partes comprometem-se a respeitar os direitos fundamentais contidos nesta Declaração e a promover sua aplicação em conformidade com a legislação e as práticas nacionais, as convenções internacionais do trabalho ratificadas, os contratos, convenções e acordos coletivos de trabalho e os atos normativos do MERCOSUL pertinentes a esses direitos fundamentais.

2. Para o atendimento desses objetivos, os Estados Partes mantêm, como parte integrante desta Declaração, a Comissão Sociolaboral do MERCOSUL, órgão tripartite, auxiliar do Grupo Mercado Comum, dotado de instâncias nacionais e regional, com o objetivo de fomentar e acompanhar a aplicação deste instrumento.

3. A Comissão Sociolaboral do MERCOSUL manifestar-se-á por consenso dos três setores, e terá as seguintes atribuições e responsabilidades:

a) definir e desenvolver permanentemente metodologias orientadas a promover a difusão, uso e efetivo cumprimento da Declaração, bem como avaliar as repercussões socioeconômicas do instrumento;

b) examinar, comentar e encaminhar os relatórios periódicos, cujos temas devem ser previamente definidos no âmbito regional da Comissão, preparados pelos Estados Partes;

c) analisar os relatórios apresentados periodicamente pelos Estados Partes sobre o cumprimento dos direitos e compromissos contidos na Declaração;

d) elaborar, com base nos supracitados relatórios, análises, diagnósticos, informes e memórias a respeito da situação dos Estados Partes, tomados individualmente ou como Bloco Regional, em face dos direitos e compromissos constantes da Declaração;

e) formular planos, programas de ação e projetos de recomendações tendentes a fomentar a aplicação e o cumprimento da Declaração e elevar os mesmos ao Grupo Mercado Comum para sua aprovação ou orientação às autoridades e esferas nacionais e regionais competentes. No âmbito nacional se buscará que esses programas, recomendações e cursos de ação tendentes ao cumprimento da Declaração se integrem em todos os programas de promoção dos direitos fundamentais do trabalho;

f) examinar observações, consultas, dúvidas e dificuldades e incorreções apresentadas por organizações representativas de trabalhadores, empregadores e governos, concernentes à aplicação e cumprimento da Declaração e proporcionar os esclarecimentos e orientações necessárias;

g) efetuar e receber proposições, acordos e compromissos para serem elevados ao Grupo Mercado Comum, com o fim de melhorar a aplicabilidade dos princípios e direitos desta Declaração;

h) examinar e apresentar as propostas de modificação da Declaração e lhes dar o encaminhamento devido.

4. As formas e mecanismos de encaminhamento dos assuntos acima listados, bem como o modo de interação das instâncias nacionais e regional da Comissão Sociolaboral do MERCOSUL, serão adotados pelos regulamentos internos das ditas instâncias na forma prevista no art. 34.

5. O exame das observações, consultas e dúvidas a que se referem as letras "c", "d", "f" e "g" do item 2 deverão observar os procedimentos que se seguem:

a) encaminhamento à comissão regional, que remeterá para prévio exame à comissão nacional do respectivo Estado Parte;

b) não havendo consenso na seção nacional da comissão, a solicitação será devolvida, instruída das razões apresentadas pelos setores presentes na forma do Regulamento Interno, para exame da comissão regional.

Artigo 29
Relatórios dos Estados Partes

1. Os Estados Partes deverão elaborar, por intermédio de seus Ministérios do Trabalho e em consulta com as organizações mais representativas de empregadores e de trabalhadores, memórias anuais sobre:

a) informação sobre a normativa vigente e práticas nacionais relacionadas à implementação de princípios, direitos e compromissos enunciados nesta Declaração;

b) a indicação de políticas, programas e ações adotados pelos Estados Partes para levar a cabo o cumprimento dos direitos e compromissos da Declaração;

c) a análise dos efeitos resultantes da aplicação da Declaração na promoção do trabalho decente e produtivo nos Estados Partes, em especial na melhoria das condições de trabalho e de vida dos trabalhadores;

d) o relato das dificuldades e obstáculos enfrentados na aplicação da Declaração;

e) a indicação de medidas tendentes a aprimorar a Declaração e impulsionar seu cumprimento.

2. As memórias deverão tratar um Capítulo a cada ano, seguindo o disposto no item 1 na sua elaboração e de acordo com o padrão definido no Regulamento Interno.

Artigo 30
Reuniões

A Comissão Sociolaboral do MERCOSUL deverá reunir-se ordinariamente, no mínimo, duas vezes ao ano, para analisar os relatórios elaborados pelos Estados Partes e preparar relatório e projetos de recomendação a serem elevados ao Grupo Mercado Comum.

Artigo 31
Âmbito de Aplicação

1. Esta Declaração se aplica a todos os habitantes dos Estados Partes.

2. Os Estados Partes comprometem-se a respeitar os direitos contidos nesta Declaração e a promover sua aplicação em conformidade com as convenções internacionais ratificadas, atos normativos do MERCOSUL a ela pertinentes, a legislação e demais práticas nacionais, convenções e acordos coletivos do trabalho.

3. Os Estados Partes ressaltam que esta Declaração e seu mecanismo de seguimento não poderão ser invocados nem utilizados para outros fins que os neles previstos, vedada, em particular, sua aplicação a questões comerciais, econômicas e financeiras.

4. Sem prejuízo do estabelecido no inciso anterior, todas as pessoas físicas e jurídicas, para participarem de projetos financiados com fundos do MERCOSUL, devem observar o conteúdo dos direitos expressos nesta Declaração, segundo os critérios estabelecidos ou que se estabeleçam nos regulamentos dos fundos correspondentes.

Artigo 32
Revisão da DSL

Os Estados Partes acordam que esta Declaração, tendo em conta o caráter dinâmico de seu conteúdo e o avanço do processo de integração regional, será objeto de revisão, transcorrido seis anos de sua adoção, com base na experiência acumulada no curso de sua aplicação ou nas propostas e insumos formulados pela Comissão Sociolaboral.

Capítulo VI
Disposições Transitórias

Artigo 33
Financiamento

Os Estados Partes acordam ativar os mecanismos necessários com o objetivo de alcançar financiamento para o funcionamento da Comissão Sociolaboral.

Artigo 34
Regulamento Interno

1. A Comissão Sociolaboral do MERCOSUL adotará em suas instâncias nacionais e regional, por consenso, seus regulamentos internos, submetendo-os à aprovação do Grupo Mercado Comum.

2. A adoção mencionada no item 1 deste artigo deverá ocorrer no prazo de um ano, prorrogável por igual período, a contar da data de assinatura da Declaração revisada.

PACTO NACIONAL PELA ERRADICAÇÃO DO TRABALHO ESCRAVO NO BRASIL

- Texto retirado do site reporterbrasil.org.br

Considerando:

a) a existência de lista de empregadores e/ou de seus intermediários que exploram mão de obra escrava no Brasil (Portaria MTE 540/2004), que lançam mão de coerção física e moral cerceando a livre opção e a livre ação de trabalhadores;

b) que, malgrado os esforços e avanços empreendidos pelas empresas envolvidas nas diversas cadeias produtivas, órgãos governamentais e entidades da sociedade civil, permanecem ainda no Brasil focos de trabalho forçado, que, no âmbito rural, tem geralmente características de escravidão por dívida cuja erradicação imediata deve ser uma prioridade dos governos e da sociedade;

c) que todas as formas de trabalho forçado são graves violações dos direitos humanos, condenadas expressamente por instrumentos como a Declaração Universal dos Direitos Humanos, as Convenções nº 29 e 105 da Organização Internacional do Trabalho – OIT, a Declaração de Princípios e Direitos Fundamentais no Trabalho da OIT e a Convenção Americana sobre Direitos Humanos;

d) que é de grande importância a ampliação da promoção de uma agenda positiva valorizando o comprometimento das empresas e das diversas entidades representativas com a responsabilidade social e o desenvolvimento sustentável;

Acordam os signatários em incrementar esforços visando dignificar e modernizar as relações de trabalho nas cadeias produtivas dos setores comprometidos no "Cadastro de empregadores Portaria MTE 540/2004" que tenham mantido trabalhadores em condições análogas à escravidão. Para tanto, dentro de suas esferas de competência, as partes se comprometem a:

1. Definir metas específicas para a regularização das relações de trabalho nestas cadeias produtivas, o que implica na formalização das relações de emprego pelos produtores e fornecedores, no cumprimento de todas as obrigações trabalhistas e previdenciárias e em ações preventivas referentes à saúde e a segurança dos trabalhadores;

2. Definir restrições comerciais àquelas empresas e/ ou pessoas identificadas na cadeia produtiva que se utilizem de condições degradantes de trabalho associadas a práticas que caracterizam escravidão;

3. Apoiar ações de reintegração social e produtiva dos trabalhadores que ainda se encontrem em relações de trabalho degradantes ou indignas, garantindo a eles oportunidades de superação da sua situação de exclusão social, em parceria com as diferentes esferas de governo e organizações sem fins lucrativos;

4. Apoiar ações de informação aos trabalhadores vulneráveis ao aliciamento de mão de obra escrava, assim como campanhas destinadas à sociedade de prevenção contra a escravidão;

5. Apoiar ações, em parceria com entidades públicas e privadas no sentido de propiciar o treinamento e aperfeiçoamento profissional de trabalhadores libertados;

6. Apoiar ações de combate à sonegação de impostos e à pirataria

7. Apoiar e debater propostas que subsidiem e demandem a implementação pelo Poder Público das ações previstas no Plano Nacional para a Erradicação do Trabalho Escravo.

8. Monitorar a implementação das ações descritas acima e o alcance das metas propostas, tornando públicos os resultados deste esforço conjunto;

9. Sistematizar e divulgar a experiência, de forma a promover a multiplicação de ações que possam contribuir para o fim da exploração do trabalho degradante e do trabalho escravo em todas as suas formas, no Brasil como em outros países;

10. Avaliar, completado um ano da celebração deste termo, os resultados da implementação das políticas e ações previstas neste pacto.

No caso das Federações e Entidades representativas, considerando que estas não possuem poder fiscalizador, o compromisso consiste em recomendar aos seus associados que observem as práticas recomendadas no presente pacto.

É livre a adesão, a este pacto, de quaisquer atores sociais comprometidos com a dignidade, formalização, modernização e erradicação do trabalho degradante e do trabalho escravo.

CONVENÇÃO SOBRE OS DIREITOS DAS PESSOAS COM DEFICIÊNCIA E SEU PROTOCOLO FACULTATIVO (2007)

- Aprovada pelo Decreto Legislativo 186/2008; e promulgada pelo Dec. 6.949/2009.

Preâmbulo

Os Estados-Partes da presente Convenção,

a) Relembrando os princípios consagrados na Carta das Nações Unidas, que reconhecem a dignidade e o valor inerentes e os direitos iguais e inalienáveis de todos os membros da família humana como o fundamento da liberdade, da justiça e da paz no mundo,

b) Reconhecendo que as Nações Unidas, na Declaração Universal dos Direitos Humanos e nos Pactos Internacionais sobre Direitos Humanos, proclamaram e concordaram que toda pessoa faz jus a todos os direitos e liberdades ali estabelecidos, sem distinção de qualquer espécie,

c) Reafirmando a universalidade, a indivisibilidade, a interdependência e a inter-relação de todos os direitos humanos e liberdades fundamentais, bem como a necessidade de garantir que todas as pessoas com deficiência os exerçam plenamente, sem discriminação,

d) Relembrando o Pacto Internacional dos Direitos Econômicos, Sociais e Culturais, o Pacto Internacional dos Direitos Civis e Políticos, a Convenção Internacional sobre a Eliminação de Todas as Formas de Discriminação Racial, a Convenção sobre a Eliminação de todas as Formas de Discriminação contra a Mulher, a Convenção contra a Tortura e Outros Tratamentos ou Penas Cruéis, Desumanos ou Degradantes, a Convenção sobre os Direitos da Criança e a Convenção Internacional sobre a Proteção dos Direitos de Todos os Trabalhadores Migrantes e Membros de suas Famílias,

e) Reconhecendo que a deficiência é um conceito em evolução e que a deficiência resulta da interação entre pessoas com deficiência e as barreiras devidas às atitudes e ao ambiente que impedem a plena e efetiva participação dessas pessoas na sociedade em igualdade de oportunidades com as demais pessoas,

f) Reconhecendo a importância dos princípios e das diretrizes de política, contidos no Programa de Ação Mundial para as Pessoas Deficientes e nas Normas sobre a Equiparação de Oportunidades para Pessoas com Deficiência, para influenciar a promoção, a formulação e a avaliação de políticas, planos, programas e ações em níveis nacional, regional e internacional para possibilitar maior igualdade de oportunidades para pessoas com deficiência,

g) Ressaltando a importância de trazer questões relativas à deficiência ao centro das preocupações da sociedade como parte integrante das estratégias relevantes de desenvolvimento sustentável,

h) Reconhecendo também que a discriminação contra qualquer pessoa, por motivo de deficiência, configura violação da dignidade e do valor inerentes ao ser humano,

i) Reconhecendo ainda a diversidade das pessoas com deficiência,

j) Reconhecendo a necessidade de promover e proteger os direitos humanos de todas as pessoas com deficiência, inclusive daquelas que requerem maior apoio,

k) Preocupados com o fato de que, não obstante esses diversos instrumentos e compromissos, as pessoas com deficiência continuam a enfrentar barreiras contra sua participação como membros iguais da sociedade e violações de seus direitos humanos em todas as partes do mundo,

l) Reconhecendo a importância da cooperação internacional para melhorar as condições de vida das pessoas com deficiência em todos os países, particularmente naqueles em desenvolvimento,

m) Reconhecendo as valiosas contribuições existentes e potenciais das pessoas com deficiência ao bem-estar comum e à diversidade de suas comunidades, e que a promoção do pleno exercício, pelas pessoas com deficiência, de seus direitos humanos e liberdades fundamentais e de sua plena participação na sociedade resultará no fortalecimento de seu senso de pertencimento à sociedade e no significativo avanço do desenvolvimento humano, social e econômico da sociedade, bem como na erradicação da pobreza,

n) Reconhecendo a importância, para as pessoas com deficiência, de sua autonomia e independência individuais, inclusive da liberdade para fazer as próprias escolhas, *o)* Considerando que as pessoas com deficiência devem ter a oportunidade de participar ativamente das decisões relativas a programas e políticas, inclusive aos que lhes dizem respeito diretamente,

p) Preocupados com as difíceis situações enfrentadas por pessoas com deficiência que estão sujeitas a formas múltiplas ou agravadas de discriminação por causa de raça, cor, sexo, idioma, religião, opiniões políticas ou de outra natureza, origem nacional, étnica, nativa ou social, propriedade, nascimento, idade ou outra condição,

q) Reconhecendo que mulheres e meninas com deficiência estão frequentemente expostas a maiores riscos, tanto no lar como fora dele, de sofrer violência, lesões ou abuso, descaso ou tratamento negligente, maus-tratos ou exploração,

r) Reconhecendo que as crianças com deficiência devem gozar plenamente de todos os direitos humanos e liberdades fundamentais em igualdade de oportunidades com as outras crianças e relembrando as obrigações assumidas com esse fim pelos Estados-Partes na Convenção sobre os Direitos da Criança,

s) Ressaltando a necessidade de incorporar a perspectiva de gênero aos esforços para promover o pleno exercício dos direitos humanos e liberdades fundamentais por parte das pessoas com deficiência,

t) Salientando o fato de que a maioria das pessoas com deficiência vive em condições de pobreza e, nesse sentido, reconhecendo a necessidade crítica de lidar com o impacto negativo da pobreza sobre pessoas com deficiência,

u) Tendo em mente que as condições de paz e segurança baseadas no pleno respeito aos propósitos e princípios consagrados na Carta das Nações Unidas e a observância dos instrumentos de direitos humanos são indispensáveis para a total proteção das pessoas com deficiência, particularmente durante conflitos armados e ocupação estrangeira,

v) Reconhecendo a importância da acessibilidade aos meios físico, social, econômico e cultural, à saúde, à educação e à informação e comunicação, para possibilitar às pessoas com deficiência o pleno gozo de todos os direitos humanos e liberdades fundamentais,

w) Conscientes de que a pessoa tem deveres para com outras pessoas e para com a comunidade a que pertence e que, portanto, tem a responsabilidade de esforçar-se para a promoção e a observância dos direitos reconhecidos na Carta Internacional dos Direitos Humanos,

x) Convencidos de que a família é o núcleo natural e fundamental da sociedade e tem o direito de receber a proteção da sociedade e do Estado e de que as pessoas com deficiência e seus familiares devem receber a proteção e a assistência necessárias para tornar as famílias capazes de contribuir para o exercício pleno e equitativo dos direitos das pessoas com deficiência,

y) Convencidos de que uma convenção internacional geral e integral para promover e proteger os direitos e a dignidade das pessoas com deficiência prestará significativa contribuição para corrigir as profundas desvantagens sociais das pessoas com deficiência e para promover sua participação na vida econômica, social e cultural, em igualdade de oportunidades, tanto nos países em desenvolvimento como nos desenvolvidos,

Acordaram o seguinte:

Artigo 1
Propósito

O propósito da presente Convenção é promover, proteger e assegurar o exercício pleno e equitativo de todos os direitos humanos e liberdades fundamentais por todas as pessoas com deficiência e promover o respeito pela sua dignidade inerente.

Pessoas com deficiência são aquelas que têm impedimentos de longo prazo de natureza física, mental, intelectual ou sensorial, os quais, em interação com diversas barreiras, podem obstruir sua participação plena e efetiva na sociedade em igualdades de condições com as demais pessoas.

Artigo 2
Definições

Para os propósitos da presente Convenção:

"Comunicação" abrange as línguas, a visualização de textos, o braille, a comunicação tátil, os caracteres ampliados, os dispositivos de multimídia acessível, assim como a linguagem simples, escrita e oral, os sistemas auditivos e os meios de voz digitalizada e os modos, meios e formatos aumentativos e alternativos de comunicação, inclusive a tecnologia da informação e comunicação acessíveis;

"Língua" abrange as línguas faladas e de sinais e outras formas de comunicação não falada;

"Discriminação por motivo de deficiência" significa qualquer diferenciação, exclusão ou restrição baseada em deficiência, com o propósito ou efeito de impedir ou impossibilitar o reconhecimento, o desfrute ou o exercício, em igualdade de oportunidades com as demais pessoas, de todos os direitos humanos e liberdades fundamentais nos âmbitos político, econômico, social, cultural, civil ou qualquer outro. Abrange todas as formas de discriminação, inclusive a recusa de adaptação razoável;

"Adaptação razoável" significa as modificações e os ajustes necessários e adequados que não acarretem ônus desproporcional ou indevido, quando requeridos em cada caso, a fim de assegurar que as pessoas com deficiência possam gozar ou exercer, em igualdade de oportunidades com as demais pessoas, todos os direitos humanos e liberdades fundamentais;

"Desenho universal" significa a concepção de produtos, ambientes, programas e serviços a serem usados, na maior medida possível, por todas as pessoas, sem necessidade de adaptação ou projeto específico. O "desenho universal" não excluirá as ajudas técnicas para grupos específicos de pessoas com deficiência, quando necessárias.

Artigo 3
Princípios Gerais

Os princípios da presente Convenção são:

a) O respeito pela dignidade inerente, a autonomia individual, inclusive a liberdade de fazer as próprias escolhas, e a independência das pessoas;

b) A não discriminação;

c) A plena e efetiva participação e inclusão na sociedade;

d) O respeito pela diferença e pela aceitação das pessoas com deficiência como parte da diversidade humana e da humanidade;

e) A igualdade de oportunidades;

f) A acessibilidade;

g) A igualdade entre o homem e a mulher;

h) O respeito pelo desenvolvimento das capacidades das crianças com deficiência e pelo direito das crianças com deficiência de preservar sua identidade.

Artigo 4
Obrigações Gerais

1. Os Estados-Partes se comprometem a assegurar e promover o pleno exercício de todos os direitos humanos e liberdades fundamentais por todas as pessoas com deficiência, sem qualquer tipo de discriminação por causa de sua deficiência. Para tanto, os Estados-Partes se comprometem a:

a) Adotar todas as medidas legislativas, administrativas e de qualquer outra natureza, necessárias para a realização dos direitos reconhecidos na presente Convenção;

b) Adotar todas as medidas necessárias, inclusive legislativas, para modificar ou revogar leis, regulamentos, costumes e práticas vigentes, que constituírem discriminação contra pessoas com deficiência;

c) Levar em conta, em todos os programas e políticas, a proteção e a promoção dos direitos humanos das pessoas com deficiência;

d) Abster-se de participar em qualquer ato ou prática incompatível com a presente Convenção e assegurar que as autoridades públicas e instituições atuem em conformidade com a presente Convenção;

e) Tomar todas as medidas apropriadas para eliminar a discriminação baseada em deficiência, por parte de qualquer pessoa, organização ou empresa privada;

f) Realizar ou promover a pesquisa e o desenvolvimento de produtos, serviços, equipamentos e instalações com desenho universal, conforme definidos no Artigo 2 da presente Convenção, que exijam o mínimo possível de adaptação e cujo custo seja o mínimo possível, destinados a atender às necessidades específicas de pessoas com deficiência, a promover sua disponibilidade e seu uso e a promover o desenho universal quando da elaboração de normas e diretrizes;

g) Realizar ou promover a pesquisa e o desenvolvimento, bem como a disponibilidade e o emprego de novas tecnologias, inclusive as tecnologias da informação e comunicação, ajudas técnicas para locomoção, dispositivos e tecnologias assistivas, adequados a pessoas com deficiência, dando prioridade a tecnologias de custo acessível;

h) Propiciar informação acessível para as pessoas com deficiência a respeito de ajudas técnicas para locomoção, dispositivos e tecnologias assistivas, incluindo novas tecnologias bem como outras formas de assistência, serviços de apoio e instalações;

i) Promover a capacitação em relação aos direitos reconhecidos pela presente Convenção dos profissionais e equipes que trabalham com pessoas com deficiência, de forma a melhorar a prestação de assistência e serviços garantidos por esses direitos.

2. Em relação aos direitos econômicos, sociais e culturais, cada Estado-Parte se compromete a tomar medidas, tanto quanto permitirem os recursos disponíveis e, quando necessário, no âmbito da cooperação internacional, a fim de assegurar progressivamente o pleno exercício desses direitos, sem prejuízo das obrigações contidas na presente Convenção que forem imediatamente aplicáveis de acordo com o direito internacional.

3. Na elaboração e implementação de legislação e políticas para aplicar a presente Convenção e em outros processos de tomada de decisão relativos às pessoas com deficiência, os Estados-Partes realizarão consultas estreitas e envolverão ativamente pessoas com deficiência, inclusive crianças com deficiência, por intermédio de suas organizações representativas.

4. Nenhum dispositivo da presente Convenção afetará quaisquer disposições mais propícias à realização dos direitos das pessoas com deficiência, as quais possam estar contidas na legislação do Estado-Parte ou no direito internacional em vigor para esse Estado. Não haverá nenhuma restrição ou derrogação de qualquer dos direitos humanos e liberdades fundamentais reconhecidos ou vigentes em qualquer Estado-Parte da presente Convenção, em conformidade com leis, convenções, regulamentos ou costumes, sob a alegação de que a presente Convenção não reconhece tais direitos e liberdades ou que os reconhece em menor grau.

5. As disposições da presente Convenção se aplicam, sem limitação ou exceção, a todas as unidades constitutivas dos Estados federativos.

Artigo 5
Igualdade e Não Discriminação

1. Os Estados-Partes reconhecem que todas as pessoas são iguais perante e sob a lei e que fazem jus, sem qualquer discriminação, a igual proteção e igual benefício da lei.

2. Os Estados-Partes proibirão qualquer discriminação baseada na deficiência e garantirão às pessoas com deficiência igual e efetiva proteção legal contra a discriminação por qualquer motivo.

3. A fim de promover a igualdade e eliminar a discriminação, os Estados-Partes adotarão todas as medidas apropriadas para garantir que a adaptação razoável seja oferecida.

4. Nos termos da presente Convenção, as medidas específicas que forem necessárias para acelerar ou alcançar a efetiva igualdade das pessoas com deficiência não serão consideradas discriminatórias.

Artigo 6
Mulheres com Deficiência

1. Os Estados-Partes reconhecem que as mulheres e meninas com deficiência estão sujeitas a múltiplas formas de discriminação e, portanto, tomarão medidas para assegurar às mulheres e meninas com deficiência o pleno e igual exercício de todos os direitos humanos e liberdades fundamentais.

2. Os Estados-Partes tomarão todas as medidas apropriadas para assegurar o pleno desenvolvimento, o avanço e o empoderamento das mulheres, a fim de garantir-lhes o exercício e o gozo dos direitos humanos e liberdades fundamentais estabelecidos na presente Convenção.

Artigo 7
Crianças com Deficiência

1. Os Estados-Partes tomarão todas as medidas necessárias para assegurar às crianças com deficiência o pleno exercício de todos os direitos humanos e liberdades fundamentais, em igualdade de oportunidades com as demais crianças.

2. Em todas as ações relativas às crianças com deficiência, o superior interesse da criança receberá consideração primordial.

3. Os Estados-Partes assegurarão que as crianças com deficiência tenham o direito de expressar livremente sua opinião sobre todos os assuntos que lhes disserem respeito, tenham a sua opinião devidamente valorizada de acordo com sua idade e maturidade, em igualdade de oportunidades com as demais crianças, e recebam atendimento adequado à sua deficiência e idade, para que possam exercer tal direito.

Artigo 8
Conscientização

1. Os Estados-Partes se comprometem a adotar medidas imediatas, efetivas e apropriadas para:

a) Conscientizar toda a sociedade, inclusive as famílias, sobre as condições das pessoas com deficiência e fomentar o respeito pelos direitos e pela dignidade das pessoas com deficiência;

b) Combater estereótipos, preconceitos e práticas nocivas em relação a pessoas com deficiência, inclusive aqueles relacionados a sexo e idade, em todas as áreas da vida;

c) Promover a conscientização sobre as capacidades e contribuições das pessoas com deficiência.

2. As medidas para esse fim incluem:

a) Lançar e dar continuidade a efetivas campanhas de conscientização públicas, destinadas a:

i) Favorecer atitude receptiva em relação aos direitos das pessoas com deficiência;

ii) Promover percepção positiva e maior consciência social em relação às pessoas com deficiência;

iii) Promover o reconhecimento das habilidades, dos méritos e das capacidades das pessoas com deficiência e de sua contribuição ao local de trabalho e ao mercado laboral;

b) Fomentar em todos os níveis do sistema educacional, incluindo neles todas as crianças desde tenra idade, uma atitude de respeito para com os direitos das pessoas com deficiência;

c) Incentivar todos os órgãos da mídia a retratar as pessoas com deficiência de maneira compatível com o propósito da presente Convenção;

d) Promover programas de formação sobre sensibilização a respeito das pessoas com deficiência e sobre os direitos das pessoas com deficiência.

Artigo 9
Acessibilidade

1. A fim de possibilitar às pessoas com deficiência viver de forma independente e participar plenamente de todos os aspectos da vida, os Estados-Partes tomarão as medidas apropriadas para assegurar às pessoas com deficiência o acesso, em igualdade de oportunidades com as demais pessoas, ao meio físico, ao transporte, à informação e comunicação, inclusive aos sistemas e tecnologias da informação e comunicação, bem como a outros serviços e instalações abertos ao público ou de uso público, tanto na zona urbana como na rural. Essas medidas, que incluirão a identificação e a eliminação de obstáculos e barreiras à acessibilidade, serão aplicadas, entre outros, a:

a) Edifícios, rodovias, meios de transporte e outras instalações internas e externas, inclusive escolas, residências, instalações médicas e local de trabalho;

b) Informações, comunicações e outros serviços, inclusive serviços eletrônicos e serviços de emergência.

2. Os Estados-Partes também tomarão medidas apropriadas para:

a) Desenvolver, promulgar e monitorar a implementação de normas e diretrizes mínimas para a acessibilidade das instalações e dos serviços abertos ao público ou de uso público;

b) Assegurar que as entidades privadas que oferecem instalações e serviços abertos ao público ou de uso público levem em consideração todos os aspectos relativos à acessibilidade para pessoas com deficiência;

c) Proporcionar, a todos os atores envolvidos, formação em relação às questões de acessibilidade com as quais as pessoas com deficiência se confrontam;

d) Dotar os edifícios e outras instalações abertas ao público ou de uso público de sinalização em braille e em formatos de fácil leitura e compreensão;

e) Oferecer formas de assistência humana ou animal e serviços de mediadores, incluindo guias, ledores e intérpretes profissionais da língua de sinais, para facilitar o acesso aos edifícios e outras instalações abertas ao público ou de uso público;

f) Promover outras formas apropriadas de assistência e apoio a pessoas com deficiência, a fim de assegurar a essas pessoas o acesso a informações;

g) Promover o acesso de pessoas com deficiência a novos sistemas e tecnologias da informação e comunicação, inclusive à Internet;

h) Promover, desde a fase inicial, a concepção, o desenvolvimento, a produção e a disseminação de sistemas e tecnologias de informação e comunicação, a fim de que esses sistemas e tecnologias se tornem acessíveis a custo mínimo.

Artigo 10
Direito à Vida

Os Estados-Partes reafirmam que todo ser humano tem o inerente direito à vida e tomarão todas as medidas necessárias para assegurar o efetivo exercício desse direito pelas pessoas com deficiência, em igualdade de oportunidades com as demais pessoas.

Artigo 11
Situações de Risco e Emergências Humanitárias

Em conformidade com suas obrigações decorrentes do direito internacional, inclusive do direito humanitário internacional e do direito internacional dos direitos humanos, os Estados-Partes tomarão todas as medidas necessárias para assegurar a proteção e a segurança das pessoas com deficiência que se encontrarem em situações de risco, inclusive situações de conflito armado, emergências humanitárias e ocorrência de desastres naturais.

Artigo 12
Reconhecimento Igual perante a Lei

1. Os Estados-Partes reafirmam que as pessoas com deficiência têm o direito de ser reconhecidas em qualquer lugar como pessoas perante a lei.

2. Os Estados-Partes reconhecerão que as pessoas com deficiência gozam de capacidade legal em igualdade de condições com as demais pessoas em todos os aspectos da vida.

3. Os Estados-Partes tomarão medidas apropriadas para prover o acesso de pessoas com deficiência ao apoio que necessitarem no exercício de sua capacidade legal.

4. Os Estados-Partes assegurarão que todas as medidas relativas ao exercício da capacidade legal incluam salvaguardas apropriadas e efetivas para prevenir abusos, em conformidade com o direito internacional dos direitos humanos. Essas salvaguardas assegurarão que as medidas relativas ao exercício da capacidade legal respeitem os direitos, a vontade e as preferências da pessoa, sejam isentas de conflito de interesses e de influência indevida, sejam proporcionais e apropriadas às circunstâncias da pessoa, se apliquem pelo período mais curto possível e sejam submetidas à revisão regular por uma autoridade ou órgão judiciário competente, independente e imparcial. As salvaguardas serão proporcionais ao grau em que tais medidas afetarem os direitos e interesses da pessoa.

5. Os Estados-Partes, sujeitos ao disposto neste Artigo, tomarão todas as medidas apropriadas e efetivas para assegurar às pessoas com deficiência o igual direito de possuir ou herdar bens, de controlar as próprias finanças e de ter igual acesso a empréstimos bancários, hipotecas e outras formas de crédito financeiro, e assegurarão que as pessoas com deficiência não sejam arbitrariamente destituídas de seus bens.

Artigo 13
Acesso à Justiça

1. Os Estados-Partes assegurarão o efetivo acesso das pessoas com deficiência à justiça, em igualdade de condições com as demais pessoas, inclusive mediante a provisão de adaptações processuais adequadas à idade, a fim de facilitar o efetivo papel das pessoas com deficiência como participantes diretos ou indiretos, inclusive como testemunhas, em todos os procedimentos jurídicos, tais como investigações e outras etapas preliminares.

2. A fim de assegurar às pessoas com deficiência o efetivo acesso à justiça, os Estados-Partes promoverão a capacitação apropriada daqueles que trabalham na área de administração da justiça, inclusive a polícia e os funcionários do sistema penitenciário.

Artigo 14
Liberdade e Segurança da Pessoa

1. Os Estados-Partes assegurarão que as pessoas com deficiência, em igualdade de oportunidades com as demais pessoas:

a) Gozem do direito à liberdade e à segurança da pessoa; e

b) Não sejam privadas ilegal ou arbitrariamente de sua liberdade e que toda privação de liberdade esteja em conformidade com a lei, e que a existência de deficiência não justifique a privação de liberdade.

2. Os Estados-Partes assegurarão que, se pessoas com deficiência forem privadas de liberdade mediante algum processo, elas, em igualdade de oportunidades com as demais pessoas, façam jus a garantias de acordo com o direito internacional dos direitos humanos e sejam tratadas em conformidade com os objetivos e princípios da presente Convenção, inclusive mediante a provisão de adaptação razoável.

Artigo 15
Prevenção contra Tortura ou Tratamentos ou Penas Cruéis, Desumanos ou Degradantes

1. Nenhuma pessoa será submetida à tortura ou a tratamentos ou penas cruéis, desumanos ou degradantes. Em especial, nenhuma pessoa deverá ser sujeita a experimentos médicos ou científicos sem seu livre consentimento.

2. Os Estados-Partes tomarão todas as medidas efetivas de natureza legislativa, administrativa, judicial ou outra para evitar que pessoas com deficiência, do mesmo modo que as demais pessoas, sejam submetidas à tortura ou a tratamentos ou penas cruéis, desumanos ou degradantes.

Artigo 16
Prevenção contra a Exploração, a Violência e o Abuso

1. Os Estados-Partes tomarão todas as medidas apropriadas de natureza legislativa, administrativa, social, educacional e outras para proteger as pessoas com deficiência, tanto dentro como fora do lar, contra todas as formas de exploração, violência e abuso, incluindo aspectos relacionados a gênero.

2. Os Estados-Partes também tomarão todas as medidas apropriadas para prevenir todas as formas de exploração, violência e abuso, assegurando, entre outras coisas, formas apropriadas de atendimento e apoio que levem em conta o gênero e a idade das pessoas com deficiência e de seus familiares e atendentes, inclusive mediante a provisão de informação e educação sobre a maneira de evitar, reconhecer e denunciar casos de exploração, violência e abuso. Os Estados-Partes assegurarão que os serviços de proteção levem em conta a idade, o gênero e a deficiência das pessoas.

3. A fim de prevenir a ocorrência de quaisquer formas de exploração, violência e abuso, os Estados-Partes assegurarão que todos os programas e instalações destinados a atender pessoas com deficiência sejam efetivamente monitorados por autoridades independentes.

4. Os Estados-Partes tomarão todas as medidas apropriadas para promover a recuperação física, cognitiva e psicológica, inclusive mediante a provisão de serviços de proteção, a reabilitação e a reinserção social de pessoas com deficiência que forem vítimas de qualquer forma de exploração, violência ou abuso. Tais recuperação e reinserção ocorrerão em ambientes que promovam a saúde, o bem-estar, o autorrespeito, a dignidade e a autonomia da pessoa e levem em consideração as necessidades de gênero e idade.

5. Os Estados-Partes adotarão leis e políticas efetivas, inclusive legislação e políticas voltadas para mulheres e crianças, a fim de assegurar que os casos de exploração, violência e abuso contra pessoas com deficiência sejam identificados, investigados e, caso necessário, julgados.

Artigo 17
Proteção da Integridade da Pessoa

Toda pessoa com deficiência tem o direito a que sua integridade física e mental seja respeitada, em igualdade de condições com as demais pessoas.

Artigo 18
Liberdade de Movimentação e Nacionalidade

1. Os Estados-Partes reconhecerão os direitos das pessoas com deficiência à liberdade de movimentação, à liberdade de escolher sua residência e à nacionalidade, em igualdade de oportunidades com as demais pessoas, inclusive assegurando que as pessoas com deficiência:

a) Tenham o direito de adquirir nacionalidade e mudar de nacionalidade e não sejam privadas arbitrariamente de sua nacionalidade em razão de sua deficiência;

b) Não sejam privadas, por causa de sua deficiência, da competência de obter, possuir e utilizar documento comprovante de sua nacionalidade ou outro documento de identidade, ou de recorrer a processos relevantes, tais como procedimentos relativos à imigração, que forem necessários para facilitar o exercício de seu direito à liberdade de movimentação;

c) Tenham liberdade de sair de qualquer país, inclusive do seu; e

d) Não sejam privadas, arbitrariamente ou por causa de sua deficiência, do direito de entrar no próprio país.

2. As crianças com deficiência serão registradas imediatamente após o nascimento e terão, desde o nascimento, o direito a um nome, o direito de adquirir nacionalidade e, tanto quanto possível, o direito de conhecer seus pais e de ser cuidadas por eles.

Artigo 19
Vida Independente e Inclusão na Comunidade

Os Estados-Partes desta Convenção reconhecem o igual direito de todas as pessoas com deficiência de viver na comunidade, com a mesma liberdade de escolha que as demais pessoas, e tomarão medidas efetivas e apropriadas para facilitar às pessoas com deficiência o pleno gozo desse direito e sua plena inclusão e participação na comunidade, inclusive assegurando que:

a) As pessoas com deficiência possam escolher seu local de residência e onde e com quem morar, em igualdade de oportunidades com as demais pessoas, e que não sejam obrigadas a viver em determinado tipo de moradia;

b) As pessoas com deficiência tenham acesso a uma variedade de serviços de apoio em domicílio ou em instituições residenciais ou a outros serviços comunitários de apoio, inclusive os serviços de atendentes pessoais que forem necessários como apoio para que as pessoas com deficiência vivam e sejam incluídas na comunidade e para evitar que fiquem isoladas ou segregadas da comunidade;

c) Os serviços e instalações da comunidade para a população em geral estejam disponíveis às pessoas com deficiência, em igualdade de oportunidades, e atendam às suas necessidades.

Artigo 20
Mobilidade Pessoal

Os Estados-Partes tomarão medidas efetivas para assegurar às pessoas com deficiência sua mobilidade pessoal com a máxima independência possível:

a) Facilitando a mobilidade pessoal das pessoas com deficiência, na forma e no momento em que elas quiserem, e a custo acessível;

b) Facilitando às pessoas com deficiência o acesso a tecnologias assistivas, dispositivos e ajudas técnicas de qualidade, e formas de assistência humana ou animal e de mediadores, inclusive tornando-os disponíveis a custo acessível;

c) Propiciando às pessoas com deficiência e ao pessoal especializado uma capacitação em técnicas de mobilidade;

d) Incentivando entidades que produzem ajudas técnicas de mobilidade, dispositivos e tecnologias assistivas a levarem em conta todos os aspectos relativos à mobilidade de pessoas com deficiência.

Artigo 21
Liberdade de Expressão e de Opinião e Acesso à Informação

Os Estados-Partes tomarão todas as medidas apropriadas para assegurar que as pessoas com deficiência possam exercer seu direito à liberdade de expressão e opinião, inclusive à liberdade de buscar, receber e compartilhar informações e ideias, em igualdade de oportunidades com as demais pessoas e por intermédio de todas as formas de comunicação de sua escolha, conforme o disposto no Artigo 2 da presente Convenção, entre as quais:

a) Fornecer, prontamente e sem custo adicional, às pessoas com deficiência, todas as informações destinadas ao público em geral, em formatos acessíveis e tecnologias apropriadas aos diferentes tipos de deficiência;

b) Aceitar e facilitar, em trâmites oficiais, o uso de línguas de sinais, braille, comunicação aumentativa e alternativa, e de todos os demais meios, modos e formatos acessíveis de comunicação, à escolha das pessoas com deficiência;

c) Urgir as entidades privadas que oferecem serviços ao público em geral, inclusive por meio da Internet, a fornecer informações e serviços em formatos acessíveis, que possam ser usados por pessoas com deficiência;

d) Incentivar a mídia, inclusive os provedores de informação pela Internet, a tornar seus serviços acessíveis a pessoas com deficiência;

e) Reconhecer e promover o uso de línguas de sinais.

Artigo 22
Respeito à Privacidade

1. Nenhuma pessoa com deficiência, qualquer que seja seu local de residência ou tipo de moradia, estará sujeita a interferência arbitrária ou ilegal em sua privacidade, família, lar, correspondência ou outros tipos de comunicação, nem a ataques ilícitos à sua honra e reputação. As pessoas com deficiência têm o direito à proteção da lei contra tais interferências ou ataques.

2. Os Estados-Partes protegerão a privacidade dos dados pessoais e dados relativos à saúde e à reabilitação de pessoas com deficiência, em igualdade de condições com as demais pessoas.

Artigo 23
Respeito pelo Lar e pela Família

1. Os Estados-Partes tomarão medidas efetivas e apropriadas para eliminar a discriminação contra pessoas com deficiência, em todos os aspectos relativos a casamento, família, paternidade e relacionamentos, em igualdade de condições com as demais pessoas, de modo a assegurar que:

a) Seja reconhecido o direito das pessoas com deficiência, em idade de contrair matrimônio, de casar-se e estabelecer família, com base no livre e pleno consentimento dos pretendentes;

b) Sejam reconhecidos os direitos das pessoas com deficiência de decidir livre e responsavelmente sobre o número de filhos e o espaçamento entre esses filhos e de ter acesso a informações adequadas à idade e a educação em matéria de reprodução e de planejamento familiar, bem como os meios necessários para exercer esses direitos;

c) As pessoas com deficiência, inclusive crianças, conservem sua fertilidade, em igualdade de condições com as demais pessoas.

2. Os Estados-Partes assegurarão os direitos e responsabilidades das pessoas com deficiência, relativos à guarda, custódia, curatela e adoção de crianças ou instituições semelhantes, caso esses conceitos constem na legislação nacional. Em todos os casos, prevalecerá o superior interesse da criança. Os Estados-Partes prestarão a devida assistência às pessoas com deficiência para que essas pessoas possam exercer suas responsabilidades na criação dos filhos.

3. Os Estados-Partes assegurarão que as crianças com deficiência terão iguais direitos em relação à vida familiar. Para a realização desses direitos e para evitar ocultação, abandono, negligência e segregação de crianças com deficiência, os Estados-Partes fornecerão prontamente informações abrangentes sobre serviços e apoios a crianças com deficiência e suas famílias.

4. Os Estados-Partes assegurarão que uma criança não será separada de seus pais contra a vontade destes, exceto quando autoridades competentes, sujeitas a controle jurisdicional, determinarem, em conformidade com as leis e procedimentos aplicáveis, que a separação é necessária, no superior interesse da criança. Em nenhum caso, uma criança será separada dos pais sob alegação de deficiência da criança ou de um ou ambos os pais.

5. Os Estados-Partes, no caso em que a família imediata de uma criança com deficiência não tenha condições de cuidar da criança, farão todo esforço para que cuidados alternativos sejam oferecidos por outros parentes e, se isso não for possível, dentro de ambiente familiar, na comunidade.

Artigo 24
Educação

1. Os Estados-Partes reconhecem o direito das pessoas com deficiência à educação. Para efetivar esse direito sem discriminação e com base na igualdade de oportunidades, os Estados-Partes assegurarão sistema educacional inclusivo em todos os níveis, bem como o aprendizado ao longo de toda a vida, com os seguintes objetivos:

a) O pleno desenvolvimento do potencial humano e do senso de dignidade e autoestima, além do fortalecimento do respeito pelos direitos humanos, pelas liberdades fundamentais e pela diversidade humana;

b) O máximo desenvolvimento possível da personalidade e dos talentos e da criatividade das pessoas com deficiência, assim como de suas habilidades físicas e intelectuais;

c) A participação efetiva das pessoas com deficiência em uma sociedade livre.

2. Para a realização desse direito, os Estados-Partes assegurarão que:

a) As pessoas com deficiência não sejam excluídas do sistema educacional geral sob alegação de deficiência e que as crianças com deficiência não sejam excluídas do ensino primário gratuito e compulsório ou do ensino secundário, sob alegação de deficiência;

b) As pessoas com deficiência possam ter acesso ao ensino primário inclusivo, de qualidade e gratuito, e ao ensino secundário, em igualdade de condições com as demais pessoas na comunidade em que vivem;

c) Adaptações razoáveis de acordo com as necessidades individuais sejam providenciadas;

d) As pessoas com deficiência recebam o apoio necessário, no âmbito do sistema educacional geral, com vistas a facilitar sua efetiva educação;

e) Medidas de apoio individualizadas e efetivas sejam adotadas em ambientes que maximizem o desenvolvimento acadêmico e social, de acordo com a meta de inclusão plena.

3. Os Estados-Partes assegurarão às pessoas com deficiência a possibilidade de adquirir as competências práticas e sociais necessárias de modo a facilitar às pessoas com deficiência sua plena e igual participação no sistema de ensino e na vida em comunidade. Para tanto, os Estados-Partes tomarão medidas apropriadas, incluindo:

a) Facilitação do aprendizado do braille, escrita alternativa, modos, meios e formatos de comunicação aumentativa e alternativa, e habilidades de orientação e mobilidade, além de facilitação do apoio e aconselhamento de pares;

b) Facilitação do aprendizado da língua de sinais e promoção da identidade linguística da comunidade surda;

c) Garantia de que a educação de pessoas, em particular crianças cegas, surdocegas e surdas, seja ministrada nas línguas e nos modos e meios de comunicação mais adequados ao indivíduo e em ambientes que favoreçam ao máximo seu desenvolvimento acadêmico e social.

4. A fim de contribuir para o exercício desse direito, os Estados-Partes tomarão medidas apropriadas para empregar professores, inclusive professores com deficiência, habilitados para o ensino da língua de sinais e/ou do braille, e para capacitar profissionais e equipes atuantes em todos os níveis de ensino. Essa capacitação incorporará a conscientização da deficiência e a utilização de modos, meios e formatos apropriados de comunicação aumentativa e alternativa, e técnicas e materiais pedagógicos, como apoios para pessoas com deficiência.

5. Os Estados-Partes assegurarão que as pessoas com deficiência possam ter acesso ao ensino superior em geral, treinamento profissional de acordo com sua vocação, educação para adultos e formação continuada, sem discriminação e em igualdade de condições. Para tanto, os Estados-Partes assegurarão a provisão de adaptações razoáveis para pessoas com deficiência.

Artigo 25
Saúde

Os Estados-Partes reconhecem que as pessoas com deficiência têm o direito de gozar do estado de saúde mais elevado possível, sem discriminação baseada na deficiência. Os Estados-Partes tomarão todas as medidas apropriadas para assegurar às pessoas com deficiência o acesso a serviços de saúde, incluindo os serviços de reabilitação, que levarão em conta as especificidades de gênero. Em especial, os Estados-Partes:

a) Oferecerão às pessoas com deficiência programas e atenção à saúde gratuitos ou a custos acessíveis da mesma variedade, qualidade e padrão que são oferecidos às demais pessoas, inclusive na área de saúde sexual e reprodutiva e de programas de saúde pública destinados à população em geral;

b) Propiciarão serviços de saúde que as pessoas com deficiência necessitam especificamente por causa de sua deficiência, inclusive diagnóstico e intervenção precoces, bem como serviços projetados para reduzir ao máximo e prevenir deficiências adicionais, inclusive entre crianças e idosos;

c) Propiciarão esses serviços de saúde às pessoas com deficiência, o mais próximo possível de suas comunidades, inclusive na zona rural;

d) Exigirão dos profissionais de saúde que dispensem às pessoas com deficiência a mesma qualidade de serviços dispensada às demais pessoas e, principalmente, que obtenham o consentimento livre e esclarecido das pessoas com deficiência concernentes. Para esse fim, os Estados-Partes realizarão atividades de formação e definirão regras éticas para os setores de saúde público e privado, de modo a conscientizar os profissionais de saúde acerca dos direitos humanos, da dignidade, autonomia e das necessidades das pessoas com deficiência;

e) Proibirão a discriminação contra pessoas com deficiência na provisão de seguro de saúde e seguro de vida, caso tais seguros sejam permitidos pela legislação nacional, os quais deverão ser providos de maneira razoável e justa;

f) Prevenirão que se negue, de maneira discriminatória, os serviços de saúde ou de atenção à saúde ou a administração de alimentos sólidos ou líquidos por motivo de deficiência.

Artigo 26
Habilitação e Reabilitação

1. Os Estados-Partes tomarão medidas efetivas e apropriadas, inclusive mediante apoio dos pares, para possibilitar que as pessoas com deficiência conquistem e conservem o máximo de autonomia e plena capacidade física, mental, social e profissional, bem como plena inclusão e participação em todos os aspectos da vida. Para tanto, os Estados-Partes organizarão, fortalecerão e ampliarão serviços e programas completos de habilitação e reabilitação, particularmente nas áreas de saúde, emprego, educação e serviços sociais, de modo que esses serviços e programas:

a) Comecem no estágio mais precoce possível e sejam baseados em avaliação multidisciplinar das necessidades e pontos fortes de cada pessoa;

b) Apoiem a participação e a inclusão na comunidade e em todos os aspectos da vida social, sejam oferecidos voluntariamente e estejam disponíveis às pessoas com deficiência o mais próximo possível de suas comunidades, inclusive na zona rural.

2. Os Estados-Partes promoverão o desenvolvimento da capacitação inicial e continuada de profissionais e de equipes que atuam nos serviços de habilitação e reabilitação.

3. Os Estados-Partes promoverão a disponibilidade, o conhecimento e o uso de dispositivos e tecnologias assistivas, projetados para pessoas com deficiência e relacionados com a habilitação e a reabilitação.

Artigo 27
Trabalho e Emprego

1. Os Estados-Partes reconhecem o direito das pessoas com deficiência ao trabalho, em igualdade de oportunidades com as demais pessoas. Esse direito abrange o direito à oportunidade de se manter com um trabalho de sua livre escolha ou aceitação no mercado laboral, em ambiente de trabalho que seja aberto, inclusivo e acessível a pessoas com deficiência. Os Estados-Partes salvaguardarão e promoverão a realização do direito ao trabalho, inclusive daqueles que tiverem adquirido uma deficiência no emprego, adotando medidas apropriadas, incluídas na legislação, com o fim de, entre outros:

a) Proibir a discriminação baseada na deficiência com respeito a todas as questões relacionadas com as formas de emprego, inclusive condições de recrutamento, contratação e admissão, permanência no emprego, ascensão profissional e condições seguras e salubres de trabalho;

b) Proteger os direitos das pessoas com deficiência, em condições de igualdade com as demais pessoas, às condições justas e favoráveis de trabalho, incluindo iguais oportunidades e igual remuneração por trabalho de igual valor, condições seguras e salubres de trabalho, além de reparação de injustiças e proteção contra o assédio no trabalho;

c) Assegurar que as pessoas com deficiência possam exercer seus direitos trabalhistas e sindicais, em condições de igualdade com as demais pessoas;

d) Possibilitar às pessoas com deficiência o acesso efetivo a programas de orientação técnica e profissional e a serviços de colocação no trabalho e de treinamento profissional e continuado;

e) Promover oportunidades de emprego e ascensão profissional para pessoas com deficiência no mercado de trabalho, bem como assistência na procura, obtenção e manutenção do emprego e no retorno ao emprego;

f) Promover oportunidades de trabalho autônomo, empreendedorismo, desenvolvimento de cooperativas e estabelecimento de negócio próprio;

g) Empregar pessoas com deficiência no setor público;

h) Promover o emprego de pessoas com deficiência no setor privado, mediante políticas e medidas apropriadas, que poderão incluir programas de ação afirmativa, incentivos e outras medidas;

i) Assegurar que adaptações razoáveis sejam feitas para pessoas com deficiência no local de trabalho;

j) Promover a aquisição de experiência de trabalho por pessoas com deficiência no mercado aberto de trabalho;

k) Promover reabilitação profissional, manutenção do emprego e programas de retorno ao trabalho para pessoas com deficiência.

2. Os Estados-Partes assegurarão que as pessoas com deficiência não serão mantidas em escravidão ou servidão e que serão protegidas, em igualdade de condições com as demais pessoas, contra o trabalho forçado ou compulsório.

Artigo 28
Padrão de Vida e Proteção Social Adequados

1. Os Estados-Partes reconhecem o direito das pessoas com deficiência a um padrão adequado de vida para si e para suas famílias, inclusive alimentação, vestuário e moradia adequados, bem como à melhoria contínua de suas condições de vida, e tomarão as providências necessárias para salvaguardar e promover a realização desse direito sem discriminação baseada na deficiência.

2. Os Estados-Partes reconhecem o direito das pessoas com deficiência à proteção social e ao exercício desse direito sem discriminação baseada na deficiência, e tomarão as medidas apropriadas para salvaguardar e promover a realização desse direito, tais como:

a) Assegurar igual acesso de pessoas com deficiência a serviços de saneamento básico e assegurar o acesso aos serviços, dispositivos e outros atendimentos apropriados para as necessidades relacionadas com a deficiência;

b) Assegurar o acesso de pessoas com deficiência, particularmente mulheres, crianças e idosos com deficiência, a programas de proteção social e de redução da pobreza;

c) Assegurar o acesso de pessoas com deficiência e suas famílias em situação de pobreza à assistência do Estado em relação a seus gastos ocasionados pela deficiência, inclusive treinamento adequado, aconselhamento, ajuda financeira e cuidados de repouso;

d) Assegurar o acesso de pessoas com deficiência a programas habitacionais públicos;

e) Assegurar igual acesso de pessoas com deficiência a programas e benefícios de aposentadoria.

Artigo 29
Participação na Vida Política e Pública

Os Estados-Partes garantirão às pessoas com deficiência direitos políticos e oportunidade de exercê-los em condições de igualdade com as demais pessoas, e deverão:

a) Assegurar que as pessoas com deficiência possam participar efetiva e plenamente na vida política e pública, em igualdade de oportunidades com as demais pessoas, diretamente ou por meio de representantes livremente escolhidos, incluindo o direito e a oportunidade de votarem e serem votadas, mediante, entre outros:

i) Garantia de que os procedimentos, instalações e materiais e equipamentos para votação serão apropriados, acessíveis e de fácil compreensão e uso;

ii) Proteção do direito das pessoas com deficiência ao voto secreto em eleições e plebiscitos, sem intimidação, e a candidatar-se nas eleições, efetivamente ocupar cargos eletivos e desempenhar quaisquer funções públicas em todos os níveis de governo, usando novas tecnologias assistivas, quando apropriado;

iii) Garantia da livre expressão de vontade das pessoas com deficiência como eleitores e, para tanto, sempre que necessário e a seu pedido, permissão para que elas sejam auxiliadas na votação por uma pessoa de sua escolha;

b) Promover ativamente um ambiente em que as pessoas com deficiência possam participar efetiva e plenamente na condução das questões públicas, sem discriminação e em igualdade de oportunidades com as demais pessoas, e encorajar sua participação nas questões públicas, mediante:

i) Participação em organizações não governamentais relacionadas com a vida pública e política do país, bem como em atividades e administração de partidos políticos;

ii) Formação de organizações para representar pessoas com deficiência em níveis internacional, regional, nacional e local, bem como a filiação de pessoas com deficiência a tais organizações.

Artigo 30
Participação na Vida Cultural e em Recreação, Lazer e Esporte

1. Os Estados-Partes reconhecem o direito das pessoas com deficiência de participar na vida cultural, em igualdade de oportunidades com as demais pessoas, e tomarão todas as medidas apropriadas para que as pessoas com deficiência possam:

a) Ter acesso a bens culturais em formatos acessíveis;

b) Ter acesso a programas de televisão, cinema, teatro e outras atividades culturais, em formatos acessíveis; e

c) Ter acesso a locais que ofereçam serviços ou eventos culturais, tais como teatros, museus, cinemas, bibliotecas e serviços turísticos, bem como, tanto quanto possível, ter acesso a monumentos e locais de importância cultural nacional.

2. Os Estados-Partes tomarão medidas apropriadas para que as pessoas com deficiência tenham a oportunidade de desenvolver e utilizar seu potencial criativo, artístico e intelectual, não somente em benefício próprio, mas também para o enriquecimento da sociedade.

3. Os Estados-Partes deverão tomar todas as providências, em conformidade com o direito internacional, para assegurar que a legislação de proteção dos direitos de propriedade intelectual não constitua barreira excessiva ou discriminatória ao acesso de pessoas com deficiência a bens culturais.

4. As pessoas com deficiência farão jus, em igualdade de oportunidades com as demais pessoas, a que sua identidade cultural e linguística específica seja reconhecida e apoiada, incluindo as línguas de sinais e a cultura surda.

5. Para que as pessoas com deficiência participem, em igualdade de oportunidades com as demais pessoas, de atividades recreativas, esportivas e de lazer, os Estados-Partes tomarão medidas apropriadas para:

a) Incentivar e promover a maior participação possível das pessoas com deficiência nas atividades esportivas comuns em todos os níveis;

b) Assegurar que as pessoas com deficiência tenham a oportunidade de organizar, desenvolver e participar em atividades esportivas e recreativas específicas às deficiências e, para tanto, incentivar a provisão de instrução, treinamento e recursos adequados, em igualdade de oportunidades com as demais pessoas;

c) Assegurar que as pessoas com deficiência tenham acesso a locais de eventos esportivos, recreativos e turísticos;

d) Assegurar que as crianças com deficiência possam, em igualdade de condições com as demais crianças, participar de jogos e atividades recreativas, esportivas e de lazer, inclusive no sistema escolar;

e) Assegurar que as pessoas com deficiência tenham acesso aos serviços prestados por pessoas ou entidades envolvidas na organização de atividades recreativas, turísticas, esportivas e de lazer.

Artigo 31
Estatísticas e Coleta de Dados

1. Os Estados-Partes coletarão dados apropriados, inclusive estatísticos e de pesquisas, para que possam formular e implementar políticas destinadas a por em prática a presente Convenção. O processo de coleta e manutenção de tais dados deverá:

a) Observar as salvaguardas estabelecidas por lei, inclusive pelas leis relativas à proteção de dados, a fim de assegurar a confidencialidade e o respeito pela privacidade das pessoas com deficiência;

b) Observar as normas internacionalmente aceitas para proteger os direitos humanos, as liberdades fundamentais e os princípios éticos na coleta de dados e utilização de estatísticas.

2. As informações coletadas de acordo com o disposto neste Artigo serão desagregadas, de maneira apropriada, e utilizadas para avaliar o cumprimento, por parte dos Estados-Partes, de suas obrigações na presente Convenção e para identificar e enfrentar as barreiras com as quais as pessoas com deficiência se deparam no exercício de seus direitos.

3. Os Estados-Partes assumirão responsabilidade pela disseminação das referidas estatísticas e assegurarão que elas sejam acessíveis às pessoas com deficiência e a outros.

Artigo 32
Cooperação Internacional

1. Os Estados-Partes reconhecem a importância da cooperação internacional e de sua promoção, em apoio aos esforços nacionais para a consecução do propósito e dos objetivos da presente Convenção e, sob este aspecto, adotarão medidas apropriadas e efetivas entre os Estados e, de maneira adequada, em parceria com organizações internacionais e regionais relevantes e com a sociedade civil e, em particular, com organizações de pessoas com deficiência. Estas medidas poderão incluir, entre outras:

a) Assegurar que a cooperação internacional, incluindo os programas internacionais de desenvolvimento, sejam inclusivos e acessíveis para pessoas com deficiência;

b) Facilitar e apoiar a capacitação, inclusive por meio do intercâmbio e compartilhamento de informações, experiências, programas de treinamento e melhores práticas;

c) Facilitar a cooperação em pesquisa e o acesso a conhecimentos científicos e técnicos;

d) Propiciar, de maneira apropriada, assistência técnica e financeira, inclusive mediante facilitação do acesso a tecnologias assistivas e acessíveis e seu compartilhamento, bem como por meio de transferência de tecnologias.

2. O disposto neste Artigo se aplica sem prejuízo das obrigações que cabem a cada Estado-Parte em decorrência da presente Convenção.

Artigo 33
Implementação e Monitoramento Nacionais

1. Os Estados-Partes, de acordo com seu sistema organizacional, designarão um ou mais de um ponto focal no âmbito do Governo para assuntos relacionados com a implementação da presente Convenção e darão a devida consideração ao estabelecimento ou designação de um mecanismo de coordenação no âmbito do Governo, a fim de facilitar ações correlatas nos diferentes setores e níveis.

2. Os Estados-Partes, em conformidade com seus sistemas jurídico e administrativo, manterão, fortalecerão, designarão ou estabelecerão estrutura, incluindo um ou mais de um mecanismo independente, de maneira apropriada, para promover, proteger e monitorar a implementação da presente Convenção. Ao designar ou estabelecer tal mecanismo, os Estados-Partes levarão em conta os princípios relativos ao status e funcionamento das instituições nacionais de proteção e promoção dos direitos humanos.

3. A sociedade civil e, particularmente, as pessoas com deficiência e suas organizações representativas serão envolvidas e participarão plenamente no processo de monitoramento.

Artigo 34
Comitê sobre os Direitos das Pessoas com Deficiência

1. Um Comitê sobre os Direitos das Pessoas com Deficiência (doravante denominado "Comitê") será estabelecido, para desempenhar as funções aqui definidas.

2. O Comitê será constituído, quando da entrada em vigor da presente Convenção, de 12 peritos. Quando a presente Convenção alcançar 60 ratificações ou adesões, o Comitê será acrescido em seis membros, perfazendo o total de 18 membros.

3. Os membros do Comitê atuarão a título pessoal e apresentarão elevada postura moral, competência e experiência reconhecidas no campo abrangido pela presente Convenção. Ao designar seus candidatos, os Estados-Partes são instados a dar a devida consideração ao disposto no Artigo 4.3 da presente Convenção.

4. Os membros do Comitê serão eleitos pelos Estados-Partes, observando-se uma distribuição geográfica equitativa, representação de diferentes formas de civilização e dos principais sistemas jurídicos, representação equilibrada de gênero e participação de peritos com deficiência.

5. Os membros do Comitê serão eleitos por votação secreta em sessões da Conferência dos Estados-Partes, a partir de uma lista de pessoas designadas pelos Estados-Partes entre seus nacionais. Nessas sessões, cujo *quorum* será de 2/3 (dois terços) dos Estados-Partes, os candidatos eleitos para o Comitê serão aqueles que obtiverem o maior número de votos e a maioria absoluta dos votos dos representantes dos Estados-Partes presentes e votantes.

6. A primeira eleição será realizada, o mais tardar, até 6 (seis) meses após a data de entrada em vigor da presente Convenção. Pelo menos 4 (quatro) meses antes de cada eleição, o Secretário-

-Geral das Nações Unidas dirigirá carta aos Estados-Partes, convidando-os a submeter os nomes de seus candidatos no prazo de 2 (dois) meses. O Secretário-Geral, subsequentemente, preparará lista em ordem alfabética de todos os candidatos apresentados, indicando que foram designados pelos Estados-Partes, e submeterá essa lista aos Estados-Partes da presente Convenção.

7. Os membros do Comitê serão eleitos para mandato de 4 (quatro) anos, podendo ser candidatos à reeleição uma única vez. Contudo, o mandato de seis dos membros eleitos na primeira eleição expirará ao fim de dois anos; imediatamente após a primeira eleição, os nomes desses seis membros serão selecionados por sorteio pelo presidente da sessão a que se refere o parágrafo 5 deste Artigo.

8. A eleição dos seis membros adicionais do Comitê será realizada por ocasião das eleições regulares, de acordo com as disposições pertinentes deste Artigo.

9. Em caso de morte, demissão ou declaração de um membro de que, por algum motivo, não poderá continuar a exercer suas funções, o Estado-Parte que o tiver indicado designará um outro perito que tenha as qualificações e satisfaça aos requisitos estabelecidos pelos dispositivos pertinentes deste Artigo, para concluir o mandato em questão.

10. O Comitê estabelecerá suas próprias normas de procedimento.

11. O Secretário-Geral das Nações Unidas proverá o pessoal e as instalações necessários para o efetivo desempenho das funções do Comitê segundo a presente Convenção e convocará sua primeira reunião.

12. Com a aprovação da Assembleia Geral, os membros do Comitê estabelecido sob a presente Convenção receberão emolumentos dos recursos das Nações Unidas, sob termos e condições que a Assembleia possa decidir, tendo em vista a importância das responsabilidades do Comitê.

13. Os membros do Comitê terão direito aos privilégios, facilidades e imunidades dos peritos em missões das Nações Unidas, em conformidade com as disposições pertinentes da Convenção sobre Privilégios e Imunidades das Nações Unidas.

Artigo 35
Relatórios dos Estados-Partes

1. Cada Estado-Parte, por intermédio do Secretário-Geral das Nações Unidas, submeterá relatório abrangente sobre as medidas adotadas em cumprimento de suas obrigações estabelecidas pela presente Convenção e sobre o progresso alcançado nesse aspecto, dentro do período de 2 (dois) anos após a entrada em vigor da presente Convenção para o Estado-Parte concernente.

2. Depois disso, os Estados-Partes submeterão relatórios subsequentes, ao menos a cada 4 (quatro) anos, ou quando o Comitê o solicitar.

3. O Comitê determinará as diretrizes aplicáveis ao teor dos relatórios.

4. Um Estado-Parte que tiver submetido ao Comitê um relatório inicial abrangente não precisará, em relatórios subsequentes, repetir informações já apresentadas. Ao elaborar os relatórios ao Comitê, os Estados-Partes são instados a fazê-lo de maneira franca e transparente e a levar em consideração o disposto no Artigo 4.3 da presente Convenção.

5. Os relatórios poderão apontar os fatores e as dificuldades que tiverem afetado o cumprimento das obrigações decorrentes da presente Convenção.

Artigo 36
Consideração dos Relatórios

1. Os relatórios serão considerados pelo Comitê, que fará as sugestões e recomendações gerais que julgar pertinentes e as transmitirá aos respectivos Estados-Partes. O Estado-Parte poderá responder ao Comitê com as informações que julgar pertinentes. O Comitê poderá pedir informações adicionais ao Estados-Partes, referentes à implementação da presente Convenção.

2. Se um Estado-Parte atrasar consideravelmente a entrega de seu relatório, o Comitê poderá notificar esse Estado de que examinará a aplicação da presente Convenção com base em informações confiáveis de que disponha, a menos que o relatório devido seja apresentado pelo Estado dentro do período de 3 (três) meses após a notificação. O Comitê convidará o Estado-Parte interessado a participar desse exame. Se o Estado-Parte responder entregando seu relatório, aplicar-se-á o disposto no parágrafo 1 do presente artigo.

3. O Secretário-Geral das Nações Unidas colocará os relatórios à disposição de todos os Estados-Partes.

4. Os Estados-Partes tornarão seus relatórios amplamente disponíveis ao público em seus países e facilitarão o acesso à possibilidade de sugestões e de recomendações gerais a respeito desses relatórios.

5. O Comitê transmitirá às agências, fundos e programas especializados das Nações Unidas e a outras organizações competentes, da maneira que julgar apropriada, os relatórios dos Estados-Partes que contenham demandas ou indicações de necessidade de consultoria ou de assistência técnica, acompanhados de eventuais observações e sugestões do Comitê em relação às referidas demandas ou indicações, a fim de que possam ser consideradas.

Artigo 37
Cooperação entre os Estados-Partes e o Comitê

1. Cada Estado-Parte cooperará com o Comitê e auxiliará seus membros no desempenho de seu mandato.

2. Em suas relações com os Estados-Partes, o Comitê dará a devida consideração aos meios e modos de aprimorar a capacidade de cada Estado-Parte para a implementação da presente Convenção, inclusive mediante cooperação internacional.

Artigo 38
Relações do Comitê com Outros Órgãos

A fim de promover a efetiva implementação da presente Convenção e de incentivar a cooperação internacional na esfera abrangida pela presente Convenção:

a) As agências especializadas e outros órgãos das Nações Unidas terão o direito de se fazer representar quando da consideração da implementação de disposições da presente Convenção que disserem respeito aos seus respectivos mandatos. O Comitê poderá convidar as agências especializadas e outros órgãos competentes, segundo julgar apropriado, a oferecer consultoria de peritos sobre a implementação da Convenção em áreas pertinentes a seus respectivos mandatos. O Comitê poderá convidar agências especializadas e outros órgãos das Nações Unidas a apresentar relatórios sobre a implementação da Convenção em áreas pertinentes às suas respectivas atividades;

b) No desempenho de seu mandato, o Comitê consultará, de maneira apropriada, outros órgãos pertinentes instituídos ao amparo de tratados internacionais de direitos humanos, a fim de assegurar a consistência de suas respectivas diretrizes para a elaboração de relatórios, sugestões e recomendações gerais e de evitar duplicação e superposição no desempenho de suas funções.

Artigo 39
Relatório do Comitê

A cada 2 (dois) anos, o Comitê submeterá à Assembleia Geral e ao Conselho Econômico e Social um relatório de suas atividades e poderá fazer sugestões e recomendações gerais baseadas no exame dos relatórios e nas informações recebidas dos Estados-Partes. Estas sugestões e recomendações gerais serão incluídas no relatório do Comitê, acompanhadas, se houver, de comentários dos Estados-Partes.

Artigo 40
Conferência dos Estados-Partes

1. Os Estados-Partes reunir-se-ão regularmente em Conferência dos Estados-Partes a fim de considerar matérias relativas à implementação da presente Convenção.

2. O Secretário-Geral das Nações Unidas convocará, dentro do período de 6 (seis) meses após a entrada em vigor da presente Convenção, a Conferência dos Estados-Partes. As reuniões subsequentes serão convocadas pelo Secretário-Geral das Nações Unidas a cada 2 (dois) anos ou conforme a decisão da Conferência dos Estados-Partes.

Artigo 41
Depositário

O Secretário-Geral das Nações Unidas será o depositário da presente Convenção.

Artigo 42
Assinatura

A presente Convenção será aberta à assinatura de todos os Estados e organizações de integração regional na sede das Nações Unidas em Nova York, a partir de 30 de março de 2007.

Artigo 43
Consentimento em Comprometer-se

A presente Convenção será submetida à ratificação pelos Estados signatários e à confirmação formal por organizações de integração regional signatárias. Ela estará aberta à adesão de qualquer Estado ou organização de integração regional que não a houver assinado.

Artigo 44
Organizações de Integração Regional

1. "Organização de integração regional" será entendida como organização constituída por Estados soberanos de determinada região, à qual seus Estados-Membros tenham delegado competência sobre matéria abrangida pela presente Convenção. Essas organizações declararão, em seus documentos de confirmação formal ou adesão, o alcance de sua competência em relação à matéria abrangida pela presente Convenção. Subsequentemente, as organizações informarão ao depositário qualquer alteração substancial no âmbito de sua competência.

2. As referências a "Estados-Partes" na presente Convenção serão aplicáveis a essas organizações, nos limites da competência destas.

3. Para os fins do parágrafo 1 do Artigo 45 e dos parágrafos 2 e 3 do Artigo 47, nenhum instrumento depositado por organização de integração regional será computado.

4. As organizações de integração regional, em matérias de sua competência, poderão exercer o direito de voto na Conferência dos Estados-Partes, tendo direito ao mesmo número de votos quanto for o número de seus Estados-Membros que forem Partes da presente Convenção. Essas organizações não exercerão seu direito de voto, se qualquer de seus Estados-Membros exercer seu direito de voto, e vice-versa.

Artigo 45
Entrada em Vigor

1. A presente Convenção entrará em vigor no trigésimo dia após o depósito do vigésimo instrumento de ratificação ou adesão.

2. Para cada Estado ou organização de integração regional que ratificar ou formalmente confirmar a presente Convenção ou a ela aderir após o depósito do referido vigésimo instrumento, a Convenção entrará em vigor no trigésimo dia a partir da data em que esse Estado ou organização tenha depositado seu instrumento de ratificação, confirmação formal ou adesão.

Artigo 46
Reservas

1. Não serão permitidas reservas incompatíveis com o objeto e o propósito da presente Convenção.

2. As reservas poderão ser retiradas a qualquer momento.

Artigo 47
Emendas

1. Qualquer Estado-Parte poderá propor emendas à presente Convenção e submetê-las ao Secretário-Geral das Nações Unidas. O Secretário-Geral comunicará aos Estados-Partes quaisquer emendas propostas, solicitando-lhes que o notifiquem se são favoráveis a uma Conferência dos Estados-Partes para considerar as propostas e tomar decisão a respeito delas. Se, até 4 (quatro) meses após a data da referida comunicação, pelo menos 1/3 (um terço) dos Estados-Partes se manifestar favorável a essa Conferência, o Secretário-Geral das Nações Unidas convocará a Conferência, sob os auspícios das Nações Unidas. Qualquer emenda adotada por maioria de 2/3 (dois terços) dos Estados-Partes presentes e votantes será submetida pelo Secretário-Geral à aprovação da Assembleia Geral das Nações Unidas e, posteriormente, à aceitação de todos os Estados-Partes.

2. Qualquer emenda adotada e aprovada conforme o disposto no parágrafo 1 do presente artigo entrará em vigor no trigésimo dia após a data na qual o número de instrumentos de aceitação tenha atingido 2/3 (dois terços) do número de Estados-Partes na data de adoção da emenda. Posteriormente, a emenda entrará em vigor para todo Estado-Parte no trigésimo dia após o depósito por esse Estado do seu instrumento de aceitação. A emenda será vinculante somente para os Estados-Partes que a tiverem aceitado.

3. Se a Conferência dos Estados-Partes assim o decidir por consenso, qualquer emenda adotada e aprovada em conformidade com o disposto no parágrafo 1 deste Artigo, relacionada exclusivamente com os artigos 34, 38, 39 e 40, entrará em vigor para todos os Estados-Partes no trigésimo dia a partir da data em que o número de instrumentos de aceitação depositados tiver atingido 2/3 (dois terços) do número de Estados-Partes na data de adoção da emenda.

Artigo 48
Denúncia

Qualquer Estado-Parte poderá denunciar a presente Convenção mediante notificação por escrito ao Secretário-Geral das Nações Unidas. A denúncia tornar-se-á efetiva um ano após a data de recebimento da notificação pelo Secretário-Geral.

Artigo 49
Formatos Acessíveis

O texto da presente Convenção será colocado à disposição em formatos acessíveis.

Artigo 50
Textos Autênticos

Os textos em árabe, chinês, espanhol, francês, inglês e russo da presente Convenção serão igualmente autênticos.

Em fé do que os plenipotenciários abaixo assinados, devidamente autorizados para tanto por seus respectivos Governos, firmaram a presente Convenção.

Protocolo Facultativo à Convenção sobre os Direitos das Pessoas com Deficiência

Os Estados-Partes do presente Protocolo acordaram o seguinte:

Artigo 1º

1. Qualquer Estado-Parte do presente Protocolo ("Estado-Parte") reconhece a competência do Comitê sobre os Direitos das Pessoas com Deficiência ("Comitê") para receber e considerar comunicações submetidas por pessoas ou grupos de pessoas, ou em nome deles, sujeitos à sua jurisdição, alegando serem vítimas de violação das disposições da Convenção pelo referido Estado-Parte.

2. O Comitê não receberá comunicação referente a qualquer Estado-Parte que não seja signatário do presente Protocolo.

Artigo 2º

O Comitê considerará inadmissível a comunicação quando:

a) A comunicação for anônima;

b) A comunicação constituir abuso do direito de submeter tais comunicações ou for incompatível com as disposições da Convenção;

c) A mesma matéria já tenha sido examinada pelo Comitê ou tenha sido ou estiver sendo examinada sob outro procedimento de investigação ou resolução internacional;

d) Não tenham sido esgotados todos os recursos internos disponíveis, salvo no caso em que a tramitação desses recursos se prolongue injustificadamente, ou seja improvável que se obtenha com eles solução efetiva;

e) A comunicação estiver precariamente fundamentada ou não for suficientemente substanciada; ou

f) Os fatos que motivaram a comunicação tenham ocorrido antes da entrada em vigor do presente Protocolo para o Estado-Parte em apreço, salvo se os fatos continuaram ocorrendo após aquela data.

Artigo 3º

Sujeito ao disposto no Artigo 2 do presente Protocolo, o Comitê levará confidencialmente ao conhecimento do Estado-Parte concernente qualquer comunicação submetida ao Comitê. Dentro do período de 6 (seis) meses, o Estado concernente submeterá ao Comitê explicações ou declarações por escrito, esclarecendo a matéria e a eventual solução adotada pelo referido Estado.

Artigo 4º

1. A qualquer momento após receber uma comunicação e antes de decidir o mérito dessa comunicação, o Comitê poderá transmitir ao Estado-Parte concernente, para sua urgente consideração, um pedido para que o Estado-Parte tome as medidas de natureza cautelar que forem necessárias para evitar possíveis danos irreparáveis à vítima ou às vítimas da violação alegada.

2. O exercício pelo Comitê de suas faculdades discricionárias em virtude do parágrafo 1 do presente Artigo não implicará prejuízo algum sobre a admissibilidade ou sobre o mérito da comunicação.

Artigo 5º

O Comitê realizará sessões fechadas para examinar comunicações a ele submetidas em conformidade com o presente Protocolo. Depois de examinar uma comunicação, o Comitê enviará suas sugestões e recomendações, se houver, ao Estado-Parte concernente e ao requerente.

Artigo 6º

1. Se receber informação confiável indicando que um Estado-Parte está cometendo violação grave ou sistemática de direitos estabelecidos na Convenção, o Comitê convidará o referido Estado-Parte a colaborar com a verificação da informação e, para tanto, a submeter suas observações a respeito da informação em pauta.

2. Levando em conta quaisquer observações que tenham sido submetidas pelo Estado-Parte concernente, bem como quaisquer outras informações confiáveis em poder do Comitê, este poderá designar um ou mais de seus membros para realizar investigação e apresentar, em caráter de urgência, relatório ao Comitê. Caso se justifique e o Estado-Parte o consinta, a investigação poderá incluir uma visita ao território desse Estado.

3. Após examinar os resultados da investigação, o Comitê os comunicará ao Estado-Parte concernente, acompanhados de eventuais comentários e recomendações.

4. Dentro do período de 6 (seis) meses após o recebimento dos resultados, comentários e recomendações transmitidos pelo Comitê, o Estado-Parte concernente submeterá suas observações ao Comitê.

5. A referida investigação será realizada confidencialmente e a cooperação do Estado-Parte será solicitada em todas as fases do processo.

Artigo 7º

1. O Comitê poderá convidar o Estado-Parte concernente a incluir em seu relatório, submetido em conformidade com o disposto no Artigo 35 da Convenção, pormenores a respeito das medidas tomadas em consequência da investigação realizada em conformidade com o Artigo 6 do presente Protocolo.

2. Caso necessário, o Comitê poderá, encerrado o período de 6 (seis) meses a que se refere o parágrafo 4 do Artigo 6, convidar o Estado-Parte concernente a informar o Comitê a respeito das medidas tomadas em consequência da referida investigação.

Artigo 8º

Qualquer Estado-Parte poderá, quando da assinatura ou ratificação do presente Protocolo ou de sua adesão a ele, declarar que não reconhece a competência do Comitê, a que se referem os Artigos 6 e 7.

Artigo 9º

O Secretário-Geral das Nações Unidas será o depositário do presente Protocolo.

Artigo 10

O presente Protocolo será aberto à assinatura dos Estados e organizações de integração regional signatários da Convenção, na sede das Nações Unidas em Nova York, a partir de 30 de março de 2007.

Artigo 11

O presente Protocolo estará sujeito à ratificação pelos Estados signatários do presente Protocolo que tiverem ratificado a Convenção ou aderido a ela. Ele estará sujeito à confirmação formal por organizações de integração regional signatárias do presente Protocolo que tiverem formalmente confirmado a Convenção ou a ela aderido. O Protocolo ficará aberto à adesão de qualquer Estado ou organização de integração regional que tiver ratificado ou formalmente confirmado a Convenção ou a ela aderido e que não tiver assinado o Protocolo.

Artigo 12

1. "Organização de integração regional" será entendida como organização constituída por Estados soberanos de determinada região, à qual seus Estados-Membros tenham delegado competência sobre matéria abrangida pela Convenção e pelo presente Protocolo. Essas organizações declararão, em seus documentos de confirmação formal ou adesão, o alcance de sua competência em relação à matéria abrangida pela Convenção e pelo presente Protocolo. Subsequentemente, as organizações informarão ao depositário qualquer alteração substancial no alcance de sua competência.

2. As referências a "Estados-Partes" no presente Protocolo serão aplicáveis a essas organizações, nos limites da competência de tais organizações.

3. Para os fins do parágrafo 1 do Artigo 13 e do parágrafo 2 do Artigo 15, nenhum instrumento depositado por organização de integração regional será computado.

4. As organizações de integração regional, em matérias de sua competência, poderão exercer o direito de voto na Conferência dos Estados-Partes, tendo direito ao mesmo número de votos que seus Estados-Membros que forem Partes do presente Protocolo. Essas organizações não exercerão seu direito de voto se qualquer de seus Estados-Membros exercer seu direito de voto, e vice-versa.

Artigo 13

1. Sujeito à entrada em vigor da Convenção, o presente Protocolo entrará em vigor no trigésimo dia após o depósito do décimo instrumento de ratificação ou adesão.

2. Para cada Estado ou organização de integração regional que ratificar ou formalmente confirmar o presente Protocolo ou a ele aderir depois do depósito do décimo instrumento dessa natureza, o Protocolo entrará em vigor no trigésimo dia a partir da data em que esse Estado ou organização tenha depositado seu instrumento de ratificação, confirmação formal ou adesão.

Artigo 14

1. Não serão permitidas reservas incompatíveis com o objeto e o propósito do presente Protocolo.

2. As reservas poderão ser retiradas a qualquer momento.

Artigo 15

1. Qualquer Estado-Parte poderá propor emendas ao presente Protocolo e submetê-las ao Secretário-Geral das Nações Unidas. O Secretário-Geral comunicará aos Estados-Partes quaisquer emendas propostas, solicitando-lhes que o notifiquem se são favoráveis a uma Conferência dos Estados-Partes para considerar as propostas e tomar decisão a respeito delas. Se, até 4 (quatro) meses após a data da referida comunicação, pelo menos 1/3 (um terço) dos Estados-Partes se manifestar favorável a essa Conferência, o Secretário-Geral das Nações Unidas convocará a Conferência, sob os auspícios das Nações Unidas. Qualquer emenda adotada por maioria de 2/3 (dois terços) dos Estados-Partes presentes e votantes será submetida pelo Secretário-Geral à aprovação da Assembleia Geral das Nações Unidas e, posteriormente, à aceitação de todos os Estados-Partes.

2. Qualquer emenda adotada e aprovada conforme o disposto no parágrafo 1 do presente artigo entrará em vigor no trigésimo dia após a data na qual o número de instrumentos de aceitação tenha atingido 2/3 (dois terços) do número de Estados-Partes na data de adoção da emenda. Posteriormente, a emenda entrará em vigor para todo Estado-Parte no trigésimo dia após o depósito por esse Estado do seu instrumento de aceitação. A emenda será vinculante somente para os Estados-Partes que a tiverem aceitado.

Artigo 16

Qualquer Estado-Parte poderá denunciar o presente Protocolo mediante notificação por escrito ao Secretário-Geral das Nações Unidas. A denúncia tornar-

-se-á efetiva um ano após a data de recebimento da notificação pelo Secretário-Geral.

Artigo 17

O texto do presente Protocolo será colocado à disposição em formatos acessíveis.

Artigo 18

Os textos em árabe, chinês, espanhol, francês, inglês e russo e do presente Protocolo serão igualmente autênticos.

Em fé do que os plenipotenciários abaixo assinados, devidamente autorizados para tanto por seus respectivos governos, firmaram o presente Protocolo.

DECLARAÇÃO DO RIO SOBRE MEIO AMBIENTE E DESENVOLVIMENTO (1992)

A Conferência das Nações Unidas sobre Meio Ambiente e Desenvolvimento, tendo se reunido no Rio de Janeiro, de 3 a 14 de junho de 1992, reafirmando a Declaração da Conferência das Nações Unidas sobre o Meio Ambiente Humano, adotada em Estocolmo em 16 de junho de 1972, e buscando avançar a partir dela, com o objetivo de estabelecer uma nova e justa parceria global mediante a criação de novos níveis de cooperação entre os Estados, os setores-chaves da sociedade e os indivíduos, trabalhando com vistas à conclusão de acordos internacionais que respeitem os interesses de todos e protejam a integridade do sistema global de meio ambiente e desenvolvimento, reconhecendo a natureza integral e interdependente da Terra, nosso lar, proclama que:

Princípio 1

Os seres humanos estão no centro das preocupações com o desenvolvimento sustentável. Têm direito a uma vida saudável e produtiva, em harmonia com a natureza.

Princípio 2

Os Estados, de acordo com a Carta das Nações Unidas e com os princípios do direito internacional, têm o direito soberano de explorar seus próprios recursos segundo suas próprias políticas de meio ambiente e de desenvolvimento, e a responsabilidade de assegurar que atividades sob sua jurisdição ou seu controle não causem danos ao meio ambiente de outros Estados ou de áreas além dos limites da jurisdição nacional.

Princípio 3

O direito ao desenvolvimento deve ser exercido de modo a permitir que sejam atendidas equitativamente as necessidades de desenvolvimento e de meio ambiente das gerações presentes e futuras.

Princípio 4

Para alcançar o desenvolvimento sustentável, a proteção ambiental constituirá parte integrante do processo de desenvolvimento e não pode ser considerada isoladamente deste.

Princípio 5

Para todos os Estados e todos os indivíduos, como requisito indispensável para o desenvolvimento sustentável, irão cooperar na tarefa essencial de erradicar a pobreza, a fim de reduzir as disparidades de padrões de vida e melhor atender às necessidades da maioria da população do mundo.

Princípio 6

Será dada prioridade especial à situação e às necessidades especiais dos países em desenvolvimento, especialmente dos países menos desenvolvidos e daqueles ecologicamente mais vulneráveis. As ações internacionais na área do meio ambiente e do desenvolvimento devem também atender aos interesses e às necessidades de todos os países.

Princípio 7

Os Estados irão cooperar, em espírito de parceria global, para a conservação, proteção e restauração da saúde e da integridade do ecossistema terrestre. Considerando as diversas contribuições para a degradação do meio ambiente global, os Estados têm responsabilidades comuns, porém diferenciadas. Os países desenvolvidos reconhecem a responsabilidade que lhes cabe na busca internacional do desenvolvimento sustentável, tendo em vista as pressões exercidas por suas sociedades sobre o meio ambiente global e as tecnologias e recursos financeiros que controlam.

Princípio 8

Para alcançar o desenvolvimento sustentável e uma qualidade de vida mais elevada para todos, os Estados devem reduzir e eliminar os padrões insustentáveis de produção e consumo, e promover políticas demográficas adequadas.

Princípio 9

Os Estados devem cooperar no fortalecimento da capacitação endógena para o desenvolvimento sustentável, mediante o aprimoramento da compreensão científica por meio do intercâmbio de conhecimentos científicos e tecnológicos, e mediante a intensificação do desenvolvimento, da adaptação, da difusão e da transferência de tecnologias, incluindo as tecnologias novas e inovadoras.

Princípio 10

A melhor maneira de tratar as questões ambientais é assegurar a participação, no nível apropriado, de todos os cidadãos interessados. No nível nacional, cada indivíduo terá acesso adequado às informações relativas ao meio ambiente de que disponham as autoridades públicas, inclusive informações acerca de materiais e atividades perigosas em suas comunidades, bem como a oportunidade de participar dos processos decisórios. Os Estados irão facilitar e estimular a conscientização e a participação popular, colocando as informações à disposição de todos. Será proporcionado o acesso efetivo a mecanismos judiciais e administrativos, inclusive no que se refere à compensação e reparação de danos.

Princípio 11

Os Estados adotarão legislação ambiental eficaz. As normas ambientais, e os objetivos e as prioridades de gerenciamento deverão refletir o contexto ambiental e de meio ambiente a que se aplicam. As normas aplicadas por alguns países poderão ser inadequadas para outros, em particular para os países em desenvolvimento, acarretando custos econômicos e sociais injustificados.

Princípio 12

Os Estados devem cooperar na promoção de um sistema econômico internacional aberto e favorável, propício ao crescimento econômico e ao desenvolvimento sustentável em todos os países, de forma a possibilitar o tratamento mais adequado dos problemas da degradação ambiental. As medidas de política comercial para fins ambientais não devem constituir um meio de discriminação arbitrária ou injustificável, ou uma restrição disfarçada ao comércio internacional. Devem ser evitadas ações unilaterais para o tratamento dos desafios internacionais fora da jurisdição do país importador. As medidas internacionais relativas a problemas ambientais transfronteiriços ou globais deve, na medida do possível, basear-se no consenso internacional.

Princípio 13

Os Estados irão desenvolver legislação nacional relativa à responsabilidade e à indenização das vítimas de poluição e de outros danos ambientais. Os Estados irão também cooperar, de maneira expedita e mais determinada, no desenvolvimento do direito internacional no que se refere à responsabilidade e à indenização por efeitos adversos dos danos ambientais causados, em áreas fora de sua jurisdição, por atividades dentro de sua jurisdição ou sob seu controle.

Princípio 14

Os Estados devem cooperar de forma efetiva para desestimular ou prevenir a realocação e transferência, para outros Estados, de atividades e substâncias que causem degradação ambiental grave ou que sejam prejudiciais à saúde humana.

Princípio 15

Com o fim de proteger o meio ambiente, o princípio da precaução deverá ser amplamente observado pelos Estados, de acordo com suas capacidades. Quando houver ameaça de danos graves ou irreversíveis, a ausência de certeza científica absoluta não será utilizada como razão para o adiamento de medidas economicamente viáveis para prevenir a degradação ambiental.

Princípio 16

As autoridades nacionais devem procurar promover a internacionalização dos custos ambientais e o uso de instrumentos econômicos, tendo em vista a abordagem segundo a qual o poluidor deve, em princípio, arcar com o custo da poluição, com a devida atenção ao interesse público e sem provocar distorções no comércio e nos investimentos internacionais.

Princípio 17

A avaliação do impacto ambiental, como instrumento nacional, será efetuada para as atividades planejadas que possam vir a ter um impacto adverso significativo sobre o meio ambiente e estejam sujeitas à decisão de uma autoridade nacional competente.

Princípio 18

Os Estados notificarão imediatamente outros Estados acerca de desastres naturais ou outras situações de emergência que possam vir a provocar súbitos efeitos prejudiciais sobre o meio ambiente destes últimos. Todos os esforços serão envidados pela comunidade internacional para ajudar os Estados afetados.

Princípio 19

Os Estados fornecerão, oportunamente, aos Estados potencialmente afetados, notificação prévia e informações relevantes acerca de atividades que possam vir a ter considerável impacto transfronteiriço negativo sobre o meio ambiente, e se consultarão com estes tão logo seja possível e de boa-fé.

Princípio 20

As mulheres têm um papel vital no gerenciamento do meio ambiente e no desenvolvimento. Sua participação plena é, portanto, essencial para se alcançar o desenvolvimento sustentável.

Princípio 21

A criatividade, os ideais e a coragem dos jovens do mundo devem ser mobilizados para criar uma parceria global com vistas a alcançar o desenvolvimento sustentável e assegurar um futuro melhor para todos.

Princípio 22

Os povos indígenas e suas comunidades, bem como outras comunidades locais, têm um papel vital no gerenciamento ambiental e no desenvolvimento, em virtude de seus conhecimentos e de suas práticas tradicionais. Os Estados devem reconhecer e apoiar adequadamente sua identidade, cultura e interesses, e oferecer condições para sua efetiva participação no atingimento do desenvolvimento sustentável.

Princípio 23

O meio ambiente e os recursos naturais dos povos submetidos a opressão, dominação e ocupação serão protegidos.

Princípio 24

A guerra é, por definição, prejudicial ao desenvolvimento sustentável. Os Estados irão, por conseguinte, respeitar o direito internacional aplicável à proteção do meio ambiente em tempos de conflitos armados e irão cooperar para seu desenvolvimento progressivo, quando necessário.

Princípio 25

A paz, o desenvolvimento e a proteção ambiental são interdependentes e indivisíveis.

Princípio 26

Os Estados solucionarão todas as suas controvérsias ambientais de forma pacífica, utilizando-se dos meios apropriados, de conformidade com a Carta das Nações Unidas.

Princípio 27

Os Estados e os povos irão cooperar de boa-fé e imbuídos de um espírito de parceria para a realização dos princípios consubstanciados nesta Declaração, e para o desenvolvimento progressivo do direito internacional no campo do desenvolvimento sustentável.

(Adotada na cidade do Rio de Janeiro, ao final dos trabalhos da Conferência das Nações Unidas sobre Meio Ambiente e Desenvolvimento, de 3 a 14.06.1992.)

DECLARAÇÃO DE ESTOCOLMO SOBRE O MEIO AMBIENTE HUMANO (1972)

A Conferência das Nações Unidas sobre o Meio Ambiente, tendo-se reunido em Estocolmo, de 5 a 16 de junho de 1972, e

Considerando a necessidade de estabelecer uma visão global e princípios comuns, que sirvam de inspiração e orientação para guiar os povos do mundo na preservação e na melhoria do meio ambiente, Proclama que:

1 – O homem é ao mesmo tempo criatura e criador do meio ambiente, que lhe dá sustento físico e lhe oferece a oportunidade de desenvolver-se intelectual, moral, social e espiritualmente. A longa e difícil evolução da raça humana no planeta levou-a a um estágio em que, com o rápido progresso da Ciência e da Tecnologia, conquistou o poder de transformar de inúmeras maneiras e em escala sem precedentes o meio ambiente. Natural ou criado pelo homem, é o meio ambiente essencial para o bem-estar e para gozo dos direitos humanos fundamentais, até mesmo o direito à própria vida.

2 – A proteção e a melhoria do meio ambiente humano constituem desejo premente dos povos do globo e dever de todos os Governos, por constituírem o aspecto mais relevante que afeta o bem-estar dos povos e o desenvolvimento do mundo inteiro.

3 – O homem carece constantemente de somar experiências para prosseguir descobrindo, inventando, criando, progredindo. Em nossos dias sua capacidade de transformar o mundo que o cerca, se usada de modo adequado, pode dar a todos os povos os benefícios do desenvolvimento e o ensejo de aprimorar a qualidade da vida. Aplicada errada ou inconsideradamente, tal faculdade pode causar danos incalculáveis aos seres humanos e ao seu meio ambiente. Aí estão, à nossa volta, os males crescentes produzidos pelo homem em diferentes regiões da Terra: perigosos índices de poluição na água, no ar, na terra e nos seres vivos; distúrbios grandes e indesejáveis no equilíbrio ecológico da biosfera; destruição e exaustão de recursos insubstituíveis; e enormes deficiências, prejudiciais à saúde física, mental e social do homem, no meio ambiente criado pelo homem, especialmente no seu ambiente de vida e de trabalho.

4 – Nos países em desenvolvimento, os problemas ambientais são causados, na maioria, pelo subdesenvolvimento. Milhões de pessoas continuam vivendo muito abaixo dos níveis mínimos necessários a uma existência humana decente, sem alimentação e vestuário adequados, abrigo e educação, saúde e saneamento. Por conseguinte, tais países devem dirigir seus esforços para o desenvolvimento, cônscios de suas prioridades e tendo em mente a premência de proteger e melhorar o meio ambiente. Com idêntico objetivo, os países industrializados, onde os problemas ambientais estão geralmente ligados à industrialização e ao desenvolvimento tecnológico, devem esforçar-se para reduzir a distância que os separa dos países em desenvolvimento.

5 – O crescimento natural da população suscita a toda hora problemas na preservação do meio ambiente, mas políticas e medidas adequadas podem resolver tais problemas. De tudo o que há no mundo, a associação humana é o que existe de mais preciosa. É ela que impulsiona o progresso social e cria a riqueza, desenvolve a Ciência e a Tecnologia e, através de seu trabalho árduo, continuamente transforma o meio ambiente. Com o progresso social e os avanços da produção, da Ciência e da Tecnologia, a capacidade do homem para melhorar o meio ambiente aumenta dia a dia.

6 – Atingiu-se um ponto da História em que devemos moldar nossas ações no mundo inteiro com a maior prudência, em atenção às suas consequências ambientais. Pela ignorância ou indiferença podemos causar danos maciços e irreversíveis ao ambiente terrestre de que dependem nossa vida e nosso bem estar. Com mais conhecimento e ponderação nas ações, poderemos conseguir para nós e para a posteridade uma vida melhor em ambiente mais adequado às necessidades e esperanças do homem. São amplas as perspectivas para melhoria da qualidade ambiental e das condições de vida. O que precisamos é de entusiasmo, acompanhado de calma mental, e de trabalho intenso mas ordenado. Para chegar à liberdade no mundo da Natureza, o homem deve usar seu conhecimento para, com ela colaborando, criar um mundo melhor. Tornou-se imperativo para a humanidade defender e melhorar o meio ambiente, tanto para as gerações atuais como para as futuras, objetivo que se deve procurar atingir em harmonia com os fins estabelecidos e fundamentais da paz e do desenvolvimento econômico e social em todo o mundo.

7 – A consecução deste objetivo ambiental requererá a aceitação de responsabilidade por parte de cidadãos e comunidades, de empresas e instituições, em equitativa partilha de esforços comuns. Indivíduos e organizações, somando seus valores e seus atos, darão forma ao ambiente do mundo futuro. Aos governos locais e nacionais caberá o ônus maior pelas políticas e ações ambientais da mais ampla envergadura dentro de suas respectivas jurisdições. Também a cooperação internacional se torna necessária para obter os recursos que ajudarão os países em desenvolvimento no desempenho de suas atribuições. Um número crescente de problemas, devido a sua amplitude regional ou global ou ainda por afetarem campos internacionais comuns, exigirá ampla cooperação de nações e organizações internacionais visando ao interesse comum. A Conferência concita Governos e povos a se empenharem num esforço comum para preservar e melhorar o meio ambiente, em benefício de todos os povos e das gerações futuras.

PRINCÍPIOS

Expressa a comum convicção que:

Princípio 1

O homem tem o direito fundamental à liberdade, à igualdade e ao desfrute de condições de vida adequadas, em um meio ambiente de qualidade tal que lhe permita levar uma vida digna, gozar de bem-estar e é portador solene de obrigação de proteger e melhorar o meio ambiente, para as gerações presentes e futuras. A esse respeito, as políticas que promovem ou perpetuam o "apartheid", a segregação racial, a discriminação, a opressão colonial e outras formas de opressão e de dominação estrangeira permanecem condenadas e devem ser eliminadas.

Princípio 2

Os recursos naturais da Terra, incluídos o ar, a água, o solo, a flora e a fauna e, especialmente, parcelas representativas dos ecossistemas naturais, devem ser preservados em benefício das gerações atuais e futuras, mediante um cuidadoso planejamento ou administração adequada.

Princípio 3

Deve ser mantida e, sempre que possível, restaurada ou melhorada a capacidade da Terra de produzir recursos renováveis vitais.

Princípio 4

O homem tem a responsabilidade especial de preservar e administrar judiciosamente o patrimônio representado pela flora e fauna silvestres, bem assim o seu "habitat", que se encontram atualmente em grave perigo por uma combinação de fatores adversos. Em consequência, ao planificar o desenvolvimento econômico, deve ser atribuída importância à conservação da natureza, incluídas a flora e a fauna silvestres.

Princípio 5

Os recursos não renováveis da Terra devem ser utilizados de forma a evitar o perigo do seu esgotamento futuro e a assegurar que toda a humanidade participe dos benefícios de tal uso.

Princípio 6

Deve-se por fim à descarga de substâncias tóxicas ou de outras matérias e à liberação de calor, em quantidade ou concentrações tais que não possam ser neutralizadas pelo meio ambiente de modo a evitarem-se danos graves e irreparáveis aos ecossistemas. Deve ser apoiada a justa luta de todos os povos contra a poluição.

Princípio 7

Os países deverão adotar todas as medidas possíveis para impedir a poluição dos mares por substâncias que possam por em perigo a saúde do homem, prejudicar os recursos vivos e a vida marinha, causar danos às possibilidades recreativas ou interferir com outros usos legítimos do mar.

Princípio 8

O desenvolvimento econômico e social é indispensável para assegurar ao homem um ambiente de vida e trabalho favorável e criar, na Terra, as condições necessárias à melhoria da qualidade de vida.

Princípio 9

As deficiências do meio ambiente decorrentes das condições de subdesenvolvimento e de desastres naturais ocasionam graves problemas; a melhor maneira de atenuar suas consequências é promover o desenvolvimento acelerado, mediante a transferência maciça de recursos consideráveis de assistência financeira e tecnológica que complementem os esforços dos países em desenvolvimento e a ajuda oportuna, quando necessária.

Princípio 10

Para os países em desenvolvimento, a estabilidade de preços e pagamento adequado para comodidades primárias e matérias-primas são essenciais à administração do meio ambiente, de vez que se deve levar em conta tanto os fatores econômicos como os processos ecológicos.

Princípio 11

As políticas ambientais de todos os países deveriam melhorar e não afetar adversamente o potencial desenvolvimentista atual e futuro dos países em desenvolvimento, nem obstar o atendimento de melhores condições de vida para todos; os Estados e as organizações internacionais deveriam adotar providências apropriadas, visando chegar a um acordo, para fazer frente às possíveis consequências econômicas nacionais e internacionais resultantes da aplicação de medidas ambientais.

Princípio 12

Deveriam ser destinados recursos à preservação e melhoramento do meio ambiente, tendo em conta as circunstâncias e as necessidades especiais dos países em desenvolvimento e quaisquer custos que possam emanar, para esses países, a inclusão de medidas de conservação do meio ambiente, em seus planos de desenvolvimento, assim como a necessidade de lhes ser prestada, quando solicitada, maior assistência técnica e financeira internacional para esse fim.

Princípio 13

A fim de lograr um ordenamento mais racional dos recursos e, assim, melhorar as condições ambientais, os Estados deveriam adotar um enfoque integrado e coordenado da planificação de seu desenvolvimento, de modo a que fique assegurada a compatibilidade do desenvolvimento, com a necessidade de proteger e melhorar o meio ambiente humano, em benefício de sua população.

Princípio 14

A planificação racional constitui um instrumento indispensável, para conciliar as diferenças que possam surgir entre as exigências do desenvolvimento e a necessidade de proteger e melhorar o meio ambiente.

Princípio 15

Deve-se aplicar a planificação aos agrupamentos humanos e à urbanização, tendo em mira evitar repercussões prejudiciais ao meio ambiente e a obtenção do máximo de benefícios sociais, econômicos e ambientais para todos. A esse respeito, devem ser abandonados os projetos destinados à dominação colonialista e racista.

Princípio 16

As regiões em que exista o risco de que a taxa de crescimento demográfico ou as concentrações excessivas de população, prejudiquem o meio ambiente ou o desenvolvimento, ou em que a baixa densidade de população possa impedir o melhoramento do meio ambiente humano e obstar o desenvolvimento, deveriam ser aplicadas políticas demográficas que representassem os direitos humanos fundamentais e contassem com a aprovação dos governos interessados.

Princípio 17

Deve ser confiada, às instituições nacionais competentes, a tarefa de planificar, administrar e controlar a utilização dos recursos ambientais dos Estados, com o fim de melhorar a qualidade do meio ambiente.

Princípio 18

Como parte de sua contribuição ao desenvolvimento econômico e social, devem ser utilizadas a ciência e a tecnologia para descobrir, evitar e combater os riscos que ameaçam o meio ambiente, para solucionar os problemas ambientais e para o bem comum da humanidade.

Princípio 19

É indispensável um trabalho de educação em questões ambientais, visando tanto às gerações jovens como os adultos, dispensando a devida atenção ao setor das populações menos privilegiadas, para assentar as bases de uma opinião pública, bem informada e de uma conduta responsável dos indivíduos, das empresas e das comunidades, inspirada no sentido de sua responsabilidade, relativamente à proteção e melhoramento do meio ambiente, em toda a sua dimensão humana.

Princípio 20

Deve ser fomentada, em todos os países, especialmente naqueles em desenvolvimento, a investigação científica e medidas desenvolvimentistas, no sentido dos problemas ambientais, tanto nacionais como multinacionais. A esse respeito, o livre intercâmbio de informação e de experiências científicas atualizadas deve constituir objeto de apoio e assistência, a fim de facilitar a solução dos problemas ambientais; as tecnologias ambientais devem ser postas à disposição dos países em desenvolvimento, em condições que favoreçam sua ampla difusão, sem que constituam carga econômica excessiva para esses países.

Princípio 21

De acordo com a Carta das Nações Unidas e com os princípios do direito internacional, os Estados têm o direito soberano de explorar seus próprios recursos, de acordo com a sua política ambiental, desde que as atividades levadas a efeito, dentro da jurisdição ou sob seu controle, não prejudiquem o meio ambiente de outros Estados ou de zonas situadas fora de toda a jurisdição nacional.

Princípio 22

Os Estados devem cooperar para continuar desenvolvendo o direito internacional, no que se refere à responsabilidade e à indenização das vítimas da poluição e outros danos ambientais, que as atividades realizadas dentro da jurisdição ou sob controle de tais Estados, causem às zonas situadas fora de sua jurisdição.

Princípio 23

Sem prejuízo dos princípios gerais que possam ser estabelecidos pela comunidade internacional e dos critérios e níveis mínimos que deverão ser definidos em nível nacional, em todos os casos será indispensável considerar os sistemas de valores predominantes em cada país, e o limite de aplicabilidade de padrões que são válidos para os países mais avançados, mas que possam ser inadequados e de alto custo social para os países em desenvolvimento.

Princípio 24

Todos os países, grandes ou pequenos, devem empenhar-se com espírito de cooperação e em pé de igualdade na solução das questões internacionais relativas à proteção e melhoria do meio. É indispensável cooperar mediante acordos multilaterais e bilaterais e por outros meios apropriados, a fim de evitar, eliminar ou reduzir, e controlar eficazmente os efeitos prejudiciais que as atividades que se realizem em qualquer esfera possam acarretar para o meio, levando na devida conta a soberania e os interesses de todos os Estados.

Princípio 25

Os Estados deverão estar assegurados de que as organizações internacionais realizem um trabalho coordenado, eficaz e dinâmico na conservação e melhoria do meio ambiente.

Princípio 26

Deve-se livrar o homem e o meio humano dos efeitos de armas nucleares e dos demais meios de destruição maciça. Os Estados devem procurar chegar rapidamente a um acordo, nos organismos internacionais competentes, sobre a eliminação e completa destruição das mesmas armas.

4

Legislação Trabalhista e Processual

LEI COMPLEMENTAR 7, DE 7 DE SETEMBRO DE 1970

Institui o Programa de Integração Social, e dá outras providências.

- V. LC 26/1975 (Fundo PIS/Pasep).
- V. Lei 7.998/1990 (Fundo PIS/Pasep).
- V. Lei 8.019/1990 (Altera a legislação do Fundo de Amparo ao Trabalhador – FAT).
- V. Lei 10.637/2002 (Fundo PIS/Pasep).
- V. Dec. 4.524/2002 (Regulamenta a Contribuição para o PIS/Pasep e a Cofins devidas pelas pessoas jurídicas em geral).

O Presidente da República:

Faço saber que o Congresso Nacional decreta e eu sanciono a seguinte Lei Complementar:

Art. 1º É instituído, na forma prevista nesta Lei, o Programa de Integração Social, destinado a promover a integração do empregado na vida e no desenvolvimento das empresas.

§ 1º Para os fins desta Lei, entende-se por empresa a pessoa jurídica, nos termos da legislação do Imposto de Renda, e por empregado todo aquele assim definido pela legislação trabalhista.

- § 1º retificado no *DOU* 10.09.1970.

§ 2º A participação dos trabalhadores avulsos, assim definidos os que prestam serviços a diversas empresas, sem relação empregatícia, no Programa de Integração Social, far-se-á nos termos do Regulamento a ser baixado, de acordo com o art. 11 desta Lei.

Art. 2º O Programa de que trata o artigo anterior será executado mediante Fundo de Participação, constituído por depósitos efetuados pelas empresas na Caixa Econômica Federal.

Parágrafo único. A Caixa Econômica Federal poderá celebrar convênios com estabelecimentos da rede bancária nacional, para o fim de receber os depósitos a que se refere este artigo.

Art. 3º O Fundo de Participação será constituído por duas parcelas:

a) a primeira, mediante dedução do Imposto de Renda devido, na forma estabelecida no § 1º deste artigo, processando-se o seu recolhimento ao Fundo juntamente com o pagamento do Imposto de Renda;

b) a segunda, com recursos próprios da empresa, calculados com base no faturamento, como segue:

- V. arts. 1º e 2º da LC 17/1973 (Programa de Integração Social de que trata a LC 7/1970).

1) no exercício de 1971, 0,15% (quinze centésimos por cento);

2) no exercício de 1972, 0,25% (vinte e cinco centésimos por cento);

3) no exercício de 1973, 0,40% (quarenta centésimos por cento);

4) no exercício de 1974 e subsequentes, 0,50% (meio por cento).

§ 1º A dedução a que se refere a alínea *a* deste artigo será feita sem prejuízo do direito de utilização dos incentivos fiscais previstos na legislação em vigor e calculada com base no valor do Imposto de Renda devido, nas seguintes proporções:

a) no exercício de 1971 – 2% (dois por cento);

b) no exercício de 1972 – 3% (três por cento);

c) no exercício de 1973 e subsequentes – 5% (cinco por cento).

§ 2º As instituições financeiras, sociedades seguradoras e outras empresas que não realizam operações de vendas de mercadorias participarão do Programa de Integração Social com uma contribuição ao Fundo de Participação de, recursos próprios de valor idêntico do que for apurado na forma do parágrafo anterior.

§ 3º As empresas que a título de incentivos fiscais estejam isentas, ou venham a ser isentadas, do pagamento do Imposto de Renda, contribuirão para o Fundo de Participação, na base de cálculo como se aquele tributo fosse devido, obedecidas as percentagens previstas neste artigo.

§ 4º As entidades de fins não lucrativos, que tenham empregados assim definidos pela legislação trabalhista, contribuirão para o Fundo na forma da lei.

§ 5º A Caixa Econômica Federal resolverá os casos omissos, de acordo com os critérios fixados pelo Conselho Monetário Nacional.

Art. 4º O Conselho Nacional poderá alterar, até 50% (cinquenta por cento), para mais ou para menos, os percentuais de contribuição de que trata o § 2º do art. 3º, tendo em vista a proporcionalidade das contribuições.

- Artigo retificado no *DOU* 10.09.1970.

Art. 5º A Caixa Econômica Federal emitirá, em nome de cada empregado, uma Caderneta de Participação – Programa de Integração Social – movimentável na forma dos arts. 8º e 9º desta Lei.

Art. 6º A efetivação dos depósitos no Fundo correspondente à contribuição referida na alínea *b* do art. 3º será processada mensalmente a partir de 1º de julho de 1971.

Parágrafo único. A contribuição de julho será calculada com base no faturamento de janeiro; a de agosto, com base no faturamento de fevereiro; e assim sucessivamente.

Art. 7º A participação do empregado no Fundo far-se-á mediante depósitos efetuados em contas individuais abertas em nome de cada empregado, obedecidos os seguintes critérios:

a) 50% (cinquenta por cento) do valor destinado ao Fundo será dividido em partes proporcionais ao montante de salários recebidos no período;

b) os 50% (cinquenta por cento) restantes serão divididos em partes proporcionais aos quinquênios de serviços prestados pelo empregado.

§ 1º Para os fins deste artigo, a Caixa Econômica Federal, com base nas Informações fornecidas pelas empresas, no prazo de 180 (cento e oitenta) dias, contados da publicação desta Lei, organizará um Cadastro-Geral dos participantes do Fundo, na forma que for estabelecida em regulamento.

§ 2º A omissão dolosa de nome de empregado entre os participantes do Fundo sujeitará a empresa a multa, em benefício do Fundo, no valor de 10 (dez) meses de salários, devidos ao empregado cujo nome houver sido omitido.

§ 3º Igual penalidade será aplicada em caso de declaração falsa sobre o valor do salário e do tempo de serviço do empregado na empresa.

Art. 8º *(Revogado pela LC 26/1975).*

Art. 9º *(Revogado pela LC 26/1975).*

Art. 10. As obrigações das empresas, decorrentes desta Lei, são de caráter exclusivamente fiscal, não gerando direitos de natureza trabalhista nem incidência de qualquer contribuição previdenciária em relação a quaisquer prestações devidas, por lei ou por sentença judicial, ao empregado.

Parágrafo único. As importâncias incorporadas ao Fundo não se classificam como rendimento do trabalho, para qualquer efeito da legislação trabalhista, de Previdência Social ou Fiscal e não se incorporam aos salários ou gratificações, nem estão sujeitas ao Imposto sobre a Renda e proventos de qualquer natureza.

[...]

Brasília, 7 de setembro de 1970; 149º da Independência e 82º da República.

Emílio G. Médici

(*DOU* 08.09.1970; ret. 10.09.1970)

LEI COMPLEMENTAR 26, DE 11 DE SETEMBRO DE 1975

Altera disposições da legislação que regula o Programa de Integração Social (PIS)

e o Programa de Formação do Patrimônio do Servidor Público (Pasep).

- V. LC 7/1970 (Fundo PIS/Pasep).
- V. Lei 7.998/1990 (Fundo PIS/Pasep).
- V. Lei 10.637/2002 (Fundo PIS/Pasep).
- V. Dec. 4.751/2003 (Fundo PIS/Pasep).

O Presidente da República:

Faço saber que o Congresso Nacional decreta e eu sanciono a seguinte Lei Complementar:

Art. 1º A partir do exercício financeiro a iniciar-se em 1º de julho de 1976, serão unificados, sob a denominação de PIS/Pasep, os fundos constituídos com os recursos do Programa de Integração Social – PIS e do Programa de Formação do Patrimônio do Servidor Público – Pasep, instituídos pelas Leis Complementares 7 e 8, de 7 de setembro e de 3 de dezembro de 1970, respectivamente.

Parágrafo único. A unificação de que trata este artigo não afetará os saldos das contas individuais existentes em 30 de junho de 1976.

Art. 2º Ressalvado o disposto no parágrafo único deste artigo, são mantidos os critérios de participação dos empregados e servidores estabelecidos nos artigos 7º e 4º, respectivamente, das Leis Complementares 7 e 8, referidas, passando a ser considerado, para efeito do cálculo dos depósitos efetuados nas contas individuais, o valor global dos recursos que passarem a integrar o PIS/Pasep.

☛ **Parágrafo único.** *(Revogado pela Lei 13.677/2018).*

Art. 3º Após a unificação determinada no artigo 1º, as contas individuais dos participantes passarão a ser creditadas:

a) pela correção monetária anual do saldo credor, obedecidos os índices aplicáveis às Obrigações Reajustáveis do Tesouro Nacional (ORTN);

b) pelos juros mínimos de 3% (três por cento) calculados anualmente sobre o saldo credor corrigido;

c) pelo resultado líquido adicional das operações realizadas com recursos do PIS/Pasep, deduzidas as despesas administrativas e as provisões de reserva cuja constituição seja indispensável.

Art. 4º As importâncias creditadas nas contas individuais dos participantes do PIS/Pasep são inalienáveis, impenhoráveis e, ressalvado o disposto nos parágrafos deste artigo, indisponíveis por seus titulares.

☛ **§ 1º** Fica disponível a qualquer titular da conta individual dos participantes do PIS/Pasep o saque do saldo até 29 de junho de 2018 e, após essa data, aos titulares enquadrados nos seguintes casos:

- § 1º com redação determinada pela Lei 13.677/2018.

I – atingida a idade de 60 (sessenta) anos;

II – aposentadoria;

III – transferência para a reserva remunerada ou reforma;

IV – invalidez do titular ou de seu dependente;

V – titular do benefício de prestação continuada, de que trata a Lei 8.742, de 7 de dezembro de 1993; ou

VI – titular ou seu dependente com tuberculose ativa, hanseníase, alienação mental, neoplasia maligna, cegueira, paralisia irreversível e incapacitante, cardiopatia grave, doença de Parkinson, espondiloartrose anquilosante, nefropatia grave, estado avançado da doença de Paget (osteíte deformante), Síndrome de Imunodeficiência Adquirida (Aids) ou portador do vírus HIV, hepatopatia grave, contaminação por radiação, com base em conclusão da medicina especializada, ou outra doença grave indicada em ato do Poder Executivo.

§ 2º Será facultada, no final de cada exercício financeiro posterior da abertura da conta individual, a retirada das parcelas correspondentes aos créditos de que tratam as alíneas *b* e *c* do artigo 3º.

§ 3º Aos participantes cadastrados há pelo menos 5 (cinco) anos e que percebam salário mensal igual ou inferior a cinco vezes o respectivo salário mínimo regional, será facultada, ao final de cada exercício financeiro, retirada complementar que permita perfazer valor igual ao do salário mínimo regional mensal vigente, respeitadas as disponibilidades de suas contas individuais.

☛ **§ 4º** Na hipótese de morte do titular da conta individual do PIS/Pasep, o saldo da conta será disponibilizado a seus dependentes, de acordo com a legislação da Previdência Social e com a legislação específica relativa aos servidores civis e aos militares ou, na falta daqueles, aos sucessores do titular, nos termos da lei civil.

- § 4º acrescentado pela Lei 13.677/2018.

§ 5º Os saldos das contas individuais do PIS/Pasep ficam disponíveis aos participantes de que tratam o *caput* e os incisos I, II e III do § 1º deste artigo ou, na hipótese de morte do titular da conta individual, a seus dependentes, de acordo com a legislação da Previdência Social, independentemente de solicitação.

- § 5º acrescentado pela Lei 13.677/2018.

§ 6º Até 28 de setembro de 2018, a disponibilização dos saldos das contas individuais de que trata o § 5º deste artigo será efetuada conforme cronograma de atendimento, critério e forma estabelecidos pela Caixa Econômica Federal, quanto ao PIS, e pelo Banco do Brasil S.A., quanto ao Pasep.

- § 6º acrescentado pela Lei 13.677/2018.

§ 7º Ato do Poder Executivo reabrirá o prazo de saque do saldo do PIS/Pasep por qualquer titular de que trata o § 1º deste artigo, desde que a data final de saque não ultrapasse 28 de setembro de 2018.

- § 7º acrescentado pela Lei 13.677/2018.

Art. 4º-A. A Caixa Econômica Federal e o Banco do Brasil S.A. ficam autorizados a disponibilizar o saldo da conta individual do participante do PIS/Pasep em folha de pagamento ou mediante crédito automático em conta de depósito, conta-poupança ou outro arranjo de pagamento de titularidade do participante, quando este estiver enquadrado nas hipóteses normativas para saque e não houver sua prévia manifestação contrária.

- Artigo acrescentado pela Lei 13.677/2018.

§ 1º Comprovada a morte do titular da conta individual do PIS/Pasep, aplica-se o disposto no *caput* deste artigo a seus dependentes, de acordo com a legislação da Previdência Social, quando não houver prévia manifestação contrária dos dependentes.

§ 2º Na hipótese do crédito automático de que tratam o *caput* e o § 1º deste artigo, o interessado poderá solicitar a transferência do valor para outra instituição financeira, em até 3 (três) meses após o depósito, sem pagamento de tarifa, conforme procedimento a ser definido pela Caixa Econômica Federal, quanto ao PIS, e pelo Banco do Brasil S.A., quanto ao Pasep.

§ 3º O valor a ser disponibilizado nos termos deste artigo poderá ser emitido em unidades inteiras de moeda corrente, com a suplementação das partes decimais até a unidade inteira imediatamente superior.

Art. 5º É mantido, para os recursos do PIS/Pasep, inclusive aqueles a que se refere o artigo 1º da Lei Complementar 17, de 12 de dezembro de 1973, o sistema de aplicação unificada estabelecido na Lei Complementar 19, de 25 de junho de 1974.

Art. 6º O Poder Executivo regulamentará esta Lei Complementar dentro de 120 (cento e vinte) dias, contados de sua publicação.

Art. 7º Esta Lei Complementar entrará em vigor em 1º de julho de 1970, revogados os arts. 8º e seu parágrafo, e 9º, e seus §§ 1º e 2º, da Lei Complementar 7, de 7 de setembro de 1970, e os §§ 2º, 3º, 4º e 5º do art. 5º da Lei Complementar 8, de 3 de dezembro de 1970, e as demais disposições em contrário.

Brasília, 11 de setembro de 1975; 154º da Independência e 87º da República.

Ernesto Geisel

(*DOU* 12.09.1975)

LEI COMPLEMENTAR 35, DE 14 DE MARÇO DE 1979

Dispõe sobre a Lei Orgânica da Magistratura Nacional.

- V. Res. CNJ 60/2008 (Código de Ética da Magistratura Nacional).
- V. Res. CNJ 75/2009 (Concursos públicos para ingresso na carreira da magistratura em todos os ramos do Poder Judiciário nacional).

O Presidente da República:

Faço saber que o Congresso Nacional decreta e eu sanciono a seguinte Lei Complementar:

TÍTULO I
Do Poder Judiciário

Capítulo I
Dos Órgãos do Poder Judiciário

Art. 1º O Poder Judiciário é exercido pelos seguintes órgãos:

- V. art. 92, CF.

I – Supremo Tribunal Federal;

- V. art. 98.
- V. art. 101, CF.

II – Conselho Nacional da Magistratura;

- V. arts. 50 a 60, 133 e 135.
- V. arts. 93, VIII, e 95, I, CF – O Conselho Nacional da Magistratura não foi previsto pela atual Constituição Federal.

III – Tribunal Federal de Recursos e juízes federais;

- O Tribunal Federal de Recursos foi extinto pela CF/1988.
- V. arts. 92, 104 e 105, CF.
- V. art. 27, § 2º, I, ADCT.

IV – Tribunais e juízes militares;

V – Tribunais e juízes eleitorais;

VI – Tribunais e juízos do trabalho;

VII – Tribunais e juízes estaduais;

- V. arts. 16 e 95 a 113.

VIII – Tribunal e juízes do Distrito Federal e dos Territórios.

- V. art. 20.

Art. 2º O Supremo Tribunal Federal, com sede na Capital da União e jurisdição em todo o território nacional, compõe-se de onze Ministros vitalícios, nomeados pelo Presidente da República, depois de aprovada a escolha pelo Senado Federal, dentre cidadãos maiores de trinta e cinco anos, de notável saber jurídico e reputação ilibada.

- V. art. 101, CF.

Art. 3º O Conselho Nacional da Magistratura, com sede na Capital da União e jurisdição em todo o território nacional, compõe-se de sete Ministros do Supremo Tribunal Federal, por este escolhidos, mediante votação nominal para um período de 2 (dois) anos, inadmitida a recusa do encargo.

- V. nota ao art. 1º, II.
- V. arts. 50 a 60, 133 e 135.

§ 1º A eleição far-se-á juntamente com a do Presidente e Vice-Presidente do Supremo Tribunal Federal, os quais passam a integrar, automaticamente, o Conselho, nele exercendo as funções de Presidente e Vice-Presidente, respectivamente.

§ 2º Os Ministros não eleitos poderão ser convocados pelo Presidente, observada a ordem decrescente de antiguidade, para substituir os membros do Conselho nos casos de impedimento ou afastamento temporário.

- V. art. 101, CF.

§ 3º Junto ao Conselho funcionará o Procurador-Geral da República.

- V. arts. 50 a 60, 133 e 135.

Art. 4º O Tribunal Federal de Recursos, com sede na Capital da União e jurisdição em todo território nacional, compõe-se de vinte e sete Ministros vitalícios, nomeados pelo Presidente da República, após aprovada a escolha pelo Senado Federal, salvo quanto à dos juízes federais, sendo quinze dentre juízes federais, indicados em lista tríplice pelo próprio Tribunal; quatro dentre membros do Ministério Público federal; quatro dentre advogados maiores de trinta e cinco anos, de notável saber jurídico e de reputação ilibada; e quatro dentre magistrados ou membros do Ministério Público dos Estados e do Distrito Federal.

- O Tribunal Federal de Recursos foi extinto pela CF/1988.
- V. art. 27, § 2º, I, ADCT.

Art. 5º Os juízes federais serão nomeados pelo Presidente da República, escolhidos, sempre que possível, em lista tríplice, organizada pelo Tribunal Federal de Recursos, dentre os candidatos com idade superior a vinte e cinco anos, de reconhecida idoneidade moral, aprovados em concurso público de provas e títulos, além da satisfação de outros requisitos especificados em lei.

§ 1º Cada Estado, bem como o Distrito Federal, constitui uma Seção Judiciária, que tem por sede a respectiva Capital, e varas localizadas segundo o estabelecido em lei.

- V. art. 110, CF.
- V. art. 8º, LC 20/1974 (Criação de Estados e Territórios).
- V. art. 1º, LC 31/1977 (Criação do Estado do Mato Grosso do Sul).

§ 2º Nos Territórios do Amapá, Roraima e Rondônia, a jurisdição e as atribuições cometidas aos juízes federais caberão aos juízes da Justiça local, na forma que a lei dispuser. O Território de Fernando de Noronha está compreendido na Seção Judiciária do Estado de Pernambuco.

- Os territórios citados foram extintos pela CF/1988.
- V. arts. 14 e 15, ADCT.

Art. 6º O Superior Tribunal Militar, com sede na Capital da União e jurisdição em todo território nacional, compõe-se de quinze Ministros vitalícios, nomeados pelo Presidente da República, depois de aprovada a escolha pelo Senado Federal, sendo, três dentre Oficiais-Generais da Marinha, quatro dentre Oficiais-Generais do Exército e três dentre Oficiais-Generais da Aeronáutica, todos da ativa, e cinco dentre civis, maiores de trinta e cinco anos, dos quais três cidadãos de notório saber jurídico e idoneidade moral, com mais de 10 (dez) anos de prática forense, e dois juízes auditores ou membros do Ministério Público da Justiça Militar, de comprovado saber jurídico.

- V. art. 123, CF.

Art. 7º São órgãos da Justiça Militar da União, além do Superior Tribunal Militar, os juízes auditores e os Conselhos de Justiça, cujos número, organização e competência são definidos em lei.

- V. art. 124, parágrafo único, CF.

Art. 8º O Tribunal Superior Eleitoral, com sede na Capital da União e jurisdição em todo o território nacional, é composto de sete juízes, dos quais três Ministros do Supremo Tribunal Federal e dois Ministros do Tribunal Federal de Recursos, escolhidos pelo respectivo Tribunal, mediante eleição pelo voto secreto, e dois nomeados pelo Presidente da República, dentre seis advogados de notável saber jurídico e idoneidade moral, indicados pelo Supremo Tribunal Federal.

- V. art. 122.
- V. art. 119, CF.

Art. 9º Os Tribunais Regionais Eleitorais, com sede na Capital do Estado em que tenham jurisdição e no Distrito Federal, compõem-se de quatro juízes eleitos, pelo voto secreto, pelo respectivo Tribunal de Justiça, sendo dois dentre desembargadores e dois dentre juízes de direito; um juiz federal, escolhido pelo Tribunal Federal de Recursos, se na Seção Judiciária houver mais de um, e, por nomeação do Presidente da República, de dois dentre seis cidadãos de notável saber jurídico e idoneidade moral, indicados pelo Tribunal de Justiça.

- V. art. 122.
- V. art. 120, CF.

Art. 10. Os juízes do Tribunal Superior Eleitoral e dos Tribunais Regionais Eleitorais, bem como os respectivos substitutos, escolhidos na mesma ocasião e por igual processo, salvo motivo justificado, servirão, obrigatoriamente, por 2 (dois) anos, no mínimo, e nunca por mais de dois biênios consecutivos.

- V. art. 121, § 2º, CF.

Art. 11. Os juízes de direito exercem as funções de juízes eleitorais, nos termos da lei.

- V. art. 121, *caput*, CF.

§ 1º A lei pode outorgar a outros juízes competência para funções não decisórias.

§ 2º Para a apuração de eleições, constituir-se-ão Juntas Eleitorais, presididas por juiz de direito, e cujos membros, indicados conforme dispuser a legislação eleitoral, serão aprovados pelo Tribunal Regional Eleitoral e nomeados pelo seu Presidente.

Art. 12. O Tribunal Superior do Trabalho, com sede na Capital da União e jurisdição em todo território nacional, compõe-se de dezessete ministros, nomeados pelo Presidente da República, onze dos quais togados e vitalícios, depois de aprovada a escolha pelo Senado Federal, sendo sete dentre magistrados da Justiça do Trabalho, dois dentre advogados no exercício efetivo da profissão, e dois dentre membros do Ministério Público da Justiça do Trabalho, maiores de trinta e cinco anos, de notável saber jurídico e reputação ilibada, e seis classistas e temporários, em representação paritária dos empregadores e dos trabalhadores, de conformidade com a lei, e vedada a recondução por mais de dois períodos de 3 (três) anos.

- V. art. 111, I, CF.

Art. 13. Os Tribunais Regionais do Trabalho, com sede, jurisdição e número definidos em lei, compõem-se de 2/3 (dois terços) de juízes togados e vitalícios e 1/3 (um terço) de juízes classistas e temporários, todos nomeados pelo Presidente da República, observada, quanto aos juízes togados, a proporcionalidade fixada no art. 12 relativamente aos juízes de carreira, advogados e membros do Ministério Público da Justiça do Trabalho e, em relação aos juízes classistas, a proibição constante da parte final do artigo anterior.

- V. art. 86.
- V. art. 112, CF.

Art. 14. As Juntas de Conciliação e Julgamento têm a sede, a jurisdição e a composição definidas em lei, assegurada a paridade de representação entre empregadores e trabalhadores, e inadmitida a recondução dos representantes classistas por mais de dois períodos de 3 (três) anos.

- V. art. 112, CF.
- V. arts. 647 e 667, CLT.

§ 1º Nas comarcas onde não for instituída Junta de Conciliação e Julgamento, poderá a lei atribuir as suas funções aos juízes de direito.

- V. arts. 668 e 669, CLT.

§ 2º Poderão ser criados por lei outros órgãos da Justiça do Trabalho.

Art. 15. Os órgãos do Poder Judiciário da União (art. 1º, incisos I a VI) têm a organização e a competência definidas na Constituição, na lei e, quanto aos Tribunais, ainda no respectivo Regimento Interno.

Art. 16. Os Tribunais de Justiça dos Estados, com sede nas respectivas Capitais e jurisdição no território estadual, e os Tribunais de Alçada, onde forem criados, têm a composição, a organização e a competência estabelecidas na Constituição, nesta Lei, na legislação estadual e nos seus Regimentos Internos.

- V. arts. 99 a 107 e 108 a 111.
- V. art. 125, § 1º, CF.
- V. art. 4º, EC 45/2004 (Reforma do Judiciário), que extinguiu os Tribunais de Alçada.

Parágrafo único. Nos Tribunais de Justiça com mais de vinte e cinco desembargadores, será constituído órgão especial, com o mínimo de onze e o máximo de vinte e cinco membros, para o exercício das atribuições administrativas e jurisdicionais, da competência do Tribunal Pleno, bem como para uniformização da jurisprudência no caso de divergência entre suas Seções.

- V. arts. 99 e 101, § 4º.
- V. art. 93, XI, CF.
- V. art. 926, CPC/2015.

Art. 17. Os juízes de direito, onde não houver juízes substitutos, e estes, onde os houver, serão nomeados mediante concurso público de provas e títulos.

- V. art. 78.
- V. art. 93, I, CF.

§ 1º *(Vetado).*

§ 2º Antes de decorrido o biênio do estágio, e desde que seja apresentada a proposta do Tribunal ao Chefe do Poder Executivo, para o ato de exoneração, o juiz substituto ficará automaticamente afastado de suas funções e perderá o direito a vitaliciedade, ainda que o ato de exoneração seja assinado após o decurso daquele período.

- V. art. 95, I, CF.

§ 3º Os juízes de direito e os juízes substitutos têm a sede, a jurisdição e a competência fixadas em lei.

§ 4º Poderão os Estados instituir, mediante proposta do respectivo Tribunal de Justiça, ou Órgão Especial, juízes togados, com investidura limitada no tempo e competência para o julgamento de causas de pequeno valor e crimes a que não seja cominada pena de reclusão, bem como para a substituição dos juízes vitalícios.

- V. art. 21, ADCT.

§ 5º Podem, ainda, os Estados criar justiça de paz temporária, competente para o processo de habilitação e celebração de casamento.

- V. arts. 112 e 113.
- V. art. 98, II, CF.

Art. 18. São órgãos da Justiça Militar estadual os Tribunais de Justiça e os Conselhos de Justiça, cuja composição, organização e competência são definidos na Constituição e na lei.

- V. art. 125, §§ 3º e 4º, CF.

Parágrafo único. Nos Estados de Minas Gerais, Paraná, Rio Grande do Sul e São Paulo, a segunda instância da Justiça Militar estadual é constituída pelo respectivo Tribunal Militar, integrado por oficiais do mais alto posto da Polícia Militar e por civis, sempre em número ímpar, excedendo os primeiros aos segundos em uma unidade.

Art. 19. O Tribunal de Justiça do Distrito Federal e dos Territórios, com sede na Capital da União, tem a composição, a organização e a competência estabelecidas em lei.

- V. arts. 87, § 1º, e 132.

Art. 20. Os juízes de direito e os juízes substitutos da Justiça do Distrito Federal e dos Territórios, vitalícios após 2 (dois) anos de exercício, investidos mediante concurso público de provas e títulos, e os juízes togados temporários, todos nomeados pelo Presidente da República, têm a sede, a jurisdição e a competência prescritas em lei.

- V. arts. 17, § 4º, 78 e 132.

Capítulo II
Dos Tribunais

Art. 21. Compete aos Tribunais, privativamente:

- V. art. 96, CF.

I – eleger seus Presidentes e demais titulares de sua direção, observado o disposto na presente Lei;

- V. art. 96, I, a, CF.

II – organizar seus serviços auxiliares, provendo-lhes os cargos, na forma da lei; propor ao Poder Legislativo a criação ou a extinção de cargos e a fixação dos respectivos vencimentos;

- V. art. 96, I, b a e, CF.

III – elaborar seus regimentos internos e neles estabelecer, observada esta Lei, a competência de suas Câmaras ou Turmas isoladas, Grupos, Seções ou outros órgãos com funções jurisdicionais ou administrativas;

- V. art. 125, § 1º, CF.

IV – conceder licença e férias, nos termos da lei, aos seus membros e aos juízes e serventuários que lhes são imediatamente subordinados;

- V. arts. 66, 67, 69 a 71 e 76, V.
- V. art. 96, I, f, CF.

V – exercer a direção e a disciplina dos órgãos e serviços que lhes forem subordinados;

VI – julgar, originariamente, os mandados de segurança contra seus atos, os dos respectivos Presidentes e os de suas Câmaras, Turmas ou Seções.

- V. arts. 102, I, d, 105, I, b, e 108, I, c, CF.

Capítulo III
Dos Magistrados

Art. 22. São vitalícios:

I – a partir da posse:

a) os Ministros do Supremo Tribunal Federal;

b) os Ministros do Tribunal Federal de Recursos;

c) os Ministros do Superior Tribunal Militar;

d) os Ministros e juízes togados do Tribunal Superior do Trabalho e dos Tribunais Regionais do Trabalho;

e) os desembargadores, os juízes dos Tribunais de Alçada e dos Tribunais de segunda instância da Justiça Militar dos Estados.

- Alínea *e* com redação determinada pela LC 37/1979.
- V. art. 4º, EC 45/2004 (Reforma do Judiciário), que extinguiu os Tribunais de Alçada.

II – após 2 (dois) anos de exercício:

- Inciso II com redação determinada pela LC 37/1979.
- V. arts. 17, § 2º, e 138.

a) os juízes federais;

b) os juízes auditores e juízes auditores substitutos da Justiça Militar da União;

c) os juízes do Trabalho Presidentes de Junta de Conciliação e Julgamento e os juízes do Trabalho substitutos;

- A EC 24/1999 substituiu as Juntas de Conciliação e Julgamento por Varas do Trabalho (juiz singular) e extinguiu a representação classista na Justiça do Trabalho.

d) os juízes de direito e os juízes substitutos da Justiça dos Estados, do Distrito Federal e dos Territórios, bem assim os juízes auditores da Justiça Militar dos Estados.

§ 1º Os juízes mencionados no inciso II deste artigo, mesmo que não hajam adquirido a vitaliciedade, não poderão perder o cargo senão por proposta do Tribunal ou do Órgão Especial competente, adotada pelo voto de 2/3 (dois terços) de seus membros efetivos.

- § 1º com redação determinada pela LC 37/1979.

§ 2º Os juízes a que se refere o inciso II deste artigo, mesmo que não hajam adquirido a vitaliciedade, poderão praticar todos os atos reservados por lei aos juízes vitalícios.

- § 2º com redação determinada pela LC 37/1979.

Art. 23. Os juízes e membros de Tribunais e Juntas Eleitorais, no exercício de suas funções e no que lhes for aplicável, gozarão de plenas garantias e serão inamovíveis.

Art. 24. O juiz togado, de investidura temporária (art. 17, § 4º), poderá ser demitido, em caso de falta grave, por proposta do Tribunal ou do Órgão Especial, adotada pelo voto de 2/3 (dois terços) de seus membros efetivos.

- V. arts. 26, II, 42, VI, 47, II, e 56.

Parágrafo único. O *quorum* de 2/3 (dois terços) de membros efetivos do Tribunal, ou de seu Órgão Especial, será apurado em relação ao número de desembargadores em condições legais de votar, como tal se considerando os não atingidos por impedimento ou suspeição e os não licenciados por motivo de saúde.

- V. art. 71.

TÍTULO II
Das Garantias da Magistratura e das Prerrogativas do Magistrado

Capítulo I
Das Garantias da Magistratura

Seção I
Da Vitaliciedade

Art. 25. Salvo as restrições expressas na Constituição, os magistrados gozam das garantias de vitaliciedade, inamovibilidade e irredutibilidade de vencimentos.

- V. arts. 17, § 2º, 30 a 32, 47, I, e 138.
- V. art. 95, *caput*, CF.

Art. 26. O magistrado vitalício somente perderá o cargo *(vetado)*:

- V. art. 95, I, CF.

I – em ação penal por crime comum ou de responsabilidade;

II – em procedimento administrativo para a perda do cargo nas hipóteses seguintes:

a) exercício, ainda que em disponibilidade, de qualquer outra função, salvo um cargo de magistério superior, público ou particular;

- V. art. 2º.
- V. art. 95, parágrafo único, I, CF.

b) recebimento, a qualquer título e sob qualquer pretexto, de percentagens ou custas nos processos sujeitos a seu despacho e julgamento;

- V. art. 95, parágrafo único, II, CF.

c) exercício de atividade político-partidária.

- V. art. 95, parágrafo único, III, CF.

§ 1º O exercício de cargo de magistério superior, público ou particular, somente será permitido se houver correlação de matérias e compatibilidade de horários, vedado, em qualquer hipótese, o desempenho de função de direção administrativa ou técnica de estabelecimento de ensino.

§ 2º Não se considera exercício do cargo o desempenho de função docente em curso oficial de preparação para judicatura ou aperfeiçoamento de magistrados.

Art. 27. O procedimento para a decretação da perda do cargo terá início por determinação do Tribunal, ou do seu Órgão Especial, a que pertença ou esteja subordinado o magistrado, de ofício ou mediante representação fundamentada do Poder Executivo ou Legislativo, do Ministério Público ou do Conselho Federal ou Seccional da Ordem dos Advogados do Brasil.

- V. art. 118, § 2º.

§ 1º Em qualquer hipótese, a instauração do processo preceder-se-á da defesa prévia do magistrado, no prazo de 15 (quinze) dias, contado da entrega da cópia do teor da acusação e das provas existentes, que lhe remeterá o Presidente do Tribunal, mediante ofício, nas quarenta e oito horas imediatamente seguintes à apresentação da acusação.

§ 2º Findo o prazo da defesa prévia, haja ou não sido apresentada, o Presidente, no dia útil imediato, convocará o Tribunal ou o seu Órgão Especial para que, em sessão secreta, decida sobre a instauração do processo, e, caso determinada esta, no mesmo dia distribuirá o feito e fará entregá-lo ao relator.

§ 3º O Tribunal ou o seu Órgão Especial, na sessão em que ordenar a instauração do processo, como no curso dele, poderá afastar o magistrado do exercício das suas funções, sem prejuízo dos vencimentos e das vantagens, até a decisão final.

§ 4º As provas requeridas e deferidas, bem como as que o relator determinar de ofício, serão produzidas no prazo de 20 (vinte) dias, cientes o Ministério Público, o magistrado ou o procurador por ele constituído, a fim de que possam delas participar.

§ 5º Finda a instrução, o Ministério Público e o magistrado ou seu procurador terão, sucessivamente, vista dos autos por 10 (dez) dias, para razões.

§ 6º O julgamento será realizado em sessão secreta do Tribunal ou de seu Órgão Especial, depois de relatório oral, e a decisão no sentido da penalização do magistrado só será tomada pelo voto de 2/3 (dois terços) dos membros do colegiado, em escrutínio secreto.

§ 7º Da decisão publicar-se-á somente a conclusão.

§ 8º Se a decisão concluir pela perda do cargo, será comunicada, imediatamente, ao Poder Executivo, para a formalização do ato.

Art. 28. O magistrado vitalício poderá ser compulsoriamente aposentado ou posto em disponibilidade, nos termos da Constituição e da presente Lei.

- V. art. 93, VIII, CF.

Art. 29. Quando, pela natureza ou gravidade da infração penal, se torne aconselhável o recebimento de denúncia ou de queixa contra magistrado, o Tribunal, ou seu Órgão Especial, poderá, em decisão tomada pelo voto de 2/3 (dois terços) de seus membros, determinar o afastamento do cargo do magistrado denunciado.

- V. art. 76, III.

Seção II
Da Inamovibilidade

Art. 30. O juiz não poderá ser removido ou promovido senão com seu assentimento, manifestado na forma da lei, ressalvado o disposto no art. 45, item I.

Art. 31. Em caso de mudança da sede do juízo será facultado ao juiz remover-se para ela ou para comarca de igual entrância, ou obter a disponibilidade com vencimentos integrais.

Seção III
Da Irredutibilidade De Vencimentos

Art. 32. Os vencimentos dos magistrados são irredutíveis, sujeitos, entretanto, aos impostos gerais, inclusive o de renda, e aos impostos extraordinários.

- V. arts. 61 a 64.
- V. art. 95, III, CF.

Parágrafo único. A irredutibilidade dos vencimentos dos magistrados não impede os descontos fixados em lei, em base igual à estabelecida para os servidores públicos, para fins previdenciários.

Capítulo II
Das Prerrogativas do Magistrado

Art. 33. São prerrogativas do magistrado:

I – ser ouvido como testemunha em dia, hora e local previamente ajustados com a autoridade ou juiz de instância igual ou inferior;

- V. art. 454, III e X, CPC/2015.

II – não ser preso senão por ordem escrita do Tribunal ou do Órgão Especial competente para o julgamento, salvo em flagrante de crime inafiançável, caso em que a autoridade fará imediata comunicação e apresentação do magistrado ao Presidente do Tribunal a que esteja vinculado *(vetado)*;

III – ser recolhido a prisão especial ou a sala especial de Estado-Maior, por ordem e à disposição do Tribunal ou do Órgão Especial competente, quando sujeito a prisão antes do julgamento final;

- V. art. 295, VII, CPP.

IV – não estar sujeito a notificação ou a intimação para comparecimento, salvo se expedida por autoridade judicial;

V – portar arma de defesa pessoal.

Parágrafo único. Quando, no curso de investigação, houver indício da prática de crime por parte do magistrado, a autoridade policial, civil ou militar, remeterá os respectivos autos ao Tribunal ou Órgão Especial competente para o julgamento, a fim de que prossiga na investigação.

Art. 34. Os membros do Supremo Tribunal Federal, do Tribunal Federal de Recursos, do Superior Tribunal Militar, do Tribunal Superior Eleitoral e do Tribunal Superior do Trabalho têm o título de Ministro; os dos Tribunais de Justiça, o de desembargador; sendo o de juiz privativo dos integrantes dos outros Tribunais e da magistratura de primeira instância.

TÍTULO III
Da Disciplina Judiciária

Capítulo I
Dos Deveres do Magistrado

Art. 35. São deveres do magistrado:

I – cumprir e fazer cumprir, com independência, serenidade e exatidão, as disposições legais e os atos de ofício;

II – não exceder injustificadamente os prazos para sentenciar ou despachar;

III – determinar as providências necessárias para que os atos processuais se realizem nos prazos legais;

- V. art. 233, *caput*, CPC/2015.

IV – tratar com urbanidade as partes, os membros do Ministério Público, os advogados, as testemunhas, os funcionários e auxiliares da Justiça, e atender aos que o procurarem, a qualquer momento, quando se trate de providência que reclame e possibilite solução de urgência;

V – residir na sede da comarca, salvo autorização do órgão disciplinar a que estiver subordinado;

- V. art. 93, VII, CF.

VI – comparecer pontualmente à hora de iniciar-se o expediente ou a sessão, e não se ausentar injustificadamente antes de seu término;

VII – exercer assídua fiscalização sobre os subordinados, especialmente no que se refere à cobrança de custas e emolumentos, embora não haja reclamação das partes;

VIII – manter conduta irrepreensível na vida pública e particular.

Art. 36. É vedado ao magistrado:

I – exercer o comércio ou participar de sociedade comercial, inclusive de economia mista, exceto como acionista ou quotista;

II – exercer cargo de direção ou técnico de sociedade civil, associação ou fundação, de qualquer natureza ou finalidade, salvo de associação de classe, e sem remuneração;

III – manifestar, por qualquer meio de comunicação, opinião sobre processo pendente de julgamento, seu ou de outrem, ou juízo depreciativo sobre despachos, votos ou sentenças, de órgãos judiciais, ressalvada a crítica nos autos e em obras técnicas ou no exercício do magistério.

Parágrafo único. *(Vetado).*

Art. 37. Os tribunais farão publicar, mensalmente, no órgão oficial, dados estatísticos sobre seus trabalhos no mês anterior, entre os quais: o número de votos que cada um de seus membros, nominalmente indicado, proferiu como relator e revisor; o número de feitos que lhe foram distribuídos no mesmo período; o número de processos que recebeu em consequência de pedido de vista ou como revisor; a relação dos feitos que lhe foram conclusos para voto, despacho e lavratura de acórdão, ainda não devolvidos, embora decorridos os prazos legais, com as datas das respectivas conclusões.

Parágrafo único. Compete ao Presidente do Tribunal velar pela regularidade e pela exatidão das publicações.

Art. 38. Sempre que, encerrada a sessão, restarem em pauta ou em mesa mais de vinte feitos sem julgamento, o Presidente fará realizar uma ou mais sessões extraordinárias, destinadas ao julgamento daqueles processos.

- V. art. 120.

Art. 39. Os juízes remeterão, até o dia dez de cada mês, ao órgão corregedor competente de segunda instância, informação a respeito dos feitos em seu poder, cujos prazos para despacho ou decisão hajam sido excedidos, bem como indicação do número de sentenças proferidas no mês anterior.

- V. arts. 221, *caput*, 227, 226 e 366, CPC/2015.

Capítulo II
Das Penalidades

Art. 40. A atividade censória de Tribunais e Conselhos é exercida com o resguardo devido à dignidade e à independência do magistrado.

Art. 41. Salvo os casos de impropriedade ou excesso de linguagem, o magistrado não pode ser punido ou prejudicado pelas opiniões que manifestar ou pelo teor das decisões que proferir.

Art. 42. São penas disciplinares:

- V. art. 118, § 2º.

I – advertência;

II – censura;

III – remoção compulsória;

IV – disponibilidade com vencimentos proporcionais ao tempo de serviço;

V – aposentadoria compulsória com vencimentos proporcionais ao tempo de serviço;

VI – demissão.

Parágrafo único. As penas de advertência e de censura somente são aplicáveis aos juízes de primeira instância.

Art. 43. A pena de advertência aplicar-se-á reservadamente, por escrito, no caso de negligência no cumprimento dos deveres do cargo.

Art. 44. A pena de censura será aplicada reservadamente, por escrito, no caso de reiterada negligência no cumprimento dos deveres do cargo, ou no de procedimento incorreto, se a infração não justificar punição mais grave.

Parágrafo único. O juiz punido com a pena de censura não poderá figurar em lista de promoção por merecimento pelo prazo de 1 (um) ano, contado da imposição da pena.

Art. 45. O Tribunal ou seu Órgão Especial poderá determinar, por motivo de interesse público, em escrutínio secreto e pelo voto de 2/3 (dois terços) de seus membros efetivos:

I – a remoção de juiz de instância inferior;

- V. art. 93, VIII, CF.

II – a disponibilidade de membro do próprio Tribunal ou de juiz de instância inferior, com vencimentos proporcionais ao tempo de serviço.

Parágrafo único. Na determinação de *quorum* de decisão aplicar-se-á o disposto no parágrafo único do art. 24.

- V. Res. SF 12/1990, conforme decisão proferida pelo STF, que suspende a execução deste parágrafo único, nos termos do art. 52, X, CF.

Art. 46. O procedimento para a decretação da remoção ou disponibilidade de magistrado obedecerá ao prescrito no art. 27 desta Lei.

Art. 47. A pena de demissão será aplicada:

I – aos magistrados vitalícios, nos casos previstos no art. 26, I e II;

II – aos juízes nomeados mediante concurso de provas e títulos, enquanto não adquirirem a vitaliciedade, e aos juízes togados temporários, em caso de falta grave, inclusive nas hipóteses previstas no art. 56.

- V. art. 24.

Art. 48. Os regimentos internos dos Tribunais estabelecerão o procedimento para a apuração de faltas puníveis com advertência ou censura.

Capítulo III
Da Responsabilidade Civil do Magistrado

Art. 49. Responderá por perdas e danos o magistrado, quando:

- V. art. 143, CPC/2015.

I – no exercício de suas funções, proceder com dolo ou fraude;

II – recusar, omitir ou retardar, sem justo motivo, providência que deva ordenar de ofício, ou a requerimento das partes.

Parágrafo único. Reputar-se-ão verificadas as hipóteses previstas no inciso II somente depois que a parte, por intermédio do escrivão, requerer ao magistrado que determine a providência, e este não lhe atender o pedido dentro de 10 (dez) dias.

Capítulo IV
Do Conselho Nacional da Magistratura

- O Conselho Nacional da Magistratura não foi previsto pela atual Constituição Federal. V. arts. 93, VIII, e 95, I, CF.

Art. 50. Ao Conselho Nacional da Magistratura cabe conhecer de reclamações contra membros de Tribunais, podendo avocar processos disciplinares contra juízes de primeira instância e, em qualquer caso, determinar a disponibilidade ou a aposentadoria de uns e outros, com vencimentos proporcionais ao tempo de serviço.

Art. 51. Ressalvado o poder de avocação, a que se refere o artigo anterior, o exercício das atribuições específicas do Conselho Nacional da Magistratura não prejudica a competência disciplinar dos Tribunais, estabelecida em lei, nem interfere nela.

Art. 52. A reclamação contra membro de Tribunal será formulada em petição, devidamente fundamentada e acompanhada de elementos comprobatórios das alegações.

§ 1º A petição a que se refere este artigo deve ter firma reconhecida, sob pena de arquivamento liminar, salvo se assinada pelo Procurador-Geral da República, pelo Presidente do Conselho Federal ou Seccional da Ordem dos Advogados do Brasil ou pelo Procurador-Geral da Justiça do Estado.

§ 2º Distribuída a reclamação, poderá o relator, desde logo, propor ao Conselho o arquivamento, se considerar manifesta a sua improcedência.

§ 3º Caso o relator não use da faculdade, prevista no parágrafo anterior mandará ouvir o reclamado, no prazo de 15 (quinze) dias, a fim de que, por si ou por procurador, alegue, querendo, o que entender conveniente a bem de seu direito.

§ 4º Com a resposta do reclamado, ou sem ela, deliberará o Conselho sobre o arquivamento ou a conveniência de melhor instrução do processo, fixando prazo para a produção de provas e para as diligências que determinar.

§ 5º Se desnecessárias outras provas ou diligências, e se o Conselho não concluir pelo arquivamento da reclamação, abrir-se-á vista para alegações, sucessivamente, pelo prazo de 10 (dez) dias, ao reclamado, ou a seu advogado, e ao Procurador-Geral da República.

§ 6º O julgamento será realizado em sessão secreta do Conselho, com a presença de todos os seus membros, publicando-se somente a conclusão do acórdão.

§ 7º Em todos os atos e termos do processo, poderá o reclamado fazer-se acompanhar ou representar por advogado, devendo o Procurador-Geral da República oficiar neles como fiscal da lei.

Art. 53. A avocação de processo disciplinar contra juiz de instância inferior dar-se-á mediante representação fundamentada do Procurador-Geral da República, do Presidente do Conselho Federal ou Seccional da Ordem dos Advogados do Brasil ou do Procurador-Geral da Justiça do Estado, oferecida dentro de 60 (sessenta) dias da ciência da decisão disciplinar final do órgão, a que estiver sujeito o Juiz, ou, a qualquer tempo, se, decorridos mais de 3 (três) meses do início do processo, não houver sido proferido o julgamento.

§ 1º Distribuída a representação, mandará o relator ouvir, em 15 (quinze) dias, o juiz e o órgão disciplinar que proferiu a decisão ou que deveria havê-la proferido.

§ 2º Findo o prazo de 15 (quinze) dias, com ou sem as informações, deliberará o Conselho Nacional da Magistratura sobre o arquivamento da representação ou a avocação do processo, procedendo-se neste caso, na conformidade dos §§ 4º a 7º do artigo anterior.

Art. 54. O processo e o julgamento das representações e reclamações serão sigilosos, para resguardar a dignidade do magistrado, sem prejuízo de poder o relator delegar a instrução a Juiz de posição funcional igual ou superior à do indiciado.

Art. 55. As reuniões do Conselho Nacional da Magistratura serão secretas, cabendo a um de seus membros, designado pelo Presidente, lavrar-lhes as respectivas atas, das quais constarão os nomes dos Juízes presentes e, em resumo, os processos apreciados e as decisões adotadas.

Art. 56. O Conselho Nacional da Magistratura poderá determinar a aposentadoria, com vencimentos proporcionais ao tempo de serviço, do magistrado:

I – manifestamente negligente no cumprimento dos deveres do cargo;

II – de procedimento incompatível com a dignidade, a honra e o decoro de suas funções;

III – de escassa ou insuficiente capacidade de trabalho, ou cujo proceder funcional seja incompatível com o bom desempenho das atividades do Poder Judiciário.

Art. 57. O Conselho Nacional da Magistratura poderá determinar a disponibilidade de magistrado, com vencimentos proporcionais ao tempo de serviço, no caso em que a gravidade das faltas a que se reporta o artigo anterior não justifique a decretação da aposentadoria.

§ 1º O magistrado, posto em disponibilidade por determinação do Conselho, somente poderá pleitear o seu aproveitamento, decorridos 2 (dois) anos do afastamento.

§ 2º O pedido, devidamente instruído e justificado, acompanhado de parecer do Tribunal competente, ou de seu Órgão Especial, será apreciado pelo Conselho Nacional da Magistratura após parecer do Procurador-Geral da República. Deferido o pedido, o aproveitamento far-se-á a critério do Tribunal ou seu Órgão Especial.

§ 3º Na hipótese deste artigo, o tempo de disponibilidade não será computado, senão para efeito de aposentadoria.

§ 4º O aproveitamento de magistrado, posto em disponibilidade nos termos do item IV do art. 42 e do item II do art. 45, observará as normas dos parágrafos deste artigo.

Art. 58. A aplicação da pena de disponibilidade ou aposentadoria será imediatamente comunicada ao Presidente do Tribunal a que pertencer ou a que estiver sujeito o magistrado, para imediato afastamento das suas funções. Igual comunicação far-se-á ao Chefe do Poder Executivo competente, a fim de que formalize o ato de declaração da disponibilidade ou aposentadoria do magistrado.

Art. 59. O Conselho Nacional da Magistratura, se considerar existente crime de ação pública, pelo que constar de reclamação ou representação, remeterá ao Ministério Público cópia das peças que entender necessárias ao oferecimento da denúncia ou à instauração de inquérito policial.

Art. 60. O Conselho Nacional da Magistratura estabelecerá, em seu regimento interno, disposições complementares das constantes deste capítulo.

TÍTULO IV
Dos Vencimentos, Vantagens e Direitos dos Magistrados

Capítulo I
Dos Vencimentos e Vantagens Pecuniárias

Art. 61. Os vencimentos dos magistrados são fixados em lei, em valor certo, atendido o que estatui o art. 32, parágrafo único.

- V. art. 93, V, CF.

Parágrafo único. À magistratura de primeira instância da União assegurar-se-ão vencimentos não inferiores a 2/3 (dois terços) dos valores fixados para os membros de segunda instância respectiva, assegurados aos Ministros do Supremo Tribunal Federal vencimentos pelo menos iguais aos dos Ministros de Estado, e garantidos aos juízes vitalícios do mesmo grau de jurisdição iguais vencimentos.

Art. 62. Os Ministros militares e togados do Superior Tribunal Militar, bem como os Ministros do Tribunal Superior do Trabalho, têm vencimentos iguais aos dos Ministros do Tribunal Federal de Recursos.

Art. 63. Os vencimentos dos desembargadores dos Tribunais de Justiça dos Estados e do Tribunal de Justiça do Distrito Federal e dos Territórios não serão inferiores, no primeiro caso, aos dos Secretários de Estado, e no segundo, aos dos Secretários de Governo do Distrito Federal, não podendo ultrapassar, porém, os fixados para os Ministros do Supremo Tribunal Federal. Os juízes vitalícios dos Estados têm os seus vencimentos fixados com diferença não excedente a 20% (vinte por cento) de uma para outra entrância, atribuindo-se aos da entrância mais elevada não menos de 2/3 (dois terços) dos vencimentos dos desembargadores.

§ 1º Os juízes de direito da Justiça do Distrito Federal e dos Territórios têm seus vencimentos fixados em proporção não inferior a 2/3 (dois terços) do que percebem os desembargadores e os juízes substitutos, da mesma Justiça, em percentual não inferior a 20% (vinte por cento) dos vencimentos daqueles.

§ 2º Para o efeito de equivalência e limite de vencimentos previstos neste artigo, são excluídas de cômputo apenas as vantagens de caráter pessoal ou de natureza transitória.

Art. 64. Os vencimentos dos magistrados estaduais serão pagos na mesma data fixada para o pagamento dos vencimentos dos secretários de Estado ou dos subsídios dos membros do Poder Legislativo, considerando-se que desatende às garantias do Poder Judiciário atraso que ultrapasse o décimo dia útil do mês seguinte ao vencimento.

- V. art. 98.

Art. 65. Além dos vencimentos, poderão ser outorgados, aos magistrados, nos termos da lei, as seguintes vantagens:

- V. art. 145.

I – ajuda de custo, para despesas de transporte e mudança;

II – ajuda de custo, para moradia, nas localidades em que não houver residência oficial à disposição do magistrado;

- Inciso II com redação determinada pela LC 54/1986.

III – salário-família;

IV – diárias;

- V. arts. 119 e 129.

V – representação;

VI – gratificação pela prestação de serviço à Justiça Eleitoral;

VII – gratificação pela prestação de serviço à Justiça do Trabalho, nas comarcas onde não forem instituídas Juntas de Conciliação e Julgamento;

VIII – gratificação adicional de 5% (cinco por cento) por quinquênio de serviço, até o máximo de sete;

- V. arts. 57, § 3º, e 77.

IX – gratificação de magistério, por aula proferida em curso oficial de preparação para a magistratura ou em escola oficial de aperfeiçoamento de magistrados (arts. 78, § 1º, e 87, § 1º), exceto quando receba remuneração específica para esta atividade;

X – gratificação pelo efetivo exercício em comarca de difícil provimento, assim definida e indicada em lei.

§ 1º A verba de representação, salvo quando concedida em razão do exercício de cargo em função temporária, integra os vencimentos para todos os efeitos legais.

§ 2º É vedada a concessão de adicionais ou vantagens pecuniárias não previstas na presente Lei, bem como em bases e limites superiores aos nela fixados.

- V. art. 145.

§ 3º Caberá ao respectivo Tribunal, para a aplicação do disposto nos incisos I e II deste artigo, conceder ao magistrado auxílio-transporte em até 25% (vinte e cinco por cento), auxílio-moradia em até 30% (trinta por cento), calculados os respectivos percentuais sobre os vencimentos e cessando qualquer benefício indireto que, ao mesmo título, venha sendo recebido *(vetado)*.

- § 3º acrescentado pela LC 54/1986.
- V. Res. SF 31/1993, que suspendeu a execução deste parágrafo.

Capítulo II
Das Férias

Art. 66. Os magistrados terão direito a férias anuais, por 60 (sessenta) dias, coletivas ou individuais.

§ 1º Os membros dos Tribunais, salvo os dos Tribunais Regionais do Trabalho, que terão férias individuais, gozarão de férias coletivas, nos períodos de 2 a 31 de janeiro e de 2 a 31 de julho. Os juízes de primeiro grau gozarão de férias coletivas ou individuais, conforme dispuser a lei.

- V. arts. 214 e 215, CPC/2015.
- V. LC 701/1992 (Altera dispositivos do Código Judiciário do Estado de São Paulo).

§ 2º Os Tribunais iniciarão e encerrarão seus trabalhos, respectivamente, nos primeiro e último dias úteis de cada período, com a realização de sessão.

Art. 67. Se a necessidade do serviço judiciário lhes exigir a contínua presença nos Tribunais, gozarão de 30 (trinta) dias consecutivos de férias individuais, por semestre:

I – os Presidentes e Vice-Presidentes dos Tribunais;

II – os corregedores;

III – os juízes das Turmas ou Câmaras de férias.

§ 1º As férias individuais não podem fracionar-se em períodos inferiores a 30 (trinta) dias, e somente podem acumular-se, por imperiosa necessidade do serviço e pelo máximo de 2 (dois) meses.

§ 2º É vedado o afastamento do Tribunal ou de qualquer de seus órgãos judicantes, em gozo de férias individuais, no mesmo período, de juízes em número que possa comprometer o *quorum* de julgamento.

§ 3º As Turmas ou Câmaras de férias terão a composição e competência estabelecidas no regimento interno do Tribunal.

Art. 68. Durante as férias coletivas, nos Tribunais em que não houver Turma ou Câmara de férias, poderá o Presidente, ou seu substituto legal, decidir de pedidos de liminar em mandado de segurança, determinar liberdade provisória ou sustação de ordem de prisão, e demais medidas que reclamem urgência.

- V. art. 299, CPC/2015.

Capítulo III
Das Licenças

Art. 69. Conceder-se-á licença:

I – para tratamento de saúde;

II – por motivo de doença em pessoa da família;

III – para repouso à gestante;

IV – *(Vetado).*

Art. 70. A licença para tratamento de saúde por prazo superior a 30 (trinta) dias, bem como as prorrogações que importem em licença por período ininterrupto, também superior a 30 (trinta) dias, dependem de inspeção por junta médica.

Art. 71. O magistrado licenciado não pode exercer qualquer das suas funções jurisdicionais ou administrativas, nem exercitar qualquer função pública ou particular *(vetado)*.

§ 1º Os períodos de licenças concedidos aos magistrados não terão limites inferiores aos reconhecidos por lei ao funcionalismo da mesma pessoa de direito público.

- § 1º com redação determinada pela LC 37/1979.

§ 2º Salvo contraindicação médica, o magistrado licenciado poderá proferir decisões em processos que, antes da licença, lhe hajam sido conclusos para julgamento ou tenham recebido o seu visto como relator ou revisor.

- § 2º com redação determinada pela LC 37/1979.

Capítulo IV
Das Concessões

Art. 72. Sem prejuízo do vencimento, remuneração ou de qualquer direito ou vantagem legal, o magistrado poderá afastar-se de suas funções até 8 (oito) dias consecutivos por motivo de:

I – casamento;

II – falecimento de cônjuge, ascendente, descendente ou irmão.

Art. 73. Conceder-se-á afastamento ao magistrado, sem prejuízo de seus vencimentos e vantagens:

I – para frequência a cursos ou seminários de aperfeiçoamento e estudos, a critério do Tribunal ou de seu Órgão Especial, pelo prazo máximo de 2 (dois) anos;

- Inciso I com redação determinada pela LC 37/1979.

II – para a prestação de serviços, exclusivamente à Justiça Eleitoral;

III – para exercer a presidência de associação de classe.

- Inciso III acrescentado pela LC 60/1989.

Capítulo V
Da Aposentadoria

Art. 74. A aposentadoria dos magistrados vitalícios será compulsória, aos setenta anos de idade ou por invalidez comprovada, e facultativa, após trinta anos de serviço público, com vencimentos integrais, ressalvado o disposto nos arts. 50 e 56.

Parágrafo único. Lei ordinária disporá sobre a aposentadoria dos juízes temporários de qualquer instância.

Art. 75. Os proventos da aposentadoria serão reajustados na mesma proporção dos aumentos de vencimentos concedidos, a qualquer título, aos magistrados em atividade.

Art. 76. Os Tribunais disciplinarão, nos regimentos internos, o processo de verificação da invalidez do magistrado para o fim de aposentadoria, com a observância dos seguintes requisitos:

I – o processo terá início a requerimento do magistrado, por ordem do Presidente do Tribunal, de ofício, em cumprimento de deliberação do Tribunal ou de seu Órgão Especial ou por provocação da Corregedoria de Justiça;

II – tratando-se de incapacidade mental, o Presidente do Tribunal nomeará curador ao paciente, sem prejuízo da defesa que este queira oferecer pessoalmente, ou por procurador que constituir;

III – o paciente deverá ser afastado, desde logo, do exercício do cargo, até final decisão, devendo ficar concluído o processo no prazo de 60 (sessenta) dias;

IV – a recusa do paciente em submeter-se a perícia médica permitirá o julgamento baseado em quaisquer outras provas;

V – o magistrado que, por 2 (dois) anos consecutivos, afastar-se, ao todo, por 6 (seis) meses ou mais, para tratamento de saúde, deverá submeter-se, ao requerer nova licença para igual fim, dentro de 2 (dois) anos, a exame para verificação de invalidez;

VI – se o Tribunal ou seu Órgão Especial concluir pela incapacidade do magistrado, comunicará imediatamente a decisão ao Poder Executivo, para os devidos fins.

Art. 77. Computar-se-á, para efeito de aposentadoria e disponibilidade, o tempo de exercício da advocacia, até o máximo de 15 (quinze) anos, em favor dos Ministros do Supremo Tribunal Federal e dos membros dos demais Tribunais que tenham sido nomeados para os lugares reservados a advogados, nos termos da Constituição Federal.

TÍTULO V
Da Magistratura de Carreira

Capítulo I
Do Ingresso

Art. 78. O ingresso na magistratura de carreira dar-se-á mediante nomeação, após concurso público de provas e títulos, organizado e realizado com a participação do Conselho Seccional da Ordem dos Advogados do Brasil.

- V. arts. 5º e 20.
- V. art. 93, I, CF.
- V. art. 58, X, Lei 8.906/1994 (Estatuto da Advocacia e da OAB).

§ 1º A lei pode exigir dos candidatos, para a inscrição no concurso, título de habilitação em curso oficial de preparação para a magistratura.

- V. art. 93, IV, CF.

§ 2º Os candidatos serão submetidos a investigação, relativa aos aspectos moral e social, e a exame de sanidade física e mental, conforme dispuser a lei.

§ 3º Serão indicados para nomeação, pela ordem de classificação, candidatos em número correspondente às vagas, mais dois, para cada vaga, sempre que possível.

Art. 79. O juiz, no ato da posse, deverá apresentar a declaração pública de seus bens, e prestará o compromisso de desempenhar com retidão as funções do cargo, cumprindo a Constituição e as leis.

Capítulo II
Da Promoção, da Remoção e do Acesso

Art. 80. A lei regulará o processo de promoção, prescrevendo a observância dos critérios de antiguidade e de merecimento, alternadamente, e o da indicação dos candidatos à promoção por merecimento, em lista tríplice, sempre que possível.

- V. art. 93, II, CF.

§ 1º Na Justiça dos Estados:

I – apurar-se-ão na entrância a antiguidade e o merecimento, este em lista tríplice, sendo obrigatória a promoção do juiz que figurar pela quinta vez consecutiva em lista de merecimento; havendo empate na antiguidade, terá precedência o juiz mais antigo na carreira;

II – para efeito da composição da lista tríplice, o merecimento será apurado na entrância e aferido com prevalência de critérios de ordem objetiva, na forma do regulamento baixado pelo Tribunal de Justiça, tendo-se em conta a conduta do juiz, sua operosidade no exercício do cargo, número de vezes que tenha figurado na lista, tanto para entrância a prover, como para as anteriores, bem como o aproveitamento em cursos de aperfeiçoamento;

- V. art. 93, IV, CF.

III – no caso de antiguidade, o Tribunal de Justiça, ou seu Órgão Especial, somente poderá recusar o juiz mais antigo pelo voto da maioria absoluta de seus membros, repetindo-se a votação até fixar-se a indicação;

- V. art. 93, II, d, CF.

IV – somente após 2 (dois) anos de exercício na entrância, poderá o juiz ser promovido, salvo se não houver, com tal requisito, quem aceite o lugar vago, ou se forem recusados, pela maioria absoluta dos membros do Tribunal de Justiça, ou de seu Órgão Especial, candidatos que hajam completado o período.

- V. art. 93, II, b, CF.

§ 2º Aplica-se, no que couber, aos juízes togados da Justiça do Trabalho, o disposto no parágrafo anterior.

Art. 81. Na magistratura de carreira dos Estados, ao provimento inicial e à promoção por merecimento precederá a remoção.

§ 1º A remoção far-se-á mediante escolha pelo Poder Executivo, sempre que possível, de nome constante de lista tríplice, organizada pelo Tribunal de Justiça e contendo os nomes dos candidatos com mais de 2 (dois) anos de efetivo exercício na entrância.

§ 2º A juízo do Tribunal de Justiça, ou de seu Órgão Especial, poderá, ainda, ser provida, pelo mesmo critério fixado no parágrafo anterior, vaga decorrente de remoção, destinando-se a seguinte, obrigatoriamente, ao provimento por promoção.

Art. 82. Para cada vaga destinada ao preenchimento por promoção ou por remoção, abrir-se-á inscrição distinta, sucessivamente, com a indicação da comarca ou vara a ser provida.

Parágrafo único. Ultimado o preenchimento das vagas, se mais de uma deva ser provida por merecimento, a lista conterá número de juízes igual ao das vagas mais dois.

Art. 83. A notícia da ocorrência de vaga a ser preenchida, mediante promoção ou remoção, deve ser imediatamente veiculada pelo órgão oficial próprio, com a indicação, no caso de provimento através de promoção, das que devam ser preenchidas segundo o critério de antiguidade ou de merecimento.

Art. 84. O acesso de juízes federais ao Tribunal Federal de Recursos far-se-á por escolha do Presidente da República dentre os indicados em lista tríplice, elaborada pelo Tribunal.

- V. art. 4º.

Art. 85. O acesso de juízes auditores e membros do Ministério Público da Justiça Militar ao Superior Tribunal Militar far-se-á por livre escolha do Presidente da República.

- V. art. 6º.

Art. 86. O acesso dos juízes do trabalho, Presidentes de Juntas de Conciliação e Julgamento ao Tribunal Regional do Trabalho, e dos juízes do trabalho substitutos àqueles cargos, far-se-á, alternadamente, por antiguidade e por merecimento, este através de lista tríplice votada por juízes vitalícios do Tribunal e encaminhada ao Presidente da República.

- V. art. 13.

Art. 87. Na Justiça dos Estados e do Distrito Federal e dos Territórios, o acesso dos juízes de direito aos Tribunais de Justiça far-se-á, alternadamente, por antiguidade e merecimento.

§ 1º A lei poderá condicionar o acesso por merecimento aos Tribunais, como a promoção por igual critério, à frequência, com aprovação, a curso ministrado por escola oficial de aperfeiçoamento de magistrados.

- V. art. 93, II, c, e IV, CF.

§ 2º O disposto no parágrafo anterior aplica-se ao acesso dos juízes federais ao Tribunal Federal de Recursos.

- O TRF foi extinto pela CF/1988.
- V. art. 4º.

Art. 88. Nas promoções ou acessos, havendo mais de uma vaga a ser preenchida por merecimento, a lista conterá, se possível, número de magistrados igual ao das vagas mais dois para cada uma delas.

TÍTULO VI
Do Tribunal Federal de Recursos

- O TFR foi extinto pela atual Constituição Federal. V. art. 27, § 2º, I, ADCT.

Capítulo Único

Art. 89. O Tribunal Federal de Recursos funciona:

I – em Tribunal Pleno;

II – em Seções de Turmas especializadas;

III – em Turmas especializadas.

§ 1º Compete ao Tribunal Pleno processar e julgar:

a) os juízes federais, os juízes dos Tribunais Regionais do Trabalho e os da primeira instância da Justiça do Trabalho, bem como os membros dos Tribunais de Conta dos Estados e do Distrito Federal e os do Ministério Público da União, nos crimes comuns e nos de responsabilidade;

b) os mandados de segurança e *habeas corpus* contra ato de Ministro de Estado, do Diretor-Geral da Polícia Federal, do Presidente do próprio Tribunal ou de suas Turmas ou Seções;

c) os conflitos de jurisdição entre as Seções;

d) as revisões criminais e ações rescisórias de seus próprios julgados.

§ 2º Compete, ainda, ao Tribunal Pleno:

a) uniformizar a jurisprudência em caso de divergência na interpretação do direito entre as Seções;

b) declarar a inconstitucionalidade de lei ou ato normativo;

c) eleger, pela maioria dos seus Ministros, em votação secreta, o Presidente, o Vice-Presidente e os membros do Conselho da Justiça Federal, com mandato de 2 (dois) anos, vedada a reeleição;

d) exercer as funções administrativas que lhe forem atribuídas pela lei ou no Regimento Interno;

e) dar posse aos seus Ministros e aos titulares da sua direção.

§ 3º O Vice-Presidente do Tribunal e o Corregedor-Geral da Justiça Federal participarão do Tribunal Pleno, também com as funções de relator e revisor.

§ 4º Haverá no Tribunal Federal de Recursos duas Seções, constituídas, cada uma, pelos integrantes das Turmas da respectiva área de especialização, na forma estabelecida no Regimento Interno. As Seções serão presididas, uma pelo Vice-Presidente do Tribunal e a outra pelo Corregedor-Geral da Justiça Federal, que nelas terão apenas voto de qualidade.

§ 5º A cada uma das Seções incumbirá processar e julgar:

a) os embargos infringentes ou de divergência das decisões das Turmas da respectiva área de especialização;

b) os conflitos de jurisdição relativamente, às matérias das respectivas áreas de especialização;

c) a uniformização da jurisprudência quando ocorrer divergência na interpretação do direito entre as Turmas que a integram;

d) os mandados de segurança contra ato de juiz federal;

e) as revisões criminais e as ações rescisórias dos julgados de primeiro grau, da própria Seção ou das respectivas Turmas.

§ 6º Haverá no Tribunal Federal de Recursos seis Turmas especializadas compostas de quatro Ministros cada uma, votando apenas três deles, na forma prevista na lei ou no Regimento Interno.

§ 7º O Presidente, o Vice-Presidente e o Corregedor-Geral da Justiça Federal não integrarão Turma, podendo a ela comparecer para julgar feitos a que estejam vinculados.

Art. 90. O Regimento Interno disporá sobre as áreas de especialização do Tribunal Federal de Recursos e o número de Turmas especializadas de cada uma das Seções bem assim sobre a forma de distribuição dos processos.

§ 1º Com finalidade de abreviar o julgamento, o Regimento Interno poderá também prever casos em que será dispensada a remessa do feito ao revisor, desde que o recurso verse matéria predominantemente de direito.

§ 2º O relator julgará pedido ou recurso que manifestamente haja perdido objeto, bem assim, mandará arquivar ou negará seguimento a pedido ou recurso manifestamente intempestivo ou incabível ou, ainda, que contrariar as questões predominantemente de direito, súmula do Tribunal ou do Supremo Tribunal Federal. Deste despacho caberá agravo, em 5 (cinco) dias, para o órgão do Tribunal competente, para o julgamento do pedido ou recurso, que será julgado na primeira sessão seguinte, não participando o relator da votação.

TÍTULO VII
Da Justiça do Trabalho

- V. arts. 643 a 735, CLT.

Capítulo Único

Art. 91. Os cargos da Magistratura do Trabalho são os seguintes:

- V. arts. 643 a 735, CLT.

I – ministro do Tribunal Superior do Trabalho;

II – juiz do Tribunal Regional do Trabalho;

III – juiz do Trabalho Presidente de Junta de Conciliação e Julgamento;

- A EC 24/1999 substituiu as Juntas de Conciliação e Julgamento por Varas do Trabalho (juiz singular) e extinguiu a representação classista na Justiça do Trabalho.

IV – juiz do Trabalho substituto.

Art. 92. O ingresso na magistratura do Trabalho dar-se-á no cargo de juiz do Trabalho substituto.

Art. 93. Aplica-se à Justiça do Trabalho, inclusive quanto à convocação de juiz de Tribunal Regional do Trabalho para substituir Ministro do Tribunal Superior do Trabalho, o disposto no art. 118 desta Lei.

- Artigo com redação determinada pela LC 54/1986.

Parágrafo único. O sorteio, para efeito de substituição nos Tribunais Regionais do Trabalho, será feito entre os juízes Presidentes de Junta de Conciliação e Julgamento da sede da Região respectiva.

- A EC 24/1999 substituiu as Juntas de Conciliação e Julgamento por Varas do Trabalho (juiz singular) e extinguiu a representação classista na Justiça do Trabalho.

Art. 94. Aos cargos de direção do Tribunal Superior do Trabalho e dos Tribunais Regionais do Trabalho aplica-se o disposto no art. 102 e seu parágrafo único.

TÍTULO VIII
Da Justiça dos Estados

Capítulo I
Da Organização Judiciária

Art. 95. Os Estados organizarão a sua Justiça com observância do disposto na Constituição Federal e na presente Lei.

- V. arts. 132, 139 e 140.

Art. 96. Para a administração da Justiça, a lei dividirá o território do Estado em comarcas, podendo agrupá-las em circunscrição e dividi-las em distritos.

- V. art. 5º, *caput*, Lei 5.621/1970 (Regulamentação do art. 144, § 5º, CF/1969).

Art. 97. Para a criação, extinção e classificação de comarcas, a legislação estadual estabelecerá critérios uniformes, levando em conta:

- V. art. 5º, parágrafo único, Lei 5.621/1970 (Regulamentação do art. 144, § 5º, CF/1969).

I – a extensão territorial;

II – o número de habitantes;

III – o número de eleitores;

IV – a receita tributária;

V – o movimento forense.

§ 1º Os critérios a serem fixados, conforme previsto no *caput* deste artigo, deverão orientar, conforme índices também estabelecidos em lei estadual, o desdobramento de juízos ou a criação de novas varas, nas comarcas de maior importância.

§ 2º Os índices mínimos estabelecidos em lei poderão ser dispensados, para efeito do disposto no *caput* deste artigo, em relação a município com precários meios de comunicação.

Art. 98. Quando o regular exercício das funções do Poder Judiciário for impedido por falta de recursos decorrentes de injustificada redução de sua proposta orçamentária, ou pela não satisfação oportuna das dotações que lhe correspondam, caberá ao Tribunal de Justiça, pela maioria absoluta de seus membros, solicitar ao Supremo Tribunal Federal a intervenção da União no Estado.

Capítulo II
Dos Tribunais de Justiça

Art. 99. Compõem o Órgão Especial a que se refere o parágrafo único do art. 16 o Presidente, o Vice-Presidente do Tribunal de Justiça e o Corregedor da Justiça, que exercerão nele iguais funções, os desembargadores de maior antiguidade no cargo, respeitada a representação de advogados e membros do Ministério Público, e inadmitida a recusa do encargo.

- V. art. 93, XI, CF.

§ 1º Na composição do Órgão Especial observar-se-á, tanto quanto possível, a representação, em número paritário, de todas as Câmara, Turmas ou Seções especializadas.

§ 2º Os desembargadores não integrantes do Órgão Especial, observada a ordem decrescente de antiguidade, poderão ser convocados pelo Presidente para substituir os que o componham, nos casos de afastamento ou impedimento.

Art. 100. Na composição de qualquer Tribunal, um quinto dos lugares será preenchido por advogados, em efetivo exercício da profissão, e membros do Ministério Público, todos de notório merecimento e idoneidade moral, com 10 (dez) anos, pelo menos, de prática forense.

- V. art. 94, CF.

§ 1º Os lugares reservados a membros do Ministério Público ou advogados serão preenchidos, respectivamente, por membros do Ministério Público ou por advogados, indicados em lista tríplice pelo Tribunal de Justiça ou seu Órgão Especial.

§ 2º Nos Tribunais em que for ímpar o número de vagas destinadas ao quinto constitucional, uma delas será, alternada e sucessivamente, preenchida por advogado e por membro do Ministério Público, de tal forma que, também sucessiva e alternadamente, os representantes de uma dessas classes superem os da outra em uma unidade.

§ 3º Nos Estados em que houver Tribunal de Alçada, constitui este, para efeito de acesso ao Tribunal de Justiça, a mais alta entrância da magistratura estadual.

- V. arts. 87 e § 1º, 141 e 142.
- V. art. 93, III, CF.
- V. art. 4º, EC 45/2004 (Reforma do Judiciário), que extinguiu os Tribunais de Alçada.

§ 4º Os juízes que integrem os Tribunais de Alçada somente concorrerão às vagas no Tribunal de Justiça correspondente à classe dos magistrados.

- V. art. 143.
- V. art. 4º, EC 45/2004 (Reforma do Judiciário), que extinguiu os Tribunais de Alçada.

§ 5º Não se considerem membros do Ministério Público, para preenchimento de vagas nos Tribunais, os juristas estranhos à carreira, nomeados em comissão para o cargo de Procurador-Geral ou outro de chefia.

Art. 101. Os Tribunais compor-se-ão de Câmaras ou Turmas, especializadas ou agrupadas em Seções especializadas. A composição e competência das Câmaras ou Turmas serão fixadas na lei e no regimento interno.

§ 1º Salvo nos casos de embargos infringentes ou de divergência, do julgamento das Câmaras ou Turmas participarão apenas três dos seus membros, se maior o número de composição de umas ou outras.

- V. art. 942, CPC/2015.

§ 2º As Seções especializadas serão integradas, conforme disposto no regimento interno, pelas turmas ou câmaras da respectiva área de especialização.

§ 3º A cada uma das Seções caberá processar e julgar:

a) os embargos infringentes ou de divergência das decisões das Turmas da respectiva área de especialização;

b) os conflitos de jurisdição relativamente às matérias das respectivas áreas de especialização;

- V. art. 958, CPC/2015.

c) a uniformização da jurisprudência, quando ocorrer divergência na interpretação do direito entre as Turmas que a integram;

- V. art. 926, CPC/2015.

d) os mandados de segurança contra ato de juiz de direito;

e) as revisões criminais e as ações rescisórias dos julgamentos de primeiro grau, da própria Seção ou das respectivas Turmas.

- V. arts. 966 a 970 e 972 a 975, CPC/2015.

§ 4º Cada Câmara, Turma ou Seção especializada funcionará como Tribunal distinto das demais, cabendo ao Tribunal Pleno, ou ao seu Órgão Especial, onde houver, o julgamento dos feitos que, por lei, excedam a competência de Seção.

Art. 102. Os Tribunais, pela maioria dos seus membros efetivos, por votação secreta, elegerão dentre seus juízes mais antigos, em número correspondente ao dos cargos de direção, os titulares destes, com mandato por 2 (dois) anos, proibida a reeleição. Quem tiver exercido quaisquer cargos de direção por 4 (quatro) anos, ou o de Presidente, não figurará mais entre os elegíveis, até que se esgotem todos os nomes, na ordem de antiguidade. É obrigatória a aceitação do cargo, salvo recusa manifestada e aceita antes da eleição.

- V. art. 123.

Parágrafo único. O disposto neste artigo não se aplica ao juiz eleito, para completar período de mandato inferior a 1 (um) ano.

Art. 103. O Presidente e o Corregedor da Justiça não integrarão as Câmaras ou Turmas. A lei estadual poderá estender a mesma proibição também aos Vice-Presidentes.

- V. art. 125.

§ 1º Nos Tribunais com mais de trinta desembargadores a lei de organização judiciária poderá prever a existência de mais de um vice-presidente, com as funções que a lei e o Regimento Interno determinarem, observado quanto a eles, inclusive, o disposto no *caput* deste artigo.

§ 2º Nos Estados com mais de cem comarcas e duzentas varas, poderá haver até dois Corregedores, com as funções que a lei e o Regimento Interno determinarem.

Art. 104. Haverá nos Tribunais de Justiça um Conselho de Magistratura, com função disciplinar, do qual serão membros natos o Presidente, o Vice-Presidente e o Corregedor, não devendo, tanto quanto possível, seus demais integrantes ser escolhidos dentre os outros do respectivo Órgão Especial, onde houver. A composição, a competência e o funcionamento desse Conselho, que terá como órgão superior o Tribunal Pleno ou o Órgão Especial, serão estabelecidos no Regimento Interno.

- V. art. 127.

Art. 105. A lei estabelecerá o número mínimo de comarcas a serem visitadas, anualmente, pelo Corregedor, em correição geral ordinária, sem prejuízo das correições extraordinárias, gerais ou parciais, que entenda fazer, ou haja de realizar por determinação do Conselho da Magistratura.

Art. 106. Dependerá de proposta do Tribunal de Justiça, ou de seu Órgão Especial, a alteração numérica dos membros do próprio Tribunal ou dos Tribunais inferiores de segunda instância e dos juízes de direito de primeira instância.

- V. art. 96, II, a, b e c, CF.

§ 1º Somente será majorado o número dos membros do Tribunal se o total de processos distribuídos e julgados, durante o ano anterior, superar o índice de trezentos feitos por juiz.

- V. arts. 136 e 137.

§ 2º Se o total de processos judiciais distribuídos no Tribunal de Justiça, durante o ano anterior, superar o índice de seiscentos feitos por juiz e não for proposto o aumento de número de desembargadores, o acúmulo de serviços não excluirá a aplicação das sanções previstas nos arts. 56 e 57 desta Lei.

§ 3º Para efeito do cálculo a que se referem os parágrafos anteriores, não serão computados os membros do Tribunal que, pelo exercício de cargos de direção, não integrarem as Câmaras, Turmas ou Seções, ou que, integrando-as, nelas não servirem como relator ou revisor.

§ 4º Elevado o número de membros do Tribunal de Justiça ou o dos Tribunais inferiores de segunda instância, ou neles ocorrendo vaga, serão previamente aproveitados os em disponibilidade, salvo o disposto no § 2º do art. 202 da Constituição Federal e no § 1º do art. 57 desta Lei, nas vagas reservadas aos magistrados.

§ 5º No caso do parágrafo anterior, havendo mais de um concorrente à mesma vaga, terá preferência o de maior tempo de disponibilidade, e, sendo este o mesmo, o de maior antiguidade, sucessivamente, na substituição e no cargo.

Art. 107. É vedada a convocação ou designação de juiz para exercer cargo ou função nos Tribunais, ressalvada a substituição ocasional de seus integrantes (art. 118).

- V. art. 140.

Capítulo III
Dos Tribunais de Alçada

- V. art. 4º, EC 45/2004 (Reforma do Judiciário), que extinguiu os Tribunais de Alçada.

Art. 108. Poderão ser criados nos Estados, mediante proposta dos respectivos Tribunais de Justiça, Tribunais inferiores de segunda instância, denominados Tribunais de Alçada, observados os seguintes requisitos:

- V. art. 139, §§ 1º e 2º.
- V. art. 125, § 1º, CF.
- V. art. 70, ADCT.

I – ter o Tribunal de Justiça número de desembargadores igual ou superior a trinta;

II – haver o número de processos distribuídos no Tribunal de Justiça, nos dois últimos anos, superado o índice de trezentos feitos por desembargador, em cada ano;

III – limitar-se a competência do Tribunal de Alçada, em matéria cível, a recursos:

- Inciso III com redação determinada pela LC 37/1979.
- V. art. 139, §§ 1º e 2º.

a) em quaisquer ações relativas à locação de imóveis, bem assim nas possessórias;

- V. arts. 554 a 568, CPC/2015.

b) na ações relativas à matéria fiscal da competência dos municípios;

c) nas ações de acidentes do trabalho;

- V. art. 129, Lei 8.213/1991 (Planos de Benefícios da Previdência Social).
- V. Súmula 15, STJ.

d) nas ações de procedimento sumaríssimo, em razão da matéria;

- A Lei 9.245/1995 substituiu a expressão "sumaríssimo" por "sumário".

e) nas execuções por título extrajudicial, exceto as relativas à matéria fiscal da competência dos Estados;

- V. art. 585, arquivo x

IV – limitar-se a competência do Tribunal de Alçada, em matéria penal, a *habeas corpus* e recursos:

- Inciso IV com redação determinada pela LC 37/1979.

a) nos crimes contra o patrimônio, seja qual for a natureza da pena cominada;

b) nas demais infrações a que não seja cominada pena de reclusão, isolada, cumulativa ou alternativamente, excetuados os crimes ou contravenções relativas a tóxicos ou entorpecentes, e a falência.

Parágrafo único. Nos Estados em que houver mais de um Tribunal de Alçada, caberá privativamente a um deles, pelo menos, exercer a competência prevista no inciso IV deste artigo.

- Parágrafo único acrescentado pela LC 37/1979.

Art. 109. Nos casos de conexão ou continência entre ações de competência do Tribunal de Justiça e do Tribunal de Alçada, prorrogar-se-á a do primeiro, o mesmo ocorrendo quando, em matéria penal, houver desclassificação para crime de competência do último.

Art. 110. Os Tribunais de Alçada terão jurisdição na totalidade ou em parte do território do Estado, e sede na Capital ou em cidade localizada na área de sua jurisdição.

Parágrafo único. Aplica-se, no que couber, aos Tribunais de Alçada, o disposto nos arts. 100, *caput*, §§ 1º, 2º e 5º, 101 e 102.

Art. 111. Nos Estados com mais de um Tribunal de Alçada é assegurado aos seus juízes o direito de remoção de um para outro Tribunal, mediante prévia aprovação do Tribunal de Justiça, observado o quinto constitucional.

Capítulo IV
Da Justiça de Paz

Art. 112. A Justiça de Paz temporária, criada por lei, mediante proposta do Tribunal de Justiça, tem competência somente para o processo de habilitação e a celebração do casamento.

- V. art. 98, II, CF.

§ 1º O juiz de paz será nomeado pelo Governador, mediante escolha em lista tríplice, organizada pelo Presidente do Tribunal de Justiça, ouvido o juiz de direito da comarca, e composta de eleitores residentes no distrito, não pertencentes a órgão de direção ou de ação de partido político. Os demais nomes constantes da lista tríplice serão nomeados primeiro e segundo suplentes.

§ 2º O exercício efetivo da função de juiz de paz constitui serviço público relevante e assegurará prisão especial, em caso de crime comum, até definitivo julgamento.

§ 3º Nos casos de falta, ausência ou impedimento do juiz de paz e de seus suplentes, caberá ao juiz de direito da comarca a nomeação de juiz de paz *ad hoc*.

Art. 113. A impugnação à regularidade do processo de habilitação matrimonial e a contestação a impedimento oposto serão decididas pelo juiz de direito.

- V. arts. 67 a 69, Lei 6.015/1973 (Lei de Registros Públicos).

TÍTULO IX
Da Substituição nos Tribunais

Art. 114. O Presidente do Tribunal é substituído pelo Vice-Presidente, e este e o Corregedor, pelos demais membros, na ordem decrescente de antiguidade.

Art. 115. (*Revogado pela LC 54/1986*).

Art. 116. Quando o afastamento for por período igual ou superior a 3 (três) dias, serão redistribuídos, mediante oportuna compensação, os *habeas corpus*, os mandados de segurança e os feitos que, consoante fundada alegação do interessado, reclamem solução urgente. Em caso de vaga, ressalvados esses processos, os demais serão atribuídos ao nomeado para preenchê-la.

Art. 117. Para compor o *quorum* de julgamento, o magistrado, nos casos de ausência ou impedimento eventual, será substituído por outro da mesma Câmara ou Turma, na ordem de antiguidade, ou, se impossível, de outra, de preferência da mesma Seção especializada, na forma prevista no Regimento Interno. Na ausência de critérios objetivos, a convocação far-se-á mediante sorteio público, realizado pelo Presidente da Câmara, Turma ou Seção especializada.

- V. arts. 67, § 2º, e 71, parágrafo único.

Art. 118. Em caso de vaga ou afastamento, por prazo superior a 30 (trinta) dias, de membro dos Tribunais Superiores, dos Tribunais Regionais, dos Tribunais de Justiça e dos Tribunais de Alçada, *(vetado)* poderão ser convocados juízes, em substituição *(vetado)* escolhido *(vetado)* por decisão da maioria absoluta do Tribunal respectivo, ou se houver, de seu Órgão Especial.

- *Caput* com redação determinada pela LC 54/1986.
- V. art. 4º, EC 45/2004 (Reforma do Judiciário), que extinguiu os Tribunais de Alçada.

§ 1º A convocação far-se-á mediante sorteio público dentre:

I – os juízes federais, para o Tribunal Federal de Recursos:

- O TFR foi extinto pela CF/1988.

II – o corregedor e juízes auditores, para a substituição de Ministro togado do Superior Tribunal Militar;

III – os juízes da comarca da Capital, para os Tribunais de Justiça dos Estados onde não houver Tribunal de Alçada e, onde houver, dentre os membros deste, para os Tribunais de Justiça, e dentre os juízes da comarca da sede do Tribunal de Alçada, para o mesmo;

- V. art. 4º, EC 45/2004 (Reforma do Judiciário), que extinguiu os Tribunais de Alçada.

IV – os juízes de direito do Distrito Federal, para o Tribunal de Justiça do Distrito Federal e dos Territórios;

V – os juízes Presidentes de Junta de Conciliação e Julgamento da sede da Região para os Tribunais Regionais do Trabalho.

- A EC 24/1999 substituiu as Juntas de Conciliação e Julgamento por Varas do Trabalho (juiz singular) e extinguiu a representação classista na Justiça do Trabalho.

§ 2º Não poderão ser convocados juízes punidos com as penas previstas no art. 42, I, II, III e IV, nem os que estejam respondendo ao procedimento previsto no art. 27.

§ 3º A convocação de Juiz de Tribunal do Trabalho, para substituir Ministro do Tribunal do Superior do Trabalho, obedecerá ao disposto neste artigo.

§ 4º Em nenhuma hipótese, salvo vacância do cargo, haverá redistribuição de processos aos juízes convocados.

- § 4º acrescentado pela LC 54/1986.

Art. 119. A redistribuição de feitos, a substituição nos casos de ausência ou impedimento eventual e a convocação para completar *quorum* de julgamento não autorizam a concessão de qualquer vantagem, salvo diárias e transporte, se for o caso.

TÍTULO X
Disposições Finais e Transitórias

Art. 120. Os Regimentos Internos dos Tribunais disporão sobre a devolução e julgamento dos feitos, no sentido de que, ressalvadas as preferências legais, se obedeça, tanto quanto possível, na organização das pautas, a igualdade numérica entre os processos em que o juiz funcione como relator e revisor.

Art. 121. Nos julgamentos, o pedido de vista não impede votem os juízes que se tenham por habilitados a fazê-lo, e o juiz que o formular restituirá os autos ao Presidente dentro em 10 (dez) dias, no máximo, contados do dia do pedido, de-

Legislação

vendo prosseguir o julgamento do feito na primeira sessão subsequente a este prazo.

Art. 122. Os Presidentes e Vice-Presidentes de Tribunal, assim como os Corregedores, não poderão participar de Tribunal Eleitoral.

Art. 123. Poderão ter seus mandatos prorrogados, por igual período, o Presidente, o Vice-Presidente e o Corregedor que, por força de disposição regimental, estejam, na data da publicação desta Lei, cumprindo mandato de 1 (um) ano.

Art. 124. O magistrado que for convocado para substituir, em primeira ou segunda instância, percebera a diferença de vencimentos correspondentes ao cargo que passa a exercer, inclusive diárias e transporte, se for o caso.

- Artigo com redação determinada pela LC 54/1986.

Art. 125. O Presidente do Tribunal, de comum acordo com o Vice-Presidente, poderá delegar-lhe atribuições.

Art. 126. O Conselho da Justiça Federal compõe-se do Presidente e do Vice-Presidente do Tribunal Federal de Recursos, e de mais três Ministros eleitos pelo Tribunal, com mandato de 2 (dois) anos.

- V. art. 105, parágrafo único, CF.

Parágrafo único. O Tribunal Federal de Recursos, ao eleger os três Ministros que integrarão o Conselho, indicará, dentre eles, o Corregedor-Geral, bem como elegerá os respectivos suplentes.

- O TFR foi extinto pela CF/1988.

Art. 127. Nas Justiças da União, dos Estados e do Distrito Federal e dos Territórios, poderão existir outros órgãos com funções disciplinares e de correição, nos termos da lei, ressalvadas as competências dos previstos nesta.

Art. 128. Nos Tribunais, não poderão ter assento na mesma Turma, Câmara ou Seção, cônjuges e parentes consanguíneos ou afins em linha reta, bem como em linha colateral até o terceiro grau.

Parágrafo único. Nas sessões do Tribunal Pleno ou órgão que o substituir, onde houver, o primeiro dos membros mutuamente impedidos, que votar, excluirá a participação do outro no julgamento.

Art. 129. O magistrado, pelo exercício em órgão disciplinar ou de correição, nenhuma vantagem pecuniária perceberá, salvo transporte e diária para alimentação e pousada, quando se deslocar de sua sede.

- V. art. 65, IV.

Art. 130. (*Revogado pela LC 37/1979*).

Art. 131. Ao magistrado que responder a processo disciplinar, findo este, dar-se-á certidão de suas peças, se o requerer.

- V. art. 27.

Art. 132. Aplicam-se à Justiça do Distrito Federal e dos Territórios, no que couber, as normas referentes à Justiça dos Estados.

- V. arts. 95 a 113.

Art. 133. O Presidente do Supremo Tribunal Federal adotará as providências necessárias à instalação do Conselho Nacional da Magistratura no prazo de 30 (trinta) dias, contado da entrada em vigor desta Lei.

- V. nota ao art. 1º, II.
- V. arts. 3º, 50 e 60.

Art. 134. Concluídas as instalações que possam atender à nova composição do Tribunal Federal de Recursos, serão preenchidos oito cargos de Ministro, para completar o número de vinte e sete, nos termos do art. 4º, devendo o Presidente do Tribunal, no prazo de 30 (trinta) dias, tornar efetiva a reorganização determinada nesta Lei e promover a adaptação do regimento interno às regras nela estabelecidas.

Parágrafo único. As disposições dos arts. 115 e 118 da Lei Complementar 35, de 14 de março de 1979, não se aplicarão ao Tribunal Federal de Recursos, enquanto não forem preenchidos os oito cargos de Ministro, para completar o número de vinte e sete, nos termos previstos neste artigo.

- Parágrafo único acrescentado pela LC 37/1979.

Art. 135. O mandato dos membros do Conselho Nacional da Magistratura eleitos no prazo do artigo anterior, com início na data da sua eleição, terminará juntamente com o do Presidente e do Vice-Presidente do Supremo Tribunal Federal eleitos em substituição aos atuais.

- V. nota ao art. 1º, II.

Art. 136. Para efeito do aumento do número de desembargadores, previsto no art. 106, § 1º, poderá ser computado o número de processos distribuídos durante o ano anterior, e que, por força desta Lei, passaram à competência dos Tribunais de Justiça.

Art. 137. Os cargos de desembargadores criados após a promulgação da Emenda Constitucional 7, de 13 de abril de 1977, e ainda não providos à data da vigência desta Lei, somente o serão uma vez satisfeito o requisito constante no art. 106, § 1º.

Art. 138. Aos juízes togados, nomeados mediante concurso de provas e ainda sujeitos a concurso de títulos consoante as legislações estaduais, computar-se-á, no período de 2 (dois) anos de estágio para aquisição da vitaliciedade, o tempo de exercício anterior a 13 de abril de 1977.

Art. 139. Dentro de 6 (seis) meses, contados da vigência desta Lei, os Estados adaptarão sua organização judiciária aos preceitos nela estabelecidos e aos constantes da Constituição Federal.

§ 1º Nos Estados em que houver Tribunal de Alçada, os Tribunais de Justiça observarão, quanto à competência, o disposto no art. 108, incisos III e IV.

- § 1º com redação determinada pela LC 37/1979.
- V. art. 4º, EC 45/2004 (Reforma do Judiciário), que extinguiu os Tribunais de Alçada.

§ 2º Os Tribunais de Justiça e os de Alçada conservarão, residualmente, sua competência, para o processo e julgamento dos feitos e recursos que houverem sido entregues, nas respectivas secretarias, até a data da entrada em vigor da lei estadual de adaptação prevista no art. 202 da Constituição, ainda que não tenham sido registrados ou autuados.

- § 2º com redação determinada pela LC 37/1979.
- V. art. 4º, EC 45/2004 (Reforma do Judiciário), que extinguiu os Tribunais de Alçada.

Art. 140. Vencido o prazo do artigo anterior, ficarão extintos os cargos de juiz substituto de segunda instância, qualquer que seja a sua denominação, e seus ocupantes, em disponibilidade, com vencimentos integrais até serem aproveitados.

§ 1º O aproveitamento far-se-á por promoção ao Tribunal de Justiça ou ao Tribunal de Alçada, conforme o caso, respeitado o quinto constitucional, alternadamente, pelos critérios de antiguidade e merecimento, e, enquanto não for possível, nas varas da comarca da Capital, de entrância igual à dos ocupantes dos cargos extintos.

- V. art. 4º, EC 45/2004 (Reforma do Judiciário), que extinguiu os Tribunais de Alçada.

§ 2º No Estado do Rio de Janeiro, nas primeiras vagas que ocorrerem ou vierem a ser criadas no Tribunal de Justiça, ressalvada a faculdade do Governador, de prévio aproveitamento dos atuais desembargadores em disponibilidade (Emenda Constitucional 7, art. 202, § 2º) e observado o quinto constitucional, serão aproveitados os atuais juízes de direito substitutos de desembargador, sem prejuízo da antiguidade que tiverem os demais juízes de direito de entrância especial, na oportunidade do acesso ao tribunal.

§ 3º Os juízes substitutos dos Tribunais de Alçada do mesmo Estado serão aproveitados nas primeiras vagas que ocorrerem ou vierem a ser criadas em qualquer desses Tribunais, observados os mesmos critérios deste artigo.

- V. art. 4º, EC 45/2004 (Reforma do Judiciário), que extinguiu os Tribunais de Alçada.

§ 4º Os juízes que, na data da entrada em vigor desta Lei, estejam no exercício de função substituinte, mediante convocação temporária, reassumirão o exercício das varas de que sejam titulares.

§ 5º É vedado o aproveitamento por forma diversa da prevista nos artigos anteriores, inclusive como assessor, assistente ou auxiliar de desembargador ou de juiz de Tribunal de Alçada.

- V. art. 4º, EC 45/2004 (Reforma do Judiciário), que extinguiu os Tribunais de Alçada.

Art. 141. Independentemente do disposto no § 3º, do art. 100, desta Lei, fica assegurado o acesso aos Tribunais de Justiça, pelo critério de antiguidade, de todos os juízes de direito que, à data da promulgação desta Lei, integrem a mais elevada entrância, desde que, segundo as disposições estaduais então vigentes, tenham igual ou maior antiguidade do que a daqueles que integram os Tribunais de Alçada, ressalvada a recusa prevista no inciso III, do art. 144, da Constituição Federal.

- V. art. 4º, EC 45/2004 (Reforma do Judiciário), que extinguiu os Tribunais de Alçada.

Art. 142. No Estado do Rio de Janeiro a aplicação do disposto no § 3º do art. 100 não poderá afetar a antiguidade que tiverem, na data da entrada em vigor desta Lei, os juízes que atualmente compõem a entrância especial, entre os quais se incluem os juízes que integram os Tribunais de Alçada.

- V. art. 4º, EC 45/2004 (Reforma do Judiciário), que extinguiu os Tribunais de Alçada.

Art. 143. O disposto no § 4º do art. 100 não se aplica às vagas correntes antes da data da entrada em vigor desta Lei.

Art. 144. (*Vetado*).

Parágrafo único. *(Vetado).*

Art. 145. As gratificações e adicionais atualmente atribuídos a magistrados, não previstos no art. 65, ou excedentes das percentagens e limites nele fixados, ficam extintos e seus valores atuais passam a ser percebidos como vantagem pessoal inalterável no seu *quantum*, a ser absorvida em futuros aumentos ou reajustes de vencimentos.

Parágrafo único. A absorção a que se refere este artigo não se aplica ao excesso decorrente do número de quinquênios e não excederá de 20% (vinte por cento) em cada aumento ou reajuste de vencimento.

Art. 146. Esta Lei entrará em vigor 60 (sessenta) dias após sua publicação.

Art. 147. Revogam-se as disposições em contrário.

Brasília, em 14 de março de 1979; 158º da Independência e 91º da República.

Ernesto Geisel

(*DOU* 14.03.1979)

LEI COMPLEMENTAR 75, DE 20 DE MAIO DE 1993

Dispõe sobre a organização, as atribuições e o Estatuto do Ministério Público da União.

O Presidente da República:

Faço saber que o Congresso Nacional decreta e eu sanciono a seguinte Lei Complementar:

TÍTULO I
Das Disposições Gerais

Capítulo I
Da Definição, dos Princípios e das Funções Institucionais

Art. 1º O Ministério Público da União, organizado por esta Lei Complementar, é instituição permanente, essencial à função jurisdicional do Estado, incumbindo-lhe a defesa da ordem jurídica, do regime democrático, dos interesses sociais e dos interesses individuais indisponíveis.

- V. art. 127, caput, CF.
- V. arts. 1º e 2º, parágrafo único, Lei 8.625/1993 (Lei Orgânica do Ministério Público).

Art. 2º Incumbem ao Ministério Público as medidas necessárias para garantir o respeito dos Poderes Públicos e dos serviços de relevância pública aos direitos assegurados pela Constituição Federal.

Art. 3º O Ministério Público da União exercerá o controle externo da atividade policial tendo em vista:

- V. arts. 9º e 10.
- V. art. 129, VII, CF.

a) o respeito aos fundamentos do Estado Democrático de Direito, aos objetivos fundamentais da República Federativa do Brasil, aos princípios informadores das relações internacionais, bem como aos direitos assegurados na Constituição Federal e na lei;

b) a preservação da ordem pública, da incolumidade das pessoas e do patrimônio público;

c) a prevenção e a correção de ilegalidade ou de abuso de poder;

d) a indisponibilidade da persecução penal;

e) a competência dos órgãos incumbidos da segurança pública.

Art. 4º São princípios institucionais do Ministério Público da União a unidade, a indivisibilidade e a independência funcional.

- V. art. 127, § 1º, CF.
- V. art. 1º, parágrafo único, Lei 8.625/1993 (Lei Orgânica do Ministério Público).

Art. 5º São funções institucionais do Ministério Público da União:

I – a defesa da ordem jurídica, do regime democrático, dos interesses sociais e dos interesses individuais indisponíveis, considerados, dentre outros, os seguintes fundamentos e princípios:

a) a soberania e a representatividade popular;

b) os direitos políticos;

c) os objetivos fundamentais da República Federativa do Brasil;

d) a indissolubilidade da União;

e) a independência e a harmonia dos Poderes da União;

f) a autonomia dos Estados, do Distrito Federal e dos Municípios;

g) as vedações impostas à União, aos Estados, ao Distrito Federal e aos Municípios;

h) a legalidade, a impessoabilidade, a moralidade e a publicidade, relativas à administração pública direta, indireta ou fundacional, de qualquer dos Poderes da União;

II – zelar pela observância dos princípios constitucionais relativos:

a) ao sistema tributário, às limitações do poder de tributar, à repartição do poder impositivo e das receitas tributárias e aos direitos do contribuinte;

b) às finanças públicas;

c) à atividade econômica, à política urbana, agrícola, fundiária e de reforma agrária e ao sistema financeiro nacional;

d) à seguridade social, à educação, à cultura e ao desporto, à ciência e à tecnologia, à comunicação social e ao meio ambiente;

e) à segurança pública;

III – a defesa dos seguintes bens e interesses:

a) o patrimônio nacional;

b) o patrimônio público e social;

c) o patrimônio cultural brasileiro;

d) o meio ambiente;

e) os direitos e interesses coletivos, especialmente das comunidades indígenas, da família, da criança, do adolescente e do idoso;

IV – zelar pelo efetivo respeito dos Poderes Públicos da União, dos serviços de relevância pública e dos meios de comunicação social aos princípios, garantias, condições, direitos, deveres e vedações previstos na Constituição Federal e na lei, relativos à comunicação social;

V – zelar pelo efetivo respeito dos Poderes Públicos da União e dos serviços de relevância pública quanto:

a) aos direitos assegurados na Constituição Federal relativos às ações e aos serviços de saúde e à educação;

b) aos princípios da legalidade, da impessoalidade, da moralidade e da publicidade;

VI – exercer outras funções previstas na Constituição Federal e na lei.

§ 1º Os órgãos do Ministério Público da União devem zelar pela observância dos princípios e competências da Instituição, bem como pelo livre exercício de suas funções.

§ 2º Somente a lei poderá especificar as funções atribuídas pela Constituição Federal e por esta Lei Complementar ao Ministério Público da União, observados os princípios e normas nelas estabelecidos.

- V. Lei 8.625/1993 (Lei Orgânica do Ministério Público).

Capítulo II
Dos Instrumentos de Atuação

Art. 6º Compete ao Ministério Público da União:

I – promover a ação direta de inconstitucionalidade e o respectivo pedido de medida cautelar;

II – promover a ação direta de inconstitucionalidade por omissão;

III – promover a arguição de descumprimento de preceito fundamental decorrente da Constituição Federal;

IV – promover a representação para intervenção federal nos Estados e no Distrito Federal;

V – promover, privativamente, a ação penal pública, na forma da lei;

- V. art. 129, I, CF.

VI – impetrar *habeas corpus* e mandado de segurança;

VII – promover o inquérito civil e a ação civil pública para:

- V. Res. CSMPF 87/2006 (Regulamenta, no âmbito do Ministério Público Federal, a instauração e tramitação do Inquérito Civil).
- V. Res. CNMP 23/2007 (Regulamenta os arts. 6º, VII, e 7º, I, da LC 75/1993 e os arts. 25, IV, e 26, I, da Lei 8.625/1993, disciplinando, no âmbito do Ministério Público, a instauração e tramitação do inquérito civil).

a) a proteção dos direitos constitucionais;

b) a proteção do patrimônio público e social, do meio ambiente, dos bens e direitos de valor artístico, estético, histórico, turístico e paisagístico;

c) a proteção dos interesses individuais indisponíveis, difusos e coletivos, relativos às comunidades indígenas, à família, à criança, ao adolescente, ao idoso, às minorias étnicas e ao consumidor;

d) outros interesses individuais indisponíveis, homogêneos, sociais, difusos e coletivos;

VIII – promover outras ações, nelas incluído o mandado de injunção sempre que a falta de norma regulamentadora torne inviável o exercício dos direitos e liberdades constitucionais e das prerrogativas inerentes à nacionalidade, à soberania e à cidadania, quando difusos os interesses a serem protegidos;

IX – promover ação visando ao cancelamento de naturalização, em virtude de atividade nociva ao interesse nacional;

X – promover a responsabilidade dos executores ou agentes do estado de defesa ou do estado de sítio, pelos ilícitos cometidos no período de sua duração;

XI – defender judicialmente os direitos e interesses das populações indígenas, incluídos os relativos às terras por elas tradicionalmente habitadas, propondo as ações cabíveis;

XII – propor ação civil coletiva para defesa de interesses individuais homogêneos;

XIII – propor ações de responsabilidade do fornecedor de produtos e serviços;

XIV – promover outras ações necessárias ao exercício de suas funções institucionais, em defesa da ordem jurídica, do regime democrático e dos interesses sociais e individuais indisponíveis, especialmente quanto:

a) ao Estado de Direito e às instituições democráticas;

b) à ordem econômica e financeira;

c) à ordem social;

d) ao patrimônio cultural brasileiro;

e) à manifestação de pensamento, de criação, de expressão ou de informação;

f) à probidade administrativa;

g) ao meio ambiente;

XV – manifestar-se em qualquer fase dos processos, acolhendo solicitação do juiz ou por sua iniciativa, quando entender existente interesse em causa que justifique a intervenção;

XVI – *(Vetado).*

XVII – propor as ações cabíveis para:

a) perda ou suspensão de direitos políticos, nos casos previstos na Constituição Federal;

b) declaração de nulidade de atos ou contratos geradores do endividamento externo da União, de suas autarquias, fundações e demais entidades controladas pelo Poder Público Federal, ou com repercussão direta ou indireta em suas finanças;

c) dissolução compulsória de associações, inclusive de partidos políticos, nos casos previstos na Constituição Federal;

d) cancelamento de concessão ou de permissão, nos casos previstos na Constituição Federal;

e) declaração de nulidade de cláusula contratual que contrarie direito do consumidor;

XVIII – representar:

a) ao órgão judicial competente para quebra de sigilo da correspondência e das comunicações telegráficas, de dados e das comunicações telefônicas, para fins de investigação criminal ou instrução processual penal, bem como manifestar-se sobre representação a ele dirigida para os mesmos fins;

b) ao Congresso Nacional, visando ao exercício das competências deste ou de qualquer de suas Casas ou comissões;

c) ao Tribunal de Contas da União, visando ao exercício das competências deste;

d) ao órgão judicial competente, visando à aplicação de penalidade por infrações cometidas contra as normas de proteção à infância e à juventude, sem prejuízo da promoção da responsabilidade civil e penal do infrator, quando cabível;

XIX – promover a responsabilidade:

a) da autoridade competente, pelo não exercício das incumbências, constitucional e legalmente impostas ao Poder Público da União, em defesa do meio ambiente, de sua preservação e de sua recuperação;

b) de pessoas físicas ou jurídicas, em razão da prática de atividade lesiva ao meio ambiente, tendo em vista a aplicação de sanções penais e a reparação dos danos causados;

XX – expedir recomendações, visando à melhoria dos serviços públicos e de relevância pública, bem como ao respeito, aos interesses, direitos e bens cuja defesa lhe cabe promover, fixando prazo razoável para a adoção das providências cabíveis.

§ 1º Será assegurada a participação do Ministério Público da União, como instituição observadora, na forma e nas condições estabelecidas em ato do Procurador-Geral da República, em qualquer órgão da administração pública direta, indireta ou fundacional da União, que tenha atribuições correlatas às funções da Instituição.

- V. art. 84, I.

§ 2º A lei assegurará a participação do Ministério Público da União nos órgãos colegiados estatais, federais ou do Distrito Federal, constituídos para defesa de direitos e interesses relacionados com as funções da Instituição.

- V. art. 38, VI.

Art. 7º Incumbe ao Ministério Público da União, sempre que necessário ao exercício de suas funções institucionais:

I – instaurar inquérito civil e outros procedimentos administrativos correlatos;

- V. Res. CNMP 23/2007 (Regulamenta os arts. 6º, VII, e 7º, I, da LC 75/1993 e os arts. 25, IV, e 26, I, da Lei 8.625/1993, disciplinando, no âmbito do Ministério Público, a instauração e tramitação do inquérito civil).

II – requisitar diligências investigatórias e a instauração de inquérito policial e de inquérito policial militar, podendo acompanhá-los e apresentar provas;

III – requisitar à autoridade competente a instauração de procedimentos administrativos, ressalvados os de natureza disciplinar, podendo acompanhá-los e produzir provas.

Art. 8º Para o exercício de suas atribuições, o Ministério Público da União poderá, nos procedimentos de sua competência:

- V. Res. CNMP 13/2006 (Regulamenta o art. 8º da LC 75/1993 e o art. 26 da Lei 8.625/1993, disciplinando, no âmbito do Ministério Público, a instauração e tramitação do procedimento investigatório criminal).

I – notificar testemunhas e requisitar sua condução coercitiva, no caso de ausência injustificada;

II – requisitar informações, exames, perícias e documentos de autoridades da Administração Pública direta ou indireta;

III – requisitar da Administração Pública serviços temporários de seus servidores e meios materiais necessários para a realização de atividades específicas;

IV – requisitar informações e documentos a entidades privadas;

V – realizar inspeções e diligências investigatórias;

VI – ter livre acesso a qualquer local público ou privado, respeitadas as normas constitucionais pertinentes à inviolabilidade do domicílio;

VII – expedir notificações e intimações necessárias aos procedimentos e inquéritos que instaurar;

VIII – ter acesso incondicional a qualquer banco de dados de caráter público ou relativo a serviço de relevância pública;

IX – requisitar o auxílio de força policial.

§ 1º O membro do Ministério Público será civil e criminalmente responsável pelo uso indevido das informações e documentos que requisitar; a ação penal, na hipótese, poderá ser proposta também pelo ofendido, subsidiariamente, na forma da lei processual penal.

§ 2º Nenhuma autoridade poderá opor ao Ministério Público, sob qualquer pretexto, a exceção de sigilo, sem prejuízo da subsistência do caráter sigiloso da informação, do registro, do dado ou do documento que lhe seja fornecido.

§ 3º A falta injustificada e o retardamento indevido do cumprimento das requisições do Ministério Público implicarão a responsabilidade de quem lhe der causa.

§ 4º As correspondências, notificações, requisições e intimações do Ministério Público quando tiverem como destinatário o Presidente da República, o Vice-Presidente da República, membro do Congresso Nacional, Ministro do Supremo Tribunal Federal, Ministro de Estado, Ministro de Tribunal Superior, Ministro do Tribunal de Contas da União ou chefe de missão diplomática de caráter permanente serão encaminhadas e levadas a efeito pelo Procurador-Geral da República ou outro órgão do Ministério Público a quem essa atribuição seja delegada, cabendo às autoridades mencionadas fixar data, hora e local em que puderem ser ouvidas, se for o caso.

§ 5º As requisições do Ministério Público serão feitas fixando-se prazo razoável de até 10 (dez) dias úteis para atendimento, prorrogável mediante solicitação justificada.

[...]

Capítulo V
Das Garantias e das Prerrogativas

Art. 17. Os membros do Ministério Público da União gozam das seguintes garantias:

I – vitaliciedade, após 2 (dois) anos de efetivo exercício, não podendo perder o cargo senão por sentença judicial transitada em julgado;

- V. art. 184.
- V. art. 128, § 5º, I, a, CF.

II – inamovibilidade, salvo por motivo de interesse público, mediante decisão do Conselho Superior, por voto de 2/3 (dois terços) de seus membros, assegurada ampla defesa;

- V. art. 209.
- V. art. 128, § 5º, I, b, CF.

III – *(Vetado).*

Art. 18. São prerrogativas dos membros do Ministério Público da União:

I – institucionais:

a) sentar-se no mesmo plano e imediatamente à direita dos juízes singulares ou presidentes dos órgãos judiciários perante os quais oficiem;

b) usar vestes talares;

c) ter ingresso e trânsito livres, em razão de serviço, em qualquer recinto público ou privado, respeitada a garantia constitucional da inviolabilidade do domicílio;

d) a prioridade em qualquer serviço de transporte ou comunicação, público ou privado, no território nacional, quando em serviço de caráter urgente;

e) o porte de arma, independentemente de autorização;

- V. art. 234.

f) carteira de identidade especial, de acordo com modelo aprovado pelo Procurador-Geral da República e por ele expedida, nela se consignando as prerrogativas constantes do inciso I, alíneas *c, d* e *e* e do inciso II, alíneas *d, e* e *f*, deste artigo;

II – processuais:

a) do Procurador-Geral da República, ser processado e julgado, nos crimes comuns, pelo Supremo Tribunal Federal e pelo Senado Federal, nos crimes de responsabilidade;

b) do membro do Ministério Público da União que oficie perante tribunais, ser processado e julgado, nos crimes comuns e de responsabilidade, pelo Superior Tribunal de Justiça;

c) do membro do Ministério Público da União que oficie perante juízos de primeira instância, ser processado e julgado, nos crimes comuns e de responsabilidade, pelos Tribunais Regionais Federais, ressalvada a competência da Justiça Eleitoral;

d) ser preso ou detido somente por ordem escrita do tribunal competente ou em razão de flagrante de crime inafiançável, caso em que a autoridade fará imediata comunicação àquele tribunal e ao Procurador-Geral da República, sob pena de responsabilidade;

e) ser recolhido à prisão especial ou à sala especial de Estado-Maior, com direito a privacidade e à disposição do tribunal competente para o julgamento, quando sujeito a prisão antes da decisão final; e a dependência separada no estabelecimento em que tiver de ser cumprida a pena;

- V. art. 234.

f) não ser indiciado em inquérito policial, observado o disposto no parágrafo único deste artigo;

g) ser ouvido, como testemunhas, em dia, hora e local previamente ajustados com o magistrado ou a autoridade competente;

h) receber intimação pessoalmente nos autos em qualquer processo e grau de jurisdição nos feitos em que tiver que oficiar.

Parágrafo único. Quando, no curso de investigação, houver indício da prática de infração penal por membro do Ministério Público da União, a autoridade policial, civil ou militar, remeterá imediatamente os autos ao Procurador-Geral da República, que designará membro do Ministério Público para prosseguimento da apuração do fato.

Art. 19. O Procurador-Geral da República terá as mesmas honras e tratamento dos Ministros do Supremo Tribunal Federal; e os demais membros da Instituição, as que forem reservadas aos magistrados perante os quais oficiem.

Art. 20. Os órgãos do Ministério Público da União terão presença e palavra asseguradas em todas as sessões dos colegiados em que oficiem.

Art. 21. As garantias e prerrogativas dos membros do Ministério Público da União são inerentes ao exercício de suas funções e irrenunciáveis.

Parágrafo único. As garantias e prerrogativas previstas nesta Lei Complementar não excluem as que sejam estabelecidas em outras leis.

[...]

TÍTULO II
Dos ramos do Ministério Público da União

[...]

Capítulo II
Do Ministério Público do Trabalho

Seção I
Da Competência, dos Órgãos e da Carreira

Art. 83. Compete ao Ministério Público do Trabalho o exercício das seguintes atribuições junto aos órgãos da Justiça do Trabalho:

I – promover as ações que lhe sejam atribuídas pela Constituição Federal e pelas leis trabalhistas;

II – manifestar-se em qualquer fase do processo trabalhista, acolhendo solicitação do juiz ou por sua iniciativa, quando entender existente interesse público que justifique a intervenção;

III – promover a ação civil pública no âmbito da Justiça do Trabalho, para defesa de interesses coletivos, quando desrespeitados os direitos sociais constitucionalmente garantidos;

IV – propor as ações cabíveis para declaração de nulidade de cláusula de contrato, acordo coletivo ou convenção coletiva que viole as liberdades individuais ou coletivas ou os direitos individuais indisponíveis dos trabalhadores;

V – propor as ações necessárias à defesa dos direitos e interesses dos menores, incapazes e índios, decorrentes das relações de trabalho;

VI – recorrer das decisões da Justiça do Trabalho, quando entender necessário, tanto nos processos em que for parte, como naqueles em que oficiar como fiscal da lei, bem como pedir revisão dos Enunciados da Súmula de Jurisprudência do Tribunal Superior do Trabalho;

VII – funcionar nas sessões dos Tribunais Trabalhistas, manifestando-se verbalmente sobre a matéria em debate, sempre que entender necessário, sendo-lhe assegurado o direito de vista dos processos em julgamento, podendo solicitar as requisições e diligências que julgar convenientes;

VIII – instaurar instância em caso de greve, quando a defesa da ordem jurídica ou o interesse público assim o exigir;

IX – promover ou participar da instrução e conciliação em dissídios decorrentes da paralisação de serviços de qualquer natureza, oficiando obrigatoriamente nos processos, manifestando sua concordância ou discordância, em eventuais acordos firmados antes da homologação, resguardado o direito de recorrer em caso de violação à lei e à Constituição Federal;

X – promover mandado de injunção, quando a competência for da Justiça do Trabalho;

XI – atuar como árbitro, se assim for solicitado pelas partes, nos dissídios de competência da Justiça do Trabalho;

XII – requerer as diligências que julgar convenientes para o correto andamento dos processos e para a melhor solução das lides trabalhistas;

XIII – intervir obrigatoriamente em todos os feitos nos segundo e terceiro graus de jurisdição da Justiça do Trabalho, quando a parte for pessoa jurídica de Direito Público, Estado estrangeiro ou organismo internacional.

Art. 84. Incumbe ao Ministério Público do Trabalho, no âmbito das suas atribuições, exercer as funções institucionais previstas nos Capítulos I, II, III e IV do Título I, especialmente:

I – integrar os órgãos colegiados previstos no § 1º do art. 6º, que lhes sejam pertinentes;

II – instaurar inquérito civil e outros procedimentos administrativos, sempre que cabíveis, para assegurar a observância dos direitos sociais dos trabalhadores;

III – requisitar à autoridade administrativa federal competente, dos órgãos de proteção ao trabalho, a instauração de procedimentos administrativos, podendo acompanhá-los e produzir provas;

IV – ser cientificado pessoalmente das decisões proferidas pela Justiça do Trabalho, nas causas em que o órgão tenha intervido ou emitido parecer escrito;

V – exercer outras atribuições que lhe forem conferidas por lei, desde que compatíveis com sua finalidade.

Art. 85. São órgãos do Ministério Público do Trabalho:

I – o Procurador-Geral do Trabalho;

II – o Colégio de Procuradores do Trabalho;

III – o Conselho Superior do Ministério Público do Trabalho;

IV – a Câmara de Coordenação e Revisão do Ministério Público do Trabalho;

V – a Corregedoria do Ministério Público do Trabalho;

VI – os Subprocuradores-Gerais do Trabalho;

VII – os Procuradores Regionais do Trabalho;

VIII – os Procuradores do Trabalho.

Art. 86. A carreira do Ministério Público do Trabalho será constituída pelos cargos de Subprocurador-Geral do Trabalho, Procurador Regional do Trabalho e Procurador do Trabalho.

Parágrafo único. O cargo inicial da carreira é o de Procurador do Trabalho e o do último nível o de Subprocurador-Geral do Trabalho.

Seção II
Do Procurador-Geral do Trabalho

Art. 87. O Procurador-Geral do Trabalho é o Chefe do Ministério Público do Trabalho.

Art. 88. O Procurador-Geral do Trabalho será nomeado pelo Procurador-Geral da República, dentre integrantes da Instituição, com mais de 35 (trinta e cinco) anos de idade e de 5 (cinco) anos na carreira, integrantes de lista tríplice escolhida mediante voto plurinominal, facultativo e secreto, pelo Colégio de Procuradores para um mandato de 2 (dois) anos, permitida uma recondução, observado o mesmo processo. Caso não haja número suficiente de candidatos com mais de 5 (cinco) anos na carreira, poderá concorrer à lista tríplice quem contar mais de 2 (dois) anos na carreira.

Parágrafo único. A exoneração do Procurador-Geral do Trabalho, antes do término do mandato, será proposta ao Procurador-Geral da República pelo Conselho Superior, mediante deliberação obtida com base em voto secreto de 2/3 (dois terços) de seus integrantes.

Art. 89. O Procurador-Geral do Trabalho designará, dentre os Subprocuradores-Gerais do Trabalho, o Vice-Procurador-Geral do Trabalho, que o substituirá em seus impedimentos. Em caso de vacância, exercerá o cargo o Vice-Presidente do Conselho Superior, até o seu provimento definitivo.

Art. 90. Compete ao Procurador-Geral do Trabalho exercer as funções atribuídas ao Ministério Público do Trabalho junto ao Plenário do Tribunal Superior do Trabalho, propondo as ações cabíveis e manifestando-se nos processos de sua competência.

Art. 91. São atribuições do Procurador-Geral do Trabalho:

I – representar o Ministério Público do Trabalho;

II – integrar, como membro nato, e presidir o Colégio de Procuradores do Trabalho, o Conselho Superior do Ministério Público do Trabalho e a Comissão de Concurso;

III – nomear o Corregedor-Geral do Ministério Público do Trabalho, segundo lista tríplice formada pelo Conselho Superior;

IV – designar um dos membros e o Coordenador da Câmara de Coordenação e Revisão do Ministério Público do Trabalho;

V – designar, observados os critérios da lei e os estabelecidos pelo Conselho Superior, os ofícios em que exercerão suas funções os membros do Ministério Público do Trabalho;

VI – designar o Chefe da Procuradoria Regional do Trabalho dentre os Procuradores Regionais do Trabalho lotados na respectiva Procuradoria Regional;

VII – decidir, em grau de recurso, os conflitos de atribuição entre os órgãos do Ministério Público do Trabalho;

VIII – determinar a abertura de correição, sindicância ou inquérito administrativo;

IX – determinar a instauração de inquérito ou processo administrativo contra servidores dos serviços auxiliares;

X – decidir processo disciplinar contra membro da carreira ou servidor dos serviços auxiliares, aplicando as sanções que sejam de sua competência;

XI – decidir, atendendo a necessidade do serviço, sobre:

a) remoção a pedido ou por permuta;

b) alteração parcial da lista bienal de designações;

XII – autorizar o afastamento de membros do Ministério Público do Trabalho, ouvido o Conselho Superior, nos casos previstos em lei;

XIII – dar posse aos membros do Ministério Público do Trabalho;

XIV – designar membro do Ministério Público do Trabalho para:

a) funcionar nos órgãos em que a participação da Instituição seja legalmente prevista, ouvido o Conselho Superior;

b) integrar comissões técnicas ou científicas, relacionadas às funções da Instituição, ouvido o Conselho Superior;

c) assegurar a continuidade dos serviços, em caso de vacância, afastamento temporário, ausência, impedimento ou suspeição do titular, na inexistência ou falta do substituto designado;

XV – homologar, ouvido o Conselho Superior, o resultado do concurso para ingresso na carreira;

XVI – fazer publicar aviso de existência de vaga, na lotação e na relação bienal de designações;

XVII – propor ao Procurador-Geral da República, ouvido o Conselho Superior, a criação e extinção de cargos da carreira e dos ofícios em que devam ser exercidas suas funções;

XVIII – elaborar a proposta orçamentária do Ministério Público do Trabalho, submetendo-a, para aprovação, ao Conselho Superior;

XIX – encaminhar ao Procurador-Geral da República a proposta orçamentária do Ministério Público do Trabalho, após sua aprovação pelo Conselho Superior;

XX – organizar a prestação de contas do exercício anterior, encaminhando-a ao Procurador-Geral da República;

XXI – praticar atos de gestão administrativa, financeira e de pessoal;

XXII – elaborar o relatório de atividades do Ministério Público do Trabalho;

XXIII – coordenar as atividades do Ministério Público do Trabalho;

XXIV – exercer outras atribuições previstas em lei.

Art. 92. As atribuições do Procurador-Geral do Trabalho, previstas no artigo anterior, poderão ser delegadas:

I – ao Coordenador da Câmara de Coordenação e Revisão, as dos incisos XIV, alínea *c*, e XXIII;

II – aos Chefes das Procuradorias Regionais do Trabalho nos Estados e no Distrito Federal, as dos incisos I, XIV, alínea *c*, XXI e XXIII.

Seção III
Do Colégio de Procuradores do Trabalho

Art. 93. O Colégio de Procuradores do Trabalho, presidido pelo Procurador-Geral do Trabalho, é integrado por todos os membros da carreira em atividade no Ministério Público do Trabalho.

Art. 94. São atribuições do Colégio de Procuradores do Trabalho:

I – elaborar, mediante voto plurinominal, facultativo e secreto, a lista tríplice para a escolha do Procurador-Geral do Trabalho;

II – elaborar, mediante voto plurinominal, facultativo e secreto, a lista sêxtupla para a composição do Tribunal Superior do Trabalho, sendo elegíveis os membros do Ministério Público do Trabalho com mais de 10 (dez) anos na carreira, tendo mais de 35 (trinta e cinco) e menos de 65 (sessenta e cinco) anos de idade;

III – elaborar, mediante voto plurinominal, facultativo e secreto, a lista sêxtupla para os Tribunais Regionais do Trabalho, dentre os Procuradores com mais de 10 (dez) anos de carreira;

IV – eleger, dentre os Subprocuradores-Gerais do Trabalho e mediante voto plurinominal, facultativo e secreto, quatro membros do Conselho Superior do Ministério Público do Trabalho.

§ 1º Para os fins previstos nos incisos deste artigo, prescindir-se-á de reunião do Colégio de Procuradores, procedendo-se segundo dispuser o seu Regimento Interno, exigido o voto da maioria absoluta dos eleitores.

§ 2º Excepcionalmente, em caso de interesse relevante da Instituição, o Colégio de Procuradores reunir-se-á em local designado pelo Procurador-Geral do Trabalho, desde que convocado por ele ou pela maioria de seus membros.

§ 3º Regimento Interno do Colégio de Procuradores do Trabalho disporá sobre seu funcionamento.

Seção IV
Do Conselho Superior do Ministério Público do Trabalho

Art. 95. O Conselho Superior do Ministério Público do Trabalho, presidido pelo Procurador-Geral do Trabalho, tem a seguinte composição:

I – o Procurador-Geral do Trabalho e o Vice-Procurador-Geral do Trabalho, que o integram como membros natos;

II – quatro Subprocuradores-Gerais do Trabalho, eleitos para um mandato de 2 (dois) anos, pelo Colégio de Procuradores do Trabalho, mediante voto plurinominal, facultativo e secreto, permitida uma reeleição;

III – quatro Subprocuradores-Gerais do Trabalho, eleitos para um mandato de 2 (dois) anos, por seus pares, mediante voto plurinominal, facultativo e secreto, permitida uma reeleição.

§ 1º Serão suplentes dos membros de que tratam os incisos II e III os demais votados, em ordem decrescente, observados os critérios gerais de desempate.

§ 2º O Conselho Superior elegerá o seu Vice-Presidente, que substituirá o Presidente em seus impedimentos e em caso de vacância.

Art. 96. O Conselho Superior do Ministério Público do Trabalho reunir-se-á ordinariamente, uma vez por mês, em dia previamente fixado e, extraordinariamente, quando convocado pelo Procurador-Geral do Trabalho ou por proposta da maioria absoluta de seus membros.

Art. 97. Salvo disposição em contrário, as deliberações do Conselho Superior serão tomadas por maioria de votos, presente a maioria absoluta dos seus membros.

§ 1º Em caso de empate, prevalecerá o voto do Presidente, exceto em matéria de sanções, caso em que prevalecerá a solução mais favorável ao acusado.

§ 2º As deliberações do Conselho Superior serão publicadas no *Diário da Justiça*, exceto quando o Regimento Interno determinar sigilo.

Art. 98. Compete ao Conselho Superior do Ministério Público do Trabalho:

I – exercer o poder normativo no âmbito do Ministério Público do Trabalho, observados os princípios desta Lei Complementar, especialmente para elaborar e aprovar:

a) o seu Regimento Interno, o do Colégio de Procuradores do Trabalho e o da Câmara de Coordenação e Revisão do Ministério Público do Trabalho;

b) as normas e as instruções para o concurso de ingresso na carreira;

c) as normas sobre as designações para os diferentes ofícios do Ministério Público do Trabalho;

d) os critérios para distribuição de procedimentos administrativos e quaisquer outros feitos no Ministério Público do Trabalho;

e) os critérios de promoção por merecimento na carreira;

f) o procedimento para avaliar o cumprimento das condições do estágio probatório;

II – indicar os integrantes da Câmara de Coordenação e Revisão do Ministério Público do Trabalho;

III – propor a exoneração do Procurador-Geral do Trabalho;

IV – destituir, por iniciativa do Procurador-Geral do Trabalho e pelo voto de 2/3 (dois terços) de seus membros, antes do término do mandato, o Corregedor-Geral;

V – elaborar a lista tríplice destinada à promoção por merecimento;

VI – elaborar a lista tríplice para Corregedor-Geral do Ministério Público do Trabalho;

VII – aprovar a lista de antiguidade do Ministério Público do Trabalho e decidir sobre as reclamações a ela concernentes;

VIII – indicar o membro do Ministério Público do Trabalho para promoção por antiguidade, observado o disposto no art. 93, inciso II, alínea *d*, da Constituição Federal;

IX – opinar sobre a designação de membro do Ministério Público do Trabalho para:

a) funcionar nos órgãos em que a participação da Instituição seja legalmente prevista;

b) integrar comissões técnicas ou científicas relacionadas às funções da Instituição;

X – opinar sobre o afastamento temporário de membro do Ministério Público do Trabalho;

XI – autorizar a designação, em caráter excepcional, de membros do Ministério Público do Trabalho, para exercício de atribuições processuais perante juízos, tribunais ou ofícios diferentes dos estabelecidos para cada categoria;

XII – determinar a realização de correições e sindicâncias e apreciar os relatórios correspondentes;

XIII – determinar a instauração de processos administrativos em que o acusado seja membro do Ministério Público do Trabalho, apreciar seus relatórios e propor as medidas cabíveis;

XIV – determinar o afastamento do exercício de suas funções, de membro do Ministério Público do Trabalho, indiciado ou acusado em processo disciplinar, e o seu retorno;

XV – designar a comissão de processo administrativo em que o acusado seja membro do Ministério Público do Trabalho;

XVI – decidir sobre o cumprimento do estágio probatório por membro do Ministério Público do Trabalho, encaminhando cópia da decisão ao Procurador-Geral da República, quando for o caso, para ser efetivada sua exoneração;

XVII – decidir sobre remoção e disponibilidade de membro do Ministério Público do Trabalho, por motivo de interesse público;

XVIII – autorizar, pela maioria absoluta de seus membros, que o Procurador-Geral da República ajuíze a ação de perda de cargo contra membro vitalício do Ministério Público do Trabalho, nos casos previstos em lei;

XIX – opinar sobre os pedidos de reversão de membro da carreira;

XX – aprovar a proposta de lei para o aumento do número de cargos da carreira e dos ofícios;

XXI – deliberar sobre a realização de concurso para o ingresso na carreira, designar os membros da Comissão de Concurso e opinar sobre a homologação dos resultados;

XXII – aprovar a proposta orçamentária que integrará o projeto de orçamento do Ministério Público da União;

XXIII – exercer outras funções atribuídas em lei.

§ 1º Aplicam-se ao Procurador-Geral e aos demais membros do Conselho Superior as normas processuais em geral, pertinentes aos impedimentos e suspeição dos membros do Ministério Público.

§ 2º As deliberações relativas aos incisos I, alíneas *a* e *e*, XI, XIII, XIV, XV e XVII somente poderão ser tomadas com o voto favorável de 2/3 (dois terços) dos membros do Conselho Superior.

Seção V
Da Câmara de Coordenação e Revisão do Ministério Público do Trabalho

Art. 99. A Câmara de Coordenação e Revisão do Ministério Público do Trabalho é um órgão de coordenação, de integração e de revisão do exercício funcional na Instituição.

Art. 100. A Câmara de Coordenação e Revisão do Ministério Público do Trabalho será organizada por ato normativo, e o Regimento Interno, que disporá sobre seu funcionamento, será elaborado pelo Conselho Superior.

Art. 101. A Câmara de Coordenação e Revisão do Ministério Público do Trabalho será composta por três membros do Ministério Público do Trabalho, sendo um indicado pelo Procurador-Geral do Trabalho e dois pelo Conselho Superior do Ministério Público do Trabalho, juntamente com seus suplentes, para um mandato de dois anos, sempre que possível, dentre integrantes do último grau da carreira.

Art. 102. Dentre os integrantes da Câmara de Coordenação e Revisão, um deles será designado pelo Procurador-Geral para a função executiva de Coordenador.

Art. 103. Compete à Câmara de Coordenação e Revisão do Ministério Público do Trabalho:

I – promover a integração e a coordenação dos órgãos institucionais do Ministério Público do Trabalho, observado o princípio da independência funcional;

II – manter intercâmbio com órgãos ou entidades que atuem em áreas afins;

III – encaminhar informações técnico-jurídicas aos órgãos institucionais do Ministério Público do Trabalho;

IV – resolver sobre a distribuição especial de feitos e procedimentos, quando a matéria, por sua natureza ou relevância, assim o exigir;

V – resolver sobre a distribuição especial de feitos, que por sua contínua reiteração, devam receber tratamento uniforme;

VI – decidir os conflitos de atribuição entre os órgãos do Ministério Público do Trabalho.

Parágrafo único. A competência fixada nos incisos IV e V será exercida segundo critérios objetivos previamente estabelecidos pelo Conselho Superior.

Seção VI
Da Corregedoria do Ministério Público do Trabalho

Art. 104. A Corregedoria do Ministério Público do Trabalho, dirigida pelo Corregedor-Geral, é o órgão fiscalizador das atividades funcionais e da conduta dos membros do Ministério Público.

Art. 105. O Corregedor-Geral será nomeado pelo Procurador-Geral do Trabalho dentre os Subprocuradores-Gerais do Trabalho, integrantes de lista tríplice elaborada pelo Conselho Superior, para mandato de 2 (dois) anos, renovável uma vez.

§ 1º Não poderão integrar a lista tríplice os membros do Conselho Superior.

§ 2º Serão suplentes do Corregedor-Geral os demais integrantes da lista tríplice, na ordem em que os designar o Procurador-Geral.

§ 3º O Corregedor-Geral poderá ser destituído, por iniciativa do Procurador-Geral, antes do término do mandato, pelo voto de 2/3 (dois terços) dos membros do Conselho Superior.

Art. 106. Incumbe ao Corregedor-Geral do Ministério Público:

I – participar, sem direito a voto, das reuniões do Conselho Superior;

II – realizar, de ofício ou por determinação do Procurador-Geral ou do Conselho Superior, correições e sindicâncias, apresentando os respectivos relatórios;

III – instaurar inquérito contra integrante da carreira e propor ao Conselho Superior a instauração do processo administrativo consequente;

IV – acompanhar o estágio probatório dos membros do Ministério Público do Trabalho;

V – propor ao Conselho Superior a exoneração de membro do Ministério Público do Trabalho que não cumprir as condições do estágio probatório.

Seção VII
Dos Subprocuradores-Gerais do Trabalho

Art. 107. Os Subprocuradores-Gerais do Trabalho serão designados para oficiar junto ao Tribunal Superior do Trabalho e nos ofícios na Câmara de Coordenação e Revisão.

Parágrafo único. A designação de Subprocurador-Geral do Trabalho para oficiar em órgãos jurisdicionais diferentes do previsto para a categoria dependerá de autorização do Conselho Superior.

Art. 108. Cabe aos Subprocuradores-Gerais do Trabalho, privativamente, o exercício das funções de:

I – Corregedor-Geral do Ministério Público do Trabalho;

II – Coordenador da Câmara de Coordenação e Revisão do Ministério Público do Trabalho.

Art. 109. Os Subprocuradores-Gerais do Trabalho serão lotados nos ofícios na Procuradoria-Geral do Trabalho.

Seção VIII
Dos Procuradores Regionais do Trabalho

Art. 110. Os Procuradores Regionais do Trabalho serão designados para oficiar junto aos Tribunais Regionais do Trabalho.

Parágrafo único. Em caso de vaga ou de afastamento de Subprocurador-Geral do Trabalho por prazo superior a 30 (trinta) dias, poderá ser convocado pelo Procurador-Geral, mediante aprovação do Conselho Superior, Procurador Regional do Trabalho para substituição.

Art. 111. Os Procuradores Regionais do Trabalho serão lotados nos ofícios nas Procuradorias Regionais do Trabalho nos Estados e no Distrito Federal.

Seção IX
Dos Procuradores do Trabalho

Art. 112. Os Procuradores do Trabalho serão designados para funcionar junto aos Tribunais Regionais do Trabalho e, na forma das leis processuais, nos litígios trabalhistas que envolvam, especialmente, interesses de menores e incapazes.

Parágrafo único. A designação de Procurador do Trabalho para oficiar em órgãos jurisdicionais diferentes dos previstos para a categoria dependerá de autorização do Conselho Superior.

Art. 113. Os Procuradores do Trabalho serão lotados nos ofícios nas Procuradorias Regionais do Trabalho nos Estados e no Distrito Federal.

Seção X
Das Unidades de Lotação e de Administração

Art. 114. Os ofícios na Procuradoria-Geral do Trabalho e nas Procuradorias Regionais do Trabalho nos Estados e no Distrito Federal são unidades de lotação e de administração do Ministério Público do Trabalho.

Art. 115. A estrutura básica das unidades de lotação e de administração será organizada por regulamento, nos termos da lei.

[...]

TÍTULO IV
Das Disposições Finais e Transitórias

[...]

Art. 294. Esta Lei Complementar entra em vigor na data de sua publicação.

Art. 295. Revogam-se as disposições em contrário.

Brasília, 20 de maio de 1993; 172º da Independência e 105º da República.

Itamar Franco

(*DOU* 21.05.1993)

LEI COMPLEMENTAR 103, DE 14 DE JULHO DE 2000

Autoriza os Estados e o Distrito Federal a instituir o piso salarial a que se refere o inciso V do art. 7º da Constituição Federal, por aplicação do disposto no parágrafo único do seu art. 22.

- V. Lei 4.266/1963 (Institui o salário-família do trabalhador e dá outras providências).
- V. Dec. 53.153/1963 (Regulamenta o salário-família do trabalhador).
- V. Port. MTb 3.296/1986 (Autoriza as empresas e empregadores a adotar o sistema de Reembolso-Creche), disponível em ProView.
- V. Decreto-lei 368/1968 (Dispõe sobre efeitos de débitos salariais).
- V. IN SRT 1/1989 (Dispõe sobre o prazo para o pagamento do salário), disponível em ProView
- V. Decreto-lei 691/1969 (Dispõe sobre a não aplicação, aos contratos de técnicos estrangeiros, com estipulação de pagamento de salários em moeda estrangeira, de diversas disposições da legislação trabalhista).

- V. Lei 6.858/1980 (Dispõe sobre o pagamento, aos dependentes ou sucessores, de valores não recebidos em vida pelos respectivos titulares).
- V. Decreto 85.845/1981 (Regulamenta a Lei 6.858/1980).
- V. Lei 7.238/1984 (Dispõe sobre a manutenção da correção automática semestral dos salários, de acordo com o INPC).
- V. Lei 8.073/1990 (Estabelece a Política Nacional de Salários).
- V. Lei 8.542/1992 (Dispõe sobre a política nacional de salários).
- V. Lei 8.716/1993 (Dispõe sobre a garantia do salário mínimo).
- V. Lei 8.880/1994 (Dispõe sobre o Programa de Estabilização Econômica e o Sistema Monetário Nacional e institui a URV).
- V. Lei 10.192/2001 (Dispõe sobre medidas complementares ao Plano Real).
- V. Decreto 4.840/2003 (Regulamenta a Medida Provisória 130/2003, que dispõe sobre a autorização para desconto de prestações em folha de pagamento).
- V. Lei 10.820/2003 (Dispõe sobre a autorização para desconto de prestações em folha de pagamento).
- V. Lei 12.382/2011 (Dispõe sobre o valor do salário mínimo em 2011 e a sua política de valorização de longo prazo).
- V. Decreto 7.872/2012 (Regulamenta o valor do salário mínimo em 2011 e a sua política de valorização de longo prazo).
- V. Lei 13.152/2015 (Dispõe sobre a política de valorização do salário-mínimo e dos benefícios pagos pelo RGPS para o período de 2016 a 2019).

O Presidente da República:

Faço saber que o Congresso Nacional decreta e eu sanciono a seguinte Lei Complementar:

Art. 1º Os Estados e o Distrito Federal ficam autorizados a instituir, mediante lei de iniciativa do Poder Executivo, o piso salarial de que trata o inciso V do art. 7º da Constituição Federal para os empregados que não tenham piso salarial definido em lei federal, convenção ou acordo coletivo de trabalho.

§ 1º A autorização de que trata este artigo não poderá ser exercida:

I – no segundo semestre do ano em que se verificar eleição para os cargos de Governador dos Estados e do Distrito Federal e de Deputados Estaduais e Distritais;

II – em relação à remuneração de servidores públicos municipais.

§ 2º O piso salarial a que se refere o *caput* poderá ser estendido aos empregados domésticos.

Art. 2º Esta Lei Complementar entra em vigor na data de sua publicação.

Brasília, 14 de julho de 2000; 179º da Independência e 112º da República.

Fernando Henrique Cardoso

(*DOU* 17.07.2000)

LEI COMPLEMENTAR 110, DE 29 DE JUNHO DE 2001

Institui contribuições sociais, autoriza créditos de complementos de atualização monetária em contas vinculadas do Fundo de Garantia do Tempo de Serviço – FGTS e dá outras providências.

- V. Lei 8.036/1990 (FGTS).
- V. Dec. 99.684/1990 (Consolida as normas regulamentares do FGTS).
- V. Lei 8.844/1994 (Fiscalização, apuração e cobrança judicial das contribuições e multas devidas ao FGTS).
- V. Port. MTb 1.061/1996 (Institui procedimentos para a organização e tramitação dos processos de débito salarial, mora do FGTS, mora contumaz salarial e mora contumaz do FGTS), disponível em ProView.
- V. Dec. 3.913/2001 (Apuração e liquidação dos complementos de atualização monetária de saldos de contas vinculadas do FGTS).
- V. Dec. 3.914/2001 (Regulamentação das contribuições sociais instituídas pela LC 110/2001).
- V. Dec. 5.113/2004 (Regulamenta o art. 20, XVI, da Lei 8.036/1990).
- V. Lei 11.491/2007 (Institui o Fundo de Investimento do FGTS).
- V. Port. MTE 854/2015 (Aprova normas para a organização e tramitação dos processos de multas administrativas e de Notificação de Débito do FGTS e/ou Contribuição Social), disponível em ProView.
- V. Súmula vinculante 1, STF.

O Presidente da República:

Faço saber que o Congresso Nacional decreta e eu sanciono a seguinte Lei Complementar:

Art. 1º Fica instituída contribuição social devida pelos empregadores em caso de despedida de empregado sem justa causa, à alíquota de 10% (dez por cento) sobre o montante de todos os depósitos devidos, referentes ao Fundo de Garantia do Tempo de Serviço – FGTS, durante a vigência do contrato de trabalho, acrescido das remunerações aplicáveis às contas vinculadas.

Parágrafo único. Ficam isentos da contribuição social instituída neste artigo os empregadores domésticos.

Art. 2º Fica instituída contribuição social devida pelos empregadores, à alíquota de 0,5% (cinco décimos por cento) sobre a remuneração devida, no mês anterior, a cada trabalhador, incluídas as parcelas de que trata o art. 15 da Lei 8.036, de 11 de maio de 1990.

§ 1º Ficam isentas da contribuição social instituída neste artigo:

I – as empresas inscritas no Sistema Integrado de Pagamento de Impostos e Contribuições das Microempresas e Empresas de Pequeno Porte – Simples, desde que o faturamento anual não ultrapasse o limite de R$ 1.200.000,00 (um milhão e duzentos mil reais);

II – as pessoas físicas, em relação à remuneração de empregados domésticos; e

III – as pessoas físicas, em relação à remuneração de empregados rurais, desde que sua receita bruta anual não ultrapasse o limite de R$ 1.200.000,00 (um milhão e duzentos mil reais).

§ 2º A contribuição será devida pelo prazo de 60 (sessenta) meses, a contar de sua exigibilidade.

Art. 3º Às contribuições sociais de que tratam os arts. 1º e 2º aplicam-se as disposições da Lei 8.036, de 11 de maio de 1990, e da Lei 8.844, de 20 de janeiro de 1994, inclusive quanto a sujeição passiva e equiparações, prazo de recolhimento, administração, fiscalização, lançamento, consulta, cobrança, garantias, processo administrativo de determinação e exigência de créditos tributários federais.

§ 1º As contribuições sociais serão recolhidas na rede arrecadadora e transferidas à Caixa Econômica Federal, na forma do art. 11 da Lei 8.036, de 11 de maio de 1990, e as respectivas receitas serão incorporadas ao FGTS.

§ 2º A falta de recolhimento ou o recolhimento após o vencimento do prazo sem os acréscimos previstos no art. 22 da Lei 8.036, de 11 de maio de 1990, sujeitarão o infrator à multa de 75% (setenta e cinco por cento), calculada sobre a totalidade ou a diferença da contribuição devida.

§ 3º A multa será duplicada na ocorrência das hipóteses previstas no art. 23, § 3º, da Lei 8.036, de 11 de maio de 1990, sem prejuízo das demais cominações legais.

Art. 4º Fica a Caixa Econômica Federal autorizada a creditar nas contas vinculadas do FGTS, a expensas do próprio Fundo, o complemento de atualização monetária resultante da aplicação, cumulativa, dos percentuais de 16,64% (dezesseis inteiros e sessenta e quatro centésimos por cento) e de 44,8% (quarenta e quatro inteiros e oito décimos por cento), sobre os saldos das contas mantidas, respectivamente, no período de 1º de dezembro de 1988 a 28 de fevereiro de 1989 e durante o mês de abril de 1990, desde que:

I – o titular da conta vinculada firme o Termo de Adesão de que trata esta Lei Complementar;

II – até o sexagésimo terceiro mês a partir da data de publicação desta Lei Complementar, estejam em vigor as contribuições sociais de que tratam os arts. 1º e 2º; e

III – a partir do sexagésimo quarto mês da publicação desta Lei Complementar, permaneça em vigor a contribuição social de que trata o art. 1º.

Parágrafo único. O disposto nos arts. 9º, II, e 22, § 2º, da Lei 8.036, de 11 de maio de 1990, não se aplica, em qualquer hipótese, como decorrência da efetivação do crédito de complemento de atualização monetária de que trata o *caput* deste artigo.

Art. 5º O complemento de que trata o art. 4º será remunerado até o dia 10 do mês subsequente ao da publicação desta Lei Complementar, com base nos mesmos critérios de remuneração utilizados para as contas vinculadas.

Parágrafo único. O montante apurado na data a que se refere o *caput* será remunerado, a partir do dia 11 do mês subsequente ao da publicação desta Lei Complementar, com base na Taxa Referencial – TR, até que seja creditado na conta vinculada do trabalhador.

Art. 6º O Termo de Adesão a que se refere o inciso I do art. 4º, a ser firmado no prazo e na forma definidos em Regulamento, conterá:

I – a expressa concordância do titular da conta vinculada com a redução do complemento de que trata o art. 4º, acrescido da remuneração prevista no *caput* do art. 5º, nas seguintes proporções:

a) 0% (zero por cento) sobre o total do complemento de atualização monetária de valor até R$ 2.000,00 (dois mil reais);

b) 8% (oito por cento) sobre o total do complemento de atualização monetária de valor de R$ 2.000,01 (dois mil reais e um centavo) a R$ 5.000,00 (cinco mil reais);

c) 12% (doze por cento) sobre o total do complemento de atualização monetária de valor de R$ 5.000,01 (cinco mil reais e um centavo) a R$ 8.000,00 (oito mil reais);

d) 15% (quinze por cento) sobre o total do complemento de atualização monetária de valor acima de R$ 8.000,00 (oito mil reais);

II – a expressa concordância do titular da conta vinculada com a forma e os prazos do crédito na conta vinculada, especificados a seguir:

a) complemento de atualização monetária no valor total de R$ 1.000,00 (um mil reais), até junho de 2002, em uma única parcela, para os titulares de contas vinculadas que tenham firmado o Termo de Adesão até o último dia útil do mês imediatamente anterior;

b) complemento de atualização monetária no valor total de R$ 1.000,01 (um mil reais e um centavo) a R$ 2.000,00 (dois mil reais), em duas parcelas semestrais, com o primeiro crédito em julho de 2002, sendo a primeira parcela de R$ 1.000,00 (um mil reais), para os titulares de contas vinculadas que tenham firmado o Termo de Adesão até o último dia útil do mês imediatamente anterior;

c) complemento de atualização monetária no valor total de R$ 2.000,01 (dois mil reais e um centavo) a R$ 5.000,00 (cinco mil reais), em cinco parcelas semestrais, com o primeiro crédito em janeiro de 2003, para os titulares de contas vinculadas que tenham firmado o Termo de Adesão até o último dia útil do mês imediatamente anterior;

d) complemento de atualização monetária no valor total de R$ 5.000,01 (cinco mil reais e um centavo) a R$ 8.000,00 (oito mil reais), em sete parcelas semestrais, com o primeiro crédito em julho de 2003, para os titulares de contas vinculadas que tenham firmado o Termo de Adesão até o último dia útil do mês imediatamente anterior;

e) complemento de atualização monetária no valor total acima de R$ 8.000,00 (oito mil reais), em sete parcelas semestrais, com o primeiro crédito em janeiro de 2004, para os titulares de contas vinculadas que tenham firmado o Termo de Adesão até o último dia útil do mês imediatamente anterior; e

III – declaração do titular da conta vinculada, sob as penas da lei, de que não está nem ingressará em juízo discutindo os complementos de atualização monetária relativos a junho de 1987, ao período de 1º de dezembro de 1988 a 28 de fevereiro de 1989, a abril e maio de 1990 e a fevereiro de 1991.

§ 1º No caso da alínea *b* do inciso I, será creditado valor de R$ 2.000,00 (dois mil reais), quando a aplicação do percentual de redução resultar em quantia inferior a este.

§ 2º No caso da alínea *c* do inciso I, será creditado valor de R$ 4.600,00 (quatro mil e seiscentos reais), quando a aplicação do percentual de redução resultar em quantia inferior a este.

§ 3º No caso da alínea *d* do inciso I será creditado valor de R$ 7.040,00 (sete mil e quarenta reais), quando a aplicação do percentual de redução resultar em quantia inferior a este.

§ 4º Para os trabalhadores que vierem a firmar seus termos de adesão após as datas previstas nas alíneas *a* a *d* do inciso II, os créditos em suas contas vinculadas iniciar-se-ão no mês subsequente ao da assinatura do Termo de Adesão, observadas as demais regras constantes nesses dispositivos, quanto a valores, número e periodicidade de pagamento de parcelas.

§ 5º As faixas de valores mencionadas no inciso II do *caput* serão definidas pelos complementos a que se refere o art. 4º, acrescidos da remuneração prevista no *caput* do art. 5º, antes das deduções de que tratam o inciso I do *caput* e os §§ 1º e 2º.

§ 6º O titular da conta vinculada fará *jus* ao crédito de que trata o inciso II do *caput* deste artigo, em uma única parcela, até junho de 2002, disponível para imediata movimentação a partir desse mês, nas seguintes situações:

I – na hipótese de o titular ou qualquer de seus dependentes for acometido de neoplasia maligna, nos termos do inciso XI do art. 20 da Lei 8.036, de 11 de maio de 1990;

II – quando o titular ou qualquer de seus dependentes for portador do vírus HIV;

III – se o trabalhador, com crédito de até R$ 2.000,00 (dois mil reais), for aposentado por invalidez, em função de acidente do trabalho ou doença profissional, ou aposentado maior de 65 anos de idade;

IV – quando o titular ou qualquer de seus dependentes for acometido de doença terminal.

§ 7º O complemento de atualização monetária de valor total acima de R$ 2.000,00 (dois mil reais) poderá, a critério do titular da conta vinculada, ser resgatado mediante entrega, em julho de 2002, ou nos seis meses seguintes, no caso de adesões que se efetuarem até dezembro de 2002, de documento de quitação com o FGTS autorizando a compra de título, lastreado nas receitas decorrentes das contribuições instituídas pelos arts. 1º e 2º desta Lei Complementar, de valor de face equivalente ao valor do referido complemento nos termos e condições estabelecidas pelo Conselho Monetário Nacional – CMN.

Art. 7º Ao titular da conta vinculada que se encontre em litígio judicial visando ao pagamento dos complementos de atualização monetária relativos a junho de 1987, dezembro de 1988 a fevereiro de 1989, abril e maio de 1990 e fevereiro de 1991, é facultado receber, na forma do art. 4º, os créditos de que trata o art. 6º, firmando transação a ser homologada no juízo competente.

Art. 8º A movimentação da conta vinculada, no que se refere ao crédito do complemento de atualização monetária, observará as condições previstas no art. 20 da Lei 8.036, de 11 de maio de 1990, inclusive nos casos em que o direito do titular à movimentação da conta tenha sido implementado em data anterior à da publicação desta Lei Complementar.

Art. 9º As despesas com as obrigações decorrentes dos montantes creditados na forma do art. 6º poderão ser diferidas contabilmente, para apropriação no resultado do balanço do FGTS, no prazo de até 15 (quinze) anos, a contar da publicação desta Lei Complementar.

Art. 10. Os bancos que, no período de dezembro de 1988 a março de 1989 e nos meses de abril e maio de 1990, eram depositários das contas vinculadas do FGTS, ou seus sucessores, repassarão à Caixa Econômica Federal, até 31 de janeiro de 2002, as informações cadastrais e financeiras necessárias ao cálculo do complemento de atualização monetária de que trata o art. 4º.

§ 1º A Caixa Econômica Federal estabelecerá a forma e o cronograma dos repasses das informações de que trata o *caput* deste artigo.

§ 2º Pelo descumprimento dos prazos e das demais obrigações estipuladas com base neste artigo, os bancos de que trata o *caput* sujeitam-se ao pagamento de multa equivalente a 10% (dez por cento) do somatório dos saldos das contas das quais eram depositários, remunerados segundo os mesmos critérios previstos no art. 5º.

§ 3º Os órgãos responsáveis pela auditoria integrada do FGTS examinarão e homologarão, no prazo de 60 (sessenta) dias, a contar da publicação desta Lei Complementar, o aplicativo a ser utilizado na validação das informações de que trata este artigo.

Art. 11. A Caixa Econômica Federal, até 30 de abril de 2002, divulgará aos titulares de contas vinculadas os respectivos valores dos complementos de atualização monetária a que têm direito, com base nas informações cadastrais e financeiras de que trata o art. 10.

Art. 12. O Tesouro Nacional fica subsidiariamente obrigado à liquidação dos valores a que se refere o art. 4º, nos prazos e nas condições estabelecidos nos arts. 5º e 6º, até o montante da diferença porventura ocorrida entre o valor arrecadado pelas contribuições sociais de que tratam os arts. 1º e 2º e aquele necessário ao resgate dos compromissos assumidos.

Art. 13. As leis orçamentárias anuais referentes aos exercícios de 2001, 2002 e 2003 assegurarão destinação integral ao FGTS de valor equivalente à arrecadação das contribuições de que tratam os arts. 1º e 2º desta Lei Complementar.

Art. 14. Esta Lei Complementar entra em vigor na data de sua publicação, produzindo efeitos:

- O STF, nas ADIns 2.556 e 2.568 (*DOU* e *DJE* 22.06.2012), julgou, por maioria, parcialmente procedentes as ações para declarar a inconstitucionalidade do art. 14, *caput*, no que se refere à expressão "produzindo efeitos", bem como de seus incisos I e II.

I – 90 (noventa) dias a partir da data inicial de sua vigência, relativamente à contribuição social de que trata o art. 1º; e

- O STF, nas ADIns 2.556 e 2.568 (*DOU* e *DJE* 22.06.2012), julgou, por maioria, parcialmente procedentes as ações para declarar a inconstitucionalidade do art. 14, *caput*, no que se refere à expressão "produzindo efeitos", bem como de seus incisos I e II.

II – a partir do primeiro dia do mês seguinte ao nonagésimo dia da data de início de sua vigência, no tocante à contribuição social de que trata o art. 2º.

- O STF, nas ADIns 2.556 e 2.568 (*DOU* e *DJE* 22.06.2012), julgou, por maioria, parcialmente procedentes as ações para declarar a inconstitucionalidade do art. 14, *caput*, no que se refere à expressão "produzindo efeitos", bem como de seus incisos I e II.

Brasília, 29 de junho de 2001; 180º da Independência e 113º da República.

Fernando Henrique Cardoso

(*DOU* 30.06.2001, edição extra)

LEI COMPLEMENTAR 111, DE 6 DE JULHO DE 2001

Dispõe sobre o Fundo de Combate e Erradicação da Pobreza, na forma prevista nos artigos 79, 80 e 81 do Ato das Disposições Constitucionais Transitórias.

O Presidente da República:

Faço saber que o Congresso Nacional decreta e eu sanciono a seguinte Lei Complementar:

Art. 1º O Fundo de Combate e Erradicação da Pobreza, criado pelo art. 79 do Ato das Disposições Constitucionais Transitórias – ADCT, para vigorar até o ano de 2010, tem como objetivo viabilizar a todos os brasileiros o acesso a níveis dignos de subsistência e seus recursos serão aplicados em ações suplementares de nutrição, habitação, saúde, educação, reforço de renda familiar e outros programas de relevante interesse social, voltados para a melhoria da qualidade de vida.

§ 1º É vedada a utilização dos recursos do Fundo para remuneração de pessoal e encargos sociais.

§ 2º O percentual máximo do Fundo a ser destinado às despesas administrativas será definido a cada ano pelo Poder Executivo.

Art. 2º Constituem receitas do Fundo:

I – a parcela do produto da arrecadação correspondente a um adicional de 0,08% (oito centésimos por cento), aplicável de 18 de junho de 2000 a 17 de junho de 2002, na alíquota da contribuição social de que trata o art. 75 do ADCT;

II – a parcela do produto da arrecadação correspondente a um adicional de cinco pontos percentuais na alíquota do Imposto sobre Produtos Industrializados – IPI, ou do imposto que vier a substituí-lo, incidente sobre produtos supérfluos e aplicável até a extinção do Fundo;

III – o produto da arrecadação do imposto de que trata o inciso VII do art. 153 da Constituição;

IV – os rendimentos do Fundo previsto no art. 81 do ADCT;

V – dotações orçamentárias, conforme definido no § 1º do art. 81 do ADCT;

VI – doações, de qualquer natureza, de pessoas físicas ou jurídicas do País ou do exterior;

VII – outras receitas ou dotações orçamentárias que lhe vierem a ser destinadas.

Parágrafo único. Aos recursos integrantes do Fundo não se aplica o disposto no art. 159 e no inciso IV do art. 167 da Constituição, assim como qualquer desvinculação de recursos orçamentários.

Art. 3º Os recursos do Fundo serão direcionados a ações que tenham como alvo:

I – famílias cuja renda per capita seja inferior à linha de pobreza, assim como indivíduos em igual situação de renda;

II – as populações de municípios e localidades urbanas ou rurais, isoladas ou integrantes de regiões metropolitanas, que apresentem condições de vida desfavoráveis.

§ 1º O atendimento às famílias e indivíduos de que trata o inciso I será feito, prioritariamente, por meio de programas de reforço de renda, nas modalidades "Bolsa Escola", para as famílias que têm filhos com idade entre 6 e 15 anos, e "Bolsa Alimentação", àquelas com filhos em idade de zero a 6 anos e indivíduos que perderam os vínculos familiares.

§ 2º A linha de pobreza ou conceito que venha a substituí-lo, assim como os municípios que apresentem condições de vida desfavoráveis, serão definidos e divulgados, pelo Poder Executivo, a cada ano.

Art. 4º Fica instituído o Conselho Consultivo e de Acompanhamento do Fundo de Combate e Erradicação da Pobreza, cujos membros serão designados pelo Presidente da República, com a atribuição de opinar sobre as políticas, diretrizes e prioridades do Fundo e acompanhar a aplicação dos seus recursos.

Parágrafo único. Ato do Poder Executivo regulamentará a composição e o funcionamento do Conselho de que trata este artigo, assegurada a representação da sociedade civil.

Art. 5º Compete ao órgão gestor do Fundo, a ser designado pelo Presidente da República:

I – coordenar a formulação das políticas e diretrizes gerais que orientarão as aplicações do Fundo;

II – selecionar programas e ações a serem financiados com recursos do Fundo;

III – coordenar, em articulação com os órgãos responsáveis pela execução dos programas e das ações financiados pelo Fundo, a elaboração das propostas orçamentárias a serem encaminhadas ao órgão central do Sistema de Planejamento Federal e de Orçamento, para inclusão no projeto de lei orçamentária anual, bem como em suas alterações;

IV – acompanhar os resultados da execução dos programas e das ações financiados com recursos do Fundo;

V – prestar apoio técnico-administrativo para o funcionamento do Conselho Consultivo de que trata o art. 4º; e

VI – dar publicidade, com periodicidade estabelecida, dos critérios de alocação e de uso dos recursos do Fundo.

Art. 6º Regulamento definirá as ações integradas de acompanhamento ou controle a serem exercidas pelo Conselho Consultivo, pelo órgão gestor e pelos órgãos responsáveis pela execução dos programas e das ações financiados pelo Fundo, sem prejuízo das competências dos órgãos de controle interno e externo.

Parágrafo único. Os órgãos responsáveis pela execução dos programas e das ações financiados pelo Fundo deverão apresentar ao órgão gestor relatórios periódicos de acompanhamento físico e financeiro dos recursos aplicados.

Art. 7º No exercício de 2001, o Fundo de Combate e Erradicação da Pobreza poderá destinar, excepcionalmente, até 10% (dez por cento) dos recursos para o financiamento de ações voltadas ao atendimento da população de baixa renda residente em municípios atingidos por calamidades naturais e do Programa de Distribuição de Alimentos – PRODEA, sem prejuízo do financiamento dos demais programas.

Art. 8º Constituirá também receita do Fundo a arrecadação decorrente do disposto no inciso I do art. 2º, no período compreendido entre 19 de março de 2001 e o início da vigência desta Lei Complementar, que será integralmente repassada ao Fundo entre 19 de junho e 31 de dezembro de 2002, acrescida do percentual de remuneração aplicável aos recursos da Conta Única do Tesouro Nacional junto ao Banco Central do Brasil, calculado no período entre o ingresso da receita e seu repasse ao Fundo.

Art. 9º Esta Lei Complementar entra em vigor na data de sua publicação.

Brasília, 6 de julho de 2001; 180º da Independência e 113º da República.

Fernando Henrique Cardoso

(*DOU* 09.07.2001)

LEI COMPLEMENTAR 118, DE 9 DE FEVEREIRO DE 2005

Altera e acrescenta dispositivos à Lei 5.172, de 25 de outubro de 1966 – Código Tributário Nacional, e dispõe sobre a interpretação do inciso I do art. 168 da mesma Lei.

O Presidente da República:

Faço saber que o Congresso Nacional decreta e eu sanciono a seguinte Lei:

Art. 1º A Lei 5.172, de 25 de outubro de 1966 – Código Tributário Nacional, passa a vigorar com as seguintes alterações:

"Art. 133. [...]

§ 1º O disposto no caput deste artigo não se aplica na hipótese de alienação judicial:

I – em processo de falência;

II – de filial ou unidade produtiva isolada, em processo de recuperação judicial.

§ 2º Não se aplica o disposto no § 1º deste artigo quando o adquirente for:

I – sócio da sociedade falida ou em recuperação judicial, ou sociedade controlada pelo devedor falido ou em recuperação judicial;

II – parente, em linha reta ou colateral até o quarto grau, consangüíneo ou afim, do devedor falido ou em recuperação judicial ou de qualquer de seus sócios; ou

III – identificado como agente do falido ou do devedor em recuperação judicial com o objetivo de fraudar a sucessão tributária.

§ 3º Em processo da falência, o produto da alienação judicial de empresa, filial ou unidade produtiva isolada permanecerá em conta de depósito à disposição do juízo de falência pelo prazo de 1 (um) ano, contado da data de alienação, somente podendo ser utilizado para o pagamento de créditos extraconcursais ou de créditos que preferem ao tributário."

"Art. 155-A. [...]

[...]

§ 3º Lei específica disporá sobre as condições de parcelamento dos créditos tributários do devedor em recuperação judicial.

§ 4º A inexistência da lei específica a que se refere o § 3º deste artigo importa na aplicação das leis gerais de parcelamento do ente da Federação ao devedor em recuperação judicial, não podendo, neste caso, ser o prazo de parcelamento inferior ao concedido pela lei federal específica."

"Art. 174. [...]

Parágrafo único. [...]

I – pelo despacho do juiz que ordenar a citação em execução fiscal;

[...]"

"Art. 185. Presume-se fraudulenta a alienação ou oneração de bens ou rendas, ou seu começo, por sujeito passivo em débito para com a Fazenda Pública, por crédito tributário regularmente inscrito como dívida ativa.

Parágrafo único. O disposto neste artigo não se aplica na hipótese de terem sido reservados, pelo devedor, bens ou rendas suficientes ao total pagamento da dívida inscrita."

"Art. 186. O crédito tributário prefere a qualquer outro, seja qual for sua natureza ou o tempo de sua constituição, ressalvados os créditos decorrentes da legislação do trabalho ou do acidente de trabalho.

Parágrafo único. Na falência:

I – o crédito tributário não prefere aos créditos extraconcursais ou às importâncias passíveis de restituição, nos termos da lei falimentar, nem aos créditos com garantia real, no limite do valor do bem gravado;

II – a lei poderá estabelecer limites e condições para a preferência dos créditos decorrentes da legislação do trabalho; e

III – a multa tributária prefere apenas aos créditos subordinados."

"Art. 187. A cobrança judicial do crédito tributário não é sujeita a concurso de credores ou habilitação em falência, recuperação judicial, concordata, inventário ou arrolamento.

[...]"

"Art. 188. São extraconcursais os créditos tributários decorrentes de fatos geradores ocorridos no curso do processo de falência.

[...]"

"Art. 191. A extinção das obrigações do falido requer prova de quitação de todos os tributos."

Art. 2º A Lei 5.172, de 25 de outubro de 1966 – Código Tributário Nacional, passa a vigorar acrescida dos seguintes arts. 185-A e 191-A:

"Art. 185-A. Na hipótese de o devedor tributário, devidamente citado, não pagar nem apresentar bens à penhora no prazo legal e não forem encontrados bens penhoráveis, o juiz determinará a indisponibilidade de seus bens e direitos, comunicando a decisão, preferencialmente por meio eletrônico, aos órgãos e entidades que promovem registros de transferência de bens, especialmente ao registro público de imóveis e às autoridades supervisoras do mercado bancário e do mercado de capitais, a fim de que, no âmbito de suas atribuições, façam cumprir a ordem judicial.

§ 1º A indisponibilidade de que trata o caput deste artigo limitar-se-á ao valor total exigível, devendo o juiz determinar o imediato levantamento da indisponibilidade dos bens ou valores que excederem esse limite.

§ 2º Os órgãos e entidades aos quais se fizer a comunicação de que trata o caput deste artigo enviarão imediatamente ao juízo a relação discriminada dos bens e direitos cuja indisponibilidade houverem promovido."

"Art. 191-A. A concessão de recuperação judicial depende da apresentação da prova de quitação de todos os tributos, observado o disposto nos arts. 151, 205 e 206 desta Lei."

Art. 3º Para efeito de interpretação do inciso I do art. 168 da Lei 5.172, de 25 de outubro de 1966 – Código Tributário Nacional, a extinção do crédito tributário ocorre, no caso de tributo sujeito a lançamento por homologação, no momento do pagamento antecipado de que trata o § 1º do art. 150 da referida Lei.

Art. 4º Esta Lei entra em vigor 120 (cento e vinte) dias após sua publicação, observado, quanto ao art. 3º, o disposto no art. 106, inciso I, da Lei 5.172, de 25 de outubro de 1966 – Código Tributário Nacional.

Brasília, 9 de fevereiro de 2005; 184º da Independência e 117º da República.

Luiz Inácio Lula da Silva

(*DOU* 09.02.2005, edição extra)

LEI COMPLEMENTAR 123, DE 14 DE DEZEMBRO DE 2006

Institui o Estatuto Nacional da Microempresa e da Empresa de Pequeno Porte; altera dispositivos das Leis 8.212 e 8.213, ambas de 24 de julho de 1991, da Consolidação das Leis do Trabalho – CLT, aprovada pelo Decreto-lei 5.452, de 1º de maio de 1943, da Lei 10.189, de 14 de fevereiro de 2001, da Lei Complementar 63, de 11 de janeiro de 1990; e revoga as Leis 9.317, de 5 de dezembro de 1996, e 9.841, de 5 de outubro de 1999.

- Esta Lei Complementar foi republicada (*DOU* 31.01.2012) em atendimento ao disposto no art. 5º da LC 139/2011, e também foi republicada no *DOU* 06.03.2012 por ter saído com incorreção.
- Esta Lei Complementar foi republicada (*DOU* 31.01.2009, edição extra) em atendimento ao disposto no art. 6º da LC 128/2008.
- As alterações decorrentes das Leis Complementares 127/2007 e 128/2008 já se estão consolidadas na republicação desta Lei Complementar.

O Presidente da República:

Faço saber que o Congresso Nacional decreta e eu sanciono a seguinte Lei Complementar:

Capítulo I
Disposições Preliminares

Art. 1º Esta Lei Complementar estabelece normas gerais relativas ao tratamento diferenciado e favorecido a ser dispensado às microempresas e empresas de pequeno porte no âmbito dos Poderes da União, dos Estados, do Distrito Federal e dos Municípios, especialmente no que se refere:

I – à apuração e recolhimento dos impostos e contribuições da União, dos Estados, do Distrito Federal e dos Municípios, mediante regime único de arrecadação, inclusive obrigações acessórias;

II – ao cumprimento de obrigações trabalhistas e previdenciárias, inclusive obrigações acessórias;

III – ao acesso a crédito e ao mercado, inclusive quanto à preferência nas aquisições de bens e serviços pelos Poderes Públicos, à tecnologia, ao associativismo e às regras de inclusão;

IV – ao cadastro nacional único de contribuintes a que se refere o inciso IV do parágrafo único do art. 146, *in fine*, da Constituição Federal.

- Inciso IV acrescentado pela LC 147/2014.

§ 1º Cabe ao Comitê Gestor do Simples Nacional (CGSN) apreciar a necessidade de revisão, a partir de 1º de janeiro de 2015, dos valores expressos em moeda nesta Lei Complementar.

- § 1º com redação determinada pela LC 139/2011 (*DOU* 11.11.2011), em vigor na data de sua publicação, produzindo efeitos a partir de 1º.01.2012.

§ 2º *(Vetado).*

§ 3º Ressalvado o disposto no Capítulo IV, toda nova obrigação que atinja as microempresas e empresas de pequeno porte deverá apresentar, no instrumento que a instituiu, especificação do tratamento diferenciado, simplificado e favorecido para cumprimento.

- § 3º acrescentado pela LC 147/2014.

§ 4º Na especificação do tratamento diferenciado, simplificado e favorecido de que trata o § 3º, deverá constar prazo máximo, quando forem necessários procedimentos adicionais, para que os órgãos fiscalizadores cumpram as medidas necessárias à emissão de documentos, realização de vistorias e atendimento das demandas realizadas pelas microempresas e empresas de pequeno porte com o objetivo de cumprir a nova obrigação.

- § 4º acrescentado pela LC 147/2014.

§ 5º Caso o órgão fiscalizador descumpra os prazos estabelecidos na especificação do tratamento diferenciado e favorecido, conforme o disposto no § 4º, a nova obrigação será inexigível até que seja realizada visita para fiscalização orientadora e seja reiniciado o prazo para regularização.

- § 5º acrescentado pela LC 147/2014.

§ 6º A ausência de especificação do tratamento diferenciado, simplificado e favorecido ou da determinação de prazos máximos, de acordo com os §§ 3º e 4º, tornará a nova obrigação inexigível para as microempresas e empresas de pequeno porte.

- § 6º acrescentado pela LC 147/2014.

§ 7º A inobservância do disposto nos §§ 3º a 6º resultará em atentado aos direitos e garantias legais assegurados ao exercício profissional da atividade empresarial.

- § 7º acrescentado pela LC 147/2014.

[...]

Capítulo II
Da Definição de Microempresa e de Empresa de Pequeno Porte

Art. 3º Para os efeitos desta Lei Complementar, consideram-se microempresas ou empresas de pequeno porte a sociedade empresária, a sociedade simples, a empresa individual de responsabilidade limitada e o empresário a que se refere o art. 966 da Lei 10.406, de 10 de janeiro de 2002 (Código Civil), devidamente registrados no Registro de Empresas Mercantis ou no Registro Civil de Pessoas Jurídicas, conforme o caso, desde que:

- *Caput* com redação determinada pela LC 139/2011 (*DOU* 11.11.2011), em vigor na data de sua publicação, produzindo efeitos a partir de 1º.01.2012.

I – no caso da microempresa, aufira, em cada ano-calendário, receita bruta igual ou inferior a R$ 360.000,00 (trezentos e sessenta mil reais); e

- Inciso I com redação determinada pela LC 139/2011 (*DOU* 11.11.2011), em vigor na data de sua publicação, produzindo efeitos a partir de 1º.01.2012.

II – no caso de empresa de pequeno porte, aufira, em cada ano-calendário, receita bruta superior a R$ 360.000,00 (trezentos e sessenta mil reais) e igual ou inferior a R$ 4.800.000,00 (quatro milhões e oitocentos mil reais).

- Inciso II com redação determinada pela LC 155/2016 (*DOU* 28.10.2016), em vigor na data de publicação, produzindo efeitos a partir de 1º de janeiro de 2018.

§ 1º Considera-se receita bruta, para fins do disposto no *caput* deste artigo, o produto da venda de bens e serviços nas operações de conta própria, o preço dos serviços prestados e o resultado nas operações em conta alheia, não incluídas as vendas canceladas e os descontos incondicionais concedidos.

§ 2º No caso de início de atividade no próprio ano-calendário, o limite a que se refere o *caput* deste artigo será proporcional ao número de meses em que a microempresa ou a empresa de pequeno porte houver exercido atividade, inclusive as frações de meses.

§ 3º O enquadramento do empresário ou da sociedade simples ou empresária como microempresa ou empresa de pequeno porte bem como o seu desenquadramento não implicarão alteração, denúncia ou qualquer restrição em relação a contratos por elas anteriormente firmados.

§ 4º Não poderá se beneficiar do tratamento jurídico diferenciado previsto nesta Lei Complementar, incluído o regime de que trata o art. 12 desta Lei Complementar, para nenhum efeito legal, a pessoa jurídica:

I – de cujo capital participe outra pessoa jurídica;

II – que seja filial, sucursal, agência ou representação, no País, de pessoa jurídica com sede no exterior;

III – de cujo capital participe pessoa física que seja inscrita como empresário ou seja sócia de outra empresa que receba tratamento jurídico diferenciado nos termos desta Lei Complementar, desde que a receita bruta global ultrapasse o limite de que trata o inciso II do *caput* deste artigo;

IV – cujo titular ou sócio participe com mais de 10% (dez por cento) do capital de outra empresa não beneficiada por esta Lei Complementar, desde que a receita bruta global ultrapasse o limite de que trata o inciso II do *caput* deste artigo;

V – cujo sócio ou titular seja administrador ou equiparado de outra pessoa jurídica com fins lucrativos, desde que a receita bruta global ultrapasse o limite de que trata o inciso II do *caput* deste artigo;

VI – constituída sob a forma de cooperativas, salvo as de consumo;

VII – que participe do capital de outra pessoa jurídica;

VIII – que exerça atividade de banco comercial, de investimentos e de desenvolvimento, de caixa econômica, de sociedade de crédito, financiamento e investimento ou de crédito imobiliário, de corretora ou de distribuidora de títulos, valores mobiliários e câmbio, de empresa de arrendamento mercantil, de seguros privados e de capitalização ou de previdência complementar;

IX – resultante ou remanescente de cisão ou qualquer outra forma de desmembramento de pessoa jurídica que tenha ocorrido em um dos 5 (cinco) anos-calendário anteriores;

X – constituída sob a forma de sociedade por ações;

XI – cujos titulares ou sócios guardem, cumulativamente, com o contratante do serviço, relação de pessoalidade, subordinação e habitualidade.

- Inciso XI acrescentado pela LC 147/2014.

§ 5º O disposto nos incisos IV e VII do § 4º deste artigo não se aplica à participação no capital de cooperativas de crédito, bem como em centrais de compras, bolsas de subcontratação, no consórcio referido no art. 50 desta Lei Complementar e na sociedade de propósito específico prevista no art. 56 desta Lei Complementar, e em associações assemelhadas, sociedades de interesse econômico, sociedades de garantia solidária e outros tipos de sociedade, que tenham como objetivo social a defesa exclusiva dos interesses econômicos das microempresas e empresas de pequeno porte.

§ 6º Na hipótese de a microempresa ou empresa de pequeno porte incorrer em alguma das situações previstas nos incisos do § 4º, será excluída do tratamento jurídico diferenciado previsto nesta Lei Complementar, bem como do regime de que trata o art. 12, com efeitos a partir do mês seguinte ao que incorrida a situação impeditiva.

- § 6º com redação determinada pela LC 139/2011 (*DOU* 11.11.2011), em vigor na data de sua publicação, produzindo efeitos a partir de 1º.01.2012.

§ 7º Observado o disposto no § 2º deste artigo, no caso de início de atividades, a microempresa que, no ano-calendário, exceder o limite de receita bruta anual previsto no inciso I do *caput* deste artigo passa, no ano-calendário seguinte, à condição de empresa de pequeno porte.

§ 8º Observado o disposto no § 2º deste artigo, no caso de início de atividades, a empresa de pequeno porte que, no ano-calendário, não ultrapassar o limite de receita bruta anual previsto no inciso I do *caput* deste artigo passa, no ano-calendário seguinte, à condição de microempresa.

§ 9º A empresa de pequeno porte que, no ano-calendário, exceder o limite de receita bruta anual previsto no inciso II do *caput* fica excluída, no mês subsequente à ocorrência do excesso, do tratamento jurídico diferenciado previsto nesta Lei Complementar, incluído o regime de que trata o art. 12, para todos os efeitos legais, ressalvado o disposto nos §§ 9º-A, 10 e 12.

- § 9º com redação determinada pela LC 139/2011 (*DOU* 11.11.2011), em vigor na data de sua publicação, produzindo efeitos a partir de 1º.01.2012.

§ 9º-A. Os efeitos da exclusão prevista no § 9º dar-se-ão no ano-calendário subsequente se o excesso verificado em relação à receita bruta não for superior a 20% (vinte por cento) do limite referido no inciso II do *caput*.

- § 9º-A acrescentado pela LC 139/2011 (*DOU* 11.11.2011), em vigor na data de sua publicação, produzindo efeitos a partir de 1º.01.2012.

§ 10. A empresa de pequeno porte que no decurso do ano-calendário de início de atividade ultrapassar o limite proporcional de receita bruta de que trata o § 2º estará excluída do tratamento jurídico diferenciado previsto nesta Lei Complementar, bem como do regime de que trata o art. 12 desta Lei Complementar, com efeitos retroativos ao início de suas atividades.

• § 10 com redação determinada pela LC 139/2011 (*DOU* 11.11.2011), em vigor na data de sua publicação, produzindo efeitos a partir de 1º.01.2012.

§ 11. Na hipótese de o Distrito Federal, os Estados e os respectivos Municípios adotarem um dos limites previstos nos incisos I e II do *caput* do art. 19 e no art. 20, caso a receita bruta auferida pela empresa durante o ano-calendário de início de atividade ultrapasse 1/12 (um doze avos) do limite estabelecido multiplicado pelo número de meses de funcionamento nesse período, a empresa não poderá recolher o ICMS e o ISS na forma do Simples Nacional, relativos ao estabelecimento localizado na unidade da federação que os houver adotado, com efeitos retroativos ao início de suas atividades.

• § 11 com redação determinada pela LC 139/2011 (*DOU* 11.11.2011), em vigor na data de sua publicação, produzindo efeitos a partir de 1º.01.2012.

§ 12. A exclusão de que trata o § 10 não retroagirá ao início das atividades se o excesso verificado em relação à receita bruta não for superior a 20% (vinte por cento) do respectivo limite referido naquele parágrafo, hipótese em que os efeitos da exclusão dar-se-ão no ano-calendário subsequente.

• § 12 com redação determinada pela LC 139/2011 (*DOU* 11.11.2011), em vigor na data de sua publicação, produzindo efeitos a partir de 1º.01.2012.

§ 13. O impedimento de que trata o § 11 não retroagirá ao início das atividades se o excesso verificado em relação à receita bruta não for superior a 20% (vinte por cento) dos respectivos limites referidos naquele parágrafo, hipótese em que os efeitos do impedimento ocorrerão no ano-calendário subsequente.

• § 13 acrescentado pela LC 139/2011 (*DOU* 11.11.2011), em vigor na data de sua publicação, produzindo efeitos a partir de 1º.01.2012.

§ 14. Para fins de enquadramento como microempresa ou empresa de pequeno porte, poderão ser auferidas receitas no mercado interno até o limite previsto no inciso II do *caput* ou no § 2º, conforme o caso, e, adicionalmente, receitas decorrentes da exportação de mercadorias ou serviços, inclusive quando realizada por meio de comercial exportadora ou da sociedade de propósito específico prevista no art. 56 desta Lei Complementar, desde que as receitas de exportação também não excedam os referidos limites de receita bruta anual.

• § 14 com redação determinada pela LC 147/2014 (*DOU* 08.08.2014), em vigor na data de sua publicação, produzindo efeitos a partir de 1º de janeiro do primeiro ano subsequente ao de sua publicação.

§ 15. Na hipótese do § 14, para fins de determinação da alíquota de que trata o § 1º do art. 18, da base de cálculo prevista em seu § 3º e das majorações de alíquotas previstas em seus §§ 16, 16-A, 17 e 17-A, serão consideradas separadamente as receitas brutas auferidas no mercado interno e aquelas decorrentes da exportação.

• § 15 com redação determinada pela LC 147/2014 (*DOU* 08.08.2014), em vigor na data de sua publicação, produzindo efeitos a partir de 1º de janeiro do segundo ano subsequente ao de sua publicação.

§ 16. O disposto neste artigo será regulamentado por resolução do CGSN.

• § 16 acrescentado pela LC 147/2014.

§ 17. *(Vetado).*

• § 17 acrescentado pela LC 155/2016 (*DOU* 28.10.2016), em vigor na data de publicação, produzindo efeitos a partir de 1º de janeiro de 2018.

§ 18. *(Vetado).*

• § 18 acrescentado pela LC 155/2016 (*DOU* 28.10.2016), em vigor na data de publicação, produzindo efeitos a partir de 1º de janeiro de 2018.

Art. 3º-A. Aplica-se ao produtor rural pessoa física e ao agricultor familiar conceituado na Lei 11.326, de 24 de julho de 2006, com situação regular na Previdência Social e no Município que tenham auferido receita bruta anual até o limite de que trata o inciso II do *caput* do art. 3º o disposto nos arts. 6º e 7º, nos Capítulos V a X, na Seção IV do Capítulo XI e no Capítulo XII desta Lei Complementar, ressalvadas as disposições da Lei 11.718, de 20 de junho de 2008.

• Artigo acrescentado pela LC 147/2014.

Parágrafo único. A equiparação de que trata o *caput* não se aplica às disposições do Capítulo IV desta Lei Complementar.

Art. 3º-B. Os dispositivos desta Lei Complementar, com exceção dos dispostos no Capítulo IV, são aplicáveis a todas as microempresas e empresas de pequeno porte, assim definidas pelos incisos I e II do *caput* e § 4º do art. 3º, ainda que não enquadradas no regime tributário do Simples Nacional, por vedação ou por opção.

• Artigo acrescentado pela LC 147/2014.

Capítulo III
Da Inscrição e da Baixa

Art. 4º Na elaboração de normas de sua competência, os órgãos e entidades envolvidos na abertura e fechamento de empresas, dos três âmbitos de governo, deverão considerar a unicidade do processo de registro e de legalização de empresários e de pessoas jurídicas, para tanto devendo articular as competências próprias com aquelas dos demais membros, e buscar, em conjunto, compatibilizar e integrar procedimentos, de modo a evitar a duplicidade de exigências e garantir a linearidade do processo, da perspectiva do usuário.

§ 1º O processo de abertura, registro, alteração e baixa da microempresa e empresa de pequeno porte, bem como qualquer exigência para o início de seu funcionamento, deverão ter trâmite especial e simplificado, preferencialmente eletrônico, opcional para o empreendedor, observado o seguinte:

• *Caput* do § 1º com redação determinada pela LC 147/2014.

I – poderão ser dispensados o uso da firma, com a respectiva assinatura autógrafa, o capital, requerimentos, demais assinaturas, informações relativas ao estado civil e regime de bens, bem como remessa de documentos, na forma estabelecida pelo CGSIM; e

• Inciso I com redação determinada pela LC 139/2011.

II – *(Revogado pela LC 147/2014 – DOU 08.08.2014, em vigor na data de sua publicação, produzindo efeitos a partir de 1º de janeiro do segundo ano subsequente ao da data de sua publicação).*

§ 2º *(Revogado pela LC 139/2011).*

§ 3º Ressalvado o disposto nesta Lei Complementar, ficam reduzidos a 0 (zero) todos os custos, inclusive prévios, relativos à abertura, à inscrição, ao registro, ao funcionamento, ao alvará, à licença, ao cadastro, às alterações e procedimentos de baixa e encerramento e aos demais itens relativos ao Microempreendedor Individual, incluindo os valores referentes a taxas, a emolumentos e a demais contribuições relativas aos órgãos de registro, de licenciamento, sindicais, de regulamentação, de anotação de responsabilidade técnica, de vistoria e de fiscalização do exercício de profissões regulamentadas.

• § 3º com redação determinada pela LC 147/2014.

§ 3º-A. O agricultor familiar, definido conforme a Lei 11.326, de 24 de julho de 2006, e identificado pela Declaração de Aptidão ao Pronaf – DAP física ou jurídica, bem como o MEI e o empreendedor de economia solidária ficam isentos de taxas e outros valores relativos à fiscalização da vigilância sanitária.

• § 3º-A acrescentado pela LC 147/2014.

§ 4º No caso do MEI, de que trata o art. 18-A desta Lei Complementar, a cobrança associativa ou oferta de serviços privados relativos aos atos de que trata o § 3º deste artigo somente poderá ser efetuada a partir de demanda prévia do próprio MEI, firmado por meio de contrato com assinatura autógrafa, observando-se que:

• § 4º acrescentado pela LC 147/2014.

I – para a emissão de boletos de cobrança, os bancos públicos e privados deverão exigir das instituições sindicais e associativas autorização prévia específica a ser emitida pelo CGSIM;

II – o desrespeito ao disposto neste parágrafo configurará vantagem ilícita pelo induzimento ao erro em prejuízo do MEI, aplicando-se as sanções previstas em lei.

§ 5º *(Vetado).*

• § 5º acrescentado pela LC 147/2014.

§ 6º Na ocorrência de fraude no registro do Microempreendedor Individual – MEI feito por terceiros, o pedido de baixa deve ser feito por meio exclusivamente eletrônico, com efeitos retroativos à data de registro, na forma a ser regulamentada pelo CGSIM, não sendo aplicáveis os efeitos do § 1º do art. 29 desta Lei Complementar.

• § 6º acrescentado pela LC 155/2016 (*DOU* 28.10.2016), em vigor na data de publicação, produzindo efeitos a partir de 1º de janeiro de 2018.

Art. 5º Os órgãos e entidades envolvidos na abertura e fechamento de empresas, dos três âmbitos de governo, no âmbito de suas atribuições, deverão manter à disposição dos usuários, de forma presencial e pela rede mundial de computadores, informações, orientações e instrumentos, de forma integrada e consolidada, que permitam pesquisas prévias às etapas de registro ou inscrição, alteração e baixa de empresários e pessoas jurídicas, de modo a prover ao usuário certeza quanto à documentação exigível e quanto à viabilidade do registro ou inscrição.

Parágrafo único. As pesquisas prévias à elaboração de ato constitutivo ou de sua alteração deverão bastar a que o usuário seja informado pelos órgãos e entidades competentes:

I – da descrição oficial do endereço de seu interesse e da possibilidade de exercício da atividade desejada no local escolhido;

II – de todos os requisitos a serem cumpridos para obtenção de licenças de autorização de funcionamento, segundo a atividade pretendida, o porte, o grau de risco e a localização; e

III – da possibilidade de uso do nome empresarial de seu interesse.

Art. 6º Os requisitos de segurança sanitária, metrologia, controle ambiental e prevenção contra incêndios, para os fins de registro e legalização de empresários e pessoas jurídicas, deverão ser simplificados, racionalizados e uniformizados pelos órgãos envolvidos na abertura e fechamento de empresas, no âmbito de suas competências.

§ 1º Os órgãos e entidades envolvidos na abertura e fechamento de empresas que sejam responsáveis pela emissão de licenças e autorizações de funcionamento somente realizarão vistorias após o início de operação do estabelecimento, quando a atividade, por sua natureza, comportar grau de risco compatível com esse procedimento.

§ 2º Os órgãos e entidades competentes definirão, em 6 (seis) meses, contados da publicação desta Lei Complementar, as atividades cujo grau de risco seja considerado alto e que exigirão vistoria prévia.

§ 3º Na falta de legislação estadual, distrital ou municipal específica relativa à definição do grau de risco da atividade aplicar-se-á resolução do CGSIM.

• § 3º acrescentado pela LC 147/2014.

§ 4º A classificação de baixo grau de risco permite ao empresário ou à pessoa jurídica a obtenção do licenciamento de atividade mediante o simples fornecimento de dados e a substituição da comprovação prévia do cumprimento de exigências e restrições por declarações do titular ou responsável.

• § 4º acrescentado pela LC 147/2014.

§ 5º O disposto neste artigo não é impeditivo da inscrição fiscal.

• § 5º acrescentado pela LC 147/2014.

Art. 7º Exceto nos casos em que o grau de risco da atividade seja considerado alto, os Municípios emitirão Alvará de Funcionamento Provisório, que permitirá o início de operação do estabelecimento imediatamente após o ato de registro.

Parágrafo único. Nos casos referidos no *caput* deste artigo, poderá o Município conceder Alvará de Funcionamento Provisório para o microempreendedor individual, para microempresas e para empresas de pequeno porte:

I – instaladas em área ou edificação desprovidas de regulação fundiária e imobiliária, inclusive habite-se; ou

• Inciso I com redação determinada pela LC 147/2014.

II – em residência do microempreendedor individual ou do titular ou sócio da microempresa ou empresa de pequeno porte, na hipótese em que a atividade não gere grande circulação de pessoas.

Art. 8º Será assegurado aos empresários e pessoas jurídicas:

• Artigo com redação determinada pela LC 147/2014.

I – entrada única de dados e documentos;

II – processo de registro e legalização integrado entre os órgãos e entes envolvidos, por meio de sistema informatizado que garanta:

a) sequenciamento das seguintes etapas: consulta prévia de nome empresarial e de viabilidade de localização, registro empresarial, inscrições fiscais e licenciamento de atividade;

b) criação da base nacional cadastral única de empresas;

III – identificação nacional cadastral única que corresponderá ao número de inscrição no Cadastro Nacional de Pessoas Jurídicas – CNPJ.

§ 1º O sistema de que trata o inciso II do *caput* deve garantir aos órgãos e entidades integrados:

I – compartilhamento irrestrito dos dados da base nacional única de empresas;

II – autonomia na definição das regras para comprovação do cumprimento de exigências nas respectivas etapas do processo.

§ 2º A identificação nacional cadastral única substituirá para todos os efeitos as demais inscrições, sejam elas federais, estaduais ou municipais, após a implantação do sistema a que se refere o inciso II do *caput*, no prazo e na forma estabelecidos pelo CGSIM.

§ 3º É vedado aos órgãos e entidades integrados ao sistema informatizado de que trata o inciso II do *caput* o estabelecimento de exigências não previstas em lei.

§ 4º A coordenação do desenvolvimento e da implantação do sistema de que trata o inciso II do *caput* ficará a cargo do CGSIM.

Art. 9º O registro dos atos constitutivos, de suas alterações e extinções (baixas), referentes a empresários e pessoas jurídicas em qualquer órgão dos três âmbitos de governo ocorrerá independentemente da regularidade de obrigações tributárias, previdenciárias ou trabalhistas, principais ou acessórias, do empresário, da sociedade, dos sócios, dos administradores ou de empresas de que participem, sem prejuízo das responsabilidades do empresário, dos titulares, dos sócios ou dos administradores por tais obrigações, apuradas antes ou após o ato de extinção.

• *Caput* com redação determinada pela LC 147/2014.

§ 1º O arquivamento, nos órgãos de registro, dos atos constitutivos de empresários, de sociedades empresárias e de demais equiparados que se enquadrarem como microempresa ou empresa de pequeno porte bem como o arquivamento de suas alterações são dispensados das seguintes exigências:

I – certidão de inexistência de condenação criminal, que será substituída por declaração do titular ou administrador, firmada sob as penas da lei, de não estar impedido de exercer atividade mercantil ou a administração de sociedade, em virtude de condenação criminal;

II – prova de quitação, regularidade ou inexistência de débito referente a tributo ou contribuição de qualquer natureza.

§ 2º Não se aplica às microempresas e às empresas de pequeno porte o disposto no § 2º do art. 1º da Lei 8.906, de 4 de julho de 1994.

§ 3º *(Revogado pela LC 147/2014).*

§ 4º A baixa do empresário ou da pessoa jurídica não impede que, posteriormente, sejam lançados ou cobrados tributos, contribuições e respectivas penalidades, decorrentes da falta do cumprimento de obrigações ou da prática comprovada e apurada em processo administrativo ou judicial de outras irregularidades praticadas pelos empresários, pelas pessoas jurídicas ou por seus titulares, sócios ou administradores.

• § 4º com redação determinada pela LC 147/2014.

§ 5º A solicitação de baixa do empresário ou da pessoa jurídica importa responsabilidade solidária dos empresários, dos titulares, dos sócios e dos administradores no período da ocorrência dos respectivos fatos geradores.

• § 5º com redação determinada pela LC 147/2014.

§ 6º Os órgãos referidos no *caput* deste artigo terão o prazo de 60 (sessenta) dias para efetivar a baixa nos respectivos cadastros.

§ 7º Ultrapassado o prazo previsto no § 6º deste artigo sem manifestação do órgão competente, presumir-se-á a baixa dos registros das microempresas e a das empresas de pequeno porte.

§§ 8º a 12. *(Revogados pela LC 147/2014).*

Art. 10. Não poderão ser exigidos pelos órgãos e entidades envolvidos na abertura e fechamento de empresas, dos três âmbitos de governo:

I – excetuados os casos de autorização prévia, quaisquer documentos adicionais aos requeridos pelos órgãos executores do Registro Público de Empresas Mercantis e Atividades Afins e do Registro Civil de Pessoas Jurídicas;

II – documento de propriedade ou contrato de locação do imóvel onde será instalada a sede, filial ou outro estabelecimento, salvo para comprovação do endereço indicado;

III – comprovação de regularidade de prepostos dos empresários ou pessoas jurídicas com seus órgãos de classe, sob qualquer forma, como requisito para deferimento de ato de inscrição, alteração ou baixa de empresa, bem como para autenticação de instrumento de escrituração.

Art. 11. Fica vedada a instituição de qualquer tipo de exigência de natureza documental ou formal, restritiva ou condicionante, pelos órgãos envolvidos na abertura e fechamento de empresas, dos três âmbitos de governo, que exceda o estrito limite dos requisitos pertinentes à essência do ato de registro, alteração ou baixa da empresa.

Capítulo IV
Dos Tributos e Contribuições

Seção I
Da Instituição e Abrangência

Art. 12. Fica instituído o Regime Especial Unificado de Arrecadação de Tributos e Contribuições devidos pelas Microempresas e Empresas de Pequeno Porte – Simples Nacional.

Parágrafo único. *(Vetado).*

- Parágrafo único acrescentado pela LC 155/2016 (*DOU* 28.10.2016), em vigor na data de publicação, produzindo efeitos a partir de 1º de janeiro de 2018.

Art. 13. O Simples Nacional implica o recolhimento mensal, mediante documento único de arrecadação, dos seguintes impostos e contribuições:

I – Imposto sobre a Renda da Pessoa Jurídica – IRPJ;

II – Imposto sobre Produtos Industrializados – IPI, observado o disposto no inciso XII do § 1º deste artigo;

III – Contribuição Social sobre o Lucro Líquido – CSLL;

IV – Contribuição para o Financiamento da Seguridade Social – Cofins, observado o disposto no inciso XII do § 1º deste artigo;

V – Contribuição para o PIS/Pasep, observado o disposto no inciso XII do § 1º deste artigo;

VI – Contribuição Patronal Previdenciária – CPP para a Seguridade Social, a cargo da pessoa jurídica, de que trata o art. 22 da Lei 8.212, de 24 de julho de 1991, exceto no caso da microempresa e da empresa de pequeno porte que se dedique às atividades de prestação de serviços referidas no § 5º-C do art. 18 desta Lei Complementar;

VII – Imposto sobre Operações Relativas à Circulação de Mercadorias e Sobre Prestações de Serviços de Transporte Interestadual e Intermunicipal e de Comunicação – ICMS;

VIII – Imposto sobre Serviços de Qualquer Natureza – ISS.

§ 1º O recolhimento na forma deste artigo não exclui a incidência dos seguintes impostos ou contribuições, devidos na qualidade de contribuinte ou responsável, em relação aos quais será observada a legislação aplicável às demais pessoas jurídicas:

I – Imposto sobre Operações de Crédito, Câmbio e Seguro, ou Relativas a Títulos ou Valores Mobiliários – IOF;

II – Imposto sobre a Importação de Produtos Estrangeiros – II;

III – Imposto sobre a Exportação, para o Exterior, de Produtos Nacionais ou Nacionalizados – IE;

IV – Imposto sobre a Propriedade Territorial Rural – ITR;

V – Imposto de Renda, relativo aos rendimentos ou ganhos líquidos auferidos em aplicações de renda fixa ou variável;

VI – Imposto de Renda relativo aos ganhos de capital auferidos na alienação de bens do ativo permanente;

VII – Contribuição Provisória sobre Movimentação ou Transmissão de Valores e de Créditos e Direitos de Natureza Financeira – CPMF;

VIII – Contribuição para o Fundo de Garantia do Tempo de Serviço – FGTS;

IX – Contribuição para manutenção da Seguridade Social, relativa ao trabalhador;

X – Contribuição para a Seguridade Social, relativa à pessoa do empresário, na qualidade de contribuinte individual;

XI – Imposto de Renda relativo aos pagamentos ou créditos efetuados pela pessoa jurídica a pessoas físicas;

XII – Contribuição para o PIS/Pasep, Cofins e IPI incidentes na importação de bens e serviços;

XIII – ICMS devido:

a) nas operações sujeitas ao regime de substituição tributária, tributação concentrada em uma única etapa (monofásica) e sujeitas ao regime de antecipação do recolhimento do imposto com encerramento de tributação, envolvendo combustíveis e lubrificantes; energia elétrica; cigarros e outros produtos derivados do fumo; bebidas; óleos e azeites vegetais comestíveis; farinha de trigo e misturas de farinha de trigo; massas alimentícias; açúcares; produtos lácteos; carnes e suas preparações; preparações à base de cereais; chocolates; produtos de padaria e da indústria de bolachas e biscoitos; sorvetes e preparados para fabricação de sorvetes em máquinas; cafés e mates, seus extratos, essências e concentrados; preparações para molhos e molhos preparados; preparações de produtos vegetais; rações para animais domésticos; veículos automotivos e automotores, suas peças, componentes e acessórios; pneumáticos; câmaras de ar e protetores de borracha; medicamentos e outros produtos farmacêuticos para uso humano ou veterinário; cosméticos; produtos de perfumaria e de higiene pessoal; papéis; plásticos; canetas e malas; cimentos; cal e argamassas; produtos cerâmicos; vidros; obras de metal e plástico para construção; telhas e caixas d'água; tintas e vernizes; produtos eletrônicos, eletroeletrônicos e eletrodomésticos; fios; cabos e outros condutores; transformadores elétricos e reatores; disjuntores; interruptores e tomadas; isoladores; para-raios e lâmpadas; máquinas e aparelhos de ar-condicionado; centrifugadores de uso doméstico; aparelhos e instrumentos de pesagem de uso doméstico; extintores; aparelhos ou máquinas de barbear; máquinas de cortar o cabelo ou de tosquiar; aparelhos de depilar, com motor elétrico incorporado; aquecedores elétricos de água para uso doméstico e termômetros; ferramentas; álcool etílico; sabões em pó e líquidos para roupas; detergentes; alvejantes; esponjas; palhas de aço e amaciantes de roupas; venda de mercadorias pelo sistema porta a porta; nas operações sujeitas ao regime de substituição tributária pelas operações anteriores; e nas prestações de serviços sujeitas aos regimes de substituição tributária e de antecipação de recolhimento do imposto com encerramento de tributação;

- Alínea *a* com redação determinada pela LC 147/2014 (*DOU* 08.08.2014), em vigor na data de sua publicação, produzindo efeitos a partir de 1º de janeiro do segundo ano subsequente ao da data de sua publicação.

b) por terceiro, a que o contribuinte se ache obrigado, por força da legislação estadual ou distrital vigente;

c) na entrada, no território do Estado ou do Distrito Federal, de petróleo, inclusive lubrificantes e combustíveis líquidos e gasosos dele derivados, bem como energia elétrica, quando não destinados à comercialização ou industrialização;

d) por ocasião do desembaraço aduaneiro;

e) na aquisição ou manutenção em estoque de mercadoria desacobertada de documento fiscal;

f) na operação ou prestação desacobertada de documento fiscal;

g) nas operações com bens ou mercadorias sujeitas ao regime de antecipação do recolhimento do imposto, nas aquisições em outros Estados e Distrito Federal:

1. com encerramento da tributação, observado o disposto no inciso IV do § 4º do art. 18 desta Lei Complementar;
2. sem encerramento da tributação, hipótese em que será cobrada a diferença entre a alíquota interna e a interestadual, sendo vedada a agregação de qualquer valor;

h) nas aquisições em outros Estados e no Distrito Federal de bens ou mercadorias, não sujeitas ao regime de antecipação do recolhimento do imposto, relativo à diferença entre a alíquota interna e a interestadual;

XIV – ISS devido:

a) em relação aos serviços sujeitos à substituição tributária ou retenção na fonte;

b) na importação de serviços;

XV – demais tributos de competência da União, dos Estados, do Distrito Federal ou dos Municípios, não relacionados nos incisos anteriores.

§ 1º-A. Os valores repassados aos profissionais de que trata a Lei 12.592, de 18 de janeiro de 2012, contratados por meio de parceria, nos termos da legislação civil, não integrarão a receita bruta da empresa contratante para fins de tributação, cabendo ao contratante a retenção e o recolhimento dos tributos devidos pelo contratado.

- § 1º-A acrescentado pela LC 155/2016 (*DOU* 28.10.2016), em vigor na data de publicação, produzindo efeitos a partir de 1º de janeiro de 2018.

§ 2º Observada a legislação aplicável, a incidência do Imposto de Renda na fonte, na hipótese do inciso V do § 1º deste artigo, será definitiva.

§ 3º As microempresas e empresas de pequeno porte optantes pelo Simples Nacional ficam dispensadas do pagamento das demais contribuições instituídas pela União, inclusive as contribuições para as entidades privadas de serviço social e de formação profissional vinculadas ao sistema sindical, de que trata o art. 240 da Constituição Federal, e demais entidades de serviço social autônomo.

§ 4º *(Vetado).*

§ 5º A diferença entre a alíquota interna e a interestadual de que tratam as alíneas *g* e *h* do inciso XIII do § 1º deste artigo será calculada tomando-se por base as alíquotas aplicáveis às pessoas jurídicas não optantes pelo Simples Nacional.

§ 6º O Comitê Gestor do Simples Nacional:

I – disciplinará a forma e as condições em que será atribuída à microempresa ou empresa de pequeno porte optante pelo Simples Nacional a qualidade de substituta tributária; e

II – poderá disciplinar a forma e as condições em que será estabelecido o regime de antecipação do ICMS previsto na alínea *g* do inciso XIII do § 1º deste artigo.

§ 7º O disposto na alínea *a* do inciso XIII do § 1º será disciplinado por convênio celebrado pelos Estados e pelo Distrito Federal, ouvidos o CGSN e os representantes dos segmentos econômicos envolvidos.

- § 7º acrescentado pela LC 147/2014 (*DOU* 08.08.2014), em vigor na data de sua publicação, produzindo efeitos a partir de 1º de janeiro do segundo ano subsequente ao da data de sua publicação.

§ 8º Em relação às bebidas não alcoólicas, massas alimentícias, produtos lácteos, carnes e suas preparações, preparações à base de cereais, chocolates, produtos de padaria e da indústria de bolachas e biscoitos, preparações para molhos e molhos preparados, preparações de produtos vegetais, telhas e outros produtos cerâmicos para construção e detergentes, aplica-se o disposto na alínea *a* do inciso XIII do § 1º aos fabricados em escala industrial relevante em cada segmento, observado o disposto no § 7º.

- § 8º acrescentado pela LC 147/2014 (*DOU* 08.08.2014), em vigor na data de sua publicação, produzindo efeitos a partir de 1º de janeiro do segundo ano subsequente ao da data de sua publicação.

Art. 13-A. Para efeito de recolhimento do ICMS e do ISS no Simples Nacional, o limite máximo de que trata o inciso II do *caput* do art. 3º será de R$ 3.600.000,00 (três milhões e seiscentos mil reais), observado o disposto nos §§ 11, 13, 14 e 15 do mesmo artigo, nos §§ 17 e 17-A do art. 18 e no § 4º do art. 19.

- Artigo acrescentado pela LC 155/2016 (*DOU* 28.10.2016), em vigor na data de publicação, produzindo efeitos a partir de 1º de janeiro de 2018.

Art. 14. Consideram-se isentos do imposto de renda, na fonte e na declaração de ajuste do beneficiário, os valores efetivamente pagos ou distribuídos ao titular ou sócio da microempresa ou empresa de pequeno porte optante pelo Simples Nacional, salvo os que corresponderem a pró-labore, aluguéis ou serviços prestados.

§ 1º A isenção de que trata o *caput* deste artigo fica limitada ao valor resultante da aplicação dos percentuais de que trata o art. 15 da Lei 9.249, de 26 de dezembro de 1995, sobre a receita bruta mensal, no caso de antecipação de fonte, ou da receita bruta total anual, tratando-se de declaração de ajuste, subtraído do valor devido na forma do Simples Nacional no período.

§ 2º O disposto no § 1º deste artigo não se aplica na hipótese de a pessoa jurídica manter escrituração contábil e evidenciar lucro superior àquele limite.

[...]

Seção II
Das Vedações ao Ingresso no Simples Nacional

☛ **Art. 17.** Não poderão recolher os impostos e contribuições na forma do Simples Nacional a microempresa ou empresa de pequeno porte:

- *Caput* com redação determinada pela LC 167/2019.

I – que explore atividade de prestação cumulativa e contínua de serviços de assessoria creditícia, gestão de crédito, seleção e riscos, administração de contas a pagar e a receber, gerenciamento de ativos *(asset management)* ou compra de direitos creditórios resultantes de vendas mercantis a prazo ou de prestação de serviços *(factoring)* ou que execute operações de empréstimo, de financiamento e de desconto de títulos de crédito, exclusivamente com recursos próprios, tendo como contrapartes microempreendedores individuais, microempresas e empresas de pequeno porte, inclusive sob a forma de empresa simples de crédito;

- Inciso I com redação determinada pela LC 167/2019.

II – que tenha sócio domiciliado no exterior;

III – de cujo capital participe entidade da administração pública, direta ou indireta, federal, estadual ou municipal;

IV – *(Revogado).*

V – que possua débito com o Instituto Nacional do Seguro Social – INSS, ou com as Fazendas Públicas Federal, Estadual ou Municipal, cuja exigibilidade não esteja suspensa;

VI – que preste serviço de transporte intermunicipal e interestadual de passageiros, exceto quando na modalidade fluvial ou quando possuir características de transporte urbano ou metropolitano ou realizar-se sob fretamento contínuo em área metropolitana para o transporte de estudantes ou trabalhadores;

- Inciso VI com redação determinada pela LC 147/2014 (*DOU* 08.08.2014), em vigor na data de sua publicação, produzindo efeitos a partir de 1º de janeiro do primeiro ano subsequente ao de sua publicação.

VII – que seja geradora, transmissora, distribuidora ou comercializadora de energia elétrica;

VIII – que exerça atividade de importação ou fabricação de automóveis e motocicletas;

IX – que exerça atividade de importação de combustíveis;

X – que exerça atividade de produção ou venda no atacado de:

a) cigarros, cigarrilhas, charutos, filtros para cigarros, armas de fogo, munições e pólvoras, explosivos e detonantes;

b) bebidas não alcoólicas a seguir descritas:

- *Caput* da alínea *b* com redação determinada pela LC 155/2016 (*DOU* 28.10.2016), em vigor na data de publicação, produzindo efeitos a partir de 1º de janeiro de 2018.

1 – *(Revogado pela LC 155/2016 – DOU 28.10.2016, em vigor na data de publicação, produzindo efeitos a partir de 1º de janeiro de 2018).*

2 – *(Revogado pela LC 147/2014).*

3 – *(Revogado pela LC 147/2014).*

4 – cervejas sem álcool;

c) bebidas alcoólicas, exceto aquelas produzidas ou vendidas no atacado por:

- Alínea *c* acrescentada pela LC 155/2016 (*DOU* 28.10.2016), em vigor na data de publicação, produzindo efeitos a partir de 1º de janeiro de 2018.

1 – micro e pequenas cervejarias;

2 – micro e pequenas vinícolas;

3 – produtores de licores;

4 – micro e pequenas destilarias;

XI – *(Revogado pela LC 147/2014 – DOU 08.08.2014, em vigor na data de sua publicação, produzindo efeitos a partir de 1º de janeiro do primeiro ano subsequente ao de sua publicação).*

XII – que realize cessão ou locação de mão de obra;

XIII – *(Revogado pela LC 147/2014 – DOU 08.08.2014, em vigor na data de sua publicação, produzindo efeitos a partir de 1º de* *janeiro do primeiro ano subsequente ao de sua publicação).*

XIV – que se dedique ao loteamento e à incorporação de imóveis;

XV – que realize atividade de locação de imóveis próprios, exceto quando se referir a prestação de serviços tributados pelo ISS;

• Inciso XV com redação determinada pela LC 139/2011 (*DOU* 11.11.2011), em vigor na data de sua publicação, produzindo efeitos a partir de 1º.01.2012.

XVI – com ausência de inscrição ou com irregularidade em cadastro fiscal federal, municipal ou estadual, quando exigível.

• Inciso XVI acrescentado pela LC 139/2011 (*DOU* 11.11.2011), em vigor na data de sua publicação, produzindo efeitos a partir de 1º.01.2012.

§ 1º As vedações relativas a exercício de atividades previstas no *caput* deste artigo não se aplicam às pessoas jurídicas que se dediquem exclusivamente às atividades referidas nos §§ 5º-B a 5º-E do art. 18 desta Lei Complementar, ou as exerçam em conjunto com outras atividades que não tenham sido objeto de vedação no *caput* deste artigo.

I a XXI – *(Revogados).*

XXII – *(Vetado).*

XXIII a XXVII – *(Revogados).*

XXVIII – *(Vetado).*

§ 2º Também poderá optar pelo Simples Nacional a microempresa ou empresa de pequeno porte que se dedique à prestação de outros serviços que não tenham sido objeto de vedação expressa neste artigo, desde que não incorra em nenhuma das hipóteses de vedação previstas nesta Lei Complementar.

§ 3º *(Vetado).*

§ 4º Na hipótese do inciso XVI do *caput*, deverá ser observado, para o MEI, o disposto no art. 4º desta Lei Complementar.

• § 4º acrescentado pela LC 139/2011 (*DOU* 11.11.2011), em vigor na data de sua publicação, produzindo efeitos a partir de 1º.01.2012.

§ 5º As empresas que exerçam as atividades previstas nos itens da alínea *c* do inciso X do *caput* deste artigo deverão obrigatoriamente ser registradas no Ministério da Agricultura, Pecuária e Abastecimento e obedecerão também à regulamentação da Agência Nacional de Vigilância Sanitária e da Secretaria da Receita Federal do Brasil quanto à produção e à comercialização de bebidas alcoólicas.

• § 5º acrescentado pela LC 155/2016 (*DOU* 28.10.2016), em vigor na data de publicação, produzindo efeitos a partir de 1º de janeiro de 2018.

[...]

Capítulo VI
Da Simplificação das Relações de Trabalho

Seção I
Da Segurança e da Medicina do Trabalho

Art. 50. As microempresas e as empresas de pequeno porte serão estimuladas pelo poder público e pelos Serviços Sociais Autônomos a formar consórcios para acesso a serviços especializados em segurança e medicina do trabalho.

Seção II
Das Obrigações Trabalhistas

Art. 51. As microempresas e as empresas de pequeno porte são dispensadas:

I – da afixação de Quadro de Trabalho em suas dependências;

II – da anotação das férias dos empregados nos respectivos livros ou fichas de registro;

III – de empregar e matricular seus aprendizes nos cursos dos Serviços Nacionais de Aprendizagem;

IV – da posse do livro intitulado "Inspeção do Trabalho"; e

V – de comunicar ao Ministério do Trabalho e Emprego a concessão de férias coletivas.

Art. 52. O disposto no art. 51 desta Lei Complementar não dispensa as microempresas e as empresas de pequeno porte dos seguintes procedimentos:

I – anotações na Carteira de Trabalho e Previdência Social – CTPS;

II – arquivamento dos documentos comprobatórios de cumprimento das obrigações trabalhistas e previdenciárias, enquanto não prescreverem essas obrigações;

III – apresentação da Guia de Recolhimento do Fundo de Garantia do Tempo de Serviço e Informações à Previdência Social – GFIP;

IV – apresentação das Relações Anuais de Empregados e da Relação Anual de Informações Sociais – Rais e do Cadastro Geral de Empregados e Desempregados – Caged.

Parágrafo único. *(Vetado).*

Art. 53. *(Revogado).*

Seção III
Do Acesso à Justiça do Trabalho

Art. 54. É facultado ao empregador de microempresa ou de empresa de pequeno porte fazer-se substituir ou representar perante a Justiça do Trabalho por terceiros que conheçam dos fatos, ainda que não possuam vínculo trabalhista ou societário.

Capítulo VII
Da Fiscalização Orientadora

Art. 55. A fiscalização, no que se refere aos aspectos trabalhista, metrológico, sanitário, ambiental, de segurança, de relações de consumo e de uso e ocupação do solo das microempresas e das empresas de pequeno porte, deverá ser prioritariamente orientadora quando a atividade ou situação, por sua natureza, comportar grau de risco compatível com esse procedimento.

• *Caput* com redação determinada pela LC 155/2016 (*DOU* 28.10.2016), em vigor na data de publicação, produzindo efeitos a partir de 1º de janeiro de 2018.

§ 1º Será observado o critério de dupla visita para lavratura de autos de infração, salvo quando for constatada infração por falta de registro de empregado ou anotação da Carteira de Trabalho e Previdência Social – CTPS, ou, ainda, na ocorrência de reincidência, fraude, resistência ou embaraço à fiscalização.

§ 2º *(Vetado).*

§ 3º Os órgãos e entidades competentes definirão, em 12 (doze) meses, as atividades e situações cujo grau de risco seja considerado alto, as quais não se sujeitarão ao disposto neste artigo.

§ 4º O disposto neste artigo não se aplica ao processo administrativo fiscal relativo a tributos, que se dará na forma dos arts. 39 e 40 desta Lei Complementar.

§ 5º O disposto no § 1º aplica-se à lavratura de multa pelo descumprimento de obrigações acessórias relativas às matérias do *caput*, inclusive quando previsto seu cumprimento de forma unificada com matéria de outra natureza, exceto a trabalhista.

• § 5º acrescentado pela LC 147/2014.

§ 6º A inobservância do critério de dupla visita implica nulidade do auto de infração lavrado sem cumprimento ao disposto neste artigo, independentemente da natureza principal ou acessória da obrigação.

• § 6º acrescentado pela LC 147/2014.

§ 7º Os órgãos e entidades da administração pública federal, estadual, distrital e municipal deverão observar o princípio do tratamento diferenciado, simplificado e favorecido por ocasião da fixação de valores decorrentes de multas e demais sanções administrativas.

• § 7º acrescentado pela LC 147/2014.

§ 8º A inobservância do disposto no *caput* deste artigo implica atentado aos direitos e garantias legais assegurados ao exercício profissional da atividade empresarial.

• § 8º acrescentado pela LC 147/2014.

§ 9º O disposto no *caput* deste artigo não se aplica a infrações relativas à ocupação irregular da reserva de faixa não edificável, de área destinada a equipamentos urbanos, de áreas de preservação permanente e nas faixas de domínio público das rodovias, ferrovias e dutovias ou de vias e logradouros públicos.

• § 9º acrescentado pela LC 147/2014.

[...]

Capítulo IX
Do Estímulo ao Crédito e à Capitalização

[...]

Seção III
Das Condições de Acesso aos Depósitos Especiais do Fundo de Amparo ao Trabalhador – FAT

Art. 63. O Codefat poderá disponibilizar recursos financeiros por meio da criação de programa específico para as cooperativas de crédito de cujos quadros de cooperados participem microempreendedores, empreendedores de microempresa e empresa de pequeno porte bem como suas empresas.

Parágrafo único. Os recursos referidos no *caput* deste artigo deverão ser destinados exclusivamente às microempresas e empresas de pequeno porte.

[...]

Capítulo XII
Do Acesso à Justiça

Seção I
Do Acesso aos Juizados Especiais

Art. 74. Aplica-se às microempresas e às empresas de pequeno porte de que trata esta Lei Complementar o disposto no § 1º do art. 8º da Lei 9.099, de 26 de setembro de 1995, e no inciso I do *caput* do art. 6º da Lei 10.259, de 12 de julho de 2001, as quais, assim como as pessoas físicas capazes, passam a ser admitidas como proponentes de ação perante o Juizado Especial, excluídos os cessionários de direito de pessoas jurídicas.

Art. 74-A. O Poder Judiciário, especialmente por meio do Conselho Nacional de Justiça – CNJ, e o Ministério da Justiça implementarão medidas para disseminar o tratamento diferenciado e favorecido às microempresas e empresas de pequeno porte em suas respectivas áreas de competência.

- Artigo acrescentado pela LC 147/2014.

Seção II
Da Conciliação Prévia, Mediação e Arbitragem

Art. 75. As microempresas e empresas de pequeno porte deverão ser estimuladas a utilizar os institutos de conciliação prévia, mediação e arbitragem para solução dos seus conflitos.

§ 1º Serão reconhecidos de pleno direito os acordos celebrados no âmbito das comissões de conciliação prévia.

§ 2º O estímulo a que se refere o *caput* deste artigo compreenderá campanhas de divulgação, serviços de esclarecimento e tratamento diferenciado, simplificado e favorecido no tocante aos custos administrativos e honorários cobrados.

Seção III
Das Parcerias

Art. 75-A. Para fazer face às demandas originárias do estímulo previsto nos arts. 74 e 75 desta Lei Complementar, entidades privadas, públicas, inclusive o Poder Judiciário, poderão firmar parcerias entre si, objetivando a instalação ou utilização de ambientes propícios para a realização dos procedimentos inerentes a busca da solução de conflitos.

Art. 75-B. *(Vetado).*

- Artigo acrescentado pela LC 155/2016 (*DOU* 28.10.2016), em vigor na data de publicação, produzindo efeitos a partir de 1º de janeiro de 2018.

[...]

Capítulo XIV
Disposições Finais e Transitórias

Art. 77. Promulgada esta Lei Complementar, o Comitê Gestor expedirá, em 30 (trinta) meses, as instruções que se fizerem necessárias à sua execução.

§ 1º O Ministério do Trabalho e Emprego, a Secretaria da Receita Federal, a Secretaria da Receita Previdenciária, os Estados, o Distrito Federal e os Municípios deverão editar, em 1 (um) ano, as leis e demais atos necessários para assegurar o pronto e imediato tratamento jurídico diferenciado, simplificado e favorecido às microempresas e às empresas de pequeno porte.

§ 2º A administração direta e indireta federal, estadual e municipal e as entidades paraestatais acordarão, no prazo previsto no § 1º deste artigo, as providências necessárias à adaptação dos respectivos atos normativos ao disposto nesta Lei Complementar.

§ 3º *(Vetado).*

§ 4º O Comitê Gestor regulamentará o disposto no inciso I do § 6º do art. 13 desta Lei Complementar até 31 de dezembro de 2008.

§ 5º A partir de 1º de janeiro de 2009, perderão eficácia as substituições tributárias que não atenderem à disciplina estabelecida na forma do § 4º deste artigo.

§ 6º O Comitê de que trata o inciso III do *caput* do art. 2º desta Lei Complementar expedirá, até 31 de dezembro de 2009, as instruções que se fizerem necessárias relativas a sua competência.

Art. 78. *(Revogado).*

Art. 79. Será concedido, para ingresso no Simples Nacional, parcelamento, em até 100 parcelas mensais e sucessivas, dos débitos com o Instituto Nacional do Seguro Social – INSS, ou com as Fazendas Públicas federal, estadual ou municipal, de responsabilidade da microempresa ou empresa de pequeno porte e de seu titular ou sócio, com vencimento até 30 de junho de 2008.

§ 1º O valor mínimo da parcela mensal será de R$ 100,00 (cem reais), considerados isoladamente os débitos para com a Fazenda Nacional, para com a Seguridade Social, para com a Fazenda dos Estados, dos Municípios ou do Distrito Federal.

§ 2º Esse parcelamento alcança inclusive débitos inscritos em dívida ativa.

§ 3º O parcelamento será requerido à respectiva Fazenda para com a qual o sujeito passivo esteja em débito.

§ 3º-A. O parcelamento deverá ser requerido no prazo estabelecido em regulamentação do Comitê Gestor.

§ 4º Aplicam-se ao disposto neste artigo as demais regras vigentes para parcelamento de tributos e contribuições federais, na forma regulamentada pelo Comitê Gestor.

§§ 5º a 8º *(Vetados).*

§ 9º O parcelamento de que trata o *caput* deste artigo não se aplica na hipótese de reingresso de microempresa ou empresa de pequeno porte no Simples Nacional.

Art. 79-A. *(Vetado).*

Art. 79-B. Excepcionalmente para os fatos geradores ocorridos em julho de 2007, os tributos apurados na forma dos arts. 18 a 20 desta Lei Complementar deverão ser pagos até o último dia útil de agosto de 2007.

Art. 79-C. A microempresa e a empresa de pequeno porte que, em 30 de junho de 2007, se enquadravam no regime previsto na Lei 9.317, de 5 de dezembro de 1996, e que não ingressaram no regime previsto no art. 12 desta Lei Complementar sujeitar-se-ão, a partir de 1º de julho de 2007, às normas de tributação aplicáveis às demais pessoas jurídicas.

§ 1º Para efeito do disposto no *caput* deste artigo, o sujeito passivo poderá optar pelo recolhimento do Imposto sobre a Renda da Pessoa Jurídica – IRPJ e da Contribuição Social sobre o Lucro Líquido – CSLL na forma do lucro real, trimestral ou anual, ou do lucro presumido.

§ 2º A opção pela tributação com base no lucro presumido dar-se-á pelo pagamento, no vencimento, do IRPJ e da CSLL devidos, correspondente ao 3º (terceiro) trimestre de 2007 e, no caso do lucro real anual, com o pagamento do IRPJ e da CSLL relativos ao mês de julho de 2007 com base na estimativa mensal.

Art. 79-D. Excepcionalmente, para os fatos geradores ocorridos entre 1º de julho de 2007 e 31 de dezembro de 2008, as pessoas jurídicas que exerçam atividade sujeita simultaneamente à incidência do IPI e do ISS deverão recolher o ISS diretamente ao Município em que este imposto é devido até o último dia útil de fevereiro de 2009, aplicando-se, até esta data, o disposto no parágrafo único do art. 100 da Lei 5.172, de 25 de outubro de 1966 – Código Tributário Nacional – CTN.

Art. 79-E. A empresa de pequeno porte optante pelo Simples Nacional em 31 de dezembro de 2017 que durante o ano-calendário de 2017 auferir receita bruta total anual entre R$ 3.600.000,01 (três milhões, seiscentos mil reais e um centavo) e R$ 4.800.000,00 (quatro milhões e oitocentos mil reais) continuará automaticamente incluída no Simples Nacional com efeitos a partir de 1º de janeiro de 2018, ressalvado o direito de exclusão por comunicação da optante.

- Artigo com redação determinada pela LC 155/2016 (*DOU* 28.10.2016), em vigor na data de publicação, produzindo efeitos a partir de 1º de janeiro de 2018.

[...]

Art. 85-A. Caberá ao Poder Público Municipal designar Agente de Desenvolvimento para a efetivação do disposto nesta Lei Complementar, observadas as especificidades locais.

§ 1º A função de Agente de Desenvolvimento caracteriza-se pelo exercício de articulação das ações públicas para a promoção do desenvolvimento local e territorial, mediante ações locais ou comunitárias, individuais ou coletivas, que visem ao cumprimento das disposições e diretrizes contidas nesta Lei Complementar, sob supervisão do órgão gestor local responsável pelas políticas de desenvolvimento.

§ 2º O Agente de Desenvolvimento deverá preencher os seguintes requisitos:

I – residir na área da comunidade em que atuar;

II – haver concluído, com aproveitamento, curso de qualificação básica para a formação de Agente de Desenvolvimento; e

III – possuir formação ou experiência compatível com a função a ser exercida;

- Inciso III com redação determinada pela LC 147/2014.

IV – ser preferencialmente servidor efetivo do Município.

- Inciso IV acrescentado pela LC 147/2014.

§ 3º A Secretaria da Micro e Pequena Empresa da Presidência da República juntamente com as entidades municipalistas e de apoio e representação empresarial prestarão suporte aos referidos agentes na forma de capacitação, estudos e pesquisas, publicações, promoção de intercâmbio de informações e experiências.

- § 3º com redação determinada pela Lei 12.792/2013.

Art. 86. As matérias tratadas nesta Lei Complementar que não sejam reservadas constitucionalmente a lei complementar poderão ser objeto de alteração por lei ordinária.

Art. 87. O § 1º do art. 3º da Lei Complementar 63, de 11 de janeiro de 1990, passa a vigorar com a seguinte redação:

"Art. 3º [...]

§ 1º O valor adicionado corresponderá, para cada Município:

I – ao valor das mercadorias saídas, acrescido do valor das prestações de serviços, no seu território, deduzido o valor das mercadorias entradas, em cada ano civil;

II – nas hipóteses de tributação simplificada a que se refere o parágrafo único do art. 146 da Constituição Federal, e, em outras situações, em que se dispensem os controles de entrada, considerar-se-á como valor adicionado o percentual de 32% (trinta e dois por cento) da receita bruta.

[...]"

Art. 87-A. Os Poderes Executivos da União, Estados, Distrito Federal e Municípios expedirão, anualmente, até o dia 30 de novembro, cada um, em seus respectivos âmbitos de competência, decretos de consolidação da regulamentação aplicável relativamente às microempresas e empresas de pequeno porte.

- Artigo acrescentado pela LC 147/2014.

Art. 88. Esta Lei Complementar entra em vigor na data de sua publicação, ressalvado o regime de tributação das microempresas e empresas de pequeno porte, que entra em vigor em 1º de julho de 2007.

Art. 89. Ficam revogadas, a partir de 1º de julho de 2007, a Lei 9.317, de 5 de dezembro de 1996, e a Lei 9.841, de 5 de outubro de 1999.

- Deixamos de publicar os Anexos a esta Lei Complementar.

Brasília, 14 de dezembro de 2006; 185º da Independência e 118º da República.

Luiz Inácio Lula da Silva

(*DOU* 15.12.2006; rep. 31.01.2009, edição extra; 31.01.2012 e 06.03.2012)

LEI COMPLEMENTAR 127, DE 14 DE AGOSTO DE 2007

Altera a Lei Complementar 123, de 14 de dezembro de 2006.

O Presidente da República:

Faço saber que o Congresso Nacional decreta e eu sanciono a seguinte Lei Complementar:

Art. 1º A Lei Complementar 123, de 14 de dezembro de 2006, passa a vigorar com as seguintes alterações:

- Alterações processadas no texto do referido artigo.

Art. 2º A partir de 1º de janeiro de 2008, a Lei Complementar 123, de 14 de dezembro de 2006, passa a vigorar com as seguintes modificações:

- Alterações processadas no texto do referido artigo.

Art. 3º Ficam revogados os seguintes dispositivos da Lei Complementar 123, de 14 de dezembro de 2006:

I – (*Vetado*.)

II – inciso II do *caput* do art. 21; e

III – art. 53 e seu parágrafo único.

Art. 4º Esta Lei Complementar entra em vigor na data de sua publicação, produzindo efeitos a partir de 1º de julho de 2007, ressalvado o seu art. 2º, que entra em vigor em 1º de janeiro de 2008.

Brasília, 14 de agosto de 2007; 186º da Independência e 119º da República.

Luiz Inácio Lula da Silva

(*DOU* 15.08.2007)

LEI COMPLEMENTAR 152, DE 3 DE DEZEMBRO DE 2015

Dispõe sobre a aposentadoria compulsória por idade, com proventos proporcionais, nos termos do inciso II do § 1º do art. 40 da Constituição Federal.

A Presidenta da República

Faço saber que o Congresso Nacional decreta e eu promulgo, nos termos do parágrafo 5º do art. 66 da Constituição, a seguinte Lei Complementar:

Art. 1º Esta Lei Complementar dispõe sobre a aposentadoria compulsória por idade, com proventos proporcionais, no âmbito da União, dos Estados, do Distrito Federal e dos Municípios, dos agentes públicos aos quais se aplica o inciso II do § 1º do art. 40 da Constituição Federal.

Art. 2º Serão aposentados compulsoriamente, com proventos proporcionais ao tempo de contribuição, aos 75 (setenta e cinco) anos de idade:

I – os servidores titulares de cargos efetivos da União, dos Estados, do Distrito Federal e dos Municípios, incluídas suas autarquias e fundações;

II – os membros do Poder Judiciário;

III – os membros do Ministério Público;

IV – os membros das Defensorias Públicas;

V – os membros dos Tribunais e dos Conselhos de Contas.

Parágrafo único. Aos servidores do Serviço Exterior Brasileiro, regidos pela Lei 11.440, de 29 de dezembro de 2006, o disposto neste artigo será aplicado progressivamente à razão de 1 (um) ano adicional de limite para aposentadoria compulsória ao fim de cada 2 (dois) anos, a partir da vigência desta Lei Complementar, até o limite de 75 (setenta e cinco) anos previsto no *caput*.

Art. 3º Revoga-se o inciso I do art. 1º da Lei Complementar 51, de 20 de dezembro de 1985.

Art. 4º Esta Lei Complementar entra em vigor na data de sua publicação.

Brasília, 3 de dezembro de 2015; 194º da Independência e 127º da República.

Dilma Rousseff

(*DOU* 04.12.2015)

Leis Ordinárias

LEI 605, DE 5 DE JANEIRO DE 1949

Dispõe sobre o repouso semanal remunerado e o pagamento de salário, nos dias feriados civis e religiosos.

- V. Dec. 27.048/1949 (Regulamenta a Lei 605/1949).

O Presidente da República:

Faço saber que o Congresso Nacional decreta e eu sanciono a seguinte Lei:

- V. art. 7º, XV, CF.
- V. Súmulas 201, 461 e 462, STF.
- V. Súmulas 27, 110, 146, 172, 351 e 354, TST.

Art. 1º Todo empregado tem direito ao repouso semanal remunerado, de 24 (vinte e quatro) horas consecutivas, preferentemente aos domingos e, nos limites das exigências técnicas das empresas, nos feriados civis e religiosos, de acordo com a tradição local.

Art. 2º Entre os empregados a que se refere esta Lei, incluem-se os trabalhadores rurais, salvo os que operem em qualquer regime de parceria, meação, ou forma semelhante de participação na produção.

Art. 3º O regime desta lei será extensivo àqueles que, sob forma autônoma, trabalhem agrupados, por intermédio de Sindicato, Caixa Portuária, ou entidade congênere. A remuneração do repouso obrigatório, nesse caso, consistirá no acréscimo de um 1/6 (um sexto) calculado sobre os salários efetivamente percebidos pelo trabalhador e paga juntamente com os mesmos.

Art. 4º É devido o repouso semanal remunerado, nos termos desta lei, aos trabalhadores das autarquias e de empresas industriais, ou sob administração da União, dos Estados e dos Municípios ou incorporadas nos seus patrimônios, que não estejam subordinados ao regime do funcionalismo público.

Art. 5º Esta Lei não se aplica às seguintes pessoas:

a) *(Revogada pela Lei 11.324/2006).*

b) aos funcionários públicos da União, dos Estados e dos Municípios e aos respectivos extranumerários em serviço nas próprias repartições;

c) aos servidores de autarquias paraestatais, desde que sujeitos a regime próprio de proteção ao trabalho que lhes assegure situação análoga à dos funcionários públicos.

Parágrafo único. São exigências técnicas, para os efeitos desta Lei, as que, pelas condições peculiares às atividades da empresa, ou em razão do interesse público, tornem indispensável a continuidade do serviço.

Art. 6º Não será devida a remuneração quando, sem motivo justificado, o empregado não tiver trabalhado durante toda a semana anterior, cumprindo integralmente o seu horário de trabalho.

§ 1º São motivos justificados:

a) os previstos no art. 473 e seu parágrafo único da Consolidação das Leis do Trabalho;

b) a ausência do empregado, devidamente justificada, a critério da administração do estabelecimento;

c) a paralisação do serviço nos dias em que, por conveniência do empregador, não tenha havido trabalho;

d) a ausência do empregado, até 3 (três) dias consecutivos, em virtude do seu casamento;

e) a falta do serviço com fundamento na lei sobre acidente do trabalho;

f) a doença do empregado, devidamente comprovada.

§ 2º A doença será comprovada mediante atestado de médico da instituição de previdência social a que estiver filiado o empregado, e, na falta deste e sucessivamente, de médico do Serviço Social do Comércio ou da Indústria; de médico da empresa ou por ela designado; de médico a serviço de repartição federal, estadual ou municipal, incumbida de assuntos de higiene ou de saúde pública; ou não existindo estes, na localidade em que trabalhar, de médico de sua escolha.

- § 2º com redação determinada pela Lei 2.761/1956.

§ 3º Nas empresas em que vigorar regime de trabalho reduzido, a frequência exigida corresponderá ao número de dias em que o empregado tiver de trabalhar.

Art. 7º A remuneração do repouso semanal corresponderá:

a) para os que trabalham por dia, semana, quinzena ou mês, à de um dia de serviço, computadas as horas extraordinárias habitualmente prestadas;

- Alínea a com redação determinada pela Lei 7.415/1985.

b) para os que trabalham por hora, à de sua jornada normal de trabalho, computadas as horas extraordinárias habitualmente prestadas;

- Alínea b com redação determinada pela Lei 7.415/1985.

c) para os que trabalham por tarefa ou peça, o equivalente ao salário correspondente às tarefas ou peças feitas durante a semana, no horário normal de trabalho, dividido pelos dias de serviço efetivamente prestados ao empregador;

d) para o empregado em domicílio, o equivalente ao quociente da divisão por seis da importância total da sua produção na semana.

§ 1º Os empregados cujos salários não sofram descontos por motivo de feriados civis ou religiosos são considerados já remunerados nesses mesmos dias de repouso, conquanto tenham direito à remuneração dominical.

§ 2º Consideram-se já remunerados os dias de repouso semanal do empregado mensalista ou quinzenalista cujo cálculo de salário mensal ou quinzenal, ou cujos descontos por faltas sejam efetuados na base do número de dias do mês ou de trinta e quinze diárias, respectivamente.

- V. Súmulas 225 e 351, TST.

Art. 8º Excetuados os casos em que a execução do serviço for imposta pelas exigências técnicas das empresas, é vedado o trabalho em dias feriados, civis e religiosos, garantida, entretanto, aos empregados a remuneração respectiva, observados os dispositivos dos arts. 6º e 7º desta Lei.

Art. 9º Nas atividades em que não for possível, em virtude das exigências técnicas das empresas, a suspensão do trabalho, nos dias feriados civis e religiosos, a remuneração será paga em dobro, salvo se o empregador determinar outro dia de folga.

Art. 10. Na verificação das exigências técnicas a que se referem os artigos anteriores, ter-se-ão em vista os de ordem econômica, permanentes ou ocasionais, bem como as peculiaridades locais.

Parágrafo único. O Poder Executivo, em decreto especial ou no regulamento que expedir para fiel execução desta Lei, definirá as mesmas exigências e especificará, tanto quanto possível, as empresas a elas sujeitas, ficando desde já incluídas entre elas as de serviços públicos e de transportes.

Art. 11. *(Revogado pela Lei 9.093/1995).*

Art. 12. As infrações ao disposto nesta Lei serão punidas, com multa de R$ 40,25 (quarenta reais e vinte e cinco centavos) a R$ 4.025,33 (quatro mil e vinte e cinco reais e trinta e três centavos), segundo a natureza da infração, sua extensão e a intenção de quem a praticou, aplicada em dobro no caso de reincidência e oposição à fiscalização ou desacato à autoridade.

- Artigo com redação determinada pela Lei 12.544/2011.

Art. 13. Serão originariamente competentes, para a imposição das multas de que trata a presente Lei, os delegados regionais do Ministério do Trabalho e, nos Estados, onde houver delegação de atribuições, a autoridade delegada.

Art. 14. A fiscalização da execução da presente Lei, o processo de autuação dos seus infratores, os recursos e a cobrança das multas reger-se-ão pelo disposto no Título VII da Consolidação das Leis do Trabalho.

Art. 15. A presente Lei entrará em vigor na data da sua publicação.

Art. 16. Revogam-se as disposições em contrário.

Rio de Janeiro, 5 de janeiro de 1949; 128º da Independência e 61º da República.

Eurico G. Dutra

(*DOU* 14.01.1949)

LEI 662, DE 6 DE ABRIL DE 1949

Declara feriados nacionais os dias 1º de janeiro, 1º de maio, 7º de setembro, 15 de novembro e 25 de dezembro.

O Presidente da República,

Faço saber que o Congresso Nacional decreta e eu sanciono a seguinte Lei:

Art. 1º São feriados nacionais os dias 1º de janeiro, 21 de abril, 1º de maio, 7 de setembro, 2 de novembro, 15 de novembro e 25 de dezembro.

- Artigo com redação determinada pela Lei 10.607/2002.

Art. 2º Só serão permitidas, nos feriados nacionais, atividades privadas e administrativas absolutamente indispensáveis.

Art. 3º Os chamados pontos facultativos, que os Estados, Distrito Federal ou os Municípios decretarem, não suspenderão as horas normais do ensino, nem prejudicarão os atos da vida forense, dos tabeliães e dos cartórios de registro.

Art. 4º Esta Lei entrará em vigor na data de sua publicação, revogadas as disposições em contrário.

Rio de Janeiro, 6 de abril de 1949; 128º da Independência e 61º da República.

Eurico G. Dutra

(*DOU* 13.04.1949)

LEI 1.060, DE 5 DE FEVEREIRO DE 1950

Estabelece normas para a concessão de assistência judiciária aos necessitados.

- V. Lei 5.584/1970 (Dispõe sobre normas de direito processual do trabalho, altera dispositivo da Consolidação das Leis do Trabalho, disciplina a concessão e prestação de assistên-cia judiciária na Justiça do Trabalho e dá outras providências).

O Presidente da República:

Faço saber que o Congresso Nacional decreta e eu sanciono a seguinte Lei:

Art. 1º Os poderes públicos federal e estadual, independentemente da colaboração que possam receber dos municípios e da Ordem dos Advogados do

Brasil – OAB, concederão assistência judiciária aos necessitados, nos termos desta Lei *(vetado)*.

- Artigo com redação determinada pela Lei 7.510/1986.
- V. art. 5º, LXXIV, CF.
- V. art. 82, CPC/2015.
- V. arts. 1º, §§ 2º a 4º, e 2º, § 3º, Lei 5.478/1968 (Ação de alimentos).
- V. arts. 22, § 1º, e 34, XII, Lei 8.906/1994 (Estatuto da Advocacia e da OAB).
- V. arts. 62 e 63, RISTF.
- V. arts. 114 a 116, RISTJ.

Art. 2º *(Revogado pela Lei 13.105/2015 – DOU 17.03.2015, em vigor após decorrido 1 (um) ano da data de sua publicação oficial).*

Art. 3º *(Revogado pela Lei 13.105/2015 – DOU 17.03.2015, em vigor após decorrido 1 (um) ano da data de sua publicação oficial).*

Art. 4º *(Revogado pela Lei 13.105/2015 – DOU 17.03.2015, em vigor após decorrido 1 (um) ano da data de sua publicação oficial).*

Art. 5º O juiz, se não tiver fundadas razões para indeferir o pedido, deverá julgá-lo de plano, motivando ou não o deferimento dentro do prazo de 72 (setenta e duas) horas.

§ 1º Deferido o pedido, o juiz determinará que o serviço de assistência judiciária, organizado e mantido pelo Estado, onde houver, indique, no prazo de 2 (dois) dias úteis, o advogado que patrocinará a causa do necessitado.

§ 2º Se no Estado não houver serviço de assistência judiciária, por ele mantido, caberá a indicação à Ordem dos Advogados, por suas seções estaduais, ou subseções municipais.

§ 3º Nos municípios em que não existem Subseções da Ordem dos Advogados do Brasil, o próprio juiz fará a nomeação do advogado que patrocinará a causa do necessitado.

§ 4º Será preferido para a defesa da causa o advogado que o interessado indicar e que declare aceitar o encargo.

§ 5º Nos Estados onde a Assistência Judiciária seja organizada e por eles mantida, o Defensor Público, ou quem exerça cargo equivalente, será intimado pessoalmente de todos os atos do processo, em ambas as Instâncias, contando-se-lhes em dobro todos os prazos.

- § 5º acrescentado pela Lei 7.871/1989.
- V. art. 128, I, LC 80/1994 (Defensoria Pública da União).

Art. 6º *(Revogado pela Lei 13.105/2015 – DOU 17.03.2015, em vigor após decorrido 1 (um) ano da data de sua publicação oficial).*

Art. 7º *(Revogado pela Lei 13.105/2015 – DOU 17.03.2015, em vigor após decorrido 1 (um) ano da data de sua publicação oficial).*

Art. 8º Ocorrendo as circunstâncias mencionadas no artigo anterior, poderá o juiz, *ex officio*, decretar a revogação dos benefícios, ouvida a parte interessada dentro de 48 (quarenta e oito) horas improrrogáveis.

Art. 9º Os benefícios da assistência judiciária compreendem todos os atos do processo até decisão final do litígio, em todas as instâncias.

Art. 10. São individuais e concedidos em cada caso ocorrente os benefícios de assistência judiciária que se não transmitem ao cessionário de direito e se extinguem pela morte do beneficiário, podendo, entretanto, ser concedidos aos herdeiros que continuarem a demanda, e que necessitarem de tais favores na forma estabelecida nesta Lei.

Art. 11. *(Revogado pela Lei 13.105/2015 – DOU 17.03.2015, em vigor após decorrido 1 (um) ano da data de sua publicação oficial).*

Art. 12. *(Revogado pela Lei 13.105/2015 – DOU 17.03.2015, em vigor após decorrido 1 (um) ano da data de sua publicação oficial).*

Art. 13. Se o assistido puder atender, em parte, às despesas do processo, o juiz mandará pagar as custas, que serão rateadas entre os que tiverem direito ao seu recebimento.

Art. 14. Os profissionais liberais designados para o desempenho do encargo de defensor ou de perito, conforme o caso, salvo justo motivo previsto em lei ou, na sua omissão, a critério da autoridade judiciária competente, são obrigados ao respectivo cumprimento, sob pena de multa de mil cruzeiros a dez mil cruzeiros, sujeita ao reajustamento estabelecido na Lei 6.205, de 29 de abril de 1975, sem prejuízo da sanção disciplinar cabível.

- Artigo com redação determinada pela Lei 6.465/1977.
- V. art. 36, I, Lei 8.906/1994 (Estatuto da Advocacia e da OAB).

§ 1º Na falta de indicação pela assistência ou pela própria parte, o juiz solicitará a do órgão de classe respectivo.

§ 2º A multa prevista neste artigo reverterá em benefício do profissional que assumir o encargo na causa.

Art. 15. São motivos para a recusa do mandato pelo advogado designado ou nomeado:

1º) estar impedido de exercer a advocacia;

2º) ser procurador constituído pela parte contrária ou ter com ela relações profissionais de interesse atual;

3º) ter necessidade de se ausentar da sede do juízo para atender a outro mandato anteriormente outorgado ou para defender interesses próprios inadiáveis;

4º) já haver manifestado, por escrito, sua opinião contrária ao direito que o necessitado pretende pleitear;

5º) haver dado à parte contrária parecer escrito sobre a contenda.

Parágrafo único. A recusa será solicitada ao juiz que, de plano, a concederá, temporária ou definitivamente, ou a denegará.

Art. 16. Se o advogado, ao comparecer em juízo, não exibir o instrumento de mandato outorgado pelo assistido, o juiz determinará que se exarem na ata da audiência os termos da referida outorga.

Parágrafo único. O instrumento de mandato não será exigido, quando a parte for representada em juízo por advogado integrante de entidade de direito público incumbido, na forma da lei, de prestação de assistência judiciária gratuita, ressalvados:

- Parágrafo único acrescentado pela Lei 6.248/1975.

a) os atos previstos no art. 38 do Código de Processo Civil;

b) o requerimento de abertura de inquérito por crime de ação privada, a proposição de ação penal privada ou o oferecimento de representação por crime de ação pública condicionada.

Art. 17. *(Revogado pela Lei 13.105/2015 – DOU 17.03.2015, em vigor após decorrido 1 (um) ano da data de sua publicação oficial).*

Art. 18. Os acadêmicos de direito, a partir da 4ª série, poderão ser indicados pela assistência judiciária, ou nomeados pelo juiz para auxiliar o patrocínio das causas dos necessitados, ficando sujeitos às mesmas obrigações impostas por esta Lei aos advogados.

- V. art. 3º, § 2º, Lei 8.906/1994 (Estatuto da Advocacia e da OAB).

Art. 19. Esta Lei entrará em vigor 30 (trinta) dias depois de sua publicação no *Diário Oficial da União*, revogadas as disposições em contrário.

Rio de Janeiro, 5 de fevereiro de 1950; 129º da Independência e 62º da República.

Eurico G. Dutra

(*DOU* 13.02.1950)

LEI 2.757, DE 23 DE ABRIL DE 1956

Dispõe sobre a situação dos empregados porteiros, zeladores, faxineiros e serventes de prédios de apartamentos residenciais.

O Presidente da República:

Faço saber que o Congresso Nacional decreta e eu sanciono a seguinte Lei:

[...]

Art. 3º Os condôminos responderão, proporcionalmente, pelas obrigações previstas nas leis trabalhistas, inclusive as judiciais e extrajudiciais.

[...]

Rio de Janeiro, em 23 de abril de 1956; 135º da Independência e 68º da República.

Juscelino Kubitschek

(*DOU* 26.04.1956)

LEI 4.090, DE 13 DE JULHO DE 1962

Institui a gratificação de Natal para os trabalhadores.

- V. Lei 4.749/1965 (Pagamento da gratificação prevista na Lei 4.090/1962).
- V. Dec. 57.155/1965 (Expede nova regulamentação da Lei 4.090/1962 com as alterações da Lei 4.749/1965).
- V. Dec. 63.912/1968 (Regula o pagamento da gratificação de Natal ao trabalhador avulso).
- V. Súmula 688, STF.
- V. Súmulas 14, 45, 46, 50, 148, 157 e 242, TST.

O Presidente da República:

Faço saber que o Congresso Nacional decreta e eu sanciono a seguinte Lei:

Art. 1º No mês de dezembro de cada ano, a todo empregado será paga, pelo empregador, uma gratificação salarial, independentemente da remuneração a que fizer jus.

§ 1º A gratificação corresponderá a 1/12 (um doze avos) da remuneração devida em dezembro, por mês de serviço, do ano correspondente.

§ 2º A fração igual ou superior a 15 (quinze) dias de trabalho será havida como mês integral para os efeitos do parágrafo anterior.

§ 3º A gratificação será proporcional:

- § 3º acrescentado pela Lei 9.011/1995.

I – na extinção dos contratos a prazo, entre estes incluídos os de safra, ainda que a relação de emprego haja findado antes de dezembro; e

II – na cessação da relação de emprego resultante da aposentadoria do trabalhador, ainda que verificada antes de dezembro.

Art. 2º As faltas legais e justificadas ao serviço não serão deduzidas para os fins previstos no § 1º do art. 1º desta Lei.

Art. 3º Ocorrendo rescisão, sem justa causa, do contrato de trabalho, o empregado receberá a gratificação devida nos termos dos §§ 1º e 2º do art. 1º desta Lei, calculada sobre a remuneração do mês da rescisão.

Art. 4º Esta Lei entrará em vigor na data de sua publicação, revogadas as disposições em contrário.

Brasília, 13 de julho de 1962; 141º da Independência e 74º da República.

João Goulart

(*DOU* 26.07.1962)

LEI 4.266, DE 3 DE OUTUBRO DE 1963

Institui o salário-família do trabalhador e dá outras providências.

- V. Dec. 53.153/1963 (Regulamenta o salário-família do trabalhador).
- V. Port. MTb 3.296/1986 (Autoriza as empresas e empregadores a adotar o sistema de Reembolso-Creche), disponível em ProView.
- V. Decreto-lei 368/1968 (Dispõe sobre efeitos de débitos salariais).
- V. IN SRT 1/1989 (Dispõe sobre o prazo para o pagamento do salário), disponível em ProView
- V. Decreto-lei 691/1969 (Dispõe sobre a não aplicação, aos contratos de técnicos estrangeiros, com estipulação de pagamento de salários em moeda estrangeira, de diversas disposições da legislação trabalhista).
- V. Lei 6.858/1980 (Dispõe sobre o pagamento, aos dependentes ou sucessores, de valores não recebidos em vida pelos respectivos titulares).
- V. Decreto 85.845/1981 (Regulamenta a Lei 6.858/1980).
- V. Lei 7.238/1984 (Dispõe sobre a manutenção da correção automática semestral dos salários, de acordo com o INPC).
- V. Lei 8.073/1990 (Estabelece a Política Nacional de Salários).
- V. Lei 8.542/1992 (Dispõe sobre a política nacional de salários).
- V. Lei 8.716/1993 (Dispõe sobre a garantia do salário mínimo).
- V. Lei 8.880/1994 (Dispõe sobre o Programa de Estabilização Econômica e o Sistema Monetário Nacional e institui a URV).
- V. Lei Complementar 103/2000 (Autoriza os Estados e o Distrito Federal a instituir o piso salarial).
- V. Lei 10.192/2001 (Dispõe sobre medidas complementares ao Plano Real).
- V. Decreto 4.840/2003 (Regulamenta a Medida Provisória 130/2003, que dispõe sobre a autorização para desconto de prestações em folha de pagamento).
- V. Lei 10.820/2003 (Dispõe sobre a autorização para desconto de prestações em folha de pagamento).
- V. Lei 12.382/2011 (Dispõe sobre o valor do salário mínimo em 2011 e a sua política de valorização de longo prazo).
- V. Decreto 7.872/2012 (Regulamenta o valor do salário mínimo em 2011 e a sua política de valorização de longo prazo).
- V. Lei 13.152/2015 (Dispõe sobre a política de valorização do salário-mínimo e dos benefícios pagos pelo RGPS para o período de 2016 a 2019).

O Presidente da República:

Faço saber que o Congresso Nacional decreta e eu sanciono a seguinte Lei:

Art. 1º O salário-família, instituído por esta Lei, será devido, pelas empresas vinculadas à Previdência Social, a todo empregado, como tal definido na Consolidação das Leis do Trabalho, qualquer que seja o valor e a forma de sua remuneração, e na proporção do respectivo número de filhos.

- V. art. 7º, XII, CF.

Art. 2º O salário-família será pago sob a forma de uma quota percentual, calculada sobre o valor do salário mínimo local, arredondado este para o múltiplo de mil seguinte, por filho menor de qualquer condição, até 14 anos de idade.

Art. 3º O custeio do salário-família será feito mediante o sistema de compensação, cabendo a cada empresa, qualquer que seja o número e o estado civil de seus empregados, recolher, para esse fim, ao Instituto ou Institutos de Aposentadoria e Pensões a que estiver vinculada, a contribuição que for fixada em correspondência com o valor da quota percentual referida no art. 2º.

§ 1º A contribuição de que trata esse artigo corresponderá a uma percentagem incidente sobre o salário mínimo local multiplicado pelo número total de empregados da empresa, observados os mesmos prazos de recolhimento, sanções administrativas e penais e demais condições estabelecidas com relação às contribuições destinadas ao custeio da Previdência Social.

§ 2º As contribuições recolhidas pelas as empresas, nos termos deste artigo, constituirão, em cada Instituto, um "Fundo de Compensação do Salário-Família" em regime de repartição anual, cuja destinação será exclusivamente a de custeio do pagamento das quotas, não podendo a parcela relativa às respectivas despesas de administração exceder de 0,5% (meio por cento) do total do mesmo Fundo.

- V. art. 19, Lei 5.890/1973 (Extingue o "Fundo de Compensação do Salário-Família").

Art. 4º O pagamento das quotas do salário-família será feito pelas próprias empresas, mensalmente, aos seus empregados, juntamente com o do respectivo salário, nos termos do art. 2º.

§ 1º Quando os pagamentos forem semanais ou por outros períodos, as quotas serão pagas juntamente com o último relativo ao mês.

§ 2º Para efeito de pagamento das quotas, exigirão as empresas, dos empregados, as certidões de nascimento dos filhos, que a isto os habilitam.

§ 3º As certidões expedidas para os fins do § 2º deste artigo são isentas de selo, taxas ou emolumentos de qualquer espécie, assim como o reconhecimento de firmas a elas referente, quando necessário.

§ 4º Dos pagamentos de quotas feitos, guardarão as empresas os respectivos comprovantes, bem como as certidões, para o efeito da fiscalização dos Institutos, no tocante ao reembolso a que se refere o art. 5º.

Art. 5º As empresas serão reembolsadas, mensalmente, dos pagamentos das quotas feitos aos seus empregados, na forma desta lei, mediante desconto do valor respectivo no total das contribuições recolhidas ao Instituto ou Institutos de Aposentadoria e Pensões a que forem vinculadas.

Art. 6º A fixação do salário mínimo, de que trata o Capítulo II do Título II da Consolidação das Leis do Trabalho, terá por base unicamente as necessidades normais do trabalhador sem filhos, considerando-se atendido, com o pagamento do salário-família instituído por esta lei, o preceituado no art. 157, I, da Constituição Federal.

- Refere-se à CF/1946.

Art. 7º Ficam fixados, pelo período de 3 (três) anos, os seguintes valores relativos à presente Lei:

I – de 5% (cinco por cento) para cada quota percentual a que se refere o art. 2º;

II – de 6% (seis por cento) para a contribuição de que trata o art. 3º.

§ 1º Se, findo o período previsto neste artigo, não forem revistos os valores neles fixados, continuarão a vigorar até que isto se venha a efetuar.

§ 2º A qualquer alteração no valor de um das percentagens deverá corresponder proporcionalmente o da outra, de modo a que seja assegurado o perfeito equilí-

Legislação

brio do custeio do sistema, no regime de repartição anual.

Art. 8º Os empregados abrangidos pela presente Lei ficam excluídos do campo de aplicação do Decreto-lei 3.200, de 19 de abril de 1941, no tocante ao abono às famílias numerosas.

Art. 9º As quotas do salário-família não se incorporarão, para nenhum efeito, ao salário ou remuneração devidos aos empregados.

Art. 10. Esta Lei entrará em vigor a partir do primeiro dia do mês que se seguir ao decurso de 30 (trinta) dias, contados da data de sua publicação.

Parágrafo único. Dentro do prazo referido neste artigo, o Poder Executivo expedirá o Regulamento desta Lei.

Art. 11. Revogam-se as disposições em contrário.

Brasília, 3 de outubro de 1963; 142º da Independência e 75º da República.

João Goulart

(*DOU* 08.10.1963)

LEI 4.725, DE 13 DE JULHO DE 1965

Estabelece normas para o processo dos dissídios coletivos, e dá outras providências.

- V. Súmulas 246 e 350, TST.
- V. Lei 10.259/2001 (Juizados Especiais Cíveis e Criminais no âmbito da Justiça Federal).

O Presidente da República:

Faço saber que o Congresso Nacional decreta e eu sanciono a seguinte Lei:

Art. 1º A Justiça do Trabalho, no processo dos dissídios coletivos, entre categorias profissionais e econômicas, observará as normas previstas na Consolidação das Leis do Trabalho (arts. 856 a 874), com as alterações subsequentes e as constantes desta Lei.

Art. 2º A sentença tomará por base o índice resultante da reconstituição do salário real médio da categoria nos últimos 24 (vinte e quatro) meses anteriores ao término da vigência do último acordo ou sentença normativa, adaptando as taxas encontradas às situações configuradas pela ocorrência conjunta ou separadamente dos seguintes fatores:

- Artigo com redação determinada pela Lei 4.903/1965.

a) repercussão dos reajustamentos salariais na comunidade e na economia nacional;

b) adequação do reajuste às necessidades mínimas de sobrevivência do assalariado e de sua família;

c) *(Vetado.)*

d) perda do poder aquisitivo médio real ocorrido entre a data da entrada da representação e a da sentença;

e) necessidade de considerar a correção de distorções salariais para assegurar adequada hierarquia salarial na categoria profissional dissidente e, subsidiariamente, no conjunto das categorias profissionais, como medida de equidade social.

§ 1º A partir de 1º de julho de 1966 se acrescentará ao índice referido neste artigo o percentual que traduza o aumento da produtividade nacional no ano anterior, segundo os dados do Conselho Nacional de Economia, observando o seu ajustamento ao aumento da produtividade da empresa ou empresas componentes da respectiva categoria econômica.

§ 2º *(Vetado.)*

§ 3º As normas e condições estabelecidas por sentença terão vigência a partir da data da publicação de suas conclusões no órgão oficial da Justiça do Trabalho.

Art. 3º A Justiça do Trabalho e o Ministério Público do Trabalho poderão solicitar a colaboração dos seguintes órgãos:

1 – Conselho Nacional de Economia;

2 – Fundação Getúlio Vargas;

3 – Ministério do Trabalho e Previdência Social, por seus departamentos competentes, especialmente:

a) Serviço de Estatística e Previdência do Trabalho;

b) Conselho Nacional de Política Salarial;

c) Departamento Nacional de Emprego e Salário.

Art. 4º Sendo partes, nos dissídios coletivos, empresas que dependam, para atendimento dos novos encargos salariais resultantes da sentença, da decisão de órgãos do Poder Executivo competentes para a fixação das tarifas e taxas, o juiz solicitará àqueles órgãos os cálculos de incidência de majoração salarial nos valores de taxas, como elemento elucidativo da sentença a ser proferida.

Parágrafo único. O órgão competente, para efetuar o cálculo de que trata este artigo, terá o prazo de 15 (quinze) dias para atender à solicitação do juiz.

Art. 5º Na apreciação de dissídios coletivos suscitados pelos empregados da Marinha Mercante, dos portos e da Rede Ferroviária Federal S.A., os Tribunais do Trabalho observarão as seguintes normas:

a) serão excluídos aqueles que não estão sujeitos aos preceitos da Consolidação das Leis do Trabalho (Lei 3.115, de 1957, art.16; Lei 3.780, de 1960; Lei 4.564, de 1964) e tenham a sua remuneração fixada por lei;

b) *(Vetado.)*

c) não será concedido aumento salarial, se a empresa se encontrar em regime deficitário *(vetado).*

Art. 6º Os recursos das decisões proferidas nos dissídios coletivos terão efeito meramente devolutivo.

§ 1º O Presidente do Tribunal Superior do Trabalho poderá dar efeito suspensivo ao recurso, a requerimento do recorrente em petição fundamentada. Do despacho caberá agravo para o Pleno, no prazo de 5 (cinco) dias, de conformidade com o disposto no Regimento Interno do Tribunal.

- § 1º com redação determinada pela Lei 4.903/1965.

§ 2º O Tribunal *ad quem* deverá julgar o recurso no prazo de 60 (sessenta) dias, improrrogavelmente.

§ 3º O provimento do recurso não importará restituição dos salários ou vantagens pagos, em execução do julgado.

Art. 7º *(Revogado pela Lei 5.451/1968.)*

Art. 8º O Conselho Nacional de Política Salarial, que funcionará sob a presidência do Ministro do Trabalho e Previdência Social, como órgão de assessoria do Poder Executivo na formulação e execução de sua política salarial, e cuja composição e atribuições constarão de decreto do Presidente da República, poderá, para execução dos serviços de sua Secretaria-Executiva, requisitar servidores públicos, nos termos da legislação em vigor, bem como admitir pessoal temporário, sujeito às normas da Consolidação das Leis do Trabalho.

Parágrafo único. A remuneração do pessoal admitido nos termos deste artigo, bem como as gratificações a serem pagas ao pessoal requisitado, constarão de tabela anualmente aprovada pelo Ministro do Trabalho e Previdência Social, dentro do limite dos recursos atribuídos ao Conselho Nacional de Política Salarial.

Art. 9º Para atender às despesas com o funcionamento da Secretaria-Executiva do Conselho Nacional de Política Salarial, fica o Poder Executivo autorizado a abrir ao Ministério do Trabalho e Previdência Social o crédito especial de Cr$ 60.000.000 (sessenta milhões de cruzeiros).

Art. 10. Os ajustamentos de salários fixados em decisões da Justiça do Trabalho, aprovados em julgamento de dissídios coletivos ou em acordos homologados, serão aplicados, automaticamente, nas mesmas condições estabelecidas para os integrantes das categorias profissionais litigantes ou interessadas, aos empregados das próprias entidades suscitantes e suscitadas, observadas as peculiaridades que lhes sejam inerentes, ficando, desde logo, autorizado o reajustamento das respectivas verbas orçamentárias.

Art. 11. A assistência aos trabalhadores prevista no art. 500 da Consolidação das Leis do Trabalho, aprovada pelo Decreto-lei 5.452, de 1º de maio de 1943, e na Lei 4.066, de 28 de maio de 1962, será gratuita, vedada aos órgãos e autoridades a quem for solicitada a cobrança de qualquer importância para o atendimento de custas, taxas, emolumentos, remuneração ou a qualquer título.

Art. 12. Nenhum reajustamento de salário será homologado ou determinado pela Justiça do Trabalho antes de decorrido 1 (um) ano do último acordo ou dissídio coletivo, não sendo possível a inclusão da cláusula de antecipação do aumento salarial durante o prazo de vigência da sentença normativa.

Parágrafo único. *(Revogado pelo Dec.-lei 424/1969.)*

Art. 13. Esta Lei entrará em vigor na data de sua publicação, revogadas as disposições em contrário.

Brasília, 13 de julho de 1965; 144º da Independência e 77º da República.

H. Castello Branco

(*DOU* 13.07.1965)

LEI 4.749, DE 12 DE AGOSTO DE 1965

Dispõe sobre o pagamento da gratificação prevista na Lei 4.090, de 13 de julho de 1962.

- V. Lei 4.090/1962 (Gratificação de Natal para os trabalhadores).
- V. Dec. 57.155/1965 (Expede nova regulamentação da Lei 4.090/1962 com as alterações da Lei 4.749/1965).
- V. Dec. 63.912/1968 (Regula o pagamento da gratificação de Natal ao trabalhador avulso).
- V. Súmula 688, STF.

O Presidente da República:

Faço saber que o Congresso Nacional decreta e eu sanciono a seguinte Lei:

Art. 1º A gratificação salarial instituída pela Lei 4.090, de 13 de julho de 1962, será paga pelo empregador até o dia 20 de dezembro de cada ano, compensada a importância que, a título de adiantamento, o empregado houver recebido na forma do artigo seguinte.

Parágrafo único. (*Vetado*).

Art. 2º Entre os meses de fevereiro e novembro de cada ano o empregador pagará, como adiantamento da gratificação referida no artigo precedente, de uma só vez, metade do salário recebido pelo respectivo empregado no mês anterior.

§ 1º O empregador não estará obrigado a pagar o adiantamento, no mesmo mês, a todos os seus empregados.

§ 2º O adiantamento será pago ao ensejo das férias do empregado, sempre que este o requerer no mês de janeiro do correspondente ano.

Art. 3º Ocorrendo a extinção do contrato de trabalho antes do pagamento de que trata o art. 1º desta Lei, o empregador poderá compensar o adiantamento mencionado com a gratificação devida nos termos do art. 3º da Lei 4.090, de 13 de julho de 1962, e, se não bastar, com outro crédito de natureza trabalhista que possua o respectivo empregado.

Art. 4º As contribuições devidas aos Institutos de Aposentadoria e Pensões, que incidem sobre a gratificação salarial referida nesta Lei, ficam sujeitas ao limite estabelecido na legislação de Previdência Social.

Art. 5º Aplica-se, no corrente ano, a regra estatuída no art. 2º desta Lei, podendo o empregado usar da faculdade estatuída no seu § 2º no curso dos primeiros 30 (trinta) dias de vigência desta Lei.

Art. 6º O Poder Executivo, no prazo de 30 (trinta) dias, adaptará o regulamento aprovado pelo Decreto 1.881, de 14 de dezembro de 1962, aos preceitos desta Lei.

Art. 7º Esta Lei entra em vigor na data de sua publicação.

Art. 8º Revogam-se as disposições em contrário.

Brasília, 12 de agosto de 1965; 144º da Independência e 77º da República.

H. Castello Branco

(*DOU* 13.08.1965)

LEI 4.860, DE 26 DE NOVEMBRO DE 1965

Dispõe sobre o regime de trabalho nos portos organizados, e dá outras providências.

O Presidente da República:

Faço saber que o Congresso Nacional decreta e eu sanciono a seguinte Lei:

Capítulo I
Do Regime de Trabalho

- Rubrica retificada no *DOU* de 10.12.1965.

Art. 1º Em todos os portos organizados e dentro dos limites fixados como "área do pôrto", a autoridade responsável é representada pela Administração do Pôrto, cabendo-lhe velar pelo bom funcionamento dos serviços na referida área.

Parágrafo único. Sob a denominação de "área do pôrto" compreende-se a parte terrestre e marítima, contínua e descontínua, das instalações portuárias definidas no art. 3º do Decreto 24.447, de 22 de junho de 1934.

Art. 2º As demais autoridades que exercerem atividades dentro da "área do pôrto", pertencentes a qualquer órgão do Serviço Público, seja êle Federal, Estadual ou Municipal, excetuado o Departamento Nacional de Portos e Vias Navegáveis, não poderão determinar medidas que afetem a realização dos serviços portuários e outros correlatos, sem o prévio conhecimento e concordância da Administração do Pôrto.

§ 1º Excetuam-se as medidas que se tornem necessárias adotar pelo Ministério da Marinha, através dos seus representantes legais, quando configuradas situações que possam vir a comprometer ou que comprometam a segurança nacional ou a segurança da navegação.

§ 2º Em caso de divergência entre a Administração do Pôrto e as demais autoridades acêrca de medidas determinadas pela Administração, será a mesma dirigida pelo Departamento Nacional de Portos e Vias Navegáveis, sem efeito suspensivo até a sua deliberação, da qual caberá recurso ao Ministério da Viação e Obras Públicas.

Art. 3º O horário de trabalho nos portos organizados, para tôdas as categorias de servidores ou empregados, será fixado pela respectiva Administração do Pôrto, de acôrdo com as necessidades de serviços e as peculiaridades de cada pôrto, observado ainda o disposto nos arts. 8º, 9º e 10.

Art. 4º Na fixação do regime de trabalho de cada pôrto, para permitir a continuidade das operações portuárias, os horários de trabalho poderão ser estabelecidos em um ou dois períodos de serviço.

§ 1º Os períodos de serviço serão diurno, entre 7 (sete) e 19 (dezenove) horas, e noturno, entre 19 (dezenove) e 7 (sete) horas do dia seguinte,...(*Vetado pela mens. 1.004/1965*)...A hora do trabalho... (*Vetado pela mens. 1.004/1965*)...é de 60 (sessenta) minutos...(*Vetado pela mens. 1.004/1965*)...

§ 2º Nos portos em que, dadas as peculiaridades locais, as respectivas Administrações adotarem os horários de trabalho dentro de um só período de serviço, será obrigatória a prestação de serviço em qualquer período, quando prèviamente requisitado.

Art. 5º Para os serviços de capatazia, cada período será composto de 2 (dois) turnos de 4 (quatro) horas, separados por um intervalo de até 2 (duas) horas para refeição e descanso, completados por prorrogações dentro do período.

Parágrafo único. A Administração do Pôrto determinará os serviços e as categorias que devem formar as equipes para executá-los, escalando o pessoal em sistema de rodízio.

Art. 6º Para os demais serviços, a Administração do Pôrto estabelecerá os horários de trabalho que melhor convierem à sua realização, escalando o pessoal para executá-lo, em equipes ou não.

Parágrafo único. O disposto neste artigo estende-se aos serviços de movimentação de granéis, inclusive à sua capatazia.

Art. 7º Todos os servidores ou empregados são obrigados à prestação de até 48 (quarenta e oito) horas de trabalho ordinário por semana, à razão de até 8 (oito) horas ordinárias por dia em qualquer dos períodos de serviço e também à prestação de serviço nas prorrogações para as quais forem convocados.

§ 1º O pessoal lotado no Escritório Central da Administração do Pôrto terá aquêle limite reduzido para até 44 (quarenta e quatro) horas.

§ 2º Além das horas ordinárias a que está obrigado, o pessoal prestará serviço extraordinário nas horas destinadas à refeição e descanso, e nas prorrogações, quando fôr determinado.

§ 3º Aos sábados, a critério da Administração do Pôrto, o pessoal técnico e administrativo, em sua totalidade ou não, poderá ter o seu trabalho reduzido ou suprimido, desde que essa redução ou supressão não dificulte a realização dos serviços portuários e seja compensada em horas equivalentes durante a respectiva semana, não consideradas essas horas como de serviço extraordinário.

- § 3º retificado no *DOU* de 10.12.1965.

§ 4º Entre dois períodos de trabalho, os servidores ou empregados deverão dispor de, no mínimo, 11 (onze) horas consecutivas para descanso.

§ 5º Os serviços extraordinários executados pelo pessoal serão remunerados com os seguintes acréscimos sôbre o valor do salário-hora ordinário do período diurno:

a) 20% (vinte por cento) para as duas primeiras horas de prorrogação;

b) 50% (cinqüenta por cento) para as demais horas de prorrogação;

c) 100% (cem por cento) para as horas de refeição.

§ 6º Todos os servidores ou empregados terão direito a 1 (um) dia de descanso semanal remunerado, a ser fixado pela Administração do Pôrto, com o pagamento do equivalente salário,...(*Vetado pela mens. 1.004/1965*)...

§ 7º Nos casos de necessidade, a critério da Administração do Pôrto, poderá ser determinada a prestação de serviços nos feriados legais, devendo neste caso ser pago um acréscimo salarial de 100% (cem por cento), calculado sôbre o salário...(*Vetado pela mens. 1.004/1965*)...salvo se a Administração determinar outro dia de folga. A prestação de serviços aos domingos será estabelecida em escala de revezamento a critério da Administração do Pôrto.

§ 8º Perderá a remuneração do dia destinado ao descanso semanal o servidor ou empregado que tiver, durante a semana que o preceder, falta que não seja legalmente justificada.

§ 9º É vedada, aos servidores ou empregados ocupantes de cargo de direção ou chefia, a percepção de remuneração pela prestação de serviços extraordinários, aos quais, entretanto, ficarão obrigados sempre que houver conveniência de serviço.

Art. 8º Em cada pôrto, de acôrdo com as necessidades de serviço, poderá haver horários de trabalhos diferentes em diversos setores, tendo em vista peculiaridades dos diversos serviços que nos mesmos se desenvolvem.

Art. 9º Cada Administração do Pôrto, no prazo improrrogável de 30 (trinta) dias, a contar da data da publicação desta Lei, dará publicidade dos horários que interessarem a outras entidades, nos jornais de maior circulação local. Em caso de alteração posterior a ser introduzida nesses horários, a divulgação da mesma obedecerá a idêntico processo, observando-se, para ambos os casos, a antecedência mínima de uma semana para sua entrada em vigor, salvo caso de emergência, a critério da Administração do Pôrto.

Art. 10. Os horários fixados, pela Administração do Pôrto serão obrigatòriamente cumpridos pelas entidades de direito público ou pessoas físicas e jurídicas de direito privado que mantenham atividades vinculadas aos serviços do pôrto.

Art. 11. O tempo em que o servidor ou empregado se ausentar do trabalho para desempenho de função associativa ou sindical será considerado de licença não remunerada e não prejudicará o tempo de serviço, adicional, promoção por antiguidade, licença-prêmio e salário-família.

Parágrafo único. Fica compreendido nas limitações dêste artigo o servidor ou empregado que, embora temporàriamente, se afaste do serviço para exercer funções de diretor, delegado, representante, conselheiro ou outras nas respectivas entidades de classe, federações ou confederações das mesmas, exceto nos casos previstos em lei.

Capítulo II
Dos Direitos e Vantagens

Art. 12. À Administração do Pôrto caberá propor à aprovação do Departamento Nacional de Portos e Vias Navegáveis os quadros de seu pessoal, sem embargo de outras disposições legais vigentes, ficando vedada qualquer alteração aos mesmos sem prévia audiência daquele órgão.

§ 1º Submetido o quadro à aprovação do Departamento Nacional de Portos e Vias Navegáveis e não havendo pronunciamento do órgão, no prazo de 30 (trinta) dias, será o mesmo considerado como aprovado.

§ 2º Os níveis das diversas categorias deverão estar de acôrdo com o que vigorar no mercado de trabalho.

- § 2º retificado no *DOU* de 10.12.1965.

§ 3º Em caso de maior demanda ocasional de serviço, fica a Administração do Pôrto autorizada a engajar a necessária fôrça supletiva nos trabalhos de capatazia, sem vínculo empregatício, dispensando-a tão logo cesse essa demanda ocasional.

§ 4º Fica vedada às Administrações dos Portos a readmissão de servidores ou empregados dispensados em conseqüência de decisão proferida em processo ou inquérito administrativo, em que se tenha figurado falta grave.

Art. 13. A Administração do Pôrto fornecerá a seu pessoal todo material adequado à sua proteção, quando se tornar necessário à manipulação de mercadorias insalubres ou perigosas, ou quando da realização de serviços assim considerados, ou ainda, quando da realização de serviços em ambientes considerados como tais.

Art. 14. A fim de remunerar os riscos relativos à insalubridade, periculosidade e outros porventura existentes, fica instituído o "adicional de riscos" de 40% (quarenta por cento) que incidirá sôbre o valor do salário-hora ordinário do período diurno e substituirá todos aquêles que, com sentido ou caráter idêntico, vinham sendo pagos.

§ 1º Êste adicional sòmente será devido enquanto não forem removidas ou eliminadas as causas de risco.

§ 2º Êste adicional sòmente será devido durante o tempo efetivo no serviço considerado sob risco.

§ 3º As Administrações dos Portos, no prazo de 60 (sessenta) dias, discriminarão, ouvida a autoridade competente, os serviços considerados sob risco.

§ 4º Nenhum outro adicional será devido além do previsto neste artigo.

§ 5º Só será devido uma única vez, na execução da mesma tarefa, o adicional previsto neste artigo, mesmo quando ocorra, simultâneamente, mais de uma causa de risco.

Art. 15. Além da remuneração e demais vantagens instituídas nesta Lei, a Administração do Pôrto somente poderá conceder, e a seu critério, aos seus servidores ou empregados a gratificação individual de produtividade de que trata o § 2º do art. 16 da Lei 4.345, de 26 de junho de 1964.

Art. 16. Todo servidor ou empregado da Administração do Pôrto terá direito, após cada período de 12 (doze) meses de vigência do contrato de trabalho ou de efetiva prestação de serviço, a gozar um período de férias, em dias corridos, na seguinte proporção:

a) 30 (trinta) dias corridos, o que tiver ficado à disposição da Administração do Pôrto nos 12 (doze) meses do período contratual e não tenha mais de 6 (seis) faltas ao serviço, justificadas ou não, nesse período;

b) 23 (vinte e três) dias corridos, o que tiver ficado à disposição da Administração do Pôrto por mais de 250 (duzentos e cinqüenta) dias, durante o período de 12 (doze) meses;

c) 17 (dezessete) dias corridos, o que tiver ficado à disposição da Administração do Pôrto por mais de 200 (duzentos) dias, durante o período de 12 (doze) meses, sem entretanto atingir o limite estabelecido na alínea anterior;

d) 11 (onze) dias corridos, o que tiver ficado à disposição da Administração do Pôrto por mais de 150 (cento e cinqüenta) dias, durante o período de 12 (doze) meses, sem entretanto atingir o limite estabelecido na alínea anterior.

Capítulo III
Disposições Gerais

Art. 17. Tendo em vista o regime de trabalho fixado em decorrência da presente Lei, as Administrações dos Portos promoverão os estudos necessários à fixação ou revisão das taxas de remuneração por produção para os serviços de capatazia e à atualização das respectivas tarifas, as quais deverão ser submetidas, dentro de 120 (cento e vinte) dias, ao Departamento Nacional de Portos e Vias Navegáveis, de modo que, dentro dos 30 (trinta) dias subseqüentes, sejam homologadas pelo Ministro da Viação e Obras Públicas.

Art. 18. As convenções, contratos, acôrdos coletivos de trabalho e outros atos destinados a disciplinar as condições de trabalho, de remuneração e demais direitos e deveres dos servidores ou empregados, inclusive daqueles sem vínculo empregatício, sòmente poderão ser firmados pelas Administrações dos Portos com entidades legalmente habilitadas e deverão ser homologados pelos Ministros do Trabalho e da Previdência Social e da Viação e Obras Públicas.

Art. 19. As disposições desta Lei são aplicáveis a todos os servidores ou empregados pertencentes às Administrações dos Portos organizados sujeitos a qualquer regime de exploração...(*Vetado pela mens. 1.004/1965*)...

Parágrafo único. Para os servidores sujeitos ao regime dos Estatutos dos Funcionários Públicos, sejam federais, estaduais ou municipais, êstes serão aplicados supletivamente, assim como será a legislação do trabalho para os demais empregados, no que couber.

Art. 20. Fica revogada a Lei número 3.165, de 1º de junho de 1957.

Art. 21. Esta Lei entrará em vigor na data de sua publicação.

Art. 22. Revogam-se as disposições em contrário.

Brasília, 26 de novembro de 1965; 144º da Independência e 77º da República.

H. Castello Branco

(*DOU* 29.11.1965; ret. 10.12.1965)

LEI 4.923, DE 23 DE DEZEMBRO DE 1965

Institui o cadastro permanente das admissões e dispensas de empregados, estabelece medidas contra o desemprego e de assistência aos desempregados, e dá outras providências.

- V. Port. MTPS 417/1966 (Dilatação de horário de repouso), disponível em ProView.
- V. Lei 9.504/1997 (Lei das eleições).
- V. Port. MTE 412/2007 (Disciplina a alteração na jornada e no horário de trabalho dos empregados que trabalhem em regime de turnos ininterruptos de revezamento), disponível em ProView.
- V. Port. MTE 1.510/2009 (Registro eletrônico de ponto e a utilização do Sistema de Registro Eletrônico de Ponto – SREP), disponível em ProView.
- V. Port. MTE 1.095/2010 (Requisitos para a redução do intervalo intrajornada), disponível em ProView.
- V. Port. MTE 373/2011 (Possibilidade de adoção pelos empregadores de sistemas alternativos de controle de jornada de trabalho), disponível em ProView.
- V. Port. MTE 945/2015 (Autorização transitória para trabalho aos domingos e feriados), disponível em ProView.

O Presidente da República:

Faço saber que o Congresso Nacional decreta e eu sanciono a seguinte Lei:

Art. 1º Fica instituído, em caráter permanente, no Ministério do Trabalho e Previdência Social, o registro das admissões e dispensas de empregados nas empresas abrangidas pelo sistema da Consolidação das Leis do Trabalho.

§ 1º As empresas que dispensarem ou admitirem empregados ficam obrigadas a fazer a respectiva comunicação às Delegacias Regionais do Trabalho, mensalmente, até o dia 7 do mês subsequente ou como estabelecido em regulamento, em relação nominal por estabelecimento, da qual constará também a indicação da Carteira de Trabalho e Previdência Social ou, para os que ainda não a possuírem, nos termos da lei, os dados indispensáveis à sua identificação pessoal.

- Primitivo parágrafo único renumerado pela MP 2.164-41/2001.

§ 2º O cumprimento do prazo fixado no § 1º será exigido a partir de 1º de janeiro de 2001.

- § 2º acrescentado pela MP 2.164-41/2001.

Art. 2º A empresa que, em face de conjuntura econômica, devidamente comprovada, se encontrar em condições que recomendem, transitoriamente, a redução da jornada normal ou do número de dias do trabalho, poderá fazê-lo mediante prévio acordo com a entidade sindical representativa dos seus empregados homologado pela Delegacia Regional do Trabalho, por prazo certo não excedente de 3 (três) meses, prorrogável, nas mesmas condições, se ainda indispensável, e sempre de modo que a redução do salário mensal resultante não seja superior a 25% (vinte e cinco por cento) do salário contratual, respeitado o salário mínimo regional e reduzidas proporcionalmente a remuneração e as gratificações de gerentes e diretores.

§ 1º Para o fim de deliberar sobre o acordo, a entidade sindical profissional convocará assembleia geral dos empregados diretamente interessados, sindicalizados ou não, que decidirão por maioria de votos, obedecidas as normas estatutárias.

§ 2º Não havendo acordo, poderá a empresa submeter o caso à Justiça do Trabalho, por intermédio da Junta de Conciliação e Julgamento ou, em sua falta, do Juiz de Direito, com jurisdição na localidade. Da decisão de primeira instância caberá recurso ordinário, no prazo de 10 (dez) dias, para o Tribunal Regional do Trabalho da correspondente Região, sem efeito suspensivo.

- A Lei 5.584/1970 reduziu o prazo previsto neste parágrafo para 8 (oito) dias.
- A EC 24/1999 substituiu as Juntas de Conciliação e Julgamento por Varas do Trabalho (juiz singular) e extinguiu a representação classista na Justiça do Trabalho.

§ 3º A redução de que trata o artigo não é considerada alteração unilateral do contrato individual de trabalho para os efeitos do disposto no art. 468 da Consolidação das Leis do Trabalho.

Art. 3º As empresas que tiverem autorização para redução de tempo de trabalho, nos termos do art. 2º e seus parágrafos, não poderão, até 6 (seis) meses depois da cessação desse regime, admitir novos empregados, antes de readmitirem os que tenham sido dispensados pelos motivos que hajam justificado a citada redução ou comprovarem que não atenderam, no prazo de 8 (oito) dias, ao chamado para a readmissão.

§ 1º O empregador notificará diretamente o empregado para reassumir o cargo, ou, por intermédio da sua entidade sindical, se desconhecida sua localização, correndo o prazo de 8 (oito) dias a partir da data do recebimento da notificação pelo empregado ou pelo órgão de classe, conforme o caso.

§ 2º O disposto neste artigo não se aplica aos cargos de natureza técnica.

Art. 4º É igualmente vedado às empresas mencionadas no art. 3º, nas condições e prazo nele contidos, trabalhar em regime de horas extraordinárias, ressalvadas estritamente as hipóteses previstas no art. 61, e seus §§ 1º e 2º, da Consolidação das Leis do Trabalho.

Art. 5º Fica o Poder Executivo autorizado a instituir, de acordo com o disposto nos artigos seguintes e na forma que for estabelecida em regulamento, um plano de assistência aos trabalhadores que, após 120 (cento e vinte) dias consecutivos de serviço na mesma empresa, se encontrem desempregados ou venham a se desempregar, por dispensa sem justa causa ou por fechamento total ou parcial da empresa.

§ 1º A assistência a que se refere este artigo será prestada pelas Delegacias Regionais do Trabalho e consistirá num auxílio, em dinheiro, não excedendo de 80% (oitenta por cento) do salário mínimo local devido, até o prazo máximo de 6 (seis) meses, a partir do mês seguinte àquele a que corresponder o número de meses computados no cálculo da indenização paga na forma da legislação trabalhista, observadas as bases que forem estabelecidas no regulamento, dentro das possibilidades do Fundo de que trata o art. 6º.

- § 1º com redação determinada pela Lei 5.737/1971.

§ 2º Será motivo de cancelamento do pagamento do auxílio a recusa, por parte do empregado desempregado, de outro emprego apropriado ou de readmissão, na hipótese prevista no art. 3º, na empresa de que tiver sido dispensado.

§ 3º O auxílio a que se refere o § 1º não é acumulável com salário nem com quaisquer dos benefícios concedidos pela Previdência Social, não sendo, outrossim, devido quando o trabalhador tiver renda própria de qualquer natureza que lhe assegure a subsistência.

§ 4º É condição essencial à percepção do auxílio a que se refere o § 1º o registro do desempregado no órgão competente, conforme estabelecer o regulamento desta Lei.

§ 5º Nos casos de emergência ou de grave situação social, poderá o Fundo de Assistência ao Desempregado, a que se refere o art. 6º e mediante expressa autorização do Ministro do Trabalho e Previdência Social, prestar ajuda financeira a trabalhadores desempregados, na hipótese da impossibilidade do seu reemprego imediato.

- § 5º acrescentado pelo Dec.-lei 1.107/1970.

Art. 6º Para atender ao custeio do plano a que se refere o art. 5º, fica o Poder Executivo autorizado a constituir um Fundo de Assistência ao Desempregado, pelo qual exclusivamente correrão as respectivas despesas.

Parágrafo único. A integralização do Fundo de que trata este artigo far-se-á conforme dispuser o regulamento de que trata o art. 5º:

a) pela contribuição das empresas correspondente a 1% (um por cento) sobre a base prevista no § 3º do art. 2º da Lei 4.357, de 16 de julho de 1964, ficando reduzida para 2% (dois por cento) a percentagem ali estabelecida para o Fundo de Indenizações Trabalhistas;

- A Lei 5.107/1966 extinguiu a contribuição referida nesta alínea.

b) por 2/3 (dois terços) da conta "Emprego e Salário" a que alude o art. 18 da Lei 4.589, de 11 de dezembro de 1964.

Art. 7º O atual Departamento Nacional de Emprego e Salário, do Ministério do Trabalho e Previdência Social, criado pelo art. 2º da Lei 4.589, de 11 de dezembro de 1964, fica desdobrado em Departamento Nacional de Mão de Obra (DNMO) e Departamento Nacional de Salário (DNS).

§ 1º Caberão ao DNMO as atribuições referidas nos itens V a X do art. 4º e no art. 20 da lei mencionada neste artigo; ao DNS as referidas nos itens I a IV e a ambos a referida no item XI do art. 4º da mesma lei.

- § 1º retificado no *DOU* de 26.01.1966.

§ 2º Caberão ainda ao DNMO as atribuições transferidas ao Ministério do Trabalho e Previdência Social, segundo o disposto nos arts. 115, item V, e 116, da Lei 4.504, de 30 de novembro de 1964 (Estatuto da Terra), na forma que se dispuser em regulamento.

§ 3º Aplica-se ao DNMO o disposto no parágrafo único do art. 3º da Lei 4.589, ficando criado um cargo de Diretor-Geral em comissão, símbolo 2-C, processando-se o respectivo custeio pela forma prevista no art. 26 da mesma lei.

§ 4º Passa a denominar-se Conselho Consultivo de Mão de Obra (CCMO) o Conselho referido no art. 5º da Lei 4.589, o qual funcionará junto ao DNMO, sob a presidência do respectivo Diretor-Geral, para os assuntos relativos a emprego.

§ 5º A atribuição mencionada no art. 6º da Lei 4.589 passa a ser exercida pelo Conselho Nacional de Política Salarial (CNPS), criado pelo art. 8º da Lei 4.725, de 13 de julho de 1965, o qual, quando reunido para exercê-la, terá a composição acrescida com os representantes das categorias econômicas e profissionais, que integram o CCMO, de que trata o § 4º deste artigo.

§ 6º Enquanto as Delegacias Regionais do Trabalho não estiverem convenientemente aparelhadas, a atribuição mencionada no item I, letras *e* e *f*, do art. 14 da Lei 4.589, continuará a cargo do IBGE, com o qual se articularão os órgãos respectivos do Ministério.

§ 7º As Delegacias Regionais do Trabalho no Estado da Guanabara e no Estado de São Paulo passarão a categoria especial, alterados os atuais cargos de Delegado Regional, símbolos 4-C e 3-C, respectivamente, para símbolo 2-C, do mesmo modo que o cargo de Diretor, símbolo 5-C, do Serviço de Estatística da Previdência e Trabalho, para símbolo 3-C.

Art. 8º O Ministério do Trabalho e Previdência Social, através do Departamento Nacional de Mão de Obra, organizará agências de colocação de mão de obra, sobretudo nas regiões mais atingidas pelo desemprego, com a colaboração, para isto, do Inda, do Ibra, das entidades sindicais de empregados e empregadores e suas delegacias, do Sesi, Sesc, Senai, Senac e LBA.

Art. 9º Ressalvada a decisão que vier a ser tomada consoante o disposto no art. 16 da Lei 4.589, de 11 de dezembro de 1964, a conta especial "Emprego e Salário" de que trata o seu art. 18, inclusive os saldos transferidos de um para outro exercício, continuará a ser utilizada, nos exercícios de 1966 e seguintes, pela forma nele prevista, revogado seu parágrafo único, com exclusão, porém, das despesas seguintes, pela forma nele prevista, revogado seu parágrafo único, com exclusão, porém, das despesas com vencimentos e vantagens fixas do pessoal, já incluídas, de acordo com o art. 19 da mesma lei, na lei orçamentária do exercício de 1966 e observado o disposto nos parágrafos deste artigo.

§ 1º Da conta de que trata este artigo, destinar-se-ão:

a) 2/3 (dois terços), ao custeio do "Fundo de Assistência ao Desempregado", de acordo com o disposto no art. 6º da presente Lei;

b) 1/3 (um terço), para completar a instalação e para funcionamento dos órgãos criados, transformados ou atingidos pela mencionada Lei 4.589, com as alterações referidas no art. 7º desta Lei, e, em especial, para o reaparelhamento das Delegacias Regionais do Trabalho com o respectivo Serviço de Coordenação dos Órgãos Regionais e das Delegacias de Trabalho Marítimo, assim como para complementar a confecção e distribuição de Carteiras Profissionais, de modo que se lhes assegure a plena eficiência dos serviços, notadamente os da Inspeção do Trabalho, com a mais ampla descentralização local dos mesmos.

§ 2º A partir de 1º de janeiro de 1966, as atribuições referidas no art. 17 da Lei 4.589 passarão a ser exercidas pelo Departamento de Administração do Ministério do Trabalho e Previdência Social, através de seus órgãos administrativos, cabendo ao respectivo Diretor-Geral a de que trata a letra *d* do mesmo artigo.

§ 3º O Grupo de Trabalho de que trata o art. 17 da Lei 4.589, no prazo de 120 (cento e vinte) dias, após o encerramento do exercício, apresentará sua prestação de contas para encaminhamento ao Tribunal de Contas, de acordo com o disposto no § 1º do art. 16 do regulamento aprovado pelo Decreto 55.784, de 19 de fevereiro de 1965, promovendo no mesmo prazo a transferência de seu acervo aos órgãos competentes do Ministério.

Art. 10. A falta da comunicação a que se refere o parágrafo único do art. 1º desta Lei, no prazo ali estipulado, importará na aplicação automática de multa no valor de 1/3 (um terço) do salário mínimo regional, por empregado, de competência da Delegacia Regional do Trabalho.

- Artigo com redação determinada pelo Dec.-lei 193/1967.

Parágrafo único. A multa prevista no artigo ficará reduzida para 1/9 (um nono) e 1/6 (um sexto) do salário mínimo regional por empregado, quando, antes de qualquer procedimento fiscal por parte do Ministério do Trabalho e Previdência Social, a comunicação for feita, respectivamente, dentro de 30 (trinta) ou 60 (sessenta) dias após o término do prazo fixado.

Art. 11. A empresa que mantiver empregado, não registrado, nos termos do art. 41 e seu parágrafo único da CLT, incorrerá na multa de valor igual a um salário mínimo regional, por trabalhador não registrado, acrescido de igual valor em cada reincidência.

- Artigo com redação determinada pelo Dec.-lei 193/1967.

Art. 12. Dentro de 30 (trinta) dias da publicação desta Lei será constituída uma Comissão de Estudo do Seguro-Desemprego, com três representantes dos trabalhadores, três dos empregadores, indicados em conjunto pelas confederações nacionais respectivas, e três do Poder Executivo, cada qual com direito a um voto, sob a presidência do Diretor-Geral do DNMO, para elaborar, no prazo de 120 (cento e vinte) dias improrrogáveis, anteprojeto de Lei de Seguro-Desemprego.

§ 1º A Comissão, tão logo instalada, utilizando os Fundos a que se refere a letra *a* do § 1º do art. 9º, contratará uma assessoria, composta de sociólogos, atuários, economistas, estatísticos e demais pessoal que se faça preciso, para fazer os estudos técnicos apropriados, que permitam delimitar as necessidades de seguro e possibilidades de seu funcionamento.

§ 2º O disposto nos arts. 5º, 6º, 9º e § 1º vigorará até que o Seguro-Desemprego seja estabelecido por lei federal.

§ 3º Os Fundos referidos nas letras *a* e *b* do § 1º do art. 9º, que apresentem saldo, serão transferidos à entidade que ficar com os encargos decorrentes do Seguro-Desemprego, quando este for estabelecido por lei federal.

Art. 13. O regulamento a que se refere o art. 5º será expedido pelo Poder Executivo, no prazo de 30 (trinta) dias, a contar da vigência desta Lei.

Art. 14. Esta Lei entra em vigor na data de sua publicação.

Art. 15. Revogam-se as disposições em contrário.

Brasília, 23 de dezembro de 1965; 144º da Independência e 77º da República.

H. Castello Branco

(*DOU* 29.12.1965, ret. 26.01.1966)

LEI 5.584, DE 26 DE JUNHO DE 1970

Dispõe sobre normas de direito processual do trabalho, altera dispositivo da Consolidação das Leis do Trabalho, disciplina a concessão e prestação de assistência judiciária na Justiça do Trabalho e dá outras providências.

- V. Súmula 633, STF.
- V. Lei 1.060/1950 (Estabelece normas para a concessão de assistência judiciária aos necessitados).

O Presidente da República:

Faço saber que o Congresso Nacional decreta e eu sanciono a seguinte Lei:

Art. 1º Nos processos perante a Justiça do Trabalho, observar-se-ão os princípios estabelecidos nesta Lei.

Art. 2º Nos dissídios individuais, proposta a conciliação, e não havendo acordo, o presidente da Junta ou o Juiz, antes de passar à instrução da causa, fixar-lheá o valor para a determinação da alçada, se este for indeterminado no pedido.

- A EC 24/1999 substituiu as Juntas de Conciliação e Julgamento por Varas do Trabalho (juiz singular) e extinguiu a representação classista na Justiça do Trabalho.

§ 1º Em audiência, ao aduzir razões finais, poderá qualquer das partes impugnar o valor fixado e, se o juiz o mantiver, pedir revisão da decisão, no prazo de 48 (quarenta e oito) horas, ao presidente do Tribunal Regional.

§ 2º O pedido de revisão, que não terá efeito suspensivo, deverá ser instruído com a petição inicial e a Ata da Audiência, em cópia autenticada pela Secretaria da Junta, e será julgado em 48 (quarenta e oito) horas, a partir do seu recebimento pelo presidente do Tribunal Regional.

§ 3º Quando o valor fixado para a causa, na forma deste artigo, não exceder de duas vezes o salário mínimo vigente na sede do Juízo, será dispensável o resumo dos depoimentos, devendo constar da Ata a conclusão da Junta quanto à matéria de fato.

§ 4º Salvo se versarem sobre matéria constitucional, nenhum recurso caberá das sentenças proferidas nos dissídios da alçada a que se refere o parágrafo anterior, considerado, para esse fim, o valor do salário mínimo à data do ajuizamento da ação.

- § 4º com redação determinada pela Lei 7.402/1985.
- V. Súmula 356, TST.

Art. 3º Os exames periciais serão realizados por perito único designado pelo juiz, que fixará o prazo para entrega do laudo.

Parágrafo único. Permitir-se-á a cada parte a indicação de um assistente, cujo laudo terá que ser apresentado no mesmo prazo assinado para o perito, sob pena de ser desentranhado dos autos.

- V. Súmula 341, TST.

Art. 4º Nos dissídios de alçada exclusiva das Juntas e naqueles em que os empregados ou empregadores reclamarem pessoalmente, o processo poderá ser impulsionado de ofício pelo juiz.

- A EC 24/1999 substituiu as Juntas de Conciliação e Julgamento por Varas do Trabalho (juiz singular) e extinguiu a representação classista na Justiça do Trabalho.

Art. 5º Para exarar parecer, terá o órgão do Ministério Público da União, junto à Justiça do Trabalho, o prazo de 8 (oito) dias, contados da data em que lhe for distribuído o processo.

Art. 6º Será de 8 (oito) dias o prazo para interpor e contra-arrazoar qualquer recurso (CLT, art. 893).

Art. 7º A comprovação do depósito da condenação (CLT, art. 899, §§ 1º a 5º) terá que ser feita dentro do prazo para a interposição do recurso, sob pena de ser este considerado deserto.

Art. 8º Das decisões proferidas nos dissídios coletivos poderá a União interpor recurso, o qual será sempre recebido no efeito suspensivo quanto à parte que exceder o índice fixado pela política salarial do Governo.

Art. 9º No Tribunal Superior do Trabalho, quando o pedido do recorrente contrariar súmula de jurisprudência uniforme deste Tribunal já compendiada, poderá o relator negar prosseguimento ao recurso, indicando a correspondente súmula.

- Artigo com redação determinada pela Lei 7.033/1982.

Parágrafo único. A parte prejudicada poderá interpor agravo desde que à espécie não se aplique o prejulgado ou a súmula citada pelo Relator.

Art. 10. O art. 477 da Consolidação das Leis do Trabalho, alterado pela Lei 5.562, de 12 de dezembro de 1968, e pelo Dec.-lei 766/69, passa a vigorar com a seguinte redação:

- Alteração processada no texto do referido artigo.

Art. 11. O art. 500 da Consolidação das Leis do Trabalho, revogado pela Lei 5.562, de 12 de dezembro de 1968, passa a vigorar com a seguinte redação:

- Alteração processada no texto do referido artigo.

Art. 12. O art. 888 da Consolidação das Leis do Trabalho passa a vigorar com a seguinte redação:

- Alteração processada no texto do referido artigo.

Art. 13. Em qualquer hipótese, a remição só será deferível ao executado se este oferecer preço igual ao valor da condenação.

Da Assistência Judiciária

Art. 14. Na Justiça do Trabalho, a assistência judiciária a que se refere a Lei 1.060, de 5 de fevereiro de 1950, será prestada pelo Sindicato da categoria profissional a que pertencer o trabalhador.

§ 1º A assistência é devida, a todo aquele que perceber salário igual ou inferior ao dobro do mínimo legal, ficando assegurado igual benefício ao trabalhador de maior salário, uma vez provado que sua situação econômica não lhe permite demandar, sem prejuízo do sustento próprio ou da família.

§ 2º A situação econômica do trabalhador será comprovada em atestado fornecido pela autoridade local do Ministério do Trabalho e Previdência Social, mediante diligência sumária, que não poderá exceder de 48 (quarenta e oito) horas.

§ 3º não havendo no local a autoridade referida no parágrafo anterior, o atestado deverá ser expedido pelo Delegado de Polícia da circunscrição onde resida o empregado.

Art. 15. Para auxiliar no patrocínio das causas, observados os arts. 50 e 72 da Lei 4.215, de 27 de abril de 1963, poderão ser designados, pelas Diretorias dos Sindicatos, Acadêmicos de Direito, a partir da 4ª série, comprovadamente matriculados em estabelecimento de ensino oficial ou sob fiscalização do Governo Federal.

Art. 16. *(Revogado pela Lei 13.725/2017.)*

- V. Súmulas 219 e 329, TST.

Art. 17. Quando, nas respectivas comarcas, não houver Juntas de Conciliação e Julgamento ou não existir Sindicato da categoria profissional do trabalhador, é atribuído aos Promotores Públicos ou Defensores Públicos o encargo de prestar a assistência judiciária prevista nesta Lei.

- A EC 24/1999 substituiu as Juntas de Conciliação e Julgamento por Varas do Trabalho (juiz singular) e extinguiu a representação classista na Justiça do Trabalho.

Parágrafo único. Na hipótese prevista neste artigo, a importância proveniente da condenação nas despesas processuais será recolhida ao Tesouro do respectivo Estado.

Art. 18. A assistência judiciária, nos termos da presente lei, será prestada ao trabalhador ainda que não seja associado do respectivo Sindicato.

- V. Súmula 329, TST.

Art. 19. Os diretores do Sindicato que, sem comprovado motivo de ordem financeira, deixarem de dar cumprimento às disposições desta Lei, ficarão sujeitos à penalidade prevista no art. 553, alínea *a*, da Consolidação das Leis do Trabalho.

Art. 20. Esta Lei entra em vigor na data de sua publicação, revogadas as disposições em contrário.

Brasília, 26 de junho de 1970; 149º da Independência e 82º da República.

Emílio G. Médici

(*DOU* 29.06.1970)

Legislação

LEI 5.638, DE 3 DE DEZEMBRO DE 1970

Dispõe sobre o processo e julgamento das ações trabalhistas de competência da Justiça Federal, e dá outras providências.

- V. Lei 8.038/1990 (Institui normas procedimentais para os processos que especifica, perante o Superior Tribunal de Justiça e o Supremo Tribunal Federal).
- V. Lei 11.419/2006 (Dispõe sobre a informatização do processo judicial).

O Presidente da República:

Faço saber que o Congresso Nacional decreta e eu sanciono a seguinte Lei:

Art. 1º As ações trabalhistas em que sejam partes a União, suas autarquias e as empresas públicas federais serão processadas e julgadas pelos Juízos da Justiça Federal, nos termos do art. 110, da Constituição, observado, no que couber, o disposto no Título X da Consolidação das Leis do Trabalho, aprovada pelo Decreto-lei 5.452, de 1º de maio de 1943, e no Decreto-lei 779, de 21 de agosto de 1969.

Parágrafo único. O recurso ordinário cabível da decisão de primeira instância processar-se-á consoante o Capítulo VI do Título X da Consolidação das Leis do Trabalho, competindo-lhe o julgamento ao Tribunal Federal de Recursos, conforme dispuser o respectivo Regimento Interno.

Art. 2º Os processos de dissídios individuais em que forem partes a União, autarquia e empresas públicas federais, em tramitação na Justiça do Trabalho a 30 de outubro de 1969, serão remetidos ao Juiz Federal competente salvo os que já tiverem a instrução iniciada.

§ 1º Serão processadas e julgadas pela Justiça do Trabalho as ações Trabalhistas em que forem partes a União, autarquias e empresas públicas federais cuja instrução teve início antes de 30 de outubro de 1969, assim como as execuções das sentenças que, nelas, haja proferido ou venha a proferir, e as ações rescisórias de seus julgados.

§ 2º Julgar-se-ão pelos Tribunais Regionais do Trabalho os recursos, interpostos ou que se interpuserem, cabíveis em ações ou execuções de sentenças de que trata o § 1º.

§ 3º Serão julgados pelo Tribunal Superior do Trabalho:

I – os recursos de revista interpostos de acórdãos dos Tribunais Regionais do Trabalho, bem como os agravos de Instrumento correspondentes;

II – os embargos às decisões de suas turmas.

§ 4º O recurso interposto, sob o fundamento de inobservância da Constituição, para o Supremo Tribunal Federal, de acórdão do Tribunal Superior do Trabalho, processar-se-á por este.

Art. 3º As ações trabalhistas em que forem partes as sociedades de economia mista ou as fundações criadas por lei federal somente passarão à competência da Justiça Federal se a União nelas intervier como assistente ou oponente.

Art. 4º Esta Lei entra em vigor na data de sua publicação, revogadas as disposições em contrário.

Brasília, 3 de dezembro de 1970; 149º da Independência e 82º da República.

Emílio G. Médici

(*DOU* 04.12.1970)

LEI 5.725, DE 27 DE OUTUBRO DE 1971

Estabelece a permissão do desconto no salário do empregado de prestações relativas ao financiamento para aquisição de unidade habitacional, no Sistema Financeiro de Habitação.

O Presidente da República:

Faço saber que o Congresso Nacional decreta e eu sanciono a seguinte Lei:

Art. 1º É permitido o desconto, no salário do empregado, das prestações correspondentes ao pagamento de dívidas contraídas para a aquisição de unidade habitacional, no Sistema Financeiro da Habitação.

Art. 2º O desconto a que se refere o artigo anterior será obrigatoriamente feito pelo empregador, a requerimento, por escrito, do empregado constituindo garantia complementar na operação de financiamento.

Parágrafo único. Para os efeitos do art. 4º da Lei 1.046 de 2 de janeiro de 1950, e a nova redação que lhe foi dada pela Lei 2.853/1956, poderão ser consignatárias as entidades integrantes do Sistema Financeiro da Habitação.

Art. 3º Os Ministérios do Interior e do Trabalho e Previdência Social expedirão as instruções de regulamento da presente Lei, que também se aplica aos contratos vigentes.

Art. 4º A presente Lei entra em vigor na data de sua publicação.

Art. 5º Revogam-se as disposições em contrário.

Brasília, 27 de outubro de 1971; 150º da Independência e 83º da República.

Emílio G. Médici

- Assinatura retificada no *DOU* de 08.11.1971.

(*DOU* 29.10.1971; ret. 08.11.1971)

LEI 5.764, DE 16 DE DEZEMBRO DE 1971

Define a Política Nacional de Cooperativismo, institui o regime jurídico das sociedades cooperativas, e dá outras providências.

O Presidente da República:

Faço saber que o Congresso Nacional decreta e eu sanciono a seguinte Lei:

Capítulo I
Da Política Nacional de Cooperativismo

- V. arts. 1.093 a 1.096, CC.
- V. arts. 831 a 875, CPC/2015.
- V. Lei 6.015/1973 (Lei de Registros Públicos).
- V. LC 130/2009 (Sistema Nacional de Crédito Cooperativo).
- V. Lei 12.690/2012 (Dispõe sobre a organização e o funcionamento das Cooperativas de Trabalho).

Art. 1º Compreende-se como Política Nacional de Cooperativismo a atividade decorrente das iniciativas ligadas ao sistema cooperativo originárias de setor público ou privado, isoladas ou coordenadas entre si, desde que reconhecido seu interesse público.

Art. 2º As atribuições do Governo Federal na coordenação e no estímulo às atividades de cooperativismo no território nacional serão exercidas na forma desta Lei e das normas que surgirem em sua decorrência.

Parágrafo único. A ação do Poder Público se exercerá, principalmente, mediante prestação de assistência técnica e de incentivos financeiros e creditórios especiais, necessários à criação, desenvolvimento e integração das entidades cooperativas.

Capítulo II
Das Sociedades Cooperativas

- V. art. 5º, VIII, CF.

Art. 3º Celebram contrato de sociedade cooperativa as pessoas que reciprocamente se obrigam a contribuir com bens ou serviços para o exercício de uma atividade econômica, de proveito comum, sem objetivo de lucro.

- V. Súmula 380, STF.

Art. 4º As cooperativas são sociedades de pessoas, com forma e natureza jurídica próprias, de natureza civil, não sujeitas a falência, constituídas para prestar serviços aos associados, distinguindo-se das demais sociedades pelas seguintes características:

- V. art. 1.094, CC.

I – adesão voluntária, com número ilimitado de associados, salvo impossibilidade técnica de prestação de serviços;

II – variabilidade do capital social representado por quotas-partes;

III – limitação do número de quotas-partes do capital para cada associado, facultado, porém, o estabelecimento de critérios de proporcionalidade, se assim for mais adequado para o cumprimento dos objetivos sociais;

IV – incessibilidade das quotas-partes do capital a terceiros, estranhos à sociedade;

V – singularidade de voto, podendo as cooperativas centrais, federações e confederações de cooperativas, com exceção das que exerçam atividade de crédito, optar pelo critério da proporcionalidade;

VI – *quorum* para o funcionamento e deliberação da assembleia geral baseado no número de associados e não no capital;

VII – retorno das sobras líquidas do exercício, proporcionalmente às operações realizadas pelo associado, salvo deliberação em contrário da assembleia geral;

VIII – indivisibilidade dos Fundos de Reserva e de Assistência Técnica Educacional e Social;

IX – neutralidade política e indiscriminação religiosa, racial e social;

X – prestação de assistência aos associados, e, quando previsto nos estatutos, aos empregados da cooperativa;

XI – área de admissão de associados limitada às possibilidades de reunião, controle, operações e prestação de serviços.

Capítulo III
Do Objetivo e Classificação das Sociedades Cooperativas

Art. 5º As sociedades cooperativas poderão adotar por objeto qualquer gênero de serviço, operação ou atividade, assegurando-se-lhes o direito exclusivo e exigindo-se-lhes a obrigação do uso da expressão "cooperativa" em sua denominação.

- V. art. 1.159, CC.

Parágrafo único. É vedado às cooperativas o uso da expressão "banco".

Art. 6º As sociedades cooperativas são consideradas:

I – singulares, as constituídas pelo número mínimo de vinte pessoas físicas, sendo excepcionalmente permitida a admissão de pessoas jurídicas que tenham por objeto as mesmas ou correlatas atividades econômicas das pessoas físicas ou, ainda, aquelas sem fins lucrativos;

II – cooperativas centrais ou federações de cooperativas, as constituídas de, no mínimo, três singulares, podendo, excepcionalmente, admitir associados individuais;

III – confederações de cooperativas, as constituídas, pelo menos, de três federações de cooperativas ou cooperativas centrais, da mesma ou de diferentes modalidades.

§ 1º Os associados individuais das cooperativas centrais e federações de cooperativas serão inscritos no Livro de Matrícula da sociedade e classificados em grupos visando à transformação, no futuro, em cooperativas singulares que a elas se filiarão.

§ 2º A exceção estabelecida no item II, *in fine*, do *caput* deste artigo não se aplica às centrais e federações que exerçam atividades de crédito.

Art. 7º As cooperativas singulares se caracterizam pela prestação direta de serviços aos associados.

Art. 8º As cooperativas centrais e federações de cooperativas objetivam organizar, em comum e em maior escala, os serviços econômicos e assistenciais de interesse das filiadas, integrando e orientando suas atividades, bem como facilitando a utilização recíproca dos serviços.

Parágrafo único. Para a prestação de serviços de interesse comum, é permitida a constituição de cooperativas centrais, às quais se associem outras cooperativas de objetivo e finalidades diversas.

Art. 9º As confederações de cooperativas têm por objetivo orientar e coordenar as atividades das filiadas, nos casos em que o vulto dos empreendimentos transcender o âmbito de capacidade ou conveniência de atuação das centrais e federações.

Art. 10. As cooperativas se classificam também de acordo com o objeto ou pela natureza das atividades desenvolvidas por elas ou por seus associados.

§ 1º Além das modalidades de cooperativas já consagradas, caberá ao respectivo órgão controlador apreciar e caracterizar outras que se apresentem.

§ 2º Serão consideradas mistas as cooperativas que apresentarem mais de um objeto de atividades.

§ 3º *(Revogado pela LC 130/2009).*

Art. 11. As sociedades cooperativas serão de responsabilidade limitada, quando a responsabilidade do associado pelos compromissos da sociedade se limitar ao valor do capital por ele subscrito.

- V. art. 1.095, CC.

Art. 12. As sociedades cooperativas serão de responsabilidade ilimitada, quando a responsabilidade do associado pelos compromissos da sociedade for pessoal, solidária e não tiver limite.

- V. art. 1.095, CC.

Art. 13. A responsabilidade do associado para com terceiros, como membro da sociedade, somente poderá ser invocada depois de judicialmente exigida da cooperativa.

Capítulo IV
Da Constituição das Sociedades Cooperativas

Art. 14. A sociedade cooperativa constitui-se por deliberação da assembleia geral dos fundadores, constantes da respectiva ata ou por instrumento público.

Art. 15. O ato constitutivo, sob pena de nulidade, deverá declarar:

I – a denominação da entidade, sede e objeto de funcionamento;

II – o nome, nacionalidade, idade, estado civil, profissão e residência dos associados, fundadores que o assinaram, bem como o valor e número da quota-parte de cada um;

III – aprovação do estatuto da sociedade;

IV – o nome, nacionalidade, estado civil, profissão e residência dos associados eleitos para os órgãos de administração, fiscalização e outros.

Art. 16. O ato constitutivo da sociedade e os estatutos, quando não transcritos naquele, serão assinados pelos fundadores.

Seção I
Da Autorização de Funcionamento

Art. 17. A cooperativa constituída na forma da legislação vigente apresentará ao respectivo órgão executivo federal de controle, no Distrito Federal, Estados ou Territórios, ou ao órgão local para isso credenciado, dentro de 30 (trinta) dias da data da constituição, para fins de autorização, requerimento acompanhado de quatro vias do ato constitutivo, estatuto e lista nominativa, além de outros documentos considerados necessários.

Art. 18. Verificada, no prazo máximo de 60 (sessenta) dias, a contar da data de entrada em seu protocolo, pelo respectivo órgão executivo federal de controle ou órgão local para isso credenciado, a existência de condições de funcionamento da cooperativa em constituição, bem como a regularidade da documentação apresentada, o órgão controlador devolverá, devidamente autenticadas, duas vias à cooperativa, acompanhadas de documentos dirigidos à Junta Comercial do Estado, onde a entidade estiver sediada, comunicando a aprovação do ato constitutivo da requerente.

§ 1º Dentro desse prazo, o órgão controlador, quando julgar conveniente, no interesse do fortalecimento do sistema, poderá ouvir o Conselho Nacional de Cooperativismo, caso em que não se verificará a aprovação automática prevista no parágrafo seguinte.

§ 2º A falta de manifestação do órgão controlador no prazo a que se refere este artigo implicará a aprovação do ato constitutivo e o seu subsequente arquivamento na Junta Comercial respectiva.

§ 3º Se qualquer das condições citadas neste artigo não for atendida satisfatoriamente, o órgão ao qual compete conceder a autorização dará ciência ao requerente, indicando as exigências a serem cumpridas no prazo de 60 (sessenta) dias, findos os quais, se não atendidas, o pedido será automaticamente arquivado.

§ 4º À parte é facultado interpor da decisão proferida pelo órgão controlador, nos Estados, Distrito Federal ou Territórios, recurso para a respectiva administração central, dentro do prazo de 30 (trinta) dias contado da data do recebimento da comunicação e, em segunda e última instância, ao Conselho Nacional de Cooperativismo, também no prazo de 30 (trinta) dias, exceção feita às cooperativas de crédito, às seções de crédito das cooperativas agrícolas mistas, e às cooperativas habitacionais, hipótese em que o recurso será apreciado pelo Conselho Monetário Nacional, no tocante às duas primeiras, e pelo Banco Nacional da Habitação em relação às últimas.

§ 5º Cumpridas as exigências, deverá o despacho do deferimento ou indeferimento da autorização ser exarado dentro de 60 (sessenta) dias, findos os quais, na ausência de decisão, o requerimento será considerado deferido. Quando a autorização depender de dois ou mais órgãos do Poder Público, cada um deles terá o prazo de 60 (sessenta) dias para se manifestar.

§ 6º Arquivados os documentos na Junta Comercial e feita a respectiva publicação, a cooperativa adquire personalidade jurídica, tornando-se apta a funcionar.

§ 7º A autorização caducará, independentemente de qualquer despacho, se a cooperativa não entrar em atividade dentro do prazo de 90 (noventa) dias contados da data em que forem arquivados os documentos na Junta Comercial.

§ 8º Cancelada a autorização, o órgão de controle expedirá comunicação à respectiva Junta Comercial, que dará baixa nos documentos arquivados.

§ 9º A autorização para funcionamento das cooperativas de habitação, das de crédito e das seções de crédito das cooperativas agrícolas mistas subordina-se, ainda, à política dos respectivos órgãos normativos.

§ 10. *(Revogado pela LC 130/2009).*

Art. 19. A cooperativa escolar não estará sujeita ao arquivamento dos documentos de constituição, bastando remetê-los ao Instituto Nacional de Colonização e Reforma Agrária, ou respectivo órgão local de controle, devidamente autenticados pelo diretor do estabelecimento de ensino, ou a maior autoridade escolar do município, quando a cooperativa congregar associações de mais de um estabelecimento de ensino.

Art. 20. A reforma de estatutos obedecerá, no que couber, ao disposto nos artigos anteriores, observadas as prescrições dos órgãos normativos.

Seção II
Do Estatuto Social

Art. 21. O estatuto da cooperativa, além de atender ao disposto no art. 4º, deverá indicar:

I – a denominação, sede, prazo de duração, área de ação, objeto da sociedade, fixação do exercício social e da data do levantamento do balanço geral;

II – os direitos e deveres dos associados, natureza de suas responsabilidades e as condições de admissão, demissão, eliminação e exclusão e as normas para sua representação nas assembleias gerais;

III – o capital mínimo, o valor da quota-parte, o mínimo de quotas-partes a ser subscrito pelo associado, o modo de integralização das quotas-partes, bem como as condições de sua retirada nos casos de demissão, eliminação ou de exclusão do associado;

IV – a forma de devolução das sobras registradas aos associados, ou do rateio das perdas apuradas por insuficiência de contribuição para cobertura das despesas da sociedade;

V – o modo de administração e fiscalização, estabelecendo os respectivos órgãos, com definição de suas atribuições, poderes e funcionamento, a representação ativa e passiva da sociedade em juízo ou fora dele, o prazo do mandato, bem como o processo de substituição dos administradores e conselheiros fiscais;

VI – as formalidades de convocação das assembleias gerais e a maioria requerida para a sua instalação e validade de suas deliberações, vedado o direito de voto aos que nelas tiverem interesse particular sem privá-los da participação nos debates;

VII – os casos de dissolução voluntária da sociedade;

VIII – o modo e o processo de alienação ou oneração de bens imóveis da sociedade;

IX – o modo de reformar o estatuto;

X – o número mínimo de associados.

☛ **XI** – se a cooperativa tem poder para agir como substituta processual de seus associados, na forma do art. 88-A desta Lei.

- Inciso XI acrescentado pela Lei 13.806/2019.

Capítulo V
Dos Livros

Art. 22. A sociedade cooperativa deverá possuir os seguintes livros:

I – de Matrícula;

II – de Atas das Assembleias Gerais;

III – de Atas dos Órgãos de Administração;

IV – de Atas do Conselho Fiscal;

V – de Presença dos Associados nas Assembleias Gerais;

VI – outros, fiscais e contábeis, obrigatórios.

Parágrafo único. É facultada a adoção de Livros de folhas soltas ou fichas.

Art. 23. No Livro de Matrícula, os associados serão inscritos por ordem cronológica de admissão, dele constando:

I – o nome, idade, estado civil, nacionalidade, profissão e residência do associado;

II – a data de sua admissão e, quando for o caso, de sua demissão a pedido, eliminação ou exclusão;

III – a conta-corrente das respectivas quotas-partes do capital social.

Capítulo VI
Do Capital Social

Art. 24. O capital social será subdividido em quotas-partes, cujo valor unitário não poderá ser superior ao maior salário mínimo vigente no País.

- V. Lei 6.205/1975 (Descaracterização do salário mínimo como fator de correção monetária).

§ 1º Nenhum associado poderá subscrever mais de um terço do total das quotas-partes, salvo nas sociedades em que a subscrição deva ser diretamente proporcional ao movimento financeiro do cooperado ou ao quantitativo dos produtos a serem comercializados, beneficiados ou transformados, ou ainda, em relação à área cultivada ou ao número de plantas e animais em exploração.

§ 2º não estão sujeitas ao limite estabelecido no parágrafo anterior as pessoas jurídicas de direito público que participem de cooperativas de eletrificação, irrigação e telecomunicações.

§ 3º É vedado às cooperativas distribuírem qualquer espécie de benefício às quotas-partes do capital ou estabelecer outras vantagens ou privilégios, financeiros ou não, em favor de quaisquer associados ou terceiros, excetuando-se os juros até o máximo de 12% (doze por cento) ao ano que incidirão sobre a parte integralizada.

§ 4º As quotas de que trata o *caput* deixam de integrar o patrimônio líquido da cooperativa quando se tornar exigível, na forma prevista no estatuto social e na legislação vigente, a restituição do capital integralizado pelo associado, em razão do seu desligamento, por demissão, exclusão ou eliminação.

- § 4º acrescentado pela Lei 13.097/2015.

Art. 25. Para a formação do capital social poder-se-á estipular que o pagamento das quotas-partes seja realizado mediante prestações periódicas, independentemente de chamada, por meio de contribuições ou outra forma estabelecida a critério dos respectivos órgãos executivos federais.

Art. 26. A transferência de quotas-partes será averbada no Livro de Matrícula, mediante termo que conterá as assinaturas do cedente, do cessionário e do diretor que o estatuto designar.

Art. 27. A integralização das quotas-partes e o aumento do capital social poderão ser feitos com bens avaliados previamente e após homologação em assembleia geral ou mediante retenção de determinada porcentagem do valor do movimento financeiro de cada associado.

§ 1º O disposto neste artigo não se aplica às cooperativas de crédito, às agrícolas mistas com seção de crédito e às habitacionais.

§ 2º Nas sociedades cooperativas em que a subscrição de capital for diretamente proporcional ao movimento ou à expressão econômica de cada associado, o estatuto deverá prever sua revisão periódica para ajustamento às condições vigentes.

Capítulo VII
Dos Fundos

Art. 28. As cooperativas são obrigadas a constituir:

I – Fundo de Reserva destinado a reparar perdas e atender ao desenvolvimento de suas atividades, constituído com 10% (dez por cento), pelo menos, das sobras líquidas do exercício;

II – Fundo de Assistência Técnica, Educacional e Social, destinado a prestação de assistência aos associados, seus familiares e, quando previsto nos estatutos, aos empregados da cooperativa, constituído de 5% (cinco por cento), pelo menos, das sobras líquidas apuradas no exercício.

§ 1º Além dos previstos neste artigo, a assembleia geral poderá criar outros fundos, inclusive rotativos, com recursos destinados a fins específicos fixando o modo de formação, aplicação e liquidação.

§ 2º Os serviços a serem atendidos pelo Fundo de Assistência Técnica, Educacional e Social poderão ser executados mediante convênio com entidades públicas e privadas.

Capítulo VIII
Dos Associados

Art. 29. O ingresso nas cooperativas é livre a todos que desejarem utilizar os serviços prestados pela sociedade, desde que adiram aos propósitos sociais e preencham as condições estabelecidas no estatuto, ressalvado o disposto no art. 4º, I, desta Lei.

§ 1º A admissão dos associados poderá ser restrita, a critério do órgão normativo respectivo, às pessoas que exerçam determinada atividade ou profissão, ou estejam vinculadas a determinada entidade.

§ 2º Poderão ingressar nas cooperativas de pesca e nas constituídas por produtores rurais ou extrativistas as pessoas jurídicas que pratiquem as mesmas atividades econômicas das pessoas físicas associadas.

§ 3º Nas cooperativas de eletrificação, irrigação e telecomunicações, poderão ingressar as pessoas jurídicas que se localizem na respectiva área de operações.

§ 4º Não poderão ingressar no quadro das cooperativas os agentes de comércio e empresários que operem no mesmo campo econômico da sociedade.

Art. 30. À exceção das cooperativas de crédito e das agrícolas mistas com seção de crédito, a admissão de associados, que se efetive mediante aprovação de seu pedido de ingresso pelo órgão de administração, complementa-se com a subscrição das quotas-partes de capital social e a sua assinatura no Livro de Matrícula.

Art. 31. O associado que aceitar e estabelecer relação empregatícia com a cooperativa perde o direito de votar e ser votado, até que sejam aprovadas as contas do exercício em que ele deixou o emprego.

Art. 32. A demissão do associado será unicamente a seu pedido.

Art. 33. A eliminação do associado é aplicada em virtude de infração legal ou estatutária, ou por fato especial previsto no estatuto, mediante termo firmado por quem de direito no Livro de Matrícula, com os motivos que a determinaram.

Art. 34. A diretoria da cooperativa tem o prazo de 30 (trinta) dias para comunicar ao interessado a sua eliminação.

Parágrafo único. Da eliminação cabe recurso, com efeito suspensivo, à primeira assembleia geral.

Art. 35. A exclusão do associado será feita:

I – por dissolução da pessoa jurídica;

II – por morte da pessoa física;

III – por incapacidade civil não suprida;

IV – por deixar de atender aos requisitos estatutários de ingresso ou permanência na cooperativa.

Art. 36. A responsabilidade do associado perante terceiros, por compromissos da sociedade, perdura para os demitidos, eliminados ou excluídos até quando aprovadas as contas do exercício em que se deu o desligamento.

Parágrafo único. As obrigações dos associados falecidos, contraídas com a sociedade, e as oriundas de sua responsabilidade como associado em face de terceiros, passam aos herdeiros, prescrevendo, porém, após 1 (um) ano contado do dia da abertura da sucessão, ressalvados os aspectos peculiares das cooperativas de eletrificação rural e habitacionais.

Art. 37. A cooperativa assegurará a igualdade de direitos dos associados, sendo-lhe defeso:

I – remunerar a quem agencie novos associados;

II – cobrar prêmios ou ágio pela entrada de novos associados ainda a título de compensação das reservas;

III – estabelecer restrições de qualquer espécie ao livre exercício dos direitos sociais.

Capítulo IX
Dos Órgãos Sociais

Seção I
Das Assembleias Gerais

Art. 38. A assembleia geral dos associados é o órgão supremo da sociedade, dentro dos limites legais e estatutários, tendo poderes para decidir os negócios relativos ao objeto da sociedade e tomar as resoluções convenientes ao desenvolvimento e defesa desta, e suas deliberações vinculam a todos, ainda que ausentes ou discordantes.

§ 1º As assembleias gerais serão convocadas com antecedência mínima de 10 (dez) dias, em primeira convocação, mediante editais afixados em locais apropriados das dependências comumente mais frequentadas pelos associados, publicação em jornal e comunicação aos associados por intermédio de circulares. não havendo no horário estabelecido *quorum* de instalação, as assembleias poderão ser realizadas em segunda ou terceira convocações desde que assim permitam os estatutos e conste do respectivo edital, quando então será observado o intervalo mínimo de 1 (uma) hora entre a realização por uma ou outra convocação.

§ 2º A convocação será feita pelo presidente, ou por qualquer dos órgãos de administração, pelo Conselho Fiscal, ou, após solicitação não atendida, por um quinto dos associados em pleno gozo dos seus direitos.

§ 3º As deliberações nas assembleias gerais serão tomadas por maioria de votos dos associados presentes com direito de votar.

Art. 39. É da competência das assembleias gerais, ordinárias ou extraordinárias, a destituição dos membros dos órgãos de administração ou fiscalização.

Parágrafo único. Ocorrendo destituição que possa afetar a regularidade da administração ou fiscalização da entidade, poderá a assembleia designar administradores e conselheiros provisórios, até a posse dos novos, cuja eleição se efetuará no prazo máximo de 30 (trinta) dias.

Art. 40. Nas assembleias gerais o *quorum* de instalação será o seguinte:

I – dois terços do número de associados, em primeira convocação;

II – metade mais um dos associados em segunda convocação;

III – mínimo de dez associados na terceira convocação ressalvado o caso de cooperativas centrais e federações e confederações de cooperativas, que se instalarão com qualquer número.

Art. 41. Nas assembleias gerais das cooperativas centrais, federações e confederações de cooperativas, a representação será feita por delegados indicados na forma dos seus estatutos e credenciados pela diretoria das respectivas filiadas.

Parágrafo único. Os grupos de associados individuais das cooperativas centrais e federações de cooperativas serão representados por um delegado, escolhido entre seus membros e credenciado pela respectiva administração.

Art. 42. Nas cooperativas singulares, cada associado presente não terá direito a mais de um voto, qualquer que seja o número de suas quotas-partes.

- Artigo com redação determinada pela Lei 6.981/1982.

§ 1º Não será permitida a representação por meio de mandatário.

§ 2º Quando o número de associados, nas cooperativas singulares, exceder a três mil, pode o estatuto estabelecer que os mesmos sejam representados, nas assembleias gerais, por delegados que tenham a qualidade de associados no gozo de seus direitos sociais e não exerçam cargos eletivos na sociedade.

§ 3º O estatuto determinará o número de delegados, a época e forma de sua escolha por grupos seccionais de associados de igual número e o tempo de duração da delegação.

§ 4º Admitir-se-á, também, a delegação definida no parágrafo anterior nas cooperativas singulares cujo número de associados seja inferior a três mil, desde que haja filiados residindo a mais de 50 km (cinquenta quilômetros) da sede.

§ 5º Os associados, integrantes de grupos seccionais, que não sejam delegados, poderão comparecer às assembleias gerais, privados, contudo, de voz e voto.

§ 6º As assembleias gerais compostas por delegados decidem sobre todas as matérias que, nos termos da lei ou dos estatutos, constituem objeto de decisão da assembleia geral dos associados.

Art. 43. Prescreve em 4 (quatro) anos a ação para anular as deliberações da assembleia geral viciadas de erro, dolo, fraude ou simulação, ou tomadas com violação da lei ou do estatuto, contado o prazo da data em que a assembleia foi realizada.

- V. arts. 138 a 150, 158 a 165 e 167, CC.

Seção II
Das Assembleias Gerais Ordinárias

Art. 44. A assembleia geral ordinária, que se realizará anualmente nos 3 (três) primeiros meses após o término do exercício social, deliberará sobre os seguintes assuntos que deverão constar da ordem do dia:

I – prestação de contas dos órgãos de administração acompanhada de parecer do Conselho Fiscal, compreendendo:

a) relatório da gestão;
b) balanço;
c) demonstrativo das sobras apuradas ou das perdas decorrentes da insuficiência das contribuições para cobertura das despesas da sociedade e o parecer do Conselho Fiscal;
II – destinação das sobras apuradas ou rateio das perdas decorrentes da insuficiência das contribuições para cobertura das despesas da sociedade, deduzindo-se, no primeiro caso, as parcelas para os fundos obrigatórios;
III – eleição dos componentes dos órgãos de administração, do Conselho Fiscal e de outros, quando for o caso;
IV – quando previsto, a fixação do valor dos honorários, gratificações e cédula de presença dos membros do Conselho de Administração ou da diretoria e do Conselho Fiscal;
V – quaisquer assuntos de interesse social, excluídos os enumerados no art. 46.
§ 1º Os membros dos órgãos de administração e fiscalização não poderão participar da votação das matérias referidas nos itens I e IV deste artigo.
§ 2º À exceção das cooperativas de crédito e das agrícolas mistas com seção de crédito, a aprovação do relatório, balanço e contas dos órgãos de administração, desonera seus componentes de responsabilidade, ressalvados os casos de erro, dolo, fraude ou simulação, bem como a infração da lei ou do estatuto.

Seção III
Das Assembleias Gerais Extraordinárias

Art. 45. A assembleia geral extraordinária realizar-se-á sempre que necessário e poderá deliberar sobre qualquer assunto de interesse da sociedade, desde que mencionado no edital de convocação.
Art. 46. É da competência exclusiva da assembleia geral extraordinária deliberar sobre os seguintes assuntos:
I – reforma do estatuto;
II – fusão, incorporação ou desmembramento;
III – mudança do objeto da sociedade;
IV – dissolução voluntária da sociedade e nomeação de liquidantes;
V – contas do liquidante.
Parágrafo único. São necessários os votos de dois terços dos associados presentes, para tornar válidas as deliberações de que trata este artigo.

Seção IV
Dos Órgãos de Administração

Art. 47. A sociedade será administrada por uma diretoria ou Conselho de Administração, composto exclusivamente de associados eleitos pela assembleia geral, com mandato nunca superior a 4 (quatro) anos, sendo obrigatória a renovação de, no mínimo, um terço do Conselho de Administração.
§ 1º O estatuto poderá criar outros órgãos necessários à administração.
§ 2º A posse dos administradores e conselheiros fiscais das cooperativas mistas com seção de crédito e habitacionais fica sujeita à prévia homologação dos respectivos órgãos normativos.
Art. 48. Os órgãos de administração podem contratar gerentes técnicos ou comerciais, que não pertençam ao quadro de associados, fixando-lhes as atribuições e salários.
Art. 49. Ressalvada a legislação específica que rege as cooperativas de crédito, as seções de crédito das cooperativas agrícolas mistas e as de habitação, os administradores eleitos ou contratados não serão pessoalmente responsáveis pelas obrigações que contraírem em nome da sociedade, mas responderão solidariamente pelos prejuízos resultantes de seus atos, se procederem com culpa ou dolo.
- V. art. 36.

Parágrafo único. A sociedade responderá pelos atos a que se refere a última parte deste artigo se os houver ratificado ou deles logrado proveito.
Art. 50. Os participantes de ato ou operação social em que se oculte a natureza da sociedade podem ser declarados pessoalmente responsáveis pelas obrigações em nome dela contraídas, sem prejuízo das sanções penais cabíveis.
Art. 51. São inelegíveis, além das pessoas impedidas por lei, os condenados a pena que vede, ainda que temporariamente, o acesso a cargos públicos; ou por crime falimentar, de prevaricação, peita ou suborno, concussão, peculato, ou contra a economia popular, a fé pública ou a propriedade.
Parágrafo único. Não podem compor uma mesma diretoria ou Conselho de Administração, os parentes entre si até segundo grau, em linha reta ou colateral.
- V. art. 56, § 1º.

Art. 52. O diretor ou associado que, em qualquer operação, tenha interesse oposto ao da sociedade, não pode participar das deliberações referentes a essa operação, cumprindo-lhe acusar o seu impedimento.
Art. 53. Os componentes da Administração e do Conselho Fiscal, bem como os liquidantes, equiparam-se aos administradores das sociedades anônimas para efeito de responsabilidade criminal.
Art. 54. Sem prejuízo da ação que couber ao associado, a sociedade, por seus diretores, ou representada pelo associado escolhido em assembleia geral, terá direito de ação contra os administradores, para promover sua responsabilidade.
Art. 55. Os empregados de empresas que sejam eleitos diretores de sociedades cooperativas pelos mesmos criadas gozarão das garantias asseguradas aos dirigentes sindicais pelo art. 543 da Consolidação das Leis do Trabalho (Dec.-lei 5.452, de 1º de maio de 1943).

Seção V
Do Conselho Fiscal

Art. 56. A administração da sociedade será fiscalizada, assídua e minuciosamente, por um Conselho Fiscal, constituído de três membros efetivos e três suplentes, todos associados eleitos anualmente pela assembleia geral, sendo permitida apenas a reeleição de um terço dos seus componentes.
§ 1º Não podem fazer parte do Conselho Fiscal, além dos inelegíveis enumerados no art. 51, os parentes dos diretores até o segundo grau, em linha reta ou colateral, bem como os parentes entre si até esse grau.
- V. art. 51, parágrafo único.

§ 2º O associado não pode exercer cumulativamente cargos nos órgãos de administração e de fiscalização.
- V. art. 93, IV.

Capítulo X
Fusão, Incorporação e Desmembramento

Art. 57. Pela fusão, duas ou mais cooperativas formam nova sociedade.
§ 1º Deliberada a fusão, cada cooperativa interessada indicará nomes para comporem comissão mista que procederá aos estudos necessários à constituição da nova sociedade, tais como o levantamento patrimonial, balanço geral, plano de distribuição de quotas-partes, destino dos fundos de reserva e outros e o projeto de estatuto.
§ 2º Aprovado o relatório da comissão mista e constituída a nova sociedade em assembleia geral conjunta, os respectivos documentos serão arquivados, para aquisição de personalidade jurídica, na Junta Comercial competente, e duas vias dos mesmos, com a publicação do arquivamento, serão encaminhadas ao órgão executivo de controle ou ao órgão local credenciado.
- V. arts. 45 a 985, CC.

§ 3º Exclui-se do disposto no parágrafo anterior a fusão que envolver cooperativas que exerçam atividades de crédito. Nesse caso, aprovado o relatório da comissão mista e constituída a nova sociedade em assembleia geral conjunta, a autorização para funcionar e o registro dependerão de prévia anuência do Banco Central do Brasil.
Art. 58. A fusão determina a extinção das sociedades que se unem para formar a nova sociedade que lhe sucederá nos direitos e obrigações.
Art. 59. Pela incorporação, uma sociedade cooperativa absorve o patrimônio, recebe os associados, assume as obrigações e se investe nos direitos de outra ou outras cooperativas.
Parágrafo único. Na hipótese prevista neste artigo, serão obedecidas as mesmas formalidades estabelecidas para a fusão, limitadas as avaliações ao patrimônio da ou das sociedades incorporandas.
Art. 60. As sociedades cooperativas poderão desmembrar-se em tantas

quantas forem necessárias para atender aos interesses dos seus associados, podendo uma das novas entidades ser constituída como cooperativa central ou federação de cooperativas, cujas autorizações de funcionamento e os arquivamentos serão requeridos conforme o disposto nos arts. 17 e segs.

Art. 61. Deliberado o desmembramento, a assembleia designará uma comissão para estudar as providências necessárias à efetivação da medida.

§ 1º O relatório apresentado pela comissão, acompanhado dos projetos de estatutos das novas cooperativas, será apreciado em nova assembleia especialmente convocada para esse fim.

§ 2º O plano de desmembramento preverá o rateio, entre as novas cooperativas, do ativo e passivo da sociedade desmembrada.

§ 3º No rateio previsto no parágrafo anterior, atribuir-se-á a cada nova cooperativa parte do capital social da sociedade desmembrada em quota correspondente à participação dos associados que passam a integrá-la.

§ 4º Quando uma das cooperativas for constituída como cooperativa central ou federação de cooperativas, prever-se-á o montante das quotas-partes que as associadas terão no capital social.

Art. 62. Constituídas as sociedades e observado o disposto nos arts. 17 e seguintes, proceder-se-á às transferências contábeis e patrimoniais necessárias à concretização das medidas adotadas.

Capítulo XI
Da Dissolução e Liquidação

- V. arts. 1.033 a 1.038, CC.

Art. 63. As sociedades cooperativas se dissolvem de pleno direito:

I – quando assim deliberar a assembleia geral, desde que os associados, totalizando o número mínimo exigido por esta Lei, não se disponham a assegurar a sua continuidade;

II – pelo decurso do prazo de duração;

III – pela consecução dos objetivos predeterminados;

IV – devido à alteração de sua forma jurídica;

V – pela redução do número mínimo de associados ou do capital social mínimo se, até a assembleia geral subsequente, realizada em prazo não inferior a 6 (seis) meses, eles não forem restabelecidos;

VI – pelo cancelamento da autorização para funcionar;

VII – pela paralisação de suas atividades por mais de 120 (cento e vinte) dias.

- V. art. 93, III.

Parágrafo único. A dissolução da sociedade importará no cancelamento da autorização para funcionar e do registro.

Art. 64. Quando a dissolução da sociedade não for promovida voluntariamente, nas hipóteses previstas no artigo anterior, a medida poderá ser tomada judicialmente a pedido de qualquer associado ou por iniciativa do órgão executivo federal.

Art. 65. Quando a dissolução for deliberada pela assembleia geral, esta nomeará um liquidante ou mais, e um Conselho Fiscal de três membros para proceder à sua liquidação.

§ 1º O processo de liquidação só poderá ser iniciado após a audiência do respectivo órgão executivo federal.

§ 2º A assembleia geral, nos limites de suas atribuições, poderá, em qualquer época, destituir os liquidantes e os membros do Conselho Fiscal, designando os seus substitutos.

Art. 66. Em todos os atos e operações, os liquidantes deverão usar a denominação da cooperativa, seguida da expressão: "Em liquidação".

Art. 67. Os liquidantes terão todos os poderes normais de administração podendo praticar atos e operações necessários à realização do ativo e pagamento do passivo.

Art. 68. São obrigações dos liquidantes:

I – providenciar o arquivamento, na Junta Comercial, da Ata da Assembleia Geral em que foi deliberada a liquidação;

II – comunicar à administração central do respectivo órgão executivo federal e ao Banco Nacional de Crédito Cooperativo S/A a sua nomeação, fornecendo cópia da Ata da Assembleia Geral que decidiu a matéria;

III – arrecadar os bens, livros e documentos da sociedade, onde quer que estejam;

IV – convocar os credores e devedores e promover o levantamento dos créditos e débitos da sociedade;

V – proceder nos 15 (quinze) dias seguintes ao de sua investidura e com a assistência, sempre que possível, dos administradores, ao levantamento do inventário e balanço geral do ativo e passivo;

VI – realizar o ativo social para saldar o passivo e reembolsar os associados de suas quotas-partes, destinando o remanescente, inclusive o dos fundos indivisíveis, ao Banco Nacional de Crédito Cooperativo S/A;

VII – exigir dos associados a integralização das respectivas quotas-partes do capital social não realizadas, quando o ativo não bastar para solução do passivo;

VIII – fornecer aos credores a relação dos associados, se a sociedade for de responsabilidade ilimitada e se os recursos apurados forem insuficientes para o pagamento das dívidas;

IX – convocar a assembleia geral, cada 6 (seis) meses ou sempre que necessário, para apresentar relatório e balanço do estado da liquidação e prestar contas dos atos praticados durante o período anterior;

X – apresentar à assembleia geral, finda a liquidação, o respectivo relatório e as contas finais;

XI – averbar, no órgão competente, a Ata da Assembleia Geral que considerar encerrada a liquidação.

Art. 69. As obrigações e as responsabilidades dos liquidantes regem-se pelos preceitos peculiares aos dos administradores da sociedade liquidanda.

Art. 70. Sem autorização da assembleia não poderá o liquidante gravar de ônus os móveis e imóveis, contrair empréstimos, salvo quando indispensáveis para o pagamento de obrigações inadiáveis, nem prosseguir, embora para facilitar a liquidação, na atividade social.

Art. 71. Respeitados os direitos dos credores preferenciais, pagará o liquidante as dívidas sociais proporcionalmente e sem distinção entre vencidas ou não.

Art. 72. A assembleia geral poderá resolver, antes de ultimada a liquidação, mas depois de pagos os credores, que o liquidante faça rateios por antecipação da partilha, à medida em que se apurem os haveres sociais.

Art. 73. Solucionado o passivo, reembolsados os cooperados até o valor de suas quotas-partes e encaminhado o remanescente conforme o estatuído, convocará o liquidante assembleia geral para prestação final de contas.

Art. 74. Aprovadas as contas, encerra-se a liquidação e a sociedade se extingue, devendo a ata da assembleia ser arquivada na Junta Comercial e publicada.

Parágrafo único. O associado discordante terá o prazo de 30 (trinta) dias, a contar da publicação da ata, para promover a ação que couber.

Art. 75. A liquidação extrajudicial das cooperativas poderá ser promovida por iniciativa do respectivo órgão executivo federal, que designará o liquidante, e será processada de acordo com a legislação específica e demais disposições regulamentares, desde que a sociedade deixe de oferecer condições operacionais, principalmente por constatada insolvência.

§ 1º A liquidação extrajudicial, tanto quanto possível, deverá ser precedida de intervenção na sociedade.

§ 2º Ao interventor, além dos poderes expressamente concedidos no ato de intervenção, são atribuídas funções, prerrogativas e obrigações dos órgãos de administração.

Art. 76. A publicação no *Diário Oficial*, da Ata da Assembleia Geral da sociedade, que deliberou sua liquidação, ou da decisão do órgão executivo federal quando a medida for de sua iniciativa, implicará a sustação de qualquer ação judicial contra a cooperativa, pelo prazo de 1 (um) ano, sem prejuízo, entretanto, da fluência dos juros legais ou pactuados e seus acessórios.

Parágrafo único. Decorrido o prazo previsto neste artigo, sem que, por motivo relevante, esteja encerrada a liquidação, poderá ser o mesmo prorrogado, no máximo por mais 1 (um) ano, mediante decisão do órgão citado no artigo, publicada, com os mesmos efeitos, no *Diário Oficial*.

Art. 77. Na realização do ativo da sociedade, o liquidante deverá:

I – mandar avaliar, por avaliadores judiciais ou de instituições financeiras públicas, os bens de sociedade;

II – proceder à venda dos bens necessários ao pagamento do passivo da sociedade, observadas, no que couber, as normas constantes dos arts. 117 e 118 do Dec.-lei 7.661, de 21 de junho de 1945.

- V. art. 142, Lei 11.101/2005 (Lei de Recuperação de Empresas e Falência).

Art. 78. A liquidação das cooperativas de crédito e da seção de crédito das cooperativas agrícolas mistas reger-se-á pelas normas próprias legais e regulamentares.

Capítulo XII
Do Sistema Operacional das Cooperativas

Seção I
Do Ato Cooperativo

Art. 79. Denominam-se atos cooperativos os praticados entre as cooperativas e seus associados, entre estes e aquelas e pelas cooperativas entre si quando associadas, para a consecução dos objetivos sociais.

Parágrafo único. O ato cooperativo não implica operação de mercado, nem contrato de compra e venda de produto ou mercadoria.

Seção II
Das Distribuições de Despesas

Art. 80. As despesas da sociedade serão cobertas pelos associados mediante rateio na proporção direta da fruição de serviços.

Parágrafo único. A cooperativa poderá, para melhor atender à equanimidade de cobertura das despesas da sociedade, estabelecer:

I – rateio, em partes iguais, das despesas gerais da sociedade entre todos os associados, quer tenham ou não, no ano, usufruído dos serviços por ela prestados, conforme definidas no estatuto;

II – rateio, em razão diretamente proporcional, entre os associados que tenham usufruído dos serviços durante o ano, das sobras líquidas ou dos prejuízos verificados no balanço do exercício, excluídas as despesas gerais já atendidas na forma do item anterior.

Art. 81. A cooperativa que tiver adotado o critério de separar as despesas da sociedade e estabelecido o seu rateio na forma indicada no parágrafo único do artigo anterior deverá levantar separadamente as despesas gerais.

Seção III
Das Operações da Cooperativa

Art. 82. A cooperativa que se dedicar a vendas em comum poderá registrar-se como armazém geral, podendo também desenvolver as atividades previstas na Lei 9.973, de 29 de maio de 2000, e nessa condição expedir Conhecimento de Depósito, *Warrant*, Certificado de Depósito Agropecuário – CDA e *Warrant* Agropecuário – WA para os produtos de seus associados conservados em seus armazéns, próprios ou arrendados, sem prejuízo da emissão de outros títulos decorrentes de suas atividades normais, aplicando-se, no que couber, a legislação específica.

- *Caput* com redação determinada pela Lei 11.076/2004.

§ 1º Para efeito deste artigo, os armazéns da cooperativa se equiparam aos "armazéns gerais", com as prerrogativas e obrigações destes, ficando os componentes do Conselho de Administração ou Diretoria Executiva, emitente do título, responsáveis, pessoal e solidariamente, pela boa guarda e conservação dos produtos vinculados, respondendo criminal e civilmente pelas declarações constantes do título, como também por qualquer ação ou omissão que acarrete o desvio, deterioração ou perda dos produtos.

§ 2º Observado o disposto no § 1º, as cooperativas poderão operar unidades de armazenagem, embalagem e frigorificação, bem como armazéns gerais alfandegários, nos termos do disposto no Capítulo IV da Lei 5.025, de 10 de junho de 1966.

- V. Lei 5.025/1966 (Cria o Conselho Nacional do Comércio Exterior e dispõe sobre intercâmbio comercial).

Art. 83. A entrega da produção do associado à sua cooperativa significa a outorga a esta de plenos poderes para a sua livre disposição, inclusive para gravá-la e dá-la em garantia de operações de crédito realizadas pela sociedade, salvo se, tendo em vista os usos e costumes relativos à comercialização de determinados produtos, sendo de interesse do produtor, os estatutos dispuserem de outro modo.

Art. 84. *(Revogado pela LC 130/2009).*

Art. 85. As cooperativas agropecuárias e de pesca poderão adquirir produtos de não associados, agricultores, pecuaristas ou pescadores, para completar lotes destinados ao cumprimento de contratos ou suprir capacidade ociosa de instalações industriais das cooperativas que as possuem.

Art. 86. As cooperativas poderão fornecer bens e serviços a não associados, desde que tal faculdade atenda aos objetivos sociais e esteja de conformidade com a presente Lei.

Parágrafo único. *(Revogado pela LC 130/2009).*

Art. 87. Os resultados das operações das cooperativas com não associados, mencionados nos arts. 85 e 86, serão levados à conta do "Fundo de Assistência Técnica, Educacional e Social" e serão contabilizados em separado, de molde a permitir cálculo para incidência de tributos.

Art. 88. Poderão as cooperativas participar de sociedades não cooperativas para melhor atendimento dos próprios objetivos e de outros de caráter acessório ou complementar.

- Artigo com redação determinada pela MP 2.168-40/2001.

☛ **Art. 88-A.** A cooperativa poderá ser dotada de legitimidade extraordinária autônoma concorrente para agir como substituta processual em defesa dos direitos coletivos de seus associados quando a causa de pedir versar sobre atos de interesse direto dos associados que tenham relação com as operações de mercado da cooperativa, desde que isso seja previsto em seu estatuto e haja, de forma expressa, autorização manifestada individualmente pelo associado ou por meio de assembleia geral que delibere sobre a propositura da medida judicial.

- Artigo acrescentado pela Lei 13.806/2019.

Seção IV
Dos Prejuízos

Art. 89. Os prejuízos verificados no decorrer do exercício serão cobertos com recursos provenientes do Fundo de Reserva e, se insuficiente este, mediante rateio, entre os associados, na razão direta dos serviços usufruídos, ressalvada a opção prevista no parágrafo único do art. 80.

Seção V
Do Sistema Trabalhista

Art. 90. Qualquer que seja o tipo de cooperativa, não existe vínculo empregatício entre ela e seus associados.

Art. 91. As cooperativas igualam-se às demais empresas em relação aos seus empregados para os fins da legislação trabalhista e previdenciária.

Capítulo XIII
Da Fiscalização e Controle

Art. 92. A fiscalização e o controle das sociedades cooperativas, nos termos desta Lei e dispositivos legais específicos, serão exercidos, de acordo com o objeto de funcionamento, da seguinte forma:

I – as de crédito e as seções de crédito das agrícolas mistas pelo Banco Central do Brasil;

II – as de habitação pelo Banco Nacional da Habitação;

III – as demais pelo Instituto Nacional de Colonização e Reforma Agrária.

§ 1º Mediante autorização do Conselho Nacional de Cooperativismo, os órgãos controladores federais poderão solicitar, quando julgarem necessário, a colaboração de outros órgãos administrativos, na execução das atribuições previstas neste artigo.

§ 2º As sociedades cooperativas permitirão quaisquer verificações determinadas pelos respectivos órgãos de controle, prestando os esclarecimentos que lhes forem solicitados, além de serem obrigadas a remeter-lhes anualmente a relação dos associados admitidos, demitidos, eliminados e excluídos no período, cópias de atas, de balanços e dos relatórios do exercício social e parecer do Conselho Fiscal.

Art. 93. O Poder Público por intermédio da administração central dos órgãos executivos federais competentes, por iniciativa própria ou solicitação da assembleia geral ou do Conselho Fiscal, intervirá nas cooperativas quando ocorrer um dos seguintes casos:

I – violação contumaz das disposições legais;

II – ameaça de insolvência em virtude de má administração da sociedade;

III – paralisação das atividades sociais por mais de 120 (cento e vinte) dias consecutivos;

- V. art. 63, VII.

IV – inobservância do art. 56, § 2º.

Parágrafo único. Aplica-se, no que couber, às cooperativas habitacionais, o disposto neste artigo.

Art. 94. Observar-se-á, no processo de intervenção, a disposição constante do § 2º do art. 75.

Capítulo XIV
Do Conselho Nacional de Cooperativismo

Art. 95. A orientação geral da política cooperativista nacional caberá ao Conselho Nacional de Cooperativismo – CNC, que passará a funcionar junto ao Instituto Nacional de Colonização e Reforma Agrária – INCRA, com plena autonomia administrativa e financeira, na forma do art. 172 do Dec.-lei 200, de 25 de fevereiro de 1967, sob a presidência do Ministro da Agricultura e composto de oito membros indicados pelos seguintes representados:

- V. Dec. 200/1967 (Organização da administração federal – estabelece diretrizes para reforma administrativa).

I – Ministério do Planejamento e Coordenação-Geral;

II – Ministério da Fazenda, por intermédio do Banco Central do Brasil;

III – Ministério do Interior, por intermédio do Banco Nacional da Habitação;

IV – Ministério da Agricultura, por intermédio do Instituto Nacional de Colonização e Reforma Agrária – INCRA, e do Banco Nacional de Crédito Cooperativo S/A;

V – Organização das Cooperativas Brasileiras.

Parágrafo único. A entidade referida no inciso V deste artigo contará com três elementos para fazer-se representar no Conselho.

Art. 96. O Conselho, que deverá reunir-se ordinariamente uma vez por mês, será presidido pelo Ministro da Agricultura, a quem caberá o voto de qualidade, sendo suas resoluções votadas por maioria simples, com a presença, no mínimo, de três representantes dos órgãos oficiais mencionados nos itens I a IV do artigo anterior.

Parágrafo único. Nos seus impedimentos eventuais, o substituto do presidente será o presidente do Instituto Nacional de Colonização e Reforma Agrária.

Art. 97. Ao Conselho Nacional de Cooperativismo compete:

I – editar atos normativos para a atividade cooperativista nacional;

II – baixar normas regulamentadoras, complementares e interpretativas, da legislação cooperativista;

III – organizar e manter atualizado o cadastro geral das cooperativas nacionais;

IV – decidir, em última instância, os recursos originários de decisões do respectivo órgão executivo federal;

V – apreciar os anteprojetos que objetivam a revisão da legislação cooperativista;

VI – estabelecer condições para o exercício de quaisquer cargos eletivos de administração ou fiscalização de cooperativas;

VII – definir as condições de funcionamento do empreendimento cooperativo, a que se refere o art. 18;

VIII – votar o seu próprio regimento;

IX – autorizar, onde houver condições, a criação de Conselhos Regionais de Cooperativismo, definindo-lhes as atribuições;

X – decidir sobre a aplicação do Fundo Nacional de Cooperativismo, nos termos do art. 102 desta Lei;

XI – estabelecer em ato normativo ou de caso a caso, conforme julgar necessário, o limite a ser observado nas operações com não associados a que se referem os arts. 85 e 86.

Parágrafo único. As atribuições do Conselho Nacional de Cooperativismo não se estendem às cooperativas de habitação, às de crédito e às seções de crédito das cooperativas agrícolas mistas, no que forem regidas por legislação própria.

Art. 98. O Conselho Nacional de Cooperativismo – CNC contará com uma secretaria executiva que se incumbirá de seus encargos administrativos, podendo seu secretário executivo requisitar funcionários de qualquer órgão da Administração Pública.

§ 1º O secretário executivo do Conselho Nacional de Cooperativismo será o diretor do Departamento de Desenvolvimento Rural do Instituto Nacional de Colonização e Reforma Agrária – INCRA, devendo o Departamento referido incumbir-se dos encargos administrativos do Conselho Nacional de Cooperativismo.

§ 2º Para os impedimentos eventuais do secretário executivo, este indicará à apreciação do Conselho seu substituto.

Art. 99. Compete ao presidente do Conselho Nacional de Cooperativismo:

I – presidir às reuniões;

II – convocar as reuniões extraordinárias;

III – proferir o voto de qualidade.

Art. 100. Compete à Secretaria Executiva do Conselho Nacional de Cooperativismo:

I – dar execução às resoluções do Conselho;

II – comunicar as decisões do Conselho ao respectivo órgão executivo federal;

III – manter relações com os órgãos executivos federais, bem assim com quaisquer outros órgãos públicos ou privados, nacionais ou estrangeiros, que possam influir no aperfeiçoamento do cooperativismo;

IV – transmitir aos órgãos executivos federais e entidade superior do movimento cooperativista nacional todas as informações relacionadas com a doutrina e prática cooperativistas de seu interesse;

V – organizar e manter atualizado o cadastro geral das cooperativas nacionais e expedir as respectivas certidões;

VI – apresentar ao Conselho, em tempo hábil, a proposta orçamentária do órgão, bem como o relatório anual de suas atividades;

VII – providenciar todos os meios que assegurem o regular funcionamento do Conselho;

VIII – executar quaisquer outras atividades necessárias ao pleno exercício das atribuições do Conselho.

Art. 101. O Ministério da Agricultura incluirá, em sua proposta orçamentária anual, os recursos financeiros solicitados pelo Conselho Nacional de Cooperativismo – CNC, para custear seu funcionamento.

Parágrafo único. As contas do Conselho Nacional de Cooperativismo – CNC, serão prestadas por intermédio do Ministério da Agricultura, observada a legislação específica que regula a matéria.

Art. 102. Fica mantido, junto ao Banco Nacional de Crédito Cooperativo S/A, o "Fundo Nacional de Cooperativismo", criado pelo Dec.-lei 59, de 21 de novembro de 1966, destinado a prover recursos de apoio ao movimento cooperativista nacional.

- V. art. 117.

§ 1º O Fundo de que trata este artigo será suprido por:

I – dotação incluída no orçamento do Ministério da Agricultura para o fim específico de incentivos às atividades cooperativas;

II – juros e amortizações dos financiamentos realizados com seus recursos;

III – doações, legados e outras rendas eventuais;

IV – dotações consignadas pelo Fundo Federal Agropecuário e pelo Instituto Nacional de Colonização e Reforma Agrária – INCRA.

§ 2º Os recursos do Fundo, deduzido o necessário ao custeio de sua administração, serão aplicados pelo Banco Nacional de Crédito Cooperativo S/A, obrigatoriamente, em financiamento de atividades que interessem de maneira relevante ao abastecimento das populações, a critério do Conselho Nacional de Cooperativismo.

§ 3º O Conselho Nacional de Cooperativismo poderá, por conta do Fundo, autorizar a concessão de estímulos ou auxílios para execução de atividades que, pela sua relevância socioeconômicas, concorram para o desenvolvimento do sistema cooperativista nacional.

Capítulo XV
Dos Órgãos Governamentais

Art. 103. As cooperativas permanecerão subordinadas, na parte normativa, ao Conselho Nacional de Cooperativismo, com exceção das de crédito, das seções de crédito das agrícolas mistas e das de habitação, cujas normas continuarão a ser baixadas pelo Conselho Monetário Nacional, relativamente às duas primeiras, e Banco Nacional da Habitação, com relação à última, observado o disposto no art. 92 desta Lei.

Parágrafo único. Os órgãos executivos federais, visando à execução descentralizada de seus serviços, poderão delegar sua competência, total ou parcialmente, a órgãos e entidades da administração estadual e municipal, bem como, excepcionalmente, a outros órgãos e entidades da administração federal.

Art. 104. Os órgãos executivos federais comunicarão todas as alterações havidas nas cooperativas sob a sua jurisdição ao Conselho Nacional de Cooperativismo, para fins de atualização do cadastro geral das cooperativas nacionais.

Capítulo XVI
Da Representação do Sistema Cooperativista

Art. 105. A representação do sistema cooperativista nacional cabe à Organização das Cooperativas Brasileiras – OCB, sociedade civil, com sede na Capital Federal, órgão técnico-consultivo do Governo, estruturada nos termos desta Lei, sem finalidade lucrativa, competindo-lhe precipuamente:

a) manter a neutralidade política e indiscriminação racial, religiosa e social;

b) integrar todos os ramos das atividades cooperativistas;

c) manter registro de todas as sociedades cooperativas que, para todos os efeitos, integram a Organização das Cooperativas Brasileiras – OCB;

d) manter serviços de assistência geral ao sistema cooperativista, seja quanto à estrutura social, seja quanto aos métodos operacionais e orientação jurídica, mediante pareceres e recomendações, sujeitas, quando for o caso, à aprovação do Conselho Nacional de Cooperativismo – CNC;

e) denunciar ao Conselho Nacional de Cooperativismo práticas nocivas ao desenvolvimento cooperativista;

f) opinar nos processos que lhe sejam encaminhados pelo Conselho Nacional de Cooperativismo;

g) dispor de setores consultivos especializados, de acordo com os ramos de cooperativismo;

h) fixar a política da organização com base nas proposições emanadas de seus órgãos técnicos;

i) exercer outras atividades inerentes à sua condição de órgão de representação e defesa do sistema cooperativista;

j) manter relações de integração com as entidades congêneres do exterior e suas cooperativas.

§ 1º A Organização das Cooperativas Brasileiras – OCB será constituída de entidades, uma para cada Estado, Território e Distrito Federal, criadas com as mesmas características da organização nacional.

§ 2º As assembleias gerais do órgão central serão formadas pelos representantes credenciados das filiadas, um por entidade, admitindo-se proporcionalidade de voto.

§ 3º A proporcionalidade de voto, estabelecida no parágrafo anterior, ficará a critério da OCB, baseando-se no número de associados – pessoas físicas e as exceções previstas nesta Lei – que compõem o quadro das cooperativas filiadas.

§ 4º A composição da diretoria da Organização das Cooperativas Brasileiras – OCB será estabelecida em seus estatutos sociais.

§ 5º Para o exercício de cargos de diretoria e Conselho Fiscal, as eleições se processarão por escrutínio secreto, permitida a reeleição para mais um mandato consecutivo.

Art. 106. A atual Organização das Cooperativas Brasileiras e as suas filiadas ficam investidas das atribuições e prerrogativas conferidas nesta Lei, devendo, no prazo de 1 (um) ano, promover a adaptação de seus estatutos, e a transferência da sede nacional.

Art. 107. As cooperativas são obrigadas, para seu funcionamento, a registrar-se na Organização das Cooperativas Brasileiras ou na entidade estadual, se houver, mediante apresentação dos estatutos sociais e suas alterações posteriores.

Parágrafo único. Por ocasião do registro, a cooperativa pagará 10% (dez por cento) do maior salário mínimo vigente, se a soma do respectivo capital integralizado e fundos não exceder de 250 (duzentos e cinquenta) salários mínimos e 50% (cinquenta por cento) se aquele montante for superior.

- V. Lei 6.205/1975 (Descaracterização do salário mínimo como fator de correção monetária).

Art. 108. Fica instituída, além do pagamento previsto no parágrafo único do artigo anterior, a Contribuição Cooperativista, que será recolhida anualmente pela cooperativa após o encerramento de seu exercício social, a favor da Organização das Cooperativas Brasileiras de que trata o art. 105 desta Lei.

§ 1º A Contribuição Cooperativista constituir-se-á de importância correspondente a 0,2% (dois décimos por cento) do valor do capital integralizado e fundos da sociedade cooperativa, no exercício social do ano anterior, sendo o respectivo montante distribuído, por metade, a suas filiadas, quando constituídas.

§ 2º No caso das cooperativas centrais ou federações, a Contribuição de que trata o parágrafo anterior será calculada sobre os fundos e reservas existentes.

§ 3º A Organização das Cooperativas Brasileiras poderá estabelecer um teto à Contribuição Cooperativista, com base em estudos elaborados pelo seu corpo técnico.

Capítulo XVII
Dos Estímulos Creditícios

Art. 109. Caberá ao Banco Nacional de Crédito Cooperativo S/A estimular e apoiar as cooperativas, mediante concessão de financiamentos necessários ao seu desenvolvimento.

§ 1º Poderá o Banco Nacional de Crédito Cooperativo S/A receber depósitos das cooperativas de crédito e das seções de crédito das cooperativas agrícolas mistas.

§ 2º Poderá o Banco Nacional de Crédito Cooperativo S/A operar com pessoas físicas ou jurídicas, estranhas ao quadro social cooperativo, desde que haja benefício para as cooperativas e estas figurem na operação bancária.

§ 3º O Banco Nacional de Crédito Cooperativo S/A manterá linhas de crédito específicas para as cooperativas de acordo com o objeto e a natureza de suas atividades, a juros módicos e prazos adequados inclusive com sistema de garantias ajustado às peculiaridades das cooperativas a que se destinam.

§ 4º O Banco Nacional de Crédito Cooperativo S/A manterá linha especial de crédito para financiamento de quotas-partes de capital.

Art. 110. Fica extinta a contribuição de que trata o art. 13 do Dec.-lei 60, de 21 de novembro de 1966, com a redação dada pelo Dec.-lei 668, de 3 de julho de 1969.

Capítulo XVIII
Das Disposições Gerais e transitórias

Art. 111. Serão considerados como renda tributável os resultados positivos obtidos pelas cooperativas nas operações de que tratam os arts. 85, 86 e 88 desta Lei.

Art. 112. O Balanço Geral e o Relatório do exercício social que as cooperativas deverão encaminhar anualmente aos órgãos de controle serão acompanhados, a juízo destes, de parecer emitido por um serviço independente de auditoria credenciado pela Organização das Cooperativas Brasileiras.

Parágrafo único. Em casos especiais, tendo em vista a sede da Cooperativa, o volume de suas operações e outras circunstâncias dignas de consideração, a exigência da apresentação do parecer pode ser dispensada.

Art. 113. Atendidas as deduções determinadas pela legislação específica, às sociedades cooperativas ficará assegurada primeira prioridade para o recebimento de seus créditos de pessoas jurídicas que efetuem descontos na folha de pagamento de seus empregados, associados de cooperativas.

Art. 114. Fica estabelecido o prazo de 36 (trinta e seis) meses para que as cooperativas atualmente registradas nos órgãos competentes reformulem os seus estatutos, no que for cabível, adaptando-os ao disposto na presente Lei.

Art. 115. As Cooperativas dos Estados, Territórios ou do Distrito Federal, enquanto não constituírem seus órgãos de representação, serão convocadas às assembleias da OCB, como vogais, com 60 (sessenta) dias de antecedência, mediante editais publicados três vezes em jornal de grande circulação local.

Art. 116. A presente Lei não altera o disposto nos sistemas próprios instituídos para as cooperativas de habitação e cooperativas de crédito, aplicando-se ainda, no que couber, o regime instituído para essas últimas às seções de crédito das agrícolas mistas.

Art. 117. Esta Lei entrará em vigor na data de sua publicação, revogadas as disposições em contrário e especificamente o Dec.-lei 59, de 21 de novembro de 1966, bem como o Dec. 60.597, de 19 de abril de 1967.

Brasília, 16 de dezembro de 1971; 150º da Independência e 83º da República.

Emílio G. Médici

(*DOU* 16.12.1971)

LEI 6.001, DE 19 DE DEZEMBRO DE 1973

Dispõe sobre o Estatuto do Índio.

- Texto retirado do *site* do Planalto.

O Presidente da República:

Faço saber que o Congresso Nacional decreta e eu sanciono a seguinte Lei:

[...]

TÍTULO II
Dos Direitos Civis e Políticos

[...]

Capítulo IV
Das Condições de Trabalho

Art. 14. Não haverá discriminação entre trabalhadores indígenas e os demais trabalhadores, aplicando-se-lhes todos os direitos e garantias das leis trabalhistas e de previdência social.

Parágrafo único. É permitida a adaptação de condições de trabalho aos usos e costumes da comunidade a que pertencer o índio.

[...]

Art. 16. Os contratos de trabalho ou de locação de serviços realizados com indígenas em processo de integração ou habitantes de parques ou colônias agrícolas dependerão de prévia aprovação do órgão de proteção ao índio, obedecendo, quando necessário, a normas próprias.

§ 1º Será estimulada a realização de contratos por equipe, ou a domicílio, sob a orientação do órgão competente, de modo a favorecer a continuidade da via comunitária.

§ 2º Em qualquer caso de prestação de serviços por indígenas não integrados, o órgão de proteção ao índio exercerá permanente fiscalização das condições de trabalho, denunciando os abusos e providenciando a aplicação das sanções cabíveis.

§ 3º O órgão de assistência ao indígena propiciará o acesso, aos seus quadros, de índios integrados, estimulando a sua especialização indigenista.

[...]

TÍTULO VII
Disposições Gerais

Art. 60. Os bens e rendas do Patrimônio Indígena gozam de plena isenção tributária.

Art. 61. São extensivos aos interesses do Patrimônio Indígena os privilégios da Fazenda Pública, quanto à impenhorabilidade de bens, rendas e serviços, ações especiais, prazos processuais, juros e custas.

Art. 62. Ficam declaradas a nulidade e a extinção dos efeitos jurídicos dos atos de qualquer natureza que tenham por objeto o domínio, a posse ou a ocupação das terras habitadas pelos índios ou comunidades indígenas.

§ 1º Aplica-se o disposto deste artigo às terras que tenham sido desocupadas pelos índios ou comunidades indígenas em virtude de ato ilegítimo de autoridade e particular.

§ 2º Ninguém terá direito a ação ou indenização contra a União, o órgão de assistência ao índio ou os silvícolas em virtude da nulidade e extinção de que trata este artigo, ou de suas conseqüências econômicas.

§ 3º Em caráter excepcional e a juízo exclusivo do dirigente do órgão de assistência ao índio, será permitida a continuação, por prazo razoável dos efeitos dos contratos de arrendamento em vigor na data desta Lei, desde que a sua extinção acarrete graves conseqüências sociais.

Art. 63. Nenhuma medida judicial será concedida liminarmente em causas que envolvam interesse de silvícolas ou do Patrimônio Indígena, sem prévia audiência da União e do órgão de proteção ao índio.

Art. 64. *(Vetado).*

Parágrafo único. *(Vetado).*

Art. 65. O Poder Executivo fará, no prazo de 5 (cinco) anos, a demarcação das terras indígenas, ainda não demarcadas.

Art. 66. O órgão de proteção ao silvícola fará divulgar e respeitar as normas da Convenção 107, promulgada pelo Decreto 58.824, de 14 julho de 1966.

Art. 67. É mantida a Lei 5.371, de 5 de dezembro de 1967.

Art. 68. Esta Lei entrará em vigor na data de sua publicação, revogadas as disposições em contrário.

Brasília, 19 de dezembro de 1973; 152º da Independência e 85º da República.

Emílio G. Médici

(*DOU* 21.12.1973)

LEI 6.094, DE 30 DE AGOSTO DE 1974

Define, para fins de Previdência Social, a atividade de Auxiliar de Condutor Autônomo de Veículo Rodoviário, e dá outras providências.

O Presidente da República:

Faço saber que o Congresso Nacional decreta e eu sanciono a seguinte Lei:

Art. 1º É facultada ao Condutor Autônomo de Veículo Rodoviário a cessão do seu automóvel, em regime de colaboração, no máximo a dois outros profissionais.

§ 1º Os auxiliares de condutores autônomos de veículos rodoviários contribuirão para o Regime Geral de Previdência Social de forma idêntica à dos contribuintes individuais.

- §1º com redação determinada pela Lei 12.765/2012 (*DOU* 28.12.2012), em vigor em 28.03.2013.

§ 2º O contrato que rege as relações entre o autônomo e os auxiliares é de natureza civil, não havendo qualquer vínculo empregatício nesse regime de trabalho.

- § 2º com redação determinada pela Lei 12.765/2012 (*DOU* 28.12.2012), em vigor em 28.03.2013.

§ 3º As autoridades estaduais competentes fornecerão ao motorista colaborador identidade que o qualifique como tal.

§ 4º A identidade será fornecida mediante requerimento do interessado, com a concordância do proprietário do veículo.

§ 5º *(Vetado.)*

Art. 1º-A *(Vetado.)*

Art. 2º Esta Lei entrará em vigor na data de sua publicação, revogadas as disposições em contrário.

Brasília, 30 de agosto de 1974; 153º da Independência e 86º da República.

Ernesto Geisel

(*DOU* 02.09.1974)

LEI 6.321, DE 14 DE ABRIL DE 1976

Dispõe sobre a dedução do lucro tributável para fins de Imposto sobre a Renda das pessoas jurídicas, do dobro das despesas realizadas em programas de alimentação do trabalhador.

- V. Dec. 5/1991 (Regulamenta a Lei 6.321/1976).

O Presidente da República:

Faço saber que o Congresso Nacional decreta e eu sanciono a seguinte Lei:

Art. 1º As pessoas jurídicas poderão deduzir, do lucro tributável para fins do imposto sobre a renda, o dobro das despesas comprovadamente realizadas no período base, em programas de alimentação do trabalhador, previamente aprovados pelo Ministério do Trabalho na forma em que dispuser o Regulamento desta Lei.

§ 1º A dedução a que se refere o *caput* deste artigo não poderá exceder, em cada exercício financeiro, isoladamente, a 5% (cinco por cento) e cumulativamente com a dedução de que trata a Lei 6.297, de 15 de dezembro de 1975, a 10% (dez por cento) do lucro tributável.

§ 2º As despesas não deduzidas no exercício financeiro correspondente poderão ser transferidas para dedução nos dois exercícios financeiros subsequentes.

Art. 2º Os programas de alimentação a que se refere o artigo anterior deverão conferir prioridade ao atendimento dos trabalhadores de baixa renda e limitar-se-ão aos contratados pela pessoa jurídica beneficiária.

§ 1º O Ministério do Trabalho articular-se-á com o Instituto Nacional de Alimentação e Nutrição – Inan, para efeito do exame e aprovação dos programas a que se refere a presente Lei.

- Primitivo parágrafo único renumerado pela MP 2.164-41/2001.

§ 2º As pessoas jurídicas beneficiárias do Programa de Alimentação do Trabalhador – PAT poderão estender o benefício previsto nesse Programa aos trabalhadores por elas dispensados, no período de transição para um novo emprego, limitada a extensão ao período de 6 (seis) meses.

- § 2º acrescentado pela MP 2.164-41/2001.

§ 3º As pessoas jurídicas beneficiárias do PAT poderão estender o benefício previsto neste Programa aos empregados que estejam com contrato suspenso para participação em curso ou programa de qualificação profissional, limitada essa extensão ao período de 5 (cinco) meses.

- § 3º acrescentado pela MP 2.164-41/2001.

Art. 3º Não se inclui como salário de contribuição a parcela paga *in natura*, pela empresa, nos programas de alimentação aprovados pelo Ministério do Trabalho.

Art. 4º O Poder Executivo regulamentará a presente lei no prazo de 60 (sessenta) dias.

Art. 5º Esta Lei entrará em vigor na data de sua publicação, revogadas as disposições em contrário.

Brasília, 14 de abril de 1976; 155º da Independência e 88º da República.

Ernesto Geisel

(*DOU* 19.04.1976)

LEI 6.830, DE 22 DE SETEMBRO DE 1980

Dispõe sobre a cobrança judicial da Dívida Ativa da Fazenda Pública e dá outras providências.

- V. Súmula 435, STJ.
- V. Decreto-lei 4.597/1942 (Dispõe sobre a prescrição das ações contra a Fazenda Pública e dá outras providências).

O Presidente da República:

Faço saber que o Congresso Nacional decreta e eu sanciono a seguinte Lei:

Art. 1º A execução judicial para cobrança da Dívida Ativa da União, dos Estados, do Distrito Federal, dos Municípios e respectivas autarquias será regida por esta Lei e, subsidiariamente, pelo Código de Processo Civil.

- V. arts. 180, caput, 183, caput, 46, § 5º, e 782, § 2º, CPC/2015.
- V. art. 201, CTN.
- V. Súmula 507, STF.
- V. Súmulas 34 e 137, TFR.

Art. 2º Constitui Dívida Ativa da Fazenda Pública aquela definida como tributária ou não tributária na Lei 4.320, de 17 de março de 1964, com as alterações posteriores, que estatui normas gerais de direito financeiro para elaboração e controle dos orçamentos e balanços da União, dos Estados, dos Municípios e do Distrito Federal.

- V. art. 142, CTN.

§ 1º Qualquer valor, cuja cobrança seja atribuída por lei às entidades de que trata o art. 1º, será considerado Dívida Ativa da Fazenda Pública.

§ 2º A Dívida Ativa da Fazenda Pública, compreendendo a tributária e a não tributária, abrange atualização monetária, juros e multa de mora e demais encargos previstos em lei ou contrato.

- V. art. 6º, § 4º.
- V. art. 161, § 1º, CTN.
- V. Súmula 565, STF.
- V. Súmulas 168 e 209, TFR.

§ 3º A inscrição, que se constitui no ato de controle administrativo da legalidade, será feita pelo órgão competente para apurar a liquidez e certeza do crédito e suspenderá a prescrição, para todos os efeitos de direito, por 180 (cento e oitenta) dias ou até a distribuição da execução fiscal, se esta ocorrer antes de findo aquele prazo.

- V. arts. 8º, § 2º, e 40, caput.
- V. art. 174, parágrafo único, CTN.
- V. arts.197 a 201, CC.
- V. art. 1º, parágrafo único, Lei 8.005/1990 (Créditos do IBAMA).

§ 4º A Dívida Ativa da União será apurada e inscrita na Procuradoria da Fazenda Nacional.

- V. art. 1º, Lei 8.022/1990 (Administração das receitas federais).

§ 5º O Termo de Inscrição de Dívida Ativa deverá conter:

- V. art. 202, CTN.

I – o nome do devedor, dos corresponsáveis e, sempre que conhecido, o domicílio ou residência de um e de outros;

II – o valor originário da dívida, bem como o termo inicial e a forma de calcular os juros de mora e demais encargos previstos em lei ou contrato;

III – a origem, a natureza e o fundamento legal ou contratual da dívida;

IV – a indicação, se for o caso, de estar a dívida sujeita à atualização monetária, bem como o respectivo fundamento legal e o termo inicial para o cálculo;

V – a data e o número da inscrição, no Registro de Dívida Ativa; e

VI – o número do processo administrativo ou do auto de infração, se neles estiver apurado o valor da dívida.

§ 6º A Certidão de Dívida Ativa conterá os mesmos elementos do Termo de Inscrição e será autenticada pela autoridade competente.

§ 7º O Termo de Inscrição e a Certidão de Dívida Ativa poderão ser preparados e numerados por processo manual, mecânico ou eletrônico.

§ 8º Até a decisão de primeira instância, a Certidão de Dívida Ativa poderá ser emendada ou substituída, assegurada ao executado a devolução do prazo para embargos.

- V. arts. 329, II, e 329, I, CPC/2015.
- V. Súmula 392, STJ.

§ 9º O prazo para a cobrança das contribuições previdenciárias continua a ser o estabelecido no art. 144 da Lei 3.807, de 26 de agosto de 1960.

- V. art. 88, Lei 8.212/1991 (Organização da Seguridade Social e Plano de Custeio).

Art. 3º A Dívida Ativa regularmente inscrita goza da presunção de certeza e liquidez.

- V. art. 204, parágrafo único, CTN.
- V. Súmula 279, STJ.

Parágrafo único. A presunção a que se refere este artigo é relativa e pode ser ilidida por prova inequívoca, a cargo do executado ou de terceiro, a quem aproveite.

- V. art. 370, CPC/2015.

Art. 4º A execução fiscal poderá ser promovida contra:

- V. art. 779, CPC/2015.
- V. arts. 134 e 135, CTN.

I – o devedor;

II – o fiador;

III – o espólio;

IV – a massa;

V – o responsável, nos termos da lei, por dívidas, tributárias ou não, de pessoas físicas ou pessoas jurídicas de direito privado; e

- V. Súmula 112, TFR.

VI – os sucessores a qualquer título.

§ 1º Ressalvado o disposto no art. 31, o síndico, o comissário, o liquidante, o inventariante e o administrador, nos casos de falência, concordata, liquidação, inventário, insolvência ou concurso de credores, se, antes de garantidos os créditos da Fazenda Pública, alienarem ou derem em garantia quaisquer dos bens administrados, respondem, solidariamente, pelo valor desses bens.

- V. Lei 11.101/2005 (Lei de Recuperação de Empresas e Falência).

§ 2º À Dívida Ativa da Fazenda Pública, de qualquer natureza, aplicam-se as normas relativas à responsabilidade prevista na legislação tributária, civil e comercial.

§ 3º Os responsáveis, inclusive as pessoas indicadas no § 1º deste artigo, poderão nomear bens livres e desembaraçados do devedor, tantos quantos bastem para pagar a dívida. Os bens dos responsáveis ficarão, porém, sujeitos à execução, se os do devedor forem insuficientes à satisfação da dívida.

- V. art. 794, caput, CPC/2015.
- V. Súmula 44, TFR.

§ 4º Aplica-se à Dívida Ativa da Fazenda Pública de natureza não tributária o disposto nos arts. 186 e 188 a 192 do Código Tributário Nacional.

- V. Súmula 563, STF.

Art. 5º A competência para processar e julgar a execução da Dívida Ativa da Fazenda Pública exclui a de qualquer outro juízo, inclusive o da falência, da concordata, da liquidação, da insolvência ou do inventário.

- V. art. 29.
- V. art. 109, § 3º, CF.
- V. art. 46, § 5º, CPC/2015.
- V. Lei 11.101/2005 (Lei de Recuperação de Empresas e Falência).
- V. Súmulas 58 e 66, STJ.
- V. Súmulas 40, 189 e 244, TFR.

Art. 6º A petição inicial indicará apenas:

- V. art. 319, CPC/2015.

I – o juiz a quem é dirigida;

II – o pedido; e

III – o requerimento para a citação.

- V. art. 53, Lei 8.212/1991 (Organização da Seguridade Social e Plano de Custeio).

§ 1º A petição inicial será instruída com a Certidão da Dívida Ativa, que dela fará parte integrante, como se estivesse transcrita.

§ 2º A petição inicial e a Certidão de Dívida Ativa poderão constituir um único documento, preparado inclusive por processo eletrônico.

§ 3º A produção de provas pela Fazenda Pública independe de requerimento na petição inicial.

§ 4º O valor da causa será o da dívida constante da certidão, com os encargos legais.

Art. 7º O despacho do juiz que deferir a inicial importa em ordem para:

I – citação, pelas sucessivas modalidades previstas no art. 8º;

II – penhora, se não for paga a dívida, nem garantida a execução, por meio de depósito, fiança ou seguro garantia;

- Inciso II com redação determinada pela Lei 13.043/2014.

III – arresto, se o executado não tiver domicílio ou dele se ocultar;

IV – registro da penhora ou do arresto, independentemente do pagamento de custas ou outras despesas, observado o disposto no art. 14; e

V – avaliação dos bens penhorados ou arrestados.

Art. 8º O executado será citado para, no prazo de 5 (cinco) dias, pagar a dívida com os juros e multa de mora e encargos indicados na Certidão de Dívida Ativa, ou garantir a execução, observadas as seguintes normas:

- V. art. 830, caput, CPC/2015.
- V. Súmula 414, STJ.
- V. Súmula 78, TFR.

I – a citação será feita pelo correio, com aviso de recepção, se a Fazenda Pública não a requerer por outra forma;

- V. art. 248, CPC/2015.

II – a citação pelo correio considera-se feita na data da entrega da carta no endereço do executado; ou, se a data for omitida, no aviso de recepção, 10 (dez) dias após a entrega da carta à agência postal;

- V. art. 12, § 3º.

III – se o aviso de recepção não retornar no prazo de 15 (quinze) dias da entrega da carta à agência postal, a citação será feita por oficial de justiça ou por edital;

IV – o edital de citação será afixado na sede do juízo, publicado uma só vez no órgão oficial, gratuitamente, como expediente judiciário, com o prazo de 30 (trinta) dias, e conterá, apenas, a indicação da exequente, o nome do devedor e dos corresponsáveis, a quantia devida, a natureza da dívida, a data e o número da inscrição no Registro da Dívida Ativa, o prazo e o endereço da sede do juízo.

- V. Súmula 210, TFR.

§ 1º O executado ausente do País será citado por edital, com prazo de 60 (sessenta) dias.

§ 2º O despacho do juiz, que ordenar a citação, interrompe a prescrição.

- V. art. 174, parágrafo único, I, CTN.
- V. Súmula 248, TFR.

Art. 9º Em garantia da execução, pelo valor da dívida, juros e multa de mora e encargos indicados na Certidão da Dívida Ativa, o executado poderá:

I – efetuar depósito em dinheiro, à ordem do juízo em estabelecimento oficial de crédito, que assegure atualização monetária;

- V. art. 21.

II – oferecer fiança bancária ou seguro garantia;

- Inciso II com redação determinada pela Lei 13.043/ 2014.

III – nomear bens à penhora, observada a ordem do art. 11; ou

IV – indicará penhora bens oferecidos por terceiros e aceitos pela Fazenda Pública.

§ 1º O executado só poderá indicar e o terceiro oferecer bem imóvel à penhora com o consentimento expresso do respectivo cônjuge.

§ 2º Juntar-se-á aos autos a prova do depósito, da fiança bancária, do seguro garantia ou da penhora dos bens do executado ou de terceiros.

- § 2º com redação determinada pela Lei 13.043/2014.

§ 3º A garantia da execução, por meio de depósito em dinheiro, fiança bancária ou seguro garantia, produz os mesmos efeitos da penhora.

- § 3º com redação determinada pela Lei 13.043/2014.

§ 4º Somente o depósito em dinheiro, na forma do art. 32, faz cessar a responsabilidade pela atualização monetária e juros de mora.

- V. Súmula 112, STJ.

§ 5º A fiança bancária prevista no inciso II obedecerá às condições preestabelecidas pelo Conselho Monetário Nacional.

§ 6º O executado poderá pagar parcela da dívida, que julgar incontroversa, e garantir a execução do saldo devedor.

Art. 10. Não ocorrendo o pagamento, nem a garantia da execução de que trata o art. 9º, a penhora poderá recair em qualquer bem do executado, exceto os que a lei declare absolutamente impenhoráveis.

- V. art. 108, §§ 3º e 4º, Lei 11.101/2005 (Lei de Recuperação de Empresas e Falência).

Art. 11. A penhora ou arresto de bens obedecerá à seguinte ordem:

- V. art. 15, II.
- V. art. 835, I a XIII, CPC/2015.
- V. Súmula 406, STJ.

I – dinheiro;

- V. Súmula 417, STJ.

II – título da dívida pública, bem como título de crédito, que tenham cotação em Bolsa;

III – pedras e metais preciosos;

IV – imóveis;

V – navios e aeronaves;

VI – veículos;

VII – móveis ou semoventes; e

VIII – direitos e ações.

§ 1º Excepcionalmente, a penhora poderá recair sobre estabelecimento comercial, industrial ou agrícola, bem como em plantações ou edifícios em construção.

- V. Súmula 451, STJ.

§ 2º A penhora efetuada em dinheiro será convertida no depósito de que trata o inciso I do art. 9º.

§ 3º O juiz ordenará a remoção do bem penhorado para depósito judicial, particular ou da Fazenda Pública exequente, sempre que esta o requerer, em qualquer fase do processo.

Art. 12. Na execução fiscal, far-se-á a intimação da penhora ao executado, mediante publicação, no órgão oficial, do ato de juntada do termo ou do auto de penhora.

- V. Súmula 190, TFR.

§ 1º Nas comarcas do interior dos Estados, a intimação poderá ser feita pela remessa de cópia do termo ou do auto de penhora, pelo correio, na forma estabelecida no art. 8º, I e II, para a citação.

§ 2º Se a penhora recair sobre imóvel, far-se-á a intimação ao cônjuge, observadas as normas previstas para a citação.

§ 3º Far-se-á a intimação da penhora pessoalmente ao executado se, na citação feita pelo correio, o aviso de recepção não contiver a assinatura do próprio executado, ou de seu representante legal.

Art. 13. O termo ou auto de penhora conterá, também, a avaliação dos bens penhorados, efetuada por quem o lavrar.

§ 1º Impugnada a avaliação, pelo executado, ou pela Fazenda Pública, antes de publicado o edital de leilão, o juiz, ouvida a outra parte, nomeará avaliador oficial para proceder a nova avaliação dos bens penhorados.

§ 2º Se não houver, na comarca, avaliador oficial ou este não puder apresentar o laudo de avaliação no prazo de 15 (quinze) dias, será nomeada pessoa ou entidade habilitada, a critério do juiz.

- V. Súmula 99, TFR.

§ 3º Apresentado o laudo, o juiz decidirá de plano sobre a avaliação.

Art. 14. O oficial de justiça entregará contrafé e cópia do termo ou do auto de penhora ou arresto, com a ordem de registro de que trata o art. 7º, IV:

I – no ofício próprio, se o bem for imóvel ou a ele equiparado;

- V. art. 167, I-5, Lei 6.015/1973 (Lei de Registros Públicos).

II – na repartição competente para emissão de certificado de registro, se for veículo;

III – na Junta Comercial, na Bolsa de Valores, e na sociedade comercial, se forem ações, debênture, parte beneficiária, cota ou qualquer outro título, crédito ou direito societário nominativo.

Art. 15. Em qualquer fase do processo, será deferida pelo juiz:

- V. Súmula 406, STJ.

I – ao executado, a substituição da penhora por depósito em dinheiro, fiança bancária ou seguro garantia; e

- Inciso I com redação determinada pela Lei 13.043/ 2014.

II – à Fazenda Pública, a substituição dos bens penhorados por outros, independentemente da ordem enumerada no art. 11, bem como o reforço da penhora insuficiente.

- V. art. 850 e 874, II, CPC/2015.

Art. 16. O executado oferecerá embargos, no prazo de 30 (trinta) dias, contados:

I – do depósito;

II – da juntada da prova da fiança bancária ou do seguro garantia;

- Inciso II com redação determinada pela Lei 13.043/ 2014.

III – da intimação da penhora.

§ 1º não são admissíveis embargos do executado antes de garantida a execução.

§ 2º No prazo dos embargos, o executado deverá alegar toda matéria útil à defesa, requerer provas e juntar aos autos os documentos e rol de testemunhas, até três, ou, a critério do juiz, até o dobro desse limite.

§ 3º não será admitida reconvenção, nem compensação, e as exceções, salvo as de suspeição, incompetência e impedimento, serão arguidas como matéria preliminar e serão processadas e julgadas com os embargos.

Art. 17. Recebidos os embargos, o juiz mandará intimar a Fazenda, para impugná-los no prazo de 30 (trinta) dias, designando, em seguida, audiência de instrução e julgamento.

Parágrafo único. não se realizará audiência, se os embargos versarem sobre matéria de direito ou, sendo de direito e de fato, a prova for exclusivamente documental, caso em que o juiz proferirá a sentença no prazo de 30 (trinta) dias.

Art. 18. Caso não sejam oferecidos os embargos, a Fazenda Pública manifestar-se-á sobre a garantia da execução.

- V. Súmula 168, TFR.

Art. 19. não sendo embargada a execução ou sendo rejeitados os embargos, no caso de garantia prestada por terceiro, será este intimado, sob pena de contra ele prosseguir a execução nos próprios autos, para, no prazo de 15 (quinze) dias:

I – remir o bem, se a garantia for real; ou

II – pagar o valor da dívida, juros e multa de mora e demais encargos, indicados na Certidão de Dívida Ativa, pelos quais se obrigou, se a garantia for fidejussória.

Art. 20. Na execução por carta, os embargos do executado serão oferecidos no juízo deprecado, que os remeterá ao juízo deprecante, para instrução e julgamento.

Parágrafo único. Quando os embargos tiverem por objeto vícios ou irregularidades de atos do próprio juízo deprecado, caber-lheá unicamente o julgamento dessa matéria.

- V. Súmula 46, STJ.

Art. 21. Na hipótese de alienação antecipada dos bens penhorados, o produto será depositado em garantia da execução, nos termos previstos no art. 9º, I.

- V. art. 730, CPC/2015.

Art. 22. A arrematação será precedida de edital, afixado no local do costume, na sede do juízo, e publicado, em resumo, uma só vez, gratuitamente, como expediente judiciário, no órgão oficial.

- V. art. 1º.

§ 1º O prazo entre as datas de publicação do edital e do leilão não poderá ser superior a 30 (trinta), nem inferior a 10 (dez) dias.

§ 2º O representante judicial da Fazenda Pública será intimado, pessoalmente, da realização do leilão, com a antecedência prevista no parágrafo anterior.

Art. 23. A alienação de quaisquer bens penhorados será feita em leilão público, no lugar designado pelo juiz.

- V. Súmula 121, STJ.

§ 1º A Fazenda Pública e o executado poderão requerer que os bens sejam leiloados englobadamente ou em lotes que indicarem.

- V. arts. 891, caput, 893 e 899, CPC/2015.

§ 2º Cabe ao arrematante o pagamento da comissão do leiloeiro e demais despesas indicadas no edital.

- V. art. 884, parágrafo único, CPC/2015.

Art. 24. A Fazenda Pública poderá adjudicar os bens penhorados:

- V. Súmula 224, TFR.

I – antes do leilão, pelo preço da avaliação, se a execução não for embargada ou se rejeitados os embargos;

II – findo o leilão:

a) se não houver licitante, pelo preço da avaliação;

b) havendo licitantes, com preferência, em igualdade de condições com a melhor oferta, no prazo de 30 (trinta) dias.

Parágrafo único. Se o preço da avaliação ou o valor da melhor oferta for superior ao dos créditos da Fazenda Pública, a adjudicação somente será deferida pelo juiz se a diferença for depositada, pela exequente, à ordem do juízo, no prazo de 30 (trinta) dias.

Art. 25. Na execução fiscal, qualquer intimação ao representante judicial da Fazenda Pública será feita pessoalmente.

- V. Súmulas 117 e 240, TFR.

Parágrafo único. A intimação de que trata este artigo poderá ser feita mediante vista dos autos, com imediata remessa ao representante judicial da Fazenda Pública, pelo cartório ou secretaria.

Art. 26. Se, antes da decisão de primeira instância, a inscrição de Dívida Ativa for, a qualquer título, cancelada, a execução fiscal será extinta, sem qualquer ônus para as partes.

- V. Súmula 519, STF.

Art. 27. As publicações de atos processuais poderão ser feitas resumidamente ou reunir num só texto os de diferentes processos.

- V. arts. 270, parágrafo único, e 272, caput e § 2º, CPC/2015.

Parágrafo único. As publicações farão sempre referência ao número do processo no respectivo juízo e ao número da correspondente inscrição de Dívida Ativa, bem como ao nome das partes e de seus advogados, suficientes para a sua identificação.

Art. 28. O juiz, a requerimento das partes, poderá, por conveniência da unidade da garantia da execução, ordenar a reunião de processos contra o mesmo devedor.

- V. arts. 57 e 58, CPC/2015.
- V. Súmula 515, STJ.

Parágrafo único. Na hipótese deste artigo, os processos serão redistribuídos ao juízo da primeira distribuição.

Art. 29. A cobrança judicial da Dívida Ativa da Fazenda Pública não é sujeita a concurso de credores ou habilitação em falência, concordata, liquidação, inventário ou arrolamento.

- V. art. 5º.
- V. art. 76, caput, Lei 11.101/2005 (Lei de Recuperação de Empresas e Falência).
- V. Súmula 244, TFR.

Parágrafo único. O concurso de preferência somente se verifica entre pessoas jurídicas de direito público, na seguinte ordem:

I – União e suas autarquias;

II – Estados, Distrito Federal e Territórios e suas autarquias, conjuntamente e *pro rata;*

III – Municípios e suas autarquias, conjuntamente e *pro rata.*

Art. 30. Sem prejuízo dos privilégios especiais sobre determinados bens, que sejam previstos em lei, responde pelo pagamento da Dívida Ativa da Fazenda Pública a totalidade dos bens e das rendas, de qualquer origem ou natureza, do sujeito passivo, seu espólio ou sua massa, inclusive os gravados por ônus real ou cláusula de inalienabilidade ou impenhorabilidade, seja qual for a data da constituição do ônus ou da cláusula, excetuados unicamente os bens e rendas que a lei declara absolutamente impenhoráveis.

- V. art. 4º.

Art. 31. Nos processos de falência, concordata, liquidação, inventário, arrolamento ou concurso de credores, nenhuma alienação será judicialmente autorizada sem a prova de quitação da Dívida Ativa ou a concordância da Fazenda Pública.

- V. Lei 11.101/2005 (Lei de Recuperação de Empresas e Falência).

Art. 32. Os depósitos judiciais em dinheiro serão obrigatoriamente feitos:

- V. art. 9º, § 4º.
- V. Súmula 112, STJ.
- V. Súmula 209, TFR.

I – na Caixa Econômica Federal, de acordo com o Dec.-lei 1.737, de 20 de dezembro de 1979, quando relacionados com a execução fiscal proposta pela União ou suas autarquias;

II – na Caixa Econômica ou no banco oficial da unidade federativa ou, à sua falta, na Caixa Econômica Federal, quando relacionados com execução fiscal proposta pelo Estado, Distrito Federal, Municípios e suas autarquias.

§ 1º Os depósitos de que trata este artigo estão sujeitos à atualização monetária, segundo os índices estabelecidos para os débitos tributários federais.

§ 2º Após o trânsito em julgado da decisão, o depósito, monetariamente atualizado, será devolvido ao depositante ou entregue à Fazenda Pública, mediante ordem do juízo competente.

Art. 33. O juízo, de ofício, comunicará à repartição competente da Fazenda Pública, para fins de averbação no Registro da Dívida Ativa, a decisão final, transitada em julgado, que der por improcedente a execução, total ou parcialmente.

Art. 34. Das sentenças de primeira instância proferidas em execuções de valor igual ou inferior a cinquenta Obrigações do Tesouro Nacional – OTN, só se admitirão embargos infringentes e de declaração.

- V. Súmula 277, STF.
- V. Súmulas 48 e 259, TFR.

§ 1º Para os efeitos deste artigo, considerar-se-á o valor da dívida monetariamente atualizado e acrescido de multa e juros de mora e demais encargos legais, na data da distribuição.

§ 2º Os embargos infringentes, instruídos, ou não, com documentos novos, serão deduzidos, no prazo de 10 (dez) dias perante o mesmo juízo, em petição fundamentada.

§ 3º Ouvido o embargado, no prazo de 10 (dez) dias, serão os autos conclusos ao juiz, que, dentro de 20 (vinte) dias, os rejeitará ou reformará a sentença.

Art. 35. Nos processos regulados por esta Lei, poderá ser dispensada a audiência de revisor, no julgamento das apelações.

Art. 36. Compete à Fazenda Pública baixar normas sobre o recolhimento da Dívida Ativa respectiva, em juízo ou fora dele, e aprovar, inclusive, os modelos de documentos de arrecadação.

Art. 37. O auxiliar de justiça que, por ação ou omissão, culposa ou dolosa, prejudicar a execução, será responsabilizado, civil, penal e administrativamente.

Parágrafo único. O oficial de justiça deverá efetuar, em 10 (dez) dias, as diligências que lhe forem ordenadas, salvo motivo de força maior devidamente justificado perante o juízo.

Art. 38. A discussão judicial da Dívida Ativa da Fazenda Pública só é admissível em execução, na forma desta Lei, salvo as hipóteses de mandado de segurança, ação de repetição do indébito ou ação anulatória do ato declarativo da dívida, esta precedida do depósito preparatório do valor do débito, monetariamente corrigido e acrescido dos juros e multa de mora e demais encargos.

- V. Súmula 112, STJ.
- V. Súmula 247, TFR.

Parágrafo único. A propositura, pelo contribuinte, da ação prevista neste artigo importa em renúncia ao poder de recorrer na esfera administrativa e desistência do recurso acaso interposto.

Art. 39. A Fazenda Pública não está sujeita ao pagamento de custas e emolumentos. A prática dos atos judiciais de seu interesse independerá de preparo ou de prévio depósito.

- V. Súmulas 99 e 154, TFR.

Parágrafo único. Se vencida, a Fazenda Pública ressarcirá o valor das despesas feitas pela parte contrária.

- V. arts. 82, § 2º, 84 e 85, CPC/2015.

Art. 40. O juiz suspenderá o curso da execução, enquanto não for localizado o devedor ou encontrados bens sobre os quais possa recair a penhora, e, nesses casos, não correrá o prazo de prescrição.

- V. art. 921, III, CPC/2015.
- V. art. 174, parágrafo único, CTN.
- V. Súmula 314, STJ.
- V. Súmula 210, TFR.

§ 1º Suspenso o curso da execução, será aberta vista dos autos ao representante judicial da Fazenda Pública.

§ 2º Decorrido o prazo máximo de 1 (um) ano, sem que seja localizado o devedor ou encontrados bens penhoráveis, o juiz ordenará o arquivamento dos autos.

§ 3º Encontrados que sejam, a qualquer tempo, o devedor ou os bens, serão desarquivados os autos para prosseguimento da execução.

§ 4º Se da decisão que ordenar o arquivamento tiver decorrido o prazo prescricional, o juiz, depois de ouvida a Fazenda Pública, poderá, de ofício, reconhecer a prescrição intercorrente e decretá-la de imediato.

- § 4º acrescentado pela Lei 11.051/2004.

§ 5º A manifestação prévia da Fazenda Pública prevista no § 4º deste artigo será dispensada no caso de cobranças judiciais cujo valor seja inferior ao mínimo fixado por ato do Ministro de Estado da Fazenda.

- § 5º acrescentado pela Lei 11.960/2009.

Art. 41. O processo administrativo correspondente à inscrição de Dívida Ativa, à execução fiscal ou à ação proposta contra a Fazenda Pública será mantido na repartição competente, dele se extraindo as cópias autenticadas ou certidões, que forem requeridas pelas partes ou requisitadas pelo juiz ou pelo Ministério Público.

Parágrafo único. Mediante requisição do juiz à repartição competente, com dia e hora previamente marcados, poderá o processo administrativo ser exibido, na sede do juízo, pelo funcionário para esse fim designado, lavrando o serventuário termo da ocorrência, com indicação, se for o caso, das peças a serem trasladadas.

Art. 42. Revogadas as disposições em contrário, esta Lei entrará em vigor 90 (noventa) dias após a data de sua publicação.

Brasília, em 22 de setembro de 1980; 159º da Independência e 92º da República.

João Figueiredo

(*DOU* 24.09.1980)

LEI 6.858, DE 24 DE NOVEMBRO DE 1980

Dispõe sobre o pagamento, aos dependentes ou sucessores, de valores não recebidos em vida pelos respectivos titulares.

- V. Lei 4.266/1963 (Institui o salário-família do trabalhador e dá outras providências).
- V. Dec. 53.153/1963 (Regulamenta o salário-família do trabalhador).
- V. Port. MTb 3.296/1986 (Autoriza as empresas e empregadores a adotar o sistema de Reembolso-Creche), disponível em ProView.
- V. Decreto-lei 368/1968 (Dispõe sobre efeitos de débitos salariais).
- V. IN SRT 1/1989 (Dispõe sobre o prazo para o pagamento do salário), disponível em ProView
- V. Decreto-lei 691/1969 (Dispõe sobre a não aplicação, aos contratos de técnicos estrangeiros, com estipulação de pagamento de salários em moeda estrangeira, de diversas disposições da legislação trabalhista).
- V. Decreto 85.845/1981 (Regulamenta a Lei 6.858/1980).
- V. Lei 7.238/1984 (Dispõe sobre a manutenção da correção automática semestral dos salários, de acordo com o INPC).
- V. Lei 8.073/1990 (Estabelece a Política Nacional de Salários).
- V. Lei 8.542/1992 (Dispõe sobre a política nacional de salários).
- V. Lei 8.716/1993 (Dispõe sobre a garantia do salário mínimo).
- V. Lei 8.880/1994 (Dispõe sobre o Programa de Estabilização Econômica e o Sistema Monetário Nacional e institui a URV).
- V. Lei Complementar 103/2000 (Autoriza os Estados e o Distrito Federal a instituir o piso salarial).
- V. Lei 10.192/2001 (Dispõe sobre medidas complementares ao Plano Real).

- V. Decreto 4.840/2003 (Regulamenta a Medida Provisória 130/2003, que dispõe sobre a autorização para desconto de prestações em folha de pagamento).
- V. Lei 10.820/2003 (Dispõe sobre a autorização para desconto de prestações em folha de pagamento).
- V. Lei 12.382/2011 (Dispõe sobre o valor do salário mínimo em 2011 e a sua política de valorização de longo prazo).
- V. Decreto 7.872/2012 (Regulamenta o valor do salário mínimo em 2011 e a sua política de valorização de longo prazo).
- V. Lei 13.152/2015 (Dispõe sobre a política de valorização do salário-mínimo e dos benefícios pagos pelo RGPS para o período de 2016 a 2019).

O Presidente da República:

Faço saber que o Congresso Nacional promulga e eu sanciono a seguinte Lei:

Art. 1º Os valores devidos pelos empregadores aos empregados e os montantes das contas individuais do Fundo de Garantia do Tempo de Serviço e do Fundo de Participação PIS/Pasep, não recebidos em vida pelos respectivos titulares, serão pagos, em quotas iguais, aos dependentes habilitados perante a Previdência Social ou na forma da legislação específica dos servidores civis e militares, e, na sua falta, aos sucessores previstos na lei civil, indicados em alvará judicial, independentemente de inventário ou arrolamento.

- V. arts. 1.796 e 1.829, CC.
- V. arts. 610 e 659, CPC/2015.
- V. art. 2º, caput, Dec. 85.845/1981 (Pagamento aos dependentes ou sucessores de valores não recebidos pelos titulares).
- V. art. 16, Lei 8.213/1991 (Planos de Benefícios da Previdência Social).

§ 1º As quotas atribuídas a menores ficarão depositadas em caderneta de poupança, rendendo juros e correção monetária, e só serão disponíveis após o menor completar 18 (dezoito) anos, salvo autorização do juiz para aquisição de imóvel destinado à residência do menor e de sua família ou para dispêndio necessário à subsistência e educação do menor.

- V. art. 6º, Dec. 85.845/1981 (Pagamento aos dependentes ou sucessores de valores não recebidos pelos titulares).

§ 2º Inexistindo dependentes ou sucessores, os valores de que trata este artigo reverterão em favor, respectivamente, do Fundo de Previdência e Assistência Social, do Fundo de Garantia do Tempo de Serviço ou do Fundo de Participação PIS/Pasep, conforme se tratar de quantias devidas pelo empregador ou de contas de FGTS e do Fundo PIS/Pasep.

- V. art. 7º, Dec. 85.845/1981 (Pagamento aos dependentes ou sucessores de valores não recebidos pelos titulares).

Art. 2º O disposto nesta Lei se aplica às restituições relativas ao Imposto de Renda e outros tributos, recolhidos por pessoa física, e, não existindo outros bens sujeitos a inventário, aos saldos bancários e de contas de cadernetas de poupança e fundos de investimento de valor até 500 Obrigações do Tesouro Nacional.

- V. arts. 1º, parágrafo único, V, e 4º, Dec. 85.845/1981 (Pagamento aos dependentes ou sucessores de valores não recebidos pelos titulares).
- V. Lei 7.730/1989 (Extinção da OTN).

Parágrafo único. Na hipótese de inexistirem dependentes ou sucessores do titular, os valores referidos neste artigo reverterão em favor do Fundo de Previdência e Assistência Social.

- V. art. 7º, Dec. 85.845/1981 (Pagamento aos dependentes ou sucessores de valores não recebidos pelos titulares).

Art. 3º Esta Lei entrará em vigor na data de sua publicação.

Art. 4º Revogam-se as disposições em contrário.

Brasília, em 24 de novembro de 1980; 159º da Independência e 92º da República.

João Figueiredo

(*DOU* 25.11.1980)

LEI 6.899, DE 8 DE ABRIL DE 1981

Determina a aplicação da correção monetária nos débitos oriundos de decisão judicial e dá outras providências.

- V. Dec. 86.649/1981 (Regulamenta a Lei 6.899/1981, que determina a aplicação de correção monetária nos débitos oriundos de decisão judicial).

O Presidente da República:

Faço saber que o Congresso Nacional decreta e eu sanciono a seguinte Lei:

Art. 1º A correção monetária incide sobre qualquer débito resultante de decisão judicial, inclusive sobre custas e honorários advocatícios.

- V. Súmulas 490 e 562, STF.
- V. Súmulas 29, 36, 43 e 67, STJ.
- V. Súmulas 25, 45 a 47 e 75, TFR.

§ 1º Nas execuções de títulos de dívida líquida e certa, a correção será calculada a contar do respectivo vencimento.

- V. Súmula 14, STJ.

§ 2º Nos demais casos, o cálculo far-se-á a partir do ajuizamento da ação.

- V. Súmula 14, STJ.

Art. 2º O Poder Executivo, no prazo de 60 (sessenta) dias, regulamentará a forma pela qual será efetuado o cálculo da correção monetária.

Art. 3º O disposto nesta Lei aplica-se a todas as causas pendentes de julgamento.

Art. 4º Esta Lei entrará em vigor na data de sua publicação.

Art. 5º Revogam-se as disposições em contrário.

Brasília, em 8 de abril de 1981; 160º da Independência e 93º da República.

João Figueiredo

(*DOU* 09.04.1981)

LEI 6.986, DE 13 DE ABRIL DE 1982

Altera a denominação da categoria funcional de Inspetor do Trabalho, dispõe sobre o pagamento de Gratificação de Produtividade nos casos que menciona, eleva as multas previstas na Consolidação das Leis do Trabalho e dá outras providências.

- V. Lei 8.177/1991 (Estabelece regras para a desindexação da economia).
- V. Dec. 4.552/2002 (Regulamento da Inspeção do Trabalho).

O Presidente da República,

Faço saber que o Congresso Nacional decreta e eu sanciono a seguinte Lei:

[...]

Art. 7º As multas por infração aos preceitos da Consolidação das Leis do Trabalho ficam elevadas em 10 (dez) vezes o seu valor.

[...]

Art. 9º Esta Lei entra em vigor na data de sua publicação, exceto o art. 7º, que entrará em vigor no prazo de 90 (noventa) dias, a contar do primeiro dia do mês seguinte ao da sua publicação.

Art. 10. Revogam-se as disposições em contrário.

- Deixamos de publicar o anexo desse Decreto.

Brasília, em 13 de abril de 1982; 161º da Independência e 94º da República.

João Figueiredo

(*DOU* 14.04.1982)

LEI 7.195, DE 12 DE JUNHO DE 1984

Dispõe sobre a responsabilidade civil das agências de empregados domésticos.

- V. IN SIT 110/2014 (Verificação do cumprimento das normas de proteção ao trabalhador doméstico de que trata a Lei 5.859/1972), disponível em ProView.
- V. LC 150/2015 (Contrato de Trabalho Doméstico).

O Presidente da República

Faço saber que o Congresso Nacional decreta e eu sanciono a seguinte Lei:

Art. 1º As agências especializadas na indicação de empregados domésticos são civilmente responsáveis pelos atos ilícitos cometidos por estes no desempenho de suas atividades.

Art. 2º No ato da contratação, a agência firmará compromisso com o empregador, obrigando-se a reparar qualquer dano que venha a ser praticado pelo empregado contratado, no período de 1 (um) ano.

Art. 3º Esta Lei entra em vigor na data de sua publicação.

Art. 4º Revogam-se as disposições em contrário.

Brasília, em 12 de junho de 1984; 163º da Independência e 96º da República.

João Figueiredo

(*DOU* 13.06.1984)

LEI 7.210, DE 11 DE JULHO DE 1984

Institui a Lei de Execução Penal.

- V. Exposição de Motivos da LEP.

O Presidente da República:

Faço saber que o Congresso Nacional decreta e eu sanciono a seguinte Lei:

[...]

TÍTULO II
Do Condenado e do Internado

[...]

Capítulo III
Do Trabalho

Seção I
Disposições Gerais

Art. 28. O trabalho do condenado, como dever social e condição de dignidade humana, terá finalidade educativa e produtiva.

- V. arts. 5º, XLVII, c, e 6º, CF.

§ 1º Aplicam-se à organização e aos métodos de trabalho as precauções relativas à segurança e à higiene.

§ 2º O trabalho do preso não está sujeito ao regime da Consolidação das Leis do Trabalho.

Art. 29. O trabalho do preso será remunerado, mediante prévia tabela, não podendo ser inferior a 3/4 (três quartos) do salário mínimo.

- V. art. 39, CP.

§ 1º O produto da remuneração pelo trabalho deverá atender:

a) à indenização dos danos causados pelo crime, desde que determinados judicialmente e não reparados por outros meios;

b) à assistência à família;

c) a pequenas despesas pessoais;

d) ao ressarcimento ao Estado das despesas realizadas com a manutenção do condenado, em proporção a ser fixada e sem prejuízo da destinação prevista nas letras anteriores.

§ 2º Ressalvadas outras aplicações legais, será depositada a parte restante para constituição do pecúlio, em cadernetas de poupança, que será entregue ao condenado quando posto em liberdade.

Art. 30. As tarefas executadas como prestação de serviço à comunidade não serão remuneradas.

- V. arts. 43, IV, e 46, § 1º, CP.

Seção II
Do Trabalho Interno

Art. 31. O condenado à pena privativa de liberdade está obrigado ao trabalho na medida de suas aptidões e capacidade.

- V. arts. 39, V, 41, II, e 50, VI.
- V. art. 6º, CF.
- V. arts. 34, § 1º, e 35, § 1º, CP.
- V. item 58, 1ª parte, Exposição de Motivos da Lei de Execução Penal.

Parágrafo único. Para o preso provisório, o trabalho não é obrigatório e só poderá ser executado no interior do estabelecimento.

Art. 32. Na atribuição do trabalho deverão ser levadas em conta a habilitação, a condição pessoal e as necessidades futuras do preso, bem como as oportunidades oferecidas pelo mercado.

§ 1º Deverá ser limitado, tanto quanto possível, o artesanato sem expressão econômica, salvo nas regiões de turismo.

§ 2º Os maiores de 60 (sessenta) anos poderão solicitar ocupação adequada à sua idade.

§ 3º Os doentes ou deficientes físicos somente exercerão atividades apropriadas ao seu estado.

Art. 33. A jornada normal de trabalho não será inferior a 6 (seis), nem superior a 8 (oito) horas, com descanso nos domingos e feriados.

Parágrafo único. Poderá ser atribuído horário especial de trabalho aos presos designados para os serviços de conservação e manutenção do estabelecimento penal.

Art. 34. O trabalho poderá ser gerenciado por fundação, ou empresa pública, com autonomia administrativa, e terá por objetivo a formação profissional do condenado.

§ 1º Nessa hipótese, incumbirá à entidade gerenciadora promover e supervisionar a produção, com critérios e métodos empresariais, encarregar-se de sua comercialização, bem como suportar despesas, inclusive pagamento de remuneração adequada.

- Primitivo parágrafo único renumerado pela Lei 10.792/ 2003.

§ 2º Os governos federal, estadual e municipal poderão celebrar convênio com a iniciativa privada, para implantação de oficinas de trabalho referentes a setores de apoio dos presídios.

- § 2º acrescentado pela Lei 10.792/2003.

Art. 35. Os órgãos da administração direta ou indireta da União, Estados, Territórios, Distrito Federal e dos Municípios adquirirão, com dispensa de concorrência pública, os bens ou produtos do trabalho prisional, sempre que não for possível ou recomendável realizar-se a venda a particulares.

Parágrafo único. Todas as importâncias arrecadadas com as vendas reverterão em favor da fundação ou empresa pública a que alude o artigo anterior ou, na sua falta, do estabelecimento penal.

Seção III
Do Trabalho Externo

Art. 36. O trabalho externo será admissível para os presos em regime fechado somente em serviço ou obras públicas realizadas por órgãos da administração direta ou indireta, ou entidades privadas, desde que tomadas as cautelas contra a fuga e em favor da disciplina.

- V. art. 34, § 3º, CP.

§ 1º O limite máximo do número de presos será de 10% (dez por cento) do total de empregados na obra.

§ 2º Caberá ao órgão da administração, à entidade ou à empresa empreiteira a remuneração desse trabalho.

§ 3º A prestação de trabalho a entidade privada depende do consentimento expresso do preso.

Art. 37. A prestação de trabalho externo, a ser autorizada pela direção do estabelecimento, dependerá de aptidão, disciplina e responsabilidade, além do cumprimento mínimo de 1/6 (um sexto) da pena.

- V. Súmula 40, STJ.

Parágrafo único. Revogar-se-á a autorização de trabalho externo ao preso que vier a praticar fato definido como crime, for punido por falta grave, ou tiver comportamento contrário aos requisitos estabelecidos neste artigo.

[...]

TÍTULO V
Da Execução das Penas em Espécie

[...]

Capítulo II
Das Penas Restritivas de Direito

[...]

Seção II
Da Prestação de Serviços à Comunidade

Art. 149. Caberá ao juiz da execução:

I – designar a entidade ou programa comunitário ou estatal, devidamente credenciado ou convencionado, junto ao qual o condenado deverá trabalhar gratuitamente, de acordo com as suas aptidões;

- V. art. 5º, XLVI, CF.
- V. art. 46, CP.

II – determinar a intimação do condenado, cientificando-o da entidade, dias e horário em que deverá cumprir a pena;

- V. art. 181, § 1º.

III – alterar a forma de execução, a fim de ajustá-la às modificações ocorridas na jornada de trabalho.

§ 1º O trabalho terá a duração de 8 (oito) horas semanais e será realizado aos sábados, domingos e feriados, ou em dias úteis, de modo a não prejudicar a jornada normal de trabalho, nos horários estabelecidos pelo juiz.

§ 2º A execução terá início a partir da data do primeiro comparecimento.

- V. art. 30.

Art. 150. A entidade beneficiada com a prestação de serviços encaminhará mensalmente, ao juiz da execução, relatório circunstanciado das atividades do condenado, bem como, a qualquer tempo, comunicação sobre ausência ou falta disciplinar.

[...]

Brasília, em 11 de julho de 1984; 163º da Independência e 96º da República.

João Figueiredo

(*DOU* 13.07.1984)

LEI 7.238, DE 29 DE OUTUBRO DE 1984

Dispõe sobre a manutenção da correção automática semestral dos salários, de acordo com o Índice Nacional de Preços ao Consumidor – INPC, e revoga dispositivos do Decreto-lei 2.065, de 26 de outubro de 1983.

- V. Lei 4.266/1963 (Institui o salário-família do trabalhador e dá outras providências).
- V. Dec. 53.153/1963 (Regulamenta o salário-família do trabalhador).
- V. Port. MTb 3.296/1986 (Autoriza as empresas e empregadores a adotar o sistema de Reembolso-Creche), disponível em ProView.
- V. Decreto-lei 368/1968 (Dispõe sobre efeitos de débitos salariais).
- V. IN SRT 1/1989 (Dispõe sobre o prazo para o pagamento do salário), disponível em ProView
- V. Decreto-lei 691/1969 (Dispõe sobre a não aplicação, aos contratos de técnicos estrangeiros, com estipulação de pagamento de salários em moeda estrangeira, de diversas disposições da legislação trabalhista).
- V. Lei 6.858/1980 (Dispõe sobre o pagamento, aos dependentes ou sucessores, de valores não recebidos em vida pelos respectivos titulares).
- V. Decreto 85.845/1981 (Regulamenta a Lei 6.858/1980).
- V. Lei 8.073/1990 (Estabelece a Política Nacional de Salários).
- V. Lei 8.542/1992 (Dispõe sobre a política nacional de salários).
- V. Lei 8.716/1993 (Dispõe sobre a garantia do salário mínimo).
- V. Lei 8.880/1994 (Dispõe sobre o Programa de Estabilização Econômica e o Sistema Monetário Nacional e institui a URV).
- V. Lei Complementar 103/2000 (Autoriza os Estados e o Distrito Federal a instituir o piso salarial).
- V. Lei 10.192/2001 (Dispõe sobre medidas complementares ao Plano Real).
- V. Decreto 4.840/2003 (Regulamenta a Medida Provisória 130/2003, que dispõe sobre a autorização para desconto de prestações em folha de pagamento).
- V. Lei 10.820/2003 (Dispõe sobre a autorização para desconto de prestações em folha de pagamento).
- V. Lei 12.382/2011 (Dispõe sobre o valor do salário mínimo em 2011 e a sua política de valorização de longo prazo).
- V. Decreto 7.872/2012 (Regulamenta o valor do salário mínimo em 2011 e a sua política de valorização de longo prazo).
- V. Lei 13.152/2015 (Dispõe sobre a política de valorização do salário-mínimo e dos benefícios pagos pelo RGPS para o período de 2016 a 2019).

O Presidente da República:

Faço saber que o Congresso Nacional decreta e eu sanciono a seguinte Lei:

Art. 1º O valor monetário dos salários será corrigido semestralmente, de acordo com Índice Nacional de Preços ao Consumidor – INPC, variando o fator de aplicação na forma desta Lei.

Art. 2º A correção efetuar-se-á segundo a diversidade das faixas salariais e cumulativamente, observados os seguintes critérios:

I – até três vezes o valor do salário mínimo, multiplicando-se o salário ajustado por um fator correspondente a 1.0 (uma unidade) da variação semestral do Índice Nacional de Preços ao Consumidor – INPC;

II – acima de três salários mínimos aplicar-se-á, até o limite do inciso anterior, a regra nele contida e, no que exceder, o fator 0,8.

§ 1º Para os fins deste artigo, o Poder Executivo publicará, mensalmente, a variação do Índice Nacional de Preços ao Consumidor – INPC, ocorrido nos seis meses anteriores.

§ 2º O Poder Executivo colocará à disposição da Justiça do Trabalho e das entidades sindicais os elementos básicos utilizados para a fixação do Índice Nacional de Preços ao Consumidor – INPC.

Art. 3º A correção de valores monetários dos salários, na forma do artigo anterior, independerá de negociação coletiva e poderá ser reclamada, individualmente, pelos empregados.

§ 1º Para a correção a ser feita no mês, será utilizada a variação a que se refere o § 1º do art. 2º desta Lei, publicada no mês anterior.

§ 2º Será facultado aos Sindicatos, independente da outorga de poderes dos integrantes da respectiva categoria profissional, apresentar reclamação na qualidade de substituto processual de seus associados, com o objetivo de assegurar a percepção dos valores salariais corrigidos na forma do artigo anterior.

Art. 4º A contagem de tempo para fins de correção salarial será feita a partir da data-base da categoria profissional.

§ 1º Entende-se por data-base, para fins desta Lei, a data de início de vigência de acordo ou convenção coletiva, ou sentença normativa.

§ 2º Os empregados que não estejam incluídos numa das hipóteses do parágrafo anterior terão como data-base a data do seu último aumento ou reajustamento de salário, ou, na falta desta, a data de inicio de vigência de seu contrato de trabalho.

Art. 5º O salário do empregado admitido após a correção salarial da categoria será atualizado na subseqüente revisão, proporcionalmente ao número de meses a partir da admissão.

Parágrafo único. A regra deste artigo não se aplica às empresas que adotem quadro de pessoal organizado em carreira, no qual a correção incida sobre os respectivos níveis ou classes de salários.

Art. 6º A correção do valor monetário dos salários dos empregados que trabalham em regime de horário parcial será calculada proporcionalmente à correção de seu salário por hora de trabalho.

§ 1º Para o cálculo da correção do salário por hora de trabalho, aplicar-se-á o disposto no art. 2º desta Lei, substituindo-se o salário do trabalhador pelo seu salário por hora de trabalho e o salário mínimo pelo salário mínimo-hora.

§ 2º *(Vetado).*

Art. 7º A correção monetária a que se referem os arts. 1º e 2º desta Lei não se estende as remunerações variáveis, percebidas com base em comissões percentuais pré-ajustadas, aplicando-se, porém, à parte fixa do salário misto percebido pelo empregado assim remunerado.

Art. 8º A correção dos valores monetários dos salários de trabalhadores avulsos, negociados para grupos de trabalhadores, diretamente, pelas suas entidades sindicais, será efetuada de acordo com o disposto no art. 2º desta Lei.

Parágrafo único. No caso de trabalhadores avulsos, cuja remuneração seja disciplinada pelo Conselho Nacional de Política Salarial – CNPS, a data-base será de sua última revisão salarial.

Art. 9º O empregado dispensado, sem justa causa, no período de 30 dias que antecede a data de sua correção salarial, terá direito à indenização adicional equivalente a um salário mensal, seja ele optante ou não pelo Fundo de Garantia do Tempo de Serviço – FGTS.

Art. 10. Ficam mantidas as datas-bases das categorias profissionais, para efeito de negociações coletivas com finalidade de obtenção de aumentos de salários e de estabelecimento de cláusulas que regulem condições especiais de trabalho.

Parágrafo único. Os aumentos coletivos de salários serão reajustados por 1 (um) ano, não podendo ocorrer revisão a esse título, antes de vencido aquele prazo.

Art. 11. Mediante convenção, acordo coletivo ou sentença normativa, fica ainda facultado complementar a correção de salário que se refere o inciso II do art. 2º desta Lei até o limite de 100% (cem por cento).

§ 1º Poderão ser estabelecidos percentuais diferentes para os empregados, segundo os niveis de remuneração.

§ 2º A convenção coletiva poderá fixar níveis diversos para a correção e o aumento dos salários, em empresas de diferentes portes, sempre que razões de caráter econômico justificarem essa diversificação, ou excluir as empresas que comprovarem sua incapacidade econômica para suportar esse aumento.

§ 3º Será facultado à empresa não excluída do campo de incidência do aumento determinado na forma deste artigo, comprovar, na ação de cumprimento, sua incapacidade econômica, para efeito de sua exclusão ou colocação em nível compatível com suas possibilidades.

Art. 12. Parcela suplementar poderá ser negociada entre empregados e empregadores, por ocasião da data-base, com fundamento no acréscimo de produtividade da categoria, parcela essa que terá por limite superior, fixado pelo Poder Executivo, a variação do produto interno bruto – PIB, real *per capita*.

Art. 13. As empresas não poderão repassar para os preços de seus produtos ou serviços a parcela suplementar de aumento salarial de que trata o artigo anterior, sob pena de:

I – suspensão temporária de concessão de empréstimos e financiamentos por instituições financeiras oficiais;

II – revisão de concessão de incentivos fiscais e de tratamentos tributários especiais.

Art. 14. Garantida a correção automática prevista no art. 2º desta Lei, as empresas públicas, as sociedades de economia mista, as fundações instituídas ou mantidas pelo Poder Público, as entidades governamentais cujo regime de remuneração do pessoal não obedeça integralmente ao disposto na Lei 5.645, de 10 de dezembro de 1970, e legislação complementar, as empresas privadas subvencionadas pelo Poder Público, as concessionárias de serviços públicos federais e demais empresas sob controle direto ou indireto do Poder Público somente poderão celebrar contratos coletivos de trabalho, de natureza econômica, ou conceder aumentos coletivos de salários, nos termos das Resoluções do Conselho Nacional de Política Salarial – CNPS.

§ 1º As disposições deste artigo aplicam-se aos trabalhadores avulsos, cuja remuneração seja disciplinada pelo Conselho Nacional de Política Salarial.

§ 2º Quando se tratar de trabalhadores avulsos da orla marítima subordinados à Superintendência Nacional da Marinha Mercante – SUNAMAM, compete a esta rever os salários, inclusive taxas de produção.

§ 3º A inobservância das disposições deste artigo, por parte de dirigentes de entidades sujeitas à jurisdição do Tribunal de Contas da União, poderá, a critério da referida Corte, ser considerada ato irregular de gestão e acarretar, para os infratores, inabilitação temporária para o exercício de cargo em comissão ou função de confiança nos órgãos ou entidades da administração direta ou indireta e nas fundações sob supervisão ministerial.

§ 4º Na hipótese de dissídio coletivo que envolva entidade referida no *caput* deste artigo, quando couber e sob pena de inépcia, a petição inicial será acompanhada de parecer do Conselho Nacional de Política Salarial – CNPS, relativo à possibilidade, ou não, de acolhimento, sob aspectos econômico e financeiro da proposta de acordo.

§ 5º O parecer a que se refere o parágrafo anterior deverá ser substituído pela prova documental de que, tendo sido solicitado há mais de 30 dias, não foi proferido pelo Conselho Nacional de Política Salarial – CNPS.

Art. 15. As categorias cuja data-base tenha ocorrido nos últimos três meses anteriores a vigência desta Lei, será facultada a negociação de que trata o art. 11 quando da próxima correção automática semestral de salários, para viger no semestre subseqüente.

Art. 16. Esta Lei entra em vigor na data de sua publicação.

Art. 17. Revogam-se as disposições em contrário, em especial os artigos 24 a 42 do Decreto-lei 2.065, de 26 de outubro de 1983.

Brasília, em 29 de outubro de 1984; 163º da Independência e 96º da República.

João Figueiredo

(*DOU* 31.10.1984)

LEI 7.316, DE 28 DE MAIO DE 1985

Atribui às entidades sindicais que integram a Confederação Nacional das Profissões Liberais o mesmo poder de representação dos sindicatos representativos das categorias profissionais diferenciadas, nas ações individuais e coletivas de competência da Justiça do Trabalho.

O Presidente da República:

Faço saber que o Congresso Nacional decreta e eu sanciono a seguinte Lei:

Art. 1º Nas ações individuais e coletivas de competência da Justiça do Trabalho, as entidades sindicais que integram a Confederação Nacional das Profissões Liberais terão o mesmo poder de representação dos trabalhadores-empregados atribuído, pela legislação em vigor, aos sindicatos representativos das categorias profissionais diferenciadas.

Art. 2º Esta Lei entra em vigor na data de sua publicação.

Art. 3º Revogam-se as disposições em contrário.

Brasília, em 28 de maio de 1985; 164º da Independência e 97º da República.

José Sarney

(*DOU* 30.05.1985)

LEI 7.347, DE 24 DE JULHO DE 1985

Disciplina a ação civil pública de responsabilidade por danos causados ao meio ambiente, ao consumidor, a bens e direitos de valor artístico, estético, histórico, turístico e paisagístico (vetado) e dá outras providências.

O Presidente da República:

Faço saber que o Congresso Nacional decreta e eu sanciono a seguinte Lei:

Art. 1º Regem-se pelas disposições desta Lei, sem prejuízo da ação popular, as ações de responsabilidade por danos morais e patrimoniais causados:

- *Caput* do artigo com redação determinada pela Lei 12.529/2011.

I – ao meio ambiente;

II – ao consumidor;

III – aos bens e direitos de valor artístico, estético, histórico, turístico e paisagístico;

IV – a qualquer outro interesse difuso ou coletivo;

- Inciso IV acrescentado pela Lei 8.078/1990.

V – por infração da ordem econômica;

- Inciso V com redação determinada pela Lei 12.529/ 2011.

VI – à ordem urbanística.

- Inciso VI acrescentado pela MP 2.180-35/ 2001.

VII – à honra e à dignidade de grupos raciais, étnicos ou religiosos.

- Inciso VII acrescentado pela Lei 12.966/2014.

VIII – ao patrimônio público e social.

- Inciso VIII acrescentado pela Lei 13.004/2014.

Parágrafo único. Não será cabível ação civil pública para veicular pretensões que envolvam tributos, contribuições previdenciárias, o Fundo de Garantia do Tempo de Serviço – FGTS ou outros fundos de natureza institucional cujos beneficiários podem ser individualmente determinados.

- Parágrafo único acrescentado pela MP 2.180-35/ 2001.

Art. 2º As ações previstas nesta Lei serão propostas no foro do local onde ocorrer o dano, cujo juízo terá competência funcional para processar e julgar a causa.

Parágrafo único. A propositura da ação prevenirá a jurisdição do juízo para todas as ações posteriormente intentadas que possuam a mesma causa de pedir ou o mesmo objeto.

- Parágrafo único acrescentado pela MP 2.180-35/ 2001.

Art. 3º A ação civil poderá ter por objeto a condenação em dinheiro ou o cumprimento de obrigação de fazer ou não fazer.

Art. 4º Poderá ser ajuizada ação cautelar para os fins desta Lei, objetivando, inclusive, evitar dano ao patrimônio público e social, ao meio ambiente, ao consumidor, à honra e à dignidade de grupos raciais, étnicos ou religiosos, à ordem urbanística ou aos bens e direitos de valor artístico, estético, histórico, turístico e paisagístico.

- Artigo com redação determinada pela Lei 13.004/ 2014.

Art. 5º Têm legitimidade para propor a ação principal e a ação cautelar:

- *Caput* do artigo com redação determinada pela Lei 11.448/2007.

I – o Ministério Público;

- Inciso I com redação determinada pela Lei 11.448/ 2007.

II – a Defensoria Pública;

- Inciso II com redação determinada pela Lei 11.448/ 2007.

III – a União, os Estados, o Distrito Federal e os Municípios;

- Inciso III acrescentado pela Lei 11.448/2007.

IV – a autarquia, empresa pública, fundação ou sociedade de economia mista;

- Inciso IV acrescentado pela Lei 11.448/2007.

V – a associação que, concomitantemente:

- *Caput* do Inciso V acrescentado pela Lei 11.448/2007.

a) esteja constituída há pelo menos 1 (um) ano nos termos da lei civil;

- Alínea *a* acrescentada pela Lei 11.448/2007.

b) inclua, entre suas finalidades institucionais, a proteção ao patrimônio público e social, ao meio ambiente, ao consumidor, à ordem econômica, à livre concorrência, aos direitos de grupos raciais, étnicos ou religiosos ou ao patrimônio artístico, estético, histórico, turístico e paisagístico.

- Alínea *b* com redação determinada pela Lei 13.004/ 2014.

§ 1º O Ministério Público, se não intervier no processo como parte, atuará obrigatoriamente como fiscal da lei.

§ 2º Fica facultado ao Poder Público e a outras associações legitimadas nos termos deste artigo habilitar-se como litisconsortes de qualquer das partes.

§ 3º Em caso de desistência infundada ou abandono da ação por associação legitimada, o Ministério Público ou outro legitimado assumirá a titularidade ativa.

- § 3º com redação determinada pela Lei 8.078/1990.

§ 4º O requisito da pré-constituição poderá ser dispensado pelo juiz, quando haja manifesto interesse social evidenciado pela dimensão ou característica do dano, ou pela relevância do bem jurídico a ser protegido.

- § 4º acrescentado pela Lei 8.078/1990.

§ 5º Admitir-se-á o litisconsórcio facultativo entre os Ministérios Públicos da União, do Distrito Federal e dos Estados na defesa dos interesses e direitos de que cuida esta Lei.

- § 5º acrescentado pela Lei 8.078/1990.

§ 6º Os órgãos públicos legitimados poderão tomar dos interessados compromisso de ajustamento de sua conduta às exigências legais, mediante cominações, que terá eficácia de título executivo extrajudicial.

- § 6º acrescentado pela Lei 8.078/1990.

Art. 6º Qualquer pessoa poderá e o servidor público deverá provocar a iniciativa do Ministério Público, ministrando-lhe informações sobre fatos que constituam objeto da ação civil e indicando-lhe os elementos de convicção.

Art. 7º Se, no exercício de suas funções, os juízes e tribunais tiverem conhecimento de fatos que possam ensejar a propositura da ação civil, remeterão peças ao Ministério Público para as providências cabíveis.

Art. 8º Para instruir a inicial, o interessado poderá requerer às autoridades competentes as certidões e informações que julgar necessárias, a serem fornecidas no prazo de 15 (quinze) dias.

§ 1º O Ministério Público poderá instaurar, sob sua presidência, inquérito civil, ou requisitar, de qualquer organismo público ou particular, certidões, informações, exames ou perícias, no prazo que assinalar, o qual não poderá ser inferior a 10 (dez) dias úteis.

§ 2º Somente nos casos em que a lei impuser sigilo, poderá ser negada certidão ou informação, hipótese em que a ação poderá ser proposta desacompanhada daqueles documentos, cabendo ao juiz requisitá-los.

Art. 9º Se o órgão do Ministério Público, esgotadas todas as diligências, se convencer da inexistência de fundamento para a propositura da ação civil, promoverá o arquivamento dos autos do inquérito civil ou das peças informativas, fazendo-o fundamentadamente.

§ 1º Os autos do inquérito civil ou das peças de informação arquivadas serão remetidos, sob pena de se incorrer em falta grave, no prazo de 3 (três) dias, ao Conselho Superior do Ministério Público.

§ 2º Até que, em sessão do Conselho Superior do Ministério Público, seja homologada ou rejeitada a promoção de arquivamento, poderão as associações legitimadas apresentar razões escritas ou documentos, que serão juntados aos autos do inquérito ou anexados às peças de informação.

§ 3º A promoção de arquivamento será submetida a exame e deliberação do Conselho Superior do Ministério Público, conforme dispuser o seu regimento.

§ 4º Deixando o Conselho Superior de homologar a promoção de arquivamento, designará, desde logo, outro órgão do Ministério Público para o ajuizamento da ação.

Art. 10. Constitui crime, punido com pena de reclusão de 1 (um) a 3 (três) anos, mais multa de 10 (dez) a 1.000 (mil) Obrigações do Tesouro Nacional – OTN, a recusa, o retardamento ou a omissão de dados técnicos indispensáveis à propositura da ação civil, quando requisitados pelo Ministério Público.

Art. 11. Na ação que tenha por objeto o cumprimento de obrigação de fazer ou não fazer, o juiz determinará o cumprimento da prestação da atividade devida ou a cessação da atividade nociva, sob pena de execução específica, ou de cominação de multa diária, se esta for suficiente ou compatível, independentemente de requerimento do autor.

Art. 12. Poderá o juiz conceder mandado liminar, com ou sem justificação prévia, em decisão sujeita a agravo.

§ 1º A requerimento de pessoa jurídica de direito público interessada, e para evitar grave lesão à ordem, à saúde, à segurança e à economia pública, poderá o Presidente do Tribunal a que competir o conhecimento do respectivo recurso suspender a execução da liminar, em decisão fundamentada, da qual caberá agravo para uma das turmas julgadoras, no prazo de 5 (cinco) dias a partir da publicação do ato.

§ 2º A multa cominada liminarmente só será exigível do réu após o trânsito em julgado da decisão favorável ao autor, mas será devida desde o dia em que se houver configurado o descumprimento.

Art. 13. Havendo condenação em dinheiro, a indenização pelo dano causado reverterá a um fundo gerido por um Conselho Federal ou por Conselhos Estaduais de que participarão necessariamente o Ministério Público e representantes da comunidade, sendo seus recursos destinados à reconstituição dos bens lesados.

§ 1º Enquanto o fundo não for regulamentado, o dinheiro ficará depositado em estabelecimento oficial de crédito, em conta com correção monetária.

- Primitivo parágrafo único renumerado pela Lei 12.288/ 2010.

§ 2º Havendo acordo ou condenação com fundamento em dano causado por ato de discriminação étnica nos termos do disposto no art. 1º desta Lei, a prestação em dinheiro reverterá diretamente ao fundo de que trata o *caput* e será utilizada para ações de promoção da igualdade étnica, conforme definição do Conselho Nacional de Promoção da Igualdade Racial, na hipótese de extensão nacional, ou dos Conselhos de Promoção de Igualdade Racial estaduais ou locais, nas hipóteses de danos com extensão regional ou local, respectivamente.

- § 2º acrescentado pela Lei 12.288/2010.

Art. 14. O juiz poderá conferir efeito suspensivo aos recursos, para evitar dano irreparável à parte.

Art. 15. Decorridos 60 (sessenta) dias do trânsito em julgado da sentença condenatória, sem que a associação autora lhe promova a execução, deverá fazê-lo o Ministério Público, facultada igual iniciativa aos demais legitimados.

- Artigo com redação determinada pela Lei 8.078/ 1990.

Art. 16. A sentença civil fará coisa julgada *erga omnes*, nos limites da competência territorial do órgão prolator, exceto se o pedido for julgado improcedente por insuficiência de provas, hipótese em que qualquer legitimado poderá intentar outra ação com idêntico fundamento, valendo-se de nova prova.

- Artigo com redação determinada pela Lei 9.494/ 1997.

Art. 17. Em caso de litigância de má-fé, a associação autora e os diretores responsáveis pela propositura da ação serão solidariamente condenados em honorários advocatícios e ao décuplo das custas, sem prejuízo da responsabilidade por perdas e danos.

- Artigo com redação determinada pela Lei 8.078/ 1990.

Art. 18. Nas ações de que trata esta Lei, não haverá adiantamento de custas, emolumentos, honorários periciais e quaisquer outras despesas, nem condenação da associação autora, salvo comprovada má-fé, em honorários de advogado, custas e despesas processuais.

- Artigo com redação determinada pela Lei 8.078/ 1990.

Art. 19. Aplica-se à ação civil pública, prevista nesta Lei, o Código de Processo Civil, aprovado pela Lei 5.869, de 11 de janeiro de 1973, naquilo em que não contrarie suas disposições.

Art. 20. O fundo de que trata o art. 13 desta Lei será regulamentado pelo Poder Executivo no prazo de 90 (noventa) dias.

Art. 21. Aplicam-se à defesa dos direitos e interesses difusos, coletivos e individuais, no que for cabível, os dispositivos do Título III da Lei que instituiu o Código de Defesa do Consumidor.

- Artigo acrescentado pela Lei 8.078/1990.

Art. 22. Esta Lei entra em vigor na data de sua publicação.

- Artigo renumerado pela Lei 8.078/1990.

Art. 23. Revogam-se as disposições em contrário.

- Artigo renumerado pela Lei 8.078/1990.

Brasília, 24 de julho de 1985; 164º da Independência e 97º da República.

José Sarney

(*DOU* 25.07.1985)

LEI 7.377, DE 30 DE SETEMBRO DE 1985

Dispõe sobre o Exercício da Profissão de Secretário, e dá outras providências.

O Presidente da República:

Faço saber que o Congresso Nacional decreta e eu sanciono a seguinte Lei:

Art. 1º O exercício da profissão de Secretário é regulado pela presente Lei.

Art. 2º Para os efeitos desta lei, é considerado:

I – Secretário-Executivo:

- Inciso I com redação determinada pela Lei 9.261/1996.

a) o profissional diplomado no Brasil por Curso Superior de Secretariado, legalmente reconhecido, ou diplomado no exterior por Curso Superior de Secretariado, cujo diploma seja revalidado na forma da lei;

b) portador de qualquer diploma de nível superior que, na data de início da vigência desta lei, houver comprovado, através de declarações de empregadores, o exercício efetivo, durante pelo menos 36 meses, das atribuições mencionadas no art. 4º desta Lei;

II – Técnico em Secretariado:

- Inciso II com redação determinada pela Lei 9.261/1996.

a) o profissional portador de certificado de conclusão de Curso de Secretariado, em nível de 2º grau;

b) o portador de certificado de conclusão do 2º grau que, na data da vigência desta Lei, houver comprovado, através de declarações de empregadores, o exercício efetivo, durante pelo menos 36 meses, das atribuições mencionadas no art. 5º desta Lei.

Art. 3º É assegurado o direito ao exercício da profissão aos que, embora não habilitados nos termos do artigo anterior, contém pelo menos cinco anos ininterruptos ou dez anos intercalados de exercício de atividades próprias de secretaria, na data da vigência desta Lei.

- Artigo com redação determinada pela Lei 9.261/1996.

Art. 4º São atribuições do Secretário Executivo:

I – planejamento, organização e direção de serviços de secretaria;

II – assistência e assessoramento direto a executivos;

III – coleta de informações para a consecução de objetivos e metas de empresas;

IV – redação de textos profissionais especializados, inclusive em idioma estrangeiro;

V – interpretação e sintetização de textos e documentos;

VI – taquigrafia de ditados, discursos, conferências, palestras de explanações, inclusive em idioma estrangeiro;

VII – versão e tradução em idioma estrangeiro, para atender às necessidades de comunicação da empresa;

VIII – registro e distribuição de expedientes e outras tarefas correlatas;

IX – orientação da avaliação e seleção da correspondência para fins de encaminhamento à chefia;

X – conhecimentos protocolares.

Art. 5º São atribuições do Técnico em Secretariado:

I – organização e manutenção dos arquivos de secretaria;

II – classificação, registro e distribuição da correspondência;

III – redação e datilografia de correspondência ou documentos de rotina, inclusive em idioma estrangeiro;

IV – execução de serviços típicos de escritório, tais como recepção, registro de compromissos, informações e atendimento telefônico.

Art. 6º O exercício da profissão de Secretário requer prévio registro na Delegacia Regional do Trabalho do Ministério do Trabalho e far-se-á mediante a apresentação de documento comprobatório de conclusão dos cursos previstos nos incisos I e II do art. 2º desta Lei e da Carteira de Trabalho e Previdência Social – CTPS.

Parágrafo único. No caso dos profissionais incluídos no art. 3º, a prova da atuação será feita por meio de anotações na Carteira de Trabalho e Previdência Social e através de declarações das empresas nas quais os profissionais tenham desenvolvido suas respectivas atividades, discriminando as atribuições a serem confrontadas com os elencos especificados nos artigos 4º e 5º

- Parágrafo único com redação determinada pela Lei 9.261/1996.

Art. 7º Esta Lei entra em vigor na data de sua publicação.

Art. 8º Revogam-se as disposições em contrário.

Brasília, 30 de setembro de 1985; 164º da Independência e 97º da República.

José Sarney

(*DOU* 1º10.1985; ret. 08.10.1985)

LEI 7.418, DE 16 DE DEZEMBRO DE 1985

Institui o vale-transporte e dá outras providências.

- V. Dec. 95.247/1987 (Regulamenta a Lei 7.418/1985).

O Presidente da República:

Faço saber que o Congresso Nacional decreta e eu sanciono a seguinte Lei:

Art. 1º Fica instituído o Vale-Transporte *(vetado)* que o empregador, pessoa física ou jurídica, antecipará ao empregado para utilização efetiva em despesas de deslocamento residência-trabalho e vice-versa, através do sistema de transporte coletivo público, urbano ou intermunicipal e/ou interestadual com características semelhantes aos urbanos, geridos diretamente ou mediante concessão ou permissão de linhas regulares e com tarifas fixadas pela autoridade competente, excluídos os serviços seletivos e os especiais.

- *Caput* com redação determinada pela Lei 7.619/1987.

§ 1º Equiparam-se ao trabalhador referido no *caput* deste artigo, para os benefícios desta Lei, os servidores públicos da Administração Federal direta ou indireta.

- § 1º com eficácia suspensa por força da MP 2.165-36/2001.

§ 2º *(Revogado pela Lei 7.619/1987).*

Art. 2º O Vale-Transporte, concedido nas condições e limites definidos nesta Lei, no que se refere à contribuição do empregador:

- Primitivo art. 3º renumerado pela Lei 7.619/1987.

a) não tem natureza salarial, nem se incorpora à remuneração para quaisquer efeitos;

b) não constitui base de incidência de contribuição previdenciária ou de Fundo de Garantia do Tempo de Serviço;

c) não se configura como rendimento tributável do trabalhador.

Art. 3º Sem prejuízo da dedução como despesa operacional, a pessoa jurídica poderá deduzir, do Imposto de Renda devido, valor equivalente à aplicação da alíquota cabível do imposto de renda sobre o valor das despesas comprovadamente realizadas, no período base, na concessão do Vale-Transporte, na forma em que dispuser o regulamento desta Lei.

- Artigo com eficácia suspensa por força da MP 2.189-49/2001. V. nova redação ao art. 82, II, *f*, da Lei 9.532/1997.
- Primitivo art. 4º renumerado pela Lei 7.619/1987.

Parágrafo único. A dedução a que se refere este artigo, em conjunto com as de que tratam as Leis 6.297, de 15 de dezembro de 1975, e 6.321, de 14 de abril de 1976, não poderá reduzir o imposto devido em mais de 10% (dez por cento), observado o que dispõe o § 3º do art. 1º do Decreto-lei 1.704, de 23 de outubro de 1979, podendo o eventual excesso ser aproveitado por dois exercícios subsequentes.

Art. 4º A concessão do benefício ora instituído implica a aquisição pelo empregador dos Vales-Transporte necessários aos deslocamentos do trabalhador no percurso residência-trabalho e vice-versa, no serviço de transporte que melhor se adequar.

- Primitivo art. 5º renumerado pela Lei 7.619/1987.
- V. art. 10, parágrafo único, MP 2.189-49/2001 (Restabelece os efeitos deste artigo, permitindo a dedução dos correspondentes gastos como despesa operacional).

Parágrafo único. O empregador participará dos gastos de deslocamento do trabalhador com a ajuda de custo equivalente à parcela que exceder a 6% (seis por cento) de seu salário básico.

Art. 5º A empresa operadora do sistema de transporte coletivo público fica obrigada a emitir e a comercializar o Vale-Transporte, ao preço da tarifa vigente, colocando-o à disposição dos empregadores em geral e assumindo os custos dessa obrigação, sem repassá-los para a tarifa dos serviços.

- Primitivo *caput* do art. 6º renumerado pela Lei 7.619/1987.

§ 1º Nas regiões metropolitanas, aglomerações urbanas e microrregiões, será instalado, pelo menos, um posto de vendas para cada grupo de 100.000 (cem mil) habitantes na localidade, que comercializará todos os tipos de Vale-Transporte.

- § 1º com redação determinada pela Lei 7.855/1989.

§ 2º Fica facultado à empresa operadora delegar a emissão e a comercialização do Vale-Transporte, bem como consorciar-se em central de vendas, para efeito de cumprimento do disposto nesta Lei.

- Primitivo § 2º renumerado pela Lei 7.619/1987.

§ 3º Para fins de cálculo do valor do Vale-Transporte, será adotada a tarifa integral do deslocamento do trabalhador, sem descontos, mesmo que previstos na legislação local.

- Primitivo § 3º renumerado pela Lei 7.619/1987.

Art. 6º O poder concedente fixará as sanções a serem aplicadas à empresa operadora que comercializar o vale diretamente ou através de delegação, no caso de falta ou insuficiência de estoque de Vales-Transporte necessários ao atendimento da demanda e ao funcionamento do sistema.

- Primitivo art. 7º renumerado pela Lei 7.619/1987.

Art. 7º Ficam resguardados os direitos adquiridos do trabalhador, se superiores aos instituídos nesta Lei, vedada a cumulação de vantagens.

- Primitivo art. 8º renumerado pela Lei 7.619/1987.

Art. 8º Asseguram-se os benefícios desta Lei ao empregador que proporcionar, por meios próprios ou contratados, em veículos adequados ao transporte coletivo, o deslocamento integral de seus trabalhadores.

- Primitivo art. 9º renumerado pela Lei 7.619/1987.

Art. 9º Os Vales-Transporte anteriores perdem sua validade decorridos 30 (trinta) dias da data de reajuste tarifário.

- Primitivo art. 10 renumerado pela Lei 7.619/1987.

Art. 10. O Poder Executivo regulamentará a presente Lei no prazo de 45 (quarenta e cinco) dias.

- Primitivo art. 11 renumerado pela Lei 7.619/1987.

Art. 11. Esta Lei entra em vigor na data de sua publicação.

- Primitivo art. 12 renumerado pela Lei 7.619/1987.

Art. 12. Revogam-se as disposições em contrário.

- Primitivo art. 13 renumerado pela Lei 7.619/1987.

Brasília, 16 de dezembro de 1985; 164º da Independência e 97º da República.

José Sarney

(*DOU* 17.12.1985)

LEI 7.627, DE 10 DE NOVEMBRO DE 1987

Dispõe sobre a eliminação de autos findos nos órgãos da Justiça do Trabalho, e dá outras providências.

- V. Decreto-lei 779/1969 (Dispõe sobre a aplicação de normas processuais trabalhistas aos entes federados, e autarquias ou fundações de direito público que não explorem atividades econômicas).
- V. Lei 9.800/1999 (Permite às partes a utilização de sistema de transmissão de dados para a prática de atos processuais).

O Presidente da República:

Faço saber que o Congresso Nacional decreta e eu sanciono a seguinte Lei:

Art. 1º Fica facultado aos Tribunais do Trabalho determinar a eliminação, por incineração, destruição mecânica ou por outro meio adequado, de autos findos há mais de 5 (cinco) anos, contado o prazo da data do arquivamento do processo.

Art. 2º A eliminação de autos findos, nos termos do disposto no artigo anterior, será decidida pelo Tribunal Pleno, mediante proposta circunstanciada do seu Presidente.

Parágrafo único. Os feitos arquivados nas Juntas de Conciliação e Julgamento poderão ser eliminados, atendidas as mesmas condições, mediante proposta do respectivo Titular, aprovada pelo Pleno do Tribunal a que estiver o órgão subordinado.

- A EC 24/1999 substituiu as Juntas de Conciliação e Julgamento por Varas do Trabalho (juiz singular) e extinguiu a representação classista na Justiça do Trabalho.

Art. 3º Deliberada a eliminação, o Presidente do Tribunal, para conhecimento dos interessados, fará publicar a decisão em órgão oficial de imprensa, por duas vezes, com prazo de 60 (sessenta) dias.

§ 1º É lícito às partes interessadas requerer, às suas expensas, o desentranhamento dos documentos que juntaram aos autos, certidões ou cópias de peças do processo ou a microfilmagem total ou parcial do mesmo.

§ 2º Se, a juízo da autoridade competente, houver, nos autos, documentos de valor histórico, serão eles recolhidos em arquivo próprio, no Tribunal respectivo.

Art. 4º Esta Lei entra em vigor na data de sua publicação.

Art. 5º Revogam-se as disposições em contrário.

Brasília, 10 de novembro de 1987; 166º da Independência e 99º da República.

José Sarney

(*DOU* 11.11.1987)

LEI 7.701, DE 21 DE DEZEMBRO DE 1988

Dispõe sobre a especialização de turmas dos Tribunais do Trabalho em processos coletivos e dá outras providências.

- V. Lei 8.984/1995 (Estende a competência da Justiça do Trabalho (art. 114 da Constituição Federal)).

O Presidente da República:

Faço saber que o Congresso Nacional decreta e eu sanciono a seguinte Lei:

Art. 1º O Tribunal Superior do Trabalho, nos processos de sua competência, será dividido em Turmas e seções especializadas para a conciliação e julgamento de dissídios coletivos de natureza econômica ou jurídica e de dissídios individuais, respeitada a paridade da representação classista.

- A EC 24/1999 substituiu as Juntas de Conciliação e Julgamento por Varas do Trabalho (juiz singular) e extinguiu a representação classista na Justiça do Trabalho.

Parágrafo único. O Regimento Interno do Tribunal disporá sobre a constituição e o funcionamento de cada uma das seções especializadas do Tribunal Superior do Trabalho, bem como sobre o número, composição e funcionamento das respectivas Turmas do Tribunal. Caberá ao Presidente do Tribunal Superior do Trabalho presidir os atos de julgamento das seções especializadas, delas participando o Vice-Presidente e o Corregedor-Geral, este quando não estiver ausente em função corregedora.

Art. 2º Compete à seção especializada em dissídios coletivos, ou seção normativa:

I – originariamente:

a) conciliar e julgar os dissídios coletivos que excedam a jurisdição dos Tribunais Regionais do Trabalho e estender ou rever suas próprias sentenças normativas, nos casos previstos em lei;

b) homologar as conciliações celebradas nos dissídios coletivos de que trata a alínea anterior;

c) julgar as ações rescisórias propostas contra suas sentenças normativas;

d) julgar os mandados de segurança contra os atos praticados pelo Presidente do Tribunal ou por qualquer dos Ministros integrantes da seção especializada em processo de dissídio coletivo; e

e) julgar os conflitos de competência entre Tribunais Regionais do Trabalho em processos de dissídio coletivo;

II – em última instância julgar:

a) os recursos ordinários interpostos contra as decisões proferidas pelos Tribunais Regionais do Trabalho em dissídios coletivos de natureza econômica ou jurídica;

b) os recursos ordinários interpostos contra as decisões proferidas pelos Tribunais Regionais do Trabalho em ações rescisórias e mandados de segurança pertinentes a dissídios coletivos;

c) os embargos infringentes interpostos contra decisão não unânime proferida em processo de dissídio coletivo de sua competência originária, salvo se a decisão atacada estiver em consonância com precedente jurisprudencial do Tribunal Superior do Trabalho ou da Súmula de sua jurisprudência predominante;

d) os embargos de declaração opostos aos seus acórdãos e os agravos regimentais pertinentes aos dissídios coletivos;

e) as suspeições arguidas contra o Presidente e demais Ministros que integram a seção, nos feitos pendentes de sua decisão; e

f) os agravos de instrumento interpostos contra despacho denegatório de recurso ordinário nos processos de sua competência.

Art. 3º Compete à Seção de Dissídios Individuais julgar:

I – originariamente:

a) as ações rescisórias propostas contra decisões das Turmas do Tribunal Superior do Trabalho e suas próprias, inclusive as anteriores à especialização em seções; e

b) os mandados de segurança de sua competência originária, na forma da lei;

II – em única instância:

a) os agravos regimentais interpostos em dissídios individuais; e

b) os conflitos de competência entre Tribunais Regionais e aqueles que envolvem Juízes de Direito investidos da jurisdição trabalhista e Juntas de Conciliação e Julgamento em processos de dissídio individual;

- A EC 24/1999 substituiu as Juntas de Conciliação e Julgamento por Varas do Trabalho (juiz singular) e extinguiu a representação classista na Justiça do Trabalho.

III – em última instância:

a) os recursos ordinários interpostos contra decisões dos Tribunais Regionais em processos de dissídio individual de sua competência originária;

b) os embargos das decisões das Turmas que divergirem entre si, ou das decisões proferidas pela Seção de Dissídios Individuais;

- Alínea b com redação determinada pela Lei 11.496/ 2007 (DOU 25.06.2007), em vigor 90 (noventa) dias após a data de sua publicação.

c) os agravos regimentais de despachos denegatórios dos Presidentes das Turmas, em matéria de embargos, na forma estabelecida no Regimento Interno;

d) os embargos de declaração opostos aos seus acórdãos;

e) as suspeições arguidas contra o Presidente e demais Ministros que integram a seção, nos feitos pendentes de julgamento; e

f) os agravos de instrumento interpostos contra despacho denegatório de recurso ordinário em processo de sua competência.

Art. 4º É da competência do Tribunal Pleno do Tribunal Superior do Trabalho:

a) a declaração de inconstitucionalidade ou não de lei ou de ato normativo do Poder Público;

b) aprovar os enunciados da Súmula da jurisprudência predominantemente em dissídios individuais;

c) julgar os incidentes de uniformização da jurisprudência em dissídios individuais;

d) aprovar os precedentes da jurisprudência predominante em dissídios coletivos;

e) aprovar as tabelas de custas e emolumentos, nos termos da lei; e

f) elaborar o Regimento Interno do Tribunal e exercer as atribuições administrativas previstas em lei ou na Constituição Federal.

Art. 5º As Turmas do Tribunal Superior do Trabalho terão, cada uma, a seguinte competência:

a) julgar os recursos de revista interpostos de decisões dos Tribunais Regionais do Trabalho, nos casos previstos em lei;

b) julgar, em última instância, os agravos de instrumento dos despachos de Presidente de Tribunal Regional que denegarem seguimento a recurso de revista, explicitando em que efeito a revista deve ser processada, caso providos;

c) julgar, em última instância, os agravos regimentais; e

d) julgar os embargos de declaração opostos aos seus acórdãos.

Art. 6º Os Tribunais Regionais do Trabalho que funcionarem divididos em Grupos de Turmas promoverão a especialização de um deles com a competência exclusiva para a conciliação e julgamento de dissídios coletivos, na forma prevista no *caput* do art. 1º desta Lei.

Parágrafo único. O Regimento Interno disporá sobre a constituição e funcionamento do Grupo Normativo, bem como dos demais Grupos de Turmas do Tribunal Regional do Trabalho.

Art. 7º Das decisões proferidas pelo Grupo Normativo dos Tribunais Regionais do Trabalho, caberá recurso ordinário para o Tribunal Superior do Trabalho.

§ 1º O Juiz relator ou o redator designado disporá de 10 (dez) dias para redigir o acórdão.

§ 2º Não publicado o acórdão nos 20 (vinte) dias subsequentes ao julgamento, poderá qualquer dos litigantes ou o Ministério Público do Trabalho interpor recurso ordinário, fundado, apenas, na certidão de julgamento, inclusive com pedido de efeito suspensivo, pagas as custas, se for o caso. Publicado o acórdão, reabrir-se-á o prazo para o aditamento do recurso interposto.

§ 3º Interposto o recurso na forma do parágrafo anterior, deverão os recorrentes comunicar o fato à Corregedoria-Geral, para as providências legais cabíveis.

§ 4º Publicado o acórdão, quando as partes serão consideradas intimadas, seguir-se-á o procedimento recursal como previsto em lei, com a intimação pessoal do Ministério Público, por qualquer dos seus procuradores.

§ 5º Formalizado o acordo pelas partes e homologado pelo Tribunal, não caberá qualquer recurso, salvo por parte do Ministério Público.

§ 6º A sentença normativa poderá ser objeto de ação de cumprimento a partir do vigésimo dia subsequente ao do julgamento, fundada no acórdão ou na certidão de julgamento, salvo se concedido efeito suspensivo pelo Presidente do Tribunal Superior do Trabalho.

Art. 8º O disposto no art. 7º e respectivos parágrafos desta Lei aplica-se aos demais Tribunais Regionais do Trabalho não divididos em Grupos de Turmas.

Art. 9º O efeito suspensivo deferido pelo Presidente do Tribunal Superior do Trabalho terá eficácia pelo prazo improrrogável de 120 (cento e vinte) dias contados da publicação, salvo se o recurso ordinário for julgado antes do término do prazo.

Art. 10. Nos dissídios coletivos de natureza econômica ou jurídica de competência originária ou recursal da seção normativa do Tribunal Superior do Trabalho, a sentença poderá ser objeto de ação de cumprimento com a publicação da certidão de julgamento.

Art. 11. Nos processos de dissídio coletivo, o Ministério Público emitirá parecer escrito, ou protestará pelo pronunciamento oral, na audiência ou sessão de julgamento.

Art. 12. O art. 896 da Consolidação das Leis do Trabalho – CLT, aprovada pelo Decreto-lei 5.452, de 1º de maio de 1943, passa a ter a seguinte redação:

- Alteração processada no texto do referido artigo.

Art. 13. O depósito recursal de que trata o art. 899 e seus parágrafos da Consolidação das Leis do Trabalho fica limitado, no recurso ordinário, a vinte vezes o valor de referência e, no de revista, a quarenta vezes o referido valor de referência. Será considerado valor de referência aquele vigente à data da interposição do recurso, devendo ser complementado o valor total de quarenta valores, no caso de revista.

- Artigo sem aplicação em face do disposto no art. 40 da Lei 8.177/1991.

Art. 14. O Regimento Interno dos Tribunais Regionais do Trabalho deverá dispor sobre a Súmula da respectiva jurisprudência predominante e sobre o incidente de uniformização, inclusive os pertinentes às leis estaduais e normas coletivas.

Art. 15. Esta Lei entra em vigor na data de sua publicação.

Art. 16. Revogam-se as disposições em contrário da Consolidação das Leis do Trabalho e da legislação especial.

Brasília, 21 de dezembro de 1988; 167º da Independência e 100º da República.

José Sarney

(*DOU* 22.12.1988)

LEI 7.716, DE 5 DE JANEIRO DE 1989

Define os crimes resultantes de preconceitos de raça ou de cor.

- V. Lei 12.288/2010 (Estatuto da Igualdade Racial).
- V. Lei 12.984/2014 (Crime de discriminação dos portadores do vírus da imunodeficiência humana (HIV) e doentes de aids).
- O STF, na ADO 26 (*DJE*-STF 28.06.2019), julgou parcialmente procedente o pedido formulado para dar interpretação conforme à Constituição, em face dos mandados constitucionais de incriminação inscritos nos incisos XLI e XLII do art. 5º da Carta Politica, para enquadrar a homofobia e a transfobia, qualquer que seja a forma de sua manifestação, nos diversos tipos penais definidos na Lei nº 7.716/89, até que sobrevenha legislação autônoma, editada pelo Congresso Nacional.

O Presidente da República:

Faço saber que o Congresso Nacional decreta e eu sanciono a seguinte Lei:

Art. 1º Serão punidos, na forma desta Lei, os crimes resultantes de discriminação ou preconceito de raça, cor, etnia, religião ou procedência nacional.

- Artigo com redação determinada pela Lei 9.459/1997.
- V. art. 5º, XLII, CF.

Art. 2º *(Vetado).*

Art. 3º Impedir ou obstar o acesso de alguém, devidamente habilitado, a qualquer cargo da Administração Direta ou Indireta, bem como das concessionárias de serviços públicos:

Pena – reclusão de 2 (dois) a 5 (cinco) anos.

Parágrafo único. Incorre na mesma pena quem, por motivo de discriminação de raça, cor, etnia, religião ou procedência nacional, obstar a promoção funcional.

- Parágrafo único acrescentado pela Lei 12.288/2010 (*DOU* 21.07.2010), em vigor 90 (noventa) dias após a data de sua publicação.

Art. 4º Negar ou obstar emprego em empresa privada:

Pena – reclusão de 2 (dois) a 5 (cinco) anos.

- V. art. 203, CP.

§ 1º Incorre na mesma pena quem, por motivo de discriminação de raça ou de cor ou práticas resultantes do preconceito de descendência ou origem nacional ou étnica:

- § 1º acrescentado pela Lei 12.288/2010 (*DOU* 21.07.2010), em vigor 90 (noventa) dias após a data de sua publicação.

I – deixar de conceder os equipamentos necessários ao empregado em igualdade de condições com os demais trabalhadores;

II – impedir a ascensão funcional do empregado ou obstar outra forma de benefício profissional;

III – proporcionar ao empregado tratamento diferenciado no ambiente de trabalho, especialmente quanto ao salário.

§ 2º Ficará sujeito às penas de multa e de prestação de serviços à comunidade, incluindo atividades de promoção da igualdade racial, quem, em anúncios ou qualquer outra forma de recrutamento de trabalhadores, exigir aspectos de aparência próprios de raça ou etnia para emprego cujas atividades não justifiquem essas exigências.

- § 2º acrescentado pela Lei 12.288/2010 (*DOU* 21.07.2010), em vigor 90 (noventa) dias após a data de sua publicação.

Art. 5º Recusar ou impedir acesso a estabelecimento comercial, negando-se a servir, atender ou receber cliente ou comprador:

Pena – reclusão de 1 (um) a 3 (três) anos.

Art. 6º Recusar, negar ou impedir a inscrição ou ingresso de aluno em estabelecimento de ensino público ou privado de qualquer grau:

Pena – reclusão de 3 (três) a 5 (cinco) anos.

Parágrafo único. Se o crime for praticado contra menor de 18 (dezoito) anos a pena é agravada de 1/3 (um terço).

Art. 7º Impedir o acesso ou recusar hospedagem em hotel, pensão, estalagem ou qualquer estabelecimento similar:

Pena – reclusão de 3 (três) a 5 (cinco) anos.

Art. 8º Impedir o acesso ou recusar atendimento em restaurantes, bares, confeitarias, ou locais semelhantes abertos ao público:

Pena – reclusão de 1 (um) a 3 (três) anos.

Art. 9º Impedir o acesso ou recusar atendimento em estabelecimentos esportivos, casas de diversões, ou clubes sociais abertos ao público:

Pena – reclusão de 1 (um) a 3 (três) anos.

Art. 10. Impedir o acesso ou recusar atendimento em salões de cabeleireiros, barbearias, termas ou casas de massagem ou estabelecimentos com as mesmas finalidades:

Pena – reclusão de 1 (um) a 3 (três) anos.

Art. 11. Impedir o acesso às entradas sociais em edifícios públicos ou residenciais e elevadores ou escada de acesso aos mesmos:

Pena – reclusão de 1 (um) a 3 (três) anos.

Art. 12. Impedir o acesso ou uso de transportes públicos, como aviões, navios, barcas, barcos, ônibus, trens, metrô ou qualquer outro meio de transporte concedido:

Pena – reclusão de 1 (um) a 3 (três) anos.

Art. 13. Impedir ou obstar o acesso de alguém ao serviço em qualquer ramo das Forças Armadas:

Pena – reclusão de 2 (dois) a 4 (quatro) anos.

Art. 14. Impedir ou obstar, por qualquer meio ou forma, o casamento ou convivência familiar e social:

Pena – reclusão de 2 (dois) a 4 (quatro) anos.

Art. 15. *(Vetado).*

Art. 16. Constitui efeito da condenação a perda do cargo ou função pública, para o servidor público, e a suspensão do funcionamento do estabelecimento particular por prazo não superior a 3 (três) meses.

- V. arts. 91 e 92, CP.

Art. 17. *(Vetado).*

Art. 18. Os efeitos de que tratam os arts. 16 e 17 desta Lei não são automáticos, devendo ser motivadamente declarados na sentença.

- V. art. 92, parágrafo único, CP.

Art. 19. *(Vetado).*

Art. 20. Praticar, induzir ou incitar a discriminação ou preconceito de raça, cor, etnia, religião ou procedência nacional:

Pena – reclusão, de 1 (um) a 3 (três) anos, e multa.

- *Caput* com redação determinada pela Lei 9.459/1997.
- V. art. 22, Lei 7.170/1983 (Lei de Segurança Nacional).

§ 1º Fabricar, comercializar, distribuir ou veicular símbolos, emblemas, ornamentos, distintivos ou propaganda que utilizem a cruz suástica ou gamada, para fins de divulgação do nazismo:

Pena – reclusão, de 2 (dois) a 5 (cinco) anos, e multa.

- § 1º redação determinada pela Lei 9.459/1997.

§ 2º Se qualquer dos crimes previstos no *caput* é cometido por intermédio dos meios de comunicação social ou publicação de qualquer natureza:

Pena – reclusão, de 2 (dois) a 5 (cinco) anos, e multa.

- § 2º redação determinada pela Lei 9.459/1997.

§ 3º No caso do parágrafo anterior, o juiz poderá determinar, ouvido o Ministério Público ou a pedido deste, ainda antes do inquérito policial, sob pena de desobediência:

- *Caput* do § 3º acrescentado pela Lei 9.459/1997.

I – o recolhimento imediato ou a busca e apreensão dos exemplares do material respectivo;

- Inciso I acrescentado pela Lei 9.459/1997.

II – a cessação das respectivas transmissões radiofônicas, televisivas, eletrônicas ou da publicação por qualquer meio;

- Inciso II com redação determinada pela Lei 12.735/2012 (*DOU* 03.12.2012), em vigor após decorridos 120 (cento e vinte) dias de sua publicação oficial.

III – a interdição das respectivas mensagens ou páginas de informação na rede mundial de computadores.

- Inciso III acrescentado pela Lei 12.288/2010 (*DOU* 21.07.2010), em vigor 90 (noventa) dias após a data de sua publicação.

§ 4º Na hipótese do § 2º, constitui efeito da condenação, após o trânsito em julgado da decisão, a destruição do material apreendido.

- § 4º acrescentado pela Lei 9.459/1997.

Art. 21. Esta Lei entra em vigor na data de sua publicação.

- Artigo renumerado pela Lei 8.081/1990.

Art. 22. Revogam-se as disposições em contrário.

- Artigo renumerado pela Lei 8.081/1990.

Brasília, 5 de janeiro de 1989; 168º da Independência e 101º da República.

José Sarney

(*DOU* 06.01.1989; ret. 09.01.1989)

LEI 7.783, DE 28 DE JUNHO DE 1989

Dispõe sobre o exercício do direito de greve, define as atividades essenciais, regula o atendimento das necessidades inadiáveis da comunidade, e dá outras providências.

- V. Dec. 7.777/2012 (Medidas para a continuidade de atividades e serviços públicos durante greves).
- V. art. 114, II e § 3º, CF.

O Presidente da República:

Faço saber que o Congresso Nacional decreta e eu sanciono a seguinte Lei:

Art. 1º É assegurado o direito de greve, competindo aos trabalhadores decidir sobre a oportunidade de exercê-lo e sobre os interesses que devam por meio dele defender.

Parágrafo único. O direito de greve será exercido na forma estabelecida nesta Lei.

Art. 2º Para os fins desta Lei, considera-se legítimo exercício do direito de greve a suspensão coletiva, temporária e pacífica, total ou parcial, de prestação pessoal de serviços a empregador.

Art. 3º Frustrada a negociação ou verificada a impossibilidade de recurso via arbitral, é facultada a cessação coletiva do trabalho.

Parágrafo único. A entidade patronal correspondente ou os empregadores diretamente interessados serão notificados, com antecedência mínima de 48 (quarenta e oito) horas, da paralisação.

Art. 4º Caberá à entidade sindical correspondente convocar, na forma do seu estatuto, assembleia geral que definirá as reivindicações da categoria e deliberará sobre a paralisação coletiva da prestação de serviços.

§ 1º O estatuto da entidade sindical deverá prever as formalidades de convocação e o *quorum* para a deliberação, tanto da deflagração quanto da cessação da greve.

§ 2º Na falta de entidade sindical, a assembleia geral dos trabalhadores interessados deliberará para os fins previstos no *caput*, constituindo comissão de negociação.

Art. 5º A entidade sindical ou comissão especialmente eleita representará os interesses dos trabalhadores nas negociações ou na Justiça do Trabalho.

Art. 6º São assegurados aos grevistas, dentre outros direitos:

I – o emprego de meios pacíficos tendentes a persuadir ou aliciar os trabalhadores a aderirem à greve;

II – a arrecadação de fundos e a livre divulgação do movimento.

§ 1º Em nenhuma hipótese, os meios adotados por empregados e empregadores poderão violar ou constranger os direitos e garantias fundamentais de outrem.

§ 2º É vedado às empresas adotar meios para constranger o empregado ao comparecimento ao trabalho, bem como capazes de frustar a divulgação do movimento.

§ 3º As manifestações e atos de persuasão utilizados pelos grevistas não poderão impedir o acesso ao trabalho nem causar ameaça ou dano à propriedade ou pessoa.

Art. 7º Observadas as condições previstas nesta Lei, a participação em greve suspende o contrato de trabalho, devendo as relações obrigacionais durante o período ser regidas pelo acordo, convenção, laudo arbitral ou decisão da Justiça do Trabalho.

Parágrafo único. É vedada a rescisão do contrato de trabalho durante a greve, bem como a contratação de trabalhadores substitutos, exceto na ocorrência das hipóteses previstas nos arts. 9º e 14.

Art. 8º A Justiça do Trabalho, por iniciativa de qualquer das partes ou do Ministério Público do Trabalho, decidirá sobre a procedência, total ou parcial, ou improcedência das reivindicações, cumprindo ao Tribunal publicar, de imediato, o competente acórdão.

Art. 9º Durante a greve, o sindicato ou a comissão de negociação, mediante acordo com a entidade patronal ou diretamente com o empregador, manterá em atividade equipes de empregados com o propósito de assegurar os serviços cuja paralisação resultem em prejuízo irreparável, pela deterioração irreversível de bens, máquinas e equipamentos, bem como a manutenção daqueles essenciais à retomada das atividades da empresa quando da cessação do movimento.

Parágrafo único. Não havendo acordo, é assegurado ao empregador, enquanto perdurar a greve o direito de contratar diretamente os serviços necessários a que se refere este artigo.

Art. 10. São considerados serviços ou atividades essenciais:

I – tratamento e abastecimento de água; produção e distribuição de energia elétrica, gás e combustíveis;

II – assistência médica e hospitalar;

III – distribuição e comercialização de medicamentos e alimentos;

IV – funerários;

V – transporte coletivo;

VI – captação e tratamento de esgoto e lixo;

VII – telecomunicações;

VIII – guarda, uso e controle de substâncias radioativas, equipamentos e materiais nucleares;

IX – processamento de dados ligados a serviços essenciais;

X – controle de tráfego aéreo;

XI – compensação bancária.

☛ XII – atividades médico-periciais relacionadas com o regime geral de previdência social e a assistência social;

- Inciso XII acrescentado pela Lei 13.846/2019.

XIII – atividades médico-periciais relacionadas com a caracterização do impedimento físico, mental, intelectual ou sensorial da pessoa com deficiência, por meio da integração de equipes multiprofissionais e interdisciplinares, para fins de reconhecimento de direitos previstos em lei, em especial na Lei 13.146, de 6 de julho de 2015 (Estatuto da Pessoa com Deficiência); e

- Inciso XIII acrescentado pela Lei 13.846/2019.

XIV – outras prestações médico-periciais da carreira de Perito Médico Federal indispensáveis ao atendimento das necessidades inadiáveis da comunidade.

- Inciso XIV acrescentado pela Lei 13.846/2019.

Art. 11. Nos serviços ou atividades essenciais, os sindicatos, os empregadores e os trabalhadores ficam obrigados, de comum acordo, a garantir, durante a greve, a prestação dos serviços indispensáveis ao atendimento das necessidades inadiáveis da comunidade.

Parágrafo único. São necessidades inadiáveis da comunidade aquelas que, não atendidas, coloquem em perigo iminente a sobrevivência, a saúde ou a segurança da população.

Art. 12. No caso de inobservância do disposto no artigo anterior, o Poder Público assegurará a prestação dos serviços indispensáveis.

Art. 13. Na greve em serviços ou atividades essenciais, ficam as entidades sindicais ou os trabalhadores, conforme o caso, obrigados a comunicar a decisão aos empregadores e aos usuários com antecedência mínima de 72 (setenta e duas) horas da paralisação.

Art. 14. Constitui abuso do direito de greve a inobservância das normas contidas na presente Lei, bem como a manutenção da paralisação após a celebração de acordo, convenção ou decisão da Justiça do Trabalho.

Parágrafo único. Na vigência de acordo, convenção ou sentença normativa não constitui abuso do exercício do direito de greve a paralisação que:

I – tenha por objetivo exigir o cumprimento de cláusula ou condição;

II – seja motivada pela superveniência de fato novo ou acontecimento imprevisto que modifique substancialmente a relação de trabalho.

Art. 15. A responsabilidade pelos atos praticados, ilícitos ou crimes cometidos, no curso da greve, será apurada, conforme o caso, segundo a legislação trabalhista, civil ou penal.

Parágrafo único. Deverá o Ministério Público, de ofício, requisitar a abertura do competente inquérito e oferecer denúncia quando houver indício da prática de delito.

Art. 16. Para os fins previstos no art. 37, inciso VII, da Constituição, lei complementar definirá os termos e os limites em que o direito de greve poderá ser exercido.

Art. 17. Fica vedada a paralisação das atividades, por iniciativa do empregador, com o objetivo de frustrar negociação ou dificultar o atendimento de reivindicações dos respectivos empregados (*lockout*).

Parágrafo único. A prática referida no *caput* assegura aos trabalhadores o direito à percepção dos salários durante o período de paralisação.

Art. 18. Ficam revogados a Lei 4.330, de 1º de junho de 1964, o Decreto-lei 1.632, de 4 de agosto de 1978, e demais disposições em contrário.

Art. 19. Esta Lei entra em vigor na data de sua publicação.

Brasília, 28 de junho de 1989; 168º da Independência e 101º da República.

José Sarney

(*DOU* 29.06.1989)

LEI 7.853, DE 24 DE OUTUBRO DE 1989

Dispõe sobre o apoio às pessoas portadoras de deficiência, sua integração social, sobre a Coordenadoria Nacional para Integração da Pessoa Portadora de Deficiência (CORDE), institui a tutela jurisdicional de interesses coletivos ou difusos dessas pessoas, disciplina a atuação do Ministério Público, define crimes, e dá outras providências.

- V. Dec. 3.298/1999 (Regulamenta a Lei 7.853/1989).
- V. Lei 13.146/2015 (Institui o Estatuto da Pessoa com Deficiência).

O Presidente da República:

Faço saber que o Congresso Nacional decreta e eu sanciono a seguinte Lei:

Art. 1º Ficam estabelecidas normas gerais que asseguram o pleno exercício dos direitos individuais e sociais das pessoas portadoras de deficiências, e sua efetiva integração social, nos termos desta Lei.

§ 1º Na aplicação e interpretação desta Lei, serão considerados os valores básicos da igualdade de tratamento e oportunidade, da justiça social, do respeito à dignidade da pessoa humana, do bem-estar, e outros, indicados na Constituição ou justificados pelos princípios gerais de direito.

§ 2º As normas desta Lei visam garantir às pessoas portadoras de deficiência as ações governamentais necessárias ao seu cumprimento e das demais disposições constitucionais e legais que lhes concernem, afastadas as discriminações e os preconceitos de qualquer espécie, e entendida a matéria como obrigação nacional a cargo do Poder Público e da sociedade.

Art. 2º Ao Poder Público e seus órgãos cabe assegurar às pessoas portadoras de deficiência o pleno exercício de seus direitos básicos, inclusive dos direitos à educação, à saúde, ao trabalho, ao lazer, à previdência social, ao amparo à infância e à maternidade, e de outros que, decorrentes da Constituição e das leis, propiciem seu bem-estar pessoal, social e econômico.

Parágrafo único. Para o fim estabelecido no *caput* deste artigo, os órgãos e entidades da administração direta e indireta devem dispensar, no âmbito de sua competência e finalidade, aos assuntos objeto desta Lei, tratamento prioritário e adequado, tendente a viabilizar, sem prejuízo de outras, as seguintes medidas:

I – na área da educação:

a) a inclusão, no sistema educacional, da Educação Especial como modalidade educativa que abranja a educação precoce, a pré-escolar, as de 1º e 2º graus, a supletiva, a habilitação e reabilitação profissionais, com currículos, etapas e exigências de diplomação próprios;

b) a inserção, no referido sistema educacional, das escolas especiais, privadas e públicas;

c) a oferta, obrigatória e gratuita, da Educação Especial em estabelecimento público de ensino;

d) o oferecimento obrigatório de programas de Educação Especial a nível pré-escolar e escolar, em unidades hospitalares e congêneres nas quais estejam internados, por prazo igual ou superior a 1 (um) ano, educandos portadores de deficiência;

e) o acesso de alunos portadores de deficiência aos benefícios conferidos aos demais educandos, inclusive material escolar, merenda escolar e bolsas de estudo;

f) a matrícula compulsória em cursos regulares de estabelecimentos públicos e particulares de pessoas portadoras de deficiência capazes de se integrarem no sistema regular de ensino;

II – na área da saúde:

a) a promoção de ações preventivas, como as referentes ao planejamento familiar, ao aconselhamento genético, ao acompanhamento da gravidez, do parto e do puerpério, à nutrição da mulher e da criança, à identificação e ao controle da gestante e do feto de alto risco, à imunização, às doenças do metabolismo e seu diagnóstico e ao encaminhamento precoce de outras doenças causadoras de deficiência;

b) o desenvolvimento de programas especiais de prevenção de acidente do trabalho e de trânsito, e de tratamento adequado a suas vítimas;

c) a criação de uma rede de serviços especializados em reabilitação e habilitação;

d) a garantia de acesso das pessoas portadoras de deficiência aos estabelecimentos de saúde públicos e privados, e de seu adequado tratamento neles, sob normas técnicas e padrões de conduta apropriados;

e) a garantia de atendimento domiciliar de saúde ao deficiente grave não internado;

f) o desenvolvimento de programas de saúde voltados para as pessoas portadoras de deficiência, desenvolvidos com a participação da sociedade e que lhes ensejem a integração social;

III – na área da formação profissional e do trabalho:

a) o apoio governamental à formação profissional, à orientação profissional e a garantia de acesso aos serviços concernentes, inclusive aos cursos regulares voltados à formação profissional;

b) o empenho do Poder Público quanto ao surgimento e à manutenção de empregos, inclusive de tempo parcial, destinados às pessoas portadoras de deficiência que não tenham acesso aos empregos comuns;

c) a promoção de ações eficazes que propiciem a inserção, nos setores público e privado, de pessoas portadoras de deficiência;

d) a adoção de legislação específica que discipline a reserva de mercado de trabalho, em favor das pessoas portadoras de deficiência, nas entidades da Administração Pública e do setor privado, e que regulamente a organização de oficinas e congêneres integradas ao mercado de trabalho, e a situação, nelas, das pessoas portadoras de deficiência;

IV – na área de recursos humanos:

a) a formação de professores de nível médio para a Educação Especial, de técnicos de nível médio especializados na habilitação e reabilitação, e de instrutores para formação profissional;

b) a formação e qualificação de recursos humanos que, nas diversas áreas de conhecimento, inclusive de nível superior, atendam à demanda e às necessidades reais das pessoas portadoras de deficiências;

c) o incentivo à pesquisa e ao desenvolvimento tecnológico em todas as áreas do conhecimento relacionadas com a pessoa portadora de deficiência;

V – na área das edificações:

a) a adoção e a efetiva execução de normas que garantam a funcionalidade das edificações e vias públicas, que evitem ou removam os óbices às pessoas portadoras de deficiência, permitam o acesso destas a edifícios, a logradouros e a meios de transporte.

Art. 3º As medidas judiciais destinadas à proteção de interesses coletivos, difusos, individuais homogêneos e individuais indisponíveis da pessoa com deficiência poderão ser propostas pelo Ministério Público, pela Defensoria Pública, pela União, pelos Estados, pelos Municípios, pelo Distrito Federal, por associação constituída há mais de 1 (um) ano, nos termos da lei civil, por autarquia, por empresa pública e por fundação ou sociedade de economia mista que inclua, entre suas finalidades institucionais, a proteção dos interesses e a promoção de direitos da pessoa com deficiência.

- *Caput* com redação determinada pela Lei 13.146/ 2015 (*DOU* 07.07.2015), em vigor após decorridos 180 (cento e oitenta) dias de sua publicação oficial.
- V. arts. 45 e 61, CC.
- V. art. 114, I, Lei 6.015/1973 (Lei de Registros Públicos).
- V. art. 5º, I e § 4º, Lei 7.347/1985 (Ação civil pública).
- V. art. 82, III, Lei 8.078/1990 (Código de Defesa do Consumidor).

§ 1º Para instruir a inicial, o interessado poderá requerer às autoridades competentes as certidões e informações que julgar necessárias.

- V. arts. 404 e 438, CPC/2015.

§ 2º As certidões e informações a que se refere o parágrafo anterior deverão ser fornecidas dentro de 15 (quinze) dias da entrega, sob recibo, dos respectivos requerimentos, e só poderão ser utilizadas para a instrução da ação civil.

- V. art. 8º, *caput*, Lei 7.347/1985 (Ação civil pública).

§ 3º Somente nos casos em que o interesse público, devidamente justificado, impuser sigilo, poderá ser negada certidão ou informação.

- V. art. 8º, § 2º, Lei 7.347/1985 (Ação civil pública).

§ 4º Ocorrendo a hipótese do parágrafo anterior, a ação poderá ser proposta desacompanhada das certidões ou informações negadas, cabendo ao juiz, após apreciar os motivos do indeferimento, e, salvo quando se tratar de razão de segurança nacional, requisitar umas e outras; feita a requisição, o processo correrá em segredo de justiça, que cessará com o trânsito em julgado da sentença.

- V. arts. 189, I, e 502, CPC/2015.
- V. art. 6º, § 3º, Dec.-lei 4.657/1942 (Lei de Introdução às normas do Direito Brasileiro).

§ 5º Fica facultado aos demais legitimados ativos habilitarem-se como litisconsortes nas ações propostas por qualquer deles.

- V. arts. 113, 117, 118 e 124, CPC/2015.
- V. art. 5º, § 2º, Lei 7.347/1985 (Ação civil pública).

§ 6º Em caso de desistência ou abandono da ação, qualquer dos colegitimados pode assumir a titularidade ativa.

- V. art. 485, VIII e § 4º, CPC/2015.
- V. art. 5º, § 3º, Lei 7.347/1985 (Ação civil pública).

Art. 4º A sentença terá eficácia de coisa julgada oponível *erga omnes*, exceto no caso de haver sido a ação julgada improcedente por deficiência de prova, hipótese em que qualquer legitimado poderá intentar outra ação com idêntico fundamento, valendo-se de nova prova.

- V. arts. 496, 502, 504, 506 e 508, CPC/2015.
- V. art. 6º, § 3º, Dec.-lei 4.657/1942 (Lei de Introdução às normas do Direito Brasileiro).
- V. art. 18, Lei 4.717/1965 (Ação popular).
- V. art. 16, Lei 7.347/1985 (Ação civil pública).

§ 1º A sentença que concluir pela carência ou pela improcedência da ação fica sujeita ao duplo grau de jurisdição, não produzindo efeito senão depois de confirmada pelo tribunal.

- V. arts. 485, VI, 337, XI, e 496, CPC/2015.
- V. art. 19, *caput*, Lei 4.717/1965 (Ação popular).

§ 2º Das sentenças e decisões proferidas contra o autor da ação e suscetíveis de recurso, poderá recorrer qualquer legitimado ativo, inclusive o Ministério Público.

- V. arts. 102, III, e 105, III, CF.
- V. arts. 203, §§ 1º e 2º, 204, 942, *caput*, 1.009, 1.015 e 1.022, CPC/2015.
- V. art. 14, Lei 7.347/1985 (Ação civil pública).

Art. 5º O Ministério Público intervirá obrigatoriamente nas ações públicas, coletivas ou individuais, em que se discutam interesses relacionados a deficiências das pessoas.

- V. arts. 178, I, 279, § 1º, CPC/2015.
- V. Lei 8.625/1993 (Lei Orgânica do Ministério Público).

Art. 6º O Ministério Público poderá instaurar, sob sua presidência, inquérito civil, ou requisitar, de qualquer pessoa física ou jurídica, pública ou particular, certidões, informações, exames ou perícias, no prazo que assinalar, não inferior a 10 (dez) dias úteis.

- V. art. 8º, § 1º, Lei 7.347/1985 (Ação civil pública).

§ 1º Esgotadas as diligências, caso se convença o órgão do Ministério Público da inexistência de elementos para a propositura de ação civil, promoverá fundamentadamente o arquivamento do inquérito civil, ou das peças informativas. Neste caso, deverá remeter a reexame os autos ou as respectivas peças, em 3 (três) dias, ao Conselho Superior do Ministério Público, que os examinará, deliberando a respeito, conforme dispuser seu Regimento.

- V. art. 9º, §§ 1º a 3º, Lei 7.347/1985 (Ação civil pública).
- V. arts. 5º, III, e 43, III, Lei 8.625/1993 (Lei Orgânica do Ministério Público).

§ 2º Se a promoção de arquivamento for reformada, o Conselho Superior do Ministério Público designará desde logo outro órgão do Ministério Público para o ajuizamento da ação.

- V. art. 9º, § 4º, Lei 7.347/1985 (Ação civil pública).

Art. 7º Aplicam-se à ação civil pública, prevista nesta Lei, no que couber, os dispositivos da Lei 7.347, de 24 de julho de 1985.

- V. art. 21, Lei 7.347/1985 (Ação civil pública).

Art. 8º Constitui crime punível com reclusão de 2 (dois) a 5 (cinco) anos e multa:

- Artigo com redação determinada pela Lei 13.146/ 2015 (*DOU* 07.07.2015), em vigor após decorridos 180 (cento e oitenta) dias de sua publicação oficial.

I – recusar, cobrar valores adicionais, suspender, procrastinar, cancelar ou fazer cessar inscrição de aluno em estabelecimento de ensino de qualquer curso ou grau, público ou privado, em razão de sua deficiência;

- V. art. 208, CF.

II – obstar inscrição em concurso público ou acesso de alguém a qualquer cargo ou emprego público, em razão de sua deficiência;

- V. arts. 5º, XII, 7º, XXXI, e 37, VIII, CF.
- V. Lei 5.473/1968 (Regula o provimento de cargos).

III – negar ou obstar emprego, trabalho ou promoção à pessoa em razão de sua deficiência;

- V. art. 203, CP.
- V. Lei 5.473/1968 (Regula o provimento de cargos).

IV – recusar, retardar ou dificultar internação ou deixar de prestar assistência médico-hospitalar e ambulatorial à pessoa com deficiência;

- V. art. 135, CP.

V – deixar de cumprir, retardar ou frustrar execução de ordem judicial expedida na ação civil a que alude esta Lei;

VI – recusar, retardar ou omitir dados técnicos indispensáveis à propositura da ação civil pública objeto desta Lei, quando requisitados.

- V. art. 129, III, CF.
- V. arts. 319 e 330, CP.
- V. art. 8º, 1º, Lei 7.347/1985 (Ação civil pública).

§ 1º Se o crime for praticado contra pessoa com deficiência menor de 18 (dezoito) anos, a pena é agravada em 1/3 (um terço).

§ 2º A pena pela adoção deliberada de critérios subjetivos para indeferimento de inscrição, de aprovação e de cumprimento de estágio probatório em concursos públicos não exclui a responsabilidade patrimonial pessoal do administrador público pelos danos causados.

§ 3º Incorre nas mesmas penas quem impede ou dificulta o ingresso de pessoa com deficiência em planos privados de assistência à saúde, inclusive com cobrança de valores diferenciados.

§ 4º Se o crime for praticado em atendimento de urgência e emergência, a pena é agravada em 1/3 (um terço).

Art. 9º A Administração Pública Federal conferirá aos assuntos relativos às pessoas portadoras de deficiência tratamento prioritário e apropriado, para que lhes seja efetivamente ensejado o pleno exercício de seus direitos individuais e sociais, bem como sua completa integração social.

- V. Res. STJ 2/2005 (Prioridade no julgamento dos processos cuja parte seja pessoa portadora de deficiência).
- V. Res. CJF 554/2007 (Julgamento prioritário dos processos cuja parte seja pessoa portadora de deficiência e desde que a causa postulada em juízo tenha vínculo com a deficiência).

§ 1º Os assuntos a que alude este artigo serão objeto de ação, coordenada e integrada, dos órgãos da Administração

Pública Federal, e incluir-se-ão em Política Nacional para Integração da Pessoa Portadora de Deficiência, na qual estejam compreendidos planos, programas e projetos sujeitos a prazos e objetivos determinados.

§ 2º Ter-se-ão como integrantes da Administração Pública Federal, para os fins desta Lei, além dos órgãos públicos, das autarquias, das empresas públicas e sociedades de economia mista, as respectivas subsidiárias e as fundações públicas.

Art. 10. A coordenação superior dos assuntos, ações governamentais e medidas referentes a pessoas portadoras de deficiência caberá à Secretaria Especial dos Direitos Humanos da Presidência da República.

- *Caput* com redação determinada pela Lei 11.958/ 2009.

Parágrafo único. Ao órgão a que se refere este artigo caberá formular a Política Nacional para a Integração da Pessoa Portadora de Deficiência, seus planos, programas e projetos e cumprir as instruções superiores que lhes digam respeito, com a cooperação dos demais órgãos públicos.

- Parágrafo único com redação determinada pela Lei 8.028/1990.

Art. 11. *(Revogado pela Lei 8.028/1990).*

Art. 12. Compete à CORDE:

I – coordenar as ações governamentais e medidas que se refiram às pessoas portadoras de deficiência;

II – elaborar os planos, programas e projetos subsumidos na Política Nacional para a Integração de Pessoa Portadora de Deficiência, bem como propor as providências necessárias a sua completa implantação e seu adequado desenvolvimento, inclusive as pertinentes a recursos e as de caráter legislativo;

III – acompanhar e orientar a execução, pela Administração Pública Federal, dos planos, programas e projetos mencionados no inciso anterior;

IV – manifestar-se sobre a adequação à Política Nacional para a Integração da Pessoa Portadora de Deficiência dos projetos federais a ela conexos, antes da liberação dos recursos respectivos;

V – manter, com os Estados, Municípios, Territórios, o Distrito Federal, e o Ministério Público, estreito relacionamento, objetivando a concorrência de ações destinadas à integração social das pessoas portadoras de deficiência;

VI – provocar a iniciativa do Ministério Público, ministrando-lhe informações sobre fatos que constituam objeto da ação civil de que trata esta Lei, e indicando-lhe os elementos de convicção;

VII – emitir opinião sobre os acordos, contratos ou convênios firmados pelos demais órgãos da Administração Pública Federal, no âmbito da Política Nacional para a Integração da Pessoa Portadora de Deficiência;

VIII – promover e incentivar a divulgação e o debate das questões concernentes à pessoa portadora de deficiência, visando à conscientização da sociedade.

Parágrafo único. Na elaboração dos planos, programas e projetos a seu cargo, deverá a CORDE recolher, sempre que possível, a opinião das pessoas e entidades interessadas, bem como considerar a necessidade de efetivo apoio aos entes particulares voltados para a integração social das pessoas portadoras de deficiência.

Art. 13. A CORDE contará com o assessoramento de órgão colegiado, o Conselho Consultivo da Coordenadoria Nacional para Integração da Pessoa Portadora de Deficiência.

- Artigo com eficácia suspensa por força da MP 2.216-37/2001.

§ 1º A composição e o funcionamento do Conselho Consultivo da CORDE serão disciplinados em ato do Poder Executivo. Incluir-se-ão no Conselho representantes de órgãos e de organizações ligados aos assuntos pertinentes à pessoa portadora de deficiência, bem como representante do Ministério Público Federal.

§ 2º Compete ao Conselho Consultivo:

I – opinar sobre o desenvolvimento da Política Nacional para Integração da Pessoa Portadora de Deficiência;

II – apresentar sugestões para o encaminhamento dessa política;

III – responder a consultas formuladas pela CORDE.

§ 3º O Conselho Consultivo reunir-se-á ordinariamente 1 (uma) vez por trimestre e, extraordinariamente, por iniciativa de 1/3 (um terço) de seus membros, mediante manifestação escrita, com antecedência de 10 (dez) dias, e deliberará por maioria de votos dos conselheiros presentes.

§ 4º Os integrantes do Conselho não perceberão qualquer vantagem pecuniária, salvo as de seus cargos de origem, sendo considerados de relevância pública os seus serviços.

§ 5º As despesas de locomoção e hospedagem dos conselheiros, quando necessárias, serão asseguradas pela CORDE.

Art. 14. *(Vetado).*

Art. 15. Para atendimento e fiel cumprimento do que dispõe esta Lei, será reestruturada a Secretaria de Educação Especial do Ministério da Educação, e serão instituídos, no Ministério do Trabalho, no Ministério da Saúde e no Ministério da Previdência e Assistência Social, órgãos encarregados da coordenação setorial dos assuntos concernentes às pessoas portadoras de deficiência.

Art. 16. O Poder Executivo adotará, nos 60 (sessenta) dias posteriores à vigência desta Lei, as providências necessárias à reestruturação e ao regular funcionamento da CORDE, como aquelas decorrentes do artigo anterior.

Art. 17. Serão incluídas no censo demográfico de 1990, e nos subsequentes, questões concernentes à problemática da pessoa portadora de deficiência, objetivando o conhecimento atualizado do número de pessoas portadoras de deficiência no País.

Art. 18. Os órgãos federais desenvolverão, no prazo de 12 (doze) meses contado da publicação desta Lei, as ações necessárias à efetiva implantação das medidas indicadas no art. 2º desta Lei.

Art. 19. Esta Lei entra em vigor na data de sua publicação.

Art. 20. Revogam-se as disposições em contrário.

Brasília, em 24 de outubro de 1989; 168º da Independência e 101º da República.

José Sarney

(*DOU* 25.10.1989)

LEI 7.855, DE 24 DE OUTUBRO DE 1989

Altera a Consolidação das Leis do Trabalho, atualiza os valores das multas trabalhistas, amplia sua aplicação, institui o Programa de Desenvolvimento do Sistema Federal de Inspeção do Trabalho, e dá outras providências.

- V. Port. MTb 290/1997 (Aprova normas para a imposição de multas administrativas previstas na legislação trabalhista), disponível em ProView.
- V. Lei 13.271/2016 (Proibição de revista íntima de funcionárias nos locais de trabalho).

O Presidente da República:

Faço saber que oCongresso Nacional decreta e eu sanciono a seguinte Lei:

Art. 1º A Consolidação das Leis do Trabalho, aprovada pelo Decreto-lei 5.452, de 1º de maio de 1943 – CLT, passa a vigorar com as seguintes alterações:

- Alterações processadas no texto da CLT.

Art. 2º O valor das multas administrativas decorrentes da violação das normas trabalhistas, previstas na CLT e legislação extravagante, será, na data da publicação desta Lei, triplicado e, em seguida, expresso em quantidade de BTN.

Parágrafo único. O disposto neste artigo não se aplica às multas constantes do Capítulo V, do Título II, da CLT, que terão seus valores convertidos em quantidades de BTN, nem às previstas nos artigos 153 e 477, § 8º, com a redação dada por esta Lei.

Art. 3º Acarretarão a aplicação de multa de 160 BTN, por trabalhador prejudicado, dobrada no caso de reincidência, as infrações ao disposto:

I – na Lei 4.090, de 13 de julho de 1962, que dispõe sobre a gratificação de Natal;

II – na Lei 5.811, de 11 de outubro de 1972, que dispõe sobre o regime de trabalho nas atividades petrolíferas;

III – na Lei 6.019, de 3 de Janeiro de 1974, que dispõe sobre o trabalho temporário nas empresas urbanas;

IV – na Lei 7.183, de 5 de abril de 1984, que regula o exercício da profissão de aeronauta;

V – na Lei 7.418, de 16 de dezembro de 1985, alterada pela Lei 7.619, de 30 de setembro de 1987, que instituiu o vale-transporte; e

VI – no Decreto-lei 2.284, de 10 de março de 1986, que instituiu o seguro-desemprego.

Art. 4º O salário pago fora dos prazos previstos em lei, acordos ou convenções coletivas e sentenças normativas sujeitará o infrator à multa administrativa de 160 BTN por trabalhador prejudicado, salvo motivo de força maior (art. 501 da CLT).

Art. 5º As multas previstas na legislação trabalhista serão, quando for o caso, e sem prejuízo das demais cominações legais, agravadas até o grau máximo, nos casos de artifício, ardil, simulação, desacato, embaraço ou resistência à ação fiscal, levando-se em conta, além das circunstâncias atenuantes ou agravantes, a situação econômico-financeira do infrator e os meios a seu alcance para cumprir a lei.

Art. 6º O valor das multas não recolhidas no prazo previsto no § 3º, do art. 636, da CLT, será atualizado monetariamente pelo BTN Fiscal, acrescido de juros de mora de 1% (um por cento) ao mês-calendário, na forma da legislação aplicada aos tributos federais, até a data do seu efetivo pagamento.

§ 1º Não será considerado reincidente o empregador que não for novamente autuado por infração ao mesmo dispositivo, decorridos 2 (dois) anos da imposição da penalidade.

§ 2º A fiscalização, a autuação e o processo de imposição das multas reger-se-ão pelo Título VII da CLT.

§ 3º Será observado o critério de dupla visita nas empresas com até dez empregados, salvo quando for constatada infração por falta de registro de empregado, anotação da sua Carteira de Trabalho e Previdência Social e na ocorrência de fraude, resistência ou embaraço à fiscalização.

§ 4º Na empresa que for autuada, após obedecido o disposto no parágrafo anterior, não será mais observado o critério da dupla visita em relação ao dispositivo infringido.

Art. 7º Fica instituído o Programa de Desenvolvimento do Sistema Federal de Inspeção do Trabalho, destinado a promover e desenvolver as atividades de inspeção das normas de proteção, segurança e medicina do trabalho.

§ 1º O Ministro de Estado do Trabalho estabelecerá os princípios norteadores do Programa que terá como objetivo principal assegurar o reconhecimento do vínculo empregatício do trabalhador e os direitos dele decorrentes e, para maior eficiência em sua operacionalização, fará observar o critério de rodízio dos agentes de Inspeção do Trabalho na forma prevista no Regulamento da Inspeção do Trabalho.

§ 2º O deferimento da gratificação a que se refere o Decreto-lei 2.357, de 28 de agosto de 1987, com as alterações introduzidas pelos artigos 11 e 12 do Decreto-lei 2.365, de 27 de outubro de 1987, é estendido aos servidores pertencentes às seguintes categorias funcionais integrantes do Grupo Outras Atividades de Nível Superior (NS-900), instituído na conformidade da Lei 5.645, de 10 de dezembro de 1970:

a) Fiscal do Trabalho – Códigos NS-933 e LT-NS-933;

b) Médico do Trabalho – Códigos NS-903 e LT-NS-903, quando no efetivo exercício de funções de inspeção de medicina do trabalho;

c) Engenheiro – Códigos NS-916 e LT-NS-916, quando no efetivo exercício de funções de inspeção da segurança do trabalho; e

d) Assistente Social – Códigos NS-930 e LT-NS-930, quando no efetivo exercício de funções de inspeção do trabalho das mulheres e menores.

§ 3º A gratificação de que trata o parágrafo anterior será atribuída até o máximo de 2.800 pontos por servidor, correspondendo cada ponto a 0,285% (duzentos e oitenta e cinco milésimos por cento) do respectivo vencimento básico, mediante ato do Ministro de Estado do Trabalho, que fixará a pontuação proporcionalmente à jornada legal de trabalho das referidas categorias.

Art. 8º O § 1º do art. 5º, da Lei 7.418, de 16 de dezembro de 1985, modificado pela Lei 7.619, de 30 de setembro de 1987, passa a ter a seguinte redação:

- Alteração processada no texto da referida Lei.

Art. 9º *(Vetado).*

Art. 10. Os efeitos financeiros decorrentes da publicação desta Lei terão início em 1º de outubro de 1989.

Art. 11. As despesas com a execução do disposto nesta Lei correrão à conta das dotações próprias constantes do Orçamento Geral da União.

Art. 12. Esta Lei entra em vigor na data de sua publicação.

Art. 13. Revogam-se o parágrafo único do art. 16, os arts. 18, 19, 27, 28, 43, 44, 324, 374, 375, 378, 379, 380, 387, 418 e 446 da CLT e demais disposições em contrário.

Brasília, em 24 de outubro de 1989; 168º da Independência e 101º da República.

José Sarney

(*DOU* 25.10.1989)

LEI 7.998, DE 11 DE JANEIRO DE 1990

Regula o Programa do Seguro-Desemprego, o Abono Salarial, institui o Fundo de Amparo ao Trabalhador (FAT), e dá outras providências.

- V. LC 7/1970 (Fundo PIS/Pasep).
- V. LC 26/1975 (Fundo PIS/Pasep).
- V. Lei 10.637/2002 (Fundo PIS/Pasep).
- V. Súmula 389, TST.

O Presidente da República:

Faço saber que oCongresso Nacional decreta e eu sanciono a seguinte Lei:

[...]

Do Abono Salarial

Art. 9º É assegurado o recebimento de abono salarial anual, no valor máximo de 1 (um) salário-mínimo vigente na data do respectivo pagamento, aos empregados que:

- *Caput* com redação determinada pela Lei 13.134/ 2015 (*DOU* 17.06.2015), produzindo efeitos financeiros a partir do exercício de 2016.

I – tenham percebido, de empregadores que contribuem para o Programa de Integração Social (PIS) ou para o Programa de Formação do Patrimônio do Servidor Público (Pasep), até dois salários mínimos médios de remuneração mensal no período trabalhado e que tenham exercido atividade remunerada pelo menos durante 30 (trinta) dias no ano-base;

II – estejam cadastrados há pelo menos 5 (cinco) anos no Fundo de Participação PIS-Pasep ou no Cadastro Nacional do Trabalhador.

§ 1º No caso de beneficiários integrantes do Fundo de Participação PIS-Pasep, serão computados no valor do abono salarial os rendimentos proporcionados pelas respectivas contas individuais.

- Primitivo parágrafo único renumerado pela Lei 13.134/ 2015.

§ 2º O valor do abono salarial anual de que trata o *caput* será calculado na proporção de 1/12 (um doze avos) do valor do salário mínimo vigente na data do respectivo pagamento, multiplicado pelo número de meses trabalhados no ano correspondente.

- § 2º acrescentado pela Lei 13.134/2015 (*DOU* 17.06.2015), produzindo efeitos financeiros a partir do exercício de 2016.

§ 3º A fração igual ou superior a 15 (quinze) dias de trabalho será contada como mês integral para os efeitos do § 2º deste artigo.

- § 3º acrescentado pela Lei 13.134/2015 (*DOU* 17.06.2015), produzindo efeitos financeiros a partir do exercício de 2016.

§ 4º O valor do abono salarial será emitido em unidades inteiras de moeda corrente, com a suplementação das partes decimais até a unidade inteira imediatamente superior.

- § 4º acrescentado pela Lei 13.134/2015 (*DOU* 17.06.2015), produzindo efeitos financeiros a partir do exercício de 2016.

Art. 9º-A. O abono será pago pelo Banco do Brasil S.A. e pela Caixa Econômica Federal mediante:

- Artigo acrescentado pela Lei 13.134/2015.

I – depósito em nome do trabalhador;

II – saque em espécie; ou

III – folha de salários.

§ 1º Ao Banco do Brasil S.A. caberá o pagamento aos servidores e empregados

dos contribuintes mencionados no art. 14 do Decreto-lei 2.052, de 3 de agosto de 1983, e à Caixa Econômica Federal, aos empregados dos contribuintes a que se refere o art. 15 desse Decreto-lei.

§ 2º As instituições financeiras pagadoras manterão em seu poder, à disposição das autoridades fazendárias, por processo que possibilite sua imediata recuperação, os comprovantes de pagamentos efetuados.

[...]

Brasília, 11 de janeiro de 1990; 169º da Independência e 102º da República.

José Sarney

(*DOU* 12.01.1990)

LEI 8.009, DE 29 DE MARÇO DE 1990

Dispõe sobre a impenhorabilidade do bem de família.

- V. arts. 1.711 a 1.722, CC.

Faço saber que o Presidente da República adotou a Medida Provisória 143, de 1990, que o Congresso Nacional aprovou, e eu Nelson Carneiro, Presidente do Senado Federal, para os efeitos do disposto no parágrafo único do art. 62 da Constituição Federal, promulgo a seguinte Lei:

Art. 1º O imóvel residencial próprio do casal, ou da entidade familiar, é impenhorável e não responderá por qualquer tipo de dívida civil, comercial, fiscal, previdenciária ou de outra natureza, contraída pelos cônjuges ou pelos pais ou filhos que sejam seus proprietários e nele residam, salvo nas hipóteses previstas nesta Lei.

- V. arts. 1.711, caput, e 1.715, caput, CC.
- V. art. 832, CPC/2015.
- V. arts. 19 a 23, Dec.-lei 3.200/1941 (Organização e proteção da família).
- V. arts. 260 a 265, Lei 6.015/1973 (Lei de Registros Públicos).
- V. art. 108, § 4º, Lei 11.101/2005 (Lei de Recuperação de Empresas e Falência).
- V. Súmulas 364 e 449, STJ.

Parágrafo único. A impenhorabilidade compreende o imóvel sobre o qual se assentam a construção, as plantações, as benfeitorias de qualquer natureza e todos os equipamentos, inclusive os de uso profissional, ou móveis que guarnecem a casa, desde que quitados.

- V. art. 833, II e V, CPC/2015.
- V. art. 1.712, CC.

Art. 2º Excluem-se da impenhorabilidade os veículos de transporte, obras de arte e adornos suntuosos.

Parágrafo único. No caso de imóvel locado, a impenhorabilidade aplica-se aos bens móveis quitados que guarneçam a residência e que sejam de propriedade do locatário, observado o disposto neste artigo.

Art. 3º A impenhorabilidade é oponível em qualquer processo de execução civil, fiscal, previdenciária, trabalhista ou de outra natureza, salvo se movido:

- V. art. 1.715, *caput*, CC.

I – *(Revogado pela LC 150/2015).*

II – pelo titular do crédito decorrente do financiamento destinado à construção ou à aquisição do imóvel, no limite dos créditos e acréscimos constituídos em função do respectivo contrato;

III – pelo credor da pensão alimentícia, resguardados os direitos, sobre o bem, do seu coproprietário que, com o devedor, integre união estável ou conjugal, observadas as hipóteses em que ambos responderão pela dívida;

- Inciso III com redação determinada pela Lei 13.144/2015.

IV – para cobrança de impostos, predial ou territorial, taxas e contribuições devidas em função do imóvel familiar;

V – para execução de hipoteca sobre o imóvel oferecido como garantia real pelo casal ou pela entidade familiar;

VI – por ter sido adquirido com produto de crime ou para execução de sentença penal condenatória a ressarcimento, indenização ou perdimento de bens;

VII – por obrigação decorrente de fiança concedida em contrato de locação.

- Inciso VII acrescentado pela Lei 8.245/1991.
- **Redação anterior dos incisos VII a VIII determinada pela MP 871/2019 (*DOU* 18.01.2019, edição extra), posteriormente convertida na Lei 13.846/2019 (*DOU* 18.06.2019, edição extra), que não trouxe essa alteração: "VII – por obrigação decorrente de fiança concedida em contrato de locação; e VIII – para cobrança de crédito constituído pela Procuradoria-Geral Federal em decorrência de benefício previdenciário ou assistencial recebido indevidamente por dolo, fraude ou coação, inclusive por terceiro que sabia ou deveria saber da origem ilícita dos recursos."**

Art. 4º Não se beneficiará do disposto nesta Lei aquele que, sabendo-se insolvente, adquire de má-fé imóvel mais valioso para transferir a residência familiar, desfazendo-se ou não da moradia antiga.

§ 1º Neste caso poderá o juiz, na respectiva ação do credor, transferir a impenhorabilidade para a moradia familiar anterior, ou anular-lhe a venda, liberando a mais valiosa para execução ou concurso, conforme a hipótese.

§ 2º Quando a residência familiar constituir-se em imóvel rural, a impenhorabilidade restringir-se-á à sede de moradia, com os respectivos bens móveis, e, nos casos do art. 5º, inciso XXVI, da Constituição, à área limitada como pequena propriedade rural.

Art. 5º Para os efeitos de impenhorabilidade, de que trata esta Lei, considera-se residência um único imóvel utilizado pelo casal ou pela entidade familiar para moradia permanente.

Parágrafo único. Na hipótese de o casal, ou entidade familiar, ser possuidor de vários imóveis utilizados como residência, a impenhorabilidade recairá sobre o de menor valor, salvo se outro tiver sido registrado, para esse fim, no Registro de Imóveis e na forma do art. 70 do Código Civil.

- Refere-se ao CC/1916.
- V. arts. 1.711, caput, 1.715, caput, 1.716 e 1.722, CC.
- V. art. 167, I-1, Lei 6.015/1973 (Lei de Registros Públicos).
- V. art. 108, § 4º, Lei 11.101/2005 (Lei de Recuperação de Empresas e Falência).

Art. 6º São canceladas as execuções suspensas pela Medida Provisória 143, de 8 de março de 1990, que deu origem a esta Lei.

Art. 7º Esta Lei entra em vigor na data de sua publicação.

Art. 8º Revogam-se as disposições em contrário.

Senado Federal, em 29 de março de 1990; 169º da Independência e 102º da República.

Nelson Carneiro

(*DOU* 30.03.1990)

LEI 8.036, DE 11 DE MAIO DE 1990

Dispõe sobre o Fundo de Garantia do Tempo de Serviço, e dá outras providências.

- V. Lei 8.844/1994 (Fiscalização, apuração e cobrança judicial das contribuições e multas devidas ao FGTS).
- V. Dec. 5.113/2004 (Regulamenta o art. 20, XVI, da Lei 8.036/1990).
- V. Lei 11.491/2007 (Institui o Fundo de Investimento do FGTS).

O Presidente da República:

Faço saber que o Congresso Nacional decreta e eu sanciono a seguinte Lei:

Art. 1º O Fundo de Garantia do Tempo de Serviço – FGTS, instituído pela Lei 5.107, de 13 de setembro de 1966, passa a reger-se por esta Lei.

- V. Dec. 99.684/1990 (Consolida as normas regulamentares do FGTS).
- V. LC 110/2001 (Institui contribuições sociais e autoriza créditos de complementos de atualização monetária em contas vinculadas do FGTS).
- V. Dec. 3.913/2001 (Apuração e liquidação dos complementos de atualização monetária de saldos de contas vinculadas do FGTS).
- V. Dec. 3.914/2001 (Regulamentação das contribuições sociais instituídas pela LC 110/2001).
- V. Súmula 593, STF.
- V. Súmula 82, STJ.
- V. Súmula 181, TFR.

Art. 2º O FGTS é constituído pelos saldos das contas vinculadas a que se refere esta Lei e outros recursos a ele incorporados, devendo ser aplicados com atualização monetária e juros, de modo a assegurar a cobertura de suas obrigações.

§ 1º Constituem recursos incorporados ao FGTS, nos termos do *caput* deste artigo:

a) eventuais saldos apurados nos termos do art. 12, § 4º;

b) dotações orçamentárias específicas;

c) resultados das aplicações dos recursos do FGTS;

d) multas, correção monetária e juros moratórios devidos;

e) demais receitas patrimoniais e financeiras.

Legislação

§ 2º As contas vinculadas em nome dos trabalhadores são absolutamente impenhoráveis.

Art. 3º O FGTS será regido por normas e diretrizes estabelecidas por um Conselho Curador, composto por representação de trabalhadores, empregadores e órgãos e entidades governamentais, na forma estabelecida pelo Poder Executivo.

- *Caput* com redação determinada pela Lei 9.649/1998.
- O art. 49 da Lei 9.649/1998, alterado pela MP 2.216-37/2001, determinou nova redação ao *caput* do art. 3º da Lei 8.036/1990. Contudo, o art. 59 da Lei 10.683/2003 dispõe: "Revogam-se as disposições em contrário, especialmente as da Lei 9.649/1998, com as alterações introduzidas pela MP 2.216-37/2001 (...)".
- V. Súmula 571, STJ.

§ 1º A Presidência do Conselho Curador será exercida pelo representante do Ministério do Trabalho e da Previdência Social.

§ 2º Os Ministros de Estado e os Presidentes das entidades mencionadas neste artigo serão os membros titulares do Conselho Curador, cabendo, a cada um deles, indicar o seu respectivo suplente ao Presidente do Conselho, que os nomeará.

- § 2º com eficácia suspensa por força da MP 2.216-37/2001.
- § 2º com redação determinada pela Lei 9.649/1998.
- O art. 49 da Lei 9.649/1998, alterado pela MP 2.216-37/2001, determinou nova redação ao § 2º do art. 3º da Lei 8.036/1990. Contudo, o art. 59 da Lei 10.683/2003 dispõe: "Revogam-se as disposições em contrário, especialmente as da Lei 9.649/1998, com as alterações introduzidas pela MP 2.216-37/2001 (...)".

§ 3º Os representantes dos trabalhadores e dos empregadores e seus respectivos suplentes serão indicados pelas respectivas centrais sindicais e confederações nacionais e nomeados pelo Ministro do Trabalho e da Previdência Social, e terão mandato de 2 (dois) anos, podendo ser reconduzido uma única vez.

§ 4º O Conselho Curador reunir-se-á ordinariamente, a cada bimestre, por convocação de seu Presidente. Esgotado esse período, não tendo ocorrido convocação, qualquer de seus membros poderá fazê-la, no prazo de 15 (quinze) dias. Havendo necessidade, qualquer membro poderá convocar reunião extraordinária, na forma que vier a ser regulamentada pelo Conselho Curador.

§ 5º As decisões do Conselho serão tomadas com a presença da maioria simples de seus membros, tendo o Presidente voto de qualidade.

- § 5º com redação determinada pela Lei 9.649/1998.
- O art. 49 da Lei 9.649/1998, alterado pela MP 2.216-37/2001, determinou nova redação ao § 5º do art. 3º da Lei 8.036/1990. Contudo, o art. 59 da Lei 10.683/2003 dispõe: "Revogam-se as disposições em contrário, especialmente as da Lei 9.649/1998, com as alterações introduzidas pela MP 2.216-37/2001 (...)".

§ 6º As despesas porventura exigidas para o comparecimento às reuniões do Conselho constituirão ônus das respectivas entidades representadas.

§ 7º As ausências ao trabalho dos representantes dos trabalhadores no Conselho Curador, decorrentes das atividades desse órgão, serão abonadas, computando-se como jornada efetivamente trabalhada para todos os fins e efeitos legais.

§ 8º Competirá ao Ministério do Trabalho e da Previdência Social proporcionar ao Conselho Curador os meios necessários ao exercício de sua competência, para o que contará com uma Secretaria Executiva do Conselho Curador do FGTS.

§ 9º Aos membros do Conselho Curador, enquanto representantes dos trabalhadores, efetivos e suplentes, é assegurada a estabilidade no emprego, da nomeação até 1 (um) ano após o término do mandato de representação, somente podendo ser demitidos por motivo de falta grave, regularmente comprovada através de processo sindical.

Art. 4º A gestão da aplicação do FGTS será efetuada pelo Ministério da Ação Social, cabendo à Caixa Econômica Federal – CEF o papel de Agente Operador.

Art. 5º Ao Conselho Curador do FGTS compete:

I – estabelecer as diretrizes e os programas de alocação de todos os recursos do FGTS, de acordo com os critérios definidos nesta Lei, em consonância com a política nacional de desenvolvimento urbano e as políticas setoriais de habitação popular, saneamento básico e infraestrutura urbana estabelecidas pelo Governo Federal;

II – acompanhar e avaliar a gestão econômica e financeira dos recursos, bem como os ganhos sociais e o desempenho dos programas aprovados;

III – apreciar e aprovar os programas anuais e plurianuais do FGTS;

IV – pronunciar-se sobre as contas do FGTS, antes do seu encaminhamento aos órgãos de controle interno para os fins legais;

V – adotar as providências cabíveis para a correção de atos e fatos do Ministério da Ação Social e da Caixa Econômica Federal, que prejudiquem o desempenho e o cumprimento das finalidades no que concerne aos recursos do FGTS;

VI – dirimir dúvidas quanto à aplicação das normas regulamentares, relativas ao FGTS, nas matérias de sua competência;

VII – aprovar seu regimento interno;

VIII – fixar as normas e valores de remuneração do Agente Operador e dos Agentes Financeiros;

IX – fixar critérios para parcelamento de recolhimentos em atraso;

X – fixar critério e valor de remuneração para o exercício da fiscalização;

XI – divulgar, no *Diário Oficial da União*, todas as decisões proferidas pelo Conselho, bem como as contas do FGTS e os respectivos pareceres emitidos;

XII – fixar critérios e condições para compensação entre créditos do empregador, decorrentes de depósitos relativos a trabalhadores não optantes, com contratos extintos, e débitos resultantes de competências em atraso, inclusive aqueles que forem objeto de composição de dívida com o FGTS;

- Inciso XII acrescentado pela Lei 9.711/1998.

XIII – em relação ao Fundo de Investimento do Fundo de Garantia do Tempo de Serviço – FI-FGTS:

- Inciso XIII acrescentado pela Lei 11.491/2007.

a) aprovar a política de investimento do FI-FGTS por proposta do Comitê de Investimento;

b) decidir sobre o reinvestimento ou distribuição dos resultados positivos aos cotistas do FI-FGTS, em cada exercício;

c) definir a forma de deliberação, de funcionamento e a composição do Comitê de Investimento;

d) estabelecer o valor da remuneração da Caixa Econômica Federal pela administração e gestão do FI-FGTS, inclusive a taxa de risco;

e) definir a exposição máxima de risco dos investimentos do FI-FGTS;

f) estabelecer o limite máximo de participação dos recursos do FI-FGTS por setor, por empreendimento e por classe de ativo, observados os requisitos técnicos aplicáveis;

g) estabelecer o prazo mínimo de resgate das cotas e de retorno dos recursos à conta vinculada, observado o disposto no § 19 do art. 20 desta Lei;

h) aprovar o regulamento do FI-FGTS, elaborado pela Caixa Econômica Federal; e

i) autorizar a integralização de cotas do FI-FGTS pelos trabalhadores, estabelecendo previamente os limites globais e individuais, parâmetros e condições de aplicação e resgate.

☛ XIV – autorizar e definir as condições financeiras e contratuais a serem observadas na aplicação de recursos do FGTS em instrumentos de dívida emitidos pela Caixa Econômica Federal, observado o disposto em lei especial e em atos editados pelo Conselho Monetário Nacional.

- Inciso XIV acrescentado pela Lei 13.590/2018.

Art. 6º Ao Ministério das Cidades, na qualidade de gestor da aplicação do FGTS, compete:

- *Caput* do artigo com redação determinada pela Lei 13.832/2019.

I – praticar todos os atos necessários à gestão da aplicação do Fundo, de acordo com as diretrizes e programas estabelecidos pelo Conselho Curador;

II – expedir atos normativos relativos à alocação dos recursos para implementação dos programas aprovados pelo Conselho Curador;

III – elaborar orçamentos anuais e planos plurianuais de aplicação dos recursos, discriminando-os por Unidade da Federação, submetendo-os até 31 de julho ao Conselho Curador do Fundo;

IV – acompanhar a execução dos programas de habitação popular, saneamento básico e infraestrutura urbana, decorrentes de aplicação de recursos do FGTS, implementados pela CEF;

V – submeter à apreciação do Conselho Curador as contas do FGTS;

VI – subsidiar o Conselho Curador com estudos técnicos necessários ao aprimoramento operacional dos programas de habitação popular, saneamento básico e infraestrutura urbana;

VII – definir as metas a serem alcançadas nos programas de habitação popular, saneamento básico e infraestrutura urbana.

☛ **Art. 6º-A.** Caberá ao Ministério da Saúde regulamentar, acompanhar a execução, subsidiar o Conselho Curador com estudos técnicos necessários ao seu aprimoramento operacional e definir as metas a serem alcançadas nas operações de crédito destinadas às entidades hospitalares filantrópicas, bem como a instituições que atuem no campo para pessoas com deficiência, sem fins lucrativos, que participem de forma complementar do Sistema Único de Saúde (SUS).

- Artigo acrescentado pela Lei 13.832/2019.

Art. 7º À Caixa Econômica Federal, na qualidade de Agente Operador, cabe:

I – centralizar os recursos do FGTS, manter e controlar as contas vinculadas e emitir regularmente os extratos individuais correspondentes às contas vinculadas e participar da rede arrecadadora dos recursos do FGTS;

II – expedir atos normativos referentes aos procedimentos administrativo-operacionais dos bancos depositários, dos agentes financeiros, dos empregadores e dos trabalhadores, integrantes do sistema do FGTS;

III – definir os procedimentos operacionais necessários à execução dos programas de habitação popular, saneamento básico e infraestrutura urbana, estabelecidos pelo Conselho Curador com base nas normas e diretrizes de aplicação elaboradas pelo Ministério da Ação Social;

IV – elaborar as análises jurídica e econômico-financeira dos projetos de habitação popular, infraestrutura urbana e saneamento básico a serem financiados com recursos do FGTS;

V – emitir Certificado de Regularidade do FGTS;

VI – elaborar as contas do FGTS, encaminhando-as ao Ministério da Ação Social;

VII – implementar os atos emanados do Ministério da Ação Social relativos à alocação e aplicação dos recursos do FGTS, de acordo com as diretrizes estabelecidas pelo Conselho Curador;

VIII – *(Vetado).*

- Inciso VIII acrescentado pela Lei 9.491/1997.

IX – garantir aos recursos alocados ao FI-FGTS, em cotas de titularidade do FGTS, a remuneração aplicável às cotas vinculadas, na forma do *caput* do art. 13 desta Lei.

- Inciso IX acrescentado pela Lei 11.491/2007.

Parágrafo único. O Ministério da Ação Social e a Caixa Econômica Federal deverão dar pleno cumprimento aos programas anuais em andamento, aprovados pelo Conselho Curador, sendo que eventuais alterações somente poderão ser processadas mediante prévia anuência daquele colegiado.

Art. 8º O Ministério da Ação Social, a Caixa Econômica Federal e o Conselho Curador do FGTS serão responsáveis pelo fiel cumprimento e observância dos critérios estabelecidos nesta Lei.

Art. 9º As aplicações com recursos do FGTS poderão ser realizadas diretamente pela Caixa Econômica Federal e pelos demais órgãos integrantes do Sistema Financeiro da Habitação – SFH, exclusivamente segundo critérios fixados pelo Conselho Curador do FGTS, em operações que preencham os seguintes requisitos:

- *Caput* com redação determinada pela Lei 10.931/2004.

I – garantias:

- Inciso I com redação determinada pela Lei 9.467/1997.

a) hipotecária;

b) caução de créditos hipotecários próprios, relativos a financiamentos concedidos com recursos do Agente Financeiro;

c) caução dos créditos hipotecários vinculados aos imóveis objeto de financiamento;

d) hipoteca sobre outros imóveis de propriedade do Agente Financeiro, desde que livres e desembaraçados de quaisquer ônus;

e) cessão de créditos do agente financeiro, derivados de financiamentos concedidos com recursos próprios, garantidos por penhor ou hipoteca;

f) hipoteca sobre imóvel de propriedade de terceiros;

g) seguro de crédito;

h) garantia real ou vinculação de receitas, inclusive tarifárias, nas aplicações contratadas com pessoa jurídica de direito público ou de direito privado a ela vinculada;

i) aval em nota promissória;

j) fiança pessoal;

l) alienação fiduciária de bens móveis em garantia;

m) fiança bancária;

☛ ***n)*** consignação de recebíveis, exclusivamente para operações de crédito destinadas às entidades hospitalares filantrópicas, bem como a instituições que atuam no campo para pessoas com deficiência, e sem fins lucrativos que participem de forma complementar do Sistema Único de Saúde (SUS), em percentual máximo a ser definido pelo Ministério da Saúde; e

- Alínea *n* com redação determinada pela Lei 13.778/2010.

o) outras, a critério do Conselho Curador do FGTS.

- Alínea o acrescentada pela Lei 13.778/2018.

II – correção monetária igual à das contas vinculadas;

III – taxa de juros média mínima, por projeto, de 3% (três por cento) ao ano;

IV – prazo máximo de 30 (trinta) anos.

- Inciso IV com redação determinada pela Lei 8.692/1993.

§ 1º A rentabilidade média das aplicações deverá ser suficiente à cobertura de todos os custos incorridos pelo Fundo e ainda à formação de reserva técnica para o atendimento de gastos eventuais não previstos, sendo da Caixa Econômica Federal o risco de crédito.

☛ **§ 2º** Os recursos do FGTS deverão ser aplicados em habitação, em saneamento básico, em infraestrutura urbana e em operações de crédito destinadas às entidades hospitalares filantrópicas, bem como a instituições que atuam no campo para pessoas com deficiência, e sem fins lucrativos que participem de forma complementar do SUS, desde que as disponibilidades financeiras sejam mantidas em volume que satisfaça as condições de liquidez e de remuneração mínima necessária à preservação do poder aquisitivo da moeda.

- § 2º com redação determinada pela Lei 13.778/2018.

§ 3º O programa de aplicações deverá destinar:

- §3º com redação determinada pela Lei 13.778/2018.

I – no mínimo, 60% (sessenta por cento) para investimentos em habitação popular; e

II – 5% (cinco por cento) para operações de crédito destinadas às entidades hospitalares filantrópicas, bem como a instituições que atuam no campo para pessoas com deficiência, e sem fins lucrativos que participem de forma complementar do SUS.

§ 3º-A. Os recursos previstos no inciso II do § 3º deste artigo não utilizados pelas entidades hospitalares filantrópicas, bem como pelas instituições que atuam no campo para pessoas com deficiência, e sem fins lucrativos que participem de forma complementar do SUS poderão ser destinados a aplicações em habitação, em saneamento básico e em infraestrutura urbana.

- § 3º-A acrescentado pela Lei 13.778/2018.

§ 4º Os projetos de saneamento básico e infraestrutura urbana, financiados com recursos do FGTS, deverão ser complementares aos programas habitacionais.

§ 5º As garantias, nas diversas modalidades discriminadas no inciso I do *caput* deste artigo, serão admitidas singular ou supletivamente, considerada a suficiência de cobertura para os empréstimos e financiamentos concedidos.

- § 5º com redação determinada pela Lei 9.467/1997.

§ 6º Mantida a rentabilidade média de que trata o § 1º, as aplicações em habitação popular poderão contemplar sistemática de desconto, direcionada em função da renda familiar do beneficiário, onde o valor do benefício seja con-

Legislação

cedido mediante redução no valor das prestações a serem pagas pelo mutuário ou pagamento de parte da aquisição ou construção de imóvel, dentre outras, a critério do Conselho Curador do FGTS.

- § 6º acrescentado pela MP 2.197-43/2001.

§ 7º Os recursos necessários para a consecução da sistemática de desconto serão destacados, anualmente, do orçamento de aplicação de recursos do FGTS, constituindo reserva específica, com contabilização própria.

- § 7º acrescentado pela MP 2.197-43/2001.

§ 8º É da União o risco de crédito nas aplicações efetuadas até 1º de junho de 2001 pelos demais órgãos integrantes do Sistema Financeiro da Habitação – SFH e pelas entidades credenciadas pelo Banco Central do Brasil como agentes financeiros, sub-rogando-se nas garantias prestadas à Caixa Econômica Federal.

- § 8º acrescentado pela MP 2.196-3/2001.

☛ **§ 9º** A Caixa Econômica Federal, o Banco do Brasil S.A. e o Banco Nacional de Desenvolvimento Econômico e Social (BNDES) poderão atuar como agentes financeiros autorizados para aplicação dos recursos do FGTS em operações de crédito destinadas às entidades hospitalares filantrópicas, bem como a instituições que atuam no campo para pessoas com deficiência, e sem fins lucrativos que participem de forma complementar do SUS.

- § 9º acrescentado pela Lei 13.778/2019.

§ 10. Nas operações de crédito destinadas às entidades hospitalares filantrópicas, bem como a instituições que atuam no campo para pessoas com deficiência, e sem fins lucrativos que participem de forma complementar do SUS, serão observadas as seguintes condições:

- § 10. acrescentado pela Lei 13.778/2018.

I – a taxa de juros efetiva não será superior àquela cobrada para o financiamento habitacional na modalidade pró-cotista ou a outra que venha a substituí-la;

II – a tarifa operacional única não será superior a 0,5% (cinco décimos por cento) do valor da operação; e

III – o risco das operações de crédito ficará a cargo dos agentes financeiros de que trata o § 9º deste artigo.

§ 11. As entidades hospitalares filantrópicas, bem como a instituições que atuam no campo para pessoas com deficiência, e sem fins lucrativos que participem de forma complementar do SUS deverão, para contratar operações de crédito com recursos do FGTS, atender ao disposto nos incisos II e III do *caput* do art. 4º da Lei 12.101, de 27 de novembro de 2009.

- § 11. acrescentado pela Lei 13.778/2018.

Art. 9º-A. O risco das operações de crédito de que trata o § 10 do art. 9º desta Lei ficará a cargo dos agentes financeiros referidos no § 9º do art. 9º desta Lei, hipótese em que o Conselho Curador poderá definir o percentual da taxa de risco, limitado a 3% (três por cento), a ser acrescido à taxa de juros de que trata o inciso I do § 10 do art. 9º desta Lei.

- Artigo acrescentado pela Lei 13.832/2019.

Art. 9º-B. As garantias de que trata o inciso I do *caput* do art. 9º desta Lei podem ser exigidas isolada ou cumulativamente.

- Artigo acrescentado pela Lei 13.832/2019.

Art. 9º-C. As aplicações do FGTS em operações de crédito destinadas às entidades hospitalares filantrópicas, bem como a instituições que atuem no campo para pessoas com deficiência, sem fins lucrativos e que participem de forma complementar do SUS, ocorrerão até o final do exercício de 2022.

- Artigo acrescentado pela Lei 13.832/2019.

Art. 10. O Conselho Curador fixará diretrizes e estabelecerá critérios técnicos para as aplicações dos recursos do FGTS, visando a:

I – exigir a participação dos contratantes de financiamentos nos investimentos a serem realizados;

II – assegurar o cumprimento, por parte dos contratantes inadimplentes, das obrigações decorrentes dos financiamentos obtidos;

III – evitar distorções na aplicação entre as regiões do País, considerando para tanto a demanda habitacional, a população e outros indicadores sociais.

Art. 11. Os depósitos feitos na rede bancária, a partir de 1º de outubro de 1989, relativos ao FGTS, serão transferidos à Caixa Econômica Federal no segundo dia útil subsequente à data em que tenham sido efetuados.

Art. 12. No prazo de 1 (um) ano, a contar da promulgação desta Lei, a Caixa Econômica Federal assumirá o controle de todas as contas vinculadas, nos termos do item I do art. 7º, passando os demais estabelecimentos bancários, findo esse prazo, à condição de agentes recebedores e pagadores do FGTS, mediante recebimento de tarifa, a ser fixada pelo Conselho Curador.

§ 1º Enquanto não ocorrer a centralização prevista no *caput* deste artigo, o depósito efetuado no decorrer do mês será contabilizado no saldo da conta vinculada do trabalhador, no primeiro dia útil do mês subsequente.

§ 2º Até que a Caixa Econômica Federal implemente as disposições do *caput* deste artigo, as contas vinculadas continuarão sendo abertas em estabelecimento bancário escolhido pelo empregador, dentre os para tanto autorizados pelo Banco Central do Brasil, em nome do trabalhador.

§ 3º Verificando-se mudança de emprego, até que venha a ser implementada a centralização prevista no *caput* deste artigo, a conta vinculada será transferida para o estabelecimento bancário da escolha do novo empregador.

§ 4º Os resultados financeiros auferidos pela Caixa Econômica Federal no período entre o repasse dos bancos e o depósito nas contas vinculadas dos trabalhadores destinar-se-ão à cobertura das despesas de administração do FGTS e ao pagamento da tarifa aos bancos depositários, devendo os eventuais saldos ser incorporados ao patrimônio do Fundo nos termos do art. 2º, § 1º.

§ 5º Após a centralização das contas vinculadas, na Caixa Econômica Federal, o depósito realizado no prazo regulamentar passa a integrar o saldo da conta vinculada do trabalhador a partir do dia 10 do mês de sua ocorrência. O depósito realizado fora do prazo será contabilizado no saldo no dia dez subsequente, após atualização monetária e capitalização de juros.

Art. 13. Os depósitos efetuados nas contas vinculadas serão corrigidos monetariamente com base nos parâmetros fixados para atualização dos saldos dos depósitos de poupança e capitalizarão juros de 3% a.a. (três por cento ao ano).

§ 1º Até que ocorra a centralização prevista no item I do art. 7º, a atualização monetária e a capitalização de juros correrão à conta do Fundo e o respectivo crédito será efetuado na conta vinculada no primeiro dia útil de cada mês, com base no saldo existente no primeiro dia útil do mês anterior, deduzidos os saques ocorridos no período.

§ 2º Após a centralização das contas vinculadas, na Caixa Econômica Federal, a atualização monetária e a capitalização de juros correrão à conta do Fundo e o respectivo crédito será efetuado na conta vinculada, no dia 10 de cada mês, com base no saldo existente no dia 10 do mês anterior ou no primeiro dia útil subsequente, caso o dia dez seja feriado bancário, deduzidos os saques ocorridos no período.

§ 3º Para as contas vinculadas dos trabalhadores optantes existentes à data de 22 de setembro de 1971, a capitalização dos juros dos depósitos continuará a ser feita na seguinte progressão, salvo no caso de mudança de empresa, quando a capitalização dos juros passará a ser feita à taxa de 3% a.a. (três por cento ao ano):

I – 3% (três por cento), durante os dois primeiros anos de permanência na mesma empresa;

II – 4% (quatro por cento), do terceiro ao quinto ano de permanência na mesma empresa;

III – 5% (cinco por cento), do sexto ao décimo ano de permanência na mesma empresa;

IV – 6% (seis por cento), a partir do décimo primeiro ano de permanência na mesma empresa.

§ 4º O saldo das contas vinculadas é garantido pelo Governo Federal, podendo ser instituído seguro especial para esse fim.

§ 5º O Conselho Curador autorizará a distribuição de parte do resultado positivo auferido pelo FGTS, mediante crédito nas contas vinculadas de titularidade dos trabalhadores, observadas as seguintes condições, entre outras a seu critério:

- § 5º acrescentado pela Lei 13.446/2017.

I – a distribuição alcançará todas as contas vinculadas que apresentarem saldo positivo em 31 de dezembro do exercício-base do resultado auferido, inclusive as contas vinculadas de que trata o art. 21 desta Lei;

II – a distribuição será proporcional ao saldo de cada conta vinculada em 31 de dezembro do exercício-base e deverá ocorrer até 31 de agosto do ano seguinte ao exercício de apuração do resultado; e

III – a distribuição do resultado auferido será de 50% (cinquenta por cento) do resultado do exercício.

§ 6º O valor de distribuição do resultado auferido será calculado posteriormente ao valor desembolsado com o desconto realizado no âmbito do Programa Minha Casa, Minha Vida (PMCMV), de que trata a Lei 11.977, de 7 de julho de 2009.

- § 6º acrescentado pela Lei 13.446/2017.

§ 7º O valor creditado nas contas vinculadas a título de distribuição de resultado, acrescido de juros e atualização monetária, não integrará a base de cálculo do depósito da multa rescisória de que tratam os §§ 1º e 2º do art. 18 desta Lei.

- § 7º acrescentado pela Lei 13.446/2017.

Art. 14. Fica ressalvado o direito adquirido dos trabalhadores que, à data da promulgação da Constituição Federal de 1988, já tinham o direito à estabilidade no emprego nos termos do Capítulo V do Título IV da CLT.

§ 1º O tempo do trabalhador não optante do FGTS, anterior a 5 de outubro de 1988, em caso de rescisão sem justa causa pelo empregador, reger-se-á pelos dispositivos constantes dos arts. 477, 478 e 497 da CLT.

§ 2º O tempo de serviço anterior à atual Constituição poderá ser transacionado entre empregador e empregado, respeitado o limite mínimo de 60% (sessenta por cento) da indenização prevista.

§ 3º É facultado ao empregador desobrigar-se da responsabilidade da indenização relativa ao tempo de serviço anterior à opção, depositando na conta vinculada do trabalhador, até o último dia útil do mês previsto em lei para o pagamento de salário, o valor correspondente à indenização, aplicando-se ao depósito, no que couber, todas as disposições desta Lei.

§ 4º Os trabalhadores poderão a qualquer momento optar pelo FGTS com efeito retroativo a 1º de janeiro de 1967 ou à data de sua admissão, quando posterior àquela.

Art. 15. Para os fins previstos nesta Lei, todos os empregadores ficam obrigados a depositar, até o dia 7 de cada mês, em conta bancária vinculada, a importância correspondente a 8% (oito por cento) da remuneração paga ou devida, no mês anterior, a cada trabalhador, incluídas na remuneração as parcelas de que tratam os arts. 457 e 458 da CLT e a gratificação de Natal a que se refere a Lei 4.090, de 13 de julho de 1962, com as modificações da Lei 4.749, de 12 de agosto de 1965.

- *Caput* retificado no *DOU* de 14.05.1990.

§ 1º Entende-se por empregador a pessoa física ou a pessoa jurídica de direito privado ou de direito público, da administração pública direta, indireta ou fundacional de qualquer dos Poderes, da União, dos Estados, do Distrito Federal e dos Municípios, que admitir trabalhadores a seu serviço, bem assim aquele que, regido por legislação especial, encontrar-se nessa condição ou figurar como fornecedor ou tomador de mão de obra, independente da responsabilidade solidária e/ou subsidiária a que eventualmente venha obrigar-se.

§ 2º Considera-se trabalhador toda pessoa física que prestar serviços a empregador, a locador ou tomador de mão de obra, excluídos os eventuais, os autônomos e os servidores públicos civis e militares sujeitos a regime jurídico próprio.

- § 2º retificado no *DOU* de 14.05.1990.

§ 3º Os trabalhadores domésticos poderão ter acesso ao regime do FGTS, na forma que vier a ser prevista em Lei.

§ 4º Considera-se remuneração as retiradas de diretores não empregados, quando haja deliberação da empresa, garantindo-lhes os direitos decorrentes do contrato de trabalho de que trata o art. 16.

- § 4º acrescentado pela Lei 9.711/1998.

§ 5º O depósito de que trata o *caput* deste artigo é obrigatório nos casos de afastamento para prestação do serviço militar obrigatório e licença por acidente do trabalho.

- § 5º acrescentado pela Lei 9.711/1998.

§ 6º não se incluem na remuneração, para os fins desta Lei, as parcelas elencadas no § 9º do art. 28 da Lei 8.212, de 24 de julho de 1991.

- § 6º acrescentado pela Lei 9.711/1998.

§ 7º Os contratos de aprendizagem terão a alíquota a que se refere o *caput* deste artigo reduzida para 2% (dois por cento).

- § 7º acrescentado pela Lei 10.097/2000.

Art. 16. Para efeito desta Lei, as empresas sujeitas ao regime da legislação trabalhista poderão equiparar seus diretores não empregados aos demais trabalhadores sujeitos ao regime do FGTS. Considera-se diretor aquele que exerça cargo de administração previsto em Lei, estatuto ou contrato social, independente da denominação do cargo.

Art. 17. Os empregadores se obrigam a comunicar mensalmente aos trabalhadores os valores recolhidos ao FGTS e repassar-lhes todas as informações sobre suas contas vinculadas recebidas da Caixa Econômica Federal ou dos bancos depositários.

Art. 18. Ocorrendo rescisão do contrato de trabalho, por parte do empregador, ficará este obrigado a depositar na conta vinculada do trabalhador no FGTS os valores relativos aos depósitos referentes ao mês da rescisão e ao imediatamente anterior que ainda não houver sido recolhido, sem prejuízo das cominações legais.

- *Caput* com redação determinada pela Lei 9.491/1997.

§ 1º Na hipótese de despedida pelo empregador sem justa causa, depositará este, na conta vinculada do trabalhador no FGTS, importância igual a 40% (quarenta por cento) do montante de todos os depósitos realizados na conta vinculada durante a vigência do contrato de trabalho, atualizados monetariamente e acrescidos dos respectivos juros.

- § 1º com redação determinada pela Lei 9.491/1997.
- V. LC 110/2001 (Institui contribuições sociais e autoriza créditos de complementos de atualização monetária em contas vinculadas do FGTS).
- V. Dec. 3.913/2001 (Apuração e liquidação dos complementos de atualização monetária de saldos de contas vinculadas do FGTS).
- V. Dec. 3.914/2001 (Regulamentação das contribuições sociais instituídas pela LC 110/2001).

§ 2º Quando ocorrer despedida por culpa recíproca ou força maior, reconhecida pela Justiça do Trabalho, o percentual de que trata o § 1º será de 20% (vinte por cento).

§ 3º As importâncias de que trata este artigo deverão constar da documentação comprobatória do recolhimento dos valores devidos a título de rescisão do contrato de trabalho, observado o disposto no art. 477 da CLT, eximindo o empregador, exclusivamente, quanto aos valores discriminados.

- § 3º com redação determinada pela Lei 9.491/1997.

Art. 19. No caso de extinção do contrato de trabalho prevista no art. 14 desta Lei, serão observados os seguintes critérios:

I – havendo indenização a ser paga, o empregador, mediante comprovação do pagamento daquela, poderá sacar o saldo dos valores por ele depositados na conta individualizada do trabalhador;

II – não havendo indenização a ser paga, ou decorrido o prazo prescricional para a reclamação de direitos por parte do trabalhador, o empregador poderá levantar em seu favor o saldo da respectiva conta individualizada, mediante comprovação perante o órgão competente do Ministério do Trabalho e da Previdência Social.

- V. Súmula 210, STJ.

Art. 19-A. É devido o depósito do FGTS na conta vinculada do trabalhador cujo contrato de trabalho seja declarado nulo nas hipóteses previstas no art. 37, § 2º, da Constituição Federal, quando mantido o direito ao salário.

- Artigo acrescentado pela MP 2.164-41/2001.
- V. Súmula 466, STJ.

Parágrafo único. O saldo existente em conta vinculada, oriundo de contrato declarado nulo até 28 de julho de 2001, nas condições do *caput*, que não tenha sido levantado até essa data, será liberado ao trabalhador a partir do mês de agosto de 2002.

Art. 20. A conta vinculada do trabalhador no FGTS poderá ser movimentada nas seguintes situações:

I – despedida sem justa causa, inclusive a indireta, de culpa recíproca e de força maior;

- Inciso I com redação determinada pela MP 2.197-43/2001.

I-A – extinção do contrato de trabalho prevista no art. 484-A da Consolidação das Leis do Trabalho (CLT), aprovada pelo Decreto-lei 5.452, de 1º de maio de 1943;

- Inciso I-A acrescentado pela Lei 13.467/2017 (*DOU* 14.07.2017), em vigor após decorridos 120 (cento e vinte) dias de sua publicação oficial.

II – extinção total da empresa, fechamento de quaisquer de seus estabelecimentos, filiais ou agências, supressão de parte de suas atividades, declaração de nulidade do contrato de trabalho nas condições do art. 19-A, ou ainda falecimento do empregador individual sempre que qualquer dessas ocorrências implique rescisão de contrato de trabalho, comprovada por declaração escrita da empresa, suprida, quando for o caso, por decisão judicial transitada em julgado;

- Inciso II com redação determinada pela MP 2.164-41/2001.

III – aposentadoria concedida pela Previdência Social;

IV – falecimento do trabalhador, sendo o saldo pago a seus dependentes, para esse fim habilitados perante a Previdência Social, segundo o critério adotado para a concessão de pensões por morte. Na falta de dependentes, farão jus ao recebimento do saldo da conta vinculada os seus sucessores previstos na lei civil, indicados em alvará judicial, expedido a requerimento do interessado, independente de inventário ou arrolamento;

V – pagamento de parte das prestações decorrentes de financiamento habitacional concedido no âmbito do Sistema Financeiro da Habitação – SFH, desde que:

a) o mutuário conte com o mínimo de 3 (três) anos de trabalho sob o regime do FGTS, na mesma empresa ou em empresas diferentes;

b) o valor bloqueado seja utilizado, no mínimo, durante o prazo de 12 (doze) meses;

c) o valor do abatimento atinja, no máximo, 80% (oitenta por cento) do montante da prestação;

VI – liquidação ou amortização extraordinária do saldo devedor de financiamento imobiliário, observadas as condições estabelecidas pelo Conselho Curador, dentre elas a de que o financiamento seja concedido no âmbito do SFH e haja interstício mínimo de 2 (dois) anos para cada movimentação;

VII – pagamento total ou parcial do preço de aquisição de moradia própria, ou lote urbanizado de interesse social não construído, observadas as seguintes condições:

- *Caput* do inciso VII com redação determinada pela Lei 11.977/2009.

a) o mutuário deverá contar com o mínimo de 3 (três) anos de trabalho sob o regime do FGTS, na mesma empresa ou empresas diferentes;

b) seja a operação financiável nas condições vigentes para o SFH;

VIII – quando o trabalhador permanecer 3 (três) anos ininterruptos, a partir de 1º de junho de 1990, fora do regime do FGTS, podendo o saque, neste caso, ser efetuado a partir do mês de aniversário do titular da conta;

- Inciso VIII com redação determinada pela Lei 8.678/1993.

IX – extinção normal do contrato a termo, inclusive o dos trabalhadores temporários regidos pela Lei 6.019, de 3 de janeiro de 1974;

X – suspensão total do trabalho avulso por período igual ou superior a 90 (noventa) dias, comprovada por declaração do sindicato representativo da categoria profissional;

XI – quando o trabalhador ou qualquer de seus dependentes for acometido de neoplasia maligna;

- Inciso XI acrescentado pela Lei 8.922/1994.

XII – aplicação em quotas de Fundos Mútuos de Privatização, regidos pela Lei 6.385, de 7 de dezembro de 1976, permitida a utilização máxima de 50% (cinquenta por cento) do saldo existente e disponível em sua conta vinculada do Fundo de Garantia do Tempo de Serviço, na data em que exercer a opção;

- Inciso XII acrescentado pela Lei 9.491/1997.

XIII – quando o trabalhador ou qualquer de seus dependentes for portador do vírus HIV;

- Inciso XIII acrescentado pela MP 2.164-41/2001.

XIV – quando o trabalhador ou qualquer de seus dependentes estiver em estágio terminal, em razão de doença grave, nos termos do regulamento;

- Inciso XIV acrescentado pela MP 2.164-41/2001.

XV – quando o trabalhador tiver idade igual ou superior a 70 (setenta) anos;

- Inciso XV acrescentado pela MP 2.164-41/2001.

XVI – necessidade pessoal, cuja urgência e gravidade decorra de desastre natural, conforme disposto em regulamento, observadas as seguintes condições:

- Inciso XVI acrescentado pela Lei 10.878/2004.
- V. Dec. 5.113/2004 (Regulamenta o art. 20, XVI, da Lei 8.036/1990).

a) o trabalhador deverá ser residente em áreas comprovadamente atingidas de Município ou do Distrito Federal em situação de emergência ou em estado de calamidade pública, formalmente reconhecidos pelo Governo Federal;

b) a solicitação de movimentação da conta vinculada será admitida até 90 (noventa) dias após a publicação do ato de reconhecimento, pelo Governo Federal, da situação de emergência ou de estado de calamidade pública; e

c) o valor máximo do saque da conta vinculada será definido na forma do regulamento;

XVII – integralização de cotas do FI-FGTS, respeitado o disposto na alínea *i* do inciso XIII do art. 5º desta Lei, permitida a utilização máxima de 30% (trinta por cento) do saldo existente e disponível na data em que exercer a opção;

- Inciso XVII com redação determinada pela Lei 12.087/2009.

XVIII – quando o trabalhador com deficiência, por prescrição, necessite adquirir órtese ou prótese para promoção de acessibilidade e de inclusão social;

- Inciso XVIII acrescentado pela Lei 13.146/2015 (*DOU* 07.07.2015), em vigor após decorridos 180 (cento e oitenta) dias de sua publicação oficial.

XIX – pagamento total ou parcial do preço de aquisição de imóveis da União inscritos em regime de ocupação ou aforamento, a que se referem o art. 4º da Lei 13.240, de 30 de dezembro de 2015, e o art. 16-A da Lei 9.636, de 15 de maio de 1998, respectivamente, observadas as seguintes condições:

- Inciso XIX acrescentado pela Lei 13.465/2017.

a) o mutuário deverá contar com o mínimo de três anos de trabalho sob o regime do FGTS, na mesma empresa ou em empresas diferentes;

b) seja a operação financiável nas condições vigentes para o Sistema Financeiro da Habitação (SFH) ou ainda por intermédio de parcelamento efetuado pela Secretaria do Patrimônio da União (SPU), mediante a contratação da Caixa Econômica Federal como agente financeiro dos contratos de parcelamento;

c) sejam observadas as demais regras e condições estabelecidas para uso do FGTS.

§ 1º A regulamentação das situações previstas nos incisos I e II assegurará que a retirada a que faz jus o trabalhador corresponda aos depósitos efetuados na conta vinculada durante o período de vigência do último contrato de trabalho, acrescida de juros e atualização monetária, deduzidos os saques.

§ 2º O Conselho Curador disciplinará o disposto no inciso V, visando a beneficiar os trabalhadores de baixa renda e a preservar o equilíbrio financeiro do FGTS.

§ 3º O direito de adquirir moradia com recursos de FGTS, pelo trabalhador, só poderá ser exercido para um único imóvel.

§ 4º O imóvel objeto de utilização do FGTS somente poderá ser objeto de outra transação com recursos do Fundo, na forma que vier a ser regulamentada pelo Conselho Curador.

§ 5º O pagamento da retirada, após o período previsto em regulamento, implicará atualização monetária dos valores devidos.

§ 6º Os recursos aplicados em cotas de Fundos Mútuos de Privatização, referidos no inciso XII, serão destinados, nas condições aprovadas pelo CND, a aquisições de valores mobiliários, no âmbito do Programa Nacional de Desestatização, de que trata a Lei 9.491, de 1997, e de programas estaduais de desestatização, desde que, em ambos os casos, tais destinações sejam aprovadas pelo CND.

• § 6º com redação determinada pela Lei 9.635/1998.

§ 7º Ressalvadas as alienações decorrentes das hipóteses de que trata o § 8º, os valores mobiliários a que se refere o parágrafo anterior só poderão ser integralmente vendidos, pelos respectivos Fundos, 6 (seis) meses após a sua aquisição, podendo ser alienada em prazo inferior parcela equivalente a 10% (dez por cento) do valor adquirido, autorizada a livre aplicação do produto dessa alienação, nos termos da Lei 6.385, de 7 de dezembro de 1976.

• § 7º com redação determinada pela Lei 9.635/1998.

§ 8º As aplicações em Fundos Mútuos de Privatização e no FI-FGTS são nominativas, impenhoráveis e, salvo as hipóteses previstas nos incisos I a XI e XIII a XVI do *caput* deste artigo, indisponíveis por seus titulares.

• § 8º com redação determinada pela Lei 11.491/2007.

§ 9º Decorrido o prazo mínimo de 12 (doze) meses, contados da efetiva transferência das quotas para os Fundos Mútuos de Privatização, os titulares poderão optar pelo retorno para sua conta vinculada no Fundo de Garantia do Tempo de Serviço.

• § 9º acrescentado pela Lei 9.491/1997.

§ 10. A cada período de 6 (seis) meses, os titulares das aplicações em Fundos Mútuos de Privatização poderão transferi-las para outro fundo de mesma natureza.

• § 10 acrescentado pela Lei 9.491/1997.

§ 11. O montante das aplicações de que trata o § 6º deste artigo ficará limitado ao valor dos créditos contra o Tesouro Nacional de que seja titular o Fundo de Garantia do Tempo de Serviço.

• § 11 acrescentado pela Lei 9.491/1997.

§ 12. Desde que preservada a participação individual dos quotistas, será permitida a constituição de clubes de investimento, visando a aplicação em quotas de Fundos Mútuos de Privatização.

• § 12 acrescentado pela Lei 9.491/1997.

§ 13. A garantia a que alude o § 4º do art. 13 desta Lei não compreende as aplicações a que se referem os incisos XII e XVII do *caput* deste artigo.

• § 13 com redação determinada pela Lei 11.491/2007.

§ 14. Ficam isentos do imposto de renda:

• § 14 com redação determinada pela Lei 11.491/2007.

I – a parcela dos ganhos nos Fundos Mútuos de Privatização até o limite da remuneração das contas vinculadas de que trata o art. 13 desta Lei, no mesmo período; e

II – os ganhos do FI-FGTS e do Fundo de Investimento em Cotas – FIC, de que trata o § 19 deste artigo.

§ 15. A transferência de recursos da conta do titular no Fundo de Garantia do Tempo de Serviço em razão da aquisição de ações, nos termos do inciso XII do *caput* deste artigo, ou de cotas do FI-FGTS não afetará a base de cálculo da multa rescisória de que tratam os §§ 1º e 2º do art. 18 desta Lei.

• § 15 com redação determinada pela Lei 11.491/2007.

§ 16. Os clubes de investimento a que se refere o § 12 poderão resgatar, durante os seis primeiros meses da sua constituição, parcela equivalente a 5% (cinco por cento) das quotas adquiridas, para atendimento de seus desembolsos, autorizada a livre aplicação do produto dessa venda, nos termos da Lei 6.385, de 7 de dezembro de 1976.

• § 16 acrescentado pela Lei 9.635/1998.

§ 17. Fica vedada a movimentação da conta vinculada do FGTS nas modalidades previstas nos incisos V, VI e VII deste artigo, nas operações firmadas, a partir de 25 de junho de 1998, no caso em que o adquirente já seja proprietário ou promitente comprador de imóvel localizado no município onde resida, bem como no caso em que o adquirente já detenha, em qualquer parte do País, pelo menos um financiamento nas condições do SFH.

• § 17 acrescentado pela MP 2.197-43/2001.

§ 18. É indispensável o comparecimento pessoal do titular da conta vinculada para o pagamento da retirada nas hipóteses previstas nos incisos I, II, III, VIII, IX e X deste artigo, salvo em caso de grave moléstia comprovada por perícia médica, quando será paga a procurador especialmente constituído para esse fim.

• § 18 acrescentado pela MP 2.197-43/2001.

§ 19. A integralização das cotas previstas no inciso XVII do *caput* deste artigo será realizada por meio de Fundo de Investimento em Cotas – FIC, constituído pela Caixa Econômica Federal especificamente para essa finalidade.

• § 19 acrescentado pela Lei 11.491/2007.

§ 20. A Comissão de Valores Mobiliários estabelecerá os requisitos para a integralização das cotas referidas no § 19 deste artigo, devendo condicioná-la pelo menos ao atendimento das seguintes exigências:

• § 20 acrescentado pela Lei 11.491/2007.

I – elaboração e entrega de prospecto ao trabalhador; e

II – declaração, por escrito, individual e específica, pelo trabalhador, de sua ciência quanto aos riscos do investimento que está realizando.

§ 21. As movimentações autorizadas nos incisos V e VI do *caput* serão estendidas aos contratos de participação de grupo de consórcio para aquisição de imóvel residencial, cujo bem já tenha sido adquirido pelo consorciado, na forma a ser regulamentada pelo Conselho Curador do FGTS.

• § 21 acrescentado pela Lei 12.058/2009.

§ 22. Na movimentação das contas vinculadas a contrato de trabalho extinto até 31 de dezembro de 2015, ficam isentas as exigências de que trata o inciso VIII do *caput* deste artigo, podendo o saque, nesta hipótese, ser efetuado segundo cronograma de atendimento estabelecido pelo agente operador do FGTS.

• § 22 acrescentado pela Lei 13.446/2017.

Art. 21. Os saldos das contas não individualizadas e das contas vinculadas que se conservem ininterruptamente sem créditos de depósitos por mais de 5 (cinco) anos, a partir de 1º de junho de 1990, em razão de o seu titular ter estado fora do regime do FGTS, serão incorporados ao patrimônio do Fundo, resguardado o direito do beneficiário reclamar, a qualquer tempo, a reposição do valor transferido.

• Artigo com redação determinada pela Lei 8.678/1993.

Parágrafo único. O valor, quando reclamado, será pago ao trabalhador acrescido da remuneração prevista no § 2º do art. 13 desta Lei.

Art. 22. O empregador que não realizar os depósitos previstos nesta Lei, no prazo fixado no art. 15, responderá pela incidência da Taxa Referencial – TR sobre a importância correspondente.

• Artigo com redação determinada pela Lei 9.964/2000.

• V. Dec. 3.913/2001 (Apuração e liquidação dos complementos de atualização monetária de saldos de contas vinculadas do FGTS).

• V. Súmula 459, STJ.

§ 1º Sobre o valor dos depósitos, acrescidos da TR, incidirão, ainda juros de mora de 0,5% (meio por cento) ao mês ou fração e multa, sujeitando-se, também, às obrigações e sanções previstas no Decreto-lei 368, de 19 de dezembro de 1968.

§ 2º A incidência da TR de que trata o *caput* deste artigo será cobrada por dia de atraso, tomando-se por base o índice de atualização das contas vinculadas do FGTS.

§ 2º-A. A multa referida no § 1º deste artigo será cobrada nas condições que se seguem:

I – 5% (cinco por cento), no mês de vencimento da obrigação;

II – 10% (dez por cento), a partir do mês seguinte ao do vencimento da obrigação.

§ 3º Para efeito de levantamento de débito para com o FGTS, o percentual de 8% (oito por cento) incidirá sobre o valor acrescido da TR até a data da respectiva operação.

Art. 23. Competirá ao Ministério do Trabalho e da Previdência Social a verificação, em nome da Caixa Econômica Federal, do cumprimento do disposto nesta Lei, especialmente quanto à apuração dos débitos e das infrações praticadas pelos empregadores ou tomadores de serviço, notificando-os para efetuarem e comprovarem os depósitos correspondentes e cumprirem as demais determinações legais, podendo, para tanto, contar com o concurso de outros órgãos do Governo Federal, na forma que vier a ser regulamentada.

§ 1º Constituem infrações para efeito desta Lei:

I – não depositar mensalmente o percentual referente ao FGTS, bem como os valores previstos no art. 18 desta Lei, nos prazos de que trata o § 6º do art. 477 da Consolidação das Leis do Trabalho – CLT;

• Inciso I com redação determinada pela MP 2.197-43/2001.

II – omitir as informações sobre a conta vinculada do trabalhador;

III – apresentar as informações ao Cadastro Nacional do Trabalhador, dos trabalhadores beneficiários, com erros ou omissões;

IV – deixar de computar, para efeito de cálculo dos depósitos do FGTS, parcela componente da remuneração;

V – deixar de efetuar os depósitos e os acréscimos legais, após notificado pela fiscalização.

§ 2º Pela infração do disposto no § 1º deste artigo, o infrator estará sujeito às seguintes multas por trabalhador prejudicado:

a) de dois a cinco BTN, no caso dos incisos II e III;

b) de dez a cem BTN, no caso dos incisos I, IV e V.

§ 3º Nos casos de fraude, simulação, artifício, ardil, resistência, embaraço ou desacato à fiscalização, assim como na reincidência, a multa especificada no parágrafo anterior será duplicada, sem prejuízo das demais cominações legais.

§ 4º Os valores das multas, quando não recolhidas no prazo legal, serão atualizados monetariamente até a data de seu efetivo pagamento, através de sua conversão pelo BTN Fiscal.

§ 5º O processo de fiscalização, de autuação e de imposição de multas reger-se-á pelo disposto no Título VII da CLT, respeitado o privilégio do FGTS à prescrição trintenária.

• V. Súmula 210, STJ.
• V. Súmula 206, TST.

§ 6º Quando julgado procedente o recurso interposto na forma do Título VII da CLT, os depósitos efetuados para garantia de instância serão restituídos com os valores atualizados na forma da Lei.

§ 7º A rede arrecadadora e a Caixa Econômica Federal deverão prestar ao Ministério do Trabalho e da Previdência Social as informações necessárias à fiscalização.

Art. 24. Por descumprimento ou inobservância de quaisquer das obrigações que lhe compete como agente arrecadador, pagador e mantenedor do cadastro de contas vinculadas, na forma que vier a ser regulamentada pelo Conselho Curador, fica o banco depositário sujeito ao pagamento de multa equivalente a 10% (dez por cento) do montante da conta do empregado, independentemente das demais cominações legais.

Art. 25. Poderá o próprio trabalhador, seus dependentes e sucessores, ou ainda o Sindicato a que estiver vinculado, acionar diretamente a empresa por intermédio da Justiça do Trabalho, para compeli-la a efetuar o depósito das importâncias devidas nos termos desta Lei.

Parágrafo único. A Caixa Econômica Federal e o Ministério do Trabalho e da Previdência Social deverão ser notificados da propositura da reclamação.

Art. 26. É competente a Justiça do Trabalho para julgar os dissídios entre os trabalhadores e os empregadores decorrentes da aplicação desta Lei, mesmo quando a Caixa Econômica Federal e o Ministério do Trabalho e da Previdência Social figurarem como litisconsortes.

Parágrafo único. Nas reclamatórias trabalhistas que objetivam o ressarcimento de parcelas relativas ao FGTS, ou que, direta ou indiretamente, impliquem essa obrigação de fazer, o juiz determinará que a empresa sucumbente proceda ao recolhimento imediato das importâncias devidas a tal título.

Art. 27. A apresentação do Certificado de Regularidade do FGTS, fornecido pela Caixa Econômica Federal, é obrigatória nas seguintes situações:

a) habilitação e licitação promovida por órgão da Administração Federal, Estadual e Municipal, direta, indireta ou fundacional ou por entidade controlada direta ou indiretamente pela União, Estado e Município;

☛ *b)* obtenção, por parte da União, dos Estados ou dos Municípios, ou por órgãos da Administração federal, estadual ou municipal, direta, indireta ou fundacional, ou indiretamente pela União, pelos Estados ou pelos Municípios, de empréstimos ou financiamentos realizados com lastro em recursos públicos ou oriundos do FGTS perante quaisquer instituições de crédito;

• Alínea *b* com redação determinada pela Lei 13.805/ 2019.
• V. art. 5º, Lei 12.453/2011, que suspende, até 30.06.2012, as exigências de regularidade fiscal previstas neste dispositivo, sem prejuízo do disposto no § 3º do art. 195 da Constituição Federal, nas contratações de operações de crédito e renegociações de dívidas realizadas com instituições financeiras públicas, que tenham como mutuários os contribuintes a que se refere o art. 6º da referida Lei.

c) obtenção de favores creditícios, isenções, subsídios, auxílios, outorga ou concessão de serviços ou quaisquer outros benefícios concedidos por órgão da Administração Federal, Estadual e Municipal, salvo quando destinados a saldar débitos para com o FGTS;

d) transferência de domicílio para o exterior;

e) registro ou arquivamento, nos órgãos competentes, de alteração ou distrato de contrato social, de estatuto, ou de qualquer documento que implique modificação na estrutura jurídica do empregador ou na sua extinção.

Art. 28. São isentos de tributos federais os atos e operações necessários à aplicação desta Lei, quando praticados pela Caixa Econômica Federal, pelos trabalhadores e seus dependentes ou sucessores, pelos empregadores e pelos estabelecimentos bancários.

Parágrafo único. Aplica-se o disposto neste artigo às importâncias devidas, nos termos desta Lei, aos trabalhadores e seus dependentes ou sucessores.

Art. 29. Os depósitos em conta vinculada, efetuados nos termos desta Lei, constituirão despesas dedutíveis do lucro operacional dos empregadores e as importâncias levantadas a seu favor implicarão receita tributável.

Art. 29-A. Quaisquer créditos relativos à correção dos saldos das contas vinculadas do FGTS serão liquidados mediante lançamento pelo agente operador na respectiva conta do trabalhador.

• Artigo acrescentado pela MP 2.197-43/2001.

Art. 29-B. Não será cabível medida liminar em mandado de segurança, no procedimento cautelar ou em quaisquer outras ações de natureza cautelar ou preventiva, nem a tutela antecipada prevista nos arts. 273 e 461 do Código de Processo Civil que impliquem saque ou movimentação da conta vinculada do trabalhador no FGTS.

• Artigo acrescentado pela MP 2.197-43/2001.

Art. 29-C. Nas ações entre o FGTS e os titulares de contas vinculadas, bem como naquelas em que figurem os respectivos representantes ou substitutos processuais, não haverá condenação em honorários advocatícios.

• Artigo acrescentado pela MP 2.164-41/2001.
• O STF, na ADIn 2.736 (DJE 29.03.2011, divulgado em 28.03.2011), julgou procedente a ação direta declarando como "inconstitucional a medida provisória que, alterando lei, suprime condenação em honorários advocatícios, por sucumbência, nas ações entre o Fundo de Garantia por Tempo de Serviço (FGTS) e titulares de contas vinculadas, bem como naquelas em que figurem os respectivos representantes ou substitutos processuais."

Art. 29-D. A penhora em dinheiro, na execução fundada em título judicial em que se determine crédito complementar de saldo de conta vinculada do FGTS, será feita mediante depósito de recursos do Fundo em conta vinculada em nome do exequente, à disposição do juízo.

• Artigo acrescentado pela MP 2.164-41/2001.

Parágrafo único. O valor do depósito só poderá ser movimentado, após liberação judicial, nas hipóteses previstas no art. 20 ou para reversão ao Fundo.

Art. 30. Fica reduzida para 1,5% (um e meio por cento) a contribuição devida pelas empresas ao Serviço Social do Comércio e ao Serviço Social da Indústria e dispensadas estas entidades da subscrição compulsória a que alude o art. 21 da Lei 4.380, de 21 de agosto de 1964.

Art. 31. O Poder Executivo expedirá o Regulamento desta Lei no prazo de 60 (sessenta) dias a contar da data de sua promulgação.

Art. 32. Esta Lei entra em vigor na data de sua publicação, revogada a Lei 7.839, de 12 de outubro de 1989, e as demais disposições em contrário.

Brasília, em 11 de maio de 1990; 169º da Independência e 102º da República.

Fernando Collor

(*DOU* 14.05.1990; ret. 15.05.1990)

LEI 8.038, DE 28 DE MAIO DE 1990

Institui normas procedimentais para os processos que especifica, perante o Superior Tribunal de Justiça e o Supremo Tribunal Federal.

- V. Lei 5.638/1970 (Dispõe sobre o processo e julgamento das ações trabalhistas de competência da Justiça Federal).
- V. Lei 11.419/2006 (Dispõe sobre a informatização do processo judicial).

O Presidente da República:

Faço saber que o Congresso Nacional decreta e eu sanciono a seguinte Lei:

TÍTULO I
Processos de Competência Originária

Capítulo I
Ação Penal Originária

- V. art. 1º, Lei 8.658/1993 (Ações penais originárias nos Tribunais de Justiça e Tribunais Regionais Federais).

Art. 1º Nos crimes de ação penal pública, o Ministério Público terá o prazo de 15 (quinze) dias para oferecer denúncia ou pedir arquivamento do inquérito ou das peças informativas.

- V. art. 129, II, CF.
- V. art. 61, RISTJ.

§ 1º Diligências complementares poderão ser deferidas pelo relator, com interrupção do prazo deste artigo.

- V. art. 798, CPP.

§ 2º Se o indiciado estiver preso:

a) o prazo para oferecimento da denúncia será de 5 (cinco) dias;

b) as diligências complementares não interromperão o prazo, salvo se o relator, ao deferi-las, determinar o relaxamento da prisão.

- V. art. 5º, LXVII, CF.
- V. art. 648, II, CPP.

Art. 2º O relator, escolhido na forma regimental, será o juiz da instrução, que se realizará segundo o disposto neste capítulo, no Código de Processo Penal, no que for aplicável, e no Regimento Interno do Tribunal.

Parágrafo único. O relator terá as atribuições que a legislação processual confere aos juízes singulares.

Art. 3º Compete ao relator:

I – determinar o arquivamento do inquérito ou de peças informativas, quando o requerer o Ministério Público, ou submeter o requerimento à decisão competente do Tribunal;

II – decretar a extinção da punibilidade, nos casos previstos em lei;

- V. art. 107, CP.

III – convocar desembargadores de Turmas Criminais dos Tribunais de Justiça ou dos Tribunais Regionais Federais, bem como juízes de varas criminais da Justiça dos Estados e da Justiça Federal, pelo prazo de 6 (seis) meses, prorrogável por igual período, até o máximo de 2 (dois) anos, para a realização do interrogatório e de outros atos da instrução, na sede do tribunal ou no local onde se deva produzir o ato.

- Inciso III acrescentado pela Lei 12.019/2009.

Art. 4º Apresentada a denúncia ou a queixa ao Tribunal, far-se-á a notificação do acusado para oferecer resposta no prazo de 15 (quinze) dias.

- V. art. 5º, LIV, CF.

§ 1º Com a notificação, serão entregues ao acusado cópia da denúncia ou da queixa, do despacho do relator e dos documentos por este indicados.

§ 2º Se desconhecido o paradeiro do acusado, ou se este criar dificuldades para que o oficial cumpra a diligência, proceder-se-á à sua notificação por edital, contendo o teor resumido da acusação, para que compareça ao Tribunal, em 5 (cinco) dias, onde terá vista dos autos pelo prazo de 15 (quinze) dias, a fim de apresentar a resposta prevista neste artigo.

Art. 5º Se, com a resposta, forem apresentados novos documentos, será intimada a parte contrária para sobre eles se manifestar, no prazo de 5 (cinco) dias.

Parágrafo único. Na ação penal de iniciativa privada, será ouvido, em igual prazo, o Ministério Público.

- V. art. 45, CPP.

Art. 6º A seguir, o relator pedirá dia para que o Tribunal delibere sobre o recebimento, a rejeição da denúncia ou da queixa, ou a improcedência da acusação, se a decisão não depender de outras provas.

- V. art. 395, CPP.

§ 1º No julgamento de que trata este artigo, será facultada sustentação oral pelo prazo de 15 (quinze) minutos, primeiro à acusação, depois à defesa.

§ 2º Encerrados os debates, o Tribunal passará a deliberar, determinando o Presidente as pessoas que poderão permanecer no recinto, observado o disposto no inciso II, do art. 12, desta Lei.

Art. 7º Recebida a denúncia ou a queixa, o relator designará dia e hora para o interrogatório, mandando citar o acusado ou querelado e intimar o órgão do Ministério Público, bem como o querelante ou o assistente, se for o caso.

- V. art. 188, CPP.

Art. 8º O prazo para defesa prévia será de 5 (cinco) dias, contado do interrogatório ou da intimação do defensor dativo.

- V. art. 114, RISTJ.

Art. 9º A instrução obedecerá, no que couber, ao procedimento comum do Código de Processo Penal.

§ 1º O relator poderá delegar a realização do interrogatório ou de outro ato da instrução ao juiz ou membro de tribunal com competência territorial no local de cumprimento da carta de ordem.

- V. arts. 260, 263 e 266, CPC/2015.

§ 2º Por expressa determinação do relator, as intimações poderão ser feitas por carta registrada com aviso de recebimento.

- V. arts. 231 e 269, caput, CPC/2015.

Art. 10. Concluída a inquirição de testemunhas, serão intimadas a acusação e a defesa, para requerimento de diligências no prazo de 5 (cinco) dias.

Art. 11. Realizadas as diligências, ou não sendo estas requeridas nem determinadas pelo relator, serão intimadas a acusação e a defesa para, sucessivamente, apresentarem, no prazo de 15 (quinze) dias, alegações escritas.

§ 1º Será comum o prazo do acusador e do assistente, bem como o dos corréus.

§ 2º Na ação penal de iniciativa privada, o Ministério Público terá vista, por igual prazo, após as alegações das partes.

§ 3º O relator poderá, após as alegações escritas, determinar de ofício a realização de provas reputadas imprescindíveis para o julgamento da causa.

Art. 12. Finda a instrução, o Tribunal procederá ao julgamento, na forma determinada pelo regimento interno, observando-se o seguinte:

I – a acusação e a defesa terão, sucessivamente, nessa ordem, prazo de 1 (uma) hora para sustentação oral, assegurado ao assistente 1/4 (um quarto) do tempo da acusação;

II – encerrados os debates, o Tribunal passará a proferir o julgamento, podendo o Presidente limitar a presença no recinto às partes e seus advogados, ou somente a estes, se o interesse público exigir.

Capítulo II
Reclamação

Art. 13. *(Revogado pela Lei 13.105/2015 – DOU 17.03.2015, em vigor após decorrido 1 (um) ano da data de sua publicação oficial).*

Art. 14. *(Revogado pela Lei 13.105/2015 – DOU 17.03.2015, em vigor após decorrido 1 (um) ano da data de sua publicação oficial).*

Art. 15. *(Revogado pela Lei 13.105/2015 – DOU 17.03.2015, em vigor após decorrido 1 (um) ano da data de sua publicação oficial).*

Art. 16. *(Revogado pela Lei 13.105/2015 – DOU 17.03.2015, em vigor após decorrido 1 (um) ano da data de sua publicação oficial).*

Art. 17. *(Revogado pela Lei 13.105/2015 – DOU 17.03.2015, em vigor após decorrido 1 (um) ano da data de sua publicação oficial).*

Art. 18. *(Revogado pela Lei 13.105/2015 – DOU 17.03.2015, em vigor após decorrido 1 (um) ano da data de sua publicação oficial).*

Capítulo III
Intervenção Federal

Art. 19. A requisição de intervenção federal prevista nos incisos II e IV do art. 36 da Constituição Federal será promovida:

I – de ofício, ou mediante pedido de Presidente de Tribunal de Justiça do Estado, ou de Presidente de Tribunal Federal, quando se tratar de prover a execução de ordem ou decisão judicial, com ressalva, conforme a matéria, da competência do Supremo Tribunal Federal ou do Tribunal Superior Eleitoral;

II – de ofício, ou mediante pedido da parte interessada, quando se tratar de prover a execução de ordem ou decisão do Superior Tribunal de Justiça;

III – mediante representação do Procurador-Geral da República, quando se tratar de prover a execução de lei federal.

Art. 20. O Presidente, ao receber o pedido:

I – tomará as providências que lhe parecerem adequadas para remover, administrativamente, a causa do pedido;

II – mandará arquivá-lo, se for manifestamente infundado, cabendo do seu despacho agravo regimental.

Art. 21. Realizada a gestão prevista no inciso I do artigo anterior, solicitadas informações à autoridade estadual e ouvido o Procurador-Geral, o pedido será distribuído a um relator.

Parágrafo único. Tendo em vista o interesse público, poderá ser permitida a presença no recinto às partes e seus advogados, ou somente a estes.

Art. 22. Julgado procedente o pedido, o Presidente do Superior Tribunal de Justiça comunicará, imediatamente, a decisão aos órgãos do poder público interessados e requisitará a intervenção ao Presidente da República.

Capítulo IV
Habeas Corpus

Art. 23. Aplicam-se ao *habeas corpus* perante o Superior Tribunal de Justiça as normas do Livro III, Título II, Capítulo X, do Código de Processo Penal.

- V. art. 5º, LXVIII, CF.

Capítulo V
Outros Procedimentos

Art. 24. Na ação rescisória, nos conflitos de competência, de jurisdição e de atribuições, na revisão criminal e no mandado de segurança, será aplicada a legislação processual em vigor.

- V. arts. 5º, LXIX, 102, I, e 105, I, CF.
- V. arts. 966 a 970 e 972 a 975, CPC/2015.
- V. arts. 621 a 631, CPP.

Parágrafo único. No mandado de injunção e no *habeas data*, serão observadas, no que couber, as normas do mandado de segurança, enquanto não editada legislação específica.

- V. art. 5º, LXXI e LXXII, CF.
- V. arts. 1.027 e 1.028, CPC/2015.

Art. 25. Salvo quando a causa tiver por fundamento matéria constitucional, competente ao Presidente do Superior Tribunal de Justiça, a requerimento do Procurador-Geral da República ou da pessoa jurídica de direito público interessada, e para evitar grave lesão à ordem, à saúde, à segurança e à economia pública, suspender, em despacho fundamentado, a execução de liminar ou de decisão concessiva de mandado de segurança, proferida, em única ou última instância, pelos Tribunais Regionais Federais ou pelos Tribunais dos Estados e do Distrito Federal.

- V. art. 297, RISTF.
- V. art. 271, RISTJ.

§ 1º O Presidente pode ouvir o impetrante, em 5 (cinco) dias, e o Procurador-Geral quando não for o requerente, em igual prazo.

- V. art. 297, § 1º, RISTF.

§ 2º Do despacho que conceder a suspensão caberá agravo regimental.

- V. art. 39.

§ 3º A suspensão de segurança vigorará enquanto pender o recurso, ficando sem efeito, se a decisão concessiva for mantida pelo Superior Tribunal de Justiça ou transitar em julgado.

- V. art. 297, § 3º, RISTF.
- V. art. 271, § 3º, RISTJ.
- V. Súmula 626, STF.

TÍTULO II
Recursos

Capítulo I
Recurso Extraordinário e Recurso Especial

- V. arts. 1.029 a 1.041, CPC/2015.

Art. 26. *(Revogado pela Lei 13.105/2015 – DOU 17.03.2015, em vigor após decorrido 1 (um) ano da data de sua publicação oficial).*

Art. 27. *(Revogado pela Lei 13.105/2015 – DOU 17.03.2015, em vigor após decorrido 1 (um) ano da data de sua publicação oficial).*

Art. 28. *(Revogado pela Lei 13.105/2015 – DOU 17.03.2015, em vigor após decorrido 1 (um) ano da data de sua publicação oficial).*

Art. 29. *(Revogado pela Lei 13.105/2015 – DOU 17.03.2015, em vigor após decorrido 1 (um) ano da data de sua publicação oficial).*

Capítulo II
Recurso Ordinário em *Habeas Corpus*

Art. 30. O recurso ordinário para o Superior Tribunal de Justiça, das decisões denegatórias de *habeas corpus*, proferidas pelos Tribunais Regionais Federais ou pelos Tribunais dos Estados e do Distrito Federal, será interposto no prazo de 5 (cinco) dias, com as razões do pedido de reforma.

- V. art. 105, II, a, CF.

Art. 31. Distribuído o recurso, a Secretaria, imediatamente, fará os autos com vista ao Ministério Público, pelo prazo de 2 (dois) dias.

Parágrafo único. Conclusos os autos ao relator, este submeterá o feito a julgamento independentemente de pauta.

Art. 32. Será aplicado, no que couber, ao processo e julgamento do recurso, o disposto com relação ao pedido originário de *habeas corpus.*

- V. art. 102, I, d e i, CF.
- V. art. 650, I, CPP.

Capítulo III
Recurso Ordinário em Mandado de Segurança

Art. 33. O recurso ordinário para o Superior Tribunal de Justiça, das decisões denegatórias de mandado de segurança, proferidas em única instância pelos Tribunais Regionais Federais ou pelos Tribunais de Estados e do Distrito Federal, será interposto no prazo de 15 (quinze) dias, com as razões do pedido de reforma.

- V. art. 105, II, b, CF.

Art. 34. Serão aplicadas, quanto aos requisitos de admissibilidade e ao procedimento no Tribunal recorrido, as regras do Código de Processo Civil relativas à apelação.

- V. arts. 1.009 a 1.014, CPC/2015.

Art. 35. Distribuído o recurso, a Secretaria, imediatamente, fará os autos com vista ao Ministério Público, pelo prazo de 5 (cinco) dias.

Parágrafo único. Conclusos os autos ao relator, este pedirá dia para julgamento.

- V. arts. 934 e 935, CPC/2015.

Capítulo IV
Apelação Cível e Agravo de Instrumento

Art. 36. Nas causas em que forem partes, de um lado, Estado estrangeiro ou organismo internacional e, de outro, município ou pessoa domiciliada ou residente no País, caberá:

- V. art. 105, II, c, CF.

I – apelação da sentença;

- V. arts. 1.009 a 1.014, CPC/2015.

II – agravo de instrumento, das decisões interlocutórias.

- V. arts. 1.015 a 1.020, CPC/2015.

Art. 37. Os recursos mencionados no artigo anterior serão interpostos para o Superior Tribunal de Justiça, aplicando-se-lhes, quanto aos requisitos de admissibilidade e ao procedimento o disposto no Código de Processo Civil.

- V. art. 105, II, c, CF.
- V. arts. 929 a 946 e 1.009 a 1.021, CPC/2015.

TÍTULO III
Disposições Gerais

Art. 38. *(Revogado pela Lei 13.105/2015 – DOU 17.03.2015, em vigor após decorrido 1 (um) ano da data de sua publicação oficial).*

Art. 39. Da decisão do Presidente do Tribunal, de Seção, de Turma ou de Relator que causar gravame à parte, caberá agravo para o órgão especial, Seção ou Turma, conforme o caso, no prazo de 5 (cinco) dias.

Art. 40. Haverá revisão, no Superior Tribunal de Justiça, nos seguintes processos:

I – ação rescisória;

II – ação penal originária;

III – revisão criminal.

Art. 41. Em caso de vaga ou afastamento do Ministro do Superior Tribunal de Justiça, por prazo superior a 30 (trinta) dias, poderá ser convocado Juiz de Tribunal Regional Federal ou Desembargador, para substituição, pelo voto da maioria absoluta dos seus membros.

Art. 41-A. A decisão de Turma, no Superior Tribunal de Justiça, será tomada pelo voto da maioria absoluta de seus membros.

- Artigo acrescentado pela Lei 9.756/1998.

Parágrafo único. Em *habeas corpus* originário ou recursal, havendo empate, prevalecerá a decisão mais favorável ao paciente.

Art. 41-B. As despesas do porte de remessa e retorno dos autos serão recolhidas mediante documento de arrecadação, de conformidade com instruções e tabela expedidas pelo Supremo Tribunal Federal e pelo Superior Tribunal de Justiça.

- Artigo acrescentado pela Lei 9.756/1998.

Parágrafo único. A secretaria do tribunal local zelará pelo recolhimento das despesas postais.

Art. 42. Os arts. 496, 497, 498, inciso II do art. 500, e 508 da Lei 5.869, de 11 de janeiro de 1973 – Código de Processo Civil, passam a vigorar com a seguinte redação:

- A Lei 5.869/1973 (CPC/1973) foi revogada pela Lei 13.105/2015 (CPC/2015).
- Refere-se ao CPC/1973.

Art. 43. Esta Lei entra em vigor na data de sua publicação.

Art. 44. Revogam-se as disposições em contrário, especialmente os arts. 541 a 546 do Código de Processo Civil e a Lei 3.396, de 2 de junho de 1958.

Brasília, em 28 de maio de 1990; 169º da Independência e 102º da República.

Fernando Collor

(*DOU* 29.05.1990)

LEI 8.069, DE 13 DE JULHO DE 1990

Dispõe sobre o Estatuto da Criança e do Adolescente, e dá outras providências.

- V. Decreto 5.598/2005 (Regulamenta a contratação de aprendizes).
- V. Lei 12.318/2010 (Alienação parental).
- V. Lei 12.594/2012 (Sinase).
- V. Res. CNMP 105/2014 (Dispõe sobre a atuação dos membros do Ministério Público como órgão interveniente nos processos judiciais em que se requer autorização para trabalho de crianças e adolescentes menores de 16), disponível em ProView.

O Presidente da República:

Faço saber que o Congresso Nacional decreta e eu sanciono a seguinte Lei:

LIVRO I
PARTE GERAL

[...]

TÍTULO II
Dos Direitos Fundamentais

[...]

Capítulo V
Do Direito à Profissionalização e à Proteção no Trabalho

- V. art. 207, CF.
- V. arts. 402 a 441, CLT.

Art. 60. É proibido qualquer trabalho a menores de 14 (quatorze) anos de idade, salvo na condição de aprendiz.

- V. art. 62.
- V. arts. 7º, XXXIII, e 227, § 3º, I, CF.
- V. art. 402, CLT.

Art. 61. A proteção ao trabalho dos adolescentes é regulada por legislação especial, sem prejuízo do disposto nesta Lei.

- V. art. 2º.
- V. arts. 402 a 441, CLT.

Art. 62. Considera-se aprendizagem a formação técnico-profissional ministrada segundo as diretrizes e bases da legislação de educação em vigor.

- V. art. 429, CLT.

Art. 63. A formação técnico-profissional obedecerá aos seguintes princípios:

I – garantia de acesso e frequência obrigatória ao ensino regular;

- V. art. 227, § 3º, III, CF.

II – atividade compatível com o desenvolvimento do adolescente;

- V. art. 69, I.

III – horário especial para o exercício das atividades.

Art. 64. Ao adolescente até 14 (quatorze) anos de idade é assegurada bolsa de aprendizagem.

- V. art. 429, CLT.

Art. 65. Ao adolescente aprendiz, maior de 14 (quatorze) anos, são assegurados os direitos trabalhistas e previdenciários.

- V. art. 227, § 3º, III, CF.

Art. 66. Ao adolescente portador de deficiência é assegurado trabalho protegido.

- V. arts. 5º, XXXI, 23, II, 24, XIV, e 37, VIII, CF.

Art. 67. Ao adolescente empregado, aprendiz, em regime familiar de trabalho, aluno de escola técnica, assistido em entidade governamental ou não governamental, é vedado trabalho:

- V. arts. 62, 68 e 90 a 94.
- V. art. 7º, XXXIII, CF.

I – noturno, realizado entre as 22 (vinte e duas) horas de um dia e as 5 (cinco) horas do dia seguinte;

II – perigoso, insalubre ou penoso;

- V. arts. 189 a 197, CLT.

III – realizado em locais prejudiciais à sua formação e ao seu desenvolvimento físico, psíquico, moral e social;

- V. art. 69, I.

IV – realizado em horários e locais que não permitam a frequência à escola.

- V. art. 63, I e III.

Art. 68. O programa social que tenha por base o trabalho educativo, sob responsabilidade de entidade governamental ou não governamental sem fins lucrativos, deverá assegurar ao adolescente que dele participe condições de capacitação para o exercício de atividade regular remunerada.

- V. arts. 69, II, e 90 a 94.

§ 1º Entende-se por trabalho educativo a atividade laboral em que as exigências pedagógicas relativas ao desenvolvimento pessoal e social do educando prevalecem sobre o aspecto produtivo.

§ 2º A remuneração que o adolescente recebe pelo trabalho efetuado ou a participação na venda dos produtos de seu trabalho não desfigura o caráter educativo.

Art. 69. O adolescente tem direito à profissionalização e à proteção no trabalho, observados os seguintes aspectos, entre outros:

- V. art. 4º.
- V. art. 227, *caput*, CF.

I – respeito à condição peculiar de pessoa em desenvolvimento;

II – capacitação profissional adequada ao mercado de trabalho.

[...]

DISPOSIÇÕES FINAIS E TRANSITÓRIAS

[...]

Art. 266. Esta Lei entra em vigor 90 (noventa) dias após sua publicação.

Parágrafo único. Durante o período de vacância deverão ser promovidas atividades e campanhas de divulgação e esclarecimentos acerca do disposto nesta Lei.

Art. 267. Revogam-se as Leis 4.513, de 1964, e 6.697, de 10 de outubro de 1979 (Código de Menores), e as demais disposições em contrário.

Brasília, em 13 de julho de 1990; 169º da Independência e 102º da República.

Fernando Collor

(*DOU* 16.07.1990; ret. 27.09.1990)

LEI 8.073, DE 30 DE JULHO DE 1990

Estabelece a Política Nacional de Salários e dá outras providências.

- V. Lei 4.266/1963 (Institui o salário-família do trabalhador e dá outras providências).
- V. Dec. 53.153/1963 (Regulamenta o salário-família do trabalhador).
- V. Port. MTb 3.296/1986 (Autoriza as empresas e empregadores a adotar o sistema de Reembolso-Creche), disponível em ProView.

- V. Decreto-lei 368/1968 (Dispõe sobre efeitos de débitos salariais).
- V. IN SRT 1/1989 (Dispõe sobre o prazo para o pagamento do salário), disponível em ProView
- V. Decreto-lei 691/1969 (Dispõe sobre a não aplicação, aos contratos de técnicos estrangeiros, com estipulação de pagamento de salários em moeda estrangeira, de diversas disposições da legislação trabalhista).
- V. Lei 6.858/1980 (Dispõe sobre o pagamento, aos dependentes ou sucessores, de valores não recebidos em vida pelos respectivos titulares).
- V. Decreto 85.845/1981 (Regulamenta a Lei 6.858/ 1980).
- V. Lei 7.238/1984 (Dispõe sobre a manutenção da correção automática semestral dos salários, de acordo com o INPC).
- V. Lei 8.542/1992 (Dispõe sobre a política nacional de salários).
- V. Lei 8.716/1993 (Dispõe sobre a garantia do salário mínimo).
- V. Lei 8.880/1994 (Dispõe sobre o Programa de Estabilização Econômica e o Sistema Monetário Nacional e institui a URV).
- V. Lei Complementar 103/2000 (Autoriza os Estados e o Distrito Federal a instituir o piso salarial).
- V. Lei 10.192/2001 (Dispõe sobre medidas complementares ao Plano Real).
- V. Decreto 4.840/2003 (Regulamenta a Medida Provisória 130/2003, que dispõe sobre a autorização para desconto de prestações em folha de pagamento).
- V. Lei 10.820/2003 (Dispõe sobre a autorização para desconto de prestações em folha de pagamento).
- V. Lei 12.382/2011 (Dispõe sobre o valor do salário mínimo em 2011 e a sua política de valorização de longo prazo).
- V. Decreto 7.872/2012 (Regulamenta o valor do salário mínimo em 2011 e a sua política de valorização de longo prazo).
- V. Lei 13.152/2015 (Dispõe sobre a política de valorização do salário-mínimo e dos benefícios pagos pelo RGPS para o período de 2016 a 2019).

O Presidente da República:

Faço saber que o Congresso Nacional decreta e eu sanciono a seguinte Lei:

Art. 1º. *(Vetado)*

Art. 2º *(Vetado)*

Art. 3º As entidades sindicais poderão atuar como substitutos processuais dos integrantes da categoria.

Parágrafo único. *(Vetado)*

Art. 4º Esta Lei entra em vigor na data de sua publicação.

Art. 5º Revogam-se as disposições em contrário.

Brasília, 30 de julho de 1990; 169º da Independência e 102º da República.

Fernando Collor

(*DOU* 31.07.1990)

LEI 8.112, DE 11 DE DEZEMBRO DE 1990

Dispõe sobre o Regime Jurídico dos Servidores Públicos Civis da União, das autarquias e das fundações públicas federais.

O Presidente da República:

Faço saber que o Congresso Nacional decreta e eu sanciono a seguinte Lei:

TÍTULO I

Capítulo Único
Das Disposições Preliminares

Art. 1º Esta Lei institui o Regime Jurídico dos Servidores Públicos Civis da União, das autarquias, inclusive as em regime especial, e das fundações públicas federais.

Art. 2º Para os efeitos desta Lei, servidor é a pessoa legalmente investida em cargo público.

Art. 3º Cargo público é o conjunto de atribuições e responsabilidades previstas na estrutura organizacional que devem ser cometidas a um servidor.

Parágrafo único. Os cargos públicos, acessíveis a todos os brasileiros, são criados por lei, com denominação própria e vencimento pago pelos cofres públicos, para provimento em caráter efetivo ou em comissão.

Art. 4º É proibida a prestação de serviços gratuitos, salvo os casos previstos em lei.

TÍTULO II
Do Provimento, Vacância, Remoção, Redistribuição e Substituição

Capítulo I
Do Provimento

Seção I
Disposições Gerais

Art. 5º São requisitos básicos para investidura em cargo público:

I – a nacionalidade brasileira;

II – o gozo dos direitos políticos;

III – a quitação com as obrigações militares e eleitorais;

IV – o nível de escolaridade exigido para o exercício do cargo;

V – a idade mínima de dezoito anos;

VI – aptidão física e mental.

§ 1º As atribuições do cargo podem justificar a exigência de outros requisitos estabelecidos em lei.

§ 2º Às pessoas portadoras de deficiência é assegurado o direito de se inscreverem em concurso público para provimento de cargo cujas atribuições sejam compatíveis com a deficiência de que são portadoras; para tais pessoas serão reservadas até 20% (vinte por cento) das vagas oferecidas no concurso.

- V. Súmula 377, STJ.

§ 3º As universidades e instituições de pesquisa científica e tecnológica federais poderão prover seus cargos com professores, técnicos e cientistas estrangeiros, de acordo com as normas e os procedimentos desta Lei.

- § 3º acrescentado pela Lei 9.515/1997.

Art. 6º O provimento dos cargos públicos far-se-á mediante ato da autoridade competente de cada Poder.

Art. 7º A investidura em cargo público ocorrerá com a posse.

Art. 8º São formas de provimento de cargo público:

I – nomeação;

II – promoção;

III – *(Revogado pela Lei 9.527/1997).*

IV – *(Revogado pela Lei 9.527/1997).*

V – readaptação;

VI – reversão;

VII – aproveitamento;

VIII – reintegração;

IX – recondução.

Seção II
Da Nomeação

Art. 9º A nomeação far-se-á:

I – em caráter efetivo, quando se tratar de cargo isolado de provimento efetivo ou de carreira;

II – em comissão, inclusive na condição de interino, para cargos de confiança vagos.

- Inciso II com redação determinada pela Lei 9.527/ 1997.

Parágrafo único. O servidor ocupante de cargo em comissão ou de natureza especial poderá ser nomeado para ter exercício, interinamente, em outro cargo de confiança, sem prejuízo das atribuições do que atualmente ocupa, hipótese em que deverá optar pela remuneração de um deles durante o período da interinidade.

- Parágrafo único com redação determinada pela Lei 9.527/1997.

Art. 10. A nomeação para cargo de carreira ou cargo isolado de provimento efetivo depende de prévia habilitação em concurso público de provas ou de provas e títulos, obedecidos a ordem de classificação e o prazo de sua validade.

Parágrafo único. Os demais requisitos para o ingresso e o desenvolvimento do servidor na carreira, mediante promoção, serão estabelecidos pela lei que fixar as diretrizes do sistema de carreira na Administração Pública Federal e seus regulamentos.

- Parágrafo único com redação determinada pela Lei 9.527/1997.

Seção III
Do Concurso Público

- V. art. 37, II a IV, CF.

Art. 11. O concurso será de provas ou de provas e títulos, podendo ser realizado em duas etapas, conforme dispuserem a lei e o regulamento do respectivo plano de carreira, condicionada a inscrição do candidato ao pagamento do valor fixado no edital, quando indispensável ao seu custeio, e ressalvadas as hipóteses de isenção nele expressamente previstas.

- Artigo com redação determinada pela Lei 9.527/ 1997.
- V. Dec. 6.593/2008 (Regulamenta o art. 11 da Lei 8.112/1990).

Art. 12. O concurso público terá validade de até 2 (dois) anos, podendo ser prorrogada uma única vez, por igual período.

§ 1º O prazo de validade do concurso e as condições de sua realização serão fixados em edital, que será publicado no *Diário Oficial da União* e em jornal diário de grande circulação.

§ 2º Não se abrirá novo concurso enquanto houver candidato aprovado em concurso anterior com prazo de validade não expirado.

Seção IV
Da Posse e do Exercício

Art. 13. A posse dar-se-á pela assinatura do respectivo termo, no qual deverão constar as atribuições, os deveres, as responsabilidades e os direitos inerentes ao cargo ocupado, que não poderão ser alterados unilateralmente, por qualquer das partes, ressalvados os atos de ofício previstos em lei.

§ 1º A posse ocorrerá no prazo de 30 (trinta) dias contados da publicação do ato de provimento.

- § 1º com redação determinada pela Lei 9.527/1997.

§ 2º Em se tratando de servidor, que esteja na data de publicação do ato de provimento, em licença prevista nos incisos I, III e V do artigo 81, ou afastado nas hipóteses dos incisos I, IV, VI, VIII, alíneas *a, b, d, e* e *f*, IX e X do art. 102, o prazo será contado do término do impedimento.

- § 2º com redação determinada pela Lei 9.527/1997.

§ 3º A posse poderá dar-se mediante procuração específica.

§ 4º Só haverá posse nos casos de provimento de cargo por nomeação.

- § 4º com redação determinada pela Lei 9.527/1997.

§ 5º No ato da posse, o servidor apresentará declaração de bens e valores que constituem seu patrimônio e declaração quanto ao exercício ou não de outro cargo, emprego ou função pública.

§ 6º Será tornado sem efeito o ato de provimento se a posse não ocorrer no prazo previsto no § 1º deste artigo.

Art. 14. A posse em cargo público dependerá de prévia inspeção médica oficial.

Parágrafo único. Só poderá ser empossado aquele que for julgado apto física e mentalmente para o exercício do cargo.

Art. 15. Exercício é o efetivo desempenho das atribuições do cargo público ou da função de confiança.

- Artigo com redação determinada pela Lei 9.527/1997.

§ 1º É de 15 (quinze) dias o prazo para o servidor empossado em cargo público entrar em exercício, contados da data da posse.

§ 2º O servidor será exonerado do cargo ou será tornado sem efeito o ato de sua designação para função de confiança, se não entrar em exercício nos prazos previstos neste artigo, observado o disposto no artigo 18.

§ 3º À autoridade competente do órgão ou entidade para onde for nomeado ou designado o servidor compete dar-lhe exercício.

§ 4º O início do exercício de função de confiança coincidirá com a data de publicação do ato de designação, salvo quando o servidor estiver em licença ou afastado por qualquer outro motivo legal, hipótese em que recairá no primeiro dia útil após o término do impedimento, que não poderá exceder a 30 (trinta) dias da publicação.

Art. 16. O início, a suspensão, a interrupção e o reinício do exercício serão registrados no assentamento individual do servidor.

Parágrafo único. Ao entrar em exercício, o servidor apresentará ao órgão competente os elementos necessários ao seu assentamento individual.

Art. 17. A promoção não interrompe o tempo de exercício, que é contado no novo posicionamento na carreira a partir da data de publicação do ato que promover o servidor.

- Artigo com redação determinada pela Lei 9.527/1997.

Art. 18. O servidor que deva ter exercício em outro município em razão de ter sido removido, redistribuído, requisitado, cedido ou posto em exercício provisório terá, no mínimo, dez e, no máximo, 30 (trinta) dias de prazo contados da publicação do ato, para a retomada do efetivo desempenho das atribuições do cargo, incluído nesse prazo o tempo necessário para o deslocamento para a nova sede.

- Artigo com redação determinada pela Lei 9.527/1997.

§ 1º Na hipótese de o servidor encontrar-se em licença ou afastado legalmente, o prazo a que se refere este artigo será contado a partir do término do impedimento.

§ 2º É facultado ao servidor declinar dos prazos estabelecidos no *caput*.

Art. 19. Os servidores cumprirão jornada de trabalho fixada em razão das atribuições pertinentes aos respectivos cargos, respeitada a duração máxima do trabalho semanal de 40 (quarenta) horas e observados os limites mínimo e máximo de 6 (seis) horas e 8 (oito) horas diárias, respectivamente.

- *Caput* com redação determinada pela Lei 8.270/1991.

§ 1º O ocupante do cargo em comissão ou função de confiança submete-se a regime de integral dedicação ao serviço, observado o disposto no art. 120, podendo ser convocado sempre que houver interesse da Administração.

- § 1º com redação determinada pela Lei 9.527/1997.

§ 2º O disposto neste artigo não se aplica à duração de trabalho estabelecida em leis especiais.

- § 2º com redação determinada pela Lei 8.270/1991.

Art. 20. Ao entrar em exercício, o servidor nomeado para cargo de provimento efetivo ficará sujeito a estágio probatório por período de 24 (vinte e quatro) meses, durante o qual a sua aptidão e capacidade serão objeto de avaliação para o desempenho do cargo, observados os seguintes fatores:

I – assiduidade;
II – disciplina;
III – capacidade de iniciativa;
IV – produtividade;
V – responsabilidade.

§ 1º Quatro meses antes de findo o período do estágio probatório, será submetida à homologação da autoridade competente a avaliação do desempenho do servidor, realizada por comissão constituída para essa finalidade, de acordo com o que dispuser a lei ou o regulamento da respectiva carreira ou cargo, sem prejuízo da continuidade de apuração dos fatores enumerados nos incisos I a V do *caput* deste artigo.

- § 1º com redação determinada pela Lei 11.784/2008.

§ 2º O servidor não aprovado no estágio probatório será exonerado ou, se estável, reconduzido ao cargo anteriormente ocupado, observado o disposto no parágrafo único do art. 29.

§ 3º O servidor em estágio probatório poderá exercer quaisquer cargos de provimento em comissão ou funções de direção, chefia ou assessoramento no órgão ou entidade de lotação, e somente poderá ser cedido a outro órgão ou entidade para ocupar cargos de Natureza Especial, cargos de provimento em comissão do Grupo Direção e Assessoramento Superiores – DAS, de níveis 6, 5 e 4, ou equivalentes.

- § 3º acrescentado pela Lei 9.527/1997.

§ 4º Ao servidor em estágio probatório somente poderão ser concedidas as licenças e os afastamentos previstos nos artigos 81, incisos I a IV, 94, 95 e 96, bem assim afastamento para participar de curso de formação decorrente de aprovação em concurso para outro cargo na Administração Pública Federal.

- § 4º acrescentado pela Lei 9.527/1997.

§ 5º O estágio probatório ficará suspenso durante as licenças e os afastamentos previstos nos artigos 83, 84, § 1º, 86 e 96, bem assim na hipótese de participação em curso de formação, e será retomado a partir do término do impedimento.

- § 5º acrescentado pela Lei 9.527/1997.

Seção V
Da Estabilidade

Art. 21. O servidor habilitado em concurso público e empossado em cargo de provimento efetivo adquirirá estabilidade no serviço público ao completar 2 (dois) anos de efetivo exercício.

- V. art. 41, CF/1988, alterado pela EC 19/1998, que dispõe sobre a estabilidade, após 3 (três) anos de efetivo exercício, dos servidores nomeados para cargo de provimento efetivo em virtude de concurso público.

Art. 22. O servidor estável só perderá o cargo em virtude de sentença judicial transitada em julgado ou de processo administrativo disciplinar no qual lhe seja assegurada ampla defesa.

Seção VI
Da Transferência

Art. 23. *(Revogado pela Lei 9.527/1997).*

Seção VII
Da Readaptação

Art. 24. Readaptação é a investidura do servidor em cargo de atribuições e responsabilidades compatíveis com a limitação que tenha sofrido em sua capacidade física ou mental verificada em inspeção médica.

§ 1º Se julgado incapaz para o serviço público, o readaptando será aposentado.

§ 2º A readaptação será efetivada em cargo de atribuições afins, respeitada a habilitação exigida, nível de escolaridade e equivalência de vencimentos e, na hipótese de inexistência de cargo vago, o servidor exercerá suas atribuições como excedente, até a ocorrência de vaga.

- § 2º com redação determinada pela Lei 9.527/1997.

Seção VIII
Da Reversão

Art. 25. Reversão é o retorno à atividade de servidor aposentado:

- Artigo com redação determinada pela MP 2.225-45/2001.

I – por invalidez, quando junta médica oficial declarar insubsistentes os motivos da aposentadoria; ou

II – no interesse da administração, desde que:

a) tenha solicitado a reversão;

b) a aposentadoria tenha sido voluntária;

c) estável quando na atividade;

d) a aposentadoria tenha ocorrido nos 5 (cinco) anos anteriores à solicitação;

e) haja cargo vago.

§ 1º A reversão far-se-á no mesmo cargo ou no cargo resultante de sua transformação.

§ 2º O tempo em que o servidor estiver em exercício será considerado para concessão da aposentadoria.

§ 3º No caso do inciso I, encontrando-se provido o cargo, o servidor exercerá suas atribuições como excedente, até a ocorrência de vaga.

§ 4º O servidor que retornar à atividade por interesse da administração perceberá, em substituição aos proventos da aposentadoria, a remuneração do cargo que voltar a exercer, inclusive com as vantagens de natureza pessoal que percebia anteriormente à aposentadoria.

§ 5º O servidor de que trata o inciso II somente terá os proventos calculados com base nas regras atuais se permanecer pelo menos 5 (cinco) anos no cargo.

§ 6º O Poder Executivo regulamentará o disposto neste artigo.

Art. 26. A reversão far-se-á no mesmo cargo ou no cargo resultante de sua transformação.

- Artigo com eficácia suspensa por força da MP 2.225-45/2001.

Parágrafo único. Encontrando-se provido o cargo, o servidor exercerá suas atribuições como excedente, até a ocorrência de vaga.

Art. 27. Não poderá reverter o aposentado que já tiver completado 70 (setenta) anos de idade.

Seção IX
Da Reintegração

Art. 28. A reintegração é a reinvestidura do servidor estável no cargo anteriormente ocupado, ou no cargo resultante de sua transformação, quando invalidada a sua demissão por decisão administrativa ou judicial, com ressarcimento de todas as vantagens.

§ 1º Na hipótese de o cargo ter sido extinto, o servidor ficará em disponibilidade, observado o disposto nos artigos 30 e 31.

§ 2º Encontrando-se provido o cargo, o seu eventual ocupante será reconduzido ao cargo de origem, sem direito à indenização ou aproveitado em outro cargo, ou, ainda, posto em disponibilidade.

- V. Súmula 173, STJ.

Seção X
Da Recondução

Art. 29. Recondução é o retorno do servidor estável ao cargo anteriormente ocupado e decorrerá de:

I – inabilitação em estágio probatório relativo a outro cargo;

II – reintegração do anterior ocupante.

Parágrafo único. Encontrando-se provido o cargo de origem, o servidor será aproveitado em outro, observado o disposto no artigo 30.

Seção XI
Da Disponibilidade e do Aproveitamento

Art. 30. O retorno à atividade de servidor em disponibilidade far-se-á mediante aproveitamento obrigatório em cargo de atribuições e vencimentos compatíveis com o anteriormente ocupado.

Art. 31. O órgão central do Sistema de Pessoal Civil determinará o imediato aproveitamento de servidor em disponibilidade em vaga que vier a ocorrer nos órgãos ou entidades da Administração Pública Federal.

- V. Dec. 3.151/1999 (Disciplina a prática dos atos de extinção e declaração de desnecessidade de cargos públicos).

Parágrafo único. Na hipótese prevista no § 3º do artigo 37, o servidor posto em disponibilidade poderá ser mantido sob responsabilidade do órgão central do Sistema de Pessoal Civil da Administração Federal – SIPEC, até o seu adequado aproveitamento em outro órgão ou entidade.

- Parágrafo único acrescentado pela Lei 9.527/1997.

Art. 32. Será tornado sem efeito o aproveitamento e cassada a disponibilidade se o servidor não entrar em exercício no prazo legal, salvo doença comprovada por junta médica oficial.

Capítulo II
Da Vacância

Art. 33. A vacância do cargo público decorrerá de:

I – exoneração;

II – demissão;

III – promoção;

IV – *(Revogado pela Lei 9.527/1997).*

V – *(Revogado pela Lei 9.527/1997).*

VI – readaptação;

VII – aposentadoria;

VIII – posse em outro cargo inacumulável;

IX – falecimento.

Art. 34. A exoneração de cargo efetivo dar-se-á a pedido do servidor, ou de ofício.

Parágrafo único. A exoneração de ofício dar-se-á:

I – quando não satisfeitas as condições do estágio probatório;

II – quando, tendo tomado posse, o servidor não entrar em exercício no prazo estabelecido.

Art. 35. A exoneração de cargo em comissão e a dispensa de função de confiança dar-se-á:

- *Caput* com redação determinada pela Lei 9.527/1997.

I – a juízo da autoridade competente;

II – a pedido do próprio servidor.

Parágrafo único. *(Revogado pela Lei 9.527/1997).*

Capítulo III
Da Remoção e da Redistribuição

Seção I
Da Remoção

Art. 36. Remoção é o deslocamento do servidor, a pedido ou de ofício, no âmbito do mesmo quadro, com ou sem mudança de sede.

Parágrafo único. Para fins do disposto neste artigo, entende-se por modalidades de remoção:

- Parágrafo único com redação determinada pela Lei 9.527/1997.

I – de ofício, no interesse da Administração;

II – a pedido, a critério da Administração;

III – a pedido, para outra localidade, independentemente do interesse da Administração:

a) para acompanhar cônjuge ou companheiro, também servidor público civil ou militar, de qualquer dos Poderes da União, dos Estados, do Distrito Federal e dos Municípios, que foi deslocado no interesse da Administração;

b) por motivo de saúde do servidor, cônjuge, companheiro ou dependente que viva às suas expensas e conste do seu assentamento funcional, condicionada à comprovação por junta médica oficial;

c) em virtude de processo seletivo promovido, na hipótese em que o número de interessados for superior ao número de vagas, de acordo com normas preestabelecidas pelo órgão ou entidade em que aqueles estejam lotados.

Seção II
Da Redistribuição

Art. 37. Redistribuição é o deslocamento de cargo de provimento efetivo, ocupado ou vago no âmbito do quadro geral de pessoal, para outro órgão ou entidade do mesmo Poder, com prévia apreciação do órgão central do SIPEC, observados os seguintes preceitos:

- Artigo com redação determinada pela Lei 9.527/1997.
- V. Dec. 3.151/1999 (Disciplina a prática dos atos de extinção e declaração de desnecessidade de cargos públicos).

I – interesse da administração;

II – equivalência de vencimentos;

III – manutenção da essência das atribuições do cargo;

IV – vinculação entre os graus de responsabilidade e complexidade das atividades;

V – mesmo nível de escolaridade, especialidade ou habilitação profissional;

VI – compatibilidade entre as atribuições do cargo e as finalidades institucionais do órgão ou entidade.

§ 1º A redistribuição ocorrerá *ex officio* para ajustamento de lotação e da força de trabalho às necessidades dos serviços, inclusive nos casos de reorganização, extinção ou criação de órgão ou entidade.

§ 2º A redistribuição de cargos efetivos vagos se dará mediante ato conjunto entre o órgão central do SIPEC e os órgãos e entidades da Administração Pública Federal envolvidos.

§ 3º Nos casos de reorganização ou extinção de órgão ou entidade, extinto o cargo ou declarada sua desnecessidade no órgão ou entidade, o servidor estável que não for redistribuído será colocado em disponibilidade, até seu aproveitamento na forma dos artigos 30 e 31.

§ 4º O servidor que não for redistribuído ou colocado em disponibilidade poderá ser mantido sob responsabilidade do órgão central do SIPEC, e ter exercício provisório, em outro órgão ou entidade, até seu adequado aproveitamento.

Capítulo IV
Da Substituição

Art. 38. Os servidores investidos em cargo ou função de direção ou chefia e os ocupantes de cargo de Natureza Especial terão substitutos indicados no regimento interno ou, no caso de omissão, previamente designados pelo dirigente máximo do órgão ou entidade.

- Artigo com redação determinada pela Lei 9.527/ 1997.

§ 1º O substituto assumirá automática e cumulativamente, sem prejuízo do cargo que ocupa, o exercício do cargo ou função de direção ou chefia e os de Natureza Especial, nos afastamentos, impedimentos legais ou regulamentares do titular e na vacância do cargo, hipóteses em que deverá optar pela remuneração de um deles durante o respectivo período.

§ 2º O substituto fará jus à retribuição pelo exercício do cargo ou função de direção ou chefia ou de cargo de Natureza Especial, nos casos dos afastamentos ou impedimentos legais do titular, superiores a trinta dias consecutivos, paga na proporção dos dias de efetiva substituição, que excederem o referido período.

Art. 39. O disposto no artigo anterior aplica-se aos titulares de unidades administrativas organizadas em nível de assessoria.

TÍTULO III
Dos Direitos e Vantagens

Capítulo I
Do Vencimento e da Remuneração

- V. Súmula 378, STJ.

Art. 40. Vencimento é a retribuição pecuniária pelo exercício de cargo público, com valor fixado em lei.

Parágrafo único. *(Revogado, a partir de 14.05.2008, pela Lei 11.784/2008 – DOU 23.09.2008; ret. 02.10.2008).*

Art. 41. Remuneração é o vencimento do cargo efetivo, acrescido das vantagens pecuniárias permanentes estabelecidas em lei.

§ 1º A remuneração do servidor investido em função ou cargo em comissão será paga na forma prevista no art. 62.

§ 2º O servidor investido em cargo em comissão de órgão ou entidade diversa da de sua lotação receberá a remuneração de acordo com o estabelecido no § 1º do art. 93.

§ 3º O vencimento do cargo efetivo, acrescido das vantagens de caráter permanente, é irredutível.

§ 4º É assegurada a isonomia de vencimentos para cargos de atribuições iguais ou assemelhadas do mesmo Poder, ou entre servidores dos três Poderes, ressalvadas as vantagens de caráter individual e as relativas à natureza ou ao local de trabalho.

§ 5º Nenhum servidor receberá remuneração inferior ao salário mínimo.

- § 5º acrescentado pela Lei 11.784/2008.

Art. 42. Nenhum servidor poderá perceber, mensalmente, a título de remuneração, importância superior à soma dos valores percebidos como remuneração, em espécie, a qualquer título, no âmbito dos respectivos Poderes, pelos Ministros de Estado, por membros do Congresso Nacional e Ministros do Supremo Tribunal Federal.

Parágrafo único. Excluem-se do teto de remuneração as vantagens previstas nos incisos II a VII do art. 61.

Art. 43. *(Revogado pela Lei 9.624/1998).*

Art. 44. O servidor perderá:

I – a remuneração do dia em que faltar ao serviço, sem motivo justificado;

- Inciso I com redação determinada pela Lei 9.527/ 1997.

II – a parcela de remuneração diária, proporcional aos atrasos, ausências justificadas, ressalvadas as concessões de que trata o art. 97, e saídas antecipadas, salvo na hipótese de compensação de horário, até o mês subsequente ao da ocorrência, a ser estabelecida pela chefia imediata;

- Inciso II com redação determinada pela Lei 9.527/1997.

Parágrafo único. As faltas justificadas decorrentes de caso fortuito ou de força maior poderão ser compensadas a critério da chefia imediata, sendo assim consideradas como efetivo exercício.

- Parágrafo único acrescentado pela Lei 9.527/1997.

Art. 45. Salvo por imposição legal, ou mandado judicial, nenhum desconto incidirá sobre a remuneração ou provento.

- V. Dec. 6.386/2008 (Regulamenta o art. 45 da Lei 8.112/1990 e dispõe sobre o processamento das consignações em folha de pagamento no âmbito do Sistema Integrado de Administração de Recursos Humanos – SIAPE).
- V. Ato CN 182/2017 (Regulamenta o art. 45, da Lei 8.112/1990).

§ 1º Mediante autorização do servidor, poderá haver consignação em folha de pagamento em favor de terceiros, a critério da administração e com reposição de custos, na forma definida em regulamento.

- Primitivo parágrafo único renumerado pela Lei 13.172/2015.

§ 2º O total de consignações facultativas de que trata o § 1º não excederá a 35% (trinta e cinco por cento) da remuneração mensal, sendo 5% (cinco por cento) reservados exclusivamente para:

- § 2º acrescentado pela Lei 13.172/2015.

I – a amortização de despesas contraídas por meio de cartão de crédito; ou

II – a utilização com a finalidade de saque por meio do cartão de crédito.

Art. 46. As reposições e indenizações ao erário, atualizadas até 30 de junho de 1994, serão previamente comunicadas ao servidor ativo, aposentado ou ao pensionista, para pagamento, no prazo máximo de 30 (trinta) dias, podendo ser parceladas, a pedido do interessado.

- Artigo com redação determinada pela MP 2.225-45/ 2001.

§ 1º O valor de cada parcela não poderá ser inferior ao correspondente a 10% (dez por cento) da remuneração, provento ou pensão.

§ 2º Quando o pagamento indevido houver ocorrido no mês anterior ao do processamento da folha, a reposição será feita imediatamente, em uma única parcela.

§ 3º Na hipótese de valores recebidos em decorrência de cumprimento a decisão liminar, a tutela antecipada ou a sentença que venha a ser revogada ou rescindida, serão eles atualizados até a data da reposição.

Art. 47. O servidor em débito com o erário, que for demitido, exonerado, ou que tiver sua aposentadoria ou disponibilidade cassada, terá o prazo de 60 (sessenta) dias para quitar o débito.

- Artigo com redação determinada pela MP 2.225-45/ 2001.

Parágrafo único. A não quitação do débito no prazo previsto implicará sua inscrição em dívida ativa.

Art. 48. O vencimento, a remuneração e o provento não serão objeto de arresto, sequestro ou penhora, exceto nos casos de prestação de alimentos resultantes de decisão judicial.

Capítulo II
Das Vantagens

Art. 49. Além do vencimento, poderão ser pagas ao servidor as seguintes vantagens:

I – indenizações;

II – gratificações;

III – adicionais.

§ 1º As indenizações não se incorporam ao vencimento ou provento para qualquer efeito.

§ 2º As gratificações e os adicionais incorporam-se ao vencimento ou provento, nos casos e condições indicados em lei.

Art. 50. As vantagens pecuniárias não serão computadas, nem acumuladas, para efeito de concessão de quaisquer outros acréscimos pecuniários ulteriores, sob o mesmo título ou idêntico fundamento.

Seção I
Das Indenizações

Art. 51. Constituem indenizações ao servidor:

I – ajuda de custo;

II – diárias;

III – transporte;

- Inciso III com redação determinada pela Lei 11.355/2006, que manteve a redação original.

IV – auxílio-moradia.

- Inciso IV acrescentado pela Lei 11.355/2006.

Art. 52. Os valores das indenizações estabelecidas nos incisos I a III do art. 51 desta Lei, assim como as condições para a sua concessão, serão estabelecidos em regulamento.

- Artigo com redação determinada pela Lei 11.355/ 2006.
- V. Dec. 3.184/1999 (Concessão de indenização de transporte aos servidores públicos da Administração direta, autárquica e fundacional do Poder Executivo da União).

Subseção I
Da Ajuda de Custo

Art. 53. A ajuda de custo destina-se a compensar as despesas de instalação do servidor que, no interesse do serviço, passar a ter exercício em nova sede, com mudança de domicílio em caráter permanente, vedado o duplo pagamento de indenização, a qualquer tempo, no caso de o cônjuge ou companheiro que detenha também a condição de servidor, vier a ter exercício na mesma sede.

- *Caput* com redação determinada pela Lei 9.527/1997.

§ 1º Correm por conta de administração as despesas de transporte do servidor e de sua família, compreendendo passagem, bagagem e bens pessoais.

§ 2º A família do servidor que falecer na nova sede são assegurados ajuda de custo e transporte para a localidade de origem, dentro do prazo de 1 (um) ano, contado do óbito.

§ 3º Não será concedida ajuda de custo nas hipóteses de remoção previstas nos incisos II e III do parágrafo único do art. 36.

- § 3º acrescentado pela Lei 12.998/2014.

Art. 54. A ajuda de custo é calculada sobre a remuneração do servidor, conforme se dispuser em regulamento, não podendo exceder a importância correspondente a 3 (três) meses.

Art. 55. Não será concedida ajuda de custo ao servidor que se afastar do cargo, ou reassumi-lo, em virtude de mandato eletivo.

Art. 56. Será concedida ajuda de custo àquele que, não sendo servidor da União, for nomeado para cargo em comissão, com mudança de domicílio.

Parágrafo único. No afastamento previsto no inciso I do art. 93, a ajuda de custo será paga pelo órgão cessionário, quando cabível.

Art. 57. O servidor ficará obrigado a restituir a ajuda de custo quando, injustificadamente, não se apresentar na nova sede no prazo de 30 (trinta) dias.

Subseção II
Das Diárias

Art. 58. O servidor que, a serviço, afastar-se da sede em caráter eventual ou transitório para outro ponto do território nacional ou para o exterior, fará jus a passagens e diárias destinadas a indenizar as parcelas de despesas extraordinárias com pousada, alimentação e locomoção urbana, conforme dispuser em regulamento.

- *Caput* com redação determinada pela Lei 9.527/1997.

§ 1º A diária será concedida por dia de afastamento, sendo devida pela metade quando o deslocamento não exigir pernoite fora da sede, ou quando a União custear, por meio diverso, as despesas extraordinárias cobertas por diárias.

- § 1º com redação determinada pela Lei 9.527/1997.

§ 2º Nos casos em que o deslocamento da sede constituir exigência permanente do cargo, o servidor não fará jus a diárias.

§ 3º Também não fará jus a diárias o servidor que se deslocar dentro da mesma região metropolitana, aglomeração urbana ou microrregião, constituídas por municípios limítrofes e regularmente instituídas, ou em áreas de controle integrado mantidas com países limítrofes, cuja jurisdição e competência dos órgãos, entidades e servidores brasileiros considera-se estendida, salvo se houver pernoite fora da sede, hipóteses em que as diárias pagas serão sempre as fixadas para os afastamentos dentro do território nacional.

- § 3º acrescentado pela Lei 9.527/1997.

Art. 59. O servidor que receber diárias e não se afastar da sede, por qualquer motivo, fica obrigado a restituí-las integralmente, no prazo de 5 (cinco) dias.

Parágrafo único. Na hipótese de o servidor retornar à sede em prazo menor do que o previsto para o seu afastamento, restituirá as diárias recebidas em excesso, no prazo previsto no *caput*.

Subseção III
Da Indenização de Transporte

Art. 60. Conceder-se-á indenização de transporte ao servidor que realizar despesas com a utilização de meio próprio de locomoção para a execução de serviços externos, por força das atribuições próprias do cargo, conforme se dispuser em regulamento.

- V. Dec. 3.184/1999 (Concessão de indenização de transporte aos servidores públicos da Administração direta, autárquica e fundacional do Poder Executivo da União).

Subseção IV
Do Auxílio-Moradia

- Subseção IV acrescentada pela Lei 11.355/2006.
- O art. 158 da Lei 11.355/2006 dispõe: "Até 30 de junho de 2008, o valor do auxílio-moradia continuará sendo de, no máximo, R$ 1.800,00 (mil e oitocentos reais)".

Art. 60-A. O auxílio-moradia consiste no ressarcimento das despesas comprovadamente realizadas pelo servidor com aluguel de moradia ou com meio de hospedagem administrado por empresa hoteleira, no prazo de 1 (um) mês após a comprovação da despesa pelo servidor.

- Artigo acrescentado pela Lei 11.355/2006.

Art. 60-B. Conceder-se-á auxílio-moradia ao servidor se atendidos os seguintes requisitos:

- *Caput* acrescentado pela Lei 11.355/2006.

I – não exista imóvel funcional disponível para uso pelo servidor;

- Inciso I acrescentado pela Lei 11.355/2006.

II – o cônjuge ou companheiro do servidor não ocupe imóvel funcional;

- Inciso II acrescentado pela Lei 11.355/2006.

III – o servidor ou seu cônjuge ou companheiro não seja ou tenha sido proprietário, promitente comprador, cessionário ou promitente cessionário de imóvel no Município aonde for exercer o cargo, incluída a hipótese de lote edificado sem averbação de construção, nos 12 (doze) meses que antecederem a sua nomeação;

- Inciso III acrescentado pela Lei 11.355/2006.

IV – nenhuma outra pessoa que resida com o servidor receba auxílio-moradia;

- Inciso IV acrescentado pela Lei 11.355/2006.

V – o servidor tenha se mudado do local de residência para ocupar cargo em comissão ou função de confiança do Grupo Direção e Assessoramento Superiores – DAS, níveis 4, 5 e 6, de Natureza Especial, de Ministro de Estado ou equivalentes;

- Inciso V acrescentado pela Lei 11.355/2006.

VI – o Município no qual assuma o cargo em comissão ou função de confiança não se enquadre nas hipóteses previstas no § 3º do art. 58 desta Lei, em relação ao local de residência ou domicílio do servidor;

- Inciso VI acrescentado pela Lei 11.355/2006.

VII – o servidor não tenha sido domiciliado ou tenha residido no Município, nos últimos 12 (doze) meses, aonde for exercer o cargo em comissão ou função de confiança, desconsiderando-se prazo inferior a 60 (sessenta) dias dentro desse período; e

- Inciso VII acrescentado pela Lei 11.355/2006.

VIII – o deslocamento não tenha sido por força de alteração de lotação ou nomeação para cargo efetivo.

- Inciso VIII acrescentado pela Lei 11.355/2006.

IX – o deslocamento tenha ocorrido após 30 de junho de 2006.

- Inciso IX acrescentado pela Lei 11.490/2007.

Parágrafo único. Para fins do disposto no inciso VII do *caput* deste artigo, não será considerado o prazo no qual o servidor estava ocupando outro cargo em comissão relacionado no inciso V do *caput* deste artigo.

- Parágrafo único acrescentado pela Lei 11.355/2006.

Art. 60-C. *(Revogado pela Lei 12.998/2014).*

Art. 60-D. O valor mensal do auxílio-moradia é limitado a 25% (vinte e cinco por cento) do valor do cargo em comissão, função comissionada ou cargo de Ministro de Estado ocupado.

- Artigo acrescentado pela Lei 11.784/2008.

§ 1º O valor do auxílio-moradia não poderá superar 25% (vinte e cinco por cento) da remuneração de Ministro de Estado.

§ 2º Independentemente do valor do cargo em comissão ou função comissionada, fica garantido a todos os que preencherem os requisitos o ressarcimento até o valor de R$ 1.800,00 (mil e oitocentos reais).

Art. 60-E. No caso de falecimento, exoneração, colocação de imóvel funcional à disposição do servidor ou aquisição de imóvel, o auxílio-moradia continuará sendo pago por um mês.

- Artigo acrescentado pela Lei 11.355/2006.

Seção II
Das Gratificações e Adicionais

Art. 61. Além do vencimento e das vantagens previstas nesta Lei, serão deferidos aos servidores as seguintes retribuições, gratificações e adicionais:

- *Caput* com redação determinada pela Lei 9.527/1997.

I – retribuição pelo exercício de função de direção, chefia e assessoramento;

- Inciso I com redação determinada pela Lei 9.527/1997.

II – gratificação natalina;

III – adicional por tempo de serviço;

- Inciso III com eficácia suspensa por força da MP 2.225-45/2001.

IV – adicional pelo exercício de atividades insalubres, perigosas ou penosas;

V – adicional pela prestação de serviço extraordinário;

VI – adicional noturno;

VII – adicional de férias;

VIII – outros, relativos ao local ou à natureza do trabalho;

IX – gratificação por encargo de curso ou concurso.

- Inciso IX acrescentado pela Lei 11.314/2006.

Subseção I
Da Retribuição pelo Exercício de Função de Direção, Chefia e Assessoramento

- Subseção I com redação determinada pela Lei 9.527/1997.

Art. 62. Ao servidor ocupante de cargo efetivo investido em função de direção, chefia ou assessoramento, cargo de provimento em comissão ou de Natureza Especial é devida retribuição pelo seu exercício.

- Artigo com redação determinada pela Lei 9.527/1997.

Parágrafo único. Lei específica estabelecerá a remuneração dos cargos em comissão de que trata o inciso II do art. 9º.

Art. 62-A. Fica transformada em Vantagem Pessoal Nominalmente Identificada – VPNI a incorporação da retribuição pelo exercício de função de direção, chefia ou assessoramento, cargo de provimento em comissão ou de Natureza Especial a que se referem os arts. 3º e 10 da Lei 8.911, de 11 de julho de 1994, e o art. 3º da Lei 9.624, de 2 de abril de 1998.

- Artigo acrescentado pela MP 2.225-45/2001.

Parágrafo único. A VPNI de que trata o *caput* deste artigo somente estará sujeita às revisões gerais de remuneração dos servidores públicos federais.

Subseção II
Da Gratificação Natalina

Art. 63. A gratificação natalina corresponde a 1/12 (um doze avos) da remuneração a que o servidor fizer jus no mês de dezembro, por mês de exercício no respectivo ano.

Parágrafo único. A fração igual ou superior a 15 (quinze) dias será considerada como mês integral.

Art. 64. A gratificação será paga até o dia 20 do mês de dezembro de cada ano.

Parágrafo único. *(Vetado).*

Art. 65. O servidor exonerado perceberá sua gratificação natalina, proporcionalmente aos meses de exercício, calculada sobre a remuneração do mês da exoneração.

Art. 66. A gratificação natalina não será considerada para cálculo de qualquer vantagem pecuniária.

Subseção III
Do Adicional por Tempo de Serviço

Art. 67. O adicional por tempo de serviço é devido à razão de 5% (cinco por cento) a cada 5 (cinco) anos de serviço público efetivo prestado à União, às autarquias e às fundações públicas federais, observado o limite máximo de 35% (trinta e cinco por cento) incidente exclusivamente sobre o vencimento básico do cargo efetivo, ainda que investido o servidor em função ou cargo de confiança.

- Artigo com eficácia suspensa por força da MP 2.225-45/2001.
- Artigo com redação determinada pela Lei 9.527/1997.

Parágrafo único. O servidor fará jus ao adicional a partir do mês em que completar o quinquênio.

Subseção IV
Dos Adicionais de Insalubridade, Periculosidade ou Atividades Penosas

Art. 68. Os servidores que trabalhem com habitualidade em locais insalubres ou em contato permanente com substâncias tóxicas, radioativas ou com risco de vida, fazem jus a um adicional sobre o vencimento do cargo efetivo.

§ 1º O servidor que fizer jus aos adicionais de insalubridade e de periculosidade deverá optar por um deles.

§ 2º O direito ao adicional de insalubridade ou periculosidade cessa com a eliminação das condições ou dos riscos que deram causa a sua concessão.

Art. 69. Haverá permanente controle da atividade de servidores em operações ou locais considerados penosos, insalubres ou perigosos.

Parágrafo único. A servidora gestante ou lactante será afastada, enquanto durar a gestação e a lactação, das operações e locais previstos neste artigo, exercendo suas atividades em local salubre e em serviço não penoso e não perigoso.

Art. 70. Na concessão dos adicionais de atividades penosas, de insalubridade e de periculosidade serão observadas as situações estabelecidas em legislação específica.

Art. 71. O adicional de atividade penosa será devido aos servidores em exercício em zonas de fronteira ou em localidades cujas condições de vida o justifiquem, nos termos, condições e limites fixados em regulamento.

Art. 72. Os locais de trabalho e os servidores que operam com Raios X ou substâncias radioativas serão mantidos sob controle permanente, de modo que as doses de radiação ionizante não ultrapassem o nível máximo previsto na legislação própria.

Parágrafo único. Os servidores a que se refere este artigo serão submetidos a exames médicos a cada 6 (seis) meses.

Subseção V
Do Adicional por Serviço Extraordinário

Art. 73. O serviço extraordinário será remunerado com acréscimo de 50% (cinquenta por cento) em relação à hora normal de trabalho.

- V. Dec. 3.114/1999 (Execução de serviços extraordinários de que tratam os arts. 73 e 74 da Lei 8.112/1990).

Art. 74. Somente será permitido serviço extraordinário para atender a situações excepcionais e temporárias, respeitado o limite máximo de 2 (duas) horas por jornada.

- V. Dec. 3.114/1999 (Execução de serviços extraordinários de que tratam os arts. 73 e 74 da Lei 8.112/1990).

Subseção VI
Do Adicional Noturno

Art. 75. O serviço noturno, prestado em horário compreendido entre 22 (vinte e duas) horas de um dia e 5 (cinco) horas do dia seguinte, terá o valor-hora acrescido de 25% (vinte e cinco por cento), computando-se cada hora como cinquenta e dois minutos e trinta segundos.

Parágrafo único. Em se tratando de serviço extraordinário, o acréscimo de que trata este artigo incidirá sobre a remuneração prevista no art. 73.

Subseção VII
Do Adicional de Férias

Art. 76. Independentemente de solicitação, será pago ao servidor, por ocasião das férias, um adicional correspondente a 1/3 (um terço) da remuneração do período das férias.

Parágrafo único. No caso de o servidor exercer função de direção, chefia ou assessoramento, ou ocupar cargo em comissão, a respectiva vantagem será considerada no cálculo do adicional de que trata este artigo.

Subseção VIII
Da Gratificação por Encargo de Curso ou Concurso

- Subseção VIII acrescentada pela Lei 11.314/2006.

Art. 76-A. A Gratificação por Encargo de Curso ou Concurso é devida ao servidor que, em caráter eventual:

- *Caput* acrescentado pela Lei 11.314/2006.
- V. Dec. 6.114/2007 (Regulamenta o pagamento da Gratificação por Encargo de Curso ou Concurso de que trata o art. 76-A da Lei 8.112/1990).
- V. art. 1º, Portaria Cade 142/2016 (Regulamenta o pagamento da Gratificação por Encargo de Curso ou Concurso).

I – atuar como instrutor em curso de formação, de desenvolvimento ou de treinamento regularmente instituído no âmbito da administração pública federal;

II – participar de banca examinadora ou de comissão para exames orais, para análise curricular, para correção de provas discursivas, para elaboração de questões de provas ou para julgamento de recursos intentados por candidatos;

III – participar da logística de preparação e de realização de concurso público envolvendo atividades de planejamento, coordenação, supervisão, execução e avaliação de resultado, quando tais atividades não estiverem incluídas entre as suas atribuições permanentes;

IV – participar da aplicação, fiscalizar ou avaliar provas de exame vestibular ou de concurso público ou supervisionar essas atividades.

§ 1º Os critérios de concessão e os limites da gratificação de que trata este artigo serão fixados em regulamento, observados os seguintes parâmetros:

- *Caput* do § 1º acrescentado pela Lei 11.314/2006.

I – o valor da gratificação será calculado em horas, observadas a natureza e a complexidade da atividade exercida;

- Inciso I acrescentado pela Lei 11.314/2006.

II – a retribuição não poderá ser superior ao equivalente a 120 (cento e vinte) horas de trabalho anuais, ressalvada situação de excepcionalidade, devidamente justificada e previamente aprovada pela autoridade máxima do órgão ou entidade, que poderá autorizar o acréscimo de até 120 (cento e vinte) horas de trabalho anuais;

- Inciso II acrescentado pela Lei 11.314/2006.

III – o valor máximo da hora trabalhada corresponderá aos seguintes percentuais, incidentes sobre o maior vencimento básico da administração pública federal:

- *Caput* do inciso III acrescentado pela Lei 11.314/2006.

a) 2,2% (dois inteiros e dois décimos por cento), em se tratando de atividades previstas nos incisos I e II do *caput* deste artigo;

- Alínea *a* com redação determinada pela Lei 11.501/2007.

b) 1,2% (um inteiro e dois décimos por cento), em se tratando de atividade prevista nos incisos III e IV do *caput* deste artigo.

- Alínea *b* com redação determinada pela Lei 11.501/2007.

§ 2º A Gratificação por Encargo de Curso ou Concurso somente será paga se as atividades referidas nos incisos do *caput* deste artigo forem exercidas sem prejuízo das atribuições do cargo de que o servidor for titular, devendo ser objeto de compensação de carga horária quando desempenhadas durante a jornada de trabalho, na forma do § 4º do art. 98 desta Lei.

- § 2º acrescentado pela Lei 11.314/2006.

§ 3º A Gratificação por Encargo de Curso ou Concurso não se incorpora ao vencimento ou salário do servidor para qualquer efeito e não poderá ser utilizada como base de cálculo para quaisquer outras vantagens, inclusive para fins de cálculo dos proventos da aposentadoria e das pensões.

- § 3º acrescentado pela Lei 11.314/2006.

Capítulo III
Das Férias

Art. 77. O servidor fará jus a trinta dias de férias, que podem ser acumuladas, até o máximo de dois períodos, no caso de necessidade do serviço, ressalvadas as hipóteses em que haja legislação específica.

- *Caput* com redação determinada pela Lei 9.525/1997.

§ 1º Para o primeiro período aquisitivo de férias serão exigidos 12 (doze) meses de exercício.

§ 2º É vedado levar à conta de férias qualquer falta ao serviço.

§ 3º As férias poderão ser parceladas em até três etapas, desde que assim requeridas pelo servidor, e no interesse da administração pública.

- § 3º acrescentado pela Lei 9.525/1997.

Art. 78. O pagamento da remuneração das férias será efetuado até 2 (dois) dias antes do início do respectivo período, observando-se o disposto no § 1º deste artigo.

§ 1º *(Revogado pela Lei 9.527/1997).*

§ 2º *(Revogado pela Lei 9.527/1997).*

§ 3º O servidor exonerado do cargo efetivo, ou em comissão, perceberá indenização relativa ao período das férias a que tiver direito e ao incompleto, na proporção de 1/12 (um doze avos) por mês de efetivo exercício, ou fração superior a 14 (quatorze) dias.

- § 3º acrescentado pela Lei 8.216/1991.

§ 4º A indenização será calculada com base na remuneração do mês em que for publicado o ato exoneratório.

- § 4º acrescentado pela Lei 8.216/1991.

§ 5º Em caso de parcelamento, o servidor receberá o valor adicional previsto no inciso XVII do art. 7º da Constituição Federal quando da utilização do primeiro período.

- § 5º acrescentado pela Lei 9.525/1997.

Art. 79. O servidor que opera direta e permanentemente com Raios X ou substâncias radioativas gozará 20 (vinte) dias consecutivos de férias, por semestre de atividade profissional, proibida em qualquer hipótese a acumulação.

Parágrafo único. *(Revogado pela Lei 9.527/1997).*

Art. 80. As férias somente poderão ser interrompidas por motivo de calamidade pública, comoção interna, convocação para júri, serviço militar ou eleitoral, ou por necessidade do serviço declarada pela autoridade máxima do órgão ou entidade.

- Artigo com redação determinada pela Lei 9.527/1997.

Parágrafo único. O restante do período interrompido será gozado de uma só vez, observado o disposto no art. 77.

Capítulo IV
Das Licenças

Seção I
Disposições Gerais

Art. 81. Conceder-se-á ao servidor licença:

- V. art. 7º, § 9º, Lei 10.876/2004 (Cria a Carreira de Perícia Médica da Previdência Social).

I – por motivo de doença em pessoa da família;

II – por motivo de afastamento do cônjuge ou companheiro;

III – para o serviço militar;

IV – para atividade política;

V – para capacitação;

- Inciso V com redação determinada pela Lei 9.527/1997.

VI – para tratar de interesses particulares;

VII – para desempenho de mandato classista.

§ 1º A licença prevista no inciso I do *caput* deste artigo bem como cada uma de suas prorrogações serão precedidas de exame por perícia médica oficial, observado o disposto no art. 204 desta Lei.

- § 1º com redação determinada pela Lei 11.907/2009.

§ 2º *(Revogado pela Lei 9.527/1997).*

§ 3º É vedado o exercício de atividade remunerada durante o período de licença prevista no inciso I deste artigo.

Art. 82. A licença concedida dentro de 60 (sessenta) dias do término de outra da mesma espécie será considerada como prorrogação.

Seção II
Da Licença por Motivo de Doença em pessoa da Família

Art. 83. Poderá ser concedida licença ao servidor por motivo de doença do cônjuge ou companheiro, dos pais, dos filhos, do padrasto ou madrasta e enteado, ou dependente que viva a suas expensas e conste do seu assentamento funcional, mediante comprovação por perícia médica oficial.

- *Caput* com redação determinada pela Lei 11.907/2009.

§ 1º A licença somente será deferida se a assistência direta do servidor for indispensável e não puder ser prestada simultaneamente com exercício do cargo ou mediante compensação de horário, na forma do disposto no inciso II do art. 44.

- § 1º com redação determinada pela Lei 9.527/1997.

§ 2º A licença de que trata o *caput*, incluídas as prorrogações, poderá ser concedida a cada período de 12 (doze) meses nas seguintes condições:

- § 2º com redação determinada pela Lei 12.269/2010.

I – por até 60 (sessenta) dias, consecutivos ou não, mantida a remuneração do servidor; e

II – por até 90 (noventa) dias, consecutivos ou não, sem remuneração.

§ 3º O início do interstício de 12 (doze) meses será contado a partir da data do deferimento da primeira licença concedida.

- § 3º com redação determinada pela Lei 12.269/2010.

§ 4º A soma das licenças remuneradas e das licenças não remuneradas, incluídas as respectivas prorrogações, concedidas em um mesmo período de 12 (doze) meses, observado o disposto no § 3º, não poderá ultrapassar os limites estabelecidos nos incisos I e II do § 2º.

- § 4º acrescentado pela Lei 12.269/2010.

Seção III
Da Licença por Motivo de Afastamento do Cônjuge

Art. 84. Poderá ser concedida licença ao servidor para acompanhar cônjuge ou companheiro que foi deslocado para outro ponto do território nacional, para o exterior ou para o exercício de mandato eletivo dos Poderes Executivo e Legislativo.

§ 1º A licença será por prazo indeterminado e sem remuneração.

§ 2º No deslocamento de servidor cujo cônjuge ou companheiro também seja servidor público civil ou militar, de qualquer dos Poderes da União, dos Estados, do Distrito Federal e dos Municípios, poderá haver exercício provisório em órgão ou entidade da Administração Federal direta, autárquica ou fundacional, desde que para o exercício de atividade compatível com o seu cargo.

- § 2º com redação determinada pela Lei 9.527/1997.

Seção IV
Da Licença para o Serviço Militar

Art. 85. Ao servidor convocado para o serviço militar será concedida licença, na forma e condições previstas na legislação específica.

Parágrafo único. Concluído o serviço militar, o servidor terá até 30 (trinta) dias sem remuneração para reassumir o exercício do cargo.

Seção V
Da Licença para Atividade Política

Art. 86. O servidor terá direito a licença, sem remuneração, durante o período que mediar entre a sua escolha em convenção partidária, como candidato a cargo eletivo, e a véspera do registro de sua candidatura perante a Justiça Eleitoral.

§ 1º O servidor candidato a cargo eletivo na localidade onde desempenha suas funções e que exerça cargo de direção, chefia, assessoramento, arrecadação ou fiscalização, dele será afastado, a partir do dia imediato ao do registro de sua candidatura perante a Justiça Eleitoral, até o décimo dia seguinte ao do pleito.

- § 1º com redação determinada pela Lei 9.527/1997.

§ 2º A partir do registro da candidatura e até o décimo dia seguinte ao da eleição, o servidor fará jus à licença, assegurados os vencimentos do cargo efetivo, somente pelo período de 3 (três) meses.

- § 2º com redação determinada pela Lei 9.527/1997.

Seção VI
Da Licença para Capacitação

- Rubrica da Seção VI com redação determinada pela Lei 9.527/1997.

Art. 87. Após cada quinquênio de efetivo exercício, o servidor poderá, no interesse da administração, afastar-se do exercício do cargo efetivo, com a respectiva remuneração, por até 3 (três) meses, para participar de curso de capacitação profissional.

- Artigo com redação determinada pela Lei 9.527/1997.
- V. Dec. 5.707/2006 (Política e Diretrizes para o Desenvolvimento de Pessoal da administração pública federal direta, autárquica e fundacional, e regulamentação de dispositivos da Lei 8.112/1990).

Parágrafo único. Os períodos de licença de que trata o *caput* não são acumuláveis.

Art. 88. *(Revogado pela Lei 9.527/1997).*

Art. 89. *(Revogado pela Lei 9.527/1997).*

Art. 90. *(Vetado).*

Seção VII
Da Licença para Tratar de Interesses Particulares

Art. 91. A critério da Administração, poderão ser concedidas ao servidor ocupante de cargo efetivo, desde que não esteja em estágio probatório, licenças para o trato de assuntos particulares pelo prazo de até 3 (três) anos consecutivos, sem remuneração.

- Artigo com redação determinada pela MP 2.225-45/2001.

Parágrafo único. A licença poderá ser interrompida, a qualquer tempo, a pedido do servidor ou no interesse do serviço.

Seção VIII
Da Licença para o Desempenho de Mandato Classista

Art. 92. É assegurado ao servidor o direito à licença sem remuneração para o desempenho de mandato em confederação, federação, associação de classe de âmbito nacional, sindicato representativo da categoria ou entidade fiscalizadora da profissão ou, ainda, para participar de gerência ou administração em sociedade cooperativa constituída por servidores públicos para prestar serviços a seus membros, observado o disposto na alínea *c* do inciso VIII do art. 102 desta Lei, conforme disposto em regulamento e observados os seguintes limites:

- *Caput* com redação determinada pela Lei 11.094/2005.
- V. Dec. 2.066/1996 (Regulamenta o art. 92 da Lei 8.112/1990).

I – para entidades com até 5.000 (cinco mil) associados, dois servidores;

- Inciso I com redação determinada pela Lei 12.998/2014.

II – para entidades com 5.001 (cinco mil e um) a 30.000 (trinta mil) associados, quatro servidores;

- Inciso II com redação determinada pela Lei 12.998/2014.

III – para entidades com mais de 30.000 (trinta mil) associados, oito servidores.

- Inciso III com redação determinada pela Lei 12.998/2014.

§ 1º Somente poderão ser licenciados os servidores eleitos para cargos de direção ou de representação nas referidas entidades, desde que cadastradas no órgão competente.

- § 1º com redação determinada pela Lei 12.998/2014.

§ 2º A licença terá duração igual à do mandato, podendo ser renovada, no caso de reeleição.

- § 2º com redação determinada pela Lei 12.998/2014.

Capítulo V
Dos Afastamentos

Seção I
Do Afastamento para Servir a Outro Órgão ou Entidade

Art. 93. O servidor poderá ser cedido para ter exercício em outro órgão ou entidade dos Poderes da União, dos Estados, ou do Distrito Federal e dos Municípios, nas seguintes hipóteses:

- *Caput* com redação determinada pela Lei 8.270/1991.

I – para exercício de cargo em comissão ou função de confiança;

- Inciso I com redação determinada pela Lei 8.270/1991.

II – em casos previstos em leis específicas.

- Inciso II com redação determinada pela Lei 8.270/1991.

§ 1º Na hipótese do inciso I, sendo a cessão para órgãos ou entidades dos Estados, do Distrito Federal ou dos Municípios, o ônus da remuneração será do órgão ou entidade cessionária, mantido o ônus para o cedente nos demais casos.

- § 1º com redação determinada pela Lei 8.270/1991.

§ 2º Na hipótese de o servidor cedido a empresa pública ou sociedade de economia mista, nos termos das respectivas normas, optar pela remuneração do cargo efetivo ou pela remuneração do cargo efetivo acrescida de percentual da retribuição do cargo em comissão, a entidade cessionária efetuará o reembolso das despesas realizadas pelo órgão ou entidade de origem.

- § 2º com redação determinada pela Lei 11.355/2006.

§ 3º A cessão far-se-á mediante Portaria publicada no *Diário Oficial da União*.

- § 3º com redação determinada pela Lei 8.270/1991.

§ 4º Mediante autorização expressa do Presidente da República, o servidor do Poder Executivo poderá ter exercício em outro órgão da Administração Federal direta que não tenha quadro próprio de pessoal, para fim determinado e a prazo certo.

- § 4º acrescentado pela Lei 8.270/1991.

§ 5º Aplica-se à União, em se tratando de empregado ou servidor por ela requisitado, as disposições dos §§ 1º e 2º deste artigo.

- § 5º com redação determinada pela Lei 10.470/2002 (*DOU* 26.06.2002), em vigor na data de sua publicação, com efeitos financeiros a partir de 1º de março de 2002.

§ 6º As cessões de empregados de empresa pública ou de sociedade de economia mista, que receba recursos de Tesouro Nacional para o custeio total ou parcial da sua folha de pagamento de pessoal, independem das disposições contidas nos incisos I e II e §§ 1º e 2º deste artigo, ficando o exercício do empregado cedido condicionado a autorização específica do Ministério do Planejamento, Orçamento e Gestão, exceto nos casos de ocupação de cargo em comissão ou função gratificada.

- § 6º acrescentado pela Lei 10.470/2002 (*DOU* 26.06.2002), em vigor na data de sua publicação, com efeitos financeiros a partir de 1º de março de 2002.

§ 7º O Ministério do Planejamento, Orçamento e Gestão, com a finalidade de promover a composição da força de trabalho dos órgãos e entidades da Administração Pública Federal, poderá determinar a lotação ou o exercício de empregado ou servidor, independentemente da observância do constante no inciso I e nos §§ 1º e 2º deste artigo.

- § 7º acrescentado pela Lei 10.470/2002 (*DOU* 26.06.2002), em vigor na data de sua publicação, com efeitos financeiros a partir de 1º de março de 2002.
- V. Dec. 5.375/2005 (Aplicação do § 7º do art. 93 da Lei 8.112/1990 para compor força de trabalho nos projetos que especifica).

Seção II
Do Afastamento para Exercício de Mandato Eletivo

Art. 94. Ao servidor investido em mandato eletivo aplicam-se as seguintes disposições:

I – tratando-se de mandato federal, estadual ou distrital, ficará afastado do cargo;

II – investido no mandato de Prefeito, será afastado do cargo, sendo-lhe facultado optar pela sua remuneração;

III – investido no mandato de vereador:

a) havendo compatibilidade de horário, perceberá as vantagens de seu cargo, sem prejuízo da remuneração do cargo eletivo;

b) não havendo compatibilidade de horário, será afastado do cargo, sendo-lhe facultado optar pela sua remuneração.

§ 1º No caso de afastamento do cargo, o servidor contribuirá para a seguridade social como se em exercício estivesse.

§ 2º O servidor investido em mandato eletivo ou classista não poderá ser removido ou redistribuído de ofício para localidade diversa daquela onde exerce o mandato.

Seção III
Do Afastamento para Estudo ou Missão no Exterior

Art. 95. O servidor não poderá ausentar-se do País para estudo ou missão oficial, sem autorização do Presidente da República, Presidente dos Órgãos do Poder Legislativo e Presidente do Supremo Tribunal Federal.

§ 1º A ausência não excederá a 4 (quatro) anos, e finda a missão ou estudo, somente decorrido igual período, será permitida nova ausência.

§ 2º Ao servidor beneficiado pelo disposto neste artigo não será concedida exoneração ou licença para tratar de interesse particular antes de decorrido período igual ao do afastamento, ressalvada a hipótese de ressarcimento da despesa havida com seu afastamento.

§ 3º O disposto neste artigo não se aplica aos servidores da carreira diplomática.

§ 4º As hipóteses, condições e formas para a autorização de que trata este artigo, inclusive no que se refere à remuneração do servidor, serão disciplinadas em regulamento.

- § 4º acrescentado pela Lei 9.527/1997.

Art. 96. O afastamento de servidor para servir em organismo internacional de que o Brasil participe ou com o qual coopere dar-se-á com perda total da remuneração.

Seção IV
Do Afastamento para Participação em Programa de Pós-Graduação Stricto Sensu no País

- Seção IV acrescentada pela Lei 11.907/2009.

Art. 96-A. O servidor poderá, no interesse da Administração, e desde que a participação não possa ocorrer simultaneamente com o exercício do cargo ou mediante compensação de horário, afastar-se do exercício do cargo efetivo, com a respectiva remuneração, para participar em programa de pós-graduação *stricto sensu* em instituição de ensino superior no País.

- *Caput* acrescentado pela Lei 11.907/2009.

§ 1º Ato do dirigente máximo do órgão ou entidade definirá, em conformidade com a legislação vigente, os programas de capacitação e os critérios para participação em programas de pós-graduação no País, com ou sem afastamento do servidor, que serão avaliados por um comitê constituído para este fim.

- § 1º acrescentado pela Lei 11.907/2009.

§ 2º Os afastamentos para realização de programas de mestrado e doutorado somente serão concedidos aos servidores titulares de cargos efetivos no respectivo órgão ou entidade há pelo menos 3 (três) anos para mestrado e 4 (quatro) anos para doutorado, incluído o período de estágio probatório, que não tenham se afastado por licença para tratar de assuntos particulares para gozo de licença capacitação ou com fundamento neste artigo nos 2 (dois) anos anteriores à data da solicitação de afastamento.

- § 2º acrescentado pela Lei 11.907/2009.

§ 3º Os afastamentos para realização de programas de pós-doutorado somente serão concedidos aos servidores titulares de cargos efetivo no respectivo órgão ou entidade há pelo menos 4 (quatro) anos, incluído o período de estágio probatório, e que não tenham se afastado por licença para tratar de assuntos particulares ou com fundamento neste artigo, nos 4 (quatro) anos anteriores à data da solicitação de afastamento.

- § 3º com redação determinada pela Lei 12.269/2010.

§ 4º Os servidores beneficiados pelos afastamentos previstos nos §§ 1º, 2º e 3º deste artigo terão que permanecer no exercício de suas funções após o seu retorno por um período igual ao do afastamento concedido.

- § 4º acrescentado pela Lei 11.907/2009.

§ 5º Caso o servidor venha a solicitar exoneração do cargo ou aposentadoria, antes de cumprido o período de permanência previsto no § 4º deste artigo, deverá ressarcir o órgão ou entidade, na forma do art. 47 da Lei 8.112, de 11 de dezembro de 1990, dos gastos com seu aperfeiçoamento.

- § 5º acrescentado pela Lei 11.907/2009.

§ 6º Caso o servidor não obtenha o título ou grau que justificou seu afastamento no período previsto, aplica-se o disposto no § 5º deste artigo, salvo na hipótese comprovada de força maior ou de caso fortuito, a critério do dirigente máximo do órgão ou entidade.

- § 6º acrescentado pela Lei 11.907/2009.

§ 7º Aplica-se à participação em programa de pós-graduação no Exterior, autorizado nos termos do art. 95 desta Lei, o disposto nos §§ 1º a 6º deste artigo.

- § 7º acrescentado pela Lei 11.907/2009.

Capítulo VI
Das Concessões

Art. 97. Sem qualquer prejuízo, poderá o servidor ausentar-se do serviço:

I – por 1 (um) dia, para doação de sangue;

II – pelo período comprovadamente necessário para alistamento ou recadastramento eleitoral, limitado, em qualquer caso, a 2 (dois) dias; e

- Inciso II com redação determinada pela Lei 12.998/2014.

III – por 8 (oito) dias consecutivos em razão de:

a) casamento;

b) falecimento do cônjuge, companheiro, pais, madrasta ou padrasto, filhos, enteados, menor sob guarda ou tutela e irmãos.

Art. 98. Será concedido horário especial ao servidor estudante, quando comprovada a incompatibilidade entre o horário escolar e o da repartição, sem prejuízo do exercício do cargo.

§ 1º Para efeito do disposto neste artigo, será exigida a compensação de horário no órgão ou entidade que tiver exercício, respeitada a duração semanal do trabalho.

- Primitivo parágrafo único renumerado e alterado pela Lei 9.527/1997.

§ 2º Também será concedido horário especial ao servidor portador de deficiência, quando comprovada a necessidade por junta médica oficial, independentemente de compensação de horário.

- § 2º acrescentado pela Lei 9.527/1997.

§ 3º As disposições constantes do § 2º são extensivas ao servidor que tenha cônjuge, filho ou dependente com deficiência.

- § 3º com redação determinada pela Lei 13.370/2016.

§ 4º Será igualmente concedido horário especial, vinculado à compensação de horário a ser efetivada no prazo de até 1 (um) ano, ao servidor que desempenhe atividade prevista nos incisos I e II do *caput* do art. 76-A desta Lei.

- § 4º com redação determinada pela Lei 11.501/2007.

Art. 99. Ao servidor estudante que mudar de sede no interesse da administração, é assegurada, na localidade da nova residência ou na mais próxima, matrícula em instituição de ensino congênere, em qualquer época, independentemente de vaga.

Parágrafo único. O disposto neste artigo estende-se ao cônjuge ou companheiro, aos filhos, ou enteados do servidor que vivam na sua companhia, bem como aos menores sob sua guarda, com autorização judicial.

Capítulo VII
Do Tempo de Serviço

Art. 100. É contado para todos os efeitos o tempo de serviço público federal, inclusive o prestado às Forças Armadas.

Art. 101. A apuração do tempo de serviço será feita em dias, que serão convertidos em anos, considerado o ano como de 365 (trezentos e sessenta e cinco) dias.

Parágrafo único. *(Revogado pela Lei 9.527/1997).*

Art. 102. Além das ausências ao serviço previstas no art. 97, são considerados como de efetivo exercício os afastamentos em virtude de:

- V. art. 7º, § 9º, Lei 10.876/2004 (Cria a Carreira de Perícia Médica da Previdência Social).

I – férias;

II – exercício de cargo em comissão ou equivalente, em órgão ou entidade dos Poderes da União, dos Estados, Municípios e Distrito Federal;

III – exercício de cargo ou função de governo ou administração, em qualquer parte do território nacional, por nomeação do Presidente da República;

IV – participação em programa de treinamento regularmente instituído ou em programa de pós-graduação *stricto sensu* no País, conforme dispuser o regulamento;

- Inciso IV com redação determinada pela Lei 11.907/2009.
- V. Dec. 5.707/2006 (Política e Diretrizes para o Desenvolvimento de Pessoal da administração pública federal direta, autárquica e fundacional, e regulamentação de dispositivos da Lei 8.112/1990).

V – desempenho de mandato eletivo federal, estadual, municipal ou do Distrito Federal, exceto para promoção por merecimento;

VI – júri e outros serviços obrigatórios por lei;

VII – missão ou estudo no exterior, quando autorizado o afastamento, conforme dispuser o regulamento;

- Inciso VII com redação determinada pela Lei 9.527/1997.
- V. Dec. 5.707/2006 (Política e Diretrizes para o Desenvolvimento de Pessoal da administração pública federal direta, autárquica e fundacional, e regulamentação de dispositivos da Lei 8.112/1990).

VIII – licença:

a) à gestante, à adotante e à paternidade;

- V. Dec. 8.737/2016 (Programa de Prorrogação da Licença-paternidade).

b) para tratamento da própria saúde, até o limite de vinte e quatro meses, cumulativo ao longo do tempo de serviço público prestado à União, em cargo de provimento efetivo;

- Alínea *b* com redação determinada pela Lei 9.527/1997.

c) para o desempenho de mandato classista ou participação de gerência ou administração em sociedade cooperativa constituída por servidores para prestar serviços a seus membros, exceto para efeito de promoção por merecimento;

- Alínea *c* com redação determinada pela Lei 11.094/2005.

d) por motivo de acidente em serviço ou doença profissional;

e) para capacitação, conforme dispuser o regulamento;

- Alínea *e* com redação determinada pela Lei 9.527/1997.

f) por convocação para o serviço militar;

IX – deslocamento para a nova sede de que trata o art. 18;

X – participação em competição desportiva nacional ou convocação para integrar representação desportiva nacional, no país ou no exterior, conforme disposto em lei específica;

XI – afastamento para servir em organismo internacional de que o Brasil participe ou com o qual coopere.

- Inciso XI acrescentado pela Lei 9.527/1997.

Art. 103. Contar-se-á apenas para efeito de aposentadoria e disponibilidade:

I – o tempo de serviço público prestado aos Estados, Municípios e Distrito Federal;

II – a licença para tratamento de saúde de pessoal da família do servidor, com remuneração, que exceder a 30 (trinta) dias em período de 12 (doze) meses.

- Inciso II com redação determinada pela Lei 12.269/2010.

III – a licença para atividade política, no caso do art. 86, § 2º;

IV – o tempo correspondente ao desempenho de mandato eletivo federal, estadual, municipal ou distrital, anterior ao ingresso no serviço público federal;

V – o tempo de serviço em atividade privada, vinculada à Previdência Social;

VI – o tempo de serviço relativo a tiro de guerra;

VII – o tempo de licença para tratamento da própria saúde que exceder o prazo a que se refere a alínea *b* do inciso VIII do art. 102.

- Inciso VII acrescentado pela Lei 9.527/1997.

§ 1º O tempo em que o servidor esteve aposentado será contado apenas para nova aposentadoria.

§ 2º Será contado em dobro o tempo de serviço prestado às Forças Armadas em operações de guerra.

§ 3º É vedada a contagem cumulativa de tempo de serviço prestado concomitantemente em mais de um cargo ou função de órgão ou entidades dos Poderes da União, Estado, Distrito Federal e Município, autarquia, fundação pública, sociedade de economia mista e empresa pública.

Capítulo VIII
Do Direito de Petição

Art. 104. É assegurado ao servidor o direito de requerer aos Poderes Públicos, em defesa de direito ou interesse legítimo.

Art. 105. O requerimento será dirigido à autoridade competente para decidi-lo e encaminhado por intermédio daquela a que estiver imediatamente subordinado o requerente.

Art. 106. Cabe pedido de reconsideração à autoridade que houver expedido o ato ou proferido a primeira decisão, não podendo ser renovado.

Parágrafo único. O requerimento e o pedido de reconsideração de que tratam os artigos anteriores deverão ser despachados no prazo de 5 (cinco) dias e decididos dentro de 30 (trinta) dias.

Art. 107. Caberá recurso:

I – do indeferimento do pedido de reconsideração;

II – das decisões sobre os recursos sucessivamente interpostos.

§ 1º O recurso será dirigido à autoridade imediatamente superior à que tiver expedido o ato ou proferido a decisão, e, sucessivamente, em escala ascendente, às demais autoridades.

§ 2º O recurso será encaminhado por intermédio da autoridade a que estiver imediatamente subordinado o requerente.

Art. 108. O prazo para interposição de pedido de reconsideração ou de recurso é de 30 (trinta) dias, a contar da publicação ou da ciência, pelo interessado, da decisão recorrida.

Art. 109. O recurso poderá ser recebido com efeito suspensivo, a juízo da autoridade competente.

Parágrafo único. Em caso de provimento do pedido de reconsideração ou do recurso, os efeitos da decisão retroagirão à data do ato impugnado.

Art. 110. O direito de requerer prescreve:

I – em 5 (cinco) anos, quanto aos atos de demissão e de cassação de aposentadoria ou disponibilidade, ou que afetem interesse patrimonial e créditos resultantes das relações de trabalho;

II – em 120 (cento e vinte) dias, nos demais casos, salvo quando outro prazo for fixado em lei.

Parágrafo único. O prazo de prescrição será contado da data da publicação do ato impugnado ou da data da ciência pelo interessado, quando o ato não for publicado.

Art. 111. O pedido de reconsideração e o recurso, quando cabíveis, interrompem a prescrição.

Art. 112. A prescrição é de ordem pública, não podendo ser relevada pela administração.

Art. 113. Para o exercício do direito de petição, é assegurada vista do processo ou documento, na repartição, ao servidor ou a procurador por ele constituído.

Art. 114. A administração deverá rever seus atos, a qualquer tempo, quando eivados de ilegalidade.

- V. arts. 53 a 55, Lei 9.784/1999 (Regula o processo administrativo no âmbito da Administração Pública Federal).

Art. 115. São fatais e improrrogáveis os prazos estabelecidos neste Capítulo, salvo motivo de força maior.

TÍTULO IV
DO REGIME DISCIPLINAR

Capítulo I
Dos Deveres

Art. 116. São deveres do servidor:

I – exercer com zelo e dedicação as atribuições do cargo;

II – ser leal às instituições a que servir;

III – observar as normas legais e regulamentares;

IV – cumprir as ordens superiores, exceto quando manifestamente ilegais;

V – atender com presteza:

a) ao público em geral, prestando as informações requeridas, ressalvadas as protegidas por sigilo;

b) à expedição de certidões requeridas para defesa de direito ou esclarecimento de situações de interesse pessoal;

c) às requisições para a defesa da Fazenda Pública;

VI – levar as irregularidades de que tiver ciência em razão do cargo ao conhecimento da autoridade superior ou, quando houver suspeita de envolvimento desta, ao conhecimento de outra autoridade competente para apuração;

- Inciso VI com redação determinada pela Lei 12.527/2011 (*DOU* 18.11.2011, edição extra), em vigor 180 (cento e oitenta) dias após a data de sua publicação.

VII – zelar pela economia do material e a conservação do patrimônio público;

VIII – guardar sigilo sobre assunto da repartição;

IX – manter conduta compatível com a moralidade administrativa;

X – ser assíduo e pontual ao serviço;

XI – tratar com urbanidade as pessoas;

XII – representar contra ilegalidade, omissão ou abuso de poder.

Parágrafo único. A representação de que trata o inciso XII será encaminhada pela via hierárquica e apreciada pela autoridade superior àquela contra a qual é formulada, assegurando-se ao representando ampla defesa.

Capítulo II
Das Proibições

Art. 117. Ao servidor é proibido:

I – ausentar-se do serviço durante o expediente, sem prévia autorização do chefe imediato;

II – retirar, sem prévia anuência da autoridade competente, qualquer documento ou objeto da repartição;

III – recusar fé a documentos públicos;

IV – opor resistência injustificada ao andamento de documento e processo ou execução de serviço;

V – promover manifestação de apreço ou desapreço no recinto da repartição;

VI – cometer a pessoa estranha à repartição, fora dos casos previstos em lei, o desempenho de atribuição que seja de sua responsabilidade ou de seu subordinado;

VII – coagir ou aliciar subordinados no sentido de filiarem-se a associação profissional ou sindical, ou a partido político;

VIII – manter sob sua chefia imediata, em cargo ou função de confiança, cônjuge, companheiro ou parente até o segundo grau civil;

IX – valer-se do cargo para lograr proveito pessoal ou de outrem, em detrimento da dignidade da função pública;

X – participar de gerência ou administração de sociedade privada, personificada ou não personificada, exercer o comércio, exceto na qualidade de acionista, cotista ou comanditário;

- Inciso X com redação determinada pela Lei 11.784/2008.

XI – atuar, como procurador ou intermediário, junto a repartições públicas, salvo quando se tratar de benefícios previdenciários ou assistenciais de parentes até o segundo grau, e de cônjuge ou companheiro;

XII – receber propina, comissão, presente ou vantagem de qualquer espécie, em razão de suas atribuições;

XIII – aceitar comissão, emprego ou pensão de estado estrangeiro;

XIV – praticar usura sob qualquer de suas formas;

XV – proceder de forma desidiosa;

XVI – utilizar pessoal ou recursos materiais da repartição em serviços ou atividades particulares;

XVII – cometer a outro servidor atribuições estranhas ao cargo que ocupa, exceto em situações de emergência e transitórias;

XVIII – exercer quaisquer atividades que sejam incompatíveis com o exercício do cargo ou função e com o horário de trabalho;

XIX – recusar-se a atualizar seus dados cadastrais quando solicitado.

- Inciso XIX acrescentado pela Lei 9.527/1997.

Parágrafo único. A vedação de que trata o inciso X do *caput* deste artigo não se aplica nos seguintes casos:

- Parágrafo único acrescentado pela Lei 11.784/2008.

I – participação nos conselhos de administração e fiscal de empresas ou entidades em que a União detenha, direta ou indiretamente, participação no capital social ou em sociedade cooperativa constituída para prestar serviços a seus membros; e

II – gozo de licença para o trato de interesses particulares, na forma do art. 91 desta Lei, observada a legislação sobre conflito de interesses.

Capítulo III
Da Acumulação

Art. 118. Ressalvados os casos previstos na Constituição, é vedada a acumulação remunerada de cargos públicos.

§ 1º A proibição de acumular estende-se a cargos, empregos e funções em autarquias, fundações públicas, empresas públicas, sociedades de economia mista da União, do Distrito Federal, dos Estados, dos Territórios e dos Municípios.

§ 2º A acumulação de cargos, ainda que lícita, fica condicionada à comprovação da compatibilidade de horários.

§ 3º Considera-se acumulação proibida a percepção de vencimento de cargo ou emprego público efetivo com proventos da inatividade, salvo quando os cargos de que decorram essas remunerações forem acumuláveis na atividade.

- § 3º acrescentado pela Lei 9.527/1997.

Legislação

Art. 119. O servidor não poderá exercer mais de um cargo em comissão, exceto no caso previsto no parágrafo único do art. 9º, nem ser remunerado pela participação em órgão de deliberação coletiva.

- *Caput* com redação determinada pela Lei 9.527/1997.

Parágrafo único. O disposto neste artigo não se aplica à remuneração devida pela participação em conselhos de administração e fiscal das empresas públicas e sociedades de economia mista, suas subsidiárias e controladas, bem como quaisquer empresas ou entidades em que a União, direta ou indiretamente, detenha participação no capital social, observado o que, a respeito, dispuser legislação específica.

- Parágrafo único com redação determinada pela MP 2.225-45/2001.

Art. 120. O servidor vinculado ao regime desta Lei, que acumular licitamente dois cargos efetivos, quando investido em cargo de provimento em comissão, ficará afastado de ambos os cargos efetivos, salvo na hipótese em que houver compatibilidade de horário e local com o exercício de um deles, declarada pelas autoridades máximas dos órgãos ou entidades envolvidos.

- Artigo com redação determinada pela Lei 9.527/ 1997.

Capítulo IV
Das Responsabilidades

Art. 121. O servidor responde civil, penal e administrativamente pelo exercício irregular de suas atribuições.

Art. 122. A responsabilidade civil decorre de ato omissivo ou comissivo, doloso ou culposo, que resulte em prejuízo ao erário ou a terceiros.

§ 1º A indenização de prejuízo dolosamente causado ao erário somente será liquidada na forma prevista no art. 46, na falta de outros bens que assegurem a execução do débito pela via judicial.

§ 2º Tratando-se de dano causado a terceiros, responderá o servidor perante a Fazenda Pública, em ação regressiva.

§ 3º A obrigação de reparar o dano estende-se aos sucessores e contra eles será executada, até o limite do valor da herança recebida.

Art. 123. A responsabilidade penal abrange os crimes e contravenções imputadas ao servidor, nessa qualidade.

Art. 124. A responsabilidade civil-administrativa resulta de ato omissivo ou comissivo praticado no desempenho do cargo ou função.

Art. 125. As sanções civis, penais e administrativas poderão cumular-se, sendo independentes entre si.

Art. 126. A responsabilidade administrativa do servidor será afastada no caso de absolvição criminal que negue a existência do fato ou sua autoria.

Art. 126-A. Nenhum servidor poderá ser responsabilizado civil, penal ou administrativamente por dar ciência à autoridade superior ou, quando houver suspeita de envolvimento desta, a outra autoridade competente para apuração de informação concernente à prática de crimes ou improbidade de que tenha conhecimento, ainda que em decorrência do exercício de cargo, emprego ou função pública.

- Artigo acrescentado pela Lei 12.527/2011 (*DOU* 18.11.2011, edição extra), em vigor 180 (cento e oitenta) dias após a data de sua publicação.

Capítulo V
Das Penalidades

Art. 127. São penalidades disciplinares:

I – advertência;

II – suspensão;

III – demissão;

IV – cassação de aposentadoria ou disponibilidade;

V – destituição de cargo em comissão;

VI – destituição de função comissionada.

Art. 128. Na aplicação das penalidades serão consideradas a natureza e a gravidade da infração cometida, os danos que dela provierem para o serviço público, as circunstâncias agravantes ou atenuantes e os antecedentes funcionais.

Parágrafo único. O ato de imposição da penalidade mencionará sempre o fundamento legal e a causa da sanção disciplinar.

- Parágrafo único acrescentado pela Lei 9.527/1997.

Art. 129. A advertência será aplicada por escrito, nos casos de violação de proibição constante do art. 117, incisos I a VIII e XIX, e de inobservância de dever funcional previsto em lei, regulamentação ou norma interna, que não justifique imposição de penalidade mais grave.

- Artigo com redação determinada pela Lei 9.527/ 1997.

Art. 130. A suspensão será aplicada em caso de reincidência das faltas punidas com advertência e de violação das demais proibições que não tipifiquem infração sujeita a penalidade de demissão, não podendo exceder de 90 (noventa) dias.

§ 1º Será punido com suspensão de até 15 (quinze) dias o servidor que, injustificadamente, recusar-se a ser submetido a inspeção médica determinada pela autoridade competente, cessando os efeitos da penalidade uma vez cumprida a determinação.

§ 2º Quando houver conveniência para o serviço, a penalidade de suspensão poderá ser convertida em multa, na base de 50% (cinquenta por cento) por dia de vencimento ou remuneração, ficando o servidor obrigado a permanecer em serviço.

Art. 131. As penalidades de advertência e de suspensão terão seus registros cancelados, após o decurso de 3 (três) e 5 (cinco) anos de efetivo exercício, respectivamente, se o servidor não houver, nesse período, praticado nova infração disciplinar.

Parágrafo único. O cancelamento da penalidade não surtirá efeitos retroativos.

Art. 132. A demissão será aplicada nos seguintes casos:

I – crime contra a administração pública;

II – abandono de cargo;

III – inassiduidade habitual;

IV – improbidade administrativa;

V – incontinência pública e conduta escandalosa, na repartição;

VI – insubordinação grave em serviço;

VII – ofensa física, em serviço, a servidor ou a particular, salvo em legítima defesa própria ou de outrem;

VIII – aplicação irregular de dinheiros públicos;

IX – revelação de segredo do qual se apropriou em razão do cargo;

X – lesão aos cofres públicos e dilapidação do patrimônio nacional;

XI – corrupção;

XII – acumulação ilegal de cargos, empregos ou funções públicas;

XIII – transgressão dos incisos IX a XVI do art. 117.

Art. 133. Detectada a qualquer tempo a acumulação ilegal de cargos, empregos ou funções públicas, a autoridade a que se refere o art. 143 notificará o servidor, por intermédio de sua chefia imediata, para apresentar opção no prazo improrrogável de dez dias contados da data da ciência e, na hipótese de omissão, adotará procedimento sumário para a sua apuração e regularização imediata, cujo processo administrativo disciplinar se desenvolverá nas seguintes fases:

- Artigo com redação determinada pela Lei 9.527/ 1997.

I – instauração, com a publicação do ato que constituir a comissão, a ser composta por dois servidores estáveis, e simultaneamente indicar a autoria e a materialidade da transgressão objeto da apuração;

II – instrução sumária, que compreende indiciação, defesa e relatório;

III – julgamento.

§ 1º A indicação da autoria de que trata o inciso I dar-se-á pelo nome e matrícula do servidor, e a materialidade pela descrição dos cargos, empregos ou funções públicas em situação de acumulação ilegal, dos órgãos ou entidades de vinculação, das datas de ingresso, do horário de trabalho e do correspondente regime jurídico.

§ 2º A comissão lavrará, até 3 (três) dias após a publicação do ato que a constituiu, termo de indiciação em que serão transcritas as informações de que trata o parágrafo anterior, bem como promoverá a citação pessoal do servidor indiciado, ou por intermédio de sua chefia imediata, para, no prazo de 5 (cinco) dias, apresentar defesa escrita, assegurando-se-lhe vista do processo na repartição, observado o disposto nos arts. 163 e 164.

Legislação

§ 3º Apresentada a defesa, a comissão elaborará relatório conclusivo quanto à inocência ou à responsabilidade do servidor, em que resumirá as peças principais dos autos, opinará sobre a licitude da acumulação em exame, indicará o respectivo dispositivo legal e remeterá o processo à autoridade instauradora, para julgamento.

§ 4º No prazo de 5 (cinco) dias, contados do recebimento do processo, a autoridade julgadora proferirá a sua decisão, aplicando-se, quando for o caso, o disposto no § 3º do art. 167.

§ 5º A opção pelo servidor até o último dia de prazo para defesa configurará sua boa-fé, hipótese em que se converterá automaticamente em pedido de exoneração do outro cargo.

§ 6º Caracterizada a acumulação ilegal e provada a má-fé, aplicar-se-á a pena de demissão, destituição ou cassação de aposentadoria ou disponibilidade em relação aos cargos, empregos ou funções públicas em regime de acumulação ilegal, hipótese em que os órgãos ou entidades de vinculação serão comunicados.

§ 7º O prazo para conclusão do processo administrativo disciplinar submetido ao rito sumário não excederá trinta dias, contados da data de publicação do ato que constituir a comissão, admitida a sua prorrogação por até 15 (quinze) dias, quando as circunstâncias o exigirem.

§ 8º O procedimento sumário rege-se pelas disposições deste artigo observando-se, no que lhe for aplicável, subsidiariamente, as disposições dos Títulos IV e V desta Lei.

Art. 134. Será cassada a aposentadoria ou a disponibilidade do inativo que houver praticado, na atividade, falta punível com a demissão.

Art. 135. A destituição de cargo em comissão exercido por não ocupante de cargo efetivo será aplicada nos casos de infração sujeita às penalidades de suspensão e de demissão.

Parágrafo único. Constatada a hipótese de que trata este artigo, a exoneração efetuada nos termos do art. 35 será convertida em destituição de cargo em comissão.

Art. 136. A demissão ou a destituição de cargo em comissão, nos casos dos incisos IV, VIII, X e XI do art. 132, implica a indisponibilidade dos bens e o ressarcimento ao erário, sem prejuízo da ação penal cabível.

Art. 137. A demissão, ou a destituição de cargo em comissão por infringência do art. 117, incisos IX e XI, incompatibiliza o ex-servidor para nova investidura em cargo público federal, pelo prazo de 5 (cinco) anos.

Parágrafo único. Não poderá retornar ao serviço público federal o servidor que for demitido ou destituído do cargo em comissão por infringência do art. 132, incisos I, IV, VIII, X e XI.

Art. 138. Configura abandono de cargo a ausência intencional do servidor ao serviço por mais de 30 (trinta) dias consecutivos.

Art. 139. Entende-se por inassiduidade habitual a falta ao serviço, sem causa justificada, por 60 (sessenta) dias, interpoladamente, durante o período de 12 (doze) meses.

Art. 140. Na apuração de abandono de cargo ou inassiduidade habitual, também será adotado o procedimento sumário a que se refere o art. 133, observando-se especialmente que:

- Artigo com redação determinada pela Lei 9.527/ 1997.

I – a indicação da materialidade dar-se-á:

a) na hipótese de abandono de cargo, pela indicação precisa do período de ausência intencional do servidor ao serviço superior a 30 (trinta) dias;

b) no caso de inassiduidade habitual, pela indicação dos dias de falta ao serviço sem causa justificada, por período igual ou superior a 60 (sessenta) dias interpoladamente, durante o período de 12 (doze) meses;

II – após a apresentação da defesa a comissão elaborará relatório conclusivo quanto à inocência ou à responsabilidade do servidor, em que resumirá as peças principais dos autos, indicará o respectivo dispositivo legal, opinará, na hipótese de abandono de cargo, sobre a intencionalidade da ausência ao serviço superior a 30 (trinta) dias e remeterá o processo à autoridade instauradora para julgamento.

Art. 141. As penalidades disciplinares serão aplicadas:

I – pelo Presidente da República, pelos Presidentes das Casas do Poder Legislativo e dos Tribunais Federais, e pelo Procurador-Geral da República, quando se tratar de demissão e cassação de aposentadoria ou disponibilidade de servidor vinculado ao respectivo Poder, órgão, ou entidade;

II – pelas autoridades administrativas de hierarquia imediatamente inferior àquelas mencionadas no inciso anterior quando se tratar de suspensão superior a 30 (trinta) dias;

III – pelo chefe da repartição e outras autoridades na forma dos respectivos regimentos ou regulamentos, nos casos de advertência ou de suspensão de até 30 (trinta) dias;

IV – pela autoridade que houver feito a nomeação, quando se tratar de destituição de cargo em comissão.

Art. 142. A ação disciplinar prescreverá:

I – em 5 (cinco) anos, quanto às infrações puníveis com demissão, cassação de aposentadoria ou disponibilidade e destituição de cargo em comissão;

II – em 2 (dois) anos, quanto à suspensão;

III – em 180 (cento e oitenta) dias, quanto à advertência.

§ 1º O prazo de prescrição começa a correr da data em que o fato se tornou conhecido.

§ 2º Os prazos de prescrição previstos na lei penal aplicam-se às infrações disciplinares capituladas também como crime.

§ 3º A abertura de sindicância ou a instauração de processo disciplinar interrompe a prescrição, até a decisão final proferida por autoridade competente.

§ 4º Interrompido o curso da prescrição, o prazo começará a correr a partir do dia em que cessar a interrupção.

TÍTULO V
Do Processo Administrativo Disciplinar

Capítulo I
Disposições Gerais

Art. 143. A autoridade que tiver ciência de irregularidade no serviço público é obrigada a promover a sua apuração imediata, mediante sindicância ou processo administrativo disciplinar, assegurada ao acusado ampla defesa.

§ 1º *(Revogado pela Lei 11.204/2005).*

§ 2º *(Revogado pela Lei 11.204/2005).*

§ 3º A apuração de que trata o *caput*, por solicitação da autoridade a que se refere, poderá ser promovida por autoridade de órgão ou entidade diverso daquele em que tenha ocorrido a irregularidade, mediante competência específica para tal finalidade, delegada em caráter permanente ou temporário pelo Presidente da República, pelos presidentes das Casas do Poder Legislativo e dos Tribunais Federais e pelo Procurador-Geral da República, no âmbito do respectivo Poder, órgão ou entidade, preservadas as competências para o julgamento que se seguir à apuração.

- § 3º acrescentado pela Lei 9.527/1997.

Art. 144. As denúncias sobre irregularidades serão objeto de apuração, desde que contenham a identificação e o endereço do denunciante e sejam formuladas por escrito, confirmada a autenticidade.

Parágrafo único. Quando o fato narrado não configurar evidente infração disciplinar ou ilícito penal, a denúncia será arquivada, por falta de objeto.

Art. 145. Da sindicância poderá resultar:

I – arquivamento do processo;

II – aplicação de penalidade de advertência ou suspensão de até 30 (trinta) dias;

III – instauração de processo disciplinar.

Parágrafo único. O prazo para conclusão da sindicância não excederá 30 (trinta) dias, podendo ser prorrogado por igual período, a critério da autoridade superior.

Art. 146. Sempre que o ilícito praticado pelo servidor ensejar a imposição de penalidade de suspensão por mais de 30 (trinta) dias, de demissão, cassação de aposentadoria ou disponibilidade, ou destituição de cargo em comissão, será obrigatória a instauração de processo disciplinar.

Capítulo II
Do Afastamento Preventivo

Art. 147. Como medida cautelar e a fim de que o servidor não venha a influir na apuração da irregularidade, a autoridade instauradora do processo disciplinar poderá determinar o seu afastamento do exercício do cargo, pelo prazo de até 60 (sessenta) dias, sem prejuízo da remuneração.

Parágrafo único. O afastamento poderá ser prorrogado por igual prazo, findo o qual cessarão os seus efeitos, ainda que não concluído o processo.

Capítulo III
Do Processo Disciplinar

Art. 148. O processo disciplinar é o instrumento destinado a apurar responsabilidade de servidor por infração praticada no exercício de suas atribuições, ou que tenha relação com as atribuições do cargo em que se encontre investido.

Art. 149. O processo disciplinar será conduzido por comissão composta de três servidores estáveis designados pela autoridade competente, observado o disposto no § 3º do art. 143, que indicará, dentre eles, o seu presidente, que deverá ser ocupante de cargo efetivo superior ou de mesmo nível, ou ter nível de escolaridade igual ou superior ao do indiciado.

• *Caput* com redação determinada pela Lei 9.527/1997.

§ 1º A Comissão terá como secretário servidor designado pelo seu presidente, podendo a indicação recair em um de seus membros.

§ 2º Não poderá participar de comissão de sindicância ou de inquérito, cônjuge, companheiro ou parente do acusado, consanguíneo ou afim, em linha reta ou colateral, até o terceiro grau.

Art. 150. A Comissão exercerá suas atividades com independência e imparcialidade, assegurado o sigilo necessário à elucidação do fato ou exigido pelo interesse da administração.

Parágrafo único. As reuniões e as audiências das comissões terão caráter reservado.

Art. 151. O processo disciplinar se desenvolve nas seguintes fases:

I – instauração, com a publicação do ato que constituir a comissão;

II – inquérito administrativo, que compreende instrução, defesa e relatório;

III – julgamento.

Art. 152. O prazo para a conclusão do processo disciplinar não excederá 60 (sessenta) dias, contados da data de publicação do ato que constituir a comissão, admitida a sua prorrogação por igual prazo, quando as circunstâncias o exigirem.

§ 1º Sempre que necessário, a comissão dedicará tempo integral aos seus trabalhos, ficando seus membros dispensados do ponto, até a entrega do relatório final.

§ 2º As reuniões da comissão serão registradas em atas que deverão detalhar as deliberações adotadas.

Seção I
Do Inquérito

Art. 153. O inquérito administrativo obedecerá ao princípio do contraditório, assegurada ao acusado ampla defesa, com a utilização dos meios e recursos admitidos em direito.

• V. Súmula 343, STJ.

Art. 154. Os autos da sindicância integrarão o processo disciplinar, como peça informativa da instrução.

Parágrafo único. Na hipótese de o relatório da sindicância concluir que a infração está capitulada como ilícito penal, a autoridade competente encaminhará cópia dos autos ao Ministério Público, independentemente da imediata instauração do processo disciplinar.

Art. 155. Na fase do inquérito, a comissão promoverá a tomada de depoimentos, acareações, investigações e diligências cabíveis, objetivando a coleta de prova, recorrendo, quando necessário, a técnicos e peritos, de modo a permitir a completa elucidação dos fatos.

Art. 156. É assegurado ao servidor o direito de acompanhar o processo pessoalmente ou por intermédio de procurador, arrolar e reinquirir testemunhas, produzir provas e contraprovas e formular quesitos, quando se tratar de prova pericial.

§ 1º O presidente da comissão poderá denegar pedidos considerados impertinentes, meramente protelatórios, ou de nenhum interesse para o esclarecimento dos fatos.

§ 2º Será indeferido o pedido de prova pericial, quando a comprovação do fato independer de conhecimento especial de perito.

Art. 157. As testemunhas serão intimadas a depor mediante mandado expedido pelo presidente da comissão, devendo a segunda via, com o ciente do interessado, ser anexada aos autos.

Parágrafo único. Se a testemunha for servidor público, a expedição do mandado será imediatamente comunicada ao chefe da repartição onde serve, com a indicação do dia e hora marcados para inquirição.

Art. 158. O depoimento será prestado oralmente e reduzido a termo, não sendo lícito à testemunha trazê-lo por escrito.

§ 1º As testemunhas serão inquiridas separadamente.

§ 2º Na hipótese de depoimentos contraditórios ou que se infirmem, proceder-se-á à acareação entre os depoentes.

Art. 159. Concluída a inquirição das testemunhas, a comissão promoverá o interrogatório do acusado, observados os procedimentos previstos nos arts. 157 e 158.

§ 1º No caso de mais de um acusado, cada um deles será ouvido separadamente, e sempre que divergirem em suas declarações sobre fatos ou circunstâncias, será promovida a acareação entre eles.

§ 2º O procurador do acusado poderá assistir ao interrogatório, bem como à inquirição das testemunhas, sendo-lhe vedado interferir nas perguntas e respostas, facultando-se-lhe, porém, reinquiri-las, por intermédio do presidente da comissão.

Art. 160. Quando houver dúvida sobre a sanidade mental do acusado, a comissão proporá à autoridade competente que ele seja submetido a exame por junta médica oficial, da qual participe pelo menos um médico psiquiatra.

Parágrafo único. O incidente de sanidade mental será processado em auto apartado e apenso ao processo principal, após a expedição do laudo pericial.

Art. 161. Tipificada a infração disciplinar, será formulada a indiciação do servidor, com a especificação dos fatos a ele imputados e das respectivas provas.

§ 1º O indiciado será citado por mandado expedido pelo presidente da comissão para apresentar defesa escrita, no prazo de 10 (dez) dias, assegurando-se-lhe vista do processo na repartição.

§ 2º Havendo dois ou mais indiciados, o prazo será comum e de 20 (vinte) dias.

§ 3º O prazo de defesa poderá ser prorrogado pelo dobro, para diligências reputadas indispensáveis.

§ 4º No caso de recusa do indiciado em apor o ciente na cópia da citação, o prazo para defesa contar-se-á da data declarada, em termo próprio, pelo membro da comissão que fez a citação, com a assinatura de duas testemunhas.

Art. 162. O indiciado que mudar de residência fica obrigado a comunicar à comissão o lugar onde poderá ser encontrado.

Art. 163. Achando-se o indiciado em lugar incerto e não sabido, será citado por edital, publicado no *Diário Oficial da União* e em jornal de grande circulação na localidade do último domicílio conhecido, para apresentar defesa.

• V. Súmula 343, STJ.

Parágrafo único. Na hipótese deste artigo, o prazo para defesa será de 15 (quinze) dias a partir da última publicação do edital.

Art. 164. Considerar-se-á revel o indiciado que, regularmente citado, não apresentar defesa no prazo legal.

• V. Súmula 343, STJ.

§ 1º A revelia será declarada, por termo, nos autos do processo e devolverá o prazo para a defesa.

§ 2º Para defender o indiciado revel, a autoridade instauradora do processo designará um servidor como defensor dativo, que deverá ser ocupante de cargo efetivo superior ou de mesmo nível, ou ter nível de escolaridade igual ou superior ao do indiciado.

• § 2º com redação determinada pela Lei 9.527/1997.

Art. 165. Apreciada a defesa, a comissão elaborará relatório minucioso, onde resumirá as peças principais dos autos e mencionará as provas em que se baseou para formar a sua convicção.

§ 1º O relatório será sempre conclusivo quanto à inocência ou à responsabilidade do servidor.

§ 2º Reconhecida a responsabilidade do servidor, a comissão indicará o dispositivo legal ou regulamentar transgredido, bem como as circunstâncias agravantes ou atenuantes.

Art. 166. O processo disciplinar, com o relatório da comissão, será remetido à autoridade que determinou a sua instauração, para julgamento.

Seção II
Do Julgamento

Art. 167. No prazo de 20 (vinte) dias, contados do recebimento do processo, a autoridade julgadora proferirá a sua decisão.

§ 1º Se a penalidade a ser aplicada exceder a alçada da autoridade instauradora do processo, este será encaminhado à autoridade competente, que decidirá em igual prazo.

§ 2º Havendo mais de um indiciado e diversidade de sanções, o julgamento caberá à autoridade competente para a imposição da pena mais grave.

§ 3º Se a penalidade prevista for a demissão ou cassação de aposentadoria ou disponibilidade, o julgamento caberá às autoridades de que trata o inciso I do art. 141.

§ 4º Reconhecida pela comissão a inocência do servidor, a autoridade instauradora do processo determinará o seu arquivamento, salvo se flagrantemente contrária à prova dos autos.

- § 4º acrescentado pela Lei 9.527/1997.

Art. 168. O julgamento acatará o relatório da comissão, salvo quando contrário às provas dos autos.

Parágrafo único. Quando o relatório da comissão contrariar as provas dos autos, a autoridade julgadora poderá, motivadamente, agravar a penalidade proposta, abrandá-la ou isentar o servidor de responsabilidade.

Art. 169. Verificada a ocorrência de vício insanável, a autoridade que determinou a instauração do processo ou outra de hierarquia superior declarará a sua nulidade total ou parcial, e ordenará, no mesmo ato, a constituição de outra comissão para instauração de novo processo.

- *Caput* com redação determinada pela Lei 9.527/1997.

§ 1º O julgamento fora do prazo legal não implica nulidade do processo.

§ 2º A autoridade julgadora que der causa à prescrição de que trata o art. 142, § 2º, será responsabilizada na forma do Capítulo IV do Título IV.

Art. 170. Extinta a punibilidade pela prescrição, a autoridade julgadora determinará o registro do fato nos assentamentos individuais do servidor.

Art. 171. Quando a infração estiver capitulada como crime, o processo disciplinar será remetido ao Ministério Público para instauração da ação penal, ficando trasladado na repartição.

Art. 172. O servidor que responder a processo disciplinar só poderá ser exonerado a pedido, ou aposentado voluntariamente, após a conclusão do processo e o cumprimento da penalidade, acaso aplicada.

Parágrafo único. Ocorrida a exoneração de que trata o parágrafo único, inciso I do art. 34, o ato será convertido em demissão, se for o caso.

Art. 173. Serão assegurados transporte e diárias:

I – ao servidor convocado para prestar depoimento fora da sede de sua repartição, na condição de testemunha, denunciado ou indiciado;

II – aos membros da comissão e ao secretário, quando obrigados a se deslocarem da sede dos trabalhos para a realização de missão essencial ao esclarecimento dos fatos.

Seção III
Da Revisão do Processo

Art. 174. O processo disciplinar poderá ser revisto, a qualquer tempo, a pedido ou de ofício, quando se aduzirem fatos novos ou circunstâncias suscetíveis de justificar a inocência do punido ou a inadequação da penalidade aplicada.

§ 1º Em caso de falecimento, ausência ou desaparecimento do servidor, qualquer pessoa da família poderá requerer a revisão do processo.

§ 2º No caso de incapacidade mental do servidor, a revisão será requerida pelo respectivo curador.

Art. 175. No processo revisional, o ônus da prova cabe ao requerente.

Art. 176. A simples alegação de injustiça da penalidade não constitui fundamento para a revisão, que requer elementos novos, ainda não apreciados no processo originário.

Art. 177. O requerimento de revisão do processo será dirigido ao Ministro de Estado ou autoridade equivalente que, se autorizar a revisão, encaminhará o pedido ao dirigente do órgão ou entidade onde se originou o processo disciplinar.

Parágrafo único. Deferida a petição, a autoridade competente providenciará a constituição de comissão, na forma do art. 149.

Art. 178. A revisão correrá em apenso ao processo originário.

Parágrafo único. Na petição inicial, o requerente pedirá dia e hora para a produção de provas e inquirição das testemunhas que arrolar.

Art. 179. A comissão revisora terá 60 (sessenta) dias para a conclusão dos trabalhos.

Art. 180. Aplicam-se aos trabalhos da comissão revisora, no que couber, as normas e procedimentos próprios da comissão do processo disciplinar.

Art. 181. O julgamento caberá à autoridade que aplicou a penalidade, nos termos do art. 141.

Parágrafo único. O prazo para julgamento será de 20 (vinte) dias, contados do recebimento do processo, no curso do qual a autoridade julgadora poderá determinar diligências.

Art. 182. Julgada procedente a revisão, será declarada sem efeito a penalidade aplicada, restabelecendo-se todos os direitos do servidor, exceto em relação à destituição de cargo em comissão, que será convertida em exoneração.

Parágrafo único. Da revisão do processo não poderá resultar agravamento de penalidade.

TÍTULO VI
Da Seguridade Social
do Servidor

Capítulo I
Disposições Gerais

Art. 183. A União manterá Plano de Seguridade Social para o servidor e sua família.

§ 1º O servidor ocupante de cargo em comissão que não seja, simultaneamente, ocupante de cargo ou emprego efetivo na administração pública direta, autárquica e fundacional não terá direito aos benefícios do Plano de Seguridade Social, com exceção da assistência à saúde.

- Primitivo parágrafo único renumerado pela Lei 10.667/2003.

§ 2º O servidor afastado ou licenciado do cargo efetivo, sem direito à remuneração, inclusive para servir em organismo oficial internacional do qual o Brasil seja membro efetivo ou com o qual coopere, ainda que contribua para regime de previdência social no exterior, terá suspenso o seu vínculo com o regime do Plano de Seguridade Social do Servidor Público enquanto durar o afastamento ou a licença, não lhes assistindo, neste período, os benefícios do mencionado regime de previdência.

- § 2º acrescentado pela Lei 10.667/2003.

§ 3º Será assegurada ao servidor licenciado ou afastado sem remuneração a manutenção da vinculação ao regime do Plano de Seguridade Social do Servidor Público, mediante o recolhimento mensal da respectiva contribuição, no mesmo percentual devido pelos servidores em atividade, incidente sobre a remuneração total do cargo a que faz jus no exercício de suas atribuições, computando-se, para esse efeito, inclusive, as vantagens pessoais.

- § 3º acrescentado pela Lei 10.667/2003.

§ 4º O recolhimento de que trata o § 3º deve ser efetuado até o segundo dia útil após a data do pagamento das remunerações dos servidores públicos, aplicando-se os procedimentos de cobrança e execução dos tributos federais quando não recolhidas na data de vencimento.

- § 4º acrescentado pela 10.667/2003.

Art. 184. O Plano de Seguridade Social visa a dar cobertura aos riscos a que estão sujeitos o servidor e sua família, e compreende um conjunto de benefícios e ações que atendam às seguintes finalidades:

I – garantir meios de subsistência nos eventos de doença, invalidez, velhice, acidente em serviço, inatividade, falecimento e reclusão;

II – proteção à maternidade, à adoção e à paternidade;

- V. Dec. 8.737/2016 (Programa de Prorrogação da Licença-paternidade).

III – assistência à saúde.

Parágrafo único. Os benefícios serão concedidos nos termos e condições definidos em regulamento, observadas as disposições desta Lei.

Art. 185. Os benefícios do Plano de Seguridade Social do servidor compreendem:

I – quanto ao servidor:

a) aposentadoria;

b) auxílio-natalidade;

c) salário-família;

d) licença para tratamento de saúde;

e) licença à gestante, à adotante e licença-paternidade;

- V. Dec. 8.737/2016 (Programa de Prorrogação da Licença-paternidade).

f) licença por acidente em serviço;

g) assistência à saúde;

h) garantia de condições individuais e ambientais de trabalho satisfatórias;

II – quanto ao dependente:

a) pensão vitalícia e temporária;

b) auxílio-funeral;

c) auxílio-reclusão;

d) assistência à saúde.

§ 1º As aposentadorias e pensões serão concedidas e mantidas pelos órgãos ou entidades aos quais se encontram vinculados os servidores, observado o disposto nos arts. 189 e 224.

§ 2º O recebimento indevido de benefícios havidos por fraude, dolo ou má-fé, implicará devolução ao erário do total auferido, sem prejuízo da ação penal cabível.

Capítulo II
Dos Benefícios

Seção I
Da Aposentadoria

Art. 186. O servidor será aposentado:

I – por invalidez permanente, sendo os proventos integrais quando decorrentes de acidente em serviço, moléstia profissional ou doença grave, contagiosa ou incurável, especificada em lei, e proporcionais nos demais casos;

II – compulsoriamente, aos 70 (setenta) anos de idade, com proventos proporcionais ao tempo de serviço;

III – voluntariamente:

a) aos 35 (trinta e cinco) anos de serviço, se homem, e aos 30 (trinta) se mulher, com proventos integrais;

b) aos 30 (trinta) anos de efetivo exercício em funções de magistério, se professor, e 25 (vinte e cinco) se professora, com proventos integrais;

c) aos 30 (trinta) anos de serviço, se homem, e aos 25 (vinte e cinco) se mulher, com proventos proporcionais a esse tempo;

d) aos 65 (sessenta e cinco) anos de idade, se homem, e aos 60 (sessenta) se mulher, com proventos proporcionais ao tempo de serviço.

§ 1º Consideram-se doenças graves, contagiosas ou incuráveis, a que se refere o inciso I deste artigo, tuberculose ativa, alienação mental, esclerose múltipla, neoplasia maligna, cegueira posterior ao ingresso no serviço público, hanseníase, cardiopatia grave, doença de Parkinson, paralisia irreversível e incapacitante, espondiloartrose anquilosante, nefropatia grave, estados avançados do mal de Paget (osteíte deformante), Síndrome de Imunodeficiência Adquirida – AIDS, e outras que a lei indicar, com base na medicina especializada.

§ 2º Nos casos de exercício de atividades consideradas insalubres ou perigosas, bem como nas hipóteses previstas no art. 71, a aposentadoria de que trata o inciso III, *a* e *c*, observará o disposto em lei específica.

§ 3º Na hipótese do inciso I o servidor será submetido à junta médica oficial, que atestará a invalidez quando caracterizada a incapacidade para o desempenho das atribuições do cargo ou a impossibilidade de se aplicar o disposto no art. 24.

- § 3º acrescentado pela Lei 9.527/1997.

Art. 187. A aposentadoria compulsória será automática, e declarada por ato, com vigência a partir do dia imediato àquele em que o servidor atingir a idade limite de permanência no serviço ativo.

Art. 188. A aposentadoria voluntária ou por invalidez vigorará a partir da data da publicação do respectivo ato.

§ 1º A aposentadoria por invalidez será precedida de licença para tratamento de saúde, por período não excedente a 24 (vinte e quatro) meses.

§ 2º Expirado o período de licença e não estando em condições de reassumir o cargo ou de ser readaptado, o servidor será aposentado.

§ 3º O lapso de tempo compreendido entre o término da licença e a publicação do ato da aposentadoria será considerado como de prorrogação da licença.

§ 4º Para os fins do disposto no § 1º deste artigo, serão consideradas apenas as licenças motivadas pela enfermidade ensejadora da invalidez ou doenças correlacionadas.

- § 4º acrescentado pela Lei 11.907/2009.

§ 5º A critério da Administração, o servidor em licença para tratamento de saúde ou aposentado por invalidez poderá ser convocado a qualquer momento, para avaliação das condições que ensejaram o afastamento ou a aposentadoria.

- § 5º acrescentado pela Lei 11.907/2009.

Art. 189. O provento da aposentadoria será calculado com observância do disposto no § 3º do art. 41, e revisto na mesma data e proporção, sempre que se modificar a remuneração dos servidores em atividade.

Parágrafo único. São estendidos aos inativos quaisquer benefícios ou vantagens posteriormente concedidas aos servidores em atividade, inclusive quando decorrentes de transformação ou reclassificação do cargo ou função em que se deu a aposentadoria.

Art. 190. O servidor aposentado com provento proporcional ao tempo de serviço se acometido de qualquer das moléstias especificadas no § 1º do art. 186 desta Lei e, por esse motivo, for considerado inválido por junta médica oficial passará a perceber provento integral, calculado com base no fundamento legal de concessão da aposentadoria.

- Artigo com redação determinada pela Lei 11.907/2009.

Art. 191. Quando proporcional ao tempo de serviço, o provento não será inferior a 1/3 (um terço) da remuneração da atividade.

Art. 192. *(Revogado pela Lei 9.527/1997).*

Art. 193. *(Revogado pela Lei 9.527/1997).*

Art. 194. Ao servidor aposentado será paga a gratificação natalina, até o dia vinte do mês de dezembro, em valor equivalente ao respectivo provento, deduzido o adiantamento recebido.

Art. 195. Ao ex-combatente que tenha efetivamente participado de operações bélicas, durante a Segunda Guerra Mundial, nos termos da Lei 5.315, de 12 de setembro de 1967, será concedida aposentadoria com provento integral, aos 25 (vinte e cinco) anos de serviço efetivo.

Seção II
Do Auxílio-Natalidade

Art. 196. O auxílio-natalidade é devido à servidora por motivo de nascimento de filho, em quantia equivalente ao menor vencimento do serviço público, inclusive no caso de natimorto.

§ 1º Na hipótese de parto múltiplo, o valor será acrescido de 50% (cinquenta por cento), por nascituro.

§ 2º O auxílio será pago ao cônjuge ou companheiro servidor público, quando a parturiente não for servidora.

Seção III
Do Salário-Família

Art. 197. O salário-família é devido ao servidor ativo ou ao inativo, por dependente econômico.

Parágrafo único. Consideram-se dependentes econômicos para efeito de percepção do salário-família:

I – o cônjuge ou companheiro e os filhos, inclusive os enteados até 21 (vinte e um) anos de idade ou, se estudante, até 24 (vinte e quatro) anos ou, se inválido, de qualquer idade;

II – o menor de 21 (vinte e um) anos que, mediante autorização judicial, viver na companhia e às expensas do servidor, ou do inativo;

III – a mãe e o pai sem economia própria.

Art. 198. Não se configura a dependência econômica quando o beneficiário do salário-família perceber rendimento do trabalho ou de qualquer outra fonte, inclusive pensão ou provento da aposentadoria, em valor igual ou superior ao salário mínimo.

Art. 199. Quando pai e mãe forem servidores públicos e viverem em comum, o salário-família será pago a um deles; quando separados, será pago a um e outro, de acordo com a distribuição dos dependentes.

Parágrafo único. Ao pai e à mãe equiparam-se o padrasto, a madrasta e, na falta destes, os representantes legais dos incapazes.

Art. 200. O salário-família não está sujeito a qualquer tributo, nem servirá de base para qualquer contribuição, inclusive para a Previdência Social.

Art. 201. O afastamento do cargo efetivo, sem remuneração, não acarreta a suspensão do pagamento do salário-família.

Seção IV
Da Licença
para Tratamento de Saúde

- V. Dec. 7.003/2009 (Regulamenta a licença para tratamento de saúde, de que tratam os arts. 202 a 205 da Lei 8.112/1990).

Art. 202. Será concedida ao servidor licença para tratamento de saúde, a pedido ou de ofício, com base em perícia médica, sem prejuízo da remuneração a que fizer jus.

Art. 203. A licença de que trata o art. 202 desta Lei será concedida com base em perícia oficial.

- *Caput* com redação determinada pela Lei 11.907/2009.

§ 1º Sempre que necessário, a inspeção médica será realizada na residência do servidor ou no estabelecimento hospitalar onde se encontrar internado.

§ 2º Inexistindo médico no órgão ou entidade no local onde se encontra ou tenha exercício em caráter permanente o servidor, e não se configurando as hipóteses previstas nos parágrafos do art. 230, será aceito atestado passado por médico particular.

- § 2º com redação determinada pela Lei 9.527/1997.

§ 3º No caso do § 2º deste artigo, o atestado somente produzirá efeitos depois de recepcionado pela unidade de recursos humanos do órgão ou entidade.

- § 3º com redação determinada pela Lei 11.907/2009.

§ 4º A licença que exceder o prazo de 120 (cento e vinte) dias no período de 12 (doze) meses a contar do primeiro dia de afastamento será concedida mediante avaliação por junta médica oficial.

- § 4º com redação determinada pela Lei 11.907/2009.

§ 5º A perícia oficial para concessão da licença de que trata o *caput* deste artigo, bem como nos demais casos de perícia oficial previstos nesta Lei, será efetuada por cirurgiões-dentistas, nas hipóteses em que abranger o campo de atuação da odontologia.

- § 5º acrescentado pela Lei 11.907/2009.

Art. 204. A licença para tratamento de saúde inferior a 15 (quinze) dias, dentro de 1 (um) ano, poderá ser dispensada de perícia oficial, na forma definida em regulamento.

- Artigo com redação determinada pela Lei 11.907/2009.

Art. 205. O atestado e o laudo da junta médica não se referirão ao nome ou natureza da doença, salvo quando se tratar de lesões produzidas por acidentes em serviço, doença profissional ou qualquer das doenças especificadas no art. 186, § 1º.

Art. 206. O servidor que apresentar indícios de lesões orgânicas ou funcionais será submetido a inspeção médica.

Art. 206-A. O servidor será submetido a exames médicos periódicos, nos termos e condições definidos em regulamento.

- *Caput* acrescentado pela Lei 11.907/2009.
- V. Dec. 6.856/2009 (Regulamenta o art. 206-A da Lei 8.112/1990).

Parágrafo único. Para os fins do disposto no *caput*, a União e suas entidades autárquicas e fundacionais poderão:

- Parágrafo único acrescentado pela Lei 12.998/2014.

I – prestar os exames médicos periódicos diretamente pelo órgão ou entidade à qual se encontra vinculado o servidor;

II – celebrar convênio ou instrumento de cooperação ou parceria com os órgãos e entidades da administração direta, suas autarquias e fundações;

III – celebrar convênios com operadoras de plano de assistência à saúde, organizadas na modalidade de autogestão, que possuam autorização de funcionamento do órgão regulador, na forma do art. 230; ou

IV – prestar os exames médicos periódicos mediante contrato administrativo, observado o disposto na Lei 8.666, de 21 de junho de 1993, e demais normas pertinentes.

Seção V
Da Licença à Gestante, à Adotante e da Licença-Paternidade

- V. Dec. 8.737/2016 (Programa de Prorrogação da Licença-paternidade).

Art. 207. Será concedida licença à servidora gestante por 120 (cento e vinte) dias consecutivos, sem prejuízo da remuneração.

§ 1º A licença poderá ter início no primeiro dia do nono mês de gestação, salvo antecipação por prescrição médica.

§ 2º No caso de nascimento prematuro, a licença terá início a partir do parto.

§ 3º No caso de natimorto, decorridos 30 (trinta) dias do evento, a servidora será submetida a exame médico, e se julgada apta, reassumirá o exercício.

§ 4º No caso de aborto atestado por médico oficial, a servidora terá direito a 30 (trinta) dias de repouso remunerado.

Art. 208. Pelo nascimento ou adoção de filhos, o servidor terá direito à licença-paternidade de 5 (cinco) dias consecutivos.

- V. Dec. 8.737/2016 (Programa de Prorrogação da Licença-paternidade).

Art. 209. Para amamentar o próprio filho, até a idade de seis meses, a servidora lactante terá direito, durante a jornada de trabalho, a uma hora de descanso, que poderá ser parcelada em dois períodos de meia hora.

Art. 210. À servidora que adotar ou obtiver guarda judicial de criança até 1 (um) ano de idade, serão concedidos 90 (noventa) dias de licença remunerada.

Parágrafo único. No caso de adoção ou guarda judicial de criança com mais de 1 (um) ano de idade, o prazo de que trata este artigo será de 30 (trinta) dias.

Seção VI
Da Licença por Acidente em Serviço

Art. 211. Será licenciado, com remuneração integral, o servidor acidentado em serviço.

Art. 212. Configura acidente em serviço o dano físico ou mental sofrido pelo servidor, que se relacione, mediata ou imediatamente, com as atribuições do cargo exercido.

Parágrafo único. Equipara-se ao acidente em serviço o dano:

I – decorrente de agressão sofrida e não provocada pelo servidor no exercício do cargo;

II – sofrido no percurso da residência para o trabalho e vice-versa.

Art. 213. O servidor acidentado em serviço que necessite de tratamento especializado poderá ser tratado em instituição privada, à conta de recursos públicos.

Parágrafo único. O tratamento recomendado por junta médica oficial constitui medida de exceção e somente será admissível quando inexistirem meios e recursos adequados em instituição pública.

Art. 214. A prova do acidente será feita no prazo de 10 (dez) dias, prorrogável quando as circunstâncias o exigirem.

Seção VII
Da Pensão

☛ **Art. 215.** Por morte do servidor, os seus dependentes, nas hipóteses legais, fazem jus à pensão por morte, observados os limites estabelecidos no inciso XI do *caput* do art. 37 da Constituição Federal e no art. 2º da Lei 10.887, de 18 de junho de 2004.

- Artigo com redação determinada pela Lei 13.846/2019.

Art. 216. *(Revogado pela Lei 13.135/2015).*

Art. 217. São beneficiários das pensões:

I – o cônjuge;

- Inciso I com redação determinada pela Lei 13.135/2015.

a) (Revogada pela Lei 13.135/2015).
b) (Revogada pela Lei 13.135/2015).
c) (Revogada pela Lei 13.135/2015).
d) (Revogada pela Lei 13.135/2015).
e) (Revogada pela Lei 13.135/2015).

II – o cônjuge divorciado ou separado judicialmente ou de fato, com percepção de pensão alimentícia estabelecida judicialmente;

- Inciso II com redação determinada pela Lei 13.135/ 2015.

a) *(Revogada pela Lei 13.135/2015).*

b) *(Revogada pela Lei 13.135/2015).*

c) *(Revogada pela Lei 13.135/2015).*

d) *(Revogada pela Lei 13.135/2015).*

III – o companheiro ou companheira que comprove união estável como entidade familiar;

- Inciso III acrescentado pela Lei 13.135/2015.

IV – o filho de qualquer condição que atenda a um dos seguintes requisitos;

- Inciso IV acrescentado pela Lei 13.135/2015.

a) seja menor de 21 (vinte e um) anos;

- Alínea *a* acrescentada pela Lei 13.135/2015.

b) seja inválido;

- Alínea *b* acrescentada pela Lei 13.135/2015.

c) tenha deficiência grave; ou

- Alínea *c* acrescentada pela Lei 13.135/2015 (*DOU* 18.06.2015), em vigor em 2 (dois) anos.

☛ ***d)*** tenha deficiência intelectual ou mental;

- Alínea *d* com redação determinada pela Lei 13.846/2019.

V – a mãe e o pai que comprovem dependência econômica do servidor; e

- Inciso V acrescentado pela Lei 13.135/2015.

VI – o irmão de qualquer condição que comprove dependência econômica do servidor e atenda a um dos requisitos previstos no inciso IV.

- Inciso VI acrescentado pela Lei 13.135/2015.

§ 1º A concessão de pensão aos beneficiários de que tratam os incisos I a IV do *caput* exclui os beneficiários referidos nos incisos V e VI.

- § 1º com redação determinada pela Lei 13.135/2015.

§ 2º A concessão de pensão aos beneficiários de que trata o inciso V do *caput* exclui o beneficiário referido no inciso VI.

- § 2º com redação determinada pela Lei 13.135/2015.

§ 3º O enteado e o menor tutelado equiparam-se a filho mediante declaração do servidor e desde que comprovada dependência econômica, na forma estabelecida em regulamento.

- § 3º acrescentado pela Lei 13.135/2015.

☛ **§ 4º** *(Vetado).*

- § 4º acrescentado pela Lei 13.846/2019.

Art. 218. Ocorrendo habilitação de vários titulares à pensão, o seu valor será distribuído em partes iguais entre os beneficiários habilitados.

- *Caput* com redação determinada pela Lei 13.135/ 2015.

§ 1º *(Revogado pela Lei 13.135/2015).*

§ 2º *(Revogado pela Lei 13.135/2015).*

§ 3º *(Revogado pela Lei 13.135/2015).*

☛ **Art. 219.** A pensão por morte será devida ao conjunto dos dependentes do segurado que falecer, aposentado ou não, a contar da data:

- Artigo com redação determinada pela Lei 13.846/2019.

I – do óbito, quando requerida em até 180 (cento e oitenta dias) após o óbito, para os filhos menores de 16 (dezesseis) anos, ou em até 90 (noventa) dias após o óbito, para os demais dependentes;

II – do requerimento, quando requerida após o prazo previsto no inciso I do *caput* deste artigo; ou

III – da decisão judicial, na hipótese de morte presumida.

§ 1º A concessão da pensão por morte não será protelada pela falta de habilitação de outro possível dependente e a habilitação posterior que importe em exclusão ou inclusão de dependente só produzirá efeito a partir da data da publicação da portaria de concessão da pensão ao dependente habilitado.

§ 2º Ajuizada a ação judicial para reconhecimento da condição de dependente, este poderá requerer a sua habilitação provisória ao benefício de pensão por morte, exclusivamente para fins de rateio dos valores com outros dependentes, vedado o pagamento da respectiva cota até o trânsito em julgado da respectiva ação, ressalvada a existência de decisão judicial em contrário.

§ 3º Nas ações em que for parte o ente público responsável pela concessão da pensão por morte, este poderá proceder de ofício à habilitação excepcional da referida pensão, apenas para efeitos de rateio, descontando-se os valores referentes a esta habilitação das demais cotas, vedado o pagamento da respectiva cota até o trânsito em julgado da respectiva ação, ressalvada a existência de decisão judicial em contrário.

§ 4º Julgada improcedente a ação prevista no § 2º ou § 3º deste artigo, o valor retido será corrigido pelos índices legais de reajustamento e será pago de forma proporcional aos demais dependentes, de acordo com as suas cotas e o tempo de duração de seus benefícios.

§ 5º Em qualquer hipótese, fica assegurada ao órgão concessor da pensão por morte a cobrança dos valores indevidamente pagos em função de nova habilitação.

Art. 220. Perde o direito à pensão por morte:

- Artigo com redação determinada pela Lei 13.135/ 2015.

I – após o trânsito em julgado, o beneficiário condenado pela prática de crime de que tenha dolosamente resultado a morte do servidor;

II – o cônjuge, o companheiro ou a companheira se comprovada, a qualquer tempo, simulação ou fraude no casamento ou na união estável, ou a formalização desses com o fim exclusivo de constituir benefício previdenciário, apuradas em processo judicial no qual será assegurado o direito ao contraditório e à ampla defesa.

Art. 221. Será concedida pensão provisória por morte presumida do servidor, nos seguintes casos:

I – declaração de ausência, pela autoridade judiciária competente;

II – desaparecimento em desabamento, inundação, incêndio ou acidente não caracterizado como em serviço;

III – desaparecimento no desempenho das atribuições do cargo ou em missão de segurança.

Parágrafo único. A pensão provisória será transformada em vitalícia ou temporária, conforme o caso, decorridos 5 (cinco) anos de sua vigência, ressalvado o eventual reaparecimento do servidor, hipótese em que o benefício será automaticamente cancelado.

Art. 222. Acarreta perda da qualidade de beneficiário:

I – o seu falecimento;

II – a anulação do casamento, quando a decisão ocorrer após a concessão da pensão ao cônjuge;

☛ **III** – a cessação da invalidez, em se tratando de beneficiário inválido, ou o afastamento da deficiência, em se tratando de beneficiário com deficiência, respeitados os períodos mínimos decorrentes da aplicação das alíneas *a* e *b* do inciso VII do caput deste artigo;

- Inciso III com redação determinada pela Lei 13.846/2019.

IV – o implemento da idade de 21 (vinte e um) anos, pelo filho ou irmão;

- Inciso IV com redação determinada pela Lei 13.135/ 2015.

V – a acumulação de pensão na forma do art. 225;

VI – a renúncia expressa; e

- Inciso VI com redação determinada pela Lei 13.135/ 2015.

VII – em relação aos beneficiários de que tratam os incisos I a III do *caput* do art. 217:

- Inciso VII acrescentado pela Lei 13.135/2015.

a) o decurso de 4 (quatro) meses, se o óbito ocorrer sem que o servidor tenha vertido 18 (dezoito) contribuições mensais ou se o casamento ou a união estável tiverem sido iniciados em menos de 2 (dois) anos antes do óbito do servidor;

b) o decurso dos seguintes períodos, estabelecidos de acordo com a idade do pensionista na data de óbito do servidor, depois de vertidas 18 (dezoito) contribuições mensais e pelo menos 2 (dois) anos após o início do casamento ou da união estável:

1) 3 (três) anos, com menos de 21 (vinte e um) anos de idade;

2) 6 (seis) anos, entre 21 (vinte e um) e 26 (vinte e seis) anos de idade;

3) 10 (dez) anos, entre 27 (vinte e sete) e 29 (vinte e nove) anos de idade;

4) 15 (quinze) anos, entre 30 (trinta) e 40 (quarenta) anos de idade;

5) 20 (vinte) anos, entre 41 (quarenta e um) e 43 (quarenta e três) anos de idade;

6) vitalícia, com 44 (quarenta e quatro) ou mais anos de idade.

§ 1º A critério da administração, o beneficiário de pensão cuja preservação seja motivada por invalidez, por incapacidade ou por deficiência poderá ser convocado a qualquer momento para avaliação das referidas condições.

- § 1º acrescentado pela Lei 13.135/2015.

§ 2º Serão aplicados, conforme o caso, a regra contida no inciso III ou os prazos previstos na alínea *b* do inciso VII, ambos do *caput*, se o óbito do servidor decorrer de acidente de qualquer natureza ou de doença profissional ou do trabalho, independentemente do recolhimento de 18 (dezoito) contribuições mensais ou da comprovação de 2 (dois) anos de casamento ou de união estável.

• § 2º acrescentado pela Lei 13.135/2015.

§ 3º Após o transcurso de pelo menos 3 (três) anos e desde que nesse período se verifique o incremento mínimo de um ano inteiro na média nacional única, para ambos os sexos, correspondente à expectativa de sobrevida da população brasileira ao nascer, poderão ser fixadas, em números inteiros, novas idades para os fins previstos na alínea *b* do inciso VII do *caput*, em ato do Ministro de Estado do Planejamento, Orçamento e Gestão, limitado o acréscimo na comparação com as idades anteriores ao referido incremento.

• § 3º acrescentado pela Lei 13.135/2015.

§ 4º O tempo de contribuição a Regime Próprio de Previdência Social (RPPS) ou ao Regime Geral de Previdência Social (RGPS) será considerado na contagem das 18 (dezoito) contribuições mensais referidas nas alíneas *a* e *b* do inciso VII do *caput*.

• § 4º acrescentado pela Lei 13.135/2015.

☛ **§ 5º** Na hipótese de o servidor falecido estar, na data de seu falecimento, obrigado por determinação judicial a pagar alimentos temporários a ex-cônjuge, ex-companheiro ou ex-companheira, a pensão por morte será devida pelo prazo remanescente na data do óbito, caso não incida outra hipótese de cancelamento anterior do benefício.

• § 5º acrescentado pela Lei 13.846/2019.

§ 6º O beneficiário que não atender à convocação de que trata o § 1º deste artigo terá o benefício suspenso, observado o disposto nos incisos I e II do *caput* do art. 95 da Lei 13.146, de 6 de julho de 2015.

• § 6º acrescentado pela Lei 13.846/2019.

§ 7º O exercício de atividade remunerada, inclusive na condição de microempreendedor individual, não impede a concessão ou manutenção da cota da pensão de dependente com deficiência intelectual ou mental ou com deficiência grave.

• § 7º acrescentado pela Lei 13.846/2019.

§ 8º No ato de requerimento de benefícios previdenciários, não será exigida apresentação de termo de curatela de titular ou de beneficiário com deficiência, observados os procedimentos a serem estabelecidos em regulamento.

• § 8º acrescentado pela Lei 13.846/2019.

Art. 223. Por morte ou perda da qualidade de beneficiário, a respectiva cota reverterá para os cobeneficiários.

• Artigo com redação determinada pela Lei 13.135/ 2015.

I – *(Revogado pela Lei 13.135/2015).*

II – *(Revogado pela Lei 13.135/2015).*

Art. 224. As pensões serão automaticamente atualizadas na mesma data e na mesma proporção dos reajustes dos vencimentos dos servidores, aplicando-se o disposto no parágrafo único do art. 189.

Art. 225. Ressalvado o direito de opção, é vedada a percepção cumulativa de pensão deixada por mais de um cônjuge ou companheiro ou companheira e de mais de 2 (duas) pensões.

• Artigo com redação determinada pela Lei 13.135/ 2015.

Seção VIII
Do Auxílio-Funeral

Art. 226. O auxílio-funeral é devido à família do servidor falecido na atividade ou aposentado, em valor equivalente a um mês da remuneração ou provento.

§ 1º No caso de acumulação legal de cargos, o auxílio será pago somente em razão do cargo de maior remuneração.

§ 2º *(Vetado).*

§ 3º O auxílio será pago no prazo de 48 (quarenta e oito) horas, por meio de procedimento sumaríssimo, à pessoa da família que houver custeado o funeral.

• O procedimento sumaríssimo foi transformado em sumário pela Lei 9.245/1995.

Art. 227. Se o funeral for custeado por terceiro, este será indenizado, observado o disposto no artigo anterior.

Art. 228. Em caso de falecimento de servidor em serviço fora do local de trabalho, inclusive no exterior, as despesas de transporte do corpo correrão à conta de recursos da União, autarquia ou fundação pública.

Seção IX
Do Auxílio-Reclusão

Art. 229. À família do servidor ativo é devido o auxílio-reclusão, nos seguintes valores:

I – 2/3 (dois terços) da remuneração, quando afastado por motivo de prisão, em flagrante ou preventiva, determinada pela autoridade competente, enquanto perdurar a prisão;

II – 1/2 (metade) da remuneração, durante o afastamento, em virtude de condenação, por sentença definitiva, a pena que não determine a perda de cargo.

§ 1º Nos casos previstos no inciso I deste artigo, o servidor terá direito à integralização da remuneração desde que absolvido.

§ 2º O pagamento do auxílio-reclusão cessará a partir do dia imediato àquele em que o servidor for posto em liberdade, ainda que condicional.

§ 3º Ressalvado o disposto neste artigo, o auxílio-reclusão será devido, nas mesmas condições da pensão por morte, aos dependentes do segurado recolhido à prisão.

• § 3º acrescentado pela Lei 13.135/2015.

Capítulo III
Da Assistência à Saúde

Art. 230. A assistência à saúde do servidor, ativo ou inativo, e de sua família compreende assistência médica, hospitalar, odontológica, psicológica e farmacêutica, terá como diretriz básica o implemento de ações preventivas voltadas para a promoção da saúde e será prestada pelo Sistema Único de Saúde – SUS, diretamente pelo órgão ou entidade ao qual estiver vinculado o servidor, ou mediante convênio ou contrato, ou ainda na forma de auxílio, mediante ressarcimento parcial do valor despendido pelo servidor, ativo ou inativo, e seus dependentes ou pensionistas com planos ou seguros privados de assistência à saúde, na forma estabelecida em regulamento.

• *Caput* com redação determinada pela Lei 11.302/ 2006.

• V. Dec. 4.978/2004 (Regulamenta o art. 230 da Lei 8.112/1990).

§ 1º Nas hipóteses previstas nesta Lei em que seja exigida perícia, avaliação ou inspeção médica, na ausência de médico ou junta médica oficial, para a sua realização o órgão ou entidade celebrará, preferencialmente, convênio com unidades de atendimento do sistema público de saúde, entidades sem fins lucrativos declaradas de utilidade pública, ou com o Instituto Nacional do Seguro Social – INSS.

• § 1º com redação determinada pela Lei 9.527/1997.

§ 2º Na impossibilidade, devidamente justificada, da aplicação do disposto no parágrafo anterior, o órgão ou entidade promoverá a contratação da prestação de serviços por pessoa jurídica, que constituirá junta médica especificamente para esses fins, indicando os nomes e especialidades dos seus integrantes, com a comprovação de suas habilitações e de que não estejam respondendo a processo disciplinar junto à entidade fiscalizadora da profissão.

• § 2º com redação determinada pela Lei 9.527/1997.

§ 3º Para os fins do disposto no *caput* deste artigo, ficam a União e suas entidades autárquicas e fundacionais autorizadas a:

• § 3º acrescentado pela Lei 11.302/2006.

I – celebrar convênios exclusivamente para a prestação de serviços de assistência à saúde para os seus servidores ou empregados ativos, aposentados, pensionistas, bem como para seus respectivos grupos familiares definidos, com entidades de autogestão por elas patrocinadas por meio de instrumentos jurídicos efetivamente celebrados e publicados até 12 de fevereiro de 2006 e que possuam autorização de funcionamento do órgão regulador, sendo certo que os convênios celebrados depois dessa data somente poderão sê-lo na forma da regulamentação específica sobre patrocínio de autogestões, a ser publicada pelo mesmo órgão regulador, no prazo de 180 (cento e oitenta) dias da vigência desta Lei, normas essas também aplicáveis aos convênios existentes até 12 de fevereiro de 2006;

II – contratar, mediante licitação, na forma da Lei 8.666, de 21 de junho de 1993, operadoras de planos e seguros privados de assistência à saúde que possuam autorização de funcionamento do órgão regulador;

III – *(Vetado).*

§ 4º *(Vetado).*

• § 4º acrescentado pela Lei 11.302/2006.

§ 5º O valor do ressarcimento fica limitado ao total despendido pelo servidor ou pensionista civil com plano ou seguro privado de assistência à saúde.

• § 5º acrescentado pela Lei 11.302/2006.

Capítulo IV
Do Custeio

Art. 231. *(Revogado pela Lei 9.783/1999).*

TÍTULO VII
Capítulo Único
Da Contratação Temporária de Excepcional Interesse Público

Arts. 232 a 235. *(Revogados pela Lei 8.745/1993).*

TÍTULO VIII
Capítulo Único
Das Disposições Gerais

Art. 236. O Dia do Servidor Público será comemorado a vinte e oito de outubro.

Art. 237. Poderão ser instituídos, no âmbito dos Poderes Executivo, Legislativo e Judiciário, os seguintes incentivos funcionais, além daqueles já previstos nos respectivos planos de carreira:

I – prêmios pela apresentação de ideias, inventos ou trabalhos que favoreçam o aumento de produtividade e a redução dos custos operacionais;

II – concessão de medalhas, diplomas de honra ao mérito, condecoração e elogio.

Art. 238. Os prazos previstos nesta Lei serão contados em dias corridos, excluindo-se o dia do começo e incluindo-se o do vencimento, ficando prorrogado, para o primeiro dia útil seguinte, o prazo vencido em dia em que não haja expediente.

Art. 239. Por motivo de crença religiosa ou de convicção filosófica ou política, o servidor não poderá ser privado de quaisquer dos seus direitos, sofrer discriminação em sua vida funcional, nem eximir-se do cumprimento de seus deveres.

Art. 240. Ao servidor público civil é assegurado, nos termos da Constituição Federal, o direito à livre associação sindical e os seguintes direitos, entre outros, dela decorrentes:

a) de ser representado pelo sindicato, inclusive como substituto processual;

b) de inamovibilidade do dirigente sindical, até um ano após o final do mandato, exceto se a pedido;

c) de descontar em folha, sem ônus para a entidade sindical a que for filiado, o valor das mensalidades e contribuições definidas em assembleia geral da categoria;

- **A MP 873/2019 (*DOU* 1º.03.2019, edição extra), que revogava este dispositivo, vigente entre 1º.03.2019 e 28.06.2019, teve seu prazo encerrado pelo Ato Declaratório CN 43/2019 (*DOU* CN 03.07.2019).**

d) (Revogada pela Lei 9.527/1997).

e) (Revogada pela Lei 9.527/1997).

Art. 241. Consideram-se da família do servidor, além do cônjuge e filhos, quaisquer pessoas que vivam às suas expensas e constem do seu assentamento individual.

Parágrafo único. Equipara-se ao cônjuge a companheira ou companheiro, que comprove união estável como entidade familiar.

Art. 242. Para os fins desta Lei, considera-se sede o município onde a repartição estiver instalada e onde o servidor tiver exercício, em caráter permanente.

TÍTULO IX
Capítulo Único
Das Disposições Transitórias e Finais

Art. 243. Ficam submetidos ao regime jurídico instituído por esta Lei, na qualidade de servidores públicos, os servidores dos Poderes da União, dos ex-Territórios, das autarquias, inclusive as em regime especial, e das fundações públicas, regidos pela Lei 1.711, de 28 de outubro de 1952 – Estatuto dos Funcionários Públicos Civis da União, ou pela Consolidação das Leis do Trabalho, aprovada pelo Decreto-lei 5.452, de 1º de maio de 1943, exceto os contratados por prazo determinado, cujos contratos não poderão ser prorrogados após o vencimento do prazo de prorrogação.

§ 1º Os empregos ocupados pelos servidores incluídos no regime instituído por esta Lei ficam transformados em cargos, na data de sua publicação.

§ 2º As funções de confiança exercidas por pessoas não integrantes de tabela permanente do órgão ou entidade onde têm exercício ficam transformadas em cargos em comissão, e mantidas enquanto não for implantado o plano de cargos dos órgãos ou entidades na forma da lei.

§ 3º As Funções de Assessoramento Superior – FAS, exercidas por servidor integrante de quadro ou tabela de pessoal, ficam extintas na data da vigência desta Lei.

§ 4º *(Vetado).*

§ 5º O regime jurídico desta Lei é extensivo aos serventuários da Justiça, remunerados com recursos da União, no que couber.

§ 6º Os empregos dos servidores estrangeiros com estabilidade no serviço público, enquanto não adquirirem a nacionalidade brasileira, passarão a integrar tabela em extinção, do respectivo órgão ou entidade, sem prejuízo dos direitos inerentes aos planos de carreira aos quais se encontrem vinculados os empregos.

§ 7º Os servidores públicos de que trata o *caput* deste artigo, não amparados pelo art. 19 do Ato das Disposições Constitucionais Transitórias, poderão, no interesse da Administração e conforme critérios estabelecidos em regulamento, ser exonerados mediante indenização de um mês de remuneração por ano de efetivo exercício no serviço público federal.

- § 7º acrescentado pela Lei 9.527/1997.

§ 8º Para fins de incidência do imposto de renda na fonte e na declaração de rendimentos, serão considerados como indenizações isentas os pagamentos efetuados a título de indenização prevista no parágrafo anterior.

- § 8º acrescentado pela Lei 9.527/1997.

§ 9º Os cargos vagos em decorrência da aplicação do disposto no § 7º poderão ser extintos pelo Poder Executivo quando considerados desnecessários.

- § 9º acrescentado pela Lei 9.527/1997.

Art. 244. Os adicionais por tempo de serviço, já concedidos aos servidores abrangidos por esta Lei, ficam transformados em anuênio.

Art. 245. A licença especial disciplinada pelo art. 116 da Lei 1.711, de 1952, ou por outro diploma legal, fica transformada em licença-prêmio por assiduidade, na forma prevista nos arts. 87 a 90.

Art. 246. *(Vetado).*

Art. 247. Para efeito do disposto Título VI desta Lei, haverá ajuste de contas com a Previdência Social, correspondente ao período de contribuição por parte dos servidores celetistas abrangidos pelo art. 243.

- Artigo com redação determinada pela Lei 8.162/1991.

Art. 248. As pensões estatutárias, concedidas até a vigência desta Lei, passam a ser mantidas pelo órgão ou entidade de origem do servidor.

Art. 249. Até a edição da lei prevista no § 1º do art. 231, os servidores abrangidos por esta Lei contribuirão na forma e nos percentuais atualmente estabelecidos para o servidor civil da União, conforme regulamento próprio.

Art. 250. O servidor que já tiver satisfeito ou vier a satisfazer, dentro de 1 (um) ano, as condições necessárias para a aposentadoria nos termos do inciso II do art. 184 do antigo Estatuto dos Funcionários Públicos Civis da União, Lei 1.711, de 28 de outubro de 1952, aposentar-se-á com a vantagem prevista naquele dispositivo.

Art. 251. *(Revogado pela Lei 9.527/1997).*

Art. 252. Esta Lei entra em vigor na data de sua publicação, com efeitos financeiros a partir do primeiro dia do mês subsequente.

Art. 253. Ficam revogadas a Lei 1.711, de 28 de outubro de 1952, e respectiva legislação complementar, bem como as demais disposições em contrário.

Brasília, 11 de dezembro de 1990; 169º da Independência e 102º da República.

Fernando Henrique Cardoso

(*DOU* 12.12.1990; rep. 18.03.1999)

LEI 8.177, DE 1º DE MARÇO DE 1991

Estabelece regras para a desindexação da economia e dá outras providências.

- V. Dec. 4.552/2002 (Regulamento da Inspeção do Trabalho).
- V. Súmula 454, STJ.

O Presidente da República:

Faço saber que o Congresso Nacional decreta e eu sanciono a seguinte Lei:

[...]

Art. 9º A partir de fevereiro de 1991, incidirão juros de mora equivalentes à TRD sobre os débitos de qualquer natureza para com a Fazenda Nacional, com a Seguridade Social, com o Fundo de Participação PIS/Pasep, com o Fundo de Garantia do Tempo de Serviço – FGTS e sobre os passivos de empresas concordatárias, em falência e de instituições em regime de liquidação extrajudicial, intervenção e administração especial temporária.

- *Caput* com redação determinada pela Lei 8.218/1991.
- V. art. 41.
- V. Lei 11.101/2005 (Lei de Recuperação de Empresas e Falência).
- V. Súmula 459, STJ.

§ 1º *(Vetado).*

§ 2º A base de cálculo do imposto de renda incidente sobre os rendimentos produzidos por títulos e aplicações de renda fixa será determinada mediante a exclusão, do rendimento bruto, da parcela correspondente à remuneração pela TRD, verificada no período da aplicação.

[...]

Art. 17. A partir de fevereiro de 1991, os saldos das contas do Fundo de Garantia do Tempo de Serviço – FGTS passam a ser remunerados pela taxa aplicável à remuneração básica dos depósitos de poupança, com data de aniversário no dia 1º, observada a periodicidade mensal para remuneração.

Parágrafo único. As taxas de juros previstas na legislação em vigor do FGTS são mantidas e consideradas como adicionais à remuneração prevista neste artigo.

[...]

Art. 38. Os saldos das contas do Fundo de Participação PIS/Pasep e as obrigações emitidas pelo Fundo Nacional de Desenvolvimento – FND serão reajustados pela TR nas épocas estabelecidas na legislação pertinente.

- V. Lei 9.365/1996 (Taxa de Juros de Longo Prazo – TJLP).

Art. 39. Os débitos trabalhistas de qualquer natureza, quando não satisfeitos pelo empregador nas épocas próprias assim definidas em lei, acordo ou convenção coletiva, sentença normativa ou cláusula contratual sofrerão juros de mora equivalentes à TRD acumulada no período compreendido entre a data de vencimento da obrigação e o seu efetivo pagamento.

- V. art. 27, § 6º, Lei 9.069/1995 (Plano Real).

§ 1º Aos débitos trabalhistas constantes de condenação pela Justiça do Trabalho ou decorrentes dos acordos feitos em reclamatória trabalhista, quando não cumpridos nas condições homologadas ou constantes do termo de conciliação, serão acrescidos, nos juros de mora previstos no *caput*, juros de 1% (um por cento) ao mês, contados do ajuizamento da reclamatória e aplicados *pro rata die*, ainda que não explicitados na sentença ou no termo de conciliação.

§ 2º Na hipótese de a data de vencimento das obrigações de que trata este artigo ser anterior a 1º de fevereiro de 1991, os juros de mora serão calculados pela composição entre a variação acumulada do BTN Fiscal no período compreendido entre a data de vencimento da obrigação e 31 de janeiro de 1991, e a TRD acumulada entre 1º de fevereiro de 1991 e seu efetivo pagamento.

Art. 40. O depósito recursal de que trata o art. 899 da Consolidação das Leis do Trabalho fica limitado a Cr$ 20.000.000,00 (vinte milhões de cruzeiros), nos casos de interposição de recurso ordinário, e de Cr$ 40.000.000,00 (quarenta milhões de cruzeiros), em se tratando de recurso de revista, embargos infringentes e recursos extraordinários, sendo devido a cada novo recurso interposto no decorrer do processo.

- Artigo com redação determinada pela Lei 8.542/1992.

§ 1º Em se tratando de condenação imposta em ação rescisória, o depósito recursal terá, como limite máximo, qualquer que seja o recurso, o valor de Cr$ 40.000.000,00 (quarenta milhões de cruzeiros).

§ 2º A exigência de depósito aplica-se, igualmente, aos embargos, à execução e a qualquer recurso subsequente do devedor.

§ 3º O valor do recurso ordinário, quando interposto em dissídio coletivo, será equivalente ao quádruplo do previsto no *caput* deste artigo.

§ 4º Os valores previstos neste artigo serão reajustados bimestralmente pela variação acumulada do INPC do IBGE dos dois meses imediatamente anteriores.

[...]

Art. 43. Esta Lei entra em vigor na data de sua publicação.

Art. 44. Revogam-se o Dec.-lei 75, de 21 de novembro de 1966, e demais disposições em contrário.

Brasília, em 1º de março de 1991; 170º da Independência e 103º da República.

Fernando Collor

(*DOU* 04.03.1991, rep. 08.05.1991)

LEI 8.212, DE 24 DE JULHO DE 1991

Dispõe sobre a organização da Seguridade Social, institui Plano de Custeio, e dá outras providências.

O Presidente da República:

Faço saber que o Congresso Nacional decreta e eu sanciono a seguinte Lei:

LEI ORGÂNICA DA SEGURIDADE SOCIAL

TÍTULO I
Conceituação e Princípios Constitucionais

- V. Dec. 3.048/1999 (Regulamento da Previdência Social).

Art. 1º A Seguridade Social compreende um conjunto integrado de ações de iniciativa dos poderes públicos e da sociedade, destinado a assegurar o direito relativo à saúde, à previdência e à assistência social.

- V. arts. 194 e 195, CF.

Parágrafo único. A Seguridade Social obedecerá aos seguintes princípios e diretrizes:

a) universalidade da cobertura e do atendimento;

b) uniformidade e equivalência dos benefícios e serviços às populações urbanas e rurais;

c) seletividade e distributividade na prestação dos benefícios e serviços;

d) irredutibilidade do valor dos benefícios;

e) equidade na forma de participação no custeio;

f) diversidade da base de financiamento;

g) caráter democrático e descentralizado da gestão administrativa com a participação da comunidade, em especial de trabalhadores, empresários e aposentados.

TÍTULO II
Da Saúde

Art. 2º A Saúde é direito de todos e dever do Estado, garantido mediante políticas sociais e econômicas que visem à redução do risco de doença e de outros agravos e ao acesso universal e igualitário às ações e serviços para sua promoção, proteção e recuperação.

Parágrafo único. As atividades de saúde são de relevância pública e sua organização obedecerá aos seguintes princípios e diretrizes:

a) acesso universal e igualitário;

b) provimento das ações e serviços através de rede regionalizada e hierarquizada, integrados em sistema único;

c) descentralização, com direção única em cada esfera de governo;

d) atendimento integral, com prioridade para as atividades preventivas;

e) participação da comunidade na gestão, fiscalização e acompanhamento das ações e serviços de saúde;

f) participação da iniciativa privada na assistência à saúde, obedecidos os preceitos constitucionais.

TÍTULO III
Da Previdência Social

Art. 3º A Previdência Social tem por fim assegurar aos seus beneficiários meios indispensáveis de manutenção, por motivo de incapacidade, idade avançada, tempo de serviço, desemprego involuntário, encargos de família e reclusão ou morte daqueles de quem dependiam economicamente.

Parágrafo único. A organização da Previdência Social obedecerá aos seguintes princípios e diretrizes:

a) universalidade de participação nos planos previdenciários, mediante contribuição;

b) valor da renda mensal dos benefícios, substitutos do salário de contribuição ou do rendimento do trabalho do segurado, não inferior ao do salário mínimo;

c) cálculo dos benefícios considerando-se os salários de contribuição, corrigidos monetariamente;

d) preservação do valor real dos benefícios;

e) previdência complementar facultativa, custeada por contribuição adicional.

TÍTULO IV
Da Assistência Social

Art. 4º A Assistência Social é a política social que provê o atendimento das necessidades básicas, traduzidas em proteção à família, à maternidade, à infância, à adolescência, à velhice e à pessoa portadora de deficiência, independentemente de contribuição à Seguridade Social.

Parágrafo único. A organização da Assistência Social obedecerá às seguintes diretrizes:

a) descentralização político-administrativa;

b) participação da população na formulação e controle das ações em todos os níveis.

TÍTULO V
Da Organização da Seguridade Social

Art. 5º As ações nas áreas de Saúde, Previdência Social e Assistência Social, conforme o disposto no Capítulo II do Título VIII da Constituição Federal, serão organizadas em Sistema Nacional de Seguridade Social, na forma desta Lei.

Art. 6º Fica instituído o Conselho Nacional da Seguridade Social, órgão superior de deliberação colegiada, com a participação da União, dos Estados, do Distrito Federal, dos Municípios e de representantes da sociedade civil.

- Artigo com eficácia suspensa por força da MP 2.216-37/2001.

§ 1º O Conselho Nacional da Seguridade Social terá dezessete membros e respectivos suplentes, sendo:

- *Caput* do § 1º com redação determinada pela Lei 8.619/1993.

a) quatro representantes do Governo Federal, dentre os quais, um da área de saúde, um da área de previdência social e um da área de assistência social;

b) um representante dos governos estaduais e um das prefeituras municipais;

c) oito representantes da sociedade civil, sendo quatro trabalhadores, dos quais pelo menos dois aposentados, e quatro empresários;

- Alínea *c* com redação determinada pela Lei 8.619/1993.

d) três representantes membros dos conselhos setoriais, sendo um de cada área da seguridade social, conforme disposto no Regimento do Conselho Nacional da Seguridade Social.

- Alínea *d* com redação determinada pela Lei 9.711/1998.

§ 2º Os membros do Conselho Nacional da Seguridade Social serão nomeados pelo Presidente da República.

§ 3º O Conselho Nacional da Seguridade Social será presidido por um dos seus integrantes, eleito entre seus membros, que terá mandato de 1 (um) ano, vedada a reeleição, e disporá de uma Secretaria-Executiva, que se articulará com os conselhos setoriais de cada área.

§ 4º Os representantes dos trabalhadores, dos empresários e respectivos suplentes serão indicados pelas centrais sindicais e confederações nacionais e terão mandato de 2 (dois) anos, podendo ser reconduzidos uma única vez.

§ 5º As áreas de Saúde, Previdência Social e Assistência Social organizar-se-ão em conselhos setoriais, com representantes da União, dos Estados, do Distrito Federal, dos Municípios e da sociedade civil.

§ 6º O Conselho Nacional da Seguridade Social reunir-se-á ordinariamente a cada bimestre, por convocação de seu presidente, ou, extraordinariamente, mediante convocação de seu presidente ou de um terço de seus membros, observado, em ambos os casos, o prazo de até 7 (sete) dias para realização da reunião.

§ 7º As reuniões do Conselho Nacional da Seguridade Social serão iniciadas com a presença da maioria absoluta de seus membros, sendo exigida para deliberação a maioria simples dos votos.

§ 8º Perderá o lugar no Conselho Nacional da Seguridade Social o membro que não comparecer a três reuniões consecutivas ou a cinco intercaladas, no ano, salvo se a ausência ocorrer por motivo de força maior, justificado por escrito ao Conselho, na forma estabelecida pelo seu regimento.

§ 9º A vaga resultante da situação prevista no parágrafo anterior será preenchida através de indicação da entidade representada, no prazo de 30 (trinta) dias.

§ 10. *(Revogado pela Lei 9.032/1995).*

§ 11. As ausências ao trabalho dos representantes dos trabalhadores em atividade, decorrentes de sua participação no Conselho, serão abonadas, computando-se como jornada efetivamente trabalhada para todos os fins e efeitos legais.

Art. 7º Compete ao Conselho Nacional da Seguridade Social:

- Artigo com eficácia suspensa por força da MP 2.216-37/2001.

I – estabelecer as diretrizes gerais e as políticas de integração entre as áreas, observado o disposto no inciso VII do art. 194 da Constituição Federal;

II – acompanhar e avaliar a gestão econômica, financeira e social dos recursos e o desempenho dos programas realizados, exigindo prestação de contas;

III – apreciar e aprovar os termos dos convênios firmados entre a seguridade social e a rede bancária para a prestação dos serviços;

IV – aprovar e submeter ao Presidente da República os programas anuais e plurianuais da Seguridade Social;

V – aprovar e submeter ao Órgão Central do Sistema de Planejamento Federal e de Orçamentos a proposta orçamentária anual da Seguridade Social;

VI – estudar, debater e aprovar proposta de recomposição periódica dos valores dos benefícios e dos salários de contribuição, a fim de garantir, de forma permanente, a preservação de seus valores reais;

VII – zelar pelo fiel cumprimento do disposto nesta Lei e na legislação que rege a Seguridade Social, assim como pelo cumprimento de suas deliberações;

VIII – divulgar através do *Diário Oficial da União*, todas as suas deliberações;

IX – elaborar o seu regimento interno.

Art. 8º As propostas orçamentárias anuais ou plurianuais da Seguridade Social serão elaboradas por Comissão integrada por três representantes, sendo um da área da saúde, um da área da previdência social e um da área de assistência social.

Art. 9º As áreas de Saúde, Previdência Social e Assistência Social são objeto de leis específicas, que regulamentarão sua organização e funcionamento.

TÍTULO VI
Do Financiamento da Seguridade Social

Introdução

Art. 10. A Seguridade Social será financiada por toda sociedade, de forma direta e indireta, nos termos do art. 195 da Constituição Federal e desta Lei, mediante recursos provenientes da União, dos Estados, do Distrito Federal, dos Municípios e de contribuições sociais.

Art. 11. No âmbito federal, o orçamento da Seguridade Social é composto das seguintes receitas:

I – receitas da União;

II – receitas das contribuições sociais;

III – receitas de outras fontes.

Parágrafo único. Constituem contribuições sociais:

a) as das empresas, incidentes sobre a remuneração paga ou creditada aos segurados a seu serviço;

- V. art. 96, Lei 11.196/2005 ("MP do Bem").
- V. Dec. 5.612/2005 (Regulamenta o parcelamento dos débitos dos municípios, relativos às contribuições sociais de que trata esta alínea).
- V. arts. 2º e 32 a 39, Lei 11.457/2007 (Super-Receita).
- V. Dec. 6.166/2007 (Regulamenta o parcelamento dos débitos dos Estados e do Distrito Federal relativos às contribuições sociais).
- V. Dec. 6.804/2009 (Regulamenta o parcelamento de débitos dos municípios e de suas autarquias e fundações, junto à SRFB e à PGFN, relativos às contribuições sociais de que trata esta alínea).
- V. Súmula 458, STJ.

b) as dos empregadores domésticos;

- V. art. 2º, Lei 11.457/2007 (Super-Receita).

c) as dos trabalhadores, incidentes sobre o seu salário de contribuição;

- V. art. 96, Lei 11.196/2005 ("MP do Bem").
- V. Dec. 5.612/2005 (Regulamenta o parcelamento dos débitos dos municípios, relativos às contribuições sociais de que trata esta alínea).
- V. arts. 2º e 32 a 39, Lei 11.457/2007 (Super-Receita).
- V. Dec. 6.166/2007 (Regulamenta o parcelamento dos débitos dos Estados e do Distrito Federal relativos às contribuições sociais).
- V. Dec. 6.804/2009 (Regulamenta o parcelamento de débitos dos municípios e de suas autarquias e fundações, junto à SRFB e à PGFN, relativos às contribuições sociais de que trata esta alínea).

d) as das empresas, incidentes sobre faturamento e lucro;

e) as incidentes sobre a receita de concursos de prognósticos.

Capítulo I
Dos Contribuintes

Seção I
Dos Segurados

Art. 12. São segurados obrigatórios da Previdência Social as seguintes pessoas físicas:

I – como empregado:

a) aquele que presta serviço de natureza urbana ou rural à empresa, em caráter não eventual, sob sua subordinação e mediante remuneração, inclusive como diretor empregado;

b) aquele que, contratado por empresa de trabalho temporário, definida em legislação específica, presta serviço para atender a necessidade transitória de substituição de pessoal regular e permanente ou a acréscimo extraordinário de serviços de outras empresas;

c) o brasileiro ou estrangeiro domiciliado e contratado no Brasil para trabalhar como empregado em sucursal ou agência de empresa nacional no exterior;

d) aquele que presta serviço no Brasil a missão diplomática ou a repartição consular de carreira estrangeira e a órgãos a ela subordinados, ou a membros dessas missões e repartições, excluídos o não brasileiro sem residência permanente no Brasil e o brasileiro amparado pela legislação previdenciária do país da respectiva missão diplomática ou repartição consular;

e) o brasileiro civil que trabalha para a União, no exterior, em organismos oficiais brasileiros ou internacionais dos quais o Brasil seja membro efetivo, ainda que lá domiciliado e contratado, salvo se segurado na forma da legislação vigente do país do domicílio;

f) o brasileiro ou estrangeiro domiciliado e contratado no Brasil para trabalhar como empregado em empresa domiciliada no exterior, cuja maioria do capital votante pertença a empresa brasileira de capital nacional;

g) o servidor público ocupante de cargo em comissão, sem vínculo efetivo com a União, Autarquias, inclusive em regime especial, e Fundações Públicas Federais;

- Alínea *g* acrescentada pela Lei 8.647/1993.

h) o exercente de mandato eletivo federal, estadual ou municipal, desde que não vinculado a regime próprio de previdência social;

- A Res. SF 26/2005 (*DOU* 22.06.2005) suspendeu a execução desta alínea.
- Alínea *h* acrescentada pela Lei 9.506/1997.
- V. Portaria MPS 133/2006 (Determina que a Secretaria da Receita Previdenciária não promoverá a constituição de créditos com fundamento nesta alínea).

i) o empregado de organismo oficial internacional ou estrangeiro em funcionamento no Brasil, salvo quando coberto por regime próprio de previdência social;

- Alínea *i* acrescentada pela Lei 9.876/1999.

j) o exercente de mandato eletivo federal, estadual ou municipal, desde que não vinculado a regime próprio de previdência social;

- Alínea *j* acrescentada pela Lei 10.887/2004.

II – como empregado doméstico: aquele que presta serviço de natureza contínua a pessoa ou família, no âmbito residencial desta, em atividades sem fins lucrativos;

III – *(Revogado pela Lei 9.876/1999).*

IV – *(Revogado pela Lei 9.876/1999).*

V – como contribuinte individual:

- *Caput* do inciso V com redação determinada pela Lei 9.876/1999.

a) a pessoa física, proprietária ou não, que explora atividade agropecuária, a qualquer título, em caráter permanente ou temporário, em área superior a 4 (quatro) módulos fiscais; ou, quando em área igual ou inferior a 4 (quatro) módulos fiscais ou atividade pesqueira, com auxílio de empregados ou por intermédio de prepostos; ou ainda nas hipóteses dos §§ 10 e 11 deste artigo;

- Alínea *a* com redação determinada pela Lei 11.718/ 2008.

b) a pessoa física, proprietária ou não, que explora atividade de extração mineral-garimpo, em caráter permanente ou temporário, diretamente ou por intermédio de prepostos, com ou sem o auxílio de empregados, utilizados a qualquer título, ainda que de forma não contínua;

- Alínea *b* com redação determinada pela Lei 9.876/ 1999.

c) o ministro de confissão religiosa e o membro de instituto de vida consagrada, de congregação ou de ordem religiosa;

- Alínea *c* com redação determinada pela Lei 10.403/ 2002.

d) (Revogada pela Lei 9.876/1999).

e) o brasileiro civil que trabalha no exterior para organismo oficial internacional do qual o Brasil é membro efetivo, ainda que lá domiciliado e contratado, salvo quando coberto por regime próprio de previdência social;

- Alínea *e* com redação determinada pela Lei 9.876/ 1999.

f) o titular de firma individual urbana ou rural, o diretor não empregado e o membro de conselho de administração de sociedade anônima, o sócio solidário, o sócio de indústria, o sócio gerente e o sócio cotista que recebam remuneração decorrente de seu trabalho em empresa urbana ou rural, e o associado eleito para cargo de direção em cooperativa, associação ou entidade de qualquer natureza ou finalidade, bem como o síndico ou administrador eleito para exercer atividade de direção condominial, desde que recebam remuneração;

- Alínea *f* acrescentada pela Lei 9.876/1999.

g) quem presta serviço de natureza urbana ou rural, em caráter eventual, a uma ou mais empresas, sem relação de emprego;

- Alínea g acrescentada pela Lei 9.876/1999.

h) a pessoa física que exerce, por conta própria, atividade econômica de natureza urbana, com fins lucrativos ou não;

- Alínea *h* acrescentada pela Lei 9.876/1999.

VI – como trabalhador avulso: quem presta, a diversas empresas, sem vínculo empregatício, serviços de natureza urbana ou rural definidos no regulamento;

VII – como segurado especial: a pessoa física residente no imóvel rural ou em aglomerado urbano ou rural próximo a ele que, individualmente ou em regime de economia familiar, ainda que com o auxílio eventual de terceiros a título de mútua colaboração, na condição de:

- Inciso VII com redação determinada pela Lei 11.718/ 2008.
- Inciso VII com a execução suspensa por força da Res. SF 15/2017 (*DOU* 13.09.2017), declarado inconstitucional por decisão definitiva proferida pelo Supremo Tribunal Federal nos autos do Recurso Extraordinário 363.852.

a) produtor, seja proprietário, usufrutuário, possuidor, assentado, parceiro ou meeiro outorgados, comodatário ou arrendatário rurais, que explore atividade:

1. agropecuária em área de até 4 (quatro) módulos fiscais; ou
2. de seringueiro ou extrativista vegetal que exerça suas atividades nos termos do inciso XII do *caput* do art. 2º da Lei 9.985, de 18 de julho de 2000, e faça dessas atividades o principal meio de vida;

b) pescador artesanal ou a este assemelhado, que faça da pesca profissão habitual ou principal meio de vida; e

c) cônjuge ou companheiro, bem como filho maior de 16 (dezesseis) anos de idade ou a este equiparado, do segurado de que tratam as alíneas *a* e *b* deste inciso, que, comprovadamente, trabalhem com o grupo familiar respectivo.

§ 1º Entende-se como regime de economia familiar a atividade em que o trabalho dos membros da família é indispensável à própria subsistência e ao desenvolvimento socioeconômico do núcleo familiar e é exercido em condições de mútua dependência e colaboração, sem a utilização de empregados permanentes.

- § 1º com redação determinada pela Lei 11.718/2008.

§ 2º Todo aquele que exercer, concomitantemente, mais de uma atividade remunerada sujeita ao Regime Geral de Previdência Social é obrigatoriamente filiado em relação a cada uma delas.

§ 3º *(Revogado pela Lei 11.718/2008).*

I – *(Revogado pela Lei 11.718/2008).*

II – *(Revogado pela Lei 11.718/2008).*

§ 4º O aposentado pelo Regime Geral de Previdência Social – RGPS que estiver exercendo ou que voltar a exercer atividade abrangida por este Regime é segurado obrigatório em relação a essa atividade, ficando sujeito às contribuições de que trata esta Lei, para fins de custeio da Seguridade Social.

- § 4º acrescentado pela Lei 9.032/1995.

§ 5º O dirigente sindical mantém, durante o exercício do mandato eletivo, o mesmo enquadramento no Regime Geral de Previdência Social – RGPS de antes da investidura.

- § 5º acrescentado pela Lei 9.528/1997.

§ 6º Aplica-se o disposto na alínea *g* do inciso I do *caput* ao ocupante de cargo de Ministro de Estado, de Secretário Estadual, Distrital ou Municipal, sem vínculo efetivo com a União, Estados, Distrito Federal e Municípios, suas autarquias, ainda que em regime especial, e fundações.

- § 6º acrescentado pela Lei 9.876/1999.

§ 7º Para serem considerados segurados especiais, o cônjuge ou companheiro e os filhos maiores de 16 (dezesseis) anos ou os a estes equiparados deverão ter participação ativa nas atividades rurais do grupo familiar.

• § 7º acrescentado pela Lei 11.718/2008.

§ 8º O grupo familiar poderá utilizar-se de empregados contratados por prazo determinado ou trabalhador de que trata a alínea *g* do inciso V do *caput* deste artigo, à razão de no máximo 120 (cento e vinte) pessoas por dia no ano civil, em períodos corridos ou intercalados ou, ainda, por tempo equivalente em horas de trabalho, não sendo computado nesse prazo o período de afastamento em decorrência da percepção de auxílio-doença.

• § 8º com redação determinada pela Lei 12.873/2013.

§ 9º Não descaracteriza a condição de segurado especial:

• *Caput* do § 9º acrescentado pela Lei 11.718/2008.

I – a outorga, por meio de contrato escrito de parceria, meação ou comodato, de até 50% (cinquenta por cento) de imóvel rural cuja área total não seja superior a 4 (quatro) módulos fiscais, desde que outorgante e outorgado continuem a exercer a respectiva atividade, individualmente ou em regime de economia familiar;

• Inciso I acrescentado pela Lei 11.718/2008.

II – a exploração da atividade turística da propriedade rural, inclusive com hospedagem, por não mais de 120 (cento e vinte) dias ao ano;

• Inciso II acrescentado pela Lei 11.718/2008.

III – a participação em plano de previdência complementar instituído por entidade classista a que seja associado, em razão da condição de trabalhador rural ou de produtor rural em regime de economia familiar;

• Inciso III acrescentado pela Lei 11.718/2008.

IV – ser beneficiário ou fazer parte de grupo familiar que tem algum componente que seja beneficiário de programa assistencial oficial de governo;

• Inciso IV acrescentado pela Lei 11.718/2008.

V – a utilização pelo próprio grupo familiar, na exploração da atividade, de processo de beneficiamento ou industrialização artesanal, na forma do § 11 do art. 25 desta Lei; e

• Inciso V acrescentado pela Lei 11.718/2008.

VI – a associação em cooperativa agropecuária ou de crédito rural; e

• Inciso VI com redação determinada pela Lei 13.183/ 2015.

VII – a incidência do Imposto Sobre Produtos Industrializados – IPI sobre o produto das atividades desenvolvidas nos termos do § 14 deste artigo.

• Inciso VII acrescentado pela Lei 12.873/2013 (*DOU* 25.10.2013), em vigor na data de sua publicação, produzindo efeitos a partir de 01.01.2014 (V. art. 63, III, *a*, da referida Lei).

§ 10. Não é segurado especial o membro de grupo familiar que possuir outra fonte de rendimento, exceto se decorrente de:

• *Caput* do § 10 acrescentado pela Lei 11.718/ 2008.

I – benefício de pensão por morte, auxílio-acidente ou auxílio-reclusão, cujo valor não supere o do menor benefício de prestação continuada da Previdência Social;

• Inciso I acrescentado pela Lei 11.718/2008.

II – benefício previdenciário pela participação em plano de previdência complementar instituído nos termos do inciso IV do § 9º deste artigo;

• Inciso II acrescentado pela Lei 11.718/2008.

III – exercício de atividade remunerada em período não superior a 120 (cento e vinte) dias, corridos ou intercalados, no ano civil, observado o disposto no § 13 deste artigo;

• Inciso III com redação determinada pela Lei 12.873/ 2013.

IV – exercício de mandato eletivo de dirigente sindical de organização da categoria de trabalhadores rurais;

• Inciso IV acrescentado pela Lei 11.718/2008.

V – exercício de mandato de vereador do município onde desenvolve a atividade rural, ou de dirigente de cooperativa rural constituída exclusivamente por segurados especiais, observado o disposto no § 13 deste artigo;

• Inciso V acrescentado pela Lei 11.718/2008.

VI – parceria ou meação outorgada na forma e condições estabelecidas no inciso I do § 9º deste artigo;

• Inciso VI acrescentado pela Lei 11.718/2008.

VII – atividade artesanal desenvolvida com matéria-prima produzida pelo respectivo grupo familiar, podendo ser utilizada matéria-prima de outra origem, desde que a renda mensal obtida na atividade não exceda ao menor benefício de prestação continuada da Previdência Social; e

• Inciso VII acrescentado pela Lei 11.718/2008.

VIII – atividade artística, desde que em valor mensal inferior ao menor benefício de prestação continuada da Previdência Social.

• Inciso VIII acrescentado pela Lei 11.718/2008.

§ 11. O segurado especial fica excluído dessa categoria:

• *Caput* do § 11 acrescentado pela Lei 11.718/ 2008.

I – a contar do primeiro dia do mês em que:

• Inciso I acrescentado pela Lei 11.718/2008.

a) deixar de satisfazer as condições estabelecidas no inciso VII do *caput* deste artigo, sem prejuízo do disposto no art. 15 da Lei 8.213, de 24 de julho de 1991, ou exceder qualquer dos limites estabelecidos no inciso I do § 9º deste artigo;

• Alínea *a* acrescentada pela Lei 11.718/2008.

b) enquadrar-se em qualquer outra categoria de segurado obrigatório do Regime Geral de Previdência Social, ressalvado o disposto nos incisos III, V, VII e VIII do § 10 e no § 14 deste artigo, sem prejuízo do disposto no art. 15 da Lei 8.213, de 24 de julho de 1991;

• Alínea *b* com redação determinada pela Lei 12.873/ 2013.

c) tornar-se segurado obrigatório de outro regime previdenciário; e

• Alínea *c* com redação determinada pela Lei 12.873/ 2013.

d) participar de sociedade empresária, de sociedade simples, como empresário individual ou como titular de empresa individual de responsabilidade limitada em desacordo com as limitações impostas pelo § 14 deste artigo;

• Alínea *d* acrescentada pela Lei 12.873/2013 (*DOU* 25.10.2013), em vigor na data de sua publicação, produzindo efeitos a partir de 01.01.2014 (V. art. 63, III, *a*, da referida Lei).

II – a contar do primeiro dia do mês subsequente ao da ocorrência, quando o grupo familiar a que pertence exceder o limite de:

• Inciso II acrescentado pela Lei 11.718/2008.

a) utilização de trabalhadores nos termos do § 8º deste artigo;

b) dias em atividade remunerada estabelecidos no inciso III do § 10 deste artigo; e

c) dias de hospedagem a que se refere o inciso II do § 9º deste artigo.

§ 12. Aplica-se o disposto na alínea *a* do inciso V do *caput* deste artigo ao cônjuge ou companheiro do produtor que participe da atividade rural por este explorada.

• § 12 acrescentado pela Lei 11.718/2008.

§ 13. O disposto nos incisos III e V do § 10 e no § 14 deste artigo não dispensa o recolhimento da contribuição devida em relação ao exercício das atividades de que tratam os referidos dispositivos.

• § 13 com redação determinada pela Lei 12.873/2013.

§ 14. A participação do segurado especial em sociedade empresária, em sociedade simples, como empresário individual ou como titular de empresa individual de responsabilidade limitada de objeto ou âmbito agrícola, agroindustrial ou agroturístico, considerada microempresa nos termos da Lei Complementar 123, de 14 de dezembro de 2006, não o exclui de tal categoria previdenciária, desde que, mantido o exercício da sua atividade rural na forma do inciso VII do *caput* e do § 1º, a pessoa jurídica componha-se apenas de segurados de igual natureza e sedie-se no mesmo Município ou em Município limítrofe àquele em que eles desenvolvam suas atividades.

• § 14 acrescentado pela Lei 12.873/2013 (*DOU* 25.10.2013), em vigor na data de sua publicação, produzindo efeitos a partir de 01.01.2014 (V. art. 63, III, *a*, da referida Lei).

§ 15. *(Vetado).*

• § 15 acrescentado pela Lei 12.873/2013 (*DOU* 25.10.2013), em vigor na data de sua publicação, produzindo efeitos a partir de 01.01.2014 (V. art. 63, III, *a*, da referida Lei).

Art. 13. O servidor civil ocupante de cargo efetivo ou o militar da União, dos Estados, do Distrito Federal ou dos Municípios, bem como o das respectivas autarquias e fundações, são excluídos do Regime Geral de Previdência Social consubstanciado nesta Lei, desde que amparados por regime próprio de previdência social.

• Artigo com redação determinada pela Lei 9.876/ 1999.

§ 1º Caso o servidor ou o militar venham a exercer, concomitantemente, uma ou mais atividades abrangidas pelo Regime Geral de Previdência Social, tornar-se-ão segurados obrigatórios em relação a essas atividades.

§ 2º Caso o servidor ou o militar, amparados por regime próprio de previdência social, sejam requisitados para outro órgão ou entidade cujo regime previdenciário não permita a filiação nessa condição, permanecerão vinculados ao regime de origem, obedecidas as regras que cada ente estabeleça acerca de sua contribuição.

Art. 14. É segurado facultativo o maior de 14 (quatorze) anos de idade que se filiar ao Regime Geral de Previdência Social, mediante contribuição, na forma do art. 21, desde que não incluído nas disposições do art. 12.

Seção II
Da Empresa e do Empregador Doméstico

Art. 15. Considera-se:

I – empresa – a firma individual ou sociedade que assume o risco de atividade econômica urbana ou rural, com fins lucrativos ou não, bem como os órgãos e entidades da administração pública direta, indireta e fundacional;

II – empregador doméstico – a pessoa ou família que admite a seu serviço, sem finalidade lucrativa, empregado doméstico.

Parágrafo único. Equiparam-se a empresa, para os efeitos desta Lei, o contribuinte individual e a pessoa física na condição de proprietário ou dono de obra de construção civil, em relação a segurado que lhe presta serviço, bem como a cooperativa, a associação ou a entidade de qualquer natureza ou finalidade, a missão diplomática e a repartição consular de carreira estrangeiras.

• Parágrafo único com redação determinada pela Lei 13.202/2015.

Capítulo II
Da Contribuição da União

Art. 16. A contribuição da União é constituída de recursos adicionais do Orçamento Fiscal, fixados obrigatoriamente na lei orçamentária anual.

Parágrafo único. A União é responsável pela cobertura de eventuais insuficiências financeiras da Seguridade Social, quando decorrentes do pagamento de benefícios de prestação continuada da Previdência Social, na forma da Lei Orçamentária Anual.

Art. 17. Para pagamento dos encargos previdenciários da União, poderão contribuir os recursos da Seguridade Social referidos na alínea *d* do parágrafo único do art. 11 desta Lei, na forma da Lei Orçamentária anual, assegurada a destinação de recursos para as ações desta Lei de Saúde e Assistência Social.

• Artigo com redação determinada pela Lei 9.711/ 1998.

Art. 18. Os recursos da Seguridade Social referidos nas alíneas *a*, *b*, *c* e *d* do parágrafo único do art. 11 desta Lei poderão contribuir, a partir do exercício de 1992, para o financiamento das despesas com pessoal e administração geral apenas do Instituto Nacional do Seguro Social – INSS, do Instituto Nacional de Assistência Médica da Previdência Social – INAMPS, da Fundação Legião Brasileira de Assistência – LBA e da Fundação Centro Brasileira para Infância e Adolescência.

Art. 19. O Tesouro Nacional repassará mensalmente recursos referentes às contribuições mencionadas nas alíneas *d* e *e* do parágrafo único do art. 11 desta Lei, destinados à execução do Orçamento da Seguridade Social.

• Artigo com redação determinada pela Lei 9.711/ 1998.

Capítulo III
Da Contribuição do Segurado

Seção I
Da contribuição dos Segurados Empregado, Empregado Doméstico e Trabalhador Avulso

Art. 20. A contribuição do empregado, inclusive o doméstico, e a do trabalhador avulso é calculada mediante a aplicação da correspondente alíquota sobre o seu salário de contribuição mensal, de forma não cumulativa, observado o disposto no art. 28, de acordo com a seguinte tabela:

• *Caput* com redação determinada pela Lei 9.032/1995.

Salário de contribuição	Alíquota em %
Até R$ 249,80	8,00
de R$ 249,81 até R$ 416,33	9,00
de R$ 416,34 até R$ 832,66	11,00

• Valores e alíquotas determinados pela Lei 9.129/1995.

• Valores sujeitos a atualização mediante Portaria do Ministério da Previdência Social – MPS.

§ 1º Os valores do salário de contribuição serão reajustados, a partir da data de entrada em vigor desta Lei, na mesma época e com os mesmos índices que os do reajustamento dos benefícios de prestação continuada da Previdência Social.

• Primitivo parágrafo único renumerado pela Lei 8.620/ 1993.

§ 2º O disposto neste artigo aplica-se também aos segurados empregados e trabalhadores avulsos que prestem serviços a microempresas.

• § 2º acrescentado pela Lei 8.620/1993.

Seção II
Da Contribuição dos Segurados Contribuinte Individual e Facultativo

• Rubrica da Seção II com redação determinada pela Lei 9.876/1999.

Art. 21. A alíquota de contribuição dos segurados contribuinte individual e facultativo será de 20% (vinte por cento) sobre o respectivo salário de contribuição.

• *Caput* com redação determinada pela Lei 9.876/1999.

I – *(Revogado pela Lei 9.876/1999).*

II – *(Revogado pela Lei 9.876/1999).*

§ 1º Os valores do salário de contribuição serão reajustados, a partir da data de entrada em vigor desta Lei, na mesma época e com os mesmos índices que os do reajustamento dos benefícios de prestação continuada da Previdência Social.

• Primitivo parágrafo único renumerado pela LC 123/2006 e com redação determinada pela Lei 9.711/1998.

§ 2º No caso de opção pela exclusão do direito ao benefício de aposentadoria por tempo de contribuição, a alíquota de contribuição incidente sobre o limite mínimo mensal do salário de contribuição será de:

• *Caput* do § 2º com redação determinada pela Lei 12.470/2011.

I – 11% (onze por cento), no caso do segurado contribuinte individual, ressalvado o disposto no inciso II, que trabalhe por conta própria, sem relação de trabalho com empresa ou equiparado e do segurado facultativo, observado o disposto na alínea *b* do inciso II deste parágrafo;

• Inciso I acrescentado pela Lei 12.470/2011.

II – 5% (cinco por cento):

• *Caput* do inciso II acrescentado pela Lei 12.470/2011.

a) no caso do microempreendedor individual, de que trata o art. 18-A da Lei Complementar 123, de 14 de dezembro de 2006; e

• Alínea *a* acrescentada pela Lei 12.470/2011 (*DOU* 01.09.2011), em vigor na data de sua publicação, produzindo efeitos a partir de 1º.05.2011 (V. art. 5º, I, da referida Lei).

b) do segurado facultativo sem renda própria que se dedique exclusivamente ao trabalho doméstico no âmbito de sua residência, desde que pertencente a família de baixa renda.

• Alínea *b* acrescentada pela Lei 12.470/2011.

§ 3º O segurado que tenha contribuído na forma do § 2º deste artigo e pretenda contar o tempo de contribuição correspondente para fins de obtenção da aposentadoria por tempo de contribuição ou da contagem recíproca do tempo de contribuição a que se refere o art. 94 da Lei 8.213, de 24 de julho de 1991, deverá complementar a contribuição mensal mediante recolhimento, sobre o valor correspondente ao limite mínimo mensal do salário de contribuição em vigor na competência a ser complementada, da diferença entre o percentual pago e o de 20% (vinte por cento), acrescido dos juros moratórios de que trata o § 3º do art. 5º da Lei 9.430, de 27 de dezembro de 1996.

• § 3º com redação determinada pela Lei 12.470/2011 (*DOU* 01.09.2011), em vigor na data de sua publicação, produzindo efeitos a partir de 1º.05.2011 (V. art. 5º, I, da referida Lei).

§ 4º Considera-se de baixa renda, para os fins do disposto na alínea *b* do inciso II do § 2º deste artigo, a família inscrita no

Cadastro Único para Programas Sociais do Governo Federal – CadÚnico cuja renda mensal seja de até 2 (dois) salários mínimos.

• § 4º com redação determinada pela Lei 12.470/2011.

§ 5º A contribuição complementar a que se refere o § 3º deste artigo será exigida a qualquer tempo, sob pena de indeferimento do benefício.

• § 5º acrescentado pela Lei 12.507/2011.

Capítulo IV
Da Contribuição da Empresa

Art. 22. A contribuição a cargo da empresa, destinada à Seguridade Social, além do disposto no art. 23, é de:

• V. arts. 29 e 30, Lei 12.101/2009 (Certificação das entidades beneficentes de assistência social e regula os procedimentos de isenção de contribuições para a seguridade social).

I – 20% (vinte por cento) sobre o total das remunerações pagas, devidas ou creditadas a qualquer título, durante o mês, aos segurados empregados e trabalhadores avulsos que lhe prestem serviços, destinadas a retribuir o trabalho, qualquer que seja a sua forma, inclusive as gorjetas, os ganhos habituais sob a forma de utilidades e os adiantamentos decorrentes de reajuste salarial, quer pelos serviços efetivamente prestados, quer pelo tempo à disposição do empregador ou tomador de serviços, nos termos da lei ou do contrato ou, ainda, de convenção ou acordo coletivo de trabalho ou sentença normativa;

• Inciso I com redação determinada pela Lei 9.876/ 1999.

• V. art. 14, Lei 11.774/2008, que reduz as alíquotas nas hipóteses que especifica.

II – para o financiamento do benefício previsto nos arts. 57 e 58 da Lei 8.213, de 24 de julho de 1991, e daqueles concedidos em razão do grau de incidência de incapacidade laborativa decorrente dos riscos ambientais do trabalho, sobre o total das remunerações pagas ou creditadas, no decorrer do mês, aos segurados empregados e trabalhadores avulsos:

• Inciso II com redação determinada pela Lei 9.732/ 1998.

• V. Súmula 351, STJ.

a) 1% (um por cento) para as empresas em cuja atividade preponderante o risco de acidentes do trabalho seja considerado leve;

b) 2% (dois por cento) para as empresas em cuja atividade preponderante esse risco seja considerado médio;

c) 3% (três por cento) para as empresas em cuja atividade preponderante esse risco seja considerado grave;

III – 20% (vinte por cento) sobre o total das remunerações pagas ou creditadas a qualquer título, no decorrer do mês, aos segurados contribuintes individuais que lhe prestem serviços;

• Inciso III acrescentado pela Lei 9.876/1999.

• V. art. 14, Lei 11.774/2008, que reduz as alíquotas nas hipóteses que especifica.

IV – 15% (quinze por cento) sobre o valor bruto da nota fiscal ou fatura de prestação de serviços, relativamente a serviços que lhe são prestados por cooperados por intermédio de cooperativas de trabalho.

• Inciso IV acrescentado pela Lei 9.876/1999.

• O art. 1º da Res. SF 10/2016 dispõe: "Art. 1º É suspensa, nos termos do art. 52, inciso X, da Constituição Federal, a execução do inciso IV do art. 22 da Lei 8.212, de 24 de julho de 1991, declarado inconstitucional por decisão definitiva proferida pelo Supremo Tribunal Federal nos autos do Recurso Extraordinário 595.838".

§ 1º No caso de bancos comerciais, bancos de investimentos, bancos de desenvolvimento, caixas econômicas, sociedades de crédito, financiamento e investimento, sociedades de crédito imobiliário, sociedades corretoras, distribuidoras de títulos e valores mobiliários, empresas de arrendamento mercantil, cooperativas de crédito, empresas de seguros privados e de capitalização, agentes autônomos de seguros privados e de crédito e entidades de previdência privada abertas e fechadas, além das contribuições referidas neste artigo e no artigo 23, é devida a contribuição adicional de dois vírgula cinco por cento sobre a base de cálculo definida nos incisos I e III deste artigo.

• § 1º com redação determinada pela Lei 9.876/1999.

• O art. 1º da MP 2.158-35/2001 dispõe: "A alíquota da contribuição para os Programas de Integração Social e de Formação do Patrimônio do Servidor Público – PIS/PASEP, devida pelas pessoas jurídicas a que se refere o § 1º do art. 22 da Lei 8.212, de 24 de julho de 1991, fica reduzida para 0,65% (sessenta e cinco centésimos por cento) em relação aos fatos geradores ocorridos a partir de 1º de fevereiro 1999".

• O art. 7º da MP 2.158-35/2001 dispõe: "A alíquota da CSLL, devida pelas pessoas jurídicas referidas no art. 1º, fica reduzida para 8% (oito por cento), em relação aos fatos geradores ocorridos a partir de 1º de janeiro de 1999, sem prejuízo da aplicação do disposto no art. 6º".

§ 2º Não integram a remuneração as parcelas de que trata o § 9º do art. 28.

§ 3º O Ministério do Trabalho e da Previdência Social poderá alterar, com base nas estatísticas de acidentes do trabalho, apuradas em inspeção, o enquadramento de empresas para efeito da contribuição a que se refere o inciso II deste artigo, a fim de estimular investimentos em prevenção de acidentes.

§ 4º O Poder Executivo estabelecerá, na forma da lei, ouvido o Conselho Nacional da Seguridade Social, mecanismos de estímulo às empresas que se utilizem de empregados portadores de deficiências física, sensorial e/ou mental com desvio do padrão médio.

§ 5º *(Revogado pela Lei 10.256/2001).*

§ 6º A contribuição empresarial da associação desportiva que mantém equipe de futebol profissional destinada à Seguridade Social, em substituição à prevista nos incisos I e II deste artigo, corresponde a cinco por cento da receita bruta, decorrente dos espetáculos desportivos de que participem em todo território nacional em qualquer modalidade desportiva, inclusive jogos internacionais, e de qualquer forma de patrocínio, licenciamento de uso de marcas e símbolos, publicidade, propaganda e de transmissão de espetáculos desportivos.

• § 6º acrescentado pela Lei 9.528/1997.

§ 7º Caberá à entidade promotora do espetáculo a responsabilidade de efetuar o desconto de 5% (cinco por cento) da receita bruta decorrente dos espetáculos desportivos e o respectivo recolhimento ao Instituto Nacional do Seguro Social, no prazo de até 2 (dois) dias úteis após a realização do evento.

• § 7º acrescentado pela Lei 9.528/1997.

§ 8º Caberá à associação desportiva que mantém equipe de futebol profissional informar à entidade promotora do espetáculo desportivo todas as receitas auferidas no evento, discriminando-as detalhadamente.

• § 8º acrescentado pela Lei 9.528/1997.

§ 9º No caso de a associação desportiva que mantém equipe de futebol profissional receber recursos de empresa ou entidade, a título de patrocínio, licenciamento de uso de marcas e símbolos, publicidade, propaganda e transmissão de espetáculos, esta última ficará com a responsabilidade de reter e recolher o percentual de cinco por cento da receita bruta decorrente do evento, inadmitida qualquer dedução, no prazo estabelecido na alínea *b*, inciso I, do art. 30 desta Lei.

• § 9º acrescentado pela Lei 9.528/1997.

§ 10. Não se aplica o disposto nos §§ 6º ao 9º às demais associações desportivas, que devem contribuir na forma dos incisos I e II deste artigo e do art. 23 desta Lei.

• § 10 acrescentado pela Lei 9.528/1997.

§ 11. O disposto nos §§ 6º ao 9º deste artigo aplica-se à associação desportiva que mantenha equipe de futebol profissional e atividade econômica organizada para a produção e circulação de bens e serviços e que se organize regularmente, segundo um dos tipos regulados nos arts. 1.039 a 1.092 da Lei 10.406, de 10 de janeiro de 2002 – Código Civil.

• § 11 com redação determinada pela Lei 11.345/2006.

§ 11-A. O disposto no § 11 deste artigo aplica-se apenas às atividades diretamente relacionadas com a manutenção e administração de equipe profissional de futebol, não se estendendo às outras atividades econômicas exercidas pelas referidas sociedades empresariais beneficiárias.

• § 11-A acrescentado pela Lei 11.505/2007.

§ 12. *(Vetado).*

• § 12 acrescentado pela Lei 10.170/2000.

§ 13. Não se considera como remuneração direta ou indireta, para os efeitos desta Lei, os valores despendidos pelas entidades religiosas e instituições de ensino vocacional com ministro de confissão religiosa, membros de instituto de vida consagrada, de congregação ou de ordem religiosa em face de seu mister religioso ou para sua subsistência desde que fornecidos em condições que independam da natureza e da quantidade do trabalho executado.

- § 13 acrescentado pela Lei 10.170/2000.

§ 14. Para efeito de interpretação do § 13 deste artigo:

- § 14 acrescentado pela Lei 13.137/2015.

I – os critérios informadores dos valores despendidos pelas entidades religiosas e instituições de ensino vocacional aos ministros de confissão religiosa, membros de vida consagrada, de congregação ou de ordem religiosa não são taxativos e sim exemplificativos;

II – os valores despendidos, ainda que pagos de forma e montante diferenciados, em pecúnia ou a título de ajuda de custo de moradia, transporte, formação educacional, vinculados exclusivamente à atividade religiosa não configuram remuneração direta ou indireta.

§ 15. Na contratação de serviços de transporte rodoviário de carga ou de passageiro, de serviços prestados com a utilização de trator, máquina de terraplenagem, colheitadeira e assemelhados, a base de cálculo da contribuição da empresa corresponde a 20% (vinte por cento) do valor da nota fiscal, fatura ou recibo, quando esses serviços forem prestados por condutor autônomo de veículo rodoviário, auxiliar de condutor autônomo de veículo rodoviário, bem como por operador de máquinas.

- § 15 acrescentado pela Lei 13.202/2015.

Art. 22-A. A contribuição devida pela agroindústria, definida, para os efeitos desta Lei, como sendo o produtor rural pessoa jurídica cuja atividade econômica seja a industrialização de produção própria ou de produção própria e adquirida de terceiros, incidente sobre o valor da receita bruta proveniente da comercialização da produção, em substituição às previstas nos incisos I e II do art. 22 desta Lei, é de:

- *Caput* acrescentado pela Lei 10.256/2001.
- O art. 5º da Lei 10.256/2001 (*DOU* 10.07.2001), com redação determinada pela Lei 10.993/2004 (*DOU* 15.12.2004), dispõe: "Art. 5º Esta Lei entra em vigor na data de sua publicação produzindo efeitos, quanto ao disposto no art. 22-A da Lei 8.212, de 24 de julho de 1991, com a redação dada por esta Lei, a partir do dia primeiro do mês seguinte ao nonagésimo dia daquela publicação, sendo mantida, até essa data, a obrigatoriedade dos recolhimentos praticados na forma da legislação anterior".

I – 2,5% (dois inteiros e cinco décimos por cento) destinados à Seguridade Social;

- Inciso I acrescentado pela Lei 10.256/2001.

II – 0,1% (um décimo por cento) para o financiamento do benefício previsto nos arts. 57 e 58 da Lei 8.213, de 24 de julho de 1991, e daqueles concedidos em razão do grau de incidência de incapacidade para o trabalho decorrente dos riscos ambientais da atividade.

- Inciso II acrescentado pela Lei 10.256/2001.

§ 1º *(Vetado).*

- § 1º acrescentado pela Lei 10.256/2001.

§ 2º O disposto neste artigo não se aplica às operações relativas à prestação de serviços a terceiros, cujas contribuições previdenciárias continuam sendo devidas na forma do art. 22 desta Lei.

- § 2º acrescentado pela Lei 10.256/2001.

§ 3º Na hipótese do § 2º, a receita bruta correspondente aos serviços prestados a terceiros será excluída da base de cálculo da contribuição de que trata o *caput*.

- § 3º acrescentado pela Lei 10.256/2001.

§ 4º O disposto neste artigo não se aplica às sociedades cooperativas e às agroindústrias de piscicultura, carcinicultura, suinocultura e avicultura.

- § 4º acrescentado pela Lei 10.256/2001.

§ 5º O disposto no inciso I do art. 3º da Lei 8.315, de 23 de dezembro de 1991, não se aplica ao empregador de que trata este artigo, que contribuirá com o adicional de 0,25% (vinte e cinco centésimos por cento) da receita bruta proveniente da comercialização da produção, destinado ao Serviço Nacional de Aprendizagem Rural (SENAR).

- § 5º acrescentado pela Lei 10.256/2001.

§ 6º Não se aplica o regime substitutivo de que trata este artigo à pessoa jurídica que, relativamente à atividade rural, se dedique apenas ao florestamento e reflorestamento como fonte de matéria-prima para industrialização própria mediante a utilização de processo industrial que modifique a natureza química da madeira ou a transforme em pasta celulósica.

- § 6º acrescentado pela Lei 10.684/2003 (*DOU* 31.05.2003, Edição Extra), em vigor na data de sua publicação, produzindo efeitos a partir do mês subsequente ao do termo final do prazo nonagesimal, a que refere o § 6º do art. 195 da Constituição Federal.

§ 7º Aplica-se o disposto no § 6º ainda que a pessoa jurídica comercialize resíduos vegetais ou sobras ou partes da produção, desde que a receita bruta decorrente dessa comercialização represente menos de 1% (um por cento) de sua receita bruta proveniente da comercialização da produção.

- § 7º acrescentado pela Lei 10.684/2003 (*DOU* 31.05.2003, Edição Extra), em vigor na data de sua publicação, produzindo efeitos, a partir do mês subsequente ao do termo final do prazo nonagesimal, a que refere o § 6º do art. 195 da Constituição Federal.

Art. 22-B. As contribuições de que tratam os incisos I e II do art. 22 desta Lei são substituídas, em relação à remuneração paga, devida ou creditada ao trabalhador rural contratado pelo consórcio simplificado de produtores rurais de que trata o art. 25A, pela contribuição dos respectivos produtores rurais, calculada na forma do art. 25 desta Lei.

- Artigo acrescentado pela Lei 10.256/2001.

Art. 23. As contribuições a cargo da empresa provenientes do faturamento e do lucro, destinadas à Seguridade Social, além do disposto no art. 22, são calculadas mediante a aplicação das seguintes alíquotas:

- V. arts. 29 e 30, Lei 12.101/2009 (Certificação das entidades beneficentes de assistência social e regula os procedimentos de isenção de contribuições para a seguridade social).

I – 2% (dois por cento) sobre sua receita bruta, estabelecida segundo o disposto no § 1º do art. 1º do Decreto-lei 1.940, de 25 de maio de 1982, com a redação dada pelo art. 22, do Decreto-lei 2.397, de 21 de dezembro de 1987, e alterações posteriores;

II – 10% (dez por cento) sobre o lucro líquido do período base, antes da provisão para o Imposto de Renda, ajustado na forma do art. 2º da Lei 8.034, de 12 de abril de 1990.

- V. art. 19, parágrafo único, Lei 9.249/1995 (Altera a contribuição sobre o lucro líquido).

§ 1º No caso das instituições citadas no § 1º do art. 22 desta Lei, a alíquota da contribuição prevista no inciso II é de 15% (quinze por cento).

§ 2º O disposto neste artigo não se aplica às pessoas de que trata o art. 25.

Capítulo V
Da Contribuição do Empregador Doméstico

Art. 24. A contribuição do empregador doméstico incidente sobre o salário de contribuição do empregado doméstico a seu serviço é de:

- *Caput* com redação determinada pela Lei 13.202/2015.

I – 8% (oito por cento); e

II – 0,8% (oito décimos por cento) para o financiamento do seguro contra acidentes de trabalho.

Parágrafo único. Presentes os elementos da relação de emprego doméstico, o empregador doméstico não poderá contratar microempreendedor individual de que trata o art. 18-A da Lei Complementar 123, de 14 de dezembro de 2006, sob pena de ficar sujeito a todas as obrigações dela decorrentes, inclusive trabalhistas, tributárias e previdenciárias.

- Parágrafo único acrescentado pela Lei 12.470/2011.

Capítulo VI
Da Contribuição do Produtor Rural e do Pescador

- Rubrica do Capítulo VI com redação determinada pela Lei 8.398/1992.

Art. 25. A contribuição do empregador rural pessoa física, em substituição à contribuição de que tratam os incisos I e II do art. 22, e a do segurado especial, referidos, respectivamente, na alínea *a* do inciso V e no inciso VII do art. 12 desta Lei, destinada à Seguridade Social, é de:

- *Caput* do artigo com redação determinada pela Lei 10.256/2001.

☛ **I** – 1,2% (um inteiro e dois décimos por cento) da receita bruta proveniente da comercialização da sua produção;

- Inciso I com redação determinada pela Lei 13.606/2018 (*DOU* 10.01.2018), em vigor na data de sua publicação, produzindo efeitos a partir de 1º.01.2018.

II – 0,1% (um décimo por cento) da receita bruta proveniente da comercialização da sua produção para financiamento das prestações por acidente do trabalho.

- Inciso II com redação determinada pela Lei 9.528/ 1997.
- Inciso II com a execução suspensa por força da Res. SF 15/2017 (*DOU* 13.09.2017), declarado inconstitucional por decisão definitiva proferida pelo Supremo Tribunal Federal nos autos do Recurso Extraordinário 363.852.

§ 1º O segurado especial de que trata este artigo, além da contribuição obrigatória referida no *caput*, poderá contribuir, facultativamente, na forma do art. 21 desta Lei.

- § 1º com redação determinada pela Lei 8.540/1992.

§ 2º A pessoa física de que trata a alínea *a* do inciso V do art. 12 contribui, também, obrigatoriamente, na forma do art. 21 desta Lei.

- § 2º com redação determinada pela Lei 8.540/1992.

§ 3º Integram a produção, para os efeitos deste artigo, os produtos de origem animal ou vegetal, em estado natural ou submetidos a processos de beneficiamento ou industrialização rudimentar, assim compreendidos, entre outros, os processos de lavagem, limpeza, descaroçamento, pilagem, descascamento, lenhamento, pasteurização, resfriamento, secagem, fermentação, embalagem, cristalização, fundição, carvoejamento, cozimento, destilação, moagem, torrefação, bem como os subprodutos e os resíduos obtidos através desses processos.

- § 3º acrescentado pela Lei 8.540/1992.

§ 4º *(Revogado pela Lei 11.718/2008).*

§ 5º *(Vetado).*

- § 5º acrescentado pela Lei 8.540/1992.

§ 6º *(Revogado pela Lei 10.256/2001).*

§ 7º *(Revogado pela Lei 10.256/2001).*

§ 8º *(Revogado pela Lei 10.256/2001).*

§ 9º *(Vetado).*

- § 9º acrescentado pela Lei 10.256/2001.

§ 10. Integra a receita bruta de que trata este artigo, além dos valores decorrentes da comercialização da produção relativa aos produtos a que se refere o § 3º deste artigo, a receita proveniente:

- § 10 acrescentado pela Lei 11.718/2008.

I – da comercialização da produção obtida em razão de contrato de parceria ou meação de parte do imóvel rural;

II – da comercialização de artigos de artesanato de que trata o inciso VII do § 10 do art. 12 desta Lei;

III – de serviços prestados, de equipamentos utilizados e de produtos comercializados no imóvel rural, desde que em atividades turística e de entretenimento desenvolvidas no próprio imóvel, inclusive hospedagem, alimentação, recepção, recreação e atividades pedagógicas, bem como taxa de visitação e serviços especiais;

IV – do valor de mercado da produção rural dada em pagamento ou que tiver sido trocada por outra, qualquer que seja o motivo ou finalidade; e

V – de atividade artística de que trata o inciso VIII do § 10 do art. 12 desta Lei.

§ 11. Considera-se processo de beneficiamento ou industrialização artesanal aquele realizado diretamente pelo próprio produtor rural pessoa física, desde que não esteja sujeito à incidência do Imposto Sobre Produtos Industrializados – IPI.

- § 11 acrescentado pela Lei 11.718/2008.

☛ **§ 12.** Não integra a base de cálculo da contribuição de que trata o *caput* deste artigo a produção rural destinada ao plantio ou reflorestamento, nem o produto animal destinado à reprodução ou criação pecuária ou granjeira e à utilização como cobaia para fins de pesquisas científicas, quando vendido pelo próprio produtor e por quem a utilize diretamente com essas finalidades e, no caso de produto vegetal, por pessoa ou entidade registrada no Ministério da Agricultura, Pecuária e Abastecimento que se dedique ao comércio de sementes e mudas no País.

- § 12 com redação determinada pela Lei 13.606/2018 (*DOU* 10.01.2018), vetado pelo Presidente da República e mantido pelo Congresso Nacional, publicado no *DOU* de 18.04.2018.

§ 13. O produtor rural pessoa física poderá optar por contribuir na forma prevista no *caput* deste artigo ou na forma dos incisos I e II do *caput* do art. 22 desta Lei, manifestando sua opção mediante o pagamento da contribuição incidente sobre a folha de salários relativa a janeiro de cada ano, ou à primeira competência subsequente ao início da atividade rural, e será irretratável para todo o ano-calendário.

- § 13 acrescentado pela Lei 13.606/2018 (*DOU* 10.01.2018), em vigor na data de sua publicação, produzindo efeitos a partir de 1º.01.2019.

Art. 25-A. Equipara-se ao empregador rural pessoa física o consórcio simplificado de produtores rurais, formado pela união de produtores rurais pessoas físicas, que outorgar a um deles poderes para contratar, gerir e demitir trabalhadores para prestação de serviços, exclusivamente, aos seus integrantes, mediante documento registrado em cartório de títulos e documentos.

- Artigo acrescentado pela Lei 10.256/2001.

§ 1º O documento de que trata o *caput* deverá conter a identificação de cada produtor, seu endereço pessoal e o de sua propriedade rural, bem como o respectivo registro no Instituto Nacional de Colonização e Reforma Agrária – INCRA ou informações relativas a parceria, arrendamento ou equivalente e a matrícula no Instituto Nacional do Seguro Social – INSS de cada um dos produtores rurais.

§ 2º O consórcio deverá ser matriculado no INSS em nome do empregador a quem hajam sido outorgados os poderes, na forma do regulamento.

§ 3º Os produtores rurais integrantes do consórcio de que trata o *caput* serão responsáveis solidários em relação às obrigações previdenciárias.

§ 4º *(Vetado).*

Capítulo VII
Da Contribuição Sobre a Receita de Concursos de Prognósticos

☛ **Art. 26.** Constitui receita da Seguridade Social a contribuição social sobre a receita de concursos de prognósticos a que se refere o inciso III do *caput* do art. 195 da Constituição Federal.

- *Caput* com redação determinada pela Lei 13.756/ 2018.

§ 1º *(Revogado pela Lei 13.756/2018).*

§ 2º *(Revogado pela Lei 13.756/2018).*

§ 3º *(Revogado pela Lei 13.756/2018).*

§ 4º O produto da arrecadação da contribuição será destinado ao financiamento da Seguridade Social.

- § 4º acrescentado pela Lei 13.756/2018.

§ 5º A base de cálculo da contribuição equivale à receita auferida nos concursos de prognósticos, sorteios e loterias.

- § 5º acrescentado pela Lei 13.756/2018.

§ 6º A alíquota da contribuição corresponde ao percentual vinculado à Seguridade Social em cada modalidade lotérica, conforme previsto em lei.

- § 6º acrescentado pela Lei 13.756/2018.
- **Redação anterior determinada pela MP 841/2018 (*DOU* 12.06.2018), que alterava este dispositivo, vigeu entre 12.06.2018 e 23.10.2018 e teve seu prazo de vigência encerrado pelo Ato Declaratório CN 64/2018 (*DOU* 25.10.2018): "Art. 26. Constitui receita da Seguridade Social a contribuição social sobre a receita de concursos de prognósticos a que se refere o inciso III do *caput* do art. 195 da Constituição. § 1º O produto da arrecadação da contribuição será destinado ao financiamento da Seguridade Social. § 2º A base de cálculo da contribuição equivale à receita auferida nos concursos de prognósticos, sorteios e loterias. § 3º A alíquota da contribuição corresponde ao percentual vinculado à Seguridade Social em cada modalidade lotérica, conforme previsto em lei."**

Capítulo VIII
Das Outras Receitas

Art. 27. Constituem outras receitas da Seguridade Social:

I – as multas, a atualização monetária e os juros moratórios;

II – a remuneração recebida por serviços de arrecadação, fiscalização e cobrança prestados a terceiros;

III – as receitas provenientes de prestação de outros serviços e de fornecimento ou arrendamento de bens;

IV – as demais receitas patrimoniais, industriais e financeiras;

V – as doações, legados, subvenções e outras receitas eventuais;

VI – 50% (cinquenta por cento) dos valores obtidos e aplicados na forma do parágrafo único do art. 243 da Constituição Federal;

VII – 40% (quarenta por cento) do resultado dos leilões dos bens apreendidos pelo Departamento da Receita Federal;

VIII – outras receitas previstas em legislação específica.

Parágrafo único. As companhias seguradoras que mantêm o seguro obrigatório de danos pessoais causados por veiculos automotores de vias terrestres, de que trata a Lei 6.194/74, deverão repassar à Seguridade Social 50% (cinquenta por cento) do valor total do prêmio recolhido e destinado ao Sistema Único de Saúde – SUS, para custeio da assistência médico-hospitalar dos segurados vitimados em acidentes de trânsito.

Capítulo IX
Do Salário de Contribuição

• V. Súmula 310, STJ.

Art. 28. Entende-se por salário de contribuição:

I – para o empregado e trabalhador avulso: a remuneração auferida em uma ou mais empresas, assim entendida a totalidade dos rendimentos pagos, devidos ou creditados a qualquer título, durante o mês, destinados a retribuir o trabalho, qualquer que seja a sua forma, inclusive as gorjetas, os ganhos habituais sob a forma de utilidades e os adiantamentos decorrentes de reajuste salarial, quer pelos serviços efetivamente prestados, quer pelo tempo à disposição do empregador ou tomador de serviços nos termos da lei ou do contrato ou, ainda, de convenção ou acordo coletivo de trabalho ou sentença normativa;

• Inciso I com redação determinada pela Lei 9.528/ 1997.

II – para o empregado doméstico: a remuneração registrada na Carteira de Trabalho e Previdência Social, observadas as normas a serem estabelecidas em regulamento para comprovação do vínculo empregatício e do valor da remuneração;

III – para o contribuinte individual: a remuneração auferida em uma ou mais empresas ou pelo exercício de sua atividade por conta própria, durante o mês, observado o limite máximo a que se refere o § 5º;

• Inciso III com redação determinada pela Lei 9.876/ 1999.

IV – para o segurado facultativo: o valor por ele declarado, observado o limite máximo a que se refere o § 5º.

• Inciso IV acrescentado pela Lei 9.876/1999.

§ 1º Quando a admissão, a dispensa, o afastamento ou a falta do empregado ocorrer no curso do mês, o salário de contribuição será proporcional ao número de dias de trabalho efetivo, na forma estabelecida em regulamento.

§ 2º O salário-maternidade é considerado salário de contribuição.

§ 3º O limite mínimo do salário de contribuição corresponde ao piso salarial, legal ou normativo, da categoria ou, inexistindo este, ao salário mínimo, tomado no seu valor mensal, diário ou horário, conforme o ajustado e o tempo de trabalho efetivo durante o mês.

• § 3º com redação determinada pela Lei 9.528/1997.

§ 4º O limite mínimo do salário de contribuição do menor aprendiz corresponde à sua remuneração mínima definida em lei.

§ 5º O limite máximo do salário de contribuição é de Cr$ 170.000,00 (cento e setenta mil cruzeiros), reajustado a partir da data da entrada em vigor desta Lei, na mesma época e com os mesmos índices que os do reajustamento dos benefícios de prestação continuada da Previdência Social.

• Valor original sujeito a atualização mediante Portaria do Ministério da Previdência Social – MPS.

§ 6º No prazo de 180 (cento e oitenta) dias, a contar da data de publicação desta Lei, o Poder Executivo encaminhará ao Congresso Nacional projeto de lei estabelecendo a previdência complementar, pública e privada, em especial para os que possam contribuir acima do limite máximo estipulado no parágrafo anterior deste artigo.

§ 7º O décimo terceiro salário (gratificação natalina) integra o salário de contribuição, exceto para o cálculo de benefício, na forma estabelecida em regulamento.

• § 7º com redação determinada pela Lei 8.870/1994.

§ 8 *(Revogado pela Lei 13.467/2017 – DOU 14.07.2017, em vigor após decorridos 120 (cento e vinte) dias da sua publicação oficial).*

a) (Revogada pela Lei 13.467/2017 – DOU 14.07.2017, em vigor após decorridos 120 (cento e vinte) dias da sua publicação oficial).

b) (Vetada).

• Alínea *b* acrescentada pela Lei 9.528/1997.

c) (Revogada pela Lei 9.711/1998).

§ 9º Não integram o salário de contribuição para os fins desta Lei, exclusivamente:

• *Caput* do § 9º com redação determinada pela Lei 9.528/1997.

a) os benefícios da previdência social, nos termos e limites legais, salvo o salário-maternidade;

• Alínea *a* com redação determinada pela Lei 9.528/ 1997.

b) as ajudas de custo e o adicional mensal recebidos pelo aeronauta nos termos da Lei 5.929, de 30 de outubro de 1973;

c) a parcela *in natura* recebida de acordo com os programas de alimentação aprovados pelo Ministério do Trabalho e da Previdência Social, nos termos da Lei 6.321, de 14 de abril de 1976;

d) as importâncias recebidas a título de férias indenizadas e respectivo adicional constitucional, inclusive o valor correspondente à dobra da remuneração de férias de que trata o art. 137 da Consolidação das Leis do Trabalho – CLT;

• Alínea *d* com redação determinada pela Lei 9.528/ 1997.

e) as importâncias:

• *Caput* da alínea *e* com redação determinada pela Lei 9.528/1997.

1. previstas no inciso I do art. 10 do Ato das Disposições Constitucionais Transitórias;

• Item 1 acrescentado pela Lei 9.528/1997.

2. relativas à indenização por tempo de serviço, anterior a 5 de outubro de 1988, do empregado não optante pelo Fundo de Garantia do Tempo de Serviço – FGTS;

• Item 2 acrescentado pela Lei 9.528/1997.

3. recebidas a título da indenização de que trata o art. 479 da CLT;

• Item 3 acrescentado pela Lei 9.528/1997.

4. recebidas a título da indenização de que trata o art. 14 da Lei 5.889, de 8 de junho de 1973;

• Item 4 acrescentado pela Lei 9.528/1997.

5. recebidas a título de incentivo à demissão;

• Item 5 acrescentado pela Lei 9.528/1997.

6. recebidas a título de abono de férias na forma dos arts. 143 e 144 da CLT;

• Item 6 acrescentado pela Lei 9.711/1998.

7. recebidas a título de ganhos eventuais e os abonos expressamente desvinculados do salário;

• Item 7 acrescentado pela Lei 9.711/1998.

8. recebidas a título de licença-prêmio indenizada;

• Item 8 acrescentado pela Lei 9.711/1998.

9. recebidas a título da indenização de que trata o art. 9º da Lei 7.238, de 29 de outubro de 1984;

• Item 9 acrescentado pela Lei 9.711/1998.

f) a parcela recebida a título de vale-transporte, na forma da legislação própria;

g) a ajuda de custo, em parcela única, recebida exclusivamente em decorrência de mudança de local de trabalho do empregado, na forma do art. 470 da CLT;

• Alínea *g* com redação determinada pela Lei 9.528/ 1997.

h) as diárias para viagens;

• Alínea *h* com redação determinada pela Lei 13.467/2017, (*DOU* 14.07.2017), em vigor após decorridos 120 (cento e vinte) dias da sua publicação oficial.

i) a importância recebida a título de bolsa de complementação educacional de estagiário, quando paga nos termos da Lei 6.494, de 7 de dezembro de 1977;

j) a participação nos lucros ou resultados da empresa, quando paga ou creditada de acordo com lei específica;

l) o abono do Programa de Integração Social – PIS e do Programa de Assistência ao Servidor Público – PASEP;

• Alínea *l* acrescentada pela Lei 9.528/1997.

m) os valores correspondentes a transporte, alimentação e habitação fornecidos pela empresa ao empregado contratado para trabalhar em localidade distante da de sua residência, em canteiro de obras ou local que, por força da atividade, exija deslocamento e estada, observadas as normas de proteção estabelecidas pelo Ministério do Trabalho;

• Alínea *m* acrescentada pela Lei 9.528/1997.

n) a importância paga ao empregado a título de complementação ao valor do auxílio-doença, desde que este direito seja extensivo à totalidade dos empregados da empresa;

• Alínea *n* acrescentada pela Lei 9.528/1997.

o) as parcelas destinadas à assistência ao trabalhador da agroindústria canavieira, de que trata o art. 36 da Lei 4.870, de 1º de dezembro de 1965;

• Alínea *o* acrescentada pela Lei 9.528/1997.

p) o valor das contribuições efetivamente pago pela pessoa jurídica relativo a programa de previdência complementar, aberto ou fechado, desde que disponível à totalidade de seus empregados e dirigentes, observados, no que couber, os arts. 9º e 468 da CLT;

- Alínea *p* acrescentada pela Lei 9.528/1997.

q) o valor relativo à assistência prestada por serviço médico ou odontológico, próprio da empresa ou por ela conveniado, inclusive o reembolso de despesas com medicamentos, óculos, aparelhos ortopédicos, próteses, órteses, despesas médico-hospitalares e outras similares;

- Alínea *q* com redação determinada pela Lei 13.467/2017, (*DOU* 14.07.2017), em vigor após decorridos 120 (cento e vinte) dias da sua publicação oficial.

r) o valor correspondente a vestuários, equipamentos e outros acessórios fornecidos ao empregado e utilizados no local do trabalho para prestação dos respectivos serviços;

- Alínea *r* acrescentada pela Lei 9.528/1997.

s) o ressarcimento de despesas pelo uso de veículo do empregado e o reembolso creche pago em conformidade com a legislação trabalhista, observado o limite máximo de seis anos de idade, quando devidamente comprovadas as despesas realizadas;

- Alínea *s* acrescentada pela Lei 9.528/1997.

t) o valor relativo a plano educacional, ou bolsa de estudo, que vise à educação básica de empregados e seus dependentes e, desde que vinculada às atividades desenvolvidas pela empresa, à educação profissional e tecnológica de empregados, nos termos da Lei 9.394, de 20 de dezembro de 1996, e:

- Alínea *t* com redação determinada pela Lei 12.513/2011.

1. não seja utilizado em substituição de parcela salarial; e

2. o valor mensal do plano educacional ou bolsa de estudo, considerado individualmente, não ultrapasse 5% (cinco por cento) da remuneração do segurado a que se destina ou o valor correspondente a uma vez e meia o valor do limite mínimo mensal do salário de contribuição, o que for maior;

u) a importância recebida a título de bolsa de aprendizagem garantida ao adolescente até quatorze anos de idade, de acordo com o disposto no art. 64 da Lei 8.069, de 13 de julho de 1990;

- Alínea *u* acrescentada pela Lei 9.528/1997.

v) os valores recebidos em decorrência da cessão de direitos autorais;

- Alínea *v* acrescentada pela Lei 9.528/1997.

x) o valor da multa prevista no § 8º do art. 477 da CLT.

- Alínea *x* acrescentada pela Lei 9.528/1997.

y) o valor correspondente ao vale-cultura.

- Alínea *y* acrescentada pela Lei 12.761/2012.

z) os prêmios e os abonos.

- Alínea *z* acrescentada pela Lei 13.467/2017 (*DOU* 14.07.2017), em vigor após decorridos 120 (cento e vinte) dias da sua publicação oficial.

☛ *aa)* os valores recebidos a título de bolsa-atleta, em conformidade com a Lei 10.891, de 9 de julho de 2004.

- Alínea *aa* acrescentada pela Lei 13.756/2018.

§ 10. Considera-se salário de contribuição, para o segurado empregado e trabalhador avulso, na condição prevista no § 5º do art. 12, a remuneração efetivamente auferida na entidade sindical ou empresa de origem.

- § 10 acrescentado pela Lei 9.528/1997.

§ 11. Considera-se remuneração do contribuinte individual que trabalha como condutor autônomo de veículo rodoviário, como auxiliar de condutor autônomo de veículo rodoviário, em automóvel cedido em regime de colaboração, nos termos da Lei 6.094, de 30 de agosto de 1974, como operador de trator, máquina de terraplenagem, colheitadeira e assemelhados, o montante correspondente a 20% (vinte por cento) do valor bruto do frete, carreto, transporte de passageiros ou do serviço prestado, observado o limite máximo a que se refere o § 5º.

- § 11 acrescentado pela Lei 13.202/2015.

Art. 29. *(Revogado pela Lei 9.876/1999).*

Capítulo X
Da Arrecadação e Recolhimento das Contribuições

Art. 30. A arrecadação e o recolhimento das contribuições ou de outras importâncias devidas à Seguridade Social obedecem às seguintes normas:

- *Caput* com redação determinada pela Lei 8.620/1993.

I – a empresa é obrigada a:

a) arrecadar as contribuições dos segurados empregados e trabalhadores avulsos a seu serviço, descontando-as da respectiva remuneração;

b) recolher os valores arrecadados na forma da alínea *a* deste inciso, a contribuição a que se refere o inciso IV do art. 22 desta Lei, assim como as contribuições a seu cargo incidentes sobre as remunerações pagas, devidas ou creditadas, a qualquer título, aos segurados empregados, trabalhadores avulsos e contribuintes individuais a seu serviço até o dia 20 (vinte) do mês subsequente ao da competência;

- Alínea *b* com redação determinada pela Lei 11.933/ 2009 (*DOU* 29.04.2009), em vigor na data de sua publicação, produzindo efeitos a partir de 1º.10.2008 (V. art. 11, I, da referida Lei).
- V. art. 64, Lei 11.941/2009 (Altera a legislação tributária federal).

c) recolher as contribuições de que tratam os incisos I e II do art. 23, na forma e prazos definidos pela legislação tributária federal vigente;

II – os segurados, contribuinte individual e facultativo estão obrigados a recolher sua contribuição por iniciativa própria, até o dia quinze do mês seguinte ao da competência;

- Inciso II com redação determinada pela Lei 9.876/ 1999.

III – a empresa adquirente, consumidora ou consignatária ou a cooperativa são obrigadas a recolher a contribuição de que trata o art. 25 até o dia 20 (vinte) do mês subsequente ao da operação de venda ou consignação da produção, independentemente de essas operações terem sido realizadas diretamente com o produtor ou com intermediário pessoa física, na forma estabelecida em regulamento;

- Inciso III com redação determinada pela Lei 11.933/ 2009 (*DOU* 29.04.2009), em vigor na data de sua publicação, produzindo efeitos a partir de 1º.10.2008 (V. art. 11, I, da referida Lei).
- V. art. 64, Lei 11.941/2009 (Altera a legislação tributária federal).

IV – a empresa adquirente, consumidora ou consignatária ou a cooperativa ficam sub-rogadas nas obrigações da pessoa física de que trata a alínea *a* do inciso V do art. 12 e do segurado especial pelo cumprimento das obrigações do art. 25 desta Lei, independentemente de as operações de venda ou consignação terem sido realizadas diretamente com o produtor ou com intermediário pessoa física, exceto no caso do inciso X deste artigo, na forma estabelecida em regulamento;

- Inciso IV com redação determinada pela Lei 9.528/ 1997.
- Inciso IV com a execução suspensa por força da Res. SF 15/2017 (*DOU* 13.09.2017), declarado inconstitucional por decisão definitiva proferida pelo Supremo Tribunal Federal nos autos do Recurso Extraordinário 363.852.

V – o empregador doméstico é obrigado a arrecadar e a recolher a contribuição do segurado empregado a seu serviço, assim como a parcela a seu cargo, até o dia 7 do mês seguinte ao da competência;

- Inciso V com redação determinada pela LC 150/2015.

VI – o proprietário, o incorporador definido na Lei 4.591, de 16 de dezembro de 1964, o dono da obra ou condômino da unidade imobiliária, qualquer que seja a forma de contratação da construção, reforma ou acréscimo, são solidários com o construtor, e estes com a subempreiteira, pelo cumprimento das obrigações para com a Seguridade Social, ressalvado o seu direito regressivo contra o executor ou contratante da obra e admitida a retenção de importância a este devida para garantia do cumprimento dessas obrigações, não se aplicando, em qualquer hipótese, o benefício de ordem;

- Inciso VI com redação determinada pela Lei 9.528/ 1997.

VII – exclui-se da responsabilidade solidária perante a Seguridade Social o adquirente de prédio ou unidade imobiliária que realizar a operação com empresa de comercialização ou incorporador de imóveis, ficando estes solidariamente responsáveis com o construtor;

VIII – nenhuma contribuição à Seguridade Social é devida se a construção residencial unifamiliar, destinada ao uso próprio, de tipo econômico, for executada sem mão de obra assalariada, observadas as exigências do regulamento;

IX – as empresas que integram grupo econômico de qualquer natureza respondem entre si, solidariamente, pelas obrigações decorrentes desta Lei;

X – a pessoa física de que trata a alínea *a* do inciso V do art. 12 e o segurado especial são obrigados a recolher a contribuição de que trata o art. 25 desta Lei no prazo estabelecido no inciso III deste artigo, caso comercializem a sua produção:

- Inciso X com redação determinada pela Lei 9.528/1997.

a) no exterior;

b) diretamente, no varejo, ao consumidor pessoa física;

c) à pessoa física de que trata a alínea *a* do inciso V do art. 12;

d) ao segurado especial;

XI – aplica-se o disposto nos incisos III e IV deste artigo à pessoa física não produtor rural que adquire produção para venda no varejo a consumidor pessoa física;

- Inciso XI acrescentado pela Lei 9.528/1997.

XII – sem prejuízo do disposto no inciso X do *caput* deste artigo, o produtor rural pessoa física e o segurado especial são obrigados a recolher, diretamente, a contribuição incidente sobre a receita bruta proveniente:

- Inciso XII acrescentado pela Lei 11.718/2008.

a) da comercialização de artigos de artesanato elaborados com matéria-prima produzida pelo respectivo grupo familiar;

b) de comercialização de artesanato ou do exercício de atividade artística, observado o disposto nos incisos VII e VIII do § 10 do art. 12 desta Lei; e

c) de serviços prestados, de equipamentos utilizados e de produtos comercializados no imóvel rural, desde que em atividades turística e de entretenimento desenvolvidas no próprio imóvel, inclusive hospedagem, alimentação, recepção, recreação e atividades pedagógicas, bem como taxa de visitação e serviços especiais;

XIII – o segurado especial é obrigado a arrecadar a contribuição de trabalhadores a seu serviço e a recolhê-la no prazo referido na alínea *b* do inciso I do *caput* deste artigo.

- Inciso XIII acrescentado pela Lei 11.718/2008.

§ 1º *(Revogado pela Lei 9.032/1995)*.

§ 2º Se não houver expediente bancário nas datas indicadas:

- *Caput* do § 2º com redação determinada pela Lei 11.933/2009 (*DOU* 29.04.2009), em vigor na data de sua publicação, produzindo efeitos a partir de 1º.10.2008 (V. art. 11, I, da referida Lei).
- V. art. 64, Lei 11.941/2009 (Altera a legislação tributária federal).

I – no inciso II do *caput*, o recolhimento deverá ser efetuado até o dia útil imediatamente posterior; e

- Inciso I com redação determinada pela Lei 13.202/2015.

II – na alínea *b* do inciso I e nos incisos III, V, X e XIII do *caput*, até o dia útil imediatamente anterior.

- Inciso II com redação determinada pela Lei 13.202/2015.

§ 3º Aplica-se à entidade sindical e à empresa de origem o disposto nas alíneas *a* e *b* do inciso I, relativamente à remuneração do segurado referido no § 5º do art. 12.

- § 3º acrescentado pela Lei 9.528/1997.

§ 4º Na hipótese de o contribuinte individual prestar serviço a uma ou mais empresas, poderá deduzir, da sua contribuição mensal, 45% (quarenta e cinco por cento) da contribuição da empresa, efetivamente recolhida ou declarada, incidente sobre a remuneração que esta lhe tenha pago ou creditado, limitada a dedução a 9% (nove por cento) do respectivo salário de contribuição.

- § 4º acrescentado pela Lei 9.876/1999.

§ 5º Aplica-se o disposto no § 4º ao cooperado que prestar serviço a empresa por intermédio de cooperativa de trabalho.

- § 5º acrescentado pela Lei 9.876/1999.

§ 6º *(Revogado pela Lei 13.202/2015)*.

§ 7º A empresa ou cooperativa adquirente, consumidora ou consignatária da produção fica obrigada a fornecer ao segurado especial cópia do documento fiscal de entrada da mercadoria, para fins de comprovação da operação e da respectiva contribuição previdenciária.

- § 7º acrescentado pela Lei 11.718/2008.

§ 8º Quando o grupo familiar a que o segurado especial estiver vinculado não tiver obtido, no ano, por qualquer motivo, receita proveniente de comercialização de produção deverá comunicar a ocorrência à Previdência Social, na forma do regulamento.

- § 8º acrescentado pela Lei 11.718/2008.

§ 9º Quando o segurado especial tiver comercializado sua produção do ano anterior exclusivamente com empresa adquirente, consignatária ou cooperativa, tal fato deverá ser comunicado à Previdência Social pelo respectivo grupo familiar.

- § 9º acrescentado pela Lei 11.718/2008.

Art. 31. A empresa contratante de serviços executados mediante cessão de mão de obra, inclusive em regime de trabalho temporário, deverá reter 11% (onze por cento) do valor bruto da nota fiscal ou fatura de prestação de serviços e recolher, em nome da empresa cedente da mão de obra, a importância retida até o dia 20 (vinte) do mês subsequente ao da emissão da respectiva nota fiscal ou fatura, ou até o dia útil imediatamente anterior se não houver expediente bancário naquele dia, observado o disposto no § 5º do art. 33 desta Lei.

- *Caput* com redação determinada pela Lei 11.933/2009 (*DOU* 29.04.2009), em vigor na data de sua publicação, produzindo efeitos a partir de 1º.10.2008 (V. art. 11, I, da referida Lei).
- V. art. 64, Lei 11.941/2009 (Altera a legislação tributária federal).

§ 1º O valor retido de que trata o *caput* deste artigo, que deverá ser destacado na nota fiscal ou fatura de prestação de serviços, poderá ser compensado por qualquer estabelecimento da empresa cedente da mão de obra, por ocasião do recolhimento das contribuições destinadas à Seguridade Social devidas sobre a folha de pagamento dos seus segurados.

- § 1º com redação determinada pela Lei 11.941/2009.

§ 2º Na impossibilidade de haver compensação integral na forma do parágrafo anterior, o saldo remanescente será objeto de restituição.

- § 2º com redação determinada pela Lei 9.711/1998.

§ 3º Para os fins desta Lei, entende-se como cessão de mão de obra a colocação à disposição do contratante, em suas dependências ou nas de terceiros, de segurados que realizem serviços contínuos, relacionados ou não com a atividade-fim da empresa, quaisquer que sejam a natureza e a forma de contratação.

- § 3º com redação determinada pela Lei 9.711/1998.

§ 4º Enquadram-se na situação prevista no parágrafo anterior, além de outros estabelecidos em regulamento, os seguintes serviços:

- § 4º com redação determinada pela Lei 9.711/1998.

I – limpeza, conservação e zeladoria;

II – vigilância e segurança;

III – empreitada de mão de obra;

IV – contratação de trabalho temporário na forma da Lei 6.019, de 3 de janeiro de 1974.

§ 5º O cedente da mão de obra deverá elaborar folhas de pagamento distintas para cada contratante.

- § 5º com redação determinada pela Lei 9.711/1998.

§ 6º Em se tratando de retenção e recolhimento realizados na forma do *caput* deste artigo, em nome de consórcio, de que tratam os arts. 278 e 279 da Lei 6.404, de 15 de dezembro de 1976, aplica-se o disposto em todo este artigo, observada a participação de cada uma das empresas consorciadas, na forma do respectivo ato constitutivo.

- § 6º acrescentado pela Lei 11.941/2009.

Art. 32. A empresa é também obrigada a:

I – preparar folhas de pagamento das remunerações pagas ou creditadas a todos os segurados a seu serviço, de acordo com os padrões e normas estabelecidos pelo órgão competente da Seguridade Social;

II – lançar mensalmente em títulos próprios de sua contabilidade, de forma discriminada, os fatos geradores de todas as contribuições, o montante das quantias descontadas, as contribuições da empresa e os totais recolhidos;

III – prestar à Secretaria da Receita Federal do Brasil todas as informações cadastrais, financeiras e contábeis de seu interesse, na forma por ela estabelecida, bem como os esclarecimentos necessários à fiscalização;

- Inciso III com redação determinada pela Lei 11.941/ 2009.

IV – declarar à Secretaria da Receita Federal do Brasil e ao Conselho Curador do Fundo de Garantia do Tempo de Serviço – FGTS, na forma, prazo e condições estabelecidos por esses órgãos, dados relacionados a fatos geradores, base de cálculo e valores devidos da contribuição previdenciária e outras informações de interesse do INSS ou do Conselho Curador do FGTS;

- Inciso IV com redação determinada pela Lei 11.941/ 2009.

V – *(Vetado)*.

- Inciso V acrescentado pela Lei 10.403/2002.

VI – comunicar, mensalmente, aos empregados, por intermédio de documento a ser definido em regulamento, os valores recolhidos sobre o total de sua remuneração ao INSS.

- Inciso VI acrescentado pela Lei 12.692/2012.

§ 1º *(Revogado pela Lei 11.941/2009)*.

§ 2º A declaração de que trata o inciso IV do *caput* deste artigo constitui instrumento hábil e suficiente para a exigência do crédito tributário, e suas informações comporão a base de dados para fins de cálculo e concessão dos benefícios previdenciários.

- § 2º com redação determinada pela Lei 11.941/2009.

§§ 3º a 8º *(Revogados pela Lei 11.941/2009)*.

§ 9º A empresa deverá apresentar o documento a que se refere o inciso IV do *caput* deste artigo ainda que não ocorram fatos geradores de contribuição previdenciária, aplicando-se, quando couber, a penalidade prevista no art. 32-A desta Lei.

- § 9º com redação determinada pela Lei 11.941/2009.

§ 10. O descumprimento do disposto no inciso IV do *caput* deste artigo impede a expedição da certidão de prova de regularidade fiscal perante a Fazenda Nacional.

- § 10 com redação determinada pela Lei 11.941/2009.

§ 11. Em relação aos créditos tributários, os documentos comprobatórios do cumprimento das obrigações de que trata este artigo devem ficar arquivados na empresa até que ocorra a prescrição relativa aos créditos decorrentes das operações a que se refiram.

- § 11 com redação determinada pela Lei 11.941/2009.

§ 12. *(Vetado)*.

- § 12 acrescentado pela Lei 12.692/2012.

Art. 32-A. O contribuinte que deixar de apresentar a declaração de que trata o inciso IV do *caput* do art. 32 desta Lei no prazo fixado ou que a apresentar com incorreções ou omissões será intimado a apresentá-la ou a prestar esclarecimentos e sujeitar-se-á às seguintes multas:

- Artigo acrescentado pela Lei 11.941/2009.

I – de R$ 20,00 (vinte reais) para cada grupo de 10 (dez) informações incorretas ou omitidas; e

II – de 2% (dois por cento) ao mês-calendário ou fração, incidentes sobre o montante das contribuições informadas, ainda que integralmente pagas, no caso de falta de entrega da declaração ou entrega após o prazo, limitada a 20% (vinte por cento), observado o disposto no § 3º deste artigo.

§ 1º Para efeito de aplicação da multa prevista no inciso II do *caput* deste artigo, será considerado como termo inicial o dia seguinte ao término do prazo fixado para entrega da declaração e como termo final a data da efetiva entrega ou, no caso de não apresentação, a data da lavratura do auto de infração ou da notificação de lançamento.

§ 2º Observado o disposto no § 3º deste artigo, as multas serão reduzidas:

I – à metade, quando a declaração for apresentada após o prazo, mas antes de qualquer procedimento de ofício; ou

II – a 75% (setenta e cinco por cento), se houver apresentação da declaração no prazo fixado em intimação.

§ 3º A multa mínima a ser aplicada será de:

I – R$ 200,00 (duzentos reais), tratando-se de omissão de declaração sem ocorrência de fatos geradores de contribuição previdenciária; e

II – R$ 500,00 (quinhentos reais), nos demais casos.

Art. 32-B. Os órgãos da administração direta, as autarquias, as fundações e as empresas públicas da União, dos Estados, do Distrito Federal e dos Municípios, cujas Normas Gerais de Direito Financeiro para elaboração e controle dos orçamentos estão definidas pela Lei 4.320, de 17 de março de 1964, e pela Lei Complementar 101, de 4 de maio de 2000, ficam obrigados, na forma estabelecida pela Secretaria da Receita Federal do Brasil do Ministério da Fazenda, a apresentar:

- Artigo acrescentado pela Lei 12.810/2013.

I – a contabilidade entregue ao Tribunal de Controle Externo; e

II – a folha de pagamento.

Parágrafo único. As informações de que trata o *caput* deverão ser apresentadas até o dia 30 de abril do ano seguinte ao encerramento do exercício.

Art. 32-C. O segurado especial responsável pelo grupo familiar que contratar na forma do § 8º do art. 12 apresentará as informações relacionadas ao registro de trabalhadores, aos fatos geradores, à base de cálculo e aos valores das contribuições devidas à Previdência Social e ao Fundo de Garantia do Tempo de Serviço – FGTS e outras informações de interesse da Secretaria da Receita Federal do Brasil, do Ministério da Previdência Social, do Ministério do Trabalho e Emprego e do Conselho Curador do FGTS, por meio de sistema eletrônico com entrada única de dados, e efetuará os recolhimentos por meio de documento único de arrecadação.

- Artigo acrescentado pela Lei 12.873/2013 (*DOU* 25.10.2013), em vigor no 1º (primeiro) dia do sétimo mês subsequente à data de sua publicação (V. art. 63, I, da referida Lei).

§ 1º Os Ministros de Estado da Fazenda, da Previdência Social e do Trabalho e Emprego disporão, em ato conjunto, sobre a prestação das informações, a apuração, o recolhimento e a distribuição dos recursos recolhidos e sobre as informações geradas por meio do sistema eletrônico e da guia de recolhimento de que trata o *caput*.

§ 2º As informações prestadas no sistema eletrônico de que trata o *caput* têm caráter declaratório, constituem instrumento hábil e suficiente para a exigência dos tributos e encargos apurados e substituirão, na forma regulamentada pelo ato conjunto que prevê o § 1º, a obrigatoriedade de entrega de todas as informações, formulários e declarações a que está sujeito o grupo familiar, inclusive as relativas ao recolhimento do FGTS.

§ 3º O segurado especial de que trata o *caput* está obrigado a arrecadar as contribuições previstas nos incisos X, XII e XIII do *caput* do art. 30, os valores referentes ao FGTS e os encargos trabalhistas sob sua responsabilidade, até o dia 7 (sete) do mês seguinte ao da competência.

§ 4º Os recolhimentos devidos, nos termos do § 3º, deverão ser pagos por meio de documento único de arrecadação.

§ 5º Se não houver expediente bancário na data indicada no § 3º, o recolhimento deverá ser antecipado para o dia útil imediatamente anterior.

§ 6º Os valores não pagos até a data do vencimento sujeitar-se-ão à incidência de acréscimos e encargos legais na forma prevista na legislação do Imposto sobre a Renda e Proventos de Qualquer Natureza para as contribuições de caráter tributário, e conforme o art. 22 da Lei 8.036, de 11 de maio de 1990, para os depósitos do FGTS, inclusive no que se refere às multas por atraso.

§ 7º O recolhimento do valor do FGTS na forma deste artigo será creditado diretamente em conta vinculada do trabalhador, assegurada a transferência dos elementos identificadores do recolhimento ao agente operador do fundo.

§ 8º O ato de que trata o § 1º regulará a compensação e a restituição dos valores dos tributos e dos encargos trabalhistas recolhidos, no documento único de arrecadação, indevidamente ou em montante superior ao devido.

§ 9º A devolução de valores do FGTS, depositados na conta vinculada do trabalhador, será objeto de norma regulamentar do Conselho Curador e do Agente Operador do Fundo de Garantia do Tempo de Serviço.

§ 10. O produto da arrecadação de que trata o § 3º será centralizado na Caixa Econômica Federal.

§ 11. A Caixa Econômica Federal, com base nos elementos identificadores do recolhimento, disponíveis no sistema de que trata o *caput* deste artigo, transferirá para a Conta Única do Tesouro Nacional os valores arrecadados dos tributos e das contribuições previstas nos incisos X, XII e XIII do *caput* do art. 30.

§ 12. A impossibilidade de utilização do sistema eletrônico referido no *caput* será objeto de regulamento, a ser editado pelo Ministério da Fazenda e pelo Agente Operador do FGTS.

§ 13. A sistemática de entrega das informações e recolhimentos de que trata o *caput* poderá ser estendida pelas autoridades previstas no § 1º para o produtor rural pessoa física de que trata a alínea *a* do inciso V do *caput* do art. 12.

§ 14. Aplica-se às informações entregues na forma deste artigo o disposto no § 2º do art. 32 e no art. 32-A.

Art. 33. À Secretaria da Receita Federal do Brasil compete planejar, executar, acompanhar e avaliar as atividades relativas à tributação, à fiscalização, à arrecadação, à cobrança e ao recolhimento das contribuições sociais previstas no parágrafo único do art. 11 desta Lei, das contribuições incidentes a título de substituição e das devidas a outras entidades e fundos.

- *Caput* com redação determinada pela Lei 11.941/ 2009.

§ 1º É prerrogativa da Secretaria da Receita Federal do Brasil, por intermédio dos Auditores Fiscais da Receita Federal do Brasil, o exame da contabilidade das empresas, ficando obrigados a prestar todos os esclarecimentos e informações solicitados o segurado e os terceiros responsáveis pelo recolhimento das contribuições previdenciárias e das contribuições devidas a outras entidades e fundos.

- § 1º com redação determinada pela Lei 11.941/2009.

§ 2º A empresa, o segurado da Previdência Social, o serventuário da Justiça, o síndico ou seu representante, o comissário e o liquidante de empresa em liquidação judicial ou extrajudicial são obrigados a exibir todos os documentos e livros relacionados com as contribuições previstas nesta Lei.

- § 2º com redação determinada pela Lei 11.941/2009.

§ 3º Ocorrendo recusa ou sonegação de qualquer documento ou informação, ou sua apresentação deficiente, a Secretaria da Receita Federal do Brasil pode, sem prejuízo da penalidade cabível, lançar de ofício a importância devida.

- § 3º com redação determinada pela Lei 11.941/2009.

§ 4º Na falta de prova regular e formalizada pelo sujeito passivo, o montante dos salários pagos pela execução de obra de construção civil pode ser obtido mediante cálculo da mão de obra empregada, proporcional à área construída, de acordo com critérios estabelecidos pela Secretaria da Receita Federal do Brasil, cabendo ao proprietário, dono da obra, condômino da unidade imobiliária ou empresa corresponsável o ônus da prova em contrário.

- § 4º com redação determinada pela Lei 11.941/2009.

§ 5º O desconto de contribuição e de consignação legalmente autorizadas sempre se presume feito oportuna e regularmente pela empresa a isso obrigada, não lhe sendo lícito alegar omissão para se eximir do recolhimento, ficando diretamente responsável pela importância que deixou de receber ou arrecadou em desacordo com o disposto nesta Lei.

§ 6º Se, no exame da escrituração contábil e de qualquer outro documento da empresa, a fiscalização constatar que a contabilidade não registra o movimento real de remuneração dos segurados a seu serviço, do faturamento e do lucro, serão apuradas, por aferição indireta, as contribuições efetivamente devidas, cabendo à empresa o ônus da prova em contrário.

§ 7º O crédito da seguridade social é constituído por meio de notificação de lançamento, de auto de infração e de confissão de valores devidos e não recolhidos pelo contribuinte.

- § 7º com redação determinada pela Lei 11.941/2009.

§ 8º Aplicam-se às contribuições sociais mencionadas neste artigo as presunções legais de omissão de receita previstas nos §§ 2º e 3º do art. 12 do Decreto-lei 1.598, de 26 de dezembro de 1977, e nos arts. 40, 41 e 42 da Lei 9.430, de 27 de dezembro de 1996.

- § 8º acrescentado pela Lei 11.941/2009.

Art. 34. *(Revogado pela Lei 11.941/2009).*

Art. 35. Os débitos com a União decorrentes das contribuições sociais previstas nas alíneas *a*, *b* e *c* do parágrafo único do art. 11 desta Lei, das contribuições instituídas a título de substituição e das contribuições devidas a terceiros, assim entendidas outras entidades e fundos, não pagos nos prazos previstos em legislação, serão acrescidos de multa de mora e juros de mora, nos termos do art. 61 da Lei 9.430, de 27 de dezembro de 1996.

- *Caput* com redação determinada pela Lei 11.941/ 2009.
- V. art. 57, Lei 11.941/2009 (Altera a legislação tributária federal).
- V. Portaria Conjunta PGFN/RFB 14/2009 (Aplicação do disposto nos arts. 35 e 35-A da Lei 8.212/1991).

I a III – *(Incisos e alíneas revogados pela Lei 11.941/2009).*

§§ 1º a 4º *(Revogados pela Lei 11.941/2009).*

Art. 35-A. Nos casos de lançamento de ofício relativos às contribuições referidas no art. 35 desta Lei, aplica-se o disposto no art. 44 da Lei 9.430, de 27 de dezembro de 1996.

- Artigo acrescentado pela Lei 11.941/2009.
- V. art. 57, Lei 11.941/2009 (Altera a legislação tributária federal).
- V. Portaria Conjunta PGFN/RFB 14/2009 (Aplicação do disposto nos arts. 35 e 35-A da Lei 8.212/1991).

Art. 36. *(Revogado pela Lei 8.218/1991).*

Art. 37. Constatado o não recolhimento total ou parcial das contribuições tratadas nesta Lei, não declaradas na forma do art. 32 desta Lei, a falta de pagamento de benefício reembolsado ou o descumprimento de obrigação acessória, será lavrado auto de infração ou notificação de lançamento.

- *Caput* com redação determinada pela Lei 11.941/ 2009.

§ 1º *(Revogado pela Lei 11.941/2009).*

§ 2º *(Revogado pela Lei 11.941/2009).*

Art. 38. *(Revogado pela Lei 11.941/2009).*

Art. 39. O débito original e seus acréscimos legais, bem como outras multas previstas em lei, constituem dívida ativa da União, promovendo-se a inscrição em livro próprio daquela resultante das contribuições de que tratam as alíneas *a*, *b* e *c* do parágrafo único do art. 11 desta Lei.

- *Caput* com redação determinada pela Lei 11.457/ 2007 (*DOU* 19.03.2007), em vigor no primeiro dia útil do segundo mês subsequente à data de sua publicação (V. art. 51, II, da referida Lei).

§ 1º *(Revogado, a partir de 02.05.2007, pela Lei 11.501/2007 –* DOU *12.07.2007).*

§ 2º É facultado aos órgãos competentes, antes de ajuizar a cobrança da dívida ativa de que trata o *caput* deste artigo, promover o protesto de título dado em garantia, que será recebido *pro solvendo*.

- § 2º com redação determinada pela Lei 11.457/ 2007 (*DOU* 19.03.2007), em vigor no primeiro dia útil do segundo mês subsequente à data de sua publicação (V. art. 51, II, da referida Lei).

§ 3º Serão inscritas como dívida ativa da União as contribuições que não tenham sido recolhidas ou parceladas resultantes das informações prestadas no documento a que se refere o inciso IV do art. 32 desta Lei.

- § 3º com redação determinada pela Lei 11.457/2007 (*DOU* 19.03.2007), em vigor no primeiro dia útil do segundo mês subsequente à data de sua publicação (V. art. 51, II, da referida Lei).

Art. 40. *(Vetado).*

Art. 41. *(Revogado pela Lei 11.941/2009).*

Art. 42. Os administradores de autarquias e fundações públicas, criadas e mantidas pelo Poder Público, de empresas públicas e de sociedades de economia mista sujeitas ao controle da União, dos Estados, do Distrito Federal ou dos Municípios, que se encontrarem em mora, por mais de 30 (trinta) dias, no recolhimento das contribuições previstas nesta Lei, tornam-se solidariamente responsáveis pelo respectivo pagamento, ficando ainda sujeitos às proibições do art. 1º e às sanções dos arts. 4º e 7º do Decreto-lei 368, de 19 de dezembro de 1968.

Art. 43. Nas ações trabalhistas de que resultar o pagamento de direitos sujeitos à incidência de contribuição previdenciária, o juiz, sob pena de responsabilidade, determinará o imediato recolhimento das importâncias devidas à Seguridade Social.

- *Caput* com redação determinada pela Lei 8.620/1993.

§ 1º Nas sentenças judiciais ou nos acordos homologados em que não figurarem, discriminadamente, as parcelas legais relativas às contribuições sociais, estas incidirão sobre o valor total apurado em liquidação de sentença ou sobre o valor do acordo homologado.

- § 1º acrescentado pela Lei 11.941/2009.

§ 2º Considera-se ocorrido o fato gerador das contribuições sociais na data da prestação do serviço.

- § 2º acrescentado pela Lei 11.941/2009.

§ 3º As contribuições sociais serão apuradas mês a mês, com referência ao período da prestação de serviços, mediante a aplicação de alíquotas, limites máximos do salário de contribuição e acréscimos legais moratórios vigentes relativamente a cada uma das competências abrangidas, devendo o recolhimento ser efetuado no mesmo prazo em que devam ser pagos os créditos encontrados em liquidação de sentença ou em acordo homologado, sendo que nesse último caso o recolhimento será feito em tantas parcelas quantas as previstas no acordo, nas mesmas datas em que sejam exigíveis e proporcionalmente a cada uma delas.

- § 3º acrescentado pela Lei 11.941/2009.

§ 4º No caso de reconhecimento judicial da prestação de serviços em condições que permitam a aposentadoria especial após 15 (quinze), 20 (vinte) ou 25 (vinte e cinco) anos de contribuição, serão devidos os acréscimos de contribuição de que trata o § 6º do art. 57 da Lei 8.213, de 24 de julho de 1991.

- § 4º acrescentado pela Lei 11.941/2009.

§ 5º Na hipótese de acordo celebrado após ter sido proferida decisão de mérito, a contribuição será calculada com base no valor do acordo.

- § 5º acrescentado pela Lei 11.941/2009.

§ 6º Aplica-se o disposto neste artigo aos valores devidos ou pagos nas Comissões de Conciliação Prévia de que trata a Lei 9.958, de 12 de janeiro de 2000.

- § 6º acrescentado pela Lei 11.941/2009.

Art. 44. *(Revogado, a partir de 02.05.2007, pela Lei 11.501/2007 – DOU 12.07.2007).*

Art. 45. *(Revogado pela LC 128/2008).*

Art. 45-A. O contribuinte individual que pretenda contar como tempo de contribuição, para fins de obtenção de benefício no Regime Geral de Previdência Social ou de contagem recíproca do tempo de contribuição, período de atividade remunerada alcançada pela decadência deverá indenizar o INSS.

- Artigo acrescentado pela LC 128/2008.

§ 1º O valor da indenização a que se refere o *caput* deste artigo e o § 1º do art. 55 da Lei 8.213, de 24 de julho de 1991, corresponderá a 20% (vinte por cento):

I – da média aritmética simples dos maiores salários de contribuição, reajustados, correspondentes a 80% (oitenta por cento) de todo o período contributivo decorrido desde a competência julho de 1994; ou

II – da remuneração sobre a qual incidem as contribuições para o regime próprio de previdência social a que estiver filiado o interessado, no caso de indenização para fins da contagem recíproca de que tratam os arts. 94 a 99 da Lei 8.213, de 24 de julho de 1991, observados o limite máximo previsto no art. 28 e o disposto em regulamento.

§ 2º Sobre os valores apurados na forma do § 1º deste artigo incidirão juros moratórios de 0,5% (cinco décimos por cento) ao mês, capitalizados anualmente, limitados ao percentual máximo de 50% (cinquenta por cento), e multa de 10% (dez por cento).

§ 3º O disposto no § 1º deste artigo não se aplica aos casos de contribuições em atraso não alcançadas pela decadência do direito de a Previdência constituir o respectivo crédito, obedecendo-se, em relação a elas, as disposições aplicadas às empresas em geral.

Art. 46. *(Revogado pela LC 128/2008).*

Capítulo XI
Da Prova de Inexistência de Débito

Art. 47. É exigida Certidão Negativa de Débito – CND, fornecida pelo órgão competente, nos seguintes casos:

- *Caput* com redação determinada pela Lei 9.032/1995.

I – da empresa:

a) na contratação com o Poder Público e no recebimento de benefícios ou incentivo fiscal ou creditício concedido por ele;

b) na alienação ou oneração, a qualquer título, de bem imóvel ou direito a ele relativo;

c) na alienação ou oneração, a qualquer título, de bem móvel de valor superior a Cr$ 2.500.000,00 (dois milhões e quinhentos mil cruzeiros) incorporado ao ativo permanente da empresa;

- Valor sujeito a atualização mediante Portaria do Ministério da Previdência Social – MPS.

d) no registro ou arquivamento, no órgão próprio, de ato relativo a baixa ou redução de capital de firma individual, redução de capital social, cisão total ou parcial, transformação ou extinção de entidade ou sociedade comercial ou civil e transferência de controle de cotas de sociedades de responsabilidade limitada;

- Alínea *d* com redação determinada pela Lei 9.528/ 1997.

II – do proprietário, pessoa física ou jurídica, de obra de construção civil, quando de sua averbação no registro de imóveis, salvo no caso do inciso VIII do art. 30.

§ 1º A prova de inexistência de débito deve ser exigida da empresa em relação a todas as suas dependências, estabelecimentos e obras de construção civil, independentemente do local onde se encontrem, ressalvado aos órgãos competentes o direito de cobrança de qualquer débito apurado posteriormente.

§ 2º A prova de inexistência de débito, quando exigível ao incorporador, independe da apresentada no registro de imóveis por ocasião da inscrição do memorial de incorporação.

§ 3º Fica dispensada a transcrição, em instrumento público ou particular, do inteiro teor do documento comprobatório de inexistência de débito, bastando a referência ao seu número de série e data da emissão, bem como a guarda do documento comprobatório à disposição dos órgãos competentes.

§ 4º O documento comprobatório de inexistência de débito poderá ser apresentado por cópia autenticada, dispensada a indicação de sua finalidade, exceto no caso do inciso II deste artigo.

§ 5º O prazo de validade da Certidão Negativa de Débito – CND é de 60 (sessenta) dias, contados da sua emissão, podendo ser ampliado por regulamento para até 180 (cento e oitenta) dias.

- § 5º com redação determinada pela Lei 9.711/1998.

§ 6º Independe de prova de inexistência de débito:

a) a lavratura ou assinatura de instrumento, ato ou contrato que constitua retificação, ratificação ou efetivação de outro anterior para o qual já foi feita a prova;

b) a constituição de garantia para concessão de crédito rural, em qualquer de suas modalidades, por instituição de crédito pública ou privada, desde que o contribuinte referido no art. 25, não seja responsável direto pelo recolhimento de contribuições sobre a sua produção para a Seguridade Social;

c) a averbação prevista no inciso II deste artigo, relativa a imóvel cuja construção tenha sido concluída antes de 22 de novembro de 1966;

d) o recebimento pelos Municípios de transferência de recursos destinados a ações de assistência social, educação, saúde e em caso de calamidade pública.

- Alínea *d* acrescentada pela Lei 11.960/2009.

e) a averbação da construção civil localizada em área objeto de regularização fundiária de interesse social, na forma da Lei 11.977, de 7 de julho de 2009.

- Alínea *e* acrescentada pela Lei 12.424/2011.

§ 7º O condômino adquirente de unidades imobiliárias de obra de construção civil não incorporada na forma da Lei 4.591, de 16 de dezembro de 1964, poderá obter documento comprobatório de inexistência de débito, desde que comprove o pagamento das contribuições relativas à sua unidade, conforme dispuser o regulamento.

§ 8º *(Revogado pela Lei 11.941/2009).*

Art. 48. A prática de ato com inobservância do disposto no artigo anterior, ou o seu registro, acarretará a responsabilidade solidária dos contratantes e do oficial que lavrar ou registrar o instrumento, sendo o ato nulo para todos os efeitos.

§ 1º Os órgãos competentes podem intervir em instrumento que depender de prova de inexistência de débito, a fim de autorizar sua lavratura, desde que o débito seja pago no ato ou o seu pagamento fique assegurado mediante confissão de dívida fiscal com o oferecimento de garantias reais suficientes, na forma estabelecida em regulamento.

§ 2º Em se tratando de alienação de bens do ativo de empresa em regime de liquidação extrajudicial, visando à obtenção de recursos necessários ao pagamento dos credores, independentemente do pagamento ou da confissão de dívida fiscal, o Instituto Nacional do Seguro Social – INSS poderá autorizar a lavratura do respectivo instrumento, desde que o valor do crédito previdenciário conste, regularmente, do quadro geral de credores, observada a ordem de preferência legal.

- § 2º acrescentado pela Lei 9.639/1998.

§ 3º O servidor, o serventuário da Justiça, o titular de serventia extrajudicial e a autoridade ou órgão que infringirem o disposto no artigo anterior incorrerão em multa aplicada na forma estabelecida no art. 92, sem prejuízo da responsabilidade administrativa e penal cabível.

- Primitivo § 2º renumerado e alterado pela Lei 9.639/1998.

TÍTULO VII
Das Disposições Gerais

Art. 49. A matrícula da empresa será efetuada nos termos e condições estabelecidos pela Secretaria da Receita Federal do Brasil.

- *Caput* com redação determinada pela Lei 11.941/2009.

I – *(Revogado pela Lei 11.941/2009).*

II – *(Revogado pela Lei 11.941/2009).*

§ 1º No caso de obra de construção civil, a matrícula deverá ser efetuada mediante comunicação obrigatória do responsável por sua execução, no prazo de 30 (trinta) dias, contado do início de suas atividades, quando obterá número cadastral básico, de caráter permanente.

- *Caput* do § 1º com redação determinada pela Lei 11.941/2009.

a) (Revogada pela Lei 11.941/2009).

b) (Revogada pela Lei 11.941/2009).

§ 2º *(Revogado pela Lei 11.941/2009).*

§ 3º O não cumprimento do disposto no § 1º deste artigo sujeita o responsável a multa na forma estabelecida no art. 92 desta Lei.

- § 3º com redação determinada pela Lei 11.941/2009.

☛ **§ 4º** O Departamento Nacional de Registro do Comércio (DNRC), por intermédio das Juntas Comerciais, e os Cartórios de Registro Civil de Pessoas Jurídicas prestarão, obrigatoriamente, ao Ministério da Economia, ao INSS e à Secretaria da Receita Federal do Brasil todas as informações referentes aos atos constitutivos e alterações posteriores relativos a empresas e entidades neles registradas.

- § 4º com redação determinada pela Lei 13.846/2019.

§ 5º A matrícula atribuída pela Secretaria da Receita Federal do Brasil ao produtor rural pessoa física ou segurado especial é o documento de inscrição do contribuinte, em substituição à inscrição no Cadastro Nacional de Pessoa Jurídica – CNPJ, a ser apresentado em suas relações com o Poder Público, inclusive para licenciamento sanitário de produtos de origem animal ou vegetal submetidos a processos de beneficiamento ou industrialização artesanal, com as instituições financeiras, para fins de contratação de operações de crédito, e com os adquirentes de sua produção ou fornecedores de sementes, insumos, ferramentas e demais implementos agrícolas.

- § 5º acrescentado pela Lei 11.718/2008.

§ 6º O disposto no § 5º deste artigo não se aplica ao licenciamento sanitário de produtos sujeitos à incidência de Imposto sobre Produtos Industrializados ou ao contribuinte cuja inscrição no Cadastro Nacional de Pessoa Jurídica – CNPJ seja obrigatória.

- § 6º acrescentado pela Lei 11.718/2008.

Art. 50. Para fins de fiscalização do INSS, o Município, por intermédio do órgão competente, fornecerá relação de alvarás para construção civil e documentos de "habite-se" concedidos.

- Artigo com redação determinada pela Lei 9.476/1997.

Art. 51. O crédito relativo a contribuições, cotas e respectivos adicionais ou acréscimos de qualquer natureza arrecadados pelos órgãos competentes, bem como a atualização monetária e os juros de mora, estão sujeitos, nos processos de falência, concordata ou concurso de credores, às disposições atinentes aos créditos da União, aos quais são equiparados.

- V. Lei 11.101/2005 (Lei de Recuperação de Empresas e Falência).

Parágrafo único. O Instituto Nacional do Seguro Social – INSS reivindicará os valores descontados pela empresa de seus empregados e ainda não recolhidos.

Art. 52. Às empresas, enquanto estiverem em débito não garantido com a União, aplica-se o disposto no art. 32 da Lei 4.357, de 16 de julho de 1964.

- *Caput* com redação determinada pela Lei 11.941/2009.

I – *(Revogado pela Lei 11.941/2009).*

II – *(Revogado pela Lei 11.941/2009).*

Parágrafo único. *(Revogado pela Lei 11.941/2009).*

Art. 53. Na execução judicial da dívida ativa da União, suas autarquias e fundações públicas, será facultado ao exequente indicar bens à penhora, a qual será efetivada concomitantemente com a citação inicial do devedor.

§ 1º Os bens penhorados nos termos deste artigo ficam desde logo indisponíveis.

§ 2º Efetuado o pagamento integral da dívida executada, com seus acréscimos legais, no prazo de 2 (dois) dias úteis contados da citação, independentemente da juntada aos autos do respectivo mandado, poderá ser liberada a penhora, desde que não haja outra execução pendente.

§ 3º O disposto neste artigo aplica-se também às execuções já processadas.

§ 4º não sendo opostos embargos, no caso legal, ou sendo eles julgados improcedentes, os autos serão conclusos ao juiz do feito, para determinar o prosseguimento da execução.

Art. 54. Os órgãos competentes estabelecerão critério para a dispensa de constituição ou exigência de crédito de valor inferior ao custo dessa medida.

Art. 55. *(Revogado pela Lei 12.101/2009).*

Art. 56. A inexistência de débitos em relação às contribuições devidas ao Instituto Nacional do Seguro Social – INSS, a partir da publicação desta Lei, é condição necessária para que os Estados, o Distrito Federal e os Municípios possam receber as transferências dos recursos do Fundo de Participação dos Estados e do Distrito Federal – FPE e do Fundo de Participação dos Municípios – FPM, celebrar acordos, contratos, convênios ou ajustes, bem como receber empréstimos, financiamentos, avais e subvenções em geral de órgãos ou entidades da administração direta e indireta da União.

§ 1º *(Primitivo parágrafo único revogado pela MP 2.187-13/2001 e renumerado pela Lei 12.810/2013).*

§ 2º Os recursos do FPE e do FPM não transferidos em decorrência da aplicação do *caput* deste artigo poderão ser utilizados para quitação, total ou parcial, dos débitos relativos às contribuições de que tratam as alíneas *a* e *c* do parágrafo único do art. 11 desta Lei, a pedido do representante legal do Estado, Distrito Federal ou Município.

- § 2º acrescentado pela Lei 12.810/2013.

Art. 57. Os Estados, o Distrito Federal e os Municípios serão, igualmente, obrigados a apresentar, a partir de 1º de junho de 1992, para os fins do disposto no artigo anterior, comprovação de pagamento da parcela mensal referente aos débitos com o Instituto Nacional do Seguro Social – INSS, existentes até 1º de setembro de 1991, renegociados nos termos desta Lei.

Art. 58. Os débitos dos Estados, do Distrito Federal e dos Municípios para com o Instituto Nacional do Seguro Social – INSS, existentes até 1º de setembro de 1991, poderão ser liquidados em até 240 (duzentos e quarenta) parcelas mensais.

§ 1º Para apuração dos débitos será considerado o valor original atualizado pelo índice oficial utilizado pela Seguridade Social para correção de seus créditos.

- Primitivo parágrafo único renumerado pela Lei 8.444/1992.

§ 2º As contribuições descontadas até 30 de junho de 1992 dos segurados que tenham prestado serviços aos Estados, ao Distrito Federal e aos Municípios poderão ser objeto de acordo para parcelamento em até 12 (doze) meses, não se lhes aplicando o disposto no § 1º do artigo 38 desta Lei.

- § 2º acrescentado pela Lei 8.444/1992.

Art. 59. O Instituto Nacional do Seguro Social – INSS implantará, no prazo de 90 (noventa) dias a contar da data da publicação desta Lei, sistema próprio e informatizado de cadastro dos pagamentos e débitos dos Governos Estaduais, do Distrito Federal e das Prefeituras Municipais, que viabilize o permanente acompanhamento e fiscalização do disposto nos arts. 56, 57 e 58 e permita a divulgação periódica dos devedores da Previdência Social.

Art. 60. O pagamento dos benefícios da Seguridade Social será realizado por intermédio da rede bancária ou por outras formas definidas pelo Ministério da Previdência Social.

- *Caput* com redação determinada pela Lei 11.941/2009.

Parágrafo único. Os recursos da Seguridade Social serão centralizados em banco estatal federal que tenha abrangência em todo o País.

- Parágrafo único com eficácia suspensa por força da MP 2.170-36/2001.

Art. 61. As receitas provenientes da cobrança de débitos dos Estados e Municípios e da alienação, arrendamento ou locação de bens móveis ou imóveis pertencentes ao patrimônio do Instituto Nacional do Seguro Social – INSS, deverão constituir reserva técnica, de longo prazo, que garantirá o seguro social estabelecido no Plano de Benefícios da Previdência Social.

Parágrafo único. É vedada a utilização dos recursos de que trata este artigo, para cobrir despesas de custeio em geral, inclusive as decorrentes de criação, majoração ou extensão dos benefícios ou serviços da Previdência Social, admitindo-se sua utilização, excepcionalmente, em despesas de capital, na forma da lei de orçamento.

Art. 62. A contribuição estabelecida na Lei 5.161, de 21 de outubro de 1966, em favor da Fundação Jorge Duprat Figueiredo de Segurança e Medicina do Trabalho – FUNDACENTRO, será de 2% (dois por cento) da receita proveniente da contribuição a cargo da empresa, a título de financiamento da complementação das prestações por acidente do trabalho, estabelecida no inciso II do art. 22.

Parágrafo único. Os recursos referidos neste artigo poderão contribuir para o financiamento das despesas com pessoal e administração geral da Fundação Jorge Duprat Figueiredo de Segurança e Medicina do Trabalho – FUNDACENTRO.

- Parágrafo único acrescentado pela Lei 9.639/1998.

TÍTULO VIII
Das Disposições Finais e Transitórias

Capítulo I
Da Modernização da Previdência Social

Art. 63. Fica instituído o Conselho Gestor do Cadastro Nacional do Trabalhador – CNT, criado na forma dos Decretos 97.936, de 10 de julho de 1989 e 99.378, de 11 de julho de 1990.

- Artigo com eficácia suspensa por força da MP 2.216-37/2001.

Parágrafo único. O Conselho Gestor do Cadastro Nacional do Trabalhador é vinculado ao Ministério do Trabalho e da Previdência Social, que assegurará condições para o seu funcionamento.

Art. 64. Ao Conselho Gestor do Cadastro Nacional do Trabalhador incumbe supervisionar e fiscalizar os trabalhos de implantação do Cadastro Nacional do Trabalhador, bem como sugerir as medidas legais e administrativas que permitam, no prazo máximo de 4 (quatro) anos a contar da data de publicação desta Lei, a existência na Administração Pública Federal de cadastro completo dos trabalhadores e das empresas.

- Artigo com eficácia suspensa por força da MP 2.216-37/2001.

Art. 65. O Conselho Gestor do Cadastro Nacional do Trabalhador terá doze membros titulares e igual número de suplentes, nomeados pelo Ministro do Trabalho e da Previdência Social para mandato de 4 (quatro) anos, sendo:

- Artigo com eficácia suspensa por força da MP 2.216-37/2001.

I – seis representantes do Governo Federal;

II – três representantes indicados pelas centrais sindicais ou confederações nacionais de trabalhadores;

III – três representantes das Confederações Nacionais de Empresários.

§ 1º A presidência do Conselho Gestor será exercida por um de seus membros, eleito para mandato de 1 (um) ano, vedada a recondução.

§ 2º O Conselho Gestor tomará posse no prazo de 30 (trinta) dias a contar da data de publicação desta Lei.

§ 3º No prazo de até 60 (sessenta) dias após sua posse, o Conselho Gestor aprovará seu regimento interno e o cronograma de implantação do Cadastro Nacional do Trabalhador – CNT, observado o prazo limite estipulado no art. 64.

Art. 66. Os órgãos públicos federais, da administração direta, indireta ou fundacional envolvidos na implantação do Cadastro Nacional do Trabalhador – CNT se obrigam, nas respectivas áreas, a tomar as providências necessárias para o cumprimento dos prazos previstos nesta Lei, bem como do cronograma a ser aprovado pelo Conselho Gestor.

- Artigo com eficácia suspensa por força da MP 2.216-37/2001.

Art. 67. Até que seja implantado o Cadastro Nacional do Trabalhador – CNT, as instituições e órgãos federais, estaduais, do Distrito Federal e municipais, detentores de cadastros de empresas e de contribuintes em geral, deverão colocar à disposição do Instituto Nacional do Seguro Social – INSS, mediante a realização de convênios, todos os dados necessários à permanente atualização dos cadastros da Previdência Social.

☛ **Art. 68.** O Titular do Cartório de Registro Civil de Pessoas Naturais remeterá ao INSS, em até 1 (um) dia útil, pelo Sistema Nacional de Informações de Registro Civil (Sirc) ou por outro meio que venha a substituí-lo, a relação dos nascimentos, dos natimortos, dos casamentos, dos óbitos, das averbações, das anotações e das retificações registradas na serventia.

- Artigo com redação determinada pela Lei 13.846/2019.

§ 1º Para os Municípios que não dispõem de provedor de conexão à internet ou de qualquer meio de acesso à internet, fica autorizada a remessa da relação em até 5 (cinco) dias úteis.

§ 2º Para os registros de nascimento e de natimorto, constarão das informações, obrigatoriamente, a inscrição no Cadastro de Pessoas Físicas (CPF), o sexo, a data e o local de nascimento do registrado, bem como o nome completo, o sexo, a data e o local de nascimento e a inscrição no CPF da filiação.

§ 3º Para os registros de casamento e de óbito, constarão das informações, obrigatoriamente, a inscrição no CPF, o sexo, a data e o local de nascimento do registrado, bem como, acaso disponíveis, os seguintes dados:

I – número do cadastro perante o Programa de Integração Social (PIS) ou o Programa de Formação do Patrimônio do Servidor Público (Pasep);

II – Número de Identificação do Trabalhador (NIT);

III – número de benefício previdenciário ou assistencial, se a pessoa falecida for titular de qualquer benefício pago pelo INSS;

IV – número de registro da Carteira de Identidade e respectivo órgão emissor;

V – número do título de eleitor;

VI – número e série da Carteira de Trabalho e Previdência Social (CTPS).

§ 4º No caso de não haver sido registrado nenhum nascimento, natimorto, casamento, óbito ou averbações, anotações e retificações no mês, deverá o Titular do Cartório de Registro Civil de Pessoas Naturais comunicar este fato ao INSS até o 5º (quinto) dia útil do mês subsequente.

§ 5º O descumprimento de qualquer obrigação imposta neste artigo e o fornecimento de informação inexata sujeitarão o Titular do Cartório de Registro Civil de Pessoas Naturais, além de outras penalidades previstas, à penalidade prevista no art. 92 desta Lei e à ação regressiva proposta pelo INSS, em razão dos danos sofridos.

Art. 69. O INSS manterá programa permanente de revisão da concessão e da manutenção dos benefícios por ele administrados, a fim de apurar irregularidades ou erros materiais.

- Artigo com redação determinada pela Lei 13.846/2019.

§ 1º Na hipótese de haver indícios de irregularidade ou erros materiais na concessão, na manutenção ou na revisão do benefício, o INSS notificará o beneficiário, o seu representante legal ou o seu procurador para apresentar defesa, provas ou documentos dos quais dispuser, no prazo de:

I – 30 (trinta) dias, no caso de trabalhador urbano;

II – 60 (sessenta) dias, no caso de trabalhador rural individual e avulso, agricultor familiar ou segurado especial.

§ 2º A notificação a que se refere o § 1º deste artigo será feita:

I – preferencialmente por rede bancária ou por meio eletrônico, conforme previsto em regulamento;

II – por via postal, por carta simples, considerado o endereço constante do cadastro do benefício, hipótese em que o aviso de recebimento será considerado prova suficiente da notificação;

III – pessoalmente, quando entregue ao interessado em mãos; ou

IV – por edital, nos casos de retorno com a não localização do segurado, referente à comunicação indicada no inciso II deste parágrafo.

§ 3º A defesa poderá ser apresentada pelo canal de atendimento eletrônico do INSS ou na Agência da Previdência Social do domicílio do beneficiário, na forma do regulamento.

§ 4º O benefício será suspenso nas seguintes hipóteses:

I – não apresentação da defesa no prazo estabelecido no § 1º deste artigo;

II – defesa considerada insuficiente ou improcedente pelo INSS.

§ 5º O INSS deverá notificar o beneficiário quanto à suspensão do benefício de que trata o § 4º deste artigo e conceder-lhe prazo de 30 (trinta) dias para interposição de recurso.

§ 6º Decorrido o prazo de 30 (trinta) dias após a suspensão a que se refere o § 4º deste artigo, sem que o beneficiário, o seu representante legal ou o seu procurador apresente recurso administrativo aos canais de atendimento do INSS ou a outros canais autorizados, o benefício será cessado.

§ 7º Para fins do disposto no *caput* deste artigo, o INSS poderá realizar recenseamento para atualização do cadastro dos beneficiários, abrangidos os benefícios administrados pelo INSS, observado o disposto nos incisos III, IV e V do § 8º deste artigo.

§ 8º Aqueles que receberem benefícios realizarão anualmente a comprovação de vida nas instituições financeiras, por meio de atendimento eletrônico com uso de biometria ou por qualquer meio definido pelo INSS que assegure a identificação do beneficiário, observadas as seguintes disposições:

I – a prova de vida e a renovação de senha serão efetuadas por aquele que receber o benefício, mediante identificação por funcionário da instituição, quando realizada nas instituições financeiras;

II – o representante legal ou o procurador do beneficiário, legalmente cadastrado no INSS, poderá realizar a prova de vida no INSS ou na instituição financeira responsável pelo pagamento;

III – a prova de vida de segurados com idade igual ou superior a 60 (sessenta) anos será disciplinada em ato do Presidente do INSS;

IV – o INSS disporá de meios, incluída a realização de pesquisa externa, que garantam a identificação e o processo de prova de vida para pessoas com dificuldades de locomoção e idosos acima de 80 (oitenta) anos que recebam benefícios; e

V – o INSS poderá bloquear o pagamento do benefício encaminhado às instituições financeiras até que o beneficiário atenda à convocação, permitida a liberação do pagamento automaticamente pela instituição financeira.

§ 9º O recurso de que trata o § 5º deste artigo não terá efeito suspensivo.

§ 10. Apurada irregularidade recorrente ou fragilidade nos procedimentos, reconhecida na forma prevista no caput deste artigo ou pelos órgãos de controle, os procedimentos de análise e concessão de benefícios serão revistos, de modo a reduzir o risco de fraude e concessão irregular.

§ 11. Para fins do disposto no § 8º deste artigo, preservados a integridade dos dados e o sigilo eventualmente existente, o INSS:

I – terá acesso a todos os dados biométricos mantidos e administrados pelos órgãos públicos federais; e

II – poderá ter, por meio de convênio, acesso aos dados biométricos:

a) da Justiça Eleitoral; e

b) de outros entes federativos.

- **Redação anterior dos §§ 12 a14 determinada pela MP 871/2019 (*DOU* 18.01.2019, edição extra), posteriormente convertida na Lei 13.846/2019 (*DOU* 18.06.2019, edição extra), que não trouxe essa alteração: "§ 12. Os recursos de que tratam os § 5º e § 6º não terão efeito suspensivo. § 13. Apurada irregularidade recorrente ou fragilidade nos procedimentos, reconhecidas na forma prevista no *caput* ou pelos órgãos de controle, os procedimentos de análise e concessão de benefícios serão revistos, de modo a reduzir o risco de fraude e concessão irregular. § 14. Para fins do disposto no § 8º, preservada a integridade dos dados e o sigilo eventualmente existente, o INSS: I – terá acesso a todos os dados biométricos mantidos e administrados pelos órgãos públicos federais; e II – por meio de convênio, poderá ter acesso aos dados biométricos: a) da Justiça Eleitoral; e b) de outros entes federativos".**

Art. 70. Os beneficiários da Previdência Social, aposentados por invalidez, ficam obrigados, sob pena de sustação do pagamento do benefício, a submeterem-se a exames médico-periciais, estabelecidos na forma do regulamento, que definirá sua periodicidade e os mecanismos de fiscalização e auditoria.

Art. 71. O Instituto Nacional do Seguro Social – INSS deverá rever os benefícios, inclusive os concedidos por acidente do trabalho, ainda que concedidos judicialmente, para avaliar a persistência, atenuação ou agravamento da incapacidade para o trabalho alegada como causa para a sua concessão.

Parágrafo único. Será cabível a concessão de liminar nas ações rescisórias e revisional, para suspender a execução do julgado rescindendo ou revisando, em caso de fraude ou erro material comprovado.

- Parágrafo único acrescentado pela Lei 9.032/1995.

Art. 72. O Instituto Nacional do Seguro Social – INSS promoverá, no prazo de 180 (cento e oitenta) dias a contar da publicação desta Lei, a revisão das indenizações associadas a benefícios por acidentes do trabalho, cujos valores excedam a Cr$ 1.700.000,00 (um milhão e setecentos mil cruzeiros).

Art. 73. O setor encarregado pela área de benefícios no âmbito do Instituto Nacional do Seguro Social – INSS deverá estabelecer indicadores qualitativos e quantitativos para acompanhamento e avaliação das concessões de benefícios realizadas pelos órgãos locais de atendimento.

Art. 74. Os postos de benefícios deverão adotar como prática o cruzamento das informações declaradas pelos segurados com os dados de cadastros de empresas e de contribuintes em geral quando da concessão de benefícios.

Art. 75. *(Revogado pela Lei 9.711/1998).*

Art. 76. O Instituto Nacional do Seguro Social – INSS deverá proceder ao recadastramento de todos aqueles que, por intermédio de procuração, recebem benefícios da Previdência Social.

Parágrafo único. O documento de procuração deverá, a cada semestre, ser revalidado pelos órgãos de atendimento locais.

Art. 77. Fica autorizada a criação de Conselhos Municipais de Previdência Social, órgãos de acompanhamento e fiscalização das ações na área previdenciária, com a participação de representantes da comunidade.

- Artigo com eficácia suspensa por força da MP 2.216-37/2001.

Parágrafo único. As competências e o prazo para a instalação dos Conselhos referidos no *caput* deste artigo serão objeto do regulamento desta Lei.

Art. 78. O Instituto Nacional do Seguro Social – INSS, na forma da legislação específica, fica autorizado a contratar auditorias externas, periodicamente, para analisar e emitir parecer sobre demonstrativos econômico-financeiros e contábeis, arrecadação, cobrança e fiscalização das contribuições, bem como pagamento dos benefícios, submetendo os resultados obtidos à apreciação do Conselho Nacional da Seguridade Social.

Art. 79. *(Revogado pela Lei 9.711/1998).*

Art. 80. Fica o Instituto Nacional do Seguro Social – INSS obrigado a:

I – enviar às empresas e aos seus segurados, quando solicitado, extrato relativo ao recolhimento das suas contribuições;

- Inciso I com redação determinada pela Lei 12.692/ 2012.

II – *(Revogado pela Lei 11.941/2009).*

III – emitir e enviar aos beneficiários o Aviso de Concessão de Benefício, além da memória de cálculo do valor dos benefícios concedidos;

IV – reeditar versão atualizada, nos termos do Plano de Benefícios, da Carta dos Direitos dos Segurados;

V – divulgar, com a devida antecedência, através dos meios de comunicação, alterações porventura realizadas na forma de contribuição das empresas e segurados em geral;

VI – descentralizar, progressivamente, o processamento eletrônico das informações, mediante extensão dos programas de informatização de postos de atendimento e de Regiões Fiscais;

VII – disponibilizará ao público, inclusive por meio de rede pública de transmissão de dados, informações atualizadas sobre as receitas e despesas do regime geral de previdência social, bem como os critérios e parâmetros adotados para garantir o equilíbrio financeiro e atuarial do regime.

- Inciso VII acrescentado pela Lei 10.887/2004.

Art. 81. *(Revogado pela Lei 11.941/2009).*

Art. 82. A Auditoria e a Procuradoria do Instituto Nacional do Seguro Social – INSS deverão, a cada trimestre, elaborar relação das auditorias realizadas e dos trabalhos executados, bem como dos resultados obtidos, enviando-a a apreciação do Conselho Nacional da Seguridade Social.

Art. 83. O Instituto Nacional do Seguro Social – INSS deverá implantar um programa de qualificação e treinamento sistemático de pessoal, bem como promover a reciclagem e redistribuição de funcionários conforme as demandas dos órgãos regionais e locais, visando a melhoria da qualidade do atendimento e o controle e a eficiência dos sistemas de arrecadação e fiscalização de contribuições, bem como de pagamento de benefícios.

Art. 84. O Conselho Nacional da Seguridade Social, no prazo máximo de 60 (sessenta) dias a partir de sua instalação, criará comissão especial para acompanhar o cumprimento, pelo Ministério do Trabalho e da Previdência Social, das providências previstas nesta Lei, bem como de outras destinadas à modernização da Previdência Social.

- Artigo com eficácia suspensa por força da MP 2.216-37/2001.

Capítulo II
Das Demais Disposições

Art. 85. O Conselho Nacional da Seguridade Social será instalado no prazo de 30 (trinta) dias após a promulgação desta Lei.

Art. 85-A. Os tratados, convenções e outros acordos internacionais de que Estado estrangeiro ou organismo internacional e o Brasil sejam partes, e que versem sobre matéria previdenciária, serão interpretados como lei especial.

- Artigo acrescentado pela Lei 9.876/1999.

Art. 86. Enquanto não for aprovada a Lei de Assistência Social, o representante do conselho setorial respectivo será indicado pelo Conselho Nacional da Seguridade Social.

- Artigo com eficácia suspensa por força da MP 2.216-37/2001.

Art. 87. Os orçamentos das pessoas jurídicas de direito público e das entidades da administração pública indireta devem consignar as dotações necessárias ao pagamento das contribuições da Seguridade Social, de modo a assegurar a sua regular liquidação dentro do exercício.

Art. 88. Os prazos de prescrição de que goza a União aplicam-se à Seguridade Social, ressalvado o disposto no art. 46.

Art. 89. As contribuições sociais previstas nas alíneas *a*, *b* e *c* do parágrafo único do art. 11 desta Lei, as contribuições instituídas a título de substituição e as contribuições devidas a terceiros somente poderão ser restituídas ou compensadas nas hipóteses de pagamento ou recolhimento indevido ou maior que o devido, nos termos e condições estabelecidos pela Secretaria da Receita Federal do Brasil.

- *Caput* com redação determinada pela Lei 11.941/2009.

§ 1º *(Revogado pela Lei 11.941/2009).*

§ 2º *(Revogado pela Lei 11.941/2009).*

§ 3º *(Revogado pela Lei 11.941/2009).*

§ 4º O valor a ser restituído ou compensado será acrescido de juros obtidos pela aplicação da taxa referencial do Sistema Especial de Liquidação e de Custódia – SELIC para títulos federais, acumulada mensalmente, a partir do mês subsequente ao do pagamento indevido ou a maior que o devido até o mês anterior ao da compensação ou restituição e de 1% (um por cento) relativamente ao mês em que estiver sendo efetuada.

- § 4º com redação determinada pela Lei 11.941/2009.

§ 5º *(Revogado pela Lei 11.941/2009).*

§ 6º *(Revogado pela Lei 11.941/2009).*

§ 7º *(Revogado pela Lei 11.941/2009).*

§ 8º Verificada a existência de débito em nome do sujeito passivo, o valor da restituição será utilizado para extingui-lo, total ou parcialmente, mediante compensação.

- § 8º acrescentado pela Lei 11.196/2005 (*DOU* 22.11.2005), em vigor na data de sua publicação, produzindo efeitos a partir da data da publicação do ato conjunto a que se refere o § 3º do art. 7º do Decreto-lei 2.287/1986 (V. art. 132, VI, da referida Lei).

§ 9º Os valores compensados indevidamente serão exigidos com os acréscimos moratórios de que trata o art. 35 desta Lei.

- § 9º acrescentado pela Lei 11.941/2009.

§ 10. Na hipótese de compensação indevida, quando se comprove falsidade da declaração apresentada pelo sujeito passivo, o contribuinte estará sujeito à multa isolada aplicada no percentual previsto no inciso I do *caput* do art. 44 da Lei 9.430, de 27 de dezembro de 1996, aplicado em dobro, e terá como base de cálculo o valor total do débito indevidamente compensado.

- § 10 acrescentado pela Lei 11.941/2009.

§ 11. Aplica-se aos processos de restituição das contribuições de que trata este artigo e de reembolso de salário-família e salário-maternidade o rito previsto no Decreto 70.235, de 6 de março de 1972.

- § 11 acrescentado pela Lei 11.941/2009.

☛ **§ 12.** O disposto no § 10 deste artigo não se aplica à compensação efetuada nos termos do art. 74 da Lei 9.430, de 27 de dezembro de 1996.

- § 12 acrescentado pela Lei 13.670/2018.

Art. 90. O Conselho Nacional da Seguridade Social, dentro de 180 (cento e oitenta) dias da sua instalação, adotará as providências necessárias ao levantamento das dívidas da União para com a Seguridade Social.

Art. 91. Mediante requisição da Seguridade Social, a empresa é obrigada a descontar, da remuneração paga aos segurados a seu serviço, a importância proveniente de dívida ou responsabilidade por eles contraída junto à Seguridade Social, relativa a benefícios pagos indevidamente.

Art. 92. A infração de qualquer dispositivo desta Lei para a qual não haja penalidade expressamente cominada sujeita o responsável, conforme a gravidade da infração, a multa variável de Cr$ 100.000,00 (cem mil cruzeiros) a Cr$ 10.000.000,00 (dez milhões de cruzeiros), conforme dispuser o regulamento.

- Valores originais sujeitos a atualização mediante Portaria do Ministério da Previdência Social – MPS.

Art. 93. *(Caput revogado pela Lei 9.639/1998).*

Parágrafo único. *(Revogado pela Lei 11.941/2009).*

Art. 94. *(Revogado, a partir de 02.05.2007, pela Lei 11.501/2007 – DOU 12.07.2007).*

Art. 95. *(Caput e alíneas revogados pela Lei 9.983/2000).*

§ 1º *(Revogado pela Lei 9.983/2000).*

§ 2º A empresa que transgredir as normas desta Lei, além das outras sanções previstas, sujeitar-se-á, nas condições em que dispuser o regulamento:

a) à suspensão de empréstimos e financiamentos, por instituições financeiras oficiais;

b) à revisão de incentivos fiscais de tratamento tributário especial;

c) à inabilitação para licitar e contratar com qualquer órgão ou entidade da administração pública direta ou indireta federal, estadual, do Distrito Federal ou municipal;

d) à interdição para o exercício do comércio, se for sociedade mercantil ou comerciante individual;

e) à desqualificação para impetrar concordata;

f) à cassação de autorização para funcionar no país, quando for o caso.

§ 3º *(Revogado pela Lei 9.983/2000).*

§ 4º *(Revogado pela Lei 9.983/2000).*

§ 5º *(Revogado pela Lei 9.983/2000).*

Art. 96. O Poder Executivo enviará ao Congresso Nacional, anualmente, acompanhando a Proposta Orçamentária da Seguridade Social, projeções atuariais relativas à Seguridade Social, abrangendo um horizonte temporal de, no mínimo, 20 (vinte) anos, considerando hipóteses alternativas quanto às variáveis demográficas, econômicas e institucionais relevantes.

Art. 97. Fica o Instituto Nacional do Seguro Social – INSS autorizado a proceder a alienação ou permuta, por ato da autoridade competente, de bens imóveis de sua propriedade considerados desnecessários ou não vinculados às suas atividades operacionais.

- Artigo com redação determinada pela Lei 9.528/1997.

Legislação

§ 1º Na alienação a que se refere este artigo será observado o disposto no art. 18 e nos incisos I, II e III do art. 19, da Lei 8.666, de 21 de junho de 1993, alterada pelas Leis 8.883, de 8 de junho de 1994, e 9.032, de 28 de abril de 1995.

§ 2º *(Vetado).*

Art. 98. Nas execuções fiscais da dívida ativa do INSS, o leilão judicial dos bens penhorados realizar-se-á por leiloeiro oficial, indicado pelo credor, que procederá à hasta pública:

- *Caput* restabelecido e com redação determinada pela Lei 9.528/1997.

I – no primeiro leilão, pelo valor do maior lance, que não poderá ser inferior ao da avaliação;

II – no segundo leilão, por qualquer valor, excetuado o vil.

§ 1º Poderá o juiz, a requerimento do credor, autorizar seja parcelado o pagamento do valor da arrematação, na forma prevista para os parcelamentos administrativos de débitos previdenciários.

- § 1º restabelecido e com redação determinada pela Lei 9.528/1997.

§ 2º Todas as condições do parcelamento deverão constar do edital de leilão.

- § 2º restabelecido e com redação determinada pela Lei 9.528/1997.

§ 3º O débito do executado será quitado na proporção do valor de arrematação.

- § 3º restabelecido e com redação determinada pela Lei 9.528/1997.

§ 4º O arrematante deverá depositar, no ato, o valor da primeira parcela.

- § 4º restabelecido e com redação determinada pela Lei 9.528/1997.

§ 5º Realizado o depósito, será expedida carta de arrematação, contendo as seguintes disposições:

- § 5º restabelecido e com redação determinada pela Lei 9.528/1997.

a) valor da arrematação, valor e número de parcelas mensais em que será pago;

b) constituição de hipoteca do bem adquirido, ou de penhor, em favor do credor, servindo a carta de título hábil para registro da garantia;

c) indicação do arrematante como fiel depositário do bem móvel, quando constituído penhor;

d) especificação dos critérios de reajustamento do saldo e das parcelas, que será sempre o mesmo vigente para os parcelamentos de débitos previdenciários.

§ 6º Se o arrematante não pagar, no vencimento, qualquer das parcelas mensais, o saldo devedor remanescente vencerá antecipadamente, que será acrescido em cinquenta por cento de seu valor a título de multa, e, imediatamente inscrito em dívida ativa e executado.

- § 6º restabelecido e com redação determinada pela Lei 9.528/1997.

§ 7º Se no primeiro ou no segundo leilões a que se refere o *caput* não houver licitante, o INSS poderá adjudicar o bem por 50% (cinquenta por cento) do valor da avaliação.

- § 7º restabelecido e com redação determinada pela Lei 9.528/1997.

§ 8º Se o bem adjudicado não puder ser utilizado pelo INSS, e for de difícil venda, poderá ser negociado ou doado a outro órgão ou entidade pública que demonstre interesse na sua utilização.

- § 8º restabelecido e com redação determinada pela Lei 9.528/1997.

§ 9º Não havendo interesse na adjudicação, poderá o juiz do feito, de ofício ou a requerimento do credor, determinar sucessivas repetições da hasta pública.

- § 9º restabelecido e com redação determinada pela Lei 9.528/1997.

§ 10. O leiloeiro oficial, a pedido do credor, poderá ficar como fiel depositário dos bens penhorados e realizar a respectiva remoção.

- § 10 restabelecido e com redação determinada pela Lei 9.528/1997.

§ 11. O disposto neste artigo aplica-se às execuções fiscais da Dívida Ativa da União.

- § 11 acrescentado pela Lei 10.522/2002.

Art. 99. O Instituto Nacional do Seguro Social – INSS poderá contratar leiloeiros oficiais para promover a venda administrativa dos bens, adjudicados judicialmente ou que receber em dação de pagamento.

- Artigo restabelecido e com redação determinada pela Lei 9.528/1997.

Parágrafo único. O INSS, no prazo de sessenta dias, providenciará alienação do bem por intermédio do leiloeiro oficial.

Art. 100. *(Revogado pela Lei 9.528/1997).*

Art. 101. Os valores e os limites do salário de contribuição, citados nos arts. 20, 21, 28, § 5º e 29, serão reajustados, a partir de abril de 1991 até a data da entrada em vigor desta Lei, nas mesmas épocas e com os mesmos índices utilizados para o reajustamento do limite mínimo do salário de contribuição neste período.

- Artigo com eficácia suspensa por força da MP 2.187-13/2001.

Art. 102. Os valores expressos em moeda corrente nesta Lei serão reajustados nas mesmas épocas e com os mesmos índices utilizados para o reajustamento dos benefícios de prestação continuada da Previdência Social.

- *Caput* com redação determinada pela MP 2.187-13/ 2001.

§ 1º O disposto neste artigo não se aplica às penalidades previstas no art. 32-A desta Lei.

- § 1º acrescentado pela Lei 11.941/2009.

§ 2º O reajuste dos valores dos salários de contribuição em decorrência da alteração do salário mínimo será descontado por ocasião da aplicação dos índices a que se refere o *caput* deste artigo.

- § 2º acrescentado pela Lei 11.941/2009.

Art. 103. O Poder Executivo regulamentará esta Lei no prazo de 60 (sessenta) dias a partir da data de sua publicação.

Art. 104. Esta Lei entrará em vigor na data de sua publicação.

Art. 105. Revogam-se as disposições em contrário.

Brasília, em 24 de julho de 1991; 170º da Independência e 103º da República.

Fernando Collor

(*DOU* 25.07.1991; rep. 11.04.1996 e 14.08.1998)

LEI 8.213, DE 24 DE JULHO DE 1991

Dispõe sobre os Planos de Benefícios da Previdência Social e dá outras providências.

- Publicação consolidada da Lei 8.213/1991 determinada pelo artigo 12 da Lei 9.528/1997.

O Presidente da República:

Faço saber que o Congresso Nacional decreta e eu sanciono a seguinte Lei:

TÍTULO I
Da Finalidade e dos Princípios Básicos da Previdência Social

- V. Dec. 3.048/1999 (Regulamento da Previdência Social).

Art. 1º A Previdência Social, mediante contribuição, tem por fim assegurar aos seus beneficiários meios indispensáveis de manutenção, por motivo de incapacidade, desemprego involuntário, idade avançada, tempo de serviço, encargos familiares e prisão ou morte daqueles de quem dependiam economicamente.

- V. art. 201, CF.

Art. 2º A Previdência Social rege-se pelos seguintes princípios e objetivos:

- V. art. 194, CF.

I – universalidade de participação nos planos previdenciários;

II – uniformidade e equivalência dos benefícios e serviços às populações urbanas e rurais;

III – seletividade e distributividade na prestação dos benefícios;

IV – cálculo dos benefícios considerando-se os salários de contribuição corrigidos monetariamente;

V – irredutibilidade do valor dos benefícios de forma a preservar-lhes o poder aquisitivo;

VI – valor da renda mensal dos benefícios substitutos do salário de contribuição ou do rendimento do trabalho do segurado não inferior ao do salário mínimo;

VII – previdência complementar facultativa, custeada por contribuição adicional;

VIII – caráter democrático e descentralizado da gestão administrativa, com a participação do governo e da comunidade, em especial de trabalhadores em atividade, empregadores e aposentados.

Parágrafo único. A participação referida no inciso VIII deste artigo será efetivada a nível federal, estadual e municipal.

Art. 3º Fica instituído o Conselho Nacional de Previdência Social – CNPS, órgão superior de deliberação colegiada, que terá como membros:

I – seis representantes do Governo Federal;

- Inciso I com redação determinada pela Lei 8.619/ 1993.

II – nove representantes da sociedade civil, sendo:

• Inciso II com redação determinada pela Lei 8.619/1993.

a) três representantes dos aposentados e pensionistas;

b) três representantes dos trabalhadores em atividade;

c) três representantes dos empregadores.

§ 1º Os membros do CNPS e seus respectivos suplentes serão nomeados pelo Presidente da República, tendo os representantes titulares da sociedade civil mandato de 2 (dois) anos, podendo ser reconduzidos, de imediato, uma única vez.

§ 2º Os representantes dos trabalhadores em atividade, dos aposentados, dos empregadores e seus respectivos suplentes serão indicados pelas centrais sindicais e confederações nacionais.

§ 3º O CNPS reunir-se-á, ordinariamente, uma vez por mês, por convocação de seu Presidente, não podendo ser adiada a reunião por mais de 15 (quinze) dias se houver requerimento nesse sentido da maioria dos conselheiros.

§ 4º Poderá ser convocada reunião extraordinária por seu Presidente ou a requerimento de um terço de seus membros, conforme dispuser o regimento interno do CNPS.

§ 5º *(Revogado pela Lei 9.528/1997).*

§ 6º As ausências ao trabalho dos representantes dos trabalhadores em atividade, decorrentes das atividades do Conselho, serão abonadas, computando-se como jornada efetivamente trabalhada para todos os fins e efeitos legais.

§ 7º Aos membros do CNPS, enquanto representantes dos trabalhadores em atividade, titulares e suplentes, é assegurada a estabilidade no emprego, da nomeação até um ano após o término do mandato de representação, somente podendo ser demitidos por motivo de falta grave, regularmente comprovada através de processo judicial.

§ 8º Competirá ao Ministério do Trabalho e da Previdência Social proporcionar ao CNPS os meios necessários ao exercício de suas competências, para o que contará com uma Secretaria-Executiva do Conselho Nacional de Previdência Social.

§ 9º O CNPS deverá se instalar no prazo de 30 (trinta) dias a contar da publicação desta Lei.

Art. 4º Compete ao Conselho Nacional de Previdência Social – CNPS:

I – estabelecer diretrizes gerais e apreciar as decisões de políticas aplicáveis à Previdência Social;

II – participar, acompanhar e avaliar sistematicamente a gestão previdenciária;

III – apreciar e aprovar os planos e programas da Previdência Social;

IV – apreciar e aprovar as propostas orçamentárias da Previdência Social, antes de sua consolidação na proposta orçamentária da Seguridade Social;

V – acompanhar e apreciar, através de relatórios gerenciais por ele definidos, a execução dos planos, programas e orçamentos no âmbito da Previdência Social;

VI – acompanhar a aplicação da legislação pertinente à Previdência Social;

VII – apreciar a prestação de contas anual a ser remetida ao Tribunal de Contas da União, podendo, se for necessário, contratar auditoria externa;

VIII – estabelecer os valores mínimos em litígio, acima dos quais será exigida a anuência prévia do Procurador-Geral ou do Presidente do INSS para formalização de desistência ou transigência judiciais, conforme o disposto no artigo 132;

IX – elaborar e aprovar seu regimento interno.

Parágrafo único. As decisões proferidas pelo CNPS deverão ser publicadas no *Diário Oficial da União.*

Art. 5º Compete aos órgãos governamentais:

I – prestar toda e qualquer informação necessária ao adequado cumprimento das competências do CNPS, fornecendo inclusive estudos técnicos;

II – encaminhar ao CNPS, com antecedência mínima de 2 (dois) meses do seu envio ao Congresso Nacional, a proposta orçamentária da Previdência Social, devidamente detalhada.

Art. 6º Haverá, no âmbito da Previdência Social, uma Ouvidoria-Geral, cujas atribuições serão definidas em regulamento.

• Artigo com redação determinada Lei 9.711/1998.

Art. 7º Ficam instituídos os Conselhos Estaduais e os Conselhos Municipais de Previdência Social – respectivamente CEPS e CMPS –, órgãos de deliberação colegiada, subordinados ao Conselho Nacional de Previdência Social, observando para a sua organização e instalação, no que couber, os critérios estabelecidos nesta Lei para o CNPS, adaptando-os para a esfera estadual ou municipal.

• Artigo com eficácia suspensa por força da MP 2.216-37/2001.

§ 1º Os membros dos CEPS serão nomeados pelo Presidente do CNPS e o dos CMPS, pelos presidentes dos CEPS.

§ 2º Os representantes dos trabalhadores em atividade e seus respectivos suplentes serão indicados, no caso dos CEPS, pelas federações ou centrais sindicais, e, no caso dos CMPS, pelos sindicatos ou, na ausência destes, pelas federações ou ainda, em último caso, pelas centrais sindicais ou confederações nacionais.

§ 3º Os representantes dos aposentados e seus respectivos suplentes serão indicados, no caso dos CEPS, pelas federações ou confederações, e, no caso dos CMPS, pelas associações ou, na ausência destes, pelas federações.

§ 4º Os representantes dos empregadores e seus respectivos suplentes serão indicados, no caso dos CEPS, pelas federações, e, no caso dos CMPS, pelos sindicatos, associações ou, na ausência destes, pelas federações.

Art. 8º Compete aos CEPS e ao CMPS, nos âmbitos estadual e municipal, respectivamente:

• Artigo com eficácia suspensa por força da MP 2.216-37/2001.

I – cumprir e fazer cumprir as deliberações do CNPS;

II – acompanhar e avaliar sistematicamente a gestão previdenciária;

III – propor ao CNPS planos e programas para a Previdência Social;

IV – acompanhar, apreciar e dar conhecimento ao CNPS, através de relatórios gerenciais por este definidos, a execução dos planos, programas e orçamentos;

V – acompanhar a aplicação da legislação pertinente à Previdência Social;

VI – elaborar seus regimentos internos.

TÍTULO II
Do Plano de Benefícios da Previdência Social

Capítulo Único
Dos Regimes de Previdência Social

Art. 9º A Previdência Social compreende:

I – o Regime Geral de Previdência Social;

II – o Regime Facultativo Complementar de Previdência Social.

§ 1º O Regime Geral de Previdência Social – RGPS garante a cobertura de todas as situações expressas no art. 1º desta Lei, exceto as de desemprego involuntário, objeto de lei específica, e de aposentadoria por tempo de contribuição para o trabalhador de que trata o § 2º do art. 21 da Lei 8.212, de 24 de julho de 1991.

• § 1º com redação determinada pela LC 123/2006.

§ 2º O Regime Facultativo Complementar de Previdência Social será objeto de lei específica.

TÍTULO III
Do Regime Geral de Previdência Social

Capítulo I
Dos Beneficiários

Art. 10. Os beneficiários do Regime Geral de Previdência Social classificam-se como segurados e dependentes, nos termos das Seções I e II deste Capítulo.

Seção I
Dos Segurados

Art. 11. São segurados obrigatórios da Previdência Social as seguintes pessoas físicas:

I – como empregado:

a) aquele que presta serviço de natureza urbana ou rural à empresa, em caráter não eventual, sob sua subordinação e mediante remuneração, inclusive como diretor empregado;

b) aquele que, contratado por empresa de trabalho temporário, definida em legislação específica, presta serviço para atender a necessidade transitória de substituição de pessoal regular e permanente ou a acréscimo extraordinário de serviços de outras empresas;

c) o brasileiro ou o estrangeiro domiciliado e contratado no Brasil para trabalhar como empregado em sucursal ou agência de empresa nacional no exterior;

d) aquele que presta serviço no Brasil a missão diplomática ou a repartição consular de carreira estrangeira e a órgãos a elas subordinados, ou a membros dessas missões e repartições, excluídos o não brasileiro sem residência permanente no Brasil e o brasileiro amparado pela legislação previdenciária do país da respectiva missão diplomática ou repartição consular;

e) o brasileiro civil que trabalha para a União, no exterior, em organismos oficiais brasileiros ou internacionais dos quais o Brasil seja membro efetivo, ainda que lá domiciliado e contratado, salvo se segurado na forma da legislação vigente do país do domicílio;

f) o brasileiro ou estrangeiro domiciliado e contratado no Brasil para trabalhar como empregado em empresa domiciliada no exterior, cuja maioria do capital votante pertença a empresa brasileira de capital nacional;

g) o servidor público ocupante de cargo em comissão, sem vínculo efetivo com a União, Autarquias, inclusive em regime especial, e Fundações Públicas Federais.

- Alínea *g* acrescentada pela Lei 8.647/1993.

h) o exercente de mandato eletivo federal, estadual ou municipal, desde que não vinculado a regime próprio de previdência social;

- Alínea *h* acrescentada pela Lei 9.506/1997.

i) o empregado de organismo oficial internacional ou estrangeiro em funcionamento no Brasil, salvo quando coberto por regime próprio de previdência social;

- Alínea *i* acrescentada pela Lei 9.876/1999.

j) o exercente de mandato eletivo federal, estadual ou municipal, desde que não vinculado a regime próprio de previdência social;

- Alínea *j* acrescentada pela Lei 10.887/2004.
- A Lei 10.887/2004, ao determinar o acréscimo da alínea *j* a este dispositivo, reproduziu o mesmo texto da alínea *h*.

II – como empregado doméstico: aquele que presta serviço de natureza contínua a pessoa ou família, no âmbito residencial desta, em atividades sem fins lucrativos;

III – *(Revogado pela Lei 9.876/1999).*

IV – *(Revogado pela Lei 9.876/1999).*

V – como contribuinte individual:

- *Caput* do inciso V com redação determinada pela Lei 9.876/1999.

a) a pessoa física, proprietária ou não, que explora atividade agropecuária, a qualquer título, em caráter permanente ou temporário, em área superior a 4 (quatro) módulos fiscais; ou, quando em área igual ou inferior a 4 (quatro) módulos fiscais ou atividade pesqueira, com auxílio de empregados ou por intermédio de prepostos; ou ainda nas hipóteses dos §§ 9º e 10 deste artigo;

- Alínea *a* com redação determinada pela Lei 11.718/2008.

b) a pessoa física, proprietária ou não, que explora atividade de extração mineral – garimpo, em caráter permanente ou temporário, diretamente ou por intermédio de prepostos, com ou sem o auxílio de empregados, utilizados a qualquer título, ainda que de forma não contínua;

- Alínea *b* com redação determinada pela Lei 9.876/1999.

c) o ministro de confissão religiosa e o membro de instituto de vida consagrada, de congregação ou de ordem religiosa;

- Alínea *c* com redação determinada pela Lei 10.403/2002.

d) (Revogada pela Lei 9.876/1999).

e) o brasileiro civil que trabalha no exterior para organismo oficial internacional do qual o Brasil é membro efetivo, ainda que lá domiciliado e contratado, salvo quando coberto por regime próprio de previdência social;

- Alínea *e* com redação determinada pela Lei 9.876/1999.

f) o titular de firma individual urbana ou rural, o diretor não empregado e o membro de conselho de administração de sociedade anônima, o sócio solidário, o sócio de indústria, o sócio gerente e o sócio cotista que recebam remuneração decorrente de seu trabalho em empresa urbana ou rural, e o associado eleito para cargo de direção em cooperativa, associação ou entidade de qualquer natureza ou finalidade, bem como o síndico ou administrador eleito para exercer atividade de direção condominial, desde que recebam remuneração;

- Alínea *f* acrescentada pela Lei 9.876/1999.

g) quem presta serviço de natureza urbana ou rural, em caráter eventual, a uma ou mais empresas, sem relação de emprego;

- Alínea *g* acrescentada pela Lei 9.876/1999.

h) a pessoa física que exerce, por conta própria, atividade econômica de natureza urbana, com fins lucrativos ou não;

- Alínea *h* acrescentada pela Lei 9.876/1999.

VI – como trabalhador avulso: quem presta, a diversas empresas, sem vínculo empregatício, serviço de natureza urbana ou rural definidos no Regulamento;

VII – como segurado especial: a pessoa física residente no imóvel rural ou em aglomerado urbano ou rural próximo a ele que, individualmente ou em regime de economia familiar, ainda que com o auxílio eventual de terceiros, na condição de:

- Inciso VII com redação determinada pela Lei 11.718/2008.

a) produtor, seja proprietário, usufrutuário, possuidor, assentado, parceiro ou meeiro outorgados, comodatário ou arrendatário rurais, que explore atividade:

1. agropecuária em área de até 4 (quatro) módulos fiscais;
2. de seringueiro ou extrativista vegetal que exerça suas atividades nos termos do inciso XII do *caput* do art. 2º da Lei 9.985, de 18 de julho de 2000, e faça dessas atividades o principal meio de vida;

b) pescador artesanal ou a este assemelhado que faça da pesca profissão habitual ou principal meio de vida; e

c) cônjuge ou companheiro, bem como filho maior de 16 (dezesseis) anos de idade ou a este equiparado, do segurado de que tratam as alíneas *a* e *b* deste inciso, que, comprovadamente, trabalhem com o grupo familiar respectivo.

- V. art. 7º, XXXIII, CF.

§ 1º Entende-se como regime de economia familiar a atividade em que o trabalho dos membros da família é indispensável à própria subsistência e ao desenvolvimento socioeconômico do núcleo familiar e é exercido em condições de mútua dependência e colaboração, sem a utilização de empregados permanentes.

- § 1º com redação determinada pela Lei 11.718/2008.

§ 2º Todo aquele que exercer, concomitantemente, mais de uma atividade remunerada sujeita ao Regime Geral de Previdência Social é obrigatoriamente filiado em relação a cada uma delas.

§ 3º O aposentado pelo Regime Geral de Previdência Social – RGPS que estiver exercendo ou que voltar a exercer atividade abrangida por este Regime é segurado obrigatório em relação a essa atividade, ficando sujeito às contribuições de que trata a Lei 8.212, de 24 de julho de 1991, 8.212/91, para fins de custeio da Seguridade Social.

- § 3º acrescentado pela Lei 9.032/1995.

§ 4º O dirigente sindical mantém, durante o exercício do mandato eletivo, o mesmo enquadramento no Regime Geral de Previdência Social – RGPS de antes da investidura.

- § 4º acrescentado pela Lei 9.528/1997.

§ 5º Aplica-se o disposto na alínea *g* do inciso I do *caput* ao ocupante de cargo de Ministro de Estado, de Secretário Estadual, Distrital ou Municipal, sem vínculo efetivo com a União, Estados, Distrito Federal e Municípios, suas autarquias, ainda que em regime especial, e fundações.

- § 5º acrescentado pela Lei 9.876/1999.

§ 6º Para serem considerados segurados especiais, o cônjuge ou companheiro e os filhos maiores de 16 (dezesseis) anos ou os a estes equiparados deverão ter participação ativa nas atividades rurais do grupo familiar.

- § 6º acrescentado pela Lei 11.718/2008.

§ 7º O grupo familiar poderá utilizar-se de empregados contratados por prazo determinado ou de trabalhador de que trata a alínea *g* do inciso V do *caput*, à razão de no máximo 120 (cento e vinte) pessoas por dia no ano civil, em períodos corridos ou intercalados ou, ainda, por tempo equivalente em horas de trabalho, não sendo computado nesse prazo o período de afastamento em decorrência da percepção de auxílio-doença.

- § 7º com redação determinada pela Lei 12.873/2013.

§ 8º não descaracteriza a condição de segurado especial:

- *Caput* do § 8º acrescentado pela Lei 11.718/2008.

I – a outorga, por meio de contrato escrito de parceria, meação ou comoda-

Legislação

to, de até 50% (cinquenta por cento) de imóvel rural cuja área total não seja superior a 4 (quatro) módulos fiscais, desde que outorgante e outorgado continuem a exercer a respectiva atividade, individualmente ou em regime de economia familiar;

- Inciso I acrescentado pela Lei 11.718/2008.

II – a exploração da atividade turística da propriedade rural, inclusive com hospedagem, por não mais de 120 (cento e vinte) dias ao ano;

- Inciso II acrescentado pela Lei 11.718/2008.

III – a participação em plano de previdência complementar instituído por entidade classista a que seja associado em razão da condição de trabalhador rural ou de produtor rural em regime de economia familiar; e

- Inciso III acrescentado pela Lei 11.718/2008.

IV – ser beneficiário ou fazer parte de grupo familiar que tem algum componente que seja beneficiário de programa assistencial oficial de governo;

- Inciso IV acrescentado pela Lei 11.718/2008.

V – a utilização pelo próprio grupo familiar, na exploração da atividade, de processo de beneficiamento ou industrialização artesanal, na forma do § 11 do art. 25 da Lei 8.212, de 24 de julho de 1991; e

- Inciso V acrescentado pela Lei 11.718/2008.

VI – a associação em cooperativa agropecuária ou de crédito rural; e

- Inciso VI com redação determinada pela Lei 13.183/ 2015.

VII – a incidência do Imposto Sobre Produtos Industrializados – IPI sobre o produto das atividades desenvolvidas nos termos do § 12.

- Inciso VII acrescentado pela Lei 12.873/2013 (*DOU* 25.10.2013), em vigor na data de sua publicação, produzindo efeitos a partir de 1º.01.2014 (V. art. 63, III, *b*, da referida Lei).

§ 9º Não é segurado especial o membro de grupo familiar que possuir outra fonte de rendimento, exceto se decorrente de:

- *Caput* do § 9º acrescentado pela Lei 11.718/ 2008.

I – benefício de pensão por morte, auxílio-acidente ou auxílio-reclusão, cujo valor não supere o do menor benefício de prestação continuada da Previdência Social;

- Inciso I acrescentado pela Lei 11.718/2008.

II – benefício previdenciário pela participação em plano de previdência complementar instituído nos termos do inciso IV do § 8º deste artigo;

- Inciso II acrescentado pela Lei 11.718/2008.

III – exercício de atividade remunerada em período não superior a 120 (cento e vinte) dias, corridos ou intercalados, no ano civil, observado o disposto no § 13 do art. 12 da Lei 8.212, de 24 de julho de 1991;

- Inciso III com redação determinada pela Lei 12.873/ 2013.

IV – exercício de mandato eletivo de dirigente sindical de organização da categoria de trabalhadores rurais;

- Inciso IV acrescentado pela Lei 11.718/2008.

V – exercício de mandato de vereador do Município em que desenvolve a atividade de rural ou de dirigente de cooperativa rural constituída, exclusivamente, por segurados especiais, observado o disposto no § 13 do art. 12 da Lei 8.212, de 24 de julho de 1991;

- Inciso V acrescentado pela Lei 11.718/2008.

VI – parceria ou meação outorgada na forma e condições estabelecidas no inciso I do § 8º deste artigo;

- Inciso VI acrescentado pela Lei 11.718/2008.

VII – atividade artesanal desenvolvida com matéria-prima produzida pelo respectivo grupo familiar, podendo ser utilizada matéria-prima de outra origem, desde que a renda mensal obtida na atividade não exceda ao menor benefício de prestação continuada da Previdência Social; e

- Inciso VII acrescentado pela Lei 11.718/2008.

VIII – atividade artística, desde que em valor mensal inferior ao menor benefício de prestação continuada da Previdência Social.

- Inciso VIII acrescentado pela Lei 11.718/2008.

§ 10. O segurado especial fica excluído dessa categoria:

- *Caput* § 10 acrescentado pela Lei 11.718/2008.

I – a contar do primeiro dia do mês em que:

- Inciso I acrescentado pela Lei 11.718/2008.

a) deixar de satisfazer as condições estabelecidas no inciso VII do *caput* deste artigo, sem prejuízo do disposto no art. 15 desta Lei, ou exceder qualquer dos limites estabelecidos no inciso I do § 8º deste artigo;

- Alínea *a* acrescentada pela Lei 11.718/2008.

b) enquadrar-se em qualquer outra categoria de segurado obrigatório do Regime Geral de Previdência Social, ressalvado o disposto nos incisos III, V, VII e VIII do § 9º e no § 12, sem prejuízo do disposto no art. 15;

- Alínea *b* com redação determinada pela Lei 12.873/ 2013.

c) tornar-se segurado obrigatório de outro regime previdenciário; e

- Alínea *c* com redação determinada pela Lei 12.873/ 2013.

d) participar de sociedade empresária, de sociedade simples, como empresário individual ou como titular de empresa individual de responsabilidade limitada em desacordo com as limitações impostas pelo § 12;

- Alínea *d* acrescentada pela Lei 12.873/2013 (*DOU* 25.10.2013), em vigor na data de sua publicação, produzindo efeitos a partir de 1º.01.2014 (V. art. 63, III, *b*, da referida Lei).

II – a contar do primeiro dia do mês subsequente ao da ocorrência, quando o grupo familiar a que pertence exceder o limite de:

- Inciso II acrescentado pela Lei 11.718/2008.

a) utilização de terceiros na exploração da atividade a que se refere o § 7º deste artigo;

b) dias em atividade remunerada estabelecidos no inciso III do § 9º deste artigo; e

c) dias de hospedagem a que se refere o inciso II do § 8º deste artigo.

§ 11. Aplica-se o disposto na alínea *a* do inciso V do *caput* deste artigo ao cônjuge ou companheiro do produtor que participe da atividade rural por este explorada.

- § 11 acrescentado pela Lei 11.718/2008.

§ 12. A participação do segurado especial em sociedade empresária, em sociedade simples, como empresário individual ou como titular de empresa individual de responsabilidade limitada de objeto ou âmbito agrícola, agroindustrial ou agroturístico, considerada microempresa nos termos da Lei Complementar 123, de 14 de dezembro de 2006, não o exclui de tal categoria previdenciária, desde que, mantido o exercício da sua atividade rural na forma do inciso VII do *caput* e do § 1º, a pessoa jurídica componha-se apenas de segurados de igual natureza e sedie-se no mesmo Município ou em Município limítrofe àquele em que eles desenvolvam suas atividades.

- § 12 acrescentado pela Lei 12.873/2013 (*DOU* 25.10.2013), em vigor na data de sua publicação, produzindo efeitos a partir de 1º.01.2014 (V. art. 63, III, *b*, da referida Lei).

§ 13. *(Vetado).*

- § 13 acrescentado pela Lei 12.873/2013 (*DOU* 25.10.2013), em vigor na data de sua publicação, produzindo efeitos a partir de 1º.01.2014 (V. art. 63, III, *b*, da referida Lei).

Art. 12. O servidor civil ocupante de cargo efetivo ou o militar da União, dos Estados, do Distrito Federal ou dos Municípios, bem como o das respectivas autarquias e fundações, são excluídos do Regime Geral de Previdência Social consubstanciado nesta Lei, desde que amparados por regime próprio de previdência social.

- Artigo com redação determinada pela Lei 9.876/ 1999.

§ 1º Caso o servidor ou o militar venham a exercer, concomitantemente, uma ou mais atividades abrangidas pelo Regime Geral de Previdência Social, tornar-se-ão segurados obrigatórios em relação a essas atividades.

§ 2º Caso o servidor ou o militar, amparados por regime próprio de previdência social, sejam requisitados para outro órgão ou entidade cujo regime previdenciário não permita a filiação, nessa condição, permanecerão vinculados ao regime de origem, obedecidas as regras que cada ente estabeleça acerca de sua contribuição.

Art. 13. É segurado facultativo o maior de 14 (quatorze) anos que se filiar ao Regime Geral de Previdência Social, mediante contribuição, desde que não incluído nas disposições do artigo 11.

Art. 14. Consideram-se:

I – empresa – a firma individual ou sociedade que assume o risco de atividade econômica urbana ou rural, com fins lucrativos ou não, bem como os órgãos e entidades da administração pública direta, indireta ou fundacional;

II – empregador doméstico – a pessoa ou família que admite a seu serviço, sem finalidade lucrativa, empregado doméstico.

Parágrafo único. Equiparam-se a empresa, para os efeitos desta Lei, o contribuinte individual e a pessoa física na condição de proprietário ou dono de obra de construção civil, em relação a segurado que lhe presta serviço, bem como a cooperativa, a associação ou entidade de qualquer natureza ou finalidade, a missão diplomática e a repartição consular de carreira estrangeiras.

- Parágrafo único com redação determinada pela Lei 13.202/2015.

Art. 15. Mantém a qualidade de segurado, independentemente de contribuições:

- V. Súmula 416, STJ.

☛ **I** – sem limite de prazo, quem está em gozo de benefício, exceto do auxílio-acidente;

- Inciso com redação determinada pela Lei 13.846/2019.

II – até 12 (doze) meses após a cessação das contribuições, o segurado que deixar de exercer atividade remunerada abrangida pela Previdência Social ou estiver suspenso ou licenciado sem remuneração;

III – até 12 (doze) meses após cessar a segregação, o segurado acometido de doença de segregação compulsória;

IV – até 12 (doze) meses após o livramento, o segurado retido ou recluso;

V – até 3 (três) meses após o licenciamento, o segurado incorporado às Forças Armadas para prestar serviço militar;

VI – até 6 (seis) meses após a cessação das contribuições, o segurado facultativo.

§ 1º O prazo do inciso II será prorrogado para até 24 (vinte e quatro) meses se o segurado já tiver pago mais de 120 (cento e vinte) contribuições mensais sem interrupção que acarrete a perda da qualidade de segurado.

§ 2º Os prazos do inciso II ou do § 1º serão acrescidos de 12 (doze) meses para o segurado desempregado, desde que comprovada essa situação pelo registro no órgão próprio do Ministério do Trabalho e da Previdência Social.

§ 3º Durante os prazos deste artigo, o segurado conserva todos os seus direitos perante a Previdência Social.

§ 4º A perda da qualidade de segurado ocorrerá no dia seguinte ao do término do prazo fixado no Plano de Custeio da Seguridade Social para recolhimento da contribuição referente ao mês imediatamente posterior ao do final dos prazos fixados neste artigo e seus parágrafos.

Seção II
Dos Dependentes

Art. 16. São beneficiários do Regime Geral de Previdência Social, na condição de dependentes do segurado:

I – o cônjuge, a companheira, o companheiro e o filho não emancipado, de qualquer condição, menor de 21 (vinte e um) anos ou inválido ou que tenha deficiência intelectual ou mental ou deficiência grave;

- Inciso I com redação determinada pela Lei 13.146/2015 (*DOU* 07.07.2015), em vigor após decorridos 180 (cento e oitenta) dias de sua publicação oficial.

II – os pais;

III – o irmão não emancipado, de qualquer condição, menor de 21 (vinte e um) anos ou inválido ou que tenha deficiência intelectual ou mental ou deficiência grave;

- Inciso III com redação determinada pela Lei 13.146/2015 (*DOU* 07.07.2015), em vigor após decorridos 180 (cento e oitenta) dias de sua publicação oficial.

IV – *(Revogado pela Lei 9.032/1995).*

§ 1º A existência de dependente de qualquer das classes deste artigo exclui do direito às prestações os das classes seguintes.

§ 2º O enteado e o menor tutelado equiparam-se a filho mediante declaração do segurado e desde que comprovada a dependência econômica na forma estabelecida no Regulamento.

- § 2º com redação determinada pela Lei 9.528/1997.

§ 3º Considera-se companheira ou companheiro a pessoa que, sem ser casada, mantém união estável com o segurado ou com a segurada, de acordo com o § 3º do artigo 226 da Constituição Federal.

§ 4º A dependência econômica das pessoas indicadas no inciso I é presumida e a das demais deve ser comprovada.

☛ **§ 5º** As provas de união estável e de dependência econômica exigem início de prova material contemporânea dos fatos, produzido em período não superior a 24 (vinte e quatro) meses anterior à data do óbito ou do recolhimento à prisão do segurado, não admitida a prova exclusivamente testemunhal, exceto na ocorrência de motivo de força maior ou caso fortuito, conforme disposto no regulamento.

- § 5º acrescentado pela Lei 13.846/2019.

§ 6º Na hipótese da alínea c do inciso V do § 2º do art. 77 desta Lei, a par da exigência do § 5º deste artigo, deverá ser apresentado, ainda, início de prova material que comprove união estável por pelo menos 2 (dois) anos antes do óbito do segurado.

- § 6º acrescentado pela Lei 13.846/2019.

§ 7º Será excluído definitivamente da condição de dependente quem tiver sido condenado criminalmente por sentença com trânsito em julgado, como autor, coautor ou partícipe de homicídio doloso, ou de tentativa desse crime, cometido contra a pessoa do segurado, ressalvados os absolutamente incapazes e os inimputáveis.

- § 7º acrescentado pela Lei 13.846/2019.

Seção III
Das Inscrições

Art. 17. O Regulamento disciplinará a forma de inscrição do segurado e dos dependentes.

§ 1º Incumbe ao dependente promover a sua inscrição quando do requerimento do benefício a que estiver habilitado.

- § 1º com redação determinada pela Lei 10.403/2002.

§ 2º *(Revogado pela Lei 13.135/2015).*

§ 3º *(Revogado pela Lei 11.718/2008).*

§ 4º A inscrição do segurado especial será feita de forma a vinculá-lo ao respectivo grupo familiar e conterá, além das informações pessoais, a identificação da propriedade em que desenvolve a atividade e a que título, se nela reside ou o Município onde reside e, quando for o caso, a identificação e inscrição da pessoa responsável pelo grupo familiar.

- § 4º com redação determinada pela Lei 12.873/2013.

§ 5º O segurado especial integrante de grupo familiar que não seja proprietário ou dono do imóvel rural em que desenvolve sua atividade deverá informar, no ato da inscrição, conforme o caso, o nome do parceiro ou meeiro outorgante, arrendador, comodante ou assemelhado.

- § 5º acrescentado pela Lei 11.718/2008.

§ 6º *(Revogado pela Lei 12.873/2013 – DOU 25.10.2013, em vigor na data de sua publicação, produzindo efeitos a partir de 1º.01.2014).*

☛ **§ 7º** Não será admitida a inscrição *post mortem* de segurado contribuinte individual e de segurado facultativo.

- § 7º acrescentado pela Lei 13.846/2019.

Capítulo II
Das Prestações em Geral

Seção I
Das Espécies De Prestações

Art. 18. O Regime Geral de Previdência Social compreende as seguintes prestações, devidas inclusive em razão de eventos decorrentes de acidente do trabalho, expressas em benefícios e serviços:

I – quanto ao segurado:

a) aposentadoria por invalidez;

b) aposentadoria por idade;

c) aposentadoria por tempo de contribuição;

- Alínea *c* com redação determinada pela LC 123/2006.

d) aposentadoria especial;

e) auxílio-doença;

f) salário-família;

g) salário-maternidade;

h) auxílio-acidente;

i) (Revogada pela Lei 8.870/1994).

II – quanto ao dependente:

a) pensão por morte;

b) auxílio-reclusão;

III – quanto ao segurado e dependente:

a) (Revogada pela Lei 9.032/1995).

b) serviço social;

c) reabilitação profissional.

§ 1º Somente poderão beneficiar-se do auxílio-acidente os segurados incluídos nos incisos I, II, VI e VII do art. 11 desta Lei.

- § 1º com redação determinada pela LC 150/2015.

§ 2º O aposentado pelo Regime Geral de Previdência Social – RGPS que permanecer em atividade sujeita a este Regime, ou a ele retornar, não fará jus a prestação alguma da Previdência Social em decorrência do exercício dessa atividade, exceto ao salário-família e à reabilitação profissional, quando empregado.

- § 2º com redação determinada pela Lei 9.528/1997.

§ 3º O segurado contribuinte individual, que trabalhe por conta própria, sem relação de trabalho com empresa ou equiparado, e o segurado facultativo que contribuam na forma do § 2º do art. 21 da Lei 8.212, de 24 de julho de 1991, não farão jus à aposentadoria por tempo de contribuição.

• § 3º acrescentado pela LC 123/2006.

§ 4º Os benefícios referidos no *caput* deste artigo poderão ser solicitados, pelos interessados, aos Oficiais de Registro Civil das Pessoas Naturais, que encaminharão, eletronicamente, requerimento e respectiva documentação comprobatória de seu direito para deliberação e análise do Instituto Nacional do Seguro Social (INSS), nos termos do regulamento.

• § 4º acrescentado pela Lei 13.846/2019.

Art. 19. Acidente do trabalho é o que ocorre pelo exercício do trabalho a serviço de empresa ou de empregador doméstico ou pelo exercício do trabalho dos segurados referidos no inciso VII do art. 11 desta Lei, provocando lesão corporal ou perturbação funcional que cause a morte ou a perda ou redução, permanente ou temporária, da capacidade para o trabalho.

• *Caput* com redação determinada pela LC 150/2015.

§ 1º A empresa é responsável pela adoção e uso das medidas coletivas e individuais de proteção e segurança da saúde do trabalhador.

§ 2º Constitui contravenção penal, punível com multa, deixar a empresa de cumprir as normas de segurança e higiene do trabalho.

§ 3º É dever da empresa prestar informações pormenorizadas sobre os riscos da operação a executar e do produto a manipular.

§ 4º O Ministério do Trabalho e da Previdência Social fiscalizará e os sindicatos e entidades representativas de classe acompanharão o fiel cumprimento do disposto nos parágrafos anteriores, conforme dispuser o Regulamento.

Art. 20. Consideram-se acidente do trabalho, nos termos do artigo anterior, as seguintes entidades mórbidas:

I – doença profissional, assim entendida a produzida ou desencadeada pelo exercício do trabalho peculiar a determinada atividade e constante da respectiva relação elaborada pelo Ministério do Trabalho e da Previdência Social;

II – doença do trabalho, assim entendida a adquirida ou desencadeada em função de condições especiais em que o trabalho é realizado e com ele se relacione diretamente, constante da relação mencionada no inciso I.

§ 1º Não são consideradas como doença do trabalho:

a) a doença degenerativa;

b) a inerente a grupo etário;

c) a que não produza incapacidade laborativa;

d) a doença endêmica adquirida por segurado habitante de região em que ela se desenvolva, salvo comprovação de que é resultante de exposição ou contato direto determinado pela natureza do trabalho.

§ 2º Em caso excepcional, constatando-se que a doença não incluída na relação prevista nos incisos I e II deste artigo resultou das condições especiais em que o trabalho é executado e com ele se relaciona diretamente, a Previdência Social deve considerá-la acidente do trabalho.

Art. 21. Equiparam-se também ao acidente do trabalho, para efeitos desta Lei:

I – o acidente ligado ao trabalho que, embora não tenha sido a causa única, haja contribuído diretamente para a morte do segurado, para redução ou perda da sua capacidade para o trabalho, ou produzido lesão que exija atenção médica para a sua recuperação;

II – o acidente sofrido pelo segurado no local e no horário do trabalho, em consequência de:

a) ato de agressão, sabotagem ou terrorismo praticado por terceiro ou companheiro de trabalho;

b) ofensa física intencional, inclusive de terceiro, por motivo de disputa relacionada ao trabalho;

c) ato de imprudência, de negligência ou de imperícia de terceiro ou de companheiro de trabalho;

d) ato de pessoa privada do uso da razão;

e) desabamento, inundação, incêndio e outros casos fortuitos ou decorrentes de força maior;

III – a doença proveniente de contaminação acidental do empregado no exercício de sua atividade;

IV – o acidente sofrido pelo segurado, ainda que fora do local e horário de trabalho:

a) na execução de ordem ou na realização de serviço sob a autoridade da empresa;

b) na prestação espontânea de qualquer serviço à empresa para lhe evitar prejuízo ou proporcionar proveito;

c) em viagem a serviço da empresa, inclusive para estudo quando financiada por esta dentro de seus planos para melhor capacitação da mão de obra, independentemente do meio de locomoção utilizado, inclusive veículo de propriedade do segurado;

d) no percurso da residência para o local de trabalho ou deste para aquela, qualquer que seja o meio de locomoção, inclusive veículo de propriedade do segurado.

§ 1º Nos períodos destinados à refeição ou descanso, ou por ocasião da satisfação de outras necessidades fisiológicas, no local do trabalho ou durante este, o empregado é considerado no exercício do trabalho.

§ 2º Não é considerada agravação ou complicação de acidente do trabalho a lesão que, resultante de acidente de outra origem, se associe ou se superponha às consequências do anterior.

Art. 21-A. A perícia médica do Instituto Nacional do Seguro Social (INSS) considerará caracterizada a natureza acidentária da incapacidade quando constatar ocorrência de nexo técnico epidemiológico entre o trabalho e o agravo, decorrente da relação entre a atividade da empresa ou do empregado doméstico e a entidade mórbida motivadora da incapacidade elencada na Classificação Internacional de Doenças (CID), em conformidade com o que dispuser o regulamento.

• *Caput* com redação determinada pela LC 150/2015.

§ 1º A perícia médica do INSS deixará de aplicar o disposto neste artigo quando demonstrada a inexistência do nexo de que trata o *caput* deste artigo.

• § 1º acrescentado pela Lei 11.430/2006.

§ 2º A empresa ou o empregador doméstico poderão requerer a não aplicação do nexo técnico epidemiológico, de cuja decisão caberá recurso, com efeito suspensivo, da empresa, do empregador doméstico ou do segurado ao Conselho de Recursos da Previdência Social.

• § 2º com redação determinada pela LC 150/2015.

Art. 22. A empresa ou o empregador doméstico deverão comunicar o acidente do trabalho à Previdência Social até o primeiro dia útil seguinte ao da ocorrência e, em caso de morte, de imediato, à autoridade competente, sob pena de multa variável entre o limite mínimo e o limite máximo do salário de contribuição, sucessivamente aumentada nas reincidências, aplicada e cobrada pela Previdência Social.

• *Caput* com redação determinada pela LC 150/2015.

§ 1º Da comunicação a que se refere este artigo receberão cópia fiel o acidentado ou seus dependentes, bem como o sindicato a que corresponda a sua categoria.

§ 2º Na falta de comunicação por parte da empresa, podem formalizá-la o próprio acidentado, seus dependentes, a entidade sindical competente, o médico que o assistiu ou qualquer autoridade pública, não prevalecendo nestes casos o prazo previsto neste artigo.

§ 3º A comunicação a que se refere o § 2º não exime a empresa de responsabilidade pela falta do cumprimento do disposto neste artigo.

§ 4º Os sindicatos e entidades representativas de classe poderão acompanhar a cobrança, pela Previdência Social, das multas previstas neste artigo.

§ 5º A multa de que trata este artigo não se aplica na hipótese do *caput* do art. 21-A.

• § 5º acrescentado pela Lei 11.430/2006.

Art. 23. Considera-se como dia do acidente, no caso de doença profissional ou do trabalho, a data do início da incapacidade laborativa para o exercício da atividade habitual, ou o dia da segregação compulsória, ou o dia em que for realizado o diagnóstico, valendo para este efeito o que ocorrer primeiro.

• V. Súmula 507, STJ.

Seção II
Dos Períodos de Carência

Art. 24. Período de carência é o número mínimo de contribuições mensais indispensáveis para que o beneficiário faça jus ao benefício, consideradas a partir do transcurso do primeiro dia dos meses de suas competências.

Parágrafo único. *(Revogado pela Lei 13.457/2017).*

Art. 25. A concessão das prestações pecuniárias do Regime Geral de Previdência Social depende dos seguintes períodos de carência, ressalvado o disposto no artigo 26:

I – auxílio-doença e aposentadoria por invalidez: 12 (doze) contribuições mensais;

II – aposentadoria por idade, aposentadoria por tempo de serviço e aposentadoria especial: 180 (cento e oitenta) contribuições mensais.

- Inciso II com redação determinada pela Lei 8.870/1994.

III – salário-maternidade para as seguradas de que tratam os incisos V e VII do *caput* do art. 11 e o art. 13 desta Lei: 10 (dez) contribuições mensais, respeitado o disposto no parágrafo único do art. 39 desta Lei; e

- Inciso III com redação determinada pela Lei 13.846/2019.

IV – auxílio-reclusão: 24 (vinte e quatro) contribuições mensais.

- Inciso IV acrescentado pela Lei 13.846/2019.

Parágrafo único. Em caso de parto antecipado, o período de carência a que se refere o inciso III será reduzido em número de contribuições equivalente ao número de meses em que o parto foi antecipado.

- Parágrafo único acrescentado pela Lei 9.876/1999.

Art. 26. Independe de carência a concessão das seguintes prestações:

I – pensão por morte, salário-família e auxílio-acidente;

- Inciso I com redação determinada pela Lei 13.846/2019.
- V. Súmula 416, STJ.

II – auxílio-doença e aposentadoria por invalidez nos casos de acidente de qualquer natureza ou causa e de doença profissional ou do trabalho, bem como nos casos de segurado que, após filiar-se ao RGPS, for acometido de alguma das doenças e afecções especificadas em lista elaborada pelos Ministérios da Saúde e da Previdência Social, atualizada a cada 3 (três) anos, de acordo com os critérios de estigma, deformação, mutilação, deficiência ou outro fator que lhe confira especificidade e gravidade que mereçam tratamento particularizado;

- Inciso II com redação determinada Lei 13.135/2015.

III – os benefícios concedidos na forma do inciso I do artigo 39, aos segurados especiais referidos no inciso VII do artigo 11 desta Lei;

IV – serviço social;

V – reabilitação profissional;

VI – salário-maternidade para as seguradas empregada, trabalhadora avulsa e empregada doméstica.

- Inciso VI acrescentado pela Lei 9.876/1999.

Art. 27. Para cômputo do período de carência, serão consideradas as contribuições:

- Artigo com redação determinada pela LC 150/2015.

I – referentes ao período a partir da data de filiação ao Regime Geral de Previdência Social (RGPS), no caso dos segurados empregados, inclusive os domésticos, e dos trabalhadores avulsos;

II – realizadas a contar da data de efetivo pagamento da primeira contribuição sem atraso, não sendo consideradas para este fim as contribuições recolhidas com atraso referentes a competências anteriores, no caso dos segurados contribuinte individual, especial e facultativo, referidos, respectivamente, nos incisos V e VII do art. 11 e no art. 13.

Art. 27-A. Na hipótese de perda da qualidade de segurado, para fins da concessão dos benefícios de auxílio-doença, de aposentadoria por invalidez, de salário-maternidade e de auxílio-reclusão, o segurado deverá contar, a partir da data da nova filiação à Previdência Social, com metade dos períodos previstos nos incisos I, III e IV do *caput* do art. 25 desta Lei.

- Artigo com redação determinada pela Lei 13.846/2019.

Seção III
Do Cálculo do Valor dos Benefícios

Subseção I
Do Salário de Benefício

Art. 28. O valor do benefício de prestação continuada, inclusive o regido por norma especial e o decorrente de acidente do trabalho, exceto o salário-família e o salário-maternidade, será calculado com base no salário de benefício.

- *Caput* com redação determinada pela Lei 9.032/1995.
- O salário de benefício está sujeito a atualização por Portaria do Ministério da Previdência Social – MPS.

§§ 1º a 4º *(Revogados pela Lei 9.032/1995).*

Art. 29. O salário de benefício consiste:

- *Caput* com redação determinada pela Lei 9.876/1999.

I – para os benefícios de que tratam as alíneas *b* e *c* do inciso I do artigo 18, na média aritmética simples dos maiores salários de contribuição correspondentes a 80% (oitenta por cento) de todo o período contributivo, multiplicada pelo fator previdenciário;

- Inciso I com redação determinada pela Lei 9.876/1999.

II – para os benefícios de que tratam as alíneas *a*, *d*, *e* e *h* do inciso I do artigo 18, na média aritmética simples dos maiores salários de contribuição correspondentes a 80% (oitenta por cento) de todo o período contributivo.

- Inciso II com redação determinada pela Lei 9.876/1999.

§ 1º *(Revogado pela Lei 9.876/1999).*

§ 2º O valor do salário de benefício não será inferior ao de um salário mínimo, nem superior ao do limite máximo do salário de contribuição na data de início do benefício.

§ 3º Serão considerados para cálculo do salário de benefício os ganhos habituais do segurado empregado, a qualquer título, sob forma de moeda corrente ou de utilidades, sobre os quais tenha incidido contribuições previdenciárias, exceto o décimo terceiro salário (gratificação natalina).

- § 3º com redação determinada pela Lei 8.870/1994.

§ 4º Não será considerado, para o cálculo do salário de benefício, o aumento dos salários de contribuição que exceder o limite legal, inclusive o voluntariamente concedido nos 36 (trinta e seis) meses imediatamente anteriores ao início do benefício, salvo se homologado pela Justiça do Trabalho, resultante de promoção regulada por normas gerais da empresa, admitida pela legislação do trabalho, de sentença normativa ou de reajustamento salarial obtido pela categoria respectiva.

§ 5º Se, no período básico de cálculo, o segurado tiver recebido benefícios por incapacidade, sua duração será contada, considerando-se como salário de contribuição, no período, o salário de benefício que serviu de base para o cálculo da renda mensal, reajustado nas mesmas épocas e bases dos benefícios em geral, não podendo ser inferior ao valor de um salário mínimo.

§ 6º O salário de benefício do segurado especial consiste no valor equivalente ao salário mínimo, ressalvado o disposto no inciso II do art. 39 e nos §§ 3º e 4º do art. 48 desta Lei.

- *Caput* do § 6º com redação determinada pela Lei 11.718/2008.

I – *(Revogado pela Lei 11.718/2008).*

II – *(Revogado pela Lei 11.718/2008).*

§ 7º O fator previdenciário será calculado considerando-se a idade, a expectativa de sobrevida e o tempo de contribuição do segurado ao se aposentar, segundo a fórmula constante do Anexo desta Lei.

- § 7º acrescentado pela Lei 9.876/1999.
- Referência "Anexo desta Lei", conforme publicação oficial. O correto é "Anexo da Lei 9.876/1999".

§ 8º Para efeito do disposto no § 7º, a expectativa de sobrevida do segurado na idade da aposentadoria será obtida a partir da tábua completa de mortalidade construída pela Fundação Instituto Brasileiro de Geografia e Estatística – IBGE, considerando-se a média nacional única para ambos os sexos.

- § 8º acrescentado pela Lei 9.876/1999.
- V. Dec. 3.266/1999 (Atribui competência e fixa periodicidade para a publicação da tábua completa de mortalidade de que trata o § 8º do art. 29 da Lei 8.213/1991).

§ 9º Para efeito da aplicação do fator previdenciário, ao tempo de contribuição do segurado serão adicionados:

- § 9º acrescentado pela Lei 9.876/1999.

I – 5 (cinco) anos, quando se tratar de mulher;

II – 5 (cinco) anos, quando se tratar de professor que comprove exclusivamente tempo de efetivo exercício das funções de magistério na educação infantil e no ensino fundamental e médio;

III – 10 (dez) anos, quando se tratar de professora que comprove exclusivamente tempo de efetivo exercício das funções de magistério na educação infantil e no ensino fundamental e médio.

§ 10. O auxílio-doença não poderá exceder a média aritmética simples dos últimos 12 (doze) salários-de-contribuição, inclusive em caso de remuneração variável, ou, se não alcançado o número de 12 (doze), a média aritmética simples dos salários de contribuição existentes.

• § 10 acrescentado pela Lei 13.135/2015.

§ 11. *(Vetado).*

• § 11 acrescentado pela Lei 13.135/2015.

§ 12. *(Vetado).*

• § 12 acrescentado pela Lei 13.135/2015.

§ 13. *(Vetado).*

• § 13 acrescentado pela Lei 13.135/2015.

Art. 29-A. O INSS utilizará as informações constantes no Cadastro Nacional de Informações Sociais – CNIS sobre os vínculos e as remunerações dos segurados, para fins de cálculo do salário de benefício, comprovação de filiação ao Regime Geral de Previdência Social, tempo de contribuição e relação de emprego.

• *Caput* com redação determinada pela LC 128/2008.

§ 1º O INSS terá até 180 (cento e oitenta) dias, contados a partir da solicitação do pedido, para fornecer ao segurado as informações previstas no *caput* deste artigo.

• § 1º acrescentado pela Lei 10.403/2002.

§ 2º O segurado poderá solicitar, a qualquer momento, a inclusão, exclusão ou retificação de informações constantes do CNIS, com a apresentação de documentos comprobatórios dos dados divergentes, conforme critérios definidos pelo INSS.

• § 2º com redação determinada pela LC 128/2008.

§ 3º A aceitação de informações relativas a vínculos e remunerações inseridas extemporaneamente no CNIS, inclusive retificações de informações anteriormente inseridas, fica condicionada à comprovação dos dados ou das divergências apontadas, conforme critérios definidos em regulamento.

• § 3º acrescentado pela LC 128/2008.

§ 4º Considera-se extemporânea a inserção de dados decorrentes de documento inicial ou de retificação de dados anteriormente informados, quando o documento ou a retificação, ou a informação retificadora, forem apresentados após os prazos estabelecidos em regulamento.

• § 4º acrescentado pela LC 128/2008.

§ 5º Havendo dúvida sobre a regularidade do vínculo incluído no CNIS e inexistência de informações sobre remunerações e contribuições, o INSS exigirá a apresentação dos documentos que serviram de base à anotação, sob pena de exclusão do período.

• § 5º acrescentado pela LC 128/2008.

Art. 29-B. Os salários de contribuição considerados no cálculo do valor do benefício serão corrigidos mês a mês de acordo com a variação integral do Índice Nacional de Preços ao Consumidor – INPC, calculado pela Fundação Instituto Brasileiro de Geografia e Estatística – IBGE.

• Artigo acrescentado pela Lei 10.887/2004.

Art. 29-C. O segurado que preencher o requisito para a aposentadoria por tempo de contribuição poderá optar pela não incidência do fator previdenciário no cálculo de sua aposentadoria, quando o total resultante da soma de sua idade e de seu tempo de contribuição, incluídas as frações, na data de requerimento da aposentadoria, for:

• *Caput* acrescentado pela Lei 13.183/2015.

I – igual ou superior a 95 (noventa e cinco) pontos, se homem, observando o tempo mínimo de contribuição de 35 (trinta e cinco) anos; ou

II – igual ou superior a 85 (oitenta e cinco) pontos, se mulher, observado o tempo mínimo de contribuição de 30 (trinta) anos.

§ 1º Para os fins do disposto no *caput*, serão somadas as frações em meses completos de tempo de contribuição e idade.

• § 1º acrescentado pela Lei 13.183/2015.

§ 2º As somas de idade e de tempo de contribuição previstas no *caput* serão majoradas em um ponto em:

• § 2º acrescentado pela Lei 13.183/2015.

I – 31 de dezembro de 2018;

II – 31 de dezembro de 2020;

III – 31 de dezembro de 2022;

IV – 31 de dezembro de 2024; e

V – 31 de dezembro de 2026.

§ 3º Para efeito de aplicação do disposto no *caput* e no § 2º, o tempo mínimo de contribuição do professor e da professora que comprovarem exclusivamente tempo de efetivo exercício de magistério na educação infantil e no ensino fundamental e médio será de, respectivamente, 30 (trinta) e 25 (vinte e cinco) anos, e serão acrescidos 5 (cinco) pontos à soma da idade com o tempo de contribuição.

• § 3º acrescentado pela Lei 13.183/2015.

§ 4º Ao segurado que alcançar o requisito necessário ao exercício da opção de que trata o *caput* e deixar de requerer aposentadoria será assegurado o direito à opção com a aplicação da pontuação exigida na data do cumprimento do requisito nos termos deste artigo.

• § 4º acrescentado pela Lei 13.183/2015.

§ 5º *(Vetado).*

• § 5º acrescentado pela Lei 13.183/2015 (*DOU* 05.11.2015) em vigor em 1º.07.2016.

Art. 29-D. *(Vetado).*

• Artigo acrescentado pela Lei 13.183/2015.

Art. 30. *(Revogado pela Lei 9.032/1995).*

Art. 31. O valor mensal do auxílio-acidente integra o salário de contribuição, para fins de cálculo do salário de benefício de qualquer aposentadoria, observado, no que couber, o disposto no artigo 29 e no artigo 86, § 5º.

• Artigo restabelecido, com nova redação, pela Lei 9.528/1997.

☛ **Art. 32.** O salário de benefício do segurado que contribuir em razão de atividades concomitantes será calculado com base na soma dos salários de contribuição das atividades exercidas na data do requerimento ou do óbito, ou no período básico de cálculo, observado o disposto no art. 29 desta Lei.

• *Caput* do artigo com redação determinada pela Lei 13.846/2019.

I – *(Revogado pela Lei 13.846/2019);*

II – *(Revogado pela Lei 13.846/2019);*

a) *(Revogada pela Lei 13.846/2019);*

b) *(Revogada pela Lei 13.846/2019);*

III – *(Revogado pela Lei 13.846/2019);*

§ 1º O disposto neste artigo não se aplica ao segurado que, em obediência ao limite máximo do salário de contribuição, contribuiu apenas por uma das atividades concomitantes.

• § 1º com redação determinada pela Lei 13.846/2019.

§ 2º Não se aplica o disposto neste artigo ao segurado que tenha sofrido redução do salário de contribuição das atividades concomitantes em respeito ao limite máximo desse salário.

• § 2º com redação determinada pela Lei 13.846/2019.

Subseção II

Da Renda Mensal do Benefício

Art. 33. A renda mensal do benefício de prestação continuada que substituir o salário de contribuição ou o rendimento do trabalho do segurado não terá valor inferior ao do salário mínimo, nem superior ao do limite máximo do salário de contribuição, ressalvado o disposto no artigo 45 desta Lei.

• O salário de contribuição está sujeito a atualização por Portaria do Ministério da Previdência Social – MPS.

Art. 34. No cálculo do valor da renda mensal do benefício, inclusive o decorrente de acidente do trabalho, serão computados:

• *Caput* com redação determinada pela LC 150/2015.

I – para o segurado empregado, inclusive o doméstico, e o trabalhador avulso, os salários de contribuição referentes aos meses de contribuições devidas, ainda que não recolhidas pela empresa ou pelo empregador doméstico, sem prejuízo da respectiva cobrança e da aplicação das penalidades cabíveis, observado o disposto no § 5º do art. 29-A;

• Inciso I com redação determinada pela LC 150/2015.

II – para o segurado empregado, inclusive o doméstico, o trabalhador avulso e o segurado especial, o valor mensal do auxílio-acidente, considerado como salário de contribuição para fins de concessão de qualquer aposentadoria, nos termos do art. 31;

• Inciso II com redação determinada pela LC 150/2015.

III – para os demais segurados, os salários de contribuição referentes aos meses de contribuições efetivamente recolhidas.

• Inciso IIIC acrescentado pela Lei 9.528/1997.

Art. 35. Ao segurado empregado, inclusive o doméstico, e ao trabalhador avulso que tenham cumprido todas as condições para a concessão do benefício pleiteado, mas não possam comprovar o valor de seus salários de contribuição no período básico de cálculo, será concedido o benefício de valor mínimo, devendo esta renda ser recalculada quando da apresentação de prova dos salários de contribuição.

• Artigo com redação determinada pela LC 150/2015.

Art. 36. Para o segurado empregado doméstico que, tendo satisfeito as condições exigidas para a concessão do benefício requerido, não comprovar o efetivo recolhimento das contribuições devidas, será concedido o benefício de valor mínimo, devendo sua renda ser recalculada quando da apresentação da prova do recolhimento das contribuições.

Art. 37. A renda mensal inicial, recalculada de acordo com o disposto no art. 35, deve ser reajustada como a dos benefícios correspondentes com igual data de início e substituirá, a partir da data do requerimento de revisão do valor do benefício, a renda mensal que prevalecia até então.

- Artigo com redação determinada pela LC 150/2015.

Art. 38. Sem prejuízo do disposto no art. 35, cabe à Previdência Social manter cadastro dos segurados com todos os informes necessários para o cálculo da renda mensal dos benefícios.

- Artigo com redação determinada pela LC 150/2015.

Art. 38-A. O Ministério da Economia manterá sistema de cadastro dos segurados especiais no Cadastro Nacional de Informações Sociais (CNIS), observado o disposto nos §§ 4º e 5º do art. 17 desta Lei, e poderá firmar acordo de cooperação com o Ministério da Agricultura, Pecuária e Abastecimento e com outros órgãos da administração pública federal, estadual, distrital e municipal para a manutenção e a gestão do sistema de cadastro.

- *Caput* com redação determinada pela Lei 13.846/2019.

§ 1º O sistema de que trata o caput deste artigo preverá a manutenção e a atualização anual do cadastro e conterá as informações necessárias à caracterização da condição de segurado especial, nos termos do disposto no regulamento.

- § 1º com redação determinada pela Lei 13.846/2019.

§ 2º Da aplicação do disposto neste artigo não poderá resultar nenhum ônus para os segurados, sem prejuízo do disposto no § 4º deste artigo.

- § 2º com redação determinada pela Lei 13.846/2019.

§ 3º O INSS, no ato de habilitação ou de concessão de benefício, deverá verificar a condição de segurado especial e, se for o caso, o pagamento da contribuição previdenciária, nos termos da Lei 8.212, de 24 de julho de 1991, considerando, dentre outros, o que consta do Cadastro Nacional de Informações Sociais (CNIS) de que trata o art. 29-A desta Lei.

- § 3º acrescentado pela Lei 13.134/2015.

§ 4º A atualização anual de que trata o § 1º deste artigo será feita até 30 de junho do ano subsequente.

- § 4º acrescentado pela Lei 13.846/2019.

§ 5º É vedada a atualização de que trata o § 1º deste artigo após o prazo de 5 (cinco) anos, contado da data estabelecida no § 4º deste artigo.

- § 5º acrescentado pela Lei 13.846/2019.

§ 6º Decorrido o prazo de 5 (cinco) anos de que trata o § 5º deste artigo, o segurado especial só poderá computar o período de trabalho rural se efetuados em época própria a comercialização da produção e o recolhimento da contribuição prevista no art. 25 da Lei 8.212, de 24 de julho de 1991.

- § 6º acrescentado pela Lei 13.846/2019.

Art. 38-B. O INSS utilizará as informações constantes do cadastro de que trata o art. 38-A para fins de comprovação do exercício da atividade e da condição do segurado especial e do respectivo grupo familiar.

- *Caput* acrescentado pela Lei 13.134/2015.

§ 1º A partir de 1º de janeiro de 2023, a comprovação da condição e do exercício da atividade rural do segurado especial ocorrerá, exclusivamente, pelas informações constantes do cadastro a que se refere o art. 38-A desta Lei.

- Primitivo parágrafo único renumerado pela Lei 13.846/2019.

§ 2º Para o período anterior a 1º de janeiro de 2023, o segurado especial comprovará o tempo de exercício da atividade rural por meio de autodeclaração ratificada por entidades públicas credenciadas, nos termos do art. 13 da Lei 12.188, de 11 de janeiro de 2010, e por outros órgãos públicos, na forma prevista no regulamento.

- § 2º acrescentado pela Lei 13.846/2019.

§ 3º Até 1º de janeiro de 2025, o cadastro de que trata o art. 38-A poderá ser realizado, atualizado e corrigido, sem prejuízo do prazo de que trata o § 1º deste artigo e da regra permanente prevista nos §§ 4º e 5º do art. 38-A desta Lei.

- § 3º acrescentado pela Lei 13.846/2019.

§ 4º Na hipótese de divergência de informações entre o cadastro e outras bases de dados, para fins de reconhecimento do direito ao benefício, o INSS poderá exigir a apresentação dos documentos referidos no art. 106 desta Lei.

- § 4º acrescentado pela Lei 13.846/2019.

§ 5º O cadastro e os prazos de que tratam este artigo e o art. 38-A desta Lei deverão ser amplamente divulgados por todos os meios de comunicação cabíveis para que todos os cidadãos tenham acesso à informação sobre a existência do referido cadastro e a obrigatoriedade de registro.

- § 5º acrescentado pela Lei 13.846/2019.

Art. 39. Para os segurados especiais, referidos no inciso VII do caput do art. 11 desta Lei, fica garantida a concessão:

- *Caput* com redação determinada pela Lei 13.846/2019.

I – de aposentadoria por idade ou por invalidez, de auxílio-doença, de auxílio-reclusão ou de pensão, no valor de 1 (um) salário mínimo, e de auxílio-acidente, conforme disposto no art. 86 desta Lei, desde que comprovem o exercício de atividade rural, ainda que de forma descontínua, no período imediatamente anterior ao requerimento do benefício, igual ao número de meses correspondentes à carência do benefício requerido, observado o disposto nos arts. 38-A e 38-B desta Lei; ou

- Inciso I com redação determinada pela Lei 13.846/2019.

II – dos benefícios especificados nesta Lei, observados os critérios e a forma de cálculo estabelecidos, desde que contribuam facultativamente para a Previdência Social, na forma estipulada no Plano de Custeio da Seguridade Social.

Parágrafo único. Para a segurada especial fica garantida a concessão do salário-maternidade no valor de um salário mínimo, desde que comprove o exercício de atividade rural, ainda que de forma descontínua, nos doze meses imediatamente anteriores ao início do benefício.

- Parágrafo único acrescentado pela Lei 8.861/1994.

Art. 40. É devido abono anual ao segurado e ao dependente da Previdência Social que, durante o ano, recebeu auxílio-doença, auxílio-acidente ou aposentadoria, pensão por morte ou auxílio-reclusão.

Parágrafo único. O abono anual será calculado, no que couber, da mesma forma que a Gratificação de Natal dos trabalhadores, tendo por base o valor da renda mensal do benefício do mês de dezembro de cada ano.

Seção IV
Do Reajustamento do Valor dos Benefícios

Art. 41. (*Revogado pela Lei 11.430/2006*).

Art. 41-A. O valor dos benefícios em manutenção será reajustado, anualmente, na mesma data do reajuste do salário mínimo, *pro rata*, de acordo com suas respectivas datas de início ou do último reajustamento, com base no Índice Nacional de Preços ao Consumidor – INPC, apurado pela Fundação Instituto Brasileiro de Geografia e Estatística – IBGE.

- *Caput* acrescentado pela Lei 11.430/2006.
- V. art. 4º, Lei 11.430/2006, que considera o dia 1º.04.2006 como data do último reajuste dos benefícios referidos no *caput* do art. 3º da referida Lei.
- V. art. 3º, parágrafo único, Lei 12.254/2010 (Reajuste dos benefícios mantidos pela Previdência Social em 2010).

§ 1º Nenhum benefício reajustado poderá exceder o limite máximo do salário de benefício na data do reajustamento, respeitados os direitos adquiridos.

- § 1º acrescentado pela Lei 11.430/2006.

§ 2º Os benefícios com renda mensal superior a um salário mínimo serão pagos do primeiro ao quinto dia útil do mês subsequente ao de sua competência, observada a distribuição proporcional do número de beneficiários por dia de pagamento.

- § 2º com redação determinada pela Lei 11.665/2008.

§ 3º Os benefícios com renda mensal no valor de até um salário mínimo serão pagos no período compreendido entre o quinto dia útil que anteceder o final do mês de sua competência e o quinto dia útil do mês subsequente, observada a distribuição proporcional dos beneficiários por dia de pagamento.

• § 3º com redação determinada pela Lei 11.665/2008.

§ 4º Para os efeitos dos §§ 2º e 3º deste artigo, considera-se dia útil aquele de expediente bancário com horário normal de atendimento.

• § 4º com redação determinada pela Lei 11.665/2008.

§ 5º O primeiro pagamento do benefício será efetuado até 45 (quarenta e cinco) dias após a data da apresentação, pelo segurado, da documentação necessária a sua concessão.

• § 5º acrescentado pela Lei 11.665/2008.

§ 6º Para os benefícios que tenham sido majorados devido à elevação do salário mínimo, o referido aumento deverá ser compensado no momento da aplicação do disposto no *caput* deste artigo, de acordo com normas a serem baixadas pelo Ministério da Previdência Social.

• § 6º acrescentado pela Lei 11.665/2008.

Seção V
Dos Benefícios

Subseção I
Da Aposentadoria por Invalidez

Art. 42. A aposentadoria por invalidez, uma vez cumprida, quando for o caso, a carência exigida, será devida ao segurado que, estando ou não em gozo de auxílio-doença, for considerado incapaz e insusceptível de reabilitação para o exercício de atividade que lhe garanta a subsistência, e ser-lhe-á paga enquanto permanecer nesta condição.

§ 1º A concessão de aposentadoria por invalidez dependerá da verificação da condição de incapacidade mediante exame médico-pericial a cargo da Previdência Social, podendo o segurado, às suas expensas, fazer-se acompanhar de médico de sua confiança.

§ 2º A doença ou lesão de que o segurado já era portador ao filiar-se ao Regime Geral de Previdência Social não lhe conferirá direito à aposentadoria por invalidez, salvo quando a incapacidade sobrevier por motivo de progressão ou agravamento dessa doença ou lesão.

Art. 43. A aposentadoria por invalidez será devida a partir do dia imediato ao da cessação do auxílio-doença, ressalvado o disposto nos §§ 1º, 2º e 3º deste artigo.

§ 1º Concluindo a perícia médica inicial pela existência de incapacidade total e definitiva para o trabalho, a aposentadoria por invalidez será devida:

• *Caput* do § 1º com redação determinada pela Lei 9.032/1995.

a) ao segurado empregado, a contar do décimo sexto dia do afastamento da atividade ou a partir da entrada do requerimento, se entre o afastamento e a entrada do requerimento decorrerem mais de 30 (trinta) dias;

• Alínea *a* com redação determinada pela Lei 9.876/1999.

b) ao segurado empregado doméstico, trabalhador avulso, contribuinte individual, especial e facultativo, a contar da data do início da incapacidade ou da data da entrada do requerimento, se entre essas datas decorrerem mais de 30 (trinta) dias.

• Alínea *b* com redação determinada pela Lei 9.876/1999.

§ 2º Durante os primeiros 15 (quinze) dias de afastamento da atividade por motivo de invalidez, caberá à empresa pagar ao segurado empregado o salário.

• § 2º com redação determinada pela Lei 9.876/1999.

§ 3º *(Revogado pela Lei 9.032/1995).*

§ 4º O segurado aposentado por invalidez poderá ser convocado a qualquer momento para avaliação das condições que ensejaram o afastamento ou a aposentadoria, concedida judicial ou administrativamente, observado o disposto no art. 101 desta Lei.

• § 4º acrescentado pela Lei 13.457/2017.

☛ **§ 5º** A pessoa com HIV/aids é dispensada da avaliação referida no § 4º deste artigo.

• § 5º acrescentado pela Lei 13.847/2019.

Art. 44. A aposentadoria por invalidez, inclusive a decorrente de acidente do trabalho, consistirá numa renda mensal correspondente a 100% (cem por cento) do salário de benefício, observado o disposto na Seção III, especialmente no artigo 33 desta Lei.

• *Caput* com redação determinada pela Lei 9.032/1995.

§ 1º *(Revogado pela Lei 9.528/1997).*

§ 2º Quando o acidentado do trabalho estiver em gozo de auxílio-doença, o valor da aposentadoria por invalidez será igual ao do auxílio-doença se este, por força de reajustamento, for superior ao previsto neste artigo.

Art. 45. O valor da aposentadoria por invalidez do segurado que necessitar da assistência permanente de outra pessoa será acrescido de 25% (vinte e cinco por cento).

Parágrafo único. O acréscimo de que trata este artigo:

a) será devido ainda que o valor da aposentadoria atinja o limite máximo legal;

b) será recalculado quando o benefício que lhe deu origem for reajustado;

c) cessará com a morte do aposentado, não sendo incorporável ao valor da pensão.

Art. 46. O aposentado por invalidez que retornar voluntariamente à atividade terá sua aposentadoria automaticamente cancelada, a partir da data do retorno.

Art. 47. Verificada a recuperação da capacidade de trabalho do aposentado por invalidez, será observado o seguinte procedimento:

I – quando a recuperação ocorrer dentro de 5 (cinco) anos, contados da data do início da aposentadoria por invalidez ou do auxílio-doença que a antecedeu sem interrupção, o benefício cessará:

a) de imediato, para o segurado empregado que tiver direito a retornar à função que desempenhava na empresa quando se aposentou, na forma da legislação trabalhista, valendo como documento, para tal fim, o certificado de capacidade fornecido pela Previdência Social; ou

b) após tantos meses quantos forem os anos de duração do auxílio-doença ou da aposentadoria por invalidez, para os demais segurados;

II – quando a recuperação for parcial, ou ocorrer após o período do inciso I, ou ainda quando o segurado for declarado apto para o exercício de trabalho diverso do qual habitualmente exercia, a aposentadoria será mantida, sem prejuízo da volta à atividade:

a) no seu valor integral, durante 6 (seis) meses contados da data em que for verificada a recuperação da capacidade;

b) com redução de 50% (cinquenta por cento), no período seguinte de 6 (seis) meses;

c) com redução de 75% (setenta e cinco por cento), também por igual período de 6 (seis) meses, ao término do qual cessará definitivamente.

Subseção II
Da Aposentadoria por Idade

Art. 48. A aposentadoria por idade será devida ao segurado que, cumprida a carência exigida nesta Lei, completar 65 (sessenta e cinco) anos de idade, se homem, e 60 (sessenta), se mulher.

• *Caput* com redação determinada pela Lei 9.032/1995.

§ 1º Os limites fixados no *caput* são reduzidos para 60 (sessenta) e 55 (cinquenta e cinco) anos no caso de trabalhadores rurais, respectivamente homens e mulheres, referidos na alínea *a* do inciso I, na alínea *g* do inciso V e nos incisos VI e VII do artigo 11.

• § 1º com redação determinada pela Lei 9.876/1999.

§ 2º Para os efeitos do disposto no § 1º deste artigo, o trabalhador rural deve comprovar o efetivo exercício de atividade rural, ainda que de forma descontínua, no período imediatamente anterior ao requerimento do benefício, por tempo igual ao número de meses de contribuição correspondente à carência do benefício pretendido, computado o período a que se referem os incisos III a VIII do § 9º do art. 11 desta Lei.

• § 2º com redação determinada pela Lei 11.718/2008.

§ 3º Os trabalhadores rurais de que trata o § 1º deste artigo que não atendam ao disposto no § 2º deste artigo, mas que satisfaçam essa condição, se forem considerados períodos de contribuição sob outras categorias do segurado, farão jus ao benefício ao completarem 65 (sessenta e cinco) anos de idade, se homem, e 60 (sessenta) anos, se mulher.

• § 3º acrescentado pela Lei 11.718/2008.

§ 4º Para efeito do § 3º deste artigo, o cálculo da renda mensal do benefício será apurado de acordo com o disposto no inciso II do *caput* do art. 29 desta Lei, considerando-se como salário de contribuição mensal do período como segurado especial o limite mínimo de salário de contribuição da Previdência Social.

• § 4º acrescentado pela Lei 11.718/2008.

Art. 49. A aposentadoria por idade será devida:

I – ao segurado empregado, inclusive o doméstico, a partir:

a) da data do desligamento do emprego, quando requerida até essa data ou até 90 (noventa) dias depois dela; ou

b) da data do requerimento, quando não houver desligamento do emprego ou quando for requerida após o prazo previsto na alínea *a*;

II – para os demais segurados, da data da entrada do requerimento.

Art. 50. A aposentadoria por idade, observado o disposto na Seção III deste Capítulo, especialmente no artigo 33, consistirá numa renda mensal de 70% (setenta por cento) do salário de benefício, mais 1% (um por cento) deste, por grupo de 12 (doze) contribuições, não podendo ultrapassar 100% (cem por cento) do salário de benefício.

Art. 51. A aposentadoria por idade pode ser requerida pela empresa, desde que o segurado empregado tenha cumprido o período de carência e completado 70 (setenta) anos de idade, se do sexo masculino, ou 65 (sessenta e cinco) anos, se do sexo feminino, sendo compulsória, caso em que será garantida ao empregado a indenização prevista na legislação trabalhista, considerada como data da rescisão do contrato de trabalho a imediatamente anterior à do início da aposentadoria.

Subseção III
Da Aposentadoria por Tempo de Serviço

Art. 52. A aposentadoria por tempo de serviço será devida, cumprida a carência exigida nesta Lei, ao segurado que completar 25 (vinte e cinco) anos de serviço, se do sexo feminino, ou 30 (trinta) anos, se do masculino.

- V. art. 201, § 7º, CF.

Art. 53. A aposentadoria por tempo de serviço, observado o disposto na Seção III deste Capítulo, especialmente no artigo 33, consistirá numa renda mensal de:

I – para a mulher: 70% (setenta por cento) do salário de benefício aos 25 (vinte e cinco) anos de serviço, mais 6% (seis por cento) deste, para cada novo ano completo de atividade, até o máximo de 100% (cem por cento) do salário de benefício aos 30 (trinta) anos de serviço;

II – para o homem: 70% (setenta por cento) do salário de benefício aos 30 (trinta) anos de serviço, mais 6% (seis por cento) deste, para cada novo ano completo de atividade, até o máximo de 100% (cem por cento) do salário de benefício aos 35 (trinta e cinco) anos de serviço.

Art. 54. A data do início da aposentadoria por tempo de serviço será fixada da mesma forma que a da aposentadoria por idade, conforme o disposto no artigo 49.

Art. 55. O tempo de serviço será comprovado na forma estabelecida no Regulamento, compreendendo, além do correspondente às atividades de qualquer das categorias de segurados de que trata o artigo 11 desta Lei, mesmo que anterior à perda da qualidade de segurado:

I – o tempo de serviço militar, inclusive o voluntário, e o previsto no § 1º do artigo 143 da Constituição Federal, ainda que anterior à filiação ao Regime Geral de Previdência Social, desde que não tenha sido contado para inatividade remunerada nas Forças Armadas ou aposentadoria no serviço público;

II – o tempo intercalado em que esteve em gozo de auxílio-doença ou aposentadoria por invalidez;

III – o tempo de contribuição efetuada como segurado facultativo;

- Inciso III com redação determinada pela Lei 9.032/ 1995.

IV – o tempo de serviço referente ao exercício de mandato eletivo federal, estadual ou municipal, desde que não tenha sido contado para efeito de aposentadoria por outro regime de previdência social;

- Inciso IV com redação determinada pela Lei 9.506/ 1997.

V – o tempo de contribuição efetuado por segurado depois de ter deixado de exercer atividade remunerada que o enquadrava no artigo 11 desta Lei;

VI – o tempo de contribuição efetuado com base nos artigos 8º e 9º da Lei 8.162, de 8 de janeiro de 1991, pelo segurado definido no artigo 11, inciso I, alínea *g*, desta Lei, sendo tais contribuições computadas para efeito de carência.

- Inciso VI acrescentado pela Lei 8.647/1993.

§ 1º A averbação de tempo de serviço durante o qual o exercício da atividade não determinava filiação obrigatória ao anterior Regime de Previdência Social Urbana só será admitida mediante o recolhimento das contribuições correspondentes, conforme dispuser o Regulamento, observado o disposto no § 2º.

§ 2º O tempo de serviço do segurado trabalhador rural, anterior à data de início de vigência desta Lei, será computado independentemente do recolhimento das contribuições a ele correspondentes, exceto para efeito de carência, conforme dispuser o Regulamento.

§ 3º A comprovação do tempo de serviço para os fins desta Lei, inclusive mediante justificativa administrativa ou judicial, observado o disposto no art. 108 desta Lei, só produzirá efeito quando for baseada em início de prova material contemporânea dos fatos, não admitida a prova exclusivamente testemunhal, exceto na ocorrência de motivo de força maior ou caso fortuito, na forma prevista no regulamento.

- § 3º com redação determinada pela Lei 13.846/2019.

§ 4º Não será computado como tempo de contribuição, para efeito de concessão do benefício de que trata esta subseção, o período em que o segurado contribuinte individual ou facultativo tiver contribuído na forma do § 2º do art. 21 da Lei 8.212, de 24 de julho de 1991, salvo se tiver complementado as contribuições na forma do § 3º do mesmo artigo.

- § 4º acrescentado pela LC 123/2006.

Art. 56. O professor, após 30 (trinta) anos, e a professora, após 25 (vinte e cinco) anos de efetivo exercício em funções de magistério poderão aposentar-se por tempo de serviço, com renda mensal correspondente a 100% (cem por cento) do salário de benefício, observado o disposto na Seção III deste Capítulo.

Subseção IV
Da Aposentadoria Especial

Art. 57. A aposentadoria especial será devida, uma vez cumprida a carência exigida nesta Lei, ao segurado que tiver trabalhado sujeito a condições especiais que prejudiquem a saúde ou a integridade física, durante 15 (quinze), 20 (vinte) ou 25 (vinte e cinco) anos, conforme dispuser a lei.

- *Caput* com redação determinada pela Lei 9.032/1995.
- V. Súmula vinculante 33, STF

§ 1º A aposentadoria especial, observado o disposto no artigo 33 desta Lei, consistirá numa renda mensal equivalente a 100% (cem por cento) do salário de benefício.

- § 1º com redação determinada pela Lei 9.032/1995.

§ 2º A data de início do benefício será fixada da mesma forma que a da aposentadoria por idade, conforme o disposto no artigo 49.

§ 3º A concessão da aposentadoria especial dependerá de comprovação pelo segurado, perante o Instituto Nacional do Seguro Social – INSS, do tempo de trabalho permanente, não ocasional nem intermitente, em condições especiais que prejudiquem a saúde ou a integridade física, durante o período mínimo fixado.

- § 3º com redação determinada pela Lei 9.032/1995.

§ 4º O segurado deverá comprovar, além do tempo de trabalho, exposição aos agentes nocivos químicos, físicos, biológicos ou associação de agentes prejudiciais à saúde ou à integridade física, pelo período equivalente ao exigido para a concessão do benefício.

- § 4º com redação determinada pela Lei 9.032/1995.

§ 5º O tempo de trabalho exercido sob condições especiais que sejam ou venham a ser consideradas prejudiciais à saúde ou à integridade física será somado, após a respectiva conversão ao tempo de trabalho exercido em atividade comum, segundo critérios estabelecidos pelo Ministério da Previdência e Assistência Social, para efeito de concessão de qualquer benefício.

- § 5º acrescentado pela Lei 9.032/1995.

§ 6º O benefício previsto neste artigo será financiado com os recursos provenientes da contribuição de que trata o inciso II do artigo 22 da Lei 8.212, de 24 de julho de 1991, cujas alíquotas serão acrescidas de 12 (doze), 9 (nove) ou 6%

(seis pontos percentuais), conforme a atividade exercida pelo segurado a serviço da empresa permita a concessão da aposentadoria especial após 15 (quinze), 20 (vinte) ou 25 (vinte e cinco) anos de contribuição, respectivamente.

- § 6º com redação determinada pela Lei 9.732/1998.
- O art. 6º da Lei 9.732/1998 determina a progressão das alíquotas exigidas nesse dispositivo.

§ 7º O acréscimo de que trata o parágrafo anterior incide exclusivamente sobre a remuneração do segurado sujeito às condições especiais referidas no *caput*.

- § 7º acrescentado pela Lei 9.732/1998.

§ 8º Aplica-se o disposto no artigo 46 ao segurado aposentado nos termos deste artigo que continuar no exercício de atividade ou operação que o sujeite aos agentes nocivos constantes da relação referida no artigo 58 desta Lei.

- § 8º acrescentado pela Lei 9.732/1998.

Art. 58. A relação dos agentes nocivos químicos, físicos e biológicos ou associação de agentes prejudiciais à saúde ou à integridade física, considerados para fins de concessão da aposentadoria especial de que trata o artigo anterior, será definida pelo Poder Executivo.

- *Caput* com redação determinada pela Lei 9.528/1997.
- V. Súmula vinculante 33, STF

§ 1º A comprovação da efetiva exposição do segurado aos agentes nocivos será feita mediante formulário, na forma estabelecida pelo Instituto Nacional do Seguro Social – INSS, emitido pela empresa ou seu preposto, com base em laudo técnico de condições ambientais do trabalho expedido por médico do trabalho ou engenheiro de segurança do trabalho nos termos da legislação trabalhista.

- § 1º com redação determinada pela Lei 9.732/1998.

§ 2º Do laudo técnico referido no parágrafo anterior deverão constar informação sobre a existência de tecnologia de proteção coletiva ou individual que diminua a intensidade do agente agressivo a limites de tolerância e recomendação sobre a sua adoção pelo estabelecimento respectivo.

- § 2º com redação determinada pela Lei 9.732/1998.

§ 3º A empresa que não mantiver laudo técnico atualizado com referência aos agentes nocivos existentes no ambiente de trabalho de seus trabalhadores ou que emitir documento de comprovação de efetiva exposição em desacordo com o respectivo laudo estará sujeita à penalidade prevista no artigo 133 desta Lei.

- § 3º acrescentado pela Lei 9.528/1997.

§ 4º A empresa deverá elaborar e manter atualizado perfil profissiográfico, abrangendo as atividades desenvolvidas pelo trabalhador e fornecer a este, quando da rescisão do contrato de trabalho, cópia autêntica desse documento.

- § 4º acrescentado pela Lei 9.528/1997.

Subseção V
Do Auxílio-Doença

Art. 59. O auxílio-doença será devido ao segurado que, havendo cumprido, quando for o caso, o período de carência exigido nesta Lei, ficar incapacitado para o seu trabalho ou para a sua atividade habitual por mais de 15 (quinze) dias consecutivos.

- V. Súmula 371, TST.

§ 1º Não será devido o auxílio-doença ao segurado que se filiar ao Regime Geral de Previdência Social já portador da doença ou da lesão invocada como causa para o benefício, exceto quando a incapacidade sobrevier por motivo de progressão ou agravamento da doença ou da lesão.

- Primitivo parágrafo único renumerado pela Lei 13.846/2019.

§ 2º Não será devido o auxílio-doença para o segurado recluso em regime fechado.

- § 2º acrescentado pela Lei 13.846/2019.

§ 3º O segurado em gozo de auxílio-doença na data do recolhimento à prisão terá o benefício suspenso.

- § 3º acrescentado pela Lei 13.846/2019.

§ 4º A suspensão prevista no § 3º deste artigo será de até 60 (sessenta) dias, contados da data do recolhimento à prisão, cessado o benefício após o referido prazo.

- § 4º acrescentado pela Lei 13.846/2019.

§ 5º Na hipótese de o segurado ser colocado em liberdade antes do prazo previsto no § 4º deste artigo, o benefício será restabelecido a partir da data da soltura.

- § 5º acrescentado pela Lei 13.846/2019.

§ 6º Em caso de prisão declarada ilegal, o segurado terá direito à percepção do benefício por todo o período devido.

- § 6º acrescentado pela Lei 13.846/2019.

§ 7º O disposto nos §§ 2º, 3º, 4º, 5º e 6º deste artigo aplica-se somente aos benefícios dos segurados que forem recolhidos à prisão a partir da data de publicação desta Lei.

- § 7º acrescentado pela Lei 13.846/2019.

§ 8º O segurado recluso em cumprimento de pena em regime aberto ou semiaberto terá direito ao auxílio-doença.

- § 8º acrescentado pela Lei 13.846/2019.

Art. 60. O auxílio-doença será devido ao segurado empregado a contar do décimo sexto dia do afastamento da atividade, e, no caso dos demais segurados, a contar da data do início da incapacidade e enquanto ele permanecer incapaz.

- *Caput* com redação determinada pela Lei 9.876/1999.

§ 1º Quando requerido por segurado afastado da atividade por mais de 30 (trinta) dias, o auxílio-doença será devido a contar da data da entrada do requerimento.

§ 2º *(Revogado pela Lei 9.032/1995).*

§ 3º Durante os primeiros 15 (quinze) dias consecutivos ao do afastamento da atividade por motivo de doença, incumbirá à empresa pagar ao segurado empregado o seu salário integral.

- § 3º com redação determinada pela Lei 9.876/1999.

§ 4º A empresa que dispuser de serviço médico, próprio ou em convênio, terá a seu cargo o exame médico e o abono das faltas correspondentes ao período referido no § 3º, somente devendo encaminhar o segurado à perícia médica da Previdência Social quando a incapacidade ultrapassar 15 (quinze) dias.

§ 5º *(Revogado pela Lei 13.846/2019).*

§ 6º O segurado que durante o gozo do auxílio-doença vier a exercer atividade que lhe garanta subsistência poderá ter o benefício cancelado a partir do retorno à atividade.

- § 6º acrescentado pela Lei 13.135/2015.

§ 7º Na hipótese do § 6º, caso o segurado, durante o gozo do auxílio-doença, venha a exercer atividade diversa daquela que gerou o benefício, deverá ser verificada a incapacidade para cada uma das atividades exercidas.

- § 7º acrescentado pela Lei 13.135/2015.

§ 8º Sempre que possível, o ato de concessão ou de reativação de auxílio-doença, judicial ou administrativo, deverá fixar o prazo estimado para a duração do benefício.

- § 8º acrescentado pela Lei 13.457/2017.

§ 9º Na ausência de fixação do prazo de que trata o § 8º deste artigo, o benefício cessará após o prazo de cento e vinte dias, contado da data de concessão ou de reativação do auxílio-doença, exceto se o segurado requerer a sua prorrogação perante o INSS, na forma do regulamento, observado o disposto no art. 62 desta Lei.

- § 9º acrescentado pela Lei 13.457/2017.

§ 10. O segurado em gozo de auxílio-doença, concedido judicial ou administrativamente, poderá ser convocado a qualquer momento para avaliação das condições que ensejaram sua concessão ou manutenção, observado o disposto no art. 101 desta Lei.

- § 10 acrescentado pela Lei 13.457/2017.

§ 11. O segurado que não concordar com o resultado da avaliação da qual dispõe o § 10 deste artigo poderá apresentar, no prazo máximo de trinta dias, recurso da decisão da administração perante o Conselho de Recursos do Seguro Social, cuja análise médica pericial, se necessária, será feita pelo assistente técnico médico da junta de recursos do seguro social, perito diverso daquele que indeferiu o benefício.

- § 11 acrescentado pela Lei 13.457/2017.

Art. 61. O auxílio-doença, inclusive o decorrente de acidente do trabalho, consistirá numa renda mensal correspondente a 91% (noventa e um por cento) do salário de benefício, observado o disposto na Seção III, especialmente no artigo 33 desta Lei.

- Artigo com redação determinada pela Lei 9.032/ 1995.

Legislação

Art. 62. O segurado em gozo de auxílio-doença, insuscetível de recuperação para sua atividade habitual, deverá submeter-se a processo de reabilitação profissional para o exercício de outra atividade.

- *Caput* com redação determinada pela Lei 13.457/2017.

§ 1º O benefício a que se refere o *caput* deste artigo será mantido até que o segurado seja considerado reabilitado para o desempenho de atividade que lhe garanta a subsistência ou, quando considerado não recuperável, seja aposentado por invalidez.

- Primitivo parágrafo único renumerado pela Lei 13.846/2019.

§ 2º A alteração das atribuições e responsabilidades do segurado compatíveis com a limitação que tenha sofrido em sua capacidade física ou mental não configura desvio de cargo ou função do segurado reabilitado ou que estiver em processo de reabilitação profissional a cargo do INSS.

- § 2º acrescentado pela Lei 13.846/2019.

Art. 63. O segurado empregado, inclusive o doméstico, em gozo de auxílio-doença será considerado pela empresa e pelo empregador doméstico como licenciado.

- *Caput* com redação determinada pela LC 150/2015.

Parágrafo único. A empresa que garantir ao segurado licença remunerada ficará obrigada a pagar-lhe durante o período de auxílio-doença a eventual diferença entre o valor deste e a importância garantida pela licença.

Art. 64. *(Revogado pela Lei 9.032/1995).*

Subseção VI
Do Salário-Família

Art. 65. O salário-família será devido, mensalmente, ao segurado empregado, inclusive o doméstico, e ao segurado trabalhador avulso, na proporção do respectivo número de filhos ou equiparados nos termos do § 2º do art. 16 desta Lei, observado o disposto no art. 66.

- *Caput* com redação determinada pela LC 150/2015.

Parágrafo único. O aposentado por invalidez ou por idade e os demais aposentados com 65 (sessenta e cinco) anos ou mais de idade, se do sexo masculino, ou 60 (sessenta) anos ou mais, se do feminino, terão direito ao salário-família, pago juntamente com a aposentadoria.

Art. 66. O valor da cota do salário-família por filho ou equiparado de qualquer condição, até 14 (quatorze) anos de idade ou inválido de qualquer idade é de:

- O salário-família está sujeito a atualização por Portaria do Ministério da Previdência Social – MPS.

I – Cr$ 1.360,00 (um mil trezentos e sessenta cruzeiros), para o segurado com remuneração mensal não superior a Cr$ 51.000,00 (cinquenta e um mil cruzeiros);

II – Cr$ 170,00 (cento e setenta cruzeiros), para o segurado com remuneração mensal superior a Cr$ 51.000,00 (cinquenta e um mil cruzeiros).

Art. 67. O pagamento do salário-família é condicionado à apresentação da certidão de nascimento do filho ou da documentação relativa ao equiparado ou ao inválido, e à apresentação anual de atestado de vacinação obrigatória e de comprovação de frequência à escola do filho ou equiparado, nos termos do regulamento.

- *Caput* com redação determinada pela Lei 9.876/1999.

Parágrafo único. O empregado doméstico deve apresentar apenas a certidão de nascimento referida no *caput*.

- Parágrafo único acrescentado pela LC 150/2015.

Art. 68. As cotas do salário-família serão pagas pela empresa ou pelo empregador doméstico, mensalmente, junto com o salário, efetivando-se a compensação quando do recolhimento das contribuições, conforme dispuser o Regulamento.

- *Caput* com redação determinada pela LC 150/2015.

§ 1º A empresa ou o empregador doméstico conservarão durante 10 (dez) anos os comprovantes de pagamento e as cópias das certidões correspondentes, para fiscalização da Previdência Social.

- § 1º com redação determinada pela LC 150/2015.

§ 2º Quando o pagamento do salário não for mensal, o salário-família será pago juntamente com o último pagamento relativo ao mês.

Art. 69. O salário-família devido ao trabalhador avulso poderá ser recebido pelo sindicato de classe respectivo, que se incumbirá de elaborar as folhas correspondentes e de distribuí-lo.

Art. 70. A cota do salário-família não será incorporada, para qualquer efeito, ao salário ou ao benefício.

Subseção VII
Do Salário-Maternidade

Art. 71. O salário-maternidade é devido à segurada da Previdência Social, durante 120 (cento e vinte) dias, com início no período entre 28 (vinte e oito) dias antes do parto e a data de ocorrência deste, observadas as situações e condições previstas na legislação no que concerne à proteção à maternidade.

- *Caput* com redação determinada pela Lei 10.710/ 2003 (*DOU* 06.08.2003), em vigor na data de sua publicação, produzindo efeitos em relação aos benefícios requeridos a partir do primeiro dia do mês seguinte ao de sua publicação.

Parágrafo único. *(Revogado pela Lei 9.528/1997).*

Art. 71-A. Ao segurado ou segurada da Previdência Social que adotar ou obtiver guarda judicial para fins de adoção de criança é devido salário-maternidade pelo período de 120 (cento e vinte) dias.

- Artigo com redação determinada pela Lei 12.873/ 2013.

§ 1º O salário-maternidade de que trata este artigo será pago diretamente pela Previdência Social.

§ 2º Ressalvado o pagamento do salário-maternidade à mãe biológica e o disposto no art. 71-B, não poderá ser concedido o benefício a mais de um segurado, decorrente do mesmo processo de adoção ou guarda, ainda que os cônjuges ou companheiros estejam submetidos a Regime Próprio de Previdência Social.

Art. 71-B. No caso de falecimento da segurada ou segurado que fizer jus ao recebimento do salário-maternidade, o benefício será pago, por todo o período ou pelo tempo restante a que teria direito, ao cônjuge ou companheiro sobrevivente que tenha a qualidade de segurado, exceto no caso do falecimento do filho ou de seu abandono, observadas as normas aplicáveis ao salário-maternidade.

- Artigo acrescentado pela Lei 12.873/2013 (*DOU* 25.10.2013), em vigor 90 (noventa) dias após a data de sua publicação (V. art. 63, II, *a*, da referida Lei).

§ 1º O pagamento do benefício de que trata o *caput* deverá ser requerido até o último dia do prazo previsto para o término do salário-maternidade originário.

§ 2º O benefício de que trata o *caput* será pago diretamente pela Previdência Social durante o período entre a data do óbito e o último dia do término do salário-maternidade originário e será calculado sobre:

I – a remuneração integral, para o empregado e trabalhador avulso;

II – o último salário de contribuição, para o empregado doméstico;

III – 1/12 (um doze avos) da soma dos 12 (doze) últimos salários de contribuição, apurados em um período não superior a 15 (quinze) meses, para o contribuinte individual, facultativo e desempregado; e

IV – o valor do salário mínimo, para o segurado especial.

§ 3º Aplica-se o disposto neste artigo ao segurado que adotar ou obtiver guarda judicial para fins de adoção.

Art. 71-C. A percepção do salário-maternidade, inclusive o previsto no art. 71-B, está condicionada ao afastamento do segurado do trabalho ou da atividade desempenhada, sob pena de suspensão do benefício.

- Artigo acrescentado pela Lei 12.873/2013 (*DOU* 25.10.2013), em vigor 90 (noventa) dias após a data de sua publicação (V. art. 63, II, *a*, da referida Lei).

- **Redação anterior do artigo determinada pela MP 871/2019 (*DOU* 18.01.2019, edição extra), posteriormente convertida na Lei 13.846/2019 (*DOU* 18.06.2019, edição extra), que não trouxe essa alteração: "Art. 71-D. O direito ao salário-maternidade decairá se não for requerido em até cento e oitenta dias da ocorrência do parto ou da adoção, exceto na ocorrência de motivo de força maior e ou caso fortuito, conforme disposto no Regulamento".**

Art. 72. O salário-maternidade para a segurada empregada ou trabalhadora avulsa consistirá numa renda mensal igual a sua remuneração integral.

- *Caput* com redação determinada pela Lei 9.876/1999.

§ 1º Cabe à empresa pagar o salário-maternidade devido à respectiva empregada gestante, efetivando-se a compensação, observado o disposto no art. 248 da Constituição Federal, quando do recolhimento das contribuições incidentes sobre a folha de salários e demais rendimentos pagos ou creditados, a qualquer título, à pessoa física que lhe preste serviço.

- § 1º acrescentado pela Lei 10.710/2003 (*DOU* 06.08.2003), em vigor na data de sua publicação, produzindo efeitos em relação aos benefícios requeridos a partir do primeiro dia do mês seguinte ao de sua publicação.

§ 2º A empresa deverá conservar durante 10 (dez) anos os comprovantes dos pagamentos e os atestados correspondentes para exame pela fiscalização da Previdência Social.

- § 2º acrescentado pela Lei 10.710/2003 (*DOU* 06.08.2003), em vigor na data de sua publicação, produzindo efeitos em relação aos benefícios requeridos a partir do primeiro dia do mês seguinte ao de sua publicação.

§ 3º O salário-maternidade devido à trabalhadora avulsa e à empregada do microempreendedor individual de que trata o art. 18-A da Lei Complementar 123, de 14 de dezembro de 2006, será pago diretamente pela Previdência Social.

- § 3º com redação determinada pela Lei 12.470/2011.

Art. 73. Assegurado o valor de um salário mínimo, o salário-maternidade para as demais seguradas, pago diretamente pela Previdência Social, consistirá:

- *Caput* com redação determinada pela Lei 10.710/2003 (*DOU* 06.08.2003), em vigor na data de sua publicação, produzindo efeitos em relação aos benefícios requeridos a partir do primeiro dia do mês seguinte ao de sua publicação.

I – em um valor correspondente ao do seu último salário de contribuição, para a segurada empregada doméstica;

- Inciso I com redação determinada pela Lei 9.876/1999.

II – em 1/12 (um doze avos) do valor sobre o qual incidiu sua última contribuição anual, para a segurada especial;

- Inciso II com redação determinada pela Lei 9.876/ 1999.

III – em 1/12 (um doze avos) da soma dos 12 (doze) últimos salários de contribuição, apurados em um período não superior a 15 (quinze) meses, para as demais seguradas.

- Inciso III com redação determinada pela Lei 9.876/1999.

☛ **Parágrafo único.** Aplica-se à segurada desempregada, desde que mantida a qualidade de segurada, na forma prevista no art. 15 desta Lei, o disposto no inciso III do *caput* deste artigo.

- Parágrafo único acrescentado pela Lei 13.846/2019.

Subseção VIII
Da Pensão por Morte

- V. Súmulas 340 e 416, STJ.

Art. 74. A pensão por morte será devida ao conjunto dos dependentes do segurado que falecer, aposentado ou não, a contar da data:

- *Caput* com redação determinada pela Lei 9.528/1997.

☛ **I** – do óbito, quando requerida em até 180 (cento e oitenta) dias após o óbito, para os filhos menores de 16 (dezesseis) anos, ou em até 90 (noventa) dias após o óbito, para os demais dependentes

- Inciso I com redação determinada pela Lei 13.846/2019.

II – do requerimento, quando requerida após o prazo previsto no inciso anterior;

- Inciso II acrescentado pela Lei 9.528/1997.

III – da decisão judicial, no caso de morte presumida.

- Inciso III acrescentado pela Lei 9.528/1997.

☛ **§ 1º** Perde o direito à pensão por morte o condenado criminalmente por sentença com trânsito em julgado, como autor, coautor ou partícipe de homicídio doloso, ou de tentativa desse crime, cometido contra a pessoa do segurado, ressalvados os absolutamente incapazes e os inimputáveis.

- § 1º com redação determinada pela Lei 13.846/2019.

§ 2º Perde o direito à pensão por morte o cônjuge, o companheiro ou a companheira se comprovada, a qualquer tempo, simulação ou fraude no casamento ou na união estável, ou a formalização desses com o fim exclusivo de constituir benefício previdenciário, apuradas em processo judicial no qual será assegurado o direito ao contraditório e à ampla defesa.

- § 2º acrescentado pela Lei 13.135/2015.

☛ **§ 3º** Ajuizada a ação judicial para reconhecimento da condição de dependente, este poderá requerer a sua habilitação provisória ao benefício de pensão por morte, exclusivamente para fins de rateio dos valores com outros dependentes, vedado o pagamento da respectiva cota até o trânsito em julgado da respectiva ação, ressalvada a existência de decisão judicial em contrário.

- § 3º acrescentado pela Lei 13.846/2019.

§ 4º Nas ações em que o INSS for parte, este poderá proceder de ofício à habilitação excepcional da referida pensão, apenas para efeitos de rateio, descontando-se os valores referentes a esta habilitação das demais cotas, vedado o pagamento da respectiva cota até o trânsito em julgado da respectiva ação, ressalvada a existência de decisão judicial em contrário.

- § 4º acrescentado pela Lei 13.846/2019.

§ 5º Julgada improcedente a ação prevista no § 3º ou § 4º deste artigo, o valor retido será corrigido pelos índices legais de reajustamento e será pago de forma proporcional aos demais dependentes, de acordo com as suas cotas e o tempo de duração de seus benefícios.

- § 5º acrescentado pela Lei 13.846/2019.

§ 6º Em qualquer caso, fica assegurada ao INSS a cobrança dos valores indevidamente pagos em função de nova habilitação.

- § 6º acrescentado pela Lei 13.846/2019.

Art. 75. O valor mensal da pensão por morte será de cem por cento do valor da aposentadoria que o segurado recebia ou daquela a que teria direito se estivesse aposentado por invalidez na data de seu falecimento, observado o disposto no artigo 33 desta Lei.

- Artigo com redação determinada pela Lei 9.528/ 1997.

Art. 76. A concessão da pensão por morte não será protelada pela falta de habilitação de outro possível dependente, e qualquer inscrição ou habilitação posterior que importe em exclusão ou inclusão de dependente só produzirá efeito a contar da data da inscrição ou habilitação.

§ 1º O cônjuge ausente não exclui do direito à pensão por morte o companheiro ou a companheira, que somente fará jus ao benefício a partir da data de sua habilitação e mediante prova de dependência econômica.

§ 2º O cônjuge divorciado ou separado judicialmente ou de fato que recebia pensão de alimentos concorrerá em igualdade de condições com os dependentes referidos no inciso I do artigo 16 desta Lei.

☛ **§ 3º** Na hipótese de o segurado falecido estar, na data de seu falecimento, obrigado por determinação judicial a pagar alimentos temporários a ex-cônjuge, ex-companheiro ou ex-companheira, a pensão por morte será devida pelo prazo remanescente na data do óbito, caso não incida outra hipótese de cancelamento anterior do benefício.

- § 3º acrescentado pela Lei 13.846/2019.

Art. 77. A pensão por morte, havendo mais de um pensionista, será rateada entre todos em partes iguais.

- *Caput* com redação determinada pela Lei 9.032/1995.

§ 1º Reverterá em favor dos demais a parte daquele cujo direito à pensão cessar.

- § 1º com redação determinada pela Lei 9.032/1995.

☛ **§ 2º** O direito à percepção da cota individual cessará:

- *Caput* do § 2º com redação determinada pela Lei 13.846/2019.

I – pela morte do pensionista;

- Inciso I acrescentado pela Lei 9.032/1995.

II – para o filho, a pessoa a ele equiparada ou o irmão, de ambos os sexos, ao completar 21 (vinte e um) anos de idade, salvo se for inválido ou tiver deficiência intelectual ou mental ou deficiência grave;

- Inciso II com redação determinada pela Lei 13.183/2015 (*DOU* 05.11.2015), em vigor em 03.01.2016.

III – para filho ou irmão inválido, pela cessação da invalidez;

- Inciso III com redação determinada pela Lei 13.135/2015.

IV – para filho ou irmão que tenha deficiência intelectual ou mental ou deficiência grave, pelo afastamento da deficiência, nos termos do regulamento;

- Inciso IV acrescentado pela Lei 13.135/2015.
- V. art. 6º, II, *a*, Lei 13.135/2015 (*DOU* 18.06.2015), que determina que este dispositivo entrará em vigor em 2 (dois) anos em relação às pessoas com deficiência intelectual ou mental.

V – para cônjuge ou companheiro:

- Inciso V acrescentado pela Lei 13.135/2015.

a) se inválido ou com deficiência, pela cessação da invalidez ou pelo afastamento da deficiência, respeitados os períodos mínimos decorrentes da aplicação das alíneas *b* e *c*;

b) em 4 (quatro) meses, se o óbito ocorrer sem que o segurado tenha vertido 18 (dezoito) contribuições mensais ou se o casamento ou a união estável tiverem sido iniciados em menos de 2 (dois) anos antes do óbito do segurado;

c) transcorridos os seguintes períodos, estabelecidos de acordo com a idade do beneficiário na data de óbito do segurado, se o óbito ocorrer depois de vertidas 18 (dezoito) contribuições mensais e pelo menos 2 (dois) anos após o início do casamento ou da união estável:

1) 3 (três) anos, com menos de 21 (vinte e um) anos de idade;

2) 6 (seis) anos, entre 21 (vinte e um) e 26 (vinte e seis) anos de idade;

3) 10 (dez) anos, entre 27 (vinte e sete) e 29 (vinte e nove) anos de idade;

4) 15 (quinze) anos, entre 30 (trinta) e 40 (quarenta) anos de idade;

5) 20 (vinte) anos, entre 41 (quarenta e um) e 43 (quarenta e três) anos de idade;

6) vitalícia, com 44 (quarenta e quatro) ou mais anos de idade.

☛ **VI** – pela perda do direito, na forma do § 1º do art. 74 desta Lei.

- Inciso VI acrescentado pela Lei 13.846/2019.

§ 2º-A. Serão aplicados, conforme o caso, a regra contida na alínea a ou os prazos previstos na alínea c, ambas do inciso V do § 2º, se o óbito do segurado decorrer de acidente de qualquer natureza ou de doença profissional ou do trabalho, independentemente do recolhimento de 18 (dezoito) contribuições mensais ou da comprovação de 2 (dois) anos de casamento ou de união estável.

- § 2º-A acrescentado pela Lei 13.135/2015.

§ 2º-B. Após o transcurso de pelo menos 3 (três) anos e desde que nesse período se verifique o incremento mínimo de um ano inteiro na média nacional única, para ambos os sexos, correspondente à expectativa de sobrevida da população brasileira ao nascer, poderão ser fixadas, em números inteiros, novas idades para os fins previstos na alínea *c* do inciso V do § 2º, em ato do Ministro de Estado da Previdência Social, limitado o acréscimo na comparação com as idades anteriores ao referido incremento.

- § 2º-B acrescentado pela Lei 13.135/2015.

§ 3º Com a extinção da parte do último pensionista a pensão extinguir-se-á.

- § 3º acrescentado pela Lei 9.032/1995.

§ 4º *(Revogado pela Lei 13.135/2015).*

§ 5º O tempo de contribuição a Regime Próprio de Previdência Social (RPPS) será considerado na contagem das 18 (dezoito) contribuições mensais de que tratam as alíneas *b* e *c* do inciso V do § 2º.

- § 5º acrescentado pela Lei 13.135/2015.

§ 6º O exercício de atividade remunerada, inclusive na condição de microempreendedor individual, não impede a concessão ou manutenção da parte individual da pensão do dependente com deficiência intelectual ou mental ou com deficiência grave.

- § 6º acrescentado pela Lei 13.183/2015.

☛ **§ 7º** Se houver fundados indícios de autoria, coautoria ou participação de dependente, ressalvados os absolutamente incapazes e os inimputáveis, em homicídio, ou em tentativa desse crime, cometido contra a pessoa do segurado, será possível a suspensão provisória de sua parte no benefício de pensão por morte, mediante processo administrativo próprio, respeitados a ampla defesa e o contraditório, e serão devidas, em caso de absolvição, todas as parcelas corrigidas desde a data da suspensão, bem como a reativação imediata do benefício.

- § 7º acrescentado pela Lei 13.846/2019.

Art. 78. Por morte presumida do segurado, declarada pela autoridade judicial competente, depois de 6 (seis) meses de ausência, será concedida pensão provisória, na forma desta Subseção.

§ 1º Mediante prova do desaparecimento do segurado em consequência de acidente, desastre ou catástrofe, seus dependentes farão jus à pensão provisória independentemente da declaração e do prazo deste artigo.

§ 2º Verificado o reaparecimento do segurado, o pagamento da pensão cessará imediatamente, desobrigados os dependentes da reposição dos valores recebidos, salvo má-fé.

☛ **Art. 79.** *(Revogado pela Lei 13.846/2019).*

Subseção IX
Do Auxílio-Reclusão

Art. 80. O auxílio-reclusão, cumprida a carência prevista no inciso IV do *caput* do art. 25 desta Lei, será devido, nas condições da pensão por morte, aos dependentes do segurado de baixa renda recolhido à prisão em regime fechado que não receber remuneração da empresa nem estiver em gozo de auxílio-doença, de pensão por morte, de salário-maternidade, de aposentadoria ou de abono de permanência em serviço.

- Artigo com redação determinada pela Lei 13.846/2019.
- O auxílio-reclusão está sujeito a atualização por Portaria do Ministério da Previdência Social – MPS.

§ 1º O requerimento do auxílio-reclusão será instruído com certidão judicial que ateste o recolhimento efetivo à prisão, e será obrigatória a apresentação de prova de permanência na condição de presidiário para a manutenção do benefício.

§ 2º O INSS celebrará convênios com os órgãos públicos responsáveis pelo cadastro dos presos para obter informações sobre o recolhimento à prisão.

§ 3º Para fins do disposto nesta Lei, considera-se segurado de baixa renda aquele que, no mês de competência de recolhimento à prisão, tenha renda, apurada nos termos do disposto no § 4º deste artigo, de valor igual ou inferior àquela prevista no art. 13 da Emenda Constitucional 20, de 15 de dezembro de 1998, corrigido pelos índices de reajuste aplicados aos benefícios do RGPS.

§ 4º A aferição da renda mensal bruta para enquadramento do segurado como de baixa renda ocorrerá pela média dos salários de contribuição apurados no período de 12 (doze) meses anteriores ao mês do recolhimento à prisão.

§ 5º A certidão judicial e a prova de permanência na condição de presidiário poderão ser substituídas pelo acesso à base de dados, por meio eletrônico, a ser disponibilizada pelo Conselho Nacional de Justiça, com dados cadastrais que assegurem a identificação plena do segurado e da sua condição de presidiário.

§ 6º Se o segurado tiver recebido benefícios por incapacidade no período previsto no § 4º deste artigo, sua duração será contada considerando-se como salário de contribuição no período o salário de benefício que serviu de base para o cálculo da renda mensal, reajustado na mesma época e com a mesma base dos benefícios em geral, não podendo ser inferior ao valor de 1 (um) salário mínimo.

§ 7º O exercício de atividade remunerada do segurado recluso, em cumprimento de pena em regime fechado, não acarreta a perda do direito ao recebimento do auxílio-reclusão para seus dependentes.

§ 8º Em caso de morte de segurado recluso que tenha contribuído para a previdência social durante o período de reclusão, o valor da pensão por morte será calculado levando-se em consideração o tempo de contribuição adicional e os correspondentes salários de contribuição, facultada a opção pelo valor do auxílio-reclusão.

Subseção X
Dos Pecúlios

Art. 81. *(Revogado pela Lei 9.129/1995).*

Art. 82. *(Revogado pela Lei 9.032/1995).*

Art. 83. *(Revogado pela Lei 9.032/1995).*

Art. 84. *(Revogado pela Lei 8.870/1994).*

Art. 85. *(Revogado pela Lei 9.032/1995).*

Subseção XI
Do Auxílio-Acidente

Art. 86. O auxílio-acidente será concedido, como indenização, ao segurado quando, após a consolidação das lesões decorrentes de acidente de qualquer natureza, resultarem sequelas que impliquem redução da capacidade para o trabalho que habitualmente exercia.

- Artigo com redação determinada pela Lei 9.528/ 1997.

§ 1º O auxílio-acidente mensal corresponderá a cinquenta por cento do salário de benefício e será devido, observado o disposto no § 5º, até a véspera do início de qualquer aposentadoria ou até a data do óbito do segurado.

§ 2º O auxílio-acidente será devido a partir do dia seguinte ao da cessação do auxílio-doença, independentemente de qualquer remuneração ou rendimento auferido pelo acidentado, vedada sua acumulação com qualquer aposentadoria.

- V. Súmula 507, STJ.

§ 3º O recebimento de salário ou concessão de outro benefício, exceto de aposentadoria, observado o disposto no § 5º, não prejudicará a continuidade do recebimento do auxílio-acidente.

- V. Súmula 507, STJ.

§ 4º A perda da audição, em qualquer grau, somente proporcionará a concessão do auxílio-acidente, quando, além do reconhecimento de causalidade entre o trabalho e a doença, resultar, comprovadamente, na redução ou perda da capacidade para o trabalho que habitualmente exercia.

§ 5º *(Vetado).*

Subseção XII
Do Abono de Permanência em Serviço

Art. 87. *(Revogado pela Lei 8.870/1994).*

Seção VI
Dos serviços

Subseção I
Do Serviço Social

Art. 88. Compete ao Serviço Social esclarecer junto aos beneficiários seus direitos sociais e os meios de exercê-los e estabelecer conjuntamente com eles o processo de solução dos problemas que emergirem da sua relação com a Previdência Social, tanto no âmbito interno da instituição como na dinâmica da sociedade.

§ 1º Será dada prioridade aos segurados em benefícios por incapacidade temporária e atenção especial aos aposentados e pensionistas.

§ 2º Para assegurar o efetivo atendimento dos usuários serão utilizadas intervenção técnica, assistência de natureza jurídica, ajuda material, recursos sociais, intercâmbio com empresas e pesquisa social, inclusive mediante celebração de convênios, acordos ou contratos.

§ 3º O Serviço Social terá como diretriz a participação do beneficiário na implementação e no fortalecimento da política previdenciária, em articulação com as associações e entidades de classe.

§ 4º O Serviço Social, considerando a universalização da Previdência Social, prestará assessoramento técnico aos Estados e Municípios na elaboração e implantação de suas propostas de trabalho.

Subseção II
Da Habilitação e da Reabilitação Profissional

Art. 89. A habilitação e a reabilitação profissional e social deverão proporcionar ao beneficiário incapacitado parcial ou totalmente para o trabalho, e às pessoas portadoras de deficiência, os meios para a (re)educação e de (re)adaptação profissional e social indicados para participar do mercado de trabalho e do contexto em que vive.

Parágrafo único. A reabilitação profissional compreende:

a) o fornecimento de aparelho de prótese, órtese e instrumentos de auxílio para locomoção quando a perda ou redução da capacidade funcional puder ser atenuada por seu uso e dos equipamentos necessários à habilitação e reabilitação social e profissional;

b) a reparação ou a substituição dos aparelhos mencionados no inciso anterior, desgastados pelo uso normal ou por ocorrência estranha à vontade do beneficiário;

c) o transporte do acidentado do trabalho, quando necessário.

Art. 90. A prestação de que trata o artigo anterior é devida em caráter obrigatório aos segurados, inclusive aposentados e, na medida das possibilidades do órgão da Previdência Social, aos seus dependentes.

Art. 91. Será concedido, no caso de habilitação e reabilitação profissional, auxílio para tratamento ou exame fora do domicílio do beneficiário, conforme dispuser o Regulamento.

Art. 92. Concluído o processo de habilitação ou reabilitação social e profissional, a Previdência Social emitirá certificado individual, indicando as atividades que poderão ser exercidas pelo beneficiário, nada impedindo que este exerça outra atividade para a qual se capacitar.

Art. 93. A empresa com 100 (cem) ou mais empregados está obrigada a preencher de 2% (dois por cento) a 5% (cinco por cento) dos seus cargos com beneficiários reabilitados ou pessoas portadoras de deficiência, habilitadas, na seguinte proporção:

- V. Portaria MTE 1.199/2003 (Normas para imposição de multa administrativa variável prevista no art. 133 da Lei 8.213/1991 e pela infração ao art. 93 da mesma Lei).

I – até 200 empregados 2%

II – de 201 a 500 3%

III – de 501 a 1.000 4%

IV – de 1.001 em diante 5%

V – *(Vetado).*

- Inciso V acrescentado pela Lei 13.146/2015 (*DOU* 07.07.2015), em vigor após decorridos 180 (cento e oitenta) dias de sua publicação oficial.

§ 1º A dispensa de pessoa com deficiência ou de beneficiário reabilitado da Previdência Social ao final de contrato por prazo determinado de mais de 90 (noventa) dias e a dispensa imotivada em contrato por prazo indeterminado somente poderão ocorrer após a contratação de outro trabalhador com deficiência ou beneficiário reabilitado da Previdência Social.

- § 1º com redação determinada pela Lei 13.146/2015 (*DOU* 07.07.2015), em vigor após decorridos 180 (cento e oitenta) dias de sua publicação oficial.

§ 2º Ao Ministério do Trabalho e Emprego incumbe estabelecer a sistemática de fiscalização, bem como gerar dados e estatísticas sobre o total de empregados e as vagas preenchidas por pessoas com deficiência e por beneficiários reabilitados da Previdência Social, fornecendo-os, quando solicitados, aos sindicatos, às entidades representativas dos empregados ou aos cidadãos interessados.

- § 2º com redação determinada pela Lei 13.146/2015 (*DOU* 07.07.2015), em vigor após decorridos 180 (cento e oitenta) dias de sua publicação oficial.

§ 3º Para a reserva de cargos será considerada somente a contratação direta de pessoa com deficiência, excluído o aprendiz com deficiência de que trata a Consolidação das Leis do Trabalho (CLT), aprovada pelo Decreto-lei 5.452, de 1º de maio de 1943.

- § 3º acrescentado pela Lei 13.146/2015 (*DOU* 07.07.2015), em vigor após decorridos 180 (cento e oitenta) dias de sua publicação oficial.

§ 4º *(Vetado).*

- § 4º acrescentado pela Lei 13.146/2015 (*DOU* 07.07.2015), em vigor após decorridos 180 (cento e oitenta) dias de sua publicação oficial.

Seção VII
Da Contagem Recíproca de Tempo de Serviço

Art. 94. Para efeito dos benefícios previstos no Regime Geral de Previdência Social ou no serviço público é assegurada a contagem recíproca do tempo de contribuição na atividade privada, rural e urbana, e do tempo de contribuição ou de serviço na administração pública, hipótese em que os diferentes sistemas de previdência social se compensarão financeiramente.

- *Caput* com redação determinada pela Lei 9.711/1998.

§ 1º A compensação financeira será feita ao sistema a que o interessado estiver vinculado ao requerer o benefício pelos demais sistemas, em relação aos respectivos tempos de contribuição ou de serviço, conforme dispuser o Regulamento.

- Primitivo parágrafo único renumerado pela LC 123/ 2006.

§ 2º Não será computado como tempo de contribuição, para efeito dos benefícios previstos em regimes próprios de previdência social, o período em que o segurado contribuinte individual ou facultativo tiver contribuído na forma do § 2º do art. 21 da Lei 8.212, de 24 de julho de 1991, salvo se complementadas as contribuições na forma do § 3º do mesmo artigo.

- § 2º acrescentado pela LC 123/2006.

Art. 95. Observada a carência de 36 (trinta e seis) contribuições mensais, o segurado poderá contar, para fins de obtenção dos benefícios do Regime Geral de Previdência Social, o tempo de serviço prestado à administração pública federal direta, autárquica e fundacional.

- Artigo com eficácia suspensa por força da MP 2.187-13/2001.

Parágrafo único. Poderá ser contado o tempo de serviço prestado à administração pública direta, autárquica e fundacional dos Estados, do Distrito Federal e dos Municípios, desde que estes assegurem aos seus servidores a contagem de tempo do serviço em atividade vinculada ao Regime Geral de Previdência Social.

Art. 96. O tempo de contribuição ou de serviço de que trata esta Seção será contado de acordo com a legislação pertinente, observadas as normas seguintes:

I – não será admitida a contagem em dobro ou em outras condições especiais;

II – é vedada a contagem de tempo de serviço público com o de atividade privada, quando concomitantes;

III – não será contado por um sistema o tempo de serviço utilizado para concessão de aposentadoria pelo outro;

IV – o tempo de serviço anterior ou posterior à obrigatoriedade de filiação à Previdência Social só será contado mediante indenização da contribuição correspondente ao período respectivo, com acréscimo de juros moratórios de 0,5% (meio por cento) ao mês, capitalizados anualmente, e multa de 10% (dez por cento).

- Inciso IV com redação determinada pela MP 2.187-13/2001.

☛ **V** – vedada a emissão de Certidão de Tempo de Contribuição (CTC) com o registro exclusivo de tempo de serviço, sem a comprovação de contribuição efetiva, exceto para o segurado empregado, empregado doméstico, trabalhador avulso e, a partir de 1º de abril de 2003, para o contribuinte individual que presta serviço a empresa obrigada a arrecadar a contribuição a seu cargo, observado o disposto no § 5º do art. 4º da Lei 10.666, de 8 de maio de 2003;

- Inciso V acrescentado pela Lei 13.846/2019.

VI – a CTC somente poderá ser emitida por regime próprio de previdência social para ex-servidor;

- Inciso VI acrescentado pela Lei 13.846/2019.

VII – é vedada a contagem recíproca de tempo de contribuição do RGPS por regime próprio de previdência social sem a emissão da CTC correspondente, ainda que o tempo de contribuição referente ao RGPS tenha sido prestado pelo servidor público ao próprio ente instituidor;

- Inciso VII acrescentado pela Lei 13.846/2019.

VIII – é vedada a desaverbação de tempo em regime próprio de previdência social quando o tempo averbado tiver gerado a concessão de vantagens remuneratórias ao servidor público em atividade; e

- Inciso VIII acrescentado pela Lei 13.846/2019.

IX – para fins de elegibilidade às aposentadorias especiais referidas no § 4º do art. 40 e no § 1º do art. 201 da Constituição Federal, os períodos reconhecidos pelo regime previdenciário de origem como de tempo especial, sem conversão em tempo comum, deverão estar incluídos nos períodos de contribuição compreendidos na CTC e discriminados de data a data.

- Inciso IX acrescentado pela Lei 13.846/2019.

Parágrafo único. O disposto no inciso V do *caput* deste artigo não se aplica ao tempo de serviço anterior à edição da Emenda Constitucional 20, de 15 de dezembro de 1998, que tenha sido equiparado por lei a tempo de contribuição.

- Parágrafo único acrescentado pela Lei 13.846/2019.

Art. 97. A aposentadoria por tempo de serviço, com contagem de tempo na forma desta Seção, será concedida ao segurado do sexo feminino a partir de 25 (vinte e cinco) anos completos de serviço, e, ao segurado do sexo masculino, a partir de 30 (trinta) anos completos de serviço, ressalvadas as hipóteses de redução previstas em lei.

Art. 98. Quando a soma dos tempos de serviço ultrapassar 30 (trinta) anos, se do sexo feminino, e 35 (trinta e cinco) anos, se do sexo masculino, o excesso não será considerado para qualquer efeito.

Art. 99. O benefício resultante de contagem de tempo de serviço na forma desta Seção será concedido e pago pelo sistema a que o interessado estiver vinculado ao requerê-lo, e calculado na forma da respectiva legislação.

Seção VIII
Das Disposições Diversas Relativas às Prestações

Art. 100. *(Vetado).*

Art. 101. O segurado em gozo de auxílio-doença, aposentadoria por invalidez e o pensionista inválido estão obrigados, sob pena de suspensão do benefício, a submeter-se a exame médico a cargo da Previdência Social, processo de reabilitação profissional por ela prescrito e custeado, e tratamento dispensado gratuitamente, exceto o cirúrgico e a transfusão de sangue, que são facultativos.

- *Caput* com redação determinada pela Lei 9.032/1995.

§ 1º O aposentado por invalidez e o pensionista inválido que não tenham retornado à atividade estarão isentos do exame de que trata o *caput* deste artigo:

- § 1º com redação determinada pela Lei 13.457/2017.

I – após completarem cinquenta e cinco anos ou mais de idade e quando decorridos quinze anos da data da concessão da aposentadoria por invalidez ou do auxílio-doença que a precedeu; ou

- **Redação anterior do inciso I revogada pela MP 871/2019 (*DOU* 18.01.2019, edição extra), posteriormente convertida na Lei 13.846/2019 (*DOU* 18.06.2019, edição extra), que não trouxe essa alteração.**

II – após completarem sessenta anos de idade.

§ 2º A isenção de que trata o § 1º não se aplica quando o exame tem as seguintes finalidades:

- § 2º acrescentado pela Lei 13.063/2014.

I – verificar a necessidade de assistência permanente de outra pessoa para a concessão do acréscimo de 25% (vinte e cinco por cento) sobre o valor do benefício, conforme dispõe o art. 45;

II – verificar a recuperação da capacidade de trabalho, mediante solicitação do aposentado ou pensionista que se julgar apto;

III – subsidiar autoridade judiciária na concessão de curatela, conforme dispõe o art. 110.

§ 3º *(Vetado).*

- § 3º acrescentado pela Lei 13.457/2017.

§ 4º A perícia de que trata este artigo terá acesso aos prontuários médicos do periciado no Sistema Único de Saúde (SUS), desde que haja a prévia anuência do periciado e seja garantido o sigilo sobre os dados dele.

- § 4º acrescentado pela Lei 13.457/2017.

§ 5º É assegurado o atendimento domiciliar e hospitalar pela perícia médica e social do INSS ao segurado com dificuldades de locomoção, quando seu deslocamento, em razão de sua limitação funcional e de condições de acessibilidade, imponha-lhe ônus desproporcional e indevido, nos termos do regulamento.

- § 5º acrescentado pela Lei 13.457/2017.

Art. 102. A perda da qualidade de segurado importa em caducidade dos direitos inerentes a essa qualidade.

- Artigo com redação determinada pela Lei 9.528/1997.

§ 1º A perda da qualidade de segurado não prejudica o direito à aposentadoria para cuja concessão tenham sido preenchidos todos os requisitos, segundo a legislação em vigor à época em que estes requisitos foram atendidos.

§ 2º Não será concedida pensão por morte aos dependentes do segurado que falecer após a perda desta qualidade, nos termos do artigo 15 desta Lei, salvo se preenchidos os requisitos para obtenção da aposentadoria na forma do parágrafo anterior.

- V. Súmula 416, STJ.

☛ **Art. 103.** O prazo de decadência do direito ou da ação do segurado ou beneficiário para a revisão do ato de concessão, indeferimento, cancelamento ou cessação de benefício e do ato de deferimento, indeferimento ou não concessão de revisão de benefício é de 10 (dez) anos, contado:

- *Caput* com redação determinada pela Lei 13.846/2019.

I – do dia primeiro do mês subsequente ao do recebimento da primeira prestação ou da data em que a prestação deveria ter sido paga com o valor revisto; ou

II – do dia em que o segurado tomar conhecimento da decisão de indeferimento, cancelamento ou cessação do seu pedido de benefício ou da decisão de deferimento ou indeferimento de revisão de benefício, no âmbito administrativo.

Parágrafo único. Prescreve em 5 (cinco) anos, a contar da data em que deveriam ter sido pagas, toda e qualquer ação para haver prestações vencidas ou quaisquer restituições ou diferenças devidas pela Previdência Social, salvo o direito dos menores, incapazes e ausentes, na forma do Código Civil.

- Parágrafo único acrescentado pela Lei 9.528/1997.
- V. Súmula 427, STJ.

Art. 103-A. O direito da Previdência Social de anular os atos administrativos de que decorram efeitos favoráveis para os seus beneficiários decai em 10 (dez) anos, contados da data em que foram praticados, salvo comprovada má-fé.

- Artigo acrescentado pela Lei 10.839/2004.

§ 1º No caso de efeitos patrimoniais contínuos, o prazo decadencial contar-se-á da percepção do primeiro pagamento.

§ 2º Considera-se exercício do direito de anular qualquer medida de autoridade administrativa que importe impugnação à validade do ato.

Art. 104. As ações referentes à prestação por acidente do trabalho prescrevem em 5 (cinco) anos, observado o disposto no artigo 103 desta Lei, contados da data:

I – do acidente, quando dele resultar a morte ou a incapacidade temporária, verificada esta em perícia médica a cargo da Previdência Social; ou

II – em que for reconhecida pela Previdência Social, a incapacidade permanente ou o agravamento das sequelas do acidente.

Art. 105. A apresentação de documentação incompleta não constitui motivo para recusa do requerimento de benefício.

☛ **Art. 106.** A comprovação do exercício de atividade rural será feita, complementarmente à autodeclaração de que trata o § 2º e ao cadastro de que trata o § 1º, ambos do art. 38-B desta Lei, por meio de, entre outros:

- *Caput* do artigo com redação determinada pela Lei 13.846/2019.

I – contrato individual de trabalho ou Carteira de Trabalho e Previdência Social;

II – contrato de arrendamento, parceria ou comodato rural;

☛ III – *(Revogado pela Lei 13.846/2019);*

IV – Declaração de Aptidão ao Programa Nacional de Fortalecimento da Agricultura Familiar, de que trata o inciso II do *caput* do art. 2º da Lei 12.188, de 11 de janeiro de 2010, ou por documento que a substitua;

- Inciso IV com redação determinada pela Lei 13.846/2019.

V – bloco de notas do produtor rural;

VI – notas fiscais de entrada de mercadorias, de que trata o § 7º do art. 30 da Lei 8.212, de 24 de julho de 1991, emitidas pela empresa adquirente da produção, com indicação do nome do segurado como vendedor;

VII – documentos fiscais relativos a entrega de produção rural à cooperativa agrícola, entreposto de pescado ou outros, com indicação do segurado como vendedor ou consignante;

VIII – comprovantes de recolhimento de contribuição à Previdência Social decorrentes da comercialização da produção;

IX – cópia da declaração de imposto de renda, com indicação de renda proveniente da comercialização de produção rural; ou

X – licença de ocupação ou permissão outorgada pelo INCRA.

Art. 107. O tempo de serviço de que trata o artigo 55 desta Lei será considerado para cálculo do valor da renda mensal de qualquer benefício.

Art. 108. Mediante justificação processada perante a Previdência Social, observado o disposto no § 3º do artigo 55 e na forma estabelecida no Regulamento, poderá ser suprida a falta de documento ou provado ato do interesse de beneficiário ou empresa, salvo no que se refere a registro público.

Art. 109. O benefício será pago diretamente ao beneficiário, salvo em caso de ausência, moléstia contagiosa ou impossibilidade de locomoção, quando será pago a procurador, cujo mandato não terá prazo superior a 12 (doze) meses, podendo ser renovado.

- *Caput* com redação determinada pela Lei 8.870/1994.

Parágrafo único. A impressão digital do beneficiário incapaz de assinar, aposta na presença de servidor da Previdência Social, vale como assinatura para quitação de pagamento de benefício.

Art. 110. O benefício devido ao segurado ou dependente civilmente incapaz será feito ao cônjuge, pai, mãe, tutor ou curador, admitindo-se, na sua falta e por período não superior a 6 (seis) meses, o pagamento a herdeiro necessário, mediante termo de compromisso firmado no ato do recebimento.

☛ **§ 1º** Para efeito de curatela, no caso de interdição do beneficiário, a autoridade judiciária pode louvar-se no laudo médico-pericial da Previdência Social.

- Primitivo parágrafo único renumerado pela Lei 13.846/2019.

§ 2º O dependente excluído, na forma do § 7º do art. 16 desta Lei, ou que tenha a parte provisoriamente suspensa, na forma do § 7º do art. 77 desta Lei, não poderá representar outro dependente para fins de recebimento e percepção do benefício.

- § 2º acrescentado pela Lei 13.846/2019.

§ 3º O dependente que perde o direito à pensão por morte, na forma do § 1º do art. 74 desta Lei, não poderá representar outro dependente para fins de recebimento e percepção do benefício.

- § 3º acrescentado pela Lei 13.846/2019.

Art. 110-A. No ato de requerimento de benefícios operacionalizados pelo INSS, não será exigida apresentação de termo de curatela de titular ou de beneficiário com deficiência, observados os procedimentos a serem estabelecidos em regulamento.

- Artigo acrescentado pela Lei 13.146/2015 (*DOU* 07.07.2015), em vigor após decorridos 180 (cento e oitenta) dias de sua publicação oficial.

Art. 111. O segurado menor poderá, conforme dispuser o Regulamento, firmar recibo de benefício, independentemente da presença dos pais ou do tutor.

Art. 112. O valor não recebido em vida pelo segurado só será pago aos seus dependentes habilitados à pensão por morte ou, na falta deles, aos seus sucessores na forma da lei civil, independentemente de inventário ou arrolamento.

Art. 113. O benefício poderá ser pago mediante depósito em conta-corrente ou por autorização de pagamento, conforme se dispuser em regulamento.

Parágrafo único. *(Revogado pela Lei 9.876/1999).*

Art. 114. Salvo quanto a valor devido à Previdência Social e a desconto autorizado por esta Lei, ou derivado da obrigação de prestar alimentos reconhecida em sentença judicial, o benefício não pode ser objeto de penhora, arresto ou sequestro, sendo nula de pleno direito a sua venda ou cessão, ou a constituição de qualquer ônus sobre ele, bem como a outorga de poderes irrevogáveis ou em causa própria para o seu recebimento.

Art. 115. Podem ser descontados dos benefícios:

I – contribuições devidas pelo segurado à Previdência Social;

☛ II – pagamento administrativo ou judicial de benefício previdenciário ou assistencial indevido, ou além do devido, inclusive na hipótese de cessação do benefício pela revogação de decisão judicial, em valor que não exceda 30% (trinta por cento) da sua importância, nos termos do regulamento;

- Inciso II com redação determinada pela 13.846/2019.

III – Imposto de Renda retido na fonte;

IV – pensão de alimentos decretada em sentença judicial;

V – mensalidades de associações e demais entidades de aposentados legalmente reconhecidas, desde que autorizadas por seus filiados;

VI – pagamento de empréstimos, financiamentos, cartões de crédito e operações de arrendamento mercantil concedidos por instituições financeiras e sociedades de arrendamento mercantil, ou por entidades fechadas ou abertas de previdência complementar, públicas e privadas, quando expressamente autorizado pelo beneficiário, até o limite de 35% (trinta e cinco por cento) do valor do benefício, sendo 5% (cinco por cento) destinados exclusivamente para:

- Inciso VI com redação determinada pela Lei 13.183/2015.

a) amortização de despesas contraídas por meio de cartão de crédito; ou

b) utilização com a finalidade de saque por meio do cartão de crédito.

§ 1º Na hipótese do inciso II, o desconto será feito em parcelas, conforme dispuser o regulamento, salvo má-fé.

- Primitivo parágrafo único renumerado pela Lei 10.820/2003.

§ 2º Na hipótese dos incisos II e VI, haverá prevalência do desconto do inciso II.

- § 2º acrescentado pela Lei 10.820/2003.

☛ **§ 3º** Serão inscritos em dívida ativa pela Procuradoria-Geral Federal os créditos constituídos pelo INSS em decorrência de benefício previdenciário ou assistencial pago indevidamente ou além do devido, inclusive na hipótese de cessação do benefício pela revogação de decisão judicial, nos termos da Lei 6.830, de 22 de setembro de 1980, para a execução judicial.

- § 3º com redação determinada pela Lei 13.846/2019.

§ 4º Será objeto de inscrição em dívida ativa, para os fins do disposto no § 3º deste artigo, em conjunto ou separadamente, o terceiro beneficiado que sabia ou deveria saber da origem do benefício pago indevidamente em razão de fraude, de dolo ou de coação, desde que devidamente identificado em procedimento administrativo de responsabilização.

- § 4º acrescentado pela Lei 13.846/2019.

§ 5º O procedimento de que trata o § 4º deste artigo será disciplinado em regulamento, nos termos da Lei 9.784, de 29 de janeiro de 1999, e no art. 27 do Decreto-Lei 4.657, de 4 de setembro de 1942.

- § 5º acrescentado pela Lei 13.846/2019.

§ 6º Na hipótese prevista no inciso V do *caput* deste artigo, a autorização do desconto deverá ser revalidada a cada 3 (três) anos, a partir de 31 de dezembro de 2021, nos termos do regulamento.

- § 6º acrescentado pela Lei 13.846/2019.
- **Redação anterior do § 7º determinada pela MP 871/2019 (*DOU* 18.01.2019, edição extra), posteriormente convertida na Lei 13.846/2019 (*DOU* 18.06.2019, edição extra), que não trouxe essa alteração: "§ 7º Na hipótese prevista no inciso V do *caput*, a autorização do desconto deverá ser revalidada anualmente nos termos do disposto no Regulamento".**

Art. 116. Será fornecido ao beneficiário demonstrativo minucioso das importâncias pagas, discriminando-se o valor da mensalidade, as diferenças eventualmente pagas com o período a que se referem e os descontos efetuados.

Art. 117. A empresa, o sindicato ou a entidade de aposentados devidamente legalizada poderá, mediante convênio com a Previdência Social, encarregar-se, relativamente a seu empregado ou associado e respectivos dependentes, de:

I – processar requerimento de benefício, preparando-o e instruindo-o de maneira a ser despachado pela Previdência Social;

II – submeter o requerente a exame médico, inclusive complementar, encaminhando à Previdência Social o respectivo laudo, para efeito de homologação e posterior concessão de benefício que depender de avaliação de incapacidade;

III – pagar benefício.

Parágrafo único. O convênio poderá dispor sobre o reembolso das despesas da empresa, do sindicato ou da entidade de aposentados devidamente legalizada, correspondente aos serviços previstos nos incisos II e III, ajustado por valor global conforme o número de empregados ou de associados, mediante dedução do valor das contribuições previdenciárias a serem recolhidas pela empresa.

Art. 118. O segurado que sofreu acidente do trabalho tem garantida, pelo prazo mínimo de doze meses, a manutenção do seu contrato de trabalho na empresa, após a cessação do auxílio-doença acidentário, independentemente de percepção de auxílio-acidente.

- V. Súmula 378, TST.

Parágrafo único. *(Revogado pela Lei 9.032/1995).*

Art. 119. Por intermédio dos estabelecimentos de ensino, sindicatos, associações de classe, Fundação Jorge Duprat Figueiredo de Segurança e Medicina do Trabalho – FUNDACENTRO, órgãos públicos e outros meios, serão promovidas regularmente instrução e formação com vistas a incrementar costumes e atitudes prevencionistas em matéria de acidente, especialmente do trabalho.

☛ **Art. 120.** Previdência Social ajuizará ação regressiva contra os responsáveis nos casos de:

- Artigo com redação determinada pela Lei 13.846/2019.

I – negligência quanto às normas padrão de segurança e higiene do trabalho indicadas para a proteção individual e coletiva;

II – violência doméstica e familiar contra a mulher, nos termos da Lei 11.340, de 7 de agosto de 2006.

Art. 121. O pagamento de prestações pela Previdência Social em decorrência dos casos previstos nos incisos I e II do *caput* do art. 120 desta Lei não exclui a responsabilidade civil da empresa, no caso do inciso I, ou do responsável pela violência doméstica e familiar, no caso do inciso II.

- Artigo com redação determinada pela Lei 13.846/2019

Art. 122. Se mais vantajoso, fica assegurado o direito à aposentadoria, nas condições legalmente previstas na data do cumprimento de todos os requisitos necessários à obtenção do benefício, ao segurado que, tendo completado 35 (trinta e cinco) anos de serviço, se homem, ou 30 (trinta) anos, se mulher, optou por permanecer em atividade.

- Artigo restabelecido e com redação determinada pela Lei 9.528/1997.

Art. 123. *(Revogado pela Lei 9.032/1995).*

Art. 124. Salvo no caso de direito adquirido, não é permitido o recebimento conjunto dos seguintes benefícios da Previdência Social:

I – aposentadoria e auxílio-doença;

II – mais de uma aposentadoria;

- Inciso II com redação determinada pela Lei 9.032/ 1995.

III – aposentadoria e abono de permanência em serviço;

IV – salário-maternidade e auxílio-doença;

- Inciso IV acrescentado pela Lei 9.032/1995.

V – mais de um auxílio-acidente;

- Inciso V acrescentado pela Lei 9.032/1995.

VI – mais de uma pensão deixada por cônjuge ou companheiro, ressalvado o direito de opção pela mais vantajosa.

- Inciso VI acrescentado pela Lei 9.032/1995.

Parágrafo único. É vedado o recebimento conjunto do seguro-desemprego com qualquer benefício de prestação continuada da Previdência Social, exceto pensão por morte ou auxílio-acidente.

- Parágrafo único acrescentado pela Lei 9.032/1995.

☛ **Art. 124-A.** O INSS implementará e manterá processo administrativo eletrônico para requerimento de benefícios e serviços e disponibilizará canais eletrônicos de atendimento.

- Artigo acrescentado pela Lei 13.846/2019.

§ 1º O INSS facilitará o atendimento, o requerimento, a concessão, a manutenção e a revisão de benefícios por meio eletrônico e implementará procedimentos automatizados, de atendimento e prestação de serviços por meio de atendimento telefônico ou de canais remotos.

§ 2º Poderão ser celebrados acordos de cooperação, na modalidade de adesão, com órgãos e entidades da União, dos Estados, do Distrito Federal e dos Municípios, para a recepção de documentos e o apoio administrativo às atividades do INSS que demandem serviços presenciais.

§ 3º A implementação de serviços eletrônicos preverá mecanismos de controle preventivos de fraude e de identificação segura do cidadão.

- **Redação anterior do § 4º determinada pela MP 871/2019 (*DOU* 18.01.2019, edição extra), posteriormente convertida na Lei 13.846/2019 (*DOU* 18.06.2019, edição extra), que não trouxe essa alteração: § 4º A implementação de serviços eletrônicos preverá mecanismos de controle preventivos de fraude e identificação segura do cidadão".**

Art. 124-B. INSS, para o exercício de suas competências, observado o disposto nos incisos XI e XII do art. 5º da Constituição Federal e na Lei 13.709, de 14 de agosto de 2018, terá acesso aos dados necessários para a análise, a concessão, a revisão e a manutenção de benefícios por ele administrados, em especial aos dados:

- Artigo acrescentado pela Lei 13.846/2019.

I – *(Vetado);*

II – dos registros e dos prontuários eletrônicos do Sistema Único de Saúde (SUS), administrados pelo Ministério da Saúde;

III – dos documentos médicos mantidos por entidades públicas e privadas, sendo necessária, no caso destas últimas, a celebração de convênio para garantir o acesso; e

IV – de movimentação das contas do Fundo de Garantia por Tempo de Serviço (FGTS), instituído pela Lei 5.107, de 13 de setembro de 1966, mantidas pela Caixa Econômica Federal.

§ 1º Para fins do cumprimento do disposto no *caput* deste artigo, serão preservados a integridade e o sigilo dos dados acessados pelo INSS, eventualmente existentes, e o acesso aos dados dos prontuários eletrônicos do Sistema Único de Saúde (SUS) e dos documentos médicos mantidos por entidades públicas e privadas será exclusivamente franqueado aos peritos médicos federais designados pelo INSS.

§ 2º O Ministério da Economia terá acesso às bases de dados geridas ou administradas pelo INSS, incluída a folha de pagamento de benefícios com o detalhamento dos pagamentos.

§ 3º As bases de dados e as informações de que tratam o *caput* e o § 1º deste artigo poderão ser compartilhadas com os regimes próprios de previdência social, para estrita utilização em suas atribuições relacionadas à recepção, à análise, à concessão, à revisão e à manutenção de benefícios por eles administrados, preservados a integridade dos dados e o sigilo eventualmente existente, na forma disciplinada conjuntamente pela Secretaria Especial de Previdência e Trabalho do Ministério da Economia e pelo gestor dos dados.

§ 4º Fica dispensada a celebração de convênio, de acordo de cooperação técnica ou de instrumentos congêneres para a efetivação do acesso aos dados de que trata o *caput* deste artigo, quando se tratar de dados hospedados por órgãos da administração pública federal, e caberá ao INSS a responsabilidade de arcar com os custos envolvidos, quando houver, no acesso ou na extração dos dados, exceto quando estabelecido de forma diversa entre os órgãos envolvidos.

§ 5º As solicitações de acesso a dados hospedados por entidades privadas possuem característica de requisição, dispensados a celebração de convênio, acordo de cooperação técnica ou instrumentos congêneres para a efetivação do acesso aos dados de que trata o *caput* deste artigo e o ressarcimento de eventuais custos, vedado o compartilhamento dos dados com demais entidades de direito privado.

Art. 124-C. O servidor responsável pela análise dos pedidos dos benefícios previstos nesta Lei motivará suas decisões ou opiniões técnicas e responderá pessoalmente apenas na hipótese de dolo ou erro grosseiro.

- Artigo acrescentado pela Lei 13.846/2019.

Art. 124-D. A administração pública federal desenvolverá ações de segurança da informação e comunicações, incluídas as de segurança cibernética, de segurança das infraestruturas, de qualidade dos dados e de segurança de interoperabilidade de bases governamentais, e efetuará a sua integração, inclusive com as bases de dados e informações dos Estados, dos Municípios e do Distrito Federal, com o objetivo de atenuar riscos e inconformidades em pagamentos de benefícios sociais.

- Artigo acrescentado pela Lei 13.846/2019.

Art. 124-E. *(Vetado).*

- Artigo acrescentado pela Lei 13.846/2019.

Art. 124-F. *(Vetado).*

- Artigo acrescentado pela Lei 13.846/2019.

TÍTULO IV
Das Disposições Finais e Transitórias

Art. 125. Nenhum benefício ou serviço da Previdência Social poderá ser criado, majorado ou estendido, sem a correspondente fonte de custeio total.

Art. 125-A. Compete ao Instituto Nacional do Seguro Social – INSS realizar, por meio dos seus próprios agentes, quando designados, todos os atos e procedimentos necessários à verificação do atendimento das obrigações não tributárias impostas pela legislação previdenciária e à imposição da multa por seu eventual descumprimento.

- Artigo acrescentado pela Lei 11.941/2009.

§ 1º A empresa disponibilizará a servidor designado por dirigente do INSS os documentos necessários à comprovação de vínculo empregatício, de prestação de serviços e de remuneração relativos a trabalhador previamente identificado.

§ 2º Aplica-se ao disposto neste artigo, no que couber, o art. 126 desta Lei.

§ 3º O disposto neste artigo não abrange as competências atribuídas em caráter privativo aos ocupantes do cargo de Auditor Fiscal da Receita Federal do Brasil previstas no inciso I do *caput* do art. 6º da Lei 10.593, de 6 de dezembro de 2002.

☛ **Art. 126.** Compete ao Conselho de Recursos da Previdência Social julgar:

- *Caput* com redação determinada pela Lei 13.846/2019.

I – recursos das decisões do INSS nos processos de interesse dos beneficiários;

II – contestações e recursos relativos à atribuição, pelo Ministério da Economia, do Fator Acidentário de Prevenção aos estabelecimentos das empresas;

III – recursos das decisões do INSS relacionados à comprovação de atividade rural de segurado especial de que tratam os arts. 38-A e 38-B, ou demais informações relacionadas ao CNIS de que trata o art. 29-A desta Lei.

§§ 1º e 2º *(Revogados pela Lei 11.727/2008, a partir da data da publicação da MP 413/2008 – DOU 03.01.2008, edição extra).*

☛ **§ 3º** A propositura de ação que tenha por objeto idêntico pedido sobre o qual versa o processo administrativo importa renúncia ao direito de recorrer na esfera administrativa e desistência do recurso interposto.

- § 3º com redação determinada pela Lei 13.846/2019.

Art. 127. *(Revogado pela Lei 9.711/1998).*

Art. 128. As demandas judiciais que tiverem por objeto o reajuste ou a concessão de benefícios regulados nesta Lei cujos valores de execução não forem superiores a R$ 5.180,25 (cinco mil, cento e oitenta reais e vinte e cinco centavos) por autor poderão, por opção de cada um dos exequentes, ser quitadas no prazo de até 60 (sessenta) dias após a intimação do trânsito em julgado da decisão, sem necessidade da expedição de precatório.

- Artigo com redação determinada pela Lei 10.099/2000.
- O art. 2º da Lei 10.099/2000 dispõe: "O disposto no art. 128 da Lei 8.213, de 1991, aplica-se aos benefícios de prestação continuada de que trata a Lei 8.742, de 7 de dezembro de 1993".
- Valor original sujeito à atualização mediante Portaria do Ministério da Previdência Social – MPS.

§ 1º É vedado o fracionamento, repartição ou quebra do valor da execução, de modo que o pagamento se faça, em parte, na forma estabelecida no *caput* e, em parte, mediante expedição do precatório.

§ 2º É vedada a expedição de precatório complementar ou suplementar do valor pago na forma do *caput*.

§ 3º Se o valor da execução ultrapassar o estabelecido no *caput*, o pagamento far-se-á sempre por meio de precatório.

§ 4º É facultada à parte exequente a renúncia ao crédito, no que exceder ao valor estabelecido no *caput*, para que possa optar pelo pagamento do saldo sem o precatório, na forma ali prevista.

§ 5º A opção exercida pela parte para receber os seus créditos na forma prevista no *caput* implica a renúncia do restante dos créditos porventura existentes e que sejam oriundos do mesmo processo.

§ 6º O pagamento sem precatório, na forma prevista neste artigo, implica quitação total do pedido constante da petição inicial e determina a extinção do processo.

§ 7º O disposto neste artigo não obsta a interposição de embargos à execução por parte do INSS.

Art. 129. Os litígios e medidas cautelares relativos a acidentes do trabalho serão apreciados:

I – na esfera administrativa, pelos órgãos da Previdência Social, segundo as regras e prazos aplicáveis às demais prestações, com prioridade para conclusão; e

II – na via judicial, pela Justiça dos Estados e do Distrito Federal, segundo o rito sumaríssimo, inclusive durante as férias forenses, mediante petição instruída pela prova de efetiva notificação do evento à Previdência Social, através de Comunicação de Acidente do Trabalho – CAT.

- A Lei 9.245/1995 substituiu a expressão "sumaríssimo" por "sumário".

Parágrafo único. O procedimento judicial de que trata o inciso II deste artigo é isento do pagamento de quaisquer custas e de verbas relativas à sucumbência.

Art. 130. Na execução contra o Instituto Nacional do Seguro Social – INSS, o prazo a que se refere o artigo 730 do Código de Processo Civil é de 30 (trinta) dias.

- *Caput* com redação determinada pela Lei 9.528/1997.

Parágrafo único. *(Revogado pela Lei 9.528/1997).*

Art. 131. O Ministro da Previdência e Assistência Social poderá autorizar o INSS a formalizar a desistência ou abster-se de propor ações e recursos em processos judiciais sempre que a ação versar matéria sobre a qual haja declaração de inconstitucionalidade, proferida pelo Supremo Tribunal Federal – STF, súmula ou jurisprudência consolidada do STF ou dos tribunais superiores.

- Artigo com redação determinada pela Lei 9.528/1997.

Parágrafo único. O Ministro da Previdência e Assistência Social disciplinará as hipóteses em que a administração previdenciária federal, relativamente aos créditos previdenciários baseados em dispositivo declarado inconstitucional por decisão definitiva do Supremo Tribunal Federal, possa:

a) abster-se de constituí-los;

b) retificar o seu valor ou declará-los extintos, de ofício, quando houverem sido constituídos anteriormente, ainda que inscritos em dívida ativa;

c) formular desistência de ações de execução fiscal já ajuizadas, bem como deixar de interpor recursos de decisões judiciais.

Art. 132. A formalização de desistência ou transigência judiciais, por parte de procurador da Previdência Social, será sempre precedida da anuência, por escrito, do Procurador-Geral do Instituto Nacional do Seguro Social – INSS ou do presidente desse órgão, quando os valores em litígio ultrapassarem os limites definidos pelo Conselho Nacional de Previdência Social – CNPS.

§ 1º Os valores, a partir dos quais se exigirá a anuência do Procurador-Geral ou do presidente do INSS, serão definidos periodicamente pelo CNPS, através de resolução própria.

§ 2º Até que o CNPS defina os valores mencionados nesse artigo, deverão ser submetidos à anuência prévia do Procurador-Geral ou do presidente do INSS a formalização de desistência ou transigência judiciais, quando os valores, referentes a cada segurado considerado separadamente, superarem, respectivamente, dez ou trinta vezes o teto do salário de benefício.

Art. 133. A infração a qualquer dispositivo desta Lei, para a qual não haja penalidade expressamente cominada, sujeita o responsável, conforme a gravidade da infração, à multa variável de Cr$ 100.000,00 (cem mil cruzeiros) a Cr$ 10.000.000,00 (dez milhões de cruzeiros).

- Valores originais sujeitos a atualização mediante Portaria do Ministério da Previdência Social – MPS.

Parágrafo único. *(Revogado pela Lei 11.941/2009).*

Art. 134. Os valores expressos em moeda corrente nesta Lei serão reajustados nas mesmas épocas e com os mesmos índices utilizados para o reajustamento dos valores dos benefícios.

- Artigo com redação determinada pela MP 2.187-13/ 2001.

Art. 135. Os salários de contribuição utilizados no cálculo do valor de benefício serão considerados respeitando-se os limites mínimo e máximo vigentes nos meses a que se referirem.

Art. 136. Ficam eliminados o menor e o maior valor teto para cálculo do salário de benefício.

Art. 137. Fica extinto o Programa de Previdência Social aos Estudantes, instituído pela Lei 7.004, de 24 de junho de 1982, mantendo-se o pagamento dos benefícios de prestação continuada com data de início até a entrada em vigor desta Lei.

Art. 138. Ficam extintos os regimes de Previdência Social instituídos pela Lei Complementar 11, de 25 de maio de 1971, e pela Lei 6.260, de 6 de novembro de 1975, sendo mantidos, com valor não inferior ao do salário mínimo, os benefícios concedidos até a vigência desta Lei.

Parágrafo único. Para os que vinham contribuindo regularmente para os regimes a que se refere este artigo, será contado o tempo de contribuição para fins do Regime Geral de Previdência Social, conforme disposto no Regulamento.

Art. 139. *(Revogado pela Lei 9.528/1997).*

Art. 140. *(Revogado pela Lei 9.528/1997).*

Art. 141. *(Revogado pela Lei 9.528/1997).*

Art. 142. Para o segurado inscrito na Previdência Social Urbana até 24 de julho de 1991, bem como para o trabalhador e o empregador rural cobertos pela Previdência Social Rural, a carência das aposentadorias por idade, por tempo de serviço e especial obedecerá à seguinte tabela, levando-se em conta o ano em que o segurado implementou todas as condições necessárias à obtenção do benefício:

- Artigo com redação determinada pela Lei 9.032/ 1995.

Ano de implementação das condições	Meses de contribuição exigidos
1991	60 meses
1992	60 meses
1993	66 meses
1994	72 meses
1995	78 meses
1996	90 meses
1997	96 meses
1998	102 meses
1999	108 meses
2000	114 meses
2001	120 meses
2002	126 meses
2003	132 meses
2004	138 meses
2005	144 meses
2006	150 meses
2007	156 meses
2008	162 meses
2009	168 meses
2010	174 meses
2011	180 meses

Art. 143. O trabalhador rural ora enquadrado como segurado obrigatório no Regime Geral de Previdência Social, na forma da alínea *a* do inciso I, ou do inciso IV ou VII do artigo 11 desta Lei, pode requerer aposentadoria por idade, no valor de um salário mínimo, durante 15 (quinze) anos, contados a partir da data de vigência desta Lei, desde que comprove o exercício de atividade rural, ainda que descontínua, no período imediatamente anterior ao requerimento do benefício, em número de meses idêntico à carência do referido benefício.

- Artigo com redação determinada pela Lei 9.063/ 1995.
- V. art. 2º, Lei 11.718/2008, que prorroga até o dia 31.12.2010, para o trabalhador rural empregado, o prazo previsto neste artigo.

Art. 144. Até 1º de junho de 1992, todos os benefícios de prestação continuada concedidos pela Previdência Social, entre 5 de outubro de 1988 e 5 de abril de 1991, devem ter sua renda mensal inicial recalculada e reajustada, de acordo com as regras estabelecidas nesta Lei.

- Artigo com eficácia suspensa por força da MP 2.187-13/2001.

Parágrafo único. A renda mensal recalculada de acordo com o disposto no *caput* deste artigo, substituirá para todos os efeitos a que prevalecia até então, não sendo devido, entretanto, o pagamento de quaisquer diferenças decorrentes da aplicação deste artigo referentes às competências de outubro de 1988 a maio de 1992.

Art. 145. Os efeitos desta Lei retroagirão a 5 de abril de 1991, devendo os benefícios de prestação continuada concedidos pela Previdência Social a partir de então, terem, no prazo máximo de 30 (trinta) dias, suas rendas mensais iniciais recalculadas e atualizadas de acordo com as regras estabelecidas nesta Lei.

- Artigo com eficácia suspensa por força da MP 2.187-13/ 2001.

Parágrafo único. As rendas mensais resultantes da aplicação do disposto neste artigo substituirão, para todos os efeitos as que prevaleciam até então, devendo as diferenças de valor apuradas serem pagas, a partir do dia seguinte ao término do prazo estipulado no *caput* deste artigo, em até 24 (vinte e quatro) parcelas mensais consecutivas reajustadas nas mesmas épocas e na mesma proporção em que forem reajustados os benefícios de prestação continuada da Previdência Social.

Art. 146. As rendas mensais de benefícios pagos pela Previdência Social incorporarão, a partir de 1º de setembro de 1991, o abono definido na alínea *b* do § 6º do artigo 9º da Lei 8.178, de 1º de março de 1991, e terão, a partir dessa data, seus valores alterados de acordo com o disposto nesta Lei.

- Artigo com eficácia suspensa por força da MP 2.187-13/2001.

Art. 147. Serão respeitadas as bases de cálculo para a fixação dos valores referentes às aposentadorias especiais, deferidas até a data da publicação desta Lei.

- Artigo com eficácia suspensa por força da MP 2.187-13/2001.

Art. 148. *(Revogado pela Lei 9.528/1997).*

Art. 149. As prestações, e o seu financiamento, referentes aos benefícios de ex-combatente e de ferroviário servidor público ou autárquico federal ou em regime especial que não optou pelo regime da Consolidação das Leis do Trabalho, na forma da Lei 6.184, de 11 de dezembro de 1974, bem como seus dependentes, serão objeto de legislação específica.

Art. 150. *(Revogado pela Lei 10.559/2002).*

Art. 151. Até que seja elaborada a lista de doenças mencionada no inciso II do art. 26, independe de carência a concessão de auxílio-doença e de aposentadoria por invalidez ao segurado que, após filiar-se ao RGPS, for acometido das seguintes doenças: tuberculose ativa, hanseníase, alienação mental, esclerose múltipla, hepatopatia grave, neoplasia maligna, cegueira, paralisia irreversível e incapacitante, cardiopatia grave, doença de Parkinson, espondiloartrose anquilosante, nefropatia grave, estado avançado da doença de Paget (osteíte deformante), síndrome da deficiência imunológica adquirida (aids) ou contaminação por radiação, com base em conclusão da medicina especializada.

• Artigo com redação determinada pela Lei 13.135/ 2015.

Art. 152. *(Revogado pela Lei 9.528/1997).*

Art. 153. O Regime Facultativo Complementar de Previdência Social será objeto de lei especial, a ser submetida à apreciação do Congresso Nacional dentro do prazo de 180 (cento e oitenta) dias.

Art. 154. O Poder Executivo regulamentará esta Lei no prazo de 60 (sessenta) dias a partir da data da sua publicação.

Art. 155. Esta Lei entra em vigor na data de sua publicação.

Art. 156. Revogam-se as disposições em contrário.

Brasília, em 24 de julho de 1991; 170º da Independência e 103º da República.

Fernando Collor

(*DOU* 25.07.1991; rep. 11.04.1996 e 14.08.1998)

LEI 8.406, DE 9 DE JANEIRO DE 1992

Dispõe sobre a publicação de informações relativas ao Fundo de Garantia do Tempo de Serviço (FGTS) pelo Ministério do Trabalho e da Previdência Social e pela Caixa Econômica Federal.

O Presidente da República:

Faço saber que o Congresso Nacional decreta e eu sanciono a seguinte lei:

Art. 1º O Ministério do Trabalho e da Previdência Social (MTPS) elaborará e imprimirá, após aprovação pelo Conselho Curador do Fundo de Garantia do Tempo de Serviço (FGTS), manual com as informações básicas acerca do fundo, discriminando especialmente:

I – definição dos objetivos do fundo;

II – possibilidades de utilização dos recursos depositados;

III – responsáveis pela administração do fundo e pelas informações a ele relativas;

IV – faculdade que tem o trabalhador, ou seus dependentes e sucessores, ou ainda o sindicato de sua categoria profissional para denunciar:

a) o empregador omisso no cumprimento da legislação relativa ao fundo;

b) o estabelecimento bancário pela omissão na liberação dos recursos e na prestação das informações devidas na forma da legislação pertinente;

V – faculdade para acionar judicialmente a empresa ou o banco omisso;

VI – documentos de que dispõe o trabalhador para acompanhar e fiscalizar os pagamentos das contribuições devidas ao fundo.

Parágrafo único. O manual a que se refere este artigo será distribuído pelo Ministério do Trabalho e da Previdência Social no momento da emissão da Carteira de Trabalho e Previdência Social.

Art. 2º O verso do extrato do Fundo de Garantia do Tempo de Serviço fornecido pela Caixa Econômica Federal a cada trabalhador por força da Lei 8.036, de 11 de maio de 1990, deverá conter informações atualizadas, especialmente quanto:

I – às hipóteses de saques;

II – aos critérios para atualização dos recursos;

III – aos procedimentos para o levantamento dos depósitos.

Parágrafo único. Até que seja concluída a centralização das contas do FGTS na Caixa Econômica Federal, os extratos contendo as informações atualizadas serão fornecidos pelos respectivos bancos depositários.

Art. 3º Esta Lei entra em vigor na data de sua publicação.

Art. 4º Revogam-se as disposições em contrário.

Brasília, 9 de janeiro de 1992; 171º da Independência e 104º da República.

Fernando Collor

(*DOU* 10.01.1992)

LEI 8.429, DE 2 DE JUNHO DE 1992

Dispõe sobre as sanções aplicáveis aos agentes públicos nos casos de enriquecimento ilícito no exercício de mandato, cargo, emprego ou função na administração pública direta, indireta ou fundacional e dá outras providências.

O Presidente da República:

Faço saber que o Congresso Nacional decreta e eu sanciono a seguinte Lei:

Capítulo I
Das Disposições Gerais

• V. Título XI – Dos crimes contra a administração pública, CP.

• V. Dec. 983/1993 (Improbidade administrativa).

• V. art. 1º, V, Lei 9.613/1998 (Crimes de "lavagem" de capitais).

Art. 1º Os atos de improbidade praticados por qualquer agente público, servidor ou não, contra a administração direta, indireta ou fundacional de qualquer dos Poderes da União, dos Estados, do Distrito Federal, dos Municípios, de Território, de empresa incorporada ao patrimônio público ou de entidade para cuja criação ou custeio o erário haja concorrido ou concorra com mais de 50% (cinquenta por cento) do patrimônio ou da receita anual, serão punidos na forma desta Lei.

Parágrafo único. Estão também sujeitos às penalidades desta Lei os atos de improbidade praticados contra o patrimônio de entidade que receba subvenção, benefício ou incentivo, fiscal ou creditício, de órgão público bem como daquelas para cuja criação ou custeio o erário haja concorrido ou concorra com menos de 50% (cinquenta por cento) do patrimônio ou da receita anual, limitando-se, nestes casos, a sanção patrimonial à repercussão do ilícito sobre a contribuição dos cofres públicos.

Art. 2º Reputa-se agente público, para os efeitos desta Lei, todo aquele que exerce, ainda que transitoriamente ou sem remuneração, por eleição, nomeação, designação, contratação ou qualquer outra forma de investidura ou vínculo, mandato, cargo, emprego ou função nas entidades mencionadas no artigo anterior.

• V. art. 327, CP.

Art. 3º As disposições desta Lei são aplicáveis, no que couber, àquele que, mesmo não sendo agente público, induza ou concorra para a prática do ato de improbidade ou dele se beneficie sob qualquer forma direta ou indireta.

• V. arts. 29 e 30, CP.

Art. 4º Os agentes públicos de qualquer nível ou hierarquia são obrigados a velar pela estrita observância dos princípios de legalidade, impessoalidade, moralidade e publicidade no trato dos assuntos que lhes são afetos.

• V. art. 37, *caput*, CF.

Art. 5º Ocorrendo lesão ao patrimônio público por ação ou omissão, dolosa ou culposa, do agente ou de terceiro, dar-se-á o integral ressarcimento do dano.

• V. arts. 186 e 927, CC.

• V. art. 91, I, CP.

Art. 6º No caso de enriquecimento ilícito, perderá o agente público ou terceiro beneficiário os bens ou valores acrescidos ao seu patrimônio.

Art. 7º Quando o ato de improbidade causar lesão ao patrimônio público ou ensejar enriquecimento ilícito, caberá à autoridade administrativa responsável pelo inquérito representar ao Ministério Público, para a indisponibilidade dos bens do indiciado.

Parágrafo único. A indisponibilidade a que se refere o *caput* deste artigo recairá sobre bens que assegurem o integral ressarcimento do dano, ou sobre o acréscimo patrimonial resultante do enriquecimento ilícito.

Art. 8º O sucessor daquele que causar lesão ao patrimônio público ou se enriquecer ilicitamente está sujeito às cominações desta Lei até o limite do valor da herança.

• V. arts. 1.792 e 1.821, CC.

Capítulo II
Dos Atos de Improbidade Administrativa

Seção I
Dos Atos de Improbidade Administrativa que Importam Enriquecimento Ilícito

Art. 9º Constitui ato de improbidade administrativa importando enriquecimento ilícito auferir qualquer tipo de vantagem patrimonial indevida em razão do exercício de cargo, mandato, função, emprego ou atividade nas entidades mencionadas no art. 1º desta Lei, e notadamente:

I – receber, para si ou para outrem, dinheiro, bem móvel ou imóvel, ou qualquer outra vantagem econômica, direta ou indireta, a título de comissão, percentagem, gratificação ou presente de quem tenha interesse, direto ou indireto, que possa ser atingido ou amparado por ação ou omissão decorrente das atribuições do agente público;

II – perceber vantagem econômica, direta ou indireta, para facilitar a aquisição, permuta ou locação de bem móvel ou imóvel, ou a contratação de serviços pelas entidades referidas no art. 1º por preço superior ao valor de mercado;

III – perceber vantagem econômica, direta ou indireta, para facilitar a alienação, permuta ou locação de bem público ou o fornecimento de serviço por ente estatal por preço inferior ao valor de mercado;

IV – utilizar, em obra ou serviço particular, veículos, máquinas, equipamentos ou material de qualquer natureza, de propriedade ou à disposição de qualquer das entidades mencionadas no art. 1º desta Lei, bem como o trabalho de servidores públicos, empregados ou terceiros contratados por essas entidades;

V – receber vantagem econômica de qualquer natureza, direta ou indireta, para tolerar a exploração ou a prática de jogos de azar, de lenocínio, de narcotráfico, de contrabando, de usura ou de qualquer outra atividade ilícita, ou aceitar promessa de tal vantagem;

VI – receber vantagem econômica de qualquer natureza, direta ou indireta, para fazer declaração falsa sobre medição ou avaliação em obras públicas ou qualquer outro serviço, ou sobre quantidade, peso, medida, qualidade ou característica de mercadorias ou bens fornecidos a qualquer das entidades mencionadas no art. 1º desta Lei;

VII – adquirir, para si ou para outrem, no exercício de mandato, cargo, emprego ou função pública, bens de qualquer natureza cujo valor seja desproporcional à evolução do patrimônio ou à renda do agente público;

VIII – aceitar emprego, comissão ou exercer atividade de consultoria ou assessoramento para pessoa física ou jurídica que tenha interesse suscetível de ser atingido ou amparado por ação ou omissão decorrente das atribuições do agente público, durante a atividade;

IX – perceber vantagem econômica para intermediar a liberação ou aplicação de verba pública de qualquer natureza;

X – receber vantagem econômica de qualquer natureza, direta ou indiretamente, para omitir ato de ofício, providência ou declaração a que esteja obrigado;

XI – incorporar, por qualquer forma, ao seu patrimônio bens, rendas, verbas ou valores integrantes do acervo patrimonial das entidades mencionadas no art. 1º desta Lei;

XII – usar, em proveito próprio, bens, rendas, verbas ou valores integrantes do acervo patrimonial das entidades mencionadas no art. 1º desta Lei.

Seção II
Dos Atos de Improbidade Administrativa que Causam Prejuízo ao Erário

Art. 10. Constitui ato de improbidade administrativa que causa lesão ao erário qualquer ação ou omissão, dolosa ou culposa, que enseje perda patrimonial, desvio, apropriação, malbaratamento ou dilapidação dos bens ou haveres das entidades referidas no art. 1º desta Lei, e notadamente:

I – facilitar ou concorrer por qualquer forma para a incorporação ao patrimônio particular, de pessoa física ou jurídica, de bens, rendas, verbas ou valores integrantes do acervo patrimonial das entidades mencionadas no art. 1º desta Lei;

II – permitir ou concorrer para que pessoa física ou jurídica privada utilize bens, rendas, verbas ou valores integrantes do acervo patrimonial das entidades mencionadas no art. 1º desta Lei, sem a observância das formalidades legais ou regulamentares aplicáveis à espécie;

III – doar à pessoa física ou jurídica bem como ao ente despersonalizado, ainda que de fins educativos ou assistenciais, bens, rendas, verbas ou valores do patrimônio de qualquer das entidades mencionadas no art. 1º desta Lei, sem observância das formalidades legais e regulamentares aplicáveis à espécie;

IV – permitir ou facilitar a alienação, permuta ou locação de bem integrante do patrimônio de qualquer das entidades referidas no art. 1º desta Lei, ou ainda a prestação de serviço por parte delas, por preço inferior ao de mercado;

V – permitir ou facilitar a aquisição, permuta ou locação de bem ou serviço por preço superior ao de mercado;

VI – realizar operação financeira sem observância das normas legais e regulamentares ou aceitar garantia insuficiente ou inidônea;

VII – conceder benefício administrativo ou fiscal sem a observância das formalidades legais ou regulamentares aplicáveis à espécie;

VIII – frustrar a licitude de processo licitatório ou de processo seletivo para celebração de parcerias com entidades sem fins lucrativos, ou dispensá-los indevidamente;

- Inciso VIII com redação determinada pela Lei 13.019/ 2014 (*DOU* 01.08.2014), em vigor após decorridos 540 (quinhentos e quarenta) dias de sua publicação oficial, observado o disposto nos §§ 1º e 2º do art. 88 da referida Lei.

IX – ordenar ou permitir a realização de despesas não autorizadas em lei ou regulamento;

X – agir negligentemente na arrecadação de tributo ou renda, bem como no que diz respeito à conservação do patrimônio público;

XI – liberar verba pública sem a estrita observância das normas pertinentes ou influir de qualquer forma para a sua aplicação irregular;

XII – permitir, facilitar ou concorrer para que terceiro se enriqueça ilicitamente;

XIII – permitir que se utilize, em obra ou serviço particular, veículos, máquinas, equipamentos ou material de qualquer natureza, de propriedade ou à disposição de qualquer das entidades mencionadas no art. 1º desta Lei, bem como o trabalho de servidor público, empregados ou terceiros contratados por essas entidades;

XIV – celebrar contrato ou outro instrumento que tenha por objeto a prestação de serviços públicos por meio da gestão associada sem observar as formalidades previstas na lei;

- Inciso XIV acrescentado pela Lei 11.107/2005.

XV – celebrar contrato de rateio de consórcio público sem suficiente e prévia dotação orçamentária, ou sem observar as formalidades previstas na lei.

- Inciso XV acrescentado pela Lei 11.107/2005.

XVI – facilitar ou concorrer, por qualquer forma, para a incorporação, ao patrimônio particular de pessoa física ou jurídica, de bens, rendas, verbas ou valores públicos transferidos pela administração pública a entidades privadas mediante celebração de parcerias, sem a observância das formalidades legais ou regulamentares aplicáveis à espécie;

- Inciso XVI acrescentado pela Lei 13.019/2014 (*DOU* 01.08.2014), em vigor após decorridos 540 (quinhentos e quarenta) dias de sua publicação oficial, observado o disposto nos §§ 1º e 2º do art. 88 da referida Lei.

XVII – permitir ou concorrer para que pessoa física ou jurídica privada utilize bens, rendas, verbas ou valores públicos transferidos pela administração pública a entidade privada mediante celebração de parcerias, sem a observância das formalidades legais ou regulamentares aplicáveis à espécie;

- Inciso XVII acrescentado pela Lei 13.019/2014 (*DOU* 01.08.2014), em vigor após decorridos 540 (quinhentos e quarenta) dias de sua publicação oficial, observado o disposto nos §§ 1º e 2º do art. 88 da referida Lei.

XVIII – celebrar parcerias da administração pública com entidades privadas sem a observância das formalidades legais ou regulamentares aplicáveis à espécie;

- Inciso XVIII acrescentado pela Lei 13.019/ 2014 (*DOU* 01.08.2014), em vigor após decorridos 540 (quinhentos e quarenta) dias de sua publicação oficial, observado o disposto nos §§ 1º e 2º do art. 88 da referida Lei.

XIX – agir negligentemente na celebração, fiscalização e análise das prestações de contas de parcerias firmadas pela administração pública com entidades privadas;

- Inciso XIX acrescentado pela Lei 13.019/2014 (*DOU* 01.08.2014), em vigor após decorridos 540 (quinhentos e quarenta) dias de sua publicação oficial, observado o disposto nos §§ 1º e 2º do art. 88 da referida Lei.

XX – liberar recursos de parcerias firmadas pela administração pública com entidades privadas sem a estrita observância das normas pertinentes ou influir de qualquer forma para a sua aplicação irregular.

- Inciso XX acrescentado pela Lei 13.019/2014 (*DOU* 01.08.2014), em vigor após decorridos 540 (quinhentos e quarenta) dias de sua publicação oficial, observado o disposto nos §§ 1º e 2º do art. 88 da referida Lei.
- Texto do Inciso XX conforme publicação oficial.

XXI – liberar recursos de parcerias firmadas pela administração pública com entidades privadas sem a estrita observância das normas pertinentes ou influir de qualquer forma para a sua aplicação irregular.

- Inciso XXI acrescentado pela Lei 13.019/2014 (*DOU* 01.08.2014), em vigor após decorridos 540 (quinhentos e quarenta) dias de sua publicação oficial, observado o disposto nos §§ 1º e 2º do art. 88 da referida Lei.

Seção II-A
Dos Atos de Improbidade Administrativa Decorrentes de Concessão ou Aplicação Indevida de Benefício Financeiro ou Tributário

- Seção II-A acrescentada pela LC 157/2016 (DOU 30.12.2016), em vigor na data de sua publicação, produzindo efeitos após o decurso do prazo referido no art. 6º desta Lei Complementar.

Art. 10-A. Constitui ato de improbidade administrativa qualquer ação ou omissão para conceder, aplicar ou manter benefício financeiro ou tributário contrário ao que dispõem o *caput* e o § 1º do art. 8º-A da Lei Complementar 116, de 31 de julho de 2003.

- Artigo acrescentado pela LC 157/2016 (*DOU* 30.12.2016), em vigor na data de sua publicação, produzindo efeitos após o decurso do prazo referido no art. 6º desta Lei Complementar.

Seção III
Dos Atos de Improbidade Administrativa que Atentam contra os Princípios da Administração Pública

Art. 11. Constitui ato de improbidade administrativa que atenta contra os princípios da administração pública qualquer ação ou omissão que viole os deveres de honestidade, imparcialidade, legalidade e lealdade às instituições, e notadamente:

I – praticar ato visando fim proibido em lei ou regulamento ou diverso daquele previsto na regra de competência;

II – retardar ou deixar de praticar, indevidamente, ato de ofício;

III – revelar fato ou circunstância de que tem ciência em razão das atribuições e que deva permanecer em segredo;

IV – negar publicidade aos atos oficiais;

V – frustrar a licitude de concurso público;

- V. art. 93, CF.

VI – deixar de prestar contas quando esteja obrigado a fazê-lo;

VII – revelar ou permitir que chegue ao conhecimento de terceiro, antes da respectiva divulgação oficial, teor de medida política ou econômica capaz de afetar o preço de mercadoria, bem ou serviço.

VIII – descumprir as normas relativas à celebração, fiscalização e aprovação de contas de parcerias firmadas pela administração pública com entidades privadas.

- Inciso VIII acrescentado pela Lei 13.019/2014 (*DOU* 01.08.2014), em vigor após decorridos 540 (quinhentos e quarenta) dias de sua publicação oficial, observado o disposto nos §§ 1º e 2º do art. 88 da referida Lei.

IX – deixar de cumprir a exigência de requisitos de acessibilidade previstos na legislação.

- Inciso IX acrescentado pela Lei 13.146/2015 (*DOU* 07.07.2015), em vigor após decorridos 180 (cento e oitenta) dias de sua publicação oficial.

☛ **X** – transferir recurso a entidade privada, em razão da prestação de serviços na área de saúde sem a prévia celebração de contrato, convênio ou instrumento congênere, nos termos do parágrafo único do art. 24 da Lei nº 8.080, de 19 de setembro de 1990.

- Inciso X acrescentado pela Lei 13.650/2018.

Capítulo III
Das Penas

Art. 12. Independentemente das sanções penais, civis e administrativas previstas na legislação específica, está o responsável pelo ato de improbidade sujeito às seguintes cominações, que podem ser aplicadas isolada ou cumulativamente, de acordo com a gravidade do fato:

- *Caput* com redação determinada pela Lei 12.120/2009.

I – na hipótese do art. 9º, perda dos bens ou valores acrescidos ilicitamente ao patrimônio, ressarcimento integral do dano, quando houver, perda da função pública, suspensão dos direitos políticos de 8 (oito) a 10 (dez) anos, pagamento de multa civil de até três vezes o valor do acréscimo patrimonial e proibição de contratar com o Poder Público ou receber benefícios ou incentivos fiscais ou creditícios, direta ou indiretamente, ainda que por intermédio de pessoa jurídica da qual seja sócio majoritário, pelo prazo de 10 (dez) anos;

II – na hipótese do art. 10, ressarcimento integral do dano, perda dos bens ou valores acrescidos ilicitamente ao patrimônio, se concorrer esta circunstância, perda da função pública, suspensão dos direitos políticos de 5 (cinco) a 8 (oito) anos, pagamento de multa civil de até duas vezes o valor do dano e proibição de contratar com o Poder Público ou receber benefício ou incentivos fiscais ou creditícios, direta ou indiretamente, ainda que por intermédio de pessoa jurídica da qual seja sócio majoritário, pelo prazo de 5 (cinco) anos;

III – na hipótese do art. 11, ressarcimento integral do dano, se houver, perda da função pública, suspensão dos direitos políticos de 3 (três) a 5 (cinco) anos, pagamento de multa civil de até cem vezes o valor da remuneração percebida pelo agente e proibição de contratar com o Poder Público ou receber benefícios ou incentivos fiscais ou creditícios, direta ou indiretamente, ainda que por intermédio de pessoa jurídica da qual seja sócio majoritário, pelo prazo de 3 (três) anos.

IV – na hipótese prevista no art. 10-A, perda da função pública, suspensão dos direitos políticos de 5 (cinco) a 8 (oito) anos e multa civil de até 3 (três) vezes o valor do benefício financeiro ou tributário concedido.

- Inciso IV acrescentado pela LC 157/2016 (*DOU* 30.12.2016), em vigor na data de sua publicação, produzindo efeitos após o decurso do prazo referido no art. 6º desta Lei Complementar.

Parágrafo único. Na fixação das penas previstas nesta Lei o juiz levará em conta a extensão do dano causado, assim como o proveito patrimonial obtido pelo agente.

Capítulo IV
Da Declaração de Bens

Art. 13. A posse e o exercício de agente público ficam condicionados à apresentação de declaração dos bens e valores que compõem o seu patrimônio privado, a fim de ser arquivada no Serviço de Pessoal competente.

- V. Dec. 5.483/2005 (Regulamenta, no âmbito do Poder Executivo Federal, o art. 13 da Lei 8.429/1992).

§ 1º A declaração compreenderá imóveis, móveis, semoventes, dinheiro, títulos, ações e qualquer outra espécie de bens e valores patrimoniais, localizados no País ou no exterior, e, quando for o caso, abrangerá os bens e valores patrimoniais do cônjuge ou companheiro, dos filhos e de outras pessoas que vivam sob a dependência econômica do declarante, excluídos apenas os objetos e utensílios de uso doméstico.

- V. arts. 79 a 84, CC.

§ 2º A declaração de bens será anualmente atualizada e na data em que o agente público deixar o exercício do mandato, cargo, emprego ou função.

§ 3º Será punido com a pena de demissão, a bem do serviço público, sem prejuízo de outras sanções cabíveis, o agente público que se recusar a prestar declaração dos bens, dentro do prazo determinado, ou que a prestar falsa.

§ 4º O declarante, a seu critério, poderá entregar cópia da declaração anual de bens apresentada à Delegacia da Receita Federal na conformidade da legislação do Imposto sobre a Renda e proventos de qualquer natureza, com as necessárias atualizações, para suprir a exigência contida no *caput* e no § 2º deste artigo.

Capítulo V
Do Procedimento Administrativo e do Processo Judicial

Art. 14. Qualquer pessoa poderá representar à autoridade administrativa competente para que seja instaurada investigação destinada a apurar a prática de ato de improbidade.

§ 1º A representação, que será escrita ou reduzida a termo e assinada, conterá a qualificação do representante, as informações sobre o fato e sua autoria e a indicação das provas de que tenha conhecimento.

§ 2º A autoridade administrativa rejeitará a representação, em despacho fundamentado, se esta não contiver as formalidades estabelecidas no § 1º deste artigo. A rejeição não impede a representação ao Ministério Público, nos termos do art. 22 desta Lei.

§ 3º Atendidos os requisitos da representação, a autoridade determinará a imediata apuração dos fatos que, em se tratando de servidores federais, será processada na forma prevista nos arts. 148 a 182 da Lei 8.112, de 11 de dezembro de 1990, e, em se tratando de servidor militar, de acordo com os respectivos regulamentos disciplinares.

Art. 15. A comissão processante dará conhecimento ao Ministério Público e ao Tribunal ou Conselho de Contas da existência de procedimento administrativo para apurar a prática de ato de improbidade.

Parágrafo único. O Ministério Público ou Tribunal ou Conselho de Contas poderá, a requerimento, designar representante para acompanhar o procedimento administrativo.

Art. 16. Havendo fundados indícios de responsabilidade, a comissão representará ao Ministério Público ou à procuradoria do órgão para que requeira ao juízo competente a decretação do sequestro dos bens do agente ou terceiro que tenha enriquecido ilicitamente ou causado dano ao patrimônio público.

§ 1º O pedido de sequestro será processado de acordo com o disposto nos arts. 822 e 825 do Código de Processo Civil.

§ 2º Quando for o caso, o pedido incluirá a investigação, o exame e o bloqueio de bens, contas bancárias e aplicações financeiras mantidas pelo indiciado no exterior, nos termos da lei e dos tratados internacionais.

Art. 17. A ação principal, que terá o rito ordinário, será proposta pelo Ministério Público ou pela pessoa jurídica interessada, dentro de 30 (trinta) dias da efetivação da medida cautelar.

§ 1º É vedada a transação, acordo ou conciliação nas ações de que trata o *caput*.

§ 2º A Fazenda Pública, quando for o caso, promoverá as ações necessárias à complementação do ressarcimento do patrimônio público.

§ 3º No caso de a ação principal ter sido proposta pelo Ministério Público, aplica-se, no que couber, o disposto no § 3º do art. 6º da Lei 4.717, de 29 de junho de 1965.

- § 3º com redação determinada pela Lei 9.366/1996.
- V. arts. 114 a 116, CPC/2015.

§ 4º O Ministério Público, se não intervier no processo como parte, atuará, obrigatoriamente, como fiscal da lei, sob pena de nulidade.

- V. art. 178, CPC/2015.

§ 5º A propositura da ação prevenirá a jurisdição do juízo para todas as ações posteriormente intentadas que possuam a mesma causa de pedir ou o mesmo objeto.

- § 5º acrescentado pela MP 2.180-35/2001.

§ 6º A ação será instruída com documentos ou justificação que contenham indícios suficientes da existência do ato de improbidade ou com razões fundamentadas da impossibilidade de apresentação de qualquer dessas provas, observada a legislação vigente, inclusive as disposições inscritas nos arts. 16 a 18 do Código de Processo Civil.

- § 6º acrescentado pela MP 2.225-45/2001.

§ 7º Estando a inicial em devida forma, o juiz mandará autuá-la e ordenará a notificação do requerido, para oferecer manifestação por escrito, que poderá ser instruída com documentos e justificações, dentro do prazo de 15 (quinze) dias.

- § 7º acrescentado pela MP 2.225-45/2001.

§ 8º Recebida a manifestação, o juiz, no prazo de 30 (trinta) dias, em decisão fundamentada, rejeitará a ação, se convencido da inexistência do ato de improbidade, da improcedência da ação ou da inadequação da via eleita.

- § 8º acrescentado pela MP 2.225-45/2001.

§ 9º Recebida a petição inicial, será o réu citado para apresentar contestação.

- § 9º acrescentado pela MP 2.225-45/2001.

§ 10. Da decisão que receber a petição inicial, caberá agravo de instrumento.

- § 10 acrescentado pela MP 2.225-45/2001.

§ 11. Em qualquer fase do processo, reconhecida a inadequação da ação de improbidade, o juiz extinguirá o processo sem julgamento do mérito.

- § 11 acrescentado pela MP 2.225-45/2001.

§ 12. Aplica-se aos depoimentos ou inquirições realizadas nos processos regidos por esta Lei o disposto no art. 221, *caput* e § 1º, do Código de Processo Penal.

- § 12 acrescentado pela MP 2.225-45/2001.

§ 13. Para os efeitos deste artigo, também se considera pessoa jurídica interessada o ente tributante que figurar no polo ativo da obrigação tributária de que tratam o § 4º do art. 3º e o art. 8º-A da Lei Complementar 116, de 31 de julho de 2003.

- § 13 acrescentado pela LC 157/2016 (*DOU* 30.12.2016), em vigor na data de sua publicação, produzindo efeitos após o decurso do prazo referido no art. 6º desta Lei Complementar.

Art. 18. A sentença que julgar procedente ação civil de reparação de dano ou decretar a perda dos bens havidos ilicitamente determinará o pagamento ou a reversão dos bens, conforme o caso, em favor da pessoa jurídica prejudicada pelo ilícito.

Capítulo VI
Das Disposições Penais

Art. 19. Constitui crime a representação por ato de improbidade contra agente público ou terceiro beneficiário quando o autor da denúncia o sabe inocente.

Pena – detenção de 6 (seis) a 10 (dez) meses e multa.

- V. art. 339, CP.

Parágrafo único. Além da sanção penal, o denunciante está sujeito a indenizar o denunciado pelos danos materiais, morais ou à imagem que houver provocado.

Art. 20. A perda da função pública e a suspensão dos direitos políticos só se efetivam com o trânsito em julgado da sentença condenatória.

Parágrafo único. A autoridade judicial ou administrativa competente poderá determinar o afastamento do agente público do exercício do cargo, emprego ou função, sem prejuízo da remuneração, quando a medida se fizer necessária à instrução processual.

Art. 21. A aplicação das sanções previstas nesta Lei independe:

I – da efetiva ocorrência de dano ao patrimônio público, salvo quanto à pena de ressarcimento;

- Inciso I com redação determinada pela Lei 12.120/ 2009.

II – da aprovação ou rejeição das contas pelo órgão de controle interno ou pelo Tribunal ou Conselho de Contas.

Art. 22. Para apurar qualquer ilícito previsto nesta Lei, o Ministério Público, de ofício, a requerimento de autoridade administrativa ou mediante representação formulada de acordo com o disposto no art. 14, poderá requisitar a instauração de inquérito policial ou procedimento administrativo.

Capítulo VII
Da Prescrição

Art. 23. As ações destinadas a levar a efeito as sanções previstas nesta Lei podem ser propostas:

I – até 5 (cinco) anos após o término do exercício de mandato, de cargo em comissão ou de função de confiança;

II – dentro do prazo prescricional previsto em lei específica para faltas disciplinares puníveis com demissão a bem do serviço público, nos casos de exercício de cargo efetivo ou emprego;

III – até 5 (cinco) anos da data da apresentação à administração pública da prestação de contas final pelas entidades referidas no parágrafo único do art. 1º desta Lei.

- Inciso III acrescentado pela Lei 13.019/2014 (*DOU* 01.08.2014), em vigor após decorridos 540 (quinhentos e quarenta) dias de sua publicação oficial, observado o disposto nos §§ 1º e 2º do art. 88 da referida Lei.

Capítulo VIII
Das Disposições Finais

Art. 24. Esta Lei entra em vigor na data de sua publicação.

Art. 25. Ficam revogadas as Leis 3.164, de 1º de junho de 1957, e 3.502, de 21 de dezembro de 1958, e demais disposições em contrário.

Brasília, 2 de junho de 1992; 171º da Independência e 104º da República.

Fernando Collor

(*DOU* 03.06.1992)

LEI 8.437, DE 30 DE JUNHO DE 1992

Dispõe sobre a concessão de medidas cautelares contra atos do Poder Público e dá outras providências.

• V. art. 5º, XXXV, CF.

O Presidente da República:

Faço saber que o Congresso Nacional decreta e eu sanciono a seguinte Lei:

Art. 1º Não será cabível medida liminar contra atos do Poder Público, no procedimento cautelar ou em quaisquer outras ações de natureza cautelar ou preventiva, toda vez que providência semelhante não puder ser concedida em ações de mandado de segurança, em virtude de vedação legal.

§ 1º Não será cabível, no juízo de primeiro grau, medida cautelar inominada ou a sua liminar, quando impugnado ato de autoridade sujeita, na via de mandado de segurança, à competência originária de tribunal.

§ 2º O disposto no parágrafo anterior não se aplica aos processos de ação popular e de ação civil pública.

§ 3º Não será cabível medida liminar que esgote, no todo ou em parte, o objeto da ação.

§ 4º Nos casos em que cabível medida liminar, sem prejuízo da comunicação ao dirigente do órgão ou entidade, o respectivo representante judicial dela será imediatamente intimado.

• § 4º acrescentado pela MP 2.180-35/2001.

§ 5º Não será cabível medida liminar que defira compensação de créditos tributários ou previdenciários.

• § 5º acrescentado pela MP 2.180-35/2001.

Art. 2º No mandado de segurança coletivo e na ação civil pública, a liminar será concedida, quando cabível, após a audiência do representante judicial da pessoa jurídica de direito público, que deverá se pronunciar no prazo de 72 (setenta e duas) horas.

Art. 3º O recurso voluntário ou *ex officio*, interposto contra sentença em processo cautelar, proferida contra pessoa jurídica de direito público ou seus agentes, que importe em outorga ou adição de vencimentos ou de reclassificação funcional, terá efeito suspensivo.

Art. 4º Compete ao presidente do tribunal, ao qual couber o conhecimento do respectivo recurso, suspender, em despacho fundamentado, a execução da liminar nas ações movidas contra o Poder Público ou seus agentes, a requerimento do Ministério Público ou da pessoa jurídica de direito público interessada, em caso de manifesto interesse público ou de flagrante ilegitimidade, e para evitar grave lesão à ordem, à saúde, à segurança e à economia públicas.

§ 1º Aplica-se o disposto neste artigo à sentença proferida em processo de ação cautelar inominada, no processo de ação popular e na ação civil pública, enquanto não transitada em julgado.

§ 2º O Presidente do Tribunal poderá ouvir o autor e o Ministério Público, em 72 (setenta e duas) horas.

• § 2º com redação determinada pela MP 2.180-35/2001.

§ 3º Do despacho que conceder ou negar a suspensão, caberá agravo, no prazo de 5 (cinco) dias, que será levado a julgamento na sessão seguinte a sua interposição.

• § 3º com redação determinada pela MP 2.180-35/2001.

§ 4º Se do julgamento do agravo de que trata o § 3º resultar a manutenção ou o restabelecimento da decisão que se pretende suspender, caberá novo pedido de suspensão ao Presidente do Tribunal competente para conhecer de eventual recurso especial ou extraordinário.

• § 4º acrescentado pela MP 2.180-35/2001.

§ 5º É cabível também o pedido de suspensão a que se refere o § 4º, quando negado provimento a agravo de instrumento interposto contra a liminar a que se refere este artigo.

• § 5º acrescentado pela MP 2.180-35/2001.

§ 6º A interposição do agravo de instrumento contra liminar concedida nas ações movidas contra o Poder Público e seus agentes não prejudica nem condiciona o julgamento do pedido de suspensão a que se refere este artigo.

• § 6º acrescentado pela MP 2.180-35/2001.

§ 7º O presidente do tribunal poderá conferir ao pedido efeito suspensivo liminar, se constatar, em juízo prévio, a plausibilidade do direito invocado e a urgência na concessão da medida.

• § 7º acrescentado pela MP 2.180-35/2001.

§ 8º As liminares cujo objeto seja idêntico poderão ser suspensas em uma única decisão, podendo o Presidente do Tribunal estender os efeitos da suspensão a liminares supervenientes, mediante simples aditamento do pedido original.

• § 8º acrescentado pela MP 2.180-35/2001.

§ 9º A suspensão deferida pelo Presidente do Tribunal vigorará até o trânsito em julgado da decisão de mérito na ação principal.

• § 9º acrescentado pela MP 2.180-35/2001.

Art. 5º Esta Lei entra em vigor na data de sua publicação.

Art. 6º Revogam-se as disposições em contrário.

Brasília, 30 de junho de 1992; 171º da Independência e 104º da República.

Fernando Collor

(*DOU* 01.07.1992)

LEI 8.542, DE 23 DE DEZEMBRO DE 1992

Dispõe sobre a política nacional de salários e dá outras providências.

• V. Lei 4.266/1963 (Institui o salário-família do trabalhador e dá outras providências).

• V. Dec. 53.153/1963 (Regulamenta o salário-família do trabalhador).

• V. Port. MTb 3.296/1986 (Autoriza as empresas e empregadores a adotar o sistema de Reembolso-Creche), disponível em ProView.

• V. Decreto-lei 368/1968 (Dispõe sobre efeitos de débitos salariais).

• V. IN SRT 1/1989 (Dispõe sobre o prazo para o pagamento do salário), disponível em ProView

• V. Decreto-lei 691/1969 (Dispõe sobre a não aplicação, aos contratos de técnicos estrangeiros, com estipulação de pagamento de salários em moeda estrangeira, de diversas disposições da legislação trabalhista).

• V. Lei 6.858/1980 (Dispõe sobre o pagamento, aos dependentes ou sucessores, de valores não recebidos em vida pelos respectivos titulares).

• V. Decreto 85.845/1981 (Regulamenta a Lei 6.858/ 1980).

• V. Lei 7.238/1984 (Dispõe sobre a manutenção da correção automática semestral dos salários, de acordo com o INPC).

• V. Lei 8.073/1990 (Estabelece a Política Nacional de Salários).

• V. Lei 8.716/1993 (Dispõe sobre a garantia do salário mínimo).

• V. Lei 8.880/1994 (Dispõe sobre o Programa de Estabilização Econômica e o Sistema Monetário Nacional e institui a URV).

• V. Lei Complementar 103/2000 (Autoriza os Estados e o Distrito Federal a instituir o piso salarial).

• V. Lei 10.192/2001 (Dispõe sobre medidas complementares ao Plano Real).

• V. Decreto 4.840/2003 (Regulamenta a Medida Provisória 130/2003, que dispõe sobre a autorização para desconto de prestações em folha de pagamento).

• V. Lei 10.820/2003 (Dispõe sobre a autorização para desconto de prestações em folha de pagamento).

• V. Lei 12.382/2011 (Dispõe sobre o valor do salário mínimo em 2011 e a sua política de valorização de longo prazo).

• V. Decreto 7.872/2012 (Regulamenta o valor do salário mínimo em 2011 e a sua política de valorização de longo prazo).

• V. Lei 13.152/2015 (Dispõe sobre a política de valorização do salário-mínimo e dos benefícios pagos pelo RGPS para o período de 2016 a 2019).

O Vice-Presidente da República no exercício do cargo de Presidente da República:

Faço saber que o Congresso Nacional decreta e eu sanciono a seguinte Lei:

Art. 1º A política nacional de salários, respeitado o princípio da irredutibilidade, tem por fundamento a livre negociação coletiva e reger-se-á pelas normas estabelecidas nesta Lei.

§ 1º *(Revogado pela Lei 10.192/2001).*

§ 2º *(Revogado pela Lei 10.192/2001).*

Art. 2º *(Revogado pela Lei 8.880/1994).*

Art. 3º *(Revogado pela Lei 8.880/1994).*

Art. 4º *(Revogado pela Lei 8.880/1994).*

Art. 5º *(Revogado pela Lei 8.880/1994).*

Art. 6º Salário Mínimo é a contraprestação mínima devida e paga diretamente pelo empregador a todo trabalhador, por jornada normal de trabalho, capaz de satisfazer, em qualquer região do País, às suas necessidades vitais básicas e às de sua família com moradia, alimentação, educação, saúde, lazer, vestuário, higiene, transporte e previdência social.

§ 1º O salário mínimo diário corresponderá a 1/30 (um trinta avos) do salário mínimo mensal, e o salário mínimo horário a 1,220 (um duzentos e vinte avos) do salário mínimo.

§ 2º Para os trabalhadores que tenham por disposição legal a jornada máxima diária de trabalho inferior a 8 (oito) horas, o salário mínimo será igual ao definido no parágrafo anterior multiplicado por 8 (oito) e dividido pelo máximo legal.

Art. 7º *(Revogado pela Lei 8.880/1994).*

Art. 8º O art. 40 da Lei 8.177, de 1º de março de 1991, passa a vigorar com a seguinte redação:

- Alterações processadas no texto da referida Lei.

Art. 9º *(Revogado pela Lei 8.880/1994).*

Art. 10. *(Revogado pela Lei 8.700/1993).*

Art. 11. Esta Lei entra em vigor na data de sua publicação.

Art. 12. Revogam-se as disposições em contrário, especialmente a Lei 8.419, de 7 de maio de 1992, e o inciso II do art. 41 da Lei 8.213, de 24 de julho de 1991, mantidos os efeitos financeiros quanto ao reajuste dos benefícios em janeiro.

Brasília, 23 de dezembro de 1992; 171º da Independência e 104º da República.

Itamar Franco

(*DOU* 24.12.1992)

LEI 8.666, DE 21 DE JUNHO DE 1993

Regulamenta o artigo 37, inciso XXI, da Constituição Federal, institui normas para licitações e contratos da Administração Pública e dá outras providências.

O Presidente da República:

Faço saber que oCongresso Nacional decreta e eu sanciono a seguinte Lei:

[...]

Capítulo II
Da Licitação

[...]

Seção II
Da Habilitação

[...]

Art. 29. A documentação relativa à regularidade fiscal e trabalhista, conforme o caso, consistirá em:

- *Caput* com redação determinada pela Lei 12.440/ 2011 (*DOU* 08.07.2011), em vigor 180 (cento e oitenta) dias após a data de sua publicação.

I – prova de inscrição no Cadastro de Pessoas Físicas (CPF) ou no Cadastro Geral de Contribuintes (CGC);

II – prova de inscrição no Cadastro de Contribuintes estadual ou municipal, se houver, relativo ao domicílio ou sede do licitante, pertinente ao seu ramo de atividade e compatível com o objeto contratual;

III – prova de regularidade para com a Fazenda Federal, Estadual e Municipal do domicílio ou sede do licitante, ou outra equivalente, na forma da lei;

IV – prova de regularidade relativa à Seguridade Social e ao Fundo de Garantia do Tempo de Serviço (FGTS), demonstrando situação regular no cumprimento dos encargos sociais instituídos por lei.

- Inciso IV com redação determinada pela Lei 8.883/ 1994.

V – prova de inexistência de débitos inadimplidos perante a Justiça do Trabalho, mediante a apresentação de certidão negativa, nos termos do Título VII-A da Consolidação das Leis do Trabalho, aprovada pelo Decreto-lei 5.452, de 1º de maio de 1943.

- Inciso V acrescentado pela Lei 12.440/2011 (*DOU* 08.07.2011), em vigor 180 (cento e oitenta) dias após a data de sua publicação.

Art. 30. A documentação relativa à qualificação técnica limitar-se-á a:

I – registro ou inscrição na entidade profissional competente;

II – comprovação de aptidão para desempenho de atividade pertinente e compatível em características, quantidades e prazos com o objeto da licitação, e indicação das instalações e do aparelhamento e do pessoal técnico adequados e disponíveis para a realização do objeto da licitação, bem como da qualificação de cada um dos membros da equipe técnica que se responsabilizará pelos trabalhos;

III – comprovação, fornecida pelo órgão licitante, de que recebeu os documentos, e, quando exigido, de que tomou conhecimento de todas as informações e das condições locais para o cumprimento das obrigações objeto da licitação;

IV – prova de atendimento de requisitos previstos em lei especial, quando for o caso.

§ 1º A comprovação de aptidão referida no inciso II do *caput* deste artigo, no caso das licitações pertinentes a obras e serviços, será feita por atestados fornecidos por pessoas jurídicas de direito público ou privado, devidamente registrados nas entidades profissionais competentes, limitadas as exigências a:

- § 1º com redação determinada pela Lei 8.883/1994.

I – capacitação técnico-profissional: comprovação do licitante de possuir em seu quadro permanente, na data prevista para entrega da proposta, profissional de nível superior ou outro devidamente reconhecido pela entidade competente, detentor de atestado de responsabilidade técnica por execução de obra ou serviço de características semelhantes, limitadas estas exclusivamente às parcelas de maior relevância e valor significativo do objeto da licitação, vedadas as exigências de quantidades mínimas ou prazos máximos;

- Inciso I com redação determinada pela Lei 8.883/1994.

II – *(Vetado).*

- Inciso II acrescentado pela Lei 8.883/1994.

a) (Vetada).

- Alínea *a* acrescentado pela Lei 8.883/1994.

b) (Vetada).

- Alínea *b* acrescentado pela Lei 8.883/1994.

§ 2º As parcelas de maior relevância técnica ou de valor significativo, mencionadas no parágrafo anterior, serão definidas no instrumento convocatório.

- § 2º com redação determinada pela Lei 8.883/1994.

§ 3º Será sempre admitida a comprovação de aptidão através de certidões ou atestados de obras ou serviços similares de complexidade tecnológica e operacional equivalente ou superior.

§ 4º Nas licitações para fornecimento de bens, a comprovação de aptidão, quando for o caso, será feita através de atestados fornecidos por pessoa jurídica de direito público ou privado.

§ 5º É vedada a exigência de comprovação de atividade ou de aptidão com limitações de tempo ou de época ou ainda em locais específicos, ou quaisquer outras não previstas nesta Lei, que inibam a participação na licitação.

§ 6º As exigências mínimas relativas a instalações de canteiros, máquinas, equipamentos e pessoal técnico especializado, considerados essenciais para o cumprimento do objeto da licitação, serão atendidas mediante a apresentação de relação explícita e da declaração formal da sua disponibilidade, sob as penas cabíveis, vedada as exigências de propriedade e de localização prévia.

§ 7º *(Vetado).*

I – *(Vetado).*

II – *(Vetado).*

- Incisos I e II acrescentados pela Lei 8.883/ 1994.

§ 8º No caso de obras, serviços e compras de grande vulto, de alta complexidade técnica, poderá a Administração exigir dos licitantes a metodologia de execução, cuja avaliação, para efeito de sua aceitação ou não, antecederá sempre à análise dos preços e será efetuada exclusivamente por critérios objetivos.

§ 9º Entende-se por licitação de alta complexidade técnica aquela que envolva alta especialização, como fator de extrema relevância para garantir a execução do objeto a ser contratado, ou que possa comprometer a continuidade da prestação de serviços públicos essenciais.

§ 10. Os profissionais indicados pelo licitante para fins de comprovação da capacitação técnico-operacional de que trata o inciso I do § 1º deste artigo deverão participar da obra ou serviço objeto da licitação, admitindo-se a substituição por profissionais de experiência equivalente ou superior, desde que aprovada pela Administração.

- § 10 acrescentado pela Lei 8.883/1994.

§ 11. *(Vetado).*

- § 11 acrescentado pela Lei 8.883/1994.

§ 12. *(Vetado).*

- § 12 acrescentado pela Lei 8.883/1994.

[...]

Capítulo III
Dos Contratos

[...]

Seção IV
Da Execução dos Contratos

Art. 66. O contrato deverá ser executado fielmente pelas partes, de acordo com as cláusulas avençadas e as normas desta Lei, respondendo cada uma pelas consequências de sua inexecução total ou parcial.

Art. 66-A. As empresas enquadradas no inciso V do § 2º e no inciso II do § 5º do art. 3º desta Lei deverão cumprir, durante todo o período de execução do contrato, a reserva de cargos prevista em lei para pessoa com deficiência ou para reabilitado da Previdência Social, bem como as regras de acessibilidade previstas na legislação.

- Artigo acrescentado pela Lei 13.146/2015 (*DOU* 07.07.2015), em vigor após decorridos 180 (cento e oitenta) dias de sua publicação oficial.

Parágrafo único. Cabe à administração fiscalizar o cumprimento dos requisitos de acessibilidade nos serviços e nos ambientes de trabalho.

Art. 67. A execução do contrato deverá ser acompanhada e fiscalizada por um representante da Administração especialmente designado, permitida a contratação de terceiros para assisti-lo e subsidiá-lo de informações pertinentes a essa atribuição.

§ 1º O representante da Administração anotará em registro próprio todas as ocorrências relacionadas com a execução do contrato, determinando o que for necessário à regularização das faltas ou defeitos observados.

§ 2º As decisões e providências que ultrapassarem a competência do representante deverão ser solicitadas a seus superiores em tempo hábil para a adoção das medidas convenientes.

Art. 68. O contratado deverá manter preposto, aceito pela Administração, no local da obra ou serviço, para representá-lo na execução do contrato.

Art. 69. O contratado é obrigado a reparar, corrigir, remover, reconstruir ou substituir, às suas expensas, no total ou em parte, o objeto do contrato em que se verificarem vícios, defeitos ou incorreções resultantes da execução ou de materiais empregados.

Art. 70. O contratado é responsável pelos danos causados diretamente à Administração ou a terceiros, decorrentes de sua culpa ou dolo na execução do contrato, não excluindo ou reduzindo essa responsabilidade a fiscalização ou o acompanhamento pelo órgão interessado.

Art. 71. O contratado é responsável pelos encargos trabalhistas, previdenciários, fiscais e comerciais resultantes da execução do contrato.

§ 1º A inadimplência do contratado com referência aos encargos trabalhistas, fiscais e comerciais não transfere à Administração Pública a responsabilidade por seu pagamento, nem poderá onerar o objeto do contrato ou restringir a regularização e o uso das obras e edificações, inclusive perante o Registro de Imóveis.

- § 1º com redação determinada pela Lei 9.032/1995.
- V. ADC 16 (*DOU* e *DJE* 03.12.2010; *DJE* 09.09.2011), que declarou a constitucionalidade do disposto no § 1º do art. 71.

§ 2º A Administração Pública responde solidariamente com o contratado pelos encargos previdenciários resultantes da execução do contrato, nos termos do art. 31 da Lei 8.212, de 24 de julho de 1991.

- § 2º com redação determinada pela Lei 9.032/1995.

§ 3º *(Vetado).*

- § 3º acrescentado pela Lei 8.883/1994.

Art. 72. O contratado, na execução do contrato, sem prejuízo das responsabilidades contratuais e legais, poderá subcontratar partes da obra, serviço ou fornecimento, até o limite admitido, em cada caso, pela Administração.

Art. 73. Executado o contrato, o seu objeto será recebido:

I – em se tratando de obras e serviços:

a) provisoriamente, pelo responsável por seu acompanhamento e fiscalização, mediante termo circunstanciado, assinado pelas partes em até 15 (quinze) dias da comunicação escrita do contratado;

b) definitivamente, por servidor ou comissão designada pela autoridade competente, mediante termo circunstanciado, assinado pelas partes, após o decurso do prazo de observação, ou vistoria que comprove a adequação do objeto aos termos contratuais, observado o disposto no art. 69 desta Lei;

II – em se tratando de compras ou de locação de equipamentos:

a) provisoriamente, para efeito de posterior verificação da conformidade do material com a especificação;

b) definitivamente, após a verificação da qualidade e quantidade do material e consequente aceitação.

§ 1º Nos casos de aquisição de equipamentos de grande vulto, o recebimento far-se-á mediante termo circunstanciado e, nos demais, mediante recibo.

§ 2º O recebimento provisório ou definitivo não exclui a responsabilidade civil pela solidez e segurança da obra ou do serviço, nem ético-profissional pela perfeita execução do contrato, dentro dos limites estabelecidos pela lei ou pelo contrato.

§ 3º O prazo a que se refere a alínea *b* do inciso I deste artigo não poderá ser superior a 90 (noventa) dias, salvo em casos excepcionais, devidamente justificados e previstos no edital.

§ 4º Na hipótese de o termo circunstanciado ou a verificação a que se refere este artigo não serem, respectivamente, lavrado ou procedida dentro dos prazos fixados, reputar-se-ão como realizados, desde que comunicados à Administração nos 15 (quinze) dias anteriores à exaustão dos mesmos.

Art. 74. Poderá ser dispensado o recebimento provisório nos seguintes casos:

I – gêneros perecíveis e alimentação preparada;

II – serviços profissionais;

III – obras e serviços de valor até o previsto no art. 23, inciso II, alínea *a*, desta Lei, desde que não se componham de aparelhos, equipamentos e instalações sujeitos à verificação de funcionamento e produtividade.

Parágrafo único. Nos casos deste artigo, o recebimento será feito mediante recibo.

Art. 75. Salvo disposições em contrário constantes do edital, do convite ou de ato normativo, os ensaios, testes e demais provas exigidos por normas técnicas oficiais para a boa execução do objeto do contrato correm por conta do contratado.

Art. 76. A Administração rejeitará, no todo ou em parte, obra, serviço ou fornecimento executado em desacordo com o contrato.

Seção V
Da Inexecução e da Rescisão dos Contratos

Art. 77. A inexecução total ou parcial do contrato enseja a sua rescisão, com as consequências contratuais e as previstas em lei ou regulamento.

Art. 78. Constituem motivo para rescisão do contrato:

I – o não cumprimento de cláusulas contratuais, especificações, projetos ou prazos;

II – o cumprimento irregular de cláusulas contratuais, especificações, projetos e prazos;

III – a lentidão do seu cumprimento, levando a Administração a comprovar a impossibilidade da conclusão da obra, do serviço ou do fornecimento, nos prazos estipulados;

IV – o atraso injustificado no início da obra, serviço ou fornecimento;

V – a paralisação da obra, do serviço ou do fornecimento, sem justa causa e prévia comunicação à Administração;

VI – a subcontratação total ou parcial do seu objeto, a associação do contratado com outrem, a cessão ou transferência, total ou parcial, bem como a fusão, cisão ou incorporação, não admitidas no edital e no contrato;

VII – o desatendimento das determinações regulares da autoridade designada para acompanhar e fiscalizar a sua execução, assim como as de seus superiores;

VIII – o cometimento reiterado de faltas na sua execução, anotadas na forma do § 1º do art. 67 desta Lei;

IX – a decretação de falência ou a instauração de insolvência civil;

- V. Lei 11.101/2005 (Lei de Recuperação de Empresas e Falência).

X – a dissolução da sociedade ou o falecimento do contratado;

XI – a alteração social ou a modificação da finalidade ou da estrutura da empresa, que prejudique a execução do contrato;

XII – razões de interesse público, de alta relevância e amplo conhecimento, justificadas e determinadas pela máxima autoridade da esfera administrativa a que está subordinado o contratante e exaradas no processo administrativo a que se refere o contrato;

XIII – a supressão, por parte da Administração, de obras, serviços ou compras, acarretando modificação do valor inicial do contrato além do limite permitido no § 1º do art. 65 desta Lei;

XIV – a suspensão de sua execução, por ordem escrita da Administração por prazo superior a 120 (cento e vinte) dias, salvo em caso de calamidade pública, grave perturbação da ordem interna ou guerra, ou ainda por repetidas suspensões que totalizem o mesmo prazo, independentemente do pagamento obrigatório de indenizações pelas sucessivas e contratualmente imprevistas desmobilizações e mobilizações e outras previstas, assegurado ao contratado, nesses casos, o direito de optar pela suspensão do cumprimento das obrigações assumidas até que seja normalizada a situação;

XV – o atraso superior a 90 (noventa) dias dos pagamentos devidos pela Administração decorrentes de obras, serviços ou fornecimento, ou parcelas destes, já recebidos ou executados, salvo em caso de calamidade pública, grave perturbação da ordem interna ou guerra, assegurado ao contratado o direito de optar pela suspensão do cumprimento de suas obrigações até que seja normalizada a situação;

XVI – a não liberação, por parte da Administração, de área, local ou objeto para execução de obra, serviço ou fornecimento, nos prazos contratuais, bem como das fontes de materiais naturais especificadas no projeto;

XVII – a ocorrência de caso fortuito ou de força maior, regularmente comprovada, impeditiva da execução do contrato;

XVIII – descumprimento do disposto no inciso V do art. 27, sem prejuízo das sanções penais cabíveis.

- Inciso XVIII acrescentado pela Lei 9.854/1999.

Parágrafo único. Os casos de rescisão contratual serão formalmente motivados nos autos do processo, assegurado o contraditório e a ampla defesa.

Art. 79. A rescisão do contrato poderá ser:

I – determinada por ato unilateral e escrito da Administração, nos casos enumerados nos incisos I a XII e XVII do artigo anterior;

II – amigável, por acordo entre as partes, reduzida a termo no processo da licitação, desde que haja conveniência para a Administração;

III – judicial, nos termos da legislação;

IV – *(Vetado).*

§ 1º A rescisão administrativa ou amigável deverá ser precedida de autorização escrita e fundamentada de autoridade competente.

§ 2º Quando a rescisão ocorrer com base nos incisos XII a XVII do artigo anterior, sem que haja culpa do contratado, será este ressarcido dos prejuízos regularmente comprovados que houver sofrido, tendo ainda direito a:

I – devolução de garantia;

II – pagamentos devidos pela execução do contrato até a data da rescisão;

III – pagamento do custo da desmobilização.

§ 3º *(Vetado).*

§ 4º *(Vetado).*

§ 5º Ocorrendo impedimento, paralisação ou sustação do contrato, o cronograma de execução será prorrogado automaticamente por igual tempo.

Art. 80. A rescisão de que trata o inciso I do artigo anterior acarreta as seguintes consequências, sem prejuízo das sanções previstas nesta Lei:

I – assunção imediata do objeto do contrato, no estado e local em que se encontrar, por ato próprio da Administração;

II – ocupação e utilização do local, instalações, equipamentos, material e pessoal empregados na execução do contrato, necessários à sua continuidade, na forma do inciso V do art. 58 desta Lei;

III – execução da garantia contratual, para ressarcimento da Administração e dos valores das multas e indenizações a ela devidos;

IV – retenção dos créditos decorrentes do contrato até o limite dos prejuízos causados à Administração.

§ 1º A aplicação das medidas previstas nos incisos I e II deste artigo fica a critério da Administração, que poderá dar continuidade à obra ou ao serviço por execução direta ou indireta.

§ 2º É permitido à Administração, no caso de concordata do contratado, manter o contrato, podendo assumir o controle de determinadas atividades de serviços essenciais.

§ 3º Na hipótese do inciso II deste artigo, o ato deverá ser precedido de autorização expressa do Ministro de Estado competente, ou Secretário Estadual ou Municipal, conforme o caso.

§ 4º A rescisão de que trata o inciso IV do artigo anterior permite à Administração, a seu critério, aplicar a medida prevista no inciso I deste artigo.

[...]

Art. 125. Esta Lei entra em vigor na data de sua publicação.

- Primitivo art. 124 renumerado por força do disposto no art. 3º da Lei 8.883/1994.

Art. 126. Revogam-se as disposições em contrário, especialmente os Decretos-leis 2.300, de 21 de novembro de 1986, 2.348, de 24 de julho de 1987, 2.360, de 16 de setembro de 1987, a Lei 8.220, de 4 de setembro de 1991, e o art. 83 da Lei 5.194, de 24 de dezembro de 1966.

- Primitivo art. 125 renumerado por força do disposto no art. 3º da Lei 8.883/1994.

Brasília, 21 de junho de 1993, 172º da Independência e 105º da República.

Itamar Franco

(*DOU* 22.06.1993; rep. 06.07.1994; e ret. 02.07.2003)

LEI 8.678, DE 13 DE JULHO DE 1993

Dispõe sobre a concessão de benefício no pagamento da modalidade de saque do Fundo de Garantia do Tempo de Serviço (FGTS), prevista no art. 20, inciso VIII, da Lei 8.036, de 11 de maio de 1990, e dá outras providências.

O Presidente da República:

Faço saber que o Congresso Nacional decreta e eu sanciono a seguinte Lei:

Art. 1º Fica instituída, a título de bonificação, taxa adicional de juros de 3% (três por cento) ao ano à remuneração dos valores disponíveis nas contas vinculadas do Fundo de Garantia do Tempo de Serviço (FGTS) que hajam permanecido sem crédito de depósito por três anos ininterruptos, a vigorar no período de 17 de maio de 1993 até 30 (trinta) dias após o término do cronograma de pagamento, instituído pelo Conselho Curador do FGTS para essas contas.

Art. 2º Os recursos necessários ao cumprimento do estabelecido no artigo anterior serão obtidos pela Caixa Econômica Federal através do incremento compensatório da taxa de juros cobrada nas operações de crédito financiadas com recursos do FGTS.

Art. 3º O Conselho Curador do FGTS baixará as instruções complementares necessárias ao cumprimento desta Lei, inclusive quanto aos critérios de cálculo da remuneração *pro rata*, quando for o caso.

Art. 4º O inciso VIII do art. 20 e o art. 21 da Lei 8.036, de 11 de maio de 1990, passam a vigorar com a seguinte redação:

- Alterações processadas no texto da referida Lei.

Art. 5º Fica o Poder Executivo autorizado a publicar a versão consolidada da Lei 8.036, de 1990.

Art. 6º Esta Lei entra em vigor na data de sua publicação.

Art. 7º Revogam-se o § 1º do art. 6º da Lei 8.162, de 8 de janeiro de 1991, e demais disposições em contrário.

Brasília, 13 de julho de 1993; 172º da Independência e 105º da República.

Itamar Franco

(*DOU* 14.07.1993)

LEI 8.716, DE 11 DE OUTUBRO DE 1993

Dispõe sobre a garantia do salário mínimo e dá outras providências.

- V. Lei 4.266/1963 (Institui o salário-família do trabalhador e dá outras providências).
- V. Dec. 53.153/1963 (Regulamenta o salário-família do trabalhador).
- V. Port. MTb 3.296/1986 (Autoriza as empresas e empregadores a adotar o sistema de Reembolso-Creche), disponível em ProView.
- V. Decreto-lei 368/1968 (Dispõe sobre efeitos de débitos salariais).
- V. IN SRT 1/1989 (Dispõe sobre o prazo para o pagamento do salário), disponível em ProView
- V. Decreto-lei 691/1969 (Dispõe sobre a não aplicação, aos contratos de técnicos estrangeiros, com estipulação de pagamento de salários em moeda estrangeira, de diversas disposições da legislação trabalhista).
- V. Lei 6.858/1980 (Dispõe sobre o pagamento, aos dependentes ou sucessores, de valores não recebidos em vida pelos respectivos titulares).
- V. Decreto 85.845/1981 (Regulamenta a Lei 6.858/ 1980).
- V. Lei 7.238/1984 (Dispõe sobre a manutenção da correção automática semestral dos salários, de acordo com o INPC).
- V. Lei 8.073/1990 (Estabelece a Política Nacional de Salários).
- V. Lei 8.542/1992 (Dispõe sobre a política nacional de salários).
- V. Lei 8.880/1994 (Dispõe sobre o Programa de Estabilização Econômica e o Sistema Monetário Nacional e institui a URV).
- V. Lei Complementar 103/2000 (Autoriza os Estados e o Distrito Federal a instituir o piso salarial).
- V. Lei 10.192/2001 (Dispõe sobre medidas complementares ao Plano Real).
- V. Decreto 4.840/2003 (Regulamenta a Medida Provisória 130/2003, que dispõe sobre a autorização para desconto de prestações em folha de pagamento).
- V. Lei 10.820/2003 (Dispõe sobre a autorização para desconto de prestações em folha de pagamento).
- V. Lei 12.382/2011 (Dispõe sobre o valor do salário mínimo em 2011 e a sua política de valorização de longo prazo).
- V. Decreto 7.872/2012 (Regulamenta o valor do salário mínimo em 2011 e a sua política de valorização de longo prazo).
- V. Lei 13.152/2015 (Dispõe sobre a política de valorização do salário-mínimo e dos benefícios pagos pelo RGPS para o período de 2016 a 2019).

O Presidente da República:

Faço saber que o Congresso Nacional decreta e eu sanciono a seguinte Lei:

Art. 1º Aos trabalhadores que percebem remuneração variável, fixada por comissão, peça, tarefa ou outras modalidades, será garantido um salário mensal nunca inferior ao salário mínimo.

Art. 2º A garantia assegurada pelo artigo anterior estende-se também aos trabalhadores que perceberem salário misto, integrado por parte fixa e parte variável.

Art. 3º É vedado ao empregador fazer qualquer tipo de desconto em mês subsequente a título de compensação de eventuais complementações feitas em meses anteriores para cumprimento do disposto nos arts. 1º e 2º.

Art. 4º Esta lei entra em vigor na data de sua publicação.

Art. 5º Revogam-se as disposições em contrário.

Brasília, 11 de outubro de 1993, 172º da Independência e 105º da República.

Itamar Franco

(*DOU* 13.10.1993)

LEI 8.742, DE 7 DE DEZEMBRO DE 1993

Dispõe sobre a organização da Assistência Social e dá outras providências.

O Presidente da República:

Faço saber que o Congresso Nacional decreta e eu sanciono a seguinte Lei:

LEI ORGÂNICA DA ASSISTÊNCIA SOCIAL

Capítulo I
Das Definições e dos Objetivos

Art. 1º A assistência social, direito do cidadão e dever do Estado, é Política de Seguridade Social não contributiva, que provê os mínimos sociais, realizada através de um conjunto integrado de ações de iniciativa pública e da sociedade, para garantir o atendimento às necessidades básicas.

Art. 2º A assistência social tem por objetivos:

- Artigo com redação determinada pela Lei 12.435/ 2011.

I – a proteção social, que visa à garantia da vida, à redução de danos e à prevenção da incidência de riscos, especialmente:

a) a proteção à família, à maternidade, à infância, à adolescência e à velhice;

b) o amparo às crianças e aos adolescentes carentes;

c) a promoção da integração ao mercado de trabalho;

d) a habilitação e reabilitação das pessoas com deficiência e a promoção de sua integração à vida comunitária; e

e) a garantia de um salário mínimo de benefício mensal à pessoa com deficiência e ao idoso que comprovem não possuir meios de prover a própria manutenção ou de tê-la provida por sua família;

II – a vigilância socioassistencial, que visa a analisar territorialmente a capacidade protetiva das famílias e nela a ocorrência de vulnerabilidades, de ameaças, de vitimizações e danos;

III – a defesa de direitos, que visa a garantir o pleno acesso aos direitos no conjunto das provisões socioassistenciais.

Parágrafo único. Para o enfrentamento da pobreza, a assistência social realiza-se de forma integrada às políticas setoriais, garantindo mínimos sociais e provimento de condições para atender contingências sociais e promovendo a universalização dos direitos sociais.

Art. 3º Consideram-se entidades e organizações de assistência social aquelas sem fins lucrativos que, isolada ou cumulativamente, prestam atendimento e assessoramento aos beneficiários abrangidos por esta Lei, bem como as que atuam na defesa e garantia de direitos.

- Artigo com redação determinada pela Lei 12.435/2011.

§ 1º São de atendimento aquelas entidades que, de forma continuada, permanente e planejada, prestam serviços, executam programas ou projetos e concedem benefícios de prestação social básica ou especial, dirigidos às famílias e indivíduos em situações de vulnerabilidade ou risco social e pessoal, nos termos desta Lei, e respeitadas as deliberações do Conselho Nacional de Assistência Social (CNAS), de que tratam os incisos I e II do art. 18.

§ 2º São de assessoramento aquelas que, de forma continuada, permanente e planejada, prestam serviços e executam programas ou projetos voltados prioritariamente para o fortalecimento dos movimentos sociais e das organizações de usuários, formação e capacitação de lideranças, dirigidos ao público da política de assistência social, nos termos desta Lei, e respeitadas as deliberações do CNAS, de que tratam os incisos I e II do art. 18.

§ 3º São de defesa e garantia de direitos aquelas que, de forma continuada, permanente e planejada, prestam serviços e executam programas e projetos voltados prioritariamente para a defesa e efetivação dos direitos socioassistenciais, construção de novos direitos, promoção da cidadania, enfrentamento das desigualdades sociais, articulação com órgãos públicos de defesa de direitos, dirigidos ao público da política de assistência social, nos termos desta Lei, e respeitadas as deliberações do CNAS, de que tratam os incisos I e II do art. 18.

Capítulo II
Dos Princípios e das Diretrizes

Seção I
Dos Princípios

Art. 4º A assistência social rege-se pelos seguintes princípios:

I – supremacia do atendimento às necessidades sociais sobre as exigências de rentabilidade econômica;

II – universalização dos direitos sociais, a fim de tornar o destinatário da ação assistencial alcançável pelas demais políticas públicas;

III – respeito à dignidade do cidadão, à sua autonomia e ao seu direito a benefícios e serviços de qualidade, bem como à convivência familiar e comunitária, vedando-se qualquer comprovação vexatória de necessidade;

IV – igualdade de direitos no acesso ao atendimento, sem discriminação de qualquer natureza, garantindo-se equivalência às populações urbanas e rurais;

V – divulgação ampla dos benefícios, serviços, programas e projetos assistenciais, bem como dos recursos oferecidos pelo Poder Público e dos critérios para sua concessão.

Seção II
Das Diretrizes

Art. 5º A organização da assistência social tem como base as seguintes diretrizes:

I – descentralização político-administrativa para os Estados, o Distrito Federal e os Municípios, e comando único das ações em cada esfera de governo;

II – participação da população, por meio de organizações representativas, na formulação das políticas e no controle das ações em todos os níveis;

III – primazia da responsabilidade do Estado na condução da política de assistência social em cada esfera de governo.

Capítulo III
Da Organização e da Gestão

Art. 6º A gestão das ações na área de assistência social fica organizada sob a forma de sistema descentralizado e participativo, denominado Sistema Único de Assistência Social (Suas), com os seguintes objetivos:

- Artigo com redação determinada pela Lei 12.435/2011.

I – consolidar a gestão compartilhada, o cofinanciamento e a cooperação técnica entre os entes federativos que, de modo articulado, operam a proteção social não contributiva;

II – integrar a rede pública e privada de serviços, programas, projetos e benefícios de assistência social, na forma do art. 6º-C;

III – estabelecer as responsabilidades dos entes federativos na organização, regulação, manutenção e expansão das ações de assistência social;

IV – definir os níveis de gestão, respeitadas as diversidades regionais e municipais;

V – implementar a gestão do trabalho e a educação permanente na assistência social;

VI – estabelecer a gestão integrada de serviços e benefícios; e

VII – afiançar a vigilância socioassistencial e a garantia de direitos.

§ 1º As ações ofertadas no âmbito do Suas têm por objetivo a proteção à família, à maternidade, à infância, à adolescência e à velhice e, como base de organização, o território.

§ 2º O Suas é integrado pelos entes federativos, pelos respectivos conselhos de assistência social e pelas entidades e organizações de assistência social abrangidas por esta Lei.

§ 3º A instância coordenadora da Política Nacional de Assistência Social é o Ministério do Desenvolvimento Social e Combate à Fome.

§ 4º Cabe à instância coordenadora da Política Nacional de Assistência Social normatizar e padronizar o emprego e a divulgação da identidade visual do Suas.

- § 4º acrescentado pela Lei 13.714/2018.

§ 5º A identidade visual do Suas deverá prevalecer na identificação de unidades públicas estatais, entidades e organizações de assistência social, serviços, programas, projetos e benefícios vinculados ao Suas.

- § 5º acrescentado pela Lei 13.714/2018.

Art. 6º-A. A assistência social organiza-se pelos seguintes tipos de proteção:

- Artigo acrescentado pela Lei 12.435/2011.

I – proteção social básica: conjunto de serviços, programas, projetos e benefícios da assistência social que visa a prevenir situações de vulnerabilidade e risco social por meio do desenvolvimento de potencialidades e aquisições e do fortalecimento de vínculos familiares e comunitários;

II – proteção social especial: conjunto de serviços, programas e projetos que tem por objetivo contribuir para a reconstrução de vínculos familiares e comunitários, a defesa de direito, o fortalecimento das potencialidades e aquisições e a proteção de famílias e indivíduos para o enfrentamento das situações de violação de direitos.

Parágrafo único. A vigilância socioassistencial é um dos instrumentos das proteções da assistência social que identifica e previne as situações de risco e vulnerabilidade social e seus agravos no território.

Art. 6º-B. As proteções sociais básica e especial serão ofertadas pela rede socioassistencial, de forma integrada, diretamente pelos entes públicos e/ou pelas entidades e organizações de assistência social vinculadas ao Suas, respeitadas as especificidades de cada ação.

- Artigo acrescentado pela Lei 12.435/2011.

§ 1º A vinculação ao Suas é o reconhecimento pelo Ministério do Desenvolvimento Social e Combate à Fome de que a entidade de assistência social integra a rede socioassistencial.

§ 2º Para o reconhecimento referido no § 1º, a entidade deverá cumprir os seguintes requisitos:

I – constituir-se em conformidade com o disposto no art. 3º;

II – inscrever-se em Conselho Municipal ou do Distrito Federal, na forma do art. 9º;

III – integrar o sistema de cadastro de entidades de que trata o inciso XI do art. 19.

§ 3º As entidades e organizações de assistência social vinculadas ao Suas celebrarão convênios, contratos, acordos ou ajustes com o poder público para a execução, garantido financiamento integral, pelo Estado, de serviços, programas, projetos e ações de assistência social, nos limites da capacidade instalada, aos beneficiários abrangidos por esta Lei, observando-se as disponibilidades orçamentárias.

§ 4º O cumprimento do disposto no § 3º será informado ao Ministério do Desenvolvimento Social e Combate à Fome pelo órgão gestor local da assistência social.

Art. 6º-C. As proteções sociais, básica e especial, serão ofertadas precipuamente no Centro de Referência de Assistência Social (Cras) e no Centro de Referência Especializado de Assistência Social (Creas), respectivamente, e pelas entidades sem fins lucrativos de assistência social de que trata o art. 3º desta Lei.

- Artigo acrescentado pela Lei 12.435/2011.

§ 1º O Cras é a unidade pública municipal, de base territorial, localizada em áreas com maiores índices de vulnerabilidade e risco social, destinada à articulação dos serviços socioassistenciais no seu território de abrangência e à prestação de serviços, programas e projetos socioassistenciais de proteção social básica às famílias.

§ 2º O Creas é a unidade pública de abrangência e gestão municipal, estadual ou regional, destinada à prestação de serviços a indivíduos e famílias que se encontram em situação de risco pessoal ou social, por violação de direitos ou contingência, que demandam intervenções especializadas da proteção social especial.

§ 3º Os Cras e os Creas são unidades públicas estatais instituídas no âmbito do Suas, que possuem interface com as demais políticas públicas e articulam, coordenam e ofertam os serviços, programas, projetos e benefícios da assistência social.

Art. 6º-D. As instalações dos Cras e dos Creas devem ser compatíveis com os serviços neles ofertados, com espaços para trabalhos em grupo e ambientes específicos para recepção e atendimento reservado das famílias e indivíduos, assegurada a acessibilidade às pessoas idosas e com deficiência.

- Artigo acrescentado pela Lei 12.435/2011.

Art. 6º-E. Os recursos do cofinanciamento do Suas, destinados à execução das ações continuadas de assistência social, poderão ser aplicados no pagamento dos profissionais que integrarem as equipes de referência, responsáveis pela organização e oferta daquelas ações, conforme percentual apresentado pelo Ministério do Desenvolvimento Social e Combate à Fome e aprovado pelo CNAS.

- Artigo acrescentado pela Lei 12.435/2011.

Parágrafo único. A formação das equipes de referência deverá considerar o número de famílias e indivíduos referenciados, os tipos e modalidades de atendimento e as aquisições que devem ser garantidas aos usuários, conforme deliberações do CNAS.

Art. 7º As ações de assistência social, no âmbito das entidades e organizações de assistência social, observarão as normas expedidas pelo Conselho Nacional de Assistência Social – CNAS, de que trata o art. 17 desta Lei.

Art. 8º A União, os Estados, o Distrito Federal e os Municípios, observados os princípios e diretrizes estabelecidos nesta Lei, fixarão suas respectivas Políticas de Assistência Social.

Art. 9º O funcionamento das entidades e organizações de assistência social depende de prévia inscrição no respectivo Conselho Municipal de Assistência Social, ou no Conselho de Assistência Social do Distrito Federal, conforme o caso.

§ 1º A regulamentação desta Lei definirá os critérios de inscrição e funcionamento das entidades com atuação em mais de um município no mesmo Estado, ou em mais de um Estado ou Distrito Federal.

§ 2º Cabe ao Conselho Municipal de Assistência Social e ao Conselho de Assistência Social do Distrito Federal a fiscalização das entidades referidas no *caput* na forma prevista em lei ou regulamento.

§ 3º *(Revogado pela Lei 12.101/2009).*

§ 4º As entidades e organizações de assistência social podem, para defesa de seus direitos referentes à inscrição e ao funcionamento, recorrer aos Conselhos Nacional, Estaduais, Municipais e do Distrito Federal.

Art. 10. A União, os Estados, os Municípios e o Distrito Federal podem celebrar convênios com entidades e organizações de assistência social, em conformidade com os Planos aprovados pelos respectivos Conselhos.

Art. 11. As ações das três esferas de governo na área de assistência social realizam-se de forma articulada, cabendo a coordenação e as normas gerais à esfera federal e a coordenação e execução dos programas, em suas respectivas esferas, aos Estados, ao Distrito Federal e aos Municípios.

Art. 12. Compete à União:

I – responder pela concessão e manutenção dos benefícios de prestação continuada definidos no art. 203 da Constituição Federal;

II – cofinanciar, por meio de transferência automática, o aprimoramento da gestão, os serviços, os programas e os projetos de assistência social em âmbito nacional;

• Inciso II com redação determinada pela Lei 12.435/2011.

III – atender, em conjunto com os Estados, o Distrito Federal e os Municípios, às ações assistenciais de caráter de emergência;

IV – realizar o monitoramento e a avaliação da política de assistência social e assessorar Estados, Distrito Federal e Municípios para seu desenvolvimento.

• Inciso IV acrescentado pela Lei 12.435/2011.

Art. 12-A. A União apoiará financeiramente o aprimoramento à gestão descentralizada dos serviços, programas, projetos e benefícios de assistência social, por meio do Índice de Gestão Descentralizada (IGD) do Sistema Único de Assistência Social (Suas), para a utilização no âmbito dos Estados, dos Municípios e do Distrito Federal, destinado, sem prejuízo de outras ações a serem definidas em regulamento, a:

• Artigo acrescentado pela Lei 12.435/2011.

I – medir os resultados da gestão descentralizada do Suas, com base na atuação do gestor estadual, municipal e do Distrito Federal na implementação, execução e monitoramento dos serviços, programas, projetos e benefícios de assistência social, bem como na articulação intersetorial;

II – incentivar a obtenção de resultados qualitativos na gestão estadual, municipal e do Distrito Federal do Suas; e

III – calcular o montante de recursos a serem repassados aos entes federados a título de apoio financeiro à gestão do Suas.

§ 1º Os resultados alcançados pelo ente federado na gestão do Suas, aferidos na forma de regulamento, serão considerados como prestação de contas dos recursos a serem transferidos a título de apoio financeiro.

§ 2º As transferências para apoio à gestão descentralizada do Suas adotarão a sistemática do Índice de Gestão Descentralizada do Programa Bolsa Família, previsto no art. 8º da Lei 10.836, de 9 de janeiro de 2004, e serão efetivadas por meio de procedimento integrado àquele índice.

§ 3º *(Vetado).*

§ 4º Para fins de fortalecimento dos Conselhos de Assistência Social dos Estados, Municípios e Distrito Federal, percentual dos recursos transferidos deverá ser gasto com atividades de apoio técnico e operacional àqueles colegiados, na forma fixada pelo Ministério do Desenvolvimento Social e Combate à Fome, sendo vedada a utilização dos recursos para pagamento de pessoal efetivo e de gratificações de qualquer natureza a servidor público estadual, municipal ou do Distrito Federal.

Art. 13. Compete aos Estados:

I – destinar recursos financeiros aos Municípios, a título de participação no custeio do pagamento dos benefícios eventuais de que trata o art. 22, mediante critérios estabelecidos pelos Conselhos Estaduais de Assistência Social;

• Inciso I com redação determinada pela Lei 12.435/2011.

II – cofinanciar, por meio de transferência automática, o aprimoramento da gestão, os serviços, os programas e os projetos de assistência social em âmbito regional ou local;

• Inciso II com redação determinada pela Lei 12.435/2011.

III – atender, em conjunto com os Municípios, às ações assistenciais de caráter de emergência;

IV – estimular e apoiar técnica e financeiramente as associações e consórcios municipais na prestação de serviços de assistência social;

V – prestar os serviços assistenciais cujos custos ou ausência de demanda municipal justifiquem uma rede regional de serviços, desconcentrada, no âmbito do respectivo Estado;

VI – realizar o monitoramento e a avaliação da política de assistência social e assessorar os Municípios para seu desenvolvimento.

• Inciso VI acrescentado pela Lei 12.435/2011.

Art. 14. Compete ao Distrito Federal:

I – destinar recursos financeiros para custeio do pagamento dos benefícios eventuais de que trata o art. 22, mediante critérios estabelecidos pelos Conselhos de Assistência Social do Distrito Federal;

• Inciso I com redação determinada pela Lei 12.435/2011.

II – efetuar o pagamento dos auxílios natalidade e funeral;

III – executar os projetos de enfrentamento da pobreza, incluindo a parceria com organizações da sociedade civil;

IV – atender às ações assistenciais de caráter de emergência;

V – prestar os serviços assistenciais de que trata o art. 23 desta Lei;

VI – cofinanciar o aprimoramento da gestão, os serviços, os programas e os projetos de assistência social em âmbito local;

• Inciso VI acrescentado pela Lei 12.435/2011.

VII – realizar o monitoramento e a avaliação da política de assistência social em seu âmbito.

• Inciso VII acrescentado pela Lei 12.435/2011.

Art. 15. Compete aos Municípios:

I – destinar recursos financeiros para custeio do pagamento dos benefícios eventuais de que trata o art. 22, mediante critérios estabelecidos pelos Conselhos Municipais de Assistência Social;

• Inciso I com redação determinada pela Lei 12.435/2011.

II – efetuar o pagamento dos auxílios natalidade e funeral;

III – executar os projetos de enfrentamento da pobreza, incluindo a parceria com organizações da sociedade civil;

IV – atender às ações assistenciais de caráter de emergência;

V – prestar os serviços assistenciais de que trata o art. 23 desta Lei;

VI – cofinanciar o aprimoramento da gestão, os serviços, os programas e os projetos de assistência social em âmbito local;

• Inciso VI acrescentado pela Lei 12.435/2011.

VII – realizar o monitoramento e a avaliação da política de assistência social em seu âmbito.

• Inciso VII acrescentado pela Lei 12.435/2011.

Art. 16. As instâncias deliberativas do Suas, de caráter permanente e composição paritária entre governo e sociedade civil, são:

• Artigo com redação determinada pela Lei 12.435/ 2011.

I – o Conselho Nacional de Assistência Social;

II – os Conselhos Estaduais de Assistência Social;

III – o Conselho de Assistência Social do Distrito Federal;

IV – os Conselhos Municipais de Assistência Social.

Parágrafo único. Os Conselhos de Assistência Social estão vinculados ao órgão gestor de assistência social, que deve prover a infraestrutura necessária ao seu funcionamento, garantindo recursos materiais, humanos e financeiros, inclusive com despesas referentes a passagens e diárias de conselheiros representantes do governo ou da sociedade civil, quando estiverem no exercício de suas atribuições.

Art. 17. Fica instituído o Conselho Nacional de Assistência Social – CNAS, órgão superior de deliberação colegiada, vinculado à estrutura do órgão da Administração Pública Federal responsável pela coordenação da Política Nacional de Assistência Social, cujos membros, nomeados pelo Presidente da República, têm mandato de 2 (dois) anos, permitida uma única recondução por igual período.

§ 1º O Conselho Nacional de Assistência Social – CNAS, é composto por 18 membros e respectivos suplentes, cujos nomes são indicados ao órgão da Administração Pública Federal responsável pela coordenação da Política Nacional de Assistência Social, de acordo com os critérios seguintes:

I – nove representantes governamentais, incluindo um representante dos Estados e um dos Municípios;

II – nove representantes da sociedade civil, dentre representantes dos usuários ou de organizações de usuários, das entidades e organizações de assistência social e dos trabalhadores do setor, escolhidos em foro próprio sob fiscalização do Ministério Público Federal.

§ 2º O Conselho Nacional de Assistência Social – CNAS, é presidido por um de seus integrantes, eleito dentre seus membros, para mandato de 1 (um) ano, permitida uma única recondução por igual período.

§ 3º O Conselho Nacional de Assistência Social – CNAS, contará com uma Secretaria Executiva, a qual terá sua estrutura disciplinada em ato do Poder Executivo.

§ 4º Os Conselhos de que tratam os incisos II, III e IV do art. 16, com competência para acompanhar a execução da política de assistência social, apreciar e aprovar a proposta orçamentária, em consonância com as diretrizes das conferências nacionais, estaduais, distrital e municipais, de acordo com seu âmbito de atuação, deverão ser instituídos, respectivamente, pelos Estados, pelo Distrito Federal e pelos Municípios, mediante lei específica.

• § 4º com redação determinada pela Lei 12.435/2011.

Art. 18. Compete ao Conselho Nacional de Assistência Social:

I – aprovar a Política Nacional de Assistência Social;

II – normatizar as ações e regular a prestação de serviços de natureza pública e privada no campo da assistência social;

III – acompanhar e fiscalizar o processo de certificação das entidades e organizações de assistência social no Ministério do Desenvolvimento Social e Combate à Fome;

• Inciso III com redação determinada pela Lei 12.101/ 2009.

IV – apreciar relatório anual que conterá a relação de entidades e organizações de assistência social certificadas como beneficentes e encaminhá-lo para conhecimento dos Conselhos de Assistência Social dos Estados, Municípios e do Distrito Federal;

• Inciso IV com redação determinada pela Lei 12.101/ 2009.

V – zelar pela efetivação do sistema descentralizado e participativo de assistência social;

VI – a partir da realização da II Conferência Nacional de Assistência Social em 1997, convocar ordinariamente a cada quatro anos a Conferência Nacional de Assistência Social, que terá a atribuição de avaliar a situação da assistência social e propor diretrizes para o aperfeiçoamento do sistema;

• Inciso VI com redação determinada pela Lei 9.720/ 1998.

VII – *(Vetado).*

VIII – apreciar e aprovar a proposta orçamentária da Assistência Social a ser encaminhada pelo órgão da Administração Pública Federal responsável pela coordenação da Política Nacional de Assistência Social;

IX – aprovar critérios de transferência de recursos para os Estados, Municípios e Distrito Federal, considerando, para tanto, indicadores que informem sua regionalização mais equitativa, tais como: população, renda *per capita*, mortalidade infantil e concentração de renda, além de disciplinar os procedimentos de repasse de recursos para as entidades e organizações de assistência social, sem prejuízo das disposições da Lei de Diretrizes Orçamentárias;

X – acompanhar e avaliar a gestão dos recursos, bem como os ganhos sociais e o desempenho dos programas e projetos aprovados;

XI – estabelecer diretrizes, apreciar e aprovar os programas anuais e plurianuais do Fundo Nacional de Assistência Social – FNAS;

XII – indicar o representante do Conselho Nacional de Assistência Social – CNAS junto ao Conselho Nacional da Seguridade Social;

XIII – elaborar e aprovar seu regimento interno;

XIV – divulgar, no *Diário Oficial da União*, todas as suas decisões, bem como as contas do Fundo Nacional de Assistência Social – FNAS e os respectivos pareceres emitidos.

Parágrafo único. *(Revogado pela Lei 12.101/2009).*

Art. 19. Compete ao órgão da Administração Pública Federal responsável pela coordenação da Política Nacional de Assistência Social:

I – coordenar e articular as ações no campo da assistência social;

II – propor ao Conselho Nacional de Assistência Social – CNAS, a Política Nacional de Assistência Social, suas normas gerais, bem como os critérios de prioridade e de elegibilidade, além de padrões de qualidade na prestação de benefícios, serviços, programas e projetos;

III – prover recursos para o pagamento dos benefícios de prestação continuada definidos nesta Lei;

IV – elaborar e encaminhar a proposta orçamentária da assistência social, em conjunto com as demais da Seguridade Social;

V – propor os critérios de transferência dos recursos de que trata esta Lei;

VI – proceder à transferência dos recursos destinados à assistência social, na forma prevista nesta Lei;

VII – encaminhar à apreciação do Conselho Nacional de Assistência Social – CNAS, relatórios trimestrais e anuais de atividades e de realização financeira dos recursos;

VIII – prestar assessoramento técnico aos Estados, ao Distrito Federal, aos Municípios e às entidades e organizações de assistência social;

IX – formular política para a qualificação sistemática e continuada de recursos humanos no campo da assistência social;

X – desenvolver estudos e pesquisas para fundamentar as análises de necessidades e formulação de proposições para a área;

XI – coordenar e manter atualizado o sistema de cadastro de entidades e organizações de assistência social, em articulação com os Estados, os Municípios e o Distrito Federal;

XII – articular-se com os órgãos responsáveis pelas políticas de saúde e previdência social, bem como com os demais responsáveis pelas políticas socioeconômicas setoriais, visando à elevação do patamar mínimo de atendimento às necessidades básicas;

XIII – expedir os atos normativos necessários à gestão do Fundo Nacional de Assistência Social – FNAS, de acordo com as diretrizes estabelecidas pelo Conselho Nacional de Assistência Social – CNAS;

XIV – elaborar e submeter ao Conselho Nacional de Assistência Social – CNAS, os programas anuais e plurianuais de aplicação dos recursos do Fundo Nacional de Assistência Social – FNAS.

☛ **Parágrafo único.** A atenção integral à saúde, inclusive a dispensação de medicamentos e produtos de interesse para a saúde, às famílias e indivíduos em situações de vulnerabilidade ou risco social e pessoal, nos termos desta Lei, dar-se-á independentemente da apresentação de documentos que comprovem domicílio ou inscrição no cadastro no Sistema Único de Saúde (SUS), em consonância com a diretriz de articulação das ações de assistência social e de saúde a que se refere o inciso XII deste artigo.

- Parágrafo único acrescentado pela Lei 13.714/ 2018.

Capítulo IV
Dos Benefícios, dos Serviços, dos Programas e dos Projetos de Assistência Social

Seção I
Do Benefício de Prestação Continuada

Art. 20. O benefício de prestação continuada é a garantia de um salário mínimo mensal à pessoa com deficiência e ao idoso com 65 anos ou mais que comprovem não possuir meios de prover a própria manutenção nem de tê-la provida por sua família.

- *Caput* com redação determinada pela Lei 12.435/ 2011.

§ 1º Para os efeitos do disposto no *caput*, a família é composta pelo requerente, o cônjuge ou companheiro, os pais e, na ausência de um deles, a madrasta ou o padrasto, os irmãos solteiros, os filhos e enteados solteiros e os menores tutelados, desde que vivam sob o mesmo teto.

- § 1º com redação determinada pela Lei 12.435/2011.

§ 2º Para efeito de concessão do benefício de prestação continuada, considera-se pessoa com deficiência aquela que tem impedimento de longo prazo de natureza física, mental, intelectual ou sensorial, o qual, em interação com uma ou mais barreiras, pode obstruir sua participação plena e efetiva na sociedade em igualdade de condições com as demais pessoas.

- § 2º com redação determinada pela Lei 13.146/2015 (*DOU* 07.07.2015), em vigor após decorridos 180 (cento e oitenta) dias de sua publicação oficial.

§ 3º Considera-se incapaz de prover a manutenção da pessoa com deficiência ou idosa a família cuja renda mensal *per capita* seja inferior a 1/4 (um quarto) do salário mínimo.

- § 3º com redação determinada pela Lei 12.435/2011.

§ 4º O benefício de que trata este artigo não pode ser acumulado pelo beneficiário com qualquer outro no âmbito da seguridade social ou de outro regime, salvo os da assistência médica e da pensão especial de natureza indenizatória.

- § 4º com redação determinada pela Lei 12.435/2011.

§ 5º A condição de acolhimento em instituições de longa permanência não prejudica o direito do idoso ou da pessoa com deficiência ao benefício de prestação continuada.

- § 5º com redação determinada pela Lei 12.435/2011.

§ 6º A concessão do benefício ficará sujeita à avaliação da deficiência e do grau de impedimento de que trata o § 2º, composta por avaliação médica e avaliação social realizadas por médicos peritos e por assistentes sociais do Instituto Nacional de Seguro Social – INSS.

- § 6º com redação determinada pela Lei 12.470/2011.

§ 7º Na hipótese de não existirem serviços no município de residência do beneficiário, fica assegurado, na forma prevista em regulamento, o seu encaminhamento ao município mais próximo que contar com tal estrutura.

- § 7º com redação determinada pela Lei 9.720/1998.

§ 8º A renda familiar mensal a que se refere o § 3º deverá ser declarada pelo requerente ou seu representante legal, sujeitando-se aos demais procedimentos previstos no regulamento para o deferimento do pedido.

- § 8º acrescentado pela Lei 9.720/1998.

§ 9º Os rendimentos decorrentes de estágio supervisionado e de aprendizagem não serão computados para os fins de cálculo da renda familiar *per capita* a que se refere o § 3º deste artigo.

- § 9º com redação determinada pela Lei 13.146/2015 (*DOU* 07.07.2015), em vigor após decorridos 180 (cento e oitenta) dias de sua publicação oficial.

§ 10. Considera-se impedimento de longo prazo, para os fins do § 2º deste artigo, aquele que produza efeitos pelo prazo mínimo de 2 (dois) anos.

- § 10 acrescentado pela Lei 12.470/2011.

§ 11. Para concessão do benefício de que trata o *caput* deste artigo, poderão ser utilizados outros elementos probatórios da condição de miserabilidade do grupo familiar e da situação de vulnerabilidade, conforme regulamento.

- § 11 acrescentado pela Lei 13.146/2015 (*DOU* 07.07.2015), em vigor após decorridos 180 (cento e oitenta) dias de sua publicação oficial.

☛ **§ 12.** São requisitos para a concessão, a manutenção e a revisão do benefício as inscrições no Cadastro de Pessoas Físicas (CPF) e no Cadastro Único para Programas Sociais do Governo Federal – Cadastro Único, conforme previsto em regulamento.

- § 12 acrescentado pela Lei 13.846/2019.
- **Redação anterior do § 13 determinada pela MP 871/2019 (*DOU* 18.01.2019, edição extra), posteriormente convertida na Lei 13.846/2019 (*DOU* 18.06.2019, edição extra), que não trouxe essa alteração: "§ 13. O requerimento, a concessão e a revisão do benefício ficam condicionados à autorização do requerente para acesso aos seus dados bancários, nos termos do disposto no inciso V do § 3º do art. 1º da Lei Complementar 105, de 10 de janeiro de 2001".**

Art. 21. O benefício de prestação continuada deve ser revisto a cada 2 (dois) anos para avaliação da continuidade das condições que lhe deram origem.

§ 1º O pagamento do benefício cessa no momento em que forem superadas as condições referidas no *caput*, ou em caso de morte do beneficiário.

§ 2º O benefício será cancelado quando se constatar irregularidade na sua concessão ou utilização.

§ 3º O desenvolvimento das capacidades cognitivas, motoras ou educacionais e a realização de atividades não remuneradas de habilitação e reabilitação, entre outras, não constituem motivo de suspensão ou cessação do benefício da pessoa com deficiência.

- § 3º acrescentado pela Lei 12.435/2011.

§ 4º A cessação do benefício de prestação continuada concedido à pessoa com deficiência não impede nova concessão do benefício, desde que atendidos os requisitos definidos em regulamento.

- § 4º com redação determinada pela Lei 12.470/2011.

Art. 21-A. O benefício de prestação continuada será suspenso pelo órgão concedente quando a pessoa com deficiência exercer atividade remunerada, inclusive na condição de microempreendedor individual.

- Artigo acrescentado pela Lei 12.470/2011.

§ 1º Extinta a relação trabalhista ou a atividade empreendedora de que trata o *caput* deste artigo e, quando for o caso, encerrado o prazo de pagamento do seguro-desemprego e não tendo o beneficiário adquirido direito a qualquer benefício previdenciário, poderá ser requerida a continuidade do pagamento do benefício suspenso, sem necessidade de realização de perícia médica ou reavaliação da deficiência e do grau de incapacidade para esse fim, respeitado o período de revisão previsto no *caput* do art. 21.

§ 2º A contratação de pessoa com deficiência como aprendiz não acarreta a suspensão do benefício de prestação continuada, limitado a 2 (dois) anos o recebimento concomitante da remuneração e do benefício.

Seção II
Dos Benefícios Eventuais

Art. 22. Entendem-se por benefícios eventuais as provisões suplementares e provisórias que integram organicamente as garantias do Suas e são prestadas aos cidadãos e às famílias em virtude de nascimento, morte, situações de vulnerabilidade temporária e de calamidade pública.

- Artigo com redação determinada pela Lei 12.435/ 2011.

§ 1º A concessão e o valor dos benefícios de que trata este artigo serão definidos pelos Estados, Distrito Federal e Municípios e previstos nas respectivas leis orçamentárias anuais, com base em critérios e prazos definidos pelos respectivos Conselhos de Assistência Social.

§ 2º O CNAS, ouvidas as respectivas representações de Estados e Municípios dele participantes, poderá propor, na medida das disponibilidades orçamentárias das três esferas de governo, a instituição de benefícios subsidiários no valor de até 25% (vinte e cinco por cento) do salário mínimo para cada criança de até 6 anos de idade.

§ 3º Os benefícios eventuais subsidiários não poderão ser cumulados com aqueles instituídos pelas Leis 10.954, de 29 de setembro de 2004, e 10.458, de 14 de maio de 2002.

Seção III
Dos Serviços

Art. 23. Entendem-se por serviços socioassistenciais as atividades continuadas que visem à melhoria de vida da população e cujas ações, voltadas para as necessidades básicas, observem os objetivos, princípios e diretrizes estabelecidos nesta Lei.

- Artigo com redação determinada pela Lei 12.435/2011.

§ 1º O regulamento instituirá os serviços socioassistenciais.

§ 2º Na organização dos serviços da assistência social serão criados programas de amparo, entre outros:

I – às crianças e adolescentes em situação de risco pessoal e social, em cumprimento ao disposto no art. 227 da Constituição Federal e na Lei 8.069, de 13 de julho de 1990 (Estatuto da Criança e do Adolescente);

II – às pessoas que vivem em situação de rua.

Seção IV
Dos Programas
de Assistência Social

Art. 24. Os programas de assistência social compreendem ações integradas e complementares com objetivos, tempo e área de abrangência definidos para qualificar, incentivar e melhorar os benefícios e os serviços assistenciais.

§ 1º Os programas de que trata este artigo serão definidos pelos respectivos Conselhos de Assistência Social, obedecidos os objetivos e princípios que regem esta Lei, com prioridade para a inserção profissional e social.

§ 2º Os programas voltados para o idoso e a integração da pessoa com deficiência serão devidamente articulados com o benefício de prestação continuada estabelecido no art. 20 desta Lei.

- § 2º com redação determinada pela Lei 12.435/2011.

Art. 24-A. Fica instituído o Serviço de Proteção e Atendimento Integral à Família (Paif), que integra a proteção social básica e consiste na oferta de ações e serviços socioassistenciais de prestação continuada, nos Cras, por meio do trabalho social com famílias em situação de vulnerabilidade social, com o objetivo de prevenir o rompimento dos vínculos familiares e a violência no âmbito de suas relações, garantindo o direito à convivência familiar e comunitária.

- Artigo acrescentado pela Lei 12.435/2011.

Parágrafo único. Regulamento definirá as diretrizes e os procedimentos do Paif.

Art. 24-B. Fica instituído o Serviço de Proteção e Atendimento Especializado a Famílias e Indivíduos (Paefi), que integra a proteção social especial e consiste no apoio, orientação e acompanhamento a famílias e indivíduos em situação de ameaça ou violação de direitos, articulando os serviços socioassistenciais com as diversas políticas públicas e com órgãos do sistema de garantia de direitos.

- Artigo acrescentado pela Lei 12.435/2011.

Parágrafo único. Regulamento definirá as diretrizes e os procedimentos do Paefi.

Art. 24-C. Fica instituído o Programa de Erradicação do Trabalho Infantil (Peti), de caráter intersetorial, integrante da Política Nacional de Assistência Social, que, no âmbito do Suas, compreende transferências de renda, trabalho social com famílias e oferta de serviços socioeducativos para crianças e adolescentes que se encontrem em situação de trabalho.

- Artigo acrescentado pela Lei 12.435/2011.

§ 1º O Peti tem abrangência nacional e será desenvolvido de forma articulada pelos entes federados, com a participação da sociedade civil, e tem como objetivo contribuir para a retirada de crianças e adolescentes com idade inferior a 16 anos em situação de trabalho, ressalvada a condição de aprendiz, a partir de 14 anos.

§ 2º As crianças e os adolescentes em situação de trabalho deverão ser identificados e ter os seus dados inseridos no Cadastro Único para Programas Sociais do Governo Federal (CadÚnico), com a devida identificação das situações de trabalho infantil.

Seção V
Dos Projetos de Enfrentamento
da Pobreza

Art. 25. Os projetos de enfrentamento da pobreza compreendem a instituição de investimento econômico-social nos grupos populares, buscando subsidiar, financeira e tecnicamente, iniciativas que lhes garantam meios, capacidade produtiva e de gestão para melhoria das condições gerais de subsistência, elevação do padrão da qualidade de vida, a preservação do meio ambiente e sua organização social.

Art. 26. O incentivo a projetos de enfrentamento da pobreza assentar-se-á em mecanismos de articulação e de participação de diferentes áreas governamentais e em sistema de cooperação entre organismos governamentais, não governamentais e da sociedade civil.

Capítulo V
Do Financiamento
da Assistência Social

Art. 27. Fica o Fundo Nacional de Ação Comunitária – Funac, instituído pelo Decreto 91.970, de 22 de novembro de 1985, ratificado pelo Decreto Legislativo 66, de 18 de dezembro de 1990, transformado no Fundo Nacional de Assistência Social – FNAS.

Art. 28. O financiamento dos benefícios, serviços, programas e projetos estabelecidos nesta Lei far-se-á com os recursos da União, dos Estados, do Distrito Federal e dos Municípios, das demais contribuições sociais previstas no art. 195 da Constituição Federal, além daqueles que compõem o Fundo Nacional de Assistência Social – FNAS.

§ 1º Cabe ao órgão da Administração Pública responsável pela coordenação da Política de Assistência Social nas três esferas de governo gerir o Fundo de Assistência Social, sob orientação e controle dos respectivos Conselhos de Assistência Social.

- § 1º com redação determinada pela Lei 12.435/2011.

§ 2º O Poder Executivo disporá, no prazo de 180 (cento e oitenta) dias a contar da data de publicação desta Lei, sobre o regulamento e funcionamento do Fundo Nacional de Assistência Social – FNAS.

§ 3º O financiamento da assistência social no Suas deve ser efetuado mediante cofinanciamento dos três entes federados, devendo os recursos alocados nos fundos de assistência social ser voltados à operacionalização, prestação, aprimoramento e viabilização dos serviços, programas, projetos e benefícios desta política.

- § 3º acrescentado pela Lei 12.435/2011.

☛ **Art. 28-A.** *(Revogado pela Lei 13.813/2019).*

Art. 29. Os recursos de responsabilidade da União destinados à assistência social serão automaticamente repassados ao Fundo Nacional de Assistência Social – FNAS, à medida que se forem realizando as receitas.

Parágrafo único. Os recursos de responsabilidade da União destinados ao financiamento dos benefícios de prestação continuada, previstos no art. 20, poderão ser repassados pelo Ministério da Previdência e Assistência Social diretamente ao INSS, órgão responsável pela sua execução e manutenção.

- Parágrafo único acrescentado pela Lei 9.720/1998.

Art. 30. É condição para os repasses, aos Municípios, aos Estados e ao Distrito Federal, dos recursos de que trata esta Lei, a efetiva instituição e funcionamento de:

I – Conselho de Assistência Social, de composição paritária entre governo e sociedade civil;

II – Fundo de Assistência Social, com orientação e controle dos respectivos Conselhos de Assistência Social;

III – Plano de Assistência Social.

Parágrafo único. É, ainda, condição para transferência de recursos do FNAS aos Estados, ao Distrito Federal e aos Municípios a comprovação orçamentária dos recursos próprios destinados à Assistência Social, alocados em seus respectivos Fundos de Assistência Social, a partir do exercício de 1999.

- Parágrafo único acrescentado pela Lei 9.720/1998.

Art. 30-A. O cofinanciamento dos serviços, programas, projetos e benefícios eventuais, no que couber, e o aprimoramento da gestão da política de assistência social no Suas se efetuam por meio de transferências automáticas entre os fundos de assistência social e mediante alocação de recursos próprios nesses fundos nas três esferas de governo.

- Artigo acrescentado pela Lei 12.435/2011.

Parágrafo único. As transferências automáticas de recursos entre os fundos de assistência social efetuadas à conta do orçamento da seguridade social, conforme o art. 204 da Constituição Federal, caracterizam-se como despesa pública com a seguridade social, na forma do art. 24 da Lei Complementar 101, de 4 de maio de 2000.

Art. 30-B. Caberá ao ente federado responsável pela utilização dos recursos do respectivo Fundo de Assistência Social o controle e o acompanhamento dos serviços, programas, projetos e benefícios, por meio dos respectivos órgãos de controle, independentemente de ações do órgão repassador dos recursos.

- Artigo acrescentado pela Lei 12.435/2011.

Art. 30-C. A utilização dos recursos federais descentralizados para os fundos de assistência social dos Estados, dos Municípios e do Distrito Federal será declarada pelos entes recebedores ao ente transferidor, anualmente, mediante relatório de gestão submetido à apreciação do respectivo Conselho de Assistência Social, que comprove a execução das ações na forma de regulamento.

- Artigo acrescentado pela Lei 12.435/2011.

Parágrafo único. Os entes transferidores poderão requisitar informações referentes à aplicação dos recursos oriundos do seu fundo de assistência social, para fins de análise e acompanhamento de sua boa e regular utilização.

Capítulo VI
Das Disposições Gerais e Transitórias

Art. 31. Cabe ao Ministério Público zelar pelo efetivo respeito aos direitos estabelecidos nesta Lei.

Art. 32. O Poder Executivo terá o prazo de 60 (sessenta) dias, a partir da publicação desta Lei, obedecidas as normas por ela instituídas, para elaborar e encaminhar projeto de lei dispondo sobre a extinção e reordenamento dos órgãos de assistência social do Ministério do Bem-Estar Social.

§ 1º O projeto de que trata este artigo definirá formas de transferências de benefícios, serviços, programas, projetos, pessoal, bens móveis e imóveis para a esfera municipal.

§ 2º O Ministro de Estado do Bem-Estar Social indicará Comissão encarregada de elaborar o projeto de lei de que trata este artigo, que contará com a participação das organizações dos usuários, de trabalhadores do setor e de entidades e organizações de assistência social.

Art. 33. Decorrido o prazo de 120 (cento e vinte) dias da promulgação desta Lei, fica extinto o Conselho Nacional de Serviço Social – CNSS, revogando-se, em consequência, os Decretos-lei 525, de 1º de julho de 1938, e 657, de 22 de julho de 1943.

§ 1º O Poder Executivo tomará as providências necessárias para a instalação do Conselho Nacional de Assistência Social – CNAS, e a transferência das atividades que passarão à sua competência dentro do prazo estabelecido no *caput*, de forma a assegurar não haja solução de continuidade.

§ 2º O acervo do órgão de que trata o *caput* será transferido, no prazo de 60 (sessenta) dias, para o Conselho Nacional de Assistência Social – CNAS, que promoverá, mediante critérios e prazos a serem fixados, a revisão dos processos de registro e certificado de entidade de fins filantrópicos das entidades e organização de assistência social, observado o disposto no art. 3º desta Lei.

Art. 34. A União continuará exercendo papel supletivo nas ações de assistência social, por ela atualmente executadas diretamente no âmbito dos Estados, dos Municípios e do Distrito Federal, visando à implementação do disposto nesta Lei, por prazo máximo de 12 (doze) meses, contados a partir da data da publicação desta Lei.

Art. 35. Cabe ao órgão da Administração Pública Federal responsável pela coordenação da Política Nacional de Assistência Social operar os benefícios de prestação continuada de que trata esta Lei, podendo, para tanto, contar com o concurso de outros órgãos do Governo Federal, na forma a ser estabelecida em regulamento.

Parágrafo único. O regulamento de que trata o *caput* definirá as formas de comprovação do direito ao benefício, as condições de sua suspensão, os procedimentos em casos de curatela e tutela e o órgão de credenciamento, de pagamento e de fiscalização, dentre outros aspectos.

Art. 36. As entidades e organizações de assistência social que incorrerem em irregularidades na aplicação dos recursos que lhes foram repassados pelos poderes públicos terão a sua vinculação ao Suas cancelada, sem prejuízo de responsabilidade civil e penal.

- Artigo com redação determinada pela Lei 12.435/2011.

Art. 37. O benefício de prestação continuada será devido após o cumprimento, pelo requerente, de todos os requisitos legais e regulamentares exigidos para a sua concessão, inclusive apresentação da documentação necessária, devendo o seu pagamento ser efetuado em até 45 (quarenta e cinco) dias após cumpridas as exigências de que trata este artigo.

- Artigo com redação determinada pela Lei 9.720/1998.

Parágrafo único. No caso de o primeiro pagamento ser feito após o prazo previsto no *caput*, aplicar-se-á na sua atualização o mesmo critério adotado pelo INSS na atualização do primeiro pagamento de benefício previdenciário em atraso.

Art. 38. *(Revogado pela Lei 12.435/2011).*

Art. 39. O Conselho Nacional de Assistência Social – CNAS, por decisão da maioria absoluta de seus membros, respeitados o orçamento da seguridade social e a disponibilidade do Fundo Nacional de Assistência Social (FNAS), poderá propor ao Poder Executivo a alteração dos limites de renda mensal *per capita* definidos no § 3º do art. 20 e *caput* do art. 22.

Art. 40. Com a implantação dos benefícios previstos nos arts. 20 e 22 desta Lei, extinguem-se a renda mensal vitalícia, o auxílio-natalidade e o auxílio-funeral existentes no âmbito da Previdência Social, conforme o disposto na Lei 8.213, de 24 de julho de 1991.

§ 1º A transferência dos beneficiários do sistema previdenciário para a assistência social deve ser estabelecida de forma que o atendimento à população não sofra solução de continuidade.

- Primitivo parágrafo único renumerado pela Lei 9.711/1998.

§ 2º É assegurado ao maior de setenta anos e ao inválido o direito de requerer a renda mensal vitalícia junto ao INSS até 31 de dezembro de 1995, desde que atenda, alternativamente, aos requisitos estabelecidos nos incisos I, II ou III do § 1º do art. 139 da Lei 8.213, de 24 de julho de 1991.

- § 2º acrescentado pela Lei 9.711/1998.

Art. 40-A. Os benefícios monetários decorrentes do disposto nos arts. 22, 24-C e 25 desta Lei serão pagos preferencialmente à mulher responsável pela unidade familiar, quando cabível.

- Artigo acrescentado pela Lei 13.014/2014 (*DOU* 22.07.2014), em vigor 90 (noventa) dias após a data de sua publicação.

Art. 41. Esta Lei entra em vigor na data da sua publicação.

Art. 42. Revogam-se as disposições em contrário.

Brasília, 7 de dezembro de 1993, 172º da Independência e 105º da República.

Itamar Franco

(*DOU* 08.12.1993)

LEI 8.745, DE 9 DE DEZEMBRO DE 1993

Dispõe sobre a contratação por tempo determinado para atender a necessidade temporária de excepcional interesse

público, nos termos do inciso IX do art. 37 da Constituição Federal, e dá outras providências.

- V. Port. MTE 789/2014 (Estabelece instruções para o Contrato de Trabalho Temporário), disponível em ProView.
- V. IN SIT/MTE 114/2014 (Disciplina a fiscalização do trabalho temporário), disponível em ProView.
- V. IN SRT/MTE 18/2014 (Dispõe sobre o registro de empresas de trabalho temporário e prorrogação de contrato de trabalho temporário), disponível em ProView.

O Presidente da República:

Faço saber que o Congresso Nacional decreta e eu sanciono a seguinte Lei:

Art. 1º Para atender a necessidade temporária de excepcional interesse público, os órgãos da Administração Federal direta, as autarquias e as fundações públicas poderão efetuar contratação de pessoal por tempo determinado, nas condições e prazos previstos nesta Lei.

Art. 2º Considera-se necessidade temporária de excepcional interesse público:

I – assistência a situações de calamidade pública;

II – assistência a emergências em saúde pública;

- Inciso II com redação determinada pela Lei 12.314/2010.

III – realização de recenseamentos e outras pesquisas de natureza estatística efetuadas pela Fundação Instituto Brasileiro de Geografia e Estatística – IBGE;

- Inciso III com redação determinada pela Lei 9.849/1999.

IV – admissão de professor substituto e professor visitante;

V – admissão de professor e pesquisador visitante estrangeiro;

VI – atividades:

- *Caput* do inciso VI com redação determinada pela Lei 9.849/1999.

a) especiais nas organizações das Forças Armadas para atender à área industrial ou a encargos temporários de obras e serviços de engenharia;

- Alínea *a* acrescentada pela Lei 9.849/1999.
- V. art. 13, Lei 11.314/2006 (DOU 04.07.2006), que autoriza a prorrogação, até 31.03.2007, dos contratos temporários firmados com base nesta alínea, vigentes na data de publicação da referida Lei, no âmbito do Comando da Aeronáutica, vinculados às atividades transferidas à Anac pela Lei 11.182/2005.
- V. art. 28, I, Lei 11.490/2007 (DOU 21.06.2007), que autoriza a prorrogação, até 31.07.2008, dos prazos de vigência dos contratos temporários da Agência Nacional de Aviação Civil – Anac, previstos nesta alínea.

b) de identificação e demarcação territorial;

- Alínea b com redação determinada pela Lei 11.784/2008.

c) *(Revogada pela Lei 10.667/2003).*

d) finalísticas do Hospital das Forças Armadas;

- Alínea *d* acrescentada pela Lei 9.849/1999.
- V. art. 2º, Lei 12.084/2009, que autoriza o Hospital das Forças Armadas a prorrogar, em caráter excepcional, até 31.01.2010, os contratos por prazo determinado, vigentes em 31.07.2009, realizados com base nesta alínea.
- O STF, na ADIn 3.237 (DJE 01.04.2014) julgou parcialmente procedente a ação direta para declarar a inconstitucionalidade das alíneas d e g do inciso VI do art. 2º da Lei 8.745/1993, com a redação dada pela Lei 9.849/1999, limitando-se os efeitos da declaração de inconstitucionalidade para que ocorram um ano após a publicação da decisão final desta ação no Diário Oficial da União quanto à alínea d, e, quanto à alínea g, após quatro anos.

e) de pesquisa e desenvolvimento de produtos destinados à segurança de sistemas de informações, sob responsabilidade do Centro de Pesquisa e Desenvolvimento para a Segurança das Comunicações – Cepesc;

- Alínea e acrescentada pela Lei 9.849/1999.

f) de vigilância e inspeção, relacionadas à defesa agropecuária, no âmbito do Ministério da Agricultura e do Abastecimento, para atendimento de situações emergenciais ligadas ao comércio internacional de produtos de origem animal ou vegetal ou de iminente risco à saúde animal, vegetal ou humana;

- Alínea *f* acrescentada pela Lei 9.849/1999.
- V. art. 28, III, Lei 11.490/2007 (DOU 21.06.2007), que autoriza a prorrogação, até 31.07.2008, dos prazos de vigência dos contratos temporários do Ministério da Agricultura, Pecuária e Abastecimento, previstos nesta alínea, em vigor em 29.12.2006 e que venham a expirar a partir de 01.01.2007.

g) desenvolvidas no âmbito dos projetos do Sistema de Vigilância da Amazônia – Sivam e do Sistema de Proteção da Amazônia – Sipam;

- Alínea *g* acrescentada pela Lei 9.849/1999.
- V. art. 1º, Lei 12.501/2011, que autoriza o Ministério da Defesa a prorrogar, em caráter excepcional e respeitado o prazo limite de 31.12.2012, os contratos por tempo determinado para atender a necessidade temporária de excepcional interesse público no âmbito do Centro Gestor e Operacional do Sistema de Proteção da Amazônia – Censipam, vigentes em 1º.06.2011, firmados com fundamento no art. 2º, inciso VI, alínea g, da Lei 8.745/1993, independentemente da limitação do art. 4º, parágrafo único, inciso IV, daquela Lei.
- V. art. 1º, caput, Lei 12.809/2013, que autoriza o Ministério da Defesa a prorrogar, em caráter excepcional e respeitado o prazo limite de 30.06.2013, os contratos por tempo determinado para atender a necessidade temporária de excepcional interesse público no âmbito do Centro Gestor e Operacional do Sistema de Proteção da Amazônia – Censipam, vigentes em 01.06.2011, firmados com fundamento na alínea g do inciso VI do caput do art. 2º da Lei 8.745/1993, independentemente da limitação prevista no inciso IV do parágrafo único do art. 4º daquela Lei.
- O STF, na ADIn 3.237 (DJE 01.04.2014) julgou parcialmente procedente a ação direta para declarar a inconstitucionalidade das alíneas d e g do inciso VI do art. 2º da Lei 8.745/1993, com a redação dada pela Lei 9.849/1999, limitando-se os efeitos da declaração de inconstitucionalidade para que ocorram um ano após a publicação da decisão final desta ação no Diário Oficial da União quanto à alínea d, e, quanto à alínea g, após quatro anos.

h) técnicas especializadas, no âmbito de projetos de cooperação com prazo determinado, implementados mediante acordos internacionais, desde que haja, em seu desempenho, subordinação do contratado ao órgão ou entidade pública.

- Alínea *h* acrescentada pela Lei 10.667/2003.
- V. art. 28, I, Lei 11.490/2007 (DOU 21.06.2007), que autoriza a prorrogação, até 31.07.2008, dos prazos de vigência dos contratos temporários da Agência Nacional de Aviação Civil – Anac, previstos nesta alínea.
- V. art. 1º, Lei 11.661/2008, que autoriza a prorrogação, em caráter excepcional e respeitado o prazo limite de 31.07.2009, dos contratos por prazo determinado, vigentes em 27.12.2007, realizados com base nesta alínea.
- V. art. 1º, Lei 12.084/2009, que autoriza determinados órgãos e entidades a prorrogar, em caráter excepcional, respeitado o prazo limite de 31.07.2010, os contratos por prazo determinado, vigentes em 31.07.2009, realizados com base nesta alínea.
- V. art. 3º, caput, Lei 12.337/2010, que autoriza o Fundo Nacional de Desenvolvimento da Educação – FNDE a prorrogar, em caráter excepcional e respeitado o prazo limite de 30.06.2013, os contratos por tempo determinado para atender a necessidade temporária de excepcional interesse público, vigentes em 31.12.2012, firmados com fundamento na alínea h do inciso VI do caput do art. 2º da Lei 8.745/1993, independentemente da limitação prevista no inciso III do parágrafo único do art. 4º daquela Lei.

i) técnicas especializadas necessárias à implantação de órgãos ou entidades ou de novas atribuições definidas para organizações existentes ou as decorrentes de aumento transitório no volume de trabalho que não possam ser atendidas mediante a aplicação do art. 74 da Lei 8.112, de 11 de dezembro de 1990;

- Alínea *i* acrescentada pela Lei 11.784/2008.
- V. arts. 2º e 4º, Dec. 6.479/2008 (Remuneração para as hipóteses de contratações previstas no art. 2º, inciso VI, alíneas i, j e l, da Lei 8.745/1993, e sobre o processo seletivo simplificado nas hipóteses das alíneas i e j do dispositivo citado).

j) técnicas especializadas de tecnologia da informação, de comunicação e de revisão de processos de trabalho, não alcançadas pela alínea *i* e que não se caracterizem como atividades permanentes do órgão ou entidade;

- Alínea *j* acrescentada pela Lei 11.784/2008.
- V. arts. 2º e 4º, Dec. 6.479/2008 (Remuneração para as hipóteses de contratações previstas no art. 2º, inciso VI, alíneas i, j e l, da Lei 8.745/1993, e sobre o processo seletivo simplificado nas hipóteses das alíneas i e j do dispositivo citado).

l) didático-pedagógicas em escolas de governo; e

- Alínea *l* acrescentada pela Lei 11.784/2008.
- V. art. 3º, Dec. 6.479/2008 (Remuneração para as hipóteses de contratações previstas no art. 2º, inciso VI, alíneas i, j e l, da Lei 8.745/1993, e sobre o processo seletivo simplificado nas hipóteses das alíneas i e j do dispositivo citado).

m) de assistência à saúde para comunidades indígenas; e

- Alínea *m* acrescentada pela Lei 11.784/2008.

☛ **n)** que tenham o objetivo de atender a encargos temporários de obras e serviços de engenharia destinados à construção, à reforma, à ampliação e ao aprimoramento de estabelecimentos penais;

- Alínea *n* acrescentada pela MP 885/2019.

VII – admissão de professor, pesquisador e tecnólogo substitutos para suprir a falta de professor, pesquisador ou tecnólogo ocupante de cargo efetivo, decorrente de licença para exercer atividade empresarial relativa à inovação;

- Inciso VII acrescentado pela Lei 10.973/2004.

VIII – admissão de pesquisador, de técnico com formação em área tecnológica de nível intermediário ou de tecnólogo, nacionais ou estrangeiros, para projeto de pesquisa com prazo determinado, em instituição destinada à pesquisa, ao desenvolvimento e à inovação;

- Inciso VIII com redação determinada pela Lei 13.243/ 2016.

IX – combate a emergências ambientais, na hipótese de declaração, pelo Ministro de Estado do Meio Ambiente, da existência de emergência ambiental na região específica.

- Inciso IX acrescentado pela Lei 11.784/2008.

X – admissão de professor para suprir demandas decorrentes da expansão das instituições federais de ensino, respeitados os limites e as condições fixados em ato conjunto dos Ministérios do Planejamento, Orçamento e Gestão e da Educação;

- Inciso X acrescentado pela Lei 12.425/2011.

XI – admissão de professor para suprir demandas excepcionais decorrentes de programas e projetos de aperfeiçoamento de médicos na área de Atenção Básica em saúde em regiões prioritárias para o Sistema Único de Saúde (SUS), mediante integração ensino-serviço, respeitados os limites e as condições fixados em ato conjunto dos Ministros de Estado do Planejamento, Orçamento e Gestão, da Saúde e da Educação.

- Inciso XI acrescentado pela Lei 12.871/2013.

XII – admissão de profissional de nível superior especializado para atendimento a pessoas com deficiência, nos termos da legislação, matriculadas regularmente em cursos técnicos de nível médio e em cursos de nível superior nas instituições federais de ensino, em ato conjunto do Ministério do Planejamento, Desenvolvimento e Gestão e do Ministério da Educação.

- Inciso XII acrescentado pela Lei 13.530/2017.

§ 1º A contratação de professor substituto de que trata o inciso IV do *caput* poderá ocorrer para suprir a falta de professor efetivo em razão de:

- § 1º com redação determinada pela Lei 12.425/2011.

I – vacância do cargo;

II – afastamento ou licença, na forma do regulamento; ou

III – nomeação para ocupar cargo de direção de reitor, vice-reitor, pró-reitor e diretor de *campus*.

§ 2º O número total de professores de que trata o inciso IV do *caput* não poderá ultrapassar 20% (vinte por cento) do total de docentes efetivos em exercício na instituição federal de ensino.

- § 2º com redação determinada pela Lei 12.425/2011.

§ 3º As contratações a que se refere a alínea *h* do inciso VI serão feitas exclusivamente por projeto, vedado o aproveitamento dos contratados em qualquer área da administração pública.

- § 3º acrescentado pela Lei 10.667/2003.

§ 4º Ato do Poder Executivo disporá, para efeitos desta Lei, sobre a declaração de emergências em saúde pública.

- § 4º acrescentado pela Lei 12.314/2010.

§ 5º A contratação de professor visitante e de professor visitante estrangeiro, de que tratam os incisos IV e V do *caput*, tem por objetivo:

- § 5º acrescentado pela Lei 12.772/2012.

I – apoiar a execução dos programas de pós-graduação *stricto sensu*;

II – contribuir para o aprimoramento de programas de ensino, pesquisa e extensão;

III – contribuir para a execução de programas de capacitação docente; ou

IV – viabilizar o intercâmbio científico e tecnológico.

§ 6º A contratação de professor visitante e o professor visitante estrangeiro, de que tratam os incisos IV e V do *caput*, deverão:

- § 6º acrescentado pela Lei 12.772/2012.

I – atender a requisitos de titulação e competência profissional; ou

II – ter reconhecido renome em sua área profissional, atestado por deliberação do Conselho Superior da instituição contratante.

§ 7º São requisitos mínimos de titulação e competência profissional para a contratação de professor visitante ou de professor visitante estrangeiro, de que tratam os incisos IV e V do *caput*:

- § 7º acrescentado pela Lei 12.772/2012.

I – ser portador do título de doutor, no mínimo, há 2 (dois) anos;

II – ser docente ou pesquisador de reconhecida competência em sua área; e

III – ter produção científica relevante, preferencialmente nos últimos 5 (cinco) anos.

§ 8º Excepcionalmente, no âmbito das Instituições da Rede Federal de Educação Profissional, Científica e Tecnológica, poderão ser contratados professor visitante ou professor visitante estrangeiro, sem o título de doutor, desde que possuam comprovada competência em ensino, pesquisa e extensão tecnológicos ou reconhecimento da qualificação profissional pelo mercado de trabalho, na forma prevista pelo Conselho Superior da instituição contratante.

- § 8º acrescentado pela Lei 12.772/2012.

§ 9º A contratação de professores substitutos, professores visitantes e professores visitantes estrangeiros poderá ser autorizada pelo dirigente da instituição, condicionada à existência de recursos orçamentários e financeiros para fazer frente às despesas decorrentes da contratação e ao quantitativo máximo de contratos estabelecido para a IFE.

- § 9º acrescentado pela Lei 12.772/2012.

§ 10. A contratação dos professores substitutos fica limitada ao regime de trabalho de 20 (vinte) horas ou 40 (quarenta) horas.

- § 10 acrescentado pela Lei 12.772/2012.

Art. 3º O recrutamento do pessoal a ser contratado, nos termos desta Lei, será feito mediante processo seletivo simplificado sujeito a ampla divulgação, inclusive através do *Diário Oficial da União*, prescindindo de concurso público.

§ 1º A contratação para atender às necessidades decorrentes de calamidade pública, de emergência ambiental e de emergências em saúde pública prescindirá de processo seletivo.

- § 1º com redação determinada pela Lei 12.314/2010.

§ 2º A contratação de pessoal, nos casos do professor visitante referido nos incisos IV e V e nos casos das alíneas *a*, *d*, *e*, *g*, *l* e *m* do inciso VI e do inciso VIII do *caput* do art. 2º desta Lei, poderá ser efetivada em vista de notória capacidade técnica ou científica do profissional, mediante análise do *curriculum vitae*.

- § 2º com redação determinada pela Lei 11.784/2008.

§ 3º As contratações de pessoal no caso das alíneas *h* e *i* do inciso VI do art. 2º desta Lei serão feitas mediante processo seletivo simplificado, observados os critérios e condições estabelecidos pelo Poder Executivo.

- § 3º com redação determinada pela Lei 11.784/2008.
- V. Dec. 4.748/2003 (Regulamenta o processo seletivo simplificado a que se refere o § 3º do art. 3º da Lei 8.745/1993).

Art. 4º As contratações serão feitas por tempo determinado, observados os seguintes prazos máximos:

- *Caput* com redação determinada pela Lei 10.667/2003.
- V. art. 28, I e II, Lei 11.490/2007 (DOU 21.06.2007), que autoriza a prorrogação, até 31.07.2008, dos prazos de vigência dos contratos temporários da Agência Nacional de Aviação Civil – Anac e do Hospital das Forças Armadas – HFA, previstos neste artigo.
- V. art. 173, Lei 11.784/2008, que autoriza a prorrogação, até 31.07.2009, dos prazos de vigência dos contratos temporários do Hospital das Forças Armadas – HFA, previstos neste artigo.

I – 6 (seis) meses, nos casos dos incisos I, II e IX do *caput* do art. 2º desta Lei;

- Inciso I com redação determinada pela Lei 11.784/ 2008.

II – 1 (um) ano, nos casos dos incisos III e IV, das alíneas *d* e *f* do inciso VI e do inciso X do *caput* do art. 2º;

- Inciso II com redação determinada pela Lei 12.425/ 2011.

III – 2 (dois) anos, nos casos das alíneas *b*, *e* e *m* do inciso VI do art. 2º;

- Inciso III com redação determinada pela Lei 12.314/ 2010.

IV – 3 (três) anos, nos casos das alíneas *h* e *l* do inciso VI e dos incisos VII, VIII e XI do *caput* do art. 2º desta Lei;

- Inciso IV com redação determinada pela Lei 12.871/ 2013.

☛ **V** – 4 (quatro) anos, nos casos do inciso V e das alíneas *a, g, i, j* e *n* do inciso VI do *caput* do art. 2º.

- Inciso V com redação determinada pela MP 885/2019.

Parágrafo único. É admitida a prorrogação dos contratos:

- *Caput* do parágrafo único com redação determinada pela Lei 10.667/2003.

I – no caso do inciso IV, das alíneas *b, d* e *f* do inciso VI e do inciso X do *caput* do art. 2º, desde que o prazo total não exceda a 2 (dois) anos;

- Inciso I com redação determinada pela Lei 12.998/2014.

II – no caso do inciso III e da alínea *e* do inciso VI do *caput* do art. 2º, desde que o prazo total não exceda a 3 (três) anos;

- Inciso II com redação determinada pela Lei 12.998/2014.

☛ **III** – nos casos do inciso V, das alíneas *a, h, l, m* e *n* do inciso VI e do inciso VIII do *caput* do art. 2º, desde que o prazo total não exceda a 4 (quatro) anos;

- Inciso III com redação determinada pela MP 885/2019.

IV – no caso das alíneas *g, i* e *j* do inciso VI do *caput* do art. 2º desta Lei, desde que o prazo total não exceda a 5 (cinco) anos;

- Inciso IV com redação determinada pela Lei 11.784/2008.
- O art. 22 da Lei 10.667/2003 (DOU 15.05.2003) dispõe: "Poderão ser prorrogados, por mais 1 (um) ano além do prazo total estabelecido no inciso IV do parágrafo único do art. 4º da Lei 8.745, de 9 de dezembro de 1993, até 80% (oitenta por cento) dos contratos vigentes em 18 de dezembro de 2002, celebrados com base na alínea g do inciso VI do art. 2º da mesma lei".

V – no caso dos incisos VII e XI do *caput* do art. 2º, desde que o prazo total não exceda 6 (seis) anos; e

- Inciso V com redação determinada pela Lei 12.871/2013.

VI – nos casos dos incisos I e II do *caput* do art. 2º desta Lei, pelo prazo necessário à superação da situação de calamidade pública ou das situações de emergências em saúde pública, desde que não exceda a 2 (dois) anos.

- Inciso VI com redação determinada pela Lei 12.314/2010.

Art. 5º As contratações somente poderão ser feitas com observância da dotação orçamentária específica e mediante prévia autorização do Ministro de Estado do Planejamento, Orçamento e Gestão e do Ministro de Estado sob cuja supervisão se encontrar o órgão ou entidade contratante, conforme estabelecido em regulamento.

- *Caput* com redação determinada pela Lei 9.849/1999.
- V. art. 30, § 2º, Lei 10.871/2004 (Carreiras e organização de cargos efetivos das Agências Reguladoras).

Parágrafo único. *(Revogado pela Lei 9.849/1999).*

Art. 5º-A. Os órgãos e entidades contratantes encaminharão à Secretaria de Recursos Humanos do Ministério do Planejamento, Orçamento e Gestão, para controle do disposto nesta Lei, síntese dos contratos efetivados.

- Artigo acrescentado pela Lei 10.667/2003.

Art. 6º É proibida a contratação, nos termos desta Lei, de servidores da Administração direta ou indireta da União, dos Estados, do Distrito Federal e dos Municípios, bem como de empregados ou servidores de suas subsidiárias e controladas.

- V. art. 30, § 2º, Lei 10.871/2004 (Carreiras e organização de cargos efetivos das Agências Reguladoras).

§ 1º Excetua-se do disposto no *caput* deste artigo, condicionada à formal comprovação da compatibilidade de horários, a contratação de:

- § 1º com redação determinada pela Lei 11.123/2005.

I – professor substituto nas instituições federais de ensino, desde que o contratado não ocupe cargo efetivo integrante das carreiras de magistério de que trata a Lei 7.596, de 10 de abril de 1987;

II – profissionais de saúde em unidades hospitalares, quando administradas pelo Governo Federal e para atender às necessidades decorrentes de calamidade pública, desde que o contratado não ocupe cargo efetivo ou emprego permanente em órgão ou entidade da administração pública federal direta e indireta.

§ 2º Sem prejuízo da nulidade do contrato, a infração do disposto neste artigo importará responsabilidade administrativa da autoridade contratante e do contratado, inclusive, se for o caso, solidariedade quanto à devolução dos valores pagos ao contratado.

- Primitivo parágrafo único renumerado pela Lei 9.849/1999.

Art. 7º A remuneração do pessoal contratado nos termos desta Lei será fixada:

I – nos casos dos incisos IV, X e XI do *caput* do art. 2º, em importância não superior ao valor da remuneração fixada para os servidores de final de Carreira das mesmas categorias, nos planos de retribuição ou nos quadros de cargos e salários do órgão ou entidade contratante;

- Inciso I com redação determinada pela Lei 12.998/2014.

II – nos casos dos incisos I a III, V, VI e VIII do *caput* do art. 2º, em importância não superior ao valor da remuneração constante dos planos de retribuição ou dos quadros de cargos e salários do serviço público, para servidores que desempenhem função semelhante, ou, não existindo a semelhança, às condições do mercado de trabalho; e

- Inciso II com redação determinada pela Lei 12.998/2014.

III – no caso do inciso III do art. 2º, quando se tratar de coleta de dados, o valor da remuneração poderá ser formado por unidade produzida, desde que obedecido ao disposto no inciso II deste artigo;

- Inciso III acrescentado pela Lei 9.849/1999.

§ 1º Para os efeitos deste artigo, não se consideram as vantagens de natureza individual dos servidores ocupantes de cargos tomados como paradigma.

- Primitivo parágrafo único renumerado pela Lei 10.667/2003.

§ 2º Caberá ao Poder Executivo fixar as tabelas de remuneração para as hipóteses de contratações previstas nas alíneas *h, i, j, l* e *m* do inciso VI do *caput* do art. 2º.

- § 2º com redação determinada pela Lei 12.314/2010.

Art. 8º Ao pessoal contratado nos termos desta Lei aplica-se o disposto na Lei 8.647, de 13 de abril de 1993.

- V. art. 30, § 5º, Lei 10.871/2004 (Carreiras e organização de cargos efetivos das Agências Reguladoras).

Art. 9º O pessoal contratado nos termos desta Lei não poderá:

- V. art. 30, § 5º, Lei 10.871/2004 (Carreiras e organização de cargos efetivos das Agências Reguladoras).

I – receber atribuições, funções ou encargos não previstos no respectivo contrato;

II – ser nomeado ou designado, ainda que a título precário ou em substituição, para o exercício de cargo em comissão ou função de confiança;

III – ser novamente contratado, com fundamento nesta Lei, antes de decorridos 24 (vinte e quatro) meses do encerramento de seu contrato anterior, salvo nas hipóteses dos incisos I e IX do art. 2º desta Lei, mediante prévia autorização, conforme determina o art. 5º desta Lei.

- Inciso III com redação determinada pela Lei 11.784/2008.

Parágrafo único. *(Revogado pela Lei 11.784/2008).*

Art. 10. As infrações disciplinares atribuídas ao pessoal contratado nos termos desta Lei serão apuradas mediante sindicância, concluída no prazo de 30 (trinta) dias e assegurada ampla defesa.

- V. art. 30, § 5º, Lei 10.871/2004 (Carreiras e organização de cargos efetivos das Agências Reguladoras).

Art. 11. Aplica-se ao pessoal contratado nos termos desta Lei o disposto nos arts. 53 e 54; 57 a 59; 63 a 80; 97; 104 a 109; 110, incisos I, *in fine*, e II, parágrafo único, a 115; 116, incisos I a V, alíneas *a* e *c*, VI a XII e parágrafo único; 117, incisos I a VI e IX a XVIII; 118 a 126; 127, incisos I, II e III, a 132, incisos I a VII, e IX a XIII; 136 a 142, incisos I, primeira parte, a III, e §§ 1º a 4º; 236; 238 a 242, da Lei 8.112, de 11 de dezembro de 1990.

- V. art. 30, § 5º, Lei 10.871/2004 (Carreiras e organização de cargos efetivos das Agências Reguladoras).

Art. 12. O contrato firmado de acordo com esta Lei extinguir-se-á, sem direito a indenizações:

- V. art. 30, § 5º, Lei 10.871/2004 (Carreiras e organização de cargos efetivos das Agências Reguladoras).

I – pelo término do prazo contratual;

II – por iniciativa do contratado;

III – pela extinção ou conclusão do projeto, definidos pelo contratante, nos casos da alínea *h* do inciso VI do art. 2º.

- Inciso III acrescentado pela Lei 10.667/2003.

§ 1º A extinção do contrato, nos casos dos incisos II e III, será comunicada com a antecedência mínima de 30 (trinta) dias.

- § 1º com redação determinada pela Lei 10.667/2003.

§ 2º A extinção do contrato, por iniciativa do órgão ou entidade contratante, decorrente de conveniência administrativa, importará no pagamento ao contratado de indenização correspondente à metade do que lhe caberia referente ao restante do contrato.

Art. 13. *(Revogado pela Lei 11.440/2006).*

Art. 14. *(Revogado pela Lei 11.440/2006).*

Art. 15. *(Revogado pela Lei 11.440/2006).*

Art. 16. O tempo de serviço prestado em virtude de contratação nos termos desta Lei será contado para todos os efeitos.

- V. art. 30, § 5º, Lei 10.871/2004 (Carreiras e organização de cargos efetivos das Agências Reguladoras).

Art. 17. Esta Lei entra em vigor na data de sua publicação.

Art. 18. Revogam-se as disposições em contrário, especialmente os arts. 232 a 235 da Lei 8.112, de 11 de dezembro de 1990.

Brasília, 9 de dezembro de 1993; 172º da Independência e 105º da República.

Itamar Franco

(*DOU* 10.12.1993)

LEI 8.844, DE 20 DE JANEIRO DE 1994

Dispõe sobre a fiscalização, apuração e cobrança judicial das contribuições e multas devidas ao Fundo de Garantia do Tempo de Serviço – FGTS.

- V. Lei 8.036/1990 (FGTS).
- V. Dec. 99.684/1990 (Consolida as normas regulamentares do FGTS).
- V. LC 110/2001 (Institui contribuições sociais e autoriza créditos de complementos de atualização monetária em contas vinculadas do FGTS).
- V. Dec. 3.913/2001 (Apuração e liquidação dos complementos de atualização monetária de saldos de contas vinculadas do FGTS).
- V. Dec. 3.914/2001 (Regulamentação das contribuições sociais instituídas pela LC 110/2001).
- V. Dec. 5.113/2004 (Regulamenta o art. 20, XVI, da Lei 8.036/1990).
- V. Lei 11.491/2007 (Institui o Fundo de Investimento do FGTS).

Faço saber que o Presidente da República adotou a Medida Provisória 393, de 1993, que o Congresso Nacional aprovou, e eu, Humberto Lucena, Presidente do Senado Federal, para os efeitos do disposto no parágrafo único do art. 62 da Constituição Federal, promulgo a seguinte Lei:

Art. 1º Compete ao Ministério do Trabalho a fiscalização e a apuração das contribuições ao Fundo de Garantia do Tempo de Serviço – FGTS, bem assim a aplicação das multas e demais encargos devidos.

Parágrafo único. A Caixa Econômica Federal – CEF e a rede arrecadadora prestarão ao Ministério do Trabalho as informações necessárias ao desempenho dessas atribuições.

Art. 2º Compete à Procuradoria-Geral da Fazenda Nacional a inscrição em Dívida Ativa dos débitos para com o Fundo de Garantia do Tempo de Serviço – FGTS, bem como, diretamente ou por intermédio da Caixa Econômica Federal, mediante convênio, a representação judicial e extrajudicial do FGTS, para a correspondente cobrança, relativamente à contribuição e às multas e demais encargos previstos na legislação respectiva.

- *Caput* com redação determinada pela Lei 9.467/1997.
- V. Súmula 349, STJ.

§ 1º O Fundo de Garantia do Tempo de Serviço fica isento de custas nos processos judiciais de cobrança de seus créditos.

- § 1º com redação determinada pela Lei 9.467/1997.

§ 2º As despesas, inclusive as de sucumbência, que vierem a ser incorridas pela Procuradoria-Geral da Fazenda Nacional e pela Caixa Econômica Federal, para a realização da inscrição em Dívida Ativa, do ajuizamento e do controle e acompanhamento dos processos judiciais, serão efetuadas a débito do Fundo de Garantia do Tempo de Serviço.

- § 2º com redação determinada pela Lei 9.467/1997.

§ 3º Os créditos relativos ao FGTS gozam dos mesmos privilégios atribuídos aos créditos trabalhistas.

- § 3º com redação determinada pela Lei 9.467/1997.

§ 4º Na cobrança judicial dos créditos do FGTS, incidirá um encargo de 10% (dez por cento), que reverterá para o Fundo, para ressarcimento dos custos por ele incorridos, o qual será reduzido para 5% (cinco por cento), se o pagamento se der antes do ajuizamento da cobrança.

- § 4º com redação determinada pela Lei 9.964/2000.

Art. 3º Esta Lei entra em vigor na data de sua publicação.

Senado Federal, 20 de janeiro de 1994; 173º da Independência e 106º da República.

Humberto Lucena Senador

(*DOU* 21.01.1994)

LEI 8.880, DE 27 DE MAIO DE 1994

Dispõe sobre o Programa de Estabilização Econômica e o Sistema Monetário Nacional, institui a Unidade Real de Valor – URV e dá outras providências.

- V. Lei 4.266/1963 (Institui o salário-família do trabalhador e dá outras providências).
- V. Dec. 53.153/1963 (Regulamenta o salário-família do trabalhador).
- V. Port. MTb 3.296/1986 (Autoriza as empresas e empregadores a adotar o sistema de Reembolso-Creche), disponível em ProView.
- V. Decreto-lei 368/1968 (Dispõe sobre efeitos de débitos salariais).
- V. IN SRT 1/1989 (Dispõe sobre o prazo para o pagamento do salário), disponível em ProView
- V. Decreto-lei 691/1969 (Dispõe sobre a não aplicação, aos contratos de técnicos estrangeiros, com estipulação de pagamento de salários em moeda estrangeira, de diversas disposições da legislação trabalhista).
- V. Lei 6.858/1980 (Dispõe sobre o pagamento, aos dependentes ou sucessores, de valores não recebidos em vida pelos respectivos titulares).
- V. Decreto 85.845/1981 (Regulamenta a Lei 6.858/1980).
- V. Lei 7.238/1984 (Dispõe sobre a manutenção da correção automática semestral dos salários, de acordo com o INPC).
- V. Lei 8.073/1990 (Estabelece a Política Nacional de Salários).
- V. Lei 8.542/1992 (Dispõe sobre a política nacional de salários).
- V. Lei 8.716/1993 (Dispõe sobre a garantia do salário mínimo).
- V. Lei Complementar 103/2000 (Autoriza os Estados e o Distrito Federal a instituir o piso salarial).
- V. Lei 10.192/2001 (Dispõe sobre medidas complementares ao Plano Real).
- V. Decreto 4.840/2003 (Regulamenta a Medida Provisória 130/2003, que dispõe sobre a autorização para desconto de prestações em folha de pagamento).
- V. Lei 10.820/2003 (Dispõe sobre a autorização para desconto de prestações em folha de pagamento).
- V. Lei 12.382/2011 (Dispõe sobre o valor do salário mínimo em 2011 e a sua política de valorização de longo prazo).
- V. Decreto 7.872/2012 (Regulamenta o valor do salário mínimo em 2011 e a sua política de valorização de longo prazo).
- V. Lei 13.152/2015 (Dispõe sobre a política de valorização do salário-mínimo e dos benefícios pagos pelo RGPS para o período de 2016 a 2019).

O Presidente da República:

Faço saber que o Congresso Nacional decreta e eu sanciono a seguinte Lei:

Art. 1º Fica instituída a Unidade Real de Valor – URV, dotada de curso legal para servir exclusivamente como padrão de valor monetário, de acordo com o disposto nesta Lei.

§ 1º A URV, juntamente com o Cruzeiro Real, integra o Sistema Monetário Nacional, continuando o Cruzeiro Real a ser utilizado como meio de pagamento dotado de poder liberatório, de conformidade com o disposto no artigo 3º.

§ 2º A URV, no dia 1º de março de 1994, corresponde a CR$ 647,50 (seiscentos e quarenta e sete cruzeiros reais e cinquenta centavos).

Art. 2º A URV será dotada de poder liberatório, a partir de sua emissão pelo Banco Central do Brasil, quando passará a denominar-se Real.

§ 1º As importâncias em dinheiro, expressas em Real, serão grafadas precedidas do símbolo R$.

§ 2º A centésima parte do Real, denominada centavo, será escrita sob a forma decimal, precedida de vírgula que segue a unidade.

Art. 3º Por ocasião da primeira emissão do Real tratada no *caput* do artigo 2º, o Cruzeiro Real não mais integrará o Sistema Monetário Nacional, deixando de ter curso legal e poder liberatório.

§ 1º A primeira emissão do Real ocorrerá no dia 1º de julho de 1994.

§ 2º As regras e condições de emissão do Real serão estabelecidas em lei.

§ 3º A partir da primeira emissão do Real, as atuais cédulas e moedas representativas do Cruzeiro Real continuarão em circulação como meios de pagamento, até que sejam substituídas pela nova moeda no meio circulante, observada a paridade entre o Cruzeiro Real e o Real fixada pelo Banco Central do Brasil naquela data.

§ 4º O Banco Central do Brasil disciplinará a forma, prazo e condições da substituição prevista no parágrafo anterior.

Art. 4º O Banco Central do Brasil, até a emissão do Real, fixará a paridade diária entre o Cruzeiro Real e a URV, tomando por base a perda do poder aquisitivo do Cruzeiro Real.

§ 1º O Banco Central do Brasil poderá contratar, independentemente de processo licitatório, institutos de pesquisa de preços, de reconhecida reputação, para auxiliá-lo em cálculos pertinentes ao disposto no *caput* deste artigo.

§ 2º A perda de poder aquisitivo do Cruzeiro Real, em relação à URV, poderá ser usada como índice de correção monetária.

§ 3º O Poder Executivo publicará a metodologia adotada para o cálculo da paridade diária entre o Cruzeiro Real e a URV.

Art. 5º O valor da URV, em cruzeiros reais, será utilizado pelo Banco Central do Brasil como parâmetro básico para negociação com moeda estrangeira.

Parágrafo único. O Conselho Monetário Nacional disciplinará o disposto neste artigo.

Art. 6º É nula de pleno direito a contratação de reajuste vinculado à variação cambial, exceto quando expressamente autorizado por lei federal e nos contratos de arrendamento mercantil celebrados entre pessoas residentes e domiciliadas no País, com base em captação de recursos provenientes do exterior.

Art. 7º Os valores das obrigações pecuniárias de qualquer natureza, a partir de 1º de março de 1994, inclusive, e desde que haja prévio acordo entre as partes, poderão ser convertidos em URV, ressalvado o disposto no artigo 16.

Parágrafo único. As obrigações que não forem convertidas na forma do *caput* deste artigo, a partir da data da emissão do Real prevista no artigo 3º, serão obrigatoriamente, convertidas em Real, de acordo com critérios estabelecidos em lei, preservado o equilíbrio econômico e financeiro e observada a data de aniversário de cada obrigação.

Art. 8º Até a emissão do Real, será obrigatória a expressão de valores em Cruzeiro Real, facultada a concomitante expressão em URV, ressalvado o disposto no artigo 38:

I – nos preços públicos e tarifas dos serviços públicos;

II – nas etiquetas e tabelas de preços;

III – em qualquer outra referência a preços nas atividades econômicas em geral, exceto em contratos, nos termos dos artigos 7º e 10;

IV – nas notas e recibos de compra e venda e prestação de serviços;

V – nas notas fiscais, faturas e duplicatas.

§ 1º Os cheques, notas promissórias, letras de câmbio e demais títulos de crédito e ordens de pagamento continuarão a ser expressos exclusivamente em cruzeiros reais, até a emissão do Real, ressalvado o disposto no artigo 16 desta Lei.

§ 2º O Ministro de Estado da Fazenda poderá dispensar a obrigatoriedade prevista no *caput* deste artigo.

Art. 9º Até a emissão do Real, é facultado o uso da URV nos orçamentos públicos.

Art. 10. Os valores das obrigações pecuniárias de qualquer natureza contraídas a partir de 15 de março de 1994, inclusive, para serem cumpridas ou liquidadas com prazo superior a 30 (trinta) dias, serão, obrigatoriamente, expressos em URV, observado o disposto nos artigos 8º, 16, 19 e 22.

Art. 11. *(Revogado pela Lei 9.069/1995).*

Art. 12. É nula de pleno direito e não surtirá nenhum efeito a estipulação de cláusula de revisão ou de reajuste de preços, nos contratos a que se refere o artigo anterior, que contrarie o disposto nesta Lei.

Art. 13. O disposto nos artigos 11 e 12 aplica-se igualmente à execução e aos efeitos dos contratos celebrados antes de 28 de fevereiro de 1994 e que venham a ser convertidos em URV.

Art. 14. Os contratos decorrentes de licitações ou de atos formais de suas dispensas ou inexigibilidades, promovidos pelos órgãos e entidades a que se refere o artigo 15, instaurados após 15 de março de 1994, terão seus valores expressos em URV, observando-se as disposições constantes da Lei 8.666, de 21 de junho de 1993, e o disposto nos arts. 11 e 12 desta Lei.

Parágrafo único. Nos processos de contratação cujos atos convocatórios já tenham sido publicados ou expedidos e os contratos ainda não tenham sido firmados, o vencedor poderá optar por fazê-lo de conformidade com os referidos atos, desde que se comprometa, por escrito, a promover, em seguida, as alterações previstas no artigo 15 desta Lei, podendo a Administração rescindi-lo, sem direito a indenização, caso esse termo aditivo não seja assinado.

Art. 15. Os contratos para aquisição ou produção de bens para entrega futura, execução de obras, prestação de serviços, locação, uso e arrendamento, vigentes em 1º de abril de 1994, em que forem contratantes órgãos e entidades da Administração Pública direta e indireta da União, dos Estados, do Distrito Federal e dos Municípios, seus fundos especiais, autarquias, inclusive as especiais, fundações públicas, empresas públicas, sociedades de economia mista e demais entidades por ela controladas direta ou indiretamente, serão repactuados e terão seus valores convertidos em URV, nos termos estabelecidos neste artigo, observado o disposto nos artigos 11, 12 e 16.

§ 1º Os contratos com reajustamento prefixado ou sem cláusula de reajuste terão seus preços mantidos em cruzeiros reais.

§ 2º Nos contratos que contenham cláusula de reajuste de preços por índices pós-fixados gerais, setoriais, regionais ou específicos, em que a periodicidade do reajuste seja igual à periodicidade do pagamento, serão feitas as seguintes alterações:

I – cláusula convertendo para a URV de 1º de abril de 1994, os valores contratuais expressos em Cruzeiros Reais, reajustado *pro rata* até o dia 31 de março de 1994, segundo os critérios estabelecidos no contrato, aplicando-se aos valores referentes à mão de obra, quando discriminados, o disposto nos artigos 18 e 19 desta Lei;

II – cláusula estabelecendo que, a partir da conversão dos valores do contrato para URV, a variação de preços para efeito do reajuste será medida pelos índices previstos no contrato, calculados a partir de preços expressos em URV e em Real, considerando-se como índices iniciais aqueles ajustados para o dia 31 de março de 1994, nos termos do inciso I.

§ 3º Nos contratos que contenham cláusula de reajuste de preços por índices pós-fixados, gerais, setoriais, regionais ou específicos, em que a periodicidade do reajuste seja diferente da periodicidade de pagamento, serão feitas as seguintes alterações:

I – cláusula convertendo para URV, a vigorar a partir de 1º de abril de 1994, os valores das parcelas expressos em cruzeiros reais, pelo seu valor médio, calculado com base nos preços unitários, nos termos das alíneas seguintes, aplicando-se aos valores referentes à mão de obra, quando discriminados, o disposto nos artigos 18 e 19 desta Lei:

a) dividindo-se os preços unitários, em cruzeiros reais, vigentes em cada um dos meses imediatamente anteriores, correspondentes ao período de reajuste, pelos valores em cruzeiros reais da URV dos dias dos respectivos pagamentos ou, quando estes não tenham ocorrido, dos dias das respectivas exigibilidades;

b) calculando-se a média aritmética dos valores em URV obtidos de acordo com a alínea *a*;

c) multiplicando-se os preços unitários médios, em URV, assim obtidos, pelos respectivos quantitativos, para obter o valor da parcela;

II – cláusula estabelecendo que, a partir da conversão dos valores do contrato para URV, a variação de preços para efeito do reajuste será medida pelos índices previstos no contrato, calculados a partir de preços expressos em URV e em Real;

III – cláusula estabelecendo que, se o contrato estiver em vigor por um número de meses inferior ao da periodicidade do reajuste, o mesmo será mantido em cruzeiros reais até completar o primeiro período do reajuste, sendo então convertido em URV segundo o disposto neste artigo, devendo, caso o período do reajuste não se complete até a data da primeira emissão do Real, ser o contrato convertido em Reais nos termos do parágrafo único do artigo 7º e do artigo 38 desta Lei.

§ 4º Nos contratos que contiverem cláusula de atualização financeira ou monetária, seja por atraso ou por prazo concedido para pagamento, será suspensa por um ano a aplicação desta cláusula, quando da conversão para URV, mantendo-se a cláusula penal ou de juro de mora real, caso a mesma conste do contrato original, observado o disposto no § 1º do artigo 11.

§ 5º Na conversão para URV dos contratos que não contiverem cláusula de atualização monetária entre a data final do período de adimplemento da obrigação e a data da exigibilidade do pagamento, adicionalmente ao previsto no § 2º deste artigo, será expurgada a expectativa de inflação considerada explícita ou implicitamente no contrato relativamente a este prazo, devendo, quando o contrato não mencionar explicitamente a expectativa inflacionária, ser adotada para o expurgo a variação do Índice Geral de Preços – Disponibilidade Interna – IGP/DI, da Fundação Getúlio Vargas – FGV, no mês de apresentação da proposta ou do orçamento a que esta se referir, aplicado *pro rata* relativamente ao prazo previsto para o pagamento.

§ 6º Nos casos em que houver cláusula de atualização monetária decorrente de atraso de pagamento, corrigido também o período decorrido entre a data do adimplemento da obrigação e a da exigibilidade do pagamento, aplica-se a este período o expurgo referido no parágrafo anterior, segundo os critérios nele estabelecidos.

§ 7º É facultado ao contratado a não repactuação prevista neste artigo, podendo, nesta hipótese, a Administração Pública rescindir ou modificar unilateralmente o contrato nos termos dos artigos 58, inciso I e § 2º, 78, inciso XII, e 79, inciso I e § 2º, da Lei 8.666, de 21 de junho de 1993.

§ 8º As alterações contratuais decorrentes da aplicação desta Lei serão formalizadas por intermédio de termo aditivo ao contrato original, retroagindo seus efeitos financeiros a 1º de abril de 1994, inclusive às parcelas não quitadas até aquela data relativas a março de 1994 e meses anteriores se, neste último caso, os contratos originais previrem cláusula de atualização monetária.

Art. 16. Continuam expressos em cruzeiros reais, até a emissão do Real, e regidos pela legislação específica:

I – as operações ativas e passivas realizadas no mercado financeiro, por instituições financeiras e entidades autorizadas a funcionar pelo Banco Central do Brasil;

II – os depósitos de poupança;

III – as operações do Sistema Financeiro da Habitação e do Saneamento (SFH e SFS);

IV – as operações de crédito rural, destinadas a custeio, comercialização e investimento, qualquer que seja a sua fonte;

V – as operações de arrendamento mercantil;

VI – as operações praticadas pelo sistema de seguros, previdência privada e capitalização;

VII – as operações dos fundos, públicos e privados, qualquer que seja sua origem ou sua destinação;

VIII – os títulos e valores mobiliários e quotas de fundos mútuos;

IX – as operações nos mercados de liquidação futura;

X – os consórcios; e

XI – as operações de que trata a Lei 8.727, de 5 de novembro de 1993.

§ 1º Observadas as diretrizes estabelecidas pelo Presidente da República, o Ministro de Estado da Fazenda, o Conselho Monetário Nacional, o Conselho de Gestão da Previdência Complementar e o Conselho Nacional de Seguros Privados, dentro de suas respectivas competências, poderão regular o disposto neste artigo, inclusive em relação à utilização da URV antes da emissão do Real, nos casos que especificarem, exceto no que diz respeito às operações de que trata o inciso XI.

§ 2º Nas operações referidas no inciso IV, a atualização monetária aplicada àqueles contratos será equivalente à dos preços mínimos em vigor para os produtos agrícolas.

- V. art. 9º, Lei 10.735/2003 (Operações de crédito destinadas à população de baixa renda e a microempreendedores).

Art. 17. A partir da primeira emissão do Real, o Instituto Brasileiro de Geografia e Estatística – IBGE calculará e divulgará, até o último dia útil de cada mês, o Índice de Preços ao Consumidor, série r – IPC-r, que refletirá a variação mensal do custo de vida em Real para uma população objeto composta por famílias com rendas até oito salários mínimos.

§ 1º O Ministério da Fazenda e a Secretaria de Planejamento, Orçamento e Coordenação da Presidência da República regulamentarão o disposto neste artigo, observado que a abrangência geográfica do IPC-r não seja menor que a dos índices atualmente calculados pelo IBGE, e que o período de coleta seja compatível com a divulgação no prazo estabelecido no *caput*.

§ 2º Interrompida a apuração ou divulgação do IPC-r, caberá ao Ministro de Estado da Fazenda fixá-lo com base nos indicadores disponíveis, observada precedência em relação àqueles apurados por instituições oficiais de pesquisa.

- § 2º acrescentado pela Lei 9.069/1995.

§ 3º No caso do parágrafo anterior, o Ministro da Fazenda divulgará a metodologia adotada para a determinação do IPC-r.

- § 3º acrescentado pela Lei 9.069/1995.

§ 4º O IBGE calculará e divulgará o Índice de Reajuste do salário mínimo – IRSM, para os meses de março, abril, maio e junho de 1994, exclusivamente para os efeitos do disposto nos §§ 3º, 4º e 5º do artigo 27.

- Primitivo § 2º renumerado pela Lei 9.069/1995.

§ 5º A partir de 1º de julho de 1994, o IBGE deixará de calcular e divulgar o IRSM.

- Primitivo § 3º renumerado pela Lei 9.069/1995.

Art. 18. O salário mínimo é convertido em URV em 1º de março de 1994:

I – dividindo-se o valor nominal, vigente nos meses de novembro e dezembro de 1993 e janeiro e fevereiro de 1994, pelo valor em cruzeiros reais do equivalente em URV do último dia desses meses, respectivamente, de acordo com o Anexo I desta Lei; e

II – extraindo-se a média aritmética dos valores resultantes do inciso anterior.

Parágrafo único. Da aplicação do disposto neste artigo não poderá resultar pagamento de salário inferior ao efetivamente pago ou devido, relativamente ao mês de fevereiro de 1994, em cruzeiros reais, de acordo com o artigo 7º, inciso VI, da Constituição.

Art. 19. Os salários dos trabalhadores em geral serão convertidos em URV no dia 1º de março de 1994, observado o seguinte:

I – dividindo-se o valor nominal, vigente nos meses de novembro e dezembro de 1993 e janeiro e fevereiro de 1994, pelo valor em cruzeiros reais do equivalente em URV na data do efetivo pagamento, de acordo com o Anexo I desta Lei; e

II – extraindo-se a média aritmética dos valores resultantes do inciso anterior.

§ 1º Sem prejuízo do direito do trabalhador à respectiva percepção, não serão computados para fins do disposto nos incisos I e II do *caput* deste artigo:

a) o décimo terceiro salário ou gratificação equivalente;

b) as parcelas de natureza não habitual;

c) o abono de férias;

d) as parcelas percentuais incidentes sobre o salário;

e) as parcelas remuneratórias decorrentes de comissão, cuja base de cálculo não esteja convertida em URV;

§ 2º As parcelas percentuais referidas na alínea *d* do parágrafo anterior serão aplicadas após a conversão do salário em URV.

§ 3º As parcelas referidas na alínea *e* do § 1º serão apuradas de acordo com as normas aplicáveis e convertidas, mensalmente, em URV pelo valor desta na data do pagamento.

§ 4º Para os trabalhadores que receberam antecipação de parte do salário, à exceção de férias e décimo terceiro salário, cada parcela será computada na data do seu efetivo pagamento.

§ 5º Para os trabalhadores contratados há menos de quatro meses da data da conversão, a média de que trata este artigo será feita de modo a ser observado o salário atribuído ao cargo ou emprego ocupado pelo trabalhador na empresa, inclusive nos meses anteriores à contratação.

§ 6º Na impossibilidade da aplicação do disposto no § 5º, a média de que trata este artigo levará em conta apenas os salários referentes aos meses a partir da contratação.

§ 7º Nas empresas onde houver plano de cargos e salários, as regras de conversão constantes deste artigo, no que couber, serão aplicadas ao salário do cargo.

§ 8º Da aplicação do disposto deste artigo não poderá resultar pagamento de salário inferior ao efetivamente pago ou devido, relativamente ao mês de fevereiro de 1994, em cruzeiros reais, de acordo com o artigo 7º, inciso VI, da Constituição.

§ 9º Convertido o salário em URV, na forma deste artigo, e observado o disposto nos artigos 26 e 27 desta Lei, a periodicidade de correção ou reajuste passa a ser anual.

§ 10. O Poder Executivo reduzirá a periodicidade prevista no parágrafo anterior quando houver redução dos prazos de suspensão de que trata o artigo 11 desta Lei.

Art. 20. Os benefícios mantidos pela Previdência Social são convertidos em URV em 1º de março de 1994, observado o seguinte:

I – dividindo-se o valor nominal, vigente nos meses de novembro e dezembro de 1993 e janeiro e fevereiro de 1994, pelo valor em cruzeiros reais do equivalente em URV do último dia desses meses, respectivamente, de acordo com o Anexo I desta Lei; e

II – extraindo-se a média aritmética dos valores resultantes do inciso anterior.

§ 1º Os valores expressos em cruzeiros nas Leis 8.212 e 8.213, ambas de 24 de julho de 1991, com os reajustes posteriores, são convertidos em URV, em 1º de março de 1994, nos termos dos incisos I e II do *caput* deste artigo.

§ 2º Os benefícios de que trata o *caput* deste artigo, com data de início posterior a 30 de novembro de 1993 são convertidos em URV em 1º de março de 1994, mantendo-se constante a relação verificada entre o seu valor no mês de competência de fevereiro de 1994 e o teto do salário de contribuição, de que trata o artigo 20 da Lei 8.212, de 1991, no mesmo mês.

§ 3º Da aplicação do disposto neste artigo não poderá resultar pagamento de benefício inferior ao efetivamente pago, em cruzeiros reais, na competência de fevereiro de 1994.

§ 4º As contribuições para a Seguridade Social, de que tratam os artigos 20, 21, 22 e 24 da Lei 8.212, de 1991, serão calculadas em URV e convertidas em Unidade Fiscal de Referência – Ufir, nos termos do artigo 53 da Lei 8.383, de 30 de dezembro de 1991, ou em cruzeiros reais na data do recolhimento, caso este ocorra antes do primeiro dia útil do mês subsequente ao de competência.

- V. art. 29, § 3º, Lei 10.522/2002, que extinguiu a Ufir.

§ 5º Os valores das parcelas referentes a benefícios pagos com atraso pela Previdência Social, por sua responsabilidade, serão corrigidos monetariamente pelos índices previstos no artigo 41, § 7º, da Lei 8.213, de 1991, com as alterações da Lei 8.542, de 23 de dezembro de 1992, até o mês de fevereiro de 1994, e convertidas em URV, pelo valor em cruzeiros reais do equivalente em URV no dia 28 de fevereiro de 1994.

§ 6º A partir da primeira emissão do Real, os valores mencionados no parágrafo anterior serão corrigidos monetariamente pela variação acumulada do IPC-r entre o mês da competência a que se refiram e o mês imediatamente anterior à competência em que for incluído o pagamento.

Art. 21. Nos benefícios concedidos com base na Lei 8.213, de 1991, com data de início a partir de 1º de março de 1994, o salário de benefício será calculado nos termos do artigo 29 da referida Lei, tomando-se os salários de contribuição expressos em URV.

§ 1º Para os fins do disposto neste artigo, os salários-de-contribuição referentes às competências anteriores a março de 1994 serão corrigidos até o mês de fevereiro de 1994, pelos índices previstos no art. 31 da Lei nº 8.213, de 1991, com as alterações da Lei nº 8.542, de 1992, e convertidos em URV, pelo valor em cruzeiros reais do equivalente em URV no dia 28 de fevereiro de 1994.

§ 2º A partir da primeira emissão do Real, os salários de contribuição computados no cálculo do salário de benefício, inclusive os convertidos nos termos do § 1º, serão corrigidos monetariamente mês a mês pela variação integral do IPC-r.

§ 3º Na hipótese da média apurada nos termos deste artigo resultar superior ao limite máximo do salário de contribuição vigente no mês de início do benefício, a diferença percentual entre esta média e o referido limite será incorporada ao valor do benefício juntamente com o primeiro reajuste do mesmo após a concessão, observado que nenhum benefício assim reajustado poderá superar o limite máximo do salário de contribuição vigente na competência em que ocorrer o reajuste.

Art. 22. Os valores das tabelas de vencimentos, soldos e salários e das tabelas de funções de confiança e gratificadas dos servidores públicos civis e militares, são convertidos em URV em 1º de março de 1994, considerando o que determinam os artigos 37, XII, e 39, § 1º, da Constituição, observado o seguinte:

I – dividindo-se o valor nominal, vigente nos meses de novembro e dezembro de 1993 e janeiro e fevereiro de 1994, pelo valor em cruzeiros reais do equivalente em URV do último dia desses meses, respectivamente, de acordo com o Anexo I desta Lei, independentemente da data do pagamento;

II – extraindo-se a média aritmética dos valores resultantes do inciso anterior.

§ 1º O abono especial a que se refere a Medida Provisória 433, de 26 de fevereiro de 1994, será pago em cruzeiros reais e integrará, em fevereiro de 1994, o cálculo da média de que trata este artigo.

§ 2º Da aplicação do disposto neste artigo não poderá resultar pagamento de vencimento, soldos ou salários inferiores aos efetivamente pagos ou devidos, relativamente ao mês de fevereiro de 1994, em cruzeiros reais, em obediência ao disposto nos artigos 37, inciso XV, e 95, inciso III, da Constituição.

§ 3º O disposto nos incisos I e II aplica-se ao salário-família e às vantagens pessoais nominalmente identificadas, de valor certo e determinado, percebidas pelos servidores e que não são calculadas com base no vencimento, soldo ou salário.

§ 4º As vantagens remuneratórias que tenham por base estímulo à produtividade e ao desempenho, pagas conforme critérios específicos de apuração e cálculo estabelecidos em legislação específica, terão seus valores em cruzeiros reais convertidos em URV a cada mês com base no valor em URV do dia do pagamento.

§ 5º O disposto neste artigo aplica-se também aos servidores de todas as autarquias e fundações, qualquer que seja o regime jurídico de seu pessoal.

§ 6º Os servidores cuja remuneração não é fixada em tabela terão seus salários convertidos em URV nos termos dos incisos I e II do *caput* deste artigo.

§ 7º Observados, estritamente, os critérios fixados neste artigo, as tabelas de vencimentos e soldos dos servidores públicos civis e militares expressas em URV serão publicadas:

a) pelos Ministros de Estados Chefes da Secretaria da Administração Federal e do Estado-Maior das Forças Armadas, cada qual em conjunto com o Ministro de Estado da Fazenda, para os servidores do Poder Executivo;

b) pelos dirigentes máximos dos respectivos órgãos, para os servidores dos Poderes Legislativo e Judiciário e do Ministério Público da União.

Art. 23. O disposto no artigo 22 aplica-se aos proventos da inatividade e às pensões decorrentes do falecimento de servidor público civil e militar.

Art. 24. Nas deduções de antecipação de férias ou de parcela do décimo terceiro salário ou da gratificação natalina, será considerado o valor da antecipação, em URV ou equivalente em URV, na data do efetivo pagamento, ressalvado que o saldo a receber do décimo terceiro salário ou da gratificação natalina não poderá ser inferior à metade em URV.

Art. 25. Serão, obrigatoriamente, expressos em URV os demonstrativos de pagamento de salários em geral, vencimentos, soldos, proventos, pensões decorrentes do falecimento de servidor público civil e militar e benefícios previdenciários, efetuando-se a conversão para cruzeiros reais na data do crédito ou da disponibilidade dos recursos em favor dos credores daquelas obrigações.

§ 1º Quando, em razão de dificuldades operacionais, não for possível realizar o pagamento em cruzeiros reais pelo valor da URV na data do crédito dos recursos, será adotado o seguinte procedimento:

I – a conversão para cruzeiros reais será feita pelo valor da URV do dia da emissão da ordem de pagamento, o qual não poderá ultrapassar os três dias úteis anteriores à data do crédito;

II – a diferença entre o valor, em cruzeiros reais, recebido na forma do inciso anterior e o valor, em cruzeiros reais, a ser pago nos termos deste artigo, será convertida em URV pelo valor desta na data do crédito ou da disponibilidade dos recursos, sendo paga na folha salarial subsequente.

§ 2º Os valores dos demonstrativos referidos neste artigo, relativamente ao mês de competência de fevereiro de 1994, serão expressos em cruzeiros reais.

Art. 26. Após a conversão dos salários para URV de conformidade com os artigos 19 e 27 desta Lei, continuam asseguradas a livre negociação e a negociação coletiva dos salários, observado o disposto nos §§ 1º e 2º do artigo 1º da Lei 8.542, de 1992.

Art. 27. É assegurado aos trabalhadores, observado o disposto no artigo 26, no mês da respectiva data base, a revisão do salário resultante da aplicação do artigo 19, observado o seguinte:

I – calculando-se o valor dos salários referentes a cada um dos doze meses imediatamente anteriores à data base, em URV ou equivalente em URV, de acordo com a data da disponibilidade do crédito ou de efetivo pagamento; e

II – extraindo-se a média aritmética dos valores resultantes do inciso anterior.

§ 1º Na aplicação do disposto neste artigo, será observado o disposto nos §§ 1º e 2º do artigo 19.

§ 2º Na hipótese de o valor decorrente da aplicação do disposto neste artigo resultar inferior ao salário vigente no mês anterior à data base, será mantido o maior dos dois valores.

§ 3º Sem prejuízo do disposto neste artigo é assegurada aos trabalhadores, no mês da primeira data base de cada categoria, após 1º de julho de 1994, inclusive, reposição das perdas decorrentes da conversão dos salários para URV, apuradas da seguinte forma:

I – calculando-se os valores hipotéticos dos salários em cruzeiros reais nos meses de março, abril, maio e junho de 1994, decorrentes da aplicação dos reajustes e antecipações previstos na Lei 8.700, de 27 de agosto de 1993; e

II – convertendo-se os valores hipotéticos dos salários, calculados nos termos do inciso anterior, em URV, consideradas as datas habitualmente previstas para o efetivo pagamento, desconsiderando-se eventuais alterações de data de pagamento introduzidas a partir de março de 1994.

§ 4º O índice da reposição salarial de que trata o parágrafo anterior corresponderá à diferença percentual, se positiva, entre a soma dos quatro valores hipotéticos dos salários apurados na forma dos incisos I e II do parágrafo anterior e a soma dos salários efetivamente pagos em URV referentes aos meses correspondentes.

§ 5º Para os trabalhadores amparados por contratos, acordos ou convenções coletivas de trabalho e sentenças normativas que prevejam reajustes superiores aos assegurados pela Lei 8.700, de 1993, os valores hipotéticos dos salários de que tratam os incisos I e II do § 3º serão apurados de acordo com as cláusulas dos instrumentos coletivos referidos neste parágrafo.

Art. 28. Os valores das tabelas de vencimentos, soldos e salários e das tabelas de funções de confiança e gratificadas dos servidores públicos civis e militares da União serão revistos em 1º de janeiro de 1995, observado o seguinte:

I – calculando-se o valor dos vencimentos, soldos e salários referentes a cada um dos doze meses de 1994, em URV ou equivalente e URV, dividindo-se os valores expressos em cruzeiros reais pelo equivalentes em URV do último dia desses meses, respectivamente; e

II – extraindo-se a média aritmética dos valores resultantes do inciso anterior.

§ 1º Na aplicação do preceituado neste artigo, será observado o disposto nos §§ 2º a 7º do artigo 22 e no artigo 23 desta Lei.

§ 2º Na hipótese de o valor decorrente da aplicação do disposto neste artigo resultar inferior ao vencimento, soldo ou salário vigente no mês de dezembro de 1994, será mantido o maior dos dois valores.

§ 3º Fica o Poder Executivo autorizado a antecipar a data da revisão prevista no *caput* deste artigo, quando houver redução dos prazos de suspensão de que trata o artigo 11 desta Lei.

Art. 29. *(Revogado pela Lei 9.711/1998).*

Art. 30. Nas contratações efetuadas a partir de 28 de fevereiro de 1994, o salário será obrigatoriamente expresso em URV.

Art. 31. Na hipótese de ocorrência de demissões sem justa causa, durante a vigência da URV prevista nesta Lei, as verbas rescisórias serão acrescidas de uma indenização adicional equivalente a 50% (cinquenta por cento) da última remuneração recebida.

Art. 32. Até a primeira emissão do Real, de que trata o *caput* do art. 2º, os valores das contribuintes do Fundo de Garantia do Tempo de Serviço (FGTS), referidos no art. 15 da Lei 8.036, de 11 de maio de 1990, a partir da competência março de 1994, serão apurados em URV no dia do pagamento do salário e convertidos em cruzeiros reais com base na URV do dia cinco do mês seguinte ao de competência.

Parágrafo único. As contribuições que não recolhidas na data prevista no art. 15 da Lei 8.036, de 1990, serão convertidas em cruzeiros reais com base na URV do dia sete do mês subseqüente ao de competência e o valor resultante será acrescido de atualização monetária, pro rata die, calculada até o dia do efetivo recolhimento pelos critérios constantes da legislação pertinente e com base no mesmo índice de atualização monetária aplicável aos depósitos de poupança, sem prejuízo das demais cominações legais.

Art. 33. Para efeito de determinação da base de cálculo sujeita à incidência do imposto de renda, calculado com base na tabela progressiva mensal, o rendimento tributável deverá ser expresso em Ufir.

• V. art. 29, § 3º, Lei 10.522/2002, que extinguiu a Ufir.

§ 1º Para os efeitos deste artigo deverão ser observadas as seguintes regras:

I – rendimentos expressos em URV serão convertidos para cruzeiros reais com base no valor da URV no primeiro dia do mês do recebimento e expressos em Ufir com base no valor desta no mesmo mês;

II – rendimentos expressos em cruzeiros reais serão:

a) convertidos em URV com base no valor desta no dia do recebimento;

b) o valor apurado na forma da alínea anterior será convertido para cruzeiros reais com base no valor da URV no primeiro dia do mês do recebimento e expressos em Ufir com base em seu valor no mesmo mês.

§ 2º O disposto neste artigo aplica-se também às deduções admitidas na legislação do imposto de renda.

Art. 34. A Ufir continuará a ser utilizada na forma prevista na Lei 8.383, de 30 de dezembro de 1991, e legislação posterior.

- V. art. 29, § 3º, Lei 10.522/2002, que extinguiu a Ufir.

Art. 35. Os preços públicos e as tarifas de serviços públicos poderão ser convertidos em URV, por média calculada a partir dos últimos quatro meses anteriores à conversão e segundo critérios estabelecidos pelo Ministro de Estado da Fazenda.

§ 1º Os preços públicos e as tarifas dos serviços públicos, que não forem convertidos em URV, serão convertidos em Real, na data da primeira emissão deste, observada a média e os critérios fixados no *caput* deste artigo.

§ 2º Enquanto não emitido o Real, na forma prevista nesta Lei, os preços públicos e tarifas de serviços públicos serão revistos e reajustados conforme critérios fixados pelo Ministro de Estado da Fazenda.

Art. 36. O Poder Executivo, por intermédio do Ministério da Fazenda, poderá exigir que, em um prazo máximo de 5 (cinco) dias úteis, sejam justificadas as distorções apuradas quanto a aumentos abusivos de preços em setores de alta concentração econômica, de preços públicos e de tarifas de serviços públicos.

§ 1º Até a primeira emissão do Real, será considerado como abusivo, para os fins previstos no *caput* deste artigo, o aumento injustificado que resultar em preço equivalente em URV superior a média dos meses de setembro, outubro, novembro e dezembro de 1993.

§ 2º A justificação a que se refere o *caput* deste artigo far-se-á perante a Secretaria de Acompanhamento Econômico do Ministério da Fazenda, que dará conhecimento total dos fatos e medidas adotadas à Secretaria de Direito Econômico do Ministério da Justiça.

- § 2º com redação determinada pela Lei 9.069/1995.

Art. 37. A Taxa Referencial – TR, de que tratam o artigo 1º da Lei 8.177, de 1º de março de 1991, e o artigo 1º da Lei 8.660, de 28 de maio de 1993, poderá ser calculada a partir da remuneração média de depósitos interfinanceiros, quando os depósitos a prazo fixo captados pelos bancos comerciais, bancos de investimentos, caixas econômicas e bancos múltiplos com carteira comercial ou de investimento deixarem de ser representativos no mercado, a critério do Banco Central do Brasil.

Parágrafo único. Ocorrendo a hipótese prevista no *caput* deste artigo, a nova metodologia de cálculo da TR será fixada e divulgada pelo Conselho Monetário Nacional, não se aplicando o disposto na parte final do artigo 1º da Lei 8.660, de 1993.

Art. 38. O cálculo dos índices de correção monetária no mês em que se verificar a emissão do Real de que trata o artigo 3º desta Lei, bem como no mês subsequente, tomará por base preços em Real, o equivalente em URV dos preços em cruzeiros reais, e os preços nominados ou convertidos em URV dos meses imediatamente anteriores, segundo critérios estabelecidos em Lei.

- V. ADPF 77 (DJE 11.02.2015), na qual houve referendo de medida liminar referente a esse dispositivo.

Parágrafo único. Observado o disposto no parágrafo único do artigo 7º, é nula de pleno direito e não surtirá nenhum efeito a aplicação de índice, para fins de correção monetária, calculada de forma diferente da estabelecida no *caput* deste artigo.

Art. 39. O artigo 2º da Lei 8.249, de 24 de outubro de 1991, fica acrescido do seguinte parágrafo:

"§ 3º As NTN poderão ser expressas em Unidade Real de Valor – URV."

Art. 40. Os valores da Contribuição Sindical, de que trata o Capítulo III, do Título V da Consolidação das Leis do Trabalho – CLT, serão calculados em URV e convertidos em cruzeiros reais na data do recolhimento ao estabelecimento bancário integrante do Sistema de Arrecadação de Tributos Federais.

Art. 41. *(Vetado).*

Art. 42. O § 1º do artigo 1º da Lei Delegada 12, de 7 de agosto de 1992, passa a vigorar com a seguinte redação:

"Art. 1º [...]

§ 1º Excluem-se do disposto neste artigo as praças prestadoras de serviço militar inicial."

Art. 43. Observado o disposto nos §§ 3º e 4º do artigo 17, no § 5º do artigo 20, no § 1º do artigo 21 e nos §§ 3º, 4º e 5º do artigo 27 desta Lei, ficam revogados o artigo 31 e o § 7º do artigo 41 da Lei 8.213, de 24 de julho de 1991, os artigos 2º, 3º, 4º, 5º, 7º e 9º da Lei 8.542, de 23 de dezembro de 1992, a Lei 8.700, de 27 de agosto de 1993, os artigos 1º e 2º da Lei 8.676, de 13 de julho de 1993, e demais disposições em contrário.

Art. 44. Esta Lei entra em vigor na data de sua publicação.

- Deixamos de publicar o Anexo a esta Lei.

Brasília, 27 de maio de 1994; 173º da Independência e 106º da República.

Itamar Franco

(*DOU* 28.05.1994; ret. 1º.06.1994)

LEI 8.935, DE 18 DE NOVEMBRO DE 1994

Regulamenta o art. 236 da Constituição Federal, dispondo sobre serviços notariais e de registro.

O Presidente da República:

Faço saber que o Congresso Nacional decreta e eu sanciono a seguinte Lei:

TÍTULO I
Dos Serviços Notariais e de Registro

Capítulo I
Natureza e Fins

Art. 1º Serviços notariais e de registro são os de organização técnica e administrativa destinados a garantir a publicidade, autenticidade, segurança e eficácia dos atos jurídicos.

- V. art. 1º, Lei 6.015/1973 (Lei de Registros Públicos).

Art. 2º *(Vetado).*

Art. 3º Notário, ou tabelião, e oficial de registro, ou registrador, são profissionais do direito, dotados de fé pública, a quem é delegado o exercício da atividade notarial e de registro.

- V. art. 2º, Lei 6.015/1973 (Lei de Registros Públicos).

Art. 4º Os serviços notariais e de registro serão prestados, de modo eficiente e adequado, em dias e horários estabelecidos pelo juízo competente, atendidas as peculiaridades locais, em local de fácil acesso ao público e que ofereça segurança para o arquivamento de livros e documentos.

§ 1º O serviço de registro civil das pessoas naturais será prestado, também, nos sábados, domingos e feriados pelo sistema de plantão.

- V. art. 8º, parágrafo único, Lei 6.015/1973 (Lei de Registros Públicos).

§ 2º O atendimento ao público será, no mínimo, de seis horas diárias.

Capítulo II
Dos notários e Registradores

Seção I
Dos Titulares

Art. 5º Os titulares de serviços notariais e de registro são os:

I – tabeliães de notas;

- V. art. 1º, § 2º, Lei 6.015/1973 (Lei de Registros Públicos).

II – tabeliães e oficiais de registro de contratos marítimos;

- V. art. 1º, Lei 6.015/1973 (Lei de Registros Públicos).

III – tabeliães de protesto de títulos;

- V. art. 1º, Lei 6.015/1973 (Lei de Registros Públicos).

IV – oficiais de registro de imóveis;

- V. arts. 1º e 2º, Lei 6.015/1973 (Lei de Registros Públicos).

V – oficiais de registro de títulos e documentos e civis das pessoas jurídicas;

- V. arts. 1º e 2º, Lei 6.015/1973 (Lei de Registros Públicos).

VI – oficiais de registro civis das pessoas naturais e de interdições e tutelas;

- V. arts. 1º e 2º, Lei 6.015/1973 (Lei de Registros Públicos).

VII – oficiais de registro de distribuição.

- V. art. 1º, Lei 6.015/1973 (Lei de Registros Públicos).

Seção II
Das Atribuições e Competências dos Notários

Art. 6º Aos notários compete:

I – formalizar juridicamente a vontade das partes;

II – intervir nos atos e negócios jurídicos a que as partes devam ou queiram dar forma legal ou autenticidade, autorizando a redação ou redigindo os instrumentos adequados, conservando os originais e expedindo cópias fidedignas de seu conteúdo;

III – autenticar fatos.

Art. 7º Aos tabeliães de notas compete com exclusividade:

I – lavrar escrituras e procurações públicas;

II – lavrar testamentos públicos e aprovar os cerrados;

III – lavrar atas notariais;

IV – reconhecer firmas;

V – autenticar cópias.

Parágrafo único. É facultado aos tabeliães de notas realizar todas as gestões e diligências necessárias ou convenientes ao preparo dos atos notariais, requerendo o que couber, sem ônus maiores que os emolumentos devidos pelo ato.

Art. 8º É livre a escolha do tabelião de notas, qualquer que seja o domicílio das partes ou o lugar de situação dos bens objeto do ato ou negócio.

Art. 9º O tabelião de notas não poderá praticar atos de seu ofício fora do Município para o qual recebeu delegação.

Art. 10. Aos tabeliães e oficiais de registro de contratos marítimos compete:

I – lavrar os atos, contratos e instrumentos relativos a transações de embarcações a que as partes devam ou queiram dar forma legal de escritura pública;

II – registrar os documentos da mesma natureza;

III – reconhecer firmas em documentos destinados a fins de direito marítimo;

IV – expedir traslados e certidões.

Art. 11. Aos tabeliães de protesto de título compete privativamente:

- V. art. 53, parágrafo único.

I – protocolar de imediato os documentos de dívida, para prova do descumprimento da obrigação;

II – intimar os devedores dos títulos para aceitá-los, devolvê-los ou pagá-los, sob pena de protesto;

III – receber o pagamento dos títulos protocolizados, dando quitação;

IV – lavrar o protesto, registrando o ato em livro próprio, em microfilme ou sob outra forma de documentação;

V – acatar o pedido de desistência do protesto formulado pelo apresentante;

VI – averbar:

a) o cancelamento do protesto;

b) as alterações necessárias para atualização dos registros efetuados;

VII – expedir certidões de atos e documentos que constem de seus registros e papéis.

Parágrafo único. Havendo mais de um tabelião de protestos na mesma localidade, será obrigatória a prévia distribuição dos títulos.

Seção III
Das Atribuições e Competências dos Oficiais de Registros

Art. 12. Aos oficiais de registro de imóveis, de títulos e documentos e civis das pessoas jurídicas, civis das pessoas naturais e de interdições e tutelas compete a prática dos atos relacionados na legislação pertinente aos registros públicos, de que são incumbidos, independentemente de prévia distribuição, mas sujeitos os oficiais de registro de imóveis e civis das pessoas naturais às normas que definirem as circunscrições geográficas.

Art. 13. Aos oficiais de registro de distribuição compete privativamente:

I – quando previamente exigida, proceder à distribuição equitativa pelos serviços da mesma natureza, registrando os atos praticados; em caso contrário, registrar as comunicações recebidas dos órgãos e serviços competentes;

II – efetuar as averbações e os cancelamentos de sua competência;

III – expedir certidões de atos e documentos que constem de seus registros e papéis.

TÍTULO II
Das Normas Comuns

Capítulo I
Do Ingresso na Atividade Notarial e de Registro

Art. 14. A delegação para o exercício da atividade notarial e de registro depende dos seguintes requisitos:

I – habilitação em concurso público de provas e títulos;

II – nacionalidade brasileira;

III – capacidade civil;

IV – quitação com as obrigações eleitorais e militares;

V – diploma de bacharel em direito;

VI – verificação de conduta condigna para o exercício da profissão.

Art. 15. Os concursos serão realizados pelo Poder Judiciário, com a participação, em todas as suas fases, da Ordem dos Advogados do Brasil, do Ministério Público, de um notário e de um registrador.

§ 1º O concurso será aberto com a publicação de edital, dele constando os critérios de desempate.

§ 2º Ao concurso público poderão concorrer candidatos não bacharéis em direito que tenham completado, até a data da primeira publicação do edital do concurso de provas e títulos, 10 (dez) anos de exercício em serviço notarial ou de registro.

§ 3º *(Vetado).*

Art. 16. As vagas serão preenchidas alternadamente, duas terças partes por concurso público de provas e títulos e uma terça parte por meio de remoção, mediante concurso de títulos, não se permitindo que qualquer serventia notarial ou de registro fique vaga, sem abertura de concurso de provimento inicial ou de remoção, por mais de 6 (seis) meses.

- *Caput* com redação determinada pela Lei 10.506/2002.

Parágrafo único. Para estabelecer o critério do preenchimento, tomar-se-á por base a data de vacância da titularidade ou, quando vagas na mesma data, aquela da criação do serviço.

Art. 17. Ao concurso de remoção somente serão admitidos titulares que exerçam a atividade por mais de 2 (dois) anos.

Art. 18. A legislação estadual disporá sobre as normas e os critérios para o concurso de remoção.

Parágrafo único. Aos que ingressaram por concurso, nos termos do art. 236 da Constituição Federal, ficam preservadas todas as remoções reguladas por lei estadual ou do Distrito Federal, homologadas pelo respectivo Tribunal de Justiça, que ocorreram no período anterior à publicação desta Lei.

- Parágrafo único acrescentado pela Lei 13.489/2017.

Art. 19. Os candidatos serão declarados habilitados na rigorosa ordem de classificação no concurso.

Capítulo II
Dos Prepostos

Art. 20. Os notários e os oficiais de registro poderão, para o desempenho de suas funções, contratar escreventes, dentre eles escolhendo os substitutos, e auxiliares como empregados, com remuneração livremente ajustada e sob o regime da legislação do trabalho.

§ 1º Em cada serviço notarial ou de registro haverá tantos substitutos, escreventes e auxiliares quantos forem necessários, a critério de cada notário ou oficial de registro.

§ 2º Os notários e os oficiais de registro encaminharão ao juízo competente os nomes dos substitutos.

§ 3º Os escreventes poderão praticar somente os atos que o notário ou o oficial de registro autorizar.

§ 4º Os substitutos poderão, simultaneamente com o notário ou o oficial de registro, praticar todos os atos que lhe sejam próprios exceto, nos tabelionatos de notas, lavrar testamentos.

§ 5º Dentre os substitutos, um deles será designado pelo notário ou oficial de registro para responder pelo respectivo serviço nas ausências e nos impedimentos do titular.

Art. 21. O gerenciamento administrativo e financeiro dos serviços notariais e de registro é da responsabilidade exclusiva do respectivo titular, inclusive no que diz respeito às despesas de custeio, investimento e pessoal, cabendo-lhe estabelecer normas, condições e obrigações relativas à atribuição de funções e de remuneração de seus prepostos de modo a obter a melhor qualidade na prestação dos serviços.

Capítulo III
Da Responsabilidade Civil e Criminal

Art. 22. Os notários e oficiais de registro são civilmente responsáveis por todos os prejuízos que causarem a terceiros, por culpa ou dolo, pessoalmente, pelos substitutos que designarem ou escreventes que autorizarem, assegurado o direito de regresso.

- Artigo com redação determinada pela Lei 13.286/2016.
- V. art. 942, CC.
- V. art. 28, Lei 6.015/1973 (Lei de Registros Públicos).

Parágrafo único. Prescreve em três anos a pretensão de reparação civil, contado o prazo da data de lavratura do ato registral ou notarial.

Art. 23. A responsabilidade civil independe da criminal.

- V. art. 935, CC.
- V. arts. 63 a 68, CPP.
- V. art. 28, parágrafo único, Lei 6.015/1973 (Lei de Registros Públicos).

Art. 24. A responsabilidade criminal será individualizada, aplicando-se, no que couber, a legislação relativa aos crimes contra a administração pública.

- V. arts. 312 a 327, CP.

Parágrafo único. A individualização prevista no *caput* não exime os notários e os oficiais de registro de sua responsabilidade civil.

Capítulo IV
Das Incompatibilidades e dos Impedimentos

Art. 25. O exercício da atividade notarial e de registro é incompatível com o da advocacia, o da intermediação de seus serviços ou o de qualquer cargo, emprego ou função públicos, ainda que em comissão.

- V. art. 28, Lei 8.906/1994 (Estatuto da Advocacia e da OAB).

§ 1º *(Vetado).*

§ 2º A diplomação, na hipótese de mandato eletivo, e a posse, nos demais casos, implicará no afastamento da atividade.

Art. 26. Não são acumuláveis os serviços enumerados no art. 5º.

Parágrafo único. Poderão, contudo, ser acumulados nos Municípios que não comportarem, em razão do volume dos serviços ou da receita, a instalação de mais de um dos serviços.

Art. 27. No serviço de que é titular, o notário e o registrador não poderão praticar, pessoalmente, qualquer ato de seu interesse, ou de interesse de seu cônjuge ou de parentes, na linha reta, ou na colateral, consanguíneos ou afins, até o terceiro grau.

- V. art. 15, Lei 6.015/1973 (Lei de Registros Públicos).

Capítulo V
Dos Direitos e Deveres

Art. 28. Os notários e oficiais de registro gozam de independência no exercício de suas atribuições, têm direito à percepção dos emolumentos integrais pelos atos praticados na serventia e só perderão a delegação nas hipóteses previstas em lei.

Art. 29. São direitos do notário e do registrador:

I – exercer opção, nos casos de desmembramento ou desdobramento de sua serventia;

II – organizar associações ou sindicatos de classe e deles participar.

Art. 30. São deveres dos notários e dos oficiais de registro:

I – manter em ordem os livros, papéis e documentos de sua serventia, guardando-os em locais seguros;

- V. art. 31, V.
- V. arts. 3º, 22 e 24, Lei 6.015/1973 (Lei de Registros Públicos).

II – atender as partes com eficiência, urbanidade e presteza;

III – atender prioritariamente as requisições de papéis, documentos, informações ou providências que lhes forem solicitadas pelas autoridades judiciárias ou administrativas para a defesa das pessoas jurídicas de direito público em juízo;

- V. art. 13, I, Lei 6.015/1973 (Lei de Registros Públicos).

IV – manter em arquivo as leis, regulamentos, resoluções, provimentos, regimentos, ordens de serviço e quaisquer outros atos que digam respeito à sua atividade;

V – proceder de forma a dignificar a função exercida, tanto nas atividades profissionais como na vida privada;

VI – guardar sigilo sobre a documentação e os assuntos de natureza reservada de que tenham conhecimento em razão do exercício de sua profissão;

VII – afixar em local visível, de fácil leitura e acesso ao público, as tabelas de emolumentos em vigor;

VIII – observar os emolumentos fixados para a prática dos atos do seu ofício;

IX – dar recibo dos emolumentos percebidos;

X – observar os prazos legais fixados para a prática dos atos do seu ofício;

XI – fiscalizar o recolhimento dos impostos incidentes sobre os atos que devem praticar;

XII – facilitar, por todos os meios, o acesso à documentação existente às pessoas legalmente habilitadas;

XIII – encaminhar ao juízo competente as dúvidas levantadas pelos interessados, obedecida a sistemática processual fixada pela legislação respectiva;

XIV – observar as normas técnicas estabelecidas pelo juízo competente.

Capítulo VI
Das Infrações Disciplinares e das Penalidades

Art. 31. São infrações disciplinares que sujeitam os notários e os oficiais de registro às penalidades previstas nesta Lei:

I – a inobservância das prescrições legais ou normativas;

II – a conduta atentatória às instituições notariais e de registro;

III – a cobrança indevida ou excessiva de emolumentos, ainda que sob a alegação de urgência;

IV – a violação do sigilo profissional;

V – o descumprimento de quaisquer dos deveres descritos no art. 30.

Art. 32. Os notários e os oficiais de registro estão sujeitos, pelas infrações que praticarem, assegurado amplo direito de defesa, às seguintes penas:

I – repreensão;

II – multa;

III – suspensão por 90 (noventa) dias, prorrogável por mais 30 (trinta);

IV – perda da delegação.

Art. 33. As penas serão aplicadas:

I – a de repreensão, no caso de falta leve;

II – a de multa, em caso de reincidência ou de infração que não configure falta mais grave;

III – a de suspensão, em caso de reiterado descumprimento dos deveres ou de falta grave.

Art. 34. As penas serão impostas pelo juízo competente, independentemente da ordem de gradação, conforme a gravidade do fato.

Art. 35. A perda da delegação dependerá:

- V. art. 39, V.

I – de sentença judicial transitada em julgado; ou

II – de decisão decorrente de processo administrativo instaurado pelo juízo competente, assegurado amplo direito de defesa.

§ 1º Quando o caso configurar a perda da delegação, o juízo competente suspenderá o notário ou oficial de registro, até a decisão final, e designará interventor, observando-se o disposto no art. 36.

§ 2º *(Vetado).*

Art. 36. Quando, para a apuração de faltas imputadas a notários ou a oficiais de registro, for necessário o afastamento do titular do serviço, poderá ele ser suspenso, preventivamente, pelo prazo de 90 (noventa) dias, prorrogável por mais 30 (trinta).

- V. art. 35, § 1º.

§ 1º Na hipótese do *caput*, o juízo competente designará interventor para responder pela serventia, quando o substituto também for acusado das faltas ou quando a medida se revelar conveniente para os serviços.

§ 2º Durante o período de afastamento, o titular perceberá metade da renda líquida da serventia; outra metade será depositada em conta bancária especial, com correção monetária.

§ 3º Absolvido o titular, receberá ele o montante dessa conta; condenado, caberá esse montante ao interventor.

Capítulo VII Da Fiscalização pelo Poder Judiciário

Art. 37. A fiscalização judiciária dos atos notariais e de registro, mencionados nos arts. 6º a 13, será exercida pelo juízo competente, assim definido na órbita estadual e do Distrito Federal, sempre que necessário, ou mediante representação de qualquer interessado, quando da inobservância de obrigação legal por parte de notário ou de oficial de registro, ou de seus prepostos.

Parágrafo único. Quando, em autos ou papéis de que conhecer, o Juiz verificar a existência de crime de ação pública, remeterá ao Ministério Público as cópias e os documentos necessários ao oferecimento da denúncia.

Art. 38. O juízo competente zelará para que os serviços notariais e de registro sejam prestados com rapidez, qualidade satisfatória e de modo eficiente, podendo sugerir à autoridade competente a elaboração de planos de adequada e melhor prestação desses serviços, observados, também, critérios populacionais e socioeconômicos, publicados regularmente pela Fundação Instituto Brasileiro de Geografia e Estatística.

Capítulo VIII Da Extinção da Delegação

Art. 39. Extinguir-se-á a delegação a notário ou a oficial de registro por:

I – morte;

II – aposentadoria facultativa;

III – invalidez;

IV – renúncia;

V – perda, nos termos do art. 35;

VI – descumprimento, comprovado, da gratuidade estabelecida na Lei 9.534, de 10 de dezembro de 1997.

- Inciso VI acrescentado pela Lei 9.812/1999.

§ 1º Dar-se-á aposentadoria facultativa ou por invalidez nos termos da legislação previdenciária federal.

§ 2º Extinta a delegação a notário ou a oficial de registro, a autoridade competente declarará vago o respectivo serviço, designará o substituto mais antigo para responder pelo expediente e abrirá concurso.

Capítulo IX Da Seguridade Social

Art. 40. Os notários, oficiais de registro, escreventes e auxiliares são vinculados à previdência social, de âmbito federal, e têm assegurada a contagem recíproca de tempo de serviço em sistemas diversos.

Parágrafo único. Ficam assegurados, aos notários, oficiais de registro, escreventes e auxiliares os direitos e vantagens previdenciários adquiridos até a data da publicação desta Lei.

TÍTULO III Das Disposições Gerais

Art. 41. Incumbe aos notários e aos oficiais de registro praticar, independentemente de autorização, todos os atos previstos em lei necessários à organização e execução dos serviços, podendo, ainda, adotar sistemas de computação, microfilmagem, disco ótico e outros meios de reprodução.

Art. 42. Os papéis referentes aos serviços dos notários e dos oficiais de registro serão arquivados mediante utilização de processos que facilitem as buscas.

- V. art. 25, Lei 6.015/1973 (Lei de Registros Públicos).

Art. 43. Cada serviço notarial ou de registro funcionará em um só local, vedada a instalação de sucursal.

Art. 44. Verificada a absoluta impossibilidade de se prover, através de concurso público, a titularidade de serviço notarial ou de registro, por desinteresse ou inexistência de candidatos, o juízo competente proporá à autoridade competente a extinção do serviço e a anexação de suas atribuições ao serviço da mesma natureza mais próximo ou àquele localizado na sede do respectivo Município ou de Município contíguo.

§ 1º *(Vetado).*

§ 2º Em cada sede municipal haverá no mínimo um registrador civil das pessoas naturais.

§ 3º Nos municípios de significativa extensão territorial, a juízo do respectivo Estado, cada sede distrital disporá no mínimo de um registrador civil das pessoas naturais.

Art. 45. São gratuitos os assentos do registro civil de nascimento e o de óbito, bem como a primeira certidão respectiva.

- *Caput* com redação determinada pela Lei 9.534/1997.
- V. art. 30, § 1º, Lei 6.015/1973 (Lei de Registros Públicos).

§ 1º Para os reconhecidamente pobres não serão cobrados emolumentos pelas certidões a que se refere este artigo.

- Anterior parágrafo único renumerado pela Lei 11.789/ 2008.

§ 2º É proibida a inserção nas certidões de que trata o § 1º deste artigo de expressões que indiquem condição de pobreza ou semelhantes.

- § 2º acrescentado pela Lei 11.789/2008.

Art. 46. Os livros, fichas, documentos, papéis, microfilmes e sistemas de computação deverão permanecer sempre sob a guarda e responsabilidade do titular de serviço notarial ou de registro, que zelará por sua ordem, segurança e conservação.

Parágrafo único. Se houver necessidade de serem periciados, o exame deverá ocorrer na própria sede do serviço, em dia e hora adrede designados, com ciência do titular e autorização do juízo competente.

TÍTULO IV Das Disposições Transitórias

Art. 47. O notário e o oficial de registro, legalmente nomeados até 5 de outubro de 1988, detêm a delegação constitucional de que trata o art. 2º.

Art. 48. Os notários e os oficiais de registro poderão contratar, segundo a legislação trabalhista, seus atuais escreventes e auxiliares de investidura estatutária ou em regime especial desde que estes aceitem a transformação de seu regime jurídico, em opção expressa, no prazo improrrogável de 30 (trinta) dias, contados da publicação desta Lei.

§ 1º Ocorrendo opção, o tempo de serviço prestado será integralmente considerado, para todos os efeitos de direito.

§ 2º não ocorrendo opção, os escreventes e auxiliares de investidura estatutária ou em regime especial continuarão regidos pelas normas aplicáveis aos funcionários públicos ou pelas editadas pelo Tribunal de Justiça respectivo, vedadas novas admissões por qualquer desses regimes, a partir da publicação desta Lei.

Art. 49. Quando da primeira vacância da titularidade de serviço notarial ou de registro, será procedida a desacumulação, nos termos do art. 26.

Art. 50. Em caso de vacância, os serviços notariais e de registro estatizados passarão automaticamente ao regime desta Lei.

Art. 51. Aos atuais notários e oficiais de registro, quando da aposentadoria, fica assegurado o direito de percepção de proventos de acordo com a legislação que anteriormente os regia, desde que tenham mantido as contribuições nela estipuladas até a data do deferimento do pedido ou de sua concessão.

§ 1º O disposto neste artigo aplica-se aos escreventes e auxiliares de investidura estatutária ou em regime especial que vierem a ser contratados em virtude da opção de que trata o art. 48.

§ 2º Os proventos de que trata este artigo serão os fixados pela legislação previdenciária aludida no *caput*.

§ 3º O disposto neste artigo aplica-se também às pensões deixadas, por morte, pelos notários, oficiais de registro, escreventes e auxiliares.

Art. 52. Nas unidades federativas onde já exista lei estadual específica, em vigor na data de publicação desta Lei, são competentes para a lavratura de instrumentos traslatícios de direitos reais, procurações, reconhecimento de firmas e autenticação de cópia reprográfica os serviços de Registro Civil das Pessoas Naturais.

Art. 53. Nos Estados cujas organizações judiciárias, vigentes à época da publicação desta Lei, assim previrem, continuam em vigor as determinações relativas à fixação da área territorial de atuação dos tabeliães de protesto de títulos, a quem os títulos serão distribuídos em obediência às respectivas zonas.

Parágrafo único. Quando da primeira vacância, aplicar-se-á à espécie o disposto no parágrafo único do art. 11.

Art. 54. Esta Lei entra em vigor na data da sua publicação.

Art. 55. Revogam-se as disposições em contrário.

Brasília, 18 de novembro de 1994; 173º da Independência e 106º da República.

Itamar Franco

(*DOU* 21.11.1994)

LEI 8.984, DE 7 DE FEVEREIRO DE 1995

Estende a competência da Justiça do Trabalho (art. 114 da Constituição Federal).

- V. EC 45/2004 (Reforma do Judiciário).
- V. Lei 7.701/1988 (Dispõe sobre a especialização de turmas dos Tribunais do Trabalho em processos coletivos e dá outras providências).

O Presidente da República:

Faço saber que o Congresso Nacional decreta e eu sanciono a seguinte Lei:

Art. 1º Compete à Justiça do Trabalho conciliar e julgar os dissídios que tenham origem no cumprimento de convenções coletivas de trabalho ou acordos coletivos de trabalho, mesmo quando ocorram entre sindicatos ou entre sindicato de trabalhadores e empregador.

Art. 2º Esta Lei entra em vigor na data de sua publicação.

Art. 3º Revogam-se as disposições em contrário.

Brasília, 7 de fevereiro de 1995; 174º da Independência e 107º da República.

Fernando Henrique Cardoso

(*DOU* 08.02.1995)

LEI 9.029, DE 13 DE ABRIL DE 1995

Proíbe a exigência de atestados de gravidez e esterilização, e outras práticas discriminatórias, para efeitos admissionais ou de permanência da relação jurídica de trabalho, e dá outras providências.

- V.Port. MPAS 4.677/1998 (Preenchimento de cargos por pessoas portadoras de deficiência ou beneficiários reabilitados), disponível em Proview.
- V.Res. INSS 630/1998 (Ações a serem desenvolvidas para garantir a reserva de vagas pelas empresas, destinadas a beneficiário reabilitado ou pessoa portadora de deficiência habilitada), disponível em Proview.
- V.Port. MTE 1.246/2010 (Orientação em relação à testagem relacionada ao vírus HIV), disponível em Proview.

O Presidente da República:

Faço saber que o Congresso Nacional decreta e eu sanciono a seguinte Lei:

Art. 1º É proibida a adoção de qualquer prática discriminatória e limitativa para efeito de acesso à relação de trabalho, ou de sua manutenção, por motivo de sexo, origem, raça, cor, estado civil, situação familiar, deficiência, reabilitação profissional, idade, entre outros, ressalvadas, nesse caso, as hipóteses de proteção à criança e ao adolescente previstas no inciso XXXIII do art. 7º da Constituição Federal.

- Artigo com redação determinada pela Lei 13.146/2015 (*DOU* 07.07.2015), em vigor após decorridos 180 (cento e oitenta) dias de sua publicação oficial.
- V. arts. 5º, I, XII e XLII, e 7º, XVIII e XX, CF.
- V. art. 10, II, b, ADCT.
- V. arts. 372, 391, 394 e 401, CLT.
- V. arts. 71 a 73, Lei 8.213/1991 (Planos de Benefícios da Previdência Social).

Art. 2º Constituem crime as seguintes práticas discriminatórias:

I – a exigência de teste, exame, perícia, laudo, atestado, declaração ou qualquer outro procedimento relativo à esterilização ou a estado de gravidez;

II – a adoção de quaisquer medidas, de iniciativa do empregador, que configurem:

a) indução ou instigamento à esterilização genética;

b) promoção do controle de natalidade, assim não considerado o oferecimento de serviços e de aconselhamento ou planejamento familiar, realizados através de instituições públicas ou privadas, submetidas às normas do Sistema Único de Saúde – SUS.

Pena – detenção de 1 (um) a 2 (dois) anos e multa.

Parágrafo único. São sujeitos ativos dos crimes a que se refere este artigo:

I – a pessoa física empregadora;

II – o representante legal do empregador, como definido na legislação trabalhista;

III – o dirigente, direto ou por delegação, de órgãos públicos e entidades das Administrações Públicas direta, indireta e fundacional de qualquer dos Poderes da União, dos Estados, do Distrito Federal e dos Municípios.

Art. 3º Sem prejuízo do prescrito no art. 2º desta Lei e nos dispositivos legais que tipificam os crimes resultantes de preconceito de etnia, raça, cor ou deficiência, as infrações ao disposto nesta Lei são passíveis das seguintes cominações:

- *Caput* com redação determinada pela Lei 13.146/ 2015 (*DOU* 07.07.2015), em vigor após decorridos 180 (cento e oitenta) dias de sua publicação oficial.

I – multa administrativa de dez vezes o valor do maior salário pago pelo empregador, elevado em 50% (cinquenta por cento) em caso de reincidência;

II – proibição de obter empréstimo ou financiamento junto a instituições financeiras oficiais.

Art. 4º O rompimento da relação de trabalho por ato discriminatório, nos moldes desta Lei, além do direito à reparação pelo dano moral, faculta ao empregado optar entre:

- *Caput* com redação determinada pela Lei 12.288/ 2010 (*DOU* 21.07.2010), em vigor 90 (noventa) dias após a data de sua publicação.

I – a reintegração com ressarcimento integral de todo o período de afastamento, mediante pagamento das remunerações devidas, corrigidas monetariamente e acrescidas de juros legais;

- Inciso I com redação determinada pela Lei 13.146/ 2015 (*DOU* 07.07.2015), em vigor após decorridos 180 (cento e oitenta) dias de sua publicação oficial.

II – a percepção, em dobro, da remuneração do período de afastamento, corrigida monetariamente e acrescida dos juros legais.

Art. 5º Esta Lei entra em vigor na data de sua publicação.

Art. 6º Revogam-se as disposições em contrário.

Brasília, 13 de abril de 1995; 174º da Independência e 107º da República.

Fernando Henrique Cardoso

(*DOU* 17.04.1995)

LEI 9.093, DE 12 DE SETEMBRO DE 1995

Dispõe sobre feriados.

- V. Dec. 80.271/1977 (Regulamenta a concessão de férias anuais remuneradas aos trabalhadores avulsos), disponível em ProView.
- V. Inst. Norm. RFB 936/2009 (Tratamento tributário relativo a valores pagos a título de abono pecuniário de férias), disponível em ProView.

O Presidente da República:

Faço saber que o Congresso Nacional decreta e eu sanciono a seguinte Lei:

Art. 1º São feriados civis:

I – os declarados em lei federal;

II – a data magna do Estado fixada em lei estadual;

III – os dias do início e do término do ano do centenário de fundação do Município, fixados em lei municipal.

- Inciso III acrescentado pela Lei 9.335/1996.

Art. 2º São feriados religiosos os dias de guarda, declarados em lei municipal, de acordo com a tradição local e em número não superior a quatro, neste incluída a Sexta-feira da Paixão.

Art. 3º Esta Lei entra em vigor na data de sua publicação.

Art. 4º Revogam-se as disposições em contrário, especialmente o art. 11 da Lei 605, de 5 de janeiro de 1949.

Brasília, 12 de setembro de 1995; 174º da Independência e 107º da República.

Fernando Henrique Cardoso

(*DOU* 13.09.1995)

LEI 9.099, DE 26 DE SETEMBRO DE 1995

Dispõe sobre os Juizados Especiais Cíveis e Criminais e dá outras providências.

- V. Lei 10.259/2001 (Juizados Especiais Cíveis e Criminais no âmbito da Justiça Federal).
- V. Lei 12.153/2009 (Juizados Especiais da Fazenda Pública no âmbito dos Estados, do Distrito Federal, dos Territórios e dos Municípios).

O Presidente da República:

Faço saber que o Congresso Nacional decreta e eu sanciono a seguinte Lei:

Capítulo I
Disposições Gerais

Art. 1º Os Juizados Especiais Cíveis e Criminais, órgãos da Justiça Ordinária, serão criados pela União, no Distrito Federal e nos Territórios, e pelos Estados, para conciliação, processo, julgamento e execução, nas causas de sua competência.

- V. arts. 24, X e XI, e 98, I, CF.
- V. art. 5º, IV, Lei 8.078/1990 (Código de Defesa do Consumidor).

Art. 2º O processo orientar-se-á pelos critérios da oralidade, simplicidade, informalidade, economia processual e celeridade, buscando, sempre que possível, a conciliação ou a transação.

- V. art. 13, *caput*.

Capítulo II
Dos Juizados Especiais Cíveis

Seção I
Da Competência

Art. 3º O Juizado Especial Cível tem competência para conciliação, processo e julgamento das causas cíveis de menor complexidade, assim consideradas:

- V. art. 15.

I – as causas cujo valor não exceda a quarenta vezes o salário mínimo;

- V. art. 7º, IV, CF.
- V. art. 76, CLT.

II – as enumeradas no art. 275, inciso II, do Código de Processo Civil;

- V. art. 318, parágrafo único, CPC/2015.

III – a ação de despejo para uso próprio;

- V. arts. 5º, 47, III e §§ 1º e 2º, 52, II e §§ 1º e 3º, 61, 62, I e VI, e 80, Lei 8.245/1991 (Locação de imóveis urbanos).

IV – as ações possessórias sobre bens imóveis de valor não excedente ao fixado no inciso I deste artigo.

- V. arts. 79 a 81, CC.
- V. arts. 560 e 567, CPC/2015.

§ 1º Compete ao Juizado Especial promover a execução:

- V. art. 52.

I – dos seus julgados;

II – dos títulos executivos extrajudiciais, no valor de até quarenta vezes o salário mínimo, observado o disposto no § 1º do art. 8º desta Lei.

- V. art. 53.
- V. art. 784, CPC/2015.

§ 2º Ficam excluídas da competência do Juizado Especial as causas de natureza alimentar, falimentar, fiscal e de interesse da Fazenda Pública, e também as relativas a acidentes de trabalho, a resíduos e ao estado e capacidade das pessoas, ainda que de cunho patrimonial.

- V. art. 1º, Lei 5.478/1968 (Ação de alimentos).
- V. art. 5º, Lei 6.830/1980 (Cobrança da Dívida Ativa da Fazenda Pública).
- V. art. 129, II, Lei 8.213/1991 (Planos de Benefícios da Previdência Social).
- V. art. 5º, Lei 8.397/1992 (Medida cautelar fiscal).
- V. arts. 3º e 76, Lei 11.101/2005 (Lei de Recuperação de Empresas e Falência).

§ 3º A opção pelo procedimento previsto nesta Lei importará em renúncia ao crédito excedente ao limite estabelecido neste artigo, excetuada a hipótese de conciliação.

- V. arts. 21 e 39.

Art. 4º É competente, para as causas previstas nesta Lei, o Juizado do foro:

I – do domicílio do réu ou, a critério do autor, do local onde aquele exerça atividades profissionais ou econômicas ou mantenha estabelecimento, filial, agência, sucursal ou escritório;

- V. arts. 70 a 73, CC.
- V. arts. 21, parágrafo único, 43, e 47, CPC/2015.

II – do lugar onde a obrigação deva ser satisfeita;

- V. art. 53, III, d, CPC/2015.

III – do domicílio do autor ou do local do ato ou fato, nas ações para reparação de dano de qualquer natureza.

- V. arts. 186 e 927, CC.
- V. art. 53, IV, a, parágrafo único, CPC/2015.

Parágrafo único. Em qualquer hipótese, poderá a ação ser proposta no foro previsto no inciso I deste artigo.

- V. arts. 62 e 63, CPC/2015.
- V. Súmula 335, STF.

[...]

Capítulo IV
Disposições Finais Comuns

[...]

Art. 96. Esta Lei entra em vigor no prazo de 60 (sessenta) dias após a sua publicação.

[...]

Brasília, 26 de setembro de 1995; 174º da Independência e 107º da República.

Fernando Henrique Cardoso

(*DOU* 27.09.1995)

LEI 9.254, DE 3 DE JANEIRO DE 1996

Altera a redação do art. 12 da Lei 7.520, de 15 de julho de 1986.

O Presidente da República:

Faço saber que o Congresso Nacional decreta e eu sanciono a seguinte Lei:

Art. 1º O art. 12 da Lei 7.520, de 15 de julho de 1986, passa a vigorar com a seguinte redação:

> "Art. 12. Compete exclusivamente ao Tribunal Regional do Trabalho da 2ª Região processar, conciliar e julgar os dissídios coletivos nos quais a decisão a ser proferida deva produzir efeitos em área territorial alcançada, em parte, pela jurisdição desse mesmo Tribunal e, em outra parte, pela jurisdição do Tribunal Regional do Trabalho da 15ª Região."

Art. 2º Esta Lei entra em vigor na data de sua publicação.

Art. 3º Revogam-se as disposições em contrário.

Brasília, 3 de janeiro de 1996; 175º da Independência e 108º da República.

Fernando Henrique Cardoso

(*DOU* 04.01.1996)

LEI 9.279, DE 14 DE MAIO DE 1996

Regula direitos e obrigações relativos à propriedade industrial.

O Presidente da República:

Faço saber que o Congresso Nacional decreta e eu sanciono a seguinte Lei:

DISPOSIÇÕES PRELIMINARES

Art. 1º Esta Lei regula direitos e obrigações relativos à propriedade industrial.

- V. art. 5º, XXIX, CF.

Art. 2º A proteção dos direitos relativos à propriedade industrial, considerado o seu interesse social e o desenvolvimento tecnológico e econômico do País, efetua-se mediante:

I – concessão de patentes de invenção e de modelo de utilidade;

II – concessão de registro de desenho industrial;

III – concessão de registro de marca;

IV – repressão às falsas indicações geográficas; e

V – repressão à concorrência desleal.

Art. 3º Aplica-se também o disposto nesta Lei:

I – ao pedido de patente ou de registro proveniente do exterior e depositado no País por quem tenha proteção assegurada por tratado ou convenção em vigor no Brasil; e

II – aos nacionais ou pessoas domiciliadas em país que assegure aos brasileiros ou pessoas domiciliadas no Brasil a reciprocidade de direitos iguais ou equivalentes.

Art. 4º As disposições dos tratados em vigor no Brasil são aplicáveis, em igualdade de condições, às pessoas físicas e jurídicas nacionais ou domiciliadas no País.

Art. 5º Consideram-se bens móveis, para os efeitos legais, os direitos de propriedade industrial.

- V. arts. 82 a 84, CC.

[...]

Art. 243. Esta Lei entra em vigor na data de sua publicação quanto às matérias disciplinadas nos arts. 230, 231, 232 e 239, e 1 (um) ano após sua publicação quanto aos demais artigos.

Art. 244. Revogam-se a Lei 5.772, de 21 de dezembro de 1971, a Lei 6.348, de 7 de julho de 1976, os arts. 187 a 196 do Dec.-lei 2.848, de 7 de dezembro de 1940, os arts. 169 a 189 do Dec.-lei 7.903, de 27 de agosto de 1945, e as demais disposições em contrário.

Brasília, 14 de maio de 1996; 175º da Independência e 108º da República.

Fernando Henrique Cardoso

(*DOU* 15.05.1996)

LEI 9.307, DE 23 DE SETEMBRO DE 1996

Dispõe sobre a arbitragem.

- V. arts. 851 a 853, CC.
- V. art. 23-A, Lei 8.987/1995 (Regime de concessão e permissão da prestação de serviços públicos previsto no art. 175 da CF).

O Presidente da República:

Faço saber que o Congresso Nacional decreta e eu sanciono a seguinte Lei:

Capítulo I
Disposições Gerais

Art. 1º As pessoas capazes de contratar poderão valer-se da arbitragem para dirimir litígios relativos a direitos patrimoniais disponíveis.

- V. arts. 5º, 851 e 852, CC.

§ 1º A administração pública direta e indireta poderá utilizar-se da arbitragem para dirimir conflitos relativos a direitos patrimoniais disponíveis.

- § 1º acrescentado pela Lei 13.129/2015 (*DOU* 27.05.2015), em vigor após decorridos 60 (sessenta) dias de sua publicação oficial.

§ 2º A autoridade ou o órgão competente da administração pública direta para a celebração de convenção de arbitragem é a mesma para a realização de acordos ou transações.

- § 2º acrescentado pela Lei 13.129/2015 (*DOU* 27.05.2015), em vigor após decorridos 60 (sessenta) dias de sua publicação oficial.

Art. 2º A arbitragem poderá ser de direito ou de equidade, a critério das partes.

- V. art. 140, parágrafo único, CPC/2015.

§ 1º Poderão as partes escolher, livremente, as regras de direito que serão aplicadas na arbitragem, desde que não haja violação aos bons costumes e à ordem pública.

§ 2º Poderão, também, as partes convencionar que a arbitragem se realize com base nos princípios gerais de direito, nos usos e costumes e nas regras internacionais de comércio.

- V. arts. 4º e 5º, Dec.-lei 4.657/1942 (Lei de Introdução às normas do Direito Brasileiro).

§ 3º A arbitragem que envolva a administração pública será sempre de direito e respeitará o princípio da publicidade.

- § 3º acrescentado pela Lei 13.129/2015 (*DOU* 27.05.2015), em vigor após decorridos 60 (sessenta) dias de sua publicação oficial.

Capítulo II
Da Convenção de Arbitragem e seus Efeitos

Art. 3º As partes interessadas podem submeter a solução de seus litígios ao juízo arbitral mediante convenção de arbitragem, assim entendida a cláusula compromissória e o compromisso arbitral.

- V. art. 853, CC.

Art. 4º A cláusula compromissória é a convenção através da qual as partes em um contrato comprometem-se a submeter à arbitragem os litígios que possam vir a surgir, relativamente a tal contrato.

§ 1º A cláusula compromissória deve ser estipulada por escrito, podendo estar inserta no próprio contrato ou em documento apartado que a ele se refira.

§ 2º Nos contratos de adesão, a cláusula compromissória só terá eficácia se o aderente tomar a iniciativa de instituir a arbitragem ou concordar, expressamente, com a sua instituição, desde que por escrito em documento anexo ou em negrito, com a assinatura ou visto especialmente para essa cláusula.

§ 3º *(Vetado).*

- § 3º acrescentado pela Lei 13.129/2015 (*DOU* 27.05.2015), em vigor após decorridos 60 (sessenta) dias de sua publicação oficial.

§ 4º *(Vetado).*

- § 4º acrescentado pela Lei 13.129/2015 (*DOU* 27.05.2015), em vigor após decorridos 60 (sessenta) dias de sua publicação oficial.

Art. 5º Reportando-se as partes, na cláusula compromissória, às regras de algum órgão arbitral institucional ou entidade especializada, a arbitragem será instituída e processada de acordo com tais regras, podendo, igualmente, as partes estabelecer na própria cláusula, ou em outro documento, a forma convencionada para a instituição da arbitragem.

Art. 6º Não havendo acordo prévio sobre a forma de instituir a arbitragem, a parte interessada manifestará à outra parte sua intenção de dar início à arbitragem, por via postal ou por outro meio qualquer de comunicação, mediante comprovação de recebimento, convocando-a para, em dia, hora e local certos, firmar o compromisso arbitral.

Parágrafo único. Não comparecendo a parte convocada ou, comparecendo, recusar-se a firmar o compromisso arbitral, poderá a outra parte propor a demanda de que trata o art. 7º desta Lei, perante o órgão do Poder Judiciário a que, originariamente, tocaria o julgamento da causa.

Art. 7º Existindo cláusula compromissória e havendo resistência quanto à instituição da arbitragem, poderá a parte interessada requerer a citação da outra parte para comparecer em juízo a fim de lavrar-se o compromisso, designando o juiz audiência especial para tal fim.

- V. arts. 13, § 2º, e 16, § 2º.

§ 1º O autor indicará, com precisão, o objeto da arbitragem, instruindo o pedido com o documento que contiver a cláusula compromissória.

§ 2º Comparecendo as partes à audiência, o juiz tentará, previamente, a conciliação acerca do litígio. Não obtendo sucesso, tentará o juiz conduzir as partes à celebração, de comum acordo, do compromisso arbitral.

§ 3º Não concordando as partes sobre os termos do compromisso, decidirá o juiz, após ouvir o réu, sobre seu conteúdo, na própria audiência ou no prazo de 10 (dez) dias, respeitadas as disposições da cláusula compromissória e atendendo ao disposto nos arts. 10 e 21, § 2º desta Lei.

§ 4º Se a cláusula compromissória nada dispuser sobre a nomeação de árbitros, caberá ao juiz, ouvidas as partes, estatuir a respeito, podendo nomear árbitro único para a solução do litígio.

§ 5º A ausência do autor, sem justo motivo, à audiência designada para a lavratura do compromisso arbitral, importará a extinção do processo sem julgamento de mérito.

§ 6º Não comparecendo o réu à audiência, caberá ao juiz, ouvido o autor, estatuir a respeito do conteúdo do compromisso, nomeando árbitro único.

§ 7º A sentença que julgar procedente o pedido valerá como compromisso arbitral.

Art. 8º A cláusula compromissória é autônoma em relação ao contrato em que estiver inserta, de tal sorte que a nulidade deste não implica, necessariamente, a nulidade da cláusula compromissória.

Parágrafo único. Caberá ao árbitro decidir de ofício, ou por provocação das partes, as questões acerca da existência, validade e eficácia da convenção de arbitragem e do contrato que contenha a cláusula compromissória.

Art. 9º O compromisso arbitral é a convenção através da qual as partes submetem um litígio à arbitragem de uma ou mais pessoas, podendo ser judicial ou extrajudicial.

- V. art. 851, CC.

§ 1º O compromisso arbitral judicial celebrar-se-á por termo nos autos, perante o juízo ou tribunal, onde tem curso a demanda.

§ 2º O compromisso arbitral extrajudicial será celebrado por escrito particular, assinado por duas testemunhas, ou por instrumento público.

Art. 10. Constará, obrigatoriamente, do compromisso arbitral:

- V. art. 7º, § 3º.

I – o nome, profissão, estado civil e domicílio das partes;

II – o nome, profissão e domicílio do árbitro, ou dos árbitros, ou, se for o caso, a identificação da entidade à qual as partes delegaram a indicação de árbitros;

III – a matéria que será objeto da arbitragem; e

IV – o lugar em que será proferida a sentença arbitral.

Art. 11. Poderá, ainda, o compromisso arbitral conter:

I – local, ou locais, onde se desenvolverá a arbitragem;

II – a autorização para que o árbitro ou os árbitros julguem por equidade, se assim for convencionado pelas partes;

III – o prazo para apresentação da sentença arbitral;

- V. art. 12.

IV – a indicação da lei nacional ou das regras corporativas aplicáveis à arbitragem, quando assim convencionarem as partes;

V – a declaração da responsabilidade pelo pagamento dos honorários e das despesas com a arbitragem; e

VI – a fixação dos honorários do árbitro, ou dos árbitros.

Parágrafo único. Fixando as partes os honorários do árbitro, ou dos árbitros, no compromisso arbitral, este constituirá título executivo extrajudicial; não havendo tal estipulação, o árbitro requererá ao órgão do Poder Judiciário que seria competente para julgar, originariamente, a causa que os fixe por sentença.

Art. 12. Extingue-se o compromisso arbitral:

I – escusando-se qualquer dos árbitros, antes de aceitar a nomeação, desde que as partes tenham declarado, expressamente, não aceitar substituto;

II – falecendo ou ficando impossibilitado de dar seu voto algum dos árbitros, desde que as partes declarem, expressamente, não aceitar substituto; e

III – tendo expirado o prazo a que se refere o art. 11, inc. III, desde que a parte interessada tenha notificado o árbitro, ou o presidente do tribunal arbitral, concedendo-lhe o prazo de 10 (dez) dias para a prolação e apresentação da sentença arbitral.

- V. art. 32, VII.

Capítulo III
Dos Árbitros

Art. 13. Pode ser árbitro qualquer pessoa capaz e que tenha a confiança das partes.

- V. art. 5º, CC.

§ 1º As partes nomearão um ou mais árbitros, sempre em número ímpar, podendo nomear, também, os respectivos suplentes.

§ 2º Quando as partes nomearem árbitros em número par, estes estão autorizados, desde logo, a nomear mais um árbitro. Não havendo acordo, requererão as partes ao órgão do Poder Judiciário a que tocaria, originariamente, o julgamento da causa a nomeação do árbitro, aplicável, no que couber, o procedimento previsto no art. 7º desta Lei.

§ 3º As partes poderão, de comum acordo, estabelecer o processo de escolha dos árbitros, ou adotar as regras de um órgão arbitral institucional ou entidade especializada.

§ 4º As partes, de comum acordo, poderão afastar a aplicação de dispositivo do regulamento do órgão arbitral institucional ou entidade especializada que limite a escolha do árbitro único, coárbitro ou presidente do tribunal à respectiva lista de árbitros, autorizado o controle da escolha pelos órgãos competentes da instituição, sendo que, nos casos de impasse e arbitragem multiparte, deverá ser observado o que dispuser o regulamento aplicável.

- § 4º com redação determinada pela Lei 13.129/2015 (*DOU* 27.05.2015), em vigor após decorridos 60 (sessenta) dias de sua publicação oficial.

§ 5º O árbitro ou o presidente do tribunal designará, se julgar conveniente, um secretário, que poderá ser um dos árbitros.

§ 6º No desempenho de sua função, o árbitro deverá proceder com imparcialidade, independência, competência, diligência e discrição.

§ 7º Poderá o árbitro ou o tribunal arbitral determinar às partes o adiantamento de verbas para despesas e diligências que julgar necessárias.

Art. 14. Estão impedidos de funcionar como árbitros as pessoas que tenham, com as partes ou com o litígio que lhes for submetido, algumas das relações que caracterizam os casos de impedimento ou suspeição de juízes, aplicando-se-lhes, no que couber, os mesmos deveres e responsabilidades, conforme previsto no Código de Processo Civil.

- V. arts. 143 a 148, CPC/2015.

§ 1º As pessoas indicadas para funcionar como árbitro têm o dever de revelar, antes da aceitação da função, qualquer fato que denote dúvida justificada quanto à sua imparcialidade e independência.

§ 2º O árbitro somente poderá ser recusado por motivo ocorrido após sua nomeação. Poderá, entretanto, ser recusado por motivo anterior à sua nomeação, quando:

a) não for nomeado, diretamente, pela parte; ou

b) o motivo para a recusa do árbitro for conhecido posteriormente à sua nomeação.

Art. 15. A parte interessada em arguir a recusa do árbitro apresentará, nos termos do art. 20, a respectiva exceção, diretamente ao árbitro ou ao presidente do tribunal arbitral, deduzindo suas razões e apresentando as provas pertinentes.

Parágrafo único. Acolhida a exceção, será afastado o árbitro suspeito ou impedido, que será substituído, na forma do art. 16 desta Lei.

Art. 16. Se o árbitro escusar-se antes da aceitação da nomeação, ou, após a aceitação, vier a falecer, tornar-se impossibilitado para o exercício da função, ou for recusado, assumirá seu lugar o substituto indicado no compromisso, se houver.

- V. art. 15, parágrafo único.

§ 1º Não havendo substituto indicado para o árbitro, aplicar-se-ão as regras do órgão arbitral institucional ou entidade especializada, se as partes as tiverem invocado na convenção de arbitragem.

§ 2º Nada dispondo a convenção de arbitragem e não chegando as partes a um acordo sobre a nomeação do árbitro a ser substituído, procederá a parte interessada da forma prevista no art. 7º desta Lei, a menos que as partes tenham declarado, expressamente, na convenção de arbitragem, não aceitar substituto.

Art. 17. Os árbitros, quando no exercício de suas funções ou em razão delas, ficam equiparados aos funcionários públicos, para os efeitos da legislação penal.

Art. 18. O árbitro é juiz de fato e de direito, e a sentença que proferir não fica sujeita a recurso ou a homologação pelo Poder Judiciário.

Capítulo IV
Do Procedimento Arbitral

Art. 19. Considera-se instituída a arbitragem quando aceita a nomeação pelo árbitro, se for único, ou por todos, se forem vários.

§ 1º Instituída a arbitragem e entendendo o árbitro ou o tribunal arbitral que há necessidade de explicitar questão disposta na convenção de arbitragem, será elaborado, juntamente com as partes, adendo firmado por todos, que passará a fazer parte integrante da convenção de arbitragem.

• Primitivo parágrafo único renumerado pela Lei 13.129/2015 (*DOU* 27.05.2015), em vigor após decorridos 60 (sessenta) dias de sua publicação oficial.

§ 2º A instituição da arbitragem interrompe a prescrição, retroagindo à data do requerimento de sua instauração, ainda que extinta a arbitragem por ausência de jurisdição.

• § 2º acrescentado pela Lei 13.129/2015 (*DOU* 27.05.2015), em vigor após decorridos 60 (sessenta) dias de sua publicação oficial.

Art. 20. A parte que pretender arguir questões relativas à competência, suspeição ou impedimento do árbitro ou dos árbitros, bem como nulidade, invalidade ou ineficácia da convenção de arbitragem, deverá fazê-lo na primeira oportunidade que tiver de se manifestar, após a instituição da arbitragem.

• V. art. 15.

§ 1º Acolhida a arguição de suspeição ou impedimento, será o árbitro substituído nos termos do art. 16 desta Lei, reconhecida a incompetência do árbitro ou do tribunal arbitral, bem como a nulidade, invalidade ou ineficácia da convenção de arbitragem, serão as partes remetidas ao órgão do Poder Judiciário competente para julgar a causa.

§ 2º Não sendo acolhida a arguição, terá normal prosseguimento a arbitragem, sem prejuízo de vir a ser examinada a decisão pelo órgão do Poder Judiciário competente, quando da eventual propositura da demanda de que trata o art. 33 desta Lei.

Art. 21. A arbitragem obedecerá ao procedimento estabelecido pelas partes na convenção de arbitragem, que poderá reportar-se às regras de um órgão arbitral institucional ou entidade especializada, facultando-se, ainda, às partes delegar ao próprio árbitro, ou ao tribunal arbitral, regular o procedimento.

§ 1º Não havendo estipulação acerca do procedimento, caberá ao árbitro ou ao tribunal arbitral discipliná-lo.

§ 2º Serão, sempre, respeitados no procedimento arbitral os princípios do contraditório, da igualdade das partes, da imparcialidade do árbitro e de seu livre convencimento.

• V. arts. 7º, § 3º, e 32, VIII.

§ 3º As partes poderão postular por intermédio de advogado, respeitada, sempre, a faculdade de designar quem as represente ou assista no procedimento arbitral.

§ 4º Competirá ao árbitro ou ao tribunal arbitral, no início do procedimento, tentar a conciliação das partes, aplicando-se, no que couber, o art. 28 desta Lei.

Art. 22. Poderá o árbitro ou o tribunal arbitral tomar o depoimento das partes, ouvir testemunhas e determinar a realização de perícias ou outras provas que julgar necessárias, mediante requerimento das partes ou de ofício.

§ 1º O depoimento das partes e das testemunhas será tomado em local, dia e hora previamente comunicados, por escrito, e reduzido a termo, assinado pelo depoente, ou a seu rogo, e pelos árbitros.

§ 2º Em caso de desatendimento, sem justa causa, da convocação para prestar depoimento pessoal, o árbitro ou o tribunal arbitral levará em consideração o comportamento da parte faltosa, ao proferir sua sentença; se a ausência for de testemunha, nas mesmas circunstâncias, poderá o árbitro ou o presidente do tribunal arbitral requerer à autoridade judiciária que conduza a testemunha renitente, comprovando a existência da convenção de arbitragem.

§ 3º A revelia da parte não impedirá que seja proferida a sentença arbitral.

§ 4º (Revogado pela Lei 13.129/2015 – DOU *27.05.2015, em vigor após decorridos 60 (sessenta) dias de sua publicação oficial)*

§ 5º Se, durante o procedimento arbitral, um árbitro vier a ser substituído fica a critério do substituto repetir as provas já produzidas.

Capítulo IV-A
Das Tutelas Cautelares e de Urgência

• Capítulo IV-A acrescentado pela Lei 13.129/2015 (*DOU* 27.05.2015) em vigor após decorridos 60 (sessenta) dias de sua publicação oficial.

Art. 22-A. Antes de instituída a arbitragem, as partes poderão recorrer ao Poder Judiciário para a concessão de medida cautelar ou de urgência.

• Artigo acrescentado pela Lei 13.129/2015 (*DOU* 27.05.2015), em vigor após decorridos 60 (sessenta) dias de sua publicação oficial.

Parágrafo único. Cessa a eficácia da medida cautelar ou de urgência se a parte interessada não requerer a instituição da arbitragem no prazo de 30 (trinta) dias, contado da data de efetivação da respectiva decisão.

Art. 22-B. Instituída a arbitragem, caberá aos árbitros manter, modificar ou revogar a medida cautelar ou de urgência concedida pelo Poder Judiciário.

• Artigo acrescentado pela Lei 13.129/2015 (*DOU* 27.05.2015), em vigor após decorridos 60 (sessenta) dias de sua publicação oficial).

Parágrafo único. Estando já instituída a arbitragem, a medida cautelar ou de urgência será requerida diretamente aos árbitros.

Capítulo IV-B
Da Carta Arbitral

• Capítulo IV-B acrescentado pela Lei 13.129/2015 (*DOU* 27.05.2015), em vigor após decorridos 60 (sessenta) dias de sua publicação oficial).

Art. 22-C. O árbitro ou o tribunal arbitral poderá expedir carta arbitral para que o órgão jurisdicional nacional pratique ou determine o cumprimento, na área de sua competência territorial, de ato solicitado pelo árbitro.

• Artigo acrescentado pela Lei 13.129/2015 (*DOU* 27.05.2015) em vigor após decorridos 60 (sessenta) dias de sua publicação oficial).

Parágrafo único. No cumprimento da carta arbitral será observado o segredo de justiça, desde que comprovada a confidencialidade estipulada na arbitragem.

Capítulo V
Da Sentença Arbitral

Art. 23. A sentença arbitral será proferida no prazo estipulado pelas partes. Nada tendo sido convencionado, o prazo para a apresentação da sentença é de 6 (seis) meses, contado da instituição da arbitragem ou da substituição do árbitro.

§ 1º Os árbitros poderão proferir sentenças parciais.

• Primitivo parágrafo único renumerado pela Lei 13.129/2015 (*DOU* 27.05.2015), em vigor após decorridos 60 (sessenta) dias de sua publicação oficial.

§ 2º As partes e os árbitros, de comum acordo, poderão prorrogar o prazo para proferir a sentença final.

• § 2º acrescentado pela Lei 13.129/2015 (*DOU* 27.05.2015), em vigor após decorridos 60 (sessenta) dias de sua publicação oficial.

Art. 24. A decisão do árbitro ou dos árbitros será expressa em documento escrito.

§ 1º Quando forem vários os árbitros, a decisão será tomada por maioria. Se não houver acordo majoritário, prevalecerá o voto do presidente do tribunal arbitral.

§ 2º O árbitro que divergir da maioria poderá, querendo, declarar seu voto em separado.

***Art.** 25. (Revogado pela Lei 13.129/2015 –* DOU *27.05.2015, em vigor após decorridos 60 (sessenta) dias de sua publicação oficial).*

Art. 26. São requisitos obrigatórios da sentença arbitral:

• V. arts. 28 e 32, III.

I – o relatório, que conterá os nomes das partes e um resumo do litígio;

II – os fundamentos da decisão, onde serão analisadas as questões de fato e de direito, mencionando-se, expressamente, se os árbitros julgaram por equidade;

III – o dispositivo, em que os árbitros resolverão as questões que lhes forem submetidas e estabelecerão o prazo para o cumprimento da decisão, se for o caso; e

IV – a data e o lugar em que foi proferida.

Parágrafo único. A sentença arbitral será assinada pelo árbitro ou por todos os árbitros. Caberá ao presidente do tribunal arbitral, na hipótese de um ou alguns dos árbitros não poder ou não querer assinar a sentença, certificar tal fato.

Art. 27. A sentença arbitral decidirá sobre a responsabilidade das partes acerca das custas e despesas com a arbitragem, bem como sobre verba decorrente de litigância de má-fé, se for o caso, respeitadas as disposições da convenção de arbitragem, se houver.

Art. 28. Se, no decurso da arbitragem, as partes chegarem a acordo quanto ao litígio, o árbitro ou o tribunal arbitral poderá, a pedido das partes, declarar tal fato mediante sentença arbitral, que conterá os requisitos do art. 26 desta Lei.

- V. art. 21, § 4º.

Art. 29. Proferida a sentença arbitral, dá-se por finda a arbitragem, devendo o árbitro, ou o presidente do tribunal arbitral, enviar cópia da decisão às partes, por via postal ou por outro meio qualquer de comunicação, mediante comprovação de recebimento, ou, ainda, entregando-a diretamente às partes, mediante recibo.

- V. art. 30, parágrafo único.

Art. 30. No prazo de 5 (cinco) dias, a contar do recebimento da notificação ou da ciência pessoal da sentença arbitral, salvo se outro prazo for acordado entre as partes, a parte interessada, mediante comunicação à outra parte, poderá solicitar ao árbitro ou ao tribunal arbitral que:

- *Caput* com redação determinada pela Lei 13.129/ 2015 (*DOU* 27.05.2015), em vigor após decorridos 60 (sessenta) dias de sua publicação oficial.

I – corrija qualquer erro material da sentença arbitral;

II – esclareça alguma obscuridade, dúvida ou contradição da sentença arbitral, ou se pronuncie sobre ponto omitido a respeito do qual devia manifestar-se a decisão.

Parágrafo único. O árbitro ou o tribunal arbitral decidirá no prazo de 10 (dez) dias ou em prazo acordado com as partes, aditará a sentença arbitral e notificará as partes na forma do art. 29.

- Parágrafo único com redação determinada pela Lei 13.129/2015 (*DOU* 27.05.2015), em vigor após decorridos 60 (sessenta) dias de sua publicação oficial.

Art. 31. A sentença arbitral produz, entre as partes e seus sucessores, os mesmos efeitos da sentença proferida pelos órgãos do Poder Judiciário e, sendo condenatória, constitui título executivo.

Art. 32. É nula a sentença arbitral se:

I – for nula a convenção de arbitragem;

- Inciso I com redação determinada pela Lei 13.129/2015 (DOU 27.05.2015), em vigor após decorridos 60 (sessenta) dias de sua publicação oficial.
- V. art. 33, § 2º.

II – emanou de quem não podia ser árbitro;

- V. art. 33, § 2º.

III – não contiver os requisitos do art. 26 desta Lei;

- V. art. 33, § 2º.

IV – for proferida fora dos limites da convenção de arbitragem;

- V. art. 33, § 2º.

V – (Revogado pela Lei 13.129/2015 – DOU 27.05.2015, em vigor após decorridos 60 (sessenta) dias de sua publicação oficial)

VI – comprovado que foi proferida por prevaricação, concussão ou corrupção passiva;

- V. art. 33, § 2º.

VII – proferida fora do prazo, respeitado o disposto no art. 12, inciso III, desta Lei; e

- V. art. 33, § 2º.

VIII – forem desrespeitados os princípios de que trata o art. 21, § 2º, desta Lei.

- V. art. 33, § 2º.

Art. 33. A parte interessada poderá pleitear ao órgão do Poder Judiciário competente a declaração de nulidade da sentença arbitral, nos casos previstos nesta Lei.

- Caput com redação determinada pela Lei 13.129/2015 (DOU 27.05.2015), em vigor após decorridos 60 (sessenta) dias de sua publicação oficial.
- V. art. 20, § 2º.

§ 1º A demanda para a declaração de nulidade da sentença arbitral, parcial ou final, seguirá as regras do procedimento comum, previstas na Lei 5.869, de 11 de janeiro de 1973 (Código de Processo Civil), e deverá ser proposta no prazo de até 90 (noventa) dias após o recebimento da notificação da respectiva sentença, parcial ou final, ou da decisão do pedido de esclarecimentos.

- § 1º com redação determinada pela Lei 13.129/2015 (DOU 27.05.2015), em vigor após decorridos 60 (sessenta) dias de sua publicação oficial.

§ 2º A sentença que julgar procedente o pedido declarará a nulidade da sentença arbitral, nos casos do art. 32, e determinará, se for o caso, que o árbitro ou o tribunal profira nova sentença arbitral.

- § 2º com redação determinada pela Lei 13.129/2015 (DOU 27.05.2015), em vigor após decorridos 60 (sessenta) dias de sua publicação oficial.

§ 3º A decretação da nulidade da sentença arbitral também poderá ser requerida na impugnação ao cumprimento da sentença, nos termos dos arts. 525 e seguintes do Código de Processo Civil, se houver execução judicial.

- § 3º com redação determinada pela Lei 13.105/2015 (DOU 17.03.2015), em vigor após decorridos 60 (sessenta) dias de sua publicação oficial.

§ 4º A parte interessada poderá ingressar em juízo para requerer a prolação de sentença arbitral complementar, se o árbitro não decidir todos os pedidos submetidos à arbitragem.

- § 4º com redação determinada pela Lei 13.129/2015 (DOU 27.05.2015), em vigor após decorridos 60 (sessenta) dias de sua publicação oficial.

Capítulo VI
Do Reconhecimento e Execução de Sentenças Arbitrais Estrangeiras

Art. 34. A sentença arbitral estrangeira será reconhecida ou executada no Brasil de conformidade com os tratados internacionais com eficácia no ordenamento interno e, na sua ausência, estritamente de acordo com os termos desta Lei.

Parágrafo único. Considera-se sentença arbitral estrangeira a que tenha sido proferida fora do território nacional.

Art. 35. Para ser reconhecida ou executada no Brasil, a sentença arbitral estrangeira está sujeita, unicamente, à homologação do Superior Tribunal de Justiça.

- Artigo com redação determinada pela Lei 13.129/ 2015 (DOU 27.05.2015), em vigor após decorridos 60 (sessenta) dias de sua publicação oficial.
- V. art. 105, I, i, CF.

Art. 36. Aplica-se à homologação para reconhecimento ou execução de sentença arbitral estrangeira, no que couber, o disposto nos arts. 483 e 484 do Código de Processo Civil.

Art. 37. A homologação de sentença arbitral estrangeira será requerida pela parte interessada, devendo a petição inicial conter as indicações da lei processual, conforme o art. 282 do Código de Processo Civil, e ser instruída, necessariamente, com:

I – o original da sentença arbitral ou uma cópia devidamente certificada, autenticada pelo consulado brasileiro e acompanhada de tradução oficial;

II – o original da convenção de arbitragem ou cópia devidamente certificada, acompanhada de tradução oficial.

Art. 38. Somente poderá ser negada a homologação para o reconhecimento ou execução de sentença arbitral estrangeira, quando o réu demonstrar que:

I – as partes na convenção de arbitragem eram incapazes;

II – a convenção de arbitragem não era válida segundo a lei à qual as partes a submeteram, ou, na falta de indicação, em virtude da lei do país onde a sentença arbitral foi proferida;

III – não foi notificado da designação do árbitro ou do procedimento de arbitragem, ou tenha sido violado o princípio do contraditório, impossibilitando a ampla defesa;

IV – a sentença arbitral foi proferida fora dos limites da convenção de arbitragem, e não foi possível separar a parte excedente daquela submetida à arbitragem;

V – a instituição da arbitragem não está de acordo com o compromisso arbitral ou cláusula compromissória;

VI – a sentença arbitral não se tenha, ainda, tornado obrigatória para as partes, tenha sido anulada, ou, ainda, tenha sido suspensa por órgão judicial do país onde a sentença arbitral for prolatada.

Art. 39. A homologação para o reconhecimento ou a execução da sentença arbitral estrangeira também será denegada se o Superior Tribunal de Justiça constatar que:

- *Caput* com redação determinada pela Lei 13.129/ 2015 (*DOU* 27.05.2015), em vigor após decorridos 60 (sessenta) dias de sua publicação oficial.

I – segundo a lei brasileira, o objeto do litígio não é suscetível de ser resolvido por arbitragem;

II – a decisão ofende a ordem pública nacional.

Parágrafo único. Não será considerada ofensa à ordem pública nacional a efetivação da citação da parte residente ou domiciliada no Brasil, nos moldes da convenção de arbitragem ou da lei processual do país onde se realizou a arbitragem, admitindo-se, inclusive, a citação postal com prova inequívoca de recebimento, desde que assegure à parte brasileira tempo hábil para o exercício do direito de defesa.

Art. 40. A denegação da homologação para reconhecimento ou execução de sentença arbitral estrangeira por vícios formais, não obsta que a parte interessada renove o pedido, uma vez sanados os vícios apresentados.

Capítulo VII
Disposições Finais

[...]

Art. 43. Esta Lei entrará em vigor 60 (sessenta) dias após a data de sua publicação.

Art. 44. Ficam revogados os arts. 1.037 a 1.048 da Lei 3.071, de 1º de janeiro de 1916, Código Civil Brasileiro; os arts. 101 e 1.072 a 1.102 da Lei 5.869, de 11 de janeiro de 1973, Código de Processo Civil; e demais disposições em contrário.

- Refere-se ao CC/1916.

Brasília, 23 de setembro de 1996; 175º da Independência e 108º da República.

Fernando Henrique Cardoso

(*DOU* 24.09.1996)

LEI 9.424, DE 24 DE DEZEMBRO DE 1996

Dispõe sobre o Fundo de Manutenção e Desenvolvimento do Ensino Fundamental e de Valorização do Magistério, na forma prevista no art. 60, § 7º, do Ato das Disposições Constitucionais Transitórias, e dá outras providências.

- V. Dec. 6.253/2007 (Dispõe sobre o Fundo de Manutenção e Desenvolvimento da Educação Básica e de Valorização dos Profissionais da Educação – FUNDEB).
- V. Dec. 6.003/2006.
- V. Dec. 3.142/1999.
- V. Dec. 2.264/1997.

O Presidente da República:

Faço saber que o Congresso Nacional decreta e eu sanciono a seguinte Lei:

[...]

Art. 9º Os Estados, o Distrito Federal e os Municípios deverão, no prazo de 6 (seis) meses da vigência desta Lei, dispor de novo Plano de Carreira e Remuneração do Magistério, de modo a assegurar:

- O STF, na ADI 1.627 (*DJE* 14.11.2016), julgou parcialmente procedente o pedido formulado, para, confirmando a medida cautelar deferida, declarar a inconstitucionalidade da expressão "no prazo de seis meses da vigência desta Lei", presente no *caput* do art. 9º,Lei 9.424/1996.

I – a remuneração condigna dos professores do ensino fundamental público, em efetivo exercício no magistério;

II – o estímulo ao trabalho em sala de aula;

III – a melhoria da qualidade do ensino.

§ 1º Os novos planos de carreira e remuneração do magistério deverão contemplar investimentos na capacitação dos professores leigos, os quais passarão a integrar quadro em extinção, de duração de 5 (cinco) anos.

§ 2º Aos professores leigos é assegurado prazo de 5 (cinco) anos para obtenção da habilitação necessária ao exercício das atividades docentes.

§ 3º A habilitação a que se refere o parágrafo anterior é condição para ingresso no quadro permanente da carreira conforme os novos planos de carreira e remuneração.

Art. 10. Os Estados, o Distrito Federal e os Municípios deverão comprovar:

I – efetivo cumprimento do disposto no art. 212 da Constituição Federal;

II – apresentação de Plano de Carreira e Remuneração do Magistério, de acordo com diretrizes emanadas do Conselho Nacional de Educação, no prazo referido no artigo anterior;

- O STF, na ADI 1.627 (*DJE* 14.11.2016), julgou parcialmente procedente o pedido formulado, para, confirmando a medida cautelar deferida, declarar a inconstitucionalidade da expressão "no prazo referido no artigo anterior", presente no inciso II do art. 10 Lei 9.424/1996.

III – fornecimento das informações solicitadas por ocasião do censo escolar, ou para fins de elaboração de indicadores educacionais.

Parágrafo único. O não cumprimento das condições estabelecidas neste artigo, ou o fornecimento de informações falsas, acarretará sanções administrativas, sem prejuízo das civis ou penais ao agente executivo que lhe der causa.

Art. 11. Os órgãos responsáveis pelos sistemas de ensino, assim como os Tribunais de Contas da União, dos Estados e Municípios, criarão mecanismos adequados à fiscalização do cumprimento pleno do disposto no art. 212 da Constituição Federal e desta Lei, sujeitando-se os Estados e o Distrito Federal à intervenção da União, e os Municípios à intervenção dos respectivos Estados, nos termos do art. 34, inciso VII, alínea *e*, e do art. 35, inciso III, da Constituição Federal.

Art. 12. O Ministério da Educação e do Desporto realizará avaliações periódicas dos resultados da aplicação desta Lei, com vistas à adoção de medidas operacionais e de natureza político-educacional corretivas, devendo a primeira realizar-se 2 (dois) anos após sua promulgação.

Art. 13. *(Revogado pela Lei 11.494/ 2007.)*

Art. 14. A União desenvolverá política de estímulo às iniciativas de melhoria de qualidade do ensino, acesso e permanência na escola promovidos pelas unidades federadas, em especial aquelas voltadas às crianças e adolescentes em situação de risco social.

Art. 15. O Salário-Educação, previsto no art. 212, § 5º, da Constituição Federal e devido pelas empresas, na forma em que vier a ser disposto em regulamento, é calculado com base na alíquota de 2,5% (dois e meio por cento) sobre o total de remunerações pagas ou creditadas, a qualquer título, aos segurados empregados, assim definidos no art. 12, inciso I, da Lei 8 212, de 24 de julho de 1991.

- V. Dec. 6.003/2006 (Regulamenta a arrecadação, a fiscalização e a cobrança da contribuição social do salário-educação, a que se referem o art. 212, § 5º, da Constituição).

§ 1º O montante da arrecadação do Salário-Educação, após a dedução de 1% (um por cento) em favor do Instituto Nacional do Seguro Social – INSS, calculado sobre o valor por ele arrecadado, será distribuído pelo Fundo Nacional de Desenvolvimento da Educação – FNDE, observada, em 90% (noventa por cento) de seu valor, a arrecadação realizada em cada Estado e no Distrito Federal, em quotas, da seguinte forma:

- *Caput* do § 1º com redação determinada pela Lei 10.832/2003.

I – Quota Federal, correspondente a 1/3 (um terço) do montante de recursos, que será destinada ao FNDE e aplicada no financiamento de programas e projetos voltados para a universalização do ensino fundamental, de forma a propiciar a redução dos desníveis sócio-educacionais existentes entre Municípios, Estados, Distrito Federal e regiões brasileiras;

II – Quota Estadual e Municipal, correspondente a 2/3 (dois terços) do montante de recursos, que será creditada mensal e automaticamente em favor das Secretarias de Educação dos Estados, do Distrito Federal e dos Municípios para financiamento de programas, projetos e ações do ensino fundamental.

- Inciso II com redação determinada pela Lei 10.832/ 2003.

§ 2º *(Vetado.)*

§ 3º Os alunos regularmente atendidos, na data da edição desta Lei, como beneficiários da aplicação realizada pelas empresas contribuintes, no ensino fundamental dos seus empregados e dependentes, à conta de deduções da contribuição social do Salário-Educação, na forma da legislação em vigor, terão a partir de 1º de janeiro de 1997, o benefício assegurado, respeitadas as condições em que foi concedido, e vedados novos ingressos nos termos do art. 212, § 5º, da Constituição Federal.

Art. 16. Esta Lei entra em vigor em 1º de janeiro de 1997.

Art. 17. Revogam-se as disposições em contrário.

Brasília, 24 de dezembro de 1996; 175º da Independência e 108º da República.

Fernando Henrique Cardoso

(*DOU* 26.12.1996)

LEI 9.469, DE 10 DE JULHO DE 1997

Regulamenta o disposto no inciso VI do art. 4º da Lei Complementar 73, de 10 de fevereiro de 1993; dispõe sobre a intervenção da União nas causas em que figurarem, como autores ou réus, entes da administração indireta; regula os pagamentos devidos pela Fazenda Pública em virtude de sentença judiciária; revoga a Lei 8.197, de 27 de junho de 1991, e a Lei 9.081, de 19 de julho de 1995, e dá outras providências.

Faço saber que o Presidente da República adotou a Medida Provisória 1.561-6, de 1997, que o Congresso Nacional aprovou, e eu, Antonio Carlos Magalhães, Presidente, para os efeitos do disposto no parágrafo único do art. 62 da Constituição Federal, promulgo a seguinte Lei:

Art. 1º O Advogado-Geral da União, diretamente ou mediante delegação, e os dirigentes máximos das empresas públicas federais, em conjunto com o dirigente estatutário da área afeta ao assunto, poderão autorizar a realização de acordos ou transações para prevenir ou terminar litígios, inclusive os judiciais.

- *Caput* com redação determinada pela Lei 13.140/ 2015 (*DOU* 29.06.2015), em vigor após decorridos 180 (cento e oitenta) dias de sua publicação oficial.

§ 1º Poderão ser criadas câmaras especializadas, compostas por servidores públicos ou empregados públicos efetivos, com o objetivo de analisar e formular propostas de acordos ou transações.

- § 1º com redação determinada pela Lei 13.140/2015 (*DOU* 29.06.2015), em vigor após decorridos 180 (cento e oitenta) dias de sua publicação oficial.

§ 2º *(Revogado pela Lei 12.348/2010).*

§ 3º Regulamento disporá sobre a forma de composição das câmaras de que trata o § 1º, que deverão ter como integrante pelo menos um membro efetivo da Advocacia-Geral da União ou, no caso das empresas públicas, um assistente jurídico ou ocupante de função equivalente.

- § 3º com redação determinada pela Lei 13.140/2015 (*DOU* 29.06.2015), em vigor após decorridos 180 (cento e oitenta) dias de sua publicação oficial.

§ 4º Quando o litígio envolver valores superiores aos fixados em regulamento, o acordo ou a transação, sob pena de nulidade, dependerá de prévia e expressa autorização do Advogado-Geral da União e do Ministro de Estado a cuja área de competência estiver afeto o assunto, ou ainda do Presidente da Câmara dos Deputados, do Senado Federal, do Tribunal de Contas da União, de Tribunal ou Conselho, ou do Procurador-Geral da República, no caso de interesse dos órgãos dos Poderes Legislativo e Judiciário ou do Ministério Público da União, excluídas as empresas públicas federais não dependentes, que necessitarão apenas de prévia e expressa autorização dos dirigentes de que trata o *caput*.

- § 4º acrescentado pela Lei 13.140/2015 (*DOU* 29.06.2015), em vigor após decorridos 180 (cento e oitenta) dias de sua publicação oficial.

§ 5º Na transação ou acordo celebrado diretamente pela parte ou por intermédio de procurador para extinguir ou encerrar processo judicial, inclusive os casos de extensão administrativa de pagamentos postulados em juízo, as partes poderão definir a responsabilidade de cada uma pelo pagamento dos honorários dos respectivos advogados.

- § 5º acrescentado pela Lei 13.140/2015 (*DOU* 29.06.2015), em vigor após decorridos 180 (cento e oitenta) dias de sua publicação oficial.

Art. 1º-A. O Advogado-Geral da União poderá dispensar a inscrição de crédito, autorizar o não ajuizamento de ações e a não interposição de recursos, assim como o requerimento de extinção das ações em curso ou de desistência dos respectivos recursos judiciais, para cobrança de créditos da União e das autarquias e fundações públicas federais, observados os critérios de custos de administração e cobrança.

- Artigo acrescentado pela Lei 11.941/2009.
- V. Súmula 452, STJ.

Parágrafo único. O disposto neste artigo não se aplica à Dívida Ativa da União e aos processos em que a União seja autora, ré, assistente ou opoente cuja representação judicial seja atribuída à Procuradoria-Geral da Fazenda Nacional.

Art. 1º-B. Os dirigentes máximos das empresas públicas federais poderão autorizar a não propositura de ações e a não interposição de recursos, assim como o requerimento de extinção das ações em curso ou de desistência dos respectivos recursos judiciais, para cobrança de créditos, atualizados, de valor igual ou inferior a R$ 10.000,00 (dez mil reais), em que interessadas essas entidades na qualidade de autoras, rés, assistentes ou opoentes, nas condições aqui estabelecidas.

- Artigo acrescentado pela Lei 11.941/2009.

Parágrafo único. Quando a causa envolver valores superiores ao limite fixado neste artigo, o disposto no *caput*, sob pena de nulidade, dependerá de prévia e expressa autorização do Ministro de Estado ou do titular da Secretaria da Presidência da República a cuja área de competência estiver afeto o assunto, excluído o caso das empresas públicas não dependentes que necessitarão apenas de prévia e expressa autorização de seu dirigente máximo.

Art. 1º-C. Verificada a prescrição do crédito, o representante judicial da União, das autarquias e fundações públicas federais não efetivará a inscrição em dívida ativa dos créditos, não procederá ao ajuizamento, não recorrerá e desistirá dos recursos já interpostos.

- Artigo acrescentado pela Lei 11.941/2009.

Art. 2º O Procurador-Geral da União, o Procurador-Geral Federal, o Procurador-Geral do Banco Central do Brasil e os dirigentes das empresas públicas federais mencionadas no *caput* do art. 1º poderão autorizar, diretamente ou mediante delegação, a realização de acordos para prevenir ou terminar, judicial ou extrajudicialmente, litígio que envolver valores inferiores aos fixados em regulamento.

- Artigo com redação determinada pela Lei 13.140/ 2015 (*DOU* 29.06.2015), em vigor após decorridos 180 (cento e oitenta) dias de sua publicação oficial.

§ 1º No caso das empresas públicas federais, a delegação é restrita a órgão colegiado formalmente constituído, composto por pelo menos um dirigente estatutário.

§ 2º O acordo de que trata o *caput* poderá consistir no pagamento do débito em parcelas mensais e sucessivas, até o limite máximo de sessenta.

§ 3º O valor de cada prestação mensal, por ocasião do pagamento, será acrescido de juros equivalentes à taxa referencial do Sistema Especial de Liquidação e de Custódia – SELIC para títulos federais, acumulada mensalmente, calculados a partir do mês subsequente ao da consolidação até o mês anterior ao do pagamento e de um por cento relativamente ao mês em que o pagamento estiver sendo efetuado.

§ 4º Inadimplida qualquer parcela, após 30 (trinta) dias, instaurar-se-á o processo de execução ou nele prosseguir-se-á, pelo saldo.

Art. 3º As autoridades indicadas no *caput* do art. 1º poderão concordar com pedido de desistência da ação, nas causas de quaisquer valores, desde que o autor renuncie expressamente ao direito sobre que se funda a ação (art. 269, inciso V, do Código de Processo Civil).

Parágrafo único. Quando a desistência de que trata este artigo decorrer de prévio requerimento do autor dirigido à administração pública federal para apreciação de pedido administrativo com o mesmo objeto da ação, esta não poderá negar o seu deferimento exclusivamente em razão da renúncia prevista no *caput* deste artigo.

- Parágrafo único acrescentado pela Lei 11.941/2009.

Art. 4º Não havendo Súmula da Advocacia-Geral da União (arts. 4º, inciso XII, e 43, da Lei Complementar 73, de 1993), o Advogado-Geral da União poderá dispensar a propositura de ações ou a interposição de recursos judiciais quando a controvérsia jurídica estiver sendo iterativamente decidida pelo Supremo Tribunal Federal ou pelos Tribunais Superiores.

Art. 4º-A. O termo de ajustamento de conduta, para prevenir ou terminar litígios, nas hipóteses que envolvam interesse público da União, suas autarquias e fundações, firmado pela Advocacia-Geral da União, deverá conter:

- Artigo acrescentado pela Lei 12.249/2010 (*DOU* 14.06.2010), em vigor na data de sua publicação, produzindo efeitos a partir de 16.12.2009 (V. art. 139, I, *d*, da referida Lei).

I – a descrição das obrigações assumidas;

II – o prazo e o modo para o cumprimento das obrigações;

III – a forma de fiscalização da sua observância;

IV – os fundamentos de fato e de direito; e

V – a previsão de multa ou de sanção administrativa, no caso de seu descumprimento.

Parágrafo único. A Advocacia-Geral da União poderá solicitar aos órgãos e entidades públicas federais manifestação sobre a viabilidade técnica, operacional e financeira das obrigações a serem assumidas em termo de ajustamento de conduta, cabendo ao Advogado-Geral da União a decisão final quanto à sua celebração.

Art. 5º A União poderá intervir nas causas em que figurarem, como autoras ou rés, autarquias, fundações públicas, sociedades de economia mista e empresas públicas federais.

Parágrafo único. As pessoas jurídicas de direito público poderão nas causas cuja decisão possa ter reflexos, ainda que indiretos, de natureza econômica, intervir, independentemente da demonstração de interesse jurídico, para esclarecer questões de fato e de direito, podendo juntar documentos e memoriais reputados úteis ao exame da matéria e, se for o caso, recorrer, hipótese em que, para fins de deslocamento de competência, serão consideradas partes.

Art. 6º Os pagamentos devidos pela Fazenda Pública federal, estadual ou municipal e pelas autarquias e fundações públicas, em virtude de sentença judiciária, far-se-ão, exclusivamente, na ordem cronológica da apresentação dos precatórios judiciários e à conta do respectivo crédito.

§ 1º É assegurado o direito de preferência aos credores de obrigação de natureza alimentícia, obedecida, entre eles, a ordem cronológica de apresentação dos respectivos precatórios judiciários.

Primitivo parágrafo único renumerado pela MP 2.226/2001.

§ 2º *(Revogado pela Lei 13.140/2015 – DOU 29.06.2015, em vigor após decorridos 180 (cento e oitenta) dias de sua publicação oficial).*

Art. 7º *(Revogado pela Lei 11.941/2009).*

Art. 7º-A. As competências previstas nesta Lei aplicam-se concorrentemente àquelas específicas existentes na legislação em vigor em relação às autarquias, às fundações e às empresas públicas federais não dependentes.

- Artigo acrescentado pela Lei 11.941/2009.

Art. 8º Aplicam-se as disposições desta Lei, no que couber, às ações propostas e aos recursos interpostos pelas entidades legalmente sucedidas pela União.

Art. 9º A representação judicial das autarquias e fundações públicas por seus procuradores ou advogados, ocupantes de cargos efetivos dos respectivos quadros, independe da apresentação do instrumento de mandato.

Art. 10. Aplica-se às autarquias e fundações públicas o disposto nos arts. 188 e 475, *caput*, e no seu inciso II, do Código de Processo Civil.

Art. 10-A. Ficam convalidados os acordos ou transações, em juízo, para terminar o litígio, realizados pela União ou pelas autarquias, fundações ou empresas públicas federais não dependentes durante o período de vigência da Medida Provisória 449, de 3 de dezembro de 2008, que estejam de acordo com o disposto nesta Lei.

- Artigo acrescentado pela Lei 11.941/2009.

Art. 11. Ficam convalidados os atos praticados com base na Medida Provisória 1.561-5, de 15 de maio de 1997.

Art. 12. Revogam-se a Lei 8.197, de 27 de junho de 1991, e a Lei 9.081, de 19 de julho de 1995.

Art. 13. Esta Lei entra em vigor na data de sua publicação.

Congresso Nacional, em 10 de julho de 1997; 176º da Independência e 109º da República.

Senador Antonio Carlos Magalhães
Presidente do Congresso Nacional

(*DOU* 11.07.1997)

LEI 9.494, DE 10 DE SETEMBRO DE 1997

Disciplina a aplicação da tutela antecipada contra a Fazenda Pública, altera a Lei 7.347, de 24 de julho de 1985, e dá outras providências.

Faço saber que o Presidente da República adotou a Medida Provisória 1.570-5, de 1997, que o Congresso Nacional aprovou, e eu, Antonio Carlos Magalhães, Presidente, para os efeitos do disposto no parágrafo único do art. 62 da Constituição Federal, promulgo a seguinte Lei:

Art. 1º Aplica-se à tutela antecipada prevista nos arts. 273 e 461 do Código de Processo Civil o disposto nos arts. 5º e seu parágrafo único e 7º da Lei 4.348, de 26 de junho de 1964, no art. 1º e seu § 4º da Lei 5.021, de 9 de junho de 1966, e nos arts. 1º, 3º e 4º da Lei 8.437, de 30 de junho de 1992.

Art. 1º-A. Estão dispensadas de depósito prévio, para interposição de recurso, as pessoas jurídicas de direito público federais, estaduais, distritais e municipais.

- Artigo acrescentado pela MP 2.180-35/2001.

Art. 1º-B. O prazo a que se refere o *caput* dos arts. 730 do Código de Processo Civil, e 884 da Consolidação das Leis do Trabalho, aprovada pelo Decreto-lei 5.452, de 1º de maio de 1943, passa a ser de 30 (trinta) dias.

- Artigo acrescentado pela MP 2.180-35/2001.
- O STF, na Med. Caut. em ADC 11-8 (DJU 29.06.2007), deferiu a cautelar para suspender todos os processos em que se discuta a constitucionalidade do art. 1º-B da Lei 9.494/1997 acrescentado pela MP 2.180-35/2001.

Art. 1º-C. Prescreverá em 5 (cinco) anos o direito de obter indenização dos danos causados por agentes de pessoas jurídicas de direito público e de pessoas jurídicas de direito privado prestadoras de serviços públicos.

- Artigo acrescentado pela MP 2.180-35/2001.

Art. 1º-D. Não serão devidos honorários advocatícios pela Fazenda Pública nas execuções não embargadas.

- Artigo acrescentado pela MP 2.180-35/2001.
- V. Súmula 345, STJ.

Art. 1º-E. São passíveis de revisão, pelo Presidente do Tribunal, de ofício ou a requerimento das partes, as contas elaboradas para aferir o valor dos precatórios antes de seu pagamento ao credor.

- Artigo acrescentado pela MP 2.180-35/2001.

Art. 1º-F. Nas condenações impostas à Fazenda Pública, independentemente de sua natureza e para fins de atualização monetária, remuneração do capital e compensação da mora, haverá a incidência uma única vez, até o efetivo pagamento, dos índices oficiais de remuneração básica e juros aplicados à caderneta de poupança.

- Artigo com redação determinada pela Lei 11.960/ 2009.

Art. 2º O art. 16 da Lei 7.347, de 24 de julho de 1985, passa a vigorar com a seguinte redação:

- Alteração processada no texto da referida Lei.

Art. 2º-A. A sentença civil prolatada em ação de caráter coletivo proposta por entidade associativa, na defesa dos interesses e direitos dos seus associados, abrangerá apenas os substituídos que tenham, na data da propositura da ação, domicílio no âmbito da competência territorial do órgão prolator.

- Artigo acrescentado pela MP 2.180-35/2001.

Parágrafo único. Nas ações coletivas propostas contra a União, os Estados, o Distrito Federal, os Municípios e suas autarquias e fundações, a petição inicial deverá obrigatoriamente estar instruída com a ata da assembleia da entidade associativa que a autorizou, acompanhada da relação nominal dos seus associados e indicação dos respectivos endereços.

Art. 2º-B. A sentença que tenha por objeto a liberação de recurso, inclusão em folha de pagamento, reclassificação, equiparação, concessão de aumento ou extensão de vantagens a servidores da União, dos Estados, do Distrito Federal e dos Municípios, inclusive de suas autarquias e fundações, somente poderá ser executada após seu trânsito em julgado.

- Artigo acrescentado pela MP 2.180-35/2001.

Art. 3º Ficam convalidados os atos praticados com base na Medida Provisória 1.570-4, de 22 de julho de 1997.

Art. 4º Esta Lei entra em vigor na data de sua publicação.

Congresso Nacional, em 10 de setembro de 1997; 176º da Independência e 109º da República.

(*DOU* 11.09.1997)

LEI 9.504, DE 30 DE SETEMBRO DE 1997

Estabelece normas para as eleições.

- V. Lei 4.923/1965 (Cadastro permanente das admissões e dispensas de empregados, estabelece medidas contra o desemprego e assistência aos desempregados).

O Vice-Presidente da República no exercício do cargo de Presidente da República:

Faço saber que o Congresso Nacional decreta e eu sanciono a seguinte Lei:

[...]

DAS CONDUTAS VEDADAS AOS AGENTES EM CAMPANHAS ELEITORAIS

Art. 73. São proibidas aos agentes públicos, servidores ou não, as seguintes condutas tendentes a afetar a igualdade de oportunidades entre candidatos nos pleitos eleitorais:

I – ceder ou usar, em benefício de candidato, partido político ou coligação, bens móveis ou imóveis pertencentes à administração direta ou indireta da União, dos Estados, do Distrito Federal, dos Territórios e dos Municípios, ressalvada a realização de convenção partidária;

II – usar materiais ou serviços, custeados pelos Governos ou Casas Legislativas, que excedam as prerrogativas consignadas nos regimentos e normas dos órgãos que integram;

III – ceder servidor público ou empregado da administração direta ou indireta federal, estadual ou municipal do Poder Executivo, ou usar de seus serviços, para comitês de campanha eleitoral de candidato, partido político ou coligação, durante o horário de expediente normal, salvo se o servidor ou empregado estiver licenciado;

IV – fazer ou permitir uso promocional em favor de candidato, partido político ou coligação, de distribuição gratuita de bens e serviços de caráter social custeados ou subvencionados pelo Poder Público;

V – nomear, contratar ou de qualquer forma admitir, demitir sem justa causa, suprimir ou readaptar vantagens ou por outros meios dificultar ou impedir o exercício funcional e, ainda, *ex officio*, remover, transferir ou exonerar servidor público, na circunscrição do pleito, nos 3 (três) meses que o antecedem e até a posse dos eleitos, sob pena de nulidade de pleno direito, ressalvados:

a) a nomeação ou exoneração de cargos em comissão e designação ou dispensa de funções de confiança;

b) a nomeação para cargos do Poder Judiciário, do Ministério Público, dos Tribunais ou Conselhos de Contas e dos órgãos da Presidência da República;

c) a nomeação dos aprovados em concursos públicos homologados até o início daquele prazo;

d) a nomeação ou contratação necessária à instalação ou ao funcionamento inadiável de serviços públicos essenciais, com prévia e expressa autorização do Chefe do Poder Executivo;

e) a transferência ou remoção *ex officio* de militares, policiais civis e de agentes penitenciários;

VI – nos três meses que antecedem o pleito:

a) realizar transferência voluntária de recursos da União aos Estados e Municípios, e dos Estados aos Municípios, sob pena de nulidade de pleno direito, ressalvados os recursos destinados a cumprir obrigação formal preexistente para execução de obra ou serviço em andamento e com cronograma prefixado, e os destinados a atender situações de emergência e de calamidade pública;

b) com exceção da propaganda de produtos e serviços que tenham concorrência no mercado, autorizar publicidade institucional dos atos, programas, obras, serviços e campanhas dos órgãos públicos federais, estaduais ou municipais, ou das respectivas entidades da administração indireta, salvo em caso de grave e urgente necessidade pública, assim reconhecida pela Justiça Eleitoral;

c) fazer pronunciamento em cadeia de rádio e televisão, fora do horário eleitoral gratuito, salvo quando, a critério da Justiça Eleitoral, tratar-se de matéria urgente, relevante e característica das funções de governo;

VII – realizar, no primeiro semestre do ano de eleição, despesas com publicidade dos órgãos públicos federais, estaduais ou municipais, ou das respectivas entidades da administração indireta, que excedam a média dos gastos no primeiro semestre dos três últimos anos que antecedem o pleito;

- Inciso VII com redação determinada pela Lei 13.165/ 2015.

VIII – fazer, na circunscrição do pleito, revisão geral da remuneração dos servidores públicos que exceda a recomposição da perda de seu poder aquisitivo ao longo do ano da eleição, a partir do início do prazo estabelecido no art. 7º desta Lei e até a posse dos eleitos.

§ 1º Reputa-se agente público, para os efeitos deste artigo, quem exerce, ainda que transitoriamente ou sem remuneração, por eleição, nomeação, designação, contratação ou qualquer outra forma de investidura ou vínculo, mandato, cargo, emprego ou função nos órgãos ou entidades da administração pública direta, indireta, ou fundacional.

§ 2º A vedação do inciso I do *caput* não se aplica ao uso, em campanha, de transporte oficial pelo Presidente da

República, obedecido o disposto no art. 76, nem ao uso, em campanha, pelos candidatos a reeleição de Presidente e Vice-Presidente da República, Governador e Vice-Governador de Estado e do Distrito Federal, Prefeito e Vice-Prefeito, de suas residências oficiais para realização de contatos, encontros e reuniões pertinentes à própria campanha, desde que não tenham caráter de ato público.

§ 3º As vedações do inciso VI do *caput*, alíneas *b* e *c*, aplicam-se apenas aos agentes públicos das esferas administrativas cujos cargos estejam em disputa na eleição.

§ 4º O descumprimento do disposto neste artigo acarretará a suspensão imediata da conduta vedada, quando for o caso, e sujeitará os responsáveis a multa no valor de cinco a cem mil UFIR.

§ 5º Nos casos de descumprimento do disposto nos incisos do *caput* e no § 10, sem prejuízo do disposto no § 4º, o candidato beneficiado, agente público ou não, ficará sujeito à cassação do registro ou do diploma.

- § 5º com redação determinada pela Lei 12.034/2009.

§ 6º As multas de que trata este artigo serão duplicadas a cada reincidência.

§ 7º As condutas enumeradas no *caput* caracterizam, ainda, atos de improbidade administrativa, a que se refere o art. 11, inciso I, da Lei 8.429, de 2 de junho de 1992, e sujeitam-se às disposições daquele diploma legal, em especial às cominações do art. 12, inciso III.

§ 8º Aplicam-se as sanções do § 4º aos agentes públicos responsáveis pelas condutas vedadas e aos partidos, coligações e candidatos que delas se beneficiarem.

§ 9º Na distribuição dos recursos do Fundo Partidário (Lei 9.096, de 19 de setembro de 1995) oriundos da aplicação do disposto no § 4º, deverão ser excluídos os partidos beneficiados pelos atos que originaram as multas.

§ 10. No ano em que se realizar eleição, fica proibida a distribuição gratuita de bens, valores ou benefícios por parte da Administração Pública, exceto nos casos de calamidade pública, de estado de emergência ou de programas sociais autorizados em lei e já em execução orçamentária no exercício anterior, casos em que o Ministério Público poderá promover o acompanhamento de sua execução financeira e administrativa.

- § 10 acrescentado pela Lei 11.300/2006.

§ 11. Nos anos eleitorais, os programas sociais de que trata o § 10 não poderão ser executados por entidade nominalmente vinculada a candidato ou por esse mantida.

- § 11 acrescentado pela Lei 12.034/2009.

§ 12. A representação contra a não observância do disposto neste artigo observará o rito do art. 22 da Lei Complementar 64, de 18 de maio de 1990, e poderá ser ajuizada até a data da diplomação.

- § 12 acrescentado pela Lei 12.034/2009.

§ 13. O prazo de recurso contra decisões proferidas com base neste artigo será de 3 (três) dias, a contar da data da publicação do julgamento no *Diário Oficial*.

- § 13 acrescentado pela Lei 12.034/2009.

[...]

DISPOSIÇÕES FINAIS

[...]

Art. 98. Os eleitores nomeados para compor as Mesas Receptoras ou Juntas Eleitorais e os requisitados para auxiliar seus trabalhos serão dispensados do serviço, mediante declaração expedida pela Justiça Eleitoral, sem prejuízo do salário, vencimento ou qualquer outra vantagem, pelo dobro dos dias de convocação.

- V. Res. TSE 22.747/2008 (Instruções para aplicação do art. 98 da Lei 9.504/1997).

[...]

Art. 100. A contratação de pessoal para prestação de serviços nas campanhas eleitorais não gera vínculo empregatício com o candidato ou partido contratantes, aplicando-se à pessoa física contratada o disposto na alínea *h* do inciso V do art. 12 da Lei 8.212, de 24 de julho de 1991.

- Artigo com redação determinada pela Lei 13.165/ 2015.

Parágrafo único. Não se aplica aos partidos políticos, para fins da contratação de que trata o *caput*, o disposto no parágrafo único do art. 15 da Lei 8.212, de 24 de julho de 1991.

[...]

Brasília, 30 de setembro de 1997; 176º da Independência e 109º da República.

Marco Antonio de Oliveira Maciel

(*DOU* 1º.10.1997)

LEI 9.532, DE 10 DE DEZEMBRO DE 1997

Altera a legislação tributária federal e dá outras providências.

O Presidente da República:

Faço saber que o Congresso Nacional decreta e eu sanciono a seguinte Lei:

[...]

Art. 12. Para efeito do disposto no art. 150, inciso VI, alínea *c*, da Constituição, considera-se imune a instituição de educação ou de assistência social que preste os serviços para os quais houver sido instituída e os coloque à disposição da população em geral, em caráter complementar às atividades do Estado, sem fins lucrativos.

§ 1º Não estão abrangidos pela imunidade os rendimentos e ganhos de capital auferidos em aplicações financeiras de renda fixa ou de renda variável.

- O STF, na ADI 1.802 (*DJE* 19.04.2018), por unanimidade e nos termos do voto do Relator, confirmou a medida cautelar e julgou parcialmente procedente a ação, para declarar a inconstitucionalidade formal e material do art. 12 , § 1º, da Lei 9.532/1997.

§ 2º Para o gozo da imunidade, as instituições a que se refere este artigo, estão obrigadas a atender aos seguintes requisitos:

a) não remunerar, por qualquer forma, seus dirigentes pelos serviços prestados, exceto no caso de associações, fundações ou organizações da sociedade civil, sem fins lucrativos, cujos dirigentes poderão ser remunerados, desde que atuem efetivamente na gestão executiva e desde que cumpridos os requisitos previstos nos arts. 3º e 16 da Lei 9.790, de 23 de março de 1999, respeitados como limites máximos os valores praticados pelo mercado na região correspondente à sua área de atuação, devendo seu valor ser fixado pelo órgão de deliberação superior da entidade, registrado em ata, com comunicação ao Ministério Público, no caso das fundações;

- Alínea *a* com redação determinada pela Lei 13.204/2015.

b) aplicar integralmente seus recursos na manutenção e desenvolvimento dos seus objetivos sociais;

c) manter escrituração completa de suas receitas e despesas em livros revestidos das formalidades que assegurem a respectiva exatidão;

d) conservar em boa ordem, pelo prazo de 5 (cinco) anos, contado da data da emissão, os documentos que comprovem a origem de suas receitas e a efetivação de suas despesas, bem assim a realização de quaisquer outros atos ou operações que venham a modificar sua situação patrimonial;

e) apresentar, anualmente, Declaração de Rendimentos, em conformidade com o disposto em ato da Secretaria da Receita Federal;

f) recolher os tributos retidos sobre os rendimentos por elas pagos ou creditados e a contribuição para a seguridade social relativa aos empregados, bem assim cumprir as obrigações acessórias daí decorrentes;

- O STF, na ADI 1.802 (*DJE* 19.04.2018), por unanimidade e nos termos do voto do Relator, confirmou a medida cautelar e julgou parcialmente procedente a ação, com a declaração da inconstitucionalidade formal da alínea *f* do § 2º do art. 12 da Lei 9.532/1997.

g) assegurar a destinação de seu patrimônio a outra instituição que atenda às condições para gozo da imunidade, no caso de incorporação, fusão, cisão ou de encerramento de suas atividades, ou a órgão público;

h) outros requisitos, estabelecidos em lei específica, relacionados com o funcionamento das entidades a que se refere este artigo.

§ 3º Considera-se entidade sem fins lucrativos a que não apresente superávit em suas contas ou, caso o apresente em determinado exercício, destine referido resultado, integralmente, à manutenção e ao desenvolvimento dos seus objetivos sociais.

- § 3º com redação determinada pela Lei 9.718/1998.

§ 4º A exigência a que se refere a alínea *a* do § 2º não impede:

- § 4º acrescentado pela Lei 12.868/2013.

I – a remuneração aos diretores não estatutários que tenham vínculo empregatício; e

II – a remuneração aos dirigentes estatutários, desde que recebam remuneração inferior, em seu valor bruto, a 70% (setenta por cento) do limite estabelecido para a remuneração de servidores do Poder Executivo federal.

§ 5º A remuneração dos dirigentes estatutários referidos no inciso II do § 4º deverá obedecer às seguintes condições:

- § 5º acrescentado pela Lei 12.868/2013.

I – nenhum dirigente remunerado poderá ser cônjuge ou parente até 3º (terceiro) grau, inclusive afim, de instituidores, sócios, diretores, conselheiros, benfeitores ou equivalentes da instituição de que trata o *caput* deste artigo; e

II – o total pago a título de remuneração para dirigentes, pelo exercício das atribuições estatutárias, deve ser inferior a 5 (cinco) vezes o valor correspondente ao limite individual estabelecido neste parágrafo.

§ 6º O disposto nos §§ 4º e 5º não impede a remuneração da pessoa do dirigente estatutário ou diretor que, cumulativamente, tenha vínculo estatutário e empregatício, exceto se houver incompatibilidade de jornadas de trabalho.

- § 6º acrescentado pela Lei 12.868/2013.

[...]

Brasília, 10 de dezembro de 1997; 176º da Independência e 109º da República.

Fernando Henrique Cardoso

(*DOU* 11.12.1997)

LEI 9.601, DE 21 DE JANEIRO DE 1998

Dispõe sobre o contrato de trabalho por prazo determinado e dá outras providências.

- V. Dec. 2.490/1998 (Regulamenta a Lei 9.601/1998).
- V. Port. MTb 207/1998 (Instruções sobre a forma de cálculo das médias previstas nos arts. 30 e 40 da Lei 9.601/1998), disponível em ProView.
- V. MP 2.164-41/2001 (Altera a Consolidação das Leis do Trabalho – CLT).
- V. Port. MTb 349/2018 (Esclarece regras voltadas à execução da Lei 13.467/2017, no âmbito das competências normativas do Ministério do Trabalho), disponível em ProView.

O Presidente da República:

Faço saber que o Congresso Nacional decreta e eu sanciono a seguinte Lei:

Art. 1º As convenções e os acordos coletivos de trabalho poderão instituir contrato de trabalho por prazo determinado, de que trata o art. 443 da Consolidação das Leis do Trabalho – CLT, independentemente das condições estabelecidas em seu § 2º, em qualquer atividade desenvolvida pela empresa ou estabelecimento, para admissões que representem acréscimo no número de empregados.

§ 1º As partes estabelecerão, na convenção ou acordo coletivo referido neste artigo:

I – a indenização para as hipóteses de rescisão antecipada do contrato de que trata este artigo, por iniciativa do empregador ou do empregado, não se aplicando o disposto nos arts. 479 e 480 da CLT;

II – as multas pelo descumprimento de suas cláusulas.

§ 2º não se aplica ao contrato de trabalho previsto neste artigo o disposto no art. 451 da CLT.

§ 3º *(Vetado).*

§ 4º São garantidas as estabilidades provisórias da gestante; do dirigente sindical, ainda que suplente; do empregado eleito para cargo de direção de comissões internas de prevenção de acidentes; do empregado acidentado, nos termos do art. 118 da Lei 8.213, de 24 de julho de 1991, durante a vigência do contrato por prazo determinado, que não poderá ser rescindido antes do prazo estipulado pelas partes.

Art. 2º Para os contratos previstos no art. 1º, são reduzidas, por 60 (sessenta) meses, a contar da data de publicação desta Lei:

- *Caput* com redação determinada pela MP 2.164-41/2001.

I – a 50% (cinquenta por cento) de seu valor vigente em 1º de janeiro de 1996, as alíquotas das contribuições sociais destinadas ao Serviço Social da Indústria – SESI, Serviço Social do Comércio – SESC, Serviço Social do Transporte – SEST, Serviço Nacional de Aprendizagem Industrial – SENAI, Serviço Nacional de Aprendizagem Comercial – SENAC, Serviço Nacional de Aprendizagem do Transporte – SENAT, Serviço Brasileiro de Apoio às Micro e Pequenas Empresas – SEBRAE e Instituto Nacional de Colonização e Reforma Agrária – INCRA, bem como ao salário-educação e para o financiamento do seguro de acidente do trabalho;

II – para 2% (dois por cento), a alíquota da contribuição para o Fundo de Garantia do Tempo de Serviço – FGTS, de que trata a Lei 8.036, de 11 de maio de 1990.

Parágrafo único. As partes estabelecerão, na convenção ou acordo coletivo, obrigação de o empregador efetuar, sem prejuízo do disposto no inciso II deste artigo, depósitos mensais vinculados, a favor do empregado, em estabelecimento bancário, com periodicidade determinada de saque.

Art. 3º O número de empregados contratados nos termos do art. 1º desta Lei observará o limite estabelecido no instrumento decorrente da negociação coletiva, não podendo ultrapassar os seguintes percentuais, que serão aplicados cumulativamente:

I – 50% (cinquenta por cento) do número de trabalhadores, para a parcela inferior a cinquenta empregados;

II – 35% (trinta e cinco por cento) do número de trabalhadores, para a parcela entre cinquenta e cento e noventa e nove empregados; e

III – 20% (vinte por cento) do número de trabalhadores, para a parcela acima de duzentos empregados.

Parágrafo único. As parcelas referidas nos incisos deste artigo serão calculadas sobre a média aritmética mensal do número de empregados contratados por prazo indeterminado do estabelecimento, nos 6 (seis) meses imediatamente anteriores ao da data de publicação desta Lei.

Art. 4º As reduções previstas no art. 2º serão asseguradas desde que, no momento da contratação:

I – o empregador esteja adimplente junto ao Instituto Nacional do Seguro Social – INSS e ao Fundo de Garantia do Tempo de Serviço – FGTS;

II – o contrato de trabalho por prazo determinado e a relação mencionada no § 3º deste artigo tenham sido depositados no Ministério do Trabalho.

§ 1º As reduções referidas neste artigo subsistirão enquanto:

I – o quadro de empregados e a respectiva folha salarial, da empresa ou estabelecimento, forem superiores às respectivas médias mensais dos 6 (seis) meses imediatamente anteriores ao da data de publicação desta Lei; e

II – o número de empregados contratados por prazo indeterminado for, no mínimo, igual à média referida no parágrafo único do art. 3º.

§ 2º O Ministério do Trabalho tornará disponíveis ao INSS e ao Agente Operador do FGTS as informações constantes da convenção ou acordo coletivo de que trata o art. 1º e do contrato de trabalho depositado, necessárias ao controle do recolhimento das contribuições mencionadas, respectivamente, nos incisos I e II do art. 2º desta Lei.

§ 3º O empregador deverá afixar, no quadro de avisos da empresa, cópias do instrumento normativo mencionado no art. 1º e da relação dos contratados, que conterá, dentre outras informações, o nome do empregado, número da Carteira de Trabalho e Previdência Social, o número de inscrição do trabalhador no Programa de Integração Social – PIS e as datas de início e de término do contrato por prazo determinado.

§ 4º O Ministro do Trabalho disporá sobre as variáveis a serem consideradas e a metodologia de cálculo das médias aritméticas mensais de que trata o § 1º deste artigo.

Art. 5º As empresas que, a partir da data de publicação desta Lei, aumentarem seu quadro de pessoal em relação à média mensal do número de empregos no período de referência mencionado no artigo anterior terão preferência na obtenção de recursos no âmbito dos programas executados pelos estabelecimentos federais de crédito, especialmente junto ao Banco Nacional de Desenvolvimento Econômico e Social – BNDES.

Art. 6º O art. 59 da Consolidação das Leis do Trabalho – CLT passa a vigorar com a seguinte redação:

- Alteração processada no texto da CLT.
- V. MP 2.164-41/2001 (Altera a Consolidação das Leis do Trabalho – CLT).

Art. 7º O descumprimento, pelo empregador, do disposto nos arts. 3º e 4º desta Lei sujeita-o a multa de quinhentas Unidades Fiscais de Referência – UFIR, por trabalhador contratado nos moldes do art. 1º, que se constituirá receita adicional do Fundo de Amparo ao Trabalhador – FAT, de que trata a Lei 7.998, de 11 de janeiro de 1990.

- V. art. 29, § 3º, Lei 10.522/2002, que extinguiu a UFIR.

Art. 8º O Poder Executivo regulamentará esta Lei no prazo de 30 (trinta) dias, contado a partir da data de sua publicação.

Art. 9º Esta Lei entra em vigor na data de sua publicação.

Art. 10. Revogam-se as disposições em contrário.

Brasília, 21 de janeiro de 1998; 177º da Independência e 110º da República.

Fernando Henrique Cardoso

(*DOU* 22.01.1998)

LEI 9.608, DE 18 DE FEVEREIRO DE 1998

Dispõe sobre o serviço voluntário e dá outras providências.

- V. Dec 5.313/2004 (Regulamenta o art. 3º-A da Lei 9.608/1998, que dispõe sobre o serviço voluntário).

O Presidente da República:

Faço saber que o Congresso Nacional decreta e eu sanciono a seguinte Lei:

Art. 1º Considera-se serviço voluntário, para os fins desta Lei, a atividade não remunerada prestada por pessoa física a entidade pública de qualquer natureza ou a instituição privada de fins não lucrativos que tenha objetivos cívicos, culturais, educacionais, científicos, recreativos ou de assistência à pessoa.

- *Caput* com redação determinada pela Lei 13.297/2016.

Parágrafo único. O serviço voluntário não gera vínculo empregatício, nem obrigação de natureza trabalhista, previdenciária ou afim.

Art. 2º O serviço voluntário será exercido mediante a celebração de termo de adesão entre a entidade, pública ou privada, e o prestador do serviço voluntário, dele devendo constar o objeto e as condições de seu exercício.

Art. 3º O prestador do serviço voluntário poderá ser ressarcido pelas despesas que comprovadamente realizar no desempenho das atividades voluntárias.

Parágrafo único. As despesas a serem ressarcidas deverão estar expressamente autorizadas pela entidade a que for prestado o serviço voluntário.

Art. 3º-A. *(Revogado, a partir de 1º.01.2008, pela Lei 11.692/2008 – DOU 11.06.2008).*

Art. 4º Esta Lei entra em vigor na data de sua publicação.

Art. 5º Revogam-se as disposições em contrário.

Brasília, 18 de fevereiro de 1998; 177º da Independência e 110º da República.

Fernando Henrique Cardoso

(*DOU* 19.02.1998)

LEI 9.609, DE 19 DE FEVEREIRO DE 1998

Dispõe sobre a proteção da propriedade intelectual de programa de computador, sua comercialização no País, e dá outras providências.

O Presidente da República:

Faço saber que o Congresso Nacional decreta e eu sanciono a seguinte Lei:

[...]

Capítulo II
Da Proteção aos Direitos de Autor e do Registro

[...]

Art. 4º Salvo estipulação em contrário, pertencerão exclusivamente ao empregador, contratante de serviços ou órgão público, os direitos relativos ao programa de computador, desenvolvido e elaborado durante a vigência de contrato ou de vínculo estatutário, expressamente destinado à pesquisa e desenvolvimento, ou em que a atividade do empregado, contratado de serviço ou servidor seja prevista, ou, ainda, que decorra da própria natureza dos encargos concernentes a esses vínculos.

§ 1º Ressalvado ajuste em contrário, a compensação do trabalho ou serviço prestado limitar-se-á à remuneração ou ao salário convencionado.

§ 2º Pertencerão, com exclusividade, ao empregado, contratado de serviço ou servidor os direitos concernentes a programa de computador gerado sem relação com o contrato de trabalho, prestação de serviços ou vínculo estatutário, e sem a utilização de recursos, informações tecnológicas, segredos industriais e de negócios, materiais, instalações ou equipamentos do empregador, da empresa ou entidade com a qual o empregador mantenha contrato de prestação de serviços ou assemelhados, do contratante de serviços ou órgão público.

§ 3º O tratamento previsto neste artigo será aplicado nos casos em que o programa de computador for desenvolvido por bolsistas, estagiários e assemelhados.

[...]

Art. 15. Esta Lei entra em vigor na data de sua publicação.

Art. 16. Fica revogada a Lei 7.646, de 18 de dezembro de 1987.

Brasília, 19 de fevereiro de 1998; 177º da Independência e 110º da República.

Fernando Henrique Cardoso

(*DOU* 20.02.1998; ret. 25.02.1998)

LEI 9.715, DE 25 DE NOVEMBRO DE 1998

Dispõe sobre as contribuições para os Programas de Integração Social e de Formação do Patrimônio do Servidor Público – PIS/PASEP, e dá outras providências.

Faço saber que o Presidente da República adotou a Medida Provisória 1.676-38, de 1998, que o Congresso Nacional aprovou, e eu, Antonio Carlos Magalhães, presidente, para os efeitos do disposto no parágrafo único do art. 62 da Constituição Federal, promulgo a seguinte Lei:

Art. 1º Esta Lei dispõe sobre as contribuições para os Programas de Integração Social e de Formação do Patrimônio do Servidor Público – PIS/PASEP, de que tratam o art. 239 da Constituição e as Leis Complementares 7, de 7 de setembro de 1970, e 8, de 3 de dezembro de 1970.

Art. 2º A contribuição para o PIS/PASEP será apurada mensalmente:

I – pelas pessoas jurídicas de direito privado e as que lhes são equiparadas pela legislação do imposto de renda, inclusive as empresas públicas e as sociedades de economia mista e suas subsidiárias, com base no faturamento do mês;

II – *(Revogado pela MP 2.158-35/2001)*

III – pelas pessoas jurídicas de direito público interno, com base no valor mensal das receitas correntes arrecadadas e das transferências correntes e de capital recebidas.

§ 1º As sociedades cooperativas, além da contribuição sobre a folha de pagamento mensal, pagarão, também, a contribuição calculada na forma do inciso I, em relação às receitas decorrentes de operações praticadas com não associados.

§ 2º Excluem-se do disposto no inciso II deste artigo os valores correspondentes à folha de pagamento das instituições ali referidas, custeadas com recursos originários dos Orçamentos Fiscal e da Seguridade Social.

§ 3º Para determinação da base de cálculo, não se incluem, entre as receitas das autarquias, os recursos classificados como receitas do Tesouro Nacional nos Orçamentos Fiscal e da Seguridade Social da União.

§ 4º *(Revogado pela MP 2.158-35/2001)*

§ 5º O disposto nos §§ 2º, 3º e 4º somente se aplica a partir de 1º de novembro de 1996.

§ 6º A Secretaria do Tesouro Nacional efetuará a retenção da contribuição para o PIS/PASEP, devida sobre o valor das transferências de que trata o inciso III.

- § 6º com redação determinada pela MP 2.158-35/ 2001.

§ 7º Excluem-se do disposto no inciso III do *caput* deste artigo os valores de transferências decorrentes de convênio, contrato de repasse ou instrumento congênere com objeto definido.

- §7º acrescentado pela Lei 12.810/2013.

Art. 3º Para os efeitos do inciso I do artigo anterior considera-se faturamento a receita bruta, como definida pela legislação do imposto de renda, proveniente da venda de bens nas operações de conta própria, do preço dos serviços prestados e do resultado auferido nas operações de conta alheia.

Parágrafo único. Na receita bruta não se incluem as vendas de bens e serviços canceladas, os descontos incondicionais concedidos, o Imposto sobre Produtos Industrializados – IPI, e o Imposto sobre Operações relativas à Circulação de Mercadorias – ICMS, retido pelo vendedor dos bens ou prestador dos serviços na condição de substituto tributário.

Art. 4º *(Revogado pela MP 2.158-35/2001)*

Art. 5º A contribuição mensal devida pelos fabricantes de cigarros, na condição de contribuintes e de substitutos dos comerciantes varejistas, será calculada sobre o preço fixado para venda do produto no varejo, multiplicado por 1,38 (um vírgula trinta e oito).

Parágrafo único. O Poder Executivo poderá alterar o coeficiente a que se refere este artigo.

- V. art. 132, V, c, Lei 11.196/2005.

Art. 6º A contribuição mensal devida pelos distribuidores de derivados de petróleo e álcool etílico hidratado para fins carburantes, na condição de substitutos dos comerciantes varejistas, será calculada sobre o menor valor, no País, constante da tabela de preços máximos fixados para venda a varejo, sem prejuízo da contribuição incidente sobre suas próprias vendas.

Art. 7º Para os efeitos do inciso III do art. 2º, nas receitas correntes serão incluídas quaisquer receitas tributárias, ainda que arrecadadas, no todo ou em parte, por outra entidade da Administração Pública, e deduzidas as transferências efetuadas a outras entidades públicas.

Art. 8º A contribuição será calculada mediante a aplicação, conforme o caso, das seguintes alíquotas:

I – 0,65% (zero vírgula sessenta e cinco por cento) sobre o faturamento;

II – 1% (um por cento) sobre a folha de salários;

III – 1% (um por cento) sobre o valor das receitas correntes arrecadadas e das transferências correntes e de capital recebidas.

Art. 9º À contribuição para o PIS/PASEP aplicam-se as penalidades e demais acréscimos previstos na legislação do imposto sobre a renda.

Art. 10. A administração e fiscalização da contribuição para o PIS/PASEP compete à Secretaria da Receita Federal.

Art. 11. O processo administrativo de determinação e exigência das contribuições para o PIS/PASEP, bem como o de consulta sobre a aplicação da respectiva legislação, serão regidos pelas normas do processo administrativo de determinação e exigência dos créditos tributários da União.

Art. 12. O disposto nesta Lei não se aplica às pessoas jurídicas de que trata o § 1º do art. 22 da Lei 8.212, de 24 de julho de 1991, que para fins de determinação da contribuição para o PIS/PASEP observarão legislação específica.

Art. 13. Às pessoas jurídicas que aufiram receita bruta exclusivamente da prestação de serviços, o disposto no inciso I do art. 2º somente se aplica a partir de 1º de março de 1996.

Art. 14. O disposto no inciso III do art. 8º aplica-se às autarquias somente a partir de 1º de março de 1996.

Art. 15. A contribuição do Banco Central do Brasil para o PASEP terá como base de cálculo o total das receitas correntes arrecadadas e consideradas como fonte para atender as suas dotações constantes do Orçamento Fiscal da União.

Parágrafo único. O disposto neste artigo somente se aplica a partir de 1º de novembro de 1996.

Art. 16. O art. 7º da Lei 9.138, de 29 de novembro de 1995, passa a vigorar com as seguintes alterações:

"Art. 7º Os contratos de repasse de recursos do Fundo de Participação PIS/PASEP, do Fundo de Amparo ao Trabalhador – FAT, do Fundo de Defesa da Economia Cafeeira – FUNCAFÉ, dos Fundos Constitucionais de Financiamento do Norte, do Nordeste e do Centro-Oeste (FNO, FNE e FCO) e de outros fundos ou instituições oficiais federais, quando lastrearem dívidas de financiamentos rurais objeto do alongamento de que trata o art. 5º, terão seus prazos de retorno e encargos financeiros devidamente ajustados às respectivas operações de alongamento.

Parágrafo único. O custo da equalização nessas operações de alongamento correrá à conta do respectivo fundo, excetuados os casos lastreados com recursos do Fundo de Participação PIS/PASEP e do Fundo de Amparo ao Trabalhador – FAT, em observância ao disposto no art. 239, § 1º, da Constituição, para os quais o ônus da equalização será assumido pelo Tesouro Nacional."

Art. 17. Ficam convalidados os atos praticados com base na Medida Provisória 1.676-37, de 25 de setembro de 1998.

Art. 18. Esta Lei entra em vigor na data de sua publicação, aplicando-se aos fatos geradores ocorridos a partir de 1º de outubro de 1995.

- V. Res. SF 10/2005 (Suspende a expressão "aplicando-se aos fatos geradores ocorridos a partir de 1º de outubro de 1995")

Congresso Nacional, em 25 de novembro de 1998; 177º da Independência e 110º da República.

Senador Antonio Carlos Magalhães
Presidente do Congresso Nacional

(*DOU* 26.11.1998)

LEI 9.719, DE 27 DE NOVEMBRO DE 1998

Dispõe sobre normas e condições gerais de proteção ao trabalho portuário, institui multas pela inobservância de seus preceitos, e dá outras providências.

- V. Lei 5.085/1966 (Reconhece aos trabalhadores avulsos o direito a férias), disponível em ProView.
- V. Dec. 90.927/1985 (Regulamenta a assiduidade profissional dos trabalhadores avulsos).
- V. Dec. 1.035/1993 (Dispõe sobre o recolhimento do Adicional de Indenização do Trabalhador Portuário Avulso).

- V. Dec. 1.886/1996 (regulamenta a Lei 8.630/1993).
- V. Lei 12.023/2009 (Dispõe sobre as atividades de movimentação de mercadorias em geral sobre o trabalho avulso).
- V. Lei 12.815/2013 (Dispõe sobre a exploração direta e indireta pela União de portos e instalações portuárias e sobre as atividades desempenhadas pelos operadores portuários).

Faço saber que o Presidente da República adotou a Medida Provisória 1.728-19, de 1998, que o Congresso Nacional aprovou, e eu, Antonio Carlos Magalhães, Presidente, para os efeitos do disposto no parágrafo único do art. 62 da Constituição Federal, promulgo a seguinte Lei:

Art. 1º Observado o disposto nos arts. 18 e seu parágrafo único, 19 e seus parágrafos, 20, 21, 22, 25 e 27 e seus parágrafos, 29, 47, 49 e 56 e seu parágrafo único, da Lei 8.630, de 25 de fevereiro de 1993, a mão de obra do trabalho portuário avulso deverá ser requisitada ao órgão gestor de mão de obra.

Art. 2º Para os fins previstos no art. 1º desta Lei:

I – cabe ao operador portuário recolher ao órgão gestor de mão de obra os valores devidos pelos serviços executados, referentes à remuneração por navio, acrescidos dos percentuais relativos a décimo terceiro salário, férias, Fundo de Garantia do Tempo de Serviço – FGTS, encargos fiscais e previdenciários, no prazo de 24 (vinte e quatro) horas da realização do serviço, para viabilizar o pagamento ao trabalhador portuário avulso;

II – cabe ao órgão gestor de mão de obra efetuar o pagamento da remuneração pelos serviços executados e das parcelas referentes a décimo terceiro salário e férias, diretamente ao trabalhador portuário avulso.

§ 1º O pagamento da remuneração pelos serviços executados será feito no prazo de 48 (quarenta e oito) horas após o término do serviço.

§ 2º Para efeito do disposto no inciso II, o órgão gestor de mão de obra depositará as parcelas referentes às férias e ao décimo terceiro salário, separada e respectivamente, em contas individuais vinculadas, a serem abertas e movimentadas às suas expensas, especialmente para este fim, em instituição bancária de sua livre escolha, sobre as quais deverão incidir rendimentos mensais com base nos parâmetros fixados para atualização dos saldos dos depósitos de poupança.

§ 3º Os depósitos a que se refere o parágrafo anterior serão efetuados no dia 2 do mês seguinte ao da prestação do serviço, prorrogado o prazo para o primeiro dia útil subsequente se o vencimento cair em dia em que não haja expediente bancário.

§ 4º O operador portuário e o órgão gestor de mão de obra são solidariamente responsáveis pelo pagamento dos encargos trabalhistas, das contribuições previdenciárias e demais obrigações, inclusive acessórias, devidas à Seguridade Social, arrecadadas pelo Instituto Nacional do Seguro Social – INSS, vedada a invocação do benefício de ordem.

§ 5º Os prazos previstos neste artigo podem ser alterados mediante convenção coletiva firmada entre entidades sindicais representativas dos trabalhadores e operadores portuários, observado o prazo legal para recolhimento dos encargos fiscais, trabalhistas e previdenciários.

§ 6º A liberação das parcelas referentes ao décimo terceiro salário e férias, depositadas nas contas individuais vinculadas, e o recolhimento do FGTS e dos encargos fiscais e previdenciários serão efetuados conforme regulamentação do Poder Executivo.

Art. 3º O órgão gestor de mão de obra manterá o registro do trabalhador portuário avulso que:

I – for cedido ao operador portuário para trabalhar em caráter permanente;

II – constituir ou se associar a cooperativa formada para se estabelecer como operador portuário, na forma do art. 17 da Lei 8.630, de 1993.

§ 1º Enquanto durar a cessão ou a associação de que tratam os incisos I e II deste artigo, o trabalhador deixará de concorrer à escala como avulso.

§ 2º É vedado ao órgão gestor de mão de obra ceder trabalhador portuário avulso cadastrado a operador portuário, em caráter permanente.

Art. 4º É assegurado ao trabalhador portuário avulso cadastrado no órgão gestor de mão de obra o direito de concorrer à escala diária complementando a equipe de trabalho do quadro dos registrados.

Art. 5º A escalação do trabalhador portuário avulso, em sistema de rodízio, será feita pelo órgão gestor de mão de obra.

Art. 6º Cabe ao operador portuário e ao órgão gestor de mão de obra verificar a presença, no local de trabalho, dos trabalhadores constantes da escala diária.

Parágrafo único. Somente fará jus à remuneração o trabalhador avulso que, constante da escala diária, estiver em efetivo serviço.

Art. 7º O órgão gestor de mão de obra deverá, quando exigido pela fiscalização do Ministério do Trabalho e do INSS, exibir as listas de escalação diária dos trabalhadores portuários avulsos, por operador portuário e por navio.

Parágrafo único. Caberá exclusivamente ao órgão gestor de mão de obra a responsabilidade pela exatidão dos dados lançados nas listas diárias referidas no *caput* deste artigo, assegurando que não haja preterição do trabalhador regularmente registrado e simultaneidade na escalação.

Art. 8º Na escalação diária do trabalhador portuário avulso deverá sempre ser observado um intervalo mínimo de 11 (onze) horas consecutivas entre duas jornadas, salvo em situações excepcionais, constantes de acordo ou convenção coletiva de trabalho.

Art. 9º Compete ao órgão gestor de mão de obra, ao operador portuário e ao empregador, conforme o caso, cumprir e fazer cumprir as normas concernentes a saúde e segurança do trabalho portuário.

Parágrafo único. O Ministério do Trabalho estabelecerá as normas regulamentadoras de que trata o *caput* deste artigo.

Art. 10. O descumprimento do disposto nesta Lei sujeitará o infrator às seguintes multas:

I – de R$ 173,00 (cento e setenta e três reais) a R$ 1.730,00 (um mil, setecentos e trinta reais), por infração ao *caput* do art. 7º;

II – de R$ 575,00 (quinhentos e setenta e cinco reais) a R$ 5.750,00 (cinco mil, setecentos e cinquenta reais), por infração às normas de segurança do trabalho portuário, e de R$ 345,00 (trezentos e quarenta e cinco reais) a R$ 3.450,00 (três mil, quatrocentos e cinquenta reais), por infração às normas de saúde do trabalho, nos termos do art. 9º;

III – de R$ 345,00 (trezentos e quarenta e cinco reais) a R$ 3.450,00 (três mil, quatrocentos e cinquenta reais), por trabalhador em situação irregular, por infração ao parágrafo único do art. 7º e aos demais artigos.

Parágrafo único. As multas previstas neste artigo serão graduadas segundo a natureza da infração, sua extensão e a intenção de quem a praticou, e aplicadas em dobro em caso de reincidência, oposição à fiscalização e desacato à autoridade, sem prejuízo das penalidades previstas na legislação previdenciária.

Art. 10-A. É assegurado, na forma do regulamento, benefício assistencial mensal, de até um salário mínimo, aos trabalhadores portuários avulsos, com mais de 60 anos, que não cumprirem os requisitos para a aquisição das modalidades de aposentadoria previstas nos arts. 42, 48, 52 e 57 da Lei 8.213, de 24 de julho de 1991, e que não possuam meios para prover a sua subsistência.

- Artigo acrescentado pela Lei 12.815/2013.

Parágrafo único. O benefício de que trata este artigo não pode ser acumulado pelo beneficiário com qualquer outro no âmbito da seguridade social ou de outro regime, salvo os da assistência médica e da pensão especial de natureza indenizatória.

Art. 11. *(Revogado pela Lei 12.815/2013).*

Art. 12. O processo de autuação e imposição das multas previstas nesta Lei obedecerá ao disposto no Título VII da Consolidação das Leis do Trabalho ou na legislação previdenciária, conforme o caso.

Art. 13. Esta Lei também se aplica aos requisitantes de mão de obra de trabalhador portuário avulso junto ao órgão gestor de mão de obra que não sejam operadores portuários.

Art. 14. Compete ao Ministério do Trabalho e ao INSS a fiscalização da observância das disposições contidas nesta Lei, devendo as autoridades de que trata o art. 3º da Lei 8.630, de 1993, colaborar com os Agentes da Inspeção do Trabalho e Fiscais do INSS em sua ação fiscalizadora, nas instalações portuárias ou a bordo de navios.

Art. 15. Ficam convalidados os atos praticados com base na Medida Provisória 1.679-18, de 26 de outubro de 1998.

Art. 16. Esta Lei entra em vigor na data de sua publicação.

Art. 17. Revoga-se a Medida Provisória 1.679-18, de 26 de outubro de 1998.

Congresso Nacional, em 27 de novembro de 1998; 177º da Independência e 110º da República.

Senador Antonio Carlos Magalhães

(*DOU* 30.11.1998)

LEI 9.766, DE 18 DE DEZEMBRO DE 1998

Altera a legislação que rege o Salário-Educação, e dá outras providências.

- V. Dec.-lei 1.422/1975 (Dispõe sobre o salário-educação).
- V. Dec. 87.043/1982 (Regulamenta o Dec.-lei 1.422/1975).

O Presidente da República:

Faço saber que o Congresso Nacional decreta e eu sanciono a seguinte Lei:

Art. 1º A contribuição social do Salário-Educação, a que se refere o art. 15 da Lei 9.424, de 24 de dezembro de 1996, obedecerá aos mesmos prazos e condições, e sujeitar-se-á às mesmas sanções administrativas ou penais e outras normas relativas às contribuições sociais e demais importâncias devidas à Seguridade Social, ressalvada a competência do Fundo Nacional de Desenvolvimento da Educação (FNDE), sobre a matéria.

- V. Súmula 732, STF.

§ 1º Estão isentas do recolhimento da contribuição social do Salário-Educação:

I – a União, os Estados, o Distrito Federal e os Municípios, bem como suas respectivas autarquias e fundações;

II – as instituições públicas de ensino de qualquer grau;

III – as escolas comunitárias, confessionais ou filantrópicas devidamente registradas e reconhecidas pelo competente órgão de educação, que atendam ao disposto no inciso II do art. 55 da Lei 8.212, de 24 de julho de 1991;

IV – as organizações de fins culturais que, para este fim, vierem a ser definidas em regulamento;

V – as organizações hospitalares e de assistência social, desde que atendam, cumulativamente, aos requisitos estabelecidos nos incisos I a V do art. 55 da Lei 8.212, de 1991.

§ 2º Integram a receita do Salário-Educação os acréscimos legais a que estão sujeitos os contribuintes em atraso.

§ 3º Entende-se por empresa, para fins de incidência da contribuição social do Salário-Educação, qualquer firma individual ou sociedade que assume o risco de atividade econômica, urbana ou rural, com fins lucrativos ou não, bem como as empresas e demais entidades públicas ou privadas, vinculadas à Seguridade Social.

Art. 2º A Quota Estadual e Municipal do Salário-Educação, de que trata o § 1º e seu inciso II do art. 15 da Lei 9.424, de 24 de dezembro de 1996, será integralmente redistribuída entre o Estado e seus Municípios de forma proporcional ao número de alunos matriculados no ensino fundamental nas respectivas redes de ensino, conforme apurado pelo censo educacional realizado pelo Ministério da Educação.

- *Caput* com redação determinada pela Lei 10.832/2003 (DOU 30.12.2003), em vigor no 1º (primeiro) dia do exercício financeiro seguinte ao de sua publicação.

Parágrafo único. As contas específicas dos Estados, do Distrito Federal e dos Municípios destinadas à movimentação das Quotas do Salário-Educação serão abertas pelo FNDE e mantidas, a critério do respectivo ente federado, em instituição financeira oficial.

- Parágrafo único acrescentado pela Lei 13.530/2017.

Art. 3º O Salário-Educação não tem caráter remuneratório na relação de emprego e não se vincula, para nenhum efeito, ao salário ou à remuneração percebida pelos empregados das empresas contribuintes.

Art. 4º A contribuição do Salário-Educação será recolhida ao Instituto Nacional do Seguro Social (INSS) ou ao FNDE.

Parágrafo único. O INSS reterá, do montante por ele arrecadado, a importância equivalente a 1% (um por cento), a título de taxa de administração, creditando o restante no Banco do Brasil S.A., em favor do FNDE, para os fins previstos no art. 15, § 1º, da Lei 9.424, de 1996.

Art. 5º A fiscalização da arrecadação do Salário-Educação será realizada pelo INSS, ressalvada a competência do FNDE sobre a matéria.

Parágrafo único. Para efeito da fiscalização prevista neste artigo, seja por parte do INSS, seja por parte do FNDE, não se aplicam as disposições legais excludentes ou limitativas do direito de examinar livros, arquivos, documentos, papéis e efeitos comerciais ou fiscais, dos comerciantes, empresários, industriais ou produtores, ou da obrigação destes de exibi-los.

Art. 6º As disponibilidades financeiras dos recursos gerenciados pelo FNDE, inclusive os arrecadados à conta do Salário-Educação, poderão ser aplicadas por intermédio de instituição financeira pública federal, na forma que vier a ser estabelecida pelo seu Conselho Deliberativo.

Art. 7º O Ministério da Educação e do Desporto fiscalizará, por intermédio do FNDE, a aplicação dos recursos provenientes do Salário-Educação, na forma do regulamento e das instruções que para este fim forem baixadas por aquela autarquia, vedada sua destinação ao pagamento de pessoal.

Art. 8º Os recursos do Salário-Educação podem ser aplicados na educação especial, desde que vinculada ao ensino fundamental público.

Art. 9º O Poder Executivo regulamentará esta Lei no prazo de 60 (sessenta) dias da data de sua publicação.

Art. 10. Ficam convalidados os atos praticados com base na Medida Provisória 1.607-24, de 19 de novembro de 1998.

Art. 11. Esta Lei entra em vigor na data de sua publicação.

Art. 12. Revoga-se a Lei 8.150, de 28 de dezembro de 1990.

Brasília, 18 de dezembro de 1998; 177º da Independência e 110º da República.

Fernando Henrique Cardoso

(*DOU* 19.12.1998)

LEI 9.800, DE 26 DE MAIO DE 1999

Permite às partes a utilização de sistema de transmissão de dados para a prática de atos processuais.

- V. Lei 7.627/1987 (Dispõe sobre a eliminação de autos findos nos órgãos da Justiça do Trabalho, e dá outras providências).
- V. Decreto-lei 779/1969 (Dispõe sobre a aplicação de normas processuais trabalhistas aos entes federados, e autarquias ou fundações de direito público que não explorem atividades econômicas).

O Presidente da República:

Faço saber que o Congresso Nacional decreta e eu sanciono a seguinte Lei:

Art. 1º É permitida às partes a utilização de sistema de transmissão de dados e imagens tipo fac-símile ou outro similar, para a prática de atos processuais que dependam de petição escrita.

Art. 2º A utilização de sistema de transmissão de dados e imagens não prejudica o cumprimento dos prazos, devendo os originais ser entregues em juízo, necessariamente, até 5 (cinco) dias da data de seu término.

Parágrafo único. Nos atos não sujeitos a prazo, os originais deverão ser entregues, necessariamente, até 5 (cinco) dias da data da recepção do material.

Art. 3º Os juízes poderão praticar atos de sua competência à vista de transmissões efetuadas na forma desta Lei, sem prejuízo do disposto no artigo anterior.

Art. 4º Quem fizer uso de sistema de transmissão torna-se responsável pela qualidade e fidelidade do material transmitido, e por sua entrega ao órgão judiciário.

Parágrafo único. Sem prejuízo de outras sanções, o usuário do sistema será considerado litigante de má-fé se não houver perfeita concordância entre o original remetido pelo e o original entregue em juízo.

Art. 5º O disposto nesta Lei não obriga a que os órgãos judiciários disponham de equipamentos para recepção.

Art. 6º Esta Lei entra em vigor 30 (trinta) dias após a data de sua publicação.

Brasília, 26 de maio de 1999; 178º da Independência e 111º da República.

Fernando Henrique Cardoso

(*DOU* 27.05.1999)

LEI 9.867, DE 10 DE NOVEMBRO DE 1999

Dispõe sobre a criação e o funcionamento de Cooperativas Sociais, visando à integração social dos cidadãos, conforme especifica.

O Presidente da República:

Faço saber que o Congresso Nacional decreta e eu sanciono a seguinte Lei:

Art. 1º As Cooperativas Sociais, constituídas com a finalidade de inserir as pessoas em desvantagem no mercado econômico, por meio do trabalho, fundamentam-se no interesse geral da comunidade em promover a pessoa humana e a integração social dos cidadãos, e incluem entre suas atividades:

I – a organização e gestão de serviços sociossanitários e educativos; e

II – o desenvolvimento de atividades agrícolas, industriais, comerciais e de serviços.

Art. 2º Na denominação e razão social das entidades a que se refere o artigo anterior, é obrigatório o uso da expressão "Cooperativa Social", aplicando-se-lhes todas as normas relativas ao setor em que operarem, desde que compatíveis com os objetivos desta Lei.

Art. 3º Consideram-se pessoas em desvantagem, para os efeitos desta Lei:

I – os deficientes físicos e sensoriais;

II – os deficientes psíquicos e mentais, as pessoas dependentes de acompanhamento psiquiátrico permanente, e os egressos de hospitais psiquiátricos;

III – os dependentes químicos;

IV – os egressos de prisões;

V – (Vetado.);

VI – os condenados a penas alternativas à detenção;

VII – os adolescentes em idade adequada ao trabalho e situação familiar difícil do ponto de vista econômico, social ou afetivo.

§ 1º (Vetado.)

§ 2º As Cooperativas Sociais organizarão seu trabalho, especialmente no que diz respeito a instalações, horários e jornadas, de maneira a levar em conta e minimizar as dificuldades gerais e individuais das pessoas em desvantagem que nelas trabalharem, e desenvolverão e executarão programas especiais de treinamento com o objetivo de aumentar-lhes a produtividade e a independência econômica e social.

§ 3º A condição de pessoa em desvantagem deve ser atestada por documentação proveniente de órgãos da administração pública, ressalvando-se o direito à privacidade.

Art. 4º O estatuto da Cooperativa Social poderá prever uma ou mais categorias de sócios voluntários, que lhe prestem serviços gratuitamente, e não estejam incluídos na definição de pessoas em desvantagem.

Art. 5º *(Vetado.)*

Parágrafo único. *(Vetado.)*

Art. 6º Esta Lei entra em vigor na data de sua publicação.

Brasília, 10 de novembro de 1999; 178º da Independência e 111º da República.

Fernando Henrique Cardoso

(*DOU* 11.11.1999)

LEI 9.872, DE 23 DE NOVEMBRO DE 1999

Cria o Fundo de Aval para a Geração de Emprego e Renda – FUNPROGER, altera o art. 11 da Lei 9.365, de 16 de dezembro de 1996, e dá outras providências.

Faço saber que o Presidente da República adotou a Medida Provisória 1.922-1, de 1999, que o Congresso Nacional aprovou, e eu, Antonio Carlos Magalhães, Presidente, para os efeitos do disposto no parágrafo único do art. 62 da Constituição Federal, promulgo a seguinte Lei:

[...]

Art. 9º É concedida anistia das multas já aplicadas, por infração à legislação trabalhista, de valor consolidado igual ou inferior a R$ 1.000,00 (mil reais).

§ 1º Entende-se por valor consolidado o resultante da atualização do respectivo valor originário, mais os encargos e acréscimos legais vencidos, até a data da apuração.

§ 2º Não se aplica o disposto no *caput* quando o valor total dos débitos de um mesmo devedor for superior ao limite estabelecido neste artigo.

Art. 10. Ficam convalidados os atos praticados com base na Medida Provisória 1.922, de 5 de outubro de 1999.

Art. 11. Esta Lei entra em vigor na data de sua publicação.

Congresso Nacional, em 23 de novembro de 1999; 178º da Independência e 111º da República.

Senador Antonio Carlos Magalhães

Presidente do Congresso Nacional

(*DOU* 24.11.1999, edição extra)

LEI 9.873, DE 23 DE NOVEMBRO DE 1999

Estabelece prazo de prescrição para o exercício de ação punitiva pela Administração Pública Federal, direta e indireta, e dá outras providências.

Faço saber que o Presidente da República adotou a Medida Provisória 1.859-17, de 1999, que o Congresso Nacional aprovou, e eu, Antonio Carlos Magalhães, Presidente, para os efeitos do disposto no parágrafo único do art. 62

da Constituição Federal, promulgo a seguinte Lei:

Art. 1º Prescreve em 5 (cinco) anos a ação punitiva da Administração Pública Federal, direta e indireta, no exercício do poder de polícia, objetivando apurar infração à legislação em vigor, contados da data da prática do ato ou, no caso de infração permanente ou continuada, do dia em que tiver cessado.

§ 1º Incide a prescrição no procedimento administrativo paralisado por mais de 3 (três) anos, pendente de julgamento ou despacho, cujos autos serão arquivados de ofício ou mediante requerimento da parte interessada, sem prejuízo da apuração da responsabilidade funcional decorrente da paralisação, se for o caso.

§ 2º Quando o fato objeto da ação punitiva da Administração também constituir crime, a prescrição reger-se-á pelo prazo previsto na lei penal.

Art. 1º-A. Constituído definitivamente o crédito não tributário, após o término regular do processo administrativo, prescreve em 5 (cinco) anos a ação de execução da administração pública federal relativa a crédito decorrente da aplicação de multa por infração à legislação em vigor.

- Artigo acrescentado pela Lei 11.941/2009.
- V. Súmula 467, STJ.

Art. 2º Interrompe-se a prescrição da ação punitiva:

- *Caput* com redação determinada pela Lei 11.941/2009.

I – pela notificação ou citação do indiciado ou acusado, inclusive por meio de edital;

- Inciso I com redação determinada pela Lei 11.941/2009.

II – por qualquer ato inequívoco, que importe apuração do fato;

III – pela decisão condenatória recorrível;

IV – por qualquer ato inequívoco que importe em manifestação expressa de tentativa de solução conciliatória no âmbito interno da administração pública federal.

- Inciso IV acrescentado pela Lei 11.941/2009.

Art. 2º-A. Interrompe-se o prazo prescricional da ação executória:

- Artigo acrescentado pela Lei 11.941/2009.

I – pelo despacho do juiz que ordenar a citação em execução fiscal;

II – pelo protesto judicial;

III – por qualquer ato judicial que constitua em mora o devedor;

IV – por qualquer ato inequívoco, ainda que extrajudicial, que importe em reconhecimento do débito pelo devedor;

V – por qualquer ato inequívoco que importe em manifestação expressa de tentativa de solução conciliatória no âmbito interno da administração pública federal.

Art. 3º Suspende-se a prescrição durante a vigência:

I – dos compromissos de cessação ou de desempenho, respectivamente, previstos nos arts. 53 e 58 da Lei 8.884, de 11 de junho de 1994;

II – *(Revogado pela Lei 13.506/2017).*

Art. 4º Ressalvadas as hipóteses de interrupção previstas no art. 2º, para as infrações ocorridas há mais de 3 (três) anos, contados do dia 1º de julho de 1998, a prescrição operará em 2 (dois) anos, a partir dessa data.

Art. 5º O disposto nesta Lei não se aplica às infrações de natureza funcional e aos processos e procedimentos de natureza tributária.

Art. 6º Ficam convalidados os atos praticados com base na Medida Provisória 1.859-16, de 24 de setembro de 1999.

Art. 7º Esta Lei entra em vigor na data de sua publicação.

Art. 8º Ficam revogados o art. 33 da Lei 6.385, de 1976, com a redação dada pela Lei 9.457, de 1997, o art. 28 da Lei 8.884, de 1994, e demais disposições em contrário, ainda que constantes de lei especial.

Congresso Nacional, em 23 de novembro de 1999; 178º da Independência e 111º da República.

Senador Antonio Carlos Magalhães
Presidente do Congresso Nacional

(*DOU* 24.11.1999)

LEI 9.962, DE 22 DE FEVEREIRO DE 2000

Disciplina o regime de emprego público do pessoal da Administração federal direta, autárquica e fundacional, e dá outras providências.

- V. Lei 12.990/2014 (Reserva aos negros 20% das vagas oferecidas nos concursos públicos para provimento de cargos efetivos e empregos públicos).

O Presidente da República:

Faço saber que o Congresso Nacional decreta e eu sanciono a seguinte Lei:

Art. 1º O pessoal admitido para emprego público na Administração federal direta, autárquica e fundacional terá sua relação de trabalho regida pela Consolidação das Leis do Trabalho, aprovada pelo Decreto-lei 5.452, de 1º de maio de 1943, e legislação trabalhista correlata, naquilo que a lei não dispuser em contrário.

§ 1º Leis específicas disporão sobre a criação dos empregos de que trata esta Lei no âmbito da Administração direta, autárquica e fundacional do Poder Executivo, bem como sobre a transformação dos atuais cargos em empregos.

§ 2º É vedado:

I – submeter ao regime de que trata esta Lei:

a) *(Vetada).*

b) cargos públicos de provimento em comissão;

II – alcançar, nas leis a que se refere o § 1º, servidores regidos pela Lei 8.112, de 11 de dezembro de 1990, às datas das respectivas publicações.

§ 3º Estende-se o disposto no § 2º à criação de empregos ou à transformação de cargos em empregos não abrangidas pelo § 1º.

§ 4º *(Vetado).*

Art. 2º A contratação de pessoal para emprego público deverá ser precedida de concurso público de provas ou de provas e títulos, conforme a natureza e a complexidade do emprego.

Art. 3º O contrato de trabalho por prazo indeterminado somente será rescindido por ato unilateral da Administração pública nas seguintes hipóteses:

I – prática de falta grave, dentre as enumeradas no art. 482 da Consolidação das Leis do Trabalho – CLT;

II – acumulação ilegal de cargos, empregos ou funções públicas;

III – necessidade de redução de quadro de pessoal, por excesso de despesa, nos termos da lei complementar a que se refere o art. 169 da Constituição Federal;

IV – insuficiência de desempenho, apurada em procedimento no qual se assegurem pelo menos um recurso hierárquico dotado de efeito suspensivo, que será apreciado em 30 (trinta) dias, e o prévio conhecimento dos padrões mínimos exigidos para continuidade da relação de emprego, obrigatoriamente estabelecidos de acordo com as peculiaridades das atividades exercidas.

Parágrafo único. Excluem-se da obrigatoriedade dos procedimentos previstos no *caput* as contratações de pessoal decorrentes da autonomia de gestão de que trata o § 8º do art. 37 da Constituição Federal.

Art. 4º Aplica-se às leis a que se refere o § 1º do art. 1º desta Lei o disposto no art. 246 da Constituição Federal.

Art. 5º Esta Lei entra em vigor na data de sua publicação.

Brasília, 22 de fevereiro de 2000; 179º da Independência e 112º da República.

Fernando Henrique Cardoso

(*DOU* 23.02.2000)

LEI 10.101, DE 19 DE DEZEMBRO DE 2000

Dispõe sobre a participação dos trabalhadores nos lucros ou resultados da empresa e dá outras providências.

Faço saber que o Presidente da República adotou a Medida Provisória 1.982-77, de 2000, que o Congresso Nacional aprovou, e eu, Antonio Carlos Magalhães, Presidente, para os efeitos do disposto no parágrafo único do art. 62 da Constituição Federal, promulgo a seguinte Lei:

Art. 1º Esta Lei regula a participação dos trabalhadores nos lucros ou resultados da empresa como instrumento de integração entre o capital e o trabalho e como incentivo à produtividade, nos termos do art. 7º, inciso XI, da Constituição.

Art. 2º A participação nos lucros ou resultados será objeto de negociação entre a empresa e seus empregados, mediante um dos procedimentos a seguir descritos, escolhidos pelas partes de comum acordo:

I – comissão paritária escolhida pelas partes, integrada, também, por um representante indicado pelo sindicato da respectiva categoria;

- Inciso I com redação determinada pela Lei 12.832/ 2013 (*DOU* 21.06.2013), em vigor na data de sua publicação, produzindo efeitos a partir de 01.01.2013.

II – convenção ou acordo coletivo.

§ 1º Dos instrumentos decorrentes da negociação deverão constar regras claras e objetivas quanto à fixação dos direitos substantivos da participação e das regras adjetivas, inclusive mecanismos de aferição das informações pertinentes ao cumprimento do acordado, periodicidade da distribuição, período de vigência e prazos para revisão do acordo, podendo ser considerados, entre outros, os seguintes critérios e condições:

I – índices de produtividade, qualidade ou lucratividade da empresa;

II – programas de metas, resultados e prazos, pactuados previamente.

§ 2º O instrumento de acordo celebrado será arquivado na entidade funcional dos trabalhadores.

§ 3º não se equipara a empresa, para os fins desta Lei:

I – a pessoa física;

II – a entidade sem fins lucrativos que, cumulativamente:

a) não distribua resultados, a qualquer título, ainda que indiretamente, a dirigentes, administradores ou empresas vinculadas;

b) aplique integralmente os seus recursos em sua atividade institucional e no País;

c) destine o seu patrimônio a entidade congênere ou ao poder público, em caso de encerramento de suas atividades;

d) mantenha escrituração contábil capaz de comprovar a observância dos demais requisitos deste inciso, e das normas fiscais, comerciais e de direito econômico que lhe sejam aplicáveis.

§ 4º Quando forem considerados os critérios e condições definidos nos incisos I e II do § 1º deste artigo:

- § 4º acrescentado pela Lei 12.832/2013 (*DOU* 21.06.2013), em vigor na data de sua publicação, produzindo efeitos a partir de 01.01.2013.

I – a empresa deverá prestar aos representantes dos trabalhadores na comissão paritária informações que colaborem para a negociação;

II – não se aplicam as metas referentes à saúde e segurança no trabalho.

Art. 3º A participação de que trata o art. 2º não substitui ou complementa a remuneração devida a qualquer empregado, nem constitui base de incidência de qualquer encargo trabalhista, não se lhe aplicando o princípio da habitualidade.

§ 1º Para efeito de apuração do lucro real, a pessoa jurídica poderá deduzir como despesa operacional as participações atribuídas aos empregados nos lucros ou resultados, nos termos da presente Lei, dentro do próprio exercício de sua constituição.

§ 2º É vedado o pagamento de qualquer antecipação ou distribuição de valores a título de participação nos lucros ou resultados da empresa em mais de 2 (duas) vezes no mesmo ano civil e em periodicidade inferior a 1 (um) trimestre civil.

- § 2º com redação determinada pela Lei 12.832/2013 (*DOU* 21.06.2013), em vigor na data de sua publicação, produzindo efeitos a partir de 01.01.2013.

§ 3º Todos os pagamentos efetuados em decorrência de planos de participação nos lucros ou resultados, mantidos espontaneamente pela empresa, poderão ser compensados com as obrigações decorrentes de acordos ou convenções coletivas de trabalho atinentes à participação nos lucros ou resultados.

§ 4º A periodicidade semestral mínima referida no § 2º poderá ser alterada pelo Poder Executivo, até 31 de dezembro de 2000, em função de eventuais impactos nas receitas tributárias.

§ 5º A participação de que trata este artigo será tributada pelo imposto sobre a renda exclusivamente na fonte, em separado dos demais rendimentos recebidos, no ano do recebimento ou crédito, com base na tabela progressiva anual constante do Anexo e não integrará a base de cálculo do imposto devido pelo beneficiário na Declaração de Ajuste Anual.

- § 5º com redação determinada pela Lei 12.832/2013 (*DOU* 21.06.2013), em vigor na data de sua publicação, produzindo efeitos a partir de 01.01.2013.

§ 6º Para efeito da apuração do imposto sobre a renda, a participação dos trabalhadores nos lucros ou resultados da empresa será integralmente tributada com base na tabela progressiva constante do Anexo.

- § 6º acrescentado pela Lei 12.832/2013 (*DOU* 21.06.2013), em vigor na data de sua publicação, produzindo efeitos a partir de 01.01.2013.

§ 7º Na hipótese de pagamento de mais de 1 (uma) parcela referente a um mesmo ano-calendário, o imposto deve ser recalculado, com base no total da participação nos lucros recebida no ano-calendário, mediante a utilização da tabela constante do Anexo, deduzindo-se do imposto assim apurado o valor retido anteriormente.

- § 7º acrescentado pela Lei 12.832/2013 (*DOU* 21.06.2013), em vigor na data de sua publicação, produzindo efeitos a partir de 01.01.2013.

§ 8º Os rendimentos pagos acumuladamente a título de participação dos trabalhadores nos lucros ou resultados da empresa serão tributados exclusivamente na fonte, em separado dos demais rendimentos recebidos, sujeitando-se, também de forma acumulada, ao imposto sobre a renda com base na tabela progressiva constante do Anexo.

- § 8º acrescentado pela Lei 12.832/2013 (*DOU* 21.06.2013), em vigor na data de sua publicação, produzindo efeitos a partir de 01.01.2013.

§ 9º Considera-se pagamento acumulado, para fins do § 8º, o pagamento da participação nos lucros relativa a mais de um ano-calendário.

- § 9º acrescentado pela Lei 12.832/2013 (*DOU* 21.06.2013), em vigor na data de sua publicação, produzindo efeitos a partir de 01.01.2013.

§ 10. Na determinação da base de cálculo da participação dos trabalhadores nos lucros ou resultados, poderão ser deduzidas as importâncias pagas em dinheiro a título de pensão alimentícia em face das normas do Direito de Família, quando em cumprimento de decisão judicial, de acordo homologado judicialmente ou de separação ou divórcio consensual realizado por escritura pública, desde que correspondentes a esse rendimento, não podendo ser utilizada a mesma parcela para a determinação da base de cálculo dos demais rendimentos.

- § 10 acrescentado pela Lei 12.832/2013 (*DOU* 21.06.2013), em vigor na data de sua publicação, produzindo efeitos a partir de 01.01.2013.PO

§ 11. A partir do ano-calendário de 2014, inclusive, os valores da tabela progressiva anual constante do Anexo serão reajustados no mesmo percentual de reajuste da Tabela Progressiva Mensal do imposto de renda incidente sobre os rendimentos das pessoas físicas.

- § 11 acrescentado pela Lei 12.832/2013 (*DOU* 21.06.2013), em vigor na data de sua publicação, produzindo efeitos a partir de 01.01.2013.

Art. 4º Caso a negociação visando à participação nos lucros ou resultados da empresa resulte em impasse, as partes poderão utilizar-se dos seguintes mecanismos de solução do litígio:

I – mediação;

II – arbitragem de ofertas finais, utilizando-se, no que couber, os termos da Lei 9.307, de 23 de setembro de 1996.

- Inciso II com redação determinada pela Lei 12.832/ 2013 (*DOU* 21.06.2013), em vigor na data de sua publicação, produzindo efeitos a partir de 01.01.2013.

§ 1º Considera-se arbitragem de ofertas finais aquela em que o árbitro deve restringir-se a optar pela proposta apresentada, em caráter definitivo, por uma das partes.

§ 2º O mediador ou o árbitro será escolhido de comum acordo entre as partes.

§ 3º Firmado o compromisso arbitral, não será admitida a desistência unilateral de qualquer das partes.

§ 4º O laudo arbitral terá força normativa, independentemente de homologação judicial.

Art. 5º A participação de que trata o art. 1º desta Lei, relativamente aos trabalhadores em empresas estatais, observará diretrizes específicas fixadas pelo Poder Executivo.

Parágrafo único. Consideram-se empresas estatais as empresas públicas, sociedades de economia mista, suas subsidiárias e controladas e demais empresas em que a União, direta ou indiretamente, detenha a maioria do capital social com direito a voto.

Art. 6º Fica autorizado o trabalho aos domingos nas atividades do comércio em geral, observada a legislação municipal, nos termos do inciso I do *caput* do art. 30 da Constituição Federal.

- Artigo com redação determinada pela Lei 11.603/ 2007.

Parágrafo único. O repouso semanal remunerado deverá coincidir, pelo menos 1 (uma) vez no período máximo de 3 (três) semanas, com o domingo, respeitadas as demais normas de proteção ao trabalho e outras a serem estipuladas em negociação coletiva.

Art. 6º-A. É permitido o trabalho em feriados nas atividades do comércio em geral, desde que autorizado em convenção coletiva de trabalho e observada a legislação municipal, nos termos do inciso I do *caput* do art. 30 da Constituição Federal.

- Artigo acrescentado pela Lei 11.603/2007.

Art. 6º-B. As infrações ao disposto nos arts. 6º e 6º-A desta Lei serão punidas com a multa prevista no art. 75 da Consolidação das Leis do Trabalho, aprovada pelo Decreto-lei 5.452, de 1º de maio de 1943.

- Artigo acrescentado pela Lei 11.603/2007.

Parágrafo único. O processo de fiscalização, de autuação e de imposição de multas reger-se-á pelo disposto no Título VII da Consolidação das Leis do Trabalho.

Art. 7º Ficam convalidados os atos praticados com base na Medida Provisória 1.982-76, de 26 de outubro de 2000.

Art. 8º Esta Lei entra em vigor na data de sua publicação.

Congresso Nacional, 19 de dezembro de 2000; 179º da Independência e 112º da República.

Senador Antonio Carlos Magalhães
Presidente

(*DOU* 20.12.2000)

ANEXO

Participação nos Lucros

Tabela de Tributação Exclusiva na Fonte

- Anexo acrescentado pela Lei 12.832/2013 (*DOU* 21.06.2013), em vigor na data de sua publicação, produzindo efeitos a partir de 01.01.2013.

VALOR DO PLR ANUAL (EM R$)	ALÍQUOTA	PARCELA A DEDUZIR DO IR (EM R$)
De 0,00 a 6.000,00	0%	-
De 6.000,01 a 9.000,00	7,5%	450,00
De 9.000,01 a 12.000,00	15%	1.125,00
De 12.000,01 a 15.000,00	22,5%	2.025,00
Acima de 15.000,00	27,5%	2.775,00

LEI 10.192, DE 14 DE FEVEREIRO DE 2001

Dispõe sobre medidas complementares ao Plano Real e dá outras providências.

- V. Lei 4.266/1963 (Institui o salário-família do trabalhador e dá outras providências).
- V. Dec. 53.153/1963 (Regulamenta o salário-família do trabalhador).
- V. Port. MTb 3.296/1986 (Autoriza as empresas e empregadores a adotar o sistema de Reembolso-Creche), disponível em ProView.
- V. Decreto-lei 368/1968 (Dispõe sobre efeitos de débitos salariais).
- V. IN SRT 1/1989 (Dispõe sobre o prazo para o pagamento do salário), disponível em ProView
- V. Decreto-lei 691/1969 (Dispõe sobre a não aplicação, aos contratos de técnicos estrangeiros, com estipulação de pagamento de salários em moeda estrangeira, de diversas disposições da legislação trabalhista).
- V. Lei 6.858/1980 (Dispõe sobre o pagamento, aos dependentes ou sucessores, de valores não recebidos em vida pelos respectivos titulares).
- V. Decreto 85.845/1981 (Regulamenta a Lei 6.858/ 1980).
- V. Lei 7.238/1984 (Dispõe sobre a manutenção da correção automática semestral dos salários, de acordo com o INPC).
- V. Lei 8.073/1990 (Estabelece a Política Nacional de Salários).
- V. Lei 8.542/1992 (Dispõe sobre a política nacional de salários).
- V. Lei 8.716/1993 (Dispõe sobre a garantia do salário mínimo).
- V. Lei 8.880/1994 (Dispõe sobre o Programa de Estabilização Econômica e o Sistema Monetário Nacional e institui a URV).
- V. Lei Complementar 103/2000 (Autoriza os Estados e o Distrito Federal a instituir o piso salarial).
- V. Decreto 4.840/2003 (Regulamenta a Medida Provisória 130/2003, que dispõe sobre a autorização para desconto de prestações em folha de pagamento).
- V. Lei 10.820/2003 (Dispõe sobre a autorização para desconto de prestações em folha de pagamento).
- V. Lei 12.382/2011 (Dispõe sobre o valor do salário mínimo em 2011 e a sua política de valorização de longo prazo).
- V. Decreto 7.872/2012 (Regulamenta o valor do salário mínimo em 2011 e a sua política de valorização de longo prazo).
- V. Lei 13.152/2015 (Dispõe sobre a política de valorização do salário-mínimo e dos benefícios pagos pelo RGPS para o período de 2016 a 2019).

Faço saber que o Presidente da República adotou a Medida Provisória 2.074-73, de 2001, que o Congresso Nacional aprovou, e eu, Antonio Carlos Magalhães, Presidente, para os efeitos do disposto no parágrafo único do art. 62 da Constituição Federal, promulgo a seguinte Lei:

Art. 1º As estipulações de pagamento de obrigações pecuniárias exequíveis no território nacional deverão ser feitas em Real, pelo seu valor nominal.

Parágrafo único. São vedadas, sob pena de nulidade, quaisquer estipulações de:

I – pagamento expressas em, ou vinculadas a ouro ou moeda estrangeira, ressalvado o disposto nos arts. 2º e 3º do Decreto-lei 857, de 11 de setembro de 1969, e na parte final do art. 6º da Lei 8.880, de 27 de maio de 1994;

II – reajuste ou correção monetária expressas em, ou vinculadas a unidade monetária de conta de qualquer natureza;

III – correção monetária ou de reajuste por índices de preço gerais, setoriais ou que reflitam a variação dos custos de produção ou dos insumos utilizados, ressalvado o disposto no artigo seguinte.

Art. 2º É admitida estipulação de correção monetária ou de reajuste por índices de preços gerais, setoriais ou que reflitam a variação dos custos de produção ou dos insumos utilizados nos contratos de prazo de duração igual ou superior a 1 (um) ano.

§ 1º É nula de pleno direito qualquer estipulação de reajuste ou correção monetária de periodicidade inferior a 1 (um) ano.

- V. art. 1º, MP 2.227/2001 (Estabelece exceção ao art. 2º da Lei 10.192/2001).

§ 2º Em caso de revisão contratual, o termo inicial do período de correção monetária ou reajuste, ou de nova revisão, será a data em que a anterior revisão tiver ocorrido.

§ 3º Ressalvado o disposto no § 7º do art. 28 da Lei 9.069, de 29 de junho de 1995, e no parágrafo seguinte, são nulos de pleno direito quaisquer expedientes que, na apuração do índice de reajuste, produzam efeitos financeiros equivalentes aos de reajuste de periodicidade inferior à anual.

- V. art. 1º, MP 2.227/2001 (Estabelece exceção ao art. 2º da Lei 10.192/2001).

§ 4º Nos contratos de prazo de duração igual ou superior a 3 (três) anos, cujo objeto seja a produção de bens para entrega futura ou a aquisição de bens ou direitos a eles relativos, as partes poderão pactuar a atualização das obrigações, a cada período de um ano, contado a partir da contratação, e no seu vencimento final, considerada a periodicidade de pagamento das prestações, e abatidos os pagamentos, atualizados da mesma forma, efetuados no período.

§ 5º O disposto no parágrafo anterior aplica-se aos contratos celebrados a partir de 28 de outubro de 1995 até 11 de outubro de 1997.

- O art. 1º do Dec. 3.627/2000 dispõe: "Art. 1º O prazo previsto no § 5º do art. 2º da MP 1.950-68, de 21 de setembro de 2000 [atual Lei 10.192/2001], fica prorrogado para 11 de outubro de 2001".

§ 6º O prazo a que alude o parágrafo anterior poderá ser prorrogado mediante ato do Poder Executivo.

Art. 3º Os contratos em que seja parte órgão ou entidade da Administração Pública direta ou indireta da União, dos Estados, do Distrito Federal e dos Municípios, serão reajustados ou corrigidos monetariamente de acordo com as disposições desta Lei, e, no que com ela não conflitarem, da Lei 8.666, de 21 de junho de 1993.

§ 1º A periodicidade anual nos contratos de que trata o *caput* deste artigo será contada a partir da data limite para apresentação da proposta ou do orçamento a que essa se referir.

§ 2º O Poder Executivo regulamentará o disposto neste artigo.

Art. 4º Os contratos celebrados no âmbito dos mercados referidos no § 5º do art. 27 da Lei 9.069, de 1995, inclusive as condições de remuneração da poupança financeira, bem assim no da previdência privada fechada, permanecem regidos por legislação própria.

Art. 5º Fica instituída Taxa Básica Financeira – TBF, para ser utilizada exclusivamente como base de remuneração de operações realizadas no mercado financeiro, de prazo de duração igual ou superior a 60 (sessenta) dias.

Parágrafo único. O Conselho Monetário Nacional expedirá as instruções necessárias ao cumprimento do disposto neste artigo, podendo, inclusive, ampliar o prazo mínimo previsto no *caput*.

Art. 6º A Unidade Fiscal de Referência – Ufir, criada pela Lei 8.383, de 30 de dezembro de 1991, será reajustada:

- O art. 29, § 3º, da Lei 10.522/2002 dispõe: "Observado o disposto neste artigo, bem assim a atualização efetuada para o ano de 2000, nos termos do art. 75 da Lei 9.430, de 27 de dezembro de 1996, fica extinta a Unidade de Referência Fiscal – Ufir, instituída pelo art. 1º da Lei 8.383, de 30 de dezembro de 1991".

I – semestralmente, durante o ano-calendário de 1996;

II – anualmente, a partir de 1º de janeiro de 1997.

Parágrafo único. A reconversão, para Real, dos valores expressos em Ufir, extinta em 27 de outubro de 2000, será efetuada com base no valor dessa Unidade fixado para o exercício de 2000.

Art. 7º Observado o disposto no artigo anterior, ficam extintas, a partir de 1º de julho de 1995, as unidades monetárias de conta criadas ou reguladas pelo Poder Público, exceto as unidades monetárias de conta fiscais estaduais, municipais e do Distrito Federal, que serão extintas a partir de 1º de janeiro de 1996.

§ 1º Em 1º de julho de 1995 e em 1º de janeiro de 1996, os valores expressos, respectivamente, nas unidades monetárias de conta extintas na forma do *caput* deste artigo serão convertidos em Real, com observância do disposto no art. 44 da Lei 9.069, de 1995, no que couber.

§ 2º Os Estados, o Distrito Federal e os Municípios poderão utilizar a Ufir nas mesmas condições e periodicidade adotadas pela União, em substituição às respectivas unidades monetárias de conta fiscais extintas.

Art. 8º A partir de 1º de julho de 1995, a Fundação Instituto Brasileiro de Geografia e Estatística – IBGE deixará de calcular e divulgar o IPC-r.

§ 1º Nas obrigações e contratos em que haja estipulação de reajuste pelo IPC-r, este será substituído, a partir de 1º de julho de 1995, pelo índice previsto contratualmente para este fim.

§ 2º Na hipótese de não existir previsão de índice de preços substituto, e caso não haja acordo entre as partes, deverá ser utilizada média de índices de preços de abrangência nacional, na forma de regulamentação a ser baixada pelo Poder Executivo.

Art. 9º É assegurado aos trabalhadores, na primeira data base da respectiva categoria após julho de 1995, o pagamento de reajuste relativo à variação acumulada do IPC-r entre a última data base, anterior a julho de 1995, e junho de 1995, inclusive.

Art. 10. Os salários e as demais condições referentes ao trabalho continuam a ser fixados e revistos, na respectiva data base anual, por intermédio da livre negociação coletiva.

Art. 11. Frustrada a negociação entre as partes, promovida diretamente ou através de mediador, poderá ser ajuizada a ação de dissídio coletivo.

§ 1º O mediador será designado de comum acordo pelas partes ou, a pedido destas, pelo Ministério do Trabalho e Emprego, na forma da regulamentação de que trata o § 5º deste artigo.

§ 2º A parte que se considerar sem as condições adequadas para, em situação de equilíbrio, participar da negociação direta, poderá, desde logo, solicitar ao Ministério do Trabalho e Emprego a designação de mediador, que convocará a outra parte.

§ 3º O mediador designado terá prazo de até 30 (trinta) dias para a conclusão do processo de negociação, salvo acordo expresso com as partes interessadas.

§ 4º Não alcançado o entendimento entre as partes, ou recusando-se qualquer delas à mediação, lavrar-se-á ata contendo as causas motivadoras do conflito e as reivindicações de natureza econômica, documento que instruirá a representação para o ajuizamento do dissídio coletivo.

§ 5º O Poder Executivo regulamentará o disposto neste artigo.

Art. 12. No ajuizamento do dissídio coletivo, as partes deverão apresentar, fundamentadamente, suas propostas finais, que serão objeto de conciliação ou deliberação do Tribunal, na sentença normativa.

§ 1º A decisão que puser fim ao dissídio será fundamentada, sob pena de nulidade, deverá traduzir, em seu conjunto, a justa composição do conflito de interesse das partes, e guardar adequação com o interesse da coletividade.

§ 2º A sentença normativa deverá ser publicada no prazo de 15 (quinze) dias da decisão do Tribunal.

Art. 13. No acordo ou convenção e no dissídio, coletivos, é vedada a estipulação ou fixação de cláusula de reajuste ou correção salarial automática vinculada a índice de preços.

§ 1º Nas revisões salariais na data base anual, serão deduzidas as antecipações concedidas no período anterior à revisão.

§ 2º Qualquer concessão de aumento salarial a título de produtividade deverá estar amparada em indicadores objetivos.

Art. 14. O recurso interposto de decisão normativa da Justiça do Trabalho terá efeito suspensivo, na medida e extensão conferidas em despacho do Presidente do Tribunal Superior do Trabalho.

Art. 15. Permanecem em vigor as disposições legais relativas a correção monetária de débitos trabalhistas, de débitos resultantes de decisão judicial, de débitos relativos a ressarcimento em virtude de inadimplemento de obrigações contratuais e do passivo de empresas e instituições sob os regimes de concordata, falência, intervenção e liquidação extrajudicial.

- V. Lei 11.101/2005 (Lei de Recuperação de Empresas e Falência).

Art. 16. Ficam convalidados os atos praticados com base na Medida Provisória 2.074-72, de 27 de dezembro de 2000.

Art. 17. Esta Lei entra em vigor na data de sua publicação.

Art. 18. Revogam-se os §§ 1º e 2º do art. 947 do Código Civil, os §§ 1º e 2º do art. 1º da Lei 8.542, de 23 de dezembro de 1992, e o art. 14 da Lei 8.177, de 1º de março de 1991.

Refere-se ao CC/1916.

Congresso Nacional, em 14 de fevereiro de 2001; 180º da Independência e 113º da República.

Senador Antonio Carlos Magalhães
Presidente
(*DOU* 16.02.2001)

LEI 10.208, DE 23 DE MARÇO DE 2001

Acresce dispositivos à Lei 5.859, de 11 de dezembro de 1972, que dispõe sobre a profissão de empregado doméstico, para facultar o acesso ao Fundo de Garantia do Tempo de Serviço – FGTS e ao seguro-desemprego.

Faço saber que o Presidente da República adotou a Medida Provisória 2.104-16, de 2001, que o Congresso Nacional aprovou, e eu, Jader Barbalho, Presidente, para os efeitos do disposto no parágrafo único do art. 62 da Constituição Federal, promulgo a seguinte Lei:

[...]

Art. 2º As despesas decorrentes do pagamento do seguro-desemprego previsto nesta Lei serão atendidas à conta dos recursos do Fundo de Amparo ao Trabalhador – FAT.

Art. 3º O Poder Executivo regulamentará o disposto nesta Lei até 14 de fevereiro de 2000.

Art. 4º Ficam convalidados os atos praticados com base na Medida Provisória 2.104-15, de 26 de janeiro de 2001.

Art. 5º Esta Lei entra em vigor na data de sua publicação.

Congresso Nacional, em 23 de março de 2001; 180º da Independência e 113º da República.

Senador Jader Barbalho
Presidente do Congresso Nacional
(*DOU* 24.03.2001, edição extra)

LEI 10.224, DE 15 DE MAIO DE 2001

Altera o Decreto-lei 2.848, de 7 de dezembro de 1940 – Código Penal, para dispor sobre o crime de assédio sexual e dá outras providências.

O Presidente da República:

Faço saber que o Congresso Nacional decreta e eu sanciono a seguinte Lei:

Art. 1º O Decreto-lei 2.848, de 7 de dezembro de 1940 – Código Penal, passa a vigorar acrescido do seguinte art. 216-A:

"Assédio sexual

Art. 216-A. Constranger alguém com o intuito de obter vantagem ou favorecimento sexual, prevalecendo-se o agente da sua condição de superior hierárquico ou ascendência inerentes ao exercício de emprego, cargo ou função.

Pena – detenção, de 1 (um) a 2 (dois) anos.

Parágrafo único. (Vetado.)"

Art. 2º Esta Lei entra em vigor na data de sua publicação.

Brasília, 15 de maio de 2001; 180º da Independência e 113º da República.

Fernando Henrique Cardoso
(*DOU* 16.05.2001)

LEI 10.259, DE 12 DE JULHO DE 2001

Dispõe sobre a instituição dos Juizados Especiais Cíveis e Criminais no âmbito da Justiça Federal.

- V. Lei 9.099/1995 (Juizados Especiais Cíveis e Criminais).
- V. Lei 4.725/1965 (Estabelece normas para o processo dos dissídios coletivos, e dá outras providências).
- V. Lei 12.153/2009 (Juizados Especiais da Fazenda Pública no âmbito dos Estados, do Distrito Federal, dos Territórios e dos Municípios).
- V. Súmula 428, STJ.

O Presidente da República:

Faço saber que o Congresso Nacional decreta e eu sanciono a seguinte Lei:

Art. 1º São instituídos os Juizados Especiais Cíveis e Criminais da Justiça Federal, aos quais se aplica, no que não conflitar com esta Lei, o disposto na Lei 9.099, de 26 de setembro de 1995.

Art. 2º Compete ao Juizado Especial Federal Criminal processar e julgar os feitos de competência da Justiça Federal relativos às infrações de menor potencial ofensivo, respeitadas as regras de conexão e continência.

- Artigo com redação determinada pela Lei 11.313/2006.
- V. art. 61, Lei 9.099/1995 (Juizados Especiais Cíveis e Criminais).

Parágrafo único. Na reunião de processos, perante o juízo comum ou o tribunal do júri, decorrente da aplicação das regras de conexão e continência, observar-se-ão os institutos da transação penal e da composição dos danos civis.

Art. 3º Compete ao Juizado Especial Federal Cível processar, conciliar e julgar causas de competência da Justiça Federal até o valor de 60 (sessenta) salários mínimos, bem como executar as suas sentenças.

§ 1º Não se incluem na competência do Juizado Especial Cível as causas:

- V. Súmula 376, STJ.

I – referidas no art. 109, incisos II, III e XI, da Constituição Federal, as ações de mandado de segurança, de desapropriação, de divisão e demarcação, populares, execuções fiscais e por improbidade administrativa e as demandas sobre direitos ou interesses difusos, coletivos ou individuais homogêneos;

II – sobre bens imóveis da União, autarquias e fundações públicas federais;

III – para a anulação ou cancelamento de ato administrativo federal, salvo o de natureza previdenciária e o de lançamento fiscal;

IV – que tenham como objeto a impugnação da pena de demissão imposta a servidores públicos civis ou de sanções disciplinares aplicadas a militares.

§ 2º Quando a pretensão versar sobre obrigações vincendas, para fins de competência do Juizado Especial, a soma de 12 (doze) parcelas não poderá exceder o valor referido no art. 3º, *caput*.

§ 3º No foro onde estiver instalada Vara do Juizado Especial, a sua competência é absoluta.

Art. 4º O Juiz poderá, de ofício ou a requerimento das partes, deferir medidas cautelares no curso do processo, para evitar dano de difícil reparação.

Art. 5º Exceto nos casos do art. 4º, somente será admitido recurso de sentença definitiva.

Art. 6º Podem ser partes no Juizado Especial Federal Cível:

I – como autores, as pessoas físicas e as microempresas e empresas de pequeno porte, assim definidas na Lei 9.317, de 5 de dezembro de 1996;

- V. art. 3º, LC 123/2006 (Supersimples).

II – como rés, a União, autarquias, fundações e empresas públicas federais.

Art. 7º As citações e intimações da União serão feitas na forma prevista nos arts. 35 a 38 da Lei Complementar 73, de 10 de fevereiro de 1993.

Parágrafo único. A citação das autarquias, fundações e empresas públicas será feita na pessoa do representante máximo da entidade, no local onde proposta a causa, quando ali instalado seu escritório ou representação; se não, na sede da entidade.

Art. 8º As partes serão intimadas da sentença, quando não proferida esta na audiência em que estiver presente seu representante, por ARMP (aviso de recebimento em mão própria).

§ 1º As demais intimações das partes serão feitas na pessoa dos advogados ou dos Procuradores que oficiem nos

Legislação

respectivos autos, pessoalmente ou por via postal.

§ 2º Os tribunais poderão organizar serviço de intimação das partes e de recepção de petições por meio eletrônico.

Art. 9º Não haverá prazo diferenciado para a prática de qualquer ato processual pelas pessoas jurídicas de direito público, inclusive a interposição de recursos, devendo a citação para audiência de conciliação ser efetuada com antecedência mínima de 30 (trinta) dias.

Art. 10. As partes poderão designar, por escrito, representantes para a causa, advogado ou não.

- O STF, na ADIn 3.168-6 (DJU 03.08.2007), deu interpretação conforme, para excluir do âmbito de incidência do art. 10 da Lei 10.259/2001 os feitos de competência dos juizados especiais criminais da Justiça Federal.

Parágrafo único. Os representantes judiciais da União, autarquias, fundações e empresas públicas federais, bem como os indicados na forma do *caput*, ficam autorizados a conciliar, transigir ou desistir, nos processos da competência dos Juizados Especiais Federais.

- V. Dec. 4.250/2002 (Regulamenta a representação judicial da União, autarquias, fundações e empresas públicas federais perante os Juizados Especiais Federais).

Art. 11. A entidade pública ré deverá fornecer ao Juizado a documentação de que disponha para o esclarecimento da causa, apresentando-a até a instalação da audiência de conciliação.

Parágrafo único. Para a audiência de composição dos danos resultantes de ilícito criminal (arts. 71, 72 e 74 da Lei 9.099, de 26 de setembro de 1995), o representante da entidade que comparecer terá poderes para acordar, desistir ou transigir, na forma do art. 10.

Art. 12. Para efetuar o exame técnico necessário à conciliação ou ao julgamento da causa, o Juiz nomeará pessoa habilitada, que apresentará o laudo até 5 (cinco) dias antes da audiência, independentemente de intimação das partes.

§ 1º Os honorários do técnico serão antecipados à conta de verba orçamentária do respectivo Tribunal e, quando vencida na causa a entidade pública, seu valor será incluído na ordem de pagamento a ser feita em favor do Tribunal.

§ 2º Nas ações previdenciárias e relativas à assistência social, havendo designação de exame, serão as partes intimadas para, em 10 (dez) dias, apresentar quesitos e indicar assistentes.

Art. 13. Nas causas de que trata esta Lei, não haverá reexame necessário.

Art. 14. Caberá pedido de uniformização de interpretação de lei federal quando houver divergência entre decisões sobre questões de direito material proferidas por Turmas Recursais na interpretação da lei.

§ 1º O pedido fundado em divergência entre Turmas da mesma Região será julgado em reunião conjunta das Turmas em conflito, sob a presidência do Juiz Coordenador.

§ 2º O pedido fundado em divergência entre decisões de turmas de diferentes regiões ou da proferida em contrariedade a súmula ou jurisprudência dominante do STJ será julgado por Turma de Uniformização, integrada por juízes de Turmas Recursais, sob a presidência do Coordenador da Justiça Federal.

§ 3º A reunião de juízes domiciliados em cidades diversas será feita pela via eletrônica.

§ 4º Quando a orientação acolhida pela Turma de Uniformização, em questões de direito material, contrariar súmula ou jurisprudência dominante no Superior Tribunal de Justiça – STJ, a parte interessada poderá provocar a manifestação deste, que dirimirá a divergência.

§ 5º No caso do § 4º, presente a plausibilidade do direito invocado e havendo fundado receio de dano de difícil reparação, poderá o relator conceder, de ofício ou a requerimento do interessado, medida liminar determinando a suspensão dos processos nos quais a controvérsia esteja estabelecida.

§ 6º Eventuais pedidos de uniformização idênticos, recebidos subsequentemente em quaisquer Turmas Recursais, ficarão retidos nos autos, aguardando-se pronunciamento do Superior Tribunal de Justiça.

§ 7º Se necessário, o relator pedirá informações ao Presidente da Turma Recursal ou Coordenador da Turma de Uniformização e ouvirá o Ministério Público, no prazo de 5 (cinco) dias. Eventuais interessados, ainda que não sejam partes no processo, poderão se manifestar, no prazo de 30 (trinta) dias.

§ 8º Decorridos os prazos referidos no § 7º, o relator incluirá o pedido em pauta na Seção, com preferência sobre todos os demais feitos, ressalvados os processos com réus presos, os *habeas corpus* e os mandados de segurança.

§ 9º Publicado o acórdão respectivo, os pedidos retidos referidos no § 6º serão apreciados pelas Turmas Recursais, que poderão exercer juízo de retratação ou declará-los prejudicados, se veicularem tese não acolhida pelo Superior Tribunal de Justiça.

§ 10. Os Tribunais Regionais, o Superior Tribunal de Justiça e o Supremo Tribunal Federal, no âmbito de suas competências, expedirão normas regulamentando a composição dos órgãos e os procedimentos a serem adotados para o processamento e o julgamento do pedido de uniformização e do recurso extraordinário.

Art. 15. O recurso extraordinário, para os efeitos desta Lei, será processado e julgado segundo o estabelecido nos §§ 4º a 9º do art. 14, além da observância das normas do Regimento.

Art. 16. O cumprimento do acordo ou da sentença, com trânsito em julgado, que imponham obrigação de fazer, não fazer ou entrega de coisa certa, será efetuado mediante ofício do Juiz à autoridade citada para a causa, com cópia da sentença ou do acordo.

Art. 17. Tratando-se de obrigação de pagar quantia certa, após o trânsito em julgado da decisão, o pagamento será efetuado no prazo de 60 (sessenta) dias, contados da entrega da requisição, por ordem do Juiz, à autoridade citada para a causa, na agência mais próxima da Caixa Econômica Federal ou do Banco do Brasil, independentemente de precatório.

§ 1º Para os efeitos do § 3º do art. 100 da Constituição Federal, as obrigações ali definidas como de pequeno valor, a serem pagas independentemente de precatório, terão como limite o mesmo valor estabelecido nesta Lei para a competência do Juizado Especial Federal Cível (art. 3º, *caput*).

§ 2º Desatendida a requisição judicial, o Juiz determinará o sequestro do numerário suficiente ao cumprimento da decisão.

§ 3º São vedados o fracionamento, repartição ou quebra do valor da execução, de modo que o pagamento se faça, em parte, na forma estabelecida no § 1º deste artigo, e, em parte, mediante expedição do precatório, e a expedição de precatório complementar ou suplementar do valor pago.

§ 4º Se o valor da execução ultrapassar o estabelecido no § 1º, o pagamento far-se-á, sempre, por meio do precatório, sendo facultado à parte exequente a renúncia ao crédito do valor excedente, para que possa optar pelo pagamento do saldo sem o precatório, da forma lá prevista.

Art. 18. Os Juizados Especiais serão instalados por decisão do Tribunal Regional Federal. O Juiz presidente do Juizado designará os conciliadores pelo período de 2 (dois) anos, admitida a recondução. O exercício dessas funções será gratuito, assegurados os direitos e prerrogativas do jurado (art. 437 do Código de Processo Penal).

Parágrafo único. Serão instalados Juizados Especiais Adjuntos nas localidades cujo movimento forense não justifique a existência de Juizado Especial, cabendo ao Tribunal designar a Vara onde funcionará.

Art. 19. No prazo de 6 (seis) meses, a contar da publicação desta Lei, deverão ser instalados os Juizados Especiais nas capitais dos Estados e no Distrito Federal.

Parágrafo único. Na capital dos Estados, no Distrito Federal e em outras cidades onde for necessário, neste último caso, por decisão do Tribunal Regional Federal, serão instalados Juizados com competência exclusiva para ações previdenciárias.

Art. 20. Onde não houver Vara Federal, a causa poderá ser proposta no Juizado Especial Federal mais próximo do foro definido no art. 4º da Lei 9.099, de 26 de setembro de 1995, vedada a aplicação desta Lei no juízo estadual.

Art. 21. As Turmas Recursais serão instituídas por decisão do Tribunal Regional Federal, que definirá sua composição e área de competência, podendo abranger mais de uma seção.

§ 1º *(Revogado pela Lei 12.665/2012).*

§ 2º *(Revogado pela Lei 12.665/2012).*

Art. 22. Os Juizados Especiais serão coordenados por Juiz do respectivo Tribunal Regional, escolhido por seus pares, com mandato de 2 (dois) anos.

Parágrafo único. O Juiz Federal, quando o exigirem as circunstâncias, poderá determinar o funcionamento do Juizado Especial em caráter itinerante, mediante autorização prévia do Tribunal Regional Federal, com antecedência de 10 (dez) dias.

Art. 23. O Conselho da Justiça Federal poderá limitar, por até 3 (três) anos, contados a partir da publicação desta Lei, a competência dos Juizados Especiais Cíveis, atendendo à necessidade da organização dos serviços judiciários ou administrativos.

Art. 24. O Centro de Estudos Judiciários do Conselho da Justiça Federal e as Escolas de Magistratura dos Tribunais Regionais Federais criarão programas de informática necessários para subsidiar a instrução das causas submetidas aos Juizados e promoverão cursos de aperfeiçoamento destinados aos seus magistrados e servidores.

Art. 25. Não serão remetidas aos Juizados Especiais as demandas ajuizadas até a data de sua instalação.

Art. 26. Competirá aos Tribunais Regionais Federais prestar o suporte administrativo necessário ao funcionamento dos Juizados Especiais.

Art. 27. Esta Lei entra em vigor 6 (seis) meses após a data de sua publicação.

Brasília, 12 de julho de 2001; 180º da Independência e 113º da República.

Fernando Henrique Cardoso

(*DOU* 13.07.2001)

LEI 10.522, DE 19 DE JULHO DE 2002

Dispõe sobre o Cadastro Informativo dos créditos não quitados de órgãos e entidades federais e dá outras providências.

- V. art. 5º, Lei 12.453/2011, que suspende, até 30.06.2012, as exigências de regularidade fiscal previstas neste dispositivo, sem prejuízo do disposto no § 3º do art. 195 da Constituição Federal, nas contratações de operações de crédito e renegociações de dívidas realizadas com instituições financeiras públicas, que tenham como mutuários os contribuintes a que se refere o art. 6º da referida Lei.

O Presidente da República:

Faço saber que o Congresso Nacional decreta e eu sanciono a seguinte Lei:

Art. 1º O Cadastro Informativo de créditos não quitados do setor público federal (Cadin) passa a ser regulado por esta Lei.

Art. 2º O Cadin conterá relação das pessoas físicas e jurídicas que:

I – sejam responsáveis por obrigações pecuniárias vencidas e não pagas, para com órgãos e entidades da Administração Pública Federal, direta e indireta;

II – estejam com a inscrição nos cadastros indicados, do Ministério da Fazenda, em uma das seguintes situações:

a) cancelada no Cadastro de Pessoas Físicas – CPF;

- Alínea *a* com redação determinada pela Lei 11.941/2009.

b) declarada inapta perante o Cadastro Geral de Contribuintes – CGC.

§ 1º Os órgãos e as entidades a que se refere o inciso I procederão, segundo normas próprias e sob sua exclusiva responsabilidade, às inclusões no Cadin, de pessoas físicas ou jurídicas que se enquadrem nas hipóteses previstas neste artigo.

§ 2º A inclusão no Cadin far-se-á 75 (setenta e cinco) dias após a comunicação ao devedor da existência do débito passível de inscrição naquele Cadastro, fornecendo-se todas as informações pertinentes ao débito.

§ 3º Tratando-se de comunicação expedida por via postal ou telegráfica, para o endereço indicado no instrumento que deu origem ao débito, considerar-se-á entregue após 15 (quinze) dias da respectiva expedição.

§ 4º A notificação expedida pela Secretaria da Receita Federal do Brasil, pela Procuradoria-Geral da Fazenda Nacional ou pela Procuradoria-Geral Federal, dando conhecimento ao devedor da existência do débito ou da sua inscrição em Dívida Ativa atenderá ao disposto no § 2º deste artigo.

- § 4º com redação determinada pela Lei 11.941/2009.

§ 5º Comprovado ter sido regularizada a situação que deu causa à inclusão no Cadin, o órgão ou entidade responsável pelo registro procederá, no prazo de 5 (cinco) dias úteis, à respectiva baixa.

§ 6º Na impossibilidade de a baixa ser efetuada no prazo indicado no § 5º, o órgão ou a entidade credora fornecerá a certidão de regularidade do débito, caso não haja outros pendentes de regularização.

§ 7º A inclusão no Cadin sem a expedição da comunicação ou da notificação de que tratam os §§ 2º e 4º, ou a não exclusão, nas condições e no prazo previstos no § 5º, sujeitará o responsável às penalidades cominadas pela Lei 8.112, de 11 de dezembro de 1990, e pelo Decreto-lei 5.452, de 1º de maio de 1943 (Consolidação das Leis do Trabalho).

§ 8º O disposto neste artigo não se aplica aos débitos referentes a preços de serviços públicos ou a operações financeiras que não envolvam recursos orçamentários.

Art. 3º As informações fornecidas pelos órgãos e entidades integrantes do Cadin serão centralizadas no Sistema de Informações do Banco Central do Brasil – Sisbacen, cabendo à Secretaria do Tesouro Nacional expedir orientações de natureza normativa, inclusive quanto ao disciplinamento das respectivas inclusões e exclusões.

Parágrafo único. As pessoas físicas e jurídicas incluídas no Cadin terão acesso às informações a elas referentes, diretamente junto ao órgão ou entidade responsável pelo registro, ou, mediante autorização, por intermédio de qualquer outro órgão ou entidade integrante do Cadin.

Art. 4º A inexistência de registro no Cadin não implica reconhecimento de regularidade de situação, nem elide a apresentação dos documentos exigidos em lei, decreto ou demais atos normativos.

§ 1º No caso de operações de crédito contratadas por instituições financeiras, no âmbito de programas oficiais de apoio à microempresa e empresa de pequeno porte, ficam as mutuárias, no caso de não estarem inscritas no Cadin, dispensadas da apresentação, inclusive aos cartórios, quando do registro dos instrumentos de crédito e respectivas garantias, de quaisquer certidões exigidas em lei, decreto ou demais atos normativos, comprobatórias da quitação de quaisquer tributos e contribuições federais.

§ 2º O disposto no § 1º aplica-se também aos mini e pequenos produtores rurais e aos agricultores familiares.

Art. 5º O Cadin conterá as seguintes informações:

I – nome e número de inscrição no Cadastro Geral de Contribuintes – CGC ou no Cadastro de Pessoas Físicas – CPF, do responsável pelas obrigações de que trata o art. 2º, inciso I;

II – nome e outros dados identificadores das pessoas jurídicas ou físicas que estejam na situação prevista no art. 2º, inciso II, inclusive a indicação do número da inscrição suspensa ou cancelada;

III – nome e número de inscrição no Cadastro Geral de Contribuintes – CGC, endereço e telefone do respectivo credor ou do órgão responsável pela inclusão;

IV – data do registro.

Parágrafo único. Cada órgão ou entidade a que se refere o inciso I do art. 2º manterá, sob sua responsabilidade, cadastro contendo informações detalhadas sobre as operações ou situações que tenham registrado no Cadin, inclusive para atender ao que dispõe o parágrafo único do art. 3º.

Art. 6º É obrigatória a consulta prévia ao Cadin, pelos órgãos e entidades da Administração Pública Federal, direta e indireta, para:

- V. art. 15, Lei 11.096/2005 (Prouni).

I – realização de operações de crédito que envolvam a utilização de recursos públicos;

II – concessão de incentivos fiscais e financeiros;

III – celebração de convênios, acordos, ajustes ou contratos que envolvam desembolso, a qualquer título, de recursos públicos, e respectivos aditamentos.

Parágrafo único. O disposto neste artigo não se aplica:

I – à concessão de auxílios a Municípios atingidos por calamidade pública reconhecida pelo Governo Federal;

II – às operações destinadas à composição e regularização dos créditos e obrigações objeto de registro no Cadin, sem desembolso de recursos por parte do órgão ou entidade credora;

III – às operações relativas ao crédito educativo e ao penhor civil de bens de uso pessoal ou doméstico.

Art. 7º Será suspenso o registro no Cadin quando o devedor comprove que:

I – tenha ajuizada ação, com o objetivo de discutir a natureza da obrigação ou o seu valor, com o oferecimento de garantia idônea e suficiente ao Juízo, na forma da lei;

II – esteja suspensa a exigibilidade do crédito objeto do registro, nos termos da lei.

Art. 8º A não observância do disposto no § 1º do art. 2º e nos arts. 6º e 7º desta Lei sujeita os responsáveis às sanções da Lei 8.112, de 1990, e do Decreto-lei 5.452, de 1943.

Art. 9º Fica suspensa, até 31 de dezembro de 1999, a aplicação do disposto no caput do art. 22, e no seu § 2º, do Decreto-lei 147, de 3 de fevereiro de 1967, na redação que lhes deram o art. 4º do Decreto-lei 1.687, de 18 de julho de 1979, e o art. 10 do Decreto-lei 2.163, de 19 de setembro de 1984.

Parágrafo único. O Ministro de Estado da Fazenda estabelecerá cronograma, prioridades e condições para a remessa, às unidades da Procuradoria-Geral da Fazenda Nacional, dos débitos passíveis de inscrição em Dívida Ativa da União e cobrança judicial.

Art. 10. Os débitos de qualquer natureza para com a Fazenda Nacional poderão ser parcelados em até 60 parcelas mensais, a exclusivo critério da autoridade fazendária, na forma e condições previstas nesta Lei.

- *Caput* com redação determinada pela Lei 10.637/2002.

Parágrafo único. *(Revogado pela Lei 11.941/2009.)*

Art. 10-A. O empresário ou a sociedade empresária que pleitear ou tiver deferido o processamento da recuperação judicial, nos termos dos arts. 51, 52 e 70 da Lei 11.101, de 9 de fevereiro de 2005, poderão parcelar seus débitos com a Fazenda Nacional, em 84 (oitenta e quatro) parcelas mensais e consecutivas, calculadas observando-se os seguintes percentuais mínimos, aplicados sobre o valor da dívida consolidada:

- Artigo acrescentado pela Lei 13.043/2014.

I – da 1ª à 12ª prestação: 0,666% (seiscentos e sessenta e seis milésimos por cento);

II – da 13ª à 24ª prestação: 1% (um por cento);

III – da 25ª à 83ª prestação: 1,333% (um inteiro e trezentos e trinta e três milésimos por
cento); e

IV – 84ª prestação: saldo devedor remanescente.

§ 1º O disposto neste artigo aplica-se à totalidade dos débitos do empresário ou da sociedade empresária constituídos ou não, inscritos ou não em Dívida Ativa da União, mesmo que discutidos judicialmente em ação proposta pelo sujeito passivo ou em fase de execução fiscal já ajuizada, ressalvados exclusivamente os débitos incluídos em parcelamentos regidos por outras leis.

§ 2º No caso dos débitos que se encontrarem sob discussão administrativa ou judicial, submetidos ou não à causa legal de suspensão de exigibilidade, o sujeito passivo deverá comprovar que desistiu expressamente e de forma irrevogável da impugnação ou do recurso interposto, ou da ação judicial, e, cumulativamente, renunciou a quaisquer alegações de direito sobre as quais se fundem a ação judicial e o recurso administrativo.

§ 3º O empresário ou a sociedade empresária poderá, a seu critério, desistir dos parcelamentos em curso, independentemente da modalidade, e solicitar que eles sejam parcelados nos termos deste artigo.

§ 4º Além das hipóteses previstas no art. 14-B, é causa de rescisão do parcelamento a não concessão da recuperação judicial de que trata o art. 58 da Lei 11.101, de 9 de fevereiro de 2005, bem como a decretação da falência da pessoa jurídica.

§ 5º O empresário ou a sociedade empresária poderá ter apenas um parcelamento de que trata o *caput*, cujos débitos constituídos, inscritos ou não em Dívida Ativa da União, poderão ser incluídos até a data do pedido de parcelamento.

§ 6º A concessão do parcelamento não implica a liberação dos bens e direitos do devedor ou de seus responsáveis que tenham sido constituídos em garantia dos respectivos créditos.

§ 7º O parcelamento referido no *caput* observará as demais condições previstas nesta Lei, ressalvado o disposto no § 1º do art. 11, no inciso II do § 1º do art. 12, nos incisos I, II e VIII do art. 14 e no § 2º do art. 14-A.

§ 8º O disposto neste artigo aplica-se, no que couber, aos créditos de qualquer natureza das autarquias e fundações públicas federais.

- § 8º acrescentado pela Lei 13.494/2017

Art. 11. O parcelamento terá sua formalização condicionada ao prévio pagamento da primeira prestação, conforme o montante do débito e o prazo solicitado, observado o disposto no § 1º do art. 13 desta Lei.

- *Caput* com redação determinada pela Lei 11.941/2009.

§ 1º Observados os limites e as condições estabelecidos em portaria do Ministro de Estado da Fazenda, em se tratando de débitos inscritos em Dívida Ativa, a concessão do parcelamento fica condicionada à apresentação, pelo devedor, de garantia real ou fidejussória, inclusive fiança bancária, idônea e suficiente para o pagamento do débito, exceto quando se tratar de microempresas e empresas de pequeno porte optantes pela inscrição no Sistema Integrado de Pagamento de Impostos e Contribuições das Microempresas e das Empresas de Pequeno Porte – Simples, de que trata a Lei 9.317, de 5 de dezembro de 1996.

§ 2º Enquanto não deferido o pedido, o devedor fica obrigado a recolher, a cada mês, como antecipação, valor correspondente a uma parcela.

§ 3º O não cumprimento do disposto neste artigo implicará o indeferimento do pedido.

§§ 4º a 9º *(Revogados pela Lei 11.941/2009.)*

Art. 12. O pedido de parcelamento deferido constitui confissão de dívida e instrumento hábil e suficiente para a exigência do crédito tributário, podendo a exatidão dos valores parcelados ser objeto de verificação.

- V. art. 7º, Lei 13.485/2017.
- Artigo com redação determinada pela Lei 11.941/2009.

§ 1º Cumpridas as condições estabelecidas no art. 11 desta Lei, o parcelamento será:

I – consolidado na data do pedido; e

II – considerado automaticamente deferido quando decorrido o prazo de 90 (noventa) dias, contado da data do pedido de parcelamento sem que a Fazenda Nacional tenha se pronunciado.

§ 2º Enquanto não deferido o pedido, o devedor fica obrigado a recolher, a cada mês, como antecipação, valor correspondente a uma parcela.

Art. 13. O valor de cada prestação mensal, por ocasião do pagamento, será acrescido de juros equivalentes à taxa referencial do Sistema Especial de Liquidação e de Custódia – Selic para títulos federais, acumulada mensalmente, calculados a partir do mês subsequente ao da consolidação até o mês anterior ao do pagamento, e de 1% (um por cento) relativamente ao mês em que o pagamento estiver sendo efetuado.

- V. art. 7º, Lei 13.485/2017.
- Artigo com redação determinada pela Lei 11.941/ 2009.

§ 1º O valor mínimo de cada prestação será fixado em ato conjunto do Secretário da Receita Federal do Brasil e do Procurador-Geral da Fazenda Nacional.

§ 2º No caso de parcelamento de débito inscrito em Dívida Ativa da União, o devedor pagará custas, emolumentos e demais encargos legais.

Art. 13-A. O parcelamento dos débitos decorrentes das contribuições sociais instituídas pelos arts. 1º e 2º da Lei Complementar 110, de 29 de junho de 2001, será requerido perante a Caixa Econômica Federal, aplicando-se-lhe o disposto no caput do art. 10, nos arts. 11 e 12, no § 2º do art. 13 e nos arts. 14 e 14-B desta Lei.

- *Caput* com redação determinada pela Lei 11.941/ 2009.

§ 1º O valor da parcela será determinado pela divisão do montante do débito consolidado pelo número de parcelas.

- § 1º acrescentado pela Lei 11.345/2006.

§ 2º Para fins do disposto no § 1º deste artigo, o montante do débito será atualizado e acrescido dos encargos previstos na Lei 8.036, de 11 de maio de 1990, e, se for o caso, no Decreto-lei 1.025, de 21 de outubro de 1969.

- § 2º acrescentado pela Lei 11.345/2006.

§ 3º O Ministro de Estado da Fazenda poderá, nos limites do disposto neste artigo, delegar competência para regulamentar e autorizar o parcelamento dos débitos não inscritos em dívida ativa da União.

- § 3º acrescentado pela Lei 11.345/2006.

§ 4º A concessão do parcelamento dos débitos a que se refere este artigo inscritos em dívida ativa da União compete privativamente à Procuradoria-Geral da Fazenda Nacional.

- § 4º acrescentado pela Lei 11.345/2006.

§ 5º É vedado o reparcelamento de débitos a que se refere o *caput*, exceto quando inscritos em Dívida Ativa da União.

- § 5º acrescentado pela Lei 11.941/2009.

Art. 14. É vedada a concessão de parcelamento de débitos relativos a:

I – tributos passíveis de retenção na fonte, de desconto de terceiros ou de sub-rogação;

- Inciso I com redação determinada pela Lei 11.941/ 2009.

II – Imposto sobre Operações de Crédito, Câmbio e Seguro e sobre Operações relativas a Títulos e Valores Mobiliários – IOF, retido e não recolhido ao Tesouro Nacional;

III – valores recebidos pelos agentes arrecadadores não recolhidos aos cofres públicos;

IV – tributos devidos no registro da Declaração de Importação;

- Inciso IV acrescentado pela Lei 11.941/2009.

V – incentivos fiscais devidos ao Fundo de Investimento do Nordeste – Finor, Fundo de Investimento da Amazônia – Finam e Fundo de Recuperação do Estado do Espírito Santo – Funres;

- Inciso V acrescentado pela Lei 11.941/2009.

VI – pagamento mensal por estimativa do Imposto sobre a Renda da Pessoa Jurídica – IRPJ e da Contribuição Social sobre o Lucro Líquido – CSLL, na forma do art. 2º da Lei 9.430, de 27 de dezembro de 1996;

- Inciso VI acrescentado pela Lei 11.941/2009.

VII – recolhimento mensal obrigatório da pessoa física relativo a rendimentos de que trata o art. 8º da Lei 7.713, de 22 de dezembro de 1988;

- Inciso VII acrescentado pela Lei 11.941/2009.

VIII – tributo ou outra exação qualquer, enquanto não integralmente pago parcelamento anterior relativo ao mesmo tributo ou exação, salvo nas hipóteses previstas no art. 14-A desta Lei;

- Inciso VIII acrescentado pela Lei 11.941/2009.

IX – tributos devidos por pessoa jurídica com falência decretada ou por pessoa física com insolvência civil decretada; e

- Inciso IX acrescentado pela Lei 11.941/2009.

X – créditos tributários devidos na forma do art. 4º da Lei 10.931, de 2 de agosto de 2004, pela incorporadora optante do Regime Especial Tributário do Patrimônio de Afetação.

- Inciso X acrescentado pela Lei 11.941/2009.

Parágrafo único. *(Revogado pela Lei 11.941/2009.)*

Art. 14-A. Observadas as condições previstas neste artigo, será admitido reparcelamento de débitos constantes de parcelamento em andamento ou que tenha sido rescindido.

- Artigo acrescentado pela Lei 11.941/2009.

§ 1º No reparcelamento de que trata o *caput* deste artigo poderão ser incluídos novos débitos.

§ 2º A formalização do pedido de reparcelamento previsto neste artigo fica condicionada ao recolhimento da primeira parcela em valor correspondente a:

I – 10% (dez por cento) do total dos débitos consolidados; ou

II – 20% (vinte por cento) do total dos débitos consolidados, caso haja débito com histórico de reparcelamento anterior.

§ 3º Aplicam-se subsidiariamente aos pedidos de que trata este artigo as demais disposições relativas ao parcelamento previstas nesta Lei.

Art. 14-B. Implicará imediata rescisão do parcelamento e remessa do débito para inscrição em Dívida Ativa da União ou prosseguimento da execução, conforme o caso, a falta de pagamento:

- V. art. 7º, Lei 13.485/2017.
- Artigo acrescentado pela Lei 11.941/2009.

I – de três parcelas, consecutivas ou não; ou

II – de uma parcela, estando pagas todas as demais.

Art. 14-C. Poderá ser concedido, de ofício ou a pedido, parcelamento simplificado, importando o pagamento da primeira prestação em confissão de dívida e instrumento hábil e suficiente para a exigência do crédito tributário.

- Artigo acrescentado pela Lei 11.941/2009.

Parágrafo único. Ao parcelamento de que trata o *caput* deste artigo não se aplicam as vedações estabelecidas no art. 14 desta Lei.

Art. 14-D. Os parcelamentos concedidos a Estados, Distrito Federal ou Municípios conterão cláusulas em que estes autorizem a retenção do Fundo de Participação dos Estados – FPE ou do Fundo de Participação dos Municípios – FPM.

- Artigo acrescentado pela Lei 11.941/2009.

Parágrafo único. O valor mensal das obrigações previdenciárias correntes, para efeito deste artigo, será apurado com base na respectiva Guia de Recolhimento do Fundo de Garantia do Tempo de Serviço e de Informações à Previdência Social – GFIP ou, no caso de sua não apresentação no prazo legal, estimado, utilizando-se a média das últimas doze competências recolhidas anteriores ao mês da retenção prevista no *caput* deste artigo, sem prejuízo da cobrança ou restituição ou compensação de eventuais diferenças.

Art. 14-E. Mensalmente, a Secretaria da Receita Federal do Brasil e a Procuradoria-Geral da Fazenda Nacional divulgarão, em seus sítios na internet, demonstrativos dos parcelamentos concedidos no âmbito de suas competências.

- Artigo acrescentado pela Lei 11.941/2009.

Art. 14-F. A Secretaria da Receita Federal do Brasil e a Procuradoria-Geral da Fazenda Nacional, no âmbito de suas competências, editarão atos necessários à execução do parcelamento de que trata esta Lei.

- Artigo acrescentado pela Lei 11.941/2009.

Art. 15. Observados os requisitos e as condições estabelecidos nesta Lei, os parcelamentos de débitos vencidos até 31 de julho de 1998 poderão ser efetuados em até:

I – 96 prestações, se solicitados até 31 de outubro de 1998;

II – 72 prestações, se solicitados até 30 de novembro de 1998;

III – 60 prestações, se solicitados até 31 de dezembro de 1998.

§ 1º O disposto neste artigo aplica-se aos débitos de qualquer natureza para com a Fazenda Nacional, inscritos ou não como Dívida Ativa, mesmo em fase de execução fiscal já ajuizada, ou que tenham sido objeto de parcelamento anterior, não integralmente quitado, ainda que cancelado por falta de pagamento.

§ 2º A vedação de que trata o art. 14, na hipótese a que se refere este artigo, não se aplica a entidades esportivas e entidades assistenciais, sem fins lucrativos.

§ 3º Ao parcelamento previsto neste artigo, inclusive os requeridos e já concedidos, a partir de 29 de junho de 1998, aplicam-se os juros de que trata o art. 13.

§ 4º Constitui condição para o deferimento do pedido de parcelamento e sua manutenção a inexistência de débitos em situação irregular, de tributos e contribuições federais de responsabilidade do sujeito passivo, vencidos posteriormente a 31 de dezembro de 1997.

§ 5º O Ministro de Estado da Fazenda fixará requisitos e condições especiais para o parcelamento previsto no *caput* deste artigo.

Art. 16. Os débitos para com a Fazenda Nacional, decorrentes de avais e outras garantias honradas em operações externas e internas e os de natureza financeira transferidos à União por força da extinção de entidades públicas federais, existentes em 30 de setembro de 1996, incluindo eventuais repactuações, poderão ser parcelados com prazo de até 72 (setenta e dois) meses, desde que os pedidos de parcelamento sejam protocolizados até 15 de abril de 1997, obedecidos aos requisitos e demais condições estabelecidos nesta Lei.

§ 1º O saldo devedor da dívida será atualizado no primeiro dia útil de cada mês, de acordo com a variação da Taxa Referencial – TR, ocorrida no mês anterior, acrescida de 12% a.a. (doze por cento ao ano), mais 0,5% a.a. (cinco décimos por cento ao ano) sobre o saldo devedor destinado à administração do crédito pelo agente financeiro.

§ 2º O parcelamento será formalizado, mediante a celebração de contrato de confissão, consolidação e parcelamento de dívida, sem implicar novação, junto ao Banco do Brasil S.A., na qualidade de agente financeiro do Tesouro Nacional.

§ 3º Os contratos de parcelamento das dívidas decorrentes de honra de aval em operações externas incluirão, obrigatoriamente, cláusula que autorize o bloqueio de recursos na rede bancária, à falta de pagamento de qualquer parcela, decorridos 30 (trinta) dias do vencimento.

Art. 17. Fica acrescentado o seguinte parágrafo ao art. 84 da Lei 8.981, de 1995:

> "Art. 84. [...]
>
> § 8º O disposto neste artigo aplica-se aos demais créditos da Fazenda Nacional, cuja inscrição e cobrança como Dívida Ativa da União seja de competência da Procuradoria-Geral da Fazenda Nacional."

Art. 18. Ficam dispensados a constituição de créditos da Fazenda Nacional, a inscrição como Dívida Ativa da União, o ajuizamento da respectiva execução fiscal, bem assim cancelados o lançamento e a inscrição, relativamente:

I – à contribuição de que trata a Lei 7.689, de 15 de dezembro de 1988, incidente sobre o resultado apurado no período base encerrado em 31 de dezembro de 1988;

II – ao empréstimo compulsório instituído pelo Decreto-lei 2.288, de 23 de julho de 1986, sobre a aquisição de veículos automotores e de combustível;

III – à contribuição ao Fundo de Investimento Social – Finsocial, exigida das empresas exclusivamente vendedoras de mercadorias e mistas, com fundamento no art. 9º da Lei 7.689, de 1988, na alíquota superior a 0,5% (cinco décimos por cento), conforme Leis 7.787, de 30 de junho de 1989, 7.894, de 24 de novembro de 1989, e 8.147, de 28 de dezembro de 1990, acrescida do adicional de 0,1% (um décimo por cento) sobre os fatos geradores relativos ao exercício de 1988, nos termos do art. 22 do Decreto-lei 2.397, de 21 de dezembro de 1987;

IV – ao imposto provisório sobre a movimentação ou a transmissão de valores e de créditos e direitos de natureza financeira – IPMF, instituído pela Lei Complementar 77, de 13 de julho de 1993, relativo ao ano-base 1993 e às imunidades previstas no art. 150, inciso VI, alíneas *a*, *b*, *c* e *d* da Constituição;

V – à taxa de licenciamento de importação, exigida nos termos do art. 10 da Lei 2.145, de 29 de dezembro de 1953, com a redação da Lei 7.690, de 15 de dezembro de 1988;

VI – à sobretarifa ao Fundo Nacional de Telecomunicações;

VII – ao adicional de tarifa portuária, salvo em se tratando de operações de importação e exportação de mercadorias quando objeto de comércio de navegação de longo curso;

VIII – à parcela da contribuição ao Programa de Integração Social exigida na forma do Decreto-lei 2.445, de 29 de junho de 1988, e do Decreto-lei 2.449, de 21 de julho de 1988, na parte que exceda o valor devido com fulcro na Lei Complementar 7, de 7 de setembro de 1970, e alterações posteriores;

IX – à contribuição para o financiamento da seguridade social – Cofins, nos termos do art. 7º da Lei Complementar 70, de 30 de dezembro de 1991, com a redação dada pelo art. 1º da Lei Complementar 85, de 15 de fevereiro de 1996;

X – à Cota de Contribuição revigorada pelo art. 2º do Decreto-lei 2.295, de 21 de novembro de 1986.

- Inciso X acrescentado pela Lei 11.051/2004.

§ 1º Ficam cancelados os débitos inscritos em Dívida Ativa da União, de valor consolidado igual ou inferior a R$ 100,00 (cem reais).

§ 2º Os autos das execuções fiscais dos débitos de que trata este artigo serão arquivados mediante despacho do juiz, ciente o Procurador da Fazenda Nacional, salvo a existência de valor remanescente relativo a débitos legalmente exigíveis.

§ 3º O disposto neste artigo não implicará restituição *ex officio* de quantia paga.

Art. 18-A. Comitê formado por integrantes do Conselho Administrativo de Recursos Fiscais, da Secretaria Especial da Receita Federal do Brasil do Ministério da Economia e da Procuradoria-Geral da Fazenda Nacional editará enunciados de súmula da administração tributária federal, observado o disposto em ato do Ministro de Estado da Economia, que deverão ser observados nos atos administrativos, normativos e decisórios praticados pelos referidos órgãos.

- Artigo acrescentado pela MP 881/2019.

Art. 19. Fica a Procuradoria-Geral da Fazenda Nacional dispensada de contestar, de oferecer contrarrazões e de interpor recursos, e fica autorizada a desistir de recursos já interpostos, desde que inexista outro fundamento relevante, na hipótese em que a ação ou a decisão judicial ou administrativa versar sobre:

- *Caput* com redação determinada pela MP 881/2019.

I – matérias de que trata o art. 18;

II – temas que sejam objeto de parecer, vigente e aprovado, pelo Procurador-Geral da Fazenda Nacional, que conclua no mesmo sentido do pleito do particular;

- Inciso II com redação determinada pela MP 881/2019.

III – *(Vetado.)*

- Inciso III acrescentado pela Lei 12.788/2013.

IV – temas sobre os quais exista súmula ou parecer do Advogado-Geral da União que conclua no mesmo sentido do pleito do particular; Inciso IV acrescentado pela Lei 12.844/2013.

- Inciso IV com redação determinada pela MP 881/2019.

V – temas fundados em dispositivo legal que tenha sido declarado inconstitucional pelo Supremo Tribunal Federal em sede de controle difuso e tenha tido sua execução suspensa por Resolução do Senado Federal ou tema sobre o qual exista enunciado de súmula vinculante ou que tenha sido definido pelo Supremo Tribunal Federal em sentido desfavorável à Fazenda Nacional em sede de controle concentrado de constitucionalidade;

- Inciso V com redação determinada pela MP 881/2019.

VI – temas decididos pelo Supremo Tribunal Federal, em matéria constitucional, ou pelo Superior Tribunal de Justiça, pelo Tribunal Superior do Trabalho, pelo Tribunal Superior Eleitoral ou pela Turma Nacional de Uniformização de Jurisprudência, no âmbito de suas competências, quando não houver viabilidade de reversão da tese firmada em sentido desfavorável à Fazenda Nacional, conforme critérios definidos em ato do Procurador-Geral da Fazenda Nacional; e

- Inciso VI acrescentado MP 881/2019.

VII – temas que sejam objeto de súmula da administração tributária federal de que trata o art. 18-A.

- Inciso VII acrescentado MP 881/2019.

§ 1º Nas matérias de que trata este artigo, o Procurador da Fazenda Nacional que atuar no feito deverá, expressamente:

- § 1º com redação determinada pela Lei 12.844/2013.

I – reconhecer a procedência do pedido, quando citado para apresentar resposta, inclusive em embargos à execução fiscal e exceções de pré-executividade, hipóteses em que não haverá condenação em honorários; ou

II – manifestar o seu desinteresse em recorrer, quando intimado da decisão judicial.

§ 2º A sentença, ocorrendo a hipótese do § 1º, não se subordinará ao duplo grau de jurisdição obrigatório.

☛ **§ 3º** O parecer da Procuradoria-Geral da Fazenda Nacional que examina a juridicidade de proposições normativas não se enquadra no disposto no inciso II do caput.

- § 3º com redação determinada pela MP 881/2019.

§ 4º A dispensa de que tratam os incisos V e VI do caput poderá ser estendido a tema não abrangido pelo julgado, quando a ele forem aplicáveis os fundamentos determinantes extraídos do julgamento paradigma ou da jurisprudência consolidada, desde que inexista outro fundamento relevante que justifique a impugnação em juízo.

- § 4º com redação determinada pela MP 881/2019.

§ 5º O disposto neste artigo estende-se, no que couber, aos demais meios de impugnação às decisões judiciais.

- § 5º com redação determinada pela MP 881/2019.

§ 6º *(Vetado.)*

- § 6º acrescentado pela Lei 12.788/2013.

§ 7º O disposto neste artigo aplica-se a todas as causas em que as unidades da Procuradoria-Geral da Fazenda Nacional devam atuar na qualidade de representante judicial ou de autoridade coatora.

- § 7º com redação determinada pela MP 881/2019.

§ 8º Os órgãos do Poder Judiciário e as unidades da Procuradoria-Geral da Fazenda Nacional poderão, de comum acordo, realizar mutirões para análise do enquadramento de processos ou de recursos nas hipóteses previstas neste artigo, e realizar adequação procedimental com fundamento no disposto no art. 190 da Lei 13.105, de 16 de março de 2015 – Código de Processo Civil.

- § 8º acrescentado pela MP 881/2019.

Art. 19-A. Os Auditores-fiscais da Secretaria Especial da Receita Federal do Brasil não constituirão os créditos tributários relativos aos temas de que trata o art. 19, observado:

- Artigo acrescentado pela MP 881/2019.

I – o disposto no parecer a que se refere no inciso II do caput do art. 19, que será aprovado na forma do disposto no art. 42 da Lei Complementar 73, de 10 de fevereiro de 1993;

II – o parecer a que se refere o inciso IV do art. 19, que será aprovado na forma do disposto no art. 40 da Lei Complementar 73, de 1993, ou, quando não aprovado por despacho do Presidente da República, houver concordância com a sua aplicação pelo Ministro de Estado da Economia;

III – nas hipóteses de que tratam os incisos VI do caput do art. 19 e o § 4º do art. 19, a Procuradoria-Geral da Fazenda Nacional se manifestará sobre os temas abrangidos pela dispensa.

§ 1º Nas hipóteses de que trata este artigo, os Auditores-fiscais da Secretaria Especial da Receita Federal do Brasil do Ministério da Economia adotarão, em suas decisões, o entendimento a que estiverem vinculados, inclusive para fins de revisão de ofício do lançamento e de repetição de indébito administrativa.

§ 2º O disposto neste artigo aplica-se, no que couber, aos responsáveis pela retenção de tributos e, ao emitirem laudos periciais para atestar a existência de condições que gerem isenção de tributos, aos serviços médicos oficiais.

Art. 19-B. Os demais órgãos da administração pública que administrem créditos tributários e não tributários passíveis de inscrição e de cobrança pela Procuradoria-Geral da Fazenda Nacional encontram-se dispensados de constituir e de promover a cobrança com fundamento nas hipóteses de dispensa de que trata o art. 19.

- Artigo acrescentado pela MP 881/2019.

Parágrafo único. A aplicação do disposto no caput observará, no que couber, as disposições do art. 19-A.

Art. 19-C. A Procuradoria-Geral da Fazenda Nacional poderá dispensar a prática de atos processuais, inclusive a desistência de recursos interpostos, quando o benefício patrimonial almejado com o ato não atender aos critérios de racionalidade, de economicidade e de eficiência.

- Artigo acrescentado pela MP 881/2019.

§ 1º O disposto no caput inclui o estabelecimento de parâmetros de valor para a dispensa da prática de atos processuais.

§ 2º A aplicação do disposto neste artigo não implicará o reconhecimento da procedência do pedido formulado pelo autor.

§ 3º O disposto neste artigo aplica-se, inclusive, na atuação da Procuradoria-Geral da Fazenda Nacional no âmbito do contencioso administrativo fiscal.

Art. 19-D. À Procuradoria-Geral da União e à Procuradoria-Geral Federal aplica-se, no que couber, o disposto nos art. 19, art. 19-B e art. 19-C, sem prejuízo do disposto na Lei 9.469, de 10 de julho de 1997.

- Artigo acrescentado pela MP881/2019.

§ 1º Aos órgãos da administração pública federal direta, representados pela Procuradoria-Geral da União, e às autarquias e fundações públicas, representadas pela Procuradoria-Geral Federal, aplica-se, no que couber, o disposto no art. 19-B.

§ 2º Ato do Advogado-Geral da União disciplinará o disposto neste artigo.

Art. 20. Serão arquivados, sem baixa na distribuição, por meio de requerimento do Procurador da Fazenda Nacional, os autos das execuções fiscais de débitos inscritos em Dívida Ativa da União pela Procuradoria-Geral da Fazenda Nacional ou por ela cobrados, de valor consolidado igual ou inferior àquele estabelecido em ato do Procurador-Geral da Fazenda Nacional.

- *Caput* com redação determinada pela MP 881/2019.

§ 1º Os autos de execução a que se refere este artigo serão reativados quando os valores dos débitos ultrapassarem os limites indicados.

§ 2º Serão extintas, mediante requerimento do Procurador da Fazenda Nacional, as execuções que versem exclusivamente sobre honorários devidos à Fazenda Nacional de valor igual ou inferior a R$ 1.000,00 (mil reais).

- § 2º com redação determinada pela Lei 11.033/2004.

§ 3º *(Revogado pela Lei 13.043/2014.)*

§ 4º No caso de reunião de processos contra o mesmo devedor, na forma do art. 28 da Lei 6.830, de 22 de setembro de 1980, para os fins de que trata o limite indicado no *caput* deste artigo, será considerada a soma dos débitos consolidados das inscrições reunidas.

- § 4º acrescentado pela Lei 11.033/2004.

Art. 20-A. Nos casos de execução contra a Fazenda Nacional, é a Procuradoria-Geral da Fazenda Nacional autorizada a não opor embargos, quando o valor pleiteado pelo exequente for inferior àquele fixado em ato do Ministro da Fazenda.

- Artigo acrescentado pela Lei 12.649/2012.

☛ **Art. 20-B.** Inscrito o crédito em dívida ativa da União, o devedor será notificado para, em até cinco dias, efetuar o pagamento do valor atualizado monetariamente, acrescido de juros, multa e demais encargos nela indicados.

- Artigo acrescentado pela Lei 13.606/2018.

§ 1º A notificação será expedida por via eletrônica ou postal para o endereço do devedor e será considerada entregue depois de decorridos quinze dias da respectiva expedição.

§ 2º Presume-se válida a notificação expedida para o endereço informado pelo contribuinte ou responsável à Fazenda Pública.

§ 3º Não pago o débito no prazo fixado no caput deste artigo, a Fazenda Pública poderá:

I – comunicar a inscrição em dívida ativa aos órgãos que operam bancos de dados e cadastros relativos a consumidores e aos serviços de proteção ao crédito e congêneres; e

II – averbar, inclusive por meio eletrônico, a certidão de dívida ativa nos órgãos de registro de bens e direitos sujeitos a arresto ou penhora, tornando-os indisponíveis.

Art. 20-C. A Procuradoria-Geral da Fazenda Nacional poderá condicionar o ajuizamento de execuções fiscais à verificação de indícios de bens, direitos ou atividade econômica dos devedores ou corresponsáveis, desde que úteis à satisfação integral ou parcial dos débitos a serem executados.

Parágrafo único. Compete ao Procurador-Geral da Fazenda Nacional definir os limites, critérios e parâmetros para o ajuizamento da ação de que trata o caput deste artigo, observados os critérios de racionalidade, economicidade e eficiência.

- Artigo acrescentado pela Lei 13.606/2018.

Art. 20-D. Sem prejuízo da utilização das medidas judicias para recuperação e acautelamento dos créditos inscritos, se houver indícios da prática de ato ilícito previsto na legislação tributária, civil e empresarial como causa de responsabilidade de terceiros por parte do contribuinte, sócios, administradores, pessoas relacionadas e demais responsáveis, a Procuradoria-Geral da Fazenda Nacional poderá, a critério exclusivo da autoridade fazendária:

- Artigo acrescentado pela Lei 13.606/2018.

I – notificar as pessoas de que trata o caput deste artigo ou terceiros para prestar depoimentos ou esclarecimentos;

II – requisitar informações, exames periciais e documentos de autoridades federais, estaduais e municipais, bem como dos órgãos e entidades da Administração Pública direta, indireta ou fundacional, de qualquer dos Poderes da União, dos Estados, do Distrito Federal e dos Municípios;

III – instaurar procedimento administrativo para apuração de responsabilidade por débito inscrito em dívida ativa da União, ajuizado ou não, observadas, no que couber, as disposições da Lei 9.784, de 29 de janeiro de 1999.

Art. 20-E. A Procuradoria-Geral da Fazenda Nacional editará atos complementares para o fiel cumprimento do disposto nos arts. 20-B, 20-C e 20-D desta Lei.

- Artigo acrescentado pela Lei 13.606/2018.

Art. 21. Fica isento do pagamento dos honorários de sucumbência o autor da demanda de natureza tributária, proposta contra a União (Fazenda Nacional), que desistir da ação e renunciar ao direito sobre que ela se funda, desde que:

I – a decisão proferida no processo de conhecimento não tenha transitado em julgado;

II – a renúncia e o pedido de conversão dos depósitos judiciais em renda da União sejam protocolizados até 15 de setembro de 1997.

Art. 22. O pedido poderá ser homologado pelo juiz, pelo relator do recurso, ou pelo presidente do tribunal, ficando extinto o crédito tributário, até o limite dos depósitos convertidos.

§ 1º Na hipótese de a homologação ser da competência do relator ou do presidente do tribunal, incumbirá ao autor peticionar ao juiz de primeiro grau que houver apreciado o feito, informando a homologação da renúncia para que este determine, de imediato, a conversão dos depósitos em renda da União, independentemente do retorno dos autos do processo ou da respectiva ação cautelar à vara de origem.

§ 2º A petição de que trata o § 1º deverá conter o número da conta a que os depósitos estejam vinculados e virá acompanhada de cópia da página do órgão oficial onde tiver sido publicado o ato homologatório.

§ 3º Com a renúncia da ação principal deverão ser extintas todas as ações cautelares a ela vinculadas, nas quais não será devida verba de sucumbência.

Art. 23. O ofício para que o depositário proceda à conversão de depósito em renda deverá ser expedido no prazo máximo de 15 (quinze) dias, contado da data do despacho judicial que acolher a petição.

Art. 24. As pessoas jurídicas de direito público são dispensadas de autenticar as cópias reprográficas de quaisquer documentos que apresentem em juízo.

Art. 25. O termo de inscrição em Dívida Ativa da União, bem como o das autarquias e fundações públicas federais, a Certidão de Dívida Ativa dele extraída e a petição inicial em processo de execução fiscal poderão ser subscritos manualmente, ou por chancela mecânica ou eletrônica, observadas as disposições legais.

- *Caput* com redação determinada pela Lei 11.941/2009.

Parágrafo único. O disposto no *caput* deste artigo aplica-se, também, à inscrição em Dívida Ativa e à cobrança judicial da contribuição, multas e demais encargos previstos na legislação respectiva, relativos ao Fundo de Garantia do Tempo de Serviço.

Art. 26. Fica suspensa a restrição para transferência de recursos federais a Estados, Distrito Federal e Municípios destinados à execução de ações sociais ou ações em faixa de fronteira, em decorrência de inadimplementos objetos de registro no Cadin e no Sistema Integrado de Administração Financeira do Governo Federal – Siafi.

- *Caput* com redação determinada pela Lei 12.810/2013.

§ 1º Na transferência de recursos federais prevista no *caput*, ficam os Estados, o Distrito Federal e os Municípios dispensados da apresentação de certidões exigidas em leis, decretos e outros atos normativos.

§ 2º Não se aplica o disposto neste artigo aos débitos com o Instituto Nacional do Seguro Social – INSS, exceto quando se tratar de transferências relativas à assistência social.

- § 2º com redação determinada pela Lei 10.954/2004.

§ 3º Os débitos para com a Fazenda Nacional, vencidos até 31 de maio de 1996, não inscritos na Dívida Ativa da União, de responsabilidade dos Estados, do Distrito Federal, dos Municípios e de suas entidades da Administração indireta, decorrentes, exclusivamente, de convênios celebrados com a União, poderão ser parcelados nas seguintes condições:

I – o pedido de parcelamento deverá ser encaminhado, até 31 de agosto de 1998, ao órgão gestor do convênio inadimplido, que o submeterá à Secretaria do Tesouro Nacional com manifestação sobre a conveniência do atendimento do pleito;

II – o pedido deverá ser instruído com autorização legislativa específica, inclusive quanto à vinculação das receitas próprias do beneficiário ou controlador e das quotas de repartição dos tributos a que se referem os arts. 155, 156, 157, 158 e 159, incisos I, alíneas *a* e *c*, e II, da Constituição;

III – o débito objeto do parcelamento será consolidado na data da concessão;

IV – o parcelamento será formalizado pela Procuradoria-Geral da Fazenda Nacional mediante a celebração de contrato de confissão, consolidação e parcelamento de dívida, com a interveniência do Banco do Brasil S.A., na qualidade de Agente Financeiro do Tesouro Nacional, nos termos de convênio a ser celebrado com a União;

V – o vencimento da primeira prestação será 30 (trinta) dias após a assinatura do contrato de parcelamento;

VI – o pedido de parcelamento constitui confissão irretratável de dívida, mas a exatidão do valor dele constante poderá ser objeto de verificação.

§ 4º Aos contratos celebrados nas condições estabelecidas no § 3º aplica-se o disposto no art. 13 desta Lei.

Art. 26-A. O órgão ou entidade que receber recursos para execução de convênios, contratos de repasse e termos de parcerias na forma estabelecida pela legislação federal estará sujeito a prestar contas da sua boa e regular aplicação, observando-se o disposto nos §§ 1º a 10 deste artigo.

- Artigo com redação determinada pela Lei 12.810/2013.

§ 1º Norma específica disporá sobre o prazo para prestação de contas e instauração de tomada de contas especial, se for o caso.

§ 2º Quando a prestação de contas não for encaminhada no prazo estabelecido, será concedido o prazo máximo de 30 (trinta) dias para sua apresentação, ou recolhimento dos recursos, incluídos os

Legislação

rendimentos da aplicação no mercado financeiro, atualizados monetariamente e acrescidos de juros de mora, na forma da lei.

§ 3º Para os convênios em que não tenha havido qualquer execução física nem utilização dos recursos, o recolhimento à conta única do Tesouro deverá ocorrer sem a incidência de juros de mora, mas com os rendimentos da aplicação financeira.

§ 4º Apresentada a prestação de contas, o concedente deverá apreciá-la aprovando ou rejeitando, total ou parcialmente, as contas, de forma motivada.

§ 5º Na ocorrência de uma das hipóteses de inadimplência previstas nos §§ 1º a 4º, ou no caso de as contas prestadas serem rejeitadas total ou parcialmente, o concedente registrará a inadimplência no sistema de gestão do instrumento e comunicará o fato ao órgão de contabilidade analítica a que estiver vinculado, para fins de instauração de tomada de contas especial, ou outro procedimento de apuração no qual sejam garantidos oportunizados o contraditório e a ampla defesa das partes envolvidas.

§ 6º Confirmada a existência de prejuízo ao erário ou desvio dos recursos na forma do § 5º, serão implementadas medidas administrativas ou judiciais para recuperação dos valores, sob pena de responsabilização solidária.

§ 7º Cabe ao prefeito e ao governador sucessores prestarem contas dos recursos provenientes de convênios, contratos de repasse e termos de parcerias firmados pelos seus antecessores.

§ 8º Na impossibilidade de atender ao disposto no § 7º, deverão ser apresentadas ao concedente justificativas que demonstrem o impedimento de prestar contas e solicitação de instauração de tomada de contas especial.

§ 9º Adotada a providência prevista no § 8º, o registro de inadimplência do órgão ou entidade será suspenso, no prazo de até 48 (quarenta e oito) horas, pelo concedente.

§ 10. Norma específica disporá sobre o prazo para registro de inadimplência no sistema de gestão do instrumento e a forma de notificação prévia com os referidos prazos.

Art. 27. Não cabe recurso de ofício das decisões prolatadas pela Secretaria da Receita Federal do Brasil, em processos relativos a tributos administrados por esse órgão:

- Artigo com redação determinada pela Lei 12.788/ 2013.

I – quando se tratar de pedido de restituição de tributos;

II – quando se tratar de ressarcimento de créditos do Imposto sobre Produtos Industrializados – IPI, da Contribuição para o PIS/Pasep e da Contribuição para o Financiamento da Seguridade Social – Cofins;

III – quando se tratar de reembolso do salário-família e do salário-maternidade;

IV – quando se tratar de homologação de compensação;

V – nos casos de redução de penalidade por retroatividade benigna; e

VI – nas hipóteses em que a decisão estiver fundamentada em decisão proferida em ação direta de inconstitucionalidade, em súmula vinculante proferida pelo Supremo Tribunal Federal e no disposto no § 6º do art. 19.

Art. 28. O inciso II do art. 3º da Lei 8.748, de 9 de dezembro de 1993, passa a ter a seguinte redação:

"II – julgar recurso voluntário de decisão de primeira instância nos processos relativos a restituição de impostos e contribuições e a ressarcimento de créditos do Imposto sobre Produtos Industrializados."

Art. 29. Os débitos de qualquer natureza para com a Fazenda Nacional e os decorrentes de contribuições arrecadadas pela União, constituídos ou não, cujos fatos geradores tenham ocorrido até 31 de dezembro de 1994, que não hajam sido objeto de parcelamento requerido até 31 de agosto de 1995, expressos em quantidade de Ufir, serão reconvertidos para Real, com base no valor daquela fixado para 1º de janeiro de 1997.

§ 1º A partir de 1º de janeiro de 1997, os créditos apurados serão lançados em Reais.

§ 2º Para fins de inscrição dos débitos referidos neste artigo em Dívida Ativa da União, deverá ser informado à Procuradoria-Geral da Fazenda Nacional o valor originário dos mesmos, na moeda vigente à época da ocorrência do fato gerador da obrigação.

§ 3º Observado o disposto neste artigo, bem assim a atualização efetuada para o ano de 2000, nos termos do art. 75 da Lei 9.430, de 27 de dezembro de 1996, fica extinta a Unidade Fiscal de Referência – Ufir, instituída pelo art. 1º da Lei 8.383, de 30 de dezembro de 1991.

Art. 30. Em relação aos débitos referidos no art. 29, bem como aos inscritos em Dívida Ativa da União, passam a incidir, a partir de 1º de janeiro de 1997, juros de mora equivalentes à taxa referencial do Sistema Especial de Liquidação e de Custódia – Selic para títulos federais, acumulada mensalmente, até o último dia do mês anterior ao do pagamento, e de 1% (um por cento) no mês de pagamento.

Art. 31. Ficam dispensados a constituição de créditos da Comissão de Valores Mobiliários – CVM, a inscrição na sua Dívida Ativa e o ajuizamento da respectiva execução fiscal, bem assim cancelados o lançamento e a inscrição relativamente:

I – à taxa de fiscalização e seus acréscimos, de que trata a Lei 7.940, de 20 de dezembro de 1989, devida a partir de 1º de janeiro de 1990 àquela autarquia, pelas companhias fechadas beneficiárias de incentivos fiscais;

II – às multas cominatórias que tiverem sido aplicadas a essas companhias nos termos da Instrução CVM 92, de 8 de dezembro de 1988.

§ 1º O disposto neste artigo somente se aplica àquelas companhias que tenham patrimônio líquido igual ou inferior a R$ 10.000.000,00 (dez milhões de reais), conforme demonstrações financeiras do último exercício social, devidamente auditadas por auditor independente registrado na CVM e procedam ao cancelamento do seu registro na CVM, mediante oferta pública de aquisição da totalidade desses títulos, nos termos do art. 20 e seguintes da Instrução CVM 265, de 18 de julho de 1997, caso tenham ações disseminadas no mercado, em 31 de outubro de 1997.

§ 2º Os autos das execuções fiscais dos débitos de que trata este artigo serão arquivados mediante despacho do juiz, ciente o Procurador da CVM, salvo a existência de valor remanescente relativo a débitos legalmente exigíveis.

§ 3º O disposto neste artigo não implicará restituição de quantias pagas.

Art. 32. O art. 33 do Decreto 70.235, de 6 de março de 1972, que, por delegação do Decreto-lei 822, de 5 de setembro de 1969, regula o processo administrativo de determinação e exigência de créditos tributários da União, passa a vigorar com a seguinte alteração:

"Art. 33 [...]

§ 1º No caso de provimento a recurso de ofício, o prazo para interposição de recurso voluntário começará a fluir da ciência, pelo sujeito passivo, da decisão proferida no julgamento do recurso de ofício.

§ 2º Em qualquer caso, o recurso voluntário somente terá seguimento se o recorrente arrolar bens e direitos de valor equivalente a 30% (trinta por cento) da exigência fiscal definida na decisão, limitado o arrolamento, sem prejuízo do seguimento do recurso, ao total do ativo permanente se pessoa jurídica ou ao patrimônio se pessoa física.

- O STF, na ADI 1.976-7 (*DJE* 10.04.2007), por unanimidade e nos termos do voto do Relator, julgou procedente a ação para declarar a inconstitucionalidade do artigo 32 da MP 1.699-41/1998, convertida na Lei 10.522/2002, que deu nova redação ao artigo 33, § 2º, do Dec. 70.235/1972.

§ 3º O arrolamento de que trata o § 2º será realizado preferencialmente sobre bens imóveis.

§ 4º O Poder Executivo editará as normas regulamentares necessárias à operacionalização do arrolamento previsto no § 2º."

Art. 33. (*Vetado.*)

Art. 34. Fica acrescentado o seguinte parágrafo ao art. 98 da Lei 8.212, de 24 de julho de 1991:

"§ 11. O disposto neste artigo aplica-se às execuções fiscais da Dívida Ativa da União."

Art. 35. As certidões expedidas pelos órgãos da administração fiscal e tributária poderão ser emitidas pela internet (rede mundial de computadores) com as seguintes características:

I – serão válidas independentemente de assinatura ou chancela de servidor dos órgãos emissores;

II – serão instituídas pelo órgão emissor mediante ato específico publicado no *Diário Oficial da União* onde conste o modelo do documento.

Art. 36. O inciso II do art. 11 da Lei 9.641, de 25 de maio de 1998, passa a vigorar com a seguinte redação:

"II – o pagamento da gratificação será devido até que seja definida e implementada a estrutura de apoio administrativo da Procuradoria-Geral da Fazenda Nacional.

[...]"

Art. 37. Os créditos do Banco Central do Brasil passíveis de inscrição e cobrança como Dívida Ativa e não pagos nos prazos previstos serão acrescidos de:

- Artigo com redação determinada pela Lei 12.548/ 2011.

I – juros de mora, contados do primeiro dia do mês subsequente ao do vencimento, equivalentes à taxa referencial do Sistema Especial de Liquidação e de Custódia – Selic para os títulos federais, acumulada mensalmente, até o último dia do mês anterior ao do pagamento, e de 1% (um por cento) no mês do pagamento;

II – multa de mora de 2% (dois por cento), a partir do primeiro dia após o vencimento do débito, acrescida, a cada 30 (trinta) dias, de igual percentual, até o limite de 20% (vinte por cento), incidente sobre o valor atualizado na forma do inciso I do *caput* deste artigo.

§ 1º Os juros de mora incidentes sobre os créditos provenientes de multas impostas em processo administrativo punitivo que, em razão de recurso, tenham sido confirmadas pela instância superior contam-se do primeiro dia do mês subsequente ao do vencimento, previsto na intimação da decisão de primeira instância.

§ 2º Os créditos referidos no *caput* deste artigo poderão ser parcelados em até 30 (trinta) parcelas mensais, a exclusivo critério do Banco Central do Brasil, na forma e condições por ele estabelecidas, incidindo sobre cada parcela a pagar os juros de mora previstos neste artigo.

Art. 37-A. Os créditos das autarquias e fundações públicas federais, de qualquer natureza, não pagos nos prazos previstos na legislação, serão acrescidos de juros e multa de mora, calculados nos termos e na forma da legislação aplicável aos tributos federais.

- Artigo acrescentado pela Lei 11.941/2009.

§ 1º Os créditos inscritos em Dívida Ativa serão acrescidos de encargo legal, substitutivo da condenação do devedor em honorários advocatícios, calculado nos termos e na forma da legislação aplicável à Dívida Ativa da União.

§ 2º O disposto neste artigo não se aplica aos créditos do Banco Central do Brasil.

Art. 37-B. Os créditos das autarquias e fundações públicas federais, de qualquer natureza, poderão ser parcelados em até 60 (sessenta) prestações mensais.

- Artigo acrescentado pela Lei 11.941/2009.

§ 1º O disposto neste artigo somente se aplica aos créditos inscritos em Dívida Ativa e centralizados nas Procuradorias Regionais Federais, Procuradorias Federais nos Estados e Procuradorias Seccionais Federais, nos termos dos §§ 11 e 12 do art. 10 da Lei 10.480, de 2 de julho de 2002, e do art. 22 da Lei 11.457, de 16 de março de 2007.

§ 2º O parcelamento terá sua formalização condicionada ao prévio pagamento da primeira prestação, conforme o montante do débito e o prazo solicitado, observado o disposto no § 9º deste artigo.

§ 3º Enquanto não deferido o pedido, o devedor fica obrigado a recolher, a cada mês, o valor correspondente a uma prestação.

§ 4º O não cumprimento do disposto neste artigo implicará o indeferimento do pedido.

§ 5º Considerar-se-á automaticamente deferido o parcelamento, em caso de não manifestação da autoridade competente no prazo de 90 (noventa) dias, contado da data da protocolização do pedido.

§ 6º O pedido de parcelamento deferido constitui confissão de dívida e instrumento hábil e suficiente para exigência do crédito, podendo a exatidão dos valores parcelados ser objeto de verificação.

§ 7º O débito objeto de parcelamento será consolidado na data do pedido.

§ 8º O devedor pagará as custas, emolumentos e demais encargos legais.

§ 9º O valor mínimo de cada prestação mensal será definido por ato do Procurador-Geral Federal.

§ 10. O valor de cada prestação mensal, por ocasião do pagamento, será acrescido de juros equivalentes à taxa referencial do Sistema Especial de Liquidação e de Custódia – Selic para títulos federais, acumulada mensalmente, calculados a partir do mês subsequente ao da consolidação até o mês anterior ao do pagamento, e de 1% (um por cento) relativamente ao mês em que o pagamento estiver sendo efetuado.

§ 11. A falta de pagamento de três parcelas, consecutivas ou não, ou de uma parcela, estando pagas todas as demais, implicará a imediata rescisão do parcelamento e, conforme o caso, o prosseguimento da cobrança.

§ 12. Atendendo ao princípio da economicidade, observados os termos, os limites e as condições estabelecidos em ato do Procurador-Geral Federal, poderá ser concedido, de ofício ou a pedido, parcelamento simplificado, importando o pagamento da primeira prestação em confissão de dívida e instrumento hábil e suficiente para a exigência do crédito.

§ 13. Observadas as condições previstas neste artigo, será admitido reparcelamento dos débitos, inscritos em Dívida Ativa das autarquias e fundações públicas federais, constantes de parcelamento em andamento ou que tenha sido rescindido.

§ 14. A formalização do pedido de reparcelamento fica condicionada ao recolhimento da primeira parcela em valor correspondente a:

I – 10% (dez por cento) do total dos débitos consolidados; ou

II – 20% (vinte por cento) do total dos débitos consolidados, caso haja débito com histórico de reparcelamento anterior.

§ 15. Aplicam-se subsidiariamente aos pedidos de reparcelamento, naquilo que não os contrariar, as demais disposições relativas ao parcelamento previstas neste artigo.

§ 16. O parcelamento de que trata este artigo será requerido exclusivamente perante as Procuradorias Regionais Federais, as Procuradorias Federais nos Estados e as Procuradorias Seccionais Federais.

§ 17. A concessão do parcelamento dos débitos a que se refere este artigo compete privativamente às Procuradorias Regionais Federais, às Procuradorias Federais nos Estados e às Procuradorias Seccionais Federais.

§ 18. A Procuradoria-Geral Federal editará atos necessários à execução do parcelamento de que trata este artigo.

§ 19. Mensalmente, a Procuradoria-Geral Federal divulgará, no sítio da Advocacia-Geral da União, demonstrativos dos parcelamentos concedidos no âmbito de sua competência.

§ 20. Ao disposto neste artigo aplicam-se subsidiariamente as regras previstas nesta Lei para o parcelamento dos créditos da Fazenda Nacional.

Art. 37-C. A Advocacia-Geral da União poderá celebrar os convênios de que trata o art. 46 da Lei 11.457, de 16 de março de 2007, em relação às informações de pessoas físicas ou jurídicas que tenham débito inscrito em Dívida Ativa das autarquias e fundações públicas federais.

- Artigo acrescentado pela Lei 11.941/2009.

Art. 38. Ficam convalidados os atos praticados com base na Medida Provisória 2.176–79, de 23 de agosto de 2001.

Art. 39. Ficam revogados o art. 11 do Decreto-lei 352, de 17 de junho de 1968, e alterações posteriores; o art. 10 do Decreto-lei 2.049, de 1º de agosto de 1983; o art. 11 do Decreto-lei 2.052, de 3 de agosto de 1983; o art. 11 do Decreto-lei 2.163, de 19 de setembro de 1984; os arts. 91, 93 e 94 da Lei 8.981, de 20 de janeiro de 1995.

Art. 40. Esta Lei entra em vigor na data de sua publicação.

Brasília, 19 de julho de 2002; 181º da Independência e 114º da República.

Fernando Henrique Cardoso

(*DOU* 22.07.2002)

LEI 10.555, DE 13 DE NOVEMBRO DE 2002

Autoriza condições especiais para o crédito de valores iguais ou inferiores a R$ 100,00, de que trata a Lei Complementar 110, de 29 de junho de 2001, e dá outras providências.

Faço saber que o Presidente da República adotou a Medida Provisória 55, de 2002, que o Congresso Nacional aprovou, e eu, Ramez Tebet, Presidente da Mesa do Congresso Nacional, para os efeitos do disposto no art. 62 da Constituição Federal, com a redação dada pela Emenda Constitucional n. 32, de 2001, promulgo a seguinte Lei:

Art. 1º Fica a Caixa Econômica Federal autorizada a creditar em contas vinculadas específicas do Fundo de Garantia do Tempo de Serviço – FGTS, a expensas do próprio Fundo, os valores do complemento de atualização monetária de que trata o art. 4º da Lei Complementar 110, de 29 de junho de 2001, cuja importância, em 10 de julho de 2001, seja igual ou inferior a R$ 100,00 (cem reais).

§ 1º A adesão de que trata o art. 4º da Lei Complementar 110, de 2001, em relação às contas a que se refere o caput, será caracterizada no ato de recebimento do valor creditado na conta vinculada, dispensada a comprovação das condições de saque previstas no art. 20 da Lei 8.036, de 11 de maio de 1990.

§ 2º Caso a adesão não se realize até o final do prazo regulamentar para o seu exercício, o crédito será imediatamente revertido ao FGTS.

Art. 2º O titular de conta vinculada do FGTS, com idade igual ou superior a sessenta anos ou que vier a completar essa idade a qualquer tempo, fará jus ao crédito do complemento de atualização monetária de que trata a Lei Complementar 110, de 2001, com a redução nela prevista, em parcela única, desde que tenha firmado o termo de adesão de que trata o art. 6º da mencionada Lei Complementar.

- Artigo com redação determinada pela Lei 10.936/2004.

Art. 2º-A. O beneficiário de titular de conta vinculada do FGTS, falecido, terá direito ao crédito do complemento de atualização monetária de que trata a Lei Complementar 110, de 2001, com a redução nela prevista, em parcela única, desde que tenha sido firmado pelo beneficiário ou pelo próprio titular o termo de adesão de que trata o art. 6º da mencionada Lei Complementar.

- Artigo acrescentado pela Lei 10.936/2004.

Art. 3º Esta Lei entra em vigor na data da sua publicação.

Congresso Nacional, em 13 e novembro de 2002; 181º da Independência e 114º da República

Senador Ramez Tebet
Presidente da Mesa do Congresso Nacional

(*DOU* 14.11.2002)

LEI 10.556, DE 13 DE NOVEMBRO DE 2002

Dispõe sobre a inclusão dos cargos que especifica no Plano de Classificação de Cargos, instituído pela Lei 5.645, de 10 de dezembro de 1970, altera as Leis 10.486, de 4 de julho de 2002, e 5.662, de 21 de junho de 1971, e dá outras providências.

Faço saber que o Presidente da República adotou a Medida Provisória 56, de 2002, que o Congresso Nacional aprovou, e eu, Ramez Tebet, Presidente da Mesa do Congresso Nacional, para os efeitos do disposto no art. 62 da Constituição Federal, com a redação dada pela Emenda Constitucional n. 32, de 2001, promulgo a seguinte Lei:

Art. 1º Ficam incluídos nos Grupos Outras Atividades de Nível Superior e Outras Atividades de Nível Médio do Plano de Classificação de Cargos de que trata a Lei 5.645, de 10 de dezembro de 1970, as Categorias Funcionais dos Quadros de Pessoal da Administração Pública Federal que integram as Tabelas de Especialistas, na forma do Anexo a esta Lei.

§ 1º Na aplicação do disposto neste artigo, não poderá ocorrer mudança de nível, classe e padrão.

§ 2º (Revogado pela Lei 11.355/2006)

Art. 2º Os servidores de que trata o art. 26 da Lei 8.691, de 28 de julho de 1993, poderão manifestar-se, no prazo de 60 (sessenta) dias, contado a partir da publicação desta Lei, pelo reenquadramento no cargo anteriormente ocupado, mantida a sua denominação, sem prejuízo da atual lotação ou unidade de exercício.

Parágrafo único. A partir do reenquadramento de que trata o caput, o servidor deixará de perceber as vantagens previstas na Lei 8.691, de 1993, e na Medida Provisória 2.229-43, de 6 de setembro de 2001, somente fazendo jus às vantagens do cargo que voltar a ocupar.

Art. 3º A restrição de que trata o § 1º do art. 58 da Medida Provisória 2.229-43, de 2001, feita aos ocupantes de cargos efetivos estruturados em carreiras não se aplica aos servidores abrangidos pela Lei 10.483, de 3 de julho de 2002.

Art. 4º O § 3º do art. 36 da Lei 10.486, de 4 de julho de 2002, passa a vigorar com a seguinte redação:

"§ 3º Fica assegurado aos atuais militares:

I – a manutenção dos benefícios previstos na Lei 3.765, de 4 de maio de 1960, até 29 de dezembro de 2000, mediante contribuição específica de 1,5% (um vírgula cinco por cento) da remuneração ou proventos; ou

II – a renúncia, em caráter irrevogável, ao disposto no inciso I, desde que expressa até 31 de agosto de 2002."

Art. 5º Para a cobrança da contribuição específica, a que se refere o inciso I do § 3º do art. 36 da Lei 10.486, de 2002, com a nova base de cálculo instituída pelo art. 4º desta Lei, observar-se-á o disposto no art. 195, § 6º, da Constituição.

Art. 6º Para o cálculo proporcional dos proventos das aposentadorias compulsórias e por invalidez, relativas aos servidores regidos pela Lei 8.112, de 11 de dezembro de 1990, serão considerados os valores das gratificações de desempenho profissional, individual ou institucional e de produtividade, percebidos no mês anterior ao do afastamento.

Parágrafo único. O disposto no caput não se aplica às aposentadorias por invalidez permanente decorrentes de acidente em serviço, moléstia profissional ou doença grave, contagiosa ou incurável, especificadas em lei.

Art. 7º A Lei 5.662, de 21 de junho de 1971, passa a vigorar acrescida do seguinte art. 4º-A:

"Art. 4º-A. O disposto no art. 224 da Consolidação das Leis do Trabalho – CLT, aprovada pelo Decreto-lei 5.452, de 1º de maio de 1943, não se aplica aos empregados do Banco Nacional de Desenvolvimento Econômico e Social – BNDES e aos de suas subsidiárias.

Parágrafo único. A jornada de trabalho dos empregados do BNDES e de suas subsidiárias será de sete horas diárias, perfazendo um total de trinta e cinco horas de trabalho semanais, não podendo ser reduzida em qualquer hipótese."

Art. 8º O disposto na Seção I do Capítulo I do Título III da Consolidação das Leis do Trabalho – CLT, aprovada pelo Decreto-lei 5.452, de 1º de maio de 1943, não se aplica aos empregados da Financiadora de Estudos e Projetos – FINEP.

Parágrafo único. A jornada de trabalho dos empregados da FINEP será de oito horas diárias, perfazendo um total de quarenta horas de trabalho semanais, não podendo ser reduzida em qualquer hipótese.

Art. 9º Esta Lei entra em vigor na data da sua publicação.

Congresso Nacional, em 13 de novembro de 2002; 181º da Independência e 114º da República.

Senador Ramez Tebet
Presidente da Mesa do Congresso Nacional

(*DOU* 14.11.2002)

ANEXO

CARGO	NÍVEL DO CARGO	CÓDIGO	QUANTITATIVO (ATIVOS)
Especialista de Nível Superior	NS	33085	2
Especialista de Nível Superior	NS	68024	361
Técnico de Nível Superior	NS	68085	163
Técnico Nível Superior	NS	32075	402
Especialista Nível Médio	NI	27064	4.135
Tabela de Especialista	NI	27063	1
Técnico de Nível Médio	NI	27076	44
Técnico Nível Médio	NI	44059	963
Especialista Nível Apoiou	NA	24027	64

LEI 10.637, DE 30 DE DEZEMBRO DE 2002

Dispõe sobre a não cumulatividade na cobrança da contribuição para os Programas de Integração Social (PIS) e de Formação do Patrimônio do Servidor Público (Pasep), nos casos que especifica; sobre o pagamento e o parcelamento de débitos tributários federais, a compensação de créditos fiscais, a declaração de inaptidão de inscrição de pessoas jurídicas, a legislação aduaneira, e dá outras providências.

- V. LC 7/1970 (Fundo PIS/Pasep).
- V. LC 26/1975 (Fundo PIS/Pasep).
- V. Lei 7.998/1990 (Fundo PIS/Pasep).
- V. arts. 15 e 16, Lei 10.833/2003 (Altera a Legislação Tributária Federal).

O Presidente da República:

Faço saber que o Congresso Nacional decreta e eu sanciono a seguinte Lei:

Capítulo I
Da Cobrança não Cumulativa do Pis e do Pasep

Art. 1º A Contribuição para o PIS/Pasep, com a incidência não cumulativa, incide sobre o total das receitas auferidas no mês pela pessoa jurídica, independentemente de sua denominação ou classificação contábil.

- *Caput* com redação determinada pela Lei 12.973/ 2014 (*DOU* 14.05.2014), em vigor em 1º.01.2015.
- V. art. 119, § 1º, I, Lei 12.973/2014.

§ 1º Para efeito do disposto neste artigo, o total das receitas compreende a receita bruta de que trata o art. 12 do Decreto-lei 1.598, de 26 de dezembro de 1977, e todas as demais receitas auferidas pela pessoa jurídica com os respectivos valores decorrentes do ajuste a valor presente de que trata o inciso VIII do *caput* do art. 183 da Lei 6.404, de 15 de dezembro de 1976.

- § 1º com redação determinada pela Lei 12.973/2014 (*DOU* 14.05.2014), em vigor em 1º.01.2015.
- V. art. 119, § 1º, I, Lei 12.973/2014.

§ 2º A base de cálculo da Contribuição para o PIS/Pasep é o total das receitas auferidas pela pessoa jurídica, conforme definido no *caput* e no § 1º.

- § 2º com redação determinada pela Lei 12.973/2014 (*DOU* 14.05.2014), em vigor em 1º.01.2015.
- V. art. 119, § 1º, I, Lei 12.973/2014.

§ 3º Não integram a base de cálculo a que se refere este artigo, as receitas:

I – decorrentes de saídas isentas da contribuição ou sujeitas à alíquota zero;

II – *(Vetado)*.

III – auferidas pela pessoa jurídica revendedora, na revenda de mercadorias em relação às quais a contribuição seja exigida da empresa vendedora, na condição de substituta tributária;

- V. art. 16, Lei 10.865/2004 (Contribuição para o PIS/Pasep e a Cofins incidentes sobre a importação de bens e serviços).

IV – *(Revogado pela Lei 11.727/2008 – DOU 24.06.2008, a partir do primeiro dia do quarto mês subsequente ao de sua publicação).*

V – referentes a:

a) vendas canceladas e aos descontos incondicionais concedidos;

b) reversões de provisões e recuperações de créditos baixados como perda, que não representem ingresso de novas receitas, o resultado positivo da avaliação de investimentos pelo valor do patrimônio líquido e os lucros e dividendos derivados de participações societárias, que tenham sido computados como receita;

- Alínea *b* com redação determinada pela Lei 12.973/ 2014 (*DOU* 14.05.2014), em vigor em 1º.01.2015.
- V. art. 119, § 1º, I, Lei 12.973/2014.

VI – de que trata o inciso IV do *caput* do art. 187 da Lei 6.404, de 15 de dezembro de 1976, decorrentes da venda de bens do ativo não circulante, classificado como investimento, imobilizado ou intangível;

- Inciso VI com redação determinada pela Lei 12.973/ 2014 (*DOU* 14.05.2014), em vigor em 1º.01.2015.
- V. art. 119, § 1º, I, Lei 12.973/2014.

VII – decorrentes de transferência onerosa a outros contribuintes do Imposto sobre Operações relativas à Circulação de Mercadorias e sobre Prestações de Serviços de Transporte Interestadual e Intermunicipal e de Comunicação – ICMS de créditos de ICMS originados de operações de exportação, conforme o disposto no inciso II do § 1º do art. 25 da Lei Complementar 87, de 13 de setembro de 1996.

- Inciso VII acrescentado pela Lei 11.945/2009 (*DOU* 05.06.2009), em vigor na data de sua publicação, produzindo efeitos a partir de 1º.01.2009 (V. art. 33, I, c, da referida Lei).

VIII – financeiras decorrentes do ajuste a valor presente de que trata o inciso VIII do *caput* do art. 183 da Lei 6.404, de 15 de dezembro de 1976, referentes a receitas excluídas da base de cálculo da Contribuição para o PIS/Pasep;

- Inciso VIII acrescentado pela Lei 12.973/2014 (*DOU* 14.05.2014), em vigor em 1º.01.2015.
- V. art. 119, § 1º, I, Lei 12.973/2014.

IX – relativas aos ganhos decorrentes de avaliação de ativo e passivo com base no valor justo;

- Inciso IX acrescentado pela Lei 12.973/2014 (*DOU* 14.05.2014), em vigor em 1º.01.2015.
- V. art. 119, § 1º, I, Lei 12.973/2014.

X – de subvenções para investimento, inclusive mediante isenção ou redução de impostos, concedidas como estímulo à implantação ou expansão de empreendimentos econômicos e de doações feitas pelo poder público;

- Inciso X acrescentado pela Lei 12.973/2014 (*DOU* 14.05.2014), em vigor em 1º.01.2015.
- V. art. 119, § 1º, I, Lei 12.973/2014.

XI – reconhecidas pela construção, recuperação, reforma, ampliação ou melhoramento da infraestrutura, cuja contrapartida seja ativo intangível representativo de direito de exploração, no caso de contratos de concessão de serviços públicos;

- Inciso XI acrescentado pela Lei 12.973/2014 (*DOU* 14.05.2014), em vigor em 1º.01.2015.
- V. art. 119, § 1º, I, Lei 12.973/2014.

XII – relativas ao valor do imposto que deixar de ser pago em virtude das isenções e reduções de que tratam as alíneas *a*, *b*, *c* e *e* do § 1º do art. 19 do Decreto-lei 1.598, de 26 de dezembro de 1977; e

- Inciso XII acrescentado pela Lei 12.973/2014 (*DOU* 14.05.2014), em vigor em 1º.01.2015.
- V. art. 119, § 1º, I, Lei 12.973/2014.

XIII – relativas ao prêmio na emissão de debêntures.

- Inciso XIII acrescentado pela Lei 12.973/2014 (*DOU* 14.05.2014), em vigor em 1º.01.2015.
- V. art. 119, § 1º, I, Lei 12.973/2014.

Art. 2º Para determinação do valor da contribuição para o PIS/Pasep aplicar-se-á, sobre a base de cálculo apurada conforme o disposto no art. 1º, a alíquota de 1,65% (um inteiro e sessenta e cinco centésimos por cento).

- V. art. 2º, Lei 11.051/2004 (Desconto de crédito na apuração da CSLL e do PIS/Pasep e Cofins não cumulativas).

- V. art. 4º, parágrafo único, Dec. 5.310/2004 (incidência da Contribuição para o PIS/Pasep e da Cofins sobre as operações de venda efetuada na Zona Franca de Manaus).

§ 1º Excetua-se do disposto no *caput* a receita bruta auferida pelos produtores ou importadores, que devem aplicar as alíquotas previstas:

- *Caput* do § 1º acrescentado pela Lei 10.865/2004 (*DOU* 30.04.2004, edição extra), em vigor na data de sua publicação, produzindo efeitos a partir do primeiro dia do quarto mês subsequente ao de publicação desta Lei (V. art. 46, IV, da referida Lei).

I – nos incisos I a III do art. 4º da Lei 9.718, de 27 de novembro de 1998, e alterações posteriores, no caso de venda de gasolinas e suas correntes, exceto gasolina de aviação, óleo diesel e suas correntes e gás liquefeito de petróleo – GLP derivado de petróleo e de gás natural;

- Inciso I com redação determinada pela Lei 10.925/2004 (*DOU* 26.07.2004), em vigor na data de sua publicação, produzindo efeitos a partir do primeiro dia do quarto mês subsequente ao de publicação desta Lei (V. art. 17, I, b, da referida Lei).

II – no inciso I do art. 1º da Lei 10.147, de 21 de dezembro de 2000, e alterações posteriores, no caso de venda de produtos farmacêuticos, de perfumaria, de toucador ou de higiene pessoal nele relacionados;

- Inciso II acrescentado pela Lei 10.865/2004 (*DOU* 30.04.2004, edição extra), em vigor na data de sua publicação, produzindo efeitos a partir do primeiro dia do quarto mês subsequente ao de publicação desta Lei (V. art. 46, IV, da referida Lei).

III – no art. 1º da Lei 10.485, de 3 de julho de 2002, e alterações posteriores, no caso de venda de máquinas e veículos classificados nos códigos 84.29, 8432.40.00, 84.32.80.00, 8433. 20, 8433.30.00, 8433.40.00, 8433.5, 87.01, 87.02, 87.03, 87.04, 87.05 e 87.06, da Tipi;

- Inciso III acrescentado pela Lei 10.865/2004 (*DOU* 30.04.2004, edição extra), em vigor na data de sua publicação, produzindo efeitos a partir do primeiro dia do quarto mês subsequente ao de publicação desta Lei (V. art. 46, IV, da referida Lei).

IV – no inciso II do art. 3º da Lei 10.485, de 3 de julho de 2002, no caso de vendas para comerciante atacadista ou varejista ou para consumidores, de autopeças relacionadas nos Anexos I e II da mesma Lei;

- Inciso IV acrescentado pela Lei 10.865/2004 (*DOU* 30.04.2004, edição extra), em vigor na data de sua publicação, produzindo efeitos a partir do primeiro dia do quarto mês subsequente ao de publicação desta Lei (V. art. 46, IV, da referida Lei).

V – no *caput* do art. 5º da Lei 10.485, de 3 de julho de 2002, e alterações posteriores, no caso de venda dos produtos classificados nas posições 40.11 (pneus novos de borracha) e 40.13 (câmaras de ar de borracha), da Tipi;

- Inciso V acrescentado pela Lei 10.865/2004 (*DOU* 30.04.2004, edição extra), em vigor na data de sua publicação, produzindo efeitos a partir do primeiro dia do quarto mês subsequente ao de publicação desta Lei (V. art. 46, IV, da referida Lei).

VI – no art. 2º da Lei 10.560, de 13 de novembro de 2002, e alterações posteriores, no caso de venda de querosene de aviação;

- Inciso VI acrescentado pela Lei 10.865/2004 (*DOU* 30.04.2004, edição extra), em vigor na data de sua publicação, produzindo efeitos a partir do primeiro dia do quarto mês subsequente ao de publicação desta Lei (V. art. 46, IV, da referida Lei).

VII a IX – *(Revogados pela Lei 13.097/ 2015);*

X – no art. 23 da Lei 10.865, de 30 de abril de 2004, no caso de venda de gasolinas e suas correntes, exceto gasolina de aviação, óleo diesel e suas correntes, querosene de aviação, gás liquefeito de petróleo – GLP derivado de petróleo e de gás natural.

- Inciso X acrescentado pela Lei 10.925/2004 (*DOU* 26.07.2004), em vigor na data de sua publicação, produzindo efeitos a partir do primeiro dia do quarto mês subsequente ao de publicação desta Lei (V. art. 17, I, b, da referida Lei).

§ 1º-A. Excetua-se do disposto no *caput* deste artigo a receita bruta auferida pelos produtores, importadores ou distribuidores com a venda de álcool, inclusive para fins carburantes, à qual se aplicam as alíquotas previstas no *caput* e no § 4º do art. 5º da Lei 9.718, de 27 de novembro de 1998.

- § 1º-A acrescentado pela Lei 11.727/2008 (*DOU* 24.06.2008), em vigor na data de sua publicação, produzindo efeitos a partir do primeiro dia do quarto mês subsequente ao de sua publicação (V. art. 41, IV, da referida Lei).

§ 2º Excetua-se do disposto no *caput* deste artigo a receita bruta decorrente da venda de papel imune a impostos de que trata o art. 150, inciso VI, alínea *d*, da Constituição Federal, quando destinado à impressão de periódicos, que fica sujeita à alíquota de 0,8% (oito décimos por cento).

- § 2º acrescentado pela Lei 10.865/2004 (*DOU* 30.04.2004, edição extra), em vigor na data de sua publicaçao, produzindo efeitos a partir do primeiro dia do quarto mês subsequente ao de publicação desta Lei (V. art. 46, IV, da referida Lei).

§ 3º Fica o Poder Executivo autorizado a reduzir a 0 (zero) e a restabelecer a alíquota incidente sobre receita bruta decorrente da venda de produtos químicos e farmacêuticos, classificados nos Capítulos 29 e 30 da Tipi, sobre produtos destinados ao uso em hospitais, clínicas e consultórios médicos e odontológicos, campanhas de saúde realizadas pelo poder público, laboratório de anatomia patológica, citológica ou de análises clínicas, classificados nas posições 30.02, 30.06, 39.26, 40.15 e 90.18, e sobre sêmens e embriões da posição 05.11, todos da Tipi.

- § 3º com redação determinada pela Lei 11.488/2007.

§ 4º Excetua-se do disposto no *caput* deste artigo a receita bruta auferida por pessoa jurídica industrial estabelecida na Zona Franca de Manaus, decorrente da venda de produção própria, consoante projeto aprovado pelo Conselho de Administração da Superintendência da Zona Franca de Manaus – Suframa, que fica sujeita, ressalvado o disposto nos §§ 1º a 3º deste artigo, às alíquotas de:

- § 4º acrescentado pela Lei 10.996/2004.

I – 0,65% (sessenta e cinco centésimos por cento), no caso de venda efetuada a pessoa jurídica estabelecida:

a) na Zona Franca de Manaus; e

b) fora da Zona Franca de Manaus, que apure a Contribuição para o PIS/Pasep no regime de não cumulatividade;

II – 1,3% (um inteiro e três décimos por cento), no caso de venda efetuada a:

a) pessoa jurídica estabelecida fora da Zona Franca de Manaus, que apure o imposto de renda com base no lucro presumido;

b) pessoa jurídica estabelecida fora da Zona Franca de Manaus, que apure o imposto de renda com base no lucro real e que tenha sua receita, total ou parcialmente, excluída do regime de incidência não cumulativa da Contribuição para o PIS/Pasep;

c) pessoa jurídica estabelecida fora da Zona Franca de Manaus e que seja optante pelo Sistema Integrado de Pagamento de Impostos e Contribuições – Simples; e

d) órgãos da administração federal, estadual, distrital e municipal.

§ 5º O disposto no § 4º também se aplica à receita bruta auferida por pessoa jurídica industrial ou comercial estabelecida nas Áreas de Livre Comércio de que tratam as Leis 7.965, de 22 de dezembro de 1989, 8.210, de 19 de julho de 1991, e 8.256, de 25 de novembro de 1991, o art. 11 da Lei 8.387, de 30 de dezembro de 1991, e a Lei 8.857, de 8 de março de 1994.

- § 5º acrescentado pela Lei 11.945/2009.

§ 6º A exigência prevista no § 4º deste artigo relativa ao projeto aprovado não se aplica às pessoas jurídicas comerciais referidas no § 5º deste artigo.

- § 6º acrescentado pela Lei 11.945/2009.

Art. 3º Do valor apurado na forma do art. 2º a pessoa jurídica poderá descontar créditos calculados em relação a:

- V. art. 4º, Dec. 5.310/2004 (Incidência da Contribuição para o PIS/Pasep e da Cofins sobre as operações de venda efetuada na Zona Franca de Manaus).

I – bens adquiridos para revenda, exceto em relação às mercadorias e aos produtos referidos:

- *Caput* do inciso I com redação determinada pela Lei 10.865/2004 (*DOU* 30.04.2004, edição extra), em vigor na data de sua publicação, produzindo efeitos a partir do primeiro dia do quarto mês subsequente ao de publicação desta Lei (V. art. 46, IV, da referida Lei).

a) no inciso III do § 3º do art. 1º desta Lei; e

- Alínea *a* com redação determinada pela Lei 11.727/ 2008 (*DOU* 24.06.2008), em vigor na data de sua publicação, produzindo efeitos a partir do primeiro dia do quarto mês subsequente ao de sua publicação (V. art. 41, IV, da referida Lei).

b) nos §§ 1º e 1º-A do art. 2º desta Lei;

- Alínea *b* com redação determinada pela Lei 11.787/ 2008.

II – bens e serviços, utilizados como insumo na prestação de serviços e na produção ou fabricação de bens ou produtos destinados à venda, inclusive combustíveis e lubrificantes, exceto em relação ao pagamento de que trata o art. 2º da Lei 10.485, de 3 de julho de 2002, devido pelo fabricante ou importador, ao concessionário, pela intermediação ou entrega dos veículos classificados nas posições 87.03 e 87.04 da Tipi;

- Inciso II com redação determinada pela Lei 10.865/ 2004 (*DOU* 30.04.2004, edição extra), em vigor na data de sua publicação, produzindo efeitos a partir do primeiro dia do quarto mês subsequente ao de publicação desta Lei (V. art. 46, IV da referida Lei).
- V. art. 9º, Lei 11.051/2004 (Desconto de crédito na apuração da CSLL e do PIS/Pasep e Cofins não cumulativas).

III – *(Vetado)*.

IV – aluguéis de prédios, máquinas e equipamentos, pagos a pessoa jurídica, utilizados nas atividades da empresa;

V – valor das contraprestações de operações de arrendamento mercantil de pessoa jurídica, exceto de optante pelo Sistema Integrado de Pagamento de Impostos e Contribuições das Microempresas e das Empresas de Pequeno Porte – Simples;

- Inciso V com redação determinada pela Lei 10.865/ 2004 (*DOU* 30.04.2004, edição extra), em vigor na data de sua publicação, produzindo efeitos a partir do primeiro dia do quarto mês subsequente ao de publicação desta Lei (V. art. 46, IV, da referida Lei).

VI – máquinas, equipamentos e outros bens incorporados ao ativo imobilizado, adquiridos ou fabricados para locação a terceiros ou para utilização na produção de bens destinados à venda ou na prestação de serviços;

- Inciso VI com redação determinada pela Lei 11.196/ 2005 (*DOU* 22.11.2005), em vigor na data de sua publicação, produzindo efeitos a partir do primeiro dia do mês subsequente ao da publicação desta Lei (V. art. 132, III, d, da referida Lei).

VII – edificações e benfeitorias em imóveis de terceiros, quando o custo, inclusive de mão de obra, tenha sido suportado pela locatária;

- V. art. 6º, Lei 11.488/2007 (Regime Especial de Incentivos para o Desenvolvimento da Infraestrutura – Reidi).

VIII – bens recebidos em devolução, cuja receita de venda tenha integrado faturamento do mês ou de mês anterior, e tributada conforme o disposto nesta Lei;

IX – energia elétrica e energia térmica, inclusive sob a forma de vapor, consumidas nos estabelecimentos da pessoa jurídica;

- Inciso IX com redação determinada pela Lei 11.488/ 2007.

X – vale-transporte, vale-refeição ou vale-alimentação, fardamento ou uniforme fornecidos aos empregados por pessoa jurídica que explore as atividades de prestação de serviços de limpeza, conservação e manutenção;

- Inciso X acrescentado pela Lei 11.898/2009.

XI – bens incorporados ao ativo intangível, adquiridos para utilização na produção de bens destinados a venda ou na prestação de serviços.

- Inciso XI acrescentado pela Lei 12.973/2014 (*DOU* 14.05.2014), em vigor em 1º.01.2015.
- V. art. 119, § 1º, I, Lei 12.973/2014.

§ 1º O crédito será determinado mediante a aplicação da alíquota prevista no *caput* do art. 2º desta Lei sobre o valor:

- *Caput* do § 1º com redação determinada pela Lei 10.865/2004 (*DOU* 30.04.2004, edição extra), em vigor na data de sua publicação, produzindo efeitos a partir do primeiro dia do quarto mês subsequente ao de publicação desta Lei (V. art. 46, IV, da referida Lei).

I – dos itens mencionados nos incisos I e II do *caput*, adquiridos no mês;

II – dos itens mencionados nos incisos IV, V e IX do *caput*, incorridos no mês;

- Inciso II com redação determinada pela Lei 10.684/ 2003.

III – dos encargos de depreciação e amortização dos bens mencionados nos incisos VI, VII e XI do *caput*, incorridos no mês;

- Inciso III com redação determinada pela Lei 12.973/ 2014 (*DOU* 14.05.2014), em vigor em 1º.01.2015.
- V. art. 119, § 1º, I, Lei 12.973/2014.
- V. art. 2º, Lei 11.051/2004 (Desconto de crédito na apuração da CSLL e do PIS/Pasep e Cofins não cumulativas).
- V. art. 1º, Lei 11.774/2008, que autoriza as pessoas jurídicas a optarem pelo desconto, no prazo de 12 meses, dos créditos das contribuições para o PIS/Pasep e para a Cofins, de que trata este inciso, na hipótese em que especifica.

IV – dos bens mencionados no inciso VIII do *caput*, devolvidos no mês.

§ 2º Não dará direito a crédito o valor:

- § 2º com redação determinada pela Lei 10.865/2004 (*DOU* 30.04.2004, edição extra), em vigor na data de sua publicação, produzindo efeitos a partir do primeiro dia do quarto mês subsequente ao de publicação desta Lei (V. art. 46, IV, da referida Lei).

I – de mão de obra paga a pessoa física; e

II – da aquisição de bens ou serviços não sujeitos ao pagamento da contribuição, inclusive no caso de isenção, esse último quando revendidos ou utilizados como insumo em produtos ou serviços sujeitos à alíquota 0 (zero), isentos ou não alcançados pela contribuição.

§ 3º O direito ao crédito aplica-se, exclusivamente, em relação:

I – aos bens e serviços adquiridos de pessoa jurídica domiciliada no País;

II – aos custos e despesas incorridos, pagos ou creditados a pessoa jurídica domiciliada no País;

III – aos bens e serviços adquiridos e aos custos e despesas incorridos a partir do mês em que se iniciar a aplicação do disposto nesta Lei.

§ 4º O crédito não aproveitado em determinado mês poderá sê-lo nos meses subsequentes.

§ 5º *(Vetado)*.

§ 6º *(Vetado)*.

§ 7º Na hipótese de a pessoa jurídica sujeitar-se à incidência não cumulativa da contribuição para o PIS/Pasep, em relação apenas a parte de suas receitas, o crédito será apurado, exclusivamente, em relação aos custos, despesas e encargos vinculados a essas receitas.

- V. art. 15, § 5º, Lei 10.865/2004 (Contribuição para o PIS/Pasep e a Cofins incidentes sobre a importação de bens e serviços).

§ 8º Observadas as normas a serem editadas pela Secretaria da Receita Federal, no caso de custos, despesas e encargos vinculados às receitas referidas no § 7º e àquelas submetidas ao regime de incidência cumulativa dessa contribuição, o crédito será determinado, a critério da pessoa jurídica, pelo método de:

I – apropriação direta, inclusive em relação aos custos, por meio de sistema de contabilidade de custos integrada e coordenada com a escrituração; ou

II – rateio proporcional, aplicando-se aos custos, despesas e encargos comuns a relação percentual existente entre a receita bruta sujeita à incidência não cumulativa e a receita bruta total, auferidas em cada mês.

§ 9º O método eleito pela pessoa jurídica será aplicado consistentemente por todo o ano-calendário, observadas as normas a serem editadas pela Secretaria da Receita Federal.

- V. art. 15, § 5º, Lei 10.865/2004 (Contribuição para o PIS/Pasep e a Cofins incidentes sobre a importação de bens e serviços).

§ 10. *(Revogado pela Lei 10.925/2004 – DOU 26.07.2004, a partir do primeiro dia do quarto mês subsequente ao da publicação da MP 183/2004).*

§ 11. *(Revogado pela Lei 10.925/2004 – DOU 26.07.2004, a partir do primeiro dia do quarto mês subsequente ao da publicação da MP 183/2004).*

§ 12. Ressalvado o disposto no § 2º deste artigo e nos §§ 1º a 3º do art. 2º desta Lei, na aquisição de mercadoria produzida por pessoa jurídica estabelecida na Zona Franca de Manaus, consoante projeto aprovado pelo Conselho de Administração da Superintendência da Zona Franca de Manaus – Suframa, o crédito será determinado mediante a aplicação da alíquota de 1% (um por cento) e, na situação de que trata a alínea *b* do inciso II do § 4º do art. 2º desta Lei, mediante a aplicação da alíquota de 1,65% (um inteiro e sessenta e cinco centésimos por cento).

- § 12 com redação determinada pela Lei 11.307/2006.

§ 13. Não integram o valor das máquinas, equipamentos e outros bens fabricados para incorporação ao ativo imobilizado na forma do inciso VI do *caput* deste artigo os custos de que tratam os incisos do § 2º deste artigo.

- § 13 acrescentado pela Lei 11.196/2005 (*DOU* 22.11.2005), em vigor na data de sua publicação, produzindo efeitos a partir do primeiro dia do mês subsequente ao da publicação desta Lei (V. art. 132, III, d, da referida Lei).
- O § 14 acrescentado pela MP 413/2008 não foi trazido na conversão da referida MP na Lei 11.727/2008.

§ 15. O disposto no § 12 deste artigo também se aplica na hipótese de aquisição de mercadoria produzida por pessoa jurídica estabelecida nas Áreas de Livre Comércio de que tratam as Leis 7.965, de 22 de dezembro de 1989, 8.210, de 19 de julho de 1991, e 8.256, de 25 de novembro de 1991, o art. 11 da Lei 8.387, de 30 de dezembro de 1991, e a Lei 8.857, de 8 de março de 1994.

- § 15 acrescentado pela Lei 11.945/2009 (*DOU* 05.06.2009), em vigor na data de sua publicação, produzindo efeitos a partir de 16.12.2008 (V. art. 33, IV, b, da referida Lei).

§ 16. Ressalvado o disposto no § 2º deste artigo e nos §§ 1º a 3º do art. 2º desta Lei, na hipótese de aquisição de mercadoria revendida por pessoa jurídica comercial estabelecida nas Áreas de Livre Comércio referidas no § 15, o crédito será determinado mediante a aplicação da alíquota de 0,65% (sessenta e cinco centésimos por cento).

- § 16 acrescentado pela Lei 11.945/2009.

§ 17. No cálculo do crédito de que tratam os incisos do *caput*, poderão ser considerados os valores decorrentes do ajuste a valor presente de que trata o inciso III do *caput* do art. 184 da Lei 6.404, de 15 de dezembro de 1976.

- § 17 acrescentado pela Lei 12.973/2014 (*DOU* 14.05.2014), em vigor em 1º.01.2015.
- V. art. 119, § 1º, I, Lei 12.973/2014.

§ 18. O disposto nos incisos VI e VII do *caput* não se aplica no caso de bem objeto de arrendamento mercantil, na pessoa jurídica arrendatária.

- § 18 acrescentado pela Lei 12.973/2014 (*DOU* 14.05.2014), em vigor em 1º.01.2015.
- V. art. 119, § 1º, I, Lei 12.973/2014.

§ 19. Para fins do disposto nos incisos VI e VII do *caput*, fica vedado o desconto de quaisquer créditos calculados em relação a:

- § 19 acrescentado pela Lei 12.973/2014 (*DOU* 14.05.2014), em vigor em 1º.01.2015.
- V. art. 119, § 1º, I, Lei 12.973/2014.

I – encargos associados a empréstimos registrados como custo na forma da alínea *b* do § 1º do art. 17 do Decreto-lei 1.598, de 26 de dezembro de 1977; e

II – custos estimados de desmontagem e remoção do imobilizado e de restauração do local em que estiver situado.

§ 20. No cálculo dos créditos a que se referem os incisos VI e VII do *caput*, não serão computados os ganhos e perdas decorrentes de avaliação de ativo com base no valor justo.

- § 20 acrescentado pela Lei 12.973/2014 (*DOU* 14.05.2014), em vigor em 1º.01.2015.
- V. art. 119, § 1º, I, Lei 12.973/2014.

§ 21. Na execução de contratos de concessão de serviços públicos, os créditos gerados pelos serviços de construção, recuperação, reforma, ampliação ou melhoramento de infraestrutura, quando a receita correspondente tiver contrapartida em ativo intangível, representativo de direito de exploração, ou em ativo financeiro, somente poderão ser aproveitados, no caso do ativo intangível, à medida que este for amortizado e, no caso do ativo financeiro, na proporção de seu recebimento, excetuado, para ambos os casos, o crédito previsto no inciso VI do *caput*.

- § 21 acrescentado pela Lei 12.973/2014 (*DOU* 14.05.2014), em vigor em 1º.01.2015.
- V. art. 119, § 1º, I, Lei 12.973/2014.

§ 22. O disposto no inciso XI do *caput* não se aplica ao ativo intangível referido no § 21.

- § 22 acrescentado pela Lei 12.973/2014 (*DOU* 14.05.2014), em vigor em 1º.01.2015.
- V. art. 119, § 1º, I, Lei 12.973/2014.

Art. 4º O contribuinte da contribuição para o PIS/Pasep é a pessoa jurídica que auferir as receitas a que se refere o art. 1º.

Art. 5º A contribuição para o PIS/Pasep não incidirá sobre as receitas decorrentes das operações de:

I – exportação de mercadorias para o exterior;

II – prestação de serviços para pessoa física ou jurídica residente ou domiciliada no exterior, cujo pagamento represente ingresso de divisas;

- Inciso II com redação determinada pela Lei 10.865/2004 (*DOU* 30.04.2004, edição extra), em vigor na data de sua publicação, produzindo efeitos a partir de 1º.05.2004 (V. art. 53 da referida Lei).

III – vendas a empresa comercial exportadora com o fim específico de exportação.

§ 1º Na hipótese deste artigo, a pessoa jurídica vendedora poderá utilizar o crédito apurado na forma do art. 3º para fins de:

I – dedução do valor da contribuição a recolher, decorrente das demais operações no mercado interno;

II – compensação com débitos próprios, vencidos ou vincendos, relativos a tributos e contribuições administrados pela Secretaria da Receita Federal, observada a legislação específica aplicável à matéria.

§ 2º A pessoa jurídica que, até o final de cada trimestre do ano civil, não conseguir utilizar o crédito por qualquer das formas previstas no § 1º, poderá solicitar o seu ressarcimento em dinheiro, observada a legislação específica aplicável à matéria.

Art. 5º-A. Ficam reduzidas a 0 (zero) as alíquotas da contribuição para o PIS/Pasep e da Cofins incidentes sobre as receitas decorrentes da comercialização de matérias-primas, produtos intermediários e materiais de embalagem, produzidos na Zona Franca de Manaus para emprego em processo de industrialização por estabelecimentos industriais ali instalados e consoante projetos aprovados pelo Conselho de Administração da Superintendência da Zona Franca de Manaus – Suframa.

- Artigo com redação determinada pela Lei 10.865/ 2004 (*DOU* 30.04.2004, edição extra), em vigor na data de sua publicação, produzindo efeitos a partir de 1º.05.2004 (V. art. 53 da referida Lei).
- V. art. 14, § 1º, Lei 10.865/2004 (Contribuição para o PIS/Pasep e a Cofins incidentes sobre a importação de bens e serviços).
- V. arts. 2º e 5º, Instrução Normativa SRF 424/2004 (Regime de suspensão da Contribuição para o PIS/Pasep-Importação e da Cofins-Importação, na importação de bens por estabelecimento situado na Zona Franca de Manaus).

Art. 6º *(Revogado pela Lei 10.833/2003).*

Art. 7º A empresa comercial exportadora que houver adquirido mercadorias de outra pessoa jurídica, com o fim específico de exportação para o exterior, que, no prazo de 180 (cento e oitenta) dias, contado da data da emissão da nota fiscal pela vendedora, não comprovar o seu embarque para o exterior, ficará sujeita ao pagamento de todos os impostos e contribuições que deixaram de ser pagos pela empresa vendedora, acrescidos de juros de mora e multa, de mora ou de ofício, calculados na forma da legislação que rege a cobrança do tributo não pago.

§ 1º Para efeito do disposto neste artigo, considera-se vencido o prazo para o pagamento na data em que a empresa vendedora deveria fazê-lo, caso a venda houvesse sido efetuada para o mercado interno.

§ 2º No pagamento dos referidos tributos, a empresa comercial exportadora não poderá deduzir, do montante devido, qualquer valor a título de crédito de Imposto sobre Produtos Industrializados (IPI) ou de contribuição para o PIS/Pasep, decorrente da aquisição das mercadorias e serviços objeto da incidência.

§ 3º A empresa deverá pagar, também, os impostos e contribuições devidos nas vendas para o mercado interno, caso, por qualquer forma, tenha alienado ou utilizado as mercadorias.

Art. 8º Permanecem sujeitas às normas da legislação da contribuição para o PIS/Pasep, vigentes anteriormente a esta Lei, não se lhes aplicando as disposições dos arts. 1º a 6º:

- V. art. 16, Lei 10.865/2004 (Contribuição para o PIS/Pasep e a Cofins incidentes sobre a importação de bens e serviços).

I – as pessoas jurídicas referidas nos §§ 6º, 8º e 9º do art. 3º da Lei 9.718, de 27 de novembro de 1998 (parágrafos introduzidos pela Medida Provisória 2.158-35, de 24 de agosto de 2001), e Lei 7.102, de 20 de junho de 1983;

II – as pessoas jurídicas tributadas pelo imposto de renda com base no lucro presumido ou arbitrado;

III – as pessoas jurídicas optantes pelo Simples;

IV – as pessoas jurídicas imunes a impostos;

V – os órgãos públicos, as autarquias e fundações públicas federais, estaduais e municipais, e as fundações cuja criação tenha sido autorizada por lei, referidas no art. 61 do Ato das Disposições Constitucionais Transitórias da Constituição de 1988;

VI – *(Vetado).*

VII – as receitas decorrentes das operações:

a) (Revogada pela Lei 11.727/2008 – DOU *24.06.2008, a partir do primeiro dia do quarto mês subsequente ao de sua publicação).*

b) sujeitas à substituição tributária da contribuição para o PIS/Pasep;

c) referidas no art. 5º da Lei 9.716, de 26 de novembro de 1998;

VIII – as receitas decorrentes de prestação de serviços de telecomunicações;

IX – *(Vetado).*

X – as sociedades cooperativas;

- Inciso X acrescentado pela Lei 10.684/2003.

XI – as receitas decorrentes de prestação de serviços das empresas jornalísticas e de radiodifusão sonora e de sons e imagens;

- Inciso XI acrescentado pela Lei 10.684/2003.

XII – as receitas decorrentes de operações de comercialização de pedra britada, de areia para construção civil e de areia de brita;

- Inciso XII acrescentado pela Lei 12.693/2012.

XIII – as receitas decorrentes da alienação de participações societárias.

- Inciso XIII acrescentado pela Lei 13.043/2014 (*DOU* 14.11.2014; ret. 14.11.2014, edição extra), em vigor em 1º.01.2015.

Art. 9º *(Vetado).*

Art. 10. A contribuição de que trata o art. 1º desta Lei deverá ser paga até o 25º (vigésimo quinto) dia do mês subsequente ao de ocorrência do fato gerador.

- Artigo com redação determinada pela Lei 11.933/ 2009 (*DOU* 29.04.2009), em vigor na data de sua publicação, produzindo efeitos a partir de 1º.10.2008 (V. art. 11, I, da referida Lei).
- V. art. 64, Lei 11.941/2009 (Altera a legislação tributária federal).

Parágrafo único. Se o dia do vencimento de que trata o *caput* deste artigo não for dia útil, considerar-se-á antecipado o prazo para o primeiro dia útil que o anteceder.

Art. 11. A pessoa jurídica contribuinte do PIS/Pasep, submetida à apuração do valor devido na forma do art. 3º, terá direito a desconto correspondente ao estoque de abertura dos bens de que tratam os incisos I e II desse artigo, adquiridos de pessoa jurídica domiciliada no País, existentes em 1º de dezembro de 2002.

§ 1º O montante de crédito presumido será igual ao resultado da aplicação do percentual de 0,65% (sessenta e cinco centésimos por cento) sobre o valor do estoque.

§ 2º O crédito presumido calculado segundo os §§ 1º e 7º será utilizado em 12 (doze) parcelas mensais, iguais e sucessivas, a partir da data a que se refere o *caput* deste artigo.

- § 2º com redação determinada pela Lei 10.865/2004 (*DOU* 30.04.2004, edição extra), em vigor na data de sua publicação, produzindo efeitos a partir do primeiro dia do quarto mês subsequente ao de publicação desta Lei (V. art. 46, IV, da referida Lei).

§ 3º A pessoa jurídica que, tributada com base no lucro presumido, passar a adotar o regime de tributação com base no lucro real, terá, na hipótese de, em decorrência dessa opção, sujeitar-se à incidência não cumulativa da contribuição para o PIS/Pasep, direito a desconto correspondente ao estoque de abertura dos bens e ao aproveitamento do crédito presumido na forma prevista neste artigo.

§ 4º O disposto no *caput* aplica-se também aos estoques de produtos acabados e em elaboração.

- § 4º acrescentado pela Lei 10.684/2003.

§ 5º O disposto neste artigo aplica-se, também, aos estoques de produtos que não geraram crédito na aquisição, em decorrência do disposto nos §§ 7º a 9º do art. 3º desta Lei, destinados à fabricação dos produtos de que tratam as Leis 9.990, de 21 de julho de 2000, 10.147, 21 de dezembro de 2000, 10.485, de 3 de julho de 2002, e 10.560, de 13 de novembro de 2002, ou quaisquer outros submetidos à incidência monofásica da contribuição.

- § 5º acrescentado pela Lei 10.865/2004 (*DOU* 30.04.2004, edição extra), em vigor na data de sua publicação, produzindo efeitos a partir do primeiro dia do quarto mês subsequente ao de publicação desta Lei (V. art. 46, IV, da referida Lei).

§ 6º As disposições do § 5º não se aplicam aos estoques de produtos adquiridos a alíquota 0 (zero), isentos ou não alcançados pela incidência da contribuição.

- § 6º acrescentado pela Lei 10.865/2004 (*DOU* 30.04.2004, edição extra), em vigor na data de sua publicação, produzindo efeitos a partir do primeiro dia do quarto mês subsequente ao de publicação desta Lei (V. art. 46, IV, da referida Lei).

§ 7º O montante do crédito presumido de que trata o § 5º deste artigo será igual ao resultado da aplicação da alíquota de 1,65% (um inteiro e sessenta e cinco centésimos por cento) sobre o valor do estoque, inclusive para as pessoas jurídicas fabricantes dos produtos referidos no art. 51 da Lei 10.833, de 29 de dezembro de 2003.

- § 7º com redação determinada pela Lei 10.925/2004 (*DOU* 26.07.2004), em vigor na data de sua publicação, produzindo efeitos a partir do primeiro dia do quarto mês subsequente ao de publicação desta Lei (V. art. 17, I, b, da referida Lei).

Art. 12. Até 31 de dezembro de 2003, o Poder Executivo submeterá ao Congresso Nacional projeto de lei tornando não cumulativa a cobrança da Contribuição para o Financiamento da Seguridade Social (Cofins).

Parágrafo único. O projeto conterá também a modificação, se necessária, da alíquota da contribuição para o PIS/Pasep, com a finalidade de manter constante, em relação a períodos anteriores, a parcela da arrecadação afetada pelas alterações introduzidas por esta Lei.

Capítulo II
Das Outras Disposições Relativas à Legislação Tributária e Aduaneira

Art. 13. Poderão ser pagos até o último dia útil de janeiro de 2003, em parcela única, os débitos a que se refere o art. 11 da Medida Provisória 2.158-35, de 24 de agosto de 2001, vinculados ou não a qualquer ação judicial, relativos a fatos geradores ocorridos até 30 de abril de 2002.

§ 1º Para os efeitos deste artigo, a pessoa jurídica deverá comprovar a desistência expressa e irrevogável de todas as ações judiciais que tenham por objeto os tributos a serem pagos e renunciar a qualquer alegação de direito sobre a qual se fundam as referidas ações.

§ 2º Na hipótese de que trata este artigo, serão dispensados os juros de mora devidos até janeiro de 1999, sendo exigido esse encargo, na forma do § 4º do art. 17 da Lei 9.779, de 19 de janeiro de 1999, acrescido pela Medida Provisória 2.158-35, de 24 de agosto de 2001, a partir do mês:

I – de fevereiro do referido ano, no caso de fatos geradores ocorridos até janeiro de 1999;

II – seguinte ao da ocorrência do fato gerador, nos demais casos.

§ 3º Na hipótese deste artigo, a multa, de mora ou de ofício, incidente sobre o débito constituído ou não, será reduzida no percentual fixado no *caput* do art. 6º da Lei 8.218, de 29 de agosto de 1991.

§ 4º Para efeito do disposto no *caput*, se os débitos forem decorrentes de lançamento de ofício e se encontrarem com exigibilidade suspensa por força do inciso III do art. 151 da Lei 5.172, de 25 de outubro de 1966, o sujeito passivo deverá desistir expressamente e de forma irrevogável da impugnação ou do recurso interposto.

Art. 14. Os débitos de que trata o art. 13, relativos a fatos geradores vinculados a ações judiciais propostas pelo sujeito passivo contra exigência de imposto ou contribuição instituído após 1º de janeiro de 1999 ou contra majoração, após aquela data, de tributo ou contribuição anteriormente instituído, poderão ser pagos em parcela única até o último dia útil de janeiro de 2003 com a dispensa de multas moratória e punitivas.

§ 1º Para efeito deste artigo, o contribuinte ou o responsável deverá comprovar a desistência expressa e irrevogável de todas as ações judiciais que tenham por objeto os tributos a serem pagos na forma do *caput*, e renunciar a qualquer alegação de direito sobre as quais se fundam as referidas ações.

§ 2º O benefício de que trata este artigo somente poderá ser usufruído caso o contribuinte ou o responsável pague integralmente, no mesmo prazo estabelecido no *caput*, os débitos nele referidos, relativos a fatos geradores ocorridos de maio de 2002 até o mês anterior ao do pagamento.

§ 3º Na hipótese deste artigo, os juros de mora devidos serão determinados pela variação mensal da Taxa de Juros de Longo Prazo (TJLP).

Art. 15. Relativamente aos tributos e contribuições administrados pela Secretaria da Receita Federal, o contribuinte ou o responsável que, a partir de 15 de maio de 2002, tenha efetuado pagamento de débitos, em conformidade com norma de caráter exonerativo, e divergir em relação ao valor de débito constituído de ofício, poderá impugnar, com base nas normas estabelecidas no Decreto 70.235, de 6 de março de 1972, a parcela não reconhecida como devida, desde que a impugnação:

I – seja apresentada juntamente com o pagamento do valor reconhecido como devido;

II – verse, exclusivamente, sobre a divergência de valor, vedada a inclusão de quaisquer outras matérias, em especial as de direito em que se fundaram as respectivas ações judiciais ou impugnações e recursos anteriormente apresentados contra o mesmo lançamento;

III – seja precedida do depósito da parcela não reconhecida como devida, determinada de conformidade com o disposto na Lei 9.703, de 17 de novembro de 1998.

§ 1º Da decisão proferida em relação à impugnação de que trata este artigo caberá recurso nos termos do Decreto 70.235, de 6 de março de 1972.

§ 2º A conclusão do processo administrativo-fiscal, por decisão definitiva em sua esfera ou desistência do sujeito passivo, implicará a imediata conversão em renda do depósito efetuado, na parte favorável à Fazenda Nacional, transformando-se em pagamento definitivo.

§ 3º A parcela depositada nos termos do inciso III do *caput* que venha a ser considerada indevida por força da decisão referida no § 2º sujeitar-se-á ao disposto na Lei 9.703, de 17 de novembro de 1998.

§ 4º O disposto neste artigo também se aplica a majoração ou a agravamento de multa de ofício, na hipótese do art. 13.

Art. 16. Aplica-se o disposto nos arts. 13 e 14 às contribuições arrecadadas pelo Instituto Nacional do Seguro Social (INSS), observada regulamentação editada por esse órgão, em especial quanto aos procedimentos no âmbito de seu contencioso administrativo.

Art. 17. A opção pela modalidade de pagamento de débitos prevista no *caput* do art. 5º da Medida Provisória 2.222, de 4 de setembro de 2001, poderá ser exercida até o último dia útil do mês de janeiro de 2003, desde que o pagamento seja efetuado em parcela única até essa data.

Parágrafo único. Os débitos a serem pagos em decorrência do disposto no *caput* serão acrescidos de juros equivalentes à taxa do Sistema Especial de Liquidação e Custódia (Selic) para títulos federais, acumulada mensalmente, calculados a partir do mês de janeiro de 2002 até o mês anterior ao do pagamento, e adicionados de 1% (um por cento) relativamente ao mês em que o pagamento estiver sendo feito.

Art. 18. Os débitos relativos à contribuição para o Programa de Formação do Patrimônio do Servidor Público (Pasep) dos Estados, do Distrito Federal e dos Municípios, bem como de suas autarquias e fundações públicas, sem exigibilidade suspensa, correspondentes a fato gerador ocorrido até 30 de abril de 2002, poderão ser pagos mediante regime especial de parcelamento, por opção da pessoa jurídica de direito público interno devedora.

Parágrafo único. A opção referida no *caput* deverá ser formalizada até o último dia útil do mês de setembro de 2002, nos termos e condições estabelecidos pela Secretaria da Receita Federal.

Art. 19. O regime especial de parcelamento referido no art. 18 implica a consolidação dos débitos na data da opção e abrangerá a totalidade dos débitos existentes em nome da optante, constituídos ou não, inclusive os juros de mora incidentes até a data de opção.

Parágrafo único. O débito consolidado na forma deste artigo:

I – sujeitar-se-á, a partir da data da consolidação, a juros equivalentes à taxa do Selic para títulos federais, acumulada mensalmente, calculados a partir da data de deferimento do pedido até o mês anterior ao do pagamento, e adicionados de 1% (um por cento) relativamente ao mês em que o pagamento estiver sendo feito;

II – será pago mensalmente, até o último dia útil da primeira quinzena de cada mês, no valor equivalente a 5% (cinco por cento) do valor devido no mesmo mês pela optante, relativo ao Pasep correspondente ao fato gerador ocorrido no mês imediatamente anterior, até a liquidação total do débito;

III – a última parcela será paga pelo valor residual do débito, quando inferior ao referido no inciso II.

Art. 20. A opção pelo regime especial de parcelamento referido no art. 18 sujeita a pessoa jurídica:

I – à confissão irrevogável e irretratável dos débitos referidos no art. 19;

II – ao pagamento regular das parcelas do débito consolidado, bem como dos valores devidos relativos ao Pasep decorrentes de fatos geradores ocorridos posteriormente a 30 de abril de 2002.

Parágrafo único. A opção pelo regime especial exclui qualquer outra forma de parcelamento de débitos relativos ao Pasep.

Art. 21. A pessoa jurídica optante pelo regime especial de parcelamento referido no art. 18 será dele excluída nas seguintes hipóteses:

I – inobservância da exigência estabelecida no inciso I do art. 20;

II – inadimplência, por 2 (dois) meses consecutivos ou 6 (seis) alternados, relativamente ao Pasep, inclusive decorrente de fatos geradores ocorridos posteriormente a 30 de abril de 2002.

§ 1º A exclusão da pessoa jurídica do regime especial implicará exigibilidade imediata da totalidade do crédito confessado e ainda não pago.

§ 2º A exclusão será formalizada por meio de ato da Secretaria da Receita Federal e produzirá efeitos a partir do mês subsequente àquele em que a pessoa jurídica optante for cientificada.

Art. 22. *(Vetado).*

Art. 23. A opção pelo parcelamento alternativo ao Refis de que trata o art. 12 da Lei 9.964, de 10 de abril de 2000, regularmente efetuada, poderá ser convertida em opção pelo Refis, e vice-versa, na hipótese de erro de fato cometido por ocasião do primeiro pagamento efetuado, observadas as normas estabelecidas pelo Comitê Gestor do referido Programa.

§ 1º A mudança de opção referida neste artigo deverá ser solicitada até o último dia útil do mês de janeiro de 2003.

§ 2º A pessoa jurídica excluída do parcelamento alternativo ao Refis em razão de pagamento de parcela em valor inferior ao fixado no art. 12, § 1º, da Lei 9.964, de 10 de abril de 2000, acrescido de juros correspondentes à variação mensal da Taxa de Juros de Longo Prazo (TJLP), poderá ter sua opção restabelecida, observado o disposto no *caput*.

§ 3º A conversão da opção nos termos deste artigo não implica restituição ou compensação de valores já pagos.

Art. 24. O *caput* do art. 10 da Lei 10.522, de 19 de julho de 2002, passa a vigorar com a seguinte redação:

> "Art. 10. Os débitos de qualquer natureza para com a Fazenda Nacional poderão ser parcelados em até sessenta parcelas mensais, a exclusivo critério da autoridade fazendária, na forma e condições previstas nesta Lei.
>
> [...]"

Art. 25. Relativamente aos tributos e contribuições administrados pela Secretaria da Receita Federal, na hipótese de, na data do pagamento realizado de conformidade com norma de caráter exonerativo, o contribuinte ou o responsável estiver sob ação de fiscalização relativamente à matéria a ser objeto desse pagamento, a parcela não reconhecida como devida poderá ser impugnada no prazo fixado na intimação constante do auto de infração ou da notificação de lançamento, nas condições estabelecidas pela referida norma, inclusive em relação ao depósito da respectiva parcela dentro do prazo previsto para o pagamento do valor reconhecido como devido.

Art. 26. Poderão optar pelo Sistema Integrado de Pagamento de Impostos e Contribuições das Microempresas e das Empresas de Pequeno Porte (Simples), nas condições estabelecidas pela Lei 9.317, de 5 de dezembro de 1996, as pessoas jurídicas que se dediquem exclusivamente às atividades de:

- V. LC 123/2006 (Supersimples).

I – agência de viagem e turismo;

II a IX – *(Vetados).*

Art. 27. A operação de comércio exterior realizada mediante utilização de recursos de terceiro presume-se por conta e ordem deste, para fins de aplicação do disposto nos arts. 77 a 81 da Medida Provisória 2.158-35, de 24 de agosto de 2001.

Art. 28. As empresas de transporte internacional que operem em linha regular, por via aérea ou marítima, deverão prestar informações sobre tripulantes e passageiros, na forma e no prazo estabelecidos pela Secretaria da Receita Federal.

Parágrafo único. O descumprimento do disposto neste artigo ensejará a aplicação de multa no valor de:

I – R$ 5.000,00 (cinco mil reais) por veículo cujas informações não sejam prestadas; ou

II – R$ 200,00 (duzentos reais) por informação omitida, limitado ao valor de R$ 5.000,00 (cinco mil reais) por veículo.

Art. 29. As matérias-primas, os produtos intermediários e os materiais de embalagem, destinados a estabelecimento que se dedique, preponderantemente, à elaboração de produtos classificados nos Capítulos 2, 3, 4, 7, 8, 9, 10, 11, 12, 15, 16, 17, 18, 19, 20, 23 (exceto códigos 2309.10.00 e 2309.90.30 e Ex-01 no código 2309.90.90), 28, 29, 30, 31 e 64, no código 2209.00.00 e 2501.00.00, e nas posições 21.01 a 21.05.00, da Tabela de Incidência do Imposto sobre Produtos Industrializados – Tipi, inclusive aqueles a que corresponde a notação NT (não tributados), sairão do estabelecimento industrial com suspensão do referido imposto.

- *Caput* com redação determinada pela Lei 10.684/2003.

§ 1º O disposto neste artigo aplica-se, também, às saídas de matérias-primas, produtos intermediários e materiais de embalagem, quando adquiridos por:

I – estabelecimentos industriais fabricantes, preponderantemente, de:

a) componentes, chassis, carroçarias, partes e peças dos produtos a que se refere o art. 1º da Lei 10.485, de 3 de julho de 2002;

b) partes e peças destinadas a estabelecimento industrial fabricante de produto classificado no Capítulo 88 da Tipi;

c) bens de que trata o § 1º-C do art. 4º da Lei 8.248, de 23 de outubro de 1991, que gozem do benefício referido no ***caput*** do mencionado artigo;

- Alínea *c* acrescentada pela Lei 11.908/2009.

II – pessoas jurídicas preponderantemente exportadoras.

§ 2º O disposto no *caput* e no inciso I do § 1º aplica-se ao estabelecimento industrial cuja receita bruta decorrente dos produtos ali referidos, no ano-calendário imediatamente anterior ao da aquisição, houver sido superior a 60% (sessenta por cento) de sua receita bruta total no mesmo período.

§ 3º Para fins do disposto no inciso II do § 1º, considera-se pessoa jurídica preponderantemente exportadora aquela cuja receita bruta decorrente de exportação para o exterior, no ano-calendário imediatamente anterior ao da aquisição, tenha sido superior a 50% (cinquenta por cento) de sua receita bruta total de venda de bens e serviços no mesmo período, após excluídos os impostos e contribuições incidentes sobre a venda.

- § 3º com redação determinada pela Lei 12.715/2012.

☛ **§ 4º** As matérias-primas, os produtos intermediários e os materiais de embalagem, importados diretamente, por encomenda ou por conta e ordem do estabelecimento de que tratam o *caput* e o § 1º deste artigo serão desembaraçados com suspensão do IPI.

- § 4º com redação determinada pela Lei 13.755/2018, vetado pelo Presidente da República e mantido pelo Congresso Nacional, publicado no *DOU* de 21.06.2019.

§ 5º A suspensão do imposto não impede a manutenção e a utilização dos créditos do IPI pelo respectivo estabelecimento industrial, fabricante das referidas matérias-primas, produtos intermediários e materiais de embalagem.

§ 6º Nas notas fiscais relativas às saídas referidas no § 5º, deverá constar a expressão "Saída com suspensão do IPI", com a especificação do dispositivo legal correspondente, vedado o registro do imposto nas referidas notas.

§ 7º Para os fins do disposto neste artigo, as empresas adquirentes deverão:

I – atender aos termos e às condições estabelecidos pela Secretaria da Receita Federal;

II – declarar ao vendedor, de forma expressa e sob as penas da lei, que atende a todos os requisitos estabelecidos.

§ 8º *(Revogado pela Lei 12.712/2012).*

Art. 30. A falta de prestação das informações a que se refere o art. 5º da Lei Complementar 105, de 10 de janeiro de 2001, ou sua apresentação de forma inexata ou incompleta, sujeita a pessoa jurídica às seguintes penalidades:

I – R$ 50,00 (cinquenta reais) por grupo de cinco informações inexatas, incompletas ou omitidas;

II – R$ 5.000,00 (cinco mil reais) por mês-calendário ou fração, independentemente da sanção prevista no inciso I, na hipótese de atraso na entrega da declaração que venha a ser instituída para o fim de apresentação das informações.

§ 1º O disposto no inciso II do *caput* aplica-se também à declaração que não atenda às especificações que forem estabelecidas pela Secretaria da Receita Federal, inclusive quando exigida em meio digital.

§ 2º As multas de que trata este artigo serão:

I – apuradas considerando o período compreendido entre o dia seguinte ao término do prazo fixado para a entrega da declaração até a data da efetiva entrega;

II – majoradas em 100% (cem por cento), na hipótese de lavratura de auto de infração.

§ 3º Na hipótese de lavratura de auto de infração, caso a pessoa jurídica não apresente a declaração, serão lavrados autos de infração complementares até a sua efetiva entrega.

Art. 31. A falta de apresentação dos elementos a que se refere o art. 6º da Lei Complementar 105, de 10 de janeiro de 2001, ou sua apresentação de forma inexata ou incompleta, sujeita a pessoa jurídica à multa equivalente a 2% (dois por cento) do valor das operações objeto da requisição, apurado por meio de procedimento fiscal junto à própria pessoa jurídica ou ao titular da conta de depósito ou da aplicação financeira, bem como a terceiros, por mês-calendário ou fração de atraso, limitada a 10% (dez por cento), observado o valor mínimo de R$ 50.000,00 (cinquenta mil reais).

Parágrafo único. À multa de que trata este artigo aplica-se o disposto nos §§ 2º e 3º do art. 30.

Art. 32. As entidades fechadas de previdência complementar poderão excluir da base de cálculo da contribuição para o PIS/Pasep e da Cofins, além dos valores já previstos na legislação vigente, os referentes a:

I – rendimentos relativos a receitas de aluguel, destinados ao pagamento de benefícios de aposentadoria, pensão, pecúlio e resgates;

II – receita decorrente da venda de bens imóveis, destinada ao pagamento de benefícios de aposentadoria, pensão, pecúlio e resgates;

III – resultado positivo auferido na reavaliação da carteira de investimentos imobiliários referida nos incisos I e II.

Parágrafo único. As entidades de que trata o *caput* poderão pagar em parcela única, até o último dia útil do mês de novembro de 2002, com dispensa de juros e multa, os débitos relativos à contribuição para o PIS/Pasep e à Cofins, constituídos ou não, inscritos ou não em Dívida Ativa, ajuizados ou a ajuizar, referentes a fatos geradores ocorridos até 31 de julho de 2002 e decorrentes de:

I – rendimentos relativos a receitas de aluguel, destinados ao pagamento de benefícios de aposentadoria, pensão, pecúlio e resgates;

II – receita decorrente da venda de bens imóveis, destinada ao pagamento de benefícios de aposentadoria, pensão, pecúlio e resgates;

III – resultado positivo auferido na reavaliação da carteira de investimentos imobiliários referida nos incisos I e II.

Art. 33. *(Vetado).*

Art. 34. A condição e a vedação estabelecidas, respectivamente, no art. 13, § 2º, III, *b*, da Lei 9.249, de 26 de dezembro de 1995, e no art. 12, § 2º, *a*, da Lei 9.532, de 10 de dezembro de 1997, não alcançam a hipótese de remuneração de dirigente, em decorrência de vínculo empregatício, pelas Organizações da Sociedade Civil de Interesse Público (Oscip), qualificadas segundo as normas estabelecidas na Lei 9.790, de 23 de março de 1999, e pelas Organizações Sociais (OS), qualificadas consoante os dispositivos da Lei 9.637, de 15 de maio de 1998.

Parágrafo único. O disposto neste artigo aplica-se somente à remuneração não superior, em seu valor bruto, ao limite estabelecido para a remuneração de servidores do Poder Executivo Federal.

Art. 35. A receita decorrente da avaliação de títulos e valores mobiliários, instrumentos financeiros, derivativos e itens objeto de *hedge*, registrada pelas instituições financeiras e demais entidades autorizadas a funcionar pelo Banco Central do Brasil, instituições autorizadas a operar pela Superintendência de Seguros Privados – Susep e sociedades autorizadas a operar em seguros ou resseguros em decorrência da valoração a preço de mercado no que exceder ao rendimento produzido até a referida data somente será computada na base de cálculo do Imposto de Renda das Pessoas Jurídicas, da Contribuição Social sobre o Lucro Líquido, da Contribuição para o Financiamento da Seguridade Social (Cofins) e da contribuição para o PIS/Pasep quando da alienação dos respectivos ativos.

§ 1º Na hipótese de desvalorização decorrente da avaliação mencionada no *caput*, o reconhecimento da perda para efeito do Imposto de Renda das Pessoas Jurídicas e da Contribuição Social sobre o Lucro Líquido será computada também quando da alienação.

§ 2º Para fins do disposto neste artigo, considera-se alienação qualquer forma de transmissão da propriedade, bem como a liquidação, o resgate e a cessão dos referidos títulos e valores mobiliários, instrumentos financeiros derivativos e itens objeto de *hedge*.

§ 3º Os registros contábeis de que trata este artigo serão efetuados em contrapartida à conta de ajustes específica para esse fim, na forma a ser estabelecida pela Secretaria da Receita Federal.

§ 4º Ficam convalidados os procedimentos efetuados anteriormente à vigência desta Lei, no curso do ano-calendário de 2002, desde que observado o disposto neste artigo.

Art. 36. *(Revogado pela Lei 11.196/2005).*

Art. 37. *(Revogado pela Lei 11.727/2008 – DOU 24.06.2008, a partir do primeiro dia do quarto mês subsequente ao da publicação da MP 413/2008 – DOU 03.01.2008, edição extra).*

Art. 38. Fica instituído, em relação aos tributos e contribuições administrados pela Secretaria da Receita Federal, bônus de adimplência fiscal, aplicável às pessoas jurídicas submetidas ao regime de tributação com base no lucro real ou presumido.

§ 1º O bônus referido no *caput*:

I – corresponde a 1% (um por cento) da base de cálculo da CSLL determinada segundo as normas estabelecidas para as pessoas jurídicas submetidas ao regime de apuração com base no lucro presumido;

II – será calculado em relação à base de cálculo referida no inciso I, relativamente ao ano-calendário em que permitido seu aproveitamento.

§ 2º Na hipótese de período de apuração trimestral, o bônus será calculado em relação aos quatro trimestres do ano-calendário e poderá ser deduzido da CSLL devida correspondente ao último trimestre.

§ 3º Não fará jus ao bônus a pessoa jurídica que, nos últimos cinco anos-calendário, se enquadre em qualquer das seguintes hipóteses, em relação a tributos e contribuições administrados pela Secretaria da Receita Federal:

I – lançamento de ofício;

II – débitos com exigibilidade suspensa;

III – inscrição em dívida ativa;

IV – recolhimentos ou pagamentos em atraso;

V – falta ou atraso no cumprimento de obrigação acessória.

§ 4º Na hipótese de decisão definitiva, na esfera administrativa ou judicial, que implique desoneração integral da pessoa jurídica, as restrições referidas nos incisos I e II do § 3º serão desconsideradas desde a origem.

§ 5º O período de cinco anos-calendário será computado por ano completo, inclusive aquele em relação ao qual dar-se-á o aproveitamento do bônus.

§ 6º A dedução do bônus dar-se-á em relação à CSLL devida no ano-calendário.

§ 7º A parcela do bônus que não puder ser aproveitada em determinado período poderá sê-lo em períodos posteriores, vedado o ressarcimento ou a compensação distinta da referida neste artigo.

§ 8º A utilização indevida do bônus instituído por este artigo implica a imposição da multa de que trata o inciso I do *caput* do art. 44 da Lei 9.430, de 27 de dezembro de 1996, duplicando-se o seu percentual, sem prejuízo do disposto no § 2º.

- § 8º com redação determinada pela Lei 11.488/2007.

§ 9º O bônus será registrado na contabilidade da pessoa jurídica beneficiária:

I – na aquisição do direito, a débito de conta de Ativo Circulante e a crédito de Lucro ou Prejuízos Acumulados;

II – na utilização, a débito da provisão para pagamento da CSLL e a crédito da conta de Ativo Circulante referida no inciso I.

§ 10. A Secretaria da Receita Federal estabelecerá as normas necessárias à aplicação deste artigo.

Art. 39. *(Revogado, a partir de 1º.01.2006, pela Lei 11.196/2005).*

Art. 40. *(Revogado, a partir de 1º.01.2006, pela Lei 11.196/2005).*

Art. 41. *(Vetado).*

Art. 42. *(Revogado, a partir de 1º.01.2006, pela Lei 11.196/2005).*

Art. 43. *(Revogado, a partir de 1º.01.2006, pela Lei 11.196/2005).*

Art. 44. *(Vetado).*

Art. 45. Nos casos de apuração de excesso de custo de aquisição de bens, direitos e serviços, importados de empresas vinculadas e que sejam considerados indedutíveis na determinação do lucro real e da base de cálculo da contribuição social sobre o lucro líquido, apurados na forma do art. 18 da Lei 9.430, de 27 de dezembro de 1996, a pessoa jurídica deverá ajustar o excesso de custo, determinado por um dos métodos previstos na legislação, no encerramento do período de apuração, contabilmente, por meio de lançamento a débito de conta de resultados acumulados e a crédito de:

I – conta do ativo onde foi contabilizada a aquisição dos bens, direitos ou serviços e que permanecerem ali registrados ao final do período de apuração; ou

II – conta própria de custo ou de despesa do período de apuração, que registre o valor dos bens, direitos ou serviços, no caso de esses ativos já terem sido baixados da conta de ativo que tenha registrado a sua aquisição.

§ 1º No caso de bens classificáveis no ativo permanente e que tenham gerado quotas de depreciação, amortização ou exaustão, no ano-calendário da importação, o valor do excesso de preço de aquisição na importação deverá ser creditado na conta de ativo em cujas quotas tenham sido debitadas, em contrapartida à conta de resultados acumulados a que se refere o *caput*.

§ 2º Caso a pessoa jurídica opte por adicionar, na determinação do lucro real e da base de cálculo da contribuição social sobre o lucro líquido, o valor do excesso apurado em cada período de apuração somente por ocasião da realização por alienação ou baixa a qualquer título do bem, direito ou serviço adquirido, o valor total do excesso apurado no período de aquisição deverá ser excluído do patrimônio líquido, para fins de determinação da base de cálculo dos juros sobre o capital próprio, de que trata o art. 9º da Lei 9.249, de 26 de dezembro de 1995, alterada pela Lei 9.430, de 27 de dezembro de 1996.

§ 3º Na hipótese do § 2º, a pessoa jurídica deverá registrar o valor total do excesso de preço de aquisição em subconta própria que registre o valor do bem, serviço ou direito adquirido no exterior.

Art. 46. O art. 13, *caput*, e o art. 14, I, da Lei 9.718, de 27 de novembro de 1998, passam a vigorar com a seguinte redação:

"Art. 13. A pessoa jurídica cuja receita bruta total, no ano-calendário anterior, tenha sido igual ou inferior a R$ 48.000.000,00 (quarenta e oito milhões de reais), ou a R$ 4.000.000,00 (quatro milhões de reais) multiplicado pelo número de meses de atividade do ano-calendário anterior, quando inferior a 12 (doze) meses, poderá optar pelo regime de tributação com base no lucro presumido.

[...]"

"Art. 14. [...]

I – cuja receita total, no ano-calendário anterior seja superior ao limite de R$ 48.000.000,00 (quarenta e oito milhões de reais), ou proporcional ao número de meses do período, quando inferior a 12 (doze) meses;

[...]"

Art. 47. A pessoa jurídica integrante do Mercado Atacadista de Energia Elétrica (MAE), instituído pela Lei 10.433, de 24 de abril de 2002, poderá optar por regime especial de tributação, relativamente à contribuição para o Programa de Integração Social e de Formação do Patrimônio do Servidor Público (PIS/Pasep) e à Contribuição para o Financiamento da Seguridade Social (Cofins).

- V. art. 10, X, Lei 10.833/2003 (Altera a Legislação Tributária Federal).

§ 1º A opção pelo regime especial referido no *caput*:

I – será exercida mediante simples comunicado, nos termos e condições estabelecidos pela Secretaria da Receita Federal;

II – produzirá efeitos em relação aos fatos geradores ocorridos a partir do mês subsequente ao do exercício da opção.

§ 2º Para os fins do regime especial referido no *caput*, considera-se receita bruta auferida nas operações de compra e venda de energia elétrica realizadas na forma da regulamentação de que trata o art. 14 da Lei 9.648, de 27 de maio de 1998, com a redação dada pela Lei 10.433, de 24 de abril de 2002, para efeitos de incidência da contribuição para o PIS/Pasep e da Cofins, os resultados positivos apurados mensalmente pela pessoa jurídica optante.

§ 3º Na determinação da base de cálculo da contribuição para o PIS/Pasep e da Cofins, a pessoa jurídica optante poderá deduzir os valores devidos, correspondentes a ajustes de contabilizações encerradas de operações de compra e venda de energia elétrica, realizadas no âmbito do MAE, quando decorrentes de:

I – decisão proferida em processo de solução de conflitos, no âmbito do MAE, da Agência Nacional de Energia Elétrica (Aneel) ou em processo de arbitragem, na forma prevista no § 3º do art. 2º da Lei 10.433, de 24 de abril de 2002;

II – resolução da Aneel;

III – decisão proferida no âmbito do Poder Judiciário, transitada em julgado; e

IV – *(Vetado).*

§ 4º A dedução de que trata o § 3º é permitida somente na hipótese em que o ajuste de contabilização caracterize anulação de receita sujeita à incidência do PIS/Pasep e da Cofins, na forma estabelecida pela Secretaria da Receita Federal.

§ 5º Sem prejuízo do disposto nos §§ 3º e 4º, geradoras de energia elétrica optantes poderão excluir da base de cálculo da contribuição para o PIS/Pasep e da Cofins o valor da receita auferida com a venda compulsória de energia elétrica por meio do Mecanismo de Realocação de Energia, de que trata a alínea *b* do parágrafo único do art. 14 da Lei 9.648, de 27 de maio de 1998, introduzida pela Lei 10.433, de 24 de abril de 2002.

§ 6º Aplicam-se ao regime especial de que trata este artigo as demais normas aplicáveis às contribuições referidas no *caput*, observado o que se segue:

I – em relação ao PIS/Pasep, não se aplica o disposto nos arts. 1º a 6º;

II – em relação aos fatos geradores ocorridos até 31 de agosto de 2002, o pagamento dos valores devidos correspondentes à Cofins e ao PIS/Pasep poderá ser feito com dispensa de multa e de juros moratórios, desde que efetuado em parcela única, até o último dia útil do mês de setembro de 2002.

§ 7º *(Vetado).*

Art. 48. *(Vetado).*

Art. 49. O art. 74 da Lei 9.430, de 27 de dezembro de 1996, passa a vigorar com a seguinte redação:

"Art. 74. O sujeito passivo que apurar crédito, inclusive os judiciais com trânsito em julgado, relativo a tributo ou contribuição administrado pela Secretaria da Receita Federal, passível de restituição ou de ressarcimento, poderá utilizá-lo na compensação de débitos próprios relativos a quaisquer tributos e contribuições administrados por aquele Órgão.

§ 1º A compensação de que trata o *caput* será efetuada mediante a entrega, pelo sujeito passivo, de declaração na qual constarão informações relativas aos créditos utilizados e aos respectivos débitos compensados.

§ 2º A compensação declarada à Secretaria da Receita Federal extingue o crédito tributário, sob condição resolutória de sua ulterior homologação.

§ 3º Além das hipóteses previstas nas leis específicas de cada tributo ou contribuição, não poderão ser objeto de compensação:

I – o saldo a restituir apurado na Declaração de Ajuste Anual do Imposto de Renda da Pessoa Física;

II – os débitos relativos a tributos e contribuições devidos no registro da Declaração de Importação.

§ 4º Os pedidos de compensação pendentes de apreciação pela autoridade administrativa serão considerados declaração de compensação, desde o seu protocolo, para os efeitos previstos neste artigo.

§ 5º A Secretaria da Receita Federal disciplinará o disposto neste artigo."

Art. 50. O *caput* do art. 6º da Lei 9.826, de 23 de agosto de 1999, passa a vigorar com a seguinte redação:

"Art. 6º A exportação de produtos nacionais sem que tenha ocorrido sua saída do território brasileiro somente será admitida, produzindo todos os efeitos fiscais e cambiais, quando o pagamento for efetivado em moeda estrangeira de livre conversibilidade e a venda for realizada para:

[...]"

Art. 51. O *caput* do art. 52 da Lei 9.532, de 10 de dezembro de 1997, passa a vigorar com a seguinte alteração:

"Art. 52. O valor do IPI devido no desembaraço aduaneiro dos cigarros do código 2402.20.00 da Tipi será apurado da mesma forma que para o produto nacional, tomando-se por base a classe de enquadramento divulgada pela Secretaria da Receita Federal.

[...]"

Art. 52. O art. 33 do Decreto-lei 1.593, de 21 de dezembro de 1977, passa a vigorar com a seguinte alteração:

"Art. 33. Aplicam-se as seguintes penalidades, em relação ao selo de controle de que trata o art. 46 da Lei 4.502, de 30 de novembro de 1964, na ocorrência das seguintes infrações:

I – venda ou exposição à venda de produto sem o selo ou com emprego de selo já utilizado: multa igual ao valor comercial do produto, não inferior a R$ 1.000,00 (mil reais);

II – emprego ou posse de selo legítimo não adquirido pelo próprio estabelecimento diretamente da repartição fornecedora: multa de R$ 1,00 (um real) por unidade, não inferior a R$ 1.000,00 (mil reais);

III – emprego de selo destinado a produto nacional, quando se tratar de produto estrangeiro, e vice-versa; emprego de selo destinado a produto diverso; emprego de selo não utilizado ou marcado como previsto em ato da Secretaria da Receita Federal; emprego de selo que não estiver em circulação: consideram-se os produtos como não selados, equiparando-se a infração à falta de pagamento do Imposto sobre Produtos Industrializados, que será exigível, além da multa igual a 75% (setenta e cinco por cento) do valor do imposto exigido;

IV – fabricação, venda, compra, cessão, utilização ou posse, soltos ou aplicados, de selos de controle falsos: independentemente de sanção penal cabível, multa de R$ 5,00 (cinco reais) por unidade, não inferior a R$ 5.000,00 (cinco mil reais), além da apreensão dos selos não utilizados e da aplicação da pena de perdimento dos produtos em que tenham sido utilizados os selos;

V – transporte de produto sem o selo ou com emprego de selo já utilizado: multa igual a 50% (cinquenta por cento) do valor comercial do produto, não inferior a R$ 1.000,00 (mil reais).

§ 1º Aplicar-se-á a mesma pena cominada no inciso II àqueles que fornecerem a outro estabelecimento, da mesma pessoa jurídica ou de terceiros, selos de controle legítimos adquiridos diretamente da repartição fornecedora.

§ 2º Aplicar-se-á ainda a pena de perdimento aos produtos do código 24.02.20.00 da Tabela de Incidência do Imposto sobre Produtos Industrializados (Tipi):

I – na hipótese de que tratam os incisos I e V do *caput*;

II – encontrados no estabelecimento industrial, acondicionados em embalagem destinada a comercialização, sem o selo de controle.

§ 3º Para fins de aplicação das penalidades previstas neste artigo, havendo a constatação de produtos com selos de controle em desacordo com as normas estabelecidas pela Secretaria da Receita Federal, considerar-se-á irregular a totalidade do lote identificado onde os mesmos foram encontrados."

Art. 53. É proibida a fabricação, em estabelecimento de terceiros, dos produtos do código 24.02.20.00 da Tipi.

Parágrafo único. Aos estabelecimentos que receberem ou tiverem em seu poder matérias-primas, produtos intermediários ou material de embalagem para a fabricação de cigarros para terceiros, aplica-se a penalidade prevista no inciso II do art. 15 do Decreto-lei 1.593, de 21 de dezembro de 1977.

Art. 54. O papel para cigarros, em bobinas, somente poderá ser vendido, no mercado interno, a estabelecimento industrial fabricante de cigarros, classificados no código 2402.20.00 da Tabela de Incidência do IPI – Tipi, ou mortalhas.

• Artigo com redação determinada pela Lei 10.833/ 2003.

§ 1º Os fabricantes e os importadores do papel de que trata o *caput* deverão:

I – exigir do estabelecimento industrial fabricante de cigarros a comprovação, no ato da venda, de que possui o registro especial de que trata o art. 1º do Decreto-lei 1.593, de 21 de dezembro de 1977, e alterações posteriores;

II – prestar informações acerca da comercialização de papel para industrialização de cigarros, nos termos definidos pela Secretaria da Receita Federal.

§ 2º O disposto no inciso I do § 1º não se aplica aos fabricantes de cigarros classificados no Ex 01 do código 2402.20.00 da Tipi.

Art. 55. *(Revogado pela Lei 12.973/2014).*

Art. 56. *(Vetado).*

Art. 57. O encargo de que trata o art. 1º do Decreto-lei 1.025, de 21 de outubro de 1969, inclusive na condição de que trata o art. 3º do Decreto-lei 1.569, de 8 de agosto de 1977, nos pagamentos de débitos relativos a tributos e contribuições administrados pela Secretaria da Receita Federal, inscritos na Dívida Ativa da União, e efetuados a partir de 15 de maio de 2002, em virtude de norma de caráter exonerativo, inclusive nas hipóteses de que tratam os arts. 13 e 14 desta Lei, será calculado sobre os valores originalmente devidos, limitado ao valor correspondente à multa calculada nos termos do § 3º do art. 13.

Art. 58. O art. 42 da Lei 9.430, de 27 de dezembro de 1996, passa a vigorar acrescido dos seguintes §§ 5º e 6º:

"Art. 42. [...]

[...]

§ 5º Quando provado que os valores creditados na conta de depósito ou de investimento pertencem a terceiro, evidenciando interposição de pessoa, a determinação dos rendimentos ou receitas será efetuada em relação ao terceiro, na condição de efetivo titular da conta de depósito ou de investimento.

§ 6º Na hipótese de contas de depósito ou de investimento mantidas em conjunto, cuja declaração de rendimentos ou de informações dos titulares tenham sido apresentadas em separado, e não havendo comprovação da origem dos recursos nos termos deste artigo, o valor dos rendimentos ou receitas será imputado a cada titular mediante divisão entre o total dos rendimentos ou receitas pela quantidade de titulares."

Art. 59. O art. 23 do Decreto-lei 1.455, de 7 de abril de 1976, passa a vigorar com as seguintes alterações:

"Art. 23. [...]

[...]

V – estrangeiras ou nacionais, na importação ou na exportação, na hipótese de ocultação do sujeito passivo, do real vendedor, comprador ou de responsável pela operação, mediante fraude ou simulação, inclusive a interposição fraudulenta de terceiros.

§ 1º O dano ao erário decorrente das infrações previstas no *caput* deste artigo será punido com a pena de perdimento das mercadorias.

§ 2º Presume-se interposição fraudulenta na operação de comércio exterior a não comprovação da origem, disponibilidade e transferência dos recursos empregados.

§ 3º A pena prevista no § 1º converte-se em multa equivalente ao valor aduaneiro da mercadoria que não seja localizada ou que tenha sido consumida.

§ 4º O disposto no § 3º não impede a apreensão da mercadoria nos casos previstos no inciso I ou quando for proibida sua importação, consumo ou circulação no território nacional."

Art. 60. O art. 81 da Lei 9.430, de 27 de dezembro de 1996, passa a vigorar com as seguintes alterações:

"Art. 81. [...]

§ 1º Será também declarada inapta a inscrição da pessoa jurídica que não comprove a origem, a disponibilidade e a efetiva transferência, se for o caso, dos recursos empregados em operações de comércio exterior.

§ 2º Para fins do disposto no § 1º, a comprovação da origem de recursos provenientes do exterior dar-se-á mediante, cumulativamente:

I – prova do regular fechamento da operação de câmbio, inclusive com a identificação da instituição financeira no exterior encarregada da remessa dos recursos para o País;

II – identificação do remetente dos recursos, assim entendido como a pessoa física ou jurídica titular dos recursos remetidos.

§ 3º No caso de o remetente referido no inciso II do § 2º ser pessoa jurídica deverão ser também identificados os integrantes de seus quadros societário e gerencial.

§ 4º O disposto nos §§ 2º e 3º aplica-se, também, na hipótese de que trata o § 2º do art. 23 do Decreto-lei 1.455, de 7 de abril de 1976."

Art. 61. *(Vetado).*

Art. 62. O art. 15 da Lei 10.451, de 10 de maio de 2002, passa a vigorar com a seguinte redação:

"Art. 15. Esta Lei entra em vigor na data de sua publicação, produzindo efeitos, no caso dos arts. 1º e 2º, em relação aos fatos geradores ocorridos a partir de 1º de janeiro de 2002, observado o disposto no art. 1º da Lei 9.887, de 7 de dezembro de 1999."

Art. 63. O art. 21 da Lei 9.532, de 10 de dezembro de 1997, alterada pela Lei 9.887, de 7 de dezembro de 1999, passa a vigorar com a seguinte redação:

"Art. 21. Relativamente aos fatos geradores ocorridos durante os anos-calendário de 1998 a 2003, a alíquota de 25% (vinte e cinco por cento), constante das tabelas de que tratam os arts. 3º e 11 da Lei 9.250, de 26 de dezembro de 1995, e as correspondentes parcelas a deduzir, passam a ser, respectivamente, a alíquota, de 27,5% (vinte e sete inteiros e cinco décimos por cento), e as parcelas a deduzir, até 31 de dezembro de 2001, de R$ 360,00 (trezentos e sessenta reais) e R$ 4.320,00 (quatro mil, trezentos e vinte reais), e a partir de 1º de janeiro de 2002, aquelas determinadas pelo art. 1º da Lei 10.451, de 10 de maio de 2002, a saber, de R$ 423,08 (quatrocentos e vinte e três reais e oito centavos) e R$ 5.076,90 (cinco mil e setenta e seis reais e noventa centavos).

Parágrafo único. São restabelecidas, relativamente aos fatos geradores ocorridos a partir de 1º de janeiro de 2004, a alíquota de 25% (vinte e cinco por cento) e as respectivas parcelas a deduzir de R$ 370,20 (trezentos e setenta reais e vinte centavos) e de R$ 4.442,40 (quatro mil, quatrocentos e quarenta e dois reais e quarenta centavos), de que tratam os arts. 3º e 11 da Lei 9.250, de 26 de dezembro de 1995, modificados em coerência com o art. 1º da Lei 10.451, de 10 de maio de 2002."

Art. 64. O art. 43 da Medida Provisória 2.158-35, de 2001, passa a vigorar acrescido do seguinte § 2º, renumerando-se o parágrafo único para § 1º:

"Art. 43. [...]

[...]

§ 2º O disposto neste artigo, no que diz respeito aos produtos classificados nas posições 84.32 e 84.33, alcança apenas os veículos autopropulsados descritos nos Códigos 8432.30, 8432.40.00, 8432.80.00 (exceto rolos para gramados ou campo de esporte), 8433.20, 8433.30.00, 8433.40.00 e 8433.5."

Art. 65. *(Vetado).*

Capítulo III
Das Disposições Finais

Art. 66. A Secretaria da Receita Federal e a Procuradoria-Geral da Fazenda Nacional editarão, no âmbito de suas respectivas competências, as normas necessárias à aplicação do disposto nesta Lei.

Art. 67. *(Vetado).*

Art. 68. Esta Lei entra em vigor na data de sua publicação, produzindo efeitos:

I – a partir de 1º de outubro de 2002, em relação aos arts. 29 e 49;

II – a partir de 1º de dezembro de 2002, em relação aos arts. 1º a 6º e 8º a 11;

III – a partir de 1º de janeiro de 2003, em relação aos arts. 34, 37 a 44, 46 e 48;

IV – a partir da data da publicação desta Lei, em relação aos demais artigos.

Brasília, 30 de dezembro de 2002; 181º da Independência e 114º da República.

Fernando Henrique Cardoso

(*DOU* 31.12.2002; edição extra)

LEI 10.741, DE 1º DE OUTUBRO DE 2003

Dispõe sobre o Estatuto do Idoso e dá outras providências.

• V. Lei 11.770/2008 (Cria o Programa Empresa Cidadã, destinado à prorrogação da licença-maternidade mediante concessão de incentivo fiscal, e altera a Lei 8.212, de 24 de julho de 1991).

- V. D 7.052/2009 (Regulamenta a Lei 11.770/2008, que cria o Programa Empresa Cidadã, destinado à prorrogação da licença-maternidade, no tocante a empregadas de pessoas jurídicas).
- V. 12.288/2010 (Institui o Estatuto da Igualdade Racial).
- V. Lei 12.852/2013 (Institui o Estatuto da Juventude e dispõe sobre os direitos dos jovens, os princípios e diretrizes das políticas públicas de juventude e o Sinajuve).
- V. Lei 13.189/2015 (Institui o Programa Seguro-Emprego (PSE)).
- V. Decreto 8.479/2015 (Regulamenta o disposto na Medida Provisória 680, de 6 de julho de 2015, que institui o Programa de Proteção ao Emprego).
- V. Lei 13.289/2016 (Dispõe sobre o Selo Empresa Solidária com a Vida e dá outras providências).

O Presidente da República:

Faço saber que o Congresso Nacional decreta e eu sanciono a seguinte Lei:

TÍTULO I
Disposições Preliminares

Art. 1º É instituído o Estatuto do Idoso, destinado a regular os direitos assegurados às pessoas com idade igual ou superior a 60 (sessenta) anos.

Art. 2º O idoso goza de todos os direitos fundamentais inerentes à pessoa humana, sem prejuízo da proteção integral de que trata esta Lei, assegurando-se-lhe, por lei ou por outros meios, todas as oportunidades e facilidades, para preservação de sua saúde física e mental e seu aperfeiçoamento moral, intelectual, espiritual e social, em condições de liberdade e dignidade.

- V. arts. 5º a 7º, CF.

[...]

TÍTULO II
Dos Direitos Fundamentais

[...]

Capítulo VI
Da Profissionalização e do Trabalho

Art. 26. O idoso tem direito ao exercício de atividade profissional, respeitadas suas condições físicas, intelectuais e psíquicas.

Art. 27. Na admissão do idoso em qualquer trabalho ou emprego, é vedada a discriminação e a fixação de limite máximo de idade, inclusive para concursos, ressalvados os casos em que a natureza do cargo o exigir.

- V. Súmula 683, STF.

Parágrafo único. O primeiro critério de desempate em concurso público será a idade, dando-se preferência ao de idade mais elevada.

Art. 28. O Poder Público criará e estimulará programas de:

I – profissionalização especializada para os idosos, aproveitando seus potenciais e habilidades para atividades regulares e remuneradas;

II – preparação dos trabalhadores para a aposentadoria, com antecedência mínima de 1 (um) ano, por meio de estímulo a novos projetos sociais, conforme seus interesses, e de esclarecimento sobre os direitos sociais e de cidadania;

III – estímulo às empresas privadas para admissão de idosos ao trabalho.

Capítulo VII
Da Previdência Social

Art. 29. Os benefícios de aposentadoria e pensão do Regime Geral da Previdência Social observarão, na sua concessão, critérios de cálculo que preservem o valor real dos salários sobre os quais incidiram contribuição, nos termos da legislação vigente.

Parágrafo único. Os valores dos benefícios em manutenção serão reajustados na mesma data de reajuste do salário mínimo, *pro rata*, de acordo com suas respectivas datas de início ou do seu último reajustamento, com base em percentual definido em regulamento, observados os critérios estabelecidos pela Lei 8.213, de 24 de julho de 1991.

Art. 30. A perda da condição de segurado não será considerada para a concessão da aposentadoria por idade, desde que a pessoa conte com, no mínimo, o tempo de contribuição correspondente ao exigido para efeito de carência na data de requerimento do benefício.

Parágrafo único. O cálculo do valor do benefício previsto no *caput* observará o disposto no *caput* e § 2º do art. 3º da Lei 9.876, de 26 de novembro de 1999, ou, não havendo salários de contribuição recolhidos a partir da competência de julho de 1994, o disposto no art. 35 da Lei 8.213, de 1991.

Art. 31. O pagamento de parcelas relativas a benefícios, efetuado com atraso por responsabilidade da Previdência Social, será atualizado pelo mesmo índice utilizado para os reajustamentos dos benefícios do Regime Geral de Previdência Social, verificado no período compreendido entre o mês que deveria ter sido pago e o mês do efetivo pagamento.

Art. 32. O Dia Mundial do Trabalho, 1º de Maio, é a data base dos aposentados e pensionistas.

Capítulo VIII
Da Assistência Social

Art. 33. A assistência social aos idosos será prestada, de forma articulada, conforme os princípios e diretrizes previstos na Lei Orgânica da Assistência Social, na Política Nacional do Idoso, no Sistema Único de Saúde e demais normas pertinentes.

V. Lei 8.080/1990 (Sistema Único de Saúde – SUS).

- V. Lei 8.742/1993 (Lei Orgânica da Assistência Social – Loas).
- V. Lei 8.842/1994 (Política Nacional do Idoso).
- V. Dec. 5.085/2004 (Ações continuadas de Assistência Social).

Art. 34. Aos idosos, a partir de 65 (sessenta e cinco) anos, que não possuam meios para prover sua subsistência, nem de tê-la provida por sua família, é assegurado o benefício mensal de um salário mínimo, nos termos da Lei Orgânica da Assistência Social – Loas.

- V. Dec. 6.214/2007 (Regulamenta o benefício de prestação continuada da assistência social devido à pessoa com deficiência e ao idoso de que trata a Lei 8.742/1993 e a Lei 10.741/2003).

Parágrafo único. O benefício já concedido a qualquer membro da família nos termos do *caput* não será computado para os fins do cálculo da renda familiar *per capita* a que se refere a Loas.

Art. 35. Todas as entidades de longa permanência, ou casalar, são obrigadas a firmar contrato de prestação de serviços com a pessoa idosa abrigada.

§ 1º No caso de entidades filantrópicas, ou casalar, é facultada a cobrança de participação do idoso no custeio da entidade.

§ 2º O Conselho Municipal do Idoso ou o Conselho Municipal da Assistência Social estabelecerá a forma de participação prevista no § 1º, que não poderá exceder a 70% (setenta por cento) de qualquer benefício previdenciário ou de assistência social percebido pelo idoso.

§ 3º Se a pessoa idosa for incapaz, caberá a seu representante legal firmar o contrato a que se refere o *caput* deste artigo.

Art. 36. O acolhimento de idosos em situação de risco social, por adulto ou núcleo familiar, caracteriza a dependência econômica, para os efeitos legais.

- V. art. 118.

[...]

TÍTULO III
Das Medidas de Proteção

Capítulo I
Das Disposições Gerais

Art. 43. As medidas de proteção ao idoso são aplicáveis sempre que os direitos reconhecidos nesta Lei forem ameaçados ou violados:

I – por ação ou omissão da sociedade ou do Estado;

II – por falta, omissão ou abuso da família, curador ou entidade de atendimento;

III – em razão de sua condição pessoal.

Capítulo II
Das Medidas Específicas de Proteção

Art. 44. As medidas de proteção ao idoso previstas nesta Lei poderão ser aplicadas, isolada ou cumulativamente, e levarão em conta os fins sociais a que se destinam e o fortalecimento dos vínculos familiares e comunitários.

Art. 45. Verificada qualquer das hipóteses previstas no art. 43, o Ministério Público ou o Poder Judiciário, a requerimento daquele, poderá determinar, dentre outras, as seguintes medidas:

I – encaminhamento à família ou curador, mediante termo de responsabilidade;

II – orientação, apoio e acompanhamento temporários;

III – requisição para tratamento de sua saúde, em regime ambulatorial, hospitalar ou domiciliar;

IV – inclusão em programa oficial ou comunitário de auxílio, orientação e tratamento a usuários dependentes de drogas lícitas ou ilícitas, ao próprio idoso ou à pessoa de sua convivência que lhe cause perturbação;

V – abrigo em entidade;

VI – abrigo temporário.

[...]

TÍTULO V
Do Acesso à Justiça

Capítulo I
Disposições Gerais

Art. 69. Aplica-se, subsidiariamente, às disposições deste Capítulo, o procedimento sumário previsto no Código de Processo Civil, naquilo que não contrarie os prazos previstos nesta Lei.

Art. 70. O Poder Público poderá criar varas especializadas e exclusivas do idoso.

Art. 71. É assegurada prioridade na tramitação dos processos e procedimentos e na execução dos atos e diligências judiciais em que figure como parte ou interveniente pessoa com idade igual ou superior a 60 (sessenta) anos, em qualquer instância.

- V. art. 1.048, CPC/2015.
- V. Res. STF 408/2009 (Concessão de prioridade na tramitação de procedimentos judiciais às pessoas que especifica).

§ 1º O interessado na obtenção da prioridade a que alude este artigo, fazendo prova de sua idade, requererá o benefício à autoridade judiciária competente para decidir o feito, que determinará as providências a serem cumpridas, anotando-se essa circunstância em local visível nos autos do processo.

§ 2º A prioridade não cessará com a morte do beneficiado, estendendo-se em favor do cônjuge supérstite, companheiro ou companheira, com união estável, maior de 60 (sessenta) anos.

§ 3º A prioridade se estende aos processos e procedimentos na Administração Pública, empresas prestadoras de serviços públicos e instituições financeiras, ao atendimento preferencial junto à Defensoria Pública da União, dos Estados e do Distrito Federal em relação aos Serviços de Assistência Judiciária.

§ 4º Para o atendimento prioritário será garantido ao idoso o fácil acesso aos assentos e caixas, identificados com a destinação a idosos em local visível e caracteres legíveis.

§ 5º Dentre os processos de idosos, dar-se-á prioridade especial aos maiores de oitenta anos.

- § 5º acrescentado pela Lei 13.466/2017.

Capítulo II
Do Ministério Público

Art. 72. *(Vetado).*

Art. 73. As funções do Ministério Público, previstas nesta Lei, serão exercidas nos termos da respectiva Lei Orgânica.

- V. arts. 127 a 129, CF.
- V. LC 75/1993 (Estatuto do Ministério Público da União).
- V. Lei 8.625/1993 (Lei Orgânica Nacional do Ministério Público).

Art. 74. Compete ao Ministério Público:

I – instaurar o inquérito civil e a ação civil pública para a proteção dos direitos e interesses difusos ou coletivos, individuais indisponíveis e individuais homogêneos do idoso;

- V. Lei 7.347/1985 (Ação civil pública).

II – promover e acompanhar as ações de alimentos, de interdição total ou parcial, de designação de curador especial, em circunstâncias que justifiquem a medida e oficiar em todos os feitos em que se discutam os direitos de idosos em condições de risco;

III – atuar como substituto processual do idoso em situação de risco, conforme o disposto no art. 43 desta Lei;

IV – promover a revogação de instrumento procuratório do idoso, nas hipóteses previstas no art. 43 desta Lei, quando necessário ou o interesse público justificar;

V – instaurar procedimento administrativo e, para instruí-lo:

a) expedir notificações, colher depoimentos ou esclarecimentos e, em caso de não comparecimento injustificado da pessoa notificada, requisitar condução coercitiva, inclusive pela Polícia Civil ou Militar;

b) requisitar informações, exames, perícias e documentos de autoridades municipais, estaduais e federais, da administração direta e indireta, bem como promover inspeções e diligências investigatórias;

c) requisitar informações e documentos particulares de instituições privadas;

VI – instaurar sindicâncias, requisitar diligências investigatórias e a instauração de inquérito policial, para a apuração de ilícitos ou infrações às normas de proteção ao idoso;

VII – zelar pelo efetivo respeito aos direitos e garantias legais assegurados ao idoso, promovendo as medidas judiciais e extrajudiciais cabíveis;

VIII – inspecionar as entidades públicas e particulares de atendimento e os programas de que trata esta Lei, adotando de pronto as medidas administrativas ou judiciais necessárias à remoção de irregularidades porventura verificadas;

IX – requisitar força policial, bem como a colaboração dos serviços de saúde, educacionais e de assistência social, públicos, para o desempenho de suas atribuições;

X – referendar transações envolvendo interesses e direitos dos idosos previstos nesta Lei.

§ 1º A legitimação do Ministério Público para as ações cíveis previstas neste artigo não impede a de terceiros, nas mesmas hipóteses, segundo dispuser a lei.

§ 2º As atribuições constantes deste artigo não excluem outras, desde que compatíveis com a finalidade e atribuições do Ministério Público.

§ 3º O representante do Ministério Público, no exercício de suas funções, terá livre acesso a toda entidade de atendimento ao idoso.

Art. 75. Nos processos e procedimentos em que não for parte, atuará obrigatoriamente o Ministério Público na defesa dos direitos e interesses de que cuida esta Lei, hipóteses em que terá vista dos autos depois das partes, podendo juntar documentos, requerer diligências e produção de outras provas, usando os recursos cabíveis.

Art. 76. A intimação do Ministério Público, em qualquer caso, será feita pessoalmente.

Art. 77. A falta de intervenção do Ministério Público acarreta a nulidade do feito, que será declarada de ofício pelo juiz ou a requerimento de qualquer interessado.

Capítulo III
Da Proteção Judicial dos Interesses Difusos, Coletivos e Individuais Indisponíveis ou Homogêneos

Art. 78. As manifestações processuais do representante do Ministério Público deverão ser fundamentadas.

Art. 79. Regem-se pelas disposições desta Lei as ações de responsabilidade por ofensa aos direitos assegurados ao idoso, referentes à omissão ou ao oferecimento insatisfatório de:

I – acesso às ações e serviços de saúde;

II – atendimento especializado ao idoso portador de deficiência ou com limitação incapacitante;

III – atendimento especializado ao idoso portador de doença infectocontagiosa;

IV – serviço de assistência social visando ao amparo do idoso.

Parágrafo único. As hipóteses previstas neste artigo não excluem da proteção judicial outros interesses difusos, coletivos, individuais indisponíveis ou homogêneos, próprios do idoso, protegidos em lei.

Art. 80. As ações previstas neste Capítulo serão propostas no foro do domicílio do idoso, cujo juízo terá competência absoluta para processar a causa, ressalvadas as competências da Justiça Federal e a competência originária dos Tribunais Superiores.

Art. 81. Para as ações cíveis fundadas em interesses difusos, coletivos, individuais indisponíveis ou homogêneos, consideram-se legitimados, concorrentemente:

I – o Ministério Público;

II – a União, os Estados, o Distrito Federal e os Municípios;

III – a Ordem dos Advogados do Brasil;

IV – as associações legalmente constituídas há pelo menos 1 (um) ano e que incluam entre os fins institucionais a defesa dos interesses e direitos da pessoa idosa, dispensada a autorização da assembleia, se houver prévia autorização estatutária.

§ 1º Admitir-se-á litisconsórcio facultativo entre os Ministérios Públicos da União e dos Estados na defesa dos interesses e direitos de que cuida esta Lei.

§ 2º Em caso de desistência ou abandono da ação por associação legitimada, o Ministério Público ou outro legitimado deverá assumir a titularidade ativa.

Art. 82. Para defesa dos interesses e direitos protegidos por esta Lei, são admissíveis todas as espécies de ação pertinentes.

Parágrafo único. Contra atos ilegais ou abusivos de autoridade pública ou agente de pessoa jurídica no exercício de atribuições de Poder Público, que lesem direito líquido e certo previsto nesta Lei, caberá ação mandamental, que se regerá pelas normas da lei do mandado de segurança.

- V. Lei 12.016/2009 (Nova Lei do Mandado de Segurança).

Art. 83. Na ação que tenha por objeto o cumprimento de obrigação de fazer ou não fazer, o juiz concederá a tutela específica da obrigação ou determinará providências que assegurem o resultado prático equivalente ao adimplemento.

§ 1º Sendo relevante o fundamento da demanda e havendo justificado receio de ineficácia do provimento final, é lícito ao juiz conceder a tutela liminarmente ou após justificação prévia, na forma do art. 273 do Código de Processo Civil.

§ 2º O juiz poderá, na hipótese do § 1º ou na sentença, impor multa diária ao réu, independentemente do pedido do autor, se for suficiente ou compatível com a obrigação, fixando prazo razoável para o cumprimento do preceito.

§ 3º A multa só será exigível do réu após o trânsito em julgado da sentença favorável ao autor, mas será devida desde o dia em que se houver configurado.

Art. 84. Os valores das multas previstas nesta Lei reverterão ao Fundo do Idoso, onde houver, ou na falta deste, ao Fundo Municipal de Assistência Social, ficando vinculados ao atendimento ao idoso.

Parágrafo único. As multas não recolhidas até 30 (trinta) dias após o trânsito em julgado da decisão serão exigidas por meio de execução promovida pelo Ministério Público, nos mesmos autos, facultada igual iniciativa aos demais legitimados em caso de inércia daquele.

Art. 85. O juiz poderá conferir efeito suspensivo aos recursos, para evitar dano irreparável à parte.

Art. 86. Transitada em julgado a sentença que impuser condenação ao Poder Público, o juiz determinará a remessa de peças à autoridade competente, para apuração da responsabilidade civil e administrativa do agente a que se atribua a ação ou omissão.

Art. 87. Decorridos 60 (sessenta) dias do trânsito em julgado da sentença condenatória favorável ao idoso sem que o autor lhe promova a execução, deverá fazê-lo o Ministério Público, facultada, igual iniciativa aos demais legitimados, como assistentes ou assumindo o polo ativo, em caso de inércia desse órgão.

Art. 88. Nas ações de que trata este Capítulo, não haverá adiantamento de custas, emolumentos, honorários periciais e quaisquer outras despesas.

Parágrafo único. Não se imporá sucumbência ao Ministério Público.

Art. 89. Qualquer pessoa poderá, e o servidor deverá, provocar a iniciativa do Ministério Público, prestando-lhe informações sobre os fatos que constituam objeto de ação civil e indicando-lhe os elementos de convicção.

Art. 90. Os agentes públicos em geral, os juízes e tribunais, no exercício de suas funções, quando tiverem conhecimento de fatos que possam configurar crime de ação pública contra idoso ou ensejar a propositura de ação para sua defesa, devem encaminhar as peças pertinentes ao Ministério Público, para as providências cabíveis.

Art. 91. Para instruir a petição inicial, o interessado poderá requerer às autoridades competentes as certidões e informações que julgar necessárias, que serão fornecidas no prazo de 10 (dez) dias.

Art. 92. O Ministério Público poderá instaurar sob sua presidência, inquérito civil, ou requisitar, de qualquer pessoa, organismo público ou particular, certidões, informações, exames ou perícias, no prazo que assinalar, o qual não poderá ser inferior a 10 (dez) dias.

§ 1º Se o órgão do Ministério Público, esgotadas todas as diligências, se convencer da inexistência de fundamento para a propositura da ação civil ou de peças informativas, determinará o seu arquivamento, fazendo-o fundamentadamente.

§ 2º Os autos do inquérito civil ou as peças de informação arquivados serão remetidos, sob pena de se incorrer em falta grave, no prazo de 3 (três) dias, ao Conselho Superior do Ministério Público ou à Câmara de Coordenação e Revisão do Ministério Público.

§ 3º Até que seja homologado ou rejeitado o arquivamento, pelo Conselho Superior do Ministério Público ou por Câmara de Coordenação e Revisão do Ministério Público, as associações legitimadas poderão apresentar razões escritas ou documentos, que serão juntados ou anexados às peças de informação.

§ 4º Deixando o Conselho Superior ou a Câmara de Coordenação e Revisão do Ministério Público de homologar a promoção de arquivamento, será designado outro membro do Ministério Público para o ajuizamento da ação.

TÍTULO VI
Dos Crimes

Capítulo I
Disposições Gerais

Art. 93. Aplicam-se subsidiariamente, no que couber, as disposições da Lei 7.347, de 24 de julho de 1985.

Art. 94. Aos crimes previstos nesta Lei, cuja pena máxima privativa de liberdade não ultrapasse 4 (quatro) anos, aplica-se o procedimento previsto na Lei 9.099, de 26 de setembro de 1995, e, subsidiariamente, no que couber, as disposições do Código Penal e do Código de Processo Penal.

- O STF, na ADIn 3.096 (*DOU* e *DJE* 25.06.2010; *DJE* 03.09.2010), julgou parcialmente procedente a ação para dar interpretação ao art. 94 da Lei 10.741/2003 conforme à Constituição, "com redução de texto, para suprimir a expressão 'do Código Penal e'. Aplicação apenas do procedimento sumaríssimo previsto na Lei 9.099/1995: benefício do idoso com a celeridade processual. Impossibilidade de aplicação de quaisquer medidas despenalizadoras e de interpretação benéfica ao autor do crime".

Capítulo II
Dos Crimes em Espécie

Art. 95. Os crimes definidos nesta Lei são de ação penal pública incondicionada, não se lhes aplicando os arts. 181 e 182 do Código Penal.

Art. 96. Discriminar pessoa idosa, impedindo ou dificultando seu acesso a operações bancárias, aos meios de transporte, ao direito de contratar ou por qualquer outro meio ou instrumento necessário ao exercício da cidadania, por motivo de idade:

Pena – reclusão de 6 (seis) meses a 1 (um) ano e multa.

§ 1º Na mesma pena incorre quem desdenhar, humilhar, menosprezar ou discriminar pessoa idosa, por qualquer motivo.

§ 2º A pena será aumentada de 1/3 (um terço) se a vítima se encontrar sob os cuidados ou responsabilidade do agente.

Art. 97. Deixar de prestar assistência ao idoso, quando possível fazê-lo sem risco pessoal, em situação de iminente perigo, ou recusar, retardar ou dificultar sua assistência à saúde, sem justa causa, ou não pedir, nesses casos, o socorro de autoridade pública:

Pena – detenção de 6 (seis) meses a 1 (um) ano e multa.

Parágrafo único. A pena é aumentada de metade, se da omissão resulta lesão corporal de natureza grave, e triplicada, se resulta a morte.

Art. 98. Abandonar o idoso em hospitais, casas de saúde, entidades de longa permanência, ou congêneres, ou não prover suas necessidades básicas, quando obrigado por lei ou mandado:

Pena – detenção de 6 (seis) meses a 3 (três) anos e multa.

Art. 99. Expor a perigo a integridade e a saúde, física ou psíquica, do idoso, submetendo-o a condições desumanas ou degradantes ou privando-o de alimentos e cuidados indispensáveis, quando obrigado a fazê-lo, ou sujeitando-o a trabalho excessivo ou inadequado:

Pena – detenção de 2 (dois) meses a 1 (um) ano e multa.

§ 1º Se do fato resulta lesão corporal de natureza grave:

Pena – reclusão de 1 (um) a 4 (quatro) anos.

§ 2º Se resulta a morte:

Pena – reclusão de 4 (quatro) a 12 (doze) anos.

Art. 100. Constitui crime punível com reclusão de 6 (seis) meses a 1 (um) ano e multa:

I – obstar o acesso de alguém a qualquer cargo público por motivo de idade;

II – negar a alguém, por motivo de idade, emprego ou trabalho;

III – recusar, retardar ou dificultar atendimento ou deixar de prestar assistência à saúde, sem justa causa, a pessoa idosa;

IV – deixar de cumprir, retardar ou frustrar, sem justo motivo, a execução de ordem judicial expedida na ação civil a que alude esta Lei;

V – recusar, retardar ou omitir dados técnicos indispensáveis à propositura da ação civil objeto desta Lei, quando requisitados pelo Ministério Público.

Art. 101. Deixar de cumprir, retardar ou frustrar, sem justo motivo, a execução de ordem judicial expedida nas ações em que for parte ou interveniente o idoso:

Pena – detenção de 6 (seis) meses a 1 (um) ano e multa.

Art. 102. Apropriar-se de ou desviar bens, proventos, pensão ou qualquer outro rendimento do idoso, dando-lhes aplicação diversa da de sua finalidade:

Pena – reclusão de 1 (um) a 4 (quatro) anos e multa.

Art. 103. Negar o acolhimento ou a permanência do idoso, como abrigado, por recusa deste em outorgar procuração à entidade de atendimento:

Pena – detenção de 6 (seis) meses a 1 (um) ano e multa.

Art. 104. Reter o cartão magnético de conta bancária relativa a benefícios, proventos ou pensão do idoso, bem como qualquer outro documento com objetivo de assegurar recebimento ou ressarcimento de dívida:

Pena – detenção de 6 (seis) meses a 2 (dois) anos e multa.

Art. 105. Exibir ou veicular, por qualquer meio de comunicação, informações ou imagens depreciativas ou injuriosas à pessoa do idoso:

Pena – detenção de 1 (um) a 3 (três) anos e multa.

Art. 106. Induzir pessoa idosa sem discernimento de seus atos a outorgar procuração para fins de administração de bens ou deles dispor livremente:

Pena – reclusão de 2 (dois) a 4 (quatro) anos.

Art. 107. Coagir, de qualquer modo, o idoso a doar, contratar, testar ou outorgar procuração:

Pena – reclusão de 2 (dois) a 5 (cinco) anos.

Art. 108. Lavrar ato notarial que envolva pessoa idosa sem discernimento de seus atos, sem a devida representação legal:

Pena – reclusão de 2 (dois) a 4 (quatro) anos.

TÍTULO VII
Disposições Finais e Transitórias

Art. 109. Impedir ou embaraçar ato do representante do Ministério Público ou de qualquer outro agente fiscalizador:

Pena – reclusão de 6 (seis) meses a 1 (um) ano e multa.

Art. 110. O Decreto-lei 2.848, de 7 de dezembro de 1940, Código Penal, passa a vigorar com as seguintes alterações:

"Art. 61. [...]

[...]

II – [...]

[...]

h) contra criança, maior de 60 (sessenta) anos, enfermo ou mulher grávida;

[...]"

"Art. 121. [...]

[...]

§ 4º No homicídio culposo, a pena é aumentada de 1/3 (um terço), se o crime resulta de inobservância de regra técnica de profissão, arte ou ofício, ou se o agente deixa de prestar imediato socorro à vítima, não procura diminuir as conseqüências do seu ato, ou foge para evitar prisão em flagrante. Sendo doloso o homicídio, a pena é aumentada de 1/3 (um terço) se o crime é praticado contra pessoa menor de 14 (quatorze) ou maior de 60 (sessenta) anos.

[...]"

"Art. 133. [...]

[...]

§ 3º [...]

[...]

III – se a vítima é maior de 60 (sessenta) anos."

"Art. 140. [...]

[...]

§ 3º Se a injúria consiste na utilização de elementos referentes a raça, cor, etnia, religião, origem ou a condição de pessoa idosa ou portadora de deficiência:

[...]"

"Art. 141. [...]

[...]

IV – contra pessoa maior de 60 (sessenta) anos ou portadora de deficiência, exceto no caso de injúria.

[...]"

"Art. 148. [...]

[...]

§ 1º [...]

I – se a vítima é ascendente, descendente, cônjuge do agente ou maior de 60 (sessenta) anos.

[...]"

"Art. 159. [...]

[...]

§ 1º Se o seqüestro dura mais de 24 (vinte e quatro) horas, se o seqüestrado é menor de 18 (dezoito) ou maior de 60 (sessenta) anos, ou se o crime é cometido por bando ou quadrilha.

[...]"

"Art. 183. [...]

[...]

III – se o crime é praticado contra pessoa com idade igual ou superior a 60 (sessenta) anos."

"Art. 244. Deixar, sem justa causa, de prover a subsistência do cônjuge, ou de filho menor de 18 (dezoito) anos ou inapto para o trabalho, ou de ascendente inválido ou maior de 60 (sessenta) anos, não lhes proporcionando os recursos necessários ou faltando ao pagamento de pensão alimentícia judicialmente acordada, fixada ou majorada; deixar, sem justa causa, de socorrer descendente ou ascendente, gravemente enfermo:

[...]"

Art. 111. O art. 21 do Decreto-lei 3.688, de 3 de outubro de 1941, Lei das Contravenções Penais, passa a vigorar acrescido do seguinte parágrafo único:

"Art. 21. [...]

[...]

Parágrafo único. Aumenta-se a pena de 1/3 (um terço) até a metade se a vítima é maior de 60 (sessenta) anos."

Art. 112. O inciso II do § 4º do art. 1º da Lei 9.455, de 7 de abril de 1997, passa a vigorar com a seguinte redação:

"Art. 1º [...]

[...]

§ 4º [...]

II – se o crime é cometido contra criança, gestante, portador de deficiência, adolescente ou maior de 60 (sessenta) anos;

[...]"

Art. 113. O inciso III do art. 18 da Lei 6.368, de 21 de outubro de 1976, passa a vigorar com a seguinte redação:

"Art. 18. [...]

[...]

III – se qualquer deles decorrer de associação ou visar a menores de 21 (vinte e um) anos ou a pessoa com idade igual ou superior a 60 (sessenta) anos ou a quem tenha, por qualquer causa, diminuída ou suprimida a capacidade de discernimento ou de autodeterminação:

[...]"

- A Lei 6.368/1976 foi revogada pela Lei 11.343/2006.

Art. 114. O art. 1º da Lei 10.048, de 8 de novembro de 2000, passa a vigorar com a seguinte redação:

"Art. 1º As pessoas portadoras de deficiência, os idosos com idade igual ou superior a 60 (sessenta) anos, as gestantes, as lactantes e as pessoas acompanhadas por crianças de colo terão atendimento prioritário, nos termos desta Lei."

Art. 115. O Orçamento da Seguridade Social destinará ao Fundo Nacional de Assistência Social, até que o Fundo Nacional do Idoso seja criado, os recursos necessários, em cada exercício financeiro, para aplicação em programas e ações relativos ao idoso.

- V. Lei 12.213/2010 (Institui o Fundo Nacional do Idoso e autoriza deduzir do imposto de renda devido pelas pessoas físicas e jurídicas as doações efetuadas aos Fundos Municipais, Estaduais e Nacional do Idoso).

Art. 116. Serão incluídos nos censos demográficos dados relativos à população idosa do País.

Art. 117. O Poder Executivo encaminhará ao Congresso Nacional projeto de lei revendo os critérios de concessão do Benefício de Prestação Continuada previsto na Lei Orgânica da Assistência Social, de forma a garantir que o acesso ao direito seja condizente com o estágio de desenvolvimento socioeconômico alcançado pelo País.

Art. 118. Esta Lei entra em vigor decorridos 90 (noventa) dias da sua publicação, ressalvado o disposto no *caput* do art. 36, que vigorará a partir de 1º de janeiro de 2004.

Brasília, 1º de outubro de 2003; 182º da Independência e 115º da República.

Luiz Inácio Lula da Silva

(*DOU* 03.10.2003)

LEI 10.778, DE 24 DE NOVEMBRO DE 2003

Estabelece a notificação compulsória, no território nacional, do caso de violência contra a mulher que for atendida em serviços de saúde públicos ou privados.

- V. Dec. 5.099/2004 (Regulamenta a Lei 10.778/2003).

O Presidente da República:

Faço saber que o Congresso Nacional decreta e eu sanciono a seguinte Lei:

Art. 1º Constitui objeto de notificação compulsória, em todo o território nacional, a violência contra a mulher atendida em serviços de saúde públicos e privados.

§ 1º Para os efeitos desta Lei, entende-se por violência contra a mulher qualquer ação ou conduta, baseada no gênero, inclusive decorrente de discriminação ou desigualdade étnica, que cause morte, dano ou sofrimento físico, sexual ou psicológico à mulher, tanto no âmbito público quanto no privado.

- § 1º com redação determinada pela Lei 12.288/2010 (*DOU* 21.07.2010), em vigor em 19.10.2010.

§ 2º Entender-se-á que violência contra a mulher inclui violência física, sexual e psicológica e que:

I – tenha ocorrido dentro da família ou unidade doméstica ou em qualquer outra relação interpessoal, em que o agressor conviva ou haja convivido no mesmo domicílio que a mulher e que compreende, entre outros, estupro, violação, maus-tratos e abuso sexual;

II – tenha ocorrido na comunidade e seja perpetrada por qualquer pessoa e que compreende, entre outros, violação, abuso sexual, tortura, maus-tratos de pessoas, tráfico de mulheres, prostituição forçada, sequestro e assédio sexual no lugar de trabalho, bem como em instituições educacionais, estabelecimentos de saúde ou qualquer outro lugar; e

III – seja perpetrada ou tolerada pelo Estado ou seus agentes, onde quer que ocorra.

§ 3º Para efeito da definição serão observados também as convenções e acordos internacionais assinados pelo Brasil, que disponham sobre prevenção, punição e erradicação da violência contra a mulher.

Art. 2º A autoridade sanitária proporcionará as facilidades ao processo de notificação compulsória, para o fiel cumprimento desta Lei.

Art. 3º A notificação compulsória dos casos de violência de que trata esta Lei tem caráter sigiloso, obrigando nesse sentido as autoridades sanitárias que a tenham recebido.

Parágrafo único. A identificação da vítima de violência referida nesta Lei, fora do âmbito dos serviços de saúde, somente poderá efetivar-se, em caráter excepcional, em caso de risco à comunidade ou à vítima, a juízo da autoridade sanitária e com conhecimento prévio da vítima ou do seu responsável.

Art. 4º As pessoas físicas e as entidades, públicas ou privadas, abrangidas ficam sujeitas às obrigações previstas nesta Lei.

Art. 5º A inobservância das obrigações estabelecidas nesta Lei constitui infração da legislação referente à saúde pública, sem prejuízo das sanções penais cabíveis.

Art. 6º Aplica-se, no que couber, à notificação compulsória prevista nesta Lei, o disposto na Lei 6.259, de 30 de outubro de 1975.

Art. 7º O Poder Executivo, por iniciativa do Ministério da Saúde, expedirá a regulamentação desta Lei.

Art. 8º Esta Lei entrará em vigor 120 (cento e vinte) dias após a sua publicação.

Brasília, 24 de novembro de 2003; 182º da Independência e 115º da República.

Luiz Inácio Lula da Silva

(*DOU* 25.11.2003)

LEI 10.779, DE 25 DE NOVEMBRO DE 2003

Dispõe sobre a concessão do benefício de seguro-desemprego, durante o período de defeso, ao pescador profissional que exerce a atividade pesqueira de forma artesanal.

- V. Dec. 8.424/2015 (Regulamenta a Lei 10.779/2003).

O Presidente da República:

Faço saber que o Congresso Nacional decreta e eu sanciono a seguinte Lei:

Art. 1º O pescador artesanal de que tratam a alínea "b" do inciso VII do art. 12 da Lei 8.212, de 24 de julho de 1991, e a alínea "b" do inciso VII do art. 11 da Lei 8.213, de 24 de julho de 1991, desde que exerça sua atividade profissional ininterruptamente, de forma artesanal e individualmente ou em regime de economia familiar, fará jus ao benefício do seguro-desemprego, no valor de 1 (um) salário-mínimo mensal, durante o período de defeso de atividade pesqueira para a preservação da espécie.

- *Caput* com redação determinada pela Lei 13.134/2015.

§ 1º Considera-se profissão habitual ou principal meio de vida a atividade exercida durante o período compreendido entre o defeso anterior e o em curso, ou nos 12 (doze) meses imediatamente anteriores ao do defeso em curso, o que for menor.

- § 1º com redação determinada pela Lei 13.134/2015.

§ 2º O período de defeso de atividade pesqueira é o fixado pelo Instituto Brasileiro do Meio Ambiente e dos Recursos Naturais Renováveis – IBAMA, em relação à espécie marinha, fluvial ou lacustre a cuja captura o pescador se dedique.

§ 3º Considera-se ininterrupta a atividade exercida durante o período compreendido entre o defeso anterior e o em curso, ou nos 12 (doze) meses imediatamente anteriores ao do defeso em curso, o que for menor.

- § 3º acrescentado pela Lei 13.134/2015.

§ 4º Somente terá direito ao seguro-desemprego o segurado especial pescador artesanal que não disponha de outra fonte de renda diversa da decorrente da atividade pesqueira.

- § 4º acrescentado pela Lei 13.134/2015.

§ 5º O pescador profissional artesanal não fará jus, no mesmo ano, a mais de um benefício de seguro-desemprego decorrente de defesos relativos a espécies distintas.

- § 5º acrescentado pela Lei 13.134/2015.

§ 6º A concessão do benefício não será extensível às atividades de apoio à pesca nem aos familiares do pescador profissional que não satisfaçam os requisitos e as condições estabelecidos nesta Lei.

- § 6º acrescentado pela Lei 13.134/2015.

§ 7º O benefício do seguro-desemprego é pessoal e intransferível.

- § 7º acrescentado pela Lei 13.134/2015.

§ 8º O período de recebimento do benefício não poderá exceder o limite máximo variável de que trata o *caput* do art. 4º da Lei 7.998, de 11 de janeiro de 1990, ressalvado o disposto nos §§ 4º e 5º do referido artigo.

- § 8º acrescentado pela Lei 13.134/2015.

Art. 2º Cabe ao Instituto Nacional do Seguro Social (INSS) receber e processar os requerimentos e habilitar os beneficiários, nos termos do regulamento.

- *Caput* do Artigo com redação determinada pela Lei 13.134/2015.

I – *(Revogado pela Lei 13.134/2015.)*

II – *(Revogado pela Lei 13.134/2015.)*

III – *(Revogado pela Lei 13.134/2015.)*

IV – *(Revogado pela Lei 13.134/2015.)*

Legislação

a) (Revogado pela Lei 13.134/2015.)
b) (Revogado pela Lei 13.134/2015.)
c) (Revogado pela Lei 13.134/2015.)

§ 1º Para fazer jus ao benefício, o pescador não poderá estar em gozo de nenhum benefício decorrente de benefício previdenciário ou assistencial de natureza continuada, exceto pensão por morte e auxílio-acidente.

• § 1º acrescentado pela Lei 13.134/2015.

§ 2º Para se habilitar ao benefício, o pescador deverá apresentar ao INSS os seguintes documentos:

• § 2º acrescentado pela Lei 13.134/2015.

I – registro como pescador profissional, categoria artesanal, devidamente atualizado no Registro Geral da Atividade Pesqueira (RGP), emitido pelo Ministério da Pesca e Aquicultura com antecedência mínima de 1 (um) ano, contado da data de requerimento do benefício;

II – cópia do documento fiscal de venda do pescado a empresa adquirente, consumidora ou consignatária da produção, em que conste, além do registro da operação realizada, o valor da respectiva contribuição previdenciária de que trata o § 7º do art. 30 da Lei 8.212, de 24 de julho de 1991, ou comprovante de recolhimento da contribuição previdenciária, caso tenha comercializado sua produção a pessoa física; e

III – outros estabelecidos em ato do Ministério da Previdência Social que comprovem:

a) o exercício da profissão, na forma do art. 1º desta Lei;

b) que se dedicou à pesca durante o período definido no § 3º do art. 1º desta Lei;

c) que não dispõe de outra fonte de renda diversa da decorrente da atividade pesqueira.

§ 3º O INSS, no ato de habilitação ao benefício, deverá verificar a condição de segurado pescador artesanal e o pagamento da contribuição previdenciária, nos termos da Lei 8.212, de 24 de julho de 1991, nos últimos 12 (doze) meses imediatamente anteriores ao requerimento do benefício ou desde o último período de defeso até o requerimento do benefício, o que for menor, observado, quando for o caso, o disposto no inciso II do § 2º

• § 3º acrescentado pela Lei 13.134/2015.

§ 4º O Ministério da Previdência Social e o Ministério da Pesca e Aquicultura desenvolverão atividades que garantam ao INSS acesso às informações cadastrais disponíveis no RGP, de que trata o art. 24 da Lei 11.959, de 29 de junho de 2009, necessárias para a concessão do seguro-desemprego.

• § 4º acrescentado pela Lei 13.134/2015.

§ 5º Da aplicação do disposto no § 4º deste artigo não poderá resultar nenhum ônus para os segurados.

• § 5º acrescentado pela Lei 13.134/2015.

§ 6º O Ministério da Previdência Social poderá, quando julgar necessário, exigir outros documentos para a habilitação do benefício.

• § 6º acrescentado pela Lei 13.134/2015.

§ 7º O INSS deverá divulgar mensalmente lista com todos os beneficiários que estão em gozo do seguro-desemprego no período de defeso, detalhados por localidade, nome, endereço e número e data de inscrição no RGP.

• § 7º acrescentado pela Lei 13.134/2015.

§ 8º Desde que atendidos os demais requisitos previstos neste artigo, o benefício de seguro-desemprego será concedido ao pescador profissional artesanal cuja família seja beneficiária de programa de transferência de renda com condicionalidades, e caberá ao órgão ou à entidade da administração pública federal responsável pela manutenção do programa a suspensão do pagamento pelo mesmo período da percepção do benefício de seguro-desemprego.

• § 8º acrescentado pela Lei 13.134/2015.

§ 9º Para fins do disposto no § 8º, o INSS disponibilizará aos órgãos ou às entidades da administração pública federal responsáveis pela manutenção de programas de transferência de renda com condicionalidades as informações necessárias para identificação dos beneficiários e dos benefícios de seguro-desemprego concedidos, inclusive as relativas à duração, à suspensão ou à cessação do benefício.

• § 9º acrescentado pela Lei 13.134/2015.

Art. 3º Sem prejuízo das sanções civis e penais cabíveis, todo aquele que fornecer ou beneficiar-se de atestado falso para o fim de obtenção do benefício de que trata esta Lei estará sujeito:

I – a demissão do cargo que ocupa, se servidor público;

II – a suspensão de sua atividade, com cancelamento do seu registro, por 2 (dois) anos, se pescador profissional.

Art. 4º O benefício de que trata esta Lei será cancelado nas seguintes hipóteses:

I – início de atividade remunerada;

II – início de percepção de outra renda;

III – morte do beneficiário;

IV – desrespeito ao período de defeso; ou

V – comprovação de falsidade nas informações prestadas para a obtenção do benefício.

Art. 5º O benefício do seguro-desemprego a que se refere esta Lei será pago à conta do Fundo de Amparo ao Trabalhador – FAT, instituído pela Lei 7.998, de 11 de janeiro de 1990.

Art. 6º Esta Lei entra em vigor na data de sua publicação.

Art. 7º Fica revogada a Lei 8.287, de 20 de dezembro de 1991.

Brasília, 25 de novembro de 2003; 182º da Independência e 115º da República.

Luiz Inácio Lula da Silva

(*DOU* 26.11.2003)

LEI 10.820, DE 17 DE DEZEMBRO DE 2003

Dispõe sobre a autorização para desconto de prestações em folha de pagamento, e dá outras providências.

• V. Lei 4.266/1963 (Institui o salário-família do trabalhador e dá outras providências).
• V. Dec. 53.153/1963 (Regulamenta o salário-família do trabalhador).
• V. Port. MTb 3.296/1986 (Autoriza as empresas e empregadores a adotar o sistema de Reembolso-Creche), disponível em ProView.
• V. Decreto-lei 368/1968 (Dispõe sobre efeitos de débitos salariais).
• V. IN SRT 1/1989 (Dispõe sobre o prazo para o pagamento do salário), disponível em ProView
• V. Decreto-lei 691/1969 (Dispõe sobre a não aplicação, aos contratos de técnicos estrangeiros, com estipulação de pagamento de salários em moeda estrangeira, de diversas disposições da legislação trabalhista).
• V. Lei 6.858/1980 (Dispõe sobre o pagamento, aos dependentes ou sucessores, de valores não recebidos em vida pelos respectivos titulares).
• V. Decreto 85.845/1981 (Regulamenta a Lei 6.858/ 1980).
• V. Lei 7.238/1984 (Dispõe sobre a manutenção da correção automática semestral dos salários, de acordo com o INPC).
• V. Lei 8.073/1990 (Estabelece a Política Nacional de Salários).
• V. Lei 8.542/1992 (Dispõe sobre a política nacional de salários).
• V. Lei 8.716/1993 (Dispõe sobre a garantia do salário mínimo).
• V. Lei 8.880/1994 (Dispõe sobre o Programa de Estabilização Econômica e o Sistema Monetário Nacional e institui a URV).
• V. Lei Complementar 103/2000 (Autoriza os Estados e o Distrito Federal a instituir o piso salarial).
• V. Lei 10.192/2001 (Dispõe sobre medidas complementares ao Plano Real).
• V. Decreto 4.840/2003 (Regulamenta a Medida Provisória 130/2003, que dispõe sobre a autorização para desconto de prestações em folha de pagamento).
• V. Lei 12.382/2011 (Dispõe sobre o valor do salário mínimo em 2011 e a sua política de valorização de longo prazo).
• V. Decreto 7.872/2012 (Regulamenta o valor do salário mínimo em 2011 e a sua política de valorização de longo prazo).
• V. Lei 13.152/2015 (Dispõe sobre a política de valorização do salário-mínimo e dos benefícios pagos pelo RGPS para o período de 2016 a 2019).

O Presidente da República:

Faço saber que o Congresso Nacional decreta e eu sanciono a seguinte Lei:

Art. 1º Os empregados regidos pela Consolidação das Leis do Trabalho – CLT, aprovada pelo Decreto-Lei 5.452, de 1º de maio de 1943, poderão autorizar, de forma irrevogável e irretratável, o desconto em folha de pagamento ou na sua remuneração disponível dos valores referentes ao pagamento de empréstimos, financiamentos, cartões de crédito e operações de arrendamento mercantil concedidos por instituições financeiras e sociedades de arrendamento mercantil, quando previsto nos respectivos contratos.

- *Caput* com redação determinada pela Lei 13.172/ 2015.

§ 1º O desconto mencionado neste artigo também poderá incidir sobre verbas rescisórias devidas pelo empregador, se assim previsto no respectivo contrato de empréstimo, financiamento, cartão de crédito ou arrendamento mercantil, até o limite de 35% (trinta e cinco por cento), sendo 5% (cinco por cento) destinados exclusivamente para:

- § 1º com redação determinada pela Lei 13.172/2015.

I – a amortização de despesas contraídas por meio de cartão de crédito; ou

II – a utilização com a finalidade de saque por meio do cartão de crédito.

§ 2º O regulamento disporá sobre os limites de valor do empréstimo, da prestação consignável para os fins do *caput* e do comprometimento das verbas rescisórias para os fins do § 1º deste artigo.

§ 3º Os empregados de que trata o *caput* poderão solicitar o bloqueio, a qualquer tempo, de novos descontos.

- § 3º acrescentado pela Lei 13.097/2015.

§ 4º O disposto no § 3º não se aplica aos descontos autorizados em data anterior à da solicitação do bloqueio.

- § 4º acrescentado pela Lei 13.097/2015.

§ 5º Nas operações de crédito consignado de que trata este artigo, o empregado poderá oferecer em garantia, de forma irrevogável e irretratável:

- § 5º acrescentado pela Lei 13.313/2016.

I – até 10% (dez por cento) do saldo de sua conta vinculada no Fundo de Garantia do Tempo de Serviço – FGTS;

II – até 100% (cem por cento) do valor da multa paga pelo empregador, em caso de despedida sem justa causa ou de despedida por culpa recíproca ou força maior, nos termos dos §§ 1º e 2º do art. 18 da Lei 8.036, de 11 de maio de 1990.

§ 6º A garantia de que trata o § 5º só poderá ser acionada na ocorrência de despedida sem justa causa, inclusive a indireta, ou de despedida por culpa recíproca ou força maior, não se aplicando, em relação à referida garantia, o disposto no § 2º do art. 2º da Lei 8.036, de 11 de maio de 1990.

- § 6º acrescentado pela Lei 13.313/2016.

§ 7º O Conselho Curador do FGTS poderá definir o número máximo de parcelas e a taxa máxima mensal de juros a ser cobrada pelas instituições consignatárias nas operações de crédito consignado de que trata este artigo.

- § 7º acrescentado pela Lei 13.313/2016.

§ 8º Cabe ao agente operador do FGTS definir os procedimentos operacionais necessários à execução do disposto nos §§ 5º e 6º deste artigo, nos termos do inciso II do *caput* do art. 7º da Lei 8.036, de 11 de maio de 1990.

- § 8º acrescentado pela Lei 13.313/2016.

Art. 2º Para os fins desta Lei, considera-se:

I – empregador, a pessoa jurídica assim definida pela legislação trabalhista e o empresário a que se refere o Título I do Livro II da Parte Especial da Lei 10.406, de 10 de janeiro de 2002 – Código Civil;

- Inciso I com redação determinada pela Lei 13.097/ 2015.

II – empregado, aquele assim definido pela legislação trabalhista;

III – instituição consignatária, a instituição autorizada a conceder empréstimo ou financiamento ou realizar operação com cartão de crédito ou de arrendamento mercantil mencionada no *caput* do art. 1º;

- Inciso III com redação determinada pela Lei 13.172/ 2015.

IV – mutuário, empregado que firma com instituição consignatária contrato de empréstimo, financiamento, cartão de crédito ou arrendamento mercantil regulado por esta Lei;

- Inciso IV com redação determinada pela Lei 13.172/ 2015.

V – verbas rescisórias, as importâncias devidas em dinheiro pelo empregador ao empregado em razão de rescisão do seu contrato de trabalho;

VI – instituição financeira mantenedora, a instituição a que se refere o inciso III do *caput* e que mantém as contas para crédito da remuneração disponível dos empregados;

- Inciso VI acrescentado pela Lei 13.097/2015.

VII – desconto, ato de descontar na folha de pagamento ou em momento anterior ao do crédito devido pelo empregador ao empregado como remuneração disponível ou verba rescisória o valor das prestações assumidas em operação de empréstimo, financiamento, cartão de crédito ou arrendamento mercantil; e

- Inciso VII com redação determinada pela Lei 13.172/ 2015.

VIII – remuneração disponível, os vencimentos, subsídios, soldos, salários ou remunerações, descontadas as consignações compulsórias.

- Inciso VIII acrescentado pela Lei 13.097/2015.

§ 1º Para os fins desta Lei, são consideradas consignações voluntárias as autorizadas pelo empregado.

§ 2º No momento da contratação da operação, a autorização para a efetivação dos descontos permitidos nesta Lei observará, para cada mutuário, os seguintes limites:

I – a soma dos descontos referidos no art. 1º não poderá exceder a 35% (trinta e cinco por cento) da remuneração disponível, conforme definido em regulamento, sendo 5% (cinco por cento) destinados exclusivamente para:

- Inciso I com redação determinada pela Lei 13.172/ 2015.

a) a amortização de despesas contraídas por meio de cartão de crédito; ou

b) a utilização com a finalidade de saque por meio do cartão de crédito; e

II – o total das consignações voluntárias, incluindo as referidas no art. 1º, não poderá exceder a 40% (quarenta por cento) da remuneração disponível, conforme definida em regulamento.

Art. 3º Para os fins desta Lei, são obrigações do empregador:

I – prestar ao empregado e à instituição consignatária, mediante solicitação formal do primeiro, as informações necessárias para a contratação da operação de crédito ou arrendamento mercantil;

II – tornar disponíveis aos empregados, bem como às respectivas entidades sindicais que as solicitem, as informações referentes aos custos referidos no § 2º; e

- Inciso II com redação determinada pela Lei 13.097/ 2015.

III – efetuar os descontos autorizados pelo empregado, inclusive sobre as verbas rescisórias, e repassar o valor à instituição consignatária na forma e no prazo previstos em regulamento.

- Inciso III com redação determinada pela Lei 13.097/ 2015.

§ 1º É vedado ao empregador impor ao mutuário e à instituição consignatária escolhida pelo empregado qualquer condição que não esteja prevista nesta Lei ou em seu regulamento para a efetivação do contrato e a implementação dos descontos autorizados.

§ 2º Observado o disposto em regulamento e nos casos nele admitidos, é facultado ao empregador descontar na folha de pagamento do mutuário os custos operacionais decorrentes da realização da operação objeto desta Lei.

§ 3º Cabe ao empregador informar, no demonstrativo de rendimentos do empregado, de forma discriminada, o valor do desconto mensal decorrente de cada operação de empréstimo, financiamento, cartão de crédito ou arrendamento mercantil e os custos operacionais referidos no § 2º.

- § 3º com redação determinada pela Lei 13.172/2015.

§ 4º Os descontos autorizados na forma desta Lei e seu regulamento terão preferência sobre outros descontos da mesma natureza que venham a ser autorizados posteriormente.

Art. 4º A concessão de empréstimo, financiamento, cartão de crédito ou arrendamento mercantil será feita a critério da instituição consignatária, sendo os valores e as demais condições objeto de livre negociação entre ela e o mutuário, observadas as demais disposições desta Lei e seu regulamento.

- *Caput* com redação determinada pela Lei 13.172/ 2015.

§ 1º Poderá o empregador, com a anuência da entidade sindical representativa da maioria dos empregados, sem ônus para estes, firmar, com instituições consignatárias, acordo que defina condições gerais e demais critérios a serem observados nas operações de empréstimo, financiamento, cartão de crédito ou arrendamento mercantil que venham a ser realizadas com seus empregados.

- § 1º com redação determinada pela Lei 13.172/2015.

§ 2º Poderão as entidades e centrais sindicais, sem ônus para os empregados, firmar, com instituições consignatárias, acordo que defina condições gerais e demais critérios a serem observados nas operações de empréstimo, financiamento, cartão de crédito ou arrendamento mercantil que venham a ser realizadas com seus representados.

- § 2º com redação determinada pela Lei 13.172/2015.

§ 3º Na hipótese de ser firmado um dos acordos a que se referem os §§ 1º ou 2º e sendo observados e atendidos pelo empregado todos os requisitos e condições nele previstos, inclusive as regras de concessão de crédito, não poderá a instituição consignatária negar-se a celebrar a operação de empréstimo, financiamento, cartão de crédito ou arrendamento mercantil.

- § 3º com redação determinada pela Lei 13.172/2015.

§ 4º Para a realização das operações referidas nesta Lei, é assegurado ao empregado o direito de optar por instituição consignatária que tenha firmado acordo com o empregador, com sua entidade sindical, ou qualquer outra instituição consignatária de sua livre escolha, ficando o empregador obrigado a proceder aos descontos e repasses por ele contratados e autorizados.

§ 5º No caso dos acordos celebrados nos termos do § 2º deste artigo, os custos de que trata o § 2º do art. 3º deverão ser negociados entre o empregador e a entidade sindical, sendo vedada a fixação de custos superiores aos previstos pelo mesmo empregador nos acordos referidos no § 1º deste artigo.

§ 6º Poderá ser prevista nos acordos referidos nos §§ 1º e 2º deste artigo, ou em acordo específico entre a instituição consignatária e o empregador, a absorção dos custos referidos no § 2º do art. 3º pela instituição consignatária.

§ 7º É vedada aos empregadores, entidades e centrais sindicais a cobrança de qualquer taxa ou exigência de contrapartida pela celebração ou pela anuência nos acordos referidos nos §§ 1º e 2º, bem como a inclusão neles de cláusulas que impliquem pagamento em seu favor, a qualquer título, pela realização das operações de que trata esta Lei, ressalvado o disposto no § 2º do art. 3º.

§ 8º Fica o empregador ou a instituição consignatária obrigada a disponibilizar, inclusive em meio eletrônico, a opção de bloqueio de novos descontos.

- § 8º acrescentado pela Lei 13.097/2015.

Art. 5º O empregador será o responsável pelas informações prestadas, pelo desconto dos valores devidos e pelo seu repasse às instituições consignatárias, que deverá ser realizado até o quinto dia útil após a data de pagamento ao mutuário de sua remuneração disponível.

- *Caput* com redação determinada pela Lei 13.097/2015.

§ 1º O empregador, salvo disposição contratual em contrário, não será corresponsável pelo pagamento dos empréstimos, financiamentos, cartões de crédito e arrendamentos mercantis concedidos aos seus empregados, mas responderá como devedor principal e solidário perante a instituição consignatária por valores a ela devidos em razão de contratações por ele confirmadas na forma desta Lei e de seu regulamento que deixarem, por sua falha ou culpa, de ser retidos ou repassados.

- § 1º com redação determinada pela Lei 13.172/2015.

§ 2º Na hipótese de comprovação de que o pagamento mensal do empréstimo, financiamento, cartão de crédito ou arrendamento mercantil tenha sido descontado do mutuário e não tenha sido repassado pelo empregador, ou pela instituição financeira mantenedora, na forma do § 5º, à instituição consignatária, fica esta proibida de incluir o nome do mutuário em cadastro de inadimplentes.

- § 2º com redação determinada pela Lei 13.172/2015.

§ 3º Na hipótese de ocorrência da situação descrita no § 2º, é cabível o ajuizamento de ação de depósito, nos termos do Capítulo II do Título I do Livro IV da Lei 5.869, de 11 de janeiro de 1973 – Código de Processo Civil, em face do empregador, ou da instituição financeira mantenedora, se responsável pelo desconto, na forma do § 5º, e de seus representantes legais.

- § 3º com redação determinada pela Lei 13.097/2015.

§ 4º No caso de falência do empregador, antes do repasse das importâncias descontadas dos mutuários, fica assegurado à instituição consignatária o direito de pedir, na forma prevista em lei, a restituição das importâncias retidas.

- V. art. 85, *caput*, Lei 11.101/2005 (Lei de Recuperação de Empresas e Falência).

§ 5º O acordo firmado entre o empregador e a instituição financeira mantenedora poderá prever que a responsabilidade pelo desconto de que trata o *caput* será da instituição financeira mantenedora.

- § 5º acrescentado pela Lei 13.097/2015.

Art. 6º Os titulares de benefícios de aposentadoria e pensão do Regime Geral de Previdência Social poderão autorizar o Instituto Nacional do Seguro Social – INSS a proceder aos descontos referidos no art. 1º e autorizar, de forma irrevogável e irretratável, que a instituição financeira na qual recebam seus benefícios retenha, para fins de amortização, valores referentes ao pagamento mensal de empréstimos, financiamentos, cartões de crédito e operações de arrendamento mercantil por ela concedidos, quando previstos em contrato, nas condições estabelecidas em regulamento, observadas as normas editadas pelo INSS.

- *Caput* com redação determinada pela Lei 13.172/2015.

§ 1º Para os fins do *caput*, fica o INSS autorizado a dispor, em ato próprio, sobre:

I – as formalidades para habilitação das instituições e sociedades referidas no art. 1º;

II – os benefícios elegíveis, em função de sua natureza e forma de pagamento;

III – as rotinas a serem observadas para a prestação aos titulares de benefícios em manutenção e às instituições consignatárias das informações necessárias à consecução do disposto nesta Lei;

IV – os prazos para o início dos descontos autorizados e para o repasse das prestações às instituições consignatárias;

V – o valor dos encargos a serem cobrados para ressarcimento dos custos operacionais a ele acarretados pelas operações; e

VI – as demais normas que se fizerem necessárias.

§ 2º Em qualquer circunstância, a responsabilidade do INSS em relação às operações referidas no *caput* deste artigo restringe-se à:

- § 2º com redação determinada pela Lei 10.953/2004.

I – retenção dos valores autorizados pelo beneficiário e repasse à instituição consignatária nas operações de desconto, não cabendo à autarquia responsabilidade solidária pelos débitos contratados pelo segurado; e

II – manutenção dos pagamentos do titular do benefício na mesma instituição financeira enquanto houver saldo devedor nas operações em que for autorizada a retenção, não cabendo à autarquia responsabilidade solidária pelos débitos contratados pelo segurado.

§ 3º É vedado ao titular de benefício que realizar qualquer das operações referidas nesta Lei solicitar a alteração da instituição financeira pagadora, enquanto houver saldo devedor em amortização.

- § 3º com redação determinada pela Lei 10.953/2004.

§ 4º É facultada a transferência da consignação do empréstimo, financiamento ou arrendamento firmado pelo empregado na vigência do seu contrato de trabalho quando de sua aposentadoria, observadas as condições estabelecidas nesta Lei.

§ 5º Os descontos e as retenções mencionados no *caput* não poderão ultrapassar o limite de 35% (trinta e cinco por cento) do valor dos benefícios, sendo 5% (cinco por cento) destinados exclusivamente para:

- § 5º com redação determinada pela Lei 13.172/2015.

I – a amortização de despesas contraídas por meio de cartão de crédito; ou

II – a utilização com a finalidade de saque por meio do cartão de crédito.

§ 6º A instituição financeira que proceder à retenção de valor superior ao limite estabelecido no § 5º deste artigo perderá todas as garantias que lhe são conferidas por esta Lei.

- § 6º acrescentado pela Lei 10.953/2004.

Art. 6º-A. Equiparam-se, para os fins do disposto nos arts. 1º e 6º, às operações neles referidas as que são realizadas com entidades abertas ou fechadas de previdência complementar pelos respectivos participantes ou assistidos.

- Artigo acrescentado pela Lei 13.183/2015.

Art. 7º O art. 115 da Lei 8.213, de 24 de julho de 1991, passa a vigorar com as seguintes alterações:

"Art. 115. [...]

[...]

VI – pagamento de empréstimos, financiamentos e operações de arrendamento mercantil concedidos por instituições financeiras e sociedades de arrendamento mercantil, públicas e privadas, quando expressamente autorizado pelo beneficiário, até o limite de trinta por cento do valor do benefício.

§ 1º Na hipótese do inciso II, o desconto será feito em parcelas, conforme dispuser o regulamento, salvo má-fé.

§ 2º Na hipótese dos incisos II e VI, haverá prevalência do desconto do inciso II."

Art. 8º O Poder Executivo regulamentará o disposto nesta Lei.

Art. 9º Esta Lei entra em vigor na data de sua publicação.

Brasília, 17 de dezembro de 2003; 182º da Independência e 115º da República.

Luiz Inácio Lula da Silva

(*DOU* 18.12.2003)

LEI 10.887, DE 18 DE JUNHO DE 2004

Dispõe sobre a aplicação de disposições da Emenda Constitucional 41, de 19 de dezembro de 2003, altera dispositivos das Leis 9.717, de 27 de novembro de 1998, 8.213, de 24 de julho de 1991, 9.532, de 10 de dezembro de 1997, e dá outras providências.

O Presidente da República:

Faço saber que o Congresso Nacional decreta e eu sanciono a seguinte Lei:

Art. 1º No cálculo dos proventos de aposentadoria dos servidores titulares de cargo efetivo de qualquer dos Poderes da União, dos Estados, do Distrito Federal e dos Municípios, incluídas suas autarquias e fundações, previsto no § 3º do art. 40 da Constituição Federal e no art. 2º da Emenda Constitucional 41, de 19 de dezembro de 2003, será considerada a média aritmética simples das maiores remunerações, utilizadas como base para as contribuições do servidor aos regimes de previdência a que esteve vinculado, correspondentes a 80% (oitenta por cento) de todo o período contributivo desde a competência julho de 1994 ou desde a do início da contribuição, se posterior àquela competência.

- V. art. 15.

§ 1º As remunerações consideradas no cálculo do valor inicial dos proventos terão os seus valores atualizados mês a mês de acordo com a variação integral do índice fixado para a atualização dos salários de contribuição considerados no cálculo dos benefícios do regime geral de previdência social.

§ 2º A base de cálculo dos proventos será a remuneração do servidor no cargo efetivo nas competências a partir de julho de 1994 em que não tenha havido contribuição para regime próprio.

§ 3º Os valores das remunerações a serem utilizadas no cálculo de que trata este artigo serão comprovados mediante documento fornecido pelos órgãos e entidades gestoras dos regimes de previdência aos quais o servidor esteve vinculado ou por outro documento público, na forma do regulamento.

§ 4º Para os fins deste artigo, as remunerações consideradas no cálculo da aposentadoria, atualizadas na forma do § 1º deste artigo, não poderão ser:

I – inferiores ao valor do salário mínimo;

II – superiores ao limite máximo do salário de contribuição, quanto aos meses em que o servidor esteve vinculado ao regime geral de previdência social.

§ 5º Os proventos, calculados de acordo com o *caput* deste artigo, por ocasião de sua concessão, não poderão ser inferiores ao valor do salário mínimo nem exceder a remuneração do respectivo servidor no cargo efetivo em que se deu a aposentadoria.

Art. 2º Aos dependentes dos servidores titulares de cargo efetivo e dos aposentados de qualquer dos Poderes da União, dos Estados, do Distrito Federal e dos Municípios, incluídas suas autarquias e fundações, falecidos a partir da data de publicação desta Lei, será concedido o benefício de pensão por morte, que será igual:

- V. art. 15.

I – à totalidade dos proventos percebidos pelo aposentado na data anterior à do óbito, até o limite máximo estabelecido para os benefícios do regime geral de previdência social, acrescida de 70% (setenta por cento) da parcela excedente a este limite; ou

II – à totalidade da remuneração do servidor no cargo efetivo na data anterior à do óbito, até o limite máximo estabelecido para os benefícios do regime geral de previdência social, acrescida de 70% (setenta por cento) da parcela excedente a este limite, se o falecimento ocorrer quando o servidor ainda estiver em atividade.

Parágrafo único. Aplica-se ao valor das pensões o limite previsto no art. 40, § 2º, da Constituição Federal.

Art. 3º Para os fins do disposto no inciso XI do art. 37 da Constituição Federal, a União, os Estados, o Distrito Federal e os Municípios instituirão sistema integrado de dados relativos às remunerações, proventos e pensões pagos aos respectivos servidores e militares, ativos e inativos, e pensionistas, na forma do regulamento.

Art. 4º A contribuição social do servidor público ativo de qualquer dos Poderes da União, incluídas suas autarquias e fundações, para a manutenção do respectivo regime próprio de previdência social, será de 11% (onze por cento), incidentes sobre:

- *Caput* do Artigo com redação determinada pela Lei 12.618/2012.
- V. art. 16.

I – a totalidade da base de contribuição, em se tratando de servidor que tiver ingressado no serviço público até a data da publicação do ato de instituição do regime de previdência complementar para os servidores públicos federais titulares de cargo efetivo e não tiver optado por aderir a ele;

- *Inciso I* acrescentado pela Lei 12.618/2012.

II – a parcela da base de contribuição que não exceder ao limite máximo estabelecido para os benefícios do regime geral de previdência social, em se tratando de servidor:

- *Inciso II* acrescentado pela Lei 12.618/2012.

a) que tiver ingressado no serviço público até a data a que se refere o inciso I e tenha optado por aderir ao regime de previdência complementar ali referido; ou

b) que tiver ingressado no serviço público a partir da data a que se refere o inciso I, independentemente de adesão ao regime de previdência complementar ali referido.

§ 1º Entende-se como base de contribuição o vencimento do cargo efetivo, acrescido das vantagens pecuniárias permanentes estabelecidas em lei, os adicionais de caráter individual ou quaisquer outras vantagens, excluídas:

I – as diárias para viagens;

II – a ajuda de custo em razão de mudança de sede;

III – a indenização de transporte;

IV – o salário-família;

V – o auxílio-alimentação;

VI – o auxílio-creche;

VII – as parcelas remuneratórias pagas em decorrência de local de trabalho;

VIII – a parcela percebida em decorrência do exercício de cargo em comissão ou de função comissionada ou gratificada;

- Inciso VIII com redação determinada pela Lei 12.688/ 2012.

IX – o abono de permanência de que tratam o § 19 do art. 40 da Constituição Federal, o § 5º do art. 2º e o § 1º do art. 3º da Emenda Constitucional 41, de 19 de dezembro de 2003;

- Inciso IX com redação determinada pela Lei 12.688/ 2012.

X – o adicional de férias;

- Inciso X acrescentado pela Lei 12.688/2012.

XI – o adicional noturno;

- Inciso XI acrescentado pela Lei 12.688/2012.

XII – o adicional por serviço extraordinário;

- Inciso XII acrescentado pela Lei 12.688/2012.

XIII – a parcela paga a título de assistência à saúde suplementar;

- Inciso XIII acrescentado pela Lei 12.688/2012.

XIV – a parcela paga a título de assistência pré-escolar;

- Inciso XIV acrescentado pela Lei 12.688/2012.

XV – a parcela paga a servidor público indicado para integrar conselho ou órgão deliberativo, na condição de representante do governo, de órgão ou de entidade da administração pública do qual é servidor;

- Inciso XV acrescentado pela Lei 12.688/2012.

XVI – o auxílio-moradia;

- Inciso XVI acrescentado pela Lei 12.688/2012.

XVII – a Gratificação por Encargo de Curso ou Concurso, de que trata o art. 76-A da Lei 8.112, de 11 de dezembro de 1990;

- Inciso XVII acrescentado pela Lei 12.688/2012.

XVIII – a Gratificação Temporária das Unidades dos Sistemas Estruturadores da Administração Pública Federal (GSISTE), instituída pela Lei 11.356, de 19 de outubro de 2006;

- Inciso XVIII acrescentado pela Lei 12.688/2012.

XIX – a Gratificação Temporária do Sistema de Administração dos Recursos de Informação e Informática (GSISP), instituída pela Lei 11.907, de 2 de fevereiro de 2009;

- Inciso XIX com redação determinada pela Lei 13.328/2016.

XX – a Gratificação Temporária de Atividade em Escola de Governo (GAEG), instituída pela Lei 11.907, de 2 de fevereiro de 2009;

- Inciso XX acrescentado pela Lei 13.328/2016.

XXI – a Gratificação Específica de Produção de Radioisótopos e Radiofármacos (GEPR), instituída pela Lei 11.907, de 2 de fevereiro de 2009;

- Inciso XXI acrescentado pela Lei 13.328/2016.

XXII – a Gratificação de Raio X;

- Inciso XXII com redação determinada pela Lei 13.464/2017 (*DOU* 11.07.2017), em vigor na data de sua publicação, não produzindo efeitos financeiros retroativos à data da publicação da MP 765/2016 (*DOU* 30.12.2016).

XXIII – a parcela relativa ao Bônus de Eficiência e Produtividade na Atividade Tributária e Aduaneira, recebida pelos servidores da carreira Tributária e Aduaneira da Receita Federal do Brasil;

- Inciso XXIII acrescentado pela Lei 13.464/2017 (*DOU* 11.07.2017), em vigor na data de sua publicação, não produzindo efeitos financeiros retroativos à data da publicação da MP 765/2016 (*DOU* 30.12.2016).

XXIV – a parcela relativa ao Bônus de Eficiência e Produtividade na Atividade de Auditoria-Fiscal do Trabalho, recebida pelos servidores da carreira de Auditoria Fiscal do Trabalho.

- Inciso XXIV acrescentado pela Lei 13.464/2017 (*DOU* 11.07.2017), em vigor na data de sua publicação, não produzindo efeitos financeiros retroativos à data da publicação da MP 765/2016 (*DOU* 30.12.2016).

- **A MP 805/2017 (*DOU* 30.10.2017, edição extra), que acrescentava o inciso XXV, teve sua vigência encerrada pelo Ato CN 19/2018 em 08.04.2018 (*DOU* 10.04.2018).**

☛ **XXVI** – o Bônus de Desempenho Institucional por Perícia Médica em Benefícios por Incapacidade (BPMBI); e

- Inciso XXVI acrescentado pela Lei 13.846/2019.

XXVII – o Bônus de Desempenho Institucional por Análise de Benefícios com Indícios de Irregularidade do Monitoramento Operacional de Benefícios (BMOB).

- Inciso XXVII acrescentado pela Lei 13.846/2019.

§ 2º O servidor ocupante de cargo efetivo poderá optar pela inclusão, na base de cálculo da contribuição, de parcelas remuneratórias percebidas em decorrência de local de trabalho e do exercício de cargo em comissão ou de função comissionada ou gratificada, da Gratificação Temporária das Unidades dos Sistemas Estruturadores da Administração Pública Federal (GSISTE), da Gratificação Temporária do Sistema de Administração dos Recursos de Informação e Informática (GSISP), da Gratificação Temporária de Atividade em Escola de Governo (GAEG), da Gratificação Específica de Produção de Radioisótopos e Radiofármacos (GEPR), da Gratificação de Raio X e daquelas recebidas a título de adicional noturno ou de adicional por serviço extraordinário, para efeito de cálculo do benefício a ser concedido com fundamento no art. 40 da Constituição Federal e no art. 2º da Emenda Constitucional 41, de 19 de dezembro de 2003, respeitada, em qualquer hipótese, a limitação estabelecida no § 2º do art. 40 da Constituição Federal.

- § 2º com redação determinada pela Lei 13.328/2016.

Art. 5º Os aposentados e os pensionistas de qualquer dos Poderes da União, incluídas suas autarquias e fundações, contribuirão com 11% (onze por cento), incidentes sobre o valor da parcela dos proventos de aposentadorias e pensões concedidas de acordo com os critérios estabelecidos no art. 40 da Constituição Federal e nos arts. 2º e 6º da Emenda Constitucional 41 de 19 de dezembro de 2003, que supere o limite máximo estabelecido para os benefícios do regime geral de previdência social.

- V. art. 16.

Art. 6º Os aposentados e os pensionistas de qualquer dos Poderes da União, incluídas suas autarquias e fundações, em gozo desses benefícios na data de publicação da Emenda Constitucional 41, de 19 de dezembro de 2003, contribuirão com 11% (onze por cento), incidentes sobre a parcela dos proventos de aposentadorias e pensões que supere 60% (sessenta por cento) do limite máximo estabelecido para os benefícios do regime geral de previdência social.

- V. art. 16.

Parágrafo único. A contribuição de que trata o *caput* deste artigo incidirá sobre os proventos de aposentadorias e pensões concedidas aos servidores e seus dependentes que tenham cumprido todos os requisitos para obtenção desses benefícios com base nos critérios da legislação vigente até 31 de dezembro de 2003.

Art. 7º O servidor ocupante de cargo efetivo que tenha completado as exigências para aposentadoria voluntária estabelecidas na alínea *a* do inciso III do § 1º do art. 40 da Constituição Federal, no § 5º do art. 2º ou no § 1º do art. 3º da Emenda Constitucional 41, de 19 de dezembro de 2003, e que opte por permanecer em atividade fará jus a abono de permanência equivalente ao valor da sua contribuição previdenciária até completar as exigências para aposentadoria compulsória contidas no inciso II do § 1º do art. 40 da Constituição Federal.

Art. 8º A contribuição da União, de suas autarquias e fundações para o custeio do regime de previdência, de que trata o art. 40 da Constituição Federal, será o dobro da contribuição do servidor ativo, devendo o produto de sua arrecadação ser contabilizado em conta específica.

Parágrafo único. A União é responsável pela cobertura de eventuais insuficiências financeiras do regime decorrentes do pagamento de benefícios previdenciários.

Art. 8º-A. A responsabilidade pela retenção e recolhimento das contribuições de que tratam os arts. 4º a 6º e 8º será do dirigente e do ordenador de despesa do órgão ou entidade que efetuar o pagamento da remuneração ou do benefício.

- *Caput* acrescentado pela Lei 12.350/2010.

§ 1º O recolhimento das contribuições de que trata este artigo deve ser efetuado:

- § 1º acrescentado pela Lei 12.350/2010.

I – até o dia 15, no caso de pagamentos de remunerações ou benefícios efetuados no primeiro decêndio do mês;

II – até o dia 25, no caso de pagamentos de remunerações ou benefícios efetuados no segundo decêndio do mês; ou

III – até o dia 5 do mês posterior, no caso de pagamentos de remunerações ou benefícios efetuados no último decêndio do mês.

§ 2º O não recolhimento das contribuições nos prazos previstos no § 1º:

- § 2º acrescentado pela Lei 12.350/2010.

I – enseja a aplicação dos acréscimos de mora previstos para os tributos federais; e

II – sujeita o responsável às sanções penais e administrativas cabíveis.

§ 3º A não retenção das contribuições pelo órgão pagador sujeita o responsável às sanções penais e administrativas, cabendo a esse órgão apurar os valores não retidos e proceder ao desconto na folha de pagamento do servidor ativo, do aposentado e do pensionista, em rubrica e classificação contábil específicas, podendo essas contribuições ser parceladas na forma do art. 46 da Lei 8.112, de 11 de dezembro de 1990, observado o disposto no art. 56 da Lei 9.784, de 29 de janeiro de 1999.

- § 3º acrescentado pela Lei 12.688/2012.

§ 4º Caso o órgão público não observe o disposto no § 3º, a Secretaria da Receita Federal do Brasil formalizará representações aos órgãos de controle e constituirá o crédito tributário relativo à parcela devida pelo servidor ativo, aposentado ou pensionista.

- § 4º acrescentado pela Lei 12.688/2012.

Art. 9º A unidade gestora do regime próprio de previdência dos servidores, prevista no art. 40, § 20, da Constituição Federal:

I – contará com colegiado, com participação paritária de representantes e de servidores dos Poderes da União, cabendo-lhes acompanhar e fiscalizar sua administração, na forma do regulamento;

II – procederá, no mínimo a cada cinco anos, a recenseamento previdenciário, abrangendo todos os aposentados e pensionistas do respectivo regime;

III – disponibilizará ao público, inclusive por meio de rede pública de transmissão de dados, informações atualizadas sobre as receitas e despesas do respectivo regime, bem como os critérios e parâmetros adotados para garantir o seu equilíbrio financeiro e atuarial.

Art. 10 A Lei 9.717, de 27 de novembro de 1998, com a redação dada pela Medida Provisória 2.187-13, de 24 de agosto de 2001, passa a vigorar com as seguintes alterações:

"Art. 1º [...]

[...]

X – vedação de inclusão nos benefícios, para efeito de percepção destes, de parcelas remuneratórias pagas em decorrência de local de trabalho, de função de confiança ou de cargo em comissão, exceto quando tais parcelas integrarem a remuneração de contribuição do servidor que se aposentar com fundamento no art. 40 da Constituição Federal, respeitado, em qualquer hipótese, o limite previsto no § 2º do citado artigo;

XI – vedação de inclusão nos benefícios, para efeito de percepção destes, do abono de permanência de que tratam o § 19 do art. 40 da Constituição Federal, o § 5º do art. 2º e o § 1º do art. 3º da Emenda Constitucional 41, de 19 de dezembro de 2003.

[...]"

"Art. 2º A contribuição da União, dos Estados, do Distrito Federal e dos Municípios, incluídas suas autarquias e fundações, aos regimes próprios de previdência social a que estejam vinculados seus servidores não poderá ser inferior ao valor da contribuição do servidor ativo, nem superior ao dobro desta contribuição.

§ 1º A União, os Estados, o Distrito Federal e os Municípios são responsáveis pela cobertura de eventuais insuficiências financeiras do respectivo regime próprio, decorrentes do pagamento de benefícios previdenciários.

§ 2º A União, os Estados, o Distrito Federal e os Municípios publicarão, até 30 (trinta) dias após o encerramento de cada bimestre, demonstrativo financeiro e orçamentário da receita e despesa previdenciárias acumuladas no exercício financeiro em curso.

§ 3º (Revogado.)

§ 4º (Revogado.)

§ 5º (Revogado.)

§ 6º (Revogado.)

§ 7º (Revogado.)"

"Art. 3º As alíquotas de contribuição dos servidores ativos dos Estados, do Distrito Federal e dos Municípios para os respectivos regimes próprios de previdência social não serão inferiores às dos servidores titulares de cargos efetivos da União, devendo ainda ser observadas, no caso das contribuições sobre os proventos dos inativos e sobre as pensões, as mesmas alíquotas aplicadas às remunerações dos servidores em atividade do respectivo ente estatal."

Art. 11. A Lei 8.212, de 24 de julho de 1991, passa a vigorar com as seguintes alterações:

- Alterações processadas no texto da referida Lei.

Art. 12. A Lei 8.213, de 24 de julho de 1991, passa a vigorar com as seguintes alterações:

- Alterações processadas no texto da referida Lei.

Art. 13. O art. 11 da Lei 9.532, de 10 de dezembro de 1997, passa a vigorar com a seguinte redação:

"Art. 11. As deduções relativas às contribuições para entidades de previdência privada, a que se refere a alínea e do inciso II do art. 8º da Lei 9.250, de 26 de dezembro de 1995, e às contribuições para o Fundo de Aposentadoria Programada Individual – Fapi, a que se refere a Lei 9.477, de 24 de julho de 1997, cujo ônus seja da própria pessoa física, ficam condicionadas ao recolhimento, também, de contribuições para o regime geral de previdência social ou, quando for o caso, para regime próprio de previdência social dos servidores titulares de cargo efetivo da União, dos Estados, do Distrito Federal ou dos Municípios, observada a contribuição mínima, e limitadas a 12% (doze por cento) do total dos rendimentos computados na determinação da base de cálculo do imposto devido na declaração de rendimentos.

§ 1º Aos resgates efetuados pelos quotistas de Fundo de Aposentadoria Programada Individual – Fapi aplicam-se, também, as normas de incidência do imposto de renda de que trata o art. 33 da Lei 9.250, de 26 de dezembro de 1995.

§ 2º Na determinação do lucro real e da base de cálculo da contribuição social sobre o lucro líquido, o valor das despesas com contribuições para a previdência privada, a que se refere o inciso V do art. 13 da Lei 9.249, de 26 de dezembro de 1995, e para os Fundos de Aposentadoria Programada Individual – Fapi, a que se refere a Lei 9.477, de 24 de julho de 1997, cujo ônus seja da pessoa jurídica, não poderá exceder, em cada período de apuração, a 20% (vinte por cento) do total dos salários dos empregados e da remuneração dos dirigentes da empresa, vinculados ao referido plano.

§ 3º O somatório das contribuições que exceder o valor a que se refere o § 2º deste artigo deverá ser adicionado ao lucro líquido para efeito de determinação do lucro real e da base de cálculo da contribuição social sobre o lucro líquido.

§ 4º O disposto neste artigo não elide a observância das normas do art. 7º da Lei 9.477, de 24 de julho de 1997.

§ 5º Excetuam-se da condição de que trata o caput deste artigo os beneficiários de aposentadoria ou pensão concedidas por regime próprio de previdência ou pelo regime geral de previdência social."

Art. 14. O art. 12 da Lei 10.666, de 8 de maio de 2003, passa a vigorar com a seguinte redação:

"Art. 12. Para fins de compensação financeira entre o regime geral de previdência social e os regimes próprios de previdência social dos servidores da União, dos Estados, do Distrito Federal e dos Municípios, os regimes instituidores apresentarão aos regimes de origem até o mês de maio de 2007 os dados relativos aos benefícios em manutenção em 5 de maio de 1999 concedidos a partir da promulgação da Constituição Federal."

Art. 15. Os proventos de aposentadoria e as pensões de que tratam os arts. 1º e 2º desta Lei serão reajustados, a partir de janeiro de 2008, na mesma data e índice em que se der o reajuste dos benefícios do regime geral de previdência social, ressalvados os beneficiados pela garantia de paridade de revisão de proventos de aposentadoria e pensões de acordo com a legislação vigente.

- Artigo com redação determinada pela Lei 11.784/ 2008.

O STF, na Med. Caut. em ADIn 4.582 (*DOU* e *DJE* 07.10.2011), deferiu a cautelar.

Art. 16. As contribuições a que se referem os arts. 4º, 5º e 6º desta Lei serão exigíveis a partir de 20 de maio de 2004.

§ 1º Decorrido o prazo estabelecido no *caput* deste artigo, os servidores abrangidos pela isenção de contribuição referida no § 1º do art. 3º e no § 5º do art. 8º da Emenda Constitucional 20, de 15 de dezembro de 1998, passarão a recolher contribuição previdenciária correspondente, fazendo jus ao abono a que se refere o art. 7º desta Lei.

§ 2º A contribuição de que trata o art. 1º da Lei 9.783, de 28 de janeiro de 1999, fica mantida até o início do recolhimento da contribuição a que se refere o *caput* deste artigo, para os servidores ativos.

Art. 16-A. A contribuição do Plano de Seguridade do Servidor Público (PSS), decorrente de valores pagos em cumprimento de decisão judicial, ainda que derivada de homologação de acordo, será retida na fonte, no momento do pagamento ao beneficiário ou seu representante legal, pela instituição financeira responsável pelo pagamento, por intermédio da quitação da guia de recolhimento remetida pelo setor de precatórios do Tribunal respectivo, no caso de pagamento de precatório ou requisição de pequeno valor, ou pela fonte pagadora, no caso de implantação de rubrica específica em folha, mediante a aplicação da alíquota de 11% (onze por cento) sobre o valor pago.

- *Caput* com redação determinada pela Lei 12.350/ 2010.

Parágrafo único. O recolhimento da contribuição deverá ser efetuado nos mesmos prazos previstos no § 1º do art. 8º-A, de acordo com a data do pagamento.

- Parágrafo único com redação determinada pela Lei 12.688/ 2012.

Art. 17. Esta Lei entra em vigor na data de sua publicação.

Art. 18. Ficam revogados os §§ 3º, 4º, 5º, 6º e 7º do art. 2º, o art. 2º-A e o art. 4º da Lei 9.717, de 27 de novembro de 1998, o art. 8º da Medida Provisória 2.187-13, de 24 de agosto de 2001, na parte em que dá nova redação ao inciso X do art. 1º, ao art. 2º e ao art. 2º-A da Lei 9.717, de 27 de novembro de 1998, e a Lei 9.783, de 28 de janeiro de 1999.

Brasília, 18 de junho de 2004; 183º da Independência e 116º da República.

Luiz Inácio Lula da Silva

(*DOU* 21.06.2004)

LEI 11.101, DE 9 DE FEVEREIRO DE 2005

Regula a recuperação judicial, a extrajudicial e a falência do empresário e da sociedade empresária.

O Presidente da República:

Faço saber que o Congresso Nacional decreta e eu sanciono a seguinte Lei:

Capítulo I
Disposições Preliminares

Art. 1º Esta Lei disciplina a recuperação judicial, a recuperação extrajudicial e a falência do empresário e da sociedade empresária, doravante referidos simplesmente como devedor.

- V. arts. 76 e 78.
- V. arts. 966, 981 e 982, CC.

Art. 2º Esta Lei não se aplica a:

I – empresa pública e sociedade de economia mista;

- V. art. 195.

II – instituição financeira pública ou privada, cooperativa de crédito, consórcio, entidade de previdência complementar, sociedade operadora de plano de assistência à saúde, sociedade seguradora, sociedade de capitalização e outras entidades legalmente equiparadas às anteriores.

- V. art. 26 e 94, Dec.-lei 73/1966 (Sistema Nacional de Seguros Privados).
- V. art. 68, Dec. 60.459/1967 (Regulamenta o Dec.-lei 73/1966).
- V. art. 4º, Dec.-lei 261/1967 (Sociedade de capitalização).
- V. art. 4º, *caput*, Lei 5.764/1971 (Política nacional de cooperativismo).
- V. art. 1º, Lei 6.024/1974 (Intervenção e liquidação extrajudicial de instituições financeiras).
- V. art. 278, Lei 6.404/1976 (Sociedades por ações).
- V. art. 187, Lei 7.565/1986 (Código Brasileiro de Aeronáutica).
- V. art. 23, *caput* e § 1º, Lei 9.656/1998 (Planos e seguros privados de assistência à saúde).
- V. art. 47, LC 109/2001 (Previdência complementar).

Art. 3º É competente para homologar o plano de recuperação extrajudicial, deferir a recuperação judicial ou decretar a falência o juízo do local do principal estabelecimento do devedor ou da filial de empresa que tenha sede fora do Brasil.

- V. arts. 76 e 78.
- V. art. 75, § 2º, CC.
- V. art. 3º, § 2º, Lei 9.099/1995 (Juizados Especiais Cíveis e Criminais).

Art. 4º *(Vetado).*

Capítulo II
Disposições Comuns à Recuperação Judicial e à Falência

Seção I
Disposições Gerais

Art. 5º Não são exigíveis do devedor, na recuperação judicial ou na falência:

I – as obrigações a título gratuito;

II – as despesas que os credores fizerem para tomar parte na recuperação judicial ou na falência, salvo as custas judiciais decorrentes de litígio com o devedor.

- V. art. 84, IV.

Art. 6º A decretação da falência ou o deferimento do processamento da recuperação judicial suspende o curso da prescrição e de todas as ações e execuções em face do devedor, inclusive aquelas dos credores particulares do sócio solidário.

- V. art. 99, V.
- V. art. 202, CC.

§ 1º Terá prosseguimento no juízo no qual estiver se processando a ação que demandar quantia ilíquida.

- V. art. 19, § 1º.

§ 2º É permitido pleitear, perante o administrador judicial, habilitação, exclusão ou modificação de créditos derivados da relação de trabalho, mas as ações de natureza trabalhista, inclusive as impugnações a que se refere o art. 8º desta Lei, serão processadas perante a justiça especializada até a apuração do respectivo crédito, que será inscrito no quadro geral de credores pelo valor determinado em sentença.

- V. art. 19, § 1º.
- V. art. 114, *caput*, CF.
- V. art. 44, Lei 4.886/1965 (Representantes comerciais autônomos).

§ 3º O juiz competente para as ações referidas nos §§ 1º e 2º deste artigo poderá determinar a reserva da importância que estimar devida na recuperação judicial ou na falência, e, uma vez reconhecido líquido o direito, será o crédito incluído na classe própria.

- V. arts. 10, § 4º, e 149, § 1º.

§ 4º Na recuperação judicial, a suspensão de que trata o *caput* deste artigo em hipótese nenhuma excederá o prazo improrrogável de 180 (cento e oitenta) dias contado do deferimento do processamento da recuperação, restabelecendo-se, após o decurso do prazo, o direito dos credores de iniciar ou continuar suas ações e execuções, independentemente de pronunciamento judicial.

- V. arts. 49, §§ 3º e 5º, e 52, III.

§ 5º Aplica-se o disposto no § 2º deste artigo à recuperação judicial durante o período de suspensão de que trata o § 4º deste artigo, mas, após o fim da suspensão, as execuções trabalhistas poderão ser normalmente concluídas, ainda que o crédito já esteja inscrito no quadro geral de credores.

§ 6º Independentemente da verificação periódica perante os cartórios de distribuição, as ações que venham a ser propostas contra o devedor deverão ser comunicadas ao juízo da falência ou da recuperação judicial:

- V. art. 286, I, CPC/2015.

I – pelo juiz competente, quando do recebimento da petição inicial;

II – pelo devedor, imediatamente após a citação.

§ 7º As execuções de natureza fiscal não são suspensas pelo deferimento da recuperação judicial, ressalvada a concessão de parcelamento nos termos do Código Tributário Nacional e da legislação ordinária específica.

- V. arts. 151, VI, 155-A e 191-A, CTN.
- V. Lei 10.684/2003 (Parcelamento de débitos junto à Secretaria da Receita Federal, à Procuradoria-Geral da Fazenda Nacional e ao Instituto Nacional do Seguro Social).

§ 8º A distribuição do pedido de falência ou de recuperação judicial previne a jurisdição para qualquer outro pedido de recuperação judicial ou de falência, relativo ao mesmo devedor.

- V. arts. 58 e 59, CPC/2015.

Seção II
Da Verificação e da Habilitação de Créditos

Art. 7º A verificação dos créditos será realizada pelo administrador judicial, com base nos livros contábeis e documentos comerciais e fiscais do devedor e nos documentos que lhe forem apresentados pelos credores, podendo contar com o auxílio de profissionais ou empresas especializadas.

§ 1º Publicado o edital previsto no art. 52, § 1º, ou no parágrafo único do art. 99 desta Lei, os credores terão o prazo de 15 (quinze) dias para apresentar ao administrador judicial suas habilitações ou suas divergências quanto aos créditos relacionados.

- V. arts. 9º e 10.

§ 2º O administrador judicial, com base nas informações e documentos colhidos na forma do *caput* e do § 1º deste artigo, fará publicar edital contendo a relação de credores no prazo de 45 (quarenta e cinco) dias, contado do fim do prazo do § 1º deste artigo, devendo indicar o local, o horário e o prazo comum em que as pessoas indicadas no art. 8º desta Lei terão acesso aos documentos que fundamentaram a elaboração dessa relação.

- V. arts. 14 e 15.

Art. 8º No prazo de 10 (dez) dias, contado da publicação da relação referida no art. 7º, § 2º, desta Lei, o Comitê, qualquer credor, o devedor ou seus sócios ou o Ministério Público podem apresentar ao juiz impugnação contra a relação de credores, apontando a ausência de qualquer crédito ou manifestando-se contra a legitimidade, importância ou classificação de crédito relacionado.

- V. arts. 176 a 179, CPC/2015.

Parágrafo único. Autuada em separado, a impugnação será processada nos termos dos arts. 13 a 15 desta Lei.

Art. 9º A habilitação de crédito realizada pelo credor nos termos do art. 7º, § 1º, desta Lei deverá conter:

- V. art. 175.

I – o nome, o endereço do credor e o endereço em que receberá comunicação de qualquer ato do processo;

II – o valor do crédito, atualizado até a data da decretação da falência ou do pedido de recuperação judicial, sua origem e classificação;

III – os documentos comprobatórios do crédito e a indicação das demais provas a serem produzidas;

IV – a indicação da garantia prestada pelo devedor, se houver, e o respectivo instrumento;

V – a especificação do objeto da garantia que estiver na posse do credor.

Parágrafo único. Os títulos e documentos que legitimam os créditos deverão ser exibidos no original ou por cópias autenticadas se estiverem juntados em outro processo.

Art. 10. Não observado o prazo estipulado no art. 7º, § 1º, desta Lei, as habilitações de crédito serão recebidas como retardatárias.

§ 1º Na recuperação judicial, os titulares de créditos retardatários, excetuados os titulares de créditos derivados da relação de trabalho, não terão direito a voto nas deliberações da assembleia geral de credores.

§ 2º Aplica-se o disposto no § 1º deste artigo ao processo de falência, salvo se, na data da realização da assembleia geral, já houver sido homologado o quadro geral de credores contendo o crédito retardatário.

§ 3º Na falência, os créditos retardatários perderão o direito a rateios eventualmente realizados e ficarão sujeitos ao pagamento de custas, não se computando os acessórios compreendidos entre o término do prazo e a data do pedido de habilitação.

§ 4º Na hipótese prevista no § 3º deste artigo, o credor poderá requerer a reserva de valor para satisfação de seu crédito.

- V. art. 6º, § 3º.

§ 5º As habilitações de crédito retardatárias, se apresentadas antes da homologação do quadro geral de credores, serão recebidas como impugnação e processadas na forma dos arts. 13 a 15 desta Lei.

§ 6º Após a homologação do quadro geral de credores, aqueles que não habilitaram seu crédito poderão, observado, no que couber, o procedimento ordinário previsto no Código de Processo Civil, requerer ao juízo da falência ou da recuperação judicial a retificação do quadro geral para inclusão do respectivo crédito.

- V. arts. 318 a 512, CPC/2015.

Art. 11. Os credores cujos créditos forem impugnados serão intimados para contestar a impugnação, no prazo de 5 (cinco) dias, juntando os documentos que tiverem e indicando outras provas que reputem necessárias.

- V. art. 15.

Art. 12. Transcorrido o prazo do art. 11 desta Lei, o devedor e o Comitê, se houver, serão intimados pelo juiz para se manifestar sobre ela no prazo comum de 5 (cinco) dias.

Parágrafo único. Findo o prazo a que se refere o *caput* deste artigo, o administrador judicial será intimado pelo juiz para emitir parecer no prazo de 5 (cinco) dias, devendo juntar à sua manifestação o laudo elaborado pelo profissional ou empresa especializada, se for o caso, e todas as informações existentes nos livros fiscais e demais documentos do devedor acerca do crédito, constante ou não da relação de credores, objeto da impugnação.

- V. art. 15.

Art. 13. A impugnação será dirigida ao juiz por meio de petição, instruída com os documentos que tiver o impugnante, o qual indicará as provas consideradas necessárias.

Parágrafo único. Cada impugnação será autuada em separado, com os documentos a ela relativos, mas terão uma só autuação as diversas impugnações versando sobre o mesmo crédito.

Art. 14. Caso não haja impugnações, o juiz homologará, como quadro geral de credores, a relação dos credores constante do edital de que trata o art. 7º, § 2º, desta Lei, dispensada a publicação de que trata o art. 18 desta Lei.

Art. 15. Transcorridos os prazos previstos nos arts. 11 e 12 desta Lei, os autos de impugnação serão conclusos ao juiz, que:

I – determinará a inclusão no quadro geral de credores das habilitações de créditos não impugnadas, no valor constante da relação referida no § 2º do art. 7º desta Lei;

II – julgará as impugnações que entender suficientemente esclarecidas pelas alegações e provas apresentadas pelas partes, mencionando, de cada crédito, o valor e a classificação;

III – fixará, em cada uma das restantes impugnações, os aspectos controvertidos e decidirá as questões processuais pendentes;

IV – determinará as provas a serem produzidas, designando audiência de instrução e julgamento, se necessário.

- V. art. 357, II e V, CPC/2015.

Art. 16. O juiz determinará, para fins de rateio, a reserva de valor para satisfação do crédito impugnado.

Parágrafo único. Sendo parcial, a impugnação não impedirá o pagamento da parte incontroversa.

Art. 17. Da decisão judicial sobre a impugnação caberá agravo.

- V. arts. 1.015 a 1.018, CPC/2015.

Parágrafo único. Recebido o agravo, o relator poderá conceder efeito suspensivo à decisão que reconhece o crédito ou determinar a inscrição ou modificação do seu valor ou classificação no quadro geral de credores, para fins de exercício de direito de voto em assembleia geral.

Art. 18. O administrador judicial será responsável pela consolidação do quadro geral de credores, a ser homologado pelo juiz, com base na relação dos credores a que se refere o art. 7º, § 2º, desta Lei e nas decisões proferidas nas impugnações oferecidas.

Parágrafo único. O quadro geral, assinado pelo juiz e pelo administrador judicial, mencionará a importância e a classificação de cada crédito na data do requerimento da recuperação judicial ou da decretação da falência, será juntado aos autos e publicado no órgão oficial, no prazo de 5 (cinco) dias, contado da data da sentença que houver julgado as impugnações.

Art. 19. O administrador judicial, o Comitê, qualquer credor ou o representante do Ministério Público poderá, até o encerramento da recuperação judicial ou da falência, observado, no que couber, o procedimento ordinário previsto no Código de Processo Civil, pedir a exclusão, outra classificação ou a retificação de qualquer crédito, nos casos de descoberta de falsidade, dolo, simulação, fraude, erro essencial ou, ainda, documentos ignorados na época do julgamento do crédito ou da inclusão no quadro geral de credores.

- V. arts. 318 a 512, CPC/2015.
- V. arts. 138 a 144 (erro), 145 a 155 (dolo), 158 a 165 (fraude) e 167 a 956 (simulação), CC.

§ 1º A ação prevista neste artigo será proposta exclusivamente perante o juízo da recuperação judicial ou da falência ou, nas hipóteses previstas no art. 6º, §§ 1º e 2º, desta Lei, perante o juízo que tenha originariamente reconhecido o crédito.

§ 2º Proposta a ação de que trata este artigo, o pagamento ao titular do crédito por ela atingido somente poderá ser realizado mediante a prestação de caução no mesmo valor do crédito questionado.

Art. 20. As habilitações dos credores particulares do sócio ilimitadamente responsável processar-se-ão de acordo com as disposições desta Seção.

- V. arts. 1.039 e 1.045, CC.
- V. art. 281, Lei 6.404/1976 (Sociedades por ações).

Seção III
Do administrador judicial e do Comitê de Credores

Art. 21. O administrador judicial será profissional idôneo, preferencialmente advogado, economista, administrador de empresas ou contador, ou pessoa jurídica especializada.

- V. arts. 31, 33, 52, I, e 99, IX.
- V. art. 1.011, CC.

Parágrafo único. Se o administrador judicial nomeado for pessoa jurídica, declarar-se-á, no termo de que trata o art. 33 desta Lei, o nome de profissional responsável pela condução do processo de falência ou de recuperação judicial, que não poderá ser substituído sem autorização do juiz.

Art. 22. Ao administrador judicial compete, sob a fiscalização do juiz e do Comitê, além de outros deveres que esta Lei lhe impõe:

- V. art. 23.
- V. art. 1.103, CC.

I – na recuperação judicial e na falência:

a) enviar correspondência aos credores constantes na relação de que trata o inciso III do *caput* do art. 51, o inciso III do *caput* do art. 99 ou o inciso II do *caput* do art. 105 desta Lei, comunicando a data do pedido de recuperação judicial ou da decretação da falência, a natureza, o valor e a classificação dada ao crédito;

b) fornecer, com presteza, todas as informações pedidas pelos credores interessados;

c) dar extratos dos livros do devedor, que merecerão fé de ofício, a fim de servirem de fundamento nas habilitações e impugnações de créditos;

d) exigir dos credores, do devedor ou seus administradores quaisquer informações;

e) elaborar a relação de credores de que trata o § 2º do art. 7º desta Lei;

f) consolidar o quadro geral de credores nos termos do art. 18 desta Lei;

g) requerer ao juiz convocação da assembleia geral de credores nos casos previstos nesta Lei ou quando entender necessária sua ouvida para a tomada de decisões;

- V. arts. 35 e 36.

h) contratar, mediante autorização judicial, profissionais ou empresas especializadas para, quando necessário, auxiliá-lo no exercício de suas funções;

I) manifestar-se nos casos previstos nesta Lei;

II – na recuperação judicial:

a) fiscalizar as atividades do devedor e o cumprimento do plano de recuperação judicial;

b) requerer a falência no caso de descumprimento de obrigação assumida no plano de recuperação;

- V. arts. 61, § 1º, e 73, IV.

c) apresentar ao juiz, para juntada aos autos, relatório mensal das atividades do devedor;

d) apresentar o relatório sobre a execução do plano de recuperação, de que trata o inciso III do *caput* do art. 63 desta Lei;

III – na falência:

a) avisar, pelo órgão oficial, o lugar e hora em que, diariamente, os credores terão à sua disposição os livros e documentos do falido;

b) examinar a escrituração do devedor;

c) relacionar os processos e assumir a representação judicial da massa falida;

d) receber e abrir a correspondência dirigida ao devedor, entregando a ele o que não for assunto de interesse da massa;

e) apresentar, no prazo de 40 (quarenta) dias, contado da assinatura do termo de compromisso, prorrogável por igual período, relatório sobre as causas e circunstâncias que conduziram à situação de falência, no qual apontará a responsabilidade civil e penal dos envolvidos, observado o disposto no art. 186 desta Lei;

f) arrecadar os bens e documentos do devedor e elaborar o auto de arrecadação, nos termos dos arts. 108 e 110 desta Lei;

- V. art. 108.

g) avaliar os bens arrecadados;

- V. art. 108.

h) contratar avaliadores, de preferência oficiais, mediante autorização judicial, para a avaliação dos bens caso entenda não ter condições técnicas para a tarefa;

I) praticar os atos necessários à realização do ativo e ao pagamento dos credores;

- V. art. 139 e ss.

j) requerer ao juiz a venda antecipada de bens perecíveis, deterioráveis ou sujeitos a considerável desvalorização ou de conservação arriscada ou dispendiosa, nos termos do art. 113 desta Lei;

l) praticar todos os atos conservatórios de direitos e ações, diligenciar a cobrança de dívidas e dar a respectiva quitação;

m) remir, em benefício da massa e mediante autorização judicial, bens apenhados, penhorados ou legalmente retidos;

n) representar a massa falida em juízo, contratando, se necessário, advogado, cujos honorários serão previamente ajustados e aprovados pelo Comitê de Credores;

o) requerer todas as medidas e diligências que forem necessárias para o cumprimento desta Lei, a proteção da massa ou a eficiência da administração;

p) apresentar ao juiz para juntada aos autos, até o décimo dia do mês seguinte ao vencido, conta demonstrativa da administração, que especifique com clareza a receita e a despesa;

q) entregar ao seu substituto todos os bens e documentos da massa em seu poder, sob pena de responsabilidade;

- V. art. 32.

r) prestar contas ao final do processo, quando for substituído, destituído ou renunciar ao cargo.

- V. arts. 23 e 154.

§ 1º As remunerações dos auxiliares do administrador judicial serão fixadas pelo juiz, que considerará a complexidade dos trabalhos a serem executados e os valores praticados no mercado para o desempenho de atividades semelhantes.

§ 2º Na hipótese da alínea *d* do inciso I do *caput* deste artigo, se houver recusa, o juiz, a requerimento do administrador judicial, intimará aquelas pessoas para que compareçam à sede do juízo, sob pena de desobediência, oportunidade em que as interrogará na presença do administrador judicial, tomando seus depoimentos por escrito.

§ 3º Na falência, o administrador judicial não poderá, sem autorização judicial, após ouvidos o Comitê e o devedor no prazo comum de 2 (dois) dias, transigir sobre obrigações e direitos da massa falida e conceder abatimento de dívidas, ainda que sejam consideradas de difícil recebimento.

§ 4º Se o relatório de que trata a alínea *e* do inciso III do *caput* deste artigo apontar responsabilidade penal de qualquer dos envolvidos, o Ministério Público será intimado para tomar conhecimento de seu teor.

- V. art. 184.

Art. 23. O administrador judicial que não apresentar, no prazo estabelecido, suas contas ou qualquer dos relatórios previstos nesta Lei será intimado pessoalmente a fazê-lo no prazo de 5 (cinco) dias, sob pena de desobediência.

- V. art. 330, CP.

Parágrafo único. Decorrido o prazo do *caput* deste artigo, o juiz destituirá o administrador judicial e nomeará substituto para elaborar relatórios ou organizar as contas, explicitando as responsabilidades de seu antecessor.

Art. 24. O juiz fixará o valor e a forma de pagamento da remuneração do administrador judicial, observados a capacidade de pagamento do devedor, o grau de complexidade do trabalho e os valores praticados no mercado para o desempenho de atividades semelhantes.

§ 1º Em qualquer hipótese, o total pago ao administrador judicial não excederá 5% (cinco por cento) do valor devido aos credores submetidos à recuperação judicial ou do valor de venda dos bens na falência.

§ 2º Será reservado 40% (quarenta por cento) do montante devido ao administrador judicial para pagamento após atendimento do previsto nos arts. 154 e 155 desta Lei.

§ 3º O administrador judicial substituído será remunerado proporcionalmente ao trabalho realizado, salvo se renunciar sem relevante razão ou for destituído de suas funções por desídia, culpa, dolo ou descumprimento das obrigações fixadas nesta Lei, hipóteses em que não terá direito à remuneração.

§ 4º Também não terá direito a remuneração o administrador que tiver suas contas desaprovadas.

§ 5º A remuneração do administrador judicial fica reduzida ao limite de 2% (dois por cento), no caso de microempresas e empresas de pequeno porte.

- § 5º acrescentado pela LC 147/2014.

Art. 25. Caberá ao devedor ou à massa falida arcar com as despesas relativas à remuneração do administrador judicial e das pessoas eventualmente contratadas para auxiliá-lo.

- V. arts. 84 e 103.

Art. 26. O Comitê de Credores será constituído por deliberação de qualquer das classes de credores na assembleia geral e terá a seguinte composição:

I – um representante indicado pela classe de credores trabalhistas, com dois suplentes;

II – um representante indicado pela classe de credores com direitos reais de garantia ou privilégios especiais, com dois suplentes;

III – um representante indicado pela classe de credores quirografários e com privilégios gerais, com dois suplentes;

IV – um representante indicado pela classe de credores representantes de microempresas e empresas de pequeno porte, com dois suplentes.

- Inciso IV acrescentado pela LC 147/2014.

§ 1º A falta de indicação de representante por quaisquer das classes não prejudicará a constituição do Comitê, que poderá funcionar com número inferior ao previsto no *caput* deste artigo.

§ 2º O juiz determinará, mediante requerimento subscrito por credores que representem a maioria dos créditos de uma classe, independentemente da realização de assembleia:

I – a nomeação do representante e dos suplentes da respectiva classe ainda não representada no Comitê; ou

II – a substituição do representante ou dos suplentes da respectiva classe.

§ 3º Caberá aos próprios membros do Comitê indicar, entre eles, quem irá presidi-lo.

Art. 27. O Comitê de Credores terá as seguintes atribuições, além de outras previstas nesta Lei:

I – na recuperação judicial e na falência:

a) fiscalizar as atividades e examinar as contas do administrador judicial;

b) zelar pelo bom andamento do processo e pelo cumprimento da lei;

c) comunicar ao juiz, caso detecte violação dos direitos ou prejuízo aos interesses dos credores;

d) apurar e emitir parecer sobre quaisquer reclamações dos interessados;

e) requerer ao juiz a convocação da assembleia geral de credores;

f) manifestar-se nas hipóteses previstas nesta Lei;

II – na recuperação judicial:

a) fiscalizar a administração das atividades do devedor, apresentando, a cada 30 (trinta) dias, relatório de sua situação;

b) fiscalizar a execução do plano de recuperação judicial;

c) submeter à autorização do juiz, quando ocorrer o afastamento do devedor nas hipóteses previstas nesta Lei, a alienação de bens do ativo permanente, a constituição de ônus reais e outras garantias, bem como atos de endividamento necessários à continuação da atividade empresarial durante o período que antecede a aprovação do plano de recuperação judicial.

§ 1º As decisões do Comitê, tomadas por maioria, serão consignadas em livro de atas, rubricado pelo juízo, que ficará à disposição do administrador judicial, dos credores e do devedor.

§ 2º Caso não seja possível a obtenção de maioria em deliberação do Comitê, o impasse será resolvido pelo administrador judicial ou, na incompatibilidade deste, pelo juiz.

Art. 28. Não havendo Comitê de Credores, caberá ao administrador judicial ou, na incompatibilidade deste, ao juiz exercer suas atribuições.

Art. 29. Os membros do Comitê não terão sua remuneração custeada pelo devedor ou pela massa falida, mas as despesas realizadas para a realização de ato previsto nesta Lei, se devidamente comprovadas e com a autorização do juiz, serão ressarcidas atendendo às disponibilidades de caixa.

Art. 30. Não poderá integrar o Comitê ou exercer as funções de administrador judicial quem, nos últimos 5 (cinco) anos, no exercício do cargo de administrador judicial ou de membro do Comitê em falência ou recuperação judicial anterior, foi destituído, deixou de prestar contas dentro dos prazos legais ou teve a prestação de contas desaprovada.

- V. art. 1.011, § 1º, CC.

§ 1º Ficará também impedido de integrar o Comitê ou exercer a função de administrador judicial quem tiver relação de parentesco ou afinidade até o terceiro grau com o devedor, seus administradores, controladores ou representantes legais ou deles for amigo, inimigo ou dependente.

§ 2º O devedor, qualquer credor ou o Ministério Público poderá requerer ao juiz a substituição do administrador judicial ou dos membros do Comitê nomeados em desobediência aos preceitos desta Lei.

- V. art. 31, *caput*.

§ 3º O juiz decidirá, no prazo de 24 (vinte e quatro) horas, sobre o requerimento do § 2º deste artigo.

Art. 31. O juiz, de ofício ou a requerimento fundamentado de qualquer interessado, poderá determinar a destituição do administrador judicial ou de quaisquer dos membros do Comitê de Credores quando verificar desobediência aos preceitos desta Lei, descumprimento de deveres, omissão, negligência ou prática de ato lesivo às atividades do devedor ou a terceiros.

- V. art. 30, § 2º.

§ 1º No ato de destituição, o juiz nomeará novo administrador judicial ou convocará os suplentes para recompor o Comitê.

§ 2º Na falência, o administrador judicial substituído prestará contas no prazo de 10 (dez) dias, nos termos dos §§ 1º a 6º do art. 154 desta Lei.

Art. 32. O administrador judicial e os membros do Comitê responderão pelos prejuízos causados à massa falida, ao devedor ou aos credores por dolo ou culpa, devendo o dissidente em deliberação do Comitê consignar sua discordância em ata para eximir-se da responsabilidade.

- V. arts. 154, § 5º, e 177.

Art. 33. O administrador judicial e os membros do Comitê de Credores, logo que nomeados, serão intimados pessoalmente para, em 48 (quarenta e oito) horas, assinar, na sede do juízo, o termo de compromisso de bem e fielmente desempenhar o cargo e assumir todas as responsabilidades a ele inerentes.

- V. art. 21, parágrafo único.
- V. art. 134, V, CTN.

Art. 34. Não assinado o termo de compromisso no prazo previsto no art. 33 desta Lei, o juiz nomeará outro administrador judicial.

Seção IV
Da Assembleia Geral de Credores

Art. 35. A assembleia geral de credores terá por atribuições deliberar sobre:

I – na recuperação judicial:

a) aprovação, rejeição ou modificação do plano de recuperação judicial apresentado pelo devedor;

b) a constituição do Comitê de Credores, a escolha de seus membros e sua substituição;

c) (Vetada).

d) o pedido de desistência do devedor, nos termos do § 4º do art. 52 desta Lei;

e) o nome do gestor judicial, quando do afastamento do devedor;

f) qualquer outra matéria que possa afetar os interesses dos credores;

II – na falência:

a) (Vetada).

b) a constituição do Comitê de Credores, a escolha de seus membros e sua substituição;

c) a adoção de outras modalidades de realização do ativo, na forma do art. 145 desta Lei;

d) qualquer outra matéria que possa afetar os interesses dos credores.

Art. 36. A assembleia geral de credores será convocada pelo juiz por edital publicado no órgão oficial e em jornais de grande circulação nas localidades da sede e filiais, com antecedência mínima de 15 (quinze) dias, o qual conterá:

I – local, data e hora da assembleia em primeira e em segunda convocação, não podendo esta ser realizada menos de 5 (cinco) dias depois da primeira;

II – a ordem do dia;

III – local onde os credores poderão, se for o caso, obter cópia do plano de recuperação judicial a ser submetido à deliberação da assembleia.

§ 1º Cópia do aviso de convocação da assembleia deverá ser afixada de forma ostensiva na sede e filiais do devedor.

§ 2º Além dos casos expressamente previstos nesta Lei, credores que representem no mínimo 25% (vinte e cinco por cento) do valor total dos créditos de uma determinada classe poderão requerer ao juiz a convocação de assembleia geral.

§ 3º As despesas com a convocação e a realização da assembleia geral correm por conta do devedor ou da massa falida, salvo se convocada em virtude de requerimento do Comitê de Credores ou na hipótese do § 2º deste artigo.

Art. 37. A assembleia será presidida pelo administrador judicial, que designará um secretário dentre os credores presentes.

§ 1º Nas deliberações sobre o afastamento do administrador judicial ou em outras em que haja incompatibilidade deste, a assembleia será presidida pelo credor presente que seja titular do maior crédito.

§ 2º A assembleia instalar-se-á, em primeira convocação, com a presença de credores titulares de mais da metade dos créditos de cada classe, computados pelo valor, e, em segunda convocação, com qualquer número.

§ 3º Para participar da assembleia, cada credor deverá assinar a lista de presença, que será encerrada no momento da instalação.

§ 4º O credor poderá ser representado na assembleia geral por mandatário ou representante legal, desde que entregue ao administrador judicial, até 24 (vinte e quatro) horas antes da data prevista no aviso de convocação, documento hábil que comprove seus poderes ou a indicação das folhas dos autos do processo em que se encontre o documento.

- V. art. 661, § 1º, CC.

§ 5º Os sindicatos de trabalhadores poderão representar seus associados titulares de créditos derivados da legislação do trabalho ou decorrentes de acidente de trabalho que não comparecerem, pessoalmente ou por procurador, à assembleia.

§ 6º Para exercer a prerrogativa prevista no § 5º deste artigo, o sindicato deverá:

I – apresentar ao administrador judicial, até 10 (dez) dias antes da assembleia, a relação dos associados que pretende representar, e o trabalhador que conste da relação de mais de um sindicato deverá esclarecer, até 24 (vinte e quatro) horas antes da assembleia, qual sindicato o representa, sob pena de não ser representado em assembleia por nenhum deles; e

II – *(Vetado).*

§ 7º Do ocorrido na assembleia, lavrar-se-á ata que conterá o nome dos presentes e as assinaturas do presidente, do devedor e de dois membros de cada uma das classes votantes, e que será entregue ao juiz, juntamente com a lista de presença, no prazo de 48 (quarenta e oito) horas.

Art. 38. O voto do credor será proporcional ao valor de seu crédito, ressalvado, nas deliberações sobre o plano de recuperação judicial, o disposto no § 2º do art. 45 desta Lei.

- V. art. 45, § 2º.

Parágrafo único. Na recuperação judicial, para fins exclusivos de votação em assembleia geral, o crédito em moeda estrangeira será convertido para moeda nacional pelo câmbio da véspera da data de realização da assembleia.

- V. arts. 50, § 2º, e 77.

Art. 39. Terão direito a voto na assembleia geral as pessoas arroladas no quadro geral de credores ou, na sua falta, na relação de credores apresentada pelo administrador judicial na forma do art. 7º, § 2º, desta Lei, ou, ainda, na falta desta, na relação apresentada pelo próprio devedor nos termos dos arts. 51, incisos III e IV do *caput*, 99, inciso III do *caput*, ou 105, inciso II do *caput*, desta Lei, acrescidas, em qualquer caso, das que estejam habilitadas na data da realização da assembleia ou que tenham créditos admitidos ou alterados por decisão judicial, inclusive as que tenham obtido reserva de importâncias, observado o disposto nos §§ 1º e 2º do art. 10 desta Lei.

§ 1º Não terão direito a voto e não serão considerados para fins de verificação do *quorum* de instalação e de deliberação os titulares de créditos excetuados na forma dos §§ 3º e 4º do art. 49 desta Lei.

§ 2º As deliberações da assembleia geral não serão invalidadas em razão de posterior decisão judicial acerca da existência, quantificação ou classificação de créditos.

§ 3º No caso de posterior invalidação de deliberação da assembleia, ficam resguardados os direitos de terceiros de boa-fé, respondendo os credores que aprovarem a deliberação pelos prejuízos comprovados causados por dolo ou culpa.

Art. 40. Não será deferido provimento liminar, de caráter cautelar ou antecipatório dos efeitos da tutela, para a suspensão ou adiamento da assembleia geral de credores em razão de pendência de discussão acerca da existência, da quantificação ou da classificação de créditos.

- V. art. 5º, XXXV, CF.

Art. 41. A assembleia geral será composta pelas seguintes classes de credores:

I – titulares de créditos derivados da legislação do trabalho ou decorrentes de acidentes de trabalho;

- V. art. 45, § 2º.

II – titulares de créditos com garantia real;

- V. art. 45, § 1º.

III – titulares de créditos quirografários, com privilégio especial, com privilégio geral ou subordinados.

- V. art. 45, § 1º.

IV – titulares de créditos enquadrados como microempresa ou empresa de pequeno porte.

- Inciso IV acrescentado pela LC 147/2014.

§ 1º Os titulares de créditos derivados da legislação do trabalho votam com a classe prevista no inciso I do *caput* deste artigo com o total de seu crédito, independentemente do valor.

§ 2º Os titulares de créditos com garantia real votam com a classe prevista no inciso II do *caput* deste artigo até o limite do valor do bem gravado e com a classe prevista no inciso III do *caput* deste artigo pelo restante do valor de seu crédito.

Art. 42. Considerar-se-á aprovada a proposta que obtiver votos favoráveis de credores que representem mais da metade do valor total dos créditos presentes à assembleia geral, exceto nas deliberações sobre o plano de recuperação judicial nos termos da alínea *a* do inciso I do *caput* do art. 35 desta Lei, a composição do Comitê de Credores ou forma alternativa de realização do ativo nos termos do art. 145 desta Lei.

- V. art. 73, I.

Art. 43. Os sócios do devedor, bem como as sociedades coligadas, controladoras, controladas ou as que tenham sócio ou acionista com participação superior a 10% (dez por cento) do capital social do devedor ou em que o devedor ou algum de seus sócios detenham participação superior a 10% (dez por cento) do capital social, poderão participar da assembleia geral de credores, sem ter direito a voto e não serão considerados para fins de verificação do quórum de instalação e de deliberação.

Parágrafo único. O disposto neste artigo também se aplica ao cônjuge ou parente, consanguíneo ou afim, colateral até o segundo grau, ascendente ou descendente do devedor, de administrador, do sócio controlador, de membro dos conselhos consultivo, fiscal ou semelhantes da sociedade devedora e à sociedade em que quaisquer dessas pessoas exerçam essas funções.

Art. 44. Na escolha dos representantes de cada classe no Comitê de Credores, somente os respectivos membros poderão votar.

Art. 45. Nas deliberações sobre o plano de recuperação judicial, todas as classes de credores referidas no art. 41 desta Lei deverão aprovar a proposta.

- V. art. 58.

§ 1º Em cada uma das classes referidas nos incisos II e III do art. 41 desta Lei, a proposta deverá ser aprovada por credores que representem mais da metade do valor total dos créditos presentes à assembleia e, cumulativamente, pela maioria simples dos credores presentes.

§ 2º Nas classes previstas nos incisos I e IV do art. 41 desta Lei, a proposta deverá ser aprovada pela maioria simples dos credores presentes, independentemente do valor de seu crédito.

- § 2º com redação determinada pela LC 147/2014.

§ 3º O credor não terá direito a voto e não será considerado para fins de verificação de quórum de deliberação se o plano de recuperação judicial não alterar o valor ou as condições originais de pagamento de seu crédito.

Art. 46. A aprovação de forma alternativa de realização do ativo na falência, prevista no art. 145 desta Lei, dependerá do voto favorável de credores que representem 2/3 (dois terços) dos créditos presentes à assembleia.

Capítulo III
Da Recuperação Judicial

Seção I
Disposições Gerais

Art. 47. A recuperação judicial tem por objetivo viabilizar a superação da situação de crise econômico-financeira do devedor, a fim de permitir a manutenção da fonte produtora, do emprego dos trabalhadores e dos interesses dos credores, promovendo, assim, a preservação da empresa, sua função social e o estímulo à atividade econômica.

- V. art. 170, VIII, CF.

Art. 48. Poderá requerer recuperação judicial o devedor que, no momento do pedido, exerça regularmente suas atividades há mais de 2 (dois) anos e que atenda aos seguintes requisitos, cumulativamente:

- V. arts. 2º, 161, 198 e 199.
- V. art. 1.071, VIII, e 1.072, § 4º, CC.

I – não ser falido e, se o foi, estejam declaradas extintas, por sentença transitada em julgado, as responsabilidades daí decorrentes;

- V. arts. 81 e 160.
- V. art. 1.011, § 1º, CC.
- V. art. 191, CTN.

II – não ter, há menos de 5 (cinco) anos, obtido concessão de recuperação judicial;

- V. art. 58.

III – não ter, há menos de 5 (cinco) anos, obtido concessão de recuperação judicial com base no plano especial de que trata a Seção V deste Capítulo;

- Inciso III com redação determinada pela LC 147/2014.

IV – não ter sido condenado ou não ter, como administrador ou sócio controlador, pessoa condenada por qualquer dos crimes previstos nesta Lei.

§ 1º A recuperação judicial também poderá ser requerida pelo cônjuge sobrevivente, herdeiros do devedor, inventariante ou sócio remanescente.

- Primitivo parágrafo único renumerado pela Lei 12.873/2013.
- V. arts. 96, § 1º, 97, II, e 125.

§ 2º Tratando-se de exercício de atividade rural por pessoa jurídica, admite-se a comprovação do prazo estabelecido no *caput* deste artigo por meio da Declaração de Informações Econômico-fiscais da Pessoa Jurídica – DIPJ que tenha sido entregue tempestivamente.

- § 2º acrescentado pela Lei 12.873/2013.

Art. 49. Estão sujeitos à recuperação judicial todos os créditos existentes na data do pedido, ainda que não vencidos.

§ 1º Os credores do devedor em recuperação judicial conservam seus direitos e privilégios contra os coobrigados, fiadores e obrigados de regresso.

§ 2º As obrigações anteriores à recuperação judicial observarão as condições originalmente contratadas ou definidas em lei, inclusive no que diz respeito aos encargos, salvo se de modo diverso ficar estabelecido no plano de recuperação judicial.

§ 3º Tratando-se de credor titular da posição de proprietário fiduciário de bens móveis ou imóveis, de arrendador mercantil, de proprietário ou promitente vendedor de imóvel cujos respectivos contratos contenham cláusula de irrevogabilidade ou irretratabilidade, inclusive em incorporações imobiliárias, ou de proprietário em contrato de venda com reserva de domínio, seu crédito não se submeterá aos efeitos da recuperação judicial e prevalecerão os direitos de propriedade sobre a coisa e as condições contratuais, observada a legislação respectiva, não se permitindo, contudo, durante o prazo de suspensão a que se refere o § 4º do art. 6º desta Lei, a venda ou a retirada do estabelecimento do devedor dos bens de capital essenciais a sua atividade empresarial.

- V. art. 161, § 1º.

§ 4º Não se sujeitará aos efeitos da recuperação judicial a importância a que se refere o inciso II do art. 86 desta Lei.

§ 5º Tratando-se de crédito garantido por penhor sobre títulos de crédito, direitos creditórios, aplicações financeiras ou valores mobiliários, poderão ser substituídas ou renovadas as garantias liquidadas ou vencidas durante a recuperação judicial e, enquanto não renovadas ou substituídas, o valor eventualmente recebido em pagamento das garantias permanecerá em conta vinculada durante o período de suspensão de que trata o § 4º do art. 6º desta Lei.

- V. art. 50, § 1º.

Art. 50. Constituem meios de recuperação judicial, observada a legislação pertinente a cada caso, dentre outros:

I – concessão de prazos e condições especiais para pagamento das obrigações vencidas ou vincendas;

II – cisão, incorporação, fusão ou transformação de sociedade, constituição de subsidiária integral, ou cessão de cotas ou ações, respeitados os direitos dos sócios, nos termos da legislação vigente;

- V. arts. 1.113 a 1.122, CC.
- V. arts. 220 a 234 e 251 a 253, Lei 6.404/1976 (Sociedades por ações).

III – alteração do controle societário;

IV – substituição total ou parcial dos administradores do devedor ou modificação de seus órgãos administrativos;

V – concessão aos credores de direito de eleição em separado de administradores e de poder de veto em relação às matérias que o plano especificar;

VI – aumento de capital social;

- V. arts. 1.081 a 1.084, CC.
- V. arts. 166 a 174, Lei 6.404/1976 (Sociedades por ações).

VII – trespasse ou arrendamento de estabelecimento, inclusive à sociedade constituída pelos próprios empregados;

- V. arts 1.142 a 1.149, CC.

VIII – redução salarial, compensação de horários e redução da jornada, mediante acordo ou convenção coletiva;

IX – dação em pagamento ou novação de dívidas do passivo, com ou sem constituição de garantia própria ou de terceiro;

- V. arts. 356 e 360, CC.

X – constituição de sociedade de credores;

XI – venda parcial dos bens;

XII – equalização de encargos financeiros relativos a débitos de qualquer natureza, tendo como termo inicial a data da distribuição do pedido de recuperação judicial, aplicando-se inclusive aos contratos de crédito rural, sem prejuízo do disposto em legislação específica;

XIII – usufruto da empresa;

XIV – administração compartilhada;

XV – emissão de valores mobiliários;

XVI – constituição de sociedade de propósito específico para adjudicar, em pagamento dos créditos, os ativos do devedor.

§ 1º Na alienação de bem objeto de garantia real, a supressão da garantia ou sua substituição somente serão admitidas mediante aprovação expressa do credor titular da respectiva garantia.

- V. art. 59.

§ 2º Nos créditos em moeda estrangeira, a variação cambial será conservada como parâmetro de indexação da correspondente obrigação e só poderá ser afastada se o credor titular do respectivo crédito aprovar expressamente previsão diversa no plano de recuperação judicial.

Seção II
Do Pedido do Processamento da Recuperação Judicial

Art. 51. A petição inicial de recuperação judicial será instruída com:

I – a exposição das causas concretas da situação patrimonial do devedor e das razões da crise econômico-financeira;

• V. art. 319, III, CPC/2015.

II – as demonstrações contábeis relativas aos três últimos exercícios sociais e as levantadas especialmente para instruir o pedido, confeccionadas com estrita observância da legislação societária aplicável e compostas obrigatoriamente de:

a) balanço patrimonial;

b) demonstração de resultados acumulados;

c) demonstração do resultado desde o último exercício social;

d) relatório gerencial de fluxo de caixa e de sua projeção;

III – a relação nominal completa dos credores, inclusive aqueles por obrigação de fazer ou de dar, com a indicação do endereço de cada um, a natureza, a classificação e o valor atualizado do crédito, discriminando sua origem, o regime dos respectivos vencimentos e a indicação dos registros contábeis de cada transação pendente;

• V. arts. 14 e 55.

IV – a relação integral dos empregados, em que constem as respectivas funções, salários, indenizações e outras parcelas a que têm direito, com o correspondente mês de competência, e a discriminação dos valores pendentes de pagamento;

• V. art. 54.

V – certidão de regularidade do devedor no Registro Público de Empresas, o ato constitutivo atualizado e as atas de nomeação dos atuais administradores;

• V. art. 48, *caput*.
• V. art. 967, CC.

VI – a relação dos bens particulares dos sócios controladores e dos administradores do devedor;

• V. arts. 82, § 2º, e 171.

VII – os extratos atualizados das contas bancárias do devedor e de suas eventuais aplicações financeiras de qualquer modalidade, inclusive em fundos de investimento ou em bolsas de valores, emitidos pelas respectivas instituições financeiras;

VIII – certidões dos cartórios de protestos situados na comarca do domicílio ou sede do devedor e naquelas onde possui filial;

IX – a relação, subscrita pelo devedor, de todas as ações judiciais em que este figure como parte, inclusive as de natureza trabalhista, com a estimativa dos respectivos valores demandados.

§ 1º Os documentos de escrituração contábil e demais relatórios auxiliares, na forma e no suporte previstos em lei, permanecerão à disposição do juízo, do administrador judicial e, mediante autorização judicial, de qualquer interessado.

• V. arts. 1.179 a 1.195, CC.

§ 2º Com relação à exigência prevista no inciso II do *caput* deste artigo, as microempresas e empresas de pequeno porte poderão apresentar livros e escrituração contábil simplificados nos termos da legislação específica.

• V. arts. 3º e 27, LC 123/2006 (Supersimples).

§ 3º O juiz poderá determinar o depósito em cartório dos documentos a que se referem os §§ 1º e 2º deste artigo ou de cópia destes.

Art. 52. Estando em termos a documentação exigida no art. 51 desta Lei, o juiz deferirá o processamento da recuperação judicial e, no mesmo ato:

I – nomeará o administrador judicial, observado o disposto no art. 21 desta Lei;

II – determinará a dispensa da apresentação de certidões negativas para que o devedor exerça suas atividades, exceto para contratação com o Poder Público ou para recebimento de benefícios ou incentivos fiscais ou creditícios, observando o disposto no art. 69 desta Lei;

• V. art. 57.

III – ordenará a suspensão de todas as ações ou execuções contra o devedor, na forma do art. 6º desta Lei, permanecendo os respectivos autos no juízo onde se processam, ressalvadas as ações previstas nos §§ 1º, 2º e 7º do art. 6º desta Lei e as relativas a créditos excetuados na forma dos §§ 3º e 4º do art. 49 desta Lei;

IV – determinará ao devedor a apresentação de contas demonstrativas mensais enquanto perdurar a recuperação judicial, sob pena de destituição de seus administradores;

V – ordenará a intimação do Ministério Público e a comunicação por carta às Fazendas Públicas Federal e de todos os Estados e Municípios em que o devedor tiver estabelecimento.

§ 1º O juiz ordenará a expedição de edital, para publicação no órgão oficial, que conterá:

I – o resumo do pedido do devedor e da decisão que defere o processamento da recuperação judicial;

II – a relação nominal de credores, em que se discrimine o valor atualizado e a classificação de cada crédito;

III – a advertência acerca dos prazos para habilitação dos créditos, na forma do art. 7º, § 1º, desta Lei, e para que os credores apresentem objeção ao plano de recuperação judicial apresentado pelo devedor nos termos do art. 55 desta Lei.

§ 2º Deferido o processamento da recuperação judicial, os credores poderão, a qualquer tempo, requerer a convocação de assembleia geral para a constituição do Comitê de Credores ou substituição de seus membros, observado o disposto no § 2º do art. 36 desta Lei.

§ 3º No caso do inciso III do *caput* deste artigo, caberá ao devedor comunicar a suspensão aos juízos competentes.

§ 4º O devedor não poderá desistir do pedido de recuperação judicial após o deferimento de seu processamento, salvo se obtiver aprovação da desistência na assembleia geral de credores.

Seção III
Do Plano de Recuperação Judicial

Art. 53. O plano de recuperação será apresentado pelo devedor em juízo no prazo improrrogável de 60 (sessenta) dias da publicação da decisão que deferir o processamento da recuperação judicial, sob pena de convolação em falência, e deverá conter:

• V. art. 73, II.

I – discriminação pormenorizada dos meios de recuperação a ser empregados, conforme o art. 50 desta Lei, e seu resumo;

II – demonstração de sua viabilidade econômica; e

III – laudo econômico-financeiro e de avaliação dos bens e ativos do devedor, subscrito por profissional legalmente habilitado ou empresa especializada.

Parágrafo único. O juiz ordenará a publicação de edital contendo aviso aos credores sobre o recebimento do plano de recuperação e fixando o prazo para a manifestação de eventuais objeções, observado o art. 55 desta Lei.

Art. 54. O plano de recuperação judicial não poderá prever prazo superior a 1 (um) ano para pagamento dos créditos derivados da legislação do trabalho ou decorrentes de acidentes de trabalho vencidos até a data do pedido de recuperação judicial.

Parágrafo único. O plano não poderá, ainda, prever prazo superior a 30 (trinta) dias para o pagamento, até o limite de cinco salários mínimos por trabalhador, dos créditos de natureza estritamente salarial vencidos nos 3 (três) meses anteriores ao pedido de recuperação judicial.

Seção IV
Do Procedimento de Recuperação Judicial

Art. 55. Qualquer credor poderá manifestar ao juiz sua objeção ao plano de recuperação judicial no prazo de 30 (trinta) dias contado da publicação da relação de credores de que trata o § 2º do art. 7º desta Lei.

Parágrafo único. Caso, na data da publicação da relação de que trata o *caput* deste artigo, não tenha sido publicado o aviso previsto no art. 53, parágrafo único, desta Lei, contar-se-á da publicação deste o prazo para as objeções.

Art. 56. Havendo objeção de qualquer credor ao plano de recuperação judicial, o juiz convocará a assembleia geral de credores para deliberar sobre o plano de recuperação.

§ 1º A data designada para a realização da assembleia geral não excederá 150 (cento e cinquenta) dias contados do deferimento do processamento da recuperação judicial.

§ 2º A assembleia geral que aprovar o plano de recuperação judicial poderá indicar os membros do Comitê de Credores, na forma do art. 26 desta Lei, se já não estiver constituído.

§ 3º O plano de recuperação judicial poderá sofrer alterações na assembleia geral, desde que haja expressa concordância do devedor e em termos que não impliquem diminuição dos direitos exclusivamente dos credores ausentes.

§ 4º Rejeitado o plano de recuperação pela assembleia geral de credores, o juiz decretará a falência do devedor.

- V. arts. 58, § 1º, e 73, III.

Art. 57. Após a juntada aos autos do plano aprovado pela assembleia geral de credores ou decorrido o prazo previsto no art. 55 desta Lei sem objeção de credores, o devedor apresentará certidões negativas de débitos tributários nos termos dos arts. 151, 205, 206 da Lei 5.172, de 25 de outubro de 1966 – Código Tributário Nacional.

- V. art. 151, 191-A, 205 e 206, CTN.

Art. 58. Cumpridas as exigências desta Lei, o juiz concederá a recuperação judicial do devedor cujo plano não tenha sofrido objeção de credor nos termos do art. 55 desta Lei ou tenha sido aprovado pela assembleia geral de credores na forma do art. 45 desta Lei.

- V. art. 61.

§ 1º O juiz poderá conceder a recuperação judicial com base em plano que não obteve aprovação na forma do art. 45 desta Lei, desde que, na mesma assembleia, tenha obtido, de forma cumulativa:

I – o voto favorável de credores que representem mais da metade do valor de todos os créditos presentes à assembleia, independentemente de classes;

II – a aprovação de duas das classes de credores nos termos do art. 45 desta Lei ou, caso haja somente duas classes com credores votantes, a aprovação de pelo menos uma delas;

III – na classe que o houver rejeitado, o voto favorável de mais de 1/3 (um terço) dos credores, computados na forma dos §§ 1º e 2º do art. 45 desta Lei.

§ 2º A recuperação judicial somente poderá ser concedida com base no § 1º deste artigo se o plano não implicar tratamento diferenciado entre os credores da classe que o houver rejeitado.

- V. art. 191-A, CTN.

Art. 59. O plano de recuperação judicial implica novação dos créditos anteriores ao pedido, e obriga o devedor e todos os credores a ele sujeitos, sem prejuízo das garantias, observado o disposto no § 1º do art. 50 desta Lei.

- V. arts. 360 a 367, CC.

§ 1º A decisão judicial que conceder a recuperação judicial constituirá título executivo judicial, nos termos do art. 584, inciso III, do *caput* da Lei 5.869, de 11 de janeiro de 1973 – Código de Processo Civil.

- V. art. 94, I.

§ 2º Contra a decisão que conceder a recuperação judicial caberá agravo, que poderá ser interposto por qualquer credor e pelo Ministério Público.

- V. arts. 203, § 2º, e 1.015, CPC/2015.

Art. 60. Se o plano de recuperação judicial aprovado envolver alienação judicial de filiais ou de unidades produtivas isoladas do devedor, o juiz ordenará a sua realização, observado o disposto no art. 142 desta Lei.

- V. arts. 50, § 1º, 66 e 142.

Parágrafo único. O objeto da alienação estará livre de qualquer ônus e não haverá sucessão do arrematante nas obrigações do devedor, inclusive as de natureza tributária, observado o disposto no § 1º do art. 141 desta Lei.

- V. art. 133, § 1º, II e § 2º, CTN.
- V. arts. 448 e 449, CLT.

Art. 61. Proferida a decisão prevista no art. 58 desta Lei, o devedor permanecerá em recuperação judicial até que se cumpram todas as obrigações previstas no plano que se vencerem até 2 (dois) anos depois da concessão da recuperação judicial.

§ 1º Durante o período estabelecido no *caput* deste artigo, o descumprimento de qualquer obrigação prevista no plano acarretará a convolação da recuperação em falência, nos termos do art. 73 desta Lei.

§ 2º Decretada a falência, os credores terão reconstituídos seus direitos e garantias nas condições originalmente contratadas, deduzidos os valores eventualmente pagos e ressalvados os atos validamente praticados no âmbito da recuperação judicial.

Art. 62. Após o período previsto no art. 61 desta Lei, no caso de descumprimento de qualquer obrigação prevista no plano de recuperação judicial, qualquer credor poderá requerer a execução específica ou a falência com base no art. 94 desta Lei.

- V. art. 59, § 1º.

Art. 63. Cumpridas as obrigações vencidas no prazo previsto no *caput* do art. 61 desta Lei, o juiz decretará por sentença o encerramento da recuperação judicial e determinará:

I – o pagamento do saldo de honorários ao administrador judicial, somente podendo efetuar a quitação dessas obrigações mediante prestação de contas, no prazo de 30 (trinta) dias, e aprovação do relatório previsto no inciso III do *caput* deste artigo;

- V. art. 24.

II – a apuração do saldo das custas judiciais a serem recolhidas;

III – a apresentação de relatório circunstanciado do administrador judicial, no prazo máximo de 15 (quinze) dias, versando sobre a execução do plano de recuperação pelo devedor;

IV – a dissolução do Comitê de Credores e a exoneração do administrador judicial;

V – a comunicação ao Registro Público de Empresas para as providências cabíveis.

- V. art. 69, parágrafo único.

Art. 64. Durante o procedimento de recuperação judicial, o devedor ou seus administradores serão mantidos na condução da atividade empresarial, sob fiscalização do Comitê, se houver, e do administrador judicial, salvo se qualquer deles:

- V. art. 65.

I – houver sido condenado em sentença penal transitada em julgado por crime cometido em recuperação judicial ou falência anteriores ou por crime contra o patrimônio, a economia popular ou a ordem econômica previstos na legislação vigente;

II – houver indícios veementes de ter cometido crime previsto nesta Lei;

III – houver agido com dolo, simulação ou fraude contra os interesses de seus credores;

IV – houver praticado qualquer das seguintes condutas:

a) efetuar gastos pessoais manifestamente excessivos em relação a sua situação patrimonial;

b) efetuar despesas injustificáveis por sua natureza ou vulto, em relação ao capital ou gênero do negócio, ao movimento das operações e a outras circunstâncias análogas;

c) descapitalizar injustificadamente a empresa ou realizar operações prejudiciais ao seu funcionamento regular;

d) simular ou omitir créditos ao apresentar a relação de que trata o inciso III do *caput* do art. 51 desta Lei, sem relevante razão de direito ou amparo de decisão judicial;

V – negar-se a prestar informações solicitadas pelo administrador judicial ou pelos demais membros do Comitê;

VI – tiver seu afastamento previsto no plano de recuperação judicial.

Parágrafo único. Verificada qualquer das hipóteses do *caput* deste artigo, o juiz destituirá o administrador, que será substituído na forma prevista nos atos constitutivos do devedor ou do plano de recuperação judicial.

Art. 65. Quando do afastamento do devedor, nas hipóteses previstas no art. 64 desta Lei, o juiz convocará a assembleia geral de credores para deliberar sobre o nome do gestor judicial que assumirá a administração das atividades do devedor, aplicando-se-lhe, no que couber, todas as normas sobre deveres, impedimentos e remuneração do administrador judicial.

§ 1º O administrador judicial exercerá as funções de gestor enquanto a assembleia geral não deliberar sobre a escolha deste.

§ 2º Na hipótese de o gestor indicado pela assembleia geral de credores recusar ou estar impedido de aceitar o encargo para gerir os negócios do devedor, o juiz convocará, no prazo de 72 (setenta e duas) horas, contado da recusa ou da declaração do impedimento nos autos, nova assembleia geral, aplicado o disposto no § 1º deste artigo.

Art. 66. Após a distribuição do pedido de recuperação judicial, o devedor não poderá alienar ou onerar bens ou direitos de seu ativo permanente, salvo evidente utilidade reconhecida pelo juiz, depois de ouvido o Comitê, com exceção daqueles previamente relacionados no plano de recuperação judicial.

Art. 67. Os créditos decorrentes de obrigações contraídas pelo devedor durante a recuperação judicial, inclusive aqueles relativos a despesas com fornecedores de bens ou serviços e contratos de mútuo, serão considerados extraconcursais, em caso de decretação de falência, respeitada, no que couber, a ordem estabelecida no art. 83 desta Lei.

Parágrafo único. Os créditos quirografários sujeitos à recuperação judicial pertencentes a fornecedores de bens ou serviços que continuarem a provê-los normalmente após o pedido de recuperação judicial terão privilégio geral de recebimento em caso de decretação de falência, no limite do valor dos bens ou serviços fornecidos durante o período da recuperação.

- V. art. 83, V, b.

Art. 68. As Fazendas Públicas e o Instituto Nacional do Seguro Social – INSS poderão deferir, nos termos da legislação específica, parcelamento de seus créditos, em sede de recuperação judicial, de acordo com os parâmetros estabelecidos na Lei 5.172, de 25 de outubro de 1966 – Código Tributário Nacional.

- V. art. 155-A, CTN.
- V. Lei 10.684/2003 (Parcelamento de débitos junto à Secretaria da Receita Federal, à Procuradoria-Geral da Fazenda Nacional e ao Instituto Nacional do Seguro Social).

Parágrafo único. As microempresas e empresas de pequeno porte farão jus a prazos 20% (vinte por cento) superiores àqueles regularmente concedidos às demais empresas.

- Parágrafo único acrescentado pela LC 147/2014.

Art. 69. Em todos os atos, contratos e documentos firmados pelo devedor sujeito ao procedimento de recuperação judicial deverá ser acrescida, após o nome empresarial, a expressão "em Recuperação Judicial".

- V. art. 191.

Parágrafo único. O juiz determinará ao Registro Público de Empresas a anotação da recuperação judicial no registro correspondente.

Seção V
Do Plano de Recuperação Judicial para Microempresas e Empresas de Pequeno Porte

Art. 70. As pessoas de que trata o art. 1º desta Lei e que se incluam nos conceitos de microempresa ou empresa de pequeno porte, nos termos da legislação vigente, sujeitam-se às normas deste Capítulo.

- V. art. 3º, LC 123/2006 (Supersimples).

§ 1º As microempresas e as empresas de pequeno porte, conforme definidas em lei, poderão apresentar plano especial de recuperação judicial, desde que afirmem sua intenção de fazê-lo na petição inicial de que trata o art. 51 desta Lei.

§ 2º Os credores não atingidos pelo plano especial não terão seus créditos habilitados na recuperação judicial.

Art. 71. O plano especial de recuperação judicial será apresentado no prazo previsto no art. 53 desta Lei e limitar-se á às seguintes condições:

I – abrangerá todos os créditos existentes na data do pedido, ainda que não vencidos, excetuados os decorrentes de repasse de recursos oficiais, os fiscais e os previstos nos §§ 3º e 4º do art. 49;

- Inciso I com redação determinada pela LC 147/2014.

II – preverá parcelamento em até 36 parcelas mensais, iguais e sucessivas, acrescidas de juros equivalentes à taxa Sistema Especial de Liquidação e de Custódia – Selic, podendo conter ainda a proposta de abatimento do valor das dívidas;

- Inciso II com redação determinada pela LC 147/2014.

III – preverá o pagamento da primeira parcela no prazo máximo de 180 (cento e oitenta) dias, contado da distribuição do pedido de recuperação judicial;

IV – estabelecerá a necessidade de autorização do juiz, após ouvido o administrador judicial e o Comitê de Credores, para o devedor aumentar despesas ou contratar empregados.

Parágrafo único. O pedido de recuperação judicial com base em plano especial não acarreta a suspensão do curso da prescrição nem das ações e execuções por créditos não abrangidos pelo plano.

Art. 72. Caso o devedor de que trata o art. 70 desta Lei opte pelo pedido de recuperação judicial com base no plano especial disciplinado nesta Seção, não será convocada assembleia geral de credores para deliberar sobre o plano, e o juiz concederá a recuperação judicial se atendidas as demais exigências desta Lei.

Parágrafo único. O juiz também julgará improcedente o pedido de recuperação judicial e decretará a falência do devedor se houver objeções, nos termos do art. 55, de credores titulares de mais da metade de qualquer uma das classes de créditos previstos no art. 83, computados na forma do art. 45, todos desta Lei.

- Parágrafo único com redação determinada pela LC 147/2014.

Capítulo IV
Da Convolação da Recuperação Judicial em Falência

Art. 73. O juiz decretará a falência durante o processo de recuperação judicial:

I – por deliberação da assembleia geral de credores, na forma do art. 42 desta Lei;

II – pela não apresentação, pelo devedor, do plano de recuperação no prazo do art. 53 desta Lei;

III – quando houver sido rejeitado o plano de recuperação, nos termos do § 4º do art. 56 desta Lei;

IV – por descumprimento de qualquer obrigação assumida no plano de recuperação, na forma do § 1º do art. 61 desta Lei.

Parágrafo único. O disposto neste artigo não impede a decretação da falência por inadimplemento de obrigação não sujeita à recuperação judicial, nos termos dos incisos I ou II do *caput* do art. 94 desta Lei, ou por prática de ato previsto no inciso III do *caput* do art. 94 desta Lei.

Art. 74. Na convolação da recuperação em falência, os atos de administração, endividamento, oneração ou alienação praticados durante a recuperação judicial presumem-se válidos, desde que realizados na forma desta Lei.

- V. arts. 80 e 131.

Capítulo V
Da Falência

Seção I
Disposições Gerais

Art. 75. A falência, ao promover o afastamento do devedor de suas atividades, visa a preservar e otimizar a utilização produtiva dos bens, ativos e recursos produtivos, inclusive os intangíveis, da empresa.

Parágrafo único. O processo de falência atenderá aos princípios da celeridade e da economia processual.

- V. art. 79.
- V. art. 5º, LXXVIII, CF.

Art. 76. O juízo da falência é indivisível e competente para conhecer todas as ações sobre bens, interesses e negócios do falido, ressalvadas as causas trabalhistas, fiscais e aquelas não reguladas nesta Lei em que o falido figurar como autor ou litisconsorte ativo.

- V. arts. 3º e 78.
- V. art. 61, CPC/2015.
- V. art. 187, CTN.
- V. art. 29, *caput*, Lei 6.830/1980 (Lei de Execução Fiscal).

Parágrafo único. Todas as ações, inclusive as excetuadas no *caput* deste artigo, terão prosseguimento com o administrador judicial, que deverá ser intimado para representar a massa falida, sob pena de nulidade do processo.

Art. 77. A decretação da falência determina o vencimento antecipado das dívidas do devedor e dos sócios ilimitada e solidariamente responsáveis, com o abatimento proporcional dos juros, e converte todos os créditos em moeda estrangeira para a moeda do País, pelo câmbio do dia da decisão judicial, para todos os efeitos desta Lei.

- V. arts. 333, I, 407, 1.039, 1.045 e 1.425, II, CC.

- V. art. 19, II, Dec. 2.044/1908 (Letra de câmbio e nota promissória).
- V. art. 43, Dec. 57.663/1966 (Lei Uniforme para letras de câmbio e notas promissórias).
- V. art. 281, Lei 6.404/1976 (Sociedades por ações).

Art. 78. Os pedidos de falência estão sujeitos a distribuição obrigatória, respeitada a ordem de apresentação.

Parágrafo único. As ações que devam ser propostas no juízo da falência estão sujeitas a distribuição por dependência.

Art. 79. Os processos de falência e os seus incidentes preferem a todos os outros na ordem dos feitos, em qualquer instância.

- V. art. 75, parágrafo único.

Art. 80. Considerar-se-ão habilitados os créditos remanescentes da recuperação judicial, quando definitivamente incluídos no quadro geral de credores, tendo prosseguimento as habilitações que estejam em curso.

- V. art. 74.

Art. 81. A decisão que decreta a falência da sociedade com sócios ilimitadamente responsáveis também acarreta a falência destes, que ficam sujeitos aos mesmos efeitos jurídicos produzidos em relação à sociedade falida e, por isso, deverão ser citados para apresentar contestação, se assim o desejarem.

§ 1º O disposto no *caput* deste artigo aplica-se ao sócio que tenha se retirado voluntariamente ou que tenha sido excluído da sociedade, há menos de 2 (dois) anos, quanto às dívidas existentes na data do arquivamento da alteração do contrato, no caso de não terem sido solvidas até a data da decretação da falência.

§ 2º As sociedades falidas serão representadas na falência por seus administradores ou liquidantes, os quais terão os mesmos direitos e, sob as mesmas penas, ficarão sujeitos às obrigações que cabem ao falido.

- V. art. 104.

Art. 82. A responsabilidade pessoal dos sócios de responsabilidade limitada, dos controladores e dos administradores da sociedade falida, estabelecida nas respectivas leis, será apurada no próprio juízo da falência, independentemente da realização do ativo e da prova da sua insuficiência para cobrir o passivo, observado o procedimento ordinário previsto no Código de Processo Civil.

- V. art. 1.052, CC.
- V. arts. 318 a 512, CPC/2015.

§ 1º Prescreverá em 2 (dois) anos, contados do trânsito em julgado da sentença de encerramento da falência, a ação de responsabilização prevista no *caput* deste artigo.

- V. art. 156.
- V. arts. 189 a 211, CC.

§ 2º O juiz poderá, de ofício ou mediante requerimento das partes interessadas, ordenar a indisponibilidade de bens particulares dos réus, em quantidade compatível com o dano provocado, até o julgamento da ação de responsabilização.

☛ **Art. 82-A.** A extensão dos efeitos da falência somente será admitida quando estiverem presentes os requisitos da desconsideração da personalidade jurídica de que trata o art. 50 da Lei 10.406, de 10 de janeiro de 2002 – Código Civil.

- Artigo acrescentado pela MP 881/2019 (*DOU* 30.04.2019).

Seção II
Da Classificação dos Créditos

Art. 83. A classificação dos créditos na falência obedece à seguinte ordem:

- V. arts. 961 a 963, CC.

I – os créditos derivados da legislação do trabalho, limitados a cento e cinquenta salários mínimos por credor, e os decorrentes de acidentes de trabalho;

- V. art. 83, VI, c.
- V. art. 7º, XXVIII, CF.
- V. art. 449, § 1º, CLT.
- V. art. 186, parágrafo único, II, CTN.

II – créditos com garantia real até o limite do valor do bem gravado;

- V. art. 1.419, CC.
- V. art. 58, *caput*, Lei 6.404/1976 (Sociedades por ações).

III – créditos tributários, independentemente da sua natureza e tempo de constituição, excetuadas as multas tributárias;

- V. art. 84, V.
- V. arts. 186, parágrafo único, 187 e 188, CTN.

IV – créditos com privilégio especial, a saber:

a) os previstos no art. 964 da Lei 10.406, de 10 de janeiro de 2002;

b) os assim definidos em outras leis civis e comerciais, salvo disposição contrária desta Lei;

- V. art. 4º, § 3º, Lei 4.071/1962 (Pagamento a lavradores de cana).
- V. arts. 50 e 57, LC 109/2001 (Previdência complementar).

c) aqueles a cujos titulares a lei confira o direito de retenção sobre a coisa dada em garantia;

- V. arts. 681 e 708, CC.
- V. art. 14, Dec. 1.102/1903 (Armazéns gerais).
- V. art. 9º, Lei 9.973/2000 (Sistema de armazenagem dos produtos agropecuários).

d) aqueles em favor dos microempreendedores individuais e das microempresas e empresas de pequeno porte de que trata a Lei Complementar 123, de 14 de dezembro de 2006;

Alínea d acrescentada pela LC 147/2014.

V – créditos com privilégio geral, a saber:

- V. art. 707, CC.

a) os previstos no art. 965 da Lei 10.406, de 10 de janeiro de 2002;

b) os previstos no parágrafo único do art. 67 desta Lei;

c) os assim definidos em outras leis civis e comerciais, salvo disposição contrária desta Lei;

- V. art. 43, III, Lei 4.591/1964 (Condomínio em edificações).
- V. art. 1º, Dec.-lei 496/1964 (Empresas de transporte aéreo em liquidação, falência ou concordata).
- V. art. 35, § 2º, Dec.-lei 70/1966 (Execução de cédula hipotecária).
- V. art. 58, § 1º, Lei 6.404/1976 (Sociedades por ações).
- V. art. 24, *caput*, /1994 (Estatuto da Advocacia).
- V. art. 246, Dec. 3.048/1999 (Regulamento da Previdência Social).
- V. art. 50, LC 109/2001 (Previdência complementar).

VI – créditos quirografários, a saber:

- V. art. 994, § 2º, CC.

a) aqueles não previstos nos demais incisos deste artigo;

b) os saldos dos créditos não cobertos pelo produto da alienação dos bens vinculados ao seu pagamento;

c) os saldos dos créditos derivados da legislação do trabalho que excederem o limite estabelecido no inciso I do *caput* deste artigo;

VII – as multas contratuais e as penas pecuniárias por infração das leis penais ou administrativas, inclusive as multas tributárias;

- V. art. 186, parágrafo único, III, CTN.

VIII – créditos subordinados, a saber:

a) os assim previstos em lei ou em contrato;

- V. art. 58, § 4º, Lei 6.404/1976 (Sociedades por ações).

b) os créditos dos sócios e dos administradores sem vínculo empregatício.

§ 1º Para os fins do inciso II do *caput* deste artigo, será considerado como valor do bem objeto de garantia real a importância efetivamente arrecadada com sua venda, ou, no caso de alienação em bloco, o valor de avaliação do bem individualmente considerado.

§ 2º Não são oponíveis à massa os valores decorrentes de direito de sócio ao recebimento de sua parcela do capital social na liquidação da sociedade.

§ 3º As cláusulas penais dos contratos unilaterais não serão atendidas se as obrigações neles estipuladas se vencerem em virtude da falência.

- V. art. 408, CC.

§ 4º Os créditos trabalhistas cedidos a terceiros serão considerados quirografários.

- V. art. 286, CC.

Art. 84. Serão considerados créditos extraconcursais e serão pagos com precedência sobre os mencionados no art. 83 desta Lei, na ordem a seguir, os relativos a:

I – remunerações devidas ao administrador judicial e seus auxiliares, e créditos derivados da legislação do trabalho ou decorrentes de acidentes de trabalho relativos a serviços prestados após a decretação da falência;

II – quantias fornecidas à massa pelos credores;

III – despesas com arrecadação, administração, realização do ativo e distribuição do seu produto, bem como custas do processo de falência;

IV – custas judiciais relativas às ações e execuções em que a massa falida tenha sido vencida;

V – obrigações resultantes de atos jurídicos válidos praticados durante a recuperação judicial, nos termos do art. 67 desta Lei, ou após a decretação da falência, e tributos relativos a fatos geradores ocorridos após a decretação da falência, respeitada a ordem estabelecida no art. 83 desta Lei.

- V. art. 188, CTN.

Seção III
Do Pedido de Restituição

Art. 85. O proprietário de bem arrecadado no processo de falência ou que se encontre em poder do devedor na data da decretação da falência poderá pedir sua restituição.

- V. arts. 86, I, 93 e 110, § 2º, IV.
- V. art. 1.718, CC.
- V. art. 7º, *caput*, Dec.-lei 911/1969 (Alienação fiduciária).
- V. art. 20, Lei 9.514/1997 (Sistema de Financiamento Imobiliário e alienação fiduciária de coisa móvel).
- V. art. 5º, § 4º, Lei 10.820/2003 (Desconto de prestações em folha de pagamento).

Parágrafo único. Também pode ser pedida a restituição de coisa vendida a crédito e entregue ao devedor nos 15 (quinze) dias anteriores ao requerimento de sua falência, se ainda não alienada.

- V. art. 93.

Art. 86. Proceder-se-á à restituição em dinheiro:

I – se a coisa não mais existir ao tempo do pedido de restituição, hipótese em que o requerente receberá o valor da avaliação do bem, ou, no caso de ter ocorrido sua venda, o respectivo preço, em ambos os casos no valor atualizado;

II – da importância entregue ao devedor, em moeda corrente nacional, decorrente de adiantamento a contrato de câmbio para exportação, na forma do art. 75, §§ 3º e 4º, da Lei 4.728, de 14 de julho de 1965, desde que o prazo total da operação, inclusive eventuais prorrogações, não exceda o previsto nas normas específicas da autoridade competente;

- V. arts. 49, § 4º, e 161, § 1º.

III – dos valores entregues ao devedor pelo contratante de boa-fé na hipótese de revogação ou ineficácia do contrato, conforme disposto no art. 136 desta Lei.

Parágrafo único. As restituições de que trata este artigo somente serão efetuadas após o pagamento previsto no art. 151 desta Lei.

Art. 87. O pedido de restituição deverá ser fundamentado e descreverá a coisa reclamada.

§ 1º O juiz mandará autuar em separado o requerimento com os documentos que o instruírem e determinará a intimação do falido, do Comitê, dos credores e do administrador judicial para que, no prazo sucessivo de 5 (cinco) dias, se manifestem, valendo como contestação a manifestação contrária à restituição.

§ 2º Contestado o pedido e deferidas as provas porventura requeridas, o juiz designará audiência de instrução e julgamento, se necessária.

§ 3º Não havendo provas a realizar, os autos serão conclusos para sentença.

- V. art. 355, CPC/2015.

Art. 88. A sentença que reconhecer o direito do requerente determinará a entrega da coisa no prazo de 48 (quarenta e oito) horas.

Parágrafo único. Caso não haja contestação, a massa não será condenada ao pagamento de honorários advocatícios.

Art. 89. A sentença que negar a restituição, quando for o caso, incluirá o requerente no quadro geral de credores, na classificação que lhe couber, na forma desta Lei.

- V. art. 83.

Art. 90. Da sentença que julgar o pedido de restituição caberá apelação sem efeito suspensivo.

- V. arts. 1.009 e 1.012, § 2º, CPC/2015.

Parágrafo único. O autor do pedido de restituição que pretender receber o bem ou a quantia reclamada antes do trânsito em julgado da sentença prestará caução.

Art. 91. O pedido de restituição suspende a disponibilidade da coisa até o trânsito em julgado.

- V. arts. 86, I, e 113.

Parágrafo único. Quando diversos requerentes houverem de ser satisfeitos em dinheiro e não existir saldo suficiente para o pagamento integral, far-se-á rateio proporcional entre eles.

Art. 92. O requerente que tiver obtido êxito no seu pedido ressarcirá a massa falida ou a quem tiver suportado as despesas de conservação da coisa reclamada.

Art. 93. Nos casos em que não couber pedido de restituição, fica resguardado o direito dos credores de propor embargos de terceiros, observada a legislação processual civil.

- V. arts. 674 a 680, CPC/2015.

Seção IV
Do Procedimento para a Decretação da Falência

Art. 94. Será decretada a falência do devedor que:

- V. arts. 62, 96 e 97.
- V. arts. 2º, 7º, c, 15, I, a, e 19, d, Lei 6.024/1974 (Intervenção e liquidação extrajudicial das instituições financeiras).
- V. art. 278, § 2º, Lei 6.404/1976 (Sociedades por ações).

I – sem relevante razão de direito, não paga, no vencimento, obrigação líquida materializada em título ou títulos executivos protestados cuja soma ultrapasse o equivalente a quarenta salários mínimos na data do pedido de falência;

- V. arts. 73, parágrafo único, 96 e 98, parágrafo único.
- V. art. 19, II, Dec. 2.044/1908 (Letra de câmbio e nota promissória).
- V. art. 1º, Lei 9.492/1997 (Protesto de títulos e outros documentos de dívida).

II – executado por qualquer quantia líquida, não paga, não deposita e não nomeia à penhora bens suficientes dentro do prazo legal;

- V. arts. 73, parágrafo único, e 98, parágrafo único.

III – pratica qualquer dos seguintes atos, exceto se fizer parte de plano de recuperação judicial:

- V. arts. 73, parágrafo único.

a) procede à liquidação precipitada de seus ativos ou lança mão de meio ruinoso ou fraudulento para realizar pagamentos;

b) realiza ou, por atos inequívocos, tenta realizar, com o objetivo de retardar pagamentos ou fraudar credores, negócio simulado ou alienação de parte ou da totalidade de seu ativo a terceiro, credor ou não;

c) transfere estabelecimento a terceiro, credor ou não, sem o consentimento de todos os credores e sem ficar com bens suficientes para solver seu passivo;

- V. art. 1.145, CC.

d) simula a transferência de seu principal estabelecimento com o objetivo de burlar a legislação ou a fiscalização ou para prejudicar credor;

e) dá ou reforça garantia a credor por dívida contraída anteriormente sem ficar com bens livres e desembaraçados suficientes para saldar seu passivo;

f) ausenta-se sem deixar representante habilitado e com recursos suficientes para pagar os credores, abandona estabelecimento ou tenta ocultar-se de seu domicílio, do local de sua sede ou de seu principal estabelecimento;

- V. art. 22, CC.

g) deixa de cumprir, no prazo estabelecido, obrigação assumida no plano de recuperação judicial.

§ 1º Credores podem reunir-se em litisconsórcio a fim de perfazer o limite mínimo para o pedido de falência com base no inciso I do *caput* deste artigo.

- V. art. 113, CPC/2015.

§ 2º Ainda que líquidos, não legitimam o pedido de falência os créditos que nela não se possam reclamar.

- V. art. 5º.

§ 3º Na hipótese do inciso I do *caput* deste artigo, o pedido de falência será instruído com os títulos executivos na forma do parágrafo único do art. 9º desta Lei, acompanhados, em qualquer caso, dos respectivos instrumentos de protesto para fim falimentar nos termos da legislação específica.

V. Súmula 361, STJ.

§ 4º Na hipótese do inciso II do *caput* deste artigo, o pedido de falência será instruído com certidão expedida pelo juízo em que se processa a execução.

§ 5º Na hipótese do inciso III do *caput* deste artigo, o pedido de falência descreverá os fatos que a caracterizam, juntando-se as provas que houver e especificando-se as que serão produzidas.

Art. 95. Dentro do prazo de contestação, o devedor poderá pleitear sua recuperação judicial.

- V. arts. 47 a 72.

Art. 96. A falência requerida com base no art. 94, inciso I do *caput*, desta Lei, não será decretada se o requerido provar:

I – falsidade de título;

- V. arts. 296 a 305, CP.

II – prescrição;

- V. art. 193, CC.
- V. art. 487, II, CPC/2015.

III – nulidade de obrigação ou de título;

- V. arts. 166 e 167, *caput*, CC.

IV – pagamento da dívida;

V – qualquer outro fato que extinga ou suspenda obrigação ou não legitime a cobrança de título;

- V. arts. 121 a 137, CC.

VI – vício em protesto ou em seu instrumento;

V. Lei 9.492/1997 (Protesto de títulos e outros documentos de dívida).

VII – apresentação de pedido de recuperação judicial no prazo da contestação, observados os requisitos do art. 51 desta Lei;

VIII – cessação das atividades empresariais mais de 2 (dois) anos antes do pedido de falência, comprovada por documento hábil do Registro Público de Empresas, o qual não prevalecerá contra prova de exercício posterior ao ato registrado.

§ 1º Não será decretada a falência de sociedade anônima após liquidado e partilhado seu ativo nem do espólio após 1 (um) ano da morte do devedor.

§ 2º As defesas previstas nos incisos I a VI do *caput* deste artigo não obstam a decretação de falência se, ao final, restarem obrigações não atingidas pelas defesas em montante que supere o limite previsto naquele dispositivo.

- V. art. 94, I.

Art. 97. Podem requerer a falência do devedor:

- V. art. 1.103, VII, CC.
- V. art. 17, CPC/2015.
- V. art. 21, b, Lei 6.024/1976 (Intervenção e liquidação extrajudicial das instituições financeiras).

I – o próprio devedor, na forma do disposto nos arts. 105 a 107 desta Lei;

II – o cônjuge sobrevivente, qualquer herdeiro do devedor ou o inventariante;

III – o cotista ou o acionista do devedor na forma da lei ou do ato constitutivo da sociedade;

IV – qualquer credor.

§ 1º O credor empresário apresentará certidão do Registro Público de Empresas que comprove a regularidade de suas atividades.

- V. art. 967, CC.

§ 2º O credor que não tiver domicílio no Brasil deverá prestar caução relativa às custas e ao pagamento da indenização de que trata o art. 101 desta Lei.

- V. art. 83, CPC/2015.

Art. 98. Citado, o devedor poderá apresentar contestação no prazo de 10 (dez) dias.

Parágrafo único. Nos pedidos baseados nos incisos I e II do *caput* do art. 94 desta Lei, o devedor poderá, no prazo da contestação, depositar o valor correspondente ao total do crédito, acrescido de correção monetária, juros e honorários advocatícios, hipótese em que a falência não será decretada e, caso julgado procedente o pedido de falência, o juiz ordenará o levantamento do valor pelo autor.

Art. 99. A sentença que decretar a falência do devedor, dentre outras determinações:

- V. art. 1.044, CC.
- V. art. 489, CPC/2015.
- V. art. 215, Lei 6.015/1973 (Registros públicos).

I – conterá a síntese do pedido, a identificação do falido e os nomes dos que forem a esse tempo seus administradores;

II – fixará o termo legal da falência, sem poder retrotraí-lo por mais de 90 (noventa) dias contados do pedido de falência, do pedido de recuperação judicial ou do primeiro protesto por falta de pagamento, excluindo-se, para esta finalidade, os protestos que tenham sido cancelados;

- V. art. 129.
- V. art. 15, § 2º, Lei 6.024/1976 (Intervenção e liquidação extrajudicial das instituições financeiras).

III – ordenará ao falido que apresente, no prazo máximo de 5 (cinco) dias, relação nominal dos credores, indicando endereço, importância, natureza e classificação dos respectivos créditos, se esta já não se encontrar nos autos, sob pena de desobediência;

- V. art. 330, CP.

IV – explicitará o prazo para as habilitações de crédito, observado o disposto no § 1º do art. 7º desta Lei;

V – ordenará a suspensão de todas as ações ou execuções contra o falido, ressalvadas as hipóteses previstas nos §§ 1º e 2º do art. 6º desta Lei;

VI – proibirá a prática de qualquer ato de disposição ou oneração de bens do falido, submetendo-os preliminarmente à autorização judicial e do Comitê, se houver, ressalvados os bens cuja venda faça parte das atividades normais do devedor se autorizada a continuação provisória nos termos do inciso XI do *caput* deste artigo;

VII – determinará as diligências necessárias para salvaguardar os interesses das partes envolvidas, podendo ordenar a prisão preventiva do falido ou de seus administradores quando requerida com fundamento em provas da prática de crime definido nesta Lei;

- V. art. 312 e 313, CPP.

VIII – ordenará ao Registro Público de Empresas que proceda à anotação da falência no registro do devedor, para que conste a expressão "Falido", a data da decretação da falência e a inabilitação de que trata o art. 102 desta Lei;

IX – nomeará o administrador judicial, que desempenhará suas funções na forma do inciso III do *caput* do art. 22 desta Lei sem prejuízo do disposto na alínea *a* do inciso II do *caput* do art. 35 desta Lei;

X – determinará a expedição de ofícios aos órgãos e repartições públicas e outras entidades para que informem a existência de bens e direitos do falido;

XI – pronunciar-se-á a respeito da continuação provisória das atividades do falido com o administrador judicial ou da lacração dos estabelecimentos, observado o disposto no art. 109 desta Lei;

- V. art. 150.

XII – determinará, quando entender conveniente, a convocação da assembleia geral de credores para a constituição de Comitê de Credores, podendo ainda autorizar a manutenção do Comitê eventualmente em funcionamento na recuperação judicial quando da decretação da falência;

XIII – ordenará a intimação do Ministério Público e a comunicação por carta às Fazendas Públicas Federal e de todos os Estados e Municípios em que o devedor tiver estabelecimento, para que tomem conhecimento da falência.

Parágrafo único. O juiz ordenará a publicação de edital contendo a íntegra da decisão que decreta a falência e a relação de credores.

Art. 100. Da decisão que decreta a falência cabe agravo, e da sentença que julga a improcedência do pedido cabe apelação.

- V. arts. 1.009 a 1.020, CPC/2015.

Art. 101. Quem por dolo requerer a falência de outrem será condenado, na sentença que julgar improcedente o pedido, a indenizar o devedor, apurando-se as perdas e danos em liquidação de sentença.

- V. arts. 145 a 150 e 927, CC.

§ 1º Havendo mais de um autor do pedido de falência, serão solidariamente responsáveis aqueles que se conduziram na forma prevista no *caput* deste artigo.

- V. art. 5º, X, CF.

§ 2º Por ação própria, o terceiro prejudicado também pode reclamar indenização dos responsáveis.

Seção V
Da Inabilitação Empresarial, dos Direitos e Deveres do Falido

Art. 102. O falido fica inabilitado para exercer qualquer atividade empresarial a partir da decretação da falência e até a sentença que extingue suas obrigações, respeitado o disposto no § 1º do art. 181 desta Lei.

- V. arts. 176 e 181, I.
- V. arts. 972 e 973, CC.

Parágrafo único. Findo o período de inabilitação, o falido poderá requerer ao juiz da falência que proceda à respectiva anotação em seu registro.

Art. 103. Desde a decretação da falência ou do sequestro, o devedor perde o direito de administrar os seus bens ou deles dispor.

- V. art. 1º, § 3º, Dec.-lei 585/1969 (Depósito e guarda de aeronaves nas apreensões judiciais e administrativas).

Parágrafo único. O falido poderá, contudo, fiscalizar a administração da falência, requerer as providências necessárias para a conservação de seus direitos ou dos bens arrecadados e intervir nos processos em que a massa falida seja parte ou interessada, requerendo o que for de direito e interpondo os recursos cabíveis.

Art. 104. A decretação da falência impõe ao falido os seguintes deveres:

I – assinar nos autos, desde que intimado da decisão, termo de comparecimento, com a indicação do nome, nacionalidade, estado civil, endereço completo do domicílio, devendo ainda declarar, para constar do dito termo:

a) as causas determinantes da sua falência, quando requerida pelos credores;

b) tratando-se de sociedade, os nomes e endereços de todos os sócios, acionistas controladores, diretores ou administradores, apresentando o contrato ou estatuto social e a prova do respectivo registro, bem como suas alterações;

- V. art. 967, CC.

c) o nome do contador encarregado da escrituração dos livros obrigatórios;

d) os mandatos que porventura tenha outorgado, indicando seu objeto, nome e endereço do mandatário;

e) seus bens imóveis e os móveis que não se encontram no estabelecimento;

f) se faz parte de outras sociedades, exibindo respectivo contrato;

g) suas contas bancárias, aplicações, títulos em cobrança e processos em andamento em que for autor ou réu;

II – depositar em cartório, no ato de assinatura do termo de comparecimento, os seus livros obrigatórios, a fim de serem entregues ao administrador judicial, depois de encerrados por termos assinados pelo juiz;

- V. art. 1.191, CC.

III – não se ausentar do lugar onde se processa a falência sem motivo justo e comunicação expressa ao juiz, e sem deixar procurador bastante, sob as penas cominadas na lei;

IV – comparecer a todos os atos da falência, podendo ser representado por procurador, quando não for indispensável sua presença;

V – entregar, sem demora, todos os bens, livros, papéis e documentos ao administrador judicial, indicando-lhe, para serem arrecadados, os bens que porventura tenha em poder de terceiros;

VI – prestar as informações reclamadas pelo juiz, administrador judicial, credor ou Ministério Público sobre circunstâncias e fatos que interessem à falência;

VII – auxiliar o administrador judicial com zelo e presteza;

VIII – examinar as habilitações de crédito apresentadas;

IX – assistir ao levantamento, à verificação do balanço e ao exame dos livros;

X – manifestar-se sempre que for determinado pelo juiz;

XI – apresentar, no prazo fixado pelo juiz, a relação de seus credores;

XII – examinar e dar parecer sobre as contas do administrador judicial.

- V. arts. 967 e 1.191, CC.

Parágrafo único. Faltando ao cumprimento de quaisquer dos deveres que esta Lei lhe impõe, após intimado pelo juiz a fazê-lo, responderá o falido por crime de desobediência.

- V. art. 330, CP.

Seção VI
Da Falência Requerida pelo Próprio Devedor

Art. 105. O devedor em crise econômico-financeira que julgue não atender aos requisitos para pleitear sua recuperação judicial deverá requerer ao juízo sua falência, expondo as razões da impossibilidade de prosseguimento da atividade empresarial, acompanhadas dos seguintes documentos:

- V. art. 97, I.

I – demonstrações contábeis referentes aos três últimos exercícios sociais e as levantadas especialmente para instruir o pedido, confeccionadas com estrita observância da legislação societária aplicável e compostas obrigatoriamente de:

a) balanço patrimonial;

b) demonstração de resultados acumulados;

c) demonstração do resultado desde o último exercício social;

d) relatório do fluxo de caixa;

II – relação nominal dos credores, indicando endereço, importância, natureza e classificação dos respectivos créditos;

III – relação dos bens e direitos que compõem o ativo, com a respectiva estimativa de valor e documentos comprobatórios de propriedade;

IV – prova da condição de empresário, contrato social ou estatuto em vigor ou, se não houver, a indicação de todos os sócios, seus endereços e a relação de seus bens pessoais;

V – os livros obrigatórios e documentos contábeis que lhe forem exigidos por lei;

- V. arts. 1.179 a 1.195, CC.

VI – relação de seus administradores nos últimos 5 (cinco) anos, com os respectivos endereços, suas funções e participação societária.

Art. 106. Não estando o pedido regularmente instruído, o juiz determinará que seja emendado.

- V. art. 321, CPC/2015.

Art. 107. A sentença que decretar a falência do devedor observará a forma do art. 99 desta Lei.

Parágrafo único. Decretada a falência, aplicam-se integralmente os dispositivos relativos à falência requerida pelas pessoas referidas nos incisos II a IV do *caput* do art. 97 desta Lei.

Seção VII
Da Arrecadação e da Custódia dos Bens

Art. 108. Ato contínuo à assinatura do termo de compromisso, o administrador judicial efetuará a arrecadação dos bens e documentos e a avaliação dos bens, separadamente ou em bloco, no local em que se encontrem, requerendo ao juiz, para esses fins, as medidas necessárias.

§ 1º Os bens arrecadados ficarão sob a guarda do administrador judicial ou de pessoa por ele escolhida, sob responsabilidade daquele, podendo o falido ou qualquer de seus representantes ser nomeado depositário dos bens.

- V. arts. 652 e 1.173, CC.

§ 2º O falido poderá acompanhar a arrecadação e a avaliação.

- V. art. 103, parágrafo único.

§ 3º O produto dos bens penhorados ou por outra forma apreendidos entrará para a massa, cumprindo ao juiz deprecar, a requerimento do administrador judicial, às autoridades competentes, determinando sua entrega.

§ 4º Não serão arrecadados os bens absolutamente impenhoráveis.

- V. arts. 1.711, 1.715 e 1.911, CC.
- V. art. 833, CPC/2015.
- V. art. 185-A, CTN.
- V. Lei 4.673/1965 (Impenhorabilidade sobre os bens penhorados em execução fiscal).
- V. art. 69, Dec.-lei 167/1967 (Títulos de crédito rural).
- V. art. 57, Dec.-lei 413/1969 (Títulos de crédito industrial).
- V. art. 5º, parágrafo único, Dec.-lei 911/1969 (Alienação fiduciária).
- V. art. 10, Lei 6.830/1980 (Lei de Execução Fiscal).
- V. arts. 1º e 5º, Lei 8.009/1990 (Bem de família).

§ 5º Ainda que haja avaliação em bloco, o bem objeto de garantia real será também avaliado separadamente, para os fins do § 1º do art. 83 desta Lei.

Art. 109. O estabelecimento será lacrado sempre que houver risco para a execução da etapa de arrecadação ou para a preservação dos bens da massa falida ou dos interesses dos credores.

- V. art. 99, XI.
- V. art. 1.142, CC.

Art. 110. O auto de arrecadação, composto pelo inventário e pelo respectivo laudo de avaliação dos bens, será assinado pelo administrador judicial, pelo falido ou seus representantes e por outras pessoas que auxiliarem ou presenciarem o ato.

§ 1º Não sendo possível a avaliação dos bens no ato da arrecadação, o administrador judicial requererá ao juiz a concessão de prazo para apresentação do laudo de avaliação, que não poderá exceder 30 (trinta) dias, contados da apresentação do auto de arrecadação.

§ 2º Serão referidos no inventário:

I – os livros obrigatórios e os auxiliares ou facultativos do devedor, designando-se o estado em que se acham, número e denominação de cada um, páginas escrituradas, data do início da escrituração e do último lançamento, e se os livros obrigatórios estão revestidos das formalidades legais;

- V. arts. 1.179 a 1.195, CC.

II – dinheiro, papéis, títulos de crédito, documentos e outros bens da massa falida;

III – os bens da massa falida em poder de terceiro, a título de guarda, depósito, penhor ou retenção;

IV – os bens indicados como propriedade de terceiros ou reclamados por estes, mencionando-se essa circunstância.

- V. arts. 85 e 93.
- V. arts. 1.179 a 1.195, CC.

§ 3º Quando possível, os bens referidos no § 2º deste artigo serão individualizados.

§ 4º Em relação aos bens imóveis, o administrador judicial, no prazo de 15 (quinze) dias após a sua arrecadação, exibirá as certidões de registro, extraídas posteriormente à decretação da falência, com todas as indicações que nele constarem.

Art. 111. O juiz poderá autorizar os credores, de forma individual ou coletiva, em razão dos custos e no interesse da massa falida, a adquirir ou adjudicar, de imediato, os bens arrecadados, pelo valor da avaliação, atendida a regra de classificação e preferência entre eles, ouvido o Comitê.

- V. art. 133, §§ 1º a 3º, CTN.

Art. 112. Os bens arrecadados poderão ser removidos, desde que haja necessidade de sua melhor guarda e conservação, hipótese em que permanecerão em depósito sob responsabilidade do administrador judicial, mediante compromisso.

- V. art. 22, III, l.

Art. 113. Os bens perecíveis, deterioráveis, sujeitos à considerável desvalorização ou que sejam de conservação arriscada ou dispendiosa, poderão ser vendidos antecipadamente, após a arrecadação e a avaliação, mediante autorização judicial, ouvidos o Comitê e o falido no prazo de 48 (quarenta e oito) horas.

- V. art. 22, III, j.

Art. 114. O administrador judicial poderá alugar ou celebrar outro contrato referente aos bens da massa falida, com o objetivo de produzir renda para a massa falida, mediante autorização do Comitê.

§ 1º O contrato disposto no *caput* deste artigo não gera direito de preferência na compra e não pode importar disposição total ou parcial dos bens.

§ 2º O bem objeto da contratação poderá ser alienado a qualquer tempo, independentemente do prazo contratado, rescindindo-se, sem direito a multa, o contrato realizado, salvo se houver anuência do adquirente.

Seção VIII
Dos Efeitos da Decretação da Falência sobre as Obrigações do Devedor

Art. 115. A decretação da falência sujeita todos os credores, que somente poderão exercer os seus direitos sobre os bens do falido e do sócio ilimitadamente responsável na forma que esta Lei prescrever.

- V. art. 76.

Art. 116. A decretação da falência suspende:

I – o exercício do direito de retenção sobre os bens sujeitos à arrecadação, os quais deverão ser entregues ao administrador judicial;

II – o exercício do direito de retirada ou de recebimento do valor de suas quotas ou ações, por parte dos sócios da sociedade falida.

- V. art. 83, § 2º.

Art. 117. Os contratos bilaterais não se resolvem pela falência e podem ser cumpridos pelo administrador judicial se o cumprimento reduzir ou evitar o aumento do passivo da massa falida ou for necessário à manutenção e preservação de seus ativos, mediante autorização do Comitê.

- V. art. 994, § 3º, CC.
- V. art. 12, § 2º, 2ª parte, Dec.-lei 58/1937 (Loteamento e venda de terrenos para pagamento em prestações).
- V. art. 12, § 2º, 2ª parte, Dec. 3.079/1938 (Regulamenta o Dec.-lei 58/1937).
- V. art. 30, Lei 6.766/1979 (Parcelamento do solo urbano).

§ 1º O contratante pode interpelar o administrador judicial, no prazo de até 90 (noventa) dias, contado da assinatura do termo de sua nomeação, para que, dentro de 10 (dez) dias, declare se cumpre ou não o contrato.

§ 2º A declaração negativa ou o silêncio do administrador judicial confere ao contraente o direito à indenização, cujo valor, apurado em processo ordinário, constituirá crédito quirografário.

Art. 118. O administrador judicial, mediante autorização do Comitê, poderá dar cumprimento a contrato unilateral se esse fato reduzir ou evitar o aumento do passivo da massa falida ou for necessário à manutenção e preservação de seus ativos, realizando o pagamento da prestação pela qual está obrigada.

Art. 119. Nas relações contratuais a seguir mencionadas prevalecerão as seguintes regras:

I – o vendedor não pode obstar a entrega das coisas expedidas ao devedor e ainda em trânsito, se o comprador, antes do requerimento da falência, as tiver revendido, sem fraude, à vista das faturas e conhecimentos de transporte, entregues ou remetidos pelo vendedor;

II – se o devedor vendeu coisas compostas e o administrador judicial resolver não continuar a execução do contrato, poderá o comprador pôr à disposição da massa falida as coisas já recebidas, pedindo perdas e danos;

III – não tendo o devedor entregue coisa móvel ou prestado serviço que vendera ou contratara a prestações, e resolvendo o administrador judicial não executar o contrato, o crédito relativo ao valor pago será habilitado na classe própria;

IV – o administrador judicial, ouvido o Comitê, restituirá a coisa móvel comprada pelo devedor com reserva de domínio do vendedor se resolver não continuar a execução do contrato, exigindo a devolução, nos termos do contrato, dos valores pagos;

- V. arts. 521 a 528, CC.

V – tratando-se de coisas vendidas a termo, que tenham cotação em bolsa ou mercado, e não se executando o contrato pela efetiva entrega daquelas e pagamento do preço, prestar-se-á a diferença entre a cotação do dia do contrato e a da época da liquidação em bolsa ou mercado;

VI – na promessa de compra e venda de imóveis, aplicar-se-á a legislação respectiva;

- V. arts. 1.417 e 1.418, CC.
- V. art. 12, § 2º, Dec.-lei 58/1937 (Loteamento e venda de imóveis em prestações).
- V. art. 12, § 2º, Dec. 3.079/1938 (Regulamenta o Dec.-lei 58/1937).
- V. art. 30, Lei 6.766/1979 (Parcelamento do solo urbano).

VII – a falência do locador não resolve o contrato de locação e, na falência do locatário, o administrador judicial pode, a qualquer tempo, denunciar o contrato;

VIII – caso haja acordo para compensação e liquidação de obrigações no âmbito do sistema financeiro nacional, nos termos da legislação vigente, a parte não falida poderá considerar o contrato vencido antecipadamente, hipótese em que será liquidado na forma estabelecida em regulamento, admitindo-se a compensação de eventual crédito que venha a ser apurado em favor do falido com créditos detidos pelo contratante;

IX – os patrimônios de afetação, constituídos para cumprimento de destinação específica, obedecerão ao disposto na legislação respectiva, permanecendo seus bens, direitos e obrigações separados dos do falido até o advento do respectivo termo ou até o cumprimento de sua finalidade, ocasião em que o administrador judicial arrecadará o saldo a favor da massa falida ou inscreverá na classe própria o crédito que contra ela remanescer.

- V. art. 31-F, *caput*, Lei 4.591/1964 (Condomínio em edificações).
- V. Lei 10.931/2004 (Patrimônio de afetação).

Art. 120. O mandato conferido pelo devedor, antes da falência, para a realização de negócios, cessará seus efeitos com a decretação da falência, cabendo ao mandatário prestar contas de sua gestão.

§ 1º O mandato conferido para representação judicial do devedor continua em vigor até que seja expressamente revogado pelo administrador judicial.

§ 2º Para o falido, cessa o mandato ou comissão que houver recebido antes da falência, salvo os que versem sobre matéria estranha à atividade empresarial.

• V. art. 682, III, CC.

Art. 121. As contas-correntes com o devedor consideram-se encerradas no momento de decretação da falência, verificando-se o respectivo saldo.

• V. art. 37, Lei 7.357/1985 (Cheque).

Art. 122. Compensam-se, com preferência sobre todos os demais credores, as dívidas do devedor vencidas até o dia da decretação da falência, provenha o vencimento da sentença de falência ou não, obedecidos os requisitos da legislação civil.

• V. art. 77.

Parágrafo único. Não se compensam:

I – os créditos transferidos após a decretação da falência, salvo em caso de sucessão por fusão, incorporação, cisão ou morte; ou

II – os créditos, ainda que vencidos anteriormente, transferidos quando já conhecido o estado de crise econômico-financeira do devedor ou cuja transferência se operou com fraude ou dolo.

Art. 123. Se o falido fizer parte de alguma sociedade como sócio comanditário ou cotista, para a massa falida entrarão somente os haveres que na sociedade ele possuir e forem apurados na forma estabelecida no contrato ou estatuto social.

§ 1º Se o contrato ou o estatuto social nada disciplinar a respeito, a apuração far-se-á judicialmente, salvo se, por lei, pelo contrato ou estatuto, a sociedade tiver de liquidar-se, caso em que os haveres do falido, somente após o pagamento de todo o passivo da sociedade, entrarão para a massa falida.

§ 2º Nos casos de condomínio indivisível de que participe o falido, o bem será vendido e deduzir-se-á do valor arrecadado o que for devido aos demais condôminos, facultada a estes a compra da quota-parte do falido nos termos da melhor proposta obtida.

• V. art. 1.044, CC.

Art. 124. Contra a massa falida não são exigíveis juros vencidos após a decretação da falência, previstos em lei ou em contrato, se o ativo apurado não bastar para o pagamento dos credores subordinados.

• V. art. 83, VIII.

Parágrafo único. Excetuam-se desta disposição os juros das debêntures e dos créditos com garantia real, mas por eles responde, exclusivamente, o produto dos bens que constituem a garantia.

• V. art. 83, VI, b.

• V. art. 407, CC.

Art. 125. Na falência do espólio, ficará suspenso o processo de inventário, cabendo ao administrador judicial a realização de atos pendentes em relação aos direitos e obrigações da massa falida.

Art. 126. Nas relações patrimoniais não reguladas expressamente nesta Lei, o juiz decidirá o caso atendendo à unidade, à universalidade do concurso e à igualdade de tratamento dos credores, observado o disposto no art. 75 desta Lei.

Art. 127. O credor de coobrigados solidários cujas falências sejam decretadas tem o direito de concorrer, em cada uma delas, pela totalidade do seu crédito, até recebê-lo por inteiro, quando então comunicará ao juízo.

§ 1º O disposto no *caput* deste artigo não se aplica ao falido cujas obrigações tenham sido extintas por sentença, na forma do art. 159 desta Lei.

§ 2º Se o credor ficar integralmente pago por uma ou por diversas massas coobrigadas, as que pagaram terão direito regressivo contra as demais, em proporção à parte que pagaram e àquela que cada uma tinha a seu cargo.

§ 3º Se a soma dos valores pagos ao credor em todas as massas coobrigadas exceder o total do crédito, o valor será devolvido às massas na proporção estabelecida no § 2º deste artigo.

§ 4º Se os coobrigados eram garantes uns dos outros, o excesso de que trata o § 3º deste artigo pertencerá, conforme a ordem das obrigações, às massas dos coobrigados que tiverem o direito de ser garantidas.

Art. 128. Os coobrigados solventes e os garantes do devedor ou dos sócios ilimitadamente responsáveis podem habilitar o crédito correspondente às quantias pagas ou devidas, se o credor não se habilitar no prazo legal.

Seção IX
Da Ineficácia e da Revogação de Atos Praticados antes da Falência

Art. 129. São ineficazes em relação à massa falida, tenha ou não o contratante conhecimento do estado de crise econômico-financeira do devedor, seja ou não intenção deste fraudar credores:

• V. art. 35, Lei 6.024/1974 (Intervenção e liquidação extrajudicial das instituições financeiras).

I – o pagamento de dívidas não vencidas realizado pelo devedor dentro do termo legal, por qualquer meio extintivo do direito de crédito, ainda que pelo desconto do próprio título;

• V. art. 99, II, e 131.

II – o pagamento de dívidas vencidas e exigíveis realizado dentro do termo legal, por qualquer forma que não seja a prevista pelo contrato;

• V. art. 131.

III – a constituição de direito real de garantia, inclusive a retenção, dentro do termo legal, tratando-se de dívida contraída anteriormente; se os bens dados em hipoteca forem objeto de outras posteriores, a massa falida receberá a parte que devia caber ao credor da hipoteca revogada;

• V. art. 131.

• V. arts. 1.419 a 1.510, CC.

IV – a prática de atos a título gratuito, desde 2 (dois) anos antes da decretação da falência;

V – a renúncia à herança ou a legado, até 2 (dois) anos antes da decretação da falência;

• V. arts. 1.804, 1.806 e 1.813, CC.

VI – a venda ou transferência de estabelecimento feita sem o consentimento expresso ou o pagamento de todos os credores, a esse tempo existentes, não tendo restado ao devedor bens suficientes para solver o seu passivo, salvo se, no prazo de 30 (trinta) dias, não houver oposição dos credores, após serem devidamente notificados, judicialmente ou pelo oficial do registro de títulos e documentos;

• V. art. 131.

• V. art. 1.145, CC.

VII – os registros de direitos reais e de transferência de propriedade entre vivos, por título oneroso ou gratuito, ou a averbação relativa a imóveis realizados após a decretação da falência, salvo se tiver havido prenotação anterior.

• V. art. 1.225, CC.

• V. art. 215, Lei 6.015/1973 (Registros Públicos).

Parágrafo único. A ineficácia poderá ser declarada de ofício pelo juiz, alegada em defesa ou pleiteada mediante ação própria ou incidentalmente no curso do processo.

Art. 130. São revogáveis os atos praticados com a intenção de prejudicar credores, provando-se o conluio fraudulento entre o devedor e o terceiro que com ele contratar e o efetivo prejuízo sofrido pela massa falida.

• V. art. 132.

• V. arts. 158 a 165, CC.

• V. art. 369, CPC/2015.

• V. art. 35, *caput*, Lei 6.024/1974 (Intervenção e liquidação extrajudicial das instituições financeiras).

Art. 131. Nenhum dos atos referidos nos incisos I a III e VI do art. 129 desta Lei que tenham sido previstos e realizados na forma definida no plano de recuperação judicial será declarado ineficaz ou revogado.

• V. art. 74.

Art. 132. A ação revocatória, de que trata o art. 130 desta Lei, deverá ser proposta pelo administrador judicial, por qualquer credor ou pelo Ministério Público no prazo de 3 (três) anos contado da decretação da falência.

- V. art. 35, Lei 6.024/1974 (Intervenção e liquidação extrajudicial das instituições financeiras).

Art. 133. A ação revocatória pode ser promovida:

I – contra todos os que figuraram no ato ou que por efeito dele foram pagos, garantidos ou beneficiados;

II – contra os terceiros adquirentes, se tiveram conhecimento, ao se criar o direito, da intenção do devedor de prejudicar os credores;

III – contra os herdeiros ou legatários das pessoas indicadas nos incisos I e II do *caput* deste artigo.

- V. art. 35, Lei 6.024/1974 (Intervenção e liquidação extrajudicial das instituições financeiras).

Art. 134. A ação revocatória correrá perante o juízo da falência e obedecerá ao procedimento ordinário previsto na Lei 5.869, de 11 de janeiro de 1973 – Código de Processo Civil.

- V. arts. 61 e 318 a 512, CPC/2015.
- V. art. 35, Lei 6.024/1974 (Intervenção e liquidação extrajudicial das instituições financeiras).

Art. 135. A sentença que julgar procedente a ação revocatória determinará o retorno dos bens à massa falida em espécie, com todos os acessórios, ou o valor de mercado, acrescidos das perdas e danos.

Parágrafo único. Da sentença cabe apelação.

- V. arts. 1.009 a 1.014, CPC/2015.

Art. 136. Reconhecida a ineficácia ou julgada procedente a ação revocatória, as partes retornarão ao estado anterior, e o contratante de boa-fé terá direito à restituição dos bens ou valores entregues ao devedor.

§ 1º Na hipótese de securitização de créditos do devedor, não será declarada a ineficácia ou revogado o ato de cessão em prejuízo dos direitos dos portadores de valores mobiliários emitidos pelo securitizador.

§ 2º É garantido ao terceiro de boa-fé, a qualquer tempo, propor ação por perdas e danos contra o devedor ou seus garantes.

- V. arts. 927 e 944, CC.
- V. art. 35, Lei 6.024/1974 (Intervenção e liquidação extrajudicial das instituições financeiras).

Art. 137. O juiz poderá, a requerimento do autor da ação revocatória, ordenar, como medida preventiva, na forma da lei processual civil, o sequestro dos bens retirados do patrimônio do devedor que estejam em poder de terceiros.

Art. 138. O ato pode ser declarado ineficaz ou revogado, ainda que praticado com base em decisão judicial, observado o disposto no art. 131 desta Lei.

Parágrafo único. Revogado o ato ou declarada sua ineficácia, ficará rescindida a sentença que o motivou.

- V. arts. 138 a 184 e 850, CC.
- V. arts. 494, 502 e 504, CPC/2015.

Seção X
Da Realização do Ativo

- V. art. 133, CTN.

Art. 139. Logo após a arrecadação dos bens, com a juntada do respectivo auto ao processo de falência, será iniciada a realização do ativo.

Art. 140. A alienação dos bens será realizada de uma das seguintes formas, observada a seguinte ordem de preferência:

I – alienação da empresa, com a venda de seus estabelecimentos em bloco;

II – alienação da empresa, com a venda de suas filiais ou unidades produtivas isoladamente;

III – alienação em bloco dos bens que integram cada um dos estabelecimentos do devedor;

IV – alienação dos bens individualmente considerados.

§ 1º Se convier à realização do ativo, ou em razão de oportunidade, podem ser adotadas mais de uma forma de alienação.

§ 2º A realização do ativo terá início independentemente da formação do quadro geral de credores.

§ 3º A alienação da empresa terá por objeto o conjunto de determinados bens necessários à operação rentável da unidade de produção, que poderá compreender a transferência de contratos específicos.

- V. art. 117.

§ 4º Nas transmissões de bens alienados na forma deste artigo que dependam de registro público, a este servirá como título aquisitivo suficiente o mandado judicial respectivo.

Art. 141. Na alienação conjunta ou separada de ativos, inclusive da empresa ou de suas filiais, promovida sob qualquer das modalidades de que trata este artigo:

I – todos os credores, observada a ordem de preferência definida no art. 83 desta Lei, sub-rogam-se no produto da realização do ativo;

II – o objeto da alienação estará livre de qualquer ônus e não haverá sucessão do arrematante nas obrigações do devedor, inclusive as de natureza tributária, as derivadas da legislação do trabalho e as decorrentes de acidentes de trabalho.

- V. § 2º deste artigo.
- V. art. 1.501, CC.

§ 1º O disposto no inciso II do *caput* deste artigo não se aplica quando o arrematante for:

- V. art. 131, CTN.

I – sócio da sociedade falida, ou sociedade controlada pelo falido;

II – parente, em linha reta ou colateral até o quarto grau, consanguíneo ou afim, do falido ou de sócio da sociedade falida; ou

III – identificado como agente do falido com o objetivo de fraudar a sucessão.

§ 2º Empregados do devedor contratados pelo arrematante serão admitidos mediante novos contratos de trabalho e o arrematante não responde por obrigações decorrentes do contrato anterior.

- V. arts. 448 e 449, CLT.

Art. 142. O juiz, ouvido o administrador judicial e atendendo à orientação do Comitê, se houver, ordenará que se proceda à alienação do ativo em uma das seguintes modalidades:

I – leilão, por lances orais;

II – propostas fechadas;

III – pregão.

- V. arts. 12, § 2º, e 21, Dec.-lei 58/1937 (Loteamento e venda de imóveis em prestações).
- V. arts. 12, § 2º, e 21, Decreto 3.079/1938 (Regulamenta o Dec.-lei 58/1937).
- V. art. 77, Lei 5.764/1971 (Política nacional de cooperativismo).

§ 1º A realização da alienação em quaisquer das modalidades de que trata este artigo será antecedida por publicação de anúncio em jornal de ampla circulação, com 15 (quinze) dias de antecedência, em se tratando de bens móveis, e com 30 (trinta) dias na alienação da empresa ou de bens imóveis, facultada a divulgação por outros meios que contribuam para o amplo conhecimento da venda.

§ 2º A alienação dar-se-á pelo maior valor oferecido, ainda que seja inferior ao valor de avaliação.

§ 3º No leilão por lances orais, aplicam-se, no que couber, as regras da Lei 5.869, de 11 de janeiro de 1973 – Código de Processo Civil.

§ 4º A alienação por propostas fechadas ocorrerá mediante a entrega, em cartório e sob recibo, de envelopes lacrados, a serem abertos pelo juiz, no dia, hora e local designados no edital, lavrando o escrivão o auto respectivo, assinado pelos presentes, e juntando as propostas aos autos da falência.

§ 5º A venda por pregão constitui modalidade híbrida das anteriores, comportando duas fases:

I – recebimento de propostas, na forma do § 3º deste artigo;

- A referência correta é ao § 4º.

II – leilão por lances orais, de que participarão somente aqueles que apresentarem propostas não inferiores a 90% (noventa por cento) da maior proposta ofertada, na forma do § 2º deste artigo.

§ 6º A venda por pregão respeitará as seguintes regras:

I – recebidas e abertas as propostas na forma do § 5º deste artigo, o juiz ordenará a notificação dos ofertantes, cujas propostas atendam ao requisito de seu inciso II, para comparecer ao leilão;

II – o valor de abertura do leilão será o da proposta recebida do maior ofertante presente, considerando-se esse valor como lance, ao qual ele fica obrigado;

III – caso não compareça ao leilão o ofertante da maior proposta e não seja dado lance igual ou superior ao valor por ele ofertado, fica obrigado a prestar a diferença verificada, constituindo a respectiva certidão do juízo título executivo para a cobrança dos valores pelo administrador judicial.

§ 7º Em qualquer modalidade de alienação, o Ministério Público será intimado pessoalmente, sob pena de nulidade.

- V. art. 179, CPC/2015.

Art. 143. Em qualquer das modalidades de alienação referidas no art. 142 desta Lei, poderão ser apresentadas impugnações por quaisquer credores, pelo devedor ou pelo Ministério Público, no prazo de 48 (quarenta e oito) horas da arrematação, hipótese em que os autos serão conclusos ao juiz, que, no prazo de 5 (cinco) dias, decidirá sobre as impugnações e, julgando-as improcedentes, ordenará a entrega dos bens ao arrematante, respeitadas as condições estabelecidas no edital.

Art. 144. Havendo motivos justificados, o juiz poderá autorizar, mediante requerimento fundamentado do administrador judicial ou do Comitê, modalidades de alienação judicial diversas das previstas no art. 142 desta Lei.

Art. 145. O juiz homologará qualquer outra modalidade de realização do ativo, desde que aprovada pela assembleia geral de credores, inclusive com a constituição de sociedade de credores ou dos empregados do próprio devedor, com a participação, se necessária, dos atuais sócios ou de terceiros.

- V. art. 46.

§ 1º Aplica-se à sociedade mencionada neste artigo o disposto no art. 141 desta Lei.

§ 2º No caso de constituição de sociedade formada por empregados do próprio devedor, estes poderão utilizar créditos derivados da legislação do trabalho para a aquisição ou arrendamento da empresa.

§ 3º Não sendo aprovada pela assembleia geral a proposta alternativa para a realização do ativo, caberá ao juiz decidir a forma que será adotada, levando em conta a manifestação do administrador judicial e do Comitê.

Art. 146. Em qualquer modalidade de realização do ativo adotada, fica a massa falida dispensada da apresentação de certidões negativas.

Art. 147. As quantias recebidas a qualquer título serão imediatamente depositadas em conta remunerada de instituição financeira, atendidos os requisitos da lei ou das normas de organização judiciária.

Art. 148. O administrador judicial fará constar do relatório de que trata a alínea *p* do inciso III do art. 22 os valores eventualmente recebidos no mês vencido, explicitando a forma de distribuição dos recursos entre os credores, observado o disposto no art. 149 desta Lei.

Seção XI
Do Pagamento aos Credores

Art. 149. Realizadas as restituições, pagos os créditos extraconcursais, na forma do art. 84 desta Lei, e consolidado o quadro geral de credores, as importâncias recebidas com a realização do ativo serão destinadas ao pagamento dos credores, atendendo à classificação prevista no art. 83 desta Lei, respeitados os demais dispositivos desta Lei e as decisões judiciais que determinam reserva de importâncias.

§ 1º Havendo reserva de importâncias, os valores a ela relativos ficarão depositados até o julgamento definitivo do crédito e, no caso de não ser este finalmente reconhecido, no todo ou em parte, os recursos depositados serão objeto de rateio suplementar entre os credores remanescentes.

- V. art. 6º, § 3º.

§ 2º Os credores que não procederem, no prazo fixado pelo juiz, ao levantamento dos valores que lhes couberam em rateio serão intimados a fazê-lo no prazo de 60 (sessenta) dias, após o qual os recursos serão objeto de rateio suplementar entre os credores remanescentes.

Art. 150. As despesas cujo pagamento antecipado seja indispensável à administração da falência, inclusive na hipótese de continuação provisória das atividades previstas no inciso XI do *caput* do art. 99 desta Lei, serão pagas pelo administrador judicial com os recursos disponíveis em caixa.

- V. art. 188, CTN.

Art. 151. Os créditos trabalhistas de natureza estritamente salarial vencidos nos 3 (três) meses anteriores à decretação da falência, até o limite de cinco salários mínimos por trabalhador, serão pagos tão logo haja disponibilidade em caixa.

- V. art. 83, I.
- V. art. 449, CLT.

Art. 152. Os credores restituirão em dobro as quantias recebidas, acrescidas dos juros legais, se ficar evidenciado dolo ou má-fé na constituição do crédito ou da garantia.

- V. arts. 927 e 944, CC.

Art. 153. Pagos todos os credores, o saldo, se houver, será entregue ao falido.

Seção XII
Do Encerramento da Falência e da Extinção das Obrigações do Falido

Art. 154. Concluída a realização de todo o ativo, e distribuído o produto entre os credores, o administrador judicial apresentará suas contas ao juiz no prazo de 30 (trinta) dias.

- V. arts. 22, III, *r*, e 31, § 2º.

§ 1º As contas, acompanhadas dos documentos comprobatórios, serão prestadas em autos apartados que, ao final, serão apensados aos autos da falência.

§ 2º O juiz ordenará a publicação de aviso de que as contas foram entregues e se encontram à disposição dos interessados, que poderão impugná-las no prazo de 10 (dez) dias.

§ 3º Decorrido o prazo do aviso e realizadas as diligências necessárias à apuração dos fatos, o juiz intimará o Ministério Público para manifestar-se no prazo de 5 (cinco) dias, findo o qual o administrador judicial será ouvido se houver impugnação ou parecer contrário do Ministério Público.

§ 4º Cumpridas as providências previstas nos §§ 2º e 3º deste artigo, o juiz julgará as contas por sentença.

§ 5º A sentença que rejeitar as contas do administrador judicial fixará suas responsabilidades, poderá determinar a indisponibilidade ou o sequestro de bens e servirá como título executivo para indenização da massa.

§ 6º Da sentença cabe apelação.

- V. arts. 1.009 a 1.014, CPC/2015.

Art. 155. Julgadas as contas do administrador judicial, ele apresentará o relatório final da falência no prazo de 10 (dez) dias, indicando o valor do ativo e o do produto de sua realização, o valor do passivo e o dos pagamentos feitos aos credores, e especificará justificadamente as responsabilidades com que continuará o falido.

Art. 156. Apresentado o relatório final, o juiz encerrará a falência por sentença.

Parágrafo único. A sentença de encerramento será publicada por edital e dela caberá apelação.

- V. arts. 1.009 a 1.014, CPC/2015.
- V. art. 191, CTN.

Art. 157. O prazo prescricional relativo às obrigações do falido recomeça a correr a partir do dia em que transitar em julgado a sentença do encerramento da falência.

- V. arts. 197 e 199, CC.

Art. 158. Extingue as obrigações do falido:

I – o pagamento de todos os créditos;

II – o pagamento, depois de realizado todo o ativo, de mais de 50% (cinquenta por cento) dos créditos quirografários, sendo facultado ao falido o depósito da quantia necessária para atingir essa porcentagem se para tanto não bastou a integral liquidação do ativo;

- V. art. 304, CC.

III – o decurso do prazo de 5 (cinco) anos, contado do encerramento da falência, se o falido não tiver sido condenado por prática de crime previsto nesta Lei;

IV – o decurso do prazo de 10 (dez) anos, contado do encerramento da falência, se o falido tiver sido condenado por prática de crime previsto nesta Lei.

Art. 159. Configurada qualquer das hipóteses do art. 158 desta Lei, o falido poderá requerer ao juízo da falência que suas obrigações sejam declaradas extintas por sentença.

- V. art. 191, CTN.

§ 1º O requerimento será autuado em apartado com os respectivos documentos e publicado por edital no órgão oficial e em jornal de grande circulação.

§ 2º No prazo de 30 (trinta) dias contado da publicação do edital, qualquer credor pode opor-se ao pedido do falido.

§ 3º Findo o prazo, o juiz, em 5 (cinco) dias, proferirá sentença e, se o requerimento for anterior ao encerramento da falência, declarará extintas as obrigações na sentença de encerramento.

§ 4º A sentença que declarar extintas as obrigações será comunicada a todas as pessoas e entidades informadas da decretação da falência.

§ 5º Da sentença cabe apelação.

- V. arts. 1.009 a 1.014, CPC/2015.

§ 6º Após o trânsito em julgado, os autos serão apensados aos da falência.

Art. 160. Verificada a prescrição ou extintas as obrigações nos termos desta Lei, o sócio de responsabilidade ilimitada também poderá requerer que seja declarada por sentença a extinção de suas obrigações na falência.

- V. art. 191, CTN.

Capítulo VI
Da Recuperação Extrajudicial

Art. 161. O devedor que preencher os requisitos do art. 48 desta Lei poderá propor e negociar com credores plano de recuperação extrajudicial.

§ 1º Não se aplica o disposto neste Capítulo a titulares de créditos de natureza tributária, derivados da legislação do trabalho ou decorrentes de acidente de trabalho, assim como àqueles previstos nos arts. 49, § 3º, e 86, inciso II do *caput*, desta Lei.

- V. art. 187, CTN.

§ 2º O plano não poderá contemplar o pagamento antecipado de dívidas nem tratamento desfavorável aos credores que a ele não estejam sujeitos.

§ 3º O devedor não poderá requerer a homologação de plano extrajudicial, se estiver pendente pedido de recuperação judicial ou se houver obtido recuperação judicial ou homologação de outro plano de recuperação extrajudicial há menos de 2 (dois) anos.

§ 4º O pedido de homologação do plano de recuperação extrajudicial não acarretará suspensão de direitos, ações ou execuções, nem a impossibilidade do pedido de decretação de falência pelos credores não sujeitos ao plano de recuperação extrajudicial.

§ 5º Após a distribuição do pedido de homologação, os credores não poderão desistir da adesão ao plano, salvo com a anuência expressa dos demais signatários.

§ 6º A sentença de homologação do plano de recuperação extrajudicial constituirá título executivo judicial, nos termos do art. 584, inciso III do *caput*, da Lei 5.869, de 11 de janeiro de 1973 – Código de Processo Civil.

Art. 162. O devedor poderá requerer a homologação em juízo do plano de recuperação extrajudicial, juntando sua justificativa e o documento que contenha seus termos e condições, com as assinaturas dos credores que a ele aderiram.

- V. art. 104, CC.

Art. 163. O devedor poderá, também, requerer a homologação de plano de recuperação extrajudicial que obriga a todos os credores por ele abrangidos, desde que assinado por credores que representem mais de 3/5 (três quintos) de todos os créditos de cada espécie por ele abrangidos.

§ 1º O plano poderá abranger a totalidade de uma ou mais espécies de créditos previstos no art. 83, incisos II, IV, V, VI e VIII do *caput*, desta Lei, ou grupo de credores de mesma natureza e sujeito a semelhantes condições de pagamento, e, uma vez homologado, obriga a todos os credores das espécies por ele abrangidas, exclusivamente em relação aos créditos constituídos até a data do pedido de homologação.

§ 2º Não serão considerados para fins de apuração do percentual previsto no *caput* deste artigo os créditos não incluídos no plano de recuperação extrajudicial, os quais não poderão ter seu valor ou condições originais de pagamento alteradas.

§ 3º Para fins exclusivos de apuração do percentual previsto no *caput* deste artigo:

I – o crédito em moeda estrangeira será convertido para moeda nacional pelo câmbio da véspera da data de assinatura do plano; e

II – não serão computados os créditos detidos pelas pessoas relacionadas no art. 43 deste artigo.

- A remissão correta é ao art. 43 "desta Lei".

§ 4º Na alienação de bem objeto de garantia real, a supressão da garantia ou sua substituição somente serão admitidas mediante a aprovação expressa do credor titular da respectiva garantia.

- V. art. 50, § 1º.

§ 5º Nos créditos em moeda estrangeira, a variação cambial só poderá ser afastada se o credor titular do respectivo crédito aprovar expressamente previsão diversa no plano de recuperação extrajudicial.

- V. art. 50, § 2º.

§ 6º Para a homologação do plano de que trata este artigo, além dos documentos previstos no *caput* do art. 162 desta Lei, o devedor deverá juntar:

I – exposição da situação patrimonial do devedor;

II – as demonstrações contábeis relativas ao último exercício social e as levantadas especialmente para instruir o pedido, na forma do inciso II do *caput* do art. 51 desta Lei; e

III – os documentos que comprovem os poderes dos subscritores para novar ou transigir, relação nominal completa dos credores, com a indicação do endereço de cada um, a natureza, a classificação e o valor atualizado do crédito, discriminando sua origem, o regime dos respectivos vencimentos e a indicação dos registros contábeis de cada transação pendente.

Art. 164. Recebido o pedido de homologação do plano de recuperação extrajudicial previsto nos arts. 162 e 163 desta Lei, o juiz ordenará a publicação de edital no órgão oficial e em jornal de grande circulação nacional ou das localidades da sede e das filiais do devedor, convocando todos os credores do devedor para apresentação de suas impugnações ao plano de recuperação extrajudicial, observado o § 3º deste artigo.

§ 1º No prazo do edital, deverá o devedor comprovar o envio de carta a todos os credores sujeitos ao plano, domiciliados ou sediados no país, informando a distribuição do pedido, as condições do plano e prazo para impugnação.

§ 2º Os credores terão prazo de 30 (trinta) dias, contado da publicação do edital, para impugnarem o plano, juntando a prova de seu crédito.

§ 3º Para opor-se, em sua manifestação, à homologação do plano, os credores somente poderão alegar:

I – não preenchimento do percentual mínimo previsto no *caput* do art. 163 desta Lei;

II – prática de qualquer dos atos previstos no inciso III do art. 94 ou do art. 130 desta Lei, ou descumprimento de requisito previsto nesta Lei;

III – descumprimento de qualquer outra exigência legal.

§ 4º Sendo apresentada impugnação, será aberto prazo de 5 (cinco) dias para que o devedor sobre ela se manifeste.

§ 5º Decorrido o prazo do § 4º deste artigo, os autos serão conclusos imediatamente ao juiz para apreciação de eventuais impugnações e decidirá, no prazo de 5 (cinco) dias, acerca do plano de recuperação extrajudicial, homologando-o por sentença se entender que não implica prática de atos previstos no art. 130 desta Lei e que não há outras irregularidades que recomendem sua rejeição.

§ 6º Havendo prova de simulação de créditos ou vício de representação dos credores que subscreverem o plano, a sua homologação será indeferida.

§ 7º Da sentença cabe apelação sem efeito suspensivo.

- V. arts. 1.009 a 1.014, CPC/2015.

§ 8º Na hipótese de não homologação do plano o devedor poderá, cumpridas as formalidades, apresentar novo pedido de homologação de plano de recuperação extrajudicial.

Art. 165. O plano de recuperação extrajudicial produz efeitos após sua homologação judicial.

§ 1º É lícito, contudo, que o plano estabeleça a produção de efeitos anteriores à homologação, desde que exclusivamente em relação à modificação do valor ou da forma de pagamento dos credores signatários.

§ 2º Na hipótese do § 1º deste artigo, caso o plano seja posteriormente rejeitado pelo juiz, devolve-se aos credores signatários o direito de exigir seus créditos nas condições originais, deduzidos os valores efetivamente pagos.

Art. 166. Se o plano de recuperação extrajudicial homologado envolver alienação judicial de filiais ou de unidades produtivas isoladas do devedor, o juiz ordenará a sua realização, observado, no que couber, o disposto no art. 142 desta Lei.

- V. art. 133, CTN.

Art. 167. O disposto neste Capítulo não implica impossibilidade de realização de outras modalidades de acordo privado entre o devedor e seus credores.

[...]

Capítulo VIII
Disposições Finais e Transitórias

Art. 189. Aplica-se a Lei 5.869, de 11 de janeiro de 1973 – Código de Processo Civil, no que couber, aos procedimentos previstos nesta Lei.

Art. 190. Todas as vezes que esta Lei se referir a devedor ou falido, compreender-se-á que a disposição também se aplica aos sócios ilimitadamente responsáveis.

- V. art. 81, *caput*.
- V. arts. 1.039 e 1.045, CC.
- V. art. 281, Lei 6.404/1976 (Sociedades por ações).

Art. 191. Ressalvadas as disposições específicas desta Lei, as publicações ordenadas serão feitas preferencialmente na imprensa oficial e, se o devedor ou a massa falida comportar, em jornal ou revista de circulação regional ou nacional, bem como em quaisquer outros periódicos que circulem em todo o país.

Parágrafo único. As publicações ordenadas nesta Lei conterão a epígrafe "recuperação judicial de", "recuperação extrajudicial de" ou "falência de".

- V. art. 69.

Art. 192. Esta Lei não se aplica aos processos de falência ou de concordata ajuizados anteriormente ao início de sua vigência, que serão concluídos nos termos do Decreto-lei 7.661, de 21 de junho de 1945.

§ 1º Fica vedada a concessão de concordata suspensiva nos processos de falência em curso, podendo ser promovida a alienação dos bens da massa falida assim que concluída sua arrecadação, independentemente da formação do quadro geral de credores e da conclusão do inquérito judicial.

§ 2º A existência de pedido de concordata anterior à vigência desta Lei não obsta o pedido de recuperação judicial pelo devedor que não houver descumprido obrigação no âmbito da concordata, vedado, contudo, o pedido baseado no plano especial de recuperação judicial para microempresas e empresas de pequeno porte a que se refere a Seção V do Capítulo III desta Lei.

§ 3º No caso do § 2º deste artigo, se deferido o processamento da recuperação judicial, o processo de concordata será extinto e os créditos submetidos à concordata serão inscritos por seu valor original na recuperação judicial, deduzidas as parcelas pagas pelo concordatário.

- V. arts. 51 e 52.

§ 4º Esta Lei aplica-se às falências decretadas em sua vigência resultantes de convolação de concordatas ou de pedidos de falência anteriores, às quais se aplica, até a decretação, o Decreto-lei 7.661, de 21 de junho de 1945, observado, na decisão que decretar a falência, o disposto no art. 99 desta Lei.

§ 5º O juiz poderá autorizar a locação ou arrendamento de bens imóveis ou móveis a fim de evitar a sua deterioração, cujos resultados reverterão em favor da massa.

- § 5º acrescentado pela Lei 11.127/2005.

Art. 193. O disposto nesta Lei não afeta as obrigações assumidas no âmbito das câmaras ou prestadoras de serviços de compensação e de liquidação financeira, que serão ultimadas e liquidadas pela câmara ou prestador de serviços, na forma de seus regulamentos.

- V. art. 7º, Lei 10.214/2001 (Câmaras e prestadores de serviços de compensação e de liquidação).

Art. 194. O produto da realização das garantias prestadas pelo participante das câmaras ou prestadores de serviços de compensação e de liquidação financeira submetidos aos regimes de que trata esta Lei, assim como os títulos, valores mobiliários e quaisquer outros de seus ativos objetos de compensação ou liquidação serão destinados à liquidação das obrigações assumidas no âmbito das câmaras ou prestadoras de serviços.

Art. 195. A decretação da falência das concessionárias de serviços públicos implica extinção da concessão, na forma da lei.

- V. art. 35, VI, Lei 8.987/1995 (Concessão e permissão de prestação de serviços públicos).

Art. 196. Os Registros Públicos de Empresas manterão banco de dados público e gratuito, disponível na rede mundial de computadores, contendo a relação de todos os devedores falidos ou em recuperação judicial.

- V. arts. 69, parágrafo único, e 99, VIII.
- V. arts. 1º, I, e 29, Lei 8.934/1994 (Registro público de empresas mercantis e atividades afins).

Parágrafo único. Os Registros Públicos de Empresas deverão promover a integração de seus bancos de dados em âmbito nacional.

Art. 197. Enquanto não forem aprovadas as respectivas leis específicas, esta Lei aplica-se subsidiariamente, no que couber, aos regimes previstos no Decreto-lei 73, de 21 de novembro de 1966, na Lei 6.024, de 13 de março de 1974, no Decreto-lei 2.321, de 25 de fevereiro de 1987, e na Lei 9.514, de 20 de novembro de 1997.

Art. 198. Os devedores proibidos de requerer concordata nos termos da legislação específica em vigor na data da publicação desta Lei ficam proibidos de requerer recuperação judicial ou extrajudicial nos termos desta Lei.

- V. art. 199.

Art. 199. Não se aplica o disposto no art. 198 desta Lei às sociedades a que se refere o art. 187 da Lei 7.565, de 19 de dezembro de 1986.

- V. Dec.-lei 496/1969 (Empresas de transporte aéreo em liquidação, falência ou concordata).
- V. Dec.-lei 669/1969 (Exclui do benefício da concordata as empresas que exploram serviços aéreos ou infraestrutura aeronáutica).

§ 1º Na recuperação judicial e na falência das sociedades de que trata o *caput* deste artigo, em nenhuma hipótese ficará suspenso o exercício de direitos derivados de contratos de locação, arrendamento mercantil ou de qualquer outra modalidade de arrendamento de aeronaves ou de suas partes.

- § 1º acrescentado pela Lei 11.196/2005.
- V. art. 123, Lei 11.196/2005 ("MP do Bem").

§ 2º Os créditos decorrentes dos contratos mencionados no § 1º deste artigo não se submeterão aos efeitos da recuperação judicial ou extrajudicial, prevalecendo os direitos de propriedade sobre a coisa e as condições contratuais, não se lhes aplicando a ressalva contida na parte final do § 3º do art. 49 desta Lei.

- § 2º acrescentado pela Lei 11.196/2005.
- V. art. 123, Lei 11.196/2005 ("MP do Bem").

§ 3º Na hipótese de falência das sociedades de que trata o *caput* deste artigo, prevalecerão os direitos de propriedade sobre a coisa relativos a contratos de locação, de arrendamento mercantil ou de qualquer outra modalidade de arrendamento de aeronaves ou de suas partes.

- § 3º acrescentado pela Lei 11.196/2005.
- V. art. 123, Lei 11.196/2005 ("MP do Bem").

Art. 200. Ressalvado o disposto no art. 192 desta Lei, ficam revogados o Decreto-lei 7.661, de 21 de junho de 1945, e os arts. 503 a 512 do Decreto-lei 3.689, de 3 de outubro de 1941 – Código de Processo Penal.

Art. 201. Esta Lei entra em vigor 120 (cento e vinte) dias após sua publicação.

Brasília, 9 de fevereiro de 2005; 184º da Independência e 117º da República.

Luiz Inácio Lula da Silva

(*DOU* 09.02.2005, edição extra)

Legislação

LEI 11.340, DE 7 DE AGOSTO DE 2006

Cria mecanismos para coibir a violência doméstica e familiar contra a mulher, nos termos do § 8º do art. 226 da Constituição Federal, da Convenção sobre a Eliminação de Todas as Formas de Discriminação contra as Mulheres e da Convenção Interamericana para Prevenir, Punir e Erradicar a Violência contra a Mulher; dispõe sobre a criação dos Juizados de Violência Doméstica e Familiar contra a Mulher; altera o Código de Processo Penal, o Código Penal e a Lei de Execução Penal; e dá outras providências.

O Presidente da República:

Faço saber que o Congresso Nacional decreta e eu sanciono a seguinte Lei:

TÍTULO I
Disposições Preliminares

Art. 1º Esta Lei cria mecanismos para coibir e prevenir a violência doméstica e familiar contra a mulher, nos termos do § 8º do art. 226 da Constituição Federal, da Convenção sobre a Eliminação de Todas as Formas de Violência contra a Mulher, da Convenção Interamericana para Prevenir, Punir e Erradicar a Violência contra a Mulher e de outros tratados internacionais ratificados pela República Federativa do Brasil; dispõe sobre a criação dos Juizados de Violência Doméstica e Familiar contra a Mulher; e estabelece medidas de assistência e proteção às mulheres em situação de violência doméstica e familiar.

- O STF, na ADC 19 (*DOU* e *DJE* 17.02.2012), julgou procedente a ação declaratória para declarar a constitucionalidade dos artigos 1º, 33 e 41 da Lei 11.340/2006 (Lei Maria da Penha).

Art. 2º Toda mulher, independentemente de classe, raça, etnia, orientação sexual, renda, cultura, nível educacional, idade e religião, goza dos direitos fundamentais inerentes à pessoa humana, sendo-lhe asseguradas as oportunidades e facilidades para viver sem violência, preservar sua saúde física e mental e seu aperfeiçoamento moral, intelectual e social.

Art. 3º Serão asseguradas às mulheres as condições para o exercício efetivo dos direitos à vida, à segurança, à saúde, à alimentação, à educação, à cultura, à moradia, ao acesso à justiça, ao esporte, ao lazer, ao trabalho, à cidadania, à liberdade, à dignidade, ao respeito e à convivência familiar e comunitária.

§ 1º O poder público desenvolverá políticas que visem garantir os direitos humanos das mulheres no âmbito das relações domésticas e familiares no sentido de resguardá-las de toda forma de negligência, discriminação, exploração, violência, crueldade e opressão.

§ 2º Cabe à família, à sociedade e ao poder público criar as condições necessárias para o efetivo exercício dos direitos enunciados no *caput*.

Art. 4º Na interpretação desta Lei, serão considerados os fins sociais a que ela se destina e, especialmente, as condições peculiares das mulheres em situação de violência doméstica e familiar.

TÍTULO II
Da Violência Doméstica e Familiar Contra a Mulher

Capítulo I
Disposições Gerais

Art. 5º Para os efeitos desta Lei, configura violência doméstica e familiar contra a mulher qualquer ação ou omissão baseada no gênero que lhe cause morte, lesão, sofrimento físico, sexual ou psicológico e dano moral ou patrimonial:

I – no âmbito da unidade doméstica, compreendida como o espaço de convívio permanente de pessoas, com ou sem vínculo familiar, inclusive as esporadicamente agregadas;

II – no âmbito da família, compreendida como a comunidade formada por indivíduos que são ou se consideram aparentados, unidos por laços naturais, por afinidade ou por vontade expressa;

III – em qualquer relação íntima de afeto, na qual o agressor conviva ou tenha convivido com a ofendida, independentemente de coabitação.

Parágrafo único. As relações pessoais enunciadas neste artigo independem de orientação sexual.

Art. 6º A violência doméstica e familiar contra a mulher constitui uma das formas de violação dos direitos humanos.

Capítulo II
Das Formas de Violência Doméstica e Familiar Contra a Mulher

Art. 7º São formas de violência doméstica e familiar contra a mulher, entre outras:

I – a violência física, entendida como qualquer conduta que ofenda sua integridade ou saúde corporal;

☛ **II** – a violência psicológica, entendida como qualquer conduta que lhe cause dano emocional e diminuição da autoestima ou que lhe prejudique e perturbe o pleno desenvolvimento ou que vise degradar ou controlar suas ações, comportamentos, crenças e decisões, mediante ameaça, constrangimento, humilhação, manipulação, isolamento, vigilância constante, perseguição contumaz, insulto, chantagem, violação de sua intimidade, ridicularização, exploração e limitação do direito de ir e vir ou qualquer outro meio que lhe cause prejuízo à saúde psicológica e à autodeterminação;

- Inciso II com redação determinada pela Lei 13.772/ 2018.

III – a violência sexual, entendida como qualquer conduta que a constranja a presenciar, a manter ou a participar de relação sexual não desejada, mediante intimidação, ameaça, coação ou uso da força; que a induza a comercializar ou a utilizar, de qualquer modo, a sua sexualidade, que a impeça de usar qualquer método contraceptivo ou que a force ao matrimônio, à gravidez, ao aborto ou à prostituição, mediante coação, chantagem, suborno ou manipulação; ou que limite ou anule o exercício de seus direitos sexuais e reprodutivos;

IV – a violência patrimonial, entendida como qualquer conduta que configure retenção, subtração, destruição parcial ou total de seus objetos, instrumentos de trabalho, documentos pessoais, bens, valores e direitos ou recursos econômicos, incluindo os destinados a satisfazer suas necessidades;

V – a violência moral, entendida como qualquer conduta que configure calúnia, difamação ou injúria.

TÍTULO III
Da Assistência à Mulher em Situação de Violência Doméstica e Familiar

Capítulo I
Das Medidas Integradas de Prevenção

Art. 8º A política pública que visa coibir a violência doméstica e familiar contra a mulher far-se-á por meio de um conjunto articulado de ações da União, dos Estados, do Distrito Federal e dos Municípios e de ações não governamentais, tendo por diretrizes:

I – a integração operacional do Poder Judiciário, do Ministério Público e da Defensoria Pública com as áreas de segurança pública, assistência social, saúde, educação, trabalho e habitação;

II – a promoção de estudos e pesquisas, estatísticas e outras informações relevantes, com a perspectiva de gênero e de raça ou etnia, concernentes às causas, às consequências e à frequência da violência doméstica e familiar contra a mulher, para a sistematização de dados, a serem unificados nacionalmente, e a avaliação periódica dos resultados das medidas adotadas;

III – o respeito, nos meios de comunicação social, dos valores éticos e sociais da pessoa e da família, de forma a coibir os papéis estereotipados que legitimem ou exacerbem a violência doméstica e familiar, de acordo com o estabelecido no inciso III do art. 1º, no inciso IV do art. 3º e no inciso IV do art. 221 da Constituição Federal;

IV – a implementação de atendimento policial especializado para as mulheres, em particular nas Delegacias de Atendimento à Mulher;

V – a promoção e a realização de campanhas educativas de prevenção da violência doméstica e familiar contra a mulher, voltadas ao público escolar e à sociedade em geral, e a difusão desta Lei e dos instrumentos de proteção aos direitos humanos das mulheres;

VI – a celebração de convênios, protocolos, ajustes, termos ou outros instrumentos de promoção de parceria entre órgãos governamentais ou entre estes e entidades não governamentais, tendo por objetivo a implementação de programas de erradicação da violência doméstica e familiar contra a mulher;

VII – a capacitação permanente das Polícias Civil e Militar, da Guarda Municipal, do Corpo de Bombeiros e dos profissionais pertencentes aos órgãos e às áreas enunciados no inciso I quanto às questões de gênero e de raça ou etnia;

VIII – a promoção de programas educacionais que disseminem valores éticos de irrestrito respeito à dignidade da pessoa humana com a perspectiva de gênero e de raça ou etnia;

IX – o destaque, nos currículos escolares de todos os níveis de ensino, para os conteúdos relativos aos direitos humanos, à equidade de gênero e de raça ou etnia e ao problema da violência doméstica e familiar contra a mulher.

Capítulo II
Da Assistência à Mulher e em Situação de Violência Doméstica e Familiar

Art. 9º A assistência à mulher em situação de violência doméstica e familiar será prestada de forma articulada e conforme os princípios e as diretrizes previstos na Lei Orgânica da Assistência Social, no Sistema Único de Saúde, no Sistema Único de Segurança Pública, entre outras normas e políticas públicas de proteção, e emergencialmente quando for o caso.

§ 1º O juiz determinará, por prazo certo, a inclusão da mulher em situação de violência doméstica e familiar no cadastro de programas assistenciais do governo federal, estadual e municipal.

§ 2º O juiz assegurará à mulher em situação de violência doméstica e familiar, para preservar sua integridade física e psicológica:

I – acesso prioritário à remoção quando servidora pública, integrante da administração direta ou indireta;

II – manutenção do vínculo trabalhista, quando necessário o afastamento do local de trabalho, por até 6 (seis) meses.

§ 3º A assistência à mulher em situação de violência doméstica e familiar compreenderá o acesso aos benefícios decorrentes do desenvolvimento científico e tecnológico, incluindo os serviços de contracepção de emergência, a profilaxia das Doenças Sexualmente Transmissíveis (DST) e da Síndrome da Imunodeficiência Adquirida (AIDS) e outros procedimentos médicos necessários e cabíveis nos casos de violência sexual.

Capítulo III
Do Atendimento pela Autoridade Policial

Art. 10. Na hipótese da iminência ou da prática de violência doméstica e familiar contra a mulher, a autoridade policial que tomar conhecimento da ocorrência adotará, de imediato, as providências legais cabíveis.

Parágrafo único. Aplica-se o disposto no *caput* deste artigo ao descumprimento de medida protetiva de urgência deferida.

Art. 10-A. É direito da mulher em situação de violência doméstica e familiar o atendimento policial e pericial especializado, ininterrupto e prestado por servidores – preferencialmente do sexo feminino – previamente capacitados.

- Artigo acrescentado pela Lei 13.505/2017.

§ 1º A inquirição de mulher em situação de violência doméstica e familiar ou de testemunha de violência doméstica, quando se tratar de crime contra a mulher, obedecerá às seguintes diretrizes:

I – salvaguarda da integridade física, psíquica e emocional da depoente, considerada a sua condição peculiar de pessoa em situação de violência doméstica e familiar;

II – garantia de que, em nenhuma hipótese, a mulher em situação de violência doméstica e familiar, familiares e testemunhas terão contato direto com investigados ou suspeitos e pessoas a eles relacionadas;

III – não revitimização da depoente, evitando sucessivas inquirições sobre o mesmo fato nos âmbitos criminal, cível e administrativo, bem como questionamentos sobre a vida privada.

§ 2º Na inquirição de mulher em situação de violência doméstica e familiar ou de testemunha de delitos de que trata esta Lei, adotar-se-á, preferencialmente, o seguinte procedimento:

I – a inquirição será feita em recinto especialmente projetado para esse fim, o qual conterá os equipamentos próprios e adequados à idade da mulher em situação de violência doméstica e familiar ou testemunha e ao tipo e à gravidade da violência sofrida;

II – quando for o caso, a inquirição será intermediada por profissional especializado em violência doméstica e familiar designado pela autoridade judiciária ou policial;

III – o depoimento será registrado em meio eletrônico ou magnético, devendo a degravação e a mídia integrar o inquérito.

Art. 11. No atendimento à mulher em situação de violência doméstica e familiar, a autoridade policial deverá, entre outras providências:

I – garantir proteção policial, quando necessário, comunicando de imediato ao Ministério Público e ao Poder Judiciário;

II – encaminhar a ofendida ao hospital ou posto de saúde e ao Instituto Médico Legal;

III – fornecer transporte para a ofendida e seus dependentes para abrigo ou local seguro, quando houver risco de vida;

IV – se necessário, acompanhar a ofendida para assegurar a retirada de seus pertences do local da ocorrência ou do domicílio familiar;

V – informar à ofendida os direitos a ela conferidos nesta Lei e os serviços disponíveis.

Art. 12. Em todos os casos de violência doméstica e familiar contra a mulher, feito o registro da ocorrência, deverá a autoridade policial adotar, de imediato, os seguintes procedimentos, sem prejuízo daqueles previstos no Código de Processo Penal:

I – ouvir a ofendida, lavrar o boletim de ocorrência e tomar a representação a termo, se apresentada;

- O STF, na ADIn 4.424 (*DOU* e *DJE* 17.02.2012), julgou procedente a ação para, "dando interpretação conforme aos arts. 12, I e 16, ambos da Lei 11.340/2006, assentar a natureza incondicionada da ação penal em caso de crime de lesão, pouco importando a extensão desta, praticado contra a mulher no ambiente doméstico [...]".

II – colher todas as provas que servirem para o esclarecimento do fato e de suas circunstâncias;

III – remeter, no prazo de 48 (quarenta e oito) horas, expediente apartado ao juiz com o pedido da ofendida, para a concessão de medidas protetivas de urgência;

IV – determinar que se proceda ao exame de corpo de delito da ofendida e requisitar outros exames periciais necessários;

V – ouvir o agressor e as testemunhas;

VI – ordenar a identificação do agressor e fazer juntar aos autos sua folha de antecedentes criminais, indicando a existência de mandado de prisão ou registro de outras ocorrências policiais contra ele;

VII – remeter, no prazo legal, os autos do inquérito policial ao juiz e ao Ministério Público.

§ 1º O pedido da ofendida será tomado a termo pela autoridade policial e deverá conter:

I – qualificação da ofendida e do agressor;

II – nome e idade dos dependentes;

III – descrição sucinta do fato e das medidas protetivas solicitadas pela ofendida.

☛ **IV** – informação sobre a condição de a ofendida ser pessoa com deficiência e se da violência sofrida resultou deficiência ou agravamento de deficiência preexistente.

- Inciso IV acrescentado pela Lei 13.836/2019.

§ 2º A autoridade policial deverá anexar ao documento referido no § 1º o boletim de ocorrência e cópia de todos os documentos disponíveis em posse da ofendida.

§ 3º Serão admitidos como meios de prova os laudos ou prontuários médicos fornecidos por hospitais e postos de saúde.

Art. 12-A. Os Estados e o Distrito Federal, na formulação de suas políticas e planos de atendimento à mulher em situação de violência doméstica e familiar, darão prioridade, no âmbito da Polícia Civil, à criação de Delegacias Especializadas de Atendimento à Mulher (Deams), de Núcleos Investigativos de Feminicídio e de equipes especializadas para o atendimento e a investigação das violências graves contra a mulher.

- Artigo acrescentado pela Lei 13.505/2017.

Art. 12-B. *(Vetado).*

- Artigo acrescentado pela Lei 13.505/2017.

§ 1º *(Vetado).*

§ 2º *(Vetado).*

§ 3º A autoridade policial poderá requisitar os serviços públicos necessários à defesa da mulher em situação de violência doméstica e familiar e de seus dependentes.

☛ **Art. 12-C.** Verificada a existência de risco atual ou iminente à vida ou à integridade física da mulher em situação de violência doméstica e familiar, ou de seus dependentes, o agressor será imediatamente afastado do lar, domicílio ou local de convivência com a ofendida:

- Artigo acrescentado pela Lei 13.827/2019.

I – pela autoridade judicial;

II – pelo delegado de polícia, quando o Município não for sede de comarca; ou

III – pelo policial, quando o Município não for sede de comarca e não houver delegado disponível no momento da denúncia.

§ 1º Nas hipóteses dos incisos II e III do caput deste artigo, o juiz será comunicado no prazo máximo de 24 (vinte e quatro) horas e decidirá, em igual prazo, sobre a manutenção ou a revogação da medida aplicada, devendo dar ciência ao Ministério Público concomitantemente.

§ 2º Nos casos de risco à integridade física da ofendida ou à efetividade da medida protetiva de urgência, não será concedida liberdade provisória ao preso.

TÍTULO IV
Dos Procedimentos

Capítulo I
Disposições Gerais

Art. 13. Ao processo, ao julgamento e à execução das causas cíveis e criminais decorrentes da prática de violência doméstica e familiar contra a mulher aplicar-se-ão as normas dos Códigos de Processo Penal e Processo Civil e da legislação específica relativa à criança, ao adolescente e ao idoso que não conflitarem com o estabelecido nesta Lei.

Art. 14. Os Juizados de Violência Doméstica e Familiar contra a Mulher, órgãos da Justiça Ordinária com competência cível e criminal, poderão ser criados pela União, no Distrito Federal e nos Territórios, e pelos Estados, para o processo, o julgamento e a execução das causas decorrentes da prática de violência doméstica e familiar contra a mulher.

Parágrafo único. Os atos processuais poderão realizar-se em horário noturno, conforme dispuserem as normas de organização judiciária.

Art. 15. É competente, por opção da ofendida, para os processos cíveis regidos por esta Lei, o Juizado:

I – do seu domicílio ou de sua residência;

II – do lugar do fato em que se baseou a demanda;

III – do domicílio do agressor.

Art. 16. Nas ações penais públicas condicionadas à representação da ofendida de que trata esta Lei, só será admitida a renúncia à representação perante o juiz, em audiência especialmente designada com tal finalidade, antes do recebimento da denúncia e ouvido o Ministério Público.

- O STF, na ADIn 4.424 (*DOU* e *DJE* 17.02.2012), julgou procedente a ação para, "dando interpretação conforme aos arts. 12, I e 16, ambos da Lei 11.340/2006, assentar a natureza incondicionada da ação penal em caso de crime de lesão, pouco importando a extensão desta, praticado contra a mulher no ambiente doméstico [...]".

Art. 17. É vedada a aplicação, nos casos de violência doméstica e familiar contra a mulher, de penas de cesta básica ou outras de prestação pecuniária, bem como a substituição de pena que implique o pagamento isolado de multa.

Capítulo II
Das Medidas Protetivas de Urgência

Seção I
Disposições Gerais

Art. 18. Recebido o expediente com o pedido da ofendida, caberá ao juiz, no prazo de 48 (quarenta e oito) horas:

I – conhecer do expediente e do pedido e decidir sobre as medidas protetivas de urgência;

II – determinar o encaminhamento da ofendida ao órgão de assistência judiciária, quando for o caso;

III – comunicar ao Ministério Público para que adote as providências cabíveis.

Art. 19. As medidas protetivas de urgência poderão ser concedidas pelo juiz, a requerimento do Ministério Público ou a pedido da ofendida.

§ 1º As medidas protetivas de urgência poderão ser concedidas de imediato, independentemente de audiência das partes e de manifestação do Ministério Público, devendo este ser prontamente comunicado.

§ 2º As medidas protetivas de urgência serão aplicadas isolada ou cumulativamente, e poderão ser substituídas a qualquer tempo por outras de maior eficácia, sempre que os direitos reconhecidos nesta Lei forem ameaçados ou violados.

§ 3º Poderá o juiz, a requerimento do Ministério Público ou a pedido da ofendida, conceder novas medidas protetivas de urgência ou rever aquelas já concedidas, se entender necessário à proteção da ofendida, de seus familiares e de seu patrimônio, ouvido o Ministério Público.

Art. 20. Em qualquer fase do inquérito policial ou da instrução criminal, caberá a prisão preventiva do agressor, decretada pelo juiz, de ofício, a requerimento do Ministério Público ou mediante representação da autoridade policial.

Parágrafo único. O juiz poderá revogar a prisão preventiva se, no curso do processo, verificar a falta de motivo para que subsista, bem como de novo decretá-la, se sobrevierem razões que a justifiquem.

Art. 21. A ofendida deverá ser notificada dos atos processuais relativos ao agressor, especialmente dos pertinentes ao ingresso e à saída da prisão, sem prejuízo da intimação do advogado constituído ou do defensor público.

Parágrafo único. A ofendida não poderá entregar intimação ou notificação ao agressor.

Seção II
Das Medidas Protetivas de Urgência que Obrigam o Agressor

Art. 22. Constatada a prática de violência doméstica e familiar contra a mulher, nos termos desta Lei, o juiz poderá aplicar, de imediato, ao agressor, em conjunto ou separadamente, as seguintes medidas protetivas de urgência, entre outras:

I – suspensão da posse ou restrição do porte de armas, com comunicação ao órgão competente, nos termos da Lei 10.826, de 22 de dezembro de 2003;

II – afastamento do lar, domicílio ou local de convivência com a ofendida;

III – proibição de determinadas condutas, entre as quais:

a) aproximação da ofendida, de seus familiares e das testemunhas, fixando o limite mínimo de distância entre estes e o agressor;

b) contato com a ofendida, seus familiares e testemunhas por qualquer meio de comunicação;

c) frequentação de determinados lugares a fim de preservar a integridade física e psicológica da ofendida;

IV – restrição ou suspensão de visitas aos dependentes menores, ouvida a equipe de atendimento multidisciplinar ou serviço similar;

V – prestação de alimentos provisionais ou provisórios.

§ 1º As medidas referidas neste artigo não impedem a aplicação de outras previstas na legislação em vigor, sempre que a segurança da ofendida ou as circunstâncias o exigirem, devendo a providência ser comunicada ao Ministério Público.

§ 2º Na hipótese de aplicação do inciso I, encontrando-se o agressor nas condições mencionadas no *caput* e incisos do art. 6º da Lei 10.826, de 22 de dezembro de 2003, o juiz comunicará ao respectivo órgão, corporação ou instituição as medidas protetivas de urgência concedidas e determinará a restrição do porte de armas, ficando o superior imediato do agressor responsável pelo cumprimento da determinação judicial, sob pena de incorrer nos crimes de prevaricação ou de desobediência, conforme o caso.

§ 3º Para garantir a efetividade das medidas protetivas de urgência, poderá o juiz requisitar, a qualquer momento, auxílio da força policial.

§ 4º Aplica-se às hipóteses previstas neste artigo, no que couber, o disposto no *caput* e nos §§ 5º e 6º do art. 461 da Lei 5.869, de 11 de janeiro de 1973 (Código de Processo Civil).

Seção III
Das Medidas Protetivas de Urgência à Ofendida

Art. 23. Poderá o juiz, quando necessário, sem prejuízo de outras medidas:

I – encaminhar a ofendida e seus dependentes a programa oficial ou comunitário de proteção ou de atendimento;

II – determinar a recondução da ofendida e a de seus dependentes ao respectivo domicílio, após afastamento do agressor;

III – determinar o afastamento da ofendida do lar, sem prejuízo dos direitos relativos a bens, guarda dos filhos e alimentos;

IV – determinar a separação de corpos.

Art. 24. Para a proteção patrimonial dos bens da sociedade conjugal ou daqueles de propriedade particular da mulher, o juiz poderá determinar, liminarmente, as seguintes medidas, entre outras:

I – restituição de bens indevidamente subtraídos pelo agressor à ofendida;

II – proibição temporária para a celebração de atos e contratos de compra, venda e locação de propriedade em comum, salvo expressa autorização judicial;

III – suspensão das procurações conferidas pela ofendida ao agressor;

IV – prestação de caução provisória, mediante depósito judicial, por perdas e danos materiais decorrentes da prática de violência doméstica e familiar contra a ofendida.

Parágrafo único. Deverá o juiz oficiar ao cartório competente para os fins previstos nos incisos II e III deste artigo.

☛Seção IV
Do Crime de Descumprimento de Medidas Protetivas de Urgência

• Seção IV acrescentada pela Lei 13.641/2018.

Descumprimento de Medidas Protetivas de Urgência

• Rubrica acrescentada pela Lei 13.641/2018.

Art. 24-A. Descumprir decisão judicial que defere medidas protetivas de urgência previstas nesta Lei:

• Artigo acrescentado pela Lei 13.641/2018.

Pena – detenção, de 3 (três) meses a 2 (dois) anos.

§ 1º A configuração do crime independe da competência civil ou criminal do juiz que deferiu as medidas.

§ 2º Na hipótese de prisão em flagrante, apenas a autoridade judicial poderá conceder fiança.

§ 3º O disposto neste artigo não exclui a aplicação de outras sanções cabíveis.

Capítulo III
Da Atuação do Ministério Público

Art. 25. O Ministério Público intervirá, quando não for parte, nas causas cíveis e criminais decorrentes da violência doméstica e familiar contra a mulher.

Art. 26. Caberá ao Ministério Público, sem prejuízo de outras atribuições, nos casos de violência doméstica e familiar contra a mulher, quando necessário:

I – requisitar força policial e serviços públicos de saúde, de educação, de assistência social e de segurança, entre outros;

II – fiscalizar os estabelecimentos públicos e particulares de atendimento à mulher em situação de violência doméstica e familiar, e adotar, de imediato, as medidas administrativas ou judiciais cabíveis no tocante a quaisquer irregularidades constatadas;

III – cadastrar os casos de violência doméstica e familiar contra a mulher.

Capítulo IV
Da Assistência Judiciária

Art. 27. Em todos os atos processuais, cíveis e criminais, a mulher em situação de violência doméstica e familiar deverá estar acompanhada de advogado, ressalvado o previsto no art. 19 desta Lei.

Art. 28. É garantido a toda mulher em situação de violência doméstica e familiar o acesso aos serviços de Defensoria Pública ou de Assistência Judiciária Gratuita, nos termos da lei, em sede policial e judicial, mediante atendimento específico e humanizado.

TÍTULO V
Da Equipe de Atendimento Multidisciplinar

Art. 29. Os Juizados de Violência Doméstica e Familiar contra a Mulher que vierem a ser criados poderão contar com uma equipe de atendimento multidisciplinar, a ser integrada por profissionais especializados nas áreas psicossocial, jurídica e de saúde.

Art. 30. Compete à equipe de atendimento multidisciplinar, entre outras atribuições que lhe forem reservadas pela legislação local, fornecer subsídios por escrito ao juiz, ao Ministério Público e à Defensoria Pública, mediante laudos ou verbalmente em audiência, e desenvolver trabalhos de orientação, encaminhamento, prevenção e outras medidas, voltados para a ofendida, o agressor e os familiares, com especial atenção às crianças e aos adolescentes.

Art. 31. Quando a complexidade do caso exigir avaliação mais aprofundada, o juiz poderá determinar a manifestação de profissional especializado, mediante a indicação da equipe de atendimento multidisciplinar.

Art. 32. O Poder Judiciário, na elaboração de sua proposta orçamentária, poderá prever recursos para a criação e manutenção da equipe de atendimento multidisciplinar, nos termos da Lei de Diretrizes Orçamentárias.

TÍTULO VI
Disposições Transitórias

Art. 33. Enquanto não estruturados os Juizados de Violência Doméstica e Familiar contra a Mulher, as varas criminais acumularão as competências cível e criminal para conhecer e julgar as causas decorrentes da prática de violência doméstica e familiar contra a mulher, observadas as previsões do Título IV desta Lei, subsidiada pela legislação processual pertinente.

• O STF, na ADC 19 (*DOU* e *DJE* 17.02.2012), julgou procedente a ação declaratória para declarar a constitucionalidade dos artigos 1º, 33 e 41 da Lei 11.340/2006 (Lei Maria da Penha).

Parágrafo único. Será garantido o direito de preferência, nas varas criminais, para o processo e o julgamento das causas referidas no *caput*.

TÍTULO VII
Disposições Finais

Art. 34. A instituição dos Juizados de Violência Doméstica e Familiar contra a Mulher poderá ser acompanhada pela implantação das curadorias necessárias e do serviço de assistência judiciária.

Art. 35. A União, o Distrito Federal, os Estados e os Municípios poderão criar e promover, no limite das respectivas competências:

I – centros de atendimento integral e multidisciplinar para mulheres e respectivos dependentes em situação de violência doméstica e familiar;

II – casas abrigos para mulheres e respectivos dependentes menores em situação de violência doméstica e familiar;

III – delegacias, núcleos de defensoria pública, serviços de saúde e centros de perícia médico-legal especializados no atendimento à mulher em situação de violência doméstica e familiar;

IV – programas e campanhas de enfrentamento da violência doméstica e familiar;

V – centros de educação e de reabilitação para os agressores.

Art. 36. A União, os Estados, o Distrito Federal e os Municípios promoverão a adaptação de seus órgãos e de seus programas às diretrizes e aos princípios desta Lei.

Art. 37. A defesa dos interesses e direitos transindividuais previstos nesta Lei poderá ser exercida, concorrentemente, pelo Ministério Público e por associação de atuação na área, regularmente constituída há pelo menos 1 (um) ano, nos termos da legislação civil.

Parágrafo único. O requisito da pré-constituição poderá ser dispensado pelo juiz quando entender que não há outra entidade com representatividade adequada para o ajuizamento da demanda coletiva.

Art. 38. As estatísticas sobre a violência doméstica e familiar contra a mulher serão incluídas nas bases de dados dos órgãos oficiais do Sistema de Justiça e

Segurança a fim de subsidiar o sistema nacional de dados e informações relativo às mulheres.

Parágrafo único. As Secretarias de Segurança Pública dos Estados e do Distrito Federal poderão remeter suas informações criminais para a base de dados do Ministério da Justiça.

☛ **Art. 38-A.** O juiz competente providenciará o registro da medida protetiva de urgência.

- Artigo acrescentado pela Lei 13.827/2019.

Parágrafo único. As medidas protetivas de urgência serão registradas em banco de dados mantido e regulamentado pelo Conselho Nacional de Justiça, garantido o acesso do Ministério Público, da Defensoria Pública e dos órgãos de segurança pública e de assistência social, com vistas à fiscalização e à efetividade das medidas protetivas.

Art. 39. A União, os Estados, o Distrito Federal e os Municípios, no limite de suas competências e nos termos das respectivas leis de diretrizes orçamentárias, poderão estabelecer dotações orçamentárias específicas, em cada exercício financeiro, para a implementação das medidas estabelecidas nesta Lei.

Art. 40. As obrigações previstas nesta Lei não excluem outras decorrentes dos princípios por ela adotados.

Art. 41. Aos crimes praticados com violência doméstica e familiar contra a mulher, independentemente da pena prevista, não se aplica a Lei 9.099, de 26 de setembro de 1995.

- O STF, na ADC 19 (*DOU* e *DJE* 17.02.2012), julgou procedente a ação declaratória para declarar a constitucionalidade dos artigos 1º, 33 e 41 da Lei 11.340/2006 (Lei Maria da Penha).

Art. 42. O art. 313 do Decreto-lei 3.689, de 3 de outubro de 1941 (Código de Processo Penal), passa a vigorar acrescido do seguinte inciso IV:

- Alteração processada no texto do referido Código.

Art. 43. A alínea *f* do inciso II do art. 61 do Decreto-lei 2.848, de 7 de dezembro de 1940 (Código Penal), passa a vigorar com a seguinte redação:

- Alteração processada no texto do referido Código.

Art. 44. O art. 129 do Decreto-lei 2.848, de 7 de dezembro de 1940 (Código Penal), passa a vigorar com as seguintes alterações:

- Alterações processadas no texto do referido Código.

Art. 45. O art. 152 da Lei 7.210, de 11 de julho de 1984 (Lei de Execução Penal), passa a vigorar com a seguinte redação:

- Alteração processada no texto da referida Lei.

Art. 46. Esta Lei entra em vigor 45 (quarenta e cinco) dias após sua publicação.

Brasília, 7 de agosto de 2006; 185º da Independência e 118º da República.

Luiz Inácio Lula da Silva

(*DOU* 08.08.2006)

LEI 11.417, DE 19 DE DEZEMBRO DE 2006

Regulamenta o art. 103-A da Constituição Federal e altera a Lei 9.784, de 29 de janeiro de 1999, disciplinando a edição, a revisão e o cancelamento de enunciado de súmula vinculante pelo Supremo Tribunal Federal, e dá outras providências.

O Presidente da República:

Faço saber que o Congresso Nacional decreta e eu sanciono a seguinte Lei:

Art. 1º Esta Lei disciplina a edição, a revisão e o cancelamento de enunciado de súmula vinculante pelo Supremo Tribunal Federal e dá outras providências.

Art. 2º O Supremo Tribunal Federal poderá, de ofício ou por provocação, após reiteradas decisões sobre matéria constitucional, editar enunciado de súmula que, a partir de sua publicação na imprensa oficial, terá efeito vinculante em relação aos demais órgãos do Poder Judiciário e à administração pública direta e indireta, nas esferas federal, estadual e municipal, bem como proceder à sua revisão ou cancelamento, na forma prevista nesta Lei.

§ 1º O enunciado da súmula terá por objeto a validade, a interpretação e a eficácia de normas determinadas, acerca das quais haja, entre órgãos judiciários ou entre esses e a administração pública, controvérsia atual que acarrete grave insegurança jurídica e relevante multiplicação de processos sobre idêntica questão.

§ 2º O Procurador-Geral da República, nas propostas que não houver formulado, manifestar-se-á previamente à edição, revisão ou cancelamento de enunciado de súmula vinculante.

§ 3º A edição, a revisão e o cancelamento de enunciado de súmula com efeito vinculante dependerão de decisão tomada por 2/3 (dois terços) dos membros do Supremo Tribunal Federal, em sessão plenária.

§ 4º No prazo de 10 (dez) dias após a sessão em que editar, rever ou cancelar enunciado de súmula com efeito vinculante, o Supremo Tribunal Federal fará publicar, em seção especial do *Diário da Justiça* e do *Diário Oficial da União*, o enunciado respectivo.

Art. 3º São legitimados a propor a edição, a revisão ou o cancelamento de enunciado de súmula vinculante:

I – o Presidente da República;

II – a Mesa do Senado Federal;

III – a Mesa da Câmara dos Deputados;

IV – o Procurador-Geral da República;

V – o Conselho Federal da Ordem dos Advogados do Brasil;

VI – o Defensor Público-Geral da União;

VII – partido político com representação no Congresso Nacional;

VIII – confederação sindical ou entidade de classe de âmbito nacional;

IX – a Mesa de Assembleia Legislativa ou da Câmara Legislativa do Distrito Federal;

X – o Governador de Estado ou do Distrito Federal;

XI – os Tribunais Superiores, os Tribunais de Justiça de Estados ou do Distrito Federal e Territórios, os Tribunais Regionais Federais, os Tribunais Regionais do Trabalho, os Tribunais Regionais Eleitorais e os Tribunais Militares.

§ 1º O Município poderá propor, incidentalmente ao curso de processo em que seja parte, a edição, a revisão ou o cancelamento de enunciado de súmula vinculante, o que não autoriza a suspensão do processo.

§ 2º No procedimento de edição, revisão ou cancelamento de enunciado da súmula vinculante, o relator poderá admitir, por decisão irrecorrível, a manifestação de terceiros na questão, nos termos do Regimento Interno do Supremo Tribunal Federal.

Art. 4º A súmula com efeito vinculante tem eficácia imediata, mas o Supremo Tribunal Federal, por decisão de 2/3 (dois terços) dos seus membros, poderá restringir os efeitos vinculantes ou decidir que só tenha eficácia a partir de outro momento, tendo em vista razões de segurança jurídica ou de excepcional interesse público.

Art. 5º Revogada ou modificada a lei em que se fundou a edição de enunciado de súmula vinculante, o Supremo Tribunal Federal, de ofício ou por provocação, procederá à sua revisão ou cancelamento, conforme o caso.

Art. 6º A proposta de edição, revisão ou cancelamento de enunciado de súmula vinculante não autoriza a suspensão dos processos em que se discuta a mesma questão.

Art. 7º Da decisão judicial ou do ato administrativo que contrariar enunciado de súmula vinculante, negar-lhe vigência ou aplicá-lo indevidamente caberá reclamação ao Supremo Tribunal Federal, sem prejuízo dos recursos ou outros meios admissíveis de impugnação.

§ 1º Contra omissão ou ato da administração pública, o uso da reclamação só será admitido após esgotamento das vias administrativas.

§ 2º Ao julgar procedente a reclamação, o Supremo Tribunal Federal anulará o ato administrativo ou cassará a decisão judicial impugnada, determinando que outra seja proferida com ou sem aplicação da súmula, conforme o caso.

[...]

Art. 8º O art. 56 da Lei 9.784, de 29 de janeiro de 1999, passa a vigorar acrescido do seguinte § 3º:

"Art.56 [...]

[...]

§ 3º Se o recorrente alegar que a decisão administrativa contraria enunciado da súmula vinculante, caberá à autoridade prolatora da decisão impugnada, se não a reconsiderar, explicitar, antes de encaminhar o recurso à autoridade superior, as razões da aplicabilidade ou inaplicabilidade da súmula, conforme o caso."

Art. 9º A Lei 9.784, de 29 de janeiro de 1999, passa a vigorar acrescida dos seguintes arts. 64-A e 64-B:

"Art. 64-A. Se o recorrente alegar violação de enunciado da súmula vinculante, o órgão competente para decidir o recurso explicitará as razões da aplicabilidade ou inaplicabilidade da súmula, conforme o caso."

"Art. 64-B. Acolhida pelo Supremo Tribunal Federal a reclamação fundada em violação de enunciado da súmula vinculante, dar-se-á ciência à autoridade prolatora e ao órgão competente para o julgamento do recurso, que deverão adequar as futuras decisões administrativas em casos semelhantes, sob pena de responsabilização pessoal nas esferas cível, administrativa e penal."

Art. 10. O procedimento de edição, revisão ou cancelamento de enunciado de súmula com efeito vinculante obedecerá, subsidiariamente, ao disposto no Regimento Interno do Supremo Tribunal Federal.

Art. 11. Esta Lei entra em vigor 3 (três) meses após a sua publicação.

Brasília, 19 de dezembro de 2006; 185º da Independência e 118º da República.

Luiz Inácio Lula da Silva

(*DOU* 20.12.2006)

LEI 11.418, DE 19 DE DEZEMBRO DE 2006

Acrescenta à Lei 5.869, de 11 de janeiro de 1973 – Código de Processo Civil, dispositivos que regulamentam o § 3º do art. 102 da Constituição Federal.

O Presidente da República:

Faço saber que o Congresso Nacional decreta e eu sanciono a seguinte Lei:

Art. 1º Esta Lei acrescenta os arts. 543-A e 543-B à Lei 5.869, de 11 de janeiro de 1973 – Código de Processo Civil, a fim de regulamentar o § 3º do art. 102 da Constituição Federal.

Art. 2º A Lei 5.869, de 11 de janeiro de 1973 – Código de Processo Civil, passa a vigorar acrescida dos seguintes arts. 543-A e 543-B:

- A Lei 5.869/1973 (CPC/1973) foi revogada pela Lei 13.105/2015 (CPC/2015).

Art. 3º Caberá ao Supremo Tribunal Federal, em seu Regimento Interno, estabelecer as normas necessárias à execução desta Lei.

- V. arts. 321 a 329, RISTF.

Art. 4º Aplica-se esta Lei aos recursos interpostos a partir do primeiro dia de sua vigência.

Art. 5º Esta Lei entra em vigor 60 (sessenta) dias após a data de sua publicação.

Brasília, 19 de dezembro de 2006; 185º da Independência e 118º da República.

Luiz Inácio Lula da Silva

(*DOU* 20.12.2006)

LEI 11.419, DE 19 DE DEZEMBRO DE 2006

Dispõe sobre a informatização do processo judicial; altera a Lei 5.869, de 11 de janeiro de 1973 – Código de Processo Civil; e dá outras providências.

- V. Lei 8.038/1990 (Institui normas procedimentais para os processos que especifica, perante o Superior Tribunal de Justiça e o Supremo Tribunal Federal).
- V. Lei 5.638/1970 (Dispõe sobre o processo e julgamento das ações trabalhistas de competência da Justiça Federal, e dá outras providências).
- V. Instrução Normativa TST 30/2007 (Regulamenta, no âmbito da Justiça do Trabalho, a Lei 11.419/2006, que dispõe sobre a informatização do processo judicial).
- V. Res. STJ 10/2015 (Regulamenta o processo judicial eletrônico no âmbito do STJ).
- V. Res. STF 427/2010 (Regulamenta o processo eletrônico no âmbito do STF).

O Presidente da República:

Faço saber que o Congresso Nacional decreta e eu sanciono a seguinte Lei:

Capítulo I
Da Informatização do Processo Judicial

Art. 1º O uso de meio eletrônico na tramitação de processos judiciais, comunicação de atos e transmissão de peças processuais será admitido nos termos desta Lei.

§ 1º Aplica-se o disposto nesta Lei, indistintamente, aos processos civil, penal e trabalhista, bem como aos juizados especiais, em qualquer grau de jurisdição.

§ 2º Para o disposto nesta Lei, considera-se:

I – meio eletrônico qualquer forma de armazenamento ou tráfego de documentos e arquivos digitais;

II – transmissão eletrônica toda forma de comunicação a distância com a utilização de redes de comunicação, preferencialmente a rede mundial de computadores;

III – assinatura eletrônica as seguintes formas de identificação inequívoca do signatário:

a) assinatura digital baseada em certificado digital emitido por Autoridade Certificadora credenciada, na forma de lei específica;

b) mediante cadastro de usuário no Poder Judiciário, conforme disciplinado pelos órgãos respectivos.

Art. 2º O envio de petições, de recursos e a prática de atos processuais em geral por meio eletrônico serão admitidos mediante uso de assinatura eletrônica, na forma do art. 1º desta Lei, sendo obrigatório o credenciamento prévio no Poder Judiciário, conforme disciplinado pelos órgãos respectivos.

§ 1º O credenciamento no Poder Judiciário será realizado mediante procedimento no qual esteja assegurada a adequada identificação presencial do interessado.

§ 2º Ao credenciado será atribuído registro e meio de acesso ao sistema, de modo a preservar o sigilo, a identificação e a autenticidade de suas comunicações.

§ 3º Os órgãos do Poder Judiciário poderão criar um cadastro único para o credenciamento previsto neste artigo.

Art. 3º Consideram-se realizados os atos processuais por meio eletrônico no dia e hora do seu envio ao sistema do Poder Judiciário, do que deverá ser fornecido protocolo eletrônico.

Parágrafo único. Quando a petição eletrônica for enviada para atender prazo processual, serão consideradas tempestivas as transmitidas até as 24 (vinte e quatro) horas do seu último dia.

Capítulo II
Da Comunicação Eletrônica dos Atos Processuais

Art. 4º Os tribunais poderão criar *Diário da Justiça* eletrônico, disponibilizado em sítio da rede mundial de computadores, para publicação de atos judiciais e administrativos próprios e dos órgãos a eles subordinados, bem como comunicações em geral.

- V. Res. STF 341/2007 (Diário da Justiça Eletrônico do STF).
- V. Res. STJ 8/2007 (Diário da Justiça Eletrônico do STJ – DJ on-line).
- V. Ato Conjunto TST/CSJT 15/2008 (Diário da Justiça do Trabalho Eletrônico – normas para envio, publicação e divulgação de matérias dos Órgãos da Justiça do Trabalho).

§ 1º O sítio e o conteúdo das publicações de que trata este artigo deverão ser assinados digitalmente com base em certificado emitido por Autoridade Certificadora credenciada na forma da lei específica.

§ 2º A publicação eletrônica na forma deste artigo substitui qualquer outro meio e publicação oficial, para quaisquer efeitos legais, à exceção dos casos que, por lei, exigem intimação ou vista pessoal.

§ 3º Considera-se como data da publicação o primeiro dia útil seguinte ao da disponibilização da informação no *Diário da Justiça* eletrônico.

§ 4º Os prazos processuais terão início no primeiro dia útil que seguir ao considerado como data da publicação.

§ 5º A criação do *Diário da Justiça* eletrônico deverá ser acompanhada de ampla divulgação, e o ato administrativo correspondente será publicado durante 30 (trinta) dias no diário oficial em uso.

Art. 5º As intimações serão feitas por meio eletrônico em portal próprio aos que se cadastrarem na forma do art. 2º desta Lei, dispensando-se a publicação no órgão oficial, inclusive eletrônico.

§ 1º Considerar-se-á realizada a intimação no dia em que o intimando efetivar a consulta eletrônica ao teor da intimação, certificando-se nos autos a sua realização.

§ 2º Na hipótese do § 1º deste artigo, nos casos em que a consulta se dê em dia não útil, a intimação será considerada como realizada no primeiro dia útil seguinte.

§ 3º A consulta referida nos §§ 1º e 2º deste artigo deverá ser feita em até 10 (dez) dias corridos contados da data do envio da intimação, sob pena de considerar-se a intimação automaticamente realizada na data do término desse prazo.

§ 4º Em caráter informativo, poderá ser efetivada remessa de correspondência eletrônica, comunicando o envio da intimação e a abertura automática do prazo processual nos termos do § 3º deste artigo, aos que manifestarem interesse por esse serviço.

§ 5º Nos casos urgentes em que a intimação feita na forma deste artigo possa causar prejuízo a quaisquer das partes ou nos casos em que for evidenciada qualquer tentativa de burla ao sistema, o ato processual deverá ser realizado por outro meio que atinja a sua finalidade, conforme determinado pelo juiz.

§ 6º As intimações feitas na forma deste artigo, inclusive da Fazenda Pública, serão consideradas pessoais para todos os efeitos legais.

Art. 6º Observadas as formas e as cautelas do art. 5º desta Lei, as citações, inclusive da Fazenda Pública, excetuadas as dos Direitos Processuais Criminal e Infracional, poderão ser feitas por meio eletrônico, desde que a íntegra dos autos seja acessível ao citando.

Art. 7º As cartas precatórias, rogatórias, de ordem e, de um modo geral, todas as comunicações oficiais que transitem entre órgãos do Poder Judiciário, bem como entre os deste e os dos demais Poderes, serão feitas preferentemente por meio eletrônico.

Capítulo III
Do Processo Eletrônico

Art. 8º Os órgãos do Poder Judiciário poderão desenvolver sistemas eletrônicos de processamento de ações judiciais por meio de autos total ou parcialmente digitais, utilizando, preferencialmente, a rede mundial de computadores e acesso por meio de redes internas e externas.

Parágrafo único. Todos os atos processuais do processo eletrônico serão assinados eletronicamente na forma estabelecida nesta Lei.

Art. 9º No processo eletrônico, todas as citações, intimações e notificações, inclusive da Fazenda Pública, serão feitas por meio eletrônico, na forma desta Lei.

§ 1º As citações, intimações, notificações e remessas que viabilizem o acesso à íntegra do processo correspondente serão consideradas vista pessoal do interessado para todos os efeitos legais.

§ 2º Quando, por motivo técnico, for inviável o uso do meio eletrônico para a realização de citação, intimação ou notificação, esses atos processuais poderão ser praticados segundo as regras ordinárias, digitalizando-se o documento físico, que deverá ser posteriormente destruído.

Art. 10. A distribuição da petição inicial e a juntada da contestação, dos recursos e das petições em geral, todos em formato digital, nos autos de processo eletrônico, podem ser feitas diretamente pelos advogados públicos e privados, sem necessidade da intervenção do cartório ou secretaria judicial, situação em que a autuação deverá se dar de forma automática, fornecendo-se recibo eletrônico de protocolo.

§ 1º Quando o ato processual tiver que ser praticado em determinado prazo, por meio de petição eletrônica, serão considerados tempestivos os efetivados até as 24 (vinte e quatro) horas do último dia.

§ 2º No caso do § 1º deste artigo, se o Sistema do Poder Judiciário se tornar indisponível por motivo técnico, o prazo fica automaticamente prorrogado para o primeiro dia útil seguinte à resolução do problema.

§ 3º Os órgãos do Poder Judiciário deverão manter equipamentos de digitalização e de acesso à rede mundial de computadores à disposição dos interessados para distribuição de peças processuais.

Art. 11. Os documentos produzidos eletronicamente e juntados aos processos eletrônicos com garantia da origem e de seu signatário, na forma estabelecida nesta Lei, serão considerados originais para todos os efeitos legais.

§ 1º Os extratos digitais e os documentos digitalizados e juntados aos autos pelos órgãos da Justiça e seus auxiliares, pelo Ministério Público e seus auxiliares, pelas procuradorias, pelas autoridades policiais, pelas repartições públicas em geral e por advogados públicos e privados têm a mesma força probante dos originais, ressalvada a alegação motivada e fundamentada de adulteração antes ou durante o processo de digitalização.

§ 2º A arguição de falsidade do documento original será processada eletronicamente na forma da lei processual em vigor.

§ 3º Os originais dos documentos digitalizados, mencionados no § 2º deste artigo, deverão ser preservados pelo seu detentor até o trânsito em julgado da sentença ou, quando admitida, até o final do prazo para interposição de ação rescisória.

§ 4º *(Vetado).*

§ 5º Os documentos cuja digitalização seja tecnicamente inviável devido ao grande volume ou por motivo de ilegibilidade deverão ser apresentados ao cartório ou secretaria no prazo de 10 (dez) dias contados do envio de petição eletrônica comunicando o fato, os quais serão devolvidos à parte após o trânsito em julgado.

☛ § 6º Os documentos digitalizados juntados em processo eletrônico estarão disponíveis para acesso por meio da rede externa pelas respectivas partes processuais, pelos advogados, independentemente de procuração nos autos, pelos membros do Ministério Público e pelos magistrados, sem prejuízo da possibilidade de visualização nas secretarias dos órgãos julgadores, à exceção daqueles que tramitarem em segredo de justiça.

- § 6º com redação determinada pela Lei 13.793/2019.

§ 7º Os sistemas de informações pertinentes a processos eletrônicos devem possibilitar que advogados, procuradores e membros do Ministério Público cadastrados, mas não vinculados a processo previamente identificado, acessem automaticamente todos os atos e documentos processuais armazenados em meio eletrônico, desde que demonstrado interesse para fins apenas de registro, salvo nos casos de processos em segredo de justiça.

- § 7º acrescentado pela Lei 13.793/2019.

Art. 12. A conservação dos autos do processo poderá ser efetuada total ou parcialmente por meio eletrônico.

§ 1º Os autos dos processos eletrônicos deverão ser protegidos por meio de sistemas de segurança de acesso e armazenados em meio que garanta a preservação e integridade dos dados, sendo dispensada a formação de autos suplementares.

§ 2º Os autos de processos eletrônicos que tiverem de ser remetidos a outro juízo ou instância superior que não disponham de sistema compatível deverão ser impressos em papel, autuados na forma dos arts. 166 a 168 da Lei 5.869, de 11 de janeiro de 1973 – Código de Processo Civil, ainda que de natureza criminal ou trabalhista, ou pertinentes a juizado especial.

§ 3º No caso do § 2º deste artigo, o escrivão ou o chefe de secretaria certificará os autores ou a origem dos documentos produzidos nos autos, acrescentando, ressalvada a hipótese de existir segredo de justiça, a forma pela qual o banco de dados poderá ser acessado para aferir a autenticidade das peças e das respectivas assinaturas digitais.

§ 4º Feita a autuação na forma estabelecida no § 2º deste artigo, o processo seguirá a tramitação legalmente estabelecida para os processos físicos.

§ 5º A digitalização de autos em mídia não digital, em tramitação ou já arquivados, será precedida de publicação de editais de intimações ou da intimação pessoal das partes e de seus procuradores, para que, no prazo preclusivo de 30 (trinta) dias, se manifestem sobre o desejo de manterem pessoalmente a guarda de algum dos documentos originais.

Art. 13. O magistrado poderá determinar que sejam realizados por meio eletrônico a exibição e o envio de dados e de documentos necessários à instrução do processo.

§ 1º Consideram-se cadastros públicos, para os efeitos deste artigo, dentre outros existentes ou que venham a ser criados, ainda que mantidos por concessionárias de serviço público ou empresas privadas, os que contenham informações indispensáveis ao exercício da função judicante.

§ 2º O acesso de que trata este artigo dar-se-á por qualquer meio tecnológico disponível, preferentemente o de menor custo, considerada sua eficiência.

§ 3º *(Vetado).*

Capítulo IV
Disposições Gerais e Finais

Art. 14. Os sistemas a serem desenvolvidos pelos órgãos do Poder Judiciário deverão usar, preferencialmente, programas com código aberto, acessíveis ininterruptamente por meio da rede mundial de computadores, priorizando-se a sua padronização.

Parágrafo único. Os sistemas devem buscar identificar os casos de ocorrência de prevenção, litispendência e coisa julgada.

Art. 15. Salvo impossibilidade que comprometa o acesso à justiça, a parte deverá informar, ao distribuir a petição inicial de qualquer ação judicial, o número no cadastro de pessoas físicas ou jurídicas, conforme o caso, perante a Secretaria da Receita Federal.

Parágrafo único. Da mesma forma, as peças de acusação criminais deverão ser instruídas pelos membros do Ministério Público ou pelas autoridades policiais com os números de registros dos acusados no Instituto Nacional de Identificação do Ministério da Justiça, se houver.

Art. 16. Os livros cartorários e demais repositórios dos órgãos do Poder Judiciário poderão ser gerados e armazenados em meio totalmente eletrônico.

Art. 17. *(Vetado).*

Art. 18. Os órgãos do Poder Judiciário regulamentarão esta Lei, no que couber, no âmbito de suas respectivas competências.

Art. 19. Ficam convalidados os atos processuais praticados por meio eletrônico até a data de publicação desta Lei, desde que tenham atingido sua finalidade e não tenha havido prejuízo para as partes.

Art. 20. A Lei 5.869, de 11 de janeiro de 1973 – Código de Processo Civil, passa a vigorar com as seguintes alterações:

- A Lei 5.869/1973 (CPC/1973) foi revogada pela Lei 13.105/ 2015 (CPC/2015).

Art. 21. *(Vetado).*

Art. 22. Esta Lei entra em vigor 90 (noventa) dias depois de sua publicação.

Brasília, 19 de dezembro de 2006; 185º da Independência e 118º da República.

Luiz Inácio Lula da Silva

(*DOU* 20.12.2006)

LEI 11.457, DE 16 DE MARÇO DE 2007

Dispõe sobre a Administração Tributária Federal; altera as Leis 10.593, de 6 de dezembro de 2002, 10.683, de 28 de maio de 2003, 8.212, de 24 de julho de 1991, 10.910, de 15 de julho de 2004, o Decreto-lei 5.452, de 1º de maio de 1943, e o Decreto 70.235, de 6 de março de 1972; revoga dispositivos das Leis 8.212, de 24 de julho de 1991, 10.593, de 6 de dezembro de 2002, 10.910, de 15 de julho de 2004, 11.098, de 13 de janeiro de 2005, e 9.317, de 5 de dezembro de 1996; e dá outras providências.

O Presidente da República:

Faço saber que o Congresso Nacional decreta e eu sanciono a seguinte Lei:

Capítulo I
Da Secretaria da Receita Federal do Brasil

Art. 1º A Secretaria da Receita Federal passa a denominar-se Secretaria da Receita Federal do Brasil, órgão essencial ao funcionamento do Estado, de caráter permanente, estruturado de forma hierárquica e diretamente subordinado ao Ministro de Estado da Fazenda e que tem por finalidade a administração tributária e aduaneira da União.

- Artigo com redação determinada pela Lei 13.464/ 2017 (*DOU* 11.07.2017), em vigor na data de sua publicação, não produzindo efeitos financeiros retroativos à data da publicação da MP 765/2016 (*DOU* 30.12.2016).

Parágrafo único. São essenciais e indelegáveis as atividades da administração tributária e aduaneira da União exercidas pelos servidores dos quadros funcionais da Secretaria da Receita Federal do Brasil.

Art. 2º Além das competências atribuídas pela legislação vigente à Secretaria da Receita Federal, cabe à Secretaria da Receita Federal do Brasil planejar, executar, acompanhar e avaliar as atividades relativas a tributação, fiscalização, arrecadação, cobrança e recolhimento das contribuições sociais previstas nas alíneas *a*, *b* e *c* do parágrafo único do art. 11 da Lei 8.212, de 24 de julho de 1991, e das contribuições instituídas a título de substituição.

- V. art. 1º, Dec. 6.103/2007 (Antecipa para 2 de maio de 2007 a aplicação do Dec. 70.235/1972, relativamente aos prazos processuais e à competência para julgamento em primeira instância, de processos administrativo-fiscais relativos às contribuições de que tratam os arts. 2º e 3º da Lei 11.457/2007).

§ 1º O produto da arrecadação das contribuições especificadas no *caput* deste artigo e acréscimos legais incidentes serão destinados, em caráter exclusivo, ao pagamento de benefícios do Regime Geral de Previdência Social e creditados diretamente ao Fundo do Regime Geral de Previdência Social, de que trata o art. 68 da Lei Complementar 101, de 4 de maio de 2000.

§ 2º Nos termos do art. 58 da Lei Complementar 101, de 4 de maio de 2000, a Secretaria da Receita Federal do Brasil prestará contas anualmente ao Conselho Nacional de Previdência Social dos resultados da arrecadação das contribuições sociais destinadas ao financiamento do Regime Geral de Previdência Social e das compensações a elas referentes.

§ 3º As obrigações previstas na Lei 8.212, de 24 de julho de 1991, relativas às contribuições sociais de que trata o *caput* deste artigo serão cumpridas perante a Secretaria da Receita Federal do Brasil.

§ 4º Fica extinta a Secretaria da Receita Previdenciária do Ministério da Previdência Social.

Art. 3º As atribuições de que trata o art. 2º desta Lei se estendem às contribuições devidas a terceiros, assim entendidas outras entidades e fundos, na forma da legislação em vigor, aplicando-se em relação a essas contribuições, no que couber, as disposições desta Lei.

- V. art. 1º, Dec. 6.103/2007 (Antecipa para 2 de maio de 2007 a aplicação do Dec. 70.235/1972, relativamente aos prazos processuais e à competência para julgamento em primeira instância, de processos administrativo-fiscais relativos às contribuições de que tratam os arts. 2º e 3º da Lei 11.457/2007).

§ 1º A retribuição pelos serviços referidos no *caput* deste artigo será de 3,5% (três inteiros e cinco décimos por cento) do montante arrecadado, salvo percentual diverso estabelecido em lei específica.

§ 2º O disposto no *caput* deste artigo abrangerá exclusivamente contribuições cuja base de cálculo seja a mesma das que incidem sobre a remuneração paga, devida ou creditada a segurados do Regime Geral de Previdência Social ou instituídas sobre outras bases a título de substituição.

§ 3º As contribuições de que trata o *caput* deste artigo sujeitam-se aos mesmos prazos, condições, sanções e privilégios daquelas referidas no art. 2º desta Lei, inclusive no que diz respeito à cobrança judicial.

§ 4º A remuneração de que trata o § 1º deste artigo será creditada ao Fundo Especial de Desenvolvimento e Aperfeiçoamento das Atividades de Fiscalização – FUNDAF, instituído pelo Decreto-lei 1.437, de 17 de dezembro de 1975.

§ 5º Durante a vigência da isenção pelo atendimento cumulativo aos requisitos constantes dos incisos I a V do *caput* do art. 55 da Lei 8.212, de 24 de julho de 1991, deferida pelo Instituto Nacional do Seguro Social – INSS, pela Secretaria da Receita Previdenciária ou pela Secretaria da Receita Federal do Brasil, não são devidas pela entidade beneficente de assistência social as contribuições sociais previstas em lei a outras entidades ou fundos.

§ 6º Equiparam-se a contribuições de terceiros, para fins desta Lei, as destinadas ao Fundo Aeroviário – FA, à Diretoria de Portos e Costas do Comando da Marinha – DPC e ao Instituto Nacional de Colonização e Reforma Agrária – INCRA e a do salário-educação.

Art. 4º São transferidos para a Secretaria da Receita Federal do Brasil os processos administrativo-fiscais, inclusive os relativos aos créditos já constituídos ou em fase de constituição, e as guias e declarações apresentadas ao Ministério da Previdência Social ou ao Instituto Nacional do Seguro Social – INSS, referentes às contribuições de que tratam os arts. 2º e 3º desta Lei.

Art. 5º Além das demais competências estabelecidas na legislação que lhe é aplicável, cabe ao INSS:

I – emitir certidão relativa a tempo de contribuição;

II – gerir o Fundo do Regime Geral de Previdência Social;

III – calcular o montante das contribuições referidas no art. 2º desta Lei e emitir o correspondente documento de arrecadação, com vistas no atendimento conclusivo para concessão ou revisão de benefício requerido.

Art. 6º Ato conjunto da Secretaria da Receita Federal do Brasil e do INSS definirá a forma de transferência recíproca de informações relacionadas com as contribuições sociais a que se referem os arts. 2º e 3º desta Lei.

Parágrafo único. Com relação às informações de que trata o *caput* deste artigo, a Secretaria da Receita Federal do Brasil e o INSS são responsáveis pela preservação do sigilo fiscal previsto no art. 198 da Lei 5.172, de 25 de outubro de 1966.

Art. 7º Fica criado o cargo de Natureza Especial de Secretário da Receita Federal do Brasil, com a remuneração prevista no parágrafo único do art. 39 da Lei 10.683, de 28 de maio de 2003.

Parágrafo único. O Secretário da Receita Federal do Brasil será escolhido entre brasileiros de reputação ilibada e ampla experiência na área tributária, sendo nomeado pelo Presidente da República.

Art. 7º-A. As atribuições e competências anteriormente conferidas ao Secretário da Receita Federal ou ao Secretário da Receita Previdenciária, relativas ao exercício dos respectivos cargos, transferem-se para o Secretário da Receita Federal do Brasil.

- Artigo acrescentado pela Lei 11.490/2007.

Art. 8º Ficam redistribuídos, na forma do § 1º do art. 37 da Lei 8.112, de 11 de dezembro de 1990, dos Quadros de Pessoal do Ministério da Previdência Social e do INSS para a Secretaria da Receita Federal do Brasil os cargos ocupados e vagos da Carreira Auditoria Fiscal da Previdência Social, de que trata o art. 7º da Lei 10.593, de 6 de dezembro de 2002.

Art. 9º A Lei 10.593, de 6 de dezembro de 2002, passa a vigorar com a seguinte redação:

"Art. 3º O ingresso nos cargos das Carreiras disciplinadas nesta Lei far-se-á no primeiro padrão da classe inicial da respectiva tabela de vencimentos, mediante concurso público de provas ou de provas e títulos, exigindo-se curso superior em nível de graduação concluído ou habilitação legal equivalente.

[...]

§ 3º Sem prejuízo dos requisitos estabelecidos neste artigo, o ingresso nos cargos de que trata o *caput* deste artigo depende da inexistência de:

I – registro de antecedentes criminais decorrentes de decisão condenatória transitada em julgado de crime cuja descrição envolva a prática de ato de improbidade administrativa ou incompatível com a idoneidade exigida para o exercício do cargo;

II – punição em processo disciplinar por ato de improbidade administrativa mediante decisão de que não caiba recurso hierárquico."

"Art. 4º [...]

[...]

§ 3º O servidor em estágio probatório será objeto de avaliação específica, sem prejuízo da progressão funcional durante o período, observados o interstício mínimo de 12 (doze) e máximo de 18 (dezoito) meses em cada padrão e o resultado de avaliação de desempenho efetuada para esta finalidade, na forma do regulamento."

Carreira de Auditoria da Receita Federal do Brasil

"Art. 5º Fica criada a Carreira de Auditoria da Receita Federal do Brasil, composta pelos cargos de nível superior de Auditor Fiscal da Receita Federal do Brasil e de Analista Tributário da Receita Federal do Brasil.

Parágrafo único. (*Revogado*)."

"Art. 6º São atribuições dos ocupantes do cargo de Auditor Fiscal da Receita Federal do Brasil:

I – no exercício da competência da Secretaria da Receita Federal do Brasil e em caráter privativo:

a) constituir, mediante lançamento, o crédito tributário e de contribuições;

b) elaborar e proferir decisões ou delas participar em processo administrativo-fiscal, bem como em processos de consulta, restituição ou compensação de tributos e contribuições e de reconhecimento de benefícios fiscais;

c) executar procedimentos de fiscalização, praticando os atos definidos na legislação específica, inclusive os relacionados com o controle aduaneiro, apreensão de mercadorias, livros, documentos, materiais, equipamentos e assemelhados;

d) examinar a contabilidade de sociedades empresariais, empresários, órgãos, entidades, fundos e demais contribuintes, não se lhes aplicando as restrições previstas nos arts. 1.190 a 1.192 do Código Civil e observado o disposto no art. 1.193 do mesmo diploma legal;

e) proceder à orientação do sujeito passivo no tocante à interpretação da legislação tributária;

f) supervisionar as demais atividades de orientação ao contribuinte;

II – em caráter geral, exercer as demais atividades inerentes à competência da Secretaria da Receita Federal do Brasil.

§ 1º O Poder Executivo poderá cometer o exercício de atividades abrangidas pelo inciso II do *caput* deste artigo em caráter privativo ao Auditor Fiscal da Receita Federal do Brasil.

§ 2º Incumbe ao Analista Tributário da Receita Federal do Brasil, resguardadas as atribuições privativas referidas no inciso I do *caput* e no § 1º deste artigo:

I – exercer atividades de natureza técnica, acessórias ou preparatórias ao exercício das atribuições privativas dos Auditores Fiscais da Receita Federal do Brasil;

II – atuar no exame de matérias e processos administrativos, ressalvado o disposto na alínea *b* do inciso I do *caput* deste artigo;

III – exercer, em caráter geral e concorrente, as demais atividades inerentes às competências da Secretaria da Receita Federal do Brasil.

§ 3º Observado o disposto neste artigo, o Poder Executivo regulamentará as atribuições dos cargos de Auditor Fiscal da Receita Federal do Brasil e Analista Tributário da Receita Federal do Brasil.

§ 4º (*Vetado*)."

"Art. 20-A. O Poder Executivo regulamentará a forma de transferência de informações entre a Secretaria da Receita Federal do Brasil e a Secretaria de Inspeção do Trabalho para o desenvolvimento coordenado das atribuições a que se referem os arts. 6º e 11 desta Lei."

Art. 10. Ficam transformados:

I – em cargos de Auditor Fiscal da Receita Federal do Brasil, de que trata o art. 5º da Lei 10.593, de 6 de dezembro de 2002, com a redação conferida pelo art. 9º desta Lei, os cargos efetivos, ocupados e vagos de Auditor Fiscal da Receita Federal da Carreira Auditoria da Receita Federal prevista na redação original do art. 5º da Lei 10.593, de 6 de dezembro de 2002, e de Auditor Fiscal da Previdência Social da Carreira Auditoria Fiscal da Previdência Social, de que trata o art. 7º da Lei 10.593, de 6 de dezembro de 2002;

II – em cargos de Analista Tributário da Receita Federal do Brasil, de que trata o art. 5º da Lei 10.593, de 6 de dezembro de 2002, com a redação conferida pelo art. 9º desta Lei, os cargos efetivos, ocupados e vagos, de Técnico da Receita Federal da Carreira Auditoria da Receita Federal prevista na redação original do art. 5º da Lei 10.593, de 6 de dezembro de 2002.

§ 1º Aos servidores titulares dos cargos transformados nos termos deste artigo fica assegurado o posicionamento na classe e padrão de vencimento em que estiverem enquadrados, sem prejuízo da remuneração e das demais vantagens a que façam jus na data de início da vigência desta Lei, observando-se, para todos os fins, o tempo no cargo anterior, inclusive o prestado a partir da publicação desta Lei.

§ 2º O disposto neste artigo aplica-se aos servidores aposentados, bem como aos pensionistas.

§ 3º A nomeação dos aprovados em concursos públicos para os cargos transformados na forma do *caput* deste artigo cujo edital tenha sido publicado antes do início da vigência desta Lei far-se-á nos cargos vagos alcançados pela respectiva transformação.

§ 4º Ficam transportados para a folha de pessoal inativo do Ministério da Fazenda os proventos e as pensões decorrentes do exercício dos cargos de Auditor Fiscal da Previdência Social transformados nos termos deste artigo.

§ 5º Os atuais ocupantes dos cargos a que se refere o § 4º deste artigo e os servidores inativos que se aposentaram em seu exercício, bem como os respectivos pensionistas, poderão optar por permanecer filiados ao plano de saúde a que se vinculavam na origem, hipótese em que a contribuição será custeada pelo servidor e pelo Ministério da Fazenda.

§ 6º Ficam extintas a Carreira Auditoria da Receita Federal, mencionada na redação original do art. 5º da Lei 10.593, de 6 de dezembro de 2002, e a Carreira Auditoria Fiscal da Previdência Social, de que trata o art. 7º daquela Lei.

Art. 11. Os Auditores Fiscais da Receita Federal do Brasil cedidos a outros órgãos que não satisfaçam as condições previstas nos incisos I e II do § 8º do art. 4º da Lei 10.910, de 15 de julho de 2004, deverão entrar em exercício na Secretaria da Receita Federal do Brasil no prazo de 180 (cento e oitenta) dias da vigência desta Lei.

§ 1º Excluem-se do disposto no *caput* deste artigo cessões para o exercício dos cargos de Secretário de Estado, do Distrito Federal, de prefeitura de capital ou de dirigente máximo de autarquia no mesmo âmbito.

§ 2º O Poder Executivo poderá fixar o exercício de até 385 (trezentos e oitenta e cinco) Auditores Fiscais da Receita Federal do Brasil no Ministério da Previdência Social ou na Superintendência Nacional de Previdência Complementar – PREVIC, garantidos os direitos e vantagens inerentes ao cargo, lotação de origem, remuneração e gratificações, ainda que na condição de ocupante de cargo em comissão ou função de confiança.

- § 2º com redação determinada pela Lei 12.154/2009.

§ 3º Os Auditores Fiscais da Receita Federal do Brasil a que se refere o § 2º executarão, em caráter privativo, os procedimentos de fiscalização das atividades e operações das entidades fechadas de previdência complementar, de competência da PREVIC, assim como das entidades e fundos dos regimes próprios de previdência social.

- § 3º com redação determinada pela Lei 12.154/2009.

§ 4º No exercício da competência prevista no § 3º deste artigo, os Auditores Fiscais da Receita Federal do Brasil poderão, relativamente ao objeto da fiscalização:

I – praticar os atos definidos na legislação específica, inclusive os relacionados com a apreensão e guarda de livros, documentos, materiais, equipamentos e assemelhados;

II – examinar registros contábeis, não se lhes aplicando as restrições previstas nos arts. 1.190 a 1.192 do Código Civil e observado o disposto no art. 1.193 do mesmo diploma legal.

III – lavrar ou propor a lavratura de auto de infração;

- Inciso III acrescentado pela Lei 12.154/2009.

IV – aplicar ou propor a aplicação de penalidade administrativa ao responsável por infração objeto de processo administrativo decorrente de ação fiscal, representação, denúncia ou outras situações previstas em lei.

- Inciso IV acrescentado pela Lei 12.154/2009.

§ 5º Na execução dos procedimentos de fiscalização referidos no § 3º, ao Auditor Fiscal da Receita Federal do Brasil é assegurado o livre acesso às dependências e às informações dos entes objeto da ação fiscal, de acordo com as respectivas áreas de competência, caracterizando-se embaraço à fiscalização, punível nos termos da lei, qualquer dificuldade oposta à consecução desse objetivo.

- § 5º acrescentado pela Lei 12.154/2009.

§ 6º É facultado ao Auditor Fiscal da Receita Federal do Brasil a que se refere o § 2º exercer, em caráter geral e concorrente, outras atividades inerentes às competências do Ministério da Previdência Social e da PREVIC.

- § 6º acrescentado pela Lei 12.154/2009.

§ 7º Caberá aos Auditores Fiscais da Receita Federal do Brasil em exercício na PREVIC constituir em nome desta, mediante lançamento, os créditos pelo não recolhimento da Taxa de Fiscalização e Controle da Previdência Complementar – TAFIC e promover a sua cobrança administrativa.

- § 7º acrescentado pela Lei 12.154/2009.

Art. 12. Sem prejuízo do disposto no art. 49 desta Lei, são redistribuídos, na forma do disposto no art. 37 da Lei 8.112, de 11 de dezembro de 1990, para a Secretaria da Receita Federal do Brasil, os cargos dos servidores que, na data da publicação desta Lei, se encontravam em efetivo exercício na Secretaria de Receita Previdenciária ou nas unidades técnicas e administrativas a ela vinculadas e sejam titulares de cargos integrantes:

I – do Plano de Classificação de Cargos, instituído pela Lei 5.645, de 10 de dezembro de 1970, ou do Plano Geral de Cargos do Poder Executivo de que trata a Lei 11.357, de 19 de outubro de 2006;

II – das Carreiras:

a) Previdenciária, instituída pela Lei 10.355, de 26 de dezembro de 2001;

b) da Seguridade Social e do Trabalho, instituída pela Lei 10.483, de 3 de julho de 2002;

c) do Seguro Social, instituída pela Lei 10.855, de 1º de abril de 2004;

d) da Previdência, da Saúde e do Trabalho, instituída pela Lei 11.355, de 19 de outubro de 2006.

§§ 1º a 3º *(Vetados).*

§ 4º Os servidores referidos neste artigo poderão, no prazo de 180 (cento e oitenta) dias contado da data referida no inciso II do *caput* do art. 51 desta Lei, optar por sua permanência no órgão de origem.

- § 4º acrescentado pela Lei 11.501/2007.
- V. Dec. 6.248/2007 (Regulamenta o art. 12, § 4º, da Lei 11.457/2007).

§ 5º Os servidores a que se refere este artigo perceberão seus respectivos vencimentos e vantagens como se em exercício estivessem no órgão de origem, até a vigência da Lei que disporá sobre suas carreiras, cargos, remuneração, lotação e exercício.

- § 5º acrescentado pela Lei 11.501/2007.

§§ 6º a 8º *(Vetados).*

- §§ 6º a 8º acrescentados pela Lei 11.501/2007.

Art. 13. Ficam transferidos os cargos em comissão e funções gratificadas da estrutura da extinta Secretaria da Receita Previdenciária do Ministério da Previdência Social para a Secretaria da Receita Federal do Brasil.

☛ **Art. 14.** Fica o Poder Executivo federal autorizado a proceder à transformação, sem aumento de despesa, dos cargos em comissão e das funções de confiança existentes na Secretaria Especial da Receita Federal do Brasil do Ministério da Economia.

- *Caput* com redação determinada pela Lei 13.844/2019.

Parágrafo único. Sem prejuízo das situações em curso, os cargos em comissão e as funções de confiança a que se refere o caput deste artigo, com exceção daqueles destinados ao assessoramento direto e ao gabinete do Secretário Especial da Receita Federal do Brasil, são privativos de servidores:

- *Caput* do parágrafo único com redação determinada pela Lei 13.844/2019.

I – ocupantes de cargos efetivos da Secretaria Especial da Receita Federal do Brasil do Ministério da Economia ou de servidores que tenham obtido aposentadoria nessa condição, hipótese esta restrita à ocupação de cargo em comissão; e

- Inciso I com redação determinada pela Lei 13.844/2019.

II – alcançados pelo disposto no art. 12 desta Lei.

Art. 15. Os incisos XII e XVIII do *caput* do art. 29 da Lei 10.683, de 28 de maio de 2003, passam a vigorar com a seguinte redação:

> "Art. 29. [...]
>
> [...]
>
> XII – do Ministério da Fazenda o Conselho Monetário Nacional, o Conselho Nacional de Política Fazendária, o Conselho de Recursos do Sistema Financeiro Nacional, o Conselho Nacional de Seguros Privados, o Conselho de Recursos do Sistema Nacional de Seguros Privados, de Previdência Privada Aberta e de Capitalização, o Conselho de Controle de Atividades Financeiras, a Câmara Superior de Recursos Fiscais, os 1º, 2º e 3º Conselhos de Contribuintes, o Conselho Diretor do Fundo de Garantia à Exportação – CFGE, o Comitê Brasileiro de Nomenclatura, o Comitê de Avaliação de Créditos ao Exterior, a Secretaria da Receita Federal do Brasil, a Procuradoria-Geral da Fazenda Nacional, a Escola de Administração Fazendária e até cinco Secretarias;
>
> [...]
>
> XVIII – do Ministério da Previdência Social o Conselho Nacional de Previdência Social, o Conselho de Recursos da Previdência Social, o Conselho de Gestão da Previdência Complementar e até duas Secretarias;
>
> [...]"

Capítulo II
Da Procuradoria-geral da Fazenda Nacional

Art. 16. A partir do 1º (primeiro) dia do 2º (segundo) mês subsequente ao da publicação desta Lei, o débito original e seus acréscimos legais, além de outras multas previstas em lei, relativos às contribuições de que tratam os arts. 2º e 3º desta Lei, constituem dívida ativa da União.

§ 1º A partir do 1º (primeiro) dia do 13º (décimo terceiro) mês subsequente ao da publicação desta Lei, o disposto no *caput* deste artigo se estende à dívida ativa do Instituto Nacional do Seguro Social – INSS e do Fundo Nacional de Desenvolvimento da Educação – FNDE decorrente das contribuições a que se referem os arts. 2º e 3º desta Lei.

§ 2º Aplica-se à arrecadação da dívida ativa decorrente das contribuições de que trata o art. 2º desta Lei o disposto no § 1º daquele artigo.

§ 3º Compete à Procuradoria-Geral Federal representar judicial e extrajudicialmente:

I – o INSS e o FNDE, em processos que tenham por objeto a cobrança de contribuições previdenciárias, inclusive nos que pretendam a contestação do crédito tributário, até a data prevista no § 1º deste artigo;

II – a União, nos processos da Justiça do Trabalho relacionados com a cobrança de contribuições previdenciárias, de imposto de renda retido na fonte e de multas impostas aos empregadores pelos órgãos de fiscalização das relações do trabalho, mediante delegação da Procuradoria-Geral da Fazenda Nacional.

§ 4º A delegação referida no inciso II do § 3º deste artigo será comunicada aos órgãos judiciários e não alcançará a competência prevista no inciso II do art. 12 da Lei Complementar 73, de 10 de fevereiro de 1993.

§ 5º Recebida a comunicação aludida no § 4º deste artigo, serão destinadas à Procuradoria-Geral Federal as citações, intimações e notificações efetuadas em processos abrangidos pelo objeto da delegação.

§ 6º Antes de efetivar a transferência de atribuições decorrente do disposto no § 1º deste artigo, a Procuradoria-Geral Federal concluirá os atos que se encontrarem pendentes.

§ 7º A inscrição na dívida ativa da União das contribuições de que trata o art. 3º desta Lei, na forma do *caput* e do § 1º deste artigo, não altera a destinação final do produto da respectiva arrecadação.

Art. 17. O art. 39 da Lei 8.212, de 24 de julho de 1991, passa a vigorar com a seguinte redação:

- Alterações processadas no texto da referida Lei.

Art. 18. Ficam criados na Carreira de Procurador da Fazenda Nacional 1.200 (mil e duzentos) cargos efetivos de Procurador da Fazenda Nacional.

Parágrafo único. Os cargos referidos no *caput* deste artigo serão providos na medida das necessidades do serviço e das disponibilidades de recursos orçamentários, nos termos do § 1º do art. 169 da Constituição Federal.

Art. 18-A. Compete ao Advogado-Geral da União e ao Ministro de Estado da Fazenda, mediante ato conjunto, distribuir os cargos de Procurador da Fazenda Nacional pelas 3 (três) categorias da Carreira.

- Artigo acrescentado pela Lei 11.518/2007.

Art. 19. Ficam criadas, na Procuradoria-Geral da Fazenda Nacional, 120 (cento e vinte) Procuradorias Seccionais da Fazenda Nacional, a serem instaladas por ato do Ministro de Estado da Fazenda em cidades sede de Varas da Justiça Federal ou do Trabalho.

Parágrafo único. Para estruturação das Procuradorias Seccionais a que se refere o *caput* deste artigo, ficam criados 60 (sessenta) cargos em comissão do Grupo Direção e Assessoramento Superiores DAS-2 e 60 (sessenta) DAS-1, a serem providos na medida das necessidades do serviço e das disponibilidades de recursos orçamentários, nos termos do § 1º do art. 169 da Constituição Federal.

Art. 20. *(Vetado).*

Art. 21. Sem prejuízo do disposto no art. 49 desta Lei e da percepção da remuneração do respectivo cargo, será fixado o exercício na Procuradoria-Geral da Fazenda Nacional, a partir da data fixada no § 1º do art. 16 desta Lei, dos servidores que se encontrarem em efetivo exercício nas unidades vinculadas ao contencioso fiscal e à cobrança da dívida ativa na Coordenação Geral de Matéria Tributária da Procuradoria-Geral Federal, na Procuradoria Federal Especializada junto ao INSS, nos respectivos órgãos descentralizados ou nas unidades locais, e forem titulares de cargos integrantes:

I – do Plano de Classificação de Cargos instituído pela Lei 5.645, de 10 dezembro de 1970, ou do Plano Geral de Cargos do Poder Executivo de que trata a Lei 11.357, de 19 de outubro de 2006;

- Inciso I com redação determinada pela Lei 11.501/ 2007.

II – das Carreiras:

a) Previdenciária, instituída pela Lei 10.355, de 26 de dezembro de 2001;

b) da Seguridade Social e do Trabalho, instituída pela Lei 10.483, de 3 de julho de 2002;

c) do Seguro Social, instituída pela Lei 10.855, de 1º de abril de 2004;

d) da Previdência, da Saúde e do Trabalho, instituída pela Lei 11.355, de 19 de outubro de 2006.

Parágrafo único. Fica o Poder Executivo autorizado, de acordo com as necessidades do serviço, a fixar o exercício dos servidores a que se refere o *caput* deste artigo no órgão ou entidade ao qual estiverem vinculados.

Art. 22. As autarquias e fundações públicas federais darão apoio técnico, logístico e financeiro, pelo prazo de 24 (vinte e quatro) meses a partir da publicação desta Lei, para que a Procuradoria-Geral Federal assuma, de forma centralizada, nos termos dos §§ 11 e 12 do art. 10 da Lei 10.480, de 2 de julho de 2002, a execução de sua dívida ativa.

Art. 23. Compete à Procuradoria-Geral da Fazenda Nacional a representação judicial na cobrança de créditos de qualquer natureza inscritos em Dívida Ativa da União.

Art. 24. É obrigatório que seja proferida decisão administrativa no prazo máximo de 360 (trezentos e sessenta) dias a contar do protocolo de petições, defesas ou recursos administrativos do contribuinte.

§ 1º *(Vetado).*

§ 2º *(Vetado).*

Capítulo III
Do Processo Administrativo Fiscal

Art. 25. Passam a ser regidos pelo Decreto 70.235, de 6 de março de 1972:

- V. art. 1º, Dec. 6.103/2007 (Antecipa para 2 de maio de 2007 a aplicação do Dec. 70.235/1972, relativamente aos prazos processuais e à competência para julgamento em primeira instância, de processos administrativo-fiscais relativos às contribuições de que tratam os arts. 2º e 3º da Lei 11.457/2007).
- V. art. 2º, Dec. 6.104/2007, que determina que os procedimentos fiscais iniciados antes de 02.05.2007, no âmbito da Secretaria da Receita Federal e da Secretaria da Receita Previdenciária, deverão ser concluídos até 31.10.2007.

I – a partir da data fixada no § 1º do art. 16 desta Lei, os procedimentos fiscais e os processos administrativo-fiscais de determinação e exigência de créditos tributários referentes às contribuições de que tratam os arts. 2º e 3º desta Lei;

II – a partir da data fixada no *caput* do art. 16 desta Lei, os processos administrativos de consulta relativos às contribuições sociais mencionadas no art. 2º desta Lei.

§ 1º O Poder Executivo poderá antecipar ou postergar a data a que se refere o inciso I do *caput* deste artigo, relativamente a:

I – procedimentos fiscais, instrumentos de formalização do crédito tributário e prazos processuais;

II – competência para julgamento em 1ª (primeira) instância pelos órgãos de deliberação interna e natureza colegiada.

☛ **§ 2º** *(Revogado pela Lei 13.670/2018).*

§ 3º Aplicam-se, ainda, aos processos a que se refere o inciso II do *caput* deste artigo os arts. 48 e 49 da Lei 9.430, de 27 de dezembro de 1996.

☛ **Art. 26.** O valor correspondente à compensação de débitos relativos às contribuições de que trata o Art. 2º desta Lei será repassado ao Fundo do Regime Geral de Previdência Social no prazo máximo de 30 (trinta) dias úteis, contado da data em que ela for promovida de ofício ou em que for apresentada a declaração de compensação.

- *Caput* com redação determinada pela Lei 13.670/ 2018.

Parágrafo único. *(Revogado pela Lei 13.670/2018).*

Art. 26-A. O disposto no art. 74 da Lei 9.430, de 27 de dezembro de 1996:

- Artigo acrescentado pela Lei 13.670/2018.

I – aplica-se à compensação das contribuições a que se referem os arts. 2º e 3º desta Lei efetuada pelo sujeito passivo que utilizar o Sistema de Escrituração Digital das Obrigações Fiscais, Previdenciárias e Trabalhistas (eSocial), para apuração das referidas contribuições, observado o disposto no § 1º deste artigo;

II – não se aplica à compensação das contribuições a que se referem os arts. 2º e 3º desta Lei efetuada pelos demais sujeitos passivos; e

III – não se aplica ao regime unificado de pagamento de tributos, de contribuições e dos demais encargos do empregador doméstico (Simples Doméstico).

§ 1º Não poderão ser objeto da compensação de que trata o inciso I do *caput* deste artigo:

I – o débito das contribuições a que se referem os arts. 2º e 3º desta Lei:

a) relativo a período de apuração anterior à utilização do eSocial para a apuração das referidas contribuições; e

b) relativo a período de apuração posterior à utilização do eSocial com crédito dos demais tributos administrados pela Secretaria da Receita Federal do Brasil concernente a período de apuração anterior à utilização do eSocial para apuração das referidas contribuições; e

II – o débito dos demais tributos administrados pela Secretaria da Receita Federal do Brasil:

a) relativo a período de apuração anterior à utilização do eSocial para apuração de tributos com crédito concernente às contribuições a que se referem os arts. 2º e 3º desta Lei; e

b) com crédito das contribuições a que se referem os arts. 2º e 3º desta Lei relativo a período de apuração anterior à utilização do eSocial para apuração das referidas contribuições.

§ 2º A Secretaria da Receita Federal do Brasil disciplinará o disposto neste artigo.

Art. 27. Observado o disposto no art. 25 desta Lei, os procedimentos fiscais e os processos administrativo-fiscais referentes às contribuições sociais de que tratam os arts. 2º e 3º desta Lei permanecem regidos pela legislação precedente.

Art. 28. Ficam criadas, na Secretaria da Receita Federal do Brasil, 5 (cinco) Delegacias de Julgamento e 60 (sessenta) Turmas de Julgamento com competência para julgar, em 1ª (primeira) instância, os processos de exigência de tributos e contribuições arrecadados pela Secretaria da Receita Federal do Brasil, a serem instaladas mediante ato do Ministro de Estado da Fazenda.

Parágrafo único. Para estruturação dos órgãos de que trata o *caput* deste artigo, ficam criados 5 (cinco) cargos em comissão do Grupo Direção e Assessoramento Superiores DAS-3 e 55 (cinquenta e cinco) DAS-2, a serem providos na medida das necessidades do serviço e das disponibilidades de recursos orçamentários, nos termos do § 1º do art. 169 da Constituição Federal.

Art. 29. Fica transferida do Conselho de Recursos da Previdência Social para o 2º Conselho de Contribuintes do Ministério da Fazenda a competência para julgamento de recursos referentes às contribuições de que tratam os arts. 2º e 3º desta Lei.

§ 1º Para o exercício da competência a que se refere o *caput* deste artigo, serão instaladas no 2º Conselho de Contribuintes, na forma da regulamentação pertinente, Câmaras especializadas, observada a composição prevista na parte final do inciso VII do *caput* do art. 194 da Constituição Federal.

§ 2º Fica autorizado o funcionamento das Câmaras dos Conselhos de Contribuintes nas sedes das Regiões Fiscais da Secretaria da Receita Federal do Brasil.

Art. 30. No prazo de 30 (trinta) dias da publicação do ato de instalação das Câmaras previstas no § 1º do art. 29 desta Lei, os processos administrativo-fiscais referentes às contribuições de que tratam os arts. 2º e 3º desta Lei que se encontrarem no Conselho de Recursos da Previdência Social serão encaminhados para o 2º Conselho de Contribuintes.

Parágrafo único. Fica prorrogada a competência do Conselho de Recursos da Previdência Social durante o prazo a que se refere o *caput* deste artigo.

Art. 31. São transferidos, na data da publicação do ato a que se refere o *caput* do art. 30 desta Lei, 2 (dois) cargos em comissão do Grupo Direção e Assessoramento Superiores DAS-101.2 e 2 (dois) DAS-101.1 do Conselho de Recursos da Previdência Social para o 2º Conselho de Contribuintes.

Capítulo IV
Do Parcelamento dos Débitos Previdenciários dos Estados e do Distrito Federal

- V. Dec. 6.166/2007 (Regulamenta o parcelamento dos débitos dos Estados e do Distrito Federal relativos às contribuições sociais de que tratam as alíneas *a* e *c* do parágrafo único do art. 11 da Lei 8.212/1991, instituído pelos arts. 32 a 39 da Lei 11.457/2007).

Art. 32. Os débitos de responsabilidade dos Estados e do Distrito Federal, de suas autarquias e fundações, relativos às contribuições sociais de que tratam as alíneas *a* e *c* do parágrafo único do art. 11 da Lei 8.212, de 24 de julho de 1991, com vencimento até o mês anterior ao da entrada em vigor desta Lei, poderão ser parcelados em até 240 (duzentas e quarenta) prestações mensais e consecutivas.

§ 1º Os débitos referidos no *caput* deste artigo são aqueles originários de contribuições sociais e obrigações acessórias, constituídos ou não, inscritos ou não em dívida ativa, incluídos os que estiverem em fase de execução fiscal ajuizada, e os que tenham sido objeto de parcelamento anterior não integralmente quitado ou cancelado por falta de pagamento.

§ 2º Os débitos ainda não constituídos deverão ser confessados de forma irretratável e irrevogável.

§ 3º Poderão ser parcelados em até 60 (sessenta) prestações mensais e consecutivas os débitos de que tratam o *caput* e os §§ 1º e 2º deste artigo com vencimento até o mês anterior ao da entrada em vigor desta Lei, relativos a contribuições não recolhidas:

I – descontadas dos segurados empregado, trabalhador avulso e contribuinte individual;

II – retidas na forma do art. 31 da Lei 8.212, de 24 de julho de 1991;

III – decorrentes de sub-rogação.

§ 4º Caso a prestação mensal não seja paga na data do vencimento, serão retidos e repassados à Secretaria da Receita Federal do Brasil recursos do Fundo de Participação dos Estados e do Distrito Federal suficientes para sua quitação, acrescidos de juros equivalentes à taxa referencial do Sistema Especial de Liquidação e de Custódia – SELIC para títulos federais, acumulada mensalmente a partir do primeiro dia do mês subsequente ao da consolidação do débito até o mês anterior ao do pagamento, acrescido de 1% (um por cento) no mês do pagamento da prestação.

Art. 33. Até 90 (noventa) dias após a entrada em vigor desta Lei, a opção pelo parcelamento será formalizada na Secretaria da Receita Federal do Brasil, que se responsabilizará pela cobrança das prestações e controle dos créditos originários dos parcelamentos concedidos.

- V. art. 3º, Lei 11.531/2007, que prorroga até 31.12.2007 o prazo a que se refere este artigo.

Art. 34. A concessão do parcelamento objeto deste Capítulo está condicionada:

I – à apresentação pelo Estado ou Distrito Federal, na data da formalização do pedido, do demonstrativo referente à apuração da Receita Corrente Líquida Estadual, na forma do disposto na Lei Complementar 101, de 4 de maio de 2000, referente ao ano-calendário imediatamente anterior ao da entrada em vigor desta Lei;

II – ao adimplemento das obrigações vencidas a partir do primeiro dia do mês da entrada em vigor desta Lei.

Art. 35. Os débitos serão consolidados por Estado e Distrito Federal na data do pedido do parcelamento, reduzindo-se os valores referentes a juros de mora em 50% (cinquenta por cento).

Art. 36. Os débitos de que trata este Capítulo serão parcelados em prestações mensais equivalentes a, no mínimo, 1,5% (um inteiro e cinco décimos por cento) da média da Receita Corrente Líquida do Estado e do Distrito Federal prevista na Lei Complementar 101, de 4 de maio de 2000.

§ 1º A média de que trata o *caput* deste artigo corresponderá a 1/12 (um doze avos) da Receita Corrente Líquida do ano anterior ao do vencimento da prestação.

§ 2º Para fins deste artigo, os Estados e o Distrito Federal se obrigam a encaminhar à Secretaria da Receita Federal do Brasil o demonstrativo de apuração da Receita Corrente Líquida de que trata o inciso I do art. 53 da Lei Complementar 101, de 4 de maio de 2000, até o último dia útil do mês de fevereiro de cada ano.

§ 3º A falta de apresentação das informações a que se refere o § 2º deste artigo implicará, para fins de apuração e cobrança da prestação mensal, a aplicação da variação do Índice Geral de Preços, Disponibilidade Interna – IGP-DI, acrescida de juros de 0,5% (cinco décimos por cento) ao mês, sobre a última Receita Corrente Líquida publicada nos termos da legislação.

§ 4º Às prestações vencíveis em janeiro, fevereiro e março aplicar-se-á o valor mínimo do ano anterior.

Art. 37. As prestações serão exigíveis no último dia útil de cada mês, a contar do mês subsequente ao da formalização do pedido de parcelamento.

§ 1º No período compreendido entre a formalização do pedido e o mês da consolidação, o ente beneficiário do parcelamento deverá recolher mensalmente prestações correspondentes a 1,5% (um inteiro e cinco décimos por cento) da média da Receita Corrente Líquida do Estado e do Distrito Federal prevista na Lei Complementar 101, de 4 de maio de 2000, sob pena de indeferimento do pleito, que só se confirma com o pagamento da prestação inicial.

§ 2º A partir do mês seguinte à consolidação, o valor da prestação será obtido mediante a divisão do montante do débito parcelado, deduzidos os valores das prestações recolhidas nos termos do § 1º deste artigo, pelo número de prestações restantes, observado o valor mínimo de 1,5% (um inteiro e cinco décimos por cento) da média da Receita Corrente Líquida do Estado e do Distrito Federal prevista na Lei Complementar 101, de 4 de maio de 2000.

Art. 38. O parcelamento será rescindido na hipótese do inadimplemento:

I – de 3 (três) meses consecutivos ou 6 (seis) meses alternados, prevalecendo o que primeiro ocorrer;

II – das obrigações correntes referentes às contribuições sociais de que trata este Capítulo;

III – da parcela da prestação que exceder à retenção dos recursos do Fundo de Participação dos Estados e do Distrito Federal promovida na forma deste Capítulo.

Art. 39. O Poder Executivo disciplinará, em regulamento, os atos necessários à execução do disposto neste Capítulo.

Parágrafo único. Os débitos referidos no *caput* deste artigo serão consolidados no âmbito da Secretaria da Receita Federal do Brasil.

Capítulo V
Disposições Gerais

Art. 40. Sem prejuízo do disposto nas Leis 4.516, de 1º de dezembro de 1964, e 5.615, de 13 de outubro de 1970, a Empresa de Tecnologia e Informações da Previdência Social – DATAPREV fica autorizada a prestar serviços de tecnologia da informação ao Ministério da Fazenda, necessários ao desempenho das atribuições abrangidas por esta Lei, observado o disposto no inciso VIII do art. 24 da Lei 8.666, de 21 de junho de 1993, nas condições estabelecidas em ato do Poder Executivo.

Art. 41. Fica autorizada a transferência para o patrimônio da União dos imóveis que compõem o Fundo do Regime Geral de Previdência Social identificados pelo Poder Executivo como necessários ao funcionamento da Secretaria da Receita Federal do Brasil e da Procuradoria-Geral da Fazenda Nacional.

Parágrafo único. No prazo de 3 (três) anos, de acordo com o resultado de avaliação realizada nos termos da legislação aplicável, a União compensará financeiramente o Fundo do Regime Geral de Previdência Social pelos imóveis transferidos na forma do *caput* deste artigo.

Art. 42. A Consolidação das Leis do Trabalho – CLT, aprovada pelo Decreto-lei 5.452, de 1º de maio de 1943, passa a vigorar com a seguinte redação:

- Alterações do art. 832, §§ 4º a 7º; art. 876, parágrafo único; art. 879, §§ 3º e 5º; art. 880, *caput* e art. 889-A, §§ 1º e 2º processadas no texto do referido Decreto-lei.

Art. 43. A Lei 10.910, de 15 de julho de 2004, passa a vigorar com a redação seguinte, dando-se aos seus Anexos a forma dos Anexos I e II desta Lei:

"Art. 1º As Carreiras de Auditoria da Receita Federal do Brasil e Auditoria Fiscal do Trabalho compõem-se de cargos efetivos agrupados nas classes A, B e Especial, compreendendo a 1ª (primeira) 5 (cinco) padrões, e as 2 (duas) últimas, 4 (quatro) padrões, na forma do Anexo I desta Lei."

"Art. 3º A Gratificação de Desempenho de Atividade Tributária – GDAT de que trata o art. 15 da Lei 10.593, de 6 de dezembro de 2002, devida aos integrantes das Carreiras de Auditoria da Receita Federal do Brasil e Auditoria Fiscal do Trabalho, é transformada em Gratificação de Atividade Tributária – GAT, em valor equivalente a 75% (setenta e cinco por cento) do vencimento básico do servidor.

I – *(Revogado pela Lei 11.356, de 2006)*;

II – *(Revogado pela Lei 11.356, de 2006)*.

[...]"

"Art. 4º Fica criada a Gratificação de Incremento da Fiscalização e da Arrecadação – GIFA, devida aos ocupantes dos cargos efetivos das Carreiras de Auditoria da Receita Federal do Brasil e Auditoria Fiscal do Trabalho, de que trata a Lei 10.593, de 6 de dezembro de 2002, no percentual de até 95% (noventa e cinco por cento), incidente sobre o maior vencimento básico de cada cargo das Carreiras.

§ 1º A GIFA será paga aos Auditores Fiscais da Receita Federal do Brasil e aos Analistas Tributários da Receita Federal do Brasil de acordo com os seguintes parâmetros:

[...]

II – 2/3 (dois terços), no mínimo, em decorrência da avaliação do resultado institucional do conjunto de unidades da Secretaria da Receita Federal do Brasil no cumprimento de metas de arrecadação, computadas em âmbito nacional e de forma individualizada para cada órgão.

[...]

§ 8º [...]

[...]

II – ocupantes dos cargos efetivos da Carreira de Auditoria da Receita Federal do Brasil, em exercício nos seguintes órgãos do Ministério da Fazenda:

[...]

III – ocupantes dos cargos de Auditor Fiscal da Receita Federal do Brasil da Carreira de Auditoria da Receita Federal do Brasil, em exercício no Ministério da Previdência Social e órgãos vinculados;

IV – ocupantes dos cargos efetivos da Carreira Auditoria Fiscal do Trabalho, em exercício no Ministério do Trabalho e Emprego, exclusivamente nas unidades não integrantes do Sistema Federal de Inspeção do Trabalho definidas em regulamento."

"Art. 6º *(Vetado).*"

Art. 44. O art. 23 do Decreto 70.235, de 6 de março de 1972, passa a vigorar acrescido dos §§ 7º, 8º e 9º, com a seguinte redação:

Alterações processadas no texto do referido Decreto.

Art. 45. As repartições da Secretaria da Receita Federal do Brasil deverão, durante seu horário regular de funcionamento, dar vista dos autos de processo administrativo, permitindo a obtenção de cópias reprográficas, assim como receber requerimentos e petições.

Parágrafo único. A Secretaria da Receita Federal do Brasil adotará medidas para disponibilizar o atendimento a que se refere o *caput* deste artigo por intermédio da rede mundial de computadores e o recebimento de petições e requerimentos digitalizados.

Capítulo VI
Disposições Transitórias e Finais

Art. 46. A Fazenda Nacional poderá celebrar convênios com entidades públicas e privadas para a divulgação de informações previstas nos incisos II e III do § 3º do art. 198 da Lei 5.172, de 25 de outubro de 1966 – Código Tributário Nacional – CTN.

Art. 47. Fica o Poder Executivo autorizado a:

I – transferir, depois de realizado inventário, do INSS, do Ministério da Previdência Social e da Procuradoria-Geral Federal para a Secretaria da Receita Federal do Brasil e para a Procuradoria-Geral da Fazenda Nacional acervos técnicos e patrimoniais, inclusive bens imóveis, obrigações, direitos, contratos, convênios, processos administrativos e demais instrumentos relacionados com as atividades transferidas em decorrência desta Lei;

II – remanejar e transferir para a Secretaria da Receita Federal do Brasil dotações em favor do Ministério da Previdência Social e do INSS aprovadas na Lei Orçamentária em vigor, mantida a classificação funcional-programática, subprojetos, subatividades e grupos de despesas.

§ 1º Até que sejam implementados os ajustes necessários, o Ministério da Previdência Social e o INSS continuarão a executar as despesas de pessoal e de manutenção relativas às atividades transferidas, inclusive as decorrentes do disposto no § 5º do art. 10 desta Lei.

§ 2º Enquanto não ocorrerem as transferências previstas no *caput* deste artigo, o Ministério da Previdência Social, o INSS e a Procuradoria-Geral Federal prestarão à Secretaria da Receita Federal do Brasil e à Procuradoria-Geral da Fazenda Nacional o necessário apoio técnico, financeiro e administrativo.

§ 3º Inclui-se no apoio de que trata o § 2º deste artigo a manutenção dos espaços físicos atualmente ocupados.

Art. 48. Fica mantida, enquanto não modificados pela Secretaria da Receita Federal do Brasil, a vigência dos convênios celebrados e dos atos normativos e administrativos editados:

I – pela Secretaria da Receita Previdenciária;

II – pelo Ministério da Previdência Social e pelo INSS relativos à administração das contribuições a que se referem os arts. 2º e 3º desta Lei;

III – pelo Ministério da Fazenda relativos à administração dos tributos e contribuições de competência da Secretaria da Receita Federal do Brasil;

IV – pela Secretaria da Receita Federal.

Art. 49. *(Vetado).*

Art. 50. No prazo de 1 (um) ano da data de publicação desta Lei, o Poder Executivo encaminhará ao Congresso Nacional projeto de lei orgânica das Auditorias Federais, dispondo sobre direitos, deveres, garantias e prerrogativas dos servidores integrantes das Carreiras de que trata a Lei 10.593, de 6 de dezembro de 2002.

Art. 51. Esta Lei entra em vigor:

I – na data de sua publicação, para o disposto nos arts. 40, 41, 47, 48, 49 e 50 desta Lei;

II – no primeiro dia útil do segundo mês subsequente à data de sua publicação, em relação aos demais dispositivos desta Lei.

Art. 52. Ficam revogados:

I – *(Vetado).*

II – a partir da data da publicação desta Lei, o parágrafo único do art. 5º da Lei 10.593, de 6 dezembro de 2002.

• Deixamos de publicar os Anexos a esta Lei.

Brasília, 16 de março de 2007; 186º da Independência e 119º da República.

Luiz Inácio Lula da Silva

(*DOU* 19.03.2007)

LEI 11.491, DE 20 DE JUNHO DE 2007

Institui o Fundo de Investimento do Fundo de Garantia do Tempo de Serviço – FI-FGTS, altera a Lei 8.036, de 11 de maio de 1990, e dá outras providências.

• V. Lei 8.036/1990 (FGTS).
• V. Dec. 99.684/1990 (Consolida as normas regulamentares do FGTS).
• V. Lei 8.844/1994 (Fiscalização, apuração e cobrança judicial das contribuições e multas devidas ao FGTS).
• V. LC 110/2001 (Institui contribuições sociais e autoriza créditos de complementos de atualização monetária em contas vinculadas do FGTS).
• V. Dec. 3.913/2001 (Apuração e liquidação dos complementos de atualização monetária de saldos de contas vinculadas do FGTS).
• V. Dec. 3.914/2001 (Regulamentação das contribuições sociais instituídas pela LC 110/2001).
• V. Dec. 5.113/2004 (Regulamenta o art. 20, XVI, da Lei 8.036/1990).

O Presidente da República:

Faço saber que o Congresso Nacional decreta e eu sanciono a seguinte Lei:

Art. 1º Fica criado o Fundo de Investimento do Fundo de Garantia do Tempo de Serviço – FI-FGTS, caracterizado pela aplicação de recursos do FGTS, destinado a investimentos em empreendimentos dos setores de aeroportos, energia, rodovia, ferrovia, hidrovia, porto e saneamento, de acordo com as diretrizes, critérios e condições que dispuser o Conselho Curador do FGTS.

• *Caput* com redação determinada pela Lei 12.873/2013.

§ 1º O FI-FGTS terá patrimônio próprio, segregado do patrimônio do FGTS, e será disciplinado por instrução da Comissão de Valores Mobiliários – CVM.

§ 2º A administração e a gestão do FI-FGTS serão da Caixa Econômica Federal, na qualidade de Agente Operador do FGTS, cabendo ao Comitê de Investimento – CI, a ser constituído pelo Conselho Curador do FGTS, a aprovação dos investimentos.

§ 3º Na hipótese de extinção do FI-FGTS, o seu patrimônio total será distribuído aos cotistas na proporção de suas participações, observado o disposto no inciso VIII do *caput* do art. 7º e no § 8º do art. 20, ambos da Lei 8.036, de 11 de maio de 1990, com a redação dada por esta Lei.

Art. 2º Fica autorizada a aplicação de R$ 5.000.000.000,00 (cinco bilhões de reais) do patrimônio líquido do FGTS para integralização de cotas do FI-FGTS.

Parágrafo único. Após a aplicação integral dos recursos de que trata o *caput* deste artigo, poderá a Caixa Econômica Federal propor ao Conselho Curador do FGTS a aplicação sucessiva de parcelas adicionais de até R$ 5.000.000.000,00 (cinco bilhões de reais) cada, até ser atingido o valor limite equivalente a 80% (oitenta por cento) do patrimônio líquido do FGTS registrado em 31 de dezembro do exercício anterior àquele em que se der a autorização para a integralização das cotas.

• Parágrafo único com redação determinada pela Lei 12.087/2009.

Art. 3º A Lei 8.036, de 11 de maio de 1990, passa a vigorar com as seguintes alterações:

• Alterações processadas no texto da referida Lei.

Art. 4º *(Vetado).*

Art. 5º Esta Lei entra em vigor na data de sua publicação.

Brasília, 20 de junho de 2007; 186º da Independência e 119º da República.

Luiz Inácio Lula da Silva

(*DOU* 21.06.2007; ret. 16.08.2007)

LEI 11.648, DE 31 DE MARÇO DE 2008

Dispõe sobre o reconhecimento formal das centrais sindicais para os fins que especifica, altera a Consolidação das Leis do Trabalho – CLT, aprovada pelo Decreto-lei 5.452, de 1º de maio de 1943, e dá outras providências.

• V. Port. MTb 291/2017 (Aprova instruções para aferição e dos requisitos de representatividade das centrais).

O Presidente da República:

Faço saber que o Congresso Nacional decreta e eu sanciono a seguinte Lei:

Art. 1º A central sindical, entidade de representação geral dos trabalhadores, constituída em âmbito nacional, terá as seguintes atribuições e prerrogativas:

I – coordenar a representação dos trabalhadores por meio das organizações sindicais a ela filiadas; e

II – participar de negociações em fóruns, colegiados de órgãos públicos e demais espaços de diálogo social que possuam composição tripartite, nos quais estejam em discussão assuntos de interesse geral dos trabalhadores.

Parágrafo único. Considera-se central sindical, para os efeitos do disposto nesta Lei, a entidade associativa de direito privado composta por organizações sindicais de trabalhadores.

Art. 2º Para o exercício das atribuições e prerrogativas a que se refere o inciso II do *caput* do art. 1º desta Lei, a central sindical deverá cumprir os seguintes requisitos:

I – filiação de, no mínimo, 100 (cem) sindicatos distribuídos nas 5 (cinco) regiões do País;

II – filiação em pelo menos 3 (três) regiões do País de, no mínimo, 20 (vinte) sindicatos em cada uma;

III – filiação de sindicatos em, no mínimo, 5 (cinco) setores de atividade econômica; e

IV – filiação de sindicatos que representem, no mínimo, 7% (sete por cento) do total de empregados sindicalizados em âmbito nacional.

Parágrafo único. O índice previsto no inciso IV do *caput* deste artigo será de 5% (cinco por cento) do total de empregados sindicalizados em âmbito nacional no período de 24 (vinte e quatro) meses a contar da publicação desta Lei.

Art. 3º A indicação pela central sindical de representantes nos fóruns tripartites, conselhos e colegiados de órgãos públicos a que se refere o inciso II do *caput* do art. 1º desta Lei será em número proporcional ao índice de representatividade previsto no inciso IV do *caput* do art. 2º desta Lei, salvo acordo entre centrais sindicais.

§ 1º O critério de proporcionalidade, bem como a possibilidade de acordo entre as centrais, previsto no *caput* deste artigo não poderá prejudicar a participação de outras centrais sindicais que atenderem aos requisitos estabelecidos no art. 2º desta Lei.

§ 2º A aplicação do disposto no *caput* deste artigo deverá preservar a paridade de representação de trabalhadores e empregadores em qualquer organismo mediante o qual sejam levadas a cabo as consultas.

Art. 4º A aferição dos requisitos de representatividade de que trata o art. 2º desta Lei será realizada pelo Ministério do Trabalho e Emprego.

§ 1º O Ministro de Estado do Trabalho e Emprego, mediante consulta às centrais sindicais, poderá baixar instruções para disciplinar os procedimentos necessários à aferição dos requisitos de representatividade, bem como para alterá-los com base na análise dos índices de sindicalização dos sindicatos filiados às centrais sindicais.

§ 2º Ato do Ministro de Estado do Trabalho e Emprego divulgará, anualmente, relação das centrais sindicais que atendem aos requisitos de que trata o art. 2º desta Lei, indicando seus índices de representatividade.

Art. 5º Os arts. 589, 590, 591 e 593 da Consolidação das Leis do Trabalho – CLT, aprovada pelo Decreto-lei 5.452, de 1º de maio de 1943, passam a vigorar com a seguinte redação:

- Alterações processadas no texto do referido Decreto-lei.

Art. 6º *(Vetado).*

Art. 7º Os arts. 578 a 610 da Consolidação das Leis do Trabalho – CLT, aprovada pelo Decreto-lei 5.452, de 1º de maio de 1943, vigorarão até que a lei venha a disciplinar a contribuição negocial, vinculada ao exercício efetivo da negociação coletiva e à aprovação em assembleia geral da categoria.

Art. 8º Esta Lei entra em vigor na data de sua publicação.

Brasília, 31 de março de 2008; 187º da Independência e 120º da República.

Luiz Inácio Lula da Silva

(*DOU* 31.03.2008, edição extra)

LEI 11.699, DE 13 DE JUNHO DE 2008

Dispõe sobre as Colônias, Federações e Confederação Nacional dos Pescadores, regulamentando o parágrafo único do art. 8º da Constituição Federal e revoga dispositivo do Decreto-lei 221, de 28 de fevereiro de 1967.

O Presidente da República:

Faço saber que o Congresso Nacional decreta e eu sanciono a seguinte Lei:

Art. 1º As Colônias de Pescadores, as Federações Estaduais e a Confederação Nacional dos Pescadores ficam reconhecidas como órgãos de classe dos trabalhadores do setor artesanal da pesca, com forma e natureza jurídica próprias, obedecendo ao princípio da livre organização previsto no art. 8º da Constituição Federal.

Parágrafo único. *(Vetado.)*

Art. 2º Cabe às Colônias, às Federações Estaduais e à Confederação Nacional dos Pescadores a defesa dos direitos e interesses da categoria, em juízo ou fora dele, dentro de sua jurisdição.

Art. 3º Às Colônias de Pescadores regularmente constituídas serão assegurados os seguintes direitos:

I – plena autonomia e soberania de suas Assembléias Gerais;

II – *(Vetado.)*

III – *(Vetado.)*

IV – representar, perante os órgãos públicos, contra quaisquer ações de pesca predatória e de degradação do meio ambiente;

V – *(Vetado.)*

VI – *(Vetado.)*

VII – faculdade de montagem de bens e serviços para o desenvolvimento profissional, econômico e social das comunidades pesqueiras.

Art. 4º É livre a associação dos trabalhadores no setor artesanal da pesca no seu órgão de classe, comprovando os interessados sua condição no ato da admissão.

Art. 5º As Colônias de Pescadores são autônomas, sendo expressamente vedado ao Poder Público, bem como às Federações e à Confederação a interferência e a intervenção na sua organização.

Parágrafo único. São vedadas à Confederação Nacional dos Pescadores a interferência e a intervenção na organização das Federações Estaduais de Pescadores.

Art. 6º As Colônias de Pescadores são criadas em assembléias de fundação convocadas para esse fim pelos trabalhadores do setor pesqueiro artesanal da sua base territorial.

Art. 7º As Colônias de Pescadores, constituídas na forma da legislação vigente após feita a respectiva publicação e registrados os documentos no cartório de títulos e documentos, adquirem personalidade jurídica, tornando-se aptas a funcionar.

Art. 8º As Federações têm por atribuição representar os trabalhadores no setor artesanal de pesca, em âmbito estadual, e a Confederação, em âmbito nacional.

Art. 9º As Colônias de Pescadores, as Federações Estaduais e a Confederação Nacional dos Pescadores providenciarão e aprovarão os estatutos, nos termos desta Lei.

Art. 10. Esta Lei entra em vigor na data de sua publicação.

Art. 11. Revoga-se o art. 94 do Decreto-lei 221, de 28 de fevereiro de 1967.

Brasília, 13 de junho de 2008; 187º da Independência e 120º da República.

Luiz Inácio Lula da Silva

(*DOU* 16.06.2008)

LEI 11.770, DE 9 DE SETEMBRO DE 2008

Cria o Programa Empresa Cidadã, destinado à prorrogação da licença-maternidade mediante concessão de incentivo fiscal, e altera a Lei 8.212, de 24 de julho de 1991.

- V. Lei 10.741/2003 (Dispõe sobre o Estatuto do Idoso e dá outras providências).
- V. Dec. 7.052/2009 (Regulamenta a Lei 11.770/2008).
- V. 12.288/2010 (Institui o Estatuto da Igualdade Racial).
- V. Lei 12.852/2013 (Institui o Estatuto da Juventude e dispõe sobre os direitos dos jovens, os princípios e diretrizes das políticas públicas de juventude e o Sinajuve).
- V. Lei 13.189/2015 (Institui o Programa Seguro-Emprego (PSE)).
- V. Decreto 8.479/2015 (Regulamenta o disposto na Medida Provisória 680, de 6 de julho de 2015, que institui o Programa de Proteção ao Emprego).
- V. Lei 13.289/2016 (Dispõe sobre o Selo Empresa Solidária com a Vida e dá outras providências).

O Presidente da República:

Faço saber que o Congresso Nacional decreta e eu sanciono a seguinte Lei:

Art. 1º É instituído o Programa Empresa Cidadã, destinado a prorrogar:

- Artigo com redação determinada pela Lei 13.257/ 2016 (*DOU* 09.03.2016), em vigor na data de sua publicação, produzindo efeitos a partir do primeiro dia do exercício subsequente àquele em que for implementado o disposto no art. 39 da referida lei.

I – por 60 (sessenta) dias a duração da licença-maternidade prevista no inciso XVIII do *caput* do art. 7º da Constituição Federal;

II – por 15 (quinze) dias a duração da licença-paternidade, nos termos desta Lei, além dos 5 (cinco) dias estabelecidos no § 1º do art. 10 do Ato das Disposições Constitucionais Transitórias.

§ 1º A prorrogação de que trata este artigo:

I – será garantida à empregada da pessoa jurídica que aderir ao Programa, desde que a empregada a requeira até o final do primeiro mês após o parto, e será concedida imediatamente após a fruição da licença-maternidade de que trata o inciso XVIII do *caput* do art. 7º da Constituição Federal;

II – será garantida ao empregado da pessoa jurídica que aderir ao Programa, desde que o empregado a requeira no prazo de 2 (dois) dias úteis após o parto e comprove participação em programa ou atividade de orientação sobre paternidade responsável.

§ 2º A prorrogação será garantida, na mesma proporção, à empregada e ao empregado que adotar ou obtiver guarda judicial para fins de adoção de criança.

Art. 2º É a administração pública, direta, indireta e fundacional, autorizada a instituir programa que garanta prorrogação da licença-maternidade para suas servidoras, nos termos do que prevê o art. 1º desta Lei.

Art. 3º Durante o período de prorrogação da licença-maternidade e da licença-paternidade:

- Artigo com redação determinada pela Lei 13.257/ 2016 (*DOU* 09.03.2016), em vigor na data de sua publicação, produzindo efeitos a partir do primeiro dia do exercício subsequente àquele em que for implementado o disposto no art. 39 da referida lei.

I – a empregada terá direito à remuneração integral, nos mesmos moldes devidos no período de percepção do salário-maternidade pago pelo Regime Geral de Previdência Social (RGPS);

II – o empregado terá direito à remuneração integral.

Art. 4º No período de prorrogação da licença-maternidade e da licença-paternidade de que trata esta Lei, a empregada e o empregado não poderão exercer nenhuma atividade remunerada, e a criança deverá ser mantida sob seus cuidados.

- Artigo com redação determinada pela Lei 13.257/ 2016 (*DOU* 09.03.2016), em vigor na data de sua publicação, produzindo efeitos a partir do primeiro dia do exercício subsequente àquele em que for implementado o disposto no art. 39 da referida lei.

Parágrafo único. Em caso de descumprimento do disposto no *caput* deste artigo, a empregada e o empregado perderão o direito à prorrogação.

Art. 5º A pessoa jurídica tributada com base no lucro real poderá deduzir do imposto devido, em cada período de apuração, o total da remuneração integral da empregada e do empregado pago nos dias de prorrogação de sua licença-maternidade e de sua licença-paternidade, vedada a dedução como despesa operacional.

- *Caput* com redação determinada pela Lei 13.257/ 2016 (*DOU* 09.03.2016), em vigor na data de sua publicação, produzindo efeitos a partir do primeiro dia do exercício subsequente àquele em que for implementado o disposto no art. 39 da referida lei.

Parágrafo único. *(Vetado).*

Art. 6º *(Vetado).*

Art. 7º O Poder Executivo, com vistas no cumprimento do disposto no inciso II do *caput* do art. 5º e nos arts. 12 e 14 da Lei Complementar 101, de 4 de maio de 2000, estimará o montante da renúncia fiscal decorrente do disposto nesta Lei e o incluirá no demonstrativo a que se refere o § 6º do art. 165 da Constituição Federal, que acompanhará o projeto de lei orçamentária cuja apresentação se der após decorridos 60 (sessenta) dias da publicação desta Lei.

Art. 8º Esta Lei entra em vigor na data de sua publicação, produzindo efeitos a partir do primeiro dia do exercício subsequente àquele em que for implementado o disposto no seu art. 7º.

Brasília, 9 de setembro de 2008; 187º da Independência e 120º da República.

Luiz Inácio Lula da Silva

(*DOU* 10.09.2008)

LEI 11.788, DE 25 DE SETEMBRO DE 2008

Dispõe sobre o estágio de estudantes; altera a redação do art. 428 da Consolidação das Leis do Trabalho – CLT, aprovada pelo Decreto-lei 5.452, de 1º de maio de 1943, e a Lei 9.394, de 20 de dezembro de 1996; revoga as Leis 6.494, de 7 de dezembro de 1977, e 8.859, de 23 de março de 1994, o parágrafo único do art. 82 da Lei 9.394, de 20 de dezembro de 1996, e o art. 6º da Medida Provisória 2.164-41, de 24 de agosto de 2001; e dá outras providências.

O Presidente da República:

Faço saber que o Congresso Nacional decreta e eu sanciono a seguinte Lei:

Capítulo I
Da Definição, Classificação e Relações de Estágio

Art. 1º Estágio é ato educativo escolar supervisionado, desenvolvido no ambiente de trabalho, que visa à preparação para o trabalho produtivo de educandos que estejam frequentando o ensino regular em instituições de educação superior, de educação profissional, de ensino médio, da educação especial e dos anos finais do ensino fundamental, na modalidade profissional da educação de jovens e adultos.

§ 1º O estágio faz parte do projeto pedagógico do curso, além de integrar o itinerário formativo do educando.

§ 2º O estágio visa ao aprendizado de competências próprias da atividade profissional e à contextualização curricular, objetivando o desenvolvimento do educando para a vida cidadã e para o trabalho.

Art. 2º O estágio poderá ser obrigatório ou não obrigatório, conforme determinação das diretrizes curriculares da etapa, modalidade e área de ensino e do projeto pedagógico do curso.

§ 1º Estágio obrigatório é aquele definido como tal no projeto do curso, cuja carga horária é requisito para aprovação e obtenção de diploma.

§ 2º Estágio não obrigatório é aquele desenvolvido como atividade opcional, acrescida à carga horária regular e obrigatória.

§ 3º As atividades de extensão, de monitorias e de iniciação científica na educação superior, desenvolvidas pelo estudante, somente poderão ser equiparadas ao estágio em caso de previsão no projeto pedagógico do curso.

Art. 3º O estágio, tanto na hipótese do § 1º do art. 2º desta Lei quanto na prevista no § 2º do mesmo dispositivo, não cria vínculo empregatício de qualquer natureza, observados os seguintes requisitos:

I – matrícula e frequência regular do educando em curso de educação superior, de educação profissional, de ensino médio, da educação especial e nos anos finais do ensino fundamental, na modalidade profissional da educação de jovens e adultos e atestados pela instituição de ensino;

II – celebração de termo de compromisso entre o educando, a parte concedente do estágio e a instituição de ensino;

III – compatibilidade entre as atividades desenvolvidas no estágio e aquelas previstas no termo de compromisso.

§ 1º O estágio, como ato educativo escolar supervisionado, deverá ter acompanhamento efetivo pelo professor orientador da instituição de ensino e por supervisor da parte concedente, comprovado por vistos nos relatórios referidos no inciso IV do *caput* do art. 7º desta Lei e por menção de aprovação final.

§ 2º O descumprimento de qualquer dos incisos deste artigo ou de qualquer obrigação contida no termo de compromisso caracteriza vínculo de emprego do educando com a parte concedente do estágio para todos os fins da legislação trabalhista e previdenciária.

Art. 4º A realização de estágios, nos termos desta Lei, aplica-se aos estudantes estrangeiros regularmente matriculados em cursos superiores no País, autorizados ou reconhecidos, observado o prazo do visto temporário de estudante, na forma da legislação aplicável.

Art. 5º As instituições de ensino e as partes cedentes de estágio podem, a seu critério, recorrer a serviços de agentes de integração públicos e privados, mediante condições acordadas em instrumento jurídico apropriado, devendo ser observada, no caso de contratação com recursos públicos, a legislação que estabelece as normas gerais de licitação.

§ 1º Cabe aos agentes de integração, como auxiliares no processo de aperfeiçoamento do instituto do estágio:

I – identificar oportunidades de estágio;
II – ajustar suas condições de realização;
III – fazer o acompanhamento administrativo;
IV – encaminhar negociação de seguros contra acidentes pessoais;
V – cadastrar os estudantes.

§ 2º É vedada a cobrança de qualquer valor dos estudantes, a título de remuneração pelos serviços referidos nos incisos deste artigo.

§ 3º Os agentes de integração serão responsabilizados civilmente se indicarem estagiários para a realização de atividades não compatíveis com a programação curricular estabelecida para cada curso, assim como estagiários matriculados em cursos ou instituições para as quais não há previsão de estágio curricular.

Art. 6º O local de estágio pode ser selecionado a partir de cadastro de partes cedentes, organizado pelas instituições de ensino ou pelos agentes de integração.

Capítulo II
Da Instituição de Ensino

Art. 7º São obrigações das instituições de ensino, em relação aos estágios de seus educandos:

I – celebrar termo de compromisso com o educando ou com seu representante ou assistente legal, quando ele for absoluta ou relativamente incapaz, e com a parte concedente, indicando as condições de adequação do estágio à proposta pedagógica do curso, à etapa e modalidade da formação escolar do estudante e ao horário e calendário escolar;

II – avaliar as instalações da parte concedente do estágio e sua adequação à formação cultural e profissional do educando;

III – indicar professor orientador, da área a ser desenvolvida no estágio, como responsável pelo acompanhamento e avaliação das atividades do estagiário;

IV – exigir do educando a apresentação periódica, em prazo não superior a 6 (seis) meses, de relatório das atividades;

V – zelar pelo cumprimento do termo de compromisso, reorientando o estagiário para outro local em caso de descumprimento de suas normas;

VI – elaborar normas complementares e instrumentos de avaliação dos estágios de seus educandos;

VII – comunicar à parte concedente do estágio, no início do período letivo, as datas de realização de avaliações escolares ou acadêmicas.

Parágrafo único. O plano de atividades do estagiário, elaborado em acordo das 3 (três) partes a que se refere o inciso II do *caput* do art. 3º desta Lei, será incorporado ao termo de compromisso por meio de aditivos à medida que for avaliado, progressivamente, o desempenho do estudante.

Art. 8º É facultado às instituições de ensino celebrar com entes públicos e privados convênio de concessão de estágio, nos quais se explicitem o processo educativo compreendido nas atividades programadas para seus educandos e as condições de que tratam os arts. 6º a 14 desta Lei.

Parágrafo único. A celebração de convênio de concessão de estágio entre a instituição de ensino e a parte concedente não dispensa a celebração do termo de compromisso de que trata o inciso II do *caput* do art. 3º desta Lei.

Capítulo III
Da Parte Concedente

Art. 9º As pessoas jurídicas de direito privado e os órgãos da administração pública direta, autárquica e fundacional de qualquer dos Poderes da União, dos Estados, do Distrito Federal e dos Municípios, bem como profissionais liberais de nível superior devidamente registrados em seus respectivos conselhos de fiscalização profissional, podem oferecer estágio, observadas as seguintes obrigações:

I – celebrar termo de compromisso com a instituição de ensino e o educando, zelando por seu cumprimento;

II – ofertar instalações que tenham condições de proporcionar ao educando atividades de aprendizagem social, profissional e cultural;

III – indicar funcionário de seu quadro de pessoal, com formação ou experiência profissional na área de conhecimento desenvolvida no curso do estagiário, para orientar e supervisionar até 10 (dez) estagiários simultaneamente;

IV – contratar em favor do estagiário seguro contra acidentes pessoais, cuja apólice seja compatível com valores de mercado, conforme fique estabelecido no termo de compromisso;

V – por ocasião do desligamento do estagiário, entregar termo de realização do estágio com indicação resumida das atividades desenvolvidas, dos períodos e da avaliação de desempenho;

VI – manter à disposição da fiscalização documentos que comprovem a relação de estágio;

VII – enviar à instituição de ensino, com periodicidade mínima de 6 (seis) meses, relatório de atividades, com vista obrigatória ao estagiário.

Parágrafo único. No caso de estágio obrigatório, a responsabilidade pela contratação do seguro de que trata o inciso IV do *caput* deste artigo poderá, alternativamente, ser assumida pela instituição de ensino.

Capítulo IV
Do Estagiário

Art. 10. A jornada de atividade em estágio será definida de comum acordo entre a instituição de ensino, a parte concedente e o aluno estagiário ou seu representante legal, devendo constar do termo de compromisso ser compatível com as atividades escolares e não ultrapassar:

I – 4 (quatro) horas diárias e 20 (vinte) horas semanais, no caso de estudantes de educação especial e dos anos finais do ensino fundamental, na modalidade profissional de educação de jovens e adultos;

II – 6 (seis) horas diárias e 30 (trinta) horas semanais, no caso de estudantes do ensino superior, da educação profissional de nível médio e do ensino médio regular.

§ 1º O estágio relativo a cursos que alternam teoria e prática, nos períodos em que não estão programadas aulas presenciais, poderá ter jornada de até 40 (quarenta) horas semanais, desde que isso esteja previsto no projeto pedagógico do curso e da instituição de ensino.

§ 2º Se a instituição de ensino adotar verificações de aprendizagem periódicas ou finais, nos períodos de avaliação, a carga horária do estágio será reduzida pelo menos à metade, segundo estipulado no termo de compromisso, para garantir o bom desempenho do estudante.

Art. 11. A duração do estágio, na mesma parte concedente, não poderá exceder 2 (dois) anos, exceto quando se tratar de estagiário portador de deficiência.

Art. 12. O estagiário poderá receber bolsa ou outra forma de contraprestação que venha a ser acordada, sendo compulsória a sua concessão, bem como a do auxílio-transporte, na hipótese de estágio não obrigatório.

§ 1º A eventual concessão de benefícios relacionados a transporte, alimentação e saúde, entre outros, não caracteriza vínculo empregatício.

§ 2º Poderá o educando inscrever-se e contribuir como segurado facultativo do Regime Geral de Previdência Social.

Art. 13. É assegurado ao estagiário, sempre que o estágio tenha duração igual ou superior a 1 (um) ano, período de recesso de 30 (trinta) dias, a ser gozado preferencialmente durante suas férias escolares.

§ 1º O recesso de que trata este artigo deverá ser remunerado quando o estagiário receber bolsa ou outra forma de contraprestação.

§ 2º Os dias de recesso previstos neste artigo serão concedidos de maneira proporcional, nos casos de o estágio ter duração inferior a 1 (um) ano.

Art. 14. Aplica-se ao estagiário a legislação relacionada à saúde e segurança no trabalho, sendo sua implementação de responsabilidade da parte concedente do estágio.

Capítulo V
Da Fiscalização

Art. 15. A manutenção de estagiários em desconformidade com esta Lei caracteriza vínculo de emprego do educando com a parte concedente do estágio para todos os fins da legislação trabalhista e previdenciária.

§ 1º A instituição privada ou pública que reincidir na irregularidade de que trata este artigo ficará impedida de receber estagiários por 2 (dois) anos, contados da data da decisão definitiva do processo administrativo correspondente.

§ 2º A penalidade de que trata o § 1º deste artigo limita-se à filial ou agência em que for cometida a irregularidade.

Capítulo VI
Das Disposições Gerais

Art. 16. O termo de compromisso deverá ser firmado pelo estagiário ou com seu representante ou assistente legal e pelos representantes legais da parte concedente e da instituição de ensino, vedada a atuação dos agentes de integração a que se refere o art. 5º desta Lei como representante de qualquer das partes.

Art. 17. O número máximo de estagiários em relação ao quadro de pessoal das entidades concedentes de estágio deverá atender às seguintes proporções:

I – de 1 (um) a 5 (cinco) empregados: 1 (um) estagiário;

II – de 6 (seis) a 10 (dez) empregados: até 2 (dois) estagiários;

III – de 11 (onze) a 25 (vinte e cinco) empregados: até 5 (cinco) estagiários;

IV – acima de 25 (vinte e cinco) empregados: até 20% (vinte por cento) de estagiários.

§ 1º Para efeito desta Lei, considera-se quadro de pessoal o conjunto de trabalhadores empregados existentes no estabelecimento do estágio.

§ 2º Na hipótese de a parte concedente contar com várias filiais ou estabelecimentos, os quantitativos previstos nos incisos deste artigo serão aplicados a cada um deles.

§ 3º Quando o cálculo do percentual disposto no inciso IV do *caput* deste artigo resultar em fração, poderá ser arredondado para o número inteiro imediatamente superior.

§ 4º Não se aplica o disposto no *caput* deste artigo aos estágios de nível superior e de nível médio profissional.

§ 5º Fica assegurado às pessoas portadoras de deficiência o percentual de 10% (dez por cento) das vagas oferecidas pela parte concedente do estágio.

Art. 18. A prorrogação dos estágios contratados antes do início da vigência desta Lei apenas poderá ocorrer se ajustada às suas disposições.

Art. 19. O art. 428 da Consolidação das Leis do Trabalho – CLT, aprovada pelo Decreto-lei 5.452, de 1º de maio de 1943, passa a vigorar com as seguintes alterações:

- Alterações processadas no texto da CLT.

Art. 20. O art. 82 da Lei 9.394, de 20 de dezembro de 1996, passa a vigorar com a seguinte redação:

"Art. 82. Os sistemas de ensino estabelecerão as normas de realização de estágio em sua jurisdição, observada a lei federal sobre a matéria.
Parágrafo único. *(Revogado).*"

Art. 21. Esta Lei entra em vigor na data de sua publicação.

Art. 22. Revogam-se as Leis 6.494, de 7 de dezembro de 1977, e 8.859, de 23 de março de 1994, o parágrafo único do art. 82 da Lei 9.394, de 20 de dezembro de 1996, e o art. 6º da Medida Provisória 2.164-41, de 24 de agosto de 2001.

Brasília, 25 de setembro de 2008; 187º da Independência e 120º da República.

Luiz Inácio Lula da Silva

(*DOU* 26.09.2008)

LEI 11.959, DE 29 DE JUNHO DE 2009

Dispõe sobre a Política Nacional de Desenvolvimento Sustentável da Aquicultura e da Pesca, regula as atividades pesqueiras, revoga a Lei 7.679, de 23 de novembro de 1988, e dispositivos do Decreto-lei 221, de 28 de fevereiro de 1967, e dá outras providências.

O Presidente da República:

Faço saber que o Congresso Nacional decreta e eu sanciono a seguinte Lei:

Capítulo I
Normas Gerais da Política Nacional de Desenvolvimento Sustentável da Aquicultura e da Pesca

Art. 1º Esta Lei dispõe sobre a Política Nacional de Desenvolvimento Sustentável da Aquicultura e da Pesca, formulada, coordenada e executada com o objetivo de promover:

I – o desenvolvimento sustentável da pesca e da aquicultura como fonte de alimentação, emprego, renda e lazer, garantindo-se o uso sustentável dos recursos pesqueiros, bem como a otimização dos benefícios econômicos decorrentes, em harmonia com a preservação e a conservação do meio ambiente e da biodiversidade;

II – o ordenamento, o fomento e a fiscalização da atividade pesqueira;

III – a preservação, a conservação e a recuperação dos recursos pesqueiros e dos ecossistemas aquáticos;

IV – o desenvolvimento socioeconômico, cultural e profissional dos que exercem a atividade pesqueira, bem como de suas comunidades.

Capítulo II
Definições

Art. 2º Para os efeitos desta Lei, consideram-se:

I – recursos pesqueiros: os animais e os vegetais hidróbios passíveis de exploração, estudo ou pesquisa pela pesca amadora, de subsistência, científica, comercial e pela aquicultura;

II – aquicultura: a atividade de cultivo de organismos cujo ciclo de vida em condições naturais se dá total ou parcialmente em meio aquático, implicando a propriedade do estoque sob cultivo, equiparada à atividade agropecuária e classificada nos termos do art. 20 desta Lei;

III – pesca: toda operação, ação ou ato tendente a extrair, colher, apanhar, apreender ou capturar recursos pesqueiros;

IV – aquicultor: a pessoa física ou jurídica que, registrada e licenciada pelas autoridades competentes, exerce a aquicultura com fins comerciais;

V – armador de pesca: a pessoa física ou jurídica que, registrada e licenciada pelas autoridades competentes, apresta, em seu nome ou sob sua responsabilidade, embarcação para ser utilizada na atividade pesqueira pondo-a ou não a operar por sua conta;

VI – empresa pesqueira: a pessoa jurídica que, constituída de acordo com a legislação e devidamente registrada e licenciada pelas autoridades competentes, dedica-se, com fins comerciais, ao exercício da atividade pesqueira prevista nesta Lei;

VII – embarcação brasileira de pesca: a pertencente a pessoa natural residente e domiciliada no Brasil ou a pessoa jurídica constituída segundo as leis brasileiras, com sede e administração no País, bem como aquela sob contrato de arrendamento por empresa pesqueira brasileira;

VIII – embarcação estrangeira de pesca: a pertencente a pessoa natural residente e domiciliada no exterior ou a pessoa jurídica constituída segundo as leis de outro país, em que tenha sede e administração, ou, ainda, as embarcações brasileiras arrendadas a pessoa física ou jurídica estrangeira;

IX – transbordo do produto da pesca: fase da atividade pesqueira destinada à transferência do pescado e dos seus derivados de embarcação de pesca para outra embarcação;

X – áreas de exercício da atividade pesqueira: as águas continentais, interiores, o mar territorial, a plataforma continental, a zona econômica exclusiva brasileira, o alto-mar e outras áreas de pesca, conforme acordos e tratados internacionais firmados pelo Brasil, excetuando-se as áreas demarcadas como unidades de conservação da natureza de proteção integral ou como patrimônio histórico e aquelas definidas como áreas de exclusão para a segurança nacional e para o tráfego aquaviário;

XI – processamento: fase da atividade pesqueira destinada ao aproveitamento do pescado e de seus derivados, provenientes da pesca e da aquicultura;

XII – ordenamento pesqueiro: o conjunto de normas e ações que permitem administrar a atividade pesqueira, com base no conhecimento atualizado dos seus componentes biológico-pesqueiros, ecossistêmico, econômicos e sociais;

XIII – águas interiores: as baías, lagunas, braços de mar, canais, estuários, portos, angras, enseadas, ecossistemas de manguezais, ainda que a comunicação com o mar seja sazonal, e as águas compreendidas entre a costa e a linha de base reta, ressalvado o disposto em acordos e tratados de que o Brasil seja parte;

XIV – águas continentais: os rios, bacias, ribeirões, lagos, lagoas, açudes ou quaisquer depósitos de água não marinha, naturais ou artificiais, e os canais que não tenham ligação com o mar;

XV – alto-mar: a porção de água do mar não incluída na zona econômica exclusiva, no mar territorial ou nas águas interiores e continentais de outro Estado, nem nas águas arquipelágicas de Estado arquipélago;

XVI – mar territorial: faixa de 12 (doze) milhas marítimas de largura, medida a partir da linha de baixa-mar do litoral continental e insular brasileiro, tal como indicada nas cartas náuticas de grande escala, reconhecidas oficialmente pelo Brasil;

XVII – zona econômica exclusiva: faixa que se estende das 12 (doze) às 200 (duzentas) milhas marítimas, contadas a partir das linhas de base que servem para medir a largura do mar territorial;

XVIII – plataforma continental: o leito e o subsolo das áreas submarinas que se estendem além do mar territorial, em toda a extensão do prolongamento natural do território terrestre, até o bordo exterior da margem continental, ou até uma distância de 200 (duzentas) milhas marítimas das linhas de base, a partir das quais se mede a largura do mar territorial, nos casos em que o bordo exterior da margem continental não atinja essa distância;

XIX – defeso: a paralisação temporária da pesca para a preservação da espécie, tendo como motivação a reprodução e/ou recrutamento, bem como paralisações causadas por fenômenos naturais ou acidentes;

XX – *(Vetado)*;

XXI – pescador amador: a pessoa física, brasileira ou estrangeira, que, licenciada pela autoridade competente, pratica a pesca sem fins econômicos;

XXII – pescador profissional: a pessoa física, brasileira ou estrangeira residente no País que, licenciada pelo órgão público competente, exerce a pesca com fins comerciais, atendidos os critérios estabelecidos em legislação específica.

Capítulo III
Da Sustentabilidade do Uso dos Recursos Pesqueiros e da Atividade de Pesca

Seção I
Da Sustentabilidade do Uso dos Recursos Pesqueiros

Art. 3º Compete ao poder público a regulamentação da Política Nacional de Desenvolvimento Sustentável da Atividade Pesqueira, conciliando o equilíbrio entre o princípio da sustentabilidade dos recursos pesqueiros e a obtenção de melhores resultados econômicos e sociais, calculando, autorizando ou estabelecendo, em cada caso:

I – os regimes de acesso;

II – a captura total permissível;

III – o esforço de pesca sustentável;

IV – os períodos de defeso;

V – as temporadas de pesca;

VI – os tamanhos de captura;

VII – as áreas interditadas ou de reservas;

VIII – as artes, os aparelhos, os métodos e os sistemas de pesca e cultivo;

IX – a capacidade de suporte dos ambientes;

X – as necessárias ações de monitoramento, controle e fiscalização da atividade;

XI – a proteção de indivíduos em processo de reprodução ou recomposição de estoques.

§ 1º O ordenamento pesqueiro deve considerar as peculiaridades e as necessidades dos pescadores artesanais, de subsistência e da aquicultura familiar, visando a garantir sua permanência e sua continuidade.

§ 2º Compete aos Estados e ao Distrito Federal o ordenamento da pesca nas águas continentais de suas respectivas jurisdições, observada a legislação aplicável, podendo o exercício da atividade ser restrita a uma determinada bacia hidrográfica.

Seção II
Da Atividade Pesqueira

Art. 4º A atividade pesqueira compreende todos os processos de pesca, explotação e exploração, cultivo, conservação, processamento, transporte, comercialização e pesquisa dos recursos pesqueiros.

Parágrafo único. Consideram-se atividade pesqueira artesanal, para os efeitos desta Lei, os trabalhos de confecção e de reparos de artes e petrechos de pesca, os reparos realizados em embarcações de pequeno porte e o processamento do produto da pesca artesanal.

Art. 5º O exercício da atividade pesqueira somente poderá ser realizado mediante prévio ato autorizativo emitido pela autoridade competente, asseguradas:

I – a proteção dos ecossistemas e a manutenção do equilíbrio ecológico, observados os princípios de preservação da biodiversidade e o uso sustentável dos recursos naturais;

II – a busca de mecanismos para a garantia da proteção e da seguridade do trabalhador e das populações com saberes tradicionais;

III – a busca da segurança alimentar e a sanidade dos alimentos produzidos.

Art. 6º O exercício da atividade pesqueira poderá ser proibido transitória, periódica ou permanentemente, nos termos das normas específicas, para proteção:

I – de espécies, áreas ou ecossistemas ameaçados;

II – do processo reprodutivo das espécies e de outros processos vitais para a manutenção e a recuperação dos estoques pesqueiros;

III – da saúde pública;

IV – do trabalhador.

§ 1º Sem prejuízo do disposto no caput deste artigo, o exercício da atividade pesqueira é proibido:

I – em épocas e nos locais definidos pelo órgão competente;

II – em relação às espécies que devam ser preservadas ou espécimes com tamanhos não permitidos pelo órgão competente;

III – sem licença, permissão, concessão, autorização ou registro expedido pelo órgão competente;

IV – em quantidade superior à permitida pelo órgão competente;

V – em locais próximos às áreas de lançamento de esgoto nas águas, com distância estabelecida em norma específica;

VI – em locais que causem embaraço à navegação;

VII – mediante a utilização de:

a) explosivos;

b) processos, técnicas ou substâncias que, em contato com a água, produzam efeito semelhante ao de explosivos;

c) substâncias tóxicas ou químicas que alterem as condições naturais da água;

d) petrechos, técnicas e métodos não permitidos ou predatórios.

§ 2º São vedados o transporte, a comercialização, o processamento e a industrialização de espécimes provenientes da atividade pesqueira proibida.

Art. 7º O desenvolvimento sustentável da atividade pesqueira dar-se-á mediante:

I – a gestão do acesso e uso dos recursos pesqueiros;

II – a determinação de áreas especialmente protegidas;

III – a participação social;

IV – a capacitação da mão de obra do setor pesqueiro;

V – a educação ambiental;

VI – a construção e a modernização da infraestrutura portuária de terminais portuários, bem como a melhoria dos serviços portuários;

VII – a pesquisa dos recursos, técnicas e métodos pertinentes à atividade pesqueira;

VIII – o sistema de informações sobre a atividade pesqueira;

IX – o controle e a fiscalização da atividade pesqueira;

X – o crédito para fomento ao setor pesqueiro.

Capítulo IV
Da Pesca

Seção I
Da Natureza da Pesca

Art. 8º Pesca, para os efeitos desta Lei, classifica-se como:

I – comercial:

a) artesanal: quando praticada diretamente por pescador profissional, de forma autônoma ou em regime de economia familiar, com meios de produção próprios ou mediante contrato de parceria, desembarcado, podendo utilizar embarcações de pequeno porte;

b) industrial: quando praticada por pessoa física ou jurídica e envolver pescadores profissionais, empregados ou em regime de parceria por cotas-partes, utilizando embarcações de pequeno, médio ou grande porte, com finalidade comercial;

II – não comercial:

a) científica: quando praticada por pessoa física ou jurídica, com a finalidade de pesquisa científica;

b) amadora: quando praticada por brasileiro ou estrangeiro, com equipamentos ou petrechos previstos em legislação específica, tendo por finalidade o lazer ou o desporto;

c) de subsistência: quando praticada com fins de consumo doméstico ou escambo sem fins de lucro e utilizando petrechos previstos em legislação específica.

Seção II
Das Embarcações de Pesca

Art. 9º Podem exercer a atividade pesqueira em áreas sob jurisdição brasileira:

I – as embarcações brasileiras de pesca;

II – as embarcações estrangeiras de pesca cobertas por acordos ou tratados internacionais firmados pelo Brasil, nas condições neles estabelecidas e na legislação específica;

III – as embarcações estrangeiras de pesca arrendadas por empresas, armadores e cooperativas brasileiras de produção de pesca, nos termos e condições estabelecidos em legislação específica.

§ 1º Para os efeitos desta Lei, consideram-se equiparadas às embarcações brasileiras de pesca as embarcações estrangeiras de pesca arrendadas por pessoa física ou jurídica brasileira.

§ 2º A pesca amadora ou esportiva somente poderá utilizar embarcações classificadas pela autoridade marítima na categoria de esporte e recreio.

Art. 10. Embarcação de pesca, para os fins desta Lei, é aquela que, permissionada e registrada perante as autoridades competentes, na forma da legislação específica, opera, com exclusividade, em uma ou mais das seguintes atividades:

I – na pesca;

II – na aquicultura;

III – na conservação do pescado;

IV – no processamento do pescado;

V – no transporte do pescado;

VI – na pesquisa de recursos pesqueiros.

§ 1º As embarcações que operam na pesca comercial se classificam em:

I – de pequeno porte: quando possui arqueação bruta – AB igual ou menor que 20 (vinte);

II – de médio porte: quando possui arqueação bruta – AB maior que 20 (vinte) e menor que 100 (cem);

III – de grande porte: quando possui arqueação bruta – AB igual ou maior que 100 (cem).

§ 2º Para fins creditícios, são considerados bens de produção as embarcações, as redes e os demais petrechos utilizados na pesca ou na aquicultura comercial.

§ 3º Para fins creditícios, são considerados instrumentos de trabalho as embarcações, as redes e os demais petrechos e equipamentos utilizados na pesca artesanal.

§ 4º A embarcação utilizada na pesca artesanal, quando não estiver envolvida na atividade pesqueira, poderá transportar as famílias dos pescadores, os produtos da pequena lavoura e da indústria doméstica, observadas as normas da autoridade marítima aplicáveis ao tipo de embarcação.

§ 5º É permitida a admissão, em embarcações pesqueiras, de menores a partir de 14 (catorze) anos de idade, na condição de aprendizes de pesca, observadas as legislações trabalhista, previdenciária e de proteção à criança e ao adolescente, bem como as normas da autoridade marítima.

Art. 11. As embarcações brasileiras de pesca terão, no curso normal de suas atividades, prioridades no acesso aos portos e aos terminais pesqueiros nacionais, sem prejuízo da exigência de prévia autorização, podendo a descarga de pescado ser feita pela tripulação da embarcação de pesca.

Parágrafo único. Não se aplicam à embarcação brasileira de pesca ou estrangeira de pesca arrendada por empresa brasileira as normas reguladoras do tráfego de cabotagem e as referentes à praticagem.

Art. 12. O transbordo do produto da pesca, desde que previamente autorizado, poderá ser feito nos termos da regulamentação específica.

§ 1º O transbordo será permitido, independentemente de autorização, em caso de acidente ou defeito mecânico que implique o risco de perda do produto da pesca ou seu derivado.

§ 2º O transbordo de pescado em área portuária, para embarcação de transporte, poderá ser realizado mediante autorização da autoridade competente, nas condições nela estabelecidas.

§ 3º As embarcações pesqueiras brasileiras poderão desembarcar o produto da pesca em portos de países que mantenham acordo com o Brasil e que permitam tais operações na forma do regulamento desta Lei.

§ 4º O produto pesqueiro ou seu derivado oriundo de embarcação brasileira ou de embarcação estrangeira de pesca arrendada à pessoa jurídica brasileira é considerado produto brasileiro.

Art. 13. A construção e a transformação de embarcação brasileira de pesca, assim como a importação ou arrendamento de embarcação estrangeira de pesca, dependem de autorização prévia das autoridades competentes, observados os critérios definidos na regulamentação pertinente.

§ 1º A autoridade competente poderá dispensar, nos termos da legislação específica, a exigência de que trata o caput deste artigo para a construção e transformação de embarcação utilizada nas pescas artesanal e de subsistência, atendidas as diretrizes relativas à gestão dos recursos pesqueiros.

§ 2º A licença de construção, de alteração ou de reclassificação da embarcação de pesca expedida pela autoridade marítima está condicionada à apresentação da Permissão Prévia de Pesca expedida pelo órgão federal competente, conforme parâmetros mínimos definidos em regulamento conjunto desses órgãos.

Seção III
Dos Pescadores

Art. 14. *(Vetado).*

Art. 15. *(Vetado).*

Art. 16. *(Vetado).*

Art. 17. *(Vetado).*

Capítulo V
Da Aquicultura

Art. 18. O aquicultor poderá coletar, capturar e transportar organismos aquáticos silvestres, com finalidade técnico-científica ou comercial, desde que previamente autorizado pelo órgão competente, nos seguintes casos:

I – reposição de plantel de reprodutores;

II – cultivo de moluscos aquáticos e de macroalgas disciplinado em legislação específica.

Art. 19. A aquicultura é classificada como:

I – comercial: quando praticada com finalidade econômica, por pessoa física ou jurídica;

II – científica ou demonstrativa: quando praticada unicamente com fins de pesquisa, estudos ou demonstração por pessoa jurídica legalmente habilitada para essas finalidades;

III – recomposição ambiental: quando praticada sem finalidade econômica, com o objetivo de repovoamento, por pessoa física ou jurídica legalmente habilitada;

IV – familiar: quando praticada por unidade unifamiliar, nos termos da Lei 11.326, de 24 de julho de 2006;

V – ornamental: quando praticada para fins de aquariofilia ou de exposição pública, com fins comerciais ou não.

Art. 20. O regulamento desta Lei disporá sobre a classificação das modalidades de aquicultura a que se refere o art. 19, consideradas:

I – a forma do cultivo;

II – a dimensão da área explorada;
III – a prática de manejo;
IV – a finalidade do empreendimento.

Parágrafo único. As empresas de aquicultura são consideradas empresas pesqueiras.

Art. 21. O Estado concederá o direito de uso de águas e terrenos públicos para o exercício da aquicultura.

Art. 22. Na criação de espécies exóticas, é responsabilidade do aquicultor assegurar a contenção dos espécimes no âmbito do cativeiro, impedindo seu acesso às águas de drenagem de bacia hidrográfica brasileira.

Parágrafo único. Fica proibida a soltura, no ambiente natural, de organismos geneticamente modificados, cuja caracterização esteja em conformidade com os termos da legislação específica.

Art. 23. São instrumentos de ordenamento da aquicultura os planos de desenvolvimento da aquicultura, os parques e áreas aquícolas e o Sistema Nacional de Autorização de Uso de Águas da União para fins de aquicultura, conforme definidos em regulamentação específica.

Parágrafo único. A implantação de empreendimentos aquícolas em áreas de salinas, salgados, apicuns, restingas, bem como em todas e quaisquer áreas adjacentes a rios, lagoas, lagos, açudes, deverá observar o contido na Lei 4.771, de 15 de setembro de 1965 – Código Florestal, na Medida Provisória 2.166-67, de 24 de agosto de 2001, e nas demais legislações pertinentes que dispõem sobre as Áreas de Preservação Permanente – APP.

Capítulo VI
Do Acesso aos Recursos Pesqueiros

Art. 24. Toda pessoa, física ou jurídica, que exerça atividade pesqueira bem como a embarcação de pesca devem ser previamente inscritas no Registro Geral da Atividade Pesqueira – RGP, bem como no Cadastro Técnico Federal – CTF na forma da legislação específica.

Parágrafo único. Os critérios para a efetivação do Registro Geral da Atividade Pesqueira serão estabelecidos no regulamento desta Lei.

- V. Dec. 8.425/2015 (Regulamenta o parágrafo único do art. 24 e o art. 25 da Lei nº 11.959, de 29 de junho de 2009).

Art. 25. A autoridade competente adotará, para o exercício da atividade pesqueira, os seguintes atos administrativos:

- V. Dec. 8.425/2015 (Regulamenta o parágrafo único do art. 24 e o art. 25 da Lei nº 11.959, de 29 de junho de 2009).

I – concessão: para exploração por particular de infraestrutura e de terrenos públicos destinados à exploração de recursos pesqueiros;

II – permissão: para transferência de permissão; para importação de espécies aquáticas para fins ornamentais e de aquicultura, em qualquer fase do ciclo vital; para construção, transformação e importação de embarcações de pesca; para arrendamento de embarcação estrangeira de pesca; para pesquisa; para o exercício de aqüicultura em águas públicas; para instalação de armadilhas fixas em águas de domínio da União;

III – autorização: para operação de embarcação de pesca e para operação de embarcação de esporte e recreio, quando utilizada na pesca esportiva; e para a realização de torneios ou gincanas de pesca amadora;

IV – licença: para o pescador profissional e amador ou esportivo; para o aquicultor; para o armador de pesca; para a instalação e operação de empresa pesqueira;

V – cessão: para uso de espaços físicos em corpos d'água sob jurisdição da União, dos Estados e do Distrito Federal, para fins de aquicultura.

§ 1º Os critérios para a efetivação do Registro Geral da Atividade Pesqueira serão estabelecidos no regulamento desta Lei.

§ 2º A inscrição no RGP é condição prévia para a obtenção de concessão, permissão, autorização e licença em matéria relacionada ao exercício da atividade pesqueira.

Art. 26. Toda embarcação nacional ou estrangeira que se dedique à pesca comercial, além do cumprimento das exigências da autoridade marítima, deverá estar inscrita e autorizada pelo órgão público federal competente.

Parágrafo único. A inobservância do disposto no caput deste artigo implicará a interdição do barco até a satisfação das exigências impostas pelas autoridades competentes.

Capítulo VII
Do Estímulo à Atividade Pesqueira

Art. 27. São considerados produtores rurais e beneficiários da política agrícola de que trata o art. 187 da Constituição Federal as pessoas físicas e jurídicas que desenvolvam atividade pesqueira de captura e criação de pescado nos termos desta Lei.

§ 1º Podem ser beneficiários do crédito rural de comercialização os agentes que desenvolvem atividades de transformação, processamento e industrialização de pescado, desde que atendido o disposto no § 1º do art. 49 da Lei 8.171, de 17 de janeiro de 1991.

§ 2º Fica o Poder Executivo autorizado a criar sistema nacional de informações sobre a pesca e a aquicultura, com o objetivo de coletar, agregar, intercambiar e disseminar informações sobre o setor pesqueiro e aquícola nacional.

Art. 28. As colônias de pescadores poderão organizar a comercialização dos produtos pesqueiros de seus associados, diretamente ou por intermédio de cooperativas ou outras entidades constituídas especificamente para esse fim.

Art. 29. A capacitação da mão de obra será orientada para o desenvolvimento sustentável da atividade pesqueira.

Parágrafo único. Cabe ao poder público e à iniciativa privada a promoção e o incentivo da pesquisa e capacitação da mão de obra pesqueira.

Art. 30. A pesquisa pesqueira será destinada a obter e proporcionar, de forma permanente, informações e bases científicas que permitam o desenvolvimento sustentável da atividade pesqueira.

§ 1º Não se aplicam à pesquisa científica as proibições estabelecidas para a atividade pesqueira comercial.

§ 2º A coleta e o cultivo de recursos pesqueiros com finalidade científica deverão ser autorizados pelo órgão ambiental competente.

§ 3º O resultado das pesquisas deve ser difundido para todo o setor pesqueiro.

Capítulo VIII
Da Fiscalização e das Sanções

Art. 31. A fiscalização da atividade pesqueira abrangerá as fases de pesca, cultivo, desembarque, conservação, transporte, processamento, armazenamento e comercialização dos recursos pesqueiros, bem como o monitoramento ambiental dos ecossistemas aquáticos.

Parágrafo único. A fiscalização prevista no *caput* deste artigo é de competência do poder público federal, observadas as competências estadual, distrital e municipal pertinentes.

Art. 32. A autoridade competente poderá determinar a utilização de mapa de bordo e dispositivo de rastreamento por satélite, bem como de qualquer outro dispositivo ou procedimento que possibilite o monitoramento a distância e permita o acompanhamento, de forma automática e em tempo real, da posição geográfica e da profundidade do local de pesca da embarcação, nos termos de regulamento específico.

Art. 33. As condutas e atividades lesivas aos recursos pesqueiros e ao meio ambiente serão punidas na forma da Lei 9.605, de 12 de fevereiro de 1998, e de seu regulamento.

Capítulo IX
Disposições Gerais

Art. 34. O órgão responsável pela gestão do uso dos recursos pesqueiros poderá solicitar amostra de material biológico oriundo da atividade pesqueira, sem ônus para o solicitante, com a finalidade de geração de dados e informações científicas, podendo ceder o material a instituições de pesquisa.

Art. 35 A autoridade competente, nos termos da legislação específica e sem comprometer os aspectos relacionados à segurança da navegação, à salvaguarda da vida humana e às condições de habitabilidade da embarcação, poderá determinar que os proprietários, armadores ou arrendatários das embarcações pesqueiras mantenham a bordo da embarcação, sem ônus para a referida autoridade, acomodações e alimentação para servir a:

I – observador de bordo, que procederá à coleta de dados, material para pesquisa e informações de interesse do setor pesqueiro, assim como ao monitoramento ambiental;

II – cientista brasileiro que esteja realizando pesquisa de interesse do Sistema Nacional de Informações da Pesca e Aquicultura.

Art. 36. A atividade de processamento do produto resultante da pesca e da aquicultura será exercida de acordo com as normas de sanidade, higiene e segurança, qualidade e preservação do meio ambiente e estará sujeita à observância da legislação específica e à fiscalização dos órgãos competentes.

Parágrafo único. *(Vetado).*

Art. 37. Esta Lei entra em vigor após decorridos 60 (sessenta) dias de sua publicação oficial.

Art. 38. Ficam revogados a Lei 7.679, de 23 de novembro de 1988, e os arts. 1º a 5º, 7º a 18, 20 a 28, 30 a 50, 53 a 92 e 94 a 99 do Decreto-lei 221, de 28 de fevereiro de 1967.

Brasília, 29 de junho de 2009; 188º da Independência e 121º da República.

Luiz Inácio Lula da Silva

(*DOU* 30.06.2009 ret. 09.07.2009)

LEI 12.016, DE 7 DE AGOSTO DE 2009

Disciplina o mandado de segurança individual e coletivo e dá outras providências.

- V. art. 14, Lei 13.300/2016 (Processo e julgamento dos mandados de injunção individual e coletivo).

O Presidente da República:

Faço saber que o Congresso Nacional decreta e eu sanciono a seguinte Lei:

Art. 1º Conceder-se-á mandado de segurança para proteger direito líquido e certo, não amparado por *habeas corpus* ou *habeas data*, sempre que, ilegalmente ou com abuso de poder, qualquer pessoa física ou jurídica sofrer violação ou houver justo receio de sofrê-la por parte de autoridade, seja de que categoria for e sejam quais forem as funções que exerça.

§ 1º Equiparam-se às autoridades, para os efeitos desta Lei, os representantes ou órgãos de partidos políticos e os administradores de entidades autárquicas, bem como os dirigentes de pessoas jurídicas ou as pessoas naturais no exercício de atribuições do poder público, somente no que disser respeito a essas atribuições.

§ 2º Não cabe mandado de segurança contra os atos de gestão comercial praticados pelos administradores de empresas públicas, de sociedade de economia mista e de concessionárias de serviço público.

§ 3º Quando o direito ameaçado ou violado couber a várias pessoas, qualquer delas poderá requerer o mandado de segurança.

Art. 2º Considerar-se-á federal a autoridade coatora se as consequências de ordem patrimonial do ato contra o qual se requer o mandado houverem de ser suportadas pela União ou entidade por ela controlada.

Art. 3º O titular de direito líquido e certo decorrente de direito, em condições idênticas, de terceiro poderá impetrar mandado de segurança a favor do direito originário, se o seu titular não o fizer, no prazo de 30 (trinta) dias, quando notificado judicialmente.

Parágrafo único. O exercício do direito previsto no *caput* deste artigo submete-se ao prazo fixado no art. 23 desta Lei, contado da notificação.

Art. 4º Em caso de urgência, é permitido, observados os requisitos legais, impetrar mandado de segurança por telegrama, radiograma, fax ou outro meio eletrônico de autenticidade comprovada.

§ 1º Poderá o juiz, em caso de urgência, notificar a autoridade por telegrama, radiograma ou outro meio que assegure a autenticidade do documento e a imediata ciência pela autoridade.

§ 2º O texto original da petição deverá ser apresentado nos 5 (cinco) dias úteis seguintes.

§ 3º Para os fins deste artigo, em se tratando de documento eletrônico, serão observadas as regras da Infraestrutura de Chaves Públicas Brasileira – ICP-Brasil.

Art. 5º Não se concederá mandado de segurança quando se tratar:

I – de ato do qual caiba recurso administrativo com efeito suspensivo, independentemente de caução;

II – de decisão judicial da qual caiba recurso com efeito suspensivo;

III – de decisão judicial transitada em julgado.

Parágrafo único. *(Vetado).*

Art. 6º A petição inicial, que deverá preencher os requisitos estabelecidos pela lei processual, será apresentada em 2 (duas) vias com os documentos que instruírem a primeira reproduzidos na segunda e indicará, além da autoridade coatora, a pessoa jurídica que esta integra, à qual se acha vinculada ou da qual exerce atribuições.

§ 1º No caso em que o documento necessário à prova do alegado se ache em repartição ou estabelecimento público ou em poder de autoridade que se recuse a fornecê-lo por certidão ou de terceiro, o juiz ordenará, preliminarmente, por ofício, a exibição desse documento em original ou em cópia autêntica e marcará, para o cumprimento da ordem, o prazo de 10 (dez) dias. O escrivão extrairá cópias do documento para juntá-las à segunda via da petição.

§ 2º Se a autoridade que tiver procedido dessa maneira for a própria coatora, a ordem far-se-á no próprio instrumento da notificação.

§ 3º Considera-se autoridade coatora aquela que tenha praticado o ato impugnado ou da qual emane a ordem para a sua prática.

§ 4º *(Vetado).*

§ 5º Denega-se o mandado de segurança nos casos previstos pelo art. 267 da Lei 5.869, de 11 de janeiro de 1973 – Código de Processo Civil.

§ 6º O pedido de mandado de segurança poderá ser renovado dentro do prazo decadencial, se a decisão denegatória não lhe houver apreciado o mérito.

Art. 7º Ao despachar a inicial, o juiz ordenará:

I – que se notifique o coator do conteúdo da petição inicial, enviando-lhe a segunda via apresentada com as cópias dos documentos, a fim de que, no prazo de 10 (dez) dias, preste as informações;

II – que se dê ciência do feito ao órgão de representação judicial da pessoa jurídica interessada, enviando-lhe cópia da inicial sem documentos, para que, querendo, ingresse no feito;

III – que se suspenda o ato que deu motivo ao pedido, quando houver fundamento relevante e do ato impugnado puder resultar a ineficácia da medida, caso seja finalmente deferida, sendo facultado exigir do impetrante caução, fiança ou depósito, com o objetivo de assegurar o ressarcimento à pessoa jurídica.

§ 1º Da decisão do juiz de primeiro grau que conceder ou denegar a liminar caberá agravo de instrumento, observado o disposto na Lei 5.869, de 11 de janeiro de 1973 – Código de Processo Civil.

§ 2º Não será concedida medida liminar que tenha por objeto a compensação de créditos tributários, a entrega de mercadorias e bens provenientes do exterior, a reclassificação ou equiparação de servidores públicos e a concessão de aumento ou a extensão de vantagens ou pagamento de qualquer natureza.

§ 3º Os efeitos da medida liminar, salvo se revogada ou cassada, persistirão até a prolação da sentença.

§ 4º Deferida a medida liminar, o processo terá prioridade para julgamento.

§ 5º As vedações relacionadas com a concessão de liminares previstas neste artigo se estendem à tutela antecipada a que se referem os arts. 273 e 461 da Lei 5.869, de 11 janeiro de 1973 – Código de Processo Civil.

Art. 8º Será decretada a perempção ou caducidade da medida liminar *ex officio* ou a requerimento do Ministério Público quando, concedida a medida, o impetrante criar obstáculo ao normal andamento do processo ou deixar de promover, por mais de 3 (três) dias úteis, os atos e as diligências que lhe cumprirem.

Art. 9º As autoridades administrativas, no prazo de 48 (quarenta e oito) horas da notificação da medida liminar, remeterão ao Ministério ou órgão a que se acham subordinadas e ao Advogado-Geral da União ou a quem tiver a representação judicial da União, do Estado, do Município ou da entidade apontada como coatora cópia autenticada do mandado notificatório, assim como indicações e elementos outros necessários às providências a serem tomadas para a eventual suspensão da medida e defesa do ato apontado como ilegal ou abusivo de poder.

Art. 10. A inicial será desde logo indeferida, por decisão motivada, quando não for o caso de mandado de segurança ou lhe faltar algum dos requisitos legais ou quando decorrido o prazo legal para a impetração.

§ 1º Do indeferimento da inicial pelo juiz de primeiro grau caberá apelação e, quando a competência para o julgamento do mandado de segurança couber originariamente a um dos tribunais, do ato do relator caberá agravo para o órgão competente do tribunal que integre.

§ 2º O ingresso de litisconsorte ativo não será admitido após o despacho da petição inicial.

Art. 11. Feitas as notificações, o serventuário em cujo cartório corra o feito juntará aos autos cópia autêntica dos ofícios endereçados ao coator e ao órgão de representação judicial da pessoa jurídica interessada, bem como a prova da entrega a estes ou da sua recusa em aceitá-los ou dar recibo e, no caso do art. 4º desta Lei, a comprovação da remessa.

Art. 12. Findo o prazo a que se refere o inciso I do *caput* do art. 7º desta Lei, o juiz ouvirá o representante do Ministério Público, que opinará, dentro do prazo improrrogável de 10 (dez) dias.

Parágrafo único. Com ou sem o parecer do Ministério Público, os autos serão conclusos ao juiz, para a decisão, a qual deverá ser necessariamente proferida em 30 (trinta) dias.

Art. 13. Concedido o mandado, o juiz transmitirá em ofício, por intermédio do oficial do juízo, ou pelo correio, mediante correspondência com aviso de recebimento, o inteiro teor da sentença à autoridade coatora e à pessoa jurídica interessada.

Parágrafo único. Em caso de urgência, poderá o juiz observar o disposto no art. 4º desta Lei.

Art. 14. Da sentença, denegando ou concedendo o mandado, cabe apelação.

§ 1º Concedida a segurança, a sentença estará sujeita obrigatoriamente ao duplo grau de jurisdição.

§ 2º Estende-se à autoridade coatora o direito de recorrer.

§ 3º A sentença que conceder o mandado de segurança pode ser executada provisoriamente, salvo nos casos em que for vedada a concessão da medida liminar.

§ 4º O pagamento de vencimentos e vantagens pecuniárias assegurados em sentença concessiva de mandado de segurança a servidor público da administração direta ou autárquica federal, estadual e municipal somente será efetuado relativamente às prestações que se vencerem a contar da data do ajuizamento da inicial.

Art. 15. Quando, a requerimento de pessoa jurídica de direito público interessada ou do Ministério Público e para evitar grave lesão à ordem, à saúde, à segurança e à economia públicas, o presidente do tribunal ao qual couber o conhecimento do respectivo recurso suspender, em decisão fundamentada, a execução da liminar e da sentença, dessa decisão caberá agravo, sem efeito suspensivo, no prazo de 5 (cinco) dias, que será levado a julgamento na sessão seguinte à sua interposição.

§ 1º Indeferido o pedido de suspensão ou provido o agravo a que se refere o *caput* deste artigo, caberá novo pedido de suspensão ao presidente do tribunal competente para conhecer de eventual recurso especial ou extraordinário.

§ 2º É cabível também o pedido de suspensão a que se refere o § 1º deste artigo, quando negado provimento a agravo de instrumento interposto contra a liminar a que se refere este artigo.

§ 3º A interposição de agravo de instrumento contra liminar concedida nas ações movidas contra o poder público e seus agentes não prejudica nem condiciona o julgamento do pedido de suspensão a que se refere este artigo.

§ 4º O presidente do tribunal poderá conferir ao pedido efeito suspensivo liminar se constatar, em juízo prévio, a plausibilidade do direito invocado e a urgência na concessão da medida.

§ 5º As liminares cujo objeto seja idêntico poderão ser suspensas em uma única decisão, podendo o presidente do tribunal estender os efeitos da suspensão a liminares supervenientes, mediante simples aditamento do pedido original.

☛ **Art. 16.** Nos casos de competência originária dos tribunais, caberá ao relator a instrução do processo, sendo assegurada a defesa oral na sessão do julgamento do mérito ou do pedido liminar.

- *Caput* com redação determinada pela Lei 13.676/2018.

Parágrafo único. Da decisão do relator que conceder ou denegar a medida liminar caberá agravo ao órgão competente do tribunal que integre.

Art. 17. Nas decisões proferidas em mandado de segurança e nos respectivos recursos, quando não publicado, no prazo de 30 (trinta) dias, contado da data do julgamento, o acórdão será substituído pelas respectivas notas taquigráficas, independentemente de revisão.

Art. 18. Das decisões em mandado de segurança proferidas em única instância pelos tribunais cabe recurso especial e extraordinário, nos casos legalmente previstos, e recurso ordinário, quando a ordem for denegada.

Art. 19. A sentença ou o acórdão que denegar mandado de segurança, sem decidir o mérito, não impedirá que o requerente, por ação própria, pleiteie os seus direitos e os respectivos efeitos patrimoniais.

Art. 20. Os processos de mandado de segurança e os respectivos recursos terão prioridade sobre todos os atos judiciais, salvo *habeas corpus*.

§ 1º Na instância superior, deverão ser levados a julgamento na primeira sessão que se seguir à data em que forem conclusos ao relator.

§ 2º O prazo para a conclusão dos autos não poderá exceder de 5 (cinco) dias.

Art. 21. O mandado de segurança coletivo pode ser impetrado por partido político com representação no Congresso Nacional, na defesa de seus interesses legítimos relativos a seus integrantes ou à finalidade partidária, ou por organização sindical, entidade de classe ou associação legalmente constituída e em funcionamento há, pelo menos, 1 (um) ano, em defesa de direitos líquidos e certos da totalidade, ou de parte, dos seus membros ou associados, na forma dos seus estatutos e desde que pertinentes às suas finalidades, dispensada, para tanto, autorização especial.

Parágrafo único. Os direitos protegidos pelo mandado de segurança coletivo podem ser:

I – coletivos, assim entendidos, para efeito desta Lei, os transindividuais, de natureza indivisível, de que seja titular grupo ou categoria de pessoas ligadas entre si ou com a parte contrária por uma relação jurídica básica;

II – individuais homogêneos, assim entendidos, para efeito desta Lei, os decorrentes de origem comum e da atividade ou situação específica da totalidade ou de parte dos associados ou membros do impetrante.

Art. 22. No mandado de segurança coletivo, a sentença fará coisa julgada limitadamente aos membros do grupo ou categoria substituídos pelo impetrante.

§ 1º O mandado de segurança coletivo não induz litispendência para as ações individuais, mas os efeitos da coisa julgada não beneficiarão o impetrante a título individual se não requerer a desistência de seu mandado de segurança no prazo de 30 (trinta) dias a contar da ciência comprovada da impetração da segurança coletiva.

§ 2º No mandado de segurança coletivo, a liminar só poderá ser concedida após a audiência do representante judicial da pessoa jurídica de direito público, que deverá se pronunciar no prazo de 72 (setenta e duas) horas.

Art. 23. O direito de requerer mandado de segurança extinguir-se-á decorridos 120 (cento e vinte) dias, contados da ciência, pelo interessado, do ato impugnado.

Art. 24. Aplicam-se ao mandado de segurança os arts. 46 a 49 da Lei 5.869, de 11 de janeiro de 1973 – Código de Processo Civil.

Art. 25. Não cabem, no processo de mandado de segurança, a interposição de embargos infringentes e a condenação ao pagamento dos honorários advocatícios, sem prejuízo da aplicação de sanções no caso de litigância de má-fé.

Art. 26. Constitui crime de desobediência, nos termos do art. 330 do Decreto-lei 2.848, de 7 de dezembro de 1940, o não cumprimento das decisões proferidas em mandado de segurança, sem prejuízo das sanções administrativas e da aplicação da Lei 1.079, de 10 de abril de 1950, quando cabíveis.

Art. 27. Os regimentos dos tribunais e, no que couber, as leis de organização judiciária deverão ser adaptados às disposições desta Lei no prazo de 180 (cento e oitenta) dias, contado da sua publicação.

Art. 28. Esta Lei entra em vigor na data de sua publicação.

Art. 29. Revogam-se as Leis 1.533, de 31 de dezembro de 1951, 4.166, de 4 de dezembro de 1962, 4.348, de 26 de junho de 1964, 5.021, de 9 de junho de 1966; o art. 3º da Lei 6.014, de 27 de dezembro de 1973, o art. 1º da Lei 6.071, de 3 de julho de 1974, o art. 12 da Lei 6.978, de 19 de janeiro de 1982, e o art. 2º da Lei 9.259, de 9 de janeiro de 1996.

Brasília, 7 de agosto de 2009; 188º da Independência e 121º da República.

Luiz Inácio Lula da Silva

(*DOU* 10.08.2009)

LEI 12.023, DE 27 DE AGOSTO DE 2009

Dispõe sobre as atividades de movimentação de mercadorias em geral e sobre o trabalho avulso.

- V. Dec. 90.927/1985 (Regulamenta a assiduidade profissional dos trabalhadores avulsos).
- V. Dec. 1.035/1993 (Dispõe sobre o recolhimento do Adicional de Indenização do Trabalhador Portuário Avulso).
- V. Dec. 1.886/1996 (regulamenta a Lei 8.630/1993).
- V. Lei 9.719/1998 (Dispõe sobre normas e condições gerais de proteção ao trabalho portuário e institui multas pela inobservância de seus preceitos).
- V. Lei 12.815/2013 (Dispõe sobre a exploração direta e indireta pela União de portos e instalações portuárias e sobre as atividades desempenhadas pelos operadores portuários).

O Presidente da República:

Faço saber que o Congresso Nacional decreta e eu sanciono a seguinte Lei:

Art. 1º As atividades de movimentação de mercadorias em geral exercidas por trabalhadores avulsos, para os fins desta Lei, são aquelas desenvolvidas em áreas urbanas ou rurais sem vínculo empregatício, mediante intermediação obrigatória do sindicato da categoria, por meio de Acordo ou Convenção Coletiva de Trabalho para execução das atividades.

Parágrafo único. A remuneração, a definição das funções, a composição de equipes e as demais condições de trabalho serão objeto de negociação entre as entidades representativas dos trabalhadores avulsos e dos tomadores de serviços.

Art. 2º São atividades da movimentação de mercadorias em geral:

I – cargas e descargas de mercadorias a granel e ensacados, costura, pesagem, embalagem, enlonamento, ensaque, arrasto, posicionamento, acomodação, reordenamento, reparação da carga, amostragem, arrumação, remoção, classificação, empilhamento, transporte com empilhadeiras, paletização, ova e desova de vagões, carga e descarga em feiras livres e abastecimento de lenha em secadores e caldeiras;

II – operações de equipamentos de carga e descarga;

III – pré-limpeza e limpeza em locais necessários à viabilidade das operações ou à sua continuidade.

Parágrafo único. *(Vetado).*

Art. 3º As atividades de que trata esta Lei serão exercidas por trabalhadores com vínculo empregatício ou em regime de trabalho avulso nas empresas tomadoras do serviço.

Art. 4º O sindicato elaborará a escala de trabalho e as folhas de pagamento dos trabalhadores avulsos, com a indicação do tomador do serviço e dos trabalhadores que participaram da operação, devendo prestar, com relação a estes, as seguintes informações:

I – os respectivos números de registros ou cadastro no sindicato;

II – o serviço prestado e os turnos trabalhados;

III – as remunerações pagas, devidas ou creditadas a cada um dos trabalhadores, registrando-se as parcelas referentes a:

a) repouso remunerado;

b) Fundo de Garantia por Tempo de Serviço;

c) 13º salário;

d) férias remuneradas mais 1/3 (um terço) constitucional;

e) adicional de trabalho noturno;

f) adicional de trabalho extraordinário.

Art. 5º São deveres do sindicato intermediador:

I – divulgar amplamente as escalas de trabalho dos avulsos, com a observância do rodízio entre os trabalhadores;

II – proporcionar equilíbrio na distribuição das equipes e funções, visando à remuneração em igualdade de condições de trabalho para todos e a efetiva participação dos trabalhadores não sindicalizados;

III – repassar aos respectivos beneficiários, no prazo máximo de 72 (setenta e duas) horas úteis, contadas a partir do seu arrecadamento, os valores devidos e pagos pelos tomadores do serviço, relativos à remuneração do trabalhador avulso;

IV – exibir para os tomadores da mão de obra avulsa e para as fiscalizações competentes os documentos que comprovem o efetivo pagamento das remunerações devidas aos trabalhadores avulsos;

V – zelar pela observância das normas de segurança, higiene e saúde no trabalho;

VI – firmar Acordo ou Convenção Coletiva de Trabalho para normatização das condições de trabalho.

§ 1º Em caso de descumprimento do disposto no inciso III deste artigo, serão responsáveis, pessoal e solidariamente, os dirigentes da entidade sindical.

§ 2º A identidade de cadastro para a escalação não será a carteira do sindicato e não assumirá nenhuma outra forma que possa dar ensejo à distinção entre trabalhadores sindicalizados e não sindicalizados para efeito de acesso ao trabalho.

Art. 6º São deveres do tomador de serviços:

I – pagar ao sindicato os valores devidos pelos serviços prestados ou dias trabalhados, acrescidos dos percentuais relativos a repouso remunerado, 13º salário e férias acrescidas de 1/3 (um terço), para viabilizar o pagamento do trabalhador avulso, bem como os percentuais referentes aos adicionais extraordinários e noturnos;

II – efetuar o pagamento a que se refere o inciso I, no prazo máximo de 72 (setenta e duas) horas úteis, contadas a partir do encerramento do trabalho requisitado;

III – recolher os valores devidos ao Fundo de Garantia por Tempo de Serviço, acrescido dos percentuais relativos ao 13º salário, férias, encargos fiscais, sociais e previdenciários, observando o prazo legal.

Art. 7º A liberação das parcelas referentes ao 13º salário e às férias, depositadas nas contas individuais vinculadas e o recolhimento do FGTS e dos encargos fiscais e previdenciários serão efetuados conforme regulamentação do Poder Executivo.

Art. 8º As empresas tomadoras do trabalho avulso respondem solidariamente pela efetiva remuneração do trabalho contratado e são responsáveis pelo recolhimento dos encargos fiscais e sociais, bem como das contribuições ou de outras importâncias devidas à Seguridade Social, no limite do uso que fizerem do trabalho avulso intermediado pelo sindicato.

Art. 9º As empresas tomadoras do trabalho avulso são responsáveis pelo fornecimento dos Equipamentos de Proteção Individual e por zelar pelo cumprimento das normas de segurança no trabalho.

Art. 10. A inobservância dos deveres estipulados nos arts. 5º e 6º sujeita os respectivos infratores à multa administrativa no valor de R$ 500,00 (quinhentos reais) por trabalhador avulso prejudicado.

Parágrafo único. O processo de fiscalização, notificação, autuação e imposição de multas reger-se-á pelo disposto no Título VII da Consolidação das Leis do Trabalho – CLT, aprovada pelo Decreto-lei 5.452, de 1º de maio de 1943.

Art. 11. Esta Lei não se aplica às relações de trabalho regidas pela Lei 8.630, de 25 de fevereiro de 1993, e pela Lei 9.719, de 27 de novembro de 1998.

Art. 12. Esta Lei entra em vigor 30 (trinta) dias após sua publicação.

Brasília, 27 de agosto de 2009; 188º da Independência e 121º da República.

Luiz Inácio Lula da Silva

- Assinatura retificada no *DOU* de 02.09.2009.

(*DOU* 28.08.2009; ret. 02.09.2009)

LEI 12.288, DE 20 DE JULHO DE 2010

Institui o Estatuto da Igualdade Racial; altera as Leis 7.716, de 5 de janeiro de 1989, 9.029, de 13 de abril de 1995, 7.347, de 24 de julho de 1985, e 10.778, de 24 de novembro de 2003.

- V. Lei 10.741/2003 (Dispõe sobre o Estatuto do Idoso).
- V. Lei 11.770/2008 (Cria o Programa Empresa Cidadã, destinado à prorrogação da licença-maternidade mediante concessão de incentivo fiscal, e altera a Lei 8.212, de 24 de julho de 1991).
- V. D 7.052/2009 (Regulamenta a Lei 11.770/2008, que cria o Programa Empresa Cidadã, destinado à prorrogação da licença-maternidade, no tocante a empregadas de pessoas jurídicas).
- V. 12.288/2010 (Institui o Estatuto da Igualdade Racial).
- V. Lei 12.852/2013 (Institui o Estatuto da Juventude).
- V. Dec. 8.136/2013 (Aprova o regulamento do Sistema Nacional de Promoção da Igualdade Racial – Sinapir).
- V. Lei 13.189/2015 (Institui o Programa Seguro-Emprego (PSE)).
- V. Decreto 8.479/2015 (Regulamenta o disposto na Medida Provisória 680, de 6 de julho de 2015, que institui o Programa de Proteção ao Emprego).
- V. Lei 13.289/2016 (Dispõe sobre o Selo Empresa Solidária com a Vida e dá outras providências).

O Presidente da República:

Faço saber que o Congresso Nacional decreta e eu sanciono a seguinte Lei:

TÍTULO I
Disposições Preliminares

Art. 1º Esta Lei institui o Estatuto da Igualdade Racial, destinado a garantir à população negra a efetivação da igualdade de oportunidades, a defesa dos direitos étnicos individuais, coletivos e difusos e o combate à discriminação e às demais formas de intolerância étnica.

Parágrafo único. Para efeito deste Estatuto, considera-se:

I – discriminação racial ou étnico-racial: toda distinção, exclusão, restrição ou preferência baseada em raça, cor, descendência ou origem nacional ou étnica que tenha por objeto anular ou restringir o reconhecimento, gozo ou exercício, em igualdade de condições, de direitos humanos e liberdades fundamentais nos campos político, econômico, social, cultural ou em qualquer outro campo da vida pública ou privada;

II – desigualdade racial: toda situação injustificada de diferenciação de acesso e fruição de bens, serviços e oportunidades, nas esferas pública e privada, em virtude de raça, cor, descendência ou origem nacional ou étnica;

III – desigualdade de gênero e raça: assimetria existente no âmbito da sociedade que acentua a distância social entre mulheres negras e os demais segmentos sociais;

IV – população negra: o conjunto de pessoas que se autodeclaram pretas e pardas, conforme o quesito cor ou raça usado pela Fundação Instituto Brasileiro de Geografia e Estatística – (IBGE), ou que adotam autodefinição análoga;

V – políticas públicas: as ações, iniciativas e programas adotados pelo Estado no cumprimento de suas atribuições institucionais;

VI – ações afirmativas: os programas e medidas especiais adotados pelo Estado e pela iniciativa privada para a correção das desigualdades raciais e para a promoção da igualdade de oportunidades.

Art. 2º É dever do Estado e da sociedade garantir a igualdade de oportunidades, reconhecendo a todo cidadão brasileiro, independentemente da etnia ou da cor da pele, o direito à participação na comunidade, especialmente nas atividades políticas, econômicas, empresariais, educacionais, culturais e esportivas, defendendo sua dignidade e seus valores religiosos e culturais.

Art. 3º Além das normas constitucionais relativas aos princípios fundamentais, aos direitos e garantias fundamentais e aos direitos sociais, econômicos e culturais, o Estatuto da Igualdade Racial adota como diretriz político-jurídica a inclusão das vítimas de desigualdade étnico-racial, a valorização da igualdade étnica e o fortalecimento da identidade nacional brasileira.

Art. 4º A participação da população negra, em condição de igualdade de oportunidade, na vida econômica, social, política e cultural do País será promovida, prioritariamente, por meio de:

I – inclusão nas políticas públicas de desenvolvimento econômico e social;

II – adoção de medidas, programas e políticas de ação afirmativa;

III – modificação das estruturas institucionais do Estado para o adequado enfrentamento e a superação das desigualdades étnicas decorrentes do preconceito e da discriminação étnica;

IV – promoção de ajustes normativos para aperfeiçoar o combate à discriminação étnica e às desigualdades étnicas em todas as suas manifestações individuais, institucionais e estruturais;

V – eliminação dos obstáculos históricos, socioculturais e institucionais que impedem a representação da diversidade étnica nas esferas pública e privada;

VI – estímulo, apoio e fortalecimento de iniciativas oriundas da sociedade civil direcionadas à promoção da igualdade de oportunidades e ao combate às desigualdades étnicas, inclusive mediante a implementação de incentivos e critérios de condicionamento e prioridade no acesso aos recursos públicos;

VII – implementação de programas de ação afirmativa destinados ao enfrentamento das desigualdades étnicas no tocante à educação, cultura, esporte e lazer, saúde, segurança, trabalho, moradia, meios de comunicação de massa, financiamentos públicos, acesso à terra, à Justiça, e outros.

Parágrafo único. Os programas de ação afirmativa constituir-se-ão em políticas públicas destinadas a reparar as distorções e desigualdades sociais e demais práticas discriminatórias adotadas, nas esferas pública e privada, durante o processo de formação social do País.

Art. 5º Para a consecução dos objetivos desta Lei, é instituído o Sistema Nacional de Promoção da Igualdade Racial – (Sinapir), conforme estabelecido no Título III.

[...]

TÍTULO II
Dos Direitos Fundamentais

[...]

Capítulo V
Do Trabalho

Art. 38. A implementação de políticas voltadas para a inclusão da população negra no mercado de trabalho será de responsabilidade do poder público, observando-se:

I – o instituído neste Estatuto;

II – os compromissos assumidos pelo Brasil ao ratificar a Convenção Internacional sobre a Eliminação de Todas as Formas de Discriminação Racial, de 1965;

III – os compromissos assumidos pelo Brasil ao ratificar a Convenção 111, de 1958, da Organização Internacional do Trabalho (OIT), que trata da discriminação no emprego e na profissão;

IV – os demais compromissos formalmente assumidos pelo Brasil perante a comunidade internacional.

Art. 39. O poder público promoverá ações que assegurem a igualdade de oportunidades no mercado de trabalho para a população negra, inclusive mediante a implementação de medidas visando à promoção da igualdade nas contratações do setor público e o incentivo à adoção de medidas similares nas empresas e organizações privadas.

§ 1º A igualdade de oportunidades será lograda mediante a adoção de políticas e programas de formação profissional, de emprego e de geração de renda voltados para a população negra.

§ 2º As ações visando a promover a igualdade de oportunidades na esfera da administração pública far-se-ão por meio de normas estabelecidas ou a serem estabelecidas em legislação específica e em seus regulamentos.

§ 3º O poder público estimulará, por meio de incentivos, a adoção de iguais medidas pelo setor privado.

§ 4º As ações de que trata o *caput* deste artigo assegurarão o princípio da proporcionalidade de gênero entre os beneficiários.

§ 5º Será assegurado o acesso ao crédito para a pequena produção, nos meios rural e urbano, com ações afirmativas para mulheres negras.

§ 6º O poder público promoverá campanhas de sensibilização contra a marginalização da mulher negra no trabalho artístico e cultural.

§ 7º O poder público promoverá ações com o objetivo de elevar a escolaridade e a qualificação profissional nos setores da economia que contem com alto índice de ocupação por trabalhadores negros de baixa escolarização.

Art. 40. O Conselho Deliberativo do Fundo de Amparo ao Trabalhador (Codefat) formulará políticas, programas e projetos voltados para a inclusão da população negra no mercado de trabalho e orientará a destinação de recursos para seu financiamento.

Art. 41. As ações de emprego e renda, promovidas por meio de financiamento para constituição e ampliação de pequenas e médias empresas e de programas de geração de renda, contemplarão o estímulo à promoção de empresários negros.

Parágrafo único. O poder público estimulará as atividades voltadas ao turismo étnico com enfoque nos locais, monumentos e cidades que retratem a cultura, os usos e os costumes da população negra.

Art. 42. O Poder Executivo federal poderá implementar critérios para provimento de cargos em comissão e funções de confiança destinados a ampliar a participação de negros, buscando reproduzir a estrutura da distribuição étnica nacional ou, quando for o caso, estadual, observados os dados demográficos oficiais.

Capítulo VI
Dos Meios de Comunicação

Art. 43. A produção veiculada pelos órgãos de comunicação valorizará a herança cultural e a participação da população negra na história do País.

Art. 44. Na produção de filmes e programas destinados à veiculação pelas emissoras de televisão e em salas cinematográficas, deverá ser adotada a prática de conferir oportunidades de emprego para atores, figurantes e técnicos negros, sendo vedada toda e qualquer discriminação de natureza política, ideológica, étnica ou artística.

Parágrafo único. A exigência disposta no *caput* não se aplica aos filmes e programas que abordem especificidades de grupos étnicos determinados.

Art. 45. Aplica-se à produção de peças publicitárias destinadas à veiculação pelas emissoras de televisão e em salas cinematográficas o disposto no art. 44.

Art. 46. Os órgãos e entidades da administração pública federal direta, autárquica ou fundacional, as empresas públicas e as sociedades de economia mista federais deverão incluir cláusulas de participação de artistas negros nos contratos de realização de filmes, programas ou quaisquer outras peças de caráter publicitário.

§ 1º Os órgãos e entidades de que trata este artigo incluirão, nas especificações para contratação de serviços de consultoria, conceituação, produção e realização de filmes, programas ou peças publicitárias, a obrigatoriedade da prática de iguais oportunidades de emprego para as pessoas relacionadas com o projeto ou serviço contratado.

§ 2º Entende-se por prática de iguais oportunidades de emprego o conjunto de medidas sistemáticas executadas com a finalidade de garantir a diversidade étnica, de sexo e de idade na equipe vinculada ao projeto ou serviço contratado.

§ 3º A autoridade contratante poderá, se considerar necessário para garantir a prática de iguais oportunidades de emprego, requerer auditoria por órgão do poder público federal.

§ 4º A exigência disposta no *caput* não se aplica às produções publicitárias quando abordarem especificidades de grupos étnicos determinados.

TÍTULO III
Do Sistema Nacional de Promoção da Igualdade Racial (Sinapir)

Capítulo I
Disposição Preliminar

Art. 47. É instituído o Sistema Nacional de Promoção da Igualdade Racial (Sinapir) como forma de organização e de articulação voltadas à implementação do conjunto de políticas e serviços destinados a superar as desigualdades étnicas existentes no País, prestados pelo poder público federal.

§ 1º Os Estados, o Distrito Federal e os Municípios poderão participar do Sinapir mediante adesão.

§ 2º O poder público federal incentivará a sociedade e a iniciativa privada a participar do Sinapir.

Capítulo II
Dos Objetivos

Art. 48. São objetivos do Sinapir:

I – promover a igualdade étnica e o combate às desigualdades sociais resultantes do racismo, inclusive mediante adoção de ações afirmativas;

II – formular políticas destinadas a combater os fatores de marginalização e a promover a integração social da população negra;

III – descentralizar a implementação de ações afirmativas pelos governos estaduais, distrital e municipais;

IV – articular planos, ações e mecanismos voltados à promoção da igualdade étnica;

V – garantir a eficácia dos meios e dos instrumentos criados para a implementação das ações afirmativas e o cumprimento das metas a serem estabelecidas.

[...]

Capítulo IV
Das Ouvidorias Permanentes e do Acesso à Justiça e à Segurança

[...]

Art. 55. Para a apreciação judicial das lesões e das ameaças de lesão aos interesses da população negra decorrentes de situações de desigualdade étnica, recorrer-se-á, entre outros instrumentos, à ação civil pública, disciplinada na Lei 7.347, de 24 de julho de 1985.

Capítulo V
Do Financiamento das Iniciativas de Promoção da Igualdade Racial

Art. 56. Na implementação dos programas e das ações constantes dos planos plurianuais e dos orçamentos anuais da União, deverão ser observadas as políticas de ação afirmativa a que se refere o inciso VII do art. 4º desta Lei e outras políticas públicas que tenham como objetivo promover a igualdade de oportunidades e a inclusão social da população negra, especialmente no que tange a:

I – promoção da igualdade de oportunidades em educação, emprego e moradia;

II – financiamento de pesquisas, nas áreas de educação, saúde e emprego, voltadas para a melhoria da qualidade de vida da população negra;

III – incentivo à criação de programas e veículos de comunicação destinados à divulgação de matérias relacionadas aos interesses da população negra;

IV – incentivo à criação e à manutenção de microempresas administradas por pessoas autodeclaradas negras;

V – iniciativas que incrementem o acesso e a permanência das pessoas negras na educação fundamental, média, técnica e superior;

VI – apoio a programas e projetos dos governos estaduais, distrital e municipais e de entidades da sociedade civil voltados para a promoção da igualdade de oportunidades para a população negra;

VII – apoio a iniciativas em defesa da cultura, da memória e das tradições africanas e brasileiras.

§ 1º O Poder Executivo federal é autorizado a adotar medidas que garantam, em cada exercício, a transparência na alocação e na execução dos recursos necessários ao financiamento das ações previstas neste Estatuto, explicitando, entre outros, a proporção dos recursos orçamentários destinados aos programas de promoção da igualdade, especialmente nas áreas de educação, saúde, emprego e renda, desenvolvimento agrário, habitação popular, desenvolvimento regional, cultura, esporte e lazer.

§ 2º Durante os cinco primeiros anos, a contar do exercício subsequente à publicação deste Estatuto, os órgãos do Poder Executivo federal que desenvolvem políticas e programas nas áreas referidas no § 1º deste artigo discriminarão em seus orçamentos anuais a participação nos programas de ação afirmativa referidos no inciso VII do art. 4º desta Lei.

§ 3º O Poder Executivo é autorizado a adotar as medidas necessárias para a adequada implementação do disposto neste artigo, podendo estabelecer patamares de participação crescente dos programas de ação afirmativa nos orçamentos anuais a que se refere o § 2º deste artigo.

§ 4º O órgão colegiado do Poder Executivo federal responsável pela promoção da igualdade racial acompanhará e avaliará a programação das ações referidas neste artigo nas propostas orçamentárias da União.

Art. 57. Sem prejuízo da destinação de recursos ordinários, poderão ser consignados nos orçamentos fiscal e da seguridade social para financiamento das ações de que trata o art. 56:

I – transferências voluntárias dos Estados, do Distrito Federal e dos Municípios;

II – doações voluntárias de particulares;

III – doações de empresas privadas e organizações não governamentais, nacionais ou internacionais;

IV – doações voluntárias de fundos nacionais ou internacionais;

V – doações de Estados estrangeiros, por meio de convênios, tratados e acordos internacionais.

TÍTULO IV
Disposições Finais

Art. 58. As medidas instituídas nesta Lei não excluem outras em prol da população negra que tenham sido ou venham a ser adotadas no âmbito da União, dos Estados, do Distrito Federal ou dos Municípios.

Art. 59. O Poder Executivo federal criará instrumentos para aferir a eficácia social das medidas previstas nesta Lei e efetuará seu monitoramento constante, com a emissão e a divulgação de relatórios periódicos, inclusive pela rede mundial de computadores.

[...]

Art. 65. Esta Lei entra em vigor 90 (noventa) dias após a data de sua publicação.

Brasília, 20 de julho de 2010; 189º da Independência e 122º da República.

Luiz Inácio Lula da Silva

(*DOU* 21.07.2010)

LEI 12.382, DE 25 DE FEVEREIRO DE 2011

Dispõe sobre o valor do salário mínimo em 2011 e a sua política de valorização de longo prazo; disciplina a representação fiscal para fins penais nos casos em que houve parcelamento do crédito tributário; altera a Lei 9.430, de 27 de dezembro de 1996; e revoga a Lei 12.255, de 15 de junho de 2010.

- V. Lei 4.266/1963 (Institui o salário-família do trabalhador e dá outras providências).
- V. Dec. 53.153/1963 (Regulamenta o salário-família do trabalhador).
- V. Port. MTb 3.296/1986 (Autoriza as empresas e empregadores a adotar o sistema de Reembolso-Creche), disponível em ProView.
- V. Decreto-lei 368/1968 (Dispõe sobre efeitos de débitos salariais).
- V. IN SRT 1/1989 (Dispõe sobre o prazo para o pagamento do salário), disponível em ProView
- V. Decreto-lei 691/1969 (Dispõe sobre a não aplicação, aos contratos de técnicos estrangeiros, com estipulação de pagamento de salários em moeda estrangeira, de diversas disposições da legislação trabalhista).
- V. Lei 6.858/1980 (Dispõe sobre o pagamento, aos dependentes ou sucessores, de valores não recebidos em vida pelos respectivos titulares).
- V. Decreto 85.845/1981 (Regulamenta a Lei 6.858/1980).
- V. Lei 7.238/1984 (Dispõe sobre a manutenção da correção automática semestral dos salários, de acordo com o INPC).
- V. Lei 8.073/1990 (Estabelece a Política Nacional de Salários).
- V. Lei 8.542/1992 (Dispõe sobre a política nacional de salários).
- V. Lei 8.716/1993 (Dispõe sobre a garantia do salário mínimo).
- V. Lei 8.880/1994 (Dispõe sobre o Programa de Estabilização Econômica e o Sistema Monetário Nacional e institui a URV).
- V. Lei Complementar 103/2000 (Autoriza os Estados e o Distrito Federal a instituir o piso salarial).
- V. Lei 10.192/2001 (Dispõe sobre medidas complementares ao Plano Real).
- V. Decreto 4.840/2003 (Regulamenta a Medida Provisória 130/2003, que dispõe sobre a autorização para desconto de prestações em folha de pagamento).
- V. Lei 10.820/2003 (Dispõe sobre a autorização para desconto de prestações em folha de pagamento).
- V. Decreto 7.872/2012 (Regulamenta o valor do salário mínimo em 2011 e a sua política de valorização de longo prazo).
- V. Lei 13.152/2015 (Dispõe sobre a política de valorização do salário-mínimo e dos benefícios pagos pelo RGPS para o período de 2016 a 2019).

A Presidenta da República:

Faço saber que o Congresso Nacional decreta e eu sanciono a seguinte Lei:

Art. 1º O salário mínimo passa a corresponder ao valor de R$ 545,00 (quinhentos e quarenta e cinco reais).

Parágrafo único. Em virtude do disposto no *caput*, o valor diário do salário mínimo corresponderá a R$ 18,17 (dezoito reais e dezessete centavos) e o valor horário, a R$ 2,48 (dois reais e quarenta e oito centavos).

Art. 2º Ficam estabelecidas as diretrizes para a política de valorização do salário mínimo a vigorar entre 2012 e 2015, inclusive, a serem aplicadas em 1º de janeiro do respectivo ano.

§ 1º Os reajustes para a preservação do poder aquisitivo do salário mínimo corresponderão à variação do Índice Nacional de Preços ao Consumidor – INPC, calculado e divulgado pela Fundação Instituto Brasileiro de Geografia e Estatística – IBGE, acumulada nos 12 (doze) meses anteriores ao mês do reajuste.

§ 2º Na hipótese de não divulgação do INPC referente a um ou mais meses compreendidos no período do cálculo até o último dia útil imediatamente anterior à vigência do reajuste, o Poder Executivo estimará os índices dos meses não disponíveis.

§ 3º Verificada a hipótese de que trata o § 2º, os índices estimados permanecerão válidos para os fins desta Lei, sem qualquer revisão, sendo os eventuais resíduos compensados no reajuste subsequente, sem retroatividade.

§ 4º A título de aumento real, serão aplicados os seguintes percentuais:

I – em 2012, será aplicado o percentual equivalente à taxa de crescimento real do Produto Interno Bruto – PIB, apurada pelo IBGE, para o ano de 2010;

II – em 2013, será aplicado o percentual equivalente à taxa de crescimento real do PIB, apurada pelo IBGE, para o ano de 2011;

III – em 2014, será aplicado o percentual equivalente à taxa de crescimento real do PIB, apurada pelo IBGE, para o ano de 2012; e

IV – em 2015, será aplicado o percentual equivalente à taxa de crescimento real do PIB, apurada pelo IBGE, para o ano de 2013.

§ 5º Para fins do disposto no § 4º, será utilizada a taxa de crescimento real do PIB para o ano de referência, divulgada pelo IBGE até o último dia útil do ano imediatamente anterior ao de aplicação do respectivo aumento real.

Art. 3º Os reajustes e aumentos fixados na forma do art. 2º serão estabelecidos pelo Poder Executivo, por meio de decreto, nos termos desta Lei.

Parágrafo único. O decreto do Poder Executivo a que se refere o *caput* divulgará a cada ano os valores mensal, diário e horário do salário mínimo decorrentes do disposto neste artigo, correspondendo o valor diário a 1/30 (um trinta avos) e o valor horário a 1/220 (um duzentos e vinte avos) do valor mensal.

Art. 4º Até 31 de dezembro de 2015, o Poder Executivo encaminhará ao Congresso Nacional projeto de lei dispondo sobre a política de valorização do salário mínimo para o período compreendido entre 2016 e 2019, inclusive.

Art. 5º O Poder Executivo constituirá grupo interministerial, sob coordenação do Ministério do Trabalho e Emprego, encarregado de definir e implementar sistemática de monitoramento e avaliação da política de valorização do salário mínimo.

Parágrafo único. O grupo a que se refere o *caput* identificará a cesta básica dos produtos adquiridos pelo salário mínimo e suas projeções futuras decorrentes do aumento de seu poder de compra, nos termos definidos em decreto.

Art. 6º O art. 83 da Lei 9.430, de 27 de dezembro de 1996, passa a vigorar acrescido dos seguintes §§ 1º a 5º, renumerando-se o atual parágrafo único para § 6º:

"Art. 83. [...]

§ 1º Na hipótese de concessão de parcelamento do crédito tributário, a representação fiscal para fins penais somente será encaminhada ao Ministério Público após a exclusão da pessoa física ou jurídica do parcelamento.

§ 2º É suspensa a pretensão punitiva do Estado referente aos crimes previstos no *caput*, durante o período em que a pessoa física ou a pessoa jurídica relacionada com o agente dos aludidos crimes estiver incluída no parcelamento, desde que o pedido de parcelamento tenha sido formalizado antes do recebimento da denúncia criminal.

§ 3º A prescrição criminal não corre durante o período de suspensão da pretensão punitiva.

§ 4º Extingue-se a punibilidade dos crimes referidos no *caput* quando a pessoa física ou a pessoa jurídica relacionada com o agente efetuar o pagamento integral dos débitos oriundos de tributos, inclusive acessórios, que tiverem sido objeto de concessão de parcelamento.

§ 5º O disposto nos §§ 1º a 4º não se aplica nas hipóteses de vedação legal de parcelamento.

§ 6º As disposições contidas no *caput* do art. 34 da Lei 9.249, de 26 de dezembro de 1995, aplicam-se aos processos administrativos e aos inquéritos e processos em curso, desde que não recebida a denúncia pelo juiz."

Art. 7º Esta Lei entra em vigor no primeiro dia do mês subsequente à data de sua publicação.

Art. 8º Fica revogada a Lei 12.255, de 15 de junho de 2010.

Brasília, 25 de fevereiro de 2011; 190º da Independência e 123º da República.

Dilma Rousseff

(*DOU* 28.02.2011)

LEI 12.436, DE 6 DE JULHO DE 2011

Veda o emprego de práticas que estimulem o aumento de velocidade por motociclistas profissionais.

- V. Lei 12.009/2009 (Regulamenta o exercício dos profissionais em transporte de passageiros, "mototaxistas" e "motoboy").
- V. Lei 12.619/2012 (Dispõe sobre o exercício da profissão de motorista).
- V. Lei 13.103/2015 (Dispõe sobre o exercício da profissão de motorista).
- V. Dec. 8.433/2015 (Regulamentação dos arts. 9º a 12, 17 e 22 da Lei 13.103/2015).

A Presidenta da República

Faço saber que o Congresso Nacional decreta e eu sanciono a seguinte Lei:

Art. 1º É vedado às empresas e pessoas físicas empregadoras ou tomadoras de serviços prestados por motociclistas estabelecer práticas que estimulem o aumento de velocidade, tais como:

I – oferecer prêmios por cumprimento de metas por números de entregas ou prestação de serviço;

II – prometer dispensa de pagamento ao consumidor, no caso de fornecimento de produto ou prestação de serviço fora do prazo ofertado para a sua entrega ou realização;

III – estabelecer competição entre motociclistas, com o objetivo de elevar o número de entregas ou de prestação de serviço.

Art. 2º Pela infração de qualquer dispositivo desta Lei, ao empregador ou ao tomador de serviço será imposta a multa de R$ 300,00 (trezentos reais) a R$ 3.000,00 (três mil reais).

Parágrafo único. A penalidade será sempre aplicada no grau máximo:

I – se ficar apurado o emprego de artifício ou simulação para fraudar a aplicação dos dispositivos desta Lei;

II – nos casos de reincidência.

Art. 3º Esta Lei entra em vigor na data de sua publicação.

Brasília, 6 de julho de 2011; 190º da Independência e 123º da República.

Dilma Rousseff

(*DOU* 07.07.2011)

LEI 12.506, DE 11 DE OUTUBRO DE 2011

Dispõe sobre o aviso-prévio e dá outras providências.

A Presidenta da República:

Faço saber que o Congresso Nacional decreta e eu sanciono a seguinte Lei:

Art. 1º O aviso-prévio, de que trata o Capítulo VI do Título IV da Consolidação das Leis do Trabalho – CLT, aprovada pelo Decreto-lei 5.452, de 1º de maio de 1943, será concedido na proporção de 30 (trinta) dias aos empregados que contem até 1 (um) ano de serviço na mesma empresa.

Parágrafo único. Ao aviso-prévio previsto neste artigo serão acrescidos 3 (três) dias por ano de serviço prestado na mesma empresa, até o máximo de 60 (sessenta) dias, perfazendo um total de até 90 (noventa) dias.

Art. 2º Esta Lei entra em vigor na data de sua publicação.

Brasília, 11 de outubro de 2011; 190º da Independência e 123º da República.

Dilma Rousseff

(*DOU* 13.10.2011)

LEI 12.514, DE 28 DE OUTUBRO DE 2011

Dá nova redação ao art. 4º da Lei 6.932, de 7 de julho de 1981, que dispõe sobre as atividades do médico-residente; e trata das contribuições devidas aos conselhos profissionais em geral.

A Presidenta da República:

Faço saber que o Congresso Nacional decreta e eu sanciono a seguinte Lei:

Art. 1º O art. 4º da Lei 6.932, de 7 de julho de 1981, passa a vigorar com a seguinte redação:

Alterações processadas no texto da referida Lei.

Art. 2º O art. 26 da Lei 9.250, de 26 de dezembro de 1995, passa a vigorar acrescido do seguinte parágrafo único:

"Art 26. [...]

Parágrafo único. Não caracterizam contraprestação de serviços nem vantagem para o doador, para efeito da isenção referida no caput, as bolsas de estudo recebidas pelos médicos residentes."

Art. 3º As disposições aplicáveis para valores devidos a conselhos profissionais, quando não existir disposição a respeito em lei específica, são as constantes desta Lei.

Parágrafo único. Aplica-se esta Lei também aos conselhos profissionais quando lei específica:

I – estabelecer a cobrança de valores expressos em moeda ou unidade de referência não mais existente;

II – não especificar valores, mas delegar a fixação para o próprio conselho.

Art. 4º Os Conselhos cobrarão:

I – multas por violação da ética, conforme disposto na legislação;

II – anuidades; e

III – outras obrigações definidas em lei especial.

Art. 5º O fato gerador das anuidades é a existência de inscrição no conselho, ainda que por tempo limitado, ao longo do exercício.

Art. 6º As anuidades cobradas pelo conselho serão no valor de:

I – para profissionais de nível superior: até R$ 500,00 (quinhentos reais);

II – para profissionais de nível técnico: até R$ 250,00 (duzentos e cinquenta reais); e

III – para pessoas jurídicas, conforme o capital social, os seguintes valores máximos:

a) até R$ 50.000,00 (cinquenta mil reais): R$ 500,00 (quinhentos reais);

b) acima de R$ 50.000,00 (cinquenta mil reais) e até R$ 200.000,00 (duzentos mil reais): R$ 1.000,00 (mil reais);

c) acima de R$ 200.000,00 (duzentos mil reais) e até R$ 500.000,00 (quinhentos mil reais): R$ 1.500,00 (mil e quinhentos reais);

d) acima de R$ 500.000,00 (quinhentos mil reais) e até R$ 1.000.000,00 (um milhão de reais): R$ 2.000,00 (dois mil reais);

e) acima de R$ 1.000.000,00 (um milhão de reais) e até R$ 2.000.000,00 (dois milhões de reais): R$ 2.500,00 (dois mil e quinhentos reais);

f) acima de R$ 2.000.000,00 (dois milhões de reais) e até R$ 10.000.000,00 (dez milhões de reais): R$ 3.000,00 (três mil reais);

g) acima de R$ 10.000.000,00 (dez milhões de reais): R$ 4.000,00 (quatro mil reais).

§ 1º Os valores das anuidades serão reajustados de acordo com a variação integral do Índice Nacional de Preços ao Consumidor – INPC, calculado pela Fundação Instituto Brasileiro de Geografia e Estatística – IBGE, ou pelo índice oficial que venha a substituí-lo.

§ 2º O valor exato da anuidade, o desconto para profissionais recém-inscritos, os critérios de isenção para profissionais, as regras de recuperação de créditos, as regras de parcelamento, garantido o mínimo de 5 (cinco) vezes, e a concessão de descontos para pagamento antecipado ou à vista, serão estabelecidos pelos respectivos conselhos federais.

Art. 7º Os Conselhos poderão deixar de promover a cobrança judicial de valores inferiores a 10 (dez) vezes o valor de que trata o inciso I do art. 6º

Art. 8º Os Conselhos não executarão judicialmente dívidas referentes a anuidades inferiores a 4 (quatro) vezes o valor cobrado anualmente da pessoa física ou jurídica inadimplente.

Parágrafo único. O disposto no caput não limitará a realização de medidas administrativas de cobrança, a aplicação de sanções por violação da ética ou a suspensão do exercício profissional.

Art. 9º A existência de valores em atraso não obsta o cancelamento ou a suspensão do registro a pedido.

Art. 10. O percentual da arrecadação destinado ao conselho regional e ao conselho federal respectivo é o constante da legislação específica.

Art. 11. O valor da Taxa de Anotação de Responsabilidade Técnica – ART, prevista na Lei 6.496, de 7 de dezembro de 1977, não poderá ultrapassar R$ 150,00 (cento e cinquenta reais).

Parágrafo único. O valor referido no caput será atualizado, anualmente, de acordo com a variação integral do Índice Nacional de Preços ao Consumidor – INPC, calculado pela Fundação Instituto Brasileiro de Geografia e Estatística – IBGE, ou índice oficial que venha a substituí-lo.

Art. 12. Esta Lei entra em vigor na data de sua publicação.

Brasília, 28 de outubro de 2011; 190º da Independência e 123º da República.

Dilma Rousseff

(*DOU* 31.10.2011)

LEI 12.594, DE 18 DE JANEIRO DE 2012

Institui o Sistema Nacional de Atendimento Socioeducativo (Sinase), regulamenta a execução das medidas socioeducativas destinadas a adolescente que pratique ato infracional; e altera as Leis 8.069, de 13 de julho de 1990 (Estatuto da Criança e do Adolescente); 7.560, de 19 de dezembro de 1986, 7.998, de 11 de janeiro de 1990, 5.537, de 21 de novembro de 1968, 8.315, de 23 de dezembro de 1991, 8.706, de 14 de setembro de 1993, os Decretos-leis 4.048, de 22 de janeiro de 1942, 8.621, de 10 de janeiro de 1946, e a Consolidação das Leis do Trabalho (CLT), aprovada pelo Decreto-lei 5.452, de 1º de maio de 1943.

A Presidenta da República:

Faço saber que o Congresso Nacional decreta e eu sanciono a seguinte Lei:

TÍTULO I
Do Sistema Nacional de Atendimento Socioeducativo (Sinase)

Capítulo I
Disposições Gerais

Art. 1º Esta Lei institui o Sistema Nacional de Atendimento Socioeducativo (Sinase) e regulamenta a execução das medidas destinadas a adolescente que pratique ato infracional.

§ 1º Entende-se por Sinase o conjunto ordenado de princípios, regras e critérios que envolvem a execução de medidas socioeducativas, incluindo-se nele, por adesão, os sistemas estaduais, distrital e municipais, bem como todos os planos, políticas e programas específicos de atendimento a adolescente em conflito com a lei.

§ 2º Entendem-se por medidas socioeducativas as previstas no art. 112 da Lei 8.069, de 13 de julho de 1990 (Estatuto da Criança e do Adolescente), as quais têm por objetivos:

I – a responsabilização do adolescente quanto às consequências lesivas do ato infracional, sempre que possível incentivando a sua reparação;

II – a integração social do adolescente e a garantia de seus direitos individuais e sociais, por meio do cumprimento de seu plano individual de atendimento; e

III – a desaprovação da conduta infracional, efetivando as disposições da sentença como parâmetro máximo de privação de liberdade ou restrição de direitos, observados os limites previstos em lei.

§ 3º Entendem-se por programa de atendimento a organização e o funcionamento, por unidade, das condições necessárias para o cumprimento das medidas socioeducativas.

§ 4º Entende-se por unidade a base física necessária para a organização e o funcionamento de programa de atendimento.

§ 5º Entendem-se por entidade de atendimento a pessoa jurídica de direito público ou privado que instala e mantém a unidade e os recursos humanos e materiais necessários ao desenvolvimento de programas de atendimento.

Art. 2º O Sinase será coordenado pela União e integrado pelos sistemas estaduais, distrital e municipais responsáveis pela implementação dos seus respectivos programas de atendimento a adolescente ao qual seja aplicada medida socioeducativa, com liberdade de organização e funcionamento, respeitados os termos desta Lei.

Capítulo II
Das Competências

Art. 3º Compete à União:

I – formular e coordenar a execução da política nacional de atendimento socioeducativo;

II – elaborar o Plano Nacional de Atendimento Socioeducativo, em parceria com os Estados, o Distrito Federal e os Municípios;

III – prestar assistência técnica e suplementação financeira aos Estados, ao Distrito Federal e aos Municípios para o desenvolvimento de seus sistemas;

IV – instituir e manter o Sistema Nacional de Informações sobre o Atendimento Socioeducativo, seu funcionamento, entidades, programas, incluindo dados relativos a financiamento e população atendida;

V – contribuir para a qualificação e ação em rede dos Sistemas de Atendimento Socioeducativo;

VI – estabelecer diretrizes sobre a organização e funcionamento das unidades e programas de atendimento e as normas de referência destinadas ao cumprimento das medidas socioeducativas de internação e semiliberdade;

VII – instituir e manter processo de avaliação dos Sistemas de Atendimento Socioeducativo, seus planos, entidades e programas;

VIII – financiar, com os demais entes federados, a execução de programas e serviços do Sinase; e

IX – garantir a publicidade de informações sobre repasses de recursos aos gestores estaduais, distrital e municipais, para financiamento de programas de atendimento socioeducativo.

§ 1º São vedados à União o desenvolvimento e a oferta de programas próprios de atendimento.

§ 2º Ao Conselho Nacional dos Direitos da Criança e do Adolescente (Conanda) competem as funções normativa, deliberativa, de avaliação e de fiscalização do Sinase, nos termos previstos na Lei 8.242, de 12 de outubro de 1991, que cria o referido Conselho.

§ 3º O Plano de que trata o inciso II do *caput* deste artigo será submetido à deliberação do Conanda.

§ 4º À Secretaria de Direitos Humanos da Presidência da República (SDH/PR) competem as funções executiva e de gestão do Sinase.

Art. 4º Compete aos Estados:

I – formular, instituir, coordenar e manter Sistema Estadual de Atendimento Socioeducativo, respeitadas as diretrizes fixadas pela União;

II – elaborar o Plano Estadual de Atendimento Socioeducativo em conformidade com o Plano Nacional;

III – criar, desenvolver e manter programas para a execução das medidas socioeducativas de semiliberdade e internação;

IV – editar normas complementares para a organização e funcionamento do seu sistema de atendimento e dos sistemas municipais;

V – estabelecer com os Municípios formas de colaboração para o atendimento socioeducativo em meio aberto;

VI – prestar assessoria técnica e suplementação financeira aos Municípios para a oferta regular de programas de meio aberto;

VII – garantir o pleno funcionamento do plantão interinstitucional, nos termos previstos no inciso V do art. 88 da Lei 8.069, de 13 de julho de 1990 (Estatuto da Criança e do Adolescente);

VIII – garantir defesa técnica do adolescente a quem se atribua prática de ato infracional;

IX – cadastrar-se no Sistema Nacional de Informações sobre o Atendimento Socioeducativo e fornecer regularmente os dados necessários ao povoamento e à atualização do Sistema; e

X – cofinanciar, com os demais entes federados, a execução de programas e ações destinados ao atendimento inicial de adolescente apreendido para apuração de ato infracional, bem como aqueles destinados a adolescente a quem foi aplicada medida socioeducativa privativa de liberdade.

§ 1º Ao Conselho Estadual dos Direitos da Criança e do Adolescente competem as funções deliberativas e de controle do Sistema Estadual de Atendimento Socioeducativo, nos termos previstos no inciso II do art. 88 da Lei 8.069, de 13 de julho de 1990 (Estatuto da Criança e do Adolescente), bem como outras definidas na legislação estadual ou distrital.

§ 2º O Plano de que trata o inciso II do *caput* deste artigo será submetido à deliberação do Conselho Estadual dos Direitos da Criança e do Adolescente.

§ 3º Competem ao órgão a ser designado no Plano de que trata o inciso II do *caput* deste artigo as funções executiva e de gestão do Sistema Estadual de Atendimento Socioeducativo.

Art. 5º Compete aos Municípios:

I – formular, instituir, coordenar e manter o Sistema Municipal de Atendimento Socioeducativo, respeitadas as diretrizes fixadas pela União e pelo respectivo Estado;

II – elaborar o Plano Municipal de Atendimento Socioeducativo, em conformidade com o Plano Nacional e o respectivo Plano Estadual;

III – criar e manter programas de atendimento para a execução das medidas socioeducativas em meio aberto;

IV – editar normas complementares para a organização e funcionamento dos programas do seu Sistema de Atendimento Socioeducativo;

V – cadastrar-se no Sistema Nacional de Informações sobre o Atendimento Socioeducativo e fornecer regularmente os dados necessários ao povoamento e à atualização do Sistema; e

VI – cofinanciar, conjuntamente com os demais entes federados, a execução de programas e ações destinados ao atendimento inicial de adolescente apreendido para apuração de ato infracional, bem como aqueles destinados a adolescente a quem foi aplicada medida socioeducativa em meio aberto.

§ 1º Para garantir a oferta de programa de atendimento socioeducativo de meio aberto, os Municípios podem instituir os consórcios dos quais trata a Lei 11.107, de 6 de abril de 2005, que dispõe sobre normas gerais de contratação de consórcios públicos e dá outras providências, ou qualquer outro instrumento jurídico adequado, como forma de compartilhar responsabilidades.

§ 2º Ao Conselho Municipal dos Direitos da Criança e do Adolescente competem as funções deliberativas e de controle do Sistema Municipal de Atendimento Socioeducativo, nos termos previstos no inciso II do art. 88 da Lei 8.069, de 13 de julho de 1990 (Estatuto da Criança e do Adolescente), bem como outras definidas na legislação municipal.

§ 3º O Plano de que trata o inciso II do *caput* deste artigo será submetido à deliberação do Conselho Municipal dos Direitos da Criança e do Adolescente.

§ 4º Competem ao órgão a ser designado no Plano de que trata o inciso II do *caput* deste artigo as funções executiva e de gestão do Sistema Municipal de Atendimento Socioeducativo.

Art. 6º Ao Distrito Federal cabem, cumulativamente, as competências dos Estados e dos Municípios.

Capítulo III
Dos Planos de Atendimento Socioeducativo

Art. 7º O Plano de que trata o inciso II do art. 3º desta Lei deverá incluir um diagnóstico da situação do Sinase, as diretrizes, os objetivos, as metas, as prioridades e as formas de financiamento e gestão das ações de atendimento para os 10 (dez) anos seguintes, em sintonia com os princípios elencados na Lei 8.069, de 13 de julho de 1990 (Estatuto da Criança e do Adolescente).

§ 1º As normas nacionais de referência para o atendimento socioeducativo devem constituir anexo ao Plano de que trata o inciso II do art. 3º desta Lei.

§ 2º Os Estados, o Distrito Federal e os Municípios deverão, com base no Plano Nacional de Atendimento Socioeducativo, elaborar seus planos decenais correspondentes, em até 360 (trezentos e sessenta) dias a partir da aprovação do Plano Nacional.

Art. 8º Os Planos de Atendimento Socioeducativo deverão, obrigatoriamente, prever ações articuladas nas áreas de educação, saúde, assistência social, cultura, capacitação para o trabalho e esporte, para os adolescentes atendidos, em conformidade com os princípios elencados na Lei 8.069, de 13 de julho de 1990 (Estatuto da Criança e do Adolescente).

Parágrafo único. Os Poderes Legislativos federal, estaduais, distrital e municipais, por meio de suas comissões temáticas pertinentes, acompanharão a execução dos Planos de Atendimento Socioeducativo dos respectivos entes federados.

Capítulo IV
Dos Programas de Atendimento
Seção I
Disposições Gerais

Art. 9º Os Estados e o Distrito Federal inscreverão seus programas de atendimento e alterações no Conselho Estadual ou Distrital dos Direitos da Criança e do Adolescente, conforme o caso.

Art. 10. Os Municípios inscreverão seus programas e alterações, bem como as entidades de atendimento executoras, no Conselho Municipal dos Direitos da Criança e do Adolescente.

Art. 11. Além da especificação do regime, são requisitos obrigatórios para a inscrição de programa de atendimento:

I – a exposição das linhas gerais dos métodos e técnicas pedagógicas, com a especificação das atividades de natureza coletiva;

II – a indicação da estrutura material, dos recursos humanos e das estratégias de segurança compatíveis com as necessidades da respectiva unidade;

III – regimento interno que regule o funcionamento da entidade, no qual deverá constar, no mínimo:

a) o detalhamento das atribuições e responsabilidades do dirigente, de seus prepostos, dos membros da equipe técnica e dos demais educadores;

b) a previsão das condições do exercício da disciplina e concessão de benefícios e o respectivo procedimento de aplicação; e

c) a previsão da concessão de benefícios extraordinários e enaltecimento, tendo em vista tornar público o reconhecimento ao adolescente pelo esforço realizado na consecução dos objetivos do plano individual;

IV – a política de formação dos recursos humanos;

V – a previsão das ações de acompanhamento do adolescente após o cumprimento de medida socioeducativa;

VI – a indicação da equipe técnica, cuja quantidade e formação devem estar em conformidade com as normas de referência do sistema e dos conselhos profissionais e com o atendimento socioeducativo a ser realizado; e

VII – a adesão ao Sistema de Informações sobre o Atendimento Socioeducativo, bem como sua operação efetiva.

Parágrafo único. O não cumprimento do previsto neste artigo sujeita as entidades de atendimento, os órgãos gestores, seus dirigentes ou os prepostos à aplicação das medidas previstas no art. 97 da Lei 8.069, de 13 de julho de 1990 (Estatuto da Criança e do Adolescente).

Art. 12. A composição da equipe técnica do programa de atendimento deverá ser interdisciplinar, compreendendo, no mínimo, profissionais das áreas de saúde, educação e assistência social, de acordo com as normas de referência.

§ 1º Outros profissionais podem ser acrescentados às equipes para atender necessidades específicas do programa.

§ 2º Regimento interno deve discriminar as atribuições de cada profissional, sendo proibida a sobreposição dessas atribuições na entidade de atendimento.

§ 3º O não cumprimento do previsto neste artigo sujeita as entidades de atendimento, seus dirigentes ou prepostos à aplicação das medidas previstas no art. 97 da Lei 8.069, de 13 de julho de 1990 (Estatuto da Criança e do Adolescente).

Seção II
Dos Programas de Meio Aberto

Art. 13. Compete à direção do programa de prestação de serviços à comunidade ou de liberdade assistida:

I – selecionar e credenciar orientadores, designando-os, caso a caso, para acompanhar e avaliar o cumprimento da medida;

II – receber o adolescente e seus pais ou responsável e orientá-los sobre a finalidade da medida e a organização e funcionamento do programa;

III – encaminhar o adolescente para o orientador credenciado;

IV – supervisionar o desenvolvimento da medida; e

V – avaliar, com o orientador, a evolução do cumprimento da medida e, se necessário, propor à autoridade judiciária sua substituição, suspensão ou extinção.

Parágrafo único. O rol de orientadores credenciados deverá ser comunicado, semestralmente, à autoridade judiciária e ao Ministério Público.

Art. 14. Incumbe ainda à direção do programa de medida de prestação de serviços à comunidade selecionar e credenciar entidades assistenciais, hospitais, escolas ou outros estabelecimentos congêneres, bem como os programas comunitários ou governamentais, de acordo com o perfil do socioeducando e o ambiente no qual a medida será cumprida.

Parágrafo único. Se o Ministério Público impugnar o credenciamento, ou a autoridade judiciária considerá-lo inadequado, instaurará incidente de impugnação, com a aplicação subsidiária do procedimento de apuração de irregularidade em entidade de atendimento regulamentado na Lei 8.069, de 13 de julho de 1990 (Estatuto da Criança e do Adolescente), devendo citar o dirigente do programa e a direção da entidade ou órgão credenciado.

Seção III
Dos Programas de Privação da Liberdade

Art. 15. São requisitos específicos para a inscrição de programas de regime de semiliberdade ou internação:

I – a comprovação da existência de estabelecimento educacional com instalações adequadas e em conformidade com as normas de referência;

II – a previsão do processo e dos requisitos para a escolha do dirigente;

III – a apresentação das atividades de natureza coletiva;

IV – a definição das estratégias para a gestão de conflitos, vedada a previsão de isolamento cautelar, exceto nos casos previstos no § 2º do art. 49 desta Lei; e

V – a previsão de regime disciplinar nos termos do art. 72 desta Lei.

Art. 16. A estrutura física da unidade deverá ser compatível com as normas de referência do Sinase.

§ 1º É vedada a edificação de unidades socioeducacionais em espaços contíguos, anexos, ou de qualquer outra forma integrados a estabelecimentos penais.

§ 2º A direção da unidade adotará, em caráter excepcional, medidas para proteção do interno em casos de risco à sua integridade física, à sua vida, ou à de outrem, comunicando, de imediato, seu defensor e o Ministério Público.

Art. 17. Para o exercício da função de dirigente de programa de atendimento em regime de semiliberdade ou de internação, além dos requisitos específicos previstos no respectivo programa de atendimento, é necessário:

I – formação de nível superior compatível com a natureza da função;

II – comprovada experiência no trabalho com adolescentes de, no mínimo, 2 (dois) anos; e

III – reputação ilibada.

Capítulo V
Da Avaliação e Acompanhamento da Gestão do Atendimento Socioeducativo

Art. 18. A União, em articulação com os Estados, o Distrito Federal e os Municípios, realizará avaliações periódicas da implementação dos Planos de Atendimento Socioeducativo em intervalos não superiores a 3 (três) anos.

§ 1º O objetivo da avaliação é verificar o cumprimento das metas estabelecidas e elaborar recomendações aos gestores e operadores dos Sistemas.

§ 2º O processo de avaliação deverá contar com a participação de representantes do Poder Judiciário, do Ministério Público, da Defensoria Pública e dos Conselhos Tutelares, na forma a ser definida em regulamento.

§ 3º A primeira avaliação do Plano Nacional de Atendimento Socioeducativo realizar-se-á no 3º (terceiro) ano de vigência desta Lei, cabendo ao Poder Legislativo federal acompanhar o trabalho por meio de suas comissões temáticas pertinentes.

Art. 19. É instituído o Sistema Nacional de Avaliação e Acompanhamento do Atendimento Socioeducativo, com os seguintes objetivos:

I – contribuir para a organização da rede de atendimento socioeducativo;

II – assegurar conhecimento rigoroso sobre as ações do atendimento socioeducativo e seus resultados;

III – promover a melhora da qualidade da gestão e do atendimento socioeducativo; e

IV – disponibilizar informações sobre o atendimento socioeducativo.

§ 1º A avaliação abrangerá, no mínimo, a gestão, as entidades de atendimento, os programas e os resultados da execução das medidas socioeducativas.

§ 2º Ao final da avaliação, será elaborado relatório contendo histórico e diagnóstico da situação, as recomendações e os prazos para que essas sejam cumpridas, além de outros elementos a serem definidos em regulamento.

§ 3º O relatório da avaliação deverá ser encaminhado aos respectivos Conselhos de Direitos, Conselhos Tutelares e ao Ministério Público.

§ 4º Os gestores e entidades têm o dever de colaborar com o processo de avaliação, facilitando o acesso às suas instalações, à documentação e a todos os elementos necessários ao seu efetivo cumprimento.

§ 5º O acompanhamento tem por objetivo verificar o cumprimento das metas dos Planos de Atendimento Socioeducativo.

Art. 20. O Sistema Nacional de Avaliação e Acompanhamento da Gestão do Atendimento Socioeducativo assegurará, na metodologia a ser empregada:

I – a realização da autoavaliação dos gestores e das instituições de atendimento;

II – a avaliação institucional externa, contemplando a análise global e integrada das instalações físicas, relações institucionais, compromisso social, atividades e finalidades das instituições de atendimento e seus programas;

III – o respeito à identidade e à diversidade de entidades e programas;

IV – a participação do corpo de funcionários das entidades de atendimento e dos Conselhos Tutelares da área de atuação da entidade avaliada; e

V – o caráter público de todos os procedimentos, dados e resultados dos processos avaliativos.

Art. 21. A avaliação será coordenada por uma comissão permanente e realizada por comissões temporárias, essas compostas, no mínimo, por 3 (três) especialistas com reconhecida atuação na área temática e definidas na forma do regulamento.

Parágrafo único. É vedado à comissão permanente designar avaliadores:

I – que sejam titulares ou servidores dos órgãos gestores avaliados ou funcionários das entidades avaliadas;

II – que tenham relação de parentesco até o 3º grau com titulares ou servidores dos órgãos gestores avaliados e/ou funcionários das entidades avaliadas; e

III – que estejam respondendo a processos criminais.

Art. 22. A avaliação da gestão terá por objetivo:

I – verificar se o planejamento orçamentário e sua execução se processam de forma compatível com as necessidades do respectivo Sistema de Atendimento Socioeducativo;

II – verificar a manutenção do fluxo financeiro, considerando as necessidades operacionais do atendimento socioeducativo, as normas de referência e as condições previstas nos instrumentos jurídicos celebrados entre os órgãos gestores e as entidades de atendimento;

III – verificar a implementação de todos os demais compromissos assumidos por ocasião da celebração dos instrumentos jurídicos relativos ao atendimento socioeducativo; e

IV – a articulação interinstitucional e intersetorial das políticas.

Art. 23. A avaliação das entidades terá por objetivo identificar o perfil e o impacto de sua atuação, por meio de suas atividades, programas e projetos, considerando as diferentes dimensões institucionais e, entre elas, obrigatoriamente, as seguintes:

I – o plano de desenvolvimento institucional;

II – a responsabilidade social, considerada especialmente sua contribuição para a inclusão social e o desenvolvimento socioeconômico do adolescente e de sua família;

III – a comunicação e o intercâmbio com a sociedade;

IV – as políticas de pessoal quanto à qualificação, aperfeiçoamento, desenvolvimento profissional e condições de trabalho;

V – a adequação da infraestrutura física às normas de referência;

VI – o planejamento e a autoavaliação quanto aos processos, resultados, eficiência e eficácia do projeto pedagógico e da proposta socioeducativa;

VII – as políticas de atendimento para os adolescentes e suas famílias;

VIII – a atenção integral à saúde dos adolescentes em conformidade com as diretrizes do art. 60 desta Lei; e

IX – a sustentabilidade financeira.

Art. 24. A avaliação dos programas terá por objetivo verificar, no mínimo, o atendimento ao que determinam os arts. 94, 100, 117, 119, 120, 123 e 124 da Lei 8.069, de 13 de julho de 1990 (Estatuto da Criança e do Adolescente).

Art. 25. A avaliação dos resultados da execução de medida socioeducativa terá por objetivo, no mínimo:

I – verificar a situação do adolescente após cumprimento da medida socioeducativa, tomando por base suas perspectivas educacionais, sociais, profissionais e familiares; e

II – verificar reincidência de prática de ato infracional.

Art. 26. Os resultados da avaliação serão utilizados para:

I – planejamento de metas e eleição de prioridades do Sistema de Atendimento Socioeducativo e seu financiamento;

II – reestruturação e/ou ampliação da rede de atendimento socioeducativo, de acordo com as necessidades diagnosticadas;

III – adequação dos objetivos e da natureza do atendimento socioeducativo prestado pelas entidades avaliadas;

IV – celebração de instrumentos de cooperação com vistas à correção de problemas diagnosticados na avaliação;

V – reforço de financiamento para fortalecer a rede de atendimento socioeducativo;

VI – melhorar e ampliar a capacitação dos operadores do Sistema de Atendimento Socioeducativo; e

VII – os efeitos do art. 95 da Lei 8.069, de 13 de julho de 1990 (Estatuto da Criança e do Adolescente).

Parágrafo único. As recomendações originadas da avaliação deverão indicar prazo para seu cumprimento por parte das entidades de atendimento e dos gestores avaliados, ao fim do qual estarão sujeitos às medidas previstas no art. 28 desta Lei.

Art. 27. As informações produzidas a partir do Sistema Nacional de Informações sobre Atendimento Socioeducativo serão utilizadas para subsidiar a avaliação, o acompanhamento, a gestão e o financiamento dos Sistemas Nacional, Distrital, Estaduais e Municipais de Atendimento Socioeducativo.

Capítulo VI
Da Responsabilização dos Gestores, Operadores e Entidades de Atendimento

Art. 28. No caso do desrespeito, mesmo que parcial, ou do não cumprimento integral às diretrizes e determinações desta Lei, em todas as esferas, são sujeitos:

I – gestores, operadores e seus prepostos e entidades governamentais às medidas previstas no inciso I e no § 1º do art. 97 da Lei 8.069, de 13 de julho de 1990 (Estatuto da Criança e do Adolescente); e

II – entidades não governamentais, seus gestores, operadores e prepostos às medidas previstas no inciso II e no § 1º do art. 97 da Lei 8.069, de 13 de julho de 1990 (Estatuto da Criança e do Adolescente).

Parágrafo único. A aplicação das medidas previstas neste artigo dar-se-á a partir da análise de relatório circunstanciado elaborado após as avaliações, sem prejuízo do que determinam os arts. 191 a 197, 225 a 227, 230 a 236, 243 e 245 a 247 da Lei 8.069, de 13 de julho de 1990 (Estatuto da Criança e do Adolescente).

Art. 29. Àqueles que, mesmo não sendo agentes públicos, induzam ou concorram, sob qualquer forma, direta ou indireta, para o não cumprimento desta Lei, aplicam-se, no que couber, as penalidades dispostas na Lei 8.429, de 2 de junho de 1992, que dispõe sobre as sanções aplicáveis aos agentes públicos nos casos de enriquecimento ilícito no exercício de mandato, cargo, emprego ou função na administração pública direta, indireta ou fundacional e dá outras providências (Lei de Improbidade Administrativa).

Capítulo VII
Do Financiamento e das Prioridades

Art. 30. O Sinase será cofinanciado com recursos dos orçamentos fiscal e da seguridade social, além de outras fontes.

§ 1º *(Vetado).*

§ 2º Os entes federados que tenham instituído seus sistemas de atendimento socioeducativo terão acesso aos recursos na forma de transferência adotada pelos órgãos integrantes do Sinase.

§ 3º Os entes federados beneficiados com recursos dos orçamentos dos órgãos responsáveis pelas políticas integrantes do Sinase, ou de outras fontes, estão sujeitos às normas e procedimentos de monitoramento estabelecidos pelas instâncias dos órgãos das políticas setoriais envolvidas, sem prejuízo do disposto nos incisos IX e X do art. 4º, nos incisos V e VI do art. 5º e no art. 6º desta Lei.

Art. 31. Os Conselhos de Direitos, nas 3 (três) esferas de governo, definirão, anualmente, o percentual de recursos dos Fundos dos Direitos da Criança e do Adolescente a serem aplicados no financiamento das ações previstas nesta Lei, em especial para capacitação, sistemas de informação e de avaliação.

Parágrafo único. Os entes federados beneficiados com recursos do Fundo dos Direitos da Criança e do Adolescente para ações de atendimento socioeducativo prestarão informações sobre o desempenho dessas ações por meio do Sistema de Informações sobre Atendimento Socioeducativo.

Art. 32. A Lei 7.560, de 19 de dezembro de 1986, passa a vigorar com as seguintes alterações:

"Art. 5º Os recursos do FUNAD serão destinados:

[...]

X – às entidades governamentais e não governamentais integrantes do Sistema Nacional de Atendimento Socioeducativo (Sinase).

[...]"

"Art. 5º-A. A Secretaria Nacional de Políticas sobre Drogas (SENAD), órgão gestor do Fundo Nacional Antidrogas (FUNAD), poderá financiar projetos das entidades do Sinase desde que:

I – o ente federado de vinculação da entidade que solicita o recurso possua o respectivo Plano de Atendimento Socioeducativo aprovado;

II – as entidades governamentais e não governamentais integrantes do Sinase que solicitem recursos tenham participado da avaliação nacional do atendimento socioeducativo;

III – o projeto apresentado esteja de acordo com os pressupostos da Política Nacional sobre Drogas e legislação específica."

Art. 33. A Lei 7.998, de 11 de janeiro de 1990, passa a vigorar acrescida do seguinte art. 19-A:

• Acréscimo processado no texto da referida Lei.

Art. 34. O art. 2º da Lei 5.537, de 21 de novembro de 1968, passa a vigorar acrescido do seguinte § 3º:

"Art. 2º [...]

[...]

§ 3º O fundo de que trata o art. 1º poderá financiar, na forma das resoluções de seu conselho deliberativo, programas e projetos de educação básica relativos ao Sistema Nacional de Atendimento Socioeducativo (Sinase) desde que:

I – o ente federado que solicitar o recurso possua o respectivo Plano de Atendimento Socioeducativo aprovado;

II – as entidades de atendimento vinculadas ao ente federado que solicitar o recurso tenham se submetido à avaliação nacional do atendimento socioeducativo; e

III – o ente federado tenha assinado o Plano de Metas Compromisso Todos pela Educação e elaborado o respectivo Plano de Ações Articuladas (PAR)."

TÍTULO II
Da Execução das Medidas Socioeducativas

Capítulo I
Disposições Gerais

Art. 35. A execução das medidas socioeducativas reger-se-á pelos seguintes princípios:

I – legalidade, não podendo o adolescente receber tratamento mais gravoso do que o conferido ao adulto;

II – excepcionalidade da intervenção judicial e da imposição de medidas, favorecendo-se meios de autocomposição de conflitos;

III – prioridade a práticas ou medidas que sejam restaurativas e, sempre que possível, atendam às necessidades das vítimas;

IV – proporcionalidade em relação à ofensa cometida;

V – brevidade da medida em resposta ao ato cometido, em especial o respeito ao que dispõe o art. 122 da Lei 8.069, de 13 de julho de 1990 (Estatuto da Criança e do Adolescente);

VI – individualização, considerando-se a idade, capacidades e circunstâncias pessoais do adolescente;

VII – mínima intervenção, restrita ao necessário para a realização dos objetivos da medida;

VIII – não discriminação do adolescente, notadamente em razão de etnia, gênero, nacionalidade, classe social, orientação religiosa, política ou sexual, ou associação ou pertencimento a qualquer minoria ou status; e

IX – fortalecimento dos vínculos familiares e comunitários no processo socioeducativo.

Capítulo II
Dos Procedimentos

Art. 36. A competência para jurisdicionar a execução das medidas socioeducativas segue o determinado pelo art. 146 da Lei 8.069, de 13 de julho de 1990 (Estatuto da Criança e do Adolescente).

Art. 37. A defesa e o Ministério Público intervirão, sob pena de nulidade, no procedimento judicial de execução de medida socioeducativa, asseguradas aos seus membros as prerrogativas previstas na Lei 8.069, de 13 de julho de 1990 (Estatuto da Criança e do Adolescente), podendo requerer as providências necessárias para adequar a execução aos ditames legais e regulamentares.

Art. 38. As medidas de proteção, de advertência e de reparação do dano, quando aplicadas de forma isolada, serão executadas nos próprios autos do processo de conhecimento, respeitado o disposto nos arts. 143 e 144 da Lei 8.069, de 13 de julho de 1990 (Estatuto da Criança e do Adolescente).

Art. 39. Para aplicação das medidas socioeducativas de prestação de serviços à comunidade, liberdade assistida, semiliberdade ou internação, será constituído processo de execução para cada adolescente, respeitado o disposto nos arts. 143 e 144 da Lei 8.069, de 13 de julho de 1990 (Estatuto da Criança e do Adolescente), e com autuação das seguintes peças:

I – documentos de caráter pessoal do adolescente existentes no processo de conhecimento, especialmente os que comprovem sua idade; e

II – as indicadas pela autoridade judiciária, sempre que houver necessidade e, obrigatoriamente:

a) cópia da representação;

b) cópia da certidão de antecedentes;

c) cópia da sentença ou acórdão; e

d) cópia de estudos técnicos realizados durante a fase de conhecimento.

Parágrafo único. Procedimento idêntico será observado na hipótese de medida aplicada em sede de remissão, como forma de suspensão do processo.

Art. 40. Autuadas as peças, a autoridade judiciária encaminhará, imediatamente, cópia integral do expediente ao órgão gestor do atendimento socioeducativo, solicitando designação do programa ou da unidade de cumprimento da medida.

Art. 41. A autoridade judiciária dará vistas da proposta de plano individual de que trata o art. 53 desta Lei ao defensor e ao Ministério Público pelo prazo sucessivo de 3 (três) dias, contados do recebimento da proposta encaminhada pela direção do programa de atendimento.

§ 1º O defensor e o Ministério Público poderão requerer, e o Juiz da Execução poderá determinar, de ofício, a realização de qualquer avaliação ou perícia que entenderem necessárias para complementação do plano individual.

§ 2º A impugnação ou complementação do plano individual, requerida pelo defensor ou pelo Ministério Público, deverá ser fundamentada, podendo a autoridade judiciária indeferi-la, se entender insuficiente a motivação.

§ 3º Admitida a impugnação, ou se entender que o plano é inadequado, a autoridade judiciária designará, se necessário, audiência da qual cientificará o defensor, o Ministério Público, a direção do programa de atendimento, o adolescente e seus pais ou responsável.

§ 4º A impugnação não suspenderá a execução do plano individual, salvo determinação judicial em contrário.

§ 5º Findo o prazo sem impugnação, considerar-se-á o plano individual homologado.

Art. 42. As medidas socioeducativas de liberdade assistida, de semiliberdade e de internação deverão ser reavaliadas no máximo a cada 6 (seis) meses, podendo a autoridade judiciária, se necessário, designar audiência, no prazo máximo de 10 (dez) dias, cientificando o defensor, o Ministério Público, a direção do programa de atendimento, o adolescente e seus pais ou responsável.

§ 1º A audiência será instruída com o relatório da equipe técnica do programa de atendimento sobre a evolução do plano de que trata o art. 52 desta Lei e com qualquer outro parecer técnico requerido pelas partes e deferido pela autoridade judiciária.

§ 2º A gravidade do ato infracional, os antecedentes e o tempo de duração da medida não são fatores que, por si, justifiquem a não substituição da medida por outra menos grave.

§ 3º Considera-se mais grave a internação, em relação a todas as demais medidas, e mais grave a semiliberdade, em relação às medidas de meio aberto.

Art. 43. A reavaliação da manutenção, da substituição ou da suspensão das medidas de meio aberto ou de privação da liberdade e do respectivo plano individual pode ser solicitada a qualquer tempo, a pedido da direção do programa de atendimento, do defensor, do Ministério Público, do adolescente, de seus pais ou responsável.

§ 1º Justifica o pedido de reavaliação, entre outros motivos:

I – o desempenho adequado do adolescente com base no seu plano de atendimento individual, antes do prazo da reavaliação obrigatória;

II – a inadaptação do adolescente ao programa e o reiterado descumprimento das atividades do plano individual; e

III – a necessidade de modificação das atividades do plano individual que importem em maior restrição da liberdade do adolescente.

§ 2º A autoridade judiciária poderá indeferir o pedido, de pronto, se entender insuficiente a motivação.

§ 3º Admitido o processamento do pedido, a autoridade judiciária, se necessário, designará audiência, observando o princípio do § 1º do art. 42 desta Lei.

§ 4º A substituição por medida mais gravosa somente ocorrerá em situações excepcionais, após o devido processo legal, inclusive na hipótese do inciso III do art. 122 da Lei 8.069, de 13 de julho de 1990 (Estatuto da Criança e do Adolescente), e deve ser:

I – fundamentada em parecer técnico;

II – precedida de prévia audiência, e nos termos do § 1º do art. 42 desta Lei.

Art. 44. Na hipótese de substituição da medida ou modificação das atividades do plano individual, a autoridade judiciária remeterá o inteiro teor da decisão à direção do programa de atendimento, assim como as peças que entender relevantes à nova situação jurídica do adolescente.

Parágrafo único. No caso de a substituição da medida importar em vinculação do adolescente a outro programa de atendimento, o plano individual e o histórico do cumprimento da medida deverão acompanhar a transferência.

Art. 45. Se, no transcurso da execução, sobrevier sentença de aplicação de nova medida, a autoridade judiciária procederá à unificação, ouvidos, previamente, o Ministério Público e o defensor, no prazo de 3 (três) dias sucessivos, decidindo-se em igual prazo.

§ 1º É vedado à autoridade judiciária determinar reinício de cumprimento de medida socioeducativa, ou deixar de considerar os prazos máximos, e de liberação compulsória previstos na Lei 8.069, de 13 de julho de 1990 (Estatuto da Criança e do Adolescente), excetuada a hipótese de medida aplicada por ato infracional praticado durante a execução.

§ 2º É vedado à autoridade judiciária aplicar nova medida de internação, por atos infracionais praticados anteriormente, a adolescente que já tenha concluído cumprimento de medida socioeducativa dessa natureza, ou que tenha sido transferido para cumprimento de medida menos rigorosa, sendo tais atos absorvidos por aqueles aos quais se impôs a medida socioeducativa extrema.

Art. 46. A medida socioeducativa será declarada extinta:

I – pela morte do adolescente;

II – pela realização de sua finalidade;

III – pela aplicação de pena privativa de liberdade, a ser cumprida em regime fechado ou semiaberto, em execução provisória ou definitiva;

IV – pela condição de doença grave, que torne o adolescente incapaz de submeter-se ao cumprimento da medida; e

V – nas demais hipóteses previstas em lei.

§ 1º No caso de o maior de 18 (dezoito) anos, em cumprimento de medida socioeducativa, responder a processo-crime, caberá à autoridade judiciária decidir sobre eventual extinção da execução, cientificando da decisão o juízo criminal competente.

§ 2º Em qualquer caso, o tempo de prisão cautelar não convertida em pena privativa de liberdade deve ser descontado do prazo de cumprimento da medida socioeducativa.

Art. 47. O mandado de busca e apreensão do adolescente terá vigência máxima de 6 (seis) meses, a contar da data da expedição, podendo, se necessário, ser renovado, fundamentadamente.

Art. 48. O defensor, o Ministério Público, o adolescente e seus pais ou responsável poderão postular revisão judicial de qualquer sanção disciplinar aplicada, podendo a autoridade judiciária suspender a execução da sanção até decisão final do incidente.

§ 1º Postulada a revisão após ouvida a autoridade colegiada que aplicou a sanção e havendo provas a produzir em audiência, procederá o magistrado na forma do § 1º do art. 42 desta Lei.

§ 2º É vedada a aplicação de sanção disciplinar de isolamento a adolescente interno, exceto seja essa imprescindível para garantia da segurança de outros internos ou do próprio adolescente a quem seja imposta a sanção, sendo necessária ainda comunicação ao defensor, ao Ministério Público e à autoridade judiciária em até 24 (vinte e quatro) horas.

Capítulo III
Dos Direitos Individuais

Art. 49. São direitos do adolescente submetido ao cumprimento de medida socioeducativa, sem prejuízo de outros previstos em lei:

I – ser acompanhado por seus pais ou responsável e por seu defensor, em qualquer fase do procedimento administrativo ou judicial;

II – ser incluído em programa de meio aberto quando inexistir vaga para o cumprimento de medida de privação da liberdade, exceto nos casos de ato infracional cometido mediante grave ameaça ou violência à pessoa, quando o adolescente deverá ser internado em Unidade mais próxima de seu local de residência;

III – ser respeitado em sua personalidade, intimidade, liberdade de pensamento e religião e em todos os direitos não expressamente limitados na sentença;

IV – peticionar, por escrito ou verbalmente, diretamente a qualquer autoridade ou órgão público, devendo, obrigatoriamente, ser respondido em até 15 (quinze) dias;

V – ser informado, inclusive por escrito, das normas de organização e funcionamento do programa de atendimento e também das previsões de natureza disciplinar;

VI – receber, sempre que solicitar, informações sobre a evolução de seu plano individual, participando, obrigatoriamente, de sua elaboração e, se for o caso, reavaliação;

VII – receber assistência integral à sua saúde, conforme o disposto no art. 60 desta Lei; e

VIII – ter atendimento garantido em creche e pré-escola aos filhos de 0 (zero) a 5 (cinco) anos.

§ 1º As garantias processuais destinadas a adolescente autor de ato infracional previstas na Lei 8.069, de 13 de julho de 1990 (Estatuto da Criança e do Adolescente), aplicam-se integralmente na execução das medidas socioeducativas, inclusive no âmbito administrativo.

§ 2º A oferta irregular de programas de atendimento socioeducativo em meio aberto não poderá ser invocada como motivo para aplicação ou manutenção de medida de privação da liberdade.

Art. 50. Sem prejuízo do disposto no § 1º do art. 121 da Lei 8.069, de 13 de julho de 1990 (Estatuto da Criança e do Adolescente), a direção do programa de execução de medida de privação da liberdade poderá autorizar a saída, monitorada, do adolescente nos casos de tratamento médico, doença grave ou falecimento, devidamente comprovados, de pai, mãe, filho, cônjuge, companheiro ou irmão, com imediata comunicação ao juízo competente.

Art. 51. A decisão judicial relativa à execução de medida socioeducativa será proferida após manifestação do defensor e do Ministério Público.

Capítulo IV
Do Plano Individual de Atendimento (PIA)

Art. 52. O cumprimento das medidas socioeducativas, em regime de prestação de serviços à comunidade, liberdade assistida, semiliberdade ou internação, dependerá de Plano Individual de Atendimento (PIA), instrumento de previsão, registro e gestão das atividades a serem desenvolvidas com o adolescente.

Parágrafo único. O PIA deverá contemplar a participação dos pais ou responsáveis, os quais têm o dever de contribuir com o processo ressocializador do adolescente, sendo esses passíveis de responsabilização administrativa, nos termos do art. 249 da Lei 8.069, de 13 de julho de 1990 (Estatuto da Criança e do Adolescente), civil e criminal.

Art. 53. O PIA será elaborado sob a responsabilidade da equipe técnica do respectivo programa de atendimento, com a participação efetiva do adolescente e de sua família, representada por seus pais ou responsável.

Art. 54. Constarão do plano individual, no mínimo:

I – os resultados da avaliação interdisciplinar;

II – os objetivos declarados pelo adolescente;

III – a previsão de suas atividades de integração social e/ou capacitação profissional;

IV – atividades de integração e apoio à família;

V – formas de participação da família para efetivo cumprimento do plano individual; e

VI – as medidas específicas de atenção à sua saúde.

Art. 55. Para o cumprimento das medidas de semiliberdade ou de internação, o plano individual conterá, ainda:

I – a designação do programa de atendimento mais adequado para o cumprimento da medida;

II – a definição das atividades internas e externas, individuais ou coletivas, das quais o adolescente poderá participar; e

III – a fixação das metas para o alcance de desenvolvimento de atividades externas.

Parágrafo único. O PIA será elaborado no prazo de até 45 (quarenta e cinco) dias da data do ingresso do adolescente no programa de atendimento.

Art. 56. Para o cumprimento das medidas de prestação de serviços à comunidade e de liberdade assistida, o PIA será elaborado no prazo de até 15 (quinze) dias do ingresso do adolescente no programa de atendimento.

Art. 57. Para a elaboração do PIA, a direção do respectivo programa de atendimento, pessoalmente ou por meio de membro da equipe técnica, terá acesso aos autos do procedimento de apuração do ato infracional e aos dos procedimentos de apuração de outros atos infracionais atribuídos ao mesmo adolescente.

§ 1º O acesso aos documentos de que trata o *caput* deverá ser realizado por funcionário da entidade de atendimento, devidamente credenciado para tal atividade, ou por membro da direção, em conformidade com as normas a serem definidas pelo Poder Judiciário, de forma a preservar o que determinam os arts. 143 e 144 da Lei 8.069, de 13 de julho de 1990 (Estatuto da Criança e do Adolescente).

§ 2º A direção poderá requisitar, ainda:

I – ao estabelecimento de ensino, o histórico escolar do adolescente e as anotações sobre o seu aproveitamento;

II – os dados sobre o resultado de medida anteriormente aplicada e cumprida em outro programa de atendimento; e

III – os resultados de acompanhamento especializado anterior.

Art. 58. Por ocasião da reavaliação da medida, é obrigatória a apresentação pela direção do programa de atendimento de relatório da equipe técnica sobre a evolução do adolescente no cumprimento do plano individual.

Art. 59. O acesso ao plano individual será restrito aos servidores do respectivo programa de atendimento, ao adolescente e a seus pais ou responsável, ao Ministério Público e ao defensor, exceto expressa autorização judicial.

Capítulo V
Da Atenção Integral à Saúde de Adolescente em Cumprimento de Medida Socioeducativa

Seção I
Disposições gerais

Art. 60. A atenção integral à saúde do adolescente no Sistema de Atendimento Socioeducativo seguirá as seguintes diretrizes:

I – previsão, nos planos de atendimento socioeducativo, em todas as esferas, da implantação de ações de promoção da saúde, com o objetivo de integrar as ações socioeducativas, estimulando a autonomia, a melhoria das relações interpessoais e o fortalecimento de redes de apoio aos adolescentes e suas famílias;

II – inclusão de ações e serviços para a promoção, proteção, prevenção de agravos e doenças e recuperação da saúde;

III – cuidados especiais em saúde mental, incluindo os relacionados ao uso de álcool e outras substâncias psicoativas, e atenção aos adolescentes com deficiências;

IV – disponibilização de ações de atenção à saúde sexual e reprodutiva e à prevenção de doenças sexualmente transmissíveis;

V – garantia de acesso a todos os níveis de atenção à saúde, por meio de referência e contrarreferência, de acordo com as normas do Sistema Único de Saúde (SUS);

VI – capacitação das equipes de saúde e dos profissionais das entidades de atendimento, bem como daqueles que atuam nas unidades de saúde de referência voltadas às especificidades de saúde dessa população e de suas famílias;

VII – inclusão, nos Sistemas de Informação de Saúde do SUS, bem como no Sistema de Informações sobre Atendimento Socioeducativo, de dados e indicadores de saúde da população de adolescentes em atendimento socioeducativo; e

VIII – estruturação das unidades de internação conforme as normas de referência do SUS e do Sinase, visando ao atendimento das necessidades de Atenção Básica.

Art. 61. As entidades que ofereçam programas de atendimento socioeducativo em meio aberto e de semiliberdade deverão prestar orientações aos socioeducandos sobre o acesso aos serviços e às unidades do SUS.

Art. 62. As entidades que ofereçam programas de privação de liberdade deverão contar com uma equipe mínima de profissionais de saúde cuja composição esteja em conformidade com as normas de referência do SUS.

Art. 63. *(Vetado).*

§ 1º O filho de adolescente nascido nos estabelecimentos referidos no *caput* deste artigo não terá tal informação lançada em seu registro de nascimento.

§ 2º Serão asseguradas as condições necessárias para que a adolescente submetida à execução de medida socioeducativa de privação de liberdade permaneça com o seu filho durante o período de amamentação.

Seção II
Do Atendimento a Adolescente com Transtorno Mental e com Dependência de Álcool e de Substância Psicoativa

Art. 64. O adolescente em cumprimento de medida socioeducativa que apresente indícios de transtorno mental, de deficiência mental, ou associadas, deverá ser avaliado por equipe técnica multidisciplinar e multissetorial.

§ 1º As competências, a composição e a atuação da equipe técnica de que trata o *caput* deverão seguir, conjuntamente, as normas de referência do SUS e do Sinase, na forma do regulamento.

§ 2º A avaliação de que trata o *caput* subsidiará a elaboração e execução da terapêutica a ser adotada, a qual será incluída no PIA do adolescente, prevendo, se necessário, ações voltadas para a família.

§ 3º As informações produzidas na avaliação de que trata o *caput* são consideradas sigilosas.

§ 4º Excepcionalmente, o juiz poderá suspender a execução da medida socioeducativa, ouvidos o defensor e o Ministério Público, com vistas a incluir o adolescente em programa de atenção integral à saúde mental que melhor atenda aos objetivos terapêuticos estabelecidos para o seu caso específico.

§ 5º Suspensa a execução da medida socioeducativa, o juiz designará o responsável por acompanhar e informar sobre a evolução do atendimento ao adolescente.

§ 6º A suspensão da execução da medida socioeducativa será avaliada, no mínimo, a cada 6 (seis) meses.

§ 7º O tratamento a que se submeterá o adolescente deverá observar o previsto na Lei 10.216, de 6 de abril de 2001, que dispõe sobre a proteção e os direitos das pessoas portadoras de transtornos mentais e redireciona o modelo assistencial em saúde mental.

§ 8º *(Vetado).*

Art. 65. Enquanto não cessada a jurisdição da Infância e Juventude, a autoridade judiciária, nas hipóteses tratadas no art. 64, poderá remeter cópia dos autos ao Ministério Público para eventual propositura de interdição e outras providências pertinentes.

Art. 66. *(Vetado).*

Capítulo VI
Das Visitas a Adolescente em Cumprimento de Medida de Internação

Art. 67. A visita do cônjuge, companheiro, pais ou responsáveis, parentes e amigos a adolescente a quem foi aplicada medida socioeducativa de internação observará dias e horários próprios definidos pela direção do programa de atendimento.

Art. 68. É assegurado ao adolescente casado ou que viva, comprovadamente, em união estável o direito à visita íntima.

Parágrafo único. O visitante será identificado e registrado pela direção do programa de atendimento, que emitirá documento de identificação, pessoal e intransferível, específico para a realização da visita íntima.

Art. 69. É garantido aos adolescentes em cumprimento de medida socioeducativa de internação o direito de receber visita dos filhos, independentemente da idade desses.

Art. 70. O regulamento interno estabelecerá as hipóteses de proibição da entrada de objetos na unidade de internação, vedando o acesso aos seus portadores.

Capítulo VII
Dos Regimes Disciplinares

Art. 71. Todas as entidades de atendimento socioeducativo deverão, em seus respectivos regimentos, realizar a previsão de regime disciplinar que obedeça aos seguintes princípios:

I – tipificação explícita das infrações como leves, médias e graves e determinação das correspondentes sanções;

II – exigência da instauração formal de processo disciplinar para a aplicação de qualquer sanção, garantidos a ampla defesa e o contraditório;

III – obrigatoriedade de audiência do socioeducando nos casos em que seja necessária a instauração de processo disciplinar;

IV – sanção de duração determinada;

V – enumeração das causas ou circunstâncias que eximam, atenuem ou agravem a sanção a ser imposta ao socioeducando, bem como os requisitos para a extinção dessa;

VI – enumeração explícita das garantias de defesa;

VII – garantia de solicitação e rito de apreciação dos recursos cabíveis; e

VIII – apuração da falta disciplinar por comissão composta por, no mínimo, 3 (três) integrantes, sendo 1 (um), obrigatoriamente, oriundo da equipe técnica.

Art. 72. O regime disciplinar é independente da responsabilidade civil ou penal que advenha do ato cometido.

Art. 73. Nenhum socioeducando poderá desempenhar função ou tarefa de apuração disciplinar ou aplicação de sanção nas entidades de atendimento socioeducativo.

Art. 74. Não será aplicada sanção disciplinar sem expressa e anterior previsão legal ou regulamentar e o devido processo administrativo.

Art. 75. Não será aplicada sanção disciplinar ao socioeducando que tenha praticado a falta:

I – por coação irresistível ou por motivo de força maior;

II – em legítima defesa, própria ou de outrem.

Capítulo VIII
Da Capacitação para o Trabalho

Art. 76. O art. 2º do Decreto-lei 4.048, de 22 de janeiro de 1942, passa a vigorar acrescido do seguinte § 1º, renumerando-se o atual parágrafo único para § 2º:

> "Art. 2º [...]
>
> § 1º As escolas do SENAI poderão ofertar vagas aos usuários do Sistema Nacional de Atendimento Socioeducativo (Sinase) nas condições a serem dispostas em instrumentos de cooperação celebrados entre os operadores do SENAI e os gestores dos Sistemas de Atendimento Socioeducativo locais.
>
> § 2º [...]"

Art. 77. O art. 3º do Decreto-lei 8.621, de 10 de janeiro de 1946, passa a vigorar acrescido do seguinte § 1º, renumerando-se o atual parágrafo único para § 2º:

> "Art. 3º [...]
>
> § 1º As escolas do SENAC poderão ofertar vagas aos usuários do Sistema Nacional de Atendimento Socioeducativo (Sinase) nas condições a serem dispostas em instrumentos de cooperação celebrados entre os operadores do SENAC e os gestores dos Sistemas de Atendimento Socioeducativo locais.
>
> § 2º [...]"

Art. 78. O art. 1º da Lei 8.315, de 23 de dezembro de 1991, passa a vigorar acrescido do seguinte parágrafo único:

> "Art. 1º [...]
>
> Parágrafo único. Os programas de formação profissional rural do SENAR poderão ofertar vagas aos usuários do Sistema Nacional de Atendimento Socioeducativo (Sinase) nas condições a serem dispostas em instrumentos de cooperação celebrados entre os operadores do SENAR e os gestores dos Sistemas de Atendimento Socioeducativo locais."

Art. 79. O art. 3º da Lei 8.706, de 14 de setembro de 1993, passa a vigorar acrescido do seguinte parágrafo único:

> "Art. 3º [...]
>
> Parágrafo único. Os programas de formação profissional do SENAT poderão ofertar vagas aos usuários do Sistema Nacional de Atendimento Socioeducativo (Sinase) nas condições a serem dispostas em instrumentos de cooperação celebrados entre os operadores do SENAT e os gestores dos Sistemas de Atendimento Socioeducativo locais."

Art. 80. O art. 429 do Decreto-lei 5.452, de 1º de maio de 1943, passa a vigorar acrescido do seguinte § 2º:

- Acréscimo processado no texto do referido Decreto-lei.

TÍTULO III
Disposições Finais e Transitórias

Art. 81. As entidades que mantenham programas de atendimento têm o prazo de até 6 (seis) meses após a publicação desta Lei para encaminhar ao respectivo Conselho Estadual ou Municipal dos Direitos da Criança e do Adolescente proposta de adequação da sua inscrição, sob pena de interdição.

Art. 82. Os Conselhos dos Direitos da Criança e do Adolescente, em todos os níveis federados, com os órgãos responsáveis pelo sistema de educação pública e as entidades de atendimento, deverão, no prazo de 1 (um) ano a partir da publicação desta Lei, garantir a inserção de adolescentes em cumprimento de medida socioeducativa na rede pública de educação, em qualquer fase do período letivo, contemplando as diversas faixas etárias e níveis de instrução.

Art. 83. Os programas de atendimento socioeducativo sob a responsabilidade do Poder Judiciário serão, obrigatoriamente, transferidos ao Poder Executivo no prazo máximo de 1 (um) ano a partir da publicação desta Lei e de acordo com a política de oferta dos programas aqui definidos.

Art. 84. Os programas de internação e de semiliberdade sob a responsabilidade dos Municípios serão, obrigatoriamente, transferidos para o Poder Executivo do respectivo Estado no prazo máximo de 1 (um) ano a partir da publicação desta Lei e de acordo com a política de oferta dos programas aqui definidos.

Art. 85. A não transferência de programas de atendimento para os devidos entes responsáveis, no prazo determinado nesta Lei, importará na interdição do programa e caracterizará ato de improbidade administrativa do agente responsável, vedada, ademais, ao Poder Judiciário e ao Poder Executivo municipal, ao final do referido prazo, a realização de despesas para a sua manutenção.

Art. 86. Os arts. 90, 97, 121, 122, 198 e 208 da Lei 8.069, de 13 de julho de 1990 (Estatuto da Criança e do Adolescente), passam a vigorar com a seguinte redação:

- Alterações processadas no texto da referida Lei.

Art. 87. A Lei 8.069, de 13 de julho de 1990 (Estatuto da Criança e do Adolescente), passa a vigorar com as seguintes alterações:

- Alterações processadas no texto da referida Lei.

Art. 88. O parágrafo único do art. 3º da Lei 12.213, de 20 de janeiro de 2010, passa a vigorar com a seguinte redação:

"Art. 3º [...]

Parágrafo único. A dedução a que se refere o *caput* deste artigo não poderá ultrapassar 1% (um por cento) do imposto devido."

Art. 89. *(Vetado).*

Art. 90. Esta Lei entra em vigor após decorridos 90 (noventa) dias de sua publicação oficial.

Brasília, 18 de janeiro de 2012; 191º da Independência e 124º da República.

Dilma Rousseff

- Assinatura retificada no *DOU* de 20.01.2012.

(*DOU* 19.01.2012; ret. 20.01.2012)

LEI 12.663, DE 5 DE JUNHO DE 2012

Dispõe sobre as medidas relativas à Copa das Confederações Fifa 2013, à Copa do Mundo Fifa 2014 e à Jornada Mundial da Juventude – 2013, que serão realizadas no Brasil; altera as Leis 6.815, de 19 de agosto de 1980, e 10.671, de 15 de maio de 2003; e estabelece concessão de prêmio e de auxílio especial mensal aos jogadores das seleções campeãs do mundo em 1958, 1962 e 1970.

- V. Lei 9.615/1998 (Normas gerais sobre desporto).
- V. Dec. 7.783/2012 (Regulamenta a Lei 12.663/2012).

A Presidenta da República:

Faço saber que o Congresso Nacional decreta e eu sanciono a seguinte Lei:

Capítulo I
Disposições Preliminares

Art. 1º Esta Lei dispõe sobre as medidas relativas à Copa das Confederações Fifa 2013, à Copa do Mundo Fifa 2014 e aos eventos relacionados, que serão realizados no Brasil.

Art. 2º Para os fins desta Lei, serão observadas as seguintes definições:

I – Fédération Internationale de Football Association (Fifa): associação suíça de direito privado, entidade mundial que regula o esporte de futebol de associação, e suas subsidiárias não domiciliadas no Brasil;

II – Subsidiária Fifa no Brasil: pessoa jurídica de direito privado, domiciliada no Brasil, cujo capital social total pertence à Fifa;

III – Copa do Mundo Fifa 2014 – Comitê Organizador Brasileiro Ltda. (COL): pessoa jurídica de direito privado, reconhecida pela Fifa, constituída sob as leis brasileiras com o objetivo de promover a Copa das Confederações Fifa 2013 e a Copa do Mundo Fifa 2014, bem como os eventos relacionados;

IV – Confederação Brasileira de Futebol (CBF): associação brasileira de direito privado, sendo a associação nacional de futebol no Brasil;

V – competições: a Copa das Confederações Fifa 2013 e a Copa do Mundo Fifa 2014;

VI – eventos: as Competições e as seguintes atividades relacionadas às Competições, oficialmente organizadas, chanceladas, patrocinadas ou apoiadas pela Fifa, Subsidiárias Fifa no Brasil, COL ou CBF:

a) os congressos da Fifa, cerimônias de abertura, encerramento, premiação e outras cerimônias, sorteio preliminar, final e quaisquer outros sorteios, lançamentos de mascote e outras atividades de lançamento;

b) seminários, reuniões, conferências, *workshops* e coletivas de imprensa;

c) atividades culturais, concertos, exibições, apresentações, espetáculos ou outras expressões culturais, bem como os projetos Futebol pela Esperança (*Football for Hope*) ou projetos beneficentes similares;

d) partidas de futebol e sessões de treino; e

e) outras atividades consideradas relevantes para a realização, organização, preparação, *marketing*, divulgação, promoção ou encerramento das Competições;

VII – confederações Fifa: as seguintes confederações:

a) Confederação Asiática de Futebol (Asian Football Confederation – AFC);

b) Confederação Africana de Futebol (Confédération Africaine de Football – CAF);

c) Confederação de Futebol da América do Norte, Central e Caribe (Confederation of North, Central American and Caribbean Association Football – Concacaf);

d) Confederação Sul-Americana de Futebol (Confederación Sudamericana de Fútbol – Conmebol);

e) Confederação de Futebol da Oceania (Oceania Football Confederation – OFC); e

f) União das Associações Europeias de Futebol (Union des Associations Européennes de Football – Uefa);

VIII – associações estrangeiras membros da Fifa: as associações nacionais de futebol de origem estrangeira, oficialmente afiliadas à Fifa, participantes ou não das Competições;

IX – emissora fonte da Fifa: pessoa jurídica licenciada ou autorizada, com base em relação contratual, para produzir o sinal e o conteúdo audiovisual básicos ou complementares dos Eventos com o objetivo de distribuição no Brasil e no exterior para os detentores de direitos de mídia;

X – prestadores de serviços da Fifa: pessoas jurídicas licenciadas ou autorizadas, com base em relação contratual, para prestar serviços relacionados à organização e à produção dos Eventos, tais como:

a) coordenadores da Fifa na gestão de acomodações, de serviços de transporte, de programação de operadores de turismo e dos estoques de Ingressos;

b) fornecedores da Fifa de serviços de hospitalidade e de soluções de tecnologia da informação; e

c) outros prestadores licenciados ou autorizados pela Fifa para a prestação de serviços ou fornecimento de bens;

XI – parceiros comerciais da Fifa: pessoas jurídicas licenciadas ou autorizadas com base em qualquer relação contratual, em relação aos Eventos, bem como os seus subcontratados, com atividades relacionadas aos Eventos, excluindo as entidades referidas nos incisos III, IV e VII a X;

XII – emissoras: pessoas jurídicas licenciadas ou autorizadas com base em relação contratual, seja pela Fifa, seja por nomeada ou licenciada pela Fifa, que adquiram o direito de realizar emissões ou transmissões, por qualquer meio de comunicação, do sinal e do conteúdo audiovisual básicos ou complementares de qualquer Evento, consideradas Parceiros Comerciais da Fifa;

XIII – agência de direitos de transmissão: pessoa jurídica licenciada ou autorizada com base em relação contratual, seja pela Fifa, seja por nomeada ou autorizada pela Fifa, para prestar serviços de representação de vendas e nomeação de Emissoras, considerada Prestadora de Serviços da Fifa;

XIV – locais oficiais de competição: locais oficialmente relacionados às Competições, tais como estádios, centros de treinamento, centros de mídia, centros de credenciamento, áreas de estacionamento, áreas para a transmissão de Partidas, áreas oficialmente designadas para atividades de lazer destinadas aos fãs, localizados ou não nas cidades que irão sediar as Competições, bem como qualquer local no qual o acesso seja restrito aos portadores de credenciais emitidas pela Fifa ou de Ingressos;

XV – partida: jogo de futebol realizado como parte das Competições;

XVI – períodos de competição: espaço de tempo compreendido entre o 20º (vigésimo) dia anterior à realização da primeira Partida e o 5º (quinto) dia após a realização da última Partida de cada uma das Competições;

XVII – representantes de imprensa: pessoas naturais autorizadas pela Fifa, que recebam credenciais oficiais de imprensa relacionadas aos Eventos, cuja relação será divulgada com antecedência, observados os critérios previamente estabelecidos nos termos do § 1º do art. 13, podendo tal relação ser alterada com base nos mesmos critérios;

XVIII – Símbolos Oficiais: sinais visivelmente distintivos, emblemas, marcas, logomarcas, mascotes, lemas, hinos e qualquer outro símbolo de titularidade da Fifa; e

XIX – Ingressos: documentos ou produtos emitidos pela Fifa que possibilitam o ingresso em um Evento, inclusive pacotes de hospitalidade e similares.

Parágrafo único. A Emissora Fonte, os Prestadores de Serviços e os Parceiros Comerciais da Fifa referidos nos incisos IX, X e XI poderão ser autorizados ou licenciados diretamente pela Fifa ou por meio de uma de suas autorizadas ou licenciadas.

[...]

Capítulo III
Dos Vistos de Entrada e das Permissões de Trabalho

Art. 19. Deverão ser concedidos, sem qualquer restrição quanto à nacionalidade, raça ou credo, vistos de entrada, aplicando-se, subsidiariamente, no que couber, as disposições da Lei 6.815, de 19 de agosto de 1980, para:

I – todos os membros da delegação da Fifa, inclusive:

a) membros de comitê da Fifa;

b) equipe da Fifa ou das pessoas jurídicas, domiciliadas ou não no Brasil, de cujo capital total e votante a Fifa detenha ao menos 99% (noventa e nove por cento);

c) convidados da Fifa; e

d) qualquer outro indivíduo indicado pela Fifa como membro da delegação da Fifa;

II – funcionários das Confederações Fifa;

III – funcionários das Associações Estrangeiras Membros da Fifa;

IV – árbitros e demais profissionais designados para trabalhar durante os Eventos;

V – membros das seleções participantes em qualquer das Competições, incluindo os médicos das seleções e demais membros da delegação;

VI – equipe dos Parceiros Comerciais da Fifa;

VII – equipe da Emissora Fonte da Fifa, das Emissoras e das Agências de Direitos de Transmissão;

VIII – equipe dos Prestadores de Serviços da Fifa;

IX – clientes de serviços comerciais de hospitalidade da Fifa;

X – Representantes de Imprensa; e

XI – espectadores que possuam Ingressos ou confirmação de aquisição de Ingressos válidos para qualquer Evento e todos os indivíduos que demonstrem seu envolvimento oficial com os Eventos, contanto que evidenciem de maneira razoável que sua entrada no País possui alguma relação com qualquer atividade relacionada aos Eventos.

§ 1º O prazo de validade dos vistos de entrada concedidos com fundamento nos incisos I a XI encerra-se no dia 31 de dezembro de 2014.

§ 2º O prazo de estada dos portadores dos vistos concedidos com fundamento nos incisos I a X poderá ser fixado, a critério da autoridade competente, até o dia 31 de dezembro de 2014.

§ 3º O prazo de estada dos portadores dos vistos concedidos com fundamento no inciso XI será de até 90 (noventa) dias, improrrogáveis.

§ 4º Considera-se documentação suficiente para obtenção do visto de entrada ou para o ingresso no território nacional o passaporte válido ou documento de viagem equivalente, em conjunto com qualquer instrumento que demonstre a vinculação de seu titular com os Eventos.

§ 5º O disposto neste artigo não constituirá impedimento à denegação de visto e ao impedimento à entrada, nas hipóteses previstas nos arts. 7º e 26 da Lei 6.815, de 19 de agosto de 1980.

§ 6º A concessão de vistos de entrada a que se refere este artigo e para os efeitos desta Lei, quando concedidos no exterior, pelas Missões diplomáticas, Repartições consulares de carreira, Vice-Consulares e, quando autorizados pela Secretaria de Estado das Relações Exteriores, pelos Consulados honorários terá caráter prioritário na sua emissão.

§ 7º Os vistos de entrada concedidos com fundamento no inciso XI deverão ser emitidos mediante meio eletrônico, na forma disciplinada pelo Poder Executivo, se na época houver disponibilidade da tecnologia adequada.

Art. 20. Serão emitidas as permissões de trabalho, caso exigíveis, para as pessoas mencionadas nos incisos I a X do art. 19, desde que comprovado, por documento expedido pela Fifa ou por terceiro por ela indicado, que a entrada no País se destina ao desempenho de atividades relacionadas aos Eventos.

§ 1º Em qualquer caso, o prazo de validade da permissão de trabalho não excederá o prazo de validade do respectivo visto de entrada.

§ 2º Para os fins desta Lei, poderão ser estabelecidos procedimentos específicos para concessão de permissões de trabalho.

Art. 21. Os vistos e permissões de que tratam os arts. 19 e 20 serão emitidos em caráter prioritário, sem qualquer custo, e os requerimentos serão concentrados em um único órgão da administração pública federal.

[...]

Capítulo X
Disposições Finais

Art. 51. A União será obrigatoriamente intimada nas causas demandadas contra a Fifa, as Subsidiárias Fifa no Brasil, seus representantes legais, empregados ou consultores, cujo objeto verse sobre as hipóteses estabelecidas nos arts. 22 e 23, para que informe se possui interesse de integrar a lide.

Art. 52. As controvérsias entre a União e a Fifa, Subsidiárias Fifa no Brasil, seus representantes legais, empregados ou consultores, cujo objeto verse sobre os Eventos, poderão ser resolvidas pela Advocacia-Geral da União, em sede administrativa, mediante conciliação, se conveniente à União e às demais pessoas referidas neste artigo.

Parágrafo único. A validade de Termo de Conciliação que envolver o pagamento de indenização será condicionada:

I – à sua homologação pelo Advogado-Geral da União; e

II – à sua divulgação, previamente à homologação, mediante publicação no *Diário Oficial da União* e a manutenção de seu inteiro teor, por prazo mínimo de 5 (cinco) dias úteis, na página da Advocacia-Geral da União na internet.

Art. 53. A Fifa, as Subsidiárias Fifa no Brasil, seus representantes legais, consultores e empregados são isentos do adiantamento de custas, emolumentos, caução, honorários periciais e quaisquer outras despesas devidas aos órgãos da Justiça Federal, da Justiça do Trabalho, da Justiça Militar da União, da Justiça Eleitoral e da Justiça do Distrito Federal e Territórios, em qualquer instância, e aos tribunais superiores, assim como não serão condenados em custas e despesas processuais, salvo comprovada má-fé.

Art. 54. A União colaborará com o Distrito Federal, com os Estados e com os Municípios que sediarão as Competições, e com as demais autoridades competentes, para assegurar que, durante os Períodos de Competição, os Locais Oficiais de Competição, em especial os estádios, onde sejam realizados os Eventos, estejam disponíveis, inclusive quanto ao uso de seus assentos, para uso exclusivo da Fifa.

Art. 55. A União, observadas a Lei Complementar 101, de 4 de maio de 2000, e as responsabilidades definidas em instrumento próprio, promoverá a disponibilização para a realização dos Eventos, sem qualquer custo para o seu Comitê Organizador, de serviços de sua competência relacionados, entre outros, a:

I – segurança;

II – saúde e serviços médicos;

III – vigilância sanitária; e

IV – alfândega e imigração.

§ 1º Observado o disposto no *caput*, a União, por intermédio da administração pública federal direta ou indireta, poderá disponibilizar, por meio de instrumento próprio, os serviços de telecomunicação necessários para a realização dos eventos.

• § 1º acrescentado pela Lei 12.833/2013.

§ 2º É dispensável a licitação para a contratação pela administração pública federal, direta ou indireta, da Telebrás ou de empresa por ela controlada, para realizar os serviços previstos no § 1º.

• § 2º acrescentado pela Lei 12.833/2013.

Art. 56. Durante a Copa do Mundo Fifa 2014 de Futebol, a União poderá declarar feriados nacionais os dias em que houver jogo da Seleção Brasileira de Futebol.

Parágrafo único. Os Estados, o Distrito Federal e os Municípios que sediarão os Eventos poderão declarar feriado ou ponto facultativo os dias de sua ocorrência em seu território.

Art. 57. O serviço voluntário que vier a ser prestado por pessoa física para auxiliar a Fifa, a Subsidiária Fifa no Brasil ou o COL na organização e realização dos Eventos constituirá atividade não remunerada e atenderá ao disposto neste artigo.

§ 1º O serviço voluntário referido no *caput*:

I – não gera vínculo empregatício, nem obrigação de natureza trabalhista, previdenciária ou afim para o tomador do serviço voluntário; e

II – será exercido mediante a celebração de termo de adesão entre a entidade contratante e o voluntário, dele devendo constar o objeto e as condições de seu exercício.

§ 2º A concessão de meios para a prestação do serviço voluntário, a exemplo de transporte, alimentação e uniformes, não descaracteriza a gratuidade do serviço voluntário.

§ 3º O prestador do serviço voluntário poderá ser ressarcido pelas despesas que comprovadamente realizar no desempenho das atividades voluntárias, desde que expressamente autorizadas pela entidade a que for prestado o serviço voluntário.

Art. 58. O serviço voluntário que vier a ser prestado por pessoa física a entidade pública de qualquer natureza ou instituição privada de fins não lucrativos, para os fins de que trata esta Lei, observará o disposto na Lei 9.608, de 18 de fevereiro de 1998.

Art. 59. *(Vetado).*

Art. 60. *(Vetado).*

Art. 61. Durante a realização dos Eventos, respeitadas as peculiaridades e condicionantes das operações militares, fica autorizado o uso de Aeródromos Militares para embarque e desembarque de passageiros e cargas, trânsito e estacionamento de aeronaves civis, ouvidos o Ministério da Defesa e demais órgãos do setor aéreo brasileiro, mediante Termo de Cooperação próprio, que deverá prever recursos para o custeio das operações aludidas.

Art. 62. As autoridades aeronáuticas deverão estimular a utilização dos aeroportos nas cidades limítrofes dos Municípios que sediarão os Eventos.

Parágrafo único. Aplica-se o disposto no art. 22 da Lei 6.815, de 19 de agosto de 1980, à entrada de estrangeiro no território nacional fazendo uso de Aeródromos Militares.

Art. 63. Os procedimentos previstos para a emissão de vistos de entrada estabelecidos nesta Lei serão também adotados para a organização da Jornada Mundial da Juventude – 2013, conforme regulamentado por meio de ato do Poder Executivo.

Parágrafo único. As disposições sobre a prestação de serviço voluntário constante do art. 57 também poderão ser adotadas para a organização da Jornada Mundial da Juventude – 2013.

Art. 64. Em 2014, os sistemas de ensino deverão ajustar os calendários escolares de forma que as férias escolares decorrentes do encerramento das atividades letivas do primeiro semestre do ano, nos estabelecimentos de ensino das redes pública e privada, abranjam todo o período entre a abertura e o encerramento da Copa do Mundo Fifa 2014 de Futebol.

Art. 65. Será concedido Selo de Sustentabilidade pelo Ministério do Meio Ambiente às empresas e entidades fornecedoras dos Eventos que apresentem programa de sustentabilidade com ações de natureza econômica, social e ambiental, conforme normas e critérios por ele estabelecidos.

Art. 66. Aplicam-se subsidiariamente as disposições das Leis 9.279, de 14 de maio de 1996, 9.609, de 19 de fevereiro de 1998, e 9.610, de 19 de fevereiro de 1998.

Art. 67. Aplicam-se subsidiariamente às Competições, no que couber e exclusivamente em relação às pessoas jurídicas ou naturais brasileiras, exceto às subsidiárias Fifa no Brasil e ao COL, as disposições da Lei 9.615, de 24 de março de 1998.

Art. 68. Aplicam-se a essas Competições, no que couberem, as disposições da Lei 10.671, de 15 de maio de 2003.

§ 1º Excetua-se da aplicação supletiva constante do *caput* deste artigo o disposto nos arts. 13-A a 17, 19 a 22, 24 e 27, no § 2º do art. 28, nos arts. 31-A, 32 e 37 e nas disposições constantes dos Capítulos II, III, VIII, IX e X da referida Lei.

§ 2º Para fins da realização das Competições, a aplicação do disposto nos arts. 2º-A, 39-A e 39-B da Lei 10.671, de 15 de maio de 2003, fica restrita às pessoas jurídicas de direito privado ou existentes de fato, constituídas ou sediadas no Brasil.

Art. 69. Aplicam-se, no que couber, às Subsidiárias Fifa no Brasil e ao COL, as disposições relativas à Fifa previstas nesta Lei.

Art. 70. A prestação dos serviços de segurança privada nos Eventos obedecerá à legislação pertinente e às orientações normativas da Polícia Federal quanto à autorização de funcionamento das empresas contratadas e à capacitação dos seus profissionais.

Art. 71. Esta Lei entra em vigor na data de sua publicação.

Parágrafo único. As disposições constantes dos arts. 37 a 47 desta Lei somente produzirão efeitos a partir de 1º de janeiro de 2013.

Brasília, 5 de junho de 2012; 191º da Independência e 124º da República.

Dilma Rousseff

• Assinatura retificada no *DOU* de 08.06.2012.

(*DOU* 06.06.2012; ret. 08.06.2012)

LEI 12.690, DE 19 DE JULHO DE 2012

Dispõe sobre a organização e o funcionamento das Cooperativas de Trabalho; institui o Programa Nacional de Fomento às Cooperativas de Trabalho – PRONACOOP; e revoga o parágrafo único do art. 442 da Consolidação das Leis do Trabalho – CLT, aprovada pelo Decreto-lei 5.452, de 1º de maio de 1943.

• V. Lei 5.764/1971 (Define a Política Nacional de Cooperativismo).

A Presidenta da República:

Faço saber que o Congresso Nacional decreta e eu sanciono a seguinte Lei:

Capítulo I
Das Cooperativas de Trabalho

Art. 1º A Cooperativa de Trabalho é regulada por esta Lei e, no que com ela não colidir, pelas Leis 5.764, de 16 de dezembro de 1971, e 10.406, de 10 de janeiro de 2002 – Código Civil.

Parágrafo único. Estão excluídas do âmbito desta Lei:

I – as cooperativas de assistência à saúde na forma da legislação de saúde suplementar;

II – as cooperativas que atuam no setor de transporte regulamentado pelo poder público e que detenham, por si ou por seus sócios, a qualquer título, os meios de trabalho;

III – as cooperativas de profissionais liberais cujos sócios exerçam as atividades em seus próprios estabelecimentos; e

IV – as cooperativas de médicos cujos honorários sejam pagos por procedimento.

Art. 2º Considera-se Cooperativa de Trabalho a sociedade constituída por trabalhadores para o exercício de suas atividades laborativas ou profissionais com proveito comum, autonomia e autogestão para obterem melhor qualificação, renda, situação socioeconômica e condições gerais de trabalho.

§ 1º A autonomia de que trata o *caput* deste artigo deve ser exercida de forma coletiva e coordenada, mediante a fixação, em Assembleia Geral, das regras de funcionamento da cooperativa e da forma de execução dos trabalhos, nos termos desta Lei.

§ 2º Considera-se autogestão o processo democrático no qual a Assembleia Geral define as diretrizes para o funcionamento e as operações da cooperativa, e os sócios decidem sobre a forma de execução dos trabalhos, nos termos da lei.

Art. 3º A Cooperativa de Trabalho rege-se pelos seguintes princípios e valores:

I – adesão voluntária e livre;

II – gestão democrática;

III – participação econômica dos membros;

IV – autonomia e independência;

V – educação, formação e informação;

VI – intercooperação;

VII – interesse pela comunidade;

VIII – preservação dos direitos sociais, do valor social do trabalho e da livre iniciativa;

IX – não precarização do trabalho;

X – respeito às decisões de assembleia, observado o disposto nesta Lei;

XI – participação na gestão em todos os níveis de decisão de acordo com o previsto em lei e no Estatuto Social.

Art. 4º A Cooperativa de Trabalho pode ser:

I – de produção, quando constituída por sócios que contribuem com trabalho para a produção em comum de bens e a cooperativa detém, a qualquer título, os meios de produção; e

II – de serviço, quando constituída por sócios para a prestação de serviços especializados a terceiros, sem a presença dos pressupostos da relação de emprego.

Parágrafo único. *(Vetado).*

Art. 5º A Cooperativa de Trabalho não pode ser utilizada para intermediação de mão de obra subordinada.

Parágrafo único. *(Vetado).*

Art. 6º A Cooperativa de Trabalho poderá ser constituída com número mínimo de 7 (sete) sócios.

Art. 7º A Cooperativa de Trabalho deve garantir aos sócios os seguintes direitos, além de outros que a Assembleia Geral venha a instituir:

I – retiradas não inferiores ao piso da categoria profissional e, na ausência deste, não inferiores ao salário mínimo, calculadas de forma proporcional às horas trabalhadas ou às atividades desenvolvidas;

II – duração do trabalho normal não superior a 8 (oito) horas diárias e 44 (quarenta e quatro) horas semanais, exceto quando a atividade, por sua natureza, demandar a prestação de trabalho por meio de plantões ou escalas, facultada a compensação de horários;

III – repouso semanal remunerado, preferencialmente aos domingos;

IV – repouso anual remunerado;

V – retirada para o trabalho noturno superior à do diurno;

VI – adicional sobre a retirada para as atividades insalubres ou perigosas;

VII – seguro de acidente de trabalho.

§ 1º Não se aplica o disposto nos incisos III e IV do *caput* deste artigo nos casos em que as operações entre o sócio e a cooperativa sejam eventuais, salvo decisão assemblear em contrário.

§ 2º A Cooperativa de Trabalho buscará meios, inclusive mediante provisionamento de recursos, com base em critérios que devem ser aprovados em Assembleia Geral, para assegurar os direitos previstos nos incisos I, III, IV, V, VI e VII do *caput* deste artigo e outros que a Assembleia Geral venha a instituir.

§ 3º A Cooperativa de Trabalho, além dos fundos obrigatórios previstos em lei, poderá criar, em Assembleia Geral, outros fundos, inclusive rotativos, com recursos destinados a fins específicos, fixando o modo de formação, custeio, aplicação e liquidação.

§ 4º *(Vetado).*

§ 5º A Cooperativa de Trabalho constituída nos termos do inciso I do *caput* do art. 4º desta Lei poderá, em Assembleia Geral Extraordinária, estabelecer carência na fruição dos direitos previstos nos incisos I e VII do *caput* deste artigo.

§ 6º As atividades identificadas com o objeto social da Cooperativa de Trabalho prevista no inciso II do *caput* do art. 4º desta Lei, quando prestadas fora do estabelecimento da cooperativa, deverão ser submetidas a uma coordenação com mandato nunca superior a 1 (um) ano ou ao prazo estipulado para a realização dessas atividades, eleita em reunião específica pelos sócios que se disponham a realizá-las, em que serão expostos os requisitos para sua consecução, os valores contratados e a retribuição pecuniária de cada sócio partícipe.

Art. 8º As Cooperativas de Trabalho devem observar as normas de saúde e segurança do trabalho previstas na legislação em vigor e em atos normativos expedidos pelas autoridades competentes.

Art. 9º O contratante da Cooperativa de Trabalho prevista no inciso II do *caput* do art. 4º desta Lei responde solidariamente pelo cumprimento das normas de saúde e segurança do trabalho quando os serviços forem prestados no seu estabelecimento ou em local por ele determinado.

Capítulo II
Do Funcionamento das Cooperativas de Trabalho

Art. 10. A Cooperativa de Trabalho poderá adotar por objeto social qualquer gênero de serviço, operação ou atividade, desde que previsto no seu Estatuto Social.

§ 1º É obrigatório o uso da expressão "Cooperativa de Trabalho" na denominação social da cooperativa.

§ 2º A Cooperativa de Trabalho não poderá ser impedida de participar de procedimentos de licitação pública que tenham por escopo os mesmos serviços, operações e atividades previstas em seu objeto social.

§ 3º A admissão de sócios na cooperativa estará limitada consoante as possibilidades de reunião, abrangência das operações, controle e prestação de serviços e congruente com o objeto estatuído.

§ 4º Para o cumprimento dos seus objetivos sociais, o sócio poderá exercer qualquer atividade da cooperativa, conforme deliberado em Assembleia Geral.

Art. 11. Além da realização da Assembleia Geral Ordinária e Extraordinária para deliberar nos termos dos e sobre os assuntos previstos na Lei 5.764, de 16 de dezembro de 1971, e no Estatuto Social, a Cooperativa de Trabalho deverá realizar anualmente, no mínimo, mais uma Assembleia Geral Especial para deliberar, entre outros assuntos especificados no edital de convocação, sobre gestão da cooperativa, disciplina, direitos e deveres dos sócios, planejamento e resultado econômico dos projetos e contratos firmados e organização do trabalho.

§ 1º O destino das sobras líquidas ou o rateio dos prejuízos será decidido em Assembleia Geral Ordinária.

§ 2º As Cooperativas de Trabalho deverão estabelecer, em Estatuto Social ou Regimento Interno, incentivos à participação efetiva dos sócios na Assembleia Geral e eventuais sanções em caso de ausências injustificadas.

§ 3º O *quorum* mínimo de instalação das Assembleias Gerais será de:

I – 2/3 (dois terços) do número de sócios, em primeira convocação;

II – metade mais 1 (um) dos sócios, em segunda convocação;

III – 50 (cinquenta) sócios ou, no mínimo, 20% (vinte por cento) do total de sócios, prevalecendo o menor número, em terceira convocação, exigida a presença de, no mínimo, 4 (quatro) sócios para as cooperativas que possuam até 19 (dezenove) sócios matriculados.

§ 4º As decisões das assembleias serão consideradas válidas quando contarem com a aprovação da maioria absoluta dos sócios presentes.

§ 5º Comprovada fraude ou vício nas decisões das assembleias, serão elas nulas de pleno direito, aplicando-se, conforme o caso, a legislação civil e penal.

§ 6º A Assembleia Geral Especial de que trata este artigo deverá ser realizada no segundo semestre do ano.

Art. 12. A notificação dos sócios para participação das assembleias será pessoal e ocorrerá com antecedência mínima de 10 (dez) dias de sua realização.

§ 1º Na impossibilidade de notificação pessoal, a notificação dar-se-á por via postal, respeitada a antecedência prevista no *caput* deste artigo.

§ 2º Na impossibilidade de realização das notificações pessoal e postal, os sócios serão notificados mediante edital afixado na sede e em outros locais previstos nos estatutos e publicado em jornal de grande circulação na região da sede da cooperativa ou na região onde ela exerça suas atividades, respeitada a antecedência prevista no *caput* deste artigo.

Art. 13. É vedado à Cooperativa de Trabalho distribuir verbas de qualquer natureza entre os sócios, exceto a retirada devida em razão do exercício de sua atividade como sócio ou retribuição por conta de reembolso de despesas comprovadamente realizadas em proveito da Cooperativa.

Art. 14. A Cooperativa de Trabalho deverá deliberar, anualmente, na Assembleia Geral Ordinária, sobre a adoção ou não de diferentes faixas de retirada dos sócios.

Parágrafo único. No caso de fixação de faixas de retirada, a diferença entre as de maior e as de menor valor deverá ser fixada na Assembleia.

Art. 15. O Conselho de Administração será composto por, no mínimo, 3 (três) sócios, eleitos pela Assembleia Geral, para um prazo de gestão não superior a 4 (quatro) anos, sendo obrigatória a renovação de, no mínimo, 1/3 (um terço) do colegiado, ressalvada a hipótese do art. 16 desta Lei.

Art. 16. A Cooperativa de Trabalho constituída por até 19 (dezenove) sócios poderá estabelecer, em Estatuto Social, composição para o Conselho de Administração e para o Conselho Fiscal distinta da prevista nesta Lei e no art. 56 da Lei 5.764, de 16 de dezembro de 1971, assegurados, no mínimo, 3 (três) conselheiros fiscais.

Capítulo III
Da Fiscalização e das Penalidades

Art. 17. Cabe ao Ministério do Trabalho e Emprego, no âmbito de sua competência, a fiscalização do cumprimento do disposto nesta Lei.

§ 1º A Cooperativa de Trabalho que intermediar mão de obra subordinada e os contratantes de seus serviços estarão sujeitos à multa de R$ 500,00 (quinhentos reais) por trabalhador prejudicado, dobrada na reincidência, a ser revertida em favor do Fundo de Amparo ao Trabalhador – FAT.

§ 2º Presumir-se-á intermediação de mão de obra subordinada a relação contratual estabelecida entre a empresa contratante e as Cooperativas de Trabalho que não cumprirem o disposto no § 6º do art. 7º desta Lei.

§ 3º As penalidades serão aplicadas pela autoridade competente do Ministério do Trabalho e Emprego, de acordo com o estabelecido no Título VII da Consolidação das Leis do Trabalho – CLT, aprovada pelo Decreto-lei 5.452, de 1º de maio de 1943.

Art. 18. A constituição ou utilização de Cooperativa de Trabalho para fraudar deliberadamente a legislação trabalhista, previdenciária e o disposto nesta Lei acarretará aos responsáveis as sanções penais, cíveis e administrativas cabíveis, sem prejuízo da ação judicial visando à dissolução da Cooperativa.

§ 1º *(Vetado).*

§ 2º Fica inelegível para qualquer cargo em Cooperativa de Trabalho, pelo período de até 5 (cinco) anos, contado a partir da sentença transitada em julgado, o sócio, dirigente ou o administrador condenado pela prática das fraudes elencadas no *caput* deste artigo.

Capítulo IV
Do Programa Nacional de Fomento às Cooperativas de Trabalho – Pronacoop

Art. 19. É instituído, no âmbito do Ministério do Trabalho e Emprego, o Programa Nacional de Fomento às Cooperativas de Trabalho – PRONACOOP, com a finalidade de promover o desenvolvimento e a melhoria do desempenho econômico e social da Cooperativa de Trabalho.

Parágrafo único. O Pronacoop tem como finalidade apoiar:

I – a produção de diagnóstico e plano de desenvolvimento institucional para as Cooperativas de Trabalho dele participantes;

II – a realização de acompanhamento técnico visando ao fortalecimento financeiro, de gestão, de organização do processo produtivo ou de trabalho, bem como à qualificação dos recursos humanos;

III – a viabilização de linhas de crédito;

IV – o acesso a mercados e à comercialização da produção;

V – o fortalecimento institucional, a educação cooperativista e a constituição de cooperativas centrais, federações e confederações de cooperativas;

VI – outras ações que venham a ser definidas por seu Comitê Gestor no cumprimento da finalidade estabelecida no *caput* deste artigo.

Art. 20. É criado o Comitê Gestor do Pronacoop, com as seguintes atribuições:

I – acompanhar a implementação das ações previstas nesta Lei;

II – estabelecer as diretrizes e metas para o Pronacoop;

III – definir as normas operacionais para o Pronacoop;

IV – propor o orçamento anual do Pronacoop;

V – *(Vetado).*

VI – *(Vetado).*

§ 1º O Comitê Gestor terá composição paritária entre o governo e entidades representativas do cooperativismo de trabalho.

§ 2º O número de membros, a organização e o funcionamento do Comitê Gestor serão estabelecidos em regulamento.

Art. 21. O Ministério do Trabalho e Emprego poderá celebrar convênios, acordos, ajustes e outros instrumentos que objetivem a cooperação técnico-científica com órgãos do setor público e entidades privadas sem fins lucrativos, no âmbito do Pronacoop.

Art. 22. As despesas decorrentes da implementação do Pronacoop correrão à conta das dotações orçamentárias consignadas anualmente ao Ministério do Trabalho e Emprego.

Art. 23. Os recursos destinados às linhas de crédito do Pronacoop serão provenientes:

I – do Fundo de Amparo ao Trabalhador – FAT;

II – de recursos orçamentários da União; e

III – de outros recursos que venham a ser alocados pelo poder público.

Parágrafo único. O Conselho Deliberativo do Fundo de Amparo ao Trabalhador – CODEFAT definirá as diretrizes para a aplicação, no âmbito do Pronacoop, dos recursos oriundos do Fundo de Amparo ao Trabalhador – FAT.

Art. 24. As instituições financeiras autorizadas a operar com os recursos do Pronacoop poderão realizar operações de crédito destinadas a empreendimentos inscritos no Programa sem a exigência de garantias reais, que poderão ser substituídas por garantias alternativas, observadas as condições estabelecidas em regulamento.

Parágrafo único. *(Vetado).*

Art. 25. *(Vetado).*

Capítulo V
Disposições Finais

Art. 26. É instituída a Relação Anual de Informações das Cooperativas de Trabalho – RAICT, a ser preenchida pelas Cooperativas de Trabalho, anualmente, com informações relativas ao ano-base anterior.

Parágrafo único. O Poder Executivo regulamentará o modelo de formulário da RAICT, os critérios para entrega das informações e as responsabilidades institucionais sobre a coleta, processamento, acesso e divulgação das informações.

Art. 27. A Cooperativa de Trabalho constituída antes da vigência desta Lei terá prazo de 12 (doze) meses, contado de sua publicação, para adequar seus estatutos às disposições nela previstas.

Art. 28. A Cooperativa de Trabalho prevista no inciso II do *caput* do art. 4º desta Lei constituída antes da vigência desta Lei terá prazo de 12 (doze) meses, contado de sua publicação, para assegurar aos sócios as garantias previstas nos incisos I, IV, V, VI e VII do *caput* do art. 7º desta Lei, conforme deliberado em Assembleia Geral.

Art. 29. Esta Lei entra em vigor na data de sua publicação.

Art. 30. *(Vetado).*

Brasília, 19 de julho de 2012; 191º da Independência e 124º da República.

Dilma Rousseff

(*DOU* 20.07.2012)

LEI 12.737, DE 30 DE NOVEMBRO DE 2012

Dispõe sobre a tipificação criminal de delitos informáticos; altera o Decreto-lei 2.848, de 7 de dezembro de 1940 – Código Penal; e dá outras providências.

A Presidenta da República:

Faço saber que o Congresso Nacional decreta e eu sanciono a seguinte Lei:

Art. 1º Esta Lei dispõe sobre a tipificação criminal de delitos informáticos e dá outras providências.

Art. 2º O Decreto-lei 2.848, de 7 de dezembro de 1940 – Código Penal, fica acrescido dos seguintes arts. 154-A e 154-B:

- Acréscimos processados no texto do referido Código.

Art. 3º Os arts. 266 e 298 do Decreto-lei 2.848, de 7 de dezembro de 1940 – Código Penal, passam a vigorar com a seguinte redação:

- Alterações processadas no texto do referido Código.

Art. 4º Esta Lei entra em vigor após decorridos 120 (cento e vinte) dias de sua publicação oficial.

Brasília, 30 de novembro de 2012; 191º da Independência e 124º da República.

Dilma Rousseff

(*DOU* 03.12.2012)

LEI 12.761, DE 27 DE DEZEMBRO DE 2012

Institui o Programa de Cultura do Trabalhador; cria o vale-cultura; altera as Leis 8.212, de 24 de julho de 1991, e 7.713, de 22 de dezembro de 1988, e a Consolidação das Leis do Trabalho – CLT, aprovada pelo Decreto-lei 5.452, de 1º de maio de 1943; e dá outras providências.

A Presidenta da República:

Faço saber que o Congresso Nacional decreta e eu sanciono a seguinte Lei:

Art. 1º Fica instituído, sob a gestão do Ministério da Cultura, o Programa de Cultura do Trabalhador, destinado a fornecer aos trabalhadores meios para o exercício dos direitos culturais e acesso às fontes da cultura.

Art. 2º O Programa de Cultura do Trabalhador tem os seguintes objetivos:

I – possibilitar o acesso e a fruição dos produtos e serviços culturais;

II – estimular a visitação a estabelecimentos culturais e artísticos; e

III – incentivar o acesso a eventos e espetáculos culturais e artísticos.

§ 1º Para os fins deste Programa, são definidos os serviços e produtos culturais da seguinte forma:

I – serviços culturais: atividades de cunho artístico e cultural fornecidas por pessoas jurídicas, cujas características se enquadrem nas áreas culturais previstas no § 2º; e

II – produtos culturais: materiais de cunho artístico, cultural e informativo, produzidos em qualquer formato ou mídia por pessoas físicas ou jurídicas, cujas características se enquadrem nas áreas culturais previstas no § 2º.

§ 2º Consideram-se áreas culturais para fins do disposto nos incisos I e II do § 1º:

I – artes visuais;

II – artes cênicas;

III – audiovisual;

IV – literatura, humanidades e informação;

V – música; e

VI – patrimônio cultural.

§ 3º O Poder Executivo poderá ampliar as áreas culturais previstas no § 2º.

Art. 3º Fica criado o vale-cultura, de caráter pessoal e intransferível, válido em todo o território nacional, para acesso e fruição de produtos e serviços culturais, no âmbito do Programa de Cultura do Trabalhador.

Art. 4º O vale-cultura será confeccionado e comercializado por empresas operadoras e disponibilizado aos usuários pelas empresas beneficiárias para ser utilizado nas empresas recebedoras.

Art. 5º Para os efeitos desta Lei, entende-se por:

I – empresa operadora: pessoa jurídica cadastrada no Ministério da Cultura, possuidora do Certificado de Inscrição no Programa de Cultura do Trabalhador e autorizada a produzir e comercializar o vale-cultura;

II – empresa beneficiária: pessoa jurídica optante pelo Programa de Cultura do Trabalhador e autorizada a distribuir o valecultura a seus trabalhadores com vínculo empregatício;

- Inciso II com redação determinada pela Lei 12.868/2013.

III – usuário: trabalhador com vínculo empregatício com a empresa beneficiária;

IV – empresa recebedora: pessoa jurídica habilitada pela empresa operadora para receber o vale-cultura como forma de pagamento de serviço ou produto cultural.

Art. 6º O vale-cultura será fornecido aos usuários pelas empresas beneficiárias e disponibilizado preferencialmente por meio magnético, com o seu valor expresso em moeda corrente, na forma do regulamento.

Parágrafo único. Somente será admitido o fornecimento do vale-cultura impresso quando comprovadamente inviável a adoção do meio magnético.

Art. 7º O vale-cultura deverá ser fornecido ao trabalhador que perceba até cinco salários mínimos mensais.

Parágrafo único. Os trabalhadores com renda superior a cinco salários mínimos poderão receber o vale-cultura, desde que garantido o atendimento à totalidade dos empregados com a remuneração prevista no *caput*, na forma que dispuser o regulamento.

Art. 8º O valor mensal do vale-cultura, por usuário, será de R$ 50,00 (cinquenta reais).

§ 1º O trabalhador de que trata o *caput* do art. 7º poderá ter descontado de sua remuneração o percentual máximo de 10% (dez por cento) do valor do vale-cultura, na forma definida em regulamento.

§ 2º Os trabalhadores que percebem mais de cinco salários mínimos poderão ter descontados de sua remuneração, em percentuais entre 20% (vinte por cento) e 90% (noventa por cento) do valor do vale-cultura, de acordo com a respectiva faixa salarial, obedecido o disposto no parágrafo único do art. 7º e na forma que dispuser o regulamento.

§ 3º É vedada, em qualquer hipótese, a reversão do valor do vale-cultura em pecúnia.

§ 4º O trabalhador de que trata o art. 7º poderá optar pelo não recebimento do vale-cultura, mediante procedimento a ser definido em regulamento.

Art. 9º Os prazos de validade e condições de utilização do vale-cultura serão definidos em regulamento.

Art. 10. Até o exercício de 2017, ano-calendário de 2016, o valor despendido a título de aquisição do vale-cultura poderá ser deduzido do imposto sobre a renda devido pela pessoa jurídica beneficiária tributada com base no lucro real.

§ 1º A dedução de que trata o *caput* fica limitada a 1% (um por cento) do imposto sobre a renda devido, observado o disposto no § 4º do art. 3º da Lei 9.249, de 26 de dezembro de 1995.

§ 2º A pessoa jurídica inscrita no Programa de Cultura do Trabalhador como beneficiária, de que trata o inciso II do art. 5º, poderá deduzir o valor despendido a título de aquisição do vale-cultura como despesa operacional para fins de apuração do imposto sobre a renda, desde que tributada com base no lucro real.

§ 3º A pessoa jurídica deverá adicionar o valor deduzido como despesa operacional, de que trata o § 2º, para fins de apuração da base de cálculo da Contribuição Social sobre o Lucro Líquido – CSLL.

§ 4º As deduções de que tratam os §§ 1º e 2º somente se aplicam em relação ao valor do vale-cultura distribuído ao usuário.

§ 5º *(Revogado pela Lei 12.872/2013).*

Art. 11. A parcela do valor do vale-cultura cujo ônus seja da empresa beneficiária:

I – não tem natureza salarial nem se incorpora à remuneração para quaisquer efeitos;

II – não constitui base de incidência de contribuição previdenciária ou do Fundo de Garantia do Tempo de Serviço – FGTS; e

III – não se configura como rendimento tributável do trabalhador.

Art. 12. A execução inadequada do Programa de Cultura do Trabalhador ou qualquer ação que acarrete desvio de suas finalidades pela empresa operadora ou pela empresa beneficiária acarretará cumulativamente:

I – cancelamento do Certificado de Inscrição no Programa de Cultura do Trabalhador;

II – pagamento do valor que deixou de ser recolhido relativo ao imposto sobre a renda, à contribuição previdenciária e ao depósito para o FGTS;

III – aplicação de multa correspondente a duas vezes o valor da vantagem recebida indevidamente no caso de dolo, fraude ou simulação;

IV – perda ou suspensão de participação em linhas de financiamento em estabelecimentos oficiais de crédito pelo período de 2 (dois) anos;

V – proibição de contratar com a administração pública pelo período de até 2 (dois) anos; e

VI – suspensão ou proibição de usufruir de benefícios fiscais pelo período de até 2 (dois) anos.

Art. 13. O § 9º do art. 28 da Lei 8.212, de 24 de julho de 1991, passa a vigorar acrescido da seguinte alínea *y*:

"Art. 28. [...]
[...]
§ 9º [...]
[...]
y) o valor correspondente ao vale-cultura.
[...]"

Art. 14. O § 2º do art. 458 da Consolidação das Leis do Trabalho – CLT, aprovada pelo Decreto-lei 5.452, de 1º de maio de 1943, passa a vigorar acrescido do seguinte inciso VIII:

• Alteração processada no texto do referido Decreto-lei.

Art. 15. O art. 6º da Lei 7.713, de 22 de dezembro de 1988, passa a vigorar acrescido do seguinte inciso XXIII:

"Art. 6º [...]
[...]
XXIII – o valor recebido a título de vale-cultura.
[...]"

Art. 16. O Poder Executivo regulamentará esta Lei no prazo de 60 (sessenta) dias, contados da data de sua publicação.

Art. 17. Esta Lei entra em vigor na data de sua publicação.

Brasília, 27 de dezembro de 2012; 191º da Independência e 124º da República.

Dilma Rousseff

(*DOU* 27.12.2012, edição extra)

LEI 12.764, DE 27 DE DEZEMBRO DE 2012

Institui a Política Nacional de Proteção dos Direitos da Pessoa com Transtorno do Espectro Autista; e altera o § 3º do art. 98 da Lei 8.112, de 11 de dezembro de 1990.

• V. Dec. 8.368/2014 (Regulamenta a Lei 12.764/2012).

A Presidenta da República:

Faço saber que o Congresso Nacional decreta e eu sanciono a seguinte Lei:

Art. 1º Esta Lei institui a Política Nacional de Proteção dos Direitos da Pessoa com Transtorno do Espectro Autista e estabelece diretrizes para sua consecução.

§ 1º Para os efeitos desta Lei, é considerada pessoa com transtorno do espectro autista aquela portadora de síndrome clínica caracterizada na forma dos seguintes incisos I ou II:

I – deficiência persistente e clinicamente significativa da comunicação e da interação sociais, manifestada por deficiência marcada de comunicação verbal e não verbal usada para interação social; ausência de reciprocidade social; falência em desenvolver e manter relações apropriadas ao seu nível de desenvolvimento;

II – padrões restritivos e repetitivos de comportamentos, interesses e atividades, manifestados por comportamentos motores ou verbais estereotipados ou por comportamentos sensoriais incomuns; excessiva aderência a rotinas e padrões de comportamento ritualizados; interesses restritos e fixos.

§ 2º A pessoa com transtorno do espectro autista é considerada pessoa com deficiência, para todos os efeitos legais.

Art. 2º São diretrizes da Política Nacional de Proteção dos Direitos da Pessoa com Transtorno do Espectro Autista:

I – a intersetorialidade no desenvolvimento das ações e das políticas e no atendimento à pessoa com transtorno do espectro autista;

II – a participação da comunidade na formulação de políticas públicas voltadas para as pessoas com transtorno do espectro autista e o controle social da sua implantação, acompanhamento e avaliação;

III – a atenção integral às necessidades de saúde da pessoa com transtorno do espectro autista, objetivando o diagnóstico precoce, o atendimento multiprofissional e o acesso a medicamentos e nutrientes;

IV – *(Vetado).*

V – o estímulo à inserção da pessoa com transtorno do espectro autista no mercado de trabalho, observadas as peculiaridades da deficiência e as disposições da Lei 8.069, de 13 de julho de 1990 (Estatuto da Criança e do Adolescente);

VI – a responsabilidade do poder público quanto à informação pública relativa ao transtorno e suas implicações;

VII – o incentivo à formação e à capacitação de profissionais especializados no atendimento à pessoa com transtorno do espectro autista, bem como a pais e responsáveis;

VIII – o estímulo à pesquisa científica, com prioridade para estudos epidemiológicos tendentes a dimensionar a magnitude e as características do problema relativo ao transtorno do espectro autista no País.

Parágrafo único. Para cumprimento das diretrizes de que trata este artigo, o poder público poderá firmar contrato de direito público ou convênio com pessoas jurídicas de direito privado.

Art. 3º São direitos da pessoa com transtorno do espectro autista:

I – a vida digna, a integridade física e moral, o livre desenvolvimento da personalidade, a segurança e o lazer;

II – a proteção contra qualquer forma de abuso e exploração;

III – o acesso a ações e serviços de saúde, com vistas à atenção integral às suas necessidades de saúde, incluindo:

a) o diagnóstico precoce, ainda que não definitivo;

b) o atendimento multiprofissional;

c) a nutrição adequada e a terapia nutricional;

d) os medicamentos;

e) informações que auxiliem no diagnóstico e no tratamento;

IV – o acesso:

a) à educação e ao ensino profissionalizante;

b) à moradia, inclusive à residência protegida;

c) ao mercado de trabalho;

d) à previdência social e à assistência social.

Parágrafo único. Em casos de comprovada necessidade, a pessoa com transtorno do espectro autista incluída nas classes comuns de ensino regular, nos termos do inciso IV do art. 2º, terá direito a acompanhante especializado.

Art. 4º A pessoa com transtorno do espectro autista não será submetida a tratamento desumano ou degradante, não será privada de sua liberdade ou do convívio familiar nem sofrerá discriminação por motivo da deficiência.

Parágrafo único. Nos casos de necessidade de internação médica em unidades especializadas, observar-se-á o que dispõe o art. 4º da Lei 10.216, de 6 de abril de 2001.

Art. 5º A pessoa com transtorno do espectro autista não será impedida de participar de planos privados de assistência à saúde em razão de sua condição de pessoa com deficiência, conforme dispõe o art. 14 da Lei 9.656, de 3 de junho de 1998.

Art. 6º *(Vetado).*

Art. 7º O gestor escolar, ou autoridade competente, que recusar a matrícula de aluno com transtorno do espectro autista, ou qualquer outro tipo de deficiência, será punido com multa de 3 (três) a 20 (vinte) salários-mínimos.

§ 1º Em caso de reincidência, apurada por processo administrativo, assegurado o contraditório e a ampla defesa, haverá a perda do cargo.

§ 2º *(Vetado).*

Art. 8º Esta Lei entra em vigor na data de sua publicação.

Brasília, 27 de dezembro de 2012; 191º da Independência e 124º da República.

Dilma Rousseff

(*DOU* 28.12.2012)

LEI 12.813, DE 16 DE MAIO DE 2013

Dispõe sobre o conflito de interesses no exercício de cargo ou emprego do Poder Executivo federal e impedimentos posteriores ao exercício do cargo ou emprego; e revoga dispositivos da Lei 9.986, de 18 de julho de 2000, e das Medidas Provisórias 2.216-37, de 31 de agosto de 2001, e 2.225-45, de 4 de setembro de 2001.

A Presidenta da República:

Faço saber que o Congresso Nacional decreta e eu sanciono a seguinte Lei:

Capítulo I
Disposições Gerais

Art. 1º As situações que configuram conflito de interesses envolvendo ocupantes de cargo ou emprego no âmbito do Poder Executivo federal, os requisitos e restrições a ocupantes de cargo ou emprego que tenham acesso a informações privilegiadas, os impedimentos posteriores ao exercício do cargo ou emprego e as competências para fiscalização, avaliação e prevenção de conflitos de interesses regulam-se pelo disposto nesta Lei.

Art. 2º Submetem-se ao regime desta Lei os ocupantes dos seguintes cargos e empregos:

I – de ministro de Estado;

II – de natureza especial ou equivalentes;

III – de presidente, vice-presidente e diretor, ou equivalentes, de autarquias, fundações públicas, empresas públicas ou sociedades de economia mista; e

IV – do Grupo-direção e Assessoramento Superiores – DAS, níveis 6 e 5 ou equivalentes.

Parágrafo único. Além dos agentes públicos mencionados nos incisos I a IV, sujeitam-se ao disposto nesta Lei os ocupantes de cargos ou empregos cujo exercício proporcione acesso a informação privilegiada capaz de trazer vantagem econômica ou financeira para o agente público ou para terceiro, conforme definido em regulamento.

Art. 3º Para os fins desta Lei, considera-se:

I – conflito de interesses: a situação gerada pelo confronto entre interesses públicos e privados, que possa comprometer o interesse coletivo ou influenciar, de maneira imprópria, o desempenho da função pública; e

II – informação privilegiada: a que diz respeito a assuntos sigilosos ou aquela relevante ao processo de decisão no âmbito do Poder Executivo federal que tenha repercussão econômica ou financeira e que não seja de amplo conhecimento público.

Art. 4º O ocupante de cargo ou emprego no Poder Executivo federal deve agir de modo a prevenir ou a impedir possível conflito de interesses e a resguardar informação privilegiada.

§ 1º No caso de dúvida sobre como prevenir ou impedir situações que configurem conflito de interesses, o agente público deverá consultar a Comissão de Ética Pública, criada no âmbito do Poder Executivo federal, ou a Controladoria-Geral da União, conforme o disposto no parágrafo único do art. 8º desta Lei.

§ 2º A ocorrência de conflito de interesses independe da existência de lesão ao patrimônio público, bem como do recebimento de qualquer vantagem ou ganho pelo agente público ou por terceiro.

Capítulo II
Das Situações que Configuram Conflito de Interesses no Exercício do Cargo ou Emprego

Art. 5º Configura conflito de interesses no exercício de cargo ou emprego no âmbito do Poder Executivo federal:

I – divulgar ou fazer uso de informação privilegiada, em proveito próprio ou de terceiro, obtida em razão das atividades exercidas;

II – exercer atividade que implique a prestação de serviços ou a manutenção de relação de negócio com pessoa física ou jurídica que tenha interesse em decisão do agente público ou de colegiado do qual este participe;

III – exercer, direta ou indiretamente, atividade que em razão da sua natureza seja incompatível com as atribuições do cargo ou emprego, considerando-se como tal, inclusive, a atividade desenvolvida em áreas ou matérias correlatas;

IV – atuar, ainda que informalmente, como procurador, consultor, assessor ou intermediário de interesses privados nos órgãos ou entidades da administração pública direta ou indireta de qualquer dos Poderes da União, dos Estados, do Distrito Federal e dos Municípios;

V – praticar ato em benefício de interesse de pessoa jurídica de que participe o agente público, seu cônjuge, companheiro ou parentes, consanguíneos ou afins, em linha reta ou colateral, até o terceiro grau, e que possa ser por ele beneficiada ou influir em seus atos de gestão;

VI – receber presente de quem tenha interesse em decisão do agente público ou de colegiado do qual este participe fora dos limites e condições estabelecidos em regulamento; e

VII – prestar serviços, ainda que eventuais, a empresa cuja atividade seja controlada, fiscalizada ou regulada pelo ente ao qual o agente público está vinculado.

Parágrafo único. As situações que configuram conflito de interesses estabelecidas neste artigo aplicam-se aos ocupantes dos cargos ou empregos mencionados no art. 2º ainda que em gozo de licença ou em período de afastamento.

Capítulo III
Das Situações que Configuram Conflito de Interesses Após o Exercício do Cargo ou Emprego

Art. 6º Configura conflito de interesses após o exercício de cargo ou emprego no âmbito do Poder Executivo federal:

I – a qualquer tempo, divulgar ou fazer uso de informação privilegiada obtida em razão das atividades exercidas; e

II – no período de 6 (seis) meses, contado da data da dispensa, exoneração, destituição, demissão ou aposentadoria, salvo quando expressamente autorizado, conforme o caso, pela Comissão de Ética Pública ou pela Controladoria-Geral da União:

a) prestar, direta ou indiretamente, qualquer tipo de serviço a pessoa física ou jurídica com quem tenha estabelecido relacionamento relevante em razão do exercício do cargo ou emprego;

b) aceitar cargo de administrador ou conselheiro ou estabelecer vínculo profissional com pessoa física ou jurídica que desempenhe atividade relacionada à área de competência do cargo ou emprego ocupado;

c) celebrar com órgãos ou entidades do Poder Executivo federal contratos de serviço, consultoria, assessoramento ou atividades similares, vinculados, ainda que indiretamente, ao órgão ou entidade em que tenha ocupado o cargo ou emprego; ou

d) intervir, direta ou indiretamente, em favor de interesse privado perante órgão ou entidade em que haja ocupado cargo ou emprego ou com o qual tenha estabelecido relacionamento relevante em razão do exercício do cargo ou emprego.

Art. 7º *(Vetado.)*

Capítulo IV
Da Fiscalização e da Avaliação do Conflito de Interesses

Art. 8º Sem prejuízo de suas competências institucionais, compete à Comissão de Ética Pública, instituída no âmbito do Poder Executivo federal, e à Controladoria-Geral da União, conforme o caso:

I – estabelecer normas, procedimentos e mecanismos que objetivem prevenir ou impedir eventual conflito de interesses;

II – avaliar e fiscalizar a ocorrência de situações que configuram conflito de interesses e determinar medidas para a prevenção ou eliminação do conflito;

III – orientar e dirimir dúvidas e controvérsias acerca da interpretação das normas que regulam o conflito de interesses, inclusive as estabelecidas nesta Lei;

IV – manifestar-se sobre a existência ou não de conflito de interesses nas consultas a elas submetidas;

V – autorizar o ocupante de cargo ou emprego no âmbito do Poder Executivo federal a exercer atividade privada, quando verificada a inexistência de conflito de interesses ou sua irrelevância;

VI – dispensar a quem haja ocupado cargo ou emprego no âmbito do Poder Executivo federal de cumprir o período de impedimento a que se refere o inciso II do art. 6º, quando verificada a inexistência de conflito de interesses ou sua irrelevância;

VII – dispor, em conjunto com o Ministério do Planejamento, Orçamento e Gestão, sobre a comunicação pelos ocupantes de cargo ou emprego no âmbito do Poder Executivo federal de alterações patrimoniais relevantes, exercício de atividade privada ou recebimento de propostas de trabalho, contrato ou negócio no setor privado; e

VIII – fiscalizar a divulgação da agenda de compromissos públicos, conforme prevista no art. 11.

Parágrafo único. A Comissão de Ética Pública atuará nos casos que envolvam os agentes públicos mencionados nos incisos I a IV do art. 2º e a Controladoria-Geral da União, nos casos que envolvam os demais agentes, observado o disposto em regulamento.

Art. 9º Os agentes públicos mencionados no art. 2º desta Lei, inclusive aqueles que se encontram em gozo de licença ou em período de afastamento, deverão:

I – enviar à Comissão de Ética Pública ou à Controladoria-Geral da União, conforme o caso, anualmente, declaração com informações sobre situação patrimonial, participações societárias, atividades econômicas ou profissionais e indicação sobre a existência de cônjuge, companheiro ou parente, por consanguinidade ou afinidade, em linha reta ou colateral, até o terceiro grau, no exercício de atividades que possam suscitar conflito de interesses; e

II – comunicar por escrito à Comissão de Ética Pública ou à unidade de recursos humanos do órgão ou entidade respectivo, conforme o caso, o exercício de atividade privada ou o recebimento de propostas de trabalho que pretende aceitar, contrato ou negócio no setor privado, ainda que não vedadas pelas normas vigentes, estendendo-se esta obrigação ao período a que se refere o inciso II do art. 6º.

Parágrafo único. As unidades de recursos humanos, ao receber a comunicação de exercício de atividade privada ou de recebimento de propostas de trabalho, contrato ou negócio no setor privado, deverão informar ao servidor e à Controladoria-Geral da União as situações que suscitem potencial conflito de interesses entre a atividade pública e a atividade privada do agente.

Capítulo V
Disposições Finais

Art. 10. As disposições contidas nos arts. 4º e 5º e no inciso I do art. 6º estendem-se a todos os agentes públicos no âmbito do Poder Executivo federal.

Art. 11. Os agentes públicos mencionados nos incisos I a IV do art. 2º deverão, ainda, divulgar, diariamente, por meio da rede mundial de computadores – internet, sua agenda de compromissos públicos.

Art. 12. O agente público que praticar os atos previstos nos arts. 5º e 6º desta Lei incorre em improbidade administrativa, na forma do art. 11 da Lei 8.429, de 2 de junho de 1992, quando não caracterizada qualquer das condutas descritas nos arts. 9º e 10 daquela Lei.

Parágrafo único. Sem prejuízo do disposto no *caput* e da aplicação das demais sanções cabíveis, fica o agente público que se encontrar em situação de conflito de interesses sujeito à aplicação da penalidade disciplinar de demissão, prevista no inciso III do art. 127 e no art. 132 da Lei 8.112, de 11 de dezembro de 1990, ou medida equivalente.

Art. 13. O disposto nesta Lei não afasta a aplicabilidade da Lei 8.112, de 11 de dezembro de 1990, especialmente no que se refere à apuração das responsabilidades e possível aplicação de sanção em razão de prática de ato que configure conflito de interesses ou ato de improbidade nela previstos.

Art. 14. *(Vetado.)*

Art. 15. *(Vetado.)*

Brasília, 16 de maio de 2013; 192º da Independência e 125º da República.

Dilma Rousseff

• Assinatura retificada no *DOU* de 20.05.2013.

(*DOU* 17.05.2013; ret. 20.05.2013)

LEI 12.815, DE 5 DE JUNHO DE 2013

Dispõe sobre a exploração direta e indireta pela União de portos e instalações portuárias e sobre as atividades desempenhadas pelos operadores portuários; altera as Leis 5.025, de 10 de junho de 1966, 10.233, de 5 de junho de 2001, 10.683, de 28 de maio de 2003, 9.719, de 27 de novembro de 1998, e 8.213, de 24 de julho de 1991; revoga as Leis 8.630, de 25 de fevereiro de 1993, e 11.610, de 12 de dezembro de 2007, e dispositivos das Leis 11.314, de 3 de julho de 2006, e 11.518, de 5 de setembro de 2007; e dá outras providências.

- V. Dec. 90.927/1985 (Regulamenta a assiduidade profissional dos trabalhadores avulsos).
- V. Dec. 1.035/1993 (Dispõe sobre o recolhimento do Adicional de Indenização do Trabalhador Portuário Avulso).
- V. Dec. 1.886/1996 (Regulamenta a Lei 8.630/1993).
- V. Lei 9.719/1998 (Dispõe sobre normas e condições gerais de proteção ao trabalho portuário e institui multas pela inobservância de seus preceitos).
- V. Lei 12.023/2009 (Dispõe sobre as atividades de movimentação de mercadorias em geral sobre o trabalho avulso).

A Presidenta da República:

Faço saber que o Congresso Nacional decreta e eu sanciono a seguinte Lei:

Capítulo I
Definições e Objetivos

Art. 1º Esta Lei regula a exploração pela União, direta ou indiretamente, dos portos e instalações portuárias e as atividades desempenhadas pelos operadores portuários.

§ 1º A exploração indireta do porto organizado e das instalações portuárias nele localizadas ocorrerá mediante concessão e arrendamento de bem público.

§ 2º A exploração indireta das instalações portuárias localizadas fora da área do porto organizado ocorrerá mediante autorização, nos termos desta Lei.

§ 3º As concessões, os arrendamentos e as autorizações de que trata esta Lei serão outorgados a pessoa jurídica que demonstre capacidade para seu desempenho, por sua conta e risco.

Art. 2º Para os fins desta Lei, consideram-se:

I – porto organizado: bem público construído e aparelhado para atender a necessidades de navegação, de movimentação de passageiros ou de movimentação e armazenagem de mercadorias, e cujo tráfego e operações portuárias estejam sob jurisdição de autoridade portuária;

II – área do porto organizado: área delimitada por ato do Poder Executivo que compreende as instalações portuárias e a infraestrutura de proteção e de acesso ao porto organizado;

III – instalação portuária: instalação localizada dentro ou fora da área do porto organizado e utilizada em movimentação de passageiros, em movimentação ou armazenagem de mercadorias, destinadas ou provenientes de transporte aquaviário;

IV – terminal de uso privado: instalação portuária explorada mediante autorização e localizada fora da área do porto organizado;

V – estação de transbordo de cargas: instalação portuária explorada mediante autorização, localizada fora da área do porto organizado e utilizada exclusivamente para operação de transbordo de mercadorias em embarcações de navegação interior ou cabotagem;

VI – instalação portuária pública de pequeno porte: instalação portuária explorada mediante autorização, localizada fora do porto organizado e utilizada em movimentação de passageiros ou mercadorias em embarcações de navegação interior;

VII – instalação portuária de turismo: instalação portuária explorada mediante arrendamento ou autorização e utilizada em embarque, desembarque e trânsito de passageiros, tripulantes e bagagens, e de insumos para o provimento e abastecimento de embarcações de turismo;

VIII – *(Vetado);*

***a)** (Vetada);*

***b)** (Vetada);* e

***c)** (Vetada);*

IX – concessão: cessão onerosa do porto organizado, com vistas à administração e à exploração de sua infraestrutura por prazo determinado;

X – delegação: transferência, mediante convênio, da administração e da exploração do porto organizado para Municípios ou Estados, ou a consórcio público, nos termos da Lei 9.277, de 10 de maio de 1996;

XI – arrendamento: cessão onerosa de área e infraestrutura públicas localizadas dentro do porto organizado, para exploração por prazo determinado;

XII – autorização: outorga de direito à exploração de instalação portuária localizada fora da área do porto organizado e formalizada mediante contrato de adesão; e

XIII – operador portuário: pessoa jurídica pré-qualificada para exercer as atividades de movimentação de passageiros ou movimentação e armazenagem de mercadorias, destinadas ou provenientes de transporte aquaviário, dentro da área do porto organizado.

Art. 3º A exploração dos portos organizados e instalações portuárias, com o objetivo de aumentar a competitividade e o desenvolvimento do País, deve seguir as seguintes diretrizes:

I – expansão, modernização e otimização da infraestrutura e da superestrutura que integram os portos organizados e instalações portuárias;

II – garantia da modicidade e da publicidade das tarifas e preços praticados no setor, da qualidade da atividade prestada e da efetividade dos direitos dos usuários;

III – estímulo à modernização e ao aprimoramento da gestão dos portos organizados e instalações portuárias, à valorização e à qualificação da mão de obra portuária e à eficiência das atividades prestadas;

IV – promoção da segurança da navegação na entrada e na saída das embarcações dos portos; e

V – estímulo à concorrência, incentivando a participação do setor privado e assegurando o amplo acesso aos portos organizados, instalações e atividades portuárias.

Capítulo II
Da Exploração dos Portos e Instalações Portuárias

Seção I
Da Concessão de Porto Organizado e do Arrendamento de Instalação Portuária

Art. 4º A concessão e o arrendamento de bem público destinado à atividade portuária serão realizados mediante a celebração de contrato, sempre precedida de licitação, em conformidade com o disposto nesta Lei e no seu regulamento.

Art. 5º São essenciais aos contratos de concessão e arrendamento as cláusulas relativas:

I – ao objeto, à área e ao prazo;

II – ao modo, forma e condições da exploração do porto organizado ou instalação portuária;

III – aos critérios, indicadores, fórmulas e parâmetros definidores da qualidade da atividade prestada, assim como às metas e prazos para o alcance de determinados níveis de serviço;

IV – ao valor do contrato, às tarifas praticadas e aos critérios e procedimentos de revisão e reajuste;

V – aos investimentos de responsabilidade do contratado;

VI – aos direitos e deveres dos usuários, com as obrigações correlatas do contratado e as sanções respectivas;

VII – às responsabilidades das partes;

VIII – à reversão de bens;

IX – aos direitos, garantias e obrigações do contratante e do contratado, inclusive os relacionados a necessidades futuras de suplementação, alteração e expansão da atividade e consequente modernização, aperfeiçoamento e ampliação das instalações;

X – à forma de fiscalização das instalações, dos equipamentos e dos métodos e práticas de execução das atividades, bem como à indicação dos órgãos ou entidades competentes para exercê-las;

XI – às garantias para adequada execução do contrato;

XII – à responsabilidade do titular da instalação portuária pela inexecução ou deficiente execução das atividades;

XIII – às hipóteses de extinção do contrato;

XIV – à obrigatoriedade da prestação de informações de interesse do poder concedente, da Agência Nacional de Transportes Aquaviários – Antaq e das demais autoridades que atuam no setor portuário, inclusive as de interesse específico da Defesa Nacional, para efeitos de mobilização;

XV – à adoção e ao cumprimento das medidas de fiscalização aduaneira de mercadorias, veículos e pessoas;

XVI – ao acesso ao porto organizado ou à instalação portuária pelo poder concedente, pela Antaq e pelas demais autoridades que atuam no setor portuário;

XVII – às penalidades e sua forma de aplicação; e

XVIII – ao foro.

§ 1º *(Vetado).*

§ 2º Findo o prazo dos contratos, os bens vinculados à concessão ou ao arrendamento reverterão ao patrimônio da União, na forma prevista no contrato.

Art. 6º Nas licitações dos contratos de concessão e arrendamento, serão considerados como critérios para julgamento, de forma isolada ou combinada, a maior capacidade de movimentação, a menor tarifa ou o menor tempo de movimentação de carga, e outros estabelecidos no edital, na forma do regulamento.

§ 1º As licitações de que trata este artigo poderão ser realizadas na modalidade leilão, conforme regulamento.

§ 2º Compete à Antaq, com base nas diretrizes do poder concedente, realizar os procedimentos licitatórios de que trata este artigo.

§ 3º Os editais das licitações de que trata este artigo serão elaborados pela Antaq, observadas as diretrizes do poder concedente.

§ 4º *(Vetado).*

§ 5º Sem prejuízo das diretrizes previstas no art. 3º, o poder concedente poderá determinar a transferência das competências de elaboração do edital e a realização dos procedimentos licitatórios de que trata este artigo à Administração do Porto, delegado ou não.

§ 6º O poder concedente poderá autorizar, mediante requerimento do arrendatário, na forma do regulamento, expansão da área arrendada para área contígua dentro da poligonal do porto organizado, sempre que a medida trouxer comprovadamente eficiência na operação portuária.

Art. 7º A Antaq poderá disciplinar a utilização em caráter excepcional, por qualquer interessado, de instalações portuárias arrendadas ou exploradas pela concessionária, assegurada a remuneração adequada ao titular do contrato.

Seção II
Da Autorização de Instalações Portuárias

Art. 8º Serão exploradas mediante autorização, precedida de chamada ou anúncio públicos e, quando for o caso, processo seletivo público, as instalações portuárias localizadas fora da área do porto organizado, compreendendo as seguintes modalidades:

I – terminal de uso privado;

II – estação de transbordo de carga;

III – instalação portuária pública de pequeno porte;

IV – instalação portuária de turismo;

V – *(Vetado)*.

§ 1º A autorização será formalizada por meio de contrato de adesão, que conterá as cláusulas essenciais previstas no *caput* do art. 5º, com exceção daquelas previstas em seus incisos IV e VIII.

§ 2º A autorização de instalação portuária terá prazo de até 25 (vinte e cinco) anos, prorrogável por períodos sucessivos, desde que:

I – a atividade portuária seja mantida; e

II – o autorizatário promova os investimentos necessários para a expansão e modernização das instalações portuárias, na forma do regulamento.

§ 3º A Antaq adotará as medidas para assegurar o cumprimento dos cronogramas de investimento previstos nas autorizações e poderá exigir garantias ou aplicar sanções, inclusive a cassação da autorização.

§ 4º *(Vetado)*.

Art. 9º Os interessados em obter a autorização de instalação portuária poderão requerê-la à Antaq a qualquer tempo, na forma do regulamento.

§ 1º Recebido o requerimento de autorização de instalação portuária, a Antaq deverá:

I – publicar o extrato do requerimento, inclusive na internet; e

II – promover a abertura de processo de anúncio público, com prazo de 30 (trinta) dias, para identificar a existência de outros interessados na obtenção de autorização de instalação portuária na mesma região e com características semelhantes.

§ 2º *(Vetado)*.

§ 3º *(Vetado)*.

Art. 10. O poder concedente poderá determinar à Antaq, a qualquer momento e em consonância com as diretrizes do planejamento e das políticas do setor portuário, a abertura de processo de chamada pública para identificar a existência de interessados na obtenção de autorização de instalação portuária, na forma do regulamento e observado o prazo previsto no inciso II do § 1º do art. 9º.

Art. 11. O instrumento da abertura de chamada ou anúncio público indicará obrigatoriamente os seguintes parâmetros:

I – a região geográfica na qual será implantada a instalação portuária;

II – o perfil das cargas a serem movimentadas; e

III – a estimativa do volume de cargas ou de passageiros a ser movimentado nas instalações portuárias.

Parágrafo único. O interessado em autorização de instalação portuária deverá apresentar título de propriedade, inscrição de ocupação, certidão de aforamento, cessão de direito real ou outro instrumento jurídico que assegure o direito de uso e fruição do respectivo terreno, além de outros documentos previstos no instrumento de abertura.

Art. 12. Encerrado o processo de chamada ou anúncio público, o poder concedente deverá analisar a viabilidade locacional das propostas e sua adequação às diretrizes do planejamento e das políticas do setor portuário.

§ 1º Observado o disposto no regulamento, poderão ser expedidas diretamente as autorizações de instalação portuária quando:

I – o processo de chamada ou anúncio público seja concluído com a participação de um único interessado; ou

II – havendo mais de uma proposta, não haja impedimento locacional à implantação de todas elas de maneira concomitante.

§ 2º Havendo mais de uma proposta e impedimento locacional que inviabilize sua implantação de maneira concomitante, a Antaq deverá promover processo seletivo público, observados os princípios da legalidade, impessoalidade, moralidade, publicidade e eficiência.

§ 3º O processo seletivo público de que trata o § 2º atenderá ao disposto no regulamento e considerará como critério de julgamento, de forma isolada ou combinada, a maior capacidade de movimentação, a menor tarifa ou o menor tempo de movimentação de carga, e outros estabelecidos no edital.

§ 4º Em qualquer caso, somente poderão ser autorizadas instalações portuárias compatíveis com as diretrizes do planejamento e das políticas do setor portuário, na forma do *caput*.

Art. 13. A Antaq poderá disciplinar as condições de acesso, por qualquer interessado, em caráter excepcional, às instalações portuárias autorizadas, assegurada a remuneração adequada ao titular da autorização.

Seção III
Dos Requisitos para a Instalação dos Portos e Instalações Portuárias

Art. 14. A celebração do contrato de concessão ou arrendamento e a expedição de autorização serão precedidas de:

I – consulta à autoridade aduaneira;

II – consulta ao respectivo poder público municipal; e

III – emissão, pelo órgão licenciador, do termo de referência para os estudos ambientais com vistas ao licenciamento.

Seção IV
Da Definição da Área de Porto Organizado

Art. 15. Ato do Presidente da República disporá sobre a definição da área dos portos organizados, a partir de proposta da Secretaria de Portos da Presidência da República.

Parágrafo único. A delimitação da área deverá considerar a adequação dos acessos marítimos e terrestres, os ganhos de eficiência e competitividade decorrente da escala das operações e as instalações portuárias já existentes.

Capítulo III
Do Poder Concedente

Art. 16. Ao poder concedente compete:

I – elaborar o planejamento setorial em conformidade com as políticas e diretrizes de logística integrada;

II – definir as diretrizes para a realização dos procedimentos licitatórios, das chamadas públicas e dos processos seletivos de que trata esta Lei, inclusive para os respectivos editais e instrumentos convocatórios;

III – celebrar os contratos de concessão e arrendamento e expedir as autorizações de instalação portuária, devendo a Antaq fiscalizá-los em conformidade com o disposto na Lei 10.233, de 5 de junho de 2001; e

IV – estabelecer as normas, os critérios e os procedimentos para a pré-qualificação dos operadores portuários.

§ 1º Para os fins do disposto nesta Lei, o poder concedente poderá celebrar convênios ou instrumentos congêneres de cooperação técnica e administrativa com órgãos e entidades da administração pública federal, dos Estados, do Distrito Federal e dos Municípios, inclusive com repasse de recursos.

§ 2º No exercício da competência prevista no inciso II do *caput*, o poder concedente deverá ouvir previamente a Agência Nacional do Petróleo, Gás Natural e Biocombustíveis sempre que a licitação, a chamada pública ou o processo seletivo envolver instalações portuárias voltadas à movimentação de petróleo, gás natural, seus derivados e biocombustíveis.

Capítulo IV
Da Administração do Porto Organizado

Seção I
Das Competências

Art. 17. A administração do porto é exercida diretamente pela União, pela delegatária ou pela entidade concessionária do porto organizado.

§ 1º Compete à administração do porto organizado, denominada autoridade portuária:

I – cumprir e fazer cumprir as leis, os regulamentos e os contratos de concessão;

II – assegurar o gozo das vantagens decorrentes do melhoramento e aparelhamento do porto ao comércio e à navegação;

III – pré-qualificar os operadores portuários, de acordo com as normas estabelecidas pelo poder concedente;

IV – arrecadar os valores das tarifas relativas às suas atividades;

☛ **V** – fiscalizar ou executar obras de construção, reforma, ampliação, melhoramento e conservação das instalações portuárias, inclusive a infraestrutura de proteção e acesso ao porto;

• Inciso I com redação determinada pela MP 882/2019.

VI – fiscalizar a operação portuária, zelando pela realização das atividades com regularidade, eficiência, segurança e respeito ao meio ambiente;

VII – promover a remoção de embarcações ou cascos de embarcações que possam prejudicar o acesso ao porto;

VIII – autorizar a entrada e saída, inclusive atracação e desatracação, o fundeio e o tráfego de embarcação na área do porto, ouvidas as demais autoridades do porto;

IX – autorizar a movimentação de carga das embarcações, ressalvada a competência da autoridade marítima em situações de assistência e salvamento de embarcação, ouvidas as demais autoridades do porto;

X – suspender operações portuárias que prejudiquem o funcionamento do porto, ressalvados os aspectos de interesse da autoridade marítima responsável pela segurança do tráfego aquaviário;

XI – reportar infrações e representar perante a Antaq, visando à instauração de processo administrativo e aplicação das penalidades previstas em lei, em regulamento e nos contratos;

XII – adotar as medidas solicitadas pelas demais autoridades no porto;

XIII – prestar apoio técnico e administrativo ao conselho de autoridade portuária e ao órgão de gestão de mão de obra;

XIV – estabelecer o horário de funcionamento do porto, observadas as diretrizes da Secretaria de Portos da Presidência da República, e as jornadas de trabalho no cais de uso público; e

XV – organizar a guarda portuária, em conformidade com a regulamentação expedida pelo poder concedente.

§ 2º A autoridade portuária elaborará e submeterá à aprovação da Secretaria de Portos da Presidência da República o respectivo Plano de Desenvolvimento e Zoneamento do Porto.

§ 3º O disposto nos incisos IX e X do § 1º não se aplica à embarcação militar que não esteja praticando comércio.

§ 4º A autoridade marítima responsável pela segurança do tráfego pode intervir para assegurar aos navios da Marinha do Brasil a prioridade para atracação no porto.

§ 5º *(Vetado).*

Art. 18. Dentro dos limites da área do porto organizado, compete à administração do porto:

I – sob coordenação da autoridade marítima:

a) estabelecer, manter e operar o balizamento do canal de acesso e da bacia de evolução do porto;

b) delimitar as áreas de fundeadouro, de fundeio para carga e descarga, de inspeção sanitária e de polícia marítima;

c) delimitar as áreas destinadas a navios de guerra e submarinos, plataformas e demais embarcações especiais, navios em reparo ou aguardando atracação e navios com cargas inflamáveis ou explosivas;

d) estabelecer e divulgar o calado máximo de operação dos navios, em função dos levantamentos batimétricos efetuados sob sua responsabilidade; e

e) estabelecer e divulgar o porte bruto máximo e as dimensões máximas dos navios que trafegarão, em função das limitações e características físicas do cais do porto;

II – sob coordenação da autoridade aduaneira:

a) delimitar a área de alfandegamento; e

b) organizar e sinalizar os fluxos de mercadorias, veículos, unidades de cargas e de pessoas.

Art. 19. A administração do porto poderá, a critério do poder concedente, explorar direta ou indiretamente áreas não afetas às operações portuárias, observado o disposto no respectivo Plano de Desenvolvimento e Zoneamento do Porto.

Parágrafo único. O disposto no *caput* não afasta a aplicação das normas de licitação e contratação pública quando a administração do porto for exercida por órgão ou entidade sob controle estatal.

Art. 20. Será instituído em cada porto organizado um conselho de autoridade portuária, órgão consultivo da administração do porto.

§ 1º O regulamento disporá sobre as atribuições, o funcionamento e a composição dos conselhos de autoridade portuária, assegurada a participação de representantes da classe empresarial, dos trabalhadores portuários e do poder público.

§ 2º A representação da classe empresarial e dos trabalhadores no conselho a que alude o *caput* será paritária.

§ 3º A distribuição das vagas no conselho a que alude o *caput* observará a seguinte proporção:

I – 50% (cinquenta por cento) de representantes do poder público;

II – 25% (vinte e cinco por cento) de representantes da classe empresarial; e

III – 25% (vinte e cinco por cento) de representantes da classe trabalhadora.

Art. 21. Fica assegurada a participação de um representante da classe empresarial e outro da classe trabalhadora no conselho de administração ou órgão equivalente da administração do porto, quando se tratar de entidade sob controle estatal, na forma do regulamento.

Parágrafo único. A indicação dos representantes das classes empresarial e trabalhadora a que alude o *caput* será feita pelos respectivos representantes no conselho de autoridade portuária.

Art. 22. A Secretaria de Portos da Presidência da República coordenará a atuação integrada dos órgãos e entidades públicos nos portos organizados e instalações portuárias, com a finalidade de garantir a eficiência e a qualidade de suas atividades, nos termos do regulamento.

Seção II
Da Administração Aduaneira nos Portos Organizados e nas Instalações Portuárias Alfandegadas

Art. 23. A entrada ou a saída de mercadorias procedentes do exterior ou a ele destinadas somente poderá efetuar-se em portos ou instalações portuárias alfandegados.

Parágrafo único. O alfandegamento de portos organizados e instalações portuárias destinados à movimentação e armazenagem de mercadorias importadas ou à exportação será efetuado após cumpridos os requisitos previstos na legislação específica.

Art. 24. Compete ao Ministério da Fazenda, por intermédio das repartições aduaneiras:

I – cumprir e fazer cumprir a legislação que regula a entrada, a permanência e a saída de quaisquer bens ou mercadorias do País;

II – fiscalizar a entrada, a permanência, a movimentação e a saída de pessoas, veículos, unidades de carga e mercadorias, sem prejuízo das atribuições das outras autoridades no porto;

III – exercer a vigilância aduaneira e reprimir o contrabando e o descaminho, sem prejuízo das atribuições de outros órgãos;

IV – arrecadar os tributos incidentes sobre o comércio exterior;

V – proceder ao despacho aduaneiro na importação e na exportação;

VI – proceder à apreensão de mercadoria em situação irregular, nos termos da legislação fiscal;

VII – autorizar a remoção de mercadorias da área portuária para outros locais, alfandegados ou não, nos casos e na forma prevista na legislação aduaneira;

VIII – administrar a aplicação de regimes suspensivos, exonerativos ou devolutivos de tributos às mercadorias importadas ou a exportar;

IX – assegurar o cumprimento de tratados, acordos ou convenções internacionais no plano aduaneiro; e

X – zelar pela observância da legislação aduaneira e pela defesa dos interesses fazendários nacionais.

§ 1º No exercício de suas atribuições, a autoridade aduaneira terá livre acesso a quaisquer dependências do porto ou instalação portuária, às embarcações atracadas ou não e aos locais onde se encontrem mercadorias procedentes do exterior ou a ele destinadas.

§ 2º No exercício de suas atribuições, a autoridade aduaneira poderá, sempre que julgar necessário, requisitar documentos e informações e o apoio de força pública federal, estadual ou municipal.

Capítulo V
Da Operação Portuária

Art. 25. A pré-qualificação do operador portuário será efetuada perante a administração do porto, conforme normas estabelecidas pelo poder concedente.

§ 1º As normas de pré-qualificação devem obedecer aos princípios da legalidade, impessoalidade, moralidade, publicidade e eficiência.

§ 2º A administração do porto terá prazo de 30 (trinta) dias, contado do pedido do interessado, para decidir sobre a pré-qualificação.

§ 3º Em caso de indeferimento do pedido mencionado no § 2º, caberá recurso, no prazo de 15 (quinze) dias, dirigido à Secretaria de Portos da Presidência da República, que deverá apreciá-lo no prazo de 30 (trinta) dias, nos termos do regulamento.

§ 4º Considera-se pré-qualificada como operador portuário a administração do porto.

Art. 26. O operador portuário responderá perante:

I – a administração do porto pelos danos culposamente causados à infraestrutura, às instalações e ao equipamento de que a administração do porto seja titular, que se encontre a seu serviço ou sob sua guarda;

II – o proprietário ou consignatário da mercadoria pelas perdas e danos que ocorrerem durante as operações que realizar ou em decorrência delas;

III – o armador pelas avarias ocorridas na embarcação ou na mercadoria dada a transporte;

IV – o trabalhador portuário pela remuneração dos serviços prestados e respectivos encargos;

V – o órgão local de gestão de mão de obra do trabalho avulso pelas contribuições não recolhidas;

VI – os órgãos competentes pelo recolhimento dos tributos incidentes sobre o trabalho portuário avulso; e

VII – a autoridade aduaneira pelas mercadorias sujeitas a controle aduaneiro, no período em que lhe estejam confiadas ou quando tenha controle ou uso exclusivo de área onde se encontrem depositadas ou devam transitar.

Parágrafo único. Compete à administração do porto responder pelas mercadorias a que se referem os incisos II e VII do *caput* quando estiverem em área por ela controlada e após o seu recebimento, conforme definido pelo regulamento de exploração do porto.

Art. 27. As atividades do operador portuário estão sujeitas às normas estabelecidas pela Antaq.

§ 1º O operador portuário é titular e responsável pela coordenação das operações portuárias que efetuar.

§ 2º A atividade de movimentação de carga a bordo da embarcação deve ser executada de acordo com a instrução de seu comandante ou de seus prepostos, responsáveis pela segurança da embarcação nas atividades de arrumação ou retirada da carga, quanto à segurança da embarcação.

Art. 28. É dispensável a intervenção de operadores portuários em operações:

I – que, por seus métodos de manipulação, suas características de automação ou mecanização, não requeiram a utilização de mão de obra ou possam ser executadas exclusivamente pela tripulação das embarcações;

II – de embarcações empregadas:

a) em obras de serviços públicos nas vias aquáticas do País, executadas direta ou indiretamente pelo poder público;

b) no transporte de gêneros de pequena lavoura e da pesca, para abastecer mercados de âmbito municipal;

c) na navegação interior e auxiliar;

d) no transporte de mercadorias líquidas a granel; e

e) no transporte de mercadorias sólidas a granel, quando a carga ou descarga for feita por aparelhos mecânicos automáticos, salvo quanto às atividades de rechego;

III – relativas à movimentação de:

a) cargas em área sob controle militar, quando realizadas por pessoal militar ou vinculado a organização militar;

b) materiais por estaleiros de construção e reparação naval; e

c) peças sobressalentes, material de bordo, mantimentos e abastecimento de embarcações; e

IV – relativas ao abastecimento de aguada, combustíveis e lubrificantes para a navegação.

Parágrafo único. *(Vetado).*

Art. 29. As cooperativas formadas por trabalhadores portuários avulsos, registrados de acordo com esta Lei, poderão estabelecer- se como operadores portuários.

Art. 30. A operação portuária em instalações localizadas fora da área do porto organizado será disciplinada pelo titular da respectiva autorização, observadas as normas estabelecidas pelas autoridades marítima, aduaneira, sanitária, de saúde e de polícia marítima.

Art. 31. O disposto nesta Lei não prejudica a aplicação das demais normas referentes ao transporte marítimo, inclusive as decorrentes de convenções internacionais ratificadas, enquanto vincularem internacionalmente o País.

Capítulo VI
Do Trabalho Portuário

Art. 32. Os operadores portuários devem constituir em cada porto organizado um órgão de gestão de mão de obra do trabalho portuário, destinado a:

I – administrar o fornecimento da mão de obra do trabalhador portuário e do trabalhador portuário avulso;

II – manter, com exclusividade, o cadastro do trabalhador portuário e o registro do trabalhador portuário avulso;

III – treinar e habilitar profissionalmente o trabalhador portuário, inscrevendo-o no cadastro;

IV – selecionar e registrar o trabalhador portuário avulso;

V – estabelecer o número de vagas, a forma e a periodicidade para acesso ao registro do trabalhador portuário avulso;

VI – expedir os documentos de identificação do trabalhador portuário; e

VII – arrecadar e repassar aos beneficiários os valores devidos pelos operadores portuários relativos à remuneração do trabalhador portuário avulso e aos correspondentes encargos fiscais, sociais e previdenciários.

Parágrafo único. Caso celebrado contrato, acordo ou convenção coletiva de trabalho entre trabalhadores e tomadores de serviços, o disposto no instrumento precederá o órgão gestor e dispensará sua intervenção nas relações entre capital e trabalho no porto.

Art. 33. Compete ao órgão de gestão de mão de obra do trabalho portuário avulso:

I – aplicar, quando couber, normas disciplinares previstas em lei, contrato, convenção ou acordo coletivo de trabalho, no caso de transgressão disciplinar, as seguintes penalidades:

a) repreensão verbal ou por escrito;

b) suspensão do registro pelo período de 10 (dez) a 30 (trinta) dias; ou

c) cancelamento do registro;

II – promover:

a) a formação profissional do trabalhador portuário e do trabalhador portuário avulso, adequando-a aos modernos processos de movimentação de carga e de operação de aparelhos e equipamentos portuários;

b) o treinamento multifuncional do trabalhador portuário e do trabalhador portuário avulso; e

c) a criação de programas de realocação e de cancelamento do registro, sem ônus para o trabalhador;

III – arrecadar e repassar aos beneficiários contribuições destinadas a incentivar o cancelamento do registro e a aposentadoria voluntária;

IV – arrecadar as contribuições destinadas ao custeio do órgão;

V – zelar pelas normas de saúde, higiene e segurança no trabalho portuário avulso; e

VI – submeter à administração do porto propostas para aprimoramento da operação portuária e valorização econômica do porto.

§ 1º O órgão não responde por prejuízos causados pelos trabalhadores portuários avulsos aos tomadores dos seus serviços ou a terceiros.

§ 2º O órgão responde, solidariamente com os operadores portuários, pela remuneração devida ao trabalhador portuário avulso e pelas indenizações decorrentes de acidente de trabalho.

§ 3º O órgão pode exigir dos operadores portuários garantia prévia dos respectivos pagamentos, para atender a requisição de trabalhadores portuários avulsos.

§ 4º As matérias constantes nas alíneas *a* e *b* do inciso II deste artigo serão discutidas em fórum permanente, composto, em caráter paritário, por representantes do governo e da sociedade civil.

§ 5º A representação da sociedade civil no fórum previsto no § 4º será paritária entre trabalhadores e empresários.

Art. 34. O exercício das atribuições previstas nos arts. 32 e 33 pelo órgão de gestão de mão de obra do trabalho portuário avulso não implica vínculo empregatício com trabalhador portuário avulso.

Art. 35. O órgão de gestão de mão de obra pode ceder trabalhador portuário avulso, em caráter permanente, ao operador portuário.

Art. 36. A gestão da mão de obra do trabalho portuário avulso deve observar as normas do contrato, convenção ou acordo coletivo de trabalho.

Art. 37. Deve ser constituída, no âmbito do órgão de gestão de mão de obra, comissão paritária para solucionar litígios decorrentes da aplicação do disposto nos arts. 32, 33 e 35.

§ 1º Em caso de impasse, as partes devem recorrer à arbitragem de ofertas finais.

§ 2º Firmado o compromisso arbitral, não será admitida a desistência de qualquer das partes.

§ 3º Os árbitros devem ser escolhidos de comum acordo entre as partes, e o laudo arbitral proferido para solução da pendência constitui título executivo extrajudicial.

§ 4º As ações relativas aos créditos decorrentes da relação de trabalho avulso prescrevem em 5 (cinco) anos até o limite de 2 (dois) anos após o cancelamento do registro ou do cadastro no órgão gestor de mão de obra.

Art. 38. O órgão de gestão de mão de obra terá obrigatoriamente um conselho de supervisão e uma diretoria executiva.

§ 1º O conselho de supervisão será composto por três membros titulares e seus suplentes, indicados na forma do regulamento, e terá como competência:

I – deliberar sobre a matéria contida no inciso V do *caput* do art. 32;

II – editar as normas a que se refere o art. 42; e

III – fiscalizar a gestão dos diretores, examinar, a qualquer tempo, os livros e papéis do órgão e solicitar informações sobre quaisquer atos praticados pelos diretores ou seus prepostos.

§ 2º A diretoria executiva será composta por um ou mais diretores, designados e destituíveis na forma do regulamento, cujo prazo de gestão será de 3 (três) anos, permitida a redesignação.

§ 3º Até 1/3 (um terço) dos membros do conselho de supervisão poderá ser designado para cargos de diretores.

§ 4º No silêncio do estatuto ou contrato social, competirá a qualquer diretor a representação do órgão e a prática dos atos necessários ao seu funcionamento regular.

Art. 39. O órgão de gestão de mão de obra é reputado de utilidade pública, sendo-lhe vedado ter fins lucrativos, prestar serviços a terceiros ou exercer qualquer atividade não vinculada à gestão de mão de obra.

Art. 40. O trabalho portuário de capatazia, estiva, conferência de carga, conserto de carga, bloco e vigilância de embarcações, nos portos organizados, será realizado por trabalhadores portuários com vínculo empregatício por prazo indeterminado e por trabalhadores portuários avulsos.

§ 1º Para os fins desta Lei, consideram-se:

I – capatazia: atividade de movimentação de mercadorias nas instalações dentro do porto, compreendendo o recebimento, conferência, transporte interno, abertura de volumes para a conferência aduaneira, manipulação, arrumação e entrega, bem como o carregamento e descarga de embarcações, quando efetuados por aparelhamento portuário;

II – estiva: atividade de movimentação de mercadorias nos conveses ou nos porões das embarcações principais ou auxiliares, incluindo o transbordo, arrumação, peação e despeação, bem como o carregamento e a descarga, quando realizados com equipamentos de bordo;

III – conferência de carga: contagem de volumes, anotação de suas características, procedência ou destino, verificação do estado das mercadorias, assistência à pesagem, conferência do manifesto e demais serviços correlatos, nas operações de carregamento e descarga de embarcações;

IV – conserto de carga: reparo e restauração das embalagens de mercadorias, nas operações de carregamento e descarga de embarcações, reembalagem, marcação, remarcação, carimbagem, etiquetagem, abertura de volumes para vistoria e posterior recomposição;

V – vigilância de embarcações: atividade de fiscalização da entrada e saída de pessoas a bordo das embarcações atracadas ou fundeadas ao largo, bem como da movimentação de mercadorias nos portalós, rampas, porões, conveses, plataformas e em outros locais da embarcação; e

VI – bloco: atividade de limpeza e conservação de embarcações mercantes e de seus tanques, incluindo batimento de ferrugem, pintura, reparos de pequena monta e serviços correlatos.

§ 2º A contratação de trabalhadores portuários de capatazia, bloco, estiva, conferência de carga, conserto de carga e vigilância de embarcações com vínculo empregatício por prazo indeterminado será feita exclusivamente dentre trabalhadores portuários avulsos registrados.

§ 3º O operador portuário, nas atividades a que alude o *caput*, não poderá locar ou tomar mão de obra sob o regime de trabalho temporário de que trata a Lei 6.019, de 3 de janeiro de 1974.

§ 4º As categorias previstas no *caput* constituem categorias profissionais diferenciadas.

Art. 41. O órgão de gestão de mão de obra:

I – organizará e manterá cadastro de trabalhadores portuários habilitados ao desempenho das atividades referidas no § 1º do art. 40; e

II – organizará e manterá o registro dos trabalhadores portuários avulsos.

§ 1º A inscrição no cadastro do trabalhador portuário dependerá exclusivamente de prévia habilitação profissional do trabalhador interessado, mediante treinamento realizado em entidade indicada pelo órgão de gestão de mão de obra.

§ 2º O ingresso no registro do trabalhador portuário avulso depende de prévia seleção e inscrição no cadastro de que trata o inciso I do *caput*, obedecidas a disponibilidade de vagas e a ordem cronológica de inscrição no cadastro.

§ 3º A inscrição no cadastro e o registro do trabalhador portuário extinguem-se por morte ou cancelamento.

Art. 42. A seleção e o registro do trabalhador portuário avulso serão feitos pelo órgão de gestão de mão de obra avulsa, de acordo com as normas estabelecidas em contrato, convenção ou acordo coletivo de trabalho.

Art. 43. A remuneração, a definição das funções, a composição dos ternos, a multifuncionalidade e as demais condições do trabalho avulso serão objeto de negociação entre as entidades representativas dos trabalhadores portuários avulsos e dos operadores portuários.

Parágrafo único. A negociação prevista no *caput* contemplará a garantia de renda mínima inserida no item 2 do artigo 2 da Convenção 137 da Organização Internacional do Trabalho – OIT.

Art. 44. É facultada aos titulares de instalações portuárias sujeitas a regime de autorização a contratação de trabalhadores a prazo indeterminado, observado o disposto no contrato, convenção ou acordo coletivo de trabalho.

Art. 45. *(Vetado).*

Capítulo VII
Das Infrações e Penalidades

Art. 46. Constitui infração toda ação ou omissão, voluntária ou involuntária, que importe em:

I – realização de operações portuárias com infringência ao disposto nesta Lei ou com inobservância dos regulamentos do porto;

II – recusa injustificada, por parte do órgão de gestão de mão de obra, da distribuição de trabalhadores a qualquer operador portuário; ou

III – utilização de terrenos, área, equipamentos e instalações portuárias, dentro ou fora do porto organizado, com desvio de finalidade ou com desrespeito à lei ou aos regulamentos.

Parágrafo único. Responde pela infração, conjunta ou isoladamente, qualquer pessoa física ou jurídica que, intervindo na operação portuária, concorra para sua prática ou dela se beneficie.

Art. 47. As infrações estão sujeitas às seguintes penas, aplicáveis separada ou cumulativamente, de acordo com a gravidade da falta:

I – advertência;

II – multa;

III – proibição de ingresso na área do porto por período de 30 (trinta) a 180 (cento e oitenta) dias;

IV – suspensão da atividade de operador portuário, pelo período de 30 (trinta) a 180 (cento e oitenta) dias; ou

V – cancelamento do credenciamento do operador portuário.

Parágrafo único. Sem prejuízo do disposto nesta Lei, aplicam-se subsidiariamente às infrações previstas no art. 46 as penalidades estabelecidas na Lei 10.233, de 5 de junho de 2001, separada ou cumulativamente, de acordo com a gravidade da falta.

Art. 48. Apurada, no mesmo processo, a prática de duas ou mais infrações pela mesma pessoa física ou jurídica, aplicam-se cumulativamente as penas a elas cominadas, se as infrações não forem idênticas.

§ 1º Serão reunidos em um único processo os diversos autos ou representações de infração continuada, para aplicação da pena.

§ 2º Serão consideradas continuadas as infrações quando se tratar de repetição de falta ainda não apurada ou objeto do processo, de cuja instauração o infrator não tenha conhecimento, por meio de intimação.

Art. 49. Na falta de pagamento de multa no prazo de 30 (trinta) dias, contado da ciência pelo infrator da decisão final que impuser a penalidade, será realizado processo de execução.

Art. 50. As importâncias pecuniárias resultantes da aplicação das multas previstas nesta Lei reverterão para a Antaq, na forma do inciso V do *caput* do art. 77 da Lei 10.233, de 5 de junho de 2001.

Art. 51. O descumprimento do disposto nos arts. 36, 39 e 42 desta Lei sujeitará o infrator à multa prevista no inciso I do art. 10 da Lei 9.719, de 27 de novembro de 1998, sem prejuízo das demais sanções cabíveis.

Art. 52. O descumprimento do disposto no *caput* e no § 3º do art. 40 desta Lei sujeitará o infrator à multa prevista no inciso III do art. 10 da Lei 9.719, de 27 de novembro de 1998, sem prejuízo das demais sanções cabíveis.

Capítulo VIII
Do Programa Nacional de Dragagem Portuária e Hidroviária II

Art. 53. Fica instituído o Programa Nacional de Dragagem Portuária e Hidroviária II, a ser implantado pela Secretaria de Portos da Presidência da República e pelo Ministério dos Transportes, nas respectivas áreas de atuação.

§ 1º O Programa de que trata o *caput* abrange, dentre outras atividades:

I – as obras e serviços de engenharia de dragagem para manutenção ou ampliação de áreas portuárias e de hidrovias, inclusive canais de navegação, bacias de evolução e de fundeio, e berços de atracação, compreendendo a remoção do material submerso e a escavação ou derrocamento do leito;

II – o serviço de sinalização e balizamento, incluindo a aquisição, instalação, reposição, manutenção e modernização de sinais náuticos e equipamentos necessários às hidrovias e ao acesso aos portos e terminais portuários;

III – o monitoramento ambiental; e

IV – o gerenciamento da execução dos serviços e obras.

§ 2º Para fins do Programa de que trata o *caput*, consideram-se:

I – dragagem: obra ou serviço de engenharia que consiste na limpeza, desobstrução, remoção, derrocamento ou escavação de material do fundo de rios, lagos, mares, baías e canais;

II – draga: equipamento especializado acoplado à embarcação ou à plataforma fixa, móvel ou flutuante, utilizado para execução de obras ou serviços de dragagem;

III – material dragado: material retirado ou deslocado do leito dos corpos d'água decorrente da atividade de dragagem e transferido para local de despejo autorizado pelo órgão competente;

IV – empresa de dragagem: pessoa jurídica que tenha por objeto a realização de obra ou serviço de dragagem com a utilização ou não de embarcação; e

V – sinalização e balizamento: sinais náuticos para o auxílio à navegação e à transmissão de informações ao navegante, de forma a possibilitar posicionamento seguro de acesso e tráfego.

Art. 54. A dragagem por resultado compreende a contratação de obras de engenharia destinadas ao aprofundamento, alargamento ou expansão de áreas portuárias e de hidrovias, inclusive canais de navegação, bacias de evolução e de fundeio e berços de atracação, bem como os serviços de sinalização, balizamento, monitoramento ambiental e outros com o objetivo de manter as condições de profundidade e segurança estabelecidas no projeto implantado.

§ 1º As obras ou serviços de dragagem por resultado poderão contemplar mais de um porto, num mesmo contrato, quando essa medida for mais vantajosa para a administração pública.

§ 2º Na contratação de dragagem por resultado, é obrigatória a prestação de garantia pelo contratado.

§ 3º A duração dos contratos de que trata este artigo será de até 10 (dez) anos, improrrogável.

§ 4º As contratações das obras e serviços no âmbito do Programa Nacional de Dragagem Portuária e Hidroviária II poderão ser feitas por meio de licitações internacionais e utilizar o Regime Diferenciado de Contratações Públicas, de que trata a Lei 12.462, de 4 de agosto de 2011.

§ 5º A administração pública poderá contratar empresa para gerenciar e auditar os serviços e obras contratados na forma do *caput*.

Art. 55. As embarcações destinadas à dragagem sujeitam-se às normas específicas de segurança da navegação estabelecidas pela autoridade marítima e não se submetem ao disposto na Lei 9.432, de 8 de janeiro de 1997.

Capítulo IX
Disposições Finais e Transitórias

Art. 56. *(Vetado).*

Parágrafo único. *(Vetado).*

Art. 57. Os contratos de arrendamento em vigor firmados sob a Lei 8.630, de 25 de fevereiro de 1993, que possuam previsão expressa de prorrogação ainda não realizada, poderão ter sua prorrogação antecipada, a critério do poder concedente.

§ 1º A prorrogação antecipada de que trata o *caput* dependerá da aceitação expressa de obrigação de realizar investimentos, segundo plano elaborado pelo arrendatário e aprovado pelo poder concedente em até 60 (sessenta) dias.

§ 2º *(Vetado).*

§ 3º Caso, a critério do poder concedente, a antecipação das prorrogações de que trata o *caput* não seja efetivada, tal decisão não implica obrigatoriamente na recusa da prorrogação contratual prevista originalmente.

§ 4º *(Vetado).*

§ 5º O Poder Executivo deverá encaminhar ao Congresso Nacional, até o último dia útil do mês de março de cada ano, relatório detalhado sobre a implementação das iniciativas tomadas com base nesta Lei, incluindo, pelo menos, as seguintes informações:

I – relação dos contratos de arrendamento e concessão em vigor até 31 de dezembro do ano anterior, por porto organizado, indicando data dos contratos, empresa detentora, objeto detalhado, área, prazo de vigência e situação de adimplemento com relação às cláusulas contratuais;

II – relação das instalações portuárias exploradas mediante autorizações em vigor até 31 de dezembro do ano anterior, segundo a localização, se dentro ou fora do porto organizado, indicando data da autorização, empresa detentora, objeto detalhado, área, prazo de vigência e situação de adimplemento com relação às cláusulas dos termos de adesão e autorização;

III – relação dos contratos licitados no ano anterior com base no disposto no art. 56 desta Lei, por porto organizado, indicando data do contrato, modalidade da licitação, empresa detentora, objeto, área, prazo de vigência e valor dos investimentos realizados e previstos nos contratos de concessão ou arrendamento;

IV – relação dos termos de autorização e os contratos de adesão adaptados no ano anterior, com base no disposto nos arts. 58 e 59 desta Lei, indicando data do contrato de autorização, empresa detentora, objeto, área, prazo de vigência e valor dos investimentos realizados e previstos nos termos de adesão e autorização;

V – relação das instalações portuárias operadas no ano anterior com base no previsto no art. 7º desta Lei, indicando empresa concessionária, empresa que utiliza efetivamente a instalação portuária, motivo e justificativa da utilização por interessado não detentor do arrendamento ou concessão e prazo de utilização.

Art. 58. Os termos de autorização e os contratos de adesão em vigor deverão ser adaptados ao disposto nesta Lei, em especial ao previsto nos §§ 1º a 4º do art. 8º, independentemente de chamada pública ou processo seletivo.

Parágrafo único. A Antaq deverá promover a adaptação de que trata o *caput* no prazo de 1 (um) ano, contado da data de publicação desta Lei.

Art. 59. As instalações portuárias enumeradas nos incisos I a IV do *caput* do art. 8º, localizadas dentro da área do porto organizado, terão assegurada a continuidade das suas atividades, desde que realizada a adaptação nos termos do art. 58.

Parágrafo único. Os pedidos de autorização para exploração de instalações portuárias enumeradas nos incisos I a IV do art. 8º, localizadas dentro da área do porto organizado, protocolados na Antaq até dezembro de 2012, poderão ser deferidos pelo poder concedente, desde que tenha sido comprovado até a referida data o domínio útil da área.

Art. 60. Os procedimentos licitatórios para contratação de dragagem homologados e os contratos de dragagem em vigor na data da publicação desta Lei permanecem regidos pelo disposto na Lei 11.610, de 12 de dezembro de 2007.

Art. 61. Até a publicação do regulamento previsto nesta Lei, ficam mantidas as regras para composição dos conselhos da autoridade portuária e dos conselhos de supervisão e diretorias executivas dos órgãos de gestão de mão de obra.

Art. 62. O inadimplemento, pelas concessionárias, arrendatárias, autorizatárias e operadoras portuárias no recolhimento de tarifas portuárias e outras obrigações financeiras perante a administração do porto e a Antaq, assim declarado em decisão final, impossibilita a inadimplente de celebrar ou prorrogar contratos de concessão e arrendamento, bem como obter novas autorizações.

§ 1º Para dirimir litígios relativos aos débitos a que se refere o *caput*, poderá ser utilizada a arbitragem, nos termos da Lei 9.307, de 23 de setembro de 1996.

- V. Dec. 8.465/2015 (Regulamenta o § 1º do art. 62 da Lei 12.815/2013).

§ 2º O impedimento previsto no *caput* também se aplica às pessoas jurídicas, direta ou indiretamente, controladoras, controladas, coligadas, ou de controlador comum com a inadimplente.

Art. 63. As Companhias Docas observarão regulamento simplificado para contratação de serviços e aquisição de bens, observados os princípios constitucionais da publicidade, impessoalidade, moralidade, economicidade e eficiência.

Art. 64. As Companhias Docas firmarão com a Secretaria de Portos da Presidência da República compromissos de metas e desempenho empresarial que estabelecerão, nos termos do regulamento:

I – objetivos, metas e resultados a serem atingidos, e prazos para sua consecução;

II – indicadores e critérios de avaliação de desempenho;

III – retribuição adicional em virtude do seu cumprimento; e

IV – critérios para a profissionalização da gestão das Docas.

Art. 65. Ficam transferidas à Secretaria de Portos da Presidência da República as competências atribuídas ao Ministério dos Transportes e ao Departamento Nacional de Infraestrutura de Transportes – DNIT em leis gerais e específicas relativas a portos fluviais e lacustres, exceto as competências relativas a instalações portuárias públicas de pequeno porte.

Art. 66. Aplica-se subsidiariamente às licitações de concessão de porto organizado e de arrendamento de instalação portuária o disposto nas Leis 12.462, de 4 de agosto de 2011, 8.987, de 13 de fevereiro de 1995, e 8.666, de 21 de junho de 1993.

Art. 67. Aplica-se subsidiariamente a esta Lei o disposto na Lei 10.233, de 5 de junho de 2001, em especial no que se refere às competências e atribuições da Antaq.

Art. 68. As poligonais de áreas de portos organizados que não atendam ao disposto no art. 15 deverão ser adaptadas no prazo de 1 (um) ano.

Art. 69. *(Vetado).*

Art. 70. O art. 29 da Lei 5.025, de 10 de junho de 1966, passa a vigorar com a seguinte redação:

> "Art. 29. Os serviços públicos necessários à importação e exportação deverão ser centralizados pela administração pública em todos os portos organizados.
>
> § 1º Os serviços de que trata o *caput* serão prestados em horário corrido e coincidente com a operação de cada porto, em turnos, inclusive aos domingos e feriados.
>
> § 2º O horário previsto no § 1º poderá ser reduzido por ato do Poder Executivo, desde que não haja prejuízo à segurança nacional e à operação portuária.
>
> [...]"

Art. 71. A Lei 10.233, de 5 de junho de 2001, passa a vigorar com as seguintes alterações:

> "Art. 13. Ressalvado o disposto em legislação específica, as outorgas a que se refere o inciso I do *caput* do art. 12 serão realizadas sob a forma de:
>
> [...]"
>
> "Art. 14. Ressalvado o disposto em legislação específica, o disposto no art. 13 aplica-se conforme as seguintes diretrizes:
>
> [...]
>
> III – depende de autorização:
>
> [...]
>
> *c)* a construção e a exploração das instalações portuárias de que trata o art. 8º da Lei na qual

foi convertida a Medida Provisória 595, de 6 de dezembro de 2012;

[...]

g) (Revogada);

h) (Revogada);

[...]"

"Art. 20. [...]

I – implementar, nas respectivas esferas de atuação, as políticas formuladas pelo Conselho Nacional de Integração de Políticas de Transporte, pelo Ministério dos Transportes e pela Secretaria de Portos da Presidência da República, nas respectivas áreas de competência, segundo os princípios e diretrizes estabelecidos nesta Lei;

[...]"

"Art. 21. Ficam instituídas a Agência Nacional de Transportes Terrestres – ANTT e a Agência Nacional de Transportes Aquaviários – Antaq, entidades integrantes da administração federal indireta, submetidas ao regime autárquico especial e vinculadas, respectivamente, ao Ministério dos Transportes e à Secretaria de Portos da Presidência da República, nos termos desta Lei.

[...]"

"Art. 23. Constituem a esfera de atuação da Antaq:

[...]

II – os portos organizados e as instalações portuárias neles localizadas;

III – as instalações portuárias de que trata o art. 8º da Lei na qual foi convertida a Medida Provisória 595, de 6 de dezembro de 2012;

[...]

§ 1º A Antaq articular-se-á com órgãos e entidades da administração, para resolução das interfaces do transporte aquaviário com as outras modalidades de transporte, com a finalidade de promover a movimentação intermodal mais econômica e segura de pessoas e bens.

[...]"

"Art. 27. [...]

I – promover estudos específicos de demanda de transporte aquaviário e de atividades portuárias;

[...]

III – propor ao Ministério dos Transportes o plano geral de outorgas de exploração da infraestrutura aquaviária e de prestação de serviços de transporte aquaviário;

a) (Revogada)

b) (Revogada)

[...]

VII – promover as revisões e os reajustes das tarifas portuárias, assegurada a comunicação prévia, com antecedência mínima de 15 (quinze) dias úteis, ao poder concedente e ao Ministério da Fazenda;

[...]

XIV – estabelecer normas e padrões a serem observados pelas administrações portuárias, concessionários, arrendatários, autorizatários e operadores portuários, nos termos da Lei na qual foi convertida a Medida Provisória 595, de 6 de dezembro de 2012;

XV – elaborar editais e instrumentos de convocação e promover os procedimentos de licitação e seleção para concessão, arrendamento ou autorização da exploração de portos organizados ou instalações portuárias, de acordo com as diretrizes do poder concedente, em obediência ao disposto na Lei na qual foi convertida a Medida Provisória 595, de 6 de dezembro de 2012;

XVI – cumprir e fazer cumprir as cláusulas e condições dos contratos de concessão de porto organizado ou dos contratos de arrendamento de instalações portuárias quanto à manutenção e reposição dos bens e equipamentos reversíveis à União de que trata o inciso VIII do *caput* do art. 5º da Lei na qual foi convertida a Medida Provisória 595, de 6 de dezembro de 2012;

[...]

XXII – fiscalizar a execução dos contratos de adesão das autorizações de instalação portuária de que trata o art. 8º da Lei na qual foi convertida a Medida Provisória 595, de 6 de dezembro de 2012;

[...]

XXV – celebrar atos de outorga de concessão para a exploração da infraestrutura aquaviária, gerindo e fiscalizando os respectivos contratos e demais instrumentos administrativos;

XXVI – fiscalizar a execução dos contratos de concessão de porto organizado e de arrendamento de instalação portuária, em conformidade com o disposto na Lei na qual foi convertida a Medida Provisória 595, de 6 de dezembro de 2012;

XXVII – *(Revogado).*

§ 1º [...]

[...]

II – participar de foros internacionais, sob a coordenação do Poder Executivo; e

[...]

§ 3º *(Revogado).*

§ 4º *(Revogado).*"

"Art. 33. Ressalvado o disposto em legislação específica, os atos de outorga de autorização, concessão ou permissão editados e celebrados pela ANTT e pela Antaq obedecerão ao disposto na Lei 8.987, de 13 de fevereiro de 1995, nas Subseções II, III, IV e V desta Seção e nas regulamentações complementares editadas pelas Agências."

"Art. 34-A. [...]

[...]

§ 2º O edital de licitação indicará obrigatoriamente, ressalvado o disposto em legislação específica:

[...]"

"Art. 35. O contrato de concessão deverá refletir fielmente as condições do edital e da proposta vencedora e terá como cláusulas essenciais, ressalvado o disposto em legislação específica, as relativas a:

[...]"

"Art. 43. A autorização, ressalvado o disposto em legislação específica, será outorgada segundo as diretrizes estabelecidas nos arts. 13 e 14 e apresenta as seguintes características:

[...]"

"Art. 44. A autorização, ressalvado o disposto em legislação específica, será disciplinada em regulamento próprio e será outorgada mediante termo que indicará:

[...]"

"Art. 51-A. Fica atribuída à Antaq a competência de fiscalização das atividades desenvolvidas pelas administrações de portos organizados, pelos operadores portuários e pelas arrendatárias ou autorizatárias de instalações portuárias, observado o disposto na Lei na qual foi convertida a Medida Provisória 595, de 6 de dezembro de 2012.

§ 1º Na atribuição citada no *caput* incluem-se as administrações dos portos objeto de convênios de delegação celebrados nos termos da Lei 9.277, de 10 de maio de 1996.

§ 2º A Antaq prestará ao Ministério dos Transportes ou à Secretaria de Portos da Presidência da República todo apoio necessário à celebração dos convênios de delegação."

"Art. 56. [...]

Parágrafo único. Cabe ao Ministro de Estado dos Transportes ou ao Ministro de Estado Chefe da Secretaria de Portos da Presidência da República, conforme o caso, instaurar o processo administrativo disciplinar, competindo ao Presidente da República determinar o afastamento preventivo, quando for o caso, e proferir o julgamento."

"Art. 67. As decisões das Diretorias serão tomadas pelo voto da maioria absoluta de seus membros, cabendo ao Diretor-Geral o voto de qualidade, e serão registradas em atas.

Parágrafo único. As datas, as pautas e as atas das reuniões de Diretoria, assim como os documentos que as instruam, deverão ser objeto de ampla publicidade, inclusive por meio da internet, na forma do regulamento."

"Art. 78. A ANTT e a Antaq submeterão ao Ministério dos Transportes e à Secretaria de Portos da Presidência da República, respectivamente, suas propostas orçamentárias anuais, nos termos da legislação em vigor.

[...]"

"Art. 78-A. [...]

§ 1º Na aplicação das sanções referidas no *caput*, a Antaq observará o disposto na Lei na qual foi convertida a Medida Provisória 595, de 6 de dezembro de 2012.

§ 2º A aplicação da sanção prevista no inciso IV do *caput*, quando se tratar de concessão de porto organizado ou arrendamento e autorização de instalação portuária, caberá ao poder concedente, mediante proposta da Antaq."

"Art. 81. [...]

[...]

III – instalações e vias de transbordo e de interface intermodal, exceto as portuárias;

IV – *(Revogado).*"

"Art. 82. [...]

[...]

§ 2º No exercício das atribuições previstas neste artigo e relativas a vias navegáveis, o DNIT observará as prerrogativas específicas da autoridade marítima.

[...]"

Art. 72. **A Lei 10.683, de 28 de maio de 2003, passa a vigorar com as seguintes alterações:**

"Art. 24-A. À Secretaria de Portos compete assessorar direta e imediatamente o Presidente da República na formulação de políticas e diretrizes para o desenvolvimento e o fomento do setor de portos e instalações portuárias marítimos, fluviais e lacustres e, especialmente, promover a execução e a avaliação de medidas, programas e projetos de apoio ao desenvolvimento da infraestrutura e da superestrutura dos portos e instalações portuárias marítimos, fluviais e lacustres.

[...]

§ 2º [...]

[...]

III – a elaboração dos planos gerais de outorgas;

[...]

V – o desenvolvimento da infraestrutura e da superestrutura aquaviária dos portos e instalações portuárias sob sua esfera de atuação, com a finalidade de promover a segurança e a eficiência do transporte aquaviário de cargas e de passageiros.

[...]"

"Art. 27. [...]

[...]

XXII – [...]

a) política nacional de transportes ferroviário, rodoviário e aquaviário;

b) marinha mercante e vias navegáveis; e

c) participação na coordenação dos transportes aeroviários;

[...]"

Art. 73. **A Lei 9.719, de 27 de novembro de 1998, passa a vigorar acrescida do seguinte art. 10-A:**

• Alterações processadas no texto da referida Lei.

Art. 74. ***(Vetado).***

Art. 75. **Esta Lei entra em vigor na data de sua publicação.**

Art. 76. **Ficam revogados:**

I – a Lei 8.630, de 25 de fevereiro de 1993;

II – a Lei 11.610, de 12 de dezembro de 2007;

III – o art. 21 da Lei 11.314, de 3 de julho de 2006;

IV – o art. 14 da Lei 11.518, de 5 de setembro de 2007;

V – os seguintes dispositivos da Lei 10.233, de 5 de junho de 2001:

a) as alíneas *g* e *h* do inciso III do *caput* do art. 14;

b) as alíneas *a* e *b* do inciso III do *caput* do art. 27;

c) o inciso XXVII do *caput* do art. 27;

d) os §§ 3º e 4º do art. 27; e

e) o inciso IV do *caput* do art. 81; e

VI – o art. 11 da Lei 9.719, de 27 de novembro de 1998.

Brasília, 5 de junho de 2013; 192º da Independência e 125º da República.

Dilma Rousseff

(*DOU* 05.06.2013, edição extra)

LEI 12.846, DE 1º DE AGOSTO DE 2013

Dispõe sobre a responsabilização administrativa e civil de pessoas jurídicas pela prática de atos contra a administração pública, nacional ou estrangeira, e dá outras providências.

A Presidenta da República:

Faço saber que o Congresso Nacional decreta e eu sanciono a seguinte Lei:

Capítulo I
Disposições Gerais

Art. 1º Esta Lei dispõe sobre a responsabilização objetiva administrativa e civil de pessoas jurídicas pela prática de atos contra a administração pública, nacional ou estrangeira.

Parágrafo único. Aplica-se o disposto nesta Lei às sociedades empresárias e às sociedades simples, personificadas ou não, independentemente da forma de organização ou modelo societário adotado, bem como a quaisquer fundações, associações de entidades ou pessoas, ou sociedades estrangeiras, que tenham sede, filial ou representação no território brasileiro, constituídas de fato ou de direito, ainda que temporariamente.

Art. 2º As pessoas jurídicas serão responsabilizadas objetivamente, nos âmbitos administrativo e civil, pelos atos lesivos previstos nesta Lei praticados em seu interesse ou benefício, exclusivo ou não.

Art. 3º A responsabilização da pessoa jurídica não exclui a responsabilidade individual de seus dirigentes ou administradores ou de qualquer pessoa natural, autora, coautora ou partícipe do ato ilícito.

§ 1º A pessoa jurídica será responsabilizada independentemente da responsabilização individual das pessoas naturais referidas no *caput*.

§ 2º Os dirigentes ou administradores somente serão responsabilizados por atos ilícitos na medida da sua culpabilidade.

Art. 4º Subsiste a responsabilidade da pessoa jurídica na hipótese de alteração contratual, transformação, incorporação, fusão ou cisão societária.

§ 1º Nas hipóteses de fusão e incorporação, a responsabilidade da sucessora será restrita à obrigação de pagamento de multa e reparação integral do dano causado, até o limite do patrimônio transferido, não lhe sendo aplicáveis as demais sanções previstas nesta Lei decorrentes de atos e fatos ocorridos antes da data da fusão ou incorporação, exceto no caso de simulação ou evidente intuito de fraude, devidamente comprovados.

§ 2º As sociedades controladoras, controladas, coligadas ou, no âmbito do respectivo contrato, as consorciadas serão solidariamente responsáveis pela prática dos atos previstos nesta Lei, restringindo-se tal responsabilidade à obrigação de pagamento de multa e reparação integral do dano causado.

Capítulo II
Dos Atos Lesivos à Administração Pública Nacional ou Estrangeira

Art. 5º Constituem atos lesivos à administração pública, nacional ou estrangeira, para os fins desta Lei, todos aqueles praticados pelas pessoas jurídicas mencionadas no parágrafo único do art. 1º, que atentem contra o patrimônio público nacional ou estrangeiro, contra princípios da administração pública ou contra os compromissos internacionais assumidos pelo Brasil, assim definidos:

I – prometer, oferecer ou dar, direta ou indiretamente, vantagem indevida a agente público, ou a terceira pessoa a ele relacionada;

II – comprovadamente, financiar, custear, patrocinar ou de qualquer modo subvencionar a prática dos atos ilícitos previstos nesta Lei;

III – comprovadamente, utilizar-se de interposta pessoa física ou jurídica para ocultar ou dissimular seus reais interesses ou a identidade dos beneficiários dos atos praticados;

IV – no tocante a licitações e contratos:

a) frustrar ou fraudar, mediante ajuste, combinação ou qualquer outro expediente, o caráter competitivo de procedimento licitatório público;

b) impedir, perturbar ou fraudar a realização de qualquer ato de procedimento licitatório público;

c) afastar ou procurar afastar licitante, por meio de fraude ou oferecimento de vantagem de qualquer tipo;

d) fraudar licitação pública ou contrato dela decorrente;

e) criar, de modo fraudulento ou irregular, pessoa jurídica para participar de licitação pública ou celebrar contrato administrativo;

f) obter vantagem ou benefício indevido, de modo fraudulento, de modificações ou prorrogações de contratos celebrados com a administração pública, sem autorização em lei, no ato convocatório da licitação pública ou nos respectivos instrumentos contratuais; ou

g) manipular ou fraudar o equilíbrio econômico-financeiro dos contratos celebrados com a administração pública;

V – dificultar atividade de investigação ou fiscalização de órgãos, entidades ou agentes públicos, ou intervir em sua atuação, inclusive no âmbito das agências reguladoras e dos órgãos de fiscalização do sistema financeiro nacional.

§ 1º Considera-se administração pública estrangeira os órgãos e entidades estatais ou representações diplomáticas de país estrangeiro, de qualquer nível ou esfera de governo, bem como as pessoas jurídicas controladas, direta ou indiretamente, pelo poder público de país estrangeiro.

§ 2º Para os efeitos desta Lei, equiparam-se à administração pública estrangeira as organizações públicas internacionais.

§ 3º Considera-se agente público estrangeiro, para os fins desta Lei, quem, ainda que transitoriamente ou sem remuneração, exerça cargo, emprego ou função pública em órgãos, entidades estatais ou em representações diplomáticas de país estrangeiro, assim como em pessoas jurídicas controladas, direta ou indiretamente, pelo poder público de país estrangeiro ou em organizações públicas internacionais.

Capítulo III
Da Responsabilização Administrativa

Art. 6º Na esfera administrativa, serão aplicadas às pessoas jurídicas consideradas responsáveis pelos atos lesivos previstos nesta Lei as seguintes sanções:

I – multa, no valor de 0,1% (um décimo por cento) a 20% (vinte por cento) do faturamento bruto do último exercício anterior ao da instauração do processo administrativo, excluídos os tributos, a qual nunca será inferior à vantagem auferida, quando for possível sua estimação; e

II – publicação extraordinária da decisão condenatória.

§ 1º As sanções serão aplicadas fundamentadamente, isolada ou cumulativamente, de acordo com as peculiaridades do caso concreto e com a gravidade e natureza das infrações.

§ 2º A aplicação das sanções previstas neste artigo será precedida da manifestação jurídica elaborada pela Advocacia Pública ou pelo órgão de assistência jurídica, ou equivalente, do ente público.

§ 3º A aplicação das sanções previstas neste artigo não exclui, em qualquer hipótese, a obrigação da reparação integral do dano causado.

§ 4º Na hipótese do inciso I do *caput*, caso não seja possível utilizar o critério do valor do faturamento bruto da pessoa jurídica, a multa será de R$ 6.000,00 (seis mil reais) a R$ 60.000.000,00 (sessenta milhões de reais).

§ 5º A publicação extraordinária da decisão condenatória ocorrerá na forma de extrato de sentença, a expensas da pessoa jurídica, em meios de comunicação de grande circulação na área da prática da infração e de atuação da pessoa jurídica ou, na sua falta, em publicação de circulação nacional, bem como por meio de afixação de edital, pelo prazo mínimo de 30 (trinta) dias, no próprio estabelecimento ou no local de exercício da atividade, de modo visível ao público, e no sítio eletrônico na rede mundial de computadores.

§ 6º *(Vetado).*

Art. 7º Serão levados em consideração na aplicação das sanções:

I – a gravidade da infração;

II – a vantagem auferida ou pretendida pelo infrator;

III – a consumação ou não da infração;

IV – o grau de lesão ou perigo de lesão;

V – o efeito negativo produzido pela infração;

VI – a situação econômica do infrator;

VII – a cooperação da pessoa jurídica para a apuração das infrações;

VIII – a existência de mecanismos e procedimentos internos de integridade, auditoria e incentivo à denúncia de irregularidades e a aplicação efetiva de códigos de ética e de conduta no âmbito da pessoa jurídica;

IX – o valor dos contratos mantidos pela pessoa jurídica com o órgão ou entidade pública lesados; e

X – *(Vetado).*

Parágrafo único. Os parâmetros de avaliação de mecanismos e procedimentos previstos no inciso VIII do *caput* serão estabelecidos em regulamento do Poder Executivo federal.

Capítulo IV
Do Processo Administrativo de Responsabilização

Art. 8º A instauração e o julgamento de processo administrativo para apuração da responsabilidade de pessoa jurídica cabem à autoridade máxima de cada órgão ou entidade dos Poderes Executivo, Legislativo e Judiciário, que agirá de ofício ou mediante provocação, observados o contraditório e a ampla defesa.

§ 1º A competência para a instauração e o julgamento do processo administrativo de apuração de responsabilidade da pessoa jurídica poderá ser delegada, vedada a subdelegação.

§ 2º No âmbito do Poder Executivo federal, a Controladoria-Geral da União – CGU terá competência concorrente para instaurar os processos administrativos de responsabilização de pessoas jurídicas ou para avocar os processos instaurados com fundamento nesta Lei, para exame de sua regularidade ou para corrigir-lhes o andamento.

Art. 9º Competem à Controladoria-Geral da União – CGU a apuração, o processo e o julgamento dos atos ilícitos previstos nesta Lei, praticados contra a administração pública estrangeira, observado o disposto no artigo 4 da Convenção sobre o Combate da Corrupção de Funcionários Públicos Estrangeiros em Transações Comerciais Internacionais, promulgada pelo Decreto 3.678, de 30 de novembro de 2000.

- V. Port. Conj. MTCGU/ANVISA 2/2018 (Define os procedimentos de troca de dados e informações entre a Corregedoria-Geral da União do Ministério da Transparência e Controladoria-Geral da União – CGU e a Agência Nacional de Vigilância Sanitária – ANVISA, para a apuração de casos envolvendo o suborno transnacional).

Art. 10. O processo administrativo para apuração da responsabilidade de pessoa jurídica será conduzido por comissão designada pela autoridade instauradora e composta por 2 (dois) ou mais servidores estáveis.

§ 1º O ente público, por meio do seu órgão de representação judicial, ou equivalente, a pedido da comissão a que se refere o *caput*, poderá requerer as medidas judiciais necessárias para a investigação e o processamento das infrações, inclusive de busca e apreensão.

§ 2º A comissão poderá, cautelarmente, propor à autoridade instauradora que suspenda os efeitos do ato ou processo objeto da investigação.

§ 3º A comissão deverá concluir o processo no prazo de 180 (cento e oitenta) dias contados da data da publicação do ato que a instituir e, ao final, apresentar relatórios sobre os fatos apurados e eventual responsabilidade da pessoa jurídica, sugerindo de forma motivada as sanções a serem aplicadas.

§ 4º O prazo previsto no § 3º poderá ser prorrogado, mediante ato fundamentado da autoridade instauradora.

Art. 11. No processo administrativo para apuração de responsabilidade, será concedido à pessoa jurídica prazo de 30 (trinta) dias para defesa, contados a partir da intimação.

Art. 12. O processo administrativo, com o relatório da comissão, será remetido à autoridade instauradora, na forma do art. 10, para julgamento.

Art. 13. A instauração de processo administrativo específico de reparação integral do dano não prejudica a aplicação imediata das sanções estabelecidas nesta Lei.

Parágrafo único. Concluído o processo e não havendo pagamento, o crédito apurado será inscrito em dívida ativa da fazenda pública.

Art. 14. A personalidade jurídica poderá ser desconsiderada sempre que utilizada com abuso do direito para facilitar, encobrir ou dissimular a prática dos atos ilícitos previstos nesta Lei ou para provocar confusão patrimonial, sendo estendidos todos os efeitos das sanções aplicadas à pessoa jurídica aos seus administradores e sócios com poderes de administração, observados o contraditório e a ampla defesa.

Art. 15. A comissão designada para apuração da responsabilidade de pessoa jurídica, após a conclusão do procedimento administrativo, dará conhecimento ao Ministério Público de sua existência, para apuração de eventuais delitos.

Capítulo V
Do Acordo de Leniência

Art. 16. A autoridade máxima de cada órgão ou entidade pública poderá celebrar acordo de leniência com as pessoas jurídicas responsáveis pela prática dos atos previstos nesta Lei que colaborem efetivamente com as investigações e o processo administrativo, sendo que dessa colaboração resulte:

I – a identificação dos demais envolvidos na infração, quando couber; e

II – a obtenção célere de informações e documentos que comprovem o ilícito sob apuração.

§ 1º O acordo de que trata o *caput* somente poderá ser celebrado se preenchidos, cumulativamente, os seguintes requisitos:

I – a pessoa jurídica seja a primeira a se manifestar sobre seu interesse em cooperar para a apuração do ato ilícito;

II – a pessoa jurídica cesse completamente seu envolvimento na infração investigada a partir da data de propositura do acordo;

III – a pessoa jurídica admita sua participação no ilícito e coopere plena e permanentemente com as investigações e o processo administrativo, comparecendo, sob suas expensas, sempre que solicitada, a todos os atos processuais, até seu encerramento.

§ 2º A celebração do acordo de leniência isentará a pessoa jurídica das sanções previstas no inciso II do art. 6º e no inciso IV do art. 19 e reduzirá em até 2/3 (dois terços) o valor da multa aplicável.

§ 3º O acordo de leniência não exime a pessoa jurídica da obrigação de reparar integralmente o dano causado.

§ 4º O acordo de leniência estipulará as condições necessárias para assegurar a efetividade da colaboração e o resultado útil do processo.

§ 5º Os efeitos do acordo de leniência serão estendidos às pessoas jurídicas que integram o mesmo grupo econômico, de fato e de direito, desde que firmem o acordo em conjunto, respeitadas as condições nele estabelecidas.

§ 6º A proposta de acordo de leniência somente se tornará pública após a efetivação do respectivo acordo, salvo no interesse das investigações e do processo administrativo.

§ 7º Não importará em reconhecimento da prática do ato ilícito investigado a proposta de acordo de leniência rejeitada.

§ 8º Em caso de descumprimento do acordo de leniência, a pessoa jurídica ficará impedida de celebrar novo acordo pelo prazo de 3 (três) anos contados do conhecimento pela administração pública do referido descumprimento.

§ 9º A celebração do acordo de leniência interrompe o prazo prescricional dos atos ilícitos previstos nesta Lei.

§ 10. A Controladoria-Geral da União – CGU é o órgão competente para celebrar os acordos de leniência no âmbito do Poder Executivo federal, bem como no caso de atos lesivos praticados contra a administração pública estrangeira.

Art. 17. A administração pública poderá também celebrar acordo de leniência com a pessoa jurídica responsável pela prática de ilícitos previstos na Lei 8.666, de 21 de junho de 1993, com vistas à isenção ou atenuação das sanções administrativas estabelecidas em seus arts. 86 a 88.

Capítulo VI
Da Responsabilização Judicial

Art. 18. Na esfera administrativa, a responsabilidade da pessoa jurídica não afasta a possibilidade de sua responsabilização na esfera judicial.

Art. 19. Em razão da prática de atos previstos no art. 5º desta Lei, a União, os Estados, o Distrito Federal e os Municípios, por meio das respectivas Advocacias Públicas ou órgãos de representação judicial, ou equivalentes, e o Ministério Público, poderão ajuizar ação com vistas à aplicação das seguintes sanções às pessoas jurídicas infratoras:

I – perdimento dos bens, direitos ou valores que representem vantagem ou proveito direta ou indiretamente obtidos da infração, ressalvado o direito do lesado ou de terceiro de boa-fé;

II – suspensão ou interdição parcial de suas atividades;

III – dissolução compulsória da pessoa jurídica;

IV – proibição de receber incentivos, subsídios, subvenções, doações ou empréstimos de órgãos ou entidades públicas e de instituições financeiras públicas ou controladas pelo poder público, pelo prazo mínimo de 1 (um) e máximo de 5 (cinco) anos.

§ 1º A dissolução compulsória da pessoa jurídica será determinada quando comprovado:

I – ter sido a personalidade jurídica utilizada de forma habitual para facilitar ou promover a prática de atos ilícitos; ou

II – ter sido constituída para ocultar ou dissimular interesses ilícitos ou a identidade dos beneficiários dos atos praticados.

§ 2º *(Vetado).*

§ 3º As sanções poderão ser aplicadas de forma isolada ou cumulativa.

§ 4º O Ministério Público ou a Advocacia Pública ou órgão de representação judicial, ou equivalente, do ente público poderá requerer a indisponibilidade de bens, direitos ou valores necessários à garantia do pagamento da multa ou da reparação integral do dano causado, conforme previsto no art. 7º, ressalvado o direito do terceiro de boa-fé.

Art. 20. Nas ações ajuizadas pelo Ministério Público, poderão ser aplicadas as sanções previstas no art. 6º, sem prejuízo daquelas previstas neste Capítulo, desde que constatada a omissão das autoridades competentes para promover a responsabilização administrativa.

Art. 21. Nas ações de responsabilização judicial, será adotado o rito previsto na Lei 7.347, de 24 de julho de 1985.

Parágrafo único. A condenação torna certa a obrigação de reparar, integralmente, o dano causado pelo ilícito, cujo valor será apurado em posterior liquidação, se não constar expressamente da sentença.

Capítulo VII
Disposições Finais

Art. 22. Fica criado no âmbito do Poder Executivo federal o Cadastro Nacional de Empresas Punidas – CNEP, que reunirá e dará publicidade às sanções aplicadas pelos órgãos ou entidades dos Poderes Executivo, Legislativo e Judiciário de todas as esferas de governo com base nesta Lei.

§ 1º Os órgãos e entidades referidos no *caput* deverão informar e manter atualizados, no CNEP, os dados relativos às sanções por eles aplicadas.

§ 2º O CNEP conterá, entre outras, as seguintes informações acerca das sanções aplicadas:

I – razão social e número de inscrição da pessoa jurídica ou entidade no Cadastro Nacional da Pessoa Jurídica – CNPJ;

II – tipo de sanção; e

III – data de aplicação e data final da vigência do efeito limitador ou impeditivo da sanção, quando for o caso.

§ 3º As autoridades competentes, para celebrarem acordos de leniência previstos nesta Lei, também deverão prestar e manter atualizadas no CNEP, após a efetivação do respectivo acordo, as informações acerca do acordo de leniência celebrado, salvo se esse procedimento vier a causar prejuízo às investigações e ao processo administrativo.

§ 4º Caso a pessoa jurídica não cumpra os termos do acordo de leniência, além das informações previstas no § 3º, deverá ser incluída no CNEP referência ao respectivo descumprimento.

§ 5º Os registros das sanções e acordos de leniência serão excluídos depois de decorrido o prazo previamente estabelecido no ato sancionador ou do cumprimento integral do acordo de leniência e da reparação do eventual dano causado, mediante solicitação do órgão ou entidade sancionadora.

Art. 23. Os órgãos ou entidades dos Poderes Executivo, Legislativo e Judiciário de todas as esferas de governo deverão informar e manter atualizados, para fins de publicidade, no Cadastro Nacional de Empresas Inidôneas e Suspensas – Ceis, de caráter público, instituído no âmbito do Poder Executivo federal, os dados relativos às sanções por eles aplicadas, nos termos do disposto nos arts. 87 e 88 da Lei 8.666, de 21 de junho de 1993.

Art. 24. A multa e o perdimento de bens, direitos ou valores aplicados com fundamento nesta Lei serão destinados preferencialmente aos órgãos ou entidades públicas lesadas.

Art. 25. Prescrevem em 5 (cinco) anos as infrações previstas nesta Lei, contados da data da ciência da infração ou, no caso de infração permanente ou continuada, do dia em que tiver cessado.

Parágrafo único. Na esfera administrativa ou judicial, a prescrição será interrompida com a instauração de processo que tenha por objeto a apuração da infração.

Art. 26. A pessoa jurídica será representada no processo administrativo na forma do seu estatuto ou contrato social.

§ 1º As sociedades sem personalidade jurídica serão representadas pela pessoa a quem couber a administração de seus bens.

§ 2º A pessoa jurídica estrangeira será representada pelo gerente, representante ou administrador de sua filial, agência ou sucursal aberta ou instalada no Brasil.

Art. 27. A autoridade competente que, tendo conhecimento das infrações previstas nesta Lei, não adotar providências para a apuração dos fatos será responsabilizada penal, civil e administrativamente nos termos da legislação específica aplicável.

Art. 28. Esta Lei aplica-se aos atos lesivos praticados por pessoa jurídica brasileira contra a administração pública estrangeira, ainda que cometidos no exterior.

Art. 29. O disposto nesta Lei não exclui as competências do Conselho Administrativo de Defesa Econômica, do Ministério da Justiça e do Ministério da Fazenda para processar e julgar fato que constitua infração à ordem econômica.

Art. 30. A aplicação das sanções previstas nesta Lei não afeta os processos de responsabilização e aplicação de penalidades decorrentes de:

I – ato de improbidade administrativa nos termos da Lei 8.429, de 2 de junho de 1992; e

II – atos ilícitos alcançados pela Lei 8.666, de 21 de junho de 1993, ou outras normas de licitações e contratos da administração pública, inclusive no tocante ao Regime Diferenciado de Contratações Públicas – RDC instituído pela Lei 12.462, de 4 de agosto de 2011.

Art. 31. Esta Lei entra em vigor 180 (cento e oitenta) dias após a data de sua publicação.

Brasília, 1º de agosto de 2013; 192º da Independência e 125º da República.

Dilma Rousseff

(*DOU* 02.08.2013)

LEI 12.852, DE 5 DE AGOSTO DE 2013

Institui o Estatuto da Juventude e dispõe sobre os direitos dos jovens, os princípios e diretrizes das políticas públicas de juventude e o Sistema Nacional de Juventude – Sinajuve.

- V. Lei 10.741/2003 (Dispõe sobre o Estatuto do Idoso).
- V. Lei 11.770/2008 (Cria o Programa Empresa Cidadã, destinado à prorrogação da licença-maternidade mediante concessão de incentivo fiscal, e altera a Lei 8.212, de 24 de julho de 1991).
- V. Dec. 7.052/2009 (Regulamenta a Lei 11.770/2008, que cria o Programa Empresa Cidadã, destinado à prorrogação da licença-maternidade, no tocante a empregadas de pessoas jurídicas).
- V. Lei 12.288/2010 (Institui o Estatuto da Igualdade Racial).
- V. Lei 13.189/2015 (Institui o Programa Seguro-Emprego (PSE)).
- V. Decreto 8.479/2015 (Regulamenta o disposto na Medida Provisória 680, de 6 de julho de 2015, que institui o Programa de Proteção ao Emprego).
- V. Dec. 8.537/2015 (Regulamenta as Leis 12.852/2013 e 12.933/2013).
- V. Lei 13.289/2016 (Dispõe sobre o Selo Empresa Solidária com a Vida e dá outras providências).

A Presidenta da República:

Faço saber que o Congresso Nacional decreta e eu sanciono a seguinte Lei:

TÍTULO I
Dos Direitos e Das Políticas Públicas de Juventude

Capítulo I
Dos Princípios e Diretrizes das Políticas Públicas de Juventude

Art. 1º Esta Lei institui o Estatuto da Juventude e dispõe sobre os direitos dos jovens, os princípios e diretrizes das políticas públicas de juventude e o Sistema Nacional de Juventude – Sinajuve.

§ 1º Para os efeitos desta Lei, são consideradas jovens as pessoas com idade entre 15 (quinze) e 29 (vinte e nove) anos de idade.

§ 2º Aos adolescentes com idade entre 15 (quinze) e 18 (dezoito) anos aplica-se a Lei 8.069, de 13 de julho de 1990 – Estatuto da Criança e do Adolescente, e, excepcionalmente, este Estatuto, quando não conflitar com as normas de proteção integral do adolescente.

[...]

Seção II
Diretrizes Gerais

Art. 3º Os agentes públicos ou privados envolvidos com políticas públicas de juventude devem observar as seguintes diretrizes:

I – desenvolver a intersetorialidade das políticas estruturais, programas e ações;

II – incentivar a ampla participação juvenil em sua formulação, implementação e avaliação;

III – ampliar as alternativas de inserção social do jovem, promovendo programas que priorizem o seu desenvolvimento integral e participação ativa nos espaços decisórios;

IV – proporcionar atendimento de acordo com suas especificidades perante os órgãos públicos e privados prestadores de serviços à população, visando ao gozo de direitos simultaneamente nos campos da saúde, educacional, político, econômico, social, cultural e ambiental;

V – garantir meios e equipamentos públicos que promovam o acesso à produção cultural, à prática esportiva, à mobilidade territorial e à fruição do tempo livre;

VI – promover o território como espaço de integração;

VII – fortalecer as relações institucionais com os entes federados e as redes de órgãos, gestores e conselhos de juventude;

VIII – estabelecer mecanismos que ampliem a gestão de informação e produção de conhecimento sobre juventude;

IX – promover a integração internacional entre os jovens, preferencialmente no âmbito da América Latina e da África, e a cooperação internacional;

X – garantir a integração das políticas de juventude com os Poderes Legislativo e Judiciário, com o Ministério Público e com a Defensoria Pública; e

XI – zelar pelos direitos dos jovens com idade entre 18 (dezoito) e 29 (vinte e nove) anos privados de liberdade e egressos do sistema prisional, formulando políticas de educação e trabalho, incluindo estímulos à sua reinserção social e laboral, bem como criando e estimulando oportunidades de estudo e trabalho que favoreçam o cumprimento do regime semiaberto.

Capítulo II
Dos Direitos dos Jovens

[...]

Seção II
Do Direito à Educação

[...]

Art. 9º O jovem tem direito à educação profissional e tecnológica, articulada com os diferentes níveis e modalidades de educação, ao trabalho, à ciência e à tecnologia, observada a legislação vigente.

[...]

Seção III
Do Direito à Profissionalização, ao Trabalho e à Renda

Art. 14. O jovem tem direito à profissionalização, ao trabalho e à renda, exercido em condições de liberdade, equidade e segurança, adequadamente remunerado e com proteção social.

Art. 15. A ação do poder público na efetivação do direito do jovem à profissionalização, ao trabalho e à renda contempla a adoção das seguintes medidas:

I – promoção de formas coletivas de organização para o trabalho, de redes de economia solidária e da livre associação;

II – oferta de condições especiais de jornada de trabalho por meio de:

a) compatibilização entre os horários de trabalho e de estudo;

b) oferta dos níveis, formas e modalidades de ensino em horários que permitam a compatibilização da frequência escolar com o trabalho regular;

III – criação de linha de crédito especial destinada aos jovens empreendedores;

IV – atuação estatal preventiva e repressiva quanto à exploração e precarização do trabalho juvenil;

V – adoção de políticas públicas voltadas para a promoção do estágio, aprendizagem e trabalho para a juventude;

VI – apoio ao jovem trabalhador rural na organização da produção da agricultura familiar e dos empreendimentos familiares rurais, por meio das seguintes ações:

a) estímulo à produção e à diversificação de produtos;

b) fomento à produção sustentável baseada na agroecologia, nas agroindústrias familiares, na integração entre lavoura, pecuária e floresta e no extrativismo sustentável;

c) investimento em pesquisa de tecnologias apropriadas à agricultura familiar e aos empreendimentos familiares rurais;

d) estímulo à comercialização direta da produção da agricultura familiar, aos empreendimentos familiares rurais e à formação de cooperativas;

e) garantia de projetos de infraestrutura básica de acesso e escoamento de produção, priorizando a melhoria das estradas e do transporte;

f) promoção de programas que favoreçam o acesso ao crédito, à terra e à assistência técnica rural;

VII – apoio ao jovem trabalhador com deficiência, por meio das seguintes ações:

a) estímulo à formação e à qualificação profissional em ambiente inclusivo;

b) oferta de condições especiais de jornada de trabalho;

c) estímulo à inserção no mercado de trabalho por meio da condição de aprendiz.

Art. 16. O direito à profissionalização e à proteção no trabalho dos adolescentes com idade entre 15 (quinze) e 18 (dezoito) anos de idade será regido pelo disposto na Lei 8.069, de 13 de julho de 1990 – Estatuto da Criança e do Adolescente, e em leis específicas, não se aplicando o previsto nesta Seção.

Seção IV
Do Direito à Diversidade e à Igualdade

Art. 17. O jovem tem direito à diversidade e à igualdade de direitos e de oportunidades e não será discriminado por motivo de:

I – etnia, raça, cor da pele, cultura, origem, idade e sexo;

II – orientação sexual, idioma ou religião;
III – opinião, deficiência e condição social ou econômica.

Art. 18. A ação do poder público na efetivação do direito do jovem à diversidade e à igualdade contempla a adoção das seguintes medidas:

I – adoção, nos âmbitos federal, estadual, municipal e do Distrito Federal, de programas governamentais destinados a assegurar a igualdade de direitos aos jovens de todas as raças e etnias, independentemente de sua origem, relativamente à educação, à profissionalização, ao trabalho e renda, à cultura, à saúde, à segurança, à cidadania e ao acesso à justiça;

II – capacitação dos professores dos ensinos fundamental e médio para a aplicação das diretrizes curriculares nacionais no que se refere ao enfrentamento de todas as formas de discriminação;

III – inclusão de temas sobre questões étnicas, raciais, de deficiência, de orientação sexual, de gênero e de violência doméstica e sexual praticada contra a mulher na formação dos profissionais de educação, de saúde e de segurança pública e dos operadores do direito;

IV – observância das diretrizes curriculares para a educação indígena como forma de preservação dessa cultura;

V – inclusão, nos conteúdos curriculares, de informações sobre a discriminação na sociedade brasileira e sobre o direito de todos os grupos e indivíduos a tratamento igualitário perante a lei; e

VI – inclusão, nos conteúdos curriculares, de temas relacionados à sexualidade, respeitando a diversidade de valores e crenças.

[...]

Seção VI
Do Direito à Cultura

Art. 21. O jovem tem direito à cultura, incluindo a livre criação, o acesso aos bens e serviços culturais e a participação nas decisões de política cultural, à identidade e diversidade cultural e à memória social.

Art. 22. Na consecução dos direitos culturais da juventude, compete ao poder público:

I – garantir ao jovem a participação no processo de produção, reelaboração e fruição dos bens culturais;

II – propiciar ao jovem o acesso aos locais e eventos culturais, mediante preços reduzidos, em âmbito nacional;

III – incentivar os movimentos de jovens a desenvolver atividades artístico-culturais e ações voltadas à preservação do patrimônio histórico;

IV – valorizar a capacidade criativa do jovem, mediante o desenvolvimento de programas e projetos culturais;

V – propiciar ao jovem o conhecimento da diversidade cultural, regional e étnica do País;

VI – promover programas educativos e culturais voltados para a problemática do jovem nas emissoras de rádio e televisão e nos demais meios de comunicação de massa;

VII – promover a inclusão digital dos jovens, por meio do acesso às novas tecnologias da informação e comunicação;

VIII – assegurar ao jovem do campo o direito à produção e à fruição cultural e aos equipamentos públicos que valorizem a cultura camponesa; e

IX – garantir ao jovem com deficiência acessibilidade e adaptações razoáveis.

Parágrafo único. A aplicação dos incisos I, III e VIII do *caput* deve observar a legislação específica sobre o direito à profissionalização e à proteção no trabalho dos adolescentes.

Art. 23. É assegurado aos jovens de até 29 (vinte e nove) anos pertencentes a famílias de baixa renda e aos estudantes, na forma do regulamento, o acesso a salas de cinema, cineclubes, teatros, espetáculos musicais e circenses, eventos educativos, esportivos, de lazer e entretenimento, em todo o território nacional, promovidos por quaisquer entidades e realizados em estabelecimentos públicos ou particulares, mediante pagamento da metade do preço do ingresso cobrado do público em geral.

§ 1º Terão direito ao benefício previsto no *caput* os estudantes regularmente matriculados nos níveis e modalidades de educação e ensino previstos no Título V da Lei 9.394, de 20 de dezembro de 1996 – Lei de Diretrizes e Bases da Educação Nacional, que comprovem sua condição de discente, mediante apresentação, no momento da aquisição do ingresso e na portaria do local de realização do evento, da Carteira de Identificação Estudantil – CIE.

§ 2º A CIE será expedida preferencialmente pela Associação Nacional de Pós-Graduandos, pela União Nacional dos Estudantes, pela União Brasileira dos Estudantes Secundaristas e por entidades estudantis estaduais e municipais a elas filiadas.

§ 3º É garantida a gratuidade na expedição da CIE para estudantes pertencentes a famílias de baixa renda, nos termos do regulamento.

§ 4º As entidades mencionadas no § 2º deste artigo deverão tornar disponível, para eventuais consultas pelo poder público e pelos estabelecimentos referidos no *caput*, banco de dados com o nome e o número de registro dos estudantes portadores da Carteira de Identificação Estudantil, expedida nos termos do § 3º deste artigo.

§ 5º A CIE terá validade até o dia 31 de março do ano subsequente à data de sua expedição.

§ 6º As entidades mencionadas no § 2º deste artigo são obrigadas a manter o documento comprobatório do vínculo do aluno com o estabelecimento escolar, pelo mesmo prazo de validade da respectiva Carteira de Identificação Estudantil.

§ 7º Caberá aos órgãos públicos competentes federais, estaduais, municipais e do Distrito Federal a fiscalização do cumprimento do disposto neste artigo e a aplicação das sanções cabíveis, nos termos do regulamento.

§ 8º Os benefícios previstos neste artigo não incidirão sobre os eventos esportivos de que tratam as Leis 12.663, de 5 de junho de 2012, e 12.780, de 9 de janeiro de 2013.

§ 9º Considera-se de baixa renda, para os fins do disposto no *caput*, a família inscrita no Cadastro Único para Programas Sociais do Governo Federal – CadÚnico cuja renda mensal seja de até 2 (dois) salários mínimos.

§ 10. A concessão do benefício da meia-entrada de que trata o *caput* é limitada a 40% (quarenta por cento) do total de ingressos disponíveis para cada evento.

Art. 24. O poder público destinará, no âmbito dos respectivos orçamentos, recursos financeiros para o fomento dos projetos culturais destinados aos jovens e por eles produzidos.

Art. 25. Na destinação dos recursos do Fundo Nacional da Cultura – FNC, de que trata a Lei 8.313, de 23 de dezembro de 1991, serão consideradas as necessidades específicas dos jovens em relação à ampliação do acesso à cultura e à melhoria das condições para o exercício do protagonismo no campo da produção cultural.

Parágrafo único. As pessoas físicas ou jurídicas poderão optar pela aplicação de parcelas do imposto sobre a renda a título de doações ou patrocínios, de que trata a Lei 8.313, de 23 de dezembro de 1991, no apoio a projetos culturais apresentados por entidades juvenis legalmente constituídas há, pelo menos, 1 (um) ano.

Seção VII
Do Direito à Comunicação e à Liberdade de Expressão

Art. 26. O jovem tem direito à comunicação e à livre expressão, à produção de conteúdo, individual e colaborativo, e ao acesso às tecnologias de informação e comunicação.

Art. 27. A ação do poder público na efetivação do direito do jovem à comunicação e à liberdade de expressão contempla a adoção das seguintes medidas:

I – incentivar programas educativos e culturais voltados para os jovens nas emissoras de rádio e televisão e nos demais meios de comunicação de massa;

II – promover a inclusão digital dos jovens, por meio do acesso às novas tecnologias de informação e comunicação;

III – promover as redes e plataformas de comunicação dos jovens, considerando a acessibilidade para os jovens com deficiência;

IV – incentivar a criação e manutenção de equipamentos públicos voltados para a promoção do direito do jovem à comunicação; e

V – garantir a acessibilidade à comunicação por meio de tecnologias assistivas e adaptações razoáveis para os jovens com deficiência.

[...]

Seção IX
Do Direito ao Território e à Mobilidade

Art. 31. O jovem tem direito ao território e à mobilidade, incluindo a promoção de políticas públicas de moradia, circulação e equipamentos públicos, no campo e na cidade.

Parágrafo único. Ao jovem com deficiência devem ser garantidas a acessibilidade e as adaptações necessárias.

Art. 32. No sistema de transporte coletivo interestadual, observar-se-á, nos termos da legislação específica:

I – a reserva de duas vagas gratuitas por veículo para jovens de baixa renda;

II – a reserva de duas vagas por veículo com desconto de 50% (cinquenta por cento), no mínimo, no valor das passagens, para os jovens de baixa renda, a serem utilizadas após esgotadas as vagas previstas no inciso I.

Parágrafo único. Os procedimentos e os critérios para o exercício dos direitos previstos nos incisos I e II serão definidos em regulamento.

Art. 33. A União envidará esforços, em articulação com os Estados, o Distrito Federal e os Municípios, para promover a oferta de transporte público subsidiado para os jovens, com prioridade para os jovens em situação de pobreza e vulnerabilidade, na forma do regulamento.

Seção X
Do Direito à Sustentabilidade e ao Meio Ambiente

Art. 34. O jovem tem direito à sustentabilidade e ao meio ambiente ecologicamente equilibrado, bem de uso comum do povo, essencial à sadia qualidade de vida, e o dever de defendê-lo e preservá-lo para a presente e as futuras gerações.

Art. 35. O Estado promoverá, em todos os níveis de ensino, a educação ambiental voltada para a preservação do meio ambiente e a sustentabilidade, de acordo com a Política Nacional do Meio Ambiente.

Art. 36. Na elaboração, na execução e na avaliação de políticas públicas que incorporem a dimensão ambiental, o poder público deverá considerar:

I – o estímulo e o fortalecimento de organizações, movimentos, redes e outros coletivos de juventude que atuem no âmbito das questões ambientais e em prol do desenvolvimento sustentável;

II – o incentivo à participação dos jovens na elaboração das políticas públicas de meio ambiente;

III – a criação de programas de educação ambiental destinados aos jovens; e

IV – o incentivo à participação dos jovens em projetos de geração de trabalho e renda que visem ao desenvolvimento sustentável nos âmbitos rural e urbano.

Parágrafo único. A aplicação do disposto no inciso IV do *caput* deve observar a legislação específica sobre o direito à profissionalização e à proteção no trabalho dos adolescentes.

Seção XI
Do Direito à Segurança Pública e ao Acesso à Justiça

Art. 37. Todos os jovens têm direito de viver em um ambiente seguro, sem violência, com garantia da sua incolumidade física e mental, sendo-lhes asseguradas a igualdade de oportunidades e facilidades para seu aperfeiçoamento intelectual, cultural e social.

Art. 38. As políticas de segurança pública voltadas para os jovens deverão articular ações da União, dos Estados, do Distrito Federal e dos Municípios e ações não governamentais, tendo por diretrizes:

I – a integração com as demais políticas voltadas à juventude;

II – a prevenção e enfrentamento da violência;

III – a promoção de estudos e pesquisas e a obtenção de estatísticas e informações relevantes para subsidiar as ações de segurança pública e permitir a avaliação periódica dos impactos das políticas públicas quanto às causas, às consequências e à frequência da violência contra os jovens;

IV – a priorização de ações voltadas para os jovens em situação de risco, vulnerabilidade social e egressos do sistema penitenciário nacional;

V – a promoção do acesso efetivo dos jovens à Defensoria Pública, considerando as especificidades da condição juvenil; e

VI – a promoção do efetivo acesso dos jovens com deficiência à justiça em igualdade de condições com as demais pessoas, inclusive mediante a provisão de adaptações processuais adequadas a sua idade.

TÍTULO II
Do Sistema Nacional de Juventude

Capítulo I
Do Sistema Nacional de Juventude – Sinajuve

Art. 39. É instituído o Sistema Nacional de Juventude – Sinajuve, cujos composição, organização, competência e funcionamento serão definidos em regulamento.

Art. 40. O financiamento das ações e atividades realizadas no âmbito do Sinajuve será definido em regulamento.

Capítulo II
Das Competências

Art. 41. Compete à União:

I – formular e coordenar a execução da Política Nacional de Juventude;

II – coordenar e manter o Sinajuve;

III – estabelecer diretrizes sobre a organização e o funcionamento do Sinajuve;

IV – elaborar o Plano Nacional de Políticas de Juventude, em parceria com os Estados, o Distrito Federal, os Municípios e a sociedade, em especial a juventude;

V – convocar e realizar, em conjunto com o Conselho Nacional de Juventude, as Conferências Nacionais de Juventude, com intervalo máximo de 4 (quatro) anos;

VI – prestar assistência técnica e suplementação financeira aos Estados, ao Distrito Federal e aos Municípios para o desenvolvimento de seus sistemas de juventude;

VII – contribuir para a qualificação e ação em rede do Sinajuve em todos os entes da Federação;

VIII – financiar, com os demais entes federados, a execução das políticas públicas de juventude;

IX – estabelecer formas de colaboração com os Estados, o Distrito Federal e os Municípios para a execução das políticas públicas de juventude; e

X – garantir a publicidade de informações sobre repasses de recursos para financiamento das políticas públicas de juventude aos conselhos e gestores estaduais, do Distrito Federal e municipais.

Art. 42. Compete aos Estados:

I – coordenar, em âmbito estadual, o Sinajuve;

II – elaborar os respectivos planos estaduais de juventude, em conformidade com o Plano Nacional, com a participação da sociedade, em especial da juventude;

III – criar, desenvolver e manter programas, ações e projetos para a execução das políticas públicas de juventude;

IV – convocar e realizar, em conjunto com o Conselho Estadual de Juventude, as Conferências Estaduais de Juventude, com intervalo máximo de 4 (quatro) anos;

V – editar normas complementares para a organização e o funcionamento do Sinajuve, em âmbito estadual e municipal;

VI – estabelecer com a União e os Municípios formas de colaboração para a execução das políticas públicas de juventude; e

VII – cofinanciar, com os demais entes federados, a execução de programas, ações e projetos das políticas públicas de juventude.

Parágrafo único. Serão incluídos nos censos demográficos dados relativos à população jovem do País.

Art. 43. Compete aos Municípios:

I – coordenar, em âmbito municipal, o Sinajuve;

II – elaborar os respectivos planos municipais de juventude, em conformidade com os respectivos Planos Nacional e Estadual, com a participação da sociedade, em especial da juventude;

III – criar, desenvolver e manter programas, ações e projetos para a execução das políticas públicas de juventude;

IV – convocar e realizar, em conjunto com o Conselho Municipal de Juventude, as Conferências Municipais de Juventude, com intervalo máximo de 4 (quatro) anos;

V – editar normas complementares para a organização e funcionamento do Sinajuve, em âmbito municipal;

VI – cofinanciar, com os demais entes federados, a execução de programas, ações e projetos das políticas públicas de juventude; e

VII – estabelecer mecanismos de cooperação com os Estados e a União para a execução das políticas públicas de juventude.

Parágrafo único. Para garantir a articulação federativa com vistas ao efetivo cumprimento das políticas públicas de juventude, os Municípios podem instituir os consórcios de que trata a Lei 11.107, de 6 de abril de 2005, ou qualquer outro instrumento jurídico adequado, como forma de compartilhar responsabilidades.

Art. 44. As competências dos Estados e Municípios são atribuídas, cumulativamente, ao Distrito Federal.

Capítulo III
Dos Conselhos de Juventude

Art. 45. Os conselhos de juventude são órgãos permanentes e autônomos, não jurisdicionais, encarregados de tratar das políticas públicas de juventude e da garantia do exercício dos direitos do jovem, com os seguintes objetivos:

I – auxiliar na elaboração de políticas públicas de juventude que promovam o amplo exercício dos direitos dos jovens estabelecidos nesta Lei;

II – utilizar instrumentos de forma a buscar que o Estado garanta aos jovens o exercício dos seus direitos;

III – colaborar com os órgãos da administração no planejamento e na implementação das políticas de juventude;

IV – estudar, analisar, elaborar, discutir e propor a celebração de instrumentos de cooperação, visando à elaboração de programas, projetos e ações voltados para a juventude;

V – promover a realização de estudos relativos à juventude, objetivando subsidiar o planejamento das políticas públicas de juventude;

VI – estudar, analisar, elaborar, discutir e propor políticas públicas que permitam e garantam a integração e a participação do jovem nos processos social, econômico, político e cultural no respectivo ente federado;

VII – propor a criação de formas de participação da juventude nos órgãos da administração pública;

VIII – promover e participar de seminários, cursos, congressos e eventos correlatos para o debate de temas relativos à juventude;

IX – desenvolver outras atividades relacionadas às políticas públicas de juventude.

§ 1º A lei, em âmbito federal, estadual, do Distrito Federal e municipal, disporá sobre a organização, o funcionamento e a composição dos conselhos de juventude, observada a participação da sociedade civil mediante critério, no mínimo, paritário com os representantes do poder público.

§ 2º *(Vetado).*

Art. 46. São atribuições dos conselhos de juventude:

I – encaminhar ao Ministério Público notícia de fato que constitua infração administrativa ou penal contra os direitos do jovem garantidos na legislação;

II – encaminhar à autoridade judiciária os casos de sua competência;

III – expedir notificações;

IV – solicitar informações das autoridades públicas;

V – assessorar o Poder Executivo local na elaboração dos planos, programas, projetos, ações e proposta orçamentária das políticas públicas de juventude.

Art. 47. Sem prejuízo das atribuições dos conselhos de juventude com relação aos direitos previstos neste Estatuto, cabe aos conselhos de direitos da criança e do adolescente deliberar e controlar as ações em todos os níveis relativas aos adolescentes com idade entre 15 (quinze) e 18 (dezoito) anos.

Art. 48. Esta Lei entra em vigor após decorridos 180 (cento e oitenta) dias de sua publicação oficial.

Brasília, 5 de agosto de 2013; 192º da Independência e 125º da República.

Dilma Rousseff

(*DOU* 06.08.2013)

LEI 12.871, DE 22 DE OUTUBRO DE 2013

Institui o Programa Mais Médicos, altera as Leis 8.745, de 9 de dezembro de 1993, e 6.932, de 7 de julho de 1981, e dá outras providências.

• V. Dec. 8.126/2013 (Dispõe sobre a emissão do registro único e da carteira de identificação para os médicos intercambistas participantes do Projeto Mais Médicos para o Brasil).

A Presidenta da República:

Faço saber que o Congresso Nacional decreta e eu sanciono a seguinte Lei:

Capítulo I
Disposições Gerais

Art. 1º É instituído o Programa Mais Médicos, com a finalidade de formar recursos humanos na área médica para o Sistema Único de Saúde (SUS) e com os seguintes objetivos:

I – diminuir a carência de médicos nas regiões prioritárias para o SUS, a fim de reduzir as desigualdades regionais na área da saúde;

II – fortalecer a prestação de serviços de atenção básica em saúde no País;

III – aprimorar a formação médica no País e proporcionar maior experiência no campo de prática médica durante o processo de formação;

IV – ampliar a inserção do médico em formação nas unidades de atendimento do SUS, desenvolvendo seu conhecimento sobre a realidade da saúde da população brasileira;

V – fortalecer a política de educação permanente com a integração ensino-serviço, por meio da atuação das instituições de educação superior na supervisão acadêmica das atividades desempenhadas pelos médicos;

VI – promover a troca de conhecimentos e experiências entre profissionais da saúde brasileiros e médicos formados em instituições estrangeiras;

VII – aperfeiçoar médicos para atuação nas políticas públicas de saúde do País e na organização e no funcionamento do SUS; e

VIII – estimular a realização de pesquisas aplicadas ao SUS.

Art. 2º Para a consecução dos objetivos do Programa Mais Médicos, serão adotadas, entre outras, as seguintes ações:

I – reordenação da oferta de cursos de Medicina e de vagas para residência médica, priorizando regiões de saúde com menor relação de vagas e médicos por habitante e com estrutura de serviços de saúde em condições de ofertar campo de prática suficiente e de qualidade para os alunos;

II – estabelecimento de novos parâmetros para a formação médica no País; e

III – promoção, nas regiões prioritárias do SUS, de aperfeiçoamento de médicos na área de atenção básica em saúde, mediante integração ensino-serviço, inclusive por meio de intercâmbio internacional.

Capítulo II
Da Autorização para o Funcionamento de Cursos de Medicina

Art. 3º A autorização para o funcionamento de curso de graduação em Medicina, por instituição de educação superior privada, será precedida de chamamento público, e caberá ao Ministro de Estado da Educação dispor sobre:

I – pré-seleção dos Municípios para a autorização de funcionamento de cursos de Medicina, ouvido o Ministério da Saúde;

II – procedimentos para a celebração do termo de adesão ao chamamento público pelos gestores locais do SUS;

III – critérios para a autorização de funcionamento de instituição de educação superior privada especializada em cursos na área de saúde;

IV – critérios do edital de seleção de propostas para obtenção de autorização de funcionamento de curso de Medicina; e

V – periodicidade e metodologia dos procedimentos avaliatórios necessários ao acompanhamento e monitoramento da execução da proposta vencedora do chamamento público.

§ 1º Na pré-seleção dos Municípios de que trata o inciso I do *caput* deste artigo, deverão ser consideradas, no âmbito da região de saúde:

I – a relevância e a necessidade social da oferta de curso de Medicina; e

II – a existência, nas redes de atenção à saúde do SUS, de equipamentos públicos adequados e suficientes para a oferta do curso de Medicina, incluindo, no mínimo, os seguintes serviços, ações e programas:

a) atenção básica;

b) urgência e emergência;

c) atenção psicossocial;

d) atenção ambulatorial especializada e hospitalar; e

e) vigilância em saúde.

§ 2º Por meio do termo de adesão de que trata o inciso II do *caput* deste artigo, o gestor local do SUS compromete-se a oferecer à instituição de educação superior vencedora do chamamento público, mediante contrapartida a ser disciplinada por ato do Ministro de Estado da Educação, a estrutura de serviços, ações e programas de saúde necessários para a implantação e para o funcionamento do curso de graduação em Medicina.

§ 3º O edital previsto no inciso IV do *caput* deste artigo observará, no que couber, a legislação sobre licitações e contratos administrativos e exigirá garantia de proposta do participante e multa por inexecução total ou parcial do contrato, conforme previsto, respectivamente, no art. 56 e no inciso II do *caput* do art. 87 da Lei 8.666, de 21 de junho de 1993.

§ 4º O disposto neste artigo não se aplica aos pedidos de autorização para funcionamento de curso de Medicina protocolados no Ministério da Educação até a data de publicação desta Lei.

§ 5º O Ministério da Educação, sem prejuízo do atendimento aos requisitos previstos no inciso II do § 1º deste artigo, disporá sobre o processo de autorização de cursos de Medicina em unidades hospitalares que:

I – possuam certificação como hospitais de ensino;

II – possuam residência médica em no mínimo dez especialidades; ou

III – mantenham processo permanente de avaliação e certificação da qualidade de seus serviços.

§ 6º O Ministério da Educação, conforme regulamentação própria, poderá aplicar o procedimento de chamamento público de que trata este artigo aos outros cursos de graduação na área de saúde.

§ 7º A autorização e a renovação de autorização para funcionamento de cursos de graduação em Medicina deverão considerar, sem prejuízo de outras exigências estabelecidas no Sistema Nacional de Avaliação da Educação Superior (Sinaes):

I – os seguintes critérios de qualidade:

a) exigência de infraestrutura adequada, incluindo bibliotecas, laboratórios, ambulatórios, salas de aula dotadas de recursos didático-pedagógicos e técnicos especializados, equipamentos especiais e de informática e outras instalações indispensáveis à formação dos estudantes de Medicina;

b) acesso a serviços de saúde, clínicas ou hospitais com as especialidades básicas indispensáveis à formação dos alunos;

c) possuir metas para corpo docente em regime de tempo integral e para corpo docente com titulação acadêmica de mestrado ou doutorado;

d) possuir corpo docente e técnico com capacidade para desenvolver pesquisa de boa qualidade, nas áreas curriculares em questão, aferida por publicações científicas;

II – a necessidade social do curso para a cidade e para a região em que se localiza, demonstrada por indicadores demográficos, sociais, econômicos e concernentes à oferta de serviços de saúde, incluindo dados relativos à:

a) relação número de habitantes por número de profissionais no Município em que é ministrado o curso e nos Municípios de seu entorno;

b) descrição da rede de cursos análogos de nível superior, públicos e privados, de serviços de saúde, ambulatoriais e hospitalares e de programas de residência em funcionamento na região;

c) inserção do curso em programa de extensão que atenda a população carente da cidade e da região em que a instituição se localiza.

Capítulo III
Da Formação Médica no Brasil

Art. 4º O funcionamento dos cursos de Medicina é sujeito à efetiva implantação das diretrizes curriculares nacionais definidas pelo Conselho Nacional de Educação (CNE).

§ 1º Ao menos 30% (trinta por cento) da carga horária do internato médico na graduação serão desenvolvidos na Atenção Básica e em Serviço de Urgência e Emergência do SUS, respeitando-se o tempo mínimo de 2 (dois) anos de internato, a ser disciplinado nas diretrizes curriculares nacionais.

§ 2º As atividades de internato na Atenção Básica e em Serviço de Urgência e Emergência do SUS e as atividades de Residência Médica serão realizadas sob acompanhamento acadêmico e técnico, observado o art. 27 desta Lei.

§ 3º O cumprimento do disposto no *caput* e nos §§ 1º e 2º deste artigo constitui ponto de auditoria nos processos avaliativos do Sinaes.

Art. 5º Os Programas de Residência Médica de que trata a Lei 6.932, de 7 de julho de 1981, ofertarão anualmente vagas equivalentes ao número de egressos dos cursos de graduação em Medicina do ano anterior.

Parágrafo único. A regra de que trata o *caput* é meta a ser implantada progressivamente até 31 de dezembro de 2018.

Art. 6º Para fins de cumprimento da meta de que trata o art. 5º, será considerada a oferta de vagas de Programas de Residência Médica nas seguintes modalidades:

I – Programas de Residência em Medicina Geral de Família e Comunidade; e

II – Programas de Residência Médica de acesso direto, nas seguintes especialidades:

a) Genética Médica;

b) Medicina do Tráfego;

c) Medicina do Trabalho;

d) Medicina Esportiva;

e) Medicina Física e Reabilitação;

f) Medicina Legal;

g) Medicina Nuclear;

h) Patologia; e

i) Radioterapia.

Art. 7º O Programa de Residência em Medicina Geral de Família e Comunidade terá duração mínima de 2 (dois) anos.

§ 1º O primeiro ano do Programa de Residência em Medicina Geral de Família e Comunidade será obrigatório para o ingresso nos seguintes Programas de Residência Médica:

I – Medicina Interna (Clínica Médica);

II – Pediatria;

III – Ginecologia e Obstetrícia;

IV – Cirurgia Geral;

V – Psiquiatria;

VI – Medicina Preventiva e Social.

§ 2º Será necessária a realização de 1 (um) a 2 (dois) anos do Programa de Residência em Medicina Geral de Família e Comunidade para os demais Programas de Residência Médica, conforme disciplinado pela Comissão Nacional de Residência Médica (CNRM), excetuando-se os Programas de Residência Médica de acesso direto.

§ 3º O pré-requisito de que trata este artigo apenas será exigido quando for alcançada a meta prevista no parágrafo único do art. 5º, na forma do regulamento.

§ 4º Os Programas de Residência Médica estabelecerão processos de transição para implementação, integração e consolidação das mudanças curriculares, com o objetivo de viabilizar a carga horária e os conteúdos oferecidos no currículo novo e permitir o fluxo na formação de especialistas, evitando atrasos curriculares, repetições desnecessárias e dispersão de recursos.

§ 5º O processo de transição previsto no § 4º deverá ser registrado por meio de avaliação do currículo novo, envolvendo discentes de diversas turmas e docentes.

§ 6º Os Programas de Residência em Medicina Geral de Família e Comunidade deverão contemplar especificidades do SUS, como as atuações na área de Urgência e Emergência, Atenção Domiciliar, Saúde Mental, Educação Popular em Saúde, Saúde Coletiva e Clínica Geral Integral em todos os ciclos de vida.

§ 7º O Ministério da Saúde coordenará as atividades da Residência em Medicina Geral de Família e Comunidade no âmbito da rede saúde-escola.

Art. 8º As bolsas de Residência em Medicina Geral de Família e Comunidade poderão receber complementação financeira a ser estabelecida e custeada pelos Ministérios da Saúde e da Educação.

Art. 9º É instituída a avaliação específica para curso de graduação em Medicina, com instrumentos e métodos que avaliem conhecimentos, habilidades e atitudes, conforme ato do Ministro de Estado da Educação.

- Caput com redação determinada pela Lei 13.530/2017.

§ 1º *(Revogado pela Lei 13.530/2017.)*

§ 2º *(Revogado pela Lei 13.530/2017.)*

Art. 10. Os cursos de graduação em Medicina promoverão a adequação da matriz curricular para atendimento ao disposto nesta Lei, nos prazos e na forma definidos em resolução do CNE, aprovada pelo Ministro de Estado da Educação.

Parágrafo único. O CNE terá o prazo de 180 (cento e oitenta) dias, contado da data de publicação desta Lei, para submeter a resolução de que trata o *caput* ao Ministro de Estado da Educação.

Art. 11. A regulamentação das mudanças curriculares dos diversos programas de residência médica será realizada por meio de ato do Ministério da Educação, ouvidos a CNRM e o Ministério da Saúde.

Seção Única
Do Contrato Organizativo da Ação Pública Ensino-Saúde

Art. 12. As instituições de educação superior responsáveis pela oferta dos cursos de Medicina e dos Programas de Residência Médica poderão firmar Contrato Organizativo da Ação Pública Ensino-Saúde com os Secretários Municipais e Estaduais de Saúde, na qualidade de gestores, com a finalidade de viabilizar a reordenação da oferta de cursos de Medicina e de vagas de Residência Médica e a estrutura de serviços de saúde em condições de ofertar campo de prática suficiente e de qualidade, além de permitir a integração ensino-serviço na área da Atenção Básica.

§ 1º O Contrato Organizativo poderá estabelecer:

I – garantia de acesso a todos os estabelecimentos assistenciais sob a responsabilidade do gestor da área de saúde como cenário de práticas para a formação no âmbito da graduação e da residência médica; e

II – outras obrigações mútuas entre as partes relacionadas ao funcionamento da integração ensino-serviço, cujos termos serão levados à deliberação das Comissões Intergestores Regionais, Comissões Intergestores Bipartite e Comissão Intergestores Tripartite, ouvidas as Comissões de Integração Ensino-serviço.

§ 2º No âmbito do Contrato Organizativo, caberão às autoridades mencionadas no *caput*, em acordo com a instituição de educação superior e os Programas de Residência Médica, designar médicos preceptores da rede de serviços de saúde e regulamentar a sua relação com a instituição responsável pelo curso de Medicina ou pelo Programa de Residência Médica.

§ 3º Os Ministérios da Educação e da Saúde coordenarão as ações necessárias para assegurar a pactuação de Contratos Organizativos da Ação Pública Ensino-Saúde.

Capítulo IV
Do Projeto Mais Médicos para o Brasil

Art. 13. É instituído, no âmbito do Programa Mais Médicos, o Projeto Mais Médicos para o Brasil, que será oferecido:

I – aos médicos formados em instituições de educação superior brasileiras ou com diploma revalidado no País; e

II – aos médicos formados em instituições de educação superior estrangeiras, por meio de intercâmbio médico internacional.

§ 1º A seleção e a ocupação das vagas ofertadas no âmbito do Projeto Mais Médicos para o Brasil observarão a seguinte ordem de prioridade:

I – médicos formados em instituições de educação superior brasileiras ou com diploma revalidado no País, inclusive os aposentados;

II – médicos brasileiros formados em instituições estrangeiras com habilitação para exercício da Medicina no exterior; e

III – médicos estrangeiros com habilitação para exercício da Medicina no exterior.

§ 2º Para fins do Projeto Mais Médicos para o Brasil, considera-se:

I – médico participante: médico intercambista ou médico formado em instituição de educação superior brasileira ou com diploma revalidado; e

II – médico intercambista: médico formado em instituição de educação superior estrangeira com habilitação para exercício da Medicina no exterior.

§ 3º A coordenação do Projeto Mais Médicos para o Brasil ficará a cargo dos Ministérios da Educação e da Saúde, que disciplinarão, por meio de ato conjunto dos Ministros de Estado da Educação e da Saúde, a forma de participação das instituições públicas de educação superior e as regras de funcionamento do Projeto, incluindo a carga horária, as hipóteses de afastamento e os recessos.

Art. 14. O aperfeiçoamento dos médicos participantes ocorrerá mediante oferta de curso de especialização por instituição pública de educação superior e envolverá atividades de ensino, pesquisa e extensão que terão componente assistencial mediante integração ensino-serviço.

§ 1º O aperfeiçoamento de que trata o caput terá prazo de até 3 (três) anos, prorrogável por igual período caso ofertadas outras modalidades de formação, conforme definido em ato conjunto dos Ministros de Estado da Educação e da Saúde.

§ 2º A aprovação do médico participante no curso de especialização será condicionada ao cumprimento de todos os requisitos do Projeto Mais Médicos para o Brasil e à sua aprovação nas avaliações periódicas.

§ 3º O primeiro módulo, designado acolhimento, terá duração de 4 (quatro) semanas, será executado na modalidade presencial, com carga horária mínima de 160 (cento e sessenta) horas, e contemplará conteúdo relacionado à legislação referente ao sistema de saúde brasileiro, ao funcionamento e às atribuições do SUS, notadamente da Atenção Básica em saúde, aos protocolos clínicos de atendimentos definidos pelo Ministério da Saúde, à língua portuguesa e ao código de ética médica.

§ 4º As avaliações serão periódicas, realizadas ao final de cada módulo, e compreenderão o conteúdo específico do respectivo módulo, visando a identificar se o médico participante está apto ou não a continuar no Projeto.

§ 5º A coordenação do Projeto Mais Médicos para o Brasil, responsável pelas avaliações de que tratam os §§ 1º a 4º, disciplinará, acompanhará e fiscalizará a programação em módulos do aperfeiçoamento dos médicos participantes, a adoção de métodos transparentes para designação dos avaliadores e os resultados e índices de aprovação e reprovação da avaliação, zelando pelo equilíbrio científico, pedagógico e profissional.

Art. 15. Integram o Projeto Mais Médicos para o Brasil:

I – o médico participante, que será submetido ao aperfeiçoamento profissional supervisionado;

II – o supervisor, profissional médico responsável pela supervisão profissional contínua e permanente do médico; e

III – o tutor acadêmico, docente médico que será responsável pela orientação acadêmica.

§ 1º São condições para a participação do médico intercambista no Projeto Mais Médicos para o Brasil, conforme disciplinado em ato conjunto dos Ministros de Estado da Educação e da Saúde:

I – apresentar diploma expedido por instituição de educação superior estrangeira;

II – apresentar habilitação para o exercício da Medicina no país de sua formação; e

III – possuir conhecimento em língua portuguesa, regras de organização do SUS e protocolos e diretrizes clínicas no âmbito da Atenção Básica.

§ 2º Os documentos previstos nos incisos I e II do § 1º sujeitam-se à legalização consular gratuita, dispensada a tradução juramentada, nos termos de ato conjunto dos Ministros de Estado da Educação e da Saúde.

§ 3º A atuação e a responsabilidade do médico supervisor e do tutor acadêmico, para todos os efeitos de direito, são limitadas, respectiva e exclusivamente, à atividade de supervisão médica e à tutoria acadêmica.

Art. 16. O médico intercambista exercerá a Medicina exclusivamente no âmbito das atividades de ensino, pesquisa e extensão do Projeto Mais Médicos para o Brasil, dispensada, para tal fim, nos três primeiros anos de participação, a revalidação de seu diploma nos termos do § 2º do art. 48 da Lei 9.394, de 20 de dezembro de 1996.

- V. art. 1º, Lei 13.333/2016 (Prorroga o prazo de dispensa de que trata o art. 16 da Lei 12.871/2013).

§ 1º *(Vetado).*

§ 2º A participação do médico intercambista no Projeto Mais Médicos para o Brasil, atestada pela coordenação do Projeto, é condição necessária e suficiente para o exercício da Medicina no âmbito do Projeto Mais Médicos para o Brasil, não sendo aplicável o art. 17 da Lei 3.268, de 30 de setembro de 1957.

§ 3º O Ministério da Saúde emitirá número de registro único para cada médico intercambista participante do Projeto Mais Médicos para o Brasil e a respectiva carteira de identificação, que o habilitará para o exercício da Medicina nos termos do § 2º.

§ 4º A coordenação do Projeto comunicará ao Conselho Regional de Medicina (CRM) que jurisdicionar na área de atuação a relação de médicos intercambistas participantes do Projeto Mais Médicos para o Brasil e os respectivos números de registro único.

§ 5º O médico intercambista estará sujeito à fiscalização pelo CRM.

Art. 17. As atividades desempenhadas no âmbito do Projeto Mais Médicos para o Brasil não criam vínculo empregatício de qualquer natureza.

Art. 18. O médico intercambista estrangeiro inscrito no Projeto Mais Médicos para o Brasil fará jus ao visto temporário de aperfeiçoamento médico pelo prazo de 3 (três) anos, prorrogável por igual período em razão do disposto no § 1º do art. 14, mediante declaração da coordenação do Projeto.

- V. art. 1º, parágrafo único, Lei 13.333/2016 (Prorroga o prazo de dispensa de que trata o art. 16 da Lei 12.871/2013).

§ 1º O Ministério das Relações Exteriores poderá conceder o visto temporário de que trata o caput aos dependentes legais do médico intercambista estrangeiro, incluindo companheiro ou companheira, pelo prazo de validade do visto do titular.

§ 2º Os dependentes legais do médico intercambista estrangeiro poderão exercer atividades remuneradas, com emissão de Carteira de Trabalho e Previdência Social (CTPS) pelo Ministério do Trabalho e Emprego.

§ 3º É vedada a transformação do visto temporário previsto neste artigo em permanente.

§ 4º Aplicam-se os arts. 30, 31 e 33 da Lei 6.815, de 19 de agosto de 1980, ao disposto neste artigo.

Art. 19. Os médicos integrantes do Projeto Mais Médicos para o Brasil poderão perceber bolsas nas seguintes modalidades:

I – bolsa-formação;

II – bolsa-supervisão; e

III – bolsa-tutoria.

§ 1º Além do disposto no *caput*, a União concederá ajuda de custo destinada a compensar as despesas de instalação do médico participante, que não poderá exceder a importância correspondente ao valor de três bolsas-formação.

§ 2º É a União autorizada a custear despesas com deslocamento dos médicos participantes e seus dependentes legais, conforme dispuser ato conjunto dos Ministros de Estado do Planejamento, Orçamento e Gestão e da Saúde.

§ 3º Os valores das bolsas e da ajuda de custo a serem concedidas e suas condições de pagamento serão definidos em ato conjunto dos Ministros de Estado da Educação e da Saúde.

Art. 20. O médico participante enquadra-se como segurado obrigatório do Regime Geral de Previdência Social (RGPS), na condição de contribuinte individual, na forma da Lei 8.212, de 24 de julho de 1991.

Parágrafo único. São ressalvados da obrigatoriedade de que trata o *caput* os médicos intercambistas:

I – selecionados por meio de instrumentos de cooperação com organismos internacionais que prevejam cobertura securitária específica; ou

II – filiados a regime de seguridade social em seu país de origem, o qual mantenha acordo internacional de seguridade social com a República Federativa do Brasil.

Art. 21. Poderão ser aplicadas as seguintes penalidades aos médicos participantes do Projeto Mais Médicos para o Brasil que descumprirem o disposto nesta Lei e nas normas complementares:

I – advertência;

II – suspensão; e

III – desligamento das ações de aperfeiçoamento.

§ 1º Na hipótese do inciso III do *caput*, poderá ser exigida a restituição dos valores recebidos a título de bolsa, ajuda de custo e aquisição de passagens, acrescidos de atualização monetária, conforme definido em ato conjunto dos Ministros de Estado da Educação e da Saúde.

§ 2º Na aplicação das penalidades previstas neste artigo, serão consideradas a natureza e a gravidade da infração cometida, assegurados o contraditório e a ampla defesa.

§ 3º No caso de médico intercambista, o desligamento do Programa implicará o cancelamento do registro único no Ministério da Saúde e do registro de estrangeiro.

§ 4º Para fins do disposto no § 3º, a coordenação do Projeto Mais Médicos para o Brasil comunicará o desligamento do médico participante ao CRM e ao Ministério da Justiça.

Art. 22. As demais ações de aperfeiçoamento na área de Atenção Básica em saúde em regiões prioritárias para o SUS, voltadas especificamente para os médicos formados em instituições de educação superior brasileiras ou com diploma revalidado, serão desenvolvidas por meio de projetos e programas dos Ministérios da Saúde e da Educação.

§ 1º As ações de aperfeiçoamento de que trata o *caput* serão realizadas por meio de instrumentos de incentivo e mecanismos de integração ensino-serviço.

§ 2º O candidato que tiver participado das ações previstas no *caput* deste artigo e tiver cumprido integralmente aquelas ações, desde que realizado o programa em 1 (um) ano, receberá pontuação adicional de 10% (dez por cento) na nota de todas as fases ou da fase única do processo de seleção pública dos Programas de Residência Médica a que se refere o art. 2º da Lei 6.932, de 1981.

§ 3º A pontuação adicional de que trata o § 2º não poderá elevar a nota final do candidato para além da nota máxima prevista no edital do processo seletivo referido no § 2º deste artigo.

§ 4º O disposto nos §§ 2º e 3º terá validade até a implantação do disposto no parágrafo único do art. 5º desta Lei.

§ 5º Aplica-se o disposto nos arts. 17, 19, 20 e 21 aos projetos e programas de que trata o *caput*.

Capítulo V
Disposições Finais

Art. 23. Para execução das ações previstas nesta Lei, os Ministérios da Educação e da Saúde poderão firmar acordos e outros instrumentos de cooperação com organismos internacionais, instituições de educação superior nacionais e estrangeiras, órgãos e entidades da administração pública direta e indireta da União, dos Estados, do Distrito Federal e dos Municípios, consórcios públicos e entidades privadas, inclusive com transferência de recursos.

Art. 24. São transformadas, no âmbito do Poder Executivo, sem aumento de despesa, 117 Funções Comissionadas Técnicas (FCTs), criadas pelo art. 58 da Medida Provisória 2.229-43, de 6 de setembro de 2001, do nível FCT-13, em dez cargos em comissão do Grupo-direção e Assessoramento Superiores (DAS), sendo dois DAS-5 e oito DAS-4.

Art. 25. São os Ministérios da Saúde e da Educação autorizados a contratar, mediante dispensa de licitação, instituição financeira oficial federal para realizar atividades relacionadas aos pagamentos das bolsas de que trata esta Lei.

Art. 26. São a Empresa Brasileira de Serviços Hospitalares (EBSERH) e o Hospital de Clínicas de Porto Alegre (HCPA) autorizados a conceder bolsas para ações de saúde, a ressarcir despesas, a adotar outros mecanismos de incentivo a suas atividades institucionais e a promover as ações necessárias ao desenvolvimento do Programa Mais Médicos, observada a Lei 12.550, de 15 de dezembro de 2011.

Art. 27. Será concedida bolsa para atividades de preceptoria nas ações de formação em serviço nos cursos de graduação e residência médica ofertados pelas instituições federais de educação superior ou pelo Ministério da Saúde.

§ 1º Integram as diretrizes gerais para o processo de avaliação de desempenho para fins de progressão e de promoção de que trata o § 4º do art. 12 da Lei 12.772, de 28 de dezembro de 2012, a serem estabelecidas em ato do Ministério da Educação, o exercício profissional no SUS, na área de docência do professor, a preceptoria de que trata esta Lei e o exercício de atividade nos programas definidos como prioritários pelo Ministério da Saúde.

§ 2º Com vistas a assegurar a universalização dos programas de residência médica prevista no art. 5º desta Lei, poderão ser adotadas medidas que ampliem a formação de preceptores de residência médica.

Art. 28. Os médicos participantes e seus dependentes legais são isentos do pagamento das taxas e dos emolumentos previstos nos arts. 20, 33 e 131 da Lei 6.815, de 19 de agosto de 1980, e no Decreto-lei 2.236, de 23 de janeiro de 1985.

Art. 29. Para os efeitos do art. 26 da Lei 9.250, de 26 de dezembro de 1995, os valores percebidos a título de bolsa previstos nesta Lei e na Lei 11.129, de 30 de junho de 2005, não caracterizam contraprestação de serviços.

Art. 30. O quantitativo dos integrantes dos projetos e programas de aperfeiçoamento de que trata esta Lei observará os limites dos recursos orçamentários disponíveis.

§ 1º O quantitativo de médicos estrangeiros no Projeto Mais Médicos para o Brasil não poderá exceder o patamar máximo de 10% (dez por cento) do número de médicos brasileiros com inscrição definitiva nos CRMs.

§ 2º O SUS terá o prazo de 5 (cinco) anos para dotar as unidades básicas de saúde com qualidade de equipamentos e infraestrutura, a serem definidas nos planos plurianuais.

§ 3º As despesas decorrentes da execução dos projetos e programas previstos nesta Lei correrão à conta de dotações orçamentárias destinadas aos Ministérios da Educação, da Defesa e da Saúde, consignadas no orçamento geral da União.

Art. 31. Os Ministros de Estado da Educação e da Saúde poderão editar normas complementares para o cumprimento do disposto nesta Lei.

Art. 32. A Advocacia-Geral da União atuará, nos termos do art. 22 da Lei 9.028, de 12 de abril de 1995, na representação judicial e extrajudicial dos profissionais designados para a função de supervisor médico e de tutor acadêmico prevista nos incisos II e III do art. 15.

Art. 33. A Lei 8.745, de 9 de dezembro de 1993, passa a vigorar com as seguintes alterações:

- Alterações processadas no texto da referida Lei.

Art. 34. O art. 1º da Lei 6.932, de 7 de julho de 1981, passa a vigorar acrescido dos seguintes §§ 3º, 4º e 5º:

- Alterações processadas no texto da referida Lei.

Art. 35. As entidades ou as associações médicas que até a data de publicação desta Lei ofertam cursos de especialização não caracterizados como Residência Médica encaminharão as relações de registros de títulos de especialistas para o Ministério da Saúde, para os fins previstos no § 5º do art. 1º da Lei 6.932, de 1981.

- V. Dec. 8.516/2015 (regulamenta o artigo 35 da Lei 12.871/2013).
- V. Dec. 8.497/2015 (regulamenta o artigo 35 da Lei 12.871/2013).

Art. 36. Esta Lei entra em vigor na data de sua publicação.

Brasília, 22 de outubro de 2013; 192º da Independência e 125º da República.

Dilma Rousseff

(*DOU* 23.10.2013)

LEI 12.965, DE 23 DE ABRIL DE 2014

Estabelece princípios, garantias, direitos e deveres para o uso da Internet no Brasil.

- V. Dec. 8.771/2016 (Regulamenta a Lei 12.965/2014).

A Presidenta da República:

Faço saber que o Congresso Nacional decreta e eu sanciono a seguinte Lei:

Capítulo I
Disposições Preliminares

Art. 1º Esta Lei estabelece princípios, garantias, direitos e deveres para o uso da internet no Brasil e determina as diretrizes para atuação da União, dos Estados, do Distrito Federal e dos Municípios em relação à matéria.

Art. 2º A disciplina do uso da internet no Brasil tem como fundamento o respeito à liberdade de expressão, bem como:

I – o reconhecimento da escala mundial da rede;

II – os direitos humanos, o desenvolvimento da personalidade e o exercício da cidadania em meios digitais;

III – a pluralidade e a diversidade;

IV – a abertura e a colaboração;

V – a livre iniciativa, a livre concorrência e a defesa do consumidor; e

VI – a finalidade social da rede.

Art. 3º A disciplina do uso da internet no Brasil tem os seguintes princípios:

I – garantia da liberdade de expressão, comunicação e manifestação de pensamento, nos termos da Constituição Federal;

II – proteção da privacidade;

III – proteção dos dados pessoais, na forma da lei;

IV – preservação e garantia da neutralidade de rede;

V – preservação da estabilidade, segurança e funcionalidade da rede, por meio de medidas técnicas compatíveis com os padrões internacionais e pelo estímulo ao uso de boas práticas;

VI – responsabilização dos agentes de acordo com suas atividades, nos termos da lei;

VII – preservação da natureza participativa da rede;

VIII – liberdade dos modelos de negócios promovidos na internet, desde que não conflitem com os demais princípios estabelecidos nesta Lei.

Parágrafo único. Os princípios expressos nesta Lei não excluem outros previstos no ordenamento jurídico pátrio relacionados à matéria ou nos tratados internacionais em que a República Federativa do Brasil seja parte.

Art. 4º A disciplina do uso da internet no Brasil tem por objetivo a promoção:

I – do direito de acesso à internet a todos;

II – do acesso à informação, ao conhecimento e à participação na vida cultural e na condução dos assuntos públicos;

III – da inovação e do fomento à ampla difusão de novas tecnologias e modelos de uso e acesso; e

IV – da adesão a padrões tecnológicos abertos que permitam a comunicação, a acessibilidade e a interoperabilidade entre aplicações e bases de dados.

Art. 5º Para os efeitos desta Lei, considera-se:

I – internet: o sistema constituído do conjunto de protocolos lógicos, estruturado em escala mundial para uso público e irrestrito, com a finalidade de possibilitar a comunicação de dados entre terminais por meio de diferentes redes;

II – terminal: o computador ou qualquer dispositivo que se conecte à internet;

III – endereço de protocolo de internet (endereço IP): o código atribuído a um terminal de uma rede para permitir sua identificação, definido segundo parâmetros internacionais;

IV – administrador de sistema autônomo: a pessoa física ou jurídica que administra blocos de endereço IP específicos e o respectivo sistema autônomo de roteamento, devidamente cadastrada no ente nacional responsável pelo registro e distribuição de endereços IP geograficamente referentes ao País;

V – conexão à internet: a habilitação de um terminal para envio e recebimento de pacotes de dados pela internet, mediante a atribuição ou autenticação de um endereço IP;

VI – registro de conexão: o conjunto de informações referentes à data e hora de início e término de uma conexão à internet, sua duração e o endereço IP utilizado pelo terminal para o envio e recebimento de pacotes de dados;

VII – aplicações de internet: o conjunto de funcionalidades que podem ser acessadas por meio de um terminal conectado à internet; e

VIII – registros de acesso a aplicações de internet: o conjunto de informações referentes à data e hora de uso de uma determinada aplicação de internet a partir de um determinado endereço IP.

Art. 6º Na interpretação desta Lei serão levados em conta, além dos fundamentos, princípios e objetivos previstos, a natureza da internet, seus usos e costumes particulares e sua importância para a promoção do desenvolvimento humano, econômico, social e cultural.

Capítulo II
Dos Direitos e Garantias dos Usuários

Art. 7º O acesso à internet é essencial ao exercício da cidadania, e ao usuário são assegurados os seguintes direitos:

I – inviolabilidade da intimidade e da vida privada, sua proteção e indenização pelo dano material ou moral decorrente de sua violação;

II – inviolabilidade e sigilo do fluxo de suas comunicações pela internet, salvo por ordem judicial, na forma da lei;

III – inviolabilidade e sigilo de suas comunicações privadas armazenadas, salvo por ordem judicial;

IV – não suspensão da conexão à internet, salvo por débito diretamente decorrente de sua utilização;

V – manutenção da qualidade contratada da conexão à internet;

VI – informações claras e completas constantes dos contratos de prestação de serviços, com detalhamento sobre o regime de proteção aos registros de conexão e aos registros de acesso a aplicações de internet, bem como sobre práticas de gerenciamento da rede que possam afetar sua qualidade;

VII – não fornecimento a terceiros de seus dados pessoais, inclusive registros de conexão, e de acesso a aplicações de internet, salvo mediante consentimento livre, expresso e informado ou nas hipóteses previstas em lei;

VIII – informações claras e completas sobre coleta, uso, armazenamento, tratamento e proteção de seus dados pessoais, que somente poderão ser utilizados para finalidades que:

a) justifiquem sua coleta;

b) não sejam vedadas pela legislação; e

c) estejam especificadas nos contratos de prestação de serviços ou em termos de uso de aplicações de internet;

IX – consentimento expresso sobre coleta, uso, armazenamento e tratamento de dados pessoais, que deverá ocorrer de forma destacada das demais cláusulas contratuais;

☛ **X** – exclusão definitiva dos dados pessoais que tiver fornecido a determinada aplicação de internet, a seu requerimento, ao término da relação entre as partes, ressalvadas as hipóteses de guarda obrigatória de registros previstas nesta Lei e na que dispõe sobre a proteção de dados pessoais;

- Inciso X com redação determinada pela Lei 13.709/2018 (*DOU* 15.08.2018), em vigor após decorridos 18 (dezoito) meses de sua publicação oficial.
- Redação anterior do dispositivo alterado: "X – exclusão definitiva dos dados pessoais que tiver fornecido a determinada aplicação de internet, a seu requerimento, o término da relação entre as partes, ressalvadas as hipóteses de guarda obrigatória de registros previstas nesta Lei;".

XI – publicidade e clareza de eventuais políticas de uso dos provedores de conexão à internet e de aplicações de internet;

XII – acessibilidade, consideradas as características físico-motoras, perceptivas, sensoriais, intelectuais e mentais do usuário, nos termos da lei; e

XIII – aplicação das normas de proteção e defesa do consumidor nas relações de consumo realizadas na internet.

Art. 8º A garantia do direito à privacidade e à liberdade de expressão nas comunicações é condição para o pleno exercício do direito de acesso à internet.

Parágrafo único. São nulas de pleno direito as cláusulas contratuais que violem o disposto no *caput*, tais como aquelas que:

I – impliquem ofensa à inviolabilidade e ao sigilo das comunicações privadas, pela internet; ou

II – em contrato de adesão, não ofereçam como alternativa ao contratante a adoção do foro brasileiro para solução de controvérsias decorrentes de serviços prestados no Brasil.

Capítulo III
Da Provisão de Conexão e de Aplicações de Internet

Seção I
Da Neutralidade de Rede

Art. 9º O responsável pela transmissão, comutação ou roteamento tem o dever de tratar de forma isonômica quaisquer pacotes de dados, sem distinção por conteúdo, origem e destino, serviço, terminal ou aplicação.

§ 1º A discriminação ou degradação do tráfego será regulamentada nos termos das atribuições privativas do Presidente da República previstas no inciso IV do art. 84 da Constituição Federal, para a fiel execução desta Lei, ouvidos o Comitê Gestor da Internet e a Agência Nacional de Telecomunicações, e somente poderá decorrer de:

I – requisitos técnicos indispensáveis à prestação adequada dos serviços e aplicações; e

II – priorização de serviços de emergência.

§ 2º Na hipótese de discriminação ou degradação do tráfego prevista no § 1º, o responsável mencionado no *caput* deve:

I – abster-se de causar dano aos usuários, na forma do art. 927 da Lei 10.406, de 10 de janeiro de 2002 – Código Civil;

II – agir com proporcionalidade, transparência e isonomia;

III – informar previamente de modo transparente, claro e suficientemente descritivo aos seus usuários sobre as práticas de gerenciamento e mitigação de tráfego adotadas, inclusive as relacionadas à segurança da rede; e

IV – oferecer serviços em condições comerciais não discriminatórias e abster-se de praticar condutas anticoncorrenciais.

§ 3º Na provisão de conexão à internet, onerosa ou gratuita, bem como na transmissão, comutação ou roteamento, é vedado bloquear, monitorar, filtrar ou analisar o conteúdo dos pacotes de dados, respeitado o disposto neste artigo.

Seção II
Da Proteção aos Registros, aos Dados Pessoais e às Comunicações Privadas

Art. 10. A guarda e a disponibilização dos registros de conexão e de acesso a aplicações de internet de que trata esta Lei, bem como de dados pessoais e do conteúdo de comunicações privadas, devem atender à preservação da intimidade, da vida privada, da honra e da imagem das partes direta ou indiretamente envolvidas.

§ 1º O provedor responsável pela guarda somente será obrigado a disponibilizar os registros mencionados no *caput*, de forma autônoma ou associados a dados pessoais ou a outras informações que possam contribuir para a identificação do usuário ou do terminal, mediante ordem judicial, na forma do disposto na Seção IV deste Capítulo, respeitado o disposto no art. 7º.

§ 2º O conteúdo das comunicações privadas somente poderá ser disponibilizado mediante ordem judicial, nas hipóteses e na forma que a lei estabelecer, respeitado o disposto nos incisos II e III do art. 7º.

§ 3º O disposto no *caput* não impede o acesso aos dados cadastrais que informem qualificação pessoal, filiação e endereço, na forma da lei, pelas autoridades administrativas que detenham competência legal para a sua requisição.

§ 4º As medidas e os procedimentos de segurança e de sigilo devem ser informados pelo responsável pela provisão de serviços de forma clara e atender a padrões definidos em regulamento, respeitado seu direito de confidencialidade quanto a segredos empresariais.

Art. 11. Em qualquer operação de coleta, armazenamento, guarda e tratamento de registros, de dados pessoais ou de comunicações por provedores de conexão e de aplicações de internet em que pelo menos um desses atos ocorra em território nacional, deverão ser obrigatoriamente respeitados a legislação brasileira e os direitos à privacidade, à proteção dos dados pessoais e ao sigilo das comunicações privadas e dos registros.

§ 1º O disposto no *caput* aplica-se aos dados coletados em território nacional e ao conteúdo das comunicações, desde que pelo menos um dos terminais esteja localizado no Brasil.

§ 2º O disposto no *caput* aplica-se mesmo que as atividades sejam realizadas por pessoa jurídica sediada no exterior, desde que oferte serviço ao público brasileiro ou pelo menos uma integrante do mesmo grupo econômico possua estabelecimento no Brasil.

§ 3º Os provedores de conexão e de aplicações de internet deverão prestar, na forma da regulamentação, informações que permitam a verificação quanto ao cumprimento da legislação brasileira referente à coleta, à guarda, ao armazenamento ou ao tratamento de dados, bem como quanto ao respeito à privacidade e ao sigilo de comunicações.

§ 4º Decreto regulamentará o procedimento para apuração de infrações ao disposto neste artigo.

Art. 12. Sem prejuízo das demais sanções cíveis, criminais ou administrativas, as infrações às normas previstas nos arts. 10 e 11 ficam sujeitas, conforme o caso, às seguintes sanções, aplicadas de forma isolada ou cumulativa:

I – advertência, com indicação de prazo para adoção de medidas corretivas;

II – multa de até 10% (dez por cento) do faturamento do grupo econômico no Brasil no seu último exercício, excluídos os tributos, considerados a condição econômica do infrator e o princípio da proporcionalidade entre a gravidade da falta e a intensidade da sanção;

III – suspensão temporária das atividades que envolvam os atos previstos no art. 11; ou

IV – proibição de exercício das atividades que envolvam os atos previstos no art. 11.

Parágrafo único. Tratando-se de empresa estrangeira, responde solidariamente pelo pagamento da multa de que trata o *caput* sua filial, sucursal, escritório ou estabelecimento situado no País.

Subseção I

Da Guarda de Registros de Conexão

Art. 13. Na provisão de conexão à internet, cabe ao administrador de sistema autônomo respectivo o dever de manter os registros de conexão, sob sigilo, em ambiente controlado e de segurança, pelo prazo de 1 (um) ano, nos termos do regulamento.

§ 1º A responsabilidade pela manutenção dos registros de conexão não poderá ser transferida a terceiros.

§ 2º A autoridade policial ou administrativa ou o Ministério Público poderá requerer cautelarmente que os registros de conexão sejam guardados por prazo superior ao previsto no *caput*.

§ 3º Na hipótese do § 2º, a autoridade requerente terá o prazo de 60 (sessenta) dias, contados a partir do requerimento, para ingressar com o pedido de autorização judicial de acesso aos registros previstos no *caput*.

§ 4º O provedor responsável pela guarda dos registros deverá manter sigilo em relação ao requerimento previsto no § 2º, que perderá sua eficácia caso o pedido de autorização judicial seja indeferido ou não tenha sido protocolado no prazo previsto no § 3º.

§ 5º Em qualquer hipótese, a disponibilização ao requerente dos registros de que trata este artigo deverá ser precedida de autorização judicial, conforme disposto na Seção IV deste Capítulo.

§ 6º Na aplicação de sanções pelo descumprimento ao disposto neste artigo, serão considerados a natureza e a gravidade da infração, os danos dela resultantes, eventual vantagem auferida pelo infrator, as circunstâncias agravantes, os antecedentes do infrator e a reincidência.

Subseção II

Da Guarda de Registros de Acesso a Aplicações de Internet na Provisão de Conexão

Art. 14. Na provisão de conexão, onerosa ou gratuita, é vedado guardar os registros de acesso a aplicações de internet.

Subseção III

Da Guarda de Registros de Acesso a Aplicações de Internet na Provisão de Aplicações

Art. 15. O provedor de aplicações de internet constituído na forma de pessoa jurídica e que exerça essa atividade de forma organizada, profissionalmente e com fins econômicos deverá manter os respectivos registros de acesso a aplicações de internet, sob sigilo, em ambiente controlado e de segurança, pelo prazo de 6 (seis) meses, nos termos do regulamento.

§ 1º Ordem judicial poderá obrigar, por tempo certo, os provedores de aplicações de internet que não estão sujeitos ao disposto no *caput* a guardarem registros de acesso a aplicações de internet, desde que se trate de registros relativos a fatos específicos em período determinado.

§ 2º A autoridade policial ou administrativa ou o Ministério Público poderão requerer cautelarmente a qualquer provedor de aplicações de internet que os registros de acesso a aplicações de internet sejam guardados, inclusive por prazo superior ao previsto no *caput*, observado o disposto nos §§ 3º e 4º do art. 13.

§ 3º Em qualquer hipótese, a disponibilização ao requerente dos registros de que trata este artigo deverá ser precedida de autorização judicial, conforme disposto na Seção IV deste Capítulo.

§ 4º Na aplicação de sanções pelo descumprimento ao disposto neste artigo, serão considerados a natureza e a gravidade da infração, os danos dela resultantes, eventual vantagem auferida pelo infrator, as circunstâncias agravantes, os antecedentes do infrator e a reincidência.

Art. 16. Na provisão de aplicações de internet, onerosa ou gratuita, é vedada a guarda:

I – dos registros de acesso a outras aplicações de internet sem que o titular dos dados tenha consentido previamente, respeitado o disposto no art. 7º; ou

☛ **II** – de dados pessoais que sejam excessivos em relação à finalidade para a qual foi dado consentimento pelo seu titular, exceto nas hipóteses previstas na Lei que dispõe sobre a proteção de dados pessoais.

- Inciso II com redação determinada pela Lei 13.709/2018 (*DOU* 15.08.2018), em vigor após decorridos 18 (dezoito) meses de sua publicação oficial.

  Redação anterior do dispositivo alterado: "II – de dados pessoais que sejam excessivos em relação à finalidade para a qual foi dado consentimento pelo seu titular."

Art. 17. Ressalvadas as hipóteses previstas nesta Lei, a opção por não guardar os registros de acesso a aplicações de internet não implica responsabilidade sobre danos decorrentes do uso desses serviços por terceiros.

Seção III

Da Responsabilidade por Danos Decorrentes de Conteúdo Gerado por Terceiros

Art. 18. O provedor de conexão à internet não será responsabilizado civilmente por danos decorrentes de conteúdo gerado por terceiros.

Art. 19. Com o intuito de assegurar a liberdade de expressão e impedir a censura, o provedor de aplicações de internet somente poderá ser responsabilizado civilmente por danos decorrentes de conteúdo gerado por terceiros se, após ordem judicial específica, não tomar as providências para, no âmbito e nos limites técnicos do seu serviço e dentro do prazo assinalado, tornar indisponível o conteúdo apontado como infringente, ressalvadas as disposições legais em contrário.

§ 1º A ordem judicial de que trata o *caput* deverá conter, sob pena de nulidade, identificação clara e específica do conteúdo apontado como infringente, que permita a localização inequívoca do material.

§ 2º A aplicação do disposto neste artigo para infrações a direitos de autor ou a direitos conexos depende de previsão legal específica, que deverá respeitar a liberdade de expressão e demais garantias previstas no art. 5º da Constituição Federal.

§ 3º As causas que versem sobre ressarcimento por danos decorrentes de conteúdos disponibilizados na internet relacionados à honra, à reputação ou a direitos de personalidade, bem como sobre a indisponibilização desses conteúdos por provedores de aplicações de internet, poderão ser apresentadas perante os juizados especiais.

§ 4º O juiz, inclusive no procedimento previsto no § 3º, poderá antecipar, total ou parcialmente, os efeitos da tutela pretendida no pedido inicial, existindo prova inequívoca do fato e considerado o interesse da coletividade na disponibilização do conteúdo na internet, desde que presentes os requisitos de verossimilhança da alegação do autor e de fundado receio de dano irreparável ou de difícil reparação.

Art. 20. Sempre que tiver informações de contato do usuário diretamente responsável pelo conteúdo a que se refere o art. 19, caberá ao provedor de aplicações de internet comunicar-lhe os motivos e informações relativos à indisponibilização de conteúdo, com informações que permitam o contraditório e a ampla defesa em juízo, salvo expressa previsão legal ou expressa determinação judicial fundamentada em contrário.

Parágrafo único. Quando solicitado pelo usuário que disponibilizou o conteúdo tornado indisponível, o provedor de aplicações de internet que exerce essa atividade de forma organizada, profissionalmente e com fins econômicos substituirá o conteúdo tornado indisponível pela motivação ou pela ordem judicial que deu fundamento à indisponibilização.

Art. 21. O provedor de aplicações de internet que disponibilize conteúdo gerado por terceiros será responsabilizado subsidiariamente pela violação da intimidade decorrente da divulgação, sem autorização de seus participantes, de imagens, de vídeos ou de outros materiais contendo cenas de nudez ou de atos sexuais de caráter privado quando, após o recebimento de notificação pelo participante ou seu representante legal, deixar de promover, de forma diligente, no âmbito e nos limites técnicos do seu serviço, a indisponibilização desse conteúdo.

Parágrafo único. A notificação prevista no *caput* deverá conter, sob pena de nulidade, elementos que permitam a identificação específica do material apontado como violador da intimidade do participante e a verificação da legitimidade para apresentação do pedido.

Seção IV
Da Requisição Judicial de Registros

Art. 22. A parte interessada poderá, com o propósito de formar conjunto probatório em processo judicial cível ou penal, em caráter incidental ou autônomo, requerer ao juiz que ordene ao responsável pela guarda o fornecimento de registros de conexão ou de registros de acesso a aplicações de internet.

Parágrafo único. Sem prejuízo dos demais requisitos legais, o requerimento deverá conter, sob pena de inadmissibilidade:

I – fundados indícios da ocorrência do ilícito;

II – justificativa motivada da utilidade dos registros solicitados para fins de investigação ou instrução probatória; e

III – período ao qual se referem os registros.

Art. 23. Cabe ao juiz tomar as providências necessárias à garantia do sigilo das informações recebidas e à preservação da intimidade, da vida privada, da honra e da imagem do usuário, podendo determinar segredo de justiça, inclusive quanto aos pedidos de guarda de registro.

Capítulo IV
Da Atuação do Poder Público

Art. 24. Constituem diretrizes para a atuação da União, dos Estados, do Distrito Federal e dos Municípios no desenvolvimento da internet no Brasil:

I – estabelecimento de mecanismos de governança multiparticipativa, transparente, colaborativa e democrática, com a participação do governo, do setor empresarial, da sociedade civil e da comunidade acadêmica;

II – promoção da racionalização da gestão, expansão e uso da internet, com participação do Comitê Gestor da internet no Brasil;

III – promoção da racionalização e da interoperabilidade tecnológica dos serviços de governo eletrônico, entre os diferentes Poderes e âmbitos da Federação, para permitir o intercâmbio de informações e a celeridade de procedimentos;

IV – promoção da interoperabilidade entre sistemas e terminais diversos, inclusive entre os diferentes âmbitos federativos e diversos setores da sociedade;

V – adoção preferencial de tecnologias, padrões e formatos abertos e livres;

VI – publicidade e disseminação de dados e informações públicos, de forma aberta e estruturada;

VII – otimização da infraestrutura das redes e estímulo à implantação de centros de armazenamento, gerenciamento e disseminação de dados no País, promovendo a qualidade técnica, a inovação e a difusão das aplicações de internet, sem prejuízo à abertura, à neutralidade e à natureza participativa;

VIII – desenvolvimento de ações e programas de capacitação para uso da internet;

IX – promoção da cultura e da cidadania; e

X – prestação de serviços públicos de atendimento ao cidadão de forma integrada, eficiente, simplificada e por múltiplos canais de acesso, inclusive remotos.

Art. 25. As aplicações de internet de entes do poder público devem buscar:

I – compatibilidade dos serviços de governo eletrônico com diversos terminais, sistemas operacionais e aplicativos para seu acesso;

II – acessibilidade a todos os interessados, independentemente de suas capacidades físico-motoras, perceptivas, sensoriais, intelectuais, mentais, culturais e sociais, resguardados os aspectos de sigilo e restrições administrativas e legais;

III – compatibilidade tanto com a leitura humana quanto com o tratamento automatizado das informações;

IV – facilidade de uso dos serviços de governo eletrônico; e

V – fortalecimento da participação social nas políticas públicas.

Art. 26. O cumprimento do dever constitucional do Estado na prestação da educação, em todos os níveis de ensino, inclui a capacitação, integrada a outras práticas educacionais, para o uso seguro, consciente e responsável da internet como ferramenta para o exercício da cidadania, a promoção da cultura e o desenvolvimento tecnológico.

Art. 27. As iniciativas públicas de fomento à cultura digital e de promoção da internet como ferramenta social devem:

I – promover a inclusão digital;

II – buscar reduzir as desigualdades, sobretudo entre as diferentes regiões do País, no acesso às tecnologias da informação e comunicação e no seu uso; e

III – fomentar a produção e circulação de conteúdo nacional.

Art. 28. O Estado deve, periodicamente, formular e fomentar estudos, bem como fixar metas, estratégias, planos e cronogramas, referentes ao uso e desenvolvimento da internet no País.

Capítulo V
Disposições Finais

Art. 29. O usuário terá a opção de livre escolha na utilização de programa de computador em seu terminal para exercício do controle parental de conteúdo entendido por ele como impróprio a seus filhos menores, desde que respeitados os princípios desta Lei e da Lei 8.069, de 13 de julho de 1990 – Estatuto da Criança e do Adolescente.

Parágrafo único. Cabe ao poder público, em conjunto com os provedores de conexão e de aplicações de internet e a sociedade civil, promover a educação e fornecer informações sobre o uso dos programas de computador previstos no *caput*, bem como para a definição de boas práticas para a inclusão digital de crianças e adolescentes.

Art. 30. A defesa dos interesses e dos direitos estabelecidos nesta Lei poderá ser exercida em juízo, individual ou coletivamente, na forma da lei.

Art. 31. Até a entrada em vigor da lei específica prevista no § 2º do art. 19, a responsabilidade do provedor de aplicações de internet por danos decorrentes de conteúdo gerado por terceiros, quando se tratar de infração a direitos de autor ou a direitos conexos, continuará a ser disciplinada pela legislação autoral vigente aplicável na data da entrada em vigor desta Lei.

Art. 32. Esta Lei entra em vigor após decorridos 60 (sessenta) dias de sua publicação oficial.

Brasília, 23 de abril de 2014; 193º da Independência e 126º da República.

Dilma Rousseff

(*DOU* 24.04.2014)

LEI 12.984, DE 2 DE JUNHO DE 2014

Define o crime de discriminação dos portadores do vírus da imunodeficiência humana (HIV) e doentes de aids.

- V. Lei 7.716/1989 (Crimes resultantes de preconceitos de raça ou de cor).

A Presidenta da República:

Faço saber que o Congresso Nacional decreta e eu sanciono a seguinte Lei:

Art. 1º Constitui crime punível com reclusão, de 1 (um) a 4 (quatro) anos, e multa, as seguintes condutas discriminatórias contra o portador do HIV e o doente de aids, em razão da sua condição de portador ou de doente:

I – recusar, procrastinar, cancelar ou segregar a inscrição ou impedir que permaneça como aluno em creche ou estabelecimento de ensino de qualquer curso ou grau, público ou privado;

II – negar emprego ou trabalho;

III – exonerar ou demitir de seu cargo ou emprego;

IV – segregar no ambiente de trabalho ou escolar;

V – divulgar a condição do portador do HIV ou de doente de aids, com intuito de ofender-lhe a dignidade;

VI – recusar ou retardar atendimento de saúde.

Art. 2º Esta Lei entra em vigor na data de sua publicação.

Brasília, 2 de junho de 2014; 193º da Independência e 126º da República.

Dilma Roussef

(*DOU* 03.06.2014)

LEI 12.990, DE 9 DE JUNHO DE 2014

Reserva aos negros 20% (vinte por cento) das vagas oferecidas nos concursos públicos para provimento de cargos efetivos e empregos públicos no âmbito da administração pública federal, das autarquias, das fundações públicas, das empresas públicas e das sociedades de economia mista controladas pela União.

- O STF, na ADC 41, por unanimidade e nos termos do voto do Relator, julgou procedente o pedido, para fins de declarar a integral constitucionalidade da Lei 12.990/2014, e fixou a seguinte tese de julgamento: "É constitucional a reserva de 20% das vagas oferecidas nos concursos públicos para provimento de cargos efetivos e empregos públicos no âmbito da administração pública direta e indireta. É legítima a utilização, além da autodeclaração, de critérios subsidiários de heteroidentificação, desde que respeitada a dignidade da pessoa humana e garantidos o contraditório e a ampla defesa".
- V. Lei 9.962/2000 (Disciplina o regime de emprego público do pessoal da Administração federal direta, autárquica e fundacional).

A Presidenta da República:

Faço saber que o Congresso Nacional decreta e eu sanciono a seguinte Lei:

Art. 1º Ficam reservadas aos negros 20% (vinte por cento) das vagas oferecidas nos concursos públicos para provimento de cargos efetivos e empregos públicos no âmbito da administração pública federal, das autarquias, das fundações públicas, das empresas públicas e das sociedades de economia mista controladas pela União, na forma desta Lei.

§ 1º A reserva de vagas será aplicada sempre que o número de vagas oferecidas no concurso público for igual ou superior a três.

§ 2º Na hipótese de quantitativo fracionado para o número de vagas reservadas a candidatos negros, esse será aumentado para o primeiro número inteiro subsequente, em caso de fração igual ou maior que 0,5 (cinco décimos), ou diminuído para número inteiro imediatamente inferior, em caso de fração menor que 0,5 (cinco décimos).

§ 3º A reserva de vagas a candidatos negros constará expressamente dos editais dos concursos públicos, que deverão especificar o total de vagas correspondentes à reserva para cada cargo ou emprego público oferecido.

Art. 2º Poderão concorrer às vagas reservadas a candidatos negros aqueles que se autodeclararem pretos ou pardos no ato da inscrição no concurso público, conforme o quesito cor ou raça utilizado pela Fundação Instituto Brasileiro de Geografia e Estatística – IBGE.

Parágrafo único. Na hipótese de constatação de declaração falsa, o candidato será eliminado do concurso e, se houver sido nomeado, ficará sujeito à anulação da sua admissão ao serviço ou emprego público, após procedimento administrativo em que lhe sejam assegurados o contraditório e a ampla defesa, sem prejuízo de outras sanções cabíveis.

Art. 3º Os candidatos negros concorrerão concomitantemente às vagas reservadas e às vagas destinadas à ampla concorrência, de acordo com a sua classificação no concurso.

§ 1º Os candidatos negros aprovados dentro do número de vagas oferecido para ampla concorrência não serão computados para efeito do preenchimento das vagas reservadas.

§ 2º Em caso de desistência de candidato negro aprovado em vaga reservada, a vaga será preenchida pelo candidato negro posteriormente classificado.

§ 3º Na hipótese de não haver número de candidatos negros aprovados suficiente para ocupar as vagas reservadas, as vagas remanescentes serão revertidas para a ampla concorrência e serão preenchidas pelos demais candidatos aprovados, observada a ordem de classificação.

Art. 4º A nomeação dos candidatos aprovados respeitará os critérios de alternância e proporcionalidade, que consideram a relação entre o número de vagas total e o número de vagas reservadas a candidatos com deficiência e a candidatos negros.

Art. 5º O órgão responsável pela política de promoção da igualdade étnica de que trata o § 1º do art. 49 da Lei 12.288, de 20 de julho de 2010, será responsável pelo acompanhamento e avaliação anual do disposto nesta Lei, nos moldes previstos no art. 59 da Lei 12.288, de 20 de julho de 2010.

Art. 6º Esta Lei entra em vigor na data de sua publicação e terá vigência pelo prazo de 10 (dez) anos.

Parágrafo único. Esta Lei não se aplicará aos concursos cujos editais já tiverem sido publicados antes de sua entrada em vigor.

Brasília, 9 de junho de 2014; 193º da Independência e 126º da República.

Dilma Rousseff

(*DOU* 10.06.2014)

LEI 13.043, DE 13 DE NOVEMBRO DE 2014

Dispõe sobre os fundos de índice de renda fixa, sobre a responsabilidade tributária na integralização de cotas de fundos ou clubes de investimento por meio da entrega de ativos financeiros, sobre a tributação das operações de empréstimos de ativos financeiros e sobre a isenção de imposto sobre a renda na alienação de ações de empresas pequenas e médias; prorroga o prazo de que trata a Lei 12.431, de 24 de junho de 2011; altera as Leis 10.179, de 6 de fevereiro de 2001, 12.431, de 24 de junho de 2011, 9.718, de 27 de novembro de 1998, 10.637, de 30 de dezembro de 2002, 10.833, de 29 de dezembro de 2003, 12.996, de 18 de junho de 2014, 11.941, de 27 de maio de 2009, 12.249, de 11 de junho de 2010, 10.522, de 19 de julho de 2002, 12.546, de 14 de dezembro de 2011, 11.774, de 17 de setembro de 2008, 12.350, de 20 de dezembro de 2010, 9.430, de 27 de dezembro de 1996, 11.977, de 7 de julho de 2009, 12.409, de 25 de maio de 2011, 5.895, de 19 de junho de 1973, 11.948, de 16 de junho de 2009, 12.380, de 10 de janeiro de 2011, 12.087, de 11 de novembro de 2009,

12.712, de 30 de agosto de 2012, 12.096, de 24 de novembro de 2009, 11.079, de 30 de dezembro de 2004, 11.488, de 15 de junho de 2007, 6.830, de 22 de setembro de 1980, 9.532, de 10 de dezembro de 1997, 11.196, de 21 de novembro de 2005, 10.147, de 21 de dezembro de 2000, 12.860, de 11 de setembro de 2013, 9.393, de 19 de dezembro de 1996, 9.250, de 26 de dezembro de 1995, 12.598, de 21 de março de 2012, 12.715, de 17 de setembro de 2012, 11.371, de 28 de novembro de 2006, 9.481, de 13 de agosto de 1997, 12.688, de 18 de julho de 2012, 12.101, de 27 de novembro de 2009, 11.438, de 29 de dezembro de 2006, 11.478, de 29 de maio de 2007, 12.973, de 13 de maio de 2014, 11.033, de 21 de dezembro de 2004, 9.782, de 26 de janeiro de 1999, 11.972, de 6 de julho de 2009, 5.991, de 17 de dezembro de 1973, 10.406, de 10 de janeiro de 2002, 9.514, de 20 de novembro de 1997, 11.775, de 17 de setembro de 2008, 10.150, de 21 de dezembro de 2000, e 10.865, de 30 de abril de 2004, e o Decreto-Lei 911, de 1º de outubro de 1969; revoga dispositivos do Decreto-Lei 1.569, de 8 de agosto de 1977, das Leis 5.010, de 30 de maio de 1966, e 8.666, de 21 de junho de 1993, da Medida Provisória no 2.158-35, de 24 de agosto de 2001, e do Decreto-Lei 1.598, de 26 de dezembro de 1977; e dá outras providências.

- V. Dec. 8.415/2015 Regulamenta a aplicação do Regime Especial de Reintegração de Valores Tributários para as Empresas Exportadoras – Reintegra).

O Vice-Presidente da República, no exercício do cargo de Presidente da República: Faço saber que o Congresso Nacional decreta e eu sanciono a seguinte Lei:

Capítulo I
Da Legislação Fiscal e Financeira

Seção I
Da Responsabilidade Tributária na Integralização de Cotas de Fundos ou Clubes de Investimento por meio da Entrega de Ativos Financeiros

Art. 1º Na integralização de cotas de fundos ou clubes de investimento por meio da entrega de ativos financeiros, fica o administrador que receber os ativos a serem integralizados responsável pela cobrança e recolhimento do imposto sobre a renda devido sobre o ganho de capital, observado o disposto no item 1 da alínea b do inciso I do caput do art. 70 da Lei 11.196, de 21 de novembro de 2005.

§ 1º Em relação aos ativos financeiros sujeitos a retenção do imposto sobre a renda na fonte, a responsabilidade pelo recolhimento do imposto será da instituição ou entidade que faça o pagamento ao beneficiário final, ainda que não seja a fonte pagadora inicial.

§ 2º Cabe ao investidor que integralizar cotas de fundos e clubes de investimento com ativos financeiros a responsabilidade de comprovar o custo de aquisição dos ativos, bem como o valor de mercado pelo qual será realizada a integralização.

§ 3º Cabe ao investidor disponibilizar previamente ao responsável tributário os recursos necessários para o recolhimento do imposto sobre a renda devido nos termos deste artigo e do Imposto sobre Operações de Crédito, Câmbio e Seguro, ou relativas a Títulos ou Valores Mobiliários – IOF, quando aplicável.

§ 4º A comprovação do que dispõe o § 2º será feita por meio da disponibilização ao responsável tributário de nota de corretagem de aquisição, de boletim de subscrição, de instrumento de compra, venda ou doação, de declaração do imposto sobre a renda do investidor, ou de declaração do custo médio de aquisição, conforme instrução da Secretaria da Receita Federal do Brasil.

§ 5º O investidor é responsável pela veracidade, integridade e completude das informações prestadas e constantes dos documentos mencionados no § 4º.

§ 6º O custo de aquisição ou o valor da aplicação financeira não comprovado será considerado igual a 0 (zero), para fins de cômputo da base de cálculo do imposto sobre a renda devido sobre o ganho de capital.

§ 7º É vedada a integralização de cotas de fundos ou de clubes de investimento por meio da entrega de ativos financeiros que não estejam registrados em sistema de registro ou depositados em depositário central autorizado pelo Banco Central do Brasil ou pela Comissão de Valores Mobiliários.

§ 8º Não se aplica o disposto neste artigo à integralização de cotas de fundos ou clubes de investimento por meio da entrega de imóveis, hipótese em que cabe ao cotista o recolhimento do imposto sobre a renda, na forma prevista na legislação específica.

Seção II
Dos Fundos de Índice de Renda Fixa e das Emissões de Títulos de Responsabilidade do Tesouro Nacional

Art. 2º Os rendimentos e ganhos de capital auferidos por cotistas de fundos de investimento cujas cotas sejam admitidas à negociação no mercado secundário administrado por bolsa de valores ou entidade do mercado de balcão organizado, cujas carteiras sejam compostas por ativos financeiros que busquem refletir as variações e rentabilidade de índices de renda fixa (Fundos de Índice de Renda Fixa) e cujos regulamentos determinem que suas carteiras sejam compostas, no mínimo, por 75% (setenta e cinco por cento) de ativos financeiros que integrem o índice de renda fixa de referência, sujeitam- se ao imposto sobre a renda às seguintes alíquotas:

I – 25% (vinte e cinco por cento), no caso de Fundos de Índice de Renda Fixa cuja carteira de ativos financeiros apresente prazo médio de repactuação igual ou inferior a 180 (cento e oitenta) dias;

II – 20% (vinte por cento), no caso de Fundos de Índice de Renda Fixa cuja carteira de ativos financeiros apresente prazo médio de repactuação superior a cento e oitenta dias e igual ou inferior a 720 (setecentos e vinte) dias; e

III – 15% (quinze por cento), no caso de Fundos de Índice de Renda Fixa cuja carteira de ativos financeiros apresente prazo médio de repactuação superior a 720 (setecentos e vinte) dias.

§ 1º Os Fundos de Índice de Renda Fixa que descumprirem o percentual mínimo de composição definido no caput ficarão sujeitos à incidência do imposto sobre a renda à alíquota de 30% (trinta por cento) durante o prazo do descumprimento.

§ 2º No caso de alteração do prazo médio de repactuação da carteira dos Fundos de Índice de Renda Fixa que implique modificação de seu enquadramento para fins de determinação do regime tributário, será aplicada a alíquota correspondente ao prazo médio de repactuação do Fundo até o dia imediatamente anterior ao da alteração da condição, sujeitando-se os rendimentos auferidos a partir de então à alíquota correspondente ao novo prazo médio de repactuação.

§ 3º É obrigatório o registro das cotas dos Fundos de Índice de Renda Fixa em depositária central de ativos autorizada pela Comissão de Valores Mobiliários ou pelo Banco Central do Brasil.

§ 4º O imposto sobre a renda de que trata este artigo incidirá na fonte e exclusivamente por ocasião do resgate ou da alienação das cotas ou da distribuição de rendimentos.

§ 5º A periodicidade e a metodologia de cálculo do prazo médio de repactuação a que se refere este artigo serão estabelecidas em ato do Ministro de Estado da Fazenda.

§ 6º Ficam isentos de imposto sobre a renda os rendimentos, inclusive ganhos de capital, pagos, creditados, entregues ou remetidos a beneficiário residente ou domiciliado no exterior, exceto em país com tributação favorecida, nos termos do art. 24 da Lei 9.430, de 27 de dezembro de 1996, produzidos por cotas de Fundo de Índice de Renda Fixa cujo regulamento determine que sua carteira de ativos financeiros apresente prazo de repactuação superior a 720 (setecentos e vinte) dias.

Art. 3º A base de cálculo do imposto sobre a renda incidente sobre os rendimentos e ganhos auferidos por cotistas de Fundo de Índice de Renda Fixa será:

I – no resgate de cotas, a diferença entre o valor da cota efetivamente utilizado para resgate, conforme condições estipuladas no regulamento do Fundo, e o valor de integralização ou de aquisição da cota no mercado secundário, excluídos o valor do IOF e o dos custos e despesas incorridos, necessários à realização das operações;

II – na alienação de cotas em mercado secundário, a diferença entre o valor da alienação e o valor de integralização ou de aquisição da cota no mercado secundário, excluídos o valor do IOF e o dos custos e despesas incorridos, necessários à realização das operações; e

III – na distribuição de qualquer valor, o valor distribuído.

Art. 4º São responsáveis pelo recolhimento do imposto sobre a renda devido:

I – na alienação de cotas em mercado secundário, a instituição ou entidade que faça o pagamento dos rendimentos ou ganhos ao beneficiário final, ainda que não seja a fonte pagadora original; e

II – no resgate de cotas e na distribuição de qualquer valor, o administrador do fundo.

§ 1º A bolsa de valores ou a entidade de balcão organizado na qual as cotas do Fundo de Índice de Renda Fixa sejam negociadas deverá enviar à instituição ou entidade a que se refere o inciso I do caput as informações sobre o custo de aquisição dos ativos para a apuração da base de cálculo do imposto sobre a renda devido pelo investidor, caso a aquisição do ativo tenha sido realizada por intermédio dessa instituição ou entidade e ela não disponha das referidas informações.

§ 2º Nos casos em que a alienação das cotas seja realizada por intermédio de instituição ou entidade diferente da que foi utilizada para aquisição do ativo, o investidor poderá autorizar, expressamente, a bolsa de valores ou a entidade de balcão organizado na qual as cotas do Fundo de Índice de Renda Fixa sejam negociadas a enviar as informações sobre o custo de aquisição dos ativos para apuração da base de cálculo do imposto devido pelo investidor aos responsáveis tributários referidos no caput.

§ 3º Nas negociações de cotas no mercado secundário que não tenham sido realizadas em bolsas de valores ou em balcão organizado, ou no resgate de cotas, caberá ao investidor fornecer aos responsáveis tributários referidos no caput a data de realização do negócio, a quantidade e o custo dos ativos negociados e outras informações que se façam necessárias para apuração da base de cálculo do imposto sobre a renda devido, cuja comprovação será feita por meio de nota de corretagem de aquisição, de boletim de subscrição, de instrumento de compra, venda ou doação, de declaração do imposto sobre a renda do investidor ou de declaração do custo médio de aquisição, conforme modelo a ser disponibilizado pela Secretaria da Receita Federal do Brasil.

§ 4º A falta da autorização de que trata o § 2º ou a falta de comprovação do custo de aquisição ou do valor da aplicação financeira a que se refere o § 3º implicam considerar o custo de aquisição ou o valor da aplicação financeira igual a 0 (zero), para fins de cômputo da base de cálculo do imposto sobre a renda devido.

§ 5º O investidor é responsável pela veracidade, integridade e completude das informações prestadas.

§ 6º O recolhimento do imposto sobre a renda deverá ser efetuado com observância do disposto no item 1 da alínea b do inciso I do caput do art. 70 da Lei 11.196, de 21 de novembro de 2005 .

Art. 5º A Lei 10.179, de 6 de fevereiro de 2001, passa a vigorar com as seguintes alterações:

"Art. 1º (...)

"(...)

"X – realizar operações, definidas em lei, com autarquia, fundação, empresa pública ou sociedade de economia mista, integrantes da administração pública federal, a critério do Ministro de Estado da Fazenda; e

"XI – realizar operações relacionadas ao Programa de Financiamento às Exportações – PROEX, instituído pela Lei 10.184, de 12 de fevereiro de 2001.

(...)"

"Art. 3º (...)

"I – oferta pública, com a realização de leilões, nas hipóteses dos incisos I e VII do caput do art. 1º;

"II – oferta pública para pessoas físicas, na hipótese do inciso I do caput do art. 1º;

"III – direta, com interessado específico e a critério do Ministro de Estado da Fazenda, nas hipóteses dos incisos VI e VII do caput do art. 1º;

"IV – direta, com interessado específico e a critério do Ministro de Estado da Fazenda, com colocação ao par, na hipótese do inciso II do caput do art. 1º;

"V – direta, sem contrapartida financeira, a critério do Ministro de Estado da Fazenda, não podendo ser colocados por valor inferior ao par, na hipótese do inciso "XI do caput do art. 1º;

"VI – direta, sem contrapartida financeira, a critério do Ministro de Estado da Fazenda, nas hipóteses dos incisos VIII e IX do caput do art. 1º;

"VII – direta, a critério do Ministro de Estado da Fazenda, com colocação nas condições definidas na lei a que se refere o inciso X do caput do art. 1º, na hipótese do mesmo inciso; e

"VIII – direta, com contrapartida financeira, em favor de Fundo de Índice com cotas negociadas em bolsa de valores ou mercado de balcão organizado, autorizados pela Comissão de Valores Mobiliários, em decorrência de contrato celebrado entre a União, por intermédio da Secretaria do Tesouro Nacional, e o Gestor, na hipótese do inciso I do caput do art. 1º.

(...)

"§ 2º Os títulos a que se refere o inciso XI do caput do art. 1º poderão ser emitidos com prazo inferior ao do financiamento a ser equalizado, observada a equivalência econômica da operação.

"§ 3º As emissões anteriores em favor de interessado específico, previstas no inciso XI do caput do art. 1º, poderão, desde que haja prévia anuência do interessado e a critério do Ministro de Estado da Fazenda, ser canceladas, emitindo-se, em substituição, títulos com as características do disposto no § 2º.

" (...)

"§ 5º O contrato a que se refere o inciso VIII do caput deverá resultar de processo seletivo conduzido pela Secretaria do Tesouro Nacional, com o objetivo de apontar o Gestor de Fundos de Índice em referência.

"§ 6º No processo seletivo a que se refere o § 5º, o Gestor de Fundos de Índice em referência deverá indicar instituição para exercer a função de Administrador, caso ele próprio não exerça essa função."

"Art. 3º-A. O processo seletivo a que se refere o § 5º do art. 3º desta Lei será realizado na modalidade convite, de acordo com os critérios, condições e prazos a serem estabelecidos em ato do Poder Executivo, e observará o seguinte rito:

"I – realização de etapa técnica e etapa comercial, pontuadas de acordo com os pesos definidos no ato do Poder Executivo a que se refere o caput, observadas, no mínimo, as seguintes condições:

"a) na etapa técnica, as instituições deverão demonstrar capacitação técnica e a estratégia de colocação e desenvolvimento do Fundo de Índice, nos moldes definidos no ato do Poder Executivo a que se refere o caput; e

"b) na etapa comercial, as instituições deverão apresentar uma única proposta, nos moldes definidos no ato do Poder Executivo a que se refere o caput;

"II – será desclassificada do processo seletivo a instituição que apresentar mais de uma ou nenhuma proposta técnica ou mais de uma ou nenhuma proposta comercial;

"III – em caso de empate entre os 2 (dois) primeiros colocados, será considerada vencedora aquela que obtiver maior nota na etapa técnica;

"IV – encerradas as etapas técnica e comercial e ordenadas as propostas, serão avaliados os documentos de habilitação da instituição que apresentou a melhor proposta, para verificação das condições fixadas no ato do Poder Executivo a que se refere o caput; e

"V – se a instituição classificada em primeiro lugar desatender às exigências habilitatórias, serão examinados os documentos de habilitação da segunda classificada e, sucessivamente, caso haja tal necessidade, das demais instituições, observada a ordem de classificação, até a apuração de uma que atenda às condições fixadas no ato do Poder Executivo a que se refere o caput, sendo a instituição declarada vencedora.

"§ 1º A modalidade disposta no caput observará o número mínimo de 3 (três) convidados, escolhidos dentre os interessados no ramo pertinente ao seu objeto, com disponibilização do instrumento convocatório do processo seletivo no sítio eletrônico do Tesouro Nacional na internet com antecedência de, no mínimo,72 (setenta e duas) horas da apresentação das propostas.

"§ 2º O convite será estendido àqueles que manifestarem seu interesse por meio da apresentação de propostas no prazo definido no ato do Poder Executivo a que se refere o caput."

Seção III
Da Tributação nas Operações de Empréstimo de Ações e Outros Títulos e Valores Mobiliários

Art. 6º A remuneração auferida pelo emprestador nas operações de empréstimo de ações de emissão de companhias abertas realizadas em entidades autorizadas a prestar serviços de compensação e liquidação de operações com valores mobiliários será tributada pelo imposto sobre a renda de acordo com as regras estabelecidas para aplicação de renda fixa às alíquotas previstas no art. 1º da Lei 11.033, de 21 de dezembro de 2004.

§ 1º No caso de pessoa jurídica tributada com base no lucro real, a remuneração de que trata o caput será reconhecida pelo emprestador ou pelo tomador como receita ou despesa, conforme o caso, segundo o regime de competência, sem prejuízo do imposto de que trata o caput, considerado como antecipação do devido.

§ 2º Quando a remuneração for fixada em percentual sobre o valor das ações objeto do empréstimo, as receitas ou despesas terão por base de cálculo o preço médio da ação verificado no mercado à vista da bolsa de valores em que as ações estiverem admitidas à negociação no dia útil anterior à data de concessão do empréstimo ou no dia útil anterior à data do vencimento da operação, conforme previsto no contrato.

§ 3º Fica responsável pela retenção e recolhimento do imposto de que trata este artigo a entidade autorizada a prestar serviços de compensação e liquidação de operações com valores mobiliários.

Art. 7º O valor, integral ou parcial, reembolsado ao emprestador pelo tomador, decorrente dos proventos distribuídos pela companhia emissora das ações durante o decurso do contrato de empréstimo, é isento do imposto sobre a renda retido na fonte para o emprestador, pessoa física ou jurídica, domiciliado no País ou no exterior.

§ 1º O valor do reembolso de que trata este artigo será:

I – integral em relação aos proventos correspondentes às ações tomadas em empréstimo, caso ocorra o reembolso em decorrência do pagamento de valor equivalente:

a) aos dividendos, em qualquer hipótese; e

b) aos juros sobre o capital próprio – JCP, quando o emprestador não for sujeito à retenção do imposto sobre a renda de que trata o § 2º do art. 9º da Lei 9.249, de 26 de dezembro de 1995, por ser entidade imune, fundo ou clube de investimento, ou entidade de previdência complementar, sociedade seguradora e Fundo de Aposentadoria Programada Individual – FAPI, no caso de aplicações dos recursos de que trata o art. 5º da Lei 11.053, de 29 de dezembro de 2004 ; ou

II – parcial em relação ao JCP correspondente às ações tomadas em empréstimo, deduzido o valor equivalente ao imposto sobre a renda na fonte que seria retido e recolhido pela companhia em nome do emprestador na hipótese de o emprestador não ter colocado suas ações para empréstimo nas entidades de que trata o caput do art. 6º.

§ 2º No caso de tomador pessoa jurídica tributada com base no lucro real, presumido ou arbitrado, o valor do imposto sobre a renda a que se refere o inciso II do § 1º não poderá ser compensado como antecipação do devido na apuração do Imposto sobre a Renda das Pessoas Jurídicas – IRPJ.

§ 3º No caso de emprestador pessoa jurídica, o valor do reembolso a que se refere o inciso II do § 1º deverá ser incluído na apuração da base de cálculo do IRPJ e da Contribuição Social sobre o Lucro Líquido – CSLL, adicionado do valor correspondente ao imposto sobre a renda retido pela fonte pagadora do JCP em nome do tomador.

§ 4º O valor correspondente ao imposto sobre a renda que foi adicionado na forma do § 3º poderá ser compensado como antecipação do devido na apuração do IRPJ devido pelo emprestador pessoa jurídica, ainda que não tenha sido retido em seu nome.

§ 5º *(Vetado).*

§ 6º O valor correspondente ao JCP reembolsado ao emprestador poderá ser dedutível na apuração do IRPJ, no caso de tomador pessoa jurídica tributada com base no lucro real.

Art. 8º Será devido pelo tomador o imposto sobre a renda à alíquota de 15% (quinze por cento) incidente sobre o valor correspondente ao JCP distribuído pela companhia emissora do papel objeto do empréstimo em ambientes de que trata o art. 6º, na hipótese de operação de empréstimo de ações que tenha como parte emprestadora pessoa física ou jurídica sujeita ao imposto sobre a renda, e como parte tomadora:

I – fundo ou clube de investimento; ou

II – no caso de aplicações dos recursos de que trata o art. 5º da Lei 11.053, de 29 de dezembro de 2004:

a) entidade de previdência complementar;

b) sociedade seguradora; ou

c) Fapi.

§ 1º Para fins do disposto no caput, a base de cálculo do imposto a ser recolhido é o valor correspondente ao montante originalmente distribuído pela companhia, a título de JCP, em relação ao saldo das ações emprestadas ao tomador mantidas em custódia em sua titularidade acrescido do saldo de ações emprestadas a terceiros.

§ 2º Cabe ao administrador do fundo ou clube de investimento ou entidade responsável pela aplicação dos recursos de que trata o art. 5º da Lei 11.053, de 29 de dezembro de 2004, efetuar o recolhimento do imposto sobre a renda à alíquota de 15% (quinze por cento) prevista no caput.

§ 3º Para a hipótese de tomador previsto no caput que, na data do pagamento do JCP pela companhia emissora, seja também titular de ações não tomadas por meio de empréstimo ou também tenha emprestado ações, a base de cálculo para o imposto sobre a renda será o valor bruto do JCP pago por ação, multiplicado pelo somatório do saldo de ações de sua titularidade e do saldo de ações que o tomador tenha emprestado a terceiros, observando-se para o somatório o limite máximo do número de ações tomadas em empréstimo pelo tomador.

§ 4º O imposto sobre a renda de que trata este artigo será:

I – definitivo, sem direito a qualquer restituição ou compensação por parte do tomador das ações em empréstimo; e

II – recolhido até o terceiro dia útil subsequente ao decêndio de ocorrência dos fatos geradores.

Art. 9º No caso do tomador de ações por empréstimo, a diferença positiva ou negativa entre o valor da alienação e o custo médio de aquisição desses valores será considerada ganho líquido ou perda do mercado de renda variável, sendo esse resultado apurado por ocasião da recompra das ações.

Parágrafo único. Na apuração do imposto de que trata o caput, poderão ser computados como custo da operação as corretagens e demais emolumentos efetivamente pagos pelo tomador.

Art. 10. Aplica-se, no que couber, o disposto no art. 6º aos empréstimos de títulos e outros valores mobiliários.

§ 1º No caso do tomador, a diferença positiva entre o valor de alienação e o valor de aquisição será considerada:

I – ganho líquido ou perda, em relação a valores mobiliários de renda variável negociados em bolsa de valores, sendo esse resultado apurado por ocasião da recompra dos valores mobiliários a serem devolvidos; e

II – rendimento, nos demais casos, sendo esse rendimento apurado por ocasião da recompra dos títulos ou valores mobiliários a serem devolvidos.

§ 2º Na apuração do imposto de que trata o inciso I do § 1º, poderão ser computados como custos da operação as corretagens e demais emolumentos efetivamente pagos pelo tomador.

Art. 11. O valor reembolsado ao emprestador pelo tomador, decorrente dos rendimentos distribuídos durante o decurso do contrato de empréstimo de títulos e outros valores mobiliários, é isento do imposto sobre a renda retido na fonte para o emprestador, pessoa física ou jurídica, domiciliado no País ou no exterior.

Parágrafo único. O valor do reembolso de que trata este artigo será deduzido:

I – do valor equivalente ao imposto sobre a renda na fonte que seria devido pelo emprestador; ou

II – do valor equivalente ao imposto de renda retido na fonte previsto no § 1º do art. 12, para as hipóteses previstas no caput do art. 12.

Art. 12. O imposto de que trata o art. 8º também incidirá sobre os rendimentos pagos durante o decurso do contrato de empréstimo de títulos e valores mobiliários sujeitos à tributação pelo imposto sobre a renda de acordo com o disposto no art. 1º da Lei 11.033, de 21 de dezembro de 2004, quando tenham como parte emprestadora pessoa física ou jurídica sujeita ao imposto sobre a renda, e como parte tomadora:

I – fundo ou clube de investimento; ou

II – no caso de aplicações dos recursos de que trata o art. 5º da Lei 11.053, de 29 de dezembro de 2004:

a) entidade de previdência complementar;

b) sociedade seguradora; ou

c) Fapi.

§ 1º O tomador será responsável pelo pagamento do imposto de renda à alíquota de 15% (quinze por cento), incidente sobre os rendimentos distribuídos pelo título ou valor mobiliário.

§ 2º O emprestador dos ativos, pessoa física ou jurídica, será responsável pelo pagamento da diferença entre o valor do imposto que seria devido na hipótese em que o rendimento fosse pago diretamente ao emprestador e o valor devido pelo tomador nos termos do § 1º deste artigo, aplicando-se, no que couber, os procedimentos previstos nos §§ 1º a 4º do art. 8º desta Lei.

Art. 13. No caso do tomador de títulos ou valores mobiliários sujeitos à tributação pelo imposto sobre a renda de acordo com o disposto no art. 1º da Lei 11.033, de 21 de dezembro de 2004, a diferença positiva entre o valor da alienação, líquido do IOF, eventualmente incidente, e o valor da aplicação financeira é considerada rendimento, sendo apurada por ocasião da recompra dos referidos títulos e valores mobiliários.

Parágrafo único. Caberá ao tomador o pagamento do imposto de renda de que trata o caput.

Art. 14. No caso do emprestador de títulos, ações e outros valores mobiliários, não constitui fato gerador do imposto sobre a renda a liquidação do empréstimo efetivada pela devolução do mesmo título, ação ou valor mobiliário de mesma classe, espécie e emissor.

Parágrafo único. Quando a operação for liquidada por meio de entrega de numerário, o ganho líquido ou rendimento será representado pela diferença positiva entre o valor da liquidação financeira do empréstimo e o custo médio de aquisição dos títulos, ações e outros valores mobiliários.

Art. 15. São responsáveis pela retenção do imposto sobre a renda:

I – a entidade autorizada a prestar serviços de compensação e liquidação, na hipótese prevista no art. 6º; e

II – a instituição que efetuar a recompra dos títulos e dos valores mobiliários, na hipótese prevista no inciso II do § 1º do art. 10.

Parágrafo único. Para efeito do disposto no inciso II do caput:

I – o tomador deverá entregar à instituição responsável pela retenção do imposto a nota de corretagem ou de negociação referente à alienação dos títulos ou valores mobiliários; e

II – será aplicada sobre o rendimento:

a) uma das alíquotas de que trata o art. 1º da Lei 11.033, de 21 de dezembro de 2004, em função do prazo decorrido entre as datas de alienação e de recompra dos títulos e dos valores mobiliários;

b) a alíquota de 15% (quinze por cento), no caso de investidor residente ou domiciliado no exterior, individual ou coletivo, que realizar operações financeiras no País de acordo com as normas e condições estabelecidas pelo Conselho Monetário Nacional; ou

c) as alíquotas previstas na legislação em vigor para o investidor residente ou domiciliado em país com tributação favorecida, nos termos do art. 24 da Lei 9.430, de 27 de dezembro de 1996.

Seção IV
Da Isenção de Imposto de Renda sobre Alienação em Bolsa de Valores de Ações de Pequenas e Médias Empresas

Art. 16. Fica isento de imposto sobre a renda o ganho de capital auferido por pessoa física, até 31 de dezembro de 2023, na alienação, realizada no mercado à vista de bolsas de valores, de ações que tenham sido emitidas por companhias que, cumulativamente:

I – tenham as suas ações admitidas à negociação em segmento especial, instituído por bolsa de valores, que assegure, por meio de vínculo contratual entre a bolsa e o emissor, práticas diferenciadas de governança corporativa, contemplando, no mínimo, a obrigatoriedade de cumprimento das seguintes regras:

a) realização de oferta pública de aquisição de ações – OPA, quando exigida pela bolsa de valores, a valor econômico estabelecido em laudo de avaliação, em caso de saída da companhia do segmento especial;

b) resolução de conflitos societários por meio de arbitragem;

c) realização de oferta pública de aquisição para todas as ações em caso de alienação do controle da companhia, pelo mesmo valor e nas mesmas condições ofertadas ao acionista controlador (tag along); e

d) previsão expressa no estatuto social da companhia de que seu capital social seja dividido exclusivamente em ações ordinárias;

II – tenham valor de mercado inferior a R$ 700.000.000,00 (setecentos milhões de reais):

a) na data da oferta pública inicial de ações da companhia;

b) em 10 de julho de 2014, para as ações das companhias que já tinham efetuado oferta pública inicial de ações antes dessa data; ou

c) na data das ofertas públicas subsequentes de ações, para as companhias já enquadradas nos casos a que se referem as alíneas a e b;

III – tenham receita bruta anual inferior a R$ 500.000.000,00 (quinhentos milhões de reais), apurada no balanço consolidado do exercício social:

a) imediatamente anterior ao da data da oferta pública inicial de ações da companhia;

b) de 2013, para as ações das companhias que já tinham efetuado oferta pública inicial de ações antes de 10 de julho de 2014;

c) imediatamente anterior ao da data das ofertas públicas subsequentes de ações, para as companhias já enquadradas nos casos a que se referem as alíneas a e b; e

IV – em que se verifique distribuição primária correspondente a, no mínimo, 67% (sessenta e sete por cento) do volume total de ações de emissão pela companhia:

a) na oferta pública inicial de ações da companhia;

b) em 10 de julho de 2014, para as ações das companhias que já tinham efetuado oferta pública inicial de ações antes dessa data; ou

c) caso exista, na data da oferta pública de ações subsequente, para as companhias já enquadradas nos casos a que se referem as alíneas a e b.

§ 1º Para efeitos do disposto no inciso II do caput, entende-se por valor de mercado da companhia:

I – para a hipótese prevista na alínea a do inciso II do caput, o valor apurado ao fim do processo de formação de preço (bookbuilding ou leilão em bolsa de valores) na oferta pública inicial de ações;

II – para a hipótese prevista na alínea b do inciso II do caput, o valor apurado pela média do preço de fechamento das ações, ponderada pelo volume negociado, nos 30 (trinta) pregões imediatamente anteriores a 10 de julho de 2014; ou

III – para a hipótese prevista na alínea c do inciso II do caput, o valor apurado pela média do preço de fechamento das ações, ponderada pelo volume negociado, nos 30 (trinta) pregões imediatamente anteriores à data de pedido de registro de oferta pública subsequente.

§ 2º Para efeito da isenção de que trata o caput, as companhias de que trata este artigo estão obrigadas à apuração do imposto sobre a renda com base no lucro real.

§ 3º A Comissão de Valores Mobiliários disponibilizará, em seu sítio na internet, a relação das ofertas cujo objeto sejam ações beneficiadas por esta Seção, juntamente com o montante de cada emissão.

§ 4º A companhia que atenda aos requisitos previstos neste artigo deve destacar esse fato, por ocasião da emissão pública de ações, na primeira página do Prospecto, ou documento equivalente, e do Anúncio de Início de Distribuição.

§ 5º As companhias de que trata este artigo estão obrigadas a disponibilizar à Secretaria da Receita Federal do Brasil, na forma estabelecida em ato do Secretário da Receita Federal do Brasil, sua base acionária:

I – do dia anterior ao da entrada em vigor do benefício; e

II – do último dia de vigência do benefício.

Art. 17. Para gozo da isenção de que trata o caput do art. 16, as ações devem ser adquiridas a partir de 10 de julho de 2014:

I – por ocasião da oferta pública inicial e de ofertas públicas subsequentes de ações;

II – em bolsas de valores, inclusive para as ações das companhias que já tinham efetuado oferta pública inicial de ações antes de 10 de julho de 2014 com observância das condições estabelecidas nesta Seção;

III – no exercício do direito de preferência do acionista, conforme previsto na Lei 6.404, de 15 de dezembro de 1976; ou

IV – por meio de bonificações em ações distribuídas até 31 de dezembro de 2023.

§ 1º A manutenção da isenção prevista no caput depende da permanência das ações em depositários centrais de ações, nos termos da legislação em vigor.

§ 2º Até 31 de dezembro de 2023, é vedada a compensação de perdas ou prejuízos incorridos na alienação das ações nos termos do caput.

§ 3º Até 31 de dezembro de 2023, o valor de alienação das ações referidas neste artigo não será computado para fins de cálculo do limite a que se refere o inciso I do caput do art. 3º da Lei 11.033, de 21 de dezembro de 2004.

§ 4º O empréstimo das ações referidas neste artigo não afasta a manutenção do direito à isenção pelo emprestador, pessoa física.

§ 5º Em relação ao investidor que já tinha adquirido as ações a que se refere o inciso II do caput até 10 de julho de 2014, o custo de aquisição dessas ações será ajustado, para fins de apuração da base de cálculo do imposto sobre a renda, ao maior valor entre o custo de aquisição efetivamente pago e a média do preço de fechamento, ponderada pelo volume negociado, nos últimos 30 (trinta) pregões anteriores a 10 de julho de 2014.

§ 6º As ações adquiridas e não alienadas até 31 de dezembro de 2023 terão seus custos de aquisição ajustados, para fins de apuração da base de cálculo do imposto sobre a renda, ao maior valor entre o custo de aquisição efetivamente pago e a média do preço de fechamento, ponderada pelo volume negociado nos últimos 30 (trinta) pregões anteriores a 31 de dezembro de 2023.

§ 7º As entidades responsáveis pelo depósito centralizado deverão disponibilizar à Secretaria da Receita Federal do Brasil, em relação às companhias de que trata o art. 16 desta Lei, o valor correspondente à média do preço de fechamento das ações de sua emissão, ponderada pelo volume negociado, nos últimos 30 (trinta) pregões anteriores a:

I – 10 de julho de 2014; e

II – 31 de dezembro de 2023.

§ 8º Não se aplica às ações de emissão das companhias que cumpram os requisitos do art. 16, quando negociadas em bolsa de valores, o disposto no § 1º do art. 2º da Lei 11.033, de 21 de dezembro de 2004, e no art. 8º da Lei 9.959, de 27 de janeiro de 2000.

Art. 18. Ficam isentos de imposto sobre a renda os rendimentos auferidos por pessoa física no resgate de cotas de fundos de investimento em ações constituídos sob a forma de condomínio aberto e que atendam aos requisitos previstos neste artigo.

§ 1º Os fundos de investimento em ações de que trata o caput deverão:

I – possuir, no mínimo, 67% (sessenta e sete por cento) de seu patrimônio aplicado em ações cujos ganhos sejam isentos do imposto sobre a renda conforme disposto no art. 16;

II – ter prazo mínimo de resgate de 180 (cento e oitenta) dias; e

III – ter a designação "FIA-Mercado de Acesso".

§ 2º Os fundos de ações tratados neste artigo deverão ter um mínimo de 10 (dez) cotistas, sendo que cada cotista, individualmente ou em conjunto com pessoas a ele ligadas, não poderá deter mais de 10% (dez por cento) das cotas emitidas.

§ 3º Para fins do disposto no § 2º, considera-se pessoa ligada ao cotista:

I – a pessoa física que for parente ou afim até o terceiro grau, cônjuge ou companheiro; ou

II – a pessoa física que seja sua associada, na forma de consórcio ou condomínio, conforme definido na legislação brasileira, em qualquer empreendimento.

§ 4º Os fundos de investimento em ações referidos neste artigo cujas carteiras deixarem de observar o disposto neste artigo terão os seus rendimentos, produzidos a partir do momento do desenquadramento da carteira, tributados na forma estabelecida no inciso I do § 3º do art. 1º da Lei 11.033, de 21 de dezembro de 2004, salvo no caso de, cumulativamente:

I – a proporção a que se refere o inciso I do § 1º não se reduzir abaixo de 50% (cinquenta por cento) do total da carteira;

II – a situação de que trata o inciso I deste parágrafo ser regularizada no prazo máximo de 30 (trinta) dias; e

III – não ocorrer nova hipótese de desenquadramento até o último dia do exercício subsequente àquele em que ocorreu o desenquadramento.

§ 5º A Comissão de Valores Mobiliários notificará a Secretaria da Receita Federal do Brasil sempre que for comunicada por administradores de fundos a respeito de desenquadramentos de um FIA-Mercado de Acesso.

Art. 19. As publicações ordenadas pela Lei 6.404, de 15 de dezembro de 1976, das companhias que atendam aos requisitos estabelecidos no art. 16 serão feitas por meio do sítio na internet da Comissão de Valores Mobiliários e da entidade administradora do mercado em que as ações da companhia estiverem admitidas à negociação.

§ 1º As companhias de que trata o caput estão dispensadas de fazer suas publicações no órgão oficial da União, ou do Estado ou do Distrito Federal, mantida a publicação em jornal de grande circulação editado na localidade em que está situada a sede da companhia, que deverá ser efetuada de forma resumida e com divulgação simultânea da íntegra dos documentos no sítio do mesmo jornal na internet, durante o período em que fizerem jus ao benefício estabelecido no art. 16.

§ 2º A publicação de forma resumida, no caso de demonstrações financeiras, deverá conter, no mínimo, comparativamente com os dados do exercício social anterior, informações ou valores globais relativos a cada grupo e respectiva classificação de contas ou registros, assim como extratos das informações relevantes contempladas nas notas explicativas, no parecer dos auditores independentes e do conselho fiscal, se houver.

§ 3º Incumbe ao respectivo jornal providenciar certificação digital da autenticidade dos documentos mantidos no sítio próprio, por autoridade certificadora credenciada no âmbito da Infraestrutura de Chaves Públicas Brasileiras – ICP-Brasil.

Seção V
Da Tributação Incentivada de Títulos e Valores Mobiliários

Art. 20. A Lei 12.431, de 24 de junho de 2011, passa a vigorar com as seguintes alterações:

"Art. 1º (...)

"(...)

"§ 10. Aplica-se o disposto neste artigo aos fundos soberanos que realizarem operações financeiras no País de acordo com as normas e condições estabelecidas pelo Conselho Monetário Nacional, ainda que domiciliados ou residentes em países com tributação favorecida nos termos do art. 24 da Lei 9.430, de 27 de dezembro de 1996.

(...)

"Artigo 2º (...)

"§ 1º O disposto neste artigo aplica-se somente aos ativos que atendam ao disposto nos §§ 1º, 1º-A, 1º-B, 1º-C e 2º do art. 1º, emitidos entre a data da publicação da regulamentação mencionada no § 2º do art. 1º e 31 de dezembro de 2030.

"(...)"

Seção VI
Do Regime Especial de Reintegração de Valores Tributários para as Empresas Exportadoras

- V. Dec. 8.415/2015 (Regulamenta os arts. 21 a 29 da Lei 13.043/ 2014).

Art. 21. Fica reinstituído o Regime Especial de Reintegração de Valores Tributários para as Empresas Exportadoras – REINTEGRA, que tem por objetivo devolver parcial ou integralmente o resíduo tributário remanescente na cadeia de produção de bens exportados.

Art. 22. No âmbito do Reintegra, a pessoa jurídica que exporte os bens de que trata o art. 23 poderá apurar crédito, mediante a aplicação de percentual estabelecido pelo Poder Executivo, sobre a receita auferida com a exportação desses bens para o exterior.

§ 1º O percentual referido no caput poderá variar entre 0,1% (um décimo por cento) e 3% (três por cento), admitindo-se diferenciação por bem.

§ 2º Excepcionalmente, poderá ser acrescido em até 2 (dois) pontos percentuais o percentual a que se refere o § 1º, em caso de exportação de bens em cuja cadeia de produção se verifique a ocorrência de resíduo tributário que justifique a devolução adicional de que trata este parágrafo, comprovado por estudo ou levantamento realizado conforme critérios e parâmetros definidos em regulamento.

§ 3º Considera-se também exportação a venda a empresa comercial exportadora – ECE, com o fim específico de exportação para o exterior.

§ 4º Para efeitos do caput, entende-se como receita de exportação:

I – o valor do bem no local de embarque, no caso de exportação direta; ou

II – o valor da nota fiscal de venda para ECE, no caso de exportação via ECE.

§ 5º Do crédito de que trata este artigo:

I – 17,84% (dezessete inteiros e oitenta e quatro centésimos por cento) serão devolvidos a título da Contribuição para os Programas de Integração Social e de Formação do Patrimônio do Servidor Público – Contribuição para o PIS/Pasep; e

II – 82,16% (oitenta e dois inteiros e dezesseis centésimos por cento) serão devolvidos a título da Contribuição para o Financiamento da Seguridade Social – COFINS.

§ 6º O valor do crédito apurado conforme o disposto neste artigo não será computado na base de cálculo da Contribuição para o PIS/Pasep, da Cofins, do Imposto sobre a Renda das Pessoas Jurídicas – IRPJ e da Contribuição Social sobre o Lucro Líquido – CSLL.

§ 7º Na hipótese de exportação efetuada por cooperativa ou por encomendante, admite-se que os bens sejam produzidos pelo cooperado ou pelo encomendado, respectivamente.

§ 8º *(Vetado).*

Art. 23. A apuração de crédito nos termos do Reintegra será permitida na exportação de bem que cumulativamente:

I – tenha sido industrializado no País;

II – esteja classificado em código da Tabela de Incidência do Imposto sobre Produtos Industrializados – TIPI, aprovada pelo Decreto 7.660, de 23 de dezembro de 2011, e relacionado em ato do Poder Executivo; e

III – tenha custo total de insumos importados não superior a limite percentual do preço de exportação, limite este estabelecido no ato de que trata o inciso II do caput.

§ 1º Para efeitos do disposto no inciso I do caput, considera-se industrialização, nos termos da legislação do Imposto sobre Produtos Industrializados – IPI, as operações de:

I – transformação;

II – beneficiamento;

III – montagem; e

IV – renovação ou recondicionamento.

§ 2º Para efeitos do disposto no inciso III do caput:

I – os insumos originários dos demais países integrantes do Mercado Comum do Sul – MERCOSUL que cumprirem os requisitos do Regime de Origem do MERCOSUL serão considerados nacionais;

II – o custo do insumo importado corresponderá a seu valor aduaneiro, adicionado dos montantes pagos do Imposto de Importação e do Adicional sobre Frete para Renovação da Marinha Mercante, se houver;

III – no caso de insumo importado adquirido de empresa importadora, o custo do insumo corresponderá ao custo final de aquisição do produto colocado no armazém do fabricante exportador; e

IV – o preço de exportação será o preço do bem no local de embarque.

Art. 24. O crédito referido no art. 22 somente poderá ser:

I – compensado com débitos próprios, vencidos ou vincendos, relativos a tributos e contribuições administrados pela Secretaria da Receita Federal do Brasil, observada a legislação específica; ou

II – ressarcido em espécie, observada a legislação específica.

Art. 25. A ECE é obrigada ao recolhimento de valor correspondente ao crédito atribuído à empresa produtora vendedora se:

I – revender, no mercado interno, os produtos adquiridos para exportação; ou

II – no prazo de 180 (cento e oitenta) dias, contado da data da emissão da nota fiscal de venda pela empresa produtora, não houver efetuado a exportação dos produtos para o exterior.

Parágrafo único. O recolhimento do valor referido no caput deverá ser efetuado:

I – acrescido de multa de mora ou de ofício e de juros equivalentes à taxa referencial do Sistema Especial de Liquidação e de Custódia – SELIC, para títulos federais, acumulada mensalmente, calculados a partir do primeiro dia do mês subsequente ao da emissão da nota fiscal de venda dos produtos para a ECE até o último dia do mês anterior ao do pagamento, e de 1% (um por cento) no mês do pagamento;

II – a título da Contribuição para o PIS/Pasep e da Cofins, nas proporções definidas no § 5º do art. 22; e

III – até o 10º (décimo) dia subsequente:

a) ao da revenda no mercado interno; ou

b) ao do vencimento do prazo estabelecido para a efetivação da exportação para o exterior.

Art. 26. O Reintegra não se aplica à ECE.

Art. 27. Poderão também fruir do Reintegra as pessoas jurídicas de que tratam os arts. 11-A e 11-B da Lei 9.440, de 14 de março de 1997, e o art. 1º da Lei 9.826, de 23 de agosto de 1999.

Art. 28. No caso de industrialização por encomenda, somente a pessoa jurídica encomendante poderá fruir do Reintegra.

Art. 29. O Poder Executivo regulamentará o disposto nos arts. 21 a 28, contemplando a relação de que trata o inciso II do caput do art. 23.

Seção VII
Da Contribuição para o PIS/Pasep e da Cofins Incidentes sobre a Receita de Alienação de Participação Societária

Art. 30. A Lei 9.718, de 27 de novembro de 1998, passa a vigorar com as seguintes alterações:

"Art. 3º (...)

"(...)

"§ 2º (...)

"(...)

"IV – as receitas de que trata o inciso IV do caput do art. 187 da Lei 6.404, de 15 de dezembro de 1976, decorrentes da venda de bens do ativo não circulante, classificado como investimento, imobilizado ou intangível; e

"(...)

"§ 14. A pessoa jurídica poderá excluir da base de cálculo da Contribuição para o PIS/Pasep e da Cofins incidentes sobre a receita decorrente da alienação de participação societária o valor despendido para aquisição dessa participação, desde que a receita de alienação não tenha sido excluída da base de cálculo das mencionadas contribuições na forma do inciso IV do § 2º do art. 3º.

"Art. 8º-B. A Cofins incidente sobre as receitas decorrentes da alienação de participações societárias deve ser apurada mediante a aplicação da alíquota de 4% (quatro por cento)."

Art. 31. A Lei 10.637, de 30 de dezembro de 2002, passa a vigorar com a seguinte alteração:

"Art. 8º (...)

"(...)

"XIII – as receitas decorrentes da alienação de participações societárias."

Art. 32. A Lei 10.833, de 29 de dezembro de 2003, passa a vigorar com a seguinte alteração:

"Art. 10 . (...)

"(...)

"XXX – as receitas decorrentes da alienação de participações societárias.

"(...)"

Seção VIII
Do Aproveitamento de Créditos Fiscais no Pagamento de Débitos e Demais Disposições sobre Parcelamentos

Art. 33. O contribuinte com parcelamento que contenha débitos de natureza tributária, vencidos até 31 de dezembro de 2013, perante a Secretaria da Receita Federal do Brasil – RFB ou a Procuradoria-Geral da Fazenda Nacional – PGFN poderá, mediante requerimento, utilizar créditos próprios de prejuízos fiscais e de base de cálculo negativa da CSLL, apurados até 31 de dezembro de 2013 e declarados até 30 de junho de 2014, para a quitação antecipada dos débitos parcelados.

§ 1º Os créditos de prejuízo fiscal e de base de cálculo negativa da CSLL poderão ser utilizados, nos termos do caput, entre empresas controladora e controlada, de forma direta ou indireta, ou entre empresas que sejam controladas direta ou indiretamente por uma mesma empresa, em 31 de dezembro de 2013, domiciliadas no Brasil, desde que se mantenham nesta condição até a data da opção pela quitação antecipada.

§ 2º Poderão ainda ser utilizados pelo contribuinte a que se refere o caput os créditos de prejuízo fiscal e de base de cálculo negativa da CSLL do responsável ou corresponsável pelo crédito tributário que deu origem ao parcelamento.

§ 3º Os créditos das empresas de que tratam os §§ 1º e 2º somente poderão ser utilizados após a utilização total dos créditos próprios.

§ 4º A opção de que trata o caput deverá ser feita mediante requerimento apresentado em até 15 (quinze) dias após a publicação desta Lei, observadas as seguintes condições:

I – pagamento em espécie equivalente a, no mínimo, 30% (trinta por cento) do saldo do parcelamento; e

II – quitação integral do saldo remanescente mediante a utilização de créditos de prejuízos fiscais e de base de cálculo negativa da contribuição social sobre o lucro líquido.

§ 5º Para fins de aplicação deste artigo, o valor do crédito a ser utilizado para a quitação de que trata o inciso II do § 4º será determinado mediante a aplicação das seguintes alíquotas:

I – 25% (vinte e cinco por cento) sobre o montante do prejuízo fiscal;

II – 15% (quinze por cento) sobre a base de cálculo negativa da CSLL, no caso das pessoas jurídicas de seguros privados, das de capitalização e das referidas nos incisos I a VII, IX e X do § 1º do art. 1º da Lei Complementar 105, de 10 de janeiro de 2001 ; e

III – 9% (nove por cento) sobre a base de cálculo negativa da CSLL, no caso das demais pessoas jurídicas.

§ 6º O requerimento de que trata o § 4º suspende a exigibilidade das parcelas até ulterior análise dos créditos utilizados.

§ 7º A RFB dispõe do prazo de 5 (cinco) anos para análise dos créditos indicados para a quitação.

§ 8º Na hipótese de indeferimento dos créditos, no todo ou em parte, será concedido o prazo de 30 (trinta) dias para o contribuinte, o responsável ou o corresponsável promover o pagamento em espécie do saldo remanescente do parcelamento.

§ 9º A falta do pagamento de que trata o § 8º implicará rescisão do parcelamento e prosseguimento da cobrança dos débitos remanescentes.

§ 10. Aos débitos parcelados de acordo com as regras descritas nos arts. 1º a 13 da Lei 11.941, de 27 de maio de 2009, o disposto nos §§ 1º a 3º do art. 7º daquela Lei somente é aplicável para os valores pagos em espécie, nos termos do inciso I do § 4º deste artigo.

§ 11. A RFB e a PGFN editarão os atos necessários à execução dos procedimentos de que trata este artigo.

§ 12. Para os fins do disposto no § 1º, inclui-se também como controlada a sociedade na qual a participação da controladora seja igual ou inferior a 50% (cinquenta por cento), desde que existente acordo de acionistas que assegure de modo permanente a preponderância individual ou comum nas deliberações sociais, assim como o poder individual ou comum de eleger a maioria dos administradores.

Art. 34. A Lei 12.996, de 18 de junho de 2014, passa a vigorar com as seguintes alterações:

"Art. 2º Fica reaberto, até o 15º (décimo quinto) dia após a publicação da Lei decorrente da conversão da Medida Provisória 651, de 9 de julho de 2014, o prazo previsto no § 12 do art. 1º e no art. 7º da Lei 11.941, de 27 de maio de 2009, bem como o prazo previsto no § 18 do art. 65 da Lei 12.249, de 11 de junho de 2010, atendidas as condições estabelecidas neste artigo.

(...)

"§ 2º A opção pelas modalidades de parcelamentos previstas no art. 1º da Lei 11.941, de 27 de maio de 2009, e no art. 65 da Lei 12.249, de 11 de junho de 2010, ocorrerá mediante:

"I – antecipação de 5% (cinco por cento) do montante da dívida objeto do parcelamento, após aplicadas as reduções, na hipótese de o valor total da dívida ser menor ou igual a R$ 1.000.000,00 (um milhão de reais);

"II – antecipação de 10% (dez por cento) do montante da dívida objeto do parcelamento, após aplicadas as reduções, na hipótese de o valor total da dívida ser maior que R$ 1.000.000,00 (um milhão de reais) e menor ou igual a R$ 10.000.000,00 (dez milhões de reais);

"III – antecipação de 15% (quinze por cento) do montante da dívida objeto do parcelamento, após aplicadas as reduções, na hipótese de o valor total da dívida ser maior que R$ 10.000.000,00 (dez milhões de reais) e menor ou igual a R$ 20.000.000,00 (vinte milhões de reais); e

"IV – antecipação de 20% (vinte por cento) do montante da dívida objeto do parcelamento, após aplicadas as reduções, na hipótese de o valor total da dívida ser maior que R$ 20.000.000,00 (vinte milhões de reais).

"§ 3º Para fins de enquadramento nos incisos I a IV do § 2º, considera-se o valor total da dívida na data do pedido, sem as reduções.

"§ 4º As antecipações a que se referem os incisos I a IV do § 2º deverão ser pagas até o último dia para a opção, resguardado aos contribuintes que aderiram ao parcelamento durante a vigência da Medida Provisória 651, de 9 de julho de 2014, o direito de pagar em até 5 (cinco) parcelas.

"§ 5º (...)

"(...)

"II – os valores constantes do § 6º do art. 1º da Lei 11.941, de 27 de maio de 2009, ou os valores constantes do § 6º do art. 65 da Lei 12.249, de 11 de junho de 2010, quando aplicável esta Lei.

(...)

"§ 7º Aplicam-se aos débitos parcelados na forma deste artigo as regras previstas no art. 1º da Lei 11.941, de 27 de maio de 2009, independentemente de os débitos terem sido objeto de parcelamento anterior."

Art. 35. *(Vetado).*

Art. 36. Na hipótese de indeferimento dos créditos de prejuízos fiscais e de bases de cálculo negativas da CSLL utilizados para liquidar os débitos parcelados com base no art. 3º da Medida Provisória 470, de 13 de outubro de 2009, e nos arts. 1º a 13 da Lei 11.941, de 27 de maio de 2009, cabe manifestação de inconformidade que observará o rito do Decreto 70.235, de 6 de março de 1972.

Parágrafo único. O contribuinte será intimado a pagar o saldo remanescente do parcelamento no prazo de 30 (trinta) dias da intimação do indeferimento dos créditos de prejuízos fiscais e de bases de cálculo negativas da CSLL ou da intimação da última decisão administrativa no processo administrativo fiscal de que trata o caput.

Art. 37. O art. 43 da Lei 12.431, de 24 de junho de 2011, passa a vigorar com as seguintes alterações:

"Art. 43. (...)

"§ 1º O disposto no caput deste artigo aplica-se ao precatório federal de titularidade de pessoa jurídica que, em 31 de dezembro de 2012, seja considerada controladora, controlada, direta ou indireta, ou coligada do devedor, nos termos dos arts. 1.097 a 1.099 da Lei 10.406, de 10 de janeiro de 2002 – Código Civil.

"§ 2º Para os fins do disposto no § 1º, inclui-se também como controlada a sociedade na qual a participação da controladora seja igual ou inferior a 50% (cinquenta por cento), desde que existente acordo de acionistas que assegure de modo permanente a preponderância individual ou comum nas deliberações sociais, assim como o poder individual ou comum de eleger a maioria dos administradores."

Art. 38. Não serão devidos honorários advocatícios, bem como qualquer sucumbência, em todas as ações judiciais que, direta ou indiretamente, vierem a ser extintas em decorrência de adesão aos parcelamentos previstos na Lei 11.941, de 27 de maio de 2009, inclusive nas reaberturas de prazo operadas pelo disposto no art. 17 da Lei 12.865, de 9 de outubro de 2013, no art. 93 da Lei 12.973, de 13 de maio de 2014, no art. 2º da Lei 12.996, de 18 de junho de 2014, e no art. 65 da Lei 12.249, de 11 de junho de 2010 .

Parágrafo único. O disposto no caput aplica-se somente:

I – aos pedidos de desistência e renúncia protocolados a partir de 10 de julho de 2014; ou

II – aos pedidos de desistência e renúncia já protocolados, mas cujos valores de que trata o caput não tenham sido pagos até 10 de julho de 2014.

Art. 39. O art. 10 da Lei 11.941, de 27 de maio de 2009, passa a vigorar acrescido do seguinte § 2º, renumerando-se o atual parágrafo único para § 1º:

"Artigo 10. (...)

"§ 1º (...)

"§ 2º Tratando-se de depósito judicial, o disposto no caput somente se aplica aos casos em que tenha ocorrido desistência da ação ou recurso e renúncia a qualquer alegação de direito sobre o qual se funda a ação, para usufruir dos benefícios desta Lei."

Art. 40. O art. 127 da Lei 12.249, de 11 de junho de 2010, passa a vigorar com a seguinte alteração:

"Art. 127. Até que ocorra a indicação de que trata o art. 5º da Lei 11.941, de 27 de maio de 2009, os débitos de devedores que apresentaram pedidos de parcelamentos previstos nos arts. 1º, 2º e 3º da Lei 11.941, de 27 de maio de 2009, inclusive nas reaberturas de prazo operadas pelo disposto no art. 17 da Lei 12.865, de 9 de outubro de 2013, no art. 93 da Lei 12.973, de 13 de maio de 2014, e no art. 2º da Lei 12.996, de 18 de junho de 2014, que tenham sido deferidos pela administração tributária devem ser considerados parcelados para os fins do inciso VI do art. 151 da Lei 5.172, de 25 de outubro de 1966 – Código Tributário Nacional.

(...)"

Art. 41. Os débitos relativos à Contribuição Provisória sobre Movimentação ou Transmissão de Valores e de Créditos e Direitos de Natureza Financeira – CPMF podem ser parcelados nos termos da Lei 12.996, de 18 junho de 2014, não se aplicando a vedação contida no art. 15 da Lei 9.311, de 24 de outubro de 1996.

Art. 42. Os débitos para com a Fazenda Nacional relativos ao Imposto sobre a Renda das Pessoas Jurídicas – IRPJ e à Contribuição Social sobre o Lucro Líquido – CSLL decorrentes do ganho de capital ocorrido até 31 de dezembro de 2008 pela alienação de ações que tenham sido originadas da conversão de títulos patrimoniais de associações civis sem fins lucrativos, poderão ser:

- Redação dada pela Lei 13.097/2015.

I – pagos à vista com redução de 100% (cem por cento) das multas de mora e de ofício e de 100% (cem por cento) dos juros de mora;

II – parcelados em até 60 (sessenta) prestações, sendo 20% (vinte por cento) de entrada e o restante em parcelas mensais, com redução de 80% (oitenta por cento) da multa isolada e das multas de mora e de ofício, de 40% (quarenta por cento) dos juros de mora.

§ 1º Na hipótese do caput, fica remitido, sob condição resolutória até que se efetive o pagamento de que trata o inciso I ou seja quitado o parcelamento de que trata o inciso II, o valor do IRPJ e da CSLL incidente sobre a parcela do ganho de capital relativa à diferença entre o valor atribuído à ação na subscrição de capital e considerado na apuração do referido ganho, ainda que em eventual lançamento de ofício, e o valor verificado na data de início das negociações da ação em operação regular em bolsa de valores, independentemente da existência de cláusula de restrição de comercialização ou transferência.

§ 2º O disposto neste artigo aplica-se à totalidade dos débitos, constituídos ou não, com exigibilidade suspensa ou não, inscritos ou não em Dívida Ativa da União, mesmo que em fase de execução fiscal já ajuizada, ou que tenham sido objeto de parcelamento anterior não integralmente quitado, ainda que excluído por falta de pagamento.

§ 3º Para efeito de consolidação dos débitos de que trata o caput, após o ajuste referido no § 1º, poderão ser deduzidos os valores do IRPJ e da CSLL que tenham sido recolhidos, até 31 de dezembro de 2013, em função da alienação posterior das ações decorrentes da conversão de títulos patrimoniais de associações civis sem fins lucrativos pelo próprio sujeito passivo, por empresa controladora ou por empresa controlada de forma direta, desde que:

I – tenha sido utilizado o custo original dos respectivos títulos patrimoniais na apuração do ganho;

II – seja limitado ao valor do IRPJ e da CSLL incidentes sobre o ganho de capital apurado considerando como valor de venda o valor verificado das ações na data de início das negociações em operação regular em bolsa de valores.

§ 4º Os depósitos existentes vinculados aos débitos a serem pagos ou parcelados nos termos deste artigo serão automaticamente convertidos em pagamento definitivo, aplicando-se as reduções previstas no caput ao saldo remanescente a ser pago ou parcelado.

§ 5º O contribuinte poderá, mediante requerimento, utilizar créditos de prejuízos fiscais e de base negativa da Contribuição Social sobre o Lucro Líquido – CSLL próprios, apurados até 31 de dezembro de 2013 e declarados até 30 de junho de 2014, para a quitação do saldo remanescente dos débitos após as reduções previstas no caput.

§ 6º Para usufruir dos benefícios previstos neste artigo, a pessoa jurídica deverá comprovar a desistência expressa e irrevogável de todas as ações judiciais que tenham por objeto os débitos que serão pagos ou parcelados na forma deste artigo e renunciar a qualquer alegação de direito sobre as quais se fundam as referidas ações.

§ 7º As reduções previstas no caput não serão cumulativas com quaisquer outras reduções admitidas em lei.

§ 8º Na hipótese de anterior concessão de redução de multas ou de juros em percentuais diversos dos estabelecidos no caput, prevalecerão os percentuais nele referidos, aplicados sobre o saldo original das multas ou dos juros.

§ 9º Enquanto não consolidada a dívida, em relação às parcelas mensais referidas no inciso II do caput, o contribuinte deve calcular e recolher mensalmente o valor equivalente ao montante dos débitos objeto do parcelamento dividido pelo número de prestações pretendidas.

I – *(Revogado)*

II – *(Revogado)*

§ 10. O pagamento ou o pedido de parcelamento deverá ser efetuado até o 15º (décimo quinto) dia após a publicação desta Lei e independerá de apresentação de garantia, mantidas aquelas decorrentes de débitos transferidos de outras modalidades de parcelamento ou de execução fiscal.

§ 11. Implicará imediata rescisão do parcelamento, com cancelamento dos benefícios concedidos, a falta de pagamento:

I – de 3 (três) parcelas, consecutivas ou não; ou

II – de até 2 (duas) prestações, estando pagas todas as demais ou estando vencida a última prestação do parcelamento.

§ 12. É considerada inadimplida a parcela parcialmente paga.

§ 13. Rescindido o parcelamento:

I – será efetuada a apuração do valor original do débito, restabelecendo-se os acréscimos legais na forma da legislação aplicável à época da ocorrência dos respectivos fatos geradores;

II – serão deduzidas do valor referido no inciso I as prestações pagas.

§ 14. Aplica-se ao parcelamento de que trata este artigo o disposto no caput e nos §§ 2º e 3º do art. 11, no art. 12, no caput do art. 13 e no inciso IX do art. 14 da Lei 10.522, de 19 de julho de 2002.

§ 15. Ao parcelamento de que trata este artigo não se aplicam:

I – o § 1º do art. 3º da Lei 9.964, de 10 de abril de 2000; e

II – o § 10 do art. 1º da Lei 10.684, de 30 de maio de 2003.

§ 16. Não será computado na base de cálculo do IRPJ, da CSLL, do PIS e da Cofins a parcela equivalente à redução do valor do montante principal dos tributos, das multas, dos juros e dos encargos legais em decorrência do disposto neste artigo.

§ 17. A Secretaria da Receita Federal do Brasil e a Procuradoria- Geral da Fazenda Nacional, no âmbito de suas competências, editarão os atos necessários à execução do parcelamento de que trata este artigo.

Art. 43. A Lei 10.522, de 19 de julho de 2002, passa a vigorar acrescida do seguinte art. 10-A:

"Art. 10-A. O empresário ou a sociedade empresária que pleitear ou tiver deferido o processamento da recuperação judicial, nos termos dos arts. 51, 52 e 70 da Lei 11.101, de 9 de fevereiro de 2005, poderão parcelar seus débitos com a Fazenda Nacional, em 84 (oitenta e quatro) parcelas mensais e consecutivas, calculadas observando-se os seguintes percentuais mínimos, aplicados sobre o valor da dívida consolidada:

"I – da 1ª à 12ª prestação: 0,666% (seiscentos e sessenta e seis milésimos por cento);

"II – da 13ª à 24ª prestação: 1% (um por cento);

"III – da 25ª à 83ª prestação: 1,333% (um inteiro e trezentos e trinta e três milésimos por cento); e

"IV – 84ª prestação: saldo devedor remanescente.

"§ 1º O disposto neste artigo aplica-se à totalidade dos débitos do empresário ou da sociedade empresária constituídos ou não, inscritos ou não em Dívida Ativa da União, mesmo que discutidos judicialmente em ação proposta pelo sujeito passivo ou em fase de execução fiscal já ajuizada, ressalvados exclusivamente os débitos incluídos em parcelamentos regidos por outras leis.

"§ 2º No caso dos débitos que se encontrarem sob discussão administrativa ou judicial, submetidos ou não à causa legal de suspensão de exigibilidade, o sujeito passivo deverá comprovar que desistiu expressamente e de forma irrevogável da impugnação ou do recurso interposto, ou da ação judicial, e, cumulativamente, renunciou a quaisquer alegações de direito sobre as quais se fundem a ação judicial e o recurso administrativo.

"§ 3º O empresário ou a sociedade empresária poderá, a seu critério, desistir dos parcelamentos em curso, independentemente da modalidade, e solicitar que eles sejam parcelados nos termos deste artigo.

"§ 4º Além das hipóteses previstas no art. 14-B, é causa de rescisão do parcelamento a não concessão da recuperação judicial de que trata o art. 58 da Lei 11.101, de 9 de fevereiro de 2005, bem como a decretação da falência da pessoa jurídica.

"§ 5º O empresário ou a sociedade empresária poderá ter apenas um parcelamento de que trata o caput, cujos débitos constituídos, inscritos ou não em Dívida Ativa da União, poderão ser incluídos até a data do pedido de parcelamento.

"§ 6º A concessão do parcelamento não implica a liberação dos bens e direitos do devedor ou de seus responsáveis que tenham sido constituídos em garantia dos respectivos créditos.

"§ 7º O parcelamento referido no caput observará as demais condições previstas nesta Lei, ressalvado o disposto no § 1º do art. 11, no inciso II do § 1º do art. 12, nos incisos I, II e VIII do art. 14 e no §2º do art. 14-A."

Art. 44. A Secretaria da Receita Federal do Brasil e a Procuradoria-Geral da Fazenda Nacional, inclusive por meio de ato conjunto quando couber, editarão os atos necessários à efetivação do disposto nesta Seção.

Seção IX
Do Fundo de Garantia do Tempo de Serviço – FGTS

Art. 45. Não serão inscritos em Dívida Ativa os débitos de um mesmo devedor com o Fundo de Garantia do Tempo de Serviço – FGTS cujo valor consolidado seja igual ou inferior a R$ 1.000,00 (mil reais).

Art. 46. Não serão ajuizadas execuções fiscais para a cobrança de débitos de um mesmo devedor com o FGTS cujo valor consolidado seja igual ou inferior a R$ 20.000,00 (vinte mil reais).

Parágrafo único. Entende-se por valor consolidado o resultante da atualização do débito originário, somado aos encargos e acréscimos legais ou contratuais, vencidos até a data da apuração.

Art. 47. Ficam cancelados os débitos com o FGTS inscritos em Dívida Ativa de valor consolidado igual ou inferior a R$ 100,00 (cem reais).

Art. 48. O Procurador da Fazenda Nacional requererá o arquivamento, sem baixa na distribuição, das execuções fiscais de débitos com o FGTS, cujo valor consolidado seja igual ou inferior a R$ 20.000,00 (vinte mil reais), desde que não conste dos autos garantia, integral ou parcial, útil à satisfação do crédito.

Art. 49. O disposto nesta Seção não prejudica o direito conferido ao trabalhador de buscar a satisfação do crédito fundiário de que é titular, qualquer que seja o valor, mediante o ajuizamento de reclamação trabalhista, nos termos do art. 25 da Lei 8.036, de 11 de maio de 1990.

Seção X
Da Substituição da Contribuição Previdenciária sobre Folha de Pagamentos

Art. 50. A Lei 12.546, de 14 de dezembro de 2011, passa a vigorar com as seguintes alterações:

"Art. 7º Contribuirão sobre o valor da receita bruta, excluídas as vendas canceladas e os descontos incondicionais concedidos, em substituição às contribuições previstas nos incisos I e III do caput do art. 22 da Lei 8.212, de 24 de julho de 1991, à alíquota de 2% (dois por cento):

(...)

"XII – *(Vetado)*;

"XIII – *(Vetado)*.

"(...)"

"Art. 8º Contribuirão sobre o valor da receita bruta, excluídas as vendas canceladas e os descontos incondicionais concedidos, à alíquota de 1% (um por cento), em substituição às contribuições previstas nos incisos I e III do caput do art. 22 da Lei 8.212, de 24 de julho de 1991, as empresas que fabricam os produtos classificados na Tipi, aprovada pelo Decreto 7.660, de 23 de dezembro de 2011, nos códigos referidos no Anexo I.

"(...)"

"Art. 9º (...)

"II – (...)

"c) reconhecida pela construção, recuperação, reforma, ampliação ou melhoramento da infraestrutura, cuja contrapartida seja ativo intangível representativo de "direito de exploração, no caso de contratos de concessão de serviços públicos;

"(...)

"X – no caso de contrato de concessão de serviços públicos, a receita decorrente da construção, recuperação, reforma, ampliação ou melhoramento da infraestrutura, cuja contrapartida seja ativo financeiro representativo de direito contratual incondicional de receber caixa ou outro ativo financeiro, integrará a base de cálculo da contribuição à medida do efetivo recebimento.

"§ 1º No caso de empresas que se dedicam a outras atividades além das previstas nos arts. 7º e 8º, o cálculo da contribuição obedecerá:

"(...)"

Art. 51. Ficam excluídos do Anexo I da Lei 12.546, de 14 de dezembro de 2011, os produtos classificados nos seguintes códigos da Tabela de Incidência do Imposto sobre Produtos Industrializados – TIPI, aprovada pelo Decreto 7.660, de 23 de dezembro de 2011:

I – 1901.20.00;

II – 1901.90.90;

III – 5402.46.00, 5402.47.00 e 5402.33.10.

Art. 52. *(Vetado)*.

Art. 53. O art. 14 da Lei 11.774, de 17 de setembro de 2008, passa a vigorar com a seguinte alteração:

"Art. 14. (...)

"(...)

"§ 4º (...)

"(...)

"IX – execução continuada de procedimentos de preparação ou processamento de dados de gestão empresarial, pública ou privada, e gerenciamento de processos de clientes, com o uso combinado de mão de obra e sistemas computacionais.

"(...)"

Seção XI
Da Legislação Aduaneira

Art. 54. Na situação de calamidade pública, assim reconhecida por ato da autoridade competente, em que haja risco de desabastecimento para atendimento das necessidades básicas da população, poderá ser autorizada a entrega antecipada da mercadoria ao importador, previamente à formalização dos registros associados aos controles administrativos e aduaneiros, em conformidade com o estabelecido em ato do Poder Executivo.

§ 1º Na hipótese do caput, o importador terá prazo de 30 (trinta) dias para formalizar os registros exigidos e apresentar os documentos comprobatórios da regular importação e da destinação das mercadorias importadas.

§ 2º A ausência de regularização da importação no prazo estabelecido ensejará a apreensão da mercadoria importada e a instauração de processo administrativo para a aplicação da pena de perdimento.

§ 3º Os órgãos intervenientes no comércio exterior poderão estabelecer normas específicas e outros procedimentos excepcionais de controle para atender ao disposto no caput.

§ 4º Os Ministros de Estado da Fazenda e do Desenvolvimento, Indústria e Comércio Exterior editarão ato conjunto estabelecendo a lista de mercadorias que poderão receber o tratamento excepcional a que se refere o caput.

Art. 55. Os tributos decorrentes de importação realizada nos termos do art. 54 serão calculados na data do registro da respectiva Declaração de Importação, observado o prazo máximo previsto no § 1º daquele artigo.

Art. 56. A Lei 10.833, de 29 de dezembro de 2003, passa a vigorar com as seguintes alterações:

"Art. 67. Na impossibilidade de identificação da mercadoria importada, em razão de seu extravio ou consumo, e de descrição genérica nos documentos comerciais e de transporte disponíveis, será aplicada, para fins de determinação dos impostos e dos direitos incidentes na importação, alíquota única de 80% (oitenta por cento) em regime de tributação simplificada relativa ao Imposto de Importação – II, ao Imposto sobre Produtos Industrializados – IPI, à Contribuição para os Programas de Integração Social e de Formação do Patrimônio do Servidor Público – PIS/Pasep, à Contribuição Social para o Financiamento da Seguridade Social – COFINS e ao Adicional ao Frete para a Renovação da Marinha Mercante – AFRMM.

"§ 1º A base de cálculo da tributação simplificada prevista neste artigo será arbitrada em valor equivalente à mediana dos valores por quilograma de todas as mercadorias importadas a título definitivo, pela mesma via de transporte internacional, constantes de declarações registradas no semestre anterior, incluídas as despesas de frete e seguro internacionais.

"(...)

"Art. 69. (...)

"(...)

"§ 3º Quando aplicada sobre a exportação, a multa prevista neste artigo incidirá sobre o preço normal definido no art. 2º do Decreto-Lei 1.578, de 11 de outubro de 1977."

"Art. 76. (...)

"I – (...)

(...)

"d) emissão de documento de identificação ou quantificação de mercadoria sob controle aduaneiro em desacordo com o previsto em ato normativo, relativamente a sua efetiva qualidade ou quantidade;

"e) prática de ato que prejudique a identificação ou quantificação de mercadoria sob controle aduaneiro;

"(...)

"g) consolidação ou desconsolidação de carga efetuada em desacordo com disposição estabelecida em ato normativo e que altere o tratamento tributário ou aduaneiro da mercadoria;

"(...)

"j) descumprimento de obrigação de apresentar à fiscalização, em boa ordem, os documentos relativos à operação em que realizar ou em que intervier, bem como outros documentos exigidos pela Secretaria da Receita Federal do Brasil; ou

"k) descumprimento de determinação legal ou de outras obrigações relativas ao controle aduaneiro previstas em ato normativo não referidas às alíneas c a j;

"II – (...)

"(...)

"d) delegação de atribuição privativa a pessoa não credenciada ou habilitada;

"e) prática de qualquer outra conduta sancionada com suspensão de registro, licença, autorização, credenciamento ou habilitação, nos termos de legislação específica; ou

"f) agressão ou desacato à autoridade aduaneira no exercício da função;

"III – (...)

(...)

"d) prática de ato que embarace, dificulte ou impeça a ação da fiscalização aduaneira, para benefício próprio ou de terceiros;

(...)

"§ 1º A aplicação das sanções previstas neste artigo será anotada no registro do infrator pela administração aduaneira, após a decisão definitiva na esfera administrativa, devendo a anotação ser cancelada após o decurso de 5 (cinco) anos de sua efetivação.

"§ 2º Para os efeitos do disposto neste artigo, consideram-se intervenientes o importador, o exportador, o beneficiário de regime aduaneiro ou de procedimento simplificado, o despachante aduaneiro e seus ajudantes, o transportador, o agente de carga, o operador de transporte multimodal, o operador portuário, o depositário, o administrador de recinto alfandegado, o perito ou qualquer outra pessoa que tenha relação, direta ou indireta, com a operação de comércio exterior.

"(...)

"§ 4º Na aplicação da sanção prevista no inciso I do caput e na determinação do prazo para a aplicação das sanções previstas no inciso II do caput serão considerados:

"I – a natureza e a gravidade da infração cometida;

"II – os danos que dela provierem; e

"III – os antecedentes do infrator, inclusive quanto à proporção das irregularidades no conjunto das operações por ele realizadas e seus esforços para melhorar a conformidade à legislação, segundo os critérios estabelecidos pela Secretaria da Receita Federal do Brasil.

"§ 5º Para os fins do disposto na alínea a do inciso II do caput deste artigo, será considerado reincidente o infrator que:

"I – cometer nova infração pela mesma conduta já sancionada com advertência, no período de 365 (trezentos e sessenta e cinco) dias, contado da data da aplicação da sanção; ou

"II – não sanar a irregularidade que ensejou a aplicação da advertência, depois de um mês de sua aplicação, quando se tratar de conduta passível de regularização.

"§ 5º-A. Para os efeitos do § 5º, no caso de operadores que realizam grande quantidade de operações, poderá ser observada a proporção de erros e omissões em razão da quantidade de documentos, declarações e informações a serem prestadas, nos termos, limites e condições disciplinados pelo Poder Executivo.

"(...)

"§ 10. Feita a intimação, a não apresentação de impugnação no prazo de 20 (vinte) dias implicará revelia, cabendo a imediata aplicação da penalidade.

"§ 10-A. A intimação a que se refere o § 10 deste artigo será:

"I – pessoal, pelo autor do procedimento ou por agente preparador, na repartição ou fora dela, produzindo efeitos com a assinatura do sujeito passivo, seu mandatário ou preposto, ou, no caso de recusa, com declaração escrita de quem o intimar;

"II – por via postal, telegráfica ou por qualquer outro meio ou via, produzindo efeitos com o recebimento no domicílio indicado à Secretaria da Receita Federal do Brasil pelo interveniente na operação de comércio exterior ou, se omitida a data do recebimento, com o decurso de 15 (quinze) dias da expedição da intimação ao referido endereço;

"III – por meio eletrônico, com prova de recebimento, mediante envio ao domicílio tributário do sujeito passivo ou registro em meio magnético ou equivalente utilizado pelo sujeito passivo, produzindo efeitos:

"a) 15 (quinze) dias contados da data registrada no comprovante de entrega no domicílio tributário do sujeito passivo;

"b) na data em que o sujeito passivo efetuar consulta ao endereço eletrônico a ele atribuído pela administração tributária, se ocorrida antes do prazo previsto na alínea a deste inciso; ou

"c) na data registrada no meio magnético ou equivalente utilizado pelo sujeito passivo; ou

"IV – por edital, quando resultarem improfícuos os meios previstos nos incisos I a III deste parágrafo, ou no caso de pessoa jurídica declarada inapta perante o Cadastro Nacional de Pessoas Jurídicas – CNPJ, produzindo efeitos com o decurso de 15 (quinze) dias da publicação ou com qualquer manifestação do interessado no mesmo período.

"(...)"

Art. 57. **O art. 37 da Lei 12.350, de 20 de dezembro de 2010, passa a vigorar com as seguintes alterações:**

"Art. 37. (...)

"§ 1º Para os fins do disposto no inciso II do caput, será considerado reincidente o infrator que, no período de 365 (trezentos e sessenta e cinco) dias, contados da data da aplicação da sanção, cometer nova infração pela mesma conduta já penalizada com advertência ou que não sanar, depois de 1 (um) mês da aplicação da sanção ou do prazo fixado em compromisso de ajuste de conduta, a irregularidade que ensejou sua aplicação.

"§ 2º A aplicação da multa referida no art. 38 poderá ser reduzida em 75% (setenta e cinco por cento) mediante a adesão a compromisso de ajuste de conduta técnica e operacional do infrator com a Secretaria da Receita Federal do Brasil, a partir da assinatura do respectivo termo, condicionada a referida redução ao cumprimento do respectivo compromisso.

"§ 3º Para a aplicação da sanção de suspensão do alfandegamento que atinja local ou recinto de estabelecimento prestador de serviço público portuário ou aeroportuário, deverão ser adotadas medidas para preservar, tanto quanto possível, as operações dos usuários cujas atividades estejam concentradas no recinto atingido pela sanção, mediante:

"I – a realização de despachos aduaneiros para a retirada ou embarque de mercadorias que estavam armazenadas no momento da aplicação da suspensão ou para aquelas que estavam em vias de chegar ao local ou recinto;

"II – postergação, por até 3 (três) meses, do início da execução da suspensão, para que os intervenientes afetados possam realocar atividades; e

"III – limitação dos efeitos da sanção ao segmento de atividades do estabelecimento onde se verificou a respectiva infração.

"§ 4º A postergação prevista no inciso II do § 3º poderá ser condicionada à:

"I – adesão da empresa interessada a compromisso de ajustamento de conduta técnica e operacional com a Secretaria da Receita Federal do Brasil, caso ainda não tenha aderido; e

"II – substituição de administrador ou dirigente responsável pela área de gestão onde ocorreu a infração.

"§ 5º Em qualquer caso, o descumprimento de requisito técnico ou operacional para o alfandegamento deverá ser seguido de:

"I – ressarcimento pelo órgão ou ente responsável pela administração do local ou recinto de qualquer despesa incorrida pela Secretaria da Receita Federal do Brasil para suprir o requisito descumprido ou mitigar os efeitos de sua falta, mediante recolhimento ao Fundo Especial de Desenvolvimento e Aperfeiçoamento das Atividades de Fiscalização – FUNDAF, criado pelo Decreto-Lei 1.437, de 17 de dezembro de 1975, no prazo de 60 (sessenta) dias da apresentação do respectivo auto de cobrança; e

"II – instauração pelo órgão ou ente público responsável pela administração do local ou recinto de processo disciplinar para apuração de responsabilidades; ou

"III – verificação da inadimplência da concessionária ou permissionária pelo órgão ou ente responsável pela fiscalização contratual, na forma do § 2º do art. 38 da Lei 8.987, de 13 de fevereiro de 1995, caso não tenha firmado compromisso de ajuste de conduta com a Secretaria da Receita Federal do Brasil, ou se o tiver descumprido.

"§ 6º As providências referidas nos incisos II e III do § 5º deverão ser tomadas pelo órgão ou ente público responsável pela administração do local ou do recinto ou pela fiscalização da concessão ou permissão, no prazo de 10 (dez) dias do recebimento da representação dos fatos pela Secretaria da Receita Federal do Brasil."

Art. 58. **As alterações de matérias processuais introduzidas no art. 76 da Lei 10.833, de 29 de dezembro de 2003, por meio do art. 54 desta Lei, aplicar-se-ão aos processos em curso, sem prejuízo dos atos realizados na forma do rito anterior.**

Seção XII
Da Dispensa de Retenção de Tributos Federais na Aquisição de Passagens Aéreas pelos Órgãos da Administração Pública Federal

Art. 59. **A Lei 9.430, de 27 de dezembro de 1996, passa a vigorar com a seguinte alteração:**

"Art. 64 . (...)

"(...)

"§ 9º Até 31 de dezembro de 2017, fica dispensada a retenção dos tributos na fonte de que trata o caput sobre os pagamentos efetuados por órgãos ou entidades da administração pública federal, mediante a utilização do Cartão de Pagamento do Governo Federal – CPGF, no caso de compra de passagens aéreas diretamente das companhias aéreas prestadoras de serviços de transporte aéreo."

Seção XIII
Do Programa Nacional de Habitação Urbana e do Fundo Garantidor da Habitação Popular

Art. 60. **A Lei 11.977, de 7 de julho de 2009, passa a vigorar com as seguintes alterações:**

"Art. 4º O Programa Nacional de Habitação Urbana – PNHU tem por objetivo promover a produção ou aquisição de novas unidades habitacionais ou a requalificação de imóveis urbanos, desde 14 de abril de 2009.

"(...)"

"Art. 6º-A. (...)

(...)

"§ 9º Uma vez consolidada a propriedade em seu nome, em virtude do não pagamento da dívida pelo beneficiário, o FAR e o FDS, na qualidade de credores fiduciários, ficam dispensados de levar o imóvel a leilão, devendo promover sua reinclusão no respectivo programa habitacional, destinando-o à aquisição por beneficiário a ser indicado conforme as políticas habitacionais e regras que estiverem vigentes."

"Art. 11. O PNHR tem como finalidade subsidiar a produção ou reforma de imóveis para agricultores familiares e trabalhadores rurais, por intermédio de operações de repasse de recursos do orçamento geral da União ou de financiamento habitacional com recursos do Fundo de Garantia do Tempo de Serviço – FGTS, desde 14 de abril de 2009.

"(...)"

"Art. 29. O FGHab concederá garantia para até 2.000.000 (dois milhões) de financiamentos imobiliários contratados exclusivamente no âmbito do PMCMV."

"Art. 30. As coberturas do FGHab descritas no art. 20 serão prestadas às operações de financiamento habitacional a partir de 14 de abril de 2009, nos casos de:

"(...)"

Seção XIV
Da Casa da Moeda do Brasil

Art. 61. O art. 10 da Lei 12.409, de 25 de maio de 2011, passa a vigorar com a seguinte alteração:

"Art. 10. (...)

"(...)

"§ 2º A despesa envolvida na doação prevista no caput não poderá ultrapassar R$ 9.000.000,00 (nove milhões de reais), e os custos serão suportados pela CMB."

Art. 62. A Lei 5.895, de 19 de junho de 1973, passa a vigorar com as seguintes alterações:

"Art. 2º (...)

"§ 1º Para fins interpretativos, a fabricação de cadernetas de passaporte para fornecimento ao Governo brasileiro e as atividades de controle fiscal de que tratam os arts. 27 a 30 da Lei 11.488, de 15 de junho de 2007, e o art. 58-T da Lei 10.833, de 29 de dezembro de 2003, equiparam-se às atividades constantes do caput.

"§ 2º Sem prejuízo do disposto neste artigo, a Casa da Moeda do Brasil poderá exercer outras atividades compatíveis com suas atividades industriais, bem como a comercialização de moedas comemorativas nas quantidades autorizadas pelo Banco Central do Brasil."

Seção XV
Do Banco Nacional de Desenvolvimento Econômico e Social e do Banco da Amazônia S.A.

Art. 63. Fica a União autorizada a renegociar as condições financeiras e contratuais das operações de crédito com o Banco Nacional de Desenvolvimento Econômico e Social – BNDES firmadas com fundamento no art. 1º da Lei 12.397, de 23 de março de 2011, no art. 2º da Lei 12.453, de 21 de julho de 2011, e no art. 3º da Lei 12.872, de 24 de outubro de 2013.

Parágrafo único. As condições financeiras e contratuais da renegociação de que trata o caput serão definidas em ato do Ministro de Estado da Fazenda, observado o seguinte:

I – as dívidas originais e os saldos renegociados deverão ser considerados pelo seu valor de face; e

II – a remuneração será equivalente à Taxa de Juros de Longo Prazo.

Art. 64. O inciso I do caput do art. 2º-A da Lei 11.948, de 16 de junho de 2009, passa a vigorar com a seguinte redação:

"Art. 2º-A. (...)

"I – até o montante de R$ 6.000.000.000,00 (seis bilhões de reais), visando ao seu enquadramento como instrumento híbrido de capital e dívida, conforme definido pelo Conselho Monetário Nacional, ficando, neste caso, assegurada ao Tesouro Nacional remuneração compatível com o seu custo de captação; e

"(...)"

Art. 65. Fica a União autorizada, até o montante de R$ 5.000.000.000,00 (cinco bilhões de reais), a renegociar ou estabelecer as condições financeiras e contratuais definidas pelo Ministro de Estado da Fazenda de operações de crédito realizadas com o BNDES, que permitam o seu enquadramento como instrumento elegível ao capital principal, nos termos das normas estabelecidas pelo Conselho Monetário Nacional, devendo a remuneração a ser recebida pelo Tesouro Nacional ser variável e limitada à Taxa de Juros de Longo Prazo.

Art. 66. O art. 1º da Lei 12.380, de 10 de janeiro de 2011, passa a vigorar com as seguintes alterações:

"Art. 1º Ficam a União, inclusive mediante fundos, por meio de ato do Poder Executivo, e as entidades da administração pública federal indireta autorizadas a contratar, reciprocamente ou com fundo privado do qual o Tesouro Nacional seja cotista majoritário:

"(...)

"II – a cessão de valores mobiliários e de créditos decorrentes de adiantamentos efetuados para futuro aumento de capital; e

"(...)

"§ 1º Nas operações de que tratam os incisos I e II do caput, poderão ser aceitos em pagamento valores mobiliários, observado o princípio da equivalência econômica, e bens imóveis, na forma do decreto regulamentar.

"(...)"

Art. 67. O art. 7º da Lei 12.087, de 11 de novembro de 2009, passa a vigorar com a seguinte alteração:

"Art. 7º (...)

"I – (...)

"(...)

"d) empresas de qualquer porte dos setores definidos pelo Poder Executivo federal, nos termos do regulamento, como estratégicos para a política industrial e tecnológica, nos limites definidos pelo estatuto do fundo;

"(...)"

Art. 68. A Lei 12.712, de 30 de agosto de 2012 passa a vigorar com as seguintes alterações:

"Art. 8º Fica a União autorizada a subscrever e integralizar ações do Banco da Amazônia S.A. ou conceder crédito em condições financeiras e contratuais definidas em ato do Ministro de Estado da Fazenda que permitam o seu enquadramento como instrumento elegível ao capital principal na formação do patrimônio de referência, nos termos de normas estabelecidas pelo Conselho Monetário Nacional, até 31 de dezembro de 2014, no montante de até R$ 1.000.000.000,00 (um bilhão de reais).

"§ 1º Para a cobertura do crédito de que trata o caput, a União poderá emitir, sob a forma de colocação direta, em favor do Banco da Amazônia S.A., títulos da Dívida Pública Mobiliária Federal, cujas características serão definidas em ato do Ministro de Estado da Fazenda.

"§ 2º No caso de emissão de títulos, será respeitada a equivalência econômica com o valor previsto no caput.

"§ 3º A remuneração a ser recebida pelo Tesouro Nacional deverá ser variável e limitada ao seu custo de captação."

"Art. 33. (...)

(...)

"§ 2º O fundo poderá oferecer, direta ou indiretamente, cobertura para quaisquer riscos relacionados às operações de que trata o § 7º, inclusive não gerenciáveis relacionados a concessões, observadas as condições e formas previstas em seu estatuto.

"(...)

"§ 9º Em caso de cobertura de risco de engenharia, o fundo não exigirá contragarantia."

Art. 69. A alínea a do inciso I do art. 1º da Lei 12.096, de 24 de novembro de 2009, passa a vigorar com a seguinte redação:

"Art. 1º (...)

"I – (...)

"a) à aquisição, produção e arrendamento mercantil de bens de capital, incluídos componentes e serviços tecnológicos relacionados, e o capital de giro associado; à produção de bens de consumo para exportação; ao setor de energia elétrica, a estruturas para exportação de granéis líquidos; a projetos de engenharia; à inovação tecnológica; a projetos de investimento destinados à constituição de capacidade tecnológica e produtiva em setores de alta intensidade de conhecimento e engenharia; a projetos e equipamentos de reciclagem e tratamento ambientalmente adequados de resíduos; e a investimentos no setor de armazenagem nacional de grãos e açúcar; e

"(...)"

Seção XVI
Da Desoneração Tributária na Venda de Equipamentos ou Materiais Destinados a Uso Médico, Hospitalar, Clínico ou Laboratorial

Art. 70. Ficam reduzidas a 0 (zero) as alíquotas da Contribuição para o PIS/Pasep e da Cofins incidentes sobre a receita decorrente da venda de equipamentos ou materiais destinados a uso médico, hospitalar, clínico ou laboratorial, quando adquiridos:

I – pela União, Estados, Distrito Federal ou Municípios, bem como pelas suas autarquias e fundações instituídas e mantidas pelo poder público; ou

II – por entidades beneficentes de assistência social que atendam ao disposto na Lei 12.101, de 27 de novembro de 2009.

§ 1º O disposto no caput aplica-se:

I – exclusivamente aos equipamentos ou materiais listados pelo Poder Executivo;

II – inclusive na venda dos equipamentos ou materiais por pessoa jurídica revendedora às pessoas jurídicas de que trata o caput, hipótese em que as reduções de alíquotas ficam condicionadas à observância dos procedimentos estabelecidos pelo Poder Executivo.

§ 2º A pessoa jurídica industrial, ou equiparada, e a pessoa jurídica revendedora ficam solidariamente responsáveis pelas contribuições não pagas em decorrência de aplicação irregular das reduções de alíquotas de que trata este artigo, acrescidas de juros e de multa, na forma da lei.

Seção XVII
Da Legislação Tributária e Financeira Aplicável aos Contratos de Concessão de Serviços Públicos

Art. 71. **A Lei 11.079, de 30 de dezembro de 2004, passa a vigorar com as seguintes alterações:**

"Art. 6º (...)

"(...)

"§ 3º (...)

" (...)

"III – da base de cálculo da Contribuição Previdenciária sobre a Receita Bruta – CPRB devida pelas empresas referidas nos arts. 7º e 8º da Lei 12.546, de 14 de dezembro de 2011, a partir de 1º de janeiro de 2015.

"§ 4º Até 31 de dezembro de 2013, para os optantes conforme o art. 75 da Lei 12.973, de 13 de maio de 2014, e até 31 de dezembro de 2014, para os não optantes, a parcela excluída nos termos do § 3º deverá ser computada na determinação do lucro líquido para fins de apuração do lucro real, da base de cálculo da CSLL e da base de cálculo da Contribuição para o PIS/Pasep e da Cofins, na proporção em que o custo para a realização de obras e aquisição de bens a que se refere o § 2º deste artigo for realizado, inclusive mediante depreciação ou extinção da concessão, nos termos do art. 35 da Lei 8.987, de 13 de fevereiro de 1995.

"(...)

"§ 6º A partir de 1º de janeiro de 2014, para os optantes conforme o art. 75 da Lei 12.973, de 13 de maio de 2014, e de 1º de janeiro de 2015, para os não optantes, a parcela excluída nos termos do § 3º deverá ser computada na determinação do lucro líquido para fins de apuração do lucro real, da base de cálculo da CSLL e da base de cálculo da Contribuição para o PIS/Pasep e da Cofins em cada período de apuração durante o prazo restante do contrato, considerado a partir do início da prestação dos serviços públicos.

"§ 7º No caso do § 6º, o valor a ser adicionado em cada período de apuração deve ser o valor da parcela excluída dividida pela quantidade de períodos de apuração contidos no prazo restante do contrato.

"§ 8º Para os contratos de concessão em que a concessionária já tenha iniciado a prestação dos serviços públicos nas datas referidas no § 6º, as adições subsequentes serão realizadas em cada período de apuração durante o prazo restante do contrato, considerando o saldo remanescente ainda não adicionado.

"§ 9º A parcela excluída nos termos do inciso III do § 3º deverá ser computada na determinação da base de cálculo da contribuição previdenciária de que trata o inciso III do § 3º em cada período de apuração durante o prazo restante previsto no contrato para construção, recuperação, reforma, ampliação ou melhoramento da infraestrutura que será utilizada na prestação de serviços públicos.

"§ 10. No caso do § 9º, o valor a ser adicionado em cada período de apuração deve ser o valor da parcela excluída dividida pela quantidade de períodos de apuração contidos no prazo restante previsto no contrato para construção, recuperação, reforma, ampliação ou melhoramento da infraestrutura que será utilizada na prestação de serviços públicos.

"§ 11. Ocorrendo a extinção da concessão antes do advento do termo contratual, o saldo da parcela excluída nos termos do § 3º, ainda não adicionado, deverá ser computado na determinação do lucro líquido para fins de apuração do lucro real, da base de cálculo da CSLL e da base de cálculo da Contribuição para o PIS/Pasep, da Cofins e da contribuição previdenciária de que trata o inciso III do § 3º no período de apuração da extinção.

"§ 12. Aplicam-se às receitas auferidas pelo parceiro privado nos termos do § 6º o regime de apuração e as alíquotas da Contribuição para o PIS/Pasep e da Cofins aplicáveis às suas receitas decorrentes da prestação dos serviços públicos."

"Art. 8º (...)

"Parágrafo único. *(Vetado)*."

Art. 72. **A Lei 11.488, de 15 de junho de 2007, passa a vigorar com as seguintes alterações:**

"Art. 3º (...)

"(...)

"§ 4º Os benefícios previstos no caput aplicam-se também na hipótese de, em conformidade com as normas contábeis aplicáveis, as receitas das pessoas jurídicas titulares de contratos de concessão de serviços públicos reconhecidas durante a execução das obras de infraestrutura elegíveis ao Reidi terem como contrapartida ativo intangível representativo de direito de exploração ou ativo financeiro representativo de direito contratual incondicional de receber caixa ou outro ativo financeiro, estendendo-se, inclusive, aos projetos em andamento, já habilitados perante a Secretaria da Receita Federal do Brasil."

"Art. 4º (...)

"(...)

"§ 3º Os benefícios previstos no caput aplicam-se também na hipótese de, em conformidade com as normas contábeis aplicáveis, as receitas das pessoas jurídicas titulares de contratos de concessão de serviços públicos reconhecidas durante a execução das obras de infraestrutura elegíveis ao Reidi terem como contrapartida ativo intangível representativo de direito de exploração ou ativo financeiro representativo de direito contratual incondicional de receber caixa ou outro ativo financeiro, estendendo-se, inclusive, aos projetos em andamento, já habilitados perante a Secretaria da Receita Federal do Brasil."

Seção XVIII
Da Execução Fiscal e do Arrolamento de Bens e Direitos

Art. 73. **A Lei 6.830, de 22 de setembro de 1980, passa a vigorar com as seguintes alterações:**

- Alterações processadas no texto da referida Lei.

Art. 74. **As execuções fiscais de créditos de natureza não tributária cuja prescrição ficou suspensa por mais de 5 (cinco) anos por força da revogação do parágrafo único do art. 5º do Decreto-Lei 1.569, de 8 de agosto de 1977, constante do inciso VIII do art. 114 desta Lei, deverão ser extintas.**

Art. 75. **A revogação do inciso I do art. 15 da Lei 5.010, de 30 de maio de 1966, constante do inciso IX do art. 114 desta Lei, não alcança as execuções fiscais da União e de suas autarquias e fundações públicas ajuizadas na Justiça Estadual antes da vigência desta Lei.**

Art. 76. **O art. 64 da Lei 9.532, de 10 de dezembro de 1997, passa a vigorar acrescido do seguinte § 12:**

"Art. 64. (...)

"(...)

"§ 12. A autoridade fiscal competente poderá, a requerimento do sujeito passivo, substituir bem ou direito arrolado por outro que seja de valor igual ou superior, desde que respeitada a ordem de prioridade de bens a serem arrolados definida pela Secretaria da Receita Federal do Brasil, e seja realizada a avaliação do bem arrolado e do bem a ser substituído nos termos do § 2º do art. 64-A."

Seção XIX
Da Legislação Tributária Aplicável ao Gás Natural e à Nafta

Art. 77. *(Vetado)*.

Seção XX
Das Demais Disposições sobre a Contribuição para o PIS/Pasep e a Cofins

Art. 78. **O art. 3º da Lei 10.147, de 21 de dezembro de 2000, passa a vigorar acrescido do seguinte § 4º:**

"Art. 3º (...)

"(...)

"§ 4º O saldo credor da Contribuição para o PIS/Pasep e da Cofins apurado pelas pessoas jurídicas de que trata este artigo, na forma do art. 3º da Lei 10.637, de 30 de dezembro de 2002, do art. 3º da Lei 10.833, de 29 de dezembro de 2003, e do art. 15 da Lei 10.865, de 30 de abril de 2004, em relação a custos, despesas e encargos vinculados à produção e à comercialização dos produtos referidos no caput, acumulado ao final de cada trimestre do ano-calendário, poderá ser objeto de:

"I – compensação com débitos próprios, vencidos ou vincendos, relativos a tributos e contribuições administrados pela Secretaria da Receita Federal do Brasil, observada a legislação específica aplicável à matéria; ou

"II – pedido de ressarcimento em espécie, observada a legislação específica aplicável à matéria."

Art. 79. **O inciso XX do art. 10 da Lei 10.833, de 29 de dezembro de 2003, passa a vigorar com a seguinte redação:**

"Art. 10. (...)

"(...)

"XX – as receitas decorrentes da execução por administração, empreitada ou subempreitada, de obras de construção civil;

"(...)"

Art. 80. **A ementa da Lei 12.860, de 11 de setembro de 2013, passa a vigorar com a seguinte redação:**

"Dispõe sobre a redução a 0 (zero) das alíquotas da Contribuição para o PIS/Pasep e da Cofins incidentes sobre as receitas decorrentes da prestação de serviços de transporte público coletivo rodoviário, metroviário, ferroviário e aquaviário de passageiros."

Art. 81. **O art. 1º da Lei 12.860, de 11 de setembro de 2013, passa a vigorar com a seguinte redação:**

"Art. 1º Ficam reduzidas a 0 (zero) as alíquotas da Contribuição para os Programas de Integração Social e de Formação do Patrimônio do Servidor Público – PIS/Pasep e da Contribuição para o Financiamento da Seguridade Social – COFINS incidentes sobre a receita decorrente da prestação de serviços de transporte público coletivo municipal de passageiros, por meio rodoviário, metroviário, ferroviário e aquaviário.

"Parágrafo único. A desoneração de que trata o caput alcança também as receitas decorrentes da prestação dos serviços nele referidos no território de região metropolitana regularmente constituída e da prestação dos serviços definidos nos incisos XI a XIII do art. 4º da Lei 12.587, de 3 de janeiro de 2012, por qualquer dos meios citados no caput."

Seção XXI
Do Imposto sobre a Propriedade Territorial Rural e do Imposto de Renda das Pessoas Físicas

Art. 82. A Lei 9.393, de 19 de dezembro de 1996, passa a vigorar acrescida do seguinte art. 3º-A:

"Art. 3º-A. Os imóveis rurais oficialmente reconhecidos como áreas ocupadas por remanescentes de comunidades de quilombos que estejam sob a ocupação direta e sejam explorados, individual ou coletivamente, pelos membros destas comunidades são isentos do Imposto sobre a Propriedade Territorial Rural – ITR.

"§ 1º Ficam dispensados a constituição de créditos da Fazenda Nacional, a inscrição na Dívida Ativa da União e o ajuizamento da respectiva execução fiscal, e cancelados o lançamento e a inscrição relativos ao ITR referentes aos imóveis rurais de que trata o caput a partir da data do registro do título de domínio previsto no art. 68 do Ato das Disposições Constitucionais Transitórias.

"§ 2º Observada a data prevista no § 1º, não serão aplicadas as penalidades estabelecidas nos arts. 7º e 9º para fatos geradores ocorridos até a data de publicação da lei decorrente da conversão da Medida Provisória 651, de 9 de julho de 2014, e ficam anistiados os valores decorrentes de multas lançadas pela apresentação da declaração do ITR fora do prazo."

Art. 83. O art. 8º da Lei 9.393, de 19 de dezembro de 1996, passa a vigorar com a seguinte alteração:

"Art. 8º (...)

"(...)

"§ 3º O contribuinte cujo imóvel se enquadre nas hipóteses estabelecidas nos arts. 2º, 3º e 3º-A fica dispensado da apresentação do DIAT."

Art. 84. A Lei 9.250, de 26 de dezembro de 1995, passa a vigorar com as seguintes alterações:

"Art. 4º (...)

"(...)

"VII – as contribuições para as entidades fechadas de previdência complementar de natureza pública de que trata o § 15 do art. 40 da Constituição Federal, cujo ônus tenha sido do contribuinte, destinadas a custear benefícios complementares assemelhados aos da Previdência Social.

"(...)"

"Art. 8º (...)

"(...)

"II – (...)

"(...)

"i) às contribuições para as entidades fechadas de previdência complementar de natureza pública de que trata o § 15 do art. 40 da Constituição Federal, cujo ônus tenha sido do contribuinte, destinadas a custear benefícios complementares assemelhados aos da Previdência Social.

"(...)"

Art. 85. O art. 11 da Lei 9.532, de 10 de dezembro de 1997, passa a vigorar acrescido dos seguintes §§ 6º e 7º:

"Art. 11. (...)

"(...)

"§ 6º As deduções relativas às contribuições para entidades de previdência complementar a que se referem o inciso VII do art. 4º e a alínea i do inciso II do art. 8º da Lei 9.250, de 26 de dezembro de 1995, desde que limitadas à alíquota de contribuição do ente público patrocinador, não se sujeitam ao limite previsto no caput.

"§ 7º Os valores de contribuição excedentes ao disposto no § 6º poderão ser deduzidos desde que seja observado o limite conjunto de dedução previsto no caput."

Seção XXII
Do Regime Especial de Incentivos para o Desenvolvimento de Usinas Nucleares

Art. 86. A Lei 12.431, de 24 de junho de 2011, passa a vigorar com as seguintes alterações:

"Art. 15 . (...)

"(...)

"§ 4º Aplica-se o disposto neste artigo aos projetos aprovados até 31 de dezembro de 2017."

"Art. 16 . (...)

"(...)

"§ 5º No caso da suspensão aplicável ao Imposto de Importação, fica dispensado, exceto para materiais de construção, o exame de similaridade de que trata o art. 17 do Decreto-Lei 37, de 18 de novembro de 1966."

"Art. 16-A. No caso de venda no mercado interno ou de importação de máquinas, aparelhos, instrumentos e equipamentos, novos, e de materiais de construção para utilização ou incorporação em obras de infraestrutura destinadas ao ativo imobilizado, fica suspensa a exigência da:

"I – Contribuição para os Programas de Integração Social e de Formação do Patrimônio do Servidor Público – Contribuição para o PIS/Pasep e da Contribuição para o Financiamento da Seguridade Social – COFINS incidentes sobre a venda no mercado interno quando os referidos bens ou materiais de construção forem adquiridos por pessoa jurídica beneficiária do Renuclear;

"II – Contribuição para o PIS/Pasep-Importação e da Cofins- Importação quando os referidos bens ou materiais de construção forem importados diretamente por pessoa jurídica beneficiária do Renuclear.

"§ 1º Nas notas fiscais relativas às vendas de que trata o inciso I do caput deverá constar a expressão "Venda efetuada com suspensão do pagamento da Contribuição para o PIS/PASEP e da Cofins", com a especificação do dispositivo legal correspondente.

"§ 2º As suspensões de que trata este artigo convertem-se em alíquota 0 (zero) após a utilização ou incorporação do bem ou material de construção na obra de infraestrutura."

"Art. 16-B. No caso de venda no mercado interno ou de importação de serviços destinados a obras de infraestrutura para incorporação ao ativo imobilizado, fica suspensa a exigência da:

"I – Contribuição para o PIS/Pasep e da Cofins incidentes sobre a prestação de serviços efetuada por pessoa jurídica estabelecida no País quando os referidos serviços forem prestados à pessoa jurídica beneficiária do Renuclear; ou

"II – Contribuição para o PIS/Pasep-Importação e da Cofins- Importação incidentes sobre a prestação de serviços quando os referidos serviços forem importados diretamente por pessoa jurídica beneficiária do Renuclear.

"§ 1º Nas notas fiscais relativas às prestações de serviço de que trata o inciso I do caput, deverá constar a expressão "Prestação de serviço efetuada com suspensão do pagamento da Contribuição para o PIS/Pasep e da Cofins", com a especificação do dispositivo legal correspondente.

"§ 2º As suspensões de que trata este artigo convertem-se em alíquota 0 (zero) após o serviço ser aplicado na obra de infraestrutura."

"Art. 16-C. No caso de locação de máquinas, aparelhos, instrumentos e equipamentos à pessoa jurídica beneficiária do Renuclear para utilização em obras de infraestrutura a serem incorporadas ao ativo imobilizado, fica suspensa a exigência da Contribuição para o PIS/Pasep e da Cofins incidentes sobre a receita auferida pelo locador.

"Parágrafo único. As suspensões de que trata este artigo convertem- se em alíquota 0 (zero) após a aplicação do bem locado na obra de infraestrutura."

"Art. 16-D. Para efeitos dos arts.16 e 16-A, equipara-se ao importador a pessoa jurídica adquirente de bens estrangeiros, no caso de importação realizada por sua conta e ordem por intermédio de pessoa jurídica importadora."

"Art. 16-E. A pessoa jurídica habilitada ao Renuclear que não utilizar ou incorporar o bem ou material de construção na obra de infraestrutura ou que não aplicar o serviço ou o bem locado na citada obra, fica obrigada a recolher os tributos não pagos em decorrência das suspensões usufruídas, acrescidas de juros e multa de mora, na forma da legislação específica, contados a partir do vencimento do tributo relativo à aquisição, locação ou prestação, ou do registro da Declaração de Importação – DI, na condição:

"I – de contribuinte, em relação à Contribuição para o PIS/Pasep-Importação, à Cofins-Importação, ao IPI vinculado à importação e ao Imposto de Importação;

"II – de responsável, em relação à Contribuição para o PIS/Pasep, à Cofins e ao IPI.

Parágrafo único. A incorporação ou utilização do bem ou material de construção na obra de infraestrutura deve ocorrer no prazo de 5 (cinco) anos, contado da data da respectiva aquisição."

"Art. 17 . Os benefícios de que tratam os arts. 16 a 16-C poderão ser usufruídos nas aquisições, importações e locações realizadas até 31 de dezembro de 2020 pela pessoa jurídica habilitada ou coabilitada ao Renuclear."

Seção XXIII
Das Prorrogações Referentes a Regimes Especiais de Tributação

Art. 87. O art. 11 da Lei 12.598, de 21 de março de 2012, passa a vigorar com a seguinte redação:

"Art. 11. Os benefícios de que tratam os arts. 9º, 9º-A, 9º-B e 10 poderão ser usufruídos em até 20 (vinte) anos contados da data de publicação desta Lei, nas aquisições e importações realizadas depois da habilitação das pessoas jurídicas beneficiadas pelo Retid."

Art. 88. O art. 29 da Lei 12.715, de 17 de setembro de 2012, passa a vigorar com a seguinte alteração:

"Art. 29. (...)

"(...)

"§ 3º O projeto de que trata o caput deverá ser apresentado ao Ministério das Comunicações até 30 de junho de 2015.

"(...)"

Art. 89. O art. 16 da Lei 11.371, de 28 de novembro de 2006, passa a vigorar com a seguinte redação:

"Art. 16. Fica reduzida a 0 (zero), em relação aos fatos geradores que ocorrerem até 31 de dezembro de 2022, a alíquota do imposto sobre a renda na fonte incidente nas operações de que trata o inciso V do art. 1º da Lei 9.481, de 13 de agosto de 1997, na hipótese de pagamento, crédito, entrega, emprego ou remessa, por fonte situada no País, a pessoa jurídica domiciliada no exterior, a título de contraprestação de contrato de arrendamento mercantil de aeronave ou de motores destinados a aeronaves, celebrado por empresa de transporte aéreo público regular, de passageiros ou cargas, até 31 de dezembro de 2019."

Art. 90. O inciso I do art. 1º da Lei 9.481, de 13 de agosto de 1997, passa a vigorar com a seguinte redação:

"Art. 1º (...)

"I – receitas de fretes, afretamentos, aluguéis ou arrendamentos de embarcações marítimas ou fluviais ou de aeronaves estrangeiras ou motores de aeronaves estrangeiros, feitos por empresas, desde que tenham sido aprovados pelas autoridades competentes, bem como os pagamentos de aluguel de contêineres, sobrestadia e outros relativos ao uso de serviços de instalações portuárias;

"(...)"

Seção XXIV
Das Demais Alterações na Legislação Tributária

Art. 91. O art. 13 da Lei 12.688, de 18 de julho de 2012, passa a vigorar acrescido do seguinte § 12:

"Art. 13. (...)

"(...)

"§ 12. Caso o certificado não tenha sido emitido até o mês imediatamente posterior ao da concessão da bolsa, poderá ser utilizado, quando emitido, para pagamento da prestação do mês posterior ao da concessão da bolsa ou das prestações vencidas após esta, de forma retroativa, não incidindo a mantenedora em hipótese de rescisão, desde que tenha pago regularmente o valor mínimo, em moeda corrente, de 10% (dez por cento) do valor da prestação."

Art. 92. As perdas incorridas em Certificados de Operações Estruturadas – COE, emitidos de acordo com as normas do Conselho Monetário Nacional, serão dedutíveis na apuração do lucro real.

Art. 93. A Lei 12.101, de 27 de novembro de 2009, passa a vigorar com as seguintes alterações:

"Art. 13. (...)

"(...)

"§ 2º Será facultado à entidade substituir até 25% (vinte e cinco por cento) da quantidade das bolsas de estudo definidas no inciso III do caput e no § 1º por benefícios concedidos a beneficiários cuja renda familiar mensal per capita não exceda o valor de um salário mínimo e meio, tais como transporte, uniforme, material didático, moradia, alimentação e outros benefícios, ações e serviços definidos em ato do Ministro de Estado da Educação.

"(...)"

"Art. 13-A. (...)

"§ 1º As entidades que atuam concomitantemente no nível de educação superior e que tenham aderido ao Prouni e no de educação básica estão obrigadas a cumprir os requisitos exigidos no art. 13, para cada nível de educação, inclusive quanto à complementação eventual da gratuidade por meio da concessão de bolsas de estudo parciais de 50% (cinquenta por cento) e de benefícios, conforme previsto nos §§ 1º e 2º do art. 13.

"(...)"

"Art. 13-B. (...)

"(...)

"§ 2º Será facultado à entidade substituir até 25% (vinte e cinco por cento) da quantidade das bolsas de estudo definidas no inciso II do caput e no § 1º por benefícios concedidos a beneficiários cuja renda familiar mensal per capita não exceda o valor de um salário mínimo e meio, tais como transporte, uniforme, material didático, moradia, alimentação e outros benefícios, ações e serviços definidos em ato do Ministro de Estado da Educação.

"(...)

"§ 5º As entidades que atuam concomitantemente na educação superior e na educação básica são obrigadas a cumprir os requisitos exigidos no art. 13 e neste artigo de maneira segregada, por nível de educação, inclusive quanto à eventual complementação da gratuidade por meio da concessão de bolsas de estudo parciais de 50% (cinquenta por cento) e de benefícios.

"(...)"

"Art. 17. (...)

"(...)

"§ 3º O Termo de Ajuste de Gratuidade poderá ser celebrado somente uma vez com a mesma entidade a cada período de 10 (dez) anos, a contar da data da assinatura do último termo e desde que este tenha sido devidamente cumprido.

"(...)"

Art. 94. O art. 8º da Lei 11.438, de 29 de dezembro de 2006, passa a vigorar com a seguinte redação:

"Art. 8º O Ministério do Esporte informará à Secretaria da Receita Federal do Brasil – RFB os valores correspondentes à doação ou patrocínio destinados ao apoio direto a projetos desportivos e paradesportivos, no ano-calendário anterior.

"Parágrafo único. A RFB estabelecerá, em ato normativo próprio, a forma, o prazo e as condições para o cumprimento da obrigação acessória a que se refere o caput deste artigo."

Art. 95. O § 1º do art. 2º da Lei 11.478, de 29 de maio de 2007, passa a vigorar acrescido do seguinte inciso IV:

"Art. 2º (...)

"§ 1º (...)

"(...)

"IV – à alíquota 0 (zero), quando pagos, creditados, entregues ou remetidos a beneficiário residente ou domiciliado no exterior, individual ou coletivo, que realizar operações financeiras no País de acordo com as normas e condições estabelecidas pelo Conselho Monetário Nacional, exceto no caso de residente ou domiciliado em país com tributação favorecida, nos termos do art. 24 da Lei 9.430, de 27 de dezembro de 1996.

"(...)"

Art. 96. O art. 89 da Lei 12.973, de 13 de maio de 2014, passa a vigorar com a seguinte redação:

"Artigo 89. A matriz e a pessoa jurídica controladora ou a ela equiparada, nos termos do art. 83, domiciliadas no Brasil poderão considerar como imposto pago, para fins da dedução de que trata o art. 87, o imposto sobre a renda retido na fonte no Brasil e no exterior, na proporção de sua participação, decorrente de rendimentos recebidos pela filial, sucursal ou controlada, domiciliadas no exterior.

"§ 1º O disposto no caput somente será permitido se for reconhecida a receita total auferida pela filial, sucursal ou controlada, com a inclusão do imposto retido.

"§ 2º Para o imposto sobre a renda retido na fonte no exterior, o valor do imposto a ser considerado está limitado ao valor que o país de domicílio do beneficiário do rendimento permite que seja aproveitado na apuração do imposto devido pela filial, sucursal ou controlada no exterior."

Art. 97. As receitas auferidas pelos fundos garantidores constituídos nos termos das Leis nos 11.079, de 30 de dezembro de 2004, 11.786, de 25 de setembro de 2008, 11.977, de 7 de julho de 2009, 12.087, de 11 de novembro de 2009 e 12.712, de 30 de agosto de 2012, ficam isentas do Imposto sobre a Renda das Pessoas Jurídicas e da Contribuição Social sobre o Lucro Líquido, inclusive no tocante aos ganhos líquidos mensais e à retenção na fonte sobre os rendimentos de aplicação financeira de renda fixa e de renda variável.

Parágrafo único. Ficam reduzidas a 0 (zero) as alíquotas da Contribuição para o PIS/Pasep e da Contribuição para o Financiamento da Seguridade Social incidentes sobre as receitas e ganhos líquidos de que trata o caput.

Art. 98. (Vetado).

Capítulo II
Das Demais Alterações na Legislação
Seção I
Da Vigilância Sanitária

Art. 99. Os itens 3.1, 3.2, 5.1 e 7.1, bem como seus respectivos subitens, do Anexo II da Lei 9.782, de 26 de janeiro de 1999, passam a vigorar na forma do Anexo desta Lei.

Art. 100. O art. 1º da Lei 11.972, de 6 de julho de 2009, passa a vigorar com a seguinte alteração:

"Artigo 1º Os prazos para renovação das Certificações de Boas Práticas dos produtos sujeitos ao regime de vigilância sanitária, que constam dos subitens dos itens 1.4, 2.4, 4.3, 6.4, 7.2 e 7.3 da tabela do Anexo II da Lei 9.782, de 26 de janeiro de 1999, com a redação dada pela Medida Provisória 2.190-34, de 23 de agosto de 2001, ficam alterados para até 4 (quatro) anos, conforme regulamentação específica da Agência Nacional de Vigilância Sanitária – ANVISA, observado o risco inerente à atividade da empresa.

(...)"

Seção II
Da Alienação Fiduciária

Art. 101. O Decreto-Lei 911, de 1º de outubro de 1969, passa a vigorar com as seguintes alterações:

"Artigo 2º No caso de inadimplemento ou mora nas obrigações contratuais garantidas mediante alienação fiduciária, o proprietário fiduciário ou credor poderá vender a coisa a terceiros, independentemente de leilão, hasta pública, avaliação prévia ou qualquer outra medida judicial ou extrajudicial, salvo disposição expressa em contrário prevista no contrato, devendo aplicar o preço da venda no pagamento de seu crédito e das despesas decorrentes e entregar ao devedor o saldo apurado, se houver, com a devida prestação de contas.

"(...)

"§ 2º A mora decorrerá do simples vencimento do prazo para pagamento e poderá ser comprovada por carta registrada com aviso de recebimento, não se exigindo que a assinatura constante do referido aviso seja a do próprio destinatário.

"(...)

"§ 4º Os procedimentos previstos no caput e no seu § 2º aplicam-se às operações de arrendamento mercantil previstas na forma da Lei 6.099, de 12 de setembro de 1974."

"Art. 3º O proprietário fiduciário ou credor poderá, desde que comprovada a mora, na forma estabelecida pelo § 2º do art. 2º, ou o inadimplemento, requerer contra o devedor ou terceiro a busca e apreensão do bem alienado fiduciariamente, a qual será concedida liminarmente, podendo ser apreciada em plantão judiciário.

"(...)

"§ 9º Ao decretar a busca e apreensão de veículo, o juiz, caso tenha acesso à base de dados do Registro Nacional de Veículos Automotores – RENAVAM, inserirá diretamente a restrição judicial na base de dados do Renavam, bem como retirará tal restrição após a apreensão.

"§ 10. Caso o juiz não tenha acesso à base de dados prevista no § 9º, deverá oficiar ao departamento de trânsito competente para que:

"I – registre o gravame referente à decretação da busca e apreensão do veículo; e

"II – retire o gravame após a apreensão do veículo.

"§ 11. O juiz também determinará a inserção do mandado a que se refere o § 9º em banco próprio de mandados.

"§ 12. A parte interessada poderá requerer diretamente ao juízo da comarca onde foi localizado o veículo com vistas à sua apreensão, sempre que o bem estiver em comarca distinta daquela da tramitação da ação, bastando que em tal requerimento conste a cópia da petição inicial da ação e, quando for o caso, a cópia do despacho que concedeu a busca e apreensão do veículo.

"§ 13. A apreensão do veículo será imediatamente comunicada ao juízo, que intimará a instituição financeira para retirar o veículo do local depositado no prazo máximo de 48 (quarenta e oito) horas.

"§ 14. O devedor, por ocasião do cumprimento do mandado de busca e apreensão, deverá entregar o bem e seus respectivos documentos.

"§ 15. As disposições deste artigo aplicam-se no caso de reintegração de posse de veículos referente às operações de arrendamento mercantil previstas na Lei 6.099, de 12 de setembro de 1974."

"Art. 4º Se o bem alienado fiduciariamente não for encontrado ou não se achar na posse do devedor, fica facultado ao credor requerer, nos mesmos autos, a conversão do pedido de busca e apreensão em ação executiva, na forma prevista no Capítulo II do Livro II da Lei 5.869, de 11 de janeiro de 1973 – Código de Processo Civil."

"Art. 5º Se o credor preferir recorrer à ação executiva, direta ou a convertida na forma do art. 4º, ou, se for o caso ao executivo fiscal, serão penhorados, a critério do autor da ação, bens do devedor quantos bastem para assegurar a execução.

"(...)

"Art. 6º-A. O pedido de recuperação judicial ou extrajudicial pelo devedor nos termos da Lei 11.101, de 9 de fevereiro de 2005, não impede a distribuição e a busca e apreensão do bem.

"Art. 7º-A. Não será aceito bloqueio judicial de bens constituídos por alienação fiduciária nos termos deste Decreto-Lei, sendo que, qualquer discussão sobre concursos de preferências deverá ser resolvida pelo valor da venda do bem, nos termos do art. 2º."

Art. 102. **A Lei 10.406, de 10 de janeiro de 2002 – Código Civil, passa a vigorar com as seguintes alterações:**

- Alterações processadas no texto da referida Lei.

Art. 103. **A Lei 9.514, de 20 de novembro de 1997, passa a vigorar com as seguintes alterações:**

"Art. 26. (...)

(...)

"§ 4º Quando o fiduciante, ou seu cessionário, ou seu representante legal ou procurador encontrar-se em local ignorado, incerto ou inacessível, o fato será certificado pelo serventuário encarregado da diligência e informado ao oficial de Registro de Imóveis, que, à vista da certidão, promoverá a intimação por edital publicado durante 3 (três) dias, pelo menos, em um dos jornais de maior circulação local ou noutro de comarca de fácil acesso, se no local não houver imprensa diária, contado o prazo para purgação da mora da data da última publicação do edital.

"(...)"

Seção III
Da Advocacia-Geral da União

Art. 104. **O § 7º do art. 8º-A da Lei 11.775, de 17 de setembro 2008, passa a vigorar com a seguinte redação:**

"Art. 8º-A. (...)

"(...)

"§ 7º A liquidação e a renegociação de que trata este artigo serão regulamentadas por ato do Advogado-Geral da União."

Seção IV
Disposições Finais

Art. 105. **A Lei 10.150, de 21 de dezembro de 2000, passa a vigorar com as seguintes alterações:**

"Art. 1º (...)

"(...)

"§ 9º A taxa de juros referida na alínea b do inciso II do § 2º deste artigo é citada com arredondamento na segunda casa decimal, correspondendo à taxa de juros de 0,5% (cinco décimos por cento) ao mês, e tem a finalidade única de estabelecer o percentual, fixo e invariável, dos juros remuneratórios, a ser adotado nas novações celebradas a partir da data de vigência desta Lei, independentemente de eventual alteração na taxa de juros remuneratórios aplicável aos depósitos de poupança."

"Art. 3º (...)

"(...)

"§ 13. Na forma definida pelo Conselho Curador do FCVS, a comprovação do pagamento das contribuições devidas ao FCVS de que trata o § 3º do art. 1º desta Lei pode ser efetuada de maneira consolidada por instituição financeira recolhedora da contribuição, sendo, nesse caso, obrigatória a apresentação de relatório de auditoria independente.

"§ 14. Na instrução do processo de novação de créditos originados pela instituição financiadora, os débitos a que se refere o inciso I do caput deste artigo compreendem aqueles gerados:

"I – pelos contratos de financiamento por ela originados; e

"II – pelos contratos de financiamento adquiridos, a partir da data da aquisição.

"§ 15. Na instrução do processo de novação de créditos adquiridos, adicionalmente ao previsto no § 14 deste artigo, incluem- se os débitos a que se refere o inciso "I do caput deste artigo, devidos pelas instituições cedentes, relativamente ao período em que essas permaneceram como titular dos créditos que integram o processo de novação."

Art. 106. **O art. 1º da Lei 9.481, de 13 de agosto de 1997, passa a vigorar acrescido dos seguintes §§ 2º a 8º, renumerando-se o atual parágrafo único para § 1º:**

"Art. 1º (...)

"§ 1º (...)

"§ 2º No caso do inciso I do caput deste artigo, quando ocorrer execução simultânea do contrato de afretamento ou aluguel de embarcações marítimas e do contrato de prestação de serviço, relacionados à prospecção e exploração de petróleo ou gás natural, celebrados com pessoas jurídicas vinculadas entre si, do valor total dos contratos a parcela relativa ao afretamento ou aluguel não poderá ser superior a:

"I – 85% (oitenta e cinco por cento), no caso de embarcações com sistemas flutuantes de produção e/ou armazenamento e descarga (Floating Production Systems – FPS);

"II – 80% (oitenta por cento), no caso de embarcações com sistema do tipo sonda para perfuração, completação, manutenção de poços (navios-sonda); e

"III – 65% (sessenta e cinco por cento), nos demais tipos de embarcações.

"§ 3º Para cálculo dos percentuais previstos no § 2º, o contrato celebrado em moeda estrangeira deverá ser convertido para Real à taxa de câmbio da moeda do país de origem, fixada para venda pelo Banco Central do Brasil, correspondente à data da apresentação da proposta pelo fornecedor, que é parte integrante do contrato.

"§ 4º Em caso de repactuação ou reajuste dos valores de quaisquer dos contratos, as novas condições deverão ser consideradas para fins de verificação do enquadramento do contrato de afretamento nos limites previstos no § 2º.

"§ 5º Para fins de verificação do enquadramento das remessas de afretamento nos limites previstos no § 2º, deverá ser desconsiderado o efeito da variação cambial.

"§ 6º A parcela do contrato de afretamento que exceder os limites estabelecidos no § 2º sujeita-se à incidência do imposto de renda na fonte à alíquota de 15% (quinze por cento) ou de 25% (vinte e cinco por cento), quando a remessa for destinada a país ou dependência com tributação favorecida, ou quando o arrendante ou locador for beneficiário de regime fiscal privilegiado, nos termos dos arts. 24 e 24-A da Lei 9.430, de 27 de dezembro de 1996.

"§ 7º Para efeitos do disposto no § 2º, será considerada vinculada a pessoa jurídica proprietária da embarcação marítima sediada no exterior e a pessoa jurídica prestadora do serviço quando forem sócias, direta ou indiretamente, em sociedade proprietária dos ativos arrendados ou locados.

"§ 8º O Ministro da Fazenda poderá elevar ou reduzir em até 10 (dez) pontos percentuais os limites de que trata o § 2º."

Art. 107. *(Vetado).*

Art. 108. *(Vetado).*

Art. 109. **O § 10 do art. 87 da Lei 12.973, de 13 de maio de 2014, passa a vigorar com a seguinte redação:**

"Artigo 87. (...)

"(...)

"§ 10 Até o ano-calendário de 2022, a controladora no Brasil poderá deduzir até 9% (nove por cento), a título de crédito presumido sobre a renda incidente sobre a parcela positiva computada no lucro real, observados o disposto no § 2º deste artigo e as condições previstas nos incisos I e IV do art. 91 desta Lei, relativo a investimento em pessoas jurídicas no exterior que realizem as atividades de fabricação de bebidas, de fabricação de produtos alimentícios e de construção de edifícios e de obras de infraestrutura, além das demais indústrias em geral.

"(...)"

Art. 110. *(Vetado).*

Capítulo III
Disposições Finais

Art. 111. **A Secretaria da Receita Federal do Brasil regulamentará o disposto nos arts. 1º a 3º e 6º a 15 desta Lei.**

Art. 112. **A Secretaria da Receita Federal do Brasil e a Comissão de Valores Mobiliários, no âmbito de suas competências, regulamentarão a aplicação do disposto nos arts. 16 a 19 desta Lei.**

Art. 113. **Esta Lei entra em vigor na data de sua publicação, exceto:**

I – os arts. 21 a 28, que entram em vigor a partir da data de publicação do ato do Poder Executivo que estabelecer o percentual de que trata o caput do art. 22;

II – os arts. 1º a 15, 30 a 32, 97, 106 e os artigos da Seção XXI do Capítulo I, que entram em vigor a partir de 1º de janeiro de 2015;

III – os arts. 16-A a 16-C da Lei 12.431, de 24 de junho de 2011, incluídos pelo art. 86, que entram em vigor a partir de 1º de janeiro de 2015;

IV – os seguintes dispositivos, que entram em vigor a partir do primeiro dia do quarto mês subsequente ao da publicação desta Lei:

a) os incisos XII e XIII do *caput* do art. 7º da Lei 12.546, de 14 de dezembro de 2011, com redação dada pelo art. 50, e os arts. 51 a 53; e

b) o art. 98 e os artigos das Seções XVI, XVII, XIX e XX do Capítulo I.

Art. 114. Ficam revogados:

I – os incisos IV e V do *caput* do art. 1º da Lei 10.179, de 6 de fevereiro de 2001 ;

II – o § 3º do art. 20 da Lei 10.522, de 19 de julho de 2002 ;

III – as seguintes alíneas do art. 76 da Lei 10.833, de 29 de dezembro de 2003:

a) a, b e f do inciso I do *caput*;

b) c do inciso II do *caput*;

c) e do inciso III do *caput*;

IV – *(Vetado);*

V – *(Vetado);*

VI – *(Vetado);*

VII – os §§ 3º e 4º do art. 16 da Lei 12.431, de 24 de junho de 2011 ;

VIII – o parágrafo único do art. 5º do Decreto-Lei 1.569, de 8 de agosto de 1977 ;

IX – o inciso I do art. 15 da Lei 5.010, de 30 de maio de 1966.

Brasília, 13 de novembro de 2014; 193º da Independência e 126º da República.

Michel Temer

(*DOU* 14.11.2014 rep. 14.11.2014 e 26.11.2014, edição extra)

ANEXO
(ANEXO II DA LEI 9.782, DE 26 DE JANEIRO DE 1999)
"ANEXO II
TAXA DE FISCALIZAÇÃO DE VIGILÂNCIA SANITÁRIA

Itens	Fatos Geradores	Valores em R$	Prazo para Renovação
3.1	Autorização e autorização especial de funcionamento de empresa		---
3.1.1	Indústria de medicamentos	20.000	---
3.1.2	Indústria de insumos farmacêuticos	20.000	---
3.1.3	Distribuidora, importadora, exportadora, transportadora, armazenadora, embaladora e reembaladora e demais previstas em legislação específica de medicamentos e insumos farmacêuticos	15.000	---
3.1.4	Fracionamento de insumos farmacêuticos	15.000	---
3.1.5	Drogarias e farmácias	500	---
3.1.6	Indústria de cosméticos, produtos de higiene e perfumes	6.000	---
3.1.7	Distribuidora, importadora, exportadora, transportadora, armazenadora, embaladora e reembaladora e demais previstas em legislação específica de cosméticos, produtos de higiene e perfumes	6.000	---
3.1.8	Indústria de saneantes	6.000	---
3.1.9	Distribuidora, importadora, exportadora, transportadora, armazenadora, embaladora e reembaladora e demais previstas em legislação específica de saneantes	6.000	---
3.2	Autorização e autorização especial de funcionamento de farmácia de manipulação	5.000	---
5.1	Autorização de funcionamento		---
5.1.1	Autorização de funcionamento de empresas que prestam serviços de armazenagem e distribuição de medicamentos, matérias-primas e insumos farmacêuticos em terminais alfandegados de uso público	15.000	---
5.1.2	Autorização de funcionamento de empresas que prestam serviços de armazenagem e distribuição de substâncias e medicamentos sob controle especial em terminais alfandegados de uso público	15.000	---
5.1.3	Autorização de funcionamento de empresas que prestam serviços de armazenagem e distribuição de cosméticos, produtos de higiene ou perfumes e matérias-primas em terminais alfandegados de uso público	6.000	---
5.1.4	Autorização de funcionamento de empresas que prestam serviços de armazenagem e distribuição de produtos saneantes domissanitários e matérias-primas em terminais alfandegados de uso público	6.000	---
5.1.5	Autorização de funcionamento de empresas que prestam serviços de armazenagem e distribuição de materiais e equipamentos médico hospitalares e produtos de diagnóstico de uso in vitro (correlatos) em terminais alfandegados de uso público	6.000	---
5.1.6	Autorização de funcionamento de empresas que prestam serviços de armazenagem e distribuição de alimentos em terminais alfandegados de uso público	6.000	---
5.1.7	Autorização de funcionamento de empresas que prestam serviços alternativos de abastecimento de água potável para consumo humano a bordo de aeronaves, embarcações e veículos terrestres que operam transporte coletivo internacional de passageiros	6.000	---
5.1.8	Autorização de funcionamento de empresas que prestam serviços de desinsetização ou desratização em embarcações, veículos terrestres em trânsito por estações e passagens de fronteira, aeronaves, terminais portuários e aeroportuários de cargas e viajantes, terminais aduaneiros de uso público e estações e passagens de fronteira	6.000	---
5.1.9	Autorização de funcionamento de empresas que prestam serviços de limpeza, desinfecção e descontaminação de superfícies de aeronaves, veículos terrestres em trânsito por estações e passagens de fronteira, embarcações, terminais portuários e aeroportuários de cargas e viajantes, terminais aduaneiros de uso público e estação e passagem de fronteiras	6.000	---

Itens	Fatos Geradores	Valores em R$	Prazo para Renovação
5.1.10	Autorização de funcionamento de empresas que prestam serviços de limpeza e recolhimento de resíduos resultantes do tratamento de águas servidas e dejetos em terminais portuários e aeroportuários de cargas e viajantes, terminais aduaneiros de uso público e estações e passagens de fronteira	6.000	---
5.1.11	Autorização de funcionamento de empresas que prestam serviços de esgotamento e tratamento de efluentes sanitários de aeronaves, embarcações e veículos terrestres em trânsito por estações e passagens de fronteira em terminais aeroportuários, portuário e estações e passagens de fronteira	6.000	---
5.1.12	Autorização de funcionamento de empresas que prestam serviços de segregação, coleta, acondicionamento, armazenamento, transporte, tratamento e disposição final de resíduos sólidos resultantes de aeronaves, veículos terrestres em trânsito por estações e passagens de fronteira, embarcações, terminais portuários e aeroportuários de cargas e viajantes, terminais alfandegados de uso público e estações e passagens de fronteira	6.000	---
5.1.13	Autorização de funcionamento de empresas que operam a prestação de serviços, nas áreas portuárias, aeroportuárias e estações e passagens de fronteira, de lavanderia, atendimento médico, hotelaria, drogarias, farmácias e ervanários, comércio de materiais e equipamentos hospitalares, salões de barbeiros e cabeleireiros, pedicuros e institutos de beleza e congêneres	500	---
5.1.14	Autorização de funcionamento de empresas prepostas para gerir, representar ou administrar negócios, em nome de empresa de navegação, tomando as providências necessárias ao despacho de embarcação em porto (agência de navegação)	6.000	---
7.1	Autorização e renovação de funcionamento de empresas por estabelecimento ou unidade fabril para cada tipo de atividade	---	---
7.1.1	Por estabelecimento fabricante de uma ou mais linhas de produtos para saúde (equipamentos, materiais e produtos para diagnóstico de uso in vitro)	10.000	---
7.1.2	Distribuidora, importadora, exportadora, transportadora, armazenadora, embaladora, reembaladora e demais previstas em legislação específica de produtos para saúde	8.000	---
7.1.3	Por estabelecimento de comércio varejista de produtos para saúde	5.000	---

LEI 13.140, DE 26 DE JUNHO DE 2015

Dispõe sobre a mediação entre particulares como meio de solução de controvérsias e sobre a autocomposição de conflitos no âmbito da administração pública; altera a Lei 9.469, de 10 de julho de 1997, e o Decreto 70.235, de 6 de março de 1972; e revoga o § 2º do art. 6º da Lei 9.469, de 10 de julho de 1997.

A Presidenta da República:

Faço saber que o Congresso Nacional decreta e eu sanciono a seguinte Lei:

Art. 1º Esta Lei dispõe sobre a mediação como meio de solução de controvérsias entre particulares e sobre a autocomposição de conflitos no âmbito da administração pública.

Parágrafo único. Considera-se mediação a atividade técnica exercida por terceiro imparcial sem poder decisório, que, escolhido ou aceito pelas partes, as auxilia e estimula a identificar ou desenvolver soluções consensuais para a controvérsia.

Capítulo I
Da Mediação

Seção I
Disposições Gerais

Art. 2º A mediação será orientada pelos seguintes princípios:

I – imparcialidade do mediador;

II – isonomia entre as partes;

III – oralidade;

IV – informalidade;

V – autonomia da vontade das partes;

VI – busca do consenso;

VII – confidencialidade;

VIII – boa-fé.

§ 1º Na hipótese de existir previsão contratual de cláusula de mediação, as partes deverão comparecer à primeira reunião de mediação.

§ 2º Ninguém será obrigado a permanecer em procedimento de mediação.

Art. 3º Pode ser objeto de mediação o conflito que verse sobre direitos disponíveis ou sobre direitos indisponíveis que admitam transação.

§ 1º A mediação pode versar sobre todo o conflito ou parte dele.

§ 2º O consenso das partes envolvendo direitos indisponíveis, mas transigíveis, deve ser homologado em juízo, exigida a oitiva do Ministério Público.

Seção II
Dos Mediadores

Subseção I
Disposições Comuns

Art. 4º O mediador será designado pelo tribunal ou escolhido pelas partes.

§ 1º O mediador conduzirá o procedimento de comunicação entre as partes, buscando o entendimento e o consenso e facilitando a resolução do conflito.

§ 2º Aos necessitados será assegurada a gratuidade da mediação.

Art. 5º Aplicam-se ao mediador as mesmas hipóteses legais de impedimento e suspeição do juiz.

Parágrafo único. A pessoa designada para atuar como mediador tem o dever de revelar às partes, antes da aceitação da função, qualquer fato ou circunstância que possa suscitar dúvida justificada em relação à sua imparcialidade para mediar o conflito, oportunidade em que poderá ser recusado por qualquer delas.

Art. 6º O mediador fica impedido, pelo prazo de um ano, contado do término da última audiência em que atuou, de assessorar, representar ou patrocinar qualquer das partes.

Art. 7º O mediador não poderá atuar como árbitro nem funcionar como testemunha em processos judiciais ou arbitrais pertinentes a conflito em que tenha atuado como mediador.

Art. 8º O mediador e todos aqueles que o assessoram no procedimento de mediação, quando no exercício de suas funções ou em razão delas, são equiparados a servidor público, para os efeitos da legislação penal.

Subseção II
Dos Mediadores Extrajudiciais

Art. 9º Poderá funcionar como mediador extrajudicial qualquer pessoa capaz que tenha a confiança das partes e seja capacitada para fazer mediação, independentemente de integrar qualquer tipo de conselho, entidade de classe ou associação, ou nele inscrever-se.

Art. 10. As partes poderão ser assistidas por advogados ou defensores públicos.

Parágrafo único. Comparecendo uma das partes acompanhada de advogado ou defensor público, o mediador suspenderá o procedimento, até que todas estejam devidamente assistidas.

Subseção III
Dos Mediadores Judiciais

Art. 11. Poderá atuar como mediador judicial a pessoa capaz, graduada há pelo menos dois anos em curso de ensino superior de instituição reconhecida pelo Ministério da Educação e que tenha obtido capacitação em escola ou instituição de formação de mediadores, reconhecida pela Escola Nacional de Formação e Aperfeiçoamento de Magistrados – ENFAM ou pelos tribunais, observados os requisitos mínimos estabelecidos pelo Conselho Nacional de Justiça em conjunto com o Ministério da Justiça.

Art. 12. Os tribunais criarão e manterão cadastros atualizados dos mediadores habilitados e autorizados a atuar em mediação judicial.

§ 1º A inscrição no cadastro de mediadores judiciais será requerida pelo interessado ao tribunal com jurisdição na área em que pretenda exercer a mediação.

§ 2º Os tribunais regulamentarão o processo de inscrição e desligamento de seus mediadores.

Art. 13. A remuneração devida aos mediadores judiciais será fixada pelos tribunais e custeada pelas partes, observado o disposto no § 2º do art. 4º desta Lei.

Seção III
Do Procedimento de Mediação

Subseção I
Disposições Comuns

Art. 14. No início da primeira reunião de mediação, e sempre que julgar necessário, o mediador deverá alertar as partes acerca das regras de confidencialidade aplicáveis ao procedimento.

Art. 15. A requerimento das partes ou do mediador, e com anuência daquelas, poderão ser admitidos outros mediadores para funcionarem no mesmo procedimento, quando isso for recomendável em razão da natureza e da complexidade do conflito.

Art. 16. Ainda que haja processo arbitral ou judicial em curso, as partes poderão submeter-se à mediação, hipótese em que requererão ao juiz ou árbitro a suspensão do processo por prazo suficiente para a solução consensual do litígio.

§ 1º É irrecorrível a decisão que suspende o processo nos termos requeridos de comum acordo pelas partes.

§ 2º A suspensão do processo não obsta a concessão de medidas de urgência pelo juiz ou pelo árbitro.

Art. 17. Considera-se instituída a mediação na data para a qual for marcada a primeira reunião de mediação.

Parágrafo único. Enquanto transcorrer o procedimento de mediação, ficará suspenso o prazo prescricional.

Art. 18. Iniciada a mediação, as reuniões posteriores com a presença das partes somente poderão ser marcadas com a sua anuência.

Art. 19. No desempenho de sua função, o mediador poderá reunir-se com as partes, em conjunto ou separadamente, bem como solicitar das partes as informações que entender necessárias para facilitar o entendimento entre aquelas.

Art. 20. O procedimento de mediação será encerrado com a lavratura do seu termo final, quando for celebrado acordo ou quando não se justificarem novos esforços para a obtenção de consenso, seja por declaração do mediador nesse sentido ou por manifestação de qualquer das partes.

Parágrafo único. O termo final de mediação, na hipótese de celebração de acordo, constitui título executivo extrajudicial e, quando homologado judicialmente, título executivo judicial.

Subseção II
Da Mediação Extrajudicial

Art. 21. O convite para iniciar o procedimento de mediação extrajudicial poderá ser feito por qualquer meio de comunicação e deverá estipular o escopo proposto para a negociação, a data e o local da primeira reunião.

Parágrafo único. O convite formulado por uma parte à outra considerar-se-á rejeitado se não for respondido em até trinta dias da data de seu recebimento.

Art. 22. A previsão contratual de mediação deverá conter, no mínimo:

I – prazo mínimo e máximo para a realização da primeira reunião de mediação, contado a partir da data de recebimento do convite;

II – local da primeira reunião de mediação;

III – critérios de escolha do mediador ou equipe de mediação;

IV – penalidade em caso de não comparecimento da parte convidada à primeira reunião de mediação.

§ 1º A previsão contratual pode substituir a especificação dos itens acima enumerados pela indicação de regulamento, publicado por instituição idônea prestadora de serviços de mediação, no qual constem critérios claros para a escolha do mediador e realização da primeira reunião de mediação.

§ 2º Não havendo previsão contratual completa, deverão ser observados os seguintes critérios para a realização da primeira reunião de mediação:

I – prazo mínimo de dez dias úteis e prazo máximo de três meses, contados a partir do recebimento do convite;

II – local adequado a uma reunião que possa envolver informações confidenciais;

III – lista de cinco nomes, informações de contato e referências profissionais de mediadores capacitados; a parte convidada poderá escolher, expressamente, qualquer um dos cinco mediadores e, caso a parte convidada não se manifeste, considerar-se-á aceito o primeiro nome da lista;

IV – o não comparecimento da parte convidada à primeira reunião de mediação acarretará a assunção por parte desta de cinquenta por cento das custas e honorários sucumbenciais caso venha a ser vencedora em procedimento arbitral ou judicial posterior, que envolva o escopo da mediação para a qual foi convidada.

§ 3º Nos litígios decorrentes de contratos comerciais ou societários que não contenham cláusula de mediação, o mediador extrajudicial somente cobrará por seus serviços caso as partes decidam assinar o termo inicial de mediação e permanecer, voluntariamente, no procedimento de mediação.

Art. 23. Se, em previsão contratual de cláusula de mediação, as partes se comprometerem a não iniciar procedimento arbitral ou processo judicial durante certo prazo ou até o implemento de determinada condição, o árbitro ou o juiz suspenderá o curso da arbitragem ou da ação pelo prazo previamente acordado ou até o implemento dessa condição.

Parágrafo único. O disposto no *caput* não se aplica às medidas de urgência em que o acesso ao Poder Judiciário seja necessário para evitar o perecimento de direito.

Subseção III
Da Mediação Judicial

Art. 24. Os tribunais criarão centros judiciários de solução consensual de conflitos, responsáveis pela realização de sessões e audiências de conciliação e mediação, pré-processuais e processuais, e pelo desenvolvimento de programas destinados a auxiliar, orientar e estimular a autocomposição.

Parágrafo único. A composição e a organização do centro serão definidas pelo respectivo tribunal, observadas as normas do Conselho Nacional de Justiça.

Art. 25. Na mediação judicial, os mediadores não estarão sujeitos à prévia aceitação das partes, observado o disposto no art. 5º desta Lei.

Art. 26. As partes deverão ser assistidas por advogados ou defensores públicos, ressalvadas as hipóteses previstas nas Leis 9.099, de 26 de setembro de 1995, e 10.259, de 12 de julho de 2001.

Parágrafo único. Aos que comprovarem insuficiência de recursos será assegurada assistência pela Defensoria Pública.

Art. 27. Se a petição inicial preencher os requisitos essenciais e não for o caso de improcedência liminar do pedido, o juiz designará audiência de mediação.

Art. 28. O procedimento de mediação judicial deverá ser concluído em até sessenta dias, contados da primeira sessão, salvo quando as partes, de comum acordo, requererem sua prorrogação.

Parágrafo único. Se houver acordo, os autos serão encaminhados ao juiz, que determinará o arquivamento do processo e, desde que requerido pelas partes, homologará o acordo, por sentença, e o termo final da mediação e determinará o arquivamento do processo.

Art. 29. Solucionado o conflito pela mediação antes da citação do réu, não serão devidas custas judiciais finais.

Seção IV
Da Confidencialidade e suas Exceções

Art. 30. Toda e qualquer informação relativa ao procedimento de mediação será confidencial em relação a terceiros, não podendo ser revelada sequer em processo arbitral ou judicial salvo se as partes expressamente decidirem de forma diversa ou quando sua divulgação for exigida por lei ou necessária para cumprimento de acordo obtido pela mediação.

§ 1º O dever de confidencialidade aplica-se ao mediador, às partes, a seus prepostos, advogados, assessores técnicos e a outras pessoas de sua confiança que tenham, direta ou indiretamente, participado do procedimento de mediação, alcançando:

I – declaração, opinião, sugestão, promessa ou proposta formulada por uma parte à outra na busca de entendimento para o conflito;

II – reconhecimento de fato por qualquer das partes no curso do procedimento de mediação;

III – manifestação de aceitação de proposta de acordo apresentada pelo mediador;

IV – documento preparado unicamente para os fins do procedimento de mediação.

§ 2º A prova apresentada em desacordo com o disposto neste artigo não será admitida em processo arbitral ou judicial.

§ 3º Não está abrigada pela regra de confidencialidade a informação relativa à ocorrência de crime de ação pública.

§ 4º A regra da confidencialidade não afasta o dever de as pessoas discriminadas no *caput* prestarem informações à administração tributária após o termo final da mediação, aplicando-se aos seus servidores a obrigação de manterem sigilo das informações compartilhadas nos termos do art. 198 da Lei 5.172, de 25 de outubro de 1966 – Código Tributário Nacional.

Art. 31. Será confidencial a informação prestada por uma parte em sessão privada, não podendo o mediador revelá-la às demais, exceto se expressamente autorizado.

Capítulo II
Da Autocomposição de Conflitos em que for Parte Pessoa Jurídica de Direito Público

Seção I
Disposições Comuns

Art. 32. A União, os Estados, o Distrito Federal e os Municípios poderão criar câmaras de prevenção e resolução administrativa de conflitos, no âmbito dos respectivos órgãos da Advocacia Pública, onde houver, com competência para:

I – dirimir conflitos entre órgãos e entidades da administração pública;

II – avaliar a admissibilidade dos pedidos de resolução de conflitos, por meio de composição, no caso de controvérsia entre particular e pessoa jurídica de direito público;

III – promover, quando couber, a celebração de termo de ajustamento de conduta.

§ 1º O modo de composição e funcionamento das câmaras de que trata o *caput* será estabelecido em regulamento de cada ente federado.

§ 2º A submissão do conflito às câmaras de que trata o *caput* é facultativa e será cabível apenas nos casos previstos no regulamento do respectivo ente federado.

§ 3º Se houver consenso entre as partes, o acordo será reduzido a termo e constituirá título executivo extrajudicial.

§ 4º Não se incluem na competência dos órgãos mencionados no *caput* deste artigo as controvérsias que somente possam ser resolvidas por atos ou concessão de direitos sujeitos a autorização do Poder Legislativo.

§ 5º Compreendem-se na competência das câmaras de que trata o *caput* a prevenção e a resolução de conflitos que envolvam equilíbrio econômico-financeiro de contratos celebrados pela administração com particulares.

Art. 33. Enquanto não forem criadas as câmaras de mediação, os conflitos poderão ser dirimidos nos termos do procedimento de mediação previsto na Subseção I da Seção III do Capítulo I desta Lei.

Parágrafo único. A Advocacia Pública da União, dos Estados, do Distrito Federal e dos Municípios, onde houver, poderá instaurar, de ofício ou mediante provocação, procedimento de mediação coletiva de conflitos relacionados à prestação de serviços públicos.

Art. 34. A instauração de procedimento administrativo para a resolução consensual de conflito no âmbito da administração pública suspende a prescrição.

§ 1º Considera-se instaurado o procedimento quando o órgão ou entidade pública emitir juízo de admissibilidade, retroagindo a suspensão da prescrição à data de formalização do pedido de resolução consensual do conflito.

§ 2º Em se tratando de matéria tributária, a suspensão da prescrição deverá observar o disposto na Lei 5.172, de 25 de outubro de 1966 – Código Tributário Nacional.

Seção II
Dos Conflitos Envolvendo a Administração Pública Federal Direta, suas Autarquias e Fundações

Art. 35. As controvérsias jurídicas que envolvam a administração pública federal direta, suas autarquias e fundações poderão ser objeto de transação por adesão, com fundamento em:

I – autorização do Advogado-Geral da União, com base na jurisprudência pacífica do Supremo Tribunal Federal ou de tribunais superiores; ou

II – parecer do Advogado-Geral da União, aprovado pelo Presidente da República.

§ 1º Os requisitos e as condições da transação por adesão serão definidos em resolução administrativa própria.

§ 2º Ao fazer o pedido de adesão, o interessado deverá juntar prova de atendimento aos requisitos e às condições estabelecidos na resolução administrativa.

§ 3º A resolução administrativa terá efeitos gerais e será aplicada aos casos idênticos, tempestivamente habilitados mediante pedido de adesão, ainda que solucione apenas parte da controvérsia.

§ 4º A adesão implicará renúncia do interessado ao direito sobre o qual se fundamenta a ação ou o recurso, eventualmente pendentes, de natureza administrativa ou judicial, no que tange aos pontos compreendidos pelo objeto da resolução administrativa.

§ 5º Se o interessado for parte em processo judicial inaugurado por ação coletiva, a renúncia ao direito sobre o qual se fundamenta a ação deverá ser expressa, mediante petição dirigida ao juiz da causa.

§ 6º A formalização de resolução administrativa destinada à transação por adesão não implica a renúncia tácita à prescrição nem sua interrupção ou suspensão.

Art. 36. No caso de conflitos que envolvam controvérsia jurídica entre órgãos ou entidades de direito público que integram a administração pública federal, a Advocacia-Geral da União deverá realizar composição extrajudicial do conflito, observados os procedimentos previstos em ato do Advogado-Geral da União.

§ 1º Na hipótese do *caput*, se não houver acordo quanto à controvérsia jurídica, caberá ao Advogado-Geral da União dirimi-la, com fundamento na legislação afeta.

§ 2º Nos casos em que a resolução da controvérsia implicar o reconhecimento da existência de créditos da União, de suas autarquias e fundações em face de pessoas jurídicas de direito público federais, a Advocacia-Geral da União poderá solicitar ao Ministério do Planejamento, Orçamento e Gestão a adequação orçamentária para quitação das dívidas reconhecidas como legítimas.

§ 3º A composição extrajudicial do conflito não afasta a apuração de responsabilidade do agente público que deu causa à dívida, sempre que se verificar que sua ação ou omissão constitui, em tese, infração disciplinar.

§ 4º Nas hipóteses em que a matéria objeto do litígio esteja sendo discutida em ação de improbidade administrativa ou sobre ela haja decisão do Tribunal de Contas da União, a conciliação de que trata o *caput* dependerá da anuência expressa do juiz da causa ou do Ministro Relator.

Art. 37. É facultado aos Estados, ao Distrito Federal e aos Municípios, suas autarquias e fundações públicas, bem como às empresas públicas e sociedades de economia mista federais, submeter seus litígios com órgãos ou entidades da administração pública federal à Advocacia-Geral da União, para fins de composição extrajudicial do conflito.

Art. 38. Nos casos em que a controvérsia jurídica seja relativa a tributos administrados pela Secretaria da Receita Federal do Brasil ou a créditos inscritos em dívida ativa da União:

I – não se aplicam as disposições dos incisos II e III do *caput* do art. 32;

II – as empresas públicas, sociedades de economia mista e suas subsidiárias que explorem atividade econômica de produção ou comercialização de bens ou de prestação de serviços em regime de concorrência não poderão exercer a faculdade prevista no art. 37;

III – quando forem partes as pessoas a que alude o *caput* do art. 36:

a) a submissão do conflito à composição extrajudicial pela Advocacia-Geral da União implica renúncia do direito de recorrer ao Conselho Administrativo de Recursos Fiscais;

b) a redução ou o cancelamento do crédito dependerá de manifestação conjunta do Advogado-Geral da União e do Ministro de Estado da Fazenda.

Parágrafo único. O disposto neste artigo não afasta a competência do Advogado-Geral da União prevista nos incisos VI, X e XI do art. 4º da Lei Complementar 73, de 10 de fevereiro de 1993, e na Lei 9.469, de 10 de julho de 1997.

- Parágrafo único com redação determinada pela Lei 13.327/2016 (*DOU* 29.07.2016, edição extra), em vigor na data de sua publicação, produzindo efeitos a partir de 01.01.2016.

Art. 39. A propositura de ação judicial em que figurem concomitantemente nos polos ativo e passivo órgãos ou entidades de direito público que integrem a administração pública federal deverá ser previamente autorizada pelo Advogado-Geral da União.

Art. 40. Os servidores e empregados públicos que participarem do processo de composição extrajudicial do conflito, somente poderão ser responsabilizados civil, administrativa ou criminalmente quando, mediante dolo ou fraude, receberem qualquer vantagem patrimonial indevida, permitirem ou facilitarem sua recepção por terceiro, ou para tal concorrerem.

Capítulo III
Disposições Finais

Art. 41. A Escola Nacional de Mediação e Conciliação, no âmbito do Ministério da Justiça, poderá criar banco de dados sobre boas práticas em mediação, bem como manter relação de mediadores e de instituições de mediação.

Art. 42. Aplica-se esta Lei, no que couber, às outras formas consensuais de resolução de conflitos, tais como mediações comunitárias e escolares, e àquelas levadas a efeito nas serventias extrajudiciais, desde que no âmbito de suas competências.

Parágrafo único. A mediação nas relações de trabalho será regulada por lei própria.

Art. 43. Os órgãos e entidades da administração pública poderão criar câmaras para a resolução de conflitos entre particulares, que versem sobre atividades por eles reguladas ou supervisionadas.

Art. 44. Os arts. 1º e 2º da Lei 9.469, de 10 de julho de 1997, passam a vigorar com a seguinte redação:

- Alterações processadas no texto da referida Lei.

Art. 45. O Decreto 70.235, de 6 de março de 1972, passa a vigorar acrescido do seguinte art. 14-A:

- Acréscimo processado no texto da referida Lei.

Art. 46. A mediação poderá ser feita pela internet ou por outro meio de comunicação que permita a transação à distância, desde que as partes estejam de acordo.

Parágrafo único. É facultado à parte domiciliada no exterior submeter-se à mediação segundo as regras estabelecidas nesta Lei.

Art. 47. Esta Lei entra em vigor após decorridos 180 (cento e oitenta) dias de sua publicação oficial.

Art. 48. Revoga-se o § 2º do art. 6º da Lei 9.469, de 10 de julho de 1997.

Brasília, 26 de junho de 2015; 194º da Independência e 127º da República.

Dilma Rousseff

(*DOU* 29.06.2015)

LEI 13.146, DE 6 DE JULHO DE 2015

Institui a Lei Brasileira de Inclusão da Pessoa com Deficiência (Estatuto da Pessoa com Deficiência).

- V. Decreto 3.298/1999 (Regulamenta a Lei 7.853, de 24 de outubro de 1989, dispõe sobre a Política Nacional para a Integração da Pessoa Portadora de Deficiência, consolida as normas de proteção, e dá outras providências).

A Presidenta da República:

Faço saber que o Congresso Nacional decreta e eu sanciono a seguinte Lei:

Livro I
PARTE GERAL
TÍTULO I
Disposições Preliminares
Capítulo I
Disposições Gerais

Art. 1º É instituída a Lei Brasileira de Inclusão da Pessoa com Deficiência (Estatuto da Pessoa com Deficiência), destinada a assegurar e a promover, em condições de igualdade, o exercício dos direitos e das liberdades fundamentais por pessoa com deficiência, visando à sua inclusão social e cidadania.

Parágrafo único. Esta Lei tem como base a Convenção sobre os Direitos das Pessoas com Deficiência e seu Protocolo Facultativo, ratificados pelo Congresso Nacional por meio do Decreto Legislativo 186, de 9 de julho de 2008, em conformidade com o procedimento previsto no § 3º do art. 5º da Constituição da República Federativa do Brasil, em vigor para o Brasil, no plano jurídico externo, desde 31 de agosto de 2008, e promulgados pelo Decreto 6.949, de 25 de agosto de 2009, data de início de sua vigência no plano interno.

Art. 2º Considera-se pessoa com deficiência aquela que tem impedimento de longo prazo de natureza física, mental, intelectual ou sensorial, o qual, em interação com uma ou mais barreiras, pode obstruir sua participação plena e efetiva na sociedade em igualdade de condições com as demais pessoas.

§ 1º A avaliação da deficiência, quando necessária, será biopsicossocial, realizada por equipe multiprofissional e interdisciplinar e considerará:

I – os impedimentos nas funções e nas estruturas do corpo;

II – os fatores socioambientais, psicológicos e pessoais;

III – a limitação no desempenho de atividades; e

IV – a restrição de participação.

§ 2º O Poder Executivo criará instrumentos para avaliação da deficiência.

Art. 3º Para fins de aplicação desta Lei, consideram-se:

I – acessibilidade: possibilidade e condição de alcance para utilização, com segurança e autonomia, de espaços, mobiliários, equipamentos urbanos, edificações, transportes, informação e comunicação, inclusive seus sistemas e tecnologias, bem como de outros serviços e instalações abertos ao público, de uso público ou privados de uso coletivo, tanto na zona urbana como na rural, por pessoa com deficiência ou com mobilidade reduzida;

II – desenho universal: concepção de produtos, ambientes, programas e serviços a serem usados por todas as pessoas, sem necessidade de adaptação ou de projeto específico, incluindo os recursos de tecnologia assistiva;

III – tecnologia assistiva ou ajuda técnica: produtos, equipamentos, dispositivos, recursos, metodologias, estratégias, práticas e serviços que objetivem promover a funcionalidade, relacionada à atividade e à participação da pessoa com deficiência ou com mobilidade reduzida, visando à sua autonomia, independência, qualidade de vida e inclusão social;

IV – barreiras: qualquer entrave, obstáculo, atitude ou comportamento que limite ou impeça a participação social da pessoa, bem como o gozo, a fruição e o exercício de seus direitos à acessibilidade, à liberdade de movimento e de expressão, à comunicação, ao acesso à informação, à compreensão, à circulação com segurança, entre outros, classificadas em:

a) barreiras urbanísticas: as existentes nas vias e nos espaços públicos e privados abertos ao público ou de uso coletivo;

b) barreiras arquitetônicas: as existentes nos edifícios públicos e privados;

c) barreiras nos transportes: as existentes nos sistemas e meios de transportes;

d) barreiras nas comunicações e na informação: qualquer entrave, obstáculo, atitude ou comportamento que dificulte ou impossibilite a expressão ou o recebimento de mensagens e de informações por intermédio de sistemas de comunicação e de tecnologia da informação;

e) barreiras atitudinais: atitudes ou comportamentos que impeçam ou prejudiquem a participação social da pessoa com deficiência em igualdade de condições e oportunidades com as demais pessoas;

f) barreiras tecnológicas: as que dificultam ou impedem o acesso da pessoa com deficiência às tecnologias;

V – comunicação: forma de interação dos cidadãos que abrange, entre outras opções, as línguas, inclusive a Língua Brasileira de Sinais (Libras), a visualização de textos, o Braille, o sistema de sinalização ou de comunicação tátil, os caracteres ampliados, os dispositivos multimídia, assim como a linguagem simples, escrita e oral, os sistemas auditivos e os meios de voz digitalizados e os modos, meios e formatos aumentativos e alternativos de comunicação, incluindo as tecnologias da informação e das comunicações;

VI – adaptações razoáveis: adaptações, modificações e ajustes necessários e adequados que não acarretem ônus desproporcional e indevido, quando requeridos em cada caso, a fim de assegurar que a pessoa com deficiência possa gozar ou exercer, em igualdade de condições e oportunidades com as demais pessoas, todos os direitos e liberdades fundamentais;

VII – elemento de urbanização: quaisquer componentes de obras de urbanização, tais como os referentes a pavimentação, saneamento, encanamento para esgotos, distribuição de energia elétrica e de gás, iluminação pública, serviços de comunicação, abastecimento e distribuição de água, paisagismo e os que materializam as indicações do planejamento urbanístico;

VIII – mobiliário urbano: conjunto de objetos existentes nas vias e nos espaços públicos, superpostos ou adicionados aos elementos de urbanização ou de edificação, de forma que sua modificação ou seu traslado não provoque alterações substanciais nesses elementos, tais como semáforos, postes de sinalização e similares, terminais e pontos de acesso coletivo às telecomunicações, fontes de água, lixeiras, toldos, marquises, bancos, quiosques e quaisquer outros de natureza análoga;

IX – pessoa com mobilidade reduzida: aquela que tenha, por qualquer motivo, dificuldade de movimentação, permanente ou temporária, gerando redução efetiva da mobilidade, da flexibilidade, da coordenação motora ou da percepção, incluindo idoso, gestante, lactante, pessoa com criança de colo e obeso;

X – residências inclusivas: unidades de oferta do Serviço de Acolhimento do Sistema Único de Assistência Social (Suas) localizadas em áreas residenciais da comunidade, com estruturas adequadas, que possam contar com apoio psicossocial para o atendimento das necessidades da pessoa acolhida, destinadas a jovens e adultos com deficiência, em situação de dependência, que não dispõem de condições de autossustentabilidade e com vínculos familiares fragilizados ou rompidos;

XI – moradia para a vida independente da pessoa com deficiência: moradia com estruturas adequadas capazes de proporcionar serviços de apoio coletivos e individualizados que respeitem e ampliem o grau de autonomia de jovens e adultos com deficiência;

XII – atendente pessoal: pessoa, membro ou não da família, que, com ou sem remuneração, assiste ou presta cuidados básicos e essenciais à pessoa com deficiência no exercício de suas atividades diárias, excluídas as técnicas ou os procedimentos identificados com profissões legalmente estabelecidas;

XIII – profissional de apoio escolar: pessoa que exerce atividades de alimentação, higiene e locomoção do estudante com deficiência e atua em todas as atividades escolares nas quais se fizer necessária, em todos os níveis e modalidades de ensino, em instituições públicas e privadas, excluídas as técnicas ou os procedimentos identificados com profissões legalmente estabelecidas;

XIV – acompanhante: aquele que acompanha a pessoa com deficiência, podendo ou não desempenhar as funções de atendente pessoal.

Capítulo II
Da Igualdade e da Não Discriminação

Art. 4º Toda pessoa com deficiência tem direito à igualdade de oportunidades com as demais pessoas e não sofrerá nenhuma espécie de discriminação.

§ 1º Considera-se discriminação em razão da deficiência toda forma de distinção, restrição ou exclusão, por ação ou omissão, que tenha o propósito ou o efeito de prejudicar, impedir ou anular o reconhecimento ou o exercício dos direitos e das liberdades fundamentais de pessoa com deficiência, incluindo a recusa de adaptações razoáveis e de fornecimento de tecnologias assistivas.

§ 2º A pessoa com deficiência não está obrigada à fruição de benefícios decorrentes de ação afirmativa.

Art. 5º A pessoa com deficiência será protegida de toda forma de negligência, discriminação, exploração, violência, tortura, crueldade, opressão e tratamento desumano ou degradante.

Parágrafo único. Para os fins da proteção mencionada no *caput* deste artigo, são considerados especialmente vulneráveis a criança, o adolescente, a mulher e o idoso, com deficiência.

Art. 6º A deficiência não afeta a plena capacidade civil da pessoa, inclusive para:

I – casar-se e constituir união estável;

II – exercer direitos sexuais e reprodutivos;

III – exercer o direito de decidir sobre o número de filhos e de ter acesso a informações adequadas sobre reprodução e planejamento familiar;

IV – conservar sua fertilidade, sendo vedada a esterilização compulsória;

V – exercer o direito à família e à convivência familiar e comunitária; e

VI – exercer o direito à guarda, à tutela, à curatela e à adoção, como adotante ou adotando, em igualdade de oportunidades com as demais pessoas.

Art. 7º É dever de todos comunicar à autoridade competente qualquer forma de ameaça ou de violação aos direitos da pessoa com deficiência.

Parágrafo único. Se, no exercício de suas funções, os juízes e os tribunais tiverem conhecimento de fatos que caracterizem as violações previstas nesta Lei, devem remeter peças ao Ministério Público para as providências cabíveis.

Art. 8º É dever do Estado, da sociedade e da família assegurar à pessoa com deficiência, com prioridade, a efetivação dos direitos referentes à vida, à saúde, à sexualidade, à paternidade e à maternidade, à alimentação, à habitação, à educação, à profissionalização, ao trabalho, à previdência social, à habilitação e à reabilitação, ao transporte, à acessibilidade, à cultura, ao desporto, ao turismo, ao lazer, à informação, à comunicação, aos avanços científicos e tecnológicos, à dignidade, ao respeito, à liberdade, à convivência familiar e comunitária, entre outros decorrentes da Constituição Federal, da Convenção sobre os Direitos das Pessoas com Deficiência e seu Protocolo Facultativo e das leis e de outras normas que garantam seu bem-estar pessoal, social e econômico.

Seção Única
Do Atendimento Prioritário

Art. 9º A pessoa com deficiência tem direito a receber atendimento prioritário, sobretudo com a finalidade de:

I – proteção e socorro em quaisquer circunstâncias;

II – atendimento em todas as instituições e serviços de atendimento ao público;

III – disponibilização de recursos, tanto humanos quanto tecnológicos, que garantam atendimento em igualdade de condições com as demais pessoas;

IV – disponibilização de pontos de parada, estações e terminais acessíveis de transporte coletivo de passageiros e garantia de segurança no embarque e no desembarque;

V – acesso a informações e disponibilização de recursos de comunicação acessíveis;

VI – recebimento de restituição de imposto de renda;

VII – tramitação processual e procedimentos judiciais e administrativos em que for parte ou interessada, em todos os atos e diligências.

§ 1º Os direitos previstos neste artigo são extensivos ao acompanhante da pessoa com deficiência ou ao seu atendente pessoal, exceto quanto ao disposto nos incisos VI e VII deste artigo.

§ 2º Nos serviços de emergência públicos e privados, a prioridade conferida por esta Lei é condicionada aos protocolos de atendimento médico.

TÍTULO II
Dos Direitos Fundamentais

Capítulo I
Do Direito à Vida

Art. 10. Compete ao poder público garantir a dignidade da pessoa com deficiência ao longo de toda a vida.

Parágrafo único. Em situações de risco, emergência ou estado de calamidade pública, a pessoa com deficiência será considerada vulnerável, devendo o poder público adotar medidas para sua proteção e segurança.

Art. 11. A pessoa com deficiência não poderá ser obrigada a se submeter a intervenção clínica ou cirúrgica, a tratamento ou a institucionalização forçada.

Parágrafo único. O consentimento da pessoa com deficiência em situação de curatela poderá ser suprido, na forma da lei.

Art. 12. O consentimento prévio, livre e esclarecido da pessoa com deficiência é indispensável para a realização de tratamento, procedimento, hospitalização e pesquisa científica.

§ 1º Em caso de pessoa com deficiência em situação de curatela, deve ser assegurada sua participação, no maior grau possível, para a obtenção de consentimento.

§ 2º A pesquisa científica envolvendo pessoa com deficiência em situação de tutela ou de curatela deve ser realizada, em caráter excepcional, apenas quando houver indícios de benefício direto para sua saúde ou para a saúde de outras pessoas com deficiência e desde que não haja outra opção de pesquisa de eficácia comparável com participantes não tutelados ou curatelados.

Art. 13. A pessoa com deficiência somente será atendida sem seu consentimento prévio, livre e esclarecido em casos de risco de morte e de emergência em saúde, resguardado seu superior interesse e adotadas as salvaguardas legais cabíveis.

Capítulo II
Do Direito à Habilitação e à Reabilitação

Art. 14. O processo de habilitação e de reabilitação é um direito da pessoa com deficiência.

Parágrafo único. O processo de habilitação e de reabilitação tem por objetivo o desenvolvimento de potencialidades, talentos, habilidades e aptidões físicas, cognitivas, sensoriais, psicossociais, atitudinais, profissionais e artísticas que contribuam para a conquista da autonomia da pessoa com deficiência e de sua participação social em igualdade de condições e oportunidades com as demais pessoas.

Art. 15. O processo mencionado no art. 14 desta Lei baseia-se em avaliação multidisciplinar das necessidades, habilidades e potencialidades de cada pessoa, observadas as seguintes diretrizes:

I – diagnóstico e intervenção precoces;

II – adoção de medidas para compensar perda ou limitação funcional, buscando o desenvolvimento de aptidões;

III – atuação permanente, integrada e articulada de políticas públicas que possibilitem a plena participação social da pessoa com deficiência;

IV – oferta de rede de serviços articulados, com atuação intersetorial, nos diferentes níveis de complexidade, para atender às necessidades específicas da pessoa com deficiência;

V – prestação de serviços próximo ao domicílio da pessoa com deficiência, inclusive na zona rural, respeitadas a organização das Redes de Atenção à Saúde (RAS) nos territórios locais e as normas do Sistema Único de Saúde (SUS).

Art. 16. Nos programas e serviços de habilitação e de reabilitação para a pessoa com deficiência, são garantidos:

I – organização, serviços, métodos, técnicas e recursos para atender às características de cada pessoa com deficiência;

II – acessibilidade em todos os ambientes e serviços;

III – tecnologia assistiva, tecnologia de reabilitação, materiais e equipamentos adequados e apoio técnico profissional, de acordo com as especificidades de cada pessoa com deficiência;

IV – capacitação continuada de todos os profissionais que participem dos programas e serviços.

Art. 17. Os serviços do SUS e do Suas deverão promover ações articuladas para garantir à pessoa com deficiência e sua família a aquisição de informações, orientações e formas de acesso às políticas públicas disponíveis, com a finalidade de propiciar sua plena participação social.

Parágrafo único. Os serviços de que trata o *caput* deste artigo podem fornecer informações e orientações nas áreas de saúde, de educação, de cultura, de esporte, de lazer, de transporte, de previdência social, de assistência social, de habitação, de trabalho, de empreendedorismo, de acesso ao crédito, de promoção, proteção e defesa de direitos e nas demais áreas que possibilitem à pessoa com deficiência exercer sua cidadania.

[...]

Capítulo VI
Do Direito ao Trabalho

Seção I
Disposições Gerais

Art. 34. A pessoa com deficiência tem direito ao trabalho de sua livre escolha e aceitação, em ambiente acessível e inclusivo, em igualdade de oportunidades com as demais pessoas.

§ 1º As pessoas jurídicas de direito público, privado ou de qualquer natureza são obrigadas a garantir ambientes de trabalho acessíveis e inclusivos.

§ 2º A pessoa com deficiência tem direito, em igualdade de oportunidades com as demais pessoas, a condições justas e favoráveis de trabalho, incluindo igual remuneração por trabalho de igual valor.

§ 3º É vedada restrição ao trabalho da pessoa com deficiência e qualquer discriminação em razão de sua condição, inclusive nas etapas de recrutamento, seleção, contratação, admissão, exames admissional e periódico, permanência no emprego, ascensão profissional e reabilitação profissional, bem como exigência de aptidão plena.

§ 4º A pessoa com deficiência tem direito à participação e ao acesso a cursos, treinamentos, educação continuada, planos de carreira, promoções, bonificações e incentivos profissionais oferecidos pelo empregador, em igualdade de oportunidades com os demais empregados.

§ 5º É garantida aos trabalhadores com deficiência acessibilidade em cursos de formação e de capacitação.

Art. 35. É finalidade primordial das políticas públicas de trabalho e emprego promover e garantir condições de acesso e de permanência da pessoa com deficiência no campo de trabalho.

Parágrafo único. Os programas de estímulo ao empreendedorismo e ao trabalho autônomo, incluídos o cooperativismo e o associativismo, devem prever a participação da pessoa com deficiência e a disponibilização de linhas de crédito, quando necessárias.

Seção II
Da Habilitação Profissional e Reabilitação Profissional

Art. 36. O poder público deve implementar serviços e programas completos de habilitação profissional e de reabilitação profissional para que a pessoa com deficiência possa ingressar, continuar ou retornar ao campo do trabalho, respeitados sua livre escolha, sua vocação e seu interesse.

§ 1º Equipe multidisciplinar indicará, com base em critérios previstos no § 1º do art. 2º desta Lei, programa de habilitação ou de reabilitação que possibilite à pessoa com deficiência restaurar sua capacidade e habilidade profissional ou adquirir novas capacidades e habilidades de trabalho.

§ 2º A habilitação profissional corresponde ao processo destinado a propiciar à pessoa com deficiência aquisição de conhecimentos, habilidades e aptidões para exercício de profissão ou de ocupação, permitindo nível suficiente de desenvolvimento profissional para ingresso no campo de trabalho.

§ 3º Os serviços de habilitação profissional, de reabilitação profissional e de educação profissional devem ser dotados de recursos necessários para atender a toda pessoa com deficiência, independentemente de sua característica específica, a fim de que ela possa ser capacitada para trabalho que lhe seja adequado e ter perspectivas de obtê-lo, de conservá-lo e de nele progredir.

§ 4º Os serviços de habilitação profissional, de reabilitação profissional e de educação profissional deverão ser oferecidos em ambientes acessíveis e inclusivos.

§ 5º A habilitação profissional e a reabilitação profissional devem ocorrer articuladas com as redes públicas e privadas, especialmente de saúde, de ensino e de assistência social, em todos os níveis e modalidades, em entidades de formação profissional ou diretamente com o empregador.

§ 6º A habilitação profissional pode ocorrer em empresas por meio de prévia formalização do contrato de emprego da pessoa com deficiência, que será considerada para o cumprimento da reserva de vagas prevista em lei, desde que por tempo determinado e concomitante com a inclusão profissional na empresa, observado o disposto em regulamento.

§ 7º A habilitação profissional e a reabilitação profissional atenderão à pessoa com deficiência.

Seção III
Da Inclusão da Pessoa com Deficiência no Trabalho

Art. 37. Constitui modo de inclusão da pessoa com deficiência no trabalho a colocação competitiva, em igualdade de oportunidades com as demais pessoas, nos termos da legislação trabalhista e previdenciária, na qual devem ser atendidas as regras de acessibilidade, o fornecimento de recursos de tecnologia assistiva e a adaptação razoável no ambiente de trabalho.

Parágrafo único. A colocação competitiva da pessoa com deficiência pode ocorrer por meio de trabalho com apoio, observadas as seguintes diretrizes:

I – prioridade no atendimento à pessoa com deficiência com maior dificuldade de inserção no campo de trabalho;

II – provisão de suportes individualizados que atendam a necessidades específicas da pessoa com deficiência, inclusive a disponibilização de recursos de tecnologia assistiva, de agente facilitador e de apoio no ambiente de trabalho;

III – respeito ao perfil vocacional e ao interesse da pessoa com deficiência apoiada;

IV – oferta de aconselhamento e de apoio aos empregadores, com vistas à definição de estratégias de inclusão e de superação de barreiras, inclusive atitudinais;

V – realização de avaliações periódicas;

VI – articulação intersetorial das políticas públicas;

VII – possibilidade de participação de organizações da sociedade civil.

Art. 38. A entidade contratada para a realização de processo seletivo público ou privado para cargo, função ou emprego está obrigada à observância do disposto nesta Lei e em outras normas de acessibilidade vigentes.

[...]

TÍTULO III
Da Acessibilidade

[...]

Capítulo II
Do Acesso à Informação e à Comunicação

Art. 63. É obrigatória a acessibilidade nos sítios da internet mantidos por empresas com sede ou representação comercial no País ou por órgãos de governo, para uso da pessoa com deficiência, garantindo-lhe acesso às informações disponíveis, conforme as melhores práticas e diretrizes de acessibilidade adotadas internacionalmente.

§ 1º Os sítios devem conter símbolo de acessibilidade em destaque.

§ 2º Telecentros comunitários que recebem recursos públicos federais para seu custeio ou sua instalação e *lan houses* devem possuir equipamentos e instalações acessíveis.

§ 3º Os telecentros e as *lan houses* de que trata o § 2º deste artigo devem garantir, no mínimo, 10% (dez por cento) de seus computadores com recursos de acessibilidade para pessoa com deficiência visual, sendo assegurado pelo menos 1 (um) equipamento, quando o resultado percentual for inferior a 1 (um).

Art. 64. A acessibilidade nos sítios da internet de que trata o art. 63 desta Lei deve ser observada para obtenção do financiamento de que trata o inciso III do art. 54 desta Lei.

[...]

Art. 69. O poder público deve assegurar a disponibilidade de informações corretas e claras sobre os diferentes produtos e serviços ofertados, por quaisquer meios de comunicação empregados, inclusive em ambiente virtual, contendo a especificação correta de quantidade, qualidade, características, composição e preço, bem como sobre os eventuais riscos à saúde e à segurança do consumidor com deficiência, em caso de sua utilização, aplicando-se, no que couber, os arts. 30 a 41 da Lei 8.078, de 11 de setembro de 1990.

§ 1º Os canais de comercialização virtual e os anúncios publicitários veiculados na imprensa escrita, na internet, no rádio, na televisão e nos demais veículos de comunicação abertos ou por assinatura devem disponibilizar, conforme a compatibilidade do meio, os recursos de acessibilidade de que trata o art. 67 desta Lei, a expensas do fornecedor do produto ou do serviço, sem prejuízo da observância do disposto nos arts. 36 a 38 da Lei 8.078, de 11 de setembro de 1990.

§ 2º Os fornecedores devem disponibilizar, mediante solicitação, exemplares de bulas, prospectos, textos ou qualquer outro tipo de material de divulgação em formato acessível.

Art. 70. As instituições promotoras de congressos, seminários, oficinas e demais eventos de natureza científico-cultural devem oferecer à pessoa com deficiência, no mínimo, os recursos de tecnologia assistiva previstos no art. 67 desta Lei.

[...]

Art. 73. Caberá ao poder público, diretamente ou em parceria com organizações da sociedade civil, promover a capacitação de tradutores e intérpretes da Libras, de guias intérpretes e de profissionais habilitados em Braille, audiodescrição, estenotipia e legendagem.

Capítulo III
Da Tecnologia Assistiva

Art. 74. É garantido à pessoa com deficiência acesso a produtos, recursos, estratégias, práticas, processos, métodos e serviços de tecnologia assistiva que maximizem sua autonomia, mobilidade pessoal e qualidade de vida.

[...]

Livro II
PARTE ESPECIAL

TÍTULO I
Do Acesso à Justiça

Capítulo I
Disposições Gerais

Art. 79. O poder público deve assegurar o acesso da pessoa com deficiência à justiça, em igualdade de oportunidades com as demais pessoas, garantindo, sempre que requeridos, adaptações e recursos de tecnologia assistiva.

§ 1º A fim de garantir a atuação da pessoa com deficiência em todo o processo judicial, o poder público deve capacitar os membros e os servidores que atuam no Poder Judiciário, no Ministério Público, na Defensoria Pública, nos órgãos de segurança pública e no sistema penitenciário quanto aos direitos da pessoa com deficiência.

§ 2º Devem ser assegurados à pessoa com deficiência submetida a medida restritiva de liberdade todos os direitos e garantias a que fazem jus os apenados sem deficiência, garantida a acessibilidade.

§ 3º A Defensoria Pública e o Ministério Público tomarão as medidas necessárias à garantia dos direitos previstos nesta Lei.

Art. 80. Devem ser oferecidos todos os recursos de tecnologia assistiva disponíveis para que a pessoa com deficiência tenha garantido o acesso à justiça, sempre que figure em um dos polos da ação ou atue como testemunha, partícipe da lide posta em juízo, advogado, defensor público, magistrado ou membro do Ministério Público.

Parágrafo único. A pessoa com deficiência tem garantido o acesso ao conteúdo de todos os atos processuais de seu interesse, inclusive no exercício da advocacia.

Art. 81. Os direitos da pessoa com deficiência serão garantidos por ocasião da aplicação de sanções penais.

Art. 82. *(Vetado).*

Art. 83. Os serviços notariais e de registro não podem negar ou criar óbices ou condições diferenciadas à prestação de seus serviços em razão de deficiência do solicitante, devendo reconhecer sua capacidade legal plena, garantida a acessibilidade.

Parágrafo único. O descumprimento do disposto no *caput* deste artigo constitui discriminação em razão de deficiência.

Capítulo II
Do Reconhecimento Igual Perante a Lei

Art. 84. A pessoa com deficiência tem assegurado o direito ao exercício de sua capacidade legal em igualdade de condições com as demais pessoas.

§ 1º Quando necessário, a pessoa com deficiência será submetida à curatela, conforme a lei.

§ 2º É facultado à pessoa com deficiência a adoção de processo de tomada de decisão apoiada.

§ 3º A definição de curatela de pessoa com deficiência constitui medida protetiva extraordinária, proporcional às necessidades e às circunstâncias de cada caso, e durará o menor tempo possível.

§ 4º Os curadores são obrigados a prestar, anualmente, contas de sua administração ao juiz, apresentando o balanço do respectivo ano.

Art. 85. A curatela afetará tão somente os atos relacionados aos direitos de natureza patrimonial e negocial.

§ 1º A definição da curatela não alcança o direito ao próprio corpo, à sexualidade, ao matrimônio, à privacidade, à educação, à saúde, ao trabalho e ao voto.

§ 2º A curatela constitui medida extraordinária, devendo constar da sentença as razões e motivações de sua definição, preservados os interesses do curatelado.

§ 3º No caso de pessoa em situação de institucionalização, ao nomear curador, o juiz deve dar preferência a pessoa que tenha vínculo de natureza familiar, afetiva ou comunitária com o curatelado.

Art. 86. Para emissão de documentos oficiais, não será exigida a situação de curatela da pessoa com deficiência.

Art. 87. Em casos de relevância e urgência e a fim de proteger os interesses da pessoa com deficiência em situação de curatela, será lícito ao juiz, ouvido o Ministério Público, de oficio ou a requerimento do interessado, nomear, desde logo, curador provisório, o qual estará sujeito, no que couber, às disposições do Código de Processo Civil.

TÍTULO II
Dos Crimes e das Infrações Administrativas

Art. 88. Praticar, induzir ou incitar discriminação de pessoa em razão de sua deficiência:

Pena – reclusão, de 1 (um) a 3 (três) anos, e multa.

§ 1º Aumenta-se a pena em 1/3 (um terço) se a vítima encontrar-se sob cuidado e responsabilidade do agente.

§ 2º Se qualquer dos crimes previstos no *caput* deste artigo é cometido por intermédio de meios de comunicação social ou de publicação de qualquer natureza:

Pena – reclusão, de 2 (dois) a 5 (cinco) anos, e multa.

§ 3º Na hipótese do § 2º deste artigo, o juiz poderá determinar, ouvido o Ministério Público ou a pedido deste, ainda antes do inquérito policial, sob pena de desobediência:

I – recolhimento ou busca e apreensão dos exemplares do material discriminatório;

II – interdição das respectivas mensagens ou páginas de informação na internet.

§ 4º Na hipótese do § 2º deste artigo, constitui efeito da condenação, após o trânsito em julgado da decisão, a destruição do material apreendido.

Art. 89. Apropriar-se de ou desviar bens, proventos, pensão, benefícios, remuneração ou qualquer outro rendimento de pessoa com deficiência:

Pena – reclusão, de 1 (um) a 4 (quatro) anos, e multa.

Parágrafo único. Aumenta-se a pena em 1/3 (um terço) se o crime é cometido:

I – por tutor, curador, síndico, liquidatário, inventariante, testamenteiro ou depositário judicial; ou

II – por aquele que se apropriou em razão de ofício ou de profissão.

Art. 90. Abandonar pessoa com deficiência em hospitais, casas de saúde, entidades de abrigamento ou congêneres:

Pena – reclusão, de 6 (seis) meses a 3 (três) anos, e multa.

Parágrafo único. Na mesma pena incorre quem não prover as necessidades básicas de pessoa com deficiência quando obrigado por lei ou mandado.

Art. 91. Reter ou utilizar cartão magnético, qualquer meio eletrônico ou documento de pessoa com deficiência destinados ao recebimento de benefícios, proventos, pensões ou remuneração ou à realização de operações financeiras, com o fim de obter vantagem indevida para si ou para outrem:

Pena – detenção, de 6 (seis) meses a 2 (dois) anos, e multa.

Parágrafo único. Aumenta-se a pena em 1/3 (um terço) se o crime é cometido por tutor ou curador.

TÍTULO III
Disposições Finais e Transitórias

Art. 92. É criado o Cadastro Nacional de Inclusão da Pessoa com Deficiência (Cadastro-Inclusão), registro público eletrônico com a finalidade de coletar, processar, sistematizar e disseminar informações georreferenciadas que permitam a identificação e a caracterização socioeconômica da pessoa com deficiência, bem como das barreiras que impedem a realização de seus direitos.

§ 1º O Cadastro-Inclusão será administrado pelo Poder Executivo federal e constituído por base de dados, instrumentos, procedimentos e sistemas eletrônicos.

§ 2º Os dados constituintes do Cadastro-Inclusão serão obtidos pela integração dos sistemas de informação e da base de dados de todas as políticas públicas relacionadas aos direitos da pessoa com deficiência, bem como por informações coletadas, inclusive em censos nacionais e nas demais pesquisas realizadas no País, de acordo com os parâmetros estabelecidos pela Convenção sobre os Direitos das Pessoas com Deficiência e seu Protocolo Facultativo.

§ 3º Para coleta, transmissão e sistematização de dados, é facultada a celebração de convênios, acordos, termos de parceria ou contratos com instituições públicas e privadas, observados os requisitos e procedimentos previstos em legislação específica.

§ 4º Para assegurar a confidencialidade, a privacidade e as liberdades fundamentais da pessoa com deficiência e os princípios éticos que regem a utilização de informações, devem ser observadas as salvaguardas estabelecidas em lei.

§ 5º Os dados do Cadastro-Inclusão somente poderão ser utilizados para as seguintes finalidades:

I – formulação, gestão, monitoramento e avaliação das políticas públicas para a pessoa com deficiência e para identificar as barreiras que impedem a realização de seus direitos;

II – realização de estudos e pesquisas.

§ 6º As informações a que se refere este artigo devem ser disseminadas em formatos acessíveis.

Art. 93. Na realização de inspeções e de auditorias pelos órgãos de controle interno e externo, deve ser observado o cumprimento da legislação relativa à pessoa com deficiência e das normas de acessibilidade vigentes.

Art. 94. Terá direito a auxílio-inclusão, nos termos da lei, a pessoa com deficiência moderada ou grave que:

I – receba o benefício de prestação continuada previsto no art. 20 da Lei 8.742, de 7 de dezembro de 1993, e que passe a exercer atividade remunerada que a enquadre como segurado obrigatório do RGPS;

II – tenha recebido, nos últimos 5 (cinco) anos, o benefício de prestação continuada previsto no art. 20 da Lei 8.742, de 7 de dezembro de 1993, e que exerça atividade remunerada que a enquadre como segurado obrigatório do RGPS.

Art. 95. É vedado exigir o comparecimento de pessoa com deficiência perante os órgãos públicos quando seu deslocamento, em razão de sua limitação funcional e de condições de acessibilidade, imponha-lhe ônus desproporcional e indevido, hipótese na qual serão observados os seguintes procedimentos:

I – quando for de interesse do poder público, o agente promoverá o contato necessário com a pessoa com deficiência em sua residência;

II – quando for de interesse da pessoa com deficiência, ela apresentará solicitação de atendimento domiciliar ou fará representar-se por procurador constituído para essa finalidade.

Parágrafo único. É assegurado à pessoa com deficiência atendimento domiciliar pela perícia médica e social do Instituto Nacional do Seguro Social (INSS), pelo serviço público de saúde ou pelo serviço privado de saúde, contratado ou conveniado, que integre o SUS e pelas entidades da rede socioassistencial integrantes do Suas, quando seu deslocamento, em razão de sua limitação funcional e de condições de acessibilidade, imponha-lhe ônus desproporcional e indevido.

[...]

Art. 120. Cabe aos órgãos competentes, em cada esfera de governo, a elaboração de relatórios circunstanciados sobre o cumprimento dos prazos estabelecidos por força das Leis 10.048, de 8 de novembro de 2000, e 10.098, de 19 de dezembro de 2000, bem como o seu encaminhamento ao Ministério Público e aos órgãos de regulação para adoção das providências cabíveis.

Parágrafo único. Os relatórios a que se refere o *caput* deste artigo deverão ser apresentados no prazo de 1 (um) ano a contar da entrada em vigor desta Lei.

Art. 121. Os direitos, os prazos e as obrigações previstos nesta Lei não excluem os já estabelecidos em outras legislações, inclusive em pactos, tratados, convenções e declarações internacionais aprovados e promulgados pelo Congresso Nacional, e devem ser aplicados em conformidade com as demais normas internas e acordos internacionais vinculantes sobre a matéria.

Parágrafo único. Prevalecerá a norma mais benéfica à pessoa com deficiência.

Art. 122. Regulamento disporá sobre a adequação do disposto nesta Lei ao tratamento diferenciado, simplificado e favorecido a ser dispensado às microempresas e às empresas de pequeno porte, previsto no § 3º do art. 1º da Lei Complementar 123, de 14 de dezembro de 2006.

- V. Dec. 9.405/2018 (Dispõe sobre o tratamento diferenciado, simplificado e favorecido às microempresas e às empresas de pequeno porte, previsto no art. 122 da Lei 13.146/2015).

Art. 123. Revogam-se os seguintes dispositivos:

I – o inciso II do § 2º do art. 1º da Lei 9.008, de 21 de março de 1995;

II – os incisos I, II e III do art. 3º da Lei 10.406, de 10 de janeiro de 2002 (Código Civil);

III – os incisos II e III do art. 228 da Lei 10.406, de 10 de janeiro de 2002 (Código Civil);

IV – o inciso I do art. 1.548 da Lei 10.406, de 10 de janeiro de 2002 (Código Civil);

V – o inciso IV do art. 1.557 da Lei 10.406, de 10 de janeiro de 2002 (Código Civil);

VI – os incisos II e IV do art. 1.767 da Lei 10.406, de 10 de janeiro de 2002 (Código Civil);

VII – os arts. 1.776 e 1.780 da Lei 10.406, de 10 de janeiro de 2002 (Código Civil).

Art. 124. O § 1º do art. 2º desta Lei deverá entrar em vigor em até 2 (dois) anos, contados da entrada em vigor desta Lei.

Art. 125. Devem ser observados os prazos a seguir discriminados, a partir da entrada em vigor desta Lei, para o cumprimento dos seguintes dispositivos:

I – incisos I e II do § 2º do art. 28, 48 (quarenta e oito) meses;

II – § 6º do art. 44, 48 (quarenta e oito) meses;

III – art. 45, 24 (vinte e quatro) meses;

IV – art. 49, 48 (quarenta e oito) meses.

Art. 126. Prorroga-se até 31 de dezembro de 2021 a vigência da Lei 8.989, de 24 de fevereiro de 1995.

Art. 127. Esta Lei entra em vigor após decorridos 180 (cento e oitenta) dias de sua publicação oficial.

Brasília, 6 de julho de 2015; 194º da Independência e 127º da República.

Dilma Rousseff

(*DOU* 07.07.2015)

LEI 13.152, DE 29 DE JULHO DE 2015

Dispõe sobre a política de valorização do salário-mínimo e dos benefícios pagos pelo Regime Geral de Previdência Social (RGPS) para o período de 2016 a 2019.

- V. Lei 4.266/1963 (Institui o salário-família do trabalhador e dá outras providências).
- V. Dec. 53.153/1963 (Regulamenta o salário-família do trabalhador).
- V. Port. MTb 3.296/1986 (Autoriza as empresas e empregadores a adotar o sistema de Reembolso-Creche), disponível em ProView.
- V. Decreto-lei 368/1968 (Dispõe sobre efeitos de débitos salariais).
- V. IN SRT 1/1989 (Dispõe sobre o prazo para o pagamento do salário), disponível em ProView
- V. Decreto-lei 691/1969 (Dispõe sobre a não aplicação, aos contratos de técnicos estrangeiros, com estipulação de pagamento de salários em moeda estrangeira, de diversas disposições da legislação trabalhista).
- V. Lei 6.858/1980 (Dispõe sobre o pagamento, aos dependentes ou sucessores, de valores não recebidos em vida pelos respectivos titulares).
- V. Decreto 85.845/1981 (Regulamenta a Lei 6.858/1980).
- V. Lei 7.238/1984 (Dispõe sobre a manutenção da correção automática semestral dos salários, de acordo com o INPC).
- V. Lei 8.073/1990 (Estabelece a Política Nacional de Salários).
- V. Lei 8.542/1992 (Dispõe sobre a política nacional de salários).
- V. Lei 8.716/1993 (Dispõe sobre a garantia do salário mínimo).
- V. Lei 8.880/1994 (Dispõe sobre o Programa de Estabilização Econômica e o Sistema Monetário Nacional e institui a URV).
- V. Lei Complementar 103/2000 (Autoriza os Estados e o Distrito Federal a instituir o piso salarial).
- V. Lei 10.192/2001 (Dispõe sobre medidas complementares ao Plano Real).
- V. Decreto 4.840/2003 (Regulamenta a Medida Provisória 130/2003, que dispõe sobre a autorização para desconto de prestações em folha de pagamento).
- V. Lei 10.820/2003 (Dispõe sobre a autorização para desconto de prestações em folha de pagamento).
- V. Lei 12.382/2011 (Dispõe sobre o valor do salário mínimo em 2011 e a sua política de valorização de longo prazo).
- V. Decreto 7.872/2012 (Regulamenta o valor do salário mínimo em 2011 e a sua política de valorização de longo prazo).

A Presidenta da República:

Faço saber que o Congresso Nacional decreta e eu sanciono a seguinte Lei:

Art. 1º São estabelecidas as diretrizes a vigorar entre 2016 e 2019, inclusive, a serem aplicadas em 1º de janeiro do respectivo ano, para:

I – a política de valorização do salário-mínimo; e

II – (*Vetado*).

§ 1º Os reajustes para a preservação do poder aquisitivo do salário-mínimo corresponderão à variação do Índice Nacional de Preços ao Consumidor (INPC), calculado e divulgado pela Fundação Instituto Brasileiro de Geografia e Estatística (IBGE), acumulada nos 12 (doze) meses anteriores ao mês do reajuste.

§ 2º Na hipótese de não divulgação do INPC referente a um ou mais meses compreendidos no período do cálculo até o último dia útil imediatamente anterior à vigência do reajuste, o Poder Executivo estimará os índices dos meses não disponíveis.

Legislação

§ 3º Verificada a hipótese de que trata o § 2º, os índices estimados permanecerão válidos para os fins desta Lei, sem qualquer revisão, sendo os eventuais resíduos compensados no reajuste subsequente, sem retroatividade.

§ 4º A título de aumento real, serão aplicados os seguintes percentuais:

I – em 2016, será aplicado o percentual equivalente à taxa de crescimento real do Produto Interno Bruto (PIB), apurada pelo IBGE, para o ano de 2014;

II – em 2017, será aplicado o percentual equivalente à taxa de crescimento real do PIB, apurada pelo IBGE, para o ano de 2015;

III – em 2018, será aplicado o percentual equivalente à taxa de crescimento real do PIB, apurada pelo IBGE, para o ano de 2016; e

IV – em 2019, será aplicado o percentual equivalente à taxa de crescimento real do PIB, apurada pelo IBGE, para o ano de 2017.

§ 5º Para fins do disposto no § 4º, será utilizada a taxa de crescimento real do PIB para o ano de referência, divulgada pelo IBGE até o último dia útil do ano imediatamente anterior ao de aplicação do respectivo aumento real.

§ 6º (*Vetado*).

Art. 2º Os reajustes e os aumentos fixados na forma do art. 1º serão estabelecidos pelo Poder Executivo, por meio de decreto, nos termos desta Lei.

Parágrafo único. O decreto do Poder Executivo a que se refere o *caput* divulgará a cada ano os valores mensal, diário e horário do salário-mínimo decorrentes do disposto neste artigo, correspondendo o valor diário a 1/30 (um trinta avos) e o valor horário a 1/220 (um duzentos e vinte avos) do valor mensal.

Art. 3º (*Vetado*).

Art. 4º Esta Lei entra em vigor na data de sua publicação.

Brasília, 29 de julho de 2015; 194º da Independência e 127º da República.

Dilma Rousseff

(*DOU* 30.07.2015)

LEI 13.185, DE 6 DE NOVEMBRO DE 2015

Institui o Programa de Combate à Intimidação Sistemática (Bullying).

A Presidenta da República:

Faço saber que o Congresso Nacional decreta e eu sanciono a seguinte Lei:

Art. 1º Fica instituído o Programa de Combate à Intimidação Sistemática (*Bullying*) em todo o território nacional.

§ 1º No contexto e para os fins desta Lei, considera-se intimidação sistemática (*bullying*) todo ato de violência física ou psicológica, intencional e repetitivo que ocorre sem motivação evidente, praticado por indivíduo ou grupo, contra uma ou mais pessoas, com o objetivo de intimidá-la ou agredi-la, causando dor e angústia à vítima, em uma relação de desequilíbrio de poder entre as partes envolvidas.

§ 2º O Programa instituído no *caput* poderá fundamentar as ações do Ministério da Educação e das Secretarias Estaduais e Municipais de Educação, bem como de outros órgãos, aos quais a matéria diz respeito.

Art. 2º Caracteriza-se a intimidação sistemática (*bullying*) quando há violência física ou psicológica em atos de intimidação, humilhação ou discriminação e, ainda:

I – ataques físicos;

II – insultos pessoais;

III – comentários sistemáticos e apelidos pejorativos;

IV – ameaças por quaisquer meios;

V – grafites depreciativos;

VI – expressões preconceituosas;

VII – isolamento social consciente e premeditado;

VIII – pilhérias.

Parágrafo único. Há intimidação sistemática na rede mundial de computadores (*cyberbullying*), quando se usarem os instrumentos que lhe são próprios para depreciar, incitar a violência, adulterar fotos e dados pessoais com o intuito de criar meios de constrangimento psicossocial.

Art. 3º A intimidação sistemática (*bullying*) pode ser classificada, conforme as ações praticadas, como:

I – verbal: insultar, xingar e apelidar pejorativamente;

II – moral: difamar, caluniar, disseminar rumores;

III – sexual: assediar, induzir e/ou abusar;

IV – social: ignorar, isolar e excluir;

V – psicológica: perseguir, amedrontar, aterrorizar, intimidar, dominar, manipular, chantagear e infernizar;

VI – físico: socar, chutar, bater;

VII – material: furtar, roubar, destruir pertences de outrem;

VIII – virtual: depreciar, enviar mensagens intrusivas da intimidade, enviar ou adulterar fotos e dados pessoais que resultem em sofrimento ou com o intuito de criar meios de constrangimento psicológico e social.

Art. 4º Constituem objetivos do Programa referido no *caput* do art. 1º:

I – prevenir e combater a prática da intimidação sistemática (*bullying*) em toda a sociedade;

II – capacitar docentes e equipes pedagógicas para a implementação das ações de discussão, prevenção, orientação e solução do problema;

III – implementar e disseminar campanhas de educação, conscientização e informação;

IV – instituir práticas de conduta e orientação de pais, familiares e responsáveis diante da identificação de vítimas e agressores;

V – dar assistência psicológica, social e jurídica às vítimas e aos agressores;

VI – integrar os meios de comunicação de massa com as escolas e a sociedade, como forma de identificação e conscientização do problema e forma de preveni-lo e combatê-lo;

VII – promover a cidadania, a capacidade empática e o respeito a terceiros, nos marcos de uma cultura de paz e tolerância mútua;

VIII – evitar, tanto quanto possível, a punição dos agressores, privilegiando mecanismos e instrumentos alternativos que promovam a efetiva responsabilização e a mudança de comportamento hostil;

IX – promover medidas de conscientização, prevenção e combate a todos os tipos de violência, com ênfase nas práticas recorrentes de intimidação sistemática (*bullying*), ou constrangimento físico e psicológico, cometidas por alunos, professores e outros profissionais integrantes de escola e de comunidade escolar.

Art. 5º É dever do estabelecimento de ensino, dos clubes e das agremiações recreativas assegurar medidas de conscientização, prevenção, diagnose e combate à violência e à intimidação sistemática (*bullying*).

Art. 6º Serão produzidos e publicados relatórios bimestrais das ocorrências de intimidação sistemática (*bullying*) nos Estados e Municípios para planejamento das ações.

Art. 7º Os entes federados poderão firmar convênios e estabelecer parcerias para a implementação e a correta execução dos objetivos e diretrizes do Programa instituído por esta Lei.

Art. 8º Esta Lei entra em vigor após decorridos 90 (noventa) dias da data de sua publicação oficial.

Brasília, 6 de novembro de 2015; 194º da Independência e 127º da República.

Dilma Rousseff

(*DOU* 09.11.2015)

LEI 13.189, DE 19 DE NOVEMBRO DE 2015

Institui o Programa Seguro-Emprego (PSE).

- Ementa com redação determinada pela Lei 13.456/2017.
- V. Lei 10.741/2003 (Dispõe sobre o Estatuto do Idoso e dá outras providências).
- V. Lei 11.770/2008 (Cria o Programa Empresa Cidadã).
- V. D 7.052/2009 (Regulamenta a Lei 11.770/2008, que cria o Programa Empresa Cidadã, destinado à prorrogação da licença-maternidade, no tocante a empregadas de pessoas jurídicas).
- V. 12.288/2010 (Institui o Estatuto da Igualdade Racial).
- V. Lei 12.852/2013 (Institui o Estatuto da Juventude e dispõe sobre os direitos dos jovens, os princípios e diretrizes das políticas públicas de juventude e o Sinajuve).
- V. Decreto 8.479/2015 (Regulamenta o disposto na Medida Provisória 680, de 6 de ju-

lho de 2015, que institui o Programa de Proteção ao Emprego).

- V. Lei 13.289/2016 (Dispõe sobre o Selo Empresa Solidária com a Vida e dá outras providências).

A Presidenta da República:

Faço saber que o Congresso Nacional decreta e eu sanciono a seguinte Lei:

Art. 1º Fica instituído o Programa Seguro-Emprego (PSE), com os seguintes objetivos:

Caput do artigo com redação determinada pela Lei 13.456/2017.

I – possibilitar a preservação dos empregos em momentos de retração da atividade econômica;

II – favorecer a recuperação econômico – financeira das empresas;

III – sustentar a demanda agregada durante momentos de adversidade, para facilitar a recuperação da economia;

IV – estimular a produtividade do trabalho por meio do aumento da duração do vínculo empregatício; e

V – fomentar a negociação coletiva e aperfeiçoar as relações de emprego.

Parágrafo único. O PSE consiste em ação para auxiliar os trabalhadores na preservação do emprego, nos termos do inciso II do *caput* do art. 2º da Lei 7.998, de 11 de janeiro de 1990.

- Parágrafo único com redação determinada pela Lei 13.456/2017.

Art. 2º Podem aderir ao PSE as empresas de todos os setores em situação de dificuldade econômico-financeira que celebrarem acordo coletivo de trabalho específico de redução de jornada e de salário.

- Artigo com redação determinada pela Lei 13.456/2017.

§ 1º A adesão ao PSE pode ser feita perante o Ministério do Trabalho até o dia 31 de dezembro de 2017, observado o prazo máximo de permanência de vinte e quatro meses, na forma definida em regulamento, respeitada a data de extinção do programa.

§ 2º Têm prioridade de adesão ao PSE, observados os critérios definidos pelo Poder Executivo federal:

I – a empresa que demonstre observar a cota de pessoas com deficiência;

II – as microempresas e empresas de pequeno porte; e

III – a empresa que possua em seus quadros programa de reinserção profissional de egressos do sistema penitenciário.

§ 3º As microempresas e as empresas de pequeno porte poderão contar com o apoio técnico do Serviço Brasileiro de Apoio às Micro e Pequenas Empresas (Sebrae), conforme disposto em regulamento.

Art. 3º Poderão aderir ao PSE as empresas que se enquadrem nas condições estabelecidas pelo Comitê do Programa de Proteção ao Emprego, criado pelo Decreto 8.479, de 6 de julho de 2015, independentemente do setor econômico, e que cumprirem os seguintes requisitos:

- Caput do Artigo com redação determinada pela Lei 13.456/2017.

I – celebrar e apresentar acordo coletivo de trabalho específico, nos termos do art. 5º;

II – apresentar ao Ministério do Trabalho solicitação de adesão ao PSE;

- Inciso II com redação determinada pela Lei 13.456/2017.

III – apresentar a relação dos empregados abrangidos, especificando o salário individual;

IV – ter registro no Cadastro Nacional da Pessoa Jurídica – CNPJ há, no mínimo, dois anos;

V – comprovar a regularidade fiscal, previdenciária e relativa ao Fundo de Garantia do Tempo de Serviço – FGTS; e

VI – comprovar a situação de dificuldade econômico-financeira, fundamentada no Indicador Líquido de Empregos (ILE), considerando-se nesta situação a empresa cujo ILE seja igual ou inferior ao percentual a ser definido em ato do Poder Executivo federal, apurado com base nas informações disponíveis no Cadastro Geral de Empregados e Desempregados (Caged), consistindo o ILE no percentual representado pela diferença entre admissões e demissões acumulada nos doze meses anteriores ao da solicitação de adesão ao PSE dividida pelo número de empregados no mês anterior ao início desse período.

- Inciso VI com redação determinada pela Lei 13.456/2017.

§ 1º Para fins do disposto no inciso IV do *caput*, em caso de solicitação de adesão por filial de empresa, pode ser considerado o tempo de registro no CNPJ da matriz.

§ 2º A regularidade de que trata o inciso V do *caput* deste artigo deverá ser observada durante o período de adesão do PSE, como condição para permanência no Programa.

- § 2º com redação determinada pela Lei 13.456/2017.

§ 3º No cálculo do indicador de que trata o inciso VI do *caput* deste artigo, não serão computados os eventos de transferência por entrada, de transferência por saída e de admissão ou desligamento de aprendizes.

- § 3º acrescentado pela Lei 13.456/2017.

Art. 4º Os empregados de empresas que aderirem ao PSE e que tiverem o seu salário reduzido, nos termos do art. 5º desta Lei, fazem jus à compensação pecuniária equivalente a 50% (cinquenta por cento) do valor da redução salarial e limitada a 65% (sessenta e cinco por cento) do valor máximo da parcela do seguro-desemprego, enquanto perdurar o período de redução temporária da jornada de trabalho.

- *Caput* com redação determinada pela Lei 13.456/2017.

§ 1º Ato do Poder Executivo federal deve dispor sobre a forma de pagamento da compensação pecuniária de que trata o *caput*, custeada pelo Fundo de Amparo ao Trabalhador – FAT.

§ 2º O valor do salário pago pelo empregador, após a redução de que trata o *caput* do art. 5º, não pode ser inferior ao valor do salário mínimo.

Art. 5º O acordo coletivo de trabalho específico para adesão ao PSE, celebrado entre a empresa e o sindicato de trabalhadores representativo da categoria da atividade econômica preponderante da empresa, pode reduzir em até 30% (trinta por cento) a jornada e o salário.

- Caput com redação determinada pela Lei 13.456/2017.

§ 1º O acordo deve ser aprovado em assembleia dos trabalhadores abrangidos pelo programa e deve dispor sobre:

I – número total de empregados abrangidos pela redução e sua identificação;

II – estabelecimentos ou setores específicos da empresa abrangidos;

III – percentual de redução da jornada e redução proporcional ou menor do salário;

IV – período pretendido de adesão ao PSE e de redução temporária da jornada de trabalho, que deve ter duração de até seis meses, podendo ser prorrogado por períodos de seis meses, desde que o período total não ultrapasse vinte e quatro meses;

- Inciso IV com redação determinada pela Lei 13.456/2017.

V – período de garantia no emprego, que deve ser equivalente, no mínimo, ao período de redução de jornada acrescido de 1/3 (um terço);

VI – constituição de comissão paritária, composta por representantes do empregador e dos empregados abrangidos pelo PSE, para acompanhar e fiscalizar o cumprimento do acordo e do Programa, exceto nas microempresas e empresas de pequeno porte.

- Inciso VI com redação determinada pela Lei 13.456/2017.

§ 2º O acordo coletivo de trabalho específico de que trata este artigo não disporá sobre outras condições de trabalho que não aquelas decorrentes da adesão ao PSE.

- § 2º com redação determinada pela Lei 13.456/2017.

§ 3º A empresa deve demonstrar ao sindicato que foram esgotados os bancos de horas, além de fornecer as informações econômico-financeiras.

§ 4º É facultada a celebração de acordo coletivo múltiplo de trabalho específico a grupo de microempresas e empresas de pequeno porte, do mesmo setor econômico, com o sindicato de trabalhadores representativo da categoria da atividade econômica preponderante.

§ 5º Na hipótese do § 4º, a comissão paritária de que trata o inciso VI do § 1º será composta por representantes do empregador e do sindicato de trabalhadores que celebrar o acordo coletivo múltiplo de trabalho específico.

§ 6º Para fins dos incisos I e II do § 1º, o acordo deve abranger todos os empre-

Legislação

gados da empresa ou, no mínimo, os empregados de setor ou estabelecimento específico.

§ 7º Para fins do disposto no § 4º deste artigo, cada microempresa ou empresa de pequeno porte deverá demonstrar individualmente o cumprimento dos requisitos exigidos para adesão ao PSE, com o apoio técnico do Serviço Brasileiro de Apoio às Micro e Pequenas Empresas (Sebrae).

- § 7º com redação determinada pela Lei 13.456/2017.

§ 8º A redução de que trata o *caput* está condicionada à celebração de acordo coletivo de trabalho específico com o sindicato de trabalhadores representativo da categoria, observado o disposto no art. 511 da Consolidação das Leis do Trabalho – CLT, aprovada pelo Decreto-Lei 5.452, de 1º de maio de 1943.

§ 9º O número total de trabalhadores e de setores abrangidos pelo Programa de que tratam os incisos I e II do § 1º deste artigo e a redução do percentual de que trata o inciso III do § 1º deste artigo poderão ser alterados durante o período de adesão ao Programa, desde que aprovados em assembleia dos trabalhadores abrangidos pelo Programa, dispensada a formalização de termo aditivo ao acordo, observados os critérios a serem estabelecidos em ato do Poder Executivo federal.

- § 9º acrescentado pela Lei 13.456/2017.

Art. 6º A empresa que aderir ao PSE fica proibida de:

- Caput do Artigo com redação determinada pela Lei 13.456/2017.

I – dispensar arbitrariamente ou sem justa causa os empregados que tiverem sua jornada de trabalho temporariamente reduzida enquanto vigorar a adesão ao PSE e, após o seu término, durante o prazo equivalente a um terço do período de adesão; e

- Inciso I com redação determinada pela Lei 13.456/2017.

II – contratar empregado para executar, total ou parcialmente, as mesmas atividades exercidas por empregado abrangido pelo programa, exceto nas hipóteses de:

a) reposição;

b) aproveitamento de concluinte de curso de aprendizagem na empresa, nos termos do art. 429 da Consolidação das Leis do Trabalho – CLT, aprovada pelo Decreto-Lei 5.452, de 1º de maio de 1943;

c) efetivação de estagiário;

- Alínea c acrescentada pela Lei 13.456/2017.

d) contratação de pessoas com deficiência ou idosas; e

- Alínea d acrescentada pela Lei 13.456/2017.

e) contratação de egresso dos sistemas prisional e de medidas socioeducativas.

- Alínea e acrescentada pela Lei 13.456/2017.

§ 1º Nas hipóteses de contratação previstas no inciso II do *caput* deste artigo, o empregado deve ser abrangido pelo acordo coletivo de trabalho específico.

- § 1º com redação determinada pela Lei 13.456/2017.

§ 2º Durante o período de adesão, é proibida a realização de horas extraordinárias pelos empregados abrangidos pelo programa.

Art. 7º A empresa pode denunciar o PSE a qualquer momento, desde que comunique o ato ao sindicato que celebrou o acordo coletivo de trabalho específico, aos seus trabalhadores e ao Poder Executivo federal, com antecedência mínima de trinta dias, demonstrando as razões e a superação da situação de dificuldade econômico-financeira.

- Caput com redação determinada pela Lei 13.456/2017.

§ 1º Somente após o prazo de 30 (trinta) dias, pode a empresa exigir o cumprimento da jornada integral de trabalho.

§ 2º Deve ser mantida a garantia de emprego, nos termos da adesão original ao PSE e aos seus acréscimos.

- § 2º com redação determinada pela Lei 13.456/2017.

§ 3º Somente após seis meses da denúncia, pode a empresa aderir novamente ao PSE, caso demonstre que enfrenta nova situação de dificuldade econômico-financeira.

- § 3º com redação determinada pela Lei 13.456/2017.

Art. 8º Fica excluída do PSE e impedida de aderir ao Programa novamente a empresa que:

- Caput do Artigo com redação determinada pela Lei 13.456/2017.

I – descumprir os termos do acordo coletivo de trabalho específico relativo à redução temporária da jornada de trabalho ou qualquer outro dispositivo desta Lei ou de sua regulamentação;

II – cometer fraude no âmbito do PSE, assim entendida como a situação em que empresa obtiver, para si ou para outrem, vantagem ilícita, em prejuízo alheio, induzindo ou mantendo alguém em erro, mediante artifício, ardil ou qualquer outro meio fraudulento, relativamente ao Programa, como atos praticados quanto à burla das condições e dos critérios para adesão e permanência no Programa, fornecimento de informações não verídicas, apresentação de documentos falsos ou desvio dos recursos da compensação financeira do Programa destinada aos empregados abrangidos; ou

- Inciso II com redação determinada pela Lei 13.456/2017.

III – for condenada por decisão judicial transitada em julgado ou autuada administrativamente após decisão final no processo administrativo por prática de trabalho análogo ao de escravo, trabalho infantil ou degradante.

§ 1º A empresa que descumprir o acordo coletivo ou as normas relativas ao PSE fica obrigada a restituir ao FAT os recursos recebidos, devidamente corrigidos, e a pagar multa administrativa correspondente a 100% (cem por cento) desse valor, calculada em dobro no caso de fraude, a ser aplicada conforme o Título VII da Consolidação das Leis do Trabalho (CLT), aprovada pelo Decreto-Lei 5.452, de 1º de maio de 1943, e revertida ao FAT.

- § 1º com redação determinada pela Lei 13.456/2017.

§ 2º Para fins do disposto no inciso I do *caput*, a denúncia de que trata o art. 7º não é considerada descumprimento dos termos do acordo coletivo de trabalho específico.

§ 3º Para fins da correção dos recursos de que trata o § 1º deste artigo, o valor a ser restituído ao FAT, por ocasião do pagamento, será acrescido de juros equivalentes à taxa referencial do Sistema Especial de Liquidação e de Custódia (Selic) para títulos federais, calculada na forma de capitalização simples, ou seja, pela soma aritmética dos valores mensais da taxa Selic, adicionando-se 1% (um por cento) no último mês de atualização e utilizando-se para o cálculo do débito o Sistema Débito Web disponibilizado no sítio eletrônico do Tribunal de Contas da União.

- § 3º acrescentado pela Lei 13.456/2017.

Art. 9º A compensação pecuniária integra as parcelas remuneratórias para efeito do disposto no inciso I do art. 22 e no § 8º do art. 28 da Lei 8.212, de 24 de julho de 1991, e do disposto no art. 15 da Lei 8.036, de 11 de maio de 1990.

- V. art. 12.

Art. 10. Permanecem regidas pela Medida Provisória 680, de 6 de julho de 2015, as adesões ao PPE já aprovadas, aplicando-se esta Lei às solicitações de adesão ou de prorrogação em tramitação na data de sua publicação ou protocoladas a partir dessa data, sendo facultadas às empresas a prorrogação dos prazos e a adoção das demais condições previstas nesta Lei mediante aditivo ao acordo coletivo de trabalho específico.

Art. 11. O PSE extingue-se em 31 de dezembro de 2018.

- Artigo com redação determinada pela Lei 13.456/2017.

Art. 11-A. Até o final do mês de fevereiro de cada exercício, o Poder Executivo federal estabelecerá o limite máximo anual para as despesas totais do PSE, observados os parâmetros econômicos oficiais utilizados na gestão fiscal.

- Artigo acrescentado pela Lei 13.456/2017.

§ 1º Para fins de estimativa do cálculo das despesas totais referidas no *caput* deste artigo, será considerado o somatório do estoque de benefícios concedidos com os novos benefícios a serem desembolsados no exercício.

§ 2º A gestão fiscal de que trata o *caput* deste artigo compreende a elaboração dos orçamentos anuais e as avaliações de receitas e despesas para cumprimento do disposto no art. 9º da Lei Complementar 101, de 4 de maio de 2000.

§ 3º O Poder Executivo federal, por meio de regulamento, poderá fixar orçamento do PSE dedicado exclusivamente a microempresas e empresas de pequeno porte.

Art. 11-B. O Ministério do Trabalho enviará semestralmente, pelo período de duração do PSE, aos Ministérios da Fazenda e do Planejamento, Desenvolvimento e Gestão e à Casa Civil da Presidência da República, informações que permitam avaliar a efetividade do PSE como política pública em relação aos objetivos pretendidos.

- Artigo acrescentado pela Lei 13.456/2017.

Art. 12. Esta Lei entra em vigor na data de sua publicação, com exceção do disposto no art. 9º, quanto à Lei 8.212, de 24 de julho de 1991, que entra em vigor no dia 1º de novembro de 2015.

Brasília, 19 de novembro de 2015; 194º da Independência e 127º da República.

Dilma Rousseff

(*DOU* 20.11.2015)

LEI 13.271, DE 15 DE ABRIL DE 2016

Dispõe sobre a proibição de revista íntima de funcionárias nos locais de trabalho e trata da revista íntima em ambientes prisionais.

- V. Lei 7.855/1989 (Altera a CLT, atualiza os valores das multas trabalhistas, amplia sua aplicação e institui o Programa de Desenvolvimento do Sistema Federal de Inspeção do Trabalho).

A Presidenta da República:

Faço saber que o Congresso Nacional decreta e eu sanciono a seguinte Lei:

Art. 1º As empresas privadas, os órgãos e entidades da administração pública, direta e indireta, ficam proibidos de adotar qualquer prática de revista íntima de suas funcionárias e de clientes do sexo feminino.

Art. 2º Pelo não cumprimento do art. 1º, ficam os infratores sujeitos a:

I – multa de R$ 20.000,00 (vinte mil reais) ao empregador, revertidos aos órgãos de proteção dos direitos da mulher;

II – multa em dobro do valor estipulado no inciso I, em caso de reincidência, independentemente da indenização por danos morais e materiais e sanções de ordem penal.

Art. 3º *(Vetado).*

Art. 4º Esta Lei entra em vigor na data de sua publicação.

Brasília, 15 de abril de 2016; 195º da Independência e 128º da República.

Dilma Rousseff

(*DOU* 18.04.2016)

LEI 13.289, DE 20 DE MAIO DE 2016

Dispõe sobre o Selo Empresa Solidária com a Vida e dá outras providências.

- V. Lei 10.741/2003 (Dispõe sobre o Estatuto do Idoso e dá outras providências).
- V. Lei 11.770/2008 (Cria o Programa Empresa Cidadã).
- V. D. 7.052/2009 (Regulamenta a Lei 11.770/2008, que cria o Programa Empresa Cidadã, destinado à prorrogação da licença-maternidade, no tocante a empregadas de pessoas jurídicas).
- V. 12.288/2010 (Institui o Estatuto da Igualdade Racial).
- V. Lei 12.852/2013 (Institui o Estatuto da Juventude e dispõe sobre os direitos dos jovens, os princípios e diretrizes das políticas públicas de juventude e o Sinajuve).
- V. Lei 13.189/2015 (Institui o Programa Seguro-Emprego (PSE)).
- V. Decreto 8.479/2015 (Regulamenta o disposto na Medida Provisória 680, de 6 de julho de 2015, que institui o Programa de Proteção ao Emprego).

O Vice-Presidente da República, no exercício do cargo de Presidente da República

Faço saber que o Congresso Nacional decreta e eu sanciono a seguinte Lei:

Art. 1º Esta Lei dispõe sobre o Selo Empresa Solidária com a Vida, destinado às empresas que desenvolvam programa de esclarecimento e incentivo aos seus funcionários para a doação de sangue e de medula óssea.

Parágrafo único. Para efeitos desta Lei, considera-se empresa solidária com a vida a pessoa jurídica que adota política interna permanente destinada a informar, conscientizar e estimular seus funcionários à doação voluntária e regular de sangue e ao cadastramento para a doação de medula óssea.

Art. 2º São objetivos do programa:

I – distinguir e homenagear empresas com preocupação social e solidária com a vida;

II – informar e orientar os trabalhadores sobre a importância da doação de sangue e de medula óssea e sobre os procedimentos para fazer o cadastro no registro oficial de doadores de medula óssea;

III – estimular as empresas a concederem ao trabalhador oportunidade e condições para ir a banco de sangue ou hemocentro a fim de doar sangue e cadastrar-se como doador de medula óssea.

Art. 3º É prerrogativa da empresa que aderir ao programa:

I – utilizar o Selo Empresa Solidária com a Vida em suas peças publicitárias;

II – *(Vetado).*

Art. 4º As empresas que receberem o selo previsto no art. 1º serão inscritas no Cadastro Nacional de Empresas Solidárias com a Vida.

Parágrafo único. A partir do cadastro referido no *caput*, em cada Estado brasileiro, anualmente, serão premiadas 5 (cinco) empresas com o título Empresa Campeã de Solidariedade, selecionadas a partir das ações desenvolvidas de incentivo à doação de sangue e ao cadastramento de doadores de medula óssea.

Art. 5º Esta Lei entra em vigor na data de sua publicação.

Brasília, 20 de maio de 2016; 195º da Independência e 128º da República.

Michel Temer

(*DOU* 23.05.2016)

LEI 13.300, DE 23 DE JUNHO DE 2016

Disciplina o processo e o julgamento dos mandados de injunção individual e coletivo e dá outras providências.

O Vice-Presidente da República, no exercício do cargo de Presidente da República:

Faço saber que o Congresso Nacional decreta e eu sanciono a seguinte Lei:

Art. 1º Esta Lei disciplina o processo e o julgamento dos mandados de injunção individual e coletivo, nos termos do inciso LXXI do art. 5º da Constituição Federal.

Art. 2º Conceder-se-á mandado de injunção sempre que a falta total ou parcial de norma regulamentadora torne inviável o exercício dos direitos e liberdades constitucionais e das prerrogativas inerentes à nacionalidade, à soberania e à cidadania.

Parágrafo único. Considera-se parcial a regulamentação quando forem insuficientes as normas editadas pelo órgão legislador competente.

Art. 3º São legitimados para o mandado de injunção, como impetrantes, as pessoas naturais ou jurídicas que se afirmam titulares dos direitos, das liberdades ou das prerrogativas referidos no art. 2º e, como impetrado, o Poder, o órgão ou a autoridade com atribuição para editar a norma regulamentadora.

Art. 4º A petição inicial deverá preencher os requisitos estabelecidos pela lei processual e indicará, além do órgão impetrado, a pessoa jurídica que ele integra ou aquela a que está vinculado.

§ 1º Quando não for transmitida por meio eletrônico, a petição inicial e os documentos que a instruem serão acompanhados de tantas vias quantos forem os impetrados.

§ 2º Quando o documento necessário à prova do alegado encontrar-se em repartição ou estabelecimento público, em poder de autoridade ou de terceiro, havendo recusa em fornecê-lo por certidão, no original, ou em cópia autêntica, será ordenada, a pedido do impetrante, a exibição do documento no prazo de 10 (dez) dias, devendo, nesse caso, ser juntada cópia à segunda via da petição.

§ 3º Se a recusa em fornecer o documento for do impetrado, a ordem será feita no próprio instrumento da notificação.

Art. 5º Recebida a petição inicial, será ordenada:

I – a notificação do impetrado sobre o conteúdo da petição inicial, devendo-lhe ser enviada a segunda via apresentada com as cópias dos documentos, a fim de que, no prazo de 10 (dez) dias, preste informações;

II – a ciência do ajuizamento da ação ao órgão de representação judicial da pessoa jurídica interessada, devendo-lhe ser enviada cópia da petição inicial, para que, querendo, ingresse no feito.

Art. 6º A petição inicial será desde logo indeferida quando a impetração for manifestamente incabível ou manifestamente improcedente.

Parágrafo único. Da decisão de relator que indeferir a petição inicial, caberá agravo, em 5 (cinco) dias, para o órgão colegiado competente para o julgamento da impetração.

Art. 7º Findo o prazo para apresentação das informações, será ouvido o Ministério Público, que opinará em 10 (dez) dias, após o que, com ou sem parecer, os autos serão conclusos para decisão.

Art. 8º Reconhecido o estado de mora legislativa, será deferida a injunção para:

I – determinar prazo razoável para que o impetrado promova a edição da norma regulamentadora;

II – estabelecer as condições em que se dará o exercício dos direitos, das liberdades ou das prerrogativas reclamados ou, se for o caso, as condições em que poderá o interessado promover ação própria visando a exercê-los, caso não seja suprida a mora legislativa no prazo determinado.

Parágrafo único. Será dispensada a determinação a que se refere o inciso I do *caput* quando comprovado que o impetrado deixou de atender, em mandado de injunção anterior, ao prazo estabelecido para a edição da norma.

Art. 9º A decisão terá eficácia subjetiva limitada às partes e produzirá efeitos até o advento da norma regulamentadora.

§ 1º Poderá ser conferida eficácia *ultra partes* ou *erga omnes* à decisão, quando isso for inerente ou indispensável ao exercício do direito, da liberdade ou da prerrogativa objeto da impetração.

§ 2º Transitada em julgado a decisão, seus efeitos poderão ser estendidos aos casos análogos por decisão monocrática do relator.

§ 3º O indeferimento do pedido por insuficiência de prova não impede a renovação da impetração fundada em outros elementos probatórios.

Art. 10. Sem prejuízo dos efeitos já produzidos, a decisão poderá ser revista, a pedido de qualquer interessado, quando sobrevierem relevantes modificações das circunstâncias de fato ou de direito.

Parágrafo único. A ação de revisão observará, no que couber, o procedimento estabelecido nesta Lei.

Art. 11. A norma regulamentadora superveniente produzirá efeitos *ex nunc* em relação aos beneficiados por decisão transitada em julgado, salvo se a aplicação da norma editada lhes for mais favorável.

Parágrafo único. Estará prejudicada a impetraçao se a norma regulamentadora for editada antes da decisão, caso em que o processo será extinto sem resolução de mérito.

Art. 12. O mandado de injunção coletivo pode ser promovido:

I – pelo Ministério Público, quando a tutela requerida for especialmente relevante para a defesa da ordem jurídica, do regime democrático ou dos interesses sociais ou individuais indisponíveis;

II – por partido político com representação no Congresso Nacional, para assegurar o exercício de direitos, liberdades e prerrogativas de seus integrantes ou relacionados com a finalidade partidária;

III – por organização sindical, entidade de classe ou associação legalmente constituída e em funcionamento há pelo menos 1 (um) ano, para assegurar o exercício de direitos, liberdades e prerrogativas em favor da totalidade ou de parte de seus membros ou associados, na forma de seus estatutos e desde que pertinentes a suas finalidades, dispensada, para tanto, autorização especial;

IV – pela Defensoria Pública, quando a tutela requerida for especialmente relevante para a promoção dos direitos humanos e a defesa dos direitos individuais e coletivos dos necessitados, na forma do inciso LXXIV do art. 5º da Constituição Federal.

Parágrafo único. Os direitos, as liberdades e as prerrogativas protegidos por mandado de injunção coletivo são os pertencentes, indistintamente, a uma coletividade indeterminada de pessoas ou determinada por grupo, classe ou categoria.

Art. 13. No mandado de injunção coletivo, a sentença fará coisa julgada limitadamente às pessoas integrantes da coletividade, do grupo, da classe ou da categoria substituídos pelo impetrante, sem prejuízo do disposto nos §§ 1º e 2º do art. 9º.

Parágrafo único. O mandado de injunção coletivo não induz litispendência em relação aos individuais, mas os efeitos da coisa julgada não beneficiarão o impetrante que não requerer a desistência da demanda individual no prazo de 30 (trinta) dias a contar da ciência comprovada da impetração coletiva.

Art. 14. Aplicam-se subsidiariamente ao mandado de injunção as normas do mandado de segurança, disciplinado pela Lei 12.016, de 7 de agosto de 2009, e do Código de Processo Civil, instituído pela Lei 5.869, de 11 de janeiro de 1973, e pela Lei 13.105, de 16 de março de 2015, observado o disposto em seus arts. 1.045 e 1.046.

Art. 15. Esta Lei entra em vigor na data de sua publicação.

Brasília, 23 de junho de 2016; 195º da Independência e 128º da República.

Michel Temer

(*DOU* 24.06.2016)

LEI 13.303, DE 30 DE JUNHO DE 2016

Dispõe sobre o estatuto jurídico da empresa pública, da sociedade de economia mista e de suas subsidiárias, no âmbito da União, dos Estados, do Distrito Federal e dos Municípios.

- V. Dec. 8.945/2016 (Regulamenta, no âmbito da União, a Lei 13.303/2016).

O Vice-Presidente da República, no exercício do cargo de Presidente da República:

Faço saber que o Congresso Nacional decreta e eu sanciono a seguinte Lei:

TÍTULO I
Disposições Aplicáveis às Empresas Públicas e às Sociedades de Economia Mista

Capítulo I
Disposições Preliminares

Art. 1º Esta Lei dispõe sobre o estatuto jurídico da empresa pública, da sociedade de economia mista e de suas subsidiárias, abrangendo toda e qualquer empresa pública e sociedade de economia mista da União, dos Estados, do Distrito Federal e dos Municípios que explore atividade econômica de produção ou comercialização de bens ou de prestação de serviços, ainda que a atividade econômica esteja sujeita ao regime de monopólio da União ou seja de prestação de serviços públicos.

§ 1º O Título I desta Lei, exceto o disposto nos arts. 2º, 3º, 4º, 5º, 6º, 7º, 8º, 11, 12 e 27, não se aplica à empresa pública e à sociedade de economia mista que tiver, em conjunto com suas respectivas subsidiárias, no exercício social anterior, receita operacional bruta inferior a R$ 90.000.000,00 (noventa milhões de reais).

§ 2º O disposto nos Capítulos I e II do Título II desta Lei aplica-se inclusive à empresa pública dependente, definida nos termos do inciso III do art. 2º da Lei Complementar 101, de 4 de maio de 2000, que explore atividade econômica, ainda que a atividade econômica esteja sujeita ao regime de monopólio da União ou seja de prestação de serviços públicos.

§ 3º Os Poderes Executivos poderão editar atos que estabeleçam regras de governança destinadas às suas respectivas empresas públicas e sociedades de economia mista que se enquadrem na hipótese do § 1º, observadas as diretrizes gerais desta Lei.

§ 4º A não edição dos atos de que trata o § 3º no prazo de 180 (cento e oitenta) dias a partir da publicação desta Lei submete as respectivas empresas públicas e sociedades de economia mista às regras de governança previstas no Título I desta Lei.

§ 5º Submetem-se ao regime previsto nesta Lei a empresa pública e a sociedade de economia mista que participem de consórcio, conforme disposto no art. 279 da Lei 6.404, de 15 de dezembro de 1976, na condição de operadora.

§ 6º Submete-se ao regime previsto nesta Lei a sociedade, inclusive a de propósito específico, que seja controlada por empresa pública ou sociedade de economia mista abrangidas no *caput*.

§ 7º Na participação em sociedade empresarial em que a empresa pública, a sociedade de economia mista e suas subsidiárias não detenham o controle acionário, essas deverão adotar, no dever de fiscalizar, práticas de governança e controle proporcionais à relevância, à materialidade e aos riscos do negócio do qual são partícipes, considerando, para esse fim:

I – documentos e informações estratégicos do negócio e demais relatórios e informações produzidos por força de acordo de acionistas e de Lei considerados essenciais para a defesa de seus interesses na sociedade empresarial investida;

II – relatório de execução do orçamento e de realização de investimentos programados pela sociedade, inclusive quanto ao alinhamento dos custos orçados e dos realizados com os custos de mercado;

III – informe sobre execução da política de transações com partes relacionadas;

IV – análise das condições de alavancagem financeira da sociedade;

V – avaliação de inversões financeiras e de processos relevantes de alienação de bens móveis e imóveis da sociedade;

VI – relatório de risco das contratações para execução de obras, fornecimento de bens e prestação de serviços relevantes para os interesses da investidora;

VII – informe sobre execução de projetos relevantes para os interesses da investidora;

VIII – relatório de cumprimento, nos negócios da sociedade, de condicionantes socioambientais estabelecidas pelos órgãos ambientais;

IX – avaliação das necessidades de novos aportes na sociedade e dos possíveis riscos de redução da rentabilidade esperada do negócio;

X – qualquer outro relatório, documento ou informação produzido pela sociedade empresarial investida considerado relevante para o cumprimento do comando constante do *caput*.

Art. 2º A exploração de atividade econômica pelo Estado será exercida por meio de empresa pública, de sociedade de economia mista e de suas subsidiárias.

§ 1º A constituição de empresa pública ou de sociedade de economia mista dependerá de prévia autorização legal que indique, de forma clara, relevante interesse coletivo ou imperativo de segurança nacional, nos termos do *caput* do art. 173 da Constituição Federal.

§ 2º Depende de autorização legislativa a criação de subsidiárias de empresa pública e de sociedade de economia mista, assim como a participação de qualquer delas em empresa privada, cujo objeto social deve estar relacionado ao da investidora, nos termos do inciso XX do art. 37 da Constituição Federal.

§ 3º A autorização para participação em empresa privada prevista no § 2º não se aplica a operações de tesouraria, adjudicação de ações em garantia e participações autorizadas pelo Conselho de Administração em linha com o plano de negócios da empresa pública, da sociedade de economia mista e de suas respectivas subsidiárias.

Art. 3º Empresa pública é a entidade dotada de personalidade jurídica de direito privado, com criação autorizada por lei e com patrimônio próprio, cujo capital social é integralmente detido pela União, pelos Estados, pelo Distrito Federal ou pelos Municípios.

Parágrafo único. Desde que a maioria do capital votante permaneça em propriedade da União, do Estado, do Distrito Federal ou do Município, será admitida, no capital da empresa pública, a participação de outras pessoas jurídicas de direito público interno, bem como de entidades da administração indireta da União, dos Estados, do Distrito Federal e dos Municípios.

Art. 4º Sociedade de economia mista é a entidade dotada de personalidade jurídica de direito privado, com criação autorizada por lei, sob a forma de sociedade anônima, cujas ações com direito a voto pertençam em sua maioria à União, aos Estados, ao Distrito Federal, aos Municípios ou a entidade da administração indireta.

§ 1º A pessoa jurídica que controla a sociedade de economia mista tem os deveres e as responsabilidades do acionista controlador, estabelecidos na Lei 6.404, de 15 de dezembro de 1976, e deverá exercer o poder de controle no interesse da companhia, respeitado o interesse público que justificou sua criação.

§ 2º Além das normas previstas nesta Lei, a sociedade de economia mista com registro na Comissão de Valores Mobiliários sujeita-se às disposições da Lei 6.385, de 7 de dezembro de 1976.

Capítulo II
Do Regime Societário da Empresa Pública e da Sociedade de Economia Mista

Seção I
Das Normas Gerais

Art. 5º A sociedade de economia mista será constituída sob a forma de sociedade anônima e, ressalvado o disposto nesta Lei, estará sujeita ao regime previsto na Lei 6.404, de 15 de dezembro de 1976.

Art. 6º O estatuto da empresa pública, da sociedade de economia mista e de suas subsidiárias deverá observar regras de governança corporativa, de transparência e de estruturas, práticas de gestão de riscos e de controle interno, composição da administração e, havendo acionistas, mecanismos para sua proteção, todos constantes desta Lei.

Art. 7º Aplicam-se a todas as empresas públicas, as sociedades de economia mista de capital fechado e as suas subsidiárias as disposições da Lei 6.404, de 15 de dezembro de 1976, e as normas da Comissão de Valores Mobiliários sobre escrituração e elaboração de demonstrações financeiras, inclusive a obrigatoriedade de auditoria independente por auditor registrado nesse órgão.

Art. 8º As empresas públicas e as sociedades de economia mista deverão observar, no mínimo, os seguintes requisitos de transparência:

I – elaboração de carta anual, subscrita pelos membros do Conselho de Administração, com a explicitação dos compromissos de consecução de objetivos de políticas públicas pela empresa pública, pela sociedade de economia mista e por suas subsidiárias, em atendimento ao interesse coletivo ou ao imperativo de segurança nacional que justificou a autorização para suas respectivas criações, com definição clara dos recursos a serem empregados para esse fim, bem como dos impactos econômico-financeiros da consecução desses objetivos, mensuráveis por meio de indicadores objetivos;

II – adequação de seu estatuto social à autorização legislativa de sua criação;

III – divulgação tempestiva e atualizada de informações relevantes, em especial as relativas a atividades desenvolvidas, estrutura de controle, fatores de risco, dados econômico-financeiros, comentários dos administradores sobre o desempenho, políticas e práticas de governança corporativa e descrição da composição e da remuneração da administração;

IV – elaboração e divulgação de política de divulgação de informações, em conformidade com a legislação em vigor e com as melhores práticas;

V – elaboração de política de distribuição de dividendos, à luz do interesse público que justificou a criação da empresa pública ou da sociedade de economia mista;

VI – divulgação, em nota explicativa às demonstrações financeiras, dos dados operacionais e financeiros das atividades relacionadas à consecução dos fins de interesse coletivo ou de segurança nacional;

VII – elaboração e divulgação da política de transações com partes relacionadas, em conformidade com os requisitos de competitividade, conformidade, transparência, equidade e comutatividade, que deverá ser revista, no mínimo, anualmente e aprovada pelo Conselho de Administração;

VIII – ampla divulgação, ao público em geral, de carta anual de governança corporativa, que consolide em um único documento escrito, em linguagem clara e direta, as informações de que trata o inciso III;

IX – divulgação anual de relatório integrado ou de sustentabilidade.

§ 1º O interesse público da empresa pública e da sociedade de economia mista, respeitadas as razões que motivaram a autorização legislativa, manifesta-se por meio do alinhamento entre seus objetivos e aqueles de políticas públicas, na forma explicitada na carta anual a que se refere o inciso I do *caput*.

§ 2º Quaisquer obrigações e responsabilidades que a empresa pública e a sociedade de economia mista que explorem atividade econômica assumam em condições distintas às de qualquer outra empresa do setor privado em que atuam deverão:

I – estar claramente definidas em lei ou regulamento, bem como previstas em contrato, convênio ou ajuste celebrado com o ente público competente para estabelecê-las, observada a ampla publicidade desses instrumentos;

II – ter seu custo e suas receitas discriminados e divulgados de forma transparente, inclusive no plano contábil.

§ 3º Além das obrigações contidas neste artigo, as sociedades de economia mista com registro na Comissão de Valores Mobiliários sujeitam-se ao regime informacional estabelecido por essa autarquia e devem divulgar as informações previstas neste artigo na forma fixada em suas normas.

§ 4º Os documentos resultantes do cumprimento dos requisitos de transparência constantes dos incisos I a IX do *caput* deverão ser publicamente divulgados na internet de forma permanente e cumulativa.

Art. 9º A empresa pública e a sociedade de economia mista adotarão regras de estruturas e práticas de gestão de riscos e controle interno que abranjam:

I – ação dos administradores e empregados, por meio da implementação cotidiana de práticas de controle interno;

II – área responsável pela verificação de cumprimento de obrigações e de gestão de riscos;

III – auditoria interna e Comitê de Auditoria Estatutário.

§ 1º Deverá ser elaborado e divulgado Código de Conduta e Integridade, que disponha sobre:

I – princípios, valores e missão da empresa pública e da sociedade de economia mista, bem como orientações sobre a prevenção de conflito de interesses e vedação de atos de corrupção e fraude;

II – instâncias internas responsáveis pela atualização e aplicação do Código de Conduta e Integridade;

III – canal de denúncias que possibilite o recebimento de denúncias internas e externas relativas ao descumprimento do Código de Conduta e Integridade e das demais normas internas de ética e obrigacionais;

IV – mecanismos de proteção que impeçam qualquer espécie de retaliação a pessoa que utilize o canal de denúncias;

V – sanções aplicáveis em caso de violação às regras do Código de Conduta e Integridade;

VI – previsão de treinamento periódico, no mínimo anual, sobre Código de Conduta e Integridade, a empregados e administradores, e sobre a política de gestão de riscos, a administradores.

§ 2º A área responsável pela verificação de cumprimento de obrigações e de gestão de riscos deverá ser vinculada ao diretor-presidente e liderada por diretor estatutário, devendo o estatuto social prever as atribuições da área, bem como estabelecer mecanismos que assegurem atuação independente.

§ 3º A auditoria interna deverá:

I – ser vinculada ao Conselho de Administração, diretamente ou por meio do Comitê de Auditoria Estatutário;

II – ser responsável por aferir a adequação do controle interno, a efetividade do gerenciamento dos riscos e dos processos de governança e a confiabilidade do processo de coleta, mensuração, classificação, acumulação, registro e divulgação de eventos e transações, visando ao preparo de demonstrações financeiras.

§ 4º O estatuto social deverá prever, ainda, a possibilidade de que a área de *compliance* se reporte diretamente ao Conselho de Administração em situações em que se suspeite do envolvimento do diretor-presidente em irregularidades ou quando este se furtar à obrigação de adotar medidas necessárias em relação à situação a ele relatada.

Art. 10. A empresa pública e a sociedade de economia mista deverão criar comitê estatutário para verificar a conformidade do processo de indicação e de avaliação de membros para o Conselho de Administração e para o Conselho Fiscal, com competência para auxiliar o acionista controlador na indicação desses membros.

Parágrafo único. Devem ser divulgadas as atas das reuniões do comitê estatutário referido no *caput* realizadas com o fim de verificar o cumprimento, pelos membros indicados, dos requisitos definidos na política de indicação, devendo ser registradas as eventuais manifestações divergentes de conselheiros.

Art. 11. A empresa pública não poderá:

I – lançar debêntures ou outros títulos ou valores mobiliários, conversíveis em ações;

II – emitir partes beneficiárias.

Art. 12. A empresa pública e a sociedade de economia mista deverão:

I – divulgar toda e qualquer forma de remuneração dos administradores;

II – adequar constantemente suas práticas ao Código de Conduta e Integridade e a outras regras de boa prática de governança corporativa, na forma estabelecida na regulamentação desta Lei.

Parágrafo único. A sociedade de economia mista poderá solucionar, mediante arbitragem, as divergências entre acionistas e a sociedade, ou entre acionistas controladores e acionistas minoritários, nos termos previstos em seu estatuto social.

Art. 13. A lei que autorizar a criação da empresa pública e da sociedade de economia mista deverá dispor sobre as diretrizes e restrições a serem consideradas na elaboração do estatuto da companhia, em especial sobre:

I – constituição e funcionamento do Conselho de Administração, observados o número mínimo de 7 (sete) e o número máximo de 11 (onze) membros;

II – requisitos específicos para o exercício do cargo de diretor, observado o número mínimo de 3 (três) diretores;

III – avaliação de desempenho, individual e coletiva, de periodicidade anual, dos administradores e dos membros de comitês, observados os seguintes quesitos mínimos:

a) exposição dos atos de gestão praticados, quanto à licitude e à eficácia da ação administrativa;

b) contribuição para o resultado do exercício;

c) consecução dos objetivos estabelecidos no plano de negócios e atendimento à estratégia de longo prazo;

IV – constituição e funcionamento do Conselho Fiscal, que exercerá suas atribuições de modo permanente;

V – constituição e funcionamento do Comitê de Auditoria Estatutário;

VI – prazo de gestão dos membros do Conselho de Administração e dos indicados para o cargo de diretor, que será unificado e não superior a 2 (dois) anos, sendo permitidas, no máximo, 3 (três) reconduções consecutivas;

VII – (*Vetado*).

VIII – prazo de gestão dos membros do Conselho Fiscal não superior a 2 (dois) anos, permitidas 2 (duas) reconduções consecutivas.

Seção II
Do Acionista Controlador

Art. 14. O acionista controlador da empresa pública e da sociedade de economia mista deverá:

I – fazer constar do Código de Conduta e Integridade, aplicável à alta administração, a vedação à divulgação, sem autorização do órgão competente da empresa pública ou da sociedade de economia mista, de informação que possa causar impacto na cotação dos títulos da empresa pública ou da sociedade de economia mista e em suas relações com o mercado ou com consumidores e fornecedores;

II – preservar a independência do Conselho de Administração no exercício de suas funções;

III – observar a política de indicação na escolha dos administradores e membros do Conselho Fiscal.

Art. 15. O acionista controlador da empresa pública e da sociedade de economia mista responderá pelos atos praticados com abuso de poder, nos termos da Lei 6.404, de 15 de dezembro de 1976.

§ 1º A ação de reparação poderá ser proposta pela sociedade, nos termos do art.

246 da Lei 6.404, de 15 de dezembro de 1976, pelo terceiro prejudicado ou pelos demais sócios, independentemente de autorização da assembleia-geral de acionistas.

§ 2º Prescreve em 6 (seis) anos, contados da data da prática do ato abusivo, a ação a que se refere o § 1º.

Seção III
Do Administrador

Art. 16. Sem prejuízo do disposto nesta Lei, o administrador de empresa pública e de sociedade de economia mista é submetido às normas previstas na Lei 6.404, de 15 de dezembro de 1976.

Parágrafo único. Consideram-se administradores da empresa pública e da sociedade de economia mista os membros do Conselho de Administração e da diretoria.

Art. 17. Os membros do Conselho de Administração e os indicados para os cargos de diretor, inclusive presidente, diretor-geral e diretor-presidente, serão escolhidos entre cidadãos de reputação ilibada e de notório conhecimento, devendo ser atendidos, alternativamente, um dos requisitos das alíneas *a*, *b* e *c* do inciso I e, cumulativamente, os requisitos dos incisos II e III:

I – ter experiência profissional de, no mínimo:

a) 10 (dez) anos, no setor público ou privado, na área de atuação da empresa pública ou da sociedade de economia mista ou em área conexa àquela para a qual forem indicados em função de direção superior; ou

b) 4 (quatro) anos ocupando pelo menos um dos seguintes cargos:

1. cargo de direção ou de chefia superior em empresa de porte ou objeto social semelhante ao da empresa pública ou da sociedade de economia mista, entendendo-se como cargo de chefia superior aquele situado nos 2 (dois) níveis hierárquicos não estatutários mais altos da empresa;

2. cargo em comissão ou função de confiança equivalente a DAS-4 ou superior, no setor público;

3. cargo de docente ou de pesquisador em áreas de atuação da empresa pública ou da sociedade de economia mista;

c) 4 (quatro) anos de experiência como profissional liberal em atividade direta ou indiretamente vinculada à área de atuação da empresa pública ou sociedade de economia mista;

II – ter formação acadêmica compatível com o cargo para o qual foi indicado; e

III – não se enquadrar nas hipóteses de inelegibilidade previstas nas alíneas do inciso I do *caput* do art. 1º da Lei Complementar 64, de 18 de maio de 1990, com as alterações introduzidas pela Lei Complementar 135, de 4 de junho de 2010.

§ 1º O estatuto da empresa pública, da sociedade de economia mista e de suas subsidiárias poderá dispor sobre a contratação de seguro de responsabilidade civil pelos administradores.

§ 2º É vedada a indicação, para o Conselho de Administração e para a diretoria:

I – de representante do órgão regulador ao qual a empresa pública ou a sociedade de economia mista está sujeita, de Ministro de Estado, de Secretário de Estado, de Secretário Municipal, de titular de cargo, sem vínculo permanente com o serviço público, de natureza especial ou de direção e assessoramento superior na administração pública, de dirigente estatutário de partido político e de titular de mandato no Poder Legislativo de qualquer ente da federação, ainda que licenciados do cargo;

II – de pessoa que atuou, nos últimos 36 (trinta e seis) meses, como participante de estrutura decisória de partido político ou em trabalho vinculado a organização, estruturação e realização de campanha eleitoral;

III – de pessoa que exerça cargo em organização sindical;

IV – de pessoa que tenha firmado contrato ou parceria, como fornecedor ou comprador, demandante ou ofertante, de bens ou serviços de qualquer natureza, com a pessoa político-administrativa controladora da empresa pública ou da sociedade de economia mista ou com a própria empresa ou sociedade em período inferior a 3 (três) anos antes da data de nomeação;

V – de pessoa que tenha ou possa ter qualquer forma de conflito de interesse com a pessoa político-administrativa controladora da empresa pública ou da sociedade de economia mista ou com a própria empresa ou sociedade.

§ 3º A vedação prevista no inciso I do § 2º estende-se também aos parentes consanguíneos ou afins até o terceiro grau das pessoas nele mencionadas.

§ 4º Os administradores eleitos devem participar, na posse e anualmente, de treinamentos específicos sobre legislação societária e de mercado de capitais, divulgação de informações, controle interno, código de conduta, a Lei 12.846, de 1º de agosto de 2013 (Lei Anticorrupção), e demais temas relacionados às atividades da empresa pública ou da sociedade de economia mista.

§ 5º Os requisitos previstos no inciso I do *caput* poderão ser dispensados no caso de indicação de empregado da empresa pública ou da sociedade de economia mista para cargo de administrador ou como membro de comitê, desde que atendidos os seguintes quesitos mínimos:

I – o empregado tenha ingressado na empresa pública ou na sociedade de economia mista por meio de concurso público de provas ou de provas e títulos;

II – o empregado tenha mais de 10 (dez) anos de trabalho efetivo na empresa pública ou na sociedade de economia mista;

III – o empregado tenha ocupado cargo na gestão superior da empresa pública ou da sociedade de economia mista, comprovando sua capacidade para assumir as responsabilidades dos cargos de que trata o *caput*.

Seção IV
Do Conselho de Administração

Art. 18. Sem prejuízo das competências previstas no art. 142 da Lei 6.404, de 15 de dezembro de 1976, e das demais atribuições previstas nesta Lei, compete ao Conselho de Administração:

I – discutir, aprovar e monitorar decisões envolvendo práticas de governança corporativa, relacionamento com partes interessadas, política de gestão de pessoas e código de conduta dos agentes;

II – implementar e supervisionar os sistemas de gestão de riscos e de controle interno estabelecidos para a prevenção e mitigação dos principais riscos a que está exposta a empresa pública ou a sociedade de economia mista, inclusive os riscos relacionados à integridade das informações contábeis e financeiras e os relacionados à ocorrência de corrupção e fraude;

III – estabelecer política de porta-vozes visando a eliminar risco de contradição entre informações de diversas áreas e as dos executivos da empresa pública ou da sociedade de economia mista;

IV – avaliar os diretores da empresa pública ou da sociedade de economia mista, nos termos do inciso III do art. 13, podendo contar com apoio metodológico e procedimental do comitê estatutário referido no art. 10.

Art. 19. É garantida a participação, no Conselho de Administração, de representante dos empregados e dos acionistas minoritários.

§ 1º As normas previstas na Lei 12.353, de 28 de dezembro de 2010, aplicam-se à participação de empregados no Conselho de Administração da empresa pública, da sociedade de economia mista e de suas subsidiárias e controladas e das demais empresas em que a União, direta ou indiretamente, detenha a maioria do capital social com direito a voto.

§ 2º É assegurado aos acionistas minoritários o direito de eleger 1 (um) conselheiro, se maior número não lhes couber pelo processo de voto múltiplo previsto na Lei 6.404, de 15 de dezembro de 1976.

Art. 20. É vedada a participação remunerada de membros da administração pública, direta ou indireta, em mais de 2 (dois) conselhos, de administração ou fiscal, de empresa pública, de sociedade de economia mista ou de suas subsidiárias.

Art. 21. *(Vetado).*

Parágrafo único. *(Vetado).*

Seção V
Do Membro Independente do Conselho de Administração

Art. 22. O Conselho de Administração deve ser composto, no mínimo, por 25% (vinte e cinco por cento) de membros independentes ou por pelo menos 1 (um), caso haja decisão pelo exercício da faculdade do voto múltiplo pelos acionistas minoritários, nos termos do art. 141 da Lei 6.404, de 15 de dezembro de 1976.

§ 1º O conselheiro independente caracteriza-se por:

I – não ter qualquer vínculo com a empresa pública ou a sociedade de economia mista, exceto participação de capital;

II – não ser cônjuge ou parente consanguíneo ou afim, até o terceiro grau ou por adoção, de chefe do Poder Executivo, de Ministro de Estado, de Secretário de Estado ou Município ou de administrador da empresa pública ou da sociedade de economia mista;

III – não ter mantido, nos últimos 3 (três) anos, vínculo de qualquer natureza com a empresa pública, a sociedade de economia mista ou seus controladores, que possa vir a comprometer sua independência;

IV – não ser ou não ter sido, nos últimos 3 (três) anos, empregado ou diretor da empresa pública, da sociedade de economia mista ou de sociedade controlada, coligada ou subsidiária da empresa pública ou da sociedade de economia mista, exceto se o vínculo for exclusivamente com instituições públicas de ensino ou pesquisa;

V – não ser fornecedor ou comprador, direto ou indireto, de serviços ou produtos da empresa pública ou da sociedade de economia mista, de modo a implicar perda de independência;

VI – não ser funcionário ou administrador de sociedade ou entidade que esteja oferecendo ou demandando serviços ou produtos à empresa pública ou à sociedade de economia mista, de modo a implicar perda de independência;

VII – não receber outra remuneração da empresa pública ou da sociedade de economia mista além daquela relativa ao cargo de conselheiro, à exceção de proventos em dinheiro oriundos de participação no capital.

§ 2º Quando, em decorrência da observância do percentual mencionado no *caput*, resultar número fracionário de conselheiros, proceder-se-á ao arredondamento para o número inteiro:

I – imediatamente superior, quando a fração for igual ou superior a 0,5 (cinco décimos);

II – imediatamente inferior, quando a fração for inferior a 0,5 (cinco décimos).

§ 3º Não serão consideradas, para o cômputo das vagas destinadas a membros independentes, aquelas ocupadas pelos conselheiros eleitos por empregados, nos termos do § 1º do art. 19.

§ 4º Serão consideradas, para o cômputo das vagas destinadas a membros independentes, aquelas ocupadas pelos conselheiros eleitos por acionistas minoritários, nos termos do § 2º do art. 19.

§ 5º (*Vetado*).

Seção VI
Da Diretoria

Art. 23. É condição para investidura em cargo de diretoria da empresa pública e da sociedade de economia mista a assunção de compromisso com metas e resultados específicos a serem alcançados, que deverá ser aprovado pelo Conselho de Administração, a quem incumbe fiscalizar seu cumprimento.

§ 1º Sem prejuízo do disposto no *caput*, a diretoria deverá apresentar, até a última reunião ordinária do Conselho de Administração do ano anterior, a quem compete sua aprovação:

I – plano de negócios para o exercício anual seguinte;

II – estratégia de longo prazo atualizada com análise de riscos e oportunidades para, no mínimo, os próximos 5 (cinco) anos.

§ 2º Compete ao Conselho de Administração, sob pena de seus integrantes responderem por omissão, promover anualmente análise de atendimento das metas e resultados na execução do plano de negócios e da estratégia de longo prazo, devendo publicar suas conclusões e informá-las ao Congresso Nacional, às Assembleias Legislativas, à Câmara Legislativa do Distrito Federal ou às Câmaras Municipais e aos respectivos tribunais de contas, quando houver.

§ 3º Excluem-se da obrigação de publicação a que se refere o § 2º as informações de natureza estratégica cuja divulgação possa ser comprovadamente prejudicial ao interesse da empresa pública ou da sociedade de economia mista.

Seção VII
Do Comitê de Auditoria Estatutário

Art. 24. A empresa pública e a sociedade de economia mista deverão possuir em sua estrutura societária Comitê de Auditoria Estatutário como órgão auxiliar do Conselho de Administração, ao qual se reportará diretamente.

§ 1º Competirá ao Comitê de Auditoria Estatutário, sem prejuízo de outras competências previstas no estatuto da empresa pública ou da sociedade de economia mista:

I – opinar sobre a contratação e destituição de auditor independente;

II – supervisionar as atividades dos auditores independentes, avaliando sua independência, a qualidade dos serviços prestados e a adequação de tais serviços às necessidades da empresa pública ou da sociedade de economia mista;

III – supervisionar as atividades desenvolvidas nas áreas de controle interno, de auditoria interna e de elaboração das demonstrações financeiras da empresa pública ou da sociedade de economia mista;

IV – monitorar a qualidade e a integridade dos mecanismos de controle interno, das demonstrações financeiras e das informações e medições divulgadas pela empresa pública ou pela sociedade de economia mista;

V – avaliar e monitorar exposições de risco da empresa pública ou da sociedade de economia mista, podendo requerer, entre outras, informações detalhadas sobre políticas e procedimentos referentes a:

a) remuneração da administração;

b) utilização de ativos da empresa pública ou da sociedade de economia mista;

c) gastos incorridos em nome da empresa pública ou da sociedade de economia mista;

VI – avaliar e monitorar, em conjunto com a administração e a área de auditoria interna, a adequação das transações com partes relacionadas;

VII – elaborar relatório anual com informações sobre as atividades, os resultados, as conclusões e as recomendações do Comitê de Auditoria Estatutário, registrando, se houver, as divergências significativas entre administração, auditoria independente e Comitê de Auditoria Estatutário em relação às demonstrações financeiras;

VIII – avaliar a razoabilidade dos parâmetros em que se fundamentam os cálculos atuariais, bem como o resultado atuarial dos planos de benefícios mantidos pelo fundo de pensão, quando a empresa pública ou a sociedade de economia mista for patrocinadora de entidade fechada de previdência complementar.

§ 2º O Comitê de Auditoria Estatutário deverá possuir meios para receber denúncias, inclusive sigilosas, internas e externas à empresa pública ou à sociedade de economia mista, em matérias relacionadas ao escopo de suas atividades.

§ 3º O Comitê de Auditoria Estatutário deverá se reunir quando necessário, no mínimo bimestralmente, de modo que as informações contábeis sejam sempre apreciadas antes de sua divulgação.

§ 4º A empresa pública e a sociedade de economia mista deverão divulgar as atas das reuniões do Comitê de Auditoria Estatutário.

§ 5º Caso o Conselho de Administração considere que a divulgação da ata possa pôr em risco interesse legítimo da empresa pública ou da sociedade de economia mista, a empresa pública ou a sociedade de economia mista divulgará apenas o extrato das atas.

§ 6º A restrição prevista no § 5º não será oponível aos órgãos de controle, que terão total e irrestrito acesso ao conteúdo das atas do Comitê de Auditoria Estatutário, observada a transferência de sigilo.

§ 7º O Comitê de Auditoria Estatutário deverá possuir autonomia operacional e dotação orçamentária, anual ou por projeto, dentro de limites aprovados pelo Conselho de Administração, para conduzir ou determinar a realização de consultas, avaliações e investigações dentro do escopo de suas atividades, inclusive com a contratação e utilização de especialistas externos independentes.

Art. 25. O Comitê de Auditoria Estatutário será integrado por, no mínimo, 3 (três) e, no máximo, 5 (cinco) membros, em sua maioria independentes.

§ 1º São condições mínimas para integrar o Comitê de Auditoria Estatutário:

I – não ser ou ter sido, nos 12 (doze) meses anteriores à nomeação para o Comitê:

a) diretor, empregado ou membro do conselho fiscal da empresa pública ou sociedade de economia mista ou de sua controladora, controlada, coligada ou sociedade em controle comum, direta ou indireta;

b) responsável técnico, diretor, gerente, supervisor ou qualquer outro integrante com função de gerência de equipe envolvida nos trabalhos de auditoria na empresa pública ou sociedade de economia mista;

II – não ser cônjuge ou parente consanguíneo ou afim, até o segundo grau ou por adoção, das pessoas referidas no inciso I;

III – não receber qualquer outro tipo de remuneração da empresa pública ou sociedade de economia mista ou de sua controladora, controlada, coligada ou sociedade em controle comum, direta ou indireta, que não seja aquela relativa à função de integrante do Comitê de Auditoria Estatutário;

IV – não ser ou ter sido ocupante de cargo público efetivo, ainda que licenciado, ou de cargo em comissão da pessoa jurídica de direito público que exerça o controle acionário da empresa pública ou sociedade de economia mista, nos 12 (doze) meses anteriores à nomeação para o Comitê de Auditoria Estatutário.

§ 2º Ao menos 1 (um) dos membros do Comitê de Auditoria Estatutário deve ter reconhecida experiência em assuntos de contabilidade societária.

§ 3º O atendimento às previsões deste artigo deve ser comprovado por meio de documentação mantida na sede da empresa pública ou sociedade de economia mista pelo prazo mínimo de 5 (cinco) anos, contado a partir do último dia de mandato do membro do Comitê de Auditoria Estatutário.

Seção VIII
Do Conselho Fiscal

Art. 26. Além das normas previstas nesta Lei, aplicam-se aos membros do Conselho Fiscal da empresa pública e da sociedade de economia mista as disposições previstas na Lei 6.404, de 15 de dezembro de 1976, relativas a seus poderes, deveres e responsabilidades, a requisitos e impedimentos para investidura e a remuneração, além de outras disposições estabelecidas na referida Lei.

§ 1º Podem ser membros do Conselho Fiscal pessoas naturais, residentes no País, com formação acadêmica compatível com o exercício da função e que tenham exercido, por prazo mínimo de 3 (três) anos, cargo de direção ou assessoramento na administração pública ou cargo de conselheiro fiscal ou administrador em empresa.

§ 2º O Conselho Fiscal contará com pelo menos 1 (um) membro indicado pelo ente controlador, que deverá ser servidor público com vínculo permanente com a administração pública.

Capítulo III
Da Função Social da Empresa Pública e da Sociedade de Economia Mista

Art. 27. A empresa pública e a sociedade de economia mista terão a função social de realização do interesse coletivo ou de atendimento a imperativo da segurança nacional expressa no instrumento de autorização legal para a sua criação.

§ 1º A realização do interesse coletivo de que trata este artigo deverá ser orientada para o alcance do bem-estar econômico e para a alocação socialmente eficiente dos recursos geridos pela empresa pública e pela sociedade de economia mista, bem como para o seguinte:

I – ampliação economicamente sustentada do acesso de consumidores aos produtos e serviços da empresa pública ou da sociedade de economia mista;

II – desenvolvimento ou emprego de tecnologia brasileira para produção e oferta de produtos e serviços da empresa pública ou da sociedade de economia mista, sempre de maneira economicamente justificada.

§ 2º A empresa pública e a sociedade de economia mista deverão, nos termos da lei, adotar práticas de sustentabilidade ambiental e de responsabilidade social corporativa compatíveis com o mercado em que atuam.

§ 3º A empresa pública e a sociedade de economia mista poderão celebrar convênio ou contrato de patrocínio com pessoa física ou com pessoa jurídica para promoção de atividades culturais, sociais, esportivas, educacionais e de inovação tecnológica, desde que comprovadamente vinculadas ao fortalecimento de sua marca, observando-se, no que couber, as normas de licitação e contratos desta Lei.

TÍTULO II
Disposições Aplicáveis às Empresas Públicas, às Sociedades de Economia Mista e às suas Subsidiárias que Explorem Atividade Econômica de Produção ou Comercialização de Bens ou de Prestação de Serviços, ainda que a Atividade Econômica esteja Sujeita ao Regime de Monopólio da União ou seja de Prestação de Serviços Públicos

Capítulo I
Das Licitações

Seção I
Da Exigência de Licitação e dos Casos de Dispensa e de Inexigibilidade

Art. 28. Os contratos com terceiros destinados à prestação de serviços às empresas públicas e às sociedades de economia mista, inclusive de engenharia e de publicidade, à aquisição e à locação de bens, à alienação de bens e ativos integrantes do respectivo patrimônio ou à execução de obras a serem integradas a esse patrimônio, bem como à implementação de ônus real sobre tais bens, serão precedidos de licitação nos termos desta Lei, ressalvadas as hipóteses previstas nos arts. 29 e 30.

§ 1º Aplicam-se às licitações das empresas públicas e das sociedades de economia mista as disposições constantes dos arts. 42 a 49 da Lei Complementar 123, de 14 de dezembro de 2006.

§ 2º O convênio ou contrato de patrocínio celebrado com pessoas físicas ou jurídicas de que trata o § 3º do art. 27 observará, no que couber, as normas de licitação e contratos desta Lei.

§ 3º São as empresas públicas e as sociedades de economia mista dispensadas da observância dos dispositivos deste Capítulo nas seguintes situações:

I – comercialização, prestação ou execução, de forma direta, pelas empresas mencionadas no *caput*, de produtos, serviços ou obras especificamente relacionados com seus respectivos objetos sociais;

II – nos casos em que a escolha do parceiro esteja associada a suas características particulares, vinculada a oportunidades de negócio definidas e específicas, justificada a inviabilidade de procedimento competitivo.

§ 4º Consideram-se oportunidades de negócio a que se refere o inciso II do § 3º a formação e a extinção de parcerias e outras formas associativas, societárias ou contratuais, a aquisição e a alienação de participação em sociedades e outras formas associativas, societárias ou contratuais e as operações realizadas no âmbito do mercado de capitais, respeitada a regulação pelo respectivo órgão competente.

Art. 29. É dispensável a realização de licitação por empresas públicas e sociedades de economia mista:

I – para obras e serviços de engenharia de valor até R$ 100.000,00 (cem mil reais), desde que não se refiram a parcelas de uma mesma obra ou serviço ou ainda a obras e serviços de mesma natureza e no mesmo local que possam ser realizadas conjunta e concomitantemente;

II – para outros serviços e compras de valor até R$ 50.000,00 (cinquenta mil reais) e para alienações, nos casos previstos nesta Lei, desde que não se refiram a parcelas de um mesmo serviço, compra ou alienação de maior vulto que possa ser realizado de uma só vez;

III – quando não acudirem interessados à licitação anterior e essa, justificadamente, não puder ser repetida sem prejuízo para a empresa pública ou a sociedade de economia mista, bem como para suas respectivas subsidiárias, desde que mantidas as condições preestabelecidas;

IV – quando as propostas apresentadas consignarem preços manifestamente superiores aos praticados no mercado nacional ou incompatíveis com os fixados pelos órgãos oficiais competentes;

V – para a compra ou locação de imóvel destinado ao atendimento de suas finalidades precípuas, quando as necessidades de instalação e localização condicionarem a escolha do imóvel, desde que o preço seja compatível com o valor de mercado, segundo avaliação prévia;

VI – na contratação de remanescente de obra, de serviço ou de fornecimento, em consequência de rescisão contratual, desde que atendida a ordem de classificação da licitação anterior e aceitas as mesmas condições do contrato encerrado por rescisão ou distrato, inclusive quanto ao preço, devidamente corrigido;

VII – na contratação de instituição brasileira incumbida regimental ou estatutariamente da pesquisa, do ensino ou do desenvolvimento institucional ou de instituição dedicada à recuperação social do preso, desde que a contratada detenha inquestionável reputação ético-profissional e não tenha fins lucrativos;

VIII – para a aquisição de componentes ou peças de origem nacional ou estrangeira necessários à manutenção de equipamentos durante o período de garantia técnica, junto ao fornecedor original desses equipamentos, quando tal condição de exclusividade for indispensável para a vigência da garantia;

IX – na contratação de associação de pessoas com deficiência física, sem fins lucrativos e de comprovada idoneidade, para a prestação de serviços ou fornecimento de mão de obra, desde que o preço contratado seja compatível com o praticado no mercado;

X – na contratação de concessionário, permissionário ou autorizado para fornecimento ou suprimento de energia elétrica ou gás natural e de outras prestadoras de serviço público, segundo as normas da legislação específica, desde que o objeto do contrato tenha pertinência com o serviço público.

XI – nas contratações entre empresas públicas ou sociedades de economia mista e suas respectivas subsidiárias, para aquisição ou alienação de bens e prestação ou obtenção de serviços, desde que os preços sejam compatíveis com os praticados no mercado e que o objeto do contrato tenha relação com a atividade da contratada prevista em seu estatuto social;

XII – na contratação de coleta, processamento e comercialização de resíduos sólidos urbanos recicláveis ou reutilizáveis, em áreas com sistema de coleta seletiva de lixo, efetuados por associações ou cooperativas formadas exclusivamente por pessoas físicas de baixa renda que tenham como ocupação econômica a coleta de materiais recicláveis, com o uso de equipamentos compatíveis com as normas técnicas, ambientais e de saúde pública;

XIII – para o fornecimento de bens e serviços, produzidos ou prestados no País, que envolvam, cumulativamente, alta complexidade tecnológica e defesa nacional, mediante parecer de comissão especialmente designada pelo dirigente máximo da empresa pública ou da sociedade de economia mista;

XIV – nas contratações visando ao cumprimento do disposto nos arts. 3º, 4º, 5º e 20 da Lei 10.973, de 2 de dezembro de 2004, observados os princípios gerais de contratação dela constantes;

XV – em situações de emergência, quando caracterizada urgência de atendimento de situação que possa ocasionar prejuízo ou comprometer a segurança de pessoas, obras, serviços, equipamentos e outros bens, públicos ou particulares, e somente para os bens necessários ao atendimento da situação emergencial e para as parcelas de obras e serviços que possam ser concluídas no prazo máximo de 180 (cento e oitenta) dias consecutivos e ininterruptos, contado da ocorrência da emergência, vedada a prorrogação dos respectivos contratos, observado o disposto no § 2º;

XVI – na transferência de bens a órgãos e entidades da administração pública, inclusive quando efetivada mediante permuta;

XVII – na doação de bens móveis para fins e usos de interesse social, após avaliação de sua oportunidade e conveniência socioeconômica relativamente à escolha de outra forma de alienação;

XVIII – na compra e venda de ações, de títulos de crédito e de dívida e de bens que produzam ou comercializem.

§ 1º Na hipótese de nenhum dos licitantes aceitar a contratação nos termos do inciso VI do *caput*, a empresa pública e a sociedade de economia mista poderão convocar os licitantes remanescentes, na ordem de classificação, para a celebração do contrato nas condições ofertadas por estes, desde que o respectivo valor seja igual ou inferior ao orçamento estimado para a contratação, inclusive quanto aos preços atualizados nos termos do instrumento convocatório.

§ 2º A contratação direta com base no inciso XV do *caput* não dispensará a responsabilização de quem, por ação ou omissão, tenha dado causa ao motivo ali descrito, inclusive no tocante ao disposto na Lei 8.429, de 2 de junho de 1992.

§ 3º Os valores estabelecidos nos incisos I e II do *caput* podem ser alterados, para refletir a variação de custos, por deliberação do Conselho de Administração da empresa pública ou sociedade de economia mista, admitindo-se valores diferenciados para cada sociedade.

Art. 30. A contratação direta será feita quando houver inviabilidade de competição, em especial na hipótese de:

I – aquisição de materiais, equipamentos ou gêneros que só possam ser fornecidos por produtor, empresa ou representante comercial exclusivo;

II – contratação dos seguintes serviços técnicos especializados, com profissionais ou empresas de notória especialização, vedada a inexigibilidade para serviços de publicidade e divulgação:

a) estudos técnicos, planejamentos e projetos básicos ou executivos;

b) pareceres, perícias e avaliações em geral;

c) assessorias ou consultorias técnicas e auditorias financeiras ou tributárias;

d) fiscalização, supervisão ou gerenciamento de obras ou serviços;

e) patrocínio ou defesa de causas judiciais ou administrativas;

f) treinamento e aperfeiçoamento de pessoal;

g) restauração de obras de arte e bens de valor histórico.

§ 1º Considera-se de notória especialização o profissional ou a empresa cujo conceito no campo de sua especialidade, decorrente de desempenho anterior, estudos, experiência, publicações, organização, aparelhamento, equipe técnica ou outros requisitos relacionados com suas atividades, permita inferir que o seu trabalho é essencial e indiscutivelmente o mais adequado à plena satisfação do objeto do contrato.

§ 2º Na hipótese do *caput* e em qualquer dos casos de dispensa, se comprovado, pelo órgão de controle externo, sobrepreço ou superfaturamento, respondem solidariamente pelo dano causado quem houver decidido pela contratação direta e o fornecedor ou o prestador de serviços.

§ 3º O processo de contratação direta será instruído, no que couber, com os seguintes elementos:

I – caracterização da situação emergencial ou calamitosa que justifique a dispensa, quando for o caso;

II – razão da escolha do fornecedor ou do executante;

III – justificativa do preço.

Seção II
Disposições de Caráter Geral sobre Licitações e Contratos

Art. 31. As licitações realizadas e os contratos celebrados por empresas públicas e sociedades de economia mista destinam-se a assegurar a seleção da proposta mais vantajosa, inclusive no que se refere ao ciclo de vida do objeto, e a evitar operações em que se caracterize sobrepreço ou superfaturamento, devendo observar os princípios da impessoalidade, da moralidade, da igualdade, da publicidade, da eficiência, da probidade administrativa, da economicidade, do desenvolvimento nacional sustentável, da vinculação ao instrumento convocatório, da obtenção de competitividade e do julgamento objetivo.

§ 1º Para os fins do disposto no *caput*, considera-se que há:

I – sobrepreço quando os preços orçados para a licitação ou os preços contratados são expressivamente superiores aos preços referenciais de mercado, podendo referir-se ao valor unitário de um item, se a licitação ou a contratação for por preços unitários de serviço, ou ao valor global do objeto, se a licitação ou a contratação for por preço global ou por empreitada;

II – superfaturamento quando houver dano ao patrimônio da empresa pública ou da sociedade de economia mista caracterizado, por exemplo:

a) pela medição de quantidades superiores às efetivamente executadas ou fornecidas;

b) pela deficiência na execução de obras e serviços de engenharia que resulte em diminuição da qualidade, da vida útil ou da segurança;

c) por alterações no orçamento de obras e de serviços de engenharia que causem o desequilíbrio econômico-financeiro do contrato em favor do contratado;

d) por outras alterações de cláusulas financeiras que gerem recebimentos contratuais antecipados, distorção do cronograma físicofinanceiro, prorrogação injustificada do prazo contratual com custos adicionais para a empresa pública ou a sociedade de economia mista ou reajuste irregular de preços.

§ 2º O orçamento de referência do custo global de obras e serviços de engenharia deverá ser obtido a partir de custos unitários de insumos ou serviços menores ou iguais à mediana de seus correspondentes no Sistema Nacional de Pesquisa de Custos e Índices da Construção Civil (Sinapi), no caso de construção civil em geral, ou no Sistema de Custos Referenciais de Obras (Sicro), no caso de obras e serviços rodoviários, devendo ser observadas as peculiaridades geográficas.

§ 3º No caso de inviabilidade da definição dos custos consoante o disposto no § 2º, a estimativa de custo global poderá ser apurada por meio da utilização de dados contidos em tabela de referência formalmente aprovada por órgãos ou entidades da administração pública federal, em publicações técnicas especializadas, em banco de dados e sistema específico instituído para o setor ou em pesquisa de mercado.

§ 4º A empresa pública e a sociedade de economia mista poderão adotar procedimento de manifestação de interesse privado para o recebimento de propostas e projetos de empreendimentos com vistas a atender necessidades previamente identificadas, cabendo a regulamento a definição de suas regras específicas.

§ 5º Na hipótese a que se refere o § 4º, o autor ou financiador do projeto poderá participar da licitação para a execução do empreendimento, podendo ser ressarcido pelos custos aprovados pela empresa pública ou sociedade de economia mista caso não vença o certame, desde que seja promovida a cessão de direitos de que trata o art. 80.

Art. 32. Nas licitações e contratos de que trata esta Lei serão observadas as seguintes diretrizes:

I – padronização do objeto da contratação, dos instrumentos convocatórios e das minutas de contratos, de acordo com normas internas específicas;

II – busca da maior vantagem competitiva para a empresa pública ou sociedade de economia mista, considerando custos e benefícios, diretos e indiretos, de natureza econômica, social ou ambiental, inclusive os relativos à manutenção, ao desfazimento de bens e resíduos, ao índice de depreciação econômica e a outros fatores de igual relevância;

III – parcelamento do objeto, visando a ampliar a participação de licitantes, sem perda de economia de escala, e desde que não atinja valores inferiores aos limites estabelecidos no art. 29, incisos I e II;

IV – adoção preferencial da modalidade de licitação denominada pregão, instituída pela Lei 10.520, de 17 de julho de 2002, para a aquisição de bens e serviços comuns, assim considerados aqueles cujos padrões de desempenho e qualidade possam ser objetivamente definidos pelo edital, por meio de especificações usuais no mercado;

V – observação da política de integridade nas transações com partes interessadas.

§ 1º As licitações e os contratos disciplinados por esta Lei devem respeitar, especialmente, as normas relativas à:

I – disposição final ambientalmente adequada dos resíduos sólidos gerados pelas obras contratadas;

II – mitigação dos danos ambientais por meio de medidas condicionantes e de compensação ambiental, que serão definidas no procedimento de licenciamento ambiental;

III – utilização de produtos, equipamentos e serviços que, comprovadamente, reduzam o consumo de energia e de recursos naturais;

IV – avaliação de impactos de vizinhança, na forma da legislação urbanística;

V – proteção do patrimônio cultural, histórico, arqueológico e imaterial, inclusive por meio da avaliação do impacto direto ou indireto causado por investimentos realizados por empresas públicas e sociedades de economia mista;

VI – acessibilidade para pessoas com deficiência ou com mobilidade reduzida.

§ 2º A contratação a ser celebrada por empresa pública ou sociedade de economia mista da qual decorra impacto negativo sobre bens do patrimônio cultural, histórico, arqueológico e imaterial tombados dependerá de autorização da esfera de governo encarregada da proteção do respectivo patrimônio, devendo o impacto ser compensado por meio de medidas determinadas pelo dirigente máximo da empresa pública ou sociedade de economia mista, na forma da legislação aplicável.

§ 3º As licitações na modalidade de pregão, na forma eletrônica, deverão ser realizadas exclusivamente em portais de compras de acesso público na internet.

§ 4º Nas licitações com etapa de lances, a empresa pública ou sociedade de economia mista disponibilizará ferramentas eletrônicas para envio de lances pelos licitantes.

Art. 33. O objeto da licitação e do contrato dela decorrente será definido de forma sucinta e clara no instrumento convocatório.

Art. 34. O valor estimado do contrato a ser celebrado pela empresa pública ou pela sociedade de economia mista será sigiloso, facultando-se à contratante, mediante justificação na fase de preparação prevista no inciso I do art. 51 desta Lei, conferir publicidade ao valor estimado do objeto da licitação, sem prejuízo da divulgação do detalhamento dos quantitativos e das demais informações necessárias para a elaboração das propostas.

§ 1º Na hipótese em que for adotado o critério de julgamento por maior desconto, a informação de que trata o *caput* deste artigo constará do instrumento convocatório.

§ 2º No caso de julgamento por melhor técnica, o valor do prêmio ou da remuneração será incluído no instrumento convocatório.

§ 3º A informação relativa ao valor estimado do objeto da licitação, ainda que tenha caráter sigiloso, será disponibilizada a órgãos de controle externo e interno, devendo a empresa pública ou a sociedade de economia mista registrar em documento formal sua disponibilização aos órgãos de controle, sempre que solicitado.

§ 4º (*Vetado*).

Art. 35. Observado o disposto no art. 34, o conteúdo da proposta, quando adotado o modo de disputa fechado e até sua abertura, os atos e os procedimentos praticados em decorrência desta Lei submetem-se à legislação que regula o acesso dos cidadãos às informações detidas pela administração pública, particularmente aos termos da Lei 12.527, de 18 de novembro de 2011.

Art. 36. A empresa pública e a sociedade de economia mista poderão promover a pré-qualificação de seus fornecedores ou produtos, nos termos do art. 64.

Art. 37. A empresa pública e a sociedade de economia mista deverão informar os dados relativos às sanções por elas aplicadas aos contratados, nos termos definidos no art. 83, de forma a manter atualizado o cadastro de empresas inidôneas de que trata o art. 23 da Lei 12.846, de 1º de agosto de 2013.

§ 1º O fornecedor incluído no cadastro referido no *caput* não poderá disputar licitação ou participar, direta ou indiretamente, da execução de contrato.

§ 2º Serão excluídos do cadastro referido no *caput*, a qualquer tempo, fornecedores que demonstrarem a superação dos motivos que deram causa à restrição contra eles promovida.

Art. 38. Estará impedida de participar de licitações e de ser contratada pela empresa pública ou sociedade de economia mista a empresa:

I – cujo administrador ou sócio detentor de mais de 5% (cinco por cento) do capital social seja diretor ou empregado da empresa pública ou sociedade de economia mista contratante;

II – suspensa pela empresa pública ou sociedade de economia mista;

III – declarada inidônea pela União, por Estado, pelo Distrito Federal ou pela unidade federativa a que está vinculada a empresa pública ou sociedade de economia mista, enquanto perdurarem os efeitos da sanção;

IV – constituída por sócio de empresa que estiver suspensa, impedida ou declarada inidônea;

V – cujo administrador seja sócio de empresa suspensa, impedida ou declarada inidônea;

VI – constituída por sócio que tenha sido sócio ou administrador de empresa suspensa, impedida ou declarada inidônea, no período dos fatos que deram ensejo à sanção;

VII – cujo administrador tenha sido sócio ou administrador de empresa suspensa, impedida ou declarada inidônea, no período dos fatos que deram ensejo à sanção;

VIII – que tiver, nos seus quadros de diretoria, pessoa que participou, em razão de vínculo de mesma natureza, de empresa declarada inidônea.

Parágrafo único. Aplica-se a vedação prevista no *caput*:

I – à contratação do próprio empregado ou dirigente, como pessoa física, bem como à participação dele em procedimentos licitatórios, na condição de licitante;

II – a quem tenha relação de parentesco, até o terceiro grau civil, com:

a) dirigente de empresa pública ou sociedade de economia mista;

b) empregado de empresa pública ou sociedade de economia mista cujas atribuições envolvam a atuação na área responsável pela licitação ou contratação;

c) autoridade do ente público a que a empresa pública ou sociedade de economia mista esteja vinculada.

III – cujo proprietário, mesmo na condição de sócio, tenha terminado seu prazo de gestão ou rompido seu vínculo com a respectiva empresa pública ou sociedade de economia mista promotora da licitação ou contratante há menos de 6 (seis) meses.

Art. 39. Os procedimentos licitatórios, a pré-qualificação e os contratos disciplinados por esta Lei serão divulgados em portal específico mantido pela empresa pública ou sociedade de economia mista na internet, devendo ser adotados os seguintes prazos mínimos para apresentação de propostas ou lances, contados a partir da divulgação do instrumento convocatório:

I – para aquisição de bens:

a) 5 (cinco) dias úteis, quando adotado como critério de julgamento o menor preço ou o maior desconto;

b) 10 (dez) dias úteis, nas demais hipóteses;

II – para contratação de obras e serviços:

a) 15 (quinze) dias úteis, quando adotado como critério de julgamento o menor preço ou o maior desconto;

b) 30 (trinta) dias úteis, nas demais hipóteses;

III – no mínimo 45 (quarenta e cinco) dias úteis para licitação em que se adote como critério de julgamento a melhor técnica ou a melhor combinação de técnica e preço, bem como para licitação em que haja contratação semi-integrada ou integrada.

Parágrafo único. As modificações promovidas no instrumento convocatório serão objeto de divulgação nos mesmos termos e prazos dos atos e procedimentos originais, exceto quando a alteração não afetar a preparação das propostas.

Art. 40. As empresas públicas e as sociedades de economia mista deverão publicar e manter atualizado regulamento interno de licitações e contratos, compatível com o disposto nesta Lei, especialmente quanto a:

I – glossário de expressões técnicas;

II – cadastro de fornecedores;

III – minutas-padrão de editais e contratos;

IV – procedimentos de licitação e contratação direta;

V – tramitação de recursos;

VI – formalização de contratos;

VII – gestão e fiscalização de contratos;

VIII – aplicação de penalidades;

IX – recebimento do objeto do contrato.

Art. 41. Aplicam-se às licitações e contratos regidos por esta Lei as normas de direito penal contidas nos arts. 89 a 99 da Lei 8.666, de 21 de junho de 1993.

Seção III
Das Normas Específicas para Obras e Serviços

Art. 42. Na licitação e na contratação de obras e serviços por empresas públicas e sociedades de economia mista, serão observadas as seguintes definições:

I – empreitada por preço unitário: contratação por preço certo de unidades determinadas;

II – empreitada por preço global: contratação por preço certo e total;

III – tarefa: contratação de mão de obra para pequenos trabalhos por preço certo, com ou sem fornecimento de material;

IV – empreitada integral: contratação de empreendimento em sua integralidade, com todas as etapas de obras, serviços e instalações necessárias, sob inteira responsabilidade da contratada até a sua entrega ao contratante em condições de entrada em operação, atendidos os requisitos técnicos e legais para sua utilização em condições de segurança estrutural e operacional e com as características adequadas às finalidades para as quais foi contratada;

V – contratação semi-integrada: contratação que envolve a elaboração e o desenvolvimento do projeto executivo, a execução de obras e serviços de engenharia, a montagem, a realização de testes, a pré-operação e as demais operações necessárias e suficientes para a entrega final do objeto, de acordo com o estabelecido nos §§ 1º e 3º deste artigo;

VI – contratação integrada: contratação que envolve a elaboração e o desenvolvimento dos projetos básico e executivo, a execução de obras e serviços de engenharia, a montagem, a realização de testes, a pré-operação e as demais operações necessárias e suficientes para a entrega final do objeto, de acordo com o estabelecido nos §§ 1º, 2º e 3º deste artigo;

VII – anteprojeto de engenharia: peça técnica com todos os elementos de contornos necessários e fundamentais à elaboração do projeto básico, devendo conter minimamente os seguintes elementos:

a) demonstração e justificativa do programa de necessidades, visão global dos investimentos e definições relacionadas ao nível de serviço desejado;

b) condições de solidez, segurança e durabilidade e prazo de entrega;

c) estética do projeto arquitetônico;

d) parâmetros de adequação ao interesse público, à economia na utilização, à facilidade na execução, aos impactos ambientais e à acessibilidade;

e) concepção da obra ou do serviço de engenharia;

f) projetos anteriores ou estudos preliminares que embasaram a concepção adotada;

g) levantamento topográfico e cadastral;

h) pareceres de sondagem;

i) memorial descritivo dos elementos da edificação, dos componentes construtivos e dos materiais de construção, de forma a estabelecer padrões mínimos para a contratação;

VIII – projeto básico: conjunto de elementos necessários e suficientes, com nível de precisão adequado, para, observado o disposto no § 3º, caracterizar a obra ou o serviço, ou o complexo de obras ou de serviços objeto da licitação, elaborado com base nas indicações dos estudos técnicos preliminares, que assegure a viabilidade técnica e o adequado tratamento do impacto ambiental do empreendimento e que possibilite a avaliação do custo da obra e a definição dos métodos e do prazo de execução, devendo conter os seguintes elementos:

a) desenvolvimento da solução escolhida, de forma a fornecer visão global da obra e a identificar todos os seus elementos constitutivos com clareza;

b) soluções técnicas globais e localizadas, suficientemente detalhadas, de forma a minimizar a necessidade de reformulação ou de variantes durante as fases de elaboração do projeto executivo e de realização das obras e montagem;

c) identificação dos tipos de serviços a executar e de materiais e equipamentos a incorporar à obra, bem como suas especificações, de modo a assegurar os melhores resultados para o empreendimento, sem frustrar o caráter competitivo para a sua execução;

d) informações que possibilitem o estudo e a dedução de métodos construtivos, instalações provisórias e condições organizacionais para a obra, sem frustrar o caráter competitivo para a sua execução;

e) subsídios para montagem do plano de licitação e gestão da obra, compreendendo a sua programação, a estratégia de suprimentos, as normas de fiscalização e outros dados necessários em cada caso;

f) (Vetado).

IX – projeto executivo: conjunto dos elementos necessários e suficientes à execução completa da obra, de acordo com as normas técnicas pertinentes;

X – matriz de riscos: cláusula contratual definidora de riscos e responsabilidades entre as partes e caracterizadora do equilíbrio econômico-financeiro inicial do contrato, em termos de ônus financeiro decorrente de eventos supervenientes à contratação, contendo, no mínimo, as seguintes informações:

a) listagem de possíveis eventos supervenientes à assinatura do contrato, impactantes no equilíbrio econômico-financeiro da avença, e previsão de eventual necessidade de prolação de termo aditivo quando de sua ocorrência;

b) estabelecimento preciso das frações do objeto em que haverá liberdade das contratadas para inovar em soluções metodológicas ou tecnológicas, em obrigações de resultado, em termos de modificação das soluções previamente delineadas no anteprojeto ou no projeto básico da licitação;

c) estabelecimento preciso das frações do objeto em que não haverá liberdade das contratadas para inovar em soluções metodológicas ou tecnológicas, em obrigações de meio, devendo haver obrigação de identidade entre a execução e a solução pré-definida no anteprojeto ou no projeto básico da licitação.

§ 1º As contratações semi-integradas e integradas referidas, respectivamente, nos incisos V e VI do *caput* deste artigo restringir-se-ão a obras e serviços de engenharia e observarão os seguintes requisitos:

I – o instrumento convocatório deverá conter:

a) anteprojeto de engenharia, no caso de contratação integrada, com elementos técnicos que permitam a caracterização da obra ou do serviço e a elaboração e comparação, de forma isonômica, das propostas a serem ofertadas pelos particulares;

b) projeto básico, nos casos de empreitada por preço unitário, de empreitada por preço global, de empreitada integral e de contratação semi-integrada, nos termos definidos neste artigo;

c) documento técnico, com definição precisa das frações do empreendimento em que haverá liberdade de as contratadas inovarem em soluções metodológicas ou tecnológicas, seja em termos de modificação das soluções previamente delineadas no anteprojeto ou no projeto básico da licitação, seja em termos de detalhamento dos sistemas e procedimentos construtivos previstos nessas peças técnicas;

d) matriz de riscos;

II – o valor estimado do objeto a ser licitado será calculado com base em valores de mercado, em valores pagos pela administração pública em serviços e obras similares ou em avaliação do custo global da obra, aferido mediante orçamento sintético ou metodologia expedita ou paramétrica;

III – o critério de julgamento a ser adotado será o de menor preço ou de melhor combinação de técnica e preço, pontuando-se na avaliação técnica as vantagens e os benefícios que eventualmente forem oferecidos para cada produto ou solução;

IV – na contratação semi-integrada, o projeto básico poderá ser alterado, desde que demonstrada a superioridade das inovações em termos de redução de custos, de aumento da qualidade, de redução do prazo de execução e de facilidade de manutenção ou operação.

§ 2º No caso dos orçamentos das contratações integradas:

I – sempre que o anteprojeto da licitação, por seus elementos mínimos, assim o permitir, as estimativas de preço devem se basear em orçamento tão detalhado quanto possível, devendo a utilização de estimativas paramétricas e a avaliação aproximada baseada em outras obras similares ser realizadas somente nas frações do empreendimento não suficientemente detalhadas no anteprojeto da licitação, exigindo-se das contratadas, no mínimo, o mesmo nível de detalhamento em seus demonstrativos de formação de preços;

II – quando utilizada metodologia expedita ou paramétrica para abalizar o valor do empreendimento ou de fração dele, consideradas as disposições do inciso I, entre 2 (duas) ou mais técnicas estimativas possíveis, deve ser utilizada nas estimativas de preço-base a que viabilize a maior precisão orçamentária, exigindo-se das licitantes, no mínimo, o mesmo nível de detalhamento na motivação dos respectivos preços ofertados.

§ 3º Nas contratações integradas ou semi-integradas, os riscos decorrentes de fatos supervenientes à contratação associados à escolha da solução de projeto básico pela contratante deverão ser alocados como de sua responsabilidade na matriz de riscos.

§ 4º No caso de licitação de obras e serviços de engenharia, as empresas públicas e as sociedades de economia mista abrangidas por esta Lei deverão utilizar a contratação semi-integrada, prevista no inciso V do *caput*, cabendo a elas a elaboração ou a contratação do projeto básico antes da licitação de que trata este parágrafo, podendo ser utilizadas outras modalidades previstas nos incisos do *caput* deste artigo, desde que essa opção seja devidamente justificada.

§ 5º Para fins do previsto na parte final do § 4º, não será admitida, por parte da empresa pública ou da sociedade de economia mista, como justificativa para a adoção da modalidade de contratação integrada, a ausência de projeto básico.

Art. 43. Os contratos destinados à execução de obras e serviços de engenharia admitirão os seguintes regimes:

I – empreitada por preço unitário, nos casos em que os objetos, por sua natureza, possuam imprecisão inerente de quantitativos em seus itens orçamentários;

II – empreitada por preço global, quando for possível definir previamente no projeto básico, com boa margem de precisão, as quantidades dos serviços a serem posteriormente executados na fase contratual;

III – contratação por tarefa, em contratações de profissionais autônomos ou de pequenas empresas para realização de serviços técnicos comuns e de curta duração;

IV – empreitada integral, nos casos em que o contratante necessite receber o empreendimento, normalmente de alta complexidade, em condição de operação imediata;

V – contratação semi-integrada, quando for possível definir previamente no projeto básico as quantidades dos serviços a serem posteriormente executados na fase contratual, em obra ou serviço de engenharia que possa ser executado com diferentes metodologias ou tecnologias;

VI – contratação integrada, quando a obra ou o serviço de engenharia for de natureza predominantemente intelectual e de inovação tecnológica do objeto licitado ou puder ser executado com diferentes metodologias ou tecnologias de domínio restrito no mercado.

§ 1º Serão obrigatoriamente precedidas pela elaboração de projeto básico, disponível para exame de qualquer interessado, as licitações para a contratação de obras e serviços, com exceção daquelas em que for adotado o regime previsto no inciso VI do *caput* deste artigo.

§ 2º É vedada a execução, sem projeto executivo, de obras e serviços de engenharia.

Art. 44. É vedada a participação direta ou indireta nas licitações para obras e serviços de engenharia de que trata esta Lei:

I – de pessoa física ou jurídica que tenha elaborado o anteprojeto ou o projeto básico da licitação;

II – de pessoa jurídica que participar de consórcio responsável pela elaboração do anteprojeto ou do projeto básico da licitação;

III – de pessoa jurídica da qual o autor do anteprojeto ou do projeto básico da licitação seja administrador, controlador, gerente, responsável técnico, subcontratado ou sócio, neste último caso quando a participação superar 5% (cinco por cento) do capital votante.

§ 1º A elaboração do projeto executivo constituirá encargo do contratado, consoante preço previamente fixado pela empresa pública ou pela sociedade de economia mista.

§ 2º É permitida a participação das pessoas jurídicas e da pessoa física de que tratam os incisos II e III do *caput* deste artigo em licitação ou em execução de contrato, como consultor ou técnico, nas funções de fiscalização, supervisão ou gerenciamento, exclusivamente a serviço da empresa pública e da sociedade de economia mista interessadas.

§ 3º Para fins do disposto no *caput*, considera-se participação indireta a existência de vínculos de natureza técnica, comercial, econômica, financeira ou trabalhista entre o autor do projeto básico, pessoa física ou jurídica, e o licitante ou responsável pelos serviços, fornecimentos e obras, incluindo-se os fornecimentos de bens e serviços a estes necessários.

§ 4º O disposto no § 3º deste artigo aplica-se a empregados incumbidos de levar a efeito atos e procedimentos realizados pela empresa pública e pela sociedade de economia mista no curso da licitação.

Art. 45. Na contratação de obras e serviços, inclusive de engenharia, poderá ser estabelecida remuneração variável vinculada ao desempenho do contratado, com base em metas, padrões de qualidade, critérios de sustentabilidade ambiental e prazos de entrega definidos no instrumento convocatório e no contrato.

Parágrafo único. A utilização da remuneração variável respeitará o limite orçamentário fixado pela empresa pública ou pela sociedade de economia mista para a respectiva contratação.

Art. 46. Mediante justificativa expressa e desde que não implique perda de economia de escala, poderá ser celebrado mais de um contrato para executar serviço de mesma natureza quando o objeto da contratação puder ser executado de forma concorrente e simultânea por mais de um contratado.

§ 1º Na hipótese prevista no *caput* deste artigo, será mantido controle individualizado da execução do objeto contratual relativamente a cada um dos contratados.

§ 2º (*Vetado*).

Seção IV
Das Normas Específicas para Aquisição de Bens

Art. 47. A empresa pública e a sociedade de economia mista, na licitação para aquisição de bens, poderão:

I – indicar marca ou modelo, nas seguintes hipóteses:

a) em decorrência da necessidade de padronização do objeto;

b) quando determinada marca ou modelo comercializado por mais de um fornecedor constituir o único capaz de atender o objeto do contrato;

c) quando for necessária, para compreensão do objeto, a identificação de determinada marca ou modelo apto a servir como referência, situação em que será obrigatório o acréscimo da expressão "ou similar ou de melhor qualidade";

II – exigir amostra do bem no procedimento de pré-qualificação e na fase de julgamento das propostas ou de lances, desde que justificada a necessidade de sua apresentação;

III – solicitar a certificação da qualidade do produto ou do processo de fabricação, inclusive sob o aspecto ambiental, por instituição previamente credenciada.

Parágrafo único. O edital poderá exigir, como condição de aceitabilidade da proposta, a adequação às normas da Associação Brasileira de Normas Técnicas (ABNT) ou a certificação da qualidade do produto por instituição credenciada pelo Sistema Nacional de Metrologia, Normalização e Qualidade Industrial (Sinmetro).

Art. 48. Será dada publicidade, com periodicidade mínima semestral, em sítio eletrônico oficial na internet de acesso irrestrito, à relação das aquisições de bens efetivadas pelas empresas públicas e pelas sociedades de economia mista, compreendidas as seguintes informações:

I – identificação do bem comprado, de seu preço unitário e da quantidade adquirida;

II – nome do fornecedor;

III – valor total de cada aquisição.

Seção V
Das Normas Específicas para Alienação de Bens

Art. 49. A alienação de bens por empresas públicas e por sociedades de economia mista será precedida de:

I – avaliação formal do bem contemplado, ressalvadas as hipóteses previstas nos incisos XVI a XVIII do art. 29;

II – licitação, ressalvado o previsto no § 3º do art. 28.

Art. 50. Estendem-se à atribuição de ônus real a bens integrantes do acervo patrimonial de empresas públicas e de sociedades de economia mista as normas desta Lei aplicáveis à sua alienação, inclusive em relação às hipóteses de dispensa e de inexigibilidade de licitação.

Seção VI
Do Procedimento de Licitação

Art. 51. As licitações de que trata esta Lei observarão a seguinte sequência de fases:

I – preparação;

II – divulgação;

III – apresentação de lances ou propostas, conforme o modo de disputa adotado;

IV – julgamento;

V – verificação de efetividade dos lances ou propostas;

VI – negociação;

VII – habilitação;

VIII – interposição de recursos;

IX – adjudicação do objeto;

X – homologação do resultado ou revogação do procedimento.

§ 1º A fase de que trata o inciso VII do *caput* poderá, excepcionalmente, anteceder as referidas nos incisos III a VI do *caput*, desde que expressamente previsto no instrumento convocatório.

§ 2º Os atos e procedimentos decorrentes das fases enumeradas no *caput* praticados por empresas públicas, por sociedades de economia mista e por licitantes serão efetivados preferencialmente por meio eletrônico, nos termos definidos pelo instrumento convocatório, devendo os avisos contendo os resumos dos editais das licitações e contratos abrangidos por esta Lei ser previamente publicados no Diário Oficial da União, do Estado ou do Município e na internet.

Art. 52. Poderão ser adotados os modos de disputa aberto ou fechado, ou, quando o objeto da licitação puder ser parcelado, a combinação de ambos, observado o disposto no inciso III do art. 32 desta Lei.

§ 1º No modo de disputa aberto, os licitantes apresentarão lances públicos e sucessivos, crescentes ou decrescentes, conforme o critério de julgamento adotado.

§ 2º No modo de disputa fechado, as propostas apresentadas pelos licitantes serão sigilosas até a data e a hora designadas para que sejam divulgadas.

Art. 53. Quando for adotado o modo de disputa aberto, poderão ser admitidos:

I – a apresentação de lances intermediários;

II – o reinício da disputa aberta, após a definição do melhor lance, para definição das demais colocações, quando existir diferença de pelo menos 10% (dez por cento) entre o melhor lance e o subsequente.

Parágrafo único. Consideram-se intermediários os lances:

I – iguais ou inferiores ao maior já ofertado, quando adotado o julgamento pelo critério da maior oferta;

II – iguais ou superiores ao menor já ofertado, quando adotados os demais critérios de julgamento.

Art. 54. Poderão ser utilizados os seguintes critérios de julgamento:

I – menor preço;

II – maior desconto;

III – melhor combinação de técnica e preço;

IV – melhor técnica;

V – melhor conteúdo artístico;

VI – maior oferta de preço;

VII – maior retorno econômico;

VIII – melhor destinação de bens alienados.

§ 1º Os critérios de julgamento serão expressamente identificados no instrumento convocatório e poderão ser combinados na hipótese de parcelamento do objeto, observado o disposto no inciso III do art. 32.

§ 2º Na hipótese de adoção dos critérios referidos nos incisos III, IV, V e VII do *caput* deste artigo, o julgamento das propostas será efetivado mediante o emprego de parâmetros específicos, definidos no instrumento convocatório, destinados a limitar a subjetividade do julgamento.

§ 3º Para efeito de julgamento, não serão consideradas vantagens não previstas no instrumento convocatório.

§ 4º O critério previsto no inciso II do *caput*:

I – terá como referência o preço global fixado no instrumento convocatório, estendendo-se o desconto oferecido nas propostas ou lances vencedores a eventuais termos aditivos;

II – no caso de obras e serviços de engenharia, o desconto incidirá de forma linear sobre a totalidade dos itens constantes do orçamento estimado, que deverá obrigatoriamente integrar o instrumento convocatório.

§ 5º Quando for utilizado o critério referido no inciso III do *caput*, a avaliação das propostas técnicas e de preço considerará o percentual de ponderação mais relevante, limitado a 70% (setenta por cento).

§ 6º Quando for utilizado o critério referido no inciso VII do *caput*, os lances ou propostas terão o objetivo de proporcionar economia à empresa pública ou à sociedade de economia mista, por meio da redução de suas despesas correntes, remunerando-se o licitante vencedor com base em percentual da economia de recursos gerada.

§ 7º Na implementação do critério previsto no inciso VIII do *caput* deste artigo, será obrigatoriamente considerada, nos termos do respectivo instrumento convocatório, a repercussão, no meio social, da finalidade para cujo atendimento o bem será utilizado pelo adquirente.

§ 8º O descumprimento da finalidade a que se refere o § 7º deste artigo resultará na imediata restituição do bem alcançado ao acervo patrimonial da empresa pública ou da sociedade de economia mista, vedado, nessa hipótese, o pagamento de indenização em favor do adquirente.

Art. 55. Em caso de empate entre 2 (duas) propostas, serão utilizados, na ordem em que se encontram enumerados, os seguintes critérios de desempate:

I – disputa final, em que os licitantes empatados poderão apresentar nova proposta fechada, em ato contínuo ao encerramento da etapa de julgamento;

II – avaliação do desempenho contratual prévio dos licitantes, desde que exista sistema objetivo de avaliação instituído;

III – os critérios estabelecidos no art. 3º da Lei 8.248, de 23 de outubro de 1991, e no § 2º do art. 3º da Lei 8.666, de 21 de junho de 1993;

IV – sorteio.

Art. 56. Efetuado o julgamento dos lances ou propostas, será promovida a verificação de sua efetividade, promovendo-se a desclassificação daqueles que:

I – contenham vícios insanáveis;

II – descumpram especificações técnicas constantes do instrumento convocatório;

III – apresentem preços manifestamente inexequíveis;

IV – se encontrem acima do orçamento estimado para a contratação de que trata o § 1º do art. 57, ressalvada a hipótese prevista no *caput* do art. 34 desta Lei;

V – não tenham sua exequibilidade demonstrada, quando exigido pela empresa pública ou pela sociedade de economia mista;

VI – apresentem desconformidade com outras exigências do instrumento convocatório, salvo se for possível a acomodação a seus termos antes da adjudicação do objeto e sem que se prejudique a atribuição de tratamento isonômico entre os licitantes.

§ 1º A verificação da efetividade dos lances ou propostas poderá ser feita exclusivamente em relação aos lances e propostas mais bem classificados.

§ 2º A empresa pública e a sociedade de economia mista poderão realizar diligências para aferir a exequibilidade das propostas ou exigir dos licitantes que ela seja demonstrada, na forma do inciso V do *caput*.

§ 3º Nas licitações de obras e serviços de engenharia, consideram-se inexequíveis as propostas com valores globais inferiores a 70% (setenta por cento) do menor dos seguintes valores:

I – média aritmética dos valores das propostas superiores a 50% (cinquenta por cento) do valor do orçamento estimado pela empresa pública ou sociedade de economia mista; ou

II – valor do orçamento estimado pela empresa pública ou sociedade de economia mista.

§ 4º Para os demais objetos, para efeito de avaliação da exequibilidade ou de sobrepreço, deverão ser estabelecidos critérios de aceitabilidade de preços que considerem o preço global, os quantitativos e os preços unitários, assim definidos no instrumento convocatório.

Art. 57. Confirmada a efetividade do lance ou proposta que obteve a primeira colocação na etapa de julgamento, ou que passe a ocupar essa posição em decorrência da desclassificação de outra que tenha obtido colocação superior, a empresa pública e a sociedade de economia mista deverão negociar condições mais vantajosas com quem o apresentou.

§ 1º A negociação deverá ser feita com os demais licitantes, segundo a ordem inicialmente estabelecida, quando o preço do primeiro colocado, mesmo após a negociação, permanecer acima do orçamento estimado.

§ 2º (*Vetado*).

§ 3º Se depois de adotada a providência referida no § 1º deste artigo não for obtido valor igual ou inferior ao orçamento estimado para a contratação, será revogada a licitação.

Art. 58. A habilitação será apreciada exclusivamente a partir dos seguintes parâmetros:

I – exigência da apresentação de documentos aptos a comprovar a possibilidade da aquisição de direitos e da contração de obrigações por parte do licitante;

II – qualificação técnica, restrita a parcelas do objeto técnica ou economicamente relevantes, de acordo com parâmetros estabelecidos de forma expressa no instrumento convocatório;

III – capacidade econômica e financeira;

IV – recolhimento de quantia a título de adiantamento, tratando-se de licitações em que se utilize como critério de julgamento a maior oferta de preço.

§ 1º Quando o critério de julgamento utilizado for a maior oferta de preço, os requisitos de qualificação técnica e de capacidade econômica e financeira poderão ser dispensados.

§ 2º Na hipótese do § 1º, reverterá a favor da empresa pública ou da sociedade de economia mista o valor de quantia eventualmente exigida no instrumento convocatório a título de adiantamento, caso o licitante não efetue o restante do pagamento devido no prazo para tanto estipulado.

Art. 59. Salvo no caso de inversão de fases, o procedimento licitatório terá fase recursal única.

§ 1º Os recursos serão apresentados no prazo de 5 (cinco) dias úteis após a habilitação e contemplarão, além dos atos praticados nessa fase, aqueles praticados em decorrência do disposto nos incisos IV e V do *caput* do art. 51 desta Lei.

§ 2º Na hipótese de inversão de fases, o prazo referido no § 1º será aberto após a habilitação e após o encerramento da fase prevista no inciso V do *caput* do art. 51, abrangendo o segundo prazo também atos decorrentes da fase referida no inciso IV do *caput* do art. 51 desta Lei.

Art. 60. A homologação do resultado implica a constituição de direito relativo à celebração do contrato em favor do licitante vencedor.

Art. 61. A empresa pública e a sociedade de economia mista não poderão celebrar contrato com preterição da ordem de classificação das propostas ou com terceiros estranhos à licitação.

Art. 62. Além das hipóteses previstas no § 3º do art. 57 desta Lei e no inciso II do § 2º do art. 75 desta Lei, quem dispuser de competência para homologação do resultado poderá revogar a licitação por razões de interesse público decorrentes de fato superveniente que constitua óbice manifesto e incontornável, ou anulá-la por ilegalidade, de ofício ou por provocação de terceiros, salvo quando for viável a convalidação do ato ou do procedimento viciado.

§ 1º A anulação da licitação por motivo de ilegalidade não gera obrigação de indenizar, observado o disposto no § 2º deste artigo.

§ 2º A nulidade da licitação induz à do contrato.

§ 3º Depois de iniciada a fase de apresentação de lances ou propostas, referida no inciso III do *caput* do art. 51 desta Lei, a revogação ou a anulação da licitação somente será efetivada depois de se conceder aos licitantes que manifestem interesse em contestar o respectivo ato prazo apto a lhes assegurar o exercício do direito ao contraditório e à ampla defesa.

§ 4º O disposto no *caput* e nos §§ 1º e 2º deste artigo aplica-se, no que couber, aos atos por meio dos quais se determine a contratação direta.

Seção VII
Dos Procedimentos Auxiliares das Licitações

Art. 63. São procedimentos auxiliares das licitações regidas por esta Lei:

I – pré-qualificação permanente;

II – cadastramento;

III – sistema de registro de preços;

IV – catálogo eletrônico de padronização.

Parágrafo único. Os procedimentos de que trata o *caput* deste artigo obedecerão a critérios claros e objetivos definidos em regulamento.

Art. 64. Considera-se pré-qualificação permanente o procedimento anterior à licitação destinado a identificar:

I – fornecedores que reúnam condições de habilitação exigidas para o fornecimento de bem ou a execução de serviço ou obra nos prazos, locais e condições previamente estabelecidos;

II – bens que atendam às exigências técnicas e de qualidade da administração pública.

§ 1º O procedimento de pré-qualificação será público e permanentemente aberto à inscrição de qualquer interessado.

§ 2º A empresa pública e a sociedade de economia mista poderão restringir a participação em suas licitações a fornecedores ou produtos pré-qualificados, nas condições estabelecidas em regulamento.

§ 3º A pré-qualificação poderá ser efetuada nos grupos ou segmentos, segundo as especialidades dos fornecedores.

§ 4º A pré-qualificação poderá ser parcial ou total, contendo alguns ou todos os requisitos de habilitação ou técnicos necessários à contratação, assegurada, em qualquer hipótese, a igualdade de condições entre os concorrentes.

§ 5º A pré-qualificação terá validade de 1 (um) ano, no máximo, podendo ser atualizada a qualquer tempo.

§ 6º Na pré-qualificação aberta de produtos, poderá ser exigida a comprovação de qualidade.

§ 7º É obrigatória a divulgação dos produtos e dos interessados que forem pré-qualificados.

Art. 65. Os registros cadastrais poderão ser mantidos para efeito de habilitação dos inscritos em procedimentos licitatórios e serão válidos por 1 (um) ano, no máximo, podendo ser atualizados a qualquer tempo.

§ 1º Os registros cadastrais serão amplamente divulgados e ficarão permanentemente abertos para a inscrição de interessados.

§ 2º Os inscritos serão admitidos segundo requisitos previstos em regulamento.

§ 3º A atuação do licitante no cumprimento de obrigações assumidas será anotada no respectivo registro cadastral.

§ 4º A qualquer tempo poderá ser alterado, suspenso ou cancelado o registro do inscrito que deixar de satisfazer as exigências estabelecidas para habilitação ou para admissão cadastral.

Art. 66. O Sistema de Registro de Preços especificamente destinado às licitações de que trata esta Lei reger-se-á pelo disposto em decreto do Poder Executivo e pelas seguintes disposições:

§ 1º Poderá aderir ao sistema referido no *caput* qualquer órgão ou entidade responsável pela execução das atividades contempladas no art. 1º desta Lei.

§ 2º O registro de preços observará, entre outras, as seguintes condições:

I – efetivação prévia de ampla pesquisa de mercado;

II – seleção de acordo com os procedimentos previstos em regulamento;

III – desenvolvimento obrigatório de rotina de controle e atualização periódicos dos preços registrados;

IV – definição da validade do registro;

V – inclusão, na respectiva ata, do registro dos licitantes que aceitarem cotar os bens ou serviços com preços iguais ao do licitante vencedor na sequência da classificação do certame, assim como dos licitantes que mantiverem suas propostas originais.

§ 3º A existência de preços registrados não obriga a administração pública a firmar os contratos que deles poderão advir, sendo facultada a realização de licitação específica, assegurada ao licitante registrado preferência em igualdade de condições.

Art. 67. O catálogo eletrônico de padronização de compras, serviços e obras consiste em sistema informatizado, de gerenciamento centralizado, destinado a permitir a padronização dos itens a serem adquiridos pela empresa pública ou sociedade de economia mista que estarão disponíveis para a realização de licitação.

Parágrafo único. O catálogo referido no *caput* poderá ser utilizado em licitações cujo critério de julgamento seja o menor preço ou o maior desconto e conterá toda a documentação e todos os procedimentos da fase interna da licitação, assim como as especificações dos respectivos objetos, conforme disposto em regulamento.

Capítulo II
Dos Contratos
Seção I
Da Formalização dos Contratos

Art. 68. Os contratos de que trata esta Lei regulam-se pelas suas cláusulas, pelo disposto nesta Lei e pelos preceitos de direito privado.

Art. 69. São cláusulas necessárias nos contratos disciplinados por esta Lei:

I – o objeto e seus elementos característicos;

II – o regime de execução ou a forma de fornecimento;

III – o preço e as condições de pagamento, os critérios, a data-base e a periodicidade do reajustamento de preços e os critérios de atualização monetária entre a data do adimplemento das obrigações e a do efetivo pagamento;

IV – os prazos de início de cada etapa de execução, de conclusão, de entrega, de observação, quando for o caso, e de recebimento;

V – as garantias oferecidas para assegurar a plena execução do objeto contratual, quando exigidas, observado o disposto no art. 68;

VI – os direitos e as responsabilidades das partes, as tipificações das infrações e as respectivas penalidades e valores das multas;

VII – os casos de rescisão do contrato e os mecanismos para alteração de seus termos;

VIII – a vinculação ao instrumento convocatório da respectiva licitação ou ao termo que a dispensou ou a inexigiu, bem como ao lance ou proposta do licitante vencedor;

IX – a obrigação do contratado de manter, durante a execução do contrato, em compatibilidade com as obrigações por ele assumidas, as condições de habilitação e qualificação exigidas no curso do procedimento licitatório;

X – matriz de riscos.

§ 1º (*Vetado*).

§ 2º Nos contratos decorrentes de licitações de obras ou serviços de engenharia em que tenha sido adotado o modo de disputa aberto, o contratado deverá reelaborar e apresentar à empresa pública ou à sociedade de economia mista e às suas respectivas subsidiárias, por meio eletrônico, as planilhas com indicação dos quantitativos e dos custos unitários, bem como do detalhamento das Bonificações e Despesas Indiretas (BDI) e dos Encargos Sociais (ES), com os respectivos valores adequados ao lance vencedor, para fins do disposto no inciso III do *caput* deste artigo.

Art. 70. Poderá ser exigida prestação de garantia nas contratações de obras, serviços e compras.

§ 1º Caberá ao contratado optar por uma das seguintes modalidades de garantia:

I – caução em dinheiro;

II – seguro-garantia;

III – fiança bancária.

§ 2º A garantia a que se refere o *caput* não excederá a 5% (cinco por cento) do valor do contrato e terá seu valor atualizado nas mesmas condições nele estabelecidas, ressalvado o previsto no § 3º deste artigo.

§ 3º Para obras, serviços e fornecimentos de grande vulto envolvendo complexidade técnica e riscos financeiros elevados, o limite de garantia previsto no § 2º poderá ser elevado para até 10% (dez por cento) do valor do contrato.

§ 4º A garantia prestada pelo contratado será liberada ou restituída após a execução do contrato, devendo ser atualizada monetariamente na hipótese do inciso I do § 1º deste artigo.

Art. 71. A duração dos contratos regidos por esta Lei não excederá a 5 (cinco) anos, contados a partir de sua celebração, exceto:

I – para projetos contemplados no plano de negócios e investimentos da empresa pública ou da sociedade de economia mista;

II – nos casos em que a pactuação por prazo superior a 5 (cinco) anos seja prática rotineira de mercado e a imposição desse prazo inviabilize ou onere excessivamente a realização do negócio.

Parágrafo único. É vedado o contrato por prazo indeterminado.

Art. 72. Os contratos regidos por esta Lei somente poderão ser alterados por acordo entre as partes, vedando-se ajuste que resulte em violação da obrigação de licitar.

Art. 73. A redução a termo do contrato poderá ser dispensada no caso de pequenas despesas de pronta entrega e pagamento das quais não resultem obrigações futuras por parte da empresa pública ou da sociedade de economia mista.

Parágrafo único. O disposto no *caput* não prejudicará o registro contábil exaustivo dos valores despendidos e a exigência de recibo por parte dos respectivos destinatários.

Art. 74. É permitido a qualquer interessado o conhecimento dos termos do contrato e a obtenção de cópia autenticada de seu inteiro teor ou de qualquer de suas partes, admitida a exigência de ressarcimento dos custos, nos termos previstos na Lei 12.527, de 18 de novembro de 2011.

Art. 75. A empresa pública e a sociedade de economia mista convocarão o licitante vencedor ou o destinatário de contratação com dispensa ou inexigibilidade de licitação para assinar o termo de contrato, observados o prazo e as condições estabelecidos, sob pena de decadência do direito à contratação.

§ 1º O prazo de convocação poderá ser prorrogado 1 (uma) vez, por igual período.

§ 2º É facultado à empresa pública ou à sociedade de economia mista, quando o convocado não assinar o termo de contrato no prazo e nas condições estabelecidos:

I – convocar os licitantes remanescentes, na ordem de classificação, para fazê-lo em igual prazo e nas mesmas condições propostas pelo primeiro classificado, inclusive quanto aos preços atualizados em conformidade com o instrumento convocatório;

II – revogar a licitação.

Art. 76. O contratado é obrigado a reparar, corrigir, remover, reconstruir ou substituir, às suas expensas, no total ou em parte, o objeto do contrato em que se verificarem vícios, defeitos ou incorreções resultantes da execução ou de materiais empregados, e responderá por danos causados diretamente a terceiros ou à empresa pública ou sociedade de economia mista, independentemente da comprovação de sua culpa ou dolo na execução do contrato.

Art. 77. O contratado é responsável pelos encargos trabalhistas, fiscais e comerciais resultantes da execução do contrato.

§ 1º A inadimplência do contratado quanto aos encargos trabalhistas, fiscais e comerciais não transfere à empresa pública ou à sociedade de economia mista a responsabilidade por seu pagamento, nem poderá onerar o objeto do contrato ou restringir a regularização e o uso das obras e edificações, inclusive perante o Registro de Imóveis.

§ 2º (*Vetado*).

Art. 78. O contratado, na execução do contrato, sem prejuízo das responsabilidades contratuais e legais, poderá subcontratar partes da obra, serviço ou fornecimento, até o limite admitido, em cada caso, pela empresa pública ou pela sociedade de economia mista, conforme previsto no edital do certame.

§ 1º A empresa subcontratada deverá atender, em relação ao objeto da subcontratação, as exigências de qualificação técnica impostas ao licitante vencedor.

§ 2º É vedada a subcontratação de empresa ou consórcio que tenha participado:

I – do procedimento licitatório do qual se originou a contratação;

II – direta ou indiretamente, da elaboração de projeto básico ou executivo.

§ 3º As empresas de prestação de serviços técnicos especializados deverão garantir que os integrantes de seu corpo técnico executem pessoal e diretamente as obrigações a eles imputadas, quando a respectiva relação for apresentada em procedimento licitatório ou em contratação direta.

Art. 79. Na hipótese do § 6º do art. 54, quando não for gerada a economia prevista no lance ou proposta, a diferença entre a economia contratada e a efetivamente obtida será descontada da remuneração do contratado.

Parágrafo único. Se a diferença entre a economia contratada e a efetivamente obtida for superior à remuneração do contratado, será aplicada a sanção prevista no contrato, nos termos do inciso VI do *caput* do art. 69 desta Lei.

Art. 80. Os direitos patrimoniais e autorais de projetos ou serviços técnicos especializados desenvolvidos por profissionais autônomos ou por empresas contratadas passam a ser propriedade da empresa pública ou sociedade de economia mista que os tenha contratado, sem prejuízo da preservação da identificação dos respectivos autores e da responsabilidade técnica a eles atribuída.

Seção II
Da Alteração dos Contratos

Art. 81. Os contratos celebrados nos regimes previstos nos incisos I a V do art. 43 contarão com cláusula que estabeleça a possibilidade de alteração, por acordo entre as partes, nos seguintes casos:

I – quando houver modificação do projeto ou das especificações, para melhor adequação técnica aos seus objetivos;

II – quando necessária a modificação do valor contratual em decorrência de acréscimo ou diminuição quantitativa de seu objeto, nos limites permitidos por esta Lei;

III – quando conveniente a substituição da garantia de execução;

IV – quando necessária a modificação do regime de execução da obra ou serviço, bem como do modo de fornecimento, em face de verificação técnica da inaplicabilidade dos termos contratuais originários;

V – quando necessária a modificação da forma de pagamento, por imposição de circunstâncias supervenientes, mantido o valor inicial atualizado, vedada a antecipação do pagamento, com relação ao cronograma financeiro fixado, sem a correspondente contraprestação de fornecimento de bens ou execução de obra ou serviço;

VI – para restabelecer a relação que as partes pactuaram inicialmente entre os encargos do contratado e a retribuição da administração para a justa remuneração da obra, serviço ou fornecimento, objetivando a manutenção do equilíbrio econômico-financeiro inicial do contrato, na hipótese de sobrevirem fatos imprevisíveis, ou previsíveis porém de consequências incalculáveis, retardadores ou impeditivos da execução do ajustado, ou, ainda, em caso de força maior, caso fortuito ou fato do príncipe, configurando álea econômica extraordinária e extracontratual.

§ 1º O contratado poderá aceitar, nas mesmas condições contratuais, os acréscimos ou supressões que se fizerem nas obras, serviços ou compras, até 25% (vinte e cinco por cento) do valor inicial atualizado do contrato, e, no caso particular de reforma de edifício ou de equipamento, até o limite de 50% (cinquenta por cento) para os seus acréscimos.

§ 2º Nenhum acréscimo ou supressão poderá exceder os limites estabelecidos no § 1º, salvo as supressões resultantes de acordo celebrado entre os contratantes.

§ 3º Se no contrato não houverem sido contemplados preços unitários para obras ou serviços, esses serão fixados mediante acordo entre as partes, respeitados os limites estabelecidos no § 1º.

§ 4º No caso de supressão de obras, bens ou serviços, se o contratado já houver adquirido os materiais e posto no local dos trabalhos, esses materiais deverão ser pagos pela empresa pública ou sociedade de economia mista pelos custos de aquisição regularmente comprovados e monetariamente corrigidos, podendo caber indenização por outros danos eventualmente decorrentes da supressão, desde que regularmente comprovados.

§ 5º A criação, a alteração ou a extinção de quaisquer tributos ou encargos legais, bem como a superveniência de disposições legais, quando ocorridas após a data da apresentação da proposta, com comprovada repercussão nos preços contratados, implicarão a revisão destes para mais ou para menos, conforme o caso.

§ 6º Em havendo alteração do contrato que aumente os encargos do contratado, a empresa pública ou a sociedade de economia mista deverá restabelecer, por aditamento, o equilíbrio econômico-financeiro inicial.

§ 7º A variação do valor contratual para fazer face ao reajuste de preços previsto no próprio contrato e as atualizações, compensações ou penalizações financeiras decorrentes das condições de pagamento nele previstas, bem como o empenho de dotações orçamentárias suplementares até o limite do seu valor corrigido, não caracterizam alteração do contrato e podem ser registrados por simples apostila, dispensada a celebração de aditamento.

§ 8º É vedada a celebração de aditivos decorrentes de eventos supervenientes alocados, na matriz de riscos, como de responsabilidade da contratada.

Seção III
Das Sanções Administrativas

Art. 82. Os contratos devem conter cláusulas com sanções administrativas a serem aplicadas em decorrência de atraso injustificado na execução do contrato, sujeitando o contratado a multa de mora, na forma prevista no instrumento convocatório ou no contrato.

§ 1º A multa a que alude este artigo não impede que a empresa pública ou a sociedade de economia mista rescinda o contrato e aplique as outras sanções previstas nesta Lei.

§ 2º A multa, aplicada após regular processo administrativo, será descontada da garantia do respectivo contratado.

§ 3º Se a multa for de valor superior ao valor da garantia prestada, além da perda desta, responderá o contratado pela sua diferença, a qual será descontada dos pagamentos eventualmente devidos pela empresa pública ou pela sociedade de economia mista ou, ainda, quando for o caso, cobrada judicialmente.

Art. 83. Pela inexecução total ou parcial do contrato a empresa pública ou a sociedade de economia mista poderá, garantida a prévia defesa, aplicar ao contratado as seguintes sanções:

I – advertência;

II – multa, na forma prevista no instrumento convocatório ou no contrato;

III – suspensão temporária de participação em licitação e impedimento de contratar com a entidade sancionadora, por prazo não superior a 2 (dois) anos.

§ 1º Se a multa aplicada for superior ao valor da garantia prestada, além da perda desta, responderá o contratado pela sua diferença, que será descontada dos pagamentos eventualmente devidos pela empresa pública ou pela sociedade de economia mista ou cobrada judicialmente.

§ 2º As sanções previstas nos incisos I e III do *caput* poderão ser aplicadas juntamente com a do inciso II, devendo a defesa prévia do interessado, no respectivo processo, ser apresentada no prazo de 10 (dez) dias úteis.

Art. 84. As sanções previstas no inciso III do art. 83 poderão também ser aplicadas às empresas ou aos profissionais que, em razão dos contratos regidos por esta Lei:

I – tenham sofrido condenação definitiva por praticarem, por meios dolosos, fraude fiscal no recolhimento de quaisquer tributos;

II – tenham praticado atos ilícitos visando a frustrar os objetivos da licitação;

III – demonstrem não possuir idoneidade para contratar com a empresa pública ou a sociedade de economia mista em virtude de atos ilícitos praticados.

Capítulo III
Da Fiscalização pelo Estado e pela Sociedade

Art. 85. Os órgãos de controle externo e interno das 3 (três) esferas de governo fiscalizarão as empresas públicas e as sociedades de economia mista a elas relacionadas, inclusive aquelas domiciliadas no exterior, quanto à legitimidade, à economicidade e à eficácia da aplicação de seus recursos, sob o ponto de vista contábil, financeiro, operacional e patrimonial.

§ 1º Para a realização da atividade fiscalizatória de que trata o *caput*, os órgãos de controle deverão ter acesso irrestrito aos documentos e às informações necessários à realização dos trabalhos, inclusive aqueles classificados como sigilosos pela empresa pública ou pela sociedade de economia mista, nos termos da Lei 12.527, de 18 de novembro de 2011.

§ 2º O grau de confidencialidade será atribuído pelas empresas públicas e sociedades de economia mista no ato de entrega dos documentos e informações solicitados, tornando-se o órgão de controle com o qual foi compartilhada a informação sigilosa corresponsável pela manutenção do seu sigilo.

§ 3º Os atos de fiscalização e controle dispostos neste Capítulo aplicar-se-ão, também, às empresas públicas e às sociedades de economia mista de caráter e constituição transnacional no que se refere aos atos de gestão e aplicação do capital nacional, independentemente de estarem incluídos ou não em seus respectivos atos e acordos constitutivos.

Art. 86. As informações das empresas públicas e das sociedades de economia mista relativas a licitações e contratos, inclusive aqueles referentes a bases de preços, constarão de bancos de dados eletrônicos atualizados e com acesso em tempo real aos órgãos de controle competentes.

§ 1º As demonstrações contábeis auditadas da empresa pública e da sociedade de economia mista serão disponibilizadas no sítio eletrônico da empresa ou da sociedade na internet, inclusive em formato eletrônico editável.

§ 2º As atas e demais expedientes oriundos de reuniões, ordinárias ou extraordinárias, dos conselhos de administração ou fiscal das empresas públicas e das sociedades de economia mista, inclusive gravações e filmagens, quando houver, deverão ser disponibilizados para os órgãos de controle sempre que solicitados, no âmbito dos trabalhos de auditoria.

§ 3º O acesso dos órgãos de controle às informações referidas no *caput* e no § 2º será restrito e individualizado.

§ 4º As informações que sejam revestidas de sigilo bancário, estratégico, comercial ou industrial serão assim identificadas, respondendo o servidor administrativa, civil e penalmente pelos danos causados à empresa pública ou à sociedade de economia mista e a seus acionistas em razão de eventual divulgação indevida.

§ 5º Os critérios para a definição do que deve ser considerado sigilo estratégico, comercial ou industrial serão estabelecidos em regulamento.

Art. 87. O controle das despesas decorrentes dos contratos e demais instrumentos regidos por esta Lei será feito pelos órgãos do sistema de controle interno e pelo tribunal de contas competente, na forma da legislação pertinente, ficando as empresas públicas e as sociedades de economia mista responsáveis pela demonstração da legalidade e da regularidade da despesa e da execução, nos termos da Constituição.

§ 1º Qualquer cidadão é parte legítima para impugnar edital de licitação por irregularidade na aplicação desta Lei, devendo protocolar o pedido até 5 (cinco) dias úteis antes da data fixada para a ocorrência do certame, devendo a entidade julgar e responder à impugnação em até 3 (três) dias úteis, sem prejuízo da faculdade prevista no § 2º.

§ 2º Qualquer licitante, contratado ou pessoa física ou jurídica poderá representar ao tribunal de contas ou aos órgãos integrantes do sistema de controle interno contra irregularidades na aplicação desta Lei, para os fins do disposto neste artigo.

§ 3º Os tribunais de contas e os órgãos integrantes do sistema de controle interno poderão solicitar para exame, a qualquer tempo, documentos de natureza contábil, financeira, orçamentária, patrimonial e operacional das empresas públicas, das sociedades de economia mista e de suas subsidiárias no Brasil e no exterior, obrigando-se, os jurisdicionados, à adoção das medidas corretivas pertinentes que, em função desse exame, lhes forem determinadas.

Art. 88. As empresas públicas e as sociedades de economia mista deverão disponibilizar para conhecimento público, por meio eletrônico, informação completa mensalmente atualizada sobre a execução de seus contratos e de seu orçamento, admitindo-se retardo de até 2 (dois) meses na divulgação das informações.

§ 1º A disponibilização de informações contratuais referentes a operações de perfil estratégico ou que tenham por objeto segredo industrial receberá proteção mínima necessária para lhes garantir confidencialidade.

§ 2º O disposto no § 1º não será oponível à fiscalização dos órgãos de controle interno e do tribunal de contas, sem prejuízo da responsabilização administrativa, civil e penal do servidor que der causa à eventual divulgação dessas informações.

Art. 89. O exercício da supervisão por vinculação da empresa pública ou da sociedade de economia mista, pelo órgão a que se vincula, não pode ensejar a redução ou a supressão da autonomia conferida pela lei específica que autorizou a criação da entidade supervisionada ou da autonomia inerente a sua natureza, nem autoriza a ingerência do supervisor em sua administração e funcionamento, devendo a supervisão ser exercida nos limites da legislação aplicável.

Art. 90. As ações e deliberações do órgão ou ente de controle não podem implicar interferência na gestão das empresas públicas e das sociedades de economia mista a ele submetidas nem ingerência no exercício de suas competências ou na definição de políticas públicas.

TÍTULO III
Disposições Finais e Transitórias

Art. 91. A empresa pública e a sociedade de economia mista constituídas anteriormente à vigência desta Lei deverão, no prazo de 24 (vinte e quatro) meses, promover as adaptações necessárias à adequação ao disposto nesta Lei.

§ 1º A sociedade de economia mista que tiver capital fechado na data de entrada em vigor desta Lei poderá, observado o prazo estabelecido no *caput*, ser transformada em empresa pública, mediante resgate, pela empresa, da totalidade das ações de titularidade de acionistas privados, com base no valor de patrimônio líquido constante do último balanço aprovado pela assembleia-geral.

§ 2º (*Vetado*).

§ 3º Permanecem regidos pela legislação anterior procedimentos licitatórios e contratos iniciados ou celebrados até o final do prazo previsto no *caput*.

Art. 92. O Registro Público de Empresas Mercantis e Atividades Afins manterá banco de dados público e gratuito, disponível na internet, contendo a relação de todas as empresas públicas e as sociedades de economia mista.

Parágrafo único. É a União proibida de realizar transferência voluntária de recursos a Estados, ao Distrito Federal e a Municípios que não fornecerem ao Registro Público de Empresas Mercantis e Atividades Afins as informações relativas às empresas públicas e às sociedades de economia mista a eles vinculadas.

Art. 93. As despesas com publicidade e patrocínio da empresa pública e da sociedade de economia mista não ultrapassarão, em cada exercício, o limite de 0,5% (cinco décimos por cento) da receita operacional bruta do exercício anterior.

§ 1º O limite disposto no *caput* poderá ser ampliado, até o limite de 2% (dois por cento) da receita bruta do exercício anterior, por proposta da diretoria da empresa pública ou da sociedade de economia mista justificada com base em parâmetros de mercado do setor específico de atuação da empresa ou da sociedade e aprovada pelo respectivo Conselho de Administração.

§ 2º É vedado à empresa pública e à sociedade de economia mista realizar, em ano de eleição para cargos do ente federativo a que sejam vinculadas, despesas com publicidade e patrocínio que excedam a média dos gastos nos 3 (três) últimos anos que antecedem o pleito ou no último ano imediatamente anterior à eleição.

Art. 94. Aplicam-se à empresa pública, à sociedade de economia mista e às suas subsidiárias as sanções previstas na Lei 12.846, de 1º de agosto de 2013, salvo as previstas nos incisos II, III e IV do *caput* do art. 19 da referida Lei.

Art. 95. A estratégia de longo prazo prevista no art. 23 deverá ser aprovada em até 180 (cento e oitenta) dias da data de publicação da presente Lei.

Art. 96. Revogam-se:

I – o § 2º do art. 15 da Lei 3.890-A, de 25 de abril de 1961, com a redação dada pelo art. 19 da Lei 11.943, de 28 de maio de 2009;

II – os arts. 67 e 68 da Lei 9.478, de 6 de agosto de 1997.

Art. 97. Esta Lei entra em vigor na data de sua publicação.

Brasília, 30 de junho de 2016; 195º da Independência e 128º da República.

Michel Temer

(*DOU* 01.07.2016)

LEI 13.429, DE 31 DE MARÇO DE 2017

Altera dispositivos da Lei 6.019, de 3 de janeiro de 1974, que dispõe sobre o trabalho temporário nas empresas urbanas e dá outras providências; e dispõe sobre as relações de trabalho na empresa de prestação de serviços a terceiros.

O Presidente da República:

Faço saber que o Congresso Nacional decreta e eu sanciono a seguinte Lei:

Art. 1º Os arts. 1º, 2º, 4º, 5º, 6º, 9º, 10, o parágrafo único do art. 11 e o art. 12 da Lei 6.019, de 3 de janeiro de 1974, passam a vigorar com a seguinte redação:

"Artigo 1º As relações de trabalho na empresa de trabalho temporário, na empresa de prestação de serviços e nas respectivas tomadoras de serviço e contratante regem-se por esta Lei."

"Artigo 2º Trabalho temporário é aquele prestado por pessoa física contratada por uma empresa de trabalho temporário que a coloca à disposição de uma empresa tomadora de serviços, para atender à necessidade de substituição transitória de pessoal permanente ou à demanda complementar de serviços.

"§ 1º É proibida a contratação de trabalho temporário para a substituição de trabalhadores em greve, salvo nos casos previstos em lei.

"§ 2º Considera-se complementar a demanda de serviços que seja oriunda de fatores imprevisíveis ou, quando decorrente de fatores previsíveis, tenha natureza intermitente, periódica ou sazonal."

"Artigo 4º Empresa de trabalho temporário é a pessoa jurídica, devidamente registrada no Ministério do Trabalho, responsável pela colocação de trabalhadores à disposição de outras empresas temporariamente."

"Artigo 5º Empresa tomadora de serviços é a pessoa jurídica ou entidade a ela equiparada que celebra contrato de prestação de trabalho temporário com a empresa definida no art. 4º desta Lei."

"Artigo 6º São requisitos para funcionamento e registro da empresa de trabalho temporário no Ministério do Trabalho:

"a) *(revogada)*;

"b) *(revogada)*;

"c) *(revogada)*;

"d) *(revogada)*;

"e) *(revogada)*;

"f) *(revogada)*;

"I – prova de inscrição no Cadastro Nacional da Pessoa Jurídica (CNPJ), do Ministério da Fazenda;

"II – prova do competente registro na Junta Comercial da localidade em que tenha sede;

"III – prova de possuir capital social de, no mínimo, R$ 100.000,00 (cem mil reais).

"Parágrafo único. *(Revogado)*."

"Artigo 9º O contrato celebrado pela empresa de trabalho temporário e a tomadora de serviços será por escrito, ficará à disposição da autoridade fiscalizadora no estabelecimento da tomadora de serviços e conterá:

"I – qualificação das partes;

"II – motivo justificador da demanda de trabalho temporário;

"III – prazo da prestação de serviços;

"IV – valor da prestação de serviços;

"V – disposições sobre a segurança e a saúde do trabalhador, independentemente do local de realização do trabalho.

"§ 1º É responsabilidade da empresa contratante garantir as condições de segurança, higiene e salubridade dos trabalhadores, quando o trabalho for realizado em suas dependências ou em local por ela designado.

"§ 2º A contratante estenderá ao trabalhador da empresa de trabalho temporário o mesmo atendimento médico, ambulatorial e de refeição destinado aos seus empregados, existente nas dependências da contratante, ou local por ela designado.

"§ 3º O contrato de trabalho temporário pode versar sobre o desenvolvimento de atividades-meio e atividades-fim a serem executadas na empresa tomadora de serviços."

"Artigo 10 Qualquer que seja o ramo da empresa tomadora de serviços, não existe vínculo de emprego entre ela e os trabalhadores contratados pelas empresas de trabalho temporário.

"§ 1º O contrato de trabalho temporário, com relação ao mesmo empregador, não poderá exceder ao prazo de cento e oitenta dias, consecutivos ou não.

"§ 2º O contrato poderá ser prorrogado por até noventa dias, consecutivos ou não, além do prazo estabelecido no § 1º deste artigo, quando comprovada a manutenção das condições que o ensejaram.

"§ 3º *(Vetado)*.

"§ 4º Não se aplica ao trabalhador temporário, contratado pela tomadora de serviços, o contrato de experiência previsto no parágrafo único do art. 445 da Consolidação das Leis do Trabalho (CLT), aprovada pelo Decreto-Lei 5.452, de 1º de maio de 1943.

"§ 5º O trabalhador temporário que cumprir o período estipulado nos §§ 1º e 2º deste artigo somente poderá ser colocado à disposição da mesma tomadora de serviços em novo contrato temporário, após noventa dias do término do contrato anterior.

"§ 6º A contratação anterior ao prazo previsto no § 5º deste artigo caracteriza vínculo empregatício com a tomadora.

"§ 7º A contratante é subsidiariamente responsável pelas obrigações trabalhistas referentes ao período em que ocorrer o trabalho temporário, e o recolhimento das contribuições previdenciárias observará o disposto no art. 31 da Lei 8.212, de 24 de julho de 1991."

"Artigo 11 (...)

"Parágrafo único. *(Vetado)*."

"Artigo 12. *(Vetado)*."

Art. 2º A Lei 6.019, de 3 de janeiro de 1974, passa a vigorar acrescida dos seguintes arts. 4º-A, 4º-B, 5º-A, 5º-B, 19-A, 19-B e 19-C:

"Art. 4º-A Empresa prestadora de serviços a terceiros é a pessoa jurídica de direito privado destinada a prestar à contratante serviços determinados e específicos.

"§ 1º A empresa prestadora de serviços contrata, remunera e dirige o trabalho realizado por seus trabalhadores, ou subcontrata outras empresas para realização desses serviços.

"§ 2º Não se configura vínculo empregatício entre os trabalhadores, ou sócios das empresas prestadoras de serviços, qualquer que seja o seu ramo, e a empresa contratante."

"Art. 4º-B São requisitos para o funcionamento da empresa de prestação de serviços a terceiros:

"I – prova de inscrição no Cadastro Nacional da Pessoa Jurídica (CNPJ);

"II – registro na Junta Comercial;

"III – capital social compatível com o número de empregados, observando-se os seguintes parâmetros:

"a) empresas com até dez empregados – capital mínimo de R$ 10.000,00 (dez mil reais);

"b) empresas com mais de dez e até vinte empregados – capital mínimo de R$ 25.000,00 (vinte e cinco mil reais);

"c) empresas com mais de vinte e até cinquenta empregados – capital mínimo de R$ 45.000,00 (quarenta e cinco mil reais);

"d) empresas com mais de cinquenta e até cem empregados – capital mínimo de R$ 100.000,00 (cem mil reais); e

"e) empresas com mais de cem empregados – capital mínimo de R$ 250.000,00 (duzentos e cinquenta mil reais)."

"Artigo 5º-A. Contratante é a pessoa física ou jurídica que celebra contrato com empresa de prestação de serviços determinados e específicos.

"§ 1º É vedada à contratante a utilização dos trabalhadores em atividades distintas daquelas que foram objeto do contrato com a empresa prestadora de serviços.

"§ 2º Os serviços contratados poderão ser executados nas instalações físicas da empresa contratante ou em outro local, de comum acordo entre as partes.

"§ 3º É responsabilidade da contratante garantir as condições de segurança, higiene e salubridade dos trabalhadores, quando o trabalho for realizado em suas dependências ou local previamente convencionado em contrato.

"§ 4º A contratante poderá estender ao trabalhador da empresa de prestação de serviços o mesmo atendimento médico, ambulatorial e de refeição destinado aos seus empregados, existente nas dependências da contratante, ou local por ela designado.

"§ 5º A empresa contratante é subsidiariamente responsável pelas obrigações trabalhistas referentes ao período em que ocorrer a prestação de serviços, e o recolhimento das contribuições previdenciárias observará o disposto no art. 31 da Lei 8.212, de 24 de julho de 1991."

"Art. 5º-B O contrato de prestação de serviços conterá:

"I – qualificação das partes;

"II – especificação do serviço a ser prestado;

"III – prazo para realização do serviço, quando for o caso;

"IV – valor."

"Art. 19-A O descumprimento do disposto nesta Lei sujeita a empresa infratora ao pagamento de multa.

"Parágrafo único. A fiscalização, a autuação e o processo de imposição das multas reger-se-ão pelo Título VII da Consolidação das Leis do Trabalho (CLT), aprovada pelo Decreto-Lei 5.452, de 1º de maio de 1943."

"Art. 19-B O disposto nesta Lei não se aplica às empresas de vigilância e transporte de valores, permanecendo as respectivas relações de trabalho reguladas por legislação especial, e subsidiariamente pela Consolidação das Leis do Trabalho (CLT), aprovada pelo Decreto-Lei 5.452, de 1º de maio de 1943."

"Art. 19-C Os contratos em vigência, se as partes assim acordarem, poderão ser adequados aos termos desta Lei."

Art. 3º Esta Lei entra em vigor na data de sua publicação.

Brasília, 31 de março de 2017; 196º da Independência e 129º da República.

Michel Temer

(*DOU* 31.03.2017, edição extra)

LEI 13.445, DE 24 DE MAIO DE 2017

Institui a Lei de Migração.

- V. Dec. 9.199/2017 (Regulamenta a Lei 13.445/2017).
- V. Res. Norm. CNIg 2/2017 (Autorização de residência para fins de trabalho com vínculo empregatício no Brasil), disponível em ProView.
- V. Res. Norm. CNIg 13/2017 (Autorização de residência para realização de investimento de pessoa física em pessoa jurídica no País), disponível em ProView.
- V. Res. Norm. CNIg 21/2017 (Autorização de residência para fins de trabalho com vínculo empregatício no Brasil como atleta profissional), disponível em ProView.
- V. Res. Norm. CNIg 23/2017 (Casos especiais para a concessão de autorização de residência associada às questões laborais), disponível em ProView.

O Presidente da República

Faço saber que o Congresso Nacional decreta e eu sanciono a seguinte Lei:

Capítulo I
Disposições Preliminares

Seção I
Disposições Gerais

Art. 1º Esta Lei dispõe sobre os direitos e os deveres do migrante e do visitante, regula a sua entrada e estada no País e estabelece princípios e diretrizes para as políticas públicas para o emigrante.

§ 1º Para os fins desta Lei, considera-se:

I – *(Vetado)*;

II – imigrante: pessoa nacional de outro país ou apátrida que trabalha ou reside e se estabelece temporária ou definitivamente no Brasil;

III – emigrante: brasileiro que se estabelece temporária ou definitivamente no exterior;

IV – residente fronteiriço: pessoa nacional de país limítrofe ou apátrida que conserva a sua residência habitual em município fronteiriço de país vizinho;

V – visitante: pessoa nacional de outro país ou apátrida que vem ao Brasil para estadas de curta duração, sem pretensão de se estabelecer temporária ou definitivamente no território nacional;

VI – apátrida: pessoa que não seja considerada como nacional por nenhum Estado, segundo a sua legislação, nos termos da Convenção sobre o Estatuto dos Apátridas, de 1954, promulgada pelo Decreto 4.246, de 22 de maio de 2002, ou assim reconhecida pelo Estado brasileiro.

§ 2º *(Vetado).*

Art. 2º Esta Lei não prejudica a aplicação de normas internas e internacionais específicas sobre refugiados, asilados, agentes e pessoal diplomático ou consular, funcionários de organização internacional e seus familiares.

Seção II
Dos Princípios e das Garantias

Art. 3º A política migratória brasileira rege-se pelos seguintes princípios e diretrizes:

I – universalidade, indivisibilidade e interdependência dos direitos humanos;

II – repúdio e prevenção à xenofobia, ao racismo e a quaisquer formas de discriminação;

III – não criminalização da migração;

IV – não discriminação em razão dos critérios ou dos procedimentos pelos quais a pessoa foi admitida em território nacional;

V – promoção de entrada regular e de regularização documental;

VI – acolhida humanitária;

VII – desenvolvimento econômico, turístico, social, cultural, esportivo, científico e tecnológico do Brasil;

VIII – garantia do direito à reunião familiar;

IX – igualdade de tratamento e de oportunidade ao migrante e a seus familiares;

X – inclusão social, laboral e produtiva do migrante por meio de políticas públicas;

XI – acesso igualitário e livre do migrante a serviços, programas e benefícios sociais, bens públicos, educação, assistência jurídica integral pública, trabalho, moradia, serviço bancário e seguridade social;

XII – promoção e difusão de direitos, liberdades, garantias e obrigações do migrante;

XIII – diálogo social na formulação, na execução e na avaliação de políticas migratórias e promoção da participação cidadã do migrante;

XIV – fortalecimento da integração econômica, política, social e cultural dos povos da América Latina, mediante constituição de espaços de cidadania e de livre circulação de pessoas;

XV – cooperação internacional com Estados de origem, de trânsito e de destino de movimentos migratórios, a fim de garantir efetiva proteção aos direitos humanos do migrante;

XVI – integração e desenvolvimento das regiões de fronteira e articulação de políticas públicas regionais capazes de garantir efetividade aos direitos do residente fronteiriço;

XVII – proteção integral e atenção ao superior interesse da criança e do adolescente migrante;

XVIII – observância ao disposto em tratado;

XIX – proteção ao brasileiro no exterior;

XX – migração e desenvolvimento humano no local de origem, como direitos inalienáveis de todas as pessoas;

XXI – promoção do reconhecimento acadêmico e do exercício profissional no Brasil, nos termos da lei; e

XXII – repúdio a práticas de expulsão ou de deportação coletivas.

Art. 4º Ao migrante é garantida no território nacional, em condição de igualdade com os nacionais, a inviolabilidade do direito à vida, à liberdade, à igualdade, à segurança e à propriedade, bem como são assegurados:

I – direitos e liberdades civis, sociais, culturais e econômicos;

II – direito à liberdade de circulação em território nacional;

III – direito à reunião familiar do migrante com seu cônjuge ou companheiro e seus filhos, familiares e dependentes;

IV – medidas de proteção a vítimas e testemunhas de crimes e de violações de direitos;

V – direito de transferir recursos decorrentes de sua renda e economias pessoais a outro país, observada a legislação aplicável;

VI – direito de reunião para fins pacíficos;

VII – direito de associação, inclusive sindical, para fins lícitos;

VIII – acesso a serviços públicos de saúde e de assistência social e à previdência social, nos termos da lei, sem discriminação em razão da nacionalidade e da condição migratória;

IX – amplo acesso à justiça e à assistência jurídica integral gratuita aos que comprovarem insuficiência de recursos;

X – direito à educação pública, vedada a discriminação em razão da nacionalidade e da condição migratória;

XI – garantia de cumprimento de obrigações legais e contratuais trabalhistas e de aplicação das normas de proteção ao trabalhador, sem discriminação em razão da nacionalidade e da condição migratória;

XII – isenção das taxas de que trata esta Lei, mediante declaração de hipossuficiência econômica, na forma de regulamento;

XIII – direito de acesso à informação e garantia de confidencialidade quanto aos dados pessoais do migrante, nos termos da Lei 12.527, de 18 de novembro de 2011;

XIV – direito a abertura de conta bancária;

XV – direito de sair, de permanecer e de reingressar em território nacional, mesmo enquanto pendente pedido de autorização de residência, de prorrogação de estada ou de transformação de visto em autorização de residência; e

XVI – direito do imigrante de ser informado sobre as garantias que lhe são asseguradas para fins de regularização migratória.

§ 1º Os direitos e as garantias previstos nesta Lei serão exercidos em observância ao disposto na Constituição Federal, independentemente da situação migratória, observado o disposto no § 4º deste artigo, e não excluem outros decorrentes de tratado de que o Brasil seja parte.

§ 2º *(Vetado).*

§ 3º *(Vetado).*

§ 4º *(Vetado).*

Capítulo II
Da Situação Documental do Migrante e do Visitante

Seção I
Dos Documentos de Viagem

Art. 5º São documentos de viagem:

I – passaporte;

II – *laissez-passer*;

III – autorização de retorno;

IV – salvo-conduto;

V – carteira de identidade de marítimo;

VI – carteira de matrícula consular;

VII – documento de identidade civil ou documento estrangeiro equivalente, quando admitidos em tratado;

VIII – certificado de membro de tripulação de transporte aéreo; e

IX – outros que vierem a ser reconhecidos pelo Estado brasileiro em regulamento.

§ 1º Os documentos previstos nos incisos I, II, III, IV, V, VI e IX, quando emitidos pelo Estado brasileiro, são de propriedade da União, cabendo a seu titular a posse direta e o uso regular.

§ 2º As condições para a concessão dos documentos de que trata o § 1º serão previstas em regulamento.

Seção II
Dos Vistos

Subseção I
Disposições Gerais

Art. 6º O visto é o documento que dá a seu titular expectativa de ingresso em território nacional.

Parágrafo único. *(Vetado).*

Art. 7º O visto será concedido por embaixadas, consulados-gerais, consulados, vice-consulados e, quando habilitados pelo órgão competente do Poder Executivo, por escritórios comerciais e de representação do Brasil no exterior.

Parágrafo único. Excepcionalmente, os vistos diplomático, oficial e de cortesia poderão ser concedidos no Brasil.

Art. 8º Poderão ser cobrados taxas e emolumentos consulares pelo processamento do visto.

Art. 9º Regulamento disporá sobre:

I – requisitos de concessão de visto, bem como de sua simplificação, inclusive por reciprocidade;

II – prazo de validade do visto e sua forma de contagem;

III – prazo máximo para a primeira entrada e para a estada do imigrante e do visitante no País;

IV – hipóteses e condições de dispensa recíproca ou unilateral de visto e de taxas e emolumentos consulares por seu processamento; e

- V. Dec. 9.731/2019 (Dispensa visto de visita para os nacionais da Comunidade da Austrália, do Canadá, dos Estados Unidos da América e do Japão).

V – solicitação e emissão de visto por meio eletrônico.

Parágrafo único. A simplificação e a dispensa recíproca de visto ou de cobrança de taxas e emolumentos consulares por seu processamento poderão ser definidas por comunicação diplomática.

Art. 10. Não se concederá visto:

I – a quem não preencher os requisitos para o tipo de visto pleiteado;

II – a quem comprovadamente ocultar condição impeditiva de concessão de visto ou de ingresso no País; ou

III – a menor de 18 (dezoito) anos desacompanhado ou sem autorização de viagem por escrito dos responsáveis legais ou de autoridade competente.

Art. 11. Poderá ser denegado visto a quem se enquadrar em pelo menos um dos casos de impedimento definidos nos incisos I, II, III, IV e IX do art. 45.

Parágrafo único. A pessoa que tiver visto brasileiro denegado será impedida de ingressar no País enquanto permanecerem as condições que ensejaram a denegação.

Subseção II

Dos Tipos de Visto

Art. 12. Ao solicitante que pretenda ingressar ou permanecer em território nacional poderá ser concedido visto:

I de visita;

II – temporário;

III – diplomático;

IV – oficial;

V – de cortesia.

Subseção III

Do Visto de Visita

Art. 13. O visto de visita poderá ser concedido ao visitante que venha ao Brasil para estada de curta duração, sem intenção de estabelecer residência, nos seguintes casos:

I – turismo;

II – negócios;

III – trânsito;

IV – atividades artísticas ou desportivas; e

V – outras hipóteses definidas em regulamento.

§ 1º É vedado ao beneficiário de visto de visita exercer atividade remunerada no Brasil.

§ 2º O beneficiário de visto de visita poderá receber pagamento do governo, de empregador brasileiro ou de entidade privada a título de diária, ajuda de custo, cachê, pró-labore ou outras despesas com a viagem, bem como concorrer a prêmios, inclusive em dinheiro, em competições desportivas ou em concursos artísticos ou culturais.

§ 3º O visto de visita não será exigido em caso de escala ou conexão em território nacional, desde que o visitante não deixe a área de trânsito internacional.

Subseção IV

Do Visto Temporário

Art. 14. O visto temporário poderá ser concedido ao imigrante que venha ao Brasil com o intuito de estabelecer residência por tempo determinado e que se enquadre em pelo menos uma das seguintes hipóteses:

I – o visto temporário tenha como finalidade:

a) pesquisa, ensino ou extensão acadêmica;

b) tratamento de saúde;

c) acolhida humanitária;

d) estudo;

e) trabalho;

f) férias-trabalho;

g) prática de atividade religiosa ou serviço voluntário;

h) realização de investimento ou de atividade com relevância econômica, social, científica, tecnológica ou cultural;

i) reunião familiar;

j) atividades artísticas ou desportivas com contrato por prazo determinado;

II – o imigrante seja beneficiário de tratado em matéria de vistos;

III – outras hipóteses definidas em regulamento.

§ 1º O visto temporário para pesquisa, ensino ou extensão acadêmica poderá ser concedido ao imigrante com ou sem vínculo empregatício com a instituição de pesquisa ou de ensino brasileira, exigida, na hipótese de vínculo, a comprovação de formação superior compatível ou equivalente reconhecimento científico.

§ 2º O visto temporário para tratamento de saúde poderá ser concedido ao imigrante e a seu acompanhante, desde que o imigrante comprove possuir meios de subsistência suficientes.

§ 3º O visto temporário para acolhida humanitária poderá ser concedido ao apátrida ou ao nacional de qualquer país em situação de grave ou iminente instabilidade institucional, de conflito armado, de calamidade de grande proporção, de desastre ambiental ou de grave violação de direitos humanos ou de direito internacional humanitário, ou em outras hipóteses, na forma de regulamento.

§ 4º O visto temporário para estudo poderá ser concedido ao imigrante que pretenda vir ao Brasil para frequentar curso regular ou realizar estágio ou intercâmbio de estudo ou de pesquisa.

§ 5º Observadas as hipóteses previstas em regulamento, o visto temporário para trabalho poderá ser concedido ao imigrante que venha exercer atividade laboral, com ou sem vínculo empregatício no Brasil, desde que comprove oferta de trabalho formalizada por pessoa jurídica em atividade no País, dispensada esta exigência se o imigrante comprovar titulação em curso de ensino superior ou equivalente.

§ 6º O visto temporário para férias-trabalho poderá ser concedido ao imigrante maior de 16 (dezesseis) anos que seja nacional de país que conceda idêntico benefício ao nacional brasileiro, em termos definidos por comunicação diplomática.

§ 7º Não se exigirá do marítimo que ingressar no Brasil em viagem de longo curso ou em cruzeiros marítimos pela costa brasileira o visto temporário de que trata a alínea e do inciso I do *caput*, bastando a apresentação da carteira internacional de marítimo, nos termos de regulamento.

§ 8º É reconhecida ao imigrante a quem se tenha concedido visto temporário para trabalho a possibilidade de modificação do local de exercício de sua atividade laboral.

§ 9º O visto para realização de investimento poderá ser concedido ao imigrante que aporte recursos em projeto com potencial para geração de empregos ou de renda no País.

§ 10. *(Vetado).*

Subseção V

Dos Vistos Diplomático, Oficial e de Cortesia

Art. 15. Os vistos diplomático, oficial e de cortesia serão concedidos, prorrogados ou dispensados na forma desta Lei e de regulamento.

Parágrafo único. Os vistos diplomático e oficial poderão ser transformados em autorização de residência, o que importará cessação de todas as prerrogativas, privilégios e imunidades decorrentes do respectivo visto.

Art. 16. Os vistos diplomático e oficial poderão ser concedidos a autoridades e funcionários estrangeiros que viajem ao Brasil em missão oficial de caráter transitório ou permanente, representando Estado estrangeiro ou organismo internacional reconhecido.

§ 1º Não se aplica ao titular dos vistos referidos no *caput* o disposto na legislação trabalhista brasileira.

§ 2º Os vistos diplomático e oficial poderão ser estendidos aos dependentes das autoridades referidas no *caput*.

Art. 17. O titular de visto diplomático ou oficial somente poderá ser remunerado por Estado estrangeiro ou organismo internacional, ressalvado o disposto em tratado que contenha cláusula específica sobre o assunto.

Parágrafo único. O dependente de titular de visto diplomático ou oficial poderá exercer atividade remunerada no Brasil, sob o amparo da legislação trabalhista brasileira, desde que seja nacional de país que assegure reciprocidade de tratamento ao nacional brasileiro, por comunicação diplomática.

[...]

Capítulo III
Da Condição Jurídica do Migrante e do Visitante

[...]

Seção IV
Da Autorização de Residência

Art. 30. A residência poderá ser autorizada, mediante registro, ao imigrante, ao residente fronteiriço ou ao visitante que se enquadre em uma das seguintes hipóteses:

I – a residência tenha como finalidade:

a) pesquisa, ensino ou extensão acadêmica;

b) tratamento de saúde;

c) acolhida humanitária;

d) estudo;

e) trabalho;

f) férias-trabalho;

g) prática de atividade religiosa ou serviço voluntário;

h) realização de investimento ou de atividade com relevância econômica, social, científica, tecnológica ou cultural;

i) reunião familiar;

II – a pessoa:

a) seja beneficiária de tratado em matéria de residência e livre circulação;

b) seja detentora de oferta de trabalho;

c) já tenha possuído a nacionalidade brasileira e não deseje ou não reúna os requisitos para readquiri-la;

d) *(Vetado)*;

e) seja beneficiária de refúgio, de asilo ou de proteção ao apátrida;

f) seja menor nacional de outro país ou apátrida, desacompanhado ou abandonado, que se encontre nas fronteiras brasileiras ou em território nacional;

g) tenha sido vítima de tráfico de pessoas, de trabalho escravo ou de violação de direito agravada por sua condição migratória;

h) esteja em liberdade provisória ou em cumprimento de pena no Brasil;

III – outras hipóteses definidas em regulamento.

§ 1º Não se concederá a autorização de residência a pessoa condenada criminalmente no Brasil ou no exterior por sentença transitada em julgado, desde que a conduta esteja tipificada na legislação penal brasileira, ressalvados os casos em que:

I – a conduta caracterize infração de menor potencial ofensivo;

II – *(Vetado)*; ou

III – a pessoa se enquadre nas hipóteses previstas nas alíneas b, c e *i* do inciso I e na alínea *a* do inciso II do *caput* deste artigo.

§ 2º O disposto no § 1º não obsta progressão de regime de cumprimento de pena, nos termos da Lei 7.210, de 11 de julho de 1984, ficando a pessoa autorizada a trabalhar quando assim exigido pelo novo regime de cumprimento de pena.

§ 3º Nos procedimentos conducentes ao cancelamento de autorização de residência e no recurso contra a negativa de concessão de autorização de residência devem ser respeitados o contraditório e a ampla defesa.

Art. 31. Os prazos e o procedimento da autorização de residência de que trata o art. 30 serão dispostos em regulamento, observado o disposto nesta Lei.

§ 1º Será facilitada a autorização de residência nas hipóteses das alíneas *a* e *e* do inciso I do art. 30 desta Lei, devendo a deliberação sobre a autorização ocorrer em prazo não superior a 60 (sessenta) dias, a contar de sua solicitação.

§ 2º Nova autorização de residência poderá ser concedida, nos termos do art. 30, mediante requerimento.

§ 3º O requerimento de nova autorização de residência após o vencimento do prazo da autorização anterior implicará aplicação da sanção prevista no inciso II do art. 109.

§ 4º O solicitante de refúgio, de asilo ou de proteção ao apátrida fará jus a autorização provisória de residência até a obtenção de resposta ao seu pedido.

- V. Dec. 9.277/2018 (Dispõe sobre a identificação do solicitante de refúgio e sobre o Documento Provisório de Registro Nacional Migratório).

§ 5º Poderá ser concedida autorização de residência independentemente da situação migratória.

Art. 32. Poderão ser cobradas taxas pela autorização de residência.

Art. 33. Regulamento disporá sobre a perda e o cancelamento da autorização de residência em razão de fraude ou de ocultação de condição impeditiva de concessão de visto, de ingresso ou de permanência no País, observado procedimento administrativo que garanta o contraditório e a ampla defesa.

Art. 34. Poderá ser negada autorização de residência com fundamento nas hipóteses previstas nos incisos I, II, III, IV e IX do art. 45.

Art. 35. A posse ou a propriedade de bem no Brasil não confere o direito de obter visto ou autorização de residência em território nacional, sem prejuízo do disposto sobre visto para realização de investimento.

Art. 36. O visto de visita ou de cortesia poderá ser transformado em autorização de residência, mediante requerimento e registro, desde que satisfeitos os requisitos previstos em regulamento.

[...]

Capítulo VII
Do Emigrante

Seção I
Das Políticas Públicas para os Emigrantes

Art. 77. As políticas públicas para os emigrantes observarão os seguintes princípios e diretrizes:

I – proteção e prestação de assistência consular por meio das representações do Brasil no exterior;

II – promoção de condições de vida digna, por meio, entre outros, da facilitação do registro consular e da prestação de serviços consulares relativos às áreas de educação, saúde, trabalho, previdência social e cultura;

III – promoção de estudos e pesquisas sobre os emigrantes e as comunidades de brasileiros no exterior, a fim de subsidiar a formulação de políticas públicas;

IV – atuação diplomática, nos âmbitos bilateral, regional e multilateral, em defesa dos direitos do emigrante brasileiro, conforme o direito internacional;

V – ação governamental integrada, com a participação de órgãos do governo com atuação nas áreas temáticas mencionadas nos incisos I, II, III e IV, visando a assistir as comunidades brasileiras no exterior; e

VI – esforço permanente de desburocratização, atualização e modernização do sistema de atendimento, com o objetivo de aprimorar a assistência ao emigrante.

Seção II
Dos Direitos do Emigrante

Art. 78. Todo emigrante que decida retornar ao Brasil com ânimo de residência poderá introduzir no País, com isenção de direitos de importação e de taxas aduaneiras, os bens novos ou usados que um viajante, em compatibilidade com as circunstâncias de sua viagem, puder destinar para seu uso ou consumo pessoal e profissional, sempre que, por sua quantidade, natureza ou variedade, não permitam presumir importação ou exportação com fins comerciais ou industriais.

Art. 79. Em caso de ameaça à paz social e à ordem pública por grave ou iminente instabilidade institucional ou de calamidade de grande proporção na natureza, deverá ser prestada especial assistência ao emigrante pelas representações brasileiras no exterior.

Art. 80. O tripulante brasileiro contratado por embarcação ou armadora estrangeira, de cabotagem ou a longo curso e com sede ou filial no Brasil, que explore economicamente o mar territorial e a costa brasileira terá direito a seguro a cargo do contratante, válido para todo o período da contratação, conforme o disposto no Registro de Embarcações Brasileiras (REB), contra acidente de trabalho, invalidez total ou parcial e morte, sem prejuízo de benefícios de apólice mais favorável vigente no exterior.

[...]

Capítulo X
Disposições Finais e Transitórias

Art. 111. Esta Lei não prejudica direitos e obrigações estabelecidos por tratados vigentes no Brasil e que sejam mais benéficos ao migrante e ao visitante, em particular os tratados firmados no âmbito do Mercosul.

Art. 112. As autoridades brasileiras serão tolerantes quanto ao uso do idioma do residente fronteiriço e do imigrante quando eles se dirigirem a órgãos ou repartições públicas para reclamar ou reivindicar os direitos decorrentes desta Lei.

Art. 113. As taxas e emolumentos consulares são fixados em conformidade com a tabela anexa a esta Lei.

§ 1º Os valores das taxas e emolumentos consulares poderão ser ajustados pelo órgão competente da administração pública federal, de forma a preservar o interesse nacional ou a assegurar a reciprocidade de tratamento.

§ 2º Não serão cobrados emolumentos consulares pela concessão de:

I – vistos diplomáticos, oficiais e de cortesia; e

II – vistos em passaportes diplomáticos, oficiais ou de serviço, ou equivalentes, mediante reciprocidade de tratamento a titulares de documento de viagem similar brasileiro.

§ 3º Não serão cobrados taxas e emolumentos consulares pela concessão de vistos ou para a obtenção de documentos para regularização migratória aos integrantes de grupos vulneráveis e indivíduos em condição de hipossuficiência econômica.

§ 4º *(Vetado).*

Art. 114. Regulamento poderá estabelecer competência para órgãos do Poder Executivo disciplinarem aspectos específicos desta Lei.

Art. 115. O Decreto-Lei 2.848, de 7 de dezembro de 1940 (Código Penal), passa a vigorar acrescido do seguinte art. 232-A:

> "Promoção de migração ilegal
>
> Artigo 232-A. Promover, por qualquer meio, com o fim de obter vantagem econômica, a entrada ilegal de estrangeiro em território nacional ou de brasileiro em país estrangeiro:
>
> Pena – reclusão, de 2 (dois) a 5 (cinco) anos, e multa.
>
> § 1º Na mesma pena incorre quem promover, por qualquer meio, com o fim de obter vantagem econômica, a saída de estrangeiro do território nacional para ingressar ilegalmente em país estrangeiro.
>
> § 2º A pena é aumentada de 1/6 (um sexto) a 1/3 (um terço) se:
>
> I – o crime é cometido com violência; ou
>
> II – a vítima é submetida a condição desumana ou degradante.
>
> § 3º A pena prevista para o crime será aplicada sem prejuízo das correspondentes às infrações conexas."

Art. 116. *(Vetado).*

Art. 117. O documento conhecido por Registro Nacional de Estrangeiro passa a ser denominado Registro Nacional Migratório.

Art. 118. *(Vetado).*

Art. 119. O visto emitido até a data de entrada em vigor desta Lei poderá ser utilizado até a data prevista de expiração de sua validade, podendo ser transformado ou ter seu prazo de estada prorrogado, nos termos de regulamento.

Art. 120. A Política Nacional de Migrações, Refúgio e Apatridia terá a finalidade de coordenar e articular ações setoriais implementadas pelo Poder Executivo federal em regime de cooperação com os Estados, o Distrito Federal e os Municípios, com participação de organizações da sociedade civil, organismos internacionais e entidades privadas, conforme regulamento.

§ 1º Ato normativo do Poder Executivo federal poderá definir os objetivos, a organização e a estratégia de coordenação da Política Nacional de Migrações, Refúgio e Apatridia.

§ 2º Ato normativo do Poder Executivo federal poderá estabelecer planos nacionais e outros instrumentos para a efetivação dos objetivos desta Lei e a coordenação entre órgãos e colegiados setoriais.

§ 3º Com vistas à formulação de políticas públicas, deverá ser produzida informação quantitativa e qualitativa, de forma sistemática, sobre os migrantes, com a criação de banco de dados.

Art. 121. Na aplicação desta Lei, devem ser observadas as disposições da Lei 9.474, de 22 de julho de 1997, nas situações que envolvam refugiados e solicitantes de refúgio.

Art. 122. A aplicação desta Lei não impede o tratamento mais favorável assegurado por tratado em que a República Federativa do Brasil seja parte.

Art. 123. Ninguém será privado de sua liberdade por razões migratórias, exceto nos casos previstos nesta Lei.

Art. 124. Revogam-se:

I – a Lei 818, de 18 de setembro de 1949; e

II – a Lei 6.815, de 19 de agosto de 1980 (Estatuto do Estrangeiro).

Art. 125. Esta Lei entra em vigor após decorridos 180 (cento e oitenta) dias de sua publicação oficial.

- Deixamos de publicar o anexo a esta Lei.

Brasília, 24 de maio de 2017; 196º da Independência e 129º da República.

Michel Temer

(*DOU* 25.05.2017)

LEI 13.589, DE 4 DE JANEIRO DE 2018

Dispõe sobre a manutenção de instalações e equipamentos de sistemas de climatização de ambientes.

O Presidente da República:

Faço saber que o Congresso Nacional decreta e eu sanciono a seguinte Lei:

- Art. 1º Todos os edifícios de uso público e coletivo que possuem ambientes de ar interior climatizado artificialmente devem dispor de um Plano de Manutenção, Operação e Controle – PMOC dos respectivos sistemas de climatização, visando à eliminação ou minimização de riscos potenciais à saúde dos ocupantes.

§ 1º Esta Lei, também, se aplica aos ambientes climatizados de uso restrito, tais como aqueles dos processos produtivos, laboratoriais, hospitalares e outros, que deverão obedecer a regulamentos específicos.

§ 2º *(Vetado).*

Art. 2º Para os efeitos desta Lei, são adotadas as seguintes definições:

I – ambientes climatizados artificialmente: espaços fisicamente delimitados, com dimensões e instalações próprias, submetidos ao processo de climatização por meio de equipamentos;

II – sistemas de climatização: conjunto de instalações e processos empregados para se obter, por meio de equipamentos em recintos fechados, condições específicas de conforto e boa qualidade do ar, adequadas ao bem-estar dos ocupantes; e

III – manutenção: atividades de natureza técnica ou administrativa destinadas a preservar as características do desempenho técnico dos componentes dos sistemas de climatização, garantindo as condições de boa qualidade do ar interior.

Art. 3º Os sistemas de climatização e seus Planos de Manutenção, Operação e Controle – PMOC devem obedecer a parâmetros de qualidade do ar em ambientes climatizados artificialmente, em especial no que diz respeito a poluentes de natureza física, química e biológica, suas tolerâncias e métodos de controle, assim como obedecer aos requisitos estabelecidos nos projetos de sua instalação.

Parágrafo único. Os padrões, valores, parâmetros, normas e procedimentos necessários à garantia da boa qualidade do ar interior, inclusive de temperatura, umidade, velocidade, taxa de renovação e grau de pureza, são os regulamentados pela Resolução 9, de 16 de janeiro de 2003, da Agência Nacional de Vigilância Sanitária - ANVISA, e posteriores alterações, assim como as normas técnicas da ABNT - Associação Brasileira de Normas Técnicas.

Art. 4º Aos proprietários, locatários e prepostos responsáveis por sistemas de climatização já instalados é facultado o prazo de 180 (cento e oitenta) dias, a contar da regulamentação desta Lei, para o cumprimento de todos os seus dispositivos.

Art. 5º Esta Lei entra em vigor na data da sua publicação.

Brasília, 4 de janeiro de 2018; 197º da Independência e 130º da República.

Michel Temer

(*DOU* 05.01.2018)

LEI 13.595, DE 05 DE JANEIRO DE 2018

Altera a Lei 11.350, de 5 de outubro de 2006, para dispor sobre a reformulação das atribuições, a jornada e as condições de

Legislação

trabalho, o grau de formação profissional, os cursos de formação técnica e continuada e a indenização de transporte dos profissionais Agentes Comunitários de Saúde e Agentes de Combate às Endemias.

O Presidente da República:
Faço saber que o Congresso Nacional decreta e eu sanciono a seguinte Lei:

Art. 1º O art. 2º da Lei 11.350, de 5 de outubro de 2006, passa a vigorar acrescido dos seguintes §§ 1º e 2º:

"Art. 2º (...)

"§ 1º É essencial e obrigatória a presença de Agentes Comunitários de Saúde na estrutura de atenção básica de saúde e de Agentes de Combate às Endemias na estrutura de vigilância epidemiológica e ambiental."

- Redação do § 1º vetada pela Presidência da República, mas mantida pelo Congresso Nacional (*DOU* 18.04.2018).

"§ 2º Incumbe aos Agentes Comunitários de Saúde e aos Agentes de Combate às Endemias desempenhar com zelo e presteza as atividades previstas nesta Lei."

Art. 2º O art. 3º da Lei 11.350, de 5 de outubro de 2006, passa a vigorar com a seguinte redação:

"Artigo 3º O Agente Comunitário de Saúde tem como atribuição o exercício de atividades de prevenção de doenças e de promoção da saúde, a partir dos referenciais da Educação Popular em Saúde, mediante ações domiciliares ou comunitárias, individuais ou coletivas, desenvolvidas em conformidade com as diretrizes do SUS que normatizam a saúde preventiva e a atenção básica em saúde, com objetivo de ampliar o acesso da comunidade assistida às ações e aos serviços de informação, de saúde, de promoção social e de proteção da cidadania, sob supervisão do gestor municipal, distrital, estadual ou federal.

"Parágrafo único. (*Revogado*).

"I – (*revogado*);

"II – (*revogado*);

"III – (*revogado*);

"IV – (*revogado*);

"V – (*revogado*);

"VI – (*revogado*).

"§ 1º Para fins desta Lei, entende-se por Educação Popular em Saúde as práticas político-pedagógicas que decorrem das ações voltadas para a promoção, a proteção e a recuperação da saúde, estimulando o autocuidado, a prevenção de doenças e a promoção da saúde individual e coletiva a partir do diálogo sobre a diversidade de saberes culturais, sociais e científicos e a valorização dos saberes populares, com vistas à ampliação da participação popular no SUS e ao fortalecimento do vínculo entre os trabalhadores da saúde e os usuários do SUS.

"§ 2º No modelo de atenção em saúde fundamentado na assistência multiprofissional em saúde da família, é considerada atividade precípua do Agente Comunitário de Saúde, em sua área geográfica de atuação, a realização de visitas domiciliares rotineiras, casa a casa, para a busca de pessoas com sinais ou sintomas de doenças agudas ou crônicas, de agravos ou de eventos de importância para a saúde pública e consequente encaminhamento para a unidade de saúde de referência."

- Redação do § 2º vetada pela Presidência da República, mas mantida pelo Congresso Nacional (*DOU* 18.04.2018).

"§ 3º No modelo de atenção em saúde fundamentado na assistência multiprofissional em saúde da família, são consideradas atividades típicas do Agente Comunitário de Saúde, em sua área geográfica de atuação:"

- Redação do § 3º vetada pela Presidência da República, mas mantida pelo Congresso Nacional (*DOU* 18.04.2018).

"I – a utilização de instrumentos para diagnóstico demográfico e sociocultural;

"II – o detalhamento das visitas domiciliares, com coleta e registro de dados relativos a suas atribuições, para fim exclusivo de controle e planejamento das ações de saúde;

"III – a mobilização da comunidade e o estímulo à participação nas políticas públicas voltadas para as áreas de saúde e socioeducacional;

"IV – a realização de visitas domiciliares regulares e periódicas para acolhimento e acompanhamento:

"a) da gestante, no pré-natal, no parto e no puerpério;

"b) da lactante, nos seis meses seguintes ao parto;

"c) da criança, verificando seu estado vacinal e a evolução de seu peso e de sua altura;

"d) do adolescente, identificando suas necessidades e motivando sua participação em ações de educação em saúde, em conformidade com o previsto na Lei nº 8.069, de 13 de julho de 1990 (Estatuto da Criança e do Adolescente);

"e) da pessoa idosa, desenvolvendo ações de promoção de saúde e de prevenção de quedas e acidentes domésticos e motivando sua participação em atividades físicas e coletivas;

"f) da pessoa em sofrimento psíquico;

"g) da pessoa com dependência química de álcool, de tabaco ou de outras drogas;

"h) da pessoa com sinais ou sintomas de alteração na cavidade bucal;

"i) dos grupos homossexuais e transexuais, desenvolvendo ações de educação para promover a saúde e prevenir doenças;

"j) da mulher e do homem, desenvolvendo ações de educação para promover a saúde e prevenir doenças;

"V – realização de visitas domiciliares regulares e periódicas para identificação e acompanhamento:

"a) de situações de risco à família;

"b) de grupos de risco com maior vulnerabilidade social, por meio de ações de promoção da saúde, de prevenção de doenças e de educação em saúde;

"c) do estado vacinal da gestante, da pessoa idosa e da população de risco, conforme sua vulnerabilidade e em consonância com o previsto no calendário nacional de vacinação;

"VI – o acompanhamento de condicionalidades de programas sociais, em parceria com os Centros de Referência de Assistência Social (Cras).

"§ 4º No modelo de atenção em saúde fundamentado na assistência multiprofissional em saúde da família, desde que o Agente Comunitário de Saúde tenha concluído curso técnico e tenha disponíveis os equipamentos adequados, são atividades do Agente, em sua área geográfica de atuação, assistidas por profissional de saúde de nível superior, membro da equipe:"

- Redação do § 4º vetada pela Presidência da República, mas mantida pelo Congresso Nacional (*DOU* 18.04.2018).

"I – a aferição da pressão arterial, durante a visita domiciliar, em caráter excepcional, encaminhando o paciente para a unidade de saúde de referência;

"II – a medição de glicemia capilar, durante a visita domiciliar, em caráter excepcional, encaminhando o paciente para a unidade de saúde de referência;

"III – a aferição de temperatura axilar, durante a visita domiciliar, em caráter excepcional, com o devido encaminhamento do paciente, quando necessário, para a unidade de saúde de referência;

"IV – a orientação e o apoio, em domicílio, para a correta administração de medicação de paciente em situação de vulnerabilidade;

"V – a verificação antropométrica.

"§ 5º No modelo de atenção em saúde fundamentado na assistência multiprofissional em saúde da família, são consideradas atividades do Agente Comunitário de Saúde compartilhadas com os demais membros da equipe, em sua área geográfica de atuação:"

- Redação do § 5º vetada pela Presidência da República, mas mantida pelo Congresso Nacional (*DOU* 18.04.2018).

"I – a participação no planejamento e no mapeamento institucional, social e demográfico;

"II – a consolidação e a análise de dados obtidos nas visitas domiciliares;

"III – a realização de ações que possibilitem o conhecimento, pela comunidade, de informações obtidas em levantamentos socioepidemiológicos realizados pela equipe de saúde;

"IV – a participação na elaboração, na implementação, na avaliação e na reprogramação permanente dos planos de ação para o enfrentamento de determinantes do processo saúde-doença;

"V – a orientação de indivíduos e de grupos sociais quanto a fluxos, rotinas e ações desenvolvidos no âmbito da atenção básica em saúde;

"VI – o planejamento, o desenvolvimento e a avaliação de ações em saúde;

"VII – o estímulo à participação da população no planejamento, no acompanhamento e na avaliação de ações locais em saúde."

Art. 3º O art. 4º da Lei 11.350, de 5 de outubro de 2006, passa a vigorar acrescido dos seguintes §§ 1º, 2º e 3º:

- Artigo vetado pelo Presidente da República, mas mantido pelo Congresso Nacional (*DOU* 18.04.2018).

"Art. 4º (...)

"§ 1º São consideradas atividades típicas do Agente de Combate às Endemias, em sua área geográfica de atuação:

"I – desenvolvimento de ações educativas e de mobilização da comunidade relativas à prevenção e ao controle de doenças e agravos à saúde;

"II – realização de ações de prevenção e controle de doenças e agravos à saúde, em interação com o Agente Comunitário de Saúde e a equipe de atenção básica;

"III – identificação de casos suspeitos de doenças e agravos à saúde e encaminhamento, quando indicado, para a unidade de saúde de referência, assim como comunicação do fato à autoridade sanitária responsável;

"IV – divulgação de informações para a comunidade sobre sinais, sintomas, riscos e agentes transmissores de doenças e sobre medidas de prevenção individuais e coletivas;

"V – realização de ações de campo para pesquisa entomológica, malacológica e coleta de reservatórios de doenças;

"VI – cadastramento e atualização da base de imóveis para planejamento e definição de estratégias de prevenção e controle de doenças;

"VII – execução de ações de prevenção e controle de doenças, com a utilização de medidas de controle químico e biológico, manejo ambiental e outras ações de manejo integrado de vetores;

"VIII – execução de ações de campo em projetos que visem a avaliar novas metodologias de intervenção para prevenção e controle de doenças;

"IX – registro das informações referentes às atividades executadas, de acordo com as normas do SUS;

"X – identificação e cadastramento de situações que interfiram no curso das doenças ou que tenham importância epidemiológica relacionada principalmente aos fatores ambientais;

"XI – mobilização da comunidade para desenvolver medidas simples de manejo ambiental e outras formas de intervenção no ambiente para o controle de vetores.

"§ 2º É considerada atividade dos Agentes de Combate às Endemias assistida por profissional de nível superior e condicionada à estrutura de vigilância epidemiológica e ambiental e de atenção básica a participação:

"I – no planejamento, execução e avaliação das ações de vacinação animal contra zoonoses de relevância para a saúde pública normatizadas pelo Ministério da Saúde, bem como na notificação e na investigação de eventos adversos temporalmente associados a essas vacinações;

"II – na coleta de animais e no recebimento, no acondicionamento, na conservação e no transporte de espécimes ou amostras biológicas de animais, para seu encaminhamento aos laboratórios responsáveis pela identificação ou diagnóstico de zoonoses de relevância para a saúde pública no Município;

"III – na necropsia de animais com diagnóstico suspeito de zoonoses de relevância para a saúde pública, auxiliando na coleta e no encaminhamento de amostras laboratoriais, ou por meio de outros procedimentos pertinentes;

"IV – na investigação diagnóstica laboratorial de zoonoses de relevância para a saúde pública;

"V – na realização do planejamento, desenvolvimento e execução de ações de controle da população de animais, com vistas ao combate à propagação de zoonoses de relevância para a saúde pública, em caráter excepcional, e sob supervisão da coordenação da área de vigilância em saúde.

"§ 3º O Agente de Combate às Endemias poderá participar, mediante treinamento adequado, da execução, da coordenação ou da supervisão das ações de vigilância epidemiológica e ambiental."

Art. 4º A Lei 11.350, de 5 de outubro de 2006, passa a vigorar acrescida do seguinte art. 4º-A:

- Artigo vetado pelo Presidente da República, mas mantido pelo Congresso Nacional (*DOU* 18.04.2018).

"Art. 4º-A. O Agente Comunitário de Saúde e o Agente de Combate às Endemias realizarão atividades de forma integrada, desenvolvendo mobilizações sociais por meio da Educação Popular em Saúde, dentro de sua área geográfica de atuação, especialmente nas seguintes situações:

"I – na orientação da comunidade quanto à adoção de medidas simples de manejo ambiental para o controle de vetores, de medidas de proteção individual e coletiva e de outras ações de promoção de saúde, para a prevenção de doenças infecciosas, zoonoses, doenças de transmissão vetorial e agravos causados por animais peçonhentos;

"II – no planejamento, na programação e no desenvolvimento de atividades de vigilância em saúde, de forma articulada com as equipes de saúde da família;

"III – (*Vetado*);

"IV – na identificação e no encaminhamento, para a unidade de saúde de referência, de situações que, relacionadas a fatores ambientais, interfiram no curso de doenças ou tenham importância epidemiológica;

"V – na realização de campanhas ou de mutirões para o combate à transmissão de doenças infecciosas e a outros agravos."

Art. 5º A Lei 11.350, de 5 de outubro de 2006, passa a vigorar acrescida do seguinte art. 4º-B:

"Artigo 4º-B Deverão ser observadas as ações de segurança e de saúde do trabalhador, notadamente o uso de equipamentos de proteção individual e a realização dos exames de saúde ocupacional, na execução das atividades dos Agentes Comunitários de Saúde e dos Agentes de Combate às Endemias."

Art. 6º O art. 5º da Lei 11.350, de 5 de outubro de 2006, passa a vigorar com a seguinte redação:

"Art. 5º O Ministério da Saúde regulamentará as atividades de vigilância, prevenção e controle de doenças e de promoção da saúde a que se referem os arts. 3º, 4º e 4º-A e estabelecerá os parâmetros dos cursos previstos no inciso II do caput do art. 6º, no inciso I do caput do art. 7º e no § 2º deste artigo, observadas as diretrizes curriculares nacionais definidas pelo Conselho Nacional de Educação.

"§ 1º Os cursos a que se refere o caput deste artigo utilizarão os referenciais da Educação Popular em Saúde e serão oferecidos ao Agente Comunitário de Saúde e ao Agente de Combate às Endemias nas modalidades presencial ou semipresencial durante a jornada de trabalho."

- Redação do § 1º vetada pela Presidência da República, mas mantida pelo Congresso Nacional (*DOU* 18.04.2018).

"§ 2º O Agente Comunitário de Saúde e o Agente de Combate às Endemias deverão frequentar cursos bienais de Educação continuada e de aperfeiçoamento."

- Redação do § 2º vetada pela Presidência da República, mas mantida pelo Congresso Nacional (*DOU* 18.04.2018).

"§ 3º Cursos técnicos de Agente Comunitário de Saúde e de Agente de Combate às Endemias poderão ser ministrados nas modalidades presencial e semipresencial e seguirão as diretrizes estabelecidas pelo Conselho Nacional de Educação."

Art. 7º O art. 6º da Lei 11.350, de 5 de outubro de 2006, passa a vigorar com as seguintes alterações:

"Artigo 6º (...)

"(...)

"II – ter concluído, com aproveitamento, curso de formação inicial, com carga horária mínima de quarenta horas;

"III – ter concluído o ensino médio.

"§ 1º Quando não houver candidato inscrito que preencha o requisito previsto no inciso III do caput deste artigo, poderá ser admitida a contratação de candidato com ensino fundamental, que deverá comprovar a conclusão do ensino médio no prazo máximo de três anos.

"§ 2º É vedada a atuação do Agente Comunitário de Saúde fora da área geográfica a que se refere o inciso I do caput deste artigo."

- Redação do § 2º vetada pela Presidência da República, mas mantida pelo Congresso Nacional (*DOU* 18.04.2018).

"§ 3º Ao ente federativo responsável pela execução dos programas relacionados às atividades do Agente Comunitário de Saúde compete a definição da área geográfica a que se refere o inciso I do caput deste artigo, devendo:

"I – observar os parâmetros estabelecidos pelo Ministério da Saúde;

"II – considerar a geografia e a demografia da região, com distinção de zonas urbanas e rurais;

"III – flexibilizar o número de famílias e de indivíduos a serem acompanhados, de acordo com as condições de acessibilidade local e de vulnerabilidade da comunidade assistida.

"§ 4º A área geográfica a que se refere o inciso I do caput deste artigo será alterada quando houver risco à integridade física do Agente Comunitário de Saúde ou de membro de sua família decorrente de ameaça por parte de membro da comunidade onde reside e atua.

"§ 5º Caso o Agente Comunitário de Saúde adquira casa própria fora da área geográfica de sua atuação, será excepcionado o disposto no inciso I do caput deste artigo e mantida sua vinculação à mesma equipe de saúde da família em que esteja atuando, podendo ser remanejado, na forma de regulamento, para equipe atuante na área onde está localizada a casa adquirida."

- Redação do § 5º vetada pela Presidência da República, mas mantida pelo Congresso Nacional (*DOU* 18.04.2018).

Art. 8º O art. 7º da Lei 11.350, de 5 de outubro de 2006, passa a vigorar com as seguintes alterações:

"Art. 7º (...)

"I – ter concluído, com aproveitamento, curso de formação inicial, com carga horária mínima de quarenta horas;

"II – ter concluído o ensino médio.

"Parágrafo único. (*Revogado*).

"§ 1º Quando não houver candidato inscrito que preencha o requisito previsto no inciso II do caput deste artigo, poderá ser admitida a contratação de candidato com ensino fundamental, que deverá comprovar a conclusão do ensino médio no prazo máximo de três anos.

"§ 2º Ao ente federativo responsável pela execução dos programas relacionados às atividades do Agente de Combate às Endemias compete a definição do número de imóveis a serem fiscalizados pelo Agente, observados os parâmetros estabelecidos pelo Ministério da Saúde e os seguintes:

"I – condições adequadas de trabalho;

"II – geografia e demografia da região, com distinção de zonas urbanas e rurais;

"III – flexibilização do número de imóveis, de acordo com as condições de acessibilidade local."

Art. 9º (*Vetado*).

Art. 10. O art. 9º-A da Lei 11.350, de 5 de outubro de 2006, passa a vigorar com as seguintes alterações:

"Art. 9º-A (...)

"(...)

"§ 2º. A jornada de trabalho de quarenta horas semanais exigida para garantia do piso salarial previsto nesta Lei deverá ser integralmente dedicada a ações e serviços de promoção da saúde, de vigilância epidemiológica e ambiental e de combate a endemias, em prol das famílias e comunidades assistidas, dentro dos respectivos territórios de atuação, e será distribuída em:"

- Redação do § 2º vetada pela Presidência da República, mas mantida pelo Congresso Nacional (*DOU* 18.04.2018).

"I – trinta horas semanais, para atividades externas de visitação domiciliar, execução de ações de campo, coleta de dados, orientação e mobilização da comunidade, entre outras;

"II – dez horas semanais, para atividades de planejamento e avaliação de ações, detalhamento das atividades, registro de dados e formação e aprimoramento técnico."

"(...)

"§ 4º As condições climáticas da área geográfica de atuação serão consideradas na definição do horário para cumprimento da jornada de trabalho."

Art. 11. O art. 9º-E da Lei 11.350, de 5 de outubro de 2006, passa a vigorar com a seguinte redação:

"Art. 9º-E. Atendidas as disposições desta Lei e as respectivas normas regulamentadoras, os recursos de que tratam os arts. 9º-C e 9º-D serão repassados pelo Fundo Nacional de Saúde (FNS) aos fundos de saúde dos Municípios, Estados e Distrito Federal como transferências correntes, regulares, automáticas e obrigatórias, nos termos do disposto no art. 3º da Lei 8.142, de 28 de dezembro de 1990."

Art. 12. A Lei 11.350, de 5 de outubro de 2006, passa a vigorar acrescida do seguinte art. 9º-H:

- Artigo vetado pelo Presidente da República, mas mantido pelo Congresso Nacional (*DOU* 18.04.2018).

"Art. 9º-H. Será concedida indenização de transporte ao Agente Comunitário de Saúde e ao Agente de Combate às Endemias que realizar despesas com locomoção para o exercício de suas atividades, conforme disposto em regulamento."

Art. 13. O art. 14 da Lei 11.350, de 5 de outubro de 2006, passa a vigorar com a seguinte redação:

- Artigo vetado pelo Presidente da República, mas mantido pelo Congresso Nacional (*DOU* 18.04.2018).

"Art. 14. O gestor local do SUS responsável pela admissão dos profissionais de que trata esta Lei disporá sobre a criação dos cargos ou empregos públicos e demais aspectos inerentes à atividade, observadas as determinações desta Lei e as especificidades locais."

Art. 14. *(Vetado).*

Art. 15. Não será exigida do Agente Comunitário de Saúde e do Agente de Combate às Endemias a conclusão de:

I – ensino fundamental, se estava exercendo as atividades em 5 de outubro de 2006;

II – ensino médio, se estiver exercendo as atividades na data de publicação desta Lei.

Art. 16. Esta Lei entra em vigor na data de sua publicação.

Brasília, 5 de janeiro de 2018; 197º da Independência e 130º da República.

Michel Temer

(*DOU* 08.01.2018)

LEI 13.660, DE 08 DE MAIO DE 2018

Altera o § 2º do art. 819 da Consolidação das Leis do Trabalho – CLT, aprovada pelo Decreto-Lei 5.452, de 1º de maio de 1943, para dispor sobre o pagamento dos honorários de intérprete judicial.

O Presidente da República:

Faço saber que o Congresso Nacional decreta e eu sanciono a seguinte Lei:

Art. 1º O § 2º do art. 819 da Consolidação das Leis do Trabalho – CLT, aprovada pelo Decreto-Lei 5.452, de 1º de maio de 1943, passa a vigorar com a seguinte redação:

"Artigo 819. (...)

"§ 2º As despesas decorrentes do disposto neste artigo correrão por conta da parte sucumbente, salvo se beneficiária de justiça gratuita."

Art. 2º Esta Lei entra em vigor na data de sua publicação.

Brasília, 8 de maio de 2018; 197º da Independência e 130º da República.

Michel Temer

(*DOU* 09.05.2018)

LEI 13.667, DE 17 DE MAIO DE 2018

Dispõe sobre o Sistema Nacional de Emprego (Sine), criado pelo Decreto 76.403, de 8 de outubro de 1975.

O Presidente da República:

Faço saber que o Congresso Nacional decreta e eu sanciono a seguinte Lei:

Art. 1º Esta Lei dispõe sobre o Sistema Nacional de Emprego (Sine), nos termos do inciso XVI do caput do art. 22 da Constituição Federal.

Parágrafo único. O Sine será financiado e gerido pela União e pelas esferas de governo que a ele aderirem, observado o disposto nesta Lei.

Capítulo I
Das Diretrizes do Sistema Nacional de Emprego

Art. 2º São diretrizes do Sine:

I – a otimização do acesso ao trabalho decente, exercido em condições de liberdade, equidade, dignidade e segurança, e a sistemas de educação e de qualificação profissional e tecnológica;

II – a integração de suas ações e de seus serviços nas distintas esferas de governo em que se fizer presente;

III – a execução descentralizada das ações e dos serviços referidos no inciso II do *caput* deste artigo, em consonância com normas e diretrizes editadas em âmbito nacional;

IV – o compartilhamento da gestão, do financiamento e de recursos técnicos entre as esferas de governo que o integrem;

V – a participação de representantes da sociedade civil em sua gestão;

VI – a integração e a sistematização das informações e pesquisas sobre o mercado formal e informal de trabalho, com vistas a subsidiar a operacionalização de suas ações e de seus serviços no âmbito da União e das esferas de governo que dele participem;

VII – a adequação entre a oferta e a demanda de força de trabalho em todos os níveis de ocupação e qualificação;

VIII – a integração técnica e estatística com os sistemas de educação e de qualificação profissional e tecnológica, com vistas à elaboração, à implementação e à avaliação das respectivas políticas;

IX – a padronização do atendimento, da organização e da oferta de suas ações e de seus serviços no âmbito das esferas de governo participantes, respeitadas as especificidades regionais e locais;

X – a melhoria contínua da qualidade dos serviços ofertados, de forma eficiente, eficaz, efetiva e sustentável, especialmente por meio do desenvolvimento de aplicativos e de soluções tecnológicas a serem ofertados aos trabalhadores;

XI – a articulação permanente com a implementação das demais políticas públicas, com ênfase nas destinadas à população em condições de vulnerabilidade social.

Capítulo II
Da Organização

Art. 3º O Sine será gerido e financiado, e suas ações e serviços serão executados, conjuntamente pelo Ministério do Trabalho e por órgãos específicos integrados à estrutura administrativa das esferas de governo que dele participem, na forma estabelecida por esta Lei.

§ 1º O Conselho Deliberativo do Fundo de Amparo ao Trabalhador (Codefat), instituído pela Lei 7.998, de 11 de janeiro de 1990, constitui instância regulamentadora do Sine, sem prejuízo do disposto no § 2º deste artigo.

§ 2º O Codefat e os Conselhos do Trabalho, Emprego e Renda instituídos pelas esferas de governo que aderirem ao Sine constituirão instâncias deliberativas do Sistema.

Art. 4º São unidades de atendimento do Sine, de funcionamento contínuo:

I – as Superintendências Regionais do Trabalho e as unidades implantadas por instituições federais autorizadas pelo Codefat;

II – as unidades instituídas pelas esferas de governo que integrarem o Sine.

§ 1º O Codefat poderá autorizar outras unidades, de funcionamento contínuo ou não, para atendimento do Sine.

§ 2º O atendimento ao trabalhador, requerente ou não requerente do seguro-desemprego, será obrigatoriamente realizado por meio de ações e serviços integrados de orientação, recolocação e qualificação profissional, para auxiliá-lo na busca ou preservação do emprego ou estimular seu empreendedorismo, podendo o Codefat dispor sobre a exceção de oferta básica não integrada de ações e serviços.

§ 3º As unidades de atendimento integrantes do Sine deverão ser objeto de padronização de acordo com os níveis de abrangência das ações e dos serviços nelas prestados, observados os critérios estabelecidos pelo Codefat.

Art. 5º Nos termos estabelecidos pelo Codefat, os Conselhos do Trabalho, Emprego e Renda poderão autorizar a constituição de consórcios públicos para executar as ações e os serviços do Sine, devendo os consórcios ser submetidos à prévia avaliação do Ministério do Trabalho.

Capítulo III
Das Competências

Art. 6º Compete simultaneamente à União e às esferas de governo que aderirem ao Sine:

I – prover o pessoal e a infraestrutura necessários à execução das ações e dos serviços do Sine, bem como financiá-lo, por meio de repasses fundo a fundo;

II – acompanhar e controlar a rede de atendimento aos trabalhadores;

III – administrar os recursos orçamentários e financeiros de seus fundos do trabalho;

IV – acompanhar, avaliar e divulgar informações sobre o mercado formal e informal de trabalho;

V – alimentar sistemas integrados e informatizados destinados a colher dados relacionados ao mercado formal e informal de trabalho;

VI – subsidiar a elaboração de normas técnicas e o estabelecimento de padrões de qualidade e parâmetros de custos destinados a nortear as ações e os serviços abrangidos pelo Sine;

VII – elaborar plano de ações e serviços do Sine, bem como a respectiva proposta orçamentária, os quais deverão ser submetidos, conforme a esfera de governo, à aprovação do Codefat ou do respectivo Conselho do Trabalho, Emprego e Renda;

VIII – participar da formulação e da execução da política de formação e desenvolvimento de pessoal especificamente voltado a prestar serviços no âmbito do Sine;

IX – disponibilizar informações referentes às ações e aos serviços executados;

X – propor medidas para aperfeiçoamento e modernização do Sine à coordenação nacional do Sistema.

Art. 7º Compete à União:

I – exercer, por intermédio do Ministério do Trabalho, a coordenação nacional do Sine, com supervisão, monitoramento e avaliação das ações e dos serviços do Sistema executados por ela e pelas esferas de governo que a ele aderirem;

II – executar, em caráter privativo, os seguintes serviços e ações integrados ao Sine:

a) concessão do seguro-desemprego e do abono salarial;

b) identificação dos trabalhadores;

c) coordenação da certificação profissional;

d) manutenção de cadastro de instituições habilitadas a qualificar os trabalhadores;

III – apoiar e assessorar tecnicamente as esferas de Governo que aderirem ao Sine;

IV – estimular a constituição de consórcios públicos municipais e fornecer-lhes suporte técnico, para viabilização das ações e serviços do Sine.

Parágrafo único. A União poderá executar, em caráter suplementar, as ações e os serviços do Sine de competência das demais esferas de governo, tenham ou não a ele aderido.

Art. 8º Compete aos Estados que aderirem ao Sine:

I – exercer, por intermédio de órgão específico integrado à sua estrutura administrativa, a coordenação estadual do Sine, com supervisão, monitoramento e avaliação das ações e dos serviços a eles atribuídos;

II – executar as ações e os serviços do Sine na ausência de atuação dos Municípios ou de consórcios públicos municipais;

III – estimular os Municípios e os consórcios que eles venham a constituir, e fornecer-lhes suporte técnico e financeiro, para viabilização das ações e serviços do Sine.

Parágrafo único. Os Estados poderão executar, em caráter suplementar, as ações e os serviços do Sine de competência dos Municípios.

Art. 9º Compete aos Municípios que aderirem ao Sine, sem prejuízo de outras atividades que lhes sejam distribuídas pelo Codefat:

I – exercer, por intermédio de órgão específico integrado à sua estrutura administrativa, a coordenação municipal do Sine, com supervisão, monitoramento e avaliação das ações e dos serviços a eles atribuídos;

II – habilitar o trabalhador à percepção de seguro-desemprego;

III – intermediar o aproveitamento da mão de obra;

IV – cadastrar os trabalhadores desempregados em sistema informatizado acessível ao conjunto das unidades do Sine;

V – prestar apoio à certificação profissional;

VI – promover a orientação e a qualificação profissional;

VII – prestar assistência a trabalhadores resgatados de situação análoga à de escravo;

VIII – fomentar o empreendedorismo, o crédito para a geração de trabalho, emprego e renda, o microcrédito produtivo orientado e o assessoramento técnico ao trabalho autônomo, autogestionário ou associado.

Art. 10. O Distrito Federal, se aderir ao Sine, exercerá, cumulativamente, no âmbito de seu território, as competências dos Estados e dos Municípios.

Capítulo IV
Do Financiamento e da Fiscalização

Art. 11. As despesas com a organização, a implementação, a manutenção, a modernização e a gestão do Sine correrão por conta dos seguintes recursos:

I – provenientes do Fundo de Amparo ao Trabalhador (FAT);

II – aportados pelas esferas de governo que aderirem ao Sine;

III – outros que lhe sejam destinados.

Parágrafo único. A União e as esferas de governo que aderirem ao Sine poderão realizar operações externas de natureza financeira, autorizadas pelo Senado Federal, para captação de recursos direcionados aos respectivos fundos do trabalho.

Art. 12. As esferas de governo que aderirem ao Sine deverão instituir fundos do trabalho próprios para financiamento e transferências automáticas de recursos no âmbito do Sistema, observada a regulamentação do Codefat.

§ 1º Constituem condição para as transferências automáticas dos recursos de que trata esta Lei às esferas de governo que aderirem ao Sine a instituição e o funcionamento efetivo de:

I – Conselho do Trabalho, Emprego e Renda, constituído de forma tripartite e paritária por representantes dos trabalhadores, dos empregadores e do governo, observadas as disposições desta Lei;

II – fundo do trabalho, orientado e controlado pelo respectivo Conselho do Trabalho, Emprego e Renda;

III – plano de ações e serviços, aprovado na forma estabelecida pelo Codefat.

§ 2º Constitui condição para a transferência de recursos do FAT às esferas de governo que aderirem ao Sine a comprovação orçamentária da existência de recursos próprios destinados à área do trabalho e alocados aos respectivos fundos, adicionados aos recebidos do FAT.

§ 3º As despesas com o funcionamento dos Conselhos do Trabalho, Emprego e Renda, exceto as de pessoal, poderão ser custeadas por recursos alocados ao fundo do trabalho, observadas as deliberações do Codefat.

Art. 13. O financiamento de programas, projetos, ações e serviços do Sine será efetivado por meio de transferências automáticas entre os fundos do trabalho ou mediante a alocação de recursos próprios nesses fundos por parte da União e das esferas de governo que aderirem ao Sistema.

Parágrafo único. *(Vetado).*

Art. 14. Para a definição dos valores a serem repassados pela União às esferas de governo que aderirem ao Sine, serão observados os critérios aprovados pelo Codefat e as disponibilidades orçamentárias e financeiras.

§ 1º Caberá ao Ministério do Trabalho, na qualidade de coordenador nacional do Sine, propor ao Codefat os critérios de que trata o *caput* deste artigo.

§ 2º Caberá ao Codefat estabelecer as condições de financiamento do Sine e de aplicação de seus recursos.

Art. 15. *(Vetado).*

Art. 16. O Ministério do Trabalho, na forma estabelecida pelo Codefat, apoiará financeiramente, com as dotações orçamentárias existentes, o aprimoramento da gestão descentralizada das ações e dos serviços do Sine, por meio do Índice de Gestão Descentralizada do Sine (IGD-Sine), destinado ao custeio de despesas correntes e de capital.

Parágrafo único. É vedada a utilização dos recursos repassados a título de IGD-Sine para pagamento de pessoal efetivo e de gratificações de qualquer natureza a servidor público federal, estadual, municipal ou do Distrito Federal.

Art. 17. Os recursos financeiros destinados ao Sine serão depositados em conta especial de titularidade do fundo do trabalho e movimentados com a fiscalização do respectivo Conselho do Trabalho, Emprego e Renda.

§ 1º O Ministério do Trabalho acompanhará a conformidade da aplicação dos recursos do FAT transferidos automaticamente às esferas de governo que aderirem ao Sine, observada a programação orçamentária aprovada para cada ente federativo.

§ 2º Sem prejuízo de outras sanções cabíveis em decorrência da legislação, constitui crime, sujeito à pena de reclusão de 3 (três) meses a 1 (um) ano, o emprego irregular, ou em finalidades diversas das previstas nesta Lei, de verbas, de rendas públicas ou de recursos do Sine.

Art. 18. Caberá à esfera de governo que aderir ao Sine a responsabilidade pela correta utilização dos recursos de seu fundo do trabalho, bem como pelo controle e pelo acompanhamento dos programas, dos projetos, dos benefícios, das ações e dos serviços vinculados ao Sistema, independentemente de ações do órgão repassador dos recursos.

Art. 19. A utilização dos recursos federais descentralizados para os fundos do trabalho das esferas de governo que aderirem ao Sine será anualmente declarada pelos entes recebedores ao ente responsável pela transferência automática, mediante relatório de gestão que comprove a execução das ações, na forma do regulamento, a ser submetido à apreciação do respectivo Conselho do Trabalho, Emprego e Renda.

Parágrafo único. O ente responsável pela transferência automática poderá requisitar informações referentes à aplicação dos recursos transferidos, para fins de análise e acompanhamento de sua utilização.

Capítulo V
Disposições Finais e Transitórias

Art. 20. A denominação Sistema Nacional de Emprego, a sigla Sine e as suas marcas ou logomarcas, utilizadas separada ou conjuntamente, são consideradas bens públicos nacionais e não poderão ser objeto de nenhum tipo de registro de propriedade ou de domínio, por pessoas físicas ou jurídicas.

Art. 21. É garantida, às esferas de governo que aderirem ao Sine, a participação no Codefat, mediante a indicação de representantes – titular e suplente -, efetivada, conforme o caso, pelo Fórum Nacional de Secretarias Estaduais do Trabalho (Fonset) ou pelo Fórum Nacional de Secretarias Municipais do Trabalho (Fonsemt).

Parágrafo único. A participação de representantes – titular e suplente – das Superintendências Regionais do Trabalho nos Conselhos de Trabalho, Emprego e Renda instituídos pelos Estados e pelo Distrito Federal é condição para a adesão dessas esferas de governo ao Sine.

Art. 22. Os entes públicos que tenham Convênio Plurianual do Sine (CP-Sine) e Convênio Plurianual de Qualificação Social e Profissional (CP-QSP) vigentes à data de publicação desta Lei terão o prazo de 12 (doze) meses para se adaptar à nova organização do Sine e constituir os seus fundos do trabalho.

§ 1º Durante o período previsto no *caput* deste artigo, as transferências de recursos relacionados ao Sine observarão, em caráter transitório, os termos dos convênios vigentes, os quais poderão ser objeto de termos aditivos para garantir a continuidade da execução das ações e serviços do Sistema durante esse período.

§ 2º A adesão de novos entes públicos ao Sine somente poderá ocorrer 12 (doze) meses após a data de entrada em vigor desta Lei, de acordo com cronograma aprovado pelo Codefat.

Art. 23. O Sine, criado pelo Decreto 76.403, de 8 de outubro de 1975, passa a ser regido pelas disposições desta Lei e pela regulamentação do Codefat.

Art. 24. Esta Lei entra em vigor na data de sua publicação.

Brasília, 17 de maio de 2018; 197º da Independência e 130º da República.

Michel Temer

(*DOU* 18.05.2018)

LEI 13.725, DE 04 DE OUTUBRO DE 2018

Altera a Lei 8.906, de 4 de julho de 1994, que "Dispõe sobre o Estatuto da Advocacia e a Ordem dos Advogados do Brasil (OAB)", e revoga dispositivo da Lei 5.584, de 26 de junho de 1970, que "dispõe sobre normas de Direito Processual do Trabalho, altera dispositivos da Consolidação das Leis do Trabalho, disciplina a concessão e prestação de assistência judiciária na Justiça do Trabalho, e dá outras providências".

O Presidente da República:

Faço saber que o Congresso Nacional decreta e eu sanciono a seguinte Lei:

Art. 1º O art. 22 da Lei 8.906, de 4 de julho de 1994, passa a vigorar acrescido dos seguintes §§ 6º e 7º:

"Artigo 22. (...)

"(...)

"§ 6º O disposto neste artigo aplica-se aos honorários assistenciais, compreendidos como os fixados em ações coletivas propostas por entidades de classe em substituição processual, sem prejuízo aos honorários convencionais.

"§ 7º Os honorários convencionados com entidades de classe para atuação em substituição processual poderão prever a faculdade de indicar os beneficiários que, ao optarem por adquirir os direitos, assumirão as obrigações decorrentes do contrato originário a partir do momento em que este foi celebrado, sem a necessidade de mais formalidades."

Art. 2º Esta Lei entra em vigor na data de sua publicação.

Art. 3º Revoga-se o art. 16 da Lei 5.584, de 26 de junho de 1970 .

Brasília, 4 de outubro de 2018; 197º da Independência e 130º da República.

Michel Temer

(*DOU* 05.10.2018)

LEI 13.767, DE 18 DE DEZEMBRO DE 2018

Altera o art. 473 da Consolidação das Leis do Trabalho (CLT), aprovada pelo Decreto-Lei 5.452, de 1º de maio de 1943, a fim de permitir a ausência ao serviço para realização de exame preventivo de câncer.

O Presidente da Câmara dos Deputados, no exercício do cargo de Presidente da República

Faço saber que o Congresso Nacional decreta e eu sanciono a seguinte Lei:

Art. 1º O caput do art. 473 da Consolidação das Leis do Trabalho (CLT), aprovada pelo Decreto-Lei 5.452, de 1º de maio de 1943, passa a vigorar acrescido do seguinte inciso XII:

"Artigo 473. (...)

"XII – até 3 (três) dias, em cada 12 (doze) meses de trabalho, em caso de realização de exames preventivos de câncer devidamente comprovada."

Art. 2º Esta Lei entra em vigor na data de sua publicação.

Brasília, 18 de dezembro de 2018; 197º da Independência e 130º da República.

Rodrigo Maia

(*DOU* 18.12.2018)

Medidas Provisórias

MEDIDA PROVISÓRIA 2.164-41, DE 24 DE AGOSTO DE 2001

Altera a Consolidação das Leis do Trabalho – CLT, para dispor sobre o trabalho a tempo parcial, a suspensão do contrato de trabalho e o programa de qualificação profissional, modifica as Leis 4.923, de 23 de dezembro de 1965, 5.889, de 8 de junho de 1973, 6.321, de 14 de abril de 1976, 6.494, de 7 de dezembro de 1977, 7.998, de 11 de janeiro de 1990, 8.036, de 11 de maio de 1990, e 9.601, de 21 de janeiro de 1998, e dá outras providências.

- V. Lei 9.601/1998 (Dispõe sobre o contrato de trabalho por prazo determinado).
- V. Dec. 2.490/1998 (Regulamenta a Lei 9.601/1998).

O Presidente da República, no uso da atribuição que lhe confere o art. 62 da Constituição, adota a seguinte Medida Provisória, com força de lei:

Art. 1º Acrescentem-se os seguintes arts. 58-A, 130-A, 476-A e 627-A à Consolidação das Leis do Trabalho – CLT (Decreto-lei 5.452, de 1º de maio de 1943):

"Art. 58-A. Considera-se trabalho em regime de tempo parcial aquele cuja duração não exceda a 25 (vinte e cinco) horas semanais.

§ 1º O salário a ser pago aos empregados sob o regime de tempo parcial será proporcional à sua jornada, em relação aos empregados que cumprem, nas mesmas funções, tempo integral.

§ 2º Para os atuais empregados, a adoção do regime de tempo parcial será feita mediante opção manifestada perante a empresa, na forma prevista em instrumento decorrente de negociação coletiva."

"Art. 130-A. Na modalidade do regime de tempo parcial, após cada período de 12 (doze) meses de vigência do contrato de trabalho, o empregado terá direito a férias, na seguinte proporção:

I – 18 (dezoito) dias, para a duração do trabalho semanal superior a 22 (vinte e duas) horas, até 25 (vinte e cinco) horas;

II – 16 (dezesseis) dias, para a duração do trabalho semanal superior a 20 (vinte) horas, até 22 (vinte e duas) horas;

III – 14 (quatorze) dias, para a duração do trabalho semanal superior a 15 (quinze) horas, até 20 (vinte) horas;
IV – 12 (doze) dias, para a duração do trabalho semanal superior a 10 (dez) horas, até 15 (quinze) horas;
V – 10 (dez) dias, para a duração do trabalho semanal superior a 5 (cinco) horas, até 10 (dez) horas;
VI – 8 (oito) dias, para a duração do trabalho semanal igual ou inferior a 5 (cinco) horas.
Parágrafo único. O empregado contratado sob o regime de tempo parcial que tiver mais de sete faltas injustificadas ao longo do período aquisitivo terá o seu período de férias reduzido à metade."
"Art. 476-A. O contrato de trabalho poderá ser suspenso, por um período de 2 (dois) a 5 (cinco) meses, para participação do empregado em curso ou programa de qualificação profissional oferecido pelo empregador, com duração equivalente à suspensão contratual, mediante previsão em convenção ou acordo coletivo de trabalho e aquiescência formal do empregado, observado o disposto no art. 471 desta Consolidação.
§ 1º Após a autorização concedida por intermédio de convenção ou acordo coletivo, o empregador deverá notificar o respectivo sindicato, com antecedência mínima de 15 (quinze) dias da suspensão contratual.
§ 2º O contrato de trabalho não poderá ser suspenso em conformidade com o disposto no caput deste artigo mais de uma vez no período de 16 (dezesseis) meses.
§ 3º O empregador poderá conceder ao empregado ajuda compensatória mensal, sem natureza salarial, durante o período de suspensão contratual nos termos do caput deste artigo, com valor a ser definido em convenção ou acordo coletivo.
§ 4º Durante o período de suspensão contratual para participação em curso ou programa de qualificação profissional, o empregado fará jus aos benefícios voluntariamente concedidos pelo empregador.
§ 5º Se ocorrer a dispensa do empregado no transcurso do período de suspensão contratual ou nos 3 (três) meses subsequentes ao seu retorno ao trabalho, o empregador pagará ao empregado, além das parcelas indenizatórias previstas na legislação em vigor, multa a ser estabelecida em convenção ou acordo coletivo, sendo de, no mínimo, 100% (cem por cento) sobre o valor da última remuneração mensal anterior à suspensão do contrato.
§ 6º Se durante a suspensão do contrato não for ministrado o curso ou programa de qualificação profissional, ou o empregado permanecer trabalhando para o empregador, ficará descaracterizada a suspensão, sujeitando o empregador ao pagamento imediato dos salários e dos encargos sociais referentes ao período, às penalidades cabíveis previstas na legislação em vigor, bem como às sanções previstas em convenção ou acordo coletivo.
§ 7º O prazo limite fixado no caput poderá ser prorrogado mediante convenção ou acordo coletivo de trabalho e aquiescência formal do empregado, desde que o empregador arque com ônus correspondente ao valor da bolsa de qualificação profissional, no respectivo período."
"Art. 627-A. Poderá ser instaurado procedimento especial para a ação fiscal, objetivando a orientação sobre o cumprimento das leis de proteção ao trabalho, bem como a prevenção e o saneamento de infrações à legislação mediante Termo de Compromisso, na forma a ser disciplinada no Regulamento da Inspeção do Trabalho."

Art. 2º **Os arts. 59, 143, 628, 643 e 652 da Consolidação das Leis do Trabalho – CLT passam a vigorar com as seguintes alterações:**

"Art. 59. [...]
[...]
§ 2º Poderá ser dispensado o acréscimo de salário se, por força de acordo ou convenção coletiva de trabalho, o excesso de horas em um dia for compensado pela correspondente diminuição em outro dia, de maneira que não exceda, no período máximo de 1 (um) ano, à soma das jornadas semanais de trabalho previstas, nem seja ultrapassado o limite máximo de 10 (dez) horas diárias.
[...]
§ 4º Os empregados sob o regime de tempo parcial não poderão prestar horas extras."
"Art. 143. [...]
[...]
§ 3º O disposto neste artigo não se aplica aos empregados sob o regime de tempo parcial."
"Art. 628. Salvo o disposto nos arts. 627 e 627-A, a toda verificação em que o Auditor Fiscal do Trabalho concluir pela existência de violação de preceito legal deve corresponder, sob pena de responsabilidade administrativa, a lavratura de auto de infração.
[...]"
"Art. 643. [...]
[...]
§ 3º A Justiça do Trabalho é competente, ainda, para processar e julgar as ações entre trabalhadores portuários e os operadores portuários ou Órgão Gestor de Mão de Obra – OGMO decorrentes da relação de trabalho."
"Art. 652. [...]
a) [...]
[...]
V – as ações entre trabalhadores portuários e os operadores portuários ou Órgão Gestor de Mão de Obra – OGMO decorrentes da relação de trabalho;
[...]"

Art. 3º **O art. 1º da Lei 4.923, de 23 de dezembro de 1965, passa a vigorar com a seguinte alteração:**

- Alterações processadas no texto do referido artigo.

Art. 4º **O art. 18 da Lei 5.889, de 8 de junho de 1973, passa a vigorar com a seguinte redação:**

- Alterações processadas no texto do referido artigo.

Art. 5º **Acrescentem-se os seguintes §§ 2º e 3º ao art. 2º da Lei 6.321, de 14 de abril de 1976, transformando-se o parágrafo único do artigo mencionado em § 1º:**

- Alterações processadas no texto do referido artigo.

Art. 6º **(Revogado pela Lei 11.788/2008).**

Art. 7º **O inciso II do art. 2º da Lei 7.998, de 11 de janeiro de 1990, passa a vigorar com a redação seguinte:**

"II – auxiliar os trabalhadores na busca ou preservação do emprego, promovendo, para tanto, ações integradas de orientação, recolocação e qualificação profissional."

Art. 8º **Acrescentem-se os seguintes arts. 2º-A, 2º-B, 3º-A, 7º-A, 8º-A, 8º-B e 8º-C à Lei 7.998, de 1990:**

"Art. 2º-A. Para efeito do disposto no inciso II do art. 2º, fica instituída a bolsa de qualificação profissional, a ser custeada pelo Fundo de Amparo ao Trabalhador – FAT, à qual fará jus o trabalhador que estiver com o contrato de trabalho suspenso em virtude de participação em curso ou programa de qualificação profissional oferecido pelo empregador, em conformidade com o disposto em convenção ou acordo coletivo celebrado para este fim."
"Art. 2º-B. Em caráter excepcional e pelo prazo de 6 (seis) meses, os trabalhadores que estejam em situação de desemprego involuntário pelo período compreendido entre 12 (doze) e 18 (dezoito) meses, ininterruptos, e que já tenham sido beneficiados com o recebimento do Seguro-Desemprego, farão jus a três parcelas do benefício, correspondente cada uma a R$ 100,00 (cem reais).
§ 1º O período de 12 (doze) a 18 (dezoito) meses de que trata o caput será contado a partir do recebimento da primeira parcela do Seguro-Desemprego.
§ 2º O benefício poderá estar integrado a ações de qualificação profissional e articulado com ações de emprego a serem executadas nas localidades de domicílio do beneficiado.
§ 3º Caberá ao Conselho Deliberativo do Fundo de Amparo ao Trabalhador – Codefat o estabelecimento, mediante resolução, das demais condições indispensáveis ao recebimento do benefício de que trata este artigo, inclusive quanto à idade e domicílio do empregador ao qual o trabalhador estava vinculado, bem como os respectivos limites de comprometimento dos recursos do FAT."
"Art. 3º-A. A periodicidade, os valores, o cálculo do número de parcelas e os demais procedimentos operacionais de pagamento da bolsa de qualificação profissional, nos termos do art. 2º-A desta Lei, bem como os pré-requisitos para habilitação serão os mesmos adotados em relação ao benefício do Seguro-Desemprego, exceto quanto à dispensa sem justa causa."
"Art. 7º-A. O pagamento da bolsa de qualificação profissional será suspenso se ocorrer a rescisão do contrato de trabalho."
"Art. 8º-A. O benefício da bolsa de qualificação profissional será cancelado nas seguintes situações:
I – fim da suspensão contratual e retorno ao trabalho;
II – por comprovação de falsidade na prestação das informações necessárias à habilitação;
III – por comprovação de fraude visando à percepção indevida da bolsa de qualificação profissional;
IV – por morte do beneficiário."
"Art. 8º-B. Na hipótese prevista no § 5º do art. 476-A da Consolidação das Leis do Trabalho – CLT, as parcelas da bolsa de qualificação profissional que o empregado tiver recebido serão descontadas das parcelas do benefício do Seguro-Desemprego a que fizer jus, sendo-lhe garantido, no mínimo, o recebimento de uma parcela do Seguro-Desemprego."
"Art. 8º-C. Para efeito de habilitação ao Seguro-Desemprego, desconsiderar-se-á o período de suspensão contratual de que trata o art. 476-A da CLT, para o cálculo dos períodos de que tratam os incisos I e II do art. 3º desta Lei."

Art. 9º **A Lei 8.036, de 11 de maio de 1990, passa a vigorar com as seguintes alterações:**

- Alterações processadas no texto da referida Lei.

Art. 10. **O caput do art. 2º da Lei 9.601, de 21 de janeiro de 1998, passa a vigorar com a seguinte redação:**

- Alterações processadas no texto do referido artigo.

Art. 11. **Ao empregado com contrato de trabalho suspenso nos termos do disposto no art. 476-A da Consolidação das Leis do Trabalho – CLT aplica-se o disposto no art. 15, inciso II, da Lei 8.213, de 24 de julho de 1991.**

Art. 12. **Cabe ao Ministério do Trabalho e Emprego a adoção das providências administrativas necessárias à implementação da bolsa de qualificação profissional, disponibilizando o acesso ao benefício a partir de 1º de janeiro de 1999.**

Art. 13. Ficam convalidados os atos praticados com base na Medida Provisória 2.164-40, de 27 de julho de 2001.

Art. 14. Esta Medida Provisória entra em vigor na data de sua publicação.

Brasília, 24 de agosto de 2001; 180º da Independência e 113º da República.

Fernando Henrique Cardoso

(*DOU* 27.08.2001)

Decretos-Leis

DECRETO-LEI 4.597, DE 19 DE AGOSTO DE 1942

Dispõe sobre a prescrição das ações contra a Fazenda Pública e dá outras providências.

- V. Lei 6.830/1980 (Dispõe sobre a cobrança judicial da Dívida Ativa da Fazenda Pública e dá outras providências).

O Presidente da República, usando da atribuição que lhe confere o art. 180 da Constituição, decreta:

Art. 1º Salvo o caso do foro do contrato, compete, à justiça de cada Estado e à do Distrito Federal, processar e julgar as causas em que for interessado, como autor, réu assistente ou opoente, respectivamente, o mesmo Estado ou seus Municípios, e o Distrito Federal.

- V. art. 110, CF.

Parágrafo único. O disposto neste artigo não se aplica às causas já ajuizadas.

Art. 2º O Dec. 20.910, de 6 de janeiro de 1932, que regula a prescrição quinquenal, abrange as dívidas passivas das autarquias, ou entidades e órgãos paraestatais, criados por lei e mantidos mediante impostos, taxas ou quaisquer contribuições exigidas em virtude de lei federal, estadual ou municipal, bem como a todo e qualquer direito e ação contra os mesmos.

Art. 3º A prescrição das dívidas, direitos e ações a que se refere o Dec. 20.910, de 6 de janeiro de 1932, somente pode ser interrompida uma vez, e recomeça a correr, pela metade do prazo, da data do ato que a interrompeu, ou do último do processo para a interromper; consumar-se-á a prescrição no curso da lide sempre que a partir do último ato ou termo da mesma, inclusive da sentença nela proferida, embora passada em julgado, decorrer o prazo de dois anos e meio.

- V. Súmula 383, STF.

Art. 4º As disposições do artigo anterior aplicam-se desde logo a todas as dívidas, direitos e ações a que se referem, ainda não extintos por qualquer causa, ajuizados ou não, devendo a prescrição ser alegada e decretada em qualquer tempo e instância, inclusive nas execuções de sentença.

Art. 5º Este Decreto-lei entrará em vigor na data de sua publicação, revogadas as disposições em contrário.

Rio de Janeiro, 19 de agosto de 1942; 121º da Independência e 54º da República.

Getúlio Vargas

(*DOU* 20.08.1942)

DECRETO-LEI 368, DE 19 DE DEZEMBRO DE 1968

Dispõe sobre efeitos de débitos salariais e dá outras providências.

- V. Lei 4.266/1963 (Institui o salário-família do trabalhador e dá outras providências).
- V. Dec. 53.153/1963 (Regulamenta o salário-família do trabalhador).
- V. Port. MTb 3.296/1986 (Autoriza as empresas e empregadores a adotar o sistema de Reembolso-Creche), disponível em ProView.
- V. IN SRT 1/1989 (Dispõe sobre o prazo para o pagamento do salário), disponível em ProView
- V. Decreto-lei 691/1969 (Dispõe sobre a não aplicação, aos contratos de técnicos estrangeiros, com estipulação de pagamento de salários em moeda estrangeira, de diversas disposições da legislação trabalhista).
- V. Lei 6.858/1980 (Dispõe sobre o pagamento, aos dependentes ou sucessores, de valores não recebidos em vida pelos respectivos titulares).
- V. Decreto 85.845/1981 (Regulamenta a Lei 6.858/1980).
- V. Lei 7.238/1984 (Dispõe sobre a manutenção da correção automática semestral dos salários, de acordo com o INPC).
- V. Lei 8.073/1990 (Estabelece a Política Nacional de Salários).
- V. Lei 8.542/1992 (Dispõe sobre a política nacional de salários).
- V. Lei 8.716/1993 (Dispõe sobre a garantia do salário mínimo).
- V. Lei 8.880/1994 (Dispõe sobre o Programa de Estabilização Econômica e o Sistema Monetário Nacional e institui a URV).
- V. Lei Complementar 103/2000 (Autoriza os Estados e o Distrito Federal a instituir o piso salarial).
- V. Lei 10.192/2001 (Dispõe sobre medidas complementares ao Plano Real).
- V. Decreto 4.840/2003 (Regulamenta a Medida Provisória 130/2003, que dispõe sobre a autorização para desconto de prestações em folha de pagamento).
- V. Lei 10.820/2003 (Dispõe sobre a autorização para desconto de prestações em folha de pagamento).
- V. Lei 12.382/2011 (Dispõe sobre o valor do salário mínimo em 2011 e a sua política de valorização de longo prazo).
- V. Decreto 7.872/2012 (Regulamenta o valor do salário mínimo em 2011 e a sua política de valorização de longo prazo).
- V. Lei 13.152/2015 (Dispõe sobre a política de valorização do salário-mínimo e dos benefícios pagos pelo RGPS para o período de 2016 a 2019).

O Presidente da República, usando da atribuição que lhe confere o § 1º do art. 2º do Ato Institucional 5, de 13 de dezembro de 1968, decreta:

Art. 1º A empresa em débito salarial com seus empregados não poderá:

I – pagar honorário, gratificação, *pro labore* ou qualquer outro tipo de retribuição ou retirada a seus diretores, sócios, gerentes ou titulares da firma individual;

II – distribuir quaisquer lucros, bonificações, dividendos ou interesses a seus sócios, titulares, acionistas, ou membros de órgãos dirigentes, fiscais ou consultivos;

III – ser dissolvida.

Parágrafo único. Considera-se em débito salarial a empresa que não paga, no prazo e nas condições da lei ou do contrato, o salário devido a seus empregados.

Art. 2º A empresa em mora contumaz relativamente a salários não poderá, além do disposto no art. 1º, ser favorecida com qualquer benefício de natureza fiscal, tributária, ou financeira, por parte de órgãos da União, dos Estados ou dos Municípios, ou de que estes participem.

§ 1º Considera-se mora contumaz o atraso ou sonegação de salários devidos aos empregados, por período igual ou superior a três meses, sem motivo grave e relevante, excluídas as causas pertinentes ao risco do empreendimento.

§ 2º Não se incluem na proibição do artigo as operações de crédito destinadas à liquidação dos débitos salariais existentes, o que deverá ser expressamente referido em documento firmado pelo responsável legal da empresa, como justificação do crédito.

Art. 3º A mora contumaz e a infração ao art. 1º serão apuradas mediante denúncia de empregado da empresa ou entidade sindical da respectiva categoria profissional, pela Delegacia Regional do Trabalho, em processo sumário, assegurada ampla defesa ao interessado.

§ 1º Encerrado o processo, o Delegado Regional do Trabalho submeterá ao Ministro do Trabalho e Previdência Social parecer conclusivo para decisão.

§ 2º A decisão que concluir pela mora contumaz será comunicada às autoridades fazendárias locais pelo Delegado Regional do Trabalho, sem prejuízo da comunicação que deverá ser feita ao Ministro da Fazenda.

Art. 4º Os diretores, sócios, gerentes, membros de órgãos fiscais ou consultivos, titulares de firma individual ou quaisquer outros dirigentes de empresa responsável por infração do disposto no art. 1º, incisos I e II, estarão sujeitos à pena de detenção de 1 (um) mês a 1 (um) ano.

Parágrafo único. Apurada a infração prevista neste artigo, o Delegado Regional do Trabalho representará, sob pena de responsabilidade, ao Ministério Público, para a instauração da competente ação penal.

Art. 5º No caso do inciso III do art. 1º, a empresa requererá a expedição de Certidão Negativa de Débito Salarial, a ser passada pela Delegacia Regional do Trabalho mediante prova bastante do cumprimento, pela empresa, das obrigações salariais respectivas.

Art. 6º Considera-se salário devido, para os efeitos deste Decreto-lei, a retribuição de responsabilidade direta da empresa, inclusive comissões, percentagens, gratificações, diárias para viagens e abonos, quando a sua liquidez e certeza não sofram contestação nem estejam pendentes de decisão judicial.

Art. 7º As infrações descritas no art. 1º, incisos I e II, e seu parágrafo único, sujeitam a empresa infratora a multa variável de 10% (dez por cento) a 50% (cinquenta por cento) do débito salarial, a ser aplicada pelo Delegado Regional do Trabalho, mediante o processo previsto nos artigos 626 e seguintes da Consolidação das Leis do Trabalho, sem prejuízo da responsabilidade criminal das pessoas implicadas.

Art. 8º O Ministério do Trabalho e Previdência Social expedirá as instruções necessárias à execução deste Decreto-lei.

Art. 9º Este Decreto-lei entrará em vigor na data de sua publicação, revogadas as disposições em contrário.

Brasília, 19 de dezembro de 1968; 147º da Independência e 80º da República.

A. Costa e Silva

(*DOU* 20.12.1968)

DECRETO-LEI 691, DE 18 DE JULHO DE 1969

Dispõe sobre a não aplicação, aos contratos de técnicos estrangeiros, com estipulação de pagamento de salários em moeda estrangeira, de diversas disposições da legislação trabalhista, e dá outras providências.

- V. Lei 4.266/1963 (Institui o salário-família do trabalhador e dá outras providências).
- V. Dec. 53.153/1963 (Regulamenta o salário-família do trabalhador).
- V. Port. MTb 3.296/1986 (Autoriza as empresas e empregadores a adotar o sistema de Reembolso-Creche), disponível em ProView.
- V. Decreto-lei 368/1968 (Dispõe sobre efeitos de débitos salariais).
- V. IN SRT 1/1989 (Dispõe sobre o prazo para o pagamento do salário), disponível em ProView.
- V. Lei 6.858/1980 (Dispõe sobre o pagamento, aos dependentes ou sucessores, de valores não recebidos em vida pelos respectivos titulares).
- V. Decreto 85.845/1981 (Regulamenta a Lei 6.858/1980).
- V. Lei 7.238/1984 (Dispõe sobre a manutenção da correção automática semestral dos salários, de acordo com o INPC).
- V. Lei 8.073/1990 (Estabelece a Política Nacional de Salários).
- V. Lei 8.542/1992 (Dispõe sobre a política nacional de salários).
- V. Lei 8.716/1993 (Dispõe sobre a garantia do salário mínimo).
- V. Lei 8.880/1994 (Dispõe sobre o Programa de Estabilização Econômica e o Sistema Monetário Nacional e institui a URV).
- V. Lei Complementar 103/2000 (Autoriza os Estados e o Distrito Federal a instituir o piso salarial).
- V. Lei 10.192/2001 (Dispõe sobre medidas complementares ao Plano Real).
- V. Decreto 4.840/2003 (Regulamenta a Medida Provisória 130/2003, que dispõe sobre a autorização para desconto de prestações em folha de pagamento).
- V. Lei 10.820/2003 (Dispõe sobre a autorização para desconto de prestações em folha de pagamento).
- V. Lei 12.382/2011 (Dispõe sobre o valor do salário mínimo em 2011 e a sua política de valorização de longo prazo).
- V. Decreto 7.872/2012 (Regulamenta o valor do salário mínimo em 2011 e a sua política de valorização de longo prazo).
- V. Lei 13.152/2015 (Dispõe sobre a política de valorização do salário-mínimo e dos benefícios pagos pelo RGPS para o período de 2016 a 2019).

O Presidente da República, no uso da atribuição que lhe confere o § 1º do art. 2º do Ato Institucional 5, de 13 de dezembro de 1968, decreta:

Art. 1º Os contratos de técnicos estrangeiros domiciliados ou residentes no exterior, para execução, no Brasil, de serviços especializados, em caráter provisório, com estipulação de salários em moeda estrangeira, serão, obrigatoriamente, celebrados por prazo determinado e prorrogáveis sempre a termo certo, ficando excluídos da aplicação do disposto nos artigos 451, 452, 453, no Capítulo VII do Título IV da Consolidação das Leis do Trabalho e na Lei 5.107, de 13 de dezembro de 1966, com as alterações do Decreto-lei 20, de 14 de setembro de 1966, e legislação subsequente.

Parágrafo único. A rescisão dos contratos de que trata este artigo reger-se-á pelas normas estabelecidas nos artigos 479, 480, e seu § 1º, e 481 da Consolidação das Leis do Trabalho.

Art. 2º Aos técnicos estrangeiros contratados nos termos deste Decreto-lei serão assegurados, além das vantagens previstas no contrato, apenas as garantias relativas a salário mínimo, repouso semanal remunerado, férias anuais, duração, higiene e segurança do trabalho, seguro contra acidente do trabalho e previdência social deferidas ao trabalhador que perceba salário exclusivamente em moeda nacional.

Parágrafo único. É vedada a estipulação contratual de participação nos lucros da empresa.

Art. 3º A taxa de conversão da moeda estrangeira será, para todos os efeitos, a da data do vencimento da obrigação.

Art. 4º A competência para dirimir as controvérsias oriundas das relações estabelecidas sob o regime deste Decreto-lei será da Justiça do Trabalho.

Art. 5º O presente Decreto-lei entrará em vigor na data de sua publicação, aplicando-se às relações em curso.

Art. 6º Revogam-se as disposições em contrário.

Brasília, 18 de julho de 1969; 148º da Independência e 81º da República.

A. Costa e Silva

(*DOU* 21.07.1969)

DECRETO-LEI 779, DE 21 DE AGOSTO DE 1969

Dispõe sobre a aplicação de normas processuais trabalhistas à União Federal, aos Estados, Municípios, Distrito Federal, e autarquias ou fundações de direito público que não explorem atividades econômicas.

- V. Lei 7.627/1987 (Dispõe sobre a eliminação de autos findos nos órgãos da Justiça do Trabalho, e dá outras providências).
- V. Lei 9.800/1999 (Permite às partes a utilização de sistema de transmissão de dados para a prática de atos processuais).

O Presidente da República, usando das atribuições que lhe confere o § 1º do art. 2º do Ato Institucional 5, de 13 de dezembro de 1968, decreta:

Art. 1º Nos processos perante a Justiça do Trabalho constituem privilégio da União, dos Estados, do Distrito Federal, dos Municípios e das autarquias ou fundações de direito público federais, estaduais ou municipais que não explorem atividade econômica:

I – a presunção relativa de validade dos recibos de quitação ou pedidos de demissão de seus empregados, ainda que não homologados nem submetidos à assistência mencionada nos §§ 1º, 2º e 3º do art. 477 da Consolidação das Leis do Trabalho;

II – o quádruplo do prazo fixado no art. 841, *in fine*, da Consolidação das Leis do Trabalho;

III – o prazo em dobro para recurso;

IV – a dispensa de depósito para interposição de recurso;

V – o recurso ordinário *ex officio* das decisões que lhe sejam total ou parcialmente contrárias;

VI – o pagamento de custas a final, salvo quanto à União Federal, que não as pagará.

Art. 2º O disposto no artigo anterior aplica-se aos processos em curso, mas não acarretará a restituição de depósitos ou custas pagas para efeito de recurso até decisão passada em julgado.

Art. 3º Este Decreto-lei entra em vigor na data de sua publicação, revogadas as disposições em contrário.

Brasília, 21 de agosto de 1969; 148º da Independência e 81º da República.

A. Costa e Silva

(*DOU* 25.08.1969)

DECRETO-LEI 1.422, DE 23 DE OUTUBRO DE 1975

Dispõe sobre o salário-educação.

- V. Dec. 87.043/1982 (Regulamenta o Dec.-lei 1.422/1975).
- V. Lei 9.766/1998 (Altera a legislação que rege o Salário-Educação, e dá outras providências).
- V. Súmula 732, STF.

O Presidente da República, no uso das atribuições que lhe confere o art. 55, inciso II, da Constituição, decreta:

Art. 1º O salário-educação, previsto no art. 178 da Constituição, será calculado com base em alíquota incidente sobre a folha do salário de contribuição, como definido no art. 76 da Lei 3.807, de 26 de agosto de 1960, com as modificações introduzidas pelo Decreto-lei 66, de 21 de novembro de 1966, e pela Lei 5.890, de 8 de junho de 1973, não se aplicando ao salário-educação o disposto no art. 14, *in fine*, dessa Lei, relativo à limitação da base de cálculo da contribuição.

- V. art. 212, § 5º, CF.

§ 1º O salário-educação será estipulado pelo sistema de compensação do custo atuarial, cabendo a todas empresas recolher, para este fim, em relação aos seus titulares, sócios e diretores e aos empregados independentemente da idade, do estado civil e do número de filhos, a contribuição que for fixada em correspondência com o valor da quota respectiva.

§ 2º A alíquota prevista neste artigo será fixada por ato do Poder Executivo, que poderá alterá-la mediante demonstração, pelo Ministério da Educação e Cultura, da efetiva variação do custo real unitário do ensino de 1º Grau.

§ 3º A contribuição da empresa obedecerá aos mesmos prazos de recolhimento e estará sujeita às mesmas sanções administrativas, penais e demais normas relativas às contribuições destinadas à Previdência Social.

§ 4º O salário-educação não tem caráter remuneratório na relação de emprego e não se vincula, para nenhum efeito, ao salário ou à remuneração percebida pelos empregados das empresas compreendidas por este Decreto-lei.

§ 5º Entende-se por empresa, para os fins deste Decreto-lei, o empregador como tal definido no art. 2º da Consolidação das Leis do Trabalho e no art. 4º da Lei 3.807, de 26 de agosto de 1960, com a redação dada pelo art. 1º da Lei 5.890, de 8 de junho de 1973, bem como as empresas e demais entidades públicas ou privadas, vinculadas à Previdência Social, ressalvadas as exceções previstas na legislação específica e excluídos os órgãos da Administração Direta.

Art. 2º O montante da arrecadação do salário-educação, em cada Estado e Território e no Distrito Federal, depois de feita a dedução prevista no § 3º, deste artigo, será creditado pelo Banco do Brasil S/A em duas contas distintas:

a) 2/3 (dois terços) em favor dos programas de ensino de 1º Grau, regular e supletivo, no respectivo Estado, Território ou Distrito Federal;

b) 1/3 (um terço) em favor do Fundo Nacional de Desenvolvimento da Educação.

§ 1º Os recursos de que trata a alínea *a* deste artigo serão empregados nos Estados e no Distrito Federal, de acordo com planos de aplicação aprovados pelos respectivos Conselhos de Educação, e nos Territórios de conformidade com o Plano Setorial de Educação e Cultura.

§ 2º O terço destinado ao Fundo Nacional de Desenvolvimento da Educação será aplicado:

a) em programas de iniciativa própria do Ministério da Educação e Cultura, de pesquisa, planejamento, currículos, material escolar, formação e aperfeiçoamento de pessoal docente e outros programas especiais relacionados com o ensino de 1º Grau;

b) na concessão de auxílios, na forma do disposto nos artigos 42 e 54, e seus parágrafos, da Lei 5692, de 11 de agosto de 1971, sempre respeitando critérios que levem em conta o grau de desenvolvimento econômico e social relativo, tal como especificados em Regulamento e, especialmente, os *deficits* de escolarização da população na faixa etária entre os 7 e os 14 anos, em cada Estado e Território e no Distrito Federal, de modo a contemplar os mais necessitados.

§ 3º O INPS reterá, do montante recolhido, a título de taxa de administração, a importância equivalente a 1% (um por cento), depositando o restante no Banco do Brasil, para os fins previstos neste artigo.

Art. 3º Ficam isentas do recolhimento do salário-educação:

I – as empresas que, obedecidas as normas que forem estabelecidas em Regulamento, mantenham diretamente e às suas expensas, instituições de ensino de 1º Grau ou programas de bolsas para seus empregados e os filhos destes;

II – as instituições públicas de ensino de qualquer grau, e as particulares, devidamente registradas e reconhecidas pela Administração Estadual de ensino;

III – as organizações hospitalares e de assistência social, desde que comprovem enquadrar-se nos benefícios da Lei 3.577, de 4 de julho de 1959;

IV – as organizações de fins culturais que, para este fim, vierem a ser definidas no Regulamento.

Art. 4º O Ministério da Educação e Cultura fiscalizará a aplicação de todos os recursos provenientes do salário-educação, na forma do Regulamento e das instruções que para esse fim, forem baixadas pelo Fundo Nacional de Desenvolvimento da Educação.

Art. 5º O Poder Executivo baixará decreto aprovando Regulamento deste Decreto-lei, no prazo de 60 (sessenta) dias a contar de sua publicação.

Art. 6º Este Decreto-lei entrará em vigor a 1º de janeiro de 1976, revogadas a Lei 4.440, de 27 de outubro de 1964, e demais disposições em contrário.

Brasília, 23 de outubro de 1975; 154º da Independência e 87º da República.

Ernesto Geisel

(*DOU* 24.10.1975)

Decretos

DECRETO 27.048, DE 12 DE AGOSTO DE 1949

Aprova o regulamento da Lei 605, de 5 de janeiro de 1949, que dispõe sobre o repouso semanal remunerado e o pagamento de salários nos dias feriados, civis e religiosos.

- V. Lei 605/1949 (Dispõe sobre o repouso semanal remunerado e o pagamento de salário, nos dias feriados civis e religiosos).

O Presidente da República, usando da atribuição que lhe confere o art. 87, I, da Constituição, e nos termos do art. 10, parágrafo único, da Lei 605, de 5 de janeiro de 1949, decreta:

Art. 1º Fica aprovado o regulamento que a este acompanha, assinado pelo Ministro de Estado dos Negócios do Trabalho e Previdência Social, pelo qual reger-se-á a execução da Lei 605, de 5 de janeiro de 1949.

Art. 2º Revogam-se as disposições em contrário.

Rio de Janeiro, 12 de agosto de 1949; 128º da Independência e 61º da República.

Eurico G. Dutra

(*DOU* 16.08.1949)

REGULAMENTO

Art. 1º Todo empregado tem direito a repouso remunerado, num dia de cada semana, preferentemente aos domingos, nos feriados civis e nos religiosos, de acordo com a tradição local, salvo as exceções previstas neste regulamento.

Art. 2º As disposições do presente regulamento são extensivas:

a) aos trabalhadores rurais, salvo os que trabalhem em regime de parceria agrícola, meação ou forma semelhante de participação na produção;

b) aos trabalhadores que, sob forma autônoma, trabalhem agrupados, por intermédio de sindicato, caixa portuária ou entidade congênere, tais como estivadores, consertadores, conferentes e assemelhados;

c) aos trabalhadores das entidades autárquicas, dos serviços industriais da União, dos Estados, dos Municípios e dos Territórios, e das empresas por estes administradas ou incorporadas, desde que não estejam sujeitos ao regime dos funcionários ou extranumerários ou não tenham regime próprio de proteção ao trabalho, que lhes assegure situação análoga à daqueles servidores públicos.

Art. 3º O presente regulamento não se aplica:

a) aos empregados domésticos, assim considerados os que prestam serviço de natureza não econômica a pessoa ou a família, no âmbito residencial destas;

b) aos funcionários da União, dos Estados, dos Municípios e dos Territórios, bem como aos respectivos extranumerários, em serviço nas próprias repartições.

Art. 4º O repouso semanal remunerado será de 24 (vinte e quatro) horas consecutivas.

Art. 5º São feriados civis, e como tais obrigam ao repouso remunerado em todo o território nacional, aqueles que a lei determinar.

Parágrafo único. Será também obrigatório o repouso remunerado nos dias feriados locais, até o máximo de sete, desde que declarados como tais por lei municipal, cabendo à autoridade regional competente em matéria de trabalho expedir os atos necessários à observância do repouso remunerado nesses dias.

- Feriados: ver quadro demonstrativo da Legislação Complementar.

Art. 6º Excetuados os casos em que a execução dos serviços for imposta pelas exigências técnicas das empresas, é vedado o trabalho nos dias de repouso a que se refere o art. 1º, garantida, entretanto, a remuneração respectiva.

§ 1º Constituem exigências técnicas, para os efeitos deste regulamento, aquelas que, em razão do interesse público, ou pelas condições peculiares às atividades da empresa ou ao local onde as mesmas se exercitarem, tornem indispensável a continuidade do trabalho, em todos ou alguns dos respectivos serviços.

§ 2º Nos serviços que exijam trabalho em domingo, com exceção dos elencos teatrais e congêneres, será estabelecida escala de revezamento, previamente organizada e constante de quadro sujeito a fiscalização.

§ 3º Nos serviços em que for permitido o trabalho nos feriados civis e religiosos, a remuneração dos empregados que trabalharem nesses dias será paga em dobro, salvo se a empresa determinar outro dia de folga.

Art. 7º É concedida, em caráter permanente e de acordo com o disposto no § 1º, do art. 6º, permissão para o trabalho nos dias de repouso a que se refere o art. 1º, nas atividades constantes da relação anexa ao presente regulamento.

§ 1º Os pedidos de permissão para quaisquer outras atividades, que se enquadrem no § 1º do art. 6º, serão apresentados às autoridades regionais referidas no art. 15, que os encaminharão ao Ministro do Trabalho, devidamente informados.

§ 2º A permissão dar-se-á por decreto do Poder Executivo.

Art. 8º Fora dos casos previstos no artigo anterior, admitir-se-á excepcionalmente o trabalho em dia de repouso:

a) quando ocorrer motivo de força maior, cumprindo à empresa justificar a ocorrência perante a autoridade regional a que se refere o art. 15, no prazo de 10 (dez) dias;

b) quando, para atender à realização ou conclusão de serviços inadiáveis ou cuja inexecução possa acarretar prejuízo manifesto, a empresa obtiver da autoridade regional referida no art. 15, autorização prévia, com discriminação do período autorizado, o qual, de cada vez, não excederá de 60 (sessenta) dias, cabendo neste caso a remuneração em dobro, na forma e com a ressalva constante do art. 6º, § 3º.

Art. 9º Nos dias de repouso, em que for permitido o trabalho, é vedada às empresas a execução de serviços que se não enquadrem nos motivos determinantes da permissão.

Art. 10. A remuneração dos dias de repouso obrigatório, tanto o do repouso semanal como aqueles correspondentes aos feriados, integrará o salário para todos os efeitos legais e com ele deverá ser paga.

§ 1º A remuneração do dia de repouso corresponderá, qualquer que seja a forma de pagamento do salário:

a) para os contratados por semana, dia ou hora, à de um dia normal de trabalho, não computadas as horas extraordinárias;

b) para os contratados por tarefa ou peça, ao equivalente ao salário correspondente às tarefas ou peças executadas durante a semana, no horário normal de trabalho, dividido pelos dias de serviço efetivamente prestados ao empregador;

c) para os trabalhadores rurais, que trabalham por tarefa predeterminada, ao quociente da divisão do salário convencionado pelo número de dias fixado para a respectiva execução.

§ 2º A remuneração prevista na alínea *a* será devida aos empregados contratados por mês ou quinzena, cujo cálculo de salário mensal ou quinzenal, ou cujos descontos por faltas ao serviço, sejam efetuados em base inferior a 30 (trinta) ou 15 (quinze) dias, respectivamente.

Art. 11. Perderá a remuneração do dia de repouso o trabalhador que, sem motivo justificado ou em virtude de punição disciplinar, não tiver trabalhado durante toda a semana, cumprindo integralmente o seu horário de trabalho.

§ 1º Nas empresas em que vigorar regime de trabalho reduzido, a frequência exigida corresponderá ao número de dias em que houver trabalho.

§ 2º Não prejudicarão a frequência exigida as ausências decorrentes de férias.

§ 3º Não serão acumuladas a remuneração do repouso semanal e a do feriado civil ou religioso, que recaírem no mesmo dia.

§ 4º Para os efeitos do pagamento da remuneração, entende-se como semana o período de segunda-feira a domingo, anterior à semana em que recair o dia de repouso definido no art. 1º.

Art. 12. Constituem motivos justificados:

a) os previstos no art. 473, e seu parágrafo, da Consolidação das Leis do Trabalho;

b) a ausência do empregado, justificada, a critério da administração do estabelecimento, mediante documento por esta fornecido;

c) a paralisação do serviço nos dias em que, por conveniência do empregador, não tenha havido trabalho;

d) a falta ao serviço, com fundamento na Lei de Acidentes do Trabalho;

e) a ausência do empregado, até três dias consecutivos, em virtude de seu casamento;

f) a doença do empregado, devidamente comprovada até 15 (quinze) dias, caso em que a remuneração corresponderá a 2/3 (dois terços) da fixada no art. 10.

§ 1º A doença será comprovada mediante atestado passado por médico da empresa ou por ela designado e pago.

§ 2º Não dispondo a empresa de médico, o atestado poderá ser passado por médico do Instituto Nacional de Previdência Social (INPS), por médico do Serviço Social da Indústria ou do Serviço Social do Comércio, por médico de repartição federal, estadual ou municipal, incumbida de assunto de higiene ou saúde, ou, inexistindo na localidade médicos nas condições acima especificadas, por médico do sindicato a que pertença o empregado ou por profissional da escolha deste.

§ 3º As entradas no serviço, verificadas com atraso, em decorrência de acidentes de transportes, quando devidamente comprovadas mediante atestado da empresa concessionária, não acarretarão, para o trabalhador, a aplicação do disposto no art. 11.

Art. 13. Para os efeitos da legislação do trabalho e das contribuições e benefícios da previdência social, passará a ser calculado na base de 30 (trinta) dias ou 240 (duzentas e quarenta) horas o mês que, anteriormente, o era na base de 25 (vinte e cinco) dias ou 200 (duzentas) horas.

Art. 14. As infrações ao disposto na Lei 605, de 5 de janeiro de 1949, ou neste regulamento, serão punidas, segundo o caráter e a gravidade, com a multa de Cr$ 100,00 a Cr$ 5.000,00 (cem a cinco mil cruzeiros).

- Multas: ver Notas de Atualização e Portaria MTb 290/1997.

Art. 15. São originariamente competentes para a imposição das multas de que trata este regulamento, os delegados regionais do Trabalho e, nos Estados onde houver delegação de atribuições, a autoridade delegada.

Art. 16. A fiscalização da execução do presente Regulamento, bem como o processo de atuação de seus infratores, reger-se-ão pelo disposto no Título VII da Consolidação das Leis do Trabalho.

Art. 17. O presente regulamento entrará em vigor na data de sua publicação.

Rio de Janeiro, 12 de agosto de 1949.

Honório Monteiro

ANEXO

Relação a que se refere o art. 7º

I – Indústria

1) Laticínios (excluídos os serviços de escritório).

2) Frio industrial, fabricação e distribuição de gelo (excluídos os serviços de escritório).

3) Purificação e distribuição de água (usinas e filtros) (excluídos os serviços de escritório).

4) Produção e distribuição de energia elétrica (excluídos os serviços de escritório).

5) Produção e distribuição de gás (excluídos os serviços de escritório).

6) Serviços de esgotos (excluídos os serviços de escritório).

7) Confecção de coroas de flores naturais.

8) Pastelaria, confeitaria e panificação em geral.

9) Indústria do malte (excluídos os serviços de escritório).

10) Indústria do cobre eletrolítico, de ferro (metalúrgica) e do vidro (excluídos os serviços de escritório).

11) Turmas de emergência nas empresas industriais, instaladoras e conservadoras de elevadores e cabos aéreos.

12) Trabalhos em curtumes (excluídos os serviços de escritório).

13) Alimentação de animais destinados à realização de pesquisas para preparo de soro e outros produtos farmacêuticos.

14) Siderurgia, fundição, forjaria, usinagem (fornos acesos permanente) (exclusive pessoal de escritório).

- Item 14 com redação determinada pelo Dec. 60.591/1967.

15) Lubrificação e reparos do aparelhamento industrial (turma de emergência) (excluídos os serviços de escritório).

16) Indústria moageira (excluídos os serviços de escritório).

17) Usinas de açúcar e de álcool (com exclusão de oficinas e escritórios).

18) Indústria do papel de imprensa (excluídos os serviços de escritório).

19) Indústria de vidro (excluídos os serviços de escritório).

20) Indústria de produção de zarcão (excluídos os serviços de escritório).

- Item 20 acrescentado pelo Dec. 27.655/1949.

21) Indústria de cerâmica em geral (excluídos os serviços de escritório).

- Item 21 acrescentado pelo Dec. 28.066/1950.

22) Indústria de extração de carvão (excluídos os serviços de escritório).

- Item 22 acrescentado pelo Dec. 27.656/1949.

23) Indústria do cimento (excluídos os serviços de escritório).

- Item 23 acrescentado pelo Dec. 29.553/1951.

24) Indústria de acumuladores elétricos, unicamente nos setores referentes a carga e descarga de baterias, moinho e cabina elétrica, excluídos todos os demais serviços.

- Item 24 acrescentado pelo Dec. 56.533/1965.

25) Indústria do chá (excluídos os serviços de escritório).

- Item 25 acrescentado pelo Dec. 61.423/1967.

☛ **26)** processamento de hortaliças, legumes e frutas.

- Item 26 com redação determinada pelo Dec. 9.513/2019.

27) Indústria de extração de óleos vegetais comestíveis (excluídos os serviços de escritório).

- Item 27 acrescentado pelo Dec. 97.052/1988.

28) Indústria têxtil (excluídos os serviços de escritório).

- Item 28 acrescentado pelo Dec. de 14.08.1991.

II – Comércio

1) Varejistas de peixe.

2) Varejistas de carnes frescas e caça.

3) Venda de pão e biscoitos.

4) Varejistas de frutas e verduras.

5) Varejistas de aves e ovos.

6) Varejistas de produtos farmacêuticos (farmácias, inclusive manipulação de receituário).

7) Flores e coroas.

8) Barbearias (quando funcionando em recinto fechado ou fazendo parte do complexo do estabelecimento ou atividade, mediante acordo expresso com os empregados).

9) Entrepostos de combustíveis, lubrificantes e acessórios para automóveis (postos de gasolina).

10) Locadores de bicicletas e similares.

11) Hotéis e similares (restaurantes, pensões, bares, cafés, confeitarias, leiterias, sorveterias e bombonerias).

12) Hospitais, clínicas, casas de saúde e ambulatórios.

13) Casas de diversões (inclusive estabelecimentos esportivos em que o ingresso seja pago).

14) Limpeza e alimentação de animais em estabelecimentos de avicultura.

15) Feiras-livres e mercados, comércio varejista de supermercados e de hipermercados, cuja atividade preponderante seja a venda de alimentos, inclusive os transportes a eles inerentes.

- Item 15 com redação determinada pelo Dec. 9.127/2017.

16) Porteiros e cabineiros de edifícios residenciais.

17) Serviço de propaganda dominical.

18) Comércio de artigos regionais nas estâncias hidrominerais.

- Item 18 acrescentado pelo Dec. 88.341/1983.

19) Comércio em portos, aeroportos, estradas, estações rodoviárias e ferroviárias.

- Item 19 acrescentado pelo Dec. 94.591/1987.

20) Comércio em hotéis.

- Item 20 acrescentado pelo Dec. 94.591/1987.

21) Agências de turismo, locadoras de veículos e embarcações.

- Item 21 acrescentado pelo Dec. 94.591/1987.

22) Comércio em postos de combustíveis.

- Item 22 acrescentado pelo Dec. 94.591/1987.

23) Comércio em feiras e exposições.

- Item 23 acrescentado pelo Dec. 94.591/1987.

III – Transportes

1) Serviços portuários.

2) Navegação (inclusive escritórios unicamente para atender a serviço de navios).

3) Trânsito marítimo de passageiros (exceto serviços de escritório).

4) Serviço propriamente de transportes (excluídos os transportes de carga urbanos e os escritórios e oficinas, salvo as de emergência).

5) Serviço de transportes aéreos (excluídos os departamentos não ligados diretamente ao tráfego aéreo).

6) Transporte interestadual (rodoviário), inclusive limpeza e lubrificação dos veículos.

7) Transporte de passageiros por elevadores e cabos aéreos.

IV – Comunicações e publicidade

1) Empresas de comunicações telegráficas, radiotelegráficas e telefônicas (excluídos os serviços de escritório e oficina, salvo as de emergência).

2) Empresas de radiodifusão, televisão, de jornais e revistas (excluídos os escritórios).

- Item 2 com redação determinada pelo Dec. 94.591/1987.

3) Distribuidores e vendedores de jornais e revistas (bancas e ambulantes).

4) Anúncios em bondes e outros veículos (turma de emergência).

V – Educação e cultura

1) Estabelecimentos de ensino (internatos, excluídos os serviços de escritório e magistério).

2) Empresas teatrais (excluídos os serviços de escritório).

3) Bibliotecas (excluídos os serviços de escritório).

4) Museus (excluídos os serviços de escritório).

5) Empresas exibidoras cinematográficas (excluídos os serviços de escritório).

6) Empresas de orquestras.

7) Cultura física (excluídos os serviços de escritório).

8) Instituições de culto religioso.

VI – Serviços funerários

1) Estabelecimentos e entidades que executem serviços funerários.

VII – Agricultura e pecuária

1) Limpeza e alimentação de animais em propriedades agropecuárias.

2) Execução de serviços especificados nos itens anteriores desta relação.

3) Colheita, beneficiamento, lavagem e transporte de hortaliças, legumes e frutas.

- Item 3 acrescentado pelo Dec. 7.421/2010.

DECRETO 53.153, DE 10 DE DEZEMBRO DE 1963

Aprova o Regulamento do Salário-Família do Trabalhador.

- V. Lei 4.266/1963 (Institui o salário-família do trabalhador e dá outras providências).
- V. Port. MTb 3.296/1986 (Autoriza as empresas e empregadores a adotar o sistema de Reembolso-Creche), disponível em ProView.
- V. Decreto-lei 368/1968 (Dispõe sobre efeitos de débitos salariais).
- V. IN SRT 1/1989 (Dispõe sobre o prazo para o pagamento do salário), disponível em ProView

- V. Decreto-lei 691/1969 (Dispõe sobre a não aplicação, aos contratos de técnicos estrangeiros, com estipulação de pagamento de salários em moeda estrangeira, de diversas disposições da legislação trabalhista).
- V. Lei 6.858/1980 (Dispõe sobre o pagamento, aos dependentes ou sucessores, de valores não recebidos em vida pelos respectivos titulares).
- V. Decreto 85.845/1981 (Regulamenta a Lei 6.858/1980).
- V. Lei 7.238/1984 (Dispõe sobre a manutenção da correção automática semestral dos salários, de acordo com o INPC).
- V. Lei 8.073/1990 (Estabelece a Política Nacional de Salários).
- V. Lei 8.542/1992 (Dispõe sobre a política nacional de salários).
- V. Lei 8.716/1993 (Dispõe sobre a garantia do salário mínimo).
- V. Lei 8.880/1994 (Dispõe sobre o Programa de Estabilização Econômica e o Sistema Monetário Nacional e institui a URV).
- V. Lei Complementar 103/2000 (Autoriza os Estados e o Distrito Federal a instituir o piso salarial).
- V. Lei 10.192/2001 (Dispõe sobre medidas complementares ao Plano Real).
- V. Decreto 4.840/2003 (Regulamenta a Medida Provisória 130/2003, que dispõe sobre a autorização para desconto de prestações em folha de pagamento).
- V. Lei 10.820/2003 (Dispõe sobre a autorização para desconto de prestações em folha de pagamento).
- V. Lei 12.382/2011 (Dispõe sobre o valor do salário mínimo em 2011 e a sua política de valorização de longo prazo).
- V. Decreto 7.872/2012 (Regulamenta o valor do salário mínimo em 2011 e a sua política de valorização de longo prazo).
- V. Lei 13.152/2015 (Dispõe sobre a política de valorização do salário-mínimo e dos benefícios pagos pelo RGPS para o período de 2016 a 2019).

O Presidente da República, usando da atribuição que lhe confere o artigo 87, item I, da Constituição e tendo em vista o disposto no art. 10 da Lei 4.266, de 3 de outubro de 1963, decreta:

Art. 1º Fica aprovado, sob a denominação de "Regulamento do Salário-Família do Trabalhador", o Regulamento que a este acompanha, assinado pelo Ministro do Trabalho Previdência Social, destinado à fiel execução da Lei 4.266, de 3 de outubro de 1963.

Art. 2º O presente Decreto entrará em vigor em 1º de dezembro de 1963, revogadas as disposições em contrário.

Brasília, 10 de dezembro de 1963; 142º da Independência e 75º da República.

João Goulart

REGULAMENTO DA LEI DO SALÁRIO-FAMÍLIA DO TRABALHADOR, INSTITUÍDO PELA LEI 4.266, DE 3 DE OUTUBRO DE 1963

Capítulo I
Do Direito ao Salário-Família

Art. 1º O "salário-família" instituído pela Lei 4.266, de 3 de outubro de 1963, visando a dar cumprimento ao preceituado no artigo 157, n. I, parte final, da Constituição Federal, tem por finalidade de assegurar aos trabalhadores, por ela abrangidos, quotas pecuniárias destinadas a auxiliá-los no sustento e educação dos filhos, observadas as condições e limites na mesma lei estabelecidos e os termos do presente Regulamento.

Art. 2º O salário-família é devido aos seus empregados, por todas as empresas vinculadas ao sistema geral de Previdência Social instituído pela Lei 3.807, de 26 de agosto de 1960 (Lei Orgânica da Previdência Social) e como tal nessa mesma lei definidas, executadas as repartições públicas, autárquicas e quaisquer outras entidades públicas, com relação aos respectivos servidores não filiados ao Sistema Geral de Previdência Social, bem como aos demais para os quais já vigorar regime legalmente estabelecido de "salário-família".

Art. 3º Tem direito ao Salário-Familia todo empregado como tal definido no art. 3º e seu parágrafo único da consolidação das leis do Trabalho, qualquer que seja o valor e a forma de sua remuneração das empresas mencionadas no art. 2º com a ressalva constante da parte final do mesmo artigo.

- *Caput* com redação determinada pelo Dec. 59.122/1966.

Parágrafo único. Quando pai e mãe forem empregados, nos termos deste artigo, assistirá a cada um, separadamente, o direito ao salário-família, com relação aos respectivos filhos.

Art. 4º O salário-família é devido na proporção do número de filhos menores de qualquer condição, até 14 anos de idade.

Parágrafo único. Consideram-se filhos de qualquer condição os legítimos, legitimados, ilegítimos e adotivos, nos termos da legislação civil.

Art. 5º A prova de filiação, asseguradora do direito ao salário-família, será feita mediante a certidão do registro civil de nascimento, ou, para os casos especiais de filiação ilegítima, pelas demais provas admitidas na legislação civil (arts. 29 e 31).

§ 1º As certidões expedidas para os fins deste artigo poderão conter apenas breve extratos dos dados essenciais e, nos termos do § 3º do art. 4º da Lei 4.226, de 3 de outubro de 1963, são isentas de selo, taxas ou emolumentos de qualquer espécie, assim como reconhecimento de firmas a elas referente, quando necessário.

§ 2º Os Cartórios do Registro Civil poderão, consoante as possibilidades do serviço, estabelecer prazo de até 10 (dez) dias para sua concessão.

§ 3º Quando do registro do nascimento, os Cartórios expedirão, desde logo, conjuntamente com a certidão comum, o breve extrato dos dados essenciais, para efeito deste Regulamento, nos termos do § 1º deste artigo.

Art. 6º O salário-família será devido a partir do mês em que for feita pelo empregado, perante a respectiva empresa, prova de filiação relativa a cada filho, nos termos dos artigos 4º e 5º, mediante a entrega do documento correspondente, e até o mês, inclusive, em que completar 14 anos de idade.

Art. 7º Para efeito da manutenção do Salário-Família, o empregado é obrigado a firmar, perante a empresa, em janeiro e julho de cada ano, declaração de vida e resistência do filho, ficando sujeito às sanções aplicáveis de acordo com a legislação penal vigente, pela eventual declaração falsa prestada, além de a mesma constituir falta grave, por ato de improbidade, ensejando a rescisão do contrato de trabalho pelo empregador por justa causa conforme prevê a letra "a" do artigo 482 da Consolidação das Leis do Trabalho (artigos 29 e 31).

- Artigo com redação determinada pelo Dec. 54.014/1964.

Parágrafo único. A falta dessa declaração obrigatória pelo empregado, na época própria, importará na imediata suspensão do pagamento da quota respectiva, pela empresa, até que venha a ser efetivada.

Art. 8º Em cada de falecimento do filho, o empregado é obrigado a fazer imediata comunicação do óbito à empresa, para efeito de cessação da respectiva quota (art. 29), apresentando a respectiva certidão ou declaração escrita.

Art. 9º As indicações referentes à prova da filiação de cada filho serão lançadas, pela empresa, na "Ficha de salário-família" do empregado, conforme modelo anexo a este Regulamento (n. I), de concessão a seu cargo, devendo permanecer o documento correspondente em poder da empresa, enquanto estiver ele a seu serviço.

Art. 10. O direito ao salário-família cessará automaticamente:

I – por morte do filho, a partir do mês seguinte ao do óbito;

II – pelo completar 14 anos de idade, a partir do mês seguinte ao da data aniversária;

III – com relação à empresa respectiva, pela cessação da relação de emprego entre a mesma e o empregado, a partir da data em que esta se verificar.

Art. 11. Cessado o direito ao salário-família, por qualquer dos motivos enumerados no art. 10, serão imediatamente restituídos ao empregado, mediante recibo, passado no verso da "Ficha" respectiva, os documentos correspondentes aos filhos, devendo, porém, ser sempre conservada pela empresa a "Ficha" e os atestados de vida e residência, para efeito da fiscalização prevista na Seção III do Capítulo III.

Capítulo II
Das Quotas de Salário-Família e do Respectivo Pagamento

Art. 12. A cada filho, nas condições previstas neste regulamento, corresponderá uma quota de salário-família no valor de 5% (cinco por cento) do salário-

-mínimo local, arredondado este para o múltiplo de mil cruzeiros seguinte, para efeito do cálculo.

Art. 13. O pagamento das quotas do salário-família será feito pelas próprias empresas, mensalmente, aos seus empregados, juntamente com o do respectivo salário.

§ 1º Quando os pagamentos forem semanais ou por outros períodos, as quotas serão pagas juntamente com o último relativo ao mês.

- Primitivo parágrafo único renumerado pelo Dec. 59.122/1966.

§ 2º No caso de empregado na situação do art. 476 da Consolidação das Leis do Trabalho, a empresa solicitará ao Instituto de Aposentadoria e Pensões respectivo que passe a efetuar-lhe o pagamento da quota ou quotas de salário-família juntamente com a prestação do auxílio-doença, fazendo-se a necessária ressalva, por ocasião do reembolso de que tratam os arts. 21 e 25.

- § 2º acrescentado pelo Dec. 59.122/1966.

Art. 14. Ocorrendo desquite ou separação entre os pais, ou, ainda, em caso de abandono legalmente caracterizado ou de perda de pátrio poder, o salário-família poderá passar a ser pago diretamente àquele dos pais ou, quando for o caso, a outra pessoa, a cujo encargo ficar o sustento do filho, se assim o determinar o Juiz competente.

Art. 15. Ocorrendo a admissão do empregado no decurso do mês, ou a cessação da relação de emprego, por qualquer motivo, o salário-família será pago ao empregado na proporção dos dias do mês decorridos a partir da data da admissão ou até a data em que a cessação se verificar, arredondando o respectivo valor para o múltiplo de cem cruzeiros seguintes.

Art. 16. Em caso de transferência do empregado para localidade de nível de salário-mínimo diferente, as quotas de salário-família serão calculadas e pagas proporcionalmente ao número de dias do mês decorridos em uma e outra das regiões.

Art. 17. O empregado dará quitação à empresa de cada recebimento mensal das quotas de salário-família, na própria folha de pagamento, ou por outro sistema legalmente admitido, de modo porém a que essa quitação fique perfeita e facilmente caracterizada.

Parágrafo único. A empresa deverá conservar os comprovantes a que se refere este artigo, para efeitos da fiscalização prevista na Seção III do Capítulo III.

Capítulo III
Do Custeio

Seção I
Da Contribuição e do Recolhimento

Art. 18. O custeio do salário-família será feito mediante o sistema de compensação previsto no art. 3º da Lei 4.266, de 3 de outubro de 1963, consoante as disposições deste Capítulo.

Art. 19. Caberá a cada empresa, qualquer que seja o número a idade, o estado civil de seus empregados e independentemente de terem estes ou não, filhos nas condições referidas no art. 4º, recolher mensalmente, ao Instituto ou Institutos de Aposentadoria e Pensões a que estiver vinculada a contribuição relativa ao salário-família, que corresponderá a percentagem de 4,3% (quatro e três décimos por cento), incidente sobre o salário-de-contribuição definido na legislação de Previdência Social, de todos os empregados da empresa nos termos do artigo 35 e seu parágrafo 2º da Lei 4.863, de 29 de novembro de 1965.

- Artigo com redação determinada pelo Dec. 59.122/1966.

Art. 20. O recolhimento da contribuição de que trata o art. 19 será feito conjuntamente com as contribuições destinadas ao custeio da Previdência Social, observados, para esse efeito, os mesmos prazos, sanções administrativas e penais e demais condições estabelecidas, com relação a estas últimas, na Lei 3.807, de 26 de agosto de 1960, na forma do seu Regulamento Geral expedido pelo Decreto 48.959-A, de 19 de setembro de 1960.

§ 1º O recolhimento se fará mediante as próprias guias em uso para as contribuições destinadas à Previdência Social, com a inclusão do título "Contribuição do Salário-Família".

§ 2º As guias de recolhimento conterão, ou terão anexadas, obrigatoriamente, a relação nominal dos empregados que, no mês a que se referem, receberam salário-família, apondo-se, ao lado de cada nome, o correspondente número de filhos e o valor global das quotas pagas.

§ 3º Da relação nominal mencionada no § 2º, ficará cópia em poder da empresa, para efeito da fiscalização prevista na Seção III do Capítulo III.

§ 4º Se assim julgarem conveniente, poderão os Institutos autorizar o recolhimento da contribuição do salário-família por meio de guia especial, expedindo para esse efeito as necessárias instruções.

Seção II
Do Reembolso das Quotas Pagas

Art. 21. Dos pagamentos das quotas de salário-família feitos aos seus empregados serão as empresas reembolsadas mensalmente, pela forma estabelecida nesta Seção.

Art. 22. O reembolso se fará mediante desconto, no total das contribuições mensais a recolher ao respectivo Instituto de Aposentadoria e Pensões, do valor global das quotas de salário-família, efetivamente pagas no mês.

Parágrafo único. O total das contribuições a que se refere este artigo compreende as contribuições da Previdência Social e a do salário-família.

Art. 23. Para o efeito do reembolso fará a empresa no verso da guia de recolhimento referida no art. 20, ou onde couber, o demonstrativo do saldo a recolher de acordo com o disposto no art. 22, discriminando: o total das contribuições da Previdência Social, o da contribuição do salário-família, a soma global dessas contribuições, o valor total das quotas de salário-família pagas no mês aos seus empregados, e o líquido a recolher, seguindo-se a assinatura do responsável pela empresa.

Parágrafo único. A operação de recolhimento e compensação, tal como prevista neste artigo, entender-se-á como quitação simultânea, por parte do Instituto, quanto às contribuições mensais recolhidas, e, por parte da empresa, quanto ao reembolso do valor global das quotas de salário-família por ela pagas e declaradas.

Art. 24. Se o líquido apurado no demonstrativo de que trata o art. 23 for favorável à empresa, deverá esta entregar, juntamente com a guia de recolhimento, o "Recibo de Reembolso de Diferença do Salário-Família" para o efeito simultâneo da quitação do recolhimento das contribuições e do recebimento da importância correspondente ao crédito a que tiver crédito.

Parágrafo único. O recibo a que se refere este artigo deverá ser feito pela empresa, de acordo com o modelo anexo a este Regulamento (n. II), em duas vias, uma das quais lhe será devolvida, devidamente autenticada, juntamente com a guia quitada.

Art. 25. Os Institutos de Aposentadoria e Pensões organizarão seus serviços de modo a que as operações referidas nos arts. 23 e 24 sejam realizadas, pelos órgãos arrecadadores, no mesmo ato pela forma mais simplificada e rápida possível.

Seção III
Da Fiscalização

Art. 26. A exatidão das operações de recolhimento das contribuições e de reembolso das quotas, assim como a legalidade e efetividade do pagamento das quotas de salário-família, de acordo com a Lei 4.266, de 3 de outubro de 1963, nos termos do presente Regulamento, estão sujeitas à fiscalização dos respectivos Institutos de Aposentadoria e Pensões, aplicando-se-lhe as disposições da Lei Orgânica da Previdência Social e do seu Regulamento Geral, em especial o art. 246 deste último.

Art. 27. As operações concernentes ao pagamento das quotas de salário-família e a contribuição a este relativa deverão ser lançadas, sob o título "Salário-Família", na escrituração mercantil das empresas a isto obrigadas, nos termos do disposto no art. 80 da Lei Orgânica da Previdência Social.

Art. 28. Todas as empresas, mesmo quando não obrigadas à escrituração mercantil, deverão manter, rigorosamente em dia e com toda clareza, os lançamentos das "Fichas de Salário-Família", exibindo-as à fiscalização dos Institutos, para a respectiva rubrica, sempre que lhes for exigida, assim como as provas de filiação, comprovantes de pagamento, atestados de vida e residência, guias de recolhimento quitadas e correspondentes segundas vias das relações nominais, segundas vias dos recibos de reembolso e demais documentos e lançamentos contábeis que possam interessar à mesma fiscalização.

Art. 29. O pagamento de quota de salário-família sem o respectivo comprovante (art. 17), sem prova de filiação respectiva oportunamente apresentada (art. 6º parte inicial), sem a declaração de vida e residência, firmada, na época própria, pelo empregado (art. 7º), além da idade-limite de 14 anos (art. 6º, parte final e art. 10, item II, após a comunicação do óbito do filho (art. 8º e art. 10, item I), ou após a cessação da relação de emprego (artigo 10, item III), importará na sua imediata glosa, cabendo à fiscalização o levantamento do débito correspondente para imediato recolhimento ao Instituto, observadas, no tocante à cobrança, as condições e sanções prescritas na Lei Orgânica da Previdência Social e no seu Regulamento Geral.

- *Caput* com redação determinada pelo Dec. 54.014/1964.

§ 1º Verificada alguma das hipóteses de que trata este artigo, a empresa ressarcirá o Instituto, no primeiro recolhimento que se seguir à verificação do fato, pelos pagamentos indevidos, fazendo a indicação da redução correspondente no reembolso de que tratam os arts. 23 e 24.

§ 2º A falta de comunicação oportuna do óbito do filho (art. 8º), bem como a prática comprovada de fraude de qualquer natureza, por parte do empregado, para efeito da concessão ou da manutenção do salário-família, autoriza a empresa a descontar nos pagamentos de quotas devidas com relação a outros filhos, se houver, ou, em caso contrário, no próprio salário do empregado, o valor de quotas que a este tenham sido porventura indevidamente pagas, para ressarcimento ao Instituto, na forma do § 1º.

§ 3º O desconto mensal a que se refere o § 2º não poderá exceder de 6 (seis) cotas ou de 30% (trinta por cento) do valor do salário; salvo no caso de cessação da relação de emprego, em que poderá ser feito globalmente.

§ 4º Comprovada a participação da empresa em fraude de qualquer natureza, com relação aos pagamentos do salário-família, ressarcirá ela ao Instituto pela forma prevista no § 1º.

Art. 30. Mediante comunicação da fiscalização ao órgão arrecadador do Instituto, na falta da medida mencionada no § 1º do art. 29, desde que reconhecido pela empresa ou após o respectivo julgamento definitivo pelos órgãos competentes da Previdência Social, poderá ser o débito ali referido automaticamente descontado da importância a ser reembolsada à empresa nos termos dos arts. 23 e 24 deste Regulamento.

Art. 31. Verificada a existência de fraude na documentação ou no pagamento relativo ao salário-família, que importe em prática de crime, a fiscalização independente da glosa e do ressarcimento previstos nos arts. 29 e 30, representará imediatamente para que seja promovida pelo Instituto a instauração da ação penal cabível contra o responsável ou responsáveis pela fraude.

Seção IV
Do Fundo de Compensação do Salário-Família

Art. 32. As contribuições a que se refere o art. 19, recolhidas pelas empresas, nos termos deste Regulamento, constituirão, em cada Instituto de Aposentadoria e Pensões, um "Fundo de Compensação do Salário-Família", em regime de repartição anual, cuja destinação será exclusivamente a de custeio do pagamento das quotas, ressalvado o disposto no art. 33.

Art. 33. Cada Instituto poderá utilizar parcela não excedente a 0,5% (meio por cento) do total anual do Fundo de que trata o art. 32, para o atendimento das respectivas despesas de administração.

Art. 34. Para efeito de administração do "Fundo" e execução das atividades de controle, coordenação e orientação das disposições relativas ao salário-família, de acordo com o disposto no presente Regulamento, haverá, em cada Instituto os serviços estritamente necessários, na proporção dos encargos que lhe corresponderem.

Parágrafo único. Os encargos de provimento efetivo, de qualquer natureza, criados em decorrência do que trata este artigo, somente poderão ser providos por candidatos habilitados em concurso público, de acordo com o disposto no art. 126 da Lei Orgânica da Previdência Social.

Art. 35. A escrituração, nos Institutos, das operações contábeis relativas ao "Fundo", obedecerão às normas que forem expedidas pelo Departamento Nacional da Previdência Social.

Art. 36. O depósito diário das importâncias das contribuições arrecadadas, consoante o disposto no presente Regulamento, no Banco do Brasil ou nos estabelecimentos bancários autorizados, será feito pelo valor líquido recebido, promovendo-se a compensação, de acordo com o que dispuserem as normas a que se refere o art. 35.

Capítulo IV
Disposições Gerais e Transitórias

Art. 37. Os empregados abrangidos pelo presente Regulamento ficam excluídos do campo de aplicação do Decreto-lei 3.200, de 19 de abril de 1941, no tocante ao abono às famílias numerosas.

Art. 38. As quotas do salário-família não se incorporarão, para nenhum efeito, inclusive fiscal ou de previdência social, ao salário ou remuneração dos empregados.

Art. 39. Nos casos omissos, a Lei Orgânica da Previdência Social e o seu Regulamento Geral serão fontes subsidiárias das disposições da Lei 4.266, de 3 de outubro de 1963 e deste Regulamento.

Art. 40. Compete à Justiça do Trabalho dirimir as questões suscitadas entre os empregados e as empresas, no tocante ao pagamento das quotas de salário-família, ressalvada a matéria especificamente de competência dos Institutos de Aposentadoria e Pensões e dos órgãos de controle da Previdência Social, nos termos da Lei e deste Regulamento.

Art. 41. Consoante o disposto no art. 6º da Lei 4.266, de 3 de outubro de 1963, a fixação do salário-mínimo, de que trata o Capítulo II do Título II da Consolidação das Leis do Trabalho, terá por base unicamente as necessidades normais do trabalhador sem filhos, tendo em vista o custeio do sistema de salário-família de que trata o presente Regulamento.

Art. 42. As empresas abrangidas por este Regulamento não compreendidas na ressalva constante da parte final do art. 2º, que, em razão de contrato coletivo de trabalho, regulamento interno ou ajuste individual, já venham concedendo, aos seus empregados, quotas de salário-família, observarão as seguintes condições:

I – se o valor da quota relativa a cada filho for inferior ao mencionado no art. 12, deverá ser reajustado para este, podendo a empresa haver o respectivo reembolso, pelo total, segundo a forma prevista na Seção II do Capítulo III deste Regulamento;

II – se o valor da quota relativa a cada filho for superior ao mencionado no art. 12, poderá a empresa haver o respectivo reembolso, pela forma prevista na Seção II do Capítulo III deste Regulamento, até o limite deste último valor.

Art. 43. O sistema do salário-família estabelecido neste Regulamento poderá ser aplicado aos trabalhadores avulsos filiados ao sistema geral da Previdência Social, que ainda não dispuserem de sistema próprio, a requerimento dos órgãos sindicais interessados, por ato do Ministro do Trabalho e Previdência Social, cabendo aos mesmos órgãos sindicais, no que couber, as obrigações correspondentes às empresas em condições idênticas às já vigentes para as referidas categorias com relação à aplicação das Leis do Repouso Remunerado, da Gratificação de Natal e de Férias.

Art. 44. As percentagens referentes aos valores das quotas e da contribuição do salário-família, fixadas respectivamente nos arts. 12 e 19, vigorarão pelo período de 3 (três) anos, de acordo com o estabelecido pelo artigo 7º da Lei 4.266, de 3 de outubro de 1963.

§ 1º Um ano antes de expirar o período a que se refere este artigo, o Departamento Nacional da Previdência Social promoverá, em conjunto com o Serviço Atuarial e os Institutos de Aposentadoria e Pensões, os necessários estudos a propósito das percentagens vigentes, no sentido de propor, ou não, sua revisão, conforme for julgado cabível.

§ 2º Se, findo o período de 3 (três) anos, não forem revistos os valores das percentagens aludidas neste artigo, continuarão estes a vigorar enquanto isto não se venha a efetuar.

§ 3º Qualquer alteração no valor de uma das percentagens deverá corresponder proporcionalmente o da outra, de modo a que seja assegurado o perfeito equilíbrio do custeio do sistema, no regime de repartição anual.

§ 4º De acordo com o mesmo princípio mencionado no § 3º, qualquer alteração nas condições da concessão do salário-família, que importe em acréscimo de dependentes, elevação de limite de idade ou outras vantagens não previstas na Lei 4.266, de 3 de outubro de 1963, dependerá sempre do aumento do valor da percentagem da contribuição prevista no art. 19.

Art. 45. Os Institutos proporão, no prazo máximo de 8 (oito) dias, ao Departamento Nacional da Previdência Social, a Organização necessária, de acordo com o disposto no art. 34 e seu parágrafo único, com a criação das Divisões ou Serviços, cargos e funções gratificadas, no nível e no número indispensável para esse fim.

Parágrafo único. O Departamento Nacional da Previdência Social expedirá os atos necessários ou proporá os que excederem à sua competência, no prazo máximo de 8 (oito) dias.

Art. 46. Consoante o disposto no art. 10 da Lei 4.266, de 3 de outubro de 1963, o sistema de salário-família nela previsto, na forma estabelecida neste Regulamento entrará em vigor a 1º de dezembro de 1963, referindo-se, portanto, a primeira contribuição e o pagamento das primeiras quotas aos salários correspondentes ao mês de dezembro, observado o disposto no art 6º.

Amaury Silva

(*DOU* 12.12.1963; ret. 18.12.1963)

ANEXO I

MODELO DE "FICHA DE SALÁRIO-FAMÍLIA"

Empresa: __________ Matrícula IAP: __________

Endereço: ____________________

Nome do empregado: __________

N. no IAP: __________

Data de admissão na empresa: ___/___/___ Data da cessação da relação de emprego: ___/___/___

Filhos menores de 14 anos (Dados extraídos das Certidões)

Tabela 1

ANEXO II

MODELO

Recibo de Reembolso de Diferença de Quota de Salário-Família

Empresa: ____________________

Endereço: ____________________

Matrícula: ____________________

Recebemos do Instituto de Aposentadoria e Pensões dos ______ a importância de Cr$ ______ (___) correspondente ao excesso verificado entre o total das contribuições abaixo especificadas e as quotas de salário-família pagas aos empregados desta empresa, em cumprimento à Lei 4.266, de 3 de outubro de 1963, conforme demonstrativo abaixo:

a) quotas de salário-família pagas: Cr$ ______

b) contribuições da Previdência Social: Cr$ ___

c) contribuições de salário-família: Cr$ ______ Cr$ ______

Saldo a receber: ______ Cr$ ______

Data: ____________________

______

(Assinatura do responsável pela empresa)

Para uso exclusivo do Instituto

Tabela 2

(Nota: este modelo deve ser preenchido em duas vias).

DECRETO 57.155, DE 3 DE NOVEMBRO DE 1965

Expede nova regulamentação da Lei 4.090, de 13 de julho de 1962, que institui a gratificação de Natal para os trabalhadores, com as alterações introduzidas pela Lei 4.749, de 12 de agosto de 1965.

- V. Lei 4.090/1962 (Gratificação de Natal para os trabalhadores).
- V. Lei 4.749/1965 (Pagamento da gratificação prevista na Lei 4.090/1962).
- V. Dec. 63.912/1968 (Regula o pagamento da gratificação de Natal ao trabalhador avulso).

O Presidente da República, usando da atribuição que lhe confere o art. 87, item I, da Constituição, e tendo em vista o disposto no art. 6º da Lei 4.749, de 12 de agosto de 1965, decreta:

Art. 1º O pagamento da gratificação salarial, instituída pela Lei 4.090, de 13 de julho de 1962, com as alterações constantes da Lei 4.749, de 12 de agosto de 1965, será efetuado pelo empregador até o dia 20 de dezembro de cada ano, tomando-se por base a remuneração devida nesse mês, de acordo com o tempo de serviço do empregado no ano em curso.

Parágrafo único. A gratificação corresponderá a 1/12 (um doze avos) da remuneração devida em dezembro, por mês de serviço, do ano correspondente, sendo que a fração igual ou superior a 15 (quinze) dias de trabalho será havida como mês integral.

Art. 2º Para os empregados que recebem salário variável, a qualquer título, a gratificação será calculada na base de 1/11 (um onze avos) da soma das importâncias variáveis devidas nos meses trabalhados até novembro de cada ano. A essa gratificação se somará a que corresponder à parte do salário contratual fixo.

Parágrafo único. Até o dia 10 de janeiro de cada ano, computada a parcela do mês de dezembro, o cálculo da gratificação será revisto para 1/12 (um doze avos) do total devido no ano anterior, processando-se a correção do valor da respectiva gratificação com o pagamento ou compensação das possíveis diferenças.

Art. 3º Entre os meses de fevereiro e novembro de cada ano, o empregador pagará, como adiantamento da gratificação, de uma só vez, metade do salário recebido pelo empregado no mês anterior.

§ 1º Tratando-se de empregados que recebem apenas salário variável, a qualquer título, o adiantamento será calculado na base da soma das importâncias variáveis devidas nos meses trabalhados até o anterior àquele em que se realizar o mesmo adiantamento.

§ 2º O empregador não estará obrigado a pagar o adiantamento no mesmo mês a todos os seus empregados.

§ 3º A importância que o empregado houver recebido a título de adiantamento será deduzida do valor da gratificação devida.

§ 4º Nos casos em que o empregado for admitido no curso do ano, ou, durante este, não permanecer à disposição do empregador durante todos os meses, o adiantamento corresponderá à metade de 1/12 (um doze avos) da remuneração, por mês de serviço ou fração superior a 15 (quinze) dias.

Art. 4º O adiantamento será pago ao ensejo das férias do empregado, sempre que este o requerer no mês de janeiro do correspondente ano.

Art. 5º Quando parte da remuneração for paga em utilidades, o valor da quantia efetivamente descontada e correspondente a essas será computado para fixação da respectiva gratificação.

Art. 6º As faltas legais e as justificadas ao serviço não serão deduzidas para os fins previstos no art. 2º deste Decreto.

Art. 7º Ocorrendo a extinção do contrato de trabalho, salvo na hipótese de rescisão com justa causa, o empregado receberá a gratificação devida, nos termos do art. 1º, calculada sobre a remuneração do respectivo mês.

Parágrafo único. Se a extinção do contrato de trabalho ocorrer antes do pagamento de que trata o art. 1º, o empregador poderá compensar o adiantamento mencionado no art. 3º, com o valor da gratificação devida na hipótese de rescisão.

Art. 8º As contribuições devidas aos Institutos de Aposentadoria e Pensões que incidem sobre a gratificação salarial serão descontadas levando-se em conta o seu valor total e sobre este aplicando-se o limite estabelecido na Previdência Social.

Parágrafo único. O desconto, na forma deste artigo, incidirá sobre o pagamento da gratificação efetuado no mês de dezembro.

Art. 9º O presente Decreto entrará em vigor na data de sua publicação, revogadas as disposições em contrário.

Brasília, 3 de novembro de 1965; 144º da Independência e 77º da República.

H. Castello Branco

(*DOU* 04.11.1965)

DECRETO 63.912, DE 26 DE DEZEMBRO DE 1968

Regula o pagamento da gratificação de Natal ao trabalhador avulso e dá outras providências.

- V. Lei 4.090/1962 (Gratificação de Natal para os trabalhadores).
- V. Lei 4.749/1965 (Pagamento da gratificação prevista na Lei 4.090/1962).
- V. Dec. 57.155/1965 (Expede nova regulamentação da Lei 4.090/1962 com as alterações da Lei 4.749/1965).

O Presidente da República, usando das atribuições que lhe confere o art. 83, II da Constituição, e tendo em vista o disposto no art. 3º da Lei 5.480, de 10 de agosto de 1968, decreta:

Art. 1º O trabalhador avulso, sindicalizado ou não, terá direito, na forma do art. 3º da Lei 5.480, de 10 de agosto de 1968, à gratificação de Natal instituída pela Lei 4.090, de 13 de julho de 1962.

§ 1º Considera-se trabalhador avulso, para os efeitos deste Decreto, entre outros:

a) estivador, trabalhador de estiva em carvão e minérios e trabalhador em alvarenga;

b) conferente de carga e descarga;

c) consertador de carga e descarga;

d) vigia portuário;

e) trabalhador avulso de capatazia;

f) trabalhador no comércio armazenador (arrumador);

g) ensacador de café, cacau, sal e similares;

h) classificador de frutas;

i) amarrador.

§ 2º No caso de fusão das categorias profissionais a que se refere o art. 2º da Lei 5.480, de 10 de agosto de 1968, o profissional que permanecer qualificado como trabalhador avulso continuará a fazer jus à gratificação de Natal.

§ 3º O Ministro do Trabalho, mediante solicitação do sindicato e ouvida a Comissão de Enquadramento Sindical, poderá incluir outras categorias de trabalhadores na relação constante do § 1º.

Art. 2º Para cobertura dos encargos decorrentes da gratificação de Natal, o requisitante ou tomador de serviços e trabalhador avulso recolherá 9% (nove por cento) sobre o total da remuneração a ele paga, sendo:

I – 8,4% (oito inteiros e quatro décimos por cento) ao sindicato da respectiva categoria profissional, até 48 (quarenta e oito) horas após a realização do serviço, devendo o recolhimento ser acompanhado de uma via da folha padrão;

II – 0,6% (seis décimos por cento) ao Instituto Nacional de Previdência Social, na forma da legislação de previdência social.

Parágrafo único. O Departamento Nacional da Previdência Social baixará normas sobre o recolhimento da contribuição devida ao INPS pelo requisitante ou tomador da mão de obra.

Art. 3º Do percentual de que trata o item I do art. 2º:

I – 7,74% (sete inteiros e setenta e quatro centésimos por cento) se destinam ao pagamento da gratificação de Natal;

II – 0,66% (sessenta e seis centésimos por cento) se destinam à cobertura das despesas administrativas decorrentes, para o sindicato, da aplicação deste Decreto, observado o disposto no art. 8º, parágrafo único.

Art. 4º O sindicato depositará no Banco do Brasil ou em Caixa Econômica Federal, na forma do Decreto-lei 151, de 9 de fevereiro de 1967, dentro de 5 (cinco) dias após o recebimento em conta intitulada "Lei 5.480 – Gratificação de Natal do Trabalhador Avulso", a parcela de que trata o item I do art. 3º.

Art. 5º O sindicato de cada categoria de trabalhador avulso efetuará o pagamento referente à gratificação de Natal, na terceira semana dos meses de junho e/ou dezembro, no valor total creditado em nome do trabalhador até o mês anterior.

Art. 6º É vedado ao sindicato efetuar qualquer adiantamento com recursos destinados ao pagamento da gratificação de Natal.

Art. 7º Para o pagamento da gratificação de Natal:

I – o sindicato, em tempo hábil, comunicará ao estabelecimento bancário o valor devido a cada um dos respectivos trabalhadores avulsos;

II – o sindicato, na véspera do dia do pagamento, entregará a cada trabalhador avulso cheque nominal no valor correspondente ao seu crédito;

III – o estabelecimento bancário, ao receber o cheque, o confrontará com a comunicação do sindicato e fará o pagamento.

Art. 8º Compete às federações representativas das categorias profissionais de trabalhadores avulsos fiscalizar o exato cumprimento, pelos sindicatos respectivos, do disposto neste Decreto.

Parágrafo único. Cada sindicato depositará em conta especial no Banco do Brasil S.A., em nome da federação respectiva, até o décimo dia útil do mês seguinte, 25% (vinte e cinco por cento) da parcela de que trata o item II do art. 3º.

Art. 9º Este Decreto vigorará a contar de 13 de novembro de 1968, revogadas as disposições em contrário.

Brasília, 26 de dezembro de 1968; 147º da Independência e 80º da República.

A. Costa e Silva

(*DOU* 27.12.1968)

DECRETO 71.885, DE 9 DE MARÇO DE 1973

Aprova o Regulamento da Lei 5.859, de 11 de dezembro de 1972, que dispõe sobre a profissão de empregado doméstico, e dá outras providências.

O Presidente da República, usando da atribuição que lhe confere o art. 81, item III, da Constituição, e tendo em vista o disposto no art. 7º da Lei 5.859, de 11 de dezembro de 1972, decreta:

Art. 1º São assegurados aos empregados domésticos os benefícios e serviços da Lei Orgânica da Previdência Social, na conformidade da Lei 5.859, de 11 de dezembro de 1972.

Art. 2º Excetuando o Capítulo referente a férias, não se aplicam aos empregados domésticos as demais disposições da Consolidação das Leis do Trabalho.

Parágrafo único. As divergências entre empregado e empregador doméstico, relativas às férias e anotação na Carteira de Trabalho e Previdência Social, ressalvada a competência da Justiça do Trabalho, serão dirimidas pela Delegacia Regional do Trabalho.

Art. 3º Para os fins constantes da Lei 5.859, de 11 de dezembro de 1972, considera-se:

I – empregado doméstico aquele que presta serviços de natureza contínua e de finalidade não lucrativa à pessoa ou à família, no âmbito residencial destas;

II – empregador doméstico a pessoa ou família que admita a seu serviço empregado doméstico.

Art. 4º O empregado doméstico, ao ser admitido no emprego, deverá apresentar os seguintes documentos:

I – Carteira de Trabalho e Previdência Social;

II – Atestado de Boa Conduta emitido por autoridade policial, ou por pessoa idônea, a juízo do empregador;

III – Atestado de Saúde, subscrito por autoridade médica responsável, a critério do empregador doméstico.

Art. 5º Na Carteira de Trabalho e Previdência Social do empregado doméstico serão feitas, pelo respectivo empregador, as seguintes anotações:

I – data de admissão;

II – salário mensal ajustado;

III – início e término das férias;

IV – data da dispensa.

Art. 6º Após cada período contínuo de 12 (doze) meses de trabalho prestado à mesma pessoa ou família, a partir da vigência Regulamento, o empregado doméstico fará jus a férias remuneradas, nos termos da Consolidação das Leis do

Trabalho, de 20 (vinte) dias úteis, ficando a critério do empregador doméstico a fixação do período correspondente.

Art. 7º Filiam-se à Previdência Social, como segurados obrigatórios, os que trabalham como empregados domésticos no território nacional, na forma do disposto na alínea I do art. 3º deste Regulamento.

Art. 8º O limite de 60 (sessenta) anos para filiação à Previdência Social, previsto no art. 4º do Dec.-lei 710, de 28 de julho de 1969, não se aplica ao empregado doméstico que:

I – inscrito como segurado facultativo para todos os efeitos, nessa qualidade já vinha contribuindo na forma da legislação anterior;

II – já sendo segurado obrigatório, tenha adquirido ou venha a adquirir a condição de empregado doméstico após se desligar de emprego ou atividade de que decorria aquela situação.

Art. 9º Considerar-se-á inscrito para os efeitos da Lei 5.859, de 11 de dezembro de 1972, o empregado doméstico que se qualificar junto ao Instituto Nacional de Previdência Social, mediante apresentação da Carteira de Trabalho e Previdência Social.

§ 1º Os empregados domésticos, inscritos como segurados facultativos, passam a partir da vigência deste Regulamento, à condição de segurados obrigatórios, independentemente de nova inscrição.

§ 2º A inscrição dos dependentes incumbe ao próprio segurado e será feita, sempre que possível, no ato de sua inscrição.

Art. 10. O auxílio-doença e a aposentadoria por invalidez do empregado doméstico serão devidos a contar da data de entrada do respectivo requerimento.

Art. 11. O custeio das prestações a que se refere o presente Regulamento será atendido pelas seguintes contribuições:

I – do segurado, em percentagem correspondente a 8% (oito por cento) do seu salário-de-contribuição, assim considerado, para os efeitos deste Regulamento, o valor do salário mínimo regional;

II – do empregador doméstico, em quantia igual à que for devida pelo segurado.

Parágrafo único. Quando a admissão, dispensa ou afastamento do empregado doméstico ocorrer no curso do mês, a contribuição incidirá sobre 1/30 (um inteiro e trinta avos) do salário mínimo regional por dia de trabalho efetivamente prestado.

Art. 12. O recolhimento das contribuições, a cargo do empregador doméstico, será realizado na forma das instruções a serem baixadas pelo Instituto Nacional de Previdência Social, em formulário próprio, individualizado por empregado doméstico.

Parágrafo único. Não recolhendo na época própria as contribuições a seu cargo, ficará o empregador doméstico sujeito às penalidades previstas no art. 165 do Regulamento Geral da Previdência Social, aprovado pelo Dec. 60.501, de 14 de março de 1969.

Art. 13. Aplica-se ao empregado doméstico e respectivo empregador, no que couber, o disposto no Regulamento Geral da Previdência Social aprovado pelo Dec. 60.501, de 14 de março de 1969.

Art. 14. O Ministro do Trabalho e Previdência Social baixará as instruções necessárias à execução do presente Regulamento.

Art. 15. O presente Regulamento entrará em vigor 30 (trinta) dias após sua publicação, revogadas as disposições em contrário.

Brasília, 9 de março de 1973; 152º da Independência e 85º da República.

Emílio G. Médici

(*DOU* 09.03.1973)

DECRETO 76.900, DE 23 DE DEZEMBRO DE 1975

Institui a Relação Anual de Informações Sociais – Rais, e dá outras providências.

O Presidente da República, usando das atribuições que lhe confere o art. 81, itens III e V, da Constituição, decreta:

Art. 1º Fica instituída a Relação Anual de Informações Sociais – Rais, a ser preenchida pelas empresas, contendo elementos destinados a suprir as necessidades de controle, estatística e informações das entidades governamentais da área social.

Parágrafo único. A Rais deverá conter as informações periodicamente solicitadas pelas instituições vinculadas aos Ministérios da Fazenda, Trabalho, Interior e Previdência e Assistência Social, especialmente no tocante:

a) ao cumprimento da legislação relativa ao Programa de Integração Social (PIS), e ao Programa de Formação do Patrimônio do Servidor Público (Pasep), sob a supervisão da Caixa Econômica Federal;

b) às exigências da legislação de nacionalização do trabalho;

c) ao fornecimento de subsídios para controle dos registros relativos ao Fundo de Garantia do Tempo de Serviço (FGTS);

d) ao estabelecimento de um sistema de controle central da arrecadação e da concessão de benefícios por parte do Instituto Nacional de Previdência Social (INPS);

e) à coleta de dados indispensáveis aos estudos técnicos, de natureza estatística e atuarial, dos serviços especializados dos Ministérios citados.

Art. 2º A Rais identificará: a empresa, pelo número de inscrição no Cadastro Geral de Contribuintes (CGC) do Ministério da Fazenda; e o empregado, pelo número de inscrição no Programa de Integração Social (PIS).

Parágrafo único. O INPS promoverá diretamente o cadastramento dos empregadores não sujeitos à inscrição no CGC, bem como dos trabalhadores autônomos, utilizando para estes a mesma sistemática de numeração usada no cadastro do PIS/Pasep.

Art. 3º As contribuições destinadas ao INPS e ao PIS, bem como os depósitos relativos ao FGTS, serão recolhidos mediante instrumento único, respeitadas as peculiaridades de cada sistema.

§ 1º O instrumento único será constituído pelas guias de recolhimento dos sistemas que o integram, podendo ser recolhidas separada ou conjuntamente, até o último dia previsto na legislação específica.

§ 2º Os valores recebidos pelo banco arrecadador serão registrados separadamente, observadas as instruções baixadas pelas entidades em favor das quais forem eles creditados.

Art. 4º A Rais substituirá a Relação Anual de Salários (RAS), já em utilização pela Caixa Econômica Federal e pelo INPS, para o cumprimento do previsto nas alíneas *a* e *d*, do parágrafo único, do art. 1º.

§ 1º O processamento da Rais será executado pelo Serviço Federal de Processamento de Dados (Serpro), mediante convênios com os órgãos usuários, até a fase de geração do cadastro final, cabendo a estes a responsabilidade do processamento subsequente para suas finalidades específicas.

§ 2º Definidas as informações adicionais necessárias ao atendimento das alíneas *b*, *c* e *e* do parágrafo único do art. 1º, caberão à Caixa Econômica Federal e à Empresa de Processamento de Dados da Previdência Social (Dataprev), ouvido o Serpro, determinar as alterações do sistema, de modo a preservar sua operacionalidade.

Art. 5º Será criada uma Comissão Interministerial, encarregada de elaborar codificação para o preenchimento dos claros da Rais, em conformidade com as normas estabelecidas pela Fundação Instituto Brasileiro de Geografia e Estatística (IBGE).

Art. 6º Até dezembro de 1976 os Ministérios da área social deverão:

a) promover estudos no sentido de adaptar seus serviços à sistemática estabelecida neste decreto, propondo as medidas que se tornarem necessárias à maior rapidez e eficiência no controle das operações a seu cargo; e

b) baixar, após a implantação do sistema, os atos necessários à dispensa do fornecimento, por parte das empresas, dos elementos atualmente exigidos por força de atos normativos ou outros expedidos pelos órgãos interessados, valendo a apresentação da Rais para cumprimento das obrigações previstas no inciso III do art. 80 da Lei 3.807, de 26 de agosto de 1960, com a redação dada pelo Dec.-lei 66, de 21 de novembro de 1966.

Parágrafo único. O disposto neste artigo não se aplica às informações que devam ser prestadas pelas empresas, necessárias à individualização dos depósitos mensais para o FGTS.

Art. 7º A Rais será obrigatória, para as empresas, a partir do exercício de 1977, e sempre relativa ao ano-base anterior.

Art. 8º Este Decreto entrará em vigor na data de sua publicação, revogadas as disposições em contrário.

Brasília, 23 de dezembro de 1975; 154º da Independência e 87º da República.

Ernesto Geisel

(*DOU* 24.12.1975)

DECRETO 85.845, DE 26 DE MARÇO DE 1981

Regulamenta a Lei 6.858, de 24 de novembro de 1980, que dispõe sobre o pagamento, aos dependentes ou sucessores, de valores não recebidos em vida pelos respectivos titulares.

- V. Lei 4.266/1963 (Institui o salário-família do trabalhador e dá outras providências).
- V. Dec. 53.153/1963 (Regulamenta o salário-família do trabalhador).
- V. Port. MTb 3.296/1986 (Autoriza as empresas e empregadores a adotar o sistema de Reembolso-Creche), disponível em ProView.
- V. Decreto-lei 368/1968 (Dispõe sobre efeitos de débitos salariais).
- V. IN SRT 1/1989 (Dispõe sobre o prazo para o pagamento do salário), disponível em ProView
- V. Decreto-lei 691/1969 (Dispõe sobre a não aplicação, aos contratos de técnicos estrangeiros, com estipulação de pagamento de salários em moeda estrangeira, de diversas disposições da legislação trabalhista).
- V. Lei 6.858/1980 (Dispõe sobre o pagamento, aos dependentes ou sucessores, de valores não recebidos em vida pelos respectivos titulares).
- V. Lei 7.238/1984 (Dispõe sobre a manutenção da correção automática semestral dos salários, de acordo com o INPC).
- V. Lei 8.073/1990 (Estabelece a Política Nacional de Salários).
- V. Lei 8.542/1992 (Dispõe sobre a política nacional de salários).
- V. Lei 8.716/1993 (Dispõe sobre a garantia do salário mínimo).
- V. Lei 8.880/1994 (Dispõe sobre o Programa de Estabilização Econômica e o Sistema Monetário Nacional e institui a URV).
- V. Lei Complementar 103/2000 (Autoriza os Estados e o Distrito Federal a instituir o piso salarial).
- V. Lei 10.192/2001 (Dispõe sobre medidas complementares ao Plano Real).
- V. Decreto 4.840/2003 (Regulamenta a Medida Provisória 130/2003, que dispõe sobre a autorização para desconto de prestações em folha de pagamento).
- V. Lei 10.820/2003 (Dispõe sobre a autorização para desconto de prestações em folha de pagamento).
- V. Lei 12.382/2011 (Dispõe sobre o valor do salário mínimo em 2011 e a sua política de valorização de longo prazo).
- V. Decreto 7.872/2012 (Regulamenta o valor do salário mínimo em 2011 e a sua política de valorização de longo prazo).
- V. Lei 13.152/2015 (Dispõe sobre a política de valorização do salário-mínimo e dos benefícios pagos pelo RGPS para o período de 2016 a 2019).

O Presidente da República, usando da atribuição que lhe confere o art. 81, III, da Constituição, e tendo em vista o disposto na Lei 6.858, de 24 de novembro de 1980, e no Decreto 83.740, de 18 de julho de 1979, que instituiu o Programa Nacional de Desburocratização, decreta:

Art. 1º Os valores discriminados no parágrafo único deste artigo, não recebidos em vida pelos respectivos titulares, serão pagos, em quotas iguais, aos seus dependentes habilitados na forma do art. 2º.

Parágrafo único. O disposto neste Decreto aplica-se aos seguintes valores:

I – quantias devidas a qualquer título pelos empregadores a seus empregados, em decorrência de relação de emprego;

II – quaisquer valores devidos, em razão de cargo ou emprego, pela União, Estado, Distrito Federal, Territórios, Municípios e suas autarquias, aos respectivos servidores;

III – saldos das contas individuais do Fundo de Garantia do Tempo de Serviço e do Fundo de Participação PIS/Pasep;

IV – restituições relativas ao Imposto sobre a Renda e demais tributos recolhidos por pessoas físicas;

V – saldos de contas bancárias, saldos de cadernetas de poupança e saldos de contas de Fundos de Investimento, desde que não ultrapassem o valor de 500 Obrigações do Tesouro Nacional e não existam, na sucessão, outros bens sujeitos a inventário.

- V. art. 2º, *caput*, Lei 6.858/1980 (Pagamento aos dependentes ou sucessores de valores não recebidos em vida).
- V. Lei 7.730/1989 (Extinção da OTN).

Art. 2º A condição de dependente habilitado será declarada em documento fornecido pela instituição de previdência ou, se for o caso, pelo órgão encarregado, na forma da legislação própria, do processamento do benefício por morte.

- V. art. 1º, caput, Lei 6.858/1980 (Pagamento aos dependentes ou sucessores de valores não recebidos em vida).

Parágrafo único. Da declaração constarão, obrigatoriamente, o nome completo, a filiação, a data de nascimento de cada um dos interessados e o respectivo grau de parentesco ou relação de dependência com o falecido.

Art. 3º À vista da apresentação da declaração de que trata o art. 2º, o pagamento das quantias devidas será feito aos dependentes do falecido pelo empregador, repartição, entidade, órgão ou unidade civil ou militar, estabelecimento bancário, fundo de participação ou, em geral, por pessoa física ou jurídica, a quem caiba efetuar o pagamento.

Art. 4º A inexistência de outros bens sujeitos a inventário, para os fins do item V, parágrafo único, do art. 1º, será comprovada por meio de declaração, conforme modelo anexo, firmada pelos interessados perante a instituição onde esteja depositada a quantia a receber.

- V. art. 2º, caput, Lei 6.858/1980 (Pagamento aos dependentes ou sucessores de valores não recebidos em vida).

§ 1º As declarações feitas nos termos deste artigo ter-se-ão por verdadeiras até prova em contrário.

§ 2º A falsa declaração sujeitará o declarante às sanções previstas no Código Penal e demais cominações legais aplicáveis.

§ 3º Verificada, a qualquer tempo, a existência de fraude ou falsidade na declaração, será dado conhecimento do fato à autoridade competente, dentro de 5 (cinco) dias, para instauração de processo criminal.

Art. 5º Na falta de dependentes, farão jus ao recebimento das quotas de que trata o art. 1º deste Decreto os sucessores do titular, previstos na lei civil, indicados em alvará judicial, expedido a requerimento do interessado, independentemente de inventário ou arrolamento.

- V. arts. 1.796 e 1.829, CC.
- V. arts. 610 e 659, CPC/2015.

Art. 6º As quotas a que se refere o art. 1º, atribuídas a menores, ficarão depositadas em caderneta de poupança, rendendo juros e correção monetária, e só serão disponíveis após o menor completar 18 anos, salvo autorização do juiz para aquisição de imóvel destinado à residência do menor e de sua família ou para dispêndio necessário à subsistência e educação do menor.

- V. art. 1º, § 1º, Lei 6.858/1980 (Pagamento aos dependentes ou sucessores de valores não recebidos em vida).

Art. 7º Inexistindo dependentes ou sucessores, os valores de que trata o parágrafo do art. 1º reverterão em favor, respectivamente, do Fundo de Previdência e Assistência Social, do Fundo de Garantia do Tempo de Serviço ou do Fundo de Participação PIS/Pasep, conforme se tratar de quantias devidas pelo empregador ou de contas de FGTS e do Fundo PIS/Pasep.

- V. arts. 1º, § 2º, e 2º, parágrafo único, Lei 6.858/1980 (Pagamento aos dependentes ou sucessores de valores não recebidos em vida).

Art. 8º Caberá ao Banco Central do Brasil, ao Banco Nacional da Habitação, à Caixa Econômica Federal, ao Banco do Brasil S.A. e aos demais órgãos e entidades da Administração Federal, Estadual e Municipal, nas respectivas áreas de competência, orientar e fiscalizar o cumprimento deste Decreto pelas pessoas físicas e jurídicas responsáveis pelo pagamento dos valores de que trata o art. 1º. V. Dec.-lei 2.291/1986 (Extinção do BNH).

Art. 9º Ao Ministro Extraordinário para a Desburocratização caberá acompanhar e coordenar a execução do disposto neste Decreto, assim como dirimir as dúvidas suscitadas na sua aplicação.

Art. 10. Este Decreto entrará em vigor na data de sua publicação.

Art. 11. Revogam-se as disposições em contrário.

Brasília, em 26 de março de 1981; 160º da Independência e 93º da República.

João Figueiredo

- Deixamos de publicar o anexo deste ato.

(*DOU* 27.03.1981)

DECRETO 86.649, DE 25 DE NOVEMBRO DE 1981

Regulamenta a Lei 6.899, de 8 de abril de 1981, que determina a aplicação de correção monetária nos débitos oriundos de decisão judicial.

- V. Lei 6.899/1981 (Determina a aplicação da correção monetária nos débitos oriundos de decisão judicial e dá outras providências).

O Presidente da República, no uso da atribuição que lhe confere o art. 81, III, da Constituição, e tendo em vista o disposto no art. 2º da Lei 6.899, de 8 de abril de 1981, combinado com o art. 2º da Lei 6.423, de 17 de junho de 1977, decreta:

Art. 1º Quando se tratar de dívida líquida e certa, a correção monetária a que se refere o art. 1º da Lei 6.899, de 8 de abril de 1981, será calculada multiplicando-se o valor do débito pelo coeficiente obtido mediante a divisão do valor nominal reajustado de uma Obrigação do Tesouro Nacional (OTN) no mês em que se efetivar o pagamento (dividendo) pelo valor da OTN no mês do vencimento do título (divisor), com abandono dos algarismos a partir da quinta casa decimal, inclusive.

- V. art. 1º, *caput*, Lei 6.423/1977 (Base para correção monetária).
- V. art. 3º, *caput*, Lei 6.830/1980 (Cobrança da Dívida Ativa da Fazenda Pública).
- V. Lei 7.730/1989 (Extinção da OTN).

Parágrafo único. Nos demais casos, o divisor será o valor da OTN no mês do ajuizamento da ação.

Art. 2º A correção monetária das custas a serem reembolsadas à parte vencedora será calculada a partir do mês do respectivo pagamento.

- V. art. 84, CPC/2015.
- V. art. 1º, Lei 6.899/1981 (Correção monetária nos débitos oriundos de decisão judicial).

Art. 3º Nas causas pendentes de julgamento à data da entrada em vigor da Lei 6.899/81 e nas ações de execução de títulos de dívida líquida e certa vencidos antes do advento da mesma lei, mas ajuizadas a partir do início de sua vigência, o cálculo a que se refere o art. 1º se fará a partir de 9 de abril de 1981.

- V. art. 1º, Lei 5.670/1971 (Cálculo da correção monetária).

Art. 4º Nos débitos para com a Fazenda Pública objeto de cobrança executiva ou decorrentes de decisão judicial, a correção monetária continuará a ser calculada em obediência à legislação especial pertinente.

- V. art. 34, § 1º, Lei 6.830/1980 (Cobrança da Dívida Ativa da Fazenda Pública).

Art. 5º Este Decreto entra em vigor na data de sua publicação.

Brasília, 25 de novembro de 1981; 160º da Independência e 93º da República.

João Figueiredo

(*DOU* 26.11.1981)

DECRETO 87.043, DE 22 DE MARÇO DE 1982

Regulamenta o Decreto-lei 1.422, de 23 de outubro de 1975, que dispõe sobre o cumprimento do art. 178 da Constituição por empresas e empregadores de toda natureza, mediante a manutenção do ensino de 1º grau gratuito ou recolhimento da contribuição do salário-educação.

- V. Dec.-lei 1.422/1975 (Dispõe sobre o salário-educação).
- V. Lei 9.766/1998 (Altera a legislação que rege o Salário-Educação, e dá outras providências).
- V. Súmula 732, STF.

O Presidente da República, usando das atribuições que lhe confere o artigo 81, item III, da Constituição decreta:

Art. 1º As empresas comerciais, industriais e agrícolas são obrigadas a manter o ensino de 1º Grau gratuito para seus empregados e para os filhos destes, entre os 7 e 14 anos, ou a concorrer para esse fim, mediante a contribuição do salário-educação.

Art. 2º O salário-educação, previsto no art. 178 da Constituição, instituído pela Lei 4.440, de 27 de outubro de 1964, e reestruturado pelo Decreto-lei 1.422, de 23 de outubro de 1975, é uma contribuição patronal devida pelas empresas comerciais, industriais e agrícolas e destinada ao financiamento do ensino de 1º Grau dos empregados de qualquer idade, e dos filhos destes, na faixa etária dos 7 aos 14 anos, suplementando os recursos públicos destinados à manutenção e ao desenvolvimento desse grau de ensino.

- V. art. 212, § 5º, CF.

Parágrafo único. Consideram-se empresas, para os efeitos desta regulamentação, em relação à Previdência Social, Urbana e Rural, respectivamente:

I – o empregador, como tal definido no art. 2º da Consolidação das Leis do Trabalho e no art. 4º da Lei 3.807, de 26 de agosto de 1960, com redação dada pelo art. 1º da Lei 5.890, de 8 de junho de 1973;

II – a empresa, o empregador e o produtor rurais, como tal definidos no Estatuto da Terra, item VI, do art. 4º, da Lei 4.504, de 30 de novembro de 1964, no § 1º, do art. 1º, da Lei 6.260, de 6 de novembro de 1975 e no item *b*, do § 1º, do art. 3º, da Lei Complementar 11, de 25 de maio de 1971, dos quais se origine o produto rural mencionado no § 1º, do art. 15, da Lei Complementar 11, de 25 de maio de 1971;

III – todas as demais empresas e entidades públicas, sociedades de economia mista e empresas privadas, vinculadas à Previdência Social.

Art. 3º O salário-educação é estipulado com base no custo de ensino de 1º Grau, cabendo a todas as empresas vinculadas à Previdência Social, Urbana e Rural, respectivamente, recolher:

I – 2,5% (dois e meio por cento) sobre a folha de salário de contribuição, definido na legislação previdenciária, e sobre a soma dos salários-base dos titulares, sócios e diretores, constantes dos carnês de contribuintes individuais;

II – 0,8% (oito décimos por cento) sobre o valor comercial dos produtos rurais definidos no § 1º, do art. 15, da Lei Complementar 11, de 25 de maio de 1971.

§ 1º A incidência do salário-educação sobre os valores dos salários-base de titulares, sócios e diretores somente ocorrerá quando houver contribuições para o Instituto de Administração Financeira da Previdência e Assistência Social, em virtude de pagamentos pelas empresas a empregados ou autônomos.

§ 2º O cálculo da contribuição mencionada no item I deste artigo incidirá sobre os valores da folha de salário de contribuição somados aos dos salários-base lançados nos carnês de contribuintes individuais, até o limite máximo de exigência das contribuições previdenciárias.

§ 3º A contribuição de 0,8% (oito décimos por cento) mencionada no item II deste artigo será adicional à fixada no item I, do art. 15, da Lei Complementar 11, de 25 de maio de 1971, e deverá ser recolhida na mesma guia, nas mesmas condições e sob as mesmas sanções.

§ 4º As alíquotas da contribuição a que se refere este artigo poderão ser alteradas, mediante demonstração pelo Fundo Nacional de Desenvolvimento da Educação, da variação do custo efetivo do ensino de 1º Grau.

§ 5º Integram a receita do salário-educação as multas, a correção monetária e os juros de mora a que estão sujeitos os contribuintes em atraso com o pagamento da contribuição.

Art. 4º *(Revogado pelo Dec. 994/1993).*

Art. 5º *(Revogado pelo Dec. 994/1993).*

Art. 6º Os recursos transferidos às Secretarias de Educação dos Estados, Distrito Federal e Territórios serão por elas aplicados na educação de 1º Grau, quer regular, quer supletivo, de acordo com planos aprovados pelos respectivos Conselhos de Educação, obedecidas as diretrizes do Plano Setorial de Educação, Cultura e Desportos.

Art. 7º Os recursos destinados ao Fundo Nacional de Desenvolvimento da Educação serão aplicados:

a) em programas de iniciativa própria do Ministério da Educação e Cultura, de pesquisa, planejamento, currículos, material escolar, treinamento e aperfeiçoamento de pessoal docente e técnico, em exercício no ensino de 1º Grau e outros programas especiais, que assegurem aos alunos condições de eficiência escolar e formação integral neste grau de ensino;

b) na concessão de auxílios, na forma do disposto nos artigos 43 e 54 e seus parágrafos, da Lei 5.692, de 11 de agosto de 1971, levando em conta, especialmente, os déficits de escolarização da população na faixa etária de 7 aos 14 anos e a necessidade de suprir a escolarização regular de adolescentes e adultos.

§ 1º Para os fins expressos nas alíneas *a* e *b* deste artigo, o Fundo Nacional de Desenvolvimento da Educação manterá levantamentos estatísticos e estudos técnicos atualizados que caracterizem os esforços quantitativos e qualitativos dos sistemas de ensino das Unidades da Federação, de modo a propiciar-lhes os meios adicionais de que necessitem.

§ 2º Em combinação com os critérios estabelecidos nos artigos 43 e 54, e seus parágrafos, da Lei 5.692, de 11 de agosto de 1971, o Fundo Nacional de Desenvolvimento da Educação levará em conta outros indicadores que permitam o mais racional ajustamento dos programas e projetos aos objetivos do salário-educação, envolvendo necessariamente:

a) o grau de desenvolvimento econômico e social relativo das Unidades da Federação;

b) os aspectos permanentes da realidade nacional, regional e local;

c) os aspectos transitórios ou circunstanciais dessa realidade;

d) os aspectos específicos relacionados com a natureza do próprio programa ou projeto.

§ 3º A programação dos recursos citados neste artigo desenvolver-se-á sob a forma de projetos e atividades constantes do Orçamento Próprio do Fundo Nacional de Desenvolvimento da Educação.

Art. 8º Estão, respectivamente, excluídas ou isentas do recolhimento da contribuição do salário-educação:

I – a União, os Estados, o Distrito Federal, os Territórios e os Municípios, bem como suas respectivas autarquias;

II – as instituições oficiais de ensino de qualquer grau;

III – as instituições particulares de ensino de qualquer grau, devidamente autorizadas ou reconhecidas, mediante apresentação dos atos de registro nos órgãos próprios dos sistemas de ensino;

IV – as organizações hospitalares e de assistência social, desde que portadoras do Certificado de Fins Filantrópicos expedido pelo órgão competente na forma do disposto no Decreto-lei 1.572, de 1º de setembro de 1977;

V – as organizações de fins culturais que, através de portaria do Ministro da Educação e Cultura, venham a ser reconhecidas como de significação relevante para o desenvolvimento cultural do País.

Art. 9º As empresas poderão deixar de recolher a contribuição do salário-educação ao Instituto de Administração Financeira da Previdência e Assistência Social, se optarem pelo cumprimento da obrigação constitucional, sob a forma de manutenção do ensino de 1º Grau, quer regular, quer supletivo, através de:

a) escola própria gratuita para os seus empregados ou filhos destes, ou, pelo sistema de compensação, para quaisquer adultos ou crianças;

b) programa de bolsas, mediante recolhimento ao Fundo Nacional de Desenvolvimento da Educação do valor mensal devido, para a finalidade de aquisição de vagas da rede de ensino particular destinadas a seus empregados e aos filhos destes ou, pelo sistema de compensação, para quaisquer adultos ou crianças;

c) indenização das despesas de autopreparação de seus empregados, mediante apresentação do certificado de conclusão do ensino de 1º Grau, via de exames supletivos, fixada nos limites estabelecidos neste Decreto;

d) indenização para os filhos menores de seus empregados, mediante comprovante de frequência em estabelecimentos pagos, fixada nos limites da alínea anterior;

e) esquema misto, usando combinações das alternativas anteriores.

1 – As operações concernentes à receita e despesa com o recolhimento do salário-educação e com a manutenção direta ou indireta de ensino, previstas no art. 3º e neste artigo, deverão ser lançadas sob o título "Salário-Educação", na escrituração da empresa e da escola, e estão sujeitas à fiscalização, nos termos deste Decreto e demais normas aplicáveis.

2 – Não poderão participar da forma de opção prevista na alínea *b* entidades de ensino mantidas por instituições criadas pelo Poder Público.

Art. 10. São condições para a opção a que se refere o artigo anterior:

I – responsabilidade integral pela empresa, das despesas com a manutenção do ensino, direta ou indiretamente;

II – equivalência dessas despesas ao total da contribuição correspondente ao salário-educação respectivo;

III – oferta de vagas, prefixadas, em número equivalente ao quociente da divisão da importância correspondente a 2,5% (dois e meio por cento) da folha mensal do salário de contribuição pelo preço da vaga de ensino de 1º Grau a ser fixado, anualmente, pelo Fundo Nacional de Desenvolvimento da Educação.

§ 1º O preço fixado passa a ser, para os beneficiários do sistema, o valor da anuidade, não sendo o aluno obrigado a nenhuma complementação para tal, cabendo ainda à empresa, à escola e à família zelar, solidariamente, por sua frequência e aproveitamento.

§ 2º As variações para menos, decorrentes da matrícula efetiva ou de alterações nas folhas do salário de contribuição serão compensadas, mediante o recolhimento da diferença à conta do Fundo Nacional de Desenvolvimento da Educação, no Banco do Brasil S/A., para distribuição na forma do art. 5º deste Decreto.

Art. 11. A cobertura financeira necessária ao cumprimento do disposto no art. 9º será efetuada:

I – no caso da alínea *a*, mensalmente, pela empresa, à sua escola;

II – no caso da alínea *b*, trimestralmente e diretamente à escola, pelo Fundo Nacional de Desenvolvimento da Educação;

III – no caso das alíneas *c* e *d*, semestralmente e diretamente aos beneficiários ou responsáveis pelos mesmos, pela empresa.

§ 1º As empresas optantes deverão efetuar, mensalmente, ao Fundo Nacional de Desenvolvimento da Educação, o recolhimento da diferença referida no § 2º do art. 10, entre o valor gerado e o valor aplicado nas formas de opção previstas nas alíneas *a*, *c*, *d* e *e* do art. 9º, para distribuição na forma do art. 5º deste Decreto.

***§ 2º** (Revogado pelo Dec. 994/1993).*

Art. 12. A autorização para a forma alternativa de cumprimento da obrigação patronal, referida no art. 9º deste Decreto, será o documento mediante o qual a empresa faz a opção prevista no art. 178 da Constituição, devidamente protocolado no Ministério da Educação e Cultura, tudo de conformidade com as instruções que, para tal fim, forem baixadas, pelo Fundo Nacional de Desenvolvimento da Educação.

§ 1º O documento a que se refere este artigo comprovará, perante os órgãos fiscalizadores, o cumprimento formal da obrigação fixada no art. 1º deste Decreto.

§ 2º Compete ao Fundo Nacional de Desenvolvimento da Educação comunicar ao Instituto de Administração Financeira da Previdência e Assistência Social quais as empresas optantes pelo cumprimento da obrigação constitucional sob a forma de manutenção direta ou indireta de ensino.

Art. 13. Cabe ao Instituto de Administração Financeira da Previdência e Assistência Social a arrecadação bem como a fiscalização do salário-educação e da manutenção direta ou indireta de ensino pelas empresas, obedecidos os mesmos prazos e mesmas sanções administrativas e penais, e as demais normas das contribuições destinadas ao custeio da Previdência Social.

Parágrafo único. A fiscalização a ser exercida pelo Fundo Nacional de Desenvolvimento da Educação, sem prejuízo das atribuições dos Tribunais de Contas da União, dos Estados e Distrito Federal, das Secretarias de Educação das Unidades da Federação e do Instituto de Administração Financeira da Previdência e Assistência Social, este na forma do *caput* deste artigo, incidirá sobre todas as fases de arrecadação, transferência e manutenção direta ou indireta de ensino, conforme disposto neste Decreto.

Art. 14. Fica suspensa, até ulterior deliberação, a cobrança da contribuição do salário-educação sobre a soma dos salários-base dos titulares, sócios e diretores e sobre o valor comercial dos produtos rurais, prevista nos itens I, *in fine*, e II, do art. 3º, deste Decreto.

Art. 15. Este Decreto entra em vigor na data de sua publicação, revogados o Decreto 76.923, de 26 de dezembro de 1975, e demais disposições em contrário.

Brasília, 22 de março de 1982; 161º da Independência e 94º da República.

João Figueiredo

(*DOU* 23.03.1982)

DECRETO 90.927, DE 7 DE FEVEREIRO DE 1985

Regulamenta a assiduidade profissional dos trabalhadores avulsos que menciona e dá outras providências.

- V. Lei 5.085/1966 (Reconhece aos trabalhadores avulsos o direito a férias), disponível em ProView.
- V. Dec. 1.035/1993 (Recolhimento do Adicional de Indenização do Trabalhador Portuário Avulso).
- V. Dec. 1.886/1996 (Regulamenta a Lei 8.630/1993).
- V. Lei 9.719/1998 (Dispõe sobre normas e condições gerais de proteção ao trabalho portuário e institui multas pela inobservância de seus preceitos).
- V. Lei 12.023/2009 (Dispõe sobre as atividades de movimentação de mercadorias em geral sobre o trabalho avulso).
- V. Lei 12.815/2013 (Dispõe sobre a exploração direta e indireta pela União de portos e instalações portuárias e sobre as atividades desempenhadas pelos operadores portuários).

O Presidente da República, no uso das atribuições que lhe confere o artigo 81, item III, da Constituição, decreta:

Art. 1º Os trabalhadores avulsos nos serviços de estiva, de bloco, conserto, conferência e vigilância portuária, que exercem atividades nos portos, ficam sujeitos ao regime de assiduidade previsto neste Decreto.

Art. 2º Entende-se como assiduidade a obrigação dos trabalhadores avulsos, especificados no artigo anterior, de atender à escalação para realizar os serviços que lhes forem atribuídos, de acordo com o rodízio numérico organizado pelos sindicatos.

Art. 3º A cada sindicato representativo de categoria profissional cabe escalar os trabalhadores requisitados, obedecido o rodízio numérico estabelecido, de modo que as oportunidades de trabalho sejam obrigatoriamente distribuídas entre todos.

Art. 4º O rodízio numérico referido no artigo anterior será organizado obrigatoriamente pelos sindicatos de cada categoria, no prazo máximo de 180 (cento e oitenta) dias, contados a partir da vigência deste Decreto e necessariamente aprovado pelos Conselhos Regionais do Trabalho Marítimo.

§ 1º Caso os sindicatos não o submetam à aprovação em tempo hábil, o rodízio referido no *caput* deste artigo será organizado e aprovado pelos Conselhos Regionais do Trabalho Marítimo.

§ 2º O disposto neste artigo não prejudica a aplicação das normas rodiziárias existentes, até que entrem em vigor as expedidas na forma deste Decreto.

Art. 5º A média aritmética das horas trabalhadas em cada categoria, no bimestre, fornecerá a base de aferição da assiduidade referida no artigo 1º.

Parágrafo único. A média aritmética será calculada pelas respectivas Delegacias do Trabalho Marítimo a cada bimestre, na razão entre a soma das horas remuneradas constantes de folhas de pagamento e o número de trabalhadores sindicalizados do quadro fixado.

Art. 6º O trabalhador avulso, sujeito às normas deste Decreto, será considerado como assíduo se atingir no bimestre um número de horas de efetivo trabalho igual ou superior ao obtido pela aplicação de uma taxa percentual sobre a média aritmética referida no artigo 5º.

Parágrafo único. A taxa percentual a que alude o *caput* deste artigo será fixada pelo Conselho Superior do Trabalho Marítimo através de resolução normativa, atendidas as peculiaridades regionais.

Art. 7º O trabalhador que, sem justa causa, deixar de atingir o mínima de assiduidade estabelecido neste Decreto, ficará sujeito às seguintes penalidades:

I – pela 1ª. (primeira) falta de assiduidade, exclusão do rodízio, a que se refere o art. 3º, por 4 (quatro) dias consecutivos, quando lhe couber ser engajado, respeitada a ordem de formação;

II – pela 1ª. (primeira) e subseqüentes reincidências, em falta de assiduidade, exclusão do rodízio, a que se refere o art. 3º, por um bimestre; e

III – cancelamento da matrícula, nos casos indicados e forma prevista no artigo 8º.

§ 1º As penalidades estabelecidas nos incisos I e II do *caput* deste artigo serão aplicadas diretamente pelo Delegado do Trabalho Marítimo, mediante procedimento sumário, assegurando-se ao inassíduo amplo direito de defesa, conforme previsto no *caput* do artigo 12.

§ 2º O prazo para o cumprimento das penalidades referentes à exclusão de rodízio começará a contar 72 (setenta e duas) horas após a data da publicação da decisão proferida, ocasião em que o sindicato da categoria recolher à DTM o cartão de matrícula do associado punido.

Art. 8º A pena de cancelamento de matricula a que se refere o inciso III do artigo 7º, será aplicada ao trabalhador que em 3 (três) bimestres consecutivos ou alternados, em 730 (setecentos e trinta) dias sucessivos não obtiver os índices de assiduidade mínima prescritos neste Decreto.

Parágrafo único. A penalidade de cancelamento de matrícula será aplicada pelo Conselho Regional do Trabalho Marítimo através de processo administrativo, em que seja assegurado ao inassíduo amplo direito de defesa.

Art. 9º Transcorridos 730 (setecentos e trinta) dias sucessivos de exercício profissional, com assiduidade, às faltas anteriormente registradas para efeito dos incisos I e II do art. 7º, serão automaticamente canceladas, iniciando-se nova contagem.

Art. 10. Desde que devidamente comprovadas junto à DTM, serão computadas na avaliação da assiduidade mínima, prevista neste Decreto, as seguintes situações:

I) – ausência decorrente de licença concedida por escrito pelo Delegado do Trabalho Marítimo;

II) – ausência decorrente de cumprimento de penalidade imposta pelo Delegado do Trabalho Marítimo ou Conselho Regional do Trabalho Marítimo;

III) – ausência decorrente de doença comprovada por atestado da autoridade de competente da Previdência Social;

IV) – ausência decorrente de acidente de trabalho comprovada por guia autenticada por Fiscal em exercício na Delegacia do Trabalho Marítimo do local de trabalho do avulso;

V) – ausência decorrente do exercício de cargo de administração sindical ou exercício de mandato em órgão colegiado oficial; e

VI) – outras ausências legalmente permitidas.

Parágrafo único. Cada dia de ausência justificada na forma deste artigo será considero para fins de obtenção de assiduidade mínima, como sendo jornada de 8 (oito) horas.

Art. 11. As entidades encarregadas do processamento das folhas de pagamento dos trabalhadores abrangidos por este Decreto, enviarão cópias ou resumo das mesmas, mensalmente, até o dia 10 (dez) do mês subseqüente, às respectivas Delegacias do Trabalho Marítimo.

Art. 12. As justificativas previstas no artigo 10 deverão ser apresentadas pelos interessados, em sua defesa, ao sindicato da categoria.

§ 1º Após o recebimento da relação dos trabalhadores inassíduos no respectivo bimestre, o sindicato da categoria terá prazo de 10 (dez) dias para enviar à Delegacia do Trabalho Marítimo as justificativas admitidas pelo art. 10 e referentes aos trabalhadores constantes da relação.

§ 2º Será considerado em falta com seus deveres sindicais, sujeitando-se às penalidades previstas na legislação em vigor, o dirigente sindical que deixar de cumprir o disposto no § 1º deste artigo.

Art. 13. Incorrerá nas penalidades previstas no Decreto-lei 3.346, de 12 de junho de 1941, o trabalhador que no exercício de função de direção ou chefia frustrar, impedir, ou por qualquer modo fraudar o regime de assiduidade estabelecido neste Decreto.

Art. 14. Todo trabalhador avulso que tiver sua matricula cancelada, por infração às disposições deste Decreto, somente poderá ser readmitido após decorridos 730 (setecentos e trinta) dias do cancelamento, desde que:

I – requeira seu retorno ao Delegado do Trabalho Marítimo do porto onde se processou o cancelamento;

II – comprove estar dentro da idade limite, ter aptidão física e declare, de próprio punho, não estar condenado por sentença transitada em julgado a pena restritiva de liberdade; e

III – haja vaga no quadro fixado pela Delegacia do Trabalho Marítimo para a categoria.

Parágrafo único. O requerimento a que se refere este artigo será despachado pelo Delegado do Trabalho Marítimo, em ordem cronológica de entrada, uma vez preenchidos todos os requisitos legais para a readmissão.

Art. 15. O Conselho Superior do Trabalho Marítimo baixará as instruções complementares, que se fizerem necessária para o adequado cumprimento deste Decreto.

Art. 16. O disposto neste Decreto não prejudicará a aplicação de outras sanções previstas em normas rodiziárias existes ou que venham a ser estabelecidas em cada porto, em cumprimento ao art. 4º.

Art. 17. O presente Decreto entrará em vigor 30 (trinta) dias após sua publicação, revogadas as disposições em contrário.

Brasília-DF, 07 de fevereiro de 1985; 164º da Independência e 97º da República.

João Figueiredo

(*DOU* 08.02.1985)

DECRETO 95.247, DE 17 DE NOVEMBRO DE 1987

Regulamenta a Lei 7.418, de 16 de dezembro de 1985, que institui o vale-transporte, com a alteração da Lei 7.619, de 30 de setembro de 1987.

• V. Lei 7.418/1985 (Institui o vale-transporte).

O Presidente da República, no uso da atribuição que lhe confere o art. 81, item III, da Constituição, e tendo em vista o disposto na Lei 7.418, de 16 de dezembro de 1985, alterada pela Lei 7.019, de 30 de setembro de 1987, decreta:

Capítulo I
Dos Beneficiários e do Benefício do Vale-Transporte

Art. 1º São beneficiários do Vale-Transporte, nos termos da Lei 7.418, de 16 de dezembro de 1985, os trabalhadores em geral, tais como:

• Caput com redação determinada pelo Dec. 2.880/1998.

I – os empregados, assim definidos no art. 3º da Consolidação das Leis do Trabalho;

II – os empregados domésticos, assim definidos na Lei 5.859, de 11 de dezembro de 1972;

III – os trabalhadores de empresas de trabalho temporário, de que trata a Lei 6.019, de 3 de janeiro de 1974;

IV – os empregados a domicílio, para os deslocamentos indispensáveis à prestação do trabalho, percepção de salários e os necessários ao desenvolvimento das relações com o empregador;

V – os empregados do subempreiteiro, em relação a este e ao empreiteiro principal, nos termos do art. 455 da Consolidação das Leis do Trabalho;

VI – os atletas profissionais de que trata a Lei 6.354, de 2 de setembro de 1976;

VII – *(Revogado pelo Dec. 2.880/1998).*

Parágrafo único. Para efeito deste Decreto, adotar-se-á a denominação beneficiário para identificar qualquer uma das categorias mencionadas nos diversos incisos deste artigo.

Art. 2º O Vale-Transporte constitui benefício que o empregador antecipará ao trabalhador para utilização efetiva em despesas de deslocamento residência-trabalho e vice-versa.

Parágrafo único. Entende-se como deslocamento a soma dos segmentos componentes da viagem do beneficiário, por um ou mais meios de transporte, entre sua residência e o local de trabalho.

Art. 3º O Vale-Transporte é utilizável em todas as formas de transporte coletivo público urbano ou, ainda, intermunicipal e interestadual com características semelhantes ao urbano, operado diretamente pelo poder público ou mediante delegação, em linhas regulares e com tarifas fixadas pela autoridade competente.

Parágrafo único. Excluem-se do disposto neste artigo os serviços seletivos e os especiais.

Art. 4º Está exonerado da obrigatoriedade do Vale-Transporte o empregador que proporcionar, por meios próprios ou contratados, em veículos adequados ao transporte coletivo, o deslocamento, residência-trabalho e vice-versa, de seus trabalhadores.

Parágrafo único. Caso o empregador forneça ao beneficiário transporte próprio ou fretado que não cubra integralmente os deslocamentos deste, o Vale-Transporte deverá ser aplicado para os segmentos da viagem não abrangidos pelo referido transporte.

Art. 5º É vedado ao empregador substituir o Vale-Transporte por antecipação em dinheiro ou qualquer outra forma de pagamento, ressalvado o disposto no parágrafo único deste artigo.

Parágrafo único. No caso de falta ou insuficiência de estoque de Vale-Transporte, necessário ao atendimento da demanda e ao funcionamento do sistema, o beneficiário será ressarcido pelo empregador, na folha de pagamento imediata, da parcela correspondente, quando tiver efetuado, por conta própria, a despesa para seu deslocamento.

Art. 6º O Vale-Transporte, no que se refere à contribuição do empregador:

I – não tem natureza salarial, nem se incorpora à remuneração do beneficiário para quaisquer efeitos;

II – não constitui base de incidência de contribuição previdenciária ou do Fundo de Garantia do Tempo de Serviço;

III – não é considerado para efeito de pagamento da Gratificação de Natal (Lei 4.090, de 13 de julho de 1962, e art. 7º do Dec.-lei 2.310, de 22 de dezembro de 1986);

IV – não configura rendimento tributável do beneficiário.

Capítulo II
Do Exercício do Direito do Vale-Transporte

Art. 7º Para o exercício do direito de receber o Vale-Transporte o empregado informará ao empregador, por escrito:

I – seu endereço residencial;

II – os serviços e meios de transporte mais adequados ao seu deslocamento residência-trabalho e vice-versa.

§ 1º A informação de que trata este artigo será atualizada anualmente ou sempre que ocorrer alteração das circunstâncias mencionadas nos itens I e II, sob pena de suspensão do benefício até o cumprimento dessa exigência.

§ 2º O beneficiário firmará compromisso de utilizar o Vale-Transporte exclusivamente para seu efetivo deslocamento residência-trabalho e vice-versa.

§ 3º A declaração falsa ou o uso indevido do Vale-Transporte constituem falta grave.

Art. 8º É vedada a acumulação do benefício com outras vantagens relativas ao transporte do beneficiário, ressalvado o disposto no parágrafo único do art. 4º deste Decreto.

Art. 9º O Vale-Transporte será custeado:

I – pelo beneficiário, na parcela equivalente a 6% (seis por cento) de seu salário básico ou vencimento, excluídos quaisquer adicionais ou vantagens;

II – pelo empregador, no que exceder à parcela referida no item anterior.

Parágrafo único. A concessão do Vale-Transporte autorizará o empregador a descontar mensalmente, do beneficiário que exercer o respectivo direito, o valor da parcela de que trata o item I deste artigo.

Art. 10. O valor da parcela a ser suportada pelo beneficiário será descontado proporcionalmente à quantidade de Vale-Transporte concedida para o período a que se refere o salário ou vencimento e por ocasião de seu pagamento, salvo estipulação em contrário, em convenção ou acordo coletivo de trabalho, que favoreça o beneficiário.

Art. 11. No caso em que a despesa com o deslocamento do beneficiário for inferior a 6% (seis por cento) do salário básico ou vencimento, o empregado poderá optar pelo recebimento antecipado do Vale-Transporte, cujo valor será integralmente descontado por ocasião do pagamento do respectivo salário ou vencimento.

Art. 12. A base de cálculo para determinação da parcela a cargo do beneficiário será:

I – o salário básico ou vencimento mencionado no item I do art. 9º deste Decreto; e

II – o montante percebido no período, para os trabalhadores remunerados por tarefa ou serviço feito ou quando se tratar de remuneração constituída exclusivamente de comissões, percentagens, gratificações, gorjetas ou equivalentes.

Capítulo III
Da Operacionalização do Vale-Transporte

Art. 13. O poder concedente ou órgão de gerência com jurisdição sobre os serviços de transporte coletivo urbano, respeitada a lei federal, expedirá normas complementares para operacionalização do sistema do Vale-Transporte, acompanhando seu funcionamento e efetuando o respectivo controle.

Art. 14. A empresa operadora do sistema de transporte coletivo público fica obrigada a emitir e comercializar o Vale-Transporte ao preço da tarifa vigente, colocando-o à disposição dos empregadores em geral e assumindo os custos dessa obrigação, sem repassá-los para a tarifa dos serviços.

§ 1º A emissão e a comercialização do Vale-Transporte poderão também ser efetuadas pelo órgão de gerência ou pelo poder concedente, quando este tiver a competência legal para emissão de passes.

§ 2º Na hipótese do parágrafo precedente, é vedada a emissão e comercialização de Vale-Transporte simultaneamente pelo poder concedente e pelo órgão de gerência.

§ 3º A delegação ou transferência da atribuição de emitir e comercializar o Vale-Transporte não elide a proibição de repassar os custos respectivos para a tarifa dos serviços.

Art. 15. Havendo delegação da emissão e comercialização de Vale-Transporte, ou constituição de consórcio, as empresas operadoras submeterão os respectivos instrumentos ao poder concedente ou órgão de gerência para homologação dos procedimentos instituídos.

Art. 16. Nas hipóteses do artigo anterior, as empresas operadoras permanecerão solidariamente responsáveis com a pessoa jurídica delegada ou pelos atos do consórcio, em razão de eventuais faltas ou falhas no serviço.

Art. 17. O responsável pela emissão e comercialização do Vale-Transporte deverá manter estoques compatíveis com os níveis de demanda.

Art. 18. A comercialização do Vale-Transporte dar-se-á em centrais ou postos de venda estrategicamente distribuídos na cidade onde serão utilizados.

Parágrafo único. Nos casos em que o sistema local de transporte público for operado por diversas empresas ou por meios diferentes, com ou sem integração, os postos de vendas referidos neste artigo deverão comercializar todos os tipos de Vale-Transporte.

Art. 19. A concessão do benefício obriga o empregador a adquirir Vale-Transporte em quantidade e tipo de serviço que melhor se adequar ao deslocamento do beneficiário.

Parágrafo único. A aquisição será feita antecipadamente e à vista, proibidos quaisquer descontos e limitada à quantidade estritamente necessária ao atendimento dos beneficiários.

Art. 20. Para cálculo do valor do Vale-Transporte, será adotada a tarifa integral, relativa ao deslocamento do beneficiário, por um ou mais meios de transporte, mesmo que a legislação local preveja descontos.

Parágrafo único. Para fins do disposto neste artigo, não são consideradas desconto as reduções tarifárias decorrentes de integração de serviços.

Art. 21. A venda do Vale-Transporte será comprovada mediante recibo sequencialmente numerado, emitido pela vendedora em duas vias, uma das quais ficará com a compradora, contendo:

I – o período a que se referem;

II – a quantidade de Vale-Transporte vendida e de beneficiários a quem se destina;

III – o nome, endereço e número de inscrição da compradora no Cadastro Geral de Contribuintes no Ministério da Fazenda – CGCMF.

Art. 22. O Vale-Transporte poderá ser emitido conforme as peculiaridades e as conveniências locais, para utilização por:

I – linhas;

II – empresa;

III – sistema;

IV – outros níveis recomendados pela experiência local.

Art. 23. O responsável pela emissão e comercialização do Vale-Transporte poderá adotar a forma que melhor lhe convier à segurança e facilidade de distribuição.

Parágrafo único. O Vale-Transporte poderá ser emitido na forma de bilhetes simples ou múltiplos, talões, cartelas, fichas ou quaisquer processos similares.

Art. 24. Quando o Vale-Transporte for emitido para utilização num sistema determinado de transporte ou para valer entre duas ou mais operadoras, será de aceitação compulsória, nos termos de acordo a ser previamente firmado.

§ 1º O responsável pela emissão e comercialização do Vale-Transporte pagará às empresas operadoras os respectivos créditos no prazo de 24 (vinte e quatro) horas, facultado às partes pactuar prazo maior.

§ 2º O responsável pela emissão e comercialização do Vale-Transporte deverá apresentar, mensalmente, demonstrativos financeiros dessa atividade, ao órgão de gerência que observará o disposto no art. 28.

Art. 25. As empresas operadoras são obrigadas a manter permanentemente um sistema de registro e controle do número do Vale-Transporte emitido, comercializado e utilizado, ainda que a atividade seja exercida por delegação ou por intermédio de consórcio.

Art. 26. No caso de alteração na tarifa de serviços, o Vale-Transporte poderá:

I – ser utilizado pelo beneficiário, dentro do prazo a ser fixado pelo poder concedente; e

II – ser trocado, sem ônus, pelo empregador, no prazo de 30 (trinta) dias, contados da data em que a tarifa sofrer alteração.

Capítulo IV
Dos Poderes Concedentes e Órgãos de Gerência

Art. 27. O poder concedente ou órgão de gerência, na área de sua jurisdição, definirá:

I – o transporte intermunicipal ou interestadual com características semelhantes ao urbano;

II – os serviços seletivos e os especiais.

Art. 28. O poder concedente ou órgão de gerência fornecerá, mensalmente, ao órgão federal competente, informações estatísticas que permitam avaliação nacional, em caráter permanente, da utilização do Vale-Transporte.

Art. 29. As operadoras informarão, mensalmente, nos termos exigidos pelas normas locais, o volume de Vale-Transporte emitido, comercializado e utilizado, a fim de permitir a avaliação local do sistema, além de outros dados que venham a ser julgados convenientes a esse objetivo.

Art. 30. Nos atos de concessão, permissão ou autorização serão previstas sanções às empresas operadoras que emitirem ou comercializarem o Vale-Transporte diretamente, por meio de delegação ou consórcio, em quantidade insuficiente ao atendimento da demanda.

Parágrafo único. As sanções serão estabelecidas em valor proporcional às quantidades solicitadas e não fornecidas, agravando-se em caso de reincidência.

Capítulo V
Dos Incentivos Fiscais

Art. 31. O valor efetivamente pago e comprovado pelo empregador, pessoa jurídica, na aquisição de Vale-Transporte, poderá ser deduzido como despesa operacional, na determinação do lucro real, no período base de competência da despesa.

Art. 32. Sem prejuízo da dedução prevista no artigo anterior, a pessoa jurídica empregadora poderá deduzir do Imposto de Renda devido valor equivalente à aplicação da alíquota cabível do Imposto de Renda sobre o montante das despesas comprovadamente realizadas, no período base, na concessão do Vale-Transporte.

Parágrafo único. A dedução a que se refere este artigo, em conjunto com as de que tratam as Leis 6.297, de 15 de dezembro de 1975, e 6.321, de 14 de abril de 1976, não poderá reduzir o imposto devido em mais de 10% (dez por cento), observado o que dispõe o § 3º do art. 1º do Dec.-lei 1.704, de 23 de outubro de 1979, podendo o eventual excesso ser aproveitado nos dois exercícios subsequentes.

Art. 33. Ficam assegurados os benefícios de que trata este Decreto ao empregador que, por meios próprios ou contratados com terceiros, proporcionar aos seus trabalhadores o deslocamento residência-trabalho e vice-versa, em veículos adequados ao transporte coletivo, inclusive em caso de complementação do Vale-Transporte.

Parágrafo único. O disposto neste artigo não se aplica nas contratações de transporte diretamente com empregados, servidores, diretores, administradores e pessoas ligadas ao empregador.

Art. 34. A pessoa jurídica empregadora deverá registrar em contas específicas que possibilitem determinar, com clareza e exatidão em sua contabilidade, as despesas efetivamente realizadas na aquisição do Vale-Transporte ou, na hipótese do artigo anterior, os dispêndios e encargos com o transporte do beneficiário, tais como aquisição de combustível, manutenção, reparos e depreciação dos veículos próprios, destinados exclusivamente ao transporte dos empregados, bem assim os gastos com as empresas contratadas para esse fim.

Parágrafo único. A parcela de custo, equivalente a 6% (seis por cento) do salário básico do empregado, que venha a ser recuperada pelo empregador, deverá ser deduzida do montante das despesas efetuadas no período base, mediante lançamento a crédito das contas que registrem o montante dos custos relativos ao benefício concedido.

Capítulo VI
Disposições Finais

Art. 35. Os atos de concessão, permissão e autorização vigentes serão revistos para cumprimento do disposto no art. 30 deste Regulamento.

Art. 36. Este Decreto entra em vigor na data de sua publicação.

Art. 37. Revogam-se as disposições em contrário e em especial o Decreto 92.180, de 19 de dezembro de 1985.

Brasília, 17 de novembro de 1987; 166º da Independência e 99º da República.

José Sarney

(*DOU* 18.11.1987)

DECRETO 97.936, DE 10 DE JULHO DE 1989

Institui o Cadastro Nacional do Trabalhador e dá outras providências.

O Presidente da República, usando das atribuições que lhe confere o art. 84, inciso IV, da Constituição, decreta:

Art. 1º Fica instituído o Cadastro Nacional do Trabalhador (CNT), destinado a registrar informações de interesse do trabalhador, do Ministério do Trabalho e da Previdência Social (MTPS) e da Caixa Econômica Federal (CEF).

- Artigo com redação determinada pelo Dec. 99.378/1990.

Art. 2º O CNT, composto pelo sistema de identificação do trabalhador e pelo sistema de coleta de informações sociais, compreenderá os trabalhadores:

I – já inscritos no Programa de Integração Social – PIS e no Programa de Formação do Patrimônio do Servidor Público – PASEP;

II – cadastrados no sistema de contribuinte individual da Previdência Social;

III – que vierem a ser cadastrados no CNT.

Parágrafo único. A organização inicial do CNT será feita a partir de informações constantes dos Cadastros do PIS e do PASEP.

Art. 3º Para efeito de identificação do trabalhador junto ao CNT ficam instituídos:

I – o Número de Identificação do Trabalhador NIT;

II – o Documento de Cadastramento do Trabalhador DCT.

§ 1º O DCT substituirá a Ficha de Declaração de que trata o § 2º do art. 13 da Consolidação das Leis do Trabalho CLT.

§ 2º O DCT será preenchido:

a) pelos postos competentes, a cada emissão da Carteira do Trabalho e Previdência Social – CTPS;

b) no caso de contribuintes individuais, pela Previdência Social, que poderá utilizar-se dos serviços da rede bancária.

§ 3º Os órgãos e entidades da Administração Pública, identificarão os trabalhadores do serviço público não regidos pela CLT, ainda não inscritos no CNT.

§ 4º A cada trabalhador será atribuído um NIT, que lhe facultará o acesso às informações referentes aos seus direitos trabalhistas e previdenciários.

Art. 4º A coleta de informações sociais será feita por meio do Documento de Informações Sociais – DIS, a ser preenchido pelos empregadores, que deverão:

I – identificar-se pelo número de inscrição no Cadastro Geral de Contribuintes do Ministério da Fazenda – CGC/MF;

II – identificar cada trabalhador pelo respectivo NIT.

§ 1º O empregador não inscrito no CGC/MF se identificará na forma a ser disciplinada pelo Grupo Gestor no CNT (art. 6º).

§ 2º O DIS conterá informações relativas:

a) à nacionalização do trabalho (CLT, art. 360);

b) ao controle dos registros relativos ao Fundo de Garantia do Tempo de Serviço – FGTS (Lei 5.107, de 13 de setembro de 1966);

c) ao salário-de-contribuição do trabalhador, para concessão e manutenção de benefícios por parte da Previdência Social;

d) ao pagamento do abono previsto pelo § 3º do art. 239 da Constituição;

e) ao pagamento e controle do seguro-desemprego (Decreto-lei 2.284, de 10 de março de 1986);

f) à admissão e dispensa de empregados (Lei 4.923, de 23 de dezembro de 1965).

§ 3º As informações sociais referentes aos trabalhadores contribuintes individuais da Previdência Social serão prestadas ao CNT pelo MPAS.

Art. 5º O DIS substituirá os seguintes documentos:

I – Relação Anual de Informações Sociais – RAIS (Decreto 76.900, de 23 de dezembro de 1975);

II – formulário de comunicação de admissão e dispensa (Lei 4.923, de 1965);

III – Relação de Empregados – RE (Lei 5.107, de 1966);

IV – Relação de Salários de Contribuições – RSC da Previdência Social;

V – Comunicação de Dispensa – CD (Decreto 92.608, de 30 de abril de 1986).

Art. 6º Fica criado o Grupo Gestor do CNT, encarregado de administrar e fiscalizar a implantação e a operação do CNT, sob a Presidência do Secretário da Administração Federal, com a seguinte composição:

- Artigo com redação determinada pelo Dec. S/N de 25.06.1991.

I – um representante do Ministério do Trabalho e da Previdência Social (MTPS);

II – um representante da Caixa Econômica Federal (CEF);

III – um representante dos trabalhadores;

IV – um representante dos empregadores.

Parágrafo único. O regimento interno, aprovado pelo Secretário da Administração Federal, disporá sobre o funcionamento do Grupo Gestor do CNT.

Art. 7º O Ministério do Trabalho e da Previdência Social, por intermédio da Empresa de Processamento de Dados da Previdência Social (DATAPREV) e a Caixa Econômica Federal (CEF), atenderão as despesas comuns do CNT com dotações ou recursos próprios, em partes iguais, podendo, para tanto, celebrar contratos e convênios.

- Artigo com redação determinada pelo Dec. 99.378/1990.

Art. 8º Pelo descumprimento do disposto no art. 4º deste Decreto, os infratores estarão sujeitos, conforme a infração, às penalidades previstas nos seguintes dispositivos legais:

Legislação

I – art. 364 da CLT;
II – art. 10 da Lei 4.923, de 1965.

Parágrafo único. No caso de mais de uma infração, as respectivas penalidades serão aplicadas cumulativamente.

Art. 9º As contribuições devidas à Previdência Social, ao Programa de Integração Social PIS, ao Programa de Formação do Patrimônio do Servidor Público – PASEP, bem assim os depósitos relativos ao Fundo de Garantia do Tempo de Serviço – FGTS, continuarão a ser recolhidos mediante documento próprio.

Art. 10. O Secretário da Administração Federal expedirá as instruções necessárias à execução do disposto neste decreto.

- Artigo com redação determinada pelo Dec. S/N de 25.06.1991.

Art. 11. Este Decreto entra em vigor na data de sua publicação.

Art. 12. Revogam-se as disposições em contrário.

Brasília, 10 de julho de 1989; 168º da Independência e 101º da República.

José Sarney

(*DOU* 11.07.1989)

DECRETO 99.684, DE 8 DE NOVEMBRO DE 1990

Consolida as normas regulamentares do Fundo de Garantia do Tempo de Serviço – FGTS.

- V. Lei 8.036/1990 (FGTS).
- V. Lei 8.844/1994 (Fiscalização, apuração e cobrança judicial das contribuições e multas devidas ao FGTS).
- V. LC 110/2001 (Institui contribuições sociais e autoriza créditos de complementos de atualização monetária em contas vinculadas do FGTS).
- V. Dec. 3.913/2001 (Apuração e liquidação dos complementos de atualização monetária de saldos de contas vinculadas do FGTS).
- V. Dec. 3.914/2001 (Regulamentação das contribuições sociais instituídas pela LC 110/2001).
- V. Dec. 5.113/2004 (Regulamenta o art. 20, XVI, da Lei 8.036/1990).
- V. Lei 11.491/2007 (Institui o Fundo de Investimento do FGTS).

O Presidente da República, no uso da atribuição que lhe confere o art. 84, inciso IV, da Constituição, decreta:

Art. 1º Fica aprovado o Regulamento Consolidado do Fundo de Garantia do Tempo de Serviço, que com este baixa.

Art. 2º Este Decreto entra em vigor na data de sua publicação.

Art. 3º Revogam-se as disposições em contrário, em especial os Decretos:

I – 59.820, de 20 de dezembro de 1966;
II – 61.405, de 28 de setembro de 1967;
III – 66.619, de 21 de maio de 1970;
IV – 66.819, de 1º de julho de 1970;
V – 66.867, de 13 de julho de 1970;
VI – 66.939, de 22 de julho de 1970;
VII – 69.265, de 22 de setembro de 1971;
VIII – 71.636, de 29 de dezembro de 1972;
IX – 72.141, de 26 de abril de 1973;
X – 73.423, de 7 de janeiro de 1974;
XI – 76.218, de 9 de setembro de 1975;
XII – 76.750, de 5 de dezembro de 1975;
XIII – 77.357, de 1º de abril de 1976;
XIV – 79.891, de 29 de junho de 1977;
XV – 84.509, de 25 de fevereiro de 1980;
XVI – 87.567, de 16 de setembro de 1982;
XVII – 90.408, de 7 de novembro de 1984;
XVIII – 92.366, de 4 de fevereiro de 1986;
XIX – 97.848, de 20 de junho de 1989; e
XX – 98.813, de 10 de janeiro de 1990.

Brasília, 8 de novembro de 1990; 169º da Independência e 102º da República.

Fernando Collor

(*DOU* 12.11.1990)

ANEXO
Regulamento do Fundo de Garantia do Tempo de Serviço – FGTS

Capítulo I
Das Disposições Preliminares

Art. 1º Nas relações jurídicas pertinentes ao Fundo de Garantia do Tempo de Serviço – FGTS será observado o disposto neste Regulamento.

Art. 2º Para os efeitos deste Regulamento considera-se:

I – empregador, a pessoa natural ou jurídica de direito público ou privado, da Administração Pública direta, indireta ou fundacional de qualquer dos Poderes, da União, dos Estados, do Distrito Federal e dos Municípios, que admitir trabalhadores a seu serviço, bem assim aquele que, regido por legislação especial, encontrar-se nessa condição ou figurar como fornecedor ou tomador de mão de obra;

II – trabalhador, a pessoa natural que prestar serviços a empregador, excluídos os eventuais, os autônomos e os servidores públicos civis e militares sujeitos a regime jurídico próprio.

Capítulo II
Do Direito ao FGTS

Art. 3º A partir de 5 de outubro de 1988, o direito ao regime do FGTS é assegurado aos trabalhadores urbanos e rurais, exceto aos domésticos, independentemente de opção.

Parágrafo único. Os trabalhadores domésticos poderão ter acesso ao regime do FGTS, na forma que vier a ser prevista em Lei.

Art. 4º A opção pelo regime de que trata este Regulamento somente é admitida para o tempo de serviço anterior a 5 de outubro de 1988, podendo os trabalhadores, a qualquer tempo, optar pelo FGTS com efeito retroativo a 1º de janeiro de 1967, ou à data de sua admissão, quando posterior.

Parágrafo único. O disposto neste artigo não se aplica ao trabalhador rural (Lei 5.889, de 8 de junho de 1973), bem assim àquele:

a) que tenha transacionado com o empregador o direito a indenização, quanto ao período que foi objeto da transação; ou

b) cuja indenização pelo tempo anterior à opção já tenha sido depositada na sua conta vinculada.

Art. 5º A opção com efeito retroativo será feita mediante declaração escrita do trabalhador, com indicação do período de retroação.

§ 1º O empregador, no prazo de 48 (quarenta e oito) horas, fará as devidas anotações na Carteira de Trabalho e Previdência Social e no registro do trabalhador, comunicando ao banco depositário.

§ 2º O valor da conta vinculada em nome do empregador e individualizada em relação ao trabalhador, relativo ao período abrangido pela retroação, será transferido pelo banco depositário para a conta vinculada em nome do trabalhador.

Art. 6º O tempo de serviço anterior à opção ou a 5 de outubro de 1988 poderá ser transacionado entre empregador e empregado, respeitado o limite mínimo de 60% (sessenta por cento) da indenização simples ou em dobro, conforme o caso.

Parágrafo único. Na hipótese de que trata este artigo a transação deverá ser homologada pelo sindicato da categoria profissional, mesmo quando não houver extinção do contrato de trabalho.

Art. 7º O direito ao FGTS se estende aos diretores não empregados de empresas públicas e sociedades controladas direta ou indiretamente pela União (Lei 6.919, de 2 de junho de 1981).

Art. 8º As empresas sujeitas ao regime da legislação trabalhista poderão equiparar seus diretores não empregados aos demais trabalhadores sujeitos ao regime do FGTS.

Parágrafo único. Considera-se diretor aquele que exerça cargo de administração previsto em lei, estatuto ou contrato social, independentemente da denominação do cargo.

Capítulo III
Dos Efeitos da Rescisão ou Extinção do Contrato de Trabalho

Art. 9º Ocorrendo despedida sem justa causa, ainda que indireta, com culpa recíproca, por força maior ou extinção normal do contrato de trabalho a termo, inclusive a do trabalhador temporário, deverá o empregador depositar, na conta vinculada do trabalhador no FGTS, os valores relativos aos depósitos referentes ao mês da rescisão e ao imediatamente anterior, que ainda não houver sido recolhido, sem prejuízo das cominações legais cabíveis.

- *Caput* com redação determinada pelo Dec. 2.430/1997.

§ 1º No caso de despedida sem justa causa, ainda que indireta, o empregador depositará, na conta vinculada do trabalhador no FGTS, importância igual a 40% (quarenta por cento) do montante de todos os depósitos realizados na conta vinculada durante a vigência do contrato de trabalho, atualizados monetariamente e acrescidos dos respectivos juros, não sendo permitida, para este fim, a dedução dos saques ocorridos.

- § 1º com redação determinada pelo Dec. 2.430/1997.

§ 2º Ocorrendo despedida por culpa recíproca ou força maior, reconhecida pela Justiça do Trabalho, o percentual de que trata o parágrafo precedente será de 20% (vinte por cento).

§ 3º Na determinação da base de cálculo para a aplicação dos percentuais de que tratam os parágrafos precedentes, serão computados os valores dos depósitos relativos aos meses da rescisão e o imediatamente anterior, recolhidos na forma do *caput* deste artigo.

- § 3º com redação determinada pelo Dec. 2.430/1997.

§ 4º O recolhimento das importâncias de que trata este artigo deverá ser comprovado quando da homologação das rescisões contratuais que exijam o pagamento da multa rescisória, bem como quando da habilitação ao saque, sempre que não for devida a homologação da rescisão, observado o disposto no art. 477 da Consolidação das Leis do Trabalho – CLT, eximindo o empregador, exclusivamente, quanto aos valores discriminados.

- § 4º com redação determinada pelo Dec. 2.430/1997.

§ 5º Os depósitos de que tratam o *caput* e os §§ 1º e 2º deste artigo deverão ser efetuados nos seguintes prazos:

- § 5º com redação determinada pelo Dec. 2.582/1998.

a) até o primeiro dia útil imediato ao término do contrato; ou

b) até o décimo dia, contado da data da notificação da demissão, quando da ausência do aviso-prévio, indenização do mesmo ou dispensa de seu cumprimento.

§ 6º O empregador que não realizar os depósitos previstos neste artigo, no prazo especificado no parágrafo anterior, sujeitar-se-á às cominações previstas no art. 30.

- § 6º acrescentado pelo Dec. 2.430/1997.

§ 7º O depósito dos valores previstos neste artigo deverá ser efetuado, obrigatoriamente, na CEF ou, nas localidades onde não existam unidades daquela empresa, nos bancos conveniados, aplicando-se a estes depósitos o disposto no art. 32.

- § 7º acrescentado pelo Dec. 2.430/1997.

§ 8º A CEF terá prazo de 10 (dez) dias úteis, após o recolhimento, para atender às solicitações de saque destes valores.

- § 8º acrescentado pelo Dec. 2.430/1997.

§ 9º A CEF, para fins de remuneração como Agente Operador do FGTS, considerará o recolhimento desses depósitos, da multa rescisória e dos saques desses valores como movimentações distintas.

- § 9º acrescentado pelo Dec. 2.430/1997.

Art. 10. Caberá ao banco depositário e, após a centralização, à Caixa Econômica Federal – CEF, prestar ao empregador, no prazo máximo de 5 (cinco) dias úteis da solicitação, as informações necessárias ao cumprimento do disposto nos §§ 1º e 2º do artigo precedente.

§ 1º As informações deverão discriminar os totais de depósitos efetuados pelo empregador, acrescidos dos respectivos juros e correção monetária.

§ 2º Caberá ao empregador comprovar o efetivo depósito dos valores devidos que não tenham ingressado na conta até a data da rescisão do contrato de trabalho.

Art. 11. Fica ressalvado o direito adquirido dos trabalhadores que, em 5 de outubro de 1988, já tinham o direito à estabilidade no emprego, nos termos do Capítulo V do Título IV da CLT.

Art. 12. Ocorrendo rescisão do contrato de trabalho, para a qual não tenha o trabalhador dado causa, fica assegurado, na forma do disposto nos arts. 477 a 486 e 497 da CLT, o direito à indenização relativa ao tempo de serviço anterior a 5 de outubro de 1988, que não tenha sido objeto de opção.

Art. 13. No caso de rescisão ou extinção do contrato de trabalho de empregado que conte tempo de serviço anterior a 5 de outubro de 1988 na qualidade de não optante, o empregador poderá levantar o saldo da respectiva conta individualizada, mediante:

I – comprovação do pagamento da indenização devida, quando for o caso; ou

II – autorização do Instituto Nacional de Seguro Social – INSS, quando não houver indenização a ser paga ou houver decorrido o prazo prescricional para reclamação de direitos por parte do trabalhador.

Parágrafo único. Nas hipóteses previstas neste artigo, os recursos serão liberados no prazo de 5 (cinco) dias úteis, contado da apresentação do comprovante de pagamento da indenização ou da autorização conferida pelo INSS.

Art. 14. No caso de contrato a termo, a rescisão antecipada, sem justa causa ou com culpa recíproca, equipara-se às hipóteses previstas nos §§ 1º e 2º do art. 9º, respectivamente, sem prejuízo do disposto no art. 479 da CLT.

Art. 15. Ocorrendo rescisão do contrato de trabalho, pelo empregador, por justa causa, o trabalhador demitido somente terá direito ao saque de sua conta vinculada nas hipóteses previstas nos incisos III e VIII do art. 35.

Art. 16. Equipara-se a extinção normal do contrato a termo o término do mandato do diretor não empregado (arts. 7º e 8º) não reconduzido.

Capítulo IV
Das Contas

Art. 17. As importâncias creditadas nas contas vinculadas em nome dos trabalhadores são impenhoráveis.

Art. 18. O saldo das contas vinculadas é garantido pelo Governo Federal, podendo ser instituído seguro especial para esse fim.

Art. 19. Os depósitos efetuados nas contas vinculadas serão corrigidos monetariamente com base nos parâmetros fixados para atualização dos saldos dos depósitos de poupança e capitalizarão juros de 3% (três por cento) ao ano.

§ 1º A correção monetária e os juros correrão à conta do FGTS.

§ 2º Para as contas vinculadas dos trabalhadores optantes, existentes em 22 de setembro de 1971, a capitalização dos juros dos depósitos continuará a ser feita levando-se em conta o período de permanência na mesma empresa, na seguinte progressão:

a) 3% (três por cento), durante os dois primeiros anos;

b) 4% (quatro por cento), do terceiro ao quinto ano;

c) 5% (cinco por cento), do sexto ao décimo ano;

d) 6% (seis por cento), a partir do décimo primeiro ano.

§ 3º O disposto no parágrafo precedente deixará de ser aplicado quando o trabalhador mudar de empresa, hipótese em que a capitalização dos juros passará a ser feita à taxa de 3% (três por cento) ao ano.

Art. 20. O crédito da atualização monetária e dos juros será efetuado na conta do trabalhador:

I – no primeiro dia útil de cada mês, com base no saldo existente no primeiro dia útil do mês anterior, até que ocorra a centralização das contas na CEF; e

II – no dia 10 de cada mês, com base no saldo existente no dia 10 do mês anterior, após a centralização prevista neste artigo.

§ 1º O saldo existente no mês anterior será utilizado como base para o cálculo dos juros e da atualização monetária após a dedução dos saques ocorridos no período, exceto os efetuados no dia do crédito.

§ 2º Caso no dia 10 não haja expediente bancário, considerar-se-á o primeiro dia útil subsequente, tanto para a realização do crédito quanto para a definição do saldo base.

Art. 21. Até o dia 14 de maio de 1991, a CEF assumirá o controle de todas as contas vinculadas, passando os demais estabelecimentos bancários, findo esse prazo, à condição de agentes recebedores e pagadores do FGTS, mediante recebimento de tarifa a ser fixada pelo Conselho Curador.

§ 1º Até que a CEF implemente as disposições deste artigo, a conta vinculada continuará sendo aberta em nome do trabalhador, em estabelecimento bancário escolhido pelo empregador.

§ 2º Verificando-se mudança de emprego, a conta vinculada será transferida para o estabelecimento bancário da escolha do novo empregador.

Art. 22. A partir do segundo mês após a centralização das contas na CEF, fica assegurado ao trabalhador o direito de receber, bimestralmente, extrato informativo da conta vinculada.

Parágrafo único. A qualquer tempo a CEF, mediante solicitação, fornecerá ao trabalhador informações sobre sua conta vinculada.

Art. 23. O banco depositário é responsável pelos lançamentos efetuados nas contas vinculadas durante o período em que estiverem sob sua administração.

Art. 24. Por ocasião da centralização na CEF, caberá ao banco depositário emitir o último extrato das contas vinculadas sob sua responsabilidade, que deverá conter, inclusive, o registro dos valores transferidos e a discriminação dos depósitos efetuados na vigência do último contrato de trabalho.

- V. Súmula 514, STJ.

Art. 25. Após a centralização das contas na CEF o saldo de conta não individualizada e de conta vinculada sem depósito há mais de 5 (cinco) anos será incorporado ao patrimônio do FGTS, resguardado o direito do beneficiário de reclamar, a qualquer tempo, a reposição do valor transferido, mediante comprovação de ter a conta existido.

Art. 26. A empresa anotará na Carteira de Trabalho e Previdência Social o nome e endereço da agência do banco depositário.

Parágrafo único. Após a centralização das contas na CEF, a empresa ficará desobrigada da anotação de que trata este artigo.

Capítulo V
Dos Depósitos

Art. 27. O empregador, ainda que entidade filantrópica, é obrigado a depositar, até o dia 7 de cada mês, em conta bancária vinculada, a importância correspondente a 8% (oito por cento) da remuneração paga ou devida no mês anterior, a cada trabalhador, incluídas as parcelas de que tratam os arts. 457 e 458 da CLT e a gratificação de Natal a que se refere a Lei 4.090, de 13 de julho de 1962, com as modificações da Lei 4.749, de 12 de agosto de 1965.

Parágrafo único. Não integram a base de cálculo para incidência do percentual de que trata este artigo:

a) a contribuição do empregador para o Vale-Transporte (Dec. 95.247, de 17 de novembro de 1987); e

b) os gastos efetuados com bolsas de aprendizagem (Lei 8.069, de 13 de julho de 1990, art. 64).

Art. 28. O depósito na conta vinculada do FGTS é obrigatório também nos casos de interrupção do contrato de trabalho prevista em lei, tais como:

I – prestação de serviço militar;

II – licença para tratamento de saúde de até 15 (quinze) dias;

III – licença por acidente de trabalho;

IV – licença à gestante; e

V – licença-paternidade.

Parágrafo único. Na hipótese deste artigo, a base de cálculo será revista sempre que ocorrer aumento geral na empresa ou na categoria profissional a que pertencer o trabalhador.

Art. 29. O depósito a que se refere o art. 27 é devido, ainda, quando o empregado passar a exercer cargo de diretoria, gerência ou outro de confiança imediata do empregador.

Art. 30. O empregador que não realizar os depósitos previstos no prazo fixado no art. 27 sujeitar-se-á às obrigações e sanções previstas nos arts. 50 a 52 e responderá:

I – pela atualização monetária da importância correspondente; e

II – pelos juros de mora de 1% (um por cento) ao mês e multa de 20% (vinte por cento), incidentes sobre o valor atualizado.

§ 1º A atualização monetária será cobrada por dia de atraso, tomando-se por base os índices de variação do Bônus do Tesouro Nacional Fiscal (BTN Fiscal) ou, na falta deste, do título que vier a sucedê-lo, ou, ainda, a critério do Conselho Curador, por outro indicador da inflação diária.

§ 2º Se o débito for pago até o último dia útil do mês em que o depósito deveria ter sido efetuado, a multa será reduzida para 10% (dez por cento).

§ 3º O disposto neste artigo se aplica aos depósitos decorrentes de determinação judicial.

Art. 31. Até a centralização das contas na CEF, a apropriação na conta vinculada, para fins de atualização monetária e capitalização de juros, será feita:

I – no primeiro dia útil do mês subsequente, quando o depósito ocorrer no próprio mês em que se tornou devido;

II – no primeiro dia útil do mês do depósito, quando este ocorrer no mês subsequente àquele em que se tornou devido; e

III – no primeiro dia útil do mês do depósito, quando este ocorrer a partir do segundo mês subsequente ao em que se tornou devido, atualizado monetariamente e acrescido de juros, contados da data em que a apropriação deveria ter sido feita.

Art. 32. Os depósitos relativos ao FGTS, efetuados na rede bancária, serão transferidos à CEF no segundo dia útil subsequente à data em que tenham sido efetuados.

Art. 33. Os empregadores deverão comunicar mensalmente aos trabalhadores os valores recolhidos ao FGTS e repassar-lhes todas as informações, recebidas da CEF ou dos bancos depositários, sobre as respectivas conta vinculadas.

Art. 34. Os depósitos em conta vinculada constituirão despesas dedutíveis do lucro operacional dos empregadores e as importâncias levantadas a seu favor, receita tributável (Lei 8.036, de 11 de maio de 1990).

Capítulo VI
Dos Saques

Art. 35. A conta vinculada do trabalhador no FGTS poderá ser movimentada nas seguintes situações:

I – despedida sem justa causa, inclusive a indireta, de culpa recíproca e por força maior, comprovada com o depósito dos valores de que tratam os §§ 1º e 2º do art. 9º;

- Inciso I com redação determinada pelo Dec. 2.430/1997.

II – extinção da empresa, fechamento de quaisquer de seus estabelecimentos, filiais ou agências, supressão de parte de suas atividades, ou, ainda, falecimento do empregador individual, sempre que qualquer dessas ocorrências implique rescisão do contrato de trabalho, comprovada por declaração escrita da empresa, suprida, quando for o caso, por decisão judicial transitada em julgado;

III – aposentadoria concedida pela Previdência Social;

IV – falecimento do trabalhador;

V – pagamento de parte das prestações decorrentes de financiamento habitacional concedido no âmbito do Sistema Financeiro da Habitação – SFH, desde que:

a) o mutuário conte com o mínimo de 3 (três) anos de trabalho sob o regime do FGTS, na mesma empresa ou em empresas diferentes;

b) o valor bloqueado seja utilizado, no mínimo, durante o prazo de 12 (doze) meses; e

c) o valor de cada parcela a ser movimentada não exceda a 80% (oitenta por cento) do montante da prestação;

VI – liquidação ou amortização extraordinária do saldo devedor de financiamento imobiliário concedido no âmbito do SFH, desde que haja interstício mínimo de 2 (dois) anos para cada movimentação, sem prejuízo de outras condições estabelecidas pelo Conselho Curador;

VII – pagamento total ou parcial do preço de aquisição de moradia própria, observadas as seguintes condições:

a) conte o mutuário com o mínimo de 3 (três) anos de trabalho sob o regime do FGTS, na mesma empresa ou empresas diferentes; e

b) seja a operação financiada pelo SFH ou, se realizada fora do Sistema, preencha os requisitos para ser por ele financiada;

VIII – quando permanecer 3 (três) anos ininterruptos, a partir de 14 de maio de 1990, sem crédito de depósitos;

IX – extinção normal do contrato a termo, inclusive o dos trabalhadores temporários regidos pela Lei 6.019, de 1974;

- Inciso IX com redação determinada pelo Dec. 5.860/2006.

X – suspensão do trabalho avulso por período igual ou superior a 90 (noventa) dias;

- Inciso X com redação determinada pelo Dec. 5.860/2006.

XI – quando o trabalhador ou qualquer de seus dependentes for acometido de neoplasia maligna;

- Inciso XI acrescentado pelo Dec. 5.860/2006.

XII – aplicação, na forma individual ou por intermédio de Clubes de Investimento – CI-FGTS, em quotas de Fundos Mútuos de Privatização – FMP-FGTS, conforme disposto no inciso XII do art. 20 da Lei 8.036, de 11 de maio de 1990;

- Inciso XII com redação determinada pelo Dec. 5.860/2006.

XIII – quando o trabalhador ou qualquer de seus dependentes for portador do vírus HIV;

- Inciso XIII com redação determinada pelo Dec. 9.345/2018.

XIV – quando o trabalhador ou qualquer de seus dependentes estiver em estágio terminal, em razão de doença grave; e

- Inciso XIV com redação determinada pelo Dec. 9.345/2018.

XV – para a aquisição de órtese ou prótese, mediante prescrição médica, com vista à promoção da acessibilidade e da inclusão social do trabalhador com deficiência, observadas as condições estabelecidas pelo Agente Operador do FGTS, inclusive o valor limite movimentado por operação e o interstício mínimo entre movimentações realizadas em decorrência da referida aquisição, que não poderá ser inferior a dois anos.

- Inciso XV acrescentado pelo Dec. 9.345/2018.

§ 1º Os depósitos em conta vinculada em nome de aposentado, em razão de novo vínculo empregatício, poderão ser sacados também no caso de rescisão do contrato de trabalho a seu pedido.

§ 2º Nas hipóteses previstas nos incisos I e II, o trabalhador somente poderá sacar os valores relativos ao último contrato de trabalho.

§ 3º O Conselho Curador disciplinará o disposto no inciso V, visando a beneficiar os trabalhadores de baixa renda e a preservar o equilíbrio financeiro do FGTS.

§ 4º A garantia a que alude o art. 18 deste Regulamento não compreende as aplicações a que se refere o inciso XII deste artigo.

- § 4º acrescentado pelo Dec. 2.430/1997.

§ 5º Os recursos automaticamente transferidos da conta do titular no FGTS em razão da aquisição da aquisição de ações, bem como os ganhos ou perdas dela decorrentes, observado o disposto na parte final do § 1º do art. 9º, não afetarão a base de cálculo da indenização de que tratam os §§ 1º e 2º do art. 9º deste Regulamento.

- § 5º acrescentado pelo Dec. 2.430/1997.

§ 6º Os resgates de quotas dos FMP-FGTS e dos CI-FGTS, para os casos previstos nos incisos I a IV e VI a X deste artigo, somente poderão ocorrer com autorização prévia do Agente Operador do FGTS.

- § 6º com redação determinada pelo Dec. 5.860/2006.

§ 7º Nos casos previstos nos incisos IV, VI e VII, o resgaste de quotas implicará retorno à conta vinculada do trabalhador do valor resultante da aplicação.

- § 7º acrescentado pelo Dec. 2.430/1997.

§ 8º O limite de 50% (cinquenta por cento) a que se refere o inciso XII deste artigo será observado a cada aplicação e após deduzidas as utilizações anteriores que não tenham retornado ao FGTS, de modo que o somatório dos saques da espécie, atualizados, não poderá ser superior à metade do saldo atual da respectiva conta.

- § 8º acrescentado pelo Dec. 2.430/1997.

§ 9º Na movimentação das contas vinculadas a contrato de trabalho extinto até 31 de dezembro de 2015, de que trata o § 22 do art. 20 da Lei 8.036, de 11 de maio de 1990, o cronograma de atendimento, o critério, a forma e a data limite de pagamento serão estabelecidos pelo Agente Operador do FGTS, não podendo exceder 31 de julho de 2017, sendo permitido o crédito automático para a conta poupança de titularidade do trabalhador previamente aberta na Caixa Econômica Federal, desde que o trabalhador não se manifeste negativamente.

- § 9º acrescentado pelo Dec. 8.989/2017.

§ 9º-A. Nos casos de comprovada impossibilidade de comparecimento pessoal do titular da conta vinculada do FGTS para solicitação de movimentação de valores, o cronograma de atendimento de que trata o § 9º não poderá exceder a data de 31 de dezembro de 2018, conforme estabelecido pelo Agente Operador do FGTS.

- § 9º-A acrescentado pelo Dec. 9.108/2017.

§ 10. Na hipótese do crédito automático de que trata o § 9º, o trabalhador poderá, até 31 de agosto de 2017, solicitar o desfazimento do crédito ou a transferência do valor para outra instituição financeira, independentemente do pagamento de qualquer tarifa, conforme procedimento a ser definido pelo Agente Operador do FGTS.

- § 10 acrescentado pelo Dec. 8.989/2017.

§ 11. Para efeito da movimentação da conta vinculada na forma do inciso XV do *caput*, considera-se:

- § 11 acrescentado pelo Dec. 9.345/2018.

a) trabalhador com deficiência – aquele que tem impedimento de longo prazo de natureza física ou sensorial; e

b) impedimento de longo prazo – aquele que produza efeitos pelo prazo mínimo de dois anos e que, em interação com uma ou mais barreiras, possa obstruir a participação plena e efetiva do trabalhador na sociedade em igualdade de condições com as demais pessoas.

Art. 36. O saque poderá ser efetuado mediante:

I – apresentação do recibo de quitação das verbas rescisórias, nos casos dos incisos I e II do artigo precedente;

II – apresentação de documento expedido pelo Instituto Nacional de Seguro Social – INSS que:

a) declare a condição de inativo, no caso de aposentadoria; ou

b) contenha a identificação e a data de nascimento de cada dependente, no caso de falecimento do trabalhador;

III – requerimento dirigido ao agente financeiro, nas hipóteses dos incisos V e VI, ou ao banco arrecadador, nos casos dos incisos VII e VIII, todos do artigo anterior;

IV – apresentação de cópia do instrumento contratual, no caso do contrato a termo;

V – declaração do sindicato representativo da categoria profissional, no caso de suspensão do trabalho avulso por período igual ou superior a 90 (noventa) dias;

- Inciso V com redação determinada pelo Dec. 5.860/2006.

VI – comprovação da rescisão e da sua condição de aposentado, no caso do § 1º do art. 35;

- Inciso VI com redação determinada pelo Dec. 5.860/2006.

VII – requerimento formal do trabalhador ao Administrador do FMP-FGTS, ou do CI-FGTS, ou por meio de outra forma estabelecida pelo Agente Operador do FGTS, no caso previsto no inciso XII do *caput* do art. 35, garantida, sempre, a aquiescência do titular da conta vinculada;

- Inciso VII com redação determinada pelo Dec. 9.345/2018.

VIII – atestado de diagnóstico assinado por médico, devidamente identificado por seu registro profissional, emitido na conformidade das normas dos Conselhos Federal e Regional de Medicina, com identificação de patologia consignada no Código Internacional de Doenças – CID, e descritivo dos sintomas ou do histórico patológico pelo qual se identifique que o trabalhador ou dependente seu é portador de neoplasia maligna, do vírus HIV ou que caracterize estágio terminal de vida em razão de doença grave, nos casos dos incisos XI, XIII e XIV do *caput* do art. 35; e

- Inciso VIII com redação determinada pelo Dec. 9.345/2018.

IX – laudo médico que ateste a condição de pessoa com deficiência, a espécie e o grau ou o nível da deficiência, com expressa menção correspondente à classificação de referência utilizada pela Organização Mundial da Saúde – OMS, e prescrição médica que indique a necessidade de órtese ou prótese para a promoção da acessibilidade e da inclusão social do trabalhador com deficiência, ambos documentos emitidos por médico devidamente identificado por seu registro profissional, em conformidade com as normas dos Conselhos Federal e Regional de Medicina, no caso do inciso XV do caput do art. 35.

- Inciso IX acrescentado pelo Dec. 9.345/2018.

Parágrafo único. A apresentação dos documentos de que tratam os incisos I e IV do *caput* deste artigo poderá ser suprida pela comunicação para fins de autorização da movimentação da conta vinculada do trabalhador, realizada com uso de certificação digital e em conformidade com os critérios estabelecidos pelo Agente Operador do FGTS.

- Parágrafo único acrescentado pelo Dec. 5.860/2006.

Art. 37. O saque de recursos na conta vinculada incluirá, obrigatoriamente, os valores nela depositados no mês do evento, mesmo que ainda não tenham sido creditados.

Art. 38. O saldo da conta vinculada do trabalhador que vier a falecer será pago a seu dependente, para esse fim habilitado perante a Previdência Social, independentemente da autorização judicial.

§ 1º Havendo mais de um dependente habilitado, o pagamento será feito de acordo com os critérios adotados pela Previdência Social para a concessão de pensão por morte.

§ 2º As quotas atribuídas a menores ficarão depositadas em caderneta de poupança e, salvo autorização judicial, só serão disponíveis após o menor completar 18 anos.

§ 3º Na falta de dependentes, farão jus ao recebimento do saldo da conta vinculada os sucessores do trabalhador, na forma prevista no Código Civil, indicados em alvará judicial, expedido a requerimento do interessado, independentemente de inventário ou arrolamento.

Art. 39. O direito de utilizar os recursos creditados em conta vinculada em nome do trabalhador não poderá ser exercido simultaneamente para a aquisição de mais um imóvel.

Art. 40. O imóvel, adquirido com a utilização do FGTS, somente poderá ser objeto de outra operação com recursos do Fundo na forma que vier a ser disciplinada pelo Conselho Curador.

Art. 41. A solicitação de saque da conta vinculada será atendida no prazo de 5 (cinco) dias úteis, quando o documento for entregue na agência onde o empregador tenha efetuado o depósito do FGTS.

§ 1º Compete à CEF expedir instruções fixando prazo para os casos em que a entrega do documento não ocorra na agência mantenedora da conta ou quando o sacador solicitar que o saque seja liberado em outra agência, ou, ainda, quando o sacador optar pelo saque após o crédito de juros e atualização monetária relativos ao mês em que se verificar o pedido.

§ 2º Decorrido o prazo, sobre o valor do saque incidirá atualização monetária com base nos índices de variação do BTN Fiscal, ou outro que vier a sucedê-lo, ou, ainda, a critério do Conselho Curador, por outro indicador da inflação diária.

§ 3º No caso de valor aplicado em FMP-FGTS, e para os fins previstos nos incisos IV, VI e VII do art. 35, o prazo de 5 (cinco) dias contar-se-á a partir do retorno do valor resultante da aplicação à conta vinculada e não da data da solicitação.

• § 3º acrescentado pelo Dec. 2.430/1997.

Art. 42. A movimentação da conta vinculada do FGTS por menor de 18 anos dependerá da assistência do responsável legal.

Capítulo VII
Do Certificado de Regularidade

Art. 43. A regularidade da situação do empregador perante o FGTS será comprovada pelo Certificado de Regularidade do FGTS, com validade em todo o território nacional, a ser fornecido pela CEF, mediante solicitação.

Art. 44. A apresentação do Certificado de Regularidade do FGTS é obrigatória para:

I – habilitação em licitação promovida por órgãos da Administração Pública direta, indireta ou fundacional e por empresas controladas direta ou indiretamente pela União, pelos Estados, pelo Distrito Federal e pelos Municípios;

II – obtenção de empréstimos ou financiamentos junto a quaisquer instituições financeiras públicas, por parte de órgãos e entidades da Administração Pública direta, indireta ou fundacional, bem assim empresas controladas direta ou indiretamente pela União, pelos Estados, pelo Distrito Federal e pelos Municípios;

III – obtenção de favores creditícios, isenções, subsídios, auxílios, outorga ou concessão de serviços ou quaisquer outros benefícios concedidos por órgão da Administração Pública Federal, dos Estados, do Distrito Federal e dos Municípios, salvo quando destinados a saldar débitos para com o FGTS;

IV – transferência de domicílio para o exterior; e

V – registro ou arquivamento, nos órgãos competentes, de alteração ou distrato de contrato social, de estatuto, ou de qualquer documento que implique modificação na estrutura jurídica do empregador ou na extinção da empresa.

Art. 45. Para obter o Certificado de Regularidade, o empregador deverá satisfazer as seguintes condições:

I – estar em dia com as obrigações para com o FGTS; e

II – estar em dia com o pagamento de prestação de empréstimos lastreados em recursos do FGTS.

Art. 46. O Certificado de Regularidade terá validade de até 6 (seis) meses contados da data da sua emissão.

§ 1º No caso de parcelamento de débito, a validade será de 30 (trinta) dias.

§ 2º Havendo antecipação no pagamento de parcelas, o Certificado terá validade de igual ao período correspondente às prestações antecipadas, observado o prazo máximo de 6 (seis) meses.

Capítulo VIII
Das Infrações e das Penalidades

Art. 47. Constituem infrações à Lei 8.036, de 1990:

I – não depositar mensalmente a parcela referente ao FGTS;

II – omitir informações sobre a conta vinculada do trabalhador;

III – apresentar informações ao Cadastro Nacional do Trabalhador, dos trabalhadores beneficiários, com erros ou omissões;

IV – deixar de computar, para efeito de cálculo dos depósitos do FGTS, parcela componente da remuneração;

V – deixar de efetuar os depósitos com os acréscimos legais, após notificado pela fiscalização.

Parágrafo único. Por trabalhador prejudicado o infrator estará sujeito às seguintes multas:

a) de dois a cinco BTN, nos casos dos incisos II e III; e

b) de dez a cem BTN, nos casos dos incisos I, IV e V.

Art. 48. Nos casos de fraude, simulação, artifício, ardil, resistência, embaraço ou desacato à fiscalização, assim como na reincidência, a multa especificada no artigo anterior será duplicada, sem prejuízo das demais cominações legais.

Art. 49. Os valores das multas, quando não recolhidas ao prazo legal, serão atualizados monetariamente pelo BTN Fiscal até a data de seu efetivo pagamento.

Art. 50. O empregador em mora para com o FGTS não poderá, sem prejuízo de outras disposições legais (Dec.-lei 368, de 14 de dezembro de 1968, art. 1º):

I – pagar honorário, gratificação, pró-labore, ou qualquer tipo de retribuição ou retirada a seus diretores, sócios, gerentes ou titulares de firma individual; e

II – distribuir quaisquer lucros, bonificações, dividendos ou interesses a seus sócios, titulares, acionistas, ou membros de órgãos dirigentes, fiscais ou consultivos.

Art. 51. O empregador em mora contumaz com o FGTS não poderá receber qualquer benefício de natureza fiscal, tributária ou financeira, por parte de órgão da União, dos Estados, do Distrito Federal ou dos Municípios, ou de que estes participem (Dec.-lei 368, de 1968, art. 2º).

§ 1º Considera-se mora contumaz o não pagamento de valores devidos ao FGTS por período igual ou superior a 3 (três) meses, sem motivo grave ou relevante, excluídas as causas pertinentes ao risco do empreendimento.

§ 2º Não se incluem na proibição deste artigo as operações destinadas à liquidação dos débitos existentes para com o FGTS, o que deverá ser expressamente consignado em documento firmado pelo responsável legal da empresa, como justificação do crédito.

Art. 52. Pela infração ao disposto nos incisos I e II do art. 50, os diretores, sócios, gerentes, membros de órgãos fiscais ou consultivos, titulares de firma individual ou quaisquer outros dirigentes de empresa estão sujeitos à pena de detenção de 1 (um) mês a 1 (um) ano (Dec.-lei 368, de 1968, art. 4º).

Parágrafo único. Apurada a infração prevista neste artigo, a autoridade competente do INSS representará, sob pena de responsabilidade, ao Ministério Público, para a instauração da competente ação penal.

Art. 53. Por descumprimento ou inobservância de quaisquer das obrigações que lhe compete como agente arrecadador, pagador ou mantenedor do cadastro de contas vinculadas, na forma que vier a ser disciplinada pelo Conselho Curador, fica o banco depositário sujeito ao pagamento de multa equivalente a 10% (dez por cento) do montante da conta do empregado, independentemente das demais cominações legais.

Capítulo IX
Da Fiscalização

Art. 54. Compete ao Ministério do Trabalho e da Previdência Social – MTPS, por intermédio do INSS, exercer a fiscalização do cumprimento do disposto na Lei 8.036, de 1990, de acordo com este regulamento e os arts. 626 e 642 da CLT, especialmente quanto à apuração dos débitos e das infrações praticadas pelos empregadores.

Art. 55. O processo de fiscalização, de autuação e de imposição de multas reger-se-á pelo disposto no Título VII da CLT, respeitado o privilégio do FGTS à prescrição trintenária.

- V. Súmula 210, STJ.
- V. Súmula 362, TST.

Art. 56. A penalidade de multa será aplicada pelo Gerente de Atendimento de Relações de Emprego, do INSS, mediante decisão fundamentada, lançada em processo administrativo, assegurada ampla defesa ao autuado.

Parágrafo único. Na fixação da penalidade a autoridade administrativa levará em conta as circunstâncias e consequências da infração, bem como ser o infrator primário ou reincidente, a sua situação econômico-financeira e os meios ao seu alcance para cumprir a lei.

Art. 57. Quando julgado procedente o recurso interposto na forma do art. 636 da CLT, os depósitos efetuados para garantia de instância serão restituídos com os valores atualizados na forma da lei.

Art. 58. A rede arrecadadora e a CEF deverão prestar ao MTPS as informações necessárias à fiscalização.

Capítulo X
Do Fundo e do seu Exercício Financeiro

Art. 59. O FGTS é constituído pelos saldos das contas vinculadas e outros recursos a ele incorporados.

Parágrafo único. Constituem recursos incorporados ao FGTS:

a) eventuais saldos apurados nos termos do art. 68;

b) dotações orçamentárias específicas;

c) resultados de aplicações;

d) multas, correção monetária e juros moratórios auferidos; e

e) outras receitas patrimoniais e financeiras.

Art. 60. O exercício financeiro do FGTS será de 1º de janeiro a 31 de dezembro.

§ 1º No final de cada exercício financeiro será realizado balanço anual do FGTS.

§ 2º As contas do FGTS serão escrituradas em registros contábeis próprios.

Capítulo XI
Da Aplicação dos Recursos

Art. 61. As aplicações com recursos do FGTS poderão ser realizadas diretamente pela CEF, pelos demais órgãos integrantes do SFH e pelas entidades para esse fim credenciadas pelo Banco Central do Brasil como agentes financeiros, exclusivamente segundo critérios fixados pelo Conselho Curador, mediante operações em que sejam assegurados:

I – garantia real;

II – correção monetária igual à das contas vinculadas;

III – taxa de juros média mínima, por projeto, de 3% (três por cento) ao ano; e

IV – prazo máximo de retorno de 25 (vinte e cinco) anos.

§ 1º A rentabilidade média das aplicações deverá ser suficiente à cobertura de todos os custos incorridos pelo Fundo e ainda à formação de reserva técnica para o atendimento de gastos eventuais não previstos, sendo da CEF o risco de crédito.

§ 2º Os recursos do FGTS deverão ser aplicados em habitação, saneamento básico e infraestrutura urbana, sem prejuízo das disponibilidades financeiras que deverão ser mantidas em volume que satisfaça às condições de liquidez e à remuneração mínima necessária à preservação do poder aquisitivo da moeda.

§ 3º O programa de aplicações deverá destinar, no mínimo, 60% (sessenta por cento) para investimentos em habitação popular.

§ 4º O Conselho Curador definirá o conceito de habitação popular considerando, em especial, a renda das famílias a serem atendidas.

§ 5º Os projetos de saneamento básico e infraestrutura urbana, financiados com recursos do FGTS, deverão ser complementares aos programas habitacionais.

§ 6º Nos financiamentos concedidos a pessoa jurídica de direito público será exigida garantia real ou vinculação de receitas.

Art. 62. O Conselho Curador fixará diretrizes e estabelecerá critérios técnicos para as aplicações dos recursos do FGTS, de forma que sejam:

I – exigida a participação dos contratantes de financiamentos nos investimentos a serem realizados;

II – assegurado o cumprimento, por parte dos contratantes, das obrigações decorrentes dos financiamentos obtidos; e

III – evitadas distorções na aplicação entre as regiões do País, considerando para tanto a demanda habitacional, a população e outros indicadores sociais.

Capítulo XII
Do Conselho Curador do FGTS

Art. 63. O FGTS será regido segundo normas e diretrizes estabelecidas por um Conselho Curador.

Art. 64. Ao Conselho Curador compete:

I – estabelecer as diretrizes e os programas de alocação de todos os recursos do FGTS, de acordo com os critérios definidos na Lei 8.036, de 1990, em consonância com a política nacional de desenvolvimento urbano e as políticas setoriais de habitação popular, saneamento básico e infraestrutura urbana estabelecidas pelo Governo Federal;

II – apreciar e aprovar os programas anuais e plurianuais do FGTS;

III – acompanhar e avaliar a gestão econômica e financeira dos recursos, bem como os ganhos sociais e o desempenho dos programas aprovados;

IV – pronunciar-se sobre as contas do FGTS, antes do seu encaminhamento aos órgãos de controle interno;

V – adotar as providências cabíveis para a correção de atos do MAS e da CEF, que prejudiquem o desempenho e o cumprimento das finalidades a que se destinam os recursos do FGTS;

VI – dirimir dúvidas quanto à aplicação das normas regulamentares, relativas ao FGTS, nas matérias de sua competência;

VII – fixar as normas e valores de remuneração do Agente Operador e dos agentes financeiros;

VIII – fixar critérios para o parcelamento de recolhimentos em atraso;

IX – fixar critérios e valor de remuneração da entidade ou órgão encarregado da fiscalização;

X – divulgar, no *Diário Oficial da União*, todas as decisões proferidas pelo Conselho, bem como as contas do FGTS e os respectivos pareceres emitidos; e

XI – aprovar seu Regimento Interno.

☛ **Art. 65.** *(Revogado pelo Dec. 9.737/2019).*

Capítulo XIII
Do Gestor da Aplicação do FGTS

Art. 66. Ao Ministério da Ação Social – MAS, na qualidade de Gestor da aplicação dos recursos do FGTS, compete:

- Artigo com redação determinada pelo Dec. 1.522/1995.

I – praticar todos os atos necessários à gestão da aplicação do FGTS, de acordo com as diretrizes e programas estabelecidos pelo Conselho Curador;

II – expedir atos normativos relativos à alocação dos recursos para implementação dos programas aprovados pelo Conselho Curador;

III – definir as metas a serem alcançadas pelos programas de habitação popular, saneamento básico e infraestrutura urbana;

IV – estabelecer os critérios, procedimentos e parâmetros básicos para análise, seleção, contratação, acompanhamento e avaliação dos projetos a serem financiados com recursos do FGTS, com observância dos objetivos da política nacional de desenvolvimento urbano e das políticas setoriais de habitação popular, saneamento básico e infraestrutura urbana, estabelecidas pelo Governo Federal;

V – definir as prioridades, a metodologia e os parâmetros básicos que nortearão a elaboração dos orçamentos e planos plurianuais de aplicação dos recursos do FGTS;

VI – elaborar os orçamentos anuais e planos plurianuais de aplicação dos recursos, discriminando-os por Unidade da Federação e submetendo-os, até 31 de julho de cada ano, ao Conselho Curador;

VII – acompanhar a execução dos programas de habitação popular, saneamento básico e infraestrutura urbana, decorrentes da aplicação dos recursos do FGTS, implementadas pelo Agente Operador;

VIII – subsidiar o Conselho Curador com estudos técnicos necessários ao aprimoramento dos programas de habitação popular, saneamento e infraestrutura urbana;

IX – submeter ao Conselho Curador as contas do FGTS.

Parágrafo único. O Gestor da aplicação poderá firmar convênios com os Governos dos Estados e do Distrito Federal para, por intermédio de instâncias colegiadas constituídas de representantes do governo estadual, dos governos municipais, quando houver, e da sociedade civil, em igual número, enquadrar, hierarquizar e selecionar os pleitos de operações de crédito com recursos do FGTS.

Capítulo XIV
Do Agente Operador do FGTS

Art. 67. Cabe à CEF, na qualidade de Agente Operador do FGTS:

- *Caput* com redação determinada pelo Dec. 1.522/1995.

I – centralizar os recursos do FGTS, participar da rede incumbida de sua arrecadação, manter e controlar as contas vinculadas e emitir regularmente os extratos individuais correspondentes;

- Inciso I com redação determinada pelo Dec. 1.522/1995.

II – definir os procedimentos operacionais necessários à execução dos programas de habitação popular, saneamento básico e infraestrutura urbana e ao cumprimento das resoluções do Conselho Curador e dos atos normativos do Gestor da aplicação do FGTS;

- Inciso II com redação determinada pelo Dec. 1.522/1995.

III – expedir atos normativos referentes aos procedimentos administrativos e operacionais dos bancos depositários, dos agentes financeiros e promotores, dos tomadores dos recursos, dos empregadores e dos trabalhadores, integrantes do sistema do FGTS;

- Inciso III com redação determinada pelo Dec. 1.522/1995.

IV – analisar, sob os aspectos jurídico e de viabilidade técnica, econômica e financeira os projetos de habitação popular, infraestrutura urbana e saneamento básico a serem financiados com recursos do FGTS;

- Inciso IV com redação determinada pelo Dec. 1.522/1995.

V – avaliar o desempenho e a capacidade econômico-financeira dos agentes envolvidos nas operações de crédito com recursos do FGTS;

- Inciso V com redação determinada pelo Dec. 1.522/1995.

VI – conceder os créditos para as operações previamente selecionadas e hierarquizadas, desde que consideradas viáveis, de acordo com o disposto no inciso IV deste artigo, responsabilizando-se pelo acompanhamento de sua execução e zelando pela correta aplicação dos recursos;

- Inciso VI com redação determinada pelo Dec. 1.522/1995.

VII – formalizar convênios com a rede bancária para recebimento de pagamento do FGTS, em conformidade com o disposto pelo Conselho Curador;

- Inciso VII com redação determinada pelo Dec. 1.522/1995.

VIII – celebrar convênios e contratos, visando à aplicação dos recursos do FGTS, em conformidade com o disposto pelo Conselho Curador;

- Inciso VIII com redação determinada pelo Dec. 1.522/1995.

IX – elaborar as contas do FGTS, encaminhando-as ao Gestor da aplicação;

- Inciso IX com redação determinada pelo Dec. 1.522/1995.

X – implementar os atos do Gestor relativos à alocação e à aplicação dos recursos do FGTS, de acordo com as diretrizes estabelecidas pelo Conselho Curador;

- Inciso X com redação determinada pelo Dec. 1.522/1995.

XI – emitir Certificado de Regularidade do FGTS;

- Inciso XI com redação determinada pelo Dec. 1.522/1995.

XII – apresentar relatórios gerenciais periódicos e, sempre que solicitadas, outras informações, com a finalidade de proporcionar ao Gestor da aplicação e ao Conselho Curador meios para avaliar o desempenho dos programas, nos seus aspectos físico, econômico-financeiro, social e institucional, e sua conformidade com as diretrizes governamentais;

- Inciso XII com redação determinada pelo Dec. 1.522/1995.

XIII – expedir atos normativos referentes aos procedimentos administrativo-operacionais a serem observados pelos agentes administradores dos FMP-FGTS e dos CI-FGTS, no que se refere às questões relacionadas ao cadastramento, ao fluxo de informações das movimentações e a resgastes de quotas;

- Inciso XIII acrescentado pelo Dec. 2.430/1997.

XIV – determinar aos administradores dos FMP-FGTS e dos CI-FGTS o retorno das aplicações do FGTS, nos casos de falecimento do titular, de aquisição de casa própria, de amortização ou liquidação de saldo devedor de financiamento do SFH e para o cumprimento de ordem judicial.

- Inciso XIV acrescentado pelo Dec. 2.430/1997.

Art. 68. Os resultados financeiros auferidos pela CEF, no período entre o repasse dos bancos e o depósito nas contas vinculadas dos trabalhadores, destinar-se-ão à cobertura das despesas de administração do FGTS e ao pagamento da tarifa aos bancos depositários, devendo os eventuais saldos ser incorporados ao patrimônio do Fundo, nos termos do art. 59, parágrafo único, alínea *a*.

Capítulo XV
Das Disposições Gerais

Art. 69. É competente a Justiça do Trabalho para julgar os dissídios entre os trabalhadores e os empregadores, decorrentes da aplicação da Lei 8.036, de 1990, mesmo quando a União e a CEF figurarem como litisconsortes.

Parágrafo único. Nas reclamatórias trabalhistas que objetivem o ressarcimento de parcelas relativas ao FGTS, ou que, direta ou indiretamente, impliquem essa obrigação, o juiz determinará que a empresa sucumbente proceda ao recolhimento imediato das importâncias devidas a tal título.

Art. 70. Poderá o próprio trabalhador, seus dependentes e sucessores, ou, ainda, o sindicato a que estiver vinculado, acionar diretamente a empresa para compeli-la a efetuar o depósito das importâncias devidas nos termos da Lei 8.036, de 1990.

Parágrafo único. A União e a CEF deverão ser notificadas da propositura da reclamação.

Art. 71. São isentos de tributos federais os atos e operações necessários à aplicação da Lei 8.036, de 1990, quando praticados pela CEF, pelos trabalhadores e seus dependentes ou sucessores, pelos empregadores e pelos estabelecimentos bancários.

Parágrafo único. Aplica-se o disposto neste artigo às importâncias devidas, nos termos da Lei 8.036, de 1990, aos trabalhadores e seus dependentes ou sucessores.

Art. 72. É facultado à entidade sindical representar os trabalhadores junto ao empregador, ao banco depositário ou à CEF, para obtenção de informações relativas ao FGTS.

Art. 73. É facultado ao empregador desobrigar-se da responsabilidade da indenização relativa ao tempo de serviço anterior à opção, depositando na conta vinculada do trabalhador, até o último dia útil do mês previsto em lei para o pagamento de salário, o valor correspondente à indenização, aplicando-se ao depósito, no que couber, as disposições da Lei 8.036, de 1990, e deste Regulamento.

Capítulo XVI
Das Disposições Finais e Transitórias

Art. 74. O MAS, a CEF e o Conselho Curador serão responsáveis pelo fiel cumprimento e observância dos critérios estabelecidos na Lei 8.036, de 1990, e neste Regulamento.

Art. 75. O Conselho Curador expedirá os atos necessários para que seja resguardada a integridade dos direitos do trabalhador, notadamente no que se refere à atualização dos respectivos créditos e à exata informação, quando da centralização das contas do FGTS na CEF.

Art. 76. Os trabalhadores admitidos a termo e os temporários, cujos contratos se extinguiram durante a vigência da Lei 7.839/89, poderão movimentar suas contas vinculadas relativas a esses contratos, cabendo aos então empregadores fornecer os documentos necessários para o levantamento dos respectivos valores.

Art. 77. O disposto no art. 7º se aplica aos diretores não empregados das autarquias em regime especial e fundações sob supervisão ministerial (Lei 6.919/81).

Art. 78. O MAS e a CEF deverão dar pleno cumprimento aos programas anuais em andamento, aprovados pelo Conselho Curador, sendo que eventuais alterações somente poderão ser processadas mediante prévia anuência daquele colegiado.

Art. 79. Até que se cumpra o disposto no art. 29 do Ato das Disposições Constitucionais Transitórias, cabe à Procuradoria-Geral da Fazenda Nacional promover a execução judicial dos créditos da União decorrentes da aplicação de penalidades previstas na Lei 8.036, de 1990.

DECRETO 5, DE 14 DE JANEIRO DE 1991

Regulamenta a Lei 6.321, de 14 de abril de 1976, que trata do Programa de Alimentação do Trabalhador, revoga o Decreto 78.676, de 8 de novembro de 1976, e dá outras providências.

- V. Port. SIT/DSST 3/2002 (Execução do Programa de Alimentação do Trabalhador – PAT), disponível em ProView.

O Presidente da República, no uso da atribuição que lhe confere o art. 84, inciso IV, da Constituição, decreta:

Art. 1º A pessoa jurídica poderá deduzir, do Imposto de Renda devido, valor equivalente à aplicação da alíquota cabível do Imposto de Renda sobre a soma das despesas de custeio realizadas, no período base, em Programas de Alimentação do Trabalhador, previamente aprovados pelo Ministério do Trabalho e da Previdência Social (MTPS), nos termos deste regulamento.

§ 1º As despesas realizadas durante o período base da pessoa jurídica, além de constituírem custo operacional, poderão ser consideradas em igual montante para o fim previsto neste artigo.

§ 2º A dedução do Imposto de Renda estará limitada a 5% (cinco por cento) do imposto devido em cada exercício, podendo o eventual excesso ser transferido para dedução nos dois exercícios subsequentes.

- § 2º com redação determinada pelo Dec. 349/1991.

§ 3º As despesas de custeio admitidas na base de cálculo de incentivo são aquelas que vierem a constituir o custo direto e exclusivo do serviço de alimentação, podendo ser considerados, além da matéria-prima, mão de obra, encargos decorrentes de salários, asseio e os gastos de energia diretamente relacionados ao preparo e à distribuição das refeições.

§ 4º Para os efeitos deste Decreto, entende-se como prévia aprovação pelo Ministério do Trabalho e da Previdência Social, a apresentação de documento hábil a ser definido em Portaria dos Ministros do Trabalho e Previdência Social; da Economia, Fazenda e Planejamento e da Saúde.

Art. 2º Para os efeitos do art. 2º da Lei 6.321, de 14 de abril de 1976, os trabalhadores de renda mais elevada poderão ser incluídos no programa de alimentação, desde que esteja garantido o atendimento da totalidade dos trabalhadores contratados pela pessoa jurídica beneficiária que percebam até cinco salários mínimos.

§ 1º A participação do trabalhador fica limitada a 20% (vinte por cento) do custo direto da refeição.

- § 1º acrescentado pelo Dec. 349/1991.

§ 2º A quantificação do custo direto da refeição far-se-á conforme o período de execução do Programa aprovado pelo Ministério do Trabalho e da Previdência Social, limitado ao maximo de 12 (doze) meses.

- § 2º acrescentado pelo Dec. 349/1991.

Art. 3º Os Programas de Alimentação do Trabalhador deverão propiciar condições de avaliação do teor nutritivo de alimentação.

Art. 4º Para a execução dos programas de alimentação do trabalhador, a pessoa jurídica beneficiária pode manter serviço próprio de refeições, distribuir alimentos e firmar convênio com entidades fornecedoras de alimentação coletiva, sociedades civis, sociedades comerciais e sociedades cooperativas.

- *Caput* com redação determinada pelo Dec. 2.101/1996.

Parágrafo único. A pessoa jurídica beneficiária será responsável por quaisquer irregularidades resultantes dos programas executados na forma deste artigo.

Art. 5º A pessoa jurídica que custear em comum as despesas definidas no art. 4º poderá beneficiar-se da dedução prevista na Lei 6.321, de 14 de abril de 1976, pelo critério de rateio do custo total da alimentação.

Art. 6º Nos Programas de Alimentação do Trabalhador (PAT), previamente aprovados pelo Ministério do Trabalho e da Previdência Social, a parcela paga *in natura* pela empresa não tem natureza salarial, não se incorpora à remuneração para quaisquer efeitos, não constitui base de incidência de contribuição previdenciária ou do Fundo de Garantia do Tempo de Serviço e nem se configura como rendimento tributável do trabalhador.

Art. 7º A pessoa jurídica deverá destacar contabilmente, com subtítulos por natureza de gastos, as despesas constantes do programa de alimentação do trabalhador.

Art. 8º A execução inadequada dos programas de Alimentação do Trabalhador ou o desvio ou desvirtuamento de suas finalidades acarretarão a perda do incentivo fiscal e a aplicação das penalidades cabíveis.

Parágrafo único. Na hipótese de infringência de dispositivos deste regulamento, as autoridades incumbidas da fiscalização no âmbito dos Ministérios do Trabalho e da Previdência Social, da Economia, Fazenda e Planejamento, e da Saúde aplicarão as penalidades cabíveis no âmbito de suas competências.

Art. 9º O Ministério do Trabalho e da Previdência Social expedirá instruções dispondo sobre a aplicação deste Decreto.

Art. 10. Este Decreto entra em vigor na data de sua publicação.

Art. 11. Revogam-se o Decreto 78.676, de 8 de novembro de 1976, e demais disposições em contrário.

Brasília, 14 de janeiro de 1991; 170º da Independência e 103º da República.

Fernando Collor

(*DOU* 15.01.1991)

DECRETO 908, DE 31 DE AGOSTO DE 1993

Fixa diretrizes para as negociações coletivas de trabalho de que participam as entidades estatais que menciona e dá outras providências.

O Presidente da República, no uso das atribuições que lhe confere o art. 84, incisos II e VI, da Constituição, decreta:

Art. 1º As empresas públicas, sociedades de economia mista, suas subsidiárias e controladas, e demais empresas sob controle direto ou indireto da União deverão esgotar todas as possibilidades no sentido de viabilizar a celebração de acordos coletivos de trabalho satisfatórios às partes, observadas as diretrizes fixadas neste Decreto.

Art. 2º Os procedimentos relativos às negociações coletivas de trabalho serão estabelecidos de comum acordo entre as partes envolvidas, regulando, principalmente:

I – formas, prazos, objeto, níveis e sujeitos das negociações;

II – formas alternativas de composição e solução dos conflitos individuais e coletivos, inclusive, através de mediação, conciliação ou arbitragem;

III – direitos e deveres das partes;

IV – regras no tocante ao fornecimento de informações inerentes ao objeto das negociações, bem como da situação econômico-financeira da empresa.

Parágrafo único. Todas as cláusulas do acordo coletivo vigente deverão ser objeto de negociação a cada nova data base.

Art. 3º No processo de negociação coletiva, as empresas deverão obedecer às seguintes disposições:

I – na data base, os reajustes das tabelas salariais, dos benefícios e das demais vantagens, serão limitados à variação do índice legal aplicável ao reajuste salarial a partir da última data base, deduzidos os percentuais de antecipação concedidos a qualquer título no período, levando-se em consideração critérios de averiguação comprovada em relação à capacidade econômico-financeira, desempenho operacional da empresa e, quando couber, à disponibilidade de recursos dos Orçamentos Fiscal e da Seguridade Social;

II – os aumentos reais de salário, as concessões de benefícios e vantagens, bem como as antecipações e reajustes salariais, acima dos limites mínimos estabelecidos em lei ou no inciso anterior, estarão condicionados à melhoria do desempenho da empresa e à autorização expressa do Comitê de Coordenação das Empresas Estatais (CCE), que considerará, dentre outros critérios, os seguintes:

a) nível de endividamento, inclusive passivo trabalhista;

b) capacidade de geração de receitas próprias para cobertura dos dispêndios correntes e para o financiamento dos investimentos, quando cabível;

c) disponibilidade orçamentária ou necessidade de aportes de recursos adicionais do Tesouro Nacional;

d) aumento de produtividade;

e) distribuição de dividendos, quando for o caso;

f) avaliação do nível de atendimento das necessidades do seu público alvo, bem como do grau de satisfação de seus clientes, usuários e consumidores dos bens e serviços ofertados;

g) compatibilização da remuneração global dos empregados com os níveis vigentes no mercado de trabalho, de acordo com avaliação promovida pelos agentes, permanentemente, conforme disposição de acordo coletivo de trabalho;

h) reflexos sobre o nível de preços, tarifas e taxas públicas.

§ 1º As propostas com vistas à celebração de acordos coletivos de trabalho, cujas cláusulas resultem em aumentos salariais ou na concessão de benefícios e vantagens acima dos limites mínimos fixados em lei, conforme o inciso II deste artigo, serão encaminhadas para aprovação prévia do CCE, por intermédio do Ministério a que a empresa se vincula.

§ 2º As propostas encaminhadas pelo Ministério supervisor, nos termos do disposto no parágrafo anterior, serão acompanhadas de manifestação daquele órgão sobre o pleito, considerando as diretrizes fixadas neste Decreto e as disposições dele decorrentes.

§ 3º As propostas que contemplarem a composição de eventuais passivos trabalhistas serão encaminhadas ao CCE, na forma dos parágrafos anteriores, após a manifestação da Advocacia-Geral da União.

§ 4º As negociações coletivas de trabalho, em que sejam partes as entidades de que trata o art. 1º, serão relatadas e informadas, quanto à sua evolução e estágio de desenvolvimento, ao CCE ou, por sua delegação, a órgão técnico de acompanhamento das negociações.

Art. 4º Toda negociação coletiva de trabalho concluída pelas entidades mencionadas no art. 1º será formalizada mediante termo de Acordo Coletivo de Trabalho ou Aditivo, o qual será depositado no Ministério do Trabalho e publicado no *Diário Oficial da União*, no prazo de até 20 (vinte) dias da data de sua assinatura.

Parágrafo único. O instrumento de que trata este artigo vigorará por prazo não superior a 12 (doze) meses.

Art. 5º As entidades a que se refere o art. 1º publicarão no *Diário Oficial da União*, juntamente com os instrumentos mencionados no artigo anterior ou até o décimo dia subsequente ao mês de reajuste das tabelas salariais, demonstrativo dos níveis de remuneração globais, discriminando a maior e menor remuneração e a remuneração média, ponderada pelo número de empregados por categoria, conforme respectivos Planos de Cargos e Salários.

Art. 6º Compete ao CCE baixar as instruções necessárias ao cumprimento das diretrizes estabelecidas neste Decreto, bem como publicar, no *Diário Oficial da União*, a relação das empresas de que trata o art. 1º.

Art. 7º Os dirigentes das empresas mencionadas no art. 1º serão responsáveis pela adoção das medidas necessárias ao cumprimento das disposições contidas neste Decreto e das instruções dele decorrentes.

Parágrafo único. Os Conselhos de Administração e Fiscal das respectivas empresas, no âmbito de suas competências, zelarão pelo fiel cumprimento do disposto neste Decreto.

Art. 8º As Secretarias de Controle Interno dos Ministérios supervisores realizarão a qualquer tempo auditorias especiais, mediante solicitação do CCE, com vistas à verificação do cumprimento pelas empresas estatais das disposições contidas neste Decreto, inclusive daquelas dele decorrentes, e à apuração das responsabilidades.

Art. 9º Este decreto entra em vigor na data de sua publicação.

Art. 10. Revogam-se as disposições em contrário.

Brasília, 31 de agosto de 1993; 172º da Independência e 105º da República.

Itamar Franco

(*DOU* 01.09.1993)

DECRETO 1.035, DE 30 DE DEZEMBRO DE 1993

Dispõe sobre o recolhimento do Adicional de Indenização do Trabalhador Portuário Avulso, e dá outras providências.

- V. Lei 5.085/1966 (Reconhece aos trabalhadores avulsos o direito a férias), disponível em ProView.
- V. Dec. 90.927/1985 (Regulamenta a assiduidade profissional dos trabalhadores avulsos).
- V. Dec. 1.886/1996 (Regulamenta a Lei 8.630/1993).
- V. Lei 9.719/1998 (Dispõe sobre normas e condições gerais de proteção ao trabalho portuário e institui multas pela inobservância de seus preceitos).
- V. Lei 12.023/2009 (Dispõe sobre as atividades de movimentação de mercadorias em geral sobre o trabalho avulso).
- V. Lei 12.815/2013 (Dispõe sobre a exploração direta e indireta pela União de portos e instalações portuárias e sobre as atividades desempenhadas pelos operadores portuários).

O Presidente da República, no uso da atribuição que lhe confere o art. 84, inciso IV, da Constituição, e tendo em vista o disposto nos arts. 61 a 67 da Lei 8.630, de 25 de fevereiro de 1993, decreta:

Art. 1º O recolhimento do Adicional de Indenização do Trabalhador Portuário Avulso – AITP será efetuado pelos operadores portuários responsáveis pelas cargas e descargas das mercadorias importadas ou a exportar, objeto do comércio na navegação de longo curso, à razão de:

I – sete décimos de UFIR, por tonelada de granel sólido, ou fração;

II – uma Ufir, por tonelada de granel líquido, ou fração;

III – seis décimos de UFIR, por tonelada de carga geral, solta ou unitizada, ou fração.

§ 1º O AITP será recolhido até dez dias após a entrada da embarcação no porto de carga ou descarga, em agência do Banco do Brasil S.A., na praça de localização do porto.

§ 2º Os operadores portuários, no prazo estabelecido no parágrafo anterior, deverão apresentar à Secretaria da Receita Federal o comprovante do recolhimento do AITP.

§ 3º As unidades da Secretaria da Receita Federal não darão seguimento a despachos de mercadorias importadas ou a exportar, sem a comprovação do pagamento do AITP.

Art. 2º É facultado aos operadores portuários, para antecipar e agilizar o despacho aduaneiro das mercadorias, recolherem o AITP:

I – na importação, antes do registro da Declaração de Importação ou da Declaração de Trânsito Aduaneiro;

II – na exportação, antes da apresentação, à Secretaria da Receita Federal, dos documentos que instruem o despacho.

Parágrafo único. Nos casos de mercadorias destinadas à exportação, em trânsito aduaneiro até o porto de embarque, o recolhimento do AITP poderá ser efetuado até a conclusão do trânsito.

Art. 3º Para os fins previstos neste decreto ficam equiparados aos operadores portuários os importadores, exportadores ou consignatários das mercadorias importadas ou a exportar.

Art. 4º O AITP será recolhido por intermédio de guia própria, conforme modelo anexo a este Decreto.

§ 1º Cada guia deverá corresponder a um único despacho de importação ou de exportação.

§ 2º Fica o Ministro dos Transportes autorizado a alterar o modelo da guia de que trata este artigo.

Art. 5º Observado o disposto no § 2º do art. 67 da Lei 8.630, de 25 de fevereiro de 1993, o Ministro da Fazenda estabelecerá diretrizes para a aplicação dos recursos do Fundo de Indenização do Trabalhador Portuário Avulso – FITP.

§ 1º O Banco Central do Brasil fixará, em favor do Banco do Brasil S.A., taxa de remuneração pela gestão do Fundo.

§ 2º A taxa a que se refere este artigo deverá corresponder aos custos operacionais do Banco do Brasil S.A., podendo ser revista semestralmente, para mais ou para menos, caso se verifique variação dos referidos custos.

Art. 6º O FITP fica sujeito à auditoria da Secretaria de Controle Interno do Ministério dos Transportes.

Art. 7º Este decreto entra em vigor na data de sua publicação.

• Deixamos de publicar o anexo desse Decreto.

Brasília, 30 de dezembro de 1993; 172º da Independência e 105º da República.

Itamar Franco

(*DOU* 03.01.1994)

DECRETO 1.480, DE 3 DE MAIO DE 1995

Dispõe sobre os procedimentos a serem adotados em casos de paralisações dos serviços públicos federais, enquanto não regulado o disposto no art. 37, inciso VII, da Constituição.

O Presidente da República, no uso das atribuições que lhe confere o art. 84, incisos II e IV, da Constituição, e tendo em vista o disposto nos arts. 116, inciso X, e 117, inciso I, da Lei 8.112, de 11 de dezembro de 1990, decreta:

Art. 1º Até que seja editada a lei complementar a que alude o art. 37, inciso VII, da Constituição, as faltas decorrentes de participação de servidor público federal, regido pela Lei 8.112, de 11 de dezembro de 1990, em movimento de paralisação de serviços públicos não poderão, em nenhuma hipótese, ser objeto de:

I – abono;

II – compensação; ou

III – cômputo, para fins e contagem de tempo de serviço ou de qualquer vantagem que o tenha por base.

§ 1º Para os fins de aplicação do disposto neste artigo, a chefia imediata do servidor transmitirá ao órgão de pessoal respectivo a relação dos servidores cujas faltas se enquadrem na hipótese nele prevista, discriminando, dentre os relacionados, os ocupantes de cargos em comissão e os que percebam função gratificada.

§ 2º A inobservância do disposto no parágrafo precedente implicará na exoneração ou dispensa do titular da chefia imediata, sem prejuízo do ressarcimento ao Tesouro Nacional dos valores por este despendidos em razão do ato comissivo ou omissivo, apurado em processo administrativo regular.

Art. 2º Serão imediatamente exonerados ou dispensados os ocupantes de cargos em comissão ou de funções gratificadas constantes da relação a que alude o artigo precedente.

Art. 3º No caso em que a União, autarquia ou fundação pública for citada em causa cujo objeto seja a indenização por interrupção, total ou parcial, da prestação dos serviços desenvolvidos pela Administração Pública Federal, em decorrência de movimento de paralisação, será obrigatória a denunciação à lide dos servidores que tiverem concorrido para o dano.

Parágrafo único. Compete ao Advogado-Geral da União expedir as instruções necessárias ao cumprimento do disposto neste artigo.

Art. 4º Este Decreto entra em vigor na data de sua publicação.

Brasília, 3 de maio de 1995; 174º da Independência e 107º da República.

Fernando Henrique Cardoso

(*DOU* 04.05.1995)

DECRETO 1.572, DE 28 DE JULHO DE 1995

Regulamenta a mediação na negociação coletiva de natureza trabalhista e dá outras providências.

• V. Port. MTb 817/1995 (Estabelece critérios para participação do mediador nos conflitos de negociação coletiva de natureza trabalhista), disponível em ProView.

• V. Port. MTb 818/1995 (Estabelece critérios para o credenciamento de mediador perante as Delegacias Regionais do Trabalho), disponível em ProView.

• V. IN TST 24/2003 (Dispõe sobre a faculdade de o Ministro Presidente do Tribunal Superior do Trabalho designar audiência prévia de conciliação, no caso de pedido de efeito suspensivo a recurso ordinário interposto à decisão normativa da Justiça do Trabalho), disponível em ProView.

• V. Port. MTE 282/2007 (Implantação do Sistema de Negociações Coletivas de Trabalho – Mediador), disponível em ProView.

• V. IN SRT/MTE 9/2008 (Estabelece a obrigatoriedade do Sistema de Negociações Coletivas de Trabalho – Mediador, implantado pela Portaria 282/2007), disponível em ProView.

• V. IN SRT/MTE 16/2013 (Depósito, registro e arquivo de convenções e acordos coletivos de trabalho nos órgãos do Ministério do Trabalho e Emprego e sobre a solicitação de mediação coletiva de conflitos trabalhistas), disponível em ProView.

O Presidente da República, no uso das atribuições que lhe confere o art. 84, inciso IV e VI, da Constituição, decreta:

Art. 1º A mediação na negociação coletiva de natureza trabalhista será exercida de acordo com o disposto neste Decreto.

Art. 2º Frustrada a negociação direta, na respectiva data base anual, as partes poderão escolher, de comum acordo, mediador para composição do conflito.

§ 1º Caso não ocorra a escolha na forma do *caput* deste artigo, as partes poderão solicitar, ao Ministério do Trabalho, a designação de mediador.

§ 2º A parte que se considerar sem as condições adequadas para, em situação de equilíbrio, participar de negociação direta, poderá, desde logo, solicitar ao Ministério do Trabalho a designação de mediador.

§ 3º A designação de que tratam os parágrafos anteriores poderá recair em:

a) mediador previamente cadastrado nos termos do art. 4º desde que as partes concordem quanto ao pagamento dos honorários por ele proposto por ocasião da indicação; ou

b) servidor do quadro do Ministério do Trabalho, sem ônus para as partes.

Art. 3º Nos casos previstos nos §§ 1º e 2º do artigo anterior, a designação do mediador competirá:

I – ao Delegado Regional do Trabalho, quando se tratar de negociação de âmbito local ou regional; ou

II – ao Secretário de Relações do Trabalho do Ministério do Trabalho, na hipótese de negociação de âmbito nacional.

Art. 4º O Ministério do Trabalho manterá cadastro de profissionais para o exercício da função de mediador para subsidiar a escolha pelas partes.

§ 1º A inscrição no cadastro far-se-á, mediante requerimento do interessado, perante a Delegacia Regional do Trabalho, desde que o requerente demonstre:

a) comprovada experiência na composição dos conflitos de natureza trabalhista;

b) conhecimentos técnicos relativos às questões de natureza trabalhista.

§ 2º Preenchidos os requisitos referidos no parágrafo anterior, caberá ao Delegado Regional do Trabalho expedir o competente ato declaratório, que será publicado no *Diário Oficial da União*.

§ 3º O credenciamento terá validade pelo prazo de 3 (três) anos contados da data de sua publicação, facultado ao Delegado Re-gional do Trabalho o respectivo cancelamento, mediante despacho fundamentado.

§ 4º É vedado o credenciamento de servidores públicos ativos.

Art. 5º O mediador designado terá o prazo máximo de 30 (trinta) dias para a conclusão do processo de negociação, salvo acordo expresso com as partes interessadas.

Parágrafo único. Tendo em vista circunstâncias de ordem pública, o Delegado Regional do Trabalho poderá solicitar redução no prazo de negociação.

Art. 6º Não alcançado o entendimento entre as partes, na negociação direta ou por intermédio de mediador, lavrar-se-á, de imediato, ata contendo:

I – as causas motivadoras do conflito;

II – as reivindicações de natureza econômica.

Art. 7º O Ministro de Estado do Trabalho expedirá as instruções necessárias ao cumprimento do disposto neste Decreto.

Art. 8º Este Decreto entra em vigor na data de sua publicação.

Brasília, 28 de julho de 1995; 174º da Independência e 107º da República.

Fernando Henrique Cardoso

Assinatura retificada no DOU de 1º.08.1995.

(*DOU* 31.07.1995; ret. 1º.08.1995)

DECRETO 1.886, DE 29 DE ABRIL DE 1996

Regulamenta disposições da Lei 8.630, de 25 de fevereiro de 1993, e dá outras providências.

- V. Lei 5.085/1966 (Reconhece aos trabalhadores avulsos o direito a férias), disponível em ProView.
- V. Dec. 90.927/1985 (Regulamenta a assiduidade profissional dos trabalhadores avulsos).
- V. Dec. 1.035/1993 (Dispõe sobre o recolhimento do Adicional de Indenização do Trabalhador Portuário Avulso).
- V. Lei 9.719/1998 (Dispõe sobre normas e condições gerais de proteção ao trabalho portuário e institui multas pela inobservância de seus preceitos).
- V. Lei 12.023/2009 (Dispõe sobre as atividades de movimentação de mercadorias em geral sobre o trabalho avulso).
- V. Lei 12.815/2013 (Dispõe sobre a exploração direta e indireta pela União de portos e instalações portuárias e sobre as atividades desempenhadas pelos operadores portuários).

O Presidente da República, no uso das atribuições que lhe confere o art. 84, incisos IV e VI, da Constituição, e tendo em vista o disposto nos arts. 18 a 25, 33, § 1º, inciso XI, 47 e 49 da Lei 8.630, de 25 de fevereiro de 1993, decreta:

Art. 1º A partir de 2 de maio de 1996, a requisição da mão-de-obra do trabalho portuário avulso só poderá ser realizada aos órgãos de gestão de mão-de-obra, salvo disposição em contrário pactuada em contrato, acordo ou convenção coletiva de trabalho.

§ 1º Para os fins previstos no *caput* deste artigo, cabe aos órgãos de gestão de mão-de-obra arrecadar repassar, aos respectivos beneficiários, os valores devidos pelos operadores portuários, relativos a remuneração do trabalhador portuário avulso e providenciar o recolhimento dos encargos fiscais, sociais e previdenciários correspondentes.

§ 2º O descumprimento das disposições deste artigo, pelas concessionárias ou entidades delegadas do serviço público de exploração de portos marítimos, fluviais e lacustres, caracteriza infringência às normas do contrato de concessão ou de delegação, acarretando, respectivamente, a aplicação das penalidades cabíveis e a revogação da delegação.

§ 3º No caso do operador portuário, o descumprimento das disposições deste artigo acarretará a desqualificação do mesmo, mediante revogação do ato administrativo de pré-qualificação.

§ 4º O disposto neste artigo se aplica também aos titulares de instalações portuárias, localizadas dentro ou fora da área dos portos organizados, que utilizam a mão-de-obra do trabalhador portuário avulso, nos termos do parágrafo único do art. 56 da Lei 8.630, de 25 de fevereiro de 1993.

Art. 2º Os órgãos de gestão de mão--de-obra deverão ter disponíveis, para uso da fiscalização do Ministério do Trabalho, as listas de escalação diária dos trabalhadores portuários avulsos, por tomadores da mão-de-obra e por navio.

§ 1º Caberá exclusivamente ao órgão de gestão de mão-de-obra a responsabilidade pela verificação da exatidão dos dados lançados nas listas diárias referidas neste artigo, assegurando que não haja simultaneidade de escalação no mesmo turno de trabalho.

§ 2º Os tomadores da mão-de-obra serão os responsáveis exclusivos pela verificação da presença, no local do trabalho, dos trabalhadores constantes das listas de escalação diária de cada navio.

Art. 3º A partir do dia 15 de junho de 1996, só poderão realizar operações portuárias, conforme definidas no inciso II do § 1º do art. 1º da Lei 8.630, de 25 de fevereiro de 1993, os operadores portuários pré-qualificados pela Administração do Porto, desde que se mantenham em dia com as suas contribuições para os órgãos de gestão de mão-de-obra e no recolhimento dos encargos sociais relativos ao trabalho portuário avulso.

Art. 4º A partir de 1º de julho de 1996, somente serão escalados para a prestação do trabalho portuário avulso os trabalhadores que estejam devidamente registrados ou cadastrados nos órgãos locais de gestão de mão-de-obra.

Art. 5º A partir da data estabelecida no artigo anterior, o ingresso de trabalhador portuário avulso na área do porto organizado só será autorizada mediante a apresentação de carteira de identificação expedida pelo órgão local de gestão de mão-de-obra.

Parágrafo único. Cabe à Administração do Porto proceder à identificação dos operadores portuários e seus prepostos, bem como das demais pessoas, por ocasião do ingresso na área do porto organizado.

Art. 6º As autoridades aduaneira, marítima, sanitária de saúde e de polícia marítima ajustarão o despacho das mercadorias e embarcações e a concessão de livre prática às disponibilidades da mão--de-obra inscrita nos órgão de gestão de mão-de-obra.

Art. 7º Compete ao Ministério do Trabalho a fiscalização das condições gerais do trabalho portuário, adotando as medidas regulamentares previstas na hipótese de descumprimento da legislação.

Art. 8º Este Decreto entra em vigor na data de sua publicação.

Brasília, 29 de abril de 1996; 175º da Independência e 108º da República.

Fernando Henrique Cardoso

(*DOU* 30.04.1996)

DECRETO 2.346, DE 10 DE OUTUBRO DE 1997

Consolida normas de procedimentos a serem observadas pela Administração Pública Federal em razão de decisões judiciais, regulamenta os dispositivos legais que menciona, e dá outras providências.

O Presidente da República, no uso da atribuição que lhe confere o art. 84, incisos IV e VI, da Constituição, e tendo em vista o disposto nos arts. 131 da Lei 8 213, de 24 de julho de 1991, alterada pela Medida Provisória 1.523-12, de 25 de setembro de 1997, 77 da Lei 9.430, de 27 de dezembro de 1996, e 1º a 4º da Lei 9.469, de 10 de julho de 1997, decreta:

Capítulo I
DAS DISPOSIÇÕES GERAIS

Art. 1º As decisões do Supremo Tribunal Federal que fixem, de forma inequívoca e definitiva, interpretação do texto constitucional deverão ser uniformemente observadas pela Administração Pública Federal direta e indireta, obedecidos aos procedimentos estabelecidos neste Decreto.

§ 1º Transitada em julgado decisão do Supremo Tribunal Federal que declare a inconstitucionalidade de lei ou ato normativo, em ação direta, a decisão, dotada de eficácia *ex tunc*, produzirá efeitos desde a entrada em vigor da norma declarada inconstitucional, salvo se o ato praticado com base na lei ou ato normativo inconstitucional não mais for suscetível de revisão administrativa ou judicial.

§ 2º O disposto no parágrafo anterior aplica-se, igualmente, à lei ou ao ato normativo que tenha sua inconstitucionalidade proferida, incidentalmente, pelo Supremo Tribunal Federal, após a suspensão de sua execução pelo Senado Federal.

§ 3º O Presidente da República, mediante proposta de Ministro de Estado, dirigente de órgão integrante da Presidência da República ou do Advogado-Geral da União, poderá autorizar a extensão dos efeitos jurídicos de decisão proferida em caso concreto.

Art. 1º- A Concedida cautelar em ação direta de inconstitucionalidade contra lei ou ato normativo federal, ficará também suspensa a aplicação dos atos normativos regulamentadores da disposição questionada.

• Artigo acrescentado pelo Decreto 3.001/1999.

Parágrafo único. Na hipótese do caput, relativamente a matéria tributária, aplica-se o disposto no art. 151, inciso IV, da Lei 5.172, de 25 de outubro de 1966, às normas regulamentares e complementares.

Art. 1º-B Compete exclusivamente ao Advogado-Geral da União e ao Ministro de Estado do Planejamento, Orçamento e Gestão se manifestarem, prévia e expressamente, sobre a extensão administrativa dos efeitos de decisões judiciais proferidas em casos concretos, inclusive ações coletivas, contra a União, suas autarquias e fundações públicas em matéria de pessoal civil da administração direta, autárquica e fundacional.

• Artigo acrescentado pelo Decreto 8.157/2013.

§ 1º Os pedidos de extensão administrativa, instruídos com manifestação jurídica, documentos pertinentes e, quando possível, jurisprudência dos Tribunais Superiores, serão submetidos à análise do Advogado-Geral da União e do Ministro de Estado do Planejamento, Orçamento e Gestão.

§ 2º A extensão administrativa dos efeitos de decisões judiciais será realizada por meio de Portaria Interministerial do Advogado-Geral da União e do Ministro de Estado do Planejamento, Orçamento e Gestão.

§ 3º As autarquias e fundações públicas encaminharão o pedido de extensão administrativa por meio do titular do órgão ao qual estejam vinculadas.

§ 4º Os procedimentos para o trâmite dos pedidos de extensão serão disciplinados em ato conjunto do Advogado-Geral da União e do Ministro de Estado do Planejamento, Orçamento e Gestão.

Art. 2º Firmada jurisprudência pelos Tribunais Superiores, a Advocacia-Geral da União expedirá súmula a respeito da matéria, cujo enunciado deve ser publicado no Diário Oficial da União, em conformidade com o disposto no art. 43 da Lei Complementar 73, de 10 de fevereiro de 1993.

Art. 3º À vista das súmulas de que trata o artigo anterior, o Advogado-Geral da União poderá dispensar a propositura de ações ou a interposição de recursos judiciais.

Art. 4º Ficam o Secretário da Receita Federal e o Procurador-Geral da Fazenda Nacional, relativamente aos créditos tributários, autorizados a determinar, no âmbito de suas competências e com base em decisão definitiva do Supremo Tribunal Federal que declare a inconstitucionalidade de lei, tratado ou ato normativo, que:

I – não sejam constituídos ou que sejam retificados ou cancelados;

II – não sejam efetivadas inscrições de débitos em dívida ativa da União;

III – sejam revistos os valores já inscritos, para retificação ou cancelamento da respectiva inscrição;

IV – sejam formuladas desistências de ações de execução fiscal.

Parágrafo único. Na hipótese de crédito tributário, quando houver impugnação ou recurso ainda não definitivamente julgado contra a sua constituição, devem os órgãos julgadores, singulares ou coletivos, da Administração Fazendária, afastar a aplicação da lei, tratado ou ato normativo federal, declarado inconstitucional pelo Supremo Tribunal Federal.

Art. 5º Nas causas em que a representação da União competir à Procuradoria-Geral da Fazenda Nacional, havendo manifestação jurisprudencial reiterada e uniforme e decisões definitivas do Supremo Tribunal Federal ou do Superior Tribunal de Justiça, em suas respectivas áreas de competência, fica o Procurador-Geral da Fazenda Nacional autorizado a declarar, mediante parecer fundamentado, aprovado pelo Ministro de Estado da Fazenda, as matérias em relação às quais é de ser dispensada a apresentação de recursos.

Art. 6º O Instituto Nacional do Seguro Social – INSS poderá ser autorizado pelo Ministro de Estado da Previdência e Assistência Social, ouvida a Consultoria Jurídica, a desistir ou abster-se de propor ações e recursos em demandas judiciais sempre que a ação versar matéria sobre a qual haja declaração de inconstitucionalidade proferida pelo Supremo Tribunal Federal – STF, súmula ou jurisprudência consolidada do STF ou dos tribunais superiores.

§ 1º Na hipótese prevista no caput, o Ministro de Estado da Previdência e Assistência Social poderá determinar que os órgãos administrativos procedam à adequação de seus procedimentos à jurisprudência do Supremo Tribunal Federal ou dos tribunais superiores.

§ 2º O Ministro de Estado da Previdência e Assistência Social, relativamente aos créditos previdenciários, com base em lei ou ato normativo federal declarado inconstitucional por decisão definitiva do Supremo Tribunal Federal, em ação processada e julgada originariamente ou mediante recurso extraordinário, conforme o caso, e ouvida a Consultoria Jurídica, poderá autorizar o INSS a:

a) não constituí-los ou, se constituídos, revê-los, para a sua retificação ou cancelamento;

b) não inscrevê-los em dívida ativa ou, se inscritos, revê-los, para a sua retificação ou cancelamento;

c) abster-se de interpor recurso judicial ou a desistir de ação de execução fiscal.

Capítulo II
Das Disiposições Especiais

Art. 7º O Advogado-Geral da União e os dirigentes máximos das autarquias, das fundações e das empresas públicas federais poderão autorizar a realização de acordos ou transações, em juízo, para terminar o litígio, nas causas de valor até R$ 50.000,00 (cinqüenta mil reais), a não-propositura de ações e a não–interposição de recursos, assim como requerimento de extinção das ações em curso ou de desistência dos respectivos recursos judiciais, para a cobrança de créditos, atualizados, de valor igual ou inferior a R$ 1.000,00 (mil reais), em que interessadas essas entidades na qualidade de autoras, rés, assistentes ou opoentes, nas condições aqui estabelecidas

§ 1º Quando a causa envolver valores superiores ao limite fixado no caput, o acordo ou a transação, sob pena de nulidade, dependerá de prévia e expressa autorização do Ministro de Estado ou do titular de Secretaria da Presidência da República a cuja área de competência estiver afeto o assunto no caso da União, ou da autoridade máxima da autarquia, da fundação ou da empresa pública.

§ 2º Não se aplica o disposto neste artigo às causas relativas ao patrimônio imobiliário da União e às de natureza fiscal.

Art. 8º O Advogado-Geral da União e os dirigentes máximos das autarquias, fundações ou empresas públicas federais poderão autorizar a realização de acordos, homologáveis pelo Juízo, nos autos dos processos ajuizados por essas entidades, para o recebimento de débitos de valores não superiores a R$50.000,00 (cinqüenta mil reais), em parcelas mensais e sucessivas até o máximo de trinta, observado o disposto no § 2º do artigo anterior.

§ 1º O saldo devedor será atualizado pelo índice de variação da Unidade Fiscal de Referência (UFIR), e sobre o valor da prestação mensal incidirão juros à taxa de doze por cento ao ano.

§ 2º Deixada de cumprir qualquer parcela, pelo prazo de trinta dias, instaurar-se-á o processo de execução ou nele se prosseguirá, pelo saldo.

Art. 9º As autoridades indicadas no caput do artigo anterior poderão con-

Legislação

cordar com pedido de desistência da ação, nas causas de quaisquer valores, desde que o autor renuncie expressamente ao direito sobre que se funda a ação, ressalvadas as de natureza fiscal, em que a competência será da Procuradoria-Geral da Fazenda Nacional.

Capítulo III
Das Disposições Finais

Art. 10. Ao fim de cada trimestre, os órgãos e as entidades da Administração Pública Federal direta e indireta encaminharão ao Ministro de Estado da Justiça, com cópias para o Ministro de Estado Chefe da Casa Civil da Presidência da República e para o Advogado-Geral da União, relatório circunstanciado sobre a fiel execução deste Decreto.

Art. 11. Este Decreto entra em vigor na data de sua publicação.

Art. 12. Ficam revogados os Decretos 73.529, de 21 de janeiro de 1974, 1.601, de 23 de agosto de 1995, e 2.194, de 7 de abril de 1997.

Brasília, 10 de outubro de 1997; 176º da Independência e 109º da República.

Fernando Henrique Cardoso

(*DOU* 13.10.1997)

DECRETO 2.350, DE 15 DE OUTUBRO DE 1997

Regulamenta a Lei 9.055, de 1º de junho de 1995, e dá outras providências.

O Presidente da República, no uso da atribuição que lhe confere o art. 84, inciso IV, da Constituição, e tendo em vista o disposto na Lei 9.055, de 1º de junho de 1995, decreta:

Art. 1º A extração, a industrialização, a utilização, a comercialização e o transporte de asbesto/amianto, no território nacional, ficam limitados à variedade crisotila.

Art. 2º A importação de asbesto/amianto, da variedade crisotila, em qualquer de suas formas, somente poderá ser realizada após autorização do Departamento Nacional de Produção Mineral – DNPM do Ministério de Minas e Energia e atendidas às seguintes exigências:

I – cadastramento junto ao DNPM das empresas importadoras de asbesto/amianto da variedade crisotila, em qualquer de suas formas, condicionado à apresentação, pela empresa importadora, de licença ambiental e registro no cadastro de usuário do Ministério do Trabalho;

II – apresentação, até 30 de novembro de cada ano, ao DNPM de previsão de importação, para o ano seguinte, de asbesto/amianto da variedade crisotila;

III – cumprimento das condições estabelecidas pela legislação federal, estadual e municipal de controle ambiental, de saúde e segurança no trabalho e de saúde pública, pertinentes a armazenagem, manipulação, utilização e processamento do asbesto/amianto, bem como de eventuais resíduos gerados nessa operação, inclusive quanto a sua disposição final.

Art. 3º O cadastramento da empresa importadora de asbesto/amianto no órgão competente referido no inciso I do artigo anterior é válido por doze meses, ao término dos quais, inexistindo a renovação, será cancelado.

Art. 4º O DNPM e a Secretaria de Segurança e Saúde no Trabalho do Ministério do Trabalho encaminharão, semestralmente, à Secretaria de Comércio Exterior do Ministério da Indústria, do Comércio e do Turismo relação atualizada das empresas cadastradas e aptas a realizarem importação de asbesto/amianto.

Art. 5º Todos os produtos que contenham asbesto/amianto da variedade crisotila, importado ou de produção nacional, somente poderão ser comercializados se apresentarem marca de conformidade do Sistema Brasileiro de Certificação.

Parágrafo único. As normas e os procedimentos para aplicação desse controle serão elaborados e regulamentados até 31 de dezembro de 1998.

Art. 6º As fibras naturais e artificiais que já estejam sendo comercializadas ou que venham a ser fabricadas deverão ter a comprovação do nível de agravo à saúde humana avaliada e certificada pelo Ministério da Saúde, conforme critérios a serem por ele estabelecidos, no prazo de 90 (noventa) dias.

Art. 7º As empresas de extração e industrialização de asbesto/amianto depositarão nas Delegacias Regionais do Trabalho, no prazo de 90 (noventa) dias a contar da data de publicação deste Decreto, cópias autenticadas dos acordos firmados entre empregados e empregadores, nos quais deverão constar cláusulas referentes a segurança e saúde no trabalho.

Art. 8º As empresas que iniciarem o processo de extração e industrialização de asbesto/amianto, após a publicação deste Decreto, terão prazo de 12 (doze) meses, a contar da data de expedição do alvará de funcionamento, para depositar nas Delegacias Regionais do Trabalho o acordo firmado entre empregados e empregadores referido na Lei 9.055, de 1º de junho de 1995.

Art. 9º As empresas que não assinarem e depositarem o acordo com os sindicatos de trabalhadores, nos prazos fixados nos arts. 7º e 8º, terão o seu alvará de funcionamento automaticamente cancelado.

Art. 10. O monitoramento e controle dos riscos de exposição ao asbesto/amianto da variedade crisotila e às fibras naturais e artificiais, nos termos do art. 4º da Lei 9.055, de 1995, poderão ser executados por intermédio de instituições públicas ou privadas, credenciadas pelo Ministério do Trabalho.

Parágrafo único. O credenciamento de instituições públicas ou privadas especializadas no monitoramento e controle dos riscos de exposição dos trabalhadores ao asbesto/amianto far-se-á conforme critérios estabelecidos pelos Ministérios do Trabalho, de Minas e Energia e da Saúde.

Art. 11. Os registros da medição de poeira de asbesto/amianto deverão ser conservados nas empresas pelo prazo mínimo de 30 (trinta) anos, e o acesso a eles é franqueado aos trabalhadores, aos representantes e às autoridades competentes.

Art. 12. As empresas de extração e industrialização do asbesto/amianto encaminharão, anualmente, à Secretaria de Saúde do Estado ou do Município, a listagem de seus empregados, de acordo com os critérios a serem estabelecidos pelo Ministério da Saúde.

Art. 13. Os Ministérios do Trabalho e da Saúde determinarão aos produtores de asbesto/amianto da variedade crisotila, bem como das fibras naturais e artificiais referidas no art. 2º da Lei 9.055, de 1995, a paralisação do fornecimento de materiais às empresas que descumprirem obrigação estabelecida naquela Lei, dando ciência, ao mesmo tempo, ao Ministério da Indústria, do Comércio e do Turismo para as providências necessárias.

Art. 14. Fica criada a Comissão Nacional Permanente do Amianto – CNPA, vinculada ao Ministério do Trabalho, de caráter consultivo, com o objetivo de propor medidas relacionadas ao asbesto/amianto da variedade crisotila, e das demais fibras naturais e artificiais, visando à segurança do trabalhador.

Parágrafo único. A CNPA elaborará seu regimento interno, a ser aprovado pelo Ministro de Estado do Trabalho, disciplinando o seu funcionamento.

Art. 15. Integram a CNPA:

I – dois representantes do Ministério do Trabalho, um dos quais a presidirá;

II – dois representantes do Ministério da Saúde;

III – dois representantes do Ministério da Indústria, do Comércio e do Turismo;

IV – um representante do Ministério do Meio Ambiente, dos Recursos Hídricos e da Amazônia Legal;

V – um representante do Ministério de Minas e Energia;

VI – quatro representantes de entidades de classe representativas de empregados e quatro de empregadores.

§ 1º Os membros da CNPA serão designados pelo Ministro de Estado do Trabalho, após indicação pelos titulares dos órgãos e das entidades nela representados.

§ 2º A CNPA poderá se valer de instituições públicas e privadas de pesquisa sobre os efeitos do uso do amianto, da variedade crisotila, na saúde humana.

§ 3º A participação na CNPA será considerada serviço público relevante, não ensejando qualquer remuneração.

Art. 16. O Ministério do Trabalho estabelecerá, no prazo de 180 (cento e oitenta) dias a partir da publicação deste Decreto, critérios para a elaboração e implementação de normas de segurança e sistemas de acompanhamento para os setores têxtil e de fricção.

Art. 17. Caberá aos Ministérios do Trabalho, da Saúde, da Ciência e Tecnologia e da Educação e do Desporto, mediante ações integradas, promover e fomentar o desenvolvimento de estudos e pesquisas relacionados ao asbesto/amianto e à saúde do trabalhador.

Art. 18. A destinação de resíduos contendo asbesto/amianto ou fibras naturais e artificiais referidas no art. 2º da Lei 9.055, de 1995, decorrentes do processo de extração ou industrialização, obedecerá ao disposto em regulamentação específica.

Art. 19. Este Decreto entra em vigor na data de sua publicação.

Brasília, 15 de outubro de 1997; 176º da Independência e 109º da República.

Fernando Henrique Cardoso

(*DOU* 16.10.1997)

DECRETO 2.490, DE 4 DE FEVEREIRO DE 1998

Regulamenta a Lei 9.601, de 21 de janeiro de 1998, que dispõe sobre o contrato de trabalho por prazo determinado e dá outras providências.

- V. Lei 9.601/1998 (Dispõe sobre o contrato de trabalho por prazo determinado).
- V. MP 2.164-41/2001 (Altera a Consolidação das Leis do Trabalho – CLT).
- *V. Port. MTb 349/2018 (Esclarece regras voltadas à execução da Lei 13.467/2017, no âmbito das competências normativas do Ministério do Trabalho), disponível em ProView.*

O Presidente da República, no uso da atribuição que lhe confere o art. 84, inciso IV, da Constituição, e tendo em vista o disposto na Lei 9.601, de 21 de janeiro de 1998, decreta:

Art. 1º As convenções e os acordos coletivos de trabalho poderão instituir contrato de trabalho por prazo determinado, de que trata o art. 443 da Consolidação das Leis do Trabalho – CLT, independentemente das condições estabelecidas em seu § 2º, em qualquer atividade desenvolvida pela empresa ou estabelecimento, para admissões que representem acréscimo no número de empregados.

Parágrafo único. É vedada a contratação de empregados por prazo determinado, na forma do *caput* para substituição de pessoal regular e permanente contratado por prazo indeterminado.

Art. 2º Fica o empregador obrigado a anotar na Carteira de Trabalho e Previdência Social – CTPS do empregado a sua condição de contratado por prazo determinado, com indicação do número da lei de regência, e a discriminar em separado na folha de pagamento tais empregados.

Art. 3º Em relação ao mesmo empregado, o contrato por prazo determinado na forma da Lei 9.601, de 21 de janeiro de 1998, será de no máximo 2 (dois) anos, permitindo-se, dentro deste período, sofrer sucessivas prorrogações, sem acarretar o efeito previsto no art. 451 da CLT.

Parágrafo único. O contrato por prazo determinado poderá ser sucedido por outro por prazo indeterminado.

Art. 4º Os depósitos mensais vinculados previstos no art. 2º, parágrafo único, da Lei 9.601/1998, serão estipulados pelas partes nas convenções ou acordos coletivos.

§ 1º As partes deverão pactuar sobre o valor dos depósitos mensais vinculados, o estabelecimento bancário receptor, a periodicidade de saque e as demais condições inerentes.

§ 2º O pacto acerca dos depósitos mensais vinculados não desonera o empregador de efetuar os depósitos para o Fundo de Garantia do Tempo de Serviço – FGTS.

§ 3º Os depósitos de que trata o *caput* deste artigo não têm natureza salarial.

Art. 5º A média aritmética prevista no art. 3º, parágrafo único, da Lei 9.601/1998, abrangerá o período de 1º de julho a 31 de dezembro de 1997.

§ 1º Para se alcançar a média aritmética, adotar-se-ão os seguintes procedimentos:

a) apurar-se-á a média mensal, somando-se o número de empregados com vínculo empregatício por prazo indeterminado de cada dia do mês e dividindo-se o seu somatório pelo número de dias do mês respectivo;

b) apurar-se-á a média semestral pela soma das médias mensais dividida por seis.

§ 2º Os estabelecimentos instalados ou os que não possuíam empregados contratados por prazo indeterminado a partir de 1º de julho de 1997 terão sua média aritmética aferida contando-se o prazo de 6 (seis) meses a começar do primeiro dia do mês subsequente à data da primeira contratação por prazo indeterminado.

Art. 6º Fixada a média semestral, para se alcançar o número máximo de empregados que poderão ser contratados na modalidade do contrato por prazo determinado nos termos da Lei 9.601/1998, proceder-se-á da seguinte forma:

I – para estabelecimentos com média semestral até 49 empregados, aplicar-se-á o percentual de 50% (cinquenta por cento);

II – para estabelecimentos com média semestral de 50 a 199 empregados, subtrair-se-á 49) empregados, aplicando-se o percentual de 35% (trinta e cinco por cento) sobre o remanescente, somando-se ao resultado 24,5 (vinte e quatro inteiros e cinco décimos) empregados;

III – para estabelecimentos com média semestral igual ou superior a 200 empregados, subtrair-se-á 199 empregados e aplicar-se-á o percentual de 20% (vinte por cento) sobre o remanescente, somando-se ao resultado 77 empregados.

Parágrafo único. No resultado obtido nos termos deste artigo, as frações decimais até 0,4 (quatro décimos) serão desprezadas, considerando-se o número inteiro, e para as frações decimais iguais ou superiores a 0,5 (cinco décimos) considerar-se-á o número inteiro imediatamente superior.

Art. 7º A redução de alíquotas previstas no art. 2º da Lei 9.601/1998 será assegurada mediante depósito no órgão regional do Ministério do Trabalho do contrato escrito firmado entre empregado e empregador.

§ 1º Para efetuar o depósito, o interessado apresentará os seguintes documentos:

a) requerimento de depósito, dirigido ao Delegado Regional do Trabalho, onde o empregador declarará, sob as penas da lei, que no momento da contratação se encontra adimplente junto ao Instituto Nacional do Seguro Social – INSS e FGTS e que as admissões representam acréscimo no número de empregados e obedecem aos percentuais legais;

b) cópia da convenção ou acordo coletivo;

c) segunda via dos contratos de trabalho por prazo determinado;

d) relação dos empregados contratados, que conterá, dentre outras informações, o número da CTPS, o número de inscrição do trabalhador no Programa de Integração Social – PIS e as datas de início e de término do contrato especial por prazo determinado.

§ 2º Para a prorrogação do contrato de trabalho, exigir-se-á depósito do novo instrumento no órgão regional do Ministério do Trabalho.

Art. 8º O Ministério do Trabalho, por intermédio de cada Delegacia Regional do Trabalho, comunicará mensalmente ao órgão regional do INSS e ao agente operador do FGTS, para fins de controle do recolhimento das contribuições mencionadas nos incisos I e II do art. 2º da Lei 9.601/1998, os dados disponíveis nos contratos depositados, principalmente:

I – qualificação da empresa;

II – nome, número da CTPS e número do PIS do empregado;

III – data de início e de término dos contratos de trabalho;

IV – outras informações relevantes da convenção ou acordo coletivo.

Art. 9º Os sindicatos ou empregados prejudicados poderão denunciar ao órgão regional do Ministério do Trabalho situações de descumprimento da Lei 9.601/1998.

Art. 10. A inobservância de quaisquer dos requisitos previstos na Lei 9.601/1998 e neste Decreto descaracteriza o contrato por prazo determinado na forma do art. 1º da referida Lei, que passa a gerar os efeitos próprios dos contratos por prazo indeterminado.

Art. 11. Caberá à fiscalização do Ministério do Trabalho e do INSS, no âmbito de suas competências, observar o fiel cumprimento das disposições contidas na Lei 9.601/1998 e neste Decreto.

Art. 12. As penalidades previstas no art. 7º da Lei 9.601/1998 serão aplicadas pela autoridade competente do Ministério do Trabalho, de acordo com o disposto no Título VII da CLT, e pela autoridade competente do INSS, de acordo com o Decreto 2.173, de 5 de março de 1997.

Art. 13. Caberá ao INSS e ao agente operador do FGTS expedir atos normativos referentes aos recolhimentos da sua área de competência, previstos nos incisos I e II do art. 2º da Lei 9.601/1998.

Art. 14. Este Decreto entra em vigor na data de sua publicação.

Brasília, 4 de fevereiro de 1998; 177º da Independência e 110º da República.

Fernando Henrique Cardoso

(*DOU* 05.02.1998)

DECRETO 2.553, DE 16 DE ABRIL DE 1998

Regulamenta os arts. 75 e 88 a 93 da Lei 9.279, de 14 de maio de 1996, que regula direitos e obrigações relativos à propriedade industrial.

O Presidente da República, no uso da atribuição que lhe confere o art. 84, inciso IV da Constituição, e tendo em vista o disposto nos arts. 75 e 88 a 93 da Lei 9.279, de 14 de maio de 1996, decreta:

Art. 1º A Secretaria de Assuntos Estratégicos da Presidência da República é o órgão competente do Poder Executivo para manifestar-se, por iniciativa própria ou a pedido do Instituto Nacional da Propriedade Industrial – INPI, sobre o caráter sigiloso dos processos de pedido de patente originários do Brasil, cujo objeto seja de interesse da defesa nacional.

§ 1º O caráter sigiloso do pedido de patente, cujo objeto seja de natureza militar, será decidido com base em parecer conclusivo emitido pelo Estado-Maior das Forças Armadas, podendo o exame técnico ser delegado aos Ministérios Militares.

§ 2º O caráter sigiloso do pedido de patente de interesse da defesa nacional, cujo objeto seja de natureza civil, será decidido, quando for o caso, com base em parecer conclusivo dos Ministérios a que a matéria esteja afeta.

§ 3º Da patente resultante do pedido a que se refere o caput deste artigo, bem como do certificado de adição dela decorrente, será enviada cópia ao Estado-Maior das Forças Armadas e à Secretaria de Assuntos Estratégicos da Presidência da República, onde será, também, conservado o sigilo de que se revestem tais documentos.

Art. 2º O depósito no exterior, a exploração e a cessão do pedido ou da patente, e sua divulgação, cujo objeto tenha sido considerado de interesse da defesa nacional, ficam condicionados à prévia autorização da Secretaria de Assuntos Estratégicos da Presidência da República.

Parágrafo único. Quando houver restrição aos direitos do depositante de pedido ou do titular da patente, considerados de interesse da defesa nacional, nos termos do art. 75, § 3º da Lei 9.279, de 1996, o depositante ou titular da patente será indenizado mediante comprovação dos benefícios que teria auferido pela exploração ou cessão.

Art. 3º Ao servidor da Administração Pública direta, indireta e fundacional, que desenvolver invenção, aperfeiçoamento ou modelo de utilidade e desenho industrial, será assegurada, a título de incentivo, durante toda a vigência da patente ou do registro, premiação de parcela do valor das vantagens auferidas pelo órgão ou entidade com a exploração da patente ou do registro.

§ 1º Os órgãos e as entidades da Administração Pública direta, indireta e fundacional promoverão a alteração de seus estatutos ou regimentos internos para inserir normas que definam a forma e as condições de pagamento da premiação de que trata este artigo, a qual vigorará após publicação no Diário Oficial da União, ficando convalidados os acordos firmados anteriormente.

§ 2º A premiação a que se refere o caput deste artigo não poderá exceder a 1/3 (um terço) do valor das vantagens auferidas pelo órgão ou entidade com a exploração da patente ou do registro.

Art. 4º A premiação de que trata o artigo anterior não se incorpora, a qualquer título, aos salários dos empregados ou aos vencimentos dos servidores.

Art. 5º Na celebração de instrumentos contratuais de que trata o art. 92 da Lei 9.279, de 1996, serão estipuladas a titularidade das criações intelectuais e a participação dos criadores.

Art. 6º Este Decreto entra em vigor na data de sua publicação.

Brasília, 16 de abril de 1998; 177º da Independência e 110º da República.

Fernando Henrique Cardoso

(*DOU* 20.04.1998)

DECRETO 2.594, DE 15 DE MAIO DE 1998

Regulamenta a Lei 9.491, de 9 de setembro de 1997, que dispõe sobre o Programa Nacional de Desestatização e dá outras providências.

O Presidente da República, no uso da atribuição que lhe confere o art. 84, inciso IV, da Constituição, e tendo em vista o disposto no art. 33 da Lei 9.491, de 9 de setembro de 1997, alterada pela Medida Provisória 1.613-7, de 29 de abril de 1998, decreta:

Capítulo I
Do Programa Nacional de Desestatização

Seção I
Dos Objetivos

Art. 1º O Programa Nacional de Desestatização – PND tem por objetivos fundamentais:

I – reordenar a posição estratégica do Estado na economia, transferindo à iniciativa privada atividades indevidamente exploradas pelo setor público;

II – contribuir para a reestruturação econômica do setor público, especialmente através da melhoria do perfil e da redução da dívida pública líquida;

III – permitir a retomada de investimentos nas empresas e atividades que vierem a ser transferidas à iniciativa privada;

IV – contribuir para a reestruturação econômica do setor privado, especialmente para a modernização da infra-estrutura e do parque industrial do País, ampliando sua competitividade e reforçando a capacidade empresarial nos diversos setores da economia, inclusive através da concessão de crédito;

V – permitir que a Administração Pública concentre seus esforços nas atividades em que a presença do Estado seja fundamental para a consecução das prioridades nacionais;

VI – contribuir para o fortalecimento do mercado de capitais, através do acréscimo da oferta de valores mobiliários e da democratização da propriedade do capital das empresas que integrarem o PND.

Seção II
Do Objeto da Desestatização

Art. 2º Poderão ser objeto de desestatização, nos termos da Lei 9.491, de 9 de setembro de 1997:

I – empresas, inclusive instituições financeiras, controladas direta ou indiretamente pela União, instituídas por lei ou ato do Poder Executivo;

II – empresas criadas pelo setor privado e que, por qualquer motivo, passaram ao controle direto ou indireto da União;

III – serviços públicos objeto de concessão, permissão ou autorização;

IV – instituições financeiras públicas estaduais que tenham tido as ações de seu capital social desapropriadas, na forma do Decreto-lei 2.321, de 25 de fevereiro de 1987.

Art. 3º Aplicam-se os dispositivos deste Decreto, no que couber, às participações minoritárias diretas e indiretas da União no capital social de quaisquer outras sociedades e às ações excedentes à participação acionária detida pela União representativa do mínimo necessário à manutenção do controle acionário da

Petróleo Brasileiro S.A. – Petrobrás, nos termos do art. 62 da Lei 9.478, de 6 de agosto de 1997.

Art. 4º O Banco Nacional de Desenvolvimento Econômico e Social – BNDES, por determinação do Conselho Nacional de Desestatização – CND, definido na Lei 9.491/97, e por solicitação de Estados ou Municípios, poderá firmar com eles ajuste para supervisionar o processo de desestatização de suas empresas controladas, detentoras de concessão, permissão ou autorização para prestação de serviços públicos, observados, quanto ao processo de desestatização, os procedimentos estabelecidos neste Decreto.

Parágrafo único. Na hipótese prevista no caput deste artigo, a licitação para a outorga ou transferência da concessão do serviço a ser desestatizado poderá ser realizada na modalidade de leilão.

Seção III
Do Conceito de Desestatização

Art. 5º Considera-se desestatização:

I – a alienação, pela União, de direitos que lhe assegurem, diretamente ou através de outras controladas, preponderância nas deliberações sociais e o poder de eleger a maioria dos administradores da sociedade;

II – a transferência, para a iniciativa privada, da execução de serviços públicos explorados pela União, diretamente ou através de entidades controladas, bem como daqueles de sua responsabilidade.

Seção IV
Das Sociedades Excluídas do Programa Nacional de Desestatização

Art. 6º Não se aplicam os dispositivos deste Decreto:

I – às empresas públicas ou sociedades de economia mista que exerçam atividades de competência exclusiva da União, de que tratam os incisos XI e XXIII do art. 21, a alínea c do inciso I do art. 159 e o art. 177 da Constituição;

II – ao Banco do Brasil S.A. e à Caixa Econômica Federal.

Parágrafo único. A vedação prevista no caput deste artigo não se aplica às participações acionárias detidas pelas entidades enumeradas em seus incisos, desde que não incida restrição legal à alienação das referidas participações.

Seção V
Das Modalidades Operacionais

Art. 7º As desestatizações serão executadas mediante as seguintes modalidades operacionais:

I – alienação de participação societária, inclusive de controle acionário, preferencialmente mediante a pulverização de ações;

II – abertura de capital;

III – aumento de capital, com renúncia ou cessão, total ou parcial, de direitos de subscrição;

IV – alienação, arrendamento, locação, comodato ou cessão de bens e instalações;

V – dissolução de sociedades ou desativação parcial de seus empreendimentos, com a conseqüente alienação de seus ativos;

VI – concessão, permissão ou autorização de serviços públicos.

§ 1º A transformação, a incorporação, a fusão ou a cisão de sociedades e a criação de subsidiárias integrais poderão ser utilizadas a fim de viabilizar a implementação da modalidade operacional escolhida.

§ 2º Na hipótese de dissolução, caberá ao Ministro de Estado da Administração Federal e Reforma do Estado acompanhar e tomar as medidas cabíveis à efetivação da liquidação da empresa.

§ 3º Nas desestatizações executadas mediante as modalidades operacionais previstas nos incisos I, IV, V e VI deste artigo, a licitação poderá ser realizada na modalidade de leilão.

Capítulo II
Do Conselho Nacional de Desestatização

Seção I
Da Composição

Art. 8º O PND terá como órgão superior de decisão o CND, diretamente subordinado ao Presidente da República, integrado pelos seguintes membros:

I – Ministro de Estado do Planejamento e Orçamento, na qualidade de Presidente;

II – Ministro de Estado Chefe da Casa Civil da Presidência da República;

III – Ministro de Estado da Fazenda;

IV – Ministro de Estado da Administração Federal e Reforma do Estado;

V – Ministro de Estado da Indústria, do Comércio e do Turismo.

§ 1º Nas ausências ou impedimentos do Ministro de Estado do Planejamento e Orçamento, as reuniões do CND serão presididas pelo Ministro de Estado Chefe da Casa Civil da Presidência da República.

§ 2º Nas suas ausências ou impedimentos, os membros do CND serão representados por substitutos por eles designados.

Seção II
Das Reuniões

Art. 9º O CND reunir-se-á, ordinariamente, uma vez por mês, e, extraordinariamente, sempre que for convocado por seu Presidente.

§ 1º Das reuniões para deliberar sobre a desestatização de empresas ou serviços públicos participará, com direito a voto, o titular do Ministério ao qual a empresa ou serviço se vincule.

§ 2º Quando se tratar de desestatização de instituições financeiras, participará das reuniões, com direito a voto, o Presidente do Banco Central do Brasil.

§ 3º Participará também das reuniões, sem direito a voto, um representante do BNDES.

§ 4º O Presidente do CND poderá convidar Ministros de Estado, bem como representantes de entidades públicas ou privadas para participar das reuniões, sem direito a voto.

Seção III
Da Competência

Art. 10 Compete ao CND:

I – recomendar, para aprovação do Presidente da República, meios de pagamento e inclusão ou exclusão de empresas, inclusive instituições financeiras, serviços públicos e participações minoritárias no PND;

II – aprovar, exceto quando se tratar de instituições financeiras:

a) a modalidade operacional a ser aplicada a cada desestatização;

b) os ajustes de natureza societária, operacional, contábil ou jurídica e o saneamento financeiro, necessário às desestatizações;

c) as condições aplicáveis às desestatizações, especialmente no que diz respeito a preço mínimo, objeto de venda, forma de pagamento e critérios de participação, inclusive fixando limites;

d) a criação de ação de classe especial, a ser subscrita pela União, especificando sua quantidade, as matérias passíveis de veto e estabelecendo, quando for o caso, a forma de sua aquisição;

e) a fusão, incorporação ou cisão de sociedades e a criação de subsidiária integral necessárias à viabilização das desestatizações;

f) a contratação, pelo Gestor do Fundo Nacional de Desestatização – FND ou pelos órgãos responsáveis de que tratam os §§ 1º e 2º deste artigo, de pareceres ou estudos especializados necessários à desestatização de setores ou segmentos específicos;

III – determinar a destinação dos recursos provenientes da desestatização, observando o disposto nos arts. 43 e 44 deste Decreto;

IV – expedir normas e resoluções necessárias ao exercício de sua competência;

V – deliberar sobre outras matérias relativas ao PND que venham a ser encaminhadas pelo Presidente do CND, inclusive a apreciação dos relatórios de auditoria externa independente referentes ao FND, e tomar as providências cabíveis;

VI – fazer publicar o relatório anual detalhado de suas atividades.

§ 1º Na desestatização dos serviços públicos, o CND deverá recomendar, para aprovação do Presidente da República, o órgão da Administração direta ou indireta, que poderá ser diferente do Gestor do FND, para ser o responsável pela execução e acompanhamento do correspondente processo de desestatização.

§ 2º A desestatização de empresas de pequeno e médio portes, conforme definidas pelo CND, poderá ser coordenada pela Secretaria de Coordenação e Controle das Empresas Estatais – SEST do Ministério do Planejamento e Orçamento, a critério do CND.

§ 3º Nos casos previstos nos parágrafos anteriores, competirá, no que couber, aos órgãos responsáveis, o exercício das atribuições previstas no art. 24 deste Decreto, salvo manifestação expressa em contrário do CND.

§ 4º O CND poderá baixar normas regulamentadoras da desestatização de serviços públicos, objeto de concessão, permissão ou autorização, bem como determinar sejam adotados procedimentos previstos em legislação especifica, conforme a natureza dos serviços a serem desestatizados.

§ 5º Para efeito do disposto no inciso VI deste artigo, os alienantes de bens e direitos e os órgãos responsáveis pela concessão de serviços públicos, no âmbito do PND, ficam obrigados a enviar ao Gestor do FND as informações correspondentes em até 30 (trinta) dias após a liquidação da desestatização.

Seção IV
Da Competência do Presidente

Art. 11 Compete ao Presidente do CND:

I – presidir as reuniões do CND;

II – coordenar e supervisionar a execução do PND;

III – encaminhar à deliberação do CND as matérias previstas no art. 1º deste Decreto;

IV – requisitar, aos órgãos competentes, a designação de servidores da Administração Pública direta ou indireta para integrar os grupos de trabalho de que trata o inciso III do art. 24 deste Decreto.

Seção V
Das Deliberações

Art. 12 O CND deliberará mediante resoluções, cabendo ao Presidente, além do voto de qualidade, a prerrogativa de deliberar, nos casos de urgência e relevante interesse, ad referendum do colegiado.

Parágrafo único. Quando deliberar ad referendum do CND, o Presidente submeterá a decisão ao colegiado, na primeira reunião que se seguir àquela deliberação.

Capítulo III
Da Desestatização de Instuições Financeiras

Art. 13 A desestatização de instituições financeiras será coordenada pelo Banco Central do Brasil.

§ 1º Na hipótese prevista no caput deste artigo, compete ao Banco Central do Brasil, no que couber, as atribuições previstas no art. 24 deste Decreto.

§ 2º A competência para aprovar as medidas mencionadas no inciso II do art. 10 deste Decreto, no caso de instituições financeiras, é do Conselho Monetário Nacional – CMN, por proposta do Banco Central do Brasil.

§ 3º Caberá ao Banco Central do Brasil expedir e fazer publicar no Diário Oficial da União as normas e resoluções aprovadas pelo CMN, relativas às desestatizações de instituições financeiras.

Art. 14 A União poderá adquirir ativos de instituições financeiras federais, financiar ou garantir os ajustes prévios imprescindíveis para a sua privatização, inclusive por conta dos recursos das Reservas Monetárias, de que trata o art. 12 da Lei 5.143, de 20 de outubro de 1966, com a redação dada pelo art. 1º do Decreto-lei 1.342, de 28 de agosto de 1974.

§ 1º O disposto no *caput* deste artigo se estende às instituições financeiras federais que, dentro do PND, adquiram ativos de outra instituição financeira federal a ser privatizada, caso em que fica, ainda, a União autorizada a assegurar à instituição financeira federal adquirente:

I – a equalização da diferença apurada entre o valor desembolsado na aquisição dos ativos e o valor que a instituição financeira federal adquirente vier a pagar ao Banco Central do Brasil pelos recursos recebidos em linha de financiamento específica, destinada a dar suporte à aquisição dos ativos, aí considerados todos os custos incorridos, inclusive os de administração fiscais e processuais;

II – a equalização entre o valor despendido pela instituição financeira federal na aquisição dos ativos e o valor efetivamente recebido em sua liquidação final;

III – a assunção, pelo Tesouro Nacional, da responsabilidade pelos riscos de crédito dos ativos adquiridos na forma deste parágrafo, inclusive pelas eventuais insubsistências ativas identificadas antes ou após havê-los assumido, respondendo, ainda, pelos efeitos financeiros referentes à redução de seus valores, por força de pronunciamento judicial de qualquer natureza.

§ 2º A realização da equalização ou assunção pelo Tesouro Nacional, de que trata o parágrafo anterior, dar-se-á sem prejuízo da responsabilidade civil e penal decorrente de eventual conduta ilícita ou gestão temerária na concessão do crédito pertinente.

Capítulo IV
Da Desestatização de Serviços Públicos

Art. 15 A desestatização dos serviços públicos, efetivada mediante uma das modalidades previstas no art. 7º deste Decreto, pressupõe a delegação, pelo Poder Público, de concessão ou permissão do serviço, objeto da exploração, observada a legislação aplicável ao serviço.

Parágrafo único. Os princípios gerais e as diretrizes específicas aplicáveis à concessão, permissão ou autorização, elaborados pelo Poder Público, deverão constar do edital de desestatização.

Capítulo V
Das Ações de Classe Especial

Art. 16 Sempre que houver razões que justifiquem, a União deterá, direta ou indiretamente, ação de classe especial do capital social da empresa ou instituição financeira objeto da desestatização, que lhe confira poderes especiais em determinadas matérias, as quais deverão ser caracterizadas nos seus estatutos sociais.

Capítulo VI
Do Fundo Nacional de Desestatização

Seção I
De Natureza e Constituição

Art. 17 O FND tem natureza contábil, sendo constituído pela vinculação, a título de depósito, das ações ou cotas de propriedade direta ou indireta da União, emitidas por sociedades que tenham sido incluídas no PND.

Parágrafo único. As ações representativas de quaisquer outras participações societárias, incluídas no PND serão, igualmente, depositadas no FND.

Seção II
Do Depósito de Ações e da Emissão do Recibo

Art. 18 A União e as entidades da Administração indireta, titulares das participações acionárias que vierem a ser incluídas no PND, deverão, no prazo máximo e improrrogável de 5 (cinco) dias, contados da data da publicação do Decreto que determinar a inclusão no referido Programa, depositar as suas ações no FND.

§ 1º O mesmo procedimento do caput deverá ser observado para a emissão de ações decorrentes de bonificações, de desdobramentos, de subscrições ou de conversões de debêntures, quando couber.

§ 2º Contra o depósito das ações, o Gestor do FND emitirá, em favor do depositante, Recibo de Depósito de Ações – RDA, que:

I – será intransferível e inegociável a qualquer título;

II – identificará os certificados, ou títulos múltiplos das ações objeto do depósito, bem como a espécie e a quantidade das ações.

§ 3º Juntamente com o depósito das ações, o depositante outorgará mandato ao Gestor do FND, com poderes para aliená-las nas condições aprovadas pelo CND, e indicará o capital social realizado da sociedade e o percentual correspondente das ações objeto do depósito.

§ 4º O RDA emitido em favor do depositante será cancelado automaticamente, para todos os eleitos, quando do encerramento do processo de desestatização.

§ 5º Na hipótese de exclusão do PND, da sociedade cujas ações representativas do capital social tenham sido objeto de depósito, além do cancelamento do RDA, ficará revogado de pleno direito o mandato referido no § 3º deste artigo.

§ 6º Os titulares de ações depositadas deverão mantê-las escrituradas em seus registros contábeis, sem alteração de critério, até que seja encerrado o processo de desestatização, observado o disposto nos §§ 4º e 5º deste artigo.

Seção III
Das Quotas de Sociedades Limitadas

Art. 19 No caso de sociedade por quotas de responsabilidade limitada, o titular das quotas outorgará mandato ao Gestor do FND, com poderes para aliená-las nas condições aprovadas pelo CND, bem como para assinar os atos de alteração do contrato social.

§ 1º Na hipótese de que trata este artigo, o Gestor do FND fornecerá ao titular das quotas recibo do mandato, que conterá:

I – a denominação e o capital social realizado da sociedade;

II – o percentual da participação do titular das quotas, em relação ao capital social realizado da sociedade;

III – outros elementos determinados pelo CND.

§ 2º O mandato referido neste artigo não poderá ser exercido pelo Gestor do FND, nos seguintes casos:

I – em desacordo com as condições de alienação das quotas aprovadas pelo CND;

II – no caso de transformação da sociedade por quotas em companhia;

III – se for declarada insubsistente a inclusão da sociedade no PND.

Seção IV
Da Alienação de Ativos

Art. 20 No caso de o processo de desestatização abranger apenas a alienação de ativos incluídos no PND, caberá ao CND estabelecer a forma de procedimento e definir os atos que devam ser praticados pelos respectivos administradores.

Parágrafo único. O disposto no caput deste artigo aplica-se às hipóteses de alienação, arrendamento, locação, comodato, cessão de bens e instalações e de desativação parcial de empreendimentos de sociedade incluída no PND.

Seção V
Das Auditorias Externas

Art. 21 O FND será auditado por auditor externo independente, registrado na Comissão de Valores Mobiliários – CVM, que será contratado mediante licitação pública promovida pelo Gestor do FND.

Parágrafo único. O auditor externo do FND prestará, por escrito, os esclarecimentos sobre o seu parecer que forem solicitados pelo CND e, quando convocado, comparecerá às suas reuniões.

Art. 22 Os processos de desestatização serão auditados, a partir da publicação do respectivo edital, por auditor externo independente, registrado na CVM.

§ 1º Em cada processo de desestatização será feita licitação pública para a contratação de auditor externo independente.

§ 2º Ao auditor externo independente competirá verificar e atestar a lisura e a observância das regras estabelecidas no edital de alienação, prestar os demais serviços previstos no respectivo contrato e apresentar, ao final do processo, relatório que será submetido à apreciação do CND.

§ 3º O CND poderá, conforme o caso, determinar a contratação de auditor para o acompanhamento de outras fases do processo de desestatização, anteriores à publicação do edital.

Capítulo VII
Do Gestor do Fundo Nacional de Desestatização

Seção I
Da Designação

Art. 23 O FND será administrado pelo BNDES.

Seção II
Da Competência

Art. 24 Compete ao Gestor do FND:

I – fornecer apoio administrativo e operacional, necessário ao funcionamento do CND, aí se incluindo os serviços de secretaria;

II – divulgar os processos de desestatização, bem como prestar todas as informações que vierem a ser solicitadas pelos poderes competentes;

III – constituir grupos de trabalho, integrados por funcionários do BNDES e suas subsidiárias e por servidores da Administração direta e indireta requisitados nos termos do inciso IV do art. 11 deste Decreto, para o fim de prover apoio técnico à implementação das desestatizações;

IV – promover a contratação de consultoria, auditoria e outros serviços especializados necessários à execução das desestatizações;

V – submeter ao Presidente do CND as matérias de que trata o inciso II do art. 10 deste Decreto;

VI – promover a articulação com o sistema de distribuição de valores mobiliários e as Bolsas de Valores;

VII – selecionar e cadastrar empresas de reconhecida reputação e tradicional atuação na negociação de capital, transferência de controle acionário, venda e arrendamento de ativos;

VIII – preparar a documentação dos processos de desestatização, para apreciação do Tribunal de Contas da União;

IX – apresentar prestação de contas ao CND, no encerramento de cada processo de desestatização;

X – submeter ao Presidente do CND outras matérias de interesse do PND.

Parágrafo único. Na contratação dos serviços a que se refere o inciso IV deste artigo poderá o Gestor do FND estabelecer, alternativa ou cumulativamente, na composição da remuneração dos contratados, pagamento a preço fixo ou comissionado, sempre mediante licitação.

Seção III
Da Remuneração do Gestor e do Ressarcimento das Despesas

Art. 25 Pelo exercício da função de administrador, o Gestor do FND fará jus à remuneração de 0,2% (dois décimos por cento) do valor líquido apurado em cada alienação, para cobertura de seus custos operacionais.

§ 1º Para efeito de determinação da base de cálculo da remuneração de que trata este artigo, considera-se valor líquido o apurado nas alienações, deduzidos os gastos efetuados com terceiros, de acordo com os critérios estabelecidos pelo CND.

§ 2º A remuneração do Gestor do FND, será paga quando da liquidação financeira de cada alienação, observadas as normas aprovadas pelo CND.

Art. 26 Serão ressarcidos, pelo titular do RDA ou pelo titular das quotas do capital de sociedade incluída no PND, os gastos com serviços de terceiros, incorridos pelo Gestor do FND, ou por órgão da Administração direta ou indireta responsável pela execução e acompanhamento do processo de desestatização e relativos a:

I – publicação e publicidade do programa de desestatização da sociedade;

II – corretagem e preço de serviços de empresas de consultoria técnica, auditoria ou de outro ramo de atividade necessários à execução do projeto de desestatização da sociedade;

III – taxas, emolumentos e demais encargos ou despesas relativos ao processo de desestatização, inclusive outros custos especificados pelo CND.

§ 1º Os gastos de que trata o caput deste artigo, acrescidos de encargos, serão ressarcidos quando da liquidação financeira de cada alienação, observadas as normas aprovadas pelo CND.

§ 2º Nos casos em que a alienação não venha a ser concretizada, os gastos serão cobrados por ocasião da devolução das ações ao seu titular ou da decisão do CND que aprovar a alienação das mesmas, de acordo com os procedimentos simplificados definidos para as ações depositadas no FND, conforme o Decreto 1.068, de 2 de março de 1994.

Art. 27 Na hipótese de alienação de participações minoritárias, cujo valor seja de pequena monta, a juízo do Gestor do FND, poderão ser dispensados a cobrança de remuneração e o ressarcimento dos gastos de que tratam os arts. 25 e 26 deste Decreto.

Capítulo VIII
Do Processo de Desestatização

Seção I
Da Divulgação e dos Editais

Art. 28 Para salvaguarda do conhecimento público das condições em que se processará a alienação do controle acionário da empresa, inclusive instituição financeira, incluída no PND, assim como de sua situação econômica, financeira e operacional, será dada ampla divulgação das informações necessárias, mediante a publicação do edital, no Diário Oficial da União e em jornais de notória circulação nacional, do qual constarão, pelo menos, os seguintes elementos:

I – justificativa da desestatização, com indicação do percentual do capital social da sociedade a ser alienado;

II – a data e o ato que determinou a constituição da empresa originariamente estatal ou, se estatizada, data, ato e motivos que determinaram sua estatização;

III – o passivo de curto e longo prazo das sociedades;

IV – a situação econômico-financeira da sociedade, especificando lucros ou prejuízos, endividamento interno e externo, nos cinco últimos exercícios;

V – pagamento de dividendos à União ou a sociedades por essa controladas direta ou indiretamente, e aporte de recursos à conta capital, providos direta ou indiretamente pela União, nos últimos 15 (quinze) anos;

VI – sumário dos estudos de avaliação;

VII – critério de fixação do valor de alienação, com base nos estudos de avaliação;

VIII – modelagem de venda o valor mínimo da participação a ser alienada;

IX – indicação, se for o caso, de que será criada ação de classe especial e os poderes nela compreendidos.

§ 1º Excluídas as informações que digam respeito a matérias relacionadas, com segredo de indústria ou de comércio, o CND assegurará, a qualquer interessado, acesso aos estudos de avaliação econômica e patrimonial, após a publicação do respectivo edital das ações ou bens e a apreciação dos referidos estudos pelo Conselho.

§ 2º O disposto no parágrafo anterior não se aplica quando se tratar de alienação de participações minoritárias.

§ 3º Nos casos em que o processo de desestatização requerer a abertura de sala de informações contendo dados e documentos de interesse da empresa, poderá o CND determinar que apenas grupos qualificados tenham acesso à mesma.

§ 4º O CND fixará o prazo a ser observado entre a publicação do edital e a data de alienação, respeitado o intervalo mínimo de 15 (quinze) dias.

§ 5º Eventuais alterações deverão ser divulgadas no Diário Oficial da União e nos jornais em que o edital houver sido originalmente publicado, hipótese em que a alienação realizar-se-á, no mínimo, 15 (quinze) dias após a referida divulgação.

Art. 29 A alienação de participações minoritárias, através de negociação normal ou pregão especial em bolsa de valores, será divulgada pelos meios próprios do mercado de capitais com a publicação, conforme o caso, dos editais exigidos segundo regras fixadas pela CVM.

Seção II
Dos Procedimentos de Avaliação

Art. 30 A determinação do preço mínimo dos ativos incluídos no PND, para desestatização mediante as modalidades operacionais previstas no art. 7º deste Decreto, levará em consideração os estudos elaborados com base na análise detalhada das condições de mercado, da situação econômico-financeira e das perspectivas de rentabilidade da sociedade.

§ 1º Os estudos a que se refere o caput deste artigo deverão indicar o valor econômico da empresa bem como outros parâmetros que venham a ser julgados necessários à fixação do valor de alienação.

§ 2º O valor de liquidação da sociedade objeto de desestatização somente deverá ser calculado para os efeitos do § 1º deste artigo nos casos em que for adequado recomendar a liquidação da sociedade.

§ 3º Para os efeitos do disposto neste artigo, considera-se valor econômico da empresa aquele calculado a partir da projeção do seu fluxo de caixa operacional, ajustado pelos valores dos direitos e obrigações não vinculados às suas atividades operacionais, bem como pelos valores que reflitam contingências e outros efeitos.

§ 4º As ações de sociedade incluída no PND ofertadas a empregados e ao público em geral, mediante distribuição no mercado acionário, bem como em bloco de ações que forem a leilão, poderão ter preços e condições diferenciados daquelas objeto da alienação do controle acionário ou da oferta de bloco estratégico.

§ 5º Para os efeitos do disposto no parágrafo anterior, o CND deverá fixar o preço mínimo das demais ações a serem ofertadas, de forma a compensar a redução no valor das ações objeto das ofertas especiais.

§ 6º Nas ofertas ao público em geral, quando as ações objeto de alienação forem de espécies ou classes diferentes ou quando as mesmas já forem negociadas em bolsas de valores, poderá o CND fixar o preço mínimo por outros critérios, considerando as características dos valores mobiliários objeto de cada oferta.

§ 7º Poderá o CND recorrer a outros critérios para fixação do preço mínimo no caso das ações que remanescerem no FND por prazo superior a 12 (doze) meses contados da data da alienação do controle ou bloco estratégico das ações de emissão da empresa desestatizada.

§ 8º Na fixação do preço mínimo de alienação de participação societária em sociedade concessionária ou permissionária de serviços públicos ou de bens do seu ativo patrimonial, serão levados em conta os critérios de fixação e revisão tarifária e outras condições previstas nos atos de concessão ou permissão existentes ou que vierem a ser expedidos.

§ 9º A competência prevista nos §§ 5º, 6º e 7º deste artigo, no caso de instituições financeiras, é do CMN, por proposta do Banco Central do Brasil.

Art. 31 O preço mínimo será fixado com base em estudos de avaliação, elaborados por duas empresas contratadas mediante licitação pública promovida pelo Gestor do FND ou pelos órgãos responsáveis de que tratam o § 1º do art. 10 e o art. 13 deste Decreto.

§ 1º Havendo divergência quanto ao preço mínimo recomendado nas avaliações, superior a 20% (vinte por cento), será facultado ao CND determinar a contratação de terceiro avaliador, para se manifestar, em até 60 (sessenta) dias, sobre as avaliações, hipótese em que o respectivo estudo também servirá de base para a determinação do preço mínimo.

§ 2º Na hipótese de contratação de terceiro avaliador, o órgão contratante colocará à disposição do contratado toda a documentação referente aos estudos e serviços já elaborados.

§ 3º O CND poderá determinar a revisão dos estudos de avaliação, no caso de eventos relevantes ocorridos após a elaboração dos mesmos.

Art. 32 O preço mínimo de alienação, aprovado pelo CND, será submetido à homologação do órgão de deliberação competente da empresa titular das ações ou quotas incluídas no PND.

§ 1º A Resolução do CND que aprovar as condições gerais de desestatização será utilizada pelo representante do titular das ações ou bens como instrução de voto para deliberação do órgão competente a que alude o caput deste artigo.

§ 2º O disposto neste artigo não se aplica aos casos de alienação de ações, bens ou direitos quando diretamente detidos pela União.

Seção III
Dos Procedimentos Simplificados

Art. 33 O CND poderá estabelecer procedimentos simplificados para os processos de desestatização, inclusive para fixação do preço mínimo ou do preço de emissão das ações, conforme o caso, em hipóteses tais como:

- *Caput* com redação determinada pelo Decreto 7.380/2010.

I – desestatização de empresas de pequeno e médio porte;

II – desestatização de empresas com ações negociadas em bolsa de valores;

III – desestatização de participações minoritárias;

IV – alienação, arrendamento, locação, comodato ou cessão de bens e instalações;

V – desestatização de serviços públicos objeto de concessão, permissão ou autorização, cujo porte ou outras características especificas, a critério do CND, indiquem ser esse o procedimento adequado ao caso; e

- Inciso V com redação determinada pelo Decreto 7.380/2010.

VI – desestatização sob a modalidade operacional de aumento de capital com renúncia ou cessão, total ou parcial, de direitos de subscrição, prevista no inciso III do art. 7º deste Decreto.

- Inciso VI acrescentado pelo Decreto 7.380/2010.

Parágrafo único. Para os efeitos do disposto neste artigo, a definição de empresa de pequeno e médio porte será aquela adotada pelo BNDES.

Seção IV
Da Alienação de Ações

Art. 34 A alienação de ações das companhias a serem desestatizadas será efetuada mediante:

I – leilão público, em pregão especial ou através de envelopes fechados, ou através de uma combinação destas formas, em bolsa de valores do País;

II – distribuição de ações a preço fixo, no País ou no exterior, preferencialmente de modo a propiciar sua pulverização ao público, inclusive aos acionistas minoritários, aos empregados, aos fornecedores e aos consumidores;

III – outra forma de oferta pública admitida pela legislação do mercado de capitais.

§ 1º No caso de pulverização do bloco de ações de controle, o CND tomará as providências para que sejam instituídos mecanismos de preservação da estabilidade dos órgãos administrativos da sociedade.

§ 2º O CND poderá fixar, em cada processo de desestatização, o limite máximo de ações do capital da sociedade que poderá ser adquirido por participante ou grupo de participante no processo de desestatização.

Seção V
Da Alienação de Quotas

Art. 35 O disposto no artigo anterior aplica-se, no que couber, à desestatização de sociedade por quotas de responsabilidade limitada.

Seção VI
Da Dissolução, Liquidação e Extinção

Art. 36 A dissolução e a liquidação de sociedade incluída no PND observarão as disposições legais aplicáveis à matéria, e, no que couber, as disposições da Lei 8.029, de 12 de abril de 1990.

Parágrafo único. No caso de o CND deliberar sobre a dissolução de empresa incluída no PND, deverá comunicar tal decisão ao Ministério da Administração e Reforma do Estado, devendo este, nos 30 (trinta) dias seguintes ao recebimento da comunicação, tomar as medidas legais cabíveis para a nomeação do liquidante, fixando, inclusive, prazo para o término da liquidação.

Seção VII
Da Participação de Estrangeiros

Art. 37 A alienação de ações a pessoas físicas ou jurídicas estrangeiras poderá atingir 100% (cem por cento) do capital votante, salvo disposição legal ou manifestação expressa do Poder Executivo, que determine percentual inferior.

Seção VIII
Da Participação dos Empregados

Art. 38 Aos empregados de empresas controladas, direta ou indiretamente pela União, incluídas no PND, é assegurada a oferta de parte das ações representativas de seu capital, segundo os princípios estabelecidos neste Decreto e condições específicas a serem aprovadas pelo CND, inclusive quanto a:

I – disponibilidade posterior das ações;

II – quantidade a ser individualmente adquirida.

Parágrafo único. A oferta de que trata o *caput* deste artigo será de pelo menos 10% (dez por cento) das ações do capital social detidas direta ou indiretamente, pela União, podendo tal percentual mínimo ser revisto pelo CND, caso o mesmo seja incompatível com o modelo de desestatização aprovado.

Art. 39 A participação dos empregados na aquisição de ações far-se-á opcionalmente, por intermédio do clube de investimento de que trata o Decreto 2.430, de 17 de dezembro de 1997, constituído para representá-los legalmente, inclusive como substituto processual.

Art. 40 São nulos de pleno direito contratos ou negócios jurídicos de qualquer espécie onde o empregado figure como intermediário de terceiro na aquisição de ações com incentivo, em troca de vantagem pecuniária ou não.

§ 1º O clube de investimento tem legitimidade ativa para propor ação contra os envolvidos nessa operação fraudulenta, retendo os correspondentes títulos mobiliários, se estatutariamente disponíveis.

§ 2º O Ministério Público, em tomando conhecimento dessa ação judicial ou instado por representação, adotará as providências necessárias à determinação da responsabilidade criminal, bem como solicitará fiscalização por parte da Secretaria da Receita Federal, do Ministério do Trabalho e do Instituto Nacional do Seguro Social, sem prejuízo de inspeções por órgãos estaduais e municipais, no âmbito de suas competências, com vistas à identificação dos efeitos produzidos pela mesma operação.

Seção IX
Dos Meios de Pagamento

Art. 41 Os pagamentos para aquisição de bens e direitos no âmbito do PND serão realizados por meio de moeda corrente.

- Artigo com redação determinada pelo Decreto 8.945/2016.

Parágrafo único. O Presidente da República, por recomendação do CND, poderá autorizar outros meios de pagamento, no âmbito do PND.

Seção X
Da Utilização dos Recursos da Alienação

Art. 42 Os recursos recebidos em cada alienação deverão ser colocados à disposição do aliciante, pelo valor líquido, deduzidas a remuneração e os custos previstos nos arts. 25 e 26 deste Decreto, ou, quando for o caso, transferidos ao Tesouro Nacional, no prazo máximo de 30 (trinta) dias a contar da data do efetivo recebimento dos recursos pelo Gestor do FND, acrescidos do rendimento líquido de aplicação financeira efetuada de acordo com os critérios estabelecidos pelo CND.

Art. 43 Observados os privilégios legais, o titular dos recursos oriundos da venda de ações ou de bens deverá utilizá-los, prioritariamente, na quitação de suas dívidas vencidas e vincendas perante a União.

Parágrafo único. As condições e critérios para a quitação das dívidas de que trata o caput deste artigo serão estabelecidos pelo Ministério da Fazenda, em cada caso, considerando as características de cada dívida.

Art. 44 *(Revogado pelo Dec. 8.945/2016.)*

Capítulo IX
Disposições Gerais

Seção I
Da Responsabilidade dos Servidores e das Informações Sobre as Sociedades

Art. 45 Os servidores da Administração Pública Federal direta e autárquica responderão, nos termos da lei, por eventuais ações ou omissões que impeçam ou prejudiquem o curso dos processos de desestatização.

Art. 46 Os administradores das sociedades incluídas no PND são responsáveis pela exatidão e pelo fornecimento, em tempo hábil, das informações necessárias à instrução do processo de desestatização.

Seção II
Dos Atos Dependentes de Autorização do Conselho Nacional de Desestatização

Art. 47 A partir de sua inclusão no PND, a sociedade não poderá:

I – alienar elementos do seu ativo permanente ou adquirir bens que nele venham a ser registrados sem prévia autorização do CND, exceto os necessários à manutenção e operação da empresa;

II – contrair obrigações financeiras sem prévia autorização do CND, exceto aquelas necessárias à manutenção e operação da empresa.

Parágrafo único. A partir da fixação, pelo CND, do preço mínimo das ações ou bens objeto de alienação, a sociedade não poderá praticar atos que impliquem diminuição do seu patrimônio líquido, inclusive distribuição de dividendos e redução de capital mediante distribuição de reservas, sem prévia autorização do CND.

Seção III
Das Proibições

Art. 48 É vedado aos servidores que participem dos trabalhos do CND, aos servidores dos órgãos de que tratam os §§ 1º e 2º do art. 10 e o art. 13 deste Decreto, aos funcionários do Gestor do FND, e respectivos cônjuges e parentes até segundo grau, diretamente ou por intermédio de sociedade sob seu controle:

I – participar das licitações promovidas no âmbito do PND;

II – adquirir participações societárias ou elementos do ativo patrimonial de sociedades incluídas no PND.

§ 1º O disposto neste artigo aplica-se às modalidades operacionais de privatização mediante alienação, arrendamento, locação, comodato ou cessão de bens e instalações de sociedade incluída no PND.

§ 2º Não se aplica o disposto no inciso II deste artigo quando se tratar de aquisição de ações por subscrição ou outras formas de oferta pública.

Seção IV
Uso de Informações Privilegiadas

Art. 49 É vedado aos servidores que participem dos trabalhos do CND, bem como aos administradores das sociedades e funcionários do Gestor do FND, valer-se de informações sobre o processo de privatização, às quais tenham acesso privilegiado em razão do exercício de seu cargo, relativas a fato ou ato relevante não divulgado ao mercado.

Parágrafo único. Os participantes guardarão sigilo sobre as informações relativas a ato ou fato referente aos processos de privatização, até sua divulgação ao público, e não se utilizarão de informações às quais tenham acesso em razão do exercício do cargo, de modo a obter, para si ou para outrem, vantagem de qualquer natureza.

Seção V
Da Responsabilidade do Administrador e do Acionista

Art. 50 Os acionistas controladores e os administradores das empresas incluídas no PND adotarão, nos prazos estabelecidos, as providências que vierem a ser determinadas pelo CND, necessárias à implantação dos processos de alienação.

§ 1º Serão pessoalmente responsáveis, na forma da lei, pela realização do depósito e pela outorga do mandato previstos no art. 18 deste Decreto:

I – os administradores das empresas detentoras de ações de sociedades incluídas no PND e os dos seus acionistas controladores;

II – os administradores das entidades titulares de participação societária minoritária incluída no PND.

§ 2º Será considerada falta grave a ação ou omissão de empregados ou servidores públicos que, injustificadamente, opuserem dificuldades ao fornecimento, em tempo hábil, das informações sobre as mesmas, necessárias à execução dos processos de desestatização.

Seção VI
Da Questão Ambiental

Art. 51 Os adquirentes de ações representativas do controle acionário obrigar-se-ão, expressamente, a:

I – fazer com que a sociedade desestatizada realize os investimentos necessários e vinculados à recuperação ou preservação do meio ambiente;

II – liquidar as multas e demais penalidades cominadas à sociedade desestatizada, por infração à legislação do meio ambiente, consideradas na fixação do preço mínimo de alienação.

Parágrafo único. Caberá aos órgãos ambientais competentes exigir e acompanhar o cumprimento das obrigações previstas neste artigo.

Seção VII
Da Defesa da Concorrência

Art. 52 Os adquirentes de ações representativas do controle acionário da empresa desestatizada obrigar-se-ão a fazer com que a sociedade preste à Secretaria de Direito Econômico – SDE, após a liquidação financeira da operação de compra, as informações que possibilitem aferir a aplicabilidade do disposto na Lei 8.884, de 11 de junho de 1994.

Seção VIII
Da Questão Previdenciária

Art. 53 Os adquirentes de ações representativas do controle acionário comprometer-se-ão a fazer com que a sociedade desestatizada satisfaça, prontamente, as obrigações de natureza previdenciária.

Parágrafo único. Caberá aos órgãos previdenciários competentes exigir e acompanhar o cumprimento das obrigações previstas neste artigo.

Seção IX
Do Tratamento da Mão-de-obra

Art. 54 No caso de os adquirentes do controle acionário deliberarem pela dissolução e liquidação da sociedade desestatizada em prazo inferior a 1 (um) ano, contado a partir da liquidação financeira da aquisição, deverão oferecer aos empregados o treinamento necessário à sua absorção pelo mercado de trabalho.

§ 1º O treinamento previsto no caput deste artigo será oferecido, igualmente, aos empregados que forem demitidos, sem justa causa, nos 6 (seis) meses que se seguirem à liquidação financeira.

§ 2º Caberá ao Ministério do Trabalho fiscalizar o cumprimento do disposto neste artigo.

Seção X
Do Atendimento aos Objetivos da Desestatização

Art. 55 As empresas incluídas no PND que vierem a integrar o FND terão sua estratégia voltada para atender os objetivos da desestatização.

Seção XI
Da Assistência Jurídica

Art. 56 O Gestor do FND manterá assistência jurídica aos ex-membros da Comissão Diretora do PND, na hipótese de serem demandados em razão da prática de atos decorrentes do exercício das suas respectivas funções no referido órgão.

Capítulo X
Das Disposições Finais

Seção I
Da Representação da União

Art. 57 Compete à Procuradoria-Geral da Fazenda Nacional, de acordo com a legislação pertinente, representar a União nas assembléias gerais de sociedade de cujo capital o Tesouro Nacional participe, bem assim na outorga do mandato ao Gestor do FND e nos atos de transferência de ações ou cessão de direitos de subscrição.

Seção II
Da Não Incidência dos Efeitos

Art. 58 Ficam excluídas da vedação prevista pelo art. 1º e seu parágrafo único do Decreto 96.915, de 3 de outubro de 1988, todas as entidades da Administração Federal ou sob controle, direto ou indireto, da União, incluídas no PND, nos termos da Lei 9.491/97.

§ 1º O disposto neste artigo somente se aplica às dívidas vincendas das entidades nele referidas.

§ 2º O Banco Central do Brasil expedirá as normas necessárias à execução do disposto neste artigo.

Seção III
Da Vinculação das Empresas Incluídas no Programa Nacional de Desestatização

Art. 59 Sem prejuízo da vinculação técnica prevista no Decreto 1.361, de 1º de janeiro de 1995, as empresas incluídas no PND, bem como as empresas titulares de participações acionárias incluídas no referido Programa ficarão administrativamente subordinadas ao Ministério da Fazenda que, no âmbito de sua competência, tomará todas as medidas necessárias à efetivação dos processos de desestatização.

§ 1º A partir de sua inclusão no PND a sociedade não poderá praticar os seguintes atos, sem a autorização prévia do Ministro de Estado da Fazenda:

I – proceder à abertura de capital, aumentar o capital social por subscrição de novas ações, renunciar a direitos de subscrição, lançar debêntures conversíveis em ações ou emitir quaisquer outros valores mobiliários, no País ou no exterior;

II – promover operações de cisão, fusão ou incorporação;

III – firmar acordos de acionistas ou quaisquer compromissos de natureza secretária ou renunciar a direitos neles previstos;

IV – firmar ou repactuar contratos de financiamentos ou, de acordos comerciais, por prazo superior a 3 (três) meses, ou quaisquer outras transações que não correspondam a operações e giro normal dos negócios da empresa;

V – adquirir ou alienar ativos em montante igual ou superior a 5% (cinco por cento) do Patrimônio líquido da empresa.

§ 2º Aplicam-se, no que couber, as disposições deste artigo às participações acionárias, de caráter minoritário, depositadas no FND.

§ 3º O depositante de ações no PND, titular de participações minoritárias em companhia privada que, em decorrência de acordo de acionistas, seja integrante do respectivo grupo controlador deverá, quando se tratar de deliberação sobre as matérias mencionadas no § 1º deste artigo, submeter seu voto, nos órgãos societários daquelas companhias, à prévia anuência do Ministro de Estado da Fazenda.

Art. 60. Caberá ao Ministério do Planejamento e Orçamento coordenar, supervisionar e fiscalizar a execução do PND.

Art. 61. Este Decreto entra em vigor na data de sua publicação.

Art. 62. Revogam-se o Decreto 1.204, de 29 de julho de 1994, o Decreto 1.227, de 22 de agosto de 1994, o Decreto 2.077, de 21 de novembro de 1996, e o Decreto 2.274, de 15 de julho de 1997.

Brasília, 15 de maio de 1998; 177º da Independência e 110º da República.

Fernando Henrique Cardoso

(*DOU* 18.05.1998)

DECRETO 3.048, DE 6 DE MAIO DE 1999

Aprova o Regulamento da Previdência Social, e dá outras providências.

O Presidente da República, no uso da atribuição que lhe confere o art. 84, inciso IV, da Constituição Federal, e de acordo com a Emenda Constitucional 20, de 1998, as Leis Complementares 70, de 30 de dezembro de 1991, e 84, de 18 de janeiro de 1996, e as Leis 8.138, de 28 de dezembro de 1990, 8.212, de 24 de julho de 1991, 8.213, de 24 de julho de 1991, 8.218, de 29 de agosto de 1991, 8.383, de 30 de dezembro de 1991, 8.398, de 7 de janeiro de 1992, 8.436, de 25 de junho de 1992, 8.444, de 20 de julho de 1992, 8.540, de 22 de dezembro de 1992, 8.542, de 23 de dezembro de 1992, 8.619, de 5 de janeiro de 1993, 8.620, de 5 de janeiro de 1993, 8.630, de 25 de fevereiro de 1993, 8.647, de 13 de abril de 1993, 8.742, de 7 de dezembro de 1993, 8.745, de 9 de dezembro de 1993, 8.861, de 25 de março de 1994, 8.864, de 28 de março de 1994, 8.870, de 15 de abril de 1994, 8.880, de 27 de maio de 1994, 8.935, de 18 de novembro de 1994, 8.981, de 20 de janeiro de 1995, 9.032, de 28 de abril de 1995, 9.063, de 14 de junho de 1995, 9.065, de 20 de junho de 1995, 9.069, de 29 de junho de 1995, 9.129, de 20 de novembro de 1995, 9.249, de 26 de dezembro de 1995, 9.250, de 26 de dezembro de 1995, 9.317, de 5 de dezembro de 1996, 9.429, de 26 de dezembro de 1996, 9.476, de 23 de julho de 1997, 9.506, de 30 de outubro de 1997, 9.528, de 10 de dezembro de 1997, 9.601, de 21 de janeiro de 1998, 9.615, de 24 de março de 1998, 9.639, de 25 de maio de 1998, 9.649, de 27 de maio de 1998, 9.676, de 30 de junho de 1998, 9.703, de 17 de novembro de 1998, 9.711, de 21 de novembro de 1998, 9.717, de 27 de novembro de 1998, 9.718, de 27 de novembro de 1998, 9.719, de 27 de novembro de 1998, 9.720, de 30 de novembro de 1998, e 9.732, de 11 de dezembro de 1998, decreta:

Art. 1º O Regulamento da Previdência Social passa a vigorar na forma do texto apenso ao presente Decreto, com seus anexos.

Art. 2º Este Decreto entra em vigor na data de sua publicação.

Art. 3º Ficam revogados os Decretos 33.335, de 20 de julho de 1953, 36.911, de 15 de fevereiro de 1955, 65.106, de 5 de setembro de 1969, 69.382, de 19 de outubro de 1971, 72.771, de 6 de setembro de 1973, 73.617, de 12 de fevereiro de 1974, 73.833, de 13 de março de 1974, 74.661, de 7 de outubro de 1974, 75.478, de 14 de março de 1975, 75.706, de 8 de maio de 1975, 75.884, de 19 de junho de 1975, 76.326, de 23 de setembro de 1975, 77.210, de 20 de fevereiro de 1976, 79.037, de 24 de dezembro de 1976, 79.575, de 26 de abril de 1977, 79.789, de 7 de junho de 1977, 83.080, de 24 de janeiro de 1979, 83.081, de 24 de janeiro de 1979, 85.745, de 23 de fevereiro de 1981, 85.850, de 30 de março 1981, 86.512, de 29 de outubro de 1981, 87.374, de 8 de julho de 1982, 87.430, de 28 de julho de 1982, 88.353, de 6 de junho de 1983, 88.367, de 7 de junho de 1983, 88.443, de 29 de junho de 1983, 89.167, de 9 de dezembro de 1983, 89.312, de 23 de janeiro de 1984, 90.038, de 9 de agosto de 1984, 90.195, de 12 de setembro de 1984, 90.817, de 17 de janeiro de 1985, 91.406, de 5 de julho de 1985, 92.588, de 25 de abril de 1986, 92.700, de 21 de maio de 1986, 92.702, de 21 de maio de 1986, 92.769, de 10 de junho de 1986, 92.770, de 10 de junho de 1986, 92.976, de 22 de julho de 1986, 94.512, de 24 de junho de 1987, 96.543, de 22 de agosto de 1988, 96.595, de 25 de agosto de 1988, 98.376, de 7 de novembro de 1989, 99.301, de 15 de junho de 1990, 99.351, de 27 de junho 1990, 1.197, de 14 de julho de 1994, 1.514, de 5 de junho de 1995, 1.826, de 29 de fevereiro de 1996, 1.843, de 25 de março de 1996, 2.172, de 5 de março de 1997, 2.173, de 5 de março de 1997, 2.342, de 9 de outubro de 1997, 2.664, de 10 de julho de 1998, 2.782, de 14 de setembro de 1998, 2.803, de 20 de outubro de 1998, 2.924, de 5 de janeiro de 1999, e 3.039, de 28 de abril de 1999.

Brasília, 6 de maio de 1999; 178º da Independência e 111º da República.

Fernando Henrique Cardoso

(*DOU* 07.05.1999)

REGULAMENTO DA PREVIDÊNCIA SOCIAL

Livro I
DA FINALIDADE E DOS PRINCÍPIOS BÁSICOS

TÍTULO I
Da Seguridade Social

Art. 1º A seguridade social compreende um conjunto integrado de ações de iniciativa dos poderes públicos e da sociedade, destinado a assegurar o direito relativo à saúde, à previdência e à assistência social.

Parágrafo único. A seguridade social obedecerá aos seguintes princípios e diretrizes:

I – universalidade da cobertura e do atendimento;

II – uniformidade e equivalência dos benefícios e serviços às populações urbanas e rurais;

III – seletividade e distributividade na prestação dos benefícios e serviços;

IV – irredutibilidade do valor dos benefícios, de forma a preservar-lhe o poder aquisitivo;

V – equidade na forma de participação no custeio;

VI – diversidade da base de financiamento; e

VII – caráter democrático e descentralizado da administração, mediante gestão quadripartite, com participação dos trabalhadores, dos empregadores, dos aposentados e do governo nos órgãos colegiados.

TÍTULO II
Da Saúde

Art. 2º A saúde é direito de todos e dever do Estado, garantido mediante políticas sociais e econômicas que visem à redução do risco de doença e de outros agravos e ao acesso universal e igualitário às ações e serviços para sua promoção, proteção e recuperação.

Parágrafo único. As atividades de saúde são de relevância pública, e sua organização obedecerá aos seguintes princípios e diretrizes:

I – acesso universal e igualitário;

II – provimento das ações e serviços mediante rede regionalizada e hierarquizada, integrados em sistema único;

III – descentralização, com direção única em cada esfera de governo;

IV – atendimento integral, com prioridade para as atividades preventivas;

V – participação da comunidade na gestão, fiscalização e acompanhamento das ações e serviços de saúde; e

VI – participação da iniciativa privada na assistência à saúde, em obediência aos preceitos constitucionais.

TÍTULO III
Da Assistência Social

Art. 3º A assistência social é a política social que provê o atendimento das necessidades básicas, traduzidas em proteção à família, à maternidade, à infância, à adolescência, à velhice e à pessoa portadora de deficiência, independentemente de contribuição à seguridade social.

Parágrafo único. A organização da assistência social obedecerá às seguintes diretrizes:

I – descentralização político-administrativa; e

II – participação da população na formulação e controle das ações em todos os níveis.

TÍTULO IV
Da Previdência Social

Art. 4º A previdência social rege-se pelos seguintes princípios e objetivos:

I – universalidade de participação nos planos previdenciários;

II – uniformidade e equivalência dos benefícios e serviços às populações urbanas e rurais;

III – seletividade e distributividade na prestação dos benefícios;

IV – cálculo dos benefícios considerando-se os salários de contribuição corrigidos monetariamente;

V – irredutibilidade do valor dos benefícios, de forma a preservar-lhe o poder aquisitivo;

VI – valor da renda mensal dos benefícios substitutos do salário de contribuição ou do rendimento do trabalho do segurado não inferior ao do salário mínimo; e

VII – caráter democrático e descentralizado da administração, mediante gestão quadripartite, com participação dos trabalhadores, dos empregadores, dos aposentados e do governo nos órgãos colegiados.

Art. 5º A previdência social será organizada sob a forma de regime geral, de caráter contributivo e de filiação obrigatória, observados critérios que preservem o equilíbrio financeiro e atuarial, e atenderá a:

I – cobertura de eventos de doença, invalidez, morte e idade avançada;

II – proteção à maternidade, especialmente à gestante;

III – proteção ao trabalhador em situação de desemprego involuntário;

IV – salário-família e auxílio-reclusão para os dependentes dos segurados de baixa renda; e

V – pensão por morte do segurado, homem ou mulher, ao cônjuge ou companheiro e dependentes.

- V. Súmula 416, STJ.

Livro II
DOS BENEFÍCIOS DA PREVIDÊNCIA SOCIAL

TÍTULO I
Dos Regimes da Previdência Social

Art. 6º A previdência social compreende:

I – o Regime Geral de Previdência Social; e

II – os regimes próprios de previdência social dos servidores públicos e dos militares.

Parágrafo único. O Regime Geral de Previdência Social garante a cobertura de todas as situações expressas no art. 5º, exceto a de desemprego involuntário, observado o disposto no art. 199-A quanto ao direito à aposentadoria por tempo de contribuição.

- Parágrafo único com redação determinada pelo Dec. 6.042/2007.

Art. 7º A administração do Regime Geral de Previdência Social é atribuída ao Ministério da Previdência e Assistência Social, sendo exercida pelos órgãos e entidades a ele vinculados.

TÍTULO II
Do Regime Geral de Previdência Social

Capítulo I
Dos Beneficiários

Art. 8º São beneficiários do Regime Geral de Previdência Social as pessoas físicas classificadas como segurados e dependentes, nos termos das Seções I e II deste Capítulo.

Seção I
Dos segurados

Art. 9º São segurados obrigatórios da previdência social as seguintes pessoas físicas:

I – como empregado:

a) aquele que presta serviço de natureza urbana ou rural a empresa, em caráter não eventual, sob sua subordinação e mediante remuneração, inclusive como diretor empregado;

b) aquele que, contratado por empresa de trabalho temporário, por prazo não superior a 3 (três) meses, prorrogável, presta serviço para atender a necessidade transitória de substituição de pessoal regular e permanente ou a acréscimo extraordinário de serviço de outras empresas, na forma da legislação própria;

c) o brasileiro ou o estrangeiro domiciliado e contratado no Brasil para trabalhar como empregado no exterior, em sucursal ou agência de empresa constituída sob as leis brasileiras e que tenha sede e administração no País;

d) o brasileiro ou o estrangeiro domiciliado e contratado no Brasil para trabalhar como empregado em empresa domiciliada no exterior com maioria do capital votante pertencente a empresa constituída sob as leis brasileiras, que tenha sede e administração no País e cujo controle efetivo esteja em caráter permanente sob a titularidade direta ou indireta de pessoas físicas domiciliadas e residentes no País ou de entidade de direito público interno;

e) aquele que presta serviço no Brasil a missão diplomática ou a repartição consular de carreira estrangeira e a órgãos a elas subordinados, ou a membros dessas missões e repartições, excluídos o não brasileiro sem residência permanente no Brasil e o brasileiro amparado pela legislação previdenciária do país da respectiva missão diplomática ou repartição consular;

f) o brasileiro civil que trabalha para a União no exterior, em organismos oficiais internacionais dos quais o Brasil seja membro efetivo, ainda que lá domiciliado e contratado, salvo se amparado por regime próprio de previdência social;

g) o brasileiro civil que presta serviços à União no exterior, em repartições governamentais brasileiras, lá domiciliado e contratado, inclusive o auxiliar local de que tratam os arts. 56 e 57 da Lei 11.440, de 29 de dezembro de 2006, este desde que, em razão de proibição legal, não possa filiar-se ao sistema previdenciário local;

- Alínea *g* com redação determinada pelo Dec. 6.722/2008.

h) o bolsista e o estagiário que prestam serviços a empresa, em desacordo com a Lei 11.788, de 25 de setembro de 2008;

- Alínea *h* com redação determinada pelo Dec. 6.722/2008.

i) o servidor da União, Estado, Distrito Federal ou Município, incluídas suas autarquias e fundações, ocupante, exclusivamente, de cargo em comissão declarado em lei de livre nomeação e exoneração;

j) o servidor do Estado, Distrito Federal ou Município, bem como o das respectivas autarquias e fundações, ocupante de cargo efetivo, desde que, nessa qualidade, não esteja amparado por regime próprio de previdência social;

l) o servidor contratado pela União, Estado, Distrito Federal ou Município, bem como pelas respectivas autarquias e fundações, por tempo determinado, para atender a necessidade temporária de excepcional interesse público, nos termos do inciso IX do art. 37 da Constituição Federal;

m) o servidor da União, Estado, Distrito Federal ou Município, incluídas suas autarquias e fundações, ocupante de emprego público;

n) *(Revogada pelo Dec. 3.265/1999).*

o) o escrevente e o auxiliar contratados por titular de serviços notariais e de registro a partir de 21 de novembro de 1994, bem como aquele que optou pelo Regime Geral de Previdência Social, em conformidade com a Lei 8.935, de 18 de novembro de 1994; e

p) o exercente de mandato eletivo federal, estadual ou municipal, desde que não vinculado a regime próprio de previdência social;

- Alínea *p* com redação determinada pelo Dec. 5.545/2005.

q) o empregado de organismo oficial internacional ou estrangeiro em funcionamento no Brasil, salvo quando coberto por regime próprio de previdência social;

- Alínea *q* acrescentada pelo Dec. 3.265/1999.

r) o trabalhador rural contratado por produtor rural pessoa física, na forma do art. 14-A da Lei 5.889, de 8 de junho de 1973, para o exercício de atividades de natureza temporária por prazo não superior a 2 (dois) meses dentro do período de 1 (um) ano;

- Alínea *r* acrescentada pelo Dec. 6.722/2008.

II – como empregado doméstico – aquele que presta serviço de natureza contínua, mediante remuneração, a pessoa ou família, no âmbito residencial desta, em atividade sem fins lucrativos;

III – *(Revogado pelo Dec. 3.265/1999).*

IV – *(Revogado pelo Dec. 3.265/1999).*

V – como contribuinte individual:

- *Caput* do inciso V com redação determinada pelo Dec. 3.265/1999.

a) a pessoa física, proprietária ou não, que explora atividade agropecuária, a qualquer título, em caráter permanente ou temporário, em área, contínua ou descontínua, superior a quatro módulos fiscais; ou, quando em área igual ou inferior a quatro módulos fiscais ou atividade pesqueira ou extrativista, com auxílio de empregados ou por intermédio de prepostos; ou ainda nas hipóteses dos §§ 8º e 23 deste artigo;

- Alínea *a* com redação determinada pelo Dec. 6.722/2008.

b) a pessoa física, proprietária ou não, que explora atividade de extração mineral – garimpo –, em caráter permanente ou temporário, diretamente ou por intermédio de prepostos, com ou sem o auxílio de empregados, utilizados a qualquer título, ainda que de forma não contínua;

- Alínea *b* com redação determinada pelo Dec. 3.265/1999.

c) o ministro de confissão religiosa e o membro de instituto de vida consagrada, de congregação ou de ordem religiosa;

- Alínea *c* com redação determinada pelo Dec. 4.079/2002.

d) o brasileiro civil que trabalha no exterior para organismo oficial internacional do qual o Brasil é membro efetivo, ainda que lá domiciliado e contratado, salvo quando coberto por regime próprio de previdência social;

- Alínea *d* com redação determinada pelo Dec. 3.265/1999.

e) o titular de firma individual urbana ou rural;

- Alínea *e* com redação determinada pelo Dec. 3.265/1999.

f) o diretor não empregado e o membro de conselho de administração na sociedade anônima;

- Alínea *f* com redação determinada pelo Dec. 3.265/1999.

g) todos os sócios, nas sociedades em nome coletivo e de capital e indústria;

- Alínea *g acrescentada* pelo Dec. 3.265/1999.

h) o sócio-gerente e o sócio-cotista que recebam remuneração decorrente de seu trabalho e o administrador não empregado na sociedade por cotas de responsabilidade limitada, urbana ou rural;

- Alínea *h* com redação determinada pelo Dec. 4.729/2003.

i) o associado eleito para cargo de direção em cooperativa, associação ou entidade de qualquer natureza ou finalidade, bem como o síndico ou administrador eleito para exercer atividade de direção condominial, desde que recebam remuneração;

Alínea *i acrescentada* pelo Dec. 3.265/1999.

j) quem presta serviço de natureza urbana ou rural, em caráter eventual, a uma ou mais empresas, sem relação de emprego;

Alínea *j acrescentada* pelo Dec. 3.265/1999.

l) a pessoa física que exerce, por conta própria, atividade econômica de natureza urbana, com fins lucrativos ou não;

Alínea *l acrescentada* pelo Dec. 3.265/1999.

m) o aposentado de qualquer regime previdenciário nomeado magistrado classista temporário da Justiça do Trabalho, na forma dos incisos II do § 1º do art. 111 ou III do art. 115 ou do parágrafo único do art. 116 da Constituição Federal, ou nomeado magistrado da Justiça Eleitoral, na forma dos incisos II do art. 119 ou III do § 1º do art. 120 da Constituição Federal;

- Alínea *m acrescentada* pelo Dec. 3.265/1999.
- A EC 24/1999 substituiu as Juntas de Conciliação e Julgamento por Varas do Trabalho (juiz singular) e extinguiu a representação classista na Justiça do Trabalho.

n) o cooperado de cooperativa de produção que, nesta condição, presta serviço à sociedade cooperativa mediante remuneração ajustada ao trabalho executado; e

- Alínea *n* acrescentada pelo Dec. 4.032/2001.

o) *(Revogada pelo Dec. 7.054/2009).*

p) o Micro Empreendedor Individual – MEI de que tratam os arts. 18-A e 18-C da Lei Complementar 123, de 14 de dezembro de 2006, que opte pelo recolhimento dos impostos e contribuições abrangidos pelo Simples Nacional em valores fixos mensais;

- Alínea *p* acrescentada pelo Dec. 6.722/2008.

VI – como trabalhador avulso – aquele que, sindicalizado ou não, presta serviço de natureza urbana ou rural, a diversas empresas, sem vínculo empregatício, com a intermediação obrigatória do órgão gestor de mão de obra, nos termos da Lei 8.630, de 25 de fevereiro de 1993, ou do sindicato da categoria, assim considerados:

a) o trabalhador que exerce atividade portuária de capatazia, estiva, conferência e conserto de carga, vigilância de embarcação e bloco;

b) o trabalhador de estiva de mercadorias de qualquer natureza, inclusive carvão e minério;

c) o trabalhador em alvarenga (embarcação para carga e descarga de navios);

d) o amarrador de embarcação;

e) o ensacador de café, cacau, sal e similares;

f) o trabalhador na indústria de extração de sal;

g) o carregador de bagagem em porto;

h) o prático de barra em porto;

I) o guindasteiro; e

j) o classificador, o movimentador e o empacotador de mercadorias em portos; e

VII – como segurado especial: a pessoa física residente no imóvel rural ou em aglomerado urbano ou rural próximo que, individualmente ou em regime de economia familiar, ainda que com o auxílio eventual de terceiros, na condição de:

- *Caput* do inciso VII com redação determinada pelo Dec. 6.722/2008.

a) produtor, seja ele proprietário, usufrutuário, possuidor, assentado, parceiro ou meeiro outorgados, comodatário ou arrendatário rurais, que explore atividade:

- Alínea *a* acrescentada pelo Dec. 6.722/2008.

1. agropecuária em área contínua ou não de até quatro módulos fiscais; ou
2. de seringueiro ou extrativista vegetal na coleta e extração, de modo sustentável, de recursos naturais renováveis, e faça dessas atividades o principal meio de vida;

b) pescador artesanal ou a este assemelhado, que faça da pesca profissão habitual ou principal meio de vida; e

- Alínea *b* acrescentada pelo Dec. 6.722/2008.

c) cônjuge ou companheiro, bem como filho maior de dezesseis anos de idade ou a este equiparado, do segurado de que tratam as alíneas *a* e *b* deste inciso, que, comprovadamente, tenham participação ativa nas atividades rurais ou pesqueiras artesanais, respectivamente, do grupo familiar.

- Alínea *c* com redação determinada pelo Dec. 8.499/2015.

§ 1º O aposentado pelo Regime Geral de Previdência Social que voltar a exercer atividade abrangida por este regime é segurado obrigatório em relação a essa atividade, ficando sujeito às contribuições de que trata este Regulamento.

§ 2º Considera-se diretor empregado aquele que, participando ou não do risco econômico do empreendimento, seja contratado ou promovido para cargo de direção das sociedades anônimas, mantendo as características inerentes à relação de emprego.

§ 3º Considera-se diretor não empregado aquele que, participando ou não do risco econômico do empreendimento, seja eleito, por assembleia geral dos acionistas, para cargo de direção das sociedades anônimas, não mantendo as características inerentes à relação de emprego.

§ 4º Entende-se por serviço prestado em caráter não eventual aquele relacionado direta ou indiretamente com as atividades normais da empresa.

§ 5º Entende-se como regime de economia familiar a atividade em que o trabalho dos membros da família é indispensável à própria subsistência e ao desenvolvimento socioeconômico do núcleo familiar e é exercido em condições de mútua dependência e colaboração, sem a utilização de empregados permanentes.

- § 5º com redação determinada pelo Dec. 6.722/2008.

§ 6º Entende-se como auxílio eventual de terceiros o que é exercido ocasionalmente, em condições de mútua colaboração, não existindo subordinação nem remuneração.

§ 7º Para efeito do disposto na alínea *a* do inciso VI do *caput*, entende-se por:

I – capatazia – a atividade de movimentação de mercadorias nas instalações de uso público, compreendendo o recebimento, conferência, transporte interno, abertura de volumes para conferência aduaneira, manipulação, arrumação e entrega, bem como o carregamento e descarga de embarcações, quando efetuados por aparelhamento portuário;

II – estiva – a atividade de movimentação de mercadorias nos conveses ou nos porões das embarcações principais ou auxiliares, incluindo transbordo, arrumação, peação e despeação, bem como o carregamento e a descarga das mesmas, quando realizados com equipamentos de bordo;

III – conferência de carga – a contagem de volumes, anotação de suas características, procedência ou destino, verificação do estado das mercadorias, assistência à pesagem, conferência do manifesto e demais serviços correlatos, nas operações de carregamento e descarga de embarcações;

IV – conserto de carga – o reparo e a restauração das embalagens de mercadoria, nas operações de carregamento e descarga de embarcações, reembalagem, marcação, remarcação, carimbagem, etiquetagem, abertura de volumes para vistoria e posterior recomposição;

V – vigilância de embarcações – a atividade de fiscalização da entrada e saída de pessoas a bordo das embarcações atracadas ou fundeadas ao largo, bem como da movimentação de mercadorias nos portalós, rampas, porões, conveses, plataformas e em outros locais da embarcação; e

VI – bloco – a atividade de limpeza e conservação de embarcações mercantes e de seus tanques, incluindo batimento de ferrugem, pintura, reparo de pequena monta e serviços correlatos.

§ 8º Não é segurado especial o membro de grupo familiar que possuir outra fonte de rendimento, exceto se decorrente de:

- § 8º com redação determinada pelo Dec. 6.722/2008.

I – benefício de pensão por morte, auxílio-acidente ou auxílio-reclusão, cujo valor não supere o do menor benefício de prestação continuada da previdência social;

II – benefício previdenciário pela participação em plano de previdência complementar instituído nos termos do inciso III do § 18 deste artigo;

III – exercício de atividade remunerada em período de entressafra ou do defeso, não superior a 120 (cento e vinte) dias, corridos ou intercalados, no ano civil, observado o disposto no § 22 deste artigo;

IV – exercício de mandato eletivo de dirigente sindical de organização da categoria de trabalhadores rurais;

V – exercício de mandato de vereador do município onde desenvolve a atividade rural, ou de dirigente de cooperativa rural constituída exclusivamente por segurados especiais, observado o disposto no § 22 deste artigo;

VI – parceria ou meação outorgada na forma e condições estabelecidas no inciso I do § 18 deste artigo;

VII – atividade artesanal desenvolvida com matéria-prima produzida pelo respectivo grupo familiar, podendo ser utilizada matéria-prima de outra origem, desde que, nesse caso, a renda mensal obtida na atividade não exceda ao menor benefício de prestação continuada da previdência social; e

VIII – atividade artística, desde que em valor mensal inferior ao menor benefício de prestação continuada da previdência social.

§ 9º Para os fins previstos nas alíneas *a* e *b* do inciso V do *caput*, entende-se que a pessoa física, proprietária ou não, explora atividade através de prepostos quando, na condição de parceiro outorgante, desenvolve atividade agropecuária, pesqueira ou de extração de minerais por intermédio de parceiros ou meeiros.

§ 10. O dirigente sindical mantém, durante o exercício do mandato, o mesmo enquadramento no Regime Geral de Previdência Social de antes da investidura no cargo.

§ 11. O magistrado da Justiça Eleitoral, nomeado na forma do inciso II do art. 119 ou III do § 1º do art. 120 da Constituição Federal, mantém o mesmo enquadramento no Regime Geral de Previdência Social de antes da investidura no cargo.

- § 11 com redação determinada pelo Dec. 4.729/2003.

§ 12. O exercício de atividade remunerada sujeita a filiação obrigatória ao Regime Geral de Previdência Social.

§ 13. Aquele que exerce, concomitantemente, mais de uma atividade remunerada sujeita ao Regime Geral de Previdência Social – RGPS é obrigatoriamente filiado em relação a cada uma dessas atividades, observada, para os segurados inscritos até 29 de novembro de 1999 e sujeitos a salário-base, a tabela de transitoriedade de que trata o § 2º do art. 278-A e, para os segurados inscritos a partir daquela data, o disposto no inciso III do *caput* do art. 214.

- § 13 com redação determinada pelo Dec. 3.452/2000.

§ 14. Considera-se pescador artesanal aquele que, individualmente ou em regime de economia familiar, faz da pesca sua profissão habitual ou meio principal de vida, desde que:

- *Caput* do § 14 com redação determinada pelo Dec. 3.668/2000.

I – não utilize embarcação; ou

- Inciso I com redação determinada pelo Dec. 8.424/2015.

II – utilize embarcação de pequeno porte, nos termos da Lei 11.959, de 29 de junho de 2009;

- Inciso II com redação determinada pelo Dec. 8.424/2015.

III – *(Revogado pelo Dec. 8.424/2015).*

§ 14-A. Considera-se assemelhado ao pescador artesanal aquele que realiza atividade de apoio à pesca artesanal, exercendo trabalhos de confecção e de reparos de artes e petrechos de pesca e de reparos em embarcações de pequeno porte ou atuando no processamento do produto da pesca artesanal.

- § 14-A acrescentado pelo Dec. 8.499/2015.

§ 15. Enquadram-se nas situações previstas nas alíneas *j* e *l* do inciso V do *caput*, entre outros:

- *Caput* do § 15 com redação determinada pelo Dec. 3.265/1999.

I – o condutor autônomo de veículo rodoviário, assim considerado aquele que exerce atividade profissional sem vínculo empregatício, quando proprietário, coproprietário ou promitente comprador de um só veículo;

II – aquele que exerce atividade de auxiliar de condutor autônomo de veículo rodoviário, em automóvel cedido em regime de colaboração, nos termos da Lei 6.094, de 30 de agosto de 1974;

III – aquele que, pessoalmente, por conta própria e a seu risco, exerce pequena atividade comercial em via pública ou de porta em porta, como comerciante ambulante, nos termos da Lei 6.586, de 6 de novembro de 1978;

IV – o trabalhador associado a cooperativa que, nessa qualidade, presta serviços a terceiros;

V – o membro de conselho fiscal de sociedade por ações;

VI – aquele que presta serviço de natureza não contínua, por conta própria, a pessoa ou família, no âmbito residencial desta, sem fins lucrativos;

VII – o notário ou tabelião e o oficial de registros ou registrador, titular de cartório, que detêm a delegação do exercício da atividade notarial e de registro, não remunerados pelos cofres públicos, admitidos a partir de 21 de novembro de 1994;

VIII – aquele que, na condição de pequeno feirante, compra para revenda produtos hortifrutigranjeiros ou assemelhados;

IX – a pessoa física que edifica obra de construção civil;

X – o médico residente de que trata a Lei 6.932, de 7 de julho de 1981;

- Inciso X com redação determinada pelo Dec. 4.729/2003.

XI – o pescador que trabalha em regime de parceria, meação ou arrendamento, em embarcação de médio ou grande porte, nos termos da Lei 11.959, de 2009;

- Inciso XI com redação determinada pelo Dec. 8.424/2015.

XII – o incorporador de que trata o art. 29 da Lei 4.591, de 16 de dezembro de 1964;

XIII – o bolsista da Fundação Habitacional do Exército contratado em conformidade com a Lei 6.855, de 18 de novembro de 1980; e

- Inciso XIII acrescentado pelo Dec. 3.265/1999.

XIV – o árbitro e seus auxiliares que atuam em conformidade com a Lei 9.615, de 24 de março de 1998;

- Inciso XIV acrescentado pelo Dec. 3.265/1999.

XV – o membro de conselho tutelar de que trata o art. 132 da Lei 8.069, de 13 de julho de 1990, quando remunerado;

- Inciso XV acrescentado pelo Dec. 4.032/2001.

XVI – o interventor, o liquidante, o administrador especial e o diretor fiscal de instituição financeira de que trata o § 6º do art. 201.

- Inciso XVI acrescentado pelo Dec. 4.032/2001.

§ 16. Aplica-se o disposto na alínea *i* do inciso I do *caput* ao ocupante de cargo de Ministro de Estado, de Secretário Estadual, Distrital ou Municipal, sem vínculo efetivo com a União, Estados, Distrito Federal e Municípios, suas autarquias, ainda que em regime especial, e fundações.

- § 16 acrescentado pelo Dec. 3.265/1999.

§ 17. *(Revogado pelo Dec. 8.424/2015).*

§ 18. Não descaracteriza a condição de segurado especial:

- § 18 com redação determinada pelo Dec. 6.722/2008.

I – a outorga, por meio de contrato escrito de parceria, meação ou comodato, de até 50% (cinquenta por cento) de imóvel rural cuja área total, contínua ou descontínua, não seja superior a quatro módulos fiscais, desde que outorgante e outorgado continuem a exercer a respectiva atividade, individualmente ou em regime de economia familiar;

II – a exploração da atividade turística da propriedade rural, inclusive com hospedagem, por não mais de 120 (cento e vinte) dias ao ano;

III – a participação em plano de previdência complementar instituído por entidade classista a que seja associado, em razão da condição de trabalhador rural ou de produtor rural em regime de economia familiar;

IV – a participação como beneficiário ou integrante de grupo familiar que tem algum componente que seja beneficiário de programa assistencial oficial de governo;

V – a utilização pelo próprio grupo familiar de processo de beneficiamento ou industrialização artesanal, na exploração da atividade, de acordo com o disposto no § 25; e

VI – a associação a cooperativa agropecuária.

§ 19. Os segurados de que trata o art. 199-A terão identificação específica nos registros da Previdência Social.

- § 19 acrescentado pelo Dec. 6.042/2007.

§ 20. Para os fins deste artigo, considera-se que o segurado especial reside em aglomerado urbano ou rural próximo ao imóvel rural onde desenvolve a atividade quando resida no mesmo município de situação do imóvel onde desenvolve a atividade rural, ou em município contíguo ao em que desenvolve a atividade rural.

- § 20 acrescentado pelo Dec. 6.722/2008.

§ 21. O grupo familiar poderá utilizar-se de empregado, inclusive daquele referido na alínea *r* do inciso I do *caput* deste artigo, ou de trabalhador de que trata a alínea *j* do inciso V, em épocas de safra, à razão de no máximo 120 pessoas/dia dentro do ano civil, em períodos corridos ou intercalados ou, ainda, por tempo equivalente em horas de trabalho, à razão de 8 horas/dia e 44 horas/semana.

- § 21 acrescentado pelo Dec. 6.722/2008.

§ 22. O disposto nos incisos III e V do § 8º deste artigo não dispensa o recolhimento da contribuição devida em relação ao exercício das atividades de que tratam os referidos incisos.

- § 22 acrescentado pelo Dec. 6.722/2008.

§ 23. O segurado especial fica excluído dessa categoria:

- § 23 acrescentado pelo Dec. 6.722/2008.

I – a contar do primeiro dia do mês em que:

a) deixar de satisfazer as condições estabelecidas no inciso VII do *caput* deste artigo, sem prejuízo do disposto no art. 13, ou exceder qualquer dos limites estabelecidos no inciso I do § 18 deste artigo;

b) se enquadrar em qualquer outra categoria de segurado obrigatório do Regime Geral de Previdência Social, ressalvado o disposto nos incisos III, V, VII e VIII do § 8º deste artigo, sem prejuízo do disposto no art. 13; e

c) se tornar segurado obrigatório de outro regime previdenciário;

II – a contar do primeiro dia do mês subsequente ao da ocorrência, quando o grupo familiar a que pertence exceder o limite de:

a) utilização de trabalhadores nos termos do § 21 deste artigo;

b) dias em atividade remunerada estabelecidos no inciso III do § 8º deste artigo; e

c) dias de hospedagem a que se refere o inciso II do § 18 deste artigo.

§ 24. Aplica-se o disposto na alínea *a* do inciso V do *caput* deste artigo ao cônjuge ou companheiro do produtor que participe da atividade rural por este explorada.

- § 24 acrescentado pelo Dec. 6.722/2008.

§ 25. Considera-se processo de beneficiamento ou industrialização artesanal aquele realizado diretamente pelo próprio produtor rural pessoa física, observado o disposto no § 5º do art. 200, desde que não esteja sujeito à incidência do Imposto Sobre Produtos Industrializados – IPI.

- § 25 acrescentado pelo Dec. 6.722/2008.

§ 26. É considerado MEI o empresário individual a que se refere o art. 966 da Lei 10.406, de 10 de janeiro de 2002 – Código Civil, que tenha auferido receita bruta, no ano-calendário anterior, de até R$ 36.000,00 (trinta e seis mil reais), optante pelo Simples Nacional e que não esteja impedido de optar pela sistemática de recolhimento mencionada na alínea *p* do inciso V do *caput*.

- § 26 acrescentado pelo Dec. 6.722/2008.

Art. 10. O servidor civil ocupante de cargo efetivo ou o militar da União, Estado, Distrito Federal ou Município, bem como o das respectivas autarquias e fundações, são excluídos do Regime Geral de Previdência Social consubstanciado neste Regulamento, desde que amparados por regime próprio de previdência social.

- *Caput* com redação determinada pelo Dec. 3.265/1999.

§ 1º Caso o servidor ou o militar, amparados por regime próprio de previdência social, sejam requisitados para outro órgão ou entidade cujo regime previdenciário não permita a filiação nessa condição, permanecerão vinculados ao regime de origem, obedecidas às regras que cada ente estabeleça acerca de sua contribuição.

- § 1º com redação determinada pelo Dec. 3.265/1999.

§ 2º Caso o servidor ou o militar venham a exercer, concomitantemente, uma ou mais atividades abrangidas pelo Regime Geral de Previdência Social, tornar-se-ão segurados obrigatórios em relação a essas atividades.

- § 2º com redação determinada pelo Dec. 3.265/1999.

§ 3º Entende-se por regime próprio de previdência social o que assegura pelo menos as aposentadorias e pensão por morte previstas no art. 40 da Constituição Federal.

- § 3º com redação determinada pelo Dec. 3.452/2000.

Art. 11. É segurado facultativo o maior de 16 anos de idade que se filiar ao Regime Geral de Previdência Social, mediante contribuição, na forma do art. 199, desde que não esteja exercendo atividade remunerada que o enquadre como segurado obrigatório da previdência social.

§ 1º Podem filiar-se facultativamente, entre outros:

I – a dona de casa;

II – o síndico de condomínio, quando não remunerado;

III – o estudante;

IV – o brasileiro que acompanha cônjuge que presta serviço no exterior;

V – aquele que deixou de ser segurado obrigatório da previdência social;

VI – o membro de conselho tutelar de que trata o art. 132 da Lei 8.069, de 13 de julho de 1990, quando não esteja vinculado a qualquer regime de previdência social;

VII – o bolsista e o estagiário que prestam serviços a empresa de acordo com a Lei 6.494, de 1977;

VIII – o bolsista que se dedique em tempo integral a pesquisa, curso de especialização, pós-graduação, mestrado ou doutorado, no Brasil ou no exterior, desde que não esteja vinculado a qualquer regime de previdência social;

IX – o presidiário que não exerce atividade remunerada nem esteja vinculado a qualquer regime de previdência social;

- Inciso IX com redação determinada pelo Dec. 7.054/2009.

X – o brasileiro residente ou domiciliado no exterior, salvo se filiado a regime previdenciário de país com o qual o Brasil mantenha acordo internacional; e

- Inciso X com redação determinada pelo Dec. 7.054/2009.

XI – o segurado recolhido à prisão sob regime fechado ou semiaberto, que, nesta condição, preste serviço, dentro ou fora da unidade penal, a uma ou mais empresas, com ou sem intermediação da organização carcerária ou entidade afim, ou que exerce atividade artesanal por conta própria.

- Inciso XI acrescentado pelo Dec. 7.054/2009.

§ 2º É vedada a filiação ao Regime Geral de Previdência Social, na qualidade de segurado facultativo, de pessoa participante de regime próprio de previdência social, salvo na hipótese de afastamento sem vencimento e desde que não permitida, nesta condição, contribuição ao respectivo regime próprio.

§ 3º A filiação na qualidade de segurado facultativo representa ato volitivo, gerando efeito somente a partir da inscrição e do primeiro recolhimento, não podendo retroagir e não permitindo o pagamento de contribuições relativas a competências anteriores à data da inscrição, ressalvado o § 3º do art. 28.

§ 4º Após a inscrição, o segurado facultativo somente poderá recolher contribuições em atraso quando não tiver ocorrido perda da qualidade de segurado, conforme o disposto no inciso VI do art. 13.

Art. 12. Consideram-se:

I – empresa – a firma individual ou a sociedade que assume o risco de atividade econômica urbana ou rural, com fins lucrativos ou não, bem como os órgãos e as entidades da administração pública direta, indireta e fundacional; e

II – empregador doméstico – aquele que admite a seu serviço, mediante remuneração, sem finalidade lucrativa, empregado doméstico.

Parágrafo único. Equiparam-se a empresa, para os efeitos deste Regulamento:

- *Caput* do parágrafo único com redação determinada pelo Dec. 3.265/1999.

I – o contribuinte individual, em relação a segurado que lhe presta serviço;

- Inciso I com redação determinada pelo Dec. 3.265/1999.

II – a cooperativa, a associação ou a entidade de qualquer natureza ou finalidade, inclusive a missão diplomática e a repartição consular de carreiras estrangeiras;

III – o operador portuário e o órgão gestor de mão de obra de que trata a Lei 8.630, de 1993; e

IV – o proprietário ou dono de obra de construção civil, quando pessoa física, em relação a segurado que lhe presta serviço.

Subseção Única

Da manutenção e da perda da qualidade de segurado

Art. 13. Mantém a qualidade de segurado, independentemente de contribuições:

I – sem limite de prazo, quem está em gozo de benefício;

II – até 12 (doze) meses após a cessação de benefício por incapacidade ou após a cessação das contribuições, o segurado que deixar de exercer atividade remunerada abrangida pela previdência social ou estiver suspenso ou licenciado sem remuneração;

III – até 12 (doze) meses após cessar a segregação, o segurado acometido de doença de segregação compulsória;

IV – até 12 (doze) meses após o livramento, o segurado detido ou recluso;

V – até 3 (três) meses após o licenciamento, o segurado incorporado às Forças Armadas para prestar serviço militar; e

VI – até 6 (seis) meses após a cessação das contribuições, o segurado facultativo.

§ 1º O prazo do inciso II será prorrogado para até 24 (vinte e quatro) meses, se o segurado já tiver pago mais de 120 (cento e vinte) contribuições mensais sem interrupção que acarrete a perda da qualidade de segurado.

§ 2º O prazo do inciso II ou do § 1º será acrescido de 12 (doze) meses para o segurado desempregado, desde que comprovada essa situação por registro no órgão próprio do Ministério do Trabalho e Emprego.

§ 3º Durante os prazos deste artigo, o segurado conserva todos os seus direitos perante a previdência social.

§ 4º Aplica-se o disposto no inciso II do *caput* e no § 1º ao segurado que se desvincular de regime próprio de previdência social.

- § 4º acrescentado pelo Dec. 3.265/1999.

§ 5º A perda da qualidade de segurado não será considerada para a concessão das aposentadorias por tempo de contribuição e especial.

- § 5º acrescentado pelo Dec. 4.729/2003.

§ 6º Aplica-se o disposto no § 5º à aposentadoria por idade, desde que o segurado conte com, no mínimo, o número de contribuições mensais exigido para efeito de carência na data do requerimento do benefício.

- § 6º acrescentado pelo Dec. 4.729/2003.

Art. 14. O reconhecimento da perda da qualidade de segurado no termo final dos prazos fixados no art. 13 ocorrerá no dia seguinte ao do vencimento da contribuição do contribuinte individual relativa ao mês imediatamente posterior ao término daqueles prazos.

- Artigo com redação determinada pelo Dec. 4.032/2001.

Art. 15. *(Revogado pelo Dec. 4.032/2001).*

Seção II

Dos dependentes

Art. 16. São beneficiários do Regime Geral de Previdência Social, na condição de dependentes do segurado:

I – o cônjuge, a companheira, o companheiro e o filho não emancipado de qualquer condição, menor de 21 anos ou inválido;

II – os pais; ou

III – o irmão não emancipado, de qualquer condição, menor de 21 anos ou inválido.

§ 1º Os dependentes de uma mesma classe concorrem em igualdade de condições.

§ 2º A existência de dependente de qualquer das classes deste artigo exclui do direito às prestações os das classes seguintes.

§ 3º Equiparam-se aos filhos, nas condições do inciso I, mediante declaração escrita do segurado, comprovada a dependência econômica na forma estabelecida no § 3º do art. 22, o enteado e o menor que esteja sob sua tutela e desde que não possua bens suficientes para o próprio sustento e educação.

- § 3º com redação determinada pelo Dec. 4.032/2001.

§ 4º O menor sob tutela somente poderá ser equiparado aos filhos do segurado mediante apresentação de termo de tutela.

§ 5º Considera-se companheira ou companheiro a pessoa que mantenha união estável com o segurado ou segurada.

§ 6º Considera-se união estável aquela configurada na convivência pública, contínua e duradoura entre o homem e a mulher, estabelecida com intenção de constituição de família, observado o § 1º do art. 1.723 do Código Civil, instituído pela Lei 10.406, de 10 de janeiro de 2002.

- § 6º com redação determinada pelo Dec. 6.384/2008.

§ 7º A dependência econômica das pessoas de que trata o inciso I é presumida e a das demais deve ser comprovada.

Art. 17. A perda da qualidade de dependente ocorre:

I – para o cônjuge, pela separação judicial ou divórcio, enquanto não lhe for assegurada a prestação de alimentos, pela anulação do casamento, pelo óbito ou por sentença judicial transitada em julgado;

II – para a companheira ou companheiro, pela cessação da união estável com o segurado ou segurada, enquanto não lhe for garantida a prestação de alimentos;

III – para o filho e o irmão, de qualquer condição, ao completarem vinte e um anos de idade, salvo se inválidos, desde que a invalidez tenha ocorrido antes:

- Inciso III com redação determinada pelo Dec. 6.939/2009.

a) de completarem vinte e um anos de idade;

b) do casamento;

c) do início do exercício de emprego público efetivo;

d) da constituição de estabelecimento civil ou comercial ou da existência de relação de emprego, desde que, em função deles, o menor com dezesseis anos completos tenha economia própria; ou

e) da concessão de emancipação, pelos pais, ou de um deles na falta do outro, mediante instrumento público, independentemente de homologação judicial, ou por sentença do juiz, ouvido o tutor, se o menor tiver dezesseis anos completos; e

IV – para os dependentes em geral:

a) pela cessação da invalidez; ou

b) pelo falecimento.

Seção III

Das inscrições

Subseção I

Do segurado

Art. 18. Considera-se inscrição de segurado para os efeitos da previdência

Legislação

social o ato pelo qual o segurado é cadastrado no Regime Geral de Previdência Social, mediante comprovação dos dados pessoais e de outros elementos necessários e úteis a sua caracterização, observado o disposto no art. 330 e seu parágrafo único, na seguinte forma:

- *Caput* com redação determinada pelo Dec. 3.265/1999.

I – o empregado e trabalhador avulso – pelo preenchimento dos documentos que os habilitem ao exercício da atividade, formalizado pelo contrato de trabalho, no caso de empregado, observado o disposto no § 2º do art. 20, e pelo cadastramento e registro no sindicato ou órgão gestor de mão de obra, no caso de trabalhador avulso;

- Inciso I com redação determinada pelo Dec. 6.722/2008.

II – empregado doméstico – pela apresentação de documento que comprove a existência de contrato de trabalho;

III – contribuinte individual – pela apresentação de documento que caracterize a sua condição ou o exercício de atividade profissional, liberal ou não;

- Inciso III com redação determinada pelo Dec. 3.265/1999.

IV – segurado especial – pela apresentação de documento que comprove o exercício de atividade rural; e

- Inciso IV com redação determinada pelo Dec. 3.265/1999.

V – facultativo – pela apresentação de documento de identidade e declaração expressa de que não exerce atividade que o enquadre na categoria de segurado obrigatório.

- Inciso V com redação determinada pelo Dec. 3.265/1999.

§ 1º A inscrição do segurado de que trata o inciso I será efetuada diretamente na empresa, sindicato ou órgão gestor de mão de obra e a dos demais no Instituto Nacional do Seguro Social.

- § 1º com redação determinada pelo Dec. 3.265/1999.

§ 2º A inscrição do segurado em qualquer categoria mencionada neste artigo exige a idade mínima de 16 anos.

§ 3º Todo aquele que exercer, concomitantemente, mais de uma atividade remunerada sujeita ao Regime Geral de Previdência Social será obrigatoriamente inscrito em relação a cada uma delas.

§ 4º *(Revogado pelo Dec. 6.722/2008).*

§ 5º Presentes os pressupostos da filiação, admite-se a inscrição *post mortem* do segurado especial.

- § 5º com redação determinada pelo Dec. 3.265/1999.

§ 6º A comprovação dos dados pessoais e de outros elementos necessários e úteis à caracterização do segurado poderá ser exigida quando da concessão do benefício.

- § 6º acrescentado pelo Dec. 3.265/1999.

§ 7º A inscrição do segurado especial será feita de forma a vinculá-lo ao seu respectivo grupo familiar e conterá, além das informações pessoais, a identificação da forma do exercício da atividade, se individual ou em regime de economia familiar; da condição no grupo familiar, se titular ou componente; do tipo de ocupação do titular de acordo com tabela do Código Brasileiro de Ocupações; da forma de ocupação do titular vinculando-o à propriedade ou embarcação em que trabalha, da propriedade em que desenvolve a atividade, se nela reside ou o município onde reside e, quando for o caso, a identificação e inscrição da pessoa responsável pelo grupo familiar.

- § 7º acrescentado pelo Dec. 6.722/2008.

§ 8º O segurado especial integrante de grupo familiar que não seja proprietário do imóvel rural ou da embarcação em que desenvolve sua atividade deve informar, no ato da inscrição, conforme o caso, o nome e o CPF do parceiro ou meeiro outorgante, arrendador, comodante ou assemelhado.

- § 8º acrescentado pelo Dec. 6.722/2008.

Art. 19. Os dados constantes do Cadastro Nacional de Informações Sociais – CNIS relativos a vínculos, remunerações e contribuições valem como prova de filiação à previdência social, tempo de contribuição e salários de contribuição.

- *Caput* com redação determinada pelo Dec. 6.722/2008.

§ 1º O segurado poderá solicitar, a qualquer momento, a inclusão, exclusão ou retificação das informações constantes do CNIS, com a apresentação de documentos comprobatórios dos dados divergentes, conforme critérios definidos pelo INSS, independentemente de requerimento de benefício, exceto na hipótese do art. 142.

- § 1º com redação determinada pelo Dec. 6.722/2008.

§ 2º Informações inseridas extemporaneamente no CNIS, independentemente de serem inéditas ou retificadoras de dados anteriormente informados, somente serão aceitas se corroboradas por documentos que comprovem a sua regularidade.

- § 2º com redação determinada pelo Dec. 6.722/2008.

§ 3º Respeitadas as definições vigentes sobre a procedência e origem das informações, considera-se extemporânea a inserção de dados:

- *Caput* do § 3º com redação determinada pelo Dec. 6.722/2008.
- V. art. 3º, Dec. 6.722/2008, com redação determinada pelo Dec. 7.510/2011, que determina que o INSS e a Dataprev implantarão, até o mês de junho de 2012, o disposto neste parágrafo.

I – relativos à data de início de vínculo, sempre que decorrentes de documento apresentado após o transcurso de até 120 (cento e vinte) dias do prazo estabelecido pela legislação, cabendo ao INSS dispor sobre a redução desse prazo;

- Inciso I com redação determinada pelo Dec. 7.223/2010.

II – relativos a remunerações, sempre que decorrentes de documento apresentado:

- Inciso II acrescentado pelo Dec. 6.722/2008.

a) após o último dia do quinto mês subsequente ao mês da data de prestação de serviço pelo segurado, quando se tratar de dados informados por meio da Guia de Recolhimento do Fundo de Garantia do Tempo de Serviço e Informações à Previdência Social – GFIP; e

b) após o último dia do exercício seguinte ao a que se referem as informações, quando se tratar de dados informados por meio da Relação Anual de Informações Sociais – Rais;

III – relativos a contribuições, sempre que o recolhimento tiver sido feito sem observância do estabelecido em lei.

- Inciso III acrescentado pelo Dec. 6.722/2008.

§ 4º A extemporaneidade de que trata o inciso I do § 3º será relevada após 1 (um) ano da data do documento que tiver gerado a informação, desde que, cumulativamente:

Caput do § 4º acrescentado pelo Dec. 6.722/2008.

- V. art. 3º, Dec. 6.722/2008, com redação determinada pelo Dec. 7.510/2011, que determina que o INSS e a Dataprev implantarão, até o mês de junho de 2012, o disposto neste parágrafo.

I – o atraso na apresentação do documento não tenha excedido o prazo de que trata a alínea *a* do inciso II do § 3º;

- Inciso I acrescentado pelo Dec. 6.722/2008.

II – *(Revogado pelo Dec. 7.223/2010).*

III – o segurado não tenha se valido da alteração para obter benefício cuja carência mínima seja de até 12 contribuições mensais.

- Inciso III acrescentado pelo Dec. 6.722/2008.

§ 5º Não constando do CNIS informações sobre contribuições ou remunerações, ou havendo dúvida sobre a regularidade do vínculo, motivada por divergências ou insuficiências de dados relativos ao empregador, ao segurado, à natureza do vínculo, ou a procedência da informação, esse período respectivo somente será confirmado mediante a apresentação pelo segurado da documentação comprobatória solicitada pelo INSS.

- § 5º acrescentado pelo Dec. 6.722/2008.

§ 6º O INSS poderá definir critérios para apuração das informações constantes da GFIP que ainda não tiver sido processada, bem como para aceitação de informações relativas a situações cuja regularidade depende de atendimento de critério estabelecido em lei.

- § 6º acrescentado pelo Dec. 6.722/2008.

§ 7º Para os fins de que trata os §§ 2º a 6º, o INSS e a Dataprev adotarão as providências necessárias para que as informações constantes do CNIS sujeitas à comprovação sejam identificadas e destacadas dos demais registros.

- § 7º acrescentado pelo Dec. 6.722/2008.

§ 8º Constarão no CNIS as informações do segurado relativas aos períodos com deficiência leve, moderada e grave, fixadas em decorrência da avaliação médica e funcional.

- § 8º acrescentado pelo Dec. 8.145/2013.

Art. 19-A. Para fins de benefícios de que trata este Regulamento, os períodos de vínculos que corresponderem a serviços prestados na condição de servidor estatutário somente serão considerados mediante apresentação de Certidão de Tempo de Contribuição fornecida pelo órgão público competente, salvo se o órgão de vinculação do servidor não tiver instituído regime próprio de previdência social.

- Artigo acrescentado pelo Dec. 6.722/2008.

Art. 19-B. A comprovação de vínculos e remunerações de que trata o art. 62 poderá ser utilizada para suprir omissão do empregador, para corroborar informação inserida ou retificada extemporaneamente ou para subsidiar a avaliação dos dados do CNIS.

- Artigo acrescentado pelo Dec. 6.722/2008.

Art. 20. Filiação é o vínculo que se estabelece entre pessoas que contribuem para a previdência social e esta, do qual decorrem direitos e obrigações.

§ 1º A filiação à previdência social decorre automaticamente do exercício de atividade remunerada para os segurados obrigatórios, observado o disposto no § 2º, e da inscrição formalizada com o pagamento da primeira contribuição para o segurado facultativo.

- § 1º acrescentado pelo Dec. 6.722/2008.

§ 2º A filiação do trabalhador rural contratado por produtor rural pessoa física por prazo de até 2 (dois) meses dentro do período de 1 (um) ano, para o exercício de atividades de natureza temporária, decorre automaticamente de sua inclusão na GFIP, mediante identificação específica.

- § 2º acrescentado pelo Dec. 6.722/2008.

Art. 21. Para fins do disposto nesta Seção, a anotação de dado pessoal deve ser feita na Carteira Profissional e/ou na Carteira de Trabalho e Previdência Social à vista do documento comprobatório do fato.

Subseção II
Do dependente

Art. 22. A inscrição do dependente do segurado será promovida quando do requerimento do benefício a que tiver direito, mediante a apresentação dos seguintes documentos:

- *Caput* do Artigo com redação determinada pelo Dec. 4.079/2002.

I – para os dependentes preferenciais:

a) cônjuge e filhos – certidões de casamento e de nascimento;

b) companheira ou companheiro – documento de identidade e certidão de casamento com averbação da separação judicial ou divórcio, quando um dos companheiros ou ambos já tiverem sido casados, ou de óbito, se for o caso; e

c) equiparado a filho – certidão judicial de tutela e, em se tratando de enteado, certidão de casamento do segurado e de nascimento do dependente, observado o disposto no § 3º do art. 16;

II – pais – certidão de nascimento do segurado e documentos de identidade dos mesmos; e

III – irmão – certidão de nascimento.

§ 1º *(Revogado pelo Dec. 4.079/2002).*

§ 2º *(Revogado pelo Dec. 4.079/2002).*

§ 3º Para comprovação do vínculo e da dependência econômica, conforme o caso, devem ser apresentados no mínimo três dos seguintes documentos:

- *Caput* do § 3º com redação determinada pelo Dec. 3.668/2000.

I – certidão de nascimento de filho havido em comum;

II – certidão de casamento religioso;

III – declaração do imposto de renda do segurado, em que conste o interessado como seu dependente;

IV – disposições testamentárias;

V – *(Revogado pelo Dec. 5.699/2006).*

VI – declaração especial feita perante tabelião;

VII – prova de mesmo domicílio;

VIII – prova de encargos domésticos evidentes e existência de sociedade ou comunhão nos atos da vida civil;

IX – procuração ou fiança reciprocamente outorgada;

X – conta bancária conjunta;

XI – registro em associação de qualquer natureza, onde conste o interessado como dependente do segurado;

XII – anotação constante de ficha ou livro de registro de empregados;

XIII – apólice de seguro da qual conste o segurado como instituidor do seguro e a pessoa interessada como sua beneficiária;

XIV – ficha de tratamento em instituição de assistência médica, da qual conste o segurado como responsável;

XV – escritura de compra e venda de imóvel pelo segurado em nome de dependente;

XVI – declaração de não emancipação do dependente menor de 21 anos; ou

XVII – quaisquer outros que possam levar à convicção do fato a comprovar.

§ 4º O fato superveniente que importe em exclusão ou inclusão de dependente deve ser comunicado ao Instituto Nacional do Seguro Social, com as provas cabíveis.

§ 5º *(Revogado pelo Dec. 4.079/2002).*

§ 6º Somente será exigida a certidão judicial de adoção quando esta for anterior a 14 de outubro de 1990, data da vigência da Lei 8.069, de 1990.

§ 7º *(Revogado pelo Dec. 3.668/2000).*

§ 8º *(Revogado pelo Dec. 3.668/2000).*

§ 9º No caso de dependente inválido, para fins de inscrição e concessão de benefício, a invalidez será comprovada mediante exame médico-pericial a cargo do Instituto Nacional do Seguro Social.

§ 10. No ato de inscrição, o dependente menor de 21 anos deverá apresentar declaração de não emancipação.

- § 10 com redação determinada pelo Dec. 4.079/2002.

§ 11. *(Revogado pelo Dec. 4.079/2002).*

§ 12. Os dependentes excluídos de tal condição em razão de lei têm suas inscrições tornadas nulas de pleno direito.

§ 13. No caso de equiparado a filho, a inscrição será feita mediante a comprovação da equiparação por documento escrito do segurado falecido manifestando essa intenção, da dependência econômica e da declaração de que não tenha sido emancipado.

- § 13 acrescentado pelo Dec. 4.079/2002.

Art. 23. *(Revogado pelo Dec. 4.079/2002).*

Art. 24. Os pais ou irmãos deverão, para fins de concessão de benefícios, comprovar a inexistência de dependentes preferenciais, mediante declaração firmada perante o Instituto Nacional do Seguro Social.

Capítulo II
Das Prestações em Geral

Seção I
Das espécies de prestação

Art. 25. O Regime Geral de Previdência Social compreende as seguintes prestações, expressas em benefícios e serviços:

I – quanto ao segurado:

a) aposentadoria por invalidez;

b) aposentadoria por idade;

c) aposentadoria por tempo de contribuição;

d) aposentadoria especial;

e) auxílio-doença;

f) salário-família;

g) salário-maternidade; e

h) auxílio-acidente;

II – quanto ao dependente:

a) pensão por morte; e

b) auxílio-reclusão; e

III – quanto ao segurado e dependente: reabilitação profissional.

Seção II
Da carência

Art. 26. Período de carência é o tempo correspondente ao número mínimo de contribuições mensais indispensáveis para que o beneficiário faça jus ao benefício, consideradas a partir do transcurso do primeiro dia dos meses de suas competências.

§ 1º Para o segurado especial, considera-se período de carência o tempo mínimo de efetivo exercício de atividade rural, ainda que de forma descontínua, igual ao número de meses necessário à concessão do benefício requerido.

§ 2º Será considerado, para efeito de carência, o tempo de contribuição para o Plano de Seguridade Social do Servidor Público anterior à Lei 8.647, de 13 de abril de 1993, efetuado pelo servidor público ocupante de cargo em comissão sem vínculo efetivo com a União, autarquias, ainda que em regime especial, e fundações públicas federais.

§ 3º Não é computado para efeito de carência o tempo de atividade do trabalhador rural anterior à competência novembro de 1991.

§ 4º Para efeito de carência, considera-se presumido o recolhimento das contribuições do segurado empregado, do trabalhador avulso e, relativamente ao contribuinte individual, a partir da competência abril de 2003, as contribuições dele descontadas pela empresa na forma do art. 216.

- § 4º com redação determinada pelo Dec. 4.729/2003.

§ 5º Observado o disposto no § 4º do art. 13, as contribuições vertidas para regime próprio de previdência social serão consideradas para todos os efeitos, inclusive para os de carência.

- § 5º acrescentado pelo Dec. 3.265/1999.

Art. 27. *(Revogado pelo Dec. 5.399/2005).*

Art. 27-A. Havendo perda da qualidade de segurado, as contribuições anteriores a essa perda somente serão computadas para efeito de carência depois que o segurado contar, a partir da nova filiação ao Regime Geral de Previdência Social, com, no mínimo, 1/3 (um terço) do número de contribuições exigidas para o cumprimento da carência definida no art. 29.

- Artigo acrescentado pelo Dec. 5.545/2005.

Parágrafo único. Aplica-se o disposto no *caput* ao segurado oriundo de regime próprio de previdência social que se filiar ao Regime Geral de Previdência Social após os prazos a que se refere o inciso II do *caput* e o § 1º do art. 13.

Art. 28. O período de carência é contado:

I – para o segurado empregado e trabalhador avulso, da data de filiação ao Regime Geral de Previdência Social; e

II – para o segurado empregado doméstico, contribuinte individual, observado o disposto no § 4º do art. 26, e facultativo, inclusive o segurado especial que contribui na forma do § 2º do art. 200, da data do efetivo recolhimento da primeira contribuição sem atraso, não sendo consideradas para esse fim as contribuições recolhidas com atraso referentes a competências anteriores, observado, quanto ao segurado facultativo, o disposto nos §§ 3º e 4º do art. 11.

- Inciso II com redação determinada pelo Dec. 6.042/2007.

§ 1º Para o segurado especial que não contribui na forma do § 2º do art. 200, o período de carência de que trata o § 1º do art. 26 é contado a partir do efetivo exercício da atividade rural, mediante comprovação, na forma do disposto no art. 62.

- § 1º com redação determinada pelo Dec. 6.042/2007.

§ 2º O período a que se refere o inciso XVIII do art. 60 será computado para fins de carência.

§ 3º Para os segurados a que se refere o inciso II, optantes pelo recolhimento trimestral na forma prevista nos §§ 15 e 16 do art. 216, o período de carência é contado a partir do mês de inscrição do segurado, desde que efetuado o recolhimento da primeira contribuição no prazo estipulado no referido § 15.

Art. 29. A concessão das prestações pecuniárias do Regime Geral de Previdência Social, ressalvado o disposto no art. 30, depende dos seguintes períodos de carência:

I – doze contribuições mensais, nos casos de auxílio-doença e aposentadoria por invalidez; e

II – cento e oitenta contribuições mensais, nos casos de aposentadoria por idade, tempo de contribuição e especial;

III – dez contribuições mensais, no caso de salário-maternidade, para as seguradas contribuinte individual, especial e facultativa, respeitado o disposto no § 2º do art. 93 e no inciso II do art. 101.

- Inciso III com redação determinada pelo Dec. 3.452/2000.

Parágrafo único. Em caso de parto antecipado, o período de carência a que se refere o inciso III será reduzido em número de contribuições equivalente ao número de meses em que o parto foi antecipado.

- Parágrafo único acrescentado pelo Dec. 3.265/1999.

Art. 30. Independe de carência a concessão das seguintes prestações:

I – pensão por morte, auxílio-reclusão, salário-família e auxílio-acidente de qualquer natureza;

II – salário-maternidade, para as seguradas empregada, empregada doméstica e trabalhadora avulsa;

- Inciso II com redação determinada pelo Dec. 3.265/1999.

III – auxílio-doença e aposentadoria por invalidez nos casos de acidente de qualquer natureza ou causa, bem como nos casos de segurado que, após filiar-se ao Regime Geral de Previdência Social, for acometido de alguma das doenças ou afecções especificadas em lista elaborada pelos Ministérios da Saúde e da Previdência e Assistência Social a cada 3 (três) anos, de acordo com os critérios de estigma, deformação, mutilação, deficiência ou outro fator que lhe confira especificidade e gravidade que mereçam tratamento particularizado;

IV – aposentadoria por idade ou por invalidez, auxílio-doença, auxílio-reclusão ou pensão por morte aos segurados especiais, desde que comprovem o exercício de atividade rural no período imediatamente anterior ao requerimento do benefício, ainda que de forma descontínua, igual ao número de meses correspondente à carência do benefício requerido; e

V – reabilitação profissional.

Parágrafo único. Entende-se como acidente de qualquer natureza ou causa aquele de origem traumática e por exposição a agentes exógenos (físicos, químicos e biológicos), que acarrete lesão corporal ou perturbação funcional que cause a morte, a perda, ou a redução permanente ou temporária da capacidade laborativa.

Seção III
Do salário de benefício

Art. 31. Salário de benefício é o valor básico utilizado para cálculo da renda mensal dos benefícios de prestação continuada, inclusive os regidos por normas especiais, exceto o salário-família, a pensão por morte, o salário-maternidade e os demais benefícios de legislação especial.

- O salário de benefício está sujeito a atualização por Portaria do Ministério da Previdência Social – MPS.

Parágrafo único. O INSS terá até 180 (cento e oitenta) dias, contados da data do pedido, para fornecer ao segurado as informações constantes do CNIS sobre contribuições e remunerações utilizadas no cálculo do salário de benefício.

Parágrafo único acrescentado pelo Dec. 4.079/2002.

Art. 32. O salário de benefício consiste:

- *Caput* com redação determinada pelo Dec. 3.265/1999.

I – para as aposentadorias por idade e por tempo de contribuição, na média aritmética simples dos maiores salários de contribuição correspondentes a 80% (oitenta por cento) de todo o período contributivo, multiplicada pelo fator previdenciário;

- Inciso I acrescentado pelo Dec. 3.265/1999.

II – para as aposentadorias por invalidez e especial, auxílio-doença e auxílio-acidente na média aritmética simples dos maiores salários de contribuição correspondentes a 80% (oitenta por cento) de todo o período contributivo;

- Inciso II com redação determinada pelo Dec. 5.545/2005.

III – *(Revogado pelo Dec. 5.545/2005).*

§ 1º *(Revogado pelo Dec. 3.265/1999).*

§ 2º *(Revogado pelo Dec. 5.399/2005).*

§ 3º O valor do salário de benefício não será inferior ao de um salário mínimo, nem superior ao limite máximo do salário de contribuição na data de início do benefício.

§ 4º Serão considerados para cálculo do salário de benefício os ganhos habituais do segurado empregado, a qualquer título, sob forma de moeda corrente ou de utilidades, sobre os quais tenham incidido contribuição previdenciária.

§ 5º Não será considerado, no cálculo do salário de benefício, o aumento dos salários de contribuição que exceder o limite legal, inclusive o voluntariamente concedido nos 36 (trinta e seis) meses imediatamente anteriores ao início do benefício, salvo se homologado pela Justiça do Trabalho, resultante de promoção regulada por normas gerais da empresa, admitida pela legislação do trabalho, de sentença normativa ou de reajustamento salarial obtido pela categoria respectiva.

§ 6º Se, no período básico de cálculo, o segurado tiver recebido benefício por incapacidade, considerar-se-á como salário de contribuição, no período, o salário de benefício que serviu de base para o cálculo da renda mensal, reajustado nas mesmas épocas e nas mesmas bases dos benefícios em geral, não podendo ser inferior ao salário mínimo nem superior ao limite máximo do salário de contribuição.

§ 7º Exceto para o salário-família e o auxílio-acidente, será pago o valor mínimo de benefício para as prestações referidas no art. 30, quando não houver salário de contribuição no período básico de cálculo.

§ 8º Para fins de apuração do salário de benefício de qualquer aposentadoria precedida de auxílio-acidente, o valor mensal deste será somado ao salário de contribuição antes da aplicação da correção a que se refere o art. 33, não podendo o total apurado ser superior ao limite máximo do salário de contribuição.

§ 9º No caso dos §§ 3º e 4º do art. 56, o valor inicial do benefício será calculado considerando-se como período básico de cálculo os meses de contribuição imediatamente anteriores ao mês em que o segurado completou o tempo de contribuição, trinta anos para a mulher e trinta e cinco anos para o homem, observado o disposto no § 2º do art. 35 e a legislação de regência.

- § 9º com redação determinada pelo Dec. 3.265/1999.

§ 10. Para os segurados contribuinte individual e facultativo optantes pelo recolhimento trimestral na forma prevista no § 15 do art. 216, que tenham solicitado qualquer benefício previdenciário, o salário de benefício consistirá na média aritmética simples de todos os salários de contribuição integrantes da contribuição trimestral, desde que efetivamente recolhidos.

- § 10 com redação determinada pelo Dec. 3.265/1999.

§ 11. O fator previdenciário será calculado considerando-se a idade, a expectativa de sobrevida e o tempo de contribuição do segurado ao se aposentar, mediante a fórmula:

$$f = \frac{Tc \times a}{Es} \times \left[1 + \frac{(Id + Tc \times a)}{100}\right]$$

onde:

f = fator previdenciário;

Es = expectativa de sobrevida no momento da aposentadoria;

Tc = tempo de contribuição até o momento da aposentadoria;

Id = idade no momento da aposentadoria; e

a = alíquota de contribuição correspondente a 0,31.

- § 11 acrescentado pelo Dec. 3.265/1999.

§ 12. Para efeito do disposto no parágrafo anterior, a expectativa de sobrevida do segurado na idade da aposentadoria será obtida a partir da tábua completa de mortalidade construída pela Fundação Instituto Brasileiro de Geografia e Estatística, para toda a população brasileira, considerando-se a média nacional única para ambos os sexos.

- § 12 acrescentado pelo Dec. 3.265/1999.

§ 13. Publicada a tábua de mortalidade, os benefícios previdenciários requeridos a partir dessa data considerarão a nova expectativa de sobrevida.

- § 13 acrescentado pelo Dec. 3.265/1999.

§ 14. Para efeito da aplicação do fator previdenciário ao tempo de contribuição do segurado serão adicionados:

- § 14 acrescentado pelo Dec. 3.265/1999.

I – 5 (cinco) anos, quando se tratar de mulher; ou

II – 5 (cinco) ou 10 (dez) anos, quando se tratar, respectivamente, de professor ou professora, que comprovem exclusivamente tempo de efetivo exercício das funções de magistério na educação infantil e no ensino fundamental e médio.

§ 15. No cálculo do salário de benefício serão considerados os salário de contribuição vertidos para regime próprio de previdência social de segurado oriundo desse regime, após a sua filiação ao Regime Geral de Previdência Social, de acordo com o disposto no art. 214.

- § 15 acrescentado pelo Dec. 3.265/1999.

§ 16. Na hipótese do § 23 do art. 216, enquanto as contribuições não forem complementadas, o salário de contribuição será computado, para efeito de benefício, proporcionalmente à contribuição efetivamente recolhida.

- § 16 acrescentado pelo Dec. 3.265/1999.

§ 17. No caso do parágrafo anterior, não serão considerados como tempo de contribuição, para o fim de concessão de benefício previdenciário, enquanto as contribuições não forem complementadas, o período correspondente às competências em que se verificar recolhimento de contribuição sobre salário de contribuição menor que um salário mínimo.

- § 17 acrescentado pelo Dec. 3.265/1999.

§ 18. O salário de benefício, para fins de cálculo da prestação teórica dos benefícios por totalização, no âmbito dos acordos internacionais, do segurado com contribuição para a previdência social brasileira, será apurado:

- § 18 acrescentado pelo Dec. 4.729/2003.

I – quando houver contribuído, no Brasil, em número igual ou superior a 60% (sessenta por cento) do número de meses decorridos desde a competência julho de 1994, mediante a aplicação do disposto no art. 188-A e seus §§ 1º e 2º;

II – quando houver contribuído, no Brasil, em número inferior ao indicado no inciso I, com base no valor da média aritmética simples de todos os salários de contribuição correspondentes a todo o período contributivo contado desde julho de 1994, multiplicado pelo fator previdenciário, observados o § 2º do art. 188-A, o § 19 e, quando for o caso, o § 14, ambos deste artigo; e

III – sem contribuição, no Brasil, a partir da competência julho de 1994, com base na média aritmética simples de todo o período contributivo, multiplicado pelo fator previdenciário, observados o disposto no § 2º do art. 188-A e, quando for o caso, no § 14 deste artigo.

§ 19. Para a hipótese de que trata o § 18, o tempo de contribuição a ser considerado na aplicação da fórmula do fator previdenciário é o somatório do tempo de contribuição para a previdência social brasileira e o tempo de contribuição para a previdência social do país acordante.

- § 19 acrescentado pelo Dec. 4.729/2003.

§ 20. *(Revogado pelo Dec. 6.939/2009).*

§ 21. O salário de benefício do segurado especial consiste no valor equivalente ao salário mínimo, ressalvado o disposto no inciso II do § 2º do art. 39 deste Regulamento.

- § 21 acrescentado pelo Dec. 6.722/2008.

§ 22. Considera-se período contributivo:

- § 22 acrescentado pelo Dec. 6.939/2009.

I – para o empregado, empregado doméstico e trabalhador avulso: o conjunto de meses em que houve ou deveria ter havido contribuição em razão do exercício de atividade remunerada sujeita a filiação obrigatória ao regime de que trata este Regulamento; ou

II – para os demais segurados, inclusive o facultativo: o conjunto de meses de efetiva contribuição ao regime de que trata este Regulamento.

§ 23. É garantida a aplicação do fator previdenciário no cálculo das aposentadorias por tempo de contribuição e por idade devidas ao segurado com deficiência, se resultar em renda mensal de valor mais elevado, devendo o INSS, quando da concessão do benefício, proceder ao cálculo da renda mensal inicial com e sem a aplicação do fator previdenciário.

- § 23 acrescentado pelo Dec. 8.145/2013.

§ 24. Para efeitos do disposto no § 23, na aplicação do fator previdenciário, será considerado o tempo de contribuição computado para fins de cálculo do salário de benefício.

- § 24 acrescentado pelo Dec. 8.145/2013.

Art. 33. Todos os salários de contribuição utilizados no cálculo do salário de benefício serão corrigidos, mês a mês, de acordo com a variação integral do Índice Nacional de Preço ao Consumidor – INPC, referente ao período decorrido a partir da primeira competência do salário de contribuição que compõe o período básico de cálculo até o mês anterior ao do início do benefício, de modo a preservar o seu valor real.

- Artigo com redação determinada pelo Dec. 5.545/2005.

Art. 34. O salário de benefício do segurado que contribui em razão de atividades concomitantes será calculado com base na soma dos salários de contribuição das atividades exercidas até a data do requerimento ou do óbito ou no período básico de cálculo, observado o disposto no art. 32 e nas normas seguintes:

I – quando o segurado satisfizer, em relação a cada atividade, as condições para obtenção do benefício requerido, o salário de benefício será calculado com base na soma dos respectivos salários de contribuição;

II – quando não se verificar a hipótese do inciso anterior, o salário de benefício corresponderá à soma das seguintes parcelas:

a) o salário de benefício calculado com base nos salários de contribuição das atividades em relação às quais são atendidas as condições do benefício requerido; e

b) um percentual da média do salário de contribuição de cada uma das demais atividades, equivalente à relação entre o número de meses completos de contribuição e os do período da carência do benefício requerido; e

III – quando se tratar de benefício por tempo de contribuição, o percentual de que trata a alínea *b* do inciso anterior será o resultante da relação entre os anos completos de atividade e o número de anos de contribuição considerado para a concessão do benefício.

§ 1º O disposto neste artigo não se aplica ao segurado que, em obediência ao limite máximo do salário de contribuição, contribuiu apenas por uma das atividades concomitantes.

§ 2º Quando o exercício de uma das atividades concomitantes se desdobrar por atividades sucessivas, o tempo a ser considerado para os efeitos deste artigo será a soma dos períodos de contribuição correspondentes.

§ 3º Se o segurado se afastar de uma das atividades antes da data do requerimento ou do óbito, porém em data abrangida pelo período básico de cálculo do salário de benefício, o respectivo salário de contribuição será computado, observadas, conforme o caso, as normas deste artigo.

§ 4º O percentual a que se referem a *alínea b* do inciso II e o inciso III do *caput* não pode ser superior a 100% (cem por cento) do limite máximo do salário de contribuição.

§ 5º No caso do § 3º do art. 73, o salário de benefício da aposentadoria por invalidez deve corresponder à soma das parcelas seguintes:

I – o valor do salário de benefício do auxílio-doença a ser transformado em aposentadoria por invalidez, reajustado na forma do § 6º do art. 32; e

II – o valor correspondente ao percentual da média dos salários de contribuição de cada uma das demais atividades não consideradas no cálculo do auxílio-doença a ser transformado, percentual este equivalente à relação entre os meses completos de contribuição, até o máximo de 12 (doze), e os estipulados como período de carência para a aposentadoria por invalidez.

§ 6º Não se aplica o disposto neste artigo ao segurado que tenha sofrido redução dos salários de contribuição das atividades concomitantes em respeito ao limite desse salário.

Seção IV
Da renda mensal do benefício

Art. 35. A renda mensal do benefício de prestação continuada que substituir o salário de contribuição ou o rendimento do trabalho do segurado não terá valor inferior ao do salário mínimo nem superior ao limite máximo do salário de contribuição, exceto no caso previsto no art. 45.

§ 1º A renda mensal dos benefícios por totalização, concedidos com base em acordos internacionais de previdência social, pode ter valor inferior ao do salário mínimo.

§ 2º A renda mensal inicial, apurada na forma do § 9º do art. 32, será reajustada pelos índices de reajustamento aplicados aos benefícios, até a data da entrada do requerimento, não sendo devido qualquer pagamento relativamente a período anterior a esta data.

§ 3º Na hipótese de a média apurada na forma do art. 32 resultar superior ao limite máximo do salário de contribuição vigente no mês de início do benefício, a diferença percentual entre esta média e o referido limite será incorporada ao valor do benefício juntamente com o primeiro reajuste do mesmo após a concessão, observado que nenhum benefício assim reajustado poderá superar o limite máximo do salário de contribuição vigente na competência em que ocorrer o reajuste.

Art. 36. No cálculo do valor da renda mensal do benefício serão computados:

I – para o segurado empregado e o trabalhador avulso, os salários de contribuição referentes aos meses de contribuições devidas, ainda que não recolhidas pela empresa, sem prejuízo da respectiva cobrança e da aplicação das penalidades cabíveis; e

II – para o segurado empregado, o trabalhador avulso e o segurado especial, o valor do auxílio-acidente, considerado como salário de contribuição para fins de concessão de qualquer aposentadoria, nos termos do § 8º do art. 32.

§ 1º Para os demais segurados somente serão computados os salários de contribuição referentes aos meses de contribuição efetivamente recolhida.

§ 2º No caso de segurado empregado ou de trabalhador avulso que tenham cumprido todas as condições para a concessão do benefício pleiteado, mas não possam comprovar o valor dos seus salários de contribuição no período básico de cálculo, considerar-se-á para o cálculo do benefício, no período sem comprovação do valor do salário de contribuição, o valor do salário mínimo, devendo esta renda ser recalculada quando da apresentação de prova dos salários de contribuição.

- § 2º com redação determinada pelo Dec. 3.265/1999.

§ 3º Para o segurado empregado doméstico que, mesmo tendo satisfeito as condições exigidas para a concessão do benefício requerido, não possa comprovar o efetivo recolhimento das contribuições devidas, será concedido o benefício de valor mínimo, devendo sua renda ser recalculada quando da apresentação da prova do recolhimento das contribuições.

§ 4º Nos casos dos §§ 2º e 3º, após a concessão do benefício, o órgão concessor deverá notificar o setor de arrecadação do Instituto Nacional do Seguro Social, para adoção das providências previstas nos arts. 238 a 246.

§ 5º Sem prejuízo do disposto nos §§ 2º e 3º, cabe à previdência social manter cadastro dos segurados com todos os informes necessários para o cálculo da renda mensal.

§ 6º Para o segurado especial que não contribui facultativamente, o disposto no inciso II será aplicado somando-se ao valor da aposentadoria a renda mensal do auxílio-acidente vigente na data de início da referida aposentadoria, não sendo, neste caso, aplicada a limitação contida no inciso I do § 2º do art. 39 e do art. 183.

§ 7º A renda mensal inicial da aposentadoria por invalidez concedida por transformação de auxílio-doença será de 100% (cem por cento) do salário de benefício que serviu de base para o cálculo da renda mensal inicial do auxílio-doença, reajustado pelos mesmos índices de correção dos benefícios em geral.

- V. Súmula 557, STJ.

Art. 37. A renda mensal inicial, recalculada de acordo com o disposto nos §§ 2º e 3º do art. 36, deve ser reajustada como a dos benefícios correspondentes com igual data de início e substituirá, a partir da data do requerimento de revisão do valor do benefício, a renda mensal que prevalecia até então.

Parágrafo único. Para fins da substituição de que trata o *caput*, o requerimento de revisão deve ser aceito pelo Instituto Nacional do Seguro Social a partir da concessão do benefício em valor provisório e processado quando da apresentação de prova dos salários de contribuição ou de recolhimento das contribuições.

Art. 38. Para o cálculo da renda mensal do benefício referido no inciso III do *caput* do art. 39, deverá ser considerado o tempo de contribuição de que trata o art. 60.

Art. 39. A renda mensal do benefício de prestação continuada será calculada aplicando-se sobre o salário de benefício os seguintes percentuais:

I – auxílio-doença – 91% (noventa e um por cento) do salário de benefício;

II – aposentadoria por invalidez – 100% (cem por cento) do salário de benefício;

III – aposentadoria por idade – 70% (setenta por cento) do salário de benefício, mais 1% (um por cento) deste por grupo de doze contribuições mensais, até o máximo de 30% (trinta por cento);

IV – aposentadoria por tempo de contribuição:

a) para a mulher – 100% (cem por cento) do salário de benefício aos 30 (trinta) anos de contribuição;

b) para o homem – 100% (cem por cento) do salário de benefício aos 35 (trinta e cinco) anos de contribuição; e

c) 100% (cem por cento) do salário de benefício, para o professor aos 30 (trinta) anos, e para a professora aos 25 (vinte e cinco) anos de contribuição e de efetivo exercício em função de magistério na educação infantil, no ensino fundamental ou no ensino médio;

d) 100% (cem por cento) do salário de benefício, para o segurado que comprovar, na condição de pessoa com deficiência, o tempo de contribuição disposto no art. 70-B;

- Alínea *d* acrescentada pelo Dec. 8.145/2013.

V – aposentadoria especial – 100% (cem por cento) do salário de benefício; e

VI – auxílio-acidente – 50% (cinquenta por cento) do salário de benefício.

§ 1º Para efeito do percentual de acréscimo de que trata o inciso III do *caput*, assim considerado o relativo a cada grupo de doze contribuições mensais, presumir-se-á efetivado o recolhimento correspondente, quando se tratar de segurado empregado ou trabalhador avulso.

§ 2º Para os segurados especiais, inclusive os com deficiência, é garantida a concessão, alternativamente:

- *Caput* do § 2º com redação determinada pelo Dec. 8.145/2013.

I – de aposentadoria por idade ou por invalidez, de auxílio-doença, de auxílio-reclusão ou de pensão por morte, no valor de um salário mínimo, observado o disposto no inciso III do art. 30; ou

II – dos benefícios especificados neste Regulamento, observados os critérios e a forma de cálculo estabelecidos, desde que contribuam, facultativamente, de acordo com o disposto no § 2º do art. 200.

§ 3º O valor mensal da pensão por morte ou do auxílio-reclusão será de 100% (cem por cento) do valor da aposentadoria que o segurado recebia ou daquela a que teria direito se estivesse aposentado por invalidez na data de seu falecimento, observado o disposto no § 8º do art. 32.

§ 4º Se na data do óbito o segurado estiver recebendo aposentadoria e auxílio-acidente, o valor mensal da pensão por morte será calculado conforme o disposto no parágrafo anterior, não incorporando o valor do auxílio-acidente.

§ 5º Após a cessação do auxílio-doença decorrente de acidente de qualquer natureza ou causa, tendo o segurado retornado ou não ao trabalho, se houver agravamento ou sequela que resulte na reabertura do benefício, a renda mensal será igual a 91% (noventa e um por cento) do salário de benefício do auxílio-doença cessado, corrigido até o mês anterior ao da reabertura do benefício, pelos mesmos índices de correção dos benefícios em geral.

Seção V
Do reajustamento do valor do benefício

Art. 40. É assegurado o reajustamento dos benefícios para preservar-lhes, em caráter permanente, o valor real da data de sua concessão.

§ 1º Os valores dos benefícios em manutenção serão reajustados, anualmente, na mesma data do reajuste do salário mínimo, *pro rata*, de acordo com suas respectivas datas de início ou do último reajustamento, com base no Índice Nacional de Preços ao Consumidor – INPC, apurado pela Fundação Instituto Brasileiro de Geografia e Estatística – IBGE.

- § 1º com redação determinada pelo Dec. 6.042/2007.

§ 2º Os benefícios com renda mensal superior a um salário mínimo serão pagos do primeiro ao quinto dia útil do mês subsequente ao de sua competência, observada a distribuição proporcional do número de beneficiários por dia de pagamento.

- § 2º com redação determinada pelo Dec. 6.722/2008.

§ 3º *(Revogado pelo Dec. 6.042/2007).*

§ 4º Os benefícios com renda mensal no valor de até um salário mínimo serão pagos no período compreendido entre o quinto dia útil que anteceder o final do mês de sua competência e o quinto dia útil do mês subsequente, observada a distribuição proporcional dos beneficiários por dia de pagamento.

- § 4º com redação determinada pelo Dec. 6.722/2008.

§ 5º Para os efeitos dos §§ 2º e 4º, considera-se dia útil aquele de expediente bancário com horário normal de atendimento.

- § 5º acrescentado pelo Dec. 6.722/2008.

§ 6º Para os benefícios que tenham sido majorados devido à elevação do salário mínimo, o referido aumento deverá ser compensado no momento da aplicação do disposto no § 1º, de acordo com normas a serem baixadas pelo Ministério da Previdência Social.

- § 6º acrescentado pelo Dec. 6.722/2008.

Art. 41. O valor mensal do abono de permanência em serviço, do auxílio suplementar e do auxílio-acidente será reajustado na forma do disposto no art. 40 e não varia de acordo com o salário de contribuição do segurado.

Art. 42. Nenhum benefício reajustado poderá exceder o limite máximo do salário de benefício na data do reajustamento, respeitados os direitos adquiridos, nem inferior ao valor de um salário mínimo.

- *Caput* com redação determinada pelo Dec. 6.722/2008.

Parágrafo único. O auxílio-acidente, o abono de permanência em serviço, o auxílio suplementar, o salário-família e a parcela a cargo do Regime Geral de Previdência Social dos benefícios por totalização, concedidos com base em acordos internacionais de previdência social, poderão ter valor inferior ao do salário mínimo.

Seção VI
Dos benefícios

Subseção I
Da aposentadoria por invalidez

Art. 43. A aposentadoria por invalidez, uma vez cumprida a carência exigida, quando for o caso, será devida ao segurado que, estando ou não em gozo de auxílio-doença, for considerado incapaz para o trabalho e insusceptível de reabilitação para o exercício de atividade que lhe garanta a subsistência, e ser-lhe-á paga enquanto permanecer nessa condição.

§ 1º A concessão de aposentadoria por invalidez dependerá da verificação da condição de incapacidade, mediante exame médico-pericial a cargo da previdência social, podendo o segurado, às suas expensas, fazer-se acompanhar de médico de sua confiança.

§ 2º A doença ou lesão de que o segurado já era portador ao filiar-se ao Regime Geral de Previdência Social não lhe conferirá direito à aposentadoria por invalidez, salvo quando a incapacidade sobrevier por motivo de progressão ou agravamento dessa doença ou lesão.

Art. 44. A aposentadoria por invalidez consiste numa renda mensal calculada na forma do inciso II do *caput* do art. 39 e será devida a contar do dia imediato ao da cessação do auxílio-doença, ressalvado o disposto no § 1º.

§ 1º Concluindo a perícia médica inicial pela existência de incapacidade total e definitiva para o trabalho, a aposentadoria por invalidez será devida:

I – ao segurado empregado a contar do décimo sexto dia do afastamento da atividade ou a partir da data da entrada do requerimento, se entre o afastamento e a entrada do requerimento decorrerem mais de 30 (trinta) dias; e

- Inciso I com redação determinada pelo Dec. 3.265/1999.

II – ao segurado empregado doméstico, contribuinte individual, trabalhador avulso, especial ou facultativo, a contar da data do início da incapacidade ou da data da entrada do requerimento, se entre essas datas decorrerem mais de 30 (trinta) dias.

- Inciso II com redação determinada pelo Dec. 3.265/1999.

§ 2º Durante os primeiros 15 (quinze) dias de afastamento consecutivos da atividade por motivo de invalidez, caberá à empresa pagar ao segurado empregado o salário.

- § 2º com redação determinada pelo Dec. 3.265/1999.

§ 3º A concessão de aposentadoria por invalidez, inclusive mediante transformação de auxílio-doença concedido na forma do art. 73, está condicionada ao afastamento de todas as atividades.

Art. 45. O valor da aposentadoria por invalidez do segurado que necessitar da assistência permanente de outra pessoa será acrescido de 25% (vinte e cinco por cento), observada a relação constante do Anexo I, e:

I – devido ainda que o valor da aposentadoria atinja o limite máximo legal; e

II – recalculado quando o benefício que lhe deu origem for reajustado.

Parágrafo único. O acréscimo de que trata o *caput* cessará com a morte do aposentado, não sendo incorporado ao valor da pensão por morte.

Art. 46. O segurado aposentado por invalidez está obrigado, a qualquer tempo, sem prejuízo do disposto no parágrafo único e independentemente de sua idade e sob pena de suspensão do benefício, a submeter-se a exame médico a cargo da previdência social, processo de reabilitação profissional por ela prescrito e custeado e tratamento dispensado gratuitamente, exceto o cirúrgico e a transfusão de sangue, que são facultativos.

Parágrafo único. Observado o disposto no *caput*, o aposentado por invalidez fica obrigado, sob pena de sustação do pagamento do benefício, a submeter-se a exames médico-periciais, a realizarem-se bienalmente.

Art. 47. O aposentado por invalidez que se julgar apto a retornar à atividade deverá solicitar a realização de nova avaliação médico-pericial.

Parágrafo único. Se a perícia médica do Instituto Nacional do Seguro Social concluir pela recuperação da capacidade laborativa, a aposentadoria será cancelada, observado o disposto no art. 49.

Art. 48. O aposentado por invalidez que retornar voluntariamente à atividade terá sua aposentadoria automaticamente cessada, a partir da data do retorno.

Art. 49. Verificada a recuperação da capacidade de trabalho do aposentado por invalidez, excetuando-se a situação prevista no art. 48, serão observadas as normas seguintes:

I – quando a recuperação for total e ocorrer dentro de 5 (cinco) anos contados da data do início da aposentadoria por invalidez ou do auxílio-doença que a antecedeu sem interrupção, o benefício cessará:

a) de imediato, para o segurado empregado que tiver direito a retornar à função que desempenhava na empresa ao se aposentar, na forma da legislação trabalhista, valendo como documento, para tal fim, o certificado de capacidade fornecido pela previdência social; ou

b) após tantos meses quantos forem os anos de duração do auxílio-doença e da aposentadoria por invalidez, para os demais segurados; e

II – quando a recuperação for parcial ou ocorrer após o período previsto no inciso I, ou ainda quando o segurado for declarado apto para o exercício de trabalho diverso do qual habitualmente exercia, a aposentadoria será mantida, sem prejuízo da volta à atividade:

a) pelo seu valor integral, durante 6 (seis) meses contados da data em que for verificada a recuperação da capacidade;

b) com redução de 50% (cinquenta por cento), no período seguinte de 6 (seis) meses; e

c) com redução de 75% (setenta e cinco por cento), também por igual período de 6 (seis) meses, ao término do qual cessará definitivamente.

Art. 50. O segurado que retornar à atividade poderá requerer, a qualquer tempo, novo benefício, tendo este processamento normal.

Parágrafo único. Se o segurado requerer qualquer benefício durante o período citado no artigo anterior, a aposentadoria por invalidez somente será cessada, para a concessão do novo benefício, após o cumprimento do período de que tratam as alíneas *b* do inciso I e *a* do inciso II do art. 49.

Subseção II
Da aposentadoria por idade

Art. 51. A aposentadoria por idade, uma vez cumprida a carência exigida, será devida ao segurado que completar sessenta e cinco anos de idade, se homem, ou sessenta, se mulher, reduzidos esses limites para sessenta e cinquenta e cinco anos de idade para os trabalhadores rurais, respectivamente homens e mulheres, referidos na alínea *a* do inciso I, na alínea *j* do inciso V e nos incisos VI e VII do *caput* do art. 9º, bem como para os segurados garimpeiros que trabalhem, comprovadamente, em regime de economia familiar, conforme definido no § 5º do art. 9º.

• *Caput* com redação determinada pelo Dec. 3.265/1999.

§ 1º Para os efeitos do disposto no *caput*, o trabalhador rural deve comprovar o efetivo exercício de atividade rural, ainda que de forma descontínua, no período imediatamente anterior ao requerimento do benefício ou, conforme o caso, ao mês em que cumpriu o requisito etário, por tempo igual ao número de meses de contribuição correspondente à carência do benefício pretendido, computado o período a que se referem os incisos III a VIII do § 8º do art. 9º.

• § 1º acrescentado pelo Dec. 6.722/2008.

§ 2º Os trabalhadores rurais de que trata o *caput* que não atendam ao disposto no § 1º, mas que satisfaçam essa condição, se forem considerados períodos de contribuição sob outras categorias do segurado, farão jus ao benefício ao completarem 65 (sessenta e cinco) anos de idade, se homem, e 60 (sessenta) anos, se mulher.

• § 2º acrescentado pelo Dec. 6.722/2008.

§ 3º Para efeito do § 2º, o cálculo da renda mensal do benefício será apurado na forma do disposto no inciso II do *caput* do art. 32, considerando-se como salário de contribuição mensal do período como segurado especial o limite mínimo do salário de contribuição da previdência social.

• § 3º acrescentado pelo Dec. 6.722/2008.

§ 4º Aplica-se o disposto nos §§ 2º e 3º ainda que na oportunidade do requerimento da aposentadoria o segurado não se enquadre como trabalhador rural.

• § 4º acrescentado pelo Dec. 6.722/2008.

Art. 52. A aposentadoria por idade será devida:

I – ao segurado empregado, inclusive o doméstico:

a) a partir da data do desligamento do emprego, quando requerida até 90 (noventa) dias depois dela; ou

b) a partir da data do requerimento, quando não houver desligamento do emprego ou quando for requerida após o prazo da alínea *a*; e

II – para os demais segurados, a partir da data da entrada do requerimento.

Art. 53. A aposentadoria por idade consiste numa renda mensal calculada na forma do inciso III do *caput* do art. 39.

Art. 54. A aposentadoria por idade pode ser requerida pela empresa, desde que o segurado tenha cumprido a carência, quando este completar 70 anos de idade, se do sexo masculino, ou 65, se do sexo feminino, sendo compulsória, caso em que será garantida ao empregado a indenização prevista na legislação trabalhista, considerada como data da rescisão do contrato de trabalho a imediatamente anterior à do início da aposentadoria.

Art. 55. *(Revogado pelo Dec. 6.722/2008).*

Subseção III
Da aposentadoria por tempo de contribuição

Art. 56. A aposentadoria por tempo de contribuição será devida ao segurado após 35 (trinta e cinco) anos de contribuição, se homem, ou 30 (trinta) anos, se mulher, observado o disposto no art. 199-A.

• *Caput* com redação determinada pelo Dec. 6.042/2007.

§ 1º A aposentadoria por tempo de contribuição do professor que comprove, exclusivamente, tempo de efetivo exercício em função de magistério na educação infantil, no ensino fundamental ou no ensino médio, será devida ao professor aos 30 (trinta) anos de contribuição e à professora aos 25 (vinte e cinco) anos de contribuição.

• § 1º com redação determinada pelo Dec. 6.722/2008.

§ 2º Para os fins do disposto no § 1º, considera-se função de magistério a exercida por professor, quando exercida em estabelecimento de educação básica em seus diversos níveis e modalidades, incluídas, além do exercício da docência, as funções de direção de unidade escolar e as de coordenação e assessoramento pedagógico.

- § 2º com redação determinada pelo Dec. 6.722/2008.

§ 3º Se mais vantajoso, fica assegurado o direito à aposentadoria, nas condições legalmente previstas na data do cumprimento de todos os requisitos previstos no *caput*, ao segurado que optou por permanecer em atividade.

§ 4º Para efeito do disposto no parágrafo anterior, o valor inicial da aposentadoria, apurado conforme o § 9º do art. 32, será comparado com o valor da aposentadoria calculada na forma da regra geral deste Regulamento, mantendo-se o mais vantajoso, considerando-se como data de início do benefício a data da entrada do requerimento.

§ 5º O segurado oriundo de regime próprio de previdência social que se filiar ao Regime Geral de Previdência Social a partir de 16 de dezembro de 1998 fará jus à aposentadoria por tempo de contribuição nos termos desta Subseção, não se lhe aplicando o disposto no art. 188.

- § 5º acrescentado pelo Dec. 3.265/1999.

Art. 57. A aposentadoria por tempo de contribuição consiste numa renda mensal calculada na forma do inciso IV do *caput* do art. 39.

Art. 58. A data do início da aposentadoria por tempo de contribuição será fixada conforme o disposto nos incisos I e II do art. 52.

Art. 59. Considera-se tempo de contribuição o tempo, contado de data a data, desde o início até a data do requerimento ou do desligamento de atividade abrangida pela previdência social, descontados os períodos legalmente estabelecidos como de suspensão de contrato de trabalho, de interrupção de exercício e de desligamento da atividade.

§ 1º Cabe ao contribuinte individual comprovar a interrupção ou o encerramento da atividade pela qual vinha contribuindo, sob pena de ser considerado em débito no período sem contribuição.

- § 1º acrescentado pelo Dec. 4.729/2003.

§ 2º A comprovação da interrupção ou encerramento da atividade do contribuinte individual será feita, no caso dos segurados enquadrados nas alíneas *j* e *l* do inciso V do art. 9º, mediante declaração, ainda que extemporânea, e, para os demais, com base em distrato social, alteração contratual ou documento equivalente emitido por junta comercial, secretaria federal, estadual, distrital ou municipal ou por outros órgãos oficiais, ou outra forma admitida pelo INSS.

- § 2º acrescentado pelo Dec. 4.729/2003.

Art. 60. Até que lei específica discipline a matéria, são contados como tempo de contribuição, entre outros:

I – o período de exercício de atividade remunerada abrangida pela previdência social urbana e rural, ainda que anterior à sua instituição, respeitado o disposto no inciso XVII;

II – o período de contribuição efetuada por segurado depois de ter deixado de exercer atividade remunerada que o enquadrava como segurado obrigatório da previdência social;

III – o período em que o segurado esteve recebendo auxílio-doença ou aposentadoria por invalidez, entre períodos de atividade;

IV – o tempo de serviço militar, salvo se já contado para inatividade remunerada nas Forças Armadas ou auxiliares, ou para aposentadoria no serviço público federal, estadual, do Distrito Federal ou municipal, ainda que anterior à filiação ao Regime Geral de Previdência Social, nas seguintes condições:

a) obrigatório ou voluntário; e

b) alternativo, assim considerado o atribuído pelas Forças Armadas àqueles que, após alistamento, alegarem imperativo de consciência, entendendo-se como tal o decorrente de crença religiosa e de convicção filosófica ou política, para se eximirem de atividades de caráter militar;

V – o período em que a segurada esteve recebendo salário-maternidade;

VI – o período de contribuição efetuada como segurado facultativo;

VII – o período de afastamento da atividade do segurado anistiado que, em virtude de motivação exclusivamente política, foi atingido por atos de exceção, institucional ou complementar, ou abrangido pelo Decreto Legislativo 18, de 15 de dezembro de 1961, pelo Decreto-lei 864, de 12 de setembro de 1969, ou que, em virtude de pressões ostensivas ou expedientes oficiais sigilosos, tenha sido demitido ou compelido ao afastamento de atividade remunerada no período de 18 de setembro de 1946 a 5 de outubro de 1988;

VIII – o tempo de serviço público federal, estadual, do Distrito Federal ou municipal, inclusive o prestado a autarquia ou a sociedade de economia mista ou fundação instituída pelo Poder Público, regularmente certificado na forma da Lei 3.841, de 15 de dezembro de 1960, desde que a respectiva certidão tenha sido requerida na entidade para a qual o serviço foi prestado até 30 de setembro de 1975, véspera do início da vigência da Lei 6.226, de 14 de junho de 1975;

IX – o período em que o segurado esteve recebendo benefício por incapacidade por acidente do trabalho, intercalado ou não;

X – o tempo de serviço do segurado trabalhador rural anterior à competência novembro de 1991;

XI – o tempo de exercício de mandato classista junto a órgão de deliberação coletiva em que, nessa qualidade, tenha havido contribuição para a previdência social;

XII – o tempo de serviço público prestado à administração federal direta e autarquias federais, bem como às estaduais, do Distrito Federal e municipais, quando aplicada a legislação que autorizou a contagem recíproca de tempo de contribuição;

XIII – o período de licença remunerada, desde que tenha havido desconto de contribuições;

XIV – o período em que o segurado tenha sido colocado pela empresa em disponibilidade remunerada, desde que tenha havido desconto de contribuições;

XV – o tempo de serviço prestado à Justiça dos Estados, às serventias extrajudiciais e às escrivanias judiciais, desde que não tenha havido remuneração pelos cofres públicos e que a atividade não estivesse à época vinculada a regime próprio de previdência social;

XVI – o tempo de atividade patronal ou autônoma, exercida anteriormente à vigência da Lei 3.807, de 26 de agosto de 1960, desde que indenizado conforme o disposto no art. 122;

XVII – o período de atividade na condição de empregador rural, desde que comprovado o recolhimento de contribuições na forma da Lei 6.260, de 6 de novembro de 1975, com indenização do período anterior, conforme o disposto no art. 122;

XVIII – o período de atividade dos auxiliares locais de nacionalidade brasileira no exterior, amparados pela Lei 8.745, de 1993, anteriormente a 1º de janeiro de 1994, desde que sua situação previdenciária esteja regularizada junto ao Instituto Nacional do Seguro Social;

XIX – o tempo de exercício de mandato eletivo federal, estadual, distrital ou municipal, desde que tenha havido contribuição em época própria e não tenha sido contado para efeito de aposentadoria por outro regime de previdência social;

XX – o tempo de trabalho em que o segurado esteve exposto a agentes nocivos químicos, físicos, biológicos ou associação de agentes prejudiciais à saúde ou à integridade física, observado o disposto nos arts. 64 a 70; e

XXI – o tempo de contribuição efetuado pelo servidor público de que tratam as alíneas *i*, *j* e *l* do inciso I do *caput* do art. 9º e o § 2º do art. 26, com base nos arts. 8º e 9º da Lei 8.162, de 8 de janeiro de 1991, e no art. 2º da Lei 8.688, de 21 de julho de 1993;

XXII – o tempo exercido na condição de aluno-aprendiz referente ao período de aprendizado profissional realizado em escola técnica, desde que comprovada a remuneração, mesmo que indireta, à conta do orçamento público e o vínculo empregatício.

- Inciso XXII acrescentado pelo Dec. 6.722/2008.

§ 1º Não será computado como tempo de contribuição o já considerado para concessão de qualquer aposentadoria prevista neste Regulamento ou por outro regime de previdência social.

§ 2º *(Revogado pelo Dec. 3.265/1999).*

§ 3º O tempo de contribuição de que trata este artigo será considerado para cálculo do valor da renda mensal de qualquer benefício.

§ 4º O segurado especial que contribui na forma do § 2º do art. 200 somente fará jus à aposentadoria por idade, tempo de contribuição e especial após o cumprimento da carência exigida para estes benefícios, não sendo considerado como período de carência o tempo de atividade rural não contributivo.

§ 5º Não se aplica o disposto no inciso VII ao segurado demitido ou exonerado em razão de processos administrativos ou de aplicação de política de pessoal do governo, da empresa ou da entidade a que estavam vinculados, assim como ao segurado ex-dirigente ou ex-representante sindical que não comprove prévia existência do vínculo empregatício mantido com a empresa ou sindicato e o consequente afastamento da atividade remunerada em razão dos atos mencionados no referido inciso.

§ 6º Caberá a cada interessado alcançado pelas disposições do inciso VII comprovar a condição de segurado obrigatório da previdência social, mediante apresentação dos documentos contemporâneos dos fatos ensejadores da demissão ou afastamento da atividade remunerada, assim como apresentar o ato declaratório da anistia, expedido pela autoridade competente, e a consequente comprovação da sua publicação oficial.

§ 7º Para o cômputo do período a que se refere o inciso VII, o Instituto Nacional do Seguro Social deverá observar se no ato declaratório da anistia consta o fundamento legal no qual se fundou e o nome do órgão, da empresa ou da entidade a que estava vinculado o segurado à época dos atos que ensejaram a demissão ou o afastamento da atividade remunerada.

§ 8º É indispensável para o cômputo do período a que se refere o inciso VII a prova da relação de causa entre a demissão ou afastamento da atividade remunerada e a motivação referida no citado inciso.

Art. 61. Observado o disposto no art. 19, são contados como tempo de contribuição, para efeito do disposto nos §§ 1º e 2º do art. 56:

- *Caput* do Artigo com redação determinada pelo Dec. 4.079/2002.

I – o de serviço público federal, estadual, do Distrito Federal ou municipal;

II – o de recebimento de benefício por incapacidade, entre períodos de atividade; e

III – o de benefício por incapacidade decorrente de acidente do trabalho, intercalado ou não.

§ 1º A comprovação da condição de professor far-se-á mediante a apresentação:

I – do respectivo diploma registrado nos órgãos competentes federais e estaduais, ou de qualquer outro documento que comprove a habilitação para o exercício do magistério, na forma de lei específica; e

II – dos registros em Carteira Profissional e/ou Carteira de Trabalho e Previdência Social complementados, quando for o caso, por declaração do estabelecimento de ensino onde foi exercida a atividade, sempre que necessária essa informação, para efeito e caracterização do efetivo exercício da função de magistério, nos termos do § 2º do art. 56.

§ 2º É vedada a conversão de tempo de serviço de magistério, exercido em qualquer época, em tempo de serviço comum.

Art. 62. A prova de tempo de serviço, considerado tempo de contribuição na forma do art. 60, observado o disposto no art. 19 e, no que couber, as peculiaridades do segurado de que tratam as alíneas *j* e *l* do inciso V do *caput* do art. 9º e do art. 11, é feita mediante documentos que comprovem o exercício de atividade nos períodos a serem contados, devendo esses documentos ser contemporâneos dos fatos a comprovar e mencionar as datas de início e término e, quando se tratar de trabalhador avulso, a duração do trabalho e a condição em que foi prestado.

- *Caput* com redação determinada pelo Dec. 4.079/2002.

§ 1º As anotações em Carteira Profissional e/ou Carteira de Trabalho e Previdência Social relativas a férias, alterações de salários e outras que demonstrem a sequência do exercício da atividade podem suprir possível falha de registro de admissão ou dispensa.

- § 1º com redação determinada pelo Dec. 4.729/2003.

§ 2º Subsidiariamente ao disposto no art. 19, servem para a prova do tempo de contribuição que trata o *caput*:

- *Caput* do § 2º com redação determinada pelo Dec. 6.722/2008.

I – para os trabalhadores em geral, os documentos seguintes:

- Inciso I com redação determinada pelo Dec. 6.722/2008.

a) o contrato individual de trabalho, a Carteira Profissional, a Carteira de Trabalho e Previdência Social, a carteira de férias, a carteira sanitária, a caderneta de matrícula e a caderneta de contribuições dos extintos institutos de aposentadoria e pensões, a caderneta de inscrição pessoal visada pela Capitania dos Portos, pela Superintendência do Desenvolvimento da Pesca, pelo Departamento Nacional de Obras Contra as Secas e declarações da Secretaria da Receita Federal do Brasil;

b) certidão de inscrição em órgão de fiscalização profissional, acompanhada do documento que prove o exercício da atividade;

c) contrato social e respectivo distrato, quando for o caso, ata de assembleia geral e registro de empresário; ou

d) certificado de sindicato ou órgão gestor de mão de obra que agrupa trabalhadores avulsos;

II – de exercício de atividade rural, alternativamente:

- Inciso II com redação determinada pelo Dec. 6.722/2008.

a) contrato individual de trabalho ou Carteira de Trabalho e Previdência Social;

b) contrato de arrendamento, parceria ou comodato rural;

c) declaração fundamentada de sindicato que represente o trabalhador rural ou, quando for o caso, de sindicato ou colônia de pescadores, desde que homologada pelo INSS;

d) comprovante de cadastro do Instituto Nacional de Colonização e Reforma Agrária – Incra;

e) bloco de notas do produtor rural;

f) notas fiscais de entrada de mercadorias, de que trata o § 24 do art. 225, emitidas pela empresa adquirente da produção, com indicação do nome do segurado como vendedor;

g) documentos fiscais relativos a entrega de produção rural à cooperativa agrícola, entreposto de pescado ou outros, com indicação do segurado como vendedor ou consignante;

h) comprovantes de recolhimento de contribuição à Previdência Social decorrentes da comercialização da produção;

i) cópia da declaração de imposto de renda, com indicação de renda proveniente da comercialização de produção rural;

j) licença de ocupação ou permissão outorgada pelo Incra; ou

l) certidão fornecida pela Fundação Nacional do Índio – Funai, certificando a condição do índio como trabalhador rural, desde que homologada pelo INSS.

III – *(Revogado pelo Dec. 6.722/2008).*

IV – *(Revogado pelo Dec. 6.722/2008).*

V – *(Revogado pelo Dec. 6.722/2008).*

VI – *(Revogado pelo Dec. 6.722/2008).*

VII – *(Revogado pelo Dec. 6.722/2008).*

VIII – *(Revogado pelo Dec. 6.722/2008).*

§ 3º Na falta de documento contemporâneo podem ser aceitos declaração do empregador ou seu preposto, atestado de empresa ainda existente, certificado ou certidão de entidade oficial dos quais constem os dados previstos no *caput* deste artigo, desde que extraídos de registros efetivamente existentes e acessíveis à fiscalização do Instituto Nacional do Seguro Social.

- § 3º com redação determinada pelo Dec. 4.729/2003.

§ 4º Se o documento apresentado pelo segurado não atender ao estabelecido neste artigo, a prova exigida pode ser complementada por outros documentos que levem à convicção do fato a comprovar, inclusive mediante justificação administrativa, na forma do Capítulo VI deste Título.

- § 4º com redação determinada pelo Dec. 4.729/2003.

§ 5º A comprovação realizada mediante justificação administrativa ou judicial só produz efeito perante a previdência social quando baseada em início de prova material.

- § 5º com redação determinada pelo Dec. 4.729/2003.

§ 6º A prova material somente terá validade para a pessoa referida no documento, não sendo permitida sua utilização por outras pessoas.

- § 6º com redação determinada pelo Dec. 4.729/2003.

§ 7º A empresa colocará à disposição de servidor designado por dirigente do Instituto Nacional do Seguro Social as informações ou registros de que dispuser, relativamente a segurado a seu serviço e previamente identificado, para fins de instrução ou revisão de processo de reconhecimento de direitos e outorga de benefícios do Regime Geral de Previdência Social.

- § 7º acrescentado pelo Dec. 6.496/2008.

§ 8º A declaração mencionada na alínea *c* do inciso II do § 2º, além da identificação da entidade e do emitente da declaração, com indicação do respectivo mandato:

- § 8º acrescentado pelo Dec. 6.722/2008.

I – deverá ser fornecida em duas vias, em papel timbrado da entidade, com numeração sequencial controlada e ininterrupta;

II – deverá conter a identificação, a qualificação pessoal do beneficiário e a categoria de produtor a que pertença;

III – deverá consignar os documentos e informações que serviram de base para a sua emissão, bem como, se for o caso, a origem dos dados extraídos de registros existentes na própria entidade declarante ou em outro órgão, entidade ou empresa, desde que idôneos e acessíveis à previdência social;

IV – não poderá conter informação referente a período anterior ao início da atividade da entidade declarante, salvo se baseada em documento que constitua prova material do exercício da atividade; e

V – deverá consignar dados relativos ao período e forma de exercício da atividade rural na forma estabelecida pelo INSS.

§ 9º Sempre que a categoria de produtor informada na declaração de que trata a alínea *c* do inciso II do § 2º for de parceiro, meeiro, arrendatário, comodatário, ou outra modalidade de outorgado, o documento deverá identificar e qualificar o outorgante.

- § 9º acrescentado pelo Dec. 6.722/2008.

§ 10. A segunda via da declaração prevista na alínea *c* do inciso II do § 2º deverá ser mantida na própria entidade, com numeração sequencial em ordem crescente, à disposição do INSS e demais órgãos de fiscalização e controle.

- § 10 acrescentado pelo Dec. 6.722/2008.

§ 11. Na hipótese de inexistência de sindicato que represente o trabalhador rural, a declaração mencionada na alínea *c* do inciso II do § 2º poderá ser suprida pela apresentação de duas declarações firmadas por autoridades administrativas ou judiciárias locais, desde que exerçam cargos ou funções de juízes federais ou estaduais ou do Distrito Federal, promotores de justiça, delegados de polícia, comandantes de unidades militares do Exército, Marinha, Aeronáutica ou de forças auxiliares, titulares de representação local do Ministério do Trabalho e Emprego e de diretores titulares de estabelecimentos públicos de ensino fundamental e médio.

- § 11 acrescentado pelo Dec. 6.722/2008.

§ 12. As autoridades mencionadas no § 11 somente poderão fornecer declaração relativa a período anterior à data do início das suas funções na localidade se puderem fundamentá-la com documentos contemporâneos do fato declarado, que evidenciem plena convicção de sua veracidade.

- § 12 acrescentado pelo Dec. 6.722/2008.

§ 13. A declaração de que trata o § 11, sujeita à homologação pelo INSS, e a certidão a que se refere a alínea *l* do inciso II do § 2º deverão obedecer, no que couber, ao disposto no § 8º.

- § 13 acrescentado pelo Dec. 6.722/2008.

§ 14. A homologação a que se refere a alínea *l* do inciso II do § 2º se restringe às informações relativas à atividade rural, em especial o atendimento dos incisos II, III e V do § 8º.

- § 14 acrescentado pelo Dec. 6.939/2009.

Art. 63. Não será admitida prova exclusivamente testemunhal para efeito de comprovação de tempo de serviço ou de contribuição, salvo na ocorrência de motivo de força maior ou caso fortuito, observado o disposto no § 2º do art. 143.

Subseção IV
Da aposentadoria especial

Art. 64. A aposentadoria especial, uma vez cumprida a carência exigida, será devida ao segurado empregado, trabalhador avulso e contribuinte individual, este somente quando cooperado filiado a cooperativa de trabalho ou de produção, que tenha trabalhado durante 15 (quinze), 20 (vinte) ou 25 (vinte e cinco) anos, conforme o caso, sujeito a condições especiais que prejudiquem a saúde ou a integridade física.

- *Caput* com redação determinada pelo Dec. 4.729/2003.

§ 1º A concessão da aposentadoria especial prevista neste artigo dependerá da comprovação, durante o período mínimo fixado no *caput*:

- § 1º com redação determinada pelo Dec. 8.123/2013.

I – do tempo de trabalho permanente, não ocasional nem intermitente; e

II – da exposição do segurado aos agentes nocivos químicos, físicos, biológicos ou a associação de agentes prejudiciais à saúde ou à integridade física.

§ 2º Consideram-se condições especiais que prejudiquem a saúde e a integridade física aquelas nas quais a exposição ao agente nocivo ou associação de agentes presentes no ambiente de trabalho esteja acima dos limites de tolerância estabelecidos segundo critérios quantitativos ou esteja caracterizada segundo os critérios da avaliação qualitativa dispostos no § 2º do art. 68.

- § 2º com redação determinada pelo Dec. 8.123/2013.

Art. 65. Considera-se tempo de trabalho permanente aquele que é exercido de forma não ocasional nem intermitente, no qual a exposição do empregado, do trabalhador avulso ou do cooperado ao agente nocivo seja indissociável da produção do bem ou da prestação do serviço.

- Artigo com redação determinada pelo Dec. 8.123/2013.

Parágrafo único. Aplica-se o disposto no *caput* aos períodos de descanso determinados pela legislação trabalhista, inclusive férias, aos de afastamento decorrentes de gozo de benefícios de auxílio-doença ou aposentadoria por invalidez acidentários, bem como aos de percepção de salário-maternidade, desde que, à data do afastamento, o segurado estivesse exposto aos fatores de risco de que trata o art. 68.

Art. 66. Para o segurado que houver exercido duas ou mais atividades sujeitas a condições especiais prejudiciais à saúde ou à integridade física, sem completar em qualquer delas o prazo mínimo exigido para a aposentadoria especial, os respectivos períodos de exercício serão somados após conversão, devendo ser considerada a atividade preponderante para efeito de enquadramento.

- Artigo com redação determinada pelo Dec. 8.123/2013.

§ 1º Para fins do disposto no *caput*, não serão considerados os períodos em que a atividade exercida não estava sujeita a condições especiais, observado, nesse caso, o disposto no art. 70.

§ 2º A conversão de que trata o *caput* será feita segundo a tabela abaixo:

Tempo a converter	Multiplicadores		
	Para 15	Para 20	Para 25
de 15 anos	–	1,33	1,67
de 20 anos	0,75	–	1,25
de 25 anos	0,60	0,80	–

Art. 67. A renda mensal inicial da aposentadoria especial será equivalente a 100% (cem por cento) do salário de benefício, observado, quanto à data de início do benefício, o disposto na legislação previdenciária.

- Artigo com redação determinada pelo Dec. 8.123/2013.

Art. 68. A relação dos agentes nocivos químicos, físicos, biológicos ou associação de agentes prejudiciais à saúde ou à integridade física, considerados para fins de concessão de aposentadoria especial, consta do Anexo IV.

§ 1º As dúvidas sobre o enquadramento dos agentes de que trata o *caput*, para efeito do disposto nesta Subseção, serão resolvidas pelo Ministério do Trabalho e Emprego e pelo Ministério da Previdência e Assistência Social.

§ 2º A avaliação qualitativa de riscos e agentes nocivos será comprovada mediante descrição:

- § 2º com redação determinada pelo Dec. 8.123/2013.

I – das circunstâncias de exposição ocupacional a determinado agente nocivo ou associação de agentes nocivos presentes no ambiente de trabalho durante toda a jornada;

II – de todas as fontes e possibilidades de liberação dos agentes mencionados no inciso I; e

III – dos meios de contato ou exposição dos trabalhadores, as vias de absorção, a intensidade da exposição, a frequência e a duração do contato.

§ 3º A comprovação da efetiva exposição do segurado aos agentes nocivos será feita mediante formulário emitido pela empresa ou seu preposto, com base em laudo técnico de condições ambientais do trabalho expedido por médico do trabalho ou engenheiro de segurança do trabalho.

- § 3º com redação determinada pelo Dec. 8.123/2013.

§ 4º A presença no ambiente de trabalho, com possibilidade de exposição a ser apurada na forma dos §§ 2º e 3º, de agentes nocivos reconhecidamente cancerígenos em humanos, listados pelo Ministério do Trabalho e Emprego, será suficiente para a comprovação de efetiva exposição do trabalhador.

- § 4º com redação determinada pelo Dec. 8.123/2013.

§ 5º No laudo técnico referido no § 3º, deverão constar informações sobre a existência de tecnologia de proteção coletiva ou individual, e de sua eficácia, e deverá ser elaborado com observância das normas editadas pelo Ministério do Trabalho e Emprego e dos procedimentos estabelecidos pelo INSS.

- § 5º com redação determinada pelo Dec. 8.123/2013.

§ 6º A empresa que não mantiver laudo técnico atualizado com referência aos agentes nocivos existentes no ambiente de trabalho de seus trabalhadores ou que emitir documento de comprovação de efetiva exposição em desacordo com o respectivo laudo estará sujeita às penalidades previstas na legislação.

- § 6º com redação determinada pelo Dec. 8.123/2013.

§ 7º O INSS estabelecerá os procedimentos para fins de concessão de aposentadoria especial, podendo, se necessário, confirmar as informações contidas nos documentos mencionados nos § 2º e 3º.

- § 7º com redação determinada pelo Dec. 8.123/2013.

§ 8º A empresa deverá elaborar e manter atualizado o perfil profissiográfico do trabalhador, contemplando as atividades desenvolvidas durante o período laboral, documento que a ele deverá ser fornecido, por cópia autêntica, no prazo de 30 (trinta) dias da rescisão do seu contrato de trabalho, sob pena de sujeição às sanções previstas na legislação aplicável.

- § 8º com redação determinada pelo Dec. 8.123/2013.

§ 9º Considera-se perfil profissiográfico, para os efeitos do § 8º, o documento com o históricolaboral do trabalhador, segundo modelo instituído pelo INSS, que, entre outras informações, deve conter o resultado das avaliações ambientais, o nome dos responsáveis pela monitoração biológica e das avaliações ambientais, os resultados de monitoração biológica e os dados administrativos correspondentes.

- § 9º com redação determinada pelo Dec. 8.123/2013.

§ 10. O trabalhador ou seu preposto terá acesso às informações prestadas pela empresa sobre o seu perfil profissiográfico, podendo inclusive solicitar a retificação de informações quando em desacordo com a realidade do ambiente de trabalho, conforme orientação estabelecida em ato do Ministro de Estado da Previdência Social.

- § 10 com redação determinada pelo Dec. 8.123/2013.

§ 11. A cooperativa de trabalho e a empresa contratada para prestar serviços mediante cessão ou empreitada de mão de obra atenderão ao disposto nos §§ 3º, 4º e 5º com base nos laudos técnicos de condições ambientais de trabalho emitidos pela empresa contratante, quando o serviço for prestado em estabelecimento da contratante.

- § 11 com redação determinada pelo Dec. 8.123/2013.

§ 12. Nas avaliações ambientais deverão ser considerados, além do disposto no Anexo IV, a metodologia e os procedimentos de avaliação estabelecidos pela Fundação Jorge Duprat Figueiredo de Segurança e Medicina do Trabalho – Fundacentro.

- § 12 acrescentado pelo Dec. 8.123/2013.

§ 13. Na hipótese de não terem sido estabelecidos pela Fundacentro a metodologia e procedimentos de avaliação, cabe ao Ministério do Trabalho e Emprego definir outras instituições que os estabeleçam.

§ 13 acrescentado pelo Dec. 8.123/2013.

Art. 69. A data de início da aposentadoria especial será fixada:

- Artigo com redação determinada pelo Dec. 8.123/2013.

I – para o segurado empregado:

a) a partir da data do desligamento do emprego, quando requerida a aposentadoria especial, até noventa dias após essa data; ou

b) a partir da data do requerimento, quando não houver desligamento do emprego ou quando a aposentadoria for requerida após o prazo estabelecido na alínea *a*; e

II – para os demais segurados, a partir da data da entrada do requerimento.

Parágrafo único. O segurado que retornar ao exercício de atividade ou operação que o sujeite aos riscos e agentes nocivos constantes do Anexo IV, ou nele permanecer, na mesma ou em outra empresa, qualquer que seja a forma de prestação do serviço ou categoria de segurado, será imediatamente notificado da cessação do pagamento de sua aposentadoria especial, no prazo de 60 (sessenta) dias contado da data de emissão da notificação, salvo comprovação, nesse prazo, de que o exercício dessa atividade ou operação foi encerrado.

Art. 70. A conversão de tempo de atividade sob condições especiais em tempo de atividade comum dar-se-á de acordo com a seguinte tabela:

- Artigo com redação determinada pelo Dec. 4.827/2003.

Tempo a converter	Multiplicadores	
	Mulher (para 30)	**Homem (para 35)**
de 15 anos	2,00	2,33
de 20 anos	1,50	1,75
de 25 anos	1,20	1,40

§ 1º A caracterização e a comprovação do tempo de atividade sob condições especiais obedecerá ao disposto na legislação em vigor na época da prestação do serviço.

§ 2º As regras de conversão de tempo de atividade sob condições especiais em tempo de atividade comum constantes deste artigo aplicam-se ao trabalho prestado em qualquer período.

Subseção IV-A

Das aposentadorias por tempo de contribuição e por idade do segurado com deficiência

- Rubrica da Subseção IV-A acrescentada pelo Dec. 8.145/2013.

Art. 70-A. A concessão da aposentadoria por tempo de contribuição ou por idade ao segurado que tenha reconhecido, em avaliação médica e funcional realizada por perícia própria do INSS, grau de deficiência leve, moderada ou grave, está condicionada à comprovação da condição de pessoa com deficiência na data da entrada do requerimento ou na data da implementação dos requisitos para o benefício.

- Artigo acrescentado pelo Dec. 8.145/2013.

Art. 70-B. A aposentadoria por tempo de contribuição do segurado com deficiência, cumprida a carência, é devida ao segurado empregado, inclusive o doméstico, trabalhador avulso, contribuinte individual e facultativo, observado o disposto no art. 199-A e os seguintes requisitos:

• Artigo acrescentado pelo Dec. 8.145/2013.

I – aos vinte e cinco anos de tempo de contribuição na condição de pessoa com deficiência, se homem, e vinte anos, se mulher, no caso de segurado com deficiência grave;

II – aos vinte e nove anos de tempo de contribuição na condição de pessoa com deficiência, se homem, e vinte e quatro anos, se mulher, no caso de segurado com deficiência moderada; e

III – aos trinta e três anos de tempo de contribuição na condição de pessoa com deficiência, se homem, e vinte e oito anos, se mulher, no caso de segurado com deficiência leve.

Parágrafo único. A aposentadoria de que trata o *caput* é devida aos segurados especiais que contribuam facultativamente, de acordo com o disposto no art. 199 e no § 2º do art. 200.

Art. 70-C. A aposentadoria por idade da pessoa com deficiência, cumprida a carência, é devida ao segurado aos sessenta anos de idade, se homem, e cinquenta e cinco anos de idade, se mulher.

• Artigo acrescentado pelo Dec. 8.145/2013.

§ 1º Para efeitos de concessão da aposentadoria de que trata o *caput*, o segurado deve contar com no mínimo quinze anos de tempo de contribuição, cumpridos na condição de pessoa com deficiência, independentemente do grau, observado o disposto no art. 70-D.

§ 2º Aplica-se ao segurado especial com deficiência o disposto nos §§ 1º a 4º do art. 51, e na hipótese do § 2º será considerada a idade prevista no *caput* deste artigo, desde que o tempo exigido para a carência da aposentadoria por idade seja cumprido na condição de pessoa com deficiência.

Art. 70-D. Para efeito de concessão da aposentadoria da pessoa com deficiência, compete à perícia própria do INSS, nos termos de ato conjunto do Ministro de Estado Chefe da Secretaria de Direitos Humanos da Presidência da República, dos Ministros de Estado da Previdência Social, da Fazenda, do Planejamento, Orçamento e Gestão e do Advogado-Geral da União:

• Artigo acrescentado pelo Dec. 8.145/2013.

I – avaliar o segurado e fixar a data provável do início da deficiência e o seu grau; e

II – identificar a ocorrência de variação no grau de deficiência e indicar os respectivos períodos em cada grau.

§ 1º A comprovação da deficiência anterior à data da vigência da Lei Complementar 142, de 8 de maio de 2013, será instruída por documentos que subsidiem a avaliação médica e funcional, vedada a prova exclusivamente testemunhal.

§ 2º A avaliação da pessoa com deficiência será realizada para fazer prova dessa condição exclusivamente para fins previdenciários.

§ 3º Considera-se pessoa com deficiência aquela que tem impedimentos de longo prazo de natureza física, mental, intelectual ou sensorial, os quais, em interação com diversas barreiras, podem obstruir sua participação plena e efetiva na sociedade em igualdade de condições com as demais pessoas.

§ 4º Ato conjunto do Ministro de Estado Chefe da Secretaria de Direitos Humanos da Presidência da República, dos Ministros de Estado da Previdência Social, da Fazenda, do Planejamento, Orçamento e Gestão e do Advogado-Geral da União definirá impedimento de longo prazo para os efeitos deste Decreto.

Art. 70-E. Para o segurado que, após a filiação ao RGPS, tornar-se pessoa com deficiência, ou tiver seu grau alterado, os parâmetros mencionados nos incisos I, II e III do *caput* do art. 70-B serão proporcionalmente ajustados e os respectivos períodos serão somados após conversão, conforme as tabelas abaixo, considerando o grau de deficiência preponderante, observado o disposto no art. 70-A:

• Artigo acrescentado pelo Dec. 8.145/2013.

MULHER				
TEMPO A CONVERTER	**MULTIPLICADORES**			
	Para 20	**Para 24**	**Para 28**	**Para 30**
De 20 anos	1,00	1,20	1,40	1,50
De 24 anos	0,83	1,00	1,17	1,25
De 28 anos	0,71	0,86	1,00	1,07
De 30 anos	0,67	0,80	0,93	1,00

HOMEM				
TEMPO A CONVERTER	**MULTIPLICADORES**			
	Para 25	**Para 29**	**Para 33**	**Para 35**
De 25 anos	1,00	1,16	1,32	1,40
De 29 anos	0,86	1,00	1,14	1,21
De 33 anos	0,76	0,88	1,00	1,06
De 35 anos	0,71	0,83	0,94	1,00

§ 1º O grau de deficiência preponderante será aquele em que o segurado cumpriu maior tempo de contribuição, antes da conversão, e servirá como parâmetro para definir o tempo mínimo necessário para a aposentadoria por tempo de contribuição da pessoa com deficiência e para a conversão.

§ 2º Quando o segurado contribuiu alternadamente na condição de pessoa sem deficiência e com deficiência, os respectivos períodos poderão ser somados, após aplicação da conversão de que trata o *caput*.

Art. 70-F. A redução do tempo de contribuição da pessoa com deficiência não poderá ser acumulada, no mesmo período contributivo, com a redução aplicada aos períodos de contribuição relativos a atividades exercidas sob condições especiais que prejudiquem a saúde ou a integridade física.

• Artigo acrescentado pelo Dec. 8.145/2013.

§ 1º É garantida a conversão do tempo de contribuição cumprido em condições especiais que prejudiquem a saúde ou a integridade física do segurado, inclusive da pessoa com deficiência, para fins da aposentadoria de que trata o art. 70-B, se resultar mais favorável ao segurado, conforme tabela abaixo:

TEMPO A CONVERTER	MULHER MULTIPLICADORES				
	Para 15	Para 20	Para 24	Para 25	Para 28
De 15 anos	1,00	1,33	1,60	1,67	1,87
De 20 anos	0,75	1,00	1,20	1,25	1,40
De 24 anos	0,63	0,83	1,00	1,04	1,17
De 25 anos	0,60	0,80	0,96	1,00	1,12
De 28 anos	0,54	0,71	0,86	0,89	1,00

TEMPO A CONVERTER	HOMEM MULTIPLICADORES				
	Para 15	Para 20	Para 25	Para 29	Para 33
De 15 anos	1,00	1,33	1,67	1,93	2,20
De 20 anos	0,75	1,00	1,25	1,45	1,65
De 25 anos	0,60	0,80	1,00	1,16	1,32
De 29 anos	0,52	0,69	0,86	1,00	1,14
De 33 anos	0,45	0,61	0,76	0,88	1,00

§ 2º É vedada a conversão do tempo de contribuição da pessoa com deficiência para fins de concessão da aposentadoria especial de que trata a Subseção IV da Seção VI do Capítulo II.

§ 3º Para fins da aposentadoria por idade da pessoa com deficiência é assegurada a conversão do período de exercício de atividade sujeita a condições especiais que prejudiquem a saúde ou a integridade física, cumprido na condição de pessoa com deficiência, exclusivamente para efeito de cálculo do valor da renda mensal, vedado o cômputo do tempo convertido para fins de carência.

Art. 70-G. É facultado ao segurado com deficiência optar pela percepção de qualquer outra espécie de aposentadoria do RGPS que lhe seja mais vantajosa.

• Artigo acrescentado pelo Dec. 8.145/2013.

Art. 70-H. A critério do INSS, o segurado com deficiência deverá, a qualquer tempo, submeter-se a perícia própria para avaliação ou reavaliação do grau de deficiência.

• Artigo acrescentado pelo Dec. 8.145/2013.

Parágrafo único. Após a concessão das aposentadorias na forma dos arts. 70-B e 70-C, será observado o disposto nos arts. 347 e 347-A.

Art. 70-I. Aplicam-se à pessoa com deficiência as demais normas relativas aos benefícios do RGPS.

• Artigo acrescentado pelo Dec. 8.145/2013.

Subseção V
Do auxílio-doença

Art. 71. O auxílio-doença será devido ao segurado que, após cumprida, quando for o caso, a carência exigida, ficar incapacitado para o seu trabalho ou para a sua atividade habitual por mais de 15 (quinze) dias consecutivos.

• V. Súmula 371, TST.

§ 1º Não será devido auxílio-doença ao segurado que se filiar ao Regime Geral de Previdência Social já portador de doença ou lesão invocada como causa para a concessão do benefício, salvo quando a incapacidade sobrevier por motivo de progressão ou agravamento dessa doença ou lesão.

§ 2º Será devido auxílio-doença, independentemente de carência, aos segurados obrigatório e facultativo, quando sofrerem acidente de qualquer natureza.

Art. 72. O auxílio-doença consiste numa renda mensal calculada na forma do inciso I do *caput* do art. 39 e será devido:

I – a contar do décimo sexto dia do afastamento da atividade para o segurado empregado, exceto o doméstico;

• Inciso I com redação determinada pelo Dec. 3.265/1999.

II – a contar da data do início da incapacidade, para os demais segurados; ou

III – a contar da data de entrada do requerimento, quando requerido após o trigésimo dia do afastamento da atividade, para todos os segurados.

§ 1º Quando o acidentado não se afastar do trabalho no dia do acidente, os 15 (quinze) dias de responsabilidade da empresa pela sua remuneração integral são contados a partir da data do afastamento.

§ 2º *(Revogado pelo Dec. 3.668/2000).*

§ 3º O auxílio-doença será devido durante o curso de reclamação trabalhista relacionada com a rescisão do contrato de trabalho, ou após a decisão final, desde que implementadas as condições mínimas para a concessão do benefício, observado o disposto nos §§ 2º e 3º do art. 36.

Art. 73. O auxílio-doença do segurado que exercer mais de uma atividade abrangida pela previdência social será devido mesmo no caso de incapacidade apenas para o exercício de uma delas, devendo a perícia médica ser conhecedora de todas as atividades que o mesmo estiver exercendo.

§ 1º Na hipótese deste artigo, o auxílio-doença será concedido em relação à atividade para a qual o segurado estiver incapacitado, considerando-se para efeito de carência somente as contribuições relativas a essa atividade.

§ 2º Se nas várias atividades o segurado exercer a mesma profissão, será exigido de imediato o afastamento de todas.

§ 3º Constatada, durante o recebimento do auxílio-doença concedido nos termos deste artigo, a incapacidade do segurado para cada uma das demais atividades, o valor do benefício deverá ser revisto com base nos respectivos salários de contribuição, observado o disposto nos incisos I a III do art. 72.

§ 4º Ocorrendo a hipótese do § 1º, o valor do auxílio-doença poderá ser inferior ao salário mínimo desde que somado às demais remunerações recebidas resultar valor superior a este.

• § 4º acrescentado pelo Dec. 4.729/2003

Art. 74. Quando o segurado que exercer mais de uma atividade se incapacitar definitivamente para uma delas, deverá o auxílio-doença ser mantido indefinidamente, não cabendo sua transformação em aposentadoria por invalidez, enquanto essa incapacidade não se estender às demais atividades.

Parágrafo único. Na situação prevista no *caput*, o segurado somente poderá transferir-se das demais atividades que exerce após o conhecimento da reavaliação médico-pericial.

Art. 75. Durante os primeiros 15 (quinze) dias consecutivos de afastamento da atividade por motivo de doença, incumbe à empresa pagar ao segurado empregado o seu salário.

• *Caput* com redação determinada pelo Dec. 3.265/1999.

§ 1º Cabe à empresa que dispuser de serviço médico próprio ou em convênio o exame médico e o abono das faltas correspondentes aos primeiros 15 (quinze) dias de afastamento.

§ 2º Quando a incapacidade ultrapassar quinze dias consecutivos, o segurado será encaminhado à perícia médica do INSS, que o submeterá à avaliação pericial por profissional médico integrante de seus quadros ou, na hipótese do art. 75-B, de órgãos e entidades públicos que integrem o Sistema Único de Saúde – SUS, ressalvados os casos em que for admitido o reconhecimento da incapacidade pela recepção da documentação médica do segurado, conforme previsto no art. 75-A.

• § 2º com redação determinada pelo Dec. 8.691/2016.

§ 3º Se concedido novo benefício decorrente da mesma doença dentro de 60 (sessenta) dias contados da cessação do benefício anterior, a empresa fica desobrigada do pagamento relativo aos 15 (quinze) primeiros dias de afastamento, prorrogando-se o benefício anterior e descontando-se os dias trabalhados, se for o caso.

§ 4º Se o segurado empregado, por motivo de doença, afastar-se do trabalho durante 15 (quinze) dias, retornando à atividade no décimo sexto dia, e se dela voltar a se afastar dentro de 60 (sessenta) dias desse retorno, em decorrência da mesma doença, fará jus ao auxílio-doença a partir da data do novo afastamento.

• § 4º com redação determinada pelo Dec. 5.545/2005.

§ 5º Na hipótese do § 4º, se o retorno à atividade tiver ocorrido antes de 15 (quinze) dias do afastamento, o segurado fará jus ao auxílio-doença a partir do dia seguinte ao que completar aquele período.

• § 5º acrescentado pelo Dec. 4.729/2003.

§ 6º A impossibilidade de atendimento pela Previdência Social ao segurado antes do término do período de recuperação indicado pelo médico assistente na documentação autoriza o retorno do empregado ao trabalho no dia seguinte à data indicada pelo médico assistente.

• § 6º acrescentado pelo Dec. 8.691/2016.

Art. 75-A. O reconhecimento da incapacidade para concessão ou prorrogação do auxílio-doença decorre da realização de avaliação pericial ou da recepção da documentação médica do segurado, hipótese em que o benefício será concedido com base no período de recuperação indicado pelo médico assistente.

• Artigo acrescentado pelo Dec. 8.691/2016.

§ 1º O reconhecimento da incapacidade pela recepção da documentação médica do segurado poderá ser admitido, conforme disposto em ato do INSS:

I – nos pedidos de prorrogação do benefício do segurado empregado; ou

II – nas hipóteses de concessão inicial do benefício quando o segurado, independentemente de ser obrigatório ou facultativo, estiver internado em unidade de saúde.

§ 2º Observado o disposto no § 1º, o INSS definirá:

I – o procedimento pelo qual irá receber, registrar e reconhecer a documentação médica do segurado, por meio físico ou eletrônico, para fins de reconhecimento da incapacidade laboral; e

II – as condições para o reconhecimento do período de recuperação indicado pelo médico assistente, com base em critérios estabelecidos pela área técnica do INSS.

§ 3º Para monitoramento e controle do registro e do processamento da documentação médica recebida do segurado, o INSS deverá aplicar critérios internos de segurança operacional sobre os parâmetros utilizados na concessão inicial e na prorrogação dos benefícios.

§ 4º O disposto neste artigo não afasta a possibilidade de o INSS convocar o segurado, em qualquer hipótese e a qualquer tempo, para avaliação pericial.

Art. 75-B. Nas hipóteses de que trata o § 5º do art. 60 da Lei 8.213, de 24 de julho de 1991, o INSS poderá celebrar, mediante sua coordenação e supervisão, convênios, termos de execução descentralizada, termos de fomento ou de colaboração, contratos não onerosos ou acordos de cooperação técnica para a colaboração no processo de avaliação pericial por profissional médico de órgãos e entidades públicos que integrem o Sistema Único de Saúde – SUS.

• Artigo acrescentado pelo Dec. 8.691/2016.

Parágrafo único. A execução do disposto neste artigo fica condicionada à edição de:

I – ato do INSS para normatizar as hipóteses de que trata o § 5º do art. 60 da Lei 8.213, de 1991; e

II – ato conjunto dos Ministérios do Trabalho e Previdência Social e da Saúde para dispor sobre a cooperação entre o INSS e os órgãos e as entidades que integram o SUS, observado o disposto no art. 14-A da Lei 8.080, de 19 de setembro de 1990.

Art. 76. A previdência social deve processar de ofício o benefício, quando tiver ciência da incapacidade do segurado sem que este tenha requerido auxílio-doença.

Art. 76-A. É facultado à empresa protocolar requerimento de auxílio-doença ou documento dele originário de seu empregado ou de contribuinte individual a ela vinculado ou a seu serviço, na forma estabelecida pelo INSS.

• Artigo acrescentado pelo Dec. 5.699/2006.

Parágrafo único. A empresa que adotar o procedimento previsto no *caput* terá acesso às decisões administrativas a ele relativas.

Art. 77. O segurado em gozo de auxílio-doença está obrigado, independentemente de sua idade e sob pena de suspensão do benefício, a submeter-se a exame médico a cargo da previdência social, processo de reabilitação profissional por ela prescrito e custeado e tratamento dispensado gratuitamente, exceto o cirúrgico e a transfusão de sangue, que são facultativos.

Art. 78. O auxílio-doença cessa pela recuperação da capacidade para o trabalho, pela transformação em aposentadoria por invalidez ou auxílio-acidente de qualquer natureza, neste caso se resultar sequela que implique redução da capacidade para o trabalho que habitualmente exercia.

§ 1º O INSS poderá estabelecer, mediante avaliação pericial ou com base na documentação médica do segurado, nos termos do art. 75-A, o prazo que entender suficiente para a recuperação da capacidade para o trabalho do segurado.

• § 1º com redação determinada pelo Dec. 8.691/2016.

§ 2º Caso o prazo concedido para a recuperação se revele insuficiente, o segurado poderá solicitar a sua prorrogação, na forma estabelecida pelo INSS.

• § 2º com redação determinada pelo Dec. 8.691/2016.

§ 3º A comunicação da concessão do auxílio-doença conterá as informações necessárias para o requerimento de sua prorrogação.

• § 3º com redação determinada pelo Dec. 8.691/2016.

§ 4º A recepção de novo atestado fornecido por médico assistente com declaração de alta médica do segurado, antes do prazo estipulado na concessão ou na prorrogação do auxílio-doença, culminará na cessação do benefício na nova data indicada.

• § 4º acrescentado pelo Dec. 8.691/2016.

Art. 79. O segurado em gozo de auxílio-doença, insuscetível de recuperação para sua atividade habitual, deverá submeter-se a processo de reabilitação profissional para exercício de outra atividade, não cessando o benefício até que seja dado como habilitado para o desempenho de nova atividade que lhe garanta a subsistência ou, quando considerado não recuperável, seja aposentado por invalidez.

Art. 80. O segurado empregado em gozo de auxílio-doença é considerado pela empresa como licenciado.

Parágrafo único. A empresa que garantir ao segurado licença remunerada ficará obrigada a pagar-lhe durante o período de auxílio-doença a eventual diferença entre o valor deste e a importância garantida pela licença.

Subseção VI

Do salário-família

Art. 81. O salário-família será devido, mensalmente, ao segurado empregado, exceto o doméstico, e ao trabalhador avulso que tenham salário de contribuição inferior ou igual a R$ 360,00 (trezentos e sessenta reais), na proporção do respectivo número de filhos ou equiparados, nos termos do art. 16, observado o disposto no art. 83.

- Valor original sujeito a atualização mediante Portaria do Ministério da Previdência Social – MPS.

Art. 82. O salário-família será pago mensalmente:

I – ao empregado, pela empresa, com o respectivo salário, e ao trabalhador avulso, pelo sindicato ou órgão gestor de mão de obra, mediante convênio;

II – ao empregado e trabalhador avulso aposentados por invalidez ou em gozo de auxílio-doença, pelo Instituto Nacional do Seguro Social, juntamente com o benefício;

III – ao trabalhador rural aposentado por idade aos 60 (sessenta) anos, se do sexo masculino, ou 55 (cinquenta e cinco) anos, se do sexo feminino, pelo Instituto Nacional do Seguro Social, juntamente com a aposentadoria; e

IV – aos demais empregados e trabalhadores avulsos aposentados aos 65 (sessenta e cinco) anos de idade, se do sexo masculino, ou 60 (sessenta) anos, se do sexo feminino, pelo Instituto Nacional do Seguro Social, juntamente com a aposentadoria.

§ 1º No caso do inciso I, quando o salário do empregado não for mensal, o salário-família será pago juntamente com o último pagamento relativo ao mês.

§ 2º O salário-família do trabalhador avulso independe do número de dias trabalhados no mês, devendo o seu pagamento corresponder ao valor integral da cota.

§ 3º Quando o pai e a mãe são segurados empregados ou trabalhadores avulsos, ambos têm direito ao salário-família.

§ 4º As cotas do salário-família, pagas pela empresa, deverão ser deduzidas quando do recolhimento das contribuições sobre a folha de salário.

Art. 83. A partir de 1º de maio de 2004, o valor da cota do salário-família por filho ou equiparado de qualquer condição, até quatorze anos de idade ou inválido, é de:

- Artigo com redação determinada pelo Dec. 5.545/2005.
- Valor sujeito à atualização mediante Portaria do Ministério da Previdência Social – MPS.

I – R$ 20,00 (vinte reais), para o segurado com remuneração mensal não superior a R$ 390,00 (trezentos e noventa reais); e

II – R$ 14,09 (quatorze reais e nove centavos), para o segurado com remuneração mensal superior a R$ 390,00 (trezentos e noventa reais) e igual ou inferior a R$ 586,19 (quinhentos e oitenta e seis reais e dezenove centavos).

Art. 84. O pagamento do salário-família será devido a partir da data da apresentação da certidão de nascimento do filho ou da documentação relativa ao equiparado, estando condicionado à apresentação anual de atestado de vacinação obrigatória, até 6 (seis) anos de idade, e de comprovação semestral de frequência à escola do filho ou equiparado, a partir dos 7 anos de idade.

- Artigo com redação determinada pelo Dec. 3.265/1999.

§ 1º A empresa deverá conservar, durante dez anos, os comprovantes dos pagamentos e as cópias das certidões correspondentes, para exame pela fiscalização do Instituto Nacional do Seguro Social, conforme o disposto no § 7º do art. 225.

§ 2º Se o segurado não apresentar o atestado de vacinação obrigatória e a comprovação de frequência escolar do filho ou equiparado, nas datas definidas pelo Instituto Nacional do Seguro Social, o benefício do salário-família será suspenso, até que a documentação seja apresentada.

§ 3º Não é devido salário-família no período entre a suspensão do benefício motivada pela falta de comprovação da frequência escolar e o seu reativamento, salvo se provada a frequência escolar regular no período.

§ 4º A comprovação de frequência escolar será feita mediante apresentação de documento emitido pela escola, na forma de legislação própria, em nome do aluno, onde consta o registro de frequência regular ou de atestado do estabelecimento de ensino, comprovando a regularidade da matrícula e frequência escolar do aluno.

Art. 85. A invalidez do filho ou equiparado maior de 14 anos de idade deve ser verificada em exame médico-pericial a cargo da previdência social.

Art. 86. O salário-família correspondente ao mês de afastamento do trabalho será pago integralmente pela empresa, pelo sindicato ou órgão gestor de mão de obra, conforme o caso, e o do mês da cessação de benefício pelo Instituto Nacional do Seguro Social.

Art. 87. Tendo havido divórcio, separação judicial ou de fato dos pais, ou em caso de abandono legalmente caracterizado ou perda do pátrio poder, o salário-família passará a ser pago diretamente àquele a cujo cargo ficar o sustento do menor, ou a outra pessoa, se houver determinação judicial nesse sentido.

- V. arts. 1.630 a 1.638, CC (Do Poder Familiar).

Art. 88. O direito ao salário-família cessa automaticamente:

I – por morte do filho ou equiparado, a contar do mês seguinte ao do óbito;

II – quando o filho ou equiparado completar 14 anos de idade, salvo se inválido, a contar do mês seguinte ao da data do aniversário;

III – pela recuperação da capacidade do filho ou equiparado inválido, a contar do mês seguinte ao da cessação da incapacidade; ou

IV – pelo desemprego do segurado.

Art. 89. Para efeito de concessão e manutenção do salário-família, o segurado deve firmar termo de responsabilidade, no qual se comprometa a comunicar à empresa ou ao Instituto Nacional do Seguro Social qualquer fato ou circunstância que determine a perda do direito ao benefício, ficando sujeito, em caso do não cumprimento, às sanções penais e trabalhistas.

Art. 90. A falta de comunicação oportuna de fato que implique cessação do salário-família, bem como a prática, pelo empregado, de fraude de qualquer natureza para o seu recebimento, autoriza a empresa, o Instituto Nacional do Seguro Social, o sindicato ou órgão gestor de mão de obra, conforme o caso, a descontar dos pagamentos de cotas devidas com relação a outros filhos ou, na falta delas, do próprio salário do empregado ou da renda mensal do seu benefício, o valor das cotas indevidamente recebidas, sem prejuízo das sanções penais cabíveis, observado o disposto no § 2º do art. 154.

Art. 91. O empregado deve dar quitação à empresa, sindicato ou órgão gestor de mão de obra de cada recebimento mensal do salário-família, na própria folha de pagamento ou por outra forma admitida, de modo que a quitação fique plena e claramente caracterizada.

Art. 92. As cotas do salário-família não serão incorporadas, para qualquer efeito, ao salário ou ao benefício.

Subseção VII

Do salário-maternidade

Art. 93. O salário-maternidade é devido à segurada da previdência social, durante 120 (cento e vinte) dias, com início 28 (vinte e oito) dias antes e término 91 (noventa e um) dias depois do parto, podendo ser prorrogado na forma prevista no § 3º.

- *Caput* com redação determinada pelo Dec. 4.862/2003.

§ 1º Para a segurada empregada, inclusive a doméstica, observar-se-á, no que couber, as situações e condições previstas na legislação trabalhista relativas à proteção à maternidade.

§ 2º Será devido o salário-maternidade à segurada especial, desde que comprove o exercício de atividade rural nos últimos 10 (dez) meses imediatamente anteriores à data do parto ou do requerimento do benefício, quando requerido antes do parto, mesmo que de forma descontínua, aplicando-se, quando for o caso, o disposto no parágrafo único do art. 29.

- § 2º com redação determinada pelo Dec. 5.545/2005.

§ 3º Em casos excepcionais, os períodos de repouso anterior e posterior ao parto podem ser aumentados de mais 2 (duas) semanas, mediante atestado médico específico.

- § 3º com redação determinada pelo Dec. 3.668/2000.

§ 4º Em caso de parto antecipado ou não, a segurada tem direito aos 120 (cento e vinte) dias previstos neste artigo.

§ 5º Em caso de aborto não criminoso, comprovado mediante atestado médico, a segurada terá direito ao salário-maternidade correspondente a duas semanas.

- § 5º com redação determinada pelo Dec. 3.668/2000.

§ 6º *(Revogado pelo Dec. 4.032/2001).*

Art. 93-A. O salário-maternidade é devido à segurada da Previdência Social que adotar ou obtiver guarda judicial para fins de adoção de criança com idade:

- *Caput* acrescentado pelo Dec. 4.729/2003.

I – até um 1 (ano) completo, por 120 (cento e vinte) dias;

II – a partir de 1 (um) ano até 4 (quatro) anos completos, por 60 (sessenta) dias; ou

III – a partir de 4 (quatro) anos até completar 8 (oito) anos, por 30 (trinta) dias.

§ 1º O salário-maternidade é devido à segurada independentemente de a mãe biológica ter recebido o mesmo benefício quando do nascimento da criança.

- § 1º acrescentado pelo Dec. 4.729/2003.

§ 2º O salário-maternidade não é devido quando o termo de guarda não contiver a observação de que é para fins de adoção ou só contiver o nome do cônjuge ou companheiro.

- § 2º acrescentado pelo Dec. 4.729/2003.

§ 3º Para a concessão do salário-maternidade é indispensável que conste da nova certidão de nascimento da criança, ou do termo de guarda, o nome da segurada adotante ou guardiã, bem como, deste último, tratar-se de guarda para fins de adoção.

- § 3º acrescentado pelo Dec. 4.729/2003.

§ 4º Quando houver adoção ou guarda judicial para adoção de mais de uma criança, é devido um único salário-maternidade relativo à criança de menor idade, observado o disposto no art. 98.

- § 4º acrescentado pelo Dec. 4.729/2003.

§ 5º A renda mensal do salário-maternidade é calculada na forma do disposto nos arts. 94, 100 ou 101, de acordo com a forma de contribuição da segurada à Previdência Social.

- § 5º acrescentado pelo Dec. 4.729/2003.

§ 6º O salário-maternidade de que trata este artigo é pago diretamente pela previdência social.

- § 6º acrescentado pelo Dec. 4.862/2003.

Art. 94. O salário-maternidade para a segurada empregada consiste numa renda mensal igual à sua remuneração integral e será pago pela empresa, efetivando-se a compensação, observado o disposto no art. 248 da Constituição, quando do recolhimento das contribuições incidentes sobre a folha de salários e demais rendimentos pagos ou creditados, a qualquer título, à pessoa física que lhe preste serviço, devendo aplicar-se à renda mensal do benefício o disposto no art. 198.

- *Caput* com redação determinada pelo Dec. 4.862/2003.

§ 1º *(Revogado pelo Dec. 3.265/1999).*

§ 2º *(Revogado pelo Dec. 3.265/1999).*

§ 3º A empregada deve dar quitação à empresa dos recolhimentos mensais do salário-maternidade na própria folha de pagamento ou por outra forma admitida, de modo que a quitação fique plena e claramente caracterizada.

- § 3º acrescentado pelo Dec. 4.862/2003.

§ 4º A empresa deve conservar, durante 10 (dez) anos, os comprovantes dos pagamentos e os atestados ou certidões correspondentes para exame pela fiscalização do INSS, conforme o disposto no § 7º do art. 225.

- § 4º acrescentado pelo Dec. 4.862/2003.

Art. 95. Compete à interessada instruir o requerimento do salário-maternidade com os atestados médicos necessários.

- Artigo com redação determinada pelo Dec. 3.668/2000.

Parágrafo único. Quando o benefício for requerido após o parto, o documento comprobatório é a Certidão de Nascimento, podendo, no caso de dúvida, a segurada ser submetida à avaliação pericial junto ao Instituto Nacional do Seguro Social.

Art. 96. O início do afastamento do trabalho da segurada empregada será determinado com base em atestado médico ou certidão de nascimento do filho.

- *Caput* com redação determinada pelo Dec. 4.862/2003.

§ 1º *(Revogado pelo Dec. 4.729/2003).*

§ 2º *(Revogado pelo Dec. 4.729/2003).*

Art. 97. O salário-maternidade da segurada empregada será devido pela previdência social enquanto existir relação de emprego, observadas as regras quanto ao pagamento desse benefício pela empresa.

- Artigo com redação determinada pelo Dec. 6.122/2007.

Parágrafo único. Durante o período de graça a que se refere o art. 13, a segurada desempregada fará jus ao recebimento do salário-maternidade nos casos de demissão antes da gravidez, ou, durante a gestação, nas hipóteses de dispensa por justa causa ou a pedido, situações em que o benefício será pago diretamente pela previdência social.

Art. 98. No caso de empregos concomitantes, a segurada fará jus ao salário-maternidade relativo a cada emprego.

Art. 99. Nos meses de início e término do salário-maternidade da segurada empregada, o salário-maternidade será proporcional aos dias de afastamento do trabalho.

Art. 100. O salário-maternidade da segurada trabalhadora avulsa, pago diretamente pela previdência social, consiste numa renda mensal igual à sua remuneração integral equivalente a um mês de trabalho, devendo aplicar-se à renda mensal do benefício o disposto no art. 198.

- Artigo com redação determinada pelo Dec. 4.862/2003.

Art. 101. O salário-maternidade, observado o disposto nos arts. 35, 198, 199 ou 199-A, pago diretamente pela previdência social, consistirá:

- *Caput* com redação determinada pelo Dec. 6.722/2008.

I – em valor correspondente ao do seu último salário de contribuição, para a segurada empregada doméstica;

- Inciso I acrescentado pelo Dec. 3.265/1999.

II – em um salário mínimo, para a segurada especial;

- Inciso II acrescentado pelo Dec. 3.265/1999.

III – em 1/12 (um doze avos) da soma dos doze últimos salários de contribuição, apurados em período não superior a 15 (quinze) meses, para as seguradas contribuinte individual, facultativa e para as que mantenham a qualidade de segurada na forma do art. 13.

- Inciso III com redação determinada pelo Dec. 6.122/2007.

§ 1º *(Revogado pelo Dec. 3.265/1999).*

§ 2º *(Revogado pelo Dec. 3.265/1999).*

§ 3º O documento comprobatório para requerimento do salário-maternidade da segurada que mantenha esta qualidade é a certidão de nascimento do filho, exceto nos casos de aborto espontâneo, quando deverá ser apresentado atestado médico, e no de adoção ou guarda para fins de adoção, casos em que serão observadas as regras do art. 93-A, devendo o evento gerador do benefício ocorrer, em qualquer hipótese, dentro do período previsto no art. 13.

- § 3º acrescentado pelo Dec. 6.122/2007.

Art. 102. O salário-maternidade não pode ser acumulado com benefício por incapacidade.

Parágrafo único. Quando ocorrer incapacidade em concomitância com o período de pagamento do salário-maternidade, o benefício por incapacidade, conforme o caso, deverá ser suspenso enquanto perdurar o referido pagamento, ou terá sua data de início adiada para o primeiro dia seguinte ao término do período de 120 (cento e vinte) dias.

Art. 103. A segurada aposentada que retornar à atividade fará jus ao pagamento do salário-maternidade, de acordo com o disposto no art. 93.

Subseção VIII
Do auxílio-acidente

Art. 104. O auxílio-acidente será concedido, como indenização, ao segurado empregado, exceto o doméstico, ao trabalhador avulso e ao segurado especial quando, após a consolidação das lesões decorrentes de acidente de qualquer natureza, resultar sequela definitiva, conforme as situações discriminadas no anexo III, que implique:

- *Caput* com redação determinada pelo Dec. 4.729/2003.

I – redução da capacidade para o trabalho que habitualmente exerciam;

- Inciso I com redação determinada pelo Dec. 4.729/2003.

II – redução da capacidade para o trabalho que habitualmente exerciam e exija maior esforço para o desempenho da mesma atividade que exerciam à época do acidente; ou

III – impossibilidade de desempenho da atividade que exerciam à época do acidente, porém permita o desempenho de outra, após processo de reabilitação profissional, nos casos indicados pela perícia médica do Instituto Nacional do Seguro Social.

§ 1º O auxílio-acidente mensal corresponderá a 50% (cinquenta por cento) do salário de benefício que deu origem ao auxílio-doença do segurado, corrigido até o mês anterior ao do início do auxílio-acidente e será devido até a véspera de início de qualquer aposentadoria ou até a data do óbito do segurado.

§ 2º O auxílio-acidente será devido a contar do dia seguinte ao da cessação do auxílio-doença, independentemente de qualquer remuneração ou rendimento auferido pelo acidentado, vedada sua acumulação com qualquer aposentadoria.

§ 3º O recebimento de salário ou concessão de outro benefício, exceto de aposentadoria, não prejudicará a continuidade do recebimento do auxílio-acidente.

§ 4º Não dará ensejo ao benefício a que se refere este artigo o caso:

I – que apresente danos funcionais ou redução da capacidade funcional sem repercussão na capacidade laborativa; e

II – de mudança de função, mediante readaptação profissional promovida pela empresa, como medida preventiva, em decorrência de inadequação do local de trabalho.

§ 5º A perda da audição, em qualquer grau, somente proporcionará a concessão do auxílio-acidente quando, além do reconhecimento do nexo entre o trabalho e o agravo, resultar, comprovadamente, na redução ou perda da capacidade para o trabalho que o segurado habitualmente exercia.

- § 5º com redação determinada pelo Dec. 6.939/2009.

§ 6º No caso de reabertura de auxílio-doença por acidente de qualquer natureza que tenha dado origem a auxílio-acidente, este será suspenso até a cessação do auxílio-doença reaberto, quando será reativado.

§ 7º Cabe a concessão de auxílio-acidente oriundo de acidente de qualquer natureza ocorrido durante o período de manutenção da qualidade de segurado, desde que atendidas às condições inerentes à espécie.

- § 7º com redação determinada pelo Dec. 6.722/2008.

§ 8º Para fins do disposto no *caput* considerar-se-á a atividade exercida na data do acidente.

- § 8º acrescentado pelo Dec. 4.729/2003.

Subseção IX
Da pensão por morte

- V. Súmula 416, STJ.

Art. 105. A pensão por morte será devida ao conjunto dos dependentes do segurado que falecer, aposentado ou não, a contar da data:

I – do óbito, quando requerido até 30 (trinta) dias depois deste;

- Inciso I com redação determinada pelo Dec. 5.545/2005.

II – do requerimento, quando requerida após o prazo previsto no inciso I; ou

III – da decisão judicial, no caso de morte presumida.

§ 1º No caso do disposto no inciso II, a data de início do benefício será a data do óbito, aplicados os devidos reajustamentos até a data de início do pagamento, não sendo devida qualquer importância relativa ao período anterior à data de entrada do requerimento.

- § 1º com redação determinada pelo Dec. 5.545/2005.

§ 2º *(Revogado pelo Dec. 5.545/2005).*

Art. 106. A pensão por morte consiste numa renda mensal calculada na forma do § 3º do art. 39.

Parágrafo único. O valor da pensão por morte devida aos dependentes do segurado recluso que, nessa condição, exercia atividade remunerada será obtido mediante a realização de cálculo com base no novo tempo de contribuição e salários de contribuição correspondentes, neles incluídas as contribuições recolhidas enquanto recluso, facultada a opção pela pensão com valor correspondente ao do auxílio-reclusão, na forma do disposto no § 3º do art. 39.

- Parágrafo único acrescentado pelo Dec. 4.729/2003.

Art. 107. A concessão da pensão por morte não será protelada pela falta de habilitação de outro possível dependente, e qualquer habilitação posterior que importe em exclusão ou inclusão de dependente somente produzirá efeito a contar da data da habilitação.

Art. 108. A pensão por morte somente será devida ao filho e ao irmão cuja invalidez tenha ocorrido antes da emancipação ou de completar a idade de vinte e um anos, desde que reconhecida ou comprovada, pela perícia médica do INSS, a continuidade da invalidez até a data do óbito do segurado.

- *Caput* com redação determinada pelo Dec. 6.939/2009.

Parágrafo único. *(Revogado pelo Dec. 6.722/2008).*

Art. 109. O pensionista inválido está obrigado, independentemente de sua idade e sob pena de suspensão do benefício, a submeter-se a exame médico a cargo da previdência social, processo de reabilitação profissional por ela prescrito e custeado e tratamento dispensado gratuitamente, exceto o cirúrgico e a transfusão de sangue, que são facultativos.

Art. 110. O cônjuge ausente somente fará jus ao benefício a partir da data de sua habilitação e mediante prova de dependência econômica, não excluindo do direito a companheira ou o companheiro.

Art. 111. O cônjuge divorciado ou separado judicialmente ou de fato, que recebia pensão de alimentos, receberá a pensão em igualdade de condições com os demais dependentes referidos no inciso I do art. 16.

Art. 112. A pensão poderá ser concedida, em caráter provisório, por morte presumida:

I – mediante sentença declaratória de ausência, expedida por autoridade judiciária, a contar da data de sua emissão; ou

II – em caso de desaparecimento do segurado por motivo de catástrofe, acidente ou desastre, a contar da data da ocorrência, mediante prova hábil.

Parágrafo único. Verificado o reaparecimento do segurado, o pagamento da pensão cessa imediatamente, ficando os dependentes desobrigados da reposição dos valores recebidos, salvo má-fé.

Art. 113. A pensão por morte, havendo mais de um pensionista, será rateada entre todos, em partes iguais.

Parágrafo único. Reverterá em favor dos demais dependentes a parte daquele cujo direito à pensão cessar.

Art. 114. O pagamento da cota individual da pensão por morte cessa:

I – pela morte do pensionista;

II – para o pensionista menor de idade, ao completar vinte e um anos, salvo se for inválido, ou pela emancipação, ainda que inválido, exceto, neste caso, se a emancipação for decorrente de colação de grau científico em curso de ensino superior; ou

- Inciso II com redação determinada pelo Dec. 3.265/1999.

III – para o pensionista inválido, pela cessação da invalidez, verificada em exame médico-pericial a cargo da previdência social;

IV – pela adoção, para o filho adotado que receba pensão por morte dos pais biológicos.

- Inciso IV acrescentado pelo Dec. 5.545/2005.

§ 1º Com a extinção da cota do último pensionista, a pensão por morte será encerrada.

- Primitivo parágrafo único renumerado pelo Dec. 5.545/2005.

§ 2º Não se aplica o disposto no inciso IV do *caput* quando o cônjuge ou companheiro adota o filho do outro.

- § 2º acrescentado pelo Dec. 5.545/2005.

Art. 115. O dependente menor de idade que se invalidar antes de completar 21 anos deverá ser submetido a exame médico-pericial, não se extinguindo a respectiva cota se confirmada a invalidez.

Subseção X
Do auxílio-reclusão

Art. 116. O auxílio-reclusão será devido, nas mesmas condições da pensão por morte, aos dependentes do segurado recolhido à prisão que não receber remuneração da empresa nem estiver em gozo de auxílio-doença, aposentadoria ou abono de permanência em serviço, desde que o seu último salário de contribuição seja inferior ou igual a R$ 360,00 (trezentos e sessenta reais).

- O auxílio-reclusão está sujeito a atualização por Portaria do Ministério da Previdência Social – MPS.

§ 1º É devido auxílio-reclusão aos dependentes do segurado quando não houver salário de contribuição na data do seu efetivo recolhimento à prisão, desde que mantida a qualidade de segurado.

§ 2º O pedido de auxílio-reclusão deve ser instruído com certidão do efetivo recolhimento do segurado à prisão, firmada pela autoridade competente.

§ 3º Aplicam-se ao auxílio-reclusão as normas referentes à pensão por morte, sendo necessária, no caso de qualificação de dependentes após a reclusão ou detenção do segurado, a preexistência da dependência econômica.

§ 4º A data de início do benefício será fixada na data do efetivo recolhimento do segurado à prisão, se requerido até 30 (trinta) dias depois desta, ou na data do requerimento, se posterior, observado, no que couber, o disposto no inciso I do art. 105.

- § 4º com redação determinada pelo Dec. 4.729/2003.

§ 5º O auxílio-reclusão é devido, apenas, durante o período em que o segurado estiver recolhido à prisão sob regime fechado ou semiaberto.

- § 5º acrescentado pelo Dec. 4.729/2003.

§ 6º O exercício de atividade remunerada pelo segurado recluso em cumprimento de pena em regime fechado ou semiaberto que contribuir na condição de segurado de que trata a alínea *o* do inciso V do art. 9º ou do inciso IX do § 1º do art. 11 não acarreta perda do direito ao recebimento do auxílio-reclusão pelos seus dependentes.

- § 6º acrescentado pelo Dec. 4.729/2003.

Art. 117. O auxílio-reclusão será mantido enquanto o segurado permanecer detento ou recluso.

§ 1º O beneficiário deverá apresentar trimestralmente atestado de que o segurado continua detido ou recluso, firmado pela autoridade competente.

§ 2º No caso de fuga, o benefício será suspenso e, se houver recaptura do segurado, será restabelecido a contar da data em que esta ocorrer, desde que esteja ainda mantida a qualidade de segurado.

§ 3º Se houver exercício de atividade dentro do período de fuga, o mesmo será considerado para a verificação da perda ou não da qualidade de segurado.

Art. 118. Falecendo o segurado detido ou recluso, o auxílio-reclusão que estiver sendo pago será automaticamente convertido em pensão por morte.

Parágrafo único. Não havendo concessão de auxílio-reclusão, em razão de salário de contribuição superior a R$ 360,00 (trezentos e sessenta reais), será devida pensão por morte aos dependentes se o óbito do segurado tiver ocorrido dentro do prazo previsto no inciso IV do art. 13.

- Valor sujeito a atualização mediante Portaria do Ministério da Previdência Social – MPS.

Art. 119. É vedada a concessão do auxílio-reclusão após a soltura do segurado.

Subseção XI
Do abono anual

Art. 120. Será devido abono anual ao segurado e ao dependente que, durante o ano, recebeu auxílio-doença, auxílio-acidente, aposentadoria, salário-maternidade pensão por morte ou auxílio-reclusão.

- Artigo com redação determinada pelo Dec. 4.032/2001.

§ 1º O abono anual será calculado, no que couber, da mesma forma que a gratificação natalina dos trabalhadores, tendo por base o valor da renda mensal do benefício do mês de dezembro de cada ano.

§ 2º O valor do abano anual correspondente ao período de duração do salário-maternidade será pago, em cada exercício, juntamente com a última parcela do benefício nele devida.

Capítulo III
Do Reconhecimento da Filiação

Seção Única
Do reconhecimento do tempo de filiação

Art. 121. Reconhecimento de filiação é o direito do segurado de ter reconhecido, em qualquer época, o tempo de exercício de atividade anteriormente abrangida pela previdência social.

Subseção I
Da indenização

Art. 122. O reconhecimento de filiação no período em que o exercício de atividade remunerada não exigia filiação obrigatória à previdência social somente será feito mediante indenização das contribuições relativas ao respectivo período, conforme o disposto nos §§ 7º a 14 do art. 216 e § 8º do art. 239.

§ 1º O valor a ser indenizado poderá ser objeto de parcelamento mediante solicitação do segurado, de acordo com o disposto no art. 244, observado o § 1º do art. 128.

§ 2º Para fins de concessão de benefício constante das alíneas *a* a *e* e *h* do inciso I do art. 25, não se admite o parcelamento de débito.

Art. 123. Para fins de concessão dos benefícios deste Regulamento, o tempo de serviço prestado pelo trabalhador rural anteriormente à competência novembro de 1991 será reconhecido, desde que devidamente comprovado.

Parágrafo único. Para fins de contagem recíproca, o tempo de serviço a que se refere o *caput* somente será reconhecido mediante a indenização de que trata o § 13 do art. 216, observado o disposto no § 8º do 239.

Subseção II
Da retroação da data do início das contribuições

Art. 124. Caso o segurado contribuinte individual manifeste interesse em recolher contribuições relativas a período anterior à sua inscrição, a retroação da data do início das contribuições será autorizada, desde que comprovado o exercício de atividade remunerada no respectivo período, observado o disposto nos §§ 7º a 14 do art. 216 e no § 8º do art. 239.

- *Caput* com redação determinada pelo Dec. 3.265/1999.

Parágrafo único. O valor do débito poderá ser objeto de parcelamento mediante solicitação do segurado junto ao setor de arrecadação e fiscalização do Instituto Nacional do Seguro Social, observado o disposto no § 2º do art. 122, no § 1º do art. 128 e no art. 244.

Capítulo IV
Da Contagem Recíproca de Tempo de Contribuição

Art. 125. Para efeito de contagem recíproca, hipótese em que os diferentes sistemas de previdência social compensar-se-ão financeiramente, é assegurado:

I – o cômputo do tempo de contribuição na administração pública, para fins de concessão de benefícios previstos no Regime Geral de Previdência Social, inclusive de aposentadoria em decorrência de tratado, convenção ou acordo internacional; e

- Inciso I com redação determinada pelo Dec. 6.042/2007.

II – para fins de emissão de certidão de tempo de contribuição, pelo INSS, para utilização no serviço público, o cômputo do tempo de contribuição na atividade privada, rural e urbana, observado o disposto no § 4º deste artigo e no parágrafo único do art. 123, § 13 do art. 216 e § 8º do art. 239.

- Inciso II com redação determinada pelo Dec. 6.042/2007.

§ 1º Para os fins deste artigo, é vedada:

- § 1º com redação determinada pelo Dec. 8.145/2013.

I – conversão do tempo de contribuição exercido em atividade sujeita à condições especiais, nos termos dos arts. 66 e 70;

II – conversão do tempo cumprido pelo segurado com deficiência, reconhecida na forma do art. 70-D, em tempo de contribuição comum; e

III – a contagem de qualquer tempo de serviço fictício.

§ 2º Admite-se a aplicação da contagem recíproca de tempo de contribuição no âmbito dos tratados, convenções ou acordos internacionais de previdência social.

- § 2º com redação determinada pelo Dec. 6.042/2007.

§ 3º É permitida a emissão de certidão de tempo de contribuição para períodos de contribuição posteriores à data da aposentadoria no Regime Geral de Previdência Social.

- § 3º acrescentado pelo Dec. 4.729/2003.

§ 4º Para efeito de contagem recíproca, o período em que o segurado contribuinte individual e o facultativo tiverem contribuído na forma do art. 199-A só será computado se forem complementadas as contribuições na forma do § 1º do citado artigo.

- § 4º acrescentado pelo Dec. 6.042/2007.

§ 5º A certidão referente ao tempo de contribuição com deficiência deverá identificar os períodos com deficiência e seus graus.

- § 5º acrescentado pelo Dec. 8.145/2013.

Art. 126. O segurado terá o direito de computar, para fins de concessão dos benefícios do Regime Geral de Previdência Social, o tempo de contribuição na administração pública federal direta, autárquica e fundacional.

- *Caput* com redação determinada pelo Dec. 3.112/1999.

Parágrafo único. Poderá ser contado o tempo de contribuição na administração pública direta, autárquica e fundacional dos Estados, do Distrito Federal e dos Municípios, desde que estes assegurem aos seus servidores, mediante legislação própria, a contagem de tempo de contribuição em atividade vinculada ao Regime Geral de Previdência Social.

Art. 127. O tempo de contribuição de que trata este Capítulo será contado de acordo com a legislação pertinente, observadas as seguintes normas:

I – não será admitida a contagem em dobro ou em outras condições especiais;

II – é vedada a contagem de tempo de contribuição no serviço público com o de contribuição na atividade privada, quando concomitantes;

III – não será contado por um regime o tempo de contribuição utilizado para concessão de aposentadoria por outro regime;

IV – o tempo de contribuição anterior ou posterior à obrigatoriedade de filiação à previdência social somente será contado mediante observância, quanto ao período respectivo, do disposto nos arts. 122 e 124; e

V – o tempo de contribuição do segurado trabalhador rural anterior à competência novembro de 1991 será computado, desde que observado o disposto no parágrafo único do art. 123, no § 13 do art. 216 e no § 8º do art. 239.

Art. 128. A certidão de tempo de contribuição anterior ou posterior à filiação obrigatória à previdência social somente será expedida mediante a observância do disposto nos arts. 122 e 124.

§ 1º A certidão de tempo de contribuição, para fins de averbação do tempo em outros regimes de previdência, somente será expedida pelo Instituto Nacional do Seguro Social após a comprovação da quitação de todos os valores devidos, inclusive de eventuais parcelamentos de débito.

§ 2º *(Revogado pelo Dec. 3.265/1999).*

§ 3º Observado o disposto no § 6º do art. 62, a certidão de tempo de contribuição referente a período de atividade rural anterior à competência novembro de 1991 somente será emitida mediante comprovação do recolhimento das contribuições correspondentes ou indenização nos termos dos §§ 13 e 14 do art. 216, observado o disposto no § 8º do art. 239.

Art. 129. O segurado em gozo de auxílio-acidente, auxílio suplementar ou abono de permanência em serviço terá o benefício encerrado na data da emissão da certidão de tempo de contribuição.

- Artigo com redação determinada pelo Dec. 4.729/2003.

Art. 130. O tempo de contribuição para regime próprio de previdência social ou para Regime Geral de Previdência Social deve ser provado com certidão fornecida:

- *Caput* com redação determinada pelo Dec. 6.722/2008.

I – pela unidade gestora do regime próprio de previdência social ou pelo setor competente da administração federal, estadual, do Distrito Federal e municipal, suas autarquias e fundações, desde que devidamente homologada pela unidade gestora do regime próprio, relativamente ao tempo de contribuição para o respectivo regime próprio de previdência social; ou

- Inciso I com redação determinada pelo Dec. 6.722/2008.

II – pelo setor competente do Instituto Nacional do Seguro Social, relativamente ao tempo de contribuição para o Regime Geral de Previdência Social.

- Inciso II com redação determinada pelo Dec. 3.668/2000.

§ 1º O setor competente do Instituto Nacional do Seguro Social deverá promover o levantamento do tempo de filiação ao Regime Geral de Previdência Social à vista dos assentamentos internos ou das anotações na Carteira do Trabalho ou na Carteira de Trabalho e Previdência Social, ou de outros meios de prova admitidos em direito.

- § 1º com redação determinada pelo Dec. 3.668/2000.

§ 2º O setor competente do órgão federal, estadual, do Distrito Federal ou municipal deverá promover o levantamento do tempo de contribuição para o respectivo regime próprio de previdência social à vista dos assentamentos funcionais.

§ 3º Após as providências de que tratam os §§ 1º e 2º, e observado, quando for o caso, o disposto no § 9º, os setores competentes deverão emitir certidão de tempo de contribuição, sem rasuras, constando, obrigatoriamente:

- *Caput* do § 3º com redação determinada pelo Dec. 3.668/ 2000.

I – órgão expedidor;

II – nome do servidor, seu número de matrícula, RG, CPF, sexo, data de nascimento, filiação, número do PIS ou Pasep, e, quando for o caso, cargo efetivo, lotação, data de admissão e data de exoneração ou demissão;

- Inciso II com redação determinada pelo Dec. 6.722/2008.

III – período de contribuição, de data a data, compreendido na certidão;

IV – fonte de informação;

V – discriminação da frequência durante o período abrangido pela certidão, indicadas as várias alterações, tais como faltas, licenças, suspensões e outras ocorrências;

VI – soma do tempo líquido;

VII – declaração expressa do servidor responsável pela certidão, indicando o tempo líquido de efetiva contribuição em dias, ou anos, meses e dias;

VIII – assinatura do responsável pela certidão e do dirigente do órgão expedidor e, no caso de ser emitida por outro órgão da administração do ente federativo, homologação da unidade gestora do regime próprio de previdência social;

- Inciso VIII com redação determinada pelo Dec. 6.722/2008.

IX – indicação da lei que assegure, aos servidores do Estado, do Distrito Federal ou do Município, aposentadorias por invalidez, idade, tempo de contribuição e compulsória, e pensão por morte, com aproveitamento de tempo de contribuição prestado em atividade vinculada ao Regime Geral de Previdência Social.

§ 4º A certidão de tempo de contribuição deverá ser expedida em duas vias, das quais a primeira será fornecida ao interessado, mediante recibo passado na segunda via, implicando sua concordância quanto ao tempo certificado.

§ 5º *(Revogado pelo Dec. 6.722/2008).*

§ 6º *(Revogado pelo Dec. 6.722/2008).*

§ 7º Quando solicitado pelo segurado que exerce cargos constitucionalmente acumuláveis, é permitida a emissão de certidão única com destinação do tempo de contribuição para, no máximo, dois órgãos distintos.

§ 8º Na situação do parágrafo anterior, a certidão de tempo de contribuição deverá ser expedida em três vias, das quais a primeira e a segunda serão fornecidas ao interessado, mediante recibo passado na terceira via, implicando sua concordância quanto ao tempo certificado.

§ 9º A certidão só poderá ser fornecida para os períodos de efetiva contribuição para o Regime Geral de Previdência Social, devendo ser excluídos aqueles para os quais não tenha havido contribuição, salvo se recolhida na forma dos §§ 7º a 14 do art. 216.

- § 9º acrescentado pelo Dec. 3.668/2000.

§ 10. Poderá ser emitida, por solicitação do segurado, certidão de tempo de contribuição para período fracionado.

- § 10 acrescentado pelo Dec. 3.668/2000.

§ 11. Na hipótese do parágrafo anterior, a certidão conterá informação de todo o tempo de contribuição ao Regime Geral de Previdência Social e a indicação dos períodos a serem aproveitados no regime próprio de previdência social.

- § 11 acrescentado pelo Dec. 3.668/2000.

§ 12. É vedada a contagem de tempo de contribuição de atividade privada com a do serviço público ou de mais de uma atividade no serviço público, quando concomitantes, ressalvados os casos de acumulação de cargos ou empregos públicos admitidos pela Constituição.

- § 12 com redação determinada pelo Dec. 6.722/2008.

§ 13. Em hipótese alguma será expedida certidão de tempo de contribuição para período que já tiver sido utilizado para a concessão de aposentadoria, em qualquer regime de previdência social.

- § 13 acrescentado pelo Dec. 3.668/2000.

§ 14. A certidão de que trata o § 3º deverá vir acompanhada de relação dos valores das remunerações, por competência, que serão utilizados para fins de cálculo dos proventos da aposentadoria.

- § 14 acrescentado pelo Dec. 6.722/2008.

§ 15. O tempo de serviço considerado para efeito de aposentadoria e cumprido até 15 de dezembro de 1998 será contado como tempo de contribuição.

- § 15 acrescentado pelo Dec. 6.722/2008.

§ 16. Caberá revisão da certidão de tempo de contribuição, inclusive de ofício, quando constatado erro material, vedada à destinação da certidão a órgão diverso daquele a que se destinava originariamente.

- § 16 acrescentado pelo Dec. 6.722/2008.

Art. 131. Concedido o benefício, caberá:

I – ao Instituto Nacional do Seguro Social comunicar o fato ao órgão público emitente da certidão, para as anotações nos registros funcionais e/ou na segunda via da certidão de tempo de contribuição; e

II – ao órgão público comunicar o fato ao Instituto Nacional do Seguro Social, para efetuar os registros cabíveis.

Art. 132. O tempo de contribuição na administração pública federal, estadual, do Distrito Federal ou municipal de que trata este Capítulo será considerado para efeito do percentual de acréscimo previsto no inciso III do art. 39.

Art. 133. O tempo de contribuição certificado na forma deste Capítulo produz, no Instituto Nacional do Seguro Social e nos órgãos ou autarquias federais, estaduais, do Distrito Federal ou municipais, todos os efeitos previstos na respectiva legislação pertinente.

Art. 134. As aposentadorias e demais benefícios resultantes da contagem de tempo de contribuição na forma deste Capítulo serão concedidos e pagos pelo regime a que o interessado pertencer ao requerê-los e o seu valor será calculado na forma da legislação pertinente.

Art. 135. *(Revogado pelo Dec. 5.545/2005).*

Capítulo V
Da Habilitação e da Reabilitação Profissional

Art. 136. A assistência (re)educativa e de (re)adaptação profissional, instituída sob a denominação genérica de habilitação e reabilitação profissional, visa proporcionar aos beneficiários, incapacitados parcial ou totalmente para o trabalho, em caráter obrigatório, independentemente de carência, e às pessoas portadoras de deficiência, os meios indicados para proporcionar o reingresso no mercado de trabalho e no contexto em que vivem.

§ 1º Cabe ao Instituto Nacional do Seguro Social promover a prestação de que trata este artigo aos segurados, inclusive aposentados, e, de acordo com as possibilidades administrativas, técnicas, financeiras e as condições locais do órgão, aos seus dependentes, preferencialmente mediante a contratação de serviços especializados.

§ 2º As pessoas portadoras de deficiência serão atendidas mediante celebração de convênio de cooperação técnico-financeira.

Art. 137. O processo de habilitação e de reabilitação profissional do beneficiário será desenvolvido por meio das funções básicas de:

I – avaliação do potencial laborativo;

- Inciso I com redação determinada pelo Dec. 3.668/2000.

II – orientação e acompanhamento da programação profissional;

III – articulação com a comunidade, inclusive mediante a celebração de convênio para reabilitação física restrita a segurados que cumpriram os pressupostos de elegibilidade ao programa de reabilitação profissional, com vistas ao reingresso no mercado de trabalho; e

- Inciso III com redação determinada pelo Dec. 4.729/2003.

IV – acompanhamento e pesquisa da fixação no mercado de trabalho.

§ 1º A execução das funções de que trata o *caput* dar-se-á, preferencialmente, mediante o trabalho de equipe multiprofissional especializada em medicina, serviço social, psicologia, sociologia, fisioterapia, terapia ocupacional e outras afins ao processo, sempre que possível na localidade do domicílio do beneficiário, ressalvadas as situações excepcionais em que este terá direito à reabilitação profissional fora dela.

§ 2º Quando indispensáveis ao desenvolvimento do processo de reabilitação profissional, o Instituto Nacional do Seguro Social fornecerá aos segurados, inclusive aposentados, em caráter obrigatório, prótese e órtese, seu reparo ou substituição, instrumentos de auxílio para locomoção, bem como equipamentos necessários à habilitação e à reabilitação profissional, transporte urbano e alimentação e, na medida das possibilidades do Instituto, aos seus dependentes.

§ 3º No caso das pessoas portadoras de deficiência, a concessão dos recursos materiais referidos no parágrafo anterior ficará condicionada à celebração de convênio de cooperação técnico-financeira.

§ 4º O Instituto Nacional do Seguro Social não reembolsará as despesas realizadas com a aquisição de órtese ou prótese e outros recursos materiais não prescritos ou não autorizados por suas unidades de reabilitação profissional.

Art. 138. Cabe à unidade de reabilitação profissional comunicar à perícia médica a ocorrência de que trata o § 2º do art. 337.

Art. 139. A programação profissional será desenvolvida mediante cursos e/ou treinamentos, na comunidade, por meio de contratos, acordos e convênios com instituições e empresas públicas ou privadas, na forma do art. 317.

§ 1º O treinamento do reabilitando, quando realizado em empresa, não estabelece qualquer vínculo empregatício ou funcional entre o reabilitando e a empresa, bem como entre estes e o Instituto Nacional do Seguro Social.

§ 2º Compete ao reabilitando, além de acatar e cumprir as normas estabelecidas nos contratos, acordos ou convênios, pautar-se no regulamento daquelas organizações.

Art. 140. Concluído o processo de reabilitação profissional, o Instituto Nacional do Seguro Social emitirá certificado individual indicando a função para a qual o reabilitando foi capacitado profissionalmente, sem prejuízo do exercício de outra para a qual se julgue capacitado.

§ 1º Não constitui obrigação da previdência social a manutenção do segurado no mesmo emprego ou a sua colocação em outro para o qual foi reabilitado, cessando o processo de reabilitação profissional com a emissão do certificado a que se refere o *caput*.

§ 2º Cabe à previdência social a articulação com a comunidade, com vistas ao levantamento da oferta do mercado de trabalho, ao direcionamento da programação profissional e à possibilidade de reingresso do reabilitando no mercado formal.

§ 3º O acompanhamento e a pesquisa de que trata o inciso IV do art. 137 é obrigatório e tem como finalidade a comprovação da efetividade do processo de reabilitação profissional.

Art. 141. A empresa com cem ou mais empregados está obrigada a preencher de 2% (dois por cento) a 5% (cinco por cento) de seus cargos com beneficiários reabilitados ou pessoas portadoras de deficiência, habilitadas, na seguinte proporção:

I – até duzentos empregados, 2% (dois por cento);

II – de duzentos e um a quinhentos empregados, 3% (três por cento);

III – de quinhentos e um a mil empregados, 4% (quatro por cento); ou

IV – mais de mil empregados, 5% (cinco por cento).

§ 1º A dispensa de empregado na condição estabelecida neste artigo, quando se tratar de contrato por tempo superior a 90 (noventa) dias e a imotivada, no contrato por prazo indeterminado, somente poderá ocorrer após a contratação de substituto em condições semelhantes.

§ 2º *(Revogado pelo Dec. 3.298/1999).*

Capítulo VI
Da Justificação Administrativa

Art. 142. A justificação administrativa constitui recurso utilizado para suprir a falta ou insuficiência de documento ou produzir prova de fato ou circunstância de interesse dos beneficiários, perante a previdência social.

§ 1º Não será admitida a justificação administrativa quando o fato a comprovar exigir registro público de casamento, de idade ou de óbito, ou de qualquer ato jurídico para o qual a lei prescreva forma especial.

§ 2º O processo de justificação administrativa é parte de processo antecedente, vedada sua tramitação na condição de processo autônomo.

Art. 143. A justificação administrativa ou judicial, no caso de prova exigida pelo art. 62, dependência econômica, identidade e de relação de parentesco, somente produzirá efeito quando baseada em início de prova material, não sendo admitida prova exclusivamente testemunhal.

§ 1º No caso de prova exigida pelo art. 62 é dispensado o início de prova material quando houver ocorrência de motivo de força maior ou caso fortuito.

§ 2º Caracteriza motivo de força maior ou caso fortuito a verificação de ocorrência notória, tais como incêndio, inundação ou desmoronamento, que tenha atingido a empresa na qual o segurado alegue ter trabalhado, devendo ser comprovada mediante registro da ocorrência policial feito em época própria ou apresentação de documentos contemporâneos dos fatos, e verificada a correlação entre a atividade da empresa e a profissão do segurado.

§ 3º Se a empresa não estiver mais em atividade, deverá o interessado juntar prova oficial de sua existência no período que pretende comprovar.

§ 4º No caso dos segurados empregado doméstico e contribuinte individual, após a homologação do processo, este deverá ser encaminhado ao setor competente de arrecadação para levantamento e cobrança do crédito.

• § 4º com redação determinada pelo Dec. 3.265/1999.

Art. 144. A homologação da justificação judicial processada com base em prova exclusivamente testemunhal dispensa a justificação administrativa, se complementada com início razoável de prova material.

Art. 145. Para o processamento de justificação administrativa, o interessado deverá apresentar requerimento expondo, clara e minuciosamente, os pontos que pretende justificar, indicando testemunhas idôneas, em número não inferior a três nem superior a seis, cujos depoimentos possam levar à convicção da veracidade do que se pretende comprovar.

Parágrafo único. As testemunhas, no dia e hora marcados, serão inquiridas a respeito dos pontos que forem objeto da justificação, indo o processo concluso, a seguir, à autoridade que houver designado o processante, a quem competirá homologar ou não a justificação realizada.

Art. 146. Não podem ser testemunhas:

I – os loucos de todo o gênero;

II – os cegos e surdos, quando a ciência do fato, que se quer provar, dependa dos sentidos, que lhes faltam;

III – os menores de 16 (dezesseis) anos; e

IV – o ascendente, descendente ou colateral, até o terceiro grau, por consanguinidade ou afinidade.

Art. 147. Não caberá recurso da decisão da autoridade competente do Instituto Nacional do Seguro Social que considerar eficaz ou ineficaz a justificação administrativa.

Art. 148. A justificação administrativa será avaliada globalmente quanto à forma e ao mérito, valendo perante o Instituto Nacional do Seguro Social para os fins especificamente visados, caso considerada eficaz.

Art. 149. A justificação administrativa será processada sem ônus para o interessado e nos termos das instruções do Instituto Nacional do Seguro Social.

Art. 150. Aos autores de declarações falsas, prestadas em justificações processadas perante a previdência social, serão aplicadas as penas previstas no art. 299 do Código Penal.

Art. 151. Somente será admitido o processamento de justificação administrativa na hipótese de ficar evidenciada a inexistência de outro meio capaz de configurar a verdade do fato alegado, e o início de prova material apresentado levar à convicção do que se pretende comprovar.

Capítulo VII
Das Disposições Diversas Relativas às Prestações do Regime Geral de Previdência Social

Art. 152. Nenhum benefício ou serviço da previdência social poderá ser criado, majorado ou estendido, sem a correspondente fonte de custeio total.

Art. 153. O benefício concedido a segurado ou dependente não pode ser objeto de penhora, arresto ou sequestro, sendo nula de pleno direito a sua venda ou cessão, ou a constituição de qualquer ônus sobre ele, bem como a outorga de poderes irrevogáveis ou em causa própria para seu recebimento, ressalvado o disposto no art. 154.

Art. 154. O Instituto Nacional do Seguro Social pode descontar da renda mensal do benefício:

I – contribuições devidas pelo segurado à previdência social;

II – pagamentos de benefícios além do devido, observado o disposto nos §§ 2º ao 5º;

III – imposto de renda na fonte;

IV – alimentos decorrentes de sentença judicial; e

V – mensalidades de associações e demais entidades de aposentados legalmente reconhecidas, desde que autorizadas por seus filiados, observado o disposto no § 1º;

VI – pagamento de empréstimos, financiamentos e operações de arrendamento mercantil concedidos por instituições financeiras e sociedades de arrendamento mercantil, públicas ou privadas, quando expressamente autorizado pelo beneficiário, até o limite de 30% (trinta por cento) do valor do benefício.

• Inciso VI acrescentado pelo Dec. 4.862/2003.

§ 1º O desconto a que se refere o inciso V do *caput* ficará na dependência da conveniência administrativa do setor de benefícios do Instituto Nacional do Seguro Social.

§ 2º A restituição de importância recebida indevidamente por beneficiário da previdência social, nos casos comprovados de dolo, fraude ou má-fé, deverá ser atualizada nos moldes do art. 175, e feita de uma só vez ou mediante acordo de parcelamento na forma do art. 244, independentemente de outras penalidades legais.

• § 2º com redação determinada pelo Dec. 5.699/2006.

§ 3º Caso o débito seja originário de erro da previdência social, o segurado, usufruindo de benefício regularmente concedido, poderá devolver o valor de forma parcelada, atualizado nos moldes do art. 175, devendo cada parcela corresponder, no máximo, a 30% (trinta por cento) do valor do benefício em manutenção, e ser descontado em número de meses necessários à liquidação do débito.

§ 4º Se o débito for originário de erro da previdência social e o segurado não usufruir de benefício, o valor deverá ser devolvido, com a correção de que trata o parágrafo anterior, da seguinte forma:

I – no caso de empregado, com a observância do disposto no art. 365; e

II – no caso dos demais beneficiários, será observado:

a) se superior a cinco vezes o valor do benefício suspenso ou cessado, no prazo de 60 (sessenta) dias, contados da notificação para fazê-lo, sob pena de inscrição em Dívida Ativa; e

b) se inferior a cinco vezes o valor do benefício suspenso ou cessado, no prazo de 30 (trinta) dias, contados da notificação para fazê-lo, sob pena de inscrição em Dívida Ativa.

§ 5º No caso de revisão de benefícios em que resultar valor superior ao que vinha sendo pago, em razão de erro da previdência social, o valor resultante da diferença verificada entre o pago e o devido será objeto de atualização nos mesmos moldes do art. 175.

§ 6º O INSS disciplinará, em ato próprio, o desconto de valores de benefícios com fundamento no inciso VI do *caput*, observadas as seguintes condições:

- *Caput* do § 6º acrescentado pelo Dec. 4.862/2003.

I – a habilitação das instituições consignatárias deverá ser definida de maneira objetiva e transparente;

- Inciso I acrescentado pelo Dec. 4.862/2003.

II – o desconto somente poderá incidir sobre os benefícios de aposentadoria, qualquer que seja sua espécie, ou de pensão por morte, recebidos pelos seus respectivos titulares;

- Inciso II acrescentado pelo Dec. 4.862/2003.

III – a prestação de informações aos titulares de benefícios em manutenção e às instituições consignatárias necessária à realização do desconto deve constar de rotinas próprias;

- Inciso III acrescentado pelo Dec. 4.862/2003.

IV – os prazos para o início dos descontos autorizados e para o repasse das prestações às instituições consignatárias devem ser definidos de forma justa e eficiente;

- Inciso IV acrescentado pelo Dec. 4.862/2003.

V – o valor dos encargos a serem cobrados pelo INSS deverá corresponder, apenas, ao ressarcimento dos custos operacionais, que serão absorvidos integralmente pelas instituições consignatárias;

- Inciso V acrescentado pelo Dec. 4.862/2003.

VI – o próprio titular do benefício deverá firmar autorização expressa para o desconto;

- Inciso VI acrescentado pelo Dec. 4.862/2003.

VII – o valor do desconto não poderá exceder a 30% (trinta por cento) do valor disponível do benefício, assim entendido o valor do benefício após a dedução das consignações de que tratam os incisos I a V do *caput*, correspondente a última competência paga, excluída a que contenha o décimo terceiro salário, estabelecido no momento da contratação;

- Inciso VII acrescentado pelo Dec. 4.862/2003.

VIII – o empréstimo poderá ser concedido por qualquer instituição consignatária, independentemente de ser ou não responsável pelo pagamento de benefício;

- Inciso VIII com redação determinada pelo Dec. 5.180/2004.

IX – os beneficiários somente poderão realizar as operações previstas no inciso VI do *caput* se receberem o benefício no Brasil;

- Inciso IX com redação determinada pelo Dec. 5.180/2004.

X – a retenção recairá somente sobre as parcelas mensais fixas integrais, vedada a administração de eventual saldo devedor;

- Inciso X acrescentado pelo Dec. 4.862/2003.

XI – o titular de benefício poderá autorizar mais de um desconto em favor da mesma instituição consignatária, respeitados o limite consignável e a prevalência de retenção em favor dos contratos mais antigos;

- Inciso XI acrescentado pelo Dec. 4.862/2003.

XII – a eventual modificação no valor do benefício ou das consignações de que tratam os incisos I a V do *caput* que resulte margem consignável inferior ao valor da parcela pactuada, poderá ensejar a reprogramação da retenção, alterando-se o valor e o prazo do desconto, desde que solicitado pela instituição consignatária e sem acréscimo de custos operacionais; e

- Inciso XII acrescentado pelo Dec. 4.862/2003.

XIII – outras que se fizerem necessárias.

- Inciso XIII acrescentado pelo Dec. 4.862/2003.

§ 7º Na hipótese de coexistência de descontos relacionados nos incisos II e VI do *caput*, prevalecerá o desconto do inciso II.

- § 7º acrescentado pelo Dec. 4.862/2003.

§ 8º É facultado ao titular do benefício solicitar a substituição da instituição financeira pagadora do benefício por outra, para pagamento de benefício mediante crédito em conta-corrente, exceto se já tiver realizado operação com a instituição pagadora na forma do § 9º e enquanto houver saldo devedor em amortização.

- § 8º com redação determinada pelo Dec. 5.699/2006.

§ 9º O titular de benefício de aposentadoria, qualquer que seja a sua espécie, ou de pensão por morte do regime deste Regulamento, poderá autorizar, de forma irrevogável e irretratável, que a instituição financeira na qual receba seu benefício retenha valores referentes ao pagamento mensal de empréstimos, financiamentos e operações de arrendamento mercantil por ela concedidos, para fins de amortização.

- § 9º com redação determinada pelo Dec. 5.699/2006.

§ 10. O INSS não responde, em nenhuma hipótese, pelos débitos contratados pelos segurados, restringindo-se sua responsabilidade:

- 10 acrescentado pelo Dec. 5.699/2006.

I – à retenção dos valores autorizados pelo beneficiário e seu repasse à instituição consignatária, em relação às operações contratadas na forma do inciso VI do *caput*; e

II – à manutenção dos pagamentos na mesma instituição financeira enquanto houver saldo devedor, desde que seja por ela comunicado, na forma estabelecida pelo INSS, e enquanto não houver retenção superior ao limite de 30% (trinta por cento) do valor do benefício, em relação às operações contratadas na forma do § 9º.

Art. 154-A. O INSS poderá arredondar, para a unidade de real imediatamente superior, os valores em centavos dos benefícios de prestação continuada pagos mensalmente a seus beneficiários.

- Artigo acrescentado pelo Dec. 4.032/2001.

Parágrafo único. Os valores recebidos a maior pelo beneficiário serão descontados no pagamento do abono anual ou do último valor do pagamento do benefício, na hipótese de sua cessação.

Art. 155. Será fornecido ao beneficiário demonstrativo minucioso das importâncias pagas, discriminando-se o valor da mensalidade, as diferenças eventualmente pagas, com o período a que se referem, e os descontos efetuados.

Art. 156. O benefício será pago diretamente ao beneficiário, salvo em caso de ausência, moléstia contagiosa ou impossibilidade de locomoção, quando será pago a procurador, cujo mandato não terá prazo superior a 12 (doze) meses, podendo ser renovado ou revalidado pelos setores de benefícios do Instituto Nacional do Seguro Social.

Parágrafo único. O procurador do beneficiário deverá firmar, perante o Instituto Nacional do Seguro Social, termo de responsabilidade mediante o qual se comprometa a comunicar ao Instituto qualquer evento que possa anular a procuração, principalmente o óbito do outorgante, sob pena de incorrer nas sanções criminais cabíveis.

Art. 157. O Instituto Nacional do Seguro Social apenas poderá negar-se a aceitar procuração quando se manifestar indício de inidoneidade do documento ou do mandatário, sem prejuízo, no entanto, das providências que se fizerem necessárias.

Art. 158. Na constituição de procuradores, observar-se-á subsidiariamente o disposto no Código Civil.

Art. 159. Somente será aceita a constituição de procurador com mais de uma procuração, ou procurações coletivas, nos casos de representantes credenciados de leprosários, sanatórios, asilos e outros estabelecimentos congêneres, nos casos de parentes de primeiro grau, ou, em outros casos, a critério do Instituto Nacional do Seguro Social.

Art. 160. Não poderão ser procuradores:

I – os servidores públicos civis ativos e os militares ativos, salvo se parentes até o segundo grau; e

II – os incapazes para os atos da vida civil, ressalvado o disposto no art. 666 do Código Civil.

- Inciso II com redação determinada pelo Dec. 4.729/2003.

Parágrafo único. Podem outorgar procuração as pessoas maiores ou emancipadas, no gozo dos direitos civis.

Art. 161. O serviço social constitui atividade auxiliar do seguro social e visa prestar ao beneficiário orientação e apoio no que concerne à solução dos problemas pessoais e familiares e à melhoria da sua inter-relação com a previdência social, para a solução de questões referentes a benefícios, bem como, quando necessário, à obtenção de outros recursos sociais da comunidade.

§ 1º Será dada prioridade de atendimento a segurados em benefício por incapacidade temporária e atenção especial a aposentados e pensionistas.

- § 1º acrescentado pelo Dec. 6.722/2008.

§ 2º Para assegurar o efetivo atendimento aos beneficiários, poderão ser utilizados mecanismos de intervenção técnica, ajuda material, recursos sociais, intercâmbio com empresas, inclusive mediante celebração de convênios, acordos ou contratos, ou pesquisa social.

- § 2º acrescentado pelo Dec. 6.722/2008.

§ 3º O serviço social terá como diretriz a participação do beneficiário na implementação e fortalecimento da política previdenciária, em articulação com associações e entidades de classes.

- § 3º acrescentado pelo Dec. 6.722/2008.

§ 4º O serviço social prestará assessoramento técnico aos estados, Distrito Federal e municípios na elaboração de suas respectivas propostas de trabalho relacionadas com a previdência social.

- § 4º acrescentado pelo Dec. 6.722/2008.

§ 5º O Ministro de Estado da Previdência Social editará atos complementares para a aplicação do disposto neste artigo.

- § 5º acrescentado pelo Dec. 6.722/2008.

Art. 162. O benefício devido ao segurado ou dependente civilmente incapaz será pago ao cônjuge, pai, mãe, tutor ou curador, admitindo-se, na sua falta e por período não superior a 6 (seis) meses, o pagamento a herdeiro necessário, mediante termo de compromisso firmado no ato do recebimento.

§ 1º *(Revogado pelo Dec. 5.699/2006).*

§ 2º *(Revogado pelo Dec. 5.699/2006).*

Parágrafo único. O período a que se refere o *caput* poderá ser prorrogado por iguais períodos, desde que comprovado o andamento regular do processo legal de tutela ou curatela.

- Parágrafo único acrescentado pelo Dec. 6.214/2007.

Art. 163. O segurado e o dependente, após 16 (dezesseis) anos de idade, poderão firmar recibo de benefício, independentemente da presença dos pais ou do tutor.

- Artigo com redação determinada pelo Dec. 4.079/2002.

Art. 164. A impressão digital do beneficiário incapaz de assinar, aposta na presença de servidor da previdência social ou representante desta, vale como assinatura para quitação de pagamento de benefício.

Art. 165. O valor não recebido em vida pelo segurado somente será pago aos seus dependentes habilitados à pensão por morte ou, na falta deles, aos seus sucessores na forma da lei civil, independentemente de inventário ou arrolamento.

Art. 166. Os benefícios poderão ser pagos mediante depósito em conta-corrente bancária em nome do beneficiário.

- *Caput* com redação determinada pelo Dec. 4.729/2003.

§ 1º *(Revogado pelo Dec. 3.265/1999).*

§ 2º *(Revogado pelo Dec. 4.729/2003).*

§ 3º Na hipótese da falta de movimentação relativo a saque em conta-corrente cujos depósitos sejam decorrentes exclusivamente de pagamento de benefícios, por prazo superior a 60 (sessenta) dias, os valores dos benefícios remanescentes serão estornados e creditados à Conta Única do Tesouro Nacional, com a identificação de sua origem.

- § 3º acrescentado pelo Dec. 4.729/2003.

Art. 167. Salvo no caso de direito adquirido, não é permitido o recebimento conjunto dos seguintes benefícios da previdência social, inclusive quando decorrentes de acidente do trabalho:

I – aposentadoria com auxílio-doença;

II – mais de uma aposentadoria;

III – aposentadoria com abono de permanência em serviço;

IV – salário-maternidade com auxílio-doença;

V – mais de um auxílio-acidente;

VI – mais de uma pensão deixada por cônjuge;

VII – mais de uma pensão deixada por companheiro ou companheira;

VIII – mais de uma pensão deixada por cônjuge e companheiro ou companheira; e

IX – auxílio-acidente com qualquer aposentadoria.

§ 1º No caso dos incisos VI, VII e VIII é facultado ao dependente optar pela pensão mais vantajosa.

§ 2º É vedado o recebimento conjunto do seguro-desemprego com qualquer benefício de prestação continuada da previdência social, exceto pensão por morte, auxílio-reclusão, auxílio-acidente, auxílio suplementar ou abono de permanência em serviço.

§ 3º É permitida a acumulação dos benefícios previstos neste Regulamento com o benefício de que trata a Lei 7.070, de 20 de dezembro de 1982, que não poderá ser reduzido em razão de eventual aquisição de capacidade laborativa ou de redução de incapacidade para o trabalho ocorrida após a sua concessão.

§ 4º O segurado recluso, ainda que contribua na forma do § 6º do art. 116, não faz jus aos benefícios de auxílio-doença e de aposentadoria durante a percepção, pelos dependentes, do auxílio-reclusão, permitida a opção, desde que manifestada, também, pelos dependentes, pelo benefício mais vantajoso.

- § 4º acrescentado pelo Dec. 4.729/2003.

Art. 168. Salvo nos casos de aposentadoria por invalidez ou especial, observado quanto a esta o disposto no parágrafo único do art. 69, o retorno do aposentado à atividade não prejudica o recebimento de sua aposentadoria, que será mantida no seu valor integral.

- Artigo com redação determinada pelo Dec. 4.729/2003.

Art. 169. Os pagamentos dos benefícios de prestação continuada não poderão ser antecipados.

☛ **§ 1º** Excepcionalmente, nas hipóteses de estado de calamidade pública, reconhecidas por ato do Poder Executivo federal, o INSS poderá, nos termos estabelecidos em ato do Secretário Especial de Previdência e Trabalho do Ministério da Economia, antecipar aos beneficiários domiciliados nos respectivos Municípios:

- *Caput* do § 1º com redação determinada pelo Dec. 9.700/2019.

I – o cronograma de pagamento dos benefícios de prestação continuada previdenciária e assistencial, enquanto perdurar o estado de calamidade; e

- § 1º, I acrescentado pelo Dec. 7.223/2010.

II – o valor correspondente a uma renda mensal do benefício devido, excetuados os temporários, mediante opção dos beneficiários.

- § 1º, II acrescentado pelo Dec. 7.223/2010.

§ 2º O valor antecipado de que trata o inciso II do § 1º será ressarcido de forma parcelada, mediante desconto da renda do benefício, para esse fim equiparado ao crédito de que trata o inciso II do *caput* do art. 154, nos termos do ato a que se refere o § 1º.

- § 2º acrescentado pelo Dec. 7.223/2010.

Art. 170. Compete privativamente aos servidores de que trata o art. 2º da Lei 10.876, de 2 de junho de 2004, a realização de exames médico-periciais para concessão e manutenção de benefícios e outras atividades médico-periciais inerentes ao regime de que trata este Regulamento, sem prejuízo do disposto no mencionado artigo.

- Artigo com redação determinada pelo Dec. 6.939/2009.

Parágrafo único. Os servidores de que trata o *caput* poderão solicitar ao médico assistente do beneficiário que forneça informações sobre antecedentes médicos a este relativas, na forma a ser disciplinada pelo INSS, para fins do disposto nos § 2º do art. 43 e § 1º do art. 71 ou para subsidiar emissão de laudo médico pericial conclusivo.

Art. 171. Quando o segurado ou dependente deslocar-se por determinação do Instituto Nacional do Seguro Social para submeter-se a exame médico-pericial ou a processo de reabilitação profissional em localidade diversa da de sua residência, deverá a instituição custear o seu transporte e pagar-lhe diária no valor de R$ 24,57 (vinte e quatro reais e cinquenta e sete centavos), ou promover sua hospedagem mediante contratação de serviços de hotéis, pensões ou similares.

- Valor sujeito a atualização mediante Portaria do Ministério da Previdência Social – MPS.

§ 1º Caso o beneficiário, a critério do Instituto Nacional do Seguro Social, necessite de acompanhante, a viagem deste poderá ser autorizada, aplicando-se o disposto neste artigo.

§ 2º Quando o beneficiário ficar hospedado em hoteis, pensões ou similares contratados ou conveniados pelo Instituto Nacional do Seguro Social, não caberá pagamento de diária.

Art. 172. Fica o Instituto Nacional do Seguro Social obrigado a emitir e a enviar aos beneficiários aviso de concessão de benefício, além da memória de cálculo do valor dos benefícios concedidos.

Art. 173. O segurado em gozo de aposentadoria por tempo de contribuição, especial ou por idade, que voltar a exercer atividade abrangida pelo Regime Geral de Previdência Social, somente terá direito ao salário-família e à reabilitação profissional, quando empregado ou trabalhador avulso, observado o disposto no art. 168 e, nos casos de aposentadoria especial, a proibição de que trata o parágrafo único do art. 69.

Art. 174. O primeiro pagamento do benefício será efetuado até 45 (quarenta e cinco) dias após a data da apresentação, pelo segurado, da documentação necessária à sua concessão.

- *Caput* com redação determinada pelo Dec. 6.722/2008.

Parágrafo único. O prazo fixado no *caput* fica prejudicado nos casos de justificação administrativa ou outras providências a cargo do segurado, que demandem a sua dilatação, iniciando-se essa contagem a partir da data da conclusão das mesmas.

Art. 175. O pagamento de parcelas relativas a benefícios efetuado com atraso, independentemente de ocorrência de mora e de quem lhe deu causa, deve ser corrigido monetariamente desde o momento em que restou devido, pelo mesmo índice utilizado para os reajustamentos dos benefícios do RGPS, apurado no período compreendido entre o mês que deveria ter sido pago e o mês do efetivo pagamento.

- Artigo com redação determinada pelo Dec. 6.722/2008.

Art. 176. A apresentação de documentação incompleta não constitui motivo para recusa do requerimento de benefício.

- Artigo com redação determinada pelo Dec. 3.668/2000.

Art. 177. *(Revogado pelo Dec. 3.668/2000).*

Art. 178. O pagamento mensal de benefícios de valor superior a vinte vezes o limite máximo de salário de contribuição deverá ser autorizado expressamente pelo Gerente Executivo do Instituto Nacional do Seguro Social, observada a análise da Divisão ou Serviço de Benefícios.

- Artigo com redação determinada pelo Dec. 5.545/2005.
- Valor sujeito a atualização mediante Portaria do Ministério da Previdência Social – MPS.

Parágrafo único. Os benefícios de valor inferior ao limite estipulado no *caput*, quando do reconhecimento do direito da concessão, revisão e manutenção de benefícios, serão supervisionados pelas Agências da Previdência Social e Divisões ou Serviços de Benefícios, sob critérios preestabelecidos pela Direção Central.

Art. 179. O Ministério da Previdência e Assistência Social e o Instituto Nacional do Seguro Social manterão programa permanente de revisão da concessão e da manutenção dos benefícios da previdência social, a fim de apurar irregularidades e falhas existentes.

§ 1º Havendo indício de irregularidade na concessão ou na manutenção do benefício ou, ainda, ocorrendo a hipótese prevista no § 4º, a previdência social notificará o beneficiário para apresentar defesa, provas ou documentos de que dispuser, no prazo de 10 (dez) dias.

- § 1º com redação determinada pelo Dec. 5.699/2006.

§ 2º A notificação a que se refere o § 1º far-se-á por via postal com aviso de recebimento e, não comparecendo o beneficiário nem apresentando defesa, será suspenso o benefício, com notificação ao beneficiário.

- § 2º com redação determinada pelo Dec. 4.729/2003.

§ 3º Decorrido o prazo concedido pela notificação postal, sem que tenha havido resposta, ou caso seja considerada pela previdência social como insuficiente ou improcedente a defesa apresentada, o benefício será cancelado, dando-se conhecimento da decisão ao beneficiário.

- § 3º com redação determinada pelo Dec. 4.729/2003.

§ 4º O recenseamento previdenciário relativo ao pagamento dos benefícios do Regime Geral de Previdência Social de que tratam o § 4º do art. 69 e o *caput* do art. 60 da Lei 8.212, de 1991, deverá ser realizado pelo menos uma vez a cada 4 (quatro) anos.

- § 4º acrescentado pelo Dec. 5.545/2005.

§ 5º A coleta e transmissão de dados cadastrais de titulares de benefícios, com o objetivo de cumprir o disposto no § 4º, serão realizados por meio da rede bancária contratada para os fins do art. 60 da Lei 8.212, de 1991.

- § 5º acrescentado pelo Dec. 5.545/2005.

§ 6º Na impossibilidade de notificação do beneficiário ou na falta de atendimento à convocação por edital, o pagamento será suspenso até o comparecimento do beneficiário e regularização dos dados cadastrais ou será adotado procedimento previsto no § 1º.

- § 6º acrescentado pelo Dec. 5.699/2006.

Art. 180. Ressalvado o disposto nos §§ 5º e 6º do art. 13, a perda da qualidade de segurado importa em caducidade dos direitos inerentes a essa qualidade.

- *Caput* com redação determinada pelo Dec. 4.729/2003.

§ 1º A perda da qualidade de segurado não prejudica o direito à aposentadoria para cuja concessão tenham sido preenchidos todos os requisitos, segundo a legislação em vigor à época em que estes requisitos foram atendidos.

§ 2º Não será concedida pensão por morte aos dependentes do segurado que falecer após a perda desta qualidade, nos termos dos arts. 13 a 15, salvo se preenchidos os requisitos para obtenção de aposentadoria na forma do parágrafo anterior, observado o disposto no art. 105.

§ 3º No cálculo da aposentadoria de que trata o § 1º, será observado o disposto no § 9º do art. 32 e no art. 52.

Art. 181. Todo e qualquer benefício concedido pelo Instituto Nacional do Seguro Social, ainda que à conta do Tesouro Nacional, submete-se ao limite a que se refere o § 5º do art. 214.

Parágrafo único. Aos beneficiários de que trata o art. 150 da Lei 8.213, de 1991, aplicam-se as disposições previstas neste Regulamento, vedada a adoção de critérios diferenciados para a concessão de benefícios.

Art. 181-A. Fica garantido ao segurado com direito à aposentadoria por idade a opção pela não aplicação do fator previdenciário, devendo o Instituto Nacional do Seguro Social, quando da concessão do benefício, proceder ao cálculo da renda mensal inicial com e sem o fator previdenciário.

- Artigo acrescentado pelo Dec. 3.265/1999.

Art. 181-B. As aposentadorias por idade, tempo de contribuição e especial concedidas pela previdência social, na forma deste Regulamento, são irreversíveis e irrenunciáveis.

- *Caput* acrescentado pelo Dec. 3.265/1999.

Parágrafo único. O segurado pode desistir do seu pedido de aposentadoria desde que manifeste esta intenção e requeira o arquivamento definitivo do pedido antes da ocorrência do primeiro de um dos seguintes atos:

- Parágrafo único com redação determinada pelo Dec. 6.208/2007.

I – recebimento do primeiro pagamento do benefício; ou

II – saque do respectivo Fundo de Garantia do Tempo de Serviço ou do Programa de Integração Social.

Art. 181-C. Na hipótese de o inventariante não tomar a iniciativa do pagamento das contribuições devidas pelo segurado falecido o Instituto Nacional do Seguro Social deverá requerer, no inventário ou arrolamento de bens por ele deixado, o pagamento da dívida.

- Artigo acrescentado pelo Dec. 4.729/2003.

Parágrafo único. Na hipótese de ter sido feita a partilha da herança sem a liquidação das contribuições devidas pelo segurado falecido, respondem os herdeiros, cada qual em proporção da parte que na herança lhe coube, aplicando-se, em relação aos herdeiros dependentes, o disposto no art. 154, inciso I, combinado com o § 3º do mesmo artigo.

Capítulo VIII
Das Disposições Transitórias Relativas às Prestações do Regime Geral de Previdência Social

Art. 182. A carência das aposentadorias por idade, tempo de contribuição e especial para os segurados inscritos na previdência social urbana até 24 de julho de 1991, bem como para os trabalhadores e empregadores rurais amparados pela previdência social rural, obedecerá à seguinte tabela, levando-se em conta o ano em que o segurado implementou todas as condições necessárias à obtenção do benefício:

Ano de Implementação das Condições	Meses de Contribuição Exigidos
1998	102 meses
1999	108 meses
2000	114 meses
2001	120 meses
2002	126 meses
2003	132 meses
2004	138 meses
2005	144 meses
2006	150 meses
2007	156 meses
2008	162 meses
2009	168 meses
2010	174 meses
2011	180 meses

Parágrafo único. Não se aplica a tabela de que trata o *caput* para os benefícios de aposentadoria por tempo de contribuição e por idade garantida aos segurados com deficiência, de que tratam os arts. 70-B e 70-C.

- Parágrafo único acrescentado pelo Dec. 8.145/2013.

Art. 183. O trabalhador rural enquadrado como segurado obrigatório do RGPS, na forma da alínea *a* do inciso I ou da alínea *j* do inciso V do *caput* do art. 9º, pode requerer a aposentadoria por idade, no valor de um salário mínimo, até 31 de dezembro de 2010, desde que comprove o exercício de atividade rural, ainda que de forma descontínua, no período imediatamente anterior ao requerimento do benefício ou, conforme o caso, ao mês em que cumpriu o requisito etário, em número de meses idêntico à carência do referido benefício.

- Artigo com redação determinada pelo Dec. 6.722/2008.

Art. 183-A. Na concessão de aposentadoria por idade do empregado rural, em valor equivalente ao salário mínimo, serão contados para efeito de carência:

- Artigo acrescentado pelo Dec. 6.722/2008.

I – até 31 de dezembro de 2010, o período de atividade comprovado na forma do inciso II, letra *a*, do § 2º do art. 62, observado o disposto no art. 183;

II – de janeiro de 2011 a dezembro de 2015, cada mês comprovado de emprego, multiplicado por três, limitado a 12 (doze) meses dentro do respectivo ano civil; e

III – de janeiro de 2016 a dezembro de 2020, cada mês comprovado de emprego, multiplicado por dois, limitado a 12 (doze) meses dentro do respectivo ano civil.

Parágrafo único. Aplica-se o disposto no *caput* e respectivo inciso I ao trabalhador rural enquadrado na categoria de segurado contribuinte individual que comprovar a prestação de serviço de natureza rural, em caráter eventual, a uma ou mais empresas, sem relação de emprego.

Art. 184. O segurado que recebe aposentadoria por idade, tempo de contribuição ou especial do Regime Geral de Previdência Social que permaneceu ou retornou à atividade e que vinha contribuindo até 14 de abril de 1994, véspera da vigência da Lei 8.870, de 15 de abril de 1994, receberá o pecúlio, em pagamento único, quando do desligamento da atividade que vinha exercendo.

§ 1º O pecúlio de que trata este artigo consistirá em pagamento único de valor correspondente à soma das importâncias relativas às contribuições do segurado, remuneradas de acordo com o índice de remuneração básica dos depósitos de poupança com data de aniversário no dia primeiro.

§ 2º O disposto no parágrafo anterior aplica-se a contar de 25 de julho de 1991, data da vigência da Lei 8.213, de 1991, observada, com relação às contribuições anteriores, a legislação vigente à época do seu recolhimento.

Art. 185. Serão mantidos, de acordo com a respectiva legislação específica, as prestações e o seu financiamento, referentes aos benefícios de ferroviário servidor público ou autárquico federal ou em regime especial que não optou pelo regime da Consolidação das Leis do Trabalho, na forma da Lei 6.184, de 11 de dezembro de 1974, bem como de seus dependentes.

Art. 186. *(Revogado pelo Dec. 4.079/2002).*

Art. 187. É assegurada a concessão de aposentadoria, a qualquer tempo, nas condições previstas na legislação anterior à Emenda Constitucional 20, de 1998, ao segurado do Regime Geral de Previdência Social que, até 16 de dezembro de 1998, tenha cumprido os requisitos para obtê-la.

Parágrafo único. Quando da concessão de aposentadoria nos termos do *caput*, o tempo de serviço será considerado até 16 de dezembro de 1998, e a renda mensal inicial será calculada com base nos 36 últimos salários de contribuição anteriores àquela data, reajustada pelos mesmos índices aplicados aos benefícios, até a data da entrada do requerimento, não sendo devido qualquer pagamento relativamente a período anterior a esta data, observado, quando couber, o disposto no § 9º do art. 32 e nos §§ 3º e 4º do art. 56.

Art. 188. O segurado filiado ao Regime Geral de Previdência Social até 16 de dezembro de 1998, cumprida a carência exigida, terá direito a aposentadoria, com valores proporcionais ao tempo de contribuição, quando, cumulativamente:

- *Caput* com redação determinada pelo Dec. 4.729/2003.

I – contar 53 anos ou mais de idade, se homem, e 48 anos ou mais de idade, se mulher; e

II – contar tempo de contribuição igual, no mínimo, à soma de:

a) 30 (trinta) anos, se homem, e 25 (vinte e cinco) anos, se mulher; e

- Alínea *a* com redação determinada pelo Dec. 4.729/2003.

b) um período adicional de contribuição equivalente a, no mínimo, 40% (quarenta por cento) do tempo que, em 16 de dezembro de 1998, faltava para atingir o limite de tempo constante da alínea ***a***.

- Alínea *b* com redação determinada pelo Dec. 4.729/2003.

§ 1º *(Revogado pelo Dec. 4.729/2003).*

§ 2º O valor da renda mensal da aposentadoria proporcional será equivalente a 70% (setenta por cento) do valor da aposentadoria a que se referem as alíneas *a* e *b* do inciso IV do art. 39, acrescido de 5% (cinco por cento) por ano de contribuição que supere a soma a que se refere o inciso II até o limite de 100% (cem por cento).

- § 2º com redação determinada pelo Dec. 4.729/2003.

§ 3º O segurado que, até 16 de dezembro de 1998, tenha cumprido os requisitos para obter a aposentadoria proporcional somente fará jus ao acréscimo de 5% (cinco por cento) a que se refere o § 2º se cumprir o requisito previsto no inciso I, observado o disposto no art. 187 ou a opção por aposentar se na forma dos arts. 56 a 63.

- § 3º com redação determinada pelo Dec. 4.729/2003.

§ 4º O professor que, até 16 de dezembro de 1998, tenha exercido atividade de magistério, em qualquer nível, e que opte por se aposentar na forma do disposto nas alíneas *a* e *b* do inciso IV do art. 39, terá o tempo de serviço exercido até aquela data contado com o acréscimo de 17% (dezessete por cento), se homem, e de 20% (vinte por cento), se mulher, desde que se aposente, exclusivamente, com tempo de efetivo exercício de atividade de magistério, sem prejuízo do direito à aposentadoria na forma do § 1º do art. 56.

- § 4º com redação determinada pelo Dec. 5.545/2005.

Art. 188-A. Para o segurado filiado à previdência social até 28 de novembro de 1999, inclusive o oriundo de regime próprio de previdência social, que vier a cumprir as condições exigidas para a concessão dos benefícios do Regime Geral de Previdência Social, no cálculo do salário de benefício será considerada a média aritmética simples dos maiores salários de contribuição, correspondentes a, no mínimo, 80% (oitenta por cento) de todo o período contributivo decorrido desde a competência julho de 1994, observado o disposto nos incisos I e II do *caput* e § 14 do art. 32.

- *Caput* acrescentado pelo Dec. 3.265/1999.

§ 1º No caso das aposentadorias por idade, tempo de contribuição e especial, o divisor considerado no cálculo da média a que se refere o *caput* não poderá ser inferior a 60% (sessenta por cento) do período decorrido da competência julho de 1994 até a data de início do benefício, limitado a 100% (cem por cento) de todo o período contributivo.

- § 1º acrescentado pelo Dec. 3.265/1999.

§ 2º Para a obtenção do salário de benefício, o fator previdenciário de que trata o art. 32 será aplicado de forma progressiva, incidindo sobre um sessenta avos da média aritmética de que trata o *caput*, por competência que se seguir a 28 de novembro de 1999, cumulativa e sucessivamente, até completar sessenta sessenta avos da referida média, na competência novembro de 2004.

- § 2º acrescentado pelo Dec. 3.265/1999.

§ 3º *(Revogado pelo Dec. 5.399/2005).*

§ 4º Nos casos de auxílio-doença e de aposentadoria por invalidez, o salário de benefício consiste na média aritmética simples dos maiores salários de contribuição correspondentes a 80% (oitenta por cento) do período contributivo decorrido desde a competência julho de 1994 até a data do início do benefício.

- § 4º com redação determinada pelo Dec. 6.939/2009.

Art. 188-B. Fica garantido ao segurado que, até o dia 28 de novembro de 1999, tenha cumprido os requisitos para a concessão de benefício, o cálculo do valor inicial segundo as regras até então vigentes, considerando-se como período básico de cálculo os trinta e seis meses imediatamente anteriores àquela data, observado o § 2º do art. 35, e assegurada a opção pelo cálculo na forma do art. 188-A, se mais vantajoso.

- Artigo acrescentado pelo Dec. 3.265/1999.

Art. 188-C. *(Revogado pelo Dec. 4.729/2003).*

Art. 188-D. *(Revogado pelo Dec. 4.729/2003).*

Art. 188-E. O cálculo das aposentadorias concedidas mediante a utilização do critério estabelecido nos §§ 5º e 6º do art. 13 obedecerá ao disposto no art. 188-A e, quando inexistirem salários de contribuição a partir de julho de 1994, serão concedidas no valor mínimo do salário de benefício.

- Artigo acrescentado pelo Dec. 4.729/2003.

Art. 188-F. Aplica-se o disposto no § 2º do art. 56 aos pedidos de benefícios requeridos a partir de 11 de maio de 2006, levando-se em consideração todo o período de exercício nas atividades citadas.

- Artigo acrescentado pelo Dec. 6.722/2008.

Art. 189. Os benefícios de legislação especial pagos pela previdência social à conta do Tesouro Nacional e de ex-combatentes, iniciados até 16 de dezembro de 1998, serão reajustados com base nos mesmos índices aplicáveis aos benefícios de prestação continuada da previdência social.

Art. 190. A partir de 14 de outubro de 1996, não serão mais devidos os benefícios de legislação específica do jornalista profissional, do jogador profissional de futebol e do telefonista.

Parágrafo único. A aposentadoria especial do aeronauta nos moldes do Decreto-lei 158, de 10 de fevereiro de 1967, está extinta a partir de 16 de dezembro de 1998, passando a ser devida ao aeronauta os benefícios deste Regulamento.

Art. 191. É vedada a inclusão em regime próprio de previdência social do servidor de que tratam as alíneas *i*, *l* e *m* do inciso I do *caput* do art. 9º, sendo automática sua filiação ao Regime Geral de Previdência Social a partir de 16 de dezembro de 1998.

Art. 192. Aos menores de 16 anos filiados ao Regime Geral de Previdência Social até 16 de dezembro de 1998 são assegurados todos os direitos previdenciários.

Art. 193. O Instituto Nacional do Seguro Social deverá rever:

I – as aposentadorias concedidas no período de 29 de abril de 1995 até a data da publicação deste Regulamento, com conversão de tempo de atividade sob condições especiais em tempo de atividade comum, considerando-se a legislação vigente quando do cumprimento dos requisitos necessários à concessão das referidas aposentadorias; e

II – as aposentadorias por tempo de serviço e especial e as certidões de tempo de serviço com cômputo de tempo de serviço rural concedidas ou emitidas a partir de 24 de julho de 1991 até a data da publicação deste Regulamento.

Livro III
DO CUSTEIO DA SEGURIDADE SOCIAL

TÍTULO I
Do Financiamento da Seguridade Social

Capítulo I
Introdução

Art. 194. A seguridade social é financiada por toda a sociedade, de forma direta e indireta, mediante recursos provenientes dos orçamentos da União, dos Estados, do Distrito Federal, dos Municípios e de contribuições sociais.

Art. 195. No âmbito federal, o orçamento da seguridade social é composto de receitas provenientes:

I – da União;

II – das contribuições sociais; e

III – de outras fontes.

Parágrafo único. Constituem contribuições sociais:

I – as das empresas, incidentes sobre a remuneração paga, devida ou creditada aos segurados e demais pessoas físicas a seu serviço, mesmo sem vínculo empregatício;

II – as dos empregadores domésticos, incidentes sobre o salário de contribuição dos empregados domésticos a seu serviço;

III – as dos trabalhadores, incidentes sobre seu salário de contribuição;

IV – as das associações desportivas que mantêm equipe de futebol profissional, incidentes sobre a receita bruta decorrente dos espetáculos desportivos de que participem em todo território nacional em qualquer modalidade desportiva, inclusive jogos internacionais, e de qualquer forma de patrocínio, licenciamento de uso de marcas e símbolos, publicidade, propaganda e transmissão de espetáculos desportivos;

V – as incidentes sobre a receita bruta proveniente da comercialização da produção rural;

VI – as das empresas, incidentes sobre a receita ou o faturamento e o lucro; e

VII – as incidentes sobre a receita de concursos de prognósticos.

Capítulo II
Da Contribuição da União

Art. 196. A contribuição da União é constituída de recursos adicionais do Orçamento Fiscal, fixados obrigatoriamente na Lei Orçamentária anual.

Parágrafo único. A União é responsável pela cobertura de eventuais insuficiências financeiras da seguridade social, quando decorrentes do pagamento de benefícios de prestação continuada da previdência social, na forma da Lei Orçamentária anual.

Art. 197. Para pagamento dos encargos previdenciários da União poderão contribuir os recursos da seguridade social referidos no inciso VI do parágrafo único do art. 195, na forma da Lei Orçamentária anual, assegurada a destinação de recursos para as ações de saúde e assistência social.

Capítulo III
Da Contribuição do Segurado

Seção I
Da contribuição do segurado empregado, empregado doméstico e trabalhador avulso

Art. 198. A contribuição do segurado empregado, inclusive o doméstico, e do trabalhador avulso é calculada mediante a aplicação da correspondente alíquota, de forma não cumulativa, sobre o seu salário de contribuição mensal, observado o disposto no art. 214, de acordo com a seguinte tabela:

Salários de contribuição	Alíquotas
até R$ 360,00	8,0 %
de R$ 360,01 até R$ 600,00	9,0 %
de R$ 600,01 até R$ 1.200,00	11,00 %

- Valores originais sujeitos à atualização mediante Portaria do Ministério da Previdência Social – MPS.

Parágrafo único. A contribuição do segurado trabalhador rural a que se refere à alínea *r* do inciso I do art. 9º é de 8% (oito por cento) sobre o respectivo salário de contribuição definido no inciso I do art. 214.

- Parágrafo único acrescentado pelo Dec. 6.722/2008.

Seção II
Da contribuição dos segurados contribuinte individual e facultativo

- Rubrica da Seção II com redação determinada pelo Dec. 3.265/1999.

Art. 199. A alíquota de contribuição dos segurados contribuinte individual e facultativo é de 20% (vinte por cento) aplicada sobre o respectivo salário de contribuição, observado os limites a que se referem os §§ 3º e 5º do art. 214.

- Artigo com redação determinada pelo Dec. 3.265/1999.

Art. 199-A. A partir da competência em que o segurado fizer a opção pela exclusão do direito ao benefício de aposentadoria por tempo de contribuição, é de 11% (onze por cento), sobre o valor correspondente ao limite mínimo mensal do salário de contribuição, a alíquota de contribuição:

- *Caput* acrescentado pelo Dec. 6.042/2007 (*DOU* 13.02.2007), em vigor na data de sua publicação, produzindo efeitos a partir do primeiro dia do mês de abril de 2007 (V. art. 5º, I, do referido Decreto).

I – do segurado contribuinte individual, que trabalhe por conta própria, sem relação de trabalho com empresa ou equiparado;

- Inciso I acrescentado pelo Dec. 6.042/2007 (*DOU* 13.02.2007), em vigor na data de sua publicação, produzindo efeitos a partir do primeiro dia do mês de abril de 2007 (V. art. 5º, I, do referido Decreto).

II – do segurado facultativo; e

- Inciso II acrescentado pelo Dec. 6.042/2007 (*DOU* 13.02.2007), em vigor na data de sua publicação, produzindo efeitos a partir do primeiro dia do mês de abril de 2007 (V. art. 5º, I, do referido Decreto).

III – do MEI de que trata a alínea *p* do inciso V do art. 9º, cuja contribuição deverá ser recolhida na forma regulamentada pelo Comitê Gestor do Simples Nacional.

- Inciso III com redação determinada pelo Dec. 6.722/2008.

§ 1º O segurado, inclusive aquele com deficiência, que tenha contribuído na forma do *caput* e pretenda contar o tempo de contribuição correspondente, para fins de obtenção da aposentadoria por tempo de contribuição ou de contagem recíproca do tempo de contribuição, deverá complementar a contribuição mensal.

- § 1º com redação determinada pelo Dec. 8.145/2013.

§ 2º A complementação de que trata o § 1º dar-se-á mediante o recolhimento sobre o valor correspondente ao limite mínimo mensal do salário de contribuição em vigor na competência a ser complementada da diferença entre o percentual pago e o de 20% (vinte por cento), acrescido dos juros moratórios de que trata o § 3º do art. 5º da Lei 9.430, de 27 de dezembro de 1996.

- § 2º com redação determinada pelo Dec. 8.145/2013.

§ 3º A contribuição complementar a que se refere os §§ 1º e 2º será exigida a qualquer tempo, sob pena do indeferimento ou cancelamento do benefício.

- § 3º acrescentado pelo Dec. 8.145/2013.

Seção III
Da contribuição do produtor rural pessoa física e do segurado especial

Art. 200. A contribuição do empregador rural pessoa física, em substituição à contribuição de que tratam o inciso I do art. 201 e o art. 202, e a do segurado especial, incidente sobre a receita bruta da comercialização da produção rural, é de:

- *Caput* com redação determinada pelo Dec. 4.032/2001.

I – 2% (dois por cento) para a seguridade social; e

II – 0,1% (um décimo por cento) para o financiamento dos benefícios concedidos em razão do grau de incidência de incapacidade laborativa decorrente dos riscos ambientais do trabalho.

§ 1º *(Revogado pelo Dec. 4.032/2001).*

§ 2º O segurado especial referido neste artigo, além da contribuição obrigatória de que tratam os incisos I e II do *caput*, poderá contribuir, facultativamente, na forma do art. 199.

- § 2º com redação determinada pelo Dec. 6.042/2007.

§ 3º O produtor rural pessoa física de que trata a alínea *a* do inciso V do *caput* do art. 9º contribui, também, obrigatoriamente, na forma do art. 199, observando ainda o disposto nas alíneas *a* e *b* do inciso I do art. 216.

§ 4º Integra a receita bruta de que trata este artigo, além dos valores decorrentes da comercialização da produção relativa aos produtos a que se refere o § 5º, a receita proveniente:

- § 4º com redação determinada pelo Dec. 6.722/2008.

I – da comercialização da produção obtida em razão de contrato de parceria ou meação de parte do imóvel rural;

II – da comercialização de artigos de artesanato de que trata o inciso VII do § 8º do art. 9º;

III – de serviços prestados, de equipamentos utilizados e de produtos comercializados no imóvel rural, desde que em atividades turística e de entretenimento desenvolvidas no próprio imóvel, inclusive hospedagem, alimentação, recepção, recreação e atividades pedagógicas, bem como taxa de visitação e serviços especiais;

IV – do valor de mercado da produção rural dada em pagamento ou que tiver sido trocada por outra, qualquer que seja o motivo ou finalidade; e

V – de atividade artística de que trata o inciso VIII do § 8º do art. 9º.

§ 5º Integram a produção, para os efeitos dos incisos I e II do *caput*, observado o disposto no § 25 do art. 9º, os produtos de origem animal ou vegetal, em estado natural ou submetidos a processos de beneficiamento ou industrialização rudimentar, assim compreendidos, entre outros, os processos de lavagem, limpeza, descaroçamento, pilagem, descascamento, lenhamento, pasteurização, resfriamento, secagem, socagem, fermentação, embalagem, cristalização, fundição, carvoejamento, cozimento, destilação, moagem e torrefação, bem como os subprodutos e os resíduos obtidos por meio desses processos.

- § 5º com redação determinada pelo Dec. 6.722/2008.

§ 6º *(Revogado pelo Dec. 6.722/2008).*

§ 7º A contribuição de que trata este artigo será recolhida:

I – pela empresa adquirente, consumidora ou consignatária ou a cooperativa, que ficam sub-rogadas no cumprimento das obrigações do produtor rural pessoa física de que trata a alínea *a* do inciso V do *caput* do art. 9º e do segurado especial, independentemente de as operações de venda ou consignação terem sido realizadas diretamente com estes ou com intermediário pessoa física, exceto nos casos do inciso III;

II – pela pessoa física não produtor rural, que fica sub-rogada no cumprimento das obrigações do produtor rural pessoa física de que trata a alínea *a* do inciso V do *caput* do art. 9º e do segurado especial, quando adquire produção para venda, no varejo, a consumidor pessoa física; ou

III – pela pessoa física de que trata alínea *a* do inciso V do *caput* do art. 9º e pelo segurado especial, caso comercializem sua produção com adquirente domiciliado no exterior, diretamente, no varejo, a consumidor pessoa física, a outro produtor rural pessoa física ou a outro segurado especial.

§ 8º O produtor rural pessoa física continua obrigado a arrecadar e recolher ao Instituto Nacional do Seguro Social a contribuição do segurado empregado e do trabalhador avulso a seu serviço, descontando-a da respectiva remuneração, nos mesmos prazos e segundo as mesmas normas aplicadas às empresas em geral.

§ 9º Sem prejuízo do disposto no inciso III do § 7º, o produtor rural pessoa física e o segurado especial são obrigados a recolher, diretamente, a contribuição incidente sobre a receita bruta proveniente:

- § 9º acrescentado pelo Dec. 6.722/2008.

I – da comercialização de artigos de artesanato elaborados com matéria-prima produzida pelo respectivo grupo familiar;

II – de comercialização de artesanato ou do exercício de atividade artística, observado o disposto nos incisos VII e VIII do § 8º do art. 9º; e

III – de serviços prestados, de equipamentos utilizados e de produtos comercializados no imóvel rural, desde que em atividades turística e de entretenimento desenvolvidas no próprio imóvel, inclusive hospedagem, alimentação, recepção, recreação e atividades pedagógicas, bem como taxa de visitação e serviços especiais.

§ 10. O segurado especial é obrigado a arrecadar a contribuição de trabalhadores a seu serviço e a recolhê-la no prazo referido na alínea *b* do inciso I do art. 216.

- § 10 acrescentado pelo Dec. 6.722/2008.

Art. 200-A. Equipara-se ao empregador rural pessoa física o consórcio simplificado de produtores rurais, formado pela união de produtores rurais pessoas físicas, que outorgar a um deles poderes para contratar, gerir e demitir trabalhadores rurais, na condição de empregados, para prestação de serviços, exclusivamente, aos seus integrantes, mediante documento registrado em cartório de títulos e documentos.

- Artigo acrescentado pelo Dec. 4.032/2001.

§ 1º O documento de que trata o *caput* deverá conter a identificação de cada produtor, seu endereço pessoal e o de sua propriedade rural, bem como o respectivo registro no Instituto Nacional de Colonização e Reforma Agrária ou informações relativas à parceria, arrendamento ou equivalente e à matrícula no INSS de cada um dos produtores rurais.

§ 2º O consórcio deverá ser matriculado no INSS na forma por este estabelecida, em nome do empregador a quem hajam sido outorgados os mencionados poderes.

Art. 200-B. As contribuições de que tratam o inciso I do art. 201 e o art. 202, bem como a devida ao Serviço Nacional Rural, são substituídas, em relação à remuneração paga, devida ou creditada ao trabalhador rural contratado pelo consórcio simplificado de produtores rurais de que trata o art. 200-A, pela contribuição dos respectivos produtores rurais.

- Artigo acrescentado pelo Dec. 4.032/2001.

Capítulo IV
Das Contribuições da Empresa e do Empregador Doméstico

Seção I
Das contribuições da empresa

Art. 201. A contribuição a cargo da empresa, destinada à seguridade social, é de:

I – 20% (vinte por cento) sobre o total das remunerações pagas, devidas ou creditadas, a qualquer título, no decorrer do mês, aos segurados empregado e trabalhador avulso, além das contribuições previstas nos arts. 202 e 204;

- Inciso I com redação determinada pelo Dec. 3.265/1999.

II – 20% (vinte por cento) sobre o total das remunerações ou retribuições pagas ou creditadas no decorrer do mês ao segurado contribuinte individual;

- Inciso II com redação determinada pelo Dec. 3.265/1999.

III – 15% (quinze por cento) sobre o valor bruto da nota fiscal ou fatura de prestação de serviços, relativamente a serviços que lhes são prestados por cooperados por intermédio de cooperativas de trabalho, observado, no que couber, as disposições dos §§ 7º e 8º do art. 219;

- Inciso III com redação determinada pelo Dec. 3.265/1999.

IV – 2,5% (dois inteiros e cinco décimos por cento) sobre o total da receita bruta proveniente da comercialização da produção rural, em substituição às contribuições previstas no inciso I do *caput* e no art. 202, quando se tratar de pessoa jurídica que tenha como fim apenas a atividade de produção rural.

- Inciso IV com redação determinada pelo Dec. 4.032/2001.

§ 1º São consideradas remuneração as importâncias auferidas em uma ou mais empresas, assim entendida a totalidade dos rendimentos pagos, devidos ou creditados a qualquer título, durante o mês, destinados a retribuir o trabalho, qualquer que seja a sua forma, inclusive os ganhos habituais sob a forma de utilidades, ressalvado o disposto no § 9º do art. 214 e excetuado o lucro distribuído ao segurado empresário, observados os termos do inciso II do § 5º.

§ 2º Integra a remuneração para os fins do disposto nos incisos II e III do *caput*, a bolsa de estudos paga ou creditada ao médico-residente participante do programa de residência médica de que trata o art. 4º da Lei 6.932, de 7 de julho de 1981, na redação dada pela Lei 10.405, de 9 de janeiro de 2002.

- § 2º com redação determinada pelo Dec. 4.729/2003.

§ 3º Não havendo comprovação dos valores pagos ou creditados aos segurados de que tratam as alíneas *e* a *i* do inciso V do art. 9º, em face de recusa ou sonegação de qualquer documento ou informação, ou sua apresentação deficiente, a contribuição da empresa referente a esses segurados será de 20% (vinte por cento) sobre:

- § 3º com redação determinada pelo Dec. 3.452/2000.

I – o salário de contribuição do segurado nessa condição;

II – a maior remuneração paga a empregados da empresa; ou

III – o salário mínimo, caso não ocorra nenhuma das hipóteses anteriores.

§ 4º A remuneração paga ou creditada a condutor autônomo de veículo rodoviário, ou ao auxiliar de condutor autônomo de veículo rodoviário, em automóvel cedido em regime de colaboração, nos termos da Lei 6.094, de 30 de agosto de 1974, pelo frete, carreto ou transporte de passageiros, realizado por conta própria, corresponde a 20% (vinte por cento) do rendimento bruto.

- § 4º com redação determinada pelo Dec. 4.032/2001.

§ 5º No caso de sociedade civil de prestação de serviços profissionais relativos ao exercício de profissões legalmente regulamentadas, a contribuição da empresa referente aos segurados a que se referem as alíneas *g* a *i* do inciso V do art. 9º, observado o disposto no art. 225 e legislação específica, será de 20% (vinte por cento) sobre:

- *Caput* do § 5º com redação determinada pelo Dec. 3.265/1999.

I – a remuneração paga ou creditada aos sócios em decorrência de seu trabalho, de acordo com a escrituração contábil da empresa; ou

II – os valores totais pagos ou creditados aos sócios, ainda que a título de antecipação de lucro da pessoa jurídica, quando não houver discriminação entre a remuneração decorrente do trabalho e a proveniente do capital social ou tratar-se de adiantamento de resultado ainda não apurado por meio de demonstração de resultado do exercício.

- Inciso II com redação determinada pelo Dec. 4.729/2003.

§ 6º No caso de banco comercial, banco de investimento, banco de desenvolvimento, caixa econômica, sociedade de crédito, financiamento e investimento, sociedade de crédito imobiliário, inclusive associação de poupança e empréstimo, sociedade corretora, distribuidora de títulos e valores mobiliários, inclusive bolsa de mercadorias e de valores, empresa de arrendamento mercantil, cooperativa de crédito, empresa de seguros privados e de capitalização, agente autônomo de seguros privados e de crédito e entidade de previdência privada, aberta e fechada, além das contribuições referidas nos incisos I e II do *caput* e nos arts. 202 e 204, é devida a contribuição adicional de 2,5% (dois vírgula cinco por cento) sobre a base de cálculo definida nos incisos I e II do *caput*.

- § 6º com redação determinada pelo Dec. 3.265/1999.

§ 7º A pessoa jurídica enquadrada na condição de microempresa ou de empresa de pequeno porte, na forma do art. 2º da Lei 9.317, de 5 de dezembro de 1996, que optar pela inscrição no Sistema Integrado de Pagamento de Impostos e Contribuições das Microempresas e Empresas de Pequeno Porte, contribuirá na forma estabelecida no art. 23 da referida Lei, em substituição às contribuições de que tratam os incisos I a IV do *caput* e os arts. 201-A, 202 e 204.

- § 7º com redação determinada pelo Dec. 4.032/2001.

§ 8º A contribuição será sempre calculada na forma do inciso II do *caput* quando a remuneração ou retribuição for paga ou creditada a pessoa física, quando ausentes os requisitos que caracterizem o segurado como empregado, mesmo que não esteja inscrita no Regime Geral de Previdência Social.

- § 8º com redação determinada pelo Dec. 3.265/1999.

§§ 9º a 14. *(Revogados pelo Dec. 3.265/1999).*

§ 15. Para os efeitos do inciso IV do *caput* e do § 8º do art. 202, considera-se receita bruta o valor recebido ou creditado pela comercialização da produção, assim entendida a operação de venda ou consignação, observadas as disposições do § 5º do art. 200.

§ 16. A partir de 14 de outubro de 1996, as contribuições de que tratam o inciso IV do *caput* e o § 8º do art. 202 são de responsabilidade do produtor rural pessoa jurídica, não sendo admitida a sub-rogação ao adquirente, consignatário ou cooperativa.

§ 17. O produtor rural pessoa jurídica continua obrigado a arrecadar e recolher ao Instituto Nacional do Seguro Social a contribuição do segurado empregado e do trabalhador avulso a seu serviço, descontando-a da respectiva remuneração, nos mesmos prazos e segundo as mesmas normas aplicadas às empresas em geral.

§ 18. *(Revogado pelo Dec. 4.032/2001).*

§ 19. A cooperativa de trabalho não está sujeita à contribuição de que trata o inciso II do *caput*, em relação às importâncias por ela pagas, distribuídas ou creditadas aos respectivos cooperados, a título de remuneração ou retribuição pelos serviços que, por seu intermédio, tenham prestado a empresas.

- § 19 com redação determinada pelo Dec. 3.452/2000.

§ 20. A contribuição da empresa, relativamente aos serviços que lhe são prestados por cooperados por intermédio de cooperativas de trabalho na atividade de transporte rodoviário de carga ou passageiro, é de 15% (quinze por cento) sobre a parcela correspondente ao valor dos serviços prestados pelos cooperados, que não será inferior a 20% (vinte por cento) do valor da nota fiscal ou fatura.

- § 20 acrescentado pelo Dec. 4.032/2001.

§ 21. O disposto no inciso IV do *caput* não se aplica às operações relativas à prestação de serviços a terceiros, cujas contribuições previdenciárias continuam sendo devidas na forma deste artigo e do art. 202.

- § 21 acrescentado pelo Dec. 4.032/2001.

§ 22. A pessoa jurídica, exceto a agroindústria, que, além da atividade rural, explorar também outra atividade econômica autônoma, quer seja comercial, industrial ou de serviços, no mesmo ou em estabelecimento distinto, independentemente de qual seja a atividade preponderante, contribuirá de acordo com os incisos I, II e III do art. 201 e art. 202.

- § 22 acrescentado pelo Dec. 4.032/2001.

Art. 201-A. A contribuição devida pela agroindústria, definida como sendo o produtor rural pessoa jurídica cuja atividade econômica seja a industrialização de produção própria ou de produção própria e adquirida de terceiros, incidente sobre o valor da receita bruta proveniente da comercialização da produção, em substituição às previstas no inciso I do art. 201 e art. 202, é de:

- *Caput* acrescentado pelo Dec. 4.032/2001.

I – 2,5% (dois inteiros e cinco décimos por cento) destinados à Seguridade Social; e

- Inciso I acrescentado pelo Dec. 4.032/2001.

II – 0,1% (um décimo por cento) para o financiamento do benefício previsto nos arts. 64 a 70, e daqueles concedidos em razão do grau de incidência de incapacidade para o trabalho decorrente dos riscos ambientais da atividade.

- Inciso II acrescentado pelo Dec. 4.032/2001.

§ 1º Para os fins deste artigo, entende-se por receita bruta o valor total da receita proveniente da comercialização da produção própria e da adquirida de terceiros, industrializada ou não.

- § 1º acrescentado pelo Dec. 4.032/2001.

§ 2º O disposto neste artigo não se aplica às operações relativas à prestação de serviços a terceiros, cujas contribuições previdenciárias continuam sendo devidas na forma do art. 201 e 202, obrigando-se a empresa a elaborar folha de salários e registros contábeis distintos.

- § 2º acrescentado pelo Dec. 4.032/2001.

§ 3º Na hipótese do § 2º, a receita bruta correspondente aos serviços prestados a terceiros não integram a base de cálculo da contribuição de que trata o *caput*.

- § 3º acrescentado pelo Dec. 4.032/2001.

§ 4º O disposto neste artigo não se aplica:

- § 4º com redação determinada pelo Dec. 4.862/2003.

I – às sociedades cooperativas e às agroindústrias de piscicultura, carcinicultura, suinocultura e avicultura; e

II – à pessoa jurídica que, relativamente à atividade rural, se dedique apenas ao florestamento e reflorestamento como fonte de matéria-prima para industrialização própria mediante a utilização de processo industrial que modifique a natureza química da madeira ou a transforme em pasta celulósica.

§ 5º Aplica-se o disposto no inciso II do § 4º ainda que a pessoa jurídica comercialize resíduos vegetais ou sobras ou partes da produção, desde que a receita bruta decorrente dessa comercialização represente menos de 1% (um por cento) de sua receita bruta proveniente da comercialização da produção.

- § 5º acrescentado pelo Dec. 4.862/2003.

Art. 201-B. Aplica-se o disposto no artigo anterior, ainda que a agroindústria explore, também, outra atividade econômica autônoma, no mesmo ou em estabelecimento distinto, hipótese em que a contribuição incidirá sobre o valor da receita bruta dela decorrente.

- Artigo acrescentado pelo Dec. 4.032/2001.

Art. 201-C. Quando a cooperativa de produção rural contratar empregados para realizarem, exclusivamente, a colheita da produção de seus cooperados, as contribuições de que tratam o art. 201, I, e o art. 202, relativas à folha de salário destes segurados, serão substituídas pela contribuição devida pelos cooperados, cujas colheitas sejam por eles realizadas, incidentes sobre a receita bruta da comercialização da produção rural, na forma prevista no art. 200, se pessoa física, no inciso IV do *caput* do art. 201 e no § 8º do art. 202, se pessoa jurídica.

- Artigo acrescentado pelo Dec. 4.032/2001.

§ 1º A cooperativa deverá elaborar folha de salários distinta e apurar os encargos decorrentes da contratação de que trata o *caput* separadamente dos relativos aos seus empregados regulares, discriminadamente por cooperado, na forma definida pelo INSS.

§ 2º A cooperativa é diretamente responsável pela arrecadação e recolhimento da contribuição previdenciária dos segurados contratados na forma deste artigo.

§ 3º O disposto neste artigo aplica-se à contribuição devida ao Serviço Nacional Rural.

Art. 201-D. As alíquotas de que tratam os incisos I e II do art. 201, em relação às empresas que prestam serviços de tecnologia da informação – TI e de tecnologia da informação e comunicação – TIC, ficam reduzidas de acordo com a aplicação sucessiva das seguintes operações:

- *Caput* acrescentado pelo Dec. 6.945/2009 (*DOU* 24.08.2009), em vigor na data de sua publicação, produzindo efeitos por 5 (cinco) anos contados a partir do 1º dia do mês seguinte ao de sua publicação (V. art. 4º, do referido Decreto).

I – subtrair do valor da receita bruta total de venda de bens e serviços relativa aos 12 (doze) meses imediatamente anteriores ao trimestre-calendário o valor correspondente aos impostos e às contribuições incidentes sobre venda;

- Inciso I acrescentado pelo Dec. 6.945/2009 (*DOU* 24.08.2009), em vigor na data de sua publicação, produzindo efeitos por 5 (cinco) anos contados a partir do 1º dia do mês seguinte ao de sua publicação (V. art. 4º, do referido Decreto).

II – identificar, no valor da receita bruta total resultante da operação prevista no inciso I, a parte relativa aos serviços mencionados nos §§ 3º e 4º que foram exportados;

- Inciso II acrescentado pelo Dec. 6.945/2009 (*DOU* 24.08.2009), em vigor na data de sua publicação, produzindo efeitos por 5 (cinco) anos contados a partir do 1º dia do mês seguinte ao de sua publicação (V. art. 4º, do referido Decreto).

III – dividir a receita bruta de exportação resultante do inciso II pela receita bruta total resultante do inciso I;

- Inciso III acrescentado pelo Dec. 6.945/2009 (*DOU* 24.08.2009), em vigor na data de sua publicação, produzindo efeitos por 5 (cinco) anos contados a partir do 1º dia do mês seguinte ao de sua publicação (V. art. 4º, do referido Decreto).

IV – multiplicar a razão decorrente do inciso III por 0,1 (um décimo);

- Inciso IV acrescentado pelo Dec. 6.945/2009 (*DOU* 24.08.2009), em vigor na data de sua publicação, produzindo efeitos por 5 (cinco) anos contados a partir do 1º dia do mês seguinte ao de sua publicação (V. art. 4º, do referido Decreto).

V – multiplicar o valor encontrado de acordo com a operação do inciso IV por 100 (cem), para que se chegue ao percentual de redução;

- Inciso V acrescentado pelo Dec. 6.945/2009 (*DOU* 24.08.2009), em vigor na data de sua publicação, produzindo efeitos por 5 (cinco) anos contados a partir do 1º dia do mês seguinte ao de sua publicação (V. art. 4º, do referido Decreto).

VI – subtrair de 20% (vinte por cento) o percentual resultante do inciso V, de forma que se obtenha a nova alíquota percentual a ser aplicada sobre a base de cálculo da contribuição previdenciária.

- Inciso VI acrescentado pelo Dec. 6.945/2009 (*DOU* 24.08.2009), em vigor na data de sua publicação, produzindo efeitos por 5 (cinco) anos contados a partir do 1º dia do mês seguinte ao de sua publicação (V. art. 4º, do referido Decreto).

§ 1º A alíquota apurada na forma do inciso VI do *caput* será aplicada uniformemente nos meses que compõem o trimestre-calendário.

- § 1º acrescentado pelo Dec. 6.945/2009 (*DOU* 24.08.2009), em vigor na data de sua publicação, produzindo efeitos por 5 (cinco) anos contados a partir do 1º dia do mês seguinte ao de sua publicação (V. art. 4º, do referido Decreto).

§ 2º No caso de empresa em início de atividades ou sem receita de exportação até a data de publicação da Lei 11.774, de 17 de setembro de 2008, a apuração de que trata o *caput* poderá ser realizada com base em período inferior a 12 (doze) meses, observado o mínimo de 3 (três) meses anteriores.

- § 2º acrescentado pelo Dec. 6.945/2009 (*DOU* 24.08.2009), em vigor na data de sua publicação, produzindo efeitos por 5 (cinco) anos contados a partir do 1º dia do mês seguinte ao de sua publicação (V. art. 4º, do referido Decreto).

§ 3º Para efeito do *caput*, consideram-se serviços de TI e TIC:

- § 3º acrescentado pelo Dec. 6.945/2009 (*DOU* 24.08.2009), em vigor na data de sua publicação, produzindo efeitos por 5 (cinco) anos contados a partir do 1º dia do mês seguinte ao de sua publicação (V. art. 4º, do referido Decreto).

I – análise e desenvolvimento de sistemas;

II – programação;

III – processamento de dados e congêneres;

IV – elaboração de programas de computadores, inclusive de jogos eletrônicos;

V – licenciamento ou cessão de direito de uso de programas de computação;

VI – assessoria e consultoria em informática;

VII – suporte técnico em informática, inclusive instalação, configuração e manutenção de programas de computação e bancos de dados; e

VIII – planejamento, confecção, manutenção e atualização de páginas eletrônicas.

§ 4º O disposto neste artigo aplica-se também a empresas que prestam serviços de *call center*.

- § 4º acrescentado pelo Dec. 6.945/2009 (*DOU* 24.08.2009), em vigor na data de sua publicação, produzindo efeitos por 5 (cinco) anos contados a partir do 1º dia do mês seguinte ao de sua publicação (V. art. 4º, do referido Decreto).

§ 5º No caso das empresas que prestam serviços referidos nos §§ 3º e 4º, os valores das contribuições devidas a terceiros, denominados outras entidades ou fundos, com exceção do Fundo Nacional de Desenvolvimento da Educação – FNDE, ficam reduzidos no percentual resultante das operações referidas no *caput* e de acordo com a aplicação sucessiva das seguintes operações:

- § 5º acrescentado pelo Dec. 6.945/2009 (*DOU* 24.08.2009), em vigor na data de sua publicação, produzindo efeitos por 5 (cinco) anos contados a partir do 1º dia do mês seguinte ao de sua publicação (V. art. 4º, do referido Decreto).

I – calcular a contribuição devida no mês a cada entidade ou fundo, levando em consideração as regras aplicadas às empresas em geral;

II – aplicar o percentual de redução, resultante do inciso V do *caput*, sobre o valor resultante do inciso I;

III – subtrair, do valor apurado na forma do inciso I, o valor obtido no inciso II, o que resultará no valor a ser recolhido a cada entidade ou fundo no mês.

§ 6º As reduções de que tratam o *caput* e o § 5º pressupõem o atendimento ao seguinte:

- *Caput* do § 6º acrescentado pelo Dec. 6.945/2009 (*DOU* 24.08.2009), em vigor na data de sua publicação, produzindo efeitos por 5 (cinco) anos contados a partir do 1º dia do mês seguinte ao de sua publicação (V. art. 4º, do referido Decreto).
- V. art. 2º, Dec. 6.945/2009 (Altera o Regulamento da Previdência Social).

I – até 31 de dezembro de 2009, a empresa deverá implementar o Programa de Prevenção de Riscos Ambientais e de Doenças Ocupacionais previsto em lei, caracterizado pela plena execução do Programa de Prevenção de Riscos Ambientais – PPRA e do Programa de Controle Médico de Saúde Ocupacional – PCMSO, conforme disciplinado nas normas regulamentadoras do Ministério do Trabalho e Emprego, devendo ainda estabelecer metas de melhoria das condições e do ambiente de trabalho que reduzam a ocorrência de benefícios por incapacidade decorrentes de acidentes do trabalho ou doenças ocupacionais em pelo menos 5% (cinco por cento) em relação ao ano anterior;

- Inciso I com redação determinada pelo Dec. 7.331/2010.

II – até 31 de dezembro de 2010, a empresa que comprovar estar executando o programa de prevenção de riscos ambientais e de doenças ocupacionais implantado nos prazo e forma estabelecidos no inciso I, terá presumido o atendimento à exigência fixada no inciso I do § 9º do art. 14 da Lei 11.774, de 2008;

- Inciso II acrescentado pelo Dec. 6.945/2009 (*DOU* 24.08.2009), em vigor na data de sua publicação, produzindo efeitos por 5 (cinco) anos contados a partir do 1º dia do mês seguinte ao de sua publicação (V. art. 4º, do referido Decreto).

III – a partir de 1º de janeiro de 2011, a empresa deverá comprovar a eficácia do respectivo programa de prevenção de riscos ambientais e de doenças ocupacionais, por meio de relatórios que atestem o atendimento da meta de redução de sinistralidade nele estabelecida;

- Inciso III acrescentado pelo Dec. 6.945/2009 (*DOU* 24.08.2009), em vigor na data de sua publicação, produzindo efeitos por 5 (cinco) anos contados a partir do 1º dia do mês seguinte ao de sua publicação (V. art. 4º, do referido Decreto).

IV – *(Revogado pelo Dec. 7.331/2010).*

§ 7º Sem prejuízo do disposto no § 6º, as empresas dos setores de TI e de TIC só farão jus às reduções de que tratam o *caput* e o § 5º se aplicarem montante igual ou superior a 10% (dez por cento) do benefício auferido, alternativa ou cumulativamente em despesas:

- § 7º acrescentado pelo Dec. 6.945/2009 (*DOU* 24.08.2009), em vigor na data de sua publicação, produzindo efeitos por 5 (cinco) anos contados a partir do 1º dia do mês seguinte ao de sua publicação (V. art. 4º, do referido Decreto).

I – para capacitação de pessoal, relacionada a aspectos técnicos associados aos serviços de TI e TIC, referidos no § 3º, bem como a serviços de *call centers*, aí incluída a capacitação em temas diretamente relacionados com qualidade de produtos, processos ou sistemas, bem como a proficiência em línguas estrangeiras;

II – relacionadas ao desenvolvimento de atividades de avaliação de conformidade, incluindo certificação de produtos, serviços e sistemas, realizadas com entidades ou especialistas do País ou do exterior;

III – realizadas com desenvolvimento tecnológico de produtos, processos e serviços, sendo consideradas atividades de pesquisa e desenvolvimento em TI aquelas dispostas nos arts. 24 e 25 do Decreto 5.906, de 26 de setembro de 2006; ou

IV – realizadas no apoio a projetos de desenvolvimento científico ou tecnológico, por instituições de pesquisa e desenvolvimento, conforme definidos nos arts. 27 e 28 do Decreto 5.906, de 2006, devidamente credenciadas pelo Comitê da Área de Tecnologia da Informação – Cati ou pelo Comitê das Atividades de Pesquisa e Desenvolvimento da Amazônia – CAPDA.

§ 8º O valor do benefício e a especificação das contrapartidas referidos no § 7º deverão ser declarados formalmente pelas empresas beneficiárias, a cada exercício, ao Ministério da Ciência e Tecnologia, na forma a ser definida em ato daquele Ministério.

- § 8º acrescentado pelo Dec. 6.945/2009 (*DOU* 24.08.2009), em vigor na data de sua publicação, produzindo efeitos por 5 (cinco) anos contados a partir do 1º dia do mês seguinte ao de sua publicação (V. art. 4º, do referido Decreto).

§ 9º Para fins do § 8º, as empresas beneficiadas pela Lei 8.248, de 23 de outubro de 1991, poderão deduzir do montante previsto no § 7º as despesas efetivamente realizadas, no atendimento às exigências da referida Lei, observado o disposto no § 10.

- § 9º acrescentado pelo Dec. 6.945/2009 (*DOU* 24.08.2009), em vigor na data de sua publicação, produzindo efeitos por 5 (cinco) anos contados a partir do 1º dia do mês seguinte ao de sua publicação (V. art. 4º, do referido Decreto).

§ 10. O disposto no § 9º aplica-se exclusivamente às despesas de mesma natureza das previstas no § 7º.

- § 10 acrescentado pelo Dec. 6.945/2009 (*DOU* 24.08.2009), em vigor na data de sua publicação, produzindo efeitos por 5 (cinco) anos contados a partir do 1º dia do mês seguinte ao de sua publicação (V. art. 4º, do referido Decreto).

§ 11. A União compensará, mensalmente, o Fundo do Regime Geral de Previdência Social, de que trata o art. 68 da Lei Complementar 101, de 4 de maio de 2000, no valor correspondente à renúncia previdenciária decorrente da desoneração de que trata este artigo, de forma a não afetar a apuração do resultado financeiro do Regime Geral de Previdência Social.

- § 11 acrescentado pelo Dec. 6.945/2009 (*DOU* 24.08.2009), em vigor na data de sua publicação, produzindo efeitos por 5 (cinco) anos contados a partir do 1º dia do mês seguinte ao de sua publicação (V. art. 4º, do referido Decreto).

§ 12. A renúncia de que trata o § 11 consistirá na diferença entre o valor da contribuição que seria devido, como se não houvesse incentivo, e o valor da contribuição efetivamente recolhido.

- § 12 acrescentado pelo Dec. 6.945/2009 (*DOU* 24.08.2009), em vigor na data de sua publicação, produzindo efeitos por 5 (cinco) anos contados a partir do 1º dia do mês seguinte ao de sua publicação (V. art. 4º, do referido Decreto).

§ 13. O valor estimado da renúncia será incluído na Lei Orçamentária Anual, sem prejuízo do repasse enquanto não constar na mencionada Lei.

- § 13 acrescentado pelo Dec. 6.945/2009 (*DOU* 24.08.2009), em vigor na data de sua publicação, produzindo efeitos por 5 (cinco) anos contados a partir do 1º dia do mês seguinte ao de sua publicação (V. art. 4º, do referido Decreto).

§ 14. O não cumprimento das exigências de que tratam os §§ 6º e 7º implica a perda do direito das reduções de que tratam o *caput* e o § 5º, ensejando o recolhimento da diferença de contribuições com os acréscimos legais cabíveis.

- § 14 acrescentado pelo Dec. 6.945/2009 (*DOU* 24.08.2009), em vigor na data de sua publicação, produzindo efeitos por 5 (cinco) anos contados a partir do 1º dia do mês seguinte ao de sua publicação (V. art. 4º, do referido Decreto).

Art. 202. A contribuição da empresa, destinada ao financiamento da aposentadoria especial, nos termos dos arts. 64 a 70, e dos benefícios concedidos em razão do grau de incidência de incapacidade laborativa decorrente dos riscos ambientais do trabalho corresponde à aplicação dos seguintes percentuais, incidentes sobre o total da remuneração paga, devida ou creditada a qualquer título, no decorrer do mês, ao segurado empregado e trabalhador avulso:

I – 1% (um por cento) para a empresa em cuja atividade preponderante o risco de acidente do trabalho seja considerado leve;

II – 2% (dois por cento) para a empresa em cuja atividade preponderante o risco de acidente do trabalho seja considerado médio; ou

III – 3% (três por cento) para a empresa em cuja atividade preponderante o risco de acidente do trabalho seja considerado grave.

§ 1º As alíquotas constantes do *caput* serão acrescidas de 12 (doze), 9 (nove) ou 6 (seis) pontos percentuais, respectivamente, se a atividade exercida pelo segurado a serviço da empresa ensejar a concessão de aposentadoria especial após 15 (quinze), 20 (vinte) ou 25 (vinte e cinco) anos de contribuição.

§ 2º O acréscimo de que trata o parágrafo anterior incide exclusivamente sobre a remuneração do segurado sujeito às condições especiais que prejudiquem a saúde ou a integridade física.

§ 3º Considera-se preponderante a atividade que ocupa, na empresa, o maior número de segurados empregados e trabalhadores avulsos.

§ 4º A atividade econômica preponderante da empresa e os respectivos riscos de acidentes do trabalho compõem a Relação de Atividades Preponderantes e correspondentes Graus de Risco, prevista no Anexo V.

§ 5º É de responsabilidade da empresa realizar o enquadramento na atividade preponderante, cabendo à Secretaria da Receita Previdenciária do Ministério da Previdência Social revê-lo a qualquer tempo.

- § 5º com redação determinada pelo Dec. 6.042/2007.

§ 6º Verificado erro no autoenquadramento, a Secretaria da Receita Previdenciária adotará as medidas necessárias à sua correção, orientará o responsável pela empresa em caso de recolhimento indevido e procederá à notificação dos valores devidos.

- § 6º com redação determinada pelo Dec. 6.042/2007.

§ 7º O disposto neste artigo não se aplica à pessoa física de que trata a alínea *a* do inciso V do *caput* do art. 9º.

§ 8º Quando se tratar de produtor rural pessoa jurídica que se dedique à produção rural e contribua nos moldes do inciso IV do *caput* do art. 201, a contribuição referida neste artigo corresponde a 0,1% (zero vírgula um por cento) incidente sobre a receita bruta proveniente da comercialização de sua produção.

§ 9º *(Revogado pelo Dec. 3.265/1999).*

§ 10. Será devida contribuição adicional de 12 (doze), 9 (nove) ou 6 (seis) pontos percentuais, a cargo da cooperativa de produção, incidente sobre a remuneração paga, devida ou creditada ao cooperado filiado, na hipótese de exercício de atividade que autorize a concessão de aposentadoria especial após 15 (quinze), 20 (vinte) ou 25 (vinte e cinco) anos de contribuição, respectivamente.

- § 10 acrescentado pelo Dec. 4.729/2003.

§ 11. Será devida contribuição adicional de 9 (nove), 7 (sete) ou 5 (cinco) pontos percentuais, a cargo da empresa tomadora de serviços de cooperado filiado a cooperativa de trabalho, incidente sobre o valor bruto da nota fiscal ou fatura de prestação de serviços, conforme a atividade exercida pelo cooperado permita a concessão de aposentadoria especial após 15 (quinze), 20 (vinte) ou 25 (vinte e cinco) anos de contribuição, respectivamente.

- § 11 acrescentado pelo Dec. 4.729/2003.

§ 12. Para os fins do § 11, será emitida nota fiscal ou fatura de prestação de serviços específica para a atividade exercida pelo cooperado que permita a concessão de aposentadoria especial.

- § 12 acrescentado pelo Dec. 4.729/2003.

§ 13. A empresa informará mensalmente, por meio da Guia de Recolhimento do Fundo de Garantia do Tempo de Serviço e Informações à Previdência Social – GFIP, a alíquota correspondente ao seu grau de risco, a respectiva atividade preponderante e a atividade do estabelecimento, apuradas de acordo com o disposto nos §§ 3º e 5º.

- § 13 acrescentado pelo Dec. 6.042/2007.

Art. 202-A. As alíquotas constantes nos incisos I a III do art. 202 serão reduzidas em até 50% (cinquenta por cento) ou aumentadas em até 100% (cem por cento), em razão do desempenho da empresa em relação à sua respectiva atividade, aferido pelo Fator Acidentário de Prevenção – FAP.

- *Caput* acrescentado pelo Dec. 6.042/2007 (*DOU* 13.02.2007), em vigor na data de sua

Legislação

publicação, produzindo efeitos a partir do primeiro dia do mês de setembro de 2008 (V. art. 5º, III, do referido Decreto).

- V. art. 4º, Dec. 6.042/2007, que dispõe sobre a aplicação inicial do disposto neste artigo.
- V. art. 3º, Dec. 6.957/2009, que determina a aplicação no ano de 2010 do Fator Acidentário de Prevenção – FAP, na redação dada por este Decreto, no que exceder a um inteiro, com redução de 25% (vinte e cinco por cento), consistindo dessa forma num multiplicador variável num intervalo contínuo de um inteiro a um inteiro e setenta e cinco centésimos.

§ 1º O FAP consiste num multiplicador variável num intervalo contínuo de cinco décimos (0,5000) a dois inteiros (2,0000), aplicado com quatro casas decimais, considerado o critério de arredondamento na quarta casa decimal, a ser aplicado à respectiva alíquota.

- § 1º com redação determinada pelo Dec. 6.957/2009.

§ 2º Para fins da redução ou majoração a que se refere o *caput*, proceder-se-á à discriminação do desempenho da empresa, dentro da respectiva atividade econômica, a partir da criação de um índice composto pelos índices de gravidade, de frequência e de custo que pondera os respectivos percentis com pesos de 50% (cinquenta por cento), de 35% (trinta cinco por cento) e de 15% (quinze por cento), respectivamente.

- § 2º com redação determinada pelo Dec. 6.957/2009.

§ 3º *(Revogado pelo Dec. 6.957/2009).*

§ 4º Os índices de frequência, gravidade e custo serão calculados segundo metodologia aprovada pelo Conselho Nacional de Previdência Social, levando-se em conta:

- *Caput* do § 4º acrescentado pelo Dec. 6.042/2007 (*DOU* 13.02.2007), em vigor na data de sua publicação, produzindo efeitos a partir do primeiro dia do mês de setembro de 2008 (V. art. 5º, III, do referido Decreto).

I – para o índice de frequência, os registros de acidentes e doenças do trabalho informados ao INSS por meio de Comunicação de Acidente do Trabalho – CAT e de benefícios acidentários estabelecidos por nexos técnicos pela perícia médica do INSS, ainda que sem CAT a eles vinculados;

- Inciso I com redação determinada pelo Dec. 6.957/2009.

II – para o índice de gravidade, todos os casos de auxílio-doença, auxílio-acidente, aposentadoria por invalidez e pensão por morte, todos de natureza acidentária, aos quais são atribuídos pesos diferentes em razão da gravidade da ocorrência, como segue:

- Inciso II com redação determinada pelo Dec. 6.957/2009.

a) pensão por morte: peso de 50% (cinquenta por cento);

b) aposentadoria por invalidez: peso de 30% (trinta por cento); e

c) auxílio-doença e auxílio-acidente: peso de 10% (dez por cento) para cada um; e

III – para o índice de custo, os valores dos benefícios de natureza acidentária pagos ou devidos pela Previdência Social, apurados da seguinte forma:

- Inciso III com redação determinada pelo Dec. 6.957/2009.

a) nos casos de auxílio-doença, com base no tempo de afastamento do trabalhador, em meses e fração de mês; e

b) nos casos de morte ou de invalidez, parcial ou total, mediante projeção da expectativa de sobrevida do segurado, na data de início do benefício, a partir da tábua de mortalidade construída pela Fundação Instituto Brasileiro de Geografia e Estatística – IBGE para toda a população brasileira, considerando-se a média nacional única para ambos os sexos.

§ 5º O Ministério da Previdência Social publicará anualmente, sempre no mesmo mês, no *Diário Oficial da União*, os róis dos percentis de frequência, gravidade e custo por Subclasse da Classificação Nacional de Atividades Econômicas – CNAE e divulgará na rede mundial de computadores o FAP de cada empresa, com as respectivas ordens de frequência, gravidade, custo e demais elementos que possibilitem a esta verificar o respectivo desempenho dentro da sua CNAE-Subclasse.

- § 5º com redação determinada pelo Dec. 6.957/2009.

§ 6º O FAP produzirá efeitos tributários a partir do primeiro dia do quarto mês subsequente ao de sua divulgação.

- § 6º acrescentado pelo Dec. 6.042/2007 (*DOU* 13.02.2007), em vigor na data de sua publicação, produzindo efeitos a partir do primeiro dia do mês de setembro de 2008 (V. art. 5º, III, do referido Decreto).

§ 7º Para o cálculo anual do FAP, serão utilizados os dados de janeiro a dezembro de cada ano, até completar o período de 2 (dois) anos, a partir do qual os dados do ano inicial serão substituídos pelos novos dados anuais incorporados.

- § 7º com redação determinada pelo Dec. 6.957/2009.

§ 8º Para a empresa constituída após janeiro de 2007, o FAP será calculado a partir de 1º de janeiro do ano seguinte ao que completar dois anos de constituição.

- § 8º com redação determinada pelo Dec. 6.957/2009.

§ 9º Excepcionalmente, no primeiro processamento do FAP serão utilizados os dados de abril de 2007 a dezembro de 2008.

- § 9º com redação determinada pelo Dec. 6.957/2009.

§ 10. A metodologia aprovada pelo Conselho Nacional de Previdência Social indicará a sistemática de cálculo e a forma de aplicação de índices e critérios acessórios à composição do índice composto do FAP.

§ 10 acrescentado pelo Dec. 6.957/2009.

Art. 202-B. O FAP atribuído às empresas pelo Ministério da Previdência Social poderá ser contestado perante o Departamento de Políticas de Saúde e Segurança Ocupacional da Secretaria Políticas de Previdência Social do Ministério da Previdência Social, no prazo de 30 (trinta) dias da sua divulgação oficial.

- Artigo acrescentado pelo Dec. 7.126/2010.
- V. art. 3º, Dec. 7.126/2010, que determina que as alterações introduzidas por este Decreto aplicam-se aos processos administrativos em curso na data de sua publicação.

§ 1º A contestação de que trata o *caput* deverá versar, exclusivamente, sobre razões relativas a divergências quanto aos elementos previdenciários que compõem o cálculo do FAP.

§ 2º Da decisão proferida pelo Departamento de Políticas de Saúde e Segurança Ocupacional, caberá recurso, no prazo de 30 (trinta) dias da intimação da decisão, para a Secretaria de Políticas de Previdência Social, que examinará a matéria em caráter terminativo.

§ 3º O processo administrativo de que trata este artigo tem efeito suspensivo.

Art. 203. A fim de estimular investimentos destinados a diminuir os riscos ambientais no trabalho, o Ministério da Previdência e Assistência Social poderá alterar o enquadramento de empresa que demonstre a melhoria das condições do trabalho, com redução dos agravos à saúde do trabalhador, obtida através de investimentos em prevenção e em sistemas gerenciais de risco.

§ 1º A alteração do enquadramento estará condicionada à inexistência de débitos em relação às contribuições devidas ao Instituto Nacional do Seguro Social e aos demais requisitos estabelecidos pelo Ministério da Previdência e Assistência Social.

§ 2º O Instituto Nacional do Seguro Social, com base principalmente na comunicação prevista no art. 336, implementará sistema de controle e acompanhamento de acidentes do trabalho.

§ 3º Verificado o descumprimento por parte da empresa dos requisitos fixados pelo Ministério da Previdência e Assistência Social, para fins de enquadramento de que trata o artigo anterior, o Instituto Nacional do Seguro Social procederá à notificação dos valores devidos.

Art. 204. As contribuições a cargo da empresa, provenientes do faturamento e do lucro, destinadas à seguridade social, são arrecadadas, normatizadas, fiscalizadas e cobradas pela Secretaria da Receita Federal.

- *Caput* com redação determinada pelo Dec. 4.729/2003.

§ 1º *(Revogado pelo Dec. 4.729/2003).*

§ 2º *(Revogado pelo Dec. 4.729/2003).*

§ 3º *(Revogado pelo Dec. 4.729/2003).*

Art. 205. A contribuição empresarial da associação desportiva que mantém equipe de futebol profissional, destinada à seguridade social, em substituição às previstas no inciso I do *caput* do art. 201 e no art. 202, corresponde a 5% (cinco por cento) da receita bruta decorrente dos espetáculos desportivos de que participe em todo território nacional, em qualquer modalidade desportiva, inclusive jogos internacionais, e de qualquer forma de patrocínio, licenciamento de uso de marcas e símbolos, publicidade, propaganda e transmissão de espetáculos desportivos.

§ 1º Cabe à entidade promotora do espetáculo a responsabilidade de efetuar o desconto de 5% (cinco por cento) da receita bruta decorrente dos espetáculos desportivos e o respectivo recolhimento ao Instituto Nacional do Seguro Social, no prazo de até 2 (dois) dias úteis após a realização do evento.

§ 2º Cabe à associação desportiva que mantém equipe de futebol profissional informar à entidade promotora do espetáculo desportivo todas as receitas auferidas no evento, discriminando-as detalhadamente.

§ 3º Cabe à empresa ou entidade que repassar recursos a associação desportiva que mantém equipe de futebol profissional, a título de patrocínio, licenciamento de uso de marcas e símbolos, publicidade, propaganda e transmissão de espetáculos, a responsabilidade de reter e recolher, no prazo estabelecido na alínea *b* do inciso I do art. 216, o percentual de 5% (cinco por cento) da receita bruta, inadmitida qualquer dedução.

§ 4º O Conselho Deliberativo do Instituto Nacional de Desenvolvimento do Desporto informará ao Instituto Nacional do Seguro Social, com a antecedência necessária, a realização de todo espetáculo esportivo de que a associação desportiva referida no *caput* participe no território nacional.

§ 5º O não recolhimento das contribuições a que se referem os §§ 1º e 3º nos prazos estabelecidos no § 1º deste artigo e na alínea *b* do inciso I do art. 216, respectivamente, sujeitará os responsáveis ao pagamento de atualização monetária, quando couber, juros moratórios e multas, na forma do art. 239.

§ 6º O não desconto ou a não retenção das contribuições a que se referem os §§ 1º e 3º sujeitará a entidade promotora do espetáculo, a empresa ou a entidade às penalidades previstas no art. 283.

§ 7º O disposto neste artigo não se aplica às demais entidades desportivas, que continuam a contribuir na forma dos arts. 201, 202 e 204, a partir da competência novembro de 1991.

§ 8º O disposto no *caput* e §§ 1º a 6º aplica-se à associação desportiva que mantém equipe de futebol profissional e que se organize na forma da Lei 9.615, de 24 de março de 1998.

Seção II
Da isenção de contribuições

Art. 206. *(Revogado pelo Dec. 7.237/2010).*

Art. 207. *(Revogado pelo Dec. 7.237/2010).*

Art. 208. *(Revogado pelo Dec. 7.237/2010).*

Art. 209. *(Revogado pelo Dec. 7.237/2010).*

Art. 210. *(Revogado pelo Dec. 7.237/2010).*

Seção III
Da contribuição do empregador doméstico

Art. 211. A contribuição do empregador doméstico é de 12% (doze por cento) do salário de contribuição do empregado doméstico a seu serviço.

Capítulo V
Da Contribuição Sobre a Receita de Concursos de Prognósticos

Art. 212. Constitui receita da seguridade social a renda líquida dos concursos de prognósticos, excetuando-se os valores destinados ao Programa de Crédito Educativo.

§ 1º Consideram-se concurso de prognósticos todo e qualquer concurso de sorteio de números ou quaisquer outros símbolos, loterias e apostas de qualquer natureza no âmbito federal, estadual, do Distrito Federal ou municipal, promovidos por órgãos do Poder Público ou por sociedades comerciais ou civis.

§ 2º A contribuição de que trata este artigo constitui-se de:

I – renda líquida dos concursos de prognósticos realizados pelos órgãos do Poder Público destinada à seguridade social de sua esfera de governo;

II – 5% (cinco por cento) sobre o movimento global de apostas em prado de corridas; e

III – 5% (cinco por cento) sobre o movimento global de sorteio de números ou de quaisquer modalidades de símbolos.

§ 3º Para o efeito do disposto no parágrafo anterior, entende-se como:

I – renda líquida – o total da arrecadação, deduzidos os valores destinados ao pagamento de prêmios, de impostos e de despesas com administração;

II – movimento global das apostas – total das importâncias relativas às várias modalidades de jogos, inclusive o de acumulada, apregoadas para o público no prado de corrida, subsede ou outra dependência da entidade; e

III – movimento global de sorteio de números – o total da receita bruta, apurada com a venda de cartelas, cartões ou quaisquer outras modalidades, para sorteio realizado em qualquer condição.

Capítulo VI
Das Outras Receitas da Seguridade Social

Art. 213. Constituem outras receitas da seguridade social:

I – as multas, a atualização monetária e os juros moratórios;

II – a remuneração recebida pela prestação de serviços de arrecadação, fiscalização e cobrança prestados a terceiros;

III – as receitas provenientes de prestação de outros serviços e de fornecimento ou arrendamento de bens;

IV – as demais receitas patrimoniais, industriais e financeiras;

V – as doações, legados, subvenções e outras receitas eventuais;

VI – 50% (cinquenta por cento) da receita obtida na forma do parágrafo único do art. 243 da Constituição Federal, repassados pelo Instituto Nacional do Seguro Social aos órgãos responsáveis pelas ações de proteção à saúde e a ser aplicada no tratamento e recuperação de viciados em entorpecentes e drogas afins;

- V. Lei 11.343/2006 (Lei Antidrogas).

VII – 40% (quarenta por cento) do resultado dos leilões dos bens apreendidos pela Secretaria da Receita Federal; e

VIII – outras receitas previstas em legislação específica.

Parágrafo único. As companhias seguradoras que mantém seguro obrigatório de danos pessoais causados por veículos automotores de vias terrestres, de que trata a Lei 6.194, de 19 de dezembro de 1974, deverão repassar à seguridade social 50% (cinquenta por cento) do valor total do prêmio recolhido, destinados ao Sistema Único de Saúde, para custeio da assistência médico-hospitalar dos segurados vitimados em acidentes de trânsito.

- Parágrafo único com redação determinada pelo Dec. 3.265/1999.

Capítulo VII
Do Salário de Contribuição

- V. Súmula 310, STJ.

Art. 214. Entende-se por salário de contribuição:

I – para o empregado e o trabalhador avulso: a remuneração auferida em uma ou mais empresas, assim entendida a totalidade dos rendimentos pagos, devidos ou creditados a qualquer título, durante o mês, destinados a retribuir o trabalho, qualquer que seja a sua forma, inclusive as gorjetas, os ganhos habituais sob a forma de utilidades e os adiantamentos decorrentes de reajuste salarial, quer pelos serviços efetivamente prestados, quer pelo tempo à disposição do empregador ou tomador de serviços, nos termos da lei ou do contrato ou, ainda, de convenção ou acordo coletivo de trabalho ou sentença normativa;

II – para o empregado doméstico: a remuneração registrada na Carteira Profissional e/ou na Carteira de Trabalho e Previdência Social, observados os limites mínimo e máximo previstos nos §§ 3º e 5º;

III – para o contribuinte individual: a remuneração auferida em uma ou mais empresas ou pelo exercício de sua atividade por conta própria, durante o mês, observados os limites a que se referem os §§ 3º e 5º;

- Inciso III com redação determinada pelo Dec. 3.265/1999.

IV – para o dirigente sindical na qualidade de empregado: a remuneração paga, devida ou creditada pela entidade sindical, pela empresa ou por ambas; e

V – para o dirigente sindical na qualidade de trabalhador avulso: a remuneração paga, devida ou creditada pela entidade sindical;

VI – para o segurado facultativo: o valor por ele declarado, observados os limites a que se referem os §§ 3º e 5º;

• Inciso VI com redação determinada pelo Dec. 3.265/1999.

§ 1º Quando a admissão, a dispensa, o afastamento ou a falta do empregado, inclusive o doméstico, ocorrer no curso do mês, o salário de contribuição será proporcional ao número de dias efetivamente trabalhados, observadas as normas estabelecidas pelo Instituto Nacional do Seguro Social.

§ 2º O salário-maternidade é considerado salário de contribuição.

§ 3º O limite mínimo do salário de contribuição corresponde:

• § 3º com redação determinada pelo Dec. 3.265/1999.

I – para os segurados contribuinte individual e facultativo, ao salário mínimo; e

II – para os segurados empregado, inclusive o doméstico, e trabalhador avulso, ao piso salarial legal ou normativo da categoria ou, inexistindo este, ao salário mínimo, tomado no seu valor mensal, diário ou horário, conforme o ajustado e o tempo de trabalho efetivo durante o mês.

§ 4º A remuneração adicional de férias de que trata o inciso XVII do art. 7º da Constituição Federal integra o salário de contribuição.

§ 5º O valor do limite máximo do salário de contribuição será publicado mediante portaria do Ministério da Previdência e Assistência Social, sempre que ocorrer alteração do valor dos benefícios.

• O salário de contribuição está sujeito a atualização por Portaria do Ministério da Previdência Social – MPS.

§ 6º A gratificação natalina – décimo terceiro salário – integra o salário de contribuição, exceto para o cálculo do salário de benefício, sendo devida a contribuição quando do pagamento ou crédito da última parcela ou na rescisão do contrato de trabalho.

§ 7º A contribuição de que trata o § 6º incidirá sobre o valor bruto da gratificação, sem compensação dos adiantamentos pagos, mediante aplicação, em separado, da tabela de que trata o art. 198 e observadas as normas estabelecidas pelo Instituto Nacional do Seguro Social.

§ 8º O valor das diárias para viagens, quando excedente a 50% (cinquenta por cento) da remuneração mensal do empregado, integra o salário de contribuição pelo seu valor total.

§ 9º Não integram o salário de contribuição, exclusivamente:

I – os benefícios da previdência social, nos termos e limites legais, ressalvado o disposto no § 2º;

II – a ajuda de custo e o adicional mensal recebidos pelo aeronauta, nos termos da Lei 5.929, de 30 de outubro de 1973;

III – a parcela *in natura* recebida de acordo com programa de alimentação aprovado pelo Ministério do Trabalho e Emprego, nos termos da Lei 6.321, de 14 de abril de 1976;

IV – as importâncias recebidas a título de férias indenizadas e respectivo adicional constitucional, inclusive o valor correspondente à dobra da remuneração de férias de que trata o art. 137 da Consolidação das Leis do Trabalho;

V – as importâncias recebidas a título de:

a) indenização compensatória de 40% (quarenta por cento) do montante depositado no Fundo de Garantia do Tempo de Serviço, como proteção à relação de emprego contra despedida arbitrária ou sem justa causa, conforme disposto no inciso I do art. 10 do Ato das Disposições Constitucionais Transitórias;

b) indenização por tempo de serviço, anterior a 5 de outubro de 1988, do empregado não optante pelo Fundo de Garantia do Tempo de Serviço;

c) indenização por despedida sem justa causa do empregado nos contratos por prazo determinado, conforme estabelecido no art. 479 da Consolidação das Leis do Trabalho;

d) indenização do tempo de serviço do safrista, quando da expiração normal do contrato, conforme disposto no art. 14 da Lei 5.889, de 8 de junho de 1973;

e) incentivo à demissão;

f) (Revogada pelo Dec. 6.727/2009).

g) indenização por dispensa sem justa causa no período de 30 (trinta) dias que antecede a correção salarial a que se refere o art. 9º da Lei 7.238, de 29 de outubro de 1984;

h) indenizações previstas nos arts. 496 e 497 da Consolidação das Leis do Trabalho;

i) abono de férias na forma dos arts. 143 e 144 da Consolidação das Leis do Trabalho;

j) ganhos eventuais e abonos expressamente desvinculados do salário por força de lei;

• Alínea *j* com redação determinada pelo Dec. 3.265/1999.

l) licença-prêmio indenizada; e

m) outras indenizações, desde que expressamente previstas em lei;

VI – a parcela recebida a título de vale-transporte, na forma da legislação própria;

VII – a ajuda de custo, em parcela única, recebida exclusivamente em decorrência de mudança de local de trabalho do empregado, na forma do art. 470 da Consolidação das Leis do Trabalho;

VIII – as diárias para viagens, desde que não excedam a 50% (cinquenta por cento) da remuneração mensal do empregado;

IX – a importância recebida a título de bolsa de complementação educacional de estagiário, quando paga nos termos da Lei 6.494, de 1977;

X – a participação do empregado nos lucros ou resultados da empresa, quando paga ou creditada de acordo com lei específica;

XI – o abono do Programa de Integração Social/Programa de Assistência ao Servidor Público;

XII – os valores correspondentes a transporte, alimentação e habitação fornecidos pela empresa ao empregado contratado para trabalhar em localidade distante da de sua residência, em canteiro de obras ou local que, por força da atividade, exija deslocamento e estada, observadas as normas de proteção estabelecidas pelo Ministério do Trabalho e Emprego;

XIII – a importância paga ao empregado a título de complementação ao valor do auxílio-doença desde que este direito seja extensivo à totalidade dos empregados da empresa;

XIV – as parcelas destinadas à assistência ao trabalhador da agroindústria canavieira de que trata o art. 36 da Lei 4.870, de 1º de dezembro de 1965;

XV – o valor das contribuições efetivamente pago pela pessoa jurídica relativo a programa de previdência complementar privada, aberta ou fechada, desde que disponível à totalidade de seus empregados e dirigentes, observados, no que couber, os arts. 9º e 468 da Consolidação das Leis do Trabalho;

XVI – o valor relativo à assistência prestada por serviço médico ou odontológico, próprio da empresa ou com ela conveniado, inclusive o reembolso de despesas com medicamentos, óculos, aparelhos ortopédicos, despesas médico-hospitalares e outras similares, desde que a cobertura abranja a totalidade dos empregados e dirigentes da empresa;

XVII – o valor correspondente a vestuários, equipamentos e outros acessórios fornecidos ao empregado e utilizados no local do trabalho para prestação dos respectivos serviços;

XVIII – o ressarcimento de despesas pelo uso de veículo do empregado, quando devidamente comprovadas;

• Inciso XVIII com redação determinada pelo Dec. 3.265/1999.

XIX – o valor relativo a plano educacional que vise à educação básica, nos termos do art. 21 da Lei 9.394, de 1996, e a cursos de capacitação e qualificação profissionais vinculados às atividades desenvolvidas pela empresa, desde que não seja utilizado em substituição de parcela salarial e que todos os empregados e dirigentes tenham acesso ao mesmo;

XX – *(Revogado pelo Dec. 3.265/1999).*

XXI – os valores recebidos em decorrência da cessão de direitos autorais; e

XXII – o valor da multa paga ao empregado em decorrência da mora no pagamento das parcelas constantes do instrumento de rescisão do contrato de trabalho, conforme previsto no § 8º do art. 477 da Consolidação das Leis do Trabalho;

XXIII – o reembolso creche pago em conformidade com a legislação trabalhista, observado o limite máximo de seis anos de idade da criança, quando devidamente comprovadas as despesas;

- Inciso XXIII acrescentado pelo Dec. 3.265/1999.

XXIV – o reembolso babá, limitado ao menor salário de contribuição mensal e condicionado à comprovação do registro na Carteira de Trabalho e Previdência Social da empregada, do pagamento da remuneração e do recolhimento da contribuição previdenciária, pago em conformidade com a legislação trabalhista, observado o limite máximo de seis anos de idade da criança; e

- Inciso XXIV acrescentado pelo Dec. 3.265/1999.

XXV – o valor das contribuições efetivamente pago pela pessoa jurídica relativo a prêmio de seguro de vida em grupo, desde que prevista em acordo ou convenção coletiva de trabalho e disponível à totalidade de seus empregados e dirigentes, observados, no que couber, os arts. 9º e 468 da Consolidação das Leis do Trabalho.

- Inciso XXV acrescentado pelo Dec. 3.265/1999.

§ 10. As parcelas referidas no parágrafo anterior, quando pagas ou creditadas em desacordo com a legislação pertinente, integram o salário de contribuição para todos os fins e efeitos, sem prejuízo da aplicação das cominações legais cabíveis.

§ 11. Para a identificação dos ganhos habituais recebidos sob a forma de utilidades, deverão ser observados:

I – os valores reais das utilidades recebidas; ou

II – os valores resultantes da aplicação dos percentuais estabelecidos em lei em função do salário mínimo, aplicados sobre a remuneração paga caso não haja determinação dos valores de que trata o inciso I.

§ 12. O valor pago à empregada gestante, inclusive à doméstica, em função do disposto na alínea *b* do inciso II do art. 10 do Ato das Disposições Constitucionais Transitórias da Constituição Federal, integra o salário de contribuição, excluídos os casos de conversão em indenização previstos nos arts. 496 e 497 da Consolidação das Leis do Trabalho.

§ 13. Para efeito de verificação do limite de que tratam o § 8º e o inciso VIII do § 9º, não será computado, no cálculo da remuneração, o valor das diárias.

§ 14. A incidência da contribuição sobre a remuneração das férias ocorrerá no mês a que elas se referirem, mesmo quando pagas antecipadamente na forma da legislação trabalhista.

§ 15. O valor mensal do auxílio-acidente integra o salário de contribuição, para fins de cálculo do salário de benefício de qualquer aposentadoria, observado, no que couber, o disposto no art. 32.

§ 16. Não se considera remuneração direta ou indireta os valores despendidos pelas entidades religiosas e instituições de ensino vocacional com ministro de confissão religiosa, membros de instituto de vida consagrada, de congregação ou de ordem religiosa em face do seu mister religioso ou para sua subsistência, desde que fornecidos em condições que independem da natureza e da quantidade do trabalho executado.

- § 16 acrescentado pelo Dec. 4.032/2001.

Art. 215. *(Revogado pelo Dec. 3.265/1999).*

Capítulo VIII
Da Arrecadação e Recolhimento das Contribuições

Seção I
Das normas gerais de arrecadação

Art. 216. A arrecadação e o recolhimento das contribuições e de outras importâncias devidas à seguridade social, observado o que a respeito dispuserem o Instituto Nacional do Seguro Social e a Secretaria da Receita Federal, obedecem às seguintes normas gerais:

I – a empresa é obrigada a:

a) arrecadar a contribuição do segurado empregado, do trabalhador avulso e do contribuinte individual a seu serviço, descontando-a da respectiva remuneração;

- Alínea *a* com redação determinada pelo Dec. 4.729/2003.

b) recolher o produto arrecadado na forma da alínea *a* e as contribuições a seu cargo incidentes sobre as remunerações pagas, devidas ou creditadas, a qualquer título, inclusive adiantamentos decorrentes de reajuste salarial, acordo ou convenção coletiva, aos segurados empregado, contribuinte individual e trabalhador avulso a seu serviço, e sobre o valor bruto da nota fiscal ou fatura de serviço, relativo a serviços que lhe tenham sido prestados por cooperados, por intermédio de cooperativas de trabalho, até o dia vinte do mês seguinte àquele a que se referirem as remunerações, bem como as importâncias retidas na forma do art. 219, até o dia vinte do mês seguinte àquele da emissão da nota fiscal ou fatura, antecipando-se o vencimento para o dia útil imediatamente anterior quando não houver expediente bancário no dia vinte;

- Alínea *b* com redação determinada pelo Dec. 6.722/2008.

c) recolher as contribuições de que trata o art. 204, na forma e prazos definidos pela legislação tributária federal;

- Alínea *c* com redação determinada pelo Dec. 4.729/2003.

II – os segurados contribuinte individual, quando exercer atividade econômica por conta própria ou prestar serviço a pessoa física ou a outro contribuinte individual, produtor rural pessoa física, missão diplomática ou repartição consular de carreira estrangeiras, ou quando tratar-se de brasileiro civil que trabalha no exterior para organismo oficial internacional do qual o Brasil seja membro efetivo, ou ainda, na hipótese do § 28, e o facultativo estão obrigados a recolher sua contribuição, por iniciativa própria, até o dia quinze do mês seguinte àquele a que as contribuições se referirem, prorrogando-se o vencimento para o dia útil subsequente quando não houver expediente bancário no dia quinze, facultada a opção prevista no § 15;

- Inciso II com redação determinada pelo Dec. 4.729/2003.

III – a empresa adquirente, consumidora ou consignatária ou a cooperativa são obrigadas a recolher a contribuição de que trata o art. 200 no prazo referido na alínea *b* do inciso I, no mês subsequente ao da operação de venda ou consignação da produção rural, independentemente de estas operações terem sido realizadas diretamente com o produtor ou com o intermediário pessoa física;

IV – o produtor rural pessoa física e o segurado especial são obrigados a recolher a contribuição de que trata o art. 200 no prazo referido na alínea *b* do inciso I, no mês subsequente ao da operação de venda, caso comercializem a sua produção com adquirente domiciliado no exterior, diretamente, no varejo, a consumidor pessoa física, a outro produtor rural pessoa física ou a outro segurado especial;

V – *(Revogado pelo Dec. 3.452/2000).*

VI – a pessoa física não produtor rural que adquire produção para venda, no varejo, a consumidor pessoa física é obrigada a recolher a contribuição de que trata o art. 200 no prazo referido na alínea *b* do inciso I, no mês subsequente ao da operação de venda;

VII – o produtor rural pessoa jurídica é obrigado a recolher a contribuição de que trata o inciso IV do *caput* do art. 201 e o § 8º do art. 202 no prazo referido na alínea *b* do inciso I, no mês subsequente ao da operação de venda;

- Inciso VII com redação determinada pelo Dec. 3.452/2000.

VIII – o empregador doméstico é obrigado a arrecadar a contribuição do segurado empregado doméstico a seu serviço e recolhê-la, assim como a parcela a seu cargo, no prazo referido no inciso II, cabendo-lhe durante o período da licença-maternidade da empregada doméstica apenas o recolhimento da contribuição a seu cargo, facultada a opção prevista no § 16;

IX – a empresa que remunera empregado licenciado para exercer mandato de dirigente sindical é obrigada a recolher a contribuição deste, bem como as parcelas a seu cargo, na forma deste artigo;

X – a entidade sindical que remunera dirigente que mantém a qualidade de segurado empregado, licenciado da empresa, ou trabalhador avulso é obrigada a recolher a contribuição destes, bem como as parcelas a seu cargo, na forma deste artigo; e

XI – a entidade sindical que remunera dirigente que mantém a qualidade de segurado contribuinte individual é obrigada a recolher a contribuição prevista no inciso II do *caput* do art. 201 na forma deste artigo, observado o disposto no § 26;

- Inciso XI com redação determinada pelo Dec. 4.729/2003.

XII – a empresa que remunera contribuinte individual é obrigada a fornecer a este comprovante do pagamento do serviço prestado consignando, além dos valores da remuneração e do desconto feito, o número da inscrição do segurado no Instituto Nacional do Seguro Social;

- Inciso XII com redação determinada pelo Dec. 4.729/2003.

XIII – cabe ao empregador, durante o período de licença-maternidade da empregada, recolher apenas a parcela da contribuição a seu cargo.

- Inciso XIII acrescentado pelo Dec. 3.452/2000.

§ 1º O desconto da contribuição do segurado incidente sobre o valor bruto da gratificação natalina – décimo terceiro salário – é devido quando do pagamento ou crédito da última parcela e deverá ser calculado em separado, observado o § 7º do art. 214, e recolhida, juntamente com a contribuição a cargo da empresa, até o dia vinte do mês de dezembro, antecipando-se o vencimento para o dia útil imediatamente anterior se não houver expediente bancário no dia vinte.

- § 1º com redação determinada pelo Dec. 4.729/2003.

§ 1º-A. O empregador doméstico pode recolher a contribuição do segurado empregado a seu serviço e a parcela a seu cargo relativas à competência novembro até o dia 20 de dezembro, juntamente com a contribuição referente à gratificação natalina – décimo terceiro salário – utilizando-se de um único documento de arrecadação.

- § 1º-A acrescentado pelo Dec. 6.722/2008.

§ 2º Se for o caso, a contribuição de que trata o § 1º será atualizada monetariamente a partir da data prevista para o seu recolhimento, utilizando-se o mesmo indexador definido para as demais contribuições arrecadadas pelo Instituto Nacional do Seguro Social.

§ 3º No caso de rescisão de contrato de trabalho, as contribuições devidas serão recolhidas no mesmo prazo referido na alínea *b* do inciso I, do mês subsequente à rescisão, computando-se em separado a parcela referente à gratificação natalina – 13º (décimo terceiro) salário.

§ 4º A pessoa jurídica de direito privado beneficiada pela isenção de que tratam os arts. 206 ou 207 é obrigada a arrecadar a contribuição do segurado empregado e do trabalhador avulso a seu serviço, descontando-a da respectiva remuneração, e recolhê-la no prazo referido na alínea *b* do inciso I.

§ 5º O desconto da contribuição e da consignação legalmente determinado sempre se presumirá feito, oportuna e regularmente, pela empresa, pelo empregador doméstico, pelo adquirente, consignatário e cooperativa a isso obrigados, não lhes sendo lícito alegarem qualquer omissão para se eximirem do recolhimento, ficando os mesmos diretamente responsáveis pelas importâncias que deixarem de descontar ou tiverem descontado em desacordo com este Regulamento.

§ 6º Sobre os valores das contribuições arrecadadas pelo Instituto Nacional do Seguro Social e não recolhidas até a data de seu vencimento serão aplicadas na data do pagamento as disposições dos arts. 238 e 239.

§ 7º Para apuração e constituição dos créditos a que se refere o § 1º do art. 348, a seguridade social utilizará como base de incidência o valor da média aritmética simples dos maiores salários de contribuição correspondentes a 80% (oitenta por cento) de todo o período contributivo decorrido desde a competência julho de 1994, ainda que não recolhidas as contribuições correspondentes, corrigidos mês a mês pelos mesmos índices utilizados para a obtenção do salário de benefício na forma deste Regulamento, observado o limite máximo a que se refere o § 5º do art. 214.

- § 7º com redação determinada pelo Dec. 6.042/2007.

§ 8º *(Revogado pelo Dec. 6.722/2008).*

§ 9º No caso de o segurado manifestar interesse em indenizar contribuições relativas a período em que o exercício de atividade remunerada não exigia filiação obrigatória à previdência social, aplica-se, desde que a atividade tenha se tornado de filiação obrigatória, o disposto no § 7º.

- § 9º com redação determinada pelo Dec. 6.722/2008.

§ 10. O disposto no § 7º não se aplica aos casos de contribuições em atraso de segurado contribuinte individual não alcançadas pela decadência do direito de a previdência social constituir o respectivo crédito, obedecendo-se, em relação a elas, às disposições do *caput* e §§ 2º a 6º do art. 239.

- § 10 com redação determinada pelo Dec. 6.722/2008.

§ 11. Para o segurado recolher contribuições relativas a período anterior à sua inscrição, aplica-se o disposto nos §§ 7º a 10.

§ 12. Somente será feito o reconhecimento da filiação nas situações referidas nos §§ 7º, 9º e 11 após o efetivo recolhimento das contribuições relativas ao período em que for comprovado o exercício da atividade remunerada.

- § 12 com redação determinada pelo Dec. 3.265/1999.

§ 13. No caso de indenização relativa ao exercício de atividade remunerada para fins de contagem recíproca correspondente a período de filiação obrigatória ou não, na forma do inciso IV do art. 127, a base de incidência será a remuneração da data do requerimento sobre a qual incidem as contribuições para o regime próprio de previdência social a que estiver filiado o interessado, observados os limites a que se referem os §§ 3º e 5º do art. 214.

- § 13 com redação determinada pelo Dec. 3.265/1999.

§ 14. Sobre os salários de contribuição apurados na forma dos §§ 7º a 11 e 13 será aplicada a alíquota de 20% (vinte por cento), e o resultado multiplicado pelo número de meses do período a ser indenizado, observado o disposto no § 8º do art. 239.

§ 15. É facultado aos segurados contribuinte individual e facultativo, cujos salários de contribuição sejam iguais ao valor de um salário mínimo, optarem pelo recolhimento trimestral das contribuições previdenciárias, com vencimento no dia quinze do mês seguinte ao de cada trimestre civil, prorrogando-se o vencimento para o dia útil subsequente quando não houver expediente bancário no dia quinze.

- § 15 com redação determinada pelo Dec. 3.265/1999.

§ 16. Aplica-se o disposto no parágrafo anterior ao empregador doméstico relativamente aos empregados a seu serviço, cujos salários de contribuição sejam iguais ao valor de um salário mínimo, ou inferiores nos casos de admissão, dispensa ou fração do salário em razão de gozo de benefício.

- § 16 com redação determinada pelo Dec. 3.265/1999.

§ 17. A inscrição do segurado no segundo ou terceiro mês do trimestre civil não altera a data de vencimento prevista no § 15, no caso de opção pelo recolhimento trimestral.

§ 18. Não é permitida a opção prevista no § 16 relativamente à contribuição correspondente à gratificação natalina – décimo terceiro salário – do empregado doméstico, observado o disposto no § 1º e as demais disposições que regem a matéria.

§ 19. Fica autorizada, nos termos deste Regulamento, a compensação de contribuições devidas ao Instituto Nacional do Seguro Social, pelos hospitais contratados ou conveniados com o Sistema Único de Saúde com parcela dos créditos correspondentes a faturas emitidas para recebimento de internações hospitalares, cujo valor correspondente será retido pelo órgão pagador do Sistema Único de Saúde para amortização de parcela do débito, nos termos da Lei 8.870, de 1994.

§ 20. Na hipótese de o contribuinte individual prestar serviço a outro contribuinte individual equiparado a empresa ou a produtor rural pessoa física ou a missão diplomática e repartição consular de carreira estrangeiras, poderá deduzir, da sua contribuição mensal, 45% (quarenta e cinco por cento) da contribuição patronal do contratante, efetivamente recolhida ou declarada, incidente sobre a remuneração que este lhe tenha pago ou creditado, no respectivo mês, limitada a 9% (nove por cento) do respectivo salário de contribuição.

- § 20 com redação determinada pelo Dec. 4.729/2003.

§ 21. Para efeito de dedução, considera-se contribuição declarada a informação prestada na Guia de Recolhimento do Fundo de Garantia do Tempo de Serviço e Informações à Previdência Social ou declaração fornecida pela empresa ao segurado, onde conste, além de sua identificação completa, inclusive com o número no Cadastro Nacional de Pessoas Jurídicas, o nome e o número da inscrição do contribuinte individual, o valor da retribuição paga e o compromisso de que esse valor será incluído na citada Guia de Recolhimento do Fundo de Garantia do Tempo de Serviço e Informações à Previdência Social e efetuado o recolhimento da correspondente contribuição.

- § 21 acrescentado pelo Dec. 3.265/1999.

§ 22. *(Revogado pelo Dec. 4.729/2003).*

§ 23. O contribuinte individual que não comprovar a regularidade da dedução de que tratam os §§ 20 e 21 terá glosado o valor indevidamente deduzido, devendo complementar as contribuições com os acréscimos legais devidos.

- § 23 com redação determinada pelo Dec. 4.729/2003.

§ 24. *(Revogado pelo Dec. 6.722/2008).*

§ 25. Relativamente aos que recebem salário variável, o recolhimento da contribuição decorrente de eventual diferença da gratificação natalina (13º salário) deverá ser efetuado juntamente com a competência dezembro do mesmo ano.

- § 25 acrescentado pelo Dec. 3.265/1999.

§ 26. A alíquota de contribuição a ser descontada pela empresa da remuneração paga, devida ou creditada ao contribuinte individual a seu serviço, observado o limite máximo do salário de contribuição, é de 11% (onze por cento) no caso das empresas em geral e de 20% (vinte por cento) quando se tratar de entidade beneficente de assistência social isenta das contribuições sociais patronais.

- § 26 acrescentado pelo Dec. 4.729/2003.

§ 27. O contribuinte individual contratado por pessoa jurídica obrigada a proceder à arrecadação e ao recolhimento da contribuição por ele devida, cuja remuneração recebida ou creditada no mês, por serviços prestados a ela, for inferior ao limite mínimo do salário de contribuição, é obrigado a complementar sua contribuição mensal, diretamente, mediante a aplicação da alíquota estabelecida no art. 199 sobre o valor resultante da subtração do valor das remunerações recebidas das pessoas jurídicas do valor mínimo do salário de contribuição mensal.

- § 27 acrescentado pelo Dec. 4.729/2003.

§ 28. Cabe ao próprio contribuinte individual que prestar serviços, no mesmo mês, a mais de uma empresa, cuja soma das remunerações superar o limite mensal do salário de contribuição, comprovar às que sucederem à primeira o valor ou valores sobre os quais já tenha incidido o desconto da contribuição, de forma a se observar o limite máximo do salário de contribuição.

- § 28 acrescentado pelo Dec. 4.729/2003.

§ 29. Na hipótese do § 28, o Instituto Nacional do Seguro Social poderá facultar ao contribuinte individual que prestar, regularmente, serviços a uma ou mais empresas, cuja soma das remunerações seja igual ou superior ao limite mensal do salário de contribuição, indicar qual ou quais empresas e sobre qual valor deverá proceder o desconto da contribuição, de forma a respeitar o limite máximo, e dispensar as demais dessa providência, bem como atribuir ao próprio contribuinte individual a responsabilidade de complementar a respectiva contribuição até o limite máximo, na hipótese de, por qualquer razão, deixar de receber remuneração ou receber remuneração inferior às indicadas para o desconto.

- § 29 acrescentado pelo Dec. 4.729/2003.

§ 30. Aplica-se o disposto neste artigo, no que couber e observado o § 31, à cooperativa de trabalho em relação à contribuição devida pelo seu cooperado.

- § 30 acrescentado pelo Dec. 4.729/2003.

§ 31. A cooperativa de trabalho é obrigada a descontar 11% (onze por cento) do valor da quota distribuída ao cooperado por serviços por ele prestados, por seu intermédio, a empresas e 20% (vinte por cento) em relação aos serviços prestados a pessoas físicas e recolher o produto dessa arrecadação no dia vinte do mês seguinte ao da competência a que se referir, antecipando-se o vencimento para o dia útil imediatamente anterior quando não houver expediente bancário no dia vinte.

- § 31 com redação determinada pelo Dec. 6.722/2008.

§ 32. São excluídos da obrigação de arrecadar a contribuição do contribuinte individual que lhe preste serviço o produtor rural pessoa física, a missão diplomática, a repartição consular e o contribuinte individual.

- § 32 acrescentado pelo Dec. 4.729/2003.

§ 33. Na hipótese prevista no § 32, cabe ao contribuinte individual recolher a própria contribuição, sendo a alíquota, neste caso, de 20% (vinte por cento), observado o disposto nos §§ 20, 21 e 23.

- § 33 com redação determinada pelo Dec. 6.722/2008.

§ 34. O recolhimento da contribuição do produtor rural pessoa física ou produtor rural pessoa jurídica, quando houver, será efetuado pela Companhia Nacional de Abastecimento – Conab, à conta do Programa de Aquisição de Alimentos, instituído pelo art. 19 da Lei 10.696, de 2 de julho de 2003, na aquisição de produtos agropecuários no âmbito do referido Programa.

- § 34 acrescentado pelo Dec. 6.722/2008.

Art. 216-A. Os órgãos da administração pública direta, indireta e fundações públicas da União, bem como as demais entidades integrantes do Sistema Integrado de Administração Financeira do Governo Federal ao contratarem pessoa física para prestação de serviços eventuais, sem vínculo empregatício, inclusive como integrante de grupo tarefa, deverão obter dela a respectiva inscrição no Instituto Nacional do Seguro Social, como contribuinte individual, ou providenciá-la em nome dela, caso não seja inscrita, e proceder ao desconto e recolhimento da respectiva contribuição, na forma do art. 216.

- *Caput* com redação determinada pelo Dec. 4.729/2003.

§ 1º Aplica-se o disposto neste artigo mesmo que o contratado exerça concomitantemente uma ou mais atividades abrangidas pelo Regime Geral de Previdência Social ou por qualquer outro regime de previdência social ou seja aposentado por qualquer regime previdenciário.

- § 1º acrescentado pelo Dec. 4.032/2001.

§ 2º O contratado que já estiver contribuindo para o Regime Geral de Previdência Social na condição de empregado ou trabalhador avulso sobre o limite máximo do salário de contribuição deverá comprovar esse fato e, se a sua contribuição nessa condição for inferior ao limite máximo, a contribuição como contribuinte individual deverá ser complementar, respeitando, no conjunto, aquele limite, procedendo-se, no caso, de conformidade com o disposto no § 28 do art. 216.

- § 2º com redação determinada pelo Dec. 4.729/2003.

§ 3º *(Revogado pelo Dec. 4.729/2003).*

§ 4º Aplica-se o disposto neste artigo às contratações feitas por organismos internacionais, em programas de cooperação e operações de mútua conveniência entre estes e o governo brasileiro.

- § 4º acrescentado pelo Dec. 4.032/2001.

Art. 217. Na requisição de mão de obra de trabalhador avulso efetuada em conformidade com as Leis 8.630, de 1993, e 9.719, de 27 de novembro de 1998, o responsável pelas obrigações previstas neste Regulamento, em relação aos segurados que lhe prestem serviços, é o operador portuário, o tomador de mão de obra, inclusive o titular de instalação portuária de uso privativo, observadas as normas fixadas pelo Instituto Nacional do Seguro Social.

§ 1º O operador portuário ou titular de instalação de uso privativo repassará ao órgão gestor de mão de obra, até 24 (vinte e quatro) horas após a realização dos serviços:

- § 1º com redação determinada pelo Dec. 4.032/2001.

I – o valor da remuneração devida aos trabalhadores portuários avulsos, inclusive a referente às férias e à gratificação natalina; e

II – o valor da contribuição patronal previdenciária correspondente e o valor daquela devida a terceiros conforme o art. 274.

§ 2º O órgão gestor de mão de obra é responsável:

- § 2º com redação determinada pelo Dec. 4.032/2001.

I – pelo pagamento da remuneração ao trabalhador portuário avulso;

II – pela elaboração da folha de pagamento;

III – pelo preenchimento e entrega da Guia de Recolhimento do Fundo de Garantia do Tempo de Serviço e Informações à Previdência Social; e

IV – pelo recolhimento das contribuições de que tratam o art. 198, o inciso I do *caput* do art. 201 e os arts. 202 e 274, incidentes sobre a remuneração paga, devida ou creditada aos trabalhadores portuários avulsos, inclusive sobre férias e gratificação natalina, no prazo previsto na alínea *b* do inciso I do art. 216.

§ 3º *(Revogado pelo Dec. 4.032/2001).*

§ 4º O prazo previsto no § 1º pode ser alterado mediante convenção coletiva firmada entre entidades sindicais representativas dos trabalhadores e operadores portuários, observado o prazo legal para recolhimento dos encargos previdenciários.

- § 4º com redação determinada pelo Dec. 4.032/2001.

§ 5º A contribuição do trabalhador avulso, relativamente à gratificação natalina, será calculada com base na alíquota correspondente ao seu salário de contribuição mensal.

- § 5º com redação determinada pelo Dec. 4.032/2001.

§ 6º O salário-família devido ao trabalhador portuário avulso será pago pelo órgão gestor de mão de obra, mediante convênio, que se incumbirá de demonstrá-lo na folha de pagamento correspondente.

Art. 218. A empresa tomadora ou requisitante dos serviços de trabalhador avulso, cuja contratação de pessoal não for abrangida pelas Leis 8.630, de 1993, e 9.719, de 1998, é responsável pelo cumprimento de todas as obrigações previstas neste Regulamento, bem como pelo preenchimento e entrega da Guia de Recolhimento do Fundo de Garantia do Tempo de Serviço e Informações à Previdência Social em relação aos segurados que lhe prestem serviços, observadas as normas fixadas pelo Instituto Nacional do Seguro Social.

§ 1º O salário-família devido ao trabalhador avulso mencionado no *caput* será pago pelo sindicato de classe respectivo, mediante convênio, que se incumbirá de elaborar as folhas correspondentes.

§ 2º O tomador de serviços é responsável pelo recolhimento das contribuições de que tratam o art. 198, o inciso I do *caput* do art. 201 e os arts. 202 e 274, incidentes sobre a remuneração paga, devida ou creditada ao trabalhador avulso, inclusive sobre férias e gratificação natalina, no prazo previsto na alínea *b* do inciso I do art. 216.

- § 2º com redação determinada pelo Dec. 4.032/2001.

Seção II
Da retenção e da responsabilidade solidária

Art. 219. A empresa contratante de serviços executados mediante cessão ou empreitada de mão de obra, inclusive em regime de trabalho temporário, deverá reter 11% (onze por cento) do valor bruto da nota fiscal, fatura ou recibo de prestação de serviços e recolher a importância retida em nome da empresa contratada, observado o disposto no § 5º do art. 216.

- *Caput* com redação determinada pelo Dec. 4.729/2003.

§ 1º Exclusivamente para os fins deste Regulamento, entende-se como cessão de mão de obra a colocação à disposição do contratante, em suas dependências ou nas de terceiros, de segurados que realizem serviços contínuos, relacionados ou não com a atividade fim da empresa, independentemente da natureza e da forma de contratação, inclusive por meio de trabalho temporário na forma da Lei 6.019, de 3 de janeiro de 1974, entre outros.

§ 2º Enquadram-se na situação prevista no *caput* os seguintes serviços realizados mediante cessão de mão de obra:

I – limpeza, conservação e zeladoria;

II – vigilância e segurança;

III – construção civil;

IV – serviços rurais;

V – digitação e preparação de dados para processamento;

VI – acabamento, embalagem e acondicionamento de produtos;

VII – cobrança;

VIII – coleta e reciclagem de lixo e resíduos;

IX – copa e hotelaria;

X – corte e ligação de serviços públicos;

XI – distribuição;

XII – treinamento e ensino;

XIII – entrega de contas e documentos;

XIV – ligação e leitura de medidores;

XV – manutenção de instalações, de máquinas e de equipamentos;

XVI – montagem;

XVII – operação de máquinas, equipamentos e veículos;

XVIII – operação de pedágio e de terminais de transporte;

XIX – operação de transporte de passageiros, inclusive nos casos de concessão ou subconcessão;

- Inciso XIX com redação determinada pelo Dec. 4.729/2003.

XX – portaria, recepção e ascensorista;

XXI – recepção, triagem e movimentação de materiais;

XXII – promoção de vendas e eventos;

XXIII – secretaria e expediente;

XXIV – saúde; e

XXV – telefonia, inclusive *telemarketing*.

§ 3º Os serviços relacionados nos incisos I a V também estão sujeitos à retenção de que trata o *caput* quando contratados mediante empreitada de mão de obra.

§ 4º O valor retido de que trata este artigo deverá ser destacado na nota fiscal, fatura ou recibo de prestação de serviços, sendo compensado pelo respectivo estabelecimento da empresa contratada quando do recolhimento das contribuições destinadas à seguridade social devidas sobre a folha de pagamento dos segurados.

§ 5º O contratado deverá elaborar folha de pagamento e Guia de Recolhimento do Fundo de Garantia do Tempo de Serviço e Informações à Previdência Social distintas para cada estabelecimento ou obra de construção civil da empresa contratante do serviço.

§ 6º A empresa contratante do serviço deverá manter em boa guarda, em ordem cronológica e por contratada, as correspondentes notas fiscais, faturas ou recibos de prestação de serviços, Guias da Previdência Social e Guias de Recolhimento do Fundo de Garantia do Tempo de Serviço e Informações à Previdência Social com comprovante de entrega.

§ 7º Na contratação de serviços em que a contratada se obriga a fornecer material ou dispor de equipamentos, fica facultada ao contratado a discriminação, na nota fiscal, fatura ou recibo, do valor correspondente ao material ou equipamentos, que será excluído da retenção, desde que contratualmente previsto e devidamente comprovado.

§ 8º Cabe ao Instituto Nacional do Seguro Social normatizar a forma de apuração e o limite mínimo do valor do serviço contido no total da nota fiscal, fatura ou recibo, quando, na hipótese do parágrafo anterior, não houver previsão contratual dos valores correspondentes a material ou a equipamentos.

§ 9º Na impossibilidade de haver compensação integral na própria competência, o saldo remanescente poderá ser compensado nas competências subsequentes, inclusive na relativa à gratificação natalina, ou ser objeto de restituição, não sujeitas ao disposto no § 3º do art. 247.

- § 9º com redação determinada pelo Dec. 4.729/2003.

§ 10. Para fins de recolhimento e de compensação da importância retida, será considerada como competência aquela a que corresponder à data da emissão da nota fiscal, fatura ou recibo.

§ 11. As importâncias retidas não podem ser compensadas com contribuições arrecadadas pelo Instituto Nacional do Seguro Social para outras entidades.

§ 12. O percentual previsto no *caput* será acrescido de 4 (quatro), 3 (três) ou 2 (dois) pontos percentuais, relativamente aos serviços prestados pelos segurados empregado, cuja atividade permita a concessão de aposentadoria especial, após 15 (quinze), 20 (vinte) ou 25 (vinte e cinco) anos de contribuição, respectivamente.

• § 12 acrescentado pelo Dec. 4.729/2003.

Art. 220. O proprietário, o incorporador definido na Lei 4.591, de 1964, o dono da obra ou condômino da unidade imobiliária cuja contratação da construção, reforma ou acréscimo não envolva cessão de mão de obra, são solidários com o construtor, e este e aqueles com a subempreiteira, pelo cumprimento das obrigações para com a seguridade social, ressalvado o seu direito regressivo contra o executor ou contratante da obra e admitida a retenção de importância a este devida para garantia do cumprimento dessas obrigações, não se aplicando, em qualquer hipótese, o benefício de ordem.

§ 1º Não se considera cessão de mão de obra, para os fins deste artigo, a contratação de construção civil em que a empresa construtora assuma a responsabilidade direta e total pela obra ou repasse o contrato integralmente.

§ 2º O executor da obra deverá elaborar, distintamente para cada estabelecimento ou obra de construção civil da empresa contratante, folha de pagamento, Guia de Recolhimento do Fundo de Garantia do Tempo de Serviço e Informações à Previdência Social e Guia da Previdência Social, cujas cópias deverão ser exigidas pela empresa contratante quando da quitação da nota fiscal ou fatura, juntamente com o comprovante de entrega daquela Guia.

§ 3º A responsabilidade solidária de que trata o *caput* será elidida:

I – pela comprovação, na forma do parágrafo anterior, do recolhimento das contribuições incidentes sobre a remuneração dos segurados, incluída em nota fiscal ou fatura correspondente aos serviços executados, quando corroborada por escrituração contábil; e

II – pela comprovação do recolhimento das contribuições incidentes sobre a remuneração dos segurados, aferidas indiretamente nos termos, forma e percentuais previstos pelo Instituto Nacional do Seguro Social;

III – pela comprovação do recolhimento da retenção permitida no *caput* deste artigo, efetivada nos termos do art. 219.

• Inciso III acrescentado pelo Dec. 4.032/2001.

§ 4º Considera-se construtor, para os efeitos deste Regulamento, a pessoa física ou jurídica que executa obra sob sua responsabilidade, no todo ou em parte.

Art. 221. Exclui-se da responsabilidade solidária perante a seguridade social o adquirente de prédio ou unidade imobiliária que realize a operação com empresa de comercialização ou com incorporador de imóveis definido na Lei 4.591, de 1964, ficando estes solidariamente responsáveis com o construtor, na forma prevista no art. 220.

Art. 222. As empresas que integram grupo econômico de qualquer natureza, bem como os produtores rurais integrantes do consórcio simplificado de que trata o art. 200-A, respondem entre si, solidariamente, pelas obrigações decorrentes do disposto neste Regulamento.

• Artigo com redação determinada pelo Dec. 4.032/2001.

Art. 223. O operador portuário e o órgão gestor de mão de obra são solidariamente responsáveis pelo pagamento das contribuições previdenciárias e demais obrigações, inclusive acessórias, devidas à seguridade social, arrecadadas pelo Instituto Nacional do Seguro Social, relativamente à requisição de mão de obra de trabalhador avulso, vedada a invocação do benefício de ordem.

Art. 224. Os administradores de autarquias e fundações públicas, criadas ou mantidas pelo Poder Público, de empresas públicas e de sociedades de economia mista sujeitas ao controle da União, dos Estados, do Distrito Federal ou dos Municípios, que se encontrarem em mora por mais de 30 (trinta) dias, no recolhimento das contribuições previstas neste Regulamento, tornam-se solidariamente responsáveis pelo respectivo pagamento, ficando ainda sujeitos às proibições do art. 1º e às sanções dos arts. 4º e 7º do Decreto-lei 368, de 19 de dezembro de 1968.

Art. 224-A. O disposto nesta Seção não se aplica à contratação de serviços por intermédio de cooperativa de trabalho.

• Artigo acrescentado pelo Dec. 3.265/1999.

Seção III
Das obrigações acessórias

Art. 225. A empresa é também obrigada a:

I – preparar folha de pagamento da remuneração paga, devida ou creditada a todos os segurados a seu serviço, devendo manter, em cada estabelecimento, uma via da respectiva folha e recibos de pagamentos;

II – lançar mensalmente em títulos próprios de sua contabilidade, de forma discriminada, os fatos geradores de todas as contribuições, o montante das quantias descontadas, as contribuições da empresa e os totais recolhidos;

III – prestar ao Instituto Nacional do Seguro Social e à Secretaria da Receita Federal todas as informações cadastrais, financeiras e contábeis de interesse dos mesmos, na forma por eles estabelecida, bem como os esclarecimentos necessários à fiscalização;

IV – informar mensalmente ao Instituto Nacional do Seguro Social, por intermédio da Guia de Recolhimento do Fundo de Garantia do Tempo de Serviço e Informações à Previdência Social, na forma por ele estabelecida, dados cadastrais, todos os fatos geradores de contribuição previdenciária e outras informações de interesse daquele Instituto;

V – encaminhar ao sindicato representativo da categoria profissional mais numerosa entre seus empregados, até o dia 10 (dez) de cada mês, cópia da Guia da Previdência Social relativamente à competência anterior; e

VI – afixar cópia da Guia da Previdência Social, relativamente à competência anterior, durante o período de 1 (um) mês, no quadro de horário de que trata o art. 74 da Consolidação das Leis do Trabalho;

VII – informar, anualmente, à Secretaria da Receita Federal do Brasil, na forma por ela estabelecida, o nome, o número de inscrição na previdência social e o endereço completo dos segurados de que trata o inciso III do § 15 do art. 9º, por ela utilizados no período, a qualquer título, para distribuição ou comercialização de seus produtos, sejam eles de fabricação própria ou de terceiros, sempre que se tratar de empresa que realize vendas diretas.

• Inciso VII acrescentado pelo Dec. 6.722/2008.

§ 1º As informações prestadas na Guia de Recolhimento do Fundo de Garantia do Tempo de Serviço e Informações à Previdência Social servirão como base de cálculo das contribuições arrecadadas pelo Instituto Nacional do Seguro Social, comporão a base de dados para fins de cálculo e concessão dos benefícios previdenciários, bem como constituir-se-ão em termo de confissão de dívida, na hipótese do não recolhimento.

§ 2º A entrega da Guia de Recolhimento do Fundo de Garantia do Tempo de Serviço e Informações à Previdência Social deverá ser efetuada na rede bancária, conforme estabelecido pelo Ministério da Previdência e Assistência Social, até o dia sete do mês seguinte àquele a que se referirem as informações.

• § 2º com redação determinada pelo Dec. 3.265/1999.

§ 3º A Guia de Recolhimento do Fundo de Garantia do Tempo de Serviço e Informações à Previdência Social é exigida relativamente a fatos geradores ocorridos a partir de janeiro de 1999.

§ 4º O preenchimento, as informações prestadas e a entrega da Guia de Recolhimento do Fundo de Garantia do Tempo de Serviço e Informações à Previdência Social são de inteira responsabilidade da empresa.

§ 5º A empresa deverá manter à disposição da fiscalização, durante 10 (dez) anos, os documentos comprobatórios do cumprimento das obrigações referidas neste artigo, observados o disposto no § 22 e as normas estabelecidas pelos órgãos competentes.

• § 5º com redação determinada pelo Dec. 4.729/2003.

§ 6º O Instituto Nacional do Seguro Social e a Caixa Econômica Federal estabelecerão normas para disciplinar a entrega da Guia de Recolhimento do Fundo de Garantia do Tempo de Serviço e Informações à Previdência Social, nos casos de rescisão contratual.

§ 7º A comprovação dos pagamentos de benefícios reembolsados à empresa também deve ser mantida à disposição da fiscalização durante 10 (dez) anos.

§ 8º O disposto neste artigo aplica-se, no que couber, aos demais contribuintes e ao adquirente, consignatário ou cooperativa, sub-rogados na forma deste Regulamento.

§ 9º A folha de pagamento de que trata o inciso I do *caput*, elaborada mensalmente, de forma coletiva por estabelecimento da empresa, por obra de construção civil e por tomador de serviços, com a correspondente totalização, deverá:

I – discriminar o nome dos segurados, indicando cargo, função ou serviço prestado;

II – agrupar os segurados por categoria, assim entendido: segurado empregado, trabalhador avulso, contribuinte individual;

- Inciso II com redação determinada pelo Dec. 3.265/1999.

III – destacar o nome das seguradas em gozo de salário-maternidade;

IV – destacar as parcelas integrantes e não integrantes da remuneração e os descontos legais; e

V – indicar o número de quotas de salário-família atribuídas a cada segurado empregado ou trabalhador avulso.

§ 10. No que se refere ao trabalhador portuário avulso, o órgão gestor de mão de obra elaborará a folha de pagamento por navio, mantendo-a disponível para uso da fiscalização do Instituto Nacional do Seguro Social, indicando o operador portuário e os trabalhadores que participaram da operação, detalhando, com relação aos últimos:

I – os correspondentes números de registro ou cadastro no órgão gestor de mão de obra;

II – o cargo, função ou serviço prestado;

III – os turnos em que trabalharam; e

IV – as remunerações pagas, devidas ou creditadas a cada um dos trabalhadores e a correspondente totalização.

§ 11. No que se refere ao parágrafo anterior, o órgão gestor de mão de obra consolidará as folhas de pagamento relativas às operações concluídas no mês anterior por operador portuário e por trabalhador portuário avulso, indicando, com relação a estes, os respectivos números de registro ou cadastro, as datas dos turnos trabalhados, as importâncias pagas e os valores das contribuições previdenciárias retidas.

§ 12. Para efeito de observância do limite máximo da contribuição do segurado trabalhador avulso, de que trata o art. 198, o órgão gestor de mão de obra manterá resumo mensal e acumulado, por trabalhador portuário avulso, dos valores totais das férias, do décimo terceiro salário e das contribuições previdenciárias retidas.

§ 13. Os lançamentos de que trata o inciso II do *caput*, devidamente escriturados nos livros Diário e Razão, serão exigidos pela fiscalização após 90 (noventa) dias contados da ocorrência dos fatos geradores das contribuições, devendo, obrigatoriamente:

I – atender ao princípio contábil do regime de competência; e

II – registrar, em contas individualizadas, todos os fatos geradores de contribuições previdenciárias de forma a identificar, clara e precisamente, as rubricas integrantes e não integrantes do salário de contribuição, bem como as contribuições descontadas do segurado, as da empresa e os totais recolhidos, por estabelecimento da empresa, por obra de construção civil e por tomador de serviços.

§ 14. A empresa deverá manter à disposição da fiscalização os códigos ou abreviaturas que identifiquem as respectivas rubricas utilizadas na elaboração da folha de pagamento, bem como os utilizados na escrituração contábil.

§ 15. A exigência prevista no inciso II do *caput* não desobriga a empresa do cumprimento das demais normas legais e regulamentares referentes à escrituração contábil.

§ 16. São desobrigadas de apresentação de escrituração contábil:

- § 16 com redação determinada pelo Dec. 3.265/1999.

I – o pequeno comerciante, nas condições estabelecidas pelo Decreto-lei 486, de 3 de março de 1969, e seu Regulamento;

II – a pessoa jurídica tributada com base no lucro presumido, de acordo com a legislação tributária federal, desde que mantenha a escrituração do Livro Caixa e Livro de Registro de Inventário; e

III – a pessoa jurídica que optar pela inscrição no Sistema Integrado de Pagamento de Impostos e Contribuições das Microempresas e Empresas de Pequeno Porte, desde que mantenha escrituração do Livro Caixa e Livro de Registro de Inventário.

§ 17. A empresa, agência ou sucursal estabelecida no exterior deverá apresentar os documentos comprobatórios do cumprimento das obrigações referidas neste artigo à sua congênere no Brasil, observada a solidariedade de que trata o art. 222.

§ 18. Para o cumprimento do disposto no inciso V do *caput* serão observadas as seguintes situações:

I – caso a empresa possua mais de um estabelecimento localizado em base geográfica diversa, a cópia da Guia da Previdência Social será encaminhada ao sindicato representativo da categoria profissional mais numerosa entre os empregados de cada estabelecimento;

II – a empresa que recolher suas contribuições em mais de uma Guia da Previdência Social encaminhará cópia de todas as guias;

III – a remessa poderá ser efetuada por qualquer meio que garanta a reprodução integral do documento, cabendo à empresa manter, em seus arquivos, prova do recebimento pelo sindicato; e

IV – cabe à empresa a comprovação, perante a fiscalização do Instituto Nacional do Seguro Social, do cumprimento de sua obrigação frente ao sindicato.

§ 19. O órgão gestor de mão de obra deverá, quando exigido pela fiscalização do Instituto Nacional do Seguro Social, exibir as listas de escalação diária dos trabalhadores portuários avulsos, por operador portuário e por navio.

§ 20. Caberá exclusivamente ao órgão gestor de mão de obra a responsabilidade pela exatidão dos dados lançados nas listas diárias referidas no parágrafo anterior.

§ 21. Fica dispensado do cumprimento do disposto nos incisos V e VI do *caput* o contribuinte individual, em relação a segurado que lhe presta serviço.

- § 21 com redação determinada pelo Dec. 3.265/1999.

§ 22. A empresa que utiliza sistema de processamento eletrônico de dados para o registro de negócios e atividades econômicas, escrituração de livros ou produção de documentos de natureza contábil, fiscal, trabalhista e previdenciária é obrigada a arquivar e conservar, devidamente certificados, os respectivos sistemas e arquivos, em meio digital ou assemelhado, durante 10 (dez) anos, à disposição da fiscalização.

- § 22 acrescentado pelo Dec. 4.729/2003.

§ 23. A cooperativa de trabalho e a pessoa jurídica são obrigadas a efetuar a inscrição no Instituto Nacional do Seguro Social dos seus cooperados e contratados, respectivamente, como contribuintes individuais, se ainda não inscritos.

- § 23 acrescentado pelo Dec. 4.729/2003.

§ 24. A empresa ou cooperativa adquirente, consumidora ou consignatária da produção fica obrigada a fornecer ao segurado especial cópia do documento fiscal de entrada da mercadoria, onde conste, além do registro da operação realizada, o valor da respectiva contribuição previdenciária.

- § 24 acrescentado pelo Dec. 6.722/2008.

Art. 226. O Município, por intermédio do órgão competente, fornecerá ao Instituto Nacional do Seguro Social, para fins de fiscalização, mensalmente, relação de todos os alvarás para construção civil e documentos de habite-se concedidos, de acordo com critérios estabelecidos pelo referido Instituto.

§ 1º A relação a que se refere *caput* será encaminhada ao INSS até o dia dez do mês seguinte àquele a que se referirem os documentos.

- § 1º com redação determinada pelo Dec. 4.032/2001.

§ 2º O encaminhamento da relação fora do prazo ou a sua falta e a apresentação com incorreções ou omissões sujeitará o

Legislação

dirigente do órgão municipal à penalidade prevista na alínea *f* do inciso I do art. 283.

Art. 227. *(Revogado pelo Dec. 8.302/2014 – DOU 05.09.2014, em vigor 45 (quarenta e cinco) dias após a data de sua publicação).*

Art. 228. O titular de cartório de registro civil e de pessoas naturais fica obrigado a comunicar, até o dia 10 (dez) de cada mês, na forma estabelecida pelo Instituto Nacional do Seguro Social, o registro dos óbitos ocorridos no mês imediatamente anterior, devendo da comunicação constar o nome, a filiação, a data e o local de nascimento da pessoa falecida.

Parágrafo único. No caso de não haver sido registrado nenhum óbito, deverá o titular do cartório comunicar esse fato ao Instituto Nacional do Seguro Social, no prazo estipulado no *caput*.

Seção IV
Da competência para arrecadar, fiscalizar e cobrar

Art. 229. O Instituto Nacional do Seguro Social é o órgão competente para:

I – arrecadar e fiscalizar o recolhimento das contribuições sociais previstas nos incisos I, II, III, IV e V do parágrafo único do art. 195, bem como as contribuições incidentes a título de substituição;

• Inciso I com redação determinada pelo Dec. 4.032/2001.

II – constituir seus créditos por meio dos correspondentes lançamentos e promover a respectiva cobrança;

III – aplicar sanções; e

IV – normatizar procedimentos relativos à arrecadação, fiscalização e cobrança das contribuições referidas no inciso I.

§ 1º Os Auditores Fiscais da Previdência Social terão livre acesso a todas as dependências ou estabelecimentos da empresa, com vistas à verificação física dos segurados em serviço, para confronto com os registros e documentos da empresa, podendo requisitar e apreender livros, notas técnicas e demais documentos necessários ao perfeito desempenho de suas funções, caracterizando-se como embaraço à fiscalização qualquer dificuldade oposta à consecução do objetivo.

• § 1º com redação determinada pelo Dec. 3.265/1999.

§ 2º Se o Auditor Fiscal da Previdência Social constatar que o segurado contratado como contribuinte individual, trabalhador avulso, ou sob qualquer outra denominação, preenche as condições referidas no inciso I do *caput* do art. 9º, deverá desconsiderar o vínculo pactuado e efetuar o enquadramento como segurado empregado.

• § 2º com redação determinada pelo Dec. 3.265/1999.

§ 3º A fiscalização das entidades fechadas de previdência privada, estabelecida na Lei 6.435, de 15 de julho de 1977, será exercida pelos Fiscais de Contribuições Previdenciárias do Instituto Nacional do Seguro Social, devidamente credenciados pelo órgão próprio, sem prejuízo das atribuições e vantagens a que fazem jus, conforme disposto no Decreto 1.317, de 29 de novembro de 1994.

§ 4º A fiscalização dos regimes próprios de previdência social dos servidores públicos e dos militares da União, dos Estados, do Distrito Federal e dos Municípios, nos termos da Lei 9.717, de 27 de novembro de 1998, será exercida pelos Fiscais de Contribuições Previdenciárias do Instituto Nacional do Seguro Social, devidamente credenciados pelo órgão próprio, sem prejuízo das atribuições e vantagens a que fazem jus, conforme orientação expedida pelo Ministério da Previdência e Assistência Social.

§ 5º Aplica-se à fiscalização de que tratam os §§ 3º e 4º o disposto na Lei 8.212, de 1991, neste Regulamento e demais dispositivos da legislação previdenciária, no que couber e não colidir com os preceitos das Leis 6.435, de 1977, e 9.717, de 1998.

Art. 230. A Secretaria da Receita Federal é o órgão competente para:

I – arrecadar e fiscalizar o recolhimento das contribuições sociais previstas nos incisos VI e VII do parágrafo único do art. 195;

II – constituir seus créditos por meio dos correspondentes lançamentos e promover a respectiva cobrança;

III – aplicar sanções; e

IV – normatizar procedimentos relativos à arrecadação, fiscalização e cobrança das contribuições de que trata o inciso I.

Seção V
Do exame da contabilidade

Art. 231. É prerrogativa do Ministério da Previdência e Assistência Social, do Instituto Nacional do Seguro Social e da Secretaria da Receita Federal o exame da contabilidade da empresa, não prevalecendo para esse efeito o disposto nos arts. 17 e 18 do Código Comercial, ficando obrigados a empresa e o segurado a prestarem todos os esclarecimentos e informações solicitados.

Art. 232. A empresa, o servidor de órgão público da administração direta e indireta, o segurado da previdência social, o serventuário da Justiça, o síndico ou seu representante legal, o comissário e o liquidante de empresa em liquidação judicial ou extrajudicial são obrigados a exibir todos os documentos e livros relacionados com as contribuições previstas neste Regulamento.

Art. 233. Ocorrendo recusa ou sonegação de qualquer documento ou informação, ou sua apresentação deficiente, o Instituto Nacional do Seguro Social e a Secretaria da Receita Federal podem, sem prejuízo da penalidade cabível nas esferas de sua competência, lançar de ofício importância que reputarem devida, cabendo à empresa, ao empregador doméstico ou ao segurado o ônus da prova em contrário.

Parágrafo único. Considera-se deficiente o documento ou informação apresentada que não preencha as formalidades legais, bem como aquele que contenha informação diversa da realidade, ou, ainda, que omita informação verdadeira.

Art. 234. Na falta de prova regular e formalizada, o montante dos salários pagos pela execução de obra de construção civil pode ser obtido mediante cálculo da mão de obra empregada, proporcional à área construída e ao padrão de execução da obra, de acordo com critérios estabelecidos pelo Instituto Nacional do Seguro Social, cabendo ao proprietário, dono da obra, incorporador, condômino da unidade imobiliária ou empresa corresponsável o ônus da prova em contrário.

Art. 235. Se, no exame da escrituração contábil e de qualquer outro documento da empresa, a fiscalização constatar que a contabilidade não registra o movimento real da remuneração dos segurados a seu serviço, da receita ou do faturamento e do lucro, esta será desconsiderada, sendo apuradas e lançadas de ofício as contribuições devidas, cabendo à empresa o ônus da prova em contrário.

Art. 236. Deverá ser dado tratamento especial ao exame da documentação que envolva operações ou assuntos de caráter sigiloso, ficando o fiscal responsável obrigado à guarda da informação e à sua utilização exclusivamente nos documentos elaborados em decorrência do exercício de suas atividades.

Art. 237. A autoridade policial prestará à fiscalização, mediante solicitação, o auxílio necessário ao regular desempenho dessa atividade.

Seção VI
Das contribuições e outras importâncias não recolhidas até o vencimento

Art. 238. Os créditos de qualquer natureza da seguridade social, constituídos ou não, vencidos até 31 de dezembro de 1991 e não pagos até 2 de janeiro de 1992, serão atualizados monetariamente com base na legislação aplicável e convertidos, nessa data, em quantidade de Unidade Fiscal de Referência diária.

§ 1º Os juros de mora calculados até 2 de janeiro de 1992 serão, também, convertidos em Unidade Fiscal de Referência, na mesma data.

§ 2º Sobre a parcela correspondente à contribuição, convertida em quantidade de Unidade Fiscal de Referência, incidirão juros moratórios à razão de 1% (um por cento), ao mês-calendário ou fração, a partir de fevereiro de 1992, inclusive, além da multa variável pertinente.

§ 3º Os créditos calculados e expressos em quantidade de Unidade Fiscal de Referência conforme o disposto neste artigo serão reconvertidos para moeda corrente, com base no valor da Unidade Fiscal de Referência na data do pagamento.

Art. 239. As contribuições sociais e outras importâncias arrecadadas pelo Instituto Nacional do Seguro Social, incluídas ou não em notificação fiscal de lançamento, pagas com atraso, objeto ou não de parcelamento, ficam sujeitas a:

I – atualização monetária, quando exigida pela legislação de regência;

II – juros de mora, de caráter irrelevável, incidentes sobre o valor atualizado, equivalentes a:

a) 1% (um por cento) no mês do vencimento;

b) taxa referencial do Sistema Especial de Liquidação e de Custódia nos meses intermediários; e

c) 1% (um por cento) no mês do pagamento; e

III – multa variável, de caráter irrelevável, nos seguintes percentuais, para fatos geradores ocorridos a partir de 28 de novembro de 1999:

- Inciso III com redação determinada pelo Dec. 3.265/1999.

a) para pagamento após o vencimento de obrigação não incluída em notificação fiscal de lançamento:

- Alínea *a* com redação determinada pelo Dec. 3.265/1999.

1. 8% (oito por cento), dentro do mês de vencimento da obrigação;
2. 14% (quatorze por cento), no mês seguinte; ou
3. 20% (vinte por cento), a partir do segundo mês seguinte ao do vencimento da obrigação;

b) para pagamento de obrigação incluída em notificação fiscal de lançamento:

- Alínea *b* com redação determinada pelo Dec. 3.265/1999.

1. 24% (vinte e quatro por cento), até 15 (quinze) dias do recebimento da notificação;
2. 30% (trinta por cento), após o décimo quinto dia do recebimento da notificação;
3. 40% (quarenta por cento), após apresentação de recurso desde que antecedido de defesa, sendo ambos tempestivos, até 15 (quinze) dias da ciência da decisão do Conselho de Recursos da Previdência Social; ou
4. 50% (cinquenta por cento), após o décimo quinto dia da ciência da decisão do Conselho de Recursos da Previdência Social, enquanto não inscrita em Dívida Ativa; e

c) para pagamento do crédito inscrito em Dívida Ativa:

- Alínea *c* com redação determinada pelo Dec. 3.265/1999.

1. 60% (sessenta por cento), quando não tenha sido objeto de parcelamento;
2. 70% (setenta por cento), se houve parcelamento;
3. 80% (oitenta por cento), após o ajuizamento da execução fiscal, mesmo que o devedor ainda não tenha sido citado, se o crédito não foi objeto de parcelamento; ou
4. 100% (cem por cento), após o ajuizamento da execução fiscal, mesmo que o devedor ainda não tenha sido citado, se o crédito foi objeto de parcelamento.

§ 1º *(Revogado pelo Dec. 6.224/2007).*

§ 2º Nas hipóteses de parcelamento ou de reparcelamento, incidirá um acréscimo de 20% (vinte por cento) sobre a multa de mora a que se refere o inciso III.

§ 3º Se houver pagamento antecipado à vista, no todo ou em parte, do saldo devedor, o acréscimo previsto no parágrafo anterior não incidirá sobre a multa correspondente à parte do pagamento que se efetuar.

§ 4º O valor do pagamento parcial, antecipado, do saldo devedor de parcelamento ou do reparcelamento somente poderá ser utilizado para quitação de parcelas na ordem inversa do vencimento, sem prejuízo da que for devida no mês de competência em curso e sobre a qual incidirá sempre o acréscimo a que se refere o § 2º.

§ 5º É facultada a realização de depósito à disposição da seguridade social, sujeito ao mesmo percentual do item 1 da alínea *b* do inciso III, desde que dentro do prazo legal para apresentação de defesa.

§ 6º À correção monetária e aos acréscimos legais de que trata este artigo aplicar-se-á a legislação vigente em cada competência a que se referirem.

§ 7º Às contribuições de que trata o art. 204, devidas e não recolhidas até as datas dos respectivos vencimentos, aplicam-se multas e juros moratórios na forma da legislação pertinente.

§ 8º Sobre as contribuições devidas e apuradas com base no § 1º do art. 348 incidirão juros moratórios de 0,5% (cinco décimos por cento) ao mês, capitalizados anualmente, limitados ao percentual máximo de 50% (cinquenta por cento), e multa de 10% (dez por cento).

- § 8º com redação determinada pelo Dec. 6.042/2007.

§ 9º Não se aplicam as multas impostas e calculadas como percentual do crédito por motivo de recolhimento fora do prazo das contribuições, nem quaisquer outras penas pecuniárias, às massas falidas de que trata o art. 192 da Lei 11.101, de 9 de fevereiro de 2005, e às missões diplomáticas estrangeiras no Brasil e aos membros dessas missões quando assegurada a isenção em tratado, convenção ou outro acordo internacional de que o Estado estrangeiro ou organismo internacional e
o Brasil sejam partes.

- § 9º com redação determinada pelo Dec. 6.042/2007.

§ 10. O disposto no § 8º não se aplica aos casos de contribuições em atraso a partir da competência abril de 1995, obedecendo-se, a partir de então, às disposições aplicadas às empresas em geral.

- § 10 acrescentado pelo Dec. 3.265/1999.

§ 11. Na hipótese de as contribuições terem sido declaradas no documento a que se refere o inciso IV do art. 225, ou quando se tratar de empregador doméstico ou de empresa ou segurado dispensados de apresentar o citado documento, a multa de mora a que se refere o *caput* e seus incisos será reduzida em 50% (cinquenta por cento).

- § 11 acrescentado pelo Dec. 3.265/1999.

Art. 240. Os créditos de qualquer natureza da seguridade social, constituídos ou não, que forem objeto de parcelamento serão consolidados na data da concessão e expressos em moeda corrente.

§ 1º Os valores referentes a competências anteriores a 1º de janeiro de 1995 e expressos em Unidade Fiscal de Referência serão reconvertidos para moeda corrente, com base no valor da Unidade Fiscal de Referência na data do pagamento.

§ 2º O valor do crédito consolidado será dividido pela quantidade de parcelas mensais concedidas na forma da legislação pertinente.

§ 3º O valor de cada parcela mensal, por ocasião do pagamento, será acrescido de juros na forma da legislação pertinente.

§ 4º A parcela mensal com valores relativos a competências anteriores a janeiro de 1995 será determinada de acordo com as disposições do § 1º, acrescida de juros conforme a legislação pertinente.

Art. 241. No caso de parcelamento concedido administrativamente até o dia 31 de dezembro de 1991, cujo saldo devedor foi expresso em quantidade de Unidade Fiscal de Referência diária a partir de 1º de janeiro de 1992, mediante a divisão do débito, atualizado monetariamente, pelo valor da Unidade Fiscal de Referência diária no dia 1º de janeiro de 1992, terá o valor do débito ou da parcela expresso em Unidade Fiscal de Referência reconvertido para moeda corrente, multiplicando-se a quantidade de Unidade Fiscal de Referência pelo valor desta na data do pagamento.

Art. 242. Os valores das contribuições incluídos em notificação fiscal de lançamento e os acréscimos legais, observada a legislação de regência, serão expressos em moeda corrente.

§ 1º Os valores das contribuições incluídos na Guia de Recolhimento do Fundo de Garantia do Tempo de Serviço e Informações à Previdência Social, não recolhidos ou não parcelados, serão inscritos na Dívida Ativa do Instituto Nacional do Seguro Social, dispensando-se o processo administrativo de natureza contenciosa.

§ 2º Os juros e a multa serão calculados com base no valor da contribuição.

Art. 243. Constatada a falta de recolhimento de qualquer contribuição ou outra importância devida nos termos deste Regulamento, a fiscalização lavrará, de imediato, notificação fiscal de lançamento com discriminação clara e precisa dos fatos geradores, das contribuições devidas e dos períodos a que se referem, de acordo com as normas estabelecidas pelos órgãos competentes.

§ 1º Aplica-se o disposto neste artigo em caso de falta de pagamento de benefício reembolsado ou em caso de pagamento desse benefício sem observância das normas pertinentes estabelecidas pelo Instituto Nacional do Seguro Social.

§ 2º Recebida a notificação, o empregador doméstico, a empresa ou o segurado terão o prazo de 30 (trinta) dias para efetuar o pagamento ou apresentar impugnação.

- § 2º com redação determinada pelo Dec. 6.103/2007.

§ 3º Decorrido esse prazo, será automaticamente declarada a revelia, considerado, de plano, procedente o lançamento, permanecendo o processo no órgão jurisdicionante, pelo prazo de 30 (trinta) dias, para cobrança amigável.

§ 4º Após o prazo referido no parágrafo anterior, o crédito será inscrito em Dívida Ativa.

§ 5º Apresentada a defesa, o processo formado a partir da notificação fiscal de lançamento será submetido à autoridade competente, que decidirá sobre a procedência ou não do lançamento, cabendo recurso na forma da Subseção II da Seção II do Capítulo Único do Título I do Livro V.

§ 6º Ao lançamento considerado procedente aplicar-se-á o disposto no § 1º do art. 245, salvo se houver recurso tempestivo na forma da Subseção II da Seção II do Capítulo Único do Título I do Livro V.

§ 7º A liquidação de crédito incluído em notificação deve ser feita em moeda corrente, mediante documento próprio emitido exclusivamente pelo Instituto Nacional do Seguro Social.

Art. 244. As contribuições e demais importâncias devidas à seguridade social e não recolhidas até seu vencimento, incluídas ou não em notificação fiscal de lançamento, após verificadas e confessadas, poderão ser objeto de acordo, para pagamento parcelado em moeda corrente, em até 60 (sessenta) meses sucessivos, observado o número de até quatro parcelas mensais para cada competência a serem incluídas no parcelamento.

§ 1º Não poderão ser objeto de parcelamento as contribuições descontadas dos segurados empregado, inclusive o doméstico, trabalhador avulso e contribuinte individual, as decorrentes da sub-rogação de que tratam os incisos I e II do § 7º do art. 200 e as importâncias retidas na forma do art. 219.

- § 1º com redação determinada pelo Dec. 4.729/2003.

§ 2º A empresa ou segurado que tenha sido condenado criminalmente por sentença transitada em julgado, por obter vantagem ilícita em prejuízo da seguridade social ou de suas entidades, não poderá obter parcelamento de seus débitos, nos 5 (cinco) anos seguintes ao trânsito em julgado da sentença.

§ 3º *(Revogado pelo Dec. 6.722/2008).*

§ 4º O disposto neste artigo aplica-se às contribuições arrecadadas pelo Instituto Nacional do Seguro Social para outras entidades e fundos, na forma prevista no art. 274, bem como às relativas às cotas de previdência devidas na forma da legislação anterior à Lei 8.212, de 1991.

§ 5º Sobre o valor de cada prestação mensal decorrente de parcelamento serão acrescidos, por ocasião do pagamento, juros equivalentes à taxa referencial do Sistema Especial de Liquidação e Custódia, a que se refere o art. 13 da Lei 9.065, de 20 de junho de 1995, para títulos federais, acumulada mensalmente, calculados a partir do primeiro dia do mês da concessão do parcelamento até o mês anterior ao do pagamento e de 1% (um por cento) relativamente ao mês do pagamento.

§ 6º O deferimento do parcelamento pelo Instituto Nacional do Seguro Social fica condicionado ao pagamento da primeira parcela.

§ 7º Na hipótese do parágrafo anterior, não sendo paga a primeira parcela, proceder-se-á à inscrição da dívida confessada, salvo se já tiver sido inscrita, na Dívida Ativa do Instituto Nacional do Seguro Social e à sua cobrança judicial.

§ 8º O acordo de parcelamento será imediatamente rescindido, aplicando-se o disposto no § 1º do art. 245, salvo se a dívida já tiver sido inscrita, procedendo-se à sua cobrança judicial, caso ocorra uma das seguintes situações:

I – falta de pagamento de qualquer parcela nos termos acordados;

II – perecimento, deterioração ou depreciação da garantia oferecida para obtenção da Certidão Negativa de Débito, se o devedor, avisado, não a substituir ou reforçar, conforme o caso, no prazo de 30 (trinta) dias contados do recebimento do aviso; ou

III – descumprimento de qualquer outra cláusula do acordo de parcelamento.

§ 9º Será admitido o reparcelamento por uma única vez.

§ 10. As dívidas inscritas, ajuizadas ou não, poderão ser objeto de parcelamento, no qual se incluirão, no caso das ajuizadas, honorários advocatícios, desde que previamente quitadas as custas judiciais.

§ 11. A amortização da dívida parcelada deve ser contínua e uniforme em relação ao número total das parcelas.

§ 12. O acordo celebrado com o Estado, o Distrito Federal ou o Município conterá cláusula em que estes autorizem a retenção do Fundo de Participação dos Estados ou do Fundo de Participação dos Municípios e o repasse ao Instituto Nacional do Seguro Social do valor correspondente a cada prestação mensal, por ocasião do vencimento desta.

§ 13. O acordo celebrado com o Estado, o Distrito Federal ou o Município conterá, ainda, cláusula em que estes autorizem, quando houver o atraso superior a 60 (sessenta) dias no cumprimento das obrigações previdenciárias correntes, a retenção do Fundo de Participação dos Estados ou do Fundo de Participação dos Municípios e o repasse ao Instituto Nacional do Seguro Social do valor correspondente à mora, por ocasião da primeira transferência que ocorrer após a comunicação da autarquia previdenciária ao Ministério da Fazenda.

§ 14. Não é permitido o parcelamento de dívidas de empresa com falência decretada.

Art. 245. O crédito da seguridade social é constituído por meio de notificação fiscal de lançamento, auto de infração, confissão ou documento declaratório de valores devidos apresentado pelo contribuinte ou outro instrumento previsto em legislação própria.

§ 1º As contribuições, a atualização monetária, os juros de mora, as multas, bem como outras importâncias devidas e não recolhidas até o seu vencimento devem ser lançados em livro próprio destinado à inscrição em Dívida Ativa do Instituto Nacional do Seguro Social e da Fazenda Nacional, após a constituição do respectivo crédito.

§ 2º A certidão textual do livro de que trata este artigo serve de título para que o órgão competente, por intermédio de seu procurador ou representante legal, promova em juízo a cobrança da Dívida Ativa, segundo o mesmo processo e com as mesmas prerrogativas e privilégios da Fazenda Nacional, nos termos da Lei 6.830, de 22 de setembro de 1980.

§ 3º Os órgãos competentes podem, antes de ajuizar a cobrança da Dívida Ativa, promover o protesto de título dado em garantia de sua liquidação, ficando, entretanto, ressalvado que o título será sempre recebido *pro solvendo*.

§ 4º Considera-se Dívida Ativa o crédito proveniente de fato jurídico gerador das obrigações legais ou contratuais, desde que inscrito no livro próprio, de conformidade com os dispositivos da Lei 6.830, de 1980.

§ 5º As contribuições arrecadadas pelo Instituto Nacional do Seguro Social poderão, sem prejuízo da respectiva liquidez e certeza, ser inscritas em Dívida Ativa.

Art. 246. O crédito relativo a contribuições, atualização monetária, juros de mora, multas, bem como a outras importâncias, está sujeito, nos processos de falência, concordata ou concurso de credores, às disposições atinentes aos créditos da União, aos quais é equiparado.

- V. art. 83, V, *c*, Lei 11.101/2005 (Lei de Recuperação de Empresas e Falência).

Parágrafo único. O Instituto Nacional do Seguro Social reivindicará os valores descontados pela empresa do segurado empregado e trabalhador avulso, as decorrentes da sub-rogação de que tratam os incisos I e II do § 7º do art. 200 e as importâncias retidas na forma do art. 219 e não recolhidos, sendo que esses valores não estão sujeitos ao concurso de credores.

Seção VII
Da restituição e da compensação de contribuições e outras importâncias

Art. 247. Somente poderá ser restituída ou compensada contribuição para a seguridade social, arrecadada pelo Instituto Nacional do Seguro Social, na hipótese de pagamento ou recolhimento indevido.

§ 1º Na hipótese de pagamento ou recolhimento indevido, a contribuição será atualizada monetariamente, nos períodos em que a legislação assim determinar, a contar da data do pagamento ou recolhimento até a da efetiva restituição ou compensação, utilizando-se os mesmos critérios aplicáveis à cobrança da própria contribuição em atraso, na forma da legislação de regência.

§ 2º A partir de 1º de janeiro de 1996, a compensação ou restituição é acrescida de juros equivalentes à taxa referencial do Sistema Especial de Liquidação e de Custódia, acumulada mensalmente, calculados a partir da data do pagamento indevido ou a maior até o mês anterior ao da compensação ou restituição e de 1% (um por cento) relativamente ao mês em que estiver sendo efetuada.

§ 3º Somente será admitida a restituição ou a compensação de contribuição a cargo da empresa, recolhida ao Instituto Nacional do Seguro Social, que, por sua natureza, não tenha sido transferida ao preço de bem ou serviço oferecido à sociedade.

Art. 248. A restituição de contribuição ou de outra importância recolhida indevidamente, que comporte, por sua natureza, a transferência de encargo financeiro, somente será feita àquele que provar ter assumido esse encargo ou, no caso de tê-lo transferido a terceiro, estar por este expressamente autorizado a recebê-la.

Art. 249. Somente poderá ser restituído ou compensado, nas contribuições arrecadadas pelo Instituto Nacional do Seguro Social, valor decorrente das parcelas referidas nos incisos I, II, III, IV e V do parágrafo único do art. 195.

Parágrafo único. A restituição de contribuição indevidamente descontada do segurado somente poderá ser feita ao próprio segurado, ou ao seu procurador, salvo se comprovado que o responsável pelo recolhimento já lhe fez a devolução.

Art. 250. O pedido de restituição ou de compensação de contribuição ou de outra importância recolhida à seguridade social e recebida pelo Instituto Nacional do Seguro Social será encaminhado ao próprio Instituto.

§ 1º No caso de restituição de contribuições para terceiros, vinculada à restituição de contribuições previdenciárias, será o pedido recebido e decidido pelo Instituto Nacional do Seguro Social, que providenciará a restituição, descontando-a obrigatoriamente do valor do repasse financeiro seguinte ao da restituição, comunicando o fato à respectiva entidade.

§ 2º O pedido de restituição de contribuições que envolver somente importâncias relativas a terceiros será formulado diretamente à entidade respectiva e por esta decidido, cabendo ao Instituto Nacional do Seguro Social prestar as informações e realizar as diligências solicitadas.

Art. 251. A partir de 1º de janeiro de 1992, nos casos de pagamento indevido ou a maior de contribuições, mesmo quando resultante de reforma, anulação, revogação ou rescisão de decisão condenatória, o contribuinte pode efetuar a compensação desse valor no recolhimento de importâncias correspondentes a períodos subsequentes.

§ 1º A compensação, independentemente da data do recolhimento, não pode ser superior a 30% (trinta por cento) do valor a ser recolhido em cada competência, devendo o saldo remanescente em favor do contribuinte ser compensado nas competências subsequentes, aplicando-se as normas previstas nos §§ 1º e 2º do art. 247.

§ 2º A compensação somente poderá ser efetuada com parcelas de contribuição da mesma espécie.

§ 3º É facultado ao contribuinte optar pelo pedido de restituição.

§ 4º Em caso de compensação de valores nas situações a que se referem os arts. 248 e 249, os documentos comprobatórios da responsabilidade assumida pelo encargo financeiro, a autorização expressa de terceiro para recebimento em seu nome, a procuração ou o recibo de devolução de contribuição descontada indevidamente de segurado, conforme o caso, devem ser mantidos à disposição da fiscalização, sob pena de glosa dos valores compensados.

§ 5º Os órgãos competentes expedirão as instruções necessárias ao cumprimento do disposto neste artigo.

Art. 252. No caso de recolhimento a maior, originário de evidente erro de cálculo, a restituição será feita por rito sumário estabelecido pelo Instituto Nacional do Seguro Social, reservando-se a este o direito de fiscalizar posteriormente a regularidade das importâncias restituídas.

Art. 253. O direito de pleitear restituição ou de realizar compensação de contribuições ou de outras importâncias extingue-se em 5 (cinco) anos, contados da data:

I – do pagamento ou recolhimento indevido; ou

II – em que se tornar definitiva a decisão administrativa ou passar em julgado a sentença judicial que tenha reformado, anulado ou revogado a decisão condenatória.

Art. 254. Da decisão sobre pedido de restituição de contribuições ou de outras importâncias, cabe recurso na forma da Subseção II da Seção II do Capítulo Único do Título I do Livro V.

Seção VIII
Do reembolso de pagamento

Art. 255. A empresa será reembolsada pelo pagamento do valor bruto do salário-maternidade, observado o disposto no art. 248 da Constituição, incluída a gratificação natalina proporcional ao período da correspondente licença e das cotas do salário-família pago aos segurados a seu serviço, de acordo com este Regulamento, mediante dedução do respectivo valor, no ato do recolhimento das contribuições devidas, na forma estabelecida pelo INSS.

• *Caput* com redação determinada pelo Dec. 4.862/2003.

§ 1º Se da dedução prevista no *caput* resultar saldo favorável, a empresa receberá, no ato da quitação, a importância correspondente.

§ 2º *(Revogado pelo Dec. 3.265/1999).*

§ 3º O reembolso de pagamento obedecerá aos mesmos critérios aplicáveis à restituição prevista no art. 247.

Capítulo IX
Da Matrícula da Empresa, do Produtor Rural Pessoa Física e do Segurado Especial

• Rubrica do Capítulo IX com redação determinada pelo Dec. 6.722/2008.

Art. 256. A matrícula da empresa será feita:

I – simultaneamente com a inscrição no Cadastro Nacional da Pessoa Jurídica; ou

II – perante o Instituto Nacional do Seguro Social, no prazo de 30 (trinta) dias contados do início de suas atividades, quando não sujeita a inscrição no Cadastro Nacional da Pessoa Jurídica.

§ 1º Independentemente do disposto neste artigo, o Instituto Nacional do Seguro Social procederá à matrícula:

I – de ofício, quando ocorrer omissão; e

II – de obra de construção civil, mediante comunicação obrigatória do responsável por sua execução, no prazo do inciso II do *caput*.

§ 2º A unidade matriculada na forma do inciso II do *caput* e do § 1º receberá certificado de matrícula com número cadastral básico, de caráter permanente.

§ 3º O não cumprimento do disposto no inciso II do *caput* e no inciso II do § 1º sujeita o responsável à multa prevista no art. 283.

§ 4º O Departamento Nacional de Registro do Comércio, por intermédio das juntas comerciais, bem como os cartórios de registro civil de pessoas jurídicas, prestarão obrigatoriamente ao Instituto

Nacional do Seguro Social todas as informações referentes aos atos constitutivos e alterações posteriores relativos a empresas neles registradas, sem ônus para o Instituto.

§ 5º São válidos perante o Instituto Nacional do Seguro Social os atos de constituição, alteração e extinção de empresa registrados nas juntas comerciais.

§ 6º O Ministério da Previdência e Assistência Social estabelecerá as condições em que o Departamento Nacional de Registro do Comércio, por intermédio das juntas comerciais, e os cartórios de registro civil de pessoas jurídicas cumprirão o disposto no § 4º.

Art. 256-A. A matrícula atribuída pela Secretaria da Receita Federal do Brasil ao produtor rural pessoa física ou segurado especial é o documento de inscrição do contribuinte, em substituição à inscrição no Cadastro Nacional de Pessoa Jurídica – CNPJ, a ser apresentado em suas relações:

- Artigo acrescentado pelo Dec. 6.722/2008.

I – com o Poder Público, inclusive para licenciamento sanitário de produtos de origem animal ou vegetal submetidos a processos de beneficiamento ou industrialização artesanal;

II – com as instituições financeiras, para fins de contratação de operações de crédito; e

III – com os adquirentes de sua produção ou fornecedores de sementes, insumos, ferramentas e demais implementos agrícolas.

§ 1º Para fins de recolhimento das contribuições previdenciárias, a matrícula de que trata o *caput* será atribuída ao grupo familiar no ato de sua inscrição.

§ 2º O disposto no *caput* não se aplica ao licenciamento sanitário de produtos sujeitos à incidência do IPI ou ao contribuinte cuja inscrição no CNPJ seja obrigatória.

Capítulo X
Da Prova de Inexistência de Débito

Arts. 257 a 259. *(Revogados pelo Dec. 8.302/2014 – DOU 05.09.2014, em vigor 45 (quarenta e cinco) dias após a data de sua publicação).*

Art. 260. Serão aceitas as seguintes modalidades de garantia:

I – depósito integral e atualizado do débito em moeda corrente;

II – hipoteca de bens imóveis com ou sem seus acessórios;

III – fiança bancária;

IV – vinculação de parcelas do preço de bens ou serviços a serem negociados a prazo pela empresa;

V – alienação fiduciária de bens móveis; ou

VI – penhora.

Parágrafo único. A garantia deve ter valor mínimo de 120% (cento e vinte por cento) do total da dívida, observado, em qualquer caso, o valor de mercado dos bens indicados, em conformidade com os critérios estabelecidos pelo Instituto Nacional do Seguro Social.

Art. 261. A autorização do órgão competente para outorga de instrumento em que se estipule o pagamento do débito da empresa no ato, ou apenas parte no ato e o restante em parcelas ou prestações do saldo do preço do bem a ser negociado pela empresa, com vinculação ao cumprimento das obrigações assumidas na confissão de dívida fiscal desta perante a seguridade social, na forma do inciso IV do art. 260, será dada mediante interveniência no instrumento.

Parágrafo único. A autorização para lavratura de instrumento de interesse da empresa em que a garantia oferecida pelo devedor não tem relação com o bem transacionado será dada mediante alvará.

Arts. 262 e 263. *(Revogados pelo Dec. 8.302/2014 – DOU 05.09.2014, em vigor 45 (quarenta e cinco) dias após a data de sua publicação).*

Art. 264. A inexistência de débito em relação às contribuições devidas ao Instituto Nacional do Seguro Social é condição necessária para que os Estados, o Distrito Federal e os Municípios possam receber as transferências dos recursos do Fundo de Participação dos Estados e do Distrito Federal e do Fundo de Participação dos Municípios, celebrar acordo, contrato, convênio ou ajuste, bem como receber empréstimo, financiamento, aval ou subvenção em geral de órgão ou entidade da administração direta e indireta da União.

Parágrafo único. Para recebimento do Fundo de Participação dos Estados e do Distrito Federal e do Fundo de Participação dos Municípios e para a consecução dos demais instrumentos citados no *caput*, os Estados, o Distrito Federal e os Municípios deverão apresentar aos órgãos ou entidades responsáveis pela liberação dos fundos, celebração de acordos, contratos, convênios ou ajustes, concessão de empréstimos, financiamentos, avais ou subvenções em geral os comprovantes de recolhimento das suas contribuições ao Instituto Nacional do Seguro Social referentes aos três meses imediatamente anteriores ao mês previsto para a efetivação daqueles procedimentos.

Art. 265. Os Estados, o Distrito Federal e os Municípios serão, igualmente, obrigados a apresentar, para os fins do disposto no art. 264, comprovação de pagamento da parcela mensal referente aos débitos com o Instituto Nacional do Seguro Social objeto do parcelamento.

TÍTULO II
Das Disposições Diversas Relativas ao Custeio da Seguridade Social

Art. 266. Os sindicatos poderão apresentar denúncia contra a empresa, junto ao Instituto Nacional do Seguro Social, nas seguintes hipóteses:

I – falta de envio da Guia da Previdência Social para o sindicato, na forma do inciso V do *caput* do art. 225;

II – não afixação da Guia da Previdência Social no quadro de horário, na forma do inciso VI do *caput* do art. 225;

III – divergência entre os valores informados pela empresa e pelo Instituto Nacional do Seguro Social sobre as contribuições recolhidas na mesma competência; ou

IV – existência de evidentes indícios de recolhimento a menor das contribuições devidas, constatados pela comparação com dados disponíveis sobre quantidade de empregados e de rescisões de contrato de trabalho homologadas pelo sindicato.

§ 1º As denúncias formuladas pelos sindicatos deverão identificar com precisão a empresa infratora e serão encaminhadas por seu representante legal, especificando nome, número no Cadastro Nacional da Pessoa Jurídica e endereço da empresa denunciada, o item infringido e outros elementos indispensáveis à análise dos fatos.

§ 2º A constatação da improcedência da denúncia apresentada pelo sindicato implicará a cessação do seu direito ao acesso às informações fornecidas pelas empresas e pelo Instituto Nacional do Seguro Social, pelo prazo de:

I – 1 (um) ano, quando fundamentada nos incisos I, II e III do *caput*; e

II – 4 (quatro) meses, quando fundamentada no inciso IV do *caput*.

§ 3º Os prazos mencionados no parágrafo anterior serão duplicados a cada reincidência, considerando-se esta a ocorrência de nova denúncia improcedente, dentro do período de 5 (cinco) anos contados da data da denúncia não confirmada.

Art. 267. *(Revogado pelo Dec. 4.032/2001).*

Art. 268. O titular da firma individual e os sócios das empresas por cotas de responsabilidade limitada respondem solidariamente, com seus bens pessoais, pelos débitos junto à seguridade social.

Parágrafo único. Os acionistas controladores, os administradores, os gerentes e os diretores respondem solidariamente e subsidiariamente, com seus bens pessoais, quanto ao inadimplemento das obrigações para com a seguridade social, por dolo ou culpa.

Art. 269. Os orçamentos das entidades da administração pública direta e indireta devem consignar as dotações ao pagamento das contribuições devidas à seguridade social, de modo a assegurar a sua regular liquidação dentro do exercício.

Parágrafo único. O pagamento das contribuições devidas ao Instituto Nacional do Seguro Social terá prioridade absoluta nos cronogramas financeiros de desembolso dos órgãos da administração pública direta, das entidades de administração indireta e suas subsidiárias e das demais entidades sob controle acionário direto ou indireto da União, dos Estados, do Distrito Federal e dos Municípios, bem como de suas autarquias, e fundações instituídas ou mantidas pelo Poder Público.

Art. 270. A existência de débitos junto ao Instituto Nacional do Seguro Social, não renegociados ou renegociados e não saldados, nas condições estabelecidas em lei, importará na indisponibilidade dos recursos existentes, ou que venham a ingressar nas contas dos órgãos ou entidades devedoras de que trata o artigo anterior, abertas em quaisquer instituições financeiras, até o valor equivalente ao débito apurado na data de expedição de solicitação do Instituto Nacional do Seguro Social ao Banco Central do Brasil, incluindo o principal, corrigido monetariamente nos períodos em que a legislação assim dispuser, as multas e os juros.

Parágrafo único. Os Ministros da Fazenda e da Previdência e Assistência Social expedirão as instruções para aplicação do disposto neste artigo.

Art. 271. As contribuições referentes ao período de que trata o § 2º do art. 26, vertidas desde o início do vínculo do servidor com a administração pública ao Plano de Seguridade Social do Servidor Público, nos termos dos arts. 8º e 9º da Lei 8.162, de 1991, serão atualizadas monetariamente e repassadas de imediato ao Instituto Nacional do Seguro Social.

Art. 272. As alíquotas a que se referem o inciso II do art. 200 e os incisos I, II, III e § 8º do art. 202 são reduzidas em 50% (cinquenta por cento) de seu valor, a partir de 22 de janeiro de 1998, por 60 (sessenta) meses, nos contratos de trabalho por prazo determinado, nos termos da Lei 9.601, de 21 de janeiro de 1998.

- Artigo com redação determinada pelo Dec. 4.032/2001.

Art. 273. A empresa é obrigada a preparar folha de pagamento dos trabalhadores contratados com base na Lei 9.601/98, na forma do art. 225, agrupando-os separadamente.

Art. 274. O Instituto Nacional do Seguro Social poderá arrecadar e fiscalizar, mediante remuneração de 3,5% (três inteiros e cinco décimos por cento) sobre o montante arrecadado, contribuição por lei devida a terceiros, desde que provenha de empresa, segurado, aposentado ou pensionista a ele vinculado, aplicando-se a essa contribuição, no que couber, o disposto neste Regulamento.

§ 1º O disposto neste artigo aplica-se às contribuições que tenham a mesma base utilizada para o cálculo das contribuições incidentes sobre a remuneração paga, devida ou creditada a segurados, bem como sobre as contribuições incidentes sobre outras bases a título de substituição.

- § 1º com redação determinada pelo Dec. 4.032/2001.

§ 2º As contribuições previstas neste artigo ficam sujeitas aos mesmos prazos, condições, sanções e privilégios das contribuições da seguridade social, inclusive no que se refere à cobrança judicial.

Art. 275. O Instituto Nacional do Seguro Social divulgará, trimestralmente, lista atualizada dos devedores com débitos inscritos na Dívida Ativa relativos às contribuições previstas nos incisos I, II, III, IV e V do parágrafo único do art. 195, acompanhada de relatório circunstanciado das medidas administrativas e judiciais adotadas para a cobrança e execução da dívida.

§ 1º O relatório a que se refere o *caput* será encaminhado aos órgãos da administração federal direta e indireta, às entidades controladas direta ou indiretamente pela União, aos registros públicos, cartórios de registro de títulos e documentos, cartórios de registro de imóveis e ao sistema financeiro oficial, para os fins do § 3º do art. 195 da Constituição Federal e da Lei 7.711, de 22 de dezembro de 1988.

§ 2º O Ministério da Previdência e Assistência Social fica autorizado a firmar convênio com os governos estaduais, do Distrito Federal e municipais para extensão, àquelas esferas de governo, das hipóteses previstas no art. 1º da Lei 7.711, de 1988.

Art. 276. Nas ações trabalhistas de que resultar o pagamento de direitos sujeitos à incidência de contribuição previdenciária, o recolhimento das importâncias devidas à seguridade social será feito no dia 2 (dois) do mês seguinte ao da liquidação da sentença.

§ 1º No caso do pagamento parcelado, as contribuições devidas à seguridade social serão recolhidas na mesma data e proporcionalmente ao valor de cada parcela.

§ 2º Nos acordos homologados em que não figurarem, discriminadamente, as parcelas legais de incidência da contribuição previdenciária, esta incidirá sobre o valor total do acordo homologado.

§ 3º Não se considera como discriminação de parcelas legais de incidência de contribuição previdenciária a fixação de percentual de verbas remuneratórias e indenizatórias constantes dos acordos homologados, aplicando-se, nesta hipótese, o disposto no parágrafo anterior.

§ 4º A contribuição do empregado no caso de ações trabalhistas será calculada, mês a mês, aplicando-se as alíquotas previstas no art. 198, observado o limite máximo do salário de contribuição.

- V. Súmula 368, TST.

§ 5º Na sentença ou acordo homologado, cujo valor da contribuição previdenciária devida for inferior ao limite mínimo permitido para recolhimento na Guia da Previdência Social, é autorizado o recolhimento dos valores devidos cumulativamente com as contribuições normais de mesma competência.

- § 5º acrescentado pelo Dec. 4.032/2001.

§ 6º O recolhimento das contribuições do empregado reclamante deverá ser feito na mesma inscrição em que são recolhidas as contribuições devidas pela empresa.

- § 6º acrescentado pelo Dec. 4.032/2001.

§ 7º Se da decisão resultar reconhecimento de vínculo empregatício, deverão ser exigidas as contribuições, tanto do empregador como do reclamante, para todo o período reconhecido, ainda que o pagamento das remunerações a ele correspondentes não tenham sido reclamadas na ação, tomando-se por base de incidência, na ordem, o valor da remuneração paga, quando conhecida, da remuneração paga a outro empregado de categoria ou função equivalente ou semelhante, do salário normativo da categoria ou do salário mínimo mensal, permitida a compensação das contribuições patronais eventualmente recolhidas.

- § 7º acrescentado pelo Dec. 4.032/2001.

§ 8º Havendo reconhecimento de vínculo empregatício para empregado doméstico, tanto as contribuições do segurado empregado como as do empregador deverão ser recolhidas na inscrição do trabalhador.

- § 8º acrescentado pelo Dec. 4.032/2001.

§ 9º É exigido o recolhimento da contribuição previdenciária de que trata o inciso II do art. 201, incidente sobre o valor resultante da decisão que reconhecer a ocorrência de prestação de serviço à empresa, mas não o vínculo empregatício, sobre o valor total da condenação ou do acordo homologado, independentemente da natureza da parcela e forma de pagamento.

- § 9º acrescentado pelo Dec. 4.032/2001.

Art. 277. A autoridade judiciária deverá velar pelo fiel cumprimento do disposto no artigo anterior, executando, de ofício, quando for o caso, as contribuições devidas, fazendo expedir notificação ao Instituto Nacional do Seguro Social, para dar-lhe ciência dos termos da sentença, do acordo celebrado ou da execução.

Parágrafo único. O Instituto Nacional do Seguro Social fornecerá, quando solicitados, as orientações e dados necessários ao cumprimento do que dispõe este artigo.

Art. 278. Nenhuma contribuição é devida à seguridade social se a construção residencial for unifamiliar, com área total não superior a 70 metros quadrados, destinada a uso próprio, do tipo econômico e tiver sido executada sem a utilização de mão de obra assalariada.

Parágrafo único. Comprovado o descumprimento de qualquer das disposições do *caput*, tornam-se devidas as contribuições previstas neste Regulamento, sem prejuízo das cominações legais cabíveis.

TÍTULO III
Das Disposições Transitórias Relativas ao Custeio da Seguridade Social

- Título III acrescentado pelo Dec. 3.265/1999.

Art. 278-A. *(Revogado pelo Dec. 4.729/2003).*

Livro IV
DAS PENALIDADES EM GERAL

TÍTULO I
Das Restrições

Art. 279. A empresa que transgredir as normas deste Regulamento, além de outras sanções previstas, sujeitar-se-á às seguintes restrições:

I – suspensão de empréstimos e financiamentos, por instituições financeiras oficiais;

II – revisão de incentivo fiscal de tratamento tributário especial;

III – inabilitação para licitar e contratar com qualquer órgão ou entidade da administração pública direta ou indireta federal, estadual, do Distrito Federal ou municipal;

IV – interdição para o exercício do comércio, se for sociedade mercantil ou comerciante individual;

V – desqualificação para impetrar concordata; e

VI – cassação de autorização para funcionar no País, quando for o caso.

Art. 280. A empresa em débito para com a seguridade social não pode:

I – distribuir bonificação ou dividendo a acionista; e

II – dar ou atribuir cota ou participação nos lucros a sócio-cotista, diretor ou outro membro de órgão dirigente, fiscal ou consultivo, ainda que a título de adiantamento.

TÍTULO II
Das Infrações e das Penalidades

Capítulo I
Dos Crimes

Art. 281. *(Revogado pelo Dec. 4.032/2001).*

Capítulo II
Da Apreensão de Documentos

Art. 282. A seguridade social, por meio de seus órgãos competentes, promoverá a apreensão de comprovantes de arrecadação e de pagamento de benefícios, bem como de quaisquer documentos pertinentes, inclusive contábeis, mediante lavratura do competente termo, com a finalidade de apurar administrativamente a ocorrência dos crimes previstos em lei.

Parágrafo único. O Instituto Nacional do Seguro Social e a Secretaria da Receita Federal estabelecerão normas específicas para:

I – apreensão de comprovantes e demais documentos;

II – apuração administrativa da ocorrência de crimes;

III – devolução de comprovantes e demais documentos;

IV – instrução do processo administrativo de apuração;

V – encaminhamento do resultado da apuração referida no inciso IV à autoridade competente; e

VI – acompanhamento de processo judicial.

Capítulo III
Das Infrações

Art. 283. Por infração a qualquer dispositivo das Leis 8.212 e 8.213, ambas de 1991, e 10.666, de 8 de maio de 2003, para a qual não haja penalidade expressamente cominada neste Regulamento, fica o responsável sujeito a multa variável de R$ 636,17 (seiscentos e trinta e seis reais e dezessete centavos) a R$ 63.617,35 (sessenta e três mil, seiscentos e dezessete reais e trinta e cinco centavos), conforme a gravidade da infração, aplicando-se-lhe o disposto nos arts. 290 a 292, e de acordo com os seguintes valores:

- *Caput* com redação determinada pelo Dec. 4.862/2003.
- Valores sujeitos a atualização mediante Portaria do Ministério da Previdência Social – MPS.

I – a partir de R$ 636,17 (seiscentos e trinta e seis reais e dezessete centavos) nas seguintes infrações:

a) deixar a empresa de preparar folha de pagamento das remunerações pagas, devidas ou creditadas a todos os segurados a seu serviço, de acordo com este Regulamento e com os demais padrões e normas estabelecidos pelo Instituto Nacional do Seguro Social;

b) deixar a empresa de se matricular no Instituto Nacional do Seguro Social, dentro de 30 (trinta) dias contados da data do início de suas atividades, quando não sujeita a inscrição no Cadastro Nacional da Pessoa Jurídica;

c) deixar a empresa de descontar da remuneração paga aos segurados a seu serviço importância proveniente de dívida ou responsabilidade por eles contraída junto à seguridade social, relativa a benefícios pagos indevidamente;

d) deixar a empresa de matricular no Instituto Nacional do Seguro Social obra de construção civil de sua propriedade ou executada sob sua responsabilidade no prazo de 30 (trinta) dias do início das respectivas atividades;

e) deixar o Titular de Cartório de Registro Civil de Pessoas Naturais de comunicar ao Instituto Nacional do Seguro Social, até o dia 10 de cada mês, a ocorrência ou a não ocorrência de óbitos, no mês imediatamente anterior, bem como enviar informações inexatas, conforme o disposto no art. 228;

f) deixar o dirigente dos órgãos municipais competentes de prestar ao Instituto Nacional do Seguro Social as informações concernentes aos alvarás, *habite-se* ou documento equivalente, relativos a construção civil, na forma do art. 226; e

g) deixar a empresa de efetuar os descontos das contribuições devidas pelos segurados a seu serviço;

- Alínea *g* com redação determinada pelo Dec. 4.862/2003.

h) deixar a empresa de elaborar e manter atualizado perfil profissiográfico abrangendo as atividades desenvolvidas pelo trabalhador e de fornecer a este, quando da rescisão do contrato de trabalho, cópia autêntica deste documento; e

- Alínea *h* acrescentada pelo Dec. 4.862/2003.

II – a partir de R$ 6.361,73 (seis mil, trezentos e sessenta e um reais e setenta e três centavos) nas seguintes infrações:

a) deixar a empresa de lançar mensalmente, em títulos próprios de sua contabilidade, de forma discriminada, os fatos geradores de todas as contribuições, o montante das quantias descontadas, as contribuições da empresa e os totais recolhidos;

b) deixar a empresa de apresentar ao Instituto Nacional do Seguro Social e à Secretaria da Receita Federal os documentos que contenham as informações cadastrais, financeiras e contábeis de interesse dos mesmos, na forma por eles estabelecida, ou os esclarecimentos necessários à fiscalização;

c) deixar o servidor, o serventuário da Justiça ou o titular de serventia extrajudicial de exigir documento comprobatório de inexistência de débito, quando da contratação com o poder público ou no recebimento de benefício ou de incentivo fiscal ou creditício;

d) deixar o servidor, o serventuário da Justiça ou o titular de serventia extrajudicial de exigir o documento comprobatório de inexistência de débito, quando da alienação ou oneração, a qualquer título, de bem imóvel ou direito a ele relativo;

e) deixar o servidor, o serventuário da Justiça ou o titular de serventia extrajudicial de exigir a apresentação do documento comprobatório de inexistência de débito na alienação ou oneração, a qualquer título, de bem móvel incorporado ao ativo permanente da empresa, de valor superior a R$ 15.904,18 (quinze mil, novecentos e quatro reais e dezoito centavos);

f) deixar o servidor, o serventuário da Justiça ou o titular de serventia extrajudicial de exigir documento comprobatório de inexistência de débito no registro ou arquivamento, no órgão próprio, de ato relativo a baixa ou redução de capital de firma individual, redução de capital social, cisão total ou parcial, transformação ou extinção de entidade ou sociedade comercial ou civil e transferência de controle de cotas de sociedades de responsabilidade limitada;

g) deixar o servidor, o serventuário da Justiça ou o titular de serventia extrajudicial de exigir documento comprobatório de inexistência de débito do proprietário, pessoa física ou jurídica, de obra de construção civil, quando da averbação de obra no Registro de Imóveis;

h) deixar o servidor, o serventuário da Justiça ou o titular de serventia extrajudicial de exigir documento comprobatório de inexistência de débito do incorporador, quando da averbação de obra no Registro de Imóveis, independentemente do documento apresentado por ocasião da inscrição do memorial de incorporação;

l) deixar o dirigente da entidade da administração pública direta ou indireta de consignar as dotações necessárias ao pagamento das contribuições devidas à seguridade social, de modo a assegurar a sua regular liquidação dentro do exercício;

j) deixar a empresa, o servidor de órgão público da administração direta e indireta, o segurado da previdência social, o serventuário da Justiça ou o titular de serventia extrajudicial, o síndico ou seu representante, o comissário ou o liquidante de empresa em liquidação judicial ou extrajudicial, de exibir os documentos e livros relacionados com as contribuições previstas neste Regulamento ou apresentá-los sem atender às formalidades legais exigidas ou contendo informação diversa da realidade ou, ainda, com omissão de informação verdadeira;

l) deixar a entidade promotora do espetáculo desportivo de efetuar o desconto da contribuição prevista no § 1º do art. 205;

m) deixar a empresa ou entidade de reter e recolher a contribuição prevista no § 3º do art. 205;

n) deixar a empresa de manter laudo técnico atualizado com referência aos agentes nocivos existentes no ambiente de trabalho de seus trabalhadores ou emitir documento de comprovação de efetiva exposição em desacordo com o respectivo laudo; e

- Alínea *n* com redação determinada pelo Dec. 6.722/2008.

o) (Revogada pelo Dec. 4.882/2003).

§ 1º Considera-se dirigente, para os fins do disposto neste Capítulo, aquele que tem a competência funcional para decidir a prática ou não do ato que constitua infração à legislação da seguridade social.

§ 2º A falta de inscrição do segurado sujeita o responsável à multa de R$ 1.254,89 (mil, duzentos e cinquenta e quatro reais e oitenta e nove centavos), por segurado não inscrito.

- § 2º com redação determinada pelo Dec. 6.722/2008.

§ 3º As demais infrações a dispositivos da legislação, para as quais não haja penalidade expressamente cominada, sujeitam o infrator à multa de R$ 636,17 (seiscentos e trinta e seis reais e dezessete centavos).

Art. 284. A infração ao disposto no inciso IV do *caput* do art. 225 sujeitará o responsável às seguintes penalidades administrativas:

I – valor equivalente a um multiplicador sobre o valor mínimo previsto no *caput* do art. 283, em função do número de segurados, pela não apresentação da Guia de Recolhimento do Fundo de Garantia do Tempo de Serviço e Informações à Previdência Social, independentemente do recolhimento da contribuição, conforme quadro abaixo:

0 a 5 segurados	1/2 valor mínimo
6 a 15 segurados	1 x o valor mínimo
16 a 50 segurados	2 x o valor mínimo
51 a 100 segurados	5 x o valor mínimo
101 a 500 segurados	10 x o valor mínimo
501 a 1000 segurados	20 x o valor mínimo
1001 a 5000 segurados	35 x o valor mínimo
Acima de 5000 segurados	50 x o valor mínimo

II – 100% (cem por cento) do valor devido relativo à contribuição não declarada, limitada aos valores previstos no inciso I, pela apresentação da Guia de Recolhimento do Fundo de Garantia do Tempo de Serviço e Informações à Previdência Social com dados não correspondentes aos fatos geradores, seja em relação às bases de cálculo, seja em relação às informações que alterem o valor das contribuições, ou do valor que seria devido se não houvesse isenção ou substituição, quando se tratar de infração cometida por pessoa jurídica de direito privado beneficente de assistência social em gozo de isenção das contribuições previdenciárias ou por empresa cujas contribuições incidentes sobre os respectivos fatos geradores tenham sido substituídas por outras; e

- Inciso II com redação determinada pelo Dec. 4.729/2003.

III – 5% (cinco por cento) do valor mínimo previsto no *caput* do art. 283, por campo com informações inexatas, incompletas ou omissas, limitada aos valores previstos no inciso I, pela apresentação da Guia de Recolhimento do Fundo de Garantia do Tempo de Serviço e Informações à Previdência Social com erro de preenchimento nos dados não relacionados aos fatos geradores.

§ 1º A multa de que trata o inciso I, a partir do mês seguinte àquele em que o documento deveria ter sido entregue, sofrerá acréscimo de 5% (cinco por cento) por mês-calendário ou fração.

§ 2º O valor mínimo a que se refere o inciso I será o vigente na data da lavratura do auto de infração.

Art. 285. A infração ao disposto no art. 280 sujeita o responsável à multa de 50% (cinquenta por cento) das quantias que tiverem sido pagas ou creditadas, a partir da data do evento.

Art. 286. A infração ao disposto no art. 336 sujeita o responsável à multa variável entre os limites mínimo e máximo do salário de contribuição, por acidente que tenha deixado de comunicar nesse prazo.

§ 1º Em caso de morte, a comunicação a que se refere este artigo deverá ser efetuada de imediato à autoridade competente.

§ 2º A multa será elevada em duas vezes o seu valor a cada reincidência.

§ 3º A multa será aplicada no seu grau mínimo na ocorrência da primeira comunicação feita fora do prazo estabelecido neste artigo, ou não comunicada, observado o disposto nos arts. 290 a 292.

Art. 287. Pelo descumprimento das obrigações contidas nos incisos V e VI do *caput* do art. 225, e verificado o disposto no inciso III do *caput* do art. 266, será aplicada multa de R$ 99,74 (noventa e nove reais e setenta e quatro centavos) a R$ 9.974,34 (nove mil, novecentos e setenta e quatro reais e trinta e quatro centavos), para cada competência em que tenha havido a irregularidade.

- *Caput* com redação determinada pelo Dec. 4.032/2001.
- Valor sujeito a atualização mediante Portaria do Ministério da Previdência Social – MPS.

Parágrafo único. O descumprimento das disposições constantes do art. 227 e dos incisos V e VI do *caput* do art. 257, sujeitará a instituição financeira à multa de:

I – R$ 22.165,20 (vinte e dois mil, cento e sessenta e cinco reais e vinte centavos), no caso do art. 227;

- Inciso I com redação determinada pelo Dec. 4.032/2001.
- Valor sujeito a atualização mediante Portaria do Ministério da Previdência Social – MPS.

II – R$ 110.826,01 (cento e dez mil, oitocentos e vinte e seis reais e um centavo), no caso dos incisos V e VI do *caput* do art. 257.

- Inciso II com redação determinada pelo Dec. 4.032/2001.
- Valor sujeito a atualização mediante Portaria do Ministério da Previdência Social – MPS.

Art. 288. O descumprimento do disposto nos §§ 19 e 20 do art. 225 sujeitará o infrator à multa de:

I – R$ 173,00 (cento e setenta e três reais) a R$ 1.730,00 (um mil, setecentos e trinta reais), no caso do § 19; e

II – R$ 345,00 (trezentos e quarenta e cinco reais) a R$ 3.450,00 (três mil, quatrocentos e cinquenta reais), no caso do § 20.

Art. 289. O dirigente de órgão ou entidade da administração federal, estadual, do Distrito Federal ou municipal responde pessoalmente pela multa aplicada por infração a dispositivos deste Regulamento, sendo obrigatório o respectivo desconto em folha de pagamento, mediante requisição dos órgãos competentes e a partir do primeiro pagamento que se seguir à requisição.

Parágrafo único. Ao disposto neste artigo não se aplica a multa de que trata o inciso III do art. 239.

Capítulo IV
Das Circunstâncias Agravantes da Penalidade

Art. 290. Constituem circunstâncias agravantes da infração, das quais dependerá a gradação da multa, ter o infrator:

I – tentado subornar servidor dos órgãos competentes;

II – agido com dolo, fraude ou má-fé;

III – desacatado, no ato da ação fiscal, o agente da fiscalização;

IV – obstado a ação da fiscalização; ou

V – incorrido em reincidência.

Parágrafo único. Caracteriza reincidência a prática de nova infração a dispositivo da legislação por uma mesma pessoa ou por seu sucessor, dentro de 5 (cinco) anos da data em que se tornar irrecorrível administrativamente a decisão condenatória, da data do pagamento ou da data em que se configurou a revelia, referentes à autuação anterior.

• Parágrafo único com redação determinada pelo Dec. 6.032/ 2007.

Capítulo V
Das Circunstâncias Atenuantes da Penalidade

Art. 291. *(Revogado pelo Dec. 6.727/ 2009).*

Capítulo VI
Da Gradação das Multas

Art. 292. As multas serão aplicadas da seguinte forma:

I – na ausência de agravantes, serão aplicadas nos valores mínimos estabelecidos nos incisos I e II e no § 3º do art. 283 e nos arts. 286 e 288, conforme o caso;

II – as agravantes dos incisos I e II do art. 290 elevam a multa em três vezes;

III – as agravantes dos incisos III e IV do art. 290 elevam a multa em duas vezes;

IV – a agravante do inciso V do art. 290 eleva a multa em três vezes a cada reincidência no mesmo tipo de infração, e em duas vezes em caso de reincidência em infrações diferentes, observados os valores máximos estabelecidos no *caput* dos arts. 283 e 286, conforme o caso; e

V – *(Revogado pelo Dec. 6.727/2009).*

Parágrafo único. Na aplicação da multa a que se refere o art. 288, aplicar-se-á apenas as agravantes referidas nos incisos III a V do art. 290, as quais elevam a multa em duas vezes.

Art. 293. Constatada a ocorrência de infração a dispositivo deste Regulamento, será lavrado auto de infração com discriminação clara e precisa da infração e das circunstâncias em que foi praticada, contendo o dispositivo legal infringido, a penalidade aplicada e os critérios de gradação, e indicando local, dia e hora de sua lavratura, observadas as normas fixadas pelos órgãos competentes.

• *Caput* com redação determinada pelo Dec. 6.103/2007.

§ 1º Recebido o auto de infração, o autuado terá o prazo de 30 (trinta) dias, a contar da ciência, para efetuar o pagamento da multa de ofício com redução de 50% (cinquenta por cento) ou impugnar a autuação.

• § 1º com redação determinada pelo Dec. 6.103/2007.

§ 2º Impugnada a autuação, o autuado, após a ciência da decisão de primeira instância, poderá efetuar o pagamento da multa de ofício com redução de 25% (vinte e cinco por cento), até a data limite para interposição de recurso.

• § 2º com redação determinada pelo Dec. 6.103/2007.

§ 3º O recolhimento do valor da multa, com redução, implica renúncia ao direito de impugnar ou de recorrer.

• § 3º com redação determinada pelo Dec. 4.032/2001.

§ 4º Apresentada impugnação, o processo será submetido à autoridade competente, que decidirá sobre a autuação, cabendo recurso na forma da Subseção II da Seção II do Capítulo Único do Título I do Livro V deste Regulamento.

• § 4º com redação determinada pelo Dec. 6.032/2007.

§ 5º *(Revogado pelo Dec. 6.032/2007).*

§ 6º *(Revogado pelo Dec. 6.032/2007).*

Livro V
DA ORGANIZAÇÃO DA SEGURIDADE SOCIAL

TÍTULO I
Do Sistema Nacional de Seguridade Social

Art. 294. As ações nas áreas de saúde, previdência social e assistência social, conforme o disposto no Capítulo II do Título VIII da Constituição Federal, serão organizadas em Sistema Nacional de Seguridade Social.

Parágrafo único. As áreas de que trata este artigo organizar-se-ão em conselhos setoriais, com representantes da União, dos Estados, do Distrito Federal, dos Municípios e da sociedade civil.

Capítulo Único
Dos Órgãos Colegiados

Seção I
Do Conselho Nacional de Previdência Social

Art. 295. O Conselho Nacional de Previdência Social, órgão superior de deliberação colegiada, terá como membros:

I – seis representantes do Governo Federal; e

II – nove representantes da sociedade civil, sendo:

a) três representantes dos aposentados e pensionistas;

b) três representantes dos trabalhadores em atividade; e

c) três representantes dos empregadores.

§ 1º Os membros do Conselho Nacional de Previdência Social e seus respectivos suplentes serão nomeados pelo Presidente da República, tendo os representantes titulares da sociedade civil mandato de 2 (dois) anos, podendo ser reconduzidos, de imediato, uma única vez.

§ 2º Os representantes dos trabalhadores em atividade, dos aposentados, dos empregadores e seus respectivos suplentes serão indicados pelas centrais sindicais e confederações nacionais.

§ 3º O Conselho Nacional de Previdência Social reunir-se-á, ordinariamente, uma vez por mês, por convocação de seu Presidente, não podendo ser adiada a reunião por mais de 15 (quinze) dias se houver requerimento nesse sentido da maioria dos conselheiros.

§ 4º Poderá ser convocada reunião extraordinária por seu Presidente ou a requerimento de 1/3 (um terço) de seus membros, conforme dispuser o regimento interno do Conselho Nacional de Previdência Social.

Art. 296. Compete ao Conselho Nacional de Previdência Social:

I – estabelecer diretrizes gerais e apreciar as decisões de políticas aplicáveis à previdência social;

II – participar, acompanhar e avaliar, sistematicamente, a gestão previdenciária;

III – apreciar e aprovar os planos e programas da previdência social;

IV – apreciar e aprovar as propostas orçamentárias da previdência social, antes de sua consolidação na proposta orçamentária da seguridade social;

V – acompanhar e apreciar, mediante relatórios gerenciais por ele definidos, a execução dos planos, programas e orçamentos no âmbito da previdência social;

VI – acompanhar a aplicação da legislação pertinente à previdência social;

VII – apreciar a prestação de contas anual a ser remetida ao Tribunal de Contas da União, podendo, se for necessário, contratar auditoria externa;

VIII – estabelecer os valores mínimos em litígio, acima dos quais será exigida a anuência prévia do Procurador-Geral ou do Presidente do Instituto Nacional do Seguro Social para formalização de desistência ou transigência judiciais, conforme o disposto no art. 353;

IX – elaborar e aprovar seu regimento interno;

X – aprovar os critérios de arrecadação e de pagamento dos benefícios por intermédio da rede bancária ou por outras formas; e

XI – acompanhar e avaliar os trabalhos de implantação e manutenção do Cadastro Nacional de Informações Sociais.

Art. 296-A. Ficam instituídos, como unidades descentralizadas do Conselho Nacional de Previdência Social – CNPS, Conselhos de Previdência Social – CPS, que funcionarão junto às Gerências Executivas do INSS.

• *Caput* com redação determinada pelo Dec. 5.699/2006.

§ 1º Os CPS serão compostos por dez conselheiros e respectivos suplentes, designados pelo titular da Gerência Executiva na qual for instalado, assim distribuídos:

• *Caput* do § 1º com redação determinada pelo Dec. 5.699/ 2006.

I – quatro representantes do Governo Federal; e

• Inciso I acrescentado pelo Dec. 4.874/2003.

II – seis representantes da sociedade, sendo:

- Inciso II acrescentado pelo Dec. 4.874/2003.

a) dois dos empregadores;

b) dois dos empregados; e

c) dois dos aposentados e pensionistas.

§ 2º O Governo Federal será representado:

- *Caput* do § 2º acrescentado pelo Dec. 4.874/2003.

I – nas cidades onde houver mais de uma Gerência Executiva:

- *Caput* do inciso I com redação determinada pelo Dec. 5.699/ 2006.

a) pelo Gerente Executivo da Gerência Executiva a que se refere o § 1º; e

- Alínea *a* com redação determinada pelo Dec. 6.722/2008.

b) outros Gerentes Executivos; ou

- Alínea *b* com redação determinada pelo Dec. 6.722/2008.

c) servidores da Divisão ou do Serviço Benefícios ou de Atendimento ou da Procuradoria Federal Especializada junto ao INSS de Gerência Executiva sediadas na cidade, ou de representante da Secretaria da Receita Federal do Brasil, ou de representante da Dataprev;

- Alínea *c* com redação determinada pelo Dec. 6.722/2008.

d) (Revogada pelo Dec. 6.722/2008).

II – nas cidades onde houver apenas uma Gerência Executiva:

- *Caput* do inciso II com redação determinada pelo Dec. 5.699/2006.

a) pelo Gerente Executivo;

- Alínea *a* com redação determinada pelo Dec. 5.699/2006.

b) servidores da Divisão ou do Serviço de Benefícios ou de Atendimento ou da Procuradoria Federal Especializada junto ao INSS da Gerência Executiva, ou de representante da Secretaria da Receita Federal do Brasil, ou de representante da Dataprev.

- Alínea *b* com redação determinada pelo Dec. 6.722/2008.

c) (Revogada pelo Dec. 6.722/2008).

d) (Revogada pelo Dec. 6.722/2008).

III – *(Revogado pelo Dec. 5.699/2006).*

§ 3º As reuniões serão mensais ou bimensais, a critério do respectivo CPS, e abertas ao público, cabendo a sua organização e funcionamento ao titular da Gerência Executiva na qual for instalado o colegiado.

- § 3º com redação determinada pelo Dec. 5.699/2006.

§ 4º Os representantes dos trabalhadores, dos aposentados e dos empregadores serão indicados pelas respectivas entidades sindicais ou associações representativas.

- § 4º com redação determinada pelo Dec. 6.722/2008.

§ 5º Os CPS terão caráter consultivo e de assessoramento, competindo ao CNPS disciplinar os procedimentos para o seu funcionamento, suas competências, os critérios de seleção dos representantes da sociedade e o prazo de duração dos respectivos mandatos, além de estipular por resolução o regimento dos CPS.

- § 5º acrescentado pelo Dec. 4.874/2003.

§ 6º As funções dos conselheiros dos CPS não serão remuneradas e seu exercício será considerado serviço público relevante.

- § 6º acrescentado pelo Dec. 4.874/2003.

§ 7º A Previdência Social não se responsabilizará por eventuais despesas com deslocamento ou estada dos conselheiros representantes da sociedade.

- § 7º acrescentado pelo Dec. 4.874/2003.

§ 8º Nas cidades onde houver mais de uma Gerência Executiva, o Conselho será instalado naquela indicada pelo Gerente Regional do INSS cujas atribuições abranjam a referida cidade.

- § 8º com redação determinada pelo Dec. 6.722/2008.

§ 9º Cabe ao Gerente Executivo a designação dos conselheiros.

- § 9º acrescentado pelo Dec. 6.722/2008.

§ 10. É facultado ao Gerente Regional do INSS participar das reuniões do CPS localizados em região de suas atribuições e presidi-las.

- § 10 acrescentado pelo Dec. 6.722/2008.

Art. 297. Compete aos órgãos governamentais:

I – prestar toda e qualquer informação necessária ao adequado cumprimento das competências do Conselho Nacional de Previdência Social, fornecendo inclusive estudos técnicos; e

II – encaminhar ao Conselho Nacional de Previdência Social, com antecedência mínima de 2 (dois) meses do seu envio ao Congresso Nacional, a proposta orçamentária da previdência social, devidamente detalhada.

Art. 298. As resoluções tomadas pelo Conselho Nacional de Previdência Social deverão ser publicadas no *Diário Oficial da União*.

Art. 299. As reuniões do Conselho Nacional de Previdência Social serão iniciadas com a presença da maioria absoluta de seus membros, sendo exigida para deliberação a maioria simples de votos.

Art. 300. As ausências ao trabalho dos representantes dos trabalhadores em atividade, decorrentes das atividades do Conselho Nacional de Previdência Social, serão abonadas, computando-se como jornada efetivamente trabalhada para todos os fins e efeitos legais.

Art. 301. Aos membros do Conselho Nacional de Previdência Social, enquanto representantes dos trabalhadores em atividade, titulares e suplentes, é assegurada a estabilidade no emprego, da nomeação até 1 (um) ano após o término do mandato de representação, somente podendo ser demitidos por motivo de falta grave, regularmente comprovada mediante processo judicial.

Art. 302. Compete ao Ministério da Previdência e Assistência Social proporcionar ao Conselho Nacional de Previdência Social os meios necessários ao exercício de suas competências, para o que contará com uma Secretaria Executiva do Conselho Nacional de Previdência Social.

Seção II
Do Conselho de Recursos da Previdência Social

Subseção I
Da composição

Art. 303. O Conselho de Recursos da Previdência Social – CRPS, colegiado integrante da estrutura do Ministério da Previdência Social, é órgão de controle jurisdicional das decisões do INSS, nos processos referentes a benefícios a cargo desta Autarquia.

- *Caput* com redação determinada pelo Dec. 6.722/2008.

§ 1º O Conselho de Recursos da Previdência Social compreende os seguintes órgãos:

I – 29 Juntas de Recursos, com a competência para julgar, em primeira instância, os recursos interpostos contra as decisões prolatadas pelos órgãos regionais do INSS, em matéria de interesse de seus beneficiários;

- Inciso I com redação determinada pelo Dec. 7.126/2010.
- V. art. 3º, Dec. 7.126/2010 (*DOU* 04.03.2010), que determina que as alterações introduzidas por este Decreto aplicam-se aos processos administrativos em curso na data de sua publicação.

II – quatro Câmaras de Julgamento, com sede em Brasília, com a competência para julgar, em segunda instância, os recursos interpostos contra as decisões proferidas pelas Juntas de Recursos que infringirem lei, regulamento, enunciado ou ato normativo ministerial;

- Inciso II com redação determinada pelo Dec. 6.722/2008.

III – *(Revogado pelo Dec. 3.668/2000).*

IV – Conselho Pleno, com a competência para uniformizar a jurisprudência previdenciária mediante enunciados, podendo ter outras competências definidas no Regimento Interno do Conselho de Recursos da Previdência Social.

- Inciso IV com redação determinada pelo Dec. 6.857/2009.

§ 2º O CRPS é presidido por representante do Governo, com notório conhecimento da legislação previdenciária, nomeado pelo Ministro de Estado da Previdência Social, cabendo-lhe dirigir os serviços administrativos do órgão.

- § 2º com redação determinada pelo Dec. 6.722/2008.

§ 3º *(Revogado pelo Dec. 3.668/2000).*

§ 4º As Juntas e as Câmaras, presididas por representante do Governo, são compostas por quatro membros, denominados conselheiros, nomeados pelo Ministro de Estado da Previdência e Assistência Social, sendo dois representantes do Governo, um das empresas e um dos trabalhadores.

§ 5º O mandato dos membros do Conselho de Recursos da Previdência Social é de 2 (dois) anos, permitida a recondução, atendidas às seguintes condições:

- *Caput* do § 5º com redação determinada pelo Dec. 5.699/2006.

I – os representantes do Governo são escolhidos entre servidores federais, preferencialmente do Ministério da Previdência Social ou do INSS, com curso superior em nível de graduação concluído e notório conhecimento da legislação previdenciária, que prestarão serviços exclusivos ao Conselho de Recursos da Previdência Social, sem prejuízo dos direitos e vantagens do respectivo cargo de origem;

- Inciso I com redação determinada pelo Dec. 5.699/2006.

II – os representantes classistas, que deverão ter escolaridade de nível superior, exceto representantes dos trabalhadores rurais, que deverão ter nível médio, são escolhidos dentre os indicados, em lista tríplice, pelas entidades de classe ou sindicais das respectivas jurisdições, e manterão a condição de segurados do Regime Geral de Previdência Social; e

- Inciso II com redação determinada pelo Dec. 4.729/2003.

III – o afastamento do representante dos trabalhadores da empresa empregadora não constitui motivo para alteração ou rescisão contratual.

§ 6º A gratificação dos membros de Câmara de Julgamento e Junta de Recursos será definida pelo Ministro de Estado da Previdência e Assistência Social.

- § 6º com redação determinada pelo Dec. 3.668/2000.

§ 7º Os servidores do Instituto Nacional do Seguro Social, mediante ato do Ministro de Estado da Previdência Social, poderão ser cedidos para terem exercício no Conselho de Recursos da Previdência Social, sem prejuízo dos direitos e das vantagens do respectivo cargo de origem, inclusive os previstos no art. 61 da Lei 8.112, de 11 de dezembro de 1990.

- § 7º com redação determinada pelo Dec. 4.729/2003.

§ 8º *(Revogado pelo Dec. 3.452/2000).*

§ 9º O conselheiro afastado por qualquer das razões elencadas no Regimento Interno do Conselho de Recursos da Previdência Social, exceto quando decorrente de renúncia voluntária, não poderá ser novamente designado para o exercício desta função antes do transcurso de 5 (cinco) anos, contados do efetivo afastamento.

- § 9º com redação determinada pelo Dec. 5.699/2006.

§ 10. O limite máximo de composições por Câmara de Julgamento ou Junta de Recursos, do Conselho de Recursos da Previdência Social, será definido em ato do Ministro de Estado da Previdência Social, por proposta fundamentada do presidente do referido Conselho, em função da quantidade de processos em tramitação em cada órgão julgador.

- § 10 com redação determinada pelo Dec. 6.496/2008.

§ 11. *(Revogado pelo Dec. 6.857/2009).*

Art. 304. Compete ao Ministro de Estado da Previdência Social aprovar o Regimento Interno do CRPS.

- Artigo com redação determinada pelo Dec. 6.722/2008.

Subseção II
Dos recursos

Art. 305. Das decisões do INSS nos processos de interesse dos beneficiários caberá recurso para o CRPS, conforme o disposto neste Regulamento e no regimento interno do CRPS.

- *Caput* com redação determinada pelo Dec. 7.126/2010.
- V. art. 3º, Dec. 7.126/2010 (*DOU* 04.03.2010), que determina que as alterações introduzidas por este Decreto aplicam-se aos processos administrativos em curso na data de sua publicação.

§ 1º É de 30 (trinta) dias o prazo para interposição de recursos e para o oferecimento de contrarrazões, contados da ciência da decisão e da interposição do recurso, respectivamente.

- § 1º com redação determinada pelo Dec. 4.729/2003.

§ 2º *(Revogado pelo Dec. 3.265/1999).*

§ 3º O Instituto Nacional do Seguro Social e a Secretaria da Receita Previdenciária podem reformar suas decisões, deixando, no caso de reforma favorável ao interessado, de encaminhar o recurso à instância competente.

- § 3º com redação determinada pelo Dec. 6.032/2007.

§ 4º Se o reconhecimento do direito do interessado ocorrer na fase de instrução do recurso por ele interposto contra decisão de Junta de Recursos, ainda que de alçada, ou de Câmara de Julgamento, o processo, acompanhado das razões do novo entendimento, será encaminhado:

I – à Junta de Recursos, no caso de decisão dela emanada, para fins de reexame da questão; ou

II – à Câmara de Julgamento, se por ela proferida a decisão, para revisão do acórdão, na forma que dispuser o seu Regimento Interno.

§ 5º *(Revogado pelo Dec. 6.722/2008).*

Art. 306. *(Revogado pelo Dec. 6.722/2008).*

Art. 307. A propositura pelo beneficiário de ação judicial que tenha por objeto idêntico pedido sobre o qual versa o processo administrativo importa renúncia ao direito de recorrer na esfera administrativa e desistência do recurso interposto.

- Artigo com redação determinada pelo Dec. 6.722/2008.

Art. 308. Os recursos tempestivos contra decisões das Juntas de Recursos do Conselho de Recursos da Previdência Social têm efeito suspensivo e devolutivo.

- *Caput* com redação determinada pelo Dec. 5.699/2006.

§ 1º Para fins do disposto neste artigo, não se considera recurso o pedido de revisão de acórdão endereçado às Juntas de Recursos e Câmaras de Julgamento.

- § 1º acrescentado pelo Dec. 5.699/2006.

§ 2º É vedado ao INSS escusar-se de cumprir as diligências solicitadas pelo CRPS, bem como deixar de dar cumprimento às decisões definitivas daquele colegiado, reduzir ou ampliar o seu alcance ou executá-las de modo que contrarie ou prejudique seu evidente sentido.

- § 2º com redação determinada pelo Dec. 6.722/2008.

Art. 309. Havendo controvérsia na aplicação de lei ou de ato normativo, entre órgãos do Ministério da Previdência e Assistência Social ou entidades vinculadas, ou ocorrência de questão previdenciária ou de assistência social de relevante interesse público ou social, poderá o órgão interessado, por intermédio de seu dirigente, solicitar ao Ministro de Estado da Previdência e Assistência Social solução para a controvérsia ou questão.

- *Caput* com redação determinada pelo Dec. 3.452/2000.

§ 1º A controvérsia na aplicação de lei ou ato normativo será relatada *in abstracto* e encaminhada com manifestações fundamentadas dos órgãos interessados, podendo ser instruída com cópias dos documentos que demonstrem sua ocorrência.

- § 1º acrescentado pelo Dec. 4.729/2003.

§ 2º A Procuradoria-Geral Federal Especializada/INSS deverá pronunciar-se em todos os casos previstos neste artigo.

- § 2º acrescentado pelo Dec. 4.729/2003.

Art. 310. *(Revogado pelo Dec. 6.722/2008).*

TÍTULO II
Dos Convênios, Contratos, Credenciamentos e Acordos

Art. 311. A empresa, o sindicato ou entidade de aposentados devidamente legalizada poderá, mediante convênio, encarregar-se, relativamente a seu empregado ou associado e respectivos dependentes, de processar requerimento de benefício, preparando-o e instruindo-o de maneira a ser despachado pela previdência social.

- *Caput* com redação determinada pelo Dec. 6.722/2008.

Parágrafo único. Somente poderá optar pelo encargo de pagamento, as convenentes que fazem a complementação de benefícios, observada a conveniência administrativa do INSS.

- Parágrafo único com redação determinada pelo Dec. 6.939/2009.

Art. 312. A concessão e manutenção de prestação devida a beneficiário residente no exterior devem ser efetuadas nos termos do acordo entre o Brasil e o país de residência do beneficiário ou, na sua falta, nos termos de instruções expedidas pelo Ministério da Previdência e Assistência Social.

Art. 313. Os convênios, credenciamentos e acordos da linha do seguro social deverão ser feitos pelos setores de acordos e convênios do Instituto Nacional do Seguro Social.

Parágrafo único. O Instituto Nacional do Seguro Social poderá ainda colaborar para a complementação das instalações e equipamentos de entidades de habilitação e reabilitação profissional, com as quais mantenha convênio, ou fornecer outros recursos materiais para a melhoria do padrão de atendimento aos beneficiários.

Art. 314. A prestação de serviços da entidade que mantém convênio, contrato, credenciamento ou acordo com o Instituto Nacional do Seguro Social não cria qualquer vínculo empregatício entre este e o prestador de serviço.

Art. 315. Os órgãos da administração pública direta, autárquica e fundacional dos Estados, do Distrito Federal e dos Municípios poderão, mediante convênio com a previdência social, encarregar-se, relativamente aos seus funcionários, de formalizar processo de pedido de certidão de tempo de contribuição para fins de contagem recíproca, preparando-o e instruindo-o de forma a ser despachado pelo Instituto Nacional do Seguro Social.

Art. 316. O Instituto Nacional do Seguro Social, de acordo com as possibilidades administrativas e técnicas das unidades executivas de reabilitação profissional, poderá estabelecer convênios e/ou acordos de cooperação técnico-financeira, para viabilizar o atendimento às pessoas portadoras de deficiência.

Art. 317. Nos casos de impossibilidade de instalação de órgão ou setor próprio competente do Instituto Nacional do Seguro Social, assim como de efetiva incapacidade física ou técnica de implementação das atividades e atendimento adequado à clientela da previdência social, as unidades executivas de reabilitação profissional poderão solicitar a celebração de convênios, contratos ou acordos com entidades públicas ou privadas de comprovada idoneidade financeira e técnica, ou seu credenciamento, para prestação de serviço, por delegação ou simples cooperação técnica, sob coordenação e supervisão dos órgãos competentes do Instituto Nacional do Seguro Social.

TÍTULO III
Da Divulgação dos Atos e Decisões da Previdência Social

Art. 318. A divulgação dos atos e decisões dos órgãos e autoridades da previdência social, sobre benefícios, tem como objetivo:

I – dar inequívoco conhecimento deles aos interessados, inclusive para efeito de recurso;

II – possibilitar seu conhecimento público; e

III – produzir efeitos legais quanto aos direitos e obrigações deles derivados.

Art. 319. O conhecimento da decisão do Instituto Nacional do Seguro Social deve ser dado ao beneficiário por intermédio do órgão local, mediante assinatura do mesmo no próprio processo.

Parágrafo único. Quando a parte se recusar a assinar ou quando a ciência pessoal é impraticável, a decisão, com informações precisas sobre o seu fundamento, deve ser comunicada por correspondência sob registro, com Aviso de Recebimento.

Art. 320. O conhecimento das decisões e demais atos dos órgãos do Ministério da Previdência e Assistência Social deve ser dado mediante publicação no *Diário Oficial da União*, boletim de serviço ou outro órgão de divulgação oficialmente reconhecido, ou na forma do art. 319.

Art. 321. Devem ser publicados em boletim de serviço, em síntese, o contrato, o convênio, o credenciamento e o acordo celebrados, e a sentença judicial que implique pagamento de benefícios.

Art. 322. O órgão do Instituto Nacional do Seguro Social, especialmente o pagador, só pode cumprir ato ou decisão de publicação obrigatória em boletim de serviço depois de atendida essa formalidade.

Parágrafo único. O administrador que determina e o servidor que realiza pagamento sem observar o disposto neste artigo são civilmente responsáveis por ele, ficando sujeitos também às penalidades administrativas cabíveis.

Art. 323. Os atos de que trata este Título serão publicados também no *Diário Oficial da União*, quando houver obrigação legal nesse sentido.

Art. 324. Os atos normativos ministeriais obrigam a todos os órgãos e entidades integrantes do Ministério da Previdência e Assistência Social, inclusive da administração indireta a ele vinculados.

Art. 325. Os atos e decisões normativas sobre benefícios dos órgãos e entidades da previdência social devem ser publicados na íntegra em boletim de serviço da entidade interessada, só tendo validade depois dessa publicação.

Parágrafo único. Os pareceres somente serão publicados quando aprovados pelas autoridades competentes e por determinação destas.

TÍTULO IV
Das Disposições Diversas Relativas à Organização da Seguridade Social

Art. 326. O Instituto Nacional do Seguro Social, na forma da legislação específica, fica autorizado a contratar auditoria externa, periodicamente, para analisar e emitir parecer sobre demonstrativos econômico-financeiros e contábeis, arrecadação, cobrança e fiscalização de contribuições, bem como pagamento de benefícios, submetendo os resultados obtidos à apreciação do Conselho Nacional de Previdência Social.

Art. 327. A Auditoria e a Procuradoria do Instituto Nacional do Seguro Social deverão, a cada trimestre, elaborar relação das auditorias realizadas e dos trabalhos executados, bem como dos resultados obtidos, enviando-a à apreciação do Conselho Nacional de Previdência Social.

Art. 328. O Instituto Nacional do Seguro Social deverá implantar programa de qualificação e treinamento sistemático de pessoal, bem como promover reciclagem e redistribuição de funcionários conforme demandas dos órgãos regionais e locais, visando à melhoria da qualidade do atendimento, ao controle e à eficiência dos sistemas de arrecadação e fiscalização de contribuições, bem como de pagamento de benefícios.

Art. 329. O Cadastro Nacional de Informações Sociais é destinado a registrar informações de interesse da Administração Pública Federal e dos beneficiários da previdência social.

Parágrafo único. As contribuições aportadas pelos segurados e empresas terão o registro contábil individualizado, conforme dispuser o Ministério da Previdência e Assistência Social.

Art. 329-A. O Ministério da Previdência Social desenvolverá e manterá programa de cadastramento dos segurados especiais, observado o disposto nos §§ 7º e 8º do art. 18, podendo para tanto firmar convênio com órgãos federais, estaduais ou do Distrito Federal e dos municípios, bem como com entidades de classe, em especial as respectivas confederações ou federações.

- Artigo acrescentado pelo Dec. 6.722/2008.

§ 1º O Ministério da Previdência Social disciplinará a forma de manutenção e de atualização do cadastro, observada a periodicidade anual a contar do ano seguinte ao do efetivo cadastramento dos segurados especiais.

§ 2º As informações contidas no cadastro de que trata o *caput* não dispensam a apresentação dos documentos previstos no inciso II, letra *a*, do § 2º do art. 62, exceto as que forem obtidas e acolhidas pela previdência social diretamente de banco de dados disponibilizados por órgãos do poder público.

§ 3º Da aplicação do disposto neste artigo não poderá resultar nenhum ônus para os segurados, sejam eles filiados ou não às entidades conveniadas.

Art. 329-B. As informações obtidas e acolhidas pelo INSS diretamente de bancos de dados disponibilizados por órgãos do poder público serão utilizadas para validar ou invalidar informação para o cadastramento do segurado especial, bem como, quando for o caso, para deixar de reconhecer no segurado essa condição.

- Artigo acrescentado pelo Dec. 6.722/2008.

Art. 330. Com a implantação do Cadastro Nacional de Informações Sociais, todos os segurados serão identificados pelo Número de Identificação do Trabalhador, que será único, pessoal e intransferível, independentemente de alterações de categoria profissional e formalizado pelo Documento de Cadastramento do Trabalhador.

Parágrafo único. Ao segurado já cadastrado no Programa de Integração Social/Programa de Assistência ao Servidor Público não caberá novo cadastramento.

Art. 331. O Instituto Nacional do Seguro Social fica autorizado a efetuar permuta de informações, em caráter geral ou específico, com qualquer órgão ou entidade da administração direta ou indireta da União, Estados, Distrito Federal ou Municípios, com a prestação, quando for o caso, de assistência mútua na fiscalização dos respectivos tributos.

§ 1º A permuta de informações sobre a situação econômica ou financeira dos sujeitos passivos ou de terceiros e sobre a natureza e o estado dos seus negócios ou atividades somente poderá ser efetivada com a Secretaria da Receita Federal ou com a Fazenda Pública dos Estados, do Distrito Federal ou dos Municípios.

§ 2º Até que seja totalmente implantado o Cadastro Nacional de Informações Sociais, as instituições e órgãos federais, estaduais, do Distrito Federal e municipais, detentores de cadastros de empresas e de contribuintes em geral, deverão colocar à disposição do Instituto Nacional do Seguro Social, mediante convênio, todos os dados necessários à permanente atualização dos seus cadastros.

§ 3º O convênio de que trata o parágrafo anterior estabelecerá, entre outras condições, a forma e a periodicidade de acesso ao cadastro e às alterações posteriores.

Art. 332. O setor de benefícios do Instituto Nacional do Seguro Social deverá estabelecer indicadores qualitativos e quantitativos para acompanhamento e avaliação das concessões de benefícios realizadas pelos órgãos locais de atendimento.

Art. 333. Os postos de benefícios deverão adotar como prática o cruzamento das informações declaradas pelos segurados com os dados das empresas e de contribuintes em geral quando da concessão de benefícios.

Art. 334. Haverá, no âmbito da previdência social, uma Ouvidoria-Geral, cujas atribuições serão definidas em regulamento específico.

Art. 335. Deverão ser enviadas ao Congresso Nacional, anualmente, acompanhando a proposta orçamentária da seguridade social, projeções atuariais relativas à seguridade social, abrangendo um horizonte temporal de, no mínimo, 20 (vinte) anos, considerando hipóteses alternativas quanto às variações demográficas, econômicas e institucionais relevantes.

Livro VI
DAS DISPOSIÇÕES GERAIS

Art. 336. Para fins estatísticos e epidemiológicos, a empresa deverá comunicar à previdência social o acidente de que tratam os arts. 19, 20, 21 e 23 da Lei 8.213, de 1991, ocorrido com o segurado empregado, exceto o doméstico, e o trabalhador avulso, até o primeiro dia útil seguinte ao da ocorrência e, em caso de morte, de imediato, à autoridade competente, sob pena da multa aplicada e cobrada na forma do art. 286.

- *Caput* com redação determinada pelo Dec. 4.032/2001.

§ 1º Da comunicação a que se refere este artigo receberão cópia fiel o acidentado ou seus dependentes, bem como o sindicato a que corresponda a sua categoria.

§ 2º Na falta do cumprimento do disposto no *caput*, caberá ao setor de benefícios do Instituto Nacional do Seguro Social comunicar a ocorrência ao setor de fiscalização, para a aplicação e cobrança da multa devida.

§ 3º Na falta de comunicação por parte da empresa, ou quando se tratar de segurado especial, podem formalizá-la o próprio acidentado, seus dependentes, a entidade sindical competente, o médico que o assistiu ou qualquer autoridade pública, não prevalecendo nestes casos o prazo previsto neste artigo.

- § 3º com redação determinada pelo Dec. 4.032/2001.

§ 4º A comunicação a que se refere o § 3º não exime a empresa de responsabilidade pela falta do cumprimento do disposto neste artigo.

§ 5º *(Revogado pelo Dec. 3.265/1999).*

§ 6º Os sindicatos e entidades representativas de classe poderão acompanhar a cobrança, pela previdência social, das multas previstas neste artigo.

Art. 337. O acidente do trabalho será caracterizado tecnicamente pela perícia médica do INSS, mediante a identificação do nexo entre o trabalho e o agravo.

- *Caput* com redação determinada pelo Dec. 6.042/2007 (*DOU* 13.02.2007), em vigor na data de sua publicação, produzindo efeitos a partir do primeiro dia do mês de abril de 2007 (V. art. 5º, I, do referido Decreto).
- V. art. 3º, Dec. 6.042/2007, que dispõe que o Ministro de Estado da Previdência Social promoverá o acompanhamento e a avaliação das alterações deste artigo.

§ 1º O setor de benefícios do Instituto Nacional do Seguro Social reconhecerá o direito do segurado à habilitação do benefício acidentário.

§ 2º Será considerado agravamento do acidente aquele sofrido pelo acidentado quando estiver sob a responsabilidade da reabilitação profissional.

§ 3º Considera-se estabelecido o nexo entre o trabalho e o agravo quando se verificar nexo técnico epidemiológico entre a atividade da empresa e a entidade mórbida motivadora da incapacidade, elencada na Classificação Internacional de Doenças – CID em conformidade com o disposto na Lista C do Anexo II deste Regulamento.

- § 3º com redação determinada pelo Dec. 6.957/2009.

§ 4º Para os fins deste artigo, considera-se agravo a lesão, doença, transtorno de saúde, distúrbio, disfunção ou síndrome de evolução aguda, subaguda ou crônica, de natureza clínica ou subclínica, inclusive morte, independentemente do tempo de latência.

- § 4º acrescentado pelo Dec. 6.042/2007 (*DOU* 13.02.2007), em vigor na data de sua publicação, produzindo efeitos a partir do primeiro dia do mês de abril de 2007 (V. art. 5º, I, do referido Decreto).

§ 5º Reconhecidos pela perícia médica do INSS a incapacidade para o trabalho e o nexo entre o trabalho e o agravo, na forma do § 3º, serão devidas as prestações acidentárias a que o beneficiário tenha direito.

- § 5º acrescentado pelo Dec. 6.042/2007 (*DOU* 13.02.2007), em vigor na data de sua publicação, produzindo efeitos a partir do primeiro dia do mês de abril de 2007 (V. art. 5º, I, do referido Decreto).

§ 6º A perícia médica do INSS deixará de aplicar o disposto no § 3º quando demonstrada a inexistência de nexo entre o trabalho e o agravo, sem prejuízo do disposto nos §§ 7º e 12.

- § 6º com redação determinada pelo Dec. 6.939/2009.

§ 7º A empresa poderá requerer ao INSS a não aplicação do nexo técnico epidemiológico ao caso concreto mediante a demonstração de inexistência de correspondente nexo entre o trabalho e o agravo.

- § 7º com redação determinada pelo Dec. 6.939/2009.

§ 8º O requerimento de que trata o § 7º poderá ser apresentado no prazo de 15 (quinze) dias da data para a entrega, na forma do inciso IV do art. 225, da GFIP que registre a movimentação do trabalhador, sob pena de não conhecimento da alegação em instância administrativa.

- § 8º acrescentado pelo Dec. 6.042/2007 (*DOU* 13.02.2007), em vigor na data de sua publicação, produzindo efeitos a partir do primeiro dia do mês de abril de 2007 (V. art. 5º, I, do referido Decreto).

§ 9º Caracterizada a impossibilidade de atendimento ao disposto no § 8º, motivada pelo não conhecimento tempestivo do diagnóstico do agravo, o requerimento de que trata o § 7º poderá ser apresentado no prazo de 15 (quinze) dias da data em que a empresa tomar ciência da decisão da perícia médica do INSS referida no § 5º.

- § 9º acrescentado pelo Dec. 6.042/2007 (*DOU* 13.02.2007), em vigor na data de sua publicação, produzindo efeitos a partir do primeiro dia do mês de abril de 2007 (V. art. 5º, I, do referido Decreto).

§ 10. Juntamente com o requerimento de que tratam os §§ 8º e 9º, a empresa formulará as alegações que entender necessárias e apresentará as provas que possuir demonstrando a inexistência de nexo entre o trabalho e o agravo.

• § 10 com redação determinada pelo Dec. 6.939/2009.

§ 11. A documentação probatória poderá trazer, entre outros meios de prova, evidências técnicas circunstanciadas e tempestivas à exposição do segurado, podendo ser produzidas no âmbito de programas de gestão de risco, a cargo da empresa, que possuam responsável técnico legalmente habilitado.

• § 11 acrescentado pelo Dec. 6.042/2007 (*DOU* 13.02.2007), em vigor na data de sua publicação, produzindo efeitos a partir do primeiro dia do mês de abril de 2007 (V. art. 5º, I, do referido Decreto).

§ 12. O INSS informará ao segurado sobre a contestação da empresa para que este, querendo, possa impugná-la, obedecendo, quanto à produção de provas, ao disposto no § 10, sempre que a instrução do pedido evidenciar a possibilidade de reconhecimento de inexistência do nexo entre o trabalho e o agravo.

• § 12 com redação determinada pelo Dec. 6.939/2009.

§ 13. Da decisão do requerimento de que trata o § 7º cabe recurso, com efeito suspensivo, por parte da empresa ou, conforme o caso, do segurado ao Conselho de Recursos da Previdência Social, nos termos dos arts. 305 a 310.

• § 13 acrescentado pelo Dec. 6.042/2007 (*DOU* 13.02.2007), em vigor na data de sua publicação, produzindo efeitos a partir do primeiro dia do mês de abril de 2007 (V. art. 5º, I, do referido Decreto).

Art. 338. A empresa é responsável pela adoção e uso de medidas coletivas e individuais de proteção à segurança e saúde do trabalhador sujeito aos riscos ocupacionais por ela gerados.

• *Caput* com redação determinada pelo Dec. 4.032/2001.

§ 1º É dever da empresa prestar informações pormenorizadas sobre os riscos da operação a executar e do produto a manipular.

• § 1º com redação determinada pelo Dec. 4.032/2001.

§ 2º Os médicos peritos da previdência social terão acesso aos ambientes de trabalho e a outros locais onde se encontrem os documentos referentes ao controle médico de saúde ocupacional, e aqueles que digam respeito ao programa de prevenção de riscos ocupacionais, para verificar a eficácia das medidas adotadas pela empresa para a prevenção e controle das doenças ocupacionais.

• § 2º com redação determinada pelo Dec. 4.032/2001.

§ 3º O INSS auditará a regularidade e a conformidade das demonstrações ambientais, incluindo-se as de monitoramento biológico, e dos controles internos da empresa relativos ao gerenciamento dos riscos ocupacionais, de modo a assegurar a veracidade das informações prestadas pela empresa e constantes do CNIS, bem como o cumprimento das obrigações relativas ao acidente de trabalho.

• § 3º acrescentado pelo Dec. 4.882/2003.

§ 4º Os médicos peritos da previdência social deverão, sempre que constatarem o descumprimento do disposto neste artigo, comunicar formalmente aos demais órgãos interessados na previdência, inclusive para aplicação e cobrança da multa devida.

• § 4º acrescentado pelo Dec. 5.545/2005.

Art. 339. O Ministério do Trabalho e Emprego fiscalizará e os sindicatos e entidades representativas de classe acompanharão o fiel cumprimento do disposto nos arts. 338 e 343.

Art. 340. Por intermédio dos estabelecimentos de ensino, sindicatos, associações de classe, Fundação Jorge Duprat Figueiredo de Segurança e Medicina do Trabalho, órgãos públicos e outros meios, serão promovidas regularmente instrução e formação com vistas a incrementar costumes e atitudes prevencionistas em matéria de acidentes, especialmente daquele referido no art. 336.

Art. 341. Nos casos de negligência quanto às normas de segurança e saúde do trabalho indicadas para a proteção individual e coletiva, a previdência social proporá ação regressiva contra os responsáveis.

Parágrafo único. O Ministério do Trabalho e Emprego, com base em informações fornecidas trimestralmente, a partir de 1º de março de 2011, pelo Ministério da Previdência Social relativas aos dados de acidentes e doenças do trabalho constantes das comunicações de acidente de trabalho registradas no período, encaminhará à Previdência Social os respectivos relatórios de análise de acidentes do trabalho com indícios de negligência quanto às normas de segurança e saúde do trabalho que possam contribuir para a proposição de ações judiciais regressivas.

• Parágrafo único acrescentado pelo Dec. 7.331/2010.

Art. 342. O pagamento pela previdência social das prestações decorrentes do acidente a que se refere o art. 336 não exclui a responsabilidade civil da empresa ou de terceiros.

Art. 343. Constitui contravenção penal, punível com multa, deixar a empresa de cumprir as normas de segurança e saúde do trabalho.

Art. 344. Os litígios e medidas cautelares relativos aos acidentes de que trata o art. 336 serão apreciados:

I – na esfera administrativa, pelos órgãos da previdência social, segundo as regras e prazos aplicáveis às demais prestações, com prioridade para conclusão; e

II – na via judicial, pela Justiça dos Estados e do Distrito Federal, segundo o rito sumaríssimo, inclusive durante as férias forenses, mediante petição instruída pela prova de efetiva notificação do evento à previdência social, através da Comunicação de Acidente do Trabalho.

Parágrafo único. O procedimento judicial de que trata o inciso II é isento do pagamento de quaisquer custas e de verbas relativas à sucumbência.

Art. 345. As ações referentes às prestações decorrentes do acidente de que trata o art. 336 prescrevem em 5 (cinco) anos, observado o disposto no art. 347, contados da data:

I – do acidente, quando dele resultar a morte ou a incapacidade temporária, verificada esta em perícia médica a cargo da previdência social; ou

II – em que for reconhecida pela previdência social a incapacidade permanente ou o agravamento das sequelas do acidente.

Art. 346. O segurado que sofreu o acidente a que se refere o art. 336 tem garantida, pelo prazo mínimo de 12 (doze) meses, a manutenção do seu contrato de trabalho na empresa, após a cessação do auxílio-doença acidentário, independentemente da percepção de auxílio-acidente.

Art. 347. É de 10 (dez) anos o prazo de decadência de todo e qualquer direito ou ação do segurado ou beneficiário para a revisão do ato de concessão de benefício, a contar do dia primeiro do mês seguinte ao do recebimento da primeira prestação ou, quando for o caso, do dia em que tomar conhecimento da decisão indeferitória definitiva no âmbito administrativo.

• *Caput* com redação determinada pelo Dec. 5.545/2005.

§ 1º Prescreve em 5 (cinco) anos, a contar da data em que deveriam ter sido pagas, toda e qualquer ação para haver prestações vencidas ou quaisquer restituições ou diferenças devidas pela previdência social, salvo o direito dos menores, incapazes e ausentes, na forma do Código Civil.

• Primitivo parágrafo único renumerado pelo Dec. 4.729/2003.

§ 2º Não é considerado pedido de revisão de decisão indeferitória definitiva, mas de novo pedido de benefício, o que vier acompanhado de outros documentos além dos já existentes no processo.

• § 2º acrescentado pelo Dec. 4.729/2003.

§ 3º Não terá sequência eventual pedido de revisão de decisão indeferitória definitiva de benefício confirmada pela última instância do Conselho de Recursos da Previdência Social, aplicando-se, no caso de apresentação de outros documentos, além dos já existentes no processo, o disposto no § 2º.

• § 3º acrescentado pelo Dec. 4.729/2003.

§ 4º No caso de revisão de benefício em manutenção com apresentação de novos elementos extemporaneamente ao ato concessório, os efeitos financeiros devem ser fixados na data do pedido de revisão.

• § 4º acrescentado pelo Dec. 6.722/2008.

Art. 347-A. O direito da Previdência Social de anular os atos administrativos de que decorram efeitos favoráveis para os seus beneficiários decai em 10 (dez) anos, contados da data em que foram praticados, salvo comprovada má-fé.

• Artigo acrescentado pelo Dec. 5.545/2005.

§ 1º No caso de efeitos patrimoniais contínuos, o prazo decadencial contar-se-á da percepção do primeiro pagamento.

§ 2º Considera-se exercício do direito de anular qualquer medida de autoridade administrativa que importe impugnação à validade do ato.

Art. 348. O direito da seguridade social de apurar e constituir seus créditos extingue-se após 10 (dez) anos, contados:

I – do primeiro dia do exercício seguinte àquele em que o crédito poderia ter sido constituído; ou

II – da data em que se tornar definitiva a decisão que houver anulado, por vício formal, a constituição de crédito anteriormente efetuado.

§ 1º Para comprovar o exercício de atividade remunerada, com vistas à concessão de benefícios, será exigido do contribuinte individual, a qualquer tempo, o recolhimento das correspondentes contribuições, observado o disposto nos §§ 7º a 14 do art. 216.

• § 1º com redação determinada pelo Dec. 3.265/1999.

§ 2º Na hipótese de ocorrência de dolo, fraude ou simulação, a seguridade social pode, a qualquer tempo, apurar e constituir seus créditos.

§ 3º O direito de pleitear judicialmente a desconstituição de exigência fiscal fixada pelo Instituto Nacional do Seguro Social no julgamento de litígio em processo administrativo fiscal extingue-se com o decurso do prazo de 180 (cento e oitenta) dias, contado da intimação da referida decisão.

Art. 349. O direito da seguridade social de cobrar seus créditos, constituídos na forma do artigo anterior, prescreve em 10 (dez) anos.

Art. 350. Será de responsabilidade da Procuradoria-Geral do Instituto Nacional do Seguro Social manter entendimentos com o Ministério Público, objetivando a agilização das causas judiciais necessárias à concessão e manutenção de benefícios.

Art. 351. O pagamento de benefícios decorrente de sentença judicial far-se-á com a observância da prioridade garantida aos créditos alimentícios.

Art. 352. O Ministro da Previdência e Assistência Social poderá autorizar o Instituto Nacional do Seguro Social a formalizar a desistência ou abster-se de propor ações e recursos em processos judiciais sempre que a ação versar matéria sobre a qual haja declaração de inconstitucionalidade proferida pelo Supremo Tribunal Federal, súmula ou jurisprudência consolidada do Supremo Tribunal Federal ou dos tribunais superiores.

Parágrafo único. O Ministro da Previdência e Assistência Social disciplinará os procedimentos a serem adotados nas hipóteses em que a previdência social, relativamente aos créditos apurados com base em dispositivo declarado inconstitucional por decisão definitiva do Supremo Tribunal Federal, possa:

I – abster-se de constituí-los;

II – retificar o seu valor ou declará-los extintos, de ofício, quando houverem sido constituídos anteriormente, ainda que inscritos em Dívida Ativa; e

III – formular desistência de ações de execução fiscal já ajuizadas, bem como deixar de interpor recursos de decisões judiciais.

Art. 353. A formalização de desistência ou transigência judiciais, por parte de procurador da previdência social, será sempre precedida da anuência, por escrito, do Procurador-Geral do Instituto Nacional do Seguro Social ou do Presidente deste órgão, quando os valores em litígio ultrapassarem os limites definidos pelo Conselho Nacional de Previdência Social.

Parágrafo único. Os valores, a partir dos quais se exigirá a anuência do Procurador-Geral ou do Presidente do Instituto Nacional do Seguro Social, serão definidos periodicamente pelo Conselho Nacional de Previdência Social, mediante resolução própria.

Art. 354. O Instituto Nacional do Seguro Social, nas causas em que seja interessado na condição de autor, réu, assistente ou oponente, gozará das mesmas prerrogativas e privilégios assegurados à Fazenda Pública, inclusive quanto à inalienabilidade e impenhorabilidade de seus bens.

§ 1º O Instituto Nacional do Seguro Social é isento do pagamento de custas, traslados, preparos, certidões, registros, averbações e quaisquer outros emolumentos, nas causas em que seja interessado na condição de autor, réu, assistente ou oponente, inclusive nas ações de natureza trabalhista, acidentária e de benefício.

§ 2º O Instituto Nacional do Seguro Social antecipará os honorários periciais nas ações de acidentes do trabalho.

Art. 355. O Instituto Nacional do Seguro Social poderá requisitar a qualquer órgão ou entidade da administração direta ou indireta da União, dos Estados, do Distrito Federal e dos Municípios, bem como das demais entidades sob seu controle, elementos de fato e de direito relativos às alegações e ao pedido do autor de ação proposta contra a previdência social, bem assim promover diligências para localização de devedores e apuração de bens penhoráveis, que serão atendidas prioritariamente e sob regime de urgência.

Art. 356. Nos casos de indenização na forma do art. 122 e da retroação da data do início das contribuições, conforme o disposto no art. 124, após a homologação do processo pelo setor de benefícios do Instituto Nacional do Seguro Social, este deverá ser encaminhado ao setor de arrecadação e fiscalização, para levantamento e cobrança do débito.

Art. 357. Fica o Instituto Nacional do Seguro Social autorizado a designar servidores para a realização de pesquisas externas necessárias à concessão, manutenção e revisão de benefícios, bem como ao desempenho das atividades de serviço social, perícias médicas, habilitação e reabilitação profissional e arrecadação, junto a beneficiários, empresas, órgãos públicos, entidades representativas de classe, cartórios e demais entidades e profissionais credenciados.

Parágrafo único. Para efeito do disposto no *caput*, os servidores designados receberão, a título de indenização, o valor correspondente a 1/11 (um onze avos) do valor mínimo do salário de contribuição do contribuinte individual, por deslocamento com pesquisa concluída.

• Parágrafo único com redação determinada pelo Dec. 3.265/ 1999.

Art. 358. Na execução judicial da Dívida Ativa da União, suas autarquias e fundações públicas, será facultado ao exequente indicar bens à penhora, a qual será efetivada concomitantemente com a citação inicial do devedor.

§ 1º Os bens penhorados nos termos deste artigo ficam desde logo indisponíveis.

§ 2º Efetuado o pagamento integral da dívida executada, com seus acréscimos legais, no prazo de 2 (dois) dias úteis contados da citação, independentemente da juntada aos autos do respectivo mandado, poderá ser liberada a penhora, desde que não haja outra execução pendente.

§ 3º O disposto neste artigo aplica-se também às execuções já processadas.

§ 4º Não sendo opostos embargos, no prazo legal, ou sendo eles julgados improcedentes, os autos serão conclusos ao juiz do feito, para determinar o prosseguimento da execução.

Art. 359. O Instituto Nacional do Seguro Social poderá contratar leiloeiros oficiais para promover a venda administrativa dos bens, adjudicados judicialmente ou que receber em dação de pagamento.

Parágrafo único. O Instituto Nacional do Seguro Social, no prazo de 60 (sessenta) dias, providenciará alienação do bem por intermédio do leiloeiro oficial.

Art. 360. Nas execuções fiscais da Dívida Ativa do Instituto Nacional do Seguro Social, o leilão judicial dos bens penhorados realizar-se-á por leiloeiro oficial, indicado pelo credor, que procederá à hasta pública:

I – no primeiro leilão, pelo valor do maior lance, que não poderá ser inferior ao da avaliação; ou

II – no segundo leilão, por qualquer valor, excetuado o vil.

§ 1º Poderá o juiz, a requerimento do credor, autorizar seja parcelado o pagamento do valor da arrematação, na forma prevista para os parcelamentos administrativos de débitos previdenciários.

§ 2º Todas as condições do parcelamento deverão constar do edital de leilão.

§ 3º O débito do executado será quitado na proporção do valor de arrematação.

§ 4º O arrematante deverá depositar, no ato, o valor da primeira parcela.

§ 5º Realizado o depósito, será expedida carta de arrematação, contendo as seguintes disposições:

I – valor da arrematação, valor e número de parcelas mensais em que será pago;

II – constituição de hipoteca do bem adquirido, ou de penhor, em favor do credor, servindo a carta de título hábil para registro da garantia;

III – indicação do arrematante como fiel depositário do bem móvel, quando constituído penhor; e

IV – especificação dos critérios de reajustamento do saldo e das parcelas, que será sempre o mesmo vigente para os parcelamentos de créditos previdenciários.

§ 6º Se o arrematante não pagar no vencimento qualquer das parcelas mensais, o saldo devedor remanescente vencerá antecipadamente e será acrescido em 50% (cinquenta por cento) de seu valor a título de multa, devendo, de imediato, ser inscrito em Dívida Ativa e executado.

§ 7º Se no primeiro ou no segundo leilões a que se refere o *caput* não houver licitante, o Instituto Nacional do Seguro Social poderá adjudicar o bem por 50% (cinquenta por cento) do valor da avaliação.

§ 8º Se o bem adjudicado não puder ser utilizado pelo Instituto Nacional do Seguro Social e for de difícil venda, poderá ser negociado ou doado a outro órgão ou entidade pública que demonstre interesse na sua utilização.

§ 9º Não havendo interesse na adjudicação, poderá o juiz do feito, de ofício ou a requerimento do credor, determinar sucessivas repetições da hasta pública.

§ 10. O leiloeiro oficial, a pedido do credor, poderá ficar como fiel depositário dos bens penhorados e realizar a respectiva remoção.

Art. 361. O Instituto Nacional do Seguro Social poderá concordar com valores divergentes, para pagamento da dívida objeto de execução fiscal, quando a diferença entre os cálculos de atualização da dívida por ele elaborados ou levados a efeito pela contadoria do Juízo e os cálculos apresentados pelo executado for igual ou inferior a 5% (cinco por cento).

§ 1º O disposto neste artigo aplica-se somente a dívidas cuja petição inicial da execução tenha sido protocolada em Juízo até 31 de março de 1997.

§ 2º A extinção de processos de execução, em decorrência da aplicação do disposto neste artigo, não implicará condenação em honorários, custas e quaisquer outros ônus de sucumbência contra o exequente, oferecidos ou não embargos à execução, e acarretará a desistência de eventual recurso que tenha por razão a divergência de valores de atualização nos limites do percentual referido.

Art. 362. O Instituto Nacional do Seguro Social e a Secretaria da Receita Federal estabelecerão critérios para a dispensa de constituição ou exigência de crédito de valor inferior ao custo dessas medidas.

Art. 363. A arrecadação das receitas prevista nos incisos I, II, III, IV e V do parágrafo único do art. 195, bem como as contribuições incidentes a título de substituição, e o pagamento dos benefícios da seguridade social serão realizados pela rede bancária ou por outras formas, nos termos e condições aprovados pelo Conselho Nacional de Previdência Social.

- Artigo com redação determinada pelo Dec. 4.032/2001.

Art. 364. As receitas provenientes da cobrança de débitos dos Estados, do Distrito Federal e dos Municípios e da alienação, arrendamento ou locação de bens móveis ou imóveis pertencentes ao patrimônio do Instituto Nacional do Seguro Social deverão constituir reserva técnica, de longo prazo, que garantirá o seguro social instituído no Plano de Benefícios da Previdência Social.

Parágrafo único. É vedada a utilização dos recursos de que trata este artigo para cobrir despesas de custeio em geral, inclusive as decorrentes de criação, majoração ou extensão dos benefícios ou serviços da previdência social, admitindo-se sua utilização, excepcionalmente, em despesas de capital, conforme definido na lei orçamentária.

Art. 365. Mediante requisição do Instituto Nacional do Seguro Social, a empresa é obrigada a descontar, da remuneração paga aos segurados a seu serviço, a importância proveniente de dívida ou responsabilidade por eles contraída junto à seguridade social, relativa a benefícios pagos indevidamente, observado o disposto no art. 154.

Art. 366. O Presidente de Turma de Julgamento da Delegacia da Receita Federal do Brasil recorrerá de ofício sempre que a decisão:

- *Caput* com redação determinada pelo Dec. 6.224/2007.

I – declarar indevida contribuição ou outra importância apurada pela fiscalização; e

II – relevar ou atenuar multa aplicada por infração a dispositivos deste Regulamento.

§ 1º *(Revogado pelo Dec. 6.224/2007).*

§ 2º O recurso de que trata o *caput* será interposto ao Segundo Conselho de Contribuintes do Ministério da Fazenda.

- § 2º com redação determinada pelo Dec. 6.224/2007.

§ 3º O Ministro de Estado da Fazenda poderá estabelecer limite abaixo do qual será dispensada a interposição do recurso de ofício previsto neste artigo.

- § 3º acrescentado pelo Dec. 6.224/2007.

Art. 367. O Instituto Nacional do Seguro Social e a Empresa de Processamento de Dados da Previdência Social confrontarão a relação dos óbitos com os cadastros da previdência social, determinando o cancelamento dos pagamentos, a partir da data do falecimento dos beneficiários identificados na comunicação a que se refere o art. 228.

Art. 368. Fica o Instituto Nacional do Seguro Social obrigado a:

I – enviar às empresas e aos contribuintes individuais, quando por eles solicitado, extrato de recolhimento das suas contribuições;

II – emitir automaticamente e enviar às empresas avisos de cobrança de débitos;

III – emitir e enviar aos beneficiários carta de concessão de benefícios, além da memória de cálculo do valor dos benefícios concedidos;

IV – reeditar versão atualizada da Carta dos Direitos dos Segurados;

V – divulgar, com a devida antecedência, pelos meios de comunicação, alterações das contribuições das empresas e dos segurados em geral;

VI – descentralizar, progressivamente, o processamento eletrônico das informações, mediante extensão dos programas de informatização aos Postos de Atendimento e às Gerências Regionais de Arrecadação e Fiscalização; e

VII – garantir a integração dos sistemas de processamento eletrônico de informações e sua compatibilidade com o Cadastro Nacional de Informações Sociais;

VIII – tornar disponível ao público, inclusive por meio de rede pública de transmissão de dados, informações atualizadas sobre as despesas do Regime Geral de Previdência Social, bem como os critérios e parâmetros adotados para garantir o seu equilíbrio financeiro e atuarial.

- Inciso VIII acrescentado pelo Dec. 5.545/2005.

Art. 369. Os depósitos judiciais e extrajudiciais referentes a contribuições sociais e outras importâncias arrecadadas pelo Instituto Nacional do Seguro Social serão efetuados na Caixa Econômica Federal mediante guia de recolhimento específica para essa finalidade, conforme modelo a ser aprovado pelo Instituto Nacional do Seguro Social e confeccionado e distribuído pela Caixa Econômica Federal.

§ 1º Quando houver mais de um interessado na ação, o depósito será efetuado, à ordem e disposição do Juízo, em nome de cada contribuinte, individualizadamente.

§ 2º A guia de recolhimento conterá, além de outros elementos fixados em ato normativo da autoridade competente, os dados necessários à identificação do órgão judicial em que tramita a ação.

§ 3º No caso de recebimento de depósito judicial, a Caixa Econômica Federal remeterá uma via da guia de recolhimento ao órgão judicial em que tramita a ação.

§ 4º A Caixa Econômica Federal tornará disponível para o Instituto Nacional do Seguro Social, por meio magnético, os dados referentes aos depósitos.

Art. 370. O valor dos depósitos recebidos será creditado pela Caixa Econômica Federal à Subconta da Previdência Social da Conta Única do Tesouro Nacional junto ao Banco Central do Brasil, no mesmo prazo fixado para recolhimento das contribuições arrecadadas pelo Instituto Nacional do Seguro Social.

Art. 371. Mediante ordem da autoridade judicial ou, no caso de depósito extrajudicial, da autoridade administrativa competente, o valor do depósito, após o encerramento da lide ou do processo litigioso, será:

I – devolvido ao depositante pela Caixa Econômica Federal, no prazo máximo de 24 (vinte e quatro) horas, quando a sentença ou decisão lhe for favorável ou na proporção em que o for, acrescido de juros equivalentes à taxa referencial do Sistema Especial de Liquidação e de Custódia, para títulos federais, acumulada mensalmente, calculados a partir do mês subsequente ao da efetivação do depósito até o mês anterior ao de seu levantamento, e de juros de 1% (um por cento) relativamente ao mês em que estiver sendo efetivada a devolução; ou

II – transformado em pagamento definitivo, proporcionalmente à exigência do correspondente crédito, quando se tratar de sentença ou decisão favorável ao Instituto Nacional do Seguro Social.

§ 1º O documento contendo os dados relativos aos depósitos devolvidos ou transformados em pagamento definitivo, a ser confeccionado e preenchido pela Caixa Econômica Federal, deverá ser aprovado pelo Instituto Nacional do Seguro Social.

§ 2º O valor dos depósitos devolvidos pela Caixa Econômica Federal será debitado à Subconta da Previdência Social da Conta Única do Tesouro Nacional junto ao Banco Central do Brasil, a título de restituição, no mesmo dia em que ocorrer a devolução.

§ 3º O Banco Central do Brasil creditará, na conta de reserva bancária da Caixa Econômica Federal, no mesmo dia, os valores devolvidos.

§ 4º Os valores das devoluções, inclusive dos juros acrescidos, serão contabilizados como estorno da respectiva espécie de receita em que tiver sido contabilizado o depósito.

§ 5º No caso de transformação do depósito em pagamento definitivo, a Caixa Econômica Federal efetuará a baixa em seus controles e comunicará a ocorrência ao Instituto Nacional do Seguro Social.

§ 6º A Caixa Econômica Federal manterá controle dos valores depositados, devolvidos e transformados em pagamento definitivo, por contribuinte e por processo, devendo, relativamente aos valores depositados e respectivos acréscimos de juros, tornar disponível o acesso aos registros, emitir extratos mensais e remetê-los ao Instituto Nacional do Seguro Social.

§ 7º Os extratos referidos neste artigo conterão dados que permitam identificar o depositante, o processo administrativo ou judicial, a movimentação dos depósitos durante o mês, além de outros elementos considerados indispensáveis.

Art. 372. Pelo recebimento dos depósitos e pela prestação dos demais serviços previstos nos arts. 369 a 371, a Caixa Econômica Federal será remunerada pela tarifa fixada pelo Ministro de Estado da Fazenda, na forma do disposto no Decreto 2.850, de 27 de novembro de 1998.

Art. 373. Os valores expressos em moeda corrente referidos neste Regulamento, exceto aqueles referidos no art. 288, são reajustados nas mesmas épocas e com os mesmos índices utilizados para o reajustamento dos benefícios de prestação continuada da previdência social.

Art. 374. Serão aceitos os números de inscrição no Cadastro Geral de Contribuintes, até que seja concluída, pela Secretaria da Receita Federal, a implantação do Cadastro Nacional da Pessoa Jurídica.

Art. 375. Ficam anistiados, por força do art. 3º da Lei 9.476, de 23 de julho de 1997, os agentes políticos e os dirigentes de órgãos públicos estaduais, do Distrito Federal ou municipais, a quem foram impostas penalidades pecuniárias pessoais até 24 de julho de 1997, em decorrência do disposto no art. 289.

Art. 376. A multa de que trata a alínea *e* do inciso I do art. 283 retroagirá a 16 de abril de 1994, na que for mais favorável.

Art. 377. Os recursos a que se refere o Decreto 2.536, de 6 de abril de 1998, não têm efeito suspensivo.

Art. 378. *(Revogado pelo Dec. 4.729/2003).*

Art. 379. A pessoa jurídica de direito privado já beneficiária da isenção ou que já a tenha requerido e que atenda ao disposto nos arts. 206 ou 207 está dispensada do requerimento previsto no art. 208, devendo, até 30 de maio de 1999:

I – comunicar ao Instituto Nacional do Seguro Social que está enquadrada nos arts. 206 ou 207; e

II – apresentar ao Instituto Nacional do Seguro Social o plano de ação de atividades a serem desenvolvidas durante o ano em curso.

Parágrafo único. O Conselho Nacional de Assistência Social, mediante resolução que observe a natureza dos serviços assistenciais, poderá, por proposição da Secretaria de Estado de Assistência Social, considerar atendido o requisito de gratuidade, à vista de doações ou contribuições voluntárias feitas por terceiros, pelos responsáveis ou pelos próprios beneficiários dos serviços, desde que garantido o livre acesso a esses serviços, independentemente dessas doações e contribuições, não se lhes aplicando o disposto nos §§ 2º e 3º do art. 206.

Art. 380. Fica cancelada, a partir de 1º de abril de 1999, toda e qualquer isenção de contribuição para a seguridade social concedida, em caráter geral ou especial, em desacordo com os arts. 206 ou 207.

Art. 381. As normas deste Regulamento de natureza procedimental aplicam-se imediatamente a todos os processos pendentes no Ministério da Previdência e Assistência Social e no Instituto Nacional do Seguro Social.

Art. 382. Os tratados, convenções e outros acordos internacionais de que Estado estrangeiro ou organismo internacional e o Brasil sejam partes, e que versem sobre matéria previdenciária, serão interpretados como lei especial.

- Artigo acrescentado pelo Dec. 3.265/1999. (*DOU* 07.05.1999; rep. *DOU* 12.05.1999; ret. 18.06.1999 e 21.06.1999)

ANEXO I

Relação das situações em que o aposentado por invalidez terá direito à majoração de vinte e cinco por cento prevista no art. 45 deste Regulamento

1 – Cegueira total.

2 – Perda de nove dedos das mãos ou superior a esta.

3 – Paralisia dos dois membros superiores ou inferiores.

4 – Perda dos membros inferiores, acima dos pés, quando a prótese for impossível.

5 – Perda de uma das mãos e de dois pés, ainda que a prótese seja possível.

6 – Perda de um membro superior e outro inferior, quando a prótese for impossível.

7 – Alteração das faculdades mentais com grave perturbação da vida orgânica e social.

8 – Doença que exija permanência contínua no leito.

9 – Incapacidade permanente para as atividades da vida diária.

- Deixamos de publicar os demais Anexos a este Regulamento.

DECRETO 3.298, DE 20 DE DEZEMBRO DE 1999

Regulamenta a Lei 7.853, de 24 de outubro de 1989, dispõe sobre a Política Nacional para a Integração da Pessoa Portadora de Deficiência, consolida as normas de proteção, e dá outras providências.

- V. Lei 13.146/2015 (Institui o Estatuto da Pessoa com Deficiência).

O Presidente da República, no uso das atribuições que lhe confere o art. 84, incisos IV e VI, da Constituição, e tendo em vista o disposto na Lei 7.853, de 24 de outubro de 1989, decreta:

Capítulo I
Das Disposições Gerais

Art. 1º A Política Nacional para a Integração da Pessoa Portadora de Deficiência compreende o conjunto de orientações normativas que objetivam assegurar o pleno exercício dos direitos individuais e sociais das pessoas portadoras de deficiência.

Art. 2º Cabe aos órgãos e às entidades do Poder Público assegurar à pessoa portadora de deficiência o pleno exercício de seus direitos básicos, inclusive dos direitos à educação, à saúde, ao trabalho, ao desporto, ao turismo, ao lazer, à previdência social, à assistência social, ao transporte, à edificação pública, à habitação, à cultura, ao amparo à infância e à maternidade, e de outros que, decorrentes da Constituição e das leis, propiciem seu bem-estar pessoal, social e econômico.

Art. 3º Para os efeitos deste Decreto, considera-se:

I – deficiência – toda perda ou anormalidade de uma estrutura ou função psicológica, fisiológica ou anatômica que gere incapacidade para o desempenho de atividade, dentro do padrão considerado normal para o ser humano;

- V. Súmula 552, STJ.

II – deficiência permanente – aquela que ocorreu ou se estabilizou durante um período de tempo suficiente para não permitir recuperação ou ter probabilidade de que se altere, apesar de novos tratamentos; e

III – incapacidade – uma redução efetiva e acentuada da capacidade de integração social, com necessidade de equipamentos, adaptações, meios ou recursos especiais para que a pessoa portadora de deficiência possa receber ou transmitir informações necessárias ao seu bem-estar pessoal e ao desempenho de função ou atividade a ser exercida.

Art. 4º É considerada pessoa portadora de deficiência a que se enquadra nas seguintes categorias:

I – deficiência física – alteração completa ou parcial de um ou mais segmentos do corpo humano, acarretando o comprometimento da função física, apresentando-se sob a forma de paraplegia, paraparesia, monoplegia, monoparesia, tetraplegia, tetraparesia, triplegia, triparesia, hemiplegia, hemiparesia, ostomia, amputação ou ausência de membro, paralisia cerebral, nanismo, membros com deformidade congênita ou adquirida, exceto as deformidades estéticas e as que não produzam dificuldades para o desempenho de funções;

- Inciso I com redação determinada pelo Dec. 5.296/2004.

II – deficiência auditiva – perda bilateral, parcial ou total, de quarenta e um decibéis (dB) ou mais, aferida por audiograma nas frequências de 500Hz, 1.000Hz, 2.000Hz e 3.000Hz:

- Inciso II com redação determinada pelo Dec. 5.296/2004.
- V. Súmula 552, STJ.

III – deficiência visual – cegueira, na qual a acuidade visual é igual ou menor que 0,05 no melhor olho, com a melhor correção óptica; a baixa visão, que significa acuidade visual entre 0,3 e 0,05 no melhor olho, com a melhor correção óptica; os casos nos quais a somatória da medida do campo visual em ambos os olhos for igual ou menor que 60º; ou a ocorrência simultânea de quaisquer das condições anteriores;

- Inciso III com redação determinada pelo Dec. 5.296/2004.
- V. Súmula 377, STJ.

IV – deficiência mental – funcionamento intelectual significativamente inferior à média, com manifestação antes dos dezoito anos e limitações associadas a duas ou mais áreas de habilidades adaptativas, tais como:

a) comunicação;

b) cuidado pessoal;

c) habilidades sociais;

d) utilização dos recursos da comunidade;

Alínea *d* com redação determinada pelo Dec. 5.296/2004.

e) saúde e segurança;

f) habilidades acadêmicas;

g) lazer; e

h) trabalho;

V – deficiência múltipla – associação de duas ou mais deficiências.

[...]

Capítulo VII
Da Equiparação de Oportunidades

[...]

Seção III
Da Habilitação e da Reabilitação Profissional

Art. 30. A pessoa portadora de deficiência, beneficiária ou não do Regime Geral de Previdência Social, tem direito às prestações de habilitação e reabilitação profissional para capacitar-se a obter trabalho, conservá-lo e progredir profissionalmente.

Art. 31. Entende-se por habilitação e reabilitação profissional o processo orientado a possibilitar que a pessoa portadora de deficiência, a partir da identificação de suas potencialidades laborativas, adquira o nível suficiente de desenvolvimento profissional para ingresso e reingresso no mercado de trabalho e participar da vida comunitária.

Art. 32. Os serviços de habilitação e reabilitação profissional deverão estar dotados dos recursos necessários para atender toda pessoa portadora de deficiência, independentemente da origem de sua deficiência, desde que possa ser preparada para trabalho que lhe seja adequado e tenha perspectivas de obter, conservar e nele progredir.

Art. 33. A orientação profissional será prestada pelos correspondentes serviços de habilitação e reabilitação profissional, tendo em conta as potencialidades da pessoa portadora de deficiência, identificadas com base em relatório de equipe multiprofissional, que deverá considerar:

I – educação escolar efetivamente recebida e por receber;

II – expectativas de promoção social;

III – possibilidades de emprego existentes em cada caso;

IV – motivações, atitudes e preferências profissionais; e

V – necessidades do mercado de trabalho.

Seção IV
Do Acesso ao Trabalho

Art. 34. É finalidade primordial da política de emprego a inserção da pessoa portadora de deficiência no mercado de trabalho ou sua incorporação ao sistema produtivo mediante regime especial de trabalho protegido.

Parágrafo único. Nos casos de deficiência grave ou severa, o cumprimento do disposto no *caput* deste artigo poderá ser efetivado mediante a contratação das cooperativas sociais de que trata a Lei 9.867, de 10 de novembro de 1999.

Art. 35. São modalidades de inserção laboral da pessoa portadora de deficiência:

I – colocação competitiva: processo de contratação regular, nos termos da legislação trabalhista e previdenciária, que independe da adoção de procedimentos especiais para sua concretização, não sendo excluída a possibilidade de utilização de apoios especiais;

II – colocação seletiva: processo de contratação regular, nos termos da legislação trabalhista e previdenciária, que depende da adoção de procedimentos e apoios especiais para sua concretização; e

III – promoção do trabalho por conta própria: processo de fomento da ação de uma ou mais pessoas, mediante trabalho autônomo, cooperativado ou em regime de economia familiar, com vista à emancipação econômica e pessoal.

§ 1º As entidades beneficentes de assistência social, na forma da lei, poderão intermediar a modalidade de inserção laboral de que tratam os incisos II e III, nos seguintes casos:

I – na contratação para prestação de serviços, por entidade pública ou privada, da pessoa portadora de deficiência física, mental ou sensorial; e

II – na comercialização de bens e serviços decorrentes de programas de habilitação profissional de adolescente e adulto portador de deficiência em oficina protegida de produção ou terapêutica.

§ 2º Consideram-se procedimentos especiais os meios utilizados para a contratação de pessoa que, devido ao seu grau de deficiência, transitória ou permanente, exija condições especiais, tais como jornada variável, horário flexível, proporcionalidade de salário, ambiente de trabalho adequado às suas especificidades, entre outros.

§ 3º Consideram-se apoios especiais a orientação, a supervisão e as ajudas técnicas entre outros elementos que auxiliem ou permitam compensar uma ou mais limitações funcionais motoras, sensoriais ou mentais da pessoa portadora de deficiência, de modo a superar as barreiras da mobilidade e da comunicação, possibilitando a plena utilização de suas capacidades em condições de normalidade.

§ 4º Considera-se oficina protegida de produção a unidade que funciona em relação de dependência com entidade pública ou beneficente de assistência social, que tem por objetivo desenvolver programa de habilitação profissional para adolescente e adulto portador de deficiência, provendo-o com trabalho remunerado, com vista à emancipação econômica e pessoal relativa.

§ 5º Considera-se oficina protegida terapêutica a unidade que funciona em relação de dependência com entidade pública ou beneficente de assistência social, que tem por objetivo a integração social por meio de atividades de adaptação e capacitação para o trabalho de adolescente e adulto que devido ao seu grau de deficiência, transitória ou permanente, não possa desempenhar atividade laboral no mercado competitivo de trabalho ou em oficina protegida de produção.

§ 6º O período de adaptação e capacitação para o trabalho de adolescente e adulto portador de deficiência em oficina protegida terapêutica não caracteriza vínculo empregatício e está condicionado a processo de avaliação individual que considere o desenvolvimento biopsicosocial da pessoa.

§ 7º A prestação de serviços será feita mediante celebração de convênio ou contrato formal, entre a entidade beneficente de assistência social e o tomador de serviços, no qual constará a relação nominal dos trabalhadores portadores de deficiência colocados à disposição do tomador.

§ 8º A entidade que se utilizar do processo de colocação seletiva deverá promover, em parceria com o tomador de serviços, programas de prevenção de doenças profissionais e de redução da capacidade laboral, bem assim programas de reabilitação caso ocorram patologias ou se manifestem outras incapacidades.

Art. 36. A empresa com cem ou mais empregados está obrigada a preencher de 2 (dois) a 5% (cinco por cento) de seus cargos com beneficiários da Previdência Social reabilitados ou com pessoa portadora de deficiência habilitada, na seguinte proporção:

I – até duzentos empregados, 2% (dois por cento);

II – de duzentos e um a quinhentos empregados, 3% (três por cento);

III – de quinhentos e um a mil empregados, 4% (quatro por cento); ou

IV – mais de mil empregados, 5% (cinco por cento).

§ 1º A dispensa de empregado na condição estabelecida neste artigo, quando se tratar de contrato por prazo determinado, superior a 90 (noventa) dias, e a dispensa imotivada, no contrato por prazo indeterminado, somente poderá ocorrer após a contratação de substituto em condições semelhantes.

§ 2º Considera-se pessoa portadora de deficiência habilitada aquela que concluiu curso de educação profissional de nível básico, técnico ou tecnológico, ou curso superior, com certificação ou diplomação expedida por instituição pública ou privada, legalmente credenciada pelo Ministério da Educação ou órgão equivalente, ou aquela com certificado de conclusão de processo de habilitação ou reabilitação profissional fornecido pelo Instituto Nacional do Seguro Social – INSS.

§ 3º Considera-se, também, pessoa portadora de deficiência habilitada aquela que, não tendo se submetido a processo de habilitação ou reabilitação, esteja capacitada para o exercício da função.

§ 4º A pessoa portadora de deficiência habilitada nos termos dos §§ 2º e 3º deste artigo poderá recorrer à intermediação de órgão integrante do sistema público de emprego, para fins de inclusão laboral na forma deste artigo.

§ 5º Compete ao Ministério do Trabalho e Emprego estabelecer sistemática de fiscalização, avaliação e controle das empresas, bem como instituir procedimentos e formulários que propiciem estatísticas sobre o número de empregados portadores de deficiência e de vagas preenchidas, para fins de acompanhamento do disposto no *caput* deste artigo.

☛ **Art. 37.** *(Revogado pelo Dec. 9.508/2018).*

Art. 38. *(Revogado pelo Dec. 9.508/2018).*

Art. 39. *(Revogado pelo Dec. 9.508/2018).*

Art. 40. *(Revogado pelo Dec. 9.508/2018).*

Art. 41. *(Revogado pelo Dec. 9.508/2018).*

Art. 42. *(Revogado pelo Dec. 9.508/2018).*

Art. 43. *(Revogado pelo Dec. 9.508/2018).*

Art. 44. A análise dos aspectos relativos ao potencial de trabalho do candidato portador de deficiência obedecerá ao disposto no art. 20 da Lei 8.112, de 11 de dezembro de 1990.

Art. 45. Serão implementados programas de formação e qualificação profissional voltados para a pessoa portadora de deficiência no âmbito do Plano Nacional de Formação Profissional – Planfor.

Parágrafo único. Os programas de formação e qualificação profissional para pessoa portadora de deficiência terão como objetivos:

I – criar condições que garantam a toda pessoa portadora de deficiência o direito a receber uma formação profissional adequada;

II – organizar os meios de formação necessários para qualificar a pessoa portadora de deficiência para a inserção competitiva no mercado laboral; e

III – ampliar a formação e qualificação profissional sob a base de educação geral para fomentar o desenvolvimento harmônico da pessoa portadora de deficiência, assim como para satisfazer as exigências derivadas do progresso técnico, dos novos métodos de produção e da evolução social e econômica.

[...]

Capítulo XI
Das Disposições Finais e Transitórias

[...]

Art. 59. Este Decreto entra em vigor na data da sua publicação.

Art. 60. Ficam revogados os Decretos 93.481, de 29 de outubro de 1986, 914, de 6 de setembro de 1993, 1.680, de 18 de outubro de 1995, 3.030, de 20 de abril de 1999, o § 2º do art. 141 do Regulamento da Previdência Social, aprovado pelo Decreto 3.048, de 6 de maio de 1999, e o Decreto 3.076, de 1º de junho de 1999.

Brasília, 20 de dezembro de 1999; 178º da Independência e 111º da República.

Fernando Henrique Cardoso

(*DOU* 21.12.1999)

DECRETO 3.913, DE 11 DE SETEMBRO DE 2001

Dispõe sobre a apuração e liquidação dos complementos de atualização monetária de saldos de contas vinculadas do Fundo de Garantia do Tempo de Serviço – FGTS, de que trata a Lei Complementar 110, de 29 de junho de 2001.

- V. Lei 8.036/1990 (FGTS).
- V. Dec. 99.684/1990 (Consolida as normas regulamentares do FGTS).
- V. Lei 8.844/1994 (Fiscalização, apuração e cobrança judicial das contribuições e multas devidas ao FGTS).
- V. LC 110/2001 (Institui contribuições sociais e autoriza créditos de complementos de atualização monetária em contas vinculadas do FGTS).
- V. Dec. 3.914/2001 (Regulamentação das contribuições sociais instituídas pela LC 110/2001).
- V. Dec. 5.113/2004 (Regulamenta o art. 20, XVI, da Lei 8.036/1990).
- V. Lei 11.491/2007 (Institui o Fundo de Investimento do FGTS).

O Presidente da República, no uso da atribuição que lhe confere o art. 84, inciso IV, da Constituição e tendo em vista as disposições contidas na Lei Complementar 110, de 29 de junho de 2001, decreta:

Art. 1º Este Decreto regulamenta a forma de apuração dos complementos de atualização monetária das contas vinculadas do Fundo de Garantia do Tempo de Serviço – FGTS, de que trata a Lei Complementar 110, de 29 de junho de 2001, relativos aos saldos mantidos no período de 1º de dezembro de 1988 a 28 de fevereiro de 1989 e no mês de abril de 1990, a forma e os prazos para lançamento dos respectivos créditos nas contas vinculadas e a forma de adesão às condições de resgate dos referidos créditos.

Art. 2º A Caixa Econômica Federal calculará o complemento de atualização monetária relativo ao período de 1º de dezembro de 1988 a 28 de fevereiro de 1989, inclusive, e ao mês de abril de 1990, com base nos percentuais:

I – de 16,64% (dezesseis inteiros e sessenta e quatro centésimos por cento), referente ao índice de janeiro de 1989, sobre o saldo mantido na conta vinculada no período de 1º de dezembro de 1988 a 28 de fevereiro de 1989, inclusive;

II – de 44,8% (quarenta e quatro inteiros e oito décimos por cento), referente ao índice de abril de 1990, sobre o saldo mantido no mês de abril de 1990;

III – de 16,64% (dezesseis inteiros e sessenta e quatro centésimos por cento) e de 44,8% (quarenta e quatro inteiros e oito décimos por cento), cumulativos, sobre os saldos mantidos, respectivamente, no período de 1º de dezembro de 1988 a 28 de fevereiro de 1989, inclusive, e no mês de abril de 1990.

§ 1º O valor calculado na forma do *caput*, com a remuneração prevista no art. 5º e com a redução cabível especificada no inciso I do art. 6º, ambos da Lei Complementar 110, de 2001, será, a partir de 1º de maio de 2002, registrado na conta vinculada do trabalhador que tenha manifestado sua adesão às condições de resgate estabelecidas na Lei Complementar 110, de 2001, mediante assinatura do Termo de Adesão, para ser creditado nas condições, forma e prazos previstos neste Decreto.

§ 2º O valor do complemento de atualização monetária, após o seu registro na conta vinculada do trabalhador, efetuado segundo o disposto no § 1º, integra a base de cálculo das multas rescisórias de que tratam os §§ 1º e 2º do art. 18 da Lei 8.036, de 11 de maio de 1990.

Art. 3º A adesão às condições de resgate dos complementos de atualização monetária, estabelecidas na Lei Complementar 110, de 2001, deverá ser manifestada em Termo de Adesão próprio, nos moldes dos formulários aprovados em portaria conjunta da Advocacia-Geral da União e do Ministério do Trabalho e Emprego.

§ 1º Mantido o conteúdo constante dos formulários do Termo de Adesão, as adesões poderão ser manifestadas por meios magnéticos ou eletrônicos, inclusive mediante teleprocessamento, na forma estabelecida em ato normativo do Agente Operador do FGTS.

§ 2º O titular de conta vinculada poderá, a partir de 5 de novembro de 2001, manifestar sua adesão às condições de resgate do complemento de atualização monetária previstas na Lei Complementar 110, de 2001, independentemente do conhecimento prévio do valor do complemento.

§ 3º A critério do Agente Operador do FGTS e mediante ampla divulgação prévia, o início do processo de adesão poderá ser antecipado.

Art. 4º O titular da conta vinculada manifestará, no Termo de Adesão, sua concordância:

I – com a redução do complemento de que trata o art. 2º, remunerado até o dia 10 do mês de julho de 2001 com base nos mesmos critérios de remuneração das contas vinculadas, nas seguintes proporções:

a) 0% (zero por cento) sobre o total do complemento de atualização monetária de valor até R$ 2.000,00 (dois mil reais);

b) 8% (oito por cento) sobre o total do complemento de atualização monetária de valor de R$ 2.000,01 (dois mil reais e um centavo) a R$ 5.000,00 (cinco mil reais), assegurado o crédito mínimo de R$ 2.000,00 (dois mil reais), quando a aplicação do percentual de redução resultar em quantia inferior a esse valor;

c) 12% (doze por cento) sobre o total do complemento de atualização monetária de valor de R$ 5.000,01 (cinco mil reais e um centavo) a R$ 8.000,00 (oito mil reais), assegurado o crédito mínimo de R$ 4.600,00 (quatro mil e seiscentos reais), quando a aplicação do percentual de redução resultar em quantia inferior a esse valor;

d) 15% (quinze por cento) sobre o total do complemento de atualização monetária de valor acima de R$ 8.000,00 (oito mil reais), assegurado o crédito mínimo de R$ 7.040,00 (sete mil e quarenta reais), quando a aplicação do percentual de redução resultar em quantia inferior a esse valor;

II – com a forma e os prazos do crédito na conta vinculada, consoante as seguintes especificações:

a) o complemento de atualização monetária no valor total de até R$ 1.000,00 (mil reais), será creditado até 30 de junho de 2002, em uma única parcela, para os titulares de contas vinculadas que tenham firmado o Termo de Adesão até o dia 31 de maio de 2002;

b) o complemento de atualização monetária no valor total de R$ 1.000,01 (mil reais e um centavo) a R$ 2.000,00 (dois mil reais), será creditado em duas parcelas semestrais, ocorrendo o crédito da primeira parcela, no valor de R$ 1.000,00 (mil reais), até 31 de julho de 2002, para os titulares de contas vinculadas que tenham firmado o Termo de Adesão até o dia 28 de junho de 2002;

c) o complemento de atualização monetária no valor total de R$ 2.000,01 (dois mil reais e um centavo) a R$ 5.000,00 (cinco mil reais), definido antes da dedução de que trata o inciso I, alínea ***b***, será creditado em cinco parcelas semestrais, a partir de janeiro de 2003, para os titulares de contas vinculadas que tenham firmado o Termo de Adesão até o dia 30 de dezembro de 2002;

d) o complemento de atualização monetária no valor total de R$ 5.000,01 (cinco mil reais e um centavo), a R$ 8.000,00 (oito mil reais), definido antes da dedução de que trata o inciso I, alínea ***c***, será creditado em sete parcelas semestrais, a partir de julho de 2003, para os titulares de contas vinculadas que tenham firmado o Termo de Adesão até o dia 30 de junho de 2003;

e) o complemento de atualização monetária no valor total acima de R$ 8.000,00 (oito mil reais), definido antes da dedução de que trata o inciso I, alínea ***d***, será creditado em sete parcelas semestrais, a partir de janeiro de 2004, para os titulares de contas vinculadas que tenham firmado o Termo de Adesão até o dia 30 de dezembro de 2003;

III – em firmar, sob as penas da lei, declaração de que não está discutindo em juízo, nem ingressará em juízo para discutir, complementos de atualização monetária do FGTS relativos a junho de 1987, ao período de 1º de dezembro de 1988 a 28 de fevereiro de 1989, a abril e maio de 1990 e a fevereiro de 1991;

IV – em desistir de ação judicial que tenha interposto, inclusive na condição de litisconsorte, para pleitear o pagamento de complementos de atualização monetária citados no inciso III, conformando-se, por transação a ser homologada em juízo, com as condições estabelecidas neste Decreto.

§ 1º Nos casos em que a adesão dependa de transação, serão consideradas como datas de adesão, para os efeitos das alíneas *a* a *e* do inciso II, as datas em que os titulares de contas vinculadas firmaram o Termo de Adesão, independentemente da homologação judicial da transação, que deverá ser requerida mesmo depois de efetuado o crédito na conta.

- § 1º com redação determinada pelo Dec. 4.777/2003.

§ 2º Para os trabalhadores que vierem a firmar seus termos de adesão após as datas previstas nas alíneas *a* a *d* do inciso II, os créditos em suas contas vinculadas iniciar-se-ão no mês subsequente ao da assinatura do Termo de Adesão, observadas as demais regras constantes nesses dispositivos, quanto a valores, número e periodicidade de pagamento de parcelas.

§ 3º A data final para assinatura do Termo de Adesão é 30 de dezembro de 2003.

§ 4º Na ocorrência de óbito do titular da conta vinculada, o Termo de Adesão será firmado por todos os seus dependentes, habilitados perante a Previdência Social para a concessão de pensões por morte e, na falta de dependentes, por todos os seus sucessores previstos na lei civil, indicados em alvará judicial, expedido a requerimento do interessado, independentemente de inventário ou arrolamento.

Art. 5º O titular da conta vinculada fará jus ao crédito de que trata o inciso II do art. 4º deste Decreto, em uma única parcela, até junho de 2002, disponível para imediata movimentação a partir desse mês, nas hipóteses de o titular:

I – ou qualquer de seus dependentes ser acometido de neoplasia maligna;

II – ou qualquer de seus dependentes ser portador do vírus HIV;

III – com crédito de até R$ 2.000,00 (dois mil reais), ser aposentado por invalidez em função de acidente de trabalho ou doença profissional, ou ser aposentado maior de 65 anos de idade;

IV – de o titular ou qualquer de seus dependentes ser acometido de doença terminal.

Parágrafo único. Para efeito do inciso IV, apresentar-se-á diagnóstico médico claramente descritivo que, em face dos sintomas ou do histórico patológico, caracterize o estágio terminal de vida em razão da doença grave consignada no Código Internacional de Doenças – CID que acometa o trabalhador ou qualquer de seus dependentes, assinado por médico devidamente identificado por seu registro profissional e emitido na conformidade das normas dos Conselhos Federal e Regional de Medicina.

- Parágrafo único com redação determinada pelo Dec. 5.860/ 2006.

Art. 6º A movimentação da conta vinculada, relativamente ao crédito do complemento de atualização monetária, que não se enquadre nas hipóteses do art. 5º, observará as condições previstas no art. 20 da Lei 8.036, de 1990.

§ 1º As hipóteses de movimentação da conta vinculada previstas nos incisos I, II, III, IV, VIII, IX, X e XI do artigo 20 da Lei 8.036, de 1990, e na Lei 7.670, de 8 de setembro de 1988, ocorridas anteriormente à data da edição da Lei Complementar 110, de 2001, autorizam o saque do complemento de atualização monetária após o crédito na conta vinculada.

§ 2º Após o crédito do complemento de atualização monetária na conta vinculada, nas condições do inciso II do art. 4º, será permitida a sua utilização para a amortização ou quitação de saldo devedor de financiamento de moradia própria no âmbito do Sistema Financeiro da Habitação, inclusive na modalidade de Carta de Crédito do FGTS, mediante encontro de contas, atendidas as condições do art. 20 da Lei 8.036, de 1990.

Art. 7º Os saques de que tratam o art. 5º e o § 1º do art. 6º poderão ser processados mediante transferência do valor correspondente para conta corrente do titular da conta vinculada, com a autorização deste.

Art. 8º A critério do titular da conta vinculada, o complemento de atualização monetária, de valor total superior a R$ 2.000,00 (dois mil reais), computada a dedução de que trata o inciso I do art. 4º, poderá ser resgatado mediante entrega, em julho de 2002, ou nos seis meses seguintes, no caso de adesões que se efetuarem até dezembro de 2002, de documento de quitação com o FGTS em que se autoriza a compra de título, lastreado nas receitas decorrentes das contribuições instituídas pelos arts. 1º e 2º da Lei Complementar 110, de 2001, de valor de face equivalente ao valor do referido complemento, nos termos e condições estabelecidas pelo Conselho Monetário Nacional – CMN.

Art. 9º O Agente Operador do FGTS, observadas as normas legais e regulamentares:

I – estabelecerá, em ato normativo, os procedimentos operacionais relativos ao exercício da adesão de que trata o art. 3º e à efetivação dos créditos nas contas vinculadas; e

II – promoverá, antes de iniciar o processo de adesão, ampla divulgação sobre os procedimentos, meios e forma de adesão, e distribuição dos respectivos formulários.

Art. 10. Este Decreto entra em vigor na data de sua publicação.

Brasília, 11 de setembro de 2001; 180º da Independência e 113º da República.

Fernando Henrique Cardoso

(*DOU* 12.09.2001)

DECRETO 3.914, DE 11 DE SETEMBRO DE 2001

Dispõe sobre a regulamentação das contribuições sociais instituídas pela Lei Complementar 110, de 29 de junho de 2001.

- V. Lei 8.036/1990 (FGTS).
- V. Dec. 99.684/1990 (Consolida as normas regulamentares do FGTS).
- V. Lei 8.844/1994 (Fiscalização, apuração e cobrança judicial das contribuições e multas devidas ao FGTS).
- V. LC 110/2001 (Institui contribuições sociais e autoriza créditos de complementos de atualização monetária em contas vinculadas do FGTS).
- V. Dec. 3.913/2001 (Apuração e liquidação dos complementos de atualização monetária de saldos de contas vinculadas do FGTS).
- V. Dec. 5.113/2004 (Regulamenta o art. 20, XVI, da Lei 8.036/1990).
- V. Lei 11.491/2007 (Institui o Fundo de Investimento do FGTS).

O Presidente da República, no uso da atribuição que lhe confere o art. 84, inciso IV, da Constituição, decreta:

Art. 1º Este Decreto dispõe sobre a regulamentação da contribuição social devida por despedida de empregado sem justa causa e da contribuição social incidente sobre a remuneração mensal do trabalhador, instituídas pelos arts. 1º e 2º da Lei Complementar 110, de 29 de junho de 2001.

Art. 2º A contribuição social que tem por fato gerador a despedida de empregado sem justa causa é devida em relação às despedidas que ocorrerem a partir de 28 de setembro de 2001, inclusive.

§ 1º A base de cálculo da contribuição é o montante dos depósitos do Fundo de Garantia do Tempo de Serviço – FGTS, acrescidos das remunerações previstas no art. 13 da Lei 8.036, de 11 de maio de 1990, bem como nos arts. 11 da Lei 7.839, de 12 de outubro de 1989, e 3º e 4º da Lei 5.107, de 13 de setembro de 1966, enquanto vigentes, devidos durante a vigência do contrato de trabalho.

§ 2º O valor do complemento de atualização monetária de que trata o art. 4º, com a remuneração prevista no art. 5º e com a redução cabível especificada no inciso I do art. 6º, todos da Lei Complementar 110, de 2001, que esteja registrado, na data da rescisão do contrato de trabalho, na conta vinculada do trabalhador que tenha firmado o Termo de Adesão a que se refere o art. 4º, inciso I, da mesma Lei Complementar, integra a base de cálculo da contribuição de que trata este artigo.

§ 3º O valor da contribuição será determinado pela aplicação da alíquota de 10% (dez por cento) sobre o valor da base de cálculo especificada nos §§ 1º e 2º.

§ 4º A contribuição deve ser paga nos seguintes prazos:

I – até o primeiro dia útil imediato ao término do contrato, no caso em que o empregador concede o aviso-prévio nos termos do art. 487 da Consolidação das Leis do Trabalho – CLT; ou

II – até o décimo dia, contado da data da notificação da demissão, quando da ausência do aviso-prévio, indenização do mesmo ou dispensa de seu cumprimento.

§ 5º Os empregadores domésticos ficam isentos da contribuição social de que trata este artigo.

Art. 3º A contribuição social incidente sobre a remuneração do trabalhador é devida a partir da remuneração relativa ao mês de outubro de 2001 até a remuneração relativa ao mês de setembro de 2006.

§ 1º A contribuição incide sobre a remuneração paga ou devida, no mês anterior, a cada trabalhador.

§ 2º A base de cálculo da contribuição é o valor da remuneração paga ou devida a cada trabalhador, computadas as parcelas de que trata o art. 15 da Lei 8.036, de 1990.

§ 3º O valor do pagamento antecipado de remuneração ou de gratificação de Natal integra a base de cálculo da contribuição social relativa ao mês em que ocorrer o pagamento antecipado.

§ 4º O valor da contribuição será determinado pela aplicação da alíquota de 0,5% (cinco décimos por cento) sobre a base de cálculo especificada nos §§ 2º e 3º.

§ 5º A contribuição incidente sobre a remuneração paga ou devida em cada mês deve ser paga até o dia 7 do mês subsequente ou, não havendo expediente bancário no dia 7, até o último dia útil que o anteceder.

§ 6º Ficam isentas da contribuição social de que trata este artigo:

I – as empresas inscritas no Sistema Integrado de Pagamento de Impostos e Contribuições das Microempresas e Empresas de Pequeno Porte – Simples, desde que o faturamento anual não ultrapasse o limite de R$ 1.200.000,00 (um milhão e duzentos mil reais);

II – as pessoas físicas, em relação à remuneração de empregados domésticos; e

III – as pessoas físicas, em relação à remuneração de empregados rurais, desde que sua receita bruta anual não ultrapasse o limite de R$ 1.200.000,00 (um milhão e duzentos mil reais).

§ 7º Para os fins do disposto no § 6º, poderão ser utilizadas informações constantes dos cadastros administrados pela Secretaria da Receita Federal, na forma estabelecida em convênio.

Art. 4º O sujeito passivo das contribuições sociais de que trata este Decreto é o empregador, considerado como tal a pessoa física ou a pessoa jurídica de direito privado ou de direito público, da administração pública direta, indireta ou fundacional de qualquer dos Poderes, da União, dos Estados, do Distrito Federal e dos Municípios, que admitir trabalhadores a seu serviço, bem assim aquele que, regido por legislação especial, encontrar-se nessa condição ou figurar como fornecedor ou tomador de mão de obra, independente da responsabilidade solidária ou subsidiária a que eventualmente venha obrigar-se.

Parágrafo único. Para os efeitos deste Decreto, considera-se empregado ou trabalhador toda pessoa física que prestar serviços a empregador, a locador ou tomador de mão de obra, excluídos os eventuais, os autônomos e os servidores públicos civis e militares sujeitos a regime jurídico próprio.

Art. 5º O pagamento das contribuições sociais de que trata este Decreto fora dos prazos estabelecidos sujeita o infrator aos acréscimos previstos no art. 22 da Lei 8.036, de 1990, e nos §§ 2º e 3º do art. 3º da Lei Complementar 110, de 2001.

Art. 6º A exigência fiscal da contribuição social, que não tenha sido paga por iniciativa do contribuinte, será formalizada em notificação de débito, lavrada por Auditor Fiscal do Trabalho ou pela Repartição competente do Ministério do Trabalho e Emprego, nos termos de ato normativo do Ministro de Trabalho e Emprego.

Art. 7º As contribuições sociais de que trata este Decreto, inclusive os acréscimos legais correspondentes, serão pagos na rede bancária arrecadadora do FGTS, na forma a ser estabelecida pelo Agente Operador do FGTS.

§ 1º Os valores recolhidos pela rede bancária serão transferidos à Caixa Econômica Federal no segundo dia útil subsequente à data em que tenham sido recolhidos.

§ 2º A Caixa Econômica Federal procederá ao registro das receitas, relativas às contribuições sociais que lhe forem transferidas pela rede bancária, no Sistema Integrado de Administração Financeira do Governo Federal – Siafi, na forma regulada pelo Ministério da Fazenda.

Art. 8º A falta de pagamento das contribuições de que trata este Decreto resultará no impedimento da emissão, pela Caixa Econômica Federal, do Certificado de Regularidade do FGTS, sem prejuízo das demais cominações legais cabíveis.

Art. 9º O Ministério do Trabalho e Emprego expedirá as normas para disciplinar os procedimentos de administração das contribuições sociais de que trata este Decreto.

Art. 10. Este Decreto entra em vigor na data de sua publicação.

Brasília, 11 de setembro de 2001; 180º da Independência e 113º da República.

Fernando Henrique Cardoso

(*DOU* 12.09.2001)

DECRETO 4.552, DE 27 DE DEZEMBRO DE 2002

Aprova o Regulamento da Inspeção do Trabalho.

- V. Lei 6.986/1982 (Eleva as multas previstas na CLT).
- V. Lei 8.177/1991 (Estabelece regras para a desindexação da economia).
- V. Port. MTE 1.199/2003 (Aprova normas para a imposição da multa administrativa variável prevista no art. 133 da Lei 8.213/1991, pela infração ao art. 93 da mesma Lei, que determina às empresas o preenchimento de cargos com pessoas portadoras de deficiência ou beneficiários reabilitados), disponível em ProView.
- V. Port. MTE 1.719/2014 (Disciplina os procedimentos relativos ao embargos e interdições), disponível em ProView.
- V. Inst. Norm. SIT 133/2017 (Procedimento especial para a ação fiscal de que trata o art. 627-A da CLT), disponível em ProView.

O Presidente da República, no uso da atribuição que lhe confere o art. 84, inciso IV, e considerando o disposto no art. 21, inciso XXIV, ambos da Constituição, na Lei 10.593, de 6 de dezembro de 2002, e na Convenção 81 da Organização Internacional do Trabalho, aprovada pelo Decreto Legislativo 24, de 29 de maio de 1956, promulgada pelo Decreto 41.721, de 25 de junho de 1957, e revigorada pelo Decreto 95.461, de 11 de dezembro de 1987, bem como o disposto na Consolidação das Leis do Trabalho, aprovada pelo Decreto-lei 5.452, de 1º de maio de 1943, decreta:

Art. 1º Fica aprovado o Regulamento da Inspeção do Trabalho, que a este Decreto acompanha.

Art. 2º Este Decreto entra em vigor na data da sua publicação.

Art. 3º Revogam-se os Decretos 55.841, de 15 de março de 1965, 57.819, de 15 de fevereiro de 1966, 65.557, de 21 de outubro de 1969, e 97.995, de 26 de julho de 1989.

Brasília, 27 de dezembro de 2002; 181º da Independência e 114º da República.

Fernando Henrique Cardoso

(*DOU* 30.12.2002)

REGULAMENTO DA INSPEÇÃO DO TRABALHO

Capítulo I
Da Finalidade

Art. 1º O Sistema Federal de Inspeção do Trabalho, a cargo do Ministério do Trabalho e Emprego, tem por finalidade assegurar, em todo o território nacional, a aplicação das disposições legais, incluindo as convenções internacionais ratificadas, os atos e decisões das autoridades competentes e as convenções, acordos e contratos coletivos de trabalho, no que concerne à proteção dos trabalhadores no exercício da atividade laboral.

Capítulo II
Da Organização

Art. 2º Compõem o Sistema Federal de Inspeção do Trabalho:

I – autoridades de direção nacional, regional ou local: aquelas indicadas em leis, regulamentos e demais atos atinentes à estrutura administrativa do Ministério do Trabalho e Emprego;

II – Auditores Fiscais do Trabalho:

- Inciso II com redação determinada pelo Dec. 4.870/2003.

III – Agentes de Higiene e Segurança do Trabalho, em funções auxiliares de inspeção do trabalho.

Art. 3º Os Auditores Fiscais do Trabalho são subordinados tecnicamente à autoridade nacional competente em matéria de inspeção do trabalho.

Art. 4º Para fins de inspeção, o território de cada unidade federativa será dividido em circunscrições, e fixadas as correspondentes sedes.

Parágrafo único. As circunscrições que tiverem dois ou mais Auditores Fiscais do Trabalho poderão ser divididas em áreas de inspeção delimitadas por critérios geográficos.

Art. 5º A distribuição dos Auditores Fiscais do Trabalho pelas diferentes áreas de inspeção da mesma circunscrição obedecerá ao sistema de rodízio, efetuado em sorteio público, vedada a recondução para a mesma área no período seguinte.

§ 1º Os Auditores Fiscais do Trabalho permanecerão nas diferentes áreas de inspeção pelo prazo máximo de 12 (doze) meses.

§ 2º É facultado à autoridade de direção regional estabelecer programas especiais de fiscalização que contemplem critérios diversos dos estabelecidos neste artigo, desde que aprovados pela autoridade nacional competente em matéria de inspeção do trabalho.

Art. 6º Atendendo às peculiaridades ou circunstâncias locais ou, ainda, a programas especiais de fiscalização, poderá a autoridade nacional competente em matéria de inspeção do trabalho alterar os critérios fixados nos arts. 4º e 5º para estabelecer a fiscalização móvel, independentemente de circunscrição ou áreas de inspeção, definindo as normas para sua realização.

- Artigo com redação determinada pelo Dec. 4.870/2003.

Art. 7º Compete às autoridades de direção do Sistema Federal de Inspeção do Trabalho:

I – organizar, coordenar, avaliar e controlar as atividades de auditoria e as auxiliares da inspeção do trabalho;

II – elaborar planejamento estratégico das ações da inspeção do trabalho no âmbito de sua competência;

III – proferir decisões em processo administrativo resultante de ação de inspeção do trabalho; e

IV – receber denúncias e, quando for o caso, formulá-las e encaminhá-las aos demais órgãos do poder público.

§ 1º As autoridades de direção local e regional poderão empreender e supervisionar projetos consoante diretrizes emanadas da autoridade nacional competente em matéria de inspeção do trabalho.

§ 2º Cabe à autoridade nacional competente em matéria de inspeção do trabalho elaborar e divulgar os relatórios previstos em convenções internacionais.

Art. 8º O planejamento estratégico das ações de inspeção do trabalho será elaborado pelos órgãos competentes, considerando as propostas das respectivas unidades descentralizadas.

§ 1º O planejamento de que trata este artigo consistirá na descrição das atividades a serem desenvolvidas nas unidades descentralizadas, de acordo com as diretrizes fixadas pela autoridade nacional competente em matéria de inspeção do trabalho.

§ 2º *(Revogado pelo Dec. 4.870/2003).*

Capítulo III
Da Inspeção

Art. 9º A inspeção do trabalho será promovida em todas as empresas, estabelecimentos e locais de trabalho, públicos ou privados, estendendo-se aos profissionais liberais e instituições sem fins lucrativos, bem como às embarcações estrangeiras em águas territoriais brasileiras.

Art. 10. Ao Auditor Fiscal do Trabalho será fornecida Carteira de Identidade Fiscal (CIF), que servirá como credencial privativa, com renovação quinquenal.

§ 1º Além da credencial aludida no *caput*, será fornecida credencial transcrita na língua inglesa ao Auditor Fiscal do Trabalho, que tenha por atribuição inspecionar embarcações de bandeira estrangeira.

§ 2º A autoridade nacional competente em matéria de inspeção do trabalho fará publicar, no *Diário Oficial da União*, relação nominal dos portadores de Carteiras de Identidade Fiscal, com nome, número de matrícula e órgão de lotação.

§ 3º É proibida a outorga de identidade fiscal a quem não seja integrante da Carreira Auditoria Fiscal do Trabalho.

Art. 11. A credencial a que se refere o art. 10 deverá ser devolvida para inutilização, sob pena de responsabilidade administrativa, nos seguintes casos:

I – posse em outro cargo público efetivo inacumulável;

II – posse em cargo comissionado de quadro diverso do Ministério do Trabalho e Emprego;

III – exoneração ou demissão do cargo de Auditor Fiscal do Trabalho;

IV – aposentadoria; ou

V – afastamento ou licenciamento por prazo superior a 6 (seis) meses.

Art. 12. A exibição da credencial é obrigatória no momento da inspeção, salvo quando o Auditor Fiscal do Trabalho julgar que tal identificação prejudicará a eficácia da fiscalização, hipótese em que deverá fazê-lo após a verificação física.

Parágrafo único. O Auditor Fiscal somente poderá exigir a exibição de documentos após a apresentação da credencial.

Art. 13. O Auditor Fiscal do Trabalho, munido de credencial, tem o direito de ingressar, livremente, sem prévio aviso e em qualquer dia e horário, em todos os locais de trabalho mencionados no art. 9º.

Art. 14. Os empregadores, tomadores e intermediadores de serviços, empresas, instituições, associações, órgãos e entidades de qualquer natureza ou finalidade são sujeitos à inspeção do trabalho e ficam, pessoalmente ou por seus prepostos ou representantes legais, obrigados a franquear, aos Auditores Fiscais do Trabalho, o acesso aos estabelecimentos, respectivas dependências e locais de trabalho, bem como exibir os documentos e materiais solicitados para fins de inspeção do trabalho.

Art. 15. As inspeções, sempre que necessário, serão efetuadas de forma imprevista, cercadas de todas as cautelas, na época e horários mais apropriados a sua eficácia.

Art. 16. As determinações para o cumprimento de ação fiscal deverão ser comunicadas por escrito, por meio de ordens de serviço.

Parágrafo único. As ordens de serviço poderão prever a realização de inspeções por grupos de Auditores Fiscais do Trabalho.

Art. 17. Os órgãos da administração pública direta ou indireta e as empresas concessionárias ou permissionárias de serviços públicos ficam obrigadas a proporcionar efetiva cooperação aos Auditores Fiscais do Trabalho.

Art. 18. Compete aos Auditores Fiscais do Trabalho, em todo o território nacional:

I – verificar o cumprimento das disposições legais e regulamentares, inclusive as relacionadas à segurança e à saúde no trabalho, no âmbito das relações de trabalho e de emprego, em especial:

a) os registros em Carteira de Trabalho e Previdência Social (CTPS), visando à redução dos índices de informalidade;

b) o recolhimento do Fundo de Garantia do Tempo de Serviço (FGTS), objetivando maximizar os índices de arrecadação;

c) o cumprimento de acordos, convenções e contratos coletivos de trabalho celebrados entre empregados e empregadores; e

d) o cumprimento dos acordos, tratados e convenções internacionais ratificados pelo Brasil;

II – ministrar orientações e dar informações e conselhos técnicos aos trabalhadores e às pessoas sujeitas à inspeção do trabalho, atendidos os critérios administrativos de oportunidade e conveniência;

III – interrogar as pessoas sujeitas à inspeção do trabalho, seus prepostos ou representantes legais, bem como trabalhadores, sobre qualquer matéria relativa à aplicação das disposições legais e exigir-lhes documento de identificação;

IV – expedir notificação para apresentação de documentos;

V – examinar e extrair dados e cópias de livros, arquivos e outros documentos, que entenda necessários ao exercício de suas atribuições legais, inclusive quando mantidos em meio magnético ou eletrônico;

VI – proceder a levantamento e notificação de débitos;

VII – apreender, mediante termo, materiais, livros, papéis, arquivos e documentos, inclusive quando mantidos em meio magnético ou eletrônico, que constituam prova material de infração, ou, ainda, para exame ou instrução de processos;

VIII – inspecionar os locais de trabalho, o funcionamento de máquinas e a utilização de equipamentos e instalações;

IX – averiguar e analisar situações com risco potencial de gerar doenças ocupacionais e acidentes do trabalho, determinando as medidas preventivas necessárias;

X – notificar as pessoas sujeitas à inspeção do trabalho para o cumprimento de obrigações ou a correção de irregularidades e adoção de medidas que eliminem os riscos para a saúde e segurança dos trabalhadores, nas instalações ou métodos de trabalho;

XI – quando constatado grave e iminente risco para a saúde ou segurança dos trabalhadores, expedir a notificação a que se refere o inciso X deste artigo, determinando a adoção de medidas de imediata aplicação;

XII – coletar materiais e substâncias nos locais de trabalho para fins de análise, bem como apreender equipamentos e outros itens relacionados com a segurança e saúde no trabalho, lavrando o respectivo termo de apreensão;

XIII – propor a interdição de estabelecimento, setor de serviço, máquina ou equipamento, ou o embargo de obra, total ou parcial, quando constatar situação de grave e iminente risco à saúde ou à integridade física do trabalhador, por meio de emissão de laudo técnico que indique a situação de risco verificada e especifique as medidas corretivas que deverão ser adotadas pelas pessoas sujeitas à inspeção do trabalho, comunicando o fato de imediato à autoridade competente;

XIV – analisar e investigar as causas dos acidentes do trabalho e das doenças ocupacionais, bem como as situações com potencial para gerar tais eventos;

XV – realizar auditorias e perícias e emitir laudos, pareceres e relatórios;

- Inciso XV com redação determinada pelo Dec. 4.870/2003.

XVI – solicitar, quando necessário ao desempenho de suas funções, o auxílio da autoridade policial;

XVII – lavrar termo de compromisso decorrente de procedimento especial de inspeção;

XVIII – lavrar autos de infração por inobservância de disposições legais;

XIX – analisar processos administrativos de auto de infração, notificações de débitos ou outros que lhes forem distribuídos;

XX – devolver, devidamente informados, os processos e demais documentos que lhes forem distribuídos, nos prazos e formas previstos em instruções expedidas pela autoridade nacional competente em matéria de inspeção do trabalho;

XXI – elaborar relatórios de suas atividades, nos prazos e formas previstos em instruções expedidas pela autoridade nacional competente em matéria de inspeção do trabalho;

XXII – levar ao conhecimento da autoridade competente, por escrito, as deficiências ou abusos que não estejam especificamente compreendidos nas disposições legais;

XXIII – atuar em conformidade com as prioridades estabelecidas pelos planejamentos nacional e regional.

- Inciso XXIII com redação determinada pelo Dec. 4.870/2003.

§ 1º *(Revogado pelo Dec. 4.870/2003).*

§ 2º Aos Auditores Fiscais do Trabalho serão ministrados regularmente cursos, visando a sua formação e aperfeiçoamento, observadas as peculiaridades regionais, conforme instruções expedidas pela autoridade nacional competente em matéria de inspeção do trabalho.

- § 2º com redação determinada pelo Dec. 4.870/2003.

Art. 19. É vedado às autoridades de direção do Ministério do Trabalho e Emprego:

I – conferir aos Auditores Fiscais do Trabalho encargos ou funções diversas das que lhes são próprias, salvo se para o desempenho de cargos de direção, de funções de chefia ou de assessoramento;

II – interferir no exercício das funções de inspeção do trabalho ou prejudicar, de qualquer maneira, sua imparcialidade ou a autoridade do Auditor Fiscal do Trabalho; e

III – conferir qualquer atribuição de inspeção do trabalho a servidor que não pertença ao Sistema Federal de Inspeção do Trabalho.

Art. 20. A obrigação do Auditor Fiscal do Trabalho de inspecionar os estabelecimentos e locais de trabalho situados na área de inspeção que lhe compete, em virtude do rodízio de que trata o art. 6º, § 1º, não o exime do dever de, sempre que verificar, em qualquer estabelecimento, a existência de violação a disposições legais, comunicar o fato, imediatamente, à autoridade competente.

Parágrafo único. Nos casos de grave e iminente risco à saúde e segurança dos trabalhadores, o Auditor Fiscal do Trabalho atuará independentemente de sua área de inspeção.

Art. 21. Caberá ao órgão regional do Ministério do Trabalho e Emprego promover a investigação das causas de acidentes ou doenças relacionadas ao trabalho, determinando as medidas de proteção necessárias.

Art. 22. O Auditor Fiscal do Trabalho poderá solicitar o concurso de especialistas e técnicos devidamente qualificados, assim como recorrer a laboratórios técnico-científicos governamentais ou credenciados, a fim de assegurar a aplicação das disposições legais e regulamentares relativas à segurança e saúde no trabalho.

Art. 23. Os Auditores Fiscais do Trabalho têm o dever de orientar e advertir as pessoas sujeitas à inspeção do trabalho e os trabalhadores quanto ao cumprimento da legislação trabalhista, e observarão o critério da dupla visita nos seguintes casos:

I – quando ocorrer promulgação ou expedição de novas leis, regulamentos ou instruções ministeriais, sendo que, com relação exclusivamente a esses atos, será feita apenas a instrução dos responsáveis;

II – quando se tratar de primeira inspeção nos estabelecimentos ou locais de trabalho recentemente inaugurados ou empreendidos;

III – quando se tratar de estabelecimento ou local de trabalho com até dez trabalhadores, salvo quando for constatada infração por falta de registro de empregado ou de anotação da CTPS, bem como na ocorrência de reincidência, fraude, resistência ou embaraço à fiscalização; e

IV – quando se tratar de microempresa e empresa de pequeno porte, na forma da lei específica.

§ 1º A autuação pelas infrações não dependerá da dupla visita após o decurso do prazo de 90 (noventa) dias da vigência das disposições a que se refere o inciso I ou do efetivo funcionamento do novo estabelecimento ou local de trabalho a que se refere o inciso II.

§ 2º Após obedecido o disposto no inciso III, não será mais observado o critério de dupla visita em relação ao dispositivo infringido.

§ 3º A dupla visita será formalizada em notificação, que fixará prazo para a visita seguinte, na forma das instruções expedidas pela autoridade nacional competente em matéria de inspeção do trabalho.

Art. 24. A toda verificação em que o Auditor Fiscal do Trabalho concluir pela existência de violação de preceito legal deve corresponder, sob pena de responsabilidade, a lavratura de auto de infração, ressalvado o disposto no art. 23 e na hipótese de instauração de procedimento especial de fiscalização.

Parágrafo único. O auto de infração não terá seu valor probante condicionado à assinatura do infrator ou de testemunhas e será lavrado no local da inspeção, salvo havendo motivo justificado que será declarado no próprio auto, quando então deverá ser lavrado no prazo de 24 (vinte e quatro) horas, sob pena de responsabilidade.

Art. 25. As notificações de débitos e outras decorrentes da ação fiscal poderão ser lavradas, a critério do Auditor Fiscal do Trabalho, no local que oferecer melhores condições.

Art. 26. Aqueles que violarem as disposições legais ou regulamentares, objeto da inspeção do trabalho, ou se mostrarem negligentes na sua aplicação, deixando de atender às advertências, notificações ou sanções da autoridade competente, poderão sofrer reiterada ação fiscal.

Parágrafo único. O reiterado descumprimento das disposições legais, comprovado mediante relatório emitido pelo Auditor Fiscal do Trabalho, ensejará por parte da autoridade regional a denúncia do fato, de imediato, ao Ministério Público do Trabalho.

Capítulo IV
Do Procedimento Especial para a Ação Fiscal

Art. 27. Considera-se procedimento especial para a ação fiscal aquele que objetiva a orientação sobre o cumprimento das leis de proteção ao trabalho, bem como a prevenção e o saneamento de infrações à legislação.

Art. 28. O procedimento especial para a ação fiscal poderá ser instaurado pelo Auditor Fiscal do Trabalho quando concluir pela ocorrência de motivo grave ou relevante que impossibilite ou dificulte o cumprimento da legislação trabalhista por pessoas ou setor econômico sujeito à inspeção do trabalho, com a anuência da chefia imediata.

§ 1º O procedimento especial para a ação fiscal iniciará com a notificação, pela chefia da fiscalização, para comparecimento das pessoas sujeitas à inspeção do trabalho, à sede da unidade descentralizada do Ministério do Trabalho e Emprego.

§ 2º A notificação deverá explicitar os motivos ensejadores da instauração do procedimento especial.

§ 3º O procedimento especial para a ação fiscal destinado à prevenção ou saneamento de infrações à legislação poderá resultar na lavratura de termo de compromisso que estipule as obrigações assumidas pelo compromissado e os prazos para seu cumprimento.

§ 4º Durante o prazo fixado no termo, o compromissado poderá ser fiscalizado para verificação de seu cumprimento, sem prejuízo da ação fiscal em atributos não contemplados no referido termo.

§ 5º Quando o procedimento especial para a ação fiscal for frustrado pelo não atendimento da convocação, pela recusa de firmar termo de compromisso ou pelo descumprimento de qualquer cláusula compromissada, serão lavrados, de imediato, os respectivos autos de infração, e poderá ser encaminhado relatório circunstanciado ao Ministério Público do Trabalho.

§ 6º Não se aplica o procedimento especial de saneamento às situações de grave e iminente risco à saúde ou à integridade física do trabalhador.

Art. 29. A chefia de fiscalização poderá, na forma de instruções expedidas pela autoridade nacional competente em matéria de inspeção do trabalho, instaurar o procedimento especial sempre que identificar a ocorrência de:

I – motivo grave ou relevante que impossibilite ou dificulte o cumprimento da legislação trabalhista pelo tomador ou intermediador de serviços;

II – situação reiteradamente irregular em setor econômico.

Parágrafo único. Quando houver ação fiscal em andamento, o procedimento especial de fiscalização deverá observar as instruções expedidas pela autoridade nacional competente em matéria de inspeção do trabalho.

Art. 30. Poderão ser estabelecidos procedimentos de fiscalização indireta, mista, ou outras que venham a ser definidas em instruções expedidas pela autoridade nacional competente em matéria de inspeção do trabalho.

§ 1º Considera-se fiscalização indireta aquela realizada por meio de sistema de notificações para apresentação de documentos nas unidades descentralizadas do Ministério do Trabalho e Emprego.

§ 2º Poderá ser adotada fiscalização indireta:

I – na execução de programa especial para a ação fiscal; ou

II – quando o objeto da fiscalização não importar necessariamente em inspeção no local de trabalho.

§ 3º Considera-se fiscalização mista aquela iniciada com a visita ao local de trabalho e desenvolvida mediante notificação para apresentação de documentos nas unidades descentralizadas do Ministério do Trabalho e Emprego.

Capítulo V
Das Atividades Auxiliares à Inspeção do Trabalho

Art. 31. São atividades auxiliares de apoio operacional à inspeção do trabalho, a cargo dos Agentes de Higiene e Segurança do Trabalho:

I – levantamento técnico das condições de segurança nos locais de trabalho, com vistas à investigação de acidentes do trabalho;

II – levantamento de dados para fins de cálculo dos coeficientes de frequência e gravidade dos acidentes;

III – avaliação qualitativa ou quantitativa de riscos ambientais;

IV – levantamento e análise das condições de risco nas pessoas sujeitas à inspeção do trabalho;

V – auxílio à realização de perícias técnicas para caracterização de insalubridade ou de periculosidade;

VI – comunicação, de imediato e por escrito, à autoridade competente de qualquer situação de risco grave e iminente à saúde ou à integridade física dos trabalhadores;

VII – participação em estudos e análises sobre as causas de acidentes do trabalho e de doenças profissionais;

VIII – colaboração na elaboração de recomendações sobre segurança e saúde no trabalho;

IX – acompanhamento das ações de prevenção desenvolvidas pela unidade descentralizada do Ministério do Trabalho e Emprego;

X – orientação às pessoas sujeitas à inspeção do trabalho sobre instalação e funcionamento das Comissões Internas de Prevenção de Acidentes (Cipa) e dimensionamento dos Serviços Especializados em Engenharia de Segurança e em Medicina do Trabalho (SESMT);

XI – prestação de assistência às Cipa;

XII – participação nas reuniões das Cipa das pessoas sujeitas à inspeção do trabalho, como representantes da unidade descentralizada do Ministério do Trabalho e Emprego;

XIII – devolução dos processos e demais documentos que lhes forem distribuídos, devidamente informados, nos prazos assinalados;

XIV – elaboração de relatório mensal de suas atividades, nas condições e nos prazos fixados pela autoridade nacional em matéria de inspeção do trabalho; e

XV – prestação de informações e orientações em plantões fiscais na área de sua competência.

§ 1º As atividades externas de que trata este artigo somente poderão ser exercidas mediante ordem de serviço expedida pela chefia de fiscalização.

§ 2º Para o desempenho das atribuições previstas neste artigo, será fornecida aos Agentes de Higiene e Segurança do Trabalho credencial específica que lhes possibilite o livre acesso aos estabelecimentos e locais de trabalho.

Art. 32. Aos Agentes de Higiene e Segurança do Trabalho poderão ser ministrados cursos necessários à sua formação, aperfeiçoamento e especialização, conforme instruções a serem expedidas pelo Ministério do Trabalho e Emprego, expedidas pela autoridade nacional competente em matéria de inspeção do trabalho.

Capítulo VI
Das Disposições Gerais

Art. 33. Os Auditores Fiscais do Trabalho poderão participar de atividades de coordenação, planejamento, análise de processos e de desenvolvimento de programas especiais e de outras atividades internas e externas relacionadas com a inspeção do trabalho, na forma das instruções expedidas pela autoridade nacional competente em matéria de inspeção do trabalho.

Art. 34. As empresas de transportes de qualquer natureza, inclusive as exploradas pela União, Distrito Federal, Estados e Municípios, bem como as concessionárias de rodovias que cobram pedágio para o trânsito concederão passe livre aos Auditores Fiscais do Trabalho e aos Agentes de Higiene e Segurança do Trabalho, no território nacional em conformidade com o disposto no art. 630, § 5º, da Consolidação das Leis do Trabalho (CLT), mediante a apresentação da Carteira de Identidade Fiscal.

Parágrafo único. O passe livre a que se refere este artigo abrange a travessia realizada em veículos de transporte aquaviário.

Art. 35. É vedado aos Auditores Fiscais do Trabalho e aos Agentes de Higiene e Segurança do Trabalho:

I – revelar, sob pena de responsabilidade, mesmo na hipótese de afastamento do cargo, os segredos de fabricação ou comércio, bem como os processos de exploração de que tenham tido conhecimento no exercício de suas funções;

II – revelar informações obtidas em decorrência do exercício das suas competências;

III – revelar as fontes de informações, reclamações ou denúncias; e

Legislação

IV – inspecionar os locais em que tenham qualquer interesse direto ou indireto, caso em que deverão declarar o impedimento.

Parágrafo único. Os Auditores Fiscais do Trabalho e os Agentes de Higiene e Segurança do Trabalho responderão civil, penal e administrativamente pela infração ao disposto neste artigo.

Art. 36. Configura falta grave o fornecimento ou a requisição de Carteira de Identidade Fiscal para qualquer pessoa não integrante do Sistema Federal de Inspeção do Trabalho.

Parágrafo único. É considerado igualmente falta grave o uso da Carteira de Identidade Fiscal para fins outros que não os da fiscalização.

Art. 37. Em toda unidade descentralizada do Ministério do Trabalho e Emprego em que houver Auditores Fiscais do Trabalho deverá ser reservada uma sala para o uso exclusivo desses servidores.

Art. 38. A autoridade nacional competente em matéria de inspeção do trabalho expedirá as instruções necessárias à execução deste Regulamento.

- Disponível em ProView:
- Portaria MTE 1.199/2003, que aprova normas para a imposição da multa administrativa variável prevista no art. 133 da Lei 8.213, de 24 de julho de 1991, pela infração ao art. 93 da mesma Lei, que determina às empresas o preenchimento de cargos com pessoas portadoras de deficiência ou beneficiários reabilitados.
- Portaria MTE 1.719/2014, que disciplina os procedimentos relativos aos embargos e interdições.
- Instrução Normativa SIT 133/2017, que dispõe sobre o procedimento especial para a ação fiscal de que trata o art. 627-A da CLT.

DECRETO 4.751, DE 17 DE JUNHO DE 2003

Dispõe sobre o Fundo PIS-PASEP, criado pela Lei Complementar 26, de 11 de setembro de 1975, sob a denominação de PIS-PASEP, e dá outras providências.

O Presidente da República, no uso das atribuições que lhe confere o art. 84, incisos IV e VI, alínea a, da Constituição, e tendo em vista o disposto na Lei Complementar 26, de 11 de setembro de 1975, decreta:

Art. 1º O Fundo PIS-PASEP, criado pela Lei Complementar 26, de 11 de setembro de 1975, sob a denominação de PIS-PASEP, é um fundo contábil, de natureza financeira, e se subordina, no que couber, às disposições do art. 69 da Lei 4.728, de 14 de julho de 1965.

§ 1º O PIS-PASEP é constituído pelos valores do Fundo de Participação do Programa de Integração Social – PIS e do Fundo Único do Programa de formação do Patrimônio do Servidor Público – PASEP, existentes em 30 de junho de 1976 e apurados em balanços.

§ 2º O disposto no § 1º não afetará os saldos das contas individuais, existentes em 30 de junho de 1976, dos participantes e beneficiários dos respectivos Fundos.

Art. 2º Constituem recursos do PIS-PASEP:

I – juros, atualização monetária e multas devidas pelos contribuintes dos Programas, em decorrência da inobservância das obrigações a que estão sujeitos;

II – retorno, por via de amortização, de recursos aplicados em operações de empréstimos e financiamentos, incluído o total das receitas obtidas em tais operações;

III – resultado das operações financeiras realizadas, compreendendo, quando for o caso, multa contratual e honorários; e

IV – resultados das aplicações do Fundo de Participação Social – FPS, de que trata o Decreto 79.459, de 30 de março de 1977.

Art. 3º Os participantes do Fundo de Participação do PIS e os beneficiários do Fundo Único do PASEP, conforme qualificados na legislação pertinente aos respectivos Programas, passam a ser participantes do PIS-PASEP.

Parágrafo único. Os créditos provenientes da aplicação da atualização monetária, da incidência de juros, do resultado líquido adicional das operações realizadas e de qualquer outro benefício serão feitos exclusivamente na conta individual do participante.

Art. 4º No final de cada exercício financeiro, as contas individuais dos participantes do PIS-PASEP serão creditadas das quantias correspondentes:

I – à aplicação da atualização monetária sobre os respectivos saldos credores verificados ao término do exercício financeiro anterior;

II – à incidência de juros sobre os respectivos saldos credores atualizados, verificados ao término do exercício financeiro anterior; e

III – ao resultado líquido adicional das operações financeiras realizadas, verificado ao término do exercício financeiro anterior.

Art. 5º É facultada, no final de cada exercício financeiro posterior ao da abertura da conta individual, a retirada pelos participantes dos créditos correspondentes às parcelas a que se referem os incisos II e III do art. 4º, que tenham sido feitos nas respectivas contas individuais.

Art. 6º O exercício financeiro do PIS-PASEP corresponde ao período de 1º de julho de cada ano a 30 de junho do ano subseqüente.

Art. 7º O PIS-PASEP será gerido por um Conselho Diretor, órgão colegiado constituído de sete membros efetivos e suplentes em igual número, com mandatos de dois anos, designados pelo Ministro de Estado da Fazenda, e terá a seguinte composição:

I – um representante titular e suplente do Ministério da Fazenda;

II – um representante titular e suplente do Ministério do Planejamento, Orçamento e Gestão;

III – um representante titular e suplente do Ministério do Desenvolvimento, Indústria e Comércio Exterior;

IV – um representante titular e suplente do Ministério do Trabalho e Emprego;

V – um representante titular e suplente da Secretaria do Tesouro Nacional do Ministério da Fazenda;

VI – um representante titular e suplente dos participantes do PIS; e

VII – um representante titular e suplente dos participantes do PASEP.

§ 1º Os representantes referidos nos incisos I a V serão indicados pelos titulares dos órgãos representados.

§ 2º Os representantes dos participantes do PIS serão escolhidos pelo Ministro de Estado do Trabalho e Emprego, mediante indicações das centrais sindicais, representando os trabalhadores da iniciativa privada.

§ 3º Os representantes dos servidores participantes do PASEP serão escolhidos pelo Ministro de Estado do Trabalho e Emprego, mediante indicações das centrais sindicais, representando os servidores públicos.

§ 4º O Conselho Diretor será coordenado pelo representante da Secretaria do Tesouro Nacional.

§ 5º O Coordenador do Conselho Diretor terá, além do voto normal, o voto de qualidade no caso de empate.

§ 6º O Conselho Diretor fica investido da representação ativa e passiva do PIS-PASEP, que será representado e defendido em juízo por Procurador da Fazenda Nacional.

Art. 8º No exercício da gestão do PIS-PASEP, compete ao Conselho Diretor:

I – elaborar e aprovar o plano de contas;

II – ao término de cada exercício financeiro:

a) calcular a atualização monetária do saldo credor das contas individuais dos participantes;

b) calcular a incidência de juros sobre o saldo credor atualizado das mesmas contas individuais;

c) constituir as provisões e reservas indispensáveis; e

d) levantar o montante das despesas de administração, apurar e atribuir aos participantes o resultado líquido adicional das operações realizadas;

III – autorizar, nas épocas próprias, que sejam feitos nas contas individuais dos participantes os créditos de que trata o art. 4º deste Decreto;

IV – aprovar anualmente o orçamento do PIS-PASEP e sua reformulação;

V – elaborar anualmente o balanço do PIS-PASEP, com os demonstrativos e o relatório;

VI – promover o levantamento de balancetes mensais;

VII – requisitar do Banco Nacional de Desenvolvimento Econômico e Social – BNDES as informações sobre os recursos do Fundo repassados, as aplicações realizadas e seus respectivos resultados;

VIII – prestar informações, fornecer dados e documentação e emitir parecer, por solicitação do Conselho Monetário Nacional e do Ministro de Estado da Fazenda, em relação ao PIS-PASEP, ao PIS e ao PASEP;

IX – autorizar, fixando as épocas próprias, o processamento das solicitações de saque e de retirada e os correspondentes pagamentos;

X – baixar normas operacionais necessárias à estruturação, organização e funcionamento do PIS-PASEP e compatíveis com a execução do PIS e do PASEP;

XI – emitir parecer sobre os balancetes mensais, balanços anuais e demais demonstrações contábeis e financeiras do PIS-PASEP;

XII – definir as tarifas de remuneração da Caixa Econômica Federal e do Banco do Brasil S.A., na qualidade de administradores do PIS e do PASEP, respectivamente; e

XIII – resolver os casos omissos, inclusive quanto aos pedidos de saques de quotas do PIS-PASEP.

Art. 9º Cabem à Caixa Econômica Federal, em relação ao PIS, as seguintes atribuições:

I – manter, em nome dos empregados e trabalhadores avulsos, as correspondentes contas individuais a que aludem o art. 5º da Lei Complementar 7, de 7 de setembro de 1970, e normas complementares;

II – creditar nas contas individuais, quando autorizado pelo Conselho Diretor, as parcelas e benefícios de que trata o art. 4º deste Decreto;

III – processar as solicitações de saque e de retirada e efetuar os correspondentes pagamentos, nas épocas próprias, quando autorizada pelo Conselho Diretor, na forma e para os fins previstos na Lei Complementar 26, de 1975, e neste Decreto;

IV – fornecer, nas épocas próprias e sempre que for solicitado, ao Conselho Diretor informações, dados e documentação, em relação a repasses de recursos, cadastro de empregados vinculados ao referido Programa, contas individuais de participantes e solicitações de saque e de retirada e seus correspondentes pagamentos; e

V – cumprir e fazer cumprir as normas operacionais baixadas pelo Conselho Diretor.

Parágrafo único. A Caixa Econômica Federal exercerá as atribuições previstas neste artigo de acordo com as normas, diretrizes e critérios estabelecidos pelo Conselho Diretor do PIS-PASEP, e com observância da Lei Complementar 26, de 1975, e das disposições deste Decreto.

Art. 10. Cabem ao Banco do Brasil S.A., em relação ao PASEP, as seguintes atribuições:

I – manter, em nome dos servidores e empregados, as contas individuais a que se refere o art. 5º da Lei Complementar 8, de 3 de dezembro de 1970;

II – creditar nas contas individuais, quando autorizado pelo Conselho Diretor, as parcelas e benefícios de que trata o art. 4º deste Decreto;

III – processar as solicitações de saque e de retirada e efetuar os correspondentes pagamentos, nas épocas próprias, quando autorizado pelo Conselheiro Diretor, na forma e para os fins previstos na Lei Complementar 26, de 1975, e neste Decreto;

IV – fornecer, nas épocas próprias e sempre que for solicitado, ao gestor do PIS-PASEP, informações, dados e documentação, em relação a repasses de recursos, cadastro de servidores e empregados vinculados ao referido Programa, contas individuais de participantes e solicitações de saque e de retirada e seus correspondentes pagamentos; e

V – cumprir e fazer cumprir as normas operacionais baixadas pelo gestor do PIS-PASEP.

Parágrafo único. O Banco do Brasil S.A. exercerá as atribuições previstas neste artigo de acordo com as normas, diretrizes e critérios estabelecidos pelo Conselho Diretor do PIS-PASEP, e com observância da Lei Complementar 26, de 1975, e das disposições deste Decreto.

Art. 11. A Caixa Econômica Federal, o Banco do Brasil S.A. e o BNDES prestarão ao Conselho Diretor todo apoio que for necessário à administração do PIS-PASEP.

Art. 12. Os dispêndios com a administração do PIS e do PASEP e com a administração do PIS-PASEP correrão por conta deste último Fundo, conforme for estabelecido pelo seu Conselho Diretor.

Art. 13. Compete ao Ministro de Estado da Fazenda aprovar o regimento interno do Conselho Diretor do Fundo PIS-PASEP, mediante proposta deste.

Art. 14. Este Decreto entra em vigor na data de sua publicação.

Art. 15. Ficam revogados os Decretos 78.276, de 17 de agosto de 1976, 84.129, de 29 de outubro de 1979, e 93.200, de 1º de setembro de 1986.

Brasília, 17 de junho de 2003; 182º da Independência e 115º da República.

Luiz Inácio Lula da Silva

(*DOU* 18.06.2003)

DECRETO 4.840, DE 17 DE SETEMBRO DE 2003

Regulamenta a Medida Provisória 130, de 17 de setembro de 2003, que dispõe sobre a autorização para desconto de prestações em folha de pagamento, e dá outras providências.

- A MP 130/2003 foi convertida na Lei 10.820, de 17.12.2003 (*DOU* 18.12.2003).
- V. Lei 4.266/1963 (Institui o salário-família do trabalhador e dá outras providências).
- V. Dec. 53.153/1963 (Regulamenta o salário-família do trabalhador).
- V. Port. MTb 3.296/1986 (Autoriza as empresas e empregadores a adotar o sistema de Reembolso-Creche), disponível em ProView.
- V. Decreto-lei 368/1968 (Dispõe sobre efeitos de débitos salariais).
- V. IN SRT 1/1989 (Dispõe sobre o prazo para o pagamento do salário), disponível em ProView
- V. Decreto-lei 691/1969 (Dispõe sobre a não aplicação, aos contratos de técnicos estrangeiros, com estipulação de pagamento de salários em moeda estrangeira, de diversas disposições da legislação trabalhista).
- V. Lei 6.858/1980 (Dispõe sobre o pagamento, aos dependentes ou sucessores, de valores não recebidos em vida pelos respectivos titulares).
- V. Decreto 85.845/1981 (Regulamenta a Lei 6.858/1980).
- V. Lei 7.238/1984 (Dispõe sobre a manutenção da correção automática semestral dos salários, de acordo com o INPC).
- V. Lei 8.073/1990 (Estabelece a Política Nacional de Salários).
- V. Lei 8.542/1992 (Dispõe sobre a política nacional de salários).
- V. Lei 8.716/1993 (Dispõe sobre a garantia do salário mínimo).
- V. Lei 8.880/1994 (Dispõe sobre o Programa de Estabilização Econômica e o Sistema Monetário Nacional e institui a URV).
- V. Lei Complementar 103/2000 (Autoriza os Estados e o Distrito Federal a instituir o piso salarial).
- V. Lei 10.192/2001 (Dispõe sobre medidas complementares ao Plano Real).
- V. Lei 10.820/2003 (Dispõe sobre a autorização para desconto de prestações em folha de pagamento).
- V. Lei 12.382/2011 (Dispõe sobre o valor do salário mínimo em 2011 e a sua política de valorização de longo prazo).
- V. Decreto 7.872/2012 (Regulamenta o valor do salário mínimo em 2011 e a sua política de valorização de longo prazo).
- V. Lei 13.152/2015 (Dispõe sobre a política de valorização do salário-mínimo e dos benefícios pagos pelo RGPS para o período de 2016 a 2019).

O Presidente da República, no uso da atribuição que lhe confere o art. 84, inciso IV, da Constituição, e tendo em vista o disposto na Medida Provisória 130, de 17 de setembro de 2003, decreta:

Art. 1º **Regem-se por este Decreto os procedimentos para autorização de desconto em folha de pagamento dos valores referentes ao pagamento das prestações de empréstimos, financiamentos e operações de arrendamento mercantil concedidos por instituições financeiras e sociedades de arrendamento mercantil a empregados regidos pela Consolidação das Leis do Trabalho, aprovada pelo Decreto-lei 5.452, de 1º de maio de 1943.**

Art. 2º **Para os fins deste Decreto, considera-se:**

I – **empregador, a pessoa jurídica assim definida pela legislação trabalhista;**

II – **empregado, aquele assim definido pela legislação trabalhista;**

III – instituição consignatária, a instituição mencionada no art. 1º autorizada a conceder empréstimo ou financiamento ou realizar operação de arrendamento mercantil;

IV – mutuário, empregado que firma com instituição consignatária contrato de empréstimo, financiamento ou arrendamento mercantil regulado por este Decreto; e

V – verbas rescisórias, as importâncias devidas em dinheiro pelo empregador ao empregado em razão de rescisão do seu contrato de trabalho.

§ 1º Para os fins deste Decreto, considera-se remuneração básica a soma das parcelas pagas ou creditadas mensalmente em dinheiro ao empregado, excluídas:

I – diárias;

II – ajuda de custo;

III – adicional pela prestação de serviço extraordinário;

IV – gratificação natalina;

V – auxílio-natalidade;

VI – auxílio-funeral;

VII – adicional de férias;

VIII – auxílio-alimentação, mesmo se pago em dinheiro;

IX – auxílio-transporte, mesmo se pago em dinheiro; e

X – parcelas referentes a antecipação de remuneração de competência futura ou pagamento em caráter retroativo.

§ 2º Para os fins deste Decreto, considera-se remuneração disponível a parcela remanescente da remuneração básica após a dedução das consignações compulsórias, assim entendidas as efetuadas a título de:

I – contribuição para a Previdência Social oficial;

II – pensão alimentícia judicial;

III – imposto sobre rendimentos do trabalho;

IV – decisão judicial ou administrativa;

V – mensalidade e contribuição em favor de entidades sindicais;

VI – outros descontos compulsórios instituídos por lei ou decorrentes de contrato de trabalho.

§ 3º Para os fins deste Decreto, são consideradas consignações voluntárias as autorizadas pelo empregado e não relacionadas no § 2º.

Art. 3º No momento da contratação da operação, a autorização para a efetivação dos descontos permitidos neste Decreto observará, para cada mutuário, os seguintes limites:

I – a soma dos descontos referidos no art. 1º deste Decreto não poderá exceder a 30% (trinta por cento) da remuneração disponível definida no § 2º do art. 2º; e

II – o total das consignações voluntárias, incluindo as referidas no art. 1º, não poderá exceder a 40% (quarenta por cento) da remuneração disponível definida no § 2º do art. 2º.

Art. 4º A concessão de empréstimo, financiamento ou arrendamento será feita a critério da instituição consignatária, sendo os valores e demais condições objeto de livre negociação entre ela e o mutuário, observadas as demais disposições deste Decreto.

§ 1º Poderá o empregador, com a anuência da entidade sindical representativa da maioria dos empregados, firmar, com uma ou mais instituições consignatárias, acordo que defina condições gerais e demais critérios a serem observados nos empréstimos, financiamentos ou arrendamentos que venham a ser realizados com seus empregados.

§ 2º Poderão as entidades e centrais sindicais firmar, com uma ou mais instituições consignatárias, acordo que defina condições gerais e demais critérios a serem observados nos empréstimos, financiamentos ou arrendamentos que venham a ser realizados com seus representados.

§ 3º Uma vez observados pelo empregado todos os requisitos e condições definidos no acordo firmado segundo o disposto no § 1º ou no § 2º, não poderá a instituição concedente negar-se a celebrar o empréstimo, financiamento ou arrendamento mercantil.

§ 4º Para a realização das operações referidas neste Decreto, é assegurado ao empregado o direito de optar por instituição consignatária que tenha firmado acordo com o empregador, com sua entidade sindical, ou qualquer outra instituição consignatária de sua livre escolha, ficando o empregador obrigado a proceder aos descontos e repasses por ele contratados e autorizados.

§ 5º Os acordos mencionados nos §§ 1º e 2º poderão definir critérios mínimos, parâmetros e condições financeiras diferenciados por situação cadastral e demais características individuais do empregado.

§ 6º Dos acordos referidos no § 2º poderá constar, ainda, a diferenciação por empresa de critérios mínimos, parâmetros e condições financeiras.

§ 7º Os contratos de empréstimo, financiamento ou arrendamento celebrados ao amparo deste Decreto preverão obrigatoriamente prestações fixas ao longo de todo o período de amortização.

§ 7º-A. Nas hipóteses de concessão, ao amparo deste Decreto, de empréstimo ou financiamento imobiliário no âmbito do Sistema Financeiro da Habitação ou de outros sistemas ou programas destinados à aquisição de imóveis residenciais, as prestações e seus reajustamentos obedecerão às disposições contratuais celebradas entre as partes, sendo permitida a estipulação de prestações variáveis.

- § 7º-A acrescentado pelo Dec. 5.892/2006.

§ 8º Os acordos referidos nos §§ 1º e 2º deste artigo poderão delegar à instituição consignatária a responsabilidade de receber, processar e encaminhar ao empregador as autorizações referidas no inciso III do § 3º do art. 5º.

Art. 5º Para os fins deste Decreto, são obrigações do empregador:

I – prestar ao empregado e à instituição consignatária, mediante solicitação formal do primeiro, as informações necessárias para a contratação da operação de crédito ou arrendamento mercantil, inclusive:

a) a data habitual de pagamento mensal do salário;

b) o total já consignado em operações preexistentes;

c) as demais informações necessárias para o cálculo da margem disponível para consignação;

II – tornar disponíveis aos empregados, bem assim às respectivas entidades sindicais, as informações referentes aos custos referidos no art. 10;

III – efetuar os descontos autorizados pelo empregado em folha de pagamento e repassar o valor à instituição consignatária na forma e prazo previstos em regulamento.

§ 1º É vedado ao empregador impor ao mutuário e à instituição consignatária qualquer condição que não esteja prevista neste Decreto para a efetivação do contrato e a implementação dos descontos autorizados.

§ 2º Os descontos autorizados na forma deste Decreto terão preferência sobre outros descontos da mesma natureza que venham a ser autorizados posteriormente.

§ 3º A liberação do crédito ao mutuário somente ocorrerá após:

I – a confirmação do empregador, por escrito ou por meio eletrônico certificado, quanto à possibilidade da realização dos descontos, em função dos limites referidos no art. 3º;

II – a assinatura, por escrito ou por meio eletrônico certificado, do contrato entre o mutuário e a instituição consignatária; e

III – a outorga ao empregador, por parte do mutuário, de autorização, em caráter irrevogável e irretratável, para a consignação das prestações contratadas em folha de pagamento.

§ 4º A autorização referida no inciso III do § 3º será outorgada por escrito ou por meio eletrônico certificado, podendo a instituição consignatária processar o documento e mantê-lo sob sua guarda, na condição de fiel depositária, transmitindo as informações ao empregador por meio seguro.

§ 5º Exceto quando diversamente previsto em contrato com a anuência do empregador, a efetivação do desconto em folha de pagamento do mutuário deverá ser iniciada pelo empregador no mínimo 30 (trinta) dias e no máximo 60 (sessenta) dias após o recebimento da autorização referida no inciso III do § 3º.

§ 6º A autorização referida no inciso III do § 3º é nula de pleno direito na hipótese da não liberação do crédito ou do bem arrendado ao mutuário no prazo máximo de 5 (cinco) dias úteis contados da data da outorga.

§ 7º A repactuação do contrato de empréstimo, financiamento ou operação de arrendamento mercantil que implique alteração do número ou do valor das prestações consignadas em folha observará o procedimento referido no § 3º.

Art. 6º O empregador é o responsável pela retenção dos valores devidos e pelo repasse às instituições consignatárias, o qual deverá ser realizado até o quinto dia útil após a data de pagamento, ao mutuário, de sua remuneração mensal.

Art. 7º O empregador, salvo disposição contratual em sentido contrário, não será corresponsável pelo pagamento dos empréstimos, financiamentos ou arrendamentos concedidos aos mutuários, mas responderá sempre, como devedor principal e solidário, perante a instituição consignatária, por valores a ela devidos, em razão de contratações por ele confirmadas na forma deste Decreto, que deixarem, por sua falha ou culpa, de serem retidos ou repassados.

Art. 8º Caberá à instituição consignatária informar ao mutuário, por escrito ou meio eletrônico por ele indicado no ato da celebração do contrato, toda vez que o empregador deixar de repassar o valor exato do desconto mensal.

Art. 9º Na hipótese de comprovação de que o pagamento mensal do empréstimo, financiamento ou arrendamento foi descontado do mutuário e não foi repassado pelo empregador à instituição consignatária, fica ela proibida de incluir o nome do mutuário em qualquer cadastro de inadimplentes.

Art. 10. É facultado ao empregador descontar na folha de pagamento do mutuário os custos operacionais decorrentes da realização da operação objeto deste Decreto.

§ 1º Consideram-se custos operacionais do empregador:

I – tarifa bancária cobrada pela instituição financeira referente à transferência dos recursos da conta-corrente do empregador para a conta-corrente da instituição consignatária;

II – despesa com alteração das rotinas de processamento da folha de pagamento para realização da operação.

§ 2º As tarifas bancárias mencionadas no inciso I do § 1º deste artigo deverão ser iguais ou inferiores às praticadas pela instituição financeira mantenedora da conta-corrente do empregador em transações da mesma natureza.

§ 3º Cabe ao empregador, mediante comunicado interno ou mediante solicitação de empregado ou de entidade sindical, dar publicidade aos seus empregados dos custos operacionais mencionados no § 1º deste artigo previamente à realização da operação de empréstimo ou financiamento, os quais serão mantidos inalterados durante todo o período de duração da operação.

§ 4º Poderá ser prevista nos acordos referidos nos §§ 1º e 2º do art. 4º, ou em acordo específico entre o empregador e a instituição consignatária, a absorção total ou parcial dos custos referidos no § 1º pela instituição consignatária, hipótese na qual não caberá o desconto na folha do mutuário.

§ 5º No caso dos acordos celebrados nos termos do § 2º do art. 4º, os custos de que trata o inciso II do § 1º deste artigo deverão ser negociados entre o empregador e a entidade sindical, vedada a cobrança de custos superiores aos previstos nos acordos celebrados pelo mesmo empregador nos termos do § 1º do art. 4º.

Art. 11. Cabe ao empregador informar no demonstrativo de rendimentos do empregado, de forma discriminada, o valor do desconto mensal decorrente de cada operação de empréstimo ou financiamento, bem como os custos operacionais definidos no art. 10 deste Decreto.

Art. 12. Até o integral pagamento do empréstimo ou financiamento, as autorizações dos descontos somente poderão ser canceladas mediante prévia aquiescência da instituição consignatária e do empregado.

Art. 13. Em caso de rescisão do contrato de trabalho do empregado antes do término da amortização do empréstimo, ressalvada disposição contratual em contrário, serão mantidos os prazos e encargos originalmente previstos, cabendo ao mutuário efetuar o pagamento mensal das prestações diretamente à instituição consignatária.

Art. 14. Na hipótese de entrada em gozo de benefício previdenciário temporário pelo mutuário, com suspensão do pagamento de sua remuneração por parte do empregador, cessa a obrigação deste efetuar a retenção e o repasse das prestações à instituição consignatária.

Parágrafo único. O contrato de empréstimo, financiamento ou operação de arrendamento mercantil celebrado nos termos deste Decreto conterá, obrigatoriamente, cláusula que regulamente as relações entre o mutuário e a instituição consignatária na situação prevista no *caput*.

Art. 15. O desconto da prestação para pagamento do empréstimo, financiamento ou arrendamento concedido com base neste Decreto será feito diretamente em folha de pagamento e o valor correspondente creditado a favor da instituição consignatária, independentemente de crédito e débito na conta-corrente dos mutuários.

Art. 16. Os contratos de empréstimo, financiamento ou arrendamento de que trata este Decreto poderão prever a incidência de desconto de até 30% (trinta por cento) das verbas rescisórias referidas no inciso V do art. 2º para a amortização total ou parcial do saldo devedor líquido para quitação na data de rescisão do contrato de trabalho do empregado.

§ 1º Para os fins do *caput*, considera-se saldo devedor líquido para quitação o valor presente das prestações vincendas na data da amortização, descontado à taxa de juros contratualmente fixada referente ao período não utilizado em função da quitação antecipada.

§ 2º Na hipótese referida no *caput*, deverá a instituição consignatária informar ao mutuário e ao empregador, por escrito ou meio eletrônico certificado, o valor do saldo devedor líquido para quitação.

§ 3º Quando o saldo devedor líquido para quitação exceder o valor comprometido das verbas rescisórias, caberá ao mutuário efetuar o pagamento do restante diretamente à instituição consignatária, assegurada a manutenção das condições de número de prestações vincendas e taxa de juros originais, exceto se houver previsão contratual em contrário.

§ 4º Havendo previsão de vinculação de verbas rescisórias em mais de um contrato, será observada a ordem cronológica das autorizações referidas no inciso III do § 3º do art. 5º.

Art. 17. É facultada a contratação pelo mutuário de seguro em favor da instituição consignatária, junto a ela própria ou a outra instituição de sua escolha, para cobertura do risco de inadimplência nas operações de que trata este Decreto em caso de morte, desemprego involuntário ou redução de rendimentos.

Art. 18. Este Decreto entra em vigor na data de sua publicação.

Brasília, 17 de setembro de 2003; 182º da Independência e 115º da República.

Luiz Inácio Lula da Silva

(*DOU* 18.09.2003; ret. 22.09.2003)

DECRETO 5.113, DE 22 DE JUNHO DE 2004

Regulamenta o art. 20, inciso XVI, da Lei 8.036, de 11 de maio de 1990, que dispõe sobre o Fundo de Garantia do Tempo de Serviço – FGTS, e dá outras providências.

- V. Lei 8.036/1990 (FGTS).
- V. Dec. 99.684/1990 (Consolida as normas regulamentares do FGTS).
- V. Lei 8.844/1994 (Fiscalização, apuração e cobrança judicial das contribuições e multas devidas ao FGTS).
- V. LC 110/2001 (Institui contribuições sociais e autoriza créditos de complementos de atualização monetária em contas vinculadas do FGTS).
- V. Dec. 3.913/2001 (Apuração e liquidação dos complementos de atualização monetária de saldos de contas vinculadas do FGTS).
- V. Dec. 3.914/2001 (Regulamentação das contribuições sociais instituídas pela LC 110/2001).
- V. Lei 11.491/2007 (Institui o Fundo de Investimento do FGTS).

O Presidente da República, no uso da atribuição que lhe confere o art. 84, inciso IV, da Constituição, e tendo em vista o disposto no art. 20, inciso XVI, da Lei 8.036, de 11 de maio de 1990, decreta:

Art. 1º O titular de conta vinculada do Fundo de Garantia do Tempo de Serviço – FGTS que resida em área do Distrito Federal ou de Município, em situação de emergência ou estado de calamidade pública objeto de decreto do respectivo Governo, poderá movimentar a referida conta por motivo de necessidade pessoal, cuja urgência e gravidade decorram de desastre natural.

§ 1º Para os fins da movimentação de que trata este artigo, o decreto municipal ou do Distrito Federal que declare a situação de emergência ou o estado de calamidade pública deverá ser publicado no prazo máximo de 30 (trinta) dias, contados do primeiro dia útil seguinte ao da ocorrência do desastre natural.

§ 2º A movimentação da conta vinculada de que trata o *caput* só poderá ocorrer após o reconhecimento da situação de emergência ou do estado de calamidade pública em portaria do Ministro de Estado da Integração Nacional.

§ 3º A solicitação de movimentação será admitida até 90 (noventa) dias da publicação do ato de reconhecimento de que trata o § 2º.

- Retificado no *DOU* de 24.06.2004.

Art. 2º Para os fins do disposto neste Decreto, considera-se desastre natural:

I – vendavais ou tempestades;

II – vendavais muito intensos ou ciclones extratropicais;

III – vendavais extremamente intensos, furacões, tufões ou ciclones tropicais;

IV – tornados e trombas d'água;

V – precipitações de granizos;

VI – enchentes ou inundações graduais;

VII – enxurradas ou inundações bruscas;

VIII – alagamentos; e

IX – inundações litorâneas provocadas pela brusca invasão do mar.

Parágrafo único. Para fins do disposto no inciso XVI do *caput* do art. 20 da Lei 8.036, de 11 de maio de 1990, considera-se também como natural o desastre decorrente do rompimento ou colapso de barragens que ocasione movimento de massa, com danos a unidades residenciais.

- Parágrafo único acrescentado pelo Dec. 8.572/2015.

Art. 3º A comprovação da área atingida de que trata o *caput* do art. 1º será realizada mediante fornecimento à Caixa Econômica Federal, pelo Município ou pelo Distrito Federal, de declaração das áreas atingidas por desastres naturais, que deverá conter a descrição da área no seguinte padrão:

I – nome do distrito, cidade e unidade da Federação, caso todas as unidades residenciais existentes no distrito tenham sido atingidas;

II – nome do bairro, cidade e unidade da Federação, caso todas as unidades residenciais existentes no bairro tenham sido atingidas;

III – nome do logradouro, bairro ou distrito, cidade e unidade da Federação, caso a área atingida se restrinja às unidades residenciais existentes naquele logradouro; ou

IV – identificação da unidade residencial, nome do logradouro, bairro ou distrito, cidade e unidade da Federação, caso a área atingida se restrinja a determinada unidade residencial.

§ 1º Para elaboração da declaração referida no *caput*, deverá ser observada a avaliação realizada pelos órgãos de defesa civil municipal e do Distrito Federal.

§ 2º A declaração referida no *caput* deverá conter a identificação do Município atingido pelo desastre natural, as informações relativas ao decreto municipal ou do Distrito Federal e à portaria do Ministro de Estado da Integração Nacional que reconheceu a situação de emergência ou o estado de calamidade pública, e a Codificação de Desastre, Ameaças e Riscos – Codar.

Art. 4º O valor do saque será equivalente ao saldo existente na conta vinculada, na data da solicitação, limitado à quantia correspondente a R$ 6.220,00 (seis mil duzentos e vinte reais), por evento caracterizado como desastre natural, desde que o intervalo entre uma movimentação e outra não seja inferior a doze meses.

- Artigo com redação determinada pelo Decreto 7.664/2012.

Art. 5º O titular da conta vinculada que não dispuser de meios para comprovação do endereço residencial poderá fazê-la com apresentação de declaração emitida pelo Governo municipal ou do Distrito Federal.

Art. 6º A Caixa Econômica Federal expedirá, no prazo de até 10 (dez) dias contados da data de publicação deste Decreto, atos normativos referentes aos procedimentos administrativos e operacionais a serem observados para a movimentação de que trata o art. 1º.

Art. 7º Este Decreto entra em vigor na data da sua publicação.

Art. 8º Fica revogado o Decreto 5.014, de 12 de março de 2004.

Brasília, 22 de junho de 2004; 183º da Independência e 116º da República.

Luiz Inácio Lula da Silva

(*DOU* 23.06.2004; ret. 24.06.2004)

DECRETO 5.313, DE 16 DE DEZEMBRO DE 2004

Regulamenta o art. 3º-A da Lei 9.608, de 18 de fevereiro de 1998, que dispõe sobre o serviço voluntário.

- V. Lei 9.608/1998 (Dispõe sobre o serviço voluntário e dá outras providências).

O Presidente da República, no uso da atribuição que lhe confere o art. 84, inciso IV, da Constituição, e tendo em vista o disposto no art. 3º-A da Lei 9.608, de 18 de fevereiro de 1998, decreta:

Art. 1º Este Decreto regulamenta o art. 3º-A da Lei 9.608, de 18 de fevereiro de 1998, que autoriza a União a conceder auxílio financeiro ao prestador de serviço voluntário com idade de 16 (dezesseis) a 24 (vinte e quatro) anos, integrante de família com renda mensal *per capita* de até meio salário mínimo.

Art. 2º O auxílio financeiro de que trata o art. 3º-A da Lei 9.608, de 1998, terá valor de até R$ 150,00 (cento e cinquenta reais) e será pago por um período máximo de 6 (seis) meses.

Parágrafo único. Cabe ao órgão ou entidade pública responsável pelo custeio do auxílio financeiro estabelecer o valor e o número de parcelas que serão pagas.

Art. 3º A concessão do auxílio financeiro de que trata o art. 3º-A da Lei 9.608, de 1998, no âmbito do Programa Nacional de Estímulo ao Primeiro Emprego para os Jovens – PNPE, obedecerá, além dos requisitos estabelecidos no art. 2º da Lei 10.748, de 22 de outubro de 2003, ao seguinte:

I – o voluntário deve estar em atividade de qualificação social e profissional; e

II – deve prestar de seis a dez horas semanais de serviço voluntário.

§ 1º É obrigação das entidades conveniadas fiscalizar e comprovar, perante o Ministério do Trabalho e Emprego, o cumprimento da carga horária ajustada com o voluntário.

§ 2º As demais condições de exercício do serviço voluntário serão fixadas no termo de adesão a ser celebrado entre a entidade, pública ou privada, e o voluntário.

Art. 4º O órgão ou entidade pública ou a instituição privada sem fins lucrativos, previamente cadastrado no Ministério do Trabalho e Emprego, efetuará o pagamento do auxílio financeiro de que trata o art. 3º-A da Lei 9.608, de 1998.

Parágrafo único. O Ministério do Trabalho e Emprego poderá firmar convênio com instituição financeira para que esta entregue o auxílio financeiro ao jovem voluntário.

Art. 5º Este Decreto entra em vigor na data de sua publicação.

Brasília, 16 de dezembro de 2004; 183º da Independência e 116º da República.

Luiz Inácio Lula da Silva

(*DOU* 17.12.2004)

DECRETO 6.003, DE 28 DE DEZEMBRO DE 2006

Regulamenta a arrecadação, a fiscalização e a cobrança da contribuição social do salário-educação, a que se referem o art. 212, § 5º, da Constituição, e as Leis 9.424, de 24 de dezembro de 1996, e 9.766, de 18 de dezembro de 1998, e dá outras providências.

O Presidente da República, no uso da atribuição que lhe confere o art. 84, inciso IV, da Constituição, e tendo em vista o disposto no art. 9º da Lei 9.766, de 18 de dezembro de 1998, decreta:

DISPOSIÇÕES GERAIS

Art. 1º A contribuição social do salário-educação obedecerá aos mesmos prazos, condições, sanções e privilégios relativos às contribuições sociais e demais importâncias devidas à Seguridade Social, aplicando-se-lhe, no que for cabível, as disposições legais e demais atos normativos atinentes às contribuições previdenciárias, ressalvada a competência do Fundo Nacional de Desenvolvimento da Educação – FNDE, sobre a matéria.

§ 1º A contribuição a que se refere este artigo será calculada com base na alíquota de 2,5% (dois inteiros e cinco décimos por cento), incidente sobre o total da remuneração paga ou creditada, a qualquer título, aos segurados empregados, ressalvadas as exceções legais, e será arrecadada, fiscalizada e cobrada pela Secretaria da Receita Previdenciária.

§ 2º Entende-se por empregado, para fins do disposto neste Decreto, as pessoas físicas a que se refere o art. 12, inciso I, da Lei 8.212, de 24 de julho de 1991.

§ 3º Para os fins previstos no art. 3º da Lei 11.098, de 13 de janeiro de 2005, o FNDE é tratado como terceiro, equiparando-se às demais entidades e fundos para os quais a Secretaria da Receita Previdenciária realiza atividades de arrecadação, fiscalização e cobrança de contribuições.

Art. 2º São contribuintes do salário-educação as empresas em geral e as entidades públicas e privadas vinculadas ao Regime Geral da Previdência Social, entendendo-se como tais, para fins desta incidência, qualquer firma individual ou sociedade que assuma o risco de atividade econômica, urbana ou rural, com fins lucrativos ou não, bem assim a sociedade de economia mista, a empresa pública e demais sociedades instituídas e mantidas pelo Poder Público, nos termos do art. 173, § 2º, da Constituição.

Parágrafo único. São isentos do recolhimento da contribuição social do salário-educação:

I – a União, os Estados, o Distrito Federal, os Municípios e suas respectivas autarquias e fundações;

II – as instituições públicas de ensino de qualquer grau;

III – as escolas comunitárias, confessionais ou filantrópicas, devidamente registradas e reconhecidas pelo competente órgão de educação, e que atendam ao disposto no inciso II do art. 55 da Lei 8.212, de 1991;

IV – as organizações de fins culturais que, para este fim, vierem a ser definidas em regulamento;

V – as organizações hospitalares e de assistência social, desde que atendam, cumulativamente, aos requisitos estabelecidos nos incisos I a V do art. 55 da Lei 8.212, de 1991.

Art. 3º Cabe à Procuradoria-Geral Federal a representação judicial e extrajudicial do FNDE, inclusive a inscrição dos respectivos créditos em dívida ativa.

Art. 4º Integram a receita da contribuição social do salário-educação os acréscimos legais a que estão sujeitos os contribuintes em atraso.

Art. 5º A contribuição social do salário-educação não tem caráter remuneratório na relação de emprego e não se vincula, para nenhum efeito, ao salário ou à remuneração percebida pelos empregados das empresas contribuintes.

Art. 6º Do montante arrecadado na forma do art. 1º deste Decreto será deduzida a remuneração da Secretaria da Receita Previdenciária, correspondente a 1% (um por cento), conforme previsto no art. 15, § 1º, da Lei 9.424, de 24 de dezembro de 1996.

Art. 7º A Secretaria da Receita Previdenciária enviará ao FNDE as informações necessárias ao acompanhamento da arrecadação, fiscalização e repasse da contribuição social do salário-educação, inclusive quanto à sua participação nos parcelamentos e nos créditos inscritos em dívida ativa.

§ 1º Para fins do disposto no caput deste artigo, deverão ser encaminhados ao FNDE, em meio magnético ou eletrônico, os arquivos contendo as informações da Guia de Recolhimento do FGTS e Informações à Previdência Social – GFIP e Guia da Previdência Social – GPS, bem assim outras informações necessárias ao efetivo controle da arrecadação.

§ 2º Além das informações previstas no § 1º, deverão ser encaminhados mensalmente ao FNDE dados consolidados da arrecadação do salário-educação, discriminados por natureza de receita e por unidade da federação.

§ 3º A Secretaria da Receita Previdenciária prestará contas, anualmente, ao Conselho Deliberativo do FNDE, dos resultados da arrecadação da contribuição social do salário-educação, nos termos do art. 58 da Lei Complementar 101, de 4 de maio de 2000.

Art. 8º A Secretaria da Receita Previdenciária disponibilizará ao FNDE, na Conta Única do Tesouro Nacional, o valor total arrecadado a título de salário-educação, na forma do art. 1º, deduzindo a remuneração a que se refere o art. 6º.

§ 1º A apuração de todos os valores arrecadados a título de salário-educação, inclusive os provenientes de créditos constituídos, incluídos ou não em parcelamentos, será feita a partir do primeiro dia útil do mês subseqüente ao da arrecadação, devendo o montante apurado ser disponibilizado ao FNDE até o dia 10 do mesmo mês.

§ 2º O valor devido a título de salário-educação, arrecadado em decorrência do Programa de Recuperação Fiscal – REFIS, deverá ser disponibilizado ao FNDE até o dia 20 do mês subseqüente ao da arrecadação.

Art. 9º O montante recebido na forma do art. 8º será distribuído pelo FNDE, observada, em noventa por cento de seu valor, a arrecadação realizada em cada Estado e no Distrito Federal, em quotas, da seguinte forma:

I – quota federal, correspondente a 1/3 (um terço) do montante dos recursos, será destinada ao FNDE e aplicada no financiamento de programas e projetos voltados para a universalização da educação básica, de forma a propiciar a redução dos desníveis sócio-educacionais existentes entre Municípios, Estados, Distrito Federal e regiões brasileiras;

II – quota estadual e municipal, correspondente a 2/3 (dois terços) do montante dos recursos, será creditada mensal e automaticamente em favor das Secretarias de Educação dos Estados, do Distrito Federal e em favor dos Municípios para financiamento de programas, projetos e ações voltadas para a educação básica.

§ 1º A quota estadual e municipal da contribuição social do salário-educação será integralmente redistribuída entre o Estado e seus Municípios de forma proporcional ao número de alunos matriculados na educação básica das respectivas redes de ensino no exercício anterior ao da distribuição, conforme apurado pelo censo educacional realizado pelo Ministério da Educação.

§ 2º O repasse da quota a que se refere o inciso II, decorrente da arrecadação recebida pelo FNDE até o dia 10 de cada mês, será efetuado até o vigésimo dia do mês do recebimento.

§ 3º O repasse da quota a que se refere o inciso II, decorrente da arrecadação recebida no FNDE após o dia 10 de cada mês, será efetuado até o vigésimo dia do mês subseqüente ao do recebimento.

§ 4º Os 10% (dez por cento) restantes do montante da arrecadação do salário-educação serão aplicados pelo FNDE em programas, projetos e ações voltadas para a universalização da educação básica, nos termos do § 5º do art. 212 da Constituição.

Art. 10. As ações fiscais e demais procedimentos tendentes à verificação da regularidade fiscal relativa ao salário-educação, inclusive para fins de expedição da certidão negativa de débito a que se refere o art. 257 do Decreto 3.048, de 6 de maio de 1999, serão realizados pela Secretaria da Receita Previdenciária, à qual competirá a expedição do documento.

§ 1º Sem prejuízo da competência prevista no art. 1º, § 1º, o FNDE poderá monitorar e fiscalizar o cumprimento das obrigações relativas ao salário-educação e, constatada inobservância de qualquer dispositivo, representará à Secretaria da Receita Previdenciária para as devidas providências.

§ 2º A partir da vigência deste Decreto, os contribuintes com mais de um estabelecimento e que estavam, até então, obrigados ao recolhimento direto do salário-educação por força do Decreto 4.943, de 30 de dezembro de 2003, deverão eleger como estabelecimento centralizador o mesmo que já houver sido informado para esse fim à Secretaria da Receita Previdenciária e manter nele toda a documentação de interesse da fiscalização, inclusive a relativa ao Sistema de Manutenção do Ensino Fundamental – SME.

§ 3º Os Auditores Fiscais da Secretaria da Receita Previdenciária e os técnicos do FNDE têm livre acesso à documentação necessária à consecução dos objetivos previstos neste artigo, não se aplicando para estes fins as disposições legais excludentes ou limitativas do direito de examinar livros, arquivos, documentos, papéis e efeitos comerciais ou fiscais dos comerciantes, empresários, industriais ou produtores, ou da obrigação destes de exibi-los.

DISPOSIÇÕES TRANSITÓRIAS

Art. 11. O recolhimento da contribuição social do salário-educação será feito da seguinte forma:

I – os créditos relativos a competências de 01/2007 em diante, exclusivamente à Secretaria da Receita Previdenciária, por meio da GPS, juntamente com as contribuições previdenciárias e demais contribuições devidas a terceiros;

II – os créditos relativos a competências anteriores a 01/2007, não recolhidos no prazo regulamentar e pendentes de constituição, exclusivamente à Secretaria da Receita Previdenciária, por GPS com código de pagamento específico para o salário-educação;

III – os créditos relativos a competências anteriores a 01/2007, já constituídos pelo FNDE, exclusivamente por meio do Comprovante de Arrecadação Direta – CAD, até que se complete o processo de migração para a Secretaria da Receita Previdenciária, das bases necessárias à apropriação dos respectivos recebimentos, na forma que vier a ser estabelecida no ato de que trata o art. 12.

§ 1º Fica mantida a competência do FNDE sobre os créditos por ele constituídos, incluídos ou não em parcelamentos, relativos a competências anteriores a 01/2007, até que ocorra a migração para a Secretaria da Receita Previdenciária das bases de que trata o inciso III.

§ 2º Depois de concluída a migração a que se refere o inciso III, os créditos já constituídos pelo FNDE, incluídos ou não em parcelamentos, relativos a competências anteriores a 01/2007, serão recolhidos exclusivamente à Secretaria da Receita Previdenciária, por GPS, com código de pagamento específico para o salário-educação.

§ 3º Para o cumprimento do disposto no inciso I, o contribuinte informará na GFIP código de terceiros ímpar, cuja composição inclui o salário-educação, e para cumprimento do disposto nos incisos II e III e no § 2º não fará qualquer alteração nas GFIP já entregues, relativas àquelas competências, uma vez que as informações nelas contidas serviram de base para o repasse a terceiros da contribuição correspondente.

§ 4º Nos lançamentos de créditos de salário-educação relativos a competências anteriores a 01/2007 observar-se-á o disposto no art. 144 do Código Tributário Nacional, inclusive quanto ao preenchimento da GFIP, que deverá consignar código de terceiros par, que exclui o salário-educação de sua composição.

§ 5º O código de pagamento específico para o salário-educação a que se referem o inciso II e o § 2º será divulgado, com a devida antecedência, pelo FNDE, aos contribuintes sujeitos ao recolhimento direto daquela contribuição.

Art. 12. Os processos administrativo-fiscais decorrentes dos créditos a que se refere o inciso III do art. 11 serão transferidos para a Secretaria da Receita Previdenciária, na forma e prazo que vierem a ser definidos em ato conjunto a ser baixado pelo FNDE e por aquela Secretaria.

Disposições finais

Art. 13. A Secretaria da Receita Previdenciária e a Procuradoria-Geral Federal ficam autorizadas, observada a área de competência, a baixar ato normativo para operacionalização das ações decorrentes deste Decreto.

Art. 14. Este Decreto entra em vigor na data de sua publicação.

Art. 15. Ficam revogados os Decretos 3.142, de 16 de agosto de 1999, e 4.943, de 30 de dezembro de 2003.

Brasília, 28 de dezembro de 2006; 185º da Independência e 118º da República.

Luiz Inácio Lula da Silva

(*DOU* 29.12.2006)

DECRETO 6.841, DE 7 DE MAIO DE 2009

Altera e acresce dispositivos ao Decreto 1.935, de 20 de junho de 1996, que dispõe sobre a organização e o funcionamento do Conselho de Recursos do Sistema Financeiro Nacional.

O Presidente da República, no uso da atribuição que lhe confere o art. 84, incisos IV e VI, alínea a, da Constituição, e com fundamento no parágrafo único do art. 81 da Lei 9.069, de 29 de junho de 1995, decreta:

Art. 1º O art. 1º do Decreto 1.935, de 20 de junho de 1996, passa a vigorar com a seguinte redação:

"Art. 1º O Conselho de Recursos do Sistema Financeiro Nacional, órgão colegiado judicante de segundo grau, integrante da estrutura do Ministério da Fazenda, criado pelo Decreto 91.152, de 15 de março de 1985, tem sede em Brasília, Distrito Federal.

"Parágrafo único. A competência, a organização e o funcionamento do Conselho são fixados no Regimento Interno constante do Anexo a este Decreto."

Art. 2º O Anexo ao Decreto 1.935, de 1996, passa a vigorar com as seguintes alterações:

"Art. 2º [...]

"[...]

"III – um representante da Secretaria de Comércio Exterior do Ministério do Desenvolvimento, Indústria e Comércio Exterior;

"[...]

"§ 1º Os Conselheiros titulares e suplentes serão designados pelo Ministro de Estado da Fazenda, com mandato de 2 (dois) anos, contados a partir da data de posse, sendo facultada a recondução do Conselheiro uma única vez, equiparando-se, para esse fim, as funções de titular e suplente.

"§ 2º É vedada, pelo prazo de 2 (dois) anos contados da data de extinção de seu último mandato, a designação para o Conselho de ex-Conselheiro que houver exercido dois mandatos consecutivos.

"§ 3º A ausência injustificada do Conselheiro-Titular a três sessões consecutivas ou cinco alternadas em cada mandato implicará a sua imediata destituição e a vedação do Conselheiro destituído para exercício de novo mandato no Conselho pelo prazo de 4 (quatro) anos, nomeando-se novo membro, com respectivo suplente, para mandato de 2 (dois) anos. Incorre nas mesmas penalidades o Conselheiro-Suplente convocado para substituir o Conselheiro-Titular.

"[...]

"§ 6º O Conselho contará com o apoio de uma Secretaria-Executiva, dirigida por um Secretário-Executivo, designado pelo Ministro de Estado da Fazenda, de reconhecida competência e possuidor de conhecimentos especializados em assuntos relativos ao mercado financeiro, de câmbio, de capitais estrangeiros, de crédito rural e industrial, e de consórcios, sendo substituído, em suas ausências, por pessoa assim designada pelo Presidente.

"§ 7º Fica o Banco Central do Brasil incumbido de fornecer os recursos técnicos, humanos e materiais necessários ao funcionamento da Secretaria-Executiva, que manterá suas instalações nas dependências daquela Autarquia.

"§ 8º Os órgãos do Ministério da Fazenda, a Comissão de Valores Mobiliários e a Secretaria de Comércio Exterior do Ministério do Desenvolvimento, Indústria e Comércio Exterior, sempre que for necessário, proporcionarão o apoio técnico, material e administrativo para o cumprimento dos objetivos do Conselho."

"Art. 3º [...]

"[...]

"II – [...]

"[...]

"b) relativas à aplicação de penalidades por infração à legislação de consórcios;

"[...]"

"Art. 5º [...]

"[...]

"IX – facultativamente, determinar que processos que versem sobre assuntos semelhantes sejam sorteados para um só relator e, nos casos de pedido de revisão, para um só relator e um só revisor;

"[...]"

"Art. 6º [...]

"[...]

"II – relatar os recursos para os quais forem sorteados;

"[...]

"Parágrafo único. O Presidente não atuará como relator ou revisor nos pedidos de revisão".

"Art. 7º [...]

"[...]

"III – opinar sobre os recursos apresentados na forma dos arts. 3º e 4º, inciso II, deste Regimento, bem como sobre os pedidos de revisão;

"[...]

"Art. 8º [...]

"[...]

"II – receber, autuar e numerar os recursos e pedidos de revisão ingressados no Conselho;

"[...]"

"Art. 9º [...]

"[...]

"§ 1º Na ausência de disposição legal expressa, o prazo para interposição do recurso, sem efeito suspensivo, será de 30 (trinta) dias.

"§ 2º O recurso, juntado ao processo respectivo, será encaminhado ao Conselho no prazo de 30 (trinta) dias, sob pena de responsabilidade do dirigente do órgão ou entidade recorridos."

"Art. 10. O pedido de revisão será processado por instrumento, formado pela parte interessada com cópia das peças principais do processo originário.

"Parágrafo único. Os pedidos de revisão a distribuir serão sorteados, em sessão, a um relator e a um revisor, devendo ser excluído do sorteio o nome do Presidente, nos termos do parágrafo único do art. 6º, bem como dos Conselheiros que tenham atuado como relator ou revisor do acórdão revisando."

"Art. 11. Autuado e numerado o recurso ou pedido de revisão e antes de sua distribuição, os autos serão entregues ao Procurador da Fazenda Nacional, que terá prazo de 30 (trinta) dias para requerer diligências e esclarecimentos necessários à sua completa instrução, bem como para a incumbência prevista no inciso III do art. 7º deste Regimento."

"Art. 12. Os recursos serão ordinariamente distribuídos na ordem cronológica de seu ingresso no Conselho.

"§ 1º Terão tramitação prioritária:

"I – os recursos de interesse de idosos, nos termos do art. 71 da Lei 10.741, de 1º de outubro de 2003 (Estatuto do Idoso), mediante requerimento da parte;

"II – os recursos assim indicados em decisão fundamentada do Presidente, mediante requerimento devidamente motivado do dirigente máximo da autarquia, em atendimento a relevante interesse público.

"§ 2º Formulado o requerimento de que trata o inciso II, o Presidente ouvirá o Procurador da Fazenda Nacional, que deverá se manifestar no prazo de 5 (cinco) dias.

"§ 3º Deferido o requerimento de tramitação prioritária, os autos serão imediatamente remetidos ao Procurador da Fazenda Nacional, que deverá emitir parecer no prazo de 5 (cinco) dias úteis.

"§ 4º Os recursos com tramitação prioritária:

"I – serão distribuídos na primeira sessão subseqüente à devolução dos autos pelo Procurador da Fazenda Nacional, devendo o relator elaborar o relatório no prazo de 5 (cinco) dias úteis;

"II – terão precedência sobre todos os demais processos e serão levados a julgamento na primeira sessão após o término do prazo para o relator elaborar o relatório.

"§ 5º As disposições contidas neste artigo aplicam-se, no que couber, aos pedidos de revisão."

"Art. 13. Os recursos a distribuir serão sorteados, em sessão, a um relator.

"[...]

"§ 2º Os pedidos de revisão a distribuir serão sorteados, em sessão, a um relator e a um revisor, devendo ser excluído do sorteio o nome do Presidente, nos termos do parágrafo único do art. 6º, bem como dos Conselheiros que tenham atuado como relator ou revisor do acórdão revisando.

"§ 3º O relator terá prazo de 30 (trinta) dias e, nos casos de pedido de revisão, o revisor terá prazo de 20 (vinte) dias para, respectivamente, elaborar o relatório e proceder à revisão, podendo, nesse prazo, solicitar a realização de diligências.

"[...]

"§ 6º Se o Procurador da Fazenda Nacional houver requerido diligência, esta somente será cumprida depois de sorteado o relator e, nos casos de pedido de revisão, o revisor, que poderão solicitar outros esclarecimentos, nos prazos, respectivamente, de 20 (vinte) e de 10 (dez) dias.

"§ 7º Cumprida a diligência, os autos serão encaminhados, nesta ordem, ao Procurador da Fazenda Nacional, ao relator e, nos casos de pedido de revisão, ao revisor, que, nos prazos de 20 (vinte), 20 (vinte) e 15 (quinze) dias, respectivamente, deverão devolvê-los à Secretaria-Executiva para serem conclusos ao Presidente.

"[...]"

"Art. 14. Devolvidos os autos relatados e, quando for o caso, revisados, serão conclusos ao Presidente, que determinará sua inclusão em pauta, cuja publicação será providenciada pelo Secretário-Executivo."

"Art. 15. Os Conselheiros e o Procurador da Fazenda Nacional estarão impedidos de participar do julgamento quando tenham:

"I – atuado no âmbito do processo em primeira instância;

"[...]

"§ 3º Para os efeitos deste artigo, considera-se também existir interesse econômico ou financeiro, direto ou indireto, nos casos em que o Conselheiro ou o Procurador da Fazenda Nacional encarregado de se manifestar nos autos tenha percebido, nos dois anos anteriores à interposição do recurso ou do pedido de revisão, remuneração do sujeito passivo ou de firma ou escritório que lhe preste assistência técnica ou jurídica, em caráter eventual ou permanente, qualquer que seja a razão ou título de percepção.

"[...]

"§ 6º No caso de impedimento ou suspeição do relator ou do revisor, o recurso ou pedido de revisão será automaticamente redistribuído aos respectivos Suplentes, independentemente de novo sorteio.

"§ 7º Nas hipóteses de impedimento, suspeição ou ausência temporária do Presidente, ele será substituído, nas respectivas sessões de julgamento, pelo Vice-Presidente, nos termos do disposto no § 5º do art. 2º deste Regimento, sem prejuízo da participação do Conselheiro-Suplente do representante do Ministério da Fazenda.

"§ 8º Havendo impedimento, suspeição ou ausência temporária do Presidente e do Vice-Presidente, concomitantemente, a Presidência da Sessão do Conselho caberá ao Conselheiro-Titular com mais tempo no órgão e, havendo empate, ao mais idoso dos Conselheiros."

"Art. 19. [...]

"[...]

"IV – distribuição dos recursos aos Conselheiros relatores e, no caso dos pedidos de revisão, também aos revisores;

"V – relatório, discussão e votação dos recursos e dos pedidos de revisão constantes da pauta.

"[...]"

"Art. 20. [...]

"§ 1º Será dispensada a leitura do relatório que houver sido previamente distribuído aos demais Conselheiros, salvo oposição, fundamentada, de qualquer Conselheiro, do Procurador da Fazenda Nacional, do sujeito passivo ou de seu representante.

"§ 2º Antes de iniciada a votação, o Presidente franqueará o uso da palavra à parte ou ao seu representante, pelo período máximo de quinze minutos, sendo que, se houver mais de uma parte representada por diferentes advogados, o prazo será contado em dobro e dividido entre os do mesmo grupo, se diversamente entre eles não se convencionar.

"§ 3º Na votação, o Presidente tomará, sucessivamente, o voto do relator e, nos casos de pedido de revisão, o do revisor, e dos que tiverem vista dos autos e dos demais, a partir do primeiro Conselheiro sentado à sua esquerda, e votará por último, exceto quando relator, anunciando, em seguida, o resultado do julgamento.

"[...]

"§ 5º Antes de ser proferido o voto do relator, é facultado ao Procurador da Fazenda Nacional pedir vista dos autos, e aos Conselheiros, a qualquer momento, mesmo depois de iniciada a votação, sendo que, quando concedida a vista, o recurso deverá ser mantido na pauta da mesma sessão de julgamento, ou incluídos na pauta da sessão subseqüente, independentemente de nova publicação.

"§ 6º O Conselheiro ou o Procurador da Fazenda Nacional que pedir vista dos autos terá prazo de 5 (cinco) dias úteis para solicitar a conversão do julgamento em diligência.

"[...]

"§ 14. O recurso ou pedido de revisão somente poderá ser julgado se o representante da Procuradoria-Geral da Fazenda Nacional houver apresentado parecer formal e final, de conhecimento prévio de todos os Conselheiros, acostado aos respectivos autos, sendo que, ocorrendo alteração oral do parecer durante o respectivo julgamento, o Procurador da Fazenda Nacional terá prazo de 10 (dez) dias para apresentar o aditamento formal de seu parecer, ficando suspensos os prazos de que tratam os §§ 9º ao 11 deste artigo."

"Art. 39. Caberá ao Ministro de Estado da Fazenda dirimir dúvidas quanto à competência e atribuições do Conselho."

Art. 3º Este Decreto entra em vigor na data de sua publicação.

Art. 4º Ficam revogados os arts. 2º a 6º do Decreto 1.935, de 20 de junho de 1996, o Decreto 2.277, de 17 de julho de 1997, e o art. 1º do Decreto 5.363, de 31 de janeiro de 2005.

Brasília, 7 de maio de 2009; 188º da Independência e 121º da República.

Luiz Inácio Lula da Silva

(*DOU* 08.05.2009)

DECRETO 7.052, DE 23 DE DEZEMBRO DE 2009

Regulamenta a Lei 11.770, de 9 de setembro de 2008, que cria o Programa Empresa Cidadã, destinado à prorrogação da licença-maternidade, no tocante a empregadas de pessoas jurídicas.

- V. Lei 10.741/2003 (Dispõe sobre o Estatuto do Idoso e dá outras providências).
- V. Lei 11.770/2008 (Cria o Programa Empresa Cidadã).
- V. 12.288/2010 (Institui o Estatuto da Igualdade Racial).
- V. Lei 12.852/2013 (Institui o Estatuto da Juventude e dispõe sobre os direitos dos jovens, os princípios e diretrizes das políticas públicas de juventude e o Sinajuve).
- V. Lei 13.189/2015 (Institui o Programa Seguro-Emprego (PSE)).
- V. Decreto 8.479/2015 (Regulamenta o disposto na Medida Provisória 680, de 6 de julho de 2015, que institui o Programa de Proteção ao Emprego).
- V. Lei 13.289/2016 (Dispõe sobre o Selo Empresa Solidária com a Vida e dá outras providências).

O Presidente da República, no uso da atribuição que lhe confere o art. 84, inciso IV, da Constituição, e tendo em vista o disposto na Lei 11.770, de 9 de setembro de 2008, decreta:

Art. 1º Fica instituído o Programa Empresa Cidadã, destinado a prorrogar por 60 (sessenta) dias a duração da licença-

-maternidade prevista no inciso XVIII do *caput* do art. 7º da Constituição e o correspondente período do salário-maternidade de que trata os arts. 71 e 71-A da Lei 8.213, de 24 de julho de 1991.

§ 1º Será beneficiada pelo Programa Empresa Cidadã a empregada da pessoa jurídica que aderir ao Programa, desde que a empregada requeira a prorrogação do salário-maternidade até o final do primeiro mês após o parto.

§ 2º A prorrogação a que se refere o § 1º iniciar-se-á no dia subsequente ao término da vigência do benefício de que tratam os arts. 71 e 71-A da Lei 8.213, de 1991.

§ 3º A prorrogação de que trata este artigo será devida, inclusive, no caso de parto antecipado.

Art. 2º O disposto no art. 1º aplica-se à empregada de pessoa jurídica que adotar ou obtiver guarda judicial para fins de adoção de criança, pelos seguintes períodos:

I – por 60 (sessenta) dias, quando se tratar de criança de até 1 (um) ano de idade;

II – por 30 (trinta) dias, quando se tratar de criança a partir de 1 (um) ano até 4 (quatro) anos de idade completos; e

III – por 15 (quinze) dias, quando se tratar de criança a partir de 4 (quatro) anos até completar 8 (oito) anos de idade.

Art. 3º As pessoas jurídicas poderão aderir ao Programa Empresa Cidadã, mediante requerimento dirigido à Secretaria da Receita Federal do Brasil.

Art. 4º Observadas as normas complementares a serem editadas pela Secretaria da Receita Federal do Brasil, a pessoa jurídica tributada com base no lucro real poderá deduzir do imposto devido, em cada período de apuração, o total da remuneração da empregada pago no período de prorrogação de sua licença-maternidade, vedada a dedução como despesa operacional.

Parágrafo único. A dedução de que trata o *caput* fica limitada ao valor do imposto devido em cada período de apuração.

Art. 5º No período de licença-maternidade e licença à adotante de que trata este Decreto, a empregada não poderá exercer qualquer atividade remunerada, salvo nos casos de contrato de trabalho simultâneo firmado previamente, e a criança não poderá ser mantida em creche ou organização similar.

Parágrafo único. Em caso de ocorrência de quaisquer das situações previstas no *caput*, a beneficiária perderá o direito à prorrogação.

Art. 6º A empregada em gozo de salário-maternidade na data de publicação deste Decreto poderá solicitar a prorrogação da licença, desde que requeira no prazo de até 30 (trinta) dias.

Art. 7º A Secretaria da Receita Federal do Brasil e o Instituto Nacional do Seguro Social – INSS poderão expedir, no âmbito de suas competências, normas complementares para execução deste Decreto.

Art. 8º Este Decreto entra em vigor na data de sua publicação, produzindo efeitos a partir de 1º de janeiro de 2010.

Brasília, 23 de dezembro de 2009; 188º da Independência e 121º da República.

Luiz Inácio Lula da Silva

(*DOU* 24.12.2009)

DECRETO 7.721, DE 16 DE ABRIL DE 2012

Dispõe sobre o condicionamento do recebimento da assistência financeira do Programa de Seguro-desemprego à comprovação de matrícula e frequência em curso de formação inicial e continuada ou de qualificação profissional, com carga horária mínima de cento e sessenta horas.

A Presidenta da República, no uso da atribuição que lhe confere o art. 84, *caput*, inciso IV, da Constituição, e tendo em vista o disposto no § 1º do art. 3º e no § 2º do art. 8º da Lei 7.998, de 11 de janeiro de 1990, e na Lei 12.513, de 26 de outubro de 2011, decreta:

Art. 1º O recebimento de assistência financeira pelo trabalhador segurado que solicitar o benefício do Programa de Seguro-desemprego a partir da segunda vez dentro de um período de dez anos poderá ser condicionado à comprovação de matrícula e frequência em curso de formação inicial e continuada ou de qualificação profissional, habilitado pelo Ministério da Educação, nos termos do art. 18 da Lei 12.513, de 26 de outubro de 2011, com carga horária mínima de cento e sessenta horas.

- *Caput* com redação determinada pelo Dec. 8.118/2013.

Parágrafo único. O curso previsto no *caput* será ofertado por meio da Bolsa-Formação Trabalhador concedida no âmbito do Programa Nacional de Acesso ao Ensino Técnico e Emprego – Pronatec, instituído pela Lei 12.513, de 2011, ou de vagas gratuitas na rede de educação profissional e tecnológica.

Art. 2º Compete ao Ministério da Educação:

I – ofertar vagas em cursos de formação inicial e continuada ou de qualificação profissional no âmbito do Pronatec aos trabalhadores beneficiários do seguro-desemprego, considerando as vagas gratuitas disponíveis na rede de educação profissional e tecnológica; e

II – encaminhar periodicamente ao Ministério do Trabalho e Emprego informações acerca das matrículas e frequência de que trata o *caput* do art. 1º.

Art. 3º Compete ao Ministério do Trabalho e Emprego:

I – orientar e encaminhar os trabalhadores beneficiários do seguro-desemprego aos cursos de formação inicial e continuada ou de qualificação profissional ofertados nos termos deste Decreto;

II – fixar os requisitos para a definição do perfil do trabalhador, conforme estabelecido no inciso I do *caput* do art. 5º;

III – encaminhar ao Ministério da Educação informações sobre as características dos trabalhadores beneficiários do seguro-desemprego para subsidiar as atividades de formação e qualificação profissional desenvolvidas para atendimento desse público; e

IV – estabelecer os demais procedimentos necessários ao cumprimento da condicionalidade para o recebimento do benefício do seguro-desemprego previsto no *caput* do art. 1º.

Art. 4º A disponibilização de cursos de formação inicial e continuada ou de qualificação profissional pelas instituições ofertantes no âmbito do Pronatec deverá ter como referência as informações do Ministério do Trabalho e Emprego e do Sistema Nacional de Emprego – Sine relativas ao perfil dos trabalhadores segurados de que trata o *caput* do art. 1º e às características locais do mercado de trabalho.

Art. 5º Não será exigida do trabalhador a condicionalidade de que trata o *caput* do art. 1º nas seguintes hipóteses:

I – inexistência de oferta de curso compatível com o perfil do trabalhador no município ou região metropolitana de domicílio do trabalhador, ou, ainda, em município limítrofe; e

II – apresentação pelo trabalhador de comprovante de matrícula e frequência mensal em outro curso de formação inicial e continuada ou de qualificação profissional com carga horária igual ou superior a 160 (cento e sessenta) horas.

Parágrafo único. A condicionalidade de que trata o *caput* do art. 1º ainda poderá ser exigida caso o encerramento do curso de que trata o inciso II do *caput* ocorra enquanto o trabalhador estiver recebendo as parcelas do benefício seguro-desemprego.

Art. 6º O benefício do seguro-desemprego do trabalhador sujeito à condicionalidade de que trata o *caput* do art. 1º poderá ser cancelado nas seguintes situações:

I – recusa pelo trabalhador da pré-matrícula no curso de formação inicial e continuada ou de qualificação profissional ofertado;

II – não realização pelo trabalhador da matrícula efetiva na instituição de ensino, no prazo estabelecido; e

III – evasão do curso de formação inicial e continuada ou de qualificação profissional em que estiver matriculado.

§ 1º A pré-matrícula ou sua recusa exigirá assinatura de termo de ciência.

§ 2º A pré-matrícula ou sua recusa será realizada nas unidades do Ministério do Trabalho e Emprego ou integrantes do Sine.

§ 3º No caso de o trabalhador recusar-se a assinar o documento de que trata o § 1º, será lavrado termo assinado por duas testemunhas.

Art. 7º Atendidos prioritariamente os trabalhadores de que trata o art. 1º, havendo disponibilidade de Bolsas-Formação Trabalhador no âmbito do Pronatec ou de vagas gratuitas na rede de educação profissional e tecnológica, estas poderão ser ofertadas aos demais beneficiários do seguro-desemprego, respeitados os níveis de escolaridade requeridos e os demais critérios de priorização estabelecidos no âmbito do Pronatec.

Art. 8º Ato conjunto dos Ministros de Estado da Educação e do Trabalho e Emprego disciplinará:

I – as características dos cursos de formação inicial e continuada ou de qualificação profissional ofertados no âmbito deste Decreto; e

II – as demais condições, requisitos e normas necessárias para aplicação da condicionalidade prevista no *caput* do art. 1º.

Art. 9º A oferta de Bolsa-Formação Trabalhador no âmbito do Pronatec nos termos previstos neste Decreto fica condicionada à existência de dotação orçamentária.

Art. 10. Este Decreto entra em vigor na data de sua publicação.

Brasília, 16 de abril de 2012; 191º da Independência e 124º da República.

Dilma Rousseff

(*DOU* 17.04.2012)

DECRETO 7.777, DE 24 DE JULHO DE 2012

Dispõe sobre as medidas para a continuidade de atividades e serviços públicos dos órgãos e entidades da administração pública federal durante greves, paralisações ou operações de retardamento de procedimentos administrativos promovidas pelos servidores públicos federais.

- V. Lei 7.783/1989 (Direito de greve).

A Presidenta da República, no uso das atribuições que lhe confere o art. 84, *caput*, incisos IV e VI, alínea *a*, da Constituição, e tendo em vista o disposto na Lei 7.783, de 28 de junho de 1989, decreta:

Art. 1º Compete aos Ministros de Estado supervisores dos órgãos ou entidades em que ocorrer greve, paralisação ou retardamento de atividades e serviços públicos:

I – promover, mediante convênio, o compartilhamento da execução da atividade ou serviço com Estados, Distrito Federal ou Municípios; e

II – adotar, mediante ato próprio, procedimentos simplificados necessários à manutenção ou realização da atividade ou serviço.

§ 1º As atividades de liberação de veículos e cargas no comércio exterior serão executadas em prazo máximo a ser definido pelo respectivo Ministro de Estado supervisor dos órgãos ou entidades intervenientes.

§ 2º Compete à chefia de cada unidade a observância do prazo máximo estabelecido no § 1º.

§ 3º A responsabilidade funcional pelo descumprimento do disposto nos §§ 1º e 2º será apurada em procedimento disciplinar específico.

Art. 2º O Ministro de Estado competente aprovará o convênio e determinará os procedimentos necessários que garantam o funcionamento regular das atividades ou serviços públicos durante a greve, paralisação ou operação de retardamento.

Art. 3º As medidas adotadas nos termos deste Decreto serão encerradas com o término da greve, paralisação ou operação de retardamento e a regularização das atividades ou serviços públicos.

Art. 4º Este Decreto entra em vigor na data de sua publicação.

Brasília, 24 de julho de 2012; 191º da Independência e 124º da República.

Dilma Rousseff

(*DOU* 25.07.2012, ret. 31.07.2012)

DECRETO 7.872, DE 26 DE DEZEMBRO DE 2012

Regulamenta a Lei 12.382, de 25 de fevereiro de 2011, que dispõe sobre o valor do salário mínimo e a sua política de valorização de longo prazo.

- V. Lei 4.266/1963 (Institui o salário-família do trabalhador e dá outras providências).
- V. Dec. 53.153/1963 (Regulamenta o salário-família do trabalhador).
- V. Port. MTb 3.296/1986 (Autoriza as empresas e empregadores a adotar o sistema de Reembolso-Creche), disponível em ProView.
- V. Decreto-lei 368/1968 (Dispõe sobre efeitos de débitos salariais).
- V. IN SRT 1/1989 (Dispõe sobre o prazo para o pagamento do salário), disponível em ProView
- V. Decreto-lei 691/1969 (Dispõe sobre a não aplicação, aos contratos de técnicos estrangeiros, com estipulação de pagamento de salários em moeda estrangeira, de diversas disposições da legislação trabalhista).
- V. Lei 6.858/1980 (Dispõe sobre o pagamento, aos dependentes ou sucessores, de valores não recebidos em vida pelos respectivos titulares).
- V. Decreto 85.845/1981 (Regulamenta a Lei 6.858/1980).
- V. Lei 7.238/1984 (Dispõe sobre a manutenção da correção automática semestral dos salários, de acordo com o INPC).
- V. Lei 8.073/1990 (Estabelece a Política Nacional de Salários).
- V. Lei 8.542/1992 (Dispõe sobre a política nacional de salários).
- V. Lei 8.716/1993 (Dispõe sobre a garantia do salário mínimo).
- V. Lei 8.880/1994 (Dispõe sobre o Programa de Estabilização Econômica e o Sistema Monetário Nacional e institui a URV).
- V. Lei Complementar 103/2000 (Autoriza os Estados e o Distrito Federal a instituir o piso salarial).
- V. Lei 10.192/2001 (Dispõe sobre medidas complementares ao Plano Real).
- V. Decreto 4.840/2003 (Regulamenta a Medida Provisória 130/2003, que dispõe sobre a autorização para desconto de prestações em folha de pagamento).
- V. Lei 10.820/2003 (Dispõe sobre a autorização para desconto de prestações em folha de pagamento).
- V. Lei 12.382/2011 (Dispõe sobre o valor do salário mínimo em 2011 e a sua política de valorização de longo prazo).
- V. Lei 13.152/2015 (Dispõe sobre a política de valorização do salário-mínimo e dos benefícios pagos pelo RGPS para o período de 2016 a 2019).

A Presidenta da República, no uso das atribuições que lhe conferem o art. 84, *caput*, incisos IV e VI, alínea *a*, da Constituição, e tendo em vista o disposto no art. 3º da Lei 12.382, de 25 de fevereiro de 2011, decreta:

Art. 1º A partir de 1º de janeiro de 2013, o salário mínimo será de R$ 678,00 (seiscentos e setenta e oito reais).

Parágrafo único. Em virtude do disposto no *caput*, o valor diário do salário mínimo corresponderá a R$ 22,60 (vinte e dois reais e sessenta centavos) e o valor horário, a R$ 3,08 (três reais e oito centavos).

Art. 2º Este Decreto entra em vigor em 1º de janeiro de 2013.

Brasília, 26 de dezembro de 2012; 191º da Independência e 124º da República.

Dilma Rousseff

- Assinatura retificada no *DOU* 28.12.2012.

(*DOU* 26.12.2012, edição extra; ret. 28.12.2012)

DECRETO 8.084, DE 26 DE AGOSTO DE 2013

Regulamenta a Lei 12.761, de 27 de dezembro de 2012, que institui o Programa de Cultura do Trabalhador e cria o vale-cultura.

A PRESIDENTA DA REPÚBLICA, no uso da atribuição que lhe confere o art. 84, caput, inciso IV, da Constituição, e tendo em vista o disposto na Lei 12.761, de 27 de dezembro de 2012, decreta:

Capítulo I
Disposições Gerais

Art. 1º Este Decreto regulamenta a Lei 12.761, de 27 de dezembro de 2012, que institui o Programa de Cultura do Trabalhador e cria o vale-cultura.

Art. 2º Para os efeitos deste Decreto, considera-se:

I – empresa operadora – pessoa jurídica cadastrada no Ministério da Cultura, possuidora do Certificado de Inscrição no Programa de Cultura do Trabalhador e autorizada a produzir e comercializar o vale-cultura;

II – empresa beneficiária – pessoa jurídica optante pelo Programa de Cultura do Trabalhador e autorizada a distribuir o vale-cultura a seus trabalhadores com vínculo empregatício;

III – empresa recebedora – pessoa jurídica habilitada pela empresa operadora para receber o vale-cultura como forma de pagamento de serviço ou produto cultural;

IV – usuário – trabalhador com vínculo empregatício com a empresa beneficiária que recebe o vale-cultura; e

V – taxa de administração – remuneração total cobrada das empresas beneficiárias e recebedoras pela empresa operadora como contrapartida pela produção e comercialização do vale-cultura, inclusive quanto a custos de operação e de reembolso.

Parágrafo único. Apenas fará jus aos incentivos fiscais previstos no art. 10 da Lei 12.761, de 2012, a empresa beneficiária cuja tributação do imposto sobre a renda seja feita com base no lucro real.

Capítulo II
Da Gestão do Programa de Cultura do Trabalhador

Art. 3º Compete ao Ministério da Cultura, em articulação com os demais órgãos e entidades do Poder Executivo, a gestão do Programa de Cultura do Trabalhador, nos termos deste Decreto.

Art. 4º O cadastramento, a habilitação e a inscrição das empresas no Programa de Cultura do Trabalhador estão sujeitos às regras deste Capítulo.

Art. 5º O cadastramento da empresa operadora será feito no Ministério da Cultura e deverá observar, entre outros, aos seguintes requisitos:

I – inscrição regular no Cadastro Nacional da Pessoa Jurídica – CNPJ; e

II – qualificação técnica para produzir e comercializar o valecultura, observado o disposto no art. 6º da Lei 12.761, de 2012.

Parágrafo único. O Ministério da Cultura emitirá o Certificado de Inscrição no Programa de Cultura do Trabalhador à empresa regularmente cadastrada, e autorizará a produção e a comercialização do vale-cultura.

Art. 6º São deveres da empresa operadora:

I – observar limites de cobrança de taxa de administração;

II – apresentar ao Ministério da Cultura relatórios periódicos relativos a acesso e fruição de produtos e serviços culturais; e

III – tomar providências para que empresas recebedoras cumpram os deveres previstos no art. 9º, e inabilitá-las em caso de descumprimento.

Art. 7º A perda de quaisquer dos requisitos de que trata o art. 5º, posterior ao cadastramento, ou o descumprimento de quaisquer dos deveres previstos no art. 6º implica a perda da certificação da empresa operadora.

Art. 8º A habilitação da empresa recebedora será feita perante a empresa operadora e dependerá da comprovação de exercício de atividade econômica admitida, para fins do vale-cultura, pelo Ministério da Cultura.

Art. 9º São deveres da empresa recebedora:

I – receber o vale-cultura, exclusivamente para a comercialização de produtos e serviços culturais; e

II – disponibilizar as informações necessárias à elaboração dos relatórios de que trata o inciso II do caput do art. 6º.

Art. 10. A inscrição da empresa beneficiária será feita no Ministério da Cultura e deverá observar, entre outros, aos seguintes requisitos:

I – inscrição regular no CNPJ;

II – indicação de empresa operadora possuidora de Certificado de Inscrição no Programa de Cultura do Trabalhador; e

III – indicação do número de trabalhadores com vínculo empregatício, conforme a faixa de renda mensal.

Art. 11. São deveres da empresa beneficiária:

I – oferecer o vale-cultura nos termos do Capítulo III;

II – prestar ao Ministério da Cultura as informações referentes aos usuários, conforme faixa de renda mensal, e mantê-las atualizadas; e

III – divulgar e incentivar o acesso e a fruição de produtos e serviços culturais pelos usuários.

Capítulo III
Da Oferta do Vale-Cultura

Art. 12. O vale-cultura deverá ser oferecido ao trabalhador com vínculo empregatício e que perceba até cinco salários mínimos mensais.

Art. 13. O fornecimento do vale-cultura aos trabalhadores com vínculo empregatício e renda superior a cinco salários mínimos mensais depende da comprovação da sua oferta a todos os trabalhadores de que trata o art. 12.

§ 1º A fiscalização do disposto no caput será feita pelo Ministério do Trabalho e Emprego quando de suas inspeções, conforme disposições estabelecidas pelas autoridades integrantes do Sistema Federal de Inspeção do Trabalho.

§ 2º Verificado o descumprimento do disposto no caput, o Ministério do Trabalho e Emprego comunicará o fato aos Ministérios da Cultura e da Fazenda, sem prejuízo da aplicação das sanções legais decorrentes de outras infrações trabalhistas.

Art. 14. O valor mensal do vale-cultura, por usuário, será de R$ 50,00 (cinquenta reais).

Art. 15. O trabalhador de que trata o art. 12 poderá ter descontado de sua remuneração os seguintes percentuais do valor do vale-cultura:

I – até um salário mínimo – dois por cento;

II – acima de um salário mínimo e até dois salários mínimos – quatro por cento;

III – acima de dois salários mínimos e até três salários mínimos – seis por cento;

IV – acima de três salários mínimos e até quatro salários mínimos – oito por cento; e

V – acima de quatro salários mínimos e até cinco salários mínimos – dez por cento.

Art. 16. O trabalhador de que trata o art. 13 terá descontado de sua remuneração os seguintes percentuais do valor do vale-cultura:

I – acima de cinco salários mínimos e até seis salários mínimos – vinte por cento;

II – acima de seis salários mínimos e até oito salários mínimos – trinta e cinco por cento;

III – acima de oito salários mínimos e até dez salários mínimos – cinquenta e cinco por cento;

IV – acima de dez salários mínimos e até doze salários mínimos – setenta por cento; e

V – acima de doze salários mínimos: noventa por cento.

Art. 17. O fornecimento do vale-cultura dependerá de prévia aceitação pelo trabalhador.

Parágrafo único. O trabalhador poderá reconsiderar, a qualquer tempo, a sua decisão sobre o recebimento do vale-cultura.

Art. 18. É vedada a reversão do valor do vale-cultura em dinheiro.

Parágrafo único. A vedação de que trata o caput compreende a entrega do valor do vale-cultura em dinheiro, a qualquer título, pelas empresas beneficiária, operadora e recebedora, ou a troca do vale-cultura em dinheiro pelo próprio trabalhador.

Capítulo IV
Das Condições de Utilização do Vale-Cultura

Art. 19. Os créditos inseridos no cartão magnético do vale-cultura não possuem prazo de validade.

Art. 20. O vale-cultura deverá ser utilizado exclusivamente na aquisição de produtos e serviços culturais previstos no ato de que trata o inciso V do caput do art. 24.

Capítulo V
Do Incentivo Fiscal

Art. 21. Até o exercício de 2017, ano-calendário de 2016, o valor despendido a título de aquisição do vale-cultura poderá ser deduzido do Imposto sobre a Renda da Pessoa Jurídica – IRPJ devido pela pessoa jurídica beneficiária tributada com base no lucro real.

§ 1º Observado o disposto no § 4º do art. 3º da Lei 9.249, de 26 de dezembro de 1995, a dedução de que trata o caput fica limitada a um por cento do IRPJ devido com base:

I – no lucro real trimestral; ou

II – no lucro real apurado no ajuste anual.

§ 2º O limite de dedução no percentual de um por cento do IRPJ devido de que trata o § 1º será considerado isoladamente e não se submeterá a limite conjunto com outras deduções do IRPJ a título de incentivo.

§ 3º O valor excedente ao limite de dedução de que tratam os §§ 1º e 2º não poderá ser deduzido do IRPJ devido em períodos de apuração posteriores.

§ 4º A pessoa jurídica beneficiária tributada com base no lucro real:

I – poderá deduzir o valor despendido a título de aquisição do vale-cultura como despesa operacional para fins de apuração do IRPJ; e

II – deverá adicionar o valor deduzido como despesa operacional, de que trata o inciso I, para fins de apuração da base de cálculo da Contribuição Social sobre o Lucro Líquido – CSLL.

§ 5º As deduções de que trata o caput e os §§ 1º a 4º:

I – somente se aplicam em relação ao valor do vale-cultura distribuído ao usuário no período de apuração do IRPJ; e

II – não abrangem a parcela descontada da remuneração do empregado, nos percentuais de que tratam os arts. 15 e 16, a título de vale-cultura.

Art. 22. O valor correspondente ao vale-cultura:

I – não integra o salário-de-contribuição de que trata o art. 28 da Lei 8.212, de 24 de julho de 1991; e

II – é isento do imposto sobre a renda das pessoas físicas.

Parágrafo único. A parcela do valor correspondente ao vale-cultura, cujo ônus seja da empresa beneficiária, não constitui base de incidência de contribuição previdenciária ou do Fundo de Garantia do Tempo de Serviço – FGTS.

Capítulo VI
Das Penalidades

Art. 23. A execução inadequada do Programa de Cultura do Trabalhador ou a ação que acarrete o desvio ou desvirtuamento de suas finalidades resultarão na aplicação das penalidades previstas no art. 12 da Lei 12.761, de 2012.

Parágrafo único. Compete aos Ministérios da Cultura, do Trabalho e Emprego e da Fazenda a aplicação das penalidades cabíveis, no âmbito de suas competências, sem prejuízo de outras sanções previstas na legislação.

Capítulo VII
Disposições Finais

Art. 24. Ato do Ministro de Estado da Cultura disporá sobre:

I – forma e procedimento de cadastramento de empresas operadoras e de emissão do Certificado de Inscrição no Programa de Cultura do Trabalhador previsto no art. 5º;

II – limites da taxa de administração prevista no inciso I do caput do art. 6º;

III – forma e conteúdo dos relatórios previstos no inciso II do caput do art. 6º e no inciso II do caput do art. 11;

IV – atividades econômicas admitidas previstas no art. 8º;

V – produtos e serviços culturais a que se referem o inciso I do caput do art. 9º e o art. 20; e

VI – modelos do cartão magnético e do impresso de que trata o art. 6º da Lei 12.761, de 2012.

Art. 25. Fica o Ministério da Cultura autorizado a ampliar as áreas culturais previstas no, § 2º do art. 2º da Lei 12.761, de 2012.

Art. 26. Ato conjunto dos Ministros de Estado da Cultura, do Trabalho e Emprego e da Fazenda estabelecerá o compartilhamento das informações necessárias à implementação deste Decreto, respeitadas as hipóteses de sigilo legalmente previstas.

§ 1º O Ministério da Cultura deverá informar aos demais órgãos e entidades envolvidos sobre a execução inadequada, os desvios ou os desvirtuamentos das finalidades do Programa de Cultura do Trabalhador, para que sejam tomadas providências cabíveis em seus âmbitos de competência.

§ 2º O Ministério da Cultura deverá ser informado sobre a execução inadequada, os desvios ou os desvirtuamentos das finalidades do Programa, aferidos pelos demais órgãos e entidades durante suas respectivas atividades de fiscalização, para que sejam tomadas as providências cabíveis em seu âmbito de competência.

Art. 27. Este Decreto entra em vigor na data de sua publicação.

Brasília, 26 de agosto de 2013; 192º da Independência e 125º da República.

Dilma Rousseff

(*DOU* 27.08.2013)

DECRETO 8.086, DE 30 DE AGOSTO DE 2013

Institui o Programa Mulher: Viver sem Violência e dá outras providências.

A Presidenta da República, no uso da atribuição que lhe confere o art. 84, *caput*, inciso VI, alínea "a", da Constituição, decreta:

Art. 1º Fica instituído o Programa Mulher: Viver sem Violência, que objetiva integrar e ampliar os serviços públicos existentes voltados às mulheres em situação de violência, mediante a articulação dos atendimentos especializados no âmbito da saúde, da justiça, da rede socioassistencial e da promoção da autonomia financeira.

§ 1º O Programa integra a Política Nacional de Enfrentamento à Violência contra as Mulheres e as ações de implementação do Pacto Nacional pelo Enfrentamento à Violência contra as Mulheres.

§ 2º A coordenação do Programa será de responsabilidade da Secretaria de Políticas para as Mulheres da Presidência da República.

§ 3º A ampliação e a integração dos serviços de que trata o caput deverá ser acompanhada da qualificação e da humanização do atendimento às mulheres em situação de violência.

Art. 2º São diretrizes do Programa Mulher: Viver sem Violência:

I – integração dos serviços oferecidos às mulheres em situação de violência;

II – transversalidade de gênero nas políticas públicas;

III – corresponsabilidade entre os entes federados;

IV – fomento à autonomia das mulheres e à garantia da igualdade de direitos entre mulheres e homens;

V – atendimento humanizado e integral à mulher em situação de violência, observado o respeito aos princípios da dignidade da pessoa humana, da não discriminação e da não revitimização;

VI – disponibilização de transporte à mulher em situação de violência para o acesso aos serviços, quando não integrados, da rede especializada de atendimento;

VII – garantia e promoção de direitos das mulheres em situação de violência, em especial do acesso à justiça;

VIII – os eixos estruturantes do Pacto Nacional pelo Enfrentamento à Violência contra as Mulheres; e

IX – as diretrizes da Política Nacional de Enfrentamento à Violência contra as Mulheres.

Art. 3º O Programa Mulher: Viver sem Violência será desenvolvido, principalmente, por meio das seguintes ações:

I – implementação das Casas da Mulher Brasileira, que consistem em espaços públicos onde se concentrarão os principais serviços especializados e multidisciplinares de atendimento às mulheres em situação de violência;

II – ampliação da Central de Atendimento à Mulher – Ligue 180;

III – organização, integração e humanização do atendimento às vítimas de violência sexual;

IV – ampliação dos Centros de Atendimento às Mulheres nas Regiões de Fronteiras Secas, que consistem em serviços especializados de atendimento às mulheres nos casos de violência de gênero, incluídos o tráfico de mulheres e as situações de vulnerabilidades provenientes do fenômeno migratório; e

V – promoção de campanhas continuadas de conscientização do enfrentamento à violência contra a mulher.

§ 1º Mediante articulação com órgãos e entidades públicas da União, dos Estados, do Distrito Federal e dos Municípios e com entidades do terceiro setor, as Casas da Mulher Brasileira e os Centros de Atendimento às Mulheres nas Regiões de Fronteiras Secas poderão contar com:

I – serviços de atendimento psicossocial;

II – alojamento de passagem;

III – orientação e direcionamento para programas de auxílio e promoção da autonomia econômica, de geração de trabalho, emprego e renda;

IV – integração com os serviços da rede de saúde e socioassistencial; e

V – a presença de órgãos públicos voltados para as mulheres, como as Delegacias Especializadas de Atendimento à Mulher, os Juizados e Varas Especializados de Violência Doméstica e Familiar contra a Mulher, as Promotorias Públicas Especializadas da Mulher e as Defensorias Públicas Especializadas da Mulher.

§ 2º As Casas da Mulher Brasileira e os Centros de Atendimento às Mulheres nas Regiões de Fronteiras Secas poderão ser mantidos pelos Estados, Distrito Federal e Municípios, com o apoio das instituições parceiras e da Secretaria de Políticas para as Mulheres da Presidência da República.

Art. 4º Compete à Secretaria de Políticas para as Mulheres da Presidência da República:

I – coordenar a implantação e execução do Programa;

II – coordenar a execução das ações de que trata o art. 3º;

III – construir e equipar as Casas da Mulher Brasileira;

IV – promover a capacitação das equipes dos Centros de Atendimento à Mulher nas Regiões de Fronteiras Secas e das Casas da Mulher Brasileira nos temas referentes às relações sociais de gênero;

V – promover a articulação com os órgãos e entidades referidos nos §§ 1º e 2º do art. 3º, com o objetivo de assegurar a implementação e o cumprimento das metas do Programa;

VI – elaborar e divulgar os protocolos de atendimento, as normas técnicas e a padronização de atendimento das Casas da Mulher Brasileira e dos Centros de Atendimento às Mulheres nas Regiões de Fronteira Secas, com apoio dos órgãos e entidades participantes e colaboradores;

VII – apoiar, técnica e financeiramente, os entes federados na manutenção das Casas da Mulher Brasileira e dos Centros de Atendimento às Mulheres nas Regiões de Fronteira Secas; e

VIII – promover encontros dos Centros de Atendimento às Mulheres nas Regiões de Fronteiras Secas e das Casas da Mulher Brasileira com o objetivo de avaliar a implementação e execução do Programa.

Parágrafo único. A Secretaria de Políticas para as Mulheres da Presidência da República poderá convidar para participar da implementação do Programa outros órgãos e entidades públicos e privados, como o Conselho Nacional de Justiça, o Conselho Nacional do Ministério Público e o Conselho Nacional de Defensores Públicos- Gerais.

Art. 5º Os Ministérios da Justiça, da Saúde, do Desenvolvimento Social e Combate à Fome e do Trabalho e Emprego atuarão de forma conjunta para a implementação do Programa com a Secretaria de Políticas para as Mulheres da Presidência da República.

Art. 6º A Secretaria de Políticas para as Mulheres da Presidência da República poderá expedir atos complementares para a coordenação e gestão do Programa Mulher: Viver sem Violência.

Art. 7º Este Decreto entra em vigor na data de sua publicação.

Brasília, 30 de agosto de 2013; 192º da Independência e 125º da República.

Dilma Rousseff

(*DOU* 30.08.2013, edição extra)

DECRETO 8.136, DE 5 DE NOVEMBRO DE 2013

Aprova o regulamento do Sistema Nacional de Promoção da Igualdade Racial – Sinapir, instituído pela Lei 12.288, de 20 de julho de 2010.

A Presidenta da República, no uso da atribuição que lhe confere o art. 84, caput, inciso VI, da Constituição, e tendo em vista o disposto no art. 47 da Lei 12.288, de 20 de julho de 2010, decreta:

Art. 1º Fica aprovado o regulamento do Sistema Nacional de Promoção da Igualdade Racial – Sinapir, na forma do Anexo.

Art. 2º Este Decreto entra em vigor na data de sua publicação.

Brasília, 5 de novembro de 2013; 192º da Independência e 125º da República.

Dilma Rousseff

(DOU 06.11.2013)

ANEXO
Regulamento do Sistema Nacional de Promoção da Igualdade Racial

Capítulo I
Da Definição e dos Marcos Regulatórios

Seção I
Da Definição

Art. 1º O Sistema Nacional de Promoção da Igualdade Racial – Sinapir, instituído pela Lei 12.288, de 20 de julho de 2010, constitui forma de organização e de articulação voltadas à implementação do conjunto de políticas e serviços destinados a superar as desigualdades raciais existentes no País, prestado pelo Poder Executivo federal.

§ 1º O Sinapir é um sistema integrado que visa a descentralizar e tornar efetivas as políticas públicas para o enfrentamento ao racismo e para a promoção da igualdade racial no País.

§ 2º O Sistema tem a função precípua de organizar e promover políticas de igualdade racial, compreendidas como conjunto de diretrizes, ações e práticas a serem observadas na atuação do Poder Público e nas relações entre o Estado e a sociedade.

Art. 2º O Sinapir será organizado por meio da definição de competências e responsabilidades específicas para a União e para os demais entes federados que aderirem ao Sistema.

§ 1º O funcionamento do Sistema deve assegurar que a ação de cada parte integrante observe a finalidade comum, garantida a participação da sociedade civil e o controle social das políticas públicas.

§ 2º Deverão ser adotadas estratégias para assegurar à política de igualdade racial prioridade no planejamento e no orçamento dos entes federados que aderirem ao Sinapir de modo a garantir o desenvolvimento de programas com impacto efetivo na superação das desigualdades raciais.

§ 3º O Sinapir deve garantir que a igualdade racial seja contemplada na formulação, implementação, monitoramento e avaliação de políticas públicas, em todas as esferas de governo.

Seção II
Dos Fundamentos Legais

Art. 3º São fundamentos legais do Sinapir:

I – Lei 12.288, de 20 de julho de 2010, que institui o Estatuto da Igualdade Racial, em cujo Título III (Capítulos I, II e III) foi instituído o Sinapir;

II – Convenção Internacional sobre a Eliminação de todas as Formas de Discriminação Racial, aprovada pelo Decreto Legislativo 23, de 21 de junho de 1967, ratificada pela República Federativa do Brasil em 27 de março de 1968 e promulgada pelo Decreto 65.810, de 8 de dezembro de 1969;

III – Política Nacional de Promoção da Igualdade Racial, instituída pelo Decreto 4.886, de 20 de novembro de 2003; e

IV – Plano Nacional de Promoção da Igualdade Racial – Planapir, aprovado pelo Decreto 6.872, de 4 de junho de 2009.

Capítulo II
Dos Princípios e dos Objetivos

Seção I
Dos Princípios

Art. 4º São princípios do Sinapir:

I – desconcentração, que consiste no compartilhamento, entre os órgãos e entidades da administração púbica federal, das responsabilidades pela execução e pelo monitoramento das políticas setoriais de igualdade racial;

II – descentralização, que se realiza na definição de competências e responsabilidades dos Estados, Distrito Federal e Municípios, de modo a permitir que as políticas de igualdade racial atendam as necessidades da população;

III – gestão democrática, que envolve a participação da sociedade civil na proposição, acompanhamento e realização de iniciativas, por meio dos conselhos e das conferências de Promoção da Igualdade Racial; e

IV – estímulo à adoção de medidas que favoreçam a promoção da igualdade racial pelos Poderes Legislativo e Judiciário, Ministério Público, Defensorias Públicas e iniciativa privada.

Seção II
Dos Objetivos

Art. 5º São objetivos do Sinapir, de acordo com o art. 48 da Lei 12.288, de 2010:

I – promover a igualdade étnica e o combate às desigualdades sociais resultantes do racismo, inclusive mediante a adoção de ações afirmativas;

II – formular políticas destinadas a combater os fatores de marginalização e a promover a integração social da população negra;

III – descentralizar a implementação de ações afirmativas pelos governos estaduais, distrital e municipais;

IV – articular planos, ações e mecanismos para promoção da igualdade étnica; e

V – garantir a eficácia dos meios e dos instrumentos criados para a implementação das ações afirmativas e o cumprimento das metas a serem estabelecidas.

Capítulo III
Dos Instrumentos Gerenciais

Art. 6º Constituem instrumentos de gestão do Sinapir:

I – o Plano Nacional de Promoção da Igualdade Racial – Planapir, e os planos estaduais, distrital e municipais;

II – o Plano Plurianual de Governo; e

III – a Rede-Sinapir, a ser criada com o fim de promover:

a) a gestão de informação;

b) as condições para o monitoramento;

c) a avaliação do Sinapir; e

d) o acesso e o controle social.

Art. 7º A atuação da Rede-Sinapir deverá ser precedida de:

I – formação de cadastro nacional dos órgãos de políticas de promoção da igualdade racial, nas esferas estadual, distrital e municipal; e

II – desenvolvimento de portal na internet, com acesso diferenciado e voltado para a divulgação das ações dos diversos órgãos e entidades que compõem o Sinapir.

Parágrafo único. Simultaneamente ao funcionamento do Sistema, ocorrerão o aperfeiçoamento e a disseminação dos instrumentos e técnicas de avaliação e monitoramento das ações dos órgãos e entidades que compõe o Sinapir e a análise do impacto dessas ações nas condições de vida das populações negra, indígena e cigana.

Capítulo IV
Da Estrutura do SINAPIR

Seção I
Da Estrutura

Art. 8º Integram a estrutura do Sinapir:

I – conferências de Promoção da Igualdade Racial – nacional, estaduais, distrital e municipais, que constituem instâncias formais de diálogo entre o setor público e a sociedade civil, visando a garantir a participação social na proposição, implementação e monitoramento das políticas públicas;

II – Conselho Nacional de Promoção da Igualdade Racial – CNPIR, de natureza consultiva, ao qual compete exercer o controle social, por meio do acompanhamento da implementação das políticas de promoção da igualdade racial, e contribuir para que sua execução esteja em conformidade com as diretrizes da Conferência Nacional de Promoção da Igualdade Racial;

III – Secretaria de Políticas de Promoção da Igualdade Racial da Presidência da República – SEPPIR-PR, responsável pela articulação ministerial e pela coordenação central do Sistema;

IV – Fórum Intergovernamental de Promoção da Igualdade Racial – Fipir, espaço de formação de pactos no âmbito do Sistema, constituído pela Secretaria de Políticas de Promoção da Igualdade Racial da Presidência da República e pelos órgãos de promoção da igualdade racial estaduais, distrital e municipais, responsáveis pela articulação da política nas suas esferas de governo; e

V – Ouvidoria Permanente em Defesa da Igualdade Racial do Poder Executivo, responsável pela interlocução imediata entre cidadãos e o Poder Público, a qual cabe funcionar como canal para o recebimento de opiniões e reclamações, a mediação de conflitos e o encaminhamento de denúncias de racismo e discriminação racial.

Parágrafo único. A implementação do Sistema em âmbito federal será feita pela Secretaria de Políticas de Promoção da Igualdade Racial da Presidência da República em conjunto com os Ministérios responsáveis pela execução de políticas setoriais de promoção igualdade racial.

Art. 9º As conferências devem ser realizadas a cada quatro anos, conforme cronograma a ser definido pela Secretaria de Políticas de Promoção da Igualdade Racial da Presidência da República, ouvido o Conselho Nacional de Promoção da Igualdade Racial.

Art. 10 Os órgãos estaduais de promoção da igualdade racial dos entes que aderirem ao Sinapir são responsáveis pela criação de fóruns estaduais de gestores municipais e pelo apoio ao seu funcionamento, a fim de assegurar a descentralização da política de promoção da igualdade racial e possibilitar a representação dos Municípios na instância de formação de pactos do Sinapir.

Art. 11 Fica instituído, no âmbito do Sinapir, o Fórum Intergovernamental de Promoção da Igualdade Racial – Fipir, com o objetivo de implementar estratégias para a incorporação da política nacional de promoção da igualdade étnico-racial às ações governamentais de Estados e Municípios.

§ 1º Ao Fipir competirá atuar como instância de formação de pactos entre os entes federados, com o fim de promover a igualdade racial e o enfrentamento ao racismo.

§ 2º O Fipir será composto por dirigentes responsáveis pela articulação e pela coordenação da política de promoção da igualdade racial da União, dos Estados, do Distrito Federal e da representação dos Municípios em cada Estado, escolhida no fórum estadual de gestores municipais.

§ 3º O regimento interno provisório do Fipir e as orientações gerais para o funcionamento dos fóruns estaduais de gestores municipais serão definidas em ato do Ministro de Estado Chefe da Secretaria de Políticas de Promoção da Igualdade Racial da Presidência da República.

§ 4º Uma vez que o Fipir e os fóruns estaduais de gestores municipais estejam compostos, respectivamente, por cinquenta por cento dos Estados e por cinquenta por cento dos Municípios com órgãos de promoção da igualdade racial, será elaborado o regimento interno de ambas as instâncias.

§ 5º Para a votação do regimento interno do Fipir, cada esfera da federação representada no fórum terá direito a um voto.

§ 6º Para fins do disposto no §5º, considera-se o Distrito Federal incluído na esfera estadual.

§ 7º A coordenação do Fipir compete à Secretaria de Políticas de Promoção da Igualdade Racial da Presidência da República, que proverá o apoio administrativo e os meios necessários ao seu funcionamento.

Capítulo V
Da Adesão, Participação, Competências e Responsabilidades

Seção I
Da Adesão ao Sistema

Art. 12 São requisitos para adesão de Estados, Distrito Federal e Municípios ao Sinapir:

I – instituição e funcionamento de conselho voltado para a promoção da igualdade racial, composto por igual número de representantes de órgãos e entidades públicas e de organizações da sociedade civil; e

II – instituição e funcionamento de órgão de promoção da igualdade racial na estrutura administrativa.

Parágrafo único. Os Municípios poderão satisfazer as condições previstas nos incisos I e II do caput por meio de consórcios públicos, nos termos do art.26.

Seção II
Das Condições para a Participação de Estados, Distrito Federal e Municípios no Sinapir

Art. 13 Participam do Sinapir a União, representada pela Secretaria de Políticas de Promoção da Igualdade Racial da Presidência da República e pelos órgãos responsáveis pela execução de políticas setoriais de promoção da igualdade racial, e, os Estados, Distrito Federal e os Municípios que tenham aderido ao Sistema.

Parágrafo único. Ato do Ministro de Estado Chefe da Secretaria de Políticas de Promoção da Igualdade Racial da Presidência da República disciplinará os procedimentos a serem seguidos no processo de adesão ao Sinapir pelos entes federados, no prazo de noventa dias, contado da data de publicação deste Decreto.

Art. 14 São condições para a participação de Estados e Distrito Federal no Sinapir:

I – instituir e apoiar administrativa e financeiramente os conselhos estaduais e distrital voltados para a promoção da igualdade racial;

II – assegurar o funcionamento dos órgãos estaduais e distrital de promoção da igualdade racial, oferecendo condições administrativas e financeiras, observados os requisitos e as formas de gestão do Sinapir, nos termos do art. 14;

III – participar do Fórum Intergovernamental de Promoção da Igualdade Racial;

IV – organizar e coordenar fóruns estaduais de gestores municipais de promoção da igualdade racial;

V – elaborar e executar os planos estaduais e distrital de promoção da igualdade racial;

VI – apoiar os Municípios na criação de órgãos de promoção da igualdade racial e na elaboração e execução de seus planos;

VII – realizar conferências estaduais e distrital de promoção da igualdade racial e apoiar a realização de conferências municipais;

VIII – fortalecer os planos e programas decorrentes da Política Nacional de Promoção da Igualdade Racial; e

IX – executar a política estadual e distrital de promoção da igualdade racial, em conformidade com o que for pactuado no Sinapir.

Parágrafo único. Salvo as condições previstas nos incisos I e II do caput, as demais poderão ser satisfeitas concomitantemente à participação do Estado ou Distrito Federal no Sinapir.

Art. 15 São condições para participação dos Municípios no Sinapir:

I – instituir e apoiar administrativa e financeiramente os conselhos municipais voltados para a promoção da igualdade racial;

II – assegurar o funcionamento dos órgãos municipais de promoção da igualdade racial, oferecendo condições administrativas e financeiras, observados os requisitos e as formas de gestão do Sinapir, nos termos do art. 14;

III – participar e contribuir para o fortalecimento dos fóruns estaduais de gestores municipais de promoção da igualdade racial;

IV – participar do Fórum Intergovernamental de Promoção da Igualdade Racial, por meio de representação do respectivo fórum estadual de gestores municipais;

V – elaborar e executar os planos municipais de promoção da igualdade racial;

VI – realizar as conferências municipais de promoção da igualdade racial; e

VII – executar a política de promoção da igualdade racial em âmbito municipal, em conformidade com o que for pactuado no Sinapir.

§ 1º Salvo as condições previstas nos incisos I e II do caput, as demais poderão ser satisfeitas concomitantemente à participação dos Municípios ao Sinapir.

§ 2º Os Municípios poderão satisfazer as condições para a participação no Sistema por meio de consórcios públicos, nos termos do art. 26.

Art. 16 Ato do Ministro de Estado Chefe da Secretaria de Políticas de Promoção da Igualdade Racial da Presidência da República, no prazo de noventa dias, contado da data de publicação deste Decreto, definirá as modalidades de gestão do Sistema.

Parágrafo único. A qualquer momento os entes federados poderão retirar-se do Sistema.

Seção III
Da Participação da Sociedade Civil no Sinapir

Art. 17 A sociedade civil participará do Sistema por meio dos conselhos voltados para a promoção da igualdade racial em âmbito nacional, estadual, distrital e municipal e das conferências de Promoção da Igualdade Racial.

Art. 18 A composição de grupos de trabalho, comitês ou outras instâncias para as quais a sociedade civil tenha representantes devidamente designados será considerada forma de participação no Sistema.

Art. 19 A execução pela sociedade civil de projetos específicos de promoção da igualdade racial e de enfrentamento ao racismo, de interesse da coletividade, financiados pelo Poder Público, também constitui forma de participação no Sinapir.

Seção IV
Das Competências e Responsabilidades da União

Art. 20 Compete à União coordenar o Sinapir e exercer as seguintes funções:

I – adotar políticas de fomento para a participação de Estados, Distrito Federal e Municípios no Sistema;

II – articular planos e programas a serem pactuados no âmbito do Sinapir e executados sob a coordenação dos órgãos de promoção da igualdade racial integrantes do Sistema;

III – fortalecer os planos e programas decorrentes da Política Nacional de Promoção da Igualdade Racial;

IV – apoiar os Estados, o Distrito Federal e os Municípios na criação de órgãos de promoção da igualdade racial e na implementação das políticas de promoção da igualdade racial;

V – executar a política de promoção da igualdade racial em âmbito federal, monitorá-la e criar instrumentos para aferir a sua eficácia;

VI – implementar o Plano Nacional de Promoção da Igualdade Racial – Planapir;

VII – realizar conferências nacionais de promoção da igualdade racial e apoiar a realização das conferências estaduais e distrital; e

VIII – apoiar o funcionamento da Ouvidoria Permanente de Promoção da Igualdade Racial no Poder Público federal.

Capítulo VI
Do Mecanismo de Financiamento

Art. 21 Os entes que aderirem ao Sinapir devem assegurar, em seus orçamentos, recursos para a implementação das políticas de igualdade racial e promover medidas de transparência quanto à alocação desses recursos.

Art. 22 As políticas de promoção da igualdade racial e de enfrentamento ao racismo pactuadas no âmbito do Sistema serão cofinanciadas pela União e os Estados, Distrito Federal e Municípios que aderirem ao Sinapir.

Art. 23 O mecanismo de financiamento do Sinapir, em âmbito federal, compreende recursos oriundos:

I – do orçamento da Secretaria de Políticas de Promoção da Igualdade Racial da Presidência da República;

II – das ações orçamentárias previstas na lei orçamentária anual direcionadas à promoção da igualdade racial e enfrentamento ao racismo;

III – de doações voluntárias de particulares, de empresas privadas e de organizações não governamentais;

IV – de doações voluntárias de fundos nacionais e internacionais; e

V – de doações de Estados estrangeiros, por meio de convênios, tratados e acordos internacionais.

Art. 24 As transferências voluntárias de recursos federais para apoio à promoção da igualdade racial deverão priorizar os entes estaduais, distrital e municipais que tiverem aderido ao Sinapir.

Parágrafo único. A Secretaria de Políticas de Promoção da Igualdade Racial da Presidência da República poderá selecionar projetos de Estados, Distrito Federal e Municípios por editais, priorizados aqueles apresentados por entes que tiverem aderido ao Sinapir.

Art. 25 O apoio a iniciativas de organizações da sociedade civil será feito por meio de parcerias com entidades selecionadas mediante editais de chamamento público.

Capítulo VII
Disposições Gerais

Art. 26 Os entes que quiserem aderir ao Sinapir poderão formar consórcios públicos para a implementação conjunta das políticas de promoção da igualdade racial.

Art. 27 A participação nas atividades do Fipir é considerada prestação de serviço público relevante, não remunerada.

Art. 28 Ato do Ministro de Estado Chefe da Secretaria de Políticas de Promoção da Igualdade Racial da Presidência da República disciplinará normas adicionais necessárias ao cumprimento do disposto neste Decreto.

Art. 29 Será criado no âmbito do Governo federal o Disque Igualdade Racial, sob responsabilidade da Secretaria de Políticas de Promoção da Igualdade Racial da Presidência da República, para receber denúncias de racismo e discriminação racial, em especial, as relacionadas à juventude negra, comunidades tradicionais de matriz africana, comunidades quilombolas e povos de cultura cigana.

Parágrafo único. Poderão ser celebradas com os Estados, Distrito Federal e Municípios integrantes do Sinapir parcerias para formação de rede nacional de atendimento às vítimas de discriminação racial.

DECRETO 8.373, DE 11 DE DEZEMBRO DE 2014

Institui o Sistema de Escrituração Digital das Obrigações Fiscais, Previdenciárias e Trabalhistas – eSocial e dá outras providências.

A Presidenta da República, no uso da atribuição que lhe confere o art. 84, caput, inciso IV, alínea a, da Constituição, decreta:

Art. 1º Fica instituído o Sistema de Escrituração Digital das Obrigações Fiscais, Previdenciárias e Trabalhistas – eSocial.

Art. 2º O eSocial é o instrumento de unificação da prestação das informações referentes à escrituração das obrigações fiscais, previdenciárias e trabalhistas e tem por finalidade padronizar sua transmissão, validação, armazenamento e distribuição, constituindo ambiente nacional composto por:

I – escrituração digital, contendo informações fiscais, previdenciárias e trabalhistas;

II – aplicação para preenchimento, geração, transmissão, recepção, validação e distribuição da escrituração; e

III – repositório nacional, contendo o armazenamento da escrituração.

§ 1º A prestação das informações ao eSocial substituirá, na forma disciplinada pelos órgãos ou entidades partícipes, a obrigação de entrega das mesmas informações em outros formulários e declarações a que estão sujeitos:

I – o empregador, inclusive o doméstico, a empresa e os que forem a eles equiparados em lei;

II – o segurado especial, inclusive em relação a trabalhadores que lhe prestem serviço;

III – as pessoas jurídicas de direito público da União, dos Estados, do Distrito Federal e dos Municípios; e

IV – as demais pessoas jurídicas e físicas que pagarem ou creditarem por si rendimentos sobre os quais tenha incidido retenção do Imposto sobre a Renda Retido na Fonte – IRRF, ainda que em um único mês do ano-calendário.

§ 2º A prestação de informação ao eSocial pelas microempresas e empresas de pequeno porte, conforme a Lei Complementar 123, de 15 de dezembro de 2006, e pelo Microempreendedor Individual – MEI será efetuada em sistema simplificado, compatível com as especificidades dessas empresas.

§ 3º As informações prestadas por meio do eSocial substituirão as constantes na Guia de Recolhimento do Fundo de Garantia por Tempo de Serviço e Informações à Previdência Social – GFIP, na forma disciplinada no Manual de Orientação do eSocial.

§ 4º As informações prestadas pelos empregadores serão enviadas ao Fundo de Garantia do Tempo de Serviço – FGTS e armazenadas no repositório nacional.

§ 5º A escrituração digital de que trata o inciso I do caput é composta pelos registros de eventos tributários, previdenciários e trabalhistas, na forma disciplinada no Manual de Orientação do eSocial.

Art. 3º O eSocial rege-se pelos seguintes princípios:

I – viabilizar a garantia de direitos previdenciários e trabalhistas;

II – racionalizar e simplificar o cumprimento de obrigações;

III – eliminar a redundância nas informações prestadas pelas pessoas físicas e jurídicas;

IV – aprimorar a qualidade de informações das relações de trabalho, previdenciárias e tributárias; e

V – conferir tratamento diferenciado às microempresas e empresas de pequeno porte.

Art. 4º Fica instituído o Comitê Diretivo do eSocial, composto pelos Secretários-Executivos dos seguintes órgãos:

I – Ministério da Fazenda;

II – Ministério da Previdência Social;

III – Ministério do Trabalho e Emprego; e

IV – Secretaria da Micro e Pequena Empresa da Presidência da República.

§ 1º Ao Comitê Diretivo, com coordenação exercida alternadamente por período de um ano, compete:

I – estabelecer o prazo máximo da substituição de que trata o § 1º do art. 2º.

II – estabelecer diretrizes gerais e formular as políticas referentes ao eSocial;

III – acompanhar e avaliar a implementação das diretrizes gerais e políticas do eSocial;

IV – propor o orçamento e acompanhar a execução das ações referentes ao eSocial e das integrações dele decorrentes;

V – propor ações e parcerias para comunicação, divulgação e aperfeiçoamento do eSocial entre os empregadores e empregados;

VI – propor ajustes nos processos de trabalhos dos órgãos, visando à melhoria da qualidade da informação e dos serviços prestados à sociedade; e

VII – decidir, em última instância administrativa, mediante representação do subcomitê temático específico e após oitiva do Comitê Gestor, sobre proposições não implementadas no âmbito de suas atribuições, discriminadas no § 1º do art. 6º.

§ 2º As deliberações do Comitê Diretivo serão tomadas por consenso e formalizadas por meio de resolução.

Art. 5º Fica instituído o Comitê Gestor do eSocial, formado por representantes dos seguintes órgãos:

I – Ministério do Trabalho e Emprego;

II – Ministério da Previdência Social;

III – Secretaria da Receita Federal do Brasil;

IV – Instituto Nacional do Seguro Social – INSS; e

V – Conselho Curador do FGTS, representado pela Caixa Econômica Federal, na qualidade de agente operador do FGTS.

§ 1º Compete ao Comitê Gestor:

I – estabelecer diretrizes para o funcionamento e a divulgação do ambiente nacional;

II – especificar, desenvolver, implantar e manter o ambiente nacional;

III – promover a integração com os demais módulos do sistema;

IV – auxiliar e regular o compartilhamento e a utilização das informações armazenadas no ambiente nacional do eSocial; e

V – aprovar o Manual de Orientação do eSocial e suas atualizações.

§ 2º A gestão do eSocial será exercida de forma compartilhada e as deliberações do Comitê Gestor serão adotadas por meio de resolução.

§ 3º Os órgãos e entidades partícipes do Comitê Gestor exercerão, alternadamente, as funções de Secretaria-Executiva pelo período de um ano, tendo como secretário-executivo o respectivo representante no Comitê.

Art. 6º O Comitê Gestor será assessorado pelo Subcomitê Temático do Módulo Micro e Pequena Empresa e Microempreendedor Individual – MEI, formado por representantes dos órgãos referidos no caput do art. 6º e por representante da Secretaria da Micro e Pequena Empresa da Presidência da República.

§ 1º Ao Subcomitê Temático de que trata o caput compete formular proposta de simplificação, formalização, inovação, melhorias da especificação, arquitetura do sistema e de processos de trabalho que envolvam MEI, microempresas, empresas de pequeno porte e outros beneficiários enquadrados no Estatuto da Microempresa e Empresa de Pequeno Porte, disciplinado pela Lei Complementar 123, de 15 de dezembro de 2006.

§ 2º As deliberações do subcomitê serão tomadas por consenso, registradas em ata e encaminhadas ao Comitê Gestor.

§ 3º O Comitê Gestor se pronunciará, de forma motivada, sobre as propostas encaminhadas pelo subcomitê na forma prevista no § 2º do art. 6º.

§ 4º As propostas elaboradas pelo subcomitê que não forem aceitas pelo Comitê Gestor poderão ser analisadas pelo Comitê Diretivo, mediante representação, para decisão final acerca de sua implantação.

§ 5º Em caso de divergências no subcomitê temático, a iniciativa apenas poderá ser implementada pelo Comitê Gestor após decisão do Conselho Diretivo.

§ 6º O Comitê Gestor poderá constituir outros subcomitês para desenvolver as ações necessárias à implementação, à operacionalização, ao controle e ao aprimoramento do eSocial.

Art. 7º A participação nas atividades dos Comitês Diretivo e Gestor será considerada função relevante, não remunerada.

Art. 8º A Caixa Econômica Federal, na qualidade de agente operador do FGTS, o Instituto Nacional do Seguro Social, a Secretaria da Receita Federal do Brasil, o Ministério da Previdência Social e o Ministério do Trabalho e Emprego regulamentarão, no âmbito de suas competências, sobre o disposto neste Decreto.

§ 1º O eSocial não implica, em qualquer hipótese, transferência de atribuições e competências entre os órgãos ou entidades partícipes, nem transferência ou compartilhamento de propriedade intelectual de produtos não abrangidos por esse sistema.

§ 2º Os integrantes do Comitê Gestor terão acesso compartilhado às informações que integram o ambiente nacional do eSocial e farão uso delas no limite de suas respectivas competências e atribuições, não podendo transferi-las a terceiros ou divulgá-las, salvo previsão legal.

§ 3º As informações de natureza tributária e do FGTS observarão as regras de sigilo fiscal e bancário, respectivamente.

Art. 9º Este Decreto entra em vigor na data de sua publicação.

Brasília, 11 de dezembro de 2014; 193º da Independência e 126º da República.

Dilma Rousseff

(*DOU* 12.12.2017)

DECRETO 8.425, DE 31 DE MARÇO DE 2015

Regulamenta o parágrafo único do art. 24 e o art. 25 da Lei 11.959, de 29 de junho de 2009, para dispor sobre os critérios para inscrição no Registro Geral da Atividade Pesqueira e para a concessão de autorização, permissão ou licença para o exercício da atividade pesqueira.

A Presidenta da República, no uso das atribuições que lhe confere o art. 84, caput, incisos IV e VI, alínea a, da Constituição, e tendo em vista o disposto no Decreto-Lei 221, de 28 de fevereiro de 1967, no parágrafo único do art. 24 e no art. 25 da Lei 11.959, de 29 de junho de 2009, Decreta:

Art. 1º Este Decreto dispõe sobre os critérios para inscrição no Registro Geral da Atividade Pesqueira – RGP e para a concessão de autorização, permissão ou licença para o exercício da atividade pesqueira, nos termos do parágrafo único do art. 24 e do art. 25 da Lei 11.959, de 29 de junho de 2009.

§ 1º O RGP é o instrumento prévio que habilita a pessoa física ou jurídica e a embarcação de pesca ao exercício da atividade pesqueira no Brasil.

§ 2º A atividade pesqueira no Brasil só poderá ser exercida por pessoa física, jurídica e embarcação de pesca inscrita no RGP e que detenha autorização, permissão ou licença para o exercício da atividade pesqueira.

§ 3º Compete ao Ministério da Pesca e Aquicultura as ações previstas no caput.

Art. 2º São categorias de inscrição no RGP:

I – pescador e pescadora profissional artesanal – pessoa física, brasileira ou estrangeira, residente no País, que exerce a pesca com fins comerciais de forma autônoma ou em regime de economia familiar, com meios de produção próprios ou mediante contrato de parceria, podendo atuar de forma desembarcada ou utilizar embarcação de pesca com arqueação bruta menor ou igual a vinte;

II – pescador e pescadora profissional industrial – pessoa física, brasileira ou estrangeira, residente no País, que exerce a pesca com fins comerciais, na condição de empregado ou empregada ou em regime de parceria por cotas-partes em embarcação de pesca com qualquer arqueação bruta;

III – armador e armadora de pesca – pessoa física ou jurídica que apresta embarcação própria ou de terceiros para ser utilizada na atividade pesqueira, pondo-a ou não a operar por sua conta;

IV – embarcação de pesca – aquela pertencente a pessoa física ou jurídica, brasileira ou estrangeira, que opera, com exclusividade, em uma ou mais das seguintes atividades:

a) pesca;

b) aquicultura;

c) conservação do pescado;

d) processamento do pescado;

e) transporte do pescado; e

f) pesquisa de recursos pesqueiros;

V – pescador amador ou esportivo e pescadora amadora ou esportiva – pessoa física, brasileira ou estrangeira, que pratica a pesca com finalidade de lazer ou desporto, com equipamentos ou petrechos previstos em legislação específica, sem fins comerciais;

VI – aquicultor e aquicultora – pessoa física ou jurídica que exerce a aquicultura com fins comerciais;

VII – empresa pesqueira – pessoa jurídica, constituída de acordo com a legislação, que se dedica, com fins comerciais, ao exercício da atividade pesqueira;

VIII – (Revogada pelo Dec. 8.967/2017)

IX – aprendiz de pesca – pessoa física com mais de quatorze e menos de dezoito anos que atua de forma desembarcada ou embarcada como tripulante em embarcação de pesca, observadas as legislações trabalhista, previdenciária, de proteção à criança e ao adolescente e as normas da autoridade marítima.

Parágrafo único. A pessoa jurídica registrada nas categorias de aquicultor ou de armador de pesca estará automaticamente inscrita na categoria empresa pesqueira.

Art. 3º As pessoas físicas ou jurídicas, nacionais ou estrangeiras, e os proprietários ou responsáveis pelas embarcações de pesca deverão solicitar, ao Ministério da Pesca e Aquicultura, a inscrição no RGP em uma das categorias previstas no art. 2º e a concessão de autorização, permissão ou licença para exercer atividade pesqueira no Brasil.

Parágrafo único. (Revogado pelo Dec. 8.967/2017)

§ 1º Ficam dispensados da inscrição de que trata o caput:

- § 1º acrescentado pelo Dec. 8.967/2017.

I – pescadoras e pescadores de subsistência que praticam a atividade de pesca com fins de consumo doméstico ou escambo sem fins de lucro e que utilizem petrechos previstos em legislação específica;

II – pescadoras e pescadores amadores que utilizem linha de mão ou caniço simples; e

III – índias e índios que pratiquem a atividade pesqueira para subsistência.

§ 2º Deverão ser cancelados os certificados de autorizações de embarcações pesqueiras classificadas como de pequeno porte, nos termos do art. 10, § 1º, inciso I, da Lei 11.959, de 2009, que estejam inativas, naufragadas, que tenham sido clonadas ou alteradas em desacordo com o Título de Inscrição de Embarcação – TIE expedido pela autoridade marítima, observados os procedimentos administrativos pertinentes.

- § 2º acrescentado pelo Dec. 8.967/2017.

Art. 4º O pedido de inscrição no RGP será dirigido à Superintendência Federal de Agricultura, Pecuária e Abastecimento da unidade da federação mais próxima do seu local de domicílio.

- *Caput* com redação determinada pelo Dec. 8.967/2017.

Parágrafo único. (Revogado pelo Dec. 8.967/2017)

§ 1º O RGP deverá identificar se o pescador profissional artesanal dispõe de outra fonte de renda diversa da decorrente da atividade pesqueira, qualquer que seja a sua origem e o seu valor.

- § 1º acrescentado pelo Dec. 8.967/2017.

§ 2º O RGP deverá informar a categoria profissional artesanal para embarcações de pequeno porte e a categoria pesca industrial para embarcações classificadas como de pequeno, médio ou grande porte, nos termos do § 1º do art. 10 da Lei 11.959, de 2009.

- § 2º acrescentado pelo Dec. 8.967/2017.

§ 3º O RGP deverá conter informações que identifiquem individualmente, em cada uma das embarcações de pequeno porte, os pescadores profissionais artesanais que exercem sua atividade pesqueira.

- § 3º acrescentado pelo Dec. 8.967/2017.

§ 4º A verificação do atendimento dos critérios de elegibilidade e permanência dos pescadores profissionais artesanais no programa seguro desemprego poderá ser realizada, a qualquer tempo, por meio do cruzamento de informações constantes do RGP confrontadas com os registros administrativos oficiais.

- § 4º acrescentado pelo Dec. 8.967/2017.

Art. 5º Para o exercício da atividade pesqueira, observadas as regras de ordenamento e do uso sustentável dos recursos pesqueiros, o Ministério da Pesca e Aquicultura poderá conceder:

I – permissão de regularização de embarcações pesqueiras, para:

- Caput do inciso I com redação determinada pelo Dec. 8.967/2017.

a) transferência de propriedade da embarcação ou de modalidade de pesca;

b) construção, transformação e importação de embarcações de pesca; e

c) arrendamento de embarcação estrangeira de pesca;

II – autorização de atividade pesqueira, para:

a) operação de pesca pelas embarcações;

- Alínea a com redação determinada pelo Dec. 8.967/2017.

b) realização de torneios ou gincanas de pesca amadora; e

c) coleta, captura e transporte, por aquicultor e aquicultora, de organismos aquáticos silvestres com finalidade de reposição de plantel de reprodutores e de cultivo de moluscos aquáticos e macroalgas; e

III – licença de atividade pesqueira, para:

a) pescador e pescadora profissional artesanal;

b) pescador e pescadora profissional industrial;

c) pescador amador ou esportivo e pescadora amadora ou esportiva;

d) aquicultor e aquicultora;

e) armador e armadora de pesca;

f) instalação e operação de empresa pesqueira;

g) trabalhador e trabalhadora de apoio à pesca artesanal; e

h) aprendiz de pesca.

Art. 6º Para obtenção de autorização, permissão ou licença de atividade pesqueira, o interessado ou interessada deverá entregar no pedido de inscrição no RGP:

I – formulário preenchido;

II – documentos definidos em ato do Ministério da Pesca e Aquicultura; e

III – comprovante do pagamento de taxa prevista no Decreto-Lei 221, de 28 de fevereiro de 1967.

§ 1º A obtenção de autorização, permissão ou licença não exime o interessado ou a interessada do cumprimento das demais normas aplicáveis ao exercício da atividade a ser realizada.

§ 2º No ato da concessão de autorização, permissão ou licença, o Ministério da Pesca e Aquicultura orientará os interessados e as interessadas sobre os procedimentos adicionais que deverão adotar, inclusive junto aos demais órgãos de fiscalização, visando ao exercício regular de suas atividades.

§ 3º Os documentos a serem exigidos no pedido de renovação de autorização, permissão ou licença de atividade pesqueira serão definidos em ato do Ministério da Pesca e Aquicultura.

§ 4º Para fins de comprovação das subcategorias dispostas no parágrafo único do art. 4º, o Ministério da Pesca e Aqüicultura poderá, a qualquer tempo, solicitar documentos complementares para comprovar o exercício da atividade pesqueira do pescador ou pescadora profissional artesanal.

Art. 7º Caso o pedido de inscrição no RGP seja deferido e a autorização, permissão ou licença seja concedida, o interessado ou interessada receberá carteira de pescador ou pescadora profissional ou certificado de registro referente à autorização, à licença ou à permissão de atividade pesqueira.

Parágrafo único. Os documentos comprobatórios da inscrição no RGP e da obtenção de autorização, permissão ou licença para o exercício da atividade pesqueira referidos no caput terão validade em todo o território nacional.

Art. 8º Os documentos comprobatórios da inscrição no RGP e da obtenção de autorização, permissão ou licença para o exercício da atividade pesqueira referidos no caput do art. 7º terão validade:

I – de até dois anos para permissão, contados da data de expedição;

II – de três anos para autorização, contados da data de expedição;

- Inciso II com redação determinada pelo Dec. 8.967/2017.

III – de acordo com cada categoria para licença, desde que comprovado o cumprimento das obrigações e o exercício da atividade pesqueira no prazo definido em ato do Ministério da Pesca e Aquicultura.

§ 1º Os pedidos de prorrogação de permissão e de autorização deverão ser apresentados ao Ministério da Agricultura, Pecuária e Abastecimento até trinta dias antes do final do prazo de sua vigência.

- § 1º com redação determinada pelo Dec. 8.967/2017.

§ 2º A autorização concedida para realização de torneios ou gincanas de pesca amadora terá validade equivalente ao período de duração do evento informado no pedido.

§ 3º A licença de pescador profissional estrangeiro ou pescadora profissional estrangeira terá validade equivalente ao período concedido na autorização de trabalho no País, respeitado o prazo previsto para cada categoria de licença.

§ 4º A licença de pescador amador ou pescadora amadora terá validade máxima de um ano.

Art. 9º Qualquer modificação ou alteração das condições ou dados constantes de autorização, permissão ou licença de atividade pesqueira concedida deverá ser comunicada pelo interessado ou interessada, no prazo máximo de sessenta dias de sua ocorrência, ao SFPA ou ao Escritório Regional do Ministério da Pesca e Aqüicultura da unidade da federação que o concedeu, por meio de requerimento instruído com documentação comprobatória.

Parágrafo único. O não atendimento do disposto no caput poderá acarretar o cancelamento do ato administrativo concedido.

Art. 10. A não comprovação do exercício da atividade pesqueira ou o descumprimento das obrigações definidas em ato do Ministério da Pesca e Aquicultura poderá ensejar o cancelamento da autorização, permissão ou licença de atividade pesqueira.

Art. 11. Este Decreto não se aplica às seguintes hipóteses previstas no art. 25 da Lei 11.959, de 2009:

I – concessão para exploração por particular de infraestrutura e de terrenos públicos destinados à exploração de recursos pesqueiros;

II – permissão:

a) para o exercício de aquicultura em águas públicas;

b) para importação de espécies aquáticas para fins ornamentais e de aquicultura, em qualquer fase do ciclo vital; e

c) para instalação de armadilhas fixas em águas de domínio da União;

III – autorização para operação de embarcação de esporte e recreio, quando utilizada na pesca esportiva; e

IV – cessão para uso de espaços físicos em corpos d'água sob jurisdição da União, dos Estados e do Distrito Federal, para fins de aquicultura.

Art. 12. A pesquisa pesqueira será objeto de portaria conjunta do Ministério da Pesca e Aquicultura e do Ministério do Meio Ambiente, sem prejuízo do disposto no art. 30 da Lei 11.959, de 2009.

Art. 13. O Ministério da Pesca e Aquicultura poderá expedir atos complementares necessários à aplicação deste Decreto.

Art. 14. A inscrição no RGP não isenta o interessado de:

I – estar regularmente cadastrado no Cadastro Técnico Federal para a realização da atividade pesqueira;

II – possuir habilitação certificada pela autoridade marítima, caso opere embarcação em caráter profissional;

III – ter autorização para o exercício de atividade profissional no País, no caso de pessoas físicas estrangeiras; e

IV – observar a legislação referente a povos e terras indígenas.

Art. 15. Este Decreto entra em vigor cento e cinco dias após a data de sua publicação.

- Artigo com redação determinada pelo Dec. 8.467/2015.

Brasília, 31 de março de 2015; 194º da Independência e 127º da República.

Dilma Rousseff

(*DOU* 1º.04.2015)

DECRETO 8.433, DE 16 DE ABRIL DE 2015

Dispõe sobre a regulamentação dos art. 9º a art. 12, art. 17 e art. 22 da Lei 13.103, de 2 de março de 2015.

- V. Lei 12.009/2009 (Regulamenta o exercício dos profissionais em transporte de passageiros, "mototaxistas" e "motoboy").
- V. Lei 12.436/2011 (Veda o emprego de práticas que estimulem o aumento de velocidade por motociclistas profissionais).
- V. Lei 12.619/2012 (Dispõe sobre o exercício da profissão de motorista).
- V. Lei 13.103/2015 (Dispõe sobre o exercício da profissão de motorista).

A Presidenta da República, no uso da atribuição que lhe confere o art. 84, *caput*, incisos IV e VI, alínea *a*, da Constituição, e tendo em vista o disposto na Lei 13.103, de 2 de março de 2015, decreta:

Art. 1º Este Decreto regulamenta a Lei 13.103, de 2 de março de 2015, que dispõe sobre o exercício da profissão de motorista.

Art. 2º Os veículos de transporte de carga que circularem vazios ficam isentos da cobrança de pedágio sobre os eixos que mantiverem suspensos.

§ 1º Os órgãos ou entidades competentes da União, dos Estados, do Distrito Federal e dos Municípios disporão sobre as medidas técnicas e operacionais para viabilizar a isenção de que trata o *caput*.

§ 2º Até a implementação das medidas a que se refere o § 1º, consideram-se vazios os veículos de transporte de carga que transpuserem as praças de pedágio com um ou mais eixos que mantiverem suspensos, ressalvada a fiscalização da condição pela autoridade com circunscrição sobre a via ou ao seu agente designado na forma do § 4º do art. 280 da Lei 9.503, de 23 de setembro de 1997 – Código de Trânsito Brasileiro.

§ 3º Para as vias rodoviárias federais concedidas, a regulamentação de que trata o § 1º será publicada pela Agência Nacional de Transportes Terrestres – ANTT no prazo máximo de 180 (cento e oitenta) dias, contado da publicação deste Decreto, observada a viabilidade econômica e o interesse público.

§ 4º Regulamentações específicas fixarão os prazos para o cumprimento das medidas pelas concessionárias de rodovias.

Art. 3º As penalidades a que se refere o art. 22 da Lei 13.103, de 2015, ficam convertidas em advertências, conforme os procedimentos estabelecidos:

I – pelo Ministério do Trabalho e Emprego, no caso das infrações ao disposto na Lei 12.619, de 30 de abril de 2012, de que trata o inciso I do *caput* do art. 22 da Lei 13.103, de 2015; e

II – pelos órgãos competentes para aplicar penalidades, no caso das infrações ao Código de Trânsito Brasileiro de que tratam os incisos I e II do *caput* do art. 22 da Lei 13.103, de 2015.

§ 1º As penalidades decorrentes das infrações de trânsito de que tratam os incisos I e II do *caput* do art. 22 da Lei 13.103, de 2015, são aquelas previstas no inciso XXIII do *caput* do art. 230 e no inciso V do *caput* do art. 231 do Código de Trânsito Brasileiro, respectivamente.

- § 1º retificado no *DOU* 20.04.2015.

§ 2º A restituição de valores pagos pelas penalidades referidas no *caput* deverá ser solicitada por escrito e autuada em processo administrativo específico junto ao órgão responsável pelo recolhimento.

Art. 4º Compete ao Ministério do Trabalho e Emprego regulamentar as condições de segurança, sanitárias e de conforto nos locais de espera, de repouso e de descanso dos motoristas profissionais de transporte rodoviário de passageiros e de cargas, conforme disposto no art. 9º da Lei 13.103, de 2 de março de 2015; e

Parágrafo único. Para os procedimentos de reconhecimento como ponto de parada e descanso, os órgãos de que trata o § 3º do art. 11 da Lei 13.103, de 2015, observarão o cumprimento da regulamentação de que trata o *caput*.

Art. 5º Compete ao Conselho Nacional de Trânsito – Contran regulamentar:

I – os modelos de sinalização, de orientação e de identificação dos locais de espera, de repouso e de descanso dos motoristas profissionais de transporte rodoviário de passageiros e de cargas, observadas as disposições do § 3º do art. 11 da Lei 13.103, de 2015; e

II – o uso de equipamentos para a verificação se o veículo se encontra vazio e os demais procedimentos a serem adotados para a fiscalização de trânsito e o cumprimento das disposições do art. 17 da Lei 13.103, de 2015, no prazo máximo de 180 (cento e oitenta) dias, contado da publicação deste Decreto.

Art. 6º A regulamentação das disposições dos incisos I ao IV do *caput* do art. 10, do art. 11 e do art. 12 da Lei 13.103, de 2015, compete:

I – à ANTT, para as rodovias por ela concedidas; e

II – ao Departamento Nacional de Infraestrutura de Transportes – DNIT, para as demais rodovias federais.

Parágrafo único. A outorga de permissão de uso de bem público nas faixas de domínio a que se refere o inciso IV do *caput* do art. 10 da Lei 13.103, de 2015, compete ao órgão com jurisdição sobre a via, observados os requisitos e as condições por ele estabelecidos.

Art. 7º Este Decreto entra em vigor na data de sua publicação.

Brasília, 16 de abril de 2015; 194º da Independência e 127º da República.

Dilma Rousseff

(*DOU* 17.04.2015; ret. 20.04.2015)

DECRETO 8.479, DE 6 DE JULHO DE 2015

Regulamenta o disposto na Medida Provisória 680, de 6 de julho de 2015, que institui o Programa de Proteção ao Emprego.

A MP 680/2015 foi convertida na Lei 13.189/2015.

- V. Lei 10.741/2003 (Dispõe sobre o Estatuto do Idoso e dá outras providências).
- V. Lei 11.770/2008 (Cria o Programa Empresa Cidadã).
- V. D 7.052/2009 (Regulamenta a Lei 11.770/2008, que cria o Programa Empresa Cidadã, destinado à prorrogação da licença-maternidade, no tocante a empregadas de pessoas jurídicas).
- V. 12.288/2010 (Institui o Estatuto da Igualdade Racial).
- V. Lei 12.852/2013 (Institui o Estatuto da Juventude e dispõe sobre os direitos dos jovens, os princípios e diretrizes das políticas públicas de juventude e o Sinajuve).
- V. Lei 13.189/2015 (Institui o Programa Seguro-Emprego (PSE)).
- V. Lei 13.289/2016 (Dispõe sobre o Selo Empresa Solidária com a Vida e dá outras providências).
- V. Res. CPPE 2/2015 (Estabelece regras para a adesão e o funcionamento do Programa de Proteção ao Emprego), disponível em ProView.
- V. Port. MTE 1.013/2015 (Dispõe sobre a compensação pecuniária), disponível em ProView.

A Presidenta da República, no uso das atribuições que lhe confere o art. 84, *caput*, incisos IV e VI, alínea *a*, da Constituição, e tendo em vista o disposto na Medida Provisória 680, de 6 de julho de 2015, decreta:

Art. 1º Este Decreto regulamenta o Programa de Proteção ao Emprego – PPE, de que trata a Medida Provisória 680, de 6 de julho de 2015.

Art. 2º Fica criado o Comitê do Programa de Proteção ao Emprego – CPPE, com

Legislação

a finalidade de estabelecer as regras e os procedimentos para a adesão e o funcionamento deste Programa.

§ 1º O CPPE será composto pelos seguintes Ministros de Estado:

I – do Trabalho e Emprego, que o coordenará;

II – do Planejamento, Orçamento e Gestão;

III – da Fazenda;

IV – do Desenvolvimento, Indústria e Comércio Exterior; e

V – Chefe da Secretaria-Geral da Presidência da República.

§ 2º Os Ministros de Estado a que se refere o § 1º poderão ser representados pelos seus Secretários-Executivos.

§ 3º A Secretaria-Executiva do CPPE será exercida pela Secretaria de Políticas Públicas de Emprego do Ministério do Trabalho e Emprego.

Art. 3º Compete ao CPPE definir:

I – as condições de elegibilidade para adesão ao PPE, observado o disposto no art. 6º;

II – a forma de adesão ao PPE;

III – as condições de permanência no PPE, observado o disposto no art. 7º;

IV – as regras de funcionamento do PPE; e

V – as possibilidades de suspensão e interrupção da adesão ao PPE.

§ 2º O CPPE editará as regras e os procedimentos de que trata o *caput* no prazo de 15 (quinze) dias, contado da data de publicação deste Decreto.

§ 3º O CPPE poderá criar grupos de acompanhamento setorial, de caráter consultivo, com a participação equitativa de empresários e trabalhadores, para acompanhar o Programa e propor o seu aperfeiçoamento.

Art. 4º Compete à Secretaria-Executiva do CPPE:

I – receber, analisar e deferir as solicitações de adesão ao PPE; e

II – fornecer o apoio técnico e administrativo necessário ao CPPE.

Art. 5º Compete ao Ministério do Trabalho e Emprego dispor sobre a forma de pagamento da compensação pecuniária de que trata o art. 4º da Medida Provisória 680, de 2015.

Art. 6º Para aderir ao PPE, a empresa deverá comprovar, além de outras condições definidas pelo CPPE:

I – registro no Cadastro Nacional da Pessoa Jurídica – CNPJ há, pelo menos, 2 (dois) anos;

II – regularidade fiscal, previdenciária e relativa ao Fundo de Garantia do Tempo de Serviço – FGTS;

III – sua situação de dificuldade econômico-financeira, a partir de informações definidas pelo CPPE; e

IV – existência de acordo coletivo de trabalho específico, registrado no Ministério do Trabalho e Emprego, nos termos do art. 614 do Decreto-lei 5.452, de 1º de maio de 1943 – Consolidação das Leis do Trabalho.

Parágrafo único. Para fins do disposto no inciso I do *caput*, em caso de solicitação de adesão por filial de empresa, poderá ser considerado o tempo de registro no CNPJ da matriz.

Art. 7º No período de adesão ao PPE, a empresa não poderá contratar empregados para executar, total ou parcialmente, as mesmas atividades exercidas pelos trabalhadores abrangidos pelo Programa, exceto nos casos de:

I – reposição; ou

II – aproveitamento de concluinte de curso de aprendizagem na empresa, nos termos do art. 429 da Consolidação das Leis do Trabalho, desde que o novo empregado também seja abrangido pela adesão.

Art. 8º O acordo coletivo de trabalho específico a que se refere o § 1º do art. 3º da Medida Provisória 680, de 2015, deverá ser celebrado entre a empresa solicitante da adesão ao PPE e o sindicato de trabalhadores representativo da categoria de sua atividade econômica preponderante e deverá conter, no mínimo:

I – o período pretendido de adesão ao PPE;

II – os percentuais de redução da jornada de trabalho e de redução da remuneração;

III – os estabelecimentos ou os setores da empresa a serem abrangidos pelo PPE;

IV – a relação dos trabalhadores abrangidos, identificados por nome, números de inscrição no Cadastro de Pessoas Físicas – CPF e no Programa de Integração Social – PIS; e

V – a previsão de constituição de comissão paritária composta por representantes do empregador e dos empregados abrangidos pelo PPE para acompanhamento e fiscalização do Programa e do acordo.

§ 1º O acordo coletivo de trabalho específico deverá ser aprovado em assembleia dos trabalhadores abrangidos pelo Programa.

§ 2º Para a pactuação do acordo coletivo de trabalho específico, a empresa demonstrará ao sindicato que foram esgotados os períodos de férias, inclusive coletivas, e os bancos de horas.

§ 3º A empresa fornecerá previamente ao sindicato as informações econômico-financeiras a serem apresentadas para adesão ao PPE.

§ 4º As alterações no acordo coletivo de trabalho específico deverão ser submetidas à Secretaria-Executiva do CPPE.

Art. 9º Este Decreto entra em vigor na data de sua publicação.

Brasília, 6 de julho de 2015; 194º da Independência e 127º da República.

Dilma Rousseff

(*DOU* 07.07.2015)

DECRETO 8.737, DE 3 DE MAIO DE 2016

Institui o Programa de Prorrogação da Licença-Paternidade para os servidores regidos pela Lei 8.112, de 11 de dezembro de 1990.

A Presidenta da República, no uso da atribuição que lhe confere o art. 84, *caput*, inciso IV, da Constituição, e tendo em vista o disposto na Lei 11.770, de 9 de setembro de 2008, decreta:

Art. 1º Fica instituído o Programa de Prorrogação da Licença Paternidade para os servidores regidos pela Lei 8.112, de 11 de dezembro de 1990.

Art. 2º A prorrogação da licença-paternidade será concedida ao servidor público que requeira o benefício no prazo de dois dias úteis após o nascimento ou a adoção e terá duração de quinze dias, além dos cinco dias concedidos pelo art. 208 da Lei 8.112, de 1990.

§ 1º A prorrogação se iniciará no dia subsequente ao término da licença de que trata o art. 208 da Lei 8.112, de 1990.

§ 2º O disposto neste Decreto é aplicável a quem adotar ou obtiver guarda judicial para fins de adoção de criança.

§ 3º Para os fins do disposto no § 2º, considera-se criança a pessoa de até doze anos de idade incompletos.

Art. 3º O beneficiado pela prorrogação da licença-paternidade não poderá exercer qualquer atividade remunerada durante a prorrogação da licença-paternidade.

Parágrafo único. O descumprimento do disposto neste artigo implicará o cancelamento da prorrogação da licença e o registro da ausência como falta ao serviço.

Art. 4º O servidor em gozo de licença-paternidade na data de entrada em vigor deste Decreto poderá solicitar a prorrogação da licença, desde que requerida até o último dia da licença ordinária de cinco dias.

Art. 5º O Ministério do Planejamento, Orçamento e Gestão poderá expedir normas complementares para execução deste Decreto.

Art. 6º Este Decreto entra em vigor na data de sua publicação.

Brasília, 3 de maio de 2016; 195º da Independência e 128º da República.

Dilma Rousseff

(*DOU* 04.05.2016)

DECRETO 9.028, DE 6 DE ABRIL DE 2017

Dispõe sobre o Conselho Nacional do Trabalho, integrante da estrutura básica do Ministério do Trabalho.

O Presidente da República, no uso das atribuições que lhe confere o art. 84, *caput*, incisos IV e VI, alínea *a*, da Constituição, e tendo em vista o disposto no art. 29, § 2º, da Lei 10.683, de 28 de maio de 2003, decreta:

Art. 1º O Conselho Nacional do Trabalho – CNT, órgão colegiado de natureza consultiva, composto de forma tripartite, observada a paridade entre representantes dos trabalhadores e dos empregadores, integrante da estrutura básica do Ministério do Trabalho, tem por finalidade:

I – promover o primado da justiça social e o tripartismo no âmbito trabalhista, com vistas à democratização das relações de trabalho;

II – fomentar a negociação coletiva e o diálogo social como mecanismos de solução de conflitos;

III – promover o entendimento entre trabalhadores, empregadores e Governo federal e buscar soluções acordadas sobre temas estratégicos relativos às relações de trabalho;

IV – propor diretrizes para a elaboração dos planos, dos programas e das normas sobre políticas públicas destinadas ao mundo do trabalho, de competência do Ministério do Trabalho, com base em informações conjunturais e prospectivas das situações política, econômica e social do País;

V – propor estudos e emitir opinião sobre instrumentos legislativos e normas complementares que visem a aperfeiçoar as condições e as relações de trabalho;

VI – acompanhar o cumprimento dos direitos constitucionais dos trabalhadores urbanos e rurais, decorrentes das relações de trabalho; e

VII – pronunciar-se sobre outros assuntos que lhe sejam submetidos por representações, na sua área de competência.

Art. 2º O CNT será composto por trinta membros titulares e igual número de suplentes, sendo:

I – dez representantes do Governo;

II – dez representantes dos empregadores; e

III – dez representantes dos trabalhadores.

§ 1º Os dez representantes governamentais serão indicados pelos titulares dos seguintes órgãos:

I – Ministério do Trabalho, que o presidirá;

II – Casa Civil da Presidência da República;

III – Ministério das Relações Exteriores;

IV – Ministério da Fazenda;

V – Ministério da Agricultura, Pecuária e Abastecimento;

VI – Ministério da Indústria, Comércio Exterior e Serviços;

VII – Ministério do Planejamento, Desenvolvimento e Gestão;

VIII – Ministério do Turismo; e

IX – Ministério dos Direitos Humanos.

§ 2º O Ministério do Trabalho indicará dois representantes.

§ 3º Os representantes dos empregadores, a que se refere o inciso II do *caput*, serão indicados, respectivamente, pelas dez confederações empresariais com registro ativo no Cadastro Nacional de Entidades Sindicais com maior número de sindicatos filiados.

§ 4º Os representantes dos trabalhadores, a que se refere o inciso III do *caput*, serão indicados pelas centrais sindicais que atenderem aos requisitos de representatividade de que trata o art. 2º da Lei 11.648, de 31 de março de 2008, observado o disposto no art. 3º da referida Lei.

§ 5º Por decisão do CNT, representantes de órgãos e entidades públicas e privadas poderão ser convidados a participar das reuniões do CNT para tratar de temas específicos das relações de trabalho, sem direito a voto.

Art. 3º O CNT terá a seguinte estrutura:

I – Pleno;

II – Câmaras Técnicas; e

III – Secretaria-Executiva.

Parágrafo único. O Pleno, composto por todos os membros do CNT, será presidido pelo Ministro de Estado do Trabalho.

Art. 4º Os órgãos e as entidades referidos nos §§ 1º a 4º do art. 2º submeterão a indicação de seus representantes ao Ministro de Estado do Trabalho, que editará o ato de designação dos membros titulares e suplentes, no prazo de quinze dias, contado da data de entrada em vigor deste Decreto.

Parágrafo único. A reunião de instalação do CNT será convocada pelo Ministro de Estado do Trabalho no prazo de até trinta dias, contado da data de publicação da designação de seus membros.

Art. 5º O CNT terá sua organização e seu funcionamento definidos em regimento interno, aprovado pelos seus membros no prazo de até sessenta dias, contado da data de entrada em vigor deste Decreto, e homologado pelo Ministro de Estado do Trabalho.

Parágrafo único. O regimento interno do CNT deverá dispor, no mínimo, sobre:

I – a duração do mandato de seus membros;

II – a periodicidade das reuniões do CNT e o seu quórum de deliberação;

III – a antecedência da convocação e a periodicidade das reuniões ordinárias do CNT e a antecedência da convocação das reuniões extraordinárias;

IV – a possibilidade de utilização de recursos eletrônicos para a realização de reuniões do CNT e de comunicações internas; e

V – a composição e o funcionamento das Câmaras Técnicas.

Art. 6º A Secretaria-Executiva do CNT será exercida pela Secretaria de Relações do Trabalho do Ministério do Trabalho, a qual proverá o apoio técnico e administrativo necessário ao funcionamento do Colegiado.

Art. 7º A participação no CNT e em suas Câmaras Técnicas será considerada prestação de serviço público relevante, não remunerada.

Art. 8º Este Decreto entra em vigor na data de sua publicação.

Art. 9º Fica revogado o Decreto 8.732, de 30 de abril de 2016.

Brasília, 6 de abril de 2017; 196º da Independência e 129º da República.

Michel Temer

(*DOU* 07.04.2017)

DECRETO 9.199, DE 20 DE NOVEMBRO DE 2017

Regulamenta a Lei 13.445, de 24 de maio de 2017, que institui a Lei de Migração.

O Presidente da República, no uso da atribuição que lhe confere o art. 84, *caput*, inciso IV, da Constituição, e tendo em vista o disposto na Lei 13.445, de 24 de maio de 2017, decreta:

Capítulo I
Disposições Preliminares

Art. 1º Este Decreto regulamenta a Lei de Migração, instituída pela Lei 13.445, de 24 de maio de 2017.

Parágrafo único. Para fins do disposto na Lei 13.445, de 2017, consideram-se:

I – migrante – pessoa que se desloque de país ou região geográfica ao território de outro país ou região geográfica, em que estão incluídos o imigrante, o emigrante e o apátrida;

II – imigrante – pessoa nacional de outro país ou apátrida que trabalhe ou resida e se estabeleça temporária ou definitivamente na República Federativa do Brasil;

III – emigrante – brasileiro que se estabeleça temporária ou definitivamente no exterior;

IV – residente fronteiriço – pessoa nacional de país limítrofe ou apátrida que conserve a sua residência habitual em Município fronteiriço de país vizinho;

V – visitante – pessoa nacional de outro país ou apátrida que venha à República Federativa do Brasil para estadas de curta duração, sem pretensão de se estabelecer temporária ou definitivamente no território nacional;

VI – apátrida – pessoa que não seja considerada como nacional por nenhum Estado, conforme a sua legislação, nos termos da Convenção sobre o Estatuto dos Apátridas, de 1954, promulgada pelo Decreto 4.246, de 22 de maio de 2002, ou assim reconhecida pelo Estado brasileiro;

VII – refugiado – pessoa que tenha recebido proteção especial do Estado brasileiro, conforme previsto na Lei 9.474, de 22 de julho de 1997; e

VIII – ano migratório – período de doze meses, contado da data da primeira entrada do visitante no território nacional, conforme disciplinado em ato do dirigente máximo da Polícia Federal.

Art. 2º Ao imigrante são garantidos os direitos previstos em lei, vedada a exigência de prova documental impossível ou descabida que dificulte ou impeça o exercício de seus direitos.

Parágrafo único. Os órgãos da administração pública federal revisarão procedimentos e normativos internos com vistas à observância ao disposto no *caput*.

Art. 3º É vedado denegar visto ou residência ou impedir o ingresso no País por motivo de etnia, religião, nacionalidade, pertinência a grupo social ou opinião política.

Capítulo II
Dos Vistos

Seção I
Disposições gerais

Art. 4º O visto é o documento que dá a seu portador expectativa de ingresso no território nacional.

§ 1º O visto poderá ser aposto a qualquer documento de viagem válido emitido nos padrões estabelecidos pela Organização da Aviação Civil Internacional, o que não implica o reconhecimento de Estado, Governo ou Regime.

§ 2º Para fins de aposição de visto, considera-se documento de viagem válido, expedido por governo estrangeiro ou organismo internacional reconhecido pelo Governo brasileiro:

I – passaporte;

II – laissez-passer; ou

III – documento equivalente àqueles referidos nos incisos I e II.

§ 3º Excepcionalmente, quando o solicitante não puder apresentar documento de viagem válido expedido nos termos previstos no § 2º o visto poderá ser aposto em laissez-passer brasileiro.

Art. 5º Ao solicitante que pretenda ingressar ou permanecer no território nacional poderá ser concedido visto:

I – de visita;

II – temporário;

III – diplomático;

IV – oficial; e

V – de cortesia.

Art. 6º O solicitante poderá possuir mais de um visto válido, desde que os vistos sejam de tipos diferentes.

§ 1º A autoridade consular, ao conceder o visto, consignará, no documento de viagem do interessado, o tipo e o prazo de validade, e, quando couber, a hipótese de enquadramento do visto.

§ 2º No momento da entrada do portador do visto no território nacional, a Polícia Federal definirá a situação migratória aplicável, de acordo com os objetivos da viagem declarados pelo portador do visto.

Art. 7º O visto será concedido por embaixadas, consulados gerais, consulados, vice-consulados e, quando habilitados pelo Ministério das Relações Exteriores, por escritórios comerciais e de representação do País no exterior.

§ 1º Excepcionalmente, os vistos diplomático, oficial e de cortesia poderão ser concedidos no País pelo Ministério das Relações Exteriores.

§ 2º Na hipótese de suspensão de relações diplomáticas e consulares, os vistos de entrada no País poderão ser concedidos por missão diplomática ou repartição consular do país encarregado dos interesses brasileiros.

Art. 8º O visto é individual.

Parágrafo único. Na hipótese de haver mais de uma pessoa registrada no mesmo documento de viagem, o visto poderá ser concedido ao titular e aos dependentes incluídos no documento de viagem que pretendam vir à República Federativa do Brasil.

Art. 9º O portador de documento de viagem expirado em que conste visto brasileiro válido poderá ingressar no território nacional se apresentar o visto acompanhado de documento de viagem válido.

Parágrafo único. O disposto no *caput* não se aplica aos titulares de visto solicitado e emitido por meio eletrônico.

Art. 10. Para solicitar o visto, os seguintes documentos deverão ser apresentados à autoridade consular:

I – documento de viagem válido, nos termos estabelecidos no art. 4º;

II – certificado internacional de imunização, quando exigido pela Agência Nacional de Vigilância Sanitária – Anvisa;

III – comprovante de pagamento de emolumentos consulares, quando aplicável;

IV – formulário de solicitação de visto preenchido em sistema eletrônico disponibilizado pelo Ministério das Relações Exteriores; e

V – demais documentos específicos para cada tipo de visto, observado o disposto neste Decreto e em regulamentos específicos, quando cabível.

§ 1º A autoridade consular poderá, a seu critério, solicitar o comparecimento pessoal do solicitante a um dos locais mencionados no *caput* do art. 7º para realização de entrevista.

§ 2º Do formulário referido no inciso IV do *caput* constará declaração, sob as penas da lei, de que o requerente não se enquadra em nenhuma hipótese de denegação de visto ou impedimento de ingresso.

Art. 11. A posse ou a propriedade de bem no País não conferirá o direito de obter visto, sem prejuízo do disposto sobre visto temporário para realização de investimento.

Art. 12. Os Ministérios da Justiça e Segurança Pública, das Relações Exteriores e do Trabalho integrarão eletronicamente as suas bases de dados relacionadas com o processamento das solicitações de vistos, o controle migratório, o registro e a autorização de residência.

Subseção I
Das taxas e dos emolumentos

Art. 13. Taxas e emolumentos consulares serão cobrados pelo processamento do visto, em conformidade com o disposto no Anexo à Lei 13.445, de 2017, respeitadas as hipóteses de isenção.

§ 1º Os valores das taxas e dos emolumentos consulares poderão ser ajustados pelo Ministério das Relações Exteriores, de forma a preservar o interesse nacional ou a assegurar a reciprocidade de tratamento.

§ 2º Emolumentos consulares não serão cobrados pela concessão de:

I – vistos diplomáticos, oficiais e de cortesia; e

II – vistos em passaportes diplomáticos, oficiais ou de serviço, ou documentos equivalentes, observada a reciprocidade de tratamento a titulares de documento de viagem similar ao brasileiro.

§ 3º A isenção da cobrança de taxas a que se refere o § 2º será implementada pelo Ministério das Relações Exteriores, por meio de comunicação diplomática.

Subseção II
Dos prazos de validade

Art. 14. O prazo de validade do visto é aquele ao longo do qual o visto poderá ser utilizado para entrada no País.

§ 1º O prazo de validade estará indicado nos vistos e começará a ser contado a partir da data de emissão do visto.

§ 2º O visto não poderá mais ser utilizado para entrada no País quando o seu prazo de validade expirar.

Art. 15. O prazo de validade do visto de visita será de um ano, e, exceto se houver determinação em contrário do Ministério das Relações Exteriores, permitirá múltiplas entradas no País enquanto o visto estiver válido.

§ 1º O prazo de validade do visto de visita poderá ser reduzido, a critério do Ministério das Relações Exteriores.

§ 2º Nas hipóteses em que houver reciprocidade de tratamento, em termos definidos por comunicação diplomática, o visto de visita poderá ter prazo de validade de até dez anos.

§ 3º O prazo de validade do visto de visita, quando solicitado e emitido por meio eletrônico, nos termos estabelecidos no art. 26, poderá ser superior a um ano, a critério do Ministério das Relações Exteriores.

Art. 16. O visto temporário poderá ser concedido com prazo de validade de até um ano, e, exceto se houver determinação em contrário do Ministério das Relações Exteriores, permitirá múltiplas entradas no País enquanto o visto estiver válido.

Parágrafo único. O prazo de validade do visto temporário não se confunde com o prazo da autorização de residência.

Art. 17. O prazo máximo de validade do visto solicitado e emitido por meio eletrônico será definido em ato do Ministro de Estado das Relações Exteriores e poderá ser condicionado à data de expiração do documento de viagem apresentado pelo solicitante.

Art. 18. Os vistos diplomático, oficial e de cortesia terão prazo de validade de até três anos, e permitirão múltiplas entradas no território nacional, desde que os seus portadores cumpram os requisitos de registro estabelecidos pelo Ministério das Relações Exteriores.

Art. 19. O prazo de estada do visto de visita é aquele durante o qual o seu portador poderá permanecer no território nacional e começa a ser contado a partir da data da primeira entrada no País.

Art. 20. O visto de visita terá prazo de estada de até noventa dias, prorrogáveis pela Polícia Federal por até noventa dias, desde que o prazo de estada máxima no País não ultrapasse cento e oitenta dias a cada ano migratório, ressalvado o disposto no § 7º do art. 29.

§ 1º A contagem do prazo de estada do visto de visita começará a partir da data da primeira entrada no território nacional e será suspensa sempre que o visitante deixar o território nacional.

§ 2º A prorrogação do prazo de estada do visto de visita somente poderá ser feita na hipótese de nacionais de países que assegurem reciprocidade de tratamento aos nacionais brasileiros.

§ 3º A Polícia Federal poderá, excepcionalmente, conceder prazo de estada inferior ao previsto no *caput* ou, a qualquer tempo, reduzir o prazo previsto de estada do visitante no País.

§ 4º A solicitação de renovação do prazo do visto de visita deverá ser realizada antes de expirado o prazo de estada original, hipótese em que deverão ser apresentados os seguintes documentos:

I – documento de viagem válido;

II – comprovante de recolhimento da taxa; e

III – formulário de solicitação de renovação do prazo disponibilizado pela Polícia Federal.

Art. 21. Ato do Ministro de Estado da Justiça e Segurança Pública disciplinará os procedimentos para a renovação do prazo de estada do visitante.

Art. 22. O prazo inicial de estada dos portadores de vistos temporários, diplomáticos, oficiais e de cortesia será igual ao seu prazo de validade.

Parágrafo único. O prazo inicial de estada do visto temporário não se confunde com o prazo da autorização de residência.

Art. 23. O disposto no art. 20 poderá ser aplicado aos nacionais de países isentos de vistos para visitar o País.

Parágrafo único. Prazos de estada e de contagem distintos daqueles previstos no art. 20 poderão ser estabelecidos, observada a reciprocidade de tratamento a nacionais brasileiros.

Subseção III
Da simplificação de procedimentos e da dispensa de vistos

Art. 24. O Ministério das Relações Exteriores poderá editar normas sobre a simplificação de procedimentos para concessão de visto, por reciprocidade de tratamento ou por outros motivos que julgar pertinentes.

Art. 25. A simplificação e a dispensa recíproca de visto ou de cobrança de taxas e emolumentos consulares por seu processamento poderão ser definidas por meio de comunicação diplomática.

§ 1º A dispensa de vistos a que se refere o *caput* será concedida, a critério do Ministério das Relações Exteriores, aos nacionais de país que assegure a reciprocidade de tratamento aos nacionais brasileiros, enquanto durar essa reciprocidade, e os requisitos da dispensa recíproca serão definidos por meio de comunicação diplomática.

☛ **§ 2º** Ato conjunto dos Ministros de Estado da Justiça e Segurança Pública e das Relações Exteriores poderá, excepcionalmente, dispensar a exigência do visto de visita, para nacionalidades determinadas, observado o interesse nacional.

- § 2º com redação determinada pelo Dec. 9.731/2019 (DOU 18.03.2019, edição extra), em vigor em 17.06.2019.

§ 3º O Ministério das Relações Exteriores informará à Polícia Federal e às demais autoridades competentes sobre os países aos quais se aplica a isenção de vistos e sobre as condições relacionadas a essa isenção.

Art. 26. O visto poderá ser solicitado e emitido por meio eletrônico, dispensada a aposição da etiqueta consular correspondente no documento de viagem do requerente, conforme definido em ato do Ministro de Estado das Relações Exteriores, do qual constarão as nacionalidades, os prazos e as condições aplicáveis para a sua concessão.

§ 1º As solicitações do visto de que trata o *caput* serão processadas pelo Ministério das Relações Exteriores, o qual se baseará na capacidade tecnológica disponível e nas garantias de segurança que o procedimento ofereça em relação aos nacionais do país a que se aplique.

§ 2º Para a obtenção de visto por meio eletrônico, o solicitante deverá:

I – preencher e enviar formulário disponível em sítio eletrônico indicado pelo Ministério das Relações Exteriores;

II – apresentar, por meio eletrônico, os documentos requeridos em ato do Ministro de Estado das Relações Exteriores; e

III – pagar os emolumentos e as taxas cobrados para o processamento do pedido de visto.

§ 3º A autoridade consular brasileira poderá solicitar a apresentação dos originais dos documentos requeridos para dirimir dúvidas e solicitar documentos adicionais para a instrução do pedido feito por meio eletrônico.

§ 4º A autoridade consular poderá, a seu critério, requerer o comparecimento pessoal do solicitante a um dos locais mencionados no *caput* do art. 7º para realização de entrevista.

Subseção IV
Da negativa de concessão e da denegação de vistos

Art. 27. O visto não será concedido:

I – a quem não preencher os requisitos para o tipo de visto pleiteado, definidos em regulamentos específicos, quando cabível;

II – a quem comprovadamente ocultar condição impeditiva de concessão de visto ou de ingresso no País;

III – a menor de dezoito anos desacompanhado ou sem autorização de viagem por escrito dos responsáveis legais ou de autoridade competente; e

IV – a quem, no momento de solicitação do visto, comportar-se de forma agressiva, insultuosa ou desrespeitosa para com os agentes do serviço consular brasileiro.

Parágrafo único. A não concessão de visto não impede a apresentação de nova solicitação, desde que cumpridos os requisitos para o tipo de visto pleiteado.

Art. 28. O visto poderá ser denegado à pessoa:

I – anteriormente expulsa do País, enquanto os efeitos da expulsão vigorarem;

II – nos termos definidos pelo Estatuto de Roma do Tribunal Penal Internacional, de 1998, promulgado pelo Decreto 4.388, de 25 de setembro de 2002, condenada ou respondendo a processo por:

a) ato de terrorismo ou crime de genocídio;

b) crime contra a humanidade;

c) crime de guerra; ou

d) crime de agressão;

III – condenada ou respondendo a processo em outro país por crime doloso passível de extradição segundo a lei brasileira;

IV – que tenha o nome incluído em lista de restrições por ordem judicial ou por compromisso assumido pelo País perante organismo internacional; e

V – que tenha praticado ato contrário aos princípios e aos objetivos dispostos na Constituição.

Parágrafo único. A pessoa que tiver visto brasileiro denegado será impedida de ingressar no País enquanto as condições que ensejaram a denegação perdurarem.

Seção II
Do visto de visita

Art. 29. O visto de visita poderá ser concedido ao visitante que venha ao País para estada de curta duração, sem intenção de estabelecer residência, para fins de turismo, negócios, trânsito, realização de atividades artísticas ou desportivas ou em situações excepcionais, por interesse nacional.

§ 1º É vedado ao beneficiário de visto de visita exercer atividade remunerada no País.

§ 2º Para os fins do disposto neste artigo, as atividades relativas a turismo compreendem a realização de atividades de caráter turístico, informativo, cultural, educacional ou recreativo, além de visitas familiares, participação em conferências, seminários, congressos ou reuniões, realização de serviço voluntário ou de atividade de pesquisa, ensino ou extensão acadêmica, desde que observado o disposto no § 1º e que a atividade realizada não tenha prazo superior àquele previsto no art. 20.

§ 3º Para os fins do disposto neste artigo, as atividades relativas a negócios compreendem a participação em reuniões, feiras e eventos empresariais, a cobertura jornalística ou a realização de filmagem e reportagem, a prospecção de oportunidades comerciais, a assinatura de contratos, a realização de auditoria ou consultoria, e a atuação como tripulante de aeronave ou embarcação, desde que observado o disposto no § 1º e que a atividade realizada não tenha prazo superior àquele previsto no art. 20.

§ 4º O visto de visita emitido para atividades artísticas e desportivas incluirá, também, os técnicos em espetáculos de diversões e os demais profissionais que, em caráter auxiliar, participem da atividade do artista ou do desportista.

§ 5º O visto de visita emitido para atividades artísticas e desportivas não dispensará o seu portador da obtenção de autorização e do registro junto ao Ministério do Trabalho para realização de atividades artísticas.

§ 6º O Ministério das Relações Exteriores comunicará o Ministério do Trabalho sobre os vistos de visita emitidos para realização de atividades artísticas ou desportivas, para realização de auditoria e consultoria, ou para atuação como marítimo, e informará os subsídios financeiros a serem recebidos pelo visitante.

☛ **§ 7º** O visto de visita emitido para realização de atividades artísticas ou desportivas, para realização de auditoria e de consultoria, ou para atuação como marítimo nas embarcações não mencionadas no inciso I e no inciso II, alíneas *a* e *b*, terá prazo de estada de até noventa dias, improrrogável a cada ano migratório, observado o seguinte:

- § 7º com redação determinada pelo Dec. 9.500/2018.

I – na hipótese de o marítimo ingressar no País em viagem de longo curso ou em cruzeiros marítimos ou fluviais pela costa brasileira, para estadas de até cento e oitenta dias a cada ano migratório, estará isento de visto, desde que apresente carteira internacional de marítimo emitida nos termos da Convenção da Organização Internacional do Trabalho; e

II – na hipótese de o marítimo, ao ingressar no País, não se enquadrar no disposto no inciso I, deverá solicitar o visto temporário a que se refere o Art. 38, se estiver a bordo de:

a) embarcação de bandeira brasileira, independentemente do prazo;

b) embarcação estrangeira de cruzeiros marítimos ou fluviais e a permanência for por prazo superior a cento e oitenta dias a cada ano migratório; e

c) outras embarcações ou plataformas não mencionadas nas alíneas *a* e *b* e a permanência for por prazo superior a noventa dias a cada ano migratório.

§ 8º As situações excepcionais de concessão de visto de visita, de acordo com o interesse nacional, serão definidas:

I – em ato do Ministro de Estado das Relações Exteriores; ou

II – em ato conjunto dos Ministros das Relações Exteriores e do Trabalho, quando se tratar de questões laborais.

§ 9º O beneficiário de visto de visita poderá receber pagamento do governo, de empregador brasileiro ou de entidade privada a título de diária, ajuda de custo, cachê, pró-labore ou outras despesas com a viagem, além de poder concorrer a prêmios, inclusive em dinheiro, em competições desportivas ou em concursos artísticos ou culturais.

§ 10. O visto de visita não será exigido na hipótese de escala ou conexão no território nacional, desde que o visitante não deixe a área de trânsito internacional.

§ 11. Além dos documentos a que se refere o art. 10, *caput*, incisos I, II, III e IV, poderão ser exigidos:

I – comprovante de meio de transporte de entrada e saída do território nacional;

II – prova de meios de subsistência compatíveis com o prazo e com o objetivo da viagem pretendida; e

III – documentação que ateste a natureza das atividades que serão desenvolvidas no País.

§ 12. Documentos adicionais e entrevista presencial dos visitantes poderão ser solicitados para a confirmação do objetivo da viagem.

Art. 30. O visto de visita poderá ser transformado em autorização de residência ou em visto diplomático, oficial ou de cortesia, no território nacional, desde que o visitante preencha os requisitos estabelecidos neste Decreto.

Art. 31. Ato do Ministro de Estado das Relações Exteriores estabelecerá os procedimentos para a concessão do visto de visita.

Art. 32. Caberá ao Ministério das Relações Exteriores divulgar e manter em sítio eletrônico a relação atualizada dos países cujos nacionais gozam de isenção do visto de visita.

Seção III
Dos vistos temporários

Art. 33. O visto temporário poderá ser concedido ao imigrante que venha ao País com o intuito de estabelecer residência por tempo determinado e que se enquadre em, no mínimo, uma das seguintes hipóteses:

I – o visto temporário tenha como finalidade:

a) pesquisa, ensino ou extensão acadêmica;

b) tratamento de saúde;

c) acolhida humanitária;

d) estudo;

e) trabalho;

f) férias-trabalho;

g) prática de atividade religiosa;

h) serviço voluntário;

i) realização de investimento;

j) atividades com relevância econômica, social, científica, tecnológica ou cultural;

k) reunião familiar; ou

l) atividades artísticas ou desportivas com contrato por prazo determinado;

II – o imigrante seja beneficiário de tratado em matéria de vistos; ou

III – o atendimento de interesses da política migratória nacional.

Art. 34. O visto temporário para pesquisa, ensino ou extensão acadêmica poderá ser concedido ao imigrante com ou sem vínculo empregatício com a instituição de pesquisa ou de ensino brasileira, exigida, na hipótese de vínculo, a comprovação de formação superior compatível ou equivalente reconhecimento científico.

§ 1º O visto temporário para pesquisa, ensino ou extensão acadêmica com vínculo empregatício no País será concedido ao imigrante que comprovar oferta de trabalho, caracterizada por meio de contrato de trabalho ou de prestação de serviços celebrado com instituição de pesquisa ou de ensino brasileira.

§ 2º O visto temporário para pesquisa, ensino ou extensão acadêmica sem vínculo empregatício no País será concedido ao imigrante detentor de bolsa ou auxílio em uma das modalidades previstas no *caput*, quando o prazo de vigência da bolsa for superior a noventa dias.

§ 3º Enquadra-se na hipótese prevista no § 2º o imigrante que possuir vínculo institucional exclusivamente no exterior e pretenda realizar atividade de pesquisa, ensino ou de extensão acadêmica subsidiada por instituição de pesquisa ou de ensino estrangeira, desde que em parceria com instituição brasileira.

§ 4º O imigrante que se encontre no País sob o amparo do visto temporário de pesquisa, de ensino ou de extensão acadêmica, sem vínculo empregatício no País, por prazo superior a noventa dias, poderá exercer atividade remunerada no País, desde que relacionada à área de pesquisa, de ensino ou de extensão acadêmica.

§ 5º A concessão do visto temporário de que trata *caput* observará os requisitos, as condições, os prazos e os procedimentos estabelecidos em resolução do Conselho Nacional de Imigração.

§ 6º Para fins da concessão do visto de que trata o *caput*, será solicitada, junto ao Ministério do Trabalho, autorização de residência prévia à emissão do visto, ressalvadas as hipóteses definidas em resolução do Conselho Nacional de Imigração.

§ 7º A concessão da autorização de residência de que trata o § 6º não implicará a emissão automática do visto temporário de que trata o *caput*.

Art. 35. O visto temporário para tratamento de saúde poderá ser concedido ao imigrante e ao seu acompanhante, desde que o imigrante comprove possuir meios de subsistência suficientes.

§ 1º A concessão do visto temporário para tratamento de saúde, sem prejuízo do direito à saúde dos imigrantes estabelecidos no País, estará condicionada à comprovação de meios de subsistência suficientes para custear o seu tratamento e a sua manutenção durante o período em que o tratamento for realizado, por recurso próprio, seguro de saúde válido no território nacional ou certificado de prestação de serviço de saúde previsto em tratado de que o País seja parte.

§ 2º Excepcionalmente, poderá ser concedido visto temporário a mais de um acompanhante, ainda que sejam não cumpridos os requisitos de reunião familiar, desde que comprovada a necessidade médica.

§ 3º Os titulares do visto temporário de que trata o *caput* não terão direito de exercer atividade remunerada no País.

§ 4º Ato conjunto dos Ministros de Estado da Justiça e Segurança Pública e das Relações Exteriores disciplinará a concessão do visto temporário de que trata o *caput*.

Art. 36. O visto temporário para acolhida humanitária poderá ser concedido ao apátrida ou ao nacional de qualquer país em situação de grave ou iminente instabilidade institucional, de conflito armado, de calamidade de grande proporção, de desastre ambiental ou de grave violação de direitos humanos ou de direito internacional humanitário.

§ 1º Ato conjunto dos Ministros de Estado da Justiça e Segurança Pública, das Relações Exteriores e do Trabalho definirá as condições, os prazos e os requisitos para a emissão do visto mencionado no *caput* para os nacionais ou os residentes de países ou regiões nele especificados.

§ 2º Ato conjunto dos Ministros de Estado da Justiça e Segurança Pública, das Relações Exteriores e do Trabalho poderá estabelecer instruções específicas para a realização de viagem ao exterior do portador do visto de que trata o *caput*.

§ 3º A possibilidade de livre exercício de atividade laboral será reconhecida ao imigrante a quem tenha sido concedido o visto temporário de que trata o *caput*, nos termos da legislação vigente.

Art. 37. O visto temporário para estudo poderá ser concedido ao imigrante que pretenda vir ao País para frequentar curso regular ou realizar estágio ou intercâmbio de estudo ou de pesquisa.

§ 1º O visto temporário para estudo autoriza o imigrante a realizar as atividades previstas no *caput* vinculadas a instituição de ensino definida.

§ 2º O exercício de atividade remunerada compatível com a carga horária do estudo será permitido ao titular do visto mencionado no *caput*, nos termos da legislação vigente.

§ 3º Ato conjunto dos Ministros de Estado da Justiça e Segurança Pública e das Relações Exteriores estabelecerá as condições e os procedimentos para a concessão do visto mencionado no *caput*.

Art. 38. O visto temporário para trabalho poderá ser concedido ao imigrante que venha exercer atividade laboral com ou sem vínculo empregatício no País.

§ 1º O visto temporário para trabalho com vínculo empregatício será concedido por meio da comprovação de oferta de trabalho no País, observado o seguinte:

I – a oferta de trabalho é caracterizada por meio de contrato individual de trabalho ou de contrato de prestação de serviços; e

II – os marítimos imigrantes a bordo de embarcação de bandeira brasileira deverão possuir contrato individual de trabalho no País.

§ 2º O visto temporário para trabalho sem vínculo empregatício será concedido por meio da comprovação de oferta de trabalho no País, quando se tratar das seguintes atividades:

I – prestação de serviço ou auxílio técnico ao Governo brasileiro;

II – prestação de serviço em razão de acordo de cooperação internacional;

III – prestação de serviço de assistência técnica ou transferência de tecnologia;

IV – representação, no País, de instituição financeira ou assemelhada sediada no exterior;

V – representação de pessoa jurídica de direito privado, sem fins lucrativos;

VI – recebimento de treinamento profissional junto a subsidiária, filial ou matriz brasileira;

☛ **VII** – atuação como marítimo:

- Inciso VII com redação determinada pelo Dec. 9.500/2018.

a) a bordo de embarcação estrangeira em viagem de longo curso ou em cruzeiros marítimos ou fluviais pela costa brasileira e a permanência for por prazo superior a cento e oitenta dias a cada ano migratório; e

b) a bordo de outras embarcações ou plataformas não mencionadas na alínea *a* e a permanência for por prazo superior a noventa dias a cada ano migratório;

VIII – realização de estágio profissional ou intercâmbio profissional;

IX – exercício de cargo, função ou atribuição que exija, em razão da legislação brasileira, a residência por prazo indeterminado;

X – realização de atividade como correspondente de jornal, revista, rádio, televisão ou agência noticiosa estrangeira; ou

XI – realização de auditoria ou consultoria com prazo de estada superior a noventa dias.

§ 3º O visto temporário de que trata o *caput* não será exigido do marítimo que ingressar no País em viagem de longo curso ou em cruzeiros marítimos pela costa brasileira, desde que apresente carteira internacional de marítimo emitida nos termos de Convenção da Organização Internacional do Trabalho.

§ 4º Para a aplicação do disposto no inciso VII do § 2º, consideram-se embarcações ou plataformas estrangeiras, entre outras, aquelas utilizadas em navegação de apoio marítimo, de exploração ou prospecção, navegação de cabotagem, levantamento geofísico, dragas e embarcações de pesca.

§ 5º Será dispensada a oferta de trabalho de que trata o *caput* e considerada a comprovação de titulação em curso de ensino superior ou equivalente, na hipótese de capacidades profissionais estratégicas para o País, conforme disposto em ato conjunto dos Ministros de Estado da Justiça e Segurança Pública, das Relações Exteriores e do Trabalho, consultado o Conselho Nacional de Imigração.

§ 6º Para fins de atração de mão de obra em áreas estratégicas para o desenvolvimento nacional ou com déficit de competências profissionais para o País, ato conjunto dos Ministros de Estado da Justiça e Segurança Pública, das Relações Exteriores e do Trabalho, consultado o Conselho Nacional de Imigração, estabelecerá condições simplificadas para a concessão de visto temporário para fins de trabalho.

§ 7º A possibilidade de modificação do local de exercício de atividade laboral, na mesma empresa ou no mesmo grupo econômico, será reconhecida ao imigrante a quem tenha sido concedido o visto temporário para trabalho, por meio de comunicação ao Ministério do Trabalho.

§ 8º A concessão do visto temporário para a finalidade trabalho observará os requisitos, as condições, os prazos e os procedimentos estabelecidos em resolução do Conselho Nacional de Imigração.

§ 9º Para fins da concessão do visto de que trata o *caput*, será solicitada, junto ao Ministério do Trabalho, autorização de residência prévia à emissão do visto, ressalvadas as hipóteses definidas em resolução do Conselho Nacional de Imigração.

§ 10. A concessão da autorização de residência de que trata o § 9º não implicará a emissão automática do visto temporário de que trata o *caput*.

Art. 39. O visto temporário para férias-trabalho poderá ser concedido ao imigrante maior de dezesseis anos que seja nacional de país que conceda benefício idêntico ao nacional brasileiro, em termos definidos pelo Ministério das Relações Exteriores por meio de comunicação diplomática.

§ 1º O titular do visto mencionado no *caput* poderá permanecer no País para fins primordialmente de turismo, permitida a realização de atividade remunerada, em conformidade com o ordenamento jurídico brasileiro, a título de complementação de renda.

§ 2º O prazo de validade do visto mencionado no *caput* e o número de imigrantes que poderá pleitear esse visto serão definidos por meio de comunicação diplomática e observarão a reciprocidade de tratamento.

§ 3º A transformação do visto temporário para férias-trabalho observará a reciprocidade de tratamento estabelecida por meio de comunicação diplomática.

Art. 40. O visto temporário para prática de atividades religiosas poderá ser concedido a:

I – ministro de confissão religiosa;

II – membro de instituto de vida consagrada ou confessional; ou

III – membro de ordem religiosa.

Parágrafo único. A concessão do visto temporário para prática de atividades religiosas observará os requisitos, as condições, os prazo e os procedimentos estabelecidos em resolução do Conselho Nacional de Imigração.

Art. 41. O visto temporário para prestação de serviço voluntário junto a entidade de direito público ou privado sem fins lucrativos, ou a organização vinculada a governo estrangeiro, poderá ser concedido desde que não haja vínculo empregatício nem remuneração de qualquer espécie.

Parágrafo único. A concessão do visto temporário para prática de serviço voluntário observará os requisitos, as condições, os prazos e os procedimentos estabelecidos em resolução do Conselho Nacional de Imigração.

Art. 42. O visto temporário poderá ser concedido ao imigrante pessoa física que pretenda, com recursos próprios de origem externa, realizar investimento em pessoa jurídica no País, em projeto com potencial para geração de empregos ou de renda no País.

§ 1º Entende-se por investimento em pessoa jurídica no País:

I – investimento de origem externa em empresa brasileira, conforme regulamentação do Banco Central do Brasil;

II – constituição de sociedade simples ou empresária; e

III – outras hipóteses previstas nas políticas de atração de investimentos externos.

§ 2º A concessão do visto temporário de que trata este artigo observará os requisitos, as condições, os prazos e os procedimentos estabelecidos em resolução do Conselho Nacional de Imigração.

§ 3º Para fins da concessão do visto de que trata o *caput*, será solicitada, junto ao Ministério do Trabalho, autorização de residência prévia à emissão do visto, ressalvadas as hipóteses definidas em resolução do Conselho Nacional de Imigração.

§ 4º A concessão da autorização de residência de que trata o § 3º não implicará a emissão automática do visto temporário de que trata o *caput*.

Art. 43. O visto temporário poderá ser concedido ao imigrante administrador, gerente, diretor ou executivo com poderes de gestão, que venha ao País para representar sociedade civil ou comercial, grupo ou conglomerado econômico que realize investimento externo em empresa estabelecida no País, com potencial para geração de empregos ou de renda no País.

§ 1º A concessão do visto temporário de que trata o *caput* ao imigrante ficará condicionada ao exercício da função que lhe for designada em contrato ou em ata devidamente registrada no órgão competente.

§ 2º A concessão do visto temporário de que trata este artigo observará os requisitos, as condições, os prazos e os procedimentos estabelecidos em resolução do Conselho Nacional de Imigração.

§ 3º Para fins da concessão do visto de que trata o *caput*, será solicitada, junto ao Ministério do Trabalho, autorização de residência prévia à emissão do visto, ressalvadas as hipóteses definidas em resolução do Conselho Nacional de Imigração.

§ 4º A concessão da autorização de residência de que trata o § 3º não implicará a emissão automática do visto temporário de que trata o *caput*.

Art. 44. O visto temporário para a realização de atividade com relevância econômica, social, científica, tecnológica ou cultural poderá ser concedido nas hipóteses e nas condições definidas em ato conjunto dos Ministros de Estado da Justiça e Segurança Pública, das Relações Exteriores e do Trabalho, consultado o Conselho Nacional de Imigração.

Art. 45. O visto temporário para fins de reunião familiar será concedido ao imigrante:

I – cônjuge ou companheiro, sem discriminação alguma, nos termos do ordenamento jurídico brasileiro;

II – filho de brasileiro ou de imigrante beneficiário de autorização de residência;

III – que tenha filho brasileiro;

IV – que tenha filho imigrante beneficiário de autorização de residência;

V – ascendente até o segundo grau de brasileiro ou de imigrante beneficiário de autorização de residência;

VI – descendente até o segundo grau de brasileiro ou de imigrante beneficiário de autorização de residência;

VII – irmão de brasileiro ou de imigrante beneficiário de autorização de residência; ou

VIII – que tenha brasileiro sob a sua tutela, curatela ou guarda.

§ 1º Ato do Ministro de Estado das Relações Exteriores poderá dispor sobre a necessidade de entrevista presencial e de apresentação de documentação adicional para comprovação, quando necessário, do vínculo familiar.

§ 2º Ato conjunto dos Ministros de Estado da Justiça e Segurança Pública e das Relações Exteriores estabelecerá outras hipóteses de parentesco para fins de concessão do visto de que trata o *caput*, além dos requisitos, dos prazos, das condições e dos procedimentos.

§ 3º O titular do visto mencionado no *caput* poderá exercer qualquer atividade no País, inclusive remunerada, em igualdade de condições com o nacional brasileiro, nos termos da lei.

§ 4º A solicitação de visto temporário para fins de reunião familiar poderá ocorrer concomitantemente à solicitação do visto temporário do familiar chamante.

§ 5º O visto mencionado no *caput* não poderá ser concedido quando o chamante for beneficiário de visto ou autorização de residência por reunião familiar ou de autorização provisória de residência.

Art. 46. O visto temporário para atividades artísticas ou desportivas poderá ser concedido ao imigrante que venha ao País para participar de exposições, espetáculos, apresentações artísticas, encontros de artistas, competições desportivas e outras atividades congêneres, com intenção de permanecer no País por período superior a noventa dias, com contrato por prazo determinado, sem vínculo empregatício com pessoa física ou jurídica sediada no País.

§ 1º O visto temporário concedido para atividades artísticas e desportivas abrange, também, os técnicos em espetáculos de diversões e demais profissionais que, em caráter auxiliar, participem da atividade do artista ou desportista.

§ 2º A concessão do visto temporário para atividades artísticas ou desportivas para maiores de quatorze anos e menores de dezoito anos que vierem ao País para realizar treinamento em centro cultural ou entidade desportiva será definida em resolução do Conselho Nacional de Imigração, hipótese em que a renovação do visto ficará condicionada à comprovação de matrícula e ao aproveitamento escolar.

§ 3º O imigrante que se encontre no País sob o amparo do visto temporário de que trata o *caput* somente poderá exercer atividades remuneradas no País de caráter artístico ou desportivo.

§ 4º A concessão do visto temporário para atividades artísticas ou desportivas observará os requisitos, as condições, os prazo e os procedimentos estabelecidos em resolução do Conselho Nacional de Imigração.

§ 5º Para fins da concessão do visto de que trata o *caput*, será solicitada, junto ao Ministério do Trabalho, autorização de residência prévia à emissão do visto, ressalvadas as hipóteses definidas em resolução do Conselho Nacional de Imigração.

§ 6º A concessão da autorização de residência de que trata o § 5º não implicará a emissão automática do visto temporário de que trata o *caput*.

Art. 47. O visto temporário poderá ser concedido ao imigrante beneficiário de tratado em matéria de vistos.

Parágrafo único. Para a concessão do visto mencionado no *caput*, será observado o disposto no tratado bilateral ou multilateral que regulamente o assunto e, subsidiariamente, o disposto neste Decreto, no que couber.

Art. 48. O visto temporário poderá ser concedido, para atender a interesses da política migratória nacional, em outras hipóteses definidas em ato conjunto dos Ministros de Estado da Justiça e Segurança Pública, das Relações Exteriores e do Trabalho.

Art. 49. Além dos documentos a que se refere o art. 10, *caput*, incisos I, II, III e IV, poderão ser exigidos para a concessão de vistos temporários:

I – comprovante de meio de transporte de entrada no território nacional;

II – comprovante de meio de transporte de saída do território nacional, quando cabível;

III – comprovação de meios de subsistência compatíveis com o prazo e com o objetivo da viagem pretendida;

IV – documentação que ateste a natureza das atividades que serão desenvolvidas no País, de acordo com o tipo de visto, conforme definido em atos específicos;

V – atestado de antecedentes criminais expedido pelo país de origem, ou, a critério da autoridade consular, atendidas às peculiaridades do país onde o visto foi solicitado, documento equivalente.

Parágrafo único. Para confirmação do objetivo da viagem, documentos adicionais e entrevista presencial dos imigrantes poderão ser requeridos.

Art. 50. Os vistos temporários poderão ser transformados em autorização de residência ou em visto diplomático, oficial ou de cortesia, no território nacional, desde que o imigrante preencha os requisitos estabelecidos neste Decreto.

Seção IV
Dos vistos diplomático, oficial e de cortesia

Art. 51. Os vistos diplomático, oficial e de cortesia serão concedidos, prorrogados ou dispensados em ato do Ministro de Estado das Relações Exteriores.

Parágrafo único. O ato de que trata o *caput* definirá as regras de concessão, prorrogação e dispensa, observados os tratados de que o País seja parte.

Art. 52. Os vistos diplomático e oficial poderão ser transformados em autorização de residência, desde que atendidos os requisitos para a obtenção da autorização de residência e importará cessação de todas as prerrogativas, os privilégios e as imunidades decorrentes do visto.

Parágrafo único. Excepcionalmente, nas hipóteses previstas no *caput*, o cumprimento dos requisitos para a obtenção da autorização de residência poderá ser dispensado, mediante recomendação do Ministério das Relações Exteriores, observadas as hipóteses de denegação de autorização de residência com fundamento nos incisos I, II, III, IV e IX do *caput* do art. 171.

Art. 53. Os vistos diplomático e oficial poderão ser concedidos a autoridades e funcionários estrangeiros que viajem ao País em missão oficial de caráter transitório ou permanente e representem Estado estrangeiro ou organismo internacional reconhecido.

§ 1º O disposto na legislação trabalhista brasileira não se aplica ao titulares dos vistos de que trata o *caput*.

§ 2º Os vistos diplomático e oficial poderão ser estendidos aos dependentes das autoridades mencionadas no *caput*, conforme o disposto em ato do Ministro de Estado das Relações Exteriores.

Art. 54. O titular de visto diplomático ou oficial somente poderá ser remunerado por Estado estrangeiro ou organismo internacional, ressalvado o disposto no art. 55 ou em tratado que contenha cláusula específica sobre o assunto.

Parágrafo único. Na hipótese de tratado com cláusula específica, os termos do referido tratado prevalecerão sobre o disposto no art. 55.

Art. 55. O dependente de titular de visto diplomático ou oficial poderá exercer atividade remunerada no País, observada a legislação trabalhista brasileira, desde que haja reciprocidade de tratamento em relação ao nacional brasileiro.

§ 1º O dependente de funcionário estrangeiro acreditado no País, observado o tratado de dispensa de visto, receberá o mesmo tratamento conferido ao dependente de titular de visto diplomático ou oficial.

§ 2º Na hipótese de o titular de visto diplomático estar em missão oficial a serviço de Estado estrangeiro, a reciprocidade de tratamento ao nacional brasileiro em situação análoga naquele Estado deverá ser assegurada por meio de comunicação diplomática.

§ 3º Na hipótese de o titular de visto diplomático ser funcionário de organização internacional, a exigência de reciprocidade de tratamento será considerada atendida se houver tratamento equivalente para o nacional brasileiro no país em que a referida organização estiver sediada.

§ 4º Se houver a necessidade em assegurar reciprocidade de tratamento junto a Estado estrangeiro, a critério do Ministério das Relações Exteriores, a comunicação diplomática poderá ser efetuada por meio de troca de notas que permita o exercício de atividade remunerada de dependentes estrangeiros no País e de dependentes brasileiros no exterior, desde que observados o disposto na Lei 13.445, de 2017, e neste Decreto.

Art. 56. A autorização para exercício de atividade remunerada no País será concedida por meio de solicitação específica, que será encaminhada por via diplomática ao Ministério das Relações Exteriores, e dependerá da aprovação do Ministério do Trabalho, observado o seguinte:

I – o dependente autorizado a exercer atividade remunerada iniciadas não gozará de imunidade de jurisdição civil ou administrativa por atos diretamente relacionados com o desempenho da atividade, o dependente não gozará de imunidade de jurisdição civil ou administrativa no território nacional;

II – a autorização para exercer atividade remunerada terminará quando o beneficiário deixar de atender a condição de dependente ou na data de partida definitiva do titular do território nacional, após o término de suas funções;

III – a legislação nacional será observada quanto aos cargos ou às funções privativos de nacionais brasileiros;

IV – o reconhecimento de diplomas e títulos obtidos no exterior, quando necessário ao exercício do cargo ou da função, dependerá da observância das normas e dos procedimentos aplicáveis a nacionais brasileiros ou estrangeiros residentes;

V – na hipótese de profissões regulamentadas, serão atendidas as mesmas exigências aplicáveis a nacionais brasileiros ou estrangeiros residentes; e

VI – os dependentes estarão sujeitos à legislação trabalhista, previdenciária e tributária brasileira em relação à atividade exercida e recolherão os tributos e os encargos decorrentes do exercício dessa atividade.

Art. 57. O visto de cortesia poderá ser concedido:

I – às personalidades e às autoridades estrangeiras em viagem não oficial ao País;

II – aos companheiros, aos dependentes e aos familiares em linha direta que não sejam beneficiários do visto de que trata o § 2º do art. 53;

III – aos empregados particulares de beneficiário de visto diplomático, oficial ou de cortesia;

IV – aos trabalhadores domésticos de missão estrangeira sediada no País;

V – aos artistas e aos desportistas estrangeiros que venham ao País para evento gratuito, de caráter eminentemente cultural, sem percepção de honorários no território brasileiro, sob requisição formal de missão diplomática estrangeira ou de organização internacional de que o País seja parte;

VI – excepcionalmente, a critério do Ministério das Relações Exteriores, a outras pessoas não elencadas nas demais hipóteses previstas neste artigo.

§ 1º O empregado particular ou o trabalhador doméstico titular de visto de cortesia somente poderá exercer atividade remunerada para o empregador a que esteja vinculado, sob o amparo da legislação trabalhista brasileira, nos termos estabelecidos em ato do Ministro de Estado das Relações Exteriores.

§ 2º O empregador de portador de visto de cortesia será responsável pela saída de seu empregado particular ou de seu trabalhador doméstico do território nacional, no prazo de trinta dias, contado da data em que o vínculo empregatício cessar.

Capítulo III
Do Registro e da Identificação Civil do Imigrante e dos Detentores de Vistos Diplomático, Oficial e de Cortesia

Seção I
Disposições gerais

Art. 58. Compete à Polícia Federal:

I – organizar, manter e gerir os processos de identificação civil do imigrante;

II – produzir a Carteira de Registro Nacional Migratório; e

III – administrar a base de dados relativa ao Registro Nacional Migratório.

Art. 59. Compete ao Ministério das Relações Exteriores:

I – organizar, manter e gerir os processos de identificação civil dos detentores de vistos diplomático, oficial e de cortesia;

II – produzir o documento de identidade dos detentores de vistos diplomático, oficial e de cortesia; e

III – administrar a base cadastral dos detentores de vistos diplomático, oficial e de cortesia.

Art. 60. O Ministério das Relações Exteriores e a Polícia Federal integrarão, em meio eletrônico, as suas bases de dados relacionadas ao registro de estrangeiros.

Art. 61. O pedido de registro é individual.

Parágrafo único. Na hipótese de pessoa incapaz, o pedido será feito por representante ou assistente legal.

Seção II
Do registro e da identificação civil do imigrante detentor de visto temporário ou de autorização de residência

Art. 62. O registro consiste na inserção de dados em sistema próprio da Polícia Federal, mediante a identificação civil por dados biográficos e biométricos.

§ 1º O registro de que trata o *caput* será obrigatório a todo imigrante detentor de visto temporário ou de autorização de residência.

§ 2º A inserção de que trata o *caput* gerará número único de Registro Nacional Migratório, que garantirá ao imigrante o pleno exercício dos atos da vida civil.

Art. 63. A Carteira de Registro Nacional Migratório será fornecida ao imigrante registrado, da qual constará o número único de Registro Nacional Migratório.

§ 1º Não expedida a Carteira de Registro Nacional Migratório, o imigrante registrado apresentará o protocolo recebido, quando de sua solicitação, acompanhado do documento de viagem ou de outro documento de identificação estabelecido em ato do Ministro de Estado do Ministério da Justiça e Segurança Pública, e terá garantido os direitos previstos na Lei 13.445, de 2017, pelo prazo de até cento e oitenta dias, prorrogável pela Polícia Federal, sem ônus para o solicitante.

§ 2º A Carteira de Registro Nacional Migratório poderá ser expedida em meio eletrônico, nos termos estabelecidos em ato da Polícia Federal, sem prejuízo da emissão do documento em suporte físico.

Art. 64. O imigrante de visto temporário que tenha ingressado no País deverá proceder à solicitação de registro no prazo de noventa dias, contado da data de ingresso no País, sob pena de aplicação da sanção prevista no inciso III do *caput* do art. 307.

§ 1º Na hipótese de empregado doméstico, o registro deverá ocorrer no prazo de trinta dias, contado da data de ingresso no País, com a comprovação da anotação na Carteira de Trabalho e Previdência Social e do registro na Escrituração Digital das Obrigações Fiscais, Previdenciárias e Trabalhistas – e-Social.

§ 2º Na hipótese de não comprovação da anotação na Carteira de Trabalho e Previdência Social e do registro no e-Social no prazo de que trata o § 1º, a Polícia Federal realizará o registro do imigrante e comunicará o Ministério do Trabalho.

Art. 65. O documento de viagem do imigrante com visto temporário válido é apto para comprovar a sua identidade e demonstrar a regularidade de sua estada no País enquanto não houver expirado o prazo para o registro, independentemente da expedição da Carteira de Registro Nacional Migratório.

Art. 66. O imigrante a quem tenha sido deferido, no País, o pedido de autorização de residência deverá proceder à solicitação de registro no prazo de trinta dias, contado da data da publicação do deferimento do referido pedido, sob pena de aplicação da sanção prevista no inciso IV do *caput* do art. 307.

Parágrafo único. A publicação a que se refere o *caput* será feita preferencialmente por meio eletrônico.

Art. 67. O registro deverá ser solicitado:

I – em qualquer unidade da Polícia Federal em que haja atendimento a imigrantes, para detentor de visto temporário ou com autorização de residência deferida na condição de marítimo;

II – na unidade da Polícia Federal em que haja atendimento a imigrantes da circunscrição onde esteja domiciliado o requerente com autorização de residência deferida no País com fundamento em outra hipótese que não a de trabalho como marítimo; ou

III – na unidade da Polícia Federal em que haja atendimento a imigrantes do Município onde o residente fronteiriço pretenda exercer os direitos a ele atribuídos pela Lei 13.445, de 2017.

§ 1º Observado o disposto na Lei 10.048, de 8 de novembro de 2000, poderão solicitar registro na unidade da Polícia Federal mais próxima ao seu domicílio:

I – as pessoas com deficiência;

II – os idosos com idade igual ou superior a sessenta anos;

III – as gestantes;

IV – as lactantes;

V – as pessoas com criança de colo; e

VI – os obesos.

§ 2º A Polícia Federal poderá, por meio de requerimento e decisão fundamentada, em casos excepcionais, permitir o registro do imigrante em unidades diferentes daquelas estabelecidas no *caput*.

Art. 68. O registro de dados biográficos do imigrante ocorrerá por meio da apresentação do documento de viagem ou de outro documento de identificação aceito nos termos estabelecidos em ato do Ministro de Estado da Justiça e Segurança Pública.

§ 1º Na hipótese de a documentação apresentar contradições ou não conter dados de filiação, o imigrante deverá apresentar:

I – certidão de nascimento;

II – certidão de casamento;

III – certidão consular do país de nacionalidade; ou

IV – justificação judicial.

§ 2º O registro e a identificação civil das pessoas que tiveram a condição de refugiado ou de apátrida reconhecida, daquelas a quem foi concedido asilo ou daquelas beneficiadas com acolhida humanitária poderão ser realizados com a apresentação dos documentos de que o imigrante dispuser.

§ 3º A apresentação da documentação mencionada nos § 1º e § 2º deverá respeitar as regras de legalização e tradução, inclusive aquelas constantes de tratados de que o País seja parte.

§ 4º Ato do Ministro de Estado da Justiça e Segurança Pública poderá estabelecer os requisitos necessários ao registro referido no § 2º e à dispensa de legalização e tradução, nos termos da lei e dos tratados firmados pelo País.

Art. 69. Para fins de registro, o nome e a nacionalidade do imigrante serão aqueles constantes da documentação apresentada, preferencialmente, o documento de viagem.

§ 1º Se o documento de identificação apresentado consignar o nome de forma abreviada, o imigrante deverá comprovar a sua grafia por extenso com outro documento hábil.

§ 2º Se a nacionalidade houver sido consignada por organismo internacional ou por autoridade de terceiro país, somente será anotada no registro se confirmada por meio da apresentação de documento hábil ou por autoridade diplomática ou consular competente.

§ 3º Se a documentação apresentada omitir a nacionalidade do titular, o imigrante será registrado:

I – como apátrida, em caso de ausência de nacionalidade; ou

II – como de nacionalidade indefinida, caso ela não possa ser comprovada na forma estabelecida no § 2º.

§ 4º O imigrante poderá requerer, a qualquer tempo, a inclusão de seu nome social em seus documentos oficiais.

- § 4º com redação determinada pelo Dec. 9.631/2018.

§ 5º Os bancos de dados da administração pública conterão um campo destacado para "nome social", que será acompanhado do nome civil do imigrante e este será utilizado apenas para fins administrativos internos.

- § 5º acrescentado pelo Dec. 9.631/2018.

Art. 70. No ato de registro, o imigrante deverá fornecer os seus dados relativos ao seu endereço físico e, se possuir, ao seu endereço de correio eletrônico.

Parágrafo único. Caberá ao imigrante manter os dados a que se refere o *caput* atualizados.

Art. 71. Ressalvados o nome, a nacionalidade, a filiação e a data de nascimento, os demais dados biográficos não constantes dos documentos apresentados serão atestados por meio de declaração do próprio imigrante, que, na hipótese de declaração falsa, ficará sujeito às sanções administrativas, civis e penais aplicáveis.

Art. 72. O imigrante terá o ônus de instruir adequadamente o pedido de registro e de prestar eventuais informações complementares que lhe forem solicitadas por meio de notificação.

§ 1º A notificação de que trata o *caput* será feita, preferencialmente, por meio eletrônico.

§ 2º Caberá ao imigrante, durante a tramitação do seu pedido de registro, acompanhar o envio de notificações ao seu endereço eletrônico.

§ 3º A notificação realizada por meio eletrônico será simultaneamente publicada pela Polícia Federal em seu sítio eletrônico.

§ 4º Na ausência de resposta do imigrante no prazo de trinta dias, contado da data da publicação de que trata o § 3º, o processo de avaliação de seu pedido será extinto, sem prejuízo da utilização, em novo processo, dos documentos que foram apresentados e ainda permaneçam válidos.

Art. 73. Da Carteira de Registro Nacional Migratório constará o prazo de residência do imigrante, conforme estabelecido na autorização de residência obtida.

§ 1º A data de início da contagem do prazo de residência do imigrante que tenha ingressado sob o amparo de visto temporário será a da primeira entrada no País após a sua concessão.

§ 2º A data de início da contagem do prazo de residência do imigrante que tenha obtido autorização de residência no País será a de requerimento do registro.

§ 3º Na hipótese de o imigrante que tenha obtido autorização de residência no Brasil não solicitar o registro no prazo previsto no inciso IV do *caput* do art. 307, a data de início da contagem do prazo de residência se dará após transcorrido o prazo de trinta dias, contado da data da publicação da decisão que deferiu o requerimento de autorização de residência.

§ 4º Na hipótese de residência temporária, o prazo de vencimento da Carteira de Registro Nacional Migratório coincidirá com o término do prazo da autorização de residência.

Art. 74. A Carteira de Registro Nacional Migratório terá a validade de nove anos, contados a partir da data do registro, quando se tratar de residência por prazo indeterminado.

Parágrafo único. Na hipótese de que trata o *caput*, a validade da Carteira de Registro Nacional Migratório será indeterminada quando o titular:

I – houver completado sessenta anos de idade até a data do vencimento do documento; ou

II – for pessoa com deficiência.

Art. 75. Caberá alteração do Registro Nacional Migratório, por meio de requerimento do imigrante endereçado à Polícia Federal, devidamente instruído com as provas documentais necessárias, nas seguintes hipóteses:

I – casamento;

II – união estável;

III – anulação e nulidade de casamento, divórcio, separação judicial e dissolução de união estável;

IV – aquisição de nacionalidade diversa daquela constante do registro; e

V – perda da nacionalidade constante do registro.

§ 1º Se a hipótese houver ocorrido em território estrangeiro, a documentação que a comprove deverá respeitar as regras de legalização e tradução, em conformidade com os tratados de que o País seja parte.

§ 2º Na hipótese de pessoa registrada como refugiada ou beneficiário de proteção ao apátrida, as alterações referentes à nacionalidade serão comunicadas, preferencialmente por meio eletrônico, ao Comitê Nacional para Refugiados e ao Ministério das Relações Exteriores.

Art. 76. Ressalvadas as hipóteses previstas no art. 75, as alterações no registro que comportem modificações do nome do imigrante serão feitas somente após decisão judicial.

Art. 77. Os erros materiais identificados no processamento do registro e na emissão da Carteira de Registro Nacional Migratório serão retificados, de ofício, pela Polícia Federal.

Art. 78. Ato do dirigente máximo da Polícia Federal disporá sobre os procedimentos de registro do detentor de visto temporário ou de autorização de residência e do residente fronteiriço e sobre a sua alteração.

Art. 79. Ato do Ministro de Estado da Justiça e Segurança Pública disporá sobre o processamento concomitante dos requerimentos de registro e de autorização de residência, nos casos de sua competência.

Art. 80. Ato da Polícia Federal disporá sobre a expedição da Carteira de Registro Nacional Migratório.

Parágrafo único. O ato a que se refere o *caput* definirá o modelo a ser adotado para a Carteira de Registro Nacional Migratório.

Art. 81. Os Cartórios de Registro Civil remeterão mensalmente à Polícia Federal, preferencialmente por meio eletrônico, informações acerca dos registros e do óbito de imigrantes.

Seção III
Do Registro e da Identificação Civil dos Detentores de Vistos Diplomático, Oficial e de Cortesia

Art. 82. O Ministério das Relações Exteriores realizará o registro e expedirá o documento de identidade civil:

I – aos detentores de vistos diplomático, oficial e de cortesia; e

II – aos portadores de passaporte diplomático, oficial ou de serviço que tenham ingressado no País sob o amparo de acordo de dispensa de visto.

§ 1º O registro a que se refere o *caput* será obrigatório quando a estada do estrangeiro no País for superior ao prazo de noventa dias e deverá ser solicitado nesse mesmo prazo, contado a partir da data de ingresso no País.

§ 2º O Ministério das Relações Exteriores poderá expedir documento de identidade civil aos estrangeiros que, por reunião familiar, sejam portadores de passaporte diplomático ou oficial brasileiro.

§ 3º O documento emitido nos termos estabelecidos neste artigo terá validade no território nacional e os seus portadores estarão dispensados da realização de registro junto à Polícia Federal.

§ 4º Na hipótese de agentes ou funcionários de Estado estrangeiro ou de organismo internacional, o documento emitido nos termos dos incisos I e II do *caput* atestará a sua condição de representante estrangeiro ou funcionário internacional.

§ 5º O documento emitido nos termos do *caput* conterá informações acerca de eventuais privilégios e imunidades aos quais seus portadores façam jus, nos termos de tratados de que o País seja parte.

Art. 83. Excepcionalmente, o Ministério das Relações Exteriores poderá conceder ao nacional brasileiro, ou ao imigrante residente no País, documento de identificação que ateste a sua condição de agente ou funcionário de Estado estrangeiro ou organismo internacional e eventuais privilégios e imunidades dos quais seja detentor.

Art. 84. Caberá ao Ministério das Relações Exteriores manter registro das datas de início e término dos privilégios e das imunidades aos quais façam jus as pessoas referidas nos art. 82 e art. 83 e de eventuais renúncias apresentadas pelas partes autorizadas a fazê-lo.

Art. 85. Ato do Ministro de Estado das Relações Exteriores disporá sobre os procedimentos de registro dos portadores de vistos diplomático, oficial e de cortesia.

Capítulo IV
Do Residente Fronteiriço

Art. 86. Ao residente fronteiriço poderá ser permitida a entrada em Município fronteiriço brasileiro por meio da apresentação do documento de viagem válido ou da carteira de identidade expedida por órgão oficial de identificação do país de sua nacionalidade.

Art. 87. Para facilitar a sua livre circulação, a autorização para a realização de atos da vida civil poderá ser concedida ao residente fronteiriço, por meio de requerimento dirigido à Polícia Federal.

Parágrafo único. O residente fronteiriço poderá optar por regime mais benéfico previsto em tratado de que o País seja parte.

Art. 88. A autorização referida no *caput* do art. 87 indicará o Município fronteiriço no qual o residente estará autorizado a exercer os direitos a ele atribuídos pela Lei 13.445, de 2017.

§ 1º O residente fronteiriço detentor da autorização de que trata o *caput* gozará das garantias e dos direitos assegurados pelo regime geral de migração da Lei 13.445, de 2017, observado o disposto neste Decreto.

§ 2º O espaço geográfico de abrangência e de validade da autorização será especificado na Carteira de Registro Nacional Migratório.

Art. 89. O residente fronteiriço que pretenda realizar atos da vida civil em Município fronteiriço, inclusive atividade laboral e estudo, será registrado pela Polícia Federal e receberá a Carteira de Registro Nacional Migratório, que o identificará e caracterizará a sua condição.

Parágrafo único. O registro será feito por meio de requerimento instruído com:

I – documento de viagem ou carteira de identidade expedida por órgão oficial de identificação do país de nacionalidade do imigrante;

II – prova de residência habitual em Município fronteiriço de país vizinho;

III – certidões de antecedentes criminais ou documento equivalente emitido pela autoridade judicial competente de onde tenha residido nos últimos cinco anos;

IV – declaração, sob as penas da lei, de ausência de antecedentes criminais em qualquer país nos últimos cinco anos; e

V – recolhimento da taxa de expedição de carteira de estrangeiro fronteiriço, de que trata o inciso V do *caput* do art. 2º da Lei Complementar 89, de 18 de fevereiro de 1997.

Art. 90. A autorização para a realização de atos da vida civil ao residente fronteiriço poderá ser concedida pelo prazo de cinco anos, prorrogável por igual período, por meio de requerimento, ao final do qual a autorização por tempo indeterminado poderá ser concedida.

Art. 91. A autorização para a realização de atos da vida civil ao residente fronteiriço não será concedida nas hipóteses previstas no art. 132 ou quando se enquadrar em, no mínimo, uma das hipóteses de impedimento de ingresso definidos no art. 171.

Art. 92. O documento de residente fronteiriço será cancelado, a qualquer tempo, se o titular:

I – houver fraudado documento ou utilizado documento falso para obtê-lo;

II – obtiver outra condição migratória;

III – sofrer condenação penal transitada em julgado, no País ou no exterior, desde que a conduta esteja tipificada na legislação penal brasileira, excetuadas as infrações de menor potencial ofensivo; ou

IV – exercer direito fora dos limites previstos na autorização a ele concedida.

Art. 93. O residente fronteiriço poderá requerer a expedição de Carteira de Trabalho e Previdência Social e a inscrição no Cadastro de Pessoas Físicas.

Parágrafo único. O Ministério do Trabalho, ao fornecer a Carteira de Trabalho e Previdência Social ao residente fronteiriço, registrará nela a restrição de sua validade ao Município para o qual o imigrante tenha sido autorizado pela Polícia Federal a exercer os direitos a ele atribuídos pela Lei 13.445, de 2017.

Art. 94. A autorização de que trata o art. 87 e a Carteira de Registro Nacional Migratório não conferem ao residente fronteiriço o direito de residência no País, observado o disposto no Capítulo VIII, nem autorizam o afastamento do limite territorial do Município objeto da autorização.

Capítulo V
Da Proteção do Apátrida e da Redução da Apatridia

Art. 95. A apatridia será reconhecida à pessoa que não seja considerada como nacional por nenhum Estado, segundo a sua legislação, nos termos da Convenção sobre o Estatuto dos Apátridas, de 1954, promulgada pelo Decreto 4.246, de 2002.

Art. 96. O processo de reconhecimento da condição de apátrida tem como objetivo verificar se o solicitante é considerado nacional pela legislação de algum Estado e poderá considerar informações, documentos e declarações prestadas pelo próprio solicitante e por órgãos e organismos nacionais e internacionais.

§ 1º Durante a tramitação do processo de reconhecimento da condição de apátrida, incidirão as garantias e os mecanismos protetivos e de facilitação da inclusão social relativos à:

I – Convenção sobre o Estatuto dos Apátridas, de 1954, promulgada pelo Decreto 4.246, de 2002;

II – Convenção Relativa ao Estatuto dos Refugiados, promulgada pelo Decreto 50.215, de 28 de janeiro de 1961; e

III – Lei 9.474, de 1997.

§ 2º O processo de reconhecimento da condição de apátrida será iniciado por meio da solicitação do interessado apresentada ao Ministério da Justiça e Segurança Pública ou às unidades da Polícia Federal.

§ 3º A solicitação de reconhecimento da condição de apátrida será instruída com cópias dos documentos de que o solicitante dispuser, sem prejuízo de diligências realizadas perante órgãos e instituições nacionais ou internacionais a fim de comprovar as alegações.

§ 4º O solicitante de reconhecimento da condição de apátrida fará jus à autorização provisória de residência, demonstrada por meio de protocolo, até a obtenção de resposta ao seu pedido.

§ 5º O protocolo de que trata o § 4º permitirá o gozo de direitos no País, dentre os quais:

I – a expedição de carteira de trabalho provisória;

II – a inclusão no Cadastro de Pessoa Física; e

III – a abertura de conta bancária em instituição financeira supervisionada pelo Banco Central do Brasil.

§ 6º Na hipótese de verificação de incidência de uma ou mais circunstâncias denegatórias do reconhecimento da condição de apátrida, o Comitê Nacional para Refugiados deverá se manifestar.

§ 7º Após manifestação pelo Comitê Nacional para Refugiados, caberá ao Ministro de Estado da Justiça e Segurança Pública, em decisão fundamentada, o reconhecimento ou não da condição de apátrida, a qual será publicada no Diário Oficial da União e comunicada ao solicitante, preferencialmente por meio eletrônico.

§ 8º O procedimento de reconhecimento de apatridia será estabelecido em ato do Ministro de Estado da Justiça e Segurança Pública, consultado o Comitê Nacional para Refugiados.

Art. 97. O ingresso irregular no território nacional não constitui impedimento para a solicitação de reconhecimento da condição de apátrida e para a aplicação dos mecanismos de proteção da pessoa apátrida e de redução da apatridia, hipótese em que não incidirá o disposto no art. 307, desde que, ao final do procedimento, a condição de apátrida seja reconhecida.

Art. 98. O solicitante poderá, no próprio pedido, manifestar o seu interesse em obter a nacionalidade brasileira, caso a sua condição de apátrida seja reconhecida.

Parágrafo único. Se o solicitante não houver manifestado interesse conforme previsto no *caput*, caso a sua condição

Legislação

de apátrida seja reconhecida, o Ministério da Justiça e Segurança Pública fará consulta sobre o seu desejo de adquirir a nacionalidade brasileira por meio da naturalização.

Art. 99. Reconhecida a condição de apátrida, na hipótese de o beneficiário optar pela naturalização, o Ministério da Justiça e Segurança Pública publicará, no prazo de trinta dias, ato de instauração de processo simplificado de naturalização com os atos necessários à sua efetivação.

Parágrafo único. O solicitante de naturalização deverá comprovar residência no território nacional pelo prazo mínimo de dois anos, observadas as demais condições previstas no art. 65 da Lei 13.445, de 2017.

Art. 100. O apátrida reconhecido que não opte imediatamente pela naturalização terá a autorização de residência concedida por prazo indeterminado.

Parágrafo único. Na hipótese prevista no *caput*, reconhecida a condição de apátrida, o solicitante deverá comparecer a unidade da Polícia Federal para fins de registro.

Art. 101. Caberá recurso da decisão negativa de reconhecimento da condição de apátrida, no prazo de dez dias, contado da data da notificação pessoal do solicitante, preferencialmente, por meio eletrônico.

§ 1º Durante a tramitação do recurso, a estada no território nacional será permitida ao solicitante.

§ 2º A pessoa cujo reconhecimento da condição de apátrida tenha sido denegado não será devolvida a país onde sua vida, sua integridade pessoal ou sua liberdade estejam em risco.

Art. 102. Os direitos atribuídos ao migrante relacionados no art. 4º da Lei 13.445, de 2017, aplicam-se ao apátrida residente.

Art. 103. O reconhecimento da condição de apátrida assegurará os direitos e as garantias previstos na Convenção sobre o Estatuto dos Apátridas, de 1954, promulgada pelo Decreto 4.246, de 2002, além de outros direitos e garantias reconhecidos pelo País.

Art. 104. O direito de reunião familiar será reconhecido a partir do reconhecimento da condição de apátrida.

Parágrafo único. A autorização provisória de residência concedida ao solicitante de reconhecimento da condição de apátrida será estendida aos familiares a que se refere o art. 153, desde que se encontrem no território nacional.

Art. 105. No exercício de seus direitos e deveres, a condição atípica do apátrida será considerada pelos órgãos da administração pública federal quando da necessidade de apresentação de documentos emitidos por seu país de origem ou por sua representação diplomática ou consular.

Art. 106. As seguintes hipóteses implicam perda da proteção do apátrida conferida pela Lei 13.445, de 2017:

I – a renúncia à proteção conferida pelo País;

II – a prova da falsidade dos fundamentos invocados para o reconhecimento da condição de apátrida; ou

III – a existência de fatos que, se fossem conhecidos por ocasião do reconhecimento, teriam ensejado decisão negativa.

Parágrafo único. A perda da proteção do apátrida prevista no *caput* será declarada pelo Ministério da Justiça e Segurança Pública, após manifestação do Comitê Nacional para Refugiados, e publicada no Diário Oficial da União.

Art. 107. A condição de apátrida será cessada com:

I – a naturalização no País do beneficiário da proteção;

II – o reconhecimento como nacional por outro Estado; ou

III – a aquisição de nacionalidade diversa da brasileira.

§ 1º A cessação da condição de apátrida implicará perda da proteção conferida pela Lei 13.445, de 2017.

§ 2º A autorização de residência concedida anteriormente ao solicitante ou ao beneficiário de proteção ao apátrida que se enquadre nas hipóteses de cessação da condição de apátrida previstas nos incisos II e III do *caput* permanecerá válida pelo prazo de noventa dias.

§ 3º A cessação da condição de apátrida nas hipóteses previstas nos incisos II e III do *caput* não impedirá a solicitação de nova autorização de residência, observado o disposto no Capítulo VIII.

Capítulo VI
Do Asilo Político

Art. 108. O asilo político, que constitui ato discricionário do Estado, poderá ser diplomático ou territorial e será concedido como instrumento de proteção à pessoa que se encontre perseguida em um Estado por suas crenças, opiniões e filiação política ou por atos que possam ser considerados delitos políticos.

Parágrafo único. Nos termos do Estatuto de Roma do Tribunal Penal Internacional, de 1998, promulgado pelo Decreto 4.388, de 2002, não será concedido asilo a quem tenha cometido:

I – crime de genocídio;

II – crime contra a humanidade;

III – crime de guerra; ou

IV – crime de agressão.

Art. 109. O asilo político poderá ser:

I – diplomático, quando solicitado no exterior em legações, navios de guerra e acampamentos ou aeronaves militares brasileiros; ou

II – territorial, quando solicitado em qualquer ponto do território nacional, perante unidade da Polícia Federal ou representação regional do Ministério das Relações Exteriores.

§ 1º Considera-se legação a sede de toda missão diplomática ordinária e, quando o número de solicitantes de asilo exceder a capacidade normal dos edifícios, a residência dos chefes de missão e os locais por eles destinados para esse fim.

§ 2º O pedido de asilo territorial recebido pelas unidades da Polícia Federal será encaminhado ao Ministério das Relações Exteriores.

§ 3º O ingresso irregular no território nacional não constituirá impedimento para a solicitação de asilo e para a aplicação dos mecanismos de proteção, hipótese em que não incidirá o disposto no art. 307, desde que, ao final do procedimento, a condição de asilado seja reconhecida.

Art. 110. O asilo diplomático consiste na proteção ofertada pelo Estado brasileiro e na condução do asilado estritamente até o território nacional, em consonância com o disposto na Convenção Internacional sobre Asilo Diplomático, promulgada pelo Decreto 42.628, de 13 de novembro de 1957.

§ 1º Compete à autoridade máxima presente no local de solicitação de asilo diplomático zelar pela integridade do solicitante de asilo e estabelecer, em conjunto com a Secretaria de Estado das Relações Exteriores, as condições e as regras para a sua permanência no local de solicitação e os canais de comunicação com o Estado territorial, a fim de solicitar salvo-conduto que permita ao solicitante de asilo acessar o território nacional.

§ 2º Considera-se Estado territorial aquele em cujo território esteja situado o local de solicitação de asilo diplomático.

§ 3º A saída não autorizada do local designado pela autoridade de que trata o *caput* implicará a renúncia ao asilo diplomático.

§ 4º Após a chegada ao território nacional, o beneficiário de asilo diplomático será imediatamente informado sobre a necessidade de registro da sua condição.

Art. 111. O asilo territorial é ato discricionário e observará o disposto na Convenção Internacional sobre Asilo Territorial promulgada pelo Decreto 55.929, de 19 de abril de 1965, e os elementos impeditivos constantes da legislação migratória.

Art. 112. Compete ao Presidente da República decidir sobre o pedido de asilo político e sobre a revogação de sua concessão, consultado o Ministro de Estado das Relações Exteriores.

Art. 113. Em nenhuma hipótese, a retirada compulsória decorrente de decisão denegatória de solicitação de asilo político ou revogatória da sua concessão será executada para território onde a vida e a integridade do imigrante possam ser ameaçadas.

Art. 114. O ato de concessão do asilo político disporá sobre as condições e os deveres a serem observados pelo asilado.

Art. 115. O asilado deverá se apresentar à Polícia Federal para fins de registro de sua condição migratória no prazo de trinta dias, contado da data da publicação do ato de concessão do asilo político.

Art. 116. O solicitante de asilo político fará jus à autorização provisória de residência, demonstrada por meio de protocolo, até a obtenção de resposta do seu pedido.

Parágrafo único. O protocolo previsto no *caput* permitirá o gozo de direitos no País, dentre os quais:

I – a expedição de carteira de trabalho provisória;

II – a inclusão no Cadastro de Pessoa Física; e

III – a abertura de conta bancária em instituição financeira supervisionada pelo Banco Central do Brasil.

Art. 117. O direito de reunião familiar será reconhecido a partir da concessão do asilo político.

Parágrafo único. A autorização provisória de residência concedida ao solicitante de asilo político será estendida aos familiares a que se refere o art. 153, desde que se encontrem no território nacional.

Art. 118. A saída do País sem prévia comunicação ao Ministério das Relações Exteriores implicará renúncia ao asilo político.

Parágrafo único. O solicitante de asilo político deverá solicitar autorização prévia ao Ministro das Relações Exteriores para saída do País, sob pena de arquivamento de sua solicitação.

Capítulo VII
Do Refúgio

Art. 119. O reconhecimento da condição de refugiado seguirá os critérios estabelecidos na Lei 9.474, de 1997.

§ 1º Durante a tramitação do processo de reconhecimento da condição de refugiado incidirão as garantias e os mecanismos protetivos e de facilitação da inclusão social decorrentes da Convenção relativa ao Estatuto dos Refugiados, de 1951, promulgada pelo Decreto 50.215, de 1961, e da Lei 13.445, de 2017.

☛ **§ 2º** O solicitante de reconhecimento da condição de refugiado receberá o Documento Provisório de Registro Nacional Migratório, nos termos do disposto no Decreto 9.277, de 5 de fevereiro de 2018.

• § 2º com redação determinada pelo Dec. 9.277/2018.

§ 3º O protocolo de que trata § 2º permitirá o gozo de direitos no País, dentre os quais:

I – a expedição de carteira de trabalho provisória;

II – a inclusão no Cadastro de Pessoa Física; e

III – a abertura de conta bancária em instituição financeira supervisionada pelo Banco Central do Brasil.

§ 4º O reconhecimento de certificados e diplomas, os requisitos para a obtenção da condição de residente e o ingresso em instituições acadêmicas de todos os níveis deverão ser facilitados, considerada a situação desfavorável vivenciada pelos refugiados.

Art. 120. O ingresso irregular no território nacional não constituirá impedimento para a solicitação de reconhecimento da condição de refugiado e para a aplicação dos mecanismos de proteção da pessoa refugiada, hipótese em que não incidirá o disposto no art. 307, desde que, ao final do procedimento, a condição de refugiado seja reconhecida.

Art. 121. No exercício de seus direitos e deveres, a condição atípica do refugiado será considerada pelos órgãos da administração pública federal quando da necessidade de apresentação de documentos emitidos por seu país de origem ou por sua representação diplomática ou consular.

Art. 122. As solicitações de refúgio terão prioridade de avaliação e decisão na hipótese de existir contra o solicitante procedimento do qual possa resultar a aplicação de medida de retirada compulsória.

Capítulo VIII
Da Autorização de Residência

Seção I
Disposições Gerais

Art. 123. O imigrante, o residente fronteiriço e o visitante, por meio de requerimento, poderão solicitar autorização de residência no território nacional.

§ 1º A autorização de residência poderá ser concedida independentemente da situação migratória, desde que cumpridos os requisitos da modalidade pretendida.

§ 2º A posse ou a propriedade de bem no País não conferirá o direito de obter autorização de residência no território nacional, sem prejuízo do disposto sobre a autorização de residência para realização de investimento.

Art. 124. O visto de visita ou de cortesia poderá ser transformado em autorização de residência por meio de requerimento.

§ 1º O requerente comprovará a condição migratória de visitante ou de titular de visto de cortesia e o atendimento aos requisitos exigidos para a concessão de autorização de residência.

§ 2º A decisão de transformação caberá à autoridade competente para avaliar a hipótese de autorização de residência pretendida.

Art. 125. O visto diplomático ou oficial poderá ser transformado em autorização de residência por meio de requerimento.

§ 1º O requerente comprovará que a sua condição migratória fundamenta-se na concessão de visto diplomático ou oficial e o atendimento aos requisitos exigidos para a concessão de autorização de residência.

§ 2º A decisão de transformação caberá à autoridade competente para avaliar a hipótese de autorização de residência pretendida, consultado o Ministério das Relações Exteriores.

§ 3º A transformação de que trata este artigo importará a cessação das prerrogativas, dos privilégios e das imunidades decorrentes dos vistos anteriores.

§ 4º Excepcionalmente, nas hipóteses de transformação previstas neste artigo, o cumprimento dos requisitos para a obtenção da autorização de residência poderá ser dispensado, mediante recomendação do Ministério das Relações Exteriores, observadas as hipóteses de denegação de autorização de residência com fundamento nos incisos I, II, III, IV e IX do *caput* do art. 171.

Art. 126. As hipóteses de negativa de concessão e de denegação de autorização de residência aplicam-se ao procedimento de transformação de vistos em autorização de residência.

Art. 127. Os pedidos de autorização de residência serão endereçados ao Ministério da Justiça e Segurança Pública, ressalvadas as hipóteses previstas no § 1º.

§ 1º Observado o disposto no art. 142, os pedidos de autorização de residência serão endereçados ao Ministério do Trabalho quando fundamentados nas seguintes hipóteses:

I – em pesquisa, ensino ou extensão acadêmica;

II – em trabalho ou oferta de trabalho;

III – na realização de investimento;

IV – na realização de atividade de relevância econômica, social, científica, tecnológica ou cultural;

V – na prática de atividade religiosa; e

VI – no serviço voluntário.

§ 2º Os pedidos de autorização de residência serão apresentados, preferencialmente, por meio eletrônico.

Art. 128. O pedido de autorização de residência é individual.

Parágrafo único. Na hipótese de pessoa incapaz, o pedido será feito por representante ou assistente legal.

Art. 129. Para instruir o pedido de autorização de residência, o imigrante deverá apresentar, sem prejuízo de outros documentos requeridos em ato do Ministro de Estado competente pelo recebimento da solicitação:

I – requerimento de que conste a identificação, a filiação, a data e o local de nascimento e a indicação de endereço e demais meios de contato;

II – documento de viagem válido ou outro documento que comprove a sua identidade e a sua nacionalidade, nos termos dos tratados de que o País seja parte;

III – documento que comprove a sua filiação, devidamente legalizado e traduzido por tradutor público juramentado, exceto se a informação já constar do documento a que se refere o inciso II;

IV – comprovante de recolhimento das taxas migratórias, quando aplicável;

V – certidões de antecedentes criminais ou documento equivalente emitido pela autoridade judicial competente de onde tenha residido nos últimos cinco anos; e

VI – declaração, sob as penas da lei, de ausência de antecedentes criminais em qualquer país, nos cinco anos anteriores à data da solicitação de autorização de residência.

§ 1º Para fins de instrução de pedido de nova autorização de residência ou de renovação de prazo de autorização de residência, poderá ser apresentado o documento a que se refere o inciso II do *caput* ou documento emitido por órgão público brasileiro que comprove a identidade do imigrante, mesmo que este tenha data de validade expirada.

§ 2º A legalização e a tradução de que tratam o inciso III do *caput* poderão ser dispensadas se assim disposto em tratados de que o País seja parte.

§ 3º A tramitação de pedido de autorização de residência ficará condicionada ao pagamento das multas aplicadas com fundamento no disposto neste Decreto.

Art. 130. Nova autorização de residência temporária poderá ser concedida por meio de requerimento.

§ 1º O pedido de nova autorização de residência com amparo legal diverso da autorização de residência anterior implicará a renúncia à condição migratória pretérita.

§ 2º O requerimento de nova autorização de residência, após o vencimento do prazo da autorização anterior, implicará a aplicação da sanção prevista no inciso II do *caput* do art. 307.

Subseção I
Das Taxas

Art. 131. As seguintes taxas serão cobradas, em conformidade com a tabela que consta do Anexo:

I – pelo processamento e pela avaliação de pedidos de autorização de residência;

II – pela emissão de cédula de identidade de imigrante de que constarão o prazo de autorização de residência e o número do Registro Nacional Migratório; e

III – pela transformação de vistos de visita, diplomático, oficial e de cortesia em autorização de residência.

§ 1º A cobrança das taxas previstas neste artigo observará o disposto nos acordos internacionais de que o País seja parte.

§ 2º A taxa prevista no inciso I do *caput* não será cobrada do imigrante portador de visto temporário, desde que a sua residência tenha a mesma finalidade do visto já concedido.

§ 3º A renovação dos prazos de autorização de residência não ensejará a cobrança da taxa prevista no inciso I do *caput*.

§ 4º Os valores das taxas de que trata o *caput* poderão ser ajustados pelo órgão competente da administração pública federal, de forma a preservar o interesse nacional ou a assegurar a reciprocidade de tratamento.

Subseção II
Da Negativa de Concessão, da Denegação, da Perda e do Cancelamento da Autorização de Residência

Art. 132. A autorização de residência não será concedida à pessoa condenada criminalmente no País ou no exterior por sentença transitada em julgado, desde que a conduta esteja tipificada na legislação penal brasileira, ressalvados as hipóteses em que:

I – a conduta caracterize infração de menor potencial ofensivo;

II – o prazo de cinco anos, após a extinção da pena, tenha transcorrido;

III – o crime a que o imigrante tenha sido condenado no exterior não seja passível de extradição ou a punibilidade segundo a lei brasileira esteja extinta; ou

IV – o pedido de autorização de residência se fundamente em:

a) tratamento de saúde;

b) acolhida humanitária;

c) reunião familiar;

d) tratado em matéria de residência e livre circulação; ou

e) cumprimento de pena no País.

Parágrafo único. O disposto no *caput* não impedirá a progressão de regime de cumprimento de pena, nos termos estabelecidos na Lei 7.210, de 11 de julho de 1984 – Lei de Execução Penal, hipótese em que a pessoa ficará autorizada a trabalhar quando assim exigido pelo novo regime de cumprimento de pena.

Art. 133. A autorização de residência poderá ser negada à pessoa:

I – anteriormente expulsa do País, enquanto os efeitos da expulsão vigorarem;

II – nos termos definidos pelo Estatuto de Roma do Tribunal Penal Internacional, de 1998, promulgado pelo Decreto 4.388, de 2002, condenada ou respondendo a processo por:

a) crime de genocídio;

b) crime contra a humanidade;

c) crime de guerra; ou

d) crime de agressão;

III – condenada ou respondendo a processo em outro país por crime doloso passível de extradição segundo a lei brasileira;

IV – que tenha nome incluído em lista de restrições por ordem judicial ou por compromisso assumido pelo País perante organismo internacional; e

V – que tenha praticado ato contrário aos princípios ou aos objetivos dispostos na Constituição.

Art. 134. Caberá recurso da decisão que negar a autorização de residência, no prazo de dez dias, contados da data da ciência do imigrante, assegurados os princípios do contraditório e da ampla defesa e aplicadas, subsidiariamente, as disposições da Lei 9.784, de 29 de janeiro de 1999.

Art. 135. A perda da autorização de residência será decretada nas seguintes hipóteses:

I – cessação do fundamento que embasou a autorização de residência;

II – obtenção de autorização de residência com fundamento em outra hipótese; e

III – ausência do País por período superior a dois anos sem apresentação de justificativa.

§ 1º O imigrante deverá comunicar à Polícia Federal sempre que deixar de possuir as condições que embasaram a concessão de sua autorização de residência durante a sua vigência.

§ 2º O disposto no inciso I do *caput* não impede o imigrante de solicitar autorização de residência com fundamento em outra hipótese.

Art. 136. A autorização de residência será cancelada, a qualquer tempo, nas seguintes hipóteses:

I – fraude;

II – ocultação de condição impeditiva de concessão de visto, ingresso ou autorização de residência no País;

III – quando a informação acerca da condenação prevista nos incisos II e III do *caput* do art. 133 seja conhecida após a concessão da autorização de residência; ou

IV – se constatado que o nome do requerente encontrava-se em lista a que se refere o inciso IV do *caput* do art. 133 na data da autorização de residência.

Art. 137. A decretação da perda e o cancelamento da autorização de residência serão precedidos de procedimento administrativo no qual serão observados os princípios do contraditório e da ampla defesa.

Art. 138. Os procedimentos de decretação da perda e do cancelamento da autorização de residência serão instaurados em ato do Ministro de Estado da Justiça e Segurança Pública ou do Trabalho, conforme o caso, e instruídos, de imediato, com o termo de notificação do imigrante.

§ 1º O ato a que se refere o *caput* conterá relato do fato motivador da decretação da perda ou do cancelamento da autorização de residência e a sua fundamentação legal, e determinará que o imigrante seja notificado de imediato e, preferencialmente, por meio eletrônico.

§ 2º Nas hipóteses de perda ou cancelamento da autorização de residência para fins de trabalho, o empregador poderá ser notificado, observado o disposto no § 1º.

§ 3º Na hipótese de o imigrante não ser encontrado, a administração pública federal dará publicidade à instauração do procedimento administrativo de decretação da perda ou do cancelamento da autorização de residência em sítio eletrônico e tal publicação será considerada como notificação para todos os atos do referido procedimento.

§ 4º O imigrante terá o prazo de dez dias para apresentação de defesa no procedimento administrativo.

§ 5º O imigrante que, regularmente notificado, não apresentar defesa no prazo a que se refere o § 4º será considerado revel.

§ 6º O imigrante poderá, por meios próprios ou por meio de defensor constituído, apresentar defesa no prazo estabelecido no § 4º e fazer uso dos meios e dos recursos admitidos em direito, inclusive tradutor ou intérprete.

Art. 139. A decisão quanto à decretação da perda ou do cancelamento da autorização de residência caberá ao órgão que a houver concedido.

§ 1º O imigrante terá o prazo de dez dias para interpor recurso contra a decisão de que trata o *caput*.

§ 2º Encerrado o procedimento administrativo e decretada a perda ou o cancelamento definitivo da autorização de residência, o imigrante será notificado nos termos estabelecidos no art. 176.

Art. 140. No procedimento administrativo de que trata o art. 177, os documentos e as provas constantes de procedimentos de decretação da perda ou do cancelamento da autorização de residência poderão ser utilizados.

Art. 141. Ato conjunto dos Ministros de Estado da Justiça e Segurança Pública e do Trabalho disporão sobre os procedimentos administrativos referentes ao cancelamento e à perda de autorização de residência e ao recurso contra a negativa de concessão de autorização de residência.

Seção II
Das Hipóteses de Autorização de Residência

Art. 142. O requerimento de autorização de residência poderá ter como fundamento as seguintes hipóteses:

I – a residência tenha como finalidade:

a) pesquisa, ensino ou extensão acadêmica;

b) tratamento de saúde;

c) acolhida humanitária;

d) estudo;

e) trabalho;

f) férias-trabalho;

g) prática de atividade religiosa;

h) serviço voluntário;

i) realização de investimento;

j) realização de atividade com relevância econômica, social, científica, tecnológica ou cultural; ou

k) reunião familiar;

II – a pessoa:

a) seja beneficiária de tratado em matéria de residência e livre circulação;

b) possua oferta de trabalho comprovada;

c) já tenha possuído a nacionalidade brasileira e não deseje ou não reúna os requisitos para readquiri-la;

d) seja beneficiária de refúgio, asilo ou proteção ao apátrida;

e) que não tenha atingido a maioridade civil, nacional de outro país ou apátrida, desacompanhado ou abandonado, que se encontre nas fronteiras brasileiras ou no território nacional;

f) tenha sido vítima de tráfico de pessoas, trabalho escravo ou violação de direito agravada por sua condição migratória;

g) esteja em liberdade provisória ou em cumprimento de pena no País; ou

h) seja anteriormente beneficiada com autorização de residência, observado o disposto no art. 160; ou

III – o imigrante atenda a interesses da política migratória nacional.

§ 1º A autorização de residência ao imigrante poderá ser concedida com fundamento em apenas uma das hipóteses previstas no *caput*.

§ 2º A autorização de residência com fundamento nas hipóteses elencadas nas alíneas *a, c, e, g, h* e *j* do inciso I do *caput* e na alínea *b* do inciso II do *caput* poderá ser concedida inicialmente pelo prazo de até dois anos.

§ 3º Decorrido o prazo de residência previsto no § 1º, o órgão que concedeu a autorização de residência inicial poderá, por meio de requerimento do imigrante, promover a renovação do prazo inicial de residência pelo período de até dois anos ou a alteração do prazo de residência para prazo indeterminado.

§ 4º Quando o contrato do imigrante junto a instituição de pesquisa, ensino ou extensão acadêmica for por prazo indeterminado, a autorização de residência por prazo indeterminado poderá ser, excepcionalmente, concedida.

§ 5º A autorização de residência para exercer cargo, função ou atribuição será concedida por prazo indeterminado quando a legislação brasileira assim exigir.

Art. 143. A autorização de residência para fins de pesquisa, ensino ou extensão acadêmica poderá ser concedida ao imigrante com ou sem vínculo empregatício com instituição de pesquisa ou de ensino brasileira, exigida, na hipótese de vínculo, a comprovação de formação superior compatível ou reconhecimento científico equivalente.

§ 1º A autorização de residência para pesquisa, ensino ou extensão acadêmica com vínculo empregatício no País será concedida ao imigrante que comprovar oferta de trabalho, caracterizada por meio de contrato de trabalho ou de prestação de serviços celebrado com instituição de pesquisa ou de ensino brasileira.

§ 2º A autorização de residência para pesquisa, ensino ou extensão acadêmica sem vínculo empregatício no País será concedida ao imigrante detentor de bolsa ou auxílio em uma das modalidades previstas no *caput*, quando o prazo de vigência da bolsa for superior a noventa dias.

§ 3º O imigrante que possua vínculo institucional exclusivamente no exterior e pretenda realizar atividade de pesquisa, ensino ou de extensão acadêmica subsidiada por instituição de pesquisa ou de ensino estrangeira enquadra-se na hipótese prevista no § 2º, desde que em parceria com instituição brasileira.

§ 4º O imigrante que se encontre no País sob o amparo da autorização de residência de que trata o *caput*, sem vínculo empregatício no País, por prazo superior a noventa dias, poderá exercer atividade remunerada no País, desde que relacionada à área de pesquisa, de ensino ou de extensão acadêmica.

§ 5º O requerimento de autorização de residência com fundamento em pesquisa, ensino ou extensão acadêmica deverá respeitar os requisitos, as condições, os prazos e os procedimentos previstos em resolução do Conselho Nacional de Imigração.

Art. 144. A autorização de residência para fins de tratamento de saúde poderá ser concedida ao imigrante e ao seu acompanhante, desde que o imigrante comprove possuir meios de subsistência suficientes.

§ 1º Excepcionalmente, a autorização de residência poderá ser concedida a mais de um acompanhante, ainda que não cumpridos os requisitos de reunião familiar, desde que comprovada a necessidade médica.

§ 2º A autorização de residência com fundamento na hipótese elencada neste artigo poderá ser concedida inicialmente pelo prazo de até um ano.

§ 3º O imigrante poderá requerer a renovação do prazo da autorização de residência até que o tratamento de saúde seja concluído.

§ 4º A autorização de residência para fins de tratamento de saúde, sem prejuízo do direito à saúde dos imigrantes estabelecidos no País, estará condicionada à comprovação de meios de subsistência suficientes para custear o seu tratamento e a manutenção do imigrante e do seu acompanhante durante o período em que o tratamento for realizado, por recurso próprio, seguro de saúde válido no território nacional ou certificado de prestação de serviço de saúde previsto em tratado de que o País seja parte.

§ 5º Os titulares da autorização de residência de que trata o *caput* não terão direito de exercer atividade remunerada no País.

§ 6º O requerimento de autorização de residência para fins de tratamento de saúde deverá respeitar os requisitos estabelecidos em ato conjunto do Ministro de Estado da Justiça e Segurança Pública e das Relações Exteriores.

Art. 145. A autorização de residência para fins de acolhida humanitária poderá ser concedida ao apátrida ou ao nacional de qualquer país em situação de:

I – instabilidade institucional grave ou iminente;

II – conflito armado;

III – calamidade de grande proporção;
IV – desastre ambiental; ou
V – violação grave aos direitos humanos ou ao direito internacional humanitário.

§ 1º Ato conjunto dos Ministros de Estado da Justiça e Segurança Pública, das Relações Exteriores e do Trabalho estabelecerá os requisitos para a concessão de autorização de residência com fundamento em acolhida humanitária, a renovação do prazo da residência e a sua alteração para prazo indeterminado.

§ 2º A possibilidade de livre exercício de atividade laboral será reconhecida ao imigrante a quem se tenha sido concedida a autorização de residência de que trata o *caput*, nos termos da legislação vigente.

Art. 146. A autorização de residência para fins de estudo poderá ser concedida ao imigrante que pretenda frequentar curso regular ou realizar estágio ou intercâmbio de estudo ou de pesquisa.

§ 1º A autorização de residência para fins de estudo habilitará o imigrante a realizar as atividades previstas no *caput* vinculadas a instituição de ensino definida.

§ 2º A autorização de residência com fundamento na hipótese elencada neste artigo poderá ser concedida inicialmente pelo prazo de até um ano.

§ 3º Na hipótese prevista neste artigo, o imigrante poderá requerer a renovação até que o curso seja concluído, desde que apresente comprovante de matrícula e aproveitamento escolar, além de meios de subsistência, sem prejuízo de outros documentos exigidos pelo Ministério da Justiça e Segurança Pública.

§ 4º A mudança de curso e estabelecimento de ensino será autorizada, desde que a Polícia Federal seja comunicada para fins de atualização cadastral.

§ 5º A instituição de ensino da qual o imigrante tenha se desligado deverá comunicar o fato à Polícia Federal no prazo de trinta dias, contado da data do desligamento.

§ 6º O exercício de atividade remunerada será permitido ao imigrante a quem se tenha sido concedida a autorização de residência de que trata o *caput*, desde que compatível com a carga horária do estudo, nos termos da legislação vigente.

§ 7º O requerimento de autorização de residência para fins de estudo deverá respeitar os requisitos estabelecidos em ato conjunto dos Ministros de Estado da Justiça e Segurança Pública e das Relações Exteriores.

Art. 147. A autorização de residência para fins de trabalho poderá ser concedida ao imigrante que exerça atividade laboral, com ou sem vínculo empregatício no País.

§ 1º A autorização de residência para trabalho com vínculo empregatício será concedida por meio da comprovação de oferta de trabalho no País, observado o seguinte:

I – a oferta de trabalho é caracterizada por meio de contrato individual de trabalho ou de contrato de prestação de serviços; e

II – os marítimos imigrantes a bordo de embarcação de bandeira brasileira deverão possuir contrato individual de trabalho no País.

§ 2º A autorização de residência para trabalho sem vínculo empregatício será concedida por meio da comprovação de oferta de trabalho no País, quando se tratar das seguintes atividades:

I – prestação de serviço ou auxílio técnico ao Governo brasileiro;

II – prestação de serviço em razão de acordo de cooperação internacional;

III – prestação de serviço de assistência técnica ou transferência de tecnologia;

IV – representação, no País, de instituição financeira ou assemelhada sediada no exterior;

V – representação de pessoa jurídica de direito privado, sem fins lucrativos;

VI – recebimento de treinamento profissional junto a subsidiária, filial ou matriz brasileira;

☛ VII – atuação como marítimo:

• Inciso VII com redação determinada pelo Dec. 9.500/2018.

a) a bordo de embarcação estrangeira em viagem de longo curso ou em cruzeiros marítimos ou fluviais pela costa brasileira e a permanência for por prazo superior a cento e oitenta dias a cada ano migratório; e

b) a bordo de outras embarcações ou plataformas não mencionadas na alínea *a* e a permanência for por prazo superior a noventa dias a cada ano migratório;

VIII – realização de estágio profissional ou intercâmbio profissional;

IX – exercício de cargo, função ou atribuição que exija, em razão da legislação brasileira, a residência por prazo indeterminado;

X – realização de atividade como correspondente de jornal, revista, rádio, televisão ou agência noticiosa estrangeira; e

XI – realização de auditoria ou consultoria com prazo de estada superior a noventa dias.

§ 3º Para a aplicação do inciso VII do § 2º, consideram-se embarcações ou plataformas estrangeiras, entre outras, aquelas utilizadas em navegação de apoio marítimo, de exploração ou prospecção, navegação de cabotagem, levantamento geofísico, dragas e embarcações de pesca.

§ 4º Será dispensada a oferta de trabalho de que trata o *caput* e considerada a comprovação de titulação em curso de ensino superior ou equivalente, na hipótese de capacidades profissionais estratégicas para o País, conforme disposto em ato conjunto dos Ministros de Estado da Justiça e Segurança Pública, Relações Exteriores e do Trabalho, consultado o Conselho Nacional de Imigração.

§ 5º Para fins de atração de mão de obra em áreas estratégicas para o desenvolvimento nacional ou com déficit de competências profissionais para o País, ato conjunto dos Ministros de Estado da Justiça e Segurança Pública, Relações Exteriores e do Trabalho, consultado o Conselho Nacional de Imigração, estabelecerá condições simplificadas para a autorização de residência para fins de trabalho.

§ 6º A possibilidade de modificação do local de exercício de sua atividade laboral, na mesma empresa ou no mesmo grupo econômico, será reconhecida ao imigrante a quem tenha sido concedida a autorização de residência para fins de trabalho, por meio de comunicação ao Ministério do Trabalho.

§ 7º O imigrante deverá requerer autorização ao Ministério do Trabalho se pretender exercer atividade junto a empregador diverso daquele que o contratou inicialmente, durante a residência por tempo determinado, por meio de pedido fundamentado e instruído com o novo contrato de trabalho firmado.

§ 8º Após decisão quanto à mudança de empregador de que trata o § 7º, o Ministério do Trabalho comunicará a Polícia Federal para fins de atualização de registro.

§ 9º O requerimento de autorização de residência com fundamento em trabalho deverá respeitar os requisitos, as condições, os prazos e os procedimentos estabelecidos em resolução do Conselho Nacional de Imigração.

Art. 148. A autorização de residência para fins de férias trabalho poderá ser concedida ao imigrante maior de dezesseis anos que seja nacional de país que conceda benefício idêntico ao nacional brasileiro, em termos definidos pelo Ministério das Relações Exteriores por meio de comunicação diplomática.

Parágrafo único. A autorização de residência com fundamento no disposto neste artigo somente poderá ser concedida ao portador de visto temporário de férias-trabalho.

Art. 149. A autorização de residência para prática de atividades religiosas poderá ser concedida a:

I – ministro de confissão religiosa;

II – membro de instituto de vida consagrada ou confessional; ou

III – membro de ordem religiosa.

§ 1º O requerimento de autorização de residência para prática de atividades religiosas deverá respeitar os requisitos, as condições, os prazos e os procedimentos estabelecidos em resolução do Conselho Nacional de Imigração.

§ 2º O pedido de renovação do prazo de residência ou a sua alteração para prazo indeterminado, observadas as condições estabelecidas neste artigo, será instruído com a comprovação das práticas de atividades religiosas por aqueles a que refere o *caput*.

Art. 150. A autorização de residência para prestação de serviço voluntário junto a entidade de direito público ou privado sem fins lucrativos, ou a organização vinculada a governo estrangeiro, poderá ser concedida desde que não haja vínculo empregatício e nem remuneração de qualquer espécie.

§ 1º O requerimento de autorização de residência para prestação de serviço voluntário deverá respeitar os requisitos, as condições, os prazos e os procedimentos estabelecidos em resolução do Conselho Nacional de Imigração.

§ 2º O pedido de renovação do prazo de residência ou a sua alteração para prazo indeterminado com fundamento na hipótese prevista neste artigo deverá ser instruído com a prova da continuidade da prestação de serviço voluntário.

Art. 151. A autorização de residência para fins de realização de investimento poderá ser concedida ao imigrante pessoa física que pretenda realizar ou já realize, com recursos próprios de origem externa, investimento em pessoa jurídica no País, em projeto com potencial para geração de empregos ou de renda no País.

§ 1º Entende-se por investimento em pessoa jurídica no País:

I – investimento de origem externa em empresa brasileira, conforme regulamentação do Banco Central do Brasil;

II – constituição de sociedade simples ou empresária; e

III – outras hipóteses previstas nas políticas de atração de investimentos externos.

§ 2º A autorização prevista no *caput* poderá ser concedida ao imigrante administrador, gerente, diretor ou executivo com poderes de gestão, que venha ou esteja no País para representar sociedade civil ou comercial, grupo ou conglomerado econômico que realize investimento externo em empresa estabelecida no território nacional, com potencial para geração de empregos ou de renda no País.

§ 3º A concessão de que trata o § 2º ficará condicionada ao exercício da função que lhe for designada em contrato ou em ata devidamente registrada no órgão competente.

§ 4º O requerimento de autorização de residência para fins de realização de investimento deverá respeitar os requisitos previstos em resolução do Conselho Nacional de Imigração.

§ 5º A autorização de residência com fundamento nas hipóteses elencadas neste artigo poderá ser concedida por prazo indeterminado.

§ 6º Na hipótese prevista no *caput*, a perda da autorização de residência poderá ser decretada em observância ao disposto no inciso I do *caput* do art. 135, caso o imigrante não tenha executado o plano de investimento que fundamentou a sua autorização.

Art. 152. A autorização de residência para fins de realização de atividade com relevância econômica, social, científica, tecnológica ou cultural deverá respeitar os requisitos, as condições, os prazos e os procedimentos estabelecidos em ato conjunto dos Ministros de Estado da Justiça e Segurança Pública, das Relações Exteriores e do Trabalho, consultado o Conselho Nacional de Imigração.

Art. 153. A autorização de residência para fins de reunião familiar será concedida ao imigrante:

I – cônjuge ou companheiro, sem discriminação alguma, nos termos do ordenamento jurídico brasileiro;

II – filho de brasileiro ou de imigrante beneficiário de autorização de residência;

III – que tenha filho brasileiro;

IV – que tenha filho imigrante beneficiário de autorização de residência;

V – ascendente até o segundo grau de brasileiro ou de imigrante beneficiário de autorização de residência;

VI – descendente até o segundo grau de brasileiro ou de imigrante beneficiário de autorização de residência;

VII – irmão de brasileiro ou de imigrante beneficiário de autorização de residência; ou

VIII – que tenha brasileiro sob a sua tutela, curatela ou guarda.

§ 1º O requerimento de autorização de residência para fins de reunião familiar deverá respeitar os requisitos previstos em ato conjunto dos Ministros de Estado da Justiça e Segurança Pública e das Relações Exteriores.

§ 2º A autorização de residência por reunião familiar não será concedida na hipótese de o chamante ser beneficiário de autorização de residência por reunião familiar ou de autorização provisória de residência.

§ 3º Na hipótese prevista no inciso VII do *caput*, a autorização de residência ao irmão maior de dezoito anos ficará condicionada à comprovação de sua dependência econômica em relação ao familiar chamante.

§ 4º Quando a autorização de residência do familiar chamante tiver sido concedida por prazo indeterminado, a autorização de residência do familiar chamado será também concedida por prazo indeterminado.

§ 5º Quando o requerimento for fundamentado em reunião com imigrante beneficiado com residência por prazo determinado, a data de vencimento da autorização de residência do familiar chamado coincidirá com a data de vencimento da autorização de residência do familiar chamante.

§ 6º Ato do Ministro de Estado da Justiça e Segurança Pública poderá dispor sobre a necessidade de entrevista presencial e de apresentação de documentação adicional para comprovação, quando necessário, do vínculo familiar.

§ 7º Ato conjunto dos Ministros de Estado da Justiça e Segurança Pública e das Relações Exteriores poderá estabelecer outras hipóteses de parentesco para fins de concessão da autorização de residência de que trata o *caput*.

§ 8º A solicitação de autorização de residência para fins de reunião familiar poderá ocorrer concomitantemente à solicitação de autorização de residência do familiar chamante.

§ 9º A concessão da autorização de residência para fins de reunião familiar ficará condicionada à concessão prévia de autorização de residência ao familiar chamante.

§ 10. O beneficiário da autorização de residência para fins de reunião familiar poderá exercer qualquer atividade no País, inclusive remunerada, em igualdade de condições com o nacional brasileiro, nos termos da legislação vigente.

Art. 154. A autorização de residência poderá ser concedida à pessoa beneficiada por tratado em matéria de residência e livre circulação.

Parágrafo único. Na concessão de autorização de residência mencionada no *caput*, será observado o disposto no tratado bilateral ou multilateral que regulamente o assunto e, subsidiariamente, o disposto neste Decreto, no que couber.

Art. 155. A autorização de residência poderá ser concedida à pessoa que já tenha possuído a nacionalidade brasileira e não deseje ou não reúna os requisitos para readquiri-la.

§ 1º O requerimento de autorização de residência com fundamento no disposto neste artigo deverá respeitar os requisitos previstos em ato do Ministro de Estado da Justiça e Segurança Pública.

§ 2º A autorização de residência com fundamento no disposto neste artigo poderá ser concedida por prazo indeterminado.

Art. 156. A autorização de residência poderá ser concedida à pessoa beneficiária de:

I – proteção ao apátrida;

II – asilo político; ou

III – refúgio.

§ 1º A autorização de residência do refugiado observará o disposto no art. 28 da Lei 9.474, de 1997.

§ 2º A autorização de residência do refugiado, do asilado político e do apátrida será concedida por prazo indeterminado.

§ 3º O solicitante de refúgio, asilo político ou proteção ao apátrida fará jus à autorização provisória de residência até decisão final quanto ao seu pedido.

§ 4º A autorização provisória de residência prevista no § 3º será demonstrada por meio de protocolo de solicitação de reconhecimento da condição de refugiado, asilado político ou apátrida.

§ 5º O beneficiário da autorização de residência do refugiado, do asilado político e do apátrida ou da autorização de residência provisória a que se refere o § 3º poderá exercer qualquer atividade no País, inclusive remunerada, em igualdade de condições com o nacional brasileiro, nos termos da legislação vigente.

§ 6º A autorização de residência concedida àquele cuja condição de refugiado, asilado ou apátrida tiver cessado permanecerá válida pelo prazo de noventa dias.

§ 7º O disposto no § 6º não se aplica às seguintes hipóteses:

I – perda da proteção ao apátrida;

II – revogação do asilo político; e

III – perda da condição de refugiado.

§ 8º A cessação da proteção ao apátrida ou da condição de refugiado ou asilado político não impedirá a solicitação de nova autorização de residência, observado o disposto no art. 142.

§ 9º O requerimento de autorização de residência com fundamento no disposto neste artigo deverá respeitar os requisitos previstos em ato do Ministro de Estado da Justiça e Segurança Pública, consultados os demais Ministérios interessados.

Art. 157. A autorização de residência poderá ser concedida à criança ou ao adolescente nacional de outro país ou apátrida, desacompanhado ou abandonado, que se encontre em ponto de controle migratório nas fronteiras brasileiras ou no território nacional.

§ 1º A avaliação da solicitação de autorização de residência com fundamento no disposto no *caput* e da possibilidade de retorno à convivência familiar deverá considerar o interesse superior da criança ou do adolescente na tomada de decisão.

§ 2º O requerimento da autorização de residência prevista neste artigo poderá ser feito pela Defensoria Pública da União.

§ 3º O prazo da autorização de residência vigorará até que o imigrante atinja a maioridade, alcançada aos dezoito anos completos, em observância ao disposto no art. 5º da Lei 10.406, de 10 de janeiro de 2002 – Código Civil.

§ 4º Na hipótese de o imigrante atingir a maioridade e tiver interesse em permanecer no País, ele deverá comparecer a unidade da Polícia Federal no prazo de cento e oitenta dias para formalizar o pedido de alteração do prazo de residência para indeterminado.

§ 5º O requerimento de autorização de residência com fundamento no disposto neste artigo deverá respeitar os requisitos previstos em ato do Ministro de Estado da Justiça e Segurança Pública, consultados os demais Ministérios interessados.

Art. 158. A autorização de residência poderá ser concedida à vítima de:

I – tráfico de pessoas;

II – trabalho escravo; ou

III – violação de direito agravada por sua condição migratória.

§ 1º A autorização de residência com fundamento no disposto neste artigo será concedida por prazo indeterminado.

§ 2º O requerimento previsto neste artigo poderá ser encaminhado diretamente ao Ministério da Justiça e Segurança Pública pelo Ministério Público, pela Defensoria Pública ou pela Auditoria Fiscal do Trabalho, na forma estabelecida em ato conjunto dos Ministros de Estado da Justiça e Segurança Pública e do Trabalho, consultados os demais Ministérios interessados, o qual disporá sobre outras autoridades públicas que poderão reconhecer a situação do imigrante como vítima, nos termos estabelecidos no *caput*.

§ 3º A autoridade pública que representar pela regularização migratória das vítimas a que se refere o *caput* deverá instruir a representação com documentação que permita identificar e localizar o imigrante.

§ 4º O beneficiário da autorização de residência concedida a vítima a que se refere o *caput* deverá apresentar anuência ao requerimento ofertado pela autoridade pública.

Art. 159. A autorização de residência poderá ser concedida à pessoa que esteja em liberdade provisória ou em cumprimento de pena no País.

§ 1º O prazo de residência para o imigrante em liberdade provisória será de até um ano, renovável por meio da apresentação de certidão expedida pelo Poder Judiciário que disponha sobre o andamento do processo.

§ 2º Na hipótese de imigrante sentenciado, o prazo de residência estará vinculado ao período da pena a ser cumprido, informado pelo juízo responsável pela execução criminal.

§ 3º Na instrução do requerimento de autorização de residência com fundamento no disposto neste artigo, deverá ser apresentada, além dos documentos a que se refere o art. 129, decisão judicial da concessão da liberdade provisória ou certidão emitida pelo juízo responsável pela execução criminal do qual conste o período de pena a ser cumprida, conforme o caso.

§ 4º Na ausência da apresentação do documento a que se refere o inciso II do *caput* do art. 129, deverá ser apresentado ofício emitido pelo juízo responsável do qual conste a qualificação completa do imigrante.

Art. 160. A concessão de nova autorização de residência para imigrante poderá ser fornecida, atendido o disposto na alínea *h* do inciso II do *caput* do art. 142 a imigrante que tenha sido anteriormente beneficiado com autorização de residência, fundamentado em reunião familiar, satisfeitos os seguintes requisitos:

I – ter residido no País por, no mínimo, quatro anos;

II – comprovar meios de subsistência; e

III – apresentar certidão negativa de antecedentes criminais.

§ 1º A nova autorização de residência com fundamento no disposto neste artigo será concedida por prazo indeterminado.

§ 2º O disposto neste artigo não se aplica às hipóteses em que o requisito para o reconhecimento da condição anterior tenha deixado de ser atendido em razão de fraude.

Art. 161. A autorização de residência poderá ser concedida para fins de atendimento ao interesse da política migratória nacional.

Parágrafo único. Ato conjunto do Ministros de Estado da Justiça e Segurança Pública, das Relações Exteriores e do Trabalho disporá sobre as hipóteses, os requisitos e os prazos da autorização de residência para fins de atendimento ao interesse da política migratória nacional.

Art. 162. O Conselho Nacional de Imigração disciplinará os casos especiais para a concessão de autorização de residência associada às questões laborais.

☛ **Art. 163.** *(Revogado pelo Decreto 9.873/2019.)*

Capítulo IX
Da Entrada e da Saída do Território Nacional

Seção I
Da Fiscalização Marítima, Aeroportuária e de Fronteira

Art. 164. A entrada no País poderá ser permitida ao imigrante identificado por documento de viagem válido que não se enquadre em nenhuma das hipóteses de impedimento de ingresso previstas neste Decreto e que seja:

I – titular de visto válido;

II – titular de autorização de residência; ou

III – de nacionalidade beneficiária de tratado ou comunicação diplomática que enseje a dispensa de visto.

§ 1º Ato do Ministro de Estado da Saúde disporá sobre as medidas sanitárias necessárias para entrada no País, quando couber.

§ 2º As autoridades responsáveis pela fiscalização contribuirão para a aplicação de medidas sanitárias em consonância com o Regulamento Sanitário Internacional e com outras disposições pertinentes.

Art. 165. As funções de polícia marítima aeroportuária e de fronteira serão realizadas pela Polícia Federal nos pontos de entrada e saída do território nacional, sem prejuízo de outras fiscalizações, nos limites de suas atribuições, realizadas pela Secretaria da Receita Federal do Brasil do Ministério da Fazenda e, quando for o caso, pelo Ministério da Saúde.

Parágrafo único. O imigrante deverá permanecer em área de fiscalização até que o seu documento de viagem tenha sido verificado, exceto nos casos previstos em lei.

Art. 166. Quando a entrada no território nacional ocorrer por via aérea, a fiscalização será realizada no aeroporto do local de destino de passageiros e tripulantes ou, caso ocorra a transformação do voo internacional em doméstico, no lugar onde ela ocorrer.

Parágrafo único. Quando a saída do território nacional ocorrer por via aérea, a fiscalização será realizada no aeroporto internacional do local de embarque ou, caso ocorra a transformação do voo doméstico em internacional, no lugar onde ela ocorrer.

Art. 167. Na hipótese de entrada ou saída por via terrestre, a fiscalização ocorrerá no local designado para esse fim.

Art. 168. Nos pontos de fiscalização migratória marítima, fluvial e lacustre, o controle migratório será realizado a bordo:

I – no porto de entrada da embarcação no território nacional; e

II – no porto de saída da embarcação do território nacional.

§ 1º O controle migratório previsto no *caput* poderá ser realizado em terminal portuário sempre que essa estrutura se mostrar mais adequada.

§ 2º O controle migratório de navios de turismo poderá ser feito em águas territoriais nacionais, conforme estabelecido pela Polícia Federal.

Art. 169. O direito de passagem inocente no mar territorial brasileiro será reconhecido aos navios de todas as nacionalidades, observado o disposto no art. 3º da Lei 8.617, de 4 de janeiro de 1993.

§ 1º A passagem será considerada inocente desde que não seja prejudicial à paz, à boa ordem ou à segurança do País, e deverá ser contínua e rápida.

§ 2º A passagem inocente poderá compreender o parar e o fundear, desde que tais procedimentos constituam incidentes comuns de navegação, sejam impostos por motivos de força maior ou por dificuldade grave, ou tenham por fim prestar auxílio a pessoas ou a navios em perigo ou em dificuldade grave.

§ 3º A fiscalização de passageiros, tripulantes e estafes de navios em passagem inocente não será realizada, exceto nas hipóteses previstas no § 2º, quando houver necessidade de descida de pessoas à terra ou subida a bordo do navio.

Art. 170. Na fiscalização de entrada, poderão ser exigidos:

I – comprovante de meio de transporte de saída do território nacional;

II – comprovante de meios de subsistência compatíveis com o prazo e com o objetivo da viagem pretendida; e

III – documentação que ateste a natureza das atividades que serão desenvolvidas no País, conforme definido em atos específicos.

Parágrafo único. Para confirmação do objetivo da viagem, documentos adicionais poderão ser requeridos.

Seção II
Do impedimento de ingresso

Art. 171. Após entrevista individual e mediante ato fundamentado, o ingresso no País poderá ser impedido à pessoa:

I – anteriormente expulsa do país, enquanto os efeitos da expulsão vigorarem;

II – nos termos definidos pelo Estatuto de Roma do Tribunal Penal Internacional, de 1998, promulgado pelo Decreto 4.388, de 2002, condenada ou respondendo a processo por:

a) ato de terrorismo ou crime de genocídio;

b) crime contra a humanidade;

c) crime de guerra; ou

d) crime de agressão;

III – condenada ou respondendo a processo em outro país por crime doloso passível de extradição segundo a lei brasileira;

IV – que tenha o nome incluído em lista de restrições por ordem judicial ou por compromisso assumido pelo País perante organismo internacional;

V – que apresente documento de viagem que:

a) não seja válido no território nacional;

b) esteja com o prazo de validade vencido; ou

c) esteja com rasura ou indício de falsificação;

VI – que não apresente documento de viagem ou, quando admitido, documento de identidade;

VII – cuja razão da viagem não seja condizente com o visto ou com o motivo alegado para a isenção de visto ou que não possua visto válido, quando exigível;

VIII – que tenha comprovadamente fraudado documentação ou prestado informação falsa por ocasião da solicitação de visto;

IX – que tenha praticado ato contrário aos princípios e aos objetivos dispostos na Constituição;

X – a quem tenha sido denegado visto, enquanto permanecerem as condições que ensejaram a denegação;

XI – que não tenha prazo de estada disponível no ano migratório vigente, na qualidade de visitante;

XII – que tenha sido beneficiada com medida de transferência de pessoa condenada aplicada conjuntamente com impedimento de reingresso no território nacional, observado o disposto no § 2º do art. 103 da Lei 13.445, de 2017, desde que ainda esteja no cumprimento de sua pena;

XIII – que não atenda às recomendações temporárias ou permanentes de emergências em saúde pública internacional definidas pelo Regulamento Sanitário Internacional; ou

XIV – que não atenda às recomendações temporárias ou permanentes de emergências em saúde pública de importância nacional definidas pelo Ministério da Saúde.

§ 1º O procedimento de efetivação do impedimento de ingresso será disciplinado em ato do dirigente máximo da Polícia Federal.

§ 2º Nas hipóteses previstas nos incisos XIII e XIV do *caput*, o fundamento para o impedimento de ingresso será comunicado à Polícia Federal pelo Ministério da Saúde.

Art. 172. A entrada condicional no território nacional de pessoa que não preencha os requisitos de admissão poderá, na impossibilidade de retorno imediato do imigrante impedido ou clandestino, ser autorizada pela Polícia Federal, por meio da assinatura de termo de compromisso, pelo transportador ou por seu agente, que assegure o custeio das despesas com a permanência e com as providências necessárias para a repatriação do imigrante.

Parágrafo único. Na hipótese de entrada condicional prevista no *caput*, a Polícia Federal fixará o prazo de estada, as condições a serem observadas e o local em que o imigrante impedido ou clandestino permanecerá.

Art. 173. O desembarque de marítimo embarcado em navio em viagem de longo curso portador de carteira de marítimo expedida por país não signatário de Convenção da Organização Internacional do Trabalho sobre a matéria não será permitido, hipótese em que ele deverá permanecer a bordo.

Art. 174. A admissão excepcional no País poderá ser autorizada à pessoa que se enquadre em uma das seguintes hipóteses, desde que esteja de posse de documento de viagem válido:

I – não possua visto ou seja titular de visto cujo prazo de validade tenha expirado;

II – seja titular de visto emitido com erro ou omissão;

III – tenha perdido a condição de residente por ter permanecido ausente do País por período superior a dois anos e detenha condições objetivas para a concessão de nova autorização de residência;

IV – seja criança ou adolescente desacompanhado do responsável legal e sem autorização expressa para viajar desacompanhado, independentemente do documento de viagem que portar, hipótese em que haverá encaminhamento ao Conselho Tutelar ou, se necessário, a instituição indicada pela autoridade competente;

V – outras situações emergenciais, caso fortuito ou força maior.

§ 1º Nas hipótese previstas no incisos I, II e V do *caput*, o prazo da admissão excepcional será de até oito dias.

§ 2º Nas hipóteses previstas nos incisos III e IV do *caput*, o prazo da admissão excepcional será de até trinta dias.

§ 3º A admissão excepcional poderá ser solicitada pelo Ministério das Relações Exteriores, por representação diplomática do país de nacionalidade da pessoa ou por órgão da administração pública, por meio de requerimento dirigido ao chefe da unidade da fiscalização migratória, conforme disposto em ato do dirigente máximo da Polícia Federal.

Art. 175. O tripulante ou o passageiro que, por motivo de força maior, seja obrigado a interromper a viagem no território nacional poderá ter o seu desembarque permitido por meio de termo de responsabilidade pelas despesas decorrentes do transbordo.

Capítulo X
Da Regularização da Situação Migratória

Art. 176. O imigrante que estiver em situação migratória irregular será pessoalmente notificado para que, no prazo de sessenta dias, contado da data da notificação, regularize a sua situação migratória ou deixe o País voluntariamente.

§ 1º A irregularidade migratória poderá ocorrer em razão de:

I – entrada irregular;

II – estada irregular; ou

III – cancelamento da autorização de residência.

§ 2º Ato do dirigente máximo da Polícia Federal disporá sobre a notificação pessoal por meio eletrônico, a publicação por edital em seu sítio eletrônico e os demais procedimentos de que trata este Capítulo.

§ 3º As irregularidades verificadas na situação migratória constarão, expressamente, da notificação de que trata o *caput*.

§ 4º O prazo estabelecido no *caput* será prorrogável por até sessenta dias, desde que o imigrante notificado compareça a unidade da Polícia Federal para justificar a necessidade da prorrogação e assinar termo de compromisso de que manterá as suas informações pessoais e relativas ao seu endereço atualizadas.

§ 5º A notificação a que se refere o *caput* não impedirá a livre circulação no território nacional, hipótese em que o imigrante deverá informar à Polícia Federal o seu local de domicílio e as atividades por ele exercidas no País e no exterior.

§ 6º Na hipótese de o imigrante notificado nos termos estabelecidos neste artigo não regularizar a sua situação migratória e comparecer a ponto de fiscalização para deixar o País após encerrado o prazo estabelecido no *caput*, será lavrado termo e registrada a saída do território nacional como deportação.

§ 7º A notificação será dispensada quando a irregularidade for constatada no momento da saída do imigrante do território nacional, e será lavrado termo e registrada a saída do território nacional como deportação, sem prejuízo da aplicação de multa, nos termos estabelecidos no inciso II do *caput* do art. 307.

§ 8º O prazo para regularização migratória de que trata o *caput* será deduzido do prazo de estada do visto de visita estabelecido no art. 20.

Art. 177. O procedimento administrativo de regularização da situação migratória será instruído com:

I – a comprovação da notificação do imigrante para regularizar a sua condição migratória ou deixar voluntariamente o País; e

II – a manifestação do interessado, quando apresentada.

Capítulo XI
Das Medidas de Retirada Compulsória

Seção I
Disposições Gerais

Art. 178. São medidas de retirada compulsória:

I – a repatriação;

II – a deportação; e

III – a expulsão.

Art. 179. A repatriação, a deportação e a expulsão serão feitas para o país de nacionalidade ou de procedência do migrante ou do visitante, ou para outro país que o aceite, em observância aos tratados de que o País seja parte.

Art. 180. Não se procederá à repatriação, à deportação ou à expulsão de nenhum indivíduo quando subsistirem razões para acreditar que a medida poderá colocar em risco sua vida, sua integridade pessoal ou sua liberdade seja ameaçada por motivo de etnia, religião, nacionalidade, pertinência a grupo social ou opinião política.

Art. 181. O beneficiário de proteção ao apátrida, refúgio ou asilo político não será repatriado, deportado ou expulso enquanto houver processo de reconhecimento de sua condição pendente no País.

Parágrafo único. Na hipótese de deportação de apátrida, a medida de retirada compulsória somente poderá ser aplicada após autorização do Ministério da Justiça e Segurança Pública.

Art. 182. O procedimento de deportação dependerá de autorização prévia do Poder Judiciário no caso de migrante em cumprimento de pena ou que responda criminalmente em liberdade.

Art. 183. As medidas de retirada compulsória não serão feitas de forma coletiva.

§ 1º Entende-se por repatriação, deportação ou expulsão coletiva aquela que não individualiza a situação migratória irregular de cada migrante.

§ 2º A individualização das medidas de repatriação ocorrerá por meio de termo do qual constarão:

I – os dados pessoais do repatriando;

II – as razões do impedimento que deu causa à medida; e

III – a participação de intérprete, quando necessária.

§ 3º A individualização das medidas de deportação e expulsão ocorrerá por meio de procedimento administrativo instaurado nos termos estabelecidos nos art. 188 e art. 195.

Art. 184. O imigrante ou o visitante que não tenha atingido a maioridade civil, desacompanhado ou separado de sua família, não será repatriado ou deportado, exceto se a medida de retirada compulsória for comprovadamente mais favorável para a garantia de seus direitos ou para a reintegração a sua família ou a sua comunidade de origem.

Seção II
Da Repatriação

Art. 185. A repatriação consiste em medida administrativa da devolução ao país de procedência ou de nacionalidade da pessoa em situação de impedimento de ingresso, identificada no momento da entrada no território nacional.

§ 1º Caso a repatriação imediata não seja possível, a entrada do imigrante poderá ser permitida, desde que atenda ao disposto no § 2º.

§ 2º Na hipótese prevista no § 1º, o transportador ou o seu agente deverá assinar termo de compromisso que assegure o custeio das despesas com a permanência e com as providências para a repatriação do imigrante, do qual constarão o seu prazo de estada, as condições e o local em que o imigrante.

§ 3º A Defensoria Pública da União será notificada, preferencialmente por meio eletrônico, quando o imigrante que não tenha atingido a maioridade civil estiver desacompanhado ou separado de sua família e quando a sua repatriação imediata não for possível.

§ 4º A ausência de manifestação da Defensoria Pública da União, desde que prévia e devidamente notificada, não impedirá a efetivação da medida de repatriação.

Art. 186. Ato do dirigente máximo da Polícia Federal estabelecerá os procedimentos administrativos necessários para a repatriação, conforme os tratados de que o País seja parte.

Seção III
Da Deportação

Art. 187. A deportação consiste em medida decorrente de procedimento administrativo da qual resulta a retirada compulsória da pessoa que se encontre em situação migratória irregular no território nacional.

Parágrafo único. Os procedimentos concernentes à deportação observarão os princípios do contraditório, da ampla defesa e da garantia de recurso com efeito suspensivo.

Art. 188. O procedimento que poderá levar à deportação será instaurado pela Polícia Federal.

§ 1º O ato de que trata o *caput* conterá relato do fato motivador da medida e a sua fundamentação legal, e determinará:

I – a juntada do comprovante da notificação pessoal do deportando prevista no art. 176;

II – notificação, preferencialmente por meio eletrônico:

a) da repartição consular do país de origem do imigrante;

b) do defensor constituído do deportando, quando houver, para apresentação de defesa técnica no prazo de dez dias; e

c) da Defensoria Pública da União, na ausência de defensor constituído, para apresentação de defesa técnica no prazo de vinte dias.

§ 2º As irregularidades verificadas no procedimento administrativo da deportação constarão, expressamente, das notificações de que trata o § 1º.

§ 3º A assistência jurídica providenciará defesa técnica no prazo a que se refere o § 1º, e, se entender necessário:

I – tradutor ou intérprete; e

II – exames ou estudos.

§ 4º A ausência de manifestação da Defensoria Pública da União, desde que prévia e devidamente notificada, não impedirá a efetivação da medida de deportação.

Art. 189. Caberá recurso com efeito suspensivo da decisão sobre deportação no prazo de dez dias, contado da data da notificação do deportando.

Art. 190. Não se procederá à deportação se a medida configurar extradição não admitida pela legislação brasileira.

Art. 191. Ato do dirigente máximo da Polícia Federal disporá sobre os procedimentos administrativos necessários para a deportação.

Parágrafo único. Ato do Ministro de Estado da Justiça e Segurança Pública definirá as hipóteses de redução do prazo de que trata o § 6º do art. 50 da Lei 13.445, de 2017.

Seção IV
Da Expulsão

Art. 192. A expulsão consiste em medida administrativa da retirada compulsória do território nacional instaurada por meio de Inquérito Policial de Expulsão, conjugada com impedimento de reingresso por prazo determinado do imigrante ou do visitante com sentença condenatória transitada em julgado pela prática de:

I – nos termos definidos pelo Estatuto de Roma do Tribunal Penal Internacional, de 1998, promulgado pelo Decreto 4.388, de 2002:

a) crime de genocídio;

b) crime contra a humanidade;

c) crime de guerra; ou

d) crime de agressão; ou

II – crime comum doloso passível de pena privativa de liberdade, consideradas a gravidade e as possibilidades de ressocialização no território nacional.

Art. 193. O Ministério da Justiça e Segurança Pública não procederá à expulsão daqueles a que se refere o art. 192 quando:

I – a medida configurar extradição não admitida pela lei brasileira;

II – o expulsando:

a) tiver filho brasileiro que esteja sob a sua guarda ou dependência econômica ou socioafetiva ou tiver pessoa brasileira sob a sua tutela;

b) tiver cônjuge ou companheiro residente no País, sem discriminação alguma, reconhecido judicial ou legalmente;

c) tiver ingressado no País antes de completar os doze anos de idade, desde que resida, desde então, no País; ou

d) seja pessoa com mais de setenta anos que resida no País há mais de dez anos, considerados a gravidade e o fundamento da expulsão.

Art. 194. Enquanto o procedimento de expulsão estiver pendente, o expulsando permanecerá aguardando a sua decisão, sem alteração de sua condição migratória.

Art. 195. O procedimento de expulsão será iniciado por meio de Inquérito Policial de Expulsão.

§ 1º O Inquérito Policial de Expulsão será instaurado pela Polícia Federal, de ofício ou por determinação do Ministro de Estado da Justiça e Segurança Pública, de requisição ou de requerimento fundamentado em sentença, e terá como objetivo produzir relatório final sobre a pertinência ou não da medida de expulsão, com o levantamento de subsídios para a decisão, realizada pelo Ministro de Estado da Justiça e Segurança Pública, acerca:

I – da existência de condição de inexpulsabilidade;

II – da existência de medidas de ressocialização, se houver execução de pena; e

III – da gravidade do ilícito penal cometido.

§ 2º A instauração do Inquérito Policial de Expulsão será motivada:

I – na hipótese prevista no inciso I do *caput* do art. 192, pelo recebimento, a qualquer tempo, por via diplomática, de sentença definitiva expedida pelo Tribunal Penal Internacional; ou

II – na hipótese prevista no inciso II do *caput* do art 192, pela existência de sentença.

§ 3º Os procedimentos concernentes à expulsão observarão os princípios do contraditório e da ampla defesa.

§ 4º O ato de que trata o *caput* conterá relato do fato motivador da expulsão e a sua fundamentação legal, e determinará que seja realizada, de imediato, a notificação, preferencialmente por meio eletrônico:

I – do expulsando;

II – da repartição consular do país de origem do imigrante;

III – do defensor constituído do expulsando, quando houver; e

IV – da Defensoria Pública da União.

§ 5º A assistência jurídica providenciará defesa técnica no prazo a que se refere o art. 196, e, se entender necessário, tradutor ou intérprete.

§ 6º A expulsão somente ocorrerá após o trânsito em julgado da ação que julgar o processo de expulsão.

Art. 196. O defensor constituído terá o prazo de dez dias para apresentação de defesa técnica no procedimento administrativo de expulsão e dez dias para interposição de pedido de reconsideração, quando for o caso.

Parágrafo único. Os prazos estabelecidos no *caput* serão contados em dobro em relação à Defensoria Pública da União.

Art. 197. Iniciado o processo de expulsão, o expulsando será notificado da sua instauração, além da data e do horário fixados para o seu interrogatório.

Parágrafo único. Se o expulsando não for encontrado, a Polícia Federal dará publicidade à instauração do Inquérito Policial de Expulsão em seu sítio eletrônico e tal publicação será considerada como notificação para todos os atos do referido procedimento.

Art. 198. Na hipótese de expulsando preso fora das dependências da Polícia Federal, a sua presença na repartição policial será solicitada ao juízo de execuções penais, sem prejuízo da autorização para realização de qualificação e interrogatório no estabelecimento penitenciário.

Art. 199. O expulsando que, regularmente notificado, não se apresentar ao interrogatório será considerado revel e a sua defesa caberá à Defensoria Pública da União ou, em sua ausência, a defensor dativo.

Parágrafo único. Na hipótese de revelia e de o expulsando se encontrar em lugar incerto e não sabido, a Polícia Federal providenciará a qualificação indireta do expulsando.

Art. 200. O Inquérito Policial de Expulsão será instruído com os seguintes documentos:

I – o ato a que se refere o art. 195, § 1º, e a documentação que fundamentou a sua edição;

II – a cópia da sentença penal condenatória e a certidão de trânsito em julgado, se disponíveis;

III – o documento do juízo de execução penal que ateste se o expulsando é beneficiário de medidas de ressocialização em cumprimento de penas cominadas ou executadas no território nacional, se já houver execução;

IV – o termo de notificação pessoal do expulsando ou a cópia da notificação publicada no sítio eletrônico da Polícia Federal;

V – os termos de notificação:

a) do representante consular do país de nacionalidade do expulsando; e

b) do defensor constituído do expulsando ou, em sua ausência, da Defensoria Pública da União ou de defensor dativo;

VI – o auto de qualificação e interrogatório;

VII – a defesa técnica apresentada:

a) pelo defensor constituído do expulsando, quando houver; ou *b)* pela Defensoria Pública da União ou por defensor dativo;

VIII – o termo das diligências realizadas; e

IX – o relatório final.

§ 1º O Inquérito Policial de Expulsão poderá ser instruído com outros documentos, a critério da autoridade que o presidir.

§ 2º O documento a que se refere o inciso VII do *caput* será dispensado quando não for apresentado pela defesa do expulsando, desde que os termos de notificação tenham sido devidamente apresentados.

§ 3º O termo de compromisso assinado pelo expulsando constará do auto de qualificação e interrogatório, no qual assegurará que manterá as suas informações pessoais e relativas ao local de domicílio atualizadas.

§ 4º Durante o inquérito, suscitada a hipótese de inexpulsabilidade, as diligências para a sua confirmação serão providenciadas.

§ 5º Na hipótese de indeferimento das diligências requeridas pela defesa do expulsando, a autoridade que presidir o Inquérito Policial de Expulsão deverá elaborar despacho fundamentado.

Art. 201. O direito à palavra deverá ser dado ao expulsando e ao seu defensor na oitiva de testemunhas e no interrogatório, anteriormente ao encerramento do Inquérito Policial de Expulsão.

Art. 202. O relatório final com a recomendação técnica pela efetivação da expulsão ou pelo reconhecimento de causa de impedimento da medida de retirada compulsória será encaminhado para apreciação e deliberação do Ministro de Estado da Justiça e Segurança Pública.

Art. 203. Publicado o ato do Ministro de Estado da Justiça e Segurança Pública que disponha sobre a expulsão e o prazo determinado de impedimento para reingresso no território nacional, o expulsando poderá interpor pedido de reconsideração no prazo de dez dias, contado da data da sua notificação pessoal.

Parágrafo único. Ato do dirigente máximo da Polícia Federal disporá sobre a notificação pessoal por meio eletrônico nas hipóteses de expulsão.

Art. 204. O prazo de vigência da medida de impedimento vinculada aos efeitos da expulsão será proporcional ao prazo total da pena aplicada e não será superior ao dobro de seu tempo.

§ 1º O prazo de vigência da medida de impedimento definido no ato a que se refere o art. 203 será contado da data da saída do imigrante expulso do País.

§ 2º O Ministério da Justiça e Segurança Pública registrará e informará à Polícia Federal sobre o decurso do período de impedimento de retorno do imigrante expulso ao País.

§ 3º Encerrado o prazo para o pedido de reconsideração sem que haja formalização do pedido pelo expulsando ou no caso de seu indeferimento, a Polícia Federal ficará autorizada a efetivar o ato expulsório.

Art. 205. A existência de procedimento de expulsão não impedirá a saída do expulsando do País.

§ 1º A saída voluntária do expulsando do País não suspenderá o processo de expulsão.

§ 2º Quando verificado que o expulsando com expulsão já decretada tenha comparecido a ponto de fiscalização para deixar voluntariamente o País, será lavrado termo e registrada a saída do território nacional como expulsão.

Art. 206. O requerimento de suspensão dos efeitos e de revogação da medida de expulsão e de impedimento de ingresso e permanência no território nacional deverá ter por fundamento a ocorrência de causa de inexpulsabilidade prevista no art. 193, *caput*, inciso II, alíneas "a" a "d", quando não observada ou não existente no decorrer do processo administrativo.

§ 1º O requerimento a que se refere o *caput* poderá ser apresentado em representação diplomática brasileira e será enviado ao Ministério da Justiça e Segurança Pública para avaliação.

§ 2º O efeito da medida impeditiva de reingresso não será automaticamente suspenso com a apresentação do requerimento a que se refere o *caput*, hipótese em que a suspensão ficará sujeita à decisão do Ministério da Justiça e Segurança Pública.

§ 3º O requerimento a que se refere o *caput* terá prioridade em sua instrução e sua decisão.

§ 4º Caberá ao Ministro de Estado da Justiça e Segurança Pública decidir sobre a revogação da medida de expulsão.

Seção V
Da Efetivação E Do Custeio Das Medidas De Retirada Compulsória

Art. 207. Ato do Ministro de Estado da Justiça e Segurança Pública disporá sobre o regramento específico para efetivação em caráter excepcional da repatriação e da deportação de pessoa que tenha praticado ato contrário aos princípios e aos objetivos dispostos na Constituição, nos termos estabelecidos no art. 45, *caput*, inciso IX, da Lei 13.445, de 2017.

Art. 208. A efetivação da medida de retirada compulsória será feita por meio de termo da Polícia Federal, que também comunicará, por meio da Organização Internacional de Polícia Criminal – Interpol, as autoridades policiais e migratórias dos países de escala, conexões e destino.

Art. 209. As medidas de cooperação internacional poderão ser aplicadas conjuntamente com qualquer medida de retirada compulsória e, se for o caso, de impedimento de reingresso no território nacional.

Parágrafo único. A efetivação prévia de medida de cooperação internacional não prejudicará o processamento de medida de retirada compulsória.

Art. 210. A pessoa em situação de impedimento de ingresso, identificada no momento da entrada no território nacional, que não possa ser repatriada de imediato, será mantida em liberdade vigiada até a sua devolução ao país de procedência ou de nacionalidade, quando essa necessidade for identificada pela Polícia Federal.

Art. 211. O delegado da Polícia Federal poderá representar perante o juízo federal pela prisão ou por outra medida cautelar, observado o disposto no Título IX do Decreto-Lei 3.689, de 3 de outubro de 1941 – Código de Processo Penal.

§ 1º A medida cautelar aplicada vinculada à mobilidade do imigrante ou do visitante deverá ser comunicada ao juízo federal e à repartição consular do país de nacionalidade do preso e registrada em sistema próprio da Polícia Federal.

§ 2º Na hipótese de o imigrante sobre quem recai a medida estar preso por outro motivo, o fato deverá ser comunicado ao juízo de execuções penais competente, para determinar a apresentação do deportando ou do expulsando à Polícia Federal.

§ 3º O deportando ou o expulsando preso será informado de seus direitos, observado o disposto no inciso LXIII do *caput* do art. 5º da Constituição e, caso ele não informe o nome de seu defensor, a Defensoria Pública da União será notificada.

Art. 212. O custeio das despesas com a retirada compulsória correrá com recursos da União somente depois de esgotados todos os esforços para a sua efetivação com recursos da pessoa sobre quem recair a medida, do transportador ou de terceiros.

Parágrafo único. A retirada compulsória às expensas da União conterá, para efeito de programação financeira, o detalhamento prévio das despesas com a efetivação da medida.

Capítulo XII
Da Nacionalidade e da Naturalização

Seção I
Da Opção pela Nacionalidade Brasileira

Art. 213. A opção pela nacionalidade é o ato pelo qual o brasileiro nascido no exterior e que não tenha sido registrado em repartição consular confirma, perante a autoridade judiciária competente, a sua intenção de manter a nacionalidade brasileira.

§ 1º A opção de nacionalidade não importará a renúncia de outras nacionalidades.

§ 2º A opção de nacionalidade é ato personalíssimo e deverá ocorrer por meio de procedimento específico, de jurisdição voluntária, perante a Justiça

Federal, a qualquer tempo, após atingida a maioridade civil.

§ 3º A União sempre será ouvida no processo de opção de nacionalidade por meio de citação dirigida à Advocacia-Geral da União, observado o disposto no art. 721 da Lei 13.105, de 16 de março de 2015 – Código de Processo Civil.

Art. 214. O filho de pai ou de mãe brasileira nascido no exterior e que não tenha sido registrado em repartição consular poderá, a qualquer tempo, desde que esteja residindo no País, promover ação de opção de nacionalidade.

Art. 215. O filho de pai ou mãe brasileira nascido no exterior e cujo registro estrangeiro de nascimento tenha sido transcrito diretamente em cartório competente no País terá a confirmação da nacionalidade vinculada à opção pela nacionalidade brasileira e pela residência no território nacional.

§ 1º Depois de atingida a maioridade e até que se faça a opção pela nacionalidade brasileira, a condição de brasileiro nato ficará suspensa para todos os efeitos.

§ 2º Feita a opção pela nacionalidade brasileira, os efeitos da condição de brasileiro nato retroagem à data de nascimento do interessado.

Art. 216. A comprovação da opção pela nacionalidade brasileira ocorrerá por meio do registro da sentença no Cartório de Registro Civil das Pessoas Naturais, observado o disposto no art. 29, *caput*, inciso VII, da Lei 6.015, de 31 de dezembro de 1973.

Parágrafo único. O órgão de registro deverá informar, periodicamente, os dados relativos à opção pela nacionalidade brasileira à Polícia Federal.

Art. 217. O registro consular de nascimento deverá ser trasladado em Cartório de Registro Civil das Pessoas Naturais para gerar efeitos plenos no território nacional, observado o disposto no art. 32 da Lei 6.015, de 1973.

Seção II
Das Condições da Naturalização

Art. 218. A naturalização, cuja concessão é de competência exclusiva do Ministério da Justiça e Segurança Pública, poderá ser:

I – ordinária;

II – extraordinária;

III – especial; ou

IV – provisória.

Art. 219. Ato do Ministro de Estado da Justiça e Segurança Pública disporá sobre os documentos e as diligências necessários à comprovação dos requisitos para a solicitação de cada tipo de naturalização.

Art. 220. Ato do Ministro de Estado da Justiça e Segurança Pública concederá a naturalização, desde que satisfeitas as condições objetivas necessárias à naturalização, consideradas requisito preliminar para o processamento do pedido.

Art. 221. Para fins de contagem dos prazos de residência mencionados nas exigências para obtenção da naturalização ordinária e extraordinária, serão considerados os períodos em que o imigrante tenha passado a residir no País por prazo indeterminado.

Parágrafo único. A residência será considerada fixa, para fins da naturalização provisória prevista no art. 244, a partir do momento em que o imigrante passar a residir no País por prazo indeterminado.

Art. 222. A avaliação da capacidade do naturalizando de se comunicar em língua portuguesa será regulamentada por ato do Ministro de Estado da Justiça e Segurança Pública.

Parágrafo único. Para fins do disposto no inciso III do *caput* do art. 233 e no inciso II do *caput* do art. 241, as condições do naturalizando quanto à capacidade de comunicação em língua portuguesa considerarão aquelas decorrentes de deficiência, nos termos da legislação vigente.

Art. 223. O naturalizando poderá requerer a tradução ou a adaptação de seu nome à língua portuguesa.

Art. 224. O interessado que desejar ingressar com pedido de naturalização ordinária, extraordinária, provisória ou de transformação da naturalização provisória em definitiva deverá apresentar requerimento em unidade da Polícia Federal, dirigido ao Ministério da Justiça e Segurança Pública.

Parágrafo único. Na hipótese de naturalização especial, a petição poderá ser apresentada a autoridade consular brasileira, que a remeterá ao Ministério da Justiça e Segurança Pública.

Art. 225. As notificações relacionadas com o processo de naturalização serão efetuadas preferencialmente por meio eletrônico.

Art. 226. Os Ministérios da Justiça e Segurança Pública e das Relações Exteriores tramitarão os pedidos de naturalização por meio de sistema eletrônico integrado.

Art. 227. A Polícia Federal, ao processar o pedido de naturalização:

I – coletará os dados biométricos do naturalizando;

II – juntará as informações sobre os antecedentes criminais do naturalizando; e

III – relatará o requerimento de naturalização; e

IV – poderá apresentar outras informações que instruam a decisão quanto ao pedido de naturalização.

Parágrafo único. Na hipótese de naturalização especial, a coleta dos dados biométricos prevista no inciso I do *caput* será realizada pelo Ministério das Relações Exteriores.

Art. 228. O procedimento de naturalização se encerrará no prazo de cento e oitenta dias, contado da data do recebimento do pedido.

§ 1º Na hipótese de naturalização especial, a contagem do prazo se iniciará a partir do recebimento do pedido pelo Ministério da Justiça e Segurança Pública.

§ 2º Caso sejam necessárias diligências para o procedimento de naturalização, o prazo previsto no *caput* poderá ser prorrogado por meio de ato do Ministro de Estado da Justiça e Segurança Pública que fundamente a prorrogação.

Art. 229. O brasileiro que tenha optado pela nacionalidade brasileira ou aquele naturalizado que tenha cumprido as suas obrigações militares no país de sua nacionalidade anterior fará jus ao Certificado de Dispensa de Incorporação.

Art. 230. A naturalização produz efeitos após a data da publicação no Diário Oficial da União do ato de naturalização.

§ 1º Publicado o ato de naturalização no Diário Oficial da União, o Ministério da Justiça e Segurança Pública comunicará as naturalizações concedidas, preferencialmente por meio eletrônico:

I – ao Ministério da Defesa;

II – ao Ministério das Relações Exteriores; e

III – à Polícia Federal.

§ 2º O registro do ato de concessão da naturalização será realizado, em sistema próprio do Ministério da Justiça e Segurança Pública, com o nome anterior e, caso exista, o traduzido ou o adaptado.

Art. 231. No prazo de até um ano após a concessão da naturalização, o naturalizado maior de dezoito anos e menor de setenta anos deverá comparecer perante a Justiça Eleitoral para o devido cadastramento.

Parágrafo único. A informação quanto à necessidade de comparecimento ou não perante a Justiça Eleitoral constará da decisão de naturalização publicada pelo Ministério da Justiça e Segurança Pública no Diário Oficial da União.

Art. 232. O prazo para apresentação de recurso na hipótese de indeferimento do pedido de naturalização será de dez dias, contado da data do recebimento da notificação.

§ 1º O recurso deverá ser julgado no prazo de sessenta dias, contado da data da sua interposição.

§ 2º A manutenção da decisão não impedirá a apresentação de novo pedido de naturalização, desde que satisfeitas as condições objetivas necessárias à naturalização.

§ 3º Na hipótese de naturalização especial, o prazo estabelecido no *caput* será contado da data da notificação do requerente pelo Ministério das Relações Exteriores.

Seção III
Da Naturalização Ordinária

Art. 233. No procedimento para a concessão de naturalização ordinária, deverão ser comprovados:

I – capacidade civil, segundo a lei brasileira;

II – residência no território nacional, pelo prazo mínimo de quatro anos;

III – capacidade de se comunicar em língua portuguesa, consideradas as condições do naturalizando; e

IV – inexistência de condenação penal ou comprovação de reabilitação, nos termos da legislação vigente.

§ 1º O prazo de residência no território nacional a que se refere o inciso II do *caput* deverá ser imediatamente anterior à apresentação do pedido.

§ 2º Na contagem do prazo previsto no inciso II do *caput*, as viagens esporádicas do naturalizando ao exterior cuja soma dos períodos de duração não ultrapassem o período de doze meses não impedirão o deferimento da naturalização ordinária.

§ 3º A posse ou a propriedade de bens no País não será prova suficiente do requisito estabelecido no inciso II do *caput*, hipótese em que deverá ser comprovada a residência efetiva no País.

§ 4º O Ministério da Justiça e Segurança Pública consultará bancos de dados oficiais para comprovar o prazo de residência de que trata o inciso II do *caput*.

Art. 234. O pedido de naturalização ordinária se efetivará por meio da:

I – apresentação da Carteira de Registro Nacional Migratório do naturalizando;

II – comprovação de residência no território nacional pelo prazo mínimo requerido;

III – demonstração do naturalizando de que se comunica em língua portuguesa, consideradas as suas condições;

IV – apresentação de certidões de antecedentes criminais expedidas pelos Estados onde tenha residido nos últimos quatro anos e, se for o caso, de certidão de reabilitação; e

V – apresentação de atestado de antecedentes criminais expedido pelo país de origem.

Art. 235. O prazo de residência mínimo estabelecido no inciso II do *caput* do art. 233 será reduzido para um ano se o naturalizando preencher um dos seguintes requisitos:

I – ter filho brasileiro nato ou naturalizado, ressalvada a naturalização provisória; ou

II – ter cônjuge ou companheiro brasileiro e não estar dele separado legalmente ou de fato no momento de concessão da naturalização.

Art. 236. O prazo de residência mínimo estabelecido no inciso II do *caput* do art. 233 será reduzido para dois anos se o naturalizando preencher um dos seguintes requisitos:

I – ter prestado ou poder prestar serviço relevante ao País; ou

II – ser recomendo por sua capacidade profissional, científica ou artística.

Parágrafo único. A avaliação sobre a relevância do serviço prestado ou a ser prestado ao País e sobre a capacidade profissional, científica ou artística será realizada pelo Ministério da Justiça e Segurança Pública, que poderá consultar outros órgãos da administração pública.

Art. 237. Observado o disposto no art. 12, *caput*, inciso II, alínea *a*, da Constituição, para os imigrantes originários de países de língua portuguesa serão exigidas:

I – residência no País por um ano ininterrupto; e

II – idoneidade moral.

Seção IV
Da Naturalização Extraordinária

Art. 238. A naturalização extraordinária será concedida a pessoa de qualquer nacionalidade que tenha fixado residência no território nacional há mais de quinze anos ininterruptos e sem condenação penal, ou já reabilitada na forma da legislação vigente, desde que requeira a nacionalidade brasileira.

§ 1º O prazo de residência no território nacional a que se refere o *caput* deverá ser imediatamente anterior à apresentação do pedido.

§ 2º Na contagem do prazo previsto no *caput*, as viagens esporádicas do naturalizando ao exterior não impedirão o deferimento da naturalização extraordinária.

§ 3º A posse ou a propriedade de bens no País não será prova suficiente do requisito estabelecido no *caput*, hipótese em que deverá ser comprovada a residência efetiva no País.

§ 4º O Ministério da Justiça e Segurança Pública poderá consultar bancos de dados oficiais para comprovar o prazo de residência no País previsto no *caput*.

Art. 239. O pedido de naturalização extraordinária se efetivará por meio da apresentação:

I – da Carteira de Registro Nacional Migratório do naturalizando;

II – de certidões de antecedentes criminais expedidas pelos Estados onde tenha residido nos últimos quatro anos e, se for o caso, de certidão de reabilitação; e

III – de atestado de antecedentes criminais expedido pelo país de origem.

Seção V
Da Naturalização Especial

Art. 240. A naturalização especial poderá ser concedida ao estrangeiro que se enquadre em uma das seguintes hipóteses:

I – ser cônjuge ou companheiro, há mais de cinco anos, de integrante do Serviço Exterior Brasileiro em atividade ou de pessoa a serviço do Estado brasileiro no exterior; ou

II – ser ou ter sido empregado em missão diplomática ou em repartição consular do País por mais de dez anos ininterruptos.

§ 1º Para fins do disposto no inciso I do *caput*, considera-se pessoa a serviço do Estado brasileiro aquela cujo ato de designação ou nomeação tenha sido feito por autoridade competente e publicado no Diário Oficial da União.

§ 2º Serão computados na contagem do prazo estabelecido no inciso II do *caput* os afastamentos do empregado por motivo de:

I – férias;

II – licença-maternidade ou licença-paternidade;

III – saúde; ou

IV – licença, nos termos da legislação trabalhista do país em que esteja instalada a missão diplomática ou repartição consular, cujo prazo de duração seja inferior a seis meses.

Art. 241. No procedimento para a concessão da naturalização especial deverão ser comprovados:

I – capacidade civil, segundo a lei brasileira;

II – capacidade de se comunicar em língua portuguesa, consideradas as condições do naturalizando; e

III – inexistência de condenação penal ou comprovação de reabilitação, nos termos da legislação vigente.

Art. 242. O pedido de naturalização especial se efetivará por meio da:

I – apresentação de documento de identidade civil válido do naturalizando;

II – demonstração do naturalizando de que se comunica em língua portuguesa, consideradas as suas condições;

III – apresentação de atestado de antecedentes criminais expedido pelo país de origem e, se residir em país diferente, também pelo país de residência.

Art. 243. Ato conjunto dos Ministros de Estado da Justiça e Segurança Pública e das Relações Exteriores disporá sobre os documentos necessários para a comprovação dos requisitos estabelecidos para a solicitação de naturalização especial.

Seção VI
Da Naturalização Provisória

Art. 244. A naturalização provisória poderá ser concedida ao migrante criança ou adolescente que tenha fixado residência no território nacional antes de completar dez anos de idade e deverá ser requerida por intermédio de seu representante legal.

Art. 245. O pedido de naturalização provisória se efetivará por meio da apresentação:

I – da Carteira de Registro Nacional Migratório do naturalizando; e

II – de documento de identificação civil do representante ou do assistente legal da criança ou do adolescente.

Art. 246. A naturalização provisória será convertida em definitiva se o naturalizando expressamente assim o requerer ao Ministério da Justiça e Segurança Pública no prazo de dois anos após atingir a maioridade civil.

§ 1º Na avaliação do pedido de conversão de que trata o *caput*, será exigida a apresentação de certidões de antecedentes criminais expedidas pelos Estados onde o naturalizando tenha residido após completar a maioridade civil e, se for o caso, de certidão de reabilitação.

§ 2º O Ministério da Justiça e Segurança Pública consultará bancos de dados oficiais para comprovar a residência do naturalizando no País.

Seção VII
Da Igualdade de Direitos entre Portugueses e Brasileiros

Art. 247. O procedimento para solicitação de igualdade de direitos entre portugueses e brasileiros a que se referem a Convenção de Reciprocidade de Tratamento entre Brasileiros e Portugueses, promulgada pelo Decreto 70.391, de 12 de abril de 1972, e o Tratado de Amizade, Cooperação e Consulta entre a República Federativa do Brasil e a República Portuguesa, promulgado pelo Decreto 3.927, de 19 de setembro de 2001, será previsto em ato do Ministro de Estado da Justiça e Segurança Pública.

Seção VIII
Da Perda da Nacionalidade

Art. 248. O naturalizado perderá a nacionalidade em razão de sentença transitada em julgado por atividade nociva ao interesse nacional, nos termos estabelecidos no art. 12, § 4º, inciso I, da Constituição.

Parágrafo único. A sentença judicial que cancelar a naturalização por atividade nociva ao interesse nacional produzirá efeitos após o trânsito em julgado.

Art. 249. A perda da nacionalidade será declarada ao brasileiro que adquirir outra nacionalidade, exceto nas seguintes hipóteses:

I – de reconhecimento de nacionalidade originária pela lei estrangeira; e

II – de imposição de naturalização, pela norma estrangeira, ao brasileiro residente em estado estrangeiro, como condição para permanência em seu território ou para o exercício de direitos civis.

Art. 250. A declaração da perda de nacionalidade brasileira se efetivará por ato do Ministro de Estado da Justiça e Segurança Pública, após procedimento administrativo, no qual serão garantidos os princípios do contraditório e da ampla defesa.

Art. 251. Na hipótese de procedimento de perda de nacionalidade instaurado a pedido do interessado, a solicitação deverá conter, no mínimo:

I – a identificação do interessado, com a devida documentação;

II – o relato do fato motivador e a sua fundamentação legal;

III – a documentação que comprove a incidência de hipótese de perda de nacionalidade, devidamente traduzida, se for o caso;

IV – endereço de correio eletrônico do interessado, se o possuir.

§ 1º O Ministério da Justiça e Segurança Pública dará publicidade da decisão quanto à perda de nacionalidade em seu sítio eletrônico, inclusive quando houver interposição de recurso.

§ 2º Caberá recurso da decisão a que se refere o § 1º à instância imediatamente superior, no prazo de dez dias, contado da data da publicação no sítio eletrônico do Ministério da Justiça e Segurança Pública.

Art. 252. O Ministério da Justiça e Segurança Pública dará ciência da perda da nacionalidade:

I – ao Ministério das Relações Exteriores;

II – ao Conselho Nacional de Justiça; e

III – à Polícia Federal.

Art. 253. O risco de geração de situação de apatridia será considerado previamente à declaração da perda da nacionalidade.

Seção IX
Da Reaquisição da Nacionalidade

Art. 254. O brasileiro que houver perdido a nacionalidade, em razão do disposto no inciso II do § 4º do art. 12 da Constituição, poderá, se cessada a causa, readquiri-la ou ter revogado o ato que declarou a sua perda.

§ 1º Cessada a causa da perda de nacionalidade, o interessado, por meio de requerimento endereçado ao Ministro da Justiça e Segurança Pública, poderá pleitear a sua reaquisição.

§ 2º A reaquisição da nacionalidade brasileira ficará condicionada à:

I – comprovação de que possuía a nacionalidade brasileira; e

II – comprovação de que a causa que deu razão à perda da nacionalidade brasileira cessou.

§ 3º A cessação da causa da perda da nacionalidade brasileira poderá ser demonstrada por meio de ato do interessado que represente pedido de renúncia da nacionalidade então adquirida.

§ 4º O ato que declarou a perda da nacionalidade poderá ser revogado por decisão do Ministro de Estado da Justiça e Segurança Pública caso seja constatado que estava presente uma das exceções previstas nas alíneas *a* e *b* do inciso II do § 4º do art. 12 da Constituição.

§ 5º A decisão de revogação será fundamentada por meio da comprovação de reconhecimento de nacionalidade originária pela lei estrangeira ou de imposição de naturalização, o que poderá ser realizado por qualquer meio permitido na legislação brasileira.

§ 6º Os efeitos decorrentes da perda da nacionalidade constarão da decisão de revogação.

§ 7º O deferimento do requerimento de reaquisição ou a revogação da perda importará no restabelecimento da nacionalidade originária brasileira.

Capítulo XIII
Do Emigrante

Art. 255. O recrutamento, no território nacional, de brasileiro para trabalhar no exterior em empresa estrangeira cujo capital social tenha participação de empresa brasileira será regulamentado em ato do Ministro de Estado do Trabalho.

Seção I
Das Políticas Públicas para os Emigrantes

Art. 256. As políticas públicas para os emigrantes observarão os seguintes princípios e diretrizes:

I – proteção e prestação de assistência consular por meio das representações do País no exterior, a fim de proteger os interesses dos nacionais brasileiros;

II – promoção de condições de vida digna, por meio, entre outros, da facilitação do registro consular e da prestação de serviços consulares relativos às áreas de educação, saúde, trabalho, previdência social e cultura;

III – promoção de estudos e pesquisas sobre os emigrantes e as comunidades de brasileiros no exterior, a fim de subsidiar a formulação de políticas públicas;

IV – atuação diplomática, nos âmbitos bilateral, regional e multilateral, em defesa dos direitos do emigrante brasileiro, conforme o direito internacional;

V – ação governamental integrada, sob a coordenação do Ministério das Relações Exteriores, com a participação de órgãos da administração pública com atuação nas áreas temáticas mencionadas nos incisos I, II, III e IV, com vistas a assistir as comunidades brasileiras no exterior; e

VI – esforço permanente de desburocratização, atualização e modernização do sistema de atendimento, com o objetivo de aprimorar a assistência ao emigrante.

Art. 257. A assistência consular compreende:

I – o acompanhamento de casos de acidentes, hospitalização, falecimento e prisão no exterior;

II – a localização e a repatriação de nacionais brasileiros; e

III – o apoio em casos de conflitos armados e catástrofes naturais.

§ 1º A assistência consular não compreende o custeio de despesas com sepultamento e traslado de corpos de nacionais que tenham falecido do exterior, nem despesas com hospitalização, excetuados os itens médicos e o atendimento emergencial em situações de caráter humanitário.

§ 2º A assistência consular observará as disposições do direito internacional e das leis locais do país em que a representação do País no exterior estiver sediada.

Art. 258. Caberá aos Ministérios das Relações Exteriores e da Fazenda buscar garantir a isonomia de tratamento aos brasileiros que, residentes no exterior, recebam suas aposentadorias e suas

Legislação

pensões no âmbito de tratado sobre previdência social de que o País seja parte.

Seção II
Dos Direitos do Emigrante

Art. 259. O emigrante que decidir retornar ao País com ânimo de residência poderá introduzir no País, com isenção de direitos de importação e de taxas aduaneiras, os bens novos ou usados que o viajante, em compatibilidade com as circunstâncias de sua viagem, puder destinar para o uso ou o consumo pessoal e profissional, sempre que, por sua quantidade, natureza ou variedade, não permitam presumir importação ou exportação com fins comerciais ou industriais.

Art. 260. Na hipótese de ameaça à paz social e à ordem pública por instabilidade institucional grave ou iminente ou de calamidade de grande proporção na natureza, deverá ser prestada assistência especial ao emigrante pelas representações brasileiras no exterior.

Parágrafo único. Em situação de instabilidade política ou catástrofe natural, caberá ao Ministério das Relações Exteriores avaliar a efetiva ameaça à integridade física dos brasileiros afetados por desastres naturais, ameaças e conturbações diversas e avaliar as ações de apoio que se mostrem efetivamente necessárias.

Art. 261. O tripulante brasileiro contratado por embarcação ou armadora estrangeira, de cabotagem ou a longo curso e com sede ou filial no País que explore economicamente o mar territorial e a costa brasileira terá direito a seguro a cargo do contratante, válido para todo o período da contratação, conforme disposto no Registro de Embarcações Brasileiras, contra acidente de trabalho, invalidez total ou parcial e morte, sem prejuízo de benefícios de apólice mais favorável vigente no exterior.

Capítulo XIV
Das Medidas de Cooperação Vinculadas à Mobilidade

Seção I
Da Extradição

Art. 262. A extradição é a medida de cooperação internacional entre o Estado brasileiro e outro Estado pela qual será concedida ou solicitada a entrega de pessoa sobre quem recaia condenação criminal definitiva ou para fins de instrução de processo penal em curso.

§ 1º A tramitação do pedido será feita por via diplomática ou pelas autoridades centrais designadas para esse fim.

§ 2º A extradição e a sua rotina de comunicação serão realizadas pelo Ministério da Justiça e Segurança Pública em coordenação com o Ministério das Relações Exteriores e com as autoridades judiciárias e policiais competentes.

Art. 263. São condições para concessão da extradição:

I – o crime ter sido cometido no território do Estado requerente ou serem aplicáveis ao extraditando as leis penais desse Estado; e

II – o extraditando estar respondendo a processo investigatório ou a processo penal ou ter sido condenado pelas autoridades judiciárias do Estado requerente à pena privativa de liberdade superior a dois anos.

Art. 264. Compete ao Ministério da Justiça e Segurança Pública a autorização de trânsito de pessoas extraditadas por pedido de outros Estados estrangeiros pelo território nacional, observado o disposto na Lei 13.445, de 2017.

Art. 265. Ato do Ministro de Estado da Justiça e Segurança Pública disporá sobre os procedimentos necessários para efetivar as extradições em que o Estado brasileiro figure no polo ativo ou passivo.

Subseção I
Da Extradição Passiva

Art. 266. A extradição passiva ocorre quando o Estado estrangeiro solicita ao Estado brasileiro a entrega de pessoa que se encontre no território nacional sobre quem recaia condenação criminal definitiva ou para fins de instrução de processo penal em curso.

Parágrafo único. O disposto no *caput* não impedirá a transferência temporária de pessoas sob custódia para fins de auxílio jurídico mútuo, nos termos de tratado ou de promessa de reciprocidade de tratamento.

Art. 267. A extradição não será concedida quando:

I – o indivíduo cuja extradição seja solicitada ao País for brasileiro nato;

II – o fato que motivar o pedido não for considerado crime no País ou no Estado requerente;

III – o País for competente, segundo as suas leis, para julgar o crime imputado ao extraditando;

IV – a lei brasileira impuser ao crime pena de prisão inferior a dois anos;

V – o extraditando estiver respondendo a processo ou já houver sido condenado ou absolvido no País pelo mesmo fato em que se fundar o pedido;

VI – a punibilidade estiver extinta pela prescrição, segundo a lei brasileira ou a do Estado requerente;

VII – o fato constituir crime político ou de opinião;

VIII – o extraditando tiver de responder, no Estado requerente, perante tribunal ou juízo de exceção; ou

IX – o extraditando for beneficiário de refúgio, nos termos da Lei 9.474, de 1997, ou de asilo territorial.

§ 1º A hipótese prevista no inciso VII do *caput* não impedirá a extradição quando o fato constituir, principalmente, infração à lei penal comum ou quando o crime comum, conexo ao delito político, constituir o fato principal.

§ 2º A apreciação do caráter da infração caberá ao Supremo Tribunal Federal.

§ 3º Para determinar a incidência da hipótese prevista no inciso I do *caput*, a anterioridade do fato gerador da extradição será observada nos casos de aquisição de outra nacionalidade por naturalização.

§ 4º O Supremo Tribunal Federal poderá deixar de considerar crime político:

I – atentado contra chefe de Estado ou outras autoridades;

II – crime contra a humanidade;

III – crime de guerra;

IV – crime de genocídio; e

V – ato de terrorismo.

§ 5º A extradição de brasileiro naturalizado pela prática de crime comum antes da naturalização ou o envolvimento em tráfico ilícito de entorpecentes e drogas afins independerá da perda da nacionalidade.

Art. 268. O extraditando poderá entregar-se voluntariamente ao Estado requerente, desde que o declare expressamente, esteja assistido por advogado e seja advertido de que tem direito ao processo judicial de extradição e à proteção que tal direito encerra, hipótese em que o pedido será decidido pelo Supremo Tribunal Federal.

Art. 269. O pedido de extradição originário de Estado estrangeiro será recebido pelo Ministério da Justiça e Segurança Pública e, após o exame da presença dos pressupostos formais de admissibilidade exigidos na Lei 13.445, de 2017, ou em tratado de que o País seja parte, será encaminhado ao Supremo Tribunal Federal.

§ 1º Os compromissos de que trata o art. 274 deverão ser apresentados no ato de formalização do pedido pelo Estado requerente.

§ 2º Não preenchidos os pressupostos de que trata este artigo, o pedido será arquivado mediante decisão fundamentada, sem prejuízo da possibilidade de renovação do pedido, devidamente instruído, uma vez superado o óbice apontado.

Art. 270. Nenhuma extradição será concedida sem prévio pronunciamento do Supremo Tribunal Federal sobre sua legalidade e sua procedência.

Parágrafo único. Não caberá recurso da decisão proferida pelo Supremo Tribunal Federal.

Art. 271. Julgada procedente a extradição pelo Supremo Tribunal Federal, o Ministério da Justiça e Segurança Pública avaliará se o estrangeiro cumpre os requisitos para ser extraditado.

Parágrafo único. Em caso positivo, o cumprimento dos requisitos será comunicado por via diplomática ou pelas autoridades centrais ao Estado requerente, que, no prazo de sessenta dias, contado da data da ciência da comunicação, deverá retirar o extraditando do território nacional.

Art. 272. Se o extraditando estiver respondendo a processo ou tiver sido condenado no País por crime punível com pena privativa de liberdade, a extradição apenas será executada após a conclusão do processo ou o cumprimento total da pena, exceto nas seguintes hipóteses:

I – liberação antecipada do extraditando pelo Poder Judiciário; ou

II – solicitação do extraditando para ser transferido para cumprir o restante da pena em seu país de origem ou no país onde possuía residência habitual ou possua vínculo pessoal.

Art. 273. Se o Estado requerente não retirar o extraditando do território nacional no prazo estabelecido no art. 272, ele será posto em liberdade, sem prejuízo de outras medidas aplicáveis.

Art. 274. A entrega do extraditando não será efetivada sem que o Estado requerente assuma o compromisso de:

I – não submeter o extraditando a prisão ou a processo por fato anterior ao pedido de extradição;

II – computar o tempo de prisão que, no País, tenha sido imposta por força da extradição;

III – comutar a pena corporal, perpétua ou de morte em pena privativa de liberdade, respeitado o limite máximo de cumprimento de trinta anos;

IV – não entregar o extraditando, sem consentimento do País, a outro Estado que o reclame;

V – não considerar qualquer motivo político para agravar a pena; e

VI – não submeter o extraditando a tortura ou a outros tratamentos ou penas cruéis, desumanos ou degradantes.

Art. 275. Em caso de urgência, o Estado interessado na extradição poderá, prévia ou conjuntamente com a formalização do pedido de extradição, requerer, por via diplomática ou por meio de autoridade central, no âmbito do Ministério da Justiça e Segurança Pública, prisão cautelar com o objetivo de assegurar a executoriedade da medida de extradição, hipótese em que caberá à autoridade central, após o exame da presença dos pressupostos formais de admissibilidade exigidos na Lei 13.445, de 2017, ou em tratado de que o País seja parte, representar ao Supremo Tribunal Federal, que ouvirá previamente o Ministério Público Federal.

§ 1º O pedido de prisão cautelar deverá conter informação sobre o crime cometido e deverá ser fundamentado, o qual poderá ser apresentado por correio, fax, mensagem eletrônica ou qualquer outro meio que assegure a comunicação por escrito.

§ 2º Na ausência de tratado, o Ministério das Relações Exteriores será provocado pelo Ministério da Justiça e Segurança Pública para obtenção, junto ao país requerente, da promessa de reciprocidade de tratamento necessária à instrução do pedido de prisão.

§ 3º O pedido de prisão cautelar poderá ser transmitido ao Supremo Tribunal Federal para extradição no País por meio de canal estabelecido com o ponto focal da Interpol no País, devidamente instruído com a documentação comprobatória da existência de ordem de prisão proferida por Estado estrangeiro, e, na ausência de tratado, com a promessa de reciprocidade de tratamento recebida por via diplomática.

§ 4º Efetivada a prisão do extraditando, o pedido de extradição será encaminhado ao Supremo Tribunal Federal.

§ 5º Na ausência de disposição específica em convenção ou tratado internacional, o Estado estrangeiro deverá formalizar o pedido de extradição no prazo de sessenta dias, contado da data em que tiver sido cientificado da prisão do extraditando.

§ 6º A prisão cautelar poderá ser prorrogada até o julgamento final da autoridade judiciária competente quanto à legalidade do pedido de extradição, resguardada a manutenção da prisão até a entrega efetiva do extraditando ao Estado estrangeiro, observado o disposto nos art. 92 e art. 93 da Lei 13.445, de 2017.

Art. 276. Ao ser comunicado pelo Supremo Tribunal Federal a respeito da decisão sobre a concessão de prisão cautelar, o Ministério da Justiça e Segurança Pública deverá:

I – se deferida a prisão, dar cumprimento à ordem e comunicar o Estado requerente, sem prejuízo das comunicações entre as congêneres da Interpol, realizadas por seu canal oficial; ou

II – se denegada a prisão, comunicar prontamente o Estado requerente.

Art. 277. Efetivada a prisão, o Ministério da Justiça e Segurança Pública deverá informar ao Supremo Tribunal Federal a data do cumprimento da medida e o local onde o extraditando ficará custodiado no País, hipótese em que o preso ficará à disposição daquele Tribunal.

Subseção II
Da Extradição Ativa

Art. 278. A extradição ativa ocorre quando o Estado brasileiro requer a Estado Estrangeiro a entrega de pessoa sobre quem recaia condenação criminal definitiva ou para fins de instrução de processo penal em curso.

Parágrafo único. O disposto no *caput* não impedirá a transferência temporária de pessoas sob custódia para fins de auxílio jurídico mútuo, nos termos de tratado ou de promessa de reciprocidade de tratamento.

Art. 279. O pedido que possa originar processo de extradição perante Estado estrangeiro deverá ser encaminhado ao Ministério da Justiça e Segurança Pública diretamente pelo órgão do Poder Judiciário responsável pela decisão ou pelo processo penal que a fundamenta.

§ 1º Compete ao Ministério da Justiça e Segurança Pública o papel de orientação, de informação e de avaliação dos elementos formais de admissibilidade dos processos preparatórios para encaminhamento ao Estado requerido, por via diplomática ou por via de autoridades centrais.

§ 2º Compete exclusivamente ao órgão do Poder Judiciário responsável pelo processo penal o encaminhamento do pedido de extradição ativa para o Ministério da Justiça e Segurança Pública devidamente instruído, acompanhado da tradução juramentada.

§ 3º Caso o pedido de extradição ativa seja encaminhado diretamente ao Ministério das Relações Exteriores, este deverá necessariamente retransmiti-lo ao Ministério da Justiça e Segurança Pública, a fim de ser realizado o juízo prévio de admissibilidade.

§ 4º O Ministério da Justiça e Segurança Pública poderá notificar os órgãos do sistema de Justiça vinculados ao processo gerador do pedido de extradição, a fim de que tais órgãos viabilizem a apresentação ao juízo competente dos documentos, das manifestações e dos demais elementos necessários para o processamento do pedido, acompanhado das traduções oficiais.

§ 5º O encaminhamento do pedido de extradição pelo órgão do Poder Judiciário responsável pelo processo penal ao Ministério da Justiça e Segurança Pública confere autenticidade aos documentos.

Art. 280. O Ministério da Justiça e Segurança Pública realizará o exame da presença dos pressupostos formais de admissibilidade exigidos em lei ou em tratado e, caso atendidos, providenciará o encaminhamento imediato do pedido de prisão ou de extradição ao Estado requerido, por via diplomática ou por via de autoridades centrais.

Seção II
Da Transferência de Execução da Pena

Art. 281. Nas hipóteses em que couber solicitação de extradição executória, o Ministério da Justiça e Segurança Pública exercerá a função de autoridade central e realizará o exame da presença dos pressupostos formais de admissibilidade exigidos na legislação brasileira ou em tratado de que o País faça parte, a fim de que o pedido de transferência de execução da pena possa ser processado perante as autoridades brasileiras competentes, desde que observado o princípio do non bis in idem.

Art. 282. São requisitos para a transferência de execução de pena:

I – o condenado em território estrangeiro ser nacional ou ter residência habitual ou vínculo pessoal no País;

II – a sentença ter transitado em julgado;

III – a duração da condenação a cumprir ou que restar para cumprir ser de, no mínimo, um ano na data da apresentação do pedido ao Estado da condenação;

IV – o fato que originou a condenação constituir infração penal perante a lei de ambas as partes; e

V – a transferência ser baseada em tratado ou promessa de reciprocidade de tratamento.

Art. 283. O pedido será recebido pelo Ministério da Justiça e Segurança Pública, que, após o exame da presença dos pressupostos formais de admissibilidade exigidos na legislação brasileira ou em tratado de que o País faça parte, encaminhará a solicitação ao Superior Tribunal de Justiça para decisão quanto à homologação da sentença estrangeira.

Art. 284. Ato do Ministro de Estado da Justiça e Segurança Pública definirá os procedimentos necessários para efetuar as transferências de execução de pena, sejam aquelas solicitadas, sejam aquelas autorizadas pelo Estado brasileiro.

Seção III
Da Transferência de Pessoa Condenada

Art. 285. A transferência da pessoa condenada, mecanismo de cooperação jurídica internacional de natureza humanitária que visa a contribuir para a reintegração social do beneficiado, poderá ser concedida quando o pedido for fundamentado em tratado de que o País faça parte ou houver promessa de reciprocidade de tratamento.

§ 1º O condenado no território nacional poderá ser transferido para o seu país de nacionalidade ou para o país em que tiver residência habitual ou vínculo pessoal, desde que expresse interesse nesse sentido, a fim de cumprir a pena a ele imposta pelo Estado brasileiro por sentença a transitada em julgado.

§ 2º A transferência da pessoa condenada no País poderá ser concedida juntamente com a aplicação de medida de impedimento de reingresso no território nacional.

§ 3º Compete ao Ministério da Justiça e Segurança Pública o processamento e a autorização das transferências de pessoas condenadas, além da análise técnica dos processos de negociação e ampliação da rede de tratados internacionais sobre a matéria, em coordenação com o Ministério das Relações Exteriores.

§ 4º Nas hipóteses de transferência, a Polícia Federal providenciará o registro de dados biográficos e biométricos do condenado, do qual constarão a coleta de impressões digitais e fotografia.

Art. 286. A responsabilidade pela aplicação e pela administração continuada da pena deverá passar do Estado remetente para o Estado recebedor assim que a pessoa condenada for formalmente entregue à custódia das autoridades do Estado recebedor.

§ 1º Quando a pessoa condenada for entregue à custódia das autoridades do Estado recebedor, a aplicação da sentença pelo Estado remetente cessará.

§ 2º Na hipótese de pessoa condenada transferida que retorne ao Estado remetente depois do término do cumprimento da sentença no Estado recebedor, o Estado remetente não deverá aplicará novamente a sentença original.

Art. 287. O Ministério da Justiça e Segurança Pública manterá contato com o juízo competente no território nacional ou com a autoridade central do Estado recebedor, conforme o caso, para monitorar a aplicação continuada da sentença depois da transferência.

Art. 288. A aplicação da pena será regida pela lei do Estado recebedor, inclusive quanto às formas de extinção da punibilidade, exceto se previsto de maneira diversa em tratado de que o País seja parte.

Art. 289. Nenhuma pessoa condenada será transferida, a menos que a sentença seja de duração e natureza exequíveis ou que tenha sido adaptada a duração exequível no Estado recebedor por suas autoridades competentes, nos termos da legislação interna.

Parágrafo único. O Ministério da Justiça e Segurança Pública, no acompanhamento da aplicação da pena, atentará para que o Estado recebedor não agrave, de qualquer modo, a pena imposta no Estado remetente, observada a legislação do Estado remetente.

Art. 290. Ato do Ministro de Estado da Justiça e Segurança Pública disporá sobre os procedimentos necessários para efetivar a transferência de pessoas condenadas.

Subseção I
Da Transferência Passiva

Art. 291. A transferência passiva ocorre quando a pessoa condenada pela Justiça brasileira solicitar ou concordar com a transferência para o seu país de nacionalidade ou para o país em que tiver residência habitual ou vínculo pessoal para cumprir o restante da pena.

Art. 292. O processo de transferência passiva de pessoa condenada somente será iniciado por meio de solicitação ao Ministério da Justiça e Segurança Pública feita:

I – pela pessoa condenada; ou

II – por qualquer pessoa ou autoridade, brasileira ou estrangeira, que tenha conhecimento do interesse da pessoa condenada em ser transferida.

Art. 293. Apresentado o pedido de transferência de pessoa condenada, o Ministério da Justiça e Segurança Pública verificará o preenchimento dos seguintes requisitos:

I – o condenado no território de uma das partes ser nacional ou ter residência habitual ou vínculo pessoal no território da outra parte que justifique a transferência;

II – a sentença ter transitado em julgado;

III – a duração da condenação a cumprir ou que restar para cumprir ser de, no mínimo, um ano na data da apresentação do pedido ao Estado da condenação;

IV – o fato que originou a condenação constituir infração penal perante a lei de ambos os Estados;

V – haver manifestação de vontade do condenado ou, quando for o caso, de seu representante; e

VI – haver concordância de ambos os Estados.

§ 1º O Ministério da Justiça e Segurança Pública poderá atuar junto ao Poder Judiciário, aos estabelecimentos penitenciários, às repartições diplomáticas ou consulares e ao Estado recebedor, por via diplomática ou por via de autoridades centrais, e a outros órgãos envolvidos, a fim de obter informações quanto ao atendimento aos requisitos estabelecidos no *caput*.

§ 2º Na hipótese de não haver sentença transitada em julgado, o processo será sobrestado até a sentença condenatória definitiva.

§ 3º Caso os demais requisitos estabelecidos no *caput* além daquele a que se refere o § 2º não sejam atendidos, o processo será arquivado e o interessado será comunicado imediatamente, sem prejuízo de nova solicitação de transferência.

Art. 294. O pedido de transferência será fundamentado em tratado de que o País seja parte ou, na sua ausência, em promessa de reciprocidade de tratamento.

Parágrafo único. A promessa de reciprocidade de tratamento será solicitada, por via diplomática, ao Estado recebedor pelo Ministério das Relações Exteriores.

Art. 295. Ato do Ministro de Estado da Justiça e Segurança Pública disporá sobre a documentação necessária à instrução dos processos, considerados os tratados e os compromissos assumidos por reciprocidade de tratamento.

Subseção II
Da Transferência Ativa

Art. 296. A transferência ativa ocorre quando a pessoa condenada pela Justiça do Estado estrangeiro solicitar ou concordar com a transferência para o País, por possuir nacionalidade brasileira ou residência habitual ou vínculo pessoal no território nacional, para cumprir o restante da pena.

Art. 297. O processo de transferência ativa de pessoa condenada somente será iniciado por meio de solicitação ao Ministério da Justiça e Segurança Pública feita:

I – pela pessoa condenada; ou

II – por qualquer pessoa ou autoridade, brasileira ou estrangeira, que tenha conhecimento do interesse da pessoa condenada em ser transferida.

Art. 298. Apresentado o pedido de transferência de pessoa condenada, o Ministério da Justiça e Segurança Pública verificará o preenchimento dos seguintes requisitos:

I – o condenado no território de uma das partes ser nacional ou ter residência habitual ou vínculo pessoal no território da outra parte que justifique a transferência;

II – a sentença ter transitado em julgado;

III – a duração da condenação a cumprir ou que restar para cumprir ser de, no mínimo, um ano na data da apresentação do pedido ao Estado da condenação;

IV – o fato que originou a condenação constituir infração penal perante a lei de ambos os Estados;

V – haver manifestação de vontade do condenado ou, quando for o caso, de seu representante; e

VI – haver concordância de ambos os Estados.

§ 1º O Ministério da Justiça e Segurança Pública informará ao juízo competente da Justiça Federal sobre o pedido de transferência recebido, para que a vaga em estabelecimento prisional onde a pessoa condenada cumprirá o restante da pena no território nacional seja providenciada.

§ 2º O Ministério da Justiça Segurança Pública poderá atuar junto ao Poder Judiciário, aos estabelecimentos penitenciários, às repartições diplomáticas ou consulares, às Secretarias Estaduais de Segurança Pública, ao Estado remetente, por via diplomática ou por via de autoridades centrais, e aos demais órgãos envolvidos, a fim de obter informações quanto ao atendimento aos requisitos estabelecidos no *caput*.

§ 3º Na hipótese de não haver sentença transitada em julgado, o processo será sobrestado até a sentença condenatória definitiva.

§ 4º Caso os demais requisitos estabelecidos no *caput* além daquele a que se refere o § 3º não sejam atendidos, o processo será arquivado e o interessado será comunicado imediatamente, sem prejuízo de nova solicitação de transferência.

Art. 299. O Ministério da Justiça e Segurança Pública definirá a documentação necessária à instrução dos processos, considerados os tratados e os compromissos assumidos por reciprocidade.

Capítulo XV
Das Infrações e das Penalidades Administrativas

Art. 300. As infrações administrativas previstas neste Capítulo serão apuradas em procedimento administrativo próprio, assegurados os princípios do contraditório e da ampla defesa e observadas as disposições da Lei 13.445, de 2017, deste regulamento, e subsidiariamente, da Lei 9.784, de 1999.

§ 1º O cometimento simultâneo de duas ou mais infrações importará a cumulação das sanções cabíveis, respeitados os limites estabelecidos nos incisos V e VI do *caput* do art. 301.

§ 2º A multa atribuída por dia de atraso ou por excesso de permanência poderá ser convertida em redução equivalente do prazo de estada do visto de visita, na hipótese de nova entrada no País, conforme disposto em ato do dirigente máximo da Polícia Federal.

§ 3º O pagamento da multa não obstará o impedimento de ingresso no País se o visitante já houver excedido o prazo de estada disponível no ano migratório, observado o disposto no inciso XI do *caput* do art. 171.

Art. 301. Para a definição do valor da multa aplicada, a Polícia Federal considerará:

I – as hipóteses individualizadas na Lei 13.445, de 2017;

II – a condição econômica do infrator, a reincidência e a gravidade da infração;

III – a atualização periódica conforme estabelecido em ato do Ministro de Estado da Justiça e Segurança Pública;

IV – o valor mínimo individualizável de R$ 100,00 (cem reais);

V – o valor mínimo de R$ 100,00 (cem reais) e o valor máximo de R$ 10.000,00 (dez mil reais) para infrações cometidas por pessoa física; e

VI – o valor mínimo de R$ 1.000,00 (mil reais) e o valor máximo de R$ 1.000.000,00 (um milhão de reais) para infrações cometidas por pessoa jurídica, por ato infracional.

Art. 302. A pessoa física ou jurídica que voltar a cometer infração disciplinada no art. 307, no prazo de doze meses, será considerada reincidente em qualquer parte do território nacional.

Art. 303. A fixação do valor mínimo individualizável das multas na hipótese de reincidência obedecerá aos seguintes critérios:

I – na primeira reincidência, o valor será dobrado;

II – na segunda reincidência, o valor será triplicado;

III – na terceira reincidência, o valor será quadruplicado; e

IV – da quarta reincidência em diante, o valor será quintuplicado.

§ 1º O critério utilizado para a pessoa jurídica na aferição da reincidência será a repetição da conduta e não o número de estrangeiros autuados.

§ 2º A autuação ocorrida após transcorrido um ano, contado da data da autuação anterior, será desconsiderada para efeitos de reincidência.

Art. 304. A multa decorrente de infração disciplinada no art. 307 prescreverá no prazo de cinco anos, contado da data da prática do ato, ou, na hipótese de infração permanente ou continuada, contado da data em que houver cessado.

Art. 305. A fixação da pena de multa considerará a situação econômica do autuado, observada as hipóteses previstas para pessoa física e jurídica.

Parágrafo único. O valor da multa poderá ser aumentado até o máximo previsto em lei se a autoridade autuadora considerar que, em decorrência da situação econômica do autuado, a aplicação do valor mínimo individualizável será considerada ineficaz.

Art. 306. Poderão ser considerados como gravidade para a fixação da multa:

I – os fatos e as circunstâncias diretamente relacionadas ao cometimento da infração;

II – a infração tenha sido cometida após o recebimento de esclarecimentos ou comando direto prestados previamente pela autoridade migratória; e

III – a destruição de barreira ou o obstáculo diretamente relacionado com o cometimento da infração.

Art. 307. Constitui infração e sujeita o infrator às seguintes sanções:

I – entrar no território nacional sem estar autorizado:

Sanção: deportação, caso não saia do País ou não regularize a situação migratória no prazo estabelecido;

II – permanecer no território nacional depois de encerrado o prazo da documentação migratória:

Sanção: multa por dia de excesso e deportação, caso não saia do País ou não regularize a situação migratória no prazo estabelecido;

III – deixar de se registrar, no prazo de noventa dias, contado da data do ingresso no País, quando a identificação civil for obrigatória:

Sanção: multa;

IV – deixar o imigrante de se registrar, para efeito de autorização de residência, no prazo de trinta dias, quando orientado pelo órgão competente a fazê-lo:

Sanção: multa por dia de atraso;

V – transportar para o País pessoa que esteja sem documentação migratória regular:

Sanção: multa por pessoa transportada;

VI – deixar o transportador de atender a compromisso de manutenção da estada ou de promoção da saída do território nacional de quem tenha sido autorizado a ingresso condicional no País por não possuir a documentação migratória devida:

Sanção: multa; e

VII – furtar-se ao controle migratório, na entrada ou na saída do território nacional:

Sanção: multa.

Art. 308. As penalidades aplicadas serão objeto de pedido de reconsideração e de recurso, nos termos deste regulamento e de ato do dirigente máximo da Polícia Federal.

Parágrafo único. Serão respeitados o contraditório, a ampla defesa e a garantia de recurso, assim como a situação de hipossuficiência do migrante ou do visitante.

Art. 309. As infrações administrativas com sanção de multa previstas neste Capítulo serão apuradas em processo administrativo, o qual terá como fundamento o auto de infração lavrado pela Polícia Federal.

§ 1º O auto de infração deverá relatar, de forma circunstanciada, a infração e a sua fundamentação legal.

§ 2º O auto de infração será submetido à assinatura do autuado ou do seu representante legal após a assinatura pela autoridade responsável pela autuação.

§ 3º Caso o autuado ou o seu representante legal não possa ou se recuse a assinar o auto de infração, esse fato deverá ser registrado no referido auto.

§ 4º Lavrado o auto de infração, o infrator será considerado notificado para apresentar defesa no prazo de dez dias.

§ 5º O infrator que, regularmente notificado, não apresentar defesa será considerado revel.

§ 6º O infrator poderá, por meios próprios ou por meio de defensor constituído, apresentar defesa no prazo estabelecido no § 4º, e fazer uso dos meios e dos recursos admitidos em direito, inclusive tradutor ou intérprete.

§ 7º Encerrado o prazo estabelecido no § 4º, o processo será julgado e a Polícia Federal dará publicidade da decisão proferida em seu sítio eletrônico.

§ 8º Caberá recurso da decisão de que trata o § 7º à instância imediatamente superior, no prazo de dez dias, contado da data da publicação no sítio eletrônico da Polícia Federal.

§ 9º Na hipótese de decisão final com sanção de multa, a Polícia Federal dará publicidade da decisão em seu sítio eletrônico.

§ 10. O infrator deverá realizar o pagamento da multa no prazo de trinta dias, contado data da publicação a que se refere o § 9º.

§ 11. O processo será encaminhado à Procuradoria-Geral da Fazenda Nacional para a apuração do débito e a inscrição em dívida ativa se o pagamento da multa a que se refere o § 10 não for efetuado.

Art. 310. As infrações administrativas com sanção de deportação previstas neste Capítulo serão apuradas conforme o processo administrativo a que se refere o art. 176.

Art. 311. A saída do território nacional da pessoa sobre a qual tenha sido aberto processo para apuração de infração administrativa não interromperá o curso do referido processo.

Capítulo XVI
Disposições Finais e Transitórias

Art. 312. Taxas e emolumentos consulares não serão cobrados pela concessão de vistos ou para a obtenção de documentos para regularização migratória aos integrantes de grupos vulneráveis e aos indivíduos em condição de hipossuficiência econômica.

§ 1º A condição de hipossuficiência econômica será declarada pelo solicitante, ou por seu representante legal, e avaliada pela autoridade competente.

§ 2º Na hipótese de dúvida quanto à condição de hipossuficiência, a autoridade competente poderá solicitar documentação complementar para fins de comprovação dessa condição.

§ 3º Na hipótese de falsidade da declaração de que trata o § 1º, o solicitante ficará sujeito ao pagamento de taxa ou emolumento consular correspondente e às sanções administrativas, civis e penais aplicáveis.

§ 4º Para fins de isenção de taxas e emolumentos consulares para concessão de visto, as pessoas para as quais o visto temporário para acolhida humanitária seja concedido serão consideradas pertencentes a grupos vulneráveis, nos termos estabelecidos em ato conjunto dos Ministros de Estado da Justiça e Segurança Pública, das Relações Exteriores e do Trabalho.

§ 5º Para fins de isenção de taxas para obtenção de documentos de regularização migratória, os menores desacompanhados, as vítimas de tráfico de pessoas e de trabalho escravo e as pessoas beneficiadas por autorização de residência por acolhida humanitária serão consideradas pertencentes a grupos vulneráveis.

§ 6º A avaliação da condição de hipossuficiência para fins de processamento do pedido de visto será disciplinada pelo Ministério das Relações Exteriores, consideradas, em especial, as peculiaridades do local onde o visto for solicitado.

§ 7º A avaliação da condição de hipossuficiência econômica para fins de isenção de taxas e para pedido de obtenção de documentos de regularização migratória será disciplinada pelo Ministério da Justiça e Segurança Pública.

§ 8º O disposto no *caput* também se aplica às multas previstas no Capítulo XV.

Art. 313. Ato do Ministro de Estado da Justiça e Segurança Pública disporá sobre a notificação eletrônica a que se referem a Lei 13.445, de 2017, e este Decreto.

Art. 314. O Anexo ao Decreto 9.150, de 4 de setembro de 2017, passa a vigorar com as seguintes alterações:

"Art. 13 [...]

[...]

VIII – instruir processos e opinar em tema de reconhecimento, cassação e perda da condição de refugiado, autorizar a saída e o reingresso no País e expedir o documento de viagem;

[...]"

Art. 315. O visto emitido até a data de entrada em vigor da Lei 13.445, de 2017, poderá ser utilizado até a data prevista para a expiração de sua validade e poderá ser transformado ou ter o seu prazo de estada prorrogado.

§ 1º Excepcionalmente, na hipótese de vistos que dependam de autorização prévia do Ministério do Trabalho, a base legal para a sua emissão será aquela em vigor na data de início da tramitação do processo junto ao Ministério do Trabalho, para fins de definição, dentre outros, de tipologia e de prazos do visto, observado o seguinte:

I – a emissão de vistos com fundamento na Lei 6.815, de 19 de agosto de 1980, será realizada apenas nas hipóteses em que o pedido de visto seja apresentado a embaixada ou consulado no prazo de noventa dias, contado da data da publicação da autorização emitida pelo Ministério do Trabalho no Diário Oficial da União;

II – o pedido de visto apresentado após o prazo estabelecido no inciso I terá fundamento na Lei 13.445, de 2017, para fins de definição, dentre outros, de tipologia e de prazos do visto; e

III – nas hipóteses previstas no inciso II, o visto será concedido com fundamento na Lei 13.445, de 2017, e deverá corresponder ao objetivo da viagem, conforme emitida pelo Ministério do Trabalho.

§ 2º O pedido de visto apresentado a embaixada ou consulado até a data de entrada em vigor da Lei 13.445, de 2017, será processado com fundamento na tipologia de vistos prevista na Lei 6.815, de 1980, independentemente de sua data de emissão.

§ 3º Os vistos a que se referem o art. 4º, *caput*, inciso II, e o art. 13, *caput*, inciso II, da Lei 6.815, de 1980, independentemente de sua data de emissão, permitirão a realização das demais atividades previstas no visto de visita, nos termos estabelecidos na Lei 13.445, de 2017, e neste Decreto, enquanto estiverem válidos.

§ 4º Os vistos emitidos com fundamento na Lei 6.815, de 1980, poderão ser transformados em autorização de residência ou em visto diplomático, oficial ou de cortesia, quando for o caso, no território nacional, desde que cumpridos os requisitos estabelecidos neste Decreto.

Art. 316. O disposto no art. 315 se aplica, no que couber, aos procedimentos de controle migratório, renovação de prazo de estada e registro realizados pela Polícia Federal.

Parágrafo único. As residências temporárias e as permanências requeridas até a data de entrada em vigor da Lei 13.445, de 2017, poderão ser consideradas como autorizações de residência previstas neste Decreto, desde que preenchidos os requisitos da modalidade de residência requerida, nos termos da referida Lei e deste regulamento.

Art. 317. Os órgãos responsáveis pela implementação das disposições deste Decreto disporão do prazo de doze meses, contado da data de sua publicação, para a adaptação de procedimentos e sistemas.

Art. 318. Ato conjunto dos Ministros de Estado das Relações Exteriores e do Trabalho disporá sobre o funcionamento do sistema eletrônico integrado para processamento dos pedidos de visto e autorização de residência de que tratam os art. 34, § 6º, art. 38, § 9º, art. 42, § 3º, art. 43, § 3º, e art. 46, § 5º.

Art. 319. Este Decreto entra em vigor na data de sua publicação.

Brasília, 20 de novembro de 2017; 196º da Independência e 129º da República.

Michel Temer

(*DOU* 21.11.2017)

ANEXO

NATUREZA DA ATIVIDADE	VALOR
Processamento e avaliação de pedidos de autorização de residência	R$ 168,13
Emissão de cédula de identidade de imigrante	R$ 204,77
Transformação de vistos de visita, diplomático, oficial e de cortesia em autorização de residência	R$ 168,13

DECRETO 9.450, DE 24 DE JULHO DE 2018

Institui a Política Nacional de Trabalho no âmbito do Sistema Prisional, voltada à ampliação e qualificação da oferta de vagas de trabalho, ao empreendedorismo e à formação profissional das pessoas presas e egressas do sistema prisional, e regulamenta o § 5º do art. 40 da Lei 8.666, de 21 de junho de 1993, que regulamenta o disposto no inciso XXI do caput do art. 37 da Constituição e institui normas para licitações e contratos da administração pública firmados pelo Poder Executivo federal.

A Presidente do Supremo Tribunal Federal, no exercício do cargo de Presidente da República, no uso das atribuições que lhe confere o art. 84, caput, incisos IV e VI, alínea a, da Constituição, e tendo em vista o disposto na Lei 7.210, de 11 de julho de 1984, e no art. 40, § 5º, da Lei 8.666, de 21 de junho de 1993, decreta:

Art. 1º Fica instituída a Política Nacional de Trabalho no âmbito do Sistema Prisional – Pnat para permitir a inserção das pessoas privadas de liberdade e egressas do sistema prisional no mundo do trabalho e na geração de renda.

§ 1º A Pnat destina-se aos presos provisórios, às pessoas privadas de liberdade em cumprimento de pena no regime fechado, semiaberto e aberto e às pessoas egressas do sistema prisional.

§ 2º A Pnat será implementada pela União em regime de cooperação com Estados, Distrito Federal e Municípios.

§ 3º Para a execução da Pnat, poderão ser firmados convênios ou instrumentos de cooperação técnica da União com o Poder Judiciário, Ministério Público, organismos internacionais, federações sindicais, sindicatos, organizações da sociedade civil e outras entidades e empresas privadas.

§ 4º Será promovida a articulação e a integração da Pnat com políticas, programas e projetos similares e congêneres da União, dos Estados, do Distrito Federal e dos Municípios.

§ 5º Considera-se egresso, para os efeitos deste Decreto, a pessoa que se encontre nas hipóteses elencadas no art. 26 da Lei 7.210, de 11 de julho de 1984.

Art. 2º São princípios da Pnat:

I – a dignidade da pessoa humana;

II – a ressocialização;

III – o respeito às diversidades étnico-raciais, religiosas, em razão de gênero e orientação sexual, origem, opinião política, para com as pessoas com deficiência, entre outras; e

IV – a humanização da pena.

Art. 3º São diretrizes da Pnat:

I – estabelecer mecanismos que favoreçam a reinserção social das pessoas presas em regime fechado, semiaberto e aberto, e egressas do sistema prisional;

II – adotar estratégias de articulação com órgãos públicos, entidades privadas e com organismos internacionais e estrangeiros para a implantação desta Política;

III – ampliar as alternativas de absorção econômica das pessoas presas em regime fechado, semiaberto e aberto, e egressas do sistema prisional;

IV – estimular a oferta de vagas de trabalho para pessoas presas em regime fechado, semiaberto e aberto e egressas do sistema prisional;

V – integrar os órgãos responsáveis pelo fomento ao trabalho e pela execução penal com as entidades responsáveis pela oferta de vagas de trabalho; e

VI – uniformizar modelo de edital de chamamento visando a formação de parcerias para construção de espaços de trabalho em unidades prisionais por entes privados e públicos.

Art. 4º São objetivos da Pnat:

I – proporcionar, às pessoas privadas de liberdade e egressas do sistema prisional, a ressocialização, por meio da sua incorporação no mercado de trabalho, e a reinserção no meio social;

II – promover a qualificação das pessoas privadas de liberdade e egressas do sistema prisional, visando sua independência profissional por meio do empreendedorismo;

III – promover a articulação de entidades governamentais e não governamentais, nas esferas federal, estadual, distrital e municipal, visando garantir efetividade aos programas de integração social e de inserção de pessoas privadas de liberdade e egressas do sistema prisional e cumpridoras de pena restritiva de direitos ou medida cautelar;

IV – ampliar a oferta de vagas de trabalho no sistema prisional, pelo poder público e pela iniciativa privada;

V – incentivar a elaboração de planos estaduais sobre trabalho no sistema prisional, abrangendo diagnósticos, metas e estratégias de qualificação profissional e oferta de vagas de trabalho no sistema prisional;

VI – promover a sensibilização e conscientização da sociedade e dos órgãos públicos para a importância do trabalho como ferramenta para a reintegração social das pessoas em privação de liberdade e egressas do sistema prisional;

VII – assegurar os espaços físicos adequados às atividades laborais e de formação profissional e sua integração às demais atividades dos estabelecimentos penais;

VIII – viabilizar as condições para o aprimoramento da metodologia e do fluxo interno e externo de oferta de vagas de trabalho no sistema prisional;

IX – fomentar a responsabilidade social empresarial;

X – estimular a capacitação continuada dos servidores que atuam no sistema prisional quanto às especificidades e à importância da atividade laborativa no sistema prisional; e

XI – promover a remição da pena pelo trabalho, nos termos do art. 126 da Lei 7.210, de 1984.

Art. 5º Na contratação de serviços, inclusive os de engenharia, com valor anual acima de R$ 330.000,00 (trezentos e trinta mil reais), os órgãos e entidades da administração pública federal direta, autárquica e fundacional deverão exigir da contratada o emprego de mão de obra formada por pessoas presas ou egressos do sistema prisional, nos termos disposto no § 5º do art. 40 da Lei 8.666, de 21 de junho de 1993.

§ 1º O disposto no caput será previsto:

I – no edital, como requisito de habilitação jurídica, consistente na apresentação de declaração do licitante de que, caso seja vencedor, contratará pessoas presas ou egressos nos termos deste Decreto, acompanhada de declaração emitida pelo órgão responsável pela execução penal de que dispõe de pessoas presas aptas à execução de trabalho externo; e

II – no edital e na minuta de contrato, como obrigação da contratada de empregar como mão de obra pessoas presas ou egressos do sistema prisional e de observar o disposto neste Decreto.

§ 2º Na hipótese de ser admitido o emprego de mão de obra de pessoa presa em regime fechado, o edital e a minuta do contrato deverão prever as seguintes cautelas a serem observadas pela contratada, em atendimento ao disposto nos art. 35 e art. 36 da Lei 7.210, de 1984:

I – apresentação de prévia autorização do Juízo da Execução;

II – comprovação de aptidão, disciplina e responsabilidade da pessoa presa;

III – comprovação do cumprimento mínimo de um sexto da pena; e

IV – observância do limite máximo de dez por cento do número de presos na prestação do serviço.

§ 3º Na fiscalização da execução do contrato, cabe à administração pública contratante:

I – informar à contratada e oficiar a vara de execuções penais sobre qualquer incidente ou prática de infração por parte dos empregados, para que adotem as providências cabíveis à luz da legislação penal; e

II – aplicar as penalidades à contratada quando verificada infração a qualquer regra prevista neste Decreto.

§ 4º A administração pública poderá deixar de aplicar o disposto neste artigo quando, justificadamente, a contratação de pessoa presa ou egressa do sistema prisional se mostrar inviável.

Art. 6º Para efeito do disposto no art. 5º, a empresa deverá contratar, para cada contrato que firmar, pessoas presas, em cumprimento de pena em regime fechado, semiaberto ou aberto, ou egressas do sistema prisional, nas seguintes proporções:

I – três por cento das vagas, quando a execução do contrato demandar duzentos ou menos funcionários;

II – quatro por cento das vagas, quando a execução do contrato demandar duzentos e um a quinhentos funcionários;

III – cinco por cento das vagas, quando a execução do contrato demandar quinhentos e um a mil funcionários; ou

IV – seis por cento das vagas, quando a execução do contrato demandar mais de mil empregados.

§ 1º A efetiva contratação do percentual indicado nos incisos I a IV do caput será exigida da proponente vencedora quando da assinatura do contrato.

§ 2º A contratada deverá apresentar mensalmente ao juiz da execução, com cópia para o fiscal do contrato ou para o responsável indicado pela contratante, relação nominal dos empregados, ou outro documento que comprove o cumprimento dos limites previstos no caput.

§ 3º Havendo demissão, a contratada deverá proceder sua comunicação ao fiscal do contrato ou responsável indicado pela contratante em até cinco dias.

§ 4º Após a demissão ou outro fato que impeça o comparecimento da mão de obra, a contratada deverá, em até sessenta dias, providenciar o preenchimento da vaga em aberto para fins de cumprimento dos limites previstos no caput.

§ 5º A prorrogação de contratos de prestação de serviços com fornecimento de mão de obra no âmbito da administração pública federal, cuja empresa tenha se beneficiado do disposto no art. 5º, apenas poderá ser realizada mediante comprovação de manutenção da contratação do número de pessoas egressas do sistema prisional.

§ 6º Em caso de subcontratação de obra ou serviço, desde que admitida no edital e no contrato, a subcontratada deverá cumprir os limites previstos no art. 7º

§ 7º A não observância das regras previstas neste artigo durante o período de execução contratual acarreta quebra de cláusula contratual e possibilita a rescisão por iniciativa da administração pública federal, além das sanções previstas na Lei 8.666, de 1993.

Art. 7º À contratada caberá providenciar às pessoas presas e aos egressos contratados:

I – transporte;

II – alimentação;

III – uniforme idêntico ao utilizado pelos demais terceirizados;

IV – equipamentos de proteção, caso a atividade exija;

V – inscrição do preso em regime semiaberto, na qualidade de segurado facultativo, e o pagamento da respectiva contribuição ao Regime Geral de Previdência Social; e

VI – remuneração, nos termos da legislação pertinente.

Art. 8º O Ministério da Segurança Pública estimulará a apresentação, pelos Estados e Distrito Federal, a cada dois anos, de Plano Estadual da Política Nacional de Trabalho no âmbito do Sistema Prisional, conforme as diretrizes e os objetivos dispostos neste Decreto, em articulação da secretaria responsável pela administração prisional com aquela responsável pelas políticas de trabalho e educação.

§ 1º O Ministério da Segurança Pública analisará os planos referidos no caput e definirá o apoio técnico e financeiro a partir das ações pactuadas com cada ente federativo.

§ 2º O plano que se refere o caput conterá:

I – diagnósticos das unidades prisionais com atividades laborativas, identificando as oficinas de trabalho de gestão prisional ou realizadas por convênios ou parcerias;

II – diagnósticos das demandas de qualificação profissional nos estabelecimentos penais;

III – estratégias e metas para sua implementação; e

IV – atribuições e responsabilidades de cada órgão do ente federativo, identificando normativos existentes, procedimentos de rotina, gestão de pessoas e sistemas de informação.

Art. 9º O Ministério dos Direitos Humanos, por meio da Secretaria Nacional de Cidadania, e o Ministério da Segurança Pública, por meio do Departamento Penitenciário Nacional:

I – fomentarão, junto às administrações prisionais estaduais, a contratação de pessoas presas para prestação de serviços terceirizados nas unidades prisionais, exceto a segurança;

II – instaurarão mecanismo de ouvidoria para assistência aos presos e egressos; e

III – promoverão a ampla divulgação da Pnat, objetivando a conscientização da sociedade brasileira, juntamente com o Ministério do Planejamento, Desenvolvimento e Gestão.

Art. 10. Este Decreto entra em vigor na data de sua publicação.

Brasília, 24 de julho de 2018; 197º da Independência e 130º da República.

Cármen Lúcia Antunes Rocha

Presidente do Supremo Tribunal Federal

(*DOU* 25.07.2018)

DECRETO 9.531, DE 17 DE OUTUBRO DE 2018

Altera o Decreto 92.790, de 17 de junho de 1986, que regulamenta a Lei 7.394, de 29 de outubro de 1985, e regula o exercício da profissão de Técnico em Radiologia.

O Presidente da República, no uso da atribuição que lhe confere o art. 84, caput, inciso IV, da Constituição, e tendo em vista o disposto na Lei 7.394, de 29 de outubro de 1985, decreta:

Art. 1º O Decreto 92.790, de 17 de junho de 1986, passa a vigorar com as seguintes alterações:

"Artigo 3º Para o exercício da profissão de Técnico em Radiologia será necessário:

I – ter concluído o ensino médio;

II – ter formação profissional na área com, no mínimo, nível técnico em Radiologia; e

III – estar inscrito no Conselho Regional de Técnicos em Radiologia."

"Artigo 13. O Conselho Nacional de Técnicos em Radiologia e os Conselhos Regionais de Técnicos em Radiologia são os órgãos supervisores da ética profissional e fiscalizadores do exercício da profissão.

Parágrafo único. Na fiscalização do exercício da profissão, o Conselho Nacional de Técnicos em Radiologia atuará na coordenação das atividades dos Conselhos Regionais de Técnicos em Radiologia e na normatização da matéria."

"Artigo 15. Cada Conselho Regional instalado indicará um conselheiro titular e o respectivo suplente para compor o Conselho Nacional de Técnicos em Radiologia, escolhidos por meio de processo eleitoral.

§ 1º Para fins eleitorais, não serão considerados os Conselhos Regionais instalados há menos de dois anos da data da eleição.

§ 2º A eleição dos conselheiros de que trata o caput ocorrerá pelo voto direto dos profissionais inscritos nos respectivos Conselhos Regionais.

§ 3º O conselheiro suplente do Conselho Regional substituirá o respectivo titular em suas ausências, impedimentos e na vacância do cargo.

§ 4º O mandato dos membros do Conselho Nacional de Técnicos em Radiologia será de quatro anos."

"Artigo 15-A. Poderão ser candidatos ao Conselho Nacional de Técnicos em Radiologia os profissionais:

I – com inscrições definitivas nos Conselhos Regionais de Técnicos em Radiologia há mais de cinco anos;

II – que não se enquadrem nas hipóteses de inelegibilidade do inciso I do caput do art. 1º da Lei Complementar 64, de 18 de maio de 1990; e

III – que não tenham sofrido as penalidades previstas nos incisos II a V do caput do art. 25 nos últimos quatro anos.

Parágrafo único. É vedado o exercício simultâneo de mandato de conselheiro nacional e de conselheiro regional."

"Artigo 16. [...]

I – aprovar e revisar, por maioria de dois terços de seus membros, o seu regimento interno;

[...]

V – apreciar as prestações de contas anuais dos Conselhos Regionais;

VI – promover auditorias contábeis e financeiras, diligências ou verificações relativas ao funcionamento dos Conselhos Regionais, nos Estados e no Distrito Federal, e adotar, quando

Legislação

necessárias, providências para aprimorar sua eficiência e regularidade, incluída a designação de diretoria provisória; e

VII – atuar como instância superior de recurso nos processos de sanção por violação da ética, de indeferimento de registro no Conselho Regional e em matéria eleitoral.

§ 1º As atividades da diretoria provisória não poderão exceder o prazo de dois anos e, em qualquer caso, não poderão exceder a duração do mandato dos membros do Conselho Regional.

§ 2º Encerrada a atuação da diretoria provisória e na ausência de condições de retorno da diretoria eleita, serão convocadas novas eleições para o período remanescente."

"Artigo 17. A diretoria do Conselho Nacional de Técnicos em Radiologia será composta por um presidente, um secretário e um tesoureiro, escolhidos e eleitos entre os conselheiros efetivos.

§ 1º O mandato dos membros da diretoria será de dois anos, admitida uma recondução.

§ 2º Os membros da diretoria poderão ser destituídos, a qualquer tempo, pelo voto de dois terços dos conselheiros."

"Artigo 22. Os Conselhos Regionais de Técnicos em Radiologia serão compostos por nove membros titulares e igual número de suplentes, todos de nacionalidade brasileira.

§ 1º O mandato dos membros dos Conselhos Regionais de Técnicos em Radiologia será de quatro anos.

§ 2º A substituição dos conselheiros titulares, nas reuniões, inclusive nas reuniões plenárias, ocorrerá por rodízio de convocação dos conselheiros suplentes, observada a ordem da relação de conselheiros suplentes, sorteada em plenário no dia da posse do corpo de conselheiros.

§ 3º Os conselheiros suplentes dos Conselhos Regionais substituirão os conselheiros titulares em suas ausências, impedimentos e na vacância do cargo, observado o disposto no § 2º

§ 4º Poderão ser candidatos aos Conselhos Regionais de Técnicos em Radiologia os profissionais:

I – com inscrições definitivas há mais de três anos no respectivo Conselho Regional;

II – que não se enquadrem nas hipótese de inelegibilidade do inciso I do caput do art. 1º da Lei Complementar 64, de 1990; e

III – que não tenham sofrido as penalidades previstas nos incisos II a V do caput do art. 25 nos últimos quatro anos.

§ 5º Serão eleitores para a escolha dos conselheiros regionais os profissionais com inscrições definitivas no respectivo Conselho Regional e em pleno gozo de seus direitos.

§ 6º O processo de votação permitirá que os profissionais inscritos no Conselho Regional votem sem se afastar do Município de residência.

§ 7º O Conselho Nacional de Técnicos em Radiologia regulará o processo eleitoral dos Conselhos Regionais.

§ 8º A diretoria dos Conselhos Regionais de Técnicos em Radiologia será composta por um presidente, um secretário e um tesoureiro, escolhidos entre os conselheiros titulares pela maioria do plenário do Conselho Regional.

§ 9º O mandato dos membros da diretoria será de dois anos, admitida uma recondução.

§ 10. Os membros da diretoria poderão ser destituídos, a qualquer tempo, pela maioria absoluta dos conselheiros."

"Artigo 23. [...]

[...]

VI – expedir o documento de identidade profissional de que trata o art. 1º da Lei 6.206, de 7 de maio de 1975;

[...]

VIII – aprimorar a formação profissional, a capacidade técnica e a ética profissional;

[...]

Parágrafo único. Caberá recurso ao Conselho Nacional de Técnicos em Radiologia das matérias de que tratam os incisos I, II, IV e X do caput."

"Artigo 29. [...]

[...]

§ 2º A votação poderá ser presencial ou por meio eletrônico, desde que garantido o sigilo do voto, observado o disposto nos regimentos eleitorais dos Conselhos Regionais;

[...]

§ 4º As eleições para os Conselhos Nacional e Regionais serão anunciadas no Diário Oficial da União e nos sítios eletrônicos dos respetivos conselhos, com antecedência de, no mínimo, cento e oitenta dias, observado o disposto nos regimentos eleitorais do Conselho Nacional e dos Conselhos Regionais."

Art. 2º Ficam revogados os seguintes dispositivos do Decreto 92.790, de 1986:

I – o art. 7º;

II – o art. 8º;

III – o parágrafo único do art. 15;

IV – o parágrafo único do art. 22; e

V – o § 3º do art. 29.

Art. 3º Este Decreto entra em vigor na data de sua publicação.

Brasília, 17 de outubro de 2018; 197º da Independência e 130º da República.

Michel Temer

(*DOU* 18.10.2018)

DECRETO 9.734, DE 20 DE MARÇO DE 2019

Promulga o texto da Convenção Relativa à Citação, Intimação e Notificação no Estrangeiro de Documentos Judiciais e Extrajudiciais em Matéria Civil e Comercial, firmado na Haia, em 15 de novembro de 1965.

O Presidente da República, no uso da atribuição que lhe confere o art. 84, caput, inciso IV, da Constituição, e

Considerando que a República Federativa do Brasil aderiu à Convenção Relativa à Citação, Intimação e Notificação no Estrangeiro de Documentos Judiciais e Extrajudiciais em Matéria Civil e Comercial, firmada na Haia, em 15 de novembro de 1965;

Considerando que o Congresso Nacional aprovou o texto da Convenção, por meio do Decreto Legislativo 153, de 19 de dezembro de 2016;

Considerando que o Governo brasileiro depositou, junto ao Ministério dos Negócios Estrangeiros dos Países Baixos, em 29 de novembro de 2018, o instrumento de adesão à Convenção, com reserva aos Artigo 8º e Artigo 10, e que esta entrará em vigor para a República Federativa do Brasil, no plano jurídico externo, em 1º de junho de 2019, nos termos de seu Artigo 28; e, decreta:

Art. 1º Fica promulgado o texto da Convenção Relativa à Citação, Intimação e Notificação no Estrangeiro de Documentos Judiciais e Extrajudiciais em Matéria Civil e Comercial, firmada na Haia, em 15 de novembro de 1965, com reserva aos Artigo 8º e Artigo 10, anexo a este Decreto.

Parágrafo único. Em relação à reserva a que se refere o caput, a República Federativa do Brasil se opõe ao uso dos métodos de transmissão de documentos judiciais e extrajudiciais previstos nos Artigo 8º e Artigo 10 da Convenção.

Art. 2º Para fins do disposto no texto da Convenção Relativa à Citação, Intimação e Notificação no Estrangeiro de Documentos Judiciais e Extrajudiciais em Matéria Civil e Comercial, a República Federativa do Brasil apresenta declarações em relação aos Artigos 2º, 5º, 6º e 7º da Convenção.

§ 1º Em relação ao Artigo 2º da Convenção, fica designado o Ministério da Justiça e Segurança Pública como Autoridade Central.

§ 2º Em relação ao Artigo 5º, parágrafo 3º, e ao Artigo 7º, parágrafo 2º, da Convenção, os documentos que serão objeto serão objeto de citação, intimação e notificação transmitidos à Autoridade Central deverão ser acompanhados de tradução para a língua portuguesa.

§ 3º O disposto no § 2º não se aplica ao modelo de formulário de solicitação anexo ao texto da Convenção, a que se refere o parágrafo 1º do Artigo 7º da Convenção.

§ 4º Em relação ao Artigo 6º da Convenção, quando a República Federativa do Brasil for o Estado requerido, o certificado expedido de acordo com o modelo anexo à Convenção será firmado pelo juiz competente ou pela Autoridade Central a que se refere o § 1º, designada nos termos do disposto no Artigo 2º da Convenção.

Art. 3º São sujeitos à aprovação do Congresso Nacional atos que possam resultar em revisão do texto da Convenção e ajustes complementares que acarretem encargos ou compromissos gravosos ao patrimônio nacional, nos termos do inciso I do caput do art. 49 da Constituição.

Art. 4º Este Decreto entra em vigor na data de sua publicação.

Brasília, 20 de março de 2019; 198º da Independência e 131º da República.

Jair Messias Bolsonaro

(*DOU* 21.03.2019)

CONVENÇÃO RELATIVA À CITAÇÃO, INTIMAÇÃO E NOTIFICAÇÃO NO ESTRANGEIRO DE DOCUMENTOS JUDICIAIS E EXTRAJUDICIAIS EM MATÉRIA CIVIL E COMERCIAL

(Firmada em 15 de novembro de 1965)

(Em vigor desde 10 de fevereiro de 1969)

Os Estados Signatários da presente Convenção,

Desejosos de criar meios adequados para que os documentos judiciais e extrajudiciais que devam ser objetos de citação, intimação ou notificação no estrangeiro sejam levados ao conhecimento do destinatário em tempo hábil,

Desejosos de melhorar a organização do auxílio jurídico mútuo com a finalidade de simplificar e agilizar o procedimento,

Decidiram firmar Convenção nesse sentido e concordaram com as seguintes disposições:

Artigo 1º

A presente Convenção aplicar-se-á, em matéria civil ou comercial, em todos os casos em que um documento judicial ou extrajudicial deva ser transmitido ao exterior para ser objeto de citação, intimação ou notificação.

Esta Convenção não se aplicará quando o endereço do destinatário da citação, intimação ou notificação for desconhecido.

Capítulo I

Documentos Judiciais

Artigo 2º

Cada Estado Contratante designará uma Autoridade Central que assumirá o encargo de receber as solicitações de citação, intimação ou notificação provenientes de outros Estados Contratantes e proceder de acordo com o disposto nos artigos 3º a 6º.

Cada Estado organizará sua Autoridade Central nos termos de sua própria legislação.

Artigo 3º

A autoridade ou agente judiciário competente, de acordo com a legislação do Estado de origem dos documentos, encaminhará à Autoridade Central do Estado requerido uma solicitação de acordo com o modelo anexo à presente Convenção, sem a necessidade de qualquer legalização dos documentos ou de outra formalidade equivalente.

O documento objeto da citação, intimação ou notificação, ou a sua cópia, deverá ser anexado à solicitação. A solicitação, assim como tal documento, deverá ser fornecida em duplicata.

Artigo 4º

Se a Autoridade Central julgar que a solicitação não atende às disposições da presente Convenção, informará prontamente o requerente, expondo os motivos de sua objeção à solicitação.

Artigo 5º

A Autoridade Central do Estado requerido procederá ou providenciará para que um órgão adequado proceda à citação, intimação ou notificação:

a) segundo a forma prescrita pela legislação do Estado requerido para citações, intimações ou notificações em procedimentos domésticos dirigidas a pessoas que se encontrem em seu território; ou

b) segundo a forma específica solicitada pelo requerente, a menos que tal forma seja incompatível com a lei do Estado requerido.

Salvo o caso previsto na alínea b deste artigo, o documento sempre poderá ser entregue ao destinatário que voluntariamente o aceitar.

Se o documento se destinar a citação, intimação ou notificação nos termos do disposto no primeiro parágrafo deste artigo, a Autoridade Central poderá exigir que o documento seja redigido ou traduzido no idioma oficial ou em um dos idiomas oficiais do Estado requerido.

A parte da solicitação, feita de acordo com o formulário anexo à presente Convenção, a qual contém um resumo do documento a ser objeto de citação, intimação ou intimação, deverá ser entregue ao destinatário, junto àquele documento.

Artigo 6º

A Autoridade Central do Estado requerido ou qualquer autoridade por ela designada para este fim preencherá um certificado segundo o modelo anexo à presente Convenção.

O certificado deverá informar que a solicitação foi cumprida; consignará a forma, o lugar e a data do cumprimento, assim como a pessoa a quem o documento foi entregue. Se o documento não tiver sido entregue, o certificado indicará as razões que impediram o cumprimento.

Caso o certificado não tenha sido preenchido pela Autoridade Central ou por autoridade judicial, o requerente poderá solicitar que uma dessas autoridades assine adicionalmente o certificado. O certificado será remetido diretamente ao requerente.

Artigo 7º

Os termos padrão contidos no modelo anexo à presente Convenção serão redigidos em francês ou em inglês, em todos os casos. Podem ser redigidos também no idioma oficial ou em um dos idiomas oficiais do Estado de origem dos documentos.

Os espaços em branco serão preenchidos no idioma do Estado requerido ou em francês ou em inglês.

Artigo 8º

Cada Estado Contratante terá autonomia para mandar proceder no estrangeiro às citações, intimações ou notificações de documentos judiciais, diretamente por meio de seus representantes diplomáticos ou consulares, sem qualquer tipo de coação.

Cada Estado pode declarar opor-se a tais citações, intimações ou notificações de documentos judiciais em seu território, exceto se destinadas a cidadão do Estado de origem dos documentos.

Artigo 9º

Cada Estado Contratante tem, ademais, autonomia para utilizar a via consular para transmitir documentos judiciais para citação, intimação ou notificação às autoridades de outro Estado Contratante designadas por este para tal fim.

Caso circunstâncias excepcionais o exigirem, cada Estado Contratante poderá utilizar a via diplomática para o mesmo fim.

Artigo 10

Se o Estado destinatário não se opuser, a presente Convenção não se interporá à:

a) autonomia de remeter documentos judiciais, por via postal, diretamente a pessoas que se encontrem no estrangeiro;

b) autonomia de os agentes do judiciário, autoridades ou outras pessoas competentes do Estado de origem promoverem as citações, intimações ou notificações de documentos judiciais diretamente por meio de agente do judiciário, autoridades ou outras pessoas competentes do Estado de destino; e

c) autonomia de qualquer pessoa interessada em um processo promover as citações, intimações ou notificações de documentos judiciais diretamente por meio de agentes do judiciário, autoridades ou outras pessoas competentes do Estado de destino.

Artigo 11

A presente Convenção não impedirá que dois ou mais Estados Contratantes acordem admitir, para fins de citação, intimação ou notificação de documentos judiciais, outras vias de transmissão além das previstas nos artigos precedentes e especialmente a comunicação direta entre suas respectivas autoridades.

Artigo 12

As citações, intimações ou notificações de documentos judiciais oriundas de um Estado Contratante não poderão dar origem a qualquer pagamento ou reembolso de taxas ou custas pelos serviços prestados pelo Estado requerido.

O requerente deverá pagar ou reembolsar as custas ocasionadas por:

a) intervenção de agente do judiciário ou de pessoa competente segundo a lei do Estado destinatário; e

b) uso de uma forma específica de citação, intimação ou notificação de documentos judiciais.

Artigo 13

Quando uma solicitação de citação, de intimação ou de notificação for feita em conformidade com as disposições da presente Convenção, o Estado requerido só poderá negar-se a cumpri-la se julgar que tal cumprimento violaria sua soberania ou sua segurança.

O cumprimento não poderá ser recusado por meio da alegação de que a legislação interna reivindica jurisdição exclusiva sobre a matéria objeto da solicitação ou que a legislação interna não permite a ação em que se baseia a solicitação.

Em caso de recusa, a Autoridade Central informará prontamente ao requerente e indicará as respectivas razões.

Artigo 14

As dificuldades que possam ocorrer com relação à transmissão de documentos judiciais destinados a citação, intimação ou notificação serão resolvidas pela via diplomática.

Artigo 15

Quando um mandado judicial de convocação ou um documento equivalente tenha tido que ser transmitido para o estrangeiro para citação, intimação ou notificação, de acordo com as disposições da presente Convenção, e o destinatário não tenha comparecido, uma decisão não será proferida enquanto não for determinado que:

a) o documento foi objeto de citação, intimação ou notificação segundo forma prevista pela legislação do Estado requerido para a citação, intimação ou notificação de documentos em procedimentos domésticos a pessoas que se encontrem em seu território; ou

b) o documento foi efetivamente entregue ao destinatário ou em sua residência segundo outra forma prevista pela presente Convenção, e que, em qualquer desses casos, quer a citação, intimação ou notificação, quer a entrega, tenha sido feita em tempo hábil para que o destinatário tenha podido se defender.

Cada Estado Contratante terá autonomia para declarar que o juiz, não obstante as disposições do parágrafo primeiro deste artigo, pode proferir decisão, mesmo que não tenha sido recebido qualquer certificado da citação, intimação ou notificação, ou da entrega, se todas as seguintes condições forem atendidas:

a) o documento tiver sido transmitido segundo uma das formas previstas pela presente Convenção;

b) tiver transcorrido, desde a data da remessa do documento, prazo não inferior a seis meses, considerado adequado pelo juiz da causa específica; e

c) nenhum certificado de qualquer natureza tiver sido recebido, não obstante tenham sido tomadas todas as providências plausíveis junto às autoridades competentes do Estado requerido.

O presente artigo não impede que, em caso de urgência, o juiz ordene quaisquer medidas provisórias ou de salvaguarda.

Artigo 16

Quando um mandado judicial de convocação ou documento equivalente tenha tido que ser transmitido para o estrangeiro para citação, intimação ou notificação, de acordo com as disposições da presente Convenção, e uma decisão tenha sido proferida contra um destinatário que não tenha comparecido, o juiz terá autoridade para desobrigar o destinatário dos efeitos da expiração do prazo para recurso da decisão, se as seguintes condições forem atendidas:

a) o destinatário, sem qualquer responsabilidade de sua parte, não tomou conhecimento em tempo hábil do documento para se defender e da decisão para recorrer; e

b) o destinatário apresentou defesa fundamentada concernente ao mérito do procedimento.

O pleito para o deferimento de tal desobrigação somente poderá ser formulado dentro de prazo razoável, a contar do momento em que o destinatário tomou conhecimento da decisão.

Cada Estado Contratante pode declarar que tal pleito não será atendido se for formulado após a expiração de um prazo que indicará em sua declaração, contanto que este prazo não seja inferior a um ano contado a partir da data da decisão.

O presente artigo não se aplicará às decisões relativas ao estado ou capacidade das pessoas.

Capítulo II
Documentos Extrajudiciais

Artigo 17

Os documentos extrajudiciais provenientes das autoridades e oficiais de justiça de um Estado Contratante podem ser transmitidos para citação, intimação ou notificação em um outro Estado Contratante, de acordo com as formas e nas condições previstas pela presente Convenção.

Capítulo III
Disposições Gerais

Artigo 18

Cada Estado Contratante pode designar, além da Autoridade Central, outras autoridades, devendo determinar o alcance da sua competência.

Entretanto, o requerente terá sempre o direito de dirigir uma solicitação diretamente à Autoridade Central.

Os Estados Federais terão autonomia para designar mais de uma Autoridade Central.

Artigo 19

Caso a legislação interna de um Estado Contratante permita outras formas de transmissão não previstas nos artigos precedentes para citação, intimação ou notificação, em seu território, dos documentos provenientes do estrangeiro, a presente Convenção não modificará tais disposições.

Artigo 20

A presente Convenção não impedirá que dois ou mais Estados Contratantes concordem em deixar de aplicar entre si:

a) o segundo parágrafo do artigo 3º, no que diz respeito à exigência da transmissão dos documentos em duplicata;

b) o artigo 7º e o terceiro parágrafo do artigo 5º, no que diz respeito ao uso de idiomas;

c) o quarto parágrafo do artigo 5º; e

d) o segundo parágrafo do artigo 12.

Artigo 21

Cada Estado Contratante notificará o Ministério dos Negócios Estrangeiros dos Países Baixos do seguinte, quer no momento do depósito de seu instrumento de ratificação ou adesão, quer posteriormente:

a) a designação de autoridades, nos termos dos artigos 2º e 18;

b) a designação da autoridade competente para preencher o certificado previsto no artigo 6º; e

c) a designação da autoridade competente para receber os documentos transmitidos pela via consular, nos termos do artigo 9º.

Cada Estado Contratante notificará ao Ministério, da mesma forma, quando cabível:

a) sua oposição ao uso das formas de transmissão previstas nos artigos 8º e 10;

b) declarações previstas no segundo parágrafo do artigo 15 e no terceiro parágrafo do artigo 16; e

c) todas as modificações das designações, oposições e declarações acima mencionadas.

Artigo 22

Nos casos em que Partes da presente Convenção também sejam partes de uma ou ambas das Convenções relativas ao Processo Civil, assinadas na Haia em 17 de julho de 1905 e em 10 de março de 1954, esta Convenção substituirá, nas relações entre estas Partes, os artigos 1º a 7º daquelas Convenções.

Artigo 23

A presente Convenção não prejudicará a aplicação do artigo 23 da Convenção Relativa ao Processo Civil, assinada na Haia em 17 de julho de 1905, nem do artigo 24 da Convenção Relativa ao Processo Civil, assinada na Haia em 1º de março de 1954.

Esses artigos, entretanto, só serão aplicáveis se forem usadas formas de comunicação idênticas às previstas pelas referidas Convenções.

Artigo 24

Os acordos complementares entre as Partes das Convenções de 1905 e 1954 serão considerados igualmente aplicáveis à presente Convenção, a menos que as Partes tenham acordado diversamente.

Artigo 25

Sem prejuízo do previsto nos artigos 22 e 24, a presente Convenção não derrogará as Convenções das quais os Estados contratantes são ou venham a ser Partes e que contenham disposições sobre as matérias regidas pela presente Convenção.

Artigo 26

A presente Convenção ficará aberta à assinatura dos Estados representados na 10ª Sessão da Conferência da Haia de Direito Internacional Privado.

Será ratificada e os instrumentos de ratificação serão depositados no Ministério dos Negócios Estrangeiros dos Países Baixos.

Artigo 27

A presente Convenção entrará em vigor no sexagésimo dia após o depósito do terceiro instrumento de ratificação previsto no segundo parágrafo do artigo 26.

A Convenção entrará em vigor, para cada Estado Signatário que a tenha ratificado posteriormente, no sexagésimo dia após o depósito do respectivo instrumento de ratificação.

Artigo 28

Todo Estado não representado na 10ª Sessão da Conferência da Haia de Direito Internacional Privado poderá aderir à presente Convenção após sua entrada em vigor nos termos do primeiro parágrafo do artigo 27. O instrumento de adesão será depositado no Ministério dos Negócios Estrangeiros dos Países Baixos.

A Convenção entrará em vigor para tal Estado na ausência de qualquer objeção da parte de um Estado que tenha ratificado a Convenção antes de tal depósito, notificada ao Ministério dos Negócios Estrangeiros dos Países Baixos em um prazo de seis meses a contar da data em que dito Ministério o tiver notificado da referida adesão.

Na ausência de qualquer objeção nos termos do parágrafo precedente, a Convenção entrará em vigor para o Estado aderente no primeiro dia do mês seguinte ao decurso do último dos prazos mencionados no parágrafo anterior.

Artigo 29

Qualquer Estado, no momento da assinatura, da ratificação ou da adesão, poderá estender a aplicação da presente Convenção a todos os territórios pelos quais é responsável pelas relações internacionais, ou a um ou mais deles. Essa declaração terá efeito a partir da data da entrada em vigor da Convenção para o Estado em questão.

Em qualquer momento posterior, tais extensões serão notificadas ao Ministério dos Negócios Estrangeiros dos Países Baixos.

A Convenção entrará em vigor, para os territórios abrangidos por tal extensão, no sexagésimo dia após a notificação mencionada no parágrafo precedente.

Artigo 30

A presente Convenção ficará em vigor por cinco anos a contar da data de sua entrada em vigor nos termos do primeiro parágrafo do artigo 27, mesmo para os Estados que a tenham ratificado ou que a ela tenham aderido posteriormente.

Se não houver denúncia, a Convenção será renovada tacitamente a cada cinco anos.

Qualquer denúncia será notificada ao Ministério dos Negócios Estrangeiros dos Países Baixos pelo menos seis meses antes do final do período de cinco anos.

A denúncia poderá limitar-se a alguns dos territórios aos quais a Convenção se aplica.

A denúncia só produzirá efeitos relativamente ao Estado que a tiver notificado. A Convenção continuará em vigor para os outros Estados Contratantes.

Artigo 31

O Ministério dos Negócios Estrangeiros dos Países Baixos notificará os Estados abrangidos pelo artigo 26, assim como os Estados que tiverem aderido nos termos do artigo 28, do seguinte:

a) as assinaturas e ratificações previstas no artigo 26;

b) a data na qual a presente Convenção entrará em vigor, conforme o disposto no primeiro parágrafo do artigo 27;

c) as adesões previstas no artigo 28 e as datas a partir das quais produzirão seus efeitos;

d) as extensões previstas no artigo 29 e as datas a partir das quais produzirão seus efeitos;

e) as designações, oposições e declarações referidas no artigo 21; e

f) as denúncias previstas no terceiro parágrafo do artigo 30.

Em fé do que, os abaixo assinados, devidamente autorizados para tanto, firmaram a presente Convenção.

Concluída na Haia, em 15 de novembro de 1965, em inglês e francês, tendo os dois textos igual fé, em um único exemplar, que será depositado nos arquivos do Governo dos Países Baixos e do qual uma cópia certificada será remetida, por via diplomática, a cada um dos Estados representados na 10ª Sessão da Conferência da Haia de Direito Internacional Privado.

Observação: Em 25 de outubro de 1980, a 14ª Sessão adotou uma Recomendação sobre informações para acompanhar documentos judiciais e extrajudiciais que devam ser remetidos, citados, intimados ou notificados no estrangeiro, em matéria civil ou comercial (Actes et documents de la Quatorzième session (1980),Tomo I, Matières diverses, p. I–67; idem, Tomo IV, Entraide judiciaire, p. 339; Manual Prático sobre o Funcionamento da Convenção da Haia de 15 de novembro de 1965 Relativa à Citação, Intimação e Notificação no Estrangeiro de Documentos Judiciais e Extrajudiciais em Matéria Civil e Comercial).

ANEXO

- Deixamos de publicar o Anexo a esta Convenção.

5

Tribunal Superior do Trabalho e Normas Complementares

Tribunal Superior do Trabalho e Normas Complementares

5

REGIMENTO INTERNO DO TRIBUNAL SUPERIOR DO TRABALHO – TST

- Aprovado pela Res. Administrativa TST 1.937/2017.

Livro I
DO TRIBUNAL

TÍTULO I
Do Tribunal, da Sua Composição, dos Seus Ministros

Capítulo I
Do Tribunal

Art. 1º O Tribunal Superior do Trabalho tem sede na Capital Federal e jurisdição em todo o território nacional.

Art. 2º A bandeira do Tribunal, instituída pela Portaria 291, de 16 de outubro de 1981, publicada no Diário da Justiça de 3 de novembro de 1981, simboliza a Justiça do Trabalho como órgão do Poder Judiciário, sua jurisdição e a importância social do exercício jurisdicional, trazendo o dístico *Opus Justitiae Pax*.

Capítulo II
Da Composição e da Investidura

Art. 3º O Tribunal compõe-se de 27 (vinte e sete) Ministros, escolhidos dentre brasileiros com mais de 35 (trinta e cinco) e menos de 65 (sessenta e cinco) anos, de notável saber jurídico e reputação ilibada, nomeados pelo Presidente da República após aprovação pela maioria absoluta do Senado Federal.

§ 1º A indicação, pelo Tribunal Superior do Trabalho, de Desembargadores do Trabalho, membros do Ministério Público do Trabalho e advogados, para comporem o Tribunal, far-se-á em lista tríplice.

§ 2º O ofício de encaminhamento da lista ao Poder Executivo conterá informação acerca do número de votos obtidos pelos candidatos e será instruído com cópia da ata da sessão extraordinária em que se realizou a escolha dos indicados.

Art. 4º Para provimento de vaga de Ministro, destinada aos Desembargadores do Trabalho da carreira da Magistratura do Trabalho, o Presidente do Tribunal convocará o Tribunal Pleno para, em sessão pública, escolher, pelo voto secreto e em escrutínios sucessivos, dentre os Desembargadores do Trabalho da carreira integrantes dos Tribunais Regionais do Trabalho, os nomes para a formação da lista tríplice a ser encaminhada ao Presidente da República.

§ 1º Para fim de elaboração da lista tríplice a que se refere o *caput* deste artigo, o Presidente do Tribunal fará publicar edital no sítio deste Tribunal na rede mundial de computadores no qual fixará prazo de 15 (quinze) dias para inscrição dos Desembargadores do Trabalho interessados, findo o qual será publicada a relação com os nomes dos inscritos.

§ 2º Na hipótese de haver mais de uma vaga a ser provida, a lista conterá o número de Magistrados igual ao de vagas mais 2 (dois).

§ 3º Na votação para escolha dos nomes dos Desembargadores do Trabalho que integrarão a lista, serão observados os seguintes critérios:

I – os nomes serão escolhidos em voto secreto e em escrutínios sucessivos, para o primeiro, o segundo, o terceiro e, eventualmente, o quarto nome integrante da lista, e, assim, sucessivamente, sendo escolhido em cada escrutínio aquele que obtiver votos da maioria absoluta;

II – a maioria absoluta necessária para a escolha do nome corresponde ao número inteiro imediatamente superior à metade do total de Ministros integrantes do Tribunal no momento da votação;

III – não alcançada, no primeiro escrutínio, a maioria absoluta, proceder-se-á à nova votação, na qual concorrerão os 2 (dois) Desembargadores do Trabalho mais votados:

a) em caso de empate, será realizada nova votação. A persistir o resultado, o desempate dar-se-á pelo tempo de investidura no Tribunal Regional do Trabalho e, sucessivamente, pelo tempo de investidura na Magistratura do Trabalho;

b) se houver empate entre 2 (dois) Desembargadores que tenham obtido, individualmente, número de votos inferior ao alcançado por outro Desembargador, far-se-á, primeiramente, a votação para o desempate e, a seguir, para a escolha do nome que integrará a lista.

IV – escolhido um nome, fica excluído dos escrutínios subsequentes Desembargador da mesma Região.

Art. 5º O Presidente do Tribunal, ocorrendo vaga destinada a membro do Ministério Público do Trabalho e a advogado, dará imediata ciência à Procuradoria-Geral do Trabalho e ao Conselho Federal da Ordem dos Advogados do Brasil, respectivamente, para formação e encaminhamento de lista sêxtupla ao Tribunal, que escolherá, dentre os nomes que a compõem, os que integrarão a lista tríplice a ser encaminhada ao Presidente da República.

Art. 6º O Tribunal Pleno, para o provimento das vagas aludidas no artigo anterior, em sessão pública, pelo voto secreto da maioria absoluta de seus membros, escolherá, em escrutínios secretos e sucessivos, os nomes que integrarão a lista tríplice a ser encaminhada ao Presidente da República.

§ 1º Quando houver mais de uma vaga a ser provida por membro do Ministério Público do Trabalho ou por advogado, para cada lista sêxtupla recebida será elaborada uma lista tríplice.

§ 2º Se, para o provimento das vagas destinadas ao quinto constitucional, o Tribunal receber lista única, formará uma só lista com o número de candidatos igual ao de vagas mais 2 (dois).

§ 3º Aplica-se, no que couber, à votação para escolha dos integrantes da lista tríplice, o estabelecido nos incisos do § 3º do art. 4º.

Capítulo III
Dos Ministros

Seção I
Da Posse e das Prerrogativas

Art. 7º O Ministro tomará posse no prazo de 30 (trinta) dias a contar da nomeação, em sessão solene do Tribunal Pleno ou, durante o recesso forense e as férias coletivas dos Ministros, perante o Presidente do Tribunal. Neste último caso, o ato deverá ser ratificado pelo Tribunal Pleno.

§ 1º No ato da posse, o Ministro prestará compromisso de bem desempenhar os deveres do cargo e de bem cumprir e fazer cumprir a Constituição da República e as Leis do País.

§ 2º O Secretário-Geral Judiciário lavrará, em livro especial, o termo de compromisso e posse, que será assinado pelo Presidente e pelo Ministro empossado.

§ 3º Somente tomará posse o Ministro que comprovar:

I – ser brasileiro;

II – contar mais de 35 (trinta e cinco) e menos de 65 (sessenta e cinco) anos de idade;

III – satisfazer aos demais requisitos previstos em lei.

Art. 8º Os Ministros têm jurisdição em todo o território nacional e domicílio no Distrito Federal.

Art. 9º A antiguidade dos Ministros, para efeitos legais e regimentais, é regulada:

I – pela posse;

II – pela nomeação;

III – pelo tempo de investidura na Magistratura da Justiça do Trabalho;

TST

IV – pelo tempo de serviço público federal;

V – pela idade, quando houver empate pelos demais critérios.

Art. 10. Os Ministros do Tribunal receberão o tratamento de Excelência e usarão nas sessões as vestes correspondentes ao modelo aprovado.

Parágrafo único. Após a concessão da aposentadoria, o Tribunal velará pela preservação dos direitos, interesses e prerrogativas que os Ministros conservarão, em relação ao título e às honras correspondentes ao cargo, salvo no exercício de atividade profissional.

Seção II
Das Férias, das Licenças, das Substituições e das Convocações

Art. 11. Os Ministros gozarão férias nos meses de janeiro e julho, na forma da lei.

Parágrafo único. Os Ministros informarão à Presidência seu endereço, para eventual convocação durante as férias e feriados.

Art. 12. O Presidente, o Vice-Presidente e o Corregedor-Geral da Justiça do Trabalho, se a necessidade do serviço judiciário lhes exigir a contínua presença no Tribunal, poderão acumular férias para fruição oportuna, facultado o fracionamento dos períodos.

Parágrafo único. A acumulação de férias somente ocorrerá mediante prévia autorização do Órgão Especial e deverá ser registrada nos assentamentos funcionais do Ministro, para que lhe seja reconhecido o direito de posterior fruição.

Art. 13. A licença é requerida pelo Ministro com a indicação do prazo e do dia do início.

§ 1º Salvo contraindicação médica, o Ministro licenciado poderá proferir decisões em processos de que, antes da licença, haja pedido vista, ou que tenham recebido o seu visto como relator ou revisor.

§ 2º O Ministro licenciado pode reassumir o cargo, entendendo-se que desistiu do restante do prazo, mediante prévia comunicação formal ao Presidente do Tribunal.

§ 3º Se a licença for para tratamento da própria saúde, o Ministro somente poderá reassumir o cargo, antes do término do prazo, se não houver contraindicação médica.

Art. 14. A critério do Órgão Especial, poderá ser concedido afastamento ao Ministro, sem prejuízo de seus direitos, vencimentos e vantagens, para:

I – frequência a cursos ou seminários de aperfeiçoamento e estudos, pelo prazo máximo de 2 (dois) anos;

II – realização de missão ou serviços relevantes à administração da justiça.

Art. 15. Nas ausências ou impedimentos eventuais ou temporários, a substituição no Tribunal far-se-á da seguinte maneira:

I – o Presidente do Tribunal, pelo Vice-Presidente, seguindo-se, na ausência de ambos, pelo Corregedor-Geral da Justiça do Trabalho e pelos demais Ministros, em ordem decrescente de antiguidade;

II – o Vice-Presidente, pelo Presidente, ou, na ausência deste, pelo Corregedor-Geral da Justiça do Trabalho, e, em sequência, pelos demais Ministros, em ordem decrescente de antiguidade;

III – o Corregedor-Geral da Justiça do Trabalho, pelo Vice-Presidente, ou, na ausência deste, pelo Presidente, e, em sequência, pelos demais Ministros, em ordem decrescente de antiguidade;

IV – o Presidente da Turma, pelo Ministro mais antigo presente na sessão;

V – o Presidente da Comissão, preferencialmente pelo mais antigo dentre os seus membros;

VI – qualquer dos membros das Comissões, pelo respectivo suplente.

Art. 16. O relator é substituído nas hipóteses e formas previstas na Seção I do Capítulo II do Título I do Livro II, deste Regimento.

Art. 17. Nas ausências temporárias, por período superior a 30 (trinta) dias, e nos afastamentos definitivos, os Ministros serão substituídos por Desembargador do Trabalho, escolhido pelo Órgão Especial, mediante escrutínio secreto e pelo voto da maioria absoluta dos seus membros.

Parágrafo único. O Desembargador do Trabalho convocado atuará exclusivamente em Turma da Corte.

Art. 18. O Presidente do Tribunal poderá, em caso de urgência, e quando inviável a imediata reunião do Órgão Especial, *ad referendum* deste, convocar Desembargador do Trabalho, para a substituição de Ministro afastado.

Art. 19. Excepcionalmente, poderá o Tribunal Superior do Trabalho convocar Desembargadores do Trabalho para atuarem, temporariamente, em suas Turmas e Juízes do Trabalho para auxiliarem, no curso dos respectivos mandatos, a Presidência, a Vice-Presidência e a Corregedoria-Geral da Justiça do Trabalho.

Parágrafo único. A convocação será limitada ao número de 2 (dois) Juízes do Trabalho para auxílio em cada um dos referidos órgãos e atenderá as determinações previstas na Resolução do Conselho Nacional de Justiça 209/2015.

Art. 20. Na sessão do Órgão Especial que decidir a convocação, os Ministros deverão ter cópias das nominatas dos Desembargadores que compõem os Tribunais Regionais do Trabalho, para se orientarem na escolha.

Seção III
Da Convocação Extraordinária

Art. 21. Durante o período de férias, o Presidente do Tribunal, ou seu substituto, poderá convocar, com antecedência de 48 (quarenta e oito) horas, sessão extraordinária para julgamento de dissídio coletivo, mandado de segurança e ação declaratória alusiva a greve e que requeiram apreciação urgente.

Seção IV
Da Aposentadoria

Art. 22. O processo administrativo de aposentadoria compulsória de Ministro da Corte deverá ser iniciado 30 (trinta) dias antes que complete os 75 (setenta e cinco) anos, para que a publicação possa ocorrer na data da jubilação.

Art. 23. Na aposentadoria por invalidez, o processo respectivo terá início:

I – a requerimento do Ministro;

II – por ato de ofício do Presidente do Tribunal;

III – em cumprimento a deliberação do Tribunal.

Parágrafo único. Em se tratando de incapacidade mental, o Presidente do Tribunal, ou quem o substitua, nomeará curador ao paciente, sem prejuízo da defesa que esse queira apresentar, pessoalmente ou por procurador constituído.

Art. 24. O paciente, na hipótese do parágrafo único do artigo anterior, deverá ser afastado imediatamente do exercício do cargo, até decisão final, devendo ficar concluído o processo no prazo de 60 (sessenta) dias, justificadas as faltas do Ministro no referido período.

Art. 25. A recusa do paciente a submeter-se à perícia médica permitirá o julgamento baseado em quaisquer outras provas.

Art. 26. O Ministro que, por 2 (dois) anos consecutivos, afastar-se, ao todo, por 6 (seis) meses ou mais, para tratamento de saúde, ao requerer nova licença para igual fim, dentro de 2 (dois) anos, deverá submeter-se a exame por junta médica para verificação de sua invalidez, pela Secretaria de Saúde do Tribunal.

Art. 27. A junta médica competente para o exame a que se referem os arts. 25 e 26 deste Regimento será indicada pelo Órgão Especial e formada por 3 (três) médicos, dos quais 2 (dois), no mínimo, integrem o Quadro de Pessoal do Tribunal.

Art. 28. Concluindo o Órgão Especial pela incapacidade do Magistrado, o Presidente do Tribunal comunicará imediatamente a decisão ao Poder Executivo, para os devidos fins.

Seção V
Da Disponibilidade e da Aposentadoria por Interesse Público

Art. 29. O Tribunal Pleno poderá determinar, por motivo de interesse público, em sessão pública, em escrutínio secreto e pelo voto da maioria absoluta dos seus membros, a disponibilidade ou a aposentadoria de Ministro do Tribunal, assegurada a ampla defesa.

Parágrafo único. Aplicam-se ao processo de disponibilidade ou aposentadoria, no que couber, as normas e os procedimentos previstos na Lei Orgânica da Magistratura Nacional, referentes à perda do cargo, as Resoluções editadas pelo Conselho Nacional de Justiça, e, subsidiariamente, desde que não haja conflito com o Estatuto da Magistratura, as normas e princípios relativos ao processo administrativo disciplinar das Leis 8.112/90 e 9.784/99.

TÍTULO II
Da Direção

Capítulo I
Dos Cargos de Direção, da Eleição, da Posse e da Vacância

Art. 30. A Presidência, a Vice-Presidência e a Corregedoria-Geral da Justiça do Trabalho são cargos de direção do Tribunal, preenchidos mediante eleição em que concorrem os Ministros mais antigos da Corte, em número correspondente ao total dos cargos de direção, separadamente e também nessa ordem, sendo vedada a reeleição a qualquer dos cargos.

§ 1º Vinte e cinco dias antes da data prevista para a eleição, será aberto o prazo de 10 (dez) dias, para renúncia expressa dos candidatos elegíveis.

§ 2º Convocar-se-ão os Ministros para eleição, por ofício da Presidência do Tribunal, oportunidade em que, se for o caso, serão informados os nomes dos Ministros que renunciaram a concorrer.

§ 3º Não havendo inscrição a qualquer dos cargos dentre os elegíveis, o rol de concorrentes será completado pela ordem de antiguidade.

Art. 31. O Ministro que houver ocupado cargos de direção por 4 (quatro) anos, ou o de Presidente, não mais figurará entre os elegíveis, até que se esgotem todos os nomes na ordem de antiguidade. É obrigatória a aceitação do cargo, salvo recusa manifestada e aceita antes da eleição.

Art. 32. A eleição do Presidente precederá à do Vice-Presidente e, a deste, à do Corregedor-Geral da Justiça do Trabalho.

Art. 33. O Presidente, o Vice-Presidente e o Corregedor-Geral da Justiça do Trabalho serão eleitos por 2 (dois) anos, mediante escrutínio secreto e pelo voto da maioria absoluta, em sessão extraordinária do Tribunal Pleno, a realizar-se nos 60 (sessenta) dias antecedentes ao término dos mandatos anteriores, e tomarão posse em sessão solene, na data marcada pelo Tribunal Pleno.

§ 1º Considerar-se-á eleito, em primeiro escrutínio, o Ministro que obtiver a maioria absoluta de votos.

§ 2º Em segundo escrutínio, concorrerão somente os 2 (dois) Ministros mais votados no primeiro.

§ 3º Não alcançada, no segundo escrutínio, a maioria a que se refere o § 1º, proclamar-se-á eleito, dentre os 2 (dois), o mais antigo.

§ 4º Se a vacância do cargo de Presidente ocorrer antes do término do respectivo mandato, a eleição será para todos os cargos e realizada nos 30 (trinta) dias seguintes ao da vacância, e os eleitos tomarão posse em sessão solene na data marcada pelo Tribunal Pleno. Nessa hipótese, caberá ao Vice-Presidente a regência provisória do Tribunal e a convocação da sessão extraordinária a que se referem o *caput* e este parágrafo.

§ 5º Os remanescentes mandatos dos demais exercentes de cargos de direção extinguir-se-ão na data da posse dos novos eleitos.

Art. 34. Na impossibilidade da posse de qualquer dos eleitos na data estabelecida, por fato superveniente à eleição, observar-se-á o seguinte:

I – se a impossibilidade for de caráter temporário, dar-se-á posse, na data marcada, aos demais eleitos, e, ao remanescente, em data oportuna;

II – se a impossibilidade for de natureza definitiva e do eleito Presidente, proceder-se-á nova eleição para todos os cargos de direção; se do eleito Vice-Presidente, a eleição será para esse cargo e para o de Corregedor-Geral da Justiça do Trabalho; se do eleito para a Corregedoria, a eleição será somente para Corregedor-Geral.

Art. 35. Faculta-se ao Ministro impossibilitado de comparecer à sessão em que serão eleitos os novos exercentes de cargos de direção do Tribunal o envio de carta ao Presidente do Tribunal, acompanhada dos votos para Presidente, Vice-Presidente e Corregedor-Geral da Justiça do Trabalho, em invólucros lacrados e rubricados, individualizados por cargo de direção, para posterior depósito na urna na presença dos demais Ministros do Tribunal.

Art. 36. O Presidente, o Vice-Presidente e o Corregedor-Geral, ao concluírem seus mandatos, retornarão a uma das Turmas do Tribunal, observados os seguintes critérios, salvo ajuste entre os interessados:

I – o Presidente e o Corregedor-Geral deverão integrar as Turmas das quais saírem o novo Presidente do Tribunal e o novo Corregedor-Geral. Se o novo Presidente for o Vice-Presidente ou o Corregedor-Geral, o Presidente que deixar o cargo deverá compor a Turma da qual provier o novo Vice-Presidente ou o novo Corregedor-Geral;

II – o Vice-Presidente, ao deixar o cargo, se não for ocupar o de Presidente do Tribunal, passará a integrar a Turma da qual sair o novo Vice-Presidente.

Art. 37. O Ministro que exerceu cargo de Presidente do Tribunal Superior do Trabalho não poderá desempenhar outro cargo ou função administrativa no âmbito do Tribunal ou da Escola Nacional de Formação e Aperfeiçoamento de Magistrados do Trabalho (ENAMAT), salvo na Ouvidoria ou na Presidência de Turma.

Art. 38. Os Ministros não poderão exercer mais de um cargo de direção cumulativamente, exceto nas hipóteses previstas no art. 15 deste Regimento e nos casos previstos em lei.

Capítulo II
Da Presidência e da Vice-Presidência

Seção I
Das Disposições Gerais

Art. 39. O Presidente do Tribunal desempenhará as atribuições do cargo com a colaboração do Vice-Presidente.

Seção II
Do Núcleo de Gerenciamento de Precedentes – NUGEP

Art. 40. O Núcleo de Gerenciamento de Precedentes (NUGEP) funcionará subordinado administrativamente à Presidência como unidade permanente, dividindo-se em:

I – Seção de Gerenciamento de Recursos Repetitivos, coordenada pela Presidência do Tribunal Superior do Trabalho (NUGEP-SP);

II – Seção de Gerenciamento de Recursos Extraordinários Trabalhistas em Repercussão Geral, coordenada pela Vice-Presidência do Tribunal Superior do Trabalho (NUGEP-SVP).

Parágrafo único. A competência, a composição e o funcionamento do Núcleo de Gerenciamento de Precedentes (NUGEP) serão disciplinados em Resolução Administrativa, editada nos termos deste Regimento.

Seção III
Das Atribuições do Presidente

Art. 41. Compete ao Presidente do Tribunal, além de outras atribuições previstas na Constituição da República, em lei ou neste Regimento:

I – representar o Tribunal perante os Poderes Públicos e demais autoridades, incumbindo-lhe, no exercício da representação, observar fielmente as diretrizes estabelecidas pelo Órgão Especial;

II – corresponder-se, em nome do Tribunal, com quaisquer autoridades, observada a hierarquia de funções;

III – encaminhar ao Presidente da República as listas para provimento de vaga de Ministro do Tribunal;

IV – enviar ao Congresso Nacional, após aprovação pelo Órgão Especial, projetos de lei de interesse da Justiça do Trabalho em matéria de sua competência constitucional;

V – submeter ao Tribunal de Contas da União, na forma da lei, a tomada de contas do Tribunal Superior do Trabalho;

VI – solicitar aos órgãos fazendários a liberação do numerário correspondente às dotações orçamentárias da Justiça do Trabalho;

VII – editar, no início das atividades judiciárias de cada ano, o ato de composição do Tribunal e dos órgãos judicantes, cabendo-lhe, ainda, dar-lhe publicidade,

TST

quando renovada a direção da Corte ou alterada sua composição;

VIII – apresentar ao Órgão Especial, anualmente, na segunda quinzena do mês seguinte ao término de cada ano de seu mandato, a resenha dos trabalhos realizados no ano anterior e, até 30 de junho, o Relatório Geral da Justiça do Trabalho;

IX – dar publicidade, mensalmente, no órgão oficial, dos dados estatísticos relativos às atividades jurisdicionais do Tribunal e dos Ministros;

X – zelar pelas prerrogativas e pela imagem pública do Tribunal e dos Ministros e pelo bom funcionamento da Corte e dos órgãos da Justiça do Trabalho, expedindo atos, portarias, ordens e instruções, adotando as providências necessárias ao seu cumprimento;

XI – praticar, ad referendum do Tribunal Pleno ou do Órgão Especial, os atos reputados urgentes;

XII – editar os atos indispensáveis à disciplina dos serviços e à polícia do Tribunal, determinando as providências atinentes ao resguardo da disciplina, da ordem e da integridade universal da Corte, na sede ou nas dependências, requisitando, quando necessário, o auxílio de outras autoridades;

XIII – manter a ordem nas sessões, podendo mandar retirar os que a perturbarem e os que faltarem com o devido respeito, e mandar prender os desobedientes, fazendo lavrar o respectivo auto;

XIV – instaurar inquérito quando caracterizada infração de lei penal na sede ou nas dependências do Tribunal;

XV – comunicar ao órgão competente do Ministério Público a ocorrência de desobediência a ordem emanada do Tribunal ou de seus Ministros, encaminhando os elementos de que dispuser para a propositura de ação penal;

XVI – impor aos servidores penas disciplinares de demissão, cassação de aposentadoria ou disponibilidade e decidir os recursos interpostos das penalidades que forem aplicadas pelo Diretor-Geral da Secretaria do Tribunal Superior do Trabalho;

XVII – dar posse a Ministro durante as férias coletivas e feriado forense;

XVIII – dar posse ao Diretor-Geral da Secretaria do Tribunal Superior do Trabalho, ao Secretário-Geral Judiciário e ao Secretário-Geral da Presidência e designar seus respectivos substitutos;

XIX – nomear os servidores para os cargos em comissão e designar os servidores para o exercício de funções comissionadas nos gabinetes de Ministro;

XX – conceder licença e férias ao Diretor-Geral da Secretaria do Tribunal Superior do Trabalho, ao Secretário-Geral da Presidência, ao Secretário-Geral Judiciário e aos servidores de seu gabinete;

XXI – expedir atos concernentes às relações jurídico-funcionais dos Ministros e servidores e decidir seus requerimentos sobre assuntos de natureza administrativa, nos termos deste Regimento;

XXII – movimentar os recursos orçamentários e financeiros à disposição do Tribunal, autorizar despesas e expedir ordens de pagamento, observadas as normas legais específicas;

XXIII – autorizar e homologar as licitações e ratificar as contratações por dispensa ou inexigibilidade de licitação de valor superior ao limite estipulado para o convite;

XXIV – conceder diárias e ajuda de custo, observados os critérios estabelecidos pelo Órgão Especial;

XXV – determinar a distribuição dos processos, segundo as regras regimentais e resoluções administrativas, aos Ministros do Tribunal, e dirimir as controvérsias referentes à distribuição;

XXVI – despachar as desistências dos recursos e das ações, quando se referirem a processo pendente de distribuição na Corte, bem como os demais incidentes processuais suscitados;

XXVII – designar as sessões ordinárias e extraordinárias do Tribunal Pleno, do Órgão Especial e das Seções Especializadas, podendo convocar, durante as férias coletivas, com antecedência de 48 (quarenta e oito) horas, sessões extraordinárias para julgamento de dissídio coletivo, mandado de segurança e ação declaratória alusiva a greve ou a situação de relevante interesse público que requeiram apreciação urgente;

XXVIII – dirigir os trabalhos do Tribunal e presidir as sessões do Tribunal Pleno, do Órgão Especial e das Seções Especializadas;

XXIX – decidir sobre pedidos de efeito suspensivo, de suspensão de segurança e de suspensão de decisão proferida em tutelas provisórias, de que tratam os arts. 309 e 311 deste Regimento, bem assim expedir as cartas previstas em lei;

XXX – decidir, durante o recesso forense, as férias coletivas e os feriados, os pedidos de liminar em mandado de segurança, em tutelas provisórias de urgência e outras medidas que reclamem urgência;

XXXI – delegar ao Vice-Presidente, ao Corregedor-Geral da Justiça do Trabalho ou a Ministros da Corte atribuições as quais esteja impossibilitado de cumprir ou que a conveniência administrativa recomende a delegação;

XXXII – delegar ao Secretário-Geral da Presidência, ao Diretor-Geral da Secretaria e ao Secretário-Geral Judiciário, respeitado o disposto no inciso anterior, atribuições para a prática de atos judiciários e administrativos, quando a conveniência administrativa recomendar;

XXXIII – praticar os demais atos de gestão necessários ao funcionamento dos serviços, encaminhando ao Órgão Especial as questões de caráter relevante, que poderão ser relatadas pelo Presidente ou distribuídas por sorteio para relatoria de integrante do órgão colegiado;

XXXIV – nomear, promover, demitir, exonerar e conceder aposentadoria a servidores do Tribunal, bem como pensão aos beneficiários de Ministro ou servidor;

XXXV – decidir sobre cessão de servidores do Tribunal, observado o disposto em ato normativo do Órgão Especial, bem como sobre requisição de servidores de outros órgãos;

XXXVI – excepcionalmente, convocar audiência pública, de ofício ou a requerimento de cada uma das Seções Especializadas ou de suas Subseções, pela maioria de seus integrantes, para ouvir o depoimento de pessoas com experiência e autoridade em determinada matéria, sempre que entender necessário o esclarecimento de questões ou circunstâncias de fato, subjacentes a dissídio de grande repercussão social ou econômica, pendente de julgamento no âmbito do Tribunal;

XXXVII – decidir, de forma irrecorrível, sobre a manifestação de terceiros, subscrita por procurador habilitado, em audiências públicas, quando as convocar;

XXXVIII – submeter proposta de afetação de recurso de revista e de embargos repetitivos à Subseção I da Seção Especializada em Dissídios Individuais;

XXXIX – oficiar aos Presidentes dos Tribunais Regionais do Trabalho para que suspendam os recursos interpostos em casos idênticos aos afetados como recursos repetitivos, até o pronunciamento definitivo do Tribunal Superior do Trabalho, quando houver determinação do relator nesse sentido;

XL – realizar a admissibilidade prévia dos recursos de revista e agravos de instrumento, podendo denegar-lhes seguimento quando não impugnados especificamente os fundamentos da decisão recorrida e quando se tratar de hipóteses de intempestividade, deserção, falta de alçada, irregularidade de representação e descumprimento dos incisos do § 1º-A do art. 896 da CLT, enquanto não implantada em definitivo a distribuição pelo *PJe*.

XLI – determinar a devolução ao tribunal de origem dos recursos fundados em controvérsia idêntica àquela já submetida ao rito de julgamento de casos repetitivos para que o órgão que proferiu a decisão recorrida exerça o juízo de retratação. Se não houver a retratação, os autos serão remetidos, se for o caso, ao Tribunal Superior do Trabalho para a sua regular tramitação.

Parágrafo único. Para fim do que dispõe o inciso XXXIII, qualquer matéria deverá ser submetida ao exame do Órgão Especial, desde que o requeiram 10 (dez) dos Ministros que integram o Tribunal.

Seção IV
Da Vice-Presidência

Art. 42. Compete ao Vice-Presidente:

I – substituir o Presidente e o Corregedor-Geral da Justiça do Trabalho nas férias, ausências e impedimentos;

II – cumprir as delegações do Presidente;

III – designar e presidir audiências de conciliação e instrução de dissídio coletivo de competência originária do Tribunal;

IV – exercer o juízo de admissibilidade dos recursos extraordinários;

V – examinar os incidentes surgidos após a interposição de recurso extraordinário;

VI – apreciar pedido de tutela provisória incidental a recurso extraordinário;

VII – julgar os agravos internos interpostos contra decisões que denegam seguimento a recurso extraordinário por ausência de repercussão geral da questão constitucional debatida.

Art. 43. O Vice-Presidente participa das sessões dos órgãos judicantes do Tribunal, exceto de Turma, e não concorre à distribuição de processos.

Capítulo III
Da Corregedoria-Geral da Justiça do Trabalho

Seção I
Das Disposições Gerais

Art. 44. O Corregedor-Geral da Justiça do Trabalho não concorre à distribuição de processos, participando, quando não estiver ausente em função corregedora, das sessões dos órgãos judicantes da Corte, exceto de Turmas, com direito a voto.

Seção II
Das Atribuições do Corregedor-Geral da Justiça do Trabalho

Art. 45. A competência do Corregedor-Geral da Justiça do Trabalho será definida no Regimento Interno da Corregedoria-Geral da Justiça do Trabalho.

Art. 46. Das decisões proferidas pelo Corregedor-Geral da Justiça do Trabalho caberá agravo interno para o Órgão Especial, incumbindo-lhe determinar sua inclusão em pauta.

Art. 47. O Corregedor-Geral da Justiça do Trabalho apresentará ao Órgão Especial, na última sessão do mês seguinte ao do término de cada ano de sua gestão, relatório circunstanciado das atividades da Corregedoria-Geral durante o ano findo.

Capítulo IV
Da Polícia do Tribunal

Art. 48. O Presidente, no exercício das atribuições referentes à Polícia do Tribunal, determinará as providências atinentes ao resguardo da disciplina, da ordem e da integridade universal da Corte, na sede ou nas dependências.

Parágrafo único. No desempenho dessa atribuição, o Presidente poderá implantar sistema informatizado de controle de acesso às dependências do Tribunal e requisitar, quando necessário, o auxílio de outras autoridades.

Art. 49. Ocorrendo infração de lei penal na sede, ou nas dependências do Tribunal, o Presidente instaurará inquérito, podendo delegar essa atribuição a Ministro da Corte.

Parágrafo único. Nos demais casos, o Presidente poderá proceder na forma deste artigo ou requisitar a instauração de inquérito à autoridade competente.

Art. 50. A polícia das sessões e das audiências compete ao seu Presidente.

Capítulo V
Da Representação por Desobediência ou Desacato

Art. 51. Na hipótese de desobediência a ordem emanada do Tribunal ou de seus Ministros, no exercício da função, ou desacato ao Tribunal ou a seus Ministros, o Presidente comunicará o fato ao órgão competente do Ministério Público, provendo-o dos elementos de que dispuser para a propositura da ação penal.

Parágrafo único. Decorrido o prazo de 30 (trinta) dias, sem que tenha sido instaurada a ação penal, o Presidente dará ciência ao Tribunal, em segredo de justiça, para as providências que julgar necessárias.

Capítulo VI
Da Ordem do Mérito Judiciário do Trabalho

Art. 52. A Ordem do Mérito Judiciário do Trabalho, administrada por seu respectivo Conselho, é regida por regulamento próprio, aprovado pelo Órgão Especial, no qual é definida a sua organização, administração e composição.

Capítulo VII
Das Comissões

Seção I
Das Disposições Gerais

Art. 53. As comissões permanentes colaboram no desempenho dos encargos do Tribunal e são compostas por Ministros eleitos pelo Órgão Especial na primeira sessão subsequente à posse dos membros da direção.

§ 1º Não integram comissões permanentes os Ministros exercentes dos cargos de direção do Tribunal, o Diretor e o Vice-Diretor da Escola Nacional de Formação e Aperfeiçoamento de Magistrados do Trabalho – ENAMAT.

§ 2º A Presidência das comissões permanentes caberá ao Ministro mais antigo que as compuser.

§ 3º Observado o disposto no § 1º deste artigo, cada Ministro poderá ser eleito membro titular da mesma comissão permanente para um período, admitida sua reeleição para o mandato imediatamente seguinte.

Art. 54. Para atender a finalidades específicas, poderão ser instituídas pelo Órgão Especial comissões temporárias, que serão extintas quando cumprido o fim a que se destinavam.

Art. 55. São comissões permanentes:

I – Comissão de Regimento Interno;

II – Comissão de Jurisprudência e de Precedentes Normativos;

III – Comissão de Documentação.

Art. 56. As comissões, permanentes ou temporárias, poderão:

I – sugerir ao Presidente do Tribunal normas de serviço relativas à matéria de sua competência;

II – manter entendimento com outras autoridades ou instituições, relativamente a assuntos de sua competência, mediante delegação do Presidente do Tribunal.

Seção II
Da Comissão de Regimento Interno

Art. 57. A Comissão de Regimento Interno é formada por 3 (três) Ministros titulares e um suplente, designados pelo Órgão Especial, recaindo a escolha, preferencialmente, sobre os membros mais antigos da Corte, excluídos os que exercem cargo de direção do Tribunal, o Diretor e o Vice-Diretor da Escola Nacional de Formação e Aperfeiçoamento de Magistrados do Trabalho – ENAMAT.

Art. 58. À Comissão de Regimento Interno cabe:

I – zelar pela atualização do Regimento, propondo emendas ao texto em vigor, bem assim emitir parecer sobre as propostas de iniciativa dos membros da Corte para alteração, criação ou cancelamento de artigos;

II – opinar em processo administrativo que envolva matéria regimental, por solicitação do Presidente do Tribunal, do Tribunal Pleno ou do Órgão Especial;

III – opinar sobre propostas de edição de resoluções, instruções normativas e resoluções administrativas.

Parágrafo único. O parecer sobre propostas de alteração, criação ou cancelamento de artigos do Regimento Interno e dos atos normativos a que se referem os incisos I e III deste artigo deverá ser encaminhado pela Comissão no prazo de 30 (trinta) dias ao Presidente, o qual a submeterá ao Tribunal Pleno.

Seção III
Da Comissão de Jurisprudência e de Precedentes Normativos

Art. 59. A Comissão de Jurisprudência e de Precedentes Normativos é composta por 3 (três) Ministros titulares e um suplente, designados pelo Órgão Especial, excluídos os titulares que integram outras comissões permanentes, os membros de direção do Tribunal, o Diretor e o Vice-Diretor da Escola Nacional de Formação e Aperfeiçoamento de Magistrados do Trabalho – ENAMAT.

Art. 60. À Comissão de Jurisprudência e de Precedentes Normativos cabe:

I – zelar pela expansão, atualização e publicação da jurisprudência do Tribunal;

II – supervisionar o serviço de sistematização da jurisprudência do Tribunal, determinando medidas atinentes à seleção e ao registro dos temas para fim de pes-

TST

quisa, bem como administrar a base de dados informatizada de jurisprudência, sugerindo ao Presidente as medidas necessárias ao seu aperfeiçoamento;

III – propor a edição, a revisão ou o cancelamento de súmula, de orientação jurisprudencial e de precedente normativo;

IV – inserir as orientações jurisprudenciais das seções do Tribunal que retratem a jurisprudência pacificada da Corte, indicando os precedentes que a espelham;

V – manter a seleção dos repertórios idôneos de divulgação dos julgados da Justiça do Trabalho;

VI – organizar os registros do Banco Nacional de Jurisprudência Uniformizada (BANJUR);

VII – nos termos do art. 171 deste Regimento, receber as propostas de edição, revisão ou cancelamento de súmula, de orientação jurisprudencial e de precedente normativo do Tribunal Superior do Trabalho e sobre elas emitir parecer no prazo de 30 (trinta) dias.

Art. 61. A Comissão de Jurisprudência e de Precedentes Normativos realizará reunião quinzenal ordinária, e extraordinária, quando necessário, para deliberar sobre propostas de edição, revisão ou cancelamento de súmula, de orientação jurisprudencial e de precedente normativo.

Seção IV
Da Comissão de Documentação

Art. 62. A Comissão de Documentação é constituída de 3 (três) Ministros titulares e um suplente, designados pelo Órgão Especial, excluídos os titulares das demais comissões, os membros de direção do Tribunal, o Diretor e o Vice-Diretor da Escola Nacional de Formação e Aperfeiçoamento de Magistrados do Trabalho – ENAMAT.

Art. 63. À Comissão de Documentação cabe:

I – publicar a Revista do Tribunal, destinada à divulgação de trabalhos doutrinários e jurisprudenciais e ao registro de atos públicos de interesse da Justiça do Trabalho;

II – supervisionar a administração da biblioteca do Tribunal, sugerindo ao Presidente as medidas necessárias ao seu aperfeiçoamento, bem como opinar sobre a aquisição de livros;

III – supervisionar o "Memorial da Justiça do Trabalho e do TST" existente no Tribunal, sugerindo ao Presidente as medidas necessárias ao seu aperfeiçoamento e manutenção, com inserção de documentos, peças e objetos reputados de especial valor histórico;

IV – propor a política de gestão documental do Tribunal, opinando sobre a manutenção do acervo, modernização e automatização da Coordenadoria de Gestão Documental e Memória;

V – propor alterações na Tabela de Temporalidade e no Plano de Classificação dos processos judiciais e documentos;

VI – manifestar-se, anualmente, sobre o Termo de Eliminação dos processos judiciais encaminhado pela Coordenadoria de Gestão Documental e Memória, determinando a publicação do documento na Imprensa Oficial, caso aprovado;

VII – acompanhar os procedimentos de eliminação dos documentos constantes do Termo aludido no inciso VI deste artigo;

VIII – manter, na Coordenadoria de Gestão Documental e Memória, serviço de documentação para recolher elementos que sirvam de subsídio à história do Tribunal e da Justiça do Trabalho e organizar e disponibilizar dados biográficos dos Ministros do TST;

IX – orientar a biblioteca na divulgação, para os Ministros e seus gabinetes, do acervo bibliográfico, e na atualização legislativa e jurisprudencial de interesse da Justiça do Trabalho;

X – efetivar o registro e o controle dos repositórios autorizados à publicação da jurisprudência da Corte, previstos no parágrafo único do art. 183;

XI – supervisionar a documentação publicada pelo Tribunal na rede mundial de computadores e providenciar a renovação dos conteúdos do sítio do Tribunal;

XII – selecionar os acórdãos a serem encaminhados para publicação nas revistas do Tribunal e demais periódicos autorizados, inclusive entre aqueles eventualmente encaminhados pelos gabinetes;

XIII – manter na biblioteca pastas individuais contendo dados da produção bibliográfica dos Ministros do TST.

TÍTULO III
Da Organização e da Competência

Capítulo I
Da Organização

Art. 64. O Tribunal funciona em sua composição plena ou dividido em Órgão Especial, Seções, Subseções Especializadas e Turmas.

Art. 65. São órgãos do Tribunal Superior do Trabalho:

I – Tribunal Pleno;

II – Órgão Especial;

III – Seção Especializada em Dissídios Coletivos;

IV – Seção Especializada em Dissídios Individuais, dividida em duas subseções;

V – Turmas.

Parágrafo único. São órgãos que funcionam junto ao Tribunal Superior do Trabalho:

I – Escola Nacional de Formação e Aperfeiçoamento de Magistrados do Trabalho (ENAMAT);

II – Conselho Superior da Justiça do Trabalho (CSJT);

III – Centro de Formação e Aperfeiçoamento de Assessores e Servidores do Tribunal Superior do Trabalho (CEFAST);

IV – Ouvidoria.

Art. 66. Para a composição dos órgãos judicantes do Tribunal, respeitados os critérios de antiguidade e os estabelecidos neste capítulo, os Ministros poderão escolher a Seção Especializada e a Turma que desejarem integrar, podendo exercer o direito de permuta, salvo os Presidentes de Turma, que, para fazê-lo, deverão previamente renunciar à Presidência do órgão colegiado.

Parágrafo único. Cada Ministro comporá apenas uma Seção Especializada.

Art. 67. O Ministro empossado integrará os órgãos do Tribunal onde ocorreu a vaga ou ocupará aquela resultante da transferência de Ministro, autorizada pelo art. 66 deste Regimento.

Art. 68. O Tribunal Pleno é constituído pela totalidade dos Ministros que integram a Corte.

§ 1º Para o funcionamento do Tribunal Pleno é exigida a presença de, no mínimo, 14 (quatorze) Ministros, sendo necessária a maioria absoluta para deliberar sobre:

I – escolha dos nomes que integrarão a lista tríplice destinada à vaga de Ministro do Tribunal, observado o disposto no art. 4º, § 2º, II, deste Regimento;

II – aprovação de Emenda Regimental;

III – eleição dos Ministros para os cargos de direção do Tribunal;

IV – edição, revisão ou cancelamento de súmula, de orientação jurisprudencial e de precedente normativo;

V – declaração de inconstitucionalidade de lei ou de ato normativo do Poder Público.

§ 2º Será tomada por 2/3 (dois terços) dos votos dos Ministros que compõem o Tribunal Pleno a deliberação preliminar referente à existência de relevante interesse público que fundamenta a proposta de edição, revisão ou cancelamento de súmula, orientação jurisprudencial e precedente normativo, observado o § 3º do art. 702 da CLT.

Art. 69. O Órgão Especial é composto por 14 (quatorze) membros, sendo 7 (sete) por antiguidade e 7 (sete) por eleição, e 3 (três) suplentes.

§ 1º Integram o Órgão Especial o Presidente e o Vice-Presidente do Tribunal, o Corregedor-Geral da Justiça do Trabalho, juntamente com os demais Ministros mais antigos e eleitos.

§ 2º Caso seja eleito para cargo de direção do Tribunal Ministro que não figure dentre os 7 (sete) mais antigos aptos a integrar o Órgão Especial, será ele considerado eleito para integrá-lo, promovendo-se a eleição prevista no *caput* deste artigo, por escrutínio secreto, apenas para os cargos remanescentes.

§ 3º O *quorum* para funcionamento do Órgão Especial é de 8 (oito) Ministros, mas, para deliberar sobre disponibilidade ou aposentadoria de Magistrado, exige-se a presença e votação convergente da maioria absoluta.

§ 4º Para recompor o *quorum* em virtude da ausência de Ministro integrante da metade mais antiga, será convocado o Ministro que o suceder na ordem de antiguidade. No caso de não comparecimento de Ministro que compõe a metade eleita, a convocação recairá sobre qualquer dos suplentes.

Art. 70. Integram a Seção Especializada em Dissídios Coletivos o Presidente e o Vice-Presidente do Tribunal, o Corregedor-Geral da Justiça do Trabalho e mais 6 (seis) Ministros.

Parágrafo único. O *quorum* para o funcionamento da Seção Especializada em Dissídios Coletivos é de 5 (cinco) Ministros, sendo que, na falta de *quorum*, deve ser convocado Ministro para substituir o ausente, preferencialmente da sua mesma Turma.

Art. 71. A Seção Especializada em Dissídios Individuais é composta de 21 (vinte e um) Ministros, sendo o Presidente e o Vice-Presidente do Tribunal, o Corregedor-Geral da Justiça do Trabalho e mais 18 (dezoito) Ministros, e funciona em composição plena ou dividida em duas subseções para julgamento dos processos de sua competência.

§ 1º O *quorum* exigido para o funcionamento da Seção Especializada em Dissídios Individuais plena é de 11 (onze) Ministros, mas as deliberações só poderão ocorrer pelo voto da maioria absoluta dos integrantes da Seção.

§ 2º Integram a Subseção I da Seção Especializada em Dissídios Individuais 14 (quatorze) Ministros, sendo o Presidente e o Vice-Presidente do Tribunal, o Corregedor-Geral da Justiça do Trabalho e mais 11 (onze) Ministros, preferencialmente os Presidentes de Turma, exigida a presença de, no mínimo, 8 (oito) Ministros para o seu funcionamento, sendo que, na falta de *quorum*, deve ser convocado Ministro para substituir o ausente, preferencialmente da sua mesma Turma.

§ 3º Haverá pelo menos 1 (um) e no máximo 2 (dois) integrantes de cada Turma na composição da Subseção I da Seção Especializada em Dissídios Individuais.

§ 4º Integram a Subseção II da Seção Especializada em Dissídios Individuais 10 (dez) Ministros, sendo o Presidente e o Vice-Presidente do Tribunal, o Corregedor-Geral da Justiça do Trabalho e mais 7 (sete) Ministros, exigida a presença de, no mínimo, 6 (seis) Ministros para o seu funcionamento, sendo que, na falta de *quorum*, deve ser convocado Ministro para substituir o ausente, preferencialmente da sua mesma Turma.

Art. 72. As decisões do Órgão Especial, das Seções e Subseções Especializadas que se inclinarem por contrariar súmula, orientação jurisprudencial e precedente normativo ou decisões reiteradas de 5 (cinco) ou mais Turmas do Tribunal sobre tema de natureza material ou processual serão suspensas, sem proclamação do resultado, e os autos encaminhados ao Tribunal Pleno, para deliberação sobre a questão controvertida, mantido o relator de sorteio no órgão fracionário.

Art. 73. As Turmas são constituídas, cada uma, por 3 (três) Ministros, sendo presididas de acordo com os critérios estabelecidos pelos arts. 91 e 92 deste Regimento.

Parágrafo único. Para os julgamentos nas Turmas é necessária a presença de 3 (três) Magistrados.

Capítulo II
Da Competência

Seção I
Das Disposições Gerais

Art. 74. Compete ao Tribunal Superior do Trabalho processar, conciliar e julgar, na forma da lei, em grau originário ou recursal ordinário ou extraordinário, as demandas individuais e os dissídios coletivos que excedam a jurisdição dos Tribunais Regionais, os conflitos de direito sindical, assim como outras controvérsias decorrentes de relação de trabalho, e os litígios relativos ao cumprimento de suas próprias decisões, de laudos arbitrais e de convenções e acordos coletivos.

Seção II
Da Competência do Tribunal Pleno

Art. 75. Compete ao Tribunal Pleno:

I – eleger, por escrutínio secreto, o Presidente e o Vice-Presidente do Tribunal Superior do Trabalho, o Corregedor-Geral da Justiça do Trabalho, os 7 (sete) Ministros para integrar o Órgão Especial, o Diretor, o Vice-Diretor e os membros do Conselho Consultivo da Escola Nacional de Formação e Aperfeiçoamento de Magistrados do Trabalho (ENAMAT), o diretor e os membros do Centro de Formação e Aperfeiçoamento de Assessores e Servidores do Tribunal Superior do Trabalho (CEFAST); os Ministros membros do Conselho Superior da Justiça do Trabalho (CSJT) e respectivos suplentes, os membros do Conselho Nacional de Justiça (CNJ) e o Ministro Ouvidor e seu substituto;

II – dar posse aos membros eleitos para os cargos de direção do Tribunal Superior do Trabalho, aos Ministros nomeados para o Tribunal, aos membros da direção e do Conselho Consultivo da Escola Nacional de Formação e Aperfeiçoamento de Magistrados do Trabalho (ENAMAT) e do Centro de Formação e Aperfeiçoamento de Assessores e Servidores do Tribunal Superior do Trabalho (CEFAST);

III – escolher os integrantes das listas para provimento das vagas de Ministro do Tribunal;

IV – deliberar sobre prorrogação do prazo para a posse no cargo de Ministro do Tribunal Superior do Trabalho e o início do exercício;

V – determinar a disponibilidade ou a aposentadoria de Ministro do Tribunal;

VI – opinar sobre propostas de alterações da legislação trabalhista, inclusive processual, quando entender que deve manifestar-se oficialmente;

VII – estabelecer ou alterar súmulas e outros enunciados de jurisprudência uniforme, pelo voto de pelo menos 2/3 (dois terços) de seus membros, caso a mesma matéria já tenha sido decidida de forma idêntica por unanimidade em, no mínimo, 2/3 (dois terços) das turmas, em pelo menos 10 (dez) sessões diferentes em cada uma delas, podendo, ainda, por maioria de 2/3 (dois terços) de seus membros, restringir os efeitos daquela declaração ou decidir que ela só tenha eficácia a partir de sua publicação no Diário Oficial;

VIII – julgar os incidentes de assunção de competência e os incidentes de recursos repetitivos, afetados ao órgão;

IX – decidir sobre a declaração de inconstitucionalidade de lei ou ato normativo do Poder Público, quando aprovada a arguição pelas Seções Especializadas ou Turmas;

X – aprovar e emendar o Regimento Interno do Tribunal Superior do Trabalho;

XI – processar e julgar as reclamações destinadas à preservação de sua competência e à garantia da autoridade de suas decisões e à observância obrigatória de tese jurídica firmada em decisão com eficácia de precedente judicial de cumprimento obrigatório, por ele proferida.

Seção III
Da Competência do Órgão Especial

Art. 76. Compete ao Órgão Especial:

I – em matéria judiciária:

a) processar e julgar as reclamações destinadas à preservação de sua competência, à garantia da autoridade de suas decisões e à observância obrigatória de tese jurídica firmada em decisão com eficácia de precedente judicial de cumprimento obrigatório, por ele proferida;

b) julgar mandado de segurança impetrado contra atos do Presidente ou de qualquer Ministro do Tribunal, ressalvada a competência das Seções Especializadas;

c) julgar os recursos interpostos contra decisões dos Tribunais Regionais do Trabalho em mandado de segurança de interesse de magistrados e servidores da Justiça do Trabalho;

d) julgar os recursos interpostos contra decisão em matéria de concurso para a Magistratura do Trabalho;

e) julgar os recursos ordinários em agravos internos interpostos contra decisões proferidas em reclamações correicionais ou em pedidos de providências que envolvam impugnação de cálculos de precatórios;

f) julgar os recursos ordinários interpostos contra decisões proferidas em mandado de segurança impetrado contra ato do Presidente de Tribunal Regional em precatório;

g) julgar os recursos ordinários interpostos contra decisões proferidas em reclamações quando a competência para julgamento do recurso do processo principal for a ele atribuída;

h) julgar os agravos internos interpostos contra decisões proferidas pelo Corregedor-Geral da Justiça do Trabalho;

i) julgar os agravos internos interpostos contra decisões que denegam seguimento a recurso extraordinário por ausência de repercussão geral da questão constitucional debatida;

j) deliberar sobre as demais matérias jurisdicionais não incluídas na competência dos outros órgãos do Tribunal.

II – em matéria administrativa:

a) proceder à abertura e ao encerramento do semestre judiciário;

b) eleger os membros do Conselho da Ordem do Mérito Judiciário do Trabalho e os das Comissões previstas neste Regimento, com observância, neste último caso, do disposto nos §§ 1º e 3º de seu art. 53;

c) aprovar e emendar o Regulamento Geral da Secretaria do Tribunal Superior do Trabalho, o Regimento da Corregedoria-Geral da Justiça do Trabalho, o Regulamento da Ordem do Mérito Judiciário do Trabalho, os Estatutos da Escola Nacional de Formação e Aperfeiçoamento de Magistrados do Trabalho (ENAMAT) e do Centro de Formação e Aperfeiçoamento de Assessores e Servidores do Tribunal Superior do Trabalho (CEFAST), e o Regimento Interno do Conselho Superior da Justiça do Trabalho (CSJT);

d) propor ao Poder Legislativo, após a deliberação do Conselho Superior da Justiça do Trabalho (CSJT), a criação, extinção ou modificação de Tribunais Regionais do Trabalho e Varas do Trabalho, assim como a alteração de jurisdição e de sede destes;

e) propor ao Poder Legislativo a criação, a extinção e a transformação de cargos e funções públicas e a fixação dos respectivos vencimentos ou gratificações;

f) escolher, mediante escrutínio secreto e pelo voto da maioria absoluta dos seus membros, Desembargador de Tribunal Regional do Trabalho para substituir temporariamente Ministro do Tribunal Superior do Trabalho;

g) aprovar a lista dos admitidos na Ordem do Mérito Judiciário do Trabalho;

h) aprovar a lotação das funções comissionadas do Quadro de Pessoal do Tribunal;

i) conceder licença, férias e outros afastamentos aos membros do Tribunal;

j) fixar e rever as diárias e as ajudas de custo do Presidente, dos Ministros e servidores do Tribunal;

l) designar as comissões temporárias para exame e elaboração de estudo sobre matéria relevante, respeitada a competência das comissões permanentes;

m) aprovar as instruções de concurso para provimento dos cargos de Juiz do Trabalho Substituto;

n) aprovar as instruções dos concursos para provimento dos cargos do Quadro de Pessoal do Tribunal e homologar seu resultado final;

o) julgar os recursos de decisões ou atos do Presidente do Tribunal em matéria administrativa;

p) julgar os recursos interpostos contra decisões dos Tribunais Regionais do Trabalho em processo administrativo disciplinar envolvendo Magistrado, estritamente para controle da legalidade;

q) examinar as matérias encaminhadas pelo Conselho Superior da Justiça do Trabalho (CSJT);

r) aprovar a proposta orçamentária da Justiça do Trabalho;

s) julgar os recursos ordinários interpostos contra agravos internos em que tenha sido apreciada decisão de Presidente de Tribunal Regional em precatório;

t) deliberar sobre as questões relevantes e atos normativos a que alude o art. 41, XXXIII e parágrafo único, deste Regimento.

Seção IV
Da Competência da Seção Especializada em Dissídios Coletivos (SDC)

Art. 77. À Seção Especializada em Dissídios Coletivos compete:

I – originariamente:

a) julgar os dissídios coletivos de natureza econômica e jurídica, de sua competência, ou rever suas próprias sentenças normativas, nos casos previstos em lei;

b) homologar as conciliações firmadas nos dissídios coletivos;

c) julgar as ações anulatórias de acordos e convenções coletivas;

d) julgar as ações rescisórias propostas contra suas sentenças normativas;

e) julgar os agravos internos contra decisões não definitivas, proferidas pelo Presidente do Tribunal, ou por qualquer dos Ministros integrantes da Seção Especializada em Dissídios Coletivos;

f) julgar os conflitos de competência entre Tribunais Regionais do Trabalho em processos de dissídio coletivo;

g) processar e julgar as tutelas provisórias antecedentes ou incidentes nos processos de dissídio coletivo;

h) processar e julgar as ações em matéria de greve, quando o conflito exceder a jurisdição de Tribunal Regional do Trabalho;

i) processar e julgar as reclamações destinadas à preservação de sua competência e à garantia da autoridade de suas decisões.

II – em última instância, julgar:

a) os recursos ordinários interpostos contra as decisões proferidas pelos Tribunais Regionais do Trabalho em dissídios coletivos de natureza econômica ou jurídica;

b) os recursos ordinários interpostos contra decisões proferidas pelos Tribunais Regionais do Trabalho em ações rescisórias, reclamações e mandados de segurança pertinentes a dissídios coletivos e em ações anulatórias de acordos e convenções coletivas;

c) os embargos infringentes interpostos contra decisão não unânime proferida em processo de dissídio coletivo de sua competência originária, salvo se a decisão embargada estiver em consonância com precedente normativo do Tribunal Superior do Trabalho ou com súmula de sua jurisprudência predominante;

d) os agravos de instrumento interpostos contra decisão denegatória de recurso ordinário nos processos de sua competência.

Seção V
Da Competência da Seção Especializada em Dissídios Individuais

Art. 78. À Seção Especializada em Dissídios Individuais, em composição plena ou dividida em duas Subseções, compete:

I – em composição plena:

a) julgar, em caráter de urgência e com preferência na pauta, os processos nos quais tenha sido estabelecida, na votação, divergência entre as Subseções I e II da Seção Especializada em Dissídios Individuais, quanto à aplicação de dispositivo de lei federal ou da Constituição da República;

b) processar e julgar as reclamações destinadas à preservação de sua competência, à garantia da autoridade de suas decisões e à observância obrigatória de tese jurídica firmada em decisão com eficácia de precedente judicial de cumprimento obrigatório, por ela proferida.

II – à Subseção I:

a) julgar os embargos interpostos contra decisões divergentes das Turmas, ou destas que divirjam de decisão da Seção de Dissídios Individuais, de súmula ou de orientação jurisprudencial;

b) processar e julgar as reclamações destinadas à preservação de sua competência, à garantia da autoridade de suas decisões e à observância obrigatória de tese jurídica firmada em decisão com eficácia de precedente judicial de cumprimento obrigatório, por ela proferida;

c) julgar os agravos internos interpostos contra decisão monocrática exarada em processos de sua competência ou decorrentes do juízo de admissibilidade da Presidência de Turmas do Tribunal;

d) processar e julgar os incidentes de recursos repetitivos que lhe forem afetados;

III – à Subseção II:

a) originariamente:

I – julgar as ações rescisórias propostas contra suas decisões, as da Subseção I e as das Turmas do Tribunal;

II – julgar os mandados de segurança contra os atos praticados pelo Presidente do Tribunal, ou por qualquer dos Ministros integrantes da Seção Especializada em Dissídios Individuais, nos processos de sua competência;

III – julgar os pedidos de concessão de tutelas provisórias e demais medidas de urgência;

IV – julgar os habeas corpus;

V – processar e julgar os Incidentes de Resolução de Demandas Repetitivas suscitados nos processos de sua competência originária;

VI – processar e julgar as reclamações destinadas à preservação de sua competência, à garantia da autoridade de suas decisões e à observância obrigatória de tese jurídica firmada em decisão com eficácia de precedente judicial de cumprimento obrigatório, por ela proferida.

b) em única instância:

I – julgar os agravos internos interpostos contra decisão monocrática exarada em processos de sua competência;

II – julgar os conflitos de competência entre Tribunais Regionais e os que envolvam Desembargadores dos Tribunais de Justiça, quando investidos da jurisdição trabalhista, e Juízes do Trabalho em processos de dissídios individuais.

c) em última instância:

I – julgar os recursos ordinários interpostos contra decisões dos Tribunais Regionais em processos de dissídio individual de sua competência originária;

II – julgar os agravos de instrumento interpostos contra decisão denegatória de recurso ordinário em processos de sua competência.

Seção VI
Da Competência das Turmas

Art. 79. Compete a cada uma das Turmas julgar:

I – as reclamações destinadas à preservação da sua competência e à garantia da autoridade de suas decisões;

II – os recursos de revista interpostos contra decisão dos Tribunais Regionais do Trabalho, nos casos previstos em lei;

III – os agravos de instrumento das decisões de Presidente de Tribunal Regional que denegarem seguimento a recurso de revista;

IV – os agravos internos interpostos contra decisão monocrática exarada em processos de sua competência;

V – os recursos ordinários em tutelas provisórias e as reclamações, quando a competência para julgamento do recurso do processo principal for atribuída à Turma, bem como a tutela provisória requerida em procedimento antecedente de que trata o art. 114 deste Regimento.

Seção VII
Da Escola Nacional de Formação e Aperfeiçoamento de Magistrados do Trabalho – ENAMAT

Art. 80. A Escola Nacional de Formação e Aperfeiçoamento de Magistrados do Trabalho (ENAMAT) é órgão que funciona junto ao Tribunal Superior do Trabalho, com autonomia administrativa e financeira, cabendo-lhe, dentre outras funções, regulamentar os cursos oficiais para o ingresso e promoção na carreira e formação continuada dos Magistrados, na forma dos seus estatutos, bem assim promover o Concurso Público Nacional para ingresso na Magistratura do Trabalho.

Art. 81. O Diretor, o Vice-Diretor e os membros do Conselho Consultivo da Escola Nacional de Formação e Aperfeiçoamento de Magistrados do Trabalho (ENAMAT) serão eleitos pelo Tribunal Pleno, em escrutínio secreto, para mandato de 2 (dois) anos, permitida uma recondução.

§ 1º Os membros eleitos para os cargos de direção da Escola e os do Conselho Consultivo tomarão posse perante o Tribunal Pleno.

§ 2º O Diretor da Escola Nacional de Formação e Aperfeiçoamento de Magistrados do Trabalho (ENAMAT) receberá 15% (quinze por cento) a menos de processos distribuídos, respeitada a proporção quanto às classes processuais de competência da Turma.

Seção VIII
Do Centro de Formação e Aperfeiçoamento de Assessores e Servidores do TST – CEFAST

Art. 82. O Centro de Formação e Aperfeiçoamento de Assessores e Servidores do Tribunal Superior do Trabalho (CEFAST) é órgão que funciona junto ao Tribunal Superior do Trabalho, com autonomia administrativa, cabendo-lhe, dentre outras funções, capacitar e aperfeiçoar os servidores que desenvolvem atividades jurídicas no TST.

Art. 83. O Diretor e os membros do Centro de Formação e Aperfeiçoamento de Assessores e Servidores do Tribunal Superior do Trabalho (CEFAST) serão eleitos pelo Tribunal Pleno, em escrutínio secreto, para mandato de 2 (dois) anos, permitida uma recondução.

Parágrafo único. Os membros eleitos para os cargos de direção do Centro de Formação e Aperfeiçoamento de Assessores e Servidores do Tribunal Superior do Trabalho (CEFAST) tomarão posse perante o Tribunal Pleno.

Seção IX
Do Conselho Superior da Justiça do Trabalho CSJT

Art. 84. O Conselho Superior da Justiça do Trabalho (CSJT) é órgão que funciona junto ao Tribunal Superior do Trabalho, com autonomia administrativa, cabendo-lhe exercer a supervisão administrativa, orçamentária, financeira e patrimonial da Justiça do Trabalho, de primeiro e segundo graus, como órgão central do sistema.

Seção X
Da Ouvidoria

Art. 85. A Ouvidoria do Tribunal Superior do Trabalho tem por missão assegurar um canal de comunicação eficiente, ágil e transparente entre o cidadão, os servidores e a administração do Tribunal, visando orientar, transmitir informações e colaborar para o aperfeiçoamento dos serviços prestados à sociedade, bem assim promover a interlocução com as Ouvidorias dos Tribunais Regionais do Trabalho para o eficaz atendimento das demandas acerca dos serviços prestados pelos órgãos da Justiça do Trabalho.

Art. 86. O Ministro Ouvidor e seu substituto serão eleitos pelo Tribunal Pleno dentre os Ministros do Tribunal, excluídos o Presidente, o Vice-Presidente, o Corregedor-Geral da Justiça do Trabalho e os Presidentes das Turmas, permitida uma recondução.

Parágrafo único. A eleição do Ministro Ouvidor e de seu substituto dar-se-á na primeira sessão subsequente à posse dos membros da direção do Tribunal, sempre que possível.

Art. 87. O Presidente do Tribunal, em conjunto com o Ministro Ouvidor, poderá baixar normas complementares acerca dos procedimentos internos da Ouvidoria, ad referendum do Órgão Especial.

Seção XI
Das Disposições Gerais

Art. 88. Ao Tribunal Pleno, ao Órgão Especial, às Seções Especializadas e às Turmas cabe, ainda, nos processos de sua competência:

I – julgar:

a) os embargos de declaração interpostos contra suas decisões;

b) os pedidos de concessão de tutela provisória e demais medidas de urgência;

c) os incidentes que lhes forem submetidos;

d) a restauração de autos, em se tratando de processo de sua competência.

II – homologar as desistências dos recursos, decidir sobre pedido de desistência de ação quanto aos processos incluídos em pauta para julgamento e homologar os acordos em processos de competência originária do Tribunal;

III – representar à autoridade competente, quando, em autos ou documentos de que conhecer, houver indício de crime de ação pública.

Art. 89. A proclamação do resultado da votação será suspensa:

I – pelo Órgão Especial, pelas Seções Especializadas e pelas Turmas, para remessa do processo ao Tribunal Pleno, quando se verificar que a maioria respectiva se inclina pelo acolhimento da arguição de inconstitucionalidade de norma em matéria que ainda não tenha sido decidida pelo Tribunal Pleno ou pelo Supremo Tribunal Federal;

II – pelas Seções Especializadas, quando convier o pronunciamento do Tribunal Pleno, em razão da relevância da questão jurídica, do interesse público ou da necessidade de prevenir divergência de julgados, nos termos do art. 72 deste Regimento.

Capítulo III
Da Presidência das Seções

Seção I
Da Presidência do Tribunal Pleno, do Órgão Especial e das Seções Especializadas

Art. 90. O Ministro Presidente do Tribunal presidirá o Tribunal Pleno, o Órgão Especial e as Seções Especializadas, podendo ser substituído, sucessivamente, pelo Vice-Presidente, pelo Corregedor-Geral da Justiça do Trabalho ou pelo Ministro mais antigo presente à sessão.

Seção II
Da Presidência das Turmas

Art. 91. O Presidente da Turma será o mais antigo dentre os Ministros que a compõem, por um período de 2 (dois) anos, vedada a recondução, até que todos os seus integrantes hajam exercido a Presidência, observada a ordem decrescente de antiguidade.

Parágrafo único. É facultado aos demais Ministros recusarem a Presidência, desde que o façam antes da proclamação de sua escolha.

Art. 92. Na hipótese de vacância do cargo de Presidente de Turma, assumirá o Ministro mais antigo do respectivo órgão colegiado.

§ 1º Nas ausências eventuais ou afastamentos temporários, o Presidente da Turma será substituído pelo Ministro mais antigo do órgão colegiado.

§ 2º A escolha do Presidente da Turma, observado o critério estabelecido no art. 91 deste Regimento, dar-se-á na primeira sessão ordinária da Turma que suceder à posse da nova direção do Tribunal, ressalvada a situação prevista no parágrafo seguinte.

§ 3º Se houver vacância da Presidência da Turma, a escolha do novo Presidente dar-se-á na sessão ordinária imediatamente posterior à ocorrência da vaga, hipótese em que o ministro eleito completará o mandato do sucedido pelo prazo remanescente.

§ 4º Considera-se empossado o sucessor, em qualquer das situações a que se referem os §§ 2º e 3º deste artigo, na mesma data de sua escolha para a Presidência da Turma.

Seção III
Das Atribuições do Presidente de Turma

Art. 93. Compete ao Presidente de Turma:

I – indicar o Secretário da Turma para nomeação pelo Presidente do Tribunal;

II – convocar sessões ordinárias e extraordinárias;

III – dirigir os trabalhos e presidir as sessões da Turma, propor e submeter as questões, apurar os votos e proclamar as decisões;

IV – manter a ordem nas sessões, podendo mandar retirar os que as perturbarem e os que faltarem com o devido respeito e prender os desobedientes, fazendo lavrar o respectivo auto;

V – despachar os expedientes da Turma que excederem à competência dos relatores, inclusive os pedidos manifestados após a publicação dos acórdãos;

VI – supervisionar os serviços da Secretaria;

VII – convidar, mediante prévio entendimento, Ministro ou Desembargador convocado para compor o *quorum*;

VIII – exercer o juízo de admissibilidade dos embargos à Subseção I da Seção Especializada em Dissídios Individuais e julgar os embargos de declaração interpostos dessas decisões;

IX – submeter ao Presidente da Subseção I da Seção Especializada em Dissídios Individuais a proposta de afetação dos recursos de revista para os efeitos dos arts. 896-B e 896-C da CLT e deste Regimento.

Parágrafo único. Em face da atribuição contida no inciso VIII deste artigo, o Presidente de Turma receberá 10% (dez por cento) a menos de processos distribuídos, respeitada a proporção quanto às classes processuais de competência da Turma.

TÍTULO IV
Do Ministério Público do Trabalho

Art. 94. O Ministério Público do Trabalho atuará nas sessões do Tribunal representado pelo Procurador-Geral ou, mediante sua delegação, por Subprocuradores-Gerais e por Procuradores Regionais, na forma da lei.

Art. 95. À Procuradoria-Geral do Trabalho serão remetidos processos para parecer, nas seguintes hipóteses:

I – obrigatoriamente, quando for parte pessoa jurídica de direito público, Estado estrangeiro ou organismo internacional e quando houver interesse de incapaz;

II – facultativamente, por iniciativa do relator, quando a matéria, por sua relevância, recomendar a prévia manifestação do Ministério Público;

III – por iniciativa do Ministério Público, quando entender existente interesse público que justifique a sua intervenção;

IV – por determinação legal, os mandados de segurança em grau originário ou recursal, as ações civis públicas em que o Ministério Público não for autor, os dissídios coletivos originários, caso não exarado parecer na instrução, e os processos em que forem parte índio, comunidades e organizações indígenas, além de outros processos em que a lei impuser a intervenção do Ministério Público.

§ 1º À Procuradoria-Geral do Trabalho serão encaminhados de imediato, após autuação e distribuição, os processos nos quais figuram como parte pessoa jurídica de direito público, Estado estrangeiro ou organismo internacional, e os recursos ordinários em mandado de segurança.

§ 2º Não serão remetidos à Procuradoria-Geral do Trabalho:

I – processos oriundos de ações originárias propostas pelo Ministério Público do Trabalho;

II – processos de remessa facultativa que exijam urgência no julgamento ou que versem sobre tema pacificado na jurisprudência.

Art. 96. O Ministério Público, observadas as regras legais especiais e a tramitação preferencial de demandas, emitirá parecer no prazo legal, restituindo imediatamente os autos ao Tribunal.

Art. 97. O Ministério Público, após publicado o acórdão e vencido o prazo para as partes, será intimado pessoalmente nas causas em que tenha intervindo ou emitido parecer.

Livro II
DOS PROCESSOS E DA JURISPRUDÊNCIA

TÍTULO I
Dos Processos

Capítulo I
Do Registro e da Classificação

Art. 98. As petições recebidas serão registradas no dia de seu ingresso no Tribunal e, após a conferência das folhas, juntadas ou encaminhadas para análise, respeitada a competência dos órgãos judicantes.

Parágrafo único. O Presidente do Tribunal e os Presidentes de Turmas poderão delegar à Secretaria a prática de atos ordinatórios nos termos dos arts. 93, XIV, da Constituição da República e 203, § 4º, do CPC, mediante ato interno.

Art. 99. Os processos serão registrados após a conferência das folhas, classificados e autuados, de acordo com a tabela aprovada pelo Conselho Nacional de Justiça (CNJ).

Art. 100. A classificação das ações de competência originária será feita nos termos do requerido pela parte, desde que prevista a classe processual na tabela unificada aprovada pelo Conselho Nacional de Justiça (CNJ).

Parágrafo único. Incumbe às Secretarias do Tribunal as providências necessárias à intimação das partes para o fim de correção e atualização dos registros de CNPJ e CPF constantes na base de dados da Secretaria da Receita Federal do Brasil.

Art. 101. Na hipótese de ajuizamento de ação ou de interposição de recurso não previsto na tabela processual unificada, o processo será classificado e autuado na classe processual "Petição – Pet".

Capítulo II
Da Distribuição

Seção I
Das Disposições Gerais

Art. 102. Os processos de competência do Tribunal serão distribuídos por classe, de acordo com a competência e composição dos órgãos judicantes e com a ordem cronológica do seu ingresso na Corte, observando-se a alternatividade, o sorteio eletrônico e a publicidade, concorrendo ao sorteio todos os Ministros, excetuados os membros da direção.

§ 1º Ressalvados os casos de comprovada urgência, a distribuição será efetivada, com encaminhamento do processo ao Ministro sorteado, nos dias úteis e durante o horário de funcionamento do Tribunal Superior do Trabalho.

§ 2º A regra do parágrafo anterior se aplica aos processos que retornarem, com manifestação, da Procuradoria-Geral do Trabalho.

Art. 103. Nos períodos correspondentes ao recesso forense e às férias dos Ministros, não haverá distribuição de processos.

Parágrafo único. No caso de fruição de férias, o Ministro não receberá distribuição de processos no respectivo período nem haverá compensação posterior.

Art. 104. Todos os processos recebidos no Tribunal, independentemente da classe a que pertencerem, serão distribuídos, nos termos desta Seção, após os registros e as formalidades necessárias à sua identificação.

Parágrafo único. Será fornecido a cada Ministro, por ocasião da distribuição, documento escrito ou transmissão computadorizada contendo todos os dados da distribuição que lhe coube.

Art. 105. As redistribuições autorizadas expressamente neste Regimento serão feitas no âmbito da Secretaria do órgão colegiado em que tramita o processo, pelo respectivo Presidente, observadas a compensação e a publicidade.

Art. 106. O Ministro recém-empossado receberá os processos vinculados à cadeira que ocupará, inclusive os agravos internos e embargos de declaração.

§ 1º Haverá compensação, na Turma, na hipótese em que o montante de processos recebidos na cadeira seja inferior, na data da posse do novo Ministro, à média de processos dos 5 (cinco) Ministros com maior acervo, considerada a competência das Turmas do Tribunal.

§ 2º Na composição do saldo total de processos que caberá ao Ministro recém-empossado, observar-se-á, sempre que possível, a proporção de 2/5 (dois quintos) de recursos de revistas e 3/5 (três quintos) de agravos de instrumento.

§ 3º Se houver processos, na cadeira, nas classes processuais "agravo de instrumento" ou "recurso de revista", cujo montante seja superior à proporção mencionada no § 2º, a totalidade da compensação recairá sobre a classe processual que não atingiu a aludida proporcionalidade.

§ 4º A compensação de processos será progressiva, cabendo ao Presidente do Tribunal definir o acréscimo percentual à distribuição normal diária do Ministro recém-empossado.

Art. 107. Os Ministros permanecerão vinculados aos processos recebidos em distribuição, ainda que ocorram afastamentos temporários menores que 30 (trinta) dias, ressalvadas as hipóteses de mandado de segurança, habeas corpus, reclamações, dissídio coletivo, tutela provisória e de outras medidas que reclamem solução inadiável. Nesses casos, ausente o relator por mais de 3 (três) dias, o processo poderá ser redistribuído, a critério do Presidente do Tribunal, mediante posterior compensação, desde que expressamente requerida a medida pelo interessado em petição fundamentada.

§ 1º Os processos de competência das Turmas, na hipótese de o relator afastar-se temporariamente do Tribunal por período superior a 30 (trinta) dias ou definitivamente, serão atribuídos ao Desembargador convocado para substituí-lo. Cessada a convocação, o relator ou o novo Ministro titular da cadeira receberá os processos não solucionados, atribuídos ou distribuídos ao Desembargador convocado.

§ 2º Os processos de competência das Seções Especializadas serão redistribuídos no âmbito dos respectivos órgãos fracionários, desde que não haja remoção de Ministro para a cadeira vaga. O Ministro que vier a ocupar a cadeira vaga receberá, em igual número, mediante compensação, o montante de processos redistribuídos por ocasião da vacância da cadeira.

§ 3º Os processos de competência do Órgão Especial, em caso de afastamento definitivo do relator, serão atribuídos ao Ministro que o suceder. Na hipótese de afastamento temporário, o relator permanecerá vinculado a tais processos, observada, porém, a regra prevista no *caput* deste artigo.

Art. 108. O relator que se afastar definitivamente da Turma ou da Seção Especializada, por motivo de remoção, receberá no órgão para o qual se removeu os processos vinculados ao antecessor em que este ainda não após o visto.

Parágrafo único. Na hipótese de remoção de Turma, o Ministro que se removeu receberá no novo órgão, em compensação, a diferença entre o acervo processual deixado na Turma de origem, ao se remover, e o que recebeu na nova cadeira, observadas as classes processuais.

Art. 109. Se o afastamento do relator for definitivo, em decorrência de haver assumido cargo de direção do Tribunal, todos os seus processos serão atribuídos, conforme o caso, ao Desembargador ou ao Titular da cadeira que, em lugar do afastado, vier a integrar a Turma, inclusive em relação aos agravos internos e aos embargos de declaração.

Parágrafo único. Todos os processos de competência das Seções Especializadas serão atribuídos ao Titular da cadeira que, em lugar do afastado, vier a integrar a Seção Especializada, inclusive em relação aos agravos internos e aos embargos de declaração.

Art. 110. O Ministro afastado definitivamente de qualquer órgão julgador retornará ao órgão colegiado para relatar os processos em que, até a data do seu afastamento, após o visto.

Seção II
Das Disposições Especiais

Art. 111. O órgão colegiado que conhecer do processo terá jurisdição preventa para o julgamento dos recursos posteriores interpostos no mesmo processo, observada a competência.

§ 1º O processo que tramita na fase de execução será distribuído ao Ministro a quem coube a relatoria na fase de conhecimento, ou a quem o tenha substituído ou sucedido, devendo os processos tramitar conjuntamente, sempre que possível.

§ 2º Os embargos de terceiro serão distribuídos, por prevenção, ao relator do processo principal.

Art. 112. O processo já apreciado pelo Órgão Especial ou por uma das Seções Especializadas, retornando a novo exame, será distribuído ao mesmo órgão colegiado e ao mesmo relator ou redator do acórdão. Na ausência definitiva do relator ou do redator do acórdão anterior, o processo será distribuído ao novo titular que vier a integrar o órgão prevento.

Parágrafo único. O processo já apreciado por uma das Turmas será distribuído ao mesmo órgão colegiado e ao mesmo relator ou redator do acórdão. Na ausência definitiva do relator ou do redator do acórdão anterior, o processo será distribuído ao Desembargador convocado para a vaga ou ao novo titular que vier a integrar o órgão prevento.

Art. 113. Aplica-se a regra do artigo anterior à hipótese de processo no qual haja recurso submetido à apreciação do Tribunal em razão de provimento de agravo.

Art. 114. A tutela provisória será distribuída ao relator do processo principal, salvo se a medida for requerida em procedimento antecedente, hipótese em que será sorteado relator dentre os integrantes do órgão colegiado competente para o julgamento da matéria, o qual fica prevento para a ação principal.

Parágrafo único. Observar-se-á a mesma regra na hipótese de recurso em tutela provisória.

Art. 115. À distribuição dos embargos previstos no art. 262 deste Regimento não concorrerá o Ministro que já tenha atuado no processo como relator ou redigido o acórdão embargado.

Art. 116. Os embargos interpostos contra decisão de Turma serão distribuídos entre os Ministros não integrantes do colegiado prolator da decisão embargada.

Art. 117. Da distribuição da ação rescisória originária será excluído como relator, sempre que possível, Ministro que haja participado do julgamento rescindendo.

Capítulo III
Do Relator e do Revisor

Art. 118. Compete ao relator:

I – submeter pedido de liminar ao órgão competente, antes de decidi-lo, desde que repute de alta relevância a matéria nele tratada. Caracterizada a urgência, concederá ou denegará a liminar, que será submetida ao referendo do órgão colegiado na primeira sessão que se seguir;

II – promover as diligências necessárias à perfeita instrução dos processos, fixando prazo para o seu cumprimento;

III – solicitar audiência do Ministério Público do Trabalho nas hipóteses previstas em lei, ou quando entender necessário;

IV – processar os incidentes de falsidade, de suspeição, de impedimento e de desconsideração da personalidade jurídica, arguidos pelos litigantes;

V – despachar os pedidos de desistência de ação ou de recurso, suscitados em processo que lhe tenha sido distribuído, salvo quando incluídos em pauta ou quando formulados após a publicação do acórdão;

VI – lavrar os acórdãos referentes às decisões proferidas nos processos em que seu voto tenha prevalecido;

VII – requisitar autos originais, quando necessário;

VIII – determinar a prática de atos processuais às autoridades judiciárias de instância inferior, nos casos previstos em lei ou neste Regimento;

IX – decidir sobre os pedidos constantes das petições vinculadas a processos de sua competência, que não se incluam nas atribuições do Presidente do Tribunal, do órgão julgador ou da respectiva Presidência;

X – decidir monocraticamente ou denegar seguimento a recurso, na forma da lei, inclusive na hipótese contemplada no § 2º do art. 896-A da CLT;

XI – indeferir liminarmente ações originárias, na forma da lei;

XII – submeter ao órgão julgador competente questão de ordem para o bom andamento dos processos;

XIII – determinar, de ofício ou a requerimento das partes, a suspensão do recurso de revista ou de embargos que tenha como objeto controvérsia idêntica à do recurso afetado como repetitivo;

XIV – encaminhar ao revisor os autos do incidente de recursos repetitivos;

XV – encaminhar a lista de impedimentos ao órgão administrativo competente, nos termos do art. 144 do CPC.

Capítulo IV
Das Pautas

Art. 119. A pauta de julgamento de cada órgão colegiado será organizada pelo Secretário e aprovada pelo Presidente.

§ 1º Nenhum processo poderá ser incluído em pauta sem que dele conste o visto do relator e do revisor, se houver.

§ 2º Não haverá julgamento de processo sem prévia inclusão em pauta, exceto:

I – daquele cujo julgamento for expressamente adiado para a primeira sessão seguinte;

II – quando os embargos de declaração forem apresentados em mesa pelo relator na sessão subsequente à sua conclusão;

III – do pedido de homologação de acordo formulado em processo de dissídio coletivo originário ou em grau recursal;

IV – dos incidentes de impedimento e de suspeição apresentados em mesa pelo relator.

§ 3º Os processos que versem sobre matéria idêntica ou semelhante poderão ser ordenados em pauta específica para julgamento conjunto.

Art. 120. Os processos serão incluídos em pauta, considerada a data de sua remessa à Secretaria, ressalvadas as seguintes preferências:

I – futuro afastamento temporário ou definitivo do relator, bem como posse em cargo de direção;

II – processos submetidos ao rito sumaríssimo e aqueles que tenham como parte ou terceiro juridicamente interessado pessoa com prioridade de tramitação assegurada por lei;

III – incidentes de assunção de competência e incidentes de resolução de demandas repetitivas e de julgamento de recursos repetitivos;

IV – solicitação do Ministro relator ou das partes, se devidamente justificada;

V – quando a natureza do processo exigir tramitação urgente, especificamente os dissídios coletivos, mandados de segurança, tutelas provisórias, reclamações, conflitos de competência e declaração de inconstitucionalidade de lei ou de ato do Poder Público;

VI – remoção do relator para outro órgão colegiado.

Art. 121. Para a ordenação dos processos na pauta, observar-se-á a numeração correspondente a cada classe, preferindo no lançamento o elenco do inciso III do art. 120 deste Regimento e, ainda, aqueles em que é permitida a sustentação oral.

Art. 122. A pauta de julgamento será publicada no órgão oficial com antecedência mínima de 5 (cinco) dias úteis.

§ 1º Quando o exigirem a urgência e a natureza do processo, por iniciativa do Presidente do órgão colegiado competente, e em havendo expressa concordância das partes, poderá ser dispensada a sua inclusão em pauta.

§ 2º Os processos não julgados na sessão, cujo julgamento for expressamente adiado para a primeira seguinte, permanecerão em pauta, independentemente de nova publicação, conservada a mesma ordem, com preferência sobre os demais, nas hipóteses previstas no art. 120 deste Regimento.

Art. 123. As matérias administrativas sujeitas à deliberação do Órgão Especial constarão de pauta comunicada aos Ministros, com a antecedência mínima de 5 (cinco) dias, sendo vedada a deliberação sobre outras que não aquelas reputadas urgentes ou inadiáveis.

Parágrafo único. Para deliberar sobre matérias não constantes da pauta, é necessária a autorização de pelo menos 2/3 (dois terços) dos Ministros, em votação preliminar.

Art. 124. Os processos não julgados até a última sessão de cada semestre serão retirados de pauta.

Capítulo V
Das Sessões

Seção I
Do Funcionamento dos Órgãos

Art. 125. As sessões do Tribunal Pleno, do Órgão Especial, das Seções Especializadas e das Turmas realizar-se-ão, ordinária e extraordinariamente, por convocação do Presidente do Tribunal ou das Turmas, com a presença de todos os Ministros, ressalvadas as hipóteses excepcionais de férias, licenças ou afastamentos, previamente comunicados à Presidência do respectivo colegiado e à Secretaria, para os procedimentos cabíveis.

§ 1º As sessões extraordinárias do Tribunal Pleno e do Órgão Especial serão convocadas, quando requeridas justificadamente por 10 (dez) Ministros, pelo menos, para deliberação sobre matérias relevantes, observadas as competências de cada órgão.

§ 2º As sessões de julgamento sobre estabelecimento ou alteração de súmulas e outros enunciados de jurisprudência deverão ser públicas, divulgadas com, no mínimo, 30 (trinta) dias úteis de antecedência, e deverão possibilitar a sustentação oral pelo Procurador-Geral do Trabalho, pelo Conselho Federal da Ordem dos Advogados do Brasil, pelo Advogado-Geral da União e por confederações sindicais ou entidades de classe de âmbito nacional.

§ 3º Os Ministros comparecerão na hora designada para o início da sessão e não se ausentarão antes do seu término, salvo quando autorizados.

Art. 126. As sessões do Tribunal Pleno e dos demais órgãos colegiados são públicas, salvo nos casos de segredo de justiça.

Art. 127. Nas sessões do Tribunal Pleno, do Órgão Especial e das Seções Especializadas, o Presidente terá assento ao centro da mesa, o Vice-Presidente ocupará a primeira cadeira do plenário, à direita do Presidente, o Ministro mais antigo, a da esquerda, e o Corregedor-Geral da Justiça do Trabalho, a segunda da direita, seguindo-se assim, sucessivamente, observada a ordem de antiguidade.

Art. 128. Nas sessões das Turmas, o Presidente terá assento ao centro da mesa e os demais integrantes do colegiado ocuparão os lugares na bancada pela ordem de antiguidade.

Art. 129. O Desembargador do Trabalho convocado, nas sessões das Turmas, terá assento no lugar seguinte ao do Ministro mais moderno.

Art. 130. O representante do Ministério Público do Trabalho participará das sessões, tendo assento à mesa ao lado direito do Presidente.

Art. 131. Para a complementação do *quorum* de julgamento do Órgão Especial, das Seções Especializadas e das Turmas, serão observadas as regras dos arts. 69, § 4º, 70, parágrafo único, 71, §§ 1º, 2º e 4º, e 93, VII, deste Regimento.

Parágrafo único. Se não houver número para o funcionamento do órgão, aguardar-se-á por 30 (trinta) minutos a formação do *quorum*. Decorrido esse prazo e persistindo as ausências, será encerrada a sessão, com registro em ata.

Seção II
Do Plenário Eletrônico

Art. 132. Os processos de competência jurisdicional do Tribunal poderão ser, a critério do Ministro relator, submetidos a julgamento em ambiente eletrônico não presencial, por meio de sessões realizadas em Plenário Eletrônico, observadas as respectivas competências dos órgãos judicantes.

§ 1º O Presidente de cada órgão judicante poderá indicar à respectiva Secretaria Judiciária as classes processuais em que, preferencialmente, o julgamento ocorrerá em ambiente de Plenário Eletrônico, determinando que os processos sejam distribuídos com esse marcador, excetuados aqueles que, a critério do Ministro relator, serão encaminhados à pauta presencial.

§ 2º Ficam excluídos do Plenário Eletrônico os processos a serem apreciados pela Seção de Dissídios Coletivos.

Art. 133. As sessões presenciais e virtuais dos órgãos judicantes poderão ser publicadas na mesma pauta, respeitado o prazo de, no mínimo, 5 (cinco) dias úteis entre a data da sua publicação no Diário Eletrônico da Justiça do Trabalho e o início do julgamento.

§ 1º Na publicação da pauta no Diário Eletrônico da Justiça do Trabalho haverá a distinção dos processos que serão julgados em meio eletrônico daqueles que serão julgados na sessão presencial.

§ 2º Ainda que publicados os processos em pauta única, as sessões virtuais terão encerramento à 0 (zero) hora do dia útil anterior ao da sessão presencial correspondente.

§ 3º Quando a pauta for composta apenas por processos indicados a julgamento em sessão virtual, as partes serão cientificadas no Diário Eletrônico da Justiça do Trabalho sobre a data e o horário de início e de encerramento da sessão.

§ 4º As sessões virtuais serão disponibilizadas para consulta em portal específico no sítio eletrônico do Tribunal, no qual será registrada a eventual remessa do processo para julgamento presencial ou o resultado final da votação.

Art. 134. Em ambiente eletrônico próprio, denominado Plenário Eletrônico, serão lançados os votos do relator e dos demais Ministros.

§ 1º O sistema liberará automaticamente os votos dos processos encaminhados para julgamento em ambiente virtual, assegurando-se aos demais Ministros componentes do órgão judicante, no Plenário Eletrônico, o período de 7 (sete) dias corridos anteriores ao encerramento da votação previsto no art. 133, § 2º, deste Regimento, para análise e manifestação até o encerramento da sessão virtual.

§ 2º O início da sessão de julgamento definirá a composição do órgão judicante. Em caso de impedimento, suspeição ou afastamento temporário de um dos seus componentes, os processos pautados, em havendo prejuízo ao *quorum* de votação, serão remetidos automaticamente para a sessão presencial, na qual, a critério do Presidente, poderão ser retirados de pauta para eventual redistribuição na forma regimental.

§ 3º As opções de voto serão as seguintes:

I – convergente com o Ministro relator;

II – convergente com o Ministro relator, com ressalva de entendimento;

III – divergente do Ministro relator.

§ 4º Eleita qualquer das opções do parágrafo anterior, o Ministro poderá inserir em campo próprio do Plenário Eletrônico destaque pela relevância do tema, razões de divergência ou de ressalva de entendimento, quando o sistema emitirá aviso automático aos demais gabinetes componentes do órgão judicante.

§ 5º Serão automaticamente excluídos do ambiente eletrônico e remetidos à sessão presencial:

I – os processos com destaque ou pedido de vista por um ou mais integrantes do colegiado para julgamento presencial;

II – os processos com registro de voto divergente ao do Ministro relator;

III – os destacados pelo membro do Ministério Público do Trabalho até o fim do julgamento virtual;

IV – os processos pautados que tiverem pedido de sustentação oral ou preferência, desde que requerido em até 24 (vinte e quatro) horas antes do início da sessão virtual.

§ 6º Considerar-se-á que acompanhou o Ministro relator o componente que não se pronunciar no prazo previsto no § 1º, hipótese em que a decisão proferida será considerada unânime, independentemente de eventual ressalva de entendimento.

§ 7º O Ministro relator e os demais componentes poderão, a qualquer tempo, mesmo com a votação iniciada, independentemente de terem votado em meio eletrônico, remeter o processo para julgamento presencial.

§ 8º O Ministério Público, na condição de custos legis, terá assegurado o direito de acesso aos autos dos processos encaminhados para julgamento em meio eletrônico.

Art. 135. Na hipótese de conversão de processo publicado para julgamento em pauta virtual para julgamento presencial, os Ministros poderão renovar ou modificar seus votos.

Art. 136. O portal de acompanhamento dos julgamentos em meio eletrônico não disponibilizará os votos do relator ou razões de divergência ou convergência, exceto para o Ministério Público do Trabalho, nos processos em que não figurar como parte. Os votos somente serão tornados públicos depois de concluído seu julgamento, com a publicação do acórdão.

Parágrafo único. O sistema registrará os dados referentes ao acesso, dentre os quais o nome do Procurador do Trabalho, data e horário, que constarão da cópia que for disponibilizada.

Seção III
Das Disposições Gerais

Art. 137. Nas sessões dos órgãos judicantes do Tribunal, os trabalhos obedecerão à seguinte ordem:

I – verificação do número de Ministros presentes;

II – exame de propostas;

III – julgamento dos processos.

Art. 138. Os processos serão submetidos a julgamento na seguinte ordem:

I – os *habeas corpus*;

II – aqueles em que houver pedido de preferência formulado por advogado até a hora prevista para o início da sessão, condicionando-se a ordem de julgamento do processo à presença, na sala de sessões, do advogado que solicitou a preferência ou de outro advogado constituído;

III – os mandados de segurança, as tutelas provisórias e as reclamações;

IV – os remanescentes de sessões anteriores;

V – os suspensos em sessão anterior em razão de vista regimental;

VI – os demais processos constantes da pauta do dia.

Art. 139. As decisões serão tomadas pela maioria simples de votos, ressalvadas as hipóteses previstas neste Regimento.

Art. 140. Na ocorrência de empate nas votações do Tribunal Pleno, do Órgão Especial e das Seções Especializadas, prevalecerá, apenas nas situações de urgência, nos termos da lei, o voto proferido pelo Presidente do Tribunal ou pelo Ministro que o estiver substituindo na Presidência da sessão.

§ 1º No caso de empate na votação, não havendo urgência, considerar-se-á julgada a questão, proclamando-se mantida a decisão recorrida.

§ 2º No julgamento de habeas corpus e de recursos ordinários em habeas corpus, proclamar-se-á, na hipótese de empate, a decisão mais favorável ao paciente.

§ 3º Se houver empate no julgamento por ausência, falta, impedimento ou suspeição de qualquer Ministro, recompor-se-á o *quorum*, nos termos deste Regimento. A persistir o empate, os autos serão remetidos ao Tribunal Pleno para novo julgamento.

Art. 141. Proclamada a decisão, não poderá ser feita apreciação ou crítica sobre a conclusão adotada.

Art. 142. A votação será iniciada com o voto do relator. Não havendo divergência, o Presidente proclamará o resultado. Se houver divergência, os votos serão colhidos, a partir do relator, em ordem decrescente de antiguidade. Esgotada essa ordem, prosseguirá a tomada de votos, a partir do mais antigo.

§ 1º O Presidente ou o Ministro que o estiver substituindo votará por último, salvo se for o relator do processo.

§ 2º Nenhum Ministro poderá se eximir de votar, salvo nas hipóteses de impedimento, de suspeição, de não ter assistido ao relatório ou participado dos debates ou, ainda, na situação, prevista no § 3º do art. 147 deste Regimento, em que o Ministro vistor não estiver habilitado a proferir voto.

Art. 143. Ao relator poderão ser solicitados esclarecimentos, sendo facultado aos advogados, mediante autorização, apresentar questão de fato relativa à controvérsia.

Art. 144. O Ministro usará o tempo que se fizer necessário para proferir seu voto, podendo retomar a palavra para retificá-lo antes da proclamação, prestar esclarecimentos ou se for nominalmente referido, sendo vedadas as interrupções e pronunciamentos sem prévia autorização do Presidente.

Art. 145. O julgamento, uma vez iniciado, será ultimado na mesma sessão, salvo se houver pedido de vista regimental, motivo relevante ou conversão do julgamento em diligência, quando necessária à decisão da causa.

§ 1º Na hipótese de conversão do julgamento em diligência, o processo será retirado da pauta, devendo, após ultimada, ser reincluído, com preferência.

§ 2º Nenhum processo poderá ficar suspenso por tempo indeterminado, salvo:

I – quando pender de decisão incidente de julgamento, relativo à matéria discutida no processo, com vista à aprovação, modificação ou revogação de súmula, de orientação jurisprudencial e de precedente normativo;

II – quando penderem de decisão as ações a que se referem as alíneas *a* e *b* do inciso I do art. 76 deste Regimento e os incidentes de recursos repetitivos, de assunção de competência, de resolução de demandas repetitivas e de superação e revisão de tese vinculante;

III – enquanto não decidida arguição sobre declaração de inconstitucionalidade de lei ou de ato normativo do Poder Público.

Art. 146. O representante do Ministério Público do Trabalho poderá usar da palavra, em sequência ao relatório, quando solicitado por algum dos Ministros ou quando entender necessária a intervenção, em cada caso, mediante autorização do Presidente.

Art. 147. Na oportunidade em que lhe caiba votar, o Ministro poderá pedir vista regimental dos autos ou vista em mesa. Sendo em mesa, o julgamento dar-se-á na mesma sessão, tão logo o Ministro que a requereu se declare habilitado a votar; em sendo regimental, ficará adiado o julgamento, salvo anterior habilitação do Ministro que a requereu, para a primeira sessão subsequente ao término do prazo de 10 (dez) dias, prorrogável por igual período, mediante pedido devidamente justificado, podendo os demais Ministros adiantar seus votos.

§ 1º O adiamento do julgamento em razão de vista regimental será registrado em certidão, bem como a data do seu prosseguimento e os votos proferidos.

§ 2º Se o processo não for devolvido tempestivamente, ou se o vistor deixar de solicitar prorrogação de prazo, o Presidente do órgão correspondente fará a requisição para julgamento na sessão subsequente, com publicação na pauta em que houver a inclusão.

§ 3º Na hipótese do § 2º, apregoado o julgamento do processo, na data aprazada, não estando o Ministro que pediu vista habilitado a votar, o Presidente do órgão correspondente convocará substituto para proferir voto, observadas as regras do art. 131 deste Regimento para a complementação do *quorum*.

§ 4º Na hipótese de mais de um pedido de vista, será concedido aos Ministros, sucessivamente, o prazo de 10 (dez) dias, prorrogável na forma estabelecida no *caput*.

§ 5º Prosseguindo o julgamento, a votação iniciará com o voto do Ministro que requereu a vista regimental ou daquele convocado para o substituir, hipótese em que, salvo quando o Ministro substituto se declarar esclarecido, observar-se-á o procedimento previsto no § 11.

§ 6º Os pedidos de vista regimental formulados por Ministros que se afastaram definitivamente do Tribunal serão desconsiderados e o julgamento prosseguirá com a repetição do voto do relator.

§ 7º O julgamento dos processos com vista regimental poderá prosseguir sem vinculação à Presidência e na ausência do relator, se este já houver votado sobre toda a matéria.

§ 8º Na ocorrência de afastamento definitivo do relator, sem que tenha sido concluído o julgamento, este continuará da fase em que se encontrar, considerados os votos já proferidos e sob a competência do Ministro que primeiro requereu a vista ou daquele convocado para o substituir.

§ 9º Não participará do julgamento já iniciado ou em prosseguimento o Ministro que não tenha assistido ao relatório ou aos debates, salvo quando se declarar esclarecido.

§ 10. Ao reiniciar o julgamento, serão computados os votos já proferidos pelos Ministros, ainda que não compareçam ou que não mais componham o órgão.

§ 11. Se, para efeito de *quorum*, for imprescindível o voto de Ministro nas condições do § 9.º, serão renovados o relatório e a sustentação oral, computando-se os votos anteriormente proferidos.

§ 12. Em caso de pedido de vista, o prazo de restituição dos autos ficará suspenso nos períodos de recesso forense e de férias coletivas.

Art. 148. No julgamento dos recursos, o mérito será examinado após ultrapassada a fase de conhecimento.

Parágrafo único. Na hipótese de mais de um recurso com preliminares distintas, a apreciação far-se-á sucessivamente na ordem de preferência ditada pela prejudicialidade, considerado cada recurso isoladamente, esgotando-se com o exame do mérito.

Art. 149. O exame das preliminares prefere ao do mérito, observando-se nos julgamentos os seguintes critérios:

I – rejeitada a preliminar, ou se a decisão quanto a ela for compatível com a apreciação do mérito, seguir-se-á o julgamento da matéria principal, pronunciando-se todos os Ministros, inclusive os vencidos na preliminar;

II – o acolhimento da preliminar, se incompatível com o exame da matéria principal, impedirá a análise do mérito;

III – vencido o relator quanto aos pressupostos extrínsecos de admissibilidade do recurso, preliminar ou prejudicial de mérito, havendo necessidade de prosseguir no julgamento das questões subsequentes, os autos lhe serão conclusos para elaboração do voto correspondente, a ser proferido em sessão subsequente.

Art. 150. Para apuração da votação, havendo várias conclusões parcialmente divergentes, os votos deverão ser somados no que coincidirem. Permanecendo a divergência, sem possibilidade de nenhuma soma, serão as questões submetidas à apreciação, duas a duas, eliminando-se, sucessivamente, as que tiverem menor votação e prevalecendo a que reunir, por último, a maioria de votos.

Art. 151. Findo o julgamento, o Presidente proclamará a decisão e, se vencido o relator, designará redator do acórdão o Ministro prolator do primeiro voto vencedor.

Parágrafo único. Considera-se vencido o voto que, não obstante tenha apontado o mesmo resultado do voto vencedor, divergiu do seu fundamento determinante, reputando-se vencedor o voto que inaugurou o fundamento prevalecente.

Art. 152. As decisões proclamadas serão consignadas em certidão, que será juntada aos autos, na qual constarão:

I – a identificação, o número do processo e o nome das partes e dos advogados que sustentaram oralmente;

II – o nome do Ministro que presidiu a sessão de julgamento;

III – o nome do representante do Ministério Público do Trabalho presente na sessão;

IV – o nome do advogado constituído presente na sessão, quando assim o requerer, ainda que não seja caso de sustentação oral;

V – o nome do relator e dos Ministros que participaram do julgamento;

VI – a suspensão do julgamento em razão de pedido de vista regimental, com registro dos votos já proferidos e designação da data prevista para o seu prosseguimento;

VII – a conclusão do julgamento com a indicação dos votos vencidos, se houver;

VIII – a designação do Ministro redator do acórdão, nos casos previstos no art. 151 deste Regimento;

IX – os impedimentos e suspeições dos Ministros para o julgamento;

X – a data da sessão.

Art. 153. Concluídos os julgamentos, o Presidente encerrará a sessão, devendo ser lavrada a respectiva ata.

Parágrafo único. Na hipótese de remanescer sem julgamento número significativo de processos, a critério do órgão julgador, deverá o seu Presidente designar outro dia para o prosseguimento da sessão, com nova publicação da pauta quando não verificadas as exceções previstas nos arts. 119, § 2º, e 122, § 2º, deste Regimento.

Art. 154. Na ata, serão consignados, resumidamente, os assuntos tratados na sessão, devendo constar:

I – dia, mês, ano e hora da abertura da sessão;

II – nome do Ministro que presidiu a sessão;

III – nomes dos Ministros presentes;

IV – nome do representante do Ministério Público do Trabalho;

V – sumária notícia dos expedientes, das propostas e das deliberações;

VI – identificação dos processos julgados, com o resultado da decisão e os votos vencidos, nomes das partes e dos advogados, se tiver havido sustentação oral.

Art. 155. A ata será assinada pelo Presidente do colegiado e arquivada na Secretaria.

Seção IV
Da Participação dos Advogados

Art. 156. Nas sessões de julgamento do Tribunal, os advogados, no momento em que houverem de intervir, terão acesso à tribuna.

Parágrafo único. Na sustentação oral, ou para dirigir-se ao colegiado, vestirão beca, que lhes será posta à disposição.

Art. 157. Os pedidos de preferência para os julgamentos de processos na sessão presencial deverão ser formulados pelos advogados até a hora prevista para o seu início e serão concedidos com observância da ordem de registro.

§ 1º O pregão do processo em preferência vincula-se à presença, na sala de sessões, do advogado que a requereu ou de outro advogado constituído.

§ 2º Em qualquer sessão, ainda que em prosseguimento ou não sendo o caso de sustentação oral, mas desde que munido de procuração, o advogado que acompanhar o julgamento de seu processo poderá requerer o registro de sua presença em ata.

Art. 158. Os requerimentos de preferência formulados por um mesmo advogado ou por advogados integrantes de uma mesma sociedade, nos termos do art. 272, § 1º, do CPC, em relação a mais de 3 (três) processos, poderá ser deferido de forma alternada, considerados os pedidos formulados pelos demais advogados.

Art. 159. Os pedidos de adiamento de julgamento, se dirigidos à Presidência no início da sessão, somente serão admitidos se devidamente justificados, com a concordância do relator e da parte contrária, se presente.

Art. 160. O advogado sem mandato nos autos, ou que não o apresentar no ato, não poderá proferir sustentação oral.

Art. 161. Ressalvado o disposto no art. 147, § 11, deste Regimento, a sustentação oral será feita de uma só vez, ainda que arguida matéria preliminar ou prejudicial.

§ 1º Ao proferir seu voto, o relator fará um resumo da matéria em discussão e antecipará sua conclusão, hipótese em que poderá ocorrer a desistência da sustentação, ante a antecipação do resultado. Havendo, porém, qualquer voto divergente daquele anunciado pelo relator, o Presidente voltará a facultar a palavra ao advogado desistente. Não desistindo os advogados da sustentação, o Presidente concederá a palavra a cada um dos representantes das partes, por 10 (dez) minutos, sucessivamente.

§ 2º Usará da palavra, em primeiro lugar, o advogado do recorrente; se ambas as partes o forem, o do reclamante.

§ 3º Aos litisconsortes representados por mais de um advogado, o tempo lhes será proporcionalmente distribuído, podendo haver prorrogação até o máximo de 20 (vinte) minutos, ante a relevância da matéria.

§ 4º Quando for parte o Ministério Público, seu representante poderá proferir sustentação oral após as demais partes, sendo-lhe concedido prazo igual.

§ 5º Não haverá sustentação oral em:

I – embargos de declaração;

II – conflito de competência;

III – agravo de instrumento;

IV – agravos internos previstos neste Regimento, salvo se interpostos contra decisão do relator que extinga a ação rescisória, o mandado de segurança e a reclamação ou que denegue seguimento ao recurso de revista que não demonstrar transcendência;

V – arguição de suspeição ou de impedimento;

VI – tutelas provisórias;

VII – incidentes de desconsideração da personalidade jurídica.

§ 6º O Presidente do órgão julgador cassará a palavra do advogado que, em sustentação oral, conduzir-se de maneira desrespeitosa ou, por qualquer motivo, inadequada.

Seção V
Das Disposições Especiais

Art. 162. A Subseção I da Seção Especializada em Dissídios Individuais julgará desde logo a matéria objeto de recurso de revista não conhecida pela Turma, caso conclua, no julgamento dos embargos interpostos, que aquele recurso estava corretamente fundamentado em contrariedade a súmula, a orientação jurisprudencial, a precedente normativo, a acórdão proferido pelo Supremo Tribunal Federal ou pelo Tribunal Superior do Trabalho em julgamento de recursos repetitivos, a entendimento firmado em incidente de resolução de demandas repetitivas ou de assunção de competência, a decisão do Supremo Tribunal Federal em controle concentrado de constitucionalidade e a decisão do Tribunal Pleno, do Órgão Especial ou da própria Subseção Especializada mencionada.

Seção VI
Das Sessões Solenes

Art. 163. O Tribunal Pleno reunir-se-á em sessão solene para:

I – dar posse ao Presidente, Vice-Presidente e Corregedor-Geral da Justiça do Trabalho;

II – dar posse aos Ministros do Tribunal;

III – celebrar acontecimento de alta relevância.

Art. 164. O cerimonial das sessões solenes será regulado por ato do Presidente do Tribunal.

Seção VII
Das Decisões e da Sua Publicação

Art. 165. Os acórdãos serão assinados pelo relator do processo ou pelo redator designado.

Parágrafo único. Na ausência do relator ou do redator designado, assinará o acórdão o Presidente do órgão.

Art. 166. Os acórdãos da Seção Especializada em Dissídios Coletivos serão publicados na íntegra, no órgão oficial; os dos demais colegiados terão publicadas apenas a ementa e a parte dispositiva.

Parágrafo único. A republicação de acórdão somente será feita quando autorizada pelo Presidente do Tribunal ou pelo Presidente do órgão prolator da decisão.

Art. 167. Publicado o acórdão, vencido o prazo de recurso para as partes, a Secretaria encaminhará os autos à Procuradoria-Geral do Trabalho, quando for parte o Ministério Público, pessoa jurídica de direito público, Estado estrangeiro ou organismo internacional.

Art. 168. São elementos essenciais do acórdão:

I – a ementa, que, resumidamente, consignará as teses jurídicas prevalecentes no julgamento, para cada tema recursal;

II – o relatório, que conterá os nomes das partes, a identificação do caso com suma das questões controvertidas e o registro das principais ocorrências havidas no andamento do processo;

III – a fundamentação vencedora e, igualmente, o voto vencido, sendo ambos necessariamente declarados;

IV – o dispositivo.

Parágrafo único. Nos incidentes de recursos repetitivos, de assunção de competência e de resolução de demandas repetitivas, o acórdão abrangerá a análise de todos os fundamentos suscitados concernentes à tese jurídica discutida, sejam favoráveis ou contrários.

TÍTULO II
Da Jurisprudência

Capítulo I
Da Uniformização da Jurisprudência

Art. 169. A uniformização da jurisprudência reger-se-á pelos arts. 702, I, *f*, 896-B e 896-C da CLT, pelos preceitos deste Regimento e, no que couber, pelos arts. 926 a 928, 947, 976 a 987 e 1.036 a 1.041 do CPC.

Art. 170. O procedimento de revisão da jurisprudência uniformizada do Tribunal, objeto de súmula, orientação jurisprudencial, precedente normativo e teses jurídicas firmadas nos incidentes de recursos repetitivos, de assunção de competência e de resolução de demandas repetitivas, observará, no que couber, o disposto no artigo anterior.

Art. 171. A revisão ou cancelamento de súmula, orientação jurisprudencial, precedente normativo e teses jurídicas firmadas nos incidentes de recursos repetitivos, de assunção de competência e de resolução de demandas repetitivas será suscitada pela Seção Especializada, ao constatar que a decisão se inclina contrariamente a:

I – súmula, orientação jurisprudencial ou precedente normativo;

II – entendimento firmado em incidentes de assunção de competência, de resolução de demandas repetitivas ou de julgamento de incidentes de recursos repetitivos.

§ 1º A revisão ou cancelamento de que cuida o *caput* também poderá ser objeto de proposta firmada por, pelo menos, 10 (dez) Ministros, ou de projeto da Comissão de Jurisprudência e Precedentes Normativos.

§ 2º Na hipótese prevista no *caput*, o Presidente deixará de proclamar o resultado e encaminhará a questão controvertida à Comissão de Jurisprudência e Precedentes Normativos para as providências de que trata o art. 60, VII, deste Regimento, após o que os autos serão remetidos ao relator para que prepare o voto e aponha o visto.

§ 3º Quando provocada, a Comissão de Jurisprudência e Precedentes Normativos emitirá parecer no prazo de 30 (trinta) dias.

§ 4º No caso da apresentação de proposta de revisão ou cancelamento de súmula, orientação jurisprudencial e precedente normativo, de que trata o § 1º, a Comissão de Jurisprudência e Precedentes Normativos emitirá parecer dentro de 30 (trinta) dias, após o que o Presidente do Tribunal determinará a inclusão da matéria em pauta para deliberação do Tribunal Pleno em igual prazo, contado da aposição do visto do relator ou recebimento do parecer ou da proposta da Comissão de Jurisprudência e Precedentes Normativos.

§ 5º A determinação de remessa à Comissão de Jurisprudência e Precedentes Normativos e ao Tribunal Pleno de que trata este artigo é irrecorrível, assegurada às partes a faculdade de sustentação oral por ocasião do julgamento.

§ 6º Será relator no Tribunal Pleno o Ministro originariamente sorteado para relatar o feito em que se processa a revisão ou o cancelamento da súmula, da orientação jurisprudencial, do precedente normativo ou da tese jurídica firmada nos incidentes de recursos repetitivos, de assunção de competência e de resolução de demandas repetitivas. Se vencido, será redator o Ministro que primeiro proferiu o voto prevalecente. Em caso de afastamento definitivo ou superior a 30 (trinta) dias, o feito será redistribuído a qualquer dos membros desse colegiado.

§ 7º As cópias da certidão referente à revisão ou cancelamento de súmula, de orientação jurisprudencial, de precedente normativo, da tese jurídica firmada nos incidentes de recursos repetitivos, de assunção de competência e de resolução de demandas repetitivas e do parecer ou do projeto da Comissão de Jurisprudência e Precedentes Normativos serão remetidas aos Ministros da Corte, tão logo incluído em pauta o processo.

§ 8º Nos casos de que trata o *caput*, como matéria preliminar, o Tribunal Pleno decidirá sobre a configuração da contrariedade, passando, caso admitida, a deliberar sobre as teses em conflito.

§ 9º Ressalvados os embargos de declaração, nas hipóteses de que trata o *caput*, a decisão do Tribunal Pleno sobre o tema é irrecorrível, cabendo à Seção Especializada, na qual foi suscitada a questão, quando do prosseguimento do julgamento, aplicar a interpretação fixada.

§ 10. A decisão do Tribunal Pleno constará de certidão, juntando-se o voto prevalecente aos autos. As cópias da certidão e do acórdão deverão ser juntadas às propostas dos Ministros ou ao projeto formulado pela Comissão de Jurisprudência e Precedentes Normativos para redação final da súmula, da orientação jurisprudencial, do precedente normativo ou da tese jurídica firmada nos incidentes de recursos repetitivos, de assunção de competência e de resolução de demandas repetitivas.

Capítulo II
Das Súmulas

Art. 172. Para efeito do disposto nos arts. 702, I, *f*, 894, II, e 896, a e b e §§ 7º e 9º, da CLT, a jurisprudência predominante do Tribunal Superior do Trabalho será consolidada em súmula ou em tese jurídica firmada nos incidentes de recursos repetitivos, de assunção de competência e de resolução de demandas repetitivas.

Art. 173. Quando se tratar de exame de constitucionalidade de lei ou de ato normativo do poder público, a edição de súmula independe da observância dos dispositivos regimentais que regem a matéria, salvo quanto à exigência relativa à tomada de decisão por maioria absoluta.

Art. 174. Da proposta de edição de súmula formulada pela Comissão de Jurisprudência e Precedentes Normativos resultará um projeto, devidamente instruído, que será encaminhado ao Presidente do Tribunal para ser submetido à apreciação do Tribunal Pleno, no prazo previsto no art. 171, § 4º, deste Regimento.

Art. 175. A proposta de edição, de revisão ou de cancelamento de súmula ou da tese jurídica firmada nos incidentes de recursos repetitivos, de assunção de competência e de resolução de demandas repetitivas firmada, por pelo menos 10 (dez) Ministros, deverá ser encaminhada à Comissão de Jurisprudência e Precedentes Normativos.

Parágrafo único. A proposta será encaminhada ao Presidente do Tribunal, que a enviará à Comissão de Jurisprudência e Precedentes Normativos para, no prazo de 30 (trinta) dias, emitir parecer fundamentado e conclusivo, que será submetido à apreciação do Tribunal Pleno, nos termos do art. 171, § 4º, deste Regimento.

Art. 176. O parecer da Comissão de Jurisprudência e Precedentes Normativos deverá conter opinião fundamentada acerca da proposta de edição, revisão ou cancelamento de súmula ou da tese jurídica firmada nos incidentes de recursos repetitivos, de assunção de competência e de resolução de demandas repetitivas. Na hipótese de acolhimento da proposta, quando for o caso, deverá sugerir o texto a ser editado, instruído com as cópias dos precedentes e da legislação pertinente.

Art. 177. O projeto de edição de súmula deverá atender ao disposto no art. 702, I, *f*, da CLT.

Parágrafo único. Na hipótese de matéria de relevante interesse público e já decidida por colegiado do Tribunal, qualquer dos órgãos judicantes, a Comissão de Jurisprudência e Precedentes Normativos, a Procuradoria-Geral do Trabalho, o Conselho Federal da Ordem dos Advogados do Brasil ou confederação sindical de âmbito nacional, poderão suscitar ou requerer ao Presidente do Tribunal apreciação, pelo Tribunal Pleno, de proposta de edição, revisão ou cancelamento de súmula.

Capítulo III
Das Orientações Jurisprudenciais e dos Precedentes Normativos

Art. 178. Da proposta de edição, revisão ou cancelamento de orientação jurisprudencial e de precedentes normativos do Tribunal resultará projeto, que será devidamente instruído com a sugestão do texto, quando for o caso, a exposição dos motivos que o justificarem, a relação dos acórdãos que originaram os precedentes e a indicação da legislação pertinente à hipótese.

Art. 179. A proposta de edição, revisão ou cancelamento de orientação jurisprudencial e de precedente normativo segue o procedimento e os prazos dos arts. 172 a 177 deste Regimento.

Art. 180. A proposta de edição de nova orientação jurisprudencial do Órgão Especial e da Seção Especializada em Dissídios Individuais, bem como de precedentes normativos do Tribunal, deverá atender aos requisitos previstos no art. 702, I, *f*, da CLT.

Art. 181. Aprovada a proposta, passará a denominar-se orientação jurisprudencial ou precedente normativo, conforme o caso, com numeração própria.

Art. 182. As orientações jurisprudenciais e os precedentes normativos expressarão a jurisprudência prevalecente das respectivas Subseções, quer para os efeitos do que contém a Súmula 333 do TST, quer para o que dispõe o art. 251 deste Regimento.

Capítulo IV
Da Divulgação da Jurisprudência do Tribunal

Art. 183. A jurisprudência do Tribunal será divulgada pelas seguintes publicações:

I – Diário Eletrônico da Justiça do Trabalho;

II – Revista do Tribunal Superior do Trabalho;

III – periódicos autorizados, mediante registro;

IV – sítio do Tribunal Superior do Trabalho na rede mundial de computadores.

Parágrafo único. São repositórios autorizados para indicação de julgados perante o Tribunal os repertórios, revistas e periódicos registrados de conformidade com o ato normativo editado pela Presidência, além do sítio do Tribunal Superior do Trabalho na rede mundial de computadores.

Art. 184. As súmulas, as orientações jurisprudenciais, os precedentes normativos e as teses jurídicas firmadas nos incidentes de recursos repetitivos, de assunção de competência e de resolução de demandas repetitivas, datados e numerados, serão publicados por 3 (três) vezes consecutivas no Diário Eletrônico da Justiça do Trabalho, com a indicação dos respectivos precedentes, observado o mesmo procedimento na revisão e no cancelamento.

Parágrafo único. As súmulas, as orientações jurisprudenciais, os precedentes normativos e as teses jurídicas firmadas nos incidentes de recursos repetitivos, de assunção de competência e de resolução de demandas repetitivas cancelados ou alterados manterão a respectiva numeração, com a nota correspondente, tomando novos números as que forem editadas.

TÍTULO III
Dos Atos Processuais

Capítulo I
Dos Atos e Formalidades

Seção I
Das Disposições Gerais

Art. 185. Os atos processuais serão autenticados, conforme o caso, mediante a assinatura ou rubrica do Presidente, dos Ministros ou dos servidores para tal fim qualificados.

Parágrafo único. É exigida a assinatura usual nos acórdãos, na correspondência oficial e nas certidões, ressalvada a hipótese de chancela mecânica e dos procedimentos permitidos pela Lei 11.419/2006.

Seção II
Das Notificações e dos Editais

Art. 186. A critério do Presidente do Tribunal, dos Presidentes das Turmas ou do relator, conforme o caso, a notificação de ordens ou decisões será feita:

I – por publicação no Diário Eletrônico da Justiça do Trabalho;

II – por servidor credenciado;

III – por via postal ou por qualquer modo eficaz de telecomunicação, com as cautelas necessárias à autenticação da mensagem e do recebimento.

Parágrafo único. Poder-se-á admitir a resposta pela forma indicada no inciso III deste artigo.

Art. 187. Da publicação do expediente de cada processo constará, além do nome das partes, o de seu advogado, com o respectivo número de inscrição na Ordem dos Advogados do Brasil – OAB, ou, se assim requerido, da sociedade de advogados registrada na OAB, nos termos do art. 272, §§ 1º e 2º, do CPC.

Art. 188. É suficiente a indicação do nome de um dos advogados, quando a parte houver constituído mais de um, ou o constituído substabelecer a outro com reserva de poderes.

Parágrafo único. As comunicações dos atos processuais serão realizadas em nome dos advogados indicados, se houver pedido expresso da parte interessada.

Art. 189. A retificação de publicação no Diário Eletrônico da Justiça do Trabalho, com efeito de intimação, decorrente de incorreções ou omissões, será providenciada pela Secretaria do órgão responsável pela publicação, mediante despacho do Presidente do Tribunal ou do Presidente de Turma, ou por deliberação do órgão julgador, conforme o caso.

Art. 190. Os editais destinados à divulgação de ato poderão conter apenas o essencial à defesa ou à resposta, observadas as normas previstas na lei processual.

Art. 191. Nas férias dos Ministros, não se interromperá a publicação de acórdãos, decisões e despachos no órgão oficial.

Capítulo II
Dos Prazos

Art. 192. A contagem dos prazos no Tribunal será feita segundo as normas estabelecidas na lei processual, ainda que se trate de procedimento administrativo.

§ 1º O recesso forense e as férias coletivas dos Ministros suspendem os prazos recursais.

§ 2º Nos casos deste artigo, os prazos começam ou continuam a fluir no dia de reabertura do expediente forense.

Art. 193. Os prazos para os Ministros, salvo acúmulo de serviço, são os seguintes:

I – 10 (dez) dias para despachos e atos administrativos;

II – 30 (trinta) dias para as decisões interlocutórias e para o visto do relator;

III – 20 (vinte) dias para o visto do revisor;

IV – 15 (quinze) dias para lavratura de acórdão, exceto o referente às decisões normativas, em que o prazo é de 10 (dez) dias;

V – 15 (quinze) dias para justificativa de voto;

VI – 10 (dez) dias para vista regimental, nos termos do art. 147 deste Regimento.

Parágrafo único. Por deliberação do Órgão Especial, os prazos fixados neste artigo poderão ser suspensos, caracterizada situação excepcional que justifique a medida.

Capítulo III
Dos Dados Estatísticos

Art. 194. Os dados estatísticos relativos às atividades jurisdicionais dos órgãos do Tribunal e dos Ministros serão publicados, mensalmente, no órgão oficial.

Art. 195. Da publicação da estatística deverá constar o nome dos julgadores, o número de feitos que lhes foram distribuídos ou conclusos no mês, as decisões proferidas, os processos julgados, os acórdãos lavrados, os pedidos de vista, bem como os processos pendentes de exame e de inclusão em pauta, e os processos com vista à Procuradoria-Geral do Trabalho.

Capítulo IV
Das Audiências

Art. 196. As audiências para instrução de processo da competência originária do Tribunal serão públicas e realizadas nos dias e horários marcados pelo Presidente, pelo Vice-Presidente ou pelo Ministro por eles designado, ou pelo relator, presentes o Secretário-Geral Judiciário, no caso de processo de competência originária da Seção Especializada em Dissídios Coletivos, ou os Secretários das Subseções Especializadas em Dissídios Individuais, conforme o caso.

Parágrafo único. O Ministro que presidir a audiência deliberará sobre o que lhe for requerido.

Art. 197. Ninguém se retirará da sala de audiência a que haja comparecido para dela participar sem permissão do Ministro que a presidir.

Art. 198. Será lavrada ata da audiência de instrução e conciliação.

Art. 199. As audiências públicas serão realizadas nos dias e horários marcados pelo Presidente ou pelo relator, de ofício ou a requerimento, para colher informações de terceiros potencialmente atingidos pela decisão ou de especialistas na tese jurídica discutida, presente o Secretário do órgão competente, e atenderão ao seguinte procedimento:

§ 1º A audiência pública será convocada por edital, publicado na página do Tribunal na rede mundial de computadores, no Diário Eletrônico da Justiça do Trabalho, tendo, ainda, ampla divulgação em veículos de comunicação apropriados às características do público destinatário.

§ 2º O edital de convocação deverá conter o assunto da audiência, a indicação da questão específica objeto de discussão, a descrição do público destinatário do ato, a data, o local e o horário da sua realização e os critérios de inscrição e manifestação.

§ 3º A convocação deverá ocorrer com antecedência mínima de 30 (trinta) dias, salvo em situações de urgência.

§ 4º Será garantida a participação das diversas correntes de opinião em torno da questão discutida.

§ 5º O Ministério Público do Trabalho será intimado para participar da audiência.

§ 6º A audiência pública será presidida pelo Ministro relator, a quem cabe selecionar previamente as pessoas que serão ouvidas, divulgar a lista de habilitados, determinar a ordem dos trabalhos e fixar o tempo de manifestação de cada um, que deve se restringir à questão discutida, sob pena de lhe ser cassada a palavra.

§ 7º Todos os membros do órgão colegiado competente para o julgamento da causa podem participar da audiência e formular perguntas aos participantes, devendo a Secretaria respectiva dar-lhes ciência dos termos do edital de convocação por ofício específico encaminhado ao gabinete com a mesma antecedência da publicação do edital.

§ 8º A audiência pública será registrada em ata e mediante gravação de áudio e vídeo, bem como transmitida por meio da rede mundial de computadores e redes de televisão estatais, sempre que possível.

§ 9º As questões levantadas durante a audiência pública, desde que relevantes para o julgamento da causa, deverão ser examinadas pelo órgão julgador, na forma do art. 489, § 1º, do CPC.

TÍTULO IV
Dos Processos em Espécie

Capítulo I
Dos Processos Sobre Competência Dos Conflitos de Competência e de Atribuições

Art. 200. O conflito de competência poderá ocorrer entre autoridades judiciárias; o de atribuições, entre autoridades judiciárias e administrativas.

Art. 201. Dar-se-á conflito quando:

I – 2 (duas) ou mais autoridades se declaram competentes;

II – 2 (duas) ou mais autoridades se consideram incompetentes, atribuindo uma à outra a competência;

III – houver controvérsia entre 2 (duas) ou mais autoridades sobre a reunião ou separação de processos.

Parágrafo único. A autoridade que não acolher a competência declinada deverá suscitar o conflito, salvo se a atribuir a uma outra autoridade.

Art. 202. O conflito poderá ser suscitado ao Tribunal:

I – por qualquer das autoridades conflitantes, por ofício;

II – pela parte interessada ou seus representantes legais e pelo Ministério Público do Trabalho, por petição.

Parágrafo único. O ofício e a petição serão instruídos com os documentos necessários à prova do conflito.

Art. 203. O processo de conflito será autuado e distribuído, observada a competência dos órgãos judicantes do Tribunal.

Art. 204. O relator, de ofício ou a requerimento de qualquer das partes, poderá determinar, quando positivo o conflito, o sobrestamento do processo, e, nesse caso, bem como no de conflito negativo, designará um dos órgãos para resolver, em caráter provisório, as medidas urgentes.

Parágrafo único. O relator poderá julgar de plano o conflito de competência quando sua decisão se fundar em:

I – súmula do Supremo Tribunal Federal ou do Tribunal Superior do Trabalho;

II – tese firmada em julgamento de casos repetitivos ou em incidente de assunção de competência.

Art. 205. Após a distribuição e sempre que necessário, o relator determinará a oitiva das autoridades em conflito, no prazo de 10 (dez) dias.

Art. 206. Prestadas ou não as informações, o relator, se for o caso, dará vista do processo ao Ministério Público do Trabalho e, após, apresentá-lo-á em mesa para julgamento.

Art. 207. Proferida, a decisão será comunicada, imediatamente, às autoridades em conflito, devendo prosseguir o feito no Juízo, Tribunal ou órgão competente.

Parágrafo único. No caso de conflito positivo, o Presidente do órgão fracionário ou do Tribunal que o julgar poderá determinar o cumprimento, de imediato, da decisão, lavrando-se o acórdão posteriormente.

Art. 208. Salvo embargos de declaração, da decisão que resolver o conflito não caberá recurso, nem poderá a matéria ser renovada na discussão da causa principal.

Art. 209. Nos casos de conflito que envolva órgãos fracionários dos tribunais, Desembargadores e Juízes, bem como nos casos de conflito de atribuições entre autoridade judiciária e autoridade administrativa, proceder-se-á, no que couber, na forma estabelecida neste Capítulo.

Capítulo II
Das Ações Originárias

Seção I
Da Reclamação

Art. 210. Caberá reclamação para:

I – preservar a competência do Tribunal;

II – garantir a autoridade das decisões do Tribunal;

III – garantir a observância de acórdão proferido em incidentes de assunção de competência, de resolução de demandas repetitivas e de julgamento de recursos repetitivos.

§ 1º Estão legitimados para a reclamação a parte interessada ou o Ministério Público do Trabalho.

§ 2º A reclamação será processada e julgada pelo órgão colegiado cuja competência se busca preservar ou cuja autoridade se pretende garantir.

§ 3º Oficiará no feito o Ministério Público do Trabalho, como custos legis, salvo se figurar como reclamante.

Art. 211. A reclamação, dirigida ao Presidente do Tribunal e instruída com prova documental, será autuada e distribuída, sempre que possível, ao relator da causa principal, observando-se, no que couber, as disposições deste Regimento.

Art. 212. É inadmissível a reclamação proposta:

I – após o trânsito em julgado da decisão reclamada;

II – em face de decisão monocrática de Ministro ou colegiada do Tribunal, pelo seu Pleno ou órgão fracionário.

Art. 213. Ao despachar a inicial, incumbe ao relator:

I – requisitar informações da autoridade a quem for atribuída a prática do ato impugnado, para que as apresente no prazo de 10 (dez) dias úteis;

II – ordenar liminarmente, se houver risco de dano irreparável, a suspensão do processo ou do ato impugnado;

III – determinar a citação do beneficiário da decisão impugnada, que terá prazo de 15 (quinze) dias úteis para apresentar contestação.

Parágrafo único. Decorridos os prazos para informações e oferecimento de contestação pelo beneficiário do ato impugnado, o Ministério Público terá vista dos autos por 5 (cinco) dias, salvo se figurar como reclamante.

Art. 214. À reclamação poderá opor-se, fundamentadamente, qualquer interessado.

§ 1º É obrigatória a intimação da parte interessada da decisão de indeferimento liminar da reclamação.

§ 2º O relator arbitrará o valor das custas, bem como os ônus da sucumbência.

§ 3º Os valores decorrentes da sucumbência serão processados nos autos da reclamação.

Art. 215. Julgada procedente a reclamação, o Tribunal cassará a decisão exorbitante de seu julgado ou determinará medida adequada à preservação da sua competência.

Art. 216. O Presidente do órgão julgador competente determinará o cumprimento imediato da decisão, lavrando-se o acórdão posteriormente.

Parágrafo único. Caberá ao Ministro relator determinar a adoção das medidas indutivas, coercitivas, mandamentais ou sub-rogatórias necessárias para assegurar o cumprimento da decisão.

Art. 217. Dos acórdãos proferidos pelos Tribunais Regionais do Trabalho, em reclamação, caberá recurso ordinário, a ser distribuído no âmbito do órgão fracionário competente para o julgamento do recurso cabível para o Tribunal Superior do Trabalho no processo principal.

Seção II
Do *Habeas Corpus*

Art. 218. Impetrado o *habeas corpus*, o relator requisitará informações do apontado coator, no prazo que fixar, podendo, ainda:

I – nomear advogado para acompanhar e defender oralmente o pedido, se o impetrante não for bacharel em Direito;

II – ordenar diligências necessárias à instrução do pedido;

III – se convier ouvir o paciente, determinar sua apresentação à sessão de julgamento;

IV – no *habeas corpus* preventivo, expedir salvo-conduto em favor do paciente, até decisão do feito, se houver grave risco de se consumar a violência.

Art. 219. Instruído o processo e ouvido o Ministério Público, o relator o submeterá a julgamento na primeira sessão da Subseção II da Seção Especializada em Dissídios Individuais, independentemente de pauta.

Parágrafo único. Opondo-se o paciente, não se conhecerá do pedido.

Art. 220. A decisão concessiva de *habeas corpus* será imediatamente comunicada às autoridades a quem couber cumpri-la, sem prejuízo da remessa de cópia do acórdão.

Parágrafo único. A comunicação, mediante ofício ou qualquer outro meio idôneo, bem como o salvo-conduto, em caso de ameaça de violência ou coação, serão firmados pelo relator.

Art. 221. A autoridade administrativa prisional, o escrivão, o oficial de justiça ou a autoridade judiciária, policial ou militar que embaraçar ou procrastinar o encaminhamento do pedido de *habeas corpus*, ou as informações sobre a causa da violência, coação ou ameaça, serão multados na forma da legislação processual vigente, sem prejuízo de outras sanções penais ou administrativas.

Art. 222. O Presidente do Tribunal expedirá mandado contra a autoridade administrativa prisional e oficiará ao Ministério Público, para que promova a ação penal, no caso de desobediência ou retardamento abusivo no cumprimento da ordem de habeas corpus.

Parágrafo único. Na hipótese deste artigo, o Presidente do Tribunal adotará as providências necessárias ao cumprimento da decisão, com emprego dos meios legais cabíveis.

Art. 223. Quando o pedido for incabível, ou for manifesta a incompetência do Tribunal para dele conhecer originariamente, ou for reiteração de outro com os mesmos fundamentos, o relator o indeferirá liminarmente.

Seção III
Do Mandado de Segurança

Art. 224. Cabe mandado de segurança contra ato do Presidente ou de qualquer dos membros ou órgãos da Corte, observadas para o julgamento as regras referentes à competência dos órgãos judicantes do Tribunal.

Art. 225. O mandado de segurança coletivo pode ser impetrado por organização sindical, entidade de classe ou associação legalmente constituída e em funcionamento há, pelo menos, 1 (um) ano, em defesa de direitos líquidos e certos da totalidade ou de parte dos seus membros ou associados, na forma dos seus estatutos e desde que pertinentes às suas finalidades, dispensada, para tanto, autorização especial.

Parágrafo único. Os direitos protegidos pelo mandado de segurança coletivo podem ser:

I – coletivos, assim entendidos os transindividuais, de natureza indivisível, de que seja titular grupo ou categoria de pessoas ligadas entre si ou com a parte contrária por uma relação jurídica básica;

II – individuais homogêneos, assim entendidos os decorrentes de origem comum e da atividade ou situação específica da totalidade ou de parte dos membros ou associados do impetrante.

Art. 226. No mandado de segurança coletivo, a decisão fará coisa julgada limitadamente aos membros do grupo ou categoria substituídos pelo impetrante.

§ 1º O mandado de segurança coletivo não induz litispendência para as ações individuais, mas os efeitos da coisa julgada não beneficiarão o impetrante a título individual se não requerer a desistência de seu mandado de segurança no prazo de 30 (trinta) dias a contar da ciência comprovada da impetração da segurança coletiva.

§ 2º No mandado de segurança coletivo, a liminar só poderá ser concedida após a audiência do representante judicial da pessoa jurídica de direito público, que deverá se pronunciar no prazo de 72 (setenta e duas) horas, salvo em casos de manifesta urgência.

Art. 227. O mandado de segurança, de competência originária do Tribunal, terá seu processo iniciado por petição, que preencherá os requisitos legais, inclusive a necessidade de autenticação dos documentos que instruem a ação mandamental, sendo facultada ao advogado a declaração de autenticidade dos referidos documentos, sob sua responsabilidade pessoal, na forma do art. 830 da CLT, devendo conter, ainda, a indicação precisa da autoridade a quem se atribua o ato impugnado.

§ 1º Afirmado pelo requerente que o documento necessário à prova de suas alegações se encontra em órgão ou estabelecimento público ou em poder de autoridade que lhe recuse certidão, ele solicitará ao relator que seja requisitada, por ofício, a exibição do documento, em original ou cópia autenticada, no prazo de 5 (cinco) dias úteis. Se a autoridade indicada pelo requerente for a coatora, far-se-á a requisição no próprio instrumento da intimação.

§ 2º Para os fins deste artigo, em se tratando de documento eletrônico, serão observadas as regras que disciplinam o processo eletrônico na Justiça do Trabalho.

Art. 228. Em caso de urgência, é permitido, observados os requisitos legais, impetrar mandado de segurança por telegrama, radiograma, fax ou outro meio eletrônico de autenticidade comprovada.

§ 1º Poderá o juiz, em caso de urgência, notificar a autoridade por telegrama, radiograma ou outro meio que assegure a autenticidade do documento e a imediata ciência pela autoridade.

§ 2º O texto original da petição deverá ser apresentado nos 5 (cinco) dias úteis seguintes.

§ 3º Para os fins deste artigo, em se tratando de documento eletrônico, serão observadas as regras que disciplinam o processo eletrônico na Justiça do Trabalho.

Art. 229. Distribuído o feito na forma regimental, o relator mandará ouvir a autoridade dita coatora, mediante ofício acompanhado da segunda via da petição, instruída com as cópias dos documentos, a fim de que preste informações no prazo legal.

§ 1º A petição inicial poderá, de plano, ser indeferida pelo relator, quando não for a hipótese de mandado de segurança, ou quando não atendidos os requisitos do art. 227 deste Regimento, devendo os autos ser remetidos ao Juízo competente, se manifesta a incompetência do Tribunal, dispensadas as informações da autoridade dita coatora.

§ 2º Salvo nos casos vedados em lei, o relator poderá ordenar a suspensão liminar do ato que deu motivo ao pedido, quando for relevante o fundamento e do ato impugnado puder resultar a ineficácia da medida, caso seja deferida.

§ 3º Deferida a medida liminar, o processo terá prioridade para julgamento.

§ 4º Da decisão do relator que conceder ou denegar a medida liminar caberá agravo interno ao órgão colegiado competente do Tribunal do qual o magistrado seja integrante.

§ 5º Se, por ação ou omissão, o beneficiário da liminar der causa à procrastinação do julgamento do pedido, poderá o relator revogar a medida.

Art. 230. Transcorrido o prazo legal para as informações, o relator determinará a remessa dos autos à Procuradoria-Geral do Trabalho, que opinará, dentro do prazo improrrogável de 10 (dez) dias.

Parágrafo único. Com ou sem o parecer do Ministério Público, os autos serão conclusos ao relator para a instrução do processo, se necessária, e para que este o encaminhe para inclusão na próxima pauta de julgamento ou, quando a matéria for objeto de jurisprudência consolidada do Tribunal, julgue monocraticamente o pedido.

Art. 231. A concessão ou a denegação da segurança, na vigência da medida liminar, será imediatamente comunicada, por intermédio da Secretaria do órgão julgador, à autoridade apontada como coatora e à pessoa jurídica interessada, mediante ofício ou pelo correio, através de correspondência com aviso de recebimento.

Parágrafo único. Em caso de urgência, poderá ser observado o disposto no art. 228 deste Regimento.

Seção IV
Do Mandado de Injunção e do Habeas Data

Art. 232. No mandado de injunção e no habeas data, serão observadas as normas da legislação de regência e, de forma supletiva e subsidiária, a Lei 12.016/2009 e o Código de Processo Civil.

Seção V
Da Ação Rescisória

Art. 233. Caberá ação rescisória dos acórdãos prolatados pelo Tribunal, no prazo e nas hipóteses previstas na legislação processual aplicável, observadas, para o julgamento, as regras alusivas à competência dos órgãos judicantes da Corte.

§ 1º A ação rescisória está sujeita ao depósito prévio equivalente a 20% (vinte por cento) do valor da causa, importância que se converterá em multa em favor do réu, caso a ação seja, por unanimidade de votos, declarada inadmissível ou improcedente.

§ 2º Não se aplica o disposto no parágrafo anterior ao autor que tenha feito prova de miserabilidade jurídica e à União, aos Estados, ao Distrito Federal, aos Municípios, às suas respectivas autarquias e fundações de direito público, ao Ministério Público e à Defensoria Pública.

Art. 234. A ação rescisória terá início por petição, preenchidos os requisitos da legislação processual compatíveis com o processo do trabalho.

Parágrafo único. Registrada e autuada, a ação rescisória será distribuída, mediante sorteio, a um relator, dentre os Ministros integrantes do órgão julgador competente.

Art. 235. A petição inicial será indeferida pelo relator, se não preenchidas as exigências legais e não suprida a irregularidade.

Art. 236. Nas ações rescisórias que dispensem a fase instrutória, o relator também poderá, independentemente da citação do réu, julgar liminarmente improcedente o pedido se verificar, desde logo, a ocorrência de decadência ou se concluir configurada contrariedade a:

I – enunciado de súmula do Supremo Tribunal Federal ou do Tribunal Superior do Trabalho (art. 927, IV, do CPC);

II – acórdão proferido pelo Supremo Tribunal Federal ou pelo Tribunal Superior do Trabalho em julgamento de recursos repetitivos (art. 896-B da CLT e art. 927, III, do CPC);

III – entendimento firmado em incidentes de assunção de competência, de resolução de demandas repetitivas e de recursos repetitivos;

IV – enunciado de súmula de Tribunal Regional do Trabalho sobre direito local, convenção coletiva de trabalho, acordo coletivo de trabalho, sentença normativa ou regulamento empresarial de observância obrigatória em área territorial que não exceda à jurisdição do respectivo Tribunal.

Art. 237. Compete ao relator, se a petição preencher os requisitos legais:

I – ordenar as citações e intimações requeridas;

II – receber ou rejeitar, in limine, a petição inicial e as exceções opostas e designar audiência especial para produção de provas, se requeridas ou se lhe parecerem necessárias, ou delegar a competência para a colheita de provas ao órgão que proferiu a decisão rescindenda ou a juiz ou a membro de outro tribunal do local onde estas devam ser produzidas, fixando prazo de 1 (um) a 3 (três) meses para a devolução dos autos;

III – submeter a julgamento em mesa as questões incidentes e as exceções opostas, quando regularmente processadas;

IV – dar vista ao Ministério Público do Trabalho, sempre que couber, depois das alegações finais das partes.

Parágrafo único. Reconhecida a incompetência do Tribunal para julgar a ação rescisória, o autor será intimado para emendar a petição inicial, a fim de adequar o objeto da ação, nos casos previstos nos incisos I e II do § 5º do art. 968 do CPC, com a complementação, pelo réu, dos fundamentos de defesa e a remessa dos autos ao Tribunal competente, nos termos do § 6º do art. 968 do CPC.

Art. 238. Feita a citação, o réu, no prazo assinalado pelo relator, que não poderá ser inferior a 15 (quinze) nem superior a 30 (trinta) dias, apresentará a contestação.

Art. 239. Ultimada a fase probatória, permanecerão os autos na Secretaria, para apresentação de razões finais, tendo as partes, sucessivamente, o prazo de 10 (dez) dias úteis.

Parágrafo único. Findo esse prazo e oficiado, quando cabível, o Ministério Público do Trabalho, serão os autos conclusos ao relator.

Seção VI
Dos Dissídios Coletivos

Art. 240. Frustrada, total ou parcialmente, a autocomposição dos interesses coletivos em negociação promovida diretamente pelos interessados ou mediante intermediação administrativa do órgão competente do Ministério do Trabalho, poderá ser ajuizada a ação de dissídio coletivo ou solicitada a mediação do Tribunal Superior do Trabalho.

§ 1º Na impossibilidade real de encerramento da negociação coletiva em curso antes do termo final a que se refere o art. 616, § 3º, da CLT, a entidade interessada poderá formular protesto judicial em petição escrita, dirigida ao Presidente do Tribunal, a fim de preservar a data-base da categoria.

§ 2º Deferida a medida prevista no item anterior, a representação coletiva será ajuizada no prazo máximo de 30 (trinta) dias úteis, contados da intimação, sob pena de perda da eficácia do protesto.

§ 3º O pedido de mediação do Tribunal, formulado antes da instauração do dissídio coletivo, será dirigido à Vice-Presidência, que marcará audiência para composição voluntária do conflito.

Art. 241. Os dissídios coletivos podem ser:

I – de natureza econômica, para a instituição de normas e condições de trabalho;

II – de natureza jurídica, para interpretação de cláusulas de sentenças normativas, de instrumentos de negociação coletiva, acordos e convenções coletivas, de disposições legais particulares de categoria profissional ou econômica e de atos normativos;

III – originários, quando inexistentes ou em vigor normas e condições especiais de trabalho, decretadas em sentença normativa;

IV – de revisão, quando destinados a reavaliar normas e condições coletivas de trabalho preexistentes que se tornarem injustas ou ineficazes pela modificação das circunstâncias que as ditaram;

V – de declaração sobre a paralisação do trabalho decorrente de greve.

Art. 242. Para julgamento, o processo será incluído em pauta preferencial, se for caso de urgência, sobretudo na ocorrência ou iminência de paralisação do trabalho.

Parágrafo único. Na hipótese de greve em serviços ou atividades essenciais, poderá o Presidente do Tribunal, justificando a urgência, dispensar a inclusão do processo em pauta, convocar sessão para julgamento do dissídio coletivo, notificando as partes, por meio de seus patronos, e cientificando o Ministério Público, tudo com antecedência de, pelo menos, 12 (doze) horas.

Art. 243. Requerida a homologação de acordo em processo de dissídio coletivo, antes ou depois do julgamento, da apresentação de recursos ou da publicação do acórdão, adotar-se-á o seguinte procedimento:

I – o pedido de homologação de acordo será apreciado pelo relator originário ou pelo redator designado para lavrar o acórdão do julgamento já realizado, se for o caso;

II – o processo será redistribuído a um dos membros do colegiado, se ausente, por qualquer motivo, o relator;

III – o pedido de homologação de acordo será apreciado, independentemente de publicação de pauta, cabendo ao relator apresentar os autos em mesa, na primeira sessão ordinária subsequente à formulação do pedido, ou em sessão extraordinária designada para esse fim, sendo de igual modo dispensada a prévia inclusão em pauta, quando o pedido ingressar antes do julgamento do recurso ordinário.

Art. 244. O acordo judicial homologado no processo de dissídio coletivo, abrangendo a totalidade ou parte das pretensões, tem força de decisão irrecorrível para as partes.

Capítulo III
Dos Recursos

Seção I
Do Recurso Ordinário

Art. 245. Cabe recurso ordinário para o Tribunal das decisões definitivas proferidas pelos Tribunais Regionais do Trabalho em processos de sua competência originária, no prazo legal, contado da publicação do acórdão ou de sua conclusão no órgão oficial.

Parágrafo único. O recurso é cabível em:

I – Ação anulatória;

II – Ação para obtenção de tutela provisória em caráter antecedente;

III – Ação declaratória;

IV – Agravo interno;

V – Ação rescisória;

VI – Dissídio coletivo;

VII – Habeas corpus;

VIII – Habeas data;

IX – Mandado de segurança;

X – Reclamação.

Seção II
Da Transcendência

Art. 246. As normas relativas ao exame da transcendência dos recursos de revista, previstas no art. 896-A da CLT, somente incidirão naqueles interpostos contra decisões proferidas pelos Tribunais Regionais do Trabalho publicadas a partir de 11/11/2017, data da vigência da Lei 13.467/2017.

Art. 247. A aplicação do art. 896-A da CLT, que trata da transcendência do recurso de revista, observará o disposto neste Regimento, devendo o Tribunal Superior do Trabalho, no recurso de revista, examinar previamente de ofício, se a causa oferece transcendência com relação aos reflexos gerais de natureza econômica, política, social ou jurídica.

§ 1º São indicadores de transcendência, entre outros:

I – econômica, o elevado valor da causa;

II – política, o desrespeito da instância recorrida à jurisprudência sumulada do Tribunal Superior do Trabalho ou do Supremo Tribunal Federal;

III – social, a postulação, por reclamante-recorrente, de direito social constitucionalmente assegurado;

IV – jurídica, a existência de questão nova em torno da interpretação da legislação trabalhista.

§ 2º Poderá o relator, monocraticamente, denegar seguimento ao recurso de revista que não demonstrar transcendência.

§ 3º Caberá agravo apenas das decisões em que não reconhecida a transcendência pelo relator, sendo facultada a sustentação oral ao recorrente, durante 5 (cinco) minutos em sessão, e ao recorrido, apenas no caso de divergência entre os componentes da Turma quanto à transcendência da matéria.

§ 4º Mantido o voto do relator quanto ao não reconhecimento da transcendência do recurso, será lavrado acórdão com fundamentação sucinta, que constituirá decisão irrecorrível no âmbito do Tribunal.

§ 5º O juízo de admissibilidade do recurso de revista exercido pela Presidência dos Tribunais Regionais do Trabalho limita-se à análise dos pressupostos intrínsecos e extrínsecos do apelo, não abrangendo o critério da transcendência das questões nele veiculadas.

Art. 248. É irrecorrível a decisão monocrática do relator que, em agravo de instrumento em recurso de revista, considerar ausente a transcendência da matéria.

Art. 249. O Tribunal Superior do Trabalho organizará banco de dados em que constarão os temas a respeito dos quais houver sido reconhecida a transcendência.

Seção III
Do Recurso de Revista

Art. 250. O recurso de revista, interposto na forma da lei, é apresentado no Tribunal Regional do Trabalho e tem seu cabimento examinado em decisão fundamentada pelo Presidente do Tribunal de origem, ou pelo Desembargador designado para esse fim, conforme o Regimento Interno do Tribunal Regional do Trabalho.

Parágrafo único. São fontes oficiais de publicação dos julgados o Diário Eletrônico da Justiça do Trabalho, a Revista do Tribunal Superior do Trabalho, as revistas publicadas pelos Tribunais Regionais do Trabalho, os sítios do Tribunal Superior do Trabalho e dos Tribunais Regionais do Trabalho na rede mundial de computadores e os repositórios autorizados a publicar a jurisprudência trabalhista.

Art. 251. Distribuído o recurso ou provido o respectivo agravo de instrumento, o relator poderá:

I – não conhecer do recurso de revista inadmissível, prejudicado ou daquele que não tiver impugnado especificamente todos os fundamentos da decisão recorrida, inclusive nas hipóteses do art. 896, §§ 1º-A e 14, da CLT;

II – negar provimento ao recurso de revista que for contrário a tese fixada em julgamento de recurso repetitivo ou de repercussão geral, a entendimento firmado em incidente de assunção de competência ou de resolução de demandas repetitivas, a súmula vinculante do Supremo Tribunal Federal, a súmula ou orientação jurisprudencial do Tribunal Superior do Trabalho ou, ainda, a jurisprudência dominante sobre o tema;

III – dar provimento ao recurso de revista se o acórdão recorrido for contrário a tese fixada em julgamento de recursos repetitivos ou de repercussão geral, a entendimento firmado em incidente de assunção de competência ou de resolução de demandas repetitivas, a súmula vinculante do Supremo Tribunal Federal, a súmula ou orientação jurisprudencial do Tribunal Superior do Trabalho ou, ainda, a jurisprudência dominante sobre o tema.

Seção IV
Do Agravo de Instrumento

Art. 252. O agravo de instrumento interposto contra decisão denegatória de recurso de competência desta Corte será autuado e distribuído, observada a competência dos órgãos do Tribunal, aplicando-se, quanto à tramitação e julgamento, as disposições inscritas nesta Seção.

Art. 253. A dispensa de depósito recursal a que se refere o § 8º do art. 899 da CLT não será aplicável aos casos em que o agravo de instrumento se refira a uma parcela da condenação, pelo menos, que não seja objeto de arguição de contrariedade a súmula ou a orientação jurisprudencial do Tribunal Superior do Trabalho.

Art. 254. Admitido apenas parcialmente o recurso de revista, constitui ônus da parte impugnar, mediante agravo de instrumento em recurso de revista, o capítulo denegatório da decisão, sob pena de preclusão.

§ 1º Se houver omissão no juízo de admissibilidade do recurso de revista quanto a um ou mais temas, é ônus da parte interpor embargos de declaração para o órgão prolator da decisão embargada supri-la (art. 1.024, § 2º, do CPC), sob pena de preclusão.

§ 2º Incorre em nulidade a decisão regional que se abstiver de exercer controle de admissibilidade sobre qualquer tema objeto de recurso de revista, não obstante interpostos embargos de declaração (art. 93, inciso IX, da Constituição da República/88 e art. 489, § 1º, do CPC).

§ 3º No caso do parágrafo anterior, sem prejuízo da nulidade, a recusa do Presidente do Tribunal Regional do Trabalho a emitir juízo de admissibilidade sobre qualquer tema equivale a decisão denegatória. É ônus da parte, assim, após a intimação da decisão dos embargos de declaração, impugná-la mediante agravo de instrumento em recurso de revista (art. 896, § 12, da CLT), sob pena de preclusão.

Art. 255. Distribuído o agravo de instrumento, o relator poderá:

I – nos casos de que trata o artigo anterior e se constatar a existência de omissão não suprida pelo Presidente do Tribunal Regional do Trabalho de origem, apesar da interposição, pelo agravante, dos embargos de declaração, determinar, por decisão irrecorrível, a restituição do agravo de instrumento em recurso de revista ao órgão judicante de origem para que este complemente o juízo de admissibilidade;

II – não conhecer do agravo de instrumento inadmissível, prejudicado ou daquele que não tenha impugnado especificamente todos os fundamentos da decisão recorrida;

III – conhecer do agravo de instrumento para:

a) negar-lhe provimento em caso de recurso de revista inadmissível, prejudicado ou em que não tenha havido impugnação específica de todos os fundamentos da decisão recorrida, inclusive nas hipóteses do art. 896, § 1º-A, da CLT;

b) negar-lhe provimento nos casos em que o recurso for contrário a tese fixada em julgamento de recursos repetitivos ou de repercussão geral, a entendimento firmado em incidente de assunção de competência ou de demandas repetitivas, a súmula vinculante do Supremo Tribunal Federal ou a súmula ou orientação jurisprudencial do Tribunal Superior do Trabalho ou, ainda, a jurisprudência dominante acerca do tema;

c) dar-lhe provimento nos casos em que o recurso impugnar acórdão contrário a tese fixada em julgamento de casos repetitivos ou de repercussão geral, a entendimento firmado em incidente de assunção de competência ou de demandas repetitivas, a súmula vinculante do Supremo Tribunal Federal ou a súmula ou orientação jurisprudencial do Tribunal Superior do Trabalho ou, ainda, a jurisprudência dominante acerca do tema, determinando a sua autuação como recurso ordinário ou recurso de revista, observando-se, daí em diante, os procedimentos respectivos.

Parágrafo único. No caso de ser provido o agravo de instrumento, mas ficando vencido o relator, será designado redator do acórdão e relator do recurso de revista o Ministro prolator do primeiro voto vencedor no julgamento do agravo de instrumento.

Art. 256. Se o agravo de instrumento que tramita conjuntamente com recurso de revista for provido, a Secretaria providenciará a publicação da respectiva certidão de julgamento, para efeito de intimação das partes, em que constará que os recursos de revista serão apreciados na primeira sessão ordinária subsequente à data da publicação, após a devida reautuação.

Parágrafo único. Ultimado o julgamento, o relator ou o redator designado lavrará um único acórdão, que também contemplará os fundamentos que ensejaram o provimento do agravo de instrumento em recurso de revista, fluindo o prazo recursal a partir da publicação da aludida decisão.

Art. 257. Interposto apenas agravo de instrumento, se lhe for dado provimento, observar-se-á o procedimento do artigo anterior e seu parágrafo único.

§ 1º O processo, nesta hipótese, será reautuado como recurso de revista ou recurso ordinário, mantida a numeração dada ao agravo de instrumento.

§ 2º Não sendo conhecido ou desprovido o agravo de instrumento, será lavrado o respectivo acórdão.

Capítulo IV
Dos Recursos das Decisões Proferidas no Tribunal

Seção I
Dos Embargos para a Subseção I da Seção Especializada em Dissídios Individuais

Art. 258. Cabem embargos das decisões das Turmas do Tribunal que divergirem entre si ou das decisões proferidas pela Subseção I da Seção Especializada em Dissídios Individuais, ou contrárias a súmula, a orientação jurisprudencial ou a precedente normativo do Tribunal Superior do Trabalho ou súmula vinculante do Supremo Tribunal Federal, no prazo de 8 (oito) dias úteis, contados de sua publicação, na forma da lei.

Parágrafo único. Além dos casos já previstos na jurisprudência sumulada do Tribunal, também cabem embargos das decisões de suas Turmas proferidas em agravos internos e agravos de instrumento que contrariarem precedentes obrigatórios firmados em julgamento de incidentes de assunção de competência ou de incidentes de recursos repetitivos.

Art. 259. O recorrente provará a divergência com certidão, cópia ou citação de repositório oficial ou credenciado de jurisprudência, inclusive em mídia eletrônica, em que foi publicado o acórdão divergente, ou com a reprodução de julgado disponível na rede mundial de computadores, indicando a respectiva fonte, e mencionará as circunstâncias que identificam ou assemelham os casos confrontados.

Parágrafo único. A divergência apta a ensejar os embargos deve ser atual, não se considerando tal a ultrapassada por súmula, orientação jurisprudencial ou precedente normativo do Tribunal Superior do Trabalho ou por súmula do Supremo Tribunal Federal, ou superada por iterativa e notória jurisprudência do Tribunal Superior do Trabalho.

Art. 260. Compete ao Presidente da Turma exercer o juízo de admissibilidade dos embargos à Subseção I da Seção Especializada em Dissídios Individuais previsto no art. 93, VIII, deste Regimento.

Art. 261. Incumbe ao Ministro relator:

I – denegar seguimento aos embargos:

a) se a decisão recorrida estiver em consonância com tese fixada em julgamento de casos repetitivos ou de repercussão geral, com entendimento firmado em incidente de assunção de competência, súmula, orientação jurisprudencial ou precedente normativo do Tribunal Superior do Trabalho ou súmula do Supremo Tribunal Federal, ou com iterativa, notória e atual jurisprudência do Tribunal Superior do Trabalho, cumprindo-lhe indicá-la;

b) nas hipóteses de intempestividade, deserção, irregularidade de representação ou de ausência de qualquer outro pressuposto extrínseco de admissibilidade, se o recorrente, após ser intimado para sanar o vício ou complementar a documentação exigível, na forma da legislação aplicável, não o fizer no prazo concedido para tanto.

II – dar provimento aos embargos, se a decisão recorrida estiver contrária à tese fixada em julgamento de casos repetitivos ou de repercussão geral, com entendimento firmado em incidente de assunção de competência, súmula, orientação jurisprudencial ou precedente normativo do Tribunal Superior do Trabalho ou súmula vinculante do Supremo Tribunal Federal, ou com iterativa, notória e atual jurisprudência do Tribunal Superior do Trabalho, cumprindo-lhe indicá-la.

Parágrafo único. Da decisão denegatória dos embargos caberá agravo interno, no prazo de 8 (oito) dias úteis.

Seção II
Dos Embargos Infringentes

Art. 262. Cabem embargos infringentes das decisões não unânimes proferidas pela Seção Especializada em Dissídios Coletivos, no prazo de 8 (oito) dias úteis, contados da publicação do acórdão no Órgão Oficial, nos processos de Dissídios Coletivos de competência originária do Tribunal.

Parágrafo único. Os embargos infringentes serão restritos à cláusula em que há divergência, e, se esta for parcial, ao objeto da divergência.

Art. 263. Registrado o protocolo na petição a ser encaminhada à Secretaria do órgão julgador competente, esta juntará o recurso aos autos respectivos e abrirá vista à parte contrária, para impugnação, no prazo legal. Transcorrido o prazo, o processo será remetido à unidade competente, para ser imediatamente distribuído.

Art. 264. Não atendidas as exigências legais relativas ao cabimento dos embargos infringentes, o relator denegará seguimento ao recurso, facultada à parte a interposição de agravo interno.

Seção III
Do Agravo Interno

Art. 265. Cabe agravo interno contra decisão dos Presidentes do Tribunal e das Turmas, do Vice-Presidente, do Corregedor-Geral da Justiça do Trabalho ou de relator, nos termos da legislação processual, no prazo de 8 (oito) dias úteis, pela parte que se considerar prejudicada.

Parágrafo único. Ressalvam-se os casos em que haja recurso próprio ou decisão de caráter irrecorrível, nos termos do Regimento ou da lei.

Art. 266. O agravo interno será concluso ao prolator da decisão monocrática, que, após intimar o agravado para manifestar-se sobre o recurso no prazo de 8 (oito) dias úteis, poderá reconsiderá-lo ou determinar sua inclusão em pauta visando apreciação do Colegiado competente para o julgamento da ação ou do recurso em que exarada a decisão, com exceção daquele interposto contra a decisão do Presidente de Turma que denegar seguimento a embargos à Subseção I da Seção Especializada em Dissídios Individuais, que será diretamente distribuído entre os demais integrantes desta Subseção.

§ 1º Os agravos internos contra ato ou decisão do Presidente do Tribunal, do Vice-Presidente e do Corregedor-Geral da Justiça do Trabalho, desde que interpostos no período do respectivo mandato, serão por eles relatados. Os agravos internos interpostos após o término da investidura no cargo do prolator do ato ou decisão serão conclusos ao Ministro sucessor.

§ 2º Os agravos internos interpostos contra decisão monocrática do relator, na hipótese de seu afastamento temporário ou definitivo, serão conclusos, em relação aos processos de Turmas, ao Desembargador convocado ou ao Ministro nomeado para a vaga, conforme o caso, e, nos processos das Seções Especializadas, ao Ministro que ocupar a vaga, ou redistribuídos na forma dos §§ 1º e 2º do art. 107 deste Regimento.

§ 3º Os agravos internos interpostos contra decisão monocrática do Presidente do Tribunal, proferida durante o período de recesso forense e férias coletivas, serão julgados pelo relator do processo principal, salvo nos casos de competência específica da Presidência da Corte.

§ 4º Se o Ministro relator for vencido no resultado do agravo interno ou quanto ao fundamento determinante da decisão, mesmo que prevalecente o resultado, será designado redator do acórdão o Ministro prolator do primeiro voto vencedor, a quem devem ser redistribuídos os embargos, promovendo-se a compensação.

§ 5º Quando o agravo interno for declarado manifestamente inadmissível ou improcedente em votação unânime, o órgão colegiado, em decisão fundamentada, condenará o agravante a pagar ao agravado multa fixada entre 1 e 5% (um e cinco por cento) do valor atualizado da causa.

§ 6º A interposição de qualquer outro recurso está condicionada ao depósito prévio do valor da multa prevista no parágrafo anterior, à exceção da Fazenda Pública e do beneficiário da gratuidade da justiça, que farão o pagamento ao final.

Seção IV
Do Pedido de Concessão de Efeito Suspensivo

Art. 267. O recurso interposto de decisão normativa da Justiça do Trabalho terá efeito suspensivo, na medida e extensão conferidas em decisão do Presidente do Tribunal Superior do Trabalho.

Art. 268. O pedido de concessão de efeito suspensivo a recurso em matéria normativa deverá ser instruído com as seguintes peças:

decisão normativa recorrida; petição de recurso ordinário, prova de sua tempestividade e respectiva decisão de admissibilidade; guia de recolhimento de custas, se houver; procuração conferindo poderes ao subscritor da medida e outras que o requerente reputar úteis para o exame da solicitação.

Seção V
Dos Embargos de Declaração

Art. 269. Contra quaisquer decisões judiciais proferidas no âmbito do Tribunal, monocráticas ou colegiadas, poderão ser interpostos embargos de declaração, no prazo de 5 (cinco) dias úteis, contados da sua publicação, nos casos previstos na legislação processual.

Parágrafo único. Em se tratando de embargos de declaração interpostos contra decisão monocrática, caberá ao prolator da decisão ou ao Ministro competente para o exame do feito apreciá-los também monocraticamente, ou recebê-los como agravo, se entender pertinente, conforme o caso.

Art. 270. Registrado o protocolo na petição e após sua juntada, os autos serão conclusos ao julgador que proferiu a decisão monocrática ou ao redator do acórdão embargado, ressalvadas as situações previstas nos arts. 106 a 109 deste Regimento.

Parágrafo único. Não sendo possível a aplicação de nenhuma das regras previstas nos arts. 106 a 109 deste Regimento, adotar-se-á critério de competência para a distribuição dos embargos de declaração ao Desembargador convocado, na hipótese dos processos das Turmas, ou ao Ministro que tenha ocupado a vaga do antigo relator, nas Turmas e nas Subseções, e, como último critério, distribuir-se-á o processo entre os integrantes do órgão.

Art. 271. Nos embargos de declaração, eventual efeito modificativo somente poderá ocorrer em virtude da correção de vício na decisão embargada e desde que ouvida previamente a parte contrária, no prazo de 5 (cinco) dias úteis.

Art. 272. Os embargos de declaração interpostos contra decisão colegiada serão incluídos em pauta, ressalvada a hipótese prevista no art. 119, § 2º, II, deste Regimento.

Art. 273. Os embargos de declaração interrompem o prazo para interposição de outros recursos, por qualquer das partes, salvo quando intempestivos, irregular a representação da parte ou ausente a sua assinatura.

Parágrafo único. Nos casos de irregularidade de representação da parte em procuração ou substabelecimento já constante dos autos, ou de total ausência de assinatura da petição dos embargos de declaração, o órgão julgador ou relator, antes de considerar inadmissível ou não conhecer do recurso, concederá prazo de 5 (cinco) dias úteis para que seja sanado o vício.

TÍTULO V
Das Outras Espécies de Processos

Capítulo I
Do Incidente de Arguição de Inconstitucionalidade de Lei ou de Ato Normativo do Poder Público

Art. 274. A arguição de inconstitucionalidade de lei ou de ato do Poder Público, em controle difuso, poderá ser suscitada pelo relator, por qualquer Ministro ou a requerimento do Ministério Público, no curso do julgamento do processo nos órgãos judicantes da Corte, após concluído o relatório.

Art. 275. Suscitada a inconstitucionalidade e ouvidos o Ministério Público do Trabalho e as partes, será submetida à apreciação do colegiado em que tramita o feito, salvo quando já houver pronunciamento do Tribunal Pleno ou do próprio Supremo Tribunal Federal sobre a questão.

§ 1º Rejeitada a arguição, prosseguirá o julgamento.

§ 2º Acolhida a arguição suscitada perante o Tribunal Pleno, a matéria será submetida de imediato à apreciação.

§ 3º Acolhida a arguição suscitada nos demais órgãos judicantes da Corte, os autos serão remetidos ao Tribunal Pleno.

Art. 276. A decisão que declara imprescindível o pronunciamento do Tribunal Pleno sobre a inconstitucionalidade de lei, de disposição nela contida ou de ato normativo do Poder Público é irrecorrível.

Art. 277. O incidente será distribuído por prevenção ao mesmo relator originário, devendo os autos ser oportunamente encaminhados ao Presidente do Tribunal para designar a sessão de julgamento.

§ 1º O relator mandará ouvir o Procurador-Geral do Trabalho, no prazo de 15 (quinze) dias úteis, bem como, se for o caso, determinará a notificação da pessoa jurídica de direito público responsável pela edição do ato questionado para que se manifeste, em igual prazo.

§ 2º O Tribunal Superior do Trabalho dará publicidade à instauração do incidente de arguição de inconstitucionalidade, a fim de permitir eventual intervenção dos legitimados referidos no art. 103 da Constituição da República, ou de outros órgãos ou entidades, na condição de *amicus curiae*, mediante sua inclusão no Banco Nacional de Jurisprudência Uniformizada (BANJUR), disponível na rede mundial de computadores.

§ 3º As intervenções previstas no § 2º serão permitidas dentro do período de 30 (trinta) dias úteis, contados da publicação da decisão de que trata o artigo anterior, a qual deverá indicar a lei ou o ato normativo objeto do incidente e a possibilidade de intervenção.

§ 4º A manifestação dos outros órgãos e entidades de que tratam os parágrafos anteriores poderá ser admitida pelo relator, considerando a relevância da matéria e a representatividade dos postulantes, por decisão irrecorrível.

Art. 278. Os procedimentos relativos à remessa do processo ao Tribunal Pleno, à distribuição e ao julgamento da arguição de inconstitucionalidade são regulados pelas normas gerais estabelecidas a respeito neste Regimento.

Art. 279. A decisão declaratória de inconstitucionalidade de lei ou de ato do Poder Público, observadas as exigências regimentais, motivará a edição de súmula e será observada tanto no acórdão do órgão julgador originário que julgar o processo no qual o incidente foi suscitado quanto em todos os demais feitos em trâmite no Tribunal que envolvam a mesma questão de direito, nos termos do art. 927, V, do CPC.

Capítulo II
Do Incidente de Recursos Repetitivos

Art. 280. As normas do Código de Processo Civil relativas ao julgamento dos recursos extraordinário e especial repetitivos aplicam-se, no que couber, aos recursos repetitivos (arts. 894, II, e 896 da CLT).

Art. 281. Havendo multiplicidade de recursos de revista ou de embargos para a Subseção I da Seção Especializada em Dissídios Individuais fundados em idêntica questão de direito, a questão poderá ser afetada a essa Subseção ou ao Tribunal Pleno, por decisão da maioria simples de seus membros, mediante requerimento de um dos Ministros que a compõem, considerando a relevância da matéria ou a existência de entendimentos divergentes entre os Ministros dessa Subseção ou das Turmas do Tribunal.

§ 1º O requerimento fundamentado de um dos Ministros da Subseção I da Seção Especializada em Dissídios Individuais de afetação da questão a ser julgada em incidente de recursos repetitivos deverá indicar um ou mais recursos de revista ou de embargos representativos da controvérsia e ser formulado por escrito diretamente ao Presidente da Subseção I da Seção Especializada em Dissídios Individuais ou, oralmente, em questão preliminar suscitada quando do julgamento de processo incluído na pauta de julgamentos da Subseção.

§ 2º De forma concorrente, quando a Turma do Tribunal Superior do Trabalho entender necessária a adoção do procedimento de julgamento de recursos repetitivos, seu Presidente deverá submeter ao Presidente da Subseção I da Seção Especializada em Dissídios Individuais a proposta de afetação do recurso de revista, para os efeitos dos arts. 896-B e 896-C da CLT e deste Regimento.

§ 3º O Presidente da Subseção submeterá a proposta de afetação ao colegiado, se formulada por escrito, no prazo máximo de 30 (trinta) dias de seu recebimento, ou de imediato, se suscitada em questão preliminar quando do julgamento de determinado processo pela Subseção I da Seção Especializada em Dissídios Individuais, após o que:

I – acolhida a proposta, por maioria simples, o colegiado decidirá em seguida se a questão será analisada pela própria Subseção I da Seção Especializada em Dissídios Individuais ou pelo Tribunal Pleno, salvo quando se tratar de matéria disciplinada em súmula ou orientação jurisprudencial, caso em que o incidente será necessariamente afetado ao Tribunal Pleno;

II – acolhida a proposta, a desistência da ação ou do recurso não impedirá a análise da questão objeto de julgamento de recursos repetitivos;

III – na hipótese do inciso I, o processo será autuado e distribuído a relator e a revisor do órgão jurisdicional correspondente, para sua tramitação nos termos do art. 896-C da CLT, não concorrendo a sorteio, quando possível, os Ministros que, previamente, tenham recebido processo da mesma classe;

IV – rejeitada a proposta, se for o caso, os autos serão devolvidos ao órgão julgador respectivo, para que o julgamento do recurso prossiga regularmente.

§ 4º Não será admitida sustentação oral versando, de forma específica, sobre a proposta de afetação.

§ 5º A critério do Presidente da Subseção, as propostas de afetação formuladas por escrito por um dos Ministros da Subseção I da Seção Especializada em Dissídios Individuais ou pelo Presidente de Turma do Tribunal Superior do Trabalho poderão ser apreciadas pela Subseção I da Seção Especializada em Dissídios Individuais por meio eletrônico, nos termos e para os efeitos do § 3º, I, deste artigo, do que serão as partes cientificadas pelo Diário da Justiça.

§ 6º Caso surja alguma divergência entre os integrantes do colegiado durante o julgamento eletrônico, este ficará imediatamente suspenso, devendo a proposta de afetação ser apreciada em sessão presencial.

Art. 282. O Presidente da Subseção de Dissídios Individuais I, ao afetar processo para julgamento sob o rito dos recursos repetitivos, deverá expedir comunicação aos demais Presidentes de Turma, que poderão afetar outros processos sobre a questão para julgamento conjunto, a fim de conferir ao órgão julgador visão global da questão.

Art. 283. Somente poderão ser afetados recursos representativos da controvérsia que sejam admissíveis e que, a critério do relator do incidente de julgamento dos recursos repetitivos, contenham abrangente argumentação e discussão a respeito da questão a ser decidida.

Parágrafo único. O relator desse incidente não fica vinculado às propostas de afetação de que trata o artigo anterior, podendo recusá-las por desatenderem aos requisitos previstos no *caput* e, ainda, selecionar outros recursos representativos da controvérsia.

Art. 284. Selecionados os recursos, o relator, na Subseção Especializada em Dissídios Individuais ou no Tribunal Pleno, constatada a presença do pressuposto do *caput* do art. 896-C da CLT, proferirá decisão de afetação, sempre fundamentada, na qual:

I – identificará com precisão a questão a ser submetida a julgamento;

II – poderá determinar a suspensão dos recursos de revista ou de embargos de que trata o § 5º do art. 896-C da CLT;

III – poderá solicitar aos Tribunais Regionais do Trabalho informações a respeito da controvérsia, a serem prestadas no prazo de 15 (quinze) dias, e requisitar aos Presidentes ou Vice-Presidentes dos Tribunais Regionais do Trabalho a remessa de até 2 (dois) recursos de revista representativos da controvérsia;

IV – concederá o prazo de 15 (quinze) dias para a manifestação escrita das pessoas, órgãos ou entidades interessados na controvérsia, que poderão ser admitidos como *amici curiae*;

V – informará aos demais Ministros sobre a decisão de afetação;

VI – poderá conceder vista ao Ministério Público e às partes, nos termos e para os efeitos do § 9º do art. 896-C da CLT.

Art. 285. O Presidente do Tribunal Superior do Trabalho oficiará os Presidentes dos Tribunais Regionais do Trabalho, com cópia da decisão de afetação, para que suspendam os recursos de revista interpostos em casos idênticos aos afetados como recursos repetitivos e ainda não encaminhados a este Tribunal, bem como os recursos ordinários interpostos contra as sentenças proferidas em casos idênticos aos afetados como recursos repetitivos, até o pronunciamento definitivo do Tribunal Superior do Trabalho.

Art. 286. Caberá ainda ao Presidente do Tribunal de origem, caso receba a requisição de que trata o inciso III do art. 284 deste Regimento, admitir até 2 (dois) recursos representativos da controvérsia, os quais serão encaminhados ao Tribunal Superior do Trabalho.

Art. 287. Se, após receber os recursos de revista selecionados pelo Presidente ou Vice-Presidente do Tribunal Regional do Trabalho, não se proceder à sua afetação, o relator, no Tribunal Superior do Trabalho, comunicará o fato ao Presidente ou Vice-Presidente que os houver enviado, para que seja revogada a decisão de suspensão referida no art. 896-C, § 4º, da CLT.

Art. 288. As partes deverão ser intimadas da decisão de suspensão de seu processo, a ser proferida pelo respectivo relator.

§ 1º A parte poderá requerer o prosseguimento de seu processo se demonstrar a intempestividade do recurso nele interposto ou a existência de distinção entre a questão de direito a ser decidida no seu processo e aquela a ser julgada sob o rito dos recursos repetitivos.

§ 2º O requerimento a que se refere o § 1º será dirigido:

I – ao juiz, se o processo sobrestado estiver em primeiro grau;

II – ao relator, se o processo sobrestado estiver no tribunal de origem;

III – ao relator do acórdão recorrido, se for sobrestado recurso de revista no tribunal de origem;

IV – ao relator do recurso de revista ou de embargos cujo processamento houver sido sobrestado no Tribunal Superior do Trabalho.

§ 3º A outra parte deverá ser ouvida sobre o requerimento, no prazo de 5 (cinco) dias.

§ 4º Reconhecida a distinção no caso:

I – dos incisos I, II e IV do § 2º, o próprio juiz ou relator dará prosseguimento ao processo;

II – do inciso III do § 2º, o relator comunicará a decisão ao Presidente ou ao Vice-Presidente do Tribunal Regional do Trabalho que houver determinado o sobrestamento, para que este dê normal prosseguimento ao processo.

§ 5º A decisão que resolver o requerimento a que se refere o § 1º é irrecorrível de imediato, nos termos do art. 893, § 1º, da CLT.

Art. 289. Para instruir o procedimento, pode o relator fixar data para, em audiência pública, ouvir depoimentos de pessoas com experiência e conhecimento na matéria, sempre que entender necessário o esclarecimento de questões ou circunstâncias de fato subjacentes à controvérsia objeto do incidente de recursos repetitivos.

§ 1º O relator poderá também admitir, tanto na audiência pública quanto no curso do procedimento, a manifestação, como *amici curiae*, de pessoas, órgãos ou entidades com interesse na controvérsia, considerando a relevância da matéria e assegurando o contraditório e a isonomia de tratamento.

§ 2º A manifestação de que trata o § 1º somente será admitida até a inclusão do processo em pauta.

Art. 290. Os recursos afetados deverão ser julgados no prazo de 1 (um) ano e terão preferência sobre os demais feitos.

§ 1º Na hipótese de não ocorrer o julgamento no prazo de 1 (um) ano a contar da publicação da decisão de que trata o art. 284 deste Regimento, cessam automaticamente, em todo o território nacional, a afetação e a suspensão dos processos, que retomarão seu curso normal.

§ 2º Ocorrendo a hipótese do § 1º, é permitida, nos termos e para os efeitos do art. 281 deste Regimento e do art. 896-C da CLT, a formulação de outra proposta de afetação de processos representativos da controvérsia para instauração e julgamento de recursos repetitivos, a ser apreciada e decidida pela Subseção I da Seção Especializada em Dissídios Individuais deste Tribunal.

Art. 291. O conteúdo do acórdão paradigma abrangerá a análise de todos os fundamentos da tese jurídica discutida, favoráveis ou contrários.

§ 1º É vedado ao órgão colegiado decidir, para os fins do art. 896-C da CLT, questão não delimitada na decisão de afetação.

§ 2º Quando os recursos afetados em processos já distribuídos no âmbito deste Tribunal contiverem outras questões além daquela que é objeto da afetação, caberá ao órgão jurisdicional competente para julgamento do incidente decidir esta, após o que o processo deverá retornar ao órgão de origem para apreciação das demais matérias.

Art. 292. Decidido o recurso representativo da controvérsia, os órgãos jurisdicionais respectivos declararão prejudicados os demais recursos versando sobre idêntica controvérsia ou os decidirão, aplicando a tese firmada.

Parágrafo único. Quando os recursos requisitados do Tribunal Regional do Trabalho contiverem outras questões além daquela que é objeto da afetação, caberá ao órgão jurisdicional competente para julgamento do incidente decidir esta, após o que o processo deverá ser distribuído na forma regimental, para julgamento das demais matérias pela Turma.

Art. 293. Publicado o acórdão proferido em incidente de recurso repetitivo:

I – o Presidente ou Vice-Presidente do Tribunal de origem negará seguimento aos recursos de revista sobrestados na origem, se o acórdão recorrido coincidir com a orientação do Tribunal Superior do Trabalho;

II – o órgão que proferiu o acórdão recorrido, na origem, reexaminará o processo de sua competência originária ou o recurso anteriormente julgado, na hipótese de o acórdão recorrido contrariar a orientação do Tribunal Superior do Trabalho;

III – os processos porventura suspensos em primeiro e segundo graus de jurisdição retomarão o curso para julgamento e aplicação da tese firmada pelo Tribunal Superior do Trabalho.

Art. 294. Para fundamentar a decisão de manutenção do entendimento, o órgão que proferiu o acórdão recorrido deverá demonstrar a existência de distinção, por se tratar de caso particularizado por hipótese fática distinta ou questão jurídica não examinada, a impor solução diversa.

§ 1º Na hipótese de que trata o *caput*, o recurso de revista será submetido a novo exame de sua admissibilidade pelo Presidente ou Vice-Presidente do Tribunal Regional, retomando o processo o seu curso normal.

§ 2º Realizado o juízo de retratação, com alteração do acórdão divergente, o tribunal de origem, se for o caso, decidirá as demais questões ainda não decididas, cujo exame se tornou necessário em decorrência da alteração.

§ 3º Quando for alterado o acórdão divergente na forma do § 1º e o recurso anteriormente interposto versar sobre outras questões, o Presidente ou Vice-Presidente do Tribunal Regional, independentemente de ratificação do recurso, procederá a novo juízo de admissibilidade, retomando o processo o seu curso normal.

Art. 295. A parte poderá desistir da ação em curso no primeiro grau de jurisdição, antes de proferida a sentença, se a questão nela discutida for idêntica à resolvida pelo recurso representativo da controvérsia.

§ 1º Se a desistência ocorrer antes de oferecida a defesa, a parte, se for o caso, ficará dispensada do pagamento de custas e de honorários de advogado.

§ 2º A desistência apresentada nos termos do *caput* independe de consentimento da parte contrária, ainda que apresentada defesa.

Art. 296. Caberá revisão da decisão firmada em julgamento de recursos repetitivos quando se alterar a situação econômica, social ou jurídica, caso em que será respeitada a segurança jurídica das relações firmadas sob a égide da decisão anterior, podendo o Tribunal Superior do Trabalho modular os efeitos da decisão que a tenha alterado.

Art. 297. Caso a questão afetada e julgada sob o rito dos recursos repetitivos também contenha questão constitucional, a decisão proferida pelo Tribunal Pleno não obstará o conhecimento de eventuais recursos extraordinários sobre a questão constitucional.

Capítulo III
Do Incidente de Assunção de Competência

Art. 298. Quando o julgamento dos embargos à Subseção I da Seção Especializada em Dissídios Individuais envolver relevante questão de direito, com grande repercussão social, sem repetição em múltiplos processos, mas a respeito da qual seja conveniente a prevenção ou a composição de divergência entre as turmas ou os demais órgãos fracionários do Tribunal Superior do Trabalho, poderá a Subseção I da Seção Especializada em Dissídios Individuais, por iniciativa de um de seus membros e após a aprovação da maioria de seus integrantes, afetar o seu julgamento ao Tribunal Pleno.

§ 1º Aplica-se a este incidente, no que couber, o que este Regimento e os arts. 896-B e 896-C da CLT dispõem sobre o incidente de julgamento de recursos repetitivos.

§ 2º O Tribunal Pleno julgará os embargos se reconhecer interesse público na assunção de competência.

§ 3º O acórdão proferido em assunção de competência vinculará todos os juízes e tribunais, exceto se houver revisão de tese.

Capítulo IV
Do Incidente de Superação e Revisão dos Precedentes Firmados em Julgamento de Recursos Repetitivos, de Assunção de Competência e de Demandas Repetitivas

Art. 299. O incidente de superação e revisão dos precedentes firmados por meio da sistemática de recursos repetitivos, de assunção de competência e de resolução de demandas repetitivas terá lugar sempre que os Ministros da Corte entenderem que a tese vinculante já não reflete mais a adequada compreensão do fenômeno jurídico subjacente, tendo em vista razões de ordem social, econômica e política, bem como por alteração do parâmetro constitucional ou legal em vigor na data de sua instauração.

Art. 300. O incidente de que trata este capítulo não poderá ser instaurado em prazo inferior a 1 (um) ano, a contar da publicação da decisão que firmou o precedente vinculante, salvo alteração na Constituição da República ou na lei que torne inadequado o entendimento firmado pelo Tribunal Superior do Trabalho.

Art. 301. A instauração do incidente de superação ou de revisão de precedentes vinculantes no âmbito do Tribunal Superior do Trabalho poderá ser suscitada, de forma escrita, por qualquer de seus Ministros, ou por provocação do Procurador-Geral do Trabalho, do Conselho Federal da OAB ou do Defensor Público-Geral da União, em requerimento dirigido ao Presidente do Tribunal, que o submeterá à deliberação na Subseção I da Seção Especializada em Dissídios Individuais no prazo de 30 (trinta) dias, a contar do seu recebimento.

§ 1º Instaurado o incidente, pelo voto de 2/3 (dois terços) dos membros da Subseção I da Seção Especializada em Dissídios Individuais, o colegiado deliberará, na mesma sessão, por maioria simples, acerca do deslocamento da competência para apreciação do feito no Tribunal Pleno ou de sua manutenção naquela Subseção.

§ 2º É obrigatório o deslocamento do feito ao Tribunal Pleno, por aplicação analógica do art. 72 deste Regimento, quando a tese a ser apreciada tiver sido firmada em Plenário ou quando a proposta de mudança do entendimento vinculante tiver por consequência a alteração, a revogação ou a criação de súmula de jurisprudência uniforme do Tribunal Superior do Trabalho.

Art. 302. Inclinando-se qualquer das Turmas a decidir em sentido contrário ao entendimento firmado por meio da sistemática de recursos repetitivos, de assunção de competência e de resolução de demandas repetitivas, o seu Presidente suspenderá a proclamação do resultado do julgamento e encaminhará o processo à Subseção I da Seção Especializada em Dissídios Individuais para deliberação acerca da instauração do incidente de que trata este capítulo.

§ 1º O Presidente da Subseção I da Seção Especializada em Dissídios Individuais submeterá à deliberação daquele colegiado a proposta de instauração do incidente no prazo de que trata o art. 301 deste Regimento.

§ 2º Instaurado o incidente, pelo voto de 2/3 (dois terços) dos membros da Subseção I da Seção Especializada em Dissídios Individuais, o colegiado deliberará, na mesma sessão, por maioria simples, acerca do deslocamento da competência para apreciação do feito no Tribunal Pleno ou de sua manutenção naquela

Subseção, observado o disposto no § 2º do art. 301 deste Regimento.

§ 3º Não cabe a instauração do procedimento previsto neste capítulo na hipótese de distinção entre o precedente vinculante e o caso concreto, hipótese na qual o relator deverá declinar os fundamentos de fato e de direito que tornam o precedente inaplicável, sendo a questão apreciada pelo próprio colegiado competente, como preliminar de mérito, por ocasião do julgamento do processo.

§ 4º Rejeitado o fundamento da distinção, mas mantido o voto do relator, adotar-se-á o procedimento previsto no *caput*, caso o colegiado se incline no sentido da tese dissidente.

§ 5º Na hipótese do § 4º, não tendo transcorrido o prazo de que tratam os arts. 300 e 304 deste Regimento, o Presidente do colegiado não suspenderá o julgamento do feito, proclamando o resultado com a tese dissidente, seguindo-se o curso normal de tramitação do processo pela via recursal.

Art. 303. Deliberada a instauração do incidente e definido o órgão competente para sua apreciação, observar-se-á o rito previsto nos Capítulos II, III e IV do Título V do Livro II deste Regimento, naquilo que for cabível.

Art. 304. A negativa de instauração do incidente de superação e revisão de tese vinculante ou a reafirmação da tese jurídica firmada pela Subseção I da Seção Especializada em Dissídios Individuais ou pelo Tribunal Pleno vincula os órgãos julgadores à aplicação do precedente ao caso paradigma e aos demais processos eventualmente afetados por ocasião de sua instauração, bem como inibe a deflagração de novo incidente sobre o mesmo tema, nos termos e pelo prazo contido no art. 300 deste Regimento.

Capítulo V
Do Incidente de Resolução de Demandas Repetitivas

Art. 305. Será cabível o incidente de resolução de demandas repetitivas, nos termos da legislação processual aplicável, com relação às causas de sua competência originária e recursal ordinária.

§ 1º Aplicam-se ao Processo do Trabalho as normas dos arts. 976 a 986 do CPC que regem o incidente de resolução de demandas repetitivas e, no que couber, o que dispõem este Regimento e os arts. 896-B e 896-C da CLT sobre o incidente de julgamento de recursos repetitivos.

§ 2º O incidente será distribuído por prevenção ao Ministro relator do processo de competência originária do Tribunal do qual se originou ou, caso não integre o órgão competente para julgamento do incidente, por sorteio entre os seus membros efetivos.

§ 3º Admitido o incidente, o relator poderá suspender o julgamento dos processos pendentes, individuais ou coletivos que tramitam, no tocante ao tema objeto de incidente de resolução de demandas repetitivas, sem prejuízo da instrução integral das causas e do julgamento dos eventuais pedidos distintos e cumulativos igualmente deduzidos em tais processos, inclusive, se for o caso, do julgamento antecipado parcial do mérito.

§ 4º Apreciado o mérito do recurso, a tese jurídica adotada pelo Tribunal Superior do Trabalho será aplicada no território nacional a todos os processos, individuais ou coletivos, que versem sobre idêntica questão de direito.

Art. 306. Poderá o Presidente do Tribunal Superior do Trabalho, a requerimento do Ministério Público do Trabalho ou das partes de incidente de resolução de demandas repetitivas instaurado em determinada Região, considerando razões de segurança jurídica ou de excepcional interesse social, suspender, em decisão fundamentada, todos os processos individuais ou coletivos em curso no território nacional que versem sobre a questão objeto do incidente.

§ 1º A parte de processo em curso em localidade de competência territorial diversa daquela em que tramita o incidente de resolução de demandas repetitivas deverá comprovar a inadmissão do incidente no Tribunal com jurisdição sobre o estado ou região em que tramite a sua demanda.

§ 2º O Presidente poderá ouvir, no prazo de 5 (cinco) dias, o relator do incidente no Tribunal de origem e o Ministério Público do Trabalho.

§ 3º Nos casos de existência de multiplicidade de incidentes de resolução de demandas repetitivas sobre a mesma questão de direito controvertida, o Presidente do Tribunal Superior do Trabalho, em decisão fundamentada, na qual indicará qual deles é o mais representativo da controvérsia, determinará a suspensão dos demais até a decisão definitiva do incidente que tiver prosseguimento.

§ 4º A suspensão vigorará até o trânsito em julgado da decisão proferida no incidente de resolução de demandas repetitivas.

§ 5º Da decisão que conceder ou denegar a suspensão, caberá agravo interno sem efeito suspensivo, no prazo de 8 (oito) dias úteis, que será relatado pelo Presidente, na primeira sessão do Órgão Especial seguinte à sua interposição.

Art. 307. É cabível a instauração de incidente de superação e revisão de precedentes firmados em julgamento de demandas repetitivas, ocasião em que a deliberação para a instauração do feito será tomada pelo voto de 2/3 (dois terços) dos membros do colegiado do Tribunal Superior do Trabalho em que o precedente vinculante tiver sido firmado, após o que é obrigatório o deslocamento da competência para a apreciação do seu mérito pelo Tribunal Pleno, seguindo-se os trâmites dispostos neste capítulo e, supletivamente, nos Capítulos II, III e IV do Título V do Livro II deste Regimento, naquilo que for cabível.

Capítulo VI
Dos Demais Processos Incidentes

Seção I
Da Suspensão de Segurança

Art. 308. O Presidente do Tribunal, na forma da lei, a requerimento do Ministério Público do Trabalho ou da pessoa jurídica de direito público interessada, e para evitar grave lesão à ordem, à saúde, à segurança e à economia públicas, pode suspender, por decisão fundamentada, a execução de liminar ou de decisão concessiva de mandado de segurança, proferida em última instância pelos Tribunais Regionais do Trabalho.

§ 1º O Presidente, se necessário, poderá ouvir o impetrante, em 5 (cinco) dias úteis, e o Ministério Público do Trabalho, quando não for o requerente, em igual prazo.

§ 2º Da decisão que conceder ou denegar a suspensão, caberá agravo interno sem efeito suspensivo, no prazo de 8 (oito) dias úteis, que será relatado pelo Presidente, na primeira sessão do Órgão Especial seguinte à sua interposição.

§ 3º A suspensão de segurança, nos casos de ações movidas contra o Poder Público, vigorará enquanto pender o recurso, ficando sem efeito se a decisão concessiva for mantida pelo Tribunal ou se transitar em julgado.

Seção II
Da Suspensão de Liminar e de Tutela Provisória

Art. 309. O Presidente, nos termos da lei, a requerimento do Ministério Público do Trabalho ou da pessoa jurídica de direito público interessada, em caso de manifesto interesse público ou de flagrante ilegitimidade, e para evitar grave lesão à ordem, à saúde, à segurança e à economia públicas, poderá, por decisão fundamentada, suspender a execução de liminar ou a efetivação de tutela provisória de urgência ou da evidência concedida ou mantida pelos Tribunais Regionais do Trabalho nas ações movidas contra o Poder Público ou seus agentes.

§ 1º Aplica-se o disposto neste artigo aos casos em que a decisão final proferida contra o Poder Público ou seus agentes produzir efeitos imediatos, quando impugnável por recurso desprovido de efeito suspensivo.

§ 2º O Presidente, se necessário, poderá ouvir o autor da ação e o Ministério Público do Trabalho, em 5 (cinco) dias.

§ 3º Da decisão que conceder ou denegar a suspensão, caberá agravo interno sem efeito suspensivo, no prazo de 8 (oito) dias úteis, que será relatado pelo Presidente na primeira sessão do Órgão Especial seguinte à sua interposição.

§ 4º A suspensão dos efeitos de liminar ou de tutela provisória concedidas em decisões interlocutórias vigorará até a decisão final proferida no mesmo grau de jurisdição e, se concedidas em sentença ou acórdão, até o julgamento do recurso, ficando sem efeito se a decisão concessiva da medida for mantida pelo órgão julgador, ou se transitar em julgado.

Seção III
Da Tutela Provisória

Art. 310. A tutela de urgência e a tutela da evidência poderão ser requeridas antes ou no curso do processo principal e deste são sempre dependentes, aplicando-se-lhes o disposto nos arts. 294 a 311 do CPC.

Art. 311. O pedido de tutela provisória será apresentado ao Presidente do Tribunal e distribuído ao relator do processo principal, salvo se a medida for requerida em procedimento preparatório, caso em que será sorteado, dentre os integrantes do colegiado competente, o relator do feito, o qual ficará prevento para a ação principal.

§ 1º A tutela provisória poderá ser requerida por petição autônoma, a ser juntada oportunamente ao processo a que se refere, dirigida ao:

I – Presidente do Tribunal, quando se tratar de tutela antecipada ou cautelar antecedente à ação de competência originária do Tribunal Superior do Trabalho ou quando requerida no período compreendido entre a publicação da decisão de admissão do recurso de revista e sua distribuição, ficando prevento para o julgamento da ação ou do recurso o relator sorteado para o exame do requerimento, dentre os integrantes do colegiado competente;

II – relator, se já distribuído o recurso.

§ 2º O relator poderá apreciar a liminar e a própria tutela provisória requeridas, ou submetê-las ao órgão julgador competente.

Art. 312. A tramitação do processo no Tribunal observará as disposições da lei processual civil, no que aplicáveis.

Seção IV
Da Habilitação Incidente

Art. 313. A habilitação incidente, ocorrendo o falecimento de uma das partes, será processada na forma da lei.

Art. 314. A citação far-se-á na pessoa do procurador constituído nos autos, mediante publicação no órgão oficial, ou à parte, pessoalmente, se não estiver representada no processo.

Art. 315. Quando incertos os sucessores, a citação far-se-á por edital.

Art. 316. O relator, se contestado o pedido, facultará às partes sumária produção de provas, em 5 (cinco) dias úteis, e decidirá, em seguida, a habilitação.

Art. 317. A habilitação requerida em processo incluído em pauta para julgamento será decidida pelo colegiado.

Seção V
Dos Impedimentos e das Suspeições

Art. 318. Os Ministros declarar-se-ão impedidos ou suspeitos nos casos previstos em lei.

Parágrafo único. Havendo, dentre os Ministros do Tribunal, cônjuges, parentes consanguíneos ou afins, em linha reta ou no terceiro grau da linha colateral, integrarão seções diferentes, e o primeiro que conhecer da causa impede que o outro participe do julgamento quando da competência do Órgão Especial.

Art. 319. A suspeição ou o impedimento do relator ou revisor serão declarados por despacho nos autos. Se feita na sessão de julgamento, a declaração poderá ser verbal ou eletrônica, conforme o caso, devendo constar da ata e da certidão.

Parágrafo único. Na suspeição ou no impedimento do relator, o processo será redistribuído pelo Presidente do órgão julgador entre os demais Ministros que o compõem, com sua compensação.

Art. 320. A arguição de suspeição ou impedimento do relator e do revisor deverá ser suscitada até 15 (quinze) dias úteis após a distribuição, quando fundada em motivo preexistente; no caso de motivo superveniente, o prazo de 15 (quinze) dias úteis será contado do fato que a ocasionou. A dos demais Ministros, até o início do julgamento.

§ 1º Essa arguição deverá ser deduzida em petição específica assinada pela parte ou por procurador com poderes especiais, dirigida ao relator do processo, indicando os fatos que a motivaram, e acompanhada de prova documental e rol de testemunhas, se houver.

§ 2º A arguição será sempre individual, não ficando os demais Ministros impedidos de apreciá-la, ainda que também recusados.

§ 3º Recebida a exceção, será ouvido o Ministro recusado no prazo de 5 (cinco) dias seguindo-se dilação probatória de 10 (dez) dias úteis e, após, o julgamento.

§ 4º Poderá o Presidente propor a rejeição da exceção liminarmente.

Art. 321. O relator, reconhecendo a suspeição ou o impedimento, determinará a juntada da petição aos autos, e, por despacho, submeterá o processo à Presidência do colegiado competente, para redistribuição na forma regimental.

§ 1º O Ministro, não aceitando a suspeição ou o impedimento, continuará vinculado ao processo, ficando sua apreciação suspensa até a solução do incidente, que será autuado em separado, com designação de relator dentre os demais Ministros integrantes do colegiado competente para o julgamento do processo.

§ 2º No curso do julgamento do incidente, havendo necessidade de deliberação sobre medida urgente relativa ao processo principal, o Presidente do órgão julgador a encaminhará à apreciação do Ministro que o seguir na antiguidade dentre os seus integrantes não recusados.

§ 3º Excepcionalmente, no caso de arguição de impedimento ou de suspeição de todos os integrantes do órgão julgador, o exame da medida urgente caberá ao Presidente do Tribunal.

Art. 322. Conclusos os autos, o relator mandará ouvir o Ministro recusado no prazo de 5 (cinco) dias.

Parágrafo único. Vencido o prazo, com ou sem resposta, o relator ordenará o processo, colhendo as provas requeridas.

Art. 323. Reconhecida a suspeição ou o impedimento do relator, o colegiado, ao julgar o incidente, fixará o momento a partir do qual o Ministro não poderia ter atuado e declarará a nulidade dos seus atos, se praticados quando já presente o motivo de impedimento ou de suspeição, e o processo será redistribuído, na forma regimental.

Capítulo VII
Dos Recursos para o Supremo Tribunal Federal

Seção I
Do Recurso Extraordinário

Art. 324. Cabe recurso extraordinário das decisões do Tribunal proferidas em única ou última instância, nos termos da Constituição da República.

§ 1º O recurso será interposto em petição fundamentada, no prazo de 15 (quinze) dias úteis da publicação do acórdão ou de suas conclusões no órgão oficial.

§ 2º A petição do recurso extraordinário será juntada aos autos após transcorrido o prazo legal sem a interposição de recurso de competência do Tribunal Superior do Trabalho, abrindo-se, de imediato, vista dos autos à parte contrária para apresentação de contrarrazões no prazo de 15 (quinze) dias úteis.

Art. 325. Findo o prazo das contrarrazões, os autos serão conclusos ao Vice-Presidente do Tribunal para exame da admissibilidade do recurso.

Art. 326. Os processos julgados pelo Tribunal Superior do Trabalho só serão restituídos à instância originária quando findo o prazo de interposição do recurso extraordinário para o Supremo Tribunal Federal.

Art. 327. Aos recursos extraordinários interpostos perante o Tribunal Superior do Trabalho será aplicado o procedimento previsto no Código de Processo Civil para o julgamento dos recursos extraordinário e especial repetitivos, cabendo ao Presidente do Tribunal Superior do Trabalho selecionar um ou mais recursos representativos da controvérsia e encaminhá-los ao Supremo Tribunal Federal, sobrestando os demais até o pronunciamento definitivo da Corte, na forma ali prevista.

Seção II
Do Agravo em Recurso Extraordinário

Art. 328. Cabe agravo contra decisão denegatória do recurso extraordinário, no prazo de 15 (quinze) dias úteis, contados de sua publicação no órgão oficial, salvo quando fundada na aplicação de entendimento firmado em regime de repercussão geral ou em julgamento de recursos repetitivos.

Parágrafo único. A petição do agravo será dirigida ao Vice-Presidente do Tribunal e independe do pagamento de custas e despesas postais, aplicando-se a ela o regime de repercussão geral e de recursos repetitivos, inclusive quanto à possibilidade de sobrestamento e do juízo de retratação.

Art. 329. A petição de agravo será juntada aos autos, após o que, de imediato, abrir-se-á vista ao agravado, por igual prazo, para apresentação de contraminuta. Após, os autos serão conclusos ao Vice-Presidente do Tribunal, que se retratará ou manterá a decisão agravada.

Art. 330. O agravante e o agravado poderão, com documentos novos, instruir, respectivamente, as razões e as contrarrazões.

Parágrafo único. Apresentado documento novo pelo agravado, será aberta vista ao agravante, no prazo de 5 (cinco) dias úteis.

Capítulo VIII
Da Restauração dos Autos

Art. 331. A restauração de autos far-se-á de ofício ou a requerimento de qualquer das partes ou do Ministério Público do Trabalho.

Art. 332. O pedido de restauração de autos será apresentado ao Presidente do Tribunal e distribuído ao relator do processo desaparecido ou ao seu substituto.

Parágrafo único. Aplicam-se à restauração de autos, no Tribunal, as normas do Código de Processo Civil.

Art. 333. O relator determinará as diligências necessárias, solicitando, se preciso for, informações e cópias autenticadas a outros juízos e tribunais.

Art. 334. O julgamento de restauração caberá ao colegiado no qual tramitava o processo desaparecido.

Art. 335. Julgada a restauração, será lavrado acórdão e, após publicado no órgão oficial, o processo seguirá os trâmites normais. Reencontrado o original, a ele reunir-se-ão os autos reconstituídos.

Capítulo IX
Da Execução

Seção I
Das Disposições Gerais

Art. 336. A execução competirá ao Presidente:

I – quanto às suas decisões e ordens;

II – quanto às decisões dos órgãos do Tribunal, quando excederem à competência do Corregedor-Geral da Justiça do Trabalho ou dos Presidentes de Turma, ou se referirem a matéria administrativa.

Art. 337. Os atos de execução poderão ser requisitados, determinados, notificados ou delegados a quem os deva praticar.

Art. 338. A execução atenderá, no que couber, à legislação processual.

Seção II
Da Execução contra a Fazenda Pública

Art. 339. Na execução por quantia certa, fundada em decisão proferida contra a Fazenda Pública, observar-se-á o disposto no art. 100 da Constituição da República e na legislação processual, adotando-se, no que couber, o procedimento fixado em Instrução Normativa do Tribunal.

§ 1º A Fazenda Pública será intimada na pessoa de seu representante judicial, por carga ou por meio eletrônico, para, querendo, no prazo de 30 (trinta) dias úteis e nos próprios autos, impugnar o cumprimento da decisão.

§ 2º Se não houver impugnação no prazo regimental ou se forem rejeitadas as arguições da executada, observar-se-á o disposto na lei processual.

Art. 340. Nas execuções processadas nas Varas do Trabalho, o precatório será encaminhado ao Presidente do Tribunal Regional do Trabalho da jurisdição, que o dirigirá, mediante ofício, à autoridade competente ou entidade requisitada ou, se for o caso de pagamento de obrigação de pequeno valor, a execução será promovida por meio de ordem do juiz dirigida à autoridade na pessoa de quem o ente público foi citado para o processo, na forma da legislação processual.

Art. 341. No âmbito do Tribunal, o procedimento alusivo ao precatório constará de Instrução Normativa.

Livro III
DOS SERVIÇOS ADMINISTRATIVOS E DAS DISPOSIÇÕES FINAIS

TÍTULO I
Dos Serviços Administrativos

Capítulo I
Da Secretaria do Tribunal

Art. 342. A Secretaria do Tribunal é dirigida pelo Diretor-Geral, bacharel em Direito, nomeado em comissão pelo Presidente, incumbindo-lhe a direção dos serviços administrativos do Tribunal.

Parágrafo único. Incumbe ao Secretário-Geral Judiciário, bacharel em Direito, nomeado em comissão pelo Presidente, a direção dos serviços judiciários do Tribunal.

Art. 343. A organização da Secretaria do Tribunal, seu funcionamento e as atribuições do Diretor-Geral, do Secretário-Geral Judiciário, dos Secretários e dos Coordenadores, bem como das Unidades Administrativas, constarão do Regulamento Geral.

Art. 344. Não poderá ser nomeado para cargo em comissão ou designado para função gratificada, cônjuge, companheiro ou parente, até o terceiro grau, inclusive, de qualquer dos Ministros do Tribunal em atividade, salvo se servidor ocupante de cargo de provimento efetivo das carreiras judiciárias, caso em que a vedação é restrita à nomeação ou designação para servir junto ao Ministro determinante da incompatibilidade.

Art. 345. Ressalvada a existência de regulação legal especial, aplica-se no Tribunal, o Regime Jurídico dos Servidores Públicos Civis da União.

Art. 346. O horário de expediente no Tribunal Superior do Trabalho será estabelecido por Resolução Administrativa, aprovada pelo Órgão Especial, por iniciativa do seu Presidente.

Art. 347. Os servidores do Tribunal cumprirão a duração semanal de trabalho prevista na legislação aplicável, com controle de frequência e horário, de conformidade com as escalas estabelecidas, observado o intervalo entre os turnos de trabalho.

§ 1º Os servidores ocupantes de cargo em comissão e submetidos ao regime de integral dedicação ao serviço estão excepcionados da regra deste artigo, podendo ser convocados sempre que houver interesse da Administração.

§ 2º Os agentes de segurança dos Ministros permanecem à disposição, estando sujeitos a controle de frequência.

Art. 348. Durante as férias dos Ministros e no período de recesso, ficam suspensas as atividades judicantes do Tribunal, prosseguindo, no entanto, os serviços administrativos e judiciários nas secretarias e nos gabinetes, devendo a escala de férias dos servidores ser organizada de modo a atender ao respectivo funcionamento.

Parágrafo único. Os servidores devem gozar férias no mesmo período dos Ministros, sempre que possível.

Capítulo II
Do Gabinete do Presidente

Art. 349. O gabinete do Presidente será chefiado pelo Secretário-Geral da Presidência, bacharel em Direito, nomeado em comissão, para o exercício das funções de direção e assessoramento jurídico.

Parágrafo único. As atribuições do Secretário-Geral, dos Secretários, do Chefe de Gabinete, dos Assessores e das assessorias diretamente subordinadas ao gabinete da Presidência constarão do Regulamento Geral.

Capítulo III
Do Gabinete dos Ministros

Art. 350. Compõem os gabinetes dos Ministros:

I – um Chefe de Gabinete, bacharel em Direito, nomeado em comissão, nos termos da lei e deste Regimento;

II – assessores, bacharéis em Direito, nomeados em comissão, nos termos da lei e deste Regimento;

III – auxiliares da confiança do Ministro, que poderão exercer função comissionada, observada a lotação numérica, fixada em Resolução Administrativa aprovada pelo Órgão Especial.

Parágrafo único. As atribuições do Chefe de Gabinete dos Ministros e dos assessores constam do Regulamento Geral.

Art. 351. O horário do pessoal do gabinete, observadas a duração legal e as peculiaridades do serviço, será determinado pelo Ministro, bem como a fruição das férias, atendida a exigência do controle de frequência e o horário, comum a todos os servidores da Corte.

TÍTULO II
Das Disposições Finais

Capítulo I
Das Emendas ao Regimento

Art. 352. Os atos de competência do Tribunal Pleno, de natureza regimental, obedecem à seguinte nomenclatura:

I – Emenda Regimental, que introduz modificações no texto;

II – Ato Regimental, que suprime ou acrescenta dispositivo.

Art. 353. Os atos mencionados no artigo anterior serão numerados em séries próprias, seguida e ininterruptamente.

Capítulo II
Das Resoluções do Tribunal

Art. 354. Os atos de competência do Tribunal, normativos ou individuais, obedecem à seguinte nomenclatura:

I – Resolução Administrativa;

II – Resolução.

Art. 355. Na classe de Resolução Administrativa, enquadram-se as regulamentações sobre pessoal (Magistrados e servidores), organização e administração dos órgãos da Justiça do Trabalho, funcionamento e atribuições das unidades do Tribunal e de seus servidores, e, na classe de Resolução, as deliberações referentes à aprovação de instrução normativa, súmula, orientação jurisprudencial e precedente normativo.

Art. 356. As Resoluções Administrativas e as Resoluções serão numeradas em séries próprias, de acordo com a matéria disciplinada, seguida e ininterruptamente, independentemente do ano de sua edição.

Capítulo III
Das Disposições Finais e Transitórias

Art. 357. Quando o agravo de instrumento tramitar nos autos principais em que haja recurso de revista da outra parte, o processo será autuado como agravo de instrumento em recurso de revista e recurso de revista – AIRR e RR e receberá um único número.

§ 1º Diante da interposição de agravo de instrumento e recurso de revista pela mesma parte, nos termos da Instrução Normativa 40/2016, apenas haverá julgamento na sessão subsequente à do agravo provido, ficando sobrestado o recurso de revista no tema conhecido para julgamento na mesma sessão.

§ 2º Processado o recurso de revista em razão de um tema, os demais temas cuja decisão agravada é mantida não farão parte da decisão do recurso de revista.

Art. 358. Na hipótese do art. 256 deste Regimento, se não for conhecido ou provido o agravo de instrumento, será de imediato julgado o recurso de revista, com lavratura de acórdãos distintos.

Art. 359. Quando o agravo de instrumento for processado nos autos principais, nos quais se encontra sobrestado julgamento de recurso de revista da outra parte, na autuação do processo, será considerado o número originário do recurso de revista sobrestado e observada a classe de agravo de instrumento em recurso de revista e recurso de revista (AIRR e RR).

Parágrafo único. O processo será distribuído ao relator do recurso de revista sobrestado. Se o relator não se encontrar em exercício no órgão prevento, haverá a redistribuição no âmbito do colegiado a um dos seus integrantes.

Art. 360. Em quaisquer situações previstas nos arts. 357 e 359 deste Regimento, se não for conhecido ou provido o agravo de instrumento, será de imediato julgado o recurso de revista, com lavratura de um único acórdão.

Art. 361. A Subseção I da Seção Especializada em Dissídios Individuais julgará desde logo a matéria objeto do recurso de revista não conhecido pela Turma, caso conclua, no julgamento do recurso de embargos interposto em data anterior à vigência da Lei 11.496/2007, que aquele recurso estava corretamente fundamentado em violação de dispositivos de lei federal ou da Constituição da República ou em contrariedade a súmula.

Art. 362. Fazem parte integrante deste Regimento, no que lhes for aplicável, as normas de lei complementar alusiva à Magistratura Nacional, as estabelecidas pela Consolidação das Leis do Trabalho e legislação complementar e, supletiva e subsidiariamente, as do Direito Processual Civil, em caso de omissão e desde que haja compatibilidade com as normas e princípios do Direito Processual do Trabalho, na forma dos arts. 769 e 889 da CLT e do art. 15 do CPC.

Art. 363. O Regulamento Geral da Secretaria do Tribunal constitui parte deste Regimento, bem assim as Resoluções, Instruções Normativas, Resoluções Administrativas e Emendas Regimentais.

Art. 364. Este Regimento entrará em vigor na data de sua publicação, revogadas as disposições em contrário.

Ministro Ives Gandra da Silva Martins Filho
Ministro Presidente do Tribunal Superior do Trabalho

(*DJE*-TST 24.11.2017; rep. *DJE*-TST 30.11.2017)

CONSOLIDAÇÃO DOS PROVIMENTOS DA CORREGEDORIA-GERAL DA JUSTIÇA DO TRABALHO – CGJT

O Ministro Corregedor-Geral da Justiça do Trabalho, no uso das atribuições que lhe confere o artigo 6º, inciso V, do Regimento Interno da Corregedoria-Geral da Justiça do Trabalho,

Considerando que a Consolidação dos Provimentos da Corregedoria-Geral da Justiça do Trabalho destina-se ao disciplinamento de normas procedimentais aplicáveis no âmbito das Varas do Trabalho e dos Tribunais Regionais do Trabalho;

Considerando ser imperativa a compatibilização da atual Consolidação com a dinâmica legislativa e a própria mudança de práticas procedimentais;

Considerando a necessidade de inserção e sistematização de atos esparsos editados, bem como a atualização da Consolidação dos Provimentos da Corregedoria-Geral da Justiça do Trabalho;

Resolve:

Atualizar e sistematizar a Consolidação dos Provimentos da Corregedoria-Geral da Justiça do Trabalho, que passará a vigorar com a seguinte redação:

CONSOLIDAÇÃO DOS PROVIMENTOS DA CORREGEDORIA-GERAL DA JUSTIÇA DO TRABALHO

TÍTULO I
Disposição Inicial

Art. 1º A Consolidação dos Provimentos da Corregedoria-Geral da Justiça do Trabalho tem por finalidade o disciplinamento sistematizado de regras procedimentais a serem observadas no âmbito da Justiça do Trabalho de 1º e 2º graus de jurisdição.

TÍTULO II
Disposições Gerais

Capítulo I
Magistrado

Seção I
Vitaliciamento

Art. 2º Os Tribunais Regionais do Trabalho regulamentarão o procedimento de vitaliciamento dos juízes do trabalho substitutos, devendo, para tanto, constituir Comissão de Vitaliciamento para os juízes substitutos vitaliciandos.

§ 1º A Comissão de Vitaliciamento será composta por, no mínimo, 3 (três) desembargadores do trabalho, eleitos pelo Pleno ou Órgão Especial do respectivo Tribunal, um dos quais integrante da direção ou do Conselho da Escola Judicial.

§ 2º O mandato dos membros da Comissão de Vitaliciamento coincidirá com o mandato dos desembargadores integrantes da administração do Tribunal Regional do Trabalho.

Art. 3º O procedimento de vitaliciamento, sob a condução e responsabilidade do desembargador corregedor regional, será iniciado a partir do exercício na magistratura.

Parágrafo único. A corregedoria regional, para esse fim, formará autos de procedimento administrativo individualizado referente a cada juiz.

Art. 4º Constituem requisitos para o vitaliciamento:

I – a frequência e o aproveitamento no Curso de Formação Inicial, Módulo Nacional, ministrado pela Escola Nacional de Formação e Aperfeiçoamento de Magistrados do Trabalho – ENAMAT;

II – a frequência e o aproveitamento no Curso de Formação Inicial, Módulo Regional, ministrado por Escola Judicial;

III – a permanência, no mínimo, de sessenta dias à disposição da Escola Judicial, com aulas teórico-práticas intercaladas e integradas com prática jurisdicional;

IV – a submissão à carga semestral e anual de horas-aula de atividades de formação inicial nacionalmente definida pela ENAMAT, conjugadas com aulas teóricas e práticas, sob a supervisão da Escola Judicial.

Art. 5º Compete ao desembargador corregedor regional avaliar permanentemente o juiz vitaliciando com relação ao desempenho, à idoneidade moral e à adaptação para o exercício do cargo.

Parágrafo único. A avaliação de desempenho será realizada mediante a análise dos dados colhidos pela secretaria da corregedoria regional, cabendo ao desembargador corregedor regional determinar as providências necessárias junto aos diversos setores do tribunal para instrução do expediente.

Art. 6º O desembargador do trabalho corregedor regional e o diretor da Escola Judicial avaliarão o desempenho do juiz vitaliciando, com fundamento em critérios objetivos de caráter qualitativo e quantitativo do trabalho desenvolvido.

§ 1º O diretor da Escola Judicial avaliará:

I – o cumprimento dos requisitos constantes do art. 4º deste Ato Conjunto;

II – a frequência e/ou o aproveitamento nos demais cursos de que participou o magistrado para aperfeiçoamento profissional;

III – a estrutura lógico-jurídica dos pronunciamentos decisórios emitidos.

§ 2º O desembargador corregedor regional avaliará, como critério qualitativo:

I – a presteza e a segurança no exercício da função jurisdicional;

II – a solução de correições parciais e pedidos de providências contra o magistrado;

III – os elogios recebidos e as penalidades sofridas.

§ 3º *(Revogado pelo Ato GCGJT 1/2017).*

§ 4º O desembargador corregedor regional avaliará, como critério quantitativo, com base nos dados estatísticos referentes à produtividade:

I – o número de audiências presididas pelo juiz em cada mês, bem como o daquelas a que não compareceu sem causa justificada;

II – o prazo médio para julgamento de processos depois de encerrada a audiência de instrução;

III – o número de sentenças proferidas em cada mês;

IV – o número de decisões em liquidação de sentença que não sejam meramente homologatórias de cálculo e o número de decisões proferidas em embargos à execução, embargos à arrematação, embargos de terceiro e embargos à adjudicação;

V – o uso efetivo e constante dos Sistemas BACEN JUD, INFOJUD e RENAJUD e de outras ferramentas tecnológicas que vierem a ser disponibilizadas pelo tribunal.

§ 5º Os prazos para a prática de atos decisórios estarão suspensos nos períodos em que os magistrados estiverem em atividades presenciais de Formação Inicial, Continuada ou de Formadores a cargo da ENAMAT ou das Escolas Judiciais.

Art. 7º No momento em que o juiz do trabalho substituto completar um ano e seis meses de exercício da magistratura, incumbe ao desembargador corregedor regional e ao desembargador diretor da Escola Judicial do Tribunal Regional do Trabalho emitir pareceres, no prazo comum de sessenta dias, sobre o vitaliciamento, submetendo-os prontamente à apreciação do Pleno ou do Órgão Especial do tribunal.

Parágrafo único. Faculta-se ao desembargador corregedor regional e ao desembargador diretor da Escola Judicial a emissão conjunta do parecer a que se refere o *caput* deste parágrafo.

Art. 8º O tribunal, antes de o juiz do trabalho substituto completar dois anos de exercício, deliberará sobre o vitaliciamento.

Art. 9º A Comissão de Vitaliciamento poderá solicitar:

I – por iniciativa própria ou a requerimento de qualquer dos desembargadores do Tribunal Regional do Trabalho, informações sobre juiz vitaliciando à Ordem dos Advogados do Brasil, ao Ministério Público e a outros órgãos ou entidades correlatas;

II – à Escola Judicial a formação de quadro de juízes orientadores, composto por magistrados ativos que contem com tempo de judicatura na Região não inferior a 5 (cinco) anos e que demonstrem aptidão para a formação e o acompanhamento dos juízes vitaliciandos.

§ 1º Está impedido de atuar como juiz orientador o magistrado que for cônjuge, companheiro, parente consanguíneo ou afim, em linha reta ou colateral, até o 3.º grau, amigo íntimo ou inimigo do juiz vitaliciando.

§ 2º Ao juiz orientador, sem prejuízo de outras atribuições que lhe forem delegadas, compete:

I – acompanhar e orientar o juiz vitaliciando;

II – propor à Escola Judicial a realização de atividades formativas para aprimoramento do juiz em processo de vitaliciamento, se identificadas eventuais dificuldades no exercício da judicatura.

Art. 10. O juiz do trabalho substituto deverá encaminhar à Comissão de Vitaliciamento, trimestralmente, relatório circunstanciado em que descreva o método de trabalho funcional adotado e a unidade judiciária de sua atuação.

Art. 11. A secretaria da corregedoria regional prestará apoio administrativo à Comissão de Vitaliciamento, mantendo, para isso, assentamentos individuais em que serão reunidas as informações relativas aos juízes vitaliciandos.

Art. 12. O afastamento do juiz vitaliciando do efetivo exercício de suas atividades funcionais por mais de noventa dias implicará a prorrogação, por igual período, do processo de vitaliciamento.

Art. 13. Aos juízes em vitaliciamento será assegurada vista dos relatórios elaborados pela Comissão de Vitaliciamento e das demais informações constantes de seu processo de vitaliciedade, sendo-lhes garantido o prazo de 10 (dez) dias para manifestação.

Art. 14. Caso o Tribunal Regional do Trabalho não promova a instauração do processo de vitaliciamento antes de encerrado o período de avaliação, o juiz vitaliciando será considerado vitalício, sem prejuízo da abertura e prosseguimento de eventual processo administrativo disciplinar, para apuração de fatos relevantes e graves que lhe hajam sido imputados, preservando-se o direito ao contraditório e à ampla defesa.

Art. 15. Devidamente instruído o processo de vitaliciamento, será ele incluído, para deliberação, na data da primeira sessão subsequente do Pleno ou do Órgão Especial do Tribunal Regional do Trabalho.

Art. 16. A declaração de vitaliciamento do magistrado pelo Pleno ou Órgão Especial do Tribunal Regional do Trabalho possui efeitos imediatos, concomitantes à implementação dos 2 (dois) anos de exercício no cargo, afastada qualquer graduação entre os juízes que adquirirem essa prerrogativa.

Seção II
Local de Residência do Juiz

Art. 17. O juiz titular residirá na sede em que se encontra instalada a vara do trabalho, salvo autorização do Tribunal.

Art. 18. Os tribunais regionais do trabalho, em casos excepcionais, poderão conceder aos magistrados autorização para fixar residência fora da sede da vara do trabalho, desde que não haja prejuízo à efetiva prestação jurisdicional.

Parágrafo único. As autorizações serão concedidas caso a caso.

Art. 19. Os tribunais regionais do trabalho disciplinarão os critérios objetivos de autorização, em caráter excepcional, para que o juiz titular resida fora da sede da respectiva vara (Resolução 37/2007 do CNJ), contemplando os seguintes requisitos mínimos:

I – cumprimento dos prazos legais;

II – assiduidade do magistrado, compatível com o movimento processual da vara do trabalho, estando à disposição das partes e advogados ou realizando audiências por, pelo menos, três dias úteis na semana, determinando, ainda, sejam afixadas nas Secretarias dos órgãos judicantes as datas em que os magistrados prestarão atendimento nas varas, bem assim aquelas em que se encontrarão fora da sede do juízo, mas no exercício de suas respectivas funções.

Seção III
Impedimentos e suspeições

Art. 20. Se o juiz de 1º grau não reconhecer o impedimento ou a suspeição alegada, será aplicado o procedimento previsto no art. 146 do Código de Processo Civil, exceto, quanto a este último, na parte relativa à condenação às custas ao magistrado.

§ 1º Nas Unidades Judiciárias que contam com a designação permanente de mais de um magistrado, caso seja reconhecido o impedimento ou a suspeição de um deles, os autos do processo deverão ser encaminhados imediatamente a um dos demais em condições de atuar no feito, para dar-lhe prosseguimento, no prazo máximo de 10 (dez) dias.

- Primitivo parágrafo único renumerado pelo Ato 23/2018 (*DJE-TST* 07.12.2018).

§ 2º Não havendo mais de um magistrado atuando na Unidade por ocasião do reconhecimento do impedimento ou da suspeição, ou na hipótese de todos encontrarem-se inaptos para atuar no feito, será designado qualquer outro magistrado, segundo juízo de conveniência da Administração do Tribunal, observados os critérios de impessoalidade, alternância e aleatoriedade na designação, que deverá recair, preferencialmente, sobre aqueles que atuarem na própria sede do Juízo a que pertence o processo, ou em localidade contígua.

- § 2º acrescentado pelo Ato 23/2018 (*DJE-TST* 07.12.2018).

Art. 21. Na hipótese de impedimento ou suspeição de desembargador do trabalho, contemporânea ao julgamento do processo, este será mantido em pauta com a convocação de outro desembargador para compor o *quorum* do julgamento.

Seção IV
Dever de Comunicação à OAB de Incompatibilidade ou Impedimento ao Exercício da Advocacia

Art. 22. O magistrado que tiver conhecimento de incompatibilidade ou impedimento para o exercício da advocacia, nos termos dos arts. 27 a 30 da Lei 8.906/1994, comunicará à Ordem dos Advogados do Brasil – OAB.

Parágrafo único. A comunicação será limitada à descrição dos fatos ensejadores da incompatibilidade ou do impedimento, sendo vedado ao magistrado externar sobre eles juízo de valor.

Capítulo II
Corregedor Regional

Seção I
Deveres e Vedações

Art. 23. É dever do desembargador corregedor regional:

I – realizar correição ordinária anual presencial nas varas do trabalho e demais unidades judiciárias da região, sem prejuízo de correição extraordinária;

II – apurar e controlar a regularidade na utilização do Sistema BACEN JUD pelos juízes titulares de vara do trabalho e substitutos, em especial nas correições ordinárias, verificando se há casos em que, injustificadamente, o magistrado não emitiu ordem eletrônica de transferência de valores bloqueados ou de desbloqueio em tempo razoável, cumprindo-lhe adotar, se for o caso, as providências administrativas para orientação dos juízes e coibição de irregularidades detectadas;

III – promover a apuração de responsabilidade funcional de juízes de vara do trabalho da região, titulares e substitutos, em caso de infração disciplinar, observadas as disposições normativas a respeito;

IV – velar pela observância dos prazos para prolação de sentença.

Parágrafo único. Somente deverá ser deflagrada a abertura de procedimento administrativo para verificação de descumprimento do prazo de lei para a prolação de sentenças ou decisões interlocutórias pelos juízes de 1º grau quando excedido em mais de 60 (sessenta) dias corridos o lapso temporal a que se referem os incisos II e III do art. 226 do Código de Processo Civil.

- Parágrafo único com redação determinada pelo Ato GCGJT 16/2017.

Art. 24. É lícito aos presidentes, vice-presidentes e corregedores dos tribunais regionais do trabalho procederem à convocação de juízes de 1º grau em auxílio às atribuições inerentes à Presidência, à Vice-Presidência e à Corregedoria Regional (Resolução 72/2009 do CNJ).

Parágrafo único. É dado, também, ao presidente do tribunal convocar um juiz auxiliar para atuação exclusiva na gestão e supervisão dos procedimentos relacionados aos precatórios e requisições de pequeno valor (Resolução 72/2009 do CNJ).

Art. 25. É vedado ao desembargador corregedor regional:

I – convocar juiz titular de vara do trabalho ou juiz do trabalho substituto para auxiliar nas correições;

II – permitir que magistrado de 1º grau, estranho à vara do trabalho sob correição, acompanhe a atividade correicional ou manipule processos em trâmite na vara corrigenda;

III – delegar atribuições instrutórias a juiz auxiliar da Corregedoria, em procedimento, de qualquer natureza, instaurado contra magistrado de 1º grau.

Seção II
Correições Ordinárias nas Varas do Trabalho

Art. 26. Por ocasião da correição ordinária anual em cada vara do trabalho, são aspectos de exame e registro obrigatório em ata:

I – a averiguação da existência de pronunciamento explícito sobre a admissibilidade dos recursos ordinários e agravos de petição interpostos, não se reputando atendida a exigência em caso de despacho nos quais haja referência às locuções "Processe-se o recurso, na forma da lei" ou "Admito o recurso, na forma da lei";

II – a assiduidade na vara do trabalho do juiz titular ou substituto;

III – a quantidade de dias da semana em que se realizam audiências;

IV – os principais prazos da vara do trabalho (inicial, instrução e julgamento) e o número de processos aguardando sentença na fase de conhecimento e incidentais à fase de execução;

V – a análise de processos, por amostragem, na fase de execução, em especial para averiguar-se:

a) o exaurimento das iniciativas do juiz objetivando tornar exitosa a execução mediante a utilização do BACEN JUD, INFOJUD, RENAJUD, SIMBA – Sistema de Investigação de Movimentações Bancárias e a aplicação subsidiária dos arts. 772 a 777 do CPC;

b) o registro, no sistema informatizado, de todos os atos processuais relevantes praticados, mormente liquidação de sentença, quitação, oposição de embargos e data de conclusão ao juiz para sentença em processos incidentais;

c) a fiscalização do uso regular dos sistemas BACEN JUD e INFOJUD;

d) se o juiz, imediatamente após a liquidação da sentença, em que se apure crédito de valor inequivocamente superior ao do depósito recursal, haja ordenado a pronta liberação deste em favor do credor, de ofício ou a seu requerimento;

e) se há inclusão em pauta de processos na fase de execução;

f) se há registro fidedigno, no sistema informatizado, dos atos processuais praticados;

g) se foi determinada pelo juiz a citação do sócio em caso de desconsideração da personalidade jurídica da empresa executada, por meio de decisão fundamentada, para que, no prazo de 48 (quarenta e oito) horas, indique bens da sociedade (art. 795 do CPC) ou, não os havendo, garanta a execução, sob pena de penhora, com o fim de habilitá-lo à via dos embargos à execução para imprimir, inclusive, discussão sobre a existência da sua responsabilidade executiva secundária.

Capítulo III
Ministério Público do Trabalho

Art. 27. Os membros do Ministério Público do Trabalho serão cientificados pessoalmente das decisões proferidas pela Justiça do Trabalho nas causas em que o órgão haja atuado como parte ou como fiscal da lei.

Parágrafo único. As intimações serão pessoais, mediante o envio dos autos às respectivas sedes das procuradorias regionais do trabalho, ou da forma como for ajustado entre o Presidente do Tribunal e o Procurador-Chefe Regional.

Art. 28. Às Procuradorias Regionais do Trabalho serão enviados processos para parecer nas seguintes hipóteses:

I – obrigatoriamente, quando for parte pessoa jurídica de direito público, Estado estrangeiro ou organismo internacional;

II – facultativamente, e de forma seletiva, por iniciativa do relator, quando a matéria, por sua relevância, recomendar a prévia manifestação do Ministério Público;

III – por iniciativa do Ministério Público do Trabalho, quando este reputar presente interesse público que justifique a sua intervenção;

IV – por determinação legal, os mandados de segurança, de competência originária ou em grau recursal, as ações civis coletivas, os dissídios coletivos, caso não haja sido emitido parecer na instrução, e os processos em que forem parte indígena ou respectivas comunidades e organizações.

Parágrafo único. Os processos nos quais figure como parte pessoa jurídica de direito público, Estado estrangeiro ou organismo internacional serão encaminhados às Procuradorias Regionais do Trabalho imediatamente após os registros de autuação, salvo se houver necessidade de pronta manifestação do desembargador do trabalho relator.

Art. 29. É permitida a presença dos membros do Ministério Público do Trabalho em sessão convertida em conselho pelos Tribunais Regionais do Trabalho.

Art. 30. Será assegurado aos membros do Ministério Público do Trabalho assento à direita da presidência no julgamento de qualquer processo, judicial ou administrativo, em curso perante Tribunais Regionais do Trabalho.

Parágrafo único. Igual prerrogativa será assegurada nas audiências das varas do trabalho a que comparecer o membro do Ministério Público do Trabalho, na condição de parte ou na de fiscal da lei, desde que haja disponibilidade de espaço ou possibilidade de adaptação das unidades judiciárias (Resolução 7/2005 do CSJT).

Capítulo IV
Normas Procedimentais do Processo

Seção I
Autuação

Art. 31. Constarão dos registros de autuação dos processos judiciais da Justiça do Trabalho de 1º e 2º graus os seguintes dados, exceto se a informação não estiver disponível nos autos ou nos sistemas informatizados do tribunal:

I – Cadastro geral do processo:

a) classe do processo;

b) número do processo, na forma instituída pelas disposições normativas vigentes;

c) data de autuação;

d) número do processo de referência, se houver;

e) assuntos;

f) valor da causa;

g) tribunal regional do trabalho de origem;

h) vara do trabalho de origem;

i) comarca de origem;

j) quantidade de volumes, se for o caso;

l) quantidade de apensos, se for o caso;

m) quantidade de volume de documentos, se for o caso;

n) data de ajuizamento da ação;

o) data de envio do processo;

p) segredo de justiça, menor, falência, idoso, portador de doença grave, deficiente físico, procedimento sumaríssimo, Resolução Administrativa 874/2002 do TST e acidente de trabalho.

II – Registro das partes:

a) nome completo e endereço;

b) RG (e órgão expedidor);

c) CNPJ ou CPF;

d) CEI (número da matrícula do empregador pessoa física perante o INSS);

e) NIT (número de inscrição do trabalhador perante o INSS);

f) PIS ou PASEP;

g) CTPS;

h) pessoa física ou pessoa jurídica;

i) empregado ou empregador;

j) ente público (União/estado-membro/Distrito Federal/município);

l) código do ramo de atividade do empregador;

m) situação das partes no processo (ativa/não ativa).

III – Registro de advogados e estagiários:

a) nome completo;

b) endereço;

c) número de registro na OAB, letra, unidade da federação;

d) situação no processo (ativo/não ativo, registro suspenso, data de início da suspensão, data do término da suspensão, registro cassado).

IV – Cadastro relativo às partes e advogados:

a) endereço;

b) complemento (sala, bloco, apartamento etc.);

c) bairro;

d) cidade;

e) unidade da federação;

f) CEP;

g) telefone;

h) fac-símile;

i) correio eletrônico.

Parágrafo único. Os códigos das atividades econômicas constam do Anexo I e os dados contidos nos incs. I, II, III e IV do *caput* deste artigo bem como o tamanho dos campos correspondentes constam do Anexo II, ambos desta Consolidação.

Art. 32. Os tribunais regionais do trabalho e as varas do trabalho manterão em suas bases de dados o histórico relativo aos registros das partes e advogados, sendo obrigatório o envio dessas informações ao órgão de destino do processo.

Parágrafo único. A transferência de dados entre os órgãos da Justiça do Trabalho ocorrerá em meio digital, obedecendo aos critérios definidos pela Corregedoria-Geral da Justiça do Trabalho.

Subseção I
Numeração Única

Art. 33. Os processos judiciais receberão numeração única, na forma das disposições normativas vigentes, vedando-se o registro e a publicidade de número diverso.

Subseção II
Tabelas Processuais Unificadas

Art. 34. O registro de classes, movimentos e assuntos observará as tabelas processuais unificadas aprovadas pelo CNJ e pela Corregedoria-Geral da Justiça do Trabalho.

Parágrafo único. As tabelas unificadas serão disponibilizadas aos tribunais regionais do trabalho e às varas do trabalho, pela Corregedoria-Geral da Justiça do Trabalho, na página do Tribunal Superior do Trabalho na Internet.

Art. 35. É vedada a utilização de classes processuais não aprovadas pelo CNJ.

Art. 36. Na ausência de classe processual específica na respectiva tabela unificada, o processo será classificado pelo gênero da ação, quando possível, caso em que cópia da petição inicial será imediatamente remetida ao Grupo Gestor Regional das Tabelas Processuais Unificadas, para exame da necessidade de se criar nova classe processual.

Parágrafo único. O Grupo Gestor Regional, na hipótese de emitir parecer favorável, encaminhará ao Grupo Gestor Nacional a proposta de criação da nova classe processual.

Art. 37. Os tribunais regionais do trabalho, por intermédio dos respectivos Grupos Gestores Regionais, poderão propor ao Grupo Gestor Nacional o aperfeiçoamento das Tabelas Processuais Unificadas.

§ 1º A proposta de aperfeiçoamento a ser enviada ao Grupo Gestor Nacional deverá ser acompanhada de parecer favorável do Grupo Gestor Regional, fundamentando a necessidade da inclusão, exclusão ou alteração de itens das tabelas.

§ 2º A proposta de alteração da tabela de classes processuais, aprovada pelo Grupo Gestor Nacional da Justiça do Trabalho, será encaminhada ao Comitê Gestor Nacional do CNJ.

Subseção III
Registro do Nome das Partes e Advogados

Art. 38. No registro do nome de partes e advogados, serão observados os seguintes padrões:

I – o cadastramento de partes no processo deverá ser realizado, prioritariamente, pelo nome ou razão social constante do cadastro de pessoas físicas ou jurídicas perante a Secretaria da Receita Federal do Brasil, mediante alimentação automática, observados os convênios e condições tecnológicas disponíveis, vedado o uso dos tipos itálico e negrito;

II – as abreviaturas de palavras são vedadas, salvo se impossível identificar sua escrita completa ou fizerem parte do nome fantasia ou da razão social do empregador;

III – as seguintes siglas serão adotadas como padrão: S.A., Ltda., S/C, Cia. e ME;

IV – as siglas que não fazem parte da razão social serão grafadas após o nome da empresa, em letras maiúsculas e precedidas de hífen;

V – os registros complementares ao nome da parte serão grafados da seguinte forma, exemplificativamente: José da Silva (Espólio de), União (Extinto INAMPS), Banco do Estado do Rio de Janeiro S.A. – BANERJ (em Liquidação Extrajudicial), José da Silva e Outro;

VI – na grafia do nome de autoridades, não se utilizará pronome de tratamento.

Art. 39. O nome do sócio constará da autuação do processo sempre que incluído pelo juiz no polo passivo da execução.

Subseção IV
Identificação das Partes

Art. 40. O juiz zelará pela precisa identificação das partes no processo, a fim de propiciar o cumprimento das obrigações fiscais e previdenciárias, o levantamento dos depósitos de FGTS, o bloqueio eletrônico de numerário em instituições financeiras e o preenchimento da guia de depósito judicial trabalhista.

Art. 41. Salvo impossibilidade que comprometa o acesso à justiça, o juiz do trabalho determinará às partes a apresentação das seguintes informações:

a) no caso de pessoa física, o número da CTPS, RG e órgão expedidor, CPF e PIS/PASEP ou NIT (Número de Inscrição do Trabalhador);

b) no caso de pessoa jurídica, o número do CNPJ e do CEI (Cadastro Específico do INSS), bem como cópia do contrato social ou da última alteração feita no contrato original, constando o número do CPF do(s) proprietário(s) e do(s) sócio(s) da empresa demandada.

Parágrafo único. Não sendo possível obter das partes o número do PIS/PASEP ou do NIT, no caso de trabalhador, e o número da matrícula no Cadastro Específico do INSS – CEI, relativamente ao empregador pessoa física, o juiz determinará à parte que forneça o número da CTPS, a data de seu nascimento e o nome da genitora.

Art. 42. À parte será assegurado prazo para apresentar as informações, sem prejuízo da continuidade da audiência.

Subseção V
Tramitação Preferencial

Art. 43. Os tribunais regionais do trabalho e as varas do trabalho, nos processos com tramitação preferencial, registrarão, na capa dos autos, em letras destacadas, os seguintes dizeres, conforme o caso:

a) "TRAMITAÇÃO PREFERENCIAL – Lei 12.008/2009";

b) "TRAMITAÇÃO PREFERENCIAL – Recuperação Judicial ou Falência";

c) "TRAMITAÇÃO PREFERENCIAL – Rito Sumaríssimo";

d) "TRAMITAÇÃO PREFERENCIAL – Resolução Administrativa 874/2002 do TST";

e) "TRAMITAÇÃO PREFERENCIAL – Acidente de Trabalho" (Recomendação Conjunta 1/GP.CGJT, de 3 de maio de 2011).

Subseção VI
Segredo de justiça

Art. 44. Os processos protegidos pelo segredo de justiça receberão na capa dos autos a seguinte identificação: «SEGREDO DE JUSTIÇA».

Parágrafo único. A informação de que o processo está protegido pelo segredo de justiça constará, também, dos sistemas informatizados de acompanhamento processual das varas do trabalho e do tribunal.

Seção II
Procedimentos em Autos Físicos

Subseção I
Juntada de Documento de Tamanho Irregular

Art. 45. Para que todas as folhas dos autos do processo apresentem a mesma dimensão, os documentos de tamanho irregular serão previamente afixados em folha de papel proporcional aos autos.

Subseção II
Numeração das Folhas

Art. 46. As folhas serão numeradas em sequência, vedando-se a prática de repetir o número da folha anterior acrescido de letra do alfabeto.

Subseção III
Folhas em Branco

Art. 47. As folhas em branco de autos do processo serão inutilizadas mediante o registro dos dizeres "EM BRANCO", provendo- se a identificação do serventuário que o tiver lançado.

Subseção IV
Abertura de Novos Volumes

Art. 48. Sempre que os autos do processo atingirem cerca de 200 (duzentas) folhas, será aberto novo volume.

Parágrafo único. Na abertura do novo volume, não haverá desmembramento de petição nem de atos processuais.

Art. 49. A capa do volume de autos do processo não será numerada, iniciando-se a numeração das folhas do volume recém-aberto a partir da última folha do volume imediatamente anterior.

Subseção V
Autenticação de Cópias de Peças

Art. 50. As fotocópias de acórdãos expedidas pelos serviços competentes dos tribunais regionais do trabalho conterão a indispensável autenticação.

§ 1º Autenticada a cópia, a fotocópia que se extrair dessa peça também deverá estar autenticada.

§ 2º As cópias reprográficas, xerográficas e similares de peças processuais poderão ser autenticadas por chancela mecânica, indicativa do órgão emitente, servidor responsável, cargo e data, sendo desnecessária a existência de rubrica nas referidas peças processuais.

Art. 51. O documento em cópia oferecido para prova poderá ser declarado autêntico pelo patrono da parte, sob sua responsabilidade pessoal, na forma do art. 830 da CLT.

Art. 52. Os tribunais regionais do trabalho disponibilizarão em local de destaque, nos respectivos sítios na rede mundial de computadores, acesso à consulta pública do *PJe-JT*, para verificar a autenticidade de documentos extraídos dos autos digitais, na forma expressa na Resolução 136/2014 do CSJT.

Subseção VI
Da Distribuição

Art. 53. Devem os tribunais regionais do trabalho desenvolver esforços no sentido de proceder à distribuição imediata dos processos no 1º e no 2º graus de jurisdição.

Parágrafo único. É vedada a suspensão e a limitação da distribuição dos feitos no âmbito dos tribunais regionais do trabalho.

Subseção VII
Carga dos Autos – Prazo Comum

Art. 54. Os autos dos processos que não tramitem em segredo de justiça poderão ser confiados em carga temporária de até 45 (quarenta e cinco) minutos a advogado, mesmo sem procuração, para exame e obtenção de cópias, mediante exibição de documento de identificação profissional e registro no livro de carga (art. 7º, inc. XIII, da Lei 8.906/94).

Parágrafo único. Idêntica providência poderá ser adotada em favor de advogado regularmente constituído nos autos, no caso de prazo comum.

Subseção VIII
Aposição de Assinatura e Rubrica

Art. 55. A assinatura e rubrica apostas nas decisões, termos, despachos, atos e documentos judiciais de autos físicos serão seguidas da repetição completa do nome do signatário e da indicação do respectivo cargo ou função.

Seção III
Notificação de Entes Públicos, Estado Estrangeiro ou Organismo Internacional

Art. 56. As secretarias das varas do trabalho velarão para que nas ações ajuizadas em desfavor de entes públicos (Decreto-lei 779/69), inclusive Estado estrangeiro ou organismo internacional, observe-se lapso temporal para preparação da defesa de, no mínimo, 20 (vinte) dias entre o recebimento da notificação citatória e a realização da audiência.

Seção IV
Audiências – Normas Procedimentais no Dissídio Individual

Art. 57. Constarão da ata ou termo de audiência:

I – o motivo determinante do adiamento da audiência na vara do trabalho, inclusive daquele requerido de comum acordo pelas partes;

II – o registro da outorga, pela parte, em audiência, de poderes de representação ao advogado que a esteja acompanhando.

Parágrafo único. As secretarias dos tribunais regionais do trabalho e das varas do trabalho, quando solicitadas, fornecerão às partes certidão da outorga de procuração *apud acta*.

Seção V
Prova Pericial

Art. 58. Aplica-se à prova pericial o disposto no art. 464, § 1º, incs. I a III, do CPC (art. 769 da CLT).

Parágrafo único. Sempre que ordenada a realização de perícia, o diretor de secretaria registrará o respectivo objeto no sistema.

Art. 59. Em caso de concessão do benefício da justiça gratuita, os honorários periciais a cargo do reclamante sucumbente arbitrados pelo juiz poderão ser suportados por recursos do orçamento dos tribunais regionais do trabalho, nos limites e condições estabelecidos nas normas regulamentares vigentes.

Seção VI
Anotação na Carteira de Trabalho e Previdência Social

Art. 60. Na falta de registros obrigatórios na Carteira de Trabalho e Previdência Social do empregado ou nos casos de retificação de dados, o juiz determinará à secretaria da vara do trabalho, na sentença ou no termo de homologação de acordo, que proceda às anotações ausentes.

Art. 61. Na hipótese de anotação de verba com repercussão no cálculo da contribuição previdenciária, a vara do trabalho comunicará o fato à Secretaria da Receita Federal do Brasil, no prazo de 48 (quarenta e oito) horas, mediante o preenchimento do formulário constante do Anexo III desta Consolidação.

Parágrafo único. Em caso de anotação decorrente de sentença judicial, a comunicação será feita apenas após o trânsito em julgado da decisão.

Seção VII
Termos e Certidões

Art. 62. Constarão dos termos e certidões a data e a assinatura do servidor que os tenha firmado.

Art. 63. Constarão da certidão de julgamento em 2º grau de jurisdição:

I – número do processo;

II – nome das partes e dos advogados que sustentaram oralmente;

III – nome do desembargador do trabalho que presidiu a sessão;

IV – nome do relator e do revisor, se for o caso, e dos desembargadores do trabalho que participaram da sessão;

V – situação do juiz, desde que convocado, apontando-se o dispositivo da Lei Orgânica da Magistratura Nacional que autorizou a convocação;

VI – nome do representante do Ministério Público do Trabalho presente à sessão;

VII – conclusão do julgamento, com a indicação dos votos vencidos, se houver;

VIII – registro da suspensão do julgamento em decorrência de pedido de vista regimental e dos votos já proferidos em sessão;

IX – designação do redator do acórdão, se for o caso;

X – impedimentos e suspeições declarados pelos desembargadores do trabalho;

XI – data da realização da sessão.

Seção VIII
Normas Procedimentais no Dissídio Coletivo

Subseção I
Lavratura de Acórdão

Art. 64. No dissídio coletivo, constará do acórdão o inteiro teor das cláusulas deferidas, bem como os fundamentos do deferimento ou indeferimento.

Parágrafo único. Modificada a redação da cláusula pelo Tribunal, o novo texto constará do acórdão.

Art. 65. A certidão de julgamento será publicada de imediato, independentemente da redação da ata final dos trabalhos e da lavratura do acórdão.

Art. 66. Do acórdão constará o valor das custas processuais.

Subseção II
Cláusulas Conciliadas – Remissão à Norma Anterior

Art. 67. Na hipótese de acordo submetido à homologação do tribunal em que conste apenas remissão a normas anteriores, o relator ordenará às partes que explicitem o teor das cláusulas conciliadas.

Seção IX
Custas Processuais

Art. 68. Constará das decisões proferidas pela Justiça do Trabalho de 1º e 2º graus de jurisdição, nos dissídios individuais, o valor das custas processuais, a ser calculado, no caso de improcedência da reclamação, sobre o valor dado à causa, e, no caso de procedência sobre o valor arbitrado à condenação, a cargo do reclamante ou do reclamado, dependendo de quem tenha sucumbido na ação.

§ 1º A isenção quanto ao pagamento de custas não exime o magistrado de fixar na decisão o respectivo valor.

§ 2º Nos acordos, o rateio das custas processuais será proporcional entre as partes, se de outra forma não for convencionado.

Art. 69. Nos dissídios coletivos, as partes vencidas responderão solidariamente pelo pagamento das custas.

Art. 70. Nos dissídios coletivos de natureza econômica em que for instituída norma ou condição de trabalho em favor da categoria profissional, o pagamento integral das custas processuais caberá à empresa ou à entidade sindical patronal que integrou a relação processual.

Seção X
Depósito Judicial Trabalhista – Guias

Art. 71. As guias de depósito judicial para pagamentos, garantia de execução, encargos processuais, levantamento de valores e depósitos recursais seguirão o modelo único padrão estabelecido na Instrução Normativa 36 do Tribunal Superior do Trabalho, ou outra que venha a substituí-la.

- *Caput* com redação determinada pelo Ato GCGJT 13/2017.

§ 1º Os valores relativos à atualização dos créditos exequendos serão recolhidos por meio da guia de depósito judicial.

§ 2º As guias de depósito judicial baixadas da Internet serão impressas em papel tamanho A4 com orientação no modo paisagem.

Art. 72. As vias destinadas ao alvará deverão ser preenchidas após a autorização judicial para o levantamento do depósito realizado.

§ 1º O juiz deverá dar ciência ao devedor-executado ou ao seu sucessor da decisão ou despacho que autorizar a liberação total ou parcial do depósito judicial a favor da parte vencedora.

§ 2º A decisão ou despacho que autorizar o levantamento, total ou parcial, do depósito judicial, deverá também autorizar o recolhimento, pela fonte pagadora, dos valores apurados a título de imposto de renda, de responsabilidade da parte vencedora, a serem deduzidos do seu crédito, destinados ao recolhimento na forma da lei.

Seção XI
Recurso de Revista

Art. 73. As decisões de admissibilidade do recurso de revista contemplarão a identificação da especificidade ou da inespecificidade dos arestos paradigmas e/ou a vulneração de dispositivo de lei e/ou da Constituição da República, em atenção aos lindes do juízo de prelibação dos recursos, delineados no art. 896, § 1º, da CLT, tudo de tal modo que elas não se mostrem excessivamente concisas nem excessivamente elásticas.

Art. 74. Para efeito de intimação das decisões de admissibilidade dos recursos de revista, basta sua divulgação no órgão oficial.

Art. 75. Ao presidente do tribunal regional do trabalho caberá avaliar a conveniência e a oportunidade de implantação de juízo conciliatório em recurso de revista.

Seção XII
Execução

Subseção I
Normas Procedimentais na Fase de Execução

Art. 76. Cabe ao juiz na fase de execução:

I – ordenar a pronta liberação do depósito recursal, em favor do reclamante, de ofício ou a requerimento do interessado, após o trânsito em julgado da sentença condenatória, desde que o valor do crédito trabalhista seja inequivocamente superior ao do depósito recursal, prosseguindo a execução depois pela diferença;

II – promover a realização semanal de audiências de conciliação em processos na fase de execução, independentemente de requerimento das partes, selecionando-se aqueles com maior possibilidade de êxito na composição;

III – determinar a revisão periódica dos processos em execução que se encontrem em arquivo provisório, com a execução suspensa, a fim de renovar providências coercitivas, por meio da utilização dos Sistemas BACEN JUD, INFOJUD, RENAJUD e SIMBA, valendo-se, se for o caso, da aplicação subsidiária dos arts. 772 a 777 do CPC;

Art. 77. Exauridas em vão as referidas medidas coercitivas, ultimadas de ofício pelo magistrado, a remessa ao arquivo provisório de autos de processo em execução será precedida de lavratura de certidão do diretor de secretaria, da qual constará o insucesso dessas medidas complementares e a inexistência de depósito judicial ou recursal, que deverá ser publicada.

Subseção II
Alienação de Bens

- Rubrica da Subseção II com redação determinada pelo Ato GCGJT 10/2016.

Art. 78. Ao determinar a alienação de bem, deverá o magistrado fazer constar expressamente do edital, além dos requisitos do art. 886 do CPC, a isenção do arrematante/alienante dos créditos tributários relativos a impostos cujo fato gerador seja a propriedade, o domínio útil ou a posse de bens imóveis, e bem assim os relativos a taxas pela prestação de serviços referentes a tais bens, ou a contribuições de melhoria da União, Estados, Municípios e Distrito Federal, salvo quando conste do título a prova de sua quitação, seja em hasta pública ou em alienação particular, estejam ou não inscritos na dívida ativa (art. 130, parágrafo único, do CTN).

- Artigo com redação determinada pelo Ato GCGJT 10/2016.

Subseção III
Semana Nacional da Execução Trabalhista

- Subseção III acrescentada pelo Ato GCGJT 10/2016.

Art. 79. Durante a Semana Nacional da Execução Trabalhista deverão ser realizadas pautas ordinárias de audiência, exclusivamente formadas por autos em fase de execução, liquidados e que não foram voluntariamente pagos após a citação do artigo 880 da CLT, ficando suspensa a contagem do prazo médio de tramitação dos processos em fase de conhecimento.

- Artigo com redação determinada pelo Ato GCGJT 10/2016.

Parágrafo único. Infrutífera a conciliação, além das providências coercitivas previstas no art. 76, III, o juiz, caso necessário, expedirá mandado para protesto extrajudicial, em cartório, do título executivo não quitado.

Subseção IV
Normas Procedimentais Referentes à Execução Contra Empresas em Recuperação Judicial

- Primitiva Subseção III renumerada por força do art. 2º do Ato GCGJT 10/2016.

Art. 80. Deferida a recuperação judicial, caberá ao juiz do trabalho, que entender pela cessação da competência para prosseguimento da execução trabalhista, determinar a expedição de Certidão de Habilitação de Crédito para ser submetida à apreciação do administrador judicial.

Parágrafo único. Da Certidão de Habilitação de Crédito deverá constar:

I – nome do exequente, data da distribuição da reclamação trabalhista, da sentença condenatória e a de seu trânsito em julgado;

II – a especificação dos títulos e valores integrantes da sanção jurídica, das multas, dos encargos fiscais e sociais (imposto de renda e contribuição previdenciária), dos honorários advocatícios e periciais, se houver, e demais despesas processuais;

III – data da decisão homologatória dos cálculos e do seu trânsito em julgado;

IV – o nome do advogado que o exequente tiver constituído, seu endereço, para eventual intimação, e número de telefone a fim de facilitar possível contato direto pelo administrador judicial.

Art. 81. Expedida a Certidão de Habilitação de Crédito, os juízes do trabalho deverão se abster de encaminhar diretamente às secretarias dos juízes de direito ou dos juízes das varas especializadas em recuperações judiciais e falências ou mesmo ao administrador judicial os autos das execuções trabalhistas e/ou Certidões de Créditos Trabalhistas.

Art. 82. Os juízes do trabalho manterão em seus arquivos os autos das execuções trabalhistas que tenham sido suspensas em decorrência do deferimento da recuperação judicial, de modo que, com o seu encerramento ou com o encerramento da quebra em que ela tenha sido convolada (art. 156 e seguintes da Lei 11.101/2005), seja retomado o seu prosseguimento, para cobrança dos créditos que não tenham sido totalmente satisfeitos.

Art. 83. O juiz do trabalho contrário à cessação da competência para prosseguimento da execução trabalhista contra a empresa recuperanda, deverá proferir decisão fundamentada, da qual dará ciência aos juízes de direito das comarcas ou aos juízes das varas especializadas, que tenham deferido o pedido de recuperação judicial, para adoção de medida judicial pertinente.

Art. 84. As disposições desta Subseção não se aplicam no caso de o juiz do trabalho determinar o direcionamento da execução contra sócio ou sócios da empresa, na esteira da teoria da desconsideração da personalidade jurídica, ou determinar o seu direcionamento à empresa que integre grupo econômico do qual faça parte a empresa recuperanda.

Subseção V
Arquivamento Provisório ou Definitivo do Processo de Execução

• Primitiva Subseção IV renumerada por força do art. 2º do Ato GCGJT 10/2016.

Art. 85. O arquivamento provisório do processo de execução, no âmbito da Justiça do Trabalho, por não ter sido localizado o devedor nem encontrados bens penhoráveis, corresponde à suspensão da execução de que tratam os arts. 40 da Lei 6.830/80 e 921, inc. III, do CPC.

Parágrafo único. É assegurado ao credor requerer, nos termos do § 3º do art. 40 da Lei 6.830/80, ou ao juiz o determinar de ofício, na conformidade do artigo 878 da CLT, o desarquivamento do processo com vistas a dar seguimento à execução.

Art. 86. O arquivamento definitivo do processo de execução, no âmbito da Justiça do Trabalho, decorre da declaração, por sentença, da extinção da execução, pela verificação de uma das hipóteses contempladas nos incs. II, III e IV do art. 924 do CPC, por se achar exaurida a prestação jurisdicional.

Subseção VI
Certidão de Crédito Trabalhista

• Primitiva Subseção V renumerada por força do art. 2º do Ato GCGJT 10/2016.

Art. 87. Exauridos em vão os meios de coerção do devedor, deverá ser providenciada a atualização dos dados cadastrais das partes tanto quanto a situação do devedor no Banco Nacional de Devedores Trabalhistas, nos termos da Resolução Administrativa 1.470/2011 do TST, e, em seguida, expedida Certidão de Crédito Trabalhista.

Art. 88. A Certidão de Crédito Trabalhista observará o modelo constante do Anexo V e deverá conter:

I – o nome e o endereço das partes, incluídos eventuais corresponsáveis pelo débito, bem como o número do respectivo processo;

II – o número de inscrição do credor e do devedor no Cadastro de Pessoas Físicas (CPF) e no Cadastro Nacional de Pessoas Jurídicas (CNPJ) da Receita Federal do Brasil;

III – os títulos e os valores integrantes da sanção jurídica, imposta em sentença condenatória transitada em julgado, e os valores dos recolhimentos previdenciários, fiscais, dos honorários, advocatícios e/ou periciais, se houver, das custas e demais despesas processuais;

IV – cópia da decisão exequenda e da decisão homologatória da conta de liquidação, já transitada em julgado, para posterior incidência de juros e atualização monetária.

Art. 89. O credor será comunicado sobre a obrigatoriedade de comparecimento à secretaria da vara do trabalho para, no prazo de 30 (trinta) dias, retirar a Certidão de Crédito Trabalhista e os documentos de seu interesse.

Parágrafo único. A secretaria da vara do trabalho deverá criar arquivo, preferencialmente digital, para manutenção permanente das Certidões de Créditos Trabalhistas originais não entregues aos exequentes e das demais certidões expedidas.

Subseção VII
Conversão de Autos Físicos de Processos de Execução Arquivados Provisoriamente em Certidões de Créditos Trabalhistas

• Primitiva Subseção VI renumerada por força do art. 2º do Ato GCGJT 10/2016.

Art. 90. A localização do devedor ou de bens passíveis de penhora, por meio de requerimento do credor ou por iniciativa do juiz da execução, implicará, a qualquer tempo, o prosseguimento da execução (artigo 40, § 3º, da Lei 6.830/80).

Art. 91. Para prevenir possível colapso organizacional das varas do trabalho, com a manutenção de processos físicos arquivados provisoriamente, o juiz do trabalho procederá a sua convolação em Certidões de Créditos Trabalhistas, preservada a numeração original, com base na qual se dará continuidade à execução.

Parágrafo único. Os autos físicos do processo de execução que não tenham sido arquivados provisoriamente, mas que estejam em via de o serem, expedida a certidão de que trata o art. 78 desta Consolidação, deverão também ser convertidos em Certidões de Créditos Trabalhistas.

Art. 92. Para fins de estatística, haverá, com a conversão de autos físicos arquivados provisoriamente em Certidões de Créditos Trabalhistas, um único processo em execução.

Art. 93. Os autos físicos de processos de execução que tenham sido arquivados provisoriamente ou que estejam prestes a sê-lo, quando reautuados em Certidões de Créditos Trabalhistas, terão movimentação regular, incumbindo ao juiz do trabalho os conduzir a partir das referidas certidões, permitido o encaminhamento dos autos físicos pretéritos a arquivo morto, inclusive para os fins da Lei 7.787/87.

Art. 94. Após a convolação dos autos físicos de processos arquivados provisoriamente em Certidões de Créditos Trabalhistas, as execuções passarão a tramitar com base naquelas certidões, mediante nova autuação, mantida a numeração do processo de execução original.

Parágrafo único. No prosseguimento das execuções, por meio das Certidões de Créditos Trabalhistas, caberá ao juiz do trabalho, de ofício ou a requerimento do exequente, se a tanto ainda for necessário, utilizar periodicamente os Sistemas BACENJUD, RENAJUD e INFOJUD, sem distinção dos créditos dos exequentes e de terceiros, tampouco das despesas processuais, valendo-se da aplicação subsidiária dos arts. 772 a 777 do CPC.

Subseção VIII
BACEN JUD – Bloqueio, Desbloqueio e Transferência de Valores

• Primitiva Subseção VII renumerada por força do art. 2º do Ato GCGJT 10/2016.

Art. 95. Em execução definitiva por quantia certa, se o executado, regularmente citado, não efetuar o pagamento do débito nem garantir a execução, conforme dispõe o art. 880 da CLT, o juiz deverá, de ofício ou a requerimento da parte, emitir ordem judicial de bloqueio mediante o Sistema BACEN JUD, com precedência sobre outras modalidades de constrição judicial.

Art. 96. Relativamente ao Sistema BACEN JUD, cabe ao juiz do trabalho:

I – abster-se de emitir ordem judicial de bloqueio promovida em face de Estado estrangeiro ou organismo internacional;

II – não encaminhar às instituições financeiras, por intermédio de ofício-papel, solicitação de informações e ordens judiciais de bloqueio, desbloqueio e transferência de valores quando for possível a prática do ato por meio do Sistema BACEN JUD;

III – velar diariamente para que, em caso de bloqueio efetivado, haja pronta emissão de ordem de transferência dos valores para uma conta em banco oficial ou emissão de ordem de desbloqueio;

IV – proceder à correta identificação dos executados quando da expedição das ordens de bloqueio de numerário em contas bancárias mediante o Sistema BACEN JUD, informando o registro do número de inscrição no CPF ou CNPJ, a fim de evitar a indevida constrição de valores de titularidade de pessoas físicas ou jurídicas homônimas.

Art. 97. O acesso do juiz ao Sistema BACEN JUD ocorrerá por meio de senhas pessoais e intransferíveis, após o cadastramento realizado pelo gerente setorial de segurança da informação do respectivo tribunal, denominado Máster.

Parágrafo único. As operações de bloqueio, desbloqueio, transferência de valores e solicitação de informações são restritas às senhas dos juízes.

Art. 98. O presidente do tribunal regional do trabalho indicará dois Másteres, no mínimo, ao Banco Central do Brasil.

§ 1º Os Másteres do Sistema manterão atualizados os dados dos juízes cadastrados junto ao Banco Central do Brasil.

§ 2º O descredenciamento de Máster ou de qualquer usuário do Sistema BACEN JUD será imediatamente comunicado, pelo presidente do tribunal regional do trabalho, ao Banco Central do Brasil.

Art. 99. O juiz, ao receber as respostas das instituições financeiras, emitirá ordem judicial eletrônica de transferência do valor da condenação para conta judicial, em estabelecimento oficial de crédito, ou providenciará o desbloqueio do valor.

Parágrafo único. O termo inicial do prazo para oposição de embargos à execução é a data da intimação da parte, pelo juiz, de que se efetivou bloqueio de numerário em sua conta.

Art. 100. É obrigatória a observância pelos juízes das normas sobre o BACEN JUD estabelecidas no regulamento que integra o convênio firmado entre o Banco Central do Brasil e os tribunais do trabalho.

Subseção IX
BACEN JUD – Cadastramento e Conta Única

- Primitiva Subseção VIII renumerada por força do art. 2º do Ato GCGJT 10/2016.

Art. 101. As pessoas físicas e jurídicas poderão requerer, por si ou por seus representantes estatutários, ou mesmo por advogado devidamente constituído, mediante exibição de instrumento de procuração, o cadastramento de conta única apta a acolher bloqueios eletrônicos realizados por meio do sistema BACEN JUD.

Art. 102. O requerimento será efetuado por meio do sistema informatizado Bacen Jud Digital – JT, disponibilizado pela Corregedoria-Geral da Justiça do Trabalho na página do Tribunal Superior do Trabalho na Internet, do qual constará declaração expressa de ciência e concordância do requerente com as normas relativas ao cadastramento de contas previstas na presente Consolidação e na Resolução 61/2008 do CNJ.

- *Caput* com redação determinada pelo art. 1º do Ato GCGJT 6/2017.

§ 1º O requerimento de cadastramento de conta única será instruído com:

I – cópia do cartão do CNPJ ou do CPF;

II – comprovante da conta bancária indicada para acolher o bloqueio, expedido pela instituição financeira, contendo, obrigatoriamente:

a) titularidade (nome da empresa e número do CNPJ ou do CPF);

b) nome do banco;

c) código da agência (com quatro dígitos, sem o dígito verificador);

d) número da conta corrente (com o dígito verificador);

III – contrato social do qual constem os dados do representante legal da empresa;

- Inciso III com redação determinada pelo art. 1º do Ato GCGJT 6/2017.

IV – na hipótese de advogado constituído, instrumento de procuração que habilite o subscritor do pedido a atuar, ainda que administrativamente, em nome do requerente;

- Inciso IV acrescentado pelo art. 1º do Ato GCGJT 6/2017.

V – documento de identificação que demonstre a autenticidade da assinatura do subscritor do pedido.

- Inciso V acrescentado pelo art. 1º do Ato GCGJT 6/2017.

§ 2º As instituições integrantes do Sistema Financeiro Nacional que solicitarem cadastramento de conta única não estão obrigadas a fornecer o número da conta indicada para o bloqueio, podendo informar apenas o nome do Banco ou o número da agência que cumprirá a ordem.

§ 3º O envio do requerimento e dos respectivos documentos deverá ser realizado exclusivamente por meio do Sistema Bacen Jud Digital – JT, sendo automaticamente descartados se encaminhados por outra via.

§ 3º acrescentado pelo art. 1º do Ato GCGJT 6/2017.

§ 4º É de responsabilidade do requerente a veracidade das informações prestadas e a autenticidade dos documentos enviados, assim como a preservação dos originais dos documentos, que poderão ser eventualmente solicitados pela Secretaria da Corregedoria-Geral para o esclarecimento de dúvidas.

§ 4º acrescentado pelo art. 1º do Ato GCGJT 6/2017.

§ 5º Incumbe ao requerente o acompanhamento do pedido pelo Sistema Bacen Jud Digital – JT.

§ 5º acrescentado pelo art. 1º do Ato GCGJT 6/2017.

§ 6º Havendo erro no requerimento ou em algum documento enviado passível de solução pelo requerente, ser-lhe-á concedido prazo de 60 dias para que o faça, a contar do primeiro dia útil após a data do registro da pendência no Sistema Bacen Jud Digital – JT.

§ 6º acrescentado pelo art. 1º do Ato GCGJT 6/2017.

§ 7º Ultrapassado o prazo de que trata o parágrafo anterior, o pedido será indeferido, cabendo ao interessado formalizar novo requerimento, anexando a este toda a documentação necessária ao cadastramento.

§ 7º acrescentado pelo art. 1º do Ato GCGJT 6/2017.

Art. 103. Tratando-se de grupo econômico, empresa com filiais e situações análogas, faculta-se o cadastramento de uma conta única para mais de uma pessoa jurídica ou natural.

§ 1º Nessa hipótese, o titular da conta indicada apresentará:

I – cópias dos cartões do CNPJ ou do CPF;

II – declaração de plena concordância com a efetivação de bloqueio de valores decorrente de ordem judicial expedida contra as pessoas por ele relacionadas;

III – declaração dos representantes legais das pessoas jurídicas e das pessoas naturais de plena concordância com o direcionamento das ordens judiciais de bloqueio para a conta especificada;

IV – declaração de instituição financeira de que está ciente e apta a direcionar, para a conta especificada, as ordens judiciais de bloqueio expedidas contra as pessoas arroladas.

§ 2º No caso de grupo econômico, a empresa titular da conta deverá também apresentar:

I – requerimento explicitando se a conta única indicada, de sua própria titularidade, é extensiva às empresas relacionadas na declaração do banco;

II – documentação que comprove a existência do alegado grupo econômico em relação ao universo das empresas noticiadas na declaração apresentada.

Art. 104. O deferimento do cadastramento de conta única no Sistema BACEN JUD valerá para todos os órgãos da Justiça Comum dos Estados e Distrito Federal, Justiça Federal, Justiça Militar da União e Justiça do Trabalho.

Art. 105. A pessoa física ou jurídica obriga-se a manter na conta indicada numerário suficiente para o cumprimento da ordem judicial.

Subseção X
BACEN JUD – Descadastramento, Recadastramento e Alteração de Conta Única

- Primitiva Subseção IX renumerada por força do art. 2º do Ato GCGJT 10/2016.

Art. 106. Caberá Pedido de Providências de iniciativa do juiz que preside a execução ao constatar que a pessoa física ou jurídica não mantém numerário suficiente na conta única cadastrada no sistema BACEN JUD para o atendimento à ordem judicial de bloqueio.

§ 1º Em ofício dirigido ao Ministro Corregedor-Geral da Justiça do Trabalho, o juiz indicará os dados do executado que possui conta única cadastrada no Sistema BACEN JUD (nome e CNPJ ou CPF) e anexará cópia do Detalhamento da Ordem Judicial de Bloqueio de Valores que obteve resposta negativa da instituição financeira.

§ 2º Autuado o Pedido de Providências, será aberto o prazo de 15 (quinze) dias para apresentação de justificativa para a ausência de numerário.

Art. 107. Não cabe Pedido de Providências na hipótese de suposta recusa da instituição financeira em acatar a ordem judicial de transferência do numerário bloqueado.

Art. 108. Na ausência de numerário bastante para atender à ordem judicial de bloqueio, a ordem será direcionada às demais instituições financeiras e a conta única poderá ser descadastrada.

Parágrafo único. Ao responder à intimação para se manifestar no Pedido de Providências apresentado à Corregedoria-Geral da Justiça do Trabalho, nos termos do § 2º do art. 96 desta Consolidação, a parte interessada apresentará as justificativas que entender cabíveis.

Art. 109. Na hipótese de a solicitação de cadastramento ter sido efetivada por outro Tribunal, o Corregedor-Geral comunicará a desabilitação da conta única ao respectivo Tribunal.

Art. 110. O executado poderá requerer o recadastramento da conta ou indicar outra para o bloqueio após 6 (seis) meses da data de publicação da decisão de descredenciamento no Diário Eletrônico da Justiça do Trabalho.

Art. 111. A reincidência quanto à ausência de fundos para o atendimento das ordens judiciais de bloqueio implicará novo descadastramento, desta vez pelo prazo de 1 (um) ano.

§ 1º O executado, após o prazo referido no *caput*, poderá postular novo recadastramento.

§ 2º Em caso de nova reincidência, o descadastramento será definitivo.

Art. 112. A inatividade da instituição financeira mantenedora da conta única cadastrada implicará a desabilitação automática do cadastramento.

Art. 113. Os pedidos de recadastramento, bem como os de alteração da conta cadastrada, serão realizados por meio do Sistema Bacen Jud Digital – JT, instruindo-se a petição com os mesmos documentos exigidos para o cadastramento originário da conta.

- *Caput* com redação determinada pelo art. 2º do Ato GCGJT 6/2017.

Parágrafo único. No caso de pedido de alteração de conta única cadastrada em outro local, o interessado deverá dirigir-se ao órgão onde foi efetuado o cadastro originário.

Art. 114. O cadastramento poderá ser cancelado mediante requerimento do titular da conta única à autoridade que o tenha deferido, a qual determinará seu cancelamento em até 30 dias contados a partir da data do respectivo protocolo.

Parágrafo único. O descadastramento de conta única cadastrada pelo Tribunal Superior do Trabalho deverá ser solicitado pelo interessado através do Sistema Bacen Jud Digital – JT, acompanhado dos documentos previstos no artigo 102, § 1º, III, IV e V, desta Consolidação.

- Parágrafo único acrescentado pelo art. 3º do Ato GCGJT 6/2017.

Art. 114-A. Compete à Secretaria da Corregedoria-Geral da Justiça do Trabalho apreciar as solicitações de cadastramento, bem como os pedidos de alteração, recadastramento e descadastramento de conta única dirigidos ao Tribunal Superior do Trabalho, ressalvada a competência do Corregedor-Geral da Justiça do Trabalho para a apreciação dos Pedidos de Providências atinentes ao cumprimento do Sistema BACEN JUD.

- Artigo acrescentado pelo art. 3º do Ato GCGJT 6/2017.

Art. 115. Constitui ônus da pessoa física ou jurídica titular de conta única cadastrada no Sistema BACEN JUD zelar pela regularidade dos dados cadastrados, requerendo em tempo oportuno as alterações que se fizerem necessárias, de forma a manter a conta apta ao recebimento de ordens judiciais de bloqueios eletrônicos.

Seção XIII
Execução Provisória – Digitalização de Processos com Recurso para o Tribunal Superior do Trabalho Tramitação das Ações pelo Sistema do *PJe-JT*

Subseção I
Da Execução Provisória em Autos Físicos

Art. 116. A execução provisória, em meio físico, correrá nos autos principais e receberá numeração própria e independente, de acordo com a sua classe (ExProvAS), com registro do processo principal de referência.

Art. 117. A folha de rosto da classe ExProvAS será sobreposta à da classe dos autos principais, para fins de continuidade da tramitação processual.

Art. 118. Após o trânsito em julgado, a execução provisória será convertida em definitiva, com o lançamento do movimento processual correspondente, efetuando-se a baixa definitiva da classe ExProvAS no sistema. A folha de rosto da classe dos autos principais deverá ser restabelecida, para fins de tramitação da execução definitiva.

Subseção II
Da Execução Provisória em Autos Físicos Convertidos em Eletrônicos

Art. 119. Fica facultada, a requerimento da parte ou de ofício, a tramitação de execução provisória no Sistema *PJe-JT*, em classe própria (ExProvAS), mediante digitalização das peças necessárias à formação dos autos eletrônicos.

Art. 120. A tramitação de execução provisória em meio eletrônico no Sistema *PJe-JT* será precedida de intimação das partes e de seus advogados, para adoção das providências necessárias à aquisição de certificação digital e para prévio cadastramento no sistema.

§ 1º O termo de abertura para cadastramento da classe ExProvAS servirá de certidão.

§ 2º As partes poderão peticionar no Sistema *PJe-JT*, anexando as peças complementares que entenderem necessárias ao processamento da execução provisória em autos eletrônicos.

Art. 121. Efetivado o trânsito em julgado da decisão exequenda, com a conversão da execução provisória em definitiva, os autos da execução provisória (ExProvAS) deverão ser baixados, com o lançamento do movimento processual correspondente.

Parágrafo único. A Secretaria da Vara providenciará a formação dos autos eletrônicos para processamento da execução definitiva no Sistema *PJe-JT*, com a utilização do Cadastramento da Liquidação e Execução – CLE, na forma disciplinada pela Resolução 136/2014 do CSJT.

Subseção III
Da execução Provisória em Autos Originariamente Eletrônicos

Art. 122. Até que seja desenvolvido fluxo específico no Sistema *PJe-JT*, a execução provisória tramitará em classe própria (ExProvAS), aplicando-se, no que couber, as disposições da Subseção II.

Art. 123. Transitada em julgado a decisão exequenda, a Secretaria da Vara anexará aos autos principais os arquivos eletrônicos das peças inéditas dos autos da classe ExProvAS para processamento da execução definitiva, sendo vedada a utilização do Cadastramento da Liquidação e Execução – CLE.

Seção XIV
Contribuições Sociais – Reclamação Trabalhista Ajuizada Contra Massa Falida

Art. 124. Nas reclamações trabalhistas ajuizadas contra massa falida, apurados os valores devidos a título de contribuições sociais, será expedida certidão de habilitação de crédito previdenciário, que deverá conter:

I – indicação da vara do trabalho;

II – número do processo;

III – identificação das partes, com a informação dos números do CPF e CNPJ;

IV – valores devidos a título de contribuições sociais, discriminando-se os relativos à cota do empregado e do empregador;

V – data de atualização dos cálculos;

VI – indicação da vara em que tramita o processo alimentar;

VII – número do processo falimentar;

VIII – identificação e endereço do síndico ou administrador judicial.

Art. 125. A certidão de que trata o artigo anterior será anexada cópia dos seguintes documentos:

I – petição inicial;

II – acordo ou sentença e decisão proferida pelo tribunal regional do trabalho ou pelo Tribunal Superior do Trabalho;

III – certidão de trânsito em julgado ou do decurso do prazo para recurso;

IV – cálculos de liquidação da sentença homologados pelo juiz do trabalho;

V – decisão homologatória dos cálculos de liquidação da sentença;

VI – outros que o juiz do trabalho considerar necessários.

Parágrafo único. As cópias serão autenticadas elas secretarias das varas do trabalho, sem prejuízo do que autoriza o art. 830 da CLT.

Art. 126. A certidão de habilitação de crédito previdenciário e os documentos que a instruem serão enviados, por ofício, ao administrador judicial do processo de falência, dando-se ciência do ato ao representante judicial da União.

Seção XV
Intervenção nos Estados-Membros e Municípios

Art. 127. Os presidentes dos tribunais regionais do trabalho fundamentarão os pedidos de intervenção dirigidos ao Supremo Tribunal Federal e aos tribunais de justiça dos estados, justificando a necessidade da adoção da medida excepcional.

Parágrafo único. A intervenção deverá ser requerida pelo credor do estado-membro ou do município.

Art. 128. O pedido de intervenção em estado-membro será encaminhado ao Supremo Tribunal Federal por intermédio da Corregedoria-Geral da Justiça do Trabalho, enquanto o requerimento de intervenção em município será remetido diretamente ao tribunal de justiça local pelo presidente do tribunal regional do trabalho.

Art. 129. O pedido de intervenção em estado-membro ou em município será instruído com as seguintes peças:

I – petição do credor, dirigida ao presidente do tribunal regional do trabalho, requerendo o encaminhamento do pedido de intervenção ao Supremo Tribunal Federal ou ao tribunal de justiça local, conforme o caso;

II – impugnação do ente público, quando houver;

III – manifestação do órgão do Ministério Público que atua perante o tribunal regional do trabalho;

IV – decisão fundamentada do presidente do tribunal regional do trabalho admitindo o encaminhamento do pedido de intervenção;

V – ofício requisitório que possibilite a verificação da data de expedição do precatório e o ano de sua inclusão no orçamento.

Capítulo V
Normas Procedimentais Administrativas

Seção I
Disponibilização dos Despachos e Decisões na Internet

Art. 130. Juntamente com o andamento do processo, os tribunais regionais do trabalho disponibilizarão, na Internet, o inteiro teor dos despachos, decisões e sentenças proferidas nos autos e as datas em que foram divulgados na imprensa oficial.

Parágrafo único. Os tribunais regionais do trabalho observarão, no mais, as disposições contidas nas Resoluções 121/2010 e 143/2011 do CNJ.

Seção II
Informações Estatísticas Sistema de Gerenciamento de Informações Administrativas e Judiciárias da Justiça do Trabalho – e-Gestão

Art. 131. O Sistema de Gerenciamento de Informações Administrativas e Judiciárias da Justiça do Trabalho – *e*-Gestão é ferramenta eletrônica de apoio destinada a disponibilizar aos usuários acesso às informações relativas à estrutura administrativa e ao exercício da atividade judiciária dos órgãos do Judiciário do Trabalho de 1º e 2º graus.

Art. 132. O controle estatístico-processual do movimento judiciário e da atuação jurisdicional dos 1º e 2º graus da Justiça do Trabalho, por seus órgãos e juízes, de interesse da Corregedoria-Geral da Justiça do Trabalho, será realizado mediante as informações disponibilizadas no Sistema *e*-Gestão.

Art. 133. O Sistema e-Gestão é regido pelos princípios da obrigatoriedade e da presunção da veracidade das informações disponibilizadas.

Parágrafo único. É de responsabilidade dos presidentes dos tribunais regionais do trabalho a fidedignidade das informações estatísticas disponibilizadas no Sistema *e*-Gestão.

Art. 134. O Sistema e-Gestão será administrado pela Corregedoria-Geral da Justiça do Trabalho, assessorada pelo Comitê Gestor Nacional.

§ 1º As atribuições e composição do Comitê Gestor Nacional serão instituídas por ato da Corregedoria-Geral da Justiça do Trabalho.

§ 2º As comunicações com o grupo técnico gte-Gestão deverão ser feitas por meio do *software* Jira, mantido pelo Tribunal Superior do Trabalho.

- § 2º com redação determinada pelo Ato GCGJT 1/2018.

Art. 135. Os presidentes dos tribunais regionais do trabalho deverão instituir comitês gestores regionais para receberem as orientações do Comitê Gestor Nacional quanto às regras para a coleta e disponibilização das informações, as quais serão repassadas aos respectivos tribunais regionais do trabalho e varas do trabalho da região.

§ 1º O comitê gestor regional do sistema e-Gestão será coordenado preferencialmente por desembargador e deverá ter composição multidisciplinar, contando com pelo menos um juiz de 1º grau e por servidores afeitos às áreas de tecnologia da informação, de estatística, de pessoal e de negócio judicial de 1º e 2º graus.

§ 2º O Comitê Regional reunir-se-á mensalmente para, entre outras ações, corrigir eventuais inconsistências nos dados remetidos ao TST, retratadas nos relatórios da pasta denominada "Relatórios de Detalhamento de Erros" do Sistema *e*-Gestão, e encaminhará ao Comitê Gestor Nacional do Sistema e-Gestão a respectiva ata.

Art. 136. As informações disponibilizadas no Sistema e-Gestão pelos tribunais regionais do trabalho e as varas do trabalho deverão observar os modelos previamente aprovados pelo Ministro Corregedor-Geral da Justiça do Trabalho.

§ 1º As informações relativas ao Sistema e-Gestão deverão ser disponibilizadas por meio de remessas de dados, conforme descrito nos manuais de orientação de 1º e 2º graus, diariamente e mensalmente, até o dia 15 (quinze) do mês seguinte ao da realização das atividades.

- § 1º com redação determinada pelo Ato GCGJT 1/2018.
- V. Ato GCGJT/TST 9/2018 (Prorroga o início da obrigatoriedade de remessa diária dos dados do Sistema e-Gestão, contida no art. 136, § 1º, da Consolidação dos Provimentos da Corregedoria-Geral da Justiça do Trabalho, para o dia 1º de outubro de 2018).

§ 2º Os erros materiais porventura existentes nas informações disponibilizadas mensalmente no Sistema *e*-Gestão poderão ser corrigidos até 1º de março do ano subsequente ao ano de referência das informações.

§ 3º Serão consideradas oficiais as remessas de dados enviadas mensalmente pelos Tribunais Regionais do Trabalho.

- § 3º acrescentado pelo Ato GCGJT 1/2018.

§ 4º A obrigatoriedade de remessa diária não se aplica aos dados administrativos.

- § 4º acrescentado pelo Ato GCGJT 1/2018.

Art. 137. O Manual do Usuário com o detalhamento das funcionalidades do Sistema e-Gestão e os Manuais de Orientações dos 1º e 2º graus serão disponibilizados na página de acesso ao sistema.

Art. 138. São usuários do Sistema e-Gestão os magistrados e servidores da Justiça do Trabalho.

§ 1º O acesso ao sistema será feito pela Internet para usuários credenciados.

§ 2º A autorização será concedida mediante solicitação de credenciamento à Corregedoria-Geral ou ao Coordenador do Comitê Gestor Regional, conforme o caso.

Art. 139. A Coordenadoria de Estatística e Pesquisa do Tribunal Superior do Trabalho terá a atribuição de elaborar e disponibilizar os relatórios estatísticos oficiais, para fins de inspeção e correição permanentes, conforme modelos previamente estabelecidos pelo Ministro Corregedor-Geral da Justiça do Trabalho.

Parágrafo único. O grupo técnico gte-Gestão definirá os relatórios a serem disponibilizados para consulta aos usuários do sistema.

- Parágrafo único com redação determinada pelo Ato GCGJT 1/2018.

Art. 140. Os presidentes dos tribunais regionais do trabalho, para os efeitos do artigo 37 da Lei Complementar 35/79 – Loman – publicarão, mensalmente, até o dia 20 (vinte) do mês subsequente ao de apuração, os dados estatísticos sobre os trabalhos do tribunal no mês anterior, de acordo com modelo previamente aprovado pelo Ministro Corregedor-Geral da Justiça do Trabalho.

Art. 141. Os tribunais regionais do trabalho divulgarão, em local de destaque de seus respectivos sites na internet, os relatórios de produção mensal dos órgãos judiciais e magistrados de 1º e de 2º graus.

§ 1º Os relatórios, em formato pdf, serão extraídos do sistema e-Gestão e disponibilizados mediante links a partir de banner próprio de cada tribunal regional, intitulado "Produção dos Magistrados".

§ 2º Os relatórios de que trata o parágrafo anterior serão os disponíveis nas subpastas «Transparência» e «Produção» do sistema e-Gestão, sendo:

I – Para o 1º grau:

a) Varas do trabalho – conhecimento;

b) Varas do trabalho – execução;

c) Juízes – conhecimento;

d) Juízes – execução.

II – Para o 2º grau:

a) Tribunal;

b) Magistrados.

§ 3º Os relatórios deverão estar disponíveis, mensalmente, no decorrer do mês subsequente àquele em referência, devendo ser mantidos os anteriores, organizados por ano e mês.

TÍTULO III
Disposições Finais

Art. 142. Esta Consolidação dos Provimentos entrará em vigor no dia 16 de março de 2016.

Art. 143. Ficam revogadas as disposições em contrário, inclusive a Recomendação 1/2013 da Corregedoria-Geral da Justiça do Trabalho.

- Deixamos de publicar os Anexos a esta Consolidação.

Brasília, 23 de fevereiro de 2016.

João Batista Brito Pereira
Ministro Corregedor-Geral da Justiça do Trabalho

(*DEJT* 23.02.2016; rep. 23.06.2017)

INSTRUÇÕES NORMATIVAS DO TRIBUNAL SUPERIOR DO TRABALHO – TST

INSTRUÇÃO NORMATIVA 3, DE 5 DE MARÇO DE 1993, DO TRIBUNAL SUPERIOR DO TRABALHO – TST

Interpreta o art. 8º da Lei 8.542, de 23.12.1992 (DOU de 24.12.1992), que trata do depósito para recurso nas ações na Justiça do Trabalho e a Lei 12.275, de 29 de junho de 2010, que altera a redação do inciso I do § 5º do art. 897 e acresce o § 7º ao art. 899, ambos da Consolidação das Leis do Trabalho – CLT, aprovada pelo Decreto-lei 5.452, de 1º de maio de 1943.

- As alterações decorrentes da Res. TST 180/2012 (*DEJT* 07.03.2012) já se encontram consolidadas na republicação desta Instrução Normativa, em atenção ao disposto no item II da referida Resolução.

I – Os depósitos de que trata o art. 40, e seus parágrafos, da Lei 8.177/1991, com a redação dada pelo art. 8º da Lei 8.542/1992, e o depósito de que tratam o § 5º, I, do art. 897 e o § 7º do art. 899, ambos da CLT, com a redação dada pela Lei 12.275, de 29.06.2010, não têm natureza jurídica de taxa de recurso, mas de garantia do juízo recursal, que pressupõe decisão condenatória ou executória de obrigação de pagamento em pecúnia, com valor líquido ou arbitrado.

II – No processo de conhecimento dos dissídios individuais o valor do depósito é limitado a R$ 5.889,50 (cinco mil, oitocentos e oitenta e nove reais e cinquenta centavos), ou novo valor corrigido, para o recurso ordinário, e a R$ 11.779,02 (onze mil, setecentos e setenta e nove reais e dois centavos), ou novo valor corrigido, para cada um dos recursos subsequentes, isto é, de revista, de embargos (ditos impropriamente infringentes) e extraordinário, para o Supremo Tribunal Federal, observando-se o seguinte:

a) para o recurso de agravo de instrumento, o valor do "depósito recursal corresponderá a 50% (cinquenta por cento) do valor do depósito do recurso ao qual se pretende destrancar";

b) depositado o valor total da condenação, nenhum depósito será exigido nos recursos das decisões posteriores, salvo se o valor da condenação vier a ser ampliado;

c) se o valor constante do primeiro depósito, efetuado no limite legal, é inferior ao da condenação, será devida complementação de depósito em recurso posterior, observado o valor nominal remanescente da condenação e/ou os limites legais para cada novo recurso;

d) havendo acréscimo ou redução da condenação em grau recursal, o juízo prolator da decisão arbitrará novo valor à condenação, quer para a exigibilidade de depósito ou complementação do já depositado, para o caso de recurso subsequente, quer para liberação do valor excedente decorrente da redução da condenação;

e) nos dissídios individuais singulares o depósito será efetivado pelo recorrente em conta vinculada ao juízo, por meio de guia de depósito judicial;

- Alínea *e* com redação determinada pela Res. Administrativa TST 2.048/2018.

f) nas reclamações trabalhistas plúrimas e nas em que houver substituição processual, será arbitrado o valor total da condenação, para o atendimento da exigência legal do depósito recursal, em conformidade com as alíneas anteriores;

- Alínea *f* com redação determinada pela Res. Administrativa TST 2.048/2018.

g) a expedição de Mandado de Citação Penhora e Avaliação em fase definitiva ou provisória de execução deverá levar em conta a dedução dos valores já depositados nos autos, em especial o depósito recursal;

- Alínea *g* com redação determinada pela Res. TST 180/2012.

h) com o trânsito em julgado da decisão que absolveu o demandado da condenação, ser-lhe-á autorizado o levantamento do valor depositado e seus acréscimos.

i) destinando-se o agravo de instrumento a destrancar recurso de revista que se insurge contra decisão que contraria a jurisprudência uniforme do Tribunal Superior do Trabalho, consubstanciada em súmulas ou em orientação jurisprudencial, não haverá obrigatoriedade de se efetuar o depósito recursal;

- Alínea *i* acrescentada pela Res. Administrativa TST 2.048/2018.

j) o valor do depósito recursal será reduzido pela metade para entidades sem fins lucrativos, empregadores domésticos, microempreendedores individuais, microempresas e empresas de pequeno porte;

- Alínea *j* acrescentada pela Res. Administrativa TST 2.048/2018.

k) são isentos do depósito recursal os beneficiários da justiça gratuita, as entidades filantrópicas e as empresas em recuperação judicial.

- Alínea *k* acrescentada pela Res. Administrativa TST 2.048/2018.

II-A – Ato Conjunto da Presidência do Tribunal Superior do Trabalho e da Corregedoria-Geral da Justiça do Trabalho definirá os requisitos para a admissibilidade do seguro garantia judicial e da fiança bancária em substituição ao depósito recursal.

- Item II-A acrescentado pela Res. Administrativa TST 2.048/2018.

III – Julgada procedente ação rescisória e imposta condenação em pecúnia, será exigido apenas um depósito recursal, com valor máximo equivalente ao do depósito em recurso de revista, dispensado novo depósito para os recursos subsequentes, salvo o depósito do agravo de instrumento, previsto no § 7º do art. 899 da CLT, observando-se o seguinte:

- *Caput* do item III com redação determinada pela Res. Administrativa TST 2.048/2018.

a) o depósito será efetivado pela parte recorrente vencida, em conta vinculada ao juízo da causa, mediante guia de depósito judicial;

- Alínea *a* com redação determinada pela Res. Administrativa TST 2.048/2018.

b) com o trânsito em julgado da decisão, se condenatória, o valor depositado e seus acréscimos serão considerados na execução; se absolutória, será liberado o levantamento do valor do depositado e seus acréscimos.

IV – A exigência de depósito no processo de execução observará o seguinte:

a) a inserção da vírgula entre as expressões "...aos embargos" e "à execução..." é atribuída a erro de redação, devendo ser considerada a locução "embargos à execução";

b) dada a natureza jurídica dos embargos à execução, não será exigido depósito para a sua oposição quando estiver suficientemente garantida a execução por depósito recursal já existente nos autos, efetivado no processo de conhecimento, que permaneceu vinculado à execução, e/ou pela nomeação ou apreensão judicial de bens do devedor, observada a ordem preferencial estabelecida em lei;

c) garantida integralmente a execução nos embargos, só haverá exigência de depósito em qualquer recurso subsequente do devedor se tiver havido elevação do valor do débito, hipótese em que o depósito recursal corresponderá ao valor do acréscimo, sem qualquer limite;

d) o depósito previsto no item anterior será efetivado pelo executado recorrente, mediante guia de depósito judicial, em conta vinculada ao juízo da execução;

- Alínea *d* com redação determinada pela Res. Administrativa TST 2.048/2018.

e) com o trânsito em julgado da decisão que liquidar a sentença condenatória, serão liberados em favor do exequente os valores disponíveis, no limite da quantia exequenda, prosseguindo, se for o caso, a execução por crédito remanescente, e autorizando-se o levantamento, pelo executado, dos valores que acaso sobejarem.

V – Nos termos do § 3º do art. 40 da Lei 8.177/1991, não é exigido depósito para recurso ordinário interposto em dissídio coletivo, uma vez que a regra aludida atribui apenas valor ao recurso, com efeitos limitados, portanto, ao cálculo das custas processuais.

- Item V com redação determinada pela Res. Administrativa TST 2.048/2018.

VI – Os valores alusivos aos limites de depósito recursal serão reajustados anualmente pela variação acumulada do INPC do IBGE dos doze meses imediatamente anteriores, e serão calculados e publicados no Diário Eletrônico da Justiça do Trabalho por ato do Presidente do Tribunal Superior do Trabalho, tornando-se obrigatória a sua observância a partir do quinto dia seguinte ao da publicação.

VII – Toda decisão condenatória ilíquida deverá conter o arbitramento do valor da condenação. O acréscimo de condenação em grau recursal, quando ilíquido, deverá ser arbitrado também para fins de depósito.

VIII – O depósito recursal, realizado em estabelecimento bancário oficial em conta vinculada ao juízo, mediante guia de depósito judicial, e corrigido com os mesmos índices da poupança (art. 899, § 4º, da CLT), será da responsabilidade da parte quanto à exatidão dos valores depositados e deverá ser comprovado, nos autos, pelo recorrente, no prazo do recurso a que se refere, independentemente da sua antecipada interposição, observado o limite do valor vigente na data da efetivação do depósito, bem como o contido no item VI. No caso de agravo de instrumento, o depósito recursal deverá ser comprovado no ato de interposição do recurso, nos termos do art. 899, § 7º, da CLT, com a redação da Lei 12.275/2010.

- Item VIII com redação determinada pela Res. Administrativa TST 2.048/2018.

IX – É exigido depósito recursal para o recurso adesivo, observados os mesmos critérios e procedimentos do recurso principal previsto nesta Instrução Normativa.

X – Não é exigido depósito recursal, em qualquer fase do processo ou grau de jurisdição, dos entes de direito público externo e das pessoas de direito público contempladas no Decreto-lei 779, de 21.08.1969, bem assim da massa falida e da herança jacente.

- Item X com redação determinada pela Res. TST 190/2013.

XI – Não se exigirá a efetivação de depósito em qualquer fase ou grau recursal do processo, fora das hipóteses previstas nesta Instrução Normativa.

XII – Havendo acordo para extinção do processo, as partes disporão sobre o valor depositado. Na ausência de expressa estipulação dos interessados, o valor disponível será liberado em favor da parte depositante.

XIII – Em caso de recolhimento insuficiente do depósito recursal, somente haverá deserção do recurso se, concedido o prazo de 5 (cinco) dias previsto no § 2º do art. 1.007 do CPC de 2015, o recorrente não complementar e comprovar o valor devido.

- Item XIII acrescentado pela Res. Administrativa TST 2.048/2018.

XIV – Em caso de equívoco no preenchimento da guia de recolhimento do depósito recursal, o relator deverá conceder o prazo de 5 (cinco) dias previsto no § 7º do art. 1.007 do CPC de 2015 para o recorrente sanar o vício, sob pena de deserção.

- Item XIV acrescentado pela Res. Administrativa TST 2.048/2018.

Sessão do Tribunal Pleno de 5 de março de 1993.

Ministro Orlando Teixeira da Costa
Presidente do Tribunal

(*DJU* 10.03.1993; rep. *DJE* 12.08.2010; 16.08.2010; 07.10.2010; 07.03.2012 e 13.12.2013)

INSTRUÇÃO NORMATIVA 16, DE 26 DE AGOSTO DE 1999, DO TRIBUNAL SUPERIOR DO TRABALHO – TST

Uniformiza a interpretação da Lei 9.756, de 17 de dezembro de 1998, com relação a agravo de instrumento.

- Texto republicado de acordo com a Resolução TST 930/2003.

I – O agravo de instrumento se rege, na Justiça do Trabalho, pelo art. 897, alínea *b*, §§ 2º, 4º, 5º, 6º e 7º, da Consolidação das Leis do Trabalho, pelos demais dispositivos do direito processual do trabalho e, no que omisso, pelo direito processual comum, desde que compatível com as normas e princípios daquele, na forma desta Instrução.

a) Não se aplicam aos agravos de instrumento opostos antes de 18 de dezembro de 1998, data da publicação da Lei 9.756, as disposições desse diploma legal, salvo aquelas relativas ao cancelamento da possibilidade de concessão de efeito suspensivo à revista.

II – Limitado o seu cabimento, no processo do trabalho, aos despachos que denegarem a interposição de recurso (art. 897, alínea *b*, da CLT), o agravo de instrumento será dirigido à autoridade judiciária prolatora do despacho agravado, no prazo de 8 (oito) dias de sua intimação, e processado em autos apartados.

§ 1º *(Revogado).*

§ 2º *(Revogado).*

III – O agravo não será conhecido se o instrumento não contiver as peças necessárias para o julgamento do recurso denegado, incluindo a cópia do respectivo arrazoado e da comprovação de satisfação de todos os pressupostos extrínsecos do recurso principal.

IV – O agravo de instrumento, protocolizado e autuado, será concluso ao juiz prolator do despacho agravado, para reforma ou confirmação da decisão impugnada, observada a competência estabelecida nos arts. 659, inciso VI, e 682, inciso IX, da CLT.

V – Será certificada nos autos principais a interposição do agravo de instrumento e a decisão que determina o seu processamento ou a decisão que reconsidera o despacho agravado.

VI – Mantida a decisão agravada, será intimado o agravado a apresentar contrarrazões relativas ao agravo e, simultaneamente, ao recurso principal, juntando as peças que entender necessárias para o julgamento de ambos, encaminhando-se, após, os autos do agravo ao Juízo competente.

VII – Provido o agravo, o órgão julgador deliberará quanto ao julgamento do recurso destrancado, observando-se, daí em diante, o procedimento relativo a tal recurso, com designação de relator e de revisor, se for o caso.

VIII – Da certidão de julgamento do agravo provido constará o resultado da deliberação relativa à apreciação do recurso destrancado.

IX – As peças trasladadas conterão informações que identifiquem o processo do qual foram extraídas, autenticadas uma a uma, no anverso ou verso. Tais peças poderão ser declaradas autênticas pelo próprio advogado, sob sua responsabilidade pessoal. Não será válida a cópia de despacho ou decisão que não contenha a assinatura do juiz prolator, nem as certidões subscritas por serventuário sem as informações acima exigidas.

X – Cumpre às partes providenciar a correta formação do instrumento, não comportando a omissão em conversão em diligência para suprir a ausência de peças, ainda que essenciais.

XI – O agravo de instrumento não requer preparo.

XII – A tramitação e o julgamento de agravo de instrumento no Juízo competente obedecerão à disciplina legal e ao constante dos respectivos Regimentos Internos.

XIII – O agravo de instrumento de despacho denegatório de recurso extraordinário obedecerá à disciplina especial, na forma de Resolução da Suprema Corte.

XIV – Fica revogada a Instrução Normativa 6.

Sala das Sessões, 15 de maio de 2003.

Valério Augusto Freitas do Carmo
Diretor-Geral de Coordenação Judiciária

(*DJU* 03.09.1999; rep. 03.11.2000; 04.12.2002; 11.12.2002 e 22.05.2003)

INSTRUÇÃO NORMATIVA 17, DE 17 DE DEZEMBRO DE 1999, DO TRIBUNAL SUPERIOR DO TRABALHO – TST

Uniformiza a interpretação da Lei 9.756, de 17 de dezembro de 1998, com relação ao recurso de revista.

- As alterações decorrentes da Res. TST 184/2012 (*DJE*-TST 24.09.2012) já estão consolidadas na republicação desta Instrução Normativa, em atenção ao disposto no art. 2º da referida Resolução.

I – Aplica-se ao processo do trabalho o disposto no parágrafo único do art. 120 do Código de Processo Civil, segundo a redação dada pela Lei 9.756/98, relativo ao conflito de competência, nos seguintes termos:

Havendo jurisprudência dominante no Tribunal sobre a questão suscitada, o relator poderá decidir, de plano, o conflito de competência, cabendo agravo, no prazo de 8 (oito) dias, contado da intimação às partes, para o órgão recursal competente.

II – Aplica-se ao processo do trabalho o parágrafo único acrescido ao art. 481 do Código de Processo Civil, conforme redação dada pela Lei 9.756/98, no que tange à declaração de inconstitucionalidade, nos seguintes termos:

Os órgãos fracionários dos Tribunais não submeterão ao plenário, ou ao órgão especial, a arguição de inconstitucionalidade, quando já houver pronunciamento destes, ou do plenário do Supremo Tribunal Federal, sobre a questão.

III – Aplica-se ao Processo do Trabalho o artigo 557, *caput* e §§ 1º-A, 1º e 2º do Código de Processo Civil, segundo a redação dada pela Lei 9.756/98, adequando-se o prazo do agravo ao prazo de 8 (oito) dias.

IV – Os beneficiários da justiça gratuita estão dispensados do recolhimento antecipado da multa prevista no § 2º do art. 557 do CPC.

V – As demais disposições oriundas de alteração do processo civil, resultantes da Lei 9.756/98, consideram-se inaplicáveis ao processo do trabalho, especialmente o disposto no art. 511, *caput*, e seu § 2º.

Sala de Sessões, 17 de dezembro de 1999.

Luzia de Andrade Costa Freitas
Diretora-Geral de Coordenação Judiciária

(*DJU* 12.01.2000; rep. *DJU* 09.06.2005; DJE-TST 24.09.2012)

INSTRUÇÃO NORMATIVA 18, DE 17 DE DEZEMBRO DE 1999, DO TRIBUNAL SUPERIOR DO TRABALHO

- Editada pela Res. TST 92/1999.

Considera-se válida para comprovação do depósito recursal na Justiça do Trabalho a guia respectiva em que conste pelo menos o nome do Recorrente e do Recorrido; o número do processo; a designação do juízo por onde tramitou o feito e a explicitação do valor depositado, desde que autenticada pelo Banco recebedor.

Revogam-se as disposições em contrário.

Sala de Sessões, 17 de dezembro de 1999.

Luzia de Andrade Costa Freitas
Diretora-Geral de Coordenação Judiciária

(*DJU* 12.01.2000)

INSTRUÇÃO NORMATIVA 19, DE 27 DE ABRIL DE 2000, DO TRIBUNAL SUPERIOR DO TRABALHO – TST

Aprova normas relativas à inserção de tema na Orientação Jurisprudencial do Tribunal Superior do Trabalho.

- Editada pela Res. TST 94/2000.

O precedente jurisprudencial deve ser inserido pela Comissão de Jurisprudência na Orientação Jurisprudencial desta Corte quando:

1 – as cinco Turmas decidirem no mesmo sentido quanto à matéria; ou

2 – houver três acórdãos da Seção Especializada em Dissídios Individuais e, pelo menos, três acórdãos de três Turmas no mesmo sentido; ou

3 – houver, pelo menos, duas decisões unânimes de cada uma das duas Subseções da Seção Especializada em Dissídios Individuais sobre a mesma matéria; ou

4 – o Tribunal Pleno, mediante provocação da Comissão Permanente de Jurisprudência, decidir conflito entre cinco decisões reiteradas da Subseção I Especializada em Dissídios Individuais sobre determinada tese, contrárias a decisões reiteradas de três Turmas.

5 – os verbetes relativos a precedentes da Subseção II Especializada em Dissídios Individuais, após aprovados pela referida Subseção, serão encaminhados à Comissão Permanente de Jurisprudência para publicação na Orientação da Jurisprudência da Corte. Se a Comissão entender conveniente, submeterá a proposta da Subseção II Especializada em Dissídios Individuais ao Egrégio Tribunal Pleno.

6 – Por moção subscrita por oito Ministros e dirigida à Comissão Permanente de Jurisprudência, será submetida ao Egrégio Tribunal Pleno a proposta de retirada de tema inserto no repositório da Orientação Jurisprudencial do Tribunal Superior do Trabalho.

Sala de Sessões, 27 de abril de 2000.

Luzia de Andrade Costa Freitas
Diretora-Geral de Coordenação Judiciária

(DJU 09.05.2000)

INSTRUÇÃO NORMATIVA 23, DE 5 DE AGOSTO DE 2003, DO TRIBUNAL SUPERIOR DO TRABALHO – TST

Dispõe sobre petições de recurso de revista.

- Editada pela Res. TST 118/2003.

Considerando a necessidade de racionalizar o funcionamento da Corte, para fazer frente à crescente demanda recursal, e de otimizar a utilização dos recursos da informática, visando à celeridade da prestação jurisdicional, anseio do jurisdicionado;

Considerando a natureza extraordinária do recurso de revista e a exigência legal de observância de seus pressupostos de admissibilidade;

Considerando que a elaboração do recurso de maneira adequada atende aos interesses do próprio recorrente, principalmente na viabilização da prestação jurisdicional;

Considerando que o advogado desempenha papel essencial à administração da Justiça, colaborando como partícipe direto no esforço de aperfeiçoamento da atividade jurisdicional, merecendo assim atenção especial na definição dos parâmetros técnicos que racionalizam e objetivam seu trabalho;

Considerando que facilita o exame do recurso a circunstância de o recorrente indicar as folhas em que se encontra a prova da observância dos pressupostos extrínsecos do recurso;

Considerando que, embora a indicação dessas folhas não seja requisito legal para conhecimento do recurso, é recomendável que o recorrente o faça;

Resolve, quanto às petições de recurso de revista:

I – Recomendar sejam destacados os tópicos do recurso e, ao demonstrar o preenchimento dos seus pressupostos extrínsecos, sejam indicadas as folhas dos autos em que se encontram:

a) a procuração e, no caso de elevado número de procuradores, a posição em que se encontra (m) o (s) nome(s) do(s) subscritor(es) do recurso;

b) a ata de audiência em que o causídico atuou, no caso de mandato tácito;

c) o depósito recursal e as custas, caso já satisfeitos na instância ordinária;

d) os documentos que comprovam a tempestividade do recurso (indicando o início e o termo do prazo, com referência aos documentos que o demonstram).

II – Explicitar que é ônus processual da parte demonstrar o preenchimento dos pressupostos intrínsecos do recurso de revista, indicando:

a) qual o trecho da decisão recorrida que consubstancia o prequestionamento da controvérsia trazida no recurso;

b) qual o dispositivo de lei, súmula, orientação jurisprudencial do TST ou ementa (com todos os dados que permitam identificá-la) que atrita com a decisão regional.

III – Reiterar que, para comprovação da divergência justificadora do recurso, é necessário que o recorrente:

a) junte certidão ou cópia autenticada do acórdão paradigma ou cite a fonte oficial ou repositório em que foi publicado;

b) transcreva, nas razões recursais, as ementas e/ou trechos dos acórdãos trazidos à configuração do dissídio, demonstrando os conflitos de teses que justifiquem o conhecimento do recurso, ainda que os acórdãos já se encontrem nos autos ou venham a ser juntados com o recurso.

IV – Aplica-se às contra-razões o disposto nesta Instrução, no que couber.

Sala de Sessões, 05 de agosto de 2003.

Valério Augusto Freitas Do Carmo
Diretor-Geral de Coordenação Judiciária

(DJU 14.08.2003)

INSTRUÇÃO NORMATIVA 24, DE 2 DE OUTUBRO DE 2003, DO TRIBUNAL SUPERIOR DO TRABALHO – TST

Dispõe sobre a faculdade de o Ministro Presidente do Tribunal Superior do Trabalho designar audiência prévia de conciliação, no caso de pedido de efeito suspensivo a recurso ordinário interposto à decisão normativa da Justiça do Trabalho.

- Editada pela Res. TST 120/2003.

O Tribunal Superior do Trabalho, em sua composição plena, no uso de suas atribuições legais e regimentais, sob a Presidência do Exmo. Sr. Ministro Francisco Fausto Paula de Medeiros,

Considerando o disposto no art. 14 da Lei 10.192, de 14 de fevereiro de 2001, pelo qual foi concedida ao Presidente do Tribunal Superior do Trabalho a prerrogativa de suspender, "na medida e extensão" que entender convenientes, a eficácia de decisão normativa da Justiça do Trabalho, até o julgamento do recurso ordinário interposto em autos de dissídio coletivo;

Considerando a inexistência de regulamentação dos procedimentos a serem observados pela Presidência da Corte relativamente aos pedidos de efeito suspensivo;

Considerando a marcante característica conciliatória da Justiça do Trabalho, presente, sobretudo, na sua atuação nos dissídios coletivos;

Considerando os bons resultados alcançados com a praxe que vem sendo adotada no sentido de mediar os conflitos por ocasião do recebimento de pedido de efeito suspensivo de cláusula de sentença normativa;

Considerando a instrumentalidade do processo, resolve:

I – Ao Presidente do Tribunal Superior do Trabalho é facultada a designação de audiência de conciliação relativamente a pedido de concessão de efeito suspensivo a recurso ordinário interposto à decisão normativa da Justiça do Trabalho;

II – Poderá o Presidente do Tribunal Superior do Trabalho, antes de designar audiência prévia de conciliação, conceder ao requerido o prazo de 5 (cinco) dias, para, querendo, manifestar-se sobre o pedido de efeito suspensivo;

III – O Ministério Público do Trabalho, por intermédio da Procuradoria-Geral do Trabalho, será comunicado do dia, hora e local da realização da audiência, enquanto as partes serão notificadas;

IV – Havendo transação nessa audiência, as condições respectivas constarão de ata, facultando-se ao Ministério Público do Trabalho emitir parecer oral, sendo, em seguida, sorteado Relator, que submeterá o acordo à apreciação da Seção Especializada em Dissídios Coletivos, na primeira sessão ordinária subsequente ou em sessão extraordinária designada para esse fim;

V – O Presidente do Tribunal Superior do Trabalho poderá submeter o pedido de efeito suspensivo à apreciação da Seção Especializada em Dissídios Coletivos, desde que repute a matéria de alta relevância.

Sala de Sessões, 2 de outubro de 2003.

Valério Augusto Freitas do Carmo

(DJU 09.10.2003)

INSTRUÇÃO NORMATIVA 27, DE 16 DE FEVEREIRO DE 2005, DO TRIBUNAL SUPERIOR DO TRABALHO – TST

Dispõe sobre normas procedimentais aplicáveis ao processo do trabalho em decorrência da ampliação da competência da Justiça do Trabalho pela Emenda Constitucional 45/2004.

- Editada pela Res. TST 126/2005.

Art. 1º As ações ajuizadas na Justiça do Trabalho tramitarão pelo rito ordinário ou sumaríssimo, conforme previsto na Consolidação das Leis do Trabalho, excepcionando-se, apenas, as que, por disciplina legal expressa, estejam sujeitas a rito especial, tais como o Mandado de Segurança, *Habeas Corpus*, *Habeas Data*, Ação Rescisória, Ação Cautelar e Ação de Consignação em Pagamento.

Art. 2º A sistemática recursal a ser observada é a prevista na Consolidação das Leis do Trabalho, inclusive no tocante à nomenclatura, à alçada, aos prazos e às competências.

Parágrafo único. O depósito recursal a que se refere o art. 899 da CLT é sempre exigível como requisito extrínseco do recurso, quando houver condenação em pecúnia.

Art. 3º Aplicam-se quanto às custas as disposições da Consolidação das Leis do Trabalho.

§ 1º As custas serão pagas pelo vencido, após o trânsito em julgado da decisão.

§ 2º Na hipótese de interposição de recurso, as custas deverão ser pagas e comprovado seu recolhimento no prazo recursal (artigos 789, 789-A, 790 e 790-A da CLT).

§ 3º Salvo nas lides decorrentes da relação de emprego, é aplicável o princípio da sucumbência recíproca, relativamente às custas.

Art. 4º Aos emolumentos aplicam-se as regras previstas na Consolidação das Leis do Trabalho, conforme previsão dos artigos 789-B e 790 da CLT.

Parágrafo único. Os entes públicos mencionados no art. 790-A da CLT são isentos do pagamento de emolumentos.

- Parágrafo único acrescentado pela Res. TST 133/2005.

Art. 5º Exceto nas lides decorrentes da relação de emprego, os honorários advocatícios são devidos pela mera sucumbência.

Art. 6º Os honorários periciais serão suportados pela parte sucumbente na pretensão objeto da perícia, salvo se beneficiária da justiça gratuita.

Parágrafo único. Faculta-se ao juiz, em relação à perícia, exigir depósito prévio dos honorários, ressalvadas as lides decorrentes da relação de emprego.

Art. 7º Esta Resolução entrará em vigor na data da sua publicação.

Sala de Sessões, 16 de fevereiro de 2005.

Valério Augusto Freitas do Carmo
Diretor-Geral de Coordenação Judiciária

(DJU 22.02.2005; rep. 05.07.2005)

INSTRUÇÃO NORMATIVA 30, DE 13 DE SETEMBRO DE 2007, DO TRIBUNAL SUPERIOR DO TRABALHO – TST

Regulamenta, no âmbito da Justiça do Trabalho, a Lei 11.419, de 19 de dezembro de 2006, que dispõe sobre a informatização do processo judicial.

• Editada pela Res. TST 140/2007.

Capítulo I
Informatização do Processo Judicial no Âmbito da Justiça do Trabalho

Art. 1º O uso de meio eletrônico na tramitação de processos judiciais, comunicação de atos e transmissão de peças processuais, na Justiça do Trabalho, será disciplinado pela presente instrução normativa.

Art. 2º Os Tribunais Regionais do Trabalho disponibilizarão em suas dependências e nas Varas do Trabalho, para os usuários dos serviços de peticionamento eletrônico que necessitarem, equipamentos de acesso à rede mundial de computadores e de digitalização do processo, para a distribuição de peças processuais.

Parágrafo único. Os Tribunais Regionais do Trabalho terão o prazo de um ano da publicação da presente instrução normativa para atenderem ao disposto no presente artigo.

Capítulo II
Assinatura Eletrônica

Art. 3º No âmbito da Justiça do Trabalho, o envio de petições, de recursos e a prática de atos processuais em geral por meio eletrônico serão admitidos mediante uso de assinatura eletrônica.

Art. 4º A assinatura eletrônica, no âmbito da Justiça do Trabalho, será admitida sob as seguintes modalidades:

I – assinatura digital, baseada em certificado digital emitido pelo ICP-Brasil, com uso de cartão e senha;

II – assinatura cadastrada, obtida perante o Tribunal Superior do Trabalho ou Tribunais Regionais do Trabalho, com fornecimento de *login* e senha.

§ 1º Para o uso de qualquer das duas modalidades de assinatura eletrônica, o usuário deverá se credenciar previamente perante o Tribunal Superior do Trabalho ou o Tribunal Regional do Trabalho com jurisdição sobre a cidade em que tenha domicílio, mediante o preenchimento de formulário eletrônico, disponibilizado no Portal da Justiça do Trabalho (Portal-JT).

§ 2º No caso de assinatura digital, em que a identificação presencial já se realizou perante a Autoridade Certificadora, o credenciamento se dará pela simples identificação do usuário por meio de seu certificado digital e remessa do formulário devidamente preenchido.

§ 3º No caso da assinatura cadastrada, o interessado deverá comparecer, pessoalmente, perante o órgão do Tribunal no qual deseje cadastrar sua assinatura eletrônica, munido do formulário devidamente preenchido, obtendo senhas e informações para a operacionalização de sua assinatura eletrônica.

§ 4º Ao credenciado será atribuído registro e meio de acesso ao sistema, de modo a preservar o sigilo (mediante criptografia de senha), a identificação e a autenticidade de suas comunicações.

§ 5º Alterações de dados cadastrais poderão ser feitas pelos usuários, a qualquer momento, na seção respectiva do Portal-JT.

§ 6º O credenciamento implica a aceitação das normas estabelecidas nesta Instrução Normativa e a responsabilidade do credenciado pelo uso indevido da assinatura eletrônica.

Capítulo III
Sistema de Peticionamento Eletrônico

Art. 5º A prática de atos processuais por meio eletrônico pelas partes, advogados e peritos será feita, na Justiça do Trabalho, através do Sistema Integrado de Protocolização e Fluxo de Documentos Eletrônicos (e-DOC).

§ 1º O e-DOC é um serviço de uso facultativo, disponibilizado no Portal-JT, na Internet.

§ 2º *(Revogado pela Res. TST 192/2013.)*

§ 3º O sistema do e-DOC deverá buscar identificar, dentro do possível, os casos de ocorrência de prevenção, litispendência e coisa julgada.

§ 4º A parte desassistida de advogado que desejar utilizar o sistema do e-DOC deverá se cadastrar, antes, nos termos desta Instrução Normativa.

Art. 6º As petições, acompanhadas ou não de anexos, apenas serão aceitas em formato PDF (*Portable Document Format*), no tamanho máximo, por operação, de 5 *Megabytes*.

• *Caput* com redação determinada pela Res. TST 196/2015.

Parágrafo único. Não se admitirá o fracionamento de petição, tampouco dos documentos que a acompanham, para fins de transmissão.

Art. 7º O envio da petição por intermédio do e-DOC dispensa a apresentação posterior dos originais ou de fotocópias autenticadas, inclusive aqueles destinados à comprovação de pressupostos de admissibilidade do recurso.

Art. 8º O acesso ao e-DOC depende da utilização, pelo usuário, da sua assinatura eletrônica.

Parágrafo único. Salvo impossibilidade que comprometa o acesso à justiça, a parte deverá informar, ao distribuir a petição inicial de qualquer ação judicial em meio eletrônico, o número no cadastro de pessoas físicas ou jurídicas, conforme o caso, perante a Secretaria da Receita Federal.

Art. 9º O Sistema Integrado de Protocolização e Fluxo de Documentos Eletrônicos (e-DOC), no momento do recebimento da petição, expedirá recibo ao remetente, que servirá como comprovante de entrega da petição e dos documentos que a acompanharam.

§ 1º Constarão do recibo as seguintes informações:

I – o número de protocolo da petição gerado pelo Sistema;

II – o número do processo e o nome das partes, se houver, o assunto da petição e o órgão destinatário da petição, informados pelo remetente;

III – a data e o horário do recebimento da petição no Tribunal, conforme o horário oficial de Brasília;

• Inciso III com redação determinada pela Res. TST 215/2016.

IV – as identificações do remetente da petição e do usuário que assinou eletronicamente o documento.

§ 2º O usuário poderá consultar no e-DOC as petições e documentos que tenham sido enviados há menos de dois anos, bem como os respectivos recibos.

• § 2º com redação determinada pela Res. TST 196/2015.

Art. 9º-A. O sistema armazenará em sua base de dados, por dois anos, cópias de segurança dos documentos transmitidos por intermédio do e-Doc, prazo após o qual serão excluídas.

• Artigo acrescentado pela Res. TST 196/2015 (*DJE* 06.05.2015), em vigor 90 (noventa) dias após a data de sua publicação.

Art. 10. Incumbe aos Tribunais, por intermédio das respectivas unidades administrativas responsáveis pela recepção das petições transmitidas pelo e-DOC:

I – imprimir as petições e seus documentos, caso existentes, anexando-lhes o comprovante de recepção gerado pelo Sistema, enquanto não generalizada a virtualização do processo, que dispensará os autos físicos;

II – verificar, diariamente, no sistema informatizado, a existência de petições eletrônicas pendentes de processamento.

Art. 11. São de exclusiva responsabilidade dos usuários:

I – o sigilo da assinatura digital, não sendo oponível, em qualquer hipótese, alegação de seu uso indevido;

II – a equivalência entre os dados informados para o envio (número do processo e unidade judiciária) e os constantes da petição remetida;

III – as condições das linhas de comunicação e acesso ao seu provedor da Internet;

IV – a edição da petição e anexos em conformidade com as restrições impostas pelo serviço, no que se refere à formatação e tamanho do arquivo enviado;

V – o acompanhamento da divulgação dos períodos em que o serviço não estiver disponível em decorrência de manutenção no sítio do Tribunal.

§ 1º A não obtenção, pelo usuário, de acesso ao Sistema, além de eventuais defeitos de transmissão ou recepção de dados, não serve de escusa para o descumprimento dos prazos legais.

§ 2º Deverão os Tribunais informar, nos respectivos sítios, os períodos em que, eventualmente, o sistema esteve indisponível.

Art. 12. Consideram-se realizados os atos processuais por meio eletrônico no dia e hora do seu recebimento pelo sistema do e-DOC.

§ 1º Quando a petição eletrônica for enviada para atender prazo processual, serão consideradas tempestivas as transmitidas até as 24 (vinte e quatro) horas do seu último dia.

§ 2º Incumbe ao usuário observar como referência o horário oficial de Brasília, atentando para os fusos horários existentes no país.

- § 2º com redação determinada pela Res. TST 215/2016.

§ 3º Não serão considerados, para efeito de tempestividade, o horário da conexão do usuário à Internet, o horário do acesso ao sítio do Tribunal, tampouco os horários consignados nos equipamentos do remetente e da unidade destinatária, mas o de recebimento no órgão da Justiça do Trabalho.

Art. 13. O uso inadequado do e-DOC que venha a causar prejuízo às partes ou à atividade jurisdicional importa bloqueio do cadastramento do usuário, a ser determinado pela autoridade judiciária competente.

Capítulo IV
Comunicação e Informação dos Atos Processuais no Portal da Justiça do Trabalho

Art. 14. O Portal da Justiça do Trabalho (Portal-JT) é o sítio corporativo da instituição, abrangendo todos os Tribunais trabalhistas do país, gerenciado pelo Conselho Superior da Justiça do Trabalho e operado pelo Tribunal Superior do Trabalho e pelos Tribunais Regionais do Trabalho, incluindo, entre outras funcionalidades:

I – o *Diário da Justiça do Trabalho Eletrônico* (DJT), para publicação de atos judiciais e administrativos dos Tribunais e Varas do Trabalho;

II – Sistemas de Pesquisa de Jurisprudência, de Legislação Trabalhista e Atos Normativos da Justiça do Trabalho, de acompanhamento processual, de acervo bibliográfico, com Banco de Dados Geral integrado pelos julgados e atos administrativos de todos os Tribunais trabalhistas do país;

III – Informações gerais sobre os Tribunais e Varas do Trabalho, incluindo memória da Justiça do Trabalho, dados estatísticos, magistrados, concursos e licitações, entre outros;

IV – Informações sobre o Conselho Superior da Justiça do Trabalho (CSJT), incluindo seu Regimento Interno, suas resoluções e decisões, além de seus integrantes e estrutura do órgão;

V – Informações sobre a Escola Nacional de Formação e Aperfeiçoamento de Magistrados do Trabalho (Enamat), incluindo quadro diretivo, de professores, de alunos e de cursos, bem como disponibilizando ambiente para o ensino à distância;

VI – Sistemas de Assinatura Eletrônica, Peticionamento Eletrônico (e-DOC) e de Carta Eletrônica (CE);

VII – Informações sobre a Corregedoria-Geral da Justiça do Trabalho.

Parágrafo único. O conteúdo das publicações de que trata este artigo deverá ser assinado digitalmente, na forma desta Instrução Normativa.

Art. 15. A publicação eletrônica no DJT substitui qualquer outro meio e publicação oficial, para quaisquer efeitos legais, à exceção dos casos que, por lei, exigem intimação ou vista pessoal.

§ 1º Os atos processuais praticados pelos magistrados trabalhistas a serem publicados no DJT serão assinados digitalmente no momento de sua prolação.

§ 2º Considera-se como data da publicação o primeiro dia útil seguinte ao da disponibilização da informação no DJT.

§ 3º Os prazos processuais terão início no primeiro dia útil que seguir ao considerado como data da publicação.

Art. 16. As intimações serão feitas por meio eletrônico no Portal-JT aos que se credenciarem na forma desta Instrução Normativa, dispensando-se a publicação no órgão oficial, inclusive eletrônico.

§ 1º Considerar-se-á realizada a intimação no dia em que o intimando efetivar a consulta eletrônica ao teor da intimação, certificando-se nos autos a sua realização.

§ 2º Na hipótese do § 1º deste artigo, nos casos em que a consulta se dê em dia não útil, a intimação será considerada como realizada no primeiro dia útil seguinte.

§ 3º A consulta referida nos §§ 1º e 2º deste artigo deverá ser feita em até 10 (dez) dias corridos contados da data do envio da intimação, sob pena de considerar-se a intimação automaticamente realizada na data do término desse prazo.

§ 4º A intimação de que trata este artigo somente será realizada nos processos em que todas as partes estejam credenciadas na forma desta Instrução Normativa, de modo a uniformizar a contagem dos prazos processuais.

§ 5º Nos casos urgentes em que a intimação feita na forma deste artigo possa causar prejuízo a quaisquer das partes ou nos casos em que for evidenciada qualquer tentativa de burla ao sistema, o ato processual deverá ser realizado por outro meio que atinja a sua finalidade, conforme determinado pelo juiz.

§ 6º As intimações feitas na forma deste artigo, inclusive da Fazenda Pública, serão consideradas pessoais para todos os efeitos legais.

§ 7º Observadas as formas e as cautelas deste artigo, as citações, inclusive da Fazenda Pública, poderão ser feitas por meio eletrônico, desde que a íntegra dos autos seja acessível ao citando.

Art. 17. As cartas precatórias, rogatórias e de ordem, no âmbito da Justiça do Trabalho, serão transmitidas exclusivamente de forma eletrônica, através do Sistema de Carta Eletrônica (CE) já referido, com dispensa da remessa física de documentos.

§ 1º A utilização do Sistema de Carta Eletrônica fora do âmbito da Justiça do Trabalho dependerá da aceitação pelos demais órgãos do Poder Judiciário.

§ 2º Eventuais falhas na transmissão eletrônica dos dados não desobriga os magistrados e serventuários do cumprimento dos prazos legais, cabendo, nesses casos, a utilização de outros meios previstos em lei para a remessa das cartas.

Art. 18. As petições e demais documentos referentes às cartas precatórias, rogatórias e de ordem, não apresentados pelas partes em meio eletrônico, serão digitalizados e inseridos no Sistema de Carta Eletrônica.

Art. 19. Os documentos em meio físico, em poder do Juízo deprecado, deverão ser adequadamente organizados e arquivados, obedecidos os critérios estabelecidos na Lei 8.159, de 8 de janeiro de 1991, e no Decreto 4.073, de 3 de janeiro de 2002.

Parágrafo único. Poderá o Juízo deprecante, em casos excepcionais, solicitar o documento físico em poder do Juízo deprecado.

Art. 20. Serão certificados nos autos principais todos os fatos relevantes relativos ao andamento da carta, obtidos junto ao sistema Carta Eletrônica (CE), com impressão e juntada apenas dos documentos essenciais à instrução do feito, nos casos de autos em papel.

Art. 21. Os Tribunais Regionais do Trabalho ficarão obrigados a comunicar à Presidência do Conselho Superior da Justiça do Trabalho qualquer alteração na competência territorial de suas Varas do Trabalho.

Capítulo V
Processo Eletrônico

Art. 22. Na Justiça do Trabalho, os atos processuais do processo eletrônico serão assinados eletronicamente na forma estabelecida nesta Instrução Normativa.

Art. 23. No processo eletrônico, todas as citações, intimações e notificações, inclusive da Fazenda Pública, serão feitas por meio eletrônico.

§ 1º As citações, intimações, notificações e remessas que viabilizem o acesso à íntegra do processo correspondente serão consideradas vista pessoal do interessado para todos os efeitos legais.

§ 2º Quando, por motivo técnico, for inviável o uso do meio eletrônico para a realização de citação, intimação ou notificação, esses atos processuais poderão ser praticados segundo as regras ordinárias, digitalizando-se o documento físico, que deverá ser posteriormente destruído.

Art. 24. A distribuição da petição inicial e a juntada da contestação, dos recursos e das petições em geral, todos em formato digital, nos autos de processo eletrônico, podem ser feitas diretamente pelos advogados públicos e privados, sem necessidade da intervenção do cartório ou secretaria judicial, situação em que a autuação deverá se dar de forma automática, fornecendo-se o recibo eletrônico de protocolo.

§ 1º Quando o ato processual tiver que ser praticado em determinado prazo, por meio de petição eletrônica, serão considerados tempestivos os efetivados até as 24 (vinte e quatro) horas do último dia.

§ 2º No caso do § 1º deste artigo, se o serviço respectivo do Portal-JT se tornar indisponível por motivo técnico que impeça a prática do ato no termo final do prazo, este fica automaticamente prorrogado para o primeiro dia útil seguinte à resolução do problema.

Art. 25. Os documentos produzidos eletronicamente e juntados aos processos eletrônicos com garantia da origem e de seu signatário, na forma estabelecida nesta Instrução Normativa, serão considerados originais para todos os efeitos legais.

§ 1º Os extratos digitais e os documentos digitalizados e juntados aos autos pelos órgãos da Justiça do Trabalho e seus auxiliares, pelo Ministério Público e seus auxiliares, pelas procuradorias, pelas autoridades policiais, pelas repartições públicas em geral e por advogados públicos e privados têm a mesma força probante dos originais, ressalvada a alegação motivada e fundamentada de adulteração antes ou durante o processo de digitalização.

§ 2º A arguição de falsidade do documento original será processada eletronicamente na forma da lei processual em vigor.

§ 3º Os originais dos documentos digitalizados, mencionados no § 1º deste artigo, deverão ser preservados pelo seu detentor até o trânsito em julgado da sentença ou, quando admitida, até o final do prazo para interposição de ação rescisória.

§ 4º Os documentos cuja digitalização seja tecnicamente inviável devido ao grande volume ou por motivo de ilegibilidade deverão ser apresentados ao cartório ou secretaria no prazo de 10 (dez) dias contados do envio de petição eletrônica comunicando o fato, os quais serão devolvidos à parte após o trânsito em julgado.

§ 5º Os documentos digitalizados juntados em processo eletrônico somente estarão disponíveis para acesso por meio da rede externa para suas respectivas partes processuais e para o Ministério Público, respeitado o disposto em lei para as situações de sigilo e de segredo de justiça.

Art. 26. A conservação dos autos do processo poderá ser efetuada total ou parcialmente por meio eletrônico.

§ 1º Os autos dos processos eletrônicos serão protegidos por meio de sistemas de segurança de acesso e armazenados de forma a preservar a integridade dos dados, sendo dispensada a formação de autos suplementares.

§ 2º Os autos de processos eletrônicos que tiverem de ser remetidos a outro juízo ou instância superior que não disponham de sistema compatível deverão ser impressos em papel e autuados na forma dos arts. 166 a 168 do CPC.

§ 3º No caso do § 2º deste artigo, o escrivão ou o chefe de secretaria certificará os autores ou a origem dos documentos produzidos nos autos, acrescentando, ressalvada a hipótese de existir segredo de justiça, a forma pela qual o banco de dados poderá ser acessado para aferir a autenticidade das peças e das respectivas assinaturas digitais.

§ 4º Feita a autuação na forma estabelecida no § 2º deste artigo, o processo seguirá a tramitação legalmente estabelecida para os processos físicos.

§ 5º A digitalização de autos em mídia não digital, em tramitação ou já arquivados, será precedida de publicação de editais de intimações ou da intimação pessoal das partes e de seus procuradores, para que, no prazo preclusivo de 30 (trinta) dias, se manifestem sobre o desejo de manterem pessoalmente a guarda de algum dos documentos originais.

Art. 27. O magistrado poderá determinar que sejam realizados por meio eletrônico a exibição e o envio de dados e de documentos necessários à instrução do processo.

§ 1º Consideram-se cadastros públicos, para os efeitos deste artigo, dentre outros existentes ou que venham a ser criados, ainda que mantidos por concessionárias de serviço público ou empresas privadas, os que contenham informações indispensáveis ao exercício da função judicante.

§ 2º O acesso de que trata este artigo dar-se-á por qualquer meio tecnológico disponível, preferentemente o de menor custo, considerada sua eficiência.

Capítulo VI
Disposições Gerais, Finais e Transitórias

Art. 28. Os credenciamentos de assinatura eletrônica já feitos pelos Tribunais Regionais do Trabalho antes da publicação desta Instrução Normativa e que estejam em desacordo com as regras nela estabelecidas terão validade por 180 (cento e oitenta) dias da última publicação desta Resolução, devendo os interessados promover o credenciamento adequado até essa data.

Art. 29. Os casos omissos desta Instrução Normativa serão resolvidos pelos Presidentes dos Tribunais, no âmbito de suas esferas de competência.

Art. 30. Para efeito do disposto no § 5º do art. 4º da Lei 11.419, de 19 de dezembro de 2006, a presente Instrução Normativa será publicada durante 30 (trinta) dias no *Diário Oficial* em uso, dando-lhe ampla divulgação.

Art. 31. A presente Instrução Normativa entra em vigor 90 (noventa) dias após a sua última publicação, revogada a Instrução Normativa 28 desta Corte.

Sala de sessões, 13 de setembro de 2007.

Ana Lúcia Rego Queiróz

(DJU 18.09.2007; rep. 13.12.2013)

INSTRUÇÃO NORMATIVA 31, DE 27 DE SETEMBRO DE 2007, DO TRIBUNAL SUPERIOR DO TRABALHO – TST

Regulamenta a forma de realização do depósito prévio em ação rescisória de que trata o art. 836 da CLT, com redação dada pela Lei 11.495, de 22 de junho de 2007.

- Editada pela Res. TST 141/2007.

☛ **Art. 1º** O depósito prévio em ação rescisória de que trata o art. 836 da CLT, com redação dada pela Lei 11.495, de 22 de junho de 2007, deverá ser realizado em conta vinculada ao juízo, observando-se as seguintes peculiaridades quanto ao preenchimento da guia de depósito judicial:

- *Caput* com redação determinada pela Res. Administrativa TST 2.048/2018.

I – nos campos relativos à identificação do processo deverão ser informados os dados do processo em que foi proferida a decisão rescindenda;

II – o campo "Tipo de Depósito" deverá ser preenchido com o número 1 (primeiro depósito), ainda que outros depósitos judiciais tenham sido efetuados no processo originário;

III – o campo "Motivo do Depósito" deverá ser preenchido com o número 4 (Outros).

Art. 2º O valor da causa da ação rescisória que visa desconstituir decisão da fase de conhecimento corresponderá:

I – no caso de improcedência, ao valor dado à causa do processo originário ou aquele que for fixado pelo Juiz;

II – no caso de procedência, total ou parcial, ao respectivo valor arbitrado à condenação.

Art. 3º O valor da causa da ação rescisória que visa desconstituir decisão da fase de execução corresponderá ao valor apurado em liquidação de sentença.

Art. 4º O valor da causa da ação rescisória, quer objetive desconstituir decisão da fase de conhecimento ou decisão da fase de execução, será reajustado pela variação cumulada do INPC do IBGE até a data do seu ajuizamento.

Art. 5º O valor depositado será revertido em favor do réu, a título de multa, caso o pedido deduzido na ação rescisória seja julgado, por unanimidade de votos, improcedente ou inadmissível.

- Artigo com redação determinada pela Res. TST 154/2009.

Art. 6º O depósito prévio não será exigido da massa falida e quando o autor perceber salário igual ou inferior ao dobro do mínimo legal, ou declarar, sob as penas da lei, que não está em condições de pagar as custas do processo sem prejuízo do sustento próprio ou de sua família.

Art. 7º Esta Instrução Normativa entra em vigor na data de sua publicação.

Sala de Sessões, 27 de setembro de 2007.

Ana Lucia Rego Queiroz
Secretária do Tribunal Pleno

(*DJU* 09.10.2007)

INSTRUÇÃO NORMATIVA 32, DE 19 DE DEZEMBRO DE 2007, DO TRIBUNAL SUPERIOR DO TRABALHO – TST

Uniformiza procedimentos para a expedição de Precatórios e Requisições de Pequeno Valor no âmbito da Justiça do Trabalho e dá outras providências.

- Aprovada pela Res. TST 145/2007.

Art. 1º Os pagamentos devidos pelas Fazendas Públicas Federal, Estadual, Distrital ou Municipal, em virtude de sentença judicial transitada em julgado, serão realizados exclusivamente na ordem de apresentação dos precatórios e à conta dos créditos respectivos, na forma da lei.

Parágrafo único. Não estão sujeitos à expedição de precatórios os pagamentos de obrigações definidas em lei como de pequeno valor.

Art. 2º É obrigatória a inclusão, no orçamento das entidades de Direito Público, de verba necessária ao pagamento de seus débitos oriundos de sentenças transitadas em julgado, constantes de precatórios judiciários, apresentados até 1º de julho, fazendo-se o pagamento até o final do exercício seguinte, quando terão seus valores atualizados monetariamente.

Art. 3º Reputa-se de pequeno valor o crédito cuja importância atualizada, por beneficiário, seja igual ou inferior a:

I – 60 (sessenta) salários mínimos, se a devedora for a Fazenda Pública Federal;

II – 40 (quarenta) salários mínimos, ou o valor estipulado pela legislação local, se as devedoras forem as Fazendas Públicas Estadual e Distrital; e

III – 30 (trinta) salários mínimos, ou o valor estipulado pela legislação local, se a devedora for a Fazenda Pública Municipal.

Art. 4º Ao credor de importância superior à estabelecida na definição de pequeno valor, fica facultado renunciar ao crédito do valor excedente e optar pelo pagamento do saldo dispensando-se o precatório.

§ 1º Não é permitido o fracionamento do valor da execução relativamente ao mesmo beneficiário, de modo que se faça o pagamento, em parte, por intermédio de requisição de pequeno valor e, em parte, mediante expedição de precatório.

§ 2º Na hipótese de crédito de valor aproximado ao de pequeno valor legalmente previsto, o Presidente do Tribunal ou o Juízo Auxiliar de Conciliação de Precatórios consultará o credor quanto ao interesse em renunciar parcialmente ao crédito de modo a afastar a necessidade de expedição do precatório.

Art. 5º As requisições de pagamento que decorram de precatório ou as de pequeno valor, quando a devedora for a União, serão expedidas pelo Juiz da execução e dirigidas ao presidente do Tribunal, a quem compete:

a) examinar a regularidade formal da requisição;

b) corrigir, de ofício ou a requerimento das partes, inexatidões materiais ou retificar erros de cálculos, vinculados à utilização de critério em descompasso com a lei ou com o título executivo judicial, desde que o critério não haja sido objeto de debate quer na fase de conhecimento, quer na fase de execução;

c) expedir o ofício requisitório; e

d) zelar pela obediência à ordem de preferência de pagamento dos créditos, na hipótese de precatórios.

Art. 6º Nos casos de créditos de pequeno valor de responsabilidade das Fazendas Públicas Estadual, Distrital ou Municipal, as requisições serão encaminhadas pelo Juiz da execução ao próprio devedor.

Art. 7º Na hipótese de reclamação plúrima será considerado o valor devido a cada litisconsorte, expedindo-se, simultaneamente, se for o caso:

a) requisições de pequeno valor em favor dos exequentes cujos créditos não ultrapassam os limites definidos no art. 3º desta Instrução; e

b) requisições mediante precatório para os demais credores.

Parágrafo único. Os honorários advocatícios e periciais serão considerados parcela autônoma, não se somando ao crédito dos exequentes para fins de classificação do requisitório de pequeno valor.

Art. 8º É vedado requisitar pagamento em execução provisória.

Art. 9º O Juiz da execução informará na requisição os seguintes dados constantes do processo:

I – número do processo;

II – nomes das partes e de seus procuradores;

III – nomes dos beneficiários e respectivos números no CPF ou no CNPJ, inclusive quando se tratar de advogados, peritos e outros;

IV – natureza do crédito (comum ou alimentar) e espécie da requisição (RPV ou precatório);

VI – valor individualizado por beneficiário e valor total da requisição;

- Consta inciso VI conforme publicação oficial.

VII – data base considerada para efeito de atualização monetária dos valores; e

VIII – data do trânsito em julgado da sentença ou acórdão.

Parágrafo único. Ausentes quaisquer dos dados especificados, o Tribunal restituirá a requisição à origem, para regularização.

Art. 10. Os precatórios e as requisições de pequeno valor serão processados nos próprios autos do processo que os originaram.

Art. 11. O pagamento das requisições obedecerá estritamente à ordem cronológica de apresentação nos Tribunais.

Art. 12. Os valores destinados aos pagamentos decorrentes de precatórios e de requisições de pequeno valor serão depositados em instituição bancária oficial, abrindo-se conta remunerada e individualizada para cada beneficiário.

Art. 13. Incumbirá ao Juiz da execução comunicar ao Presidente do Tribunal ou ao Juízo Auxiliar de Conciliação de Precatórios, no prazo de 5 (cinco) dias, a efetivação do pagamento ao credor.

Art. 14. O Presidente do Tribunal, exclusivamente na hipótese de preterição do direito de precedência do credor, fica autorizado a proceder ao sequestro de verba do devedor, desde que requerido pelo exequente e depois de ouvido o Ministério Público.

Art. 15. As requisições de pequeno valor – RPV encaminhadas ao devedor deverão ser pagas no prazo de 60 (sessenta) dias.

Parágrafo único. Na hipótese de não cumprimento da requisição judicial, o Juiz determinará o sequestro do numerário suficiente ao cumprimento da decisão.

Art. 16. Os Tribunais Regionais do Trabalho instituirão Juízo Auxiliar de Conciliação de Precatórios, com o objetivo de incluir em pauta, observada a ordem cronológica de apresentação, os precatórios e as requisições de pequeno valor (RPV) já consignadas em precatório, para tentativa de acordo.

Parágrafo único. Caberá ao Juízo Auxiliar de Conciliação de Precatórios, sem prejuízo de outras atribuições, o controle da listagem da ordem preferencial dos credores, a realização de cálculos, o acompanhamento de contas bancárias e a celebração de convênios entre os entes públicos devedores e o Tribunal Regional do Trabalho, para repasse mensal de verbas necessárias ao pagamento dos precatórios.

Art. 17. Será designado pelo Presidente do Tribunal um Juiz do Trabalho substituto para atuar no Juízo Auxiliar de Conciliação de Precatórios.

§ 1º O Juízo Auxiliar de Conciliação de Precatórios determinará a inclusão em pauta de todos os precatórios, observada a ordem cronológica, para tentativa de conciliação.

§ 2º As partes e seus procuradores serão convocados para audiência de conciliação, que poderá ser realizada apenas com a presença dos procuradores, desde que possuam poderes para transigir, receber e dar quitação.

§ 3º O Ministério Público do Trabalho será comunicado do dia, local e horário da realização da audiência de conciliação.

Art. 18. As partes poderão, a qualquer tempo, solicitar a reinclusão do precatório em pauta, para nova tentativa de conciliação.

Art. 19. Os precatórios conciliados serão quitados, na ordem cronológica, observando-se o repasse realizado pelo ente público devedor.

Art. 20. Os precatórios que não foram objeto de conciliação serão pagos na ordem cronológica de apresentação.

Art. 21. Frustrada a tentativa de conciliação referente a precatório cujo prazo para pagamento já venceu os autos serão encaminhados à Presidência do Tribunal, para deliberar sobre eventual pedido de intervenção.

Art. 22. O Presidente do Tribunal deverá fundamentar a decisão relativa ao encaminhamento do pedido de intervenção, justificando a necessidade da adoção da medida excepcional.

Art. 23. O pedido de intervenção deverá ser instruído, obrigatoriamente, com as seguintes peças:

a) petição do credor, dirigida ao Presidente do Tribunal Regional do Trabalho, requerendo o encaminhamento do pedido de intervenção ao Supremo Tribunal Federal ou ao Tribunal de Justiça, conforme o caso;

b) impugnação do ente público ao pedido, se houver;

c) manifestação do Ministério Público do Trabalho da Região;

d) decisão fundamentada do Presidente do Tribunal Regional do Trabalho relativa à admissibilidade do encaminhamento do pedido de intervenção; e

e) ofício requisitório que permita a verificação da data de expedição do precatório e o ano de sua inclusão no orçamento.

Parágrafo único. O pedido de intervenção em Estado-membro será encaminhado ao Supremo Tribunal Federal por intermédio da Corregedoria-Geral da Justiça do Trabalho, enquanto o pedido de intervenção em município será enviado diretamente pelo Presidente do Tribunal Regional do Trabalho ao Tribunal de Justiça do respectivo Estado.

Art. 24. Fica revogada a Resolução 67, de 10 de abril de 1997, que aprovou a Instrução Normativa 11.

Art. 25. Esta Resolução entra em vigor na data de sua publicação.

Brasília, 19 de dezembro de 2007.

Rider Nogueira de Brito
Ministro do Presidente do Tribunal

(*DOU* 10.01.2008 e *DJU* 14.01.2008)

INSTRUÇÃO NORMATIVA 39, DE 15 DE MARÇO DE 2016, DO TRIBUNAL SUPERIOR DO TRABALHO – TST

Dispõe sobre as Normas do Código de Processo Civil de 2015 aplicáveis e inaplicáveis ao Processo do Trabalho, de forma não exaustiva

• Aprovada pela Res. TST 203/2016.

Art. 1º Aplica-se o Código de Processo Civil, subsidiária e supletivamente, ao Processo do Trabalho, em caso de omissão e desde que haja compatibilidade com as normas e princípios do Direito Processual do Trabalho, na forma dos arts. 769 e 889 da CLT e do art. 15 da Lei 13.105, de 17.03.2015.

§ 1º Observar-se-á, em todo caso, o princípio da irrecorribilidade em separado das decisões interlocutórias, de conformidade com o art. 893, § 1º da CLT e Súmula 214 do TST.

§ 2º O prazo para interpor e contra-arrazoar todos os recursos trabalhistas, inclusive agravo interno e agravo regimental, é de oito dias (art. 6º da Lei 5.584/1970 e art. 893 da CLT), exceto embargos de declaração (CLT, art. 897-A).

Art. 2º Sem prejuízo de outros, não se aplicam ao Processo do Trabalho, em razão de inexistência de omissão ou por incompatibilidade, os seguintes preceitos do Código de Processo Civil:

I – art. 63 (modificação da competência territorial e eleição de foro);

II – art. 190 e parágrafo único (negociação processual);

III – art. 219 (contagem de prazos em dias úteis);

IV – art. 334 (audiência de conciliação ou de mediação);

V – art. 335 (prazo para contestação);

VI – art. 362, III (adiamento da audiência em razão de atraso injustificado superior a 30 minutos);

VII – art. 373, §§ 3º e 4º (distribuição diversa do ônus da prova por convenção das partes);

☛ **VIII** – *(Revogado pela IN TST 41/2018).*

IX – art. 942 e parágrafos (prosseguimento de julgamento não unânime de apelação);

X – art. 944 (notas taquigráficas para substituir acórdão);

XI – art. 1010, § 3º (desnecessidade de o juízo a quo exercer controle de admissibilidade na apelação);

XII – arts. 1043 e 1044 (embargos de divergência);

XIII – art. 1070 (prazo para interposição de agravo).

Art. 3º Sem prejuízo de outros, aplicam-se ao Processo do Trabalho, em face de omissão e compatibilidade, os preceitos do Código de Processo Civil que regulam os seguintes temas:

I – art. 76, §§ 1º e 2º (saneamento de incapacidade processual ou de irregularidade de representação);

II – art. 138 e parágrafos (*amicus curiae*);

III – art. 139, exceto a parte final do inciso V (poderes, deveres e responsabilidades do juiz);

IV – art. 292, V (valor pretendido na ação indenizatória, inclusive a fundada em dano moral);

V – art. 292, § 3º (correção de ofício do valor da causa);

VI – arts. 294 a 311 (tutela provisória);

VII – art. 373, §§ 1º e 2º (distribuição dinâmica do ônus da prova);

VIII – art. 485, § 7º (juízo de retratação no recurso ordinário);

IX – art. 489 (fundamentação da sentença);

X – art. 496 e parágrafos (remessa necessária);

XI – arts. 497 a 501 (tutela específica);

XII – arts. 536 a 538 (cumprimento de sentença que reconheça a exigibilidade de obrigação de fazer, de não fazer ou de entregar coisa);

XIII – arts. 789 a 796 (responsabilidade patrimonial);

XIV – art. 805 e parágrafo único (obrigação de o executado indicar outros meios mais eficazes e menos onerosos para promover a execução);

XV – art. 833, incisos e parágrafos (bens impenhoráveis);

XVI – art. 835, incisos e §§ 1º e 2º (ordem preferencial de penhora);

XVII – art. 836, §§ 1º e 2º (procedimento quando não encontrados bens penhoráveis);

XVIII – art. 841, §§ 1º e 2º (intimação da penhora);

XIX – art. 854 e parágrafos (BacenJUD);

XX – art. 895 (pagamento parcelado do lanço);

XXI – art. 916 e parágrafos (parcelamento do crédito exequendo);

XXII – art. 918 e parágrafo único (rejeição liminar dos embargos à execução);

XXIII – arts. 926 a 928 (jurisprudência dos tribunais);

XXIV – art. 940 (vista regimental);

XXV – art. 947 e parágrafos (incidente de assunção de competência);

XXVI – arts. 966 a 975 (ação rescisória);

XXVII – arts. 988 a 993 (reclamação);

XXVIII – arts. 1013 a 1014 (efeito devolutivo do recurso ordinário – força maior);

XXIX – art. 1021 (salvo quanto ao prazo do agravo interno).

Art. 4º Aplicam-se ao Processo do Trabalho as normas do CPC que regulam o princípio do contraditório, em especial os arts. 9º e 10, no que vedam a decisão surpresa.

§ 1º Entende-se por "decisão surpresa" a que, no julgamento final do mérito da causa, em qualquer grau de jurisdição, aplicar fundamento jurídico ou embasar-se em fato não submetido à audiência prévia de uma ou de ambas as partes.

§ 2º Não se considera "decisão surpresa" a que, à luz do ordenamento jurídico nacional e dos princípios que informam o Direito Processual do Trabalho, as partes tinham obrigação de prever, concernente às condições da ação, aos pressupostos de admissibilidade de recurso e aos pressupostos processuais, salvo disposição legal expressa em contrário.

Art. 5º Aplicam-se ao Processo do Trabalho as normas do art. 356, §§ 1º a 4º, do CPC que regem o julgamento antecipado parcial do mérito, cabendo recurso ordinário de imediato da sentença.

☛ **Art. 6º** *(Revogado pela IN TST 41/2018).*

Art. 7º Aplicam-se ao Processo do Trabalho as normas do art. 332 do CPC, com as necessárias adaptações à legislação processual trabalhista, cumprindo ao juiz do trabalho julgar liminarmente improcedente o pedido que contrariar:

I – enunciado de súmula do Supremo Tribunal Federal ou do Tribunal Superior do Trabalho (CPC, art. 927, inc. V);

II – acórdão proferido pelo Supremo Tribunal Federal ou pelo Tribunal Superior do Trabalho em julgamento de recursos repetitivos (CLT, art. 896-B; CPC, art. 1046, § 4º);

III – entendimento firmado em incidente de resolução de demandas repetitivas ou de assunção de competência;

IV – enunciado de súmula de Tribunal Regional do Trabalho sobre direito local, convenção coletiva de trabalho, acordo coletivo de trabalho, sentença normativa ou regulamento empresarial de observância obrigatória em área territorial que não exceda à jurisdição do respectivo Tribunal (CLT, art. 896, *b*, *a contrario sensu*).

Parágrafo único. O juiz também poderá julgar liminarmente improcedente o pedido se verificar, desde logo, a ocorrência de decadência.

Art. 8º Aplicam-se ao Processo do Trabalho as normas dos arts. 976 a 986 do CPC que regem o incidente de resolução de demandas repetitivas (IRDR).

§ 1º Admitido o incidente, o relator suspenderá o julgamento dos processos pendentes, individuais ou coletivos, que tramitam na Região, no tocante ao tema objeto de IRDR, sem prejuízo da instrução integral das causas e do julgamento dos eventuais pedidos distintos e cumulativos igualmente deduzidos em tais processos, inclusive, se for o caso, do julgamento antecipado parcial do mérito.

§ 2º Do julgamento do mérito do incidente caberá recurso de revista para o Tribunal Superior do Trabalho, dotado de efeito meramente devolutivo, nos termos dos arts. 896 e 899 da CLT.

§ 3º Apreciado o mérito do recurso, a tese jurídica adotada pelo Tribunal Superior do Trabalho será aplicada no território nacional a todos os processos, individuais ou coletivos, que versem sobre idêntica questão de direito.

Art. 9º O cabimento dos embargos de declaração no Processo do Trabalho, para impugnar qualquer decisão judicial, rege-se pelo art. 897-A da CLT e, supletivamente, pelo Código de Processo Civil (arts. 1022 a 1025; §§ 2º, 3º e 4º do art. 1026), excetuada a garantia de prazo em dobro para litisconsortes (§ 1º do art. 1023).

Parágrafo único. A omissão para fins do prequestionamento ficto a que alude o art. 1025 do CPC dá-se no caso de o Tribunal Regional do Trabalho, mesmo instado mediante embargos de declaração, recusar-se a emitir tese sobre questão jurídica pertinente, na forma da Súmula 297, item III, do Tribunal Superior do Trabalho.

Art. 10. Aplicam-se ao Processo do Trabalho as normas do parágrafo único do art. 932 do CPC, §§ 1º a 4º do art. 938 e §§ 2º e 7º do art. 1007.

Parágrafo único. *(Revogado pela Res. TST 218/2017).*

Art. 11. Não se aplica ao Processo do Trabalho a norma do art. 459 do CPC no que permite a inquirição direta das testemunhas pela parte (CLT, art. 820).

Art. 12. Aplica-se ao Processo do Trabalho o parágrafo único do art. 1034 do CPC. Assim, admitido o recurso de revista por um fundamento, devolve-se ao Tribunal Superior do Trabalho o conhecimento dos demais fundamentos para a solução apenas do capítulo impugnado.

Art. 13. Por aplicação supletiva do art. 784, I (art. 15 do CPC), o cheque e a nota promissória emitidos em reconhecimento de dívida inequivocamente de natureza trabalhista também são títulos extrajudiciais para efeito de execução perante a Justiça do Trabalho, na forma do art. 876 e ss. da CLT.

Art. 14. Não se aplica ao Processo do Trabalho o art. 165 do CPC, salvo nos conflitos coletivos de natureza econômica (Constituição Federal, art. 114, §§ 1º e 2º).

Art. 15. O atendimento à exigência legal de fundamentação das decisões judiciais (CPC, art. 489, § 1º) no Processo do Trabalho observará o seguinte:

I – por força dos arts. 332 e 927 do CPC, adaptados ao Processo do Trabalho, para efeito dos incisos V e VI do § 1º do art. 489 considera-se "precedente" apenas:

a) acórdão proferido pelo Supremo Tribunal Federal ou pelo Tribunal Superior do Trabalho em julgamento de recursos repetitivos (CLT, art. 896-B; CPC, art. 1046, § 4º);

b) entendimento firmado em incidente de resolução de demandas repetitivas ou de assunção de competência;

c) decisão do Supremo Tribunal Federal em controle concentrado de constitucionalidade;

d) tese jurídica prevalecente em Tribunal Regional do Trabalho e não conflitante com súmula ou orientação jurisprudencial do Tribunal Superior do Trabalho (CLT, art. 896, § 6º);

e) decisão do plenário, do órgão especial ou de seção especializada competente para uniformizar a jurisprudência do tribunal a que o juiz estiver vinculado ou do Tribunal Superior do Trabalho.

II – para os fins do art. 489, § 1º, incisos V e VI do CPC, considerar-se-ão unicamente os precedentes referidos no item anterior, súmulas do Supremo Tribunal Federal, orientação jurisprudencial e súmula do Tribunal Superior do Trabalho, súmula de Tribunal Regional do Trabalho não conflitante com súmula ou orientação jurisprudencial do TST, que contenham explícita referência aos fundamentos determinantes da decisão (*ratio decidendi*).

III – não ofende o art. 489, § 1º, inciso IV do CPC a decisão que deixar de apreciar questões cujo exame haja ficado prejudicado em razão da análise anterior de questão subordinante.

IV – o art. 489, § 1º, IV, do CPC não obriga o juiz ou o Tribunal a enfrentar os fundamentos jurídicos invocados pela parte, quando já tenham sido examinados na formação dos precedentes obrigatórios ou nos fundamentos determinantes de enunciado de súmula.

V – decisão que aplica a tese jurídica firmada em precedente, nos termos do item I, não precisa enfrentar os fundamentos já analisados na decisão paradigma, sendo suficiente, para fins de atendimento das exigências constantes no art. 489, § 1º, do CPC, a correlação fática e jurídica entre o caso concreto e aquele apreciado no incidente de solução concentrada.

VI – é ônus da parte, para os fins do disposto no art. 489, § 1º, V e VI, do CPC, identificar os fundamentos determinantes ou demonstrar a existência de distinção no caso em julgamento ou a superação do entendimento, sempre que invocar precedente ou enunciado de súmula.

Art. 16. Para efeito de aplicação do § 5º do art. 272 do CPC, não é causa de nulidade processual a intimação realizada na pessoa de advogado regularmente habilitado nos autos, ainda que conste pedido expresso para que as comunicações dos atos processuais sejam feitas em nome de outro advogado, se o profissional indicado não se encontra previamente cadastrado no Sistema de Processo Judicial Eletrônico, impedindo a serventia judicial de atender ao requerimento de envio da intimação direcionada. A decretação de nulidade não pode ser acolhida em favor da parte que lhe deu causa (CPC, art. 276).

Art. 17. Sem prejuízo da inclusão do devedor no Banco Nacional de Devedores Trabalhistas (CLT, art. 642-A), aplicam-se à execução trabalhista as normas dos arts. 495, 517 e 782, §§ 3º, 4º e 5º do CPC, que tratam respectivamente da hipoteca judiciária, do protesto de decisão judicial e da inclusão do nome do executado em cadastros de inadimplentes.

Art. 18. Esta Instrução Normativa entrará em vigor na data da sua publicação.

Ministro Ives Gandra da Silva Martins Filho
Presidente do Tribunal Superior do Trabalho

(*DEJT* 16.03.2016)

BREVE EXPOSIÇÃO DE MOTIVOS

A preocupação com os profundos impactos do novo Código de Processo Civil (Lei 13.105, de 17.03.2015) no processo do trabalho, mais que aconselhar, impõe um posicionamento do Tribunal Superior do Trabalho sobre a matéria, mediante Instrução Normativa.

A proposta que ora se apresenta toma como premissa básica e viga mestra a não revogação dos arts. 769 e 889 da CLT pelo art. 15 do CPC de 2015, seja em face do que estatui o art. 2º, § 2º da Lei de Introdução às Normas do Direito Brasileiro, seja à luz do art. 1046, § 2º do NCPC.

Daí que a tônica central e fio condutor da Instrução Normativa é somente permitir a invocação subsidiária ou supletiva do NCPC caso haja omissão e também compatibilidade com as normas e princípios do Direito Processual do Trabalho. Entendemos que a norma do art. 15 do NCPC não constitui sinal verde para a transposição de qualquer instituto do processo civil para o processo do trabalho, ante a mera constatação de omissão, sob pena de desfigurar-se todo o especial arcabouço principiológico e axiológico que norteia e fundamenta o Direito Processual do Trabalho.

Nesta perspectiva, a Instrução Normativa identificou e apontou três categorias de normas do NCPC, com vistas à invocação, ou não, no processo do trabalho:

a) as não aplicáveis (art. 2º);

b) as aplicáveis (art. 3º);

c) as aplicáveis em termos, isto é, com as necessárias adaptações (as demais referidas na IN a partir do art. 4º).

Não se quis, nem se poderia, exaurir na Instrução Normativa o elenco de normas de tais categorias. O escopo primacial foi o exame de algumas das mais relevantes questões inovatórias e, em especial, das questões jurídico-processuais mais controvertidas que o NCPC suscita, com os olhos fitos no campo trabalhista.

A aplicação no processo do trabalho da nova concepção de princípio do contraditório adotada pelo NCPC (arts. 9º e 10), no que veda a decisão surpresa, constituiu-se em uma das mais tormentosas e atormentadoras questões com que se viu a braços a Comissão. Prevaleceu uma solução de compromisso:

a) de um lado, aplica-o na plenitude no julgamento do mérito da causa (art. 4º, § 1º, da IN) e, portanto, na esfera do direito material, de forma a impedir a adoção de fundamento jurídico não debatido previamente pelas partes; persiste a possibilidade de o órgão jurisdicional invocar o brocardo jura novit curia, mas não sem audiência prévia das partes;

b) de outro lado, no plano estritamente processual, mitigou-se o rigor da norma (art. 4º, § 2º, da IN); para tanto, concorreram vários fatores:

b1) as especificidades do processo trabalhista (mormente a exigência fundamental de celeridade em virtude da natureza alimentar das pretensões deduzidas em juízo);

b2) a preservação pelo próprio CPC/2015 (art. 1046, § 2º) das "disposições especiais dos procedimentos regulados em outras leis", dentre as quais sobressai a CLT;

b3) o próprio Código de Processo Civil não adota de forma absoluta a observância do princípio do contraditório prévio como vedação à decisão surpresa;

b4) a experiência do direito comparado europeu, berço da nova concepção de contraditório, que recomenda algum temperamento em sua aplicação; tome-se, a título de ilustração, a seguinte decisão do Tribunal das Relações de Portugal de 2004:

"A *decisão surpresa* apenas emerge quando ela comporte uma solução jurídica que, perante os factos controvertidos, as partes *não tinham* obrigação de *prever*".

Daí a diretriz assumida pela IN, *a contrario sensu*: *não* se reputa "decisão surpresa" a que as partes *tinham* obrigação de prever, concernente às condições da ação, aos pressupostos de admissibilidade de recurso e aos pressupostos processuais. Ainda aqui, todavia, a IN ressalva os casos excepcionais em que, a propósito desses institutos, há disposição legal *expressa* determinando a audiência prévia da parte, a exemplo das normas dos §§ 2º e 7º do art. 1007 e §§ 1º a 4º do art. 938 do CPC de 2015.

A Comissão reputou inafastável a aplicação subsidiária ao processo do trabalho da nova exigência legal de fundamentação das decisões judiciais (CPC, art. 489, § 1º). Cuidou, contudo, de algumas regras elucidativas e atenuadoras, sobretudo de modo a prevenir controvérsia sobre o alcance dos incs. V e VI do § 1º do art. 489 do CPC (art. 15, incs. I a VI da IN).

Anoto, de outra parte, que a aprovação da Instrução Normativa, tal como proposta, acarretará impacto substancial ou de atualização formal em dezenas de súmulas e orientações jurisprudenciais do Tribunal Superior do Trabalho.

Enfim, no que tange às normas aplicáveis, a Comissão buscou, de forma bastante criteriosa e seletiva, transpor para o processo do trabalho as inovações relevantes que valorizam a jurisprudência consolidada dos tribunais, privilegiam a qualidade da tutela jurisdicional e não descuram da segurança jurídica.

Brasília, 10 de março de 2016.

Ministro João Oreste Dalazen
Coordenador da Comissão de Ministros

INSTRUÇÃO NORMATIVA 40, DE 17 DE MARÇO DE 2016, DO TRIBUNAL SUPERIOR DO TRABALHO – TST

Dispõe sobre o cabimento de agravo de instrumento em caso de admissibilidade parcial de recurso de revista no Tribunal Regional do Trabalho e dá outras providências.

• Aprovada pela Res. TST 205/2016.

Art. 1º Admitido apenas parcialmente o recurso de revista, constitui ônus da parte impugnar, mediante agravo de instrumento, o capítulo denegatório da decisão, sob pena de preclusão.

§ 1º Se houver omissão no juízo de admissibilidade do recurso de revista quanto a um ou mais temas, é ônus da parte interpor embargos de declaração para o órgão prolator da decisão embargada supri-la (CPC, art. 1024, § 2º), sob pena de preclusão.

§ 2º Incorre em nulidade a decisão regional que se abstiver de exercer controle de admissibilidade sobre qualquer tema objeto de recurso de revista, não obstante interpostos embargos de declaração (CF/1988, art. 93, inc. IX e § 1º do art. 489 do CPC de 2015).

§ 3º No caso do parágrafo anterior, sem prejuízo da nulidade, a recusa do Presidente do Tribunal Regional do Trabalho a emitir juízo de admissibilidade sobre qualquer tema equivale à decisão denegatória. É ônus da parte, assim, após a intimação da decisão dos embargos de declaração, impugná-la mediante agravo de instrumento (CLT, art. 896, § 12), sob pena de preclusão.

§ 4º Faculta-se ao Ministro Relator, por decisão irrecorrível (CLT, art. 896, § 5º, por analogia), determinar a restituição do agravo de instrumento ao Presidente do Tribunal Regional do Trabalho de origem para que complemente o juízo de admissibilidade, desde que interpostos embargos de declaração.

Art. 2º Após a vigência do Código de Processo Civil de 2015, subsiste o Incidente de Uniformização de Jurisprudência da CLT (art. 896, §§ 3º, 4º, 5º e 6º), observado o procedimento previsto no regimento interno do Tribunal Regional do Trabalho.

Art. 3º A presente instrução normativa vigerá a partir de sua publicação, exceto o art. 1º, que vigorará a partir de 15 de abril de 2016.

Ministro Ives Gandra da Silva Martins Filho
Presidente do Tribunal Superior do Trabalho
(*DEJT* 17.03.2016)

INSTRUÇÃO NORMATIVA 41, DE 21 DE JUNHO DE 2018

Dispõe sobre a aplicação das normas processuais da Consolidação das Leis do Trabalho alteradas pela Lei nº 13.467, de 13 de julho de 2017.

Editada pela Resolução 221/2018.

Art. 1º A aplicação das normas processuais previstas na Consolidação das Leis do Trabalho, alteradas pela Lei nº 13.467, de 13 de julho de 2017, com eficácia a partir de 11 de novembro de 2017, é imediata, sem atingir, no entanto, situações pretéritas iniciadas ou consolidadas sob a égide da lei revogada.

Art. 2º O fluxo da prescrição intercorrente conta-se a partir do descumprimento da determinação judicial a que alude o § 1º do art. 11-A da CLT, desde que feita após 11 de novembro de 2017 (Lei nº 13.467/2017).

Art. 3º A obrigação de formar o litisconsórcio necessário a que se refere o art. 611-A, § 5º, da CLT dar-se-á nos processos iniciados a partir de 11 de novembro de 2017 (Lei nº 13.467/2017).

Art. 4º O art. 789, caput, da CLT aplica-se nas decisões que fixem custas, proferidas a partir da entrada em vigor da Lei nº 13.467/2017.

Art. 5º O art. 790-B, caput e §§ 1º a 4º, da CLT, não se aplica aos processos iniciados antes de 11 de novembro de 2017 (Lei nº 13.467/2017).

Art. 6º Na Justiça do Trabalho, a condenação em honorários advocatícios sucumbenciais, prevista no art. 791-A, e parágrafos, da CLT, será aplicável apenas às ações propostas após 11 de novembro de 2017 (Lei nº 13.467/2017). Nas ações propostas anteriormente, subsistem as diretrizes do art. 14 da Lei nº 5.584/1970 e das Súmulas nos 219 e 329 do TST.

Art. 7º Os arts. 793-A, 793-B e 793-C, § 1º, da CLT têm aplicação autônoma e imediata.

Art. 8º A condenação de que trata o art. 793-C, caput, da CLT, aplica-se apenas às ações ajuizadas a partir de 11 de novembro de 2017 (Lei nº 13.467/2017).

Art. 9º O art. 793-C, §§ 2º e 3º, da CLT tem aplicação apenas nas ações ajuizadas a partir de 11 de novembro de 2017 (Lei nº 13.467/2017).

Art. 10. O disposto no caput do art. 793-D será aplicável às ações ajuizadas a partir de 11 de novembro de 2017 (Lei nº 13.467/2017).

Parágrafo único. Após a colheita da prova oral, a aplicação de multa à testemunha dar-se-á na sentença e será precedida de instauração de incidente mediante o qual o juiz indicará o ponto ou os pontos controvertidos no depoimento, assegurados o contraditório, a defesa, com os meios a ela inerentes, além de possibilitar a retratação.

Art. 11. A exceção de incompetência territorial, disciplinada no art. 800 da CLT, é imediatamente aplicável aos processos trabalhistas em curso, desde que o recebimento da notificação seja posterior a 11 de novembro de 2017 (Lei 13.467/2017).

Art. 12. Os arts. 840 e 844, §§ 2º, 3º e 5º, da CLT, com as redações dadas pela Lei nº 13.467, de 13 de julho de 2017, não retroagirão, aplicando-se, exclusivamente, às ações ajuizadas a partir de 11 de novembro de 2017.

§ 1º Aplica-se o disposto no art. 843, § 3º, da CLT somente às audiências trabalhistas realizadas após 11 de novembro de 2017.

§ 2º Para fim do que dispõe o art. 840, §§ 1º e 2º, da CLT, o valor da causa será estimado, observando-se, no que couber, o disposto nos arts. 291 a 293 do Código de Processo Civil.

§ 3º Nos termos do art. 843, § 3º, e do art. 844, § 5º, da CLT, não se admite a cumulação das condições de advogado e preposto.

Art. 13. A partir da vigência da Lei nº 13.467/2017, a iniciativa do juiz na execução de que trata o art. 878 da CLT e no incidente de desconsideração da personalidade jurídica a que alude o art. 855-A da CLT ficará limitada aos casos em que as partes não estiverem representadas por advogado.

Art. 14. A regra inscrita no art. 879, § 2º, da CLT, quanto ao dever de o juiz conceder prazo comum de oito dias para impugnação fundamentada da conta de liquidação, não se aplica à liquidação de julgado iniciada antes de 11 de novembro de 2017.

Art. 15. O prazo previsto no art. 883-A da CLT, para as medidas de execução indireta nele especificadas, aplica-se somente às execuções iniciadas a partir de 11 de novembro de 2017.

Art. 16. O art. 884, § 6º, da CLT aplica-se às entidades filantrópicas e seus diretores, em processos com execuções iniciadas após 11 de novembro de 2017.

Art. 17. O incidente de desconsideração da personalidade jurídica, regulado pelo CPC (artigos 133 a 137), aplica-se ao processo do trabalho, com as inovações trazidas pela Lei nº 13.467/2017.

Art. 18. O dever de os Tribunais Regionais do Trabalho uniformizarem a sua jurisprudência faz incidir, subsidiariamente ao processo do trabalho, o art. 926 do CPC, por meio do qual os Tribunais deverão manter sua jurisprudência íntegra, estável e coerente.

§ 1º Os incidentes de uniformização de jurisprudência suscitados ou iniciados antes da vigência da Lei nº 13.467/2017, no âmbito dos Tribunais Regionais do Trabalho ou por iniciativa de decisão do Tribunal Superior do Trabalho, deverão observar e serão concluídos sob a égide da legislação vigente ao tempo da interposição do recurso, segundo o disposto nos respectivos Regimentos Internos.

§ 2º Aos recursos de revista e de agravo de instrumento no âmbito do Tribunal Superior do Trabalho, conclusos aos relatores e ainda não julgados até a edição da Lei nº 13.467/17, não se aplicam as disposições contidas nos §§ 3º a 6º do artigo 896 da Consolidação das Leis do Trabalho.

§ 3º As teses jurídicas prevalecentes e os enunciados de Súmulas decorrentes do julgamento dos incidentes de uniformização de jurisprudência suscitados ou iniciados anteriormente à edição da Lei nº 13.467/2017, no âmbito dos Tribunais Regionais do Trabalho, conservam sua natureza vinculante à luz dos arts. 926, §§ 1º e 2º, e 927, III e V, do CPC.

Art. 19. O exame da transcendência seguirá a regra estabelecida no art. 246 do Regimento Interno do Tribunal Superior do Trabalho, incidindo apenas sobre os acórdãos proferidos pelos Tribunais Regionais do Trabalho publicados a partir de 11 de novembro de 2017, excluídas as decisões em embargos de declaração.

Art. 20. As disposições contidas nos §§ 4º, 9º, 10 e 11 do artigo 899 da CLT, com a redação dada pela Lei nº 13.467/2017, serão observadas para os recursos interpostos contra as decisões proferidas a partir de 11 de novembro de 2017.

Art. 21. Esta Instrução Normativa entrará em vigor na data da sua publicação. Ficam revogados os art. 2º, VIII, e 6º da Instrução Normativa nº 39/2016 do TST.

João Batista Brito Pereira
(DJE-TST 21.06.2018)

ATOS CONJUNTOS DO TRIBUNAL SUPERIOR DO TRABALHO

ATO CONJUNTO 15, DE 5 DE JUNHO DE 2008, DO TRIBUNAL SUPERIOR DO TRABALHO E DO CONSELHO SUPERIOR DA JUSTIÇA DO TRABALHO – TST/CSJT

Institui o Diário Eletrônico da Justiça do Trabalho e estabelece normas para envio, publicação e disponibilização de matérias dos Órgãos da Justiça do Trabalho.

O Presidente do Tribunal Superior do Trabalho e do Conselho Superior da Justiça do Trabalho, no uso de suas atribuições legais e regimentais,

Considerando que compete ao Tribunal Superior do Trabalho e ao Conselho Superior da Justiça do Trabalho expedir normas relacionadas aos sistemas de informática, no âmbito de suas competências;

Considerando o disposto no art. 4º da Lei 11.419, de 19 de dezembro de 2006;

Considerando que, à exceção das decisões previstas no art. 834 da CLT, os demais atos, despachos e decisões proferidas pela Justiça do Trabalho são publicados no *Diário da Justiça;*

Considerando a conveniência e o interesse dos Órgãos da Justiça do Trabalho em contar com meio próprio de disponibilização das decisões, atos e intimações;

Considerando o disposto no Ato Conjunto TST/CSJT 27, de 5 de agosto de 2013, que define os papéis e as responsabilidades da unidade gestora, do gestor de sistema, da unidade de negócio e do usuário de sistemas informatizados e de bases de dados no âmbito do TST e do CSJT, resolve:

- Considerando acrescentado pelo Ato Conjunto TST/CSJT 35/2017.

Art. 1º Este Ato institui o *Diário Eletrônico da Justiça do Trabalho*, de âmbito nacional, e estabelece as normas para sua elaboração, disponibilização e publicação.

- Artigo com redação determinada pelo Ato Conjunto TST/CSJT 13/2010.

Seção I
Finalidade do Diário Eletrônico da Justiça do Trabalho e Endereço de Acesso

Art. 2º O Diário Eletrônico da Justiça do Trabalho é o instrumento de comunicação oficial para disponibilização e publicação dos atos dos Órgãos da Justiça do Trabalho, do Conselho Superior da Justiça do Trabalho e da Escola Nacional de Formação e Aperfeiçoamento de Magistrados do Trabalho, e estará acessível nos respectivos portais na rede mundial de computadores, possibilitando a qualquer interessado o acesso gratuito, independentemente de cadastro prévio.

- Artigo com redação determinada pelo Ato Conjunto TST/CSJT 37/2013.

Parágrafo único. O *Diário Eletrônico da Justiça do Trabalho* é composto pelos seguintes cadernos:

I – Caderno Judiciário: destinado à publicação de atos judiciais; e

II – Caderno Administrativo: destinado à publicação de atos do Conselho Superior da Justiça do Trabalho e da Escola Nacional de Formação e Aperfeiçoamento de Magistrados do Trabalho, bem como dos atos de gestão administrativa do Tribunal Superior do Trabalho e dos Tribunais Regionais do Trabalho.

Seção II
Do início da Publicação de Matérias no Diário Eletrônico da Justiça do Trabalho

Art. 3º A publicação de matérias no Diário Eletrônico da Justiça do Trabalho terá início em 9 de junho de 2008, com a disponibilização do expediente do Tribunal Superior do Trabalho, do Conselho Superior da Justiça do Trabalho, da Escola Nacional de Formação e Aperfeiçoamento de Magistrados do Trabalho e de Tribunais Regionais do Trabalho.

- Artigo com redação determinada pelo Ato Conjunto TST/CSJT 13/2010.

Parágrafo único. A publicação dos expedientes dos Tribunais Regionais do Trabalho será feita gradualmente, na forma do cronograma a ser fixado pela Presidência do Conselho Superior da Justiça do Trabalho.

Art. 4º Os Órgãos da Justiça do Trabalho que iniciarem a publicação no *Diário Eletrônico da Justiça do Trabalho* manterão, simultaneamente, as versões atuais de publicação por no mínimo 30 (trinta) dias.

Art. 5º A publicação eletrônica na forma deste artigo substitui qualquer outro meio e publicação oficial, para quaisquer efeitos legais, à exceção dos casos que, por lei, exigirem:

- Artigo com redação determinada pelo Ato Conjunto TST/CSJT 37/2013.

I – intimação ou vista pessoal; ou

II – publicação por meio da Imprensa Nacional ou jornais de circulação local, regional ou nacional.

Art. 6º Considera-se como data da publicação o primeiro dia útil seguinte ao da disponibilização do *Diário Eletrônico* no Portal da Justiça do Trabalho.

- *Caput* com redação determinada pelo Ato Conjunto TST/CSJT 13/2010.

Parágrafo único. Os prazos processuais terão início no primeiro dia útil que seguir ao considerado como data da publicação.

Seção III
Da Periodicidade, da Disponibilização e dos Feriados

- Rubrica da Seção III com redação determinada pelo Ato Conjunto TST/CSJT 13/2010.

Art. 7º O *Diário Eletrônico da Justiça do Trabalho* será disponibilizado diariamente, de segunda a sexta-feira, a partir das dezenove horas, exceto nos feriados nacionais.

- Artigo com redação determinada pelo Ato Conjunto TST/CSJT 13/2010.

§ 1º Na hipótese de problemas técnicos que impossibilitem a disponibilização das matérias até as vinte e três horas, a disponibilização não será efetivada e o fato será comunicado aos gestores do sistema, pelo gestor nacional, para que providenciem o reagendamento das matérias.

§ 2º Caso o *Diário Eletrônico* do dia corrente se torne indisponível para consulta no Portal da Justiça do Trabalho, entre 19h e 23h59, por período superior a quatro horas, considerar-se-á como data de disponibilização o primeiro dia útil subsequente.

§ 3º Na hipótese do parágrafo anterior, e sendo necessário, o presidente do Órgão publicador baixará ato de invalidação e determinará nova data para disponibilização das matérias.

Art. 8º Na hipótese de feriados serão observadas as seguintes regras:

I – no caso de cadastramento de feriado de âmbito nacional:

a) as matérias já agendadas para data coincidente serão automaticamente reagendadas para o primeiro dia útil subsequente, cabendo ao gestor do Órgão publicador intervir para alterá-las ou excluí-las;

b) serão enviadas mensagens eletrônicas aos gestores, gerentes e publicadores dos Órgãos e unidades atingidas;

II – na hipótese de cadastramento de feriado regional, a disponibilização de matérias já agendadas para a mesma data será mantida, cabendo ao gestor do Órgão atingido intervir para alterá-la ou excluí-la;

- Inciso II com redação determinada pelo Ato Conjunto TST/CSJT 13/2010.

III – o agendamento de matérias para disponibilização em dia cadastrado como feriado nacional será rejeitado,

- Inciso III com redação determinada pelo Ato Conjunto TST/CSJT 13/2010.

IV – o agendamento de matérias para disponibilização nos feriados regionais será prerrogativa do Órgão publicador.

- Inciso IV com redação determinada pelo Ato Conjunto TST/CSJT 13/2010.

Seção IV
Da Permanência das Edições no Portal da Justiça do Trabalho

Art. 9º Serão mantidas no Portal para acesso público, consulta e *download*, todas as edições do *Diário Eletrônico da Justiça do Trabalho.*

- Artigo com redação determinada pelo Ato Conjunto TST/CSJT 37/2013.

Parágrafo único. O Tribunal Superior do Trabalho e os Tribunais Regionais do Trabalho definirão os procedimentos para guarda e conservação dos diários.

Seção V
Da Assinatura Digital, da Segurança e da Numeração Sequencial

Art. 10. As edições do *Diário Eletrônico da Justiça do Trabalho* serão assinadas digitalmente, atendendo aos requisitos de autenticidade, integridade, validade jurídica e interoperabilidade da Infraestrutura de Chaves Públicas Brasileiras – ICP/Brasil.

Art. 11. O *Diário Eletrônico da Justiça do Trabalho* será identificado por numeração sequencial para cada edição, pela data da publicação e pela numeração da página.

Seção VI
Do Comitê Gestor, dos Gestores Nacionais e Regionais, dos Gerentes e dos Publicadores

- Rubrica da Seção VI com redação determinada pelo Ato Conjunto TST/CSJT 13/2010.

Art. 11-A. O *Diário Eletrônico da Justiça do Trabalho* será administrado por um Comitê Gestor, com as seguintes atribuições:

- *Caput* acrescentado pelo Ato Conjunto TST/CSJT 13/2010.

I – realizar estudos, pesquisas e levantamentos de informações com a finalidade de promover a adoção de novas tecnologias, adequadas ao sistema e às necessidades dos Órgãos da Justiça do Trabalho, do Conselho Superior da Justiça do Trabalho e da Escola Nacional de Formação e Aperfeiçoamento de Magistrados do Trabalho;

- Inciso I acrescentado pelo Ato Conjunto TST/CSJT 13/2010.

II – analisar as demandas e as necessidades de atualização e alteração do sistema;

- Inciso II acrescentado pelo Ato Conjunto TST/CSJT 13/2010.

III – colaborar com a equipe técnica para a definição das premissas e estratégias utilizadas para o desenvolvimento, homologação, implantação e integridade de operação do sistema;

- Inciso III acrescentado pelo Ato Conjunto TST/CSJT 13/2010.

IV – elaborar propostas de projetos para a especificação, aquisição, implantação e suporte ao sistema;

- Inciso IV acrescentado pelo Ato Conjunto TST/CSJT 13/2010.

V – indicar membros para a composição das equipes de projeto, incluindo os gerentes do projeto e as equipes de requisitos, submetendo-os à aprovação da Coordenação Executiva, que será exercida pela Secretaria de Tecnologia da Informação e Comunicação do Conselho Superior da Justiça do Trabalho;

- Inciso V com redação determinada pelo Ato Conjunto TST/CSJT 35/2017.

VI – apoiar o desenvolvimento de projetos relacionados ao *Diário Eletrônico da Justiça do Trabalho*, atendendo às solicitações encaminhadas pelos respectivos gerentes de projetos;

- Inciso VI acrescentado pelo Ato Conjunto TST/CSJT 13/2010.

VII – divulgar os resultados de suas atividades pelos meios ou mecanismos designados pela Coordenação Executiva;

- Inciso VII acrescentado pelo Ato Conjunto TST/CSJT 13/2010.

VIII – definir os tipos de matéria utilizados no sistema;

- Inciso VIII acrescentado pelo Ato Conjunto TST/CSJT 37/2013.

IX – demais atribuições definidas nos arts. 7º e 8º do Ato Conjunto TST/CSJT 27/2013.

- Inciso IX acrescentado pelo Ato Conjunto TST/CSJT 35/2017.

Art. 12. O gestor nacional do *Diário Eletrônico da Justiça do Trabalho* terá as seguintes atribuições:

- *Caput* com redação determinada pelo Ato Conjunto TST/CSJT 13/2010.

I – registrar e manter atualizado o calendário dos feriados nacionais;

II – incluir, alterar e excluir gestores designados pelo Tribunal Superior do Trabalho, pelo Conselho Superior da Justiça do Trabalho, pela Escola Nacional de Formação e Aperfeiçoamento de Magistrados do Trabalho e pelos Tribunais Regionais do Trabalho;

- Inciso II com redação determinada pelo Ato Conjunto TST/CSJT 13/2010.

III – incluir, alterar ou excluir tipos de matérias utilizados no sistema;

IV – registrar, em livro eletrônico de acesso público, as indisponibilidades do *DEJT* e outras ocorrências de caráter relevante; e

- Inciso IV com redação determinada pelo Ato Conjunto TST/CSJT 13/2010.

V – demais atribuições definidas nos arts. 6º, 8º e 9º do Ato Conjunto TST/CSJT 27/2013.

- Inciso V acrescentado pelo Ato Conjunto TST/CSJT 35/2017.

Parágrafo único. O Presidente do Conselho Superior da Justiça do Trabalho e do Tribunal Superior do Trabalho designará o gestor nacional e o respectivo substituto.

Art. 13. Ao gestor regional, além das atribuições conferidas aos gerentes, compete:

I – cadastrar as unidades publicadoras do respectivo regional;

II – incluir, alterar e excluir os gerentes das unidades publicadoras e os gestores regionais substitutos;

III – incluir, alterar e excluir do calendário os dias de feriados regionais;

IV – incluir, alterar ou excluir subtipos de matérias utilizados no sistema;

- Inciso IV acrescentado pelo Ato Conjunto TST/CSJT 37/2013.

V – acompanhar as ocorrências de erros de processamento das matérias mediante geração dos relatórios gerenciais disponíveis na funcionalidade "Relatórios Gerenciais/Erro de Processamento de XML" do DEJT para proceder às ações de reenvio/reagendamento dos arquivos e de acompanhamento da solução dos erros, conforme o caso; e

- Inciso V acrescentado pelo Ato Conjunto TST/CSJT 35/2017.

VI – demais atribuições definidas nos arts. 6º e 8º do Ato Conjunto TST/CSJT 27/2013, no que couber à sua atuação no respectivo Regional.

- Inciso VI acrescentado pelo Ato Conjunto TST/CSJT 35/2017.

Art. 14. Cada unidade publicadora designará os seus gerentes e publicadores responsáveis pelo envio das matérias para disponibilização no *Diário Eletrônico da Justiça do Trabalho*.

- Artigo com redação determinada pelo Ato Conjunto TST/CSJT 13/2010.

Art. 15. Aos gerentes, além das prerrogativas conferidas aos publicadores, compete:

I – excluir matérias enviadas por sua unidade ou alterar a data de disponibilização previamente agendada;

- Inciso I com redação determinada pelo Ato Conjunto TST/CSJT 13/2010.

II – incluir e excluir os gerentes substitutos e os publicadores no âmbito de sua unidade.

Art. 16. Publicador é o servidor credenciado pelo gerente de sua unidade e habilitado para enviar matérias.

Seção VII
Do Horário para Envio e para Exclusão de Matérias

☛ **Art. 17.** O horário-limite para o envio de matérias será 17 horas do dia da disponibilização.

- Artigo com redação determinada pelo Ato Conjunto TST/CSJT 26/2018.

Parágrafo único. A alteração da data de disponibilização e a exclusão de matérias enviadas somente serão possíveis até o horário estabelecido no *caput*.

Art. 18. *(Revogado pelo Ato Conjunto TST/CSJT 13/2010).*

Seção VIII
Do Conteúdo, das Formas de Envio de Matérias e da Confirmação da Disponibilização

- Rubrica da Seção VIII com redação determinada pelo Ato Conjunto TST/CSJT 13/2010.

Art. 19. O conteúdo ou a duplicidade das matérias disponibilizadas no *Diário Eletrônico da Justiça do Trabalho* é de responsabilidade exclusiva da unidade que o produziu, não havendo nenhuma crítica ou editoração da matéria enviada.

- Artigo com redação determinada pelo Ato Conjunto TST/CSJT 13/2010.

Art. 20. As matérias enviadas para publicação deverão obedecer aos padrões de formatação estabelecidos pela Secretaria de Tecnologia da Informação do Tribunal Superior do Trabalho.

Parágrafo único. Nos casos em que se exija publicação de matérias com formatação fora dos padrões estabelecidos, essas deverão ser enviadas como anexos por meio de funcionalidade existente no sistema do *Diário Eletrônico da Justiça do Trabalho*.

Art. 21. Após a disponibilização no *Diário Eletrônico da Justiça do Trabalho*, não poderão ocorrer modificações ou supressões nos documentos. Eventuais retificações deverão constar de nova publicação.

- *Caput* com redação determinada pelo Ato Conjunto TST/CSJT 13/2010.

§ 1º Excepcionalmente, mediante determinação do Presidente do Tribunal Superior do Trabalho e do Conselho Superior da Justiça do Trabalho ou de manifestação expressa de autoridade judicial, poderão ser efetuadas pela Gestão Nacional supressões em documentos disponibilizados quando o conteúdo veiculado:

- § 1º acrescentado pelo Ato Conjunto TST/CSJT 35/2017.

I – for incompatível com a finalidade do Diário Eletrônico da Justiça do Trabalho ou

II – estiver protegido por segredo de justiça.

§ 2º Na ocorrência de uma das hipóteses previstas no parágrafo anterior, a Gestão Nacional abrirá expediente próprio, do qual constará o registro do pedido e das providências adotadas.

- § 2º acrescentado pelo Ato Conjunto TST/CSJT 35/2017.

Art. 22. *(Revogado pelo Ato Conjunto TST/CSJT 13/2010).*

Seção IX
Disposições Finais e Transitórias

Art. 23. Compete à Secretaria de Tecnologia da Informação do Tribunal Superior do Trabalho:

I – a manutenção e o funcionamento da infraestrutura e dos sistemas e programas informatizados relativamente ao *Diário Eletrônico da Justiça do Trabalho*;

- Inciso I com redação determinada pelo Ato Conjunto TST/CSJT 13/2010.

II – o suporte técnico e o atendimento dos usuários do Tribunal Superior do Trabalho, do Conselho Superior da Justiça do Trabalho e da Escola Nacional de Formação e Aperfeiçoamento de Magistrados do Trabalho;

- Inciso II com redação determinada pelo Ato Conjunto TST/CSJT 13/2010.

III – a guarda e conservação das cópias de segurança do *Diário Eletrônico da Justiça do Trabalho*;

IV – O atendimento de segundo nível demandado pelas Secretarias de Informática e dos Gestores Regionais.

- Inciso IV com redação determinada pelo Ato Conjunto TST/CSJT 13/2010.

Art. 24. Serão de guarda permanente, para fins de arquivamento, as publicações no *Diário Eletrônico da Justiça do Trabalho*.

Art. 25. No período referido no artigo 4º deste Ato deverá constar informação da data do início da publicação exclusiva no *Diário Eletrônico da Justiça do Trabalho*.

- Artigo com redação determinada pelo Ato Conjunto TST/CSJT 13/2010.

Parágrafo único. Enquanto durar a publicação simultânea no *Diário Eletrônico da Justiça do Trabalho* e no *Diário da Justiça* ou versão utilizada pelo Órgão publicador, os prazos serão aferidos pelo sistema antigo de publicação.

Art. 26. Os horários mencionados neste Ato corresponderão ao horário oficial de Brasília, independentemente do fuso horário local.

Art. 27. Os casos omissos serão resolvidos pela Presidência do Tribunal Superior do Trabalho e do Conselho Superior da Justiça do Trabalho.

Art. 28. Este Ato entra em vigor na data de sua publicação, revogadas as disposições em contrário.

Brasília, 5 de junho de 2008.

Ministro Rider Nogueira de Brito
Presidente do Tribunal Superior do Trabalho e do Conselho Superior da Justiça do Trabalho

(*DJU* 09.06.2008; rep. 24.09.2008; *DJE* 31.08.2010; 11.11.2013 e 08.09.2017)

ATO CONJUNTO 21, DE 07 DE DEZEMBRO DE 2010, DO TRIBUNAL SUPERIOR DO TRABALHO E DO CONSELHO SUPERIOR DA JUSTIÇA DO TRABALHO – TST/CSJT

Dispõe sobre o recolhimento de custas e emolumentos na Justiça do Trabalho.

O Presidente do Tribunal Superior do Trabalho e do Conselho Superior da Justiça do Trabalho, no uso de suas atribuições legais e regimentais, Considerando o contido no Processo Administrativo 503.019/2010-1, resolve:

Art. 1º A partir de 1º de janeiro de 2011, o pagamento das custas e dos emolumentos no âmbito da Justiça do Trabalho deverá ser realizado, exclusivamente, mediante Guia de Recolhimento da União – GRU Judicial, sendo ônus da parte interessada efetuar seu correto preenchimento.

Art. 2º A emissão da GRU Judicial deverá ser realizada por meio do sítio da Secretaria do Tesouro Nacional na internet (*www.stn.fazenda.gov.br*), ou em Aplicativo Local instalado no Tribunal, devendo o recolhimento ser efetuado exclusivamente no Banco do Brasil ou na Caixa Econômica Federal.

§ 1º O preenchimento da GRU Judicial deverá obedecer às orientações contidas no Anexo I.

§ 2º O pagamento poderá ser feito em dinheiro em ambas as instituições financeiras ou em cheque somente no Banco do Brasil.

Art. 3º Na emissão da GRU Judicial serão utilizados os seguintes códigos de recolhimento:

18740-2 – STN-CUSTAS JUDICIAIS (CAIXA/BB)

18770-4 – STN-EMOLUMENTOS (CAIXA/BB)

Art. 4º Até 31 de dezembro de 2010, serão válidos tanto os recolhimentos efetuados por meio de Documento de Arrecadação de Receitas Federais – DARF, em conformidade com as regras previstas na Instrução Normativa 20 do Tribunal Superior do Trabalho, de 24 de setembro de 2002, quanto os realizados de acordo com as diretrizes estabelecidas por este Ato.

Art. 5º Este Ato entra em vigor na data de sua publicação.

Brasília, 7 de dezembro de 2010.

Ministro Milton de Moura França
Presidente do Tribunal Superior do Trabalho e do Conselho Superior da Justiça do Trabalho

(*DEJT* 09.12.2010)

ANEXO I

– O campo "Unidade Gestora" deverá ser preenchido com o código do tribunal favorecido pelo recolhimento, conforme relação constante do Anexo II.

– No campo "Gestão" deverá constar o código 00001.

– O campo "Código de Recolhimento" deverá ser preenchido com um dos seguintes códigos, conforme o caso:

18740-2 – STN-CUSTAS JUDICIAIS (CAIXA/BB)

18770-4 – STN-EMOLUMENTOS (CAIXA/BB)

– O campo "número do processo/referência" deverá ser preenchido, sem pontos ou hífens, excluindo-se os quatro últimos dígitos, que deverão ser informados no campo "Vara".

Os demais campos deverão ser preenchidos conforme as regras estabelecidas pela Secretaria do Tesouro Nacional.

ANEXO II

UNIDADE GESTORA	CÓDIGO
Tribunal Superior do Trabalho	080001
Tribunal Regional do Trabalho da 1ª Região	080009
Tribunal Regional do Trabalho da 2ª Região	080010
Tribunal Regional do Trabalho da 3ª Região	080008
Tribunal Regional do Trabalho da 4ª Região	080014
Tribunal Regional do Trabalho da 5ª Região	080007
Tribunal Regional do Trabalho da 6ª Região	080006
Tribunal Regional do Trabalho da 7ª Região	080004
Tribunal Regional do Trabalho da 8ª Região	080003
Tribunal Regional do Trabalho da 9ª Região	080012

UNIDADE GESTORA	CÓDIGO
Tribunal Regional do Trabalho da 10ª Região	080016
Tribunal Regional do Trabalho da 11ª Região	080002
Tribunal Regional do Trabalho da 12ª Região	080013
Tribunal Regional do Trabalho da 13ª Região	080005
Tribunal Regional do Trabalho da 14ª Região	080015
Tribunal Regional do Trabalho da 15ª Região	080011
Tribunal Regional do Trabalho da 16ª Região	080018
Tribunal Regional do Trabalho da 17ª Região	080019
Tribunal Regional do Trabalho da 18ª Região	080020
Tribunal Regional do Trabalho da 19ª Região	080022
Tribunal Regional do Trabalho da 20ª Região	080023
Tribunal Regional do Trabalho da 21ª Região	080021
Tribunal Regional do Trabalho da 22ª Região	080024
Tribunal Regional do Trabalho da 23ª Região	080025
Tribunal Regional do Trabalho da 24ª Região	080026

ATOS DO TRIBUNAL SUPERIOR DO TRABALHO

ATO 310, DE 19 DE MAIO DE 2009, DO TRIBUNAL SUPERIOR DO TRABALHO – TST

Autoriza o Presidente do Tribunal a decidir, monocraticamente, os agravos de instrumento em recurso de revista e os recursos de revista pendentes de distribuição, nas hipóteses que especifica.

O Presidente do Tribunal Superior do Trabalho, no uso de suas atribuições legais e regimentais, *ad referendum* do Órgão Especial,

- Ato referendado pela Res. Administrativa TST 1.340/2009 (*DEJT* 08.06.2009).

Considerando o disposto no art. 5º, inciso LXXVIII, da Constituição da República, que assegura às partes o direito a razoável duração do processo e os meios que garantam a celeridade de sua tramitação, resolveu:

Art. 1º Fica o Presidente do Tribunal autorizado a decidir, monocraticamente, os agravos de instrumento em recurso de revista e os recursos de revista pendentes de distribuição que não preencham os pressupostos extrínsecos de admissibilidade.

Art. 2º Compete, ainda, ao Presidente, antes da distribuição:

I – negar provimento a agravo de instrumento manifestamente incabível;

II – negar provimento ao agravo de instrumento na hipótese de o recurso de revista não atender os pressupostos extrínsecos de admissibilidade;

III – negar provimento ao agravo de instrumento para manter o despacho que denegou seguimento ao recurso de revista, por estar a decisão do Tribunal Regional em conformidade com súmula ou orientação jurisprudencial de direito material, da Corte.

Art. 3º Os embargos de declaração serão julgados pelo Presidente.

Parágrafo único. Postulando o embargante efeito modificativo, os embargos de declaração serão convertidos em agravo, em face dos princípios da fungibilidade e celeridade processual, e distribuídos no âmbito das Turmas do Tribunal.

Art. 4º Havendo interposição de agravo contra a decisão da Presidência, o processo será distribuído no âmbito das Turmas do Tribunal.

Art. 5º Este Ato entra em vigor na data de sua publicação, ficando revogadas as Resoluções Administrativas 1.171/2006, 1.185/2006 e 1.242/2007.

Brasília, 19 de maio de 2009.

Ministro Milton de Moura França
Presidente do Tribunal Superior do Trabalho

(*DJE* 20.05.2009)

ATO 342, DE 27 DE JULHO DE 2010, DO TRIBUNAL SUPERIOR DO TRABALHO – TST

Regulamenta o processo judicial eletrônico no âmbito do Tribunal Superior do Trabalho.

- As alterações decorrentes do Ato TST 415/2010 (*DJE* 01.09.2010) já estão consolidadas na republicação deste Ato.
- As alterações decorrentes do Ato TST 559/2010 (*DJE* 30.11.2010) já estão consolidadas na republicação deste Ato, em atenção ao disposto no art. 3º do referido Ato.
- V. Instrução Normativa TST 30/2007 (Regulamenta, no âmbito da Justiça do Trabalho, a Lei 11.419/2006).

O Presidente do Tribunal Superior do Trabalho, no uso de suas atribuições legais e regimentais,

Considerando a Instrução Normativa 30, que regulamenta, no âmbito da Justiça do Trabalho, a Lei 11.419, de 19 de dezembro de 2006;

Considerando o Ato Conjunto TST/CSJT 10, de 28 de junho de 2010, que regulamenta a transmissão de peças processuais, por meio eletrônico, entre os Tribunais Regionais do Trabalho e o Tribunal Superior do Trabalho e dá outras providências, resolve:

DA TRAMITAÇÃO DO PROCESSO ELETRÔNICO NO TST

Art. 1º Os processos judiciais que ingressarem no Tribunal Superior do Trabalho, a partir de 2 de agosto de 2010, tramitarão em meio eletrônico.

Art. 2º O processo judicial eletrônico, para os fins deste Ato, será formado pelos arquivos enviados pelos Tribunais Regionais do Trabalho, na forma prevista no Ato Conjunto TST/CSJT 10/2010, petições e documentos apresentados pelas partes, atos processuais praticados nesta Corte e pareceres emitidos pelo Ministério Público do Trabalho.

Art. 3º Os atos processuais praticados pelos Ministros e servidores do TST serão assinados eletronicamente, nos termos da Lei 11.419/2006.

Art. 4º As peças processuais apresentadas pelas partes continuarão a ser protocoladas pelos meios hoje disponíveis, até o desenvolvimento de ferramentas eletrônicas específicas.

Art. 5º As petições apresentadas em meio físico, vinculadas a processos eletrônicos, serão digitalizadas pela Coordenadoria de Cadastramento Processual e mantidas em guarda provisória por 1 (um) ano, podendo ser retiradas pelas partes após o sexto mês.

§ 1º Transcorrido o prazo de 1 (um) ano de sua apresentação, as petições serão eliminadas.

- § 1º com redação determinada pelo Ato 559/2010.

§ 2º As peças em meio físico apresentadas pelas partes da tribuna das salas de sessões, vinculadas a processos eletrônicos, serão encaminhadas à Coordenadoria de Cadastramento Processual para os procedimentos descritos no *caput* e no § 1º.

Art. 6º A remessa do processo eletrônico ao TRT de origem para diligências ou baixa definitiva obedecerá ao disposto no Ato Conjunto TST/CSJT 10/2010, de 28 de junho de 2010.

- § 2º com redação determinada pelo Ato 559/2010.

DA VISUALIZAÇÃO DOS PROCESSOS POR USUÁRIOS EXTERNOS

Art. 7º A visualização dos processos eletrônicos é um serviço disponível no sítio do TST a advogados e procuradores, mediante cadastro, e, não possui efeito de intimação.

Art. 8º São considerados usuários externos os advogados, procuradores e demais representantes judiciais dos entes públicos.

Parágrafo único. As procuradorias poderão indicar servidores para acessar o sistema de visualização de processos eletrônicos.

Art. 9º Os procuradores do Ministério Público do Trabalho deverão anexar, por meio eletrônico, o seu parecer.

Parágrafo único. Os pareceres anexados aos processos serão assinados eletronicamente, na forma da Lei 11.419/2006.

Art. 10. As secretarias dos órgãos judicantes e a Coordenadoria de Recursos manterão, em suas dependências, terminais de computadores disponíveis para visualização do processo eletrônico, sendo facultada a gravação da íntegra do processo em dispositivo eletrônico.

Parágrafo único. A visualização dos processos eletrônicos que tramitam em segredo de justiça estará disponível apenas às partes e aos seus procuradores constituídos no feito.

DO CADASTRO DE ADVOGADOS

Art. 11. O cadastro de advogado regularmente inscrito na OAB será realizado com o preenchimento de formulário disponível no sistema de visualização de peças, no sítio do TST (www.tst.jus.br).

• Artigo com redação determinada pelo Ato 415/2010.

§ 1º A validação é realizada mediante o comparecimento do usuário à Secretaria Judiciária do TST, munido do original dos documentos indicados no formulário, vedada a possibilidade da validação por despachante ou procurador.

§ 2º O usuário que preencher o cadastro utilizando o certificado digital (ICP-Brasil) fica dispensado da validação presencial.

§ 3º Validado o cadastro, o advogado será credenciado e receberá, no endereço eletrônico indicado no formulário, o *login* e a senha para acesso ao sistema.

DO CADASTRO DE PROCURADORES E SERVIDORES AUTORIZADOS

Art. 12. As procuradorias deverão encaminhar previamente à Secretaria Judiciária, por meio do endereço eletrônico pe_cadastro@tst.jus.br, a relação de procuradores e de servidores autorizados a realizar o cadastro com os dados constantes da tabela contida no Anexo deste Ato.

Art. 13. O cadastro de procuradores e de servidores autorizados será realizado com a inserção do respectivo CPF em campo específico do sistema de visualização de peças disponível no sítio do TST.

Parágrafo único. Após a validação do cadastro pela Secretaria Judiciária, o procurador ou o servidor autorizado será credenciado e, receberá, no endereço eletrônico corporativo indicado, o *login* e a senha para visualização dos processos.

DISPOSIÇÕES FINAIS E TRANSITÓRIAS

Art. 14. Os esclarecimentos sobre o conteúdo ilegível de peças digitalizadas ou a sua ausência no arquivo eletrônico, desde que comprometam a análise do processo, deverão ser solicitados, via Malote Digital, pelas Secretarias dos Órgãos Judicantes, Secretaria da Corregedoria-Geral da Justiça do Trabalho, Secretaria Judiciária ou Coordenadoria de Recursos, por determinação dos Ministros, ao Tribunal que mantém a guarda dos processos físicos.

• Artigo com redação determinada pelo Ato 559/2010.

Art. 15. As intimações pessoais, exigidas por força de lei, serão realizadas pelo meio hoje disponível até o desenvolvimento de ferramenta própria para intimação eletrônica.

Parágrafo único. As peças a que se refere o *caput* serão digitalizadas e anexadas ao processo eletrônico pela unidade responsável pela expedição do ofício.

Art. 16. As alterações no cadastro de advogados, procuradores e servidores das procuradorias deverão ser comunicadas à Secretaria Judiciária do TST por meio do endereço eletrônico pe_cadastro@tst.jus.br.

Art. 17. Os feitos pendentes na data do início de vigência deste Ato continuarão a tramitar em autos físicos, permitida a sua conversão para meio eletrônico, mediante a digitalização dos autos.

§ 1º Realizada a conversão, o processo passa a tramitar exclusivamente em meio eletrônico.

§ 2º A conversão deverá ser certificada nos autos eletrônicos e nos físicos.

§ 3º Os processos físicos em tramitação no TST que forem incluídos no fluxo eletrônico serão devolvidos ao TRT de origem e aqueles relativos à competência originária desta Corte serão arquivados.

§ 4º O processo físico que tramite conjuntamente com o processo eletrônico deverá ser digitalizado e incluído no fluxo eletrônico pelas Secretarias dos Órgãos Judicantes, Secretaria da Corregedoria-Geral da Justiça do Trabalho ou Coordenadoria de Recursos, mediante despacho dos Ministros.

• § 4º com redação determinada pelo Ato 559/2010.

Art. 18. Os casos não previstos neste Ato deverão ser submetidos, formalmente, à apreciação da Presidência do Tribunal.

Art. 19. Este Ato entra em vigor em 2 de agosto de 2010 e revoga o Ato 677/TST, de 4 de novembro de 2009.

Publique-se.

Brasília, 27 de julho de 2010.

Ministro Milton de Moura França
Presidente do Tribunal Superior do Trabalho

(*DJE* 29.07.2010; rep. 1º.09.2010, 30.11.2010 e 02.07.2019)

ANEXO

Dados de procuradores e servidores (art. 12)

CPF	NOME	SEXO	E-MAIL (corporativo)	TELEFONE
000.000.000-00	Nome do Procurador	M/F	........@órgão.gov.br	(xx) xxxx-xxxx
000.000.000-00	Nome do Servidor	M/F	........@órgão.gov.br	(xx) xxxx-xxxx

ATO 491, DE 23 DE SETEMBRO DE 2014, DO TRIBUNAL SUPERIOR DO TRABALHO – TST

• Ato referendado pela Res. Administrativa TST 1.699/2014 (*DEJT* 07.10.2014).

O Presidente do Tribunal Superior do Trabalho, no uso das atribuições legais e regimentais, *ad referendum* do Órgão Especial,

Considerando a edição da Lei 13.015, de 21 de julho de 2014, que instituiu novos requisitos para a admissibilidade de recursos no âmbito da Justiça do Trabalho e introduz a sistemática do recurso repetitivo;

Considerando a necessidade de fixação de parâmetros procedimentais mínimos para dar efetividade à referida lei, resolve:

Art. 1º A Lei 13.015, de 21 de julho de 2014, aplica-se aos recursos interpostos das decisões publicadas a partir da data de sua vigência.

Parágrafo único. As normas procedimentais da Lei 13.015/2014 e as que não afetarem o direito processual adquirido de qualquer das partes aplicam-se aos recursos interpostos anteriormente à data de sua vigência, em especial as que regem o sistema de julgamento de recursos de revista repetitivos, o efeito interruptivo dos embargos de declaração e a afetação do recurso de embargos ao Tribunal Pleno do TST, dada a relevância da matéria (art. 7º).

Art. 2º Sem prejuízo da competência do Ministro Relator do recurso de embargos prevista no § 3º do artigo 894 da CLT, o Presidente de Turma, na forma do Regimento Interno do Tribunal Superior do Trabalho, denegar-lhe-á seguimento nas hipóteses ali previstas e quando a divergência apresentada não se revelar atual, nos termos do § 2º do mesmo dispositivo legal.

Art. 3º Para efeito de aplicação dos §§ 4º e 5º do artigo 896 da CLT, persistindo decisão conflitante com a jurisprudência já uniformizada do Tribunal Regional do Trabalho de origem, deverão os autos retornar à instância a quo para sua adequação à súmula regional ou à tese jurídica prevalecente no Tribunal Regional do Trabalho, desde que não conflitante com súmula ou orientação jurisprudencial do Tribunal Superior do Trabalho.

Art. 4º A comprovação da existência da súmula regional ou da tese jurídica prevalecente no Tribunal Regional do Trabalho e não conflitante com súmula ou orientação jurisprudencial do Tribunal Superior do Trabalho servirá para os efeitos do artigo 896, a, da CLT, desde que regularmente demonstrada sua fonte de publicação.

Art. 5º No caso de decisão regional em consonância com súmula ou orientação jurisprudencial do Tribunal Superior do Trabalho, o Relator denegará seguimento ao recurso.

Art. 6º Os Tribunais Regionais do Trabalho deverão manter e dar publicidade a suas súmulas e teses jurídicas prevalecentes mediante banco de dados, organizando-as por questão jurídica decidida e divulgando-as, preferencialmente, na rede mundial de computadores.

• Arts. 7º a 22. *(Revogados pela Res. TST 201/2015)*.

Art. 23. A dispensa de depósito recursal a que se refere o § 8º do artigo 899 da CLT não será aplicável aos casos em que o agravo de instrumento se refira a uma parcela de condenação, pelo menos, que não seja objeto de arguição de contrariedade a súmula ou a orientação jurisprudencial do Tribunal Superior do Trabalho.

Parágrafo único. Quando a arguição a que se refere o *caput* deste artigo revelar-se manifestamente infundada, temerária ou artificiosa, o agravo de instrumento será considerado deserto.

Publique-se.

Ministro Antonio José de Barros Levenhagen
Presidente do Tribunal Superior do Trabalho

(*DEJT* 23.09.2014; rep. 29.09.2014 e 14.11.2014)

ATO 483, DE 20 DE SETEMBRO DE 2017, DO TRIBUNAL SUPERIOR DO TRABALHO – TST

Dispõe sobre a implantação do Sistema Processo Judicial Eletrônico – PJe no âmbito das Turmas do Tribunal Superior do Trabalho.

O Presidente do Tribunal Superior do Trabalho, no uso das atribuições legais e regimentais, considerando o disposto no Ato SEGJUD.GP 32, de 26 de janeiro de 2017, que dispõe sobre o prosseguimento da implantação do Sistema Processo Judicial Eletrônico – PJe no âmbito do Tribunal Superior do Trabalho, resolve

Art. 1º O Sistema Processo Judicial Eletrônico – PJe será implantado, a partir de 24 de outubro de 2017, nas Turmas do TST, conforme as regras previstas no Ato SEGJUD.GP 32, de 26 de janeiro de 2017, observando-se:

I – a tutela cautelar antecedente de competência das Turmas, ajuizada a partir da data prevista no caput, será ajuizada por meio do sistema PJe; e

II – os recursos de competência das Turmas, recebidos dos Tribunais Regionais do Trabalho, serão processados no Sistema PJe de forma gradual, em quantitativo a ser estabelecido pela Presidência do TST.

Art. 2º Na ocorrência de qualquer hipótese que impossibilite a tramitação no Sistema PJe, os autos serão convertidos para o sistema legado do TST, preservando-se o histórico das tramitações, observadas, a partir da conversão, as regras previstas no Ato SEJUD.GP 342, de 27 de julho de 2010, inclusive quanto ao peticionamento.

Art. 3º Tramitarão no sistema legado do TST:

I – os recursos recebidos dos Tribunais Regionais do Trabalho que não forem processados no Sistema PJe, nos termos do inciso II do art. 1º;

II – os processos de que trata o art. 2º;

III – os processos em curso na data prevista no caput do art. 1º.

Art. 3º Em nenhuma hipótese haverá conversão de processos em tramitação no sistema legado para o Sistema PJe.

• Artigo 3º conforme publicação oficial.

Art. 4º Este Ato entra em vigor na data de sua publicação

Publique-se.

Ministro Ives Gandra da Silva Martins Filho
Ministro Presidente do Tribunal Superior do Trabalho

(DEJT 20.09.2017)

RESOLUÇÕES COMPLEMENTARES

RESOLUÇÃO 4, DE 30 DE NOVEMBRO DE 2006, DO SUPERIOR TRIBUNAL DE JUSTIÇA – STJ

Dispõe sobre o não conhecimento do agravo de instrumento manifestamente inadmissível.

O Presidente do Superior Tribunal de Justiça, no uso da atribuição que lhe é conferida pelo art. 21, XX do Regimento Interno, e considerando o decidido na Sessão Plenária de 29 de novembro de 2006, resolve:

Art. 1º Antes da distribuição poderá o Presidente do Tribunal não conhecer do agravo de instrumento, manifestamente inadmissível, interposto de decisão que não admitir o recurso especial.

Art. 2º Da decisão do presidente caberá, no prazo de 5 (cinco) dias, agravo regimental a relator designado em distribuição.

Art. 3º Esta resolução entra em vigor na data de sua publicação.

Ministro Barros Monteiro

(*DJU* 04.12.2006)

RESOLUÇÃO 105, DE 10 DE MARÇO DE 2014, DO CONSELHO NACIONAL DO MINISTÉRIO PÚBLICO – CNMP

Dispõe sobre a atuação dos membros do Ministério Público como órgão interveniente nos processos judiciais em que se requer autorização para trabalho de crianças e adolescentes menores de 16.

O Conselho Nacional do Ministério Público, no exercício das atribuições conferidas pelo artigo 130-A, § 2º, inciso I, da Constituição Federal, e pelo artigo 151, parágrafo único, do seu Regimento Interno; em conformidade com a decisão Plenária tomada na 5ª Sessão Ordinária, realizada em 10.03.2014, nos autos do Procedimento CNMP 0.00.000.000656/2013-55;

Considerando que as estatísticas apresentadas pelo Ministério do Trabalho e do Emprego obtidas em pesquisas recentes, apontam para uma quantidade injustificável de crianças e adolescentes incluídos no mercado formal e informal de trabalho, sem que sejam respeitados os limites previstos no art. 7º, inciso XXXIIII, da Constituição Federal;

Considerando que parte das autorizações para o trabalho infantil registradas em alvarás vem sendo precedida de manifestações favoráveis dos membros do Ministério Público;

Considerando a importância da atuação do Ministério Público na promoção de ações governamentais de assistência social às crianças e suas famílias, bem como nos procedimentos judiciais de autorização para trabalho antes da idade mínima, de forma a impulsionar a superação do quadro de vulnerabilidade social, invocado eventualmente como justificativa à obtenção de alvarás de autorização para o trabalho infantil;

Considerando que o Brasil ratificou a Convenção 138/1973 da Organização Internacional do Trabalho (OIT), que no art. 8º, item 1 estabelece que "a autoridade competente, após consulta com as organizações de empregadores e de trabalhadores interessadas, se as houver, pode, mediante licenças concedidas em casos individuais, permitir exceções à proibição de emprego ou trabalho disposto no artigo 2º desta Convenção, para fins tais como participação em representações artísticas";

Considerando a importância de que sejam envidados esforços por todos os órgãos que atuam no Sistema de Garantia de Direitos de Crianças e Adolescentes, para que haja uma regulamentação sobre a respectiva atuação no campo do trabalho infantil;

Considerando, finalmente, as conclusões do I Encontro Nacional sobre Trabalho Infantil, ocorrido em Brasília, no dia 22.08.2012;

Considerando o papel do Conselho Nacional do Ministério Público na promoção da integração entre os ramos do Ministério Público, resolve:

Art. 1º Para dar efetividade à expressa proibição, contida no texto constitucional, do trabalho noturno, perigoso e insalubre a menores de 18 e de qualquer trabalho para menores de 16 anos, salvo na condição de aprendiz, a partir de 14 anos (art. 7º XXXIII da CF/88), cabe ao Ministério Público zelar pela proteção do interesse superior da criança e do adolescente, de forma a garantir o direito fundamental ao não trabalho, adotando as medidas cabíveis para prevenção ou reversão de decisões judiciais concessivas, tais como pareceres, recursos e remédios constitucionais.

Art. 2º Nas hipóteses em que o requerimento de autorização estiver fundamentado na situação socioeconômica do grupo familiar em que inserida a criança ou o adolescente, ou quando a situação concreta o reclamar, o membro do Ministério Público, zelando pelo cumprimento das normas constitucionais e legais, encaminhará o núcleo familiar aos programas de assistência social e de saúde mantidos respectivamente pelo Sistema Único de Assistência Social – SUAS e Sistema Único de Saúde – SUS e outros porventura existentes na localidade.

Art. 3º Nos processos tratados nesta Resolução, o membro do Ministério Público, zelando pelo cumprimento das normas constitucionais e legais, encaminhará, sendo o caso, a pretensão ao Ministério Público do Trabalho, que avaliará a possibilidade de inclusão do adolescente em programa de aprendizagem, em consonância com as diretrizes do Estatuto da Criança e do Adolescente e da Lei 10.097/2000.

Parágrafo único. Entende-se por aprendizagem, para os efeitos da presente Resolução, o contrato de trabalho especial, ajustado por escrito e por prazo determinado, em que o empregador se compromete a assegurar ao maior de 14 e menor de 24 anos, inscrito em programa de aprendizagem formação técnico-profissional metódica, compatível com o seu desenvolvimento físico, moral e psicológico, e o aprendiz, a executar, com zelo e diligência, as tarefas necessárias a essa formação (art. 428 CLT).

Art. 4º O membro do Ministério Público zelará para que os municípios que compõem a circunscrição elaborem e implementem políticas públicas voltadas à erradicação do trabalho infantil e à profissionalização de adolescentes, que também contemplem a qualificação profissional e a inserção de pais/responsáveis no mercado de trabalho e a geração de renda para famílias carentes.

Art. 5º Esta Resolução entra em vigor na data de sua publicação, ficando revogada a Resolução 69, de 18 de maio de 2011.

Rodrigo Janot Monteiro de Barros
Presidente do Conselho
(*DOU* 24.03.2014)

RESOLUÇÃO ADMINISTRATIVA 1.418, DE 30 DE AGOSTO DE 2010, DO TRIBUNAL SUPERIOR DO TRABALHO – TST

Regulamenta o processamento do Agravo de Instrumento interposto de despacho que negar seguimento a recurso de competência do Tribunal Superior do Trabalho.

O Egrégio Órgão Especial do Tribunal Superior do Trabalho, em sessão extraordinária hoje realizada, sob a Presidência do Ex.mo Sr. Ministro Milton de Moura França, Presidente do Tribunal, presentes os Ex.mos Srs. Ministros João Oreste Dalazen, Vice-Presidente, Antônio José de Barros Levenhagen, Ives Gandra Martins Filho, Brito Pereira, Maria Cristina Irigoyen Peduzzi, Renato de Lacerda Paiva, Emmanoel Pereira, Lelio Bentes Corrêa, Aloysio Corrêa da Veiga, Horácio de Senna Pires, Rosa Maria Weber Candiota da Rosa e Luiz Philippe Vieira de Mello Filho e o Ex.mo Sr. Vice-Procurador-Geral do Trabalho, Dr. Jeferson Luiz Pereira Coelho,

Considerando o Ato SEJUD/GP 342/2010, que implantou e regulamentou o processo eletrônico no âmbito do Tribunal Superior do Trabalho, por força da Lei 11.419, de 19 de dezembro de 2006;

Considerando que, em razão dessa nova realidade normativa, já não há mais razão para o trâmite de processos físicos nesta Corte;

Considerando que a existência do processo judicial eletrônico deve substituir o processo físico e que a coexistência de ambos resulta em duplicidade antieconômica;

Considerando a digitalização de processos, pelos Tribunais Regionais, para a remessa ao Tribunal Superior do Trabalho, conforme previsto no Ato Conjunto TST/CSJT 10/2010;

Considerando que a remessa eletrônica de processos dos Tribunais Regionais para o Tribunal Superior do Trabalho não impede o prosseguimento dos procedimentos concernentes à execução na origem, resolveu:

Art. 1º O agravo de instrumento interposto de despacho que negar seguimento a recurso para o Tribunal Superior do Trabalho deve ser processado nos autos do recurso denegado.

Art. 2º Após a juntada da petição de agravo de instrumento, o processo será concluso ao juiz prolator do despacho agravado, para sua reforma ou confirmação.

§ 1º Mantido o despacho e não havendo outro recurso admitido, o agravo de instrumento será autuado no TRT.

§ 2º Havendo agravo de instrumento e também recurso admitido, o processo será remetido ao TST com a classe processual anterior à interposição dos recursos, cabendo ao TST proceder à devida autuação do processo.

Art. 3º Nos processos em que haja agravo de instrumento e também recurso admitido, se provido o agravo, publicar-se-á certidão para efeito de intimação das partes, dela constando que o julgamento de ambos os recursos dar-se-á na primeira sessão ordinária subsequente à data da publicação, determinando-se ainda a reautuação do processo e a alteração dos registros.

§ 1º Julgados os recursos, será lavrado um único acórdão, que consignará também os fundamentos do provimento do agravo de instrumento, fluindo a partir da data da publicação do acórdão o prazo para interposição de recursos.

§ 2º Se não for conhecido ou provido o agravo de instrumento, será de imediato julgado o recurso, com lavratura de um único acórdão, que consignará os fundamentos de ambas as decisões.

Art. 4º Interposto apenas agravo de instrumento, se lhe for dado provimento, observar-se-á o procedimento descrito no art. 3º, § 1º.

Art. 5º Esta Resolução Administrativa entra em vigor na data da sua publicação.

Brasília, 30 de agosto de 2010.

Ministro Milton de Moura França
Presidente do Tribunal Superior do Trabalho
(*DJE* 31.08.2010)

SÚMULAS

SUPREMO TRIBUNAL FEDERAL – STF

I. Súmulas Vinculantes

1. Ofende a garantia constitucional do ato jurídico perfeito a decisão que, sem ponderar as circunstâncias do caso concreto, desconsidera a validez e a eficácia de acordo constante de termo de adesão instituído pela Lei Complementar 110/2001.

2. É inconstitucional a lei ou ato normativo estadual ou distrital que disponha sobre sistemas de consórcios e sorteios, inclusive bingos e loterias.

3. Nos processos perante o Tribunal de Contas da União asseguram-se o contraditório e a ampla defesa quando da decisão puder resultar anulação ou revogação de ato administrativo que beneficie o interessado, excetuada a apreciação da legalidade do ato de concessão inicial de aposentadoria, reforma e pensão.

4. Salvo nos casos previstos na Constituição, o salário mínimo não pode ser usado como indexador de base de cálculo de vantagem de servidor público ou de empregado, nem ser substituído por decisão judicial.

5. A falta de defesa técnica por advogado no processo administrativo disciplinar não ofende a Constituição.

6. Não viola a Constituição o estabelecimento de remuneração inferior ao salário mínimo para as praças prestadoras de serviço militar inicial.

7. A norma do § 3º do artigo 192 da Constituição, revogada pela Emenda Constitucional 40/2003, que limitava a taxa de juros reais a 12% ao ano, tinha sua aplicação condicionada à edição de lei complementar.

8. São inconstitucionais o parágrafo único do artigo 5º do Decreto-lei 1.569/1977 e os artigos 45 e 46 da Lei 8.212/1991, que tratam de prescrição e decadência de crédito tributário.

9. O disposto no artigo 127 da Lei 7.210/1984 (Lei de Execução Penal) foi recebido pela ordem constitucional vigente, e não se lhe aplica o limite temporal previsto no *caput* do artigo 58.

10. Viola a cláusula de reserva de plenário (CF, artigo 97) a decisão de órgão fracionário de Tribunal que, embora não declare expressamente a inconstitucionalidade de lei ou ato normativo do poder público, afasta sua incidência, no todo ou em parte.

11. Só é lícito o uso de algemas em casos de resistência e de fundado receio de fuga ou de perigo à integridade física própria ou alheia, por parte do preso ou de terceiros, justificada a excepcionalidade por escrito, sob pena de responsabilidade disciplinar, civil e penal do agente ou da autoridade e de nulidade da prisão ou do ato processual a que se refere, sem prejuízo da responsabilidade civil do Estado.

12. A cobrança de taxa de matrícula nas universidades públicas viola o disposto no art. 206, IV, da Constituição Federal.

13. A nomeação de cônjuge, companheiro ou parente em linha reta, colateral ou por afinidade, até o terceiro grau, inclusive, da autoridade nomeante ou de servidor da mesma pessoa jurídica investido em cargo de direção, chefia ou assessoramento, para o exercício de cargo em comissão ou de confiança ou, ainda, de função gratificada na administração pública direta e indireta em qualquer dos Poderes da União, dos Estados, do Distrito Federal e dos Municípios, compreendido o ajuste mediante designações recíprocas, viola a Constituição Federal.

14. É direito do defensor, no interesse do representado, ter acesso amplo aos elementos de prova que, já documentados em procedimento investigatório realizado por órgão com competência de polícia judiciária, digam respeito ao exercício do direito de defesa.

15. O cálculo de gratificações e outras vantagens do servidor público não incide sobre o abono utilizado para se atingir o salário mínimo.

16. Os artigos 7º, IV, e 39, § 3º (redação da EC 19/1998), da Constituição, referem-se ao total da remuneração percebida pelo servidor público.

17. Durante o período previsto no § 1º do artigo 100 da Constituição, não incidem juros de mora sobre os precatórios que nele sejam pagos.

- V. art. 100, § 5º, CF.

18. A dissolução da sociedade ou do vínculo conjugal, no curso do mandato, não afasta a inelegibilidade prevista no § 7º do artigo 14 da Constituição Federal.

19. A taxa cobrada exclusivamente em razão dos serviços públicos de coleta, remoção e tratamento ou destinação de lixo ou resíduos provenientes de imóveis, não viola o artigo 145, II, da Constituição Federal.

20. A Gratificação de Desempenho de Atividade Técnico-Administrativa – GDATA, instituída pela Lei 10.404/2002, deve ser deferida aos inativos nos valores correspondentes a 37,5 (trinta e sete vírgula cinco) pontos no período de fevereiro a maio de 2002 e, nos termos do artigo 5º, parágrafo único, da Lei 10.404/2002, no período de junho de 2002 até a conclusão dos efeitos do último ciclo de avaliação a que se refere o artigo 1º da Medida Provisória 198/2004, a partir da qual passa a ser de 60 (sessenta) pontos.

21. É inconstitucional a exigência de depósito ou arrolamento prévios de dinheiro ou bens para admissibilidade de recurso administrativo.

22. A Justiça do Trabalho é competente para processar e julgar as ações de indenização por danos morais e patrimoniais decorrentes de acidente de trabalho propostas por empregado contra empregador, inclusive aquelas que ainda não possuíam sentença de mérito em primeiro grau quando da promulgação da Emenda Constitucional 45/2004.

23. A Justiça do Trabalho é competente para processar e julgar ação possessória ajuizada em decorrência do exercício do direito de greve pelos trabalhadores da iniciativa privada.

24. Não se tipifica crime material contra a ordem tributária, previsto no art. 1º, incisos I a IV, da Lei 8.137/1990, antes do lançamento definitivo do tributo.

25. É ilícita a prisão civil de depositário infiel, qualquer que seja a modalidade do depósito.

26. Para efeito de progressão de regime no cumprimento de pena por crime hediondo, ou equiparado, o juízo da execução observará a inconstitucionalidade do art. 2º da Lei 8.072, de 25 de julho de 1990, sem prejuízo de avaliar se o condenado preenche, ou não, os requisitos objetivos e subjetivos do benefício, podendo determinar, para tal fim, de modo fundamentado, a realização de exame criminológico.

- V. Súmula 439, STJ.

27. Compete à Justiça estadual julgar causas entre consumidor e concessionária de serviço público de telefonia, quando a ANATEL não seja litisconsorte passiva necessária, assistente, nem opoente.

28. É inconstitucional a exigência de depósito prévio como requisito de admissibilidade de ação judicial na qual se pretenda discutir a exigibilidade de crédito tributário.

29. É constitucional a adoção, no cálculo do valor de taxa, de um ou mais elementos da base de cálculo própria de determinado imposto, desde que não haja integral identidade entre uma base e outra.

31. É inconstitucional a incidência do Imposto sobre Serviços de Qualquer Natureza – ISS sobre operações de locação de bens móveis.

32. O ICMS não incide sobre alienação de salvados de sinistro pelas seguradoras.

33. Aplicam-se ao servidor público, no que couber, as regras do regime geral da previdência social sobre aposentadoria especial de que trata o artigo 40, § 4º, inciso III da Constituição Federal, até a edição de lei complementar específica.

34. A Gratificação de Desempenho de Atividade de Seguridade Social e do Trabalho – GDASST, instituída pela Lei 10.483/2002, deve ser estendida aos inativos no valor correspondente a 60 (sessenta) pontos, desde o advento da Medida Provisória 198/2004, convertida na Lei 10.971/2004, quando tais inativos façam jus à paridade constitucional (EC 20/1998, 41/2003 e 47/2005).

35. A homologação da transação penal prevista no artigo 76 da Lei 9.099/1995 não faz coisa julgada material e, descumpridas suas cláusulas, retoma-se a situação anterior, possibilitando-se ao Ministério Público a continuidade da persecução penal mediante oferecimento de denúncia ou requisição de inquérito policial.

36. Compete à Justiça Federal comum processar e julgar civil denunciado pelos crimes de falsificação e de uso de documento falso quando se tratar de falsificação da Caderneta de Inscrição e Registro (CIR) ou de Carteira de Habilitação de Amador (CHA), ainda que expedidas pela Marinha do Brasil.

37. Não cabe ao Poder Judiciário, que não tem função legislativa, aumentar vencimentos de servidores públicos sob o fundamento de isonomia.

38. É competente o Município para fixar o horário de funcionamento de estabelecimento comercial.

39. Compete privativamente à União legislar sobre vencimentos dos membros das polícias civil e militar e do corpo de bombeiros militar do Distrito Federal.

40. A contribuição confederativa de que trata o art. 8º, IV, da Constituição Federal, só é exigível dos filiados ao sindicato respectivo.

41. O serviço de iluminação pública não pode ser remunerado mediante taxa.

42. É inconstitucional a vinculação do reajuste de vencimentos de servidores estaduais ou municipais a índices federais de correção monetária.

43. É inconstitucional toda modalidade de provimento que propicie ao servidor investir-se, sem prévia aprovação em concurso público destinado ao seu provimento, em cargo que não integra a carreira na qual anteriormente investido.

44. Só por lei se pode sujeitar a exame psicotécnico a habilitação de candidato a cargo público.

45. A competência constitucional do Tribunal do Júri prevalece sobre o foro por prerrogativa de função estabelecido exclusivamente pela constituição estadual.

46. A definição dos crimes de responsabilidade e o estabelecimento das respectivas normas de processo e julgamento são da competência legislativa privativa da União.

47. Os honorários advocatícios incluídos na condenação ou destacados do montante principal devido ao credor consubstanciam verba de natureza alimentar cuja satisfação ocorrerá com a expedição de precatório ou requisição de pequeno valor, observada ordem especial restrita aos créditos dessa natureza.

48. Na entrada de mercadoria importada do exterior, é legítima a cobrança do ICMS por ocasião do desembaraço aduaneiro.

49. Ofende o princípio da livre concorrência lei municipal que impede a instalação de estabelecimentos comerciais do mesmo ramo em determinada área.

50. Norma legal que altera o prazo de recolhimento de obrigação tributária não se sujeita ao princípio da anterioridade.

51. O reajuste de 28,86%, concedido aos servidores militares pelas Leis 8622/1993 e 8627/1993, estende-se aos servidores civis do poder executivo, observadas as eventuais compensações decorrentes dos reajustes diferenciados concedidos pelos mesmos diplomas legais.

52. Ainda quando alugado a terceiros, permanece imune ao IPTU o imóvel pertencente a qualquer das entidades referidas pelo art. 150, VI, "c", da Constituição Federal, desde que o valor dos aluguéis seja aplicado nas atividades para as quais tais entidades foram constituídas.

53. A competência da Justiça do Trabalho prevista no art. 114, VIII, da Constituição Federal alcança a execução de ofício das contribuições previdenciárias relativas ao objeto da condenação constante das sentenças que proferir e acordos por ela homologados.

54. A medida provisória não apreciada pelo Congresso Nacional podia, até a Emenda Constitucional 32/2001, ser reeditada dentro do seu prazo de eficácia de 30 (trinta) dias, mantidos os efeitos de lei desde a primeira edição.

55. O direito ao auxílio-alimentação não se estende aos servidores inativos.

56. A falta de estabelecimento penal adequado não autoriza a manutenção do condenado em regime prisional mais gravoso, devendo-se observar, nessa hipótese, os parâmetros fixados no RE 641.320/RS.

II. Súmulas

35. Em caso de acidente do trabalho ou de transporte, a concubina tem direito de ser indenizada pela morte do amásio, se entre eles não havia impedimento para o matrimônio.

49. A cláusula de inalienabilidade inclui a incomunicabilidade dos bens.

101. O mandado de segurança não substitui a ação popular.

115. Sobre os honorários do advogado contratado pelo inventariante, com a homologação do juiz, não incide o Imposto de Transmissão *Causa Mortis*.

137. A taxa de fiscalização da exportação incide sobre a bonificação cambial concedida ao exportador.

150. Prescreve a execução no mesmo prazo de prescrição da ação.

163. Salvo contra a Fazenda Pública, sendo a obrigação ilíquida, contam-se os juros moratórios desde a citação inicial para a ação.

- V. RE 109156/SP (*DJU* 07.08.1987).

185. Em processo de reajustamento pecuário, não responde a União pelos honorários do advogado do credor ou do devedor.

188. O segurador tem ação regressiva contra o causador do dano, pelo que efetivamente pagou, até ao limite previsto no contrato de seguro.

192. Não se inclui no crédito habilitado em falência a multa fiscal com efeito de pena administrativa.

- V. Súmula 565, STF.

194. É competente o Ministro do Trabalho para a especificação das atividades insalubres.

195. Contrato de trabalho para obra certa, ou de prazo determinado, transforma-se em contrato de prazo indeterminado, quando prorrogado por mais de quatro anos.

196. Ainda que exerça atividade rural, o empregado de empresa industrial ou comercial é classificado de acordo com a categoria do empregador.

197. O empregado com representação sindical só pode ser despedido mediante inquérito em que se apure falta grave.

198. As ausências motivadas por acidente do trabalho não são descontáveis do período aquisitivo das férias.

199. O salário das férias do empregado horista corresponde à média do período aquisitivo, não podendo ser inferior ao mínimo.

200. Não é inconstitucional a Lei 1.530, de 26.12.1951, que manda incluir na indenização por despedida injusta parcela correspondente a férias proporcionais.

201. O vendedor pracista, remunerado mediante comissão, não tem direito ao repouso semanal remunerado.

202. Na equiparação de salário, em caso de trabalho igual, toma-se em conta o tempo de serviço na função, e não no emprego.

203. Não está sujeita à vacância de 60 dias a vigência de novos níveis de salário mínimo.

204. Tem direito o trabalhador substituto, ou de reserva, ao salário mínimo no dia em que fica à disposição do empregador sem ser aproveitado na função específica; se aproveitado, recebe o salário contratual.

- V. Súmula 159, TST.

205. Tem direito a salário integral o menor não sujeito à aprendizagem metódica.

207. As gratificações habituais, inclusive a de Natal, consideram-se tacitamente convencionadas, integrando o salário.

209. O salário-produção, como outras modalidades de salário-prêmio, é devido, desde que verificada a condição a que estiver subordinado, e não pode ser suprimido unilateralmente, pelo empregador, quando pago com habitualidade.

212. Tem direito ao adicional de serviço perigoso o empregado de posto de revenda de combustível líquido.

213. É devido o adicional de serviço noturno, ainda que sujeito o empregado ao regime de revezamento.

214. A duração legal da hora de serviço noturno (52 minutos e 30 segundos) constitui vantagem suplementar que não dispensa o salário adicional.

215. Conta-se a favor de empregado readmitido o tempo de serviço anterior, salvo se houver sido despedido por falta grave ou tiver recebido a indenização legal.

216. Para decretação da absolvição de instância pela paralisação do processo por mais de trinta dias, é necessário que o autor, previamente intimado, não promova o andamento da causa.

217. Tem direito de retornar ao emprego, ou ser indenizado em caso de recusa do empregador, o aposentado que recupera a capacidade de trabalho dentro de cinco anos, a contar da aposentadoria, que se torna definitiva após esse prazo.

218. É competente o Juízo da Fazenda Nacional da Capital do Estado, e não o da situação da coisa, para a desapropriação promovida por empresa de energia elétrica, se a União Federal intervém como assistente.

219. Para a indenização devida a empregado que tinha direito a ser readmitido, e não foi, levam-se em conta as vantagens advindas à sua categoria no período do afastamento.

220. A indenização devida a empregado estável, que não é readmitido, ao cessar sua aposentadoria, deve ser paga em dobro.

221. A transferência de estabelecimento, ou a sua extinção parcial, por motivo que não seja de força maior, não justifica a transferência de empregado estável.

222. O princípio da identidade física do juiz não é aplicável às Juntas de Conciliação e Julgamento da Justiça do Trabalho.

- A EC 24/1999 substituiu as Juntas de Conciliação e Julgamento por Varas do Trabalho

TST

(juiz singular) e extinguiu a representação classista na Justiça do Trabalho.

- V. Súmula 217, TFR.

223. Concedida isenção de custas ao empregado, por elas não responde o sindicato que o representa em juízo.

224. Os juros da mora, nas reclamações trabalhistas, são contados desde a notificação inicial.

225. Não é absoluto o valor probatório das anotações da Carteira Profissional.

227. A concordata do empregador não impede a execução de crédito nem a reclamação de empregado na Justiça do Trabalho.

229. A indenização acidentária não exclui a do direito comum, em caso de dolo ou culpa grave do empregador.

230. A prescrição da ação de acidente do trabalho conta-se do exame pericial que comprovar a enfermidade ou verificar a natureza da incapacidade.

231. O revel, em processo cível, pode produzir provas, desde que compareça em tempo oportuno.

232. Em caso de acidente do trabalho, são devidas diárias até doze meses, as quais não se confundem com a indenização acidentária nem com o auxílio-enfermidade.

233. Salvo em caso de divergência qualificada (Lei 623/1949), não cabe recurso de embargos contra decisão que nega provimento a agravo ou não conhece de recurso extraordinário, ainda que por maioria de votos.

234. São devidos honorários de advogado em ação de acidente do trabalho julgada procedente.

235. É competente para a ação de acidente do trabalho a Justiça Cível Comum, inclusive em segunda instância, ainda que seja parte autarquia seguradora.

- V. Súmula 501, STF.
- V. Súmula 15, STJ.

236. Em ação de acidente do trabalho, a autarquia seguradora não tem isenção de custas.

238. Em caso de acidente do trabalho, a multa pelo retardamento da liquidação é exigível do segurador sub-rogado, ainda que autarquia.

240. O depósito para recorrer, em ação de acidente do trabalho, é exigível do segurador sub-rogado, ainda que autarquia.

247. O relator não admitirá os embargos da Lei 623, de 19.02.1949, nem deles conhecerá o Supremo Tribunal Federal, quando houver jurisprudência firme do Plenário no mesmo sentido da decisão embargada.

248. É competente, originariamente, o Supremo Tribunal Federal, para mandado de segurança contra ato do Tribunal de Contas da União.

- V. art. 102, I, *d*, CF.

249. É competente o Supremo Tribunal Federal para a ação rescisória, quando, embora não tendo conhecido do recurso extraordinário, ou havendo negado provimento ao agravo, tiver apreciado a questão federal controvertida.

- V. Súmula 515, STF.

251. Responde a Rede Ferroviária Federal S.A. perante o foro comum e não perante o juízo especial da Fazenda Nacional, a menos que a União intervenha na causa.

- V. Súmulas 508, 517 e 556, STF.
- V. Súmula 42, STJ.

252. Na ação rescisória, não estão impedidos juízes que participaram do julgamento rescindendo.

253. Nos embargos da Lei 623, de 19.02.1949, no Supremo Tribunal Federal, a divergência somente será acolhida, se tiver sido indicada na petição de recurso extraordinário.

254. Incluem-se os juros moratórios na liquidação, embora omisso o pedido inicial ou a condenação.

256. É dispensável pedido expresso para condenação do réu em honorários, com fundamento nos arts. 63 ou 64 do Código de Processo Civil.

- Refere-se ao CPC/1939.
- V. art. 85, CPC/2015.

257. São cabíveis honorários de advogado na ação regressiva do segurador contra o causador do dano.

258. É admissível reconvenção em ação declaratória.

259. Para produzir efeito em juízo não é necessária a inscrição, no Registro Público, de documentos de procedência estrangeira, autenticados por via consular.

260. O exame de livros comerciais, em ação judicial, fica limitado às transações entre os litigantes.

262. Não cabe medida possessória liminar para liberação alfandegária de automóvel.

264. Verifica-se a prescrição intercorrente pela paralisação da ação rescisória por mais de cinco anos.

265. Na apuração de haveres não prevalece o balanço não aprovado pelo sócio falecido, excluído ou que se retirou.

266. Não cabe mandado de segurança contra lei em tese.

267. Não cabe mandado de segurança contra ato judicial passível de recurso ou correição.

268. Não cabe mandado de segurança contra decisão judicial com trânsito em julgado.

269. O mandado de segurança não é substitutivo de ação de cobrança.

- V. Súmula 271, STF.

270. Não cabe mandado de segurança para impugnar enquadramento da Lei 3.780, de 12.07.1960, que envolva exame de prova ou de situação funcional complexa.

271. Concessão de mandado de segurança não produz efeitos patrimoniais em relação a período pretérito, os quais devem ser reclamados administrativamente ou pela via judicial própria.

- V. Súmula 269, STF.

272. Não se admite como ordinário recurso extraordinário de decisão denegatória de mandado de segurança.

273. Nos embargos da Lei 623, de 19.02.1949, a divergência sobre questão prejudicial ou preliminar, suscitada após a interposição do recurso extraordinário, ou do agravo, somente será acolhida se o acórdão padrão for anterior à decisão embargada.

277. São cabíveis embargos, em favor da Fazenda Pública, em ação executiva fiscal, não sendo unânime a decisão.

279. Para simples reexame de prova não cabe recurso extraordinário.

- V. Súmula 7, STJ.

280. Por ofensa a direito local não cabe recurso extraordinário.

281. É inadmissível o recurso extraordinário, quando couber na Justiça de origem, recurso ordinário da decisão impugnada.

282. É inadmissível o recurso extraordinário, quando não ventilada, na decisão recorrida, a questão federal suscitada.

- V. Súmula 356, STF.
- V. Súmula 320, STJ.

283. É inadmissível o recurso extraordinário, quando a decisão recorrida assenta em mais de um fundamento suficiente e o recurso não abrange todos eles.

284. É inadmissível o recurso extraordinário, quando a deficiência na sua fundamentação não permitir a exata compreensão da controvérsia.

285. Não sendo razoável a arguição de inconstitucionalidade, não se conhece do recurso extraordinário fundado na letra *c* do art. 101, III, da Constituição Federal.

- Refere-se à CF/1946.

286. Não se conhece do recurso extraordinário fundado em divergência jurisprudencial, quando a orientação do plenário do Supremo Tribunal Federal já se firmou no mesmo sentido da decisão recorrida.

- V. Súmula 83, STJ.

287. Nega-se provimento ao agravo, quando a deficiência na sua fundamentação, ou na do recurso extraordinário, não permitir a exata compreensão da controvérsia.

288. Nega-se provimento a agravo para subida de recurso extraordinário, quando faltar no traslado o despacho agravado, a decisão recorrida, a petição de recurso extraordinário ou qualquer peça essencial à compreensão da controvérsia.

289. O provimento do agravo por uma das Turmas do Supremo Tribunal Federal ainda que sem ressalva, não prejudica a questão do cabimento do recurso extraordinário.

- V. Súmula 300, STF.

290. Nos embargos da Lei 623, de 19.02.1949, a prova de divergência far-se-á por certidão, ou mediante indicação do *Diário da Justiça* ou de repertório de jurisprudência autorizado, que a tenha publicado, com a transcrição do trecho que configure a divergência, mencionadas as circunstâncias que identifiquem ou assemelhem casos confrontados.

291. No recurso extraordinário pela letra *d* do art. 101, III, da Constituição, a prova do dissídio jurisprudencial far-se-á por certidão, ou mediante indicação do *Diário da Justiça* ou de repertório de jurisprudência autorizado, com a transcrição do trecho que configure a divergência, mencionadas as circunstâncias que identifiquem ou assemelhem os casos confrontados.

• Refere-se à CF/1946.

292. Interposto o recurso extraordinário por mais de um dos fundamentos indicados no art. 101, III, da Constituição, a admissão apenas por um deles não prejudica o seu conhecimento por qualquer dos outros.

• Refere-se à CF/1946.

293. São inadmissíveis embargos infringentes contra decisão em matéria constitucional submetida ao plenário dos Tribunais.

• V. Súmulas 296 e 455, STF.

294. São inadmissíveis embargos infringentes contra decisão do Supremo Tribunal Federal em mandado de segurança.

• V. Súmula 597, STF.

295. São inadmissíveis embargos infringentes contra decisão unânime do Supremo Tribunal Federal em ação rescisória.

296. São inadmissíveis embargos infringentes sobre matéria não ventilada, pela Turma, no julgamento do recurso extraordinário.

• V. Súmula 293, STF.

300. São incabíveis os embargos da Lei 623, de 19.02.1949, contra provimento de agravo para subida de recurso extraordinário.

• V. Súmula 289, STF.

304. Decisão denegatória de mandado de segurança, não fazendo coisa julgada contra o impetrante, não impede o uso da ação própria.

307. É devido o adicional de serviço insalubre, calculado à base do salário mínimo da região, ainda que a remuneração contratual seja superior ao salário mínimo acrescido da taxa de insalubridade.

310. Quando a intimação tiver lugar na sexta-feira, ou a publicação com efeito de intimação for feita nesse dia, o prazo judicial terá início na segunda-feira imediata, salvo se não houver expediente, caso em que começará no primeiro dia útil que se seguir.

311. No típico acidente do trabalho, a existência de ação judicial não exclui a multa pelo retardamento da liquidação.

312. Músico integrante de orquestra da empresa, com atuação permanente e vínculo de subordinação, está sujeito à legislação geral do trabalho, e não à especial dos artistas.

313. Provada a identidade entre o trabalho diurno e o noturno, é devido o adicional, quanto a este, sem a limitação do art. 73, § 3º, da Consolidação das Leis do Trabalho independentemente da natureza da atividade do empregador.

314. Na composição do dano por acidente do trabalho, ou de transporte, não é contrário à lei tomar para base da indenização o salário do tempo da perícia ou da sentença.

315. Indispensável o traslado das razões da revista, para julgamento, pelo Tribunal Superior do Trabalho, do agravo para sua admissão.

316. A simples adesão a greve não constitui falta grave.

317. São improcedentes os embargos declaratórios, quando não pedida a declaração do julgado anterior, em que se verificou a omissão.

320. A apelação despachada pelo juiz no prazo legal não fica prejudicada pela demora da juntada, por culpa do cartório.

• V. Súmulas 425 e 428, STF.

322. Não terá seguimento pedido ou recurso dirigido ao Supremo Tribunal Federal, quando manifestamente incabível, ou apresentado fora do prazo, ou quando for evidente a incompetência do Tribunal.

327. O direito trabalhista admite a prescrição intercorrente.

330. O Supremo Tribunal Federal não é competente para conhecer de mandado de segurança contra atos dos Tribunais de Justiça dos Estados.

• V. Súmula 41, STJ.

335. É válida a cláusula de eleição do foro para os processos oriundos do contrato.

337. A controvérsia entre o empregador e o segurador não suspende o pagamento devido ao empregado por acidente do trabalho.

338. Não cabe ação rescisória no âmbito da Justiça do Trabalho.

341. É presumida a culpa do patrão ou comitente pelo ato culposo do empregado ou preposto.

343. Não cabe ação rescisória por ofensa a literal dispositivo de lei, quando a decisão rescindenda se tiver baseado em texto legal de interpretação controvertida nos tribunais.

349. A prescrição atinge somente as prestações de mais de dois anos, reclamadas com fundamento em decisão normativa da Justiça do Trabalho, ou em convenção coletiva de trabalho, quando não estiver em causa a própria validade de tais atos.

353. São incabíveis os embargos da Lei 623, de 19.02.1949, com fundamento em divergência entre decisões da mesma Turma do Supremo Tribunal Federal.

354. Em caso de embargos infringentes parciais, é definitiva a parte da decisão embargada em que não houve divergência na votação.

355. Em caso de embargos infringentes parciais, é tardio o recurso extraordinário interposto após o julgamento dos embargos, quanto à parte da decisão embargada que não fora por eles abrangida.

356. O ponto omisso da decisão, sobre o qual não foram opostos embargos declaratórios, não pode ser objeto de recurso extraordinário, por faltar o requisito do prequestionamento.

• V. Súmula 282, STF.
• V. Súmula 320, STJ.

360. Não há prazo de decadência para a representação de inconstitucionalidade prevista no art. 8º, parágrafo único, da Constituição Federal.

363. A pessoa jurídica de direito privado pode ser demandada no domicílio da agência, ou estabelecimento, em que se praticou o ato.

365. Pessoa jurídica não tem legitimidade para propor ação popular.

368. Não há embargos infringentes no processo de reclamação.

383. A prescrição em favor da Fazenda Pública recomeça a correr, por dois anos e meio, a partir do ato interruptivo, mas não fica reduzida aquém de cinco anos, embora o titular do direito a interrompa durante a primeira metade do prazo.

386. Pela execução de obra musical por artistas remunerados é devido direito autoral, não exigível quando a orquestra for de amadores.

389. Salvo limite legal, a fixação de honorários de advogado, em complemento da condenação, depende das circunstâncias da causa, não dando lugar a recurso extraordinário.

390. A exibição judicial de livros comerciais pode ser requerida como medida preventiva.

391. O confinante certo deve ser citado, pessoalmente, para a ação de usucapião.

• V. Súmula 263, STF.

392. O prazo para recorrer de acórdão concessivo de segurança conta-se da publicação oficial de suas conclusões, e não da anterior ciência à autoridade para cumprimento da decisão.

399. Não cabe recurso extraordinário, por violação de lei federal, quando a ofensa alegada for a regimento de tribunal.

400. Decisão que deu razoável interpretação à lei, ainda que não seja a melhor, não autoriza recurso extraordinário pela letra *a* do art. 101, III, da Constituição Federal.

• Refere-se à CF/1946.

401. Não se conhece do recurso de revista, nem dos embargos de divergência, do processo trabalhista, quando houver jurisprudência firme do Tribunal Superior do Trabalho no mesmo sentido da decisão impugnada, salvo se houver colisão com a jurisprudência do Supremo Tribunal Federal.

402. Vigia noturno tem direito a salário adicional.

• V. Súmula 140, TST.

403. É de decadência o prazo de trinta dias para instauração do inquérito judicial, a contar da suspensão, por falta grave, de empregado estável.

405. Denegado o mandado de segurança pela sentença, ou no julgamento do agravo, dela interposto, fica sem efeito a liminar concedida, retroagindo os efeitos da decisão contrária.

424. Transita em julgado o despacho saneador de que não houve recurso, excluídas as questões deixadas, explícita ou implicitamente, para a sentença.

425. O agravo despachado no prazo legal não fica prejudicado pela demora da juntada, por culpa do cartório; nem o agravo entregue em cartório no prazo legal, embora despachado tardiamente.

- V. Súmulas 320 e 428, STF.

426. A falta do termo específico não prejudica o agravo no auto do processo, quando oportuna a interposição por petição ou no termo da audiência.

427. *(Súmula cancelada – RE 66447/MG, DJU 20.02.1970).*

(A falta de petição de interposição não prejudica o agravo no auto do processo tomado por termo.)

428. Não fica prejudicada a apelação entregue em cartório no prazo legal, embora despachada tardiamente.

- V. Súmulas 320 e 425, STF.

429. A existência de recurso administrativo com efeito suspensivo não impede o uso do mandado de segurança contra omissão da autoridade.

430. Pedido de reconsideração na via administrativa não interrompe o prazo para o mandado de segurança.

432. Não cabe recurso extraordinário com fundamento no art. 101, III, *d*, da Constituição Federal, quando a divergência alegada for entre decisões da Justiça do Trabalho.

- V. Súmula 505, STF.

433. É competente o Tribunal Regional do Trabalho para julgar mandado de segurança contra ato de seu presidente em execução de sentença trabalhista.

434. A controvérsia entre seguradores indicados pelo empregador na ação de acidente do trabalho não suspende o pagamento devido ao acidentado.

443. A prescrição das prestações anteriores ao período previsto em lei não ocorre, quando não tiver sido negado, antes daquele prazo, o próprio direito reclamado, ou a situação jurídica de que ele resulta.

450. São devidos honorários de advogados sempre que vencedor o beneficiário de Justiça gratuita.

454. Simples interpretação de cláusulas contratuais não dá lugar a recurso extraordinário.

- V. Súmula 5, STJ.

455. Da decisão que se seguir ao julgamento de constitucionalidade pelo Tribunal Pleno, são inadmissíveis embargos infringentes quanto à matéria constitucional.

- V. Súmula 293, STF.

456. O Supremo Tribunal Federal, conhecendo do recurso extraordinário, julgará a causa, aplicando o direito à espécie.

457. O Tribunal Superior do Trabalho, conhecendo da revista, julgará a causa, aplicando o direito à espécie.

458. O processo da execução trabalhista não exclui a remição pelo executado.

459. No cálculo da indenização por despedida injusta, incluem-se os adicionais, ou gratificações, que, pela habitualidade, se tenham incorporado ao salário.

460. Para efeito do adicional de insalubridade, a perícia judicial, em reclamação trabalhista, não dispensa o enquadramento da atividade entre as insalubres, que é ato da competência do Ministro do Trabalho e Previdência Social.

461. É duplo, e não triplo, o pagamento de salário nos dias destinados a descanso.

- V. Súmula 146, TST.

462. No cálculo da indenização por despedida injusta inclui-se, quando devido, o repouso semanal remunerado.

463. Para efeito de indenização e estabilidade, conta-se o tempo em que o empregado esteve afastado, em serviço militar obrigatório, mesmo anteriormente à Lei 4.072, de 1º.06.1962.

464. No cálculo da indenização por acidente do trabalho inclui-se, quando devido, o repouso semanal remunerado.

472. A condenação do autor em honorários de advogado, com fundamento no art. 64 do Código de Processo Civil, depende de reconvenção.

- Refere-se ao CPC/1939.
- V. art. 85, CPC/2015.

474. Não há direito líquido e certo, amparado pelo mandado de segurança, quando se escuda em lei cujos efeitos foram anulados por outra, declarada constitucional pelo Supremo Tribunal Federal.

478. O provimento em cargos de Juízes substitutos do Trabalho, deve ser feito independentemente de lista tríplice, na ordem de classificação dos candidatos.

500. Não cabe a ação cominatória para compelir-se o réu a cumprir obrigação de dar.

501. Compete à Justiça ordinária estadual o processo e o julgamento, em ambas as instâncias, das causas de acidente do trabalho, ainda que promovidas contra a União, suas autarquias, empresas públicas ou sociedades de economia mista.

- V. Súmula 235, STF.

502. Na aplicação do art. 839 do Código de Processo Civil, com a redação da Lei 4.290, de 05.12.1963, a relação valor da causa e salário mínimo vigente na Capital do Estado, ou do Território, para o efeito de alçada, deve ser considerada na data do ajuizamento do pedido.

- Refere-se ao CPC/1939.

505. Salvo quando contrariarem a Constituição, não cabe recurso para o Supremo Tribunal Federal, de quaisquer decisões da Justiça do Trabalho, inclusive dos presidentes de seus Tribunais.

- V. Súmula 432, STF.

506. *(Súmula revogada – Suspensão de Segurança 1945/AL, DJU 01.08.2003).*

(O agravo a que se refere o art. 4º da Lei 4.348, de 26.06.1964, cabe, somente, do despacho do presidente do Supremo Tribunal Federal que defere a suspensão da liminar, em mandado de segurança; não do que a "denega".)

508. Compete à Justiça Estadual, em ambas as instâncias, processar e julgar as causas em que for parte o Banco do Brasil S/A.

- V. Súmulas 251, 517 e 556, STF.
- V. Súmula 42, STJ.

510. Praticado o ato por autoridade, no exercício de competência delegada, contra ela cabe o mandado de segurança ou a medida judicial.

511. Compete à Justiça Federal, em ambas as instâncias, processar e julgar as causas entre autarquias federais e entidades públicas locais, inclusive mandados de segurança, ressalvada a ação fiscal, nos termos da Constituição Federal de 1967, art. 119, § 3º.

512. Não cabe condenação em honorários de advogado na ação de mandado de segurança.

- V. Súmula 105, STJ.

513. A decisão que enseja a interposição de recurso ordinário ou extraordinário não é a do Plenário, que resolve o incidente de inconstitucionalidade, mas a do órgão (Câmaras, Grupos ou Turmas) que completa o julgamento do feito.

514. Admite-se ação rescisória contra sentença transitada em julgado, ainda que contra ela não se tenha esgotado todos os recursos.

515. A competência para a ação rescisória não é do Supremo Tribunal Federal, quando a questão federal, apreciada no recurso extraordinário ou no agravo de instrumento, seja diversa da que foi suscitada no pedido rescisório.

- V. Súmula 249, STF.

518. A intervenção da União, em feito já julgado pela segunda instância e pendente de embargos, não desloca o processo para o Tribunal Federal de Recursos.

519. Aplica-se aos executivos fiscais o princípio da sucumbência a que se refere o art. 64 do Código de Processo Civil.

- Refere-se ao CPC/1939.

527. Após a vigência do Ato Institucional 6, que deu nova redação ao art. 114, III, da Constituição Federal de 1967, não cabe recurso extraordinário das decisões do juiz singular.

528. Se a decisão contiver partes autônomas, a admissão parcial, pelo Presidente do Tribunal *a quo*, de recurso extraordinário que, sobre qualquer delas se manifestar, não limitará a apreciação de todas pelo Supremo Tribunal Federal, independentemente de interposição de agravo de instrumento.

529. Subsiste a responsabilidade do empregador pela indenização decorrente de acidente do trabalho, quando o segurador, por haver entrado em liquidação, ou por outro motivo, não se encontrar em condições financeiras, de efetuar, na forma da lei, o pagamento que o seguro obrigatório visava garantir.

531. É inconstitucional o Decreto 51.668, de 17.01.1963, que estabeleceu salário profissional para trabalhadores de transportes marítimos, fluviais e lacustres.

556. É competente a Justiça Comum para julgar as causas em que é parte sociedade de economia mista.

- V. Súmulas 251, 508 e 517, STF.
- V. Súmula 42, STJ.

557. É competente a Justiça Federal para julgar as causas em que são partes a COBRAL e a CIBRAZEM.

565. A multa fiscal moratória constitui pena administrativa, não se incluindo no crédito habilitado em falência.

- V. Súmula 192, STF.

593. Incide o percentual do Fundo de Garantia do Tempo de Serviço (FGTS) sobre a parcela da remuneração correspondente a horas extraordinárias de trabalho.

597. Não cabem embargos infringentes de acórdão que, em mandado de segurança decidiu, por maioria de votos, a apelação.

- V. Súmula 294, STF.

598. Nos embargos de divergência não servem como padrão de discordância os mesmos paradigmas invocados para demonstrá-la mas repelidos como não dissidentes no julgamento do recurso extraordinário.

599. *(Súmula cancelada – Ag. Reg. nos Emb. Div. nos Emb. Decl. no Ag. Reg. no RE 283.240-5, DJE 14.03.2008, divulgado em 13.03.2008).*
(São incabíveis embargos de divergência de decisão de Turma, em agravo regimental.)

600. Cabe ação executiva contra o emitente e seus avalistas, ainda que não apresentado o cheque ao sacado no prazo legal, desde que não prescrita a ação cambiária.

616. É permitida a cumulação da multa contratual com os honorários de advogado, após o advento do Código de Processo Civil vigente.

617. A base de cálculo dos honorários de advogado em desapropriação é a diferença entre a oferta e a indenização, corrigidas ambas monetariamente.

619. *(Súmula revogada – HC 92566-9/SP, DJE 12.12.2008, divulgado em 11.12.2008).*
(A prisão do depositário judicial pode ser decretada no próprio processo em que se constitui o encargo, independentemente da propositura de ação de depósito.)

621. *(Súmula sem eficácia).*
(Não enseja embargos de terceiro à penhora a promessa de compra e venda não inscrita no registro de imóveis.)

622. Não cabe agravo regimental contra decisão do relator que concede ou indefere liminar em mandado de segurança.

623. Não gera por si só a competência originária do Supremo Tribunal Federal para conhecer do mandado de segurança com base no art. 102, I, *n*, da Constituição, dirigir-se o pedido contra deliberação administrativa do tribunal de origem, da qual haja participado a maioria ou a totalidade de seus membros.

624. Não compete ao Supremo Tribunal Federal conhecer originariamente de mandado de segurança contra atos de outros tribunais.

625. Controvérsia sobre matéria de direito não impede concessão de mandado de segurança.

626. A suspensão da liminar em mandado de segurança, salvo determinação em contrário da decisão que a deferir, vigorará até o trânsito em julgado da decisão definitiva de concessão da segurança ou, havendo recurso, até a sua manutenção pelo Supremo Tribunal Federal, desde que o objeto da liminar deferida coincida, total ou parcialmente, com o da impetração.

627. No mandado de segurança contra a nomeação de magistrado da competência do Presidente da República, este é considerado autoridade coatora, ainda que o fundamento da impetração seja nulidade ocorrida em fase anterior do procedimento.

629. A impetração de mandado de segurança coletivo por entidade de classe em favor dos associados independe da autorização destes.

630. A entidade de classe tem legitimação para o mandado de segurança ainda quando a pretensão veiculada interesse apenas a uma parte da respectiva categoria.

631. Extingue-se o processo de mandado de segurança se o impetrante não promove, no prazo assinado, a citação do litisconsorte passivo necessário.

632. É constitucional lei que fixa o prazo de decadência para a impetração de mandado de segurança.

633. É incabível a condenação em verba honorária nos recursos extraordinários interpostos em processo trabalhista, exceto nas hipóteses previstas na Lei 5.584/1970.

634. Não compete ao Supremo Tribunal Federal conceder medida cautelar para dar efeito suspensivo a recurso extraordinário que ainda não foi objeto de juízo de admissibilidade na origem.

635. Cabe ao Presidente do Tribunal de origem decidir o pedido de medida cautelar em recurso extraordinário ainda pendente do seu juízo de admissibilidade.

636. Não cabe recurso extraordinário por contrariedade ao princípio constitucional da legalidade, quando a sua verificação pressuponha rever a interpretação dada a normas infraconstitucionais pela decisão recorrida.

637. Não cabe recurso extraordinário contra acórdão de Tribunal de Justiça que defere pedido de intervenção estadual em Município.

638. A controvérsia sobre a incidência, ou não, de correção monetária em operações de crédito rural é de natureza infraconstitucional, não viabilizando recurso extraordinário.

639. Aplica-se a Súmula 288 quando não constarem do traslado do agravo de instrumento as cópias das peças necessárias à verificação da tempestividade do recurso extraordinário não admitido pela decisão agravada.

640. É cabível recurso extraordinário contra decisão proferida por juiz de primeiro grau nas causas de alçada, ou por turma recursal de juizado especial cível e criminal.

641. Não se conta em dobro o prazo para recorrer, quando só um dos litisconsortes haja sucumbido.

643. O Ministério Público tem legitimidade para promover ação civil pública cujo fundamento seja a ilegalidade de reajuste de mensalidades escolares.

644. Ao titular do cargo de procurador de autarquia não se exige a apresentação de instrumento de mandato para representá-la em juízo.

- Súmula alterada (*DJU* 09.12.2003).

655. A exceção prevista no art. 100, *caput*, da Constituição, em favor dos créditos de natureza alimentícia, não dispensa a expedição de precatório, limitando-se a isentá-los da observância da ordem cronológica dos precatórios decorrentes de condenações de outra natureza.

- V. art. 100, § 1º, CF.

666. A contribuição confederativa de que trata o art. 8º, IV, da Constituição, só é exigível dos filiados ao sindicato respectivo.

671. Os servidores públicos e os trabalhadores em geral têm direito, no que concerne à URP de abril/maio de 1988, apenas ao valor correspondente a 7/30 de 16,19% sobre os vencimentos e salários pertinentes aos meses de abril e maio de 1988, não cumulativamente, devidamente corrigido até o efetivo pagamento.

675. Os intervalos fixados para descanso e alimentação durante a jornada de seis horas não descaracterizam o sistema de turnos ininterruptos de revezamento para o efeito do art. 7º, XIV, da Constituição.

676. A garantia da estabilidade provisória prevista no art. 10, II, *a*, do Ato das Disposições Constitucionais Transitórias, também se aplica ao suplente do cargo de direção de Comissões Internas de Prevenção de Acidentes (CIPA).

677. Até que lei venha a dispor a respeito, incumbe ao Ministério do Trabalho proceder ao registro das entidades sindicais e zelar pela observância do princípio da unicidade.

TST

678. São inconstitucionais os incisos I e III do art. 7º da Lei 8.162/1991, que afastam, para efeito de anuênio e de licença-prêmio, a contagem do tempo de serviço regido pela Consolidação das Leis do Trabalho dos servidores que passaram a submeter-se ao Regime Jurídico Único.

679. A fixação de vencimentos dos servidores públicos não pode ser objeto de convenção coletiva.

680. O direito ao auxílio-alimentação não se estende aos servidores inativos.

687. A revisão de que trata o art. 58 do Ato das Disposições Constitucionais Transitórias não se aplica aos benefícios previdenciários concedidos após a promulgação da Constituição de 1988.

688. É legítima a incidência da contribuição previdenciária sobre o 13º salário.

689. O segurado pode ajuizar ação contra a instituição previdenciária perante o juízo federal do seu domicílio ou nas varas federais da capital do Estado-membro.

726. Para efeito de aposentadoria especial de professores, não se computa o tempo de serviço prestado fora da sala de aula.

727. Não pode o magistrado deixar de encaminhar ao Supremo Tribunal Federal o agravo de instrumento interposto da decisão que não admite recurso extraordinário, ainda que referente a causa instaurada no âmbito dos juizados especiais.

728. É de três dias o prazo para a interposição de recurso extraordinário contra decisão do Tribunal Superior Eleitoral, contado, quando for o caso, a partir da publicação do acórdão, na própria sessão de julgamento, nos termos do art. 12 da Lei 6.055/1974, que não foi revogado pela Lei 8.950/1994.

729. A decisão na Ação Direta de Constitucionalidade 4 não se aplica à antecipação de tutela em causa de natureza previdenciária.

732. É constitucional a cobrança da contribuição do salário-educação, seja sob a Carta de 1969, seja sob a Constituição Federal de 1988, e no regime da Lei 9.424/1996.

733. Não cabe recurso extraordinário contra decisão proferida no processamento de precatórios.

734. Não cabe reclamação quando já houver transitado em julgado o ato judicial que se alega tenha desrespeitado decisão do Supremo Tribunal Federal.

735. Não cabe recurso extraordinário contra acórdão que defere medida liminar.

736. Compete à Justiça do Trabalho julgar as ações que tenham como causa de pedir o descumprimento de normas trabalhistas relativas à segurança, higiene e saúde dos trabalhadores.

SUPERIOR TRIBUNAL DE JUSTIÇA – STJ

1. O foro do domicílio ou da residência do alimentando é o competente para a ação de investigação de paternidade, quando cumulada com a de alimentos.

2. Não cabe o *habeas data* (CF, art. 5º, LXXII, *a*) se não houve recusa de informações por parte da autoridade administrativa.

3. Compete ao Tribunal Regional Federal dirimir conflito de competência verificado, na respectiva Região, entre Juiz Federal e Juiz Estadual investido de jurisdição federal.

4. Compete à Justiça Estadual julgar causa decorrente do processo eleitoral sindical.

5. A simples interpretação de cláusula contratual não enseja recurso especial.

- V. Súmula 181, STJ.
- V. Súmula 454, STF.

6. Compete à Justiça Comum Estadual processar e julgar delito decorrente de acidente de trânsito envolvendo viatura de Polícia Militar, salvo se autor e vítima forem policiais militares em situação de atividade.

7. A pretensão de simples reexame de prova não enseja recurso especial.

- V. Súmula 279, STF.

8. Aplica-se a correção monetária aos créditos habilitados em concordata preventiva, salvo durante o período compreendido entre as datas de vigência da Lei 7.274, de 10 de dezembro de 1984, e do Decreto-lei 2.283, de 27 de fevereiro de 1986.

9. A exigência da prisão provisória, para apelar, não ofende a garantia constitucional da presunção de inocência.

10. Instalada a Junta de Conciliação e Julgamento, cessa a competência do Juiz de Direito em matéria trabalhista, inclusive para a execução das sentenças por ele proferidas.

- A EC 24/1999 substituiu as Juntas de Conciliação e Julgamento por Varas do Trabalho (juiz singular) e extinguiu a representação classista na Justiça do Trabalho.

13. A divergência entre julgados do mesmo Tribunal não enseja recurso especial.

14. Arbitrados os honorários advocatícios em percentual sobre o valor da causa, a correção monetária incide a partir do respectivo ajuizamento.

15. Compete à Justiça Estadual processar e julgar os litígios decorrentes de acidente do trabalho.

- V. art. 109, I, CF.
- V. Súmula 235, STF.

19. A fixação do horário bancário, para atendimento ao público, é da competência da União.

22. Não há conflito de competência entre o Tribunal de Justiça e Tribunal de Alçada do mesmo Estado-membro.

- V. art. 4º, EC 45/2004 (Reforma do Judiciário), que extinguiu os Tribunais de Alçada.

23. O Banco Central do Brasil é parte legítima nas ações fundadas na Resolução 1.154/86.

25. Nas ações da Lei de Falências o prazo para a interposição de recurso conta-se da intimação da parte.

27. Pode a execução fundar-se em mais de um título extrajudicial relativos ao mesmo negócio.

29. No pagamento em juízo para elidir falência, são devidos correção monetária, juros e honorários de advogado.

32. Compete à Justiça Federal processar justificações judiciais destinadas a instruir pedidos perante entidades que nela têm exclusividade de foro, ressalvada a aplicação do art. 15, II, da Lei 5.010/66.

33. A incompetência relativa não pode ser declarada de ofício.

- V. art. 64, CPC/2015.

37. São cumuláveis as indenizações por dano material e dano moral oriundos do mesmo fato.

41. O Superior Tribunal de Justiça não tem competência para processar e julgar, originariamente, mandado de segurança contra ato de outros tribunais ou dos respectivos órgãos.

- V. Súmula 330, STF.

42. Compete à Justiça Comum Estadual processar e julgar as causas cíveis em que é parte sociedade de economia mista e os crimes praticados em seu detrimento.

- V. Súmulas 251, 508, 517 e 556, STF.

45. No reexame necessário, é defeso, ao Tribunal, agravar a condenação imposta à Fazenda Pública.

46. Na execução por carta, os embargos do devedor serão decididos no juízo deprecante, salvo se versarem unicamente vícios ou defeitos da penhora, avaliação ou alienação dos bens.

- V. Súmula 32, TFR.

55. Tribunal Regional Federal não é competente para julgar recurso de decisão proferida por juiz estadual não investido de jurisdição federal.

57. *(Súmula sem eficácia).*

(Compete à Justiça Comum Estadual processar e julgar ação de cumprimento fundada em acordo ou convenção coletiva não homologados pela Justiça do Trabalho.)

59. Não há conflito de competência se já existe sentença com trânsito em julgado, proferida por um dos juízos conflitantes.

62. Compete à Justiça Estadual processar e julgar o crime de falsa anotação na Carteira de Trabalho e Previdência Social, atribuído à empresa privada.

66. Compete à Justiça Federal processar e julgar execução fiscal promovida por Conselho de Fiscalização Profissional.

77. A Caixa Econômica Federal é parte ilegítima para figurar no polo passivo das ações relativas às contribuições para o fundo PIS/PASEP.

82. Compete à Justiça Federal, excluídas as reclamações trabalhistas, processar e julgar os feitos relativos a movimentação do FGTS.

83. Não se conhece do recurso especial pela divergência, quando a orientação do Tribunal se firmou no mesmo sentido da decisão recorrida.

• V. Súmula 286, STF.

84. É admissível a oposição de embargos de terceiro fundados em alegação de posse advinda do compromisso de compra e venda de imóvel, ainda que desprovido do registro.

• V. Súmula 621, STF.

85. Nas relações jurídicas de trato sucessivo em que a Fazenda Pública figure como devedora, quando não tiver sido negado o próprio direito reclamado, a prescrição atinge apenas as prestações vencidas antes do quinquênio anterior à propositura da ação.

86. Cabe recurso especial contra acórdão proferido no julgamento de agravo de instrumento.

88. São admissíveis embargos infringentes em processo falimentar.

89. A ação acidentária prescinde do exaurimento da via administrativa.

92. A terceiro de boa-fé não é oponível a alienação fiduciária não anotada no Certificado de Registro do veículo automotor.

97. Compete à Justiça do Trabalho processar e julgar reclamação de servidor público relativamente a vantagens trabalhistas anteriores à instituição do regime jurídico único.

98. Embargos de declaração manifestados com notório propósito de prequestionamento não têm caráter protelatório.

99. O Ministério Público tem legitimidade para recorrer no processo em que oficiou como fiscal da lei, ainda que não haja recurso da parte.

105. Na ação de mandado de segurança não se admite condenação em honorários advocatícios.

• V. Súmula 512, STF.

106. Proposta a ação no prazo fixado para o seu exercício, a demora na citação, por motivos inerentes ao mecanismo da Justiça, não justifica o acolhimento da arguição de prescrição ou decadência.

110. A isenção do pagamento de honorários advocatícios, nas ações acidentárias, é restrita ao segurado.

111. Os honorários advocatícios, nas ações previdenciárias, não incidem sobre as prestações vencidas após a sentença.

• Súmula alterada (*DJU* 04.10.2006).

115. Na instância especial é inexistente recurso interposto por advogado sem procuração nos autos.

116. A Fazenda Pública e o Ministério Público têm prazo em dobro para interpor agravo regimental no Superior Tribunal de Justiça.

117. A inobservância do prazo de 48 (quarenta e oito) horas, entre a publicação de pauta e o julgamento sem a presença das partes, acarreta nulidade.

118. O agravo de instrumento é o recurso cabível da decisão que homologa a atualização do cálculo da liquidação.

121. Na execução fiscal o devedor deverá ser intimado, pessoalmente, do dia e hora da realização do leilão.

123. A decisão que admite, ou não, o recurso especial deve ser fundamentada, com o exame dos seus pressupostos gerais e constitucionais.

126. É inadmissível recurso especial, quando o acórdão recorrido assenta em fundamentos constitucional e infraconstitucional, qualquer deles suficiente, por si só, para mantê-lo, e a parte vencida não manifesta recurso extraordinário.

128. Na execução fiscal haverá segundo leilão, se no primeiro não houver lanço superior à avaliação.

134. Embora intimado da penhora em imóvel do casal, o cônjuge do executado pode opor embargos de terceiro para defesa de sua meação.

137. Compete à Justiça Comum Estadual processar e julgar ação de servidor público municipal, pleiteando direitos relativos ao vínculo estatutário.

144. Os créditos de natureza alimentícia gozam de preferência, desvinculados os precatórios da ordem cronológica dos créditos de natureza diversa.

147. Compete à Justiça Federal processar e julgar os crimes praticados contra funcionário público federal, quando relacionados com o exercício da função.

149. A prova exclusivamente testemunhal não basta à comprovação da atividade rurícola, para efeito da obtenção de benefício previdenciário.

150. Compete à Justiça Federal decidir sobre a existência de interesse jurídico que justifique a presença, no processo, da União, suas autarquias ou empresas públicas.

154. Os optantes pelo FGTS, nos termos da Lei 5.958/73, têm direito a taxa progressiva dos juros, na forma do art. 4º da Lei 5.107/66.

158. Não se presta a justificar embargos de divergência o dissídio com acórdão de Turma ou Seção que não mais tenha competência para a matéria neles versada.

161. É da competência da Justiça Estadual autorizar o levantamento dos valores relativos ao PIS/PASEP e FGTS, em decorrência do falecimento do titular da conta.

165. Compete à Justiça Federal processar e julgar crime de falso testemunho cometido no processo trabalhista.

168. Não cabem embargos de divergência, quando a jurisprudência do Tribunal se firmou no mesmo sentido do acórdão embargado.

169. São inadmissíveis embargos infringentes no processo de mandado de segurança.

170. Compete ao juízo onde primeiro for intentada a ação envolvendo acumulação de pedidos, trabalhista e estatutário, decidi-la nos limites da sua jurisdição sem prejuízo do ajuizamento de nova causa, com o pedido remanescente, no juízo próprio.

173. Compete à Justiça Federal processar e julgar o pedido de reintegração em cargo público federal, ainda que o servidor tenha sido dispensado antes da instituição do Regime Jurídico Único.

175. Descabe o depósito prévio nas ações rescisórias propostas pelo INSS.

176. É nula a cláusula contratual que sujeita o devedor à taxa de juros divulgada pela ANDIB/CETIP.

177. O Superior Tribunal de Justiça é incompetente para processar e julgar, originariamente, mandado de segurança contra ato de órgão colegiado presidido por Ministro de Estado.

180. Na lide trabalhista, compete ao Tribunal Regional do Trabalho dirimir conflito de competência verificado, na respectiva Região, entre Juiz Estadual e Junta de Conciliação e Julgamento.

• A EC 24/1999 substituiu as Juntas de Conciliação e Julgamento por Varas do Trabalho (juiz singular) e extinguiu a representação classista na Justiça do Trabalho.

182. É inviável o agravo do art. 545 do CPC que deixa de atacar especificamente os fundamentos da decisão agravada.

187. É deserto o recurso interposto para o Superior Tribunal de Justiça, quando o recorrente não recolhe, na origem, a importância das despesas de remessa e retorno dos autos.

189. É desnecessária a intervenção do Ministério Público nas execuções fiscais.

195. Em embargos de terceiro não se anula ato jurídico, por fraude contra credores.

196. Ao executado que, citado por edital ou por hora certa, permanecer revel, será nomeado curador especial, com legitimidade para apresentação de embargos.

201. Os honorários advocatícios não podem ser fixados em salários mínimos.

202. A impetração de segurança por terceiro, contra ato judicial, não se condiciona à interposição de recurso.

203. Não cabe recurso especial contra decisão proferida por órgão de segundo grau dos Juizados Especiais.

• Súmula alterada (*DJU* 03.06.2002).

205. A Lei 8.009/90 aplica-se à penhora realizada antes de sua vigência.

206. A existência de vara privativa, instituída por lei estadual, não altera a competência territorial resultante das leis de processo.

207. É inadmissível recurso especial quando cabíveis embargos infringentes contra o acórdão proferido no tribunal de origem.

210. A ação de cobrança das contribuições para o FGTS prescreve em 30 (trinta) anos.

• V. Súmula 362, TST.

211. Inadmissível recurso especial quanto à questão que, a despeito da oposição de embargos declaratórios, não foi apreciada pelo tribunal *a quo*.

213. O mandado de segurança constitui ação adequada para a declaração do direito à compensação tributária.

215. A indenização recebida pela adesão ao programa de incentivo à demissão voluntária não está sujeita à incidência do Imposto de Renda.

216. A tempestividade de recurso interposto no Superior Tribunal de Justiça é aferida pelo registro no protocolo da Secretaria e não pela data da entrega na agência do correio.

217. *(Súmula cancelada – DJU 10.11.2003).*

(Não cabe agravo de decisão que indefere o pedido de suspensão da execução da liminar, ou da sentença em mandado de segurança.)

219. Os créditos decorrentes de serviços prestados à massa falida, inclusive a remuneração do síndico, gozam dos privilégios próprios dos trabalhistas.

222. Compete à Justiça Comum processar e julgar as ações relativas à contribuição sindical prevista no art. 578 da CLT.

224. Excluído do feito o ente federal, cuja presença levara o Juiz Estadual a declinar da competência, deve o Juiz Federal restituir os autos e não suscitar conflito.

225. Compete ao Tribunal Regional do Trabalho apreciar recurso contra sentença proferida por órgão de primeiro grau da Justiça Trabalhista, ainda que para declarar-lhe a nulidade em virtude de incompetência.

226. O Ministério Público tem legitimidade para recorrer na ação de acidente do trabalho, ainda que o segurado esteja assistido por advogado.

230. *(Súmula cancelada – DJU 09.11.2000).*

(Compete à Justiça Estadual processar e julgar ação movida por trabalhador avulso portuário, em que se impugna ato do órgão gestor de mão de obra de que resulte óbice ao exercício de sua profissão.)

232. A Fazenda Pública, quando parte no processo, fica sujeita à exigência do depósito prévio dos honorários do perito.

235. A conexão não determina a reunião dos processos, se um deles já foi julgado.

236. Não compete ao Superior Tribunal de Justiça dirimir conflitos de competência entre juízos trabalhistas vinculados a Tribunais do Trabalho diversos.

240. A extinção do processo, por abandono da causa pelo autor, depende de requerimento do réu.

242. Cabe ação declaratória para reconhecimento do tempo de serviço para fins previdenciários.

249. A Caixa Econômica Federal tem legitimidade passiva para integrar processo em que se discute correção monetária do FGTS.

252. Os saldos das contas do FGTS, pela legislação infraconstitucional, são corrigidos em 42,72% (quarenta e dois inteiros e setenta e dois décimos por cento) (IPC) quanto às perdas de janeiro de 1989 e 44,80% (quarenta e quatro inteiros e oitenta décimos por cento) (IPC) quanto às de abril de 1990, acolhidos pelo STJ os índices de 18,02% (dezoito inteiros e dois centésimos por cento) (LBC) quanto às perdas de junho de 1987, de 5,38% (cinco inteiros e trinta e oito décimos por cento) (BTN) para maio de 1990 e 7,00% (sete por cento) (TR) para fevereiro de 1991, de acordo com o entendimento do STF (RE 226.855-7-RS).

253. O art. 557 do CPC, que autoriza o relator a decidir o recurso, alcança o reexame necessário.

254. A decisão do Juízo Federal que exclui da relação processual ente federal não pode ser reexaminada no Juízo Estadual.

255. Cabem embargos infringentes contra acórdão, proferido por maioria, em agravo retido, quando se tratar de matéria de mérito.

256. *(Súmula cancelada – DJE 09.06.2008).*

(O sistema de "protocolo integrado" não se aplica aos recursos dirigidos ao Superior Tribunal de Justiça.)

270. O protesto pela preferência de crédito, apresentado por ente federal em execução que tramita na Justiça Estadual, não desloca a competência para a Justiça Federal.

272. O trabalhador rural, na condição de segurado especial, sujeito à contribuição obrigatória sobre a produção rural comercializada, somente faz jus à aposentadoria por tempo de serviço, se recolher contribuições facultativas.

278. O termo inicial do prazo prescricional, na ação de indenização, é a data em que o segurado teve ciência inequívoca da incapacidade laboral.

279. É cabível execução por título extrajudicial contra a Fazenda Pública.

282. Cabe a citação por edital em ação monitória.

289. A restituição das parcelas pagas a plano de previdência privada deve ser objeto de correção plena, por índice que recomponha a efetiva desvalorização da moeda.

290. Nos planos de previdência privada, não cabe ao beneficiário a devolução da contribuição efetuada pelo patrocinador.

291. A ação de cobrança de parcelas de complementação de aposentadoria pela previdência privada prescreve em 5 (cinco) anos.

- V. Súmula 427, STJ.

292. A reconvenção é cabível na ação monitória, após a conversão do procedimento em ordinário.

297. O Código de Defesa do Consumidor é aplicável às instituições financeiras.

300. O instrumento de confissão de dívida, ainda que originário de contrato de abertura de crédito, constitui título executivo extrajudicial.

301. Em ação investigatória, a recusa do suposto pai a submeter-se ao exame de DNA induz presunção *juris tantum* de paternidade.

303. Em embargos de terceiro, quem deu causa à constrição indevida deve arcar com os honorários advocatícios.

306. Os honorários advocatícios devem ser compensados quando houver sucumbência recíproca, assegurado o direito autônomo do advogado à execução do saldo sem excluir a legitimidade da própria parte.

310. O auxílio-creche não integra o salário-de-contribuição.

314. Em execução fiscal, não localizados bens penhoráveis, suspende-se o processo por um ano, findo o qual se inicia o prazo da prescrição quinquenal intercorrente.

315. Não cabem embargos de divergência no âmbito do agravo de instrumento que não admite recurso especial.

316. Cabem embargos de divergência contra acórdão que, em agravo regimental, decide recurso especial.

317. É definitiva a execução de título extrajudicial, ainda que pendente apelação contra sentença que julgue improcedentes os embargos.

318. Formulado pedido certo e determinado, somente o autor tem interesse recursal em arguir o vício da sentença ilíquida.

319. O encargo de depositário de bens penhorados pode ser expressamente recusado.

320. A questão federal somente ventilada no voto vencido não atende ao requisito do prequestionamento.

- V. Súmulas 282 e 356, STF.

321. *(Súmula cancelada – DJE 26.02.2016, disponibilizado em 29.02.2016).*

(O Código de Defesa do Consumidor é aplicável à relação jurídica entre a entidade de previdência privada e seus participantes.)

325. A remessa oficial devolve ao Tribunal o reexame de todas as parcelas da condenação suportadas pela Fazenda Pública, inclusive dos honorários de advogado.

328. Na execução contra instituição financeira, é penhorável o numerário disponível, excluídas as reservas bancárias mantidas no Banco Central.

329. O Ministério Público tem legitimidade para propor ação civil pública em defesa do patrimônio público.

331. A apelação interposta contra sentença que julga embargos à arrematação tem efeito meramente devolutivo.

336. A mulher que renunciou aos alimentos na separação judicial tem direito à pensão previdenciária por morte do ex-marido, comprovada a necessidade econômica superveniente.

340. A lei aplicável à concessão de pensão previdenciária por morte é aquela vigente na data do óbito do segurado.

344. A liquidação por forma diversa da estabelecida na sentença não ofende a coisa julgada.

345. São devidos honorários advocatícios pela Fazenda Pública nas execuções individuais de sentença proferida em ações coletivas, ainda que não embargadas.

349. Compete à Justiça Federal ou aos juízes com competência delegada o julgamento das execuções fiscais de contribuições devidas pelo empregador ao FGTS.

351. A alíquota de contribuição para o Seguro de Acidente do Trabalho (SAT) é aferida pelo grau de risco desenvolvido em cada empresa, individualizada pelo seu CNPJ, ou pelo grau de risco da atividade preponderante quando houver apenas um registro.

352. A obtenção ou a renovação do Certificado de Entidade Beneficente de Assistência Social (CEBAS) não exime a entidade do cumprimento dos requisitos legais supervenientes.

353. As disposições do Código Tributário Nacional não se aplicam às contribuições para o FGTS.

366. *(Súmula cancelada – DJE 22.09.2009, disponibilizado em 21.09.2009).*
(Compete à Justiça estadual processar e julgar ação indenizatória proposta por viúva e filhos de empregado falecido em acidente de trabalho.)

367. A competência estabelecida pela EC 45/2004 não alcança os processos já sentenciados.

373. É ilegítima a exigência de depósito prévio para admissibilidade de recurso administrativo.

377. O portador de visão monocular tem direito de concorrer, em concurso público, às vagas reservadas aos deficientes.

386. São isentas de imposto de renda as indenizações de férias proporcionais e o respectivo adicional.

396. A Confederação Nacional da Agricultura tem legitimidade ativa para a cobrança da contribuição sindical rural.

398. A prescrição da ação para pleitear os juros progressivos sobre os saldos de conta vinculada do FGTS não atinge o fundo de direito, limitando-se às parcelas vencidas.

401. O prazo decadencial da ação rescisória só se inicia quando não for cabível qualquer recurso do último pronunciamento judicial.

413. O farmacêutico pode acumular a responsabilidade técnica por uma farmácia e uma drogaria ou por duas drogarias.

416. É devida a pensão por morte aos dependentes do segurado que, apesar de ter perdido essa qualidade, preencheu os requisitos legais para a obtenção de aposentadoria até a data do seu óbito.

417. Na execução civil, a penhora de dinheiro na ordem de nomeação de bens não tem caráter absoluto.

418. *(Súmula cancelada – DJE 02.08.2016).*
(É inadmissível o recurso especial interposto antes da publicação do acórdão dos embargos de declaração, sem posterior ratificação.)

419. Descabe a prisão civil do depositário judicial infiel.

420. Incabível, em embargos de divergência, discutir o valor de indenização por danos morais.

421. Os honorários advocatícios não são devidos à Defensoria Pública quando ela atua contra a pessoa jurídica de direito público à qual pertença.

425. A retenção da contribuição para a seguridade social pelo tomador do serviço não se aplica às empresas optantes pelo Simples.

427. A ação de cobrança de diferenças de valores de complementação de aposentadoria prescreve em 5 (cinco) anos contados da data do pagamento.

429. A citação postal, quando autorizada por lei, exige o aviso de recebimento.

445. As diferenças de correção monetária resultantes de expurgos inflacionários sobre os saldos de FGTS têm como termo inicial a data em que deveriam ter sido creditadas.

449. A vaga de garagem que possui matrícula própria no registro de imóveis não constitui bem de família para efeito de penhora.

453. Os honorários sucumbenciais, quando omitidos em decisão transitada em julgado, não podem ser cobrados em execução ou em ação própria.

456. É incabível a correção monetária dos salários de contribuição considerados no cálculo do salário de benefício de auxílio-doença, aposentadoria por invalidez, pensão ou auxílio-reclusão concedidos antes da vigência da CF/1988.

458. A contribuição previdenciária incide sobre a comissão paga ao corretor de seguros.

459. A Taxa Referencial (TR) é o índice aplicável, a título de correção monetária, aos débitos com o FGTS recolhidos pelo empregador mas não repassados ao fundo.

462. Nas ações em que representa o FGTS, a CEF, quando sucumbente, não está isenta de reembolsar as custas antecipadas pela parte vencedora.

463. Incide imposto de renda sobre os valores percebidos a título de indenização por horas extraordinárias trabalhadas, ainda que decorrentes de acordo coletivo.

466. O titular da conta vinculada ao FGTS tem o direito de sacar o saldo respectivo quando declarado nulo seu contrato de trabalho por ausência de prévia aprovação em concurso público.

481. Faz jus ao benefício da justiça gratuita a pessoa jurídica com ou sem fins lucrativos que demonstrar sua impossibilidade de arcar com os encargos processuais.

482. A falta de ajuizamento da ação principal no prazo do art. 806 do CPC acarreta a perda da eficácia da liminar deferida e a extinção do processo cautelar.

483. O INSS não está obrigado a efetuar depósito prévio do preparo por gozar das prerrogativas e privilégios da Fazenda Pública.

484. Admite-se que o preparo seja efetuado no primeiro dia útil subsequente, quando a interposição do recurso ocorrer após o encerramento do expediente bancário.

486. É impenhorável o único imóvel residencial do devedor que esteja locado a terceiros, desde que a renda obtida com a locação seja revertida para a subsistência ou a moradia da sua família.

487. O parágrafo único do art. 741 do CPC não se aplica às sentenças transitadas em julgado em data anterior à da sua vigência.

489. Reconhecida a continência, devem ser reunidas na Justiça Federal as ações civis públicas propostas nesta e na Justiça estadual.

490. A dispensa de reexame necessário, quando o valor da condenação ou do direito controvertido for inferior a sessenta salários mínimos, não se aplica a sentenças ilíquidas.

498. Não incide imposto de renda sobre a indenização por danos morais.

499. As empresas prestadoras de serviços estão sujeitas às contribuições ao Sesc e Senac, salvo se integradas noutro serviço social.

505. A competência para processar e julgar as demandas que têm por objeto obrigações decorrentes dos contratos de planos de previdência privada firmados com a Fundação Rede Ferroviária de Seguridade Social – Refer é da Justiça estadual.

- V. Súmula 365, STJ.

507. A acumulação de auxílio-acidente com aposentadoria pressupõe que a lesão incapacitante e a aposentadoria sejam anteriores a 11.11.1997, observado o critério do art. 23 da Lei 8.213/1991 para definição do momento da lesão nos casos de doença profissional ou do trabalho.

514. A CEF é responsável pelo fornecimento dos extratos das contas individualizadas vinculadas ao FGTS dos Trabalhadores participantes do Fundo de Garantia do Tempo de Serviço, inclusive para fins de exibição em juízo, independentemente do período em discussão.

517. São devidos honorários advocatícios no cumprimento de sentença, haja ou não impugnação, depois de escoado o prazo para pagamento voluntário, que se inicia após a intimação do advogado da parte executada.

518. Para fins do art. 105, III, *a*, da Constituição Federal, não é cabível recurso especial fundado em alegada violação de enunciado de súmula.

519. Na hipótese de rejeição da impugnação ao cumprimento de sentença, não são cabíveis honorários advocatícios.

561. Os Conselhos Regionais de Farmácia possuem atribuição para fiscalizar e autuar as farmácias e drogarias quanto ao cumprimento da exigência de manter profissional legalmente habilitado (farmacêutico) durante todo o período de funcionamento dos respectivos estabelecimentos.

568. O relator, monocraticamente e no Superior Tribunal de Justiça, poderá dar ou negar provimento ao recurso quando houver entendimento dominante acerca do tema.

571. A taxa progressiva de juros não se aplica às contas vinculadas ao FGTS de trabalhadores qualificados como avulsos.

577. É possível reconhecer o tempo de serviço rural anterior ao documento mais antigo apresentado, desde que amparado em convincente prova testemunhal colhida sob o contraditório.

578. Os empregados que laboram no cultivo da cana-de-açúcar para empresa agroindustrial ligada ao setor sucroalcooleiro detêm a qualidade de rurícola, ensejando a isenção do FGTS desde a edição da Lei Complementar 11/1971 até a promulgação da Constituição Federal de 1988.

579. Não é necessário ratificar o recurso especial interposto na pendência do julgamento dos embargos de declaração, quando inalterado o resultado anterior.

581. A recuperação judicial do devedor principal não impede o prosseguimento das ações e execuções ajuizadas contra terceiros devedores solidários ou coobrigados em geral, por garantia cambial, real ou fidejussória.

583. O arquivamento provisório previsto no art. 20 da Lei 10.522/2002, dirigido aos débitos inscritos como dívida ativa da União pela Procuradoria-Geral da Fazenda Nacional ou por ela cobrados, não se aplica às execuções fiscais movidas pelos conselhos de fiscalização profissional ou pelas autarquias federais.

☛ **603.** *(Súmula cancelada – DJE 27.08.2018, disponibilizado em 24.08.2018).* (É vedado ao banco mutuante reter, em qualquer extensão, os salários, vencimentos e/ou proventos de correntista para adimplir o mútuo (comum) contraído, ainda que haja cláusula contratual autorizativa, excluído o empréstimo garantido por margem salarial consignável, com desconto em folha de pagamento, que possui regramento legal específico e admite a retenção de percentual.)

635. Os prazos prescricionais previstos no art. 142 da Lei 8.112/1990 iniciam-se na data em que a autoridade competente para a abertura do procedimento administrativo toma conhecimento do fato, interrompem-se com o primeiro ato de instauração válido – sindicância de caráter punitivo ou processo disciplinar – e voltam a fluir por inteiro, após decorridos 140 dias desde a interrupção.

TRIBUNAL FEDERAL DE RECURSOS – TFR

15. Compete à Justiça Federal julgar mandado de segurança contra ato que diga respeito ao ensino superior, praticado por dirigente de estabelecimento particular.

16. Compete à Justiça Estadual julgar mandado de segurança contra ato referente ao ensino de 1º e 2º graus e exames supletivos (Lei 5.692/1971), salvo se praticado por autoridade federal.

17. A competência para homologar opção de servidor da União, autarquias e empresas públicas federais, pelo FGTS, é do juiz federal.

18. O processo e julgamento das reclamações trabalhistas de que trata o art. 110 da Constituição competem ao Juiz Federal da Seção Judiciária onde o empregado prestar serviços (CLT, art. 651), embora o empregador tenha sede e foro noutra unidade da federação.

21. Após a Emenda Constitucional 7, de 1977, a competência para o processo e julgamento das ações de indenização, por danos ocorridos em mercadorias, no transporte aéreo, é da Justiça Comum Estadual, ainda quando se discuta a aplicação da Convenção de Varsóvia relativamente ao limite da responsabilidade do transportador.

32. Na execução por carta (CPC, art. 747 c/c art. 658), os embargos do devedor serão decididos no Juízo deprecante, salvo se versarem unicamente vícios ou defeitos da penhora, avaliação ou alienação dos bens.

33. O Juízo deprecado, na execução por carta, é o competente para julgar os embargos de terceiro, salvo se o bem apreendido foi indicado pelo Juízo deprecante.

34. O duplo grau de jurisdição (CPC, art. 475, II) é aplicável quando se trata de sentença proferida contra a União, o Estado e o Município, só incidindo, em relação às autarquias, quando estas forem sucumbentes na execução da dívida ativa (CPC, art. 475, III).

- V. art. 10, Lei 9.469/1997 (Aplicação para as autarquias e fundações públicas do disposto nos arts. 188 e 475, *caput* e II, CPC).

40. A execução fiscal da Fazenda Pública Federal será proposta perante o Juiz de Direito da Comarca do domicílio do devedor, desde que não seja ela sede de Vara da Justiça Federal.

- V. Súmula 349, STJ.

44. Ajuizada a execução fiscal anteriormente à falência, com penhora realizada antes desta, não ficam os bens penhorados sujeitos à arrecadação no juízo falimentar; proposta a execução fiscal contra a massa falida, a penhora far-se-á no rosto dos autos do processo da quebra, citando-se o síndico.

48. Não cabem embargos infringentes a acórdão proferido em agravo de petição, em execução fiscal, após a vigência do Código de Processo Civil de 1973.

49. Compete à Justiça Estadual processar e julgar as causas em que são partes instituições financeiras em regime de liquidação extrajudicial, salvo se a União Federal, suas entidades autárquicas e empresas públicas forem interessadas na condição de autoras, rés, assistentes ou opoentes.

51. Compete à Justiça Estadual decidir pedido de brasileira naturalizada para adicionar patronímico de companheiro brasileiro nato.

58. Não é absoluta a competência definida no art. 96, do Código de Processo Civil, relativamente à abertura de inventário, ainda que existente interesse de menor, podendo a ação ser ajuizada em foro diverso do domicílio do inventariado.

60. Compete à Justiça Federal decidir da admissibilidade de mandado de segurança impetrado contra atos de dirigentes de pessoas jurídicas privadas, ao argumento de estarem agindo por delegação do poder público federal.

61. Para configurar a competência da Justiça Federal, é necessário que a União, entidade autárquica ou empresa pública federal, ao intervir como assistente, demonstre legítimo interesse jurídico no deslinde da demanda, não bastando a simples alegação de interesse na causa.

66. Compete à Justiça do Trabalho processar e julgar os litígios decorrentes das relações de trabalho entre os municípios de território federal e seus empregados.

67. Compete à Justiça Federal processar e julgar os litígios decorrentes das relações de trabalho entre os territórios federais e seus empregados.

69. Incumbe ao expropriante pagar o salário do assistente técnico do expropriado.

72. *(Súmula cancelada – CC 8.064, DJU 16.09.1988).*
(Compete à Justiça do Trabalho processar e julgar os litígios decorrentes das relações de trabalho entre as fundações instituídas por lei federal e seus empregados.)

77. Cabem embargos infringentes a acórdão não unânime proferido em remessa *ex officio* (Código de Processo Civil, art. 475).

78. Proposta a ação no prazo fixado para o seu exercício, a demora na citação, por motivos inerentes ao mecanismo da Justiça, não justifica o acolhimento da arguição de prescrição.

82. Compete à Justiça do Trabalho processar e julgar as reclamações pertinentes ao cadastramento no Plano de Integração Social (PIS) ou indenização compensatória pela falta deste, desde que não envolvam relações de trabalho dos servidores da União, suas autarquias e empresas públicas.

83. Compete à Justiça Federal processar e julgar reclamação trabalhista movida contra representação diplomática de país estrangeiro, inclusive para decidir sobre a preliminar de imunidade de jurisdição.

87. Compete à Justiça Comum Estadual o processo e julgamento da ação de cobrança de contribuições sindicais.

88. Compete à Justiça do Trabalho o processo e julgamento de reclamação ajuizada contra a Rede Ferroviária Federal S.A., por servidor cedido pela União Federal.

89. Compete à Junta de Conciliação e Julgamento, sediada em comarca do interior, cumprir carta precatória expedida por juiz federal, em matéria trabalhista.

- A EC 24/1999 substituiu as Juntas de Conciliação e Julgamento por Varas do Trabalho (juiz singular) e extinguiu a representação classista na Justiça do Trabalho.

90. *(Súmula cancelada – RO 8.140).*

(Ao servidor estatutário que optou pelo regime celetista, na forma da Lei 6.184, de 1974, é assegurado o direito à gratificação adicional por tempo de serviço correspondente aos períodos anteriores à opção.)

94. Provadas as despesas com assistência médico-hospitalar prestada a segurado, vítima de acidente de trânsito, tem o INPS direito à sub-rogação perante a seguradora responsável pelo seguro obrigatório.

99. A Fazenda Pública, nas execuções fiscais, não está sujeita a prévio depósito para custear despesas do avaliador.

103. Compete ao Tribunal Federal de Recursos processar e julgar, originariamente, mandado de segurança impetrado contra ato de órgão colegiado presidido por Ministro de Estado.

105. Aos prazos em curso no período compreendido entre 20 de dezembro e 6 de janeiro, na Justiça Federal, aplica-se a regra do art. 179 do Código de Processo Civil.

111. Os embargos do devedor devem ser previamente preparados no prazo de 30 (trinta) dias, contado da intimação do despacho que determinar o seu pagamento.

112. Em execução fiscal, a responsabilidade pessoal do sócio-gerente de sociedade por quotas, decorrente de violação da lei ou excesso de mandato, não atinge a meação de sua mulher.

114. Compete à Justiça Comum Estadual processar e julgar as causas entre os sindicatos e seus associados.

115. Compete à Justiça Federal processar e julgar os crimes contra a organização do trabalho, quando tenham por objeto a organização geral do trabalho ou direitos dos trabalhadores considerados coletivamente.

117. A regra do art. 236, § 2º, do Código de Processo Civil, não incide quando o procurador da República funciona como advogado da União Federal, ressalvada a disposição inscrita no art. 25 da Lei 6.830 de 1980.

119. A partir da vigência do Código de Processo Civil de 1973, é cabível a cumulação da multa contratual com honorários advocatícios, na execução hipotecária, regida pela Lei 5.741 de 1971.

121. Não cabe mandado de segurança contra ato ou decisão, de natureza jurisdicional, emanado de Relator ou Presidente de Turma.

122. A companheira, atendidos os requisitos legais, faz jus à pensão do segurado falecido, quer em concorrência com os filhos do casal, quer em sucessão a estes, não constituindo obstáculo a ocorrência do óbito antes da vigência do Dec.-lei 66, de 1966.

129. É exigível das autarquias, o depósito previsto no art. 488, II, do Código de Processo Civil, para efeito de processamento da ação rescisória.

137. *(Súmula sem eficácia).*

A sentença que, em execução fiscal promovida por autarquia, julga extinto o processo, sem decidir o mérito (CPC, art. 267), não está sujeita ao duplo grau de jurisdição obrigatório.

- V. art. 10, Lei 9.469/1997 (Aplicação para as autarquias e fundações públicas do disposto nos arts. 188 e 475, *caput* e II, CPC/1973).

145. Extingue-se o processo de mandado de segurança, se o autor não promover, no prazo assinado, a citação do litisconsorte necessário.

150. Compete à Justiça do Trabalho processar e julgar os litígios entre a administração direta ou indireta do Distrito Federal e os seus servidores, regidos pela legislação trabalhista.

154. A Fazenda Pública, nas execuções fiscais, não está sujeita a prévio depósito para custear as despesas do oficial de justiça.

156. Sindicatos representativos de atividades econômicas ou profissionais idênticas, ou categoria econômica específica, podem organizar-se em federações.

158. Compete à Justiça do Trabalho processar e julgar reclamação contra empresa privada, contratada para a prestação de serviços à administração pública.

163. Nas relações jurídicas de trato sucessivo, em que a Fazenda Pública figure como devedora, somente prescrevem as prestações vencidas antes do quinquênio anterior à propositura da ação.

169. Na Comarca em que não foi criada Junta de Conciliação e Julgamento, é competente o juiz de direito para processar e julgar litígios de natureza trabalhista.

- A EC 24/1999 substituiu as Juntas de Conciliação e Julgamento por Varas do Trabalho (juiz singular) e extinguiu a representação classista na Justiça do Trabalho.

178. Resolvido o contrato de trabalho com a transferência do servidor do regime da CLT para o estatutário, em decorrência de lei, assiste-lhe o direito de movimentar a conta vinculada do FGTS.

181. Cabe ao empregador, e não ao BNH ou IAPAS, o encargo de individualizar as contas vinculadas dos empregados, referentes ao FGTS.

183. Compete ao Juiz Federal do Distrito Federal processar e julgar mandado de segurança contra ato do Presidente do BNH.

184. Em execução movida contra sociedade por quotas, o sócio-gerente, citado em nome próprio, não tem legitimidade para opor embargos de terceiro, visando livrar da constrição judicial seus bens particulares.

187. O adicional de insalubridade incide sobre o salário mínimo regional.

188. Na liquidação por cálculo do contador, a apelação da sentença homologatória ressente-se do pressuposto de admissibilidade, quando o apelante não tenha oferecido oportuna impugnação.

189. Proposta a execução fiscal, a posterior mudança de domicílio do executado não desloca a competência já fixada.

190. A intimação pessoal da penhora ao executado torna dispensável a publicação de que trata o art. 12 da Lei das Execuções Fiscais.

195. O mandado de segurança não é meio processual idôneo para dirimir litígios trabalhistas.

196. Cabem embargos, e não agravo de petição, da sentença de liquidação no processo de execução trabalhista.

200. Compete à Justiça Federal processar e julgar o crime de falsificação ou de uso de documento falso perante a Justiça do Trabalho.

205. O reajuste semestral de salário não se aplica ao servidor público regido pela Consolidação das Leis do Trabalho.

209. Nas execuções fiscais da Fazenda Nacional, é legítima a cobrança cumulativa de juros de mora e multa moratória.

210. Na execução fiscal, não sendo encontrado o devedor, nem bens arrestáveis, é cabível a citação editalícia.

212. A partir da vigência do Dec.-lei 1.820, de 1980, o servidor público celetista não tem direito à percepção de salário mínimo profissional.

214. A prestação de serviços de caráter continuado, em atividades de natureza permanente, com subordinação, observância de horário e normas da repartição, mesmo em Grupo-Tarefa, configura relação empregatícia.

216. Compete à Justiça Federal processar e julgar mandado de segurança impetrado contra ato de autoridade previdenciária, ainda que localizada em comarca do interior.

217. No âmbito da Justiça Federal, aplica-se aos feitos trabalhistas o princípio da identidade física do juiz.

- V. Súmula 136, TST.
- V. Súmula 222, STF.

222. A prorrogação da jornada diária de trabalho não constitui alteração unilateral do contrato, desde que mantido o limite do horário semanal avençado.

223. O empregado, durante o desvio funcional, tem direito à diferença salarial, ainda que o empregador possua quadro de pessoal organizado em carreira.

224. O fato de não serem adjudicados bens que, levados a leilão, deixaram de ser arrematados, não acarreta a extinção do processo de execução.

226. Na prorrogação da jornada de trabalho da mulher-bancária, até 8 (oito) horas diárias, não excedentes de 40 (quarenta) horas semanais (CLT, art. 225), com observância do disposto no art. 59 e seu § 1º da CLT, é inaplicável a regra do art. 374 desse diploma legal.

234. Não cabe medida cautelar em ação rescisória para obstar os efeitos da coisa julgada.

235. A falta de peças de traslado obrigatório será suprida com a conversão do agravo de instrumento em diligência.

240. A intimação do representante judicial da Fazenda Pública, nos embargos à execução fiscal, será feita pessoalmente.

242. O bem alienado fiduciariamente não pode ser objeto de penhora nas execuções ajuizadas contra o devedor fiduciário.

244. A intervenção da União, suas autarquias e empresas públicas em concurso de credores ou de preferência não desloca a competência para a Justiça Federal.

252. O § 3º do art. 125 da Constituição Federal institui hipótese de competência relativa, pelo que não elide a competência concorrente da Justiça Federal.

255. Compete à Justiça Federal processar e julgar causa cujo objeto diga respeito a eleições sindicais.

256. A falta de impugnação dos embargos do devedor não produz, em relação à Fazenda Pública, os efeitos de revelia.

257. Não rendem juros os depósitos judiciais na Caixa Econômica Federal a que se referem o Dec.-lei 759, de 12.08.1969, art. 16, e o Dec.-lei 1.737, de 20.12.1969, art. 3º.

259. Não cabe agravo de instrumento em causa sujeita à alçada de que trata a Lei 6.825, de 1980, salvo se versar sobre valor da causa ou admissibilidade de recurso.

261. No litisconsórcio ativo voluntário, determina-se o valor da causa, para efeito de alçada recursal, dividindo-se o valor global pelo número de litisconsortes.

262. Não se vincula ao processo o juiz que não colheu prova em audiência.

263. A produção antecipada de provas, por si só, não previne a competência para a ação principal.

TRIBUNAL SUPERIOR DO TRABALHO – TST

SÚMULAS * **

* A Resolução TST 129/2005 alterou a denominação dos verbetes da jurisprudência predominante do Tribunal Superior do Trabalho de "Enunciado" para "Súmula" (*DJU* 20.04.2005).

** Redação conforme Anexo à Resolução TST 121/2003 (*DJU* 19.11.2003; rep. 25.11.2003).

1. Prazo judicial

Quando a intimação tiver lugar na sexta-feira, ou a publicação com efeito de intimação for feita nesse dia, o prazo judicial será contado da segunda-feira imediata, inclusive, salvo se não houver expediente, caso em que fluirá no dia útil que se seguir.

2. *(Cancelada pela Res. TST 121/2003.)*

(Gratificação natalina. É devida a gratificação natalina proporcional (Lei 4.090, de 1962) na extinção dos contratos a prazo, entre estes incluídos os de safra, ainda que a relação de emprego haja findado antes de dezembro.)

3. *(Cancelada pela Res. TST 121/2003.)*

(Gratificação natalina. É devida a gratificação natalina proporcional (Lei 4.090, de 1962) na cessação da relação de emprego resultante da aposentadoria do trabalhador, ainda que verificada antes de dezembro.)

4. *(Cancelada pela Res. TST 121/2003.)*

(Custas. As pessoas jurídicas de direito público não estão sujeitas a prévio pagamento de custas, nem a depósito da importância da condenação, para o processamento de recurso na Justiça do Trabalho.)

5. *(Cancelada pela Res. TST 121/2003.)*

(Reajustamento salarial. O reajustamento salarial coletivo, determinado no curso do aviso-prévio, beneficia o empregado pré-avisado da despedida, mesmo que tenha recebido antecipadamente os salários correspondentes ao período do aviso, que integra o seu tempo de serviço para todos os efeitos legais.)

6. Equiparação salarial. Art. 461 da CLT (redação do item VI alterada na sessão do Tribunal Pleno realizada em 09.06.2015).

I – Para os fins previstos no § 2º do art. 461 da CLT, só é válido o quadro de pessoal organizado em carreira quando homologado pelo Ministério do Trabalho, excluindo-se, apenas, dessa exigência o quadro de carreira das entidades de direito público da administração direta, autárquica e fundacional aprovado por ato administrativo da autoridade competente. (ex-Súmula 06 – alterada pela Res.104/2000, *DJ* 20.12.2000).

II – Para efeito de equiparação de salários em caso de trabalho igual, conta-se o tempo de serviço na função e não no emprego. (ex-Súmula 135 – RA 102/1982, *DJ* 11.10.1982 e *DJ* 15.10.1982).

III – A equiparação salarial só é possível se o empregado e o paradigma exercerem a mesma função, desempenhando as mesmas tarefas, não importando se os cargos têm, ou não, a mesma denominação. (ex-OJ da SBDI-1 328 – *DJ* 09.12.2003).

IV – É desnecessário que, ao tempo da reclamação sobre equiparação salarial, reclamante e paradigma estejam a serviço do estabelecimento, desde que o pedido se relacione com situação pretérita. (ex-Súmula 22 – RA 57/1970, DO-GB 27.11.1970).

V – A cessão de empregados não exclui a equiparação salarial, embora exercida a função em órgão governamental estranho à cedente, se esta responde pelos salários do paradigma e do reclamante. (ex-Súmula 111 – RA 102/1980, *DJ* 25.09.1980).

VI – Presentes os pressupostos do art. 461 da CLT, é irrelevante a circunstância de que o desnível salarial tenha origem em decisão judicial que beneficiou o paradigma, exceto: *a)* se decorrente de vantagem pessoal ou de tese jurídica superada pela jurisprudência de Corte Superior; *b)* na hipótese de equiparação salarial em cadeia, suscitada em defesa, se o empregador produzir prova do alegado fato modificativo, impeditivo ou extintivo do direito à equiparação salarial em relação ao paradigma remoto, considerada irrelevante, para esse efeito, a existência de diferença de tempo de serviço na função superior a 2 (dois) anos entre o reclamante e os empregados paradigmas componentes da cadeia equiparatória, à exceção do paradigma imediato.

VII – Desde que atendidos os requisitos do art. 461 da CLT, é possível a equiparação salarial de trabalho intelectual, que pode ser avaliado por sua perfeição técnica, cuja aferição terá critérios objetivos. (ex-OJ da SBDI-1 298 – *DJ* 11.08.2003).

VIII – É do empregador o ônus da prova do fato impeditivo, modificativo ou extintivo da equiparação salarial. (ex-Súmula 68 – RA 9/1977, *DJ* 11.02.1977).

IX – Na ação de equiparação salarial, a prescrição é parcial e só alcança as diferenças salariais vencidas no período de 5 (cinco) anos que precedeu o ajuizamento. (ex-Súmula 274 – alterada pela Res. 121/2003, *DJ* 21.11.2003).

X – O conceito de "mesma localidade" de que trata o art. 461 da CLT refere-se, em princípio, ao mesmo município, ou a municípios distintos que, comprovadamente, pertençam à mesma região metropolitana. (ex-OJ da SBDI-1 252 – inserida em 13.03.2002).

- Súmula com redação determinada pela Res. TST 198/2015 (*DEJT* 12.06.2015).

7. Férias

A indenização pelo não deferimento das férias no tempo oportuno será calculada com base na remuneração devida ao empregado na época da reclamação ou, se for o caso, na da extinção do contrato.

8. Juntada de documento

A juntada de documentos na fase recursal só se justifica quando provado o justo impedimento para sua oportuna apresentação ou se referir a fato posterior à sentença.

9. Ausência do reclamante

A ausência do reclamante, quando adiada a instrução após contestada a ação em audiência, não importa arquivamento do processo.

10. Professor. Dispensa sem justa causa. Término do ano letivo ou no curso de férias escolares. Aviso-prévio (redação alterada em sessão do Tribunal Pleno realizada em 14.09.2012)

O direito aos salários do período de férias escolares assegurado aos professores (art. 322, *caput* e § 3º, da CLT) não exclui o direito ao aviso-prévio, na hipótese de dispensa sem justa causa ao término do ano letivo ou no curso das férias escolares.

- Súmula com redação determinada pela Res. TST 185/2012 (*DEJT* 25.09.2012).

11. *(Cancelada pela Res. TST 121/2003.)*
(Honorários de advogado. É inaplicável na Justiça do Trabalho o disposto no art. 64 do Código de Processo Civil, sendo os honorários de advogado somente devidos nos termos do preceituado na Lei 1.060, de 1950.)

12. Carteira profissional
As anotações apostas pelo empregador na carteira profissional do empregado não geram presunção *juris et de jure*, mas apenas *juris tantum*.

13. Mora
O só pagamento dos salários atrasados em audiência não elide a mora capaz de determinar a rescisão do contrato de trabalho.

14. Culpa recíproca
Reconhecida a culpa recíproca na rescisão do contrato de trabalho (art. 484 da CLT), o empregado tem direito a 50% (cinquenta por cento) do valor do aviso-prévio, do décimo terceiro salário e das férias proporcionais.

- Súmula com redação determinada pela Res. TST 121/2003.

15. Atestado médico
A justificação da ausência do empregado motivada por doença, para a percepção do salário-enfermidade e da remuneração do repouso semanal, deve observar a ordem preferencial dos atestados médicos estabelecida em lei.

16. Notificação
Presume-se recebida a notificação 48 (quarenta e oito) horas depois de sua postagem. O seu não recebimento ou a entrega após o decurso desse prazo constitui ônus de prova do destinatário.

- Súmula com redação determinada pela Res. TST 121/2003.

17. *(Cancelada pela Res. TST 148/2008.)*
(Adicional de Insalubridade. O adicional de insalubridade devido a empregado que, por força da lei, convenção coletiva ou sentença normativa, percebe salário profissional será sobre este calculado). (Súmula restaurada pela Res. TST 121/2003.)

18. Compensação
A compensação, na Justiça do Trabalho, está restrita a dívidas de natureza trabalhista.

19. Quadro de carreira
A Justiça do Trabalho é competente para apreciar reclamação de empregado que tenha por objeto direito fundado em quadro de carreira.

20. *(Cancelada pela Res. 106/2001.)*
(Resilição contratual. Não obstante o pagamento da indenização de antiguidade, presume-se em fraude à lei a resilição contratual, se o empregado permaneceu prestando serviços ou tiver sido, em curto prazo, readmitido.)

21. *(Cancelada pela Res. 30/1994.)*
(Aposentadoria. O empregado aposentado tem direito ao cômputo do tempo anterior à aposentadoria, se permanecer a serviço da empresa ou a ela retornar.)

22. *(Cancelada em decorrência da sua incorporação à nova redação da Súmula 6 – Res. TST 129/2005 – DJU 20.04.2005.)*
(Equiparação salarial. É desnecessário que, ao tempo da reclamação sobre equiparação salarial, reclamante e paradigma estejam a serviço do estabelecimento, desde que o pedido se relacione com situação pretérita.) (RA 57/1970, *DO*-GB 27.11.1970)

23. Recurso
Não se conhece de recurso de revista ou de embargos, se a decisão recorrida resolver determinado item do pedido por diversos fundamentos, e a jurisprudência transcrita não abranger a todos.

24. Serviço extraordinário
Insere-se no cálculo da indenização por antiguidade o salário relativo a serviço extraordinário, desde que habitualmente prestado.

25. Custas processuais. Inversão do ônus da Sucumbência. (alterada a Súmula e incorporadas as Orientações Jurisprudenciais 104 e 186 da SBDI-1)

I – A parte vencedora na primeira instância, se vencida na segunda, está obrigada, independentemente de intimação, a pagar as custas fixadas na sentença originária, das quais ficara isenta a parte então vencida.

II – No caso de inversão do ônus da sucumbência em segundo grau, sem acréscimo ou atualização do valor das custas e se estas já foram devidamente recolhidas, descabe um novo pagamento pela parte vencida, ao recorrer. Deverá ao final, se sucumbente, reembolsar a quantia. (ex-OJ 186 da SBDI-I)

III – Não caracteriza deserção a hipótese em que, acrescido o valor da condenação, não houve fixação ou cálculo do valor devido a título de custas e tampouco intimação da parte para o preparo do recurso, devendo ser as custas pagas ao final. (ex-OJ 104 da SBDI-I)

IV – O reembolso das custas à parte vencedora faz-se necessário mesmo na hipótese em que a parte vencida for pessoa isenta do seu pagamento, nos termos do art. 790-A, parágrafo único, da CLT.

- Súmula com redação determinada pela Res. TST 197/2015 (*DEJT* 14.05.2015).

26. *(Cancelada pela Res. TST 121/2003.)*
(Estabilidade. Presume-se obstativa à estabilidade a despedida, sem justo motivo, do empregado que alcançar 9 (nove) anos de serviço na empresa.)

27. Comissionista
É devida a remuneração do repouso semanal e dos dias feriados ao empregado comissionista, ainda que pracista.

28. Indenização
No caso de se converter a reintegração em indenização dobrada, o direito aos salários é assegurado até a data da primeira decisão que determinou essa conversão.

- Súmula com redação determinada pela Res. TST 121/2003.

29. Transferência
Empregado transferido, por ato unilateral do empregador, para local mais distante de sua residência, tem direito a suplemento salarial correspondente ao acréscimo da despesa de transporte.

30. Intimação da sentença
Quando não juntada a ata ao processo em 48 (quarenta e oito) horas, contadas da audiência de julgamento (art. 851, § 2º, da CLT), o prazo para recurso será contado da data em que a parte receber a intimação da sentença.

31. *(Cancelada pela Res. 31/1994.)*
(Aviso-prévio. É incabível o aviso-prévio na despedida indireta.)

32. Abandono de emprego
Presume-se o abandono de emprego se o trabalhador não retornar ao serviço no prazo de 30 (trinta) dias após a cessação do benefício previdenciário nem justificar o motivo de não o fazer.

- Súmula com redação determinada pela Res. TST 121/2003.

33. Mandado de segurança. Decisão judicial transitada em julgado
Não cabe mandado de segurança de decisão judicial transitada em julgado.

34. *(Cancelada pela Res. TST 121/2003.)*
(Gratificação natalina. A gratificação natalina, instituída pela Lei 4.090, de 1962, é devida ao empregado rural.)

35. *(Cancelada pela Res. TST 121/2003.)*
(Depósito recursal. Complementação. A majoração do salário mínimo não obriga o recorrente a complementar o depósito de que trata o art. 899 da CLT.)

36. Custas
Nas ações plúrimas as custas incidem sobre o respectivo valor global.

37. *(Cancelada pela Res. 32/1994.)*
(Prazo. O prazo para recurso da parte que não comparece à audiência de julgamento, apesar de notificada, conta-se da intimação da sentença.)

38. *(Cancelada pela Res. TST 121/2003.)*
(Recurso. Para comprovação da divergência justificadora do recurso é necessário que o recorrente junte certidão, ou documento equivalente, do acórdão paradigma ou faça transcrição do trecho pertinente à hipótese, indicando sua origem e esclarecendo a fonte da publicação, isto é, órgão oficial ou repertório idôneo de jurisprudência.) (Revisto pelo Enunciado 337.)

39. Periculosidade
Os empregados que operam em bomba de gasolina têm direito ao adicional de periculosidade (Lei 2.573, de 15.08.1955).

40. *(Cancelada pela Res. TST 121/2003.)*
(Processo administrativo. Não cabe recurso ao Tribunal Superior do Trabalho

contra decisão em processo administrativo, de interesse de funcionário, proferida por Tribunal Regional do Trabalho.) (Revisto pelo Enunciado 302.)

41. *(Cancelada pela Res. TST 121/2003.)*
(Quitação. A quitação, nas hipóteses dos §§ 1º e 2º do art. 477 da CLT, concerne exclusivamente aos valores discriminados no documento respectivo.) (Revisto pelo Enunciado 330.)

42. *(Cancelada pela Res. TST 121/2003.)*
(Recurso. Não ensejam o conhecimento de revista ou de embargos decisões superadas por iterativa, notória e atual jurisprudência do Pleno.) (Revisto pelo Enunciado 333.)

43. Transferência
Presume-se abusiva a transferência de que trata o § 1º do art. 469 da CLT, sem comprovação da necessidade do serviço.

44. Aviso-prévio
A cessação da atividade da empresa, com o pagamento da indenização, simples ou em dobro, não exclui, por si só, o direito do empregado ao aviso-prévio.

45. Serviço suplementar
A remuneração do serviço suplementar, habitualmente prestado, integra o cálculo da gratificação natalina prevista na Lei 4.090, de 13.07.1962.

46. Acidente de trabalho
As faltas ou ausências decorrentes de acidente do trabalho não são consideradas para os efeitos de duração de férias e cálculo da gratificação natalina.

47. Insalubridade
O trabalho executado em condições insalubres, em caráter intermitente, não afasta, só por essa circunstância, o direito à percepção do respectivo adicional.

48. Compensação
A compensação só poderá ser arguida com a contestação.

49. *(Cancelada pela Res. TST 121/2003.)*
(Inquérito judicial. No inquérito judicial, contadas e não pagas as custas no prazo fixado pelo juízo, será determinado o arquivamento do processo.)

50. Gratificação natalina
A gratificação natalina, instituída pela Lei 4.090, de 13.07.1962, é devida pela empresa cessionária ao servidor público cedido enquanto durar a cessão.

51. Norma regulamentar. Vantagens e opção pelo novo regulamento. Art. 468 da CLT. (Incorporada a Orientação Jurisprudencial 163 da SDI-1)

I – As cláusulas regulamentares, que revoguem ou alterem vantagens deferidas anteriormente, só atingirão os trabalhadores admitidos após a revogação ou alteração do regulamento. (ex-Súmula 51 – RA 41/1973, *DJ* 14.06.1973)

II – Havendo a coexistência de dois regulamentos da empresa, a opção do empregado por um deles tem efeito jurídico de renúncia às regras do sistema do outro. (ex-OJ 163 – Inserida em 26.03.1999)

- Súmula com redação determinada pela Res. TST 129/2005 (*DJU* 20.04.2005).

52. Tempo de serviço
O adicional de tempo de serviço (quinquênio) é devido, nas condições estabelecidas no art. 19 da Lei 4.345, de 26.06.1964, aos contratados sob o regime da CLT, pela empresa a que se refere a mencionada lei, inclusive para o fim de complementação de aposentadoria.

53. Custas
O prazo para pagamento das custas, no caso de recurso, é contado da intimação do cálculo.

54. Optante
Rescindindo por acordo seu contrato de trabalho, o empregado estável optante tem direito ao mínimo de 60% (sessenta por cento) do total da indenização em dobro, calculada sobre o maior salário percebido no emprego. Se houver recebido menos do que esse total, qualquer que tenha sido a forma de transação, assegura-se-lhe a complementação até aquele limite.

55. Financeiras
As empresas de crédito, financiamento ou investimento, também denominadas financeiras, equiparam-se aos estabelecimentos bancários para os efeitos do art. 224 da CLT.

56. *(Cancelada pela Res. TST 121/2003.)*
(Balconista. O balconista que recebe comissão tem direito ao adicional de 20% (vinte por cento) pelo trabalho em horas extras, calculado sobre o valor das comissões referentes a essas horas.) (Revisto pelo Enunciado 340.)

57. *(Cancelada pela Res. 3/1993.)*
(Trabalhador rural. Os trabalhadores agrícolas das usinas de açúcar integram categoria profissional de industriários, beneficiando-se dos aumentos normativos obtidos pela referida categoria.)

58. Pessoal de obras
Ao empregado admitido como pessoal de obras, em caráter permanente e não amparado pelo regime estatutário, aplica-se a legislação trabalhista.

59. *(Cancelada pela Res. TST 121/2003.)*
(Vigia. Vigia de estabelecimento bancário não se beneficia da jornada de trabalho reduzida prevista no art. 224 da CLT.)

60. Adicional noturno. Integração no salário e prorrogação em horário diurno. (Incorporada a Orientação Jurisprudencial 6 da SDI-1)

I – O adicional noturno, pago com habitualidade, integra o salário do empregado para todos os efeitos. (ex-Súmula 60 – RA 105/1974, *DJ* 24.10.1974)

II – Cumprida integralmente a jornada no período noturno e prorrogada esta, devido é também o adicional quanto às horas prorrogadas. Exegese do art. 73, § 5º, da CLT. (ex-OJ 6 – Inserida em 25.11.1996)

- Súmula com redação determinada pela Res. TST 129/2005 (*DJU* 20.04.2005).

61. Ferroviário
Aos ferroviários que trabalham em estação do interior, assim classificada por autoridade competente, não são devidas horas extras (art. 243, CLT).

62. Abandono de emprego
O prazo de decadência do direito do empregador de ajuizar inquérito em face do empregado que incorre em abandono de emprego é contado a partir do momento em que o empregado pretendeu seu retorno ao serviço.

63. Fundo de garantia
A contribuição para o Fundo de Garantia do Tempo de Serviço incide sobre a remuneração mensal devida ao empregado, inclusive horas extras e adicionais eventuais.

64. *(Cancelada pela Res. TST 121/2003.)*
(Prescrição. A prescrição para reclamar contra anotação de carteira profissional, ou omissão desta, flui da data de cessação do contrato de trabalho.)

65. Vigia
O direito à hora reduzida de 52 (cinquenta e dois) minutos e 30 (trinta) segundos aplica-se ao vigia noturno.

66. *(Cancelada pela Res. TST 121/2003.)*
(Tempo de serviço. Os quinquênios devidos ao pessoal da Rede Ferroviária Federal S.A. serão calculados sobre o salário do cargo efetivo, ainda que o trabalhador exerça cargo ou função em comissão.)

67. Gratificação. Ferroviário
Chefe de trem, regido pelo estatuto dos ferroviários (Decreto 35.530, de 19.09.1959), não tem direito à gratificação prevista no respectivo art. 110.

68. *(Cancelada em decorrência da sua incorporação à nova redação da Súmula 6 – Res. TST 129/2005 – DJU 20.04.2005.)*
(Prova. É do empregador o ônus da prova do fato impeditivo, modificativo ou extintivo da equiparação salarial.) (RA 9/1977, *DJ* 11.02.1977)

69. Rescisão do contrato
A partir da Lei 10.272, de 05.09.2001, havendo rescisão do contrato de trabalho e sendo revel e confesso quanto à matéria de fato, deve ser o empregador condenado ao pagamento das verbas rescisórias, não quitadas na primeira audiência, com acréscimo de 50% (cinquenta por cento).

- Súmula com redação determinada pela Res. TST 121/2003.

70. Adicional de periculosidade
O adicional de periculosidade não incide sobre os triênios pagos pela Petrobrás.

71. Alçada
A alçada é fixada pelo valor dado à causa na data de seu ajuizamento, desde que não impugnado, sendo inalterável no curso do processo.

72. Aposentadoria
O prêmio-aposentadoria instituído por norma regulamentar da empresa não está condicionado ao disposto no § 2º do art. 14 da Lei 8.036, de 11.05.1990.

- Súmula com redação determinada pela Res. TST 121/2003.

73. Despedida. Justa causa
A ocorrência de justa causa, salvo a de abandono de emprego, no decurso do

prazo do aviso-prévio dado pelo empregador, retira do empregado qualquer direito às verbas rescisórias de natureza indenizatória.

- Súmula com redação determinada pela Res. TST 121/2003.

74. Confissão

I – Aplica-se a confissão à parte que, expressamente intimada com aquela cominação, não comparecer à audiência em prosseguimento, na qual deveria depor. (ex-Súmula 74 – RA 69/1978, *DJ* 26.09.1978)

II – A prova pré-constituída nos autos pode ser levada em conta para confronto com a confissão ficta (arts. 442 e 443, do CPC de 2015 – art. 400, I, do CPC de 1973), não implicando cerceamento de defesa o indeferimento de provas posteriores. (ex-OJ 184 da SBDI-1 – inserida em 08.11.2000)

III – A vedação à produção de prova posterior pela parte confessa somente a ela se aplica, não afetando o exercício, pelo magistrado, do poder/dever de conduzir o processo.

- Súmula com redação determinada pela Res. TST 208/2016 (*DEJT* 22.04.2016).

75. *(Cancelada pela Res. TST 121/2003.)*

(Ferroviário. É incompetente a Justiça do Trabalho para conhecer de ação de ferroviário oriundo das empresas Sorocabana, São Paulo-Minas e Araraquarense, que mantém a condição de funcionário público.)

76. *(Cancelada pela Res. TST 121/2003.)*

(Horas extras. O valor das horas suplementares prestadas habitualmente, por mais de 2 (dois) anos, ou durante todo o contrato, se suprimidas, integra-se ao salário para todos os efeitos legais.) (Revisto pelo Enunciado 291.)

77. Punição

Nula é a punição de empregado se não precedida de inquérito ou sindicância internos a que se obrigou a empresa, por norma regulamentar.

78. *(Cancelada pela Res. TST 121/2003.)*

(Gratificação. A gratificação periódica contratual integra o salário, pelo seu duodécimo, para todos os efeitos legais, inclusive o cálculo da natalina da Lei 4.090/1962.)

79. *(Cancelada pela Res. TST 121/2003.)*

(Tempo de serviço. O adicional de antiguidade, pago pela Fepasa, calcula-se sobre o salário-base.)

80. Insalubridade

A eliminação da insalubridade mediante fornecimento de aparelhos protetores aprovados pelo órgão competente do Poder Executivo exclui a percepção do respectivo adicional.

81. Férias

Os dias de férias gozados após o período legal de concessão, deverão ser remunerados em dobro.

82. Assistência

A intervenção assistencial, simples ou adesiva, só é admissível se demonstrado o interesse jurídico e não o meramente econômico.

- Súmula com redação determinada pela Res. TST 121/2003.

83. Ação rescisória. Matéria controvertida. (Incorporada a Orientação Jurisprudencial 77 da SDI-II)

I – Não procede pedido formulado na ação rescisória por violação literal de lei se a decisão rescindenda estiver baseada em texto legal infraconstitucional de interpretação controvertida nos Tribunais. (ex-Súmula 83 – Res. 121/2003, *DJ* 21.11.2003).

II – O marco divisor quanto a ser, ou não, controvertida, nos Tribunais, a interpretação dos dispositivos legais citados na ação rescisória é a data da inclusão, na Orientação Jurisprudencial do TST, da matéria discutida. (ex-OJ 77 – inserida em 13.03.2002).

- Súmula com redação determinada pela Res. TST 137/2005 (*DJU* 22.08.2005).

84. Adicional regional

O adicional regional, instituído pela Petrobras, não contraria o art. 7º, XXXII, da CF/1988.

- Súmula com redação determinada pela Res. TST 121/2003.

85. Compensação de Jornada. (inserido o item VI)

I – A compensação de jornada de trabalho deve ser ajustada por acordo individual escrito, acordo coletivo ou convenção coletiva. (ex-Súmula 85 – primeira parte – alterada pela Res. 121/2003, *DJ* 21.11.2003)

II – O acordo individual para compensação de horas é válido, salvo se houver norma coletiva em sentido contrário. (ex-OJ 182 da SBDI-1 – inserida em 08.11.2000)

III – O mero não atendimento das exigências legais para a compensação de jornada, inclusive quando encetada mediante acordo tácito, não implica a repetição do pagamento das horas excedentes à jornada normal diária, se não dilatada a jornada máxima semanal, sendo devido apenas o respectivo adicional. (ex-Súmula 85 – segunda parte – alterada pela Res. 121/2003, *DJ* 21.11.2003)

IV – A prestação de horas extras habituais descaracteriza o acordo de compensação de jornada. Nesta hipótese, as horas que ultrapassarem a jornada semanal normal deverão ser pagas como horas extraordinárias e, quanto àquelas destinadas à compensação, deverá ser pago a mais apenas o adicional por trabalho extraordinário. (ex-OJ 220 da SBDI-1 – inserida em 20.06.2001)

V – As disposições contidas nesta súmula não se aplicam ao regime compensatório na modalidade "banco de horas", que somente pode ser instituído por negociação coletiva.

VI – Não é válido acordo de compensação de jornada em atividade insalubre, ainda que estipulado em norma coletiva, sem a necessária inspeção prévia e permissão da autoridade competente, na forma do art. 60 da CLT.

- Súmula com redação determinada pela Res. TST 209/2016 (*DEJT* 01.06.2016).

86. Deserção. Massa falida. Empresa em liquidação extrajudicial. (Incorporada a Orientação Jurisprudencial 31 da SDI-1)

Não ocorre deserção de recurso da massa falida por falta de pagamento de custas ou de depósito do valor da condenação. Esse privilégio, todavia, não se aplica à empresa em liquidação extrajudicial. (Primeira parte – ex-Súmula 86 – RA 69/1978, *DJ* 26.09.1978; segunda parte – ex-OJ 31 – Inserida em 14.03.1994)

- Súmula com redação determinada pela Res. TST 129/2005 (*DJU* 20.04.2005).

87. Previdência privada

Se o empregado, ou seu beneficiário, já recebeu da instituição previdenciária privada, criada pela empresa, vantagem equivalente, é cabível a dedução do seu valor do benefício a que faz jus por norma regulamentar anterior.

88. *(Cancelada pela Res. 42/1995.)*

(Jornada de trabalho. Intervalo entre turnos. O desrespeito ao intervalo mínimo entre 2 (dois) turnos de trabalho, sem importar em excesso na jornada efetivamente trabalhada, não dá direito a qualquer ressarcimento ao obreiro, por tratar-se apenas de infração sujeita a penalidade administrativa (art. 71 da CLT).)

89. Falta ao serviço

Se as faltas já são justificadas pela lei, consideram-se como ausências legais e não serão descontadas para o cálculo do período de férias.

90. Horas *in itinere*. Tempo de serviço. (Incorporadas as Súmulas 324 e 325 e as Orientações Jurisprudenciais 50 e 236 da SDI-1)

I – O tempo despendido pelo empregado, em condução fornecida pelo empregador, até o local de trabalho de difícil acesso, ou não servido por transporte público regular, e para o seu retorno é computável na jornada de trabalho. (ex-Súmula 90 – RA 80/1978, *DJ* 10.11.1978)

II – A incompatibilidade entre os horários de início e término da jornada do empregado e os do transporte público regular é circunstância que também gera o direito às horas *in itinere*. (ex-OJ 50 – Inserida em 01.02.1995)

III – A mera insuficiência de transporte público não enseja o pagamento de horas *in itinere*. (ex-Súmula 324 – RA 16/1993, *DJ* 21.12.1993)

IV – Se houver transporte público regular em parte do trajeto percorrido em condução da empresa, as horas *in itinere* remuneradas limitam-se ao trecho não alcançado pelo transporte público. (ex-Súmula 325 – RA 17/1993, *DJ* 21.12.1993)

V – Considerando que as horas *in itinere* são computáveis na jornada de trabalho, o tempo que extrapola a jornada legal é considerado como extraordinário e sobre ele deve incidir o adicional respectivo. (ex-OJ 236 – Inserida em 20.06.2001)

• Súmula com redação determinada pela Res. TST 129/2005 (*DJU* 20.04.2005).

91. Salário complessivo

Nula é a cláusula contratual que fixa determinada importância ou percentagem para atender englobadamente vários direitos legais ou contratuais do trabalhador.

92. Aposentadoria

O direito à complementação de aposentadoria, criado pela empresa, com requisitos próprios, não se altera pela instituição de benefício previdenciário por órgão oficial.

93. Bancário

Integra a remuneração do bancário a vantagem pecuniária por ele auferida na colocação ou na venda de papéis ou valores mobiliários de empresas pertencentes ao mesmo grupo econômico, se exercida essa atividade no horário e no local de trabalho e com o consentimento, tácito ou expresso, do banco empregador.

94. *(Cancelada pela Res. TST 121/2003.)*

(Horas extras. O valor das horas extraordinárias habituais integra o aviso-prévio indenizado.)

95. *(Cancelada pela Res. TST 121/2003.)*

(Prescrição trintenária. FGTS. É trintenária a prescrição do direito de reclamar contra o não recolhimento da contribuição para o Fundo de Garantia do Tempo de Serviço.)

96. Marítimo

A permanência do tripulante a bordo do navio, no período de repouso, além da jornada, não importa em presunção de que esteja à disposição do empregador ou em regime de prorrogação de horário, circunstâncias que devem resultar provadas, dada a natureza do serviço.

97. Aposentadoria. Complementação

Instituída complementação de aposentadoria por ato da empresa, expressamente dependente de regulamentação, as condições desta devem ser observadas como parte integrante da norma.

• Súmula com redação determinada pela RA 96/1980.

98. FGTS. Indenização. Equivalência. Compatibilidade. (Incorporada a Orientação Jurisprudencial 299 da SDI-1)

I – A equivalência entre os regimes do Fundo de Garantia do Tempo de Serviço e da estabilidade prevista na CLT é meramente jurídica e não econômica, sendo indevidos valores a título de reposição de diferenças. (ex-Súmula 98 – RA 57/1980, *DJ* 06.06.1980)

II – A estabilidade contratual ou a derivada de regulamento de empresa são compatíveis com o regime do FGTS. Diversamente ocorre com a estabilidade legal (decenal, art. 492 da CLT), que é renunciada com a opção pelo FGTS. (ex-OJ 299 – *DJ* 11.08.2003)

• Súmula com redação determinada pela Res. TST 129/2005 (*DJU* 20.04.2005).

99. Ação rescisória. Deserção. Prazo. (Incorporada a Orientação Jurisprudencial 117 da SDI-II)

Havendo recurso ordinário em sede de rescisória, o depósito recursal só é exigível quando for julgado procedente o pedido e imposta condenação em pecúnia, devendo este ser efetuado no prazo recursal, no limite e nos termos da legislação vigente, sob pena de deserção. (ex-Súmula 99 – RA 62/1980, *DJ* 11.06.1980 e alterada pela Res. 110/2002, *DJ* 11.04.2002 e ex-OJ 117 – *DJ* 11.08.2003)

• Súmula com redação determinada pela Res. TST 137/2005 (*DJU* 22.08.2005).

100. Ação rescisória. Decadência. (Incorporadas as Orientações Jurisprudenciais 13, 16, 79, 102, 104, 122 e 145 da SDI-II)

I – O prazo de decadência, na ação rescisória, conta-se do dia imediatamente subsequente ao trânsito em julgado da última decisão proferida na causa, seja de mérito ou não. (ex-Súmula 100 – Res. 109/2001, *DJ* 20. 04.2001).

II – Havendo recurso parcial no processo principal, o trânsito em julgado dá-se em momentos e em tribunais diferentes, contando-se o prazo decadencial para a ação rescisória do trânsito em julgado de cada decisão, salvo se o recurso tratar de preliminar ou prejudicial que possa tornar insubsistente a decisão recorrida, hipótese em que flui a decadência a partir do trânsito em julgado da decisão que julgar o recurso parcial. (ex-Súmula 100 – Res. 109/2001, *DJ* 20.04.2001).

III – Salvo se houver dúvida razoável, a interposição de recurso intempestivo ou a interposição de recurso incabível não protrai o termo inicial do prazo decadencial. (ex-Súmula 100 – Res. 109/2001, *DJ* 18.04.2001).

IV – O juízo rescindente não está adstrito à certidão de trânsito em julgado juntada com a ação rescisória, podendo formar sua convicção através de outros elementos dos autos quanto à antecipação ou postergação do *dies a quo* do prazo decadencial. (ex-OJ 102 – *DJ* 29.04.2003).

V – O acordo homologado judicialmente tem força de decisão irrecorrível, na forma do art. 831 da CLT. Assim sendo, o termo conciliatório transita em julgado na data da sua homologação judicial. (ex-OJ 104 – *DJ* 29.04.2003).

VI – Na hipótese de colusão das partes, o prazo decadencial da ação rescisória somente começa a fluir para o Ministério Público, que não interveio no processo principal, a partir do momento em que tem ciência da fraude. (ex-OJ 122 – *DJ* 11.08.2003).

VII – Não ofende o princípio do duplo grau de jurisdição a decisão do TST que, após afastar a decadência em sede de recurso ordinário, aprecia desde logo a lide, se a causa versar questão exclusivamente de direito e estiver em condições de imediato julgamento. (ex-OJ 79 – inserida em 13.03.2002).

VIII – A exceção de incompetência, ainda que oposta no prazo recursal, sem ter sido aviado o recurso próprio, não tem o condão de afastar a consumação da coisa julgada e, assim, postergar o termo inicial do prazo decadencial para a ação rescisória. (ex-OJ 16 – inserida em 20.09.2000).

IX – Prorroga-se até o primeiro dia útil, imediatamente subsequente, o prazo decadencial para ajuizamento de ação rescisória quando expira em férias forenses, feriados, finais de semana ou em dia em que não houver expediente forense. Aplicação do art. 775 da CLT. (ex-OJ 13 – inserida em 20.09.2000).

X – Conta-se o prazo decadencial da ação rescisória, após o decurso do prazo legal previsto para a interposição do recurso extraordinário, apenas quando esgotadas todas as vias recursais ordinárias. (ex-OJ 145 – *DJ* 10.11.2004).

• Súmula com redação determinada pela Res. TST 137/2005 (*DJU* 22.08.2005).

101. Diárias de viagem. Salário. (Incorporada a Orientação Jurisprudencial 292 da SDI-1)

Integram o salário, pelo seu valor total e para efeitos indenizatórios, as diárias de viagem que excedam a 50% (cinquenta por cento) do salário do empregado, enquanto perdurarem as viagens. (Primeira parte – ex-Súmula 101 – RA 65/1980, *DJ* 18.06.1980; segunda parte – ex-OJ 292 – Inserida em 11.08.2003)

• Súmula com redação determinada pela Res. TST 129/2005 (DJU 20.04.2005).

102. Bancário. Cargo de confiança. (mantida)

I – A configuração, ou não, do exercício da função de confiança a que se refere o art. 224, § 2º, da CLT, dependente da prova das reais atribuições do empregado, é insuscetível de exame mediante recurso de revista ou de embargos. (ex-Súmula 204 – alterada pela Res. 121/2003, *DJ* 21.11.2003)

II – O bancário que exerce a função a que se refere o § 2º do art. 224 da CLT e recebe gratificação não inferior a 1/3 (um terço) de seu salário já tem remuneradas as 2 (duas) horas extraordinárias excedentes de seis. (ex-Súmula 166 – RA 102/1982, *DJ* 11.10.1982 e *DJ* 15.10.1982)

III – Ao bancário exercente de cargo de confiança previsto no artigo 224, § 2º, da CLT são devidas as 7ª e 8ª horas, como extras, no período em que se verificar o pagamento a menor da gratificação de 1/3 (um terço). (ex-OJ 288 da SBDI-1 – *DJ* 11.08.2003)

IV – O bancário sujeito à regra do art. 224, § 2º, da CLT cumpre jornada de trabalho de 8 (oito) horas, sendo extraordinárias as trabalhadas além da oitava. (ex-Súmula 232 – RA 14/1985, *DJ* 19.09.1985)

V – O advogado empregado de banco, pelo simples exercício da advocacia, não exerce cargo de confiança, não se enquadrando, portanto, na hipótese do § 2º do art. 224 da CLT. (ex-OJ 222 da SBDI-1 – inserida em 20.06.2001)

VI – O caixa bancário, ainda que caixa executivo, não exerce cargo de confiança. Se perceber gratificação igual ou superior a 1/3 (um terço) do salário do posto efetivo, essa remunera apenas a maior responsabilidade do cargo e não as 2 (duas) horas extraordinárias além da sexta. (ex-Súmula 102 – RA 66/1980, *DJ* 18.06.1980 e republicada *DJ* 14.07.1980)

VII – O bancário exercente de função de confiança, que percebe a gratificação não inferior ao terço legal, ainda que norma coletiva contemple percentual superior, não tem direito às sétima e oitava horas como extras, mas tão somente às diferenças de gratificação de função, se postuladas. (ex-OJ 15 da SBDI-1 – inserida em 14.03.1994)

- Súmula mantida pela Res. TST 174/2011 (*DEJT* 27.05.2011).

103. *(Cancelada pela Res. TST 121/2003.)* (Tempo de serviço. Licença-prêmio. Os trabalhadores que hajam prestado serviço no regime da Lei 1.890, de 13.06.1953, e optado pelo regime estatutário, não contam, posteriormente, esse período para fins de licença-prêmio, privativa de servidores estatutários.)

104. *(Cancelada pela Res. TST 121/2003.)* (Férias. Trabalhador rural. É devido o pagamento de férias ao rurícola, qualquer que tenha sido a data de sua admissão e, em dobro, se não concedidas na época prevista em lei.)

105. *(Cancelada pela Res. TST 121/2003.)* (Funcionário público. Quinquênios. O empregado estatutário que optar pelo regime celetista, com o congelamento dos quinquênios em seus valores à época, não tem direito ao reajuste posterior dos seus níveis.)

106. *(Cancelada pela Res. TST 157/2009 – DJE 04.09.2009.)* (Aposentadoria. Ferroviário. Competência. É incompetente a Justiça do Trabalho para julgar ação ajuizada em face da Rede Ferroviária Federal, em que ex-empregado desta pleiteie complementação de aposentadoria, elaboração ou alteração de folhas de pagamento de aposentados, se por essas obrigações responde órgão da previdência social.)

107. *(Cancelada pelo Enunciado 299.)* (Ação rescisória. Prova. É indispensável a juntada à inicial da ação rescisória da prova do trânsito em julgado da decisão rescindenda, sob pena de indeferimento liminar.)

108. *(Cancelada pela Res. 85/1998.)* (Compensação de horário. Acordo. A compensação de horário semanal deve ser ajustada por acordo escrito, não necessariamente em acordo coletivo ou convenção coletiva, exceto quanto ao trabalho da mulher.)

109. Gratificação de função

O bancário não enquadrado no § 2º do art. 224 da CLT, que receba gratificação de função, não pode ter o salário relativo a horas extraordinárias compensado com o valor daquela vantagem.

- Súmula com redação determinada pela RA 97/1980.

110. Jornada de trabalho. Intervalo

No regime de revezamento, as horas trabalhadas em seguida ao repouso semanal de 24 (vinte e quatro) horas, com prejuízo do intervalo mínimo de 11 (onze) horas consecutivas para descanso entre jornadas, devem ser remuneradas como extraordinárias, inclusive com o respectivo adicional.

111. *(Cancelada em decorrência da sua incorporação à nova redação da Súmula 6 – Res. TST 129/2005 – DJU 20.04.2005.)* (Equiparação salarial. A cessão de empregados não exclui a equiparação salarial, embora exercida a função em órgão governamental estranho à cedente, se esta responde pelos salários do paradigma e do reclamante.) (RA 102/1980, *DJ* 25.09.1980)

112. Trabalho noturno. Petróleo

O trabalho noturno dos empregados nas atividades de exploração, perfuração, produção e refinação do petróleo, industrialização do xisto, indústria petroquímica e transporte de petróleo e seus derivados, por meio de dutos, é regulado pela Lei 5.811, de 11.10.1972, não se lhe aplicando a hora reduzida de 52 (cinquenta e dois) minutos e 30 (trinta) segundos prevista no art. 73, § 2º, da CLT.

113. Bancário. Sábado. Dia útil

O sábado do bancário é dia útil não trabalhado, não dia de repouso remunerado. Não cabe a repercussão do pagamento de horas extras habituais em sua remuneração.

114. Prescrição intercorrente

É inaplicável na Justiça do Trabalho a prescrição intercorrente.

115. Horas extras. Gratificações semestrais

O valor das horas extras habituais integra a remuneração do trabalhador para o cálculo das gratificações semestrais.

- Súmula com redação determinada pela Res. TST 121/2003.

116. *(Cancelada pela Res. TST 121/2003.)* (Funcionário público. Cedido. Reajuste salarial. Os funcionários públicos cedidos à Rede Ferroviária Federal S.A. têm direito ao reajustamento salarial determinado pelo art. 5º da Lei 4.345/1964.) (Revisto pelo Enunciado 252.)

117. Bancário. Categoria diferenciada

Não se beneficiam do regime legal relativo aos bancários os empregados de estabelecimento de crédito pertencentes a categorias profissionais diferenciadas.

118. Jornada de trabalho. Horas extras

Os intervalos concedidos pelo empregador, na jornada de trabalho, não previstos em lei, representam tempo à disposição da empresa, remunerados como serviço extraordinário, se acrescidos ao final da jornada.

119. Jornada de trabalho

Os empregados de empresas distribuidoras e corretoras de títulos e valores mobiliários não têm direito à jornada especial dos bancários.

120. *(Cancelada em decorrência da sua incorporação à nova redação da Súmula 6 – Res. TST 129/2005 – DJU 20.04.2005.)* (Equiparação salarial. Decisão judicial. Res. 100/2000, *DJ* 18.09.2000. Presentes os pressupostos do art. 461 da CLT, é irrelevante a circunstância de que o desnível salarial tenha origem em decisão judicial que beneficiou o paradigma, exceto se decorrente de vantagem pessoal ou de tese jurídica superada pela jurisprudência de Corte Superior.)

121. *(Cancelada pela Res. TST 121/2003.)* (Funcionário público. Gratificação de produtividade. Não tem direito à percepção da gratificação de produtividade, na forma do regime estatutário, o servidor de ex-autarquia administradora de porto que opta pelo regime jurídico da Consolidação das Leis do Trabalho.)

122. Revelia. Atestado médico. (Incorporada a Orientação Jurisprudencial 74 da SDI-1)

A reclamada, ausente à audiência em que deveria apresentar defesa, é revel, ainda que presente seu advogado munido de procuração, podendo ser ilidida a revelia mediante a apresentação de atestado médico, que deverá declarar, expressamente, a impossibilidade de locomoção do empregador ou do seu preposto no dia da audiência. (Primeira parte – ex-OJ 74 – Inserida em 25.11.1996; segunda parte – ex-Súmula 122, redação dada pela Res. 121/2003, *DJ* 21.11.2003)

- Súmula com redação determinada pela Res. TST 129/2005 (*DJU* 20.04.2005).

123. *(Cancelada pela Res. TST 121/2003.)* (Competência. Art. 106 da CF. Em se tratando de Estado ou Município, a lei que estabelece o regime jurídico (art. 106 da Constituição Federal) do servidor temporário ou contratado é a estadual ou municipal, a qual, uma vez editada, apanha as situações preexistentes, fazendo cessar sua regência pelo regime trabalhista. Incompetente é a Justiça do Trabalho para julgar as reclamações ajuizadas posteriormente à vigência da lei especial.)

124. Bancário. Salário-hora. Divisor (alteração em razão do julgamento do processo TST-IRR-849-83.2013.5.03.0138)

I – O divisor aplicável para o cálculo das horas extras do bancário será:

a) 180, para os empregados submetidos à jornada de seis horas prevista no *caput* do art. 224 da CLT;

b) 220, para os empregados submetidos à jornada de oito horas, nos termos do § 2º do art. 224 da CLT.

II – Ressalvam-se da aplicação do item anterior as decisões de mérito sobre o tema, qualquer que seja o seu teor, emanadas de Turma do TST ou da SBDI-I, no período de 27/09/2012 até 21/11/2016, conforme a modulação aprovada no precedente obrigatório firmado no Incidente de Recursos de Revista Repetitivos TST-IRR-849-83.2013.5.03.0138, *DEJT* 19.12.2016.

- Súmula com redação determinada pela Res. TST 219/2017 (*DEJT* 28.06.2017).

125. Contrato de trabalho. Art. 479 da CLT
O art. 479 da CLT aplica-se ao trabalhador optante pelo FGTS admitido mediante contrato por prazo determinado, nos termos do art. 30, § 3º, do Decreto 59.820, de 20.12.1966.

126. Recurso. Cabimento
Incabível o recurso de revista ou de embargos (arts. 896 e 894, *b*, da CLT) para reexame de fatos e provas.

127. Quadro de carreira
Quadro de pessoal organizado em carreira, aprovado pelo órgão competente, excluída a hipótese de equiparação salarial, não obsta reclamação fundada em preterição, enquadramento ou reclassificação.

128. Depósito recursal. (Incorporadas as Orientações Jurisprudenciais 139, 189 e 190 da SDI-1)
I – É ônus da parte recorrente efetuar o depósito legal, integralmente, em relação a cada novo recurso interposto, sob pena de deserção. Atingido o valor da condenação, nenhum depósito mais é exigido para qualquer recurso. (ex-Súmula 128, redação dada pela Res. 121/2003, *DJ* 21.11.03, que incorporou a OJ 139 – Inserida em 27.11.98)
II – Garantido o juízo, na fase executória, a exigência de depósito para recorrer de qualquer decisão viola os incisos II e LV do art. 5º da CF/1988. Havendo, porém, elevação do valor do débito, exige-se a complementação da garantia do juízo. (ex-OJ 189 – Inserida em 08.11.2000)
III – Havendo condenação solidária de duas ou mais empresas, o depósito recursal efetuado por uma delas aproveita as demais, quando a empresa que efetuou o depósito não pleiteia sua exclusão da lide. (ex-OJ 190 – Inserida em 08.11.2000)
• Súmula com redação determinada pela Res. TST 129/2005 (*DJU* 20.04.2005).

129. Contrato de trabalho. Grupo econômico
A prestação de serviços a mais de uma empresa do mesmo grupo econômico, durante a mesma jornada de trabalho, não caracteriza a coexistência de mais de um contrato de trabalho, salvo ajuste em contrário.

130. *(Cancelada pela Res. TST 121/2003.)*
(Adicional noturno. O regime de revezamento no trabalho não exclui o direito do empregado ao adicional noturno, em face da derrogação do art. 73 da CLT pelo art. 157, item III, da Constituição de 18.09.1946.) (Ex-prejulgado 1.)

131. *(Cancelada pela Res. TST 121/2003.)*
(Salário mínimo. Vigência. O salário mínimo, uma vez decretado em condições de excepcionalidade, tem imediata vigência.) (Ex-prejulgado 2.)

132. Adicional de periculosidade. Integração. (Incorporadas as Orientações Jurisprudenciais 174 e 267 da SDI-1)
I – O adicional de periculosidade, pago em caráter permanente, integra o cálculo de indenização e de horas extras. (ex-prejulgado 3). (ex-Súmula 132 – RA 102/1982, *DJ* 11.10.1982/ *DJ* 15.10.1982 e ex-OJ 267 – Inserida em 27.09.2002)
II – Durante as horas de sobreaviso, o empregado não se encontra em condições de risco, razão pela qual é incabível a integração do adicional de periculosidade sobre as mencionadas horas. (ex-OJ 174 – Inserida em 08.11.2000)
• Súmula com redação determinada pela Res. TST 129/2005 (*DJU* 20.04.2005).

133. *(Cancelada pela Res. TST 121/2003.)*
(Embargos infringentes. Para o julgamento dos embargos infringentes, nas juntas, é desnecessária a notificação das partes.) (Ex-prejulgado 4.)

134. *(Cancelada pela Res. TST 121/2003.)*
(Salário. Menor não aprendiz. Ao menor não aprendiz é devido o salário mínimo integral.) (Ex-prejulgado 5.)

135. *(Cancelada em decorrência da sua incorporação à nova redação da Súmula 6 – Res. TST 129/2005 – DJU 20.04.2005.)*
(Salário. Equiparação. Para efeito de equiparação de salários em caso de trabalho igual, conta-se o tempo de serviço na função e não no emprego. Ex-prejulgado 6.) (RA 102/1982, *DJ* 11.10.1982 e *DJ* 15.10.1982)

136. *(Cancelada pela Res. TST 185/2012 – DEJT 25.09.2012)*
(Juiz. Identidade física. Não se aplica às Varas do Trabalho o princípio da identidade física do juiz.) (ex-Prejulgado 7).

137. *(Cancelada pela Res. TST 121/2003.)*
(Adicional de insalubridade. É devido o adicional de serviço insalubre, calculado à base do salário mínimo da região, ainda que a remuneração contratual seja superior ao salário mínimo acrescido da taxa de insalubridade.) (Ex-prejulgado 8.)

138. Readmissão
Em caso de readmissão, conta-se a favor do empregado o período de serviço anterior, encerrado com a saída espontânea. (Ex-prejulgado 9.)

139. Adicional de insalubridade. (Incorporada a Orientação Jurisprudencial 102 da SDI-1)
Enquanto percebido, o adicional de insalubridade integra a remuneração para todos os efeitos legais. (ex-OJ 102 – Inserida em 01.10.1997)
• Súmula com redação determinada pela Res. TST 129/2005 (*DJU* 20.04.2005).

140. Vigia
É assegurado ao vigia, sujeito ao trabalho noturno, o direito ao respectivo adicional. (Ex-prejulgado 12.)

141. *(Cancelada pela Res. TST 121/2003.)*
(Dissídio coletivo. É constitucional o art. 2º da Lei 4.725, de 13.07.1965.) (Ex-prejulgado 13.)

142. *(Cancelada pela Res. TST 121/2003.)*
(Gestante. Dispensa. Empregada gestante, dispensada sem motivo antes do período de 6 (seis) semanas anteriores ao parto, tem direito à percepção do salário-maternidade.) (Ex-prejulgado 14.)

143. Salário profissional
O salário profissional dos médicos e dentistas guarda proporcionalidade com as horas efetivamente trabalhadas, respeitado o mínimo de 50 (cinquenta) horas mensais. (Ex-prejulgado 15.)

144. *(Cancelada pela Res. TST 121/2003.)*
(Ação rescisória. É cabível a ação rescisória no âmbito da Justiça do Trabalho.) (Ex-prejulgado 16.)

145. *(Cancelada pela Res. TST 121/2003.)*
(Gratificação de Natal. É compensável a gratificação de Natal com a da Lei 4.090, de 1962.) (Ex-prejulgado 17.)

146. Trabalho em domingos e feriados, não compensado
O trabalho prestado em domingos e feriados, não compensado, deve ser pago em dobro, sem prejuízo da remuneração relativa ao repouso semanal.
• Súmula com redação determinada pela Res. TST 121/2003.

147. *(Cancelada pela Res. TST 121/2003.)*
(Férias. Indenização. Indevido o pagamento dos repousos semanais e feriados intercorrentes nas férias indenizadas.) (Ex-prejulgado 19.)

148. Gratificação natalina
É computável a gratificação de Natal para efeito do cálculo da indenização. (Ex-prejulgado 20.)

149. Tarefeiro. Férias
A remuneração das férias do tarefeiro deve ser calculada com base na média da produção do período aquisitivo, aplicando-se-lhe a tarifa da data da concessão. (Ex-prejulgado 22.)

150. *(Cancelada pela Res. TST 121/2003.)*
(Demissão. Incompetência da Justiça do Trabalho. Falece competência à Justiça do Trabalho para determinar a reintegração ou a indenização de empregado demitido com base nos atos institucionais.) (Ex-prejulgado 23.)

151. *(Cancelada pela Res. TST 121/2003.)*
(Férias. Remuneração. A remuneração das férias inclui a das horas extraordinárias habitualmente prestadas.) (Ex-prejulgado 24.)

152. Gratificação. Ajuste tácito
O fato de constar do recibo de pagamento de gratificação o caráter de liberalidade não basta, por si só, para excluir a existência de ajuste tácito. (Ex-prejulgado 25.)

153. Prescrição
Não se conhece de prescrição não arguida na instância ordinária. (Ex-prejulgado 27.)

154. *(Cancelada pela Res. TST 121/2003.)*
(Mandado de segurança. Da decisão do Tribunal Regional do Trabalho em mandado de segurança cabe recurso ordinário, no prazo de 10 (dez) dias, para o Tribunal Superior do Trabalho.) (Ex-prejulgado 28 – Revisto pelo Enunciado 201.)

155. Ausência ao serviço
As horas em que o empregado falta ao serviço para comparecimento necessá-

rio, como parte, à Justiça do Trabalho não serão descontadas de seus salários. (Ex-prejulgado 30.)

156. Prescrição. Prazo
Da extinção do último contrato começa a fluir o prazo prescricional do direito de ação em que se objetiva a soma de períodos descontínuos de trabalho. (Ex-prejulgado 31.)

157. Gratificação
A gratificação instituída pela Lei 4.090, de 13.07.1962 é devida na resilição contratual de iniciativa do empregado. (Ex-prejulgado 32.)

158. Ação rescisória
Da decisão de Tribunal Regional do Trabalho, em ação rescisória, é cabível recurso ordinário para o Tribunal Superior do Trabalho, em face da organização judiciária trabalhista. (Ex-prejulgado 35.)

159. Substituição de caráter não eventual e vacância do cargo. (Incorporada a Orientação Jurisprudencial 112 da SDI-1)
I – Enquanto perdurar a substituição que não tenha caráter meramente eventual, inclusive nas férias, o empregado substituto fará jus ao salário contratual do substituído. (ex-Súmula 159 – Res. 121/2003, *DJ* 21.11.2003)
II – Vago o cargo em definitivo, o empregado que passa a ocupá-lo não tem direito a salário igual ao do antecessor. (ex-OJ 112 – Inserida em 01. 10.1997)

- Súmula com redação determinada pela Res. TST 129/2005 (DJU 20.04.2005).

160. Aposentadoria por invalidez
Cancelada a aposentadoria por invalidez, mesmo após 5 (cinco) anos, o trabalhador terá direito de retornar ao emprego, facultado, porém, ao empregador, indenizá-lo na forma da lei. (Ex-prejulgado 37.)

161. Depósito. Condenação a pagamento em pecúnia
Se não há condenação a pagamento em pecúnia, descabe o depósito de que tratam os §§ 1º e 2º do art. 899 da CLT. (Ex-prejulgado 39.)

162. *(Cancelada pela Res. 59/1996.)*
(Insalubridade. É constitucional o art. 3º do Decreto-lei 389, de 26.12.1968). (Ex-prejulgado 41.)

163. Aviso-prévio. Contrato de experiência
Cabe aviso-prévio nas rescisões antecipadas dos contratos de experiência, na forma do art. 481 da CLT. (Ex-prejulgado 42.)

164. *(Cancelada pela Res. TST 210/2016 – DEJT 30.06.2016.)*
(Procuração. Juntada. O não cumprimento das determinações dos §§ 1º e 2º do art. 5º da Lei 8.906, de 04.07.1994 e do art. 37, parágrafo único, do Código de Processo Civil importa o não conhecimento de recurso, por inexistente, exceto na hipótese de mandato tácito.)

165. *(Cancelada pela Res. 87/1998.)*
(Depósito. Recurso. Conta vinculada. O depósito, para fins de recurso, realizado fora da conta vinculada do trabalhador, desde que feito na sede do juízo, ou realizado na conta vinculada do trabalhador, apesar de fora da sua sede do juízo, uma vez que permaneça à disposição deste, não impedirá o conhecimento do apelo). (Ex-prejulgado 45.)

166. *(Cancelada em decorrência da sua incorporação à nova redação da Súmula 102 – Res. TST 129/2005 – DJU 20.04.2005.)*
(Bancário. Cargo de confiança. Jornada de trabalho. O bancário que exerce a função a que se refere o § 2º do art. 224 da CLT e recebe gratificação não inferior a 1/3 (um terço) de seu salário já tem remuneradas as duas horas extraordinárias excedentes de seis. Ex-prejulgado 46.) (RA 102/1982, *DJ* 11.10.1982 e *DJ* 15.10.1982)

167. *(Cancelada pela Res. TST 121/2003.)*
(Vogal. Investidura. Recurso. Das decisões proferidas pelos Tribunais Regionais, em processo de impugnação ou contestação à investidura de vogal, cabe recurso para o Tribunal Superior do Trabalho.) (Ex-prejulgado 47.)

168. *(Cancelada pelo Enunciado 294.)*
(Prescrição. Prestações periódicas. Contagem. Na lesão de direito que atinja prestações periódicas, de qualquer natureza, devidas ao empregado, a prescrição é sempre parcial e se conta do vencimento de cada uma delas e não do direito do qual se origina). (Ex-prejulgado 48.)

169. *(Cancelada pela Res. TST 121/2003.)*
(Ação rescisória. Justiça do Trabalho. Depósito prévio. Nas ações rescisórias ajuizadas na Justiça do Trabalho e que só serão admitidas nas hipóteses dos arts. 798 a 800 do Código de Processo Civil de 1939, desnecessário o depósito a que aludem os arts. 488, II, e 494 do Código de Processo Civil de 1973.) (Ex-prejulgado 49 – Revisto pelo Enunciado 194.)

170. Sociedade de economia mista. Custas
Os privilégios e isenções no foro da Justiça do Trabalho não abrangem as sociedades de economia mista, ainda que gozassem desses benefícios anteriormente ao Decreto-lei 779, de 21.08.1969. (Ex-prejulgado 50.)

171. Férias Proporcionais. Contrato de Trabalho. Extinção
Salvo na hipótese de dispensa do empregado por justa causa, a extinção do contrato de trabalho sujeita o empregador ao pagamento da remuneração das férias proporcionais, ainda que incompleto o período aquisitivo de 12 (doze) meses (art. 147 da CLT). Ex-prejulgado 51.

- Súmula republicada no *DJU* 05.05.2004.
- Súmula com redação determinada pela Res. TST 121/2003.

172. Repouso remunerado. Horas extras. Cálculo
Computam-se no cálculo do repouso remunerado as horas extras habitualmente prestadas. (Ex-prejulgado 52.)

173. Salário. Empresa. Cessação de atividades
Extinto, automaticamente, o vínculo empregatício com a cessação das atividades da empresa, os salários só são devidos até a data da extinção. (Ex-prejulgado 53.)

174. *(Cancelada pela Res. TST 121/2003.)*
(Previdência. Lei 3.841/1960. Aplicação. As disposições da Lei 3.841, de 15.12.1960, dirigidas apenas ao sistema previdenciário oficial, não se aplicam aos empregados vinculados ao regime de seguro social de caráter privado.) (Ex-prejulgado 54.)

175. *(Cancelada pela Res. TST 121/2003.)*
(Recurso adesivo. Art. 500 do CPC. Inaplicabilidade. O recurso adesivo, previsto no art. 500 do Código de Processo Civil, é incompatível com o processo do trabalho.) (Ex-prejulgado 55 – Revisto pelo Enunciado 196.)

176. *(Cancelada pela Res. TST 130/2005 – DJU 13.05.2005.)*
(Fundo de garantia. Levantamento do depósito. A Justiça do Trabalho só tem competência para autorizar o levantamento do depósito do Fundo de Garantia do Tempo de Serviço na ocorrência de dissídio entre empregado e empregador.) (Súmula com redação determinada pela Res. TST 121/2003.)

177. *(Cancelada pela Res. TST 121/2003.)*
(Dissídio coletivo. Sindicato. Representação. Está em plena vigência o art. 859 da Consolidação das Leis do Trabalho, cuja redação é a seguinte: "A representação dos sindicatos para instauração da instância fica subordinada à aprovação de assembleia, da qual participem os associados interessados na solução do dissídio coletivo, em primeira convocação, por maioria de 2/3 (dois terços) dos mesmos, ou, em segunda convocação, por 2/3 (dois terços) dos presentes"). (Ex-prejulgado 58.)

178. Telefonista. Art. 227, e parágrafos, da CLT. Aplicabilidade
É aplicável à telefonista de mesa de empresa que não explora o serviço de telefonia o disposto no art. 227, e seus parágrafos, da CLT. (Ex-prejulgado 59.)

179. *(Cancelada pela Res. TST 121/2003.)*
(Inconstitucionalidade. Art. 22 da Lei 5.107/1966. É inconstitucional o art. 22 da Lei 5.107, de 13.09.1966, na sua parte final, em que dá competência à Justiça do Trabalho para julgar dissídios coletivos "quando o BNH e a Previdência Social figurarem no feito como litisconsortes"). (Ex-prejulgado 60.)

180. *(Cancelada pela Res. TST 121/2003.)*
(Ação de cumprimento. Substituição processual. Desistência. Nas ações de cumprimento, o substituído processualmente pode, a qualquer tempo, desistir da ação, desde que, comprovadamente, tenha havido transação.) (Revisto pelo Enunciado 255.)

181. *(Cancelada pela Res. TST 121/2003.)*
(Adicional. Tempo de serviço. Reajuste semestral. Lei 6.708/1979. O adicional

por tempo de serviço, quando estabelecido em importe fixo, está sujeito ao reajuste da Lei 6.708/1979.)

182. Aviso-prévio. Indenização compensatória. Lei 6.708, de 30.10.1979

O tempo do aviso-prévio, mesmo indenizado, conta-se para efeito da indenização adicional prevista no art. 9º da Lei 6.708, de 30.10.1979.

- Súmula com redação determinada pela Res. 5/1983.

183. *(Cancelada pela Res. TST 121/2003.)* (Embargos. Recurso de revista. Despacho denegatório. Agravo de instrumento. Não cabimento. São incabíveis embargos para o Tribunal Pleno contra decisão em agravo de instrumento oposto a despacho denegatório de recurso de revista, inexistindo ofensa ao art. 153, § 4º, da Constituição Federal.) (Revisto pelo Enunciado 335.)

184. Embargos declaratórios. Omissão em recurso de revista. Preclusão

Ocorre preclusão se não forem opostos embargos declaratórios para suprir omissão apontada em recurso de revista ou de embargos.

185. *(Cancelada pela Res. TST 121/2003.)* (Embargos sob intervenção do Banco Central. Liquidação extrajudicial. Juros. Correção monetária. Lei 6.024/1974. Aplicada a Lei 6.024/1974, fica suspensa a incidência de juros e correção monetária nas liquidações de empresas sob intervenção do Banco Central.) (Revisto pelo Enunciado 284.)

- O termo "Embargos" está de acordo com a publicação oficial.

186. Licença-prêmio. Conversão em pecúnia. Regulamento da empresa

A licença-prêmio, na vigência do contrato de trabalho, não pode ser convertida em pecúnia, salvo se expressamente admitida a conversão no regulamento da empresa.

- Súmula com redação determinada pela Res. TST 121/2003.

187. Correção monetária. Incidência

A correção monetária não incide sobre o débito do trabalhador reclamante.

188. Contrato de trabalho. Experiência. Prorrogação

O contrato de experiência pode ser prorrogado, respeitado o limite máximo de 90 (noventa) dias.

189. Greve. Competência da Justiça do Trabalho. Abusividade

A Justiça do Trabalho é competente para declarar a abusividade, ou não, da greve.

- Súmula com redação determinada pela Res. TST 121/2003.
- V. art. 114, II e § 3º, CF.

190. Poder normativo do TST. Condições de trabalho. Inconstitucionalidade. Decisões contrárias ao STF

Ao julgar ou homologar ação coletiva ou acordo nela havido, o Tribunal Superior do Trabalho exerce o poder normativo constitucional, não podendo criar ou homologar condições de trabalho que o Supremo Tribunal Federal julgue iterativamente inconstitucionais.

191. Adicional de periculosidade. Incidência. Base de cálculo (cancelada a parte final da antiga redação e inseridos os itens II e III)

I – O adicional de periculosidade incide apenas sobre o salário básico e não sobre este acrescido de outros adicionais.

II – O adicional de periculosidade do empregado eletricitário, contratado sob a égide da Lei 7.369/1985, deve ser calculado sobre a totalidade das parcelas de natureza salarial. Não é válida norma coletiva mediante a qual se determina a incidência do referido adicional sobre o salário básico.

III – A alteração da base de cálculo do adicional de periculosidade do eletricitário promovida pela Lei 12.740/2012 atinge somente contrato de trabalho firmado a partir de sua vigência, de modo que, nesse caso, o cálculo será realizado exclusivamente sobre o salário básico, conforme determina o § 1º do art. 193 da CLT.

- Súmula com redação determinada pela Res. TST 214/2016 (*DEJT* 02.12.2016).

192. Ação rescisória. Competência. (atualizada em decorrência do CPC de 2015)

I – Se não houver o conhecimento de recurso de revista ou de embargos, a competência para julgar ação que vise a rescindir a decisão de mérito é do Tribunal Regional do Trabalho, ressalvado o disposto no item II.

II – Acórdão rescindendo do Tribunal Superior do Trabalho que não conhece de recurso de embargos ou de revista, analisando arguição de violação de dispositivo de lei material ou decidindo em consonância com súmula de direito material ou com iterativa, notória e atual jurisprudência de direito material da Seção de Dissídios Individuais (Súmula 333), examina o mérito da causa, cabendo ação rescisória da competência do Tribunal Superior do Trabalho. (ex-Súmula 192 – alterada pela Res. 121/2003, *DJ* 21.11.2003)

III – Sob a égide do art. 512 do CPC de 1973, é juridicamente impossível o pedido explícito de desconstituição de sentença quando substituída por acórdão do Tribunal Regional ou superveniente sentença homologatória de acordo que puser fim ao litígio.

IV – Na vigência do CPC de 1973, é manifesta a impossibilidade jurídica do pedido de rescisão de julgado proferido em agravo de instrumento que, limitando-se a aferir o eventual desacerto do juízo negativo de admissibilidade do recurso de revista, não substitui o acórdão regional, na forma do art. 512 do CPC. (ex-OJ 105 da SBDI-2 – *DJ* 29.04.2003)

V – A decisão proferida pela SBDI, em agravo regimental, calcada na Súmula 333, substitui acórdão de Turma do TST, porque emite juízo de mérito, comportando, em tese, o corte rescisório. (ex-OJ 133 da SBDI-2 – *DJ* 04.05.2004).

- Súmula com redação determinada pela Res. TST 212/2016 (*DEJT* 20.09.2016).

193. *(Cancelada pela Res. 105/2000.)* (Correção monetária. Juros. Cálculo. Execução de sentença. Pessoa jurídica de direito público. Nos casos de execução de sentença contra pessoa jurídica de direito público, os juros e a correção monetária serão calculados até o pagamento do valor principal da condenação.)

194. *(Cancelada pela Res. TST 142/2007 – DJU 10.10.2007.)* (Ação rescisória. Justiça do Trabalho. Depósito prévio. (Revisão do Enunciado 169.) As ações rescisórias ajuizadas na Justiça do Trabalho serão admitidas, instruídas e julgadas conforme os arts. 485 *usque* 495 do Código de Processo Civil de 1973, sendo, porém, desnecessário o depósito prévio a que aludem os respectivos arts. 488, II, e 494.)

195. *(Cancelada pela Res. TST 121/2003.)* (Embargos. Agravo regimental. Cabimento. Não cabem embargos para o Pleno de decisão de turma do Tribunal Superior do Trabalho, prolatada em agravo regimental.) (Revisto pelo Enunciado 353.)

196. *(Cancelada pela Res. TST 121/2003.)* (Recurso adesivo. Prazo. Revisão do Enunciado 175. O recurso adesivo é compatível com o processo do trabalho, onde cabe, no prazo de 8 (oito) dias, no recurso ordinário, na revista, nos embargos para o Pleno e no agravo de petição.) (Revisto pelo Enunciado 283.)

197. Prazo

O prazo para recurso da parte que, intimada, não comparecer à audiência em prosseguimento para a prolação da sentença conta-se de sua publicação.

198. *(Cancelada pelo Enunciado 294.)* (Prescrição. Na lesão de direito individual que atinja prestações periódicas devidas ao empregado, à exceção da que decorre de ato único do empregador, a prescrição é sempre parcial e se conta do vencimento de cada uma dessas prestações, e não da lesão do direito.)

199. Bancário. Pré-contratação de horas extras. (Incorporadas as Orientações Jurisprudenciais 48 e 63 da SDI-1)

I – A contratação do serviço suplementar, quando da admissão do trabalhador bancário, é nula. Os valores assim ajustados apenas remuneram a jornada normal, sendo devidas as horas extras com o adicional de, no mínimo, 50% (cinquenta por cento), as quais não configuram pré-contratação, se pactuadas após a admissão do bancário. (ex-Súmula 199, Res. 41/1995, *DJ* 17.02.1995 e ex-OJ 48 – Inserida em 25.11.1996)

II – Em se tratando de horas extras pré-contratadas, opera-se a prescrição total se a ação não for ajuizada no prazo de cinco anos, a partir da data em que foram suprimidas. (ex-OJ 63 – Inserida em 14.03.1994)

- Súmula com redação determinada pela Res. TST 129/2005 (*DJU* 20.04.2005).

200. Juros de mora. Incidência

Os juros de mora incidem sobre a importância da condenação já corrigida monetariamente.

201. Recurso ordinário em mandado de segurança. (Revisão do Enunciado 154.)

Da decisão de Tribunal Regional do Trabalho em mandado de segurança cabe recurso ordinário, no prazo de 8 (oito) dias, para o Tribunal Superior do Trabalho, e igual dilação para o recorrido e interessados apresentarem razões de contrariedade.

202. Gratificação por tempo de serviço. Compensação

Existindo, ao mesmo tempo, gratificação por tempo de serviço outorgada pelo empregador e outra da mesma natureza prevista em acordo coletivo, convenção coletiva ou sentença normativa, o empregado tem direito a receber, exclusivamente, a que lhe seja mais benéfica.

203. Gratificação por tempo de serviço. Natureza salarial

A gratificação por tempo de serviço integra o salário para todos os efeitos legais.

204. *(Cancelada em decorrência da sua incorporação à nova redação da Súmula 102 – Res. TST 129/2005 – DJU 20.04.2005.)*

(Bancário. Cargo de confiança. Caracterização. (Res. 121/2003, *DJ* 21. 11.2003). A configuração, ou não, do exercício da função de confiança a que se refere o art. 224, § 2º, da CLT, dependente da prova das reais atribuições do empregado, é insuscetível de exame mediante recurso de revista ou de embargos.)

205. *(Cancelada pela Res. TST 121/2003.)*

(Grupo econômico. Execução. Solidariedade. O responsável solidário, integrante do grupo econômico, que não participou da relação processual como reclamado e que, portanto, não consta no título executivo judicial como devedor, não pode ser sujeito passivo na execução.)

206. FGTS. Incidência sobre parcelas prescritas

A prescrição da pretensão relativa às parcelas remuneratórias alcança o respectivo recolhimento da contribuição para o FGTS.

• Súmula com redação determinada pela Res. TST 121/2003.

207. *(Cancelada pela Res. TST 181/2012.)*

(Conflitos de leis trabalhistas no espaço. Princípio da *lex loci executionis*. A relação jurídica trabalhista é regida pelas leis vigentes no país da prestação de serviço e não por aquelas do local da contratação.)

208. *(Cancelada pela Res. 59/1996.)*

(Recurso de revista. Admissibilidade. Interpretação de cláusula de natureza contratual. A divergência jurisprudencial, suficiente a ensejar a admissibilidade ou o conhecimento do recurso de revista, diz respeito a interpretação de lei, sendo imprestável aquela referente ao alcance de cláusula contratual, ou de regulamento de empresa.)

209. *(Cancelada pela RA 81/1985.)*

(Cargo em comissão. Reversão. A reversão do empregado ao cargo efetivo implica na perda das vantagens salariais inerentes ao cargo em comissão, salvo se nele houver permanecido 10 (dez) ou mais anos ininterruptos.)

210. *(Cancelada pela Res. TST 121/2003.)*

(Recurso de revista. Execução de sentença. A admissibilidade do recurso de revista contra acórdão proferido em execução de sentença depende de demonstração inequívoca de violação direta à Constituição Federal.) (Revisto pelo Enunciado 266.)

211. Juros da mora e correção monetária. Independência do pedido inicial e do título executivo judicial

Os juros de mora e a correção monetária incluem-se na liquidação, ainda que omisso o pedido inicial ou a condenação.

212. Despedimento. Ônus da prova

O ônus de provar o término do contrato de trabalho, quando negados a prestação de serviço e o despedimento, é do empregador, pois o princípio da continuidade da relação de emprego constitui presunção favorável ao empregado.

213. *(Cancelada pela Res. 46/1995.)*

(Embargos de declaração. Suspensão do prazo recursal. Os embargos de declaração suspendem o prazo do recurso principal, para ambas as partes, não se computando o dia da sua interposição.)

214. Decisão interlocutória. Irrecorribilidade

Na Justiça do Trabalho, nos termos do art. 893, § 1º, da CLT, as decisões interlocutórias não ensejam recurso imediato, salvo nas hipóteses de decisão:

a) de Tribunal Regional do Trabalho contrária à Súmula ou Orientação Jurisprudencial do Tribunal Superior do Trabalho;

b) suscetível de impugnação mediante recurso para o mesmo Tribunal;

c) que acolhe exceção de incompetência territorial, com a remessa dos autos para Tribunal Regional distinto daquele a que se vincula o juízo excepcionado, consoante o disposto no art. 799, § 2º, da CLT.

• Súmula com redação determinada pela Res. TST 127/2005.

215. *(Cancelada pela Res. 28/1994.)*

(Horas extras não contratadas expressamente. Adicional devido. Inexistindo acordo escrito para prorrogação da jornada de trabalho, o adicional referente às horas extras é devido na base de 25% (vinte e cinco por cento).)

216. *(Cancelada pela Res. 87/1998.)*

(Deserção. Relação de empregados. Autenticação mecânica desnecessária. São juridicamente desnecessárias a autenticação mecânica do valor do depósito recursal na relação de empregados (RE) e a individualização do processo na guia de recolhimento (GR), pelo que a falta não importa em deserção).

217. Depósito recursal. Credenciamento bancário. Prova dispensável

O credenciamento dos bancos para o fim de recebimento do depósito recursal é fato notório, independendo da prova.

218. Recurso de revista. Acórdão proferido em agravo de instrumento

É incabível recurso de revista interposto de acórdão regional prolatado em agravo de instrumento.

219. Honorários Advocatícios. Cabimento. (Alterada a redação do item I e acrescidos os itens IV a VI na sessão do Tribunal Pleno realizada em 15.03.2016)

I – Na Justiça do Trabalho, a condenação ao pagamento de honorários advocatícios não decorre pura e simplesmente da sucumbência, devendo a parte, concomitantemente: *a)* estar assistida por sindicato da categoria profissional; *b)* comprovar a percepção de salário inferior ao dobro do salário mínimo ou encontrar-se em situação econômica que não lhe permita demandar sem prejuízo do próprio sustento ou da respectiva família (art.14, § 1º, da Lei 5.584/1970). (ex-OJ 305 da SBDI-I).

II – É cabível a condenação ao pagamento de honorários advocatícios em ação rescisória no processo trabalhista.

III – São devidos os honorários advocatícios nas causas em que o ente sindical figure como substituto processual e nas lides que não derivem da relação de emprego.

IV – Na ação rescisória e nas lides que não derivem de relação de emprego, a responsabilidade pelo pagamento dos honorários advocatícios da sucumbência submete-se à disciplina do Código de Processo Civil (arts. 85, 86, 87 e 90).

V – Em caso de assistência judiciária sindical ou de substituição processual sindical, excetuados os processos em que a Fazenda Pública for parte, os honorários advocatícios são devidos entre o mínimo de dez e o máximo de vinte por cento sobre o valor da condenação, do proveito econômico obtido ou, não sendo possível mensurá-lo, sobre o valor atualizado da causa (CPC de 2015, art. 85, § 2º).

VI – Nas causas em que a Fazenda Pública for parte, aplicar-se-ão os percentuais específicos de honorários advocatícios contemplados no Código de Processo Civil.

• Súmula com redação determinada pela Res. TST 204/2016 (DEJT 17.03.2016).

220. *(Cancelada pela Res. 55/1996.)*

(Honorários advocatícios. Substituição processual. Atendidos os requisitos da Lei 5.584/1970, são devidos os honorários advocatícios, ainda que o sindicato figure como substituto processual.)

221. Recurso de revista. Violação de lei. Indicação de preceito (cancelado o item II e conferida nova redação na sessão do Tribunal Pleno realizada em 14.09.2012.)

A admissibilidade do recurso de revista por violação tem como pressuposto a indicação expressa do dispositivo de lei ou da Constituição tido como violado.

• Súmula com redação determinada pela Res. TST 185/2012 (DEJT 25.09.2012).

222. *(Cancelada pela Res. 84/1998.)*
(Dirigentes de associações profissionais. Estabilidade provisória. Os dirigentes de associações profissionais, legalmente registradas, gozam de estabilidade provisória no emprego.)

223. *(Cancelada pela Res. TST 121/2003.)*
(Prescrição. Opção pelo sistema do Fundo de Garantia do Tempo de Serviço. Termo inicial. O termo inicial da prescrição para anular a opção pelo Fundo de Garantia do Tempo de Serviço coincide com a data em que formalizado o ato opcional, e não com a cessação do contrato de trabalho.)

224. *(Cancelada pela Res. TST 121/2003.)*
(Competência. Ação de cumprimento. Sindicato. Desconto assistencial. A Justiça do Trabalho é incompetente para julgar ação na qual o sindicato, em nome próprio, pleiteia o recolhimento de desconto assistencial previsto em sentença normativa, convenção ou acordo coletivos.) (Revisto pelo Enunciado 334.)

225. Repouso semanal. Cálculo. Gratificações por tempo de serviço e produtividade
As gratificações por tempo de serviço e produtividade, pagas mensalmente, não repercutem no cálculo do repouso semanal remunerado.

226. Bancário. Gratificação por tempo de serviço. Integração no cálculo das horas extras
A gratificação por tempo de serviço integra o cálculo das horas extras.

227. *(Cancelada pela Res. TST 121/2003.)*
(Salário-família. Trabalhador rural. O salário-família somente é devido aos trabalhadores urbanos, não alcançando os rurais, ainda que prestem serviços, no campo, a empresa agroindustrial.) (Revisto pelo Enunciado 344.)

228. Adicional de insalubridade. Base de cálculo (redação alterada na sessão do Tribunal Pleno em 26.06.2008) – Res. 148/2008, *DJ* 04 e 07.07.2008 – Republicada *DJ* 08, 09 e 10.07.2008.
Súmula cuja eficácia está suspensa por decisão liminar do Supremo Tribunal Federal. A partir de 9 de maio de 2008, data da publicação da Súmula Vinculante 4 do Supremo Tribunal Federal, o adicional de insalubridade será calculado sobre o salário básico, salvo critério mais vantajoso fixado em instrumento coletivo.

- Súmula com redação determinada pela Res. TST 185/2012 (*DEJT* 25.09.2012).

229. Sobreaviso. Eletricitários
Por aplicação analógica do art. 244, § 2º, da CLT, as horas de sobreaviso dos eletricitários são remuneradas à base de 1/3 sobre a totalidade das parcelas de natureza salarial.

- Súmula com redação determinada pela Res. TST 121/2003.

230. Aviso-prévio. Substituição pelo pagamento das horas reduzidas da jornada de trabalho
É ilegal substituir o período que se reduz da jornada de trabalho, no aviso-prévio, pelo pagamento das horas correspondentes.

231. *(Cancelada pela Res. TST 121/2003.)*
(Quadro de carreira. Homologação pelo Conselho Nacional de Política Salarial. Eficácia. É eficaz para efeito do art. 461, § 2º, da CLT a homologação de quadro organizado em carreira pelo Conselho Nacional de Política Salarial.)

232. *(Cancelada em decorrência da sua incorporação à nova redação da Súmula 102 – Res. TST 129/2005 – DJU 20.04.2005.)*
(Bancário. Cargo de confiança. Jornada. Horas extras. O bancário sujeito à regra do art. 224, § 2º, da CLT cumpre jornada de trabalho de 8 (oito) horas, sendo extraordinárias as trabalhadas além da oitava.) (Res. 14/1985, *DJ* 19.09.1985)

233. *(Cancelada pela Res. TST 121/2003.)*
(Bancário. Chefe. O bancário no exercício da função de chefia, que recebe gratificação não inferior a 1/3 (um terço) do salário do cargo efetivo, está inserido na exceção do § 2º do art. 224 da CLT, não fazendo jus ao pagamento das sétima e oitava horas como extras.)

234. *(Cancelada pela Res. TST 121/2003.)*
(Bancário. Subchefe. O bancário no exercício da função de subchefia, que recebe gratificação não inferior a 1/3 (um terço) do salário do cargo efetivo, está inserido na exceção do § 2º do art. 224 da CLT, não fazendo jus ao pagamento das sétima e oitava horas como extras.)

235. *(Cancelada pela Res. TST 121/2003.)*
(Distrito Federal e autarquias. Correção automática dos salários. Inaplicabilidade da Lei 6.708/1979. Aos servidores do Distrito Federal e respectivas autarquias, submetidos ao regime da CLT, não se aplica a Lei 6.708/1979, que determina a correção automática dos salários.)

236. *(Cancelada pela Res. TST 121/2003.)*
(Honorários periciais. Responsabilidade. A responsabilidade pelo pagamento dos honorários periciais é da parte sucumbente na pretensão relativa ao objeto da perícia.)

237. *(Cancelada pela Res. TST 121/2003.)*
(Bancário. Tesoureiro. O bancário investido na função de tesoureiro, que recebe gratificação não inferior a 1/3 (um terço) do salário do cargo efetivo, está inserido na exceção do § 2º do art. 224 da CLT, não fazendo jus ao pagamento das sétima e oitava horas como extras.)

238. *(Cancelada pela Res. TST 121/2003.)*
(Bancário. Subgerente. O bancário no exercício da função de subgerente, que recebe gratificação não inferior a 1/3 (um terço) do salário do cargo efetivo, está inserido na exceção do § 2º do art. 224 da CLT, não fazendo jus ao pagamento das sétima e oitava horas como extras.)

239. Bancário. Empregado de empresa de processamento de dados. (Incorporadas as Orientações Jurisprudenciais 64 e 126 da SDI-1)
É bancário o empregado de empresa de processamento de dados que presta serviço a banco integrante do mesmo grupo econômico, exceto quando a empresa de processamento de dados presta serviços a banco e a empresas não bancárias do mesmo grupo econômico ou a terceiros. (Primeira parte – ex-Súmula 239 – Res. 15/1985, *DJ* 09.12.1985; segunda parte – ex-OJs 64 – inserida em 13. 09.1994 e 126 – Inserida em 20.04.1998)

- Súmula com redação determinada pela Res. TST 129/2005 (*DJU* 20.04.2005).

240. Bancário. Gratificação de função e adicional por tempo de serviço
O adicional por tempo de serviço integra o cálculo da gratificação prevista no art. 224, § 2º, da CLT.

241. Salário-utilidade. Alimentação
O vale para refeição, fornecido por força do contrato de trabalho, tem caráter salarial, integrando a remuneração do empregado, para todos os efeitos legais.

242. Indenização adicional. Valor
A indenização adicional, prevista no art. 9º da Lei 6.708, de 30.10.1979 e no art. 9º da Lei 7.238, de 28.10.1984, corresponde ao salário mensal, no valor devido na data da comunicação do despedimento, integrado pelos adicionais legais ou convencionados, ligados à unidade de tempo mês, não sendo computável a gratificação natalina.

243. Opção pelo regime trabalhista. Supressão das vantagens estatutárias
Exceto na hipótese de previsão contratual ou legal expressa, a opção do funcionário público pelo regime trabalhista implica a renúncia dos direitos inerentes ao sistema estatutário.

244. Gestante. Estabilidade provisória (redação do item III alterada na sessão do Tribunal Pleno realizada em 14.09.2012)
I – O desconhecimento do estado gravídico pelo empregador não afasta o direito ao pagamento da indenização decorrente da estabilidade (art. 10, II, *b* do ADCT).
II – A garantia de emprego à gestante só autoriza a reintegração se esta se der durante o período de estabilidade. Do contrário, a garantia restringe-se aos salários e demais direitos correspondentes ao período de estabilidade.
III – A empregada gestante tem direito à estabilidade provisória prevista no art. 10, inciso II, alínea *b*, do Ato das Disposições Constitucionais Transitórias, mesmo na hipótese de admissão mediante contrato por tempo determinado.

- Súmula com redação determinada pela Res. TST 185/2012 (*DEJT* 25.09.2012).

245. Depósito recursal. Prazo
O depósito recursal deve ser feito e comprovado no prazo alusivo ao recurso. A interposição antecipada deste não prejudica a dilação legal.

246. Ação de cumprimento. Trânsito em julgado da sentença normativa
É dispensável o trânsito em julgado da sentença normativa para propositura da ação de cumprimento.

247. Quebra de caixa. Natureza jurídica
A parcela paga aos bancários sob a denominação "quebra de caixa" possui natureza salarial, integrando o salário do prestador de serviços, para todos os efeitos legais.

248. Adicional de insalubridade. Direito adquirido
A reclassificação ou descaracterização da insalubridade, por ato da autoridade competente, repercute na satisfação do respectivo adicional, sem ofensa a direito adquirido ou ao princípio da irredutibilidade salarial.

249. *(Cancelada pela Res. TST 121/2003.)*
(Aumento salarial setorizado. Tabela única. Legítima é a concessão de aumento salarial por região do país, desfazendo identidade anterior, baseada em tabela única de âmbito nacional.)

250. *(Cancelada pela Res. TST 121/2003.)*
(Plano de classificação. Parcelas antiguidade e desempenho. Aglutinação ao salário. Lícita é a incorporação ao salário-base das parcelas pagas a título de antiguidade e desempenho, quando não há prejuízo para o empregado.)

251. *(Cancelada pela Res. 33/1994.)*
(Participação nos lucros. Natureza salarial. A parcela participação nos lucros da empresa, habitualmente paga, tem natureza salarial, para todos os efeitos legais.)

252. *(Cancelada pela Res. TST 121/2003.)*
(Funcionário público. Cedido. Reajuste salarial. Alteração do Enunciado 116. Os funcionários públicos cedidos à Rede Ferroviária Federal S.A. têm direito ao reajustamento salarial previsto no art. 5º da Lei 4.345/1964, compensável com o deferido pelo art. 1º da Lei 4.564/1964 e observados os padrões de vencimentos, à época dos cargos idênticos ou assemelhados do serviço público, a teor do disposto no art. 20, item I, da Lei 4.345/1964 e nos termos dos acórdãos proferidos no DC 2/1966. O paradigma previsto neste último dispositivo legal será determinado através de perícia, se as partes não o indicarem de comum acordo.)

253. Gratificação semestral. Repercussões
A gratificação semestral não repercute no cálculo das horas extras, das férias e do aviso-prévio, ainda que indenizados. Repercute, contudo, pelo seu duodécimo na indenização por antiguidade e na gratificação natalina.

- Súmula com redação determinada pela Res. TST 121/2003.

254. Salário-família. Termo inicial da obrigação
O termo inicial do direito ao salário-família coincide com a prova da filiação. Se feita em juízo, corresponde à data de ajuizamento do pedido, salvo se comprovado que anteriormente o empregador se recusara a receber a respectiva certidão.

255. *(Cancelada pela Res. TST 121/2003.)*
(Substituição processual. Desistência. Alteração do Enunciado 180. O substituído processualmente pode, antes da sentença de primeiro grau, desistir da ação.)

256. *(Cancelada pela Res. TST 121/2003.)*
(Contrato de prestação de serviços. Legalidade. Salvo os casos de trabalho temporário e de serviço de vigilância, previstos nas Leis 6.019, de 03.01.1974, e 7.102, de 20.06.1983, é ilegal a contratação de trabalhadores por empresa interposta, formando-se o vínculo empregatício diretamente com o tomador dos serviços.) (Revisto pelo Enunciado 331.)

257. Vigilante
O vigilante, contratado diretamente por banco ou por intermédio de empresas especializadas, não é bancário.

258. Salário-utilidade. Percentuais
Os percentuais fixados em lei relativos ao salário *in natura* apenas se referem às hipóteses em que o empregado percebe salário mínimo, apurando-se, nas demais, o real valor da utilidade.

- Súmula com redação determinada pela Res. TST 121/2003.

259. Termo de conciliação. Ação rescisória
Só por ação rescisória é impugnável o termo de conciliação previsto no parágrafo único do art. 831 da CLT.

260. *(Cancelada pela Res. TST 121/2003.)*
(Salário-maternidade. Contrato de experiência. No contrato de experiência, extinto antes do período de 4 (quatro) semanas que precede ao parto, a empregada não tem direito a receber, do empregador, o salário-maternidade.)

261. Férias proporcionais. Pedido de demissão. Contrato vigente há menos de 1 (um) ano
O empregado que se demite antes de completar 12 (doze) meses de serviço tem direito a férias proporcionais.

- Súmula com redação determinada pela Res. TST 121/2003.

262. Prazo judicial. Notificação ou intimação em sábado. Recesso forense. (redação do item II alterada na sessão do Tribunal Pleno realizada em 19.05.2014)
I – Intimada ou notificada a parte no sábado, o início do prazo se dará no primeiro dia útil imediato e a contagem, no subsequente. (ex-Súmula 262 - Res. 10/1986, *DJ* 31.10.1986.)
II – O recesso forense e as férias coletivas dos Ministros do Tribunal Superior do Trabalho suspendem os prazos. (ex-OJ 209 da SBDI-I - inserida em 08.11.2000)

- Súmula com redação determinada pela Res. TST 194/2014 (*DEJT* 21.05.2014).

263. Petição inicial. Indeferimento. Instrução obrigatória deficiente.
Salvo nas hipóteses do art. 330 do CPC de 2015 (art. 295 do CPC de 1973), o indeferimento da petição inicial, por encontrar-se desacompanhada de documento indispensável à propositura da ação ou não preencher outro requisito legal, somente é cabível se, após intimada para suprir a irregularidade em 15 (quinze) dias, mediante indicação precisa do que deve ser corrigido ou completado, a parte não o fizer (art. 321 do CPC de 2015).

- Súmula com redação determinada pela Res. TST 208/2016 (*DEJT* 22.04.2016).

264. Hora suplementar. Cálculo
A remuneração do serviço suplementar é composta do valor da hora normal, integrado por parcelas de natureza salarial e acrescido do adicional previsto em lei, contrato, acordo, convenção coletiva ou sentença normativa.

265. Adicional noturno. Alteração de turno de trabalho. Possibilidade de supressão
A transferência para o período diurno de trabalho implica na perda do direito ao adicional noturno.

266. Recurso de revista. Admissibilidade. Execução de sentença. (Revisão do Enunciado 210.)
A admissibilidade do recurso de revista interposto de acórdão proferido em agravo de petição, na liquidação de sentença ou em processo incidente na execução, inclusive os embargos de terceiro, depende de demonstração inequívoca de violência direta à Constituição Federal.

267. *(Cancelada pela Res. TST 121/2003.)*
(Bancário. Valor do salário-hora. Divisor. O bancário sujeito à jornada de 8 (oito) horas (art. 224, § 2º, da CLT) tem salário-hora calculado com base no divisor 240 (duzentos e quarenta) e não 180 (cento e oitenta), que é relativo à jornada de 6 (seis) horas.) (Revisto pelo Enunciado 343.)

268. Prescrição. Interrupção. Ação trabalhista arquivada
A ação trabalhista, ainda que arquivada, interrompe a prescrição somente em relação aos pedidos idênticos.

- Súmula com redação determinada pela Res. TST 121/2003.

269. Diretor eleito. Cômputo do período como tempo de serviço
O empregado eleito para ocupar cargo de diretor tem o respectivo contrato de trabalho suspenso, não se computando o tempo de serviço deste período, salvo se permanecer a subordinação jurídica inerente à relação de emprego.

270. *(Cancelada pela Res. 49/1995.)*
(Representação processual. Mandato expresso. Ausência de firma reconhecida. A ausência de reconhecimento de firma no instrumento de mandato – procuração – torna irregular a representação processual, impossibilitando o conhecimento do recurso, por inexistente.)

271. *(Cancelada pela Res. TST 121/2003.)*
(Substituição processual. Adicionais de insalubridade e de periculosidade. Legítima é a substituição processual dos empregados associados, pelo sindicato que congrega a categoria profissional, na demanda trabalhista cujo objeto seja adicional de insalubridade ou periculosidade.)

272. *(Cancelada pela Res. TST 121/2003.)* (Agravo de instrumento. Traslado deficiente. Não se conhece do agravo para subida de recurso de revista, quando faltarem no traslado o despacho agravado, a decisão recorrida, a petição de recurso de revista, a procuração subscrita pelo agravante, ou qualquer peça essencial à compreensão da controvérsia.)

273. *(Cancelada pela Res. TST 121/2003.)* (Constitucionalidade. Decretos-leis 2.012/1983 e 2.045/1983. São constitucionais os Decretos-leis 2.012/1983 e 2.045/1983.)

274. *(Cancelada em decorrência da sua incorporação à nova redação da Súmula 6 – Res. TST 129/2005 – DJU 20.04.2005.)* (Prescrição parcial. Equiparação salarial. (Res. 121/2003, *DJ* 21.11.2003). Na ação de equiparação salarial, a prescrição só alcança as diferenças salariais vencidas no período de 5 (cinco) anos que precedeu o ajuizamento.)

275. Prescrição. Desvio de função e reenquadramento. (Incorporada a Orientação Jurisprudencial 144 da SDI-1)

I – Na ação que objetive corrigir desvio funcional, a prescrição só alcança as diferenças salariais vencidas no período de 5 (cinco) anos que precedeu o ajuizamento. (ex-Súmula 275 – Res. 121/2003, *DJ* 21.11.2003)

II – Em se tratando de pedido de reenquadramento, a prescrição é total, contada da data do enquadramento do empregado. (ex-OJ 144 – Inserida em 27.11.1998)

• Súmula com redação determinada pela Res. TST 129/2005 (*DJU* 20.04.2005).

276. Aviso-prévio. Renúncia pelo empregado

O direito ao aviso-prévio é irrenunciável pelo empregado. O pedido de dispensa de cumprimento não exime o empregador de pagar o valor respectivo, salvo comprovação de haver o prestador dos serviços obtido novo emprego.

277. *(Súmula com aplicação suspensa – Medida Cautelar processo STF – ADPF 323/DF – Min. Gilmar Mendes) – Res. 185/2012 – DEJT 25, 26, 27.09.2012.*

Convenção coletiva de trabalho ou acordo coletivo de trabalho. Eficácia. Ultratividade

As cláusulas normativas dos acordos coletivos ou convenções coletivas integram os contratos individuais de trabalho e somente poderão ser modificadas ou suprimidas mediante negociação coletiva de trabalho.

• Súmula com redação determinada pela Res. TST 185/2012 (*DEJT* 25.09.2012).

278. Embargos de declaração. Omissão no julgado

A natureza da omissão suprida pelo julgamento de embargos declaratórios pode ocasionar efeito modificativo no julgado.

279. Recurso contra sentença normativa. Efeito suspensivo. Cassação

A cassação de efeito suspensivo concedido a recurso interposto contra sentença normativa retroage à data do despacho que o deferiu.

280. *(Cancelada pela RA 2/1990.)* (Convenção coletiva. Sociedade de economia mista. Audiência prévia do órgão oficial competente. Convenção coletiva, formalizada sem prévia audição do órgão oficial competente, não obriga sociedade de economia mista.)

281. *(Cancelada pela Res. TST 121/2003.)* (Piso salarial. Professores. A instituição do Fundo de Participação dos Estados e Municípios não fez surgir, para os professores, direito a piso salarial.)

282. Abono de faltas. Serviço médico da empresa

Ao serviço médico da empresa ou ao mantido por esta última mediante convênio compete abonar os primeiros 15 (quinze) dias de ausência ao trabalho.

283. Recurso adesivo. Pertinência no processo do trabalho. Correlação de matérias. (Revisão do Enunciado 196.)

O recurso adesivo é compatível com o processo do trabalho e cabe, no prazo de 8 (oito) dias, nas hipóteses de interposição de recurso ordinário, de agravo de petição, de revista e de embargos, sendo desnecessário que a matéria nele veiculada esteja relacionada com a do recurso interposto pela parte contrária.

284. *(Cancelada pela Res. TST 121/2003.)* (Correção monetária. Empresas em liquidação. Lei 6.024/1974. Revisão do Enunciado 185. Os débitos trabalhistas das empresas em liquidação de que cogita a Lei 6.024/1974 estão sujeitos à correção monetária, observada a vigência do Decreto-lei 2.278/1985, ou seja, a partir de 22.11.1985.) (Revisto pelo Enunciado 304.)

285. *(Cancelada pela Res. TST 204/2016 – DEJT 17.03.2016, a partir de 15.04.2016.)* (Recurso de revista. Admissibilidade parcial pelo Juiz-Presidente do Tribunal Regional do Trabalho. Efeito. O fato de o juízo primeiro de admissibilidade do recurso de revista entendê-lo cabível apenas quanto à parte das matérias veiculadas não impede a apreciação integral pela Turma do Tribunal Superior do Trabalho, sendo imprópria a interposição de agravo de instrumento.)

286. Sindicato. Substituição processual. Convenção e acordos coletivos

A legitimidade do sindicato para propor ação de cumprimento estende-se também à observância de acordo ou de convenção coletivos.

• Súmula com redação determinada pela Res. 98/2000.

287. Jornada de trabalho. Gerente bancário

A jornada de trabalho do empregado de banco gerente de agência é regida pelo art. 224, § 2º, da CLT. Quanto ao gerente-geral de agência bancária, presume-se o exercício de encargo de gestão, aplicando-se-lhe o art. 62 da CLT.

• Súmula com redação determinada pela Res. TST 121/2003.

288. Complementação dos proventos da aposentadoria. (nova redação para o item I e acrescidos os itens III e IV em decorrência do julgamento do processo TST-EED-RR-235-20.2010.5.20.0006 pelo Tribunal Pleno em 12.04.2016)

I – A complementação dos proventos de aposentadoria, instituída, regulamentada e paga diretamente pelo empregador, sem vínculo com as entidades de previdência privada fechada, é regida pelas normas em vigor na data de admissão do empregado, ressalvadas as alterações que forem mais benéficas (art. 468 da CLT).

II – Na hipótese de coexistência de dois regulamentos de planos de previdência complementar, instituídos pelo empregador ou por entidade de previdência privada, a opção do beneficiário por um deles tem efeito jurídico de renúncia às regras do outro.

III – Após a entrada em vigor das Leis Complementares 108 e 109, de 29.05.2001, reger-se-á a complementação dos proventos de aposentadoria pelas normas vigentes na data da implementação dos requisitos para obtenção do benefício, ressalvados o direito adquirido do participante que anteriormente implementara os requisitos para o benefício e o direito acumulado do empregado que até então não preenchera tais requisitos.

IV – O entendimento da primeira parte do item III aplica-se aos processos em curso no Tribunal Superior do Trabalho em que, em 12.04.2016, ainda não haja sido proferida decisão de mérito por suas Turmas e Seções.

• Súmula com redação determinada pela Res. TST 207/2016 (*DEJT* 18.04.2016).

289. Insalubridade. Adicional. Fornecimento do aparelho de proteção. Efeito

O simples fornecimento do aparelho de proteção pelo empregador não o exime do pagamento do adicional de insalubridade. Cabe-lhe tomar as medidas que conduzam à diminuição ou eliminação da nocividade, entre as quais as relativas ao uso efetivo do equipamento pelo empregado.

290. *(Cancelada pela Res. TST 121/2003.)* (Gorjetas. Natureza jurídica. Ausência de distinção quanto à forma de recebimento. As gorjetas, sejam cobradas pelo empregador na nota de serviço ou oferecidas espontaneamente pelos clientes, integram a remuneração do empregado.) (Revisto pelo Enunciado 354.)

291. Horas extras. Habitualidade. Supressão. Indenização. (nova redação em decorrência do julgamento do processo TST-IUJERR 10700-45.2007.5.22.0101)

A supressão total ou parcial, pelo empregador, de serviço suplementar prestado com habitualidade, durante pelo menos 1 (um) ano, assegura ao empregado o direito à indenização correspondente ao valor de 1 (um) mês das horas suprimidas, total ou parcialmente, para cada ano ou fração igual ou superior a 6 (seis) meses de prestação de serviço acima da jornada normal. O cálculo observará a média das horas suplementares nos últimos 12 (doze) meses anteriores à mudança, multiplicada pelo valor da hora extra do dia da supressão.

• Súmula com redação determinada pela Res. TST 174/2011 (*DEJT* 27.05.2011).

292. *(Cancelada pela Res. TST 121/2003.)* (Adicional de insalubridade. Trabalhador rural. O trabalhador rural tem direito ao adicional de insalubridade, observando-se a necessidade de verificação, na forma da lei, de condições nocivas à saúde.)

293. Adicional de insalubridade. Causa de pedir. Agente nocivo diverso do apontado na inicial

A verificação mediante perícia de prestação de serviços em condições nocivas, considerado agente insalubre diverso do apontado na inicial, não prejudica o pedido de adicional de insalubridade.

294. Prescrição. Alteração contratual. Trabalhador urbano. (Cancela os Enunciados 168 e 198.)

Tratando-se de ação que envolva pedido de prestações sucessivas decorrente de alteração do pactuado, a prescrição é total, exceto quando o direito à parcela esteja também assegurado por preceito de lei.

295. *(Cancelada pela Res. TST 152/2008.)* (Aposentadoria espontânea. Depósito do FGTS. Período anterior à opção. A cessação do contrato de trabalho em razão de aposentadoria espontânea do empregado exclui o direito ao recebimento de indenização relativa ao período anterior à opção. A realização de depósito na conta do Fundo de Garantia do Tempo de Serviço, de que trata o § 3º do art. 14 da Lei 8.036, de 11.05.1990, é faculdade atribuída ao empregador.)

• Súmula com redação determinada pela Res. TST 121/2003 (*DJU* 25.11.2003).

296. Recurso. Divergência jurisprudencial. Especificidade. (Incorporada a Orientação Jurisprudencial 37 da SDI-1)

I – A divergência jurisprudencial ensejadora da admissibilidade, do prosseguimento e do conhecimento do recurso há de ser específica, revelando a existência de teses diversas na interpretação de um mesmo dispositivo legal, embora idênticos os fatos que as ensejaram. (ex-Súmula 296 – Res. 6/1989, *DJ* 14.04.1989)

II – Não ofende o art. 896 da CLT decisão de Turma que, examinando premissas concretas de especificidade da divergência colacionada no apelo revisional, conclui pelo conhecimento ou desconhecimento do recurso. (ex-OJ 37 – Inserida em 01.02.1995)

• Súmula com redação determinada pela Res. TST 129/2005 (*DJU* 20.04.2005).

297. Prequestionamento. Oportunidade. Configuração

1. Diz-se prequestionada a matéria ou questão quando na decisão impugnada haja sido adotada, explicitamente, tese a respeito.

2. Incumbe à parte interessada, desde que a matéria haja sido invocada no recurso principal, opor embargos declaratórios objetivando o pronunciamento sobre o tema, sob pena de preclusão.

3. Considera-se prequestionada a questão jurídica invocada no recurso principal sobre a qual se omite o Tribunal de pronunciar tese, não obstante opostos embargos de declaração.

• Súmula com redação determinada pela Res. TST 121/2003.

298. Ação rescisória. Violação a disposição de Lei. Pronunciamento explícito. (Redação alterada pelo Tribunal Pleno na sessão realizada em 6.2.2012)

I – A conclusão acerca da ocorrência de violação literal a disposição de lei pressupõe pronunciamento explícito, na sentença rescindenda, sobre a matéria veiculada.

II – O pronunciamento explícito exigido em ação rescisória diz respeito à matéria e ao enfoque específico da tese debatida na ação, e não, necessariamente, ao dispositivo legal tido por violado. Basta que o conteúdo da norma reputada violada haja sido abordado na decisão rescindenda para que se considere preenchido o pressuposto.

III – Para efeito de ação rescisória, considera-se pronunciada explicitamente a matéria tratada na sentença quando, examinando remessa de ofício, o Tribunal simplesmente a confirma.

IV – A sentença meramente homologatória, que silencia sobre os motivos de convencimento do juiz, não se mostra rescindível, por ausência de pronunciamento explícito.

V – Não é absoluta a exigência de pronunciamento explícito na ação rescisória, ainda que esta tenha por fundamento violação de dispositivo de lei. Assim, prescindível o pronunciamento explícito quando o vício nasce no próprio julgamento, como se dá com a sentença "extra, citra e ultra petita".

• Súmula com redação determinada pela Res TST 177/2012 (*DJE* 13.02.2012).

299. Ação rescisória. Decisão rescindenda. Trânsito em julgado. Comprovação. Efeitos. (nova redação do item II em decorrência do CPC de 2015)

I – É indispensável ao processamento da ação rescisória a prova do trânsito em julgado da decisão rescindenda. (ex-Súmula 299 – Res 8/1989, *DJ* 14, 18 e 19.04.1989)

II – Verificando o relator que a parte interessada não juntou à inicial o documento comprobatório, abrirá prazo de 15 (quinze) dias para que o faça (art. 321 do CPC de 2015), sob pena de indeferimento. (ex-Súmula 299 – Res 8/1989, *DJ* 14, 18 e 19.04.1989)

III – A comprovação do trânsito em julgado da decisão rescindenda é pressuposto processual indispensável ao tempo do ajuizamento da ação rescisória. Eventual trânsito em julgado posterior ao ajuizamento da ação rescisória não reabilita a ação proposta, na medida em que o ordenamento jurídico não contempla a ação rescisória preventiva. (ex-OJ 106 da SBDI-2 – *DJ* 29.04.2003)

IV – O pretenso vício de intimação, posterior à decisão que se pretende rescindir, se efetivamente ocorrido, não permite a formação da coisa julgada material. Assim, a ação rescisória deve ser julgada extinta, sem julgamento do mérito, por carência de ação, por inexistir decisão transitada em julgado a ser rescindida. (ex-OJ 96 da SBDI-2 – inserida em 27.09.2002).

• Súmula com redação determinada pela Res. TST 211/2016 (*DEJT* 24.08.2016).

300. Competência da Justiça do Trabalho. Cadastramento no PIS

Compete à Justiça do Trabalho processar e julgar ações ajuizadas por empregados em face de empregadores relativas ao cadastramento no Programa de Integração Social (PIS).

301. Auxiliar de laboratório. Ausência de diploma. Efeitos

O fato de o empregado não possuir diploma de profissionalização de auxiliar de laboratório não afasta a observância das normas da Lei 3.999, de 15.12.1961, uma vez comprovada a prestação de serviços na atividade.

302. *(Cancelada pela Res. TST 121/2003.)* (Processo administrativo. Revisão do Enunciado 40. Não cabe recurso ao Tribunal Superior do Trabalho contra decisão em processo administrativo, proferida por Tribunal Regional do Trabalho, ainda que nele seja interessado magistrado.) (Revisto pelo Enunciado 321.)

303. Fazenda Pública. Reexame necessário (nova redação em decorrência do CPC de 2015)

I – Em dissídio individual, está sujeita ao reexame necessário, mesmo na vigência da Constituição Federal de 1988, decisão contrária à Fazenda Pública, salvo quando a condenação não ultrapassar o valor correspondente a: *a)* 1.000 (mil) salários mínimos para a União e as respectivas autarquias e fundações de direito público; *b)* 500 (quinhentos) salários mínimos para os Estados, o Distrito Federal, as respectivas autarquias e fundações de direito público e os Municípios que constituam capitais dos Estados; *c)* 100 (cem) salários mínimos para todos os demais Municípios e respectivas autarquias e fundações de direito público.

II – Também não se sujeita ao duplo grau de jurisdição a decisão fundada em: *a)* súmula ou orientação jurisprudencial do Tribunal Superior do Trabalho; *b)* acórdão proferido pelo Supremo Tribunal Federal ou pelo Tribunal Superior do Trabalho em julgamento de recursos repetitivos; *c)* entendimento firmado em incidente de resolução de demandas repetitivas ou de assunção de competência; *d)* entendimento coincidente com orientação vinculante firmada no âmbito administrativo do próprio ente público, consolidada em manifestação, parecer ou súmula administrativa.

III – Em ação rescisória, a decisão proferida pelo Tribunal Regional do Trabalho está sujeita ao duplo grau de jurisdição obrigatório quando desfavorável ao ente público, exceto nas hipóteses dos incisos anteriores. (ex-OJ 71 da SBDI-1 – inserida em 03.06.1996)

IV – Em mandado de segurança, somente cabe reexame necessário se, na relação processual, figurar pessoa jurídica de direito público como parte prejudicada pela concessão da ordem. Tal situação não ocorre na hipótese de figurar no feito como impetrante e terceiro interessado pessoa de direito privado, ressalvada a hipótese de matéria administrativa. (ex-OJs 72 e 73 da SBDI-1 – inseridas, respectivamente, em 25.11.1996 e 03.06.1996).

- Súmula com redação determinada pela Res. TST 211/2016 (*DEJT* 24.08.2016).

304. Correção monetária. Empresas em liquidação. Art. 46 do ADCT/CF. (Revisão do Enunciado 284.)

Os débitos trabalhistas das entidades submetidas aos regimes de intervenção ou liquidação extrajudicial estão sujeitos a correção monetária desde o respectivo vencimento até seu efetivo pagamento, sem interrupção ou suspensão, não incidindo, entretanto, sobre tais débitos, juros de mora.

305. Fundo de Garantia do Tempo de Serviço. Incidência sobre o aviso-prévio

O pagamento relativo ao período de aviso-prévio, trabalhado ou não, está sujeito a contribuição para o FGTS.

306. *(Cancelada pela Res. TST 121/2003.)*

(Indenização adicional. Pagamento devido com fundamento nos arts. 9º da Lei 6.708/1979 e 9º da Lei 7.238/1984. É devido o pagamento da indenização adicional na hipótese de dispensa injusta do empregado, ocorrida no trintídio que antecede a data base. A legislação posterior não revogou os arts. 9º da Lei 6.708/1979 e 9º da Lei 7.238/1984.)

307. Juros. Irretroatividade do Decreto-lei 2.322, de 26.02.1987

A fórmula de cálculo de juros prevista no Decreto-lei 2.322, de 26.02.1987 somente é aplicável a partir de 27.02.1987. Quanto ao período anterior, deve-se observar a legislação então vigente.

308. Prescrição quinquenal (Incorporada a Orientação Jurisprudencial 204 da SDI-1)

I – Respeitado o biênio subsequente à cessação contratual, a prescrição da ação trabalhista concerne às pretensões imediatamente anteriores a cinco anos, contados da data do ajuizamento da reclamação e, não, às anteriores ao quinquênio da data da extinção do contrato. (ex-OJ 204 – Inserida em 08.11.2000)

II – A norma constitucional que ampliou o prazo de prescrição da ação trabalhista para 5 (cinco) anos é de aplicação imediata e não atinge pretensões já alcançadas pela prescrição bienal quando da promulgação da CF/1988. (ex-Súmula 308 – Res. 6/1992, *DJ* 05.11.1992)

- Súmula com redação determinada pela Res. TST 129/2005 (*DJU* 20.04.2005).

309. Vigia portuário. Terminal privativo. Não obrigatoriedade de requisição

Tratando-se de terminais privativos destinados à navegação de cabotagem ou de longo curso, não é obrigatória a requisição de vigia portuário indicado por sindicato.

310. *(Cancelada pela Res. 119/2003.)*

(Substituição processual. Sindicato. I – O art. 8º, inciso III, da Constituição da República não assegura a substituição processual pelo sindicato. II – A substituição processual autorizada ao sindicato pelas Leis 6.708, de 30.10.1979, e 7.238, de 29.10.1984, limitada aos associados, restringe-se às demandas que visem aos reajustes salariais previstos em lei, ajuizadas até 03.07.1989, data em que entrou em vigor a Lei 7.788. III – A Lei 7.788/1989, em seu art. 8º, assegurou, durante sua vigência, a legitimidade do sindicato como substituto processual da categoria. IV – A substituição processual autorizada pela Lei 8.073, de 30.07.1990, ao sindicato alcança todos os integrantes da categoria e é restrita às demandas que visem à satisfação de reajustes salariais específicos resultantes de disposição prevista em lei de política salarial. V – Em qualquer ação proposta pelo sindicato como substituto processual, todos os substituídos serão individualizados na petição inicial e, para o início da execução, devidamente identificados pelo número da Carteira de Trabalho e Previdência Social ou de qualquer documento de identidade. VI – É lícito aos substituídos integrar a lide como assistente litisconsorcial, acordar, transigir e renunciar, independentemente de autorização ou anuência do substituto. VII – Na liquidação da sentença exequenda, promovida pelo substituto, serão individualizados os valores devidos a cada substituído, cujos depósitos para quitação serão levantados através de guias expedidas em seu nome ou de procurador com poderes especiais para esse fim, inclusive nas ações de cumprimento. VIII – Quando o sindicato for o autor da ação na condição de substituto processual, não serão devidos honorários advocatícios.)

311. Benefício previdenciário a dependente de ex-empregado. Correção monetária. Legislação aplicável

O cálculo da correção monetária incidente sobre débitos relativos a benefícios previdenciários devidos a dependentes de ex-empregado pelo empregador, ou entidade de previdência privada a ele vinculada, será o previsto na Lei 6.899, de 08.04.1981.

312. Constitucionalidade. Alínea *b* do art. 896 da CLT

- É constitucional a alínea *b* do art. 896 da CLT, com a redação dada pela Lei 7.701, de 21.12.1988.

313. Complementação de aposentadoria. Proporcionalidade. Banespa

A complementação de aposentadoria, prevista no art. 106, e seus parágrafos, do regulamento de pessoal editado em 1965, só é integral para os empregados que tenham 30 (trinta) ou mais anos de serviços prestados exclusivamente ao banco.

314. Indenização adicional. Verbas rescisórias. Salário corrigido

Se ocorrer a rescisão contratual no período de 30 (trinta) dias que antecede à data base, observado o Enunciado 182 do TST, o pagamento das verbas rescisórias com o salário já corrigido não afasta o direito à indenização adicional prevista nas Leis 6.708, de 30.10.1979 e 7.238, de 28.10.1984.

315. IPC de março/1990. Lei 8.030, de 12.04.1990 (Plano Collor). Inexistência de direito adquirido

A partir da vigência da Medida Provisória 154, 15.03.1990, convertida na Lei 8.030, de 12.04.1990, não se aplica o IPC de março de 1990, de 84,32% (oitenta e quatro inteiros e trinta e dois centésimos por cento), para a correção dos salários, porque o direito ainda não se havia incorporado ao patrimônio jurídico dos trabalhadores, inexistindo ofensa ao inciso XXXVI do art. 5º da CF/1988.

316. *(Cancelada pela Res. 37/1994.)*

(IPC de junho/1987. Decreto-lei 2.335/1987 (Plano Bresser). Existência de direito adquirido. É devido o reajuste salarial decorrente da incidência do IPC de junho de 1987, correspondente a 26,06% (vinte e seis inteiros e seis centésimos por cento), porque este direito já se havia incorporado ao patrimônio jurídico dos trabalhadores quando do advento do Decreto-lei 2.335/1987.)

317. *(Cancelada pela Res. 37/1994.)*

(URP de fevereiro/1989. Lei 7.730/1989 (Plano Verão). Existência de direito adquirido. A correção salarial da URP de fevereiro de 1989, de 26,05% (vinte e seis inteiros e cinco centésimos por cento), já constituía direito adquirido do trabalhador, quando do advento da Medida Provisória 32/1989, convertida na Lei 7.730/1989, sendo devido o reajuste respectivo.)

318. Diárias. Base de cálculo para sua integração no salário

Tratando-se de empregado mensalista, a integração das diárias no salário deve ser feita tomando-se por base o salário mensal por ele percebido, e não o valor do dia de salário, somente sendo devida a referida integração quando o valor das diárias, no mês, for superior à metade do salário mensal.

319. Reajustes salariais ("gatilhos"). Aplicação aos servidores públicos contratados sob a égide da legislação trabalhista

Aplicam-se aos servidores públicos, contratados sob o regime da CLT, os reajustes decorrentes da correção automática dos salários pelo mecanismo denominado "gatilho", de que tratam os Decretos-leis 2.284, de 10.03.1986 e 2.302, de 21.11.1986.

320. Horas *in itinere*. Obrigatoriedade de cômputo na jornada de trabalho

O fato de o empregador cobrar, parcialmente ou não, importância pelo transporte fornecido, para local de difícil acesso, ou não servido por transporte regular, não afasta o direito à percepção do pagamento das horas *in itinere*.

321. *(Cancelada pela Res. TST 135/2005 – DJU 05.07.2005.)*

(Decisão administrativa. Recurso. (Revisão do Enunciado 302.) Das decisões proferidas pelos Tribunais Regionais do Trabalho, em processo administrativo, cabe recurso para o Tribunal Superior do Trabalho tão somente para exame da legalidade do ato.)

322. Diferenças salariais. Planos econômicos. Limite

Os reajustes salariais decorrentes dos chamados "gatilhos" e URPs, previstos legalmente como antecipação, são devidos tão somente até a data base de cada categoria.

323. *(Cancelada pela Res. 38/1994.)*

(URP de abril e maio de 1988. Decreto-lei 2.425/1988. A suspensão do pagamento das URPs de abril e maio de 1988, determinada pelo Decreto-lei 2.425, de 07.04.1988, afronta direito adquirido dos trabalhadores e o princípio constitucional da isonomia.)

324. *(Cancelada em decorrência da sua incorporação à nova redação da Súmula 90 – Res. TST 129/2005 – DJU 20.04.2005.)*

(Horas *in itinere*. Enunciado 90. Insuficiência de transporte público. A mera insuficiência de transporte público não enseja o pagamento de horas *in itinere*.)

325. *(Cancelada em decorrência da sua incorporação à nova redação da Súmula 90 – Res. TST 129/2005 – DJU 20.04.2005.)*

(Horas *in itinere*. Enunciado 90. Remuneração em relação a trecho não servido por transporte público. Se houver transporte público regular, em parte do trajeto percorrido em condução da empresa, as horas *in itinere* remuneradas limitam-se ao trecho não alcançado pelo transporte público.)

326. Complementação de aposentadoria. Prescrição total

A pretensão à complementação de aposentadoria jamais recebida prescreve em 2 (dois) anos contados da cessação do contrato de trabalho.

- Súmula com redação determinada pela Res. TST 174/2011 (*DEJT* 27.05.2011).

327. Complementação de aposentadoria. Diferenças. Prescrição parcial.

A pretensão a diferenças de complementação de aposentadoria sujeita-se à prescrição parcial e quinquenal, salvo se o pretenso direito decorrer de verbas não recebidas no curso da relação de emprego e já alcançadas pela prescrição, à época da propositura da ação.

- Súmula com redação determinada pela Res. TST 174/2011 (*DEJT* 27.05.2011).

328. Férias. Terço constitucional

O pagamento das férias, integrais ou proporcionais, gozadas ou não, na vigência da CF/1988, sujeita-se ao acréscimo do terço previsto no respectivo art. 7º, XVII.

329. Honorários advocatícios. Art. 133 da CF/1988

Mesmo após a promulgação da CF/1988, permanece válido o entendimento consubstanciado no Enunciado 219 do Tribunal Superior do Trabalho.

330. Quitação. Validade. (Revisão do Enunciado 41.)

A quitação passada pelo empregado, com assistência de entidade sindical de sua categoria, ao empregador, com observância dos requisitos exigidos nos parágrafos do art. 477 da CLT, tem eficácia liberatória em relação às parcelas expressamente consignadas no recibo, salvo se oposta ressalva expressa e especificada ao valor dado à parcela ou parcelas impugnadas.

I – A quitação não abrange parcelas não consignadas no recibo de quitação e, consequentemente, seus reflexos em outras parcelas, ainda que essas constem desse recibo.

II – Quanto a direitos que deveriam ter sido satisfeitos durante a vigência do contrato de trabalho, a quitação é válida em relação ao período expressamente consignado no recibo de quitação.

- Súmula com redação determinada pela Res. 108/2001.

331. Contrato de prestação de serviços. Legalidade. (nova redação do item IV e inseridos os itens V e VI à redação)

I – A contratação de trabalhadores por empresa interposta é ilegal, formando-se o vínculo diretamente com o tomador dos serviços, salvo no caso de trabalho temporário (Lei 6.019, de 03.01.1974).

II – A contratação irregular de trabalhador, mediante empresa interposta, não gera vínculo de emprego com os órgãos da Administração Pública direta, indireta ou fundacional (art. 37, II, da CF/1988).

III – Não forma vínculo de emprego com o tomador a contratação de serviços de vigilância (Lei 7.102, de 20.06.1983) e de conservação e limpeza, bem como a de serviços especializados ligados à atividade-meio do tomador, desde que inexistente a pessoalidade e a subordinação direta.

IV – O inadimplemento das obrigações trabalhistas, por parte do empregador, implica a responsabilidade subsidiária do tomador dos serviços quanto àquelas obrigações, desde que haja participado da relação processual e conste também do título executivo judicial.

V – Os entes integrantes da Administração Pública direta e indireta respondem subsidiariamente, nas mesmas condições do item IV, caso evidenciada a sua conduta culposa no cumprimento das obrigações da Lei 8.666, de 21.06.1993, especialmente na fiscalização do cumprimento das obrigações contratuais e legais da prestadora de serviço como empregadora. A aludida responsabilidade não decorre de mero inadimplemento das obrigações trabalhistas assumidas pela empresa regularmente contratada.

VI – A responsabilidade subsidiária do tomador de serviços abrange todas as verbas decorrentes da condenação referentes ao período da prestação laboral.

- Súmula com redação determinada pela Res. TST 174/2011 (*DEJT* 27.05.2011).

332. Complementação de aposentadoria. Petrobrás. Manual de pessoal. Norma programática

As normas relativas à complementação de aposentadoria, inseridas no Manual de Pessoal da Petrobrás, têm caráter meramente programático, delas não resultando direito à referida complementação.

333. Recurso de revista. Conhecimento

Não ensejam recurso de revista decisões superadas por iterativa, notória e atual jurisprudência do Tribunal Superior do Trabalho.

- Súmula com redação determinada pela Res. TST 155/2009.

334. *(Cancelada pela Res. 59/1996.)*

(Competência. Ação de cumprimento. Sindicato. Desconto assistencial. Revisão do Enunciado 224. A Justiça do Trabalho é incompetente para julgar ação na qual o sindicato, em nome próprio, pleiteia o recolhimento de desconto assistencial previsto em convenção ou acordo coletivos.)

335. *(Cancelada pela Res. TST 121/2003.)*

(Embargos para a Seção Especializada em Dissídios Individuais contra decisão em agravo de instrumento oposto a despacho denegatório de recurso de revista. Revisão do Enunciado 183. São incabíveis embargos para a Seção Especializada em Dissídios Individuais contra decisão proferida em agravo de instrumento oposto a despacho denegatório de recurso de revista, salvo quando a controvérsia se referir a pressupostos extrínsecos do próprio agravo.) (Revisto pelo Enunciado 353.)

336. Constitucionalidade. § 2º do art. 9º, do Decreto-lei 1.971, de 30.11.1982

É constitucional o § 2º do art. 9º, do Decreto-lei 1.971, de 30.11.1982, com a redação dada pelo Decreto-lei 2.100, de 28.12.1983.

337. Comprovação de divergência jurisprudencial. Recursos de revista e de embargos. (incluído o item V)

I – Para comprovação da divergência justificadora do recurso, é necessário que o recorrente:

a) Junte certidão ou cópia autenticada do acórdão paradigma ou cite a fonte oficial ou o repositório autorizado em que foi publicado; e

b) Transcreva, nas razões recursais, as ementas e/ou trechos dos acórdãos trazidos à configuração do dissídio, demonstrando o conflito de teses que justifique o conhecimento do recurso, ainda que os acórdãos já se encontrem nos autos ou venham a ser juntados com o recurso. (ex-Súmula 337 – alterada pela Res. 121/2003, *DJ* 21.11.2003).

II – A concessão de registro de publicação como repositório autorizado de jurisprudência do TST torna válidas todas as suas edições anteriores. (ex-OJ 317 da SBDI-I – *DJ* 11.08.2003).

III – A mera indicação da data de publicação, em fonte oficial, de aresto paradigma é inválida para comprovação de divergência jurisprudencial, nos termos do item I, *"a"*, desta súmula, quando a parte pretende demonstrar o conflito de teses mediante a transcrição de trechos que integram a fundamentação do acórdão divergente, uma vez que só se publicam o dispositivo e a ementa dos acórdãos.

IV – É válida para a comprovação da divergência jurisprudencial justificadora do recurso a indicação de aresto extraído de repositório oficial na internet, desde que o recorrente:

a) transcreva o trecho divergente;

b) aponte o sítio de onde foi extraído; e

c) decline o número do processo, o órgão prolator do acórdão e a data da respectiva publicação no Diário Eletrônico da Justiça do Trabalho.

V – A existência do código de autenticidade na cópia, em formato pdf, do inteiro teor do aresto paradigma, juntada aos autos, torna-a equivalente ao documento original e também supre a ausência de indicação da fonte oficial de publicação.

- Súmula com redação determinada pela Res. TST 220/2017 (*DEJT* 21.09.2017; rep. 22.09.2017).

338. Jornada de trabalho. Registro. Ônus da prova. (Incorporadas as Orientações Jurisprudenciais 234 e 306 da SDI-1)

I – É ônus do empregador que conta com mais de 10 (dez) empregados o registro da jornada de trabalho na forma do art. 74, § 2º, da CLT. A não apresentação injustificada dos controles de frequência gera presunção relativa de veracidade da jornada de trabalho, a qual pode ser elidida por prova em contrário. (ex-Súmula 338 – Res. 121, *DJ* 21.11.2003)

II – A presunção de veracidade da jornada de trabalho, ainda que prevista em instrumento normativo, pode ser elidida por prova em contrário. (ex-OJ 234 – Inserida em 20.06.2001)

III – Os cartões de ponto que demonstram horários de entrada e saída uniformes são inválidos como meio de prova, invertendo-se o ônus da prova, relativo às horas extras, que passa a ser do empregador, prevalecendo a jornada da inicial se dele não se desincumbir. (ex-OJ 306 – *DJ* 11.08.2003)

- Súmula com redação determinada pela Res. TST 129/2005 (DJU 20.04.2005).

339. CIPA. Suplente. Garantia de emprego. CF/1988. (Incorporadas as Orientações Jurisprudenciais 25 e 329 da SDI-1)

I – O suplente da CIPA goza da garantia de emprego prevista no art. 10, II, *a*, do ADCT a partir da promulgação da Constituição Federal de 1988. (ex-Súmula 339 – Res. 39/1994, *DJ* 20.12.1994 e ex-OJ 25 – Inserida em 29.03.1996)

II – A estabilidade provisória do cipeiro não constitui vantagem pessoal, mas garantia para as atividades dos membros da CIPA, que somente tem razão de ser quando em atividade a empresa. Extinto o estabelecimento, não se verifica a despedida arbitrária, sendo impossível a reintegração e indevida a indenização do período estabilitário. (ex-OJ 329 – *DJ* 09.12.2003)

- Súmula com redação determinada pela Res. TST 129/2005 (*DJU* 20.04.2005).

340. Comissionista. Horas extras

O empregado, sujeito a controle de horário, remunerado à base de comissões, tem direito ao adicional de, no mínimo, 50% (cinquenta por cento) pelo trabalho em horas extras, calculado sobre o valor-hora das comissões recebidas no mês, considerando-se como divisor o número de horas efetivamente trabalhadas. (Revisão do Enunciado 56)

- Súmula com redação determinada pela Res. TST 121/2003.

341. Honorários do assistente técnico

A indicação do perito assistente é faculdade da parte, a qual deve responder pelos respectivos honorários, ainda que vencedora no objeto da perícia.

342. Descontos salariais. Art. 462, CLT

Descontos salariais efetuados pelo empregador, com a autorização prévia e por escrito do empregado, para ser integrado em planos de assistência odontológica, médico-hospitalar, de seguro, de previdência privada, ou de entidade cooperativa, cultural ou recreativa associativa dos seus trabalhadores, em seu benefício e dos seus dependentes, não afrontam o disposto no art. 462 da CLT, salvo se ficar demonstrada a existência de coação ou de outro defeito que vicie o ato jurídico.

343. *(Cancelada pela Res. TST 185/2012 – DEJT 25.09.2012)*

(Bancário. Hora de salário. O bancário sujeito à jornada de 8 (oito) horas (art. 224, § 2º, da CLT), após a CF/1988, tem salário-hora calculado com base no divisor 220 (duzentos e vinte), não mais 240 (duzentos e quarenta).

344. Salário-família. Trabalhador rural. (Revisão do Enunciado 227.)

O salário-família é devido aos trabalhadores rurais, somente após a vigência da Lei 8.213, de 24.07.1991.

345. Bandepe. Regulamento Interno de Pessoal não confere estabilidade aos empregados

O Regulamento Interno de Pessoal (RIP) do Banco do Estado de Pernambuco – Bandepe, na parte que trata do seu regime disciplinar, não confere estabilidade em favor aos seus empregados.

346. Digitador. Intervalos intrajornada. Aplicação analógica do art. 72, CLT

Os digitadores, por aplicação analógica do art. 72 da CLT, equiparam-se aos trabalhadores nos serviços de mecanografia (datilografia, escrituração ou cálculo), razão pela qual têm direito a intervalos de descanso de 10 (dez) minutos a cada 90 (noventa) de trabalho consecutivo.

347. Horas extras habituais. Apuração. Média física

O cálculo do valor das horas extras habituais, para efeito de reflexos em verbas trabalhistas, observará o número das horas efetivamente prestadas e a ele aplica-se o valor do salário-hora da época do pagamento daquelas verbas.

348. Aviso-prévio. Concessão na fluência da garantia de emprego. Invalidade

É inválida a concessão do aviso-prévio na fluência da garantia de emprego, ante a incompatibilidade dos dois institutos.

349. *(Cancelada pela Res. TST 174/2011 – DEJT 27.05.2011.)*

(Acordo de compensação de horário em atividade insalubre, celebrado por acordo coletivo. Validade. A validade de acordo coletivo ou convenção coletiva de compensação de jornada de trabalho em atividade insalubre prescinde da inspeção prévia da autoridade competente em matéria de higiene do trabalho (art. 7º, XIII, da CF/1988; art. 60 da CLT).)

350. Prescrição. Termo inicial. Ação de cumprimento. Sentença normativa

O prazo de prescrição com relação à ação de cumprimento de decisão normativa flui apenas da data de seu trânsito em julgado.

351. Professor. Repouso semanal remunerado. Art. 7º, § 2º, da Lei 605, de 05.01.1949 e art. 320 da CLT

O professor que recebe salário mensal à base de hora-aula tem direito ao acréscimo de 1/6 (um sexto) a título de repouso semanal remunerado, considerando-se para esse fim o mês de quatro semanas e meia.

352. *(Cancelada pela Res. 114/2002.)*

(Custas. Prazo para comprovação. O prazo para comprovação do pagamento das custas, sempre a cargo da parte, é de 5 (cinco) dias contados do seu recolhimento (CLT, art. 789, § 4º – CPC, art. 185).)

- V. Lei 10.537/2002 (Custas e emolumentos na Justiça do Trabalho).

353. Embargos. Agravo. Cabimento.

Não cabem embargos para a Seção de Dissídios Individuais de decisão de Turma proferida em agravo, salvo:

a) da decisão que não conhece de agravo de instrumento ou de agravo pela ausência de pressupostos extrínsecos;

b) da decisão que nega provimento a agravo contra decisão monocrática do Relator, em que se proclamou a ausência de pressupostos extrínsecos de agravo de instrumento;

c) para revisão dos pressupostos extrínsecos de admissibilidade do recurso de revista, cuja ausência haja sido declarada originariamente pela Turma no julgamento do agravo;

d) para impugnar o conhecimento de agravo de instrumento;

e) para impugnar a imposição de multas previstas nos arts. 1.021, § 4º, do CPC de 2015 ou 1.026, § 2º, do CPC de 2015 (art. 538, parágrafo único, do CPC de 1973, ou art. 557, § 2º, do CPC de 1973).

f) contra decisão de Turma proferida em agravo em recurso de revista, nos termos do art. 894, II, da CLT.

- Súmula com redação determinada pela Res. TST 208/2016 (*DEJT* 22.04.2016).

354. Gorjetas. Natureza jurídica. Repercussões. (Revisão do Enunciado 290.)

As gorjetas, cobradas pelo empregador na nota de serviço ou oferecidas espontaneamente pelos clientes, integram a remuneração do empregado, não servindo de base de cálculo para as parcelas de aviso-prévio, adicional noturno, horas extras e repouso semanal remunerado.

355. Conab. Estabilidade. Aviso DIREH 2, de 12.12.1984

O aviso DIREH 2, de 12.12.1984, que concedia estabilidade aos empregados da Conab, não tem eficácia, porque não aprovado pelo Ministério ao qual a empresa se subordina.

356. Alçada recursal. Vinculação ao salário mínimo

O art. 2º, § 4º, da Lei 5.584, de 26.06.1970 foi recepcionado pela CF/ 1988, sendo lícita a fixação do valor da alçada com base no salário mínimo.

357. Testemunha. Ação contra a mesma reclamada. Suspeição

Não torna suspeita a testemunha o simples fato de estar litigando ou de ter litigado contra o mesmo empregador.

358. Radiologista. Salário profissional. Lei 7.394, de 29.10.1985

O salário profissional dos técnicos em radiologia é igual a 2 (dois) salários mínimos e não a 4 (quatro).

359. *(Cancelada pela Res. TST 121/2003.)* (Substituição processual. Ação de cumprimento. Art. 872, parágrafo único, da CLT. Federação. Legitimidade. A federação não tem legitimidade para ajuizar a ação de cumprimento prevista no art. 872, parágrafo único, da CLT na qualidade de substituto processual da categoria profissional inorganizada.)

360. Turnos ininterruptos de revezamento. Intervalos intrajornada e semanal

A interrupção do trabalho destinada a repouso e alimentação, dentro de cada turno, ou o intervalo para repouso semanal, não descaracteriza o turno de revezamento com jornada de 6 (seis) horas previsto no art. 7º, XIV, da CF/1988.

361. Adicional de periculosidade. Eletricitários. Exposição intermitente

O trabalho exercido em condições perigosas, embora de forma intermitente, dá direito ao empregado a receber o adicional de periculosidade de forma integral, porque a Lei 7.369, de 20.09.1985 não estabeleceu nenhuma proporcionalidade em relação ao seu pagamento.

362. FGTS. Prescrição. (redação alterada na sessão do Tribunal Pleno realizada em 09.06.2015)

I – Para os casos em que a ciência da lesão ocorreu a partir de 13.11.2014, é quinquenal a prescrição do direito de reclamar contra o não-recolhimento de contribuição para o FGTS, observado o prazo de dois anos após o término do contrato;

II – Para os casos em que o prazo prescricional já estava em curso em 13.11.2014, aplica-se o prazo prescricional que se consumar primeiro: trinta anos, contados do termo inicial, ou cinco anos, a partir de 13.11.2014 (STF-ARE-709212/DF).

- Súmula com redação determinada pela Res. TST 198/2015 (*DEJT* 12.06.2015).

363. Contrato nulo. Efeitos

A contratação de servidor público, após a CF/1988, sem prévia aprovação em concurso público, encontra óbice no respectivo art. 37, II e § 2º, somente lhe conferindo direito ao pagamento da contraprestação pactuada, em relação ao número de horas trabalhadas, respeitado o valor da hora do salário mínimo, e dos valores referentes aos depósitos do FGTS.

- Súmula com redação determinada pela Res. TST 121/2003.

364. Adicional de periculosidade. Exposição eventual, permanente e intermitente. (inserido o item II)

I – Tem direito ao adicional de periculosidade o empregado exposto permanentemente ou que, de forma intermitente, sujeita-se a condições de risco. Indevido, apenas, quando o contato dá-se de forma eventual, assim considerado o fortuito, ou o que, sendo habitual, dá-se por tempo extremamente reduzido. (ex-OJs da SBDI-1 05 – inserida em 14.03.1994 – e 280 – *DJ* 11.08.2003).

II – Não é válida a cláusula de acordo ou convenção coletiva de trabalho fixando o adicional de periculosidade em percentual inferior ao estabelecido em lei e proporcional ao tempo de exposição ao risco, pois tal parcela constitui medida de higiene, saúde e segurança do trabalho, garantida por norma de ordem pública (arts. 7º, XXII e XXIII, da CF e 193, §1º, da CLT).

- Súmula com redação determinada pela Res. TST 209/2016 (*DEJT* 01.06.2016).

365. Alçada. Ação rescisória e mandado de segurança. (Conversão das Orientações Jurisprudenciais 8 e 10 da SDI-1)

Não se aplica a alçada em ação rescisória e em mandado de segurança. (ex-OJs 8 e 10, ambas inseridas em 01.02.1995)

- Súmula Acrescentada pela Res. TST 129/2005 (*DJU* 20.04.2005).

366. Cartão de ponto. Registro. Horas extras. Minutos que antecedem e sucedem a jornada de trabalho. (nova redação)

Não serão descontadas nem computadas como jornada extraordinária as variações de horário do registro de ponto não excedentes de cinco minutos, observado o limite máximo de dez minutos diários. Se ultrapassado esse limite, será considerada como extra a totalidade do tempo que exceder a jornada normal, pois configurado tempo à disposição do empregador, não importando as atividades desenvolvidas pelo empregado ao longo do tempo residual (troca de uniforme, lanche, higiene pessoal, etc.).

- Súmula com redação determinada pela Res. TST 197/2015 (*DEJT* 14.05.2015).

367. Utilidades *in natura*. Habitação. Energia elétrica. Veículo. Cigarro. Não integração ao salário. (Conversão das Orientações Jurisprudenciais 24, 131 e 246 da SDI-1)

I – A habitação, a energia elétrica e veículo fornecidos pelo empregador ao empregado, quando indispensáveis para a realização do trabalho, não têm natureza salarial, ainda que, no caso de veículo, seja ele utilizado pelo empregado também em atividades particulares. (ex-OJs 131 – Inserida em 20.04.1998 e ratificada pelo Tribunal Pleno em 07.12.2000 e 246 – Inserida em 20.06.2001)

II – O cigarro não se considera salário-utilidade em face de sua nocividade à saúde. (ex-OJ 24 – Inserida em 29.03.1996)

- Súmula Acrescentada pela Res. TST 129/2005 (*DJU* 20.04.2005).

368. Descontos previdenciários. Imposto de renda. Competência. Responsabilidade pelo recolhimento. Forma de cálculo. Fato gerador. (aglutinada a parte final da orientação jurisprudencial 363 da SBDI-I à redação do item II e incluídos os itens IV, V e VI em sessão do tribunal pleno realizada em 26.06.2017)

I – A Justiça do Trabalho é competente para determinar o recolhimento das contribuições fiscais. A competência da Justiça do Trabalho, quanto à execução das contribuições previdenciárias, limita-se às sentenças condenatórias em pecúnia que proferir e aos valores, objeto de acordo homologado, que integrem o salário de contribuição. (ex-OJ 141 da SBDI-1 – inserida em 27.11.1998).

II – É do empregador a responsabilidade pelo recolhimento das contribuições previdenciárias e fiscais, resultantes de crédito do empregado oriundo de condenação judicial. A culpa do empregador pelo inadimplemento das verbas remuneratórias, contudo, não exime a responsabilidade do empregado pelos pagamentos do imposto de renda devido e da contribuição previdenciária que recaia sobre sua quota-parte. (ex-OJ 363 da SBDI-1, parte final)

III – Os descontos previdenciários relativos à contribuição do empregado, no caso de ações trabalhistas, devem ser calculados mês a mês, de conformidade com o art. 276, § 4º, do Decreto 3.048/1999 que regulamentou a Lei 8.212/1991, aplicando-se as alíquotas

TST

previstas no art. 198, observado o limite máximo do salário de contribuição (ex-OJs 32 e 228 da SBDI-1 – inseridas, respectivamente, em 14.03.1994 e 20.06.2001).

IV – Considera-se fato gerador das contribuições previdenciárias decorrentes de créditos trabalhistas reconhecidos ou homologados em juízo, para os serviços prestados até 4.3.2009, inclusive, o efetivo pagamento das verbas, configurando-se a mora a partir do dia dois do mês seguinte ao da liquidação (art. 276, *caput*, do Decreto 3.048/1999). Eficácia não retroativa da alteração legislativa promovida pela Medida Provisória 449/2008, posteriormente convertida na Lei 11.941/2009, que deu nova redação ao art. 43 da Lei 8.212/91.

V – Para o labor realizado a partir de 5.3.2009, considera-se fato gerador das contribuições previdenciárias decorrentes de créditos trabalhistas reconhecidos ou homologados em juízo a data da efetiva prestação dos serviços. Sobre as contribuições previdenciárias não recolhidas a partir da prestação dos serviços incidem juros de mora e, uma vez apurados os créditos previdenciários, aplica-se multa a partir do exaurimento do prazo de citação para pagamento, se descumprida a obrigação, observado o limite legal de 20% (art. 61, § 2º, da Lei 9.460/96).

VI – O imposto de renda decorrente de crédito do empregado recebido acumuladamente deve ser calculado sobre o montante dos rendimentos pagos, mediante a utilização de tabela progressiva resultante da multiplicação da quantidade de meses a que se refiram os rendimentos pelos valores constantes da tabela progressiva mensal correspondente ao mês do recebimento ou crédito, nos termos do art. 12-A da Lei 7.713, de 22/12/1988, com a redação conferida pela Lei 13.149/2015, observado o procedimento previsto nas Instruções Normativas da Receita Federal do Brasil.

- Súmula com redação determinada pela Res. TST 219/2017 (*DEJT* 28.06.2017).

369. Dirigente sindical. Estabilidade provisória (redação do item I alterada na sessão do Tribunal Pleno realizada em 14.09.2012)

I – É assegurada a estabilidade provisória ao empregado dirigente sindical, ainda que a comunicação do registro da candidatura ou da eleição e da posse seja realizada fora do prazo previsto no art. 543, § 5º, da CLT, desde que a ciência ao empregador, por qualquer meio, ocorra na vigência do contrato de trabalho.

II – O art. 522 da CLT foi recepcionado pela Constituição Federal de 1988. Fica limitada, assim, a estabilidade a que alude o art. 543, § 3º, da CLT a sete dirigentes sindicais e igual número de suplentes.

III – O empregado de categoria diferenciada eleito dirigente sindical só goza de estabilidade se exercer na empresa atividade pertinente à categoria profissional do sindicato para o qual foi eleito dirigente.

IV – Havendo extinção da atividade empresarial no âmbito da base territorial do sindicato, não há razão para subsistir a estabilidade. (ex-OJ 86 da SBDI-I – inserida em 28.04.1997.)

V – O registro da candidatura do empregado a cargo de dirigente sindical durante o período de aviso-prévio, ainda que indenizado, não lhe assegura a estabilidade, visto que inaplicável a regra do § 3º do art. 543 da Consolidação das Leis do Trabalho. (ex-OJ 35 da SBDI-I – inserida em 14.03.1994).

- Súmula com redação determinada pela Res. TST 185/2012 (*DEJT* 25.09.2012).

370. Médico e engenheiro. Jornada de trabalho. Leis 3.999/1961 e 4.950/1966. (Conversão das Orientações Jurisprudenciais 39 e 53 da SDI-1)

Tendo em vista que as Leis 3.999/1961 e 4.950/1966 não estipulam a jornada reduzida, mas apenas estabelecem o salário mínimo da categoria para uma jornada de quatro horas para os médicos e de seis horas para os engenheiros, não há que se falar em horas extras, salvo as excedentes à oitava, desde que seja respeitado o salário mínimo/horário das categorias. (ex-OJs 39 e 53 – Inseridas respectivamente em 07.11.1994 e 29. 04.1994)

- Súmula Acrescentada pela Res. TST 129/2005 (*DJU* 20.04.2005).

371. Aviso-prévio indenizado. Efeitos. Superveniência de auxílio-doença no curso deste. (Conversão das Orientações Jurisprudenciais 40 e 135 da SDI-1)

A projeção do contrato de trabalho para o futuro, pela concessão do aviso-prévio indenizado, tem efeitos limitados às vantagens econômicas obtidas no período de pré-aviso, ou seja, salários, reflexos e verbas rescisórias. No caso de concessão de auxílio-doença no curso do aviso-prévio, todavia, só se concretizam os efeitos da dispensa depois de expirado o benefício previdenciário. (ex-OJs 40 e 135 – Inseridas respectivamente em 28.11.1995 e 27.11.1998)

- Súmula Acrescentada pela Res. TST 129/2005 (*DJU* 20.04.2005).

372. Gratificação de função. Supressão ou redução. Limites. (Conversão das Orientações Jurisprudenciais 45 e 303 da SDI-1)

I – Percebida a gratificação de função por dez ou mais anos pelo empregado, se o empregador, sem justo motivo, revertê-lo a seu cargo efetivo, não poderá retirar-lhe a gratificação tendo em vista o princípio da estabilidade financeira. (ex-OJ 45 – Inserida em 25.11.1996)

II – Mantido o empregado no exercício da função comissionada, não pode o empregador reduzir o valor da gratificação. (ex-OJ 303 – *DJ* 11.08.2003)

- Súmula Acrescentada pela Res. TST 129/2005 (*DJU* 20.04.2005).

373. Gratificação semestral. Congelamento. Prescrição parcial. (Conversão da Orientação Jurisprudencial 46 da SDI-1)

Tratando-se de pedido de diferença de gratificação semestral que teve seu valor congelado, a prescrição aplicável é a parcial. (ex-OJ 46 – Inserida em 29.03.1996)

- Súmula Acrescentada pela Res. TST 129/2005 (*DJU* 20.04.2005).

374. Norma coletiva. Categoria diferenciada. Abrangência. (Conversão da Orientação Jurisprudencial 55 da SDI-1)

Empregado integrante de categoria profissional diferenciada não tem o direito de haver de seu empregador vantagens previstas em instrumento coletivo no qual a empresa não foi representada por órgão de classe de sua categoria. (ex-OJ 55 – Inserida em 25.11.1996)

- Súmula Acrescentada pela Res. TST 129/2005 (*DJU* 20.04.2005).

375. Reajustes salariais previstos em norma coletiva. Prevalência da legislação de política salarial. (Conversão da Orientação Jurisprudencial 69 da SDI-1 e da Orientação Jurisprudencial 40 da SDI-2)

Os reajustes salariais previstos em norma coletiva de trabalho não prevalecem frente à legislação superveniente de política salarial. (ex-OJs 69 da SDI-1 – Inserida em 14.03.1994 e 40 da SDI-2 – Inserida em 20.09.2000)

- Súmula Acrescentada pela Res. TST 129/2005 (*DJU* 20.04.2005).

376. Horas extras. Limitação. Art. 59 da CLT. Reflexos. (Conversão das Orientações Jurisprudenciais 89 e 117 da SDI-1)

I – A limitação legal da jornada suplementar a duas horas diárias não exime o empregador de pagar todas as horas trabalhadas. (ex-OJ 117 – Inserida em 20.11.1997)

II – O valor das horas extras habitualmente prestadas integra o cálculo dos haveres trabalhistas, independentemente da limitação prevista no *caput* do art. 59 da CLT. (ex-OJ 89 – Inserida em 28.04.1997)

- Súmula Acrescentada pela Res. TST 129/2005 (*DJU* 20.04.2005).

377. Preposto. Exigência da condição de empregado.

Exceto quanto à reclamação de empregado doméstico, ou contra micro ou pequeno empresário, o preposto deve ser necessariamente empregado do reclamado. Inteligência do art. 843, § 1º, da CLT e do art. 54 da Lei Complementar 123, de 14 de dezembro de 2006. (ex-OJ 99 – Inserida em 30.05.1997)

- Súmula com redação determinada pela Res. TST 146/2008 (*DJU* 28.04.2008).

378. Estabilidade provisória. Acidente de trabalho. art. 118 da Lei 8.213/1991 (inserido o item III)

I – É constitucional o artigo 118 da Lei 8.213/1991 que assegura o direito à estabilidade provisória por período de 12 (doze) meses após a cessação do auxílio-doença ao empregado acidentado. (ex-OJ 105 da SBDI-1 – inserida em 01.10.1997)

II – São pressupostos para a concessão da estabilidade o afastamento superior a 15 (quinze) dias e a consequente percepção do auxílio-doença acidentário, salvo se constatada, após a despedida, doença profissional que guarde relação de causalidade com a execução do contrato de emprego. (primeira parte – ex-OJ 230 da SBDI-1 – inserida em 20.06.2001)

III – O empregado submetido a contrato de trabalho por tempo determinado goza da garantia provisória de emprego, decorrente de acidente de trabalho, prevista no art. 118 da Lei 8.213/1991.

- Súmula com redação determinada pela Res. TST 185/2012 (*DEJT* 25.09.2012).

379. Dirigente sindical. Despedida. Falta grave. Inquérito judicial. Necessidade. (Conversão da Orientação Jurisprudencial 114 da SDI-1)

O dirigente sindical somente poderá ser dispensado por falta grave mediante a apuração em inquérito judicial, inteligência dos arts. 494 e 543, § 3º, da CLT. (ex-OJ 114 – Inserida em 20. 11.1997)

- Súmula Acrescentada pela Res. TST 129/2005 (*DJU* 20.04.2005).

380. Aviso-prévio. Início da contagem. Art. 132 do Código Civil de 2002. (Conversão da Orientação Jurisprudencial 122 da SDI-1)

Aplica-se a regra prevista no *caput* do art. 132 do Código Civil de 2002 à contagem do prazo do aviso-prévio, excluindo-se o dia do começo e incluindo o do vencimento. (ex-OJ 122 – Inserida em 20.04.1998)

- Súmula Acrescentada pela Res. TST 129/2005 (*DJU* 20.04.2005).

381. Correção monetária. Salário. Art. 459 da CLT. (Conversão da Orientação Jurisprudencial 124 da SDI-1)

O pagamento dos salários até o 5º dia útil do mês subsequente ao vencido não está sujeito à correção monetária. Se essa data limite for ultrapassada, incidirá o índice da correção monetária do mês subsequente ao da prestação dos serviços, a partir do dia 1º. (ex-OJ 124 – Inserida em 20.04.1998)

- Súmula Acrescentada pela Res. TST 129/2005 (*DJU* 20.04.2005).

382. Mudança de regime celetista para estatutário. Extinção do contrato. Prescrição bienal. (Conversão da Orientação Jurisprudencial 128 da SDI-1)

A transferência do regime jurídico de celetista para estatutário implica extinção do contrato de trabalho, fluindo o prazo da prescrição bienal a partir da mudança de regime. (ex-OJ 128 – Inserida em 20.04.1998)

- Súmula Acrescentada pela Res. TST 129/2005 (*DJU* 20.04.2005).

383. Recurso. Mandato. Irregularidade de representação. CPC de 2015, arts. 104 e 76, § 2º (nova redação em decorrência do CPC de 2015)

I – É inadmissível recurso firmado por advogado sem procuração juntada aos autos até o momento da sua interposição, salvo mandato tácito. Em caráter excepcional (art. 104 do CPC de 2015), admite-se que o advogado, independentemente de intimação, exiba a procuração no prazo de 5 (cinco) dias após a interposição do recurso, prorrogável por igual período mediante despacho do juiz. Caso não a exiba, considera-se ineficaz o ato praticado e não se conhece do recurso.

II – Verificada a irregularidade de representação da parte em fase recursal, em procuração ou substabelecimento já constante dos autos, o relator ou o órgão competente para julgamento do recurso designará prazo de 5 (cinco) dias para que seja sanado o vício. Descumprida a determinação, o relator não conhecerá do recurso, se a providência couber ao recorrente, ou determinará o desentranhamento das contrarrazões, se a providência couber ao recorrido (art. 76, § 2º, do CPC de 2015).

- Súmula com redação determinada pela Res. TST 210/2016 (*DEJT* 30.06.2016).

384. Multa convencional. Cobrança. (Conversão das Orientações Jurisprudenciais 150 e 239 da SDI-1)

I – O descumprimento de qualquer cláusula constante de instrumentos normativos diversos não submete o empregado a ajuizar várias ações, pleiteando em cada uma o pagamento da multa referente ao descumprimento de obrigações previstas nas cláusulas respectivas. (ex-OJ 150 – Inserida em 27.11.1998)

II – É aplicável multa prevista em instrumento normativo (sentença normativa, convenção ou acordo coletivo) em caso de descumprimento de obrigação prevista em lei, mesmo que a norma coletiva seja mera repetição de texto legal. (ex-OJ 239 – Inserida em 20.06.2001)

- Súmula Acrescentada pela Res. TST 129/2005 (*DJU* 20.04.2005).

385. Feriado local ou forense. Ausência de expediente. Prazo recursal. Prorrogação. Comprovação. Necessidade. (alterada em decorrência do CPC de 2015)

I – Incumbe à parte o ônus de provar, quando da interposição do recurso, a existência de feriado local que autorize a prorrogação do prazo recursal (art. 1.003, § 6º, do CPC de 2015). No caso de o recorrente alegar a existência de feriado local e não o comprovar no momento da interposição do recurso, cumpre ao relator conceder o prazo de 5 (cinco) dias para que seja sanado o vício (art. 932, parágrafo único, do CPC de 2015), sob pena de não conhecimento se da comprovação depender a tempestividade recursal.

II – Na hipótese de feriado forense, incumbirá à autoridade que proferir a decisão de admissibilidade certificar o expediente nos autos.

III – Admite-se a reconsideração da análise da tempestividade do recurso, mediante prova documental superveniente, em agravo de instrumento, agravo interno, agravo regimental, ou embargos de declaração, desde que, em momento anterior, não tenha havido a concessão de prazo para a comprovação da ausência de expediente forense.

- Súmula com redação determinada pela Res. TST 220/2017 (*DEJT* 21.09.2017; rep. 22.09.2017).

386. Policial militar. Reconhecimento de vínculo empregatício com empresa privada. (Conversão da Orientação Jurisprudencial 167 da SDI-1)

Preenchidos os requisitos do art. 3º da CLT, é legítimo o reconhecimento de relação de emprego entre policial militar e empresa privada, independentemente do eventual cabimento de penalidade disciplinar prevista no Estatuto do Policial Militar. (ex-OJ 167 – Inserida em 26.03.1999)

- Súmula Acrescentada pela Res. TST 129/2005 (*DJU* 20.04.2005).

387. Recurso. *Fac-símile*. Lei 9.800/1999.

I – A Lei 9.800, de 26.05.1999, é aplicável somente a recursos interpostos após o início de sua vigência. (ex-OJ 194 da SBDI-1 – inserida em 08.11.2000)

II – A contagem do quinquídio para apresentação dos originais de recurso interposto por intermédio de *fac-símile* começa a fluir do dia subsequente ao término do prazo recursal, nos termos do art. 2º da Lei 9.800, de 26.05.1999, e não do dia seguinte à interposição do recurso, se esta se deu antes do termo final do prazo. (ex-OJ 337 da SBDI-1 – primeira parte – *DJ* 04.05.2004)

III – Não se tratando a juntada dos originais de ato que dependa de notificação, pois a parte, ao interpor o recurso, já tem ciência de seu ônus processual, não se aplica a regra do art. 224 do CPC de 2015 (art. 184 do CPC de 1973) quanto ao *dies a quo*, podendo coincidir com sábado, domingo ou feriado. (ex-OJ 337 da SBDI-1 – *in fine* – *DJ* 04.05.2004)

IV – A autorização para utilização do *fac-símile*, constante do art. 1º da Lei 9.800, de 26.05.1999, somente alcança as hipóteses em que o documento é dirigido diretamente ao órgão jurisdicional, não se aplicando à transmissão ocorrida entre particulares.

- Súmula com redação determinada pela Res. TST 208/2016 (*DEJT* 22.04.2016).

388. Massa falida. Arts. 467 e 477 da CLT. Inaplicabilidade (Conversão das Orientações Jurisprudenciais 201 e 314 da SDI-1)

A Massa Falida não se sujeita à penalidade do art. 467 e nem à multa do § 8º do art. 477, ambos da CLT. (ex-OJs 201 – *DJ* 11.08.2003 e 314 – *DJ* 08. 11.2000)

- Súmula Acrescentada pela Res. TST 129/2005 (*DJU* 20.04.2005).

389. Seguro-desemprego. Competência da Justiça do Trabalho. Direito à indenização por não liberação de guias. (Conversão das Orientações Jurisprudenciais 210 e 211 da SDI-1)

I – Inscreve-se na competência material da Justiça do Trabalho a lide entre empregado e empregador tendo por objeto indenização pelo não fornecimento das guias do seguro-desemprego. (ex-OJ 210 – Inserida em 08.11.2000)

II – O não fornecimento pelo empregador da guia necessária para o recebimento do seguro-desemprego dá origem ao direito à indenização. (ex-OJ 211 – Inserida em 08.11.2000)

- Súmula Acrescentada pela Res. TST 129/2005 (*DJU* 20.04.2005).

390. Estabilidade. Art. 41 da CF/1988. Celetista. Administração direta, autárquica ou fundacional. Aplicabilidade. Empregado de empresa pública e sociedade de economia mista. Inaplicável. (Conversão das Orientações Jurisprudenciais 229 e 265 da SDI-1 e da Orientação Jurisprudencial 22 da SDI-2)

I – O servidor público celetista da administração direta, autárquica ou fundacional é beneficiário da estabilidade prevista no art. 41 da CF/1988. (ex-OJ 265 da SDI-1 – Inserida em 27.09.2002 e ex-OJ 22 da SDI-2 – Inserida em 20.09.2000)

II – Ao empregado de empresa pública ou de sociedade de economia mista, ainda que admitido mediante aprovação em concurso público, não é garantida a estabilidade prevista no art. 41 da CF/1988. (ex-OJ 229 – Inserida em 20.06.2001)

- Súmula Acrescentada pela Res. TST 129/2005 (*DJU* 20.04.2005).

391. Petroleiros. Lei 5.811/1972. Turno ininterrupto de revezamento. Horas extras e alteração da jornada para horário fixo. (Conversão das Orientações Jurisprudenciais 240 e 333 da SDI-1)

I – A Lei 5.811/72 foi recepcionada pela CF/88 no que se refere à duração da jornada de trabalho em regime de revezamento dos petroleiros. (ex-OJ 240 – Inserida em 20.06.2001)

II – A previsão contida no art. 10 da Lei 5.811/1972, possibilitando a mudança do regime de revezamento para horário fixo, constitui alteração lícita, não violando os arts. 468 da CLT e 7º, VI, da CF/1988. (ex-OJ 333 – *DJ* 09.12.2003)

- Súmula Acrescentada pela Res. TST 129/2005 (*DJU* 20.04.2005).

392. Dano moral e material. Relação de trabalho. Competência da Justiça do Trabalho (redação alterada na sessão do Tribunal Pleno realizada em 27.10.2015)

Nos termos do art. 114, inc. VI, da Constituição da República, a Justiça do Trabalho é competente para processar e julgar ações de indenização por dano moral e material, decorrentes da relação de trabalho, inclusive as oriundas de acidente de trabalho e doenças a ele equiparadas, ainda que propostas pelos dependentes ou sucessores do trabalhador falecido.

- Súmula com redação determinada pela Res. TST 200/2015 (*DEJT* 29.10.2015).

393. Recurso ordinário. Efeito devolutivo em profundidade. Art. 1.013, § 1º, do CPC de 2015. Art. 515, § 1º, do CPC de 1973.

I – O efeito devolutivo em profundidade do recurso ordinário, que se extrai do § 1º do art. 1.013 do CPC de 2015 (art. 515, §1º, do CPC de 1973), transfere ao Tribunal a apreciação dos fundamentos da inicial ou da defesa, não examinados pela sentença, ainda que não renovados em contrarrazões, desde que relativos ao capítulo impugnado.

II – Se o processo estiver em condições, o tribunal, ao julgar o recurso ordinário, deverá decidir desde logo o mérito da causa, nos termos do § 3º do art. 1.013 do CPC de 2015, inclusive quando constatar a omissão da sentença no exame de um dos pedidos.

- Súmula com redação determinada pela Res. TST 208/2016 (*DEJT* 22.04.2016).

394. Fato Superveniente. Art. 493 do CPC de 2015. Art. 462 do CPC de 1973. (Conversão da Orientação Jurisprudencial 81 da SDI-1)

O art. 493 do CPC de 2015 (art. 462 do CPC de 1973), que admite a invocação de fato constitutivo, modificativo ou extintivo do direito, superveniente à propositura da ação, é aplicável de ofício aos processos em curso em qualquer instância trabalhista. Cumpre ao juiz ou tribunal ouvir as partes sobre o fato novo antes de decidir.

- Súmula com redação determinada pela Res. TST 208/2016 (*DEJT* 22.04.2016).

395. Mandato e substabelecimento. Condições de validade (nova redação dos itens I e II e acrescido o item V em decorrência do CPC de 2015)

I – Válido é o instrumento de mandato com prazo determinado que contém cláusula estabelecendo a prevalência dos poderes para atuar até o final da demanda (§ 4º do art. 105 do CPC de 2015). (ex-OJ 312 da SBDI-1 – *DJ* 11.08.2003)

II – Se há previsão, no instrumento de mandato, de prazo para sua juntada, o mandato só tem validade se anexado ao processo o respectivo instrumento no aludido prazo. (ex-OJ 313 da SBDI-1 – *DJ* 11.08.2003)

III – São válidos os atos praticados pelo substabelecido, ainda que não haja, no mandato, poderes expressos para substabelecer (art. 667, e parágrafos, do Código Civil de 2002). (ex-OJ 108 da SBDI-1 – inserida em 01.10.1997)

IV – Configura-se a irregularidade de representação se o substabelecimento é anterior à outorga passada ao substabelecente. (ex-OJ 330 da SBDI-1 – *DJ* 09.12.2003)

V – Verificada a irregularidade de representação nas hipóteses dos itens II e IV, deve o juiz suspender o processo e designar prazo razoável para que seja sanado o vício, ainda que em instância recursal (art. 76 do CPC de 2015).

- Súmula com redação determinada pela Res. TST 211/2016 (*DEJT* 24.08.2016).

396. Estabilidade provisória. Pedido de reintegração. Concessão do salário relativo ao período de estabilidade já exaurido. Inexistência de julgamento *extra petita*. (Conversão das Orientações Jurisprudenciais 106 e 116 da SDI-1)

I – Exaurido o período de estabilidade, são devidos ao empregado apenas os salários do período compreendido entre a data da despedida e o final do período de estabilidade, não lhe sendo assegurada a reintegração no emprego. (ex-OJ 116 – Inserida em 20.11.1997)

II – Não há nulidade por julgamento *extra petita* da decisão que deferir salário quando o pedido for de reintegração, dados os termos do art. 496 da CLT (ex-OJ 106 – Inserida em 01.10.1997)

- Súmula Acrescentada pela Res. TST 129/2005 (*DJU* 20.04.2005).

397. Ação rescisória. Art. 966, IV, do CPC de 2015. Art. 485, IV, do CPC de 1973. Ação de cumprimento. Ofensa à coisa julgada emanada de sentença normativa modificada em grau de recurso. Inviabilidade. Cabimento de mandado de segurança. (Conversão da Orientação Jurisprudencial 116 da SDI-II)

Não procede ação rescisória calcada em ofensa à coisa julgada perpetrada por decisão proferida em ação de cumprimento, em face de a sentença normativa, na qual se louvava, ter sido modificada em grau de recurso, porque em dissídio coletivo somente se consubstancia coisa julgada formal. Assim, os meios processuais aptos a atacarem a execução da cláusula reformada são a exceção de pré-executividade e o mandado de segurança, no caso de descumprimento do art. 514 do CPC de 2015 (art. 572 do CPC de 1973). (ex-OJ 116 da SBDI-2 – *DJ* 11.08.2003).

- Súmula com redação determinada pela Res. TST 208/2016 (*DEJT* 22.04.2016).

398. Ação rescisória. Ausência de defesa. Inaplicáveis os efeitos da revelia. (alterada em decorrência do CPC de 2015)

Na ação rescisória, o que se ataca é a decisão, ato oficial do Estado, acobertado pelo manto da coisa julgada. Assim, e considerando que a coisa julgada envolve questão de ordem pública, a revelia não produz confissão na ação rescisória. (ex-OJ 126 da SBDI-2 – *DJ* 09.12.2003).

- Súmula com redação determinada pela Res. TST 219/2017 (*DEJT* 28.06.2017).

399. Ação rescisória. Cabimento. Sentença de mérito. Decisão homologatória de adjudicação, de arrematação e de cálculos. (Conversão das Orientações Jurisprudenciais 44, 45 e 85, primeira parte, da SDI-II)

I – É incabível ação rescisória para impugnar decisão homologatória de adjudicação ou arrematação. (ex-OJs 44 e 45 – ambas inseridas em 20.09.2000)

II – A decisão homologatória de cálculos apenas comporta rescisão quando enfrentar as questões envolvidas na elaboração da conta de liquidação, quer solvendo a controvérsia das partes quer explicitando, de ofício, os motivos pelos quais acolheu os cálculos oferecidos por uma das partes ou pelo setor de cálculos, e não contestados pela outra. (ex-OJ 85, primeira parte – inserida em 13.03.2002 e alterada em 26.11.2002)

- Súmula acrescentada pela Res. TST 137/2005 (*DJU* 22.08.2005).

400. Ação rescisória de ação rescisória. Violação manifesta de norma jurídica. Indicação da mesma norma jurídica apontada na rescisória primitiva (mesmo dispositivo de Lei sob o CPC de 1973).

Em se tratando de rescisória de rescisória, o vício apontado deve nascer na decisão rescindenda, não se admitindo a rediscussão do acerto do julgamento da rescisória anterior. Assim, não procede rescisória calcada no inciso V do art. 966 do CPC de 2015 (art. 485, V, do CPC de 1973) para discussão, por má aplicação da mesma norma jurídica, tida por violada na rescisória anterior, bem como para arguição de questões inerentes à ação rescisória primitiva. (ex-OJ 95 da SBDI-2 – inserida em 27.09.2002 e alterada *DJ* 16.04.2004).

- Súmula com redação determinada pela Res. TST 208/2016 (*DEJT* 22.04.2016).

401. Ação rescisória. Descontos legais. Fase de execução. Sentença exequenda omissa. Inexistência de ofensa à coisa julgada. (Conversão da Orientação Jurisprudencial 81 da SDI-II)

Os descontos previdenciários e fiscais devem ser efetuados pelo juízo executório, ainda que a sentença exequenda tenha sido omissa sobre a questão, dado o caráter de ordem pública ostentado pela norma que os disciplina. A ofensa à coisa julgada somente poderá ser caracterizada na hipótese de o título exequendo, expressamente, afastar a dedução dos valores a título de imposto de renda e de contribuição previdenciária. (ex-OJ 81 – inserida em 13.03.2002)

- Súmula acrescentada pela Res. TST 137/2005 (*DJU* 22.08.2005).

402. Ação rescisória. Prova nova. Dissídio coletivo. Sentença normativa. (Nova redação em decorrência do CPC de 2015)

I – Sob a vigência do CPC de 2015 (art. 966, inciso VII), para efeito de ação rescisória, considera-se prova nova a cronologicamente velha, já existente ao tempo do trânsito em julgado da decisão rescindenda, mas ignorada pelo interessado ou de impossível utilização, à época, no processo.

II – Não é prova nova apta a viabilizar a desconstituição de julgado:

a) sentença normativa proferida ou transitada em julgado posteriormente à sentença rescindenda;

b) sentença normativa preexistente à sentença rescindenda, mas não exibida no processo principal, em virtude de negligência da parte, quando podia e deveria louvar-se de documento já existente e não ignorado quando emitida a decisão rescindenda. (ex-OJ 20 da SBDI-2 – inserida em 20.09.2000).

- Súmula com redação determinada pela Res. TST 217/2017 (*DEJT* 20.04.2017).

403. Ação rescisória. Dolo da parte vencedora em detrimento da vencida. Art. 485, III, do CPC. (Conversão das Orientações Jurisprudenciais 111 e 125 da SDI-II)

I – Não caracteriza dolo processual, previsto no art. 485, III, do CPC, o simples fato de a parte vencedora haver silenciado a respeito de fatos contrários a ela, porque o procedimento, por si só, não constitui ardil do qual resulte cerceamento de defesa e, em consequência, desvie o juiz de uma sentença não condizente com a verdade. (ex-OJ 125 – *DJ* 09.12.2003)

II – Se a decisão rescindenda é homologatória de acordo, não há parte vencedora ou vencida, razão pela qual não é possível a sua desconstituição calcada no inciso III do art. 485 do CPC (dolo da parte vencedora em detrimento da vencida), pois constitui fundamento de rescindibilidade que supõe solução jurisdicional para a lide. (ex-OJ 111 – *DJ* 29.04.2003)

- Súmula acrescentada pela Res. TST 137/2005 (*DJU* 22.08.2005).

404. Ação rescisória. Fundamento para invalidar confissão. Confissão ficta. Inadequação do enquadramento no art. 485, VIII, do CPC de 1973

O art. 485, VIII, do CPC de 1973, ao tratar do fundamento para invalidar a confissão como hipótese de rescindibilidade da decisão judicial, referia-se à confissão real, fruto de erro, dolo ou coação, e não à confissão ficta resultante de revelia.

- Súmula com redação determinada pela Res. TST 209/2016 (*DEJT* 01.06.2016).

405. Ação rescisória. Tutela provisória

Em face do que dispõem a MP 1.984-22/2000 e o art. 969 do CPC de 2015, é cabível o pedido de tutela provisória formulado na petição inicial de ação rescisória ou na fase recursal, visando a suspender a execução da decisão rescindenda.

- Súmula com redação determinada pela Res. TST 208/2016 (*DEJT* 22.04.2016).

406. Ação rescisória. Litisconsórcio. Necessário no polo passivo e facultativo no ativo. Inexistente quanto aos substituídos pelo sindicato. (Conversão das Orientações Jurisprudenciais 82 e 110 da SDI-II)

I – O litisconsórcio, na ação rescisória, é necessário em relação ao polo passivo da demanda, porque supõe uma comunidade de direitos ou de obrigações que não admite solução díspar para os litisconsortes, em face da indivisibilidade do objeto. Já em relação ao polo ativo, o litisconsórcio é facultativo, uma vez que a aglutinação de autores se faz por conveniência e não, pela necessidade decorrente da natureza do litígio, pois não se pode condicionar o exercício do direito individual de um dos litigantes no processo originário à anuência dos demais para retomar a lide. (ex-OJ 82 – inserida em 13.03.2002)

II – O Sindicato, substituto processual e autor da reclamação trabalhista, em cujos autos fora proferida a decisão rescindenda, possui legitimidade para figurar como réu na ação rescisória, sendo descabida a exigência de citação de todos os empregados substituídos, porquanto inexistente litisconsórcio passivo necessário. (ex-OJ 110 – *DJ* 29.04.2003)

- Súmula acrescentada pela Res. TST 137/2005 (*DJU* 22.08.2005).

407. Ação rescisória. Ministério Público. Legitimidade *ad causam* prevista no art. 967, III, *a*, *b* e *c* do CPC de 2015. Art. 487, III, *a* e *b*, do CPC de 1973. Hipóteses meramente exemplificativas.

A legitimidade *ad causam* do Ministério Público para propor ação rescisória, ainda que não tenha sido parte no processo que deu origem à decisão rescindenda, não está limitada às alíneas *a*, *b* e *c* do inciso III do art. 967 do CPC de 2015 (art. 487, III, *a* e *b*, do CPC de 1973), uma vez que traduzem hipóteses meramente exemplificativas (ex-OJ 83 da SBDI-2 – inserida em 13.03.2002).

- Súmula com redação determinada pela Res. TST 208/2016 (*DEJT* 22.04.2016).

408. Ação rescisória. Petição inicial. Causa de pedir. Ausência de capitulação ou capitulação errônea no art. 966 do CPC de 2015. Art. 485 do CPC de 1973. Princípio *iura novit curia*.

Não padece de inépcia a petição inicial de ação rescisória apenas porque omite a subsunção do fundamento de rescindibilidade no art. 966 do CPC de 2015 (art. 485 do CPC de 1973) ou o capitula erroneamente em um de seus incisos. Contanto que não se afaste dos fatos e fundamentos invocados como causa de pedir, ao Tribunal é lícito emprestar-lhes a adequada qualificação jurídica (*iura novit curia*). No entanto, fundando-se a ação rescisória no art. 966, inciso V, do CPC de 2015 (art. 485, inciso V, do CPC de 1973), é indispensável expressa indicação, na petição inicial da ação rescisória, da norma jurídica manifestamente violada (dispositivo legal violado sob o CPC de 1973), por se tratar de causa de pedir da rescisória, não se aplicando, no caso, o princípio *iura novit curia*. (ex-OJs 32 e 33 da SBDI-2 – inseridas em 20.09.2000).

- Súmula com redação determinada pela Res. TST 208/2016 (*DEJT* 22.04.2016).

409. Ação rescisória. Prazo prescricional. Total ou parcial. Violação do art. 7º, XXIX, da CF/1988. Matéria infraconstitucional. (Conversão da Orientação Jurisprudencial 119 da SDI-II)

Não procede ação rescisória calcada em violação do art. 7º, XXIX, da CF/1988 quando a questão envolve discussão sobre a espécie de prazo prescricional aplicável aos créditos trabalhistas, se total ou parcial, porque a matéria tem índole infraconstitucional, construída, na Justiça do Trabalho, no plano jurisprudencial. (ex-OJ 119 – *DJ* 11.08.2003)

- Súmula acrescentada pela Res. TST 137/2005 (*DJU* 22.08.2005).

410. Ação rescisória. Reexame de fatos e provas. Inviabilidade. (Conversão da Orientação Jurisprudencial 109 da SDI-II)

A ação rescisória calcada em violação de lei não admite reexame de fatos e provas do processo que originou a decisão rescindenda. (ex-OJ 109 – *DJ* 29.04.2003)

- Súmula acrescentada pela Res. TST 137/2005 (*DJU* 22.08.2005).

411. Ação rescisória. Sentença de mérito. Decisão de Tribunal Regional do Trabalho em agravo regimental confirmando decisão monocrática do relator que, aplicando a Súmula 83 do TST, indeferiu a petição inicial da ação rescisória. Cabimento. (Conversão da Orientação Jurisprudencial 43 da SDI-II)

Se a decisão recorrida, em agravo regimental, aprecia a matéria na fundamentação, sob o enfoque das Súmulas 83 do TST e 343 do STF, constitui sentença de mérito, ainda que haja resultado no indeferimento da petição inicial e na extinção do processo sem julgamento do mérito. Sujeita-se, assim, à reforma pelo TST, a decisão do Tribunal que, invocando controvérsia na interpretação da lei, indefere a petição inicial de ação rescisória. (ex-OJ 43 – inserida em 20.09.2000)

- Súmula acrescentada pela Res. TST 137/2005 (*DJU* 22.08.2005).

412. Ação rescisória. Regência pelo CPC de 1973. Sentença de mérito. Questão processual. (Nova redação em decorrência do CPC de 2015)

Sob a égide do CPC de 1973, pode uma questão processual ser objeto de rescisão desde que consista em pressuposto de validade de uma sentença de mérito. (ex-OJ 46 da SBDI-2 – inserida em 20.09.2000)

- Súmula com redação determinada pela Res. TST 217/2017 (*DEJT* 20.04.2017).

413. Ação rescisória. Sentença de mérito. Violação do art. 896, *a*, da CLT. (Nova redação em decorrência do CPC de 2015)

É incabível ação rescisória, por violação do art. 896, *a*, da CLT, contra decisão transitada em julgado sob a égide do CPC de 1973 que não conhece de recurso de revista, com base em divergência jurisprudencial, pois não se cuidava de sentença de mérito (art. 485 do CPC de 1973). (ex-OJ 47 da SBDI-2 – inserida em 20.09.2000).

- Súmula com redação determinada pela Res. TST 209/2016 (*DEJT* 01.06.2016).

414. Mandado de segurança. Tutela provisória concedida antes ou na sentença. (Nova redação em decorrência do CPC de 2015)

I – A tutela provisória concedida na sentença não comporta impugnação pela via do mandado de segurança, por ser impugnável mediante recurso ordinário. É admissível a obtenção de efeito suspensivo ao recurso ordinário mediante requerimento dirigido ao tribunal, ao relator ou ao presidente ou ao vice-presidente do tribunal recorrido, por aplicação subsidiária ao processo do trabalho do artigo 1.029, § 5º, do CPC de 2015.

II – No caso de a tutela provisória haver sido concedida ou indeferida antes da sentença, cabe mandado de segurança, em face da inexistência de recurso próprio.

III – A superveniência da sentença, nos autos originários, faz perder o objeto do mandado de segurança que impugnava a concessão ou o indeferimento da tutela provisória.

- Súmula com redação determinada pela Res. TST 217/2017 (*DEJT* 20.04.2017).

415. Mandado de segurança. Petição inicial. Art. 321 do CPC de 2015. Art. 284 do CPC de 1973. Inaplicabilidade. (Conversão da Orientação Jurisprudencial 52 da SDI-II)

Exigindo o mandado de segurança prova documental pré-constituída, inaplicável o art. 321 do CPC de 2015 (art. 284 do CPC de 1973) quando verificada, na petição inicial do *mandamus*, a ausência de documento indispensável ou de sua autenticação. (ex-OJ 52 da SBDI-2 – inserida em 20.09.2000).

- Súmula com redação determinada pela Res. TST 208/2016 (*DEJT* 22.04.2016).

416. Mandado de segurança. Execução. Lei 8.432/1992. Art. 897, § 1º, da CLT. Cabimento. (Conversão da Orientação Jurisprudencial 55 da SDI-II)

Devendo o agravo de petição delimitar justificadamente a matéria e os valores objeto de discordância, não fere direito líquido e certo o prosseguimento da execução quanto aos tópicos e valores não especificados no agravo. (ex-OJ 55 – inserida em 20.09.2000)

- Súmula acrescentada pela Res. TST 137/2005 (*DJU* 22.08.2005).

417. Mandado de segurança. Penhora em dinheiro. (alterado o item I, atualizado o item II e cancelado o item III, modulando-se os efeitos da presente redação de forma a atingir unicamente as penhoras em dinheiro em execução provisória efetivadas a partir de 18.03.2016, data de vigência do CPC de 2015)

I – Não fere direito líquido e certo do impetrante o ato judicial que determina penhora em dinheiro do executado para garantir crédito exequendo, pois é prioritária e obedece à gradação prevista no art. 835 do CPC de 2015 (art. 655 do CPC de 1973).

II – Havendo discordância do credor, em execução definitiva, não tem o executado direito líquido e certo a que os valores penhorados em dinheiro fiquem depositados no próprio banco, ainda que atenda aos requisitos do art. 840, I, do CPC de 2015 (art. 666, I, do CPC de 1973). (ex-OJ 61 da SBDI-2 – inserida em 20.09.2000).

- Súmula com redação determinada pela Res. TST 212/2016 (*DEJT* 20.09.2016).

418. Mandado de segurança visando à homologação de acordo. (Nova redação em decorrência do CPC de 2015)

A homologação de acordo constitui faculdade do juiz, inexistindo direito líquido e certo tutelável pela via do mandado de segurança.

- Súmula com redação determinada pela Res. TST 217/2017 (*DEJT* 20.04.2017).

419. Competência. Embargos de terceiro. Execução por carta precatória. Juízo deprecado. (alterada em decorrência do CPC de 2015)

Na execução por carta precatória, os embargos de terceiro serão oferecidos no juízo deprecado, salvo se indicado pelo juízo deprecante o bem constrito ou se já devolvida a carta (art. 676, parágrafo único, do CPC de 2015).

- Súmula com redação determinada pela Res. TST 212/2016 (*DEJT* 20.09.2016).

420. Competência funcional. Conflito negativo. TRT e vara do trabalho de idêntica região. Não configuração. (Conversão da Orientação Jurisprudencial 115 da SDI-II)

Não se configura conflito de competência entre Tribunal Regional do Trabalho e Vara do Trabalho a ele vinculada. (ex-OJ 115 – *DJ* 11.08.2003)

- Súmula acrescentada pela Res. TST 137/2005 (*DJU* 22.08.2005).

421. Embargos de declaração. Cabimento. Decisão monocrática do relator calcada no art. 932 do CPC de 2015. Art. 557 do CPC de 1973.

I – Cabem embargos de declaração da decisão monocrática do relator prevista no art. 932 do CPC de 2015 (art. 557 do CPC de 1973), se a parte pretende tão somente juízo integrativo retificador da decisão e, não, modificação do julgado.

II – Se a parte postular a revisão no mérito da decisão monocrática, cumpre ao relator converter os embargos de declaração em agravo, em face dos princípios da fungibilidade e celeridade processual, submetendo-o ao pronunciamento do Colegiado, após a intimação do recorrente para, no prazo de 5 (cinco) dias, complementar as razões recursais, de modo a ajustá-las às exigências do art. 1.021, § 1º, do CPC de 2015.

- Súmula com redação determinada pela Res. TST 208/2016 (*DEJT* 22.04.2016).

422. Recurso. Fundamento ausente ou deficiente. Não conhecimento. (redação alterada, com inserção dos itens I, II e III)

I – Não se conhece de recurso para o Tribunal Superior do Trabalho se as razões do recorrente não impugnam os fundamentos da decisão recorrida, nos termos em que proferida.

II – o entendimento referido no item anterior não se aplica em relação à motivação secundária e impertinente, consubstanciada em despacho de admissibilidade de recurso ou em decisão monocrática.

III – Inaplicável a exigência do item I relativamente ao recurso ordinário da competência de Tribunal Regional do Trabalho, exceto em caso de recurso cuja motivação é inteiramente dissociada dos fundamentos da sentença.

- Súmula com redação determinada pela Res. TST 199/2015 (*DEJT* 22.06.2015).

423. Turno ininterrupto de revezamento. Fixação de jornada de trabalho mediante negociação coletiva. Validade. (Conversão da Orientação Jurisprudencial 169 da SBDI-1)

Estabelecida jornada superior a 6 (seis) horas e limitada a 8 (oito) horas por meio de regular negociação coletiva, os empregados submetidos a turnos ininterruptos de revezamento não têm direito ao pagamento da 7ª e 8ª horas como extras.

- Súmula acrescentada pela Res. TST 139/2006 (*DJU* 10.10.2006).

424. Recurso Administrativo. Pressuposto de admissibilidade. Depósito prévio da multa administrativa. Não recepção pela Constituição Federal do § 1º do art. 636 da CLT.

O § 1º do art. 636 da CLT, que estabelece a exigência de prova do depósito prévio do valor da multa cominada em razão de autuação administrativa como pressuposto de admissibilidade de recurso administrativo, não foi recepcionado pela Constituição Federal de 1988, ante a sua incompatibilidade com o inciso LV do art. 5º.

- Súmula acrescentada pela Res. TST 160/2009 (*DJE* 20.11.2009).

425. *Jus postulandi* na Justiça do Trabalho. Alcance.

O *jus postulandi* das partes, estabelecido no art. 791 da CLT, limita-se às Varas do Trabalho e aos Tribunais Regionais do Trabalho, não alcançando a ação rescisória, a ação cautelar, o mandado de segurança e os recursos de competência do Tribunal Superior do Trabalho.

- Súmula acrescentada pela Res. TST 165/2010 (*DJE* 30.04.2010).

426. Depósito recursal. Utilização da Guia GFIP. Obrigatoriedade.

Nos dissídios individuais o depósito recursal será efetivado mediante a utilização da Guia de Recolhimento do FGTS e Informações à Previdência Social – GFIP, nos termos dos §§ 4º e 5º do art. 899 da CLT, admitido o depósito judicial, realizado na sede do juízo e à disposição deste, na hipótese de relação de trabalho não submetida ao regime do FGTS.

- Súmula acrescentada pela Res. TST 174/2011 (*DEJT* 27.05.2011).

427. Intimação. Pluralidade de advogados. Publicação em nome de advogado diverso daquele expressamente indicado. Nulidade.

Havendo pedido expresso de que as intimações e publicações sejam realizadas exclusivamente em nome de determinado advogado, a comunicação em nome de outro profissional constituído nos autos é nula, salvo se constatada a inexistência de prejuízo.

- Súmula acrescentada pela Res. TST 174/2011 (*DEJT* 27.05.2011).

428. Sobreaviso. Aplicação analógica do art. 244, § 2º da CLT (redação alterada na sessão do Tribunal Pleno realizada em 14.09.2012)

I – O uso de instrumentos telemáticos ou informatizados fornecidos pela empresa ao empregado, por si só, não caracteriza o regime de sobreaviso.

II – Considera-se em sobreaviso o empregado que, à distância e submetido a controle patronal por instrumentos telemáticos ou informatizados, permanecer em regime de plantão ou equivalente, aguardando a qualquer momento o chamado para o serviço durante o período de descanso.

- Súmula com redação determinada pela Res. TST 185/2012 (*DEJT* 25.09.2012).

429. Tempo à disposição do empregador. Art. 4º da CLT. Período de deslocamento entre a portaria e o local de trabalho.

Considera-se à disposição do empregador, na forma do art. 4º da CLT, o tempo necessário ao deslocamento do trabalhador entre a portaria da empresa e o local de trabalho, desde que supere o limite de 10 (dez) minutos diários.

- Súmula acrescentada pela Res. TST 174/2011 (*DEJT* 27.05.2011).

430. Administração pública indireta. Contratação. Ausência de concurso público. Nulidade. Ulterior privatização. Convalidação. Insubsistência do vício.

Convalidam-se os efeitos do contrato de trabalho que, considerado nulo por ausência de concurso público, quando celebrado originalmente com ente da Administração Pública Indireta, continua a existir após a sua privatização.

431. Salário-hora. Empregado sujeito ao regime geral de trabalho (art. 58, *caput*, da CLT). 40 (quarenta) horas semanais. Cálculo. Aplicação do divisor 200 (redação alterada na sessão do Tribunal Pleno realizada em 14.09.2012)

Para os empregados a que alude o art. 58, *caput*, da CLT, quando sujeitos a 40 (quarenta) horas semanais de trabalho, aplica-se o divisor 200 (duzentos) para o cálculo do valor do salário-hora.

- Súmula com redação determinada pela Res. TST 185/2012 (*DEJT* 25.09.2012).

432. Contribuição sindical rural. Ação de cobrança. Penalidade por atraso no recolhimento. Inaplicabilidade do art. 600 da CLT. Incidência do art. 2º da Lei 8.022/1990.

O recolhimento a destempo da contribuição sindical rural não acarreta a aplicação da multa progressiva prevista no art. 600 da CLT, em decorrência da sua revogação tácita pela Lei 8.022, de 12 de abril de 1990.

433. Embargos. Admissibilidade. Processo em fase de execução. Acórdão de turma publicado na vigência da lei 11.496, de 26.06.2007. Divergência de interpretação de dispositivo constitucional.

A admissibilidade do recurso de embargos contra acórdão de Turma em recurso de revista em fase de execução, publicado na vigência da Lei 11.496, de 26.06.2007, condiciona-se à demonstração de divergência jurisprudencial entre Turmas ou destas e a Seção Especializada em Dissídios Individuais do Tribunal Superior do Trabalho em relação à interpretação de dispositivo constitucional.

434. (Cancelada pela Res. TST 198/2015.) (Recurso. Interposição antes da publicação do acórdão impugnado. Extemporaneidade. (Conversão da Orientação Jurisprudencial 357 da SBDI-1) e inserção do item II à redação)

I – É extemporâneo recurso interposto antes de publicado o acórdão impugnado. (ex-OJ 357 da SBDI-1 – inserida em 14.03.2008)

II – A interrupção do prazo recursal em razão da interposição de embargos de declaração pela parte adversa não acarreta qualquer prejuízo àquele que apresentou seu recurso tempestivamente.)

435. Decisão monocrática. Relator. Art. 932 do CPC de 2015. Art. 557 do CPC de 1973. Aplicação subsidiária ao processo do trabalho. (Conversão da Orientação Jurisprudencial 73 da SBDI-2 com nova redação)

Aplica-se subsidiariamente ao processo do trabalho o art. 932 do CPC de 2015 (art. 557 do CPC de 1973).

- Súmula com redação determinada pela Res. TST 208/2016 (*DEJT* 22.04.2016).

436. Representação processual. Procurador da União, Estados, Municípios e Distrito Federal, suas autarquias e fundações públicas. Juntada de instrumento de mandato (conversão da Orientação Jurisprudencial 52 da SBDI-I e inserção do item II à redação)

I – A União, Estados, Municípios e Distrito Federal, suas autarquias e fundações públicas, quando representadas em juízo, ativa e passivamente, por seus procuradores, estão dispensadas da juntada de instrumento de mandato e de comprovação do ato de nomeação.

II – Para os efeitos do item anterior, é essencial que o signatário ao menos declare-se exercente do cargo de procurador, não bastando a indicação do número de inscrição na Ordem dos Advogados do Brasil.

- Súmula acrescentada pela Res. TST 185/2012 (*DEJT* 25.09.2012).

437. Intervalo intrajornada para repouso e alimentação. Aplicação do art. 71 da CLT (conversão das Orientações Jurisprudenciais 307, 342, 354, 380 e 381 da SBDI-1)

I – Após a edição da Lei 8.923/1994, a não concessão ou a concessão parcial do intervalo intrajornada mínimo, para repouso e alimentação, a empregados urbanos e rurais, implica o pagamento total do período correspondente, e não apenas daquele suprimido, com acréscimo de, no mínimo, 50% (cinquenta por cento) sobre o valor da remuneração da hora normal de trabalho (art. 71 da CLT), sem prejuízo do cômputo da efetiva jornada de labor para efeito de remuneração.

II – É inválida cláusula de acordo ou convenção coletiva de trabalho contemplando a supressão ou redução do intervalo intrajornada porque este constitui medida de higiene, saúde e segurança do trabalho, garantido por norma de ordem pública (art. 71 da CLT e art. 7º, XXII, da CF/1988), infenso à negociação coletiva.

III – Possui natureza salarial a parcela prevista no art. 71, § 4º, da CLT, com redação introduzida pela Lei 8.923, de 27 de julho de 1994, quando não concedido ou reduzido pelo empregador o intervalo mínimo intrajornada para repouso e alimentação, repercutindo, assim, no cálculo de outras parcelas salariais.

IV – Ultrapassada habitualmente a jornada de 6 (seis) horas de trabalho, é devido o gozo do intervalo intrajornada mínimo de 1 (uma) hora, obrigando o empregador a remunerar o período para descanso e alimentação não usufruído como extra, acrescido do respectivo adicional, na forma prevista no art. 71, *caput* e § 4º da CLT.

- Súmula acrescentada pela Res. TST 185/2012 (*DEJT* 25.09.2012).

438. Intervalo para recuperação térmica do empregado. Ambiente artificialmente frio. Horas extras. Art. 253 da CLT. Aplicação analógica.

O empregado submetido a trabalho contínuo em ambiente artificialmente frio, nos termos do parágrafo único do art. 253 da CLT, ainda que não labore em câmara frigorífica, tem direito ao intervalo intrajornada previsto no *caput* do art. 253 da CLT.

- Súmula acrescentada pela Res. TST 185/2012 (*DEJT* 25.09.2012).

439. Danos morais. Juros de mora e atualização monetária. Termo inicial.

Nas condenações por dano moral, a atualização monetária é devida a partir da data da decisão de arbitramento ou de alteração do valor.

Os juros incidem desde o ajuizamento da ação, nos termos do art. 883 da CLT.

- Súmula acrescentada pela Res. TST 185/2012 (*DEJT* 25.09.2012).

440. Auxílio-doença acidentário. Aposentadoria por invalidez. Suspensão do contrato de trabalho. Reconhecimento do direito à manutenção de plano de saúde ou de assistência médica.

Assegura-se o direito à manutenção de plano de saúde ou de assistência médica oferecido pela empresa ao empregado, não obstante suspenso o contrato de trabalho em virtude de auxílio-doença acidentário ou de aposentadoria por invalidez.

- Súmula acrescentada pela Res. TST 185/2012 (*DEJT* 25.09.2012).

441. Aviso prévio. Proporcionalidade.

O direito ao aviso-prévio proporcional ao tempo de serviço somente é assegurado nas rescisões de contrato de trabalho ocorridas a partir da publicação da Lei 12.506, em 13 de outubro de 2011.

- Súmula acrescentada pela Res. TST 185/2012 (*DEJT* 25.09.2012).

442. Procedimento sumaríssimo. Recurso de revista fundamentado em contrariedade a orientação jurisprudencial. Inadmissibilidade. Art. 896, § 6º, da CLT, acrescentado pela Lei 9.957, de 12.01.2000 (conversão da Orientação Jurisprudencial 352 da SBDI-1)

Nas causas sujeitas ao procedimento sumaríssimo, a admissibilidade de recurso de revista está limitada à demonstração de violação direta a dispositivo da Constituição Federal ou contrariedade a Súmula do Tribunal Superior do Trabalho, não se admitindo o recurso por contrariedade a Orientação Jurisprudencial deste Tribunal (Livro II, Título II, Capítulo III, do RITST), ante a ausência de previsão no art. 896, § 6º, da CLT.

- Súmula acrescentada pela Res. TST 185/2012 (*DEJT* 25.09.2012).

443. Dispensa discriminatória. Presunção. Empregado portador de doença grave. Estigma ou preconceito. Direito à reintegração.

Presume-se discriminatória a despedida de empregado portador do vírus HIV ou de outra doença grave que suscite estigma ou preconceito. Inválido o ato, o empregado tem direito à reintegração no emprego.

- Súmula acrescentada pela Res. TST 185/2012 (*DEJT* 25.09.2012).

444. Jornada de trabalho. Norma coletiva. Lei. Escala de 12 por 36. Validade.

É valida, em caráter excepcional, a jornada de 12 (doze) horas de trabalho por 36 (trinta e seis) de descanso, prevista em lei ou ajustada exclusivamente mediante acordo coletivo de trabalho ou convenção coletiva de trabalho, assegurada a remuneração em dobro dos feriados trabalhados. O empregado não tem direito ao pagamento de adicional referente ao labor prestado na décima primeira e décima segunda horas.

- Súmula acrescentada pela Res. TST 185/2012 (*DEJT* 25.09.2012).

445. Inadimplemento de verbas trabalhistas. Frutos. Posse de má-fé. Art. 1.216 do Código Civil. Inaplicabilidade ao direito do trabalho.

A indenização por frutos percebidos pela posse de má-fé, prevista no art. 1.216 do Código Civil, por tratar-se de regra afeta a direitos reais, mostra-se incompatível com o Direito do Trabalho, não sendo devida no caso de inadimplemento de verbas trabalhistas.

- Súmula acrescentada pela Res. TST 189/2013 (*DEJT* 13.03.2013).

446. Maquinista ferroviário. Intervalo intrajornada. Supressão parcial ou total. Horas extras devidas. Compatibilidade entre os arts. 71, § 4º, e 238, § 5º, da CLT.

A garantia ao intervalo intrajornada, prevista no art. 71 da CLT, por constituir-se em medida de higiene, saúde e segurança do empregado, é aplicável também ao ferroviário maquinista integrante da categoria "c" (equipagem de trem em geral), não havendo incompatibilidade entre as regras inscritas nos arts. 71, § 4º, e 238, § 5º, da CLT.

- Súmula acrescentada pela Res. TST 193/2013 (*DEJT* 13.12.2013).

447. Adicional de periculosidade. Permanência a bordo durante o abastecimento da aeronave. Indevido.

Os tripulantes e demais empregados em serviços auxiliares de transporte aéreo que, no momento do abastecimento da aeronave, permanecem a bordo não têm direito ao adicional de periculosidade a que aludem o art. 193 da CLT e o Anexo 2, item 1, "c", da NR 16 do MTE.

- Súmula acrescentada pela Res. TST 193/2013 (*DEJT* 13.12.2013).

448. Atividade insalubre. Caracterização. Previsão na Norma Regulamentadora 15 da Portaria do Ministério do Trabalho 3.214/78. Instalações sanitárias. (conversão da Orientação Jurisprudencial 4 da SBDI-1 com nova redação do item II).

I – Não basta a constatação da insalubridade por meio de laudo pericial para que o empregado tenha direito ao respectivo adicional, sendo necessária a classificação da atividade insalubre na relação oficial elaborada pelo Ministério do Trabalho.

II – A higienização de instalações sanitárias de uso público ou coletivo de grande circulação, e a respectiva coleta de lixo, por não se equiparar à limpeza em residências e escritórios, enseja o pagamento de adicional de insalubridade em grau máximo, incidindo o disposto no Anexo 14 da NR-15 da Portaria do MTE 3.214/78 quanto à coleta e industrialização de lixo urbano.

- Súmula acrescentada pela Res. TST 194/2014 (*DEJT* 21.05.2014).

449. Minutos que antecedem e sucedem a jornada de trabalho. Lei 10.243, de 19.06.2001. Norma coletiva. Flexibilização. Impossibilidade. (conversão da Orientação Jurisprudencial 372 da SBDI-1)

A partir da vigência da Lei 10.243, de 19.06.2001, que acrescentou o § 1º ao art. 58 da CLT, não mais prevalece cláusula prevista em convenção ou acordo coletivo que elastece o limite de 5 minutos que antecedem e sucedem a jornada de trabalho para fins de apuração das horas extras.

- Súmula acrescentada pela Res. TST 194/2014 (*DEJT* 21.05.2014).

450. Férias. Gozo na época própria. Pagamento fora do prazo. Dobra devida. Arts. 137 e 145 da CLT. (conversão da Orientação Jurisprudencial 386 da SBDI-1)

É devido o pagamento em dobro da remuneração de férias, incluído o terço constitucional, com base no art. 137 da CLT, quando, ainda que gozadas na época própria, o empregador tenha descumprido o prazo previsto no art. 145 do mesmo diploma legal.

- Súmula acrescentada pela Res. TST 194/2014 (*DEJT* 21.05.2014).

451. Participação nos lucros e resultados. Rescisão contratual anterior à data da distribuição dos lucros. Pagamento proporcional aos meses trabalhados. Princípio da isonomia. (conversão da orientação jurisprudencial 390 da SBDI-1)

Fere o princípio da isonomia instituir vantagem mediante acordo coletivo ou norma regulamentar que condiciona a percepção da parcela participação nos lucros e resultados ao fato de estar o contrato de trabalho em vigor na data prevista para a distribuição dos lucros. Assim, inclusive na rescisão contratual antecipada, é devido o pagamento da parcela de forma proporcional aos meses trabalhados, pois o ex-empregado concorreu para os resultados positivos da empresa.

- Súmula acrescentada pela Res. TST 194/2014 (*DEJT* 21.05.2014).

452. Diferenças salariais. Plano de cargos e salários. Descumprimento. Critérios de promoção não observados. Pres-

crição parcial. (conversão da orientação jurisprudencial 404 da SBDI-1)
Tratando-se de pedido de pagamento de diferenças salariais decorrentes da inobservância dos critérios de promoção estabelecidos em Plano de Cargos e Salários criado pela empresa, a prescrição aplicável é a parcial, pois a lesão é sucessiva e se renova mês a mês.

- Súmula acrescentada pela Res. TST 194/2014 (*DEJT* 21.05.2014).

453. Adicional de periculosidade. Pagamento espontâneo. Caracterização de fato incontroverso. Desnecessária a perícia de que trata o art. 195 da CLT. (conversão da Orientação Jurisprudencial 406 da SBDI-1)
O pagamento de adicional de periculosidade efetuado por mera liberalidade da empresa, ainda que de forma proporcional ao tempo de exposição ao risco ou em percentual inferior ao máximo legalmente previsto, dispensa a realização da prova técnica exigida pelo art. 195 da CLT, pois torna incontroversa a existência do trabalho em condições perigosas.

- Súmula acrescentada pela Res. TST 194/2014 (*DEJT* 21.05.2014).

454. Competência da Justiça do Trabalho. Execução de ofício. Contribuição social referente ao Seguro de Acidente de Trabalho (SAT). Arts. 114, VIII, e 195, I, *a*, da Constituição da República. (conversão da Orientação Jurisprudencial 414 da SBDI-1)
Compete à Justiça do Trabalho a execução, de ofício, da contribuição referente ao Seguro de Acidente de Trabalho (SAT), que tem natureza de contribuição para a seguridade social (arts. 114, VIII, e 195, I, *a*, da CF), pois se destina ao financiamento de benefícios relativos à incapacidade do empregado decorrente de infortúnio no trabalho (arts. 11 e 22 da Lei 8.212/1991).

- Súmula acrescentada pela Res. TST 194/2014 (*DEJT* 21.05.2014).

455. Equiparação Salarial. Sociedade de economia mista. Art. 37, XIII, da CF/1988. Possibilidade. (conversão da Orientação Jurisprudencial 353 da SBDI-1 com nova redação).
À sociedade de economia mista não se aplica a vedação à equiparação prevista no art. 37, XIII, da CF/1988, pois, ao admitir empregados sob o regime da CLT, equipara-se a empregador privado, conforme disposto no art. 173, § 1º, II, da CF/1988.

- Súmula acrescentada pela Res. TST 194/2014 (*DEJT* 21.05.2014).

456. Representação. Pessoa jurídica. Procuração. Invalidade. Identificação do outorgante e de seu representante (inseridos os itens II e III em decorrência do CPC de 2015)
I – É inválido o instrumento de mandato firmado em nome de pessoa jurídica que não contenha, pelo menos, o nome do outorgante e do signatário da procuração, pois estes dados constituem elementos que os individualizam.
II – Verificada a irregularidade de representação da parte na instância originária, o juiz designará prazo de 5 (cinco) dias para que seja sanado o vício. Descumprida a determinação, extinguirá o processo, sem resolução de mérito, se a providência couber ao reclamante, ou considerará revel o reclamado, se a providência lhe couber (art. 76, § 1º, do CPC de 2015).
III – Caso a irregularidade de representação da parte seja constatada em fase recursal, o relator designará prazo de 5 (cinco) dias para que seja sanado o vício. Descumprida a determinação, o relator não conhecerá do recurso, se a providência couber ao recorrente, ou determinará o desentranhamento das contrarrazões, se a providência couber ao recorrido (art. 76, § 2º, do CPC de 2015).

- Súmula com redação determinada pela Res. TST 211/2016 (*DEJT* 24.08.2016).

457. Honorários periciais. Beneficiário da justiça gratuita. Responsabilidade da União pelo pagamento. Resolução 66/2010 do CSJT. Observância. (conversão da Orientação Jurisprudencial 387 da SBDI-1 com nova redação).
A União é responsável pelo pagamento dos honorários de perito quando a parte sucumbente no objeto da perícia for beneficiária da assistência judiciária gratuita, observado o procedimento disposto nos arts. 1º, 2º e 5º da Resolução 66/2010 do Conselho Superior da Justiça do Trabalho – CSJT.

- Súmula acrescentada pela Res. TST 194/2014 (*DEJT* 21.05.2014).

458. Embargos. Procedimento sumaríssimo. Conhecimento. Recurso interposto após vigência da Lei 11.496, de 22.06.2007, que conferiu nova redação ao art. 894, da CLT. (conversão da Orientação Jurisprudencial 405 da SBDI-1 com nova redação).
Em causas sujeitas ao procedimento sumaríssimo, em que pese a limitação imposta no art. 896, § 6º, da CLT à interposição de recurso de revista, admitem-se os embargos interpostos na vigência da Lei 11.496, de 22.06.2007, que conferiu nova redação ao art. 894 da CLT, quando demonstrada a divergência jurisprudencial entre Turmas do TST, fundada em interpretações diversas acerca da aplicação de mesmo dispositivo constitucional ou de matéria sumulada.

- Súmula acrescentada pela Res. TST 194/2014 (*DEJT* 21.05.2014).

459. Recurso de revista. Nulidade por negativa de prestação jurisdicional. (atualizada em decorrência do CPC de 2015)
O conhecimento do recurso de revista, quanto à preliminar de nulidade, por negativa de prestação jurisdicional, supõe indicação de violação do art. 832 da CLT, do art. 489 do CPC de 2015 (art. 458 do CPC de 1973) ou do art. 93, IX, da CF/1988.

- Súmula com redação determinada pela Res. TST 219/2017 (*DEJT* 28.06.2017).

460. Vale-transporte. Ônus da prova.
É do empregador o ônus de comprovar que o empregado não satisfaz os requisitos indispensáveis para a concessão do vale-transporte ou não pretenda fazer uso do benefício.

- Súmula acrescentada pela Res. TST 209/2016 (*DEJT* 01.06.2016).

461. FGTS. Diferenças. Recolhimento. Ônus da prova.
É do empregador o ônus da prova em relação à regularidade dos depósitos do FGTS, pois o pagamento é fato extintivo do direito do autor (art. 373, II, do CPC de 2015).

- Súmula acrescentada pela Res. TST 209/2016 (*DEJT* 01.06.2016).

462. Multa do art. 477, § 8º, da CLT. Incidência. Reconhecimento judicial da relação de emprego.
A circunstância de a relação de emprego ter sido reconhecida apenas em juízo não tem o condão de afastar a incidência da multa prevista no art. 477, § 8º, da CLT. A referida multa não será devida apenas quando, comprovadamente, o empregado der causa à mora no pagamento das verbas rescisórias.

- Súmula acrescentada pela Res. TST 209/2016 (*DEJT* 01.06.2016).

463. Assistência judiciária gratuita. Comprovação (conversão da Orientação Jurisprudencial 304 da SBDI-I, com alterações decorrentes do CPC de 2015)
I – A partir de 26.06.2017, para a concessão da assistência judiciária gratuita à pessoa natural, basta a declaração de hipossuficiência econômica firmada pela parte ou por seu advogado, desde que munido de procuração com poderes específicos para esse fim (art. 105 do CPC de 2015);
II – No caso de pessoa jurídica, não basta a mera declaração: é necessária a demonstração cabal de impossibilidade de a parte arcar com as despesas do processo.

- Súmula acrescentada pela Res. TST 219/2017 (*DEJT* 28.06.2017).

ORIENTAÇÕES JURISPRUDENCIAIS SDI-I E II, SDC E TRIBUNAL PLENO

ORIENTAÇÕES JURISPRUDENCIAIS DO TRIBUNAL PLENO – TST

1. Precatório. Crédito trabalhista. Pequeno valor. Emenda Constitucional 37/ 2002.
Há dispensa da expedição de precatório, na forma do art. 100, § 3º, da CF/1988, quando a execução contra a Fazenda Pública não exceder os valores definidos, provisoriamente, pela Emenda Constitucional 37/2002, como obrigações de pequeno valor, inexistindo ilegalidade, sob esse prisma, na determinação de sequestro da quantia devida pelo ente público.
2. Precatório. Revisão de cálculos. Limites da competência do Presidente do TRT.

O pedido de revisão dos cálculos, em fase de precatório, previsto no art. 1º-E da Lei 9.494/1997, apenas poderá ser acolhido desde que: a) o requerente aponte e especifique claramente quais são as incorreções existentes nos cálculos, discriminando o montante que seria correto, pois do contrário a incorreção torna-se abstrata; b) o defeito nos cálculos esteja ligado à incorreção material ou à utilização de critério em descompasso com a lei ou com o título executivo judicial; e c) o critério legal aplicável ao débito não tenha sido objeto de debate nem na fase de conhecimento, nem na fase de execução.

3. Precatório. Sequestro. Emenda Constitucional 30/2000. Preterição. ADIn 1662-8. Art. 100, § 2º, da CF/1988.

O sequestro de verbas públicas para satisfação de precatórios trabalhistas só é admitido na hipótese de preterição do direito de precedência do credor, a ela não se equiparando as situações de não inclusão da despesa no orçamento ou de não pagamento do precatório até o final do exercício, quando incluído no orçamento.

- V. art. 100, § 6º, CF.

4. Mandado de segurança. Decisão de TRT. Incompetência originária do Tribunal Superior do Trabalho.

Ao Tribunal Superior do Trabalho não compete apreciar, originariamente, mandado de segurança impetrado em face de decisão de TRT.

5. Recurso Ordinário. Cabimento. (Conversão da Orientação Jurisprudencial 70 da SDI-1)

Não cabe recurso ordinário contra decisão em agravo regimental interposto em reclamação correicional ou em pedido de providência. (ex-OJ 70 – Inserida em 13.09.1994)

- Acrescentada pela Res. TST 129/2005 (*DJU* 20.04.2005).

6. Precatório. Execução. Limitação da condenação imposta pelo título judicial exequendo à data do advento da Lei 8.112, de 11.12.1990.

Em sede de precatório, não configura ofensa à coisa julgada a limitação dos efeitos pecuniários da sentença condenatória ao período anterior ao advento da Lei 8.112, de 11.12.1990, em que o exequente submetia-se à legislação trabalhista, salvo disposição expressa em contrário na decisão exequenda.

7. Juros de mora. Condenação da Fazenda Pública.

I – nas condenações impostas à Fazenda Pública, incidem juros de mora segundo os seguintes critérios:

a) 1% (um por cento) ao mês, até agosto de 2001, nos termos do § 1º do art. 39 da Lei 8.177, de 1.03.1991;

b) 0,5% (meio por cento) ao mês, de setembro de 2001 a junho de 2009, conforme determina o art. 1º-F da Lei 9.494, de 10.09.1997, introduzido pela Medida Provisória 2.180-35, de 24.08.2001.

II – a partir de 30 de junho de 2009, atualizam-se os débitos trabalhistas da Fazenda Pública, mediante a incidência dos índices oficiais de remuneração básica e juros aplicados à caderneta de poupança, por força do art. 5º da Lei 11.960, de 29.06.2009.

III – a adequação do montante da condenação deve observar essa limitação legal, ainda que em sede de precatório.

- Alterada pela Res. TST 175/2011 (*DEJT* 27.05.2011).

8. Precatório. Matéria administrativa. Remessa necessária. Não cabimento.

Em sede de precatório, por se tratar de decisão de natureza administrativa, não se aplica o disposto no art. 1º, V, do Decreto-lei 779, de 21.08.1969, em que se determina a remessa necessária em caso de decisão judicial desfavorável a ente público.

9. Precatório. Pequeno valor. Individualização do crédito apurado. Reclamação trabalhista plúrima. Execução direta contra a Fazenda Pública. Possibilidade.

Tratando-se de reclamações trabalhistas plúrimas, a aferição do que vem a ser obrigação de pequeno valor, para efeito de dispensa de formação de precatório e aplicação do disposto no § 3º do art. 100 da CF/88, deve ser realizada considerando-se os créditos de cada reclamante.

10. Precatório. Processamento e Pagamento. Natureza administrativa. Mandado de Segurança. Cabimento.

É cabível mandado de segurança contra atos praticados pela Presidência dos Tribunais Regionais em precatório em razão de sua natureza administrativa, não se aplicando o disposto no inciso II do art. 5º da Lei 1.533, de 31. 12.1951.

11. Recurso em matéria administrativa. Prazo. Órgão colegiado. Oito dias. Art. 6º da Lei 5.584, de 26.06.1970.

Se não houver norma específica quanto ao prazo para interposição de recurso em matéria administrativa de decisão emanada de órgão Colegiado do Tribunal Regional do Trabalho, aplica-se, por analogia, a regra geral dos prazos adotados na Justiça do Trabalho, ou seja, oito dias, conforme estabelecido no art. 6º da Lei 5.584, de 26.06.1970.

O prazo de 10 (dez) dias a que alude o art. 59 da Lei 9.784, de 29.01.1999, aplica-se somente à interposição de recursos de decisões prolatadas monocraticamente.

12. Precatório. Procedimento de Natureza Administrativa. Incompetência Funcional do Presidente do TRT para Declarar a Inexigibilidade do Título Exequendo.

O Presidente do TRT, em sede de precatório, não tem competência funcional para declarar a inexigibilidade do título judicial exequendo, com fundamento no art. 884, § 5º, da CLT, ante a natureza meramente administrativa do procedimento.

13. Precatório. Quebra da Ordem de Precedência. Não Demonstração da Posição do Exequente na Ordem Cronológica. Sequestro Indevido.

É indevido o sequestro de verbas públicas quando o exequente/requerente não se encontra em primeiro lugar na lista de ordem cronológica para pagamento de precatórios ou quando não demonstrada essa condição.

ORIENTAÇÕES JURISPRUDENCIAIS DA SDI (SUBSEÇÃO I) – TST

1. (Cancelada em decorrência da sua conversão na Orientação Jurisprudencial 110 da SDI-2 – DJU 29.04.03)

Ação rescisória. Réu sindicato. Legitimidade passiva ad causam. Admitida. (Inserida em 25.11.1996)

2. (Cancelada pela Res. TST 148/2008 – DJU 04.07.2008; rep. 08.07.2008.)

Adicional de insalubridade. Base de cálculo. Mesmo na vigência da CF/1988: salário mínimo.

3. (Cancelada em decorrência da sua conversão na Orientação Jurisprudencial Transitória 33 da SDI-1 – Res. TST 129/2005 – *DJU* 20.04.2005.)

Adicional de insalubridade. Base de cálculo, na vigência do Decreto-lei 2.351/1987. Piso nacional de salários. (Inserida em 14.03.94)

4. (Cancelada em decorrência da sua conversão na Súmula 448 – Res. TST 194/2014 – *DEJT* 21.05.2014.)

Adicional de insalubridade. Lixo urbano. Inserida em 25.11.1996

I – Não basta a constatação da insalubridade por meio de laudo pericial para que o empregado tenha direito ao respectivo adicional, sendo necessária a classificação da atividade insalubre na relação oficial elaborada pelo Ministério do Trabalho.

II – A limpeza em residências e escritórios e a respectiva coleta de lixo não podem ser consideradas atividades insalubres, ainda que constatadas por laudo pericial, porque não se encontram dentre as classificadas como lixo urbano na Portaria do Ministério do Trabalho.

5. (Cancelada em decorrência da sua conversão na Súmula 364 – Res. TST 129/2005 – *DJU* 20.04.2005.)

Adicional de periculosidade. Exposição permanente e intermitente. Inflamáveis e/ou explosivos. Direito ao adicional integral. (Inserida em 14.03.94)

6. (Cancelada em decorrência da nova redação conferida à Súmula 60 – Res. TST 129/2005 – *DJU* 20.04.2005.)

Adicional noturno. Prorrogação em horário diurno. (Inserida em 25.11.96)

Cumprida integralmente a jornada no período noturno e prorrogada esta, devido é também o adicional quanto às horas prorrogadas. Exegese do art. 73, § 5º, da CLT.

7. Advogado. Atuação fora da seção da OAB onde o advogado está inscrito. Ausência de comunicação (Lei 4.215/1963, § 2º, art. 56). Infração disciplinar. Não importa nulidade. (Inserida em 29.03.96)

A despeito da norma então prevista no artigo 56, § 2º, da Lei 4.215/1963, a falta de comunicação do advogado à OAB para o exercício profissional em seção diversa daquela na qual tem inscrição não importa nulidade dos atos praticados, constituindo apenas infração disciplinar, que cabe àquela instituição analisar.

- Alterada pela Res. TST 129/2005 (*DJU* 20.04.2005).

8. (Cancelada em decorrência da sua conversão na Súmula 365 – Res. TST 129/2005 – *DJU* 20.04.2005.)

Alçada. Ação rescisória. Não se aplica a alçada em ação rescisória. (Inserida em 01.02.95)

9. (Cancelada em decorrência da redação da Súmula 303 – Res. TST 129/2005 – *DJU* 20.04.2005.)

Alçada. Decisão contrária à entidade pública. Cabível a remessa de ofício. Decreto-lei 779/1969 e Lei 5.584/1970. (Inserida em 07.11.94)

Tratando-se de decisão contrária à entidade pública, cabível a remessa de ofício mesmo de processo de alçada.

10. (Cancelada em decorrência da sua conversão na Súmula 365 – Res. TST 129/2005 – *DJU* 20.04.2005.)

Alçada. Mandado de segurança. (Inserida em 01.02.95)

Não se aplica a alçada em Mandado de Segurança.

11. (Cancelada em decorrência da sua conversão na Súmula 356 – Res. TST 75/1997 – *DJU* 19.12.1997.)

Alçada. Vinculação ao salário mínimo. Recorribilidade. O art. 5º, LV, e o art. 7º, IV, da CF/1988 não revogaram o art. 2º, § 4º, da Lei 5.584/1970.

12. Anistia. Emenda Constitucional 26/85. Efeitos financeiros da promulgação. (Inserida em 03.06.96)

Os efeitos financeiros decorrentes da anistia concedida pela Emenda Constitucional 26/85 contam-se desde a data da sua promulgação.

- Alterada pela Res. TST 129/2005 (*DJU* 20.04.2005).

13. APPA. Decreto-lei 779, de 21.08.1969. Depósito recursal e custas. Não isenção.

A Administração dos Portos de Paranaguá e Antonina – APPA, vinculada à Administração Pública indireta, não é isenta do recolhimento do depósito recursal e do pagamento das custas processuais por não ser beneficiária dos privilégios previstos no Decreto-lei 779, de 21.08.1969, ante o fato de explorar atividade econômica com fins lucrativos, o que descaracteriza sua natureza jurídica, igualando-a às empresas privadas.

- Republicada no *DJE* de 16.11.2010.

14. Aviso-prévio cumprido em casa. Verbas rescisórias. Prazo para pagamento. (Art. 477, § 6º, *b*, da CLT). (Inserida em 25.11.96)

Em caso de aviso-prévio cumprido em casa, o prazo para pagamento das verbas rescisórias é até o décimo dia da notificação de despedida.

- Alterada pela Res. TST 129/2005 (*DJU* 20.04.2005).

15. (Cancelada em decorrência da nova redação conferida à Súmula 102 – Res. TST 129/2005 – *DJU* 20.04.2005.)

Bancário. Gratificação de função superior a 1/3 e inferior ao valor constante de norma coletiva. Inexistência de direito às 7ª e 8ª horas. Direito à diferença do adicional, se e quando pleiteada. (Inserida em 14.03.94)

16. Banco do Brasil. ACP. Adicional de caráter pessoal. Indevido. (Inserida em 13.02.95)

A isonomia de vencimentos entre servidores do Banco Central do Brasil e do Banco do Brasil, decorrente de sentença normativa, alcançou apenas os vencimentos e vantagens de caráter permanente. Dado o caráter personalíssimo do Adicional de Caráter Pessoal – ACP e não integrando a remuneração dos funcionários do Banco do Brasil, não foi ele contemplado na decisão normativa para efeitos de equiparação à tabela de vencimentos do Banco Central do Brasil.

- Alterada pela Res. TST 129/2005 (*DJU* 20.04.2005).

17. Banco do Brasil. AP e ADI.

Os adicionais AP, ADI ou AFR, somados ou considerados isoladamente, sendo equivalentes a 1/3 do salário do cargo efetivo (art. 224, § 2º, da CLT), excluem o empregado ocupante de cargo de confiança do Banco do Brasil da jornada de 6 (seis) horas.

18. Complementação de aposentadoria. Banco do Brasil. (redação do item I alterada em decorrência do julgamento dos processos TST-IUJ E-ED-RR-301900-52.2005.5.09.0661 e ERR 119900-56.1999.5.04.0751)

I – O valor das horas extras integra a remuneração do empregado para o cálculo da complementação de aposentadoria, desde que sobre ele incida a contribuição à Caixa de Previdência dos Funcionários do Banco do Brasil – PREVI, observado o respectivo regulamento no tocante à integração.

II – Os adicionais AP e ADI não integram o cálculo para a apuração do teto da complementação de aposentadoria; (ex-OJ 21 da SDI-1 – inserida em 13.02.1995)

III – No cálculo da complementação de aposentadoria deve-se observar a média trienal; (ex-OJs 19 e 289 ambas da SDI-1 – inseridas respectivamente em 05.06.1995 e 11.08.2003)

IV – A complementação de aposentadoria proporcional aos anos de serviço prestados exclusivamente ao Banco do Brasil somente se verifica a partir da Circular Funci 436/63; (ex-OJ 20 da SDI-1 – inserida em 13.02.1995)

V – O telex DIREC do Banco do Brasil 5003/1987 não assegura a complementação de aposentadoria integral, porque não aprovado pelo órgão competente ao qual a instituição se subordina. (ex-OJ 136 da SDI-1 – inserida em 27.11.1998)

- Alterada pela Res. TST 175/2011 (DEJT 27.05.2011).

19. (Cancelada em decorrência da sua incorporação à nova redação conferida à Orientação Jurisprudencial 18 da SDI-1 – Res. TST 129/2005 – *DJU* 20.04.2005.)

Banco do Brasil. Complementação de aposentadoria. Média trienal. (Inserida em 05.06.95)

20. (Cancelada em decorrência da sua incorporação à nova redação conferida à Orientação Jurisprudencial 18 da SDI-1 – Res. TST 129/2005 – *DJU* 20.04.2005.)

Banco do Brasil. Complementação de aposentadoria. Proporcionalidade somente a partir da Circ. FUNCI 436/1963. (Inserida em 13.02.95)

21. (Cancelada em decorrência da sua incorporação à nova redação conferida à Orientação Jurisprudencial 18 da SDI-1 – Res. TST 129/2005 – *DJU* 20.04.2005.)

Banco do Brasil. Complementação de aposentadoria. Teto. Cálculo. AP e ADI. Não integração. (Inserida em 13.02.95)

22. (Cancelada em decorrência da sua conversão na Orientação Jurisprudencial Transitória 34 da SDI-1 – Res. TST 129/2005 – *DJU* 20.04.2005.)

BRDE. Entidade autárquica de natureza bancária. Lei 4.594/1964, art. 17. Res. BACEN 469/1970, art. 8º. CLT, art. 224, § 2º. CF, art. 173, § 1º. (Inserida em 14.03.94)

23. (Cancelada em decorrência da sua conversão na Súmula 366 – Res. TST 129/2005 – *DJU* 20.04.2005.)

Cartão de ponto. Registro. (Inserida em 03.06.96)

Não é devido o pagamento de horas extras relativamente aos dias em que o excesso de jornada não ultrapassa de cinco minutos antes e/ou após a duração normal do trabalho. (Se ultrapassado o referido limite, como extra será considerada a totalidade do tempo que exceder a jornada normal).

24. (Cancelada em decorrência da sua conversão na Súmula 367 – Res. TST 129/2005 – *DJU* 20.04.2005.)

Cigarro não é salário-utilidade. (Inserida em 29.03.96)

25. (Cancelada em decorrência da nova redação conferida à Súmula 339 – Res. TST 129/2005 – *DJU* 20.04.2005.)

CIPA. Suplente. Antes da CF/1988. Não tem direito à estabilidade. (Inserida em 29.03.96)

26. Competência da Justiça do Trabalho. Complementação de pensão requerida por viúva de ex-empregado. (Inserida em 01.02.95)

A Justiça do Trabalho é competente para apreciar pedido de complementação de pensão postulada por viúva de ex-empregado, por se tratar de pedido que deriva do contrato de trabalho.

- Alterada pela Res. TST 129/2005 (*DJU* 20.04.2005).

27. CONAB. Estabilidade concedida por norma interna. Não assegurada. Aviso DIREH 2/84. (Convertido no Enunciado 355 – Res. 72/97, *DJU* 03.07.1997).

28. Correção monetária sobre as diferenças salariais. Universidades federais. Devida. Lei 7.596/1987. (Inserida em 14.03.94)

Incide correção monetária sobre as diferenças salariais dos servidores das universidades federais, decorrentes da aplicação retroativa dos efeitos financeiros assegurados pela Lei 7.596/87, pois a correção monetária tem como escopo único minimizar a desvalorização da moeda em decorrência da corrosão inflacionária.

- Alterada pela Res. TST 129/2005 (*DJU* 20.04.2005).

29. (Cancelada em decorrência da sua conversão na Orientação Jurisprudencial 148 da SDI-2 – Res. TST 129/2005 – *DJU* 20.04.2005.)

Custas. Mandado de segurança. Recurso ordinário. Exigência do pagamento. (Inserida em 03.06.96)

30. Custas. Momento da comprovação. O prazo para comprovação. (Convertido no Enunciado 352 – Res. 69/1997 – *DJ* 30.05.1997).

31. (Cancelada em decorrência da nova redação conferida à Súmula 86 – Res. TST 129/2005 – *DJU* 20.04.2005.)

Depósito recursal e custas. Empresa em liquidação extrajudicial. Enunciado 86. Não pertinência. (Inserida em 14.03.94)

32. (Cancelada em decorrência da sua conversão na Súmula 368 – Res. TST 129/2005 – *DJU* 20.04.2005.)

Descontos legais. Sentenças trabalhistas. Contribuição previdenciária e imposto de renda. Devidos. Provimento CGJT 3/1984. (Inserida em 14.03.94)

33. Deserção. Custas. Carimbo do banco. Validade.

O carimbo do banco recebedor na guia de comprovação do recolhimento das custas supre a ausência de autenticação mecânica.

34. (Cancelada em decorrência da sua conversão na Súmula 369 – Res. TST 129/2005 – *DJU* 20.04.2005.)

Dirigente sindical. Estabilidade provisória. (Inserida em 29.04.94)

É indispensável a comunicação, pela entidade sindical, ao empregador, na forma do § 5º, do art. 543, da CLT.

35. (Cancelada em decorrência da sua conversão na Súmula 369 – Res. TST 129/2005 – *DJU* 20.04.2005.)

Dirigente sindical. Registro de candidatura no curso do aviso-prévio. Não tem direito à estabilidade provisória (art. 543, § 3º, CLT). (Inserida em 14.03.94)

36. Instrumento normativo. Cópia não autenticada. Documento comum às partes. Validade. (Inserida em 25.11.96)

O instrumento normativo em cópia não autenticada possui valor probante, desde que não haja impugnação ao seu conteúdo, eis que se trata de documento comum às partes.

- Alterada pela Res. TST 129/2005 (*DJU* 20.04.2005).

37. (Cancelada em decorrência da nova redação conferida à Súmula 296 – Res. TST 129/2005 – *DJU* 20.04.2005.)

Embargos. Violação do art. 896 da CLT. (Inserida em 01.02.95)

Não ofende o art. 896, da CLT, decisão de turma que, examinando premissas concretas de especificidade da divergência colacionada no apelo revisional, conclui pelo conhecimento ou desconhecimento do recurso.

38. Empregado que exerce atividade rural. Empresa de reflorestamento. Prescrição própria do rurícola. (Lei 5.889, de 08.06.1973, art. 10, e Decreto 73.626, de 12.02.1974, art. 2º, § 4º).

O empregado que trabalha em empresa de reflorestamento, cuja atividade está diretamente ligada ao manuseio da terra e de matéria-prima, é rurícola e não industriário, nos termos do Decreto 73.626, de 12.02.1974, art. 2º, § 4º, pouco importando que o fruto de seu trabalho seja destinado à indústria. Assim, aplica-se a prescrição própria dos rurícolas aos direitos desses empregados.

- Republicada no *DJE* de 16.11.2010.

39. (Cancelada em decorrência da sua conversão na Súmula 370 – Res. TST 129/2005 – *DJU* 20.04.2005.)

Engenheiro. Jornada de trabalho. Lei 4.950/ 1966. (Inserida em 07.11.94)

A Lei 4.950/1966 não estipula a jornada reduzida para os engenheiros, mas apenas estabelece o salário mínimo da categoria para uma jornada de seis horas. Não há que se falar em horas extras, salvo as excedentes à 8ª, desde que seja respeitado o salário mínimo/horário da categoria.

40. (Cancelada em decorrência da sua conversão na Súmula 371 – Res. TST 129/2005 – *DJU* 20.04.2005.)

Estabilidade. Aquisição no período do aviso-prévio. Não reconhecida. (Inserida em 28.11.95)

A projeção do contrato de trabalho para o futuro, pela concessão do aviso-prévio indenizado, tem efeitos limitados às vantagens econômicas obtidas no período de pré-aviso, ou seja, salários, reflexos e verbas rescisórias.

41. Estabilidade. Instrumento normativo. Vigência. Eficácia.

Preenchidos todos os pressupostos para a aquisição de estabilidade decorrente de acidente ou doença profissional, ainda durante a vigência do instrumento normativo, goza o empregado de estabilidade mesmo após o término da vigência deste.

42. FGTS. Multa de 40%. Inserida em 25.11.96 (nova redação em decorrência da incorporação das Orientações Jurisprudenciais 107 e 254 da SDI-1)

I – É devida a multa do FGTS sobre os saques corrigidos monetariamente ocorridos na vigência do contrato de trabalho. Art. 18, § 1º, da Lei 8.036/1990 e art. 9º, § 1º, do Decreto 99.684/1990. (ex-OJ 107 da SDI-1 – inserida em 01.10.97)

II – O cálculo da multa de 40% (quarenta por cento) do FGTS deverá ser feito com base no saldo da conta vinculada na data do efetivo pagamento das verbas rescisórias, desconsiderada a projeção do aviso-prévio indenizado, por ausência de previsão legal. (ex-OJ 254 da SDI-1 – inserida em 13.03.02)

- Alterada pela Res. TST 129/2005 (*DJU* 20.04.2005).

43. Conversão de salários de cruzeiros para cruzados. Decreto-lei 2.284/1986. (Inserida em 07.11.94)

A conversão de salários de cruzeiros para cruzados, nos termos do Decreto-lei 2.284/1986, não afronta direito adquirido dos empregados.

- Alterada pela Res. TST 129/2005 (*DJU* 20.04.2005).

44. Gestante. Salário-maternidade.

É devido o salário-maternidade, de 120 dias, desde a promulgação da CF/1988, ficando a cargo do empregador o pagamento do período acrescido pela Carta.

45. (Cancelada em decorrência da sua conversão na Súmula 372 – Res. TST 129/2005 – *DJU* 20.04.2005.)

Gratificação de função percebida por dez ou mais anos. Afastamento do cargo de confiança sem justo motivo. Estabilidade financeira. Manutenção do pagamento. (Inserida em 25.11. 96)

46. (Cancelada em decorrência da sua conversão na Súmula 373 – Res. TST 129/2005 – *DJU* 20.04.2005.)

Gratificação semestral. Congelamento. Prescrição parcial. (Inserida em 29.03.96)

47. Hora extra. Adicional de insalubridade. Base de cálculo.

A base de cálculo da hora extra é o resultado da soma do salário contratual mais o adicional de insalubridade.

- Alterada pela Res. TST 148/2008 (*DJU* 04.07.2008; rep. 08.07.2008).

48. (Cancelada em decorrência da nova redação conferida à Súmula 199 – Res. TST 129/2005 – *DJU* 20.04.2005.)

Horas extras pactuadas após a admissão do bancário não configura pré-contratação. Enunciado 199. Inaplicável. (Inserida em 25.11.96)

49. (Cancelada em decorrência da sua conversão na Súmula 428 do TST – Res. TST 175/2011 – *DEJT* 27.05.2011.)

Horas extras. Uso do BIP. Não caracterizado o "sobreaviso". (Inserida em 01.02.95)

O uso do aparelho BIP pelo empregado, por si só, não caracteriza o regime de sobreaviso, uma vez que o empregado não permanece em sua residência aguardando, a qualquer momento, convocação para o serviço.

50. (Cancelada em decorrência da nova redação conferida à Súmula 90 – Res. TST 129/2005 – *DJU* 20.04.2005.)

Horas *in itinere*. Incompatibilidade de horários. Devidas. Aplicável o Enunciado 90. (Inserida em 01.02.95)

51. Legislação eleitoral. Empresas públicas e sociedades de economia mista.

Aos empregados das empresas públicas e das sociedades de economia mista regidos pela CLT aplicam-se as vedações dispostas no art. 15 da Lei 7.773, de 08.06.1989.

- Republicada no *DJE* de 16.11.2010.

52. (Cancelada em decorrência da conversão na Súmula 436 – Res. TST 186/2012 – *DEJT* 25.09.2012)

Mandato. Procurador da união, estados, municípios e distrito federal, suas autarquias e fundações públicas. Dispensável a juntada de procuração. (Lei 9.469, de 10 de julho de 1997).A União, Estados, Municípios e Distrito Federal, suas autarquias e fundações públicas quando representadas em juízo, ativa e passivamente, por seus procuradores, estão dispensadas da juntada de instrumento de mandato.

53. (Cancelada em decorrência da sua conversão na Súmula 370 – Res. TST 129/2005 – *DJU* 20.04.2005.)

Médico. Jornada de trabalho. Lei 3.999/1961. (Inserida em 29.04.94)

A Lei 3.999/1961 não estipula a jornada reduzida para os médicos, mas apenas estabelece o salário mínimo da categoria para uma jornada de quatro horas. Não há que se falar em horas extras, salvo as excedentes à 8ª, desde que seja respeitado o salário mínimo/horário da categoria.

54. Multa. Cláusula penal. Valor superior ao principal. (Inserida em 30.05.94)

O valor da multa estipulada em cláusula penal, ainda que diária, não poderá ser superior à obrigação principal corrigida, em virtude da aplicação do artigo 412 do Código Civil de 2002 (art. 920 do Código Civil de 1916).

- Alterada pela Res. TST 129/2005 (*DJU* 20.04.2005).

55. (Cancelada em decorrência da sua conversão na Súmula 374 – Res. TST 129/2005 – *DJU* 20.04.2005.)

Norma coletiva. Categoria diferenciada. Abrangência. (Inserida em 25.11.96)

Empregado integrante de categoria profissional diferenciada não tem o direito de haver de seu empregador vantagens previstas em instrumento coletivo no qual a empresa não foi representada por órgão de classe de sua categoria.

56. Nossa Caixa Nosso Banco (Caixa Econômica do Estado de São Paulo). Regulamento. Gratificação especial e/ou anuênios.

Direito reconhecido apenas àqueles empregados que tinham 25 anos de efetivo exercício prestados exclusivamente à caixa.

57. PCCS. Devido o reajuste do adiantamento. Lei 7.686/1988, art. 1º. (Inserida em 14.03.94)

É devido o reajuste da parcela denominada "adiantamento do PCCS", conforme a redação do art. 1º da Lei 7.686/1988.

- Alterada pela Res. TST 129/2005 (*DJU* 20.04.2005).

58. Plano Bresser. IPC jun/1987. Inexistência de direito adquirido. (Inserida em 10.03.95)

Inexiste direito adquirido ao IPC de junho de 1987 (Plano Bresser), em face da edição do Decreto-lei 2.335/1987.

- Alterada pela Res. TST 129/2005 (*DJU* 20.04.2005).

59. Plano Verão. URP de fevereiro de 1989. Inexistência de direito adquirido. (Inserida em 13.02.95)

Inexiste direito adquirido à URP de fevereiro de 1989 (Plano Verão), em face da edição da Lei 7.730/1989.

- Alterada pela Res. TST 129/2005 (*DJU* 20.04.2005).

60. Portuários. Hora noturna. Horas extras. (Lei 4.860/1965, arts. 4º e 7º, § 5º). Inserida em 28.11.95 (nova redação em decorrência da incorporação da Orientação Jurisprudencial 61 da SDI-1)

I – A hora noturna no regime de trabalho no porto, compreendida entre dezenove horas e sete horas do dia seguinte, é de sessenta minutos.

II – Para o cálculo das horas extras prestadas pelos trabalhadores portuários, observar-se-á somente o salário básico percebido, excluídos os adicionais de risco e produtividade. (ex-OJ 61 da SDI-1 – inserida em 14.03.94)

- Alterada pela Res. TST 129/2005 (*DJU* 20.04.2005).

61. (Cancelada em decorrência da sua incorporação à nova redação da Orientação Jurisprudencial 60 da SDI-1 – Res. TST 129/2005 – *DJU* 20.04.2005.)

Portuários. Horas extras. Base de cálculo: ordenado sem o acréscimo dos adicionais de risco e de produtividade. Lei 4.860/1965, art. 7º, § 5º. (Inserida em 14.03.94)

62. Prequestionamento. Pressuposto de admissibilidade em apelo de natureza extraordinária. Necessidade, ainda que se trate de incompetência absoluta.

É necessário o prequestionamento como pressuposto de admissibilidade em recurso de natureza extraordinária, ainda que se trate de incompetência absoluta.

- Republicada no *DJE* de 16.11.2010 e 23.11.2010.

63. (Cancelada em decorrência da nova redação conferida à Súmula 199 – Res. TST 129/2005 – *DJU* 20.04.2005.)

Prescrição total. Horas extras. Pré-contratadas e suprimidas. Termo inicial. Data da supressão. (Inserida em 14.03.94)

64. (Cancelada em decorrência da nova redação conferida à Súmula 239 – Res. TST 129/2005 – *DJU* 20.04.2005.)

PROBAM. Enunciado 239. Inaplicável. Não são bancários seus empregados. (Inserida em 13.09.94)

65. Professor adjunto. Ingresso no cargo de professor titular. Exigência de concurso público não afastada pela Constituição Federal de 1988 (CF/1988, arts. 37, II, e 206, V). (Inserida em 30.05.94)

O acesso de professor adjunto ao cargo de professor titular só pode ser efetivado por meio de concurso público, conforme dispõem os arts. 37, inciso II, e 206, inciso V, da CF/88.

- Alterada pela Res. TST 129/2005 (*DJU* 20.04.2005).

66. Professor. Repouso semanal remunerado. Lei 605/1949, art. 7º, § 2º.

No salário do professor percebido com base no valor da hora/aula não está inserido o repouso semanal remunerado. (Convertido no Enunciado 351 – Res. 68/1997 – *DJ* 30.05. 97.)

67. (Cancelada em decorrência da sua conversão na Súmula 358.)

Radiologista. Salário profissional.

O salário profissional dos técnicos em radiologia é igual a dois salários mínimos e não a quatro (Lei 7.394/1985).

68. (Cancelada em decorrência da sua conversão na Orientação Jurisprudencial Transitória 35 da SDI-1 – Res. TST 129/2005 – *DJU* 20.04.2005.)

Reajustes salariais. Bimestrais e quadrimestrais (Lei 8.222/1991). Simultaneidade inviável. (Inserida em 28.11. 95)

69. (Cancelada em decorrência da sua conversão na Súmula 375 – Res. TST 129/2005 – *DJU* 20.04.2005.)

Reajustes salariais previstos em norma coletiva. Prevalência dos Decretos-leis 2.283/1986 e 2.284/1986. "Plano Cruzado". (Inserida em 14.03.94)

70. (Cancelada em decorrência da sua conversão na Orientação Jurisprudencial 5 do Tribunal Pleno – Res. TST 129/2005 – *DJU* 20.04.2005.)

Recurso ordinário. Cabimento. (Inserida em 13.09.94)

Não cabe recurso ordinário contra decisão de agravo regimental interposto em reclamação correicional.

71. (Cancelada em decorrência da nova redação conferida à Súmula 303 – Res. TST 129/2005 – *DJU* 20.04.2005.)

Remessa *ex officio*. Ação rescisória. Decisões contrárias a entes públicos (art. 1º, inc. V, do Decreto-lei 779/1969 e inc. II, do art. 475, do CPC). Cabível. (Inserida em 03.06.96)

72. (Cancelada em decorrência da nova redação conferida à Súmula 303 – Res. TST 129/2005 – *DJU* 20.04.2005.)

Remessa *ex officio*. Mandado de segurança concedido. Impetrante e terceiro interessado pessoas de direito privado. Incabível, ressalvadas as hipóteses de matéria administrativa, de competência do órgão especial. (Inserida em 25.11.96)

73. (Cancelada em decorrência da nova redação conferida à Súmula 303 – Res. TST 129/2005 – *DJU* 20.04.2005.)

Remessa *ex officio*. Mandado de segurança. Incabível. Decisões proferidas pelo TRT e favoráveis ao impetrante ente público. Inaplicabilidade do art. 12 da Lei 1.533/1951. (Inserida em 03.06.96)

74. (Cancelada em decorrência da nova redação conferida à Súmula 122 – Res. TST 129/2005 – *DJU* 20.04.2005.)

Revelia. Ausência da reclamada. Comparecimento de advogado. (Inserida em 25.11.96)

A reclamada, ausente à audiência em que deveria apresentar defesa, é revel, ainda que presente seu advogado munido de procuração.

75. Substabelecimento sem o reconhecimento de firma do substabelecente. Inválido (anterior à Lei 8.952/1994). (Inserida em 01.02.95)

Não produz efeitos jurídicos recurso subscrito por advogado com poderes conferidos em substabelecimento em que não consta o reconhecimento de firma do outorgante. Entendimento aplicável antes do advento da Lei 8.952/1994.

- Alterada pela Res. TST 129/2005 (*DJU* 20.04.2005).

76. Substituição dos avanços trienais por quinquênios. Alteração do contrato de trabalho. Prescrição total. CEEE. (Inserida em 14.03.94)

A alteração contratual consubstanciada na substituição dos avanços trienais por quinquênios decorre de ato único do empregador, momento em que começa a fluir o prazo fatal de prescrição.

- Alterada pela Res. TST 129/2005 (*DJU* 20.04.2005).

77. (Cancelada em decorrência da sua conversão na Súmula 357 – Res. TST 76/1997 – *DJU* 19.12.1997.)

Testemunha que move ação contra a mesma reclamada e/ou com o mesmo objeto. Não há suspeição.

78. (Cancelada em decorrência da sua conversão na Súmula 360 – Res. TST 79/1997 – *DJU* 13.01.1998.)

Turnos ininterruptos de revezamento. Jornada de seis horas. A interrupção do trabalho dentro de cada turno ou semanalmente não afasta a aplicação do art. 7º, XIV, da CF/1988.

79. URPs de abril e maio de 1988. Decreto-lei 2.425/1988.

Existência de direito apenas ao reajuste de 7/30 (sete trinta avos) de 16,19% (dezesseis inteiros e dezenove décimos por cento), a ser calculado sobre o salário de março e incidente sobre o salário dos meses de abril e maio, não cumulativamente, corrigidos desde a época própria até a data do efetivo pagamento.

- Alterada em decorrência do julgamento do Proc. 573062/1999, certidão de julgamento (*DJU* 14.06.2005).

80. (Cancelada em decorrência da sua conversão na Orientação Jurisprudencial 110 da SDI-2 – *DJU* 29.04.2003.)

Ação rescisória. Réu sindicato. Substituto processual na ação originária. Inexistência de litisconsórcio passivo necessário. Quando o sindicato é réu na ação rescisória, por ter sido autor, como substituto processual na ação originária, é desnecessária a citação dos substituídos.

81. (Cancelada em decorrência da sua conversão na Súmula 394 – Res. TST 129/2005 – *DJU* 20.04.2005.)

Art. 462, do CPC. Fato superveniente. (Inserida em 28.04.97)

É aplicável de ofício aos processos em curso em qualquer instância trabalhista.

82. Aviso-prévio. Baixa na CTPS.

A data de saída a ser anotada na CTPS deve corresponder à do término do prazo do aviso-prévio, ainda que indenizado.

83. Aviso-prévio. Prescrição.

Começa a fluir no final da data do término do aviso-prévio. Art. 487, § 1º, CLT.

84. (Cancelada pela Res. TST 186/2012 – *DEJT* 25.09.2012)

Aviso prévio. Proporcionalidade.

A proporcionalidade do aviso-prévio, com base no tempo de serviço, depende da legislação regulamentadora, visto que o art. 7º, inc. XXI, da CF/1988 não é autoaplicável.

85. (Cancelada em decorrência da sua conversão na Súmula 363 – Res. TST 97/2000 – *DJU* 18.09.2000; rep. 13.10.2000.)

Contrato nulo. Efeitos. Devido apenas o equivalente aos salários dos dias trabalhados.

A contratação de servidor público, após a CF/1988, sem prévia aprovação em concurso público, encontra óbice no art. 37, II, da CF/1988, sendo nula de pleno direito, não gerando nenhum efeito trabalhista, salvo quanto ao pagamento do equivalente aos salários dos dias efetivamente trabalhados.

86. (Cancelada em decorrência da sua conversão na Súmula 369 – Res. TST 129/2005 – *DJU* 20.04.2005.)

Dirigente sindical. Extinção da atividade empresarial no âmbito da base territorial do sindicato. Insubsistência da estabilidade. (Inserida em 28.04. 97)

87. Entidade Pública. Exploração de Atividade Eminentemente Econômica. Execução. Art. 883 da CLT.

É direta a execução contra a APPA e MINASCAIXA (§ 1º do art. 173, da CF/88).

- Alterado pelo TST em 06.04.2004 (*DJU* 16.04.2004).

88. (Cancelada em decorrência da nova redação conferida à Súmula 244 – Res. TST 129/2005 – *DJU* 20.04.2005.)

Gestante. Estabilidade provisória. (Inserida em 28.04.97, alterado *DJ* 16.04.04 e republicado *DJ* 04.05.04)

O desconhecimento do estado gravídico pelo empregador não afasta o direito ao pagamento da indenização decorrente da estabilidade (art. 10, II, *b*, ADCT).

89. (Cancelada em decorrência da sua conversão na Súmula 376 – Res. TST 129/2005 – *DJU* 20.04.2005.)

Horas extras. Reflexos. (Inserida em 28.04.97)

O valor das horas extras habitualmente prestadas integra o cálculo dos haveres trabalhistas, independentemente da limitação prevista no *caput* do art. 59 da CLT.

90. (Cancelada em decorrência da nova redação conferida ao art. 897 da CLT pela Lei 9.756/98 – Res. TST 129/2005 – *DJU* 20.04.2005.)

Agravo de instrumento. Traslado. Não exigência de certidão de publicação do acórdão regional. Res. 52/1996 – Instrução Normativa 6/1996. (Inserida em 30.05.97)

Quando o despacho denegatório de processamento de recurso de revista não se fundou na intempestividade deste, não é necessário o traslado da certidão de publicação do acórdão regional.

91. Anistia. Art. 8º, § 1º, ADCT. Efeitos financeiros. ECT.

- ROAR 105.608/1994, SDI – Plena.

Em 19.05.1997, a SDI-Plena decidiu, pelo voto prevalente do Exmo. Sr. Presidente, que os efeitos financeiros da readmissão do empregado anistiado serão contados a partir do momento em que este manifestou o desejo de retornar ao trabalho e, na ausência de prova, da data do ajuizamento da ação.

92. Desmembramento de municípios. Responsabilidade trabalhista.

Em caso de criação de novo município, por desmembramento, cada uma das novas entidades responsabiliza-se pelos direitos trabalhistas do empregado no período em que figurarem como real empregador.

93. (Cancelada em decorrência da redação da Súmula 146 conferida pela Res. 121/03 – *DJ* 21.11.2003 – Res. TST 129/2005 – *DJU* 20.04.2005.)

Domingos e feriados trabalhados e não compensados. Aplicação do Enunciado 146. (Inserida em 30.05.97)

O trabalho prestado em domingos e feriados não compensados deve ser pago em dobro sem prejuízo da remuneração relativa ao repouso semanal.

94. (Cancelada em decorrência da nova redação conferida à Súmula 221 – Res. TST 129/2005 – *DJU* 20.04.2005.)

Embargos. Exigência. Indicação expressa do dispositivo legal tido como violado. (Inserida em 30.05.97)

- ERR 164691/1995, SDI-Plena.

Em 19.05.1997, a SDI-Plena decidiu, por maioria, que não se conhece de revista (896, *c*) e de embargos (894, *b*) por violação legal ou constitucional quando o recorrente não indica expressamente o dispositivo de lei ou da Constituição tido como violado.

95. Embargos para SDI. Divergência entre a mesma turma. Inservível.

- ERR 125320/1994, SDI-Plena.

Em 19.05.1997, a SDI-Plena, por maioria, decidiu que acórdãos oriundos da mesma turma, embora divergentes, não fundamentam divergência jurisprudencial de que trata a alínea *b* do art. 894 da Consolidação das Leis do Trabalho para embargos à Sessão Especializada em Dissídios Individuais, Subseção I.

96. (Cancelada em decorrência da redação da Súmula 159 conferida pela Res. 121/03 – *DJ* 21.11.2003 – Res. TST 129/2005 – *DJU* 20.04.2005.)

Férias. Salário substituição. Devido. Aplicação do Enunciado 159. (Inserida em 30.05.97)

97. Horas extras. Adicional noturno. Base de cálculo.

O adicional noturno integra a base de cálculo das horas extras prestadas no período noturno.

98. (Cancelada em decorrência da sua conversão na Orientação Jurisprudencial Transitória 36 da SDI-1 – Res. TST 129/2005 – *DJU* 20.04.2005.)

Horas *in itinere*. Tempo gasto entre a portaria da empresa e o local do serviço. Devidas. AÇOMINAS. (Inserida em 30.05.97)

99. (Cancelada em decorrência da sua conversão na Súmula 377 – Res. TST 129/2005 – *DJU* 20.04.2005.)

Preposto. Exigência da condição de empregado. (Inserida em 30.05.97)

Exceto quanto à reclamação de empregado doméstico, o preposto deve ser necessariamente empregado do reclamado. Inteligência do art. 843, § 1º, da CLT.

100. Salário. Reajuste. Entes públicos. (Inserida em 30.05.97)

Os reajustes salariais previstos em legislação federal devem ser observados pelos Estados-membros, suas Autarquias e Fundações Públicas nas relações contratuais trabalhistas que mantiverem com seus empregados.

- Alterada pela Res. TST 129/2005 (*DJU* 20.04.2005).

101. (Cancelada em decorrência da nova redação da Súmula 28 conferida pela Res. 121/03, *DJ* 21.11.2003 – Res. TST 129/2005 – *DJU* 20.04.2005.)

Reintegração convertida em indenização dobrada. Efeitos. Aplicação do Enunciado 28. (Inserida em 30.05.97)

- AGERR 100357/1993, SDI-Plena.

Em 19.05.1997, a SDI-Plena, por maioria, decidiu que o direito à percepção de salários vencidos e vincendos decorrentes da condenação ao pagamento de indenização dobrada é assegurado até a data da primeira decisão que converteu a reintegração em indenização dobrada.

102. (Cancelada em decorrência da nova redação conferida à Súmula 139 – Res. TST 129/2005 – *DJU* 20.04.2005.)

Adicional de insalubridade. Integração na remuneração. (Inserida em 01.10.97)

Enquanto percebido, o adicional de insalubridade integra a remuneração para todos os efeitos legais.

103. Adicional de insalubridade. Repouso semanal e feriados. (Inserida em 01.10.97)

O adicional de insalubridade já remunera os dias de repouso semanal e feriados.

- Alterada pela Res. TST 129/2005 (*DJU* 20.04.2005).

104. (Cancelada em decorrência da sua incorporação à nova redação da Súmula 25 – Res. TST 197/2015 – DEJT 14.05.2015.)

Custas. Condenação acrescida. Inexistência de deserção quando as custas não são expressamente calculadas e não há intimação da parte para o preparo do recurso, devendo, então, ser as custas pagas ao final (redação alterada na sessão do Tribunal Pleno realizada em 17.11.2008)

Não caracteriza deserção a hipótese em que, acrescido o valor da condenação, não houve fixação ou cálculo do valor devido a título de custas e tampouco intimação da parte para o preparo do recurso, devendo, pois, as custas ser pagas ao final.

105. (Cancelada em decorrência da sua conversão na Súmula 378 – Res. TST 129/2005 – *DJU* 20.04.2005.)

Estabilidade provisória. Acidente de trabalho. É constitucional o art. 118, da Lei 8.213/1991. (Inserida em 01.10.97)

106. (Cancelada em decorrência da sua conversão na Súmula 396 – Res. TST 129/2005 – *DJU* 20.04.2005.)

Estabilidade provisória. Pedido de reintegração. Concessão do salário relativo ao período de estabilidade já exaurido. Inexistência de julgamento *extra petita*. (Inserida em 01.10.97)

107. (Cancelada em decorrência da sua incorporação à nova redação na Orientação Jurisprudencial 42 da SDI-1 – Res. TST 129/2005 – *DJU* 20.04.2005.)

FGTS. Multa de 40%. Saques. Atualização monetária. Incidência. (Inserida em 01.10.97)

A multa de 40% (quarenta por cento) a que se refere o art. 9º, § 1º, do Decreto 99.684/1990, incide sobre os saques, corrigidos monetariamente.

108. (Cancelada em decorrência da sua conversão na Súmula 395 – Res. TST 129/2005 – *DJU* 20.04.2005.)

Mandato expresso. Ausência de poderes para substabelecer. Válidos os atos praticados pelo substabelecido. (Art. 1.300, §§ 1º e 2º do CCB). (Inserida em 01.10.97)

- Refere-se ao CC/1916.
- V. art. 667, CC/2002.

109. (Cancelada em decorrência da sua conversão na Orientação Jurisprudencial Transitória 37 da SDI-1 – Res. TST 129/2005 – *DJU* 20.04.2005.)

MINASCAIXA. Legitimidade passiva *ad causam* enquanto não concluído o procedimento de liquidação extrajudicial. (Inserida em 01.10.97)

110. (Cancelada em decorrência do CPC de 2015 – Res. TST 212/2016 – *DEJT* 20.09.2016.)

Representação irregular. Procuração apenas nos autos de agravo de instrumento. A existência de instrumento de mandato apenas nos autos de agravo de instrumento, ainda que em apenso, não legitima a atuação de advogado nos processos de que se originou o agravo.

111. Recurso de revista. Divergência jurisprudencial. Aresto oriundo do mesmo Tribunal Regional. Lei 9.756/1998. Inservível ao conhecimento.

Não é servível ao conhecimento de recurso de revista aresto oriundo de mesmo Tribunal Regional do Trabalho, salvo se o recurso houver sido interposto anteriormente à vigência da Lei 9.756/1998.

- Alterada pela Res. TST 129/2005 (*DJU* 20.04.2005).

112. (Cancelada em decorrência da nova redação conferida à Súmula 159 – Res. TST 129/2005 – *DJU* 20.04.2005.)

Vacância do cargo. Salário do sucessor. Enunciado 159. Inaplicável. (Inserida em 01.10.97)

Vago o cargo em definitivo, o empregado que passa a ocupá-lo não tem direito a salário igual ao do antecessor.

113. Adicional de transferência. Cargo de confiança ou previsão contratual de transferência. Devido. Desde que a transferência seja provisória.

O fato de o empregado exercer cargo de confiança ou a existência de previsão de transferência no contrato de trabalho não exclui o direito ao adicional. O pressuposto legal apto a legitimar a percepção do mencionado adicional é a transferência provisória.

114. (Cancelada em decorrência da sua conversão na Súmula 379 – Res. TST 129/2005 – *DJU* 20.04.2005.)

Dirigente sindical. Despedida. Falta grave. Inquérito judicial. Necessidade. (Inserida em 20.11.1997)

115. (Cancelada em decorrência da sua conversão na Súmula 459 – Res. TST 197/2015 – *DEJT* 14.05.2015.)

Recurso de revista. Nulidade por negativa de prestação jurisdicional.

O conhecimento do recurso de revista, quanto à preliminar de nulidade por negativa de prestação jurisdicional, supõe indicação de violação do art. 832 da CLT, do art. 458 do CPC ou do art. 93, IX, da CF/1988.

116. (Cancelada em decorrência da sua conversão na Súmula 396 – Res. TST 129/2005 – *DJU* 20.04.2005.)

Estabilidade provisória. Período estabilitário exaurido. Reintegração não assegurada. Devidos apenas os salários desde a data da despedida até o final do período estabilitário. (Inserida em 20.11.97)

117. (Cancelada em decorrência da sua conversão na Súmula 376 – Res. TST 129/2005 – *DJU* 20.04.2005.)

Horas extras. Limitação. Art. 59 da CLT. (Inserida em 20.11.97)

A limitação legal da jornada suplementar a duas horas diárias não exime o empregador de pagar todas as horas trabalhadas.

118. Prequestionamento.

Havendo tese explícita sobre a matéria, na decisão recorrida, desnecessário contenha nela referência expressa do dispositivo legal para ter-se como prequestionado este. Inteligência do Enunciado 297.

119. Prequestionamento inexigível. Violação nascida na própria decisão recorrida. Súmula 297 do TST. Inaplicável.

É inexigível o prequestionamento quando a violação indicada houver nascido na própria decisão recorrida. Inaplicável a Súmula 297 do TST.

• Republicada no *DJE* de 16.11.2010.

120. Recurso. Assinatura da petição ou das razões recursais. Art. 932, parágrafo único, do CPC de 2015. (alterada em decorrência do CPC de 2015)

I – Verificada a total ausência de assinatura no recurso, o juiz ou o relator concederá prazo de 5 (cinco) dias para que seja sanado o vício. Descumprida a determinação, o recurso será reputado inadmissível (art. 932, parágrafo único, do CPC de 2015).

II – É válido o recurso assinado, ao menos, na petição de apresentação ou nas razões recursais.

• Alterada pela Res. TST 212/2016 (*DEJT* 20.09.2016).

121. Substituição processual. Diferença do adicional de insalubridade. Legitimidade. (Inserida em 20.11.97)

O sindicato tem legitimidade para atuar na qualidade de substituto processual para pleitear diferença de adicional de insalubridade.

• Alterada pela Res. TST 129/2005 (*DJU* 20.04.2005).

122. (Cancelada em decorrência da sua conversão na Súmula 380 – Res. TST 129/2005 – *DJU* 20.04.2005.)

Aviso-prévio. Início da contagem. Art. 125, Código Civil. (Inserida em 20.04.98)

Aplica-se a regra prevista no art. 125, do Código Civil, à contagem do prazo do aviso-prévio.

• Refere-se ao CC/1916.

• V. art. 132, CC/2002.

123. Bancários. Ajuda alimentação.

A ajuda alimentação prevista em norma coletiva em decorrência de prestação de horas extras tem natureza indenizatória e, por isso, não integra o salário do empregado bancário.

124. (Cancelada em decorrência da sua conversão na Súmula 381 – Res. TST 129/2005 – *DJU* 20.04.2005.)

Correção monetária. Salário. Art. 459, CLT. (Inserida em 20.04.98)

O pagamento dos salários até o 5º dia útil do mês subsequente ao vencido não está sujeito à correção monetária. Se essa data limite for ultrapassada, incidirá o índice da correção monetária do mês subsequente ao da prestação dos serviços.

125. Desvio de função. Quadro de carreira.

O simples desvio funcional do empregado não gera direito a novo enquadramento, mas apenas às diferenças salariais respectivas, mesmo que o desvio de função haja iniciado antes da vigência da CF/1988.

• Alterada pelo TST em 13.03.2002.

126. (Cancelada em decorrência da nova redação conferida à Súmula 239 – Res. TST 129/2005 – *DJU* 20.04.2005.)

Enunciado 239. Empresa de processamento de dados. Inaplicável. (Inserida em 20.04.98)

É inaplicável o Enunciado 239 quando a empresa de processamento de dados presta serviços a banco e a empresas não bancárias do mesmo grupo econômico ou a terceiros.

127. Hora noturna reduzida. Subsistência após a CF/1988.

O art. 73, § 1º, da CLT, que prevê a redução da hora noturna, não foi revogado pelo inciso IX do art. 7º da CF/1988.

128. (Cancelada em decorrência da sua conversão na Súmula 382 – Res. TST 129/2005 – *DJU* 20.04.2005.)

Mudança de regime celetista para estatutário. Extinção do contrato. Prescrição bienal. (Inserida em 20.04.98)

A transferência do regime jurídico de celetista para estatutário implica extinção do contrato de trabalho, fluindo o prazo da prescrição bienal a partir da mudança de regime.

129. Prescrição. Complementação da pensão e auxílio-funeral.

A prescrição extintiva para pleitear judicialmente o pagamento da complementação de pensão e do auxílio-funeral é de 2 anos, contados a partir do óbito do empregado.

130. Prescrição. Ministério Público. Arguição. Custos legis. Ilegitimidade. (atualizada em decorrência do CPC de 2015)

Ao exarar o parecer na remessa de ofício, na qualidade de *custos legis*, o Ministério Público não tem legitimidade para arguir a prescrição em favor de entidade de direito público, em matéria de direito patrimonial.

• Alterada pela Res. TST 209/2016 (*DEJT* 01.06.2016).

131. (Cancelada em decorrência da sua conversão na Súmula 367 – Res. TST 129/2005 – *DJU* 20.04.2005.)

Vantagem *in natura*. Hipóteses em que não integra o salário. (Inserida em 20.04.98 e ratificada pelo T. Pleno em 07.12.00)

A habitação e a energia elétrica fornecidas pelo empregador ao empregado, quando indispensáveis para a realização do trabalho, não têm natureza salarial.

132. Agravo regimental. Peças essenciais nos autos principais.

Inexistindo lei que exija a tramitação do agravo em autos apartados, tampouco previsão no Regimento Interno do Regional, não pode o agravante ver-se penalizado por não haver colacionado cópia de peças dos autos principais, quando o agravo deveria fazer parte dele.

133. Ajuda alimentação. PAT. Lei 6.321/1976. Não integração ao salário.

A ajuda alimentação fornecida por empresa participante do programa de alimentação ao trabalhador, instituído pela Lei 6.321/1976, não tem caráter salarial. Portanto, não integra o salário para nenhum efeito legal.

134. Autenticação. Pessoa jurídica de direito público. Dispensada. Medida Provisória 1.360, de 12.03.1996.

São válidos os documentos apresentados, por pessoa jurídica de direito público, em fotocópia não autenticada, posteriormente à edição da Medida Provisória 1.360/1996 e suas reedições.

• A MP 1.360/1996 foi convertida na Lei 10.522/2002.

135. (Cancelada em decorrência da sua conversão na Súmula 371 – Res. TST 129/2005 – *DJU* 20.04.2005.)

Aviso-prévio indenizado. Superveniência de auxílio-doença no curso deste. (Inserida em 27.11.98)

Os efeitos da dispensa só se concretizam depois de expirado o benefício previdenciário, sendo irrelevante que tenha sido concedido no período do aviso-prévio já que ainda vigorava o contrato de trabalho.

136. (Cancelada em decorrência da sua incorporação à nova redação da Orientação Jurisprudencial 18 da SDI-1 – Res. TST 129/2005 – *DJU* 20.04.2005.)

Banco do Brasil. Complementação de aposentadoria. Telex DIREC 5.003/1987. Não assegurada. (Inserida em 27.11.98)

O Telex DIREC do Banco do Brasil 5.003/1987 não assegura a complementação de aposentadoria integral, porque não aprovado pelo órgão competente ao qual a instituição se subordina.

137. (Cancelada em decorrência da sua conversão na Orientação Jurisprudencial Transitória 38 da SDI-1 – Res. TST 129/2005 – *DJU* 20.04.2005.)

Banco Meridional. Circular 34.046/1989. Dispensa sem justa causa. (Inserida em 27.11.98)

A inobservância dos procedimentos disciplinados na Circular 34.046/1989, norma de caráter eminentemente procedimental, não é causa para a nulidade da dispensa sem justa causa.

138. Competência residual. Regime jurídico único. Limitação da execução. Inserida em 27.11.98 (nova redação em decorrência da incorporação da Orientação Jurisprudencial 249 da SDI-1)

Compete à Justiça do Trabalho julgar pedidos de direitos e vantagens previstos na legislação trabalhista referente a período anterior à Lei 8.112/1990, mesmo que a ação tenha sido ajuizada após a edição da referida lei. A superveniência de regime estatutário em substituição ao celetista, mesmo após a sentença, limita a execução ao período celetista. (1ª parte – ex-OJ 138 da SDI-1 – inserida em 27.11.98; 2ª parte – ex-OJ 249 – inserida em 13.03.02)

• Alterada pela Res. TST 129/2005 (*DJU* 20.04.2005).

139. (Cancelada em decorrência da nova redação conferida à Súmula 128 – Res. TST 129/2005 – *DJU* 20.04.2005.)

Depósito recursal. Complementação devida. Aplicação da Instrução Normativa 3/1993, II. (Inserida em 27.11. 98)

Está a parte recorrente obrigada a efetuar o depósito legal, integralmente, em relação a cada novo recurso interposto, sob pena de deserção. Atingido o valor da condenação, nenhum depósito mais é exigido para qualquer recurso.

140. Depósito recursal e custas processuais. Recolhimento insuficiente. Deserção (nova redação em decorrência do CPC de 2015)

Em caso de recolhimento insuficiente das custas processuais ou do depósito recursal, somente haverá deserção do recurso se, concedido o prazo de 5 (cinco) dias previsto no § 2º do art. 1.007 do CPC de 2015, o recorrente não complementar e comprovar o valor devido.

- Alterada pela Res. TST 217/2017 (*DEJT* 20.04.2017).

141. (Cancelada em decorrência da sua conversão na Súmula 368 – Res. TST 129/2005 – *DJU* 20.04.2005.)

Descontos previdenciários e fiscais. Competência da Justiça do Trabalho. (Inserida em 27.11.98)

142. Embargos de declaração. Efeito modificativo. Vista prévia à parte contrária (cancelado o item II em decorrência do CPC de 2015)

É passível de nulidade decisão que acolhe embargos de declaração com efeito modificativo sem que seja concedida oportunidade de manifestação prévia à parte contrária.

- Alterada pela Res. TST 214/2016 (DEJT 02.12.2016).

143. Empresa em liquidação extrajudicial. Execução. Créditos trabalhistas. Lei 6.024/1974.

A execução trabalhista deve prosseguir diretamente na Justiça do Trabalho mesmo após a decretação da liquidação extrajudicial. Lei 6.830/80, arts. 5º e 29, aplicados supletivamente (CLT art. 889 e CF/1988, art. 114).

144. (Cancelada em decorrência da nova redação conferida à Súmula 275 – Res. TST 129/2005 – *DJU* 20.04.2005.)

Enquadramento funcional. Prescrição extintiva. (Inserida em 27.11.98)

145. (Cancelada em decorrência da sua conversão na Súmula 369 – Res. TST 129/2005 – *DJU* 20.04.2005.)

Estabilidade. Dirigente sindical. Categoria diferenciada. (Inserida em 27.11.98)

O empregado de categoria diferenciada eleito dirigente sindical só goza de estabilidade se exercer na empresa atividade pertinente à categoria profissional do sindicato para o qual foi eleito dirigente.

146. (Cancelada em decorrência da sua conversão na Orientação Jurisprudencial Transitória 39 da SDI-1 – Res. TST 129/2005 – *DJU* 20.04.2005.)

FGTS. Opção retroativa. Concordância do empregador. Necessidade. (Inserida em 27.11.98)

147. Lei estadual, norma coletiva ou norma regulamentar. Conhecimento indevido do recurso de revista por divergência jurisprudencial. (Alínea *b* do art. 896 da CLT.) Inserida em 27.11.98 (nova redação em decorrência da incorporação da Orientação Jurisprudencial 309 da SDI-1)

I – É inadmissível o recurso de revista fundado tão somente em divergência jurisprudencial, se a parte não comprovar que a lei estadual, a norma coletiva ou o regulamento da empresa extrapolam o âmbito do TRT prolator da decisão recorrida. (ex-OJ 309 da SDI-1 – inserida em 11.08.03)

II – É imprescindível a arguição de afronta ao art. 896 da CLT para o conhecimento de embargos interpostos em face de acórdão de Turma que conhece indevidamente de recurso de revista, por divergência jurisprudencial, quanto a tema regulado por lei estadual, norma coletiva ou norma regulamentar de âmbito restrito ao TRT prolator da decisão.

- Alterada pela Res. TST 129/2005 (*DJU* 20.04.2005).

148. Lei 8.880/1994, art. 31. Constitucionalidade. (Inserida em 27.11.98)

É constitucional o art. 31 da Lei 8.880/1994 que prevê a indenização por demissão sem justa causa.

- Alterada pela Res. TST 129/2005 (*DJU* 20.04.2005).

149. (Cancelada em decorrência da sua conversão na Súmula 383 – Res. TST 129/2005 – *DJU* 20.04.2005.)

Mandato. Art. 13 do CPC. Regularização. Fase recursal. Inaplicável. (Inserida em 27.11.98)

150. (Cancelada em decorrência da sua conversão na Súmula 384 – Res. TST 129/2005 – *DJU* 20.04.2005.)

Multa prevista em vários instrumentos normativos. Cumulação de ações. (Inserida em 27.11.98)

O descumprimento de qualquer cláusula constante de instrumentos normativos diversos não submete o empregado a ajuizar várias ações, pleiteando em cada uma o pagamento da multa referente ao descumprimento de obrigações previstas nas cláusulas respectivas.

151. Prequestionamento. Decisão regional que adota a sentença. Ausência de prequestionamento.

Decisão regional que simplesmente adota os fundamentos da decisão de primeiro grau não preenche a exigência do prequestionamento, tal como previsto no Enunciado 297.

152. Revelia. Pessoa jurídica de direito público. Aplicável. (Art. 844 da CLT). (Inserida em 27.11.98)

Pessoa jurídica de direito público sujeita-se à revelia prevista no artigo 844 da CLT.

- Alterada pela Res. TST 129/2005 (*DJU* 20.04.2005).

153. (Cancelada em decorrência da sua conversão na Orientação Jurisprudencial Transitória 57 da SDI-1 – Res. TST 129/2005 – *DJU* 20.04.2005.)

Adicional de insalubridade. Deficiência de iluminamento. Limitação. (Inserida em 26.03.1999)

Somente após 26.02.1991 foram, efetivamente, retiradas do mundo jurídico as normas ensejadoras do direito ao adicional de insalubridade por iluminamento insuficiente no local da prestação de serviço, como previsto na Portaria 3.751/1990 do Ministério do Trabalho.

154. (Cancelada pela Res. TST 158/2009 – *DJE* 21.10.2009.)

Atestado médico – INSS. Exigência prevista em instrumento normativo. (Inserida em 26.03.99)

A doença profissional deve ser atestada por médico do INSS, se tal exigência consta de cláusula de instrumento normativo, sob pena de não reconhecimento do direito à estabilidade.

- Alterada pela Res. TST 129/2005 (*DJU* 20.04.2005).

155. (Cancelada em decorrência da sua conversão na Orientação Jurisprudencial Transitória 40 da SDI-1 – Res. TST 129/2005 – *DJU* 20.04.2005.)

BANRISUL. Complementação de aposentadoria. (Inserida em 26.03.99)

A Resolução 1.600/1964, vigente à época da admissão do empregado, incorporou-se ao contrato de trabalho, pelo que sua alteração não poderá prejudicar o direito adquirido, mesmo em virtude da edição da Lei 6.435/1977. Incidência dos Enunciados 51 e 288.

156. (Cancelada em decorrência da nova redação da Súmula 327 TST – Res. TST 175/2011 – *DEJT* 27.05.2011.)

Complementação de aposentadoria. Diferenças. Prescrição.

Ocorre a prescrição total quanto a diferenças de complementação de aposentadoria quando estas decorrem de pretenso direito a verbas não recebidas no curso da relação de emprego e já atingidas pela prescrição, à época da propositura da ação.

157. (Cancelada em decorrência da sua conversão na Orientação Jurisprudencial Transitória 41 da SDI-1 – Res. TST 129/2005 – *DJU* 20.04.2005.)

Complementação de aposentadoria. Fundação Clemente de Faria. Banco Real. (Inserida em 26.03.99)

É válida a cláusula do Estatuto da Fundação que condicionou o direito à complementação de aposentadoria à existência de recursos financeiros e, também, previa a suspensão, temporária ou definitiva, da referida complementação.

158. Custas. Comprovação de recolhimento. DARF eletrônico. Validade.

O denominado "Darf Eletrônico" é válido para comprovar o recolhimento de custas por entidades da Administração Pública Federal, emitido conforme a IN SRF 162, de 04.11.1988.

159. Data de pagamento. Salários. Alteração.

Diante da inexistência de previsão expressa em contrato ou em instrumento normativo, a alteração de data de pagamento pelo empregador não viola o art. 468, desde que observado o parágrafo único do art. 459, ambos da CLT.

160. Descontos salariais. Autorização no ato da admissão. Validade.

É inválida a presunção de vício de consentimento resultante do fato de ter o empregado anuído expressamente com descontos salariais na oportunidade da admissão. É de se exigir demonstração concreta do vício de vontade.

161. (Cancelada em decorrência da sua conversão na Súmula 385 – Res. TST 129/2005 – *DJU* 20.04.2005.)

Feriado local. Prazo recursal. Prorrogação. Comprovação. Necessidade. (Inserida em 26.03.99)

Cabe à parte comprovar, quando da interposição do recurso, a existência de feriado local que justifique a prorrogação do prazo recursal.

162. Multa. Art. 477 da CLT. Contagem do prazo. Aplicável o art. 132 do Código Civil de 2002. (Inserida em 26.03.99)

A contagem do prazo para quitação das verbas decorrentes da rescisão contratual prevista no artigo 477 da CLT exclui necessariamente o dia da notificação da demissão e inclui o dia do vencimento, em obediência ao disposto no artigo 132 do Código Civil de 2002 (artigo 125 do Código Civil de 1916).

- Alterada pela Res. TST 129/2005 (*DJU* 20.04.2005).

163. (Cancelada em decorrência da nova redação conferida à Súmula 51 – Res. TST 129/2005 – *DJU* 20.04.2005.)

Norma regulamentar. Opção pelo novo regulamento. Art. 468 da CLT e Enunciado 51. Inaplicáveis. (Inserida em 26.03.99)

Havendo a coexistência de dois regulamentos da empresa, a opção do empregado por um deles tem efeito jurídico de renúncia às regras do sistema do outro.

164. Oficial de Justiça *ad hoc*. Inexistência de vínculo empregatício. (Inserida em 26.03.99)

Não se caracteriza o vínculo empregatício na nomeação para o exercício das funções de oficial de justiça *ad hoc*, ainda que feita de forma reiterada, pois exaure-se a cada cumprimento de mandado.

- Alterada pela Res. TST 129/2005 (*DJU* 20.04.2005).

165. Perícia. Engenheiro ou médico. Adicional de insalubridade e periculosidade. Válido. Art. 195 da CLT.

O art. 195 da CLT não faz qualquer distinção entre o médico e o engenheiro para efeito de caracterização e classificação da insalubridade e periculosidade, bastando para a elaboração do laudo seja o profissional devidamente qualificado.

166. (Cancelada em decorrência da sua conversão na Orientação Jurisprudencial Transitória 42 da SDI-1 – Res. TST 129/2005 – *DJU* 20.04.2005.)

PETROBRAS. Pensão por morte do empregado assegurada no manual de pessoal. Estabilidade decenal. Opção pelo regime do FGTS. (Inserida em 26.03.99)

Tendo o empregado adquirido a estabilidade decenal, antes de optar pelo regime do FGTS, não há como negar-se o direito à pensão, eis que preenchido o requisito exigido pelo Manual de Pessoal.

167. (Cancelada em decorrência da sua conversão na Súmula 386 – Res. TST 129/2005 – *DJU* 20.04.2005.)

Policial militar. Reconhecimento de vínculo empregatício com empresa privada. (Inserida em 26.03.99)

Preenchidos os requisitos do art. 3º da CLT, é legítimo o reconhecimento de relação de emprego entre policial militar e empresa privada, independentemente do eventual cabimento de penalidade disciplinar prevista no Estatuto do Policial Militar.

168. (Cancelada em decorrência da sua conversão na Orientação Jurisprudencial Transitória 43 da SDI-1 – Res. TST 129/2005 – *DJU* 20.04.2005.)

SUDS. Gratificação. Convênio da União com Estado. Natureza salarial enquanto paga. (Inserida em 26.03.99)

A parcela denominada "Complementação SUDS" paga aos servidores em virtude de convênio entre o Estado e a União Federal tem natureza salarial, enquanto paga, pelo que repercute nos demais haveres trabalhistas do empregado.

169. (Cancelada em decorrência da sua conversão na Súmula 423 – Res. TST 139/2006 – *DJU* 10.10.2006.)

Turno ininterrupto de revezamento. Fixação de jornada de trabalho mediante negociação coletiva. Validade.

Quando há na empresa o sistema de turno ininterrupto de revezamento, é válida a fixação de jornada superior a seis horas mediante a negociação coletiva.

170. (Cancelada em decorrência da sua incorporação à nova redação da Orientação Jurisprudencial 04 da SDI-1 – Res. TST 129/2005 – *DJU* 20.04.2005.)

Adicional de insalubridade. Lixo urbano. (Inserida em 08.11.00)

A limpeza em residências e escritórios e a respectiva coleta de lixo não podem ser consideradas atividades insalubres, ainda que constatadas por laudo pericial, porque não se encontram dentre as classificadas como lixo urbano, na Portaria do Ministério do Trabalho.

171. Adicional de insalubridade. Óleos minerais. Sentido do termo "manipulação".

Para efeito de concessão de adicional de insalubridade não há distinção entre fabricação e manuseio de óleos minerais – Portaria 3.214 do Ministério do Trabalho, NR 15, Anexo XIII.

172. Adicional de insalubridade ou periculosidade. Condenação. Inserção em folha de pagamento.

Condenada ao pagamento do adicional de insalubridade ou periculosidade, a empresa deverá inserir, mês a mês e enquanto o trabalho for executado sob essas condições, o valor correspondente em folha de pagamento.

173. Adicional de insalubridade. Atividade a céu aberto. Exposição ao sol e ao calor. (redação alterada na sessão do Tribunal Pleno realizada em 14.09.2012)

I – Ausente previsão legal, indevido o adicional de insalubridade ao trabalhador em atividade a céu aberto, por sujeição à radiação solar (art. 195 da CLT e Anexo 7 da NR 15 da Portaria 3214/1978 do MTE).

II – Tem direito ao adicional de insalubridade o trabalhador que exerce atividade exposto ao calor acima dos limites de tolerância, inclusive em ambiente externo com carga solar, nas condições previstas no Anexo 3 da NR 15 da Portaria 3.214/1978 do MTE.

- Alterada pela Res. TST 186/2012 (*DEJT* 25.09.2012).

174. (Cancelada em decorrência da nova redação conferida à Súmula 132 – Res. TST 129/2005 – *DJU* 20.04.2005.)

Adicional de periculosidade. Horas de sobreaviso. Indevido. (Inserida em 08.11.00)

Durante as horas de sobreaviso, o empregado não se encontra em condições de risco, razão pela qual é incabível a integração do adicional de periculosidade sobre as mencionadas horas.

175. Comissões. Alteração ou supressão. Prescrição total. Inserida em 08.11.2000 (nova redação em decorrência da incorporação da Orientação Jurisprudencial 248 da SBDI-1)

A supressão das comissões, ou a alteração quanto à forma ou ao percentual, em prejuízo do empregado, é suscetível de operar a prescrição total da ação, nos termos da Súmula 294 do TST, em virtude de cuidar-se de parcela não assegurada por preceito de lei.

- Alterada pelo TST em 10.11.2005 (*DJU* 22.11.2005).

176. (Cancelada em decorrência da sua conversão na Orientação Jurisprudencial Transitória 44 da SDI-1 – Res. TST 129/2005 – *DJU* 20.04.2005.)

Anistia. Lei 6.683/79. Tempo de afastamento. Não computável para efeito de indenização e adicional por tempo de serviço, licença-prêmio e promoção. (Inserida em 08.11.00)

177. (Cancelada pelo Tribunal Pleno em 25.10.2006 – *DJU* 30.10.2006)

Aposentadoria espontânea. Efeitos.

A aposentadoria espontânea extingue o contrato de trabalho, mesmo quando o empregado continua a trabalhar na empresa após a concessão do benefício previdenciário. Assim sendo, indevida a multa de 40% (quarenta por cento) do FGTS em relação ao período anterior à aposentadoria.

178. Bancário. Intervalo de 15 minutos. Não computável na jornada de trabalho. (Inserida em 08.11.00)

Não se computa, na jornada do bancário sujeito a seis horas diárias de trabalho, o intervalo de quinze minutos para lanche ou descanso.

• Alterada pela Res. TST 129/2005 (*DJU* 20.04.2005).

179. (Cancelada em decorrência da sua conversão na Orientação Jurisprudencial Transitória 77 da SDI-1 – *DJE* 16.11.2010.)

BNDES. Arts. 224/226, CLT. Aplicável a seus empregados.

180. (Cancelada em decorrência da sua conversão na Orientação Jurisprudencial Transitória 45 da SDI-1 – Res. TST 129/2005 – *DJU* 20.04.2005.)

Comissionista puro. Abono. Lei 8.178/1991. Não incorporação. (Inserida em 08.11.00)

É indevida a incorporação do abono instituído pela Lei 8.178/1991 aos empregados comissionistas.

181. Comissões. Correção monetária. Cálculo.

O valor das comissões deve ser corrigido monetariamente para em seguida obter-se a média para efeito de cálculo de férias, 13º salário e verbas rescisórias.

182. (Cancelada em decorrência da nova redação conferida à Súmula 85 – Res. TST 129/2005 – *DJU* 20.04.2005.)

Compensação de jornada. Acordo individual. Validade. (Inserida em 08.11.00)

É válido o acordo individual para compensação de horas, salvo se houver norma coletiva em sentido contrário.

183. (Cancelada em decorrência da sua conversão na Orientação Jurisprudencial Transitória 46 da SDI-1 – Res. TST 129/2005 – *DJU* 20.04.2005.)

Complementação de aposentadoria. Banco Itaú. (Inserida em 08.11.00)

O empregado admitido na vigência da Circular BB 05/1966, que passou para a inatividade posteriormente à vigência da RP 40/1974, está sujeito ao implemento da condição "idade mínima de 55 anos".

184. (Cancelada em decorrência da nova redação conferida à Súmula 74 – Res. TST 129/2005 – *DJU* 20.04.2005.)

Confissão ficta. Produção de prova posterior. (Inserida em 08.11.00)

Somente a prova pré-constituída nos autos é que deve ser levada em conta para confronto com a confissão ficta (art. 400, I, CPC), não implicando cerceamento de defesa o indeferimento de provas posteriores.

185. Contrato de trabalho com a associação de pais e mestres – APM. Inexistência de responsabilidade solidária ou subsidiária do Estado. (Inserida em 08.11.00)

O Estado-Membro não é responsável subsidiária ou solidariamente com a Associação de Pais e Mestres pelos encargos trabalhistas dos empregados contratados por esta última, que deverão ser suportados integral e exclusivamente pelo real empregador.

• Alterada pela Res. TST 129/2005 (*DJU* 20.04.2005).

186. (Cancelada em decorrência da sua incorporação à nova redação da Súmula 25 – Res. TST 197/2015 – *DEJT* 14.05.2015.)

Custas. Inversão do ônus da sucumbência. Deserção. Não ocorrência.

No caso de inversão do ônus da sucumbência em segundo grau, sem acréscimo ou atualização do valor das custas e se estas já foram devidamente recolhidas, descabe um novo pagamento pela parte vencida, ao recorrer. Deverá ao final, se sucumbente, ressarcir a quantia.

187. (Cancelada em decorrência da sua conversão na Orientação Jurisprudencial Transitória 47 da SDI-1 – Res. TST 129/2005 – *DJU* 20.04.2005.)

Décimo terceiro salário. Dedução da 1ª parcela. URV. Lei 8.880/1994. (Inserida em 08.11.00)

Ainda que o adiantamento do 13º salário tenha ocorrido anteriormente à edição da Lei 8.880/1994, as deduções deverão ser realizadas considerando o valor da antecipação, em URV, na data do efetivo pagamento, não podendo a 2ª parcela ser inferior à metade do 13º salário, em URV.

188. Decisão normativa que defere direitos. Falta de interesse de agir para ação individual.

Falta interesse de agir para a ação individual, singular ou plúrima, quando o direito já foi reconhecido através de decisão normativa, cabendo, no caso, ação de cumprimento.

189. (Cancelada em decorrência da nova redação conferida à Súmula 128 – Res. TST 129/2005 – *DJU* 20.04.2005.)

Depósito recursal. Agravo de petição. IN TST 3/1993. (Inserida em 08.11.00)

Garantido o juízo, na fase executória, a exigência de depósito para recorrer de qualquer decisão viola os incisos II e LV do art. 5º da CF/1988. Havendo, porém, elevação do valor do débito, exige-se a complementação da garantia do juízo.

190. (Cancelada em decorrência da nova redação conferida à Súmula 128 – Res. TST 129/2005 – *DJU* 20.04.2005.)

Depósito recursal. Condenação solidária. (Inserida em 08.11.00)

Havendo condenação solidária de duas ou mais empresas, o depósito recursal efetuado por uma delas aproveita as demais, quando a empresa que efetuou o depósito não pleiteia sua exclusão da lide.

191. Contrato de empreitada. Dono da obra de construção civil. Responsabilidade.

Diante da inexistência de previsão legal específica, o contrato de empreitada de construção civil entre o dono da obra e o empreiteiro não enseja responsabilidade solidária ou subsidiária nas obrigações trabalhistas contraídas pelo empreiteiro, salvo sendo o dono da obra uma empresa construtora ou incorporadora.

• Alterada pela Res. TST 175/2011 (*DEJT* 27.05.2011.)

192. Embargos declaratórios. Prazo em dobro. Pessoa jurídica de direito público. Decreto-lei 779/69.

É em dobro o prazo para a interposição de embargos declaratórios por pessoa jurídica de direito público.

193. (Cancelada em decorrência da redação da Súmula 6 conferida pela Res. 104/00, *DJ* 18.02.00 – Res. TST 129/2005 – *DJU* 20.04.2005.)

Equiparação salarial. Quadro de carreira. Homologação. Governo estadual. Válido. (Inserida em 08.11.00)

194. (Cancelada em decorrência da sua conversão na Súmula 387 – Res. TST 129/2005 – *DJU* 20.04.2005.)

Fac-símile. Lei 9.800/1999. Aplicável só a recursos interpostos na sua vigência. (Inserida em 08.11.00)

A Lei 9.800/1999 é aplicável somente a recursos interpostos após o início de sua vigência.

195. Férias indenizadas. FGTS. Não incidência. (Inserida em 08.11.00)

Não incide a contribuição para o FGTS sobre as férias indenizadas.

• Alterada pela Res. TST 129/2005 (*DJU* 20.04.2005).

196. (Cancelada em decorrência da nova redação conferida à Súmula 244 – Res. TST 129/2005 – *DJU* 20.04.2005.)

Gestante. Contrato de experiência. Estabilidade provisória. Não assegurada. (Inserida em 08.11.00)

197. (Cancelada em decorrência da redação da Súmula 253 conferida pela Res. 121/03, *DJ* 21.11.03 – Res. TST 129/2005 – *DJU* 20.04.2005.)

Gratificação semestral. Repercussão no 13º salário. Enunciado 78 do TST. Aplicável. (Inserida em 08.11.00)

198. Honorários periciais. Atualização monetária.

Diferentemente da correção aplicada aos débitos trabalhistas, que têm caráter alimentar, a atualização monetária dos honorários periciais é fixada pelo art. 1º da Lei 6.899/81, aplicável a débitos resultantes de decisões judiciais.

199. Jogo do bicho. Contrato de trabalho. Nulidade. Objeto ilícito.

É nulo o contrato de trabalho celebrado para o desempenho de atividade inerente à prática do jogo do bicho, ante a ilicitude de seu objeto, o que subtrai o requisito de validade para a formação do ato jurídico.

• Republicada no *DJE* de 16.11.2010.

200. Mandato tácito. Substabelecimento inválido. (Inserida em 08.11.00)

É inválido o substabelecimento de advogado investido de mandato tácito.

• Alterada pela Res. TST 129/2005 (*DJU* 20.04.2005).

201. (Cancelada em decorrência da sua conversão na Súmula 388 – Res. TST 129/2005 – *DJU* 20.04.2005.)

Multa. Art. 477 da CLT. Massa falida. Inaplicável. (Inserida em 08.11.00)

202. (Cancelada em decorrência da sua conversão na Orientação Jurisprudencial Transitória 48 da SDI-1 – Res. TST 129/2005 – *DJU* 20.04.2005.)

PETROMISA. Sucessão. PETROBRAS. Legitimidade. (Inserida em 08.11.00)

Em virtude da decisão tomada em assembleia, a PETROBRÁS é a real sucessora da PETROMISA, considerando que recebeu todos os bens móveis e imóveis da extinta PETROMISA.

203. (Cancelada em decorrência da sua conversão na Orientação Jurisprudencial Transitória 54 da SDI-1 – Res. TST 129/2005 – *DJU* 20.04.2005.)

Plano Econômico (Collor). Execução. Correção monetária. Índice de 84,32%. Lei 7.738/1989. Aplicável. (Inserida em 08.11.00)

204. (Cancelada em decorrência da nova redação conferida à Súmula 308 – Res. TST 129/2005 – *DJU* 20.04.2005.)

Prescrição. Contagem do prazo. Art. 7º, XXIX, da CF. (Inserida em 08.11. 00)

A prescrição quinquenal abrange os cinco anos anteriores ao ajuizamento da reclamatória e não os cinco anos anteriores à data da extinção do contrato.

205. (Cancelada pela Res. TST 156/2009 – *DJE* 27.04.2009.)

Competência material. Justiça do Trabalho. Ente público. Contratação irregular. Regime especial. Desvirtuamento.

I – Inscreve-se na competência material da Justiça do Trabalho dirimir dissídio individual entre trabalhador e ente público se há controvérsia acerca do vínculo empregatício.

II – A simples presença de lei que disciplina a contratação por tempo determinado para atender a necessidade temporária de excepcional interesse público (art. 37, inciso IX, da CF/1988) não é o bastante para deslocar a competência da Justiça do Trabalho se se alega desvirtuamento em tal contratação, mediante a prestação de serviços à Administração para atendimento de necessidade permanente e não para acudir a situação transitória e emergencial.

• Alterada pela Res. TST 129/2005 (*DJU* 20.04.2005).

206. Professor. Horas extras. Adicional de 50% (cinquenta por cento).

Excedida a jornada máxima (art. 318 da CLT), as horas excedentes devem ser remuneradas com o adicional de, no mínimo, 50% (cinquenta por cento) (art. 7º, XVI, CF/1988).

207. Programa de incentivo à demissão voluntária. Indenização. Imposto de renda. Não incidência. (Inserida em 08.11.00)

A indenização paga em virtude de adesão a programa de incentivo à demissão voluntária não está sujeita à incidência do imposto de renda.

• Alterada pela Res. TST 129/2005 (*DJU* 20.04.2005).

208. Radiologista. Gratificação de raios X. Redução. Lei 7.923/1989.

A alteração da gratificação por trabalho com raios X, de quarenta para dez por cento, na forma da Lei 7.923/1989, não causou prejuízo ao trabalhador porque passou a incidir sobre o salário incorporado com todas as demais vantagens.

209. (Cancelada em decorrência da nova redação conferida à Súmula 262 – Res. TST 129/2005 – *DJU* 20.04.2005.)

Recesso forense. Suspensão dos prazos recursais (arts. 181, I, e 148 do RI/TST). (Inserida em 08.11.00)

210. (Cancelada em decorrência da sua conversão na Súmula 389 – Res. TST 129/2005 – *DJU* 20.04.2005.)

Seguro-desemprego. Competência da Justiça do Trabalho. (Inserida em 08.11.00)

211. (Cancelada em decorrência da sua conversão na Súmula 389 – Res. TST 129/2005 – *DJU* 20.04.2005.)

Seguro-desemprego. Guias. Não liberação. Indenização Substitutiva. (Inserida em 08.11.00)

O não fornecimento pelo empregador da guia necessária para o recebimento do seguro-desemprego dá origem ao direito à indenização.

212. (Cancelada em decorrência da sua conversão na Orientação Jurisprudencial Transitória 54 da SDI-1 – Res. TST 129/2005 – *DJU* 20.04.2005.)

SERPRO. Norma regulamentar. Reajustes salariais. Superveniência de sentença normativa. Prevalência. (Inserida em 08.11.00)

Durante a vigência do instrumento normativo, é lícita ao empregador a obediência à norma coletiva (Dec. 8.948/1990), que alterou as diferenças interníveis previstas no Regulamento de Recursos Humanos.

213. Telex. Operadores. Art. 227 da CLT. Inaplicável.

O operador de telex de empresa, cuja atividade econômica não se identifica com qualquer uma das previstas no art. 227 da CLT, não se beneficia de jornada reduzida.

214. (Cancelada em decorrência da sua conversão na Orientação Jurisprudencial Transitória 58 da SDI-1 – Res. TST 129/2005 – *DJU* 20.04.2005.)

URPs de junho e julho de 1988. Suspensão do pagamento. Data base em maio. Decreto-lei 2.425/1988. Inexistência de violação a direito adquirido. (Inserida em 08.11.2000)

O Decreto-lei 2.425, de 07.04.1988, não ofendeu o direito adquirido dos empregados com data base em maio, pelo que não fazem jus às URPs de junho e julho de 1988.

215. (Cancelada pela Res. TST 175/2011 – *DEJT* 27.05.2011.)

Vale-transporte. Ônus da prova.

É do empregado o ônus de comprovar que satisfaz os requisitos indispensáveis à obtenção do vale-transporte.

216. Vale-transporte. Servidor público celetista. Lei 7.418/1985. Devido. (Inserida em 08.11.00)

Aos servidores públicos celetistas é devido o vale-transporte, instituído pela Lei 7.418/1985, de 16 de dezembro de 1985.

• Alterada pela Res. TST 129/2005 (*DJU* 20.04.2005).

217. Agravo de instrumento. Traslado. Lei 9.756/1998. Guias de custas e de depósito recursal.

Para a formação do Agravo de instrumento, não é necessária a juntada de comprovantes de recolhimento de custas e de depósito recursal relativamente ao recurso ordinário, desde que não seja objeto de controvérsia no recurso de revista a validade daqueles recolhimentos.

218. (Cancelada em decorrência da sua incorporação à Orientação Jurisprudencial 241 da SDI-1 e posterior conversão na Orientação Jurisprudencial Transitória 55 da SDI-1 – Res. TST 129/2005 – *DJU* 20.04.2005.)

Plano Collor. Servidores do GDF. Celetistas. Lei Distrital 38/1989. (Inserida em 02.04.2001)

Inexiste direito adquirido às diferenças salariais de 84,32% (oitenta e quatro inteiros e trinta e dois décimos por cento) do IPC de março de 1990 aos servidores celetistas da Administração Direta do Distrito Federal.

219. Recurso de revista ou de embargos fundamentado em Orientação Jurisprudencial do TST.

É válida, para efeito de conhecimento do recurso de revista ou de embargos, a invocação de orientação jurisprudencial do tribunal superior do trabalho, desde que, das razões recursais, conste o seu número ou conteúdo.

220. (Cancelada em decorrência da nova redação conferida à Súmula 85 – Res. TST 129/2005 – *DJU* 20.04.2005.)

Acordo de compensação. Extrapolação da jornada. (Inserida em 20.06.01)

A prestação de horas extras habituais descaracteriza o acordo de compensação de horas. Nesta hipótese, as horas que ultrapassarem a jornada semanal normal devem ser pagas como horas extras e, quanto àquelas destinadas à compensação, deve ser pago a mais apenas o adicional por trabalho extraordinário.

221. (Cancelada em decorrência da sua conversão na Orientação Jurisprudencial Transitória 56 da SDI-1 – Res. TST 129/2005 – *DJU* 20.04.2005.)

Anistia. Lei 8.878/94. Efeitos financeiros devidos a partir do efetivo retorno à atividade. (Inserida em 20.06.01)

222. (Cancelada em decorrência da nova redação conferida à Súmula 102 – Res. TST 129/2005 – *DJU* 20.04.2005.)

Bancário. Advogado. Cargo de confiança. (Inserida em 20.06.01)

O advogado empregado de banco, pelo simples exercício da advocacia, não exer-

TST

ce cargo de confiança, não se enquadrando, portanto, na hipótese do § 2º do art. 224 da CLT.

223. (Cancelada em decorrência da nova redação conferida à Súmula 85 – Res. TST 129/2005 – *DJU* 20.04.2005.)

Compensação de jornada. Acordo individual tácito. Inválido. (Inserida em 20.06.01)

224. Complementação de aposentadoria. Reajuste. Lei 9.069, de 29.06.1995.

I – A partir da vigência da Medida Provisória 542, de 30.06.1994, convalidada pela Lei 9.069, de 29.06.1995, o critério de reajuste da complementação de aposentadoria passou a ser anual e não semestral, aplicando-se o princípio *rebus sic stantibus* diante da nova ordem econômica.

II – A alteração da periodicidade do reajuste da complementação de aposentadoria – de semestral para anual –, não afeta o direito ao resíduo inflacionário apurado nos meses de abril, maio e junho de 1994, que deverá incidir sobre a correção realizada no mês de julho de 1995.

• Alterada pelo TST em 14.09.2010 (*DJE* 16.09.2010).

225. Contrato de concessão de serviço público. Responsabilidade trabalhista. (Inserida em 20.06.01 e alterada pelo Tribunal Pleno, em 18.04.02 – MA 10.999/02)

Celebrado contrato de concessão de serviço público em que uma empresa (primeira concessionária) outorga a outra (segunda concessionária), no todo ou em parte, mediante arrendamento ou qualquer outra forma contratual, a título transitório, bens de sua propriedade:

I – em caso de rescisão do contrato de trabalho após a entrada em vigor da concessão, a segunda concessionária, na condição de sucessora, responde pelos direitos decorrentes do contrato de trabalho, sem prejuízo da responsabilidade subsidiária da primeira concessionária pelos débitos trabalhistas contraídos até a concessão;

II – no tocante ao contrato de trabalho extinto antes da vigência da concessão, a responsabilidade pelos direitos dos trabalhadores será exclusivamente da antecessora.

• Alterada pela Res. TST 129/2005 (*DJU* 20.04.2005).

226. Crédito trabalhista. Cédula de crédito rural. Cédula de crédito industrial. Penhorabilidade. (Inserida em 20.06.01)

Diferentemente da cédula de crédito industrial garantida por alienação fiduciária, na cédula rural pignoratícia ou hipotecária o bem permanece sob o domínio do devedor (executado), não constituindo óbice à penhora na esfera trabalhista. (Decreto-lei 167/1967, art. 69; CLT, arts. 10 e 30 e Lei 6.830/1980.)

• Alterada pela Res. TST 129/2005 (*DJU* 20.04.2005).

227. (Cancelada pelo Tribunal Pleno em 10.11.2005 – *DJU* 22.11.2005.)

Denunciação da lide. Processo do trabalho. Incompatibilidade. (Inserida em 20.06.2001)

228. (Cancelada em decorrência da sua conversão na Súmula 368 – Res. TST 129/2005 – *DJU* 20.04.2005.)

Descontos legais. Sentenças trabalhistas. Lei 8.541/1992, art. 46. Provimento da CGJT 3/1984 e alterações posteriores. (Inserida em 20.06.01)

O recolhimento dos descontos legais, resultante dos créditos do trabalhador oriundos de condenação judicial, deve incidir sobre o valor total da condenação e calculado ao final.

229. (Cancelada em decorrência da sua conversão na Súmula 390 – Res. TST 129/2005 – *DJU* 20.04.2005.)

Estabilidade. Art. 41 da CF/1988. Celetista. Empresa pública e sociedade de economia mista. Inaplicável. (Inserida em 20.06.01)

230. (Cancelada em decorrência da sua conversão na Súmula 378 – Res. TST 129/2005 – *DJU* 20.04.2005.)

Estabilidade. Lei 8.213/1991. Art. 118 c/c art. 59. (Inserida em 20.06.01)

O afastamento do trabalho por prazo superior a 15 (quinze) dias e a consequente percepção do auxílio-doença acidentário constituem pressupostos para o direito à estabilidade prevista no art. 118 da Lei 8.213/1991, assegurada por período de 12 meses, após a cessação do auxílio-doença.

231. (Cancelada em decorrência da sua conversão na Orientação Jurisprudencial Transitória 50 da SDI-1 – Res. TST 129/2005 – *DJU* 20.04.2005.)

Férias. Abono instituído por instrumento normativo e terço constitucional. Simultaneidade inviável. (Inserida em 20.06.01)

232. FGTS. Incidência. Empregado transferido para o exterior. Remuneração.

O FGTS incide sobre todas as parcelas de natureza salarial pagas ao empregado em virtude de prestação de serviços no exterior.

233. Horas extras. Comprovação de parte do período alegado. (Inserida em 20.06.01)

A decisão que defere horas extras com base em prova oral ou documental não ficará limitada ao tempo por ela abrangido, desde que o julgador fique convencido de que o procedimento questionado superou aquele período.

• Alterada pela Res. TST 129/2005 (*DJU* 20.04.2005).

234. (Cancelada em decorrência da nova redação conferida à Súmula 338 – Res. TST 129/2005 – *DJU* 20.04.2005.)

Horas extras. Folha individual de presença (FIP) instituída por norma coletiva. Prova oral. Prevalência. (Inserida em 20.06.01)

A presunção de veracidade da jornada de trabalho anotada em folha individual de presença, ainda que prevista em instrumento normativo, pode ser elidida por prova em contrário.

235. Horas extras. Salário por produção. (Redação alterada na sessão do Tribunal Pleno realizada em 16.04.2012)

O empregado que recebe salário por produção e trabalha em sobrejornada tem direito à percepção apenas do adicional de horas extras, exceto no caso do empregado cortador de cana, a quem é devido o pagamento das horas extras e do adicional respectivo.

• Alterada pela Res. TST 182/2012 (*DJE* 19.04.2012).

236. (Cancelada em decorrência da nova redação conferida à Súmula 90 – Res. TST 129/2005 – *DJU* 20.04.2005.)

Horas *in itinere*. Horas extras. Adicional devido. (Inserida em 20.06.01)

Considerando que as horas *in itinere* são computáveis na jornada de trabalho, o tempo que extrapola a jornada legal é considerado como extraordinário e sobre ele deve incidir o adicional respectivo.

237. Ministério Público do Trabalho. Legitimidade para recorrer. Sociedade de economia mista. Empresa pública (incorporada a OJ 338 da SBDI-I)

I – O Ministério Público do Trabalho não tem legitimidade para recorrer na defesa de interesse patrimonial privado, ainda que de empresas públicas e sociedades de economia mista.

II – Há legitimidade do Ministério Público do Trabalho para recorrer de decisão que declara a existência de vínculo empregatício com sociedade de economia mista ou empresa pública, após a Constituição Federal de 1988, sem a prévia aprovação em concurso público, pois é matéria de ordem pública.

• Alterada pela Res. TST 210/2016 (*DEJT* 30.06.2016).

238. Multa. Art. 477 da CLT. Pessoa jurídica de direito público. Aplicável. (Inserida em 20.06.01)

Submete-se à multa do artigo 477 da CLT a pessoa jurídica de direito público que não observa o prazo para pagamento das verbas rescisórias, pois nivela-se a qualquer particular, em direitos e obrigações, despojando-se do *jus imperii* ao celebrar um contrato de emprego.

• Alterada pela Res. TST 129/2005 (*DJU* 20.04.2005).

239. (Cancelada em decorrência da sua conversão na Súmula 384 – Res. TST 129/2005 – *DJU* 20.04.2005.)

Multa convencional. Horas extras. (Inserida em 20.06.01)

Prevista em instrumento normativo (sentença normativa, convenção ou acordo coletivo) determinada obrigação e, consequentemente, multa pelo respectivo descumprimento, esta tem incidência mesmo que aquela obrigação seja mera repetição de texto da CLT.

240. (Cancelada em decorrência da sua conversão na Súmula 391 – Res. TST 129/2005 – *DJU* 20.04.2005.)

Petroleiros. Horas extras. Lei 5.811/1972. Recepcionada pela CF/1988. (Inserida em 20.06.01)

241. (Cancelada em decorrência da sua conversão na Orientação Jurisprudencial Transitória 55 da SDI-1 – Res. TST 129/2005 – *DJU* 20.04.2005.)

Plano Collor. Servidores de fundações e autarquias do GDF. Celetistas. Legislação federal. (Inserida em 20.06. 01)

Inexiste direito adquirido às diferenças salariais de 84,32% (oitenta e quatro inteiros e trinta e dois décimos por cento) do IPC de março de 1990 aos servidores celetistas de Fundações e Autarquias do GDF.

242. Prescrição total. Horas extras. Adicional. Incorporação.

Embora haja previsão legal para o direito à hora extra, inexiste previsão para a incorporação ao salário do respectivo adicional, razão pela qual deve incidir a prescrição total.

243. Prescrição total. Planos econômicos.

Aplicável a prescrição total sobre o direito de reclamar diferenças salariais resultantes de planos econômicos.

244. Professor. Redução da carga horária. Possibilidade.

A redução da carga horária do professor, em virtude da diminuição do número de alunos, não constitui alteração contratual, uma vez que não implica redução do valor da hora-aula.

245. Revelia. Atraso. Audiência.

Inexiste previsão legal tolerando atraso no horário de comparecimento da parte na audiência.

246. (Cancelada em decorrência da sua conversão na Súmula 367 – Res. TST 129/2005 – *DJU* 20.04.2005.)

Salário-utilidade. Veículo. (Inserida em 20.06.01)

A utilização, pelo empregado, em atividades particulares, de veículo que lhe é fornecido para o trabalho da empresa não caracteriza salário-utilidade.

247. Servidor público. Celetista concursado. Despedida imotivada. Empresa pública ou sociedade de economia mista. Possibilidade.

A despedida de empregados de empresa pública e de sociedade de economia mista, mesmo admitidos por concurso público, independe de ato motivado para sua validade;

A validade do ato de despedida do empregado da Empresa Brasileira de Correios e Telégrafos (ECT) está condicionada à motivação, por gozar a empresa do mesmo tratamento destinado à Fazenda Pública em relação à imunidade tributária e à execução por precatório, além das prerrogativas de foro, prazos e custas processuais.

- Alterada pela Res. 143/2007 (*DJU* 13.11.2007).

248. (Cancelada em decorrência da sua incorporação à Orientação Jurisprudencial 175 da SBDI-1 – *DJU* 22.11.2005.)

Comissões. Alteração. Prescrição total. Súmula 294. Aplicável. (Inserida em 13.03.2002)

A alteração das comissões caracteriza-se como ato único e positivo do empregador, incidindo a prescrição total, nos termos da Súmula 294 do TST.

249. (Cancelada em decorrência da sua incorporação à nova redação à Orientação Jurisprudencial 138 da SDI-1 – Res. TST 129/2005 – *DJU* 20.04.2005.)

Competência residual. Regime Jurídico Único. Lei 8.112/1990. Limitação. (Inserida em 13.03.02)

A superveniência de regime estatutário em substituição ao celetista, mesmo após a sentença, limita a execução ao período celetista.

250. (Cancelada em decorrência da sua conversão na Orientação Jurisprudencial Transitória 51 da SDI-1 – Res. TST 129/2005 – *DJU* 20.04.2005.)

Complementação de aposentadoria. Caixa Econômica Federal. Auxílio-alimentação. Supressão. Enunciados 51 e 288. Aplicáveis. (Inserida em 13.03.02)

A determinação de supressão do pagamento de auxílio-alimentação aos aposentados e pensionistas da Caixa Econômica Federal, oriunda do Ministério da Fazenda, não atinge aqueles ex-empregados que já percebiam o benefício.

251. Descontos. Frentista. Cheques sem fundos.

É lícito o desconto salarial referente à devolução de cheques sem fundos, quando o frentista não observar as recomendações previstas em instrumento coletivo.

252. (Cancelada em decorrência da nova redação conferida à Súmula 6 – Res. TST 129/2005 – *DJU* 20.04.2005.)

Equiparação salarial. Mesma localidade. Conceito. Art. 461 da CLT. (Inserida em 13.03.02)

O conceito de "mesma localidade" de que trata o art. 461 da CLT refere-se, em princípio, ao mesmo município, ou a municípios distintos que, comprovadamente, pertençam à mesma região metropolitana.

253. Estabilidade provisória. Cooperativa. Lei 5.764/1971. Conselho fiscal. Suplente. Não assegurada.

O art. 55 da Lei 5.764/1971 assegura a garantia de emprego apenas aos empregados eleitos diretores de Cooperativas, não abrangendo os membros suplentes.

254. (Cancelada em decorrência da sua incorporação à nova redação conferida à Orientação Jurisprudencial 42 da SDI-1 – Res. TST 129/2005 – *DJU* 20.04.2005.)

FGTS. Multa de 40%. Aviso-prévio indenizado. Atualização monetária. Diferença indevida. (Inserida em 13.03.02)

O cálculo da multa de 40% (quarenta por cento) do FGTS deverá ser feito com base no saldo da conta vinculada na data do efetivo pagamento das verbas rescisórias, desconsiderada a projeção do aviso-prévio indenizado, por ausência de previsão legal.

255. Mandato. Contrato social. Desnecessária a juntada.

O art. 75, inciso VIII, do CPC de 2015 (art. 12, VI, do CPC de 1973) não determina a exibição dos estatutos da empresa em juízo como condição de validade do instrumento de mandato outorgado ao seu procurador, salvo se houver impugnação da parte contrária.

- Alterada pela Res. TST 208/2016 (*DEJT* 22.04.2016).

256. Prequestionamento. Configuração. Tese Explícita. Súmula 297 (inserida em 13.03.2002)

Para fins do requisito do prequestionamento de que trata a Súmula 297, há necessidade de que haja, no acórdão, de maneira clara, elementos que levem à conclusão de que o Regional adotou uma tese contrária à lei ou à súmula.

257. Recurso de revista. Fundamentação. Violação de lei. Vocábulo violação. Desnecessidade. (Alterada em decorrência do inciso II do art. 894 da CLT, incluído pela Lei 11.496/2007)

A invocação expressa no recurso de revista dos preceitos legais ou constitucionais tidos como violados não significa exigir da parte a utilização das expressões "contrariar", "ferir", "violar", etc.

- Alterada pela Res. TST 182/2012 (*DJE* 19.04.2012).

258. (Cancelada em decorrência da sua conversão na Súmula 364 – Res. TST 129/2005 – *DJU* 20.04.2005.)

Adicional de periculosidade. Acordo coletivo ou convenção coletiva. Prevalência. (Inserida em 27.09.02)

A fixação do adicional de periculosidade, em percentual inferior ao legal e proporcional ao tempo de exposição ao risco, deve ser respeitada, desde que pactuada em acordos ou convenções coletivos de trabalho (art. 7º, inciso XXVI, da CF/1988).

259. Adicional noturno. Base de cálculo. Adicional de periculosidade. Integração.

O adicional de periculosidade deve compor a base de cálculo do adicional noturno, já que também neste horário o trabalhador permanece sob as condições de risco.

260. Agravo de instrumento. Recurso de revista. Procedimento sumaríssimo. Lei 9.957/2000. Processos em curso.

I – É inaplicável o rito sumaríssimo aos processos iniciados antes da vigência da Lei 9.957/2000.

II – No caso de o despacho denegatório de recurso de revista invocar, em processo iniciado antes da Lei 9.957/2000, o § 6º do art. 896 da CLT (rito sumaríssimo), como óbice ao trânsito do apelo calcado em divergência jurisprudencial ou violação de dispositivo infraconstitucional, o Tribunal superará o obstáculo, apreciando o recurso sob esses fundamentos.

261. Bancos. Sucessão trabalhista.

As obrigações trabalhistas, inclusive as contraídas à época em que os empregados trabalhavam para o banco sucedido, são de responsabilidade do sucessor, uma vez que a este foram transferidos os ativos, as agências, os direitos e deveres contratuais, caracterizando típica sucessão trabalhista.

262. Coisa julgada. Planos econômicos. Limitação à data base na fase de execução.

Não ofende a coisa julgada a limitação à data base da categoria, na fase executória, da condenação ao pagamento de diferenças salariais decorrentes de planos econômicos, quando a decisão exequenda silenciar sobre a limitação, uma vez que a limitação decorre de norma cogente. Apenas quando a sentença exequenda houver expressamente afastado a limitação à data base é que poderá ocorrer ofensa à coisa julgada.

263. (Cancelada pelo Tribunal Pleno em 02.09.2004 – *DJU* 14.09.2004)

Contrato por prazo determinado. Lei especial (estadual e municipal). Incompetência da Justiça do Trabalho.

A relação jurídica que se estabelece entre o Estado ou Município e o servidor contratado para exercer funções temporárias ou de natureza técnica, decorrente de lei especial, é de natureza administrativa, razão pela qual a competência é da justiça comum, até mesmo para apreciar a ocorrência de eventual desvirtuamento do regime especial (CF/1967, art. 106; CF/1988, art. 37, IX).

264. Depósito recursal. PIS/PASEP. Ausência de indicação na guia de depósito recursal. Validade.

Não é essencial para a validade da comprovação do depósito recursal a indicação do número do PIS/PASEP na guia respectiva.

265. (Cancelada em decorrência da sua conversão na Súmula 390 – Res. TST 129/2005 – *DJU* 20.04.2005.)

Estabilidade. Art. 41 da CF/1988. Celetista. Administração direta, autárquica ou fundacional. Aplicabilidade. (Inserida em 27.09.02)

O servidor público celetista da administração direta, autárquica ou fundacional é beneficiário da estabilidade prevista no art. 41 da Constituição Federal.

266. (Cancelada em decorrência da sua conversão na Súmula 369 – Res. TST 129/2005 – *DJU* 20.04.2005.)

Estabilidade. Dirigente sindical. Limitação. Art. 522 da CLT. (Inserida em 27.09.02)

O art. 522 da CLT, que limita a sete o número de dirigentes sindicais, foi recepcionado pela Constituição Federal de 1988.

267. (Cancelada em decorrência da nova redação conferida à Súmula 132 – Res. TST 129/2005 – *DJU* 20.04.2005.)

Horas extras. Adicional de periculosidade. Base de cálculo. (Inserida em 27.09.02)

O adicional de periculosidade integra a base de cálculo das horas extras.

268. Indenização adicional. Leis 6.708/1979 e 7.238/1984. Aviso-prévio. Projeção. Estabilidade provisória.

Somente após o término do período estabilitário é que se inicia a contagem do prazo do aviso-prévio para efeito das indenizações previstas nos artigos 9º da Lei 6.708/1979 e 9º da Lei 7.238/1984.

269. Justiça gratuita. Requerimento de isenção de despesas processuais. Momento oportuno (inserido item II em decorrência do CPC de 2015)

I – O benefício da justiça gratuita pode ser requerido em qualquer tempo ou grau de jurisdição, desde que, na fase recursal, seja o requerimento formulado no prazo alusivo ao recurso;

II – Indeferido o requerimento de justiça gratuita formulado na fase recursal, cumpre ao relator fixar prazo para que o recorrente efetue o preparo (art. 99, § 7º, do CPC de 2015).

- Alterada pela Res. TST 219/2017 (*DEJT* 28.06.2017, rep. 12.07.2017).

270. Programa de Incentivo à Demissão Voluntária. Transação extrajudicial. Parcelas oriundas do extinto contrato de trabalho. Efeitos.

A transação extrajudicial que importa rescisão do contrato de trabalho ante a adesão do empregado a plano de demissão voluntária implica quitação exclusivamente das parcelas e valores constantes do recibo.

271. Rurícola. Prescrição. Contrato de emprego extinto. Emenda Constitucional 28/2000. Inaplicabilidade. (Inserida em 27.09.2002)

O prazo prescricional da pretensão do rurícola, cujo contrato de emprego já se extinguira ao sobrevir a Emenda Constitucional 28, de 26/05/2000, tenha sido ou não ajuizada a ação trabalhista, prossegue regido pela lei vigente ao tempo da extinção do contrato de emprego.

- Alterada pelo TST em 10.11.2005 (*DJU* 22.11.2005).

272. Salário mínimo. Servidor. Salário-base inferior. Diferenças. Indevidas.

A verificação do respeito ao direito ao salário mínimo não se apura pelo confronto isolado do salário-base com o mínimo legal, mas deste com a soma de todas as parcelas de natureza salarial recebidas pelo empregado diretamente do empregador.

273. (Cancelada pela Res. TST 175/2011 – *DEJT* 27.05.2011.)

"Telemarketing". Operadores. Art. 227 da CLT. Inaplicável.

A jornada reduzida de que trata o art. 227 da CLT não é aplicável, por analogia, ao operador de televendas, que não exerce suas atividades exclusivamente como telefonista, pois, naquela função, não opera mesa de transmissão, fazendo uso apenas dos telefones comuns para atender e fazer as ligações exigidas no exercício da função.

274. Turno ininterrupto de revezamento. Ferroviário. Horas extras. Devidas.

O ferroviário submetido a escalas variadas, com alternância de turnos, faz jus à jornada especial prevista no art. 7º, XIV, da CF/1988.

275. Turno ininterrupto de revezamento. Horista. Horas extras e adicional. Devidos.

Inexistindo instrumento coletivo fixando jornada diversa, o empregado horista submetido a turno ininterrupto de revezamento faz jus ao pagamento das horas extraordinárias laboradas além da sexta, bem como ao respectivo adicional.

276. Ação declaratória. Complementação de aposentadoria.

É incabível ação declaratória visando a declarar direito à complementação de aposentadoria, se ainda não atendidos os requisitos necessários à aquisição do direito, seja por via regulamentar, ou por acordo coletivo.

277. Ação de cumprimento fundada em decisão normativa que sofreu posterior reforma, quando já transitada em julgado a sentença condenatória. Coisa julgada. Não configuração.

A coisa julgada produzida na ação de cumprimento é atípica, pois dependente de condição resolutiva, ou seja, da não modificação da decisão normativa por eventual recurso. Assim, modificada a sentença normativa pelo TST, com a consequente extinção do processo, sem julgamento do mérito, deve-se extinguir a execução em andamento, uma vez que a norma sobre a qual se apoiava o título exequendo deixou de existir no mundo jurídico.

278. Adicional de insalubridade. Perícia. Local de trabalho desativado.

A realização de perícia é obrigatória para a verificação de insalubridade. Quando não for possível sua realização como em caso de fechamento da empresa, poderá o julgador utilizar-se de outros meios de prova.

279. (Cancelada pela Res. TST 214/2016 – *DEJT* 01.12.2016.)

(Adicional de periculosidade. Eletricitários. Base de cálculo. Lei 7.369/1985, art. 1º. Interpretação. O adicional de periculosidade dos eletricitários deverá ser calculado sobre o conjunto de parcelas de natureza salarial.)

280. (Cancelada em decorrência da sua conversão na Súmula 364 – Res. TST 129/2005 – *DJU* 20.04.2005.)

Adicional de periculosidade. Exposição eventual. Indevido. (*DJ* 11.08.03)

O contato eventual com o agente perigoso, assim considerado o fortuito, ou o que, sendo habitual, se dá por tempo extremamente reduzido, não dá direito ao empregado a perceber o adicional respectivo.

281. (Cancelada em decorrência da sua conversão na Orientação Jurispruden-

TST

cial Transitória 52 da SDI-1 – Res. TST 129/2005 – *DJU* 20.04.2005.)

Agravo de instrumento. Acórdão do TRT não assinado. Interposto anteriormente à Instrução Normativa 16/1999. (*DJ* 11.08.03)

Nos Agravos de Instrumentos interpostos anteriormente à edição da Instrução Normativa 16/1999, a ausência de assinatura na cópia não a torna inválida, desde que dela conste o carimbo, aposto pelo servidor, certificando que confere com o original.

282. Agravo de instrumento. Juízo de admissibilidade *ad quem*.

No julgamento de Agravo de Instrumento ao afastar o óbice apontado pelo TRT para o processamento do recurso de revista, pode o juízo *ad quem* prosseguir no exame dos demais pressupostos extrínsecos e intrínsecos do recurso de revista, mesmo que não apreciados pelo TRT.

283. Agravo de instrumento. Peças essenciais. Traslado realizado pelo agravado. Validade.

É válido o traslado de peças essenciais efetuado pelo agravado, pois sua regular formação incumbe às partes e não somente ao agravante.

284. (Cancelada pela Res. TST 217/2017 – *DEJT* 20.04.2017)

Agravo de instrumento. Traslado. Ausência de certidão de publicação. Etiqueta adesiva imprestável para aferição da tempestividade.

A etiqueta adesiva na qual consta a expressão "no prazo" não se presta à aferição de tempestividade do recurso, pois sua finalidade é tão somente servir de controle processual interno do TRT e sequer contém a assinatura do funcionário responsável por sua elaboração.

285. (Cancelada pela Res. TST 217/2017 – *DEJT* 20.04.2017)

Agravo de instrumento. Traslado. Carimbo do protocolo do recurso ilegível. Inservível.

O carimbo do protocolo da petição recursal constitui elemento indispensável para aferição da tempestividade do apelo, razão pela qual deverá estar legível, pois um dado ilegível é o mesmo que a inexistência do dado.

286. Agravo de Instrumento. Traslado. Mandato Tácito. Ata de Audiência. Configuração.

I – A juntada da ata de audiência, em que consignada a presença do advogado, desde que não estivesse atuando com mandato expresso, torna dispensável a procuração deste, porque demonstrada a existência de mandato tácito.

II – Configurada a existência de mandato tácito fica suprida a irregularidade detectada no mandato expresso.

- Alterada pela Res. TST 167/2010 (*DJE* 30.04.2010).

287. (Cancelada pela Res. TST 219/2017 – *DEJT* 28.06.2017)

Autenticação. Documentos distintos. Despacho denegatório do recurso de revista e certidão de publicação.

Distintos os documentos contidos no verso e anverso, é necessária a autenticação de ambos os lados da cópia.

288. (Cancelada em decorrência da nova redação conferida à Súmula 102 – Res. TST 129/2005 – *DJU* 20.04.2005.)

Bancário. Cargo de confiança. Art. 224, § 2º, CLT. Gratificação. Pagamento a menor. (*DJ* 11.08.03)

Devidas são as 7ª e 8ª horas como extras no período em que se verificou o pagamento a menor da gratificação de 1/3 (um terço).

289. (Cancelada em decorrência da sua incorporação à nova redação conferida à Orientação Jurisprudencial 18 da SDI-1 – Res. TST 129/2005 – *DJU* 20.04.2005.)

Banco do Brasil. Complementação de aposentadoria. Média trienal. Valorizada. (*DJ* 11.08.03)

Nos cálculos da complementação de aposentadoria há de ser observada a média trienal valorizada.

290. (Cancelada – *DJU* 05.07.2005.)

Contribuição sindical patronal. Ação de cumprimento. Incompetência da Justiça do Trabalho.

É incompetente a Justiça do Trabalho para apreciar lide entre o sindicato patronal e a respectiva categoria econômica, objetivando cobrar a contribuição assistencial.

291. (Cancelada em decorrência da sua conversão na Orientação Jurisprudencial Transitória 53 da SDI-1 – Res. TST 129/2005 – *DJU* 20.04.2005.)

Custas. Embargos de terceiro interpostos anteriormente à Lei 10.537/02. Inexigência de recolhimento. (*DJ* 11.08.03)

Tratando-se de embargos de terceiro, incidentes em execução, interpostos anteriormente à Lei 10.537/02, incabível o pagamento de custas, por falta de previsão legal.

292. (Cancelada em decorrência da nova redação conferida à Súmula 101 – Res. TST 129/2005 – *DJU* 20.04.2005.)

Diárias. Integração ao salário. Art. 457, § 2º, da CLT. (*DJ* 11.08.03)

As diárias de viagem pagas, ainda que superiores a 50% (cinquenta por cento), só integram o salário do empregado enquanto perdurarem as viagens.

293. (Cancelada pela Res. TST 171/2010 – *DJE* 19.11.2010.)

Embargos à SDI contra decisão de turma do TST em agravo do art. 557, § 1º, do CPC. Cabimento.

São cabíveis Embargos para a SDI contra decisão de Turma proferida em Agravo interposto de decisão monocrática do relator, baseada no art. 557, § 1º, do CPC.

294. (Cancelada em decorrência da sua conversão na Orientação Jurisprudencial Transitória 78 – Res. TST 194/2014 – *DEJT* 21.05.2014.)

Embargos à SDI contra decisão em recurso de revista não conhecido quanto aos pressupostos intrínsecos. Necessária a indicação expressa de ofensa ao art. 896 da CLT.

Para a admissibilidade e conhecimento de embargos, interpostos contra decisão mediante a qual não foi conhecido o recurso de revista pela análise dos pressupostos intrínsecos, necessário que a parte embargante aponte expressamente a violação ao art. 896 da CLT.

295. (Cancelada em decorrência da sua conversão na Orientação Jurisprudencial Transitória 79 – Res. TST 194/2014 – *DEJT* 21.05.2014.)

Embargos. Revista não conhecida por má aplicação de súmula ou de orientação jurisprudencial. Exame do mérito pela SDI.

A SDI, ao conhecer dos Embargos por violação do art. 896 por má aplicação de súmula ou de orientação jurisprudencial pela Turma –, julgará desde logo o mérito, caso conclua que a revista merecia conhecimento e que a matéria de fundo se encontra pacificada neste Tribunal.

296. Equiparação salarial. Atendente e auxiliar de enfermagem. Impossibilidade.

Sendo regulamentada a profissão de auxiliar de enfermagem, cujo exercício pressupõe habilitação técnica, realizada pelo Conselho Regional de Enfermagem, impossível a equiparação salarial do simples atendente com o auxiliar de enfermagem.

297. Equiparação salarial. Servidor público da administração direta, autárquica e fundacional. Art. 37, XIII, da CF/1988.

O art. 37, inciso XIII, da CF/1988 veda a equiparação de qualquer natureza para o efeito de remuneração do pessoal do serviço público, sendo juridicamente impossível a aplicação da norma infraconstitucional prevista no art. 461 da CLT quando se pleiteia equiparação salarial entre servidores públicos, independentemente de terem sido contratados pela CLT.

298. (Cancelada em decorrência da nova redação conferida à Súmula 6 – Res. TST 129/2005 – *DJU* 20.04.2005.)

Equiparação salarial. Trabalho intelectual. Possibilidade. (*DJ* 11.08.03)

Desde que atendidos os requisitos do art. 461 da CLT, é possível a equiparação salarial de trabalho intelectual, que pode ser avaliado por sua perfeição técnica, cuja aferição terá critérios objetivos.

299. (Cancelada em decorrência da nova redação conferida à Súmula 98 – Res. TST 129/2005 – *DJU* 20.04.2005.)

Estabilidade contratual e FGTS. Compatibilidade. (*DJ* 11.08.03)

A estabilidade contratual ou derivada de regulamento de empresa é compatível com o regime do FGTS. Diversamente ocorre com a estabilidade legal (decenal, art. 492, CLT), que é renunciada com a opção pelo FGTS.

300. Execução trabalhista. Correção monetária. Juros. Lei 8.177/1991, art. 39, e Lei 10.192/2001, art. 15. (*DJ* 11.08.03)

Não viola norma constitucional (art. 5º, II e XXXVI) a determinação de aplicação da TRD como fator de correção monetária dos débitos trabalhistas, cumulada com juros de mora previstos no artigo 39 da Lei 8.177/1991 e convalidado pelo artigo 15 da Lei 10.192/2001.

- Alterada pela Res. TST 129/2005 (*DJU* 20.04.2005).

301. (Cancelada pela Res. TST 175/2011 – *DEJT* 27.05.2011.)

FGTS. Diferenças. Ônus da prova. Lei 8.036/1990, art. 17.

Definido pelo reclamante o período nos quais não houve depósito do FGTS, ou houve em valor inferior, alegado pela reclamada a inexistência de diferença nos recolhimentos de FGTS, atrai para si o ônus da prova, incumbindo-lhe, portanto, apresentar as guias respectivas, a fim de demonstrar o fato extintivo do direito do autor (art. 818 da CLT c/c art. 333, II, do CPC).

302. FGTS. Índice de correção. Débitos trabalhistas.

Os créditos referentes ao FGTS, decorrentes de condenação judicial, serão corrigidos pelos mesmos índices aplicáveis aos débitos trabalhistas.

303. (Cancelada em decorrência da sua conversão na Súmula 372 – Res. TST 129/2005 – *DJU* 20.04.2005.)

Gratificação. Redução. Impossibilidade. (*DJ* 11.08.03)

Mantido o empregado no exercício da função comissionada, não pode o empregador reduzir o valor da gratificação.

304. (Cancelada pela Res. TST 219/2017 – *DEJT* 28.06.2017, rep. 12.07.2017)

Honorários advocatícios. Assistência judiciária. Declaração de pobreza. Comprovação.

Atendidos os requisitos da Lei 5.584/1970 (art. 14, § 2º), para a concessão da assistência judiciária, basta a simples afirmação do declarante ou de seu advogado, na petição inicial, para considerar configurada a sua situação econômica (art. 4º, § 1º, da Lei 7.510/1986, que deu nova redação à Lei 1.060/1950).

305. (Cancelada em decorrência da sua incorporação à nova redação da Súmula 219 – Res. TST 197/2015 – *DEJT* 14.05.2015.)

Honorários advocatícios. Requisitos. Justiça do Trabalho.

Na Justiça do Trabalho, o deferimento de honorários advocatícios sujeita-se à constatação da ocorrência concomitante de dois requisitos: o benefício da justiça gratuita e a assistência por sindicato.

306. (Cancelada em decorrência da nova redação conferida à Súmula 338 – Res. TST 129/2005 – *DJU* 20.04.2005.)

Horas extras. Ônus da prova. Registro invariável. (*DJ* 11.08.03)

Os cartões de ponto que demonstram horários de entrada e saída invariáveis são inválidos como meio de prova, invertendo-se o ônus da prova, relativo às horas extras, que passa a ser do empregador, prevalecendo o horário da inicial se dele não se desincumbir.

307. (Cancelada em decorrência da aglutinação ao item I da Súmula 437 – Res. TST 186/2012 – *DEJT* 25.09.2012)

Intervalo intrajornada (para repouso e alimentação). Não concessão ou concessão parcial. Lei 8.923/1994 (*DJ* 11.08.2003)

Após a edição da Lei 8.923/1994, a não-concessão total ou parcial do intervalo intrajornada mínimo, para repouso e alimentação, implica o pagamento total do período correspondente, com acréscimo de, no mínimo, 50% (cinquenta por cento) sobre o valor da remuneração da hora normal de trabalho (art. 71 da CLT).

308. Jornada de trabalho. Alteração. Retorno à jornada inicialmente contratada. Servidor público.

O retorno do servidor público (administração direta, autárquica e fundacional) à jornada inicialmente contratada não se insere nas vedações do art. 468 da CLT, sendo a sua jornada definida em lei e no contrato de trabalho firmado entre as partes.

309. (Cancelada em decorrência da sua incorporação à nova redação conferida à Orientação Jurisprudencial 147 da SDI-1 – Res. TST 129/2005 – *DJU* 20.04.2005.)

Lei estadual, norma coletiva ou regulamento de empresa. Interpretação. Art. 896, *b*, da CLT. (*DJ* 11.08.03)

Viola o art. 896, *b*, da CLT, o conhecimento de recurso por divergência, caso a parte não comprove que a lei estadual, a norma coletiva ou o regulamento da empresa extrapolam o âmbito do TRT prolator da decisão recorrida.

310. Litisconsortes. Procuradores distintos. Prazo em dobro. Art. 229, *caput* e §§ 1º e 2º, do CPC de 2015. Art. 191 do CPC de 1973. Inaplicável ao processo do trabalho.

Inaplicável ao processo do trabalho a norma contida no art. 229, *caput* e §§ 1º e 2º, do CPC de 2015 (art. 191 do CPC de 1973), em razão de incompatibilidade com a celeridade que lhe é inerente.

- Alterada pela Res. TST 208/2016 (*DEJT* 22.04.2016).

311. (Cancelada em decorrência da sua conversão na Súmula 383 – Res. TST 129/2005 – *DJU* 20.04.2005.)

Mandato. Art. 37 do CPC. Inaplicável na fase recursal. (*DJ* 11.08.03)

É inadmissível, em instância recursal, o oferecimento tardio de procuração, ainda que mediante protesto por posterior juntada, já que a interposição de recurso não pode ser reputada como ato urgente.

312. (Cancelada em decorrência da sua conversão na Súmula 395 – Res. TST 129/2005 – *DJU* 20.04.2005.)

Mandato. Cláusula com ressalva de vigência. Prorrogação até o final da demanda. (*DJ* 11.08.03)

Válido é o instrumento de mandato com prazo determinado que contém cláusula estabelecendo a prevalência dos poderes para atuar até o final da demanda.

313. (Cancelada em decorrência da sua conversão na Súmula 395 – Res. TST 129/2005 – *DJU* 20.04.2005.)

Mandato. Cláusula fixando prazo para juntada. (*DJ* 11.08.03)

Diante da existência de previsão, no mandato, fixando termo para sua juntada, o instrumento de mandato só tem validade se anexado ao processo dentro do aludido prazo.

314. (Cancelada em decorrência da sua conversão na Súmula 388 – Res. TST 129/2005 – *DJU* 20.04.2005.)

Massa falida. Dobra salarial. Art. 467 da CLT. Inaplicável. (*DJ* 11.08.03)

É indevida a aplicação da dobra salarial, prevista no art. 467 da CLT, nos casos da decretação de falência da empresa, porque a massa falida está impedida de saldar qualquer débito, até mesmo o de natureza trabalhista, fora do Juízo Universal da Falência (Decreto-lei 7.661/1945, art. 23).

- V. arts. 5º, 83, VII e 115, Lei 11.101/2005 (Lei de Recuperação de Empresas e Falência).

315. (Cancelada pela Res. TST 200/2015 – *DEJT* 29.10.2015)

Motorista. Empresa. Atividade predominantemente rural. Enquadramento como trabalhador rural.

É considerado trabalhador rural o motorista que trabalha no âmbito de empresa cuja atividade é preponderantemente rural, considerando que, de modo geral, não enfrenta o trânsito das estradas e cidades.

316. Portuários. Adicional de risco. Lei 4.860/1965.

O adicional de risco dos portuários, previsto no art. 14 da Lei 4.860/1965, deve ser proporcional ao tempo efetivo no serviço considerado sob risco e apenas àqueles que prestam serviços na área portuária.

317. (Cancelada em decorrência da nova redação conferida à Súmula 337 – Res. TST 129/2005 – *DJU* 20.04.2005.)

Repositório de jurisprudência autorizado após a interposição do recurso. Validade. (*DJ* 11.08.03)

A concessão de registro de publicação como repositório autorizado de jurisprudência do TST torna válidas todas as suas edições anteriores.

318. Autarquia. Fundação pública. Legitimidade para recorrer. Representação processual. (incluído o item II e alterada em decorrência do CPC de 2015)

I – Os Estados e os Municípios não têm legitimidade para recorrer em nome das autarquias e das fundações públicas.

II – Os procuradores estaduais e municipais podem representar as respectivas autarquias e fundações públicas em juízo somente se designados pela lei da respectiva unidade da federação (art. 75,

IV, do CPC de 2015) ou se investidos de instrumento de mandato válido.

- OJ com redação determinada pela Res. TST 220/2017 (*DEJT* 21.09.2017; rep. 22.09.2017).

319. Representação regular. Estagiário. Habilitação posterior.

Válidos são os atos praticados por estagiário se, entre o substabelecimento e a interposição do recurso, sobreveio a habilitação, do então estagiário, para atuar como advogado.

320. (Cancelada pelo Tribunal Pleno em 02.09.2004 – *DJU* 14.09.2004).

Sistema de protocolo integrado. Norma interna. Eficácia limitada a recursos da competência do TRT que a editou. Art. 896, § 2º, da CLT.

O sistema de protocolo integrado, criado pelos Tribunais Regionais do Trabalho, que autoriza as Varas localizadas no interior do Estado a receberem e a protocolarem documentos de natureza judiciária ou administrativa, destinados a outras Varas ou ao TRT local, tem aplicação restrita ao âmbito de competência do Tribunal que a editou, não podendo ser considerado válido em relação a recursos de competência do Tribunal Superior do Trabalho.

321. Vínculo empregatício com a administração pública. Período anterior à CF/1988. (*DJ* 11.08.03)

Salvo os casos de trabalho temporário e de serviço de vigilância, previstos nas Leis 6.019, de 03.01.1974, e 7.102, de 20.06.1983, é ilegal a contratação de trabalhadores por empresa interposta, formando-se o vínculo empregatício diretamente com o tomador dos serviços, inclusive ente público, em relação ao período anterior à vigência da CF/88.

- Alterada pela Res. TST 129/2005 (*DJU* 20.04.2005).

322. Acordo coletivo de trabalho. Cláusula de termo aditivo prorrogando o acordo para prazo indeterminado. Inválida.

Nos termos do art. 614, § 3º, da CLT, é de 2 (dois) anos o prazo máximo de vigência dos acordos e das convenções coletivas. Assim sendo, é inválida, naquilo que ultrapassa o prazo total de 2 (dois) anos, a cláusula de termo aditivo que prorroga a vigência do instrumento coletivo originário por prazo indeterminado.

323. Acordo de compensação de jornada. "Semana espanhola". Validade.

É válido o sistema de compensação de horário quando a jornada adotada é a denominada "semana espanhola", que alterna a prestação de 48 horas em uma semana e 40 horas em outra, não violando os arts. 59, § 2º, da CLT e 7º, XIII, da CF/1988 o seu ajuste mediante acordo ou convenção coletiva de trabalho.

324. Adicional de periculosidade. Sistema elétrico de potência. Decreto 93.412/1986, art. 2º, § 1º.

É assegurado o adicional de periculosidade apenas aos empregados que trabalham em sistema elétrico de potência em condições de risco, ou que o façam com equipamentos e instalações elétricas similares, que ofereçam risco equivalente, ainda que em unidade consumidora de energia elétrica.

325. Aumento salarial concedido pela empresa. Compensação no ano seguinte em antecipação sem a participação do sindicato profissional. Impossibilidade.

O aumento real, concedido pela empresa a todos os seus empregados, somente pode ser reduzido mediante a participação efetiva do sindicato profissional no ajuste, nos termos do art. 7º, VI, da CF/1988.

326. (Cancelada em decorrência da sua conversão na Súmula 366 – Res. TST 129/2005 – *DJU* 20.04.2005.)

Cartão de ponto. Registro. Horas extras. Minutos que antecedem e sucedem a jornada de trabalho. Tempo utilizado para uniformização, lanche e higiene pessoal. (*DJ* 09.12.03)

O tempo gasto pelo empregado com troca de uniforme, lanche e higiene pessoal, dentro das dependências da empresa, após o registro de entrada e antes do registro de saída, considera-se tempo à disposição do empregador, sendo remunerado como extra o período que ultrapassar, no total, a dez minutos da jornada de trabalho diária.

327. (Cancelada em decorrência da sua conversão na Súmula 392 – Res. TST 129/2005 – *DJU* 20.04.2005.)

Dano moral. Competência da Justiça do Trabalho. (*DJ* 09.12.03)

Nos termos do art. 114 da CF/1988, a Justiça do Trabalho é competente para dirimir controvérsias referentes à indenização por dano moral, quando decorrente da relação de trabalho.

- V. EC 45/2004 (Reforma do Judiciário).

328. (Cancelada em decorrência da nova redação conferida à Súmula 6 – Res. TST 129/2005 – *DJU* 20.04.2005.)

Equiparação salarial. Cargo com a mesma denominação. Funções diferentes ou similares. Não autorizada a equiparação. (*DJ* 09.12.03)

A equiparação salarial só é possível se o empregado e o paradigma exercerem a mesma função, desempenhando as mesmas tarefas, não importando se os cargos têm, ou não, a mesma denominação.

329. (Cancelada em decorrência da nova redação conferida à Súmula 339 – Res. TST 129/2005 – *DJU* 20.04.2005.)

Estabilidade. Cipeiro. Suplente. Extinção do estabelecimento. Indenização indevida. (*DJ* 09.12.03)

A estabilidade provisória do cipeiro não constitui vantagem pessoal, mas garantia para as atividades dos membros da CIPA, que somente tem razão de ser quando em atividade a empresa. Extinto o estabelecimento, não se verifica a despedida arbitrária, sendo impossível a reintegração e indevida a indenização do período estabilitário.

330. (Cancelada em decorrência da sua conversão na Súmula 395 – Res. TST 129/2005 – *DJU* 20.04.2005.)

Irregularidade de representação. Substabelecimento anterior à procuração. (*DJ* 09.12.03)

Configura-se a irregularidade de representação se o substabelecimento é anterior à outorga passada ao substabelecente.

331. (Cancelada pela Res. TST 210/2016 – *DEJT* 30.06.2016.)

Justiça gratuita. Declaração de insuficiência econômica. Mandato. Poderes específicos desnecessários.

Desnecessária a outorga de poderes especiais ao patrono da causa para firmar declaração de insuficiência econômica, destinada à concessão dos benefícios da justiça gratuita.

332. Motorista. Horas extras. Atividade externa. Controle de jornada por tacógrafo. Resolução 816/1986 do CONTRAN.

O tacógrafo, por si só, sem a existência de outros elementos, não serve para controlar a jornada de trabalho de empregado que exerce atividade externa.

333. (Cancelada em decorrência da sua conversão na Súmula 391 – Res. TST 129/2005 – *DJU* 20.04.2005.)

Petroleiros. Turno ininterrupto de revezamento. Alteração da jornada para horário fixo. Art. 10 da Lei 5.811/1972 recepcionado pela CF/1988. (*DJ* 09.12.03)

A previsão contida no art. 10 da Lei 5.811/1972, possibilitando a mudança do regime de revezamento para horário fixo, constitui alteração lícita, não violando os arts. 468 da CLT e 7º, VI, da CF/1988.

334. Remessa *ex officio*. Recurso de revista. Inexistência de recurso ordinário voluntário de ente público. Incabível.

Incabível recurso de revista de ente público que não interpôs recurso ordinário voluntário da Decisão de primeira instância, ressalvada a hipótese de ter sido agravada, na segunda instância, a condenação imposta.

335. Contrato nulo. Administração pública. Efeitos. Conhecimento do recurso por violação do art. 37, II e § 2º, da CF/88.

A nulidade da contratação sem concurso público, após a CF/88, bem como a limitação de seus efeitos, somente poderá ser declarada por ofensa ao art. 37, II, se invocado concomitantemente o seu § 2º, todos da CF/88.

336. Embargos interpostos anteriormente à vigência da Lei 11.496/2007. Recurso não conhecido com base em orientação jurisprudencial. Desnecessário o exame das violações de lei e da Constituição Federal alegadas no recurso de revista. (Redação alterada pelo Tribunal Pleno na sessão realizada em 06.02.2012)

Estando a decisão recorrida em conformidade com orientação jurisprudencial, desnecessário o exame das divergências e das violações de lei e da Constituição alegadas em embargos interpostos antes da vigência da Lei 11.496/2007, salvo nas hipóteses em que a orientação jurisprudencial não fizer qualquer citação do dispositivo constitucional.

- Alterada pela Res. TST 178/2012 (*DEJT* 14.02.2012).

337. (Cancelada em decorrência da sua conversão na Súmula 387 – Res. TST 129/2005 – *DJU* 20.04.2005.)

Fac-símile. Lei 9.800/1999, art. 2º. Prazo. Apresentação dos originais. (*DJ* 04.05.04)

A contagem do quinquídio para apresentação dos originais de recurso interposto por intermédio de "fac-símile" começa a fluir do dia subsequente ao término do prazo recursal, nos termos do art. 2º da Lei 9.800/1999, e não do dia seguinte à interposição do recurso, se esta se deu antes do termo final do prazo. Ademais, não se tratando, a juntada dos originais, de ato que dependa de notificação, pois a parte, ao interpor o recurso, já tem ciência de seu ônus processual, não se aplica a regra do art. 184 do CPC quanto ao *dies a quo* do prazo, podendo coincidir com sábado, domingo ou feriado.

338. (Cancelada em decorrência da sua incorporação à nova redação da Orientação Jurisprudencial 237 – Res. TST 210/2016 – *DEJT* 01.07.2016.)

Ministério Público do Trabalho. Legitimidade para recorrer. Sociedade de economia mista e empresa pública. Contrato nulo.

Há interesse do Ministério Público do Trabalho para recorrer contra decisão que declara a existência de vínculo empregatício com sociedade de economia mista, após a CF/88, sem a prévia aprovação em concurso público.

339. Teto remuneratório. Empresa pública e sociedade de economia mista. Art. 37, XI, da CF/1988 (anterior à Emenda Constitucional 19/1998). (*DJ* 04.05.04)

As empresas públicas e as sociedades de economia mista estão submetidas à observância do teto remuneratório previsto no inciso XI do art. 37 da CF/1988, sendo aplicável, inclusive, ao período anterior à alteração introduzida pela Emenda Constitucional 19/1998.

- Alterada pela Res. TST 129/2005 (*DJU* 20.04.2005).

340. (Cancelada em decorrência da sua conversão na Súmula 393 – Res. TST 129/2005 – *DJU* 20.04.2005.)

Efeito devolutivo. Profundidade. Recurso ordinário. Art. 515, § 1º, do CPC. Aplicação. (*DJ* 22.06.04)

O efeito devolutivo em profundidade do Recurso Ordinário, que se extrai do § 1º do art. 515 do CPC, transfere automaticamente ao Tribunal a apreciação de fundamento da defesa não examinado pela sentença, ainda que não renovado em contrarrazões. Não se aplica, todavia, ao caso de pedido não apreciado na sentença.

341. FGTS. Multa de 40%. Diferenças decorrentes dos expurgos inflacionários. Responsabilidade pelo pagamento.

É de responsabilidade do empregador o pagamento da diferença da multa de 40% (quarenta por cento) sobre os depósitos do FGTS, decorrente da atualização monetária em face dos expurgos inflacionários.

342. (Cancelada em decorrência da conversão do item I no item II da Súmula 437 – Res. TST 186/2012 – *DEJT* 25.09.2012)

Intervalo intrajornada para repouso e alimentação. Não concessão ou redução. Previsão em norma coletiva. Invalidade. Exceção aos condutores de veículos rodoviários, empregados em empresas de transporte coletivo urbano (alterada em decorrência do julgamento do processo TST IUJEEDEDRR 1226/2005-005-24-00.1) – Res. 159/2009, *DEJT* divulgado em 23, 24 e 25.11.2009.

I – É inválida cláusula de acordo ou convenção coletiva de trabalho contemplando a supressão ou redução do intervalo intrajornada porque este constitui medida de higiene, saúde e segurança do trabalho, garantido por norma de ordem pública (art. 71 da CLT e art. 7º, XXII, da CF/1988), infenso à negociação coletiva.

II – Ante a natureza do serviço e em virtude das condições especiais de trabalho a que são submetidos estritamente os condutores e cobradores de veículos rodoviários, empregados em empresas de transporte público coletivo urbano, é válida cláusula de acordo ou convenção coletiva de trabalho contemplando a redução do intervalo intrajornada, desde que garantida a redução da jornada para, no mínimo, 7 (sete) horas diárias ou 42 (quarenta e duas) semanais, não prorrogada, mantida a mesma remuneração e concedidos intervalos para descanso menores e fracionados ao final de cada viagem, não descontados da jornada.

343. Penhora. Sucessão. Art. 100 da CF/88. Execução.

É válida a penhora em bens de pessoa jurídica de direito privado, realizada anteriormente à sucessão pela União ou por Estado-membro, não podendo a execução prosseguir mediante precatório. A decisão que a mantém não viola o art. 100 da CF/88.

344. FGTS. Multa de 40%. Diferenças decorrentes dos expurgos inflacionários. Prescrição. Termo inicial. (mantida)

O termo inicial do prazo prescricional para o empregado pleitear em juízo diferenças da multa do FGTS, decorrentes dos expurgos inflacionários, deu-se com a vigência da Lei Complementar 110, em 30.06.2001, salvo comprovado trânsito em julgado de decisão proferida em ação proposta anteriormente na Justiça Federal, que reconheça o direito à atualização do saldo da conta vinculada.

- Redação mantida pela Res. TST 175/2011 (*DEJT* 27.05.2011).

345. Adicional de periculosidade. Radiação ionizante ou substância radioativa. Devido.

A exposição do empregado à radiação ionizante ou à substância radioativa enseja a percepção do adicional de periculosidade, pois a regulamentação ministerial (Portarias do Ministério do Trabalho 3.393, de 17.12.1987, e 518, de 07.04.2003), ao reputar perigosa a atividade, reveste-se de plena eficácia, porquanto expedida por força de delegação legislativa contida no art. 200, *caput*, e inciso VI, da CLT. No período de 12.12.2002 a 06.04.2003, enquanto vigeu a Portaria 496 do Ministério do Trabalho, o empregado faz jus ao adicional de insalubridade.

346. Abono previsto em norma coletiva. Natureza indenizatória. Concessão apenas aos empregados em atividade. Extensão aos inativos. Impossibilidade.

A decisão que estende aos inativos a concessão de abono de natureza jurídica indenizatória, previsto em norma coletiva apenas para os empregados em atividade, a ser pago de uma única vez, e confere natureza salarial à parcela, afronta o art. 7º, XXVI, da CF/88.

347. Adicional de periculosidade. Sistema elétrico de potência. Lei 7.369, de 20.09.1985, regulamentada pelo Decreto 93.412, de 14.10.1986. Extensão do direito aos cabistas, instaladores e reparadores de linhas e aparelhos em empresa de telefonia.

É devido o adicional de periculosidade aos empregados cabistas, instaladores e reparadores de linhas e aparelhos de empresas de telefonia, desde que, no exercício de suas funções, fiquem expostos a condições de risco equivalente ao do trabalho exercido em contato com sistema elétrico de potência.

348. Honorários advocatícios. Base de cálculo. Valor líquido. Lei 1.060, de 05.02.1950

Os honorários advocatícios, arbitrados nos termos do art. 11, § 1º, da Lei 1.060, de 05.02.1950, devem incidir sobre o valor líquido da condenação, apurado na fase de liquidação de sentença, sem a dedução dos descontos fiscais e previdenciários.

349. Mandato. Juntada de nova procuração. Ausência de ressalva. Efeitos.

A juntada de nova procuração aos autos, sem ressalva de poderes conferidos ao antigo patrono, implica revogação tácita do mandato anterior.

350. Ministério Público do Trabalho. Nulidade do contrato de trabalho não suscitada pelo ente público no momento da defesa. Arguição em parecer. Possibilidade. (alterada em decorrência do julgamento do processo TST IUJERR 526538/1999.2)

O Ministério Público do Trabalho pode arguir, em parecer, na primeira vez que tenha de se manifestar no processo, a nulidade do contrato de trabalho em fa-

TST

vor de ente público, ainda que a parte não a tenha suscitado, a qual será apreciada, sendo vedada, no entanto, qualquer dilação probatória.

• Alterada pela Res. TST 162/2009 (*DJE* 20.11.2009).

351. (Cancelada pela Res. TST 163/2009 – *DJE* 20.11.2009.)

Multa. Art. 477, § 8º, da CLT. Verbas rescisórias reconhecidas em juízo.

Incabível a multa prevista no art. 477, § 8º, da CLT, quando houver fundada controvérsia quanto à existência da obrigação cujo inadimplemento gerou a multa.

352. (Cancelada em decorrência da conversão na Súmula 442 – Res. TST 186/2012 – *DEJT* 25.09.2012)

Procedimento sumaríssimo. Recurso de revista fundamentado em contrariedade a orientação jurisprudencial. Inadmissibilidade. Art. 896, § 6º, da CLT, acrescentado pela Lei 9.957, de 12.01.2000.

Nas causas sujeitas ao procedimento sumaríssimo, a admissibilidade de recurso de revista está limitada à demonstração de violação direta a dispositivo da Constituição Federal ou contrariedade a Súmula do Tribunal Superior do Trabalho, não se admitindo o recurso por contrariedade a Orientação Jurisprudencial deste Tribunal (Livro II, Título II, Capítulo III, do RITST), ante a ausência de previsão no art. 896, § 6º, da CLT.

353. (Cancelada em decorrência da sua conversão na Súmula 455 – Res. TST 194/2014 – *DEJT* 21.05.2014.)

Equiparação salarial. Sociedade de economia mista. Art. 37, XIII, da CF/1988. Possibilidade.

À sociedade de economia mista não se aplica a vedação à equiparação prevista no art. 37, XIII, da CF/1988, pois, ao contratar empregados sob o regime da CLT, equipara-se a empregador privado, conforme disposto no art. 173, § 1º, II, da CF/1988.

354. (Cancelada em decorrência da conversão no item III da Súmula 437 – Res. TST 186/2012 – *DEJT* 25.09.2012)

Intervalo intrajornada. Art. 71, § 4º, da CLT. Não concessão ou redução. Natureza jurídica salarial. (*DJ* 14.03.2008)

Possui natureza salarial a parcela prevista no art. 71, § 4º, da CLT, com redação introduzida pela Lei 8.923, de 27 de julho de 1994, quando não concedido ou reduzido pelo empregador o intervalo mínimo intrajornada para repouso e alimentação, repercutindo, assim, no cálculo de outras parcelas salariais.

355. Intervalo interjornadas. Inobservância. Horas extras. Período pago como sobrejornada. Art. 66 da CLT. Aplicação analógica do § 4º do art. 71 da CLT.

O desrespeito ao intervalo mínimo interjornadas previsto no art. 66 da CLT acarreta, por analogia, os mesmos efeitos previstos no § 4º do art. 71 da CLT e na Súmula 110 do TST, devendo-se pagar a integralidade das horas que foram subtraídas do intervalo, acrescidas do respectivo adicional.

356. Programa de incentivo à demissão voluntária (PDV). Créditos trabalhistas reconhecidos em juízo. Compensação. Impossibilidade.

Os créditos tipicamente trabalhistas reconhecidos em juízo não são suscetíveis de compensação com a indenização paga em decorrência de adesão do trabalhador a Programa de Incentivo à Demissão Voluntária (PDV).

357. (Cancelada em decorrência da sua conversão na Súmula 434 – Res. TST 178/2012 – *DEJT* 13.02.2012.)

Recurso. Interposição antes da publicação do acórdão impugnado. Extemporaneidade. Não conhecimento.

É extemporâneo recurso interposto antes de publicado o acórdão impugnado.

358. Salário mínimo e piso salarial proporcional à jornada reduzida. Empregado. Servidor público. (redação alterada na sessão do Tribunal Pleno realizada em 16.02.2016)

I – Havendo contratação para cumprimento de jornada reduzida, inferior à previsão constitucional de oito horas diárias ou quarenta e quatro semanais, é lícito o pagamento do piso salarial ou do salário mínimo proporcional ao tempo trabalhado.

II – Na Administração Pública direta, autárquica e fundacional não é válida remuneração de empregado público inferior ao salário mínimo, ainda que cumpra jornada de trabalho reduzida.

• Alterada pela Res. TST 202/2016 (*DEJT* 19.02.2016).

359. Substituição processual. Sindicato. Legitimidade. Prescrição. Interrupção.

A ação movida por sindicato, na qualidade de substituto processual, interrompe a prescrição, ainda que tenha sido considerado parte ilegítima *ad causam*.

360. Turno ininterrupto de revezamento. Dois turnos. Horário diurno e noturno. Caracterização.

Faz jus à jornada especial prevista no art. 7º, XIV, da CF/1988 o trabalhador que exerce suas atividades em sistema de alternância de turnos, ainda que em dois turnos de trabalho, que compreendam, no todo ou em parte, o horário diurno e o noturno, pois submetido à alternância de horário prejudicial à saúde, sendo irrelevante que a atividade da empresa se desenvolva de forma ininterrupta.

361. Aposentadoria espontânea. Unicidade do contrato de trabalho. Multa de 40% do FGTS sobre todo o período.

A aposentadoria espontânea não é causa de extinção do contrato de trabalho se o empregado permanece prestando serviços ao empregador após a jubilação. Assim, por ocasião da sua dispensa imotivada, o empregado tem direito à multa de 40% do FGTS sobre a totalidade dos depósitos efetuados no curso do pacto laboral.

362. Contrato nulo. Efeitos. FGTS. Medida Provisória 2.164-41, de 24.08.2001, e art. 19-A da Lei 8.036, de 11.05.1990. Irretroatividade.

Não afronta o princípio da irretroatividade da lei a aplicação do art. 19-A da Lei 8.036, de 11.05.1990, aos contratos declarados nulos celebrados antes da vigência da Medida Provisória 2.164-41, de 24.08.2001.

363. (Cancelada pela Res. TST 219/2017 – *DEJT* 28.06.2017, rep. 12.07.2017)

Descontos previdenciários e fiscais. Condenação do empregador em razão do inadimplemento de verbas remuneratórias. Responsabilidade do empregado pelo pagamento. Abrangência.

A responsabilidade pelo recolhimento das contribuições social e fiscal, resultante de condenação judicial referente a verbas remuneratórias, é do empregador e incide sobre o total da condenação. Contudo, a culpa do empregador pelo inadimplemento das verbas remuneratórias não exime a responsabilidade do empregado pelos pagamentos do imposto de renda devido e da contribuição previdenciária que recaia sobre sua quota-parte.

364. Estabilidade. Art. 19 do ADCT. Servidor público de fundação regido pela CLT.

Fundação instituída por lei e que recebe dotação ou subvenção do Poder Público para realizar atividades de interesse do Estado, ainda que tenha personalidade jurídica de direito privado, ostenta natureza de fundação pública. Assim, seus servidores regidos pela CLT são beneficiários da estabilidade excepcional prevista no art. 19 do ADCT.

365. Estabilidade Provisória. Membro de Conselho Fiscal de Sindicato. Inexistência.

Membro de conselho fiscal de sindicato não tem direito à estabilidade prevista nos arts. 543, § 3º, da CLT e 8º, VIII, da CF/1988, porquanto não representa ou atua na defesa de direitos da categoria respectiva, tendo sua competência limitada à fiscalização da gestão financeira do sindicato (art. 522, § 2º, da CLT).

366. Estagiário. Desvirtuamento do contrato de estágio. Reconhecimento do vínculo empregatício com a Administração Pública Direta ou Indireta. Período posterior à Constituição Federal de 1988. Impossibilidade.

Ainda que desvirtuada a finalidade do contrato de estágio celebrado na vigência da Constituição Federal de 1988, é inviável o reconhecimento do vínculo empregatício com ente da Administração Pública direta ou indireta, por força do art. 37, II, da CF/1988, bem como o deferimento de indenização pecuniária, exceto em relação às parcelas previstas na Súmula 363 do TST, se requeridas.

367. Aviso-prévio de 60 (sessenta) dias. Elastecimento por norma coletiva. Projeção. Reflexos nas parcelas trabalhistas.

O prazo de aviso-prévio de 60 (sessenta) dias, concedido por meio de norma coletiva que silencia sobre alcance de seus efeitos jurídicos, computa-se integralmente como tempo de serviço, nos termos do § 1º do art. 487 da CLT, repercutindo nas verbas rescisórias.

368. Descontos previdenciários. Acordo homologado em juízo. Inexistência de vínculo empregatício. Parcelas indenizatórias. Ausência de discriminação. Incidência sobre o valor total.

É devida a incidência das contribuições para a Previdência Social sobre o valor total do acordo homologado em juízo, independentemente do reconhecimento de vínculo de emprego, desde que não haja discriminação das parcelas sujeitas à incidência da contribuição previdenciária, conforme parágrafo único do art. 43 da Lei 8.212, de 24.07.1991, e do art. 195, I, *a*, da CF/1988.

369. Estabilidade provisória. Delegado sindical. Inaplicável.

O delegado sindical não é beneficiário da estabilidade provisória prevista no art. 8º, VIII, da CF/1988, a qual é dirigida, exclusivamente, àqueles que exerçam ou ocupem cargos de direção nos sindicatos, submetidos a processo eletivo.

370. FGTS. Multa de 40% (quarenta por cento). Diferenças dos expurgos inflacionários. Prescrição. Interrupção decorrente de protestos judiciais.

O ajuizamento de protesto judicial dentro do biênio posterior à Lei Complementar 110, de 29.06.2001, interrompe a prescrição, sendo irrelevante o transcurso de mais de 2 (dois) anos da propositura de outra medida acautelatória, com o mesmo objetivo, ocorrida antes da vigência da referida lei, pois ainda não iniciado o prazo prescricional, conforme disposto na Orientação Jurisprudencial 344 da SBDI-1.

371. Irregularidade de representação. Substabelecimento não datado. Inaplicabilidade do art. 654, § 1º, do Código Civil.

Não caracteriza a irregularidade de representação a ausência da data da outorga de poderes, pois, no mandato judicial, ao contrário do mandato civil, não é condição de validade do negócio jurídico. Assim, a data a ser considerada é aquela em que o instrumento for juntado aos autos, conforme preceitua o art. 409, IV, do CPC de 2015 (art. 370, IV, do CPC de 1973). Inaplicável o art. 654, § 1º, do Código Civil.

- Alterada pela Res. TST 208/2016 (*DEJT* 22.04.2016).

372. (Cancelada em decorrência da sua conversão na Súmula 449 – Res. TST 194/2014 – *DEJT* 21.05.2014.)

Minutos que antecedem e sucedem a jornada de trabalho. Lei 10.243, de 27.06.2001. Norma coletiva. Flexibilização. Impossibilidade.

A partir da vigência da Lei 10.243, de 27.06.2001, que acrescentou o § 1º ao art. 58 da CLT, não mais prevalece cláusula prevista em convenção ou acordo coletivo que elastece o limite de 5 minutos que antecedem e sucedem a jornada de trabalho para fins de apuração das horas extras.

373. (Cancelada em decorrência da sua conversão na Súmula 456 – Res. TST 194/2014 – *DEJT* 21.05.2014.)

Representação. Pessoa jurídica. Procuração. Invalidade. Identificação do outorgante e de seu representante.

É inválido o instrumento de mandato firmado em nome de pessoa jurídica que não contenha, pelo menos, o nome da entidade outorgante e do signatário da procuração, pois estes dados constituem elementos que os individualizam.

374. Agravo de instrumento. Representação processual. Regularidade. Procuração ou substabelecimento com cláusula limitativa de poderes ao âmbito do Tribunal Regional do Trabalho.

É regular a representação processual do subscritor do agravo de instrumento ou do recurso de revista que detém mandato com poderes de representação limitados ao âmbito do Tribunal Regional do Trabalho, pois, embora a apreciação desse recurso seja realizada pelo Tribunal Superior do Trabalho, a sua interposição é ato praticado perante o Tribunal Regional do Trabalho, circunstância que legitima a atuação do advogado no feito.

375. Auxílio-doença. Aposentadoria por invalidez. Suspensão do contrato de trabalho. Prescrição. Contagem.

A suspensão do contrato de trabalho, em virtude da percepção do auxílio-doença ou da aposentadoria por invalidez, não impede a fluência da prescrição quinquenal, ressalvada a hipótese de absoluta impossibilidade de acesso ao Judiciário.

376. Contribuição previdenciária. Acordo homologado em juízo após o trânsito em julgado da sentença condenatória. Incidência sobre o valor homologado.

É devida a contribuição previdenciária sobre o valor do acordo celebrado e homologado após o trânsito em julgado de decisão judicial, respeitada a proporcionalidade de valores entre as parcelas de natureza salarial e indenizatória deferidas na decisão condenatória e as parcelas objeto do acordo.

377. (Cancelada pela Res. TST 204/2016 – *DEJT* 17.03.2016, a partir de 15.04.2016.)

Embargos de declaração. Decisão denegatória de recurso de revista exarado por presidente do TRT. Descabimento. Não interrupção do prazo recursal. Não cabem embargos de declaração interpostos contra decisão de admissibilidade do recurso de revista, não tendo o efeito de interromper qualquer prazo recursal.

378. Embargos. Interposição contra decisão monocrática. Não cabimento.

Não encontra amparo no art. 894 da CLT, quer na redação anterior quer na redação posterior à Lei 11.496, de 22.06.2007, recurso de embargos interposto à decisão monocrática exarada nos moldes do art. 932 do CPC de 2015 (art. 557 do CPC de 1973), pois o comando legal restringe seu cabimento à pretensão de reforma de decisão colegiada proferida por Turma do Tribunal Superior do Trabalho.

- Alterada pela Res. TST 208/2016 (*DEJT* 22.04.2016).

379. Empregado de cooperativa de crédito. Bancário. Equiparação. Impossibilidade.

Os empregados de cooperativas de crédito não se equiparam a bancário, para efeito de aplicação do art. 224 da CLT, em razão da inexistência de expressa previsão legal, considerando, ainda, as diferenças estruturais e operacionais entre as instituições financeiras e as cooperativas de crédito. Inteligência das Leis 4.595, de 31.12.1964, e 5.764, de 16.12.1971.

- Republicada no *DEJT* de 29.03.2017.

380. (Cancelada em decorrência da conversão no item IV da Súmula 437 – Res. TST 186/2012 – *DEJT* 25.09.2012)

Intervalo intrajornada. Jornada contratual de 6 (seis) horas diárias. Prorrogação habitual. Aplicação do art. 71, *caput* e § 4º, da CLT. (*DEJT* divulgado em 19, 20 e 22.04.2010)

Ultrapassada habitualmente a jornada de seis horas de trabalho, é devido o gozo do intervalo intrajornada mínimo de 1 (uma) hora, obrigando o empregador a remunerar o período para descanso e alimentação não usufruído como extra, acrescido do respectivo adicional, na forma prevista no art. 71, *caput* e § 4º, da CLT.

381. (Cancelada em decorrência da aglutinação ao item I da Súmula 437 – Res. TST 186/2012 – *DEJT* 25.09.2012)

Intervalo intrajornada. Rurícola. Lei 5.889, de 08.06.1973. Supressão total ou parcial. Decreto 73.626, de 12.02.1974. Aplicação do art. 71, § 4º, da CLT. (*DEJT* divulgado em 19, 20 e 22.04.2010)

A não concessão total ou parcial do intervalo mínimo intrajornada de uma hora ao trabalhador rural, fixado no Decreto 73.626, de 12.02.1974, que regulamentou a Lei 5.889, de 08.06.1973, acarreta o pagamento do período total, acrescido do respectivo adicional, por aplicação subsidiária do art. 71, § 4º, da CLT.

382. Juros de mora. Art. 1º-F da Lei 9.494, de 10.09.1997. Inaplicabilidade à Fazenda Pública quando condenada subsidiariamente.

A Fazenda Pública, quando condenada subsidiariamente pelas obrigações trabalhistas devidas pela empregadora principal, não se beneficia da limitação dos juros, prevista no art. 1º-F da Lei 9.494, de 10.09.1997.

383. Terceirização. Empregados da empresa prestadora de serviços e da tomadora. Isonomia. Art. 12, a, da Lei 6.019, de 03.01.1974. (mantida)

A contratação irregular de trabalhador, mediante empresa interposta, não gera vínculo de emprego com ente da Administração Pública, não afastando, contudo, pelo princípio da isonomia, o direito dos empregados terceirizados às mesmas verbas trabalhistas legais e normativas asseguradas àqueles contratados pelo tomador dos serviços, desde que presente a igualdade de funções. Aplicação analógica do art. 12, *a*, da Lei 6.019, de 03.01.1974.

- Redação mantida pela Res. TST 175/2011 (*DEJT* 27.05.2011)

384. (Cancelada pela Res. TST 186/2012 – *DEJT* 25.09.2012)

Trabalhador avulso. Prescrição bienal. Termo inicial.

É aplicável a prescrição bienal prevista no art. 7º, XXIX, da Constituição de 1988 ao trabalhador avulso, tendo como marco inicial a cessação do trabalho ultimado para cada tomador de serviço.

385. Adicional de periculosidade. Devido. Armazenamento de líquido inflamável no prédio. Construção vertical.

É devido o pagamento do adicional de periculosidade ao empregado que desenvolve suas atividades em edifício (construção vertical), seja em pavimento igual ou distinto daquele onde estão instalados tanques para armazenamento de líquido inflamável, em quantidade acima do limite legal, considerando-se como área de risco toda a área interna da construção vertical.

386. (Cancelada em decorrência da sua conversão na Súmula 450 – Res. TST 194/2014 – *DEJT* 21.05.2014.)

Férias. Gozo na época própria. Pagamento fora do prazo. Dobra devida. Arts. 137 e 145 da CLT.

É devido o pagamento em dobro da remuneração de férias, incluído o terço constitucional, com base no art. 137 da CLT, quando, ainda que gozadas na época própria, o empregador tenha descumprido o prazo previsto no art. 145 do mesmo diploma legal.

387. (Cancelada em decorrência da sua conversão na Súmula 457 – Res. TST 194/2014 – *DEJT* 21.05.2014.)

Honorários periciais. Beneficiário da justiça gratuita. Responsabilidade da União pelo pagamento. Resolução 35/2007 do CSJT. Observância.

A União é responsável pelo pagamento dos honorários de perito quando a parte sucumbente no objeto da perícia for beneficiária da assistência judiciária gratuita, observado o procedimento disposto nos arts. 1º, 2º e 5º da Resolução 35/2007 do Conselho Superior da Justiça do Trabalho – CSJT.

388. Jornada 12x36. Jornada mista que compreenda a totalidade do período noturno. Adicional noturno. Devido.

O empregado submetido à jornada de 12 horas de trabalho por 36 de descanso, que compreenda a totalidade do período noturno, tem direito ao adicional noturno, relativo às horas trabalhadas após as 5 horas da manhã.

389. Multa prevista no art. 1.021, §§ 4º e 5º, do CPC de 2015. Art. 557, § 2º, do CPC de 1973. Recolhimento. Pressuposto recursal. Beneficiário da justiça gratuita e Fazenda Pública. Pagamento ao final. (nova redação em decorrência do CPC de 2015)

Constitui ônus da parte recorrente, sob pena de deserção, depositar previamente a multa aplicada com fundamento nos §§ 4º e 5º, do art. 1.021, do CPC de 2015 (§ 2º do art. 557 do CPC de 1973), à exceção da Fazenda Pública e do beneficiário de justiça gratuita, que farão o pagamento ao final.

- Alterada pela Res. TST 209/2016 (*DEJT* 01.06.2016).

390. (Cancelada em decorrência da sua conversão na Súmula 451 – Res. TST 194/2014 – *DEJT* 21.05.2014.)

Participação nos lucros e resultados. Rescisão contratual anterior à data da distribuição dos lucros. Pagamento proporcional aos meses trabalhados. Princípio da isonomia.

Fere o princípio da isonomia instituir vantagem mediante acordo coletivo ou norma regulamentar que condiciona a percepção da parcela participação nos lucros e resultados ao fato de estar o contrato de trabalho em vigor na data prevista para a distribuição dos lucros. Assim, inclusive na rescisão contratual antecipada, é devido o pagamento da parcela de forma proporcional aos meses trabalhados, pois o ex-empregado concorreu para os resultados positivos da empresa.

391. Portuários. Submissão prévia de demanda a comissão paritária. Lei 8.630, de 25.02.1993. Inexigibilidade.

A submissão prévia de demanda a comissão paritária, constituída nos termos do art. 23 da Lei 8.630, de 25.02.1993 (Lei dos Portos), não é pressuposto de constituição e desenvolvimento válido e regular do processo, ante a ausência de previsão em lei.

392. Prescrição. Interrupção. Ajuizamento de protesto judicial. Marco inicial. (atualizada em decorrência do CPC de 2015) (republicada em razão de erro material)

O protesto judicial é medida aplicável no processo do trabalho, por força do art. 769 da CLT e do art. 15 do CPC de 2015. O ajuizamento da ação, por si só, interrompe o prazo prescricional, em razão da inaplicabilidade do § 2º do art. 240 do CPC de 2015 (§ 2º do art. 219 do CPC de 1973), incompatível com o disposto no art. 841 da CLT.

- Republicada pela Res. TST 209/2016 (*DEJT* 01.06.2016).

393. Professor. Jornada de trabalho especial. Art. 318 da CLT. Salário mínimo. Proporcionalidade.

A contraprestação mensal devida ao professor, que trabalha no limite máximo da jornada prevista no art. 318 da CLT, é de um salário mínimo integral, não se cogitando do pagamento proporcional em relação a jornada prevista no art. 7º, XIII, da Constituição Federal.

394. Repouso semanal remunerado – RSR. Integração das horas extras. Não repercussão no cálculo das férias, do décimo terceiro salário, do aviso-prévio e dos depósitos do FGTS.

A majoração do valor do repouso semanal remunerado, em razão da integração das horas extras habitualmente prestadas, não repercute no cálculo das férias, da gratificação natalina, do aviso-prévio e do FGTS, sob pena de caracterização de *bis in idem*.

395. Turno ininterrupto de revezamento. Hora noturna reduzida. Incidência.

O trabalho em regime de turnos ininterruptos de revezamento não retira o direito à hora noturna reduzida, não havendo incompatibilidade entre as disposições contidas nos arts. 73, § 1º, da CLT e 7º, XIV, da Constituição Federal.

396. Turnos ininterruptos de revezamento. Alteração da jornada de 8 para 6 horas diárias. Empregado horista. Aplicação do divisor 180.

Para o cálculo do salário-hora do empregado horista, submetido a turnos ininterruptos de revezamento, considerando a alteração da jornada de 8 para 6 horas diárias, aplica-se o divisor 180, em observância ao disposto no art. 7º, VI, da Constituição Federal, que assegura a irredutibilidade salarial.

397. Comissionista misto. Horas extras. Base de cálculo. Aplicação da Súmula 340 do TST.

O empregado que recebe remuneração mista, ou seja, uma parte fixa e outra variável, tem direito a horas extras pelo trabalho em sobrejornada. Em relação à parte fixa, são devidas as horas simples acrescidas do adicional de horas extras. Em relação à parte variável, é devido somente o adicional de horas extras, aplicando-se à hipótese o disposto na Súmula 340 do TST.

398. Contribuição previdenciária. Acordo homologado em juízo sem reconhecimento de vínculo de emprego. Contribuinte individual. Recolhimento da alíquota de 20% (vinte por cento) a cargo do tomador e 11% (onze por cento) a cargo do prestador de serviços.

Nos acordos homologados em juízo em que não haja o reconhecimento de vínculo empregatício, é devido o recolhimento da contribuição previdenciária, mediante a alíquota de 20% (vinte por cento) a cargo do tomador de serviços e de 11% (onze por cento) por parte do prestador de serviços, na qualidade de contribuinte individual, sobre o valor total do acordo, respeitado o teto de contribuição. Inteligência do § 4º do art. 30 e do inciso III do art. 22, todos da Lei 8.212, de 24.07.1991.

399. Estabilidade Provisória. Ação trabalhista ajuizada após o término do período de garantia no emprego. Abuso do exercício do direito de ação. Não configuração. Indenização devida.

O ajuizamento de ação trabalhista após decorrido o período de garantia de emprego não configura abuso do exercício do direito de ação, pois este está submetido apenas ao prazo prescricional inscrito no art. 7º, XXIX, da CF/1988, sendo devida a indenização desde a dispensa até a data do término do período estabilitário.

400. Imposto de renda. Base de cálculo. Juros de mora. Não integração. Art. 404 do Código Civil brasileiro.

Os juros de mora decorrentes do inadimplemento de obrigação de pagamento em dinheiro não integram a base de cálculo do imposto de renda, independentemente da natureza jurídica da obrigação inadimplida, ante o cunho indenizatório conferido pelo art. 404 do Código Civil de 2002 aos juros de mora.

401. Prescrição. Marco inicial. Ação condenatória. Trânsito em julgado da ação declaratória com mesma causa de pedir remota ajuizada antes da extinção do contrato de trabalho.

O marco inicial da contagem do prazo prescricional para o ajuizamento de ação condenatória, quando advém a dispensa do empregado no curso de ação declaratória que possua a mesma causa de pedir remota, é o trânsito em julgado da decisão proferida na ação declaratória e não a data da extinção do contrato de trabalho.

402. Adicional de risco. Portuário. Terminal privativo. Arts. 14 e 19 da Lei 4.860, de 26.11.1965. Indevido. (mantida)

O adicional de risco previsto no artigo 14 da Lei 4.860, de 26.11.1965, aplica-se somente aos portuários que trabalham em portos organizados, não podendo ser conferido aos que operam terminal privativo.

- Redação mantida pela Res. TST 175/2011 (*DEJT* 27.05.2011).

403. Advogado empregado. Contratação anterior a Lei 8.906, de 04.07.1994. Jornada de trabalho mantida com o advento da Lei. Dedicação exclusiva. Caracterização.

O advogado empregado contratado para jornada de 40 (quarenta) horas semanais, antes da edição da Lei 8.906, de 04.07.1994, está sujeito ao regime de dedicação exclusiva disposto no art. 20 da referida lei, pelo que não tem direito à jornada de 20 (vinte) horas semanais ou 4 diárias.

404. (Cancelada em decorrência da sua conversão na Súmula 452 – Res. TST 194/2014 – *DEJT* 21.05.2014.)

Diferenças salariais. Plano de cargos e salários. Descumprimento. Critérios de promoção não observados. Prescrição parcial.

Tratando-se de pedido de pagamento de diferenças salariais decorrentes da inobservância dos critérios de promoção estabelecidos em Plano de Cargos e Salários criado pela empresa, a prescrição aplicável é a parcial, pois a lesão é sucessiva e se renova mês a mês.

405. (Cancelada em decorrência da sua conversão na Súmula 458 – Res. TST 194/2014 – *DEJT* 21.05.2014.)

Embargos. Procedimento sumaríssimo. Conhecimento. Recurso interposto após vigência da Lei 11.496, de 22.06.2007, que conferiu nova redação ao art. 894, II, da CLT.

Em causas sujeitas ao procedimento sumaríssimo, em que pese a limitação imposta no art. 896, § 6º, da CLT à interposição de recurso de revista, admite-se os embargos interpostos na vigência da Lei 11.496, de 22.06.2007, que conferiu nova redação ao art. 894 da CLT, quando demonstrada a divergência jurisprudencial entre Turmas do TST, fundada em interpretações diversas acerca da aplicação de mesmo dispositivo constitucional ou de matéria sumulada.

406. (Cancelada em decorrência da sua conversão na Súmula 453 – Res. TST 194/2014 – *DEJT* 21.05.2014.)

Adicional de periculosidade. Pagamento espontâneo. Caracterização de fato incontroverso. Desnecessária a perícia de que trata o art. 195 da CLT.

O pagamento de adicional de periculosidade efetuado por mera liberalidade da empresa, ainda que de forma proporcional ao tempo de exposição ao risco ou em percentual inferior ao máximo legalmente previsto, dispensa a realização da prova técnica exigida pelo art. 195 da CLT, pois torna incontroversa a existência do trabalho em condições perigosas.

407. Jornalista. Empresa não jornalística. Jornada de trabalho reduzida. Arts. 302 e 303 da CLT.

O jornalista que exerce funções típicas de sua profissão, independentemente do ramo de atividade do empregador, tem direito à jornada reduzida prevista no artigo 303 da CLT.

408. Juros de mora. Empresa em liquidação extrajudicial. Sucessão trabalhista.

É devida a incidência de juros de mora em relação aos débitos trabalhistas de empresa em liquidação extrajudicial sucedida nos moldes dos arts. 10 e 448 da CLT. O sucessor responde pela obrigação do sucedido, não se beneficiando de qualquer privilégio a este destinado.

409. Multa por litigância de má-fé. Recolhimento. Pressuposto recursal. Inexigibilidade. (nova redação em decorrência do CPC de 2015)

O recolhimento do valor da multa imposta como sanção por litigância de má-fé (art. 81 do CPC de 2015 – art. 18 do CPC de 1973) não é pressuposto objetivo para interposição dos recursos de natureza trabalhista.

- Alterada pela Res. TST 209/2016 (*DEJT* 01.06.2016).

410. Repouso semanal remunerado. Concessão após o sétimo dia consecutivo de trabalho. Art. 7º, XV, da CF. Violação.

Viola o art. 7º, XV, da CF a concessão de repouso semanal remunerado após o sétimo dia consecutivo de trabalho, importando no seu pagamento em dobro.

411. Sucessão trabalhista. Aquisição de empresa pertencente a grupo econômico. Responsabilidade solidária do sucessor por débitos trabalhistas de empresa não adquirida. Inexistência.

O sucessor não responde solidariamente por débitos trabalhistas de empresa não adquirida, integrante do mesmo grupo econômico da empresa sucedida, quando, à época, a empresa devedora direta era solvente ou idônea economicamente, ressalvada a hipótese de má-fé ou fraude na sucessão.

412. Agravo interno ou agravo regimental. Interposição em face de decisão colegiada. Não cabimento. Erro grosseiro. Inaplicabilidade do princípio da fungibilidade recursal (nova redação em decorrência do CPC de 2015)

É incabível agravo interno (art. 1.021 do CPC de 2015, art. 557, § 1º, do CPC de 1973) ou agravo regimental (art. 235 do RITST) contra decisão proferida por Órgão colegiado. Tais recursos destinam-se, exclusivamente, a impugnar decisão monocrática nas hipóteses previstas. Inaplicável, no caso, o princípio da fungibilidade ante a configuração de erro grosseiro.

- Alterada pela Res. TST 209/2016 (*DEJT* 01.06.2016).

413. Auxílio-alimentação. Alteração da natureza jurídica. Norma coletiva ou adesão ao PAT.

A pactuação em norma coletiva conferindo caráter indenizatório à verba "auxílio-alimentação" ou a adesão posterior do empregador ao Programa de Alimentação do Trabalhador – PAT – não altera a natureza salarial da parcela, instituída anteriormente, para aqueles empregados que, habitualmente, já percebiam o benefício, a teor das Súmulas 51, I, e 241 do TST.

414. (Cancelada em decorrência da sua conversão na Súmula 454 – Res. TST 194/2014 – *DEJT* 21.05.2014.)

Competência da Justiça do Trabalho. Execução de ofício. Contribuição social referente ao Seguro de Acidente de Trabalho (SAT). Arts. 114, VIII, e 195, I, *a*, da Constituição da República.

Compete à Justiça do Trabalho a execução, de ofício, da contribuição referente ao Seguro de Acidente de Trabalho (SAT), que tem natureza de contribuição para a seguridade social (arts. 114, VIII, e 195, I, *a*, da CF, pois se destina ao financiamento de benefícios relativos à incapacidade do empregado decorrente de infortúnio no trabalho (arts. 11 e 22 da Lei 8.212/1991).

415. Horas extras. Reconhecimento em juízo. Critério de dedução/abatimento dos valores comprovadamente pagos no curso do contrato de trabalho.

A dedução das horas extras comprovadamente pagas daquelas reconhecidas em juízo não pode ser limitada ao mês de apuração, devendo ser integral e aferida pelo total das horas extraordinárias quitadas durante o período imprescrito do contrato de trabalho.

416. Imunidade de jurisdição. Organização ou organismo internacional.

As organizações ou organismos internacionais gozam de imunidade absoluta de jurisdição quando amparados por norma internacional incorporada ao ordenamento jurídico brasileiro, não se lhes aplicando a regra do Direito Consuetudinário relativa à natureza dos atos praticados. Excepcionalmente, prevalecerá a jurisdição brasileira na hipótese de renúncia expressa à cláusula de imunidade jurisdicional.

417. Prescrição. Rurícola. Emenda constitucional 28, de 26.05.2000. Contrato de trabalho em curso.

Não há prescrição total ou parcial da pretensão do trabalhador rural que reclama direitos relativos a contrato de trabalho que se encontrava em curso à época da promulgação da Emenda Constitucional 28, de 26.05.2000, desde que ajuizada a demanda no prazo de cinco anos de sua publicação, observada a prescrição bienal.

418. Equiparação salarial. Plano de cargos e salários. Aprovação por instrumento coletivo. Ausência de alternância de critérios de promoção por antiguidade e merecimento.

Não constitui óbice à equiparação salarial a existência de plano de cargos e salários que, referendado por norma coletiva, prevê critério de promoção apenas por merecimento ou antiguidade, não atendendo, portanto, o requisito de alternância dos critérios, previsto no art. 461, § 2º, da CLT.

419. (Cancelada pela Res. TST 200/2015 – *DEJT* 29.10.2015)

Enquadramento. Empregado que exerce atividade em empresa agroindustrial. Definição pela atividade preponderante da empresa.

Considera-se rurícola empregado que, a despeito da atividade exercida, presta serviços a empregador agroindustrial (art. 3º, § 1º, da Lei 5.889, de 08.06.1973), visto que, neste caso, é a atividade preponderante da empresa que determina o enquadramento.

420. Turnos ininterruptos de revezamento. Elastecimento da jornada de trabalho. Norma coletiva com eficácia retroativa. Invalidade.

É inválido o instrumento normativo que, regularizando situações pretéritas, estabelece jornada de oito horas para o trabalho em turnos ininterruptos de revezamento.

421. Honorários advocatícios. Ação de indenização por danos morais e materiais decorrentes de acidente de trabalho ou de doença profissional. Ajuizamento perante a justiça comum antes da promulgação da Emenda Constitucional 45/2004. Posterior remessa dos autos à justiça do trabalho. Art. 85 do CPC de 2015. Art. 20 do CPC de 1973. Incidência.

A condenação em honorários advocatícios nos autos de ação de indenização por danos morais e materiais decorrentes de acidente de trabalho ou de doença profissional, remetida à Justiça do Trabalho após ajuizamento na Justiça comum, antes da vigência da Emenda Constitucional 45/2004, decorre da mera sucumbência, nos termos do art. 85 do CPC de 2015 (art. 20 do CPC de 1973), não se sujeitando aos requisitos da Lei 5.584/1970.

- Alterada pela Res. TST 208/2016 (*DEJT* 22.04.2016).

ORIENTAÇÕES JURISPRUDENCIAIS DA SDI (SUBSEÇÃO I) – TRANSITÓRIA – TST

1. FGTS. Multa de 40%. Complementação. Indevida. (Inserida em 02.10.1997)

A rescisão contratual operada antes da vigência da Constituição Federal de 1988, com o pagamento da multa sobre os depósitos do FGTS no percentual de 10% (dez por cento), é ato jurídico perfeito, não se admitindo retroatividade. Assim, indevido o deferimento da complementação, a título de diferenças de multa do FGTS, do percentual de 30% (trinta por cento), referente ao período do primeiro contrato rescindido e pago de acordo com a norma vigente à época (Lei 5.107/1966, art. 6º).

- Alterada pela Res. TST 129/2005 (*DJU* 20.04.2005).

2. CSN. Licença remunerada.

É devido o valor das horas extras até então habitualmente prestadas.

3. Súmula 337. Inaplicabilidade. (Inserida em 02.10.1997)

A Súmula 337 do TST é inaplicável a recurso de revista interposto anteriormente à sua vigência.

- Alterada pela Res. TST 129/2005 (*DJU* 20.04.2005).

4. (Cancelada pela Res. TST 175/2011 – *DEJT* 27.05.2011.)

Mineração Morro Velho. Adicional de insalubridade. Base de cálculo. Acordo coletivo. Prevalência. (Inserida em 02.10.1997)

O acordo coletivo estabelecido com a Mineração Morro Velho sobrepõe-se aos comandos da lei, quando as partes, com o propósito de dissipar dúvidas e nos exatos limites de seu regular direito de negociação, livremente acordaram parâmetros para a base de cálculo do adicional de insalubridade.

- Alterada pela Res. TST 129/2005 (*DJU* 20.04.2005).

5. Servita. Bonificação de assiduidade e produtividade paga semanalmente. Repercussão no repouso semanal remunerado. (Inserida em 02.10.1997)

O valor das bonificações de assiduidade e produtividade, pago semanalmente e em caráter permanente pela empresa Servita, visando incentivar o melhor rendimento dos empregados, possui natureza salarial, repercutindo no cálculo do repouso semanal remunerado.

- Alterada pela Res. TST 129/2005 (*DJU* 20.04.2005).

6. Adicional de produtividade. Decisão normativa. Vigência. Limitação.

O adicional de produtividade previsto na decisão normativa, proferida nos autos do Dissídio Coletivo DC-TST 6/1979, tem sua eficácia limitada à vigência do respectivo instrumento normativo.

7. BANRISUL. Complementação de aposentadoria. ADI e cheque-rancho. Não integração. Inserida em 19.10.2000 (nova redação em decorrência da incorporação da Orientação Jurisprudencial Transitória 8 da SDI-1)

As parcelas ADI e cheque-rancho não integram a complementação de aposentadoria dos empregados do BANRISUL. (ex-OJ Transitória 8 da SDI-1 – inserida em 19.10.2000)

- Alterada pela Res. TST 129/2005 (*DJU* 20.04.2005).

8. (Cancelada em decorrência da sua incorporação à redação da Orientação Jurisprudencial Transitória 7 da SDI-1 – Res. TST 129/2005 – *DJU* 20.04.2005.)

BANRISUL. Complementação de aposentadoria. Cheque-rancho. Não Integração. (Inserida em 19.10.2000)

9. BNCC. Garantia de emprego. Não assegurada.

O Regulamento do BNCC não garante a estabilidade ao empregado nos moldes daquela prevista na CLT, mas apenas a garantia no emprego, ou seja, a garantia contra a despedida imotivada.

10. BNCC. Juros. Súmula 304 do TST. Inaplicável.

A extinção do BNCC não foi decretada pelo Banco Central mas por deliberação de seus acionistas. Portanto, inaplicável a Súmula 304 do TST e, em seus débitos trabalhistas, devem incidir os juros de mora.

11. Complementação de aposentadoria. CEAGESP.

Para o empregado se beneficiar da aposentadoria integral, prevista no § 1º do art. 16 do Regulamento Geral 1/1963, da CEAGESP, o empregado deverá contar com 30 anos ou mais de efetivo serviço à CEAGESP.

12. CSN. Adicional de insalubridade e de periculosidade. Salário complessivo. Prevalência do acordo coletivo. (Inserida em 19.10.2000)

O pagamento do adicional de insalubridade e periculosidade embutido no salário contratual dos empregados da CSN não caracteriza a complessividade salarial, uma vez que essa forma de pagamento decorre de acordo coletivo há muitos anos em vigor.

- Alterada pela Res. TST 129/2005 (*DJU* 20.04.2005).

13. CSN. Licença remunerada. Aviso-prévio. Concomitância. Possibilidade.

Devido às circunstâncias especialíssimas ocorridas na CSN (Próspera), considera-se válida a concessão de aviso-prévio durante o período da licença remunerada.

14. Defensoria pública. Opção pela carreira.

Servidor investido na função de defensor público até a data em que foi instalada a Assembleia Nacional Constituinte tem direito à opção pela carreira, independentemente de realização de concurso público (celetista ou estatutário), bastando que a opção tenha sido feita até a data supra.

15. ENERGIPE. Participação nos lucros. Incorporação anterior à CF/1988. Natureza salarial.

A parcela participação nos lucros, incorporada ao salário do empregado anteriormente à CF/1988, possui natureza salarial e gera reflexos em todas as verbas salariais.

16. Agravo de instrumento interposto na vigência da Lei 9.756/1998 e anteriormente à edição da IN 16/1999 do TST. Traslado de peças. Obrigatoriedade.

Não há como dizer que a exigência de traslado de peças necessárias ao julgamento de ambos os recursos (o agravo e o recurso principal) somente se tornou obrigatória após a edição da IN 16/1999, pois trata-se apenas de meio destinado à interpretação acerca das novas exigências que se tornaram efetivas a partir da vigência da Lei 9.756/1998.

17. Agravo de instrumento interposto na vigência da Lei 9.756/1998. Embargos declaratórios.

Para comprovar a tempestividade do recurso de revista, basta a juntada da certidão de publicação do acórdão dos embargos declaratórios opostos perante o Regional, se conhecidos.

18. Agravo de instrumento interposto na vigência da Lei 9.756/1998. Peça indispensável. Certidão de publicação do acórdão regional. Necessária a juntada, salvo se nos autos houver elementos que atestem a tempestividade da revista.

A certidão de publicação do acórdão regional é peça essencial para a regularidade do traslado do agravo de instrumento, porque imprescindível para aferir a tempestividade do recurso de revista e para viabilizar, quando provido, seu imediato julgamento, salvo se nos autos houver elementos que atestem a tempestividade da revista.

19. Agravo de instrumento. Interposto na vigência da Lei 9.756/1998. Peças dispensáveis à compreensão da controvérsia. Desnecessária a juntada.

Mesmo na vigência da Lei 9.756/1998, a ausência de peças desnecessárias à compreensão da controvérsia, ainda que relacionadas no inciso I do § 5º do art. 897 da CLT, não implica o não conhecimento do agravo.

20. Agravo de instrumento. Ministério Público. Pressupostos extrínsecos.

Para aferição da tempestividade do AI interposto pelo Ministério Público, desnecessário o traslado da certidão de publicação do despacho agravado, bastando a juntada da cópia da intimação pessoal na qual conste a respectiva data de recebimento (LC 75/1993, art. 84, IV).

21. Agravo de instrumento. Traslado. Certidão. Instrução Normativa 6/1996 do TST.

Certidão do Regional afirmando que o AI está formado de acordo com IN 6/1996 do TST não confere autenticidade às peças.

22. (Cancelada em decorrência de sua conversão na Orientação Jurisprudencial 287 da SDI-1 – *DJU* 24.11.2003.)

Autenticação. Documentos distintos. Cópia. Verso e anverso. Necessidade.

Distintos os documentos contidos no verso e anverso, é necessária a autenticação de ambos os lados da cópia.

23. Autenticação. Documento único. Cópia. Verso e anverso.

Inexistindo impugnação da parte contrária, bem como o disposto no art. 795 da CLT, é válida a autenticação aposta em uma face da folha que contenha documento que continua no verso, por constituir documento único.

24. Abono. Complementação de aposentadoria. Reajuste. CVRD (VALIA).

A Resolução 7/1989 da CVRD, que instituiu o benefício "abono aposentadoria" (art. 6º), determina que o reajuste seja feito na mesma época e com o mesmo índice aplicado pelo INSS ou observada a variação do IGP ou da OTN, aplicando-se o maior deles.

25. Banco Meridional. Complementação de aposentadoria. Reajustes. Extensão.

Os reajustes salariais concedidos sobre quaisquer parcelas aos empregados ativos devem ser estendidos aos inativos, com exclusão apenas das parcelas ressalvadas expressamente no Regulamento do Banco.

26. BANERJ. Plano Bresser. Acordo Coletivo de Trabalho de 1991. Não é norma programática.

É de eficácia plena e imediata o *caput* da cláusula 5ª do Acordo Coletivo de Trabalho de 1991/1992 celebrado pelo Banerj contemplando o pagamento de diferenças salariais do Plano Bresser, sendo devido o percentual de 26,06% (vinte e seis vírgula zero seis por cento) nos meses de janeiro a agosto de 1992, inclusive.

27. BANRISUL. Gratificação Jubileu. Prescrição.

A Gratificação Jubileu, instituída pela Resolução 1.761/1967, que foi alterada, reduzindo-se o seu valor, pela Resolução 1.885/1970, era devida a todo empregado que completasse 25, 30, 35 e 40 anos de serviço no Banco. Era vantagem a ser paga de uma única vez, na data da aposentadoria, fluindo desta data o prazo prescricional, sendo inaplicável a Súmula 294 do TST, que é restrito aos casos em que se postulam prestações sucessivas.

28. CDHU. Sucessão trabalhista.

Considerando a moldura fática delineada pelo Regional, conduz-se à ilação de que a CDHU foi a sucessora da CONESP, uma vez que ocupou os imóveis e assumiu os contratos anteriores, dando sequência às obras com o mesmo pessoal.

29. CEEE. Equiparação salarial. Quadro de carreira. Reestruturação em 1991. Válido.

O quadro de carreira implantado na CEEE em 1977 foi homologado pelo Ministério do Trabalho. A reestruturação procedida em 1991, mesmo não homologada, é válida.

30. Cisão parcial de empresa. Responsabilidade solidária. PROFORTE.

É solidária a responsabilidade entre a empresa cindida subsistente e aquelas que absorverem parte do seu patrimônio, quando constatada fraude na cisão parcial.

31. Planos Bresser e Verão. Acordo coletivo autorizando a quitação através da concessão de folgas remuneradas. Conversão em pecúnia após a extinção do contrato de trabalho. Inviabilidade.

Acordo coletivo celebrado entre as partes autorizando a quitação dos valores devidos a título de Planos Bresser e Verão em folgas remuneradas é válido. Incabível a conversão do valor correspondente às folgas remuneradas em pecúnia quando extinto o contrato de trabalho pelo advento de aposentadoria voluntária.

32. Complementação de aposentadoria. Banco do Brasil. Sucumbência. Inversão.

Imposta condenação originária em diferenças de complementação de aposentadoria, por ocasião do julgamento de recurso de revista, imperativo o exame no acórdão, sob pena de negativa de prestação jurisdicional, de postulação aduzida em contestação e/ou em contrarrazões visando à limitação da condenação à média trienal e ao teto, matéria insuscetível de prequestionamento.

33. Adicional de insalubridade. Base de cálculo, na vigência do Decreto-lei 2.351/1987: piso nacional de salários. (conversão da Orientação Jurisprudencial 3 da SDI-1)

Na vigência do Decreto-lei 2.351/1987, o piso nacional de salários é a base de cálculo para o adicional de insalubridade. (ex-OJ 3 da SDI-1 – inserida em 14.03.1994)

- Acrescentada pela Res. TST 129/2005 (*DJU* 20.04.2005).

34. BRDE. Entidade autárquica de natureza bancária. Lei 4.595/1964, art. 17. Res. BACEN 469/1970, art. 8º. CLT, art. 224, § 2º. CF, art. 173, § 1º. (conversão da Orientação Jurisprudencial 22 da SDI-1)

O Banco Regional de Desenvolvimento do Extremo Sul – BRDE é uma entidade autárquica de natureza bancária, e, como tal, submete-se ao art. 173, § 1º, da Constituição Federal de 1988. Desta forma, sendo a natureza das atividades por ele exercidas similares às de qualquer instituição financeira, seus empregados são bancários, regendo-se pelas normas especiais a eles referentes, inclusive o art. 224 da CLT. (ex-OJ 22 da SDI-1 – inserida em 14.03.1994)

- Acrescentada pela Res. TST 129/2005 (*DJU* 20.04.2005).

35. Reajustes salariais. Bimestrais e quadrimestrais (Lei 8.222/1991). Simultaneidade inviável. (conversão da Orientação Jurisprudencial 68 da SDI-1)

Nova antecipação bimestral, na mesma época do reajuste quadrimestral, constitui verdadeiro *bis in idem*, pois o bimestre anterior, que servia como base de cálculo, já teve o INPC considerado para fim do reajuste quadrimestral. (ex-OJ 68 da SDI-1 – inserida em 28.11.1995)

- Acrescentada pela Res. TST 129/2005 (*DJU* 20.04.2005).

36. Hora *in itinere*. Tempo gasto entre a portaria da empresa e o local do serviço. Devida. Açominas. (mantida)

Configura-se como hora *in itinere* o tempo gasto pelo obreiro para alcançar seu local de trabalho a partir da portaria da Açominas. (ex-OJ 98 da SDI-1 – inserida em 30.05.97)

- Redação mantida pela Res. TST 175/2011 (*DEJT* 27.05.2011).

37. Minascaixa. Legitimidade passiva *ad causam* enquanto não concluído o procedimento de liquidação extrajudicial. (conversão da Orientação Jurisprudencial 109 da SDI-1)

A Minascaixa tem legitimidade passiva *ad causam* para figurar nas demandas contra ela ajuizadas enquanto não tiver concluído o processo de liquidação extrajudicial ao qual se encontra submetida. (ex-OJ 109 da SDI-1 – inserida em 01.10.1997)

- Acrescentada pela Res. TST 129/2005 (*DJU* 20.04.2005).

38. Banco Meridional. Circular 34046/1989. Dispensa sem justa causa. (conversão da Orientação Jurisprudencial 137 da SDI-1)

A inobservância dos procedimentos disciplinados na Circular 34046/1989 do Banco Meridional, norma de caráter eminentemente procedimental, não é causa para a nulidade da dispensa sem justa causa. (ex-OJ 137 da SDI-1 – inserida em 27.11.1998)

- Acrescentada pela Res. TST 129/2005 (*DJU* 20.04.2005).

39. FGTS. Opção retroativa. Concordância do empregador. Necessidade. (conversão da Orientação Jurisprudencial 146 da SDI-1)

A concordância do empregador é indispensável para que o empregado possa optar retroativamente pelo sistema do Fundo de Garantia por Tempo de Serviço. (ex-OJ 146 da SDI-1 – inserida em 27.11.1998)

- Acrescentada pela Res. TST 129/2005 (*DJU* 20.04.2005).

40. Banrisul. Complementação de aposentadoria. (conversão da Orientação Jurisprudencial 155 da SDI-1)

A Resolução 1.600/1964, vigente à época da admissão do empregado, incorporou-se ao contrato de trabalho, pelo que sua alteração não poderá prejudicar o direito adquirido, mesmo em virtude da edição da Lei 6.435/1977. Incidência das Súmulas 51 e 288. (ex-OJ 155 da SDI-1 – inserida em 26.03.99)

- Acrescentada pela Res. TST 129/2005 (*DJU* 20.04.2005).

41. Complementação de Aposentadoria. Fundação Clemente de Faria. Banco Real. (conversão da Orientação Jurisprudencial 157 da SDI-1)

É válida a cláusula do Estatuto da Fundação Clemente de Faria que condicionou o direito à complementação de aposentadoria à existência de recursos financeiros, e também previa a suspensão, temporária ou definitiva, da referida complementação. (ex-OJ 157 da SDI-1 – inserida em 26.03.1999)

- Acrescentada pela Res. TST 129/2005 (*DJU* 20.04.2005).

42. Petrobras. Pensão por morte do empregado assegurada no manual de pessoal. Estabilidade decenal. Opção pelo regime do FGTS. (Inserido item II à redação)

I – Tendo o empregado adquirido a estabilidade decenal, antes de optar pelo regime do FGTS, não há como negar-se o direito à pensão, eis que preenchido o requisito exigido pelo Manual de Pessoal. (ex-OJ 166 da SDI-1 – inserida em 26.03.1999)

II – O benefício previsto no manual de pessoal da Petrobras, referente ao pagamento de pensão e auxílio-funeral aos dependentes do empregado que vier a falecer no curso do contrato de trabalho, não se estende à hipótese em que sobrevém o óbito do trabalhador quando já extinto o contrato de trabalho.

- Alterada pela Res. TST 182/2012 (*DJE* 19.04.2012).

43. SUDS. Gratificação. Convênio da União com Estado. Natureza salarial enquanto paga. (conversão da Orientação Jurisprudencial 168 da SDI-1)

A parcela denominada "Complementação SUDS" paga aos servidores em virtude de convênio entre o Estado e a União Federal tem natureza salarial, enquanto paga, pelo que repercute nos demais créditos trabalhistas do empregado. (ex-OJ 168 da SDI-1 – inserida em 26.03.1999)

- Acrescentada pela Res. TST 129/2005 (*DJU* 20.04.2005).

44. Anistia. Lei 6.683/1979. Tempo de afastamento. Não computável para efeito de indenização e adicional por tempo de serviço, licença-prêmio e promoção. (conversão da Orientação Jurisprudencial 176 da SDI-1)

O tempo de afastamento do anistiado pela Lei 6.683/1979 não é computável para efeito do pagamento de indenização por tempo de serviço, licença-prêmio e promoção. (ex-OJ 176 da SDI-1 – inserida em 08.11.2000)

- Acrescentada pela Res. TST 129/2005 (*DJU* 20.04.2005).

45. Comissionista puro. Abono. Lei 8.178/1991. Não Incorporação. (conversão da Orientação Jurisprudencial 180 da SDI-1)

É indevida a incorporação do abono instituído pela Lei 8.178/1991 aos empregados comissionistas. (ex-OJ 180 da SDI-1 – inserida em 08.11.2000)

- Acrescentada pela Res. TST 129/2005 (*DJU* 20.04.2005).

46. Complementação de aposentadoria. Banco Itaú. (conversão da Orientação Jurisprudencial 183 da SDI-1)

O empregado do Banco Itaú admitido na vigência da Circular BB-05/1966, que passou para a inatividade posteriormente à vigência da RP-40/1974, está sujeito ao implemento da condição "idade mínima de 55 anos". (ex-OJ 183 da SDI-1 – inserida em 08.11.2000)

- Acrescentada pela Res. TST 129/2005 (*DJU* 20.04.2005).

47. Décimo terceiro salário. Dedução da 1ª parcela. URV. Lei 8.880/1994. (conversão da Orientação Jurisprudencial 187 da SDI-1)

Ainda que o adiantamento do 13º salário tenha ocorrido anteriormente à edição da Lei 8.880/1994, as deduções deverão ser realizadas considerando o valor da antecipação, em URV, na data do efetivo pagamento, não podendo a 2ª parcela ser inferior à metade do 13º salário, em URV. (ex-OJ 187 da SDI-1 – inserida em 08.11.2000)

- Acrescentada pela Res. TST 129/2005 (*DJU* 20.04.2005).

48. PETROMISA. Sucessão. PETROBRAS. Legitimidade. (conversão da Orientação Jurisprudencial 202 da SDI-1)

Em virtude da decisão tomada em assembleia, a PETROBRAS é a real sucessora da PETROMISA, considerando que recebeu todos os bens móveis e imóveis da extinta PETROMISA. (ex-OJ 202 da SDI-1 – inserida em 08.11.2000)

- Acrescentada pela Res. TST 129/2005 (*DJU* 20.04.2005).

49. SERPRO. Norma regulamentar. Reajustes salariais. Superveniência de sentença normativa. Prevalência. (conversão da Orientação Jurisprudencial 212 da SDI-1)

Durante a vigência do instrumento normativo, é lícita ao empregador a obediência à norma coletiva (DC 8948/1990) que alterou as diferenças interníveis previstas no Regulamento de Recursos Humanos. (ex-OJ 212 da SDI-1 – inserida em 08.11.2000)

• Acrescentada pela Res. TST 129/2005 (*DJU* 20.04.2005).

50. Férias. Abono instituído por instrumento normativo e terço constitucional. Simultaneidade inviável. (conversão da Orientação Jurisprudencial 231 da SDI-1)
O abono de férias decorrente de instrumento normativo e o abono de 1/3 (um terço) previsto no art. 7º, XVII, da CF/1988 têm idêntica natureza jurídica, destinação e finalidade, constituindo-se *bis in idem* seu pagamento simultâneo, sendo legítimo o direito do empregador de obter compensação de valores porventura pagos. (ex-OJ 231 da SDI-1 – inserida em 20.06.2001)

• Acrescentada pela Res. TST 129/2005 (*DJU* 20.04.2005).

51. Complementação de aposentadoria. Caixa Econômica Federal. Auxílio-alimentação. Supressão. Súmulas 51 e 288. (conversão da Orientação Jurisprudencial 250 da SDI-1)
A determinação de supressão do pagamento de auxílio-alimentação aos aposentados e pensionistas da Caixa Econômica Federal, oriunda do Ministério da Fazenda, não atinge aqueles ex-empregados que já percebiam o benefício. (ex-OJ 250 da SDI-1 – inserida em 13.03.2002)

• Acrescentada pela Res. TST 129/2005 (*DJU* 20.04.2005).

52. Agravo de instrumento. Acórdão do TRT não assinado. Interposto anteriormente à Instrução Normativa 16/1999. (conversão da Orientação Jurisprudencial 281 da SDI-1)
Nos agravos de instrumento interpostos anteriormente à edição da Instrução Normativa 16/1999, a ausência de assinatura na cópia não a torna inválida, desde que conste o carimbo aposto pelo servidor certificando que confere com o original. (ex-OJ 281 da SDI-1 – inserida em 11.08.2003)

• Acrescentada pela Res. TST 129/2005 (*DJU* 20.04.2005).

53. Custas. Embargos de terceiro. Interpostos anteriormente à Lei 10.537/2002. Inexigência de recolhimento para a interposição de agravo de petição. (conversão da Orientação Jurisprudencial 291 da SDI-1)
Tratando-se de embargos de terceiro, incidentes em execução, ajuizados anteriormente à Lei 10.537/2002, incabível a exigência do recolhimento de custas para a interposição de agravo de petição por falta de previsão legal. (ex-OJ 291 da SDI-1 – inserida em 11.08.2003)

• Acrescentada pela Res. TST 129/2005 (*DJU* 20.04.2005).

54. Plano econômico (Collor). Execução. Correção monetária. Índice de 84,32%. Lei 7.738/1989. Aplicável. (conversão da Orientação Jurisprudencial 203 da SDI-1)
Aplica-se o índice de 84,32% (oitenta e quatro inteiros e trinta e dois centésimos por cento), relativo ao IPC de março de 1990, para a correção monetária do débito trabalhista, por ocasião da execução, nos termos da Lei 7.738/1989. (ex-OJ 203 da SDI-1 – inserida em 08.11.2000)

• Acrescentada pela Res. TST 129/2005 (*DJU* 20.04.2005).

55. Plano Collor. Servidores celetistas do GDF. Legislação federal. Prevalência. (conversão da Orientação Jurisprudencial 218 da SDI-1 e incorporada a Orientação Jurisprudencial 241 da SDI-1)
Inexiste direito adquirido às diferenças salariais de 84,32% (oitenta e quatro inteiros e trinta e dois centésimos por cento) do IPC de março de 1990 aos servidores celetistas da Administração Direta, Fundações e Autarquias do Distrito Federal. (ex-OJs 218 e 241 da SDI-1 – inseridas respectivamente em 02.04.2001 e 20.06.2001)

• Acrescentada pela Res. TST 129/2005 (*DJU* 20.04.2005).

56. Anistia. Lei 8.878/1994. Efeitos financeiros devidos a partir do efetivo retorno à atividade. (conversão da Orientação Jurisprudencial 221 da SDI-1)
Os efeitos financeiros da anistia concedida pela Lei 8.878/1994 somente serão devidos a partir do efetivo retorno à atividade, vedada a remuneração em caráter retroativo. (ex-OJ 221 da SDI-1 – inserida em 20.06.2001)

• Acrescentada pela Res. TST 129/2005 (*DJU* 20.04.2005).

57. Adicional de insalubridade. Deficiência de iluminamento. Limitação. (conversão da Orientação Jurisprudencial 153 da SDI-1)
Somente após 26.02.1991 foram, efetivamente, retiradas do mundo jurídico as normas ensejadoras do direito ao adicional de insalubridade por iluminamento insuficiente no local da prestação de serviço, como previsto na Portaria 3751/1990 do Ministério do Trabalho. (ex-OJ 153 da SDI-1 – inserida em 26.03.1999)

• Acrescentada pela Res. TST 129/2005 (*DJU* 20.04.2005).

58. URPs de junho e julho de 1988. Suspensão do pagamento. Data base em maio. Decreto-lei 2.425/1988. Inexistência de violação a direito adquirido. (conversão da Orientação Jurisprudencial 214 da SDI-1)
O Decreto-lei 2.425, de 07.04.1988, não ofendeu o direito adquirido dos empregados com data base em maio, pelo que não fazem jus às URPs de junho e julho de 1988. (ex-OJ 214 da SDI-1 – inserida em 08.11.2000)

• Acrescentada pela Res. TST 129/2005 (*DJU* 20.04.2005).

59. Interbras. Sucessão. Responsabilidade.
A Petrobrás não pode ser responsabilizada solidária ou subsidiariamente pelas obrigações trabalhistas da extinta Interbras, da qual a união é a real sucessora, nos termos do art. 20 da Lei 8.029, de 12.4.1990 (atual art. 23 em face da renumeração dada pela Lei 8.154, de 28.12.1990).

60. Adicional por tempo de serviço. Base de cálculo. Salário-base. Art. 129 da Constituição do Estado de São Paulo.
O adicional por tempo de serviço – quinquênio –, previsto no art. 129 da Constituição do Estado de São Paulo, tem como base de cálculo o vencimento básico do servidor público estadual, ante o disposto no art. 11 da Lei Complementar do Estado de São Paulo 712, de 12.04.1993.

• Republicada no *DEJT* de 11.04.2011.

61. Auxílio-cesta-alimentação previsto em norma coletiva. CEF. Cláusula que estabelece natureza indenizatória à parcela. Extensão aos aposentados e pensionistas. Impossibilidade.
Havendo previsão em cláusula de norma coletiva de trabalho de pagamento mensal de auxílio-cesta-alimentação somente a empregados em atividade, dando-lhe caráter indenizatório, é indevida a extensão desse benefício aos aposentados e pensionistas. Exegese do art. 7º, XXVI, da Constituição Federal.

62. Petrobras. Complementação de aposentadoria. Avanço de nível. Concessão de parcela por acordo coletivo apenas para os empregados da ativa. Extensão para os inativos. Artigo 41 do regulamento do plano de benefícios da PETROS.
Ante a natureza de aumento geral de salários, estende-se à complementação de aposentadoria dos ex-empregados da Petrobras benefício concedido indistintamente a todos os empregados da ativa e estabelecido em norma coletiva, prevendo a concessão de aumento de nível salarial – "avanço de nível" –, a fim de preservar a paridade entre ativos e inativos assegurada no art. 41 do Regulamento do Plano de Benefícios da Fundação Petrobras de Seguridade Social – PETROS.

63. Petrobras. Complementação de aposentadoria. Integralidade. Condição. Idade Mínima. Lei 6.435, de 15.07.1977.
Os empregados admitidos na vigência do Decreto 81.240, de 20.01.1978, que regulamentou a Lei 6.435, de 15.07.1977, ainda que anteriormente à alteração do Regulamento do Plano de Benefícios da PETROS, sujeitam-se à condição "idade mínima de 55 anos" para percepção dos proventos integrais de complementação de aposentadoria.

64. Petrobras. Parcelas gratificação contingente e participação nos resultados deferidas por norma coletiva a empregados da ativa. Natureza jurídica não salarial. Não integração na complementação de aposentadoria.
As parcelas gratificação contingente e participação nos resultados, concedidas por força de acordo coletivo a empregados da Petrobras em atividade, pagas de uma única vez, não integram a complementação de aposentadoria.

65. Representação judicial da União. Assistente jurídico. Apresentação do ato de designação.

A ausência de juntada aos autos de documento que comprove a designação do assistente jurídico como representante judicial da União (art. 69 da Lei Complementar 73, de 10.02.1993) importa irregularidade de representação.

66. SPTRANS. Responsabilidade subsidiária. Não configuração. Contrato de concessão de serviço público. Transporte coletivo.

A atividade da São Paulo Transportes S/A – SPTRANS de gerenciamento e fiscalização dos serviços prestados pelas concessionárias de transporte público, atividade descentralizada da Administração Pública, não se confunde com a terceirização de mão de obra, não se configurando a responsabilidade subsidiária.

67. TELEMAR. Privatização. Plano de incentivo à rescisão contratual (PIRC). Previsão de pagamento da indenização com redutor de 30% (trinta por cento). Aplicação limitada ao período da reestruturação.

Não é devida a indenização com redutor de 30% (trinta por cento), prevista no Plano de Incentivo à Rescisão Contratual da TELEMAR, ao empregado que, embora atenda ao requisito estabelecido de não haver aderido ao PIRC, foi despedido em data muito posterior ao processo de reestruturação da empresa, e cuja dispensa não teve relação com o plano.

68. Banco do Estado de São Paulo S.A. – BANESPA. Convenção coletiva. Reajuste salarial. Superveniência de acordo em dissídio coletivo. Prevalência.

O acordo homologado no Dissídio Coletivo TST – DC – 810.905/2001.3, que estabeleceu a garantia de emprego aos empregados em atividade do Banco do Estado de São Paulo S.A. – BANESPA e que, portanto, não se aplica aos empregados aposentados, prevalece sobre a fixação do reajuste salarial previsto na convenção coletiva firmada entre a Federação Nacional dos Bancos – FENABAN e os sindicatos dos bancários, ante a consideração do conjunto das cláusulas constantes do acordo e em respeito às disposições dos arts. 5º, XXXVI, e 7º, XXVI, da CF/1988.

69. Banco do Brasil. Complementação de Aposentadoria. Alteração do plano de cargos comissionados. Extensão aos inativos.

As alterações na estrutura do Plano de Cargos Comissionados do Banco do Brasil, introduzidas pelas Cartas-Circulares DIREC/FUNCI 96/0904 e 96/0957, dentre as quais a substituição do Abono de Função e Representação (AFR) pelo Adicional de Função (AF) e pelo Adicional Temporário de Revitalização (ATR), não autorizam o pagamento de diferenças de complementação de aposentadoria aos inativos por só abrangerem os empregados em atividade, bem como em razão de o Plano de Incentivo à Aposentadoria da época do jubilamento não conter previsão de aplicação de eventual alteração na estrutura dos cargos comissionados àqueles que se aposentassem.

70. Caixa Econômica Federal. Bancário. Plano de cargos em comissão. Opção pela jornada de oito horas. Ineficácia. Exercício de funções meramente técnicas. Não caracterização de exercício de função de confiança.

Ausente a fidúcia especial a que alude o art. 224, § 2º, da CLT, é ineficaz a adesão do empregado à jornada de 8 (oito) horas constante do Plano de Cargos em Comissão da Caixa Econômica Federal, o que importa no retorno à jornada de 6 (seis) horas, sendo devidas como extras a sétima e a oitava horas laboradas. A diferença de gratificação de função recebida em face da adesão ineficaz poderá ser compensada com as horas extraordinárias prestadas.

71. Empresa Brasileira de Correios e Telégrafos – ECT. Plano de cargos e salários. Progressão horizontal por antiguidade. Necessidade de deliberação da diretoria para comprovar o efetivo cumprimento dos requisitos do PCCS. Condição puramente potestativa para a concessão da promoção. Invalidade.

A deliberação da diretoria da Empresa Brasileira de Correios e Telégrafos – ECT, prevista no Plano de Carreira, Cargos e Salários como requisito necessário para a concessão de progressão por antiguidade, por se tratar de condição puramente potestativa, não constitui óbice ao deferimento da progressão horizontal por antiguidade aos empregados, quando preenchidas as demais condições dispostas no aludido plano.

72. Petrobras. Domingos e feriados trabalhados. Regime de turnos ininterruptos de revezamento. Pagamento em dobro concedido por liberalidade do empregador. Incorporação ao contrato de trabalho. Supressão unilateral. Acordo coletivo posterior que valida a supressão. Retroação da norma coletiva. Impossibilidade.

O pagamento em dobro, concedido por liberalidade da empresa, dos domingos e feriados trabalhados de forma habitual pelo empregado da Petrobras submetido ao regime de turnos ininterruptos de revezamento não pode ser suprimido unilateralmente, pois é vantagem incorporada ao contrato de trabalho, nos termos do art. 468 da CLT. Assim, o acordo coletivo, posteriormente firmado, somente opera efeitos a partir da data de sua entrada em vigor, sendo incabível a utilização da norma coletiva para regular situação pretérita.

73. Volkswagen do Brasil Ltda. Participação nos lucros e resultados. Pagamento mensal em decorrência de norma coletiva. Natureza indenizatória.

A despeito da vedação de pagamento em periodicidade inferior a um semestre civil ou mais de duas vezes no ano cível, disposta no art. 3º, § 2º, da Lei 10.101, de 19.12.2000, o parcelamento em prestações mensais da participação nos lucros e resultados de janeiro de 1999 a abril de 2000, fixado no acordo coletivo celebrado entre o Sindicato dos Metalúrgicos do ABC e a Volkswagen do Brasil Ltda., não retira a natureza indenizatória da referida verba (art. 7º, XI, da CF), devendo prevalecer a diretriz constitucional que prestigia a autonomia privada coletiva (art. 7º, XXVI, da CF).

74. Hospital de Clínicas de Porto Alegre. Custas processuais. Recolhimento. Isenção. Art. 15 da Lei 5.604, de 02.09.1970.

A isenção tributária concedida pelo art. 15 da Lei 5.604, de 02.09.1970, ao Hospital de Clínicas de Porto Alegre compreende as custas processuais, por serem estas espécie do gênero tributo.

75. Parcela "sexta parte". Art. 129 da Constituição do Estado de São Paulo. Extensão aos empregados de sociedade de economia mista e empresa pública. Indevida.

A parcela denominada "sexta parte", instituída pelo art. 129 da Constituição do Estado de São Paulo, é devida apenas aos servidores estaduais, celetistas e estatutários da Administração Pública direta, das fundações e das autarquias, conforme disposição contida no art. 124 da Constituição Estadual, não se estendendo aos empregados de sociedade de economia mista e de empresa pública, integrantes da Administração Pública indireta, submetidas ao regime jurídico próprio das empresas privadas, nos termos do art. 173, § 1º, II, da Constituição Federal.

76. Complementação de aposentadoria. Integralidade. Empregado do Estado de São Paulo admitido antes da Lei Estadual 200, de 13.05.1974. Implementação do requisito relativo aos 30 (trinta) anos de serviço efetivo. Incidência da Súmula 288 do TST.

É assegurado o direito à percepção de complementação de aposentadoria integral ao ex-empregado do Estado de São Paulo que, admitido anteriormente ao advento da Lei Estadual 200, de 13.05.1974, implementou 30 (trinta) anos de serviço efetivo, ante a extensão das regras de complementação de aposentadoria previstas na Lei Estadual 1.386, de 19.12.1951. Incidência da Súmula 288 do TST.

77. BNDES. Arts. 224 a 226 da CLT. Aplicável a seus empregados.

Até o advento da Lei 10.556, de 13.11.2002, era aplicável aos empregados do BNDES a jornada de trabalho dos bancários prevista nos arts. 224 a 226 da CLT.

- Publicada no *DJE* de 16.11.2010, em decorrência da conversão da Orientação Jurisprudencial 179 da SDI-I.

78. Embargos à SDI contra decisão em recurso de revista não conhecido quanto

TST

aos pressupostos intrínsecos. Recurso interposto antes da vigência da Lei 11.496, de 22.06.2007, que conferiu nova redação ao art. 894 da CLT. Necessária a indicação expressa de ofensa ao art. 896 da CLT. (conversão da Orientação Jurisprudencial 294 da SBDI-1 com nova redação)

Para a admissibilidade e conhecimento de embargos, interpostos antes da vigência da Lei 11.496/2007, contra decisão mediante a qual não foi conhecido o recurso de revista pela análise dos pressupostos intrínsecos, necessário que a parte embargante aponte expressamente a violação ao art. 896 da CLT.

- Acrescentada pela Res. TST 194/2014 (*DEJT* 21.05.2014).

79. Embargos. Recurso interposto antes da vigência da Lei 11.496, de 22.06.2007, que conferiu nova redação ao art. 894 da CLT. Revista não conhecida por má aplicação de súmula ou de orientação jurisprudencial. Exame do mérito pela SDI. (conversão da Orientação Jurisprudencial 295 da SBDI-1 com nova redação)

A SDI, ao conhecer dos embargos, interpostos antes da vigência da Lei 11.496/2007, por violação do art. 896 – por má aplicação de súmula ou de orientação jurisprudencial pela Turma –, julgará desde logo o mérito, caso conclua que a revista merecia conhecimento e que a matéria de fundo se encontra pacificada neste Tribunal.

- Acrescentada pela Res. TST 194/2014 (*DEJT* 21.05.2014).

ORIENTAÇÕES JURISPRUDENCIAIS DA SDI (SUBSEÇÃO II) – TST

1. (Cancelada em decorrência da sua conversão na Súmula 405 – Res. TST 137/2005 – *DJU* 22.08.2005.)

Ação Rescisória. Ação cautelar incidental. Planos econômicos. (Inserida em 20.09.2000). Procede o pedido de cautelar incidental somente se o autor da ação rescisória, fundada no art. 485, inciso V, do CPC, invocar na respectiva petição inicial afronta ao art. 5º, inciso XXXVI, da Constituição Federal de 1988.

2. Ação rescisória. Adicional de insalubridade. Base de cálculo. Salário mínimo. Cabível.

Viola o art. 192 da CLT decisão que acolhe pedido de adicional de insalubridade com base na remuneração do empregado.

- V. art. 4º, Res. TST 148/2008, que mantém essa Orientação Jurisprudencial.

3. (Cancelada em decorrência da sua conversão na Súmula 405 – Res. TST 137/2005 – *DJU* 22.08.2005.)

Ação rescisória. Antecipação de tutela de mérito requerida em fase recursal. Recebimento como medida acautelatória. MP 1.906 e reedições. (Inserida em 20.09.2000) Em face do que dispõe a MP 1.906 e reedições, é recebido como medida acautelatória em ação rescisória o pedido de antecipação de tutela formulado por entidade pública em recurso ordinário, visando a suspender a execução até o trânsito em julgado da decisão proferida na ação principal.

4. Ação rescisória. Banco do Brasil. Adicional de caráter pessoal. ACP.

Procede, por ofensa ao art. 5º, inciso XXXVI, da CF/1988, o pedido de rescisão de julgado que acolheu Adicional de Caráter Pessoal em favor de empregado do Banco do Brasil S.A.

5. Ação rescisória. Banco do Brasil. AP e ADI. Horas extras. Súmula 83 do TST. Aplicável.

Não se acolhe pedido de rescisão de julgado que deferiu a empregado do Banco do Brasil S.A. Horas extras após a sexta, não obstante o pagamento dos adicionais AP e ADI, ou AFR quando a decisão rescindenda for anterior à Orientação Jurisprudencial 17, da Seção de Dissídios Individuais do TST (7 de novembro de 1994). Incidência das Súmulas 83 do TST e 343 do STF.

6. Ação rescisória. Cipeiro suplente. Estabilidade. ADCT da CF/1988, art. 10, II, *a*. Súmula 83 do TST. (Inserida em 20.09.2000)

Rescinde-se o julgado que nega estabilidade a membro suplente de CIPA, representante de empregado, por ofensa ao art. 10, II, *a*, do ADCT da CF/1988, ainda que se cuide de decisão anterior à Súmula 339 do TST. Incidência da Súmula 83 do TST.

- Alterada pela Res. TST 137/2005 (*DJU* 22.08.2005).

7. Ação rescisória. Competência. Criação de Tribunal Regional do Trabalho. Na omissão da lei, é fixada pelo art. 678, inc. I, *c*, item 2, da CLT. (Inserida em 20.09.2000)

A Lei 7.872/1989 que criou o Tribunal Regional do Trabalho da 17ª Região não fixou a sua competência para apreciar as ações rescisórias de decisões oriundas da 1ª Região, o que decorreu do art. 678, I, *c*, item 2, da CLT.

- Alterada pela Res. TST 137/2005 (*DJU* 22.08.2005).

8. Ação rescisória. Complementação de aposentadoria. Banespa. Súmula 83 do TST. (Inserida em 20.09.2000)

Não se rescinde julgado que acolheu pedido de complementação de aposentadoria integral em favor de empregado do BANESPA, antes da Súmula 313 do TST, em virtude da notória controvérsia jurisprudencial então reinante. Incidência da Súmula 83 do TST.

- Alterada pela Res. TST 137/2005 (*DJU* 22.08.2005).

9. Ação rescisória. CONAB. Aviso DIREH 02/1984. Súmula 83 do TST. Aplicável.

Não se rescinde julgado que reconheceu garantia de emprego com base no aviso DIREH 02/1984 da CONAB, antes da Súmula 355 do TST, em virtude da notória controvérsia jurisprudencial então reinante. Incidência da Súmula 83 do TST.

10. Ação rescisória. Contrato nulo. Administração pública. Efeitos. Art. 37, II e § 2º, da CF/1988.

Somente por ofensa ao art. 37, II e § 2º, da CF/1988, procede o pedido de rescisão de julgado para considerar nula a contratação, sem concurso público, de servidor, após a CF/1988.

11. Ação rescisória. Correção monetária. Lei 7.596/1987. Universidades federais. Implantação tardia do plano de classificação de cargos. Violação de lei. Súmula 83 do TST. Aplicável.

Não se rescinde julgado que acolhe pedido de correção monetária decorrente da implantação tardia do plano de classificação de cargos de universidade federal previsto na Lei 7.596/1987, à época em que era controvertida tal matéria na jurisprudência. Incidência da Súmula 83 do TST.

12. Ação rescisória. Decadência. Consumação antes ou depois da edição da Medida Provisória 1.577/1997. Ampliação do prazo.

I – A vigência da Medida Provisória 1.577/97 e de suas reedições implicou o elastecimento do prazo decadencial para o ajuizamento da ação rescisória a favor dos entes de direito público, autarquias e fundações públicas. Se o biênio decadencial do art. 495 do CPC de 1973 findou após a entrada em vigor da referida medida provisória e até sua suspensão pelo STF em sede liminar de ação direta de inconstitucionalidade (ADIn 1753-2), tem-se como aplicável o prazo decadencial elastecido à rescisória. (ex-OJ 17 da SDI-2 – inserida em 20.09.2000)

II – A regra ampliativa do prazo decadencial para a propositura de ação rescisória em favor de pessoa jurídica de direito público não se aplica se, ao tempo em que sobreveio a Medida Provisória 1.577/1997, já se exaurira o biênio do art. 495 do CPC de 1973. Preservação do direito adquirido da parte à decadência já consumada sob a égide da lei velha. (ex-OJ 12 da SDI-2 – inserida em 20.09.2000).

- Alterada pela Res. TST 208/2016 (*DEJT* 22.04.2016).

13. (Cancelada em decorrência da nova redação conferida à Súmula 100 – Res. TST 137/2005 – *DJU* 22.08.2005.)

Ação rescisória. Decadência. *Dies ad quem*. Art. 775 da CLT. Aplicável. (Inserida em 20.09.2000). Prorroga-se até o primeiro dia útil imediatamente subsequente o prazo decadencial para ajuizamento de ação rescisória quando expira em férias forenses, feriados, finais de semana ou em dia em que não houver expediente forense. Aplicação do art. 775 da CLT.

14. (Cancelada devido à nova redação imprimida ao Enunciado 100, Res. 109/2001, *DJ* 18.04.2001.)

TST

Ação rescisória. Decadência. *Dies a quo*. Recurso intempestivo.

15. (Cancelada devido à nova redação imprimida ao Enunciado 100, Res. 109/2001, *DJ* 18.04.2001.)

Ação rescisória. Decadência. Duas decisões rescindendas.

16. (Cancelada em decorrência da nova redação conferida à Súmula 100 – Res. TST 137/2005 – *DJU* 22.08.2005.)

Ação rescisória. Decadência. Exceção de incompetência. (Inserida em 20.09.2000). A exceção de incompetência, ainda que oposta no prazo recursal, sem ter sido aviado o recurso próprio, não tem o condão de afastar a consumação da coisa julgada e, assim, postergar o termo inicial do prazo decadencial para a ação rescisória.

17. (Cancelada em decorrência da sua incorporação à nova redação da Orientação Jurisprudencial 12 da SDI-II – Res. TST 137/2005 – *DJU* 22.08.2005.)

Ação rescisória. Decadência. Não consumação antes da edição da MP 1.577/1997. Ampliação do prazo. (Inserida em 20.09.2000). A vigência da MP 1.577/1997 e de suas reedições implicou o elastecimento do prazo decadencial para o ajuizamento da ação rescisória a favor dos entes de direito público, autarquias e fundações públicas. Se o biênio decadencial do art. 495 do CPC findou após a entrada em vigor da referida medida provisória e até sua suspensão pelo STF em sede liminar de ação direta de inconstitucionalidade (ADIn 1753-2), tem-se como aplicável o prazo decadencial elastecido à rescisória.

18. Ação rescisória. Decadência. União. Lei Complementar 73/1993, art. 67. Lei 8.682/1993, art. 6º.

O art. 67 da Lei Complementar 73/1993 interrompeu todos os prazos, inclusive o de decadência, em favor da União, no período compreendido entre 14 de fevereiro de 1993 e 14 de agosto de 1993.

19. Ação rescisória. Desligamento incentivado. Imposto de renda. Abono pecuniário. Violação de lei. Súmula 83 do TST. Aplicável.

Havendo notória controvérsia jurisprudencial acerca da incidência de imposto de renda sobre parcela paga pelo empregador ("abono pecuniário") a título de "desligamento incentivado", improcede pedido de rescisão do julgado. Incidência da Súmula 83 do TST.

20. (Cancelada em decorrência da sua conversão na Súmula 402 – Res. TST 137/2005 – *DJU* 22.08.2005.)

Ação rescisória. Documento novo. Dissídio coletivo. Sentença normativa. (Inserida em 20.09.2000). Documento novo é o cronologicamente velho, já existente ao tempo da decisão rescindenda, mas ignorado pelo interessado ou de impossível utilização à época no processo. Não é documento novo apto a viabilizar a desconstituição de julgado:

a) a sentença normativa proferida ou transitada em julgado posteriormente à sentença rescindenda;

b) a sentença normativa preexistente à sentença rescindenda, mas não exibida no processo principal, em virtude de negligência da parte, quando podia e deveria louvar-se de documento já existente e não ignorado quando emitida a decisão rescindenda.

21. Ação rescisória. Duplo grau de jurisdição. Trânsito em julgado. Inobservância. Decreto-lei 779/1969, art. 1º, V. Incabível. (Inserida em 20.09.2000)

É incabível ação rescisória para a desconstituição de sentença não transitada em julgado porque ainda não submetida ao necessário duplo grau de jurisdição, na forma do Decreto-lei 779/1969. Determina-se que se oficie ao Presidente do TRT para que proceda à avocatória do processo principal para o reexame da sentença rescindenda.

- Alterada pela Res. TST 137/2005 (*DJU* 22.08.2005).

22. (Cancelada em decorrência da sua conversão na Súmula 390 – Res. TST 129/2005 – *DJU* 20.04.2005).

Ação rescisória. Estabilidade. Art. 41, CF/1988. Celetista. Administração direta, autárquica ou fundacional. Aplicabilidade. (Inserida em 20.09.2000)

O servidor público celetista da administração direta, autárquica ou fundacional é beneficiário da estabilidade prevista no art. 41 da Constituição Federal.

23. Ação rescisória. Estabilidade. Período pré-eleitoral. Violação de lei. Súmula 83 do TST. Aplicável.

Não procede pedido de rescisão de sentença de mérito que assegura ou nega estabilidade pré-eleitoral, quando a decisão rescindenda for anterior à Orientação Jurisprudencial 51, da Seção de Dissídios Individuais do TST (25 de novembro de 1996). Incidência da Súmula 83 do TST.

24. Ação rescisória. Estabilidade provisória. Reintegração em período posterior. Direito limitado aos salários e consectários do período da estabilidade.

Rescinde-se o julgado que reconhece estabilidade provisória e determina a reintegração de empregado, quando já exaurido o respectivo período de estabilidade. Em juízo rescisório, restringe-se a condenação quanto aos salários e consectários até o termo final da estabilidade.

25. Ação rescisória. Regência pelo CPC de 1973. Expressão "lei" do art. 485, V, do CPC de 1973. Não inclusão do ACT, CCT, Portaria, Regulamento, Súmula e Orientação Jurisprudencial de Tribunal. (atualizada em decorrência do CPC de 2015)

Não procede pedido de rescisão fundado no art. 485, V, do CPC de 1973 quando se aponta contrariedade à norma de convenção coletiva de trabalho, acordo coletivo de trabalho, portaria do Poder Executivo, regulamento de empresa e súmula ou orientação jurisprudencial de tribunal. (ex-OJ 25 da SDI-2, inserida em 20.09.2000 e ex-OJ 118 da SDI-2, *DJ* 11.08.2003).

- Alterada pela Res. TST 212/2016 (*DEJT* 20.09.2016).

26. Ação rescisória. Gratificação de nível superior. SUFRAMA.

A extensão da gratificação instituída pela SUFRAMA aos servidores celetistas exercentes de atividade de nível superior não ofende as disposições contidas nos arts. 37, XIII, e 39, § 1º, da CF/1988.

27. (Cancelada em decorrência da nova redação conferida à Súmula 219 – Res. TST 137/2005 – *DJU* 22.08.2005.)

Ação rescisória. Honorários advocatícios. (Inserida em 20.09.2000). Incabível condenação em honorários advocatícios em ação rescisória no processo trabalhista, salvo preenchidos os requisitos da Lei 5.584/1970.

28. (Cancelada pela Res. TST 149/2008 – *DJE* 20.11.2008.)

Ação rescisória. Juízo rescisório. Restituição da parcela já recebida. Deve a parte propor ação própria.

Inviável em sede de ação rescisória pleitear condenação relativa à devolução dos valores pagos aos empregados quando ultimada a execução da decisão rescindenda, devendo a empresa buscar por meio de procedimento próprio essa devolução.

29. (Cancelada em decorrência da redação conferida à Súmula 83 pela Res. 121/03, *DJ* 21.11.2003 – Res. TST 137/2005 – *DJU* 22.08.2005.)

Ação rescisória. Matéria constitucional. Súmula 83 do TST e Súmula 343 do STF. Inaplicáveis. (Inserida em 20.09.2000). No julgamento de ação rescisória fundada no art. 485, inciso V, do CPC, não se aplica o óbice das Súmulas 83 do TST e 343 do STF, quando se tratar de matéria constitucional.

30. Ação rescisória. Multa. Art. 920 do Código Civil de 1916 (art. 412 do Código Civil de 2002). (Inserida em 20.09.2000)

Não se acolhe, por violação do art. 920 do Código Civil de 1916 (art. 412 do Código Civil de 2002), pedido de rescisão de julgado que:

a) em processo de conhecimento, impôs condenação ao pagamento de multa, quando a decisão rescindenda for anterior à Orientação Jurisprudencial 54 da Subseção I Especializada em Dissídios Individuais do TST (30.05.94), incidindo o óbice da Súmula 83 do TST; (ex-OJ 30 da SDI-2 – inserida em 20.09.00);

b) em execução, rejeita-se limitação da condenação ao pagamento de multa, por inexistência de violação literal. (ex-OJ 31 da SDI-2 – inserida em 20.09.00)

- Alterada pela Res. TST 137/2005 (*DJU* 22.08.2005), em decorrência da incorporação da Orientação Jurisprudencial 31 da SDI-II.

31. (Cancelada em decorrência da sua incorporação à redação da Orientação

Jurisprudencial 30 da SDI-II – Res. TST 137/2005 – *DJU* 22.08.2005.)

Ação rescisória. Multa. Violação do art. 920 do Código Civil. Decisão rescindenda em execução. (Inserida em 20.09.2000). Não se acolhe, por violação do art. 920 do Código Civil, pedido de rescisão de julgado que, em execução, rejeita limitação da condenação ao pagamento de multa. Inexistência de violação literal.

- Refere-se ao CC/1916.
- V. art. 412, CC/2002.

32. (Cancelada em decorrência da sua conversão na Súmula 408 – Res. TST 137/2005 – *DJU* 22.08.2005.)

Ação rescisória. Petição inicial. Causa de pedir. Ausência de capitulação, ou capitulação errônea no art. 485 do CPC. Princípio iura novit curia. (Inserida em 20.09.2000). Não padece de inépcia a petição inicial de ação rescisória apenas porque omite a subsunção do fundamento de rescindibilidade no art. 485 do CPC, ou o capitula erroneamente. Contanto que não se afaste dos fatos e fundamentos invocados como causa de pedir, ao Tribunal é lícito emprestar-lhes a adequada qualificação jurídica. (Iura novit curia).

33. (Cancelada em decorrência da sua conversão na Súmula 408 – Res. TST 137/2005 – *DJU* 22.08.2005.)

Ação rescisória. Petição inicial. Violação literal de lei. Princípio *iura novit curia*. (Inserida em 20.09.2000). Fundando-se a ação rescisória no art. 485, inciso V, do CPC, é indispensável expressa indicação na petição inicial da ação rescisória do dispositivo legal violado, não se aplicando, no caso, o princípio *iura novit curia*.

34. Ação rescisória. Planos econômicos.

I – O acolhimento de pedido em ação rescisória de plano econômico, fundada no art. 485, inciso V, do CPC de 1973 pressupõe, necessariamente, expressa invocação na petição inicial de afronta ao art. 5º, inciso XXXVI, da Constituição Federal de 1988. A indicação de ofensa literal a preceito de lei ordinária atrai a incidência da Súmula 83 do TST e Súmula 343 do STF.

II – Se a decisão rescindenda é posterior à Súmula 315 do TST (Res. 07, *DJ* 22.09.93), inaplicável a Súmula 83 do TST.

- Alterada pela Res. TST 208/2016 (*DEJT* 22.04.2016).

35. Ação rescisória. Planos econômicos. Coisa julgada. Limitação à data base na fase de execução.

Não ofende a coisa julgada a limitação à data base da categoria, na fase executória, da condenação ao pagamento de diferenças salariais decorrentes de planos econômicos, quando a decisão exequenda silenciar sobre a limitação, uma vez que a limitação decorre de norma cogente. Apenas quando a sentença exequenda houver expressamente afastado a limitação à data base é que poderá ocorrer ofensa à coisa julgada.

36. (Cancelada em decorrência da nova redação conferida à Súmula 298 – Res. TST 137/2005 – *DJU* 22.08.2005.)

Ação rescisória. Prequestionamento. Violação ocorrida na própria decisão rescindenda. (Inserida em 20.09.2000). Não é absoluta a exigência de prequestionamento na ação rescisória: ainda que a ação rescisória tenha por fundamento violação de dispositivo legal, é prescindível o prequestionamento quando o vício nasce no próprio julgamento, como se dá com a sentença *extra*, *citra* e *ultra petita*.

37. (Cancelada em decorrência da redação conferida à Súmula 83 pela Res. 121/2003, *DJ* 21.11.03 – Res. TST 137/2005 – *DJU* 22.08.2005.)

Ação rescisória. Prescrição quinquenal. Matéria constitucional. Súmula 83 do TST e Súmula 343 do STF. Inaplicáveis. (Inserida em 20.09.2000). No julgamento de ação rescisória fundada no art. 485, inciso V, do CPC, não se aplica o óbice das Súmulas 83 do TST e 343 do STF quando se tratar de prazo prescricional com assento constitucional.

38. Ação rescisória. Professor-adjunto. Ingresso no cargo de professor-titular. Exigência de concurso público (Lei 7.596/1987, Decreto 94.664/1987 e art. 206, V, CF/1988.)

A assunção do professor-adjunto ao cargo de professor titular de universidade pública, sem prévia aprovação em concurso público, viola o art. 206, inciso V, da Constituição Federal. Procedência do pedido de rescisão do julgado.

39. Ação rescisória. Reajustes bimestrais e quadrimestrais. Lei 8.222/1991. Súmula 83 do TST. Aplicável.

Havendo controvérsia jurisprudencial à época, não se rescinde decisão que aprecia a possibilidade de cumulação das antecipações bimestrais e reajustes quadrimestrais de salário previstos na Lei 8.222/1991. Incidência da Súmula 83 do TST.

- V. Lei 8.542/1992 (Política Nacional de Salários).

40. (Cancelada em decorrência da sua conversão na Súmula 375 – Res. TST 129/2005 – *DJU* 20.04.2005).

Ação rescisória. Reajustes salariais previstos em norma coletiva. Prevalência da legislação de política salarial quando a norma coletiva é anterior à lei. (Inserida em 20.09.2000)

Os reajustes salariais previstos em norma coletiva de trabalho não prevalecem frente à legislação superveniente de política salarial.

41. Ação rescisória. Sentença *citra petita*. Cabimento.

Revelando-se a sentença *citra petita*, o vício processual vulnera os arts. 141 e 492 do CPC de 2015 (arts. 128 e 460 do CPC de 1973), tornando-a passível de desconstituição, ainda que não interpostos embargos de declaração.

- Alterada pela Res. TST 208/2016 (*DEJT* 22.04.2016).

42. (Cancelada em decorrência da redação conferida à Súmula 192 pela Res. 121/2003, *DJ* 21.11.2003 – Res. TST 137/2005 – *DJU* 22.08.2005.)

Ação rescisória. Sentença de mérito. Competência do TST. Acórdão rescindendo do TST. Não conhecimento de recurso. Enunciado 192. Não aplicação. (Inserida em 20.09.2000). Acórdão rescindendo do TST que não conhece de recurso de embargos ou de revista, seja examinando a arguição de violação de dispositivo de lei, seja decidindo de acordo com súmula de direito material ou em consonância com iterativa, notória e atual jurisprudência de direito material da SDI (Súmula 333), examina o mérito da causa, comportando ação rescisória da competência do Tribunal Superior do Trabalho.

43. (Cancelada em decorrência da sua conversão na Súmula 411 – Res. TST 137/2005 – *DJU* 22.08.2005.)

Ação rescisória. Sentença de mérito. Decisão de Tribunal Regional do Trabalho em agravo regimental confirmando decisão monocrática do relator que, aplicando a Súmula 83 do TST, indeferiu a petição inicial da ação rescisória. Cabimento. (Inserida em 20.09.2000). Se a decisão recorrida, em agravo regimental, aprecia a matéria na fundamentação, sob o enfoque das Súmulas 83 do TST e 343 do STF, constitui sentença de mérito ainda que haja resultado no indeferimento da petição inicial e na extinção do processo, "sem julgamento do mérito". Sujeita-se, assim, à reforma pelo TST a decisão do Tribunal que, invocando controvérsia na interpretação da lei, indefere a petição inicial de ação rescisória.

44. (Cancelada em decorrência da sua conversão na Súmula 399 – Res. TST 137/2005 – *DJU* 22.08.2005.)

Ação rescisória. Sentença de mérito. Decisão homologatória de adjudicação. Incabível. (Inserida em 20.09.2000). Incabível ação rescisória para impugnar decisão homologatória de adjudicação.

45. (Cancelada em decorrência da sua conversão na Súmula 399 – Res. TST 137/2005 – *DJU* 22.08.2005.)

Ação rescisória. Sentença de mérito. Decisão homologatória de arrematação. Incabível. (Inserida em 20.09.2000). Incabível ação rescisória para impugnar decisão homologatória de arrematação.

46. (Cancelada em decorrência da sua conversão na Súmula 412 – Res. TST 137/2005 – *DJU* 22.08.2005.)

Ação rescisória. Sentença de mérito. Questão processual. (Inserida em 20.09.2000). Pode uma questão processual ser objeto de rescisão desde que consista em pressuposto de validade de uma sentença de mérito.

47. (Cancelada em decorrência da sua conversão na Súmula 413 – Res. TST 137/2005 – *DJU* 22.08.2005.)

Ação rescisória. Sentença de mérito. Violação do art. 896, *a*, da CLT. (Inserida em

20.09.2000). Incabível ação rescisória, por violação do art. 896, *a*, da CLT, contra decisão que não conhece de recurso de revista, com base em divergência jurisprudencial, pois não se cuida de sentença de mérito (art. 485 do CPC).

48. (Cancelada em decorrência da nova redação da Súmula 192 – Res. TST 137/2005 – *DJU* 22.08.2005.)

Ação rescisória. Sentença e acórdão. Substituição. (Inserida em 20.09.2000). Em face do disposto no art. 512 do CPC, é juridicamente impossível o pedido explícito de desconstituição de sentença quando substituída por acórdão regional.

49. (Cancelada em decorrência da conversão da tese mais abrangente da Orientação Jurisprudencial 116 na Súmula 397 – Res. TST 137/2005 – *DJU* 22.08.2005.)

Mandado de segurança. Ação de cumprimento fundada em decisão normativa que sofreu posterior reforma, quando já transitada em julgado a sentença condenatória proferida na ação de cumprimento. (Inserida em 20.09.2000). É cabível o mandado de segurança para extinguir a execução fundada em sentença proferida em ação de cumprimento, quando excluída da sentença normativa a cláusula que lhe serviu de sustentáculo.

50. (Cancelada em decorrência da sua conversão na Súmula 414 – Res. TST 137/2005 – *DJU* 22.08.2005.)

Mandado de segurança. Antecipação de tutela. Cabimento. (Inserida em 20.09.2000). A tutela antecipada concedida antes da prolação da sentença é impugnável mediante mandado de segurança, por não comportar recurso próprio.

51. (Cancelada em decorrência da sua conversão na Súmula 414 – Res. TST 137/2005 – *DJU* 22.08.2005.)

Mandado de segurança. Antecipação de tutela concedida em sentença. Reintegração. Não cabimento. (Inserida em 20.09.2000). A antecipação da tutela conferida na sentença não comporta impugnação pela via do mandado de segurança, por ser impugnável mediante recurso ordinário. A ação cautelar é o meio próprio para se obter efeito suspensivo a recurso.

52. (Cancelada em decorrência da sua conversão na Súmula 415 – Res. TST 137/2005 – *DJU* 22.08.2005.)

Mandado de segurança. Art. 284, CPC. Aplicabilidade. (Inserida em 20.09.2000). Exigindo o mandado de segurança prova documental pré-constituída, inaplicável se torna o art. 284 do CPC quando verificada na petição inicial do *mandamus* a ausência de documento indispensável ou sua autenticação.

53. Mandado de segurança. Cooperativa em liquidação extrajudicial. Lei 5.764/1971, art. 76. Inaplicável. Não suspende a execução.

A liquidação extrajudicial de sociedade cooperativa não suspende a execução dos créditos trabalhistas existentes contra ela.

54. Mandado de segurança. Embargos de terceiro. Cumulação. Penhora. Incabível.

Ajuizados embargos de terceiro (art. 674 do CPC de 2015 – art. 1.046 do CPC de 1973) para pleitear a desconstituição da penhora, é incabível mandado de segurança com a mesma finalidade.

- Alterada pela Res. TST 208/2016 (*DEJT* 22.04.2016).

55. (Cancelada em decorrência da sua conversão na Súmula 416 – Res. TST 137/2005 – *DJU* 22.08.2005.)

Mandado de segurança. Execução. Lei 8.432/1992. Art. 897, § 1º, da CLT. Cabimento. (Inserida em 20.09.2000). Devendo o agravo de petição delimitar justificadamente a matéria e os valores objeto de discordância, não fere direito líquido e certo o prosseguimento da execução quanto aos tópicos e valores não especificados no agravo.

56. Mandado de segurança. Execução. Pendência de recurso extraordinário.

Não há direito líquido e certo à execução definitiva na pendência de recurso extraordinário, ou de agravo de instrumento visando a destrancá-lo.

57. Mandado de segurança. INSS. Tempo de serviço. Averbação e/ou reconhecimento.

Conceder-se-á mandado de segurança para impugnar ato que determina ao INSS o reconhecimento e/ou averbação de tempo de serviço.

58. (Cancelada em decorrência da sua conversão na Súmula 414 – Res. TST 137/2005 – *DJU* 22.08.2005.)

Mandado de segurança para cassar liminar concedida em ação civil pública. Cabível. (Inserida em 20.09.2000). É cabível o mandado de segurança visando a cassar liminar concedida em ação civil pública.

59. Mandado de segurança. Penhora. Carta de fiança bancária. Seguro garantia judicial (nova redação em decorrência do CPC de 2015)

A carta de fiança bancária e o seguro garantia judicial, desde que em valor não inferior ao do débito em execução, acrescido de trinta por cento, equivalem a dinheiro para efeito da gradação dos bens penhoráveis, estabelecida no art. 835 do CPC de 2015 (art. 655 do CPC de 1973).

- Alterada pela Res. TST 209/2016 (*DEJT* 01.06.2016).

60. (Cancelada em decorrência da sua conversão na Súmula 417 – Res. TST 137/2005 – *DJU* 22.08.2005.)

Mandado de segurança. Penhora em dinheiro. Banco. (Inserida em 20.09.2000). Não fere direito líquido e certo do impetrante o ato judicial que determina penhora em dinheiro de banco, em execução definitiva, para garantir crédito exequendo, uma vez que obedece à gradação prevista no art. 655 do CPC.

61. (Cancelada em decorrência da sua conversão na Súmula 417 – Res. TST 137/2005 – *DJU* 22.08.2005.)

Mandado de segurança. Penhora em dinheiro. Execução definitiva. Depósito em banco oficial no Estado. Arts. 612 e 666 do CPC. (Inserida em 20.09.2000). Havendo discordância do credor, em execução definitiva, não tem o executado direito líquido e certo a que os valores penhorados em dinheiro fiquem depositados no próprio banco, ainda que atenda aos requisitos do art. 666, I, do CPC.

62. (Cancelada em decorrência da sua conversão na Súmula 417 – Res. TST 137/2005 – *DJU* 22.08.2005.)

Mandado de segurança. Penhora em dinheiro. Execução provisória. (Inserida em 20.09.2000). Em se tratando de execução provisória, fere direito líquido e certo do impetrante a determinação de penhora em dinheiro, quando nomeados outros bens à penhora, pois o executado tem direito a que a execução se processe da forma que lhe seja menos gravosa, nos termos do art. 620 do CPC.

63. Mandado de segurança. Reintegração. Ação cautelar.

Comporta a impetração de mandado de segurança o deferimento de reintegração no emprego em ação cautelar.

64. Mandado de segurança. Reintegração liminarmente concedida.

Não fere direito líquido e certo a concessão de tutela antecipada para reintegração de empregado protegido por estabilidade provisória decorrente de lei ou norma coletiva.

65. Mandado de segurança. Reintegração liminarmente concedida. Dirigente sindical.

Ressalvada a hipótese do art. 494 da CLT, não fere direito líquido e certo a determinação liminar de reintegração no emprego de dirigente sindical, em face da previsão do inciso X do art. 659 da CLT.

66. Mandado de segurança. Sentença homologatória de adjudicação. Incabível (atualizado o item I e incluído o item II em decorrência do CPC de 2015)

I – Sob a égide do CPC de 1973 é incabível o mandado de segurança contra sentença homologatória de adjudicação, uma vez que existe meio próprio para impugnar o ato judicial, consistente nos embargos à adjudicação (CPC de 1973, art. 746).

II – Na vigência do CPC de 2015 também não cabe mandado de segurança, pois o ato judicial pode ser impugnado por simples petição, na forma do artigo 877, *caput*, do CPC de 2015.

- Alterada pela Res. TST 212/2016 (*DEJT* 20.09.2016).

67. Mandado de segurança. Transferência. Art. 659, IX, da CLT.

Não fere direito líquido e certo a concessão de liminar obstativa de transferência de empregado, em face da previsão do inciso IX do art. 659 da CLT.

68. Antecipação de tutela. Competência. (Inserida em 20.09.2000)

Nos Tribunais, compete ao relator decidir sobre o pedido de antecipação de tutela, submetendo sua decisão ao Colegiado respectivo, independentemente de pauta, na sessão imediatamente subsequente.

- Alterada pela Res. TST 137/2005 (*DJU* 22.08.2005).

69. Fungibilidade recursal. Indeferimento liminar de ação rescisória ou mandado de segurança. Recurso para o TST. Recebimento como agravo regimental e devolução dos autos ao TRT.

Recurso ordinário interposto contra despacho monocrático indeferitório da petição inicial de ação rescisória ou de mandado de segurança pode, pelo princípio de fungibilidade recursal, ser recebido como agravo regimental. Hipótese de não conhecimento do recurso pelo TST e devolução dos autos ao TRT, para que aprecie o apelo como agravo regimental.

70. Ação rescisória. Regência pelo CPC de 1973. Manifesto e inescusável equívoco no direcionamento. Inépcia da inicial. Extinção do processo (atualizada em decorrência do CPC de 2015)

Sob a égide do CPC de 1973, o manifesto equívoco da parte em ajuizar ação rescisória no TST para desconstituir julgado proferido pelo TRT, ou vice-versa, implica a extinção do processo sem julgamento do mérito por inépcia da inicial.

- OJ com redação determinada pela Res. TST 220/2017 (*DEJT* 21.09.2017; rep. 22.09.2017).

71. Ação rescisória. Salário profissional. Fixação. Múltiplo de salário mínimo. Art. 7º, IV, da CF/1988.

A estipulação do salário profissional em múltiplos do salário mínimo não afronta o art. 7º, inciso IV, da Constituição Federal de 1988, só incorrendo em vulneração do referido preceito constitucional a fixação de correção automática do salário pelo reajuste do salário mínimo.

- Alterado pelo TST em 16.11.2004 (*DJU* 22.11.2004).

72. (Cancelada em decorrência da nova redação conferida à Súmula 298 – Res. TST 137/2005 – *DJU* 22.08.2005.)

Ação rescisória. Prequestionamento quanto à matéria e ao conteúdo da norma, não necessariamente do dispositivo legal tido por violado. (Inserida em 08.11.2000).

O prequestionamento exigido em ação rescisória diz respeito à matéria e ao enfoque específico da tese debatida na ação e não, necessariamente, ao dispositivo legal tido por violado. Basta que o conteúdo da norma reputada como violada tenha sido abordado na decisão rescindenda para que se considere preenchido o pressuposto do prequestionamento.

73. (Cancelada em razão da conversão na Súmula 435 – Res. TST 186/2012 – *DJE* 25.09.2012)

Art. 557 do CPC. Constitucionalidade.

Não há como se cogitar da inconstitucionalidade do art. 557 do CPC, meramente pelo fato de a decisão ser exarada pelo Relator, sem a participação do Colegiado, porquanto o princípio da publicidade insculpido no inciso IX do art. 93 da CF/1988 não está jungido ao julgamento pelo Colegiado e sim o acesso ao processo pelas partes, seus advogados ou terceiros interessados, direito preservado pela Lei 9.756/1998, ficando, outrossim, assegurado o acesso ao Colegiado através de agravo.

74. (Cancelada em decorrência da sua conversão na Súmula 421 – Res. TST 137/2005 – *DJU* 22.08.2005.)

Embargos declaratórios contra decisão monocrática do relator, calcada no art. 557 do CPC. Cabimento. (Inserida em 08.11.2000).

I – Tendo o despacho monocrático de provimento ou denegação de recurso, previsto no art. 557 do CPC, conteúdo decisório definitivo e conclusivo da lide, comporta ser esclarecido pela via dos embargos declaratórios, em despacho aclaratório, também monocrático, quando se pretende tão somente suprir omissão e não modificação do julgado.

II – Postulando o embargante efeito modificativo, os embargos declaratórios deverão ser submetidos ao pronunciamento do colegiado, convertidos em agravo, em face dos princípios da fungibilidade e celeridade processual.

75. (Cancelada em decorrência da nova redação conferida à Súmula 298 – Res. TST 137/2005 – *DJU* 22.08.2005.)

Remessa de ofício. Ação rescisória. Prequestionamento. Decisão regional que simplesmente confirma a sentença. (Inserida em 20.04.2001).

Para efeito de ação rescisória, considera-se prequestionada a matéria tratada na sentença quando, examinando remessa de ofício, o Tribunal simplesmente a confirma.

76. Ação rescisória. Ação cautelar proposta sob a vigência do CPC de 1973. Suspensão da execução. Juntada de documento indispensável. Possibilidade de êxito na rescisão do julgado (atualizada em decorrência do CPC de 2015)

É indispensável a instrução da ação cautelar proposta sob a vigência do CPC de 1973 com as provas documentais necessárias à aferição da plausibilidade de êxito na rescisão do julgado. Assim sendo, devem vir junto com a inicial da cautelar as cópias da petição inicial da ação rescisória principal, da decisão rescindenda, da certidão do trânsito em julgado da decisão rescindenda e informação do andamento atualizado da execução.

- OJ com redação determinada pela Res. TST 220/2017 (*DEJT* 21.09.2017; rep. 22.09.2017).

77. (Cancelada em decorrência da nova redação conferida à Súmula 83 – Res. TST 137/2005 – *DJU* 22.08.2005.)

Ação rescisória. Aplicação da Súmula 83 do TST. Matéria controvertida. Limite temporal. Data de inserção em Orientação Jurisprudencial do TST. (Inserida em 13.03.2002).

A data da inclusão da matéria discutida na ação rescisória, na Orientação Jurisprudencial do TST, é o divisor de águas quanto a ser, ou não, controvertida nos Tribunais a interpretação dos dispositivos legais citados na ação rescisória.

78. Ação rescisória. Cumulação sucessiva de pedidos. Rescisão da sentença e do acórdão. Ação única. Art. 326 do CPC de 2015. Art. 289 do CPC de 1973.

É admissível o ajuizamento de uma única ação rescisória contendo mais de um pedido, em ordem sucessiva, de rescisão da sentença e do acórdão. Sendo inviável a tutela jurisdicional de um deles, o julgador está obrigado a apreciar os demais, sob pena de negativa de prestação jurisdicional.

- Alterada pela Res. TST 208/2016 (*DEJT* 22.04.2016).

79. (Cancelada em decorrência da nova redação conferida à Súmula 100 – Res. TST 137/2005 – *DJU* 22.08.2005.)

Ação rescisória. Decadência afastada. Imediato julgamento do mérito. Inexistência de ofensa ao duplo grau de jurisdição. (Inserida em 13.03.2002).

Não ofende o princípio do duplo grau de jurisdição a decisão do TST que, após afastar a decadência em sede de recurso ordinário, aprecia desde logo a lide, se a causa versar questão exclusivamente de direito e estiver em condições de imediato julgamento.

80. Ação rescisória. Decadência. Dies a quo. Recurso deserto. Enunciado 100 do TST.

O não conhecimento do recurso por deserção não antecipa o *dies a quo* do prazo decadencial para o ajuizamento da ação rescisória, atraindo, na contagem do prazo, a aplicação do Enunciado 100 do TST.

81. (Cancelada em decorrência da sua conversão na Súmula 401 – Res. TST 137/2005 – *DJU* 22.08.2005.)

Ação rescisória. Descontos legais. Fase de execução. Sentença exequenda omissa. Inexistência de ofensa à coisa julgada. (Inserida em 13.03.2002). Os descontos previdenciários e fiscais devem ser efetuados pelo juízo executório, ainda que a sentença exequenda tenha sido omissa sobre a questão, dado o caráter de ordem pública ostentado pela norma que os disciplina. A ofensa à coisa julgada somente poderá ser caracterizada na hipótese de o título exequendo, expressamente, afastar a dedução dos valores a título de imposto de renda e de contribuição previdenciária.

82. (Cancelada em decorrência da sua conversão na Súmula 406 – Res. TST 137/2005 – *DJU* 22.08.2005.)

Ação rescisória. Litisconsórcio. Necessário no polo passivo e facultativo no ativo. (Inserido em 13.03.2002).

TST

O litisconsórcio, na ação rescisória, é necessário em relação ao polo passivo da demanda, porque supõe uma comunidade de direitos ou de obrigações que não admite solução díspar para os litisconsortes, em face da indivisibilidade do objeto. Já em relação ao polo ativo, o litisconsórcio é facultativo, uma vez que a aglutinação de autores se faz por conveniência, e não pela necessidade decorrente da natureza do litígio, pois não se pode condicionar o exercício do direito individual de um dos litigantes no processo originário à anuência dos demais para retomar a lide.

83. (Cancelada em decorrência da sua conversão na Súmula 407 – Res. TST 137/2005 – *DJU* 22.08.2005.)

Ação rescisória. Ministério Público. Legitimidade *ad causam* prevista no art. 487, III, *a* e *b*, do CPC. As hipóteses são meramente exemplificativas. (Inserida em 13.03.2002).

A legitimidade *ad causam* do Ministério Público para propor ação rescisória, ainda que não tenha sido parte no processo que deu origem à decisão rescindenda, não está limitada às alíneas *a* e *b* do inciso III do art. 487 do CPC, uma vez que traduzem hipóteses meramente exemplificativas.

84. Ação rescisória. Ausência da decisão rescindenda e/ou da certidão de seu trânsito em julgado devidamente autenticadas. Concessão de prazo para complementação da documentação. (alterada em decorrência do CPC de 2015)

São peças essenciais para o julgamento da ação rescisória a decisão rescindenda e/ou a certidão do seu trânsito em julgado, devidamente autenticadas, à exceção de cópias reprográficas apresentadas por pessoa jurídica de direito público, a teor do art. 24 da Lei 10.522/2002, ou declaradas autênticas pelo advogado na forma do artigo 830 da CLT com a redação dada pela Lei 11.925/2009. Em fase recursal, verificada a ausência de qualquer delas, cumpre ao Relator do recurso ordinário conceder o prazo de 5 (cinco) dias ao recorrente para que seja complementada a documentação exigível, nos termos do art. 932, parágrafo único, do CPC de 2015.

- OJ com redação determinada pela Res. TST 220/2017 (*DEJT* 21.09.2017; rep. 22.09.2017).

85. (Cancelada – 1ª parte convertida na Súmula 399 e parte final incorporada à nova redação da Súmula 298 – Res. TST 137/2005 – *DJU* 22.08.2005.)

Ação rescisória. Sentença homologatória de cálculo. Existência de contraditório. Decisão de mérito. Cabimento. (Inserida em 13.03.2002 e alterada em 26.12.2002).

A decisão homologatória de cálculos apenas comporta rescisão quando enfrentar as questões envolvidas na elaboração da conta de liquidação, quer solvendo a controvérsia das partes, quer explicitando, de ofício, os motivos pelos quais acolheu os cálculos oferecidos por uma das partes, ou pelo setor de cálculos, e não contestados pela outra. A sentença meramente homologatória, que silencia sobre os motivos de convencimento do juiz, não se mostra rescindível, por ausência de prequestionamento.

86. (Cancelada em decorrência da sua conversão na Súmula 414 – Res. TST 137/2005 – *DJU* 22.08.2005.)

Mandado de segurança. Antecipação de tutela. Sentença superveniente. Perda de objeto. (Inserida em 13.03.2002).

Perde objeto o mandado de segurança que impugna tutela antecipada pelo fato de haver sido proferida sentença de mérito nos autos originários.

87. (Cancelada pela Res. TST 137/2005 – *DJU* 22.08.2005.)

Mandado de segurança. Reintegração em execução provisória. Impossibilidade. (Inserida em 13.03.2002).

O art. 899 da CLT, ao impedir a execução definitiva do título executório, enquanto pendente recurso, alcança tanto as execuções por obrigação de pagar quanto as por obrigação de fazer. Assim, tendo a obrigação de reintegrar caráter definitivo, somente pode ser decretada, liminarmente, nas hipóteses legalmente previstas, em sede de tutela antecipada ou tutela específica.

88. Mandado de segurança. Valor da causa. Custas processuais. Cabimento.

Incabível a impetração de mandado de segurança contra ato judicial que, de ofício, arbitrou novo valor à causa, acarretando a majoração das custas processuais, uma vez que cabia à parte, após recolher as custas, calculadas com base no valor dado à causa na inicial, interpor recurso ordinário e, posteriormente, agravo de instrumento no caso de o recurso ser considerado deserto.

89. Habeas corpus. Depositário. Termo de depósito não assinado pelo paciente. Necessidade de aceitação do encargo. Impossibilidade de prisão civil.

A investidura no encargo de depositário depende da aceitação do nomeado, que deve assinar termo de compromisso no auto de penhora, sem o que é inadmissível a restrição de seu direito de liberdade.

90. (Cancelada em decorrência da sua conversão na Súmula 422 – Res. TST 137/2005 – *DJU* 22.08.2005.)

Recurso ordinário. Apelo que não ataca os fundamentos da decisão recorrida. Não conhecimento. Art. 514, II, do CPC. (Inserida em 27.05.2002).

Não se conhece de recurso ordinário para o TST, pela ausência do requisito de admissibilidade inscrito no art. 514, II, do CPC, quando as razões do recorrente não impugnam os fundamentos da decisão recorrida, nos termos em que fora proposta.

91. Mandado de segurança. Autenticação de cópias pelas Secretarias dos Tribunais Regionais do Trabalho. Requerimento indeferido. Art. 789, § 9º, da CLT.

Não sendo a parte beneficiária da assistência judiciária gratuita, inexiste direito líquido e certo à autenticação, pelas Secretarias dos Tribunais, de peças extraídas do processo principal, para formação do agravo de instrumento.

92. Mandado de segurança. Existência de recurso próprio.

Não cabe mandado de segurança contra decisão judicial passível de reforma mediante recurso próprio, ainda que com efeito diferido.

93. Penhora sobre parte da renda de estabelecimento comercial. Possibilidade. (alterada em decorrência do CPC de 2015)

Nos termos do art. 866 do CPC de 2015, é admissível a penhora sobre a renda mensal ou faturamento de empresa, limitada a percentual, que não comprometa o desenvolvimento regular de suas atividades, desde que não haja outros bens penhoráveis ou, havendo outros bens, eles sejam de difícil alienação ou insuficientes para satisfazer o crédito executado.

- OJ com redação determinada pela Res. TST 220/2017 (*DEJT* 21.09.2017; rep. 22.09.2017).

94. Ação rescisória. Colusão. Fraude à lei. Reclamatória simulada extinta.

A decisão ou acordo judicial subjacente à reclamação trabalhista, cuja tramitação deixa nítida a simulação do litígio para fraudar a lei e prejudicar terceiros, enseja ação rescisória, com lastro em colusão. No juízo rescisório, o processo simulado deve ser extinto.

95. (Cancelada em decorrência da sua conversão na Súmula 400 – Res. TST 137/2005 – *DJU* 22.08.2005.)

Ação Rescisória de Ação Rescisória. Violação de Lei. Indicação dos mesmos dispositivos legais apontados na Rescisória Primitiva. (Inserida em 27.09.2002 e alterada – *DJ* 16.04.2004).

Em se tratando de rescisória de rescisória, o vício apontado deve nascer na decisão rescindenda, não se admitindo a rediscussão do acerto do julgamento da rescisória anterior. Assim, não se admite rescisória calcada no inciso V do art. 485 do CPC para discussão, por má aplicação, dos mesmos dispositivos de lei tidos por violados na rescisória anterior, bem como para arguição de questões inerentes à ação rescisória primitiva.

96. (Cancelada em decorrência da nova redação conferida à Súmula 299 – Res. TST 137/2005 – *DJU* 22.08.2005.)

Ação rescisória. Vício de intimação da decisão rescindenda. Ausência da formação da coisa julgada material. Carência de ação. (Inserida em 27.09.2002).

O pretenso vício de intimação posterior à decisão que se pretende rescindir, se efetivamente ocorrido, não permite a formação da coisa julgada material. Assim, a ação rescisória deve ser julgada extinta sem julgamento do mérito por carência de ação, por inexistir decisão transitada em julgado a ser rescindida.

97. Ação rescisória. Violação do art. 5º, II, LIV e LV, da Constituição Federal. Princípios da legalidade, do devido processo legal, do contraditório e da ampla defesa. (Inserida em 27.09.2002 e alterada em 25.04.2003 – *DJ* 09.05.2003)

Os princípios da legalidade, do devido processo legal, do contraditório e da ampla defesa não servem de fundamento para a desconstituição de decisão judicial transitada em julgado, quando se apresentam sob a forma de pedido genérico e desfundamentado, acompanhando dispositivos legais que tratam especificamente da matéria debatida, estes sim, passíveis de fundamentarem a análise do pleito rescisório.

- Alterada pela Res. TST 137/2005 (*DJU* 22.08.2005).

98. Mandado de segurança. Cabível para atacar exigência de depósito prévio de honorários periciais. (Inserida em 27.09.2002)

É ilegal a exigência de depósito prévio para custeio dos honorários periciais, dada a incompatibilidade com o processo do trabalho, sendo cabível o mandado de segurança visando à realização da perícia, independentemente do depósito.

- Alterada pela Res. TST 137/2005 (*DJU* 22.08.2005).

99. Mandado de segurança. Esgotamento de todas as vias processuais disponíveis. Trânsito em julgado formal. Descabimento.

Esgotadas as vias recursais existentes, não cabe mandado de segurança.

100. Recurso ordinário para o TST. Decisão de TRT proferida em agravo regimental contra liminar em ação cautelar ou em mandado de segurança. Incabível.

Não cabe recurso ordinário para o TST de decisão proferida pelo Tribunal Regional do Trabalho em agravo regimental interposto contra despacho que concede ou não liminar em ação cautelar ou em mandado de segurança, uma vez que o processo ainda pende de decisão definitiva do Tribunal *a quo*.

101. Ação rescisória. Inciso IV do art. 966 do CPC de 2015. Art. 485, IV, do CPC de 1973. Ofensa à coisa julgada. Necessidade de fixação de tese na decisão rescindenda.

Para viabilizar a desconstituição do julgado pela causa de rescindibilidade do inciso IV do art. 966 do CPC de 2015 (inciso IV do art. 485 do CPC de 1973), é necessário que a decisão rescindenda tenha enfrentado as questões ventiladas na ação rescisória, sob pena de inviabilizar o cotejo com o título executivo judicial tido por desrespeitado, de modo a se poder concluir pela ofensa à coisa julgada.

- Alterada pela Res. TST 208/2016 (*DEJT* 22.04.2016).

102. (Cancelada em decorrência da nova redação conferida à Súmula 100 – Res. TST 137/2005 – *DJU* 22.08.2005.)

Ação rescisória. Certidão de trânsito em julgado. Descompasso com a realidade. Presunção relativa de veracidade. (*DJ* 29.04.2003). O juízo rescindente não está adstrito à certidão de trânsito em julgado juntada com a ação rescisória, podendo formar sua convicção através de outros elementos dos autos quanto à antecipação ou postergação do *dies a quo* do prazo decadencial.

103. Ação rescisória. Contradição entre fundamentação e parte dispositiva do julgado. Cabimento. Erro de fato.

É cabível a rescisória para corrigir contradição entre a parte dispositiva do acórdão rescindendo e a sua fundamentação, por erro de fato na retratação do que foi decidido.

104. (Cancelada em decorrência da nova redação conferida à Súmula 100 – Res. TST 137/2005 – *DJU* 22.08.2005.)

Ação rescisória. Decadência. Sentença homologatória de acordo. Momento do trânsito em julgado. (*DJ* 29.04.2003).

O acordo homologado judicialmente tem força de decisão irrecorrível, na forma do art. 831 da CLT. Assim sendo, o termo conciliatório transita em julgado na data da sua homologação judicial.

105. (Cancelada em decorrência da nova redação conferida à Súmula 192 – Res. TST 137/2005 – *DJU* 22.08.2005.)

Ação rescisória. Decisão rescindenda. Agravo de instrumento. Não substituição. Impossibilidade jurídica. (*DJ* 29.04.2003). É manifesta a impossibilidade jurídica do pedido de rescisão de julgado proferido em agravo de instrumento que, limitando-se a aferir o eventual desacerto do juízo negativo de admissibilidade do recurso de revista, não substitui o acórdão regional, na forma do art. 512 do CPC.

106. (Cancelada em decorrência da nova redação conferida à Súmula 299 – Res. TST 137/2005 – *DJU* 22.08.2005.)

Ação rescisória. Decisão rescindenda. Ausência de trânsito em julgado. Descabimento de ação rescisória preventiva. (*DJ* 29.04.2003). A comprovação do trânsito em julgado da decisão rescindenda é pressuposto processual indispensável ao tempo do ajuizamento da ação rescisória. Eventual trânsito em julgado posterior ao ajuizamento da ação rescisória não reabilita a ação proposta, na medida em que o ordenamento jurídico não contempla a ação rescisória preventiva.

107. Ação rescisória. Decisão rescindenda de mérito. Sentença declaratória de extinção de execução. Satisfação da obrigação.

Embora não haja atividade cognitiva, a decisão que declara extinta a execução, nos termos do art. 924, incisos I a IV c/c art. 925 do CPC de 2015 (art. 794 c/c art. 795 do CPC de 1973), extingue a relação processual e a obrigacional, sendo passível de corte rescisório.

- Alterada pela Res. TST 208/2016 (*DEJT* 22.04.2016).

108. (Cancelada em decorrência da sua conversão na Súmula 404 – Res. TST 137/2005 – *DJU* 22.08.2005.)

Ação rescisória. Fundamento para invalidar confissão. Confissão ficta. Inadequação do enquadramento no art. 485, VIII, do CPC. (*DJ* 29.04.2003).

O art. 485, VIII, do CPC, ao tratar do fundamento para invalidar a confissão como hipótese de rescindibilidade da decisão judicial, refere-se à confissão real, fruto de erro, dolo ou coação, e não à confissão ficta resultante de revelia.

109. (Cancelada em decorrência da sua conversão na Súmula 410 – Res. TST 137/2005 – *DJU* 22.08.2005.)

Ação rescisória. Reexame de fatos e provas. Inviabilidade. (*DJ* 29.04.2003).

A ação rescisória calcada em violação de lei não admite reexame de fatos e provas do processo que originou a decisão rescindenda.

110. (Cancelada em decorrência da sua conversão na Súmula 406 – Res. TST 137/2005 – *DJU* 22.08.2005.)

Ação rescisória. Réu sindicato. Substituto processual na ação originária. Legitimidade passiva *ad causam*. Inexistência de litisconsórcio passivo necessário. (*DJ* 29.04.2003). O Sindicato, substituto processual e autor da reclamação trabalhista, em cujos autos fora proferida a decisão rescindenda, possui legitimidade para figurar como réu na ação rescisória, sendo descabida a exigência de citação de todos os empregados substituídos, porquanto inexistente litisconsórcio passivo necessário.

111. (Cancelada em decorrência da sua conversão na Súmula 403 – Res. TST 137/2005 – *DJU* 22.08.2005.)

Ação rescisória. Sentença homologatória de acordo. Dolo da parte vencedora em detrimento da vencida. Art. 485, III, do CPC. Inviável. (*DJ* 29.04.2003).

Se a decisão rescindenda é homologatória de acordo, não há parte vencedora ou vencida, razão pela qual não é possível a sua desconstituição calcada no inciso III do art. 485 do CPC (dolo da parte vencedora em detrimento da vencida), pois constitui fundamento de rescindibilidade que supõe solução jurisdicional para a lide.

112. Ação rescisória. Violação de lei. Decisão rescindenda por duplo fundamento. Impugnação parcial.

Para que a violação da lei dê causa à rescisão de decisão de mérito alicerçada em duplo fundamento, necessário que o Autor da ação rescisória invoque causas de rescindibilidade que, em tese, possam infirmar a motivação dúplice da decisão rescindenda.

113. (Cancelada em decorrência do CPC/2015 pela Res. TST 220/2017 – *DEJT* 21.09.2017; rep. 22.09.2017)

Ação cautelar. Efeito suspensivo ao recurso ordinário em mandado de segurança. Incabível. Ausência de interesse. Extinção.

É incabível medida cautelar para imprimir efeito suspensivo a recurso interposto contra decisão proferida em mandado de segurança, pois ambos visam, em última análise, à sustação do ato atacado. Extingue-se, pois, o processo, sem julgamento do mérito, por ausência de interesse de agir, para evitar que decisões judiciais conflitantes e inconciliáveis passem a reger idêntica situação jurídica.

114. (Cancelada em decorrência da sua conversão na Súmula 419 – Res. TST 137/2005 – *DJU* 22.08.2005.)

Competência. Execução por carta. Embargos de terceiro. Juízo deprecante. (*DJ* 11.08.2003).

Na execução por carta precatória, os embargos de terceiro serão oferecidos no juízo deprecante ou no juízo deprecado, mas a competência para julgá-los é do juízo deprecante, salvo se versarem, unicamente, sobre vícios ou irregularidades da penhora, avaliação ou alienação dos bens, praticados pelo juízo deprecado, em que a competência será deste último.

115. (Cancelada em decorrência da sua conversão na Súmula 420 – Res. TST 137/2005 – *DJU* 22.08.2005.)

Competência funcional. Conflito negativo. TRT e Vara do Trabalho de idêntica região. Não configuração. (*DJ* 11.08.2003).

Não se configura conflito de competência entre Tribunal Regional do Trabalho e Vara do Trabalho a ele vinculada.

116. (Cancelada em decorrência da sua conversão na Súmula 397 – Res. TST 137/2005 – *DJU* 22.08.2005.)

Ação rescisória. Art. 485, IV, do CPC. Ação de cumprimento. Ofensa à coisa julgada emanada de sentença normativa modificada em grau de recurso. Inviabilidade. (*DJ* 11.08.2003).

Não procede ação rescisória calcada em ofensa à coisa julgada perpetrada por decisão proferida em ação de cumprimento, em face de a sentença normativa, na qual se louvava, ter sido modificada em grau de recurso, porque em dissídio coletivo somente se consubstancia coisa julgada formal. Assim, os meios processuais, aptos a atacarem a execução da cláusula reformada, são a exceção da pré-executividade e o mandado de segurança, no caso de descumprimento do art. 572 do CPC.

117. (Cancelada em decorrência da nova redação conferida à Súmula 99 – Res. TST 137/2005 – *DJU* 22.08.2005.)

Ação rescisória. Depósito recursal. Pedido rescisório procedente. Condenação em pecúnia. IN 3/1993, III. (*DJ* 11.08.2003).

Havendo recurso ordinário em sede de rescisória, o depósito recursal prévio só é exigível quando for julgado procedente o pedido e imposta condenação em pecúnia.

118. (Cancelada em decorrência da sua incorporação à nova redação da Orientação Jurisprudencial 25 da SDI-II – Res. TST 137/2005 – *DJU* 22.08.2005.)

Ação rescisória. Expressão "lei" do art. 485, V, do CPC. Indicação de contrariedade a súmula ou orientação jurisprudencial do TST. Descabimento. (*DJ* 11.08.2003).

Não prospera pedido de rescisão fundado no art. 485, inciso V, do CPC, com indicação de contrariedade a súmula, uma vez que a jurisprudência consolidada dos tribunais não corresponde ao conceito de lei.

119. (Cancelada em decorrência da sua conversão na Súmula 409 – Res. TST 137/2005 – *DJU* 22.08.2005.)

Ação rescisória. Prazo prescricional. Total ou parcial. Violação do art. 7º, XXIX, da CF/1988. Matéria infraconstitucional. (*DJ* 11.08.2003).

Não procede ação rescisória calcada em violação do art. 7º, XXIX, da CF/1988 quando a questão envolve discussão sobre a espécie de prazo prescricional aplicável aos créditos trabalhistas, se total ou parcial, porque a matéria tem índole infraconstitucional, construída, na Justiça do Trabalho, no plano jurisprudencial.

120. (Cancelada em decorrência da sua conversão na Súmula 418 – Res. TST 137/2005 – *DJU* 22.08.2005.)

Mandado de segurança. Recusa à homologação de acordo. Inexistência de direito líquido e certo. (*DJ* 11.08.2003).

Não comporta mandado de segurança a negativa de homologação de acordo, por inexistir direito líquido e certo à homologação, já que se trata de atividade jurisdicional alicerçada no livre convencimento do juiz.

121. (Cancelada em decorrência da sua conversão na Súmula 405 – Res. TST 137/2005 – *DJU* 22.08.2005.)

Ação rescisória. Pedido de antecipação de tutela. Descabimento. (*DJ* 11.08.2003).

Não se admite tutela antecipada em sede de ação rescisória, na medida em que não se pode desconstituir antecipadamente a coisa julgada, com base em juízo de verossimilhança, dadas as garantias especiais de que se reveste o pronunciamento estatal transitado em julgado.

122. (Cancelada em decorrência da nova redação conferida à Súmula 100 – Res. TST 137/2005 – *DJU* 22.08.2005.)

Ação rescisória. Decadência. Ministério Público. *Dies a quo* do prazo. Contagem. Colusão das partes. (*DJ* 11.08.2003).

Na hipótese de colusão das partes, o prazo decadencial da ação rescisória somente começa a fluir para o Ministério Público que não interveio no processo principal, a partir do momento em que tem ciência da fraude.

123. Ação rescisória. Interpretação do sentido e alcance do título executivo. Inexistência de ofensa à coisa julgada. (*DJ* 11.08.2003)

O acolhimento da ação rescisória calcada em ofensa à coisa julgada supõe dissonância patente entre as decisões exequenda e rescindenda, o que não se verifica quando se faz necessária a interpretação do título executivo judicial para se concluir pela lesão à coisa julgada.

- Alterada pela Res. TST 137/2005 (*DJU* 22.08.2005).

124. Ação rescisória. Art. 966, inciso II, do CPC de 2015. Art. 485, inciso II, do CPC de 1973. Arguição de incompetência absoluta. Prequestionamento inexigível.

Na hipótese em que a ação rescisória tem como causa de rescindibilidade o inciso II do art. 966 do CPC de 2015 (inciso II do art. 485 do CPC de 1973), a arguição de incompetência absoluta prescinde de prequestionamento.

- Alterada pela Res. TST 208/2016 (*DEJT* 22.04.2016).

125. (Cancelada em decorrência da sua conversão na Súmula 403 – Res. TST 137/2005 – *DJU* 22.08.2005.)

Ação rescisória. Art. 485, III, do CPC. Silêncio da parte vencedora acerca de eventual fato que lhe seja desfavorável. Descaracterizado o dolo processual. (*DJ* 09.12.2003).

Não caracteriza dolo processual, previsto no art. 485, III, do CPC, o simples fato de a parte vencedora haver silenciado a respeito de fatos contrários a ela, porque o procedimento, por si só, não constitui ardil do qual resulte cerceamento de defesa e, em consequência, desvie o juiz de uma sentença não condizente com a verdade.

126. (Cancelada em decorrência da sua conversão na Súmula 398 – Res. TST 137/2005 – *DJU* 22.08.2005.)

Ação rescisória. Ausência de defesa. Inaplicáveis os efeitos da revelia. (*DJ* 09.12.2003). Na ação rescisória, o que se ataca na ação é a sentença, ato oficial do Estado, acobertado pelo manto da coisa julgada. Assim sendo e, considerando que a coisa julgada envolve questão de ordem pública, a revelia não produz confissão na ação rescisória.

127. Mandado de segurança. Decadência. Contagem. Efetivo ato coator.

Na contagem do prazo decadencial para ajuizamento de mandado de segurança, o efetivo ato coator é o primeiro em que se firmou a tese hostilizada e não aquele que a ratificou.

128. Ação rescisória. Concurso público anulado posteriormente. Aplicação da Súmula 363 do TST.

O certame público posteriormente anulado equivale à contratação realizada sem a observância da exigência contida no art. 37, II, da Constituição Federal de 1988. Assim sendo, aplicam-se à hipótese os efeitos previstos na Súmula 363 do TST.

129. Ação anulatória. Competência originária.

Em se tratando de ação anulatória, a competência originária se dá no mesmo juízo em que praticado o ato supostamente eivado de vício.

130. Ação civil pública. Competência. Local do dano. Lei 7.347/1985, art. 2º. Código de Defesa do Consumidor, art. 93 (redação alterada na sessão do Tribunal Pleno realizada em 14.09.2012)

I – A competência para a Ação Civil Pública fixa-se pela extensão do dano.

II – Em caso de dano de abrangência regional, que atinja cidades sujeitas à jurisdição de mais de uma Vara do Trabalho, a competência será de qualquer das Varas das localidades atingidas, ainda que vinculadas a Tribunais Regionais do Trabalho distintos.

III – Em caso de dano de abrangência suprarregional ou nacional, há competência concorrente para a Ação Civil Pública das Varas do Trabalho das sedes dos Tribunais Regionais do Trabalho.

IV – Estará prevento o juízo a que a primeira ação houver sido distribuída.

• Alterada pela Res. TST 186/2012 (*DEJT* 25.09.2012).

131. Ação rescisória. Ação cautelar para suspender execução da decisão rescindenda. Pendência de trânsito em julgado da ação rescisória principal. Efeitos.

A ação cautelar não perde o objeto enquanto ainda estiver pendente o trânsito em julgado da ação rescisória principal, devendo o pedido cautelar ser julgado procedente, mantendo-se os efeitos da liminar eventualmente deferida, no caso de procedência do pedido rescisório ou, por outro lado, improcedente, se o pedido da ação rescisória principal tiver sido julgado improcedente.

132. Ação rescisória. Acordo homologado. Alcance. Ofensa à coisa julgada.

Acordo celebrado – homologado judicialmente – em que o empregado dá plena e ampla quitação, sem qualquer ressalva, alcança não só o objeto da inicial, como também todas as demais parcelas referentes ao extinto contrato de trabalho, violando a coisa julgada, a propositura de nova reclamação trabalhista.

133. (Cancelada em decorrência da nova redação conferida à Súmula 192 – Res. TST 137/2005 – *DJU* 22.08.2005.)

Ação rescisória. Decisão em agravo regimental. Aplicação da Súmula 333. Juízo de mérito. (*DJ* 04.05.2004).

A decisão proferida pela SDI, em sede de agravo regimental, calcada na Súmula 333, substitui acórdão de Turma do TST, porque emite juízo de mérito, comportando, em tese, o corte rescisório.

134. Ação rescisória. Decisão que declara preclusa a oportunidade de impugnação da sentença de liquidação. Produção de coisa julgada formal. Irrescindibilidade. (alterada em decorrência do CPC de 2015)

A decisão proferida em embargos à execução ou em agravo de petição que apenas declara preclusa a oportunidade de impugnação da sentença de liquidação não é rescindível, em virtude de produzir tão somente coisa julgada formal.

• OJ com redação determinada pela Res. TST 220/2017 (*DEJT* 21.09.2017; rep. 22.09.2017).

135. Ação rescisória. Violação do art. 37, *caput*, da CF/1988. Necessidade de prequestionamento.

A ação rescisória calcada em violação do artigo 37, *caput*, da Constituição Federal, por desrespeito ao princípio da legalidade administrativa exige que ao menos o princípio constitucional tenha sido prequestionado na decisão.

136. Ação rescisória. Erro de fato. Caracterização.

A caracterização do erro de fato como causa de rescindibilidade de decisão judicial transitada em julgado supõe a afirmação categórica e indiscutida de um fato, na decisão rescindenda, que não corresponde à realidade dos autos. O fato afirmado pelo julgador, que pode ensejar ação rescisória calcada no inciso VIII do art. 966 do CPC de 2015 (inciso IX do art. 485 do CPC de 1973), é apenas aquele que se coloca como premissa fática indiscutida de um silogismo argumentativo, não aquele que se apresenta ao final desse mesmo silogismo, como conclusão decorrente das premissas que especificaram as provas oferecidas, para se concluir pela existência do fato. Esta última hipótese é afastada pelo § 1º do art. 966 do CPC de 2015 (§ 2º do art. 485 do CPC de 1973), ao exigir que não tenha havido controvérsia sobre o fato e pronunciamento judicial esmiuçando as provas.

• Alterada pela Res. TST 208/2016 (*DEJT* 22.04.2016).

137. Mandado de segurança. Dirigente sindical. Art. 494 da CLT. Aplicável.

Constitui direito líquido e certo do empregador a suspensão do empregado, ainda que detentor de estabilidade sindical, até a decisão final do inquérito em que se apure a falta grave a ele imputada, na forma do art. 494, *caput* e parágrafo único, da CLT.

138. (Cancelada – *DJU* 10.05.2006.)

Mandado de segurança. Incompetência da Justiça do Trabalho. Cobrança de honorários advocatícios. Contrato de natureza civil. A Justiça do Trabalho é incompetente para apreciar ação de cobrança de honorários advocatícios, pleiteada na forma do art. 24, §§ 1º e 2º, da Lei 8.906/1994, em face da natureza civil do contrato de honorários.

139. (Cancelada em decorrência da sua conversão na Súmula 414 – Res. TST 137/2005 – *DJU* 22.08.2005.)

Mandado de segurança. Liminar em ação civil pública. Sentença de mérito superveniente. Perda de objeto. (*DJ* 04.05.2004).

Perde objeto o mandado de segurança que impugna liminar em ação civil pública substituída por sentença de mérito superveniente.

140. Mandado de segurança contra liminar, concedida ou denegada em outra segurança. Incabível. (art. 8º da Lei 1.533/1951).

Não cabe mandado de segurança para impugnar despacho que acolheu ou indeferiu liminar em outro mandado de segurança.

141. (Cancelada em decorrência da sua conversão na Súmula 418 – Res. TST 137/2005 – *DJU* 22.08.2005.)

Mandado de segurança para conceder liminar denegada em ação cautelar. (*DJ* 04.05.2004).

A concessão de liminar constitui faculdade do juiz, no uso de seu poder discricionário e de cautela, inexistindo direito líquido e certo tutelável pela via do mandado de segurança.

142. Mandado de segurança. Reintegração liminarmente concedida.

Inexiste direito líquido e certo a ser oposto contra ato de Juiz que, antecipando a tutela jurisdicional, determina a reintegração do empregado até a decisão final do processo, quando demonstrada a razoabilidade do direito subjetivo material, como nos casos de anistiado pela Lei 8.878/1994, aposentado, integrante de comissão de fábrica, dirigente sindical, portador de doença profissional, portador de vírus HIV ou detentor de estabilidade provisória prevista em norma coletiva.

143. *Habeas corpus*. Penhora sobre coisa futura e incerta. Prisão. Depositário infiel (redação alterada na sessão do Tribunal Pleno realizada em 17.11.2008)

Não se caracteriza a condição de depositário infiel quando a penhora recair sobre coisa futura e incerta, circunstância que, por si só, inviabiliza a materialização do depósito no momento da constituição do paciente em depositário, autorizando-se a concessão de *habeas corpus* diante da prisão ou ameaça de prisão que sofra.

• Alterada pela Res. TST 151/2008 (*DJE* 20.11.2008).

144. Mandado de segurança. Proibição de prática de atos futuros. Sentença genérica. Evento futuro. Incabível. (*DJ* 22.06.2004)

O mandado de segurança não se presta à obtenção de uma sentença genérica, aplicável a eventos futuros, cuja ocorrência é incerta.

• Alterada pela Res. TST 137/2005 (*DJU* 22.08.2005).

145. (Cancelada em decorrência da nova redação conferida à Súmula 100 – Res. TST 137/2005 – *DJU* 22.08.2005.)

Ação rescisória. Decadência. Não esgotamento das vias recursais. Prazo legal do recurso extraordinário. (*DJ* 10.11.2004).

Conta-se o prazo decadencial da ação rescisória, após o decurso do prazo legal previsto para a interposição do recurso extraordinário, apenas quando esgotadas todas as vias recursais ordinárias.

146. Ação rescisória. Início do prazo para apresentação da contestação. Art. 774 da CLT.

A contestação apresentada em ação rescisória obedece à regra relativa à contagem de prazo constante do art. 774 da CLT, sendo inaplicável o art. 231 do CPC de 2015 (art. 241 do CPC de 1973).

- Alterada pela Res. TST 208/2016 (*DEJT* 22.04.2016).

147. (Cancelada pela Res. TST 142/2007 – *DJU* 10.10.2007.)

Ação rescisória. Valor da causa.

O valor da causa, na ação rescisória de sentença de mérito advinda de processo de conhecimento, corresponde ao valor da causa fixado no processo originário, corrigido monetariamente. No caso de se pleitear a rescisão de decisão proferida na fase de execução, o valor da causa deve corresponder ao montante da condenação.

148. Custas. Mandado de segurança. Recurso ordinário. Exigência do pagamento. (conversão da Orientação Jurisprudencial 29 da SDI-1).

É responsabilidade da parte, para interpor recurso ordinário em mandado de segurança, a comprovação do recolhimento das custas processuais no prazo recursal, sob pena de deserção. (ex-OJ 29 – Inserida em 20.09.2000)

- Acrescentada pela Res. TST 129/2005 (*DJU* 20.04.2005).

149. Conflito de competência. Incompetência territorial. Hipótese do art. 651, § 3º, da CLT. Impossibilidade de declaração de ofício de incompetência relativa.

Não cabe declaração de ofício de incompetência territorial no caso do uso, pelo trabalhador, da faculdade prevista no art. 651, § 3º, da CLT. Nessa hipótese, resolve-se o conflito pelo reconhecimento da competência do juízo do local onde a ação foi proposta.

150. Ação rescisória. Regência pelo CPC de 1973. Decisão rescindenda que extingue o processo sem resolução de mérito por acolhimento de coisa julgada. Conteúdo meramente processual. Impossibilidade jurídica do pedido (atualizada em decorrência do CPC de 2015)

Reputa-se juridicamente impossível o pedido de corte rescisório de decisão que, reconhecendo a existência de coisa julgada, nos termos do art. 267, V, do CPC de 1973, extingue o processo sem resolução de mérito, o que, ante o seu conteúdo meramente processual, a torna insuscetível de produzir a coisa julgada material.

- Alterada pela Res. TST 212/2016 (*DEJT* 20.09.2016).

151. Ação rescisória e mandado de segurança. Procuração. Poderes específicos para ajuizamento de reclamação trabalhista. Irregularidade de representação processual. Fase recursal. Vício processual sanável. (nova redação em decorrência do CPC de 2015)

A procuração outorgada com poderes específicos para ajuizamento de reclamação trabalhista não autoriza a propositura de ação rescisória e mandado de segurança. Constatado, todavia, o defeito de representação processual na fase recursal, cumpre ao relator ou ao tribunal conceder prazo de 5 (cinco) dias para a regularização, nos termos da Súmula 383, item II, do TST.

- Alterada pela Res. TST 211/2016 (*DEJT* 24.08.2016).

152. Ação rescisória e mandado de segurança. Recurso de revista de acórdão regional que julga ação rescisória ou mandado de segurança. Princípio da fungibilidade. Inaplicabilidade. Erro grosseiro na interposição do recurso.

A interposição de recurso de revista de decisão definitiva de Tribunal Regional do Trabalho em ação rescisória ou em mandado de segurança, com fundamento em violação legal e divergência jurisprudencial e remissão expressa ao art. 896 da CLT, configura erro grosseiro, insuscetível de autorizar o seu recebimento como recurso ordinário, em face do disposto no art. 895, *b*, da CLT.

153. Mandado de segurança. Execução. Ordem de penhora sobre valores existentes em conta salário. Art. 649, IV, do CPC de 1973. Ilegalidade (atualizada em decorrência do CPC de 2015)

Ofende direito líquido e certo decisão que determina o bloqueio de numerário existente em conta salário, para satisfação de crédito trabalhista, ainda que seja limitado a determinado percentual dos valores recebidos ou a valor revertido para fundo de aplicação ou poupança, visto que o art. 649, IV, do CPC de 1973 contém norma imperativa que não admite interpretação ampliativa, sendo a exceção prevista no art. 649, § 2º, do CPC de 1973 espécie e não gênero de crédito de natureza alimentícia, não englobando o crédito trabalhista.

- OJ com redação determinada pela Res. TST 220/2017 (*DEJT* 21.09.2017; rep. 22.09.2017).

154. Ação rescisória. Acordo prévio ao ajuizamento da reclamação. Quitação geral. Lide simulada. Possibilidade de rescisão da sentença homologatória de acordo apenas se verificada a existência de vício de consentimento.

A sentença homologatória de acordo prévio ao ajuizamento de reclamação trabalhista, no qual foi conferida quitação geral do extinto contrato, sujeita-se ao corte rescisório tão somente se verificada a existência de fraude ou vício de consentimento.

155. (Cancelada pela Res. TST 206/2016 – *DJU* 18.04.2016.)

Ação rescisória e mandado de segurança. Valor atribuído à causa na inicial. Majoração de ofício. Inviabilidade.

Atribuído o valor da causa na inicial da ação rescisória ou do mandado de segurança e não havendo impugnação, nos termos do art. 261 do CPC, é defeso ao Juízo majorá-lo de ofício, ante a ausência de amparo legal. Inaplicável, na hipótese, a Orientação Jurisprudencial da SBDI-2 147 e o art. 2º, II, da Instrução Normativa 31 do TST.

156. *Habeas corpus* originário no TST. Substitutivo de recurso ordinário em *habeas corpus*. Cabimento contra decisão definitiva proferida por Tribunal Regional do Trabalho.

É cabível ajuizamento de *habeas corpus* originário no Tribunal Superior do Trabalho, em substituição de recurso ordinário em *habeas corpus*, de decisão definitiva proferida por Tribunal Regional do Trabalho, uma vez que o órgão colegiado passa a ser a autoridade coatora no momento em que examina o mérito do *habeas corpus* impetrado no âmbito da Corte local.

157. Ação rescisória. Decisões proferidas em fases distintas de uma mesma ação. Coisa julgada. Não configuração.

A ofensa à coisa julgada de que trata o inciso IV do art. 966 do CPC de 2015 (inciso IV do art. 485 do CPC de 1973) refere-se apenas a relações processuais distintas. A invocação de desrespeito à coisa julgada formada no processo de conhecimento, na correspondente fase de execução, somente é possível com base na violação do art. 5º, XXXVI, da Constituição da República.

- Alterada pela Res. TST 208/2016 (*DEJT* 22.04.2016).

158. Ação Rescisória. Declaração de nulidade de decisão homologatória de acordo em razão de colusão (art. 485, III, do CPC). Multa por litigância de má-fé. Impossibilidade.

A declaração de nulidade de decisão homologatória de acordo, em razão da colusão entre as partes (art. 485, III, do CPC), é sanção suficiente em relação ao procedimento adotado, não havendo que ser aplicada a multa por litigância de má-fé.

ORIENTAÇÕES JURISPRUDENCIAIS DA SDC – TST

1. (Cancelada em 19.05.2004, *DJU* 22.06.2004)

Acordo coletivo. Descumprimento. Existência de ação própria. Abusividade da greve deflagrada para substituí-la.

O ordenamento legal vigente assegura a via da ação de cumprimento para as hipóteses de inobservância de norma coletiva em vigor, razão pela qual é abusivo o movimento grevista deflagrado em substituição ao meio pacífico próprio para a solução do conflito.

2. Acordo homologado. Extensão a partes não subscreventes. Inviabilidade.

É inviável aplicar condições constantes de acordo homologado nos autos de dissídio coletivo, extensivamente, às partes que não o subscreveram, exceto se observado o procedimento previsto no art. 868 e seguintes, da CLT.

3. Arresto. Apreensão. Depósito. Pretensões insuscetíveis de dedução em sede coletiva.

São incompatíveis com a natureza e finalidade do dissídio coletivo as pretensões de provimento judicial de arresto, apreensão ou depósito.

4. (Cancelada em 26.09.2006, *DJU* 18.10.2006)

Disputa por titularidade de Representação. Incompetência da Justiça do Trabalho.

A disputa intersindical pela representatividade de certa categoria refoge ao âmbito da competência material da Justiça do Trabalho.

5. Dissídio coletivo. Pessoa jurídica de direito público. Possibilidade jurídica. Cláusula de natureza social (redação alterada na sessão do Tribunal Pleno realizada em 14.09.2012)

Em face de pessoa jurídica de direito público que mantenha empregados, cabe dissídio coletivo exclusivamente para apreciação de cláusulas de natureza social. Inteligência da Convenção 151 da Organização Internacional do Trabalho, ratificada pelo Decreto Legislativo 206/2010.

- Alterada pela Res. TST 186/2012 (*DEJT* 25.09.2012).

6. (Cancelada em 10.08.2000 – *DJU* 23.03.2001)

Dissídio coletivo. Natureza jurídica. Imprescindibilidade de realização de assembleia de trabalhadores e negociação prévia.

O dissídio coletivo de natureza jurídica não prescinde da autorização da categoria, reunida em assembleia, para legitimar o sindicato próprio, nem da etapa negocial prévia para buscar solução de consenso.

7. Dissídio coletivo. Natureza jurídica. Interpretação de norma de caráter genérico. inviabilidade.

Não se presta o dissídio coletivo de natureza jurídica à interpretação de normas de caráter genérico, a teor do disposto no art. 313, II, do RITST.

8. Dissídio coletivo. Pauta reivindicatória não registrada em ata. Causa de extinção.

A ata da assembleia de trabalhadores que legitima a atuação da entidade sindical respectiva em favor de seus interesses deve registrar, obrigatoriamente, a pauta reivindicatória, produto da vontade expressa da categoria.

9. Enquadramento sindical. Incompetência material da justiça do trabalho.

O dissídio coletivo não é meio próprio para o Sindicato vir a obter o reconhecimento de que a categoria que representa é diferenciada, pois esta matéria – enquadramento sindical – envolve a interpretação de norma genérica, notadamente do art. 577 da CLT.

10. Greve abusiva não gera efeitos.

É incompatível com a declaração de abusividade de movimento grevista o estabelecimento de quaisquer vantagens ou garantias a seus partícipes, que assumiram os riscos inerentes à utilização do instrumento de pressão máximo.

11. Greve. Imprescindibilidade de tentativa direta e pacífica da solução do conflito. Etapa negocial prévia.

É abusiva a greve levada a efeito sem que as partes hajam tentado, direta e pacificamente, solucionar o conflito que lhe constitui o objeto.

12. (Cancelada pela Res. TST 166/2010 – *DJE* 30.04.2010)

Greve. Qualificação jurídica. Ilegitimidade Ativa ad causam do sindicato profissional que deflagra o movimento.

Não se legitima o Sindicato profissional a requerer judicialmente a qualificação legal de movimento paredista que ele próprio fomentou.

13. (Cancelada em 09.10.2003 – *DJU* 24.11.2003)

Legitimação da entidade sindical. Assembleia deliberativa. *Quorum* de validade. Art. 612 da CLT.

Mesmo após a promulgação da Constituição Federal de 1988, subordina-se a validade da assembleia de trabalhadores que legitima a atuação da entidade sindical respectiva em favor de seus interesses à observância do *quorum* estabelecido no art. 612 da CLT.

14. (Cancelada em 13.11.2003 – *DJU* 02.12.2003)

Sindicato. Base territorial excedente de um Município. Obrigatoriedade da realização de múltiplas assembleias.

Se a base territorial do Sindicato representativo da categoria abrange mais de um Município, a realização de assembleia deliberativa em apenas um deles inviabiliza a manifestação de vontade da totalidade dos trabalhadores envolvidos na controvérsia, pelo que conduz à insuficiência de *quorum* deliberativo, exceto quando particularizado o conflito.

15. Sindicato. Legitimidade *ad processum*. Imprescindibilidade do registro no Ministério do Trabalho.

A comprovação da legitimidade *ad processum* da entidade sindical se faz por seu registro no órgão competente do Ministério do Trabalho, mesmo após a promulgação da Constituição Federal de 1988.

16. Taxa de homologação de rescisão contratual. Ilegalidade. (inserida em 27.03.1998)

É contrária ao espírito da lei (art. 477, § 7º, da CLT) e da função precípua do Sindicato a cláusula coletiva que estabelece taxa para homologação de rescisão contratual, a ser paga pela empresa a favor do sindicato profissional.

17. Contribuições para entidades sindicais. Inconstitucionalidade de sua extensão a não associados.

As cláusulas coletivas que estabeleçam contribuição em favor de entidade sindical, a qualquer título, obrigando trabalhadores não sindicalizados, são ofensivas ao direito de livre associação e sindicalização, constitucionalmente assegurado, e, portanto, nulas, sendo passíveis de devolução, por via própria, os respectivos valores eventualmente descontados.

18. Descontos autorizados no salário pelo trabalhador. Limitação máxima de 70% do salário-base.

Os descontos efetuados com base em cláusula de acordo firmado entre as partes não podem ser superiores a 70% do salário-base percebido pelo empregado, pois deve-se assegurar um mínimo de salário em espécie ao trabalhador.

19. Dissídio coletivo contra empresa. Legitimação da entidade sindical. Autorização dos trabalhadores diretamente envolvidos no conflito.

A legitimidade da entidade sindical para a instauração da instância contra determinada empresa está condicionada à prévia autorização dos trabalhadores da suscitada diretamente envolvidos no conflito.

- Republicada no *DJE* de 16.11.2010.

20. Empregados sindicalizados. Admissão preferencial. Condição violadora do art. 8º, V, da CF/1988.

Viola o art. 8º, V, da CF/1988 cláusula de instrumento normativo que estabelece a preferência, na contratação de mão de obra, do trabalhador sindicalizado sobre os demais.

- Republicada no *DJE* de 16.11.2010.

21. (Cancelada em 13.11.2003 – *DJU* 02.12.2003)

Ilegitimidade ad causam do sindicato. Ausência de indicação do total de associados da entidade sindical. Insuficiência de *quorum* (art. 612 da CLT.)

22. Legitimidade ad causam do sindicato. Correspondência entre as atividades exercidas pelos setores profissional e econômico envolvidos no conflito. Necessidade.

É necessária a correspondência entre as atividades exercidas pelos setores profissional e econômico, a fim de legitimar os envolvidos no conflito a ser solucionado pela via do dissídio coletivo.

- Republicada no *DJE* de 16.11.2010.

23. Legitimidade ad causam. Sindicato representativo de segmento profissional ou patronal. Impossibilidade.

A representação sindical abrange toda a categoria, não comportando separação fundada na maior ou menor dimensão de cada ramo ou empresa.

24. (Cancelada em 31.03.2004 – *DJU* 16.04.2004)

Negociação Prévia Insuficiente. Realização de Mesa Redonda perante a DRT. Art. 114, § 2º, da CF/1988. Violação.

25. Salário normativo. Contrato de experiência. Limitação. Tempo de serviço. Possibilidade.

Não fere o princípio da isonomia salarial (art. 7º, XXX, da CF/1988) a previsão de salário normativo tendo em vista o fator tempo de serviço.

26. Salário normativo. Menor empregado. Art. 7º, XXX, da CF/ 1988. Violação.

Os empregados menores não podem ser discriminados em cláusula que fixa salário mínimo profissional para a categoria.

27. Custas. Ausência de intimação. Deserção. Caracterização.

A deserção se impõe mesmo não tendo havido intimação, pois incumbe à parte, na defesa do próprio interesse, obter os cálculos necessários para efetivar o preparo.

28. Edital de convocação da AGT. Publicação. Base territorial. Validade.

O edital de convocação para a AGT deve ser publicado em jornal que circule em cada um dos municípios componentes da base territorial.

29. Edital de convocação e ata da assembleia geral. Requisitos essenciais para instauração de dissídio coletivo.

O edital de convocação da categoria e a respectiva ata da AGT constituem peças essenciais à instauração do processo de dissídio coletivo.

30. Estabilidade da Gestante. Renúncia ou Transação de Direitos Constitucionais. Impossibilidade.

Nos termos do art. 10, II, b, do ADCT, a proteção à maternidade foi erigida à hierarquia constitucional, pois retirou do âmbito do direito potestativo do empregador a possibilidade de despedir arbitrariamente a empregada em estado gravídico. Portanto, a teor do artigo 9º, da CLT, torna-se nula de pleno direito a cláusula que estabelece a possibilidade de renúncia ou transação, pela gestante, das garantias referentes à manutenção do emprego e salário.

- Republicada no *DEJT* de 19.09.2011.

31. Estabilidade do acidentado. Acordo homologado. Prevalência. Impossibilidade. Violação do art. 118, Lei 8.213/1991.

Não é possível a prevalência de acordo sobre legislação vigente, quando ele é menos benéfico do que a própria lei, porquanto o caráter imperativo dessa última restringe o campo de atuação da vontade das partes.

32. Reivindicações da categoria. Fundamentação das cláusulas. Necessidade. Aplicação do PN 37 do TST.

É pressuposto indispensável à constituição válida e regular da ação coletiva a apresentação em forma clausulada e fundamentada das reivindicações da categoria, conforme orientação do item VI, letra e, da IN 4/93.

33. (Cancelada em 04.08.2005 – *DJU* 22.08.2005)

Ação rescisória. Ministério Público. Legitimidade restrita. Hipóteses do art. 487, incisos I e III, do CPC.

A teor do disposto no art. 487, incisos I e III, do CPC, o Ministério Público apenas detém legitimidade para propor ação rescisória nas hipóteses em que tenha sido parte no processo no qual proferida a decisão rescindenda; nas quais deixou de manifestar-se ou intervir na lide, quando por previsão legal expressa deveria tê-lo feito, ou ainda naquelas em que a sentença resultou de colusão das partes, com o intuito de fraudar a lei.

34. Acordo extrajudicial. Homologação. Justiça do Trabalho. Prescindibilidade.

É desnecessária a homologação, por Tribunal Trabalhista, do acordo extrajudicialmente celebrado, sendo suficiente, para que surta efeitos, sua formalização perante o Ministério do Trabalho (art. 614 da CLT e art. 7º, inciso XXVI, da Constituição Federal.)

35. Edital de convocação da AGT. Disposição estatutária específica. Prazo mínimo entre a publicação e a realização da assembleia. Observância obrigatória.

Se os estatutos da entidade sindical contam com norma específica que estabeleça prazo mínimo entre a data de publicação do edital convocatório e a realização da assembleia correspondente, então a validade desta última depende da observância desse interregno.

36. Empregados de empresa de processamento de dados. Reconhecimento como categoria diferenciada. Impossibilidade.

É por lei e não por decisão judicial, que as categorias diferenciadas são reconhecidas como tais. De outra parte, no que tange aos profissionais da informática, o trabalho que desempenham sofre alterações, de acordo com a atividade econômica exercida pelo empregador.

37. (Cancelada em 26.09.2006, *DJU* 18.10.2006)

Empregados de Entidades Sindicais. Estabelecimento de condições coletivas de trabalho distintas daquelas às quais sujeitas as categorias representadas pelos empregadores. Impossibilidade jurídica. Art. 10 da Lei 4.725/65.

O art. 10 da Lei 4.725/65 assegura, para os empregados de entidades sindicais, as mesmas condições coletivas de trabalho fixadas para os integrantes das categorias que seus empregadores representam. Assim, a previsão legal expressa constitui óbice ao ajuizamento de dissídio coletivo com vistas a estabelecer para aqueles profissionais regramento próprio.

38. Greve. Serviços essenciais. Garantia das necessidades inadiáveis da população usuária. Fator determinante da qualificação jurídica do movimento.

É abusiva a greve que se realiza em setores que a lei define como sendo essenciais à comunidade, se não é assegurado o atendimento básico das necessidades inadiáveis dos usuários do serviço, na forma prevista na Lei 7.783/1989.

PRECEDENTES NORMATIVOS – TST

1. ANTECIPAÇÃO SALARIAL TRIMESTRAL. *Não se concede antecipação salarial trimestral.* Ex-PN 1. (Cancelado no julgamento do Proc. TST-MA 486195/1998, Certidão de Julgamento publicada no *DJU* de 23.09.1998, p. 118.)

2. ABONO PECUNIÁRIO. *Não se concede abono pecuniário ao empregado estudante com 1 (um) mês de trabalho.* Ex-PN 2. (Cancelado no julgamento do Proc. TST-MA 486195/1998, Certidão de Julgamento publicada no *DJU* de 23.09.1998, p. 118.)

3. ADICIONAL DE INSALUBRIDADE. *Não se concede adicional de insalubridade sobre o piso salarial.* Ex-PN 3. (Cancelado no julgamento do Proc. TST-MA 455213/1998-9, Certidão de Julgamento publicada no *DJU* de 12.06.1998, p. 190.)

4. AJUDA DE CUSTO POR QUILOMETRAGEM RODADA. *Não se concede cláusula tratando da seguinte condição: salvo disposição contratual em contrário, a empresa, quando paga ajuda de custo por quilometragem rodada ao empregado, está obrigada a ressarcimento de danos materiais no veículo por ele utilizado a serviço.* Ex-PN 4. (Cancelado no julgamento do Proc. TST-MA 455213/1998-9, Certidão de Julgamento publicada no *DJU* de 12.06.1998, p. 190.)

5. ANOTAÇÕES DE COMISSÕES. O empregador é obrigado a anotar, na CTPS, o percentual das comissões a que faz jus o empregado. Ex-PN 5.

6. GARANTIA DE SALÁRIO NO PERÍODO DE AMAMENTAÇÃO. É garantido às mulheres, no período de amamentação, o recebimento do salário, sem prestação de serviços, quando o empregador não cumprir as determinações dos §§ 1º e 2º do art. 389 da CLT. Ex-PN 6.

7. ASSISTÊNCIA SINDICAL. *Não se concede cláusula que determine a assistência sindical nas rescisões contratuais de empregados com tempo de serviço inferior a 1 (um) ano.* Ex-PN 7. (Cancelado no julgamento do Proc. TST-MA 455213/1998-9, Certidão de Julgamento publicada no *DJU* de 12. 06.1998, p. 190.)

8. ATESTADO DE AFASTAMENTO E SALÁRIOS. O empregador é obrigado a fornecer atestados de afastamento e salários ao empregado demitido. Ex-PN 8.

9. AUXÍLIO-ALIMENTAÇÃO. *Não se concede auxílio-alimentação a empregado.* Ex-PN 9. (Cancelado no julgamento do Proc. TST-MA 486195/1998, Certidão de Julgamento publicada no *DJU* de 23.09.1998, p. 118.)

10. BANCO DO BRASIL COMO PARTE EM DC NO TRT. Os Tribunais Regionais do Trabalho são incompetentes para processar e julgar Dissídios Coletivos em que sejam partes o Banco do Brasil S/A e entidades sindicais dos bancários. (Redação dada no julgamento do Proc. TST-MA 486195/1998, Certidão de Julgamento publicada no *DJU* de 23.09.1998, p. 118.)

11. BONIFICAÇÃO A QUEM SE APOSENTA. *Não se concede bonificação de salário a quem se aposenta.* Ex-PN 12. (Cancelado no julgamento do Proc. TST-MA 486195/1998, Certidão de Julgamento publicada no *DJU* de 23.09.1998, p. 118.)

12. HORÁRIO DE CAIXA. *Não se concede ao caixa o horário de 6 (seis) horas, por analogia com o dos bancários.* Ex-PN 13. (Cancelado no julgamento do Proc. TST-MA 455213/1998-9, Certidão de Julgamento publicada no *DJU* de 12.06.1998, p. 190.)

13. LOCAL PARA SINDICALIZAÇÃO. *Não se concede cláusula prevendo a cessão de local na empresa destinado à sindicalização.* Ex-PN 14. (Cancelado no julgamento do Proc. TST-MA 486195/1998, Certidão de Julgamento publicada no *DJU* de 23.09.1998, p. 118.)

14. DESCONTO NO SALÁRIO. Proíbe-se o desconto no salário do empregado dos valores de cheques não compensados ou sem fundos, salvo se não cumprir as resoluções da empresa. Ex-PN 15.

15. COMISSÃO SOBRE COBRANÇA. Se não obrigado por contrato a efetuar cobranças, o vendedor receberá comissões por esse serviço, respeitadas as taxas em vigor para os demais cobradores. Ex-PN 16.

16. COMISSÃO PARA DISCIPLINAR QUADRO DE CARREIRA DA EMPRESA. *Não se concede a criação de comissão para disciplinar quadro de carreira na empresa.* Ex-PN 17. (Cancelado no julgamento do Proc. TST-MA 486195/1998, Certidão de Julgamento publicada no *DJU* de 23.09.1998, p. 118.)

17. COMPLEMENTAÇÃO DE AUXÍLIO-DOENÇA. *Não se concede complementação de auxílio-doença.* Ex-PN 19. (Cancelado no julgamento do Proc. TST-MA 486195/1998, Certidão de Julgamento publicada no *DJU* de 23.09.1998, p. 118.)

18. CONTRATO DE EXPERIÊNCIA. *Não se concede norma que obrigue a remessa de cópia do contrato de experiência ao sindicato. Ex-PN 21.* (Cancelado no julgamento do Proc. TST-MA 486195/1998, Certidão de Julgamento publicada no *DJU* de 23.09.1998, p. 118.)

19. CURSOS E REUNIÕES OBRIGATÓRIOS. *Quando realizados fora do horário normal, os cursos e reuniões obrigatórios terão seu tempo remunerado como trabalho extraordinário.* Ex-PN 23. (Cancelado no julgamento do Proc. TST-MA 455213/1998-9, Certidão de Julgamento publicada no *DJU* de 12.06.1998, p. 190.)

20. EMPREGADO RURAL. CONTRATO ESCRITO. Sendo celebrado contrato por tarefa, parceria ou meação, por escrito, obriga-se o empregador a fornecer uma via deste ao empregado, devidamente datada e assinada pelas partes. Ex-PN 24.

21. DEDUÇÃO DO AUXÍLIO-DOENÇA PARA AQUISIÇÃO DE FÉRIAS. *Não se concede cláusula prevendo a dedução do período de auxílio-doença para aquisição de férias.* Ex-PN 25. (Cancelado no julgamento do Proc. TST-MA 486195/1998, Certidão de Julgamento publicada no *DJU* de 23.09.1998, p. 118.)

22. CRECHE. Determina-se a instalação de local destinado à guarda de crianças em idade de amamentação, quando existentes na empresa mais de 30 (trinta) mulheres maiores de 16 (dezesseis) anos, facultado o convênio com creches.

23. CRIAÇÃO DE FERIADO. *A Justiça do Trabalho é incompetente para criar feriado remunerado.* Ex-PN 26. (Cancelado no julgamento do Proc. TST-MA 486195/1998, Certidão de Julgamento publicada no *DJU* de 23.09.1998, p. 118.)

24. DISPENSA DO AVISO-PRÉVIO. O empregado despedido fica dispensado do cumprimento do aviso-prévio quando comprovar a obtenção de novo emprego, desonerando a empresa do pagamento dos dias não trabalhados.

25. ELEIÇÕES NAS CIPAS. *Não se concede cláusula regulando as eleições para a CIPA.* Ex. PN 32. (Cancelado no julgamento do Proc. TST-MA 455213/1998-9, Certidão de Julgamento publicada no *DJU* de 12.06.1998, p. 190.)

26. ESTABILIDADE AO BENEFICIÁRIO DO AUXÍLIO-DOENÇA. *Não se concede estabilidade ao beneficiário do auxílio-doença.* Ex-PN 32. (Cancelado no julgamento do Proc. TST-MA 486195/1998, Certidão de Julgamento publicada no *DJU* de 23.09.1998, p. 118.)

27. ESTABILIDADE DO EMPREGADO QUE RETORNA DE FÉRIAS. *Não se concede estabilidade ao empregado que retorna de férias.* Ex-PN 33. (Cancelado no julgamento do Proc. TST-MA 486195/1998, Certidão de Julgamento publicada no *DJU* de 23.09.1998, p. 118.)

28. FÉRIAS PROPORCIONAIS. *Não se concedem férias proporcionais a empregado que, contando com menos de 1 (um) ano de serviço, pede demissão.* Ex-PN 39. (Cancelado no julgamento do Proc. TST-MA 455213/1998-9, Certidão de Julgamento publicada no *DJU* de 12.06.1998, p. 190.)

29. GREVE. COMPETÊNCIA DOS TRIBUNAIS PARA DECLARÁ-LA ABUSIVA. Compete aos Tribunais do Trabalho decidir sobre o abuso do direito de greve. Ex-PN 41.

30. EMPREGADO ACIDENTADO. GARANTIA NO EMPREGO. *Asseguram-se ao empregado vítima de acidente de trabalho 180 (cento e oitenta) dias de garantia no emprego contados a partir da alta do órgão previdenciário (aplicável até 24 de julho de 1991, em face do que dispõe o art. 118 da Lei 8.213, de 24 de julho de 1991, publicada no Diário Oficial da União do dia 25 de julho de 1991.* Ex-PN 30. (Cancelado no julgamento do Proc. TST-MA 455213/1998-9, Certidão de Julgamento publicada no *DJU* de 12.06.1998, p. 190.)

31. PROFESSOR ("JANELAS"). Os tempos vagos (janelas) em que o professor ficar à disposição do curso serão remunerados como aula, no limite de 1 (uma) hora diária por unidade. Ex-PN 45.

32. JORNADA DO ESTUDANTE. Proíbe-se a prorrogação da jornada de trabalho do empregado estudante, ressalvadas as hipóteses dos arts. 59 e 61 da CLT. Ex-PN 48.

33. LICENÇA-PRÊMIO. *Não se concede um mês de licença-prêmio para empregado com 10 (dez) anos de serviço.* Ex-PN 50. (Cancelado no julgamento do Proc. TST-MA 455213/1998-9, Certidão de Julgamento publicada no *DJU* de 12.06.1998, p. 190.)

34. EMPREGADO RURAL. MORADIA. Ao empregado que residir no local de trabalho fica assegurada a moradia em condições de habitabilidade, conforme exigências da autoridade local. Ex-PN 51.

35. MÃO DE OBRA LOCADA. *Fica proibida a contratação de mão de obra locada, ressalvadas as hipóteses previstas nas Leis 6.019/74 e 7.102/83.* Ex-PN 52. (Cancelado no julgamento do Proc. TST-MA 455213/1998-9, Certidão de Julgamento publicada no *DJU* de 12.06.1998, p. 190.)

36. 13º SALÁRIO. MULTA. *Não se manda pagar multa por atraso do 13º salário.* Ex-PN 53. (Cancelado no julgamento do Proc. TST-MA 455213/1998-9, Certidão de Julgamento publicada no *DJU* de 12.06.1998, p. 190.)

37. DISSÍDIO COLETIVO. FUNDAMENTAÇÃO DE CLÁUSULAS. NECESSIDADE. Nos processos de dissídio coletivo só serão julgadas as cláusulas fundamentadas na representação, em caso de ação originária, ou no recurso. Ex-PN 55.

38. ADICIONAL POR TEMPO DE SERVIÇO. *Não se concede adicional por tempo de serviço (quinquênio, triênio, anuênio etc.).* Ex-PN 56. (Cancelado no julgamento do Proc. TST-MA 486195/1998, Certidão de Julgamento publicada no *DJU* de 23.09.1998, p. 118.)

39. READMISSÕES. PREFERÊNCIA. *Não se concede cláusula prevendo que, para o preenchimento de vagas, o empregador dará preferência aos empregados que foram dispensados sem justa causa.* Ex-PN 57. (Cancelado no julgamento do Proc. TST-MA 486195/1998, Certidão de Julgamento publicada no *DJU* de 23.09.1998, p. 118.)

40. REPOUSO SEMANAL DO COMISSIONISTA. *O repouso semanal do comissionista é calculado nos termos da Lei 605/49.* Ex-PN 59. (Cancelado no julgamento do Proc. TST-MA 455213/1998-9, Certidão de Julgamento publicada no *DJU* de 12.06.1998, p. 190.)

41. RELAÇÃO NOMINAL DE EMPREGADOS. As empresas encaminharão à entidade profissional cópia das Guias de Contribuição Sindical e Assistencial, com a relação nominal dos respectivos salários, no prazo máximo de 30 dias após o desconto. Ex-PN 60.

42. SEGURO OBRIGATÓRIO. Institui-se a obrigação do seguro, por acidente ou morte, para empregados que transportem valores ou exerçam as atividades de vigia ou vigilante. Ex-PN 63.

43. HORAS EXTRAS. ADICIONAL. *As horas extraordinárias serão remuneradas com o adicional de 100%.* Ex-PN 43. (Can-

TST

celado no julgamento do Proc. TST-MA 455213/1998-9, Certidão de Julgamento publicada no *DJU* de 12.06.1998, p. 190.)

44. TRANSPORTE. *Não se concede condição para o fornecimento de transporte aos empregados que trabalham após as 22 horas.* Ex-PN 64. (Cancelado no julgamento do Proc. TST-MA 486195/1998, Certidão de Julgamento publicada no *DJU* de 23.09.1998, p. 118.)

45. TRIMESTRALIDADE. *Não se concede revisão trimestral de reajustamento.* Ex-PN 65. (Cancelado no julgamento do Proc. TST-MA 455213/1998-9, Certidão de Julgamento publicada no *DJU* de 12.06.1998, p. 190.)

46. VERBAS RESCISÓRIAS. *Impõe-se multa pelo não pagamento das verbas rescisórias até o 10º dia útil subsequente ao afastamento definitivo do empregado, por dia de atraso, no valor equivalente ao salário diário, desde que o retardamento não decorra de culpa do trabalhador (aplicável até a edição da Lei 7.855, de 24.10.1989).* Ex-PN 68. (Cancelado no julgamento do Proc. TST-MA 455213/1998-9, Certidão de Julgamento publicada no *DJU* de 12.06.1998, p. 190.)

47. DISPENSA DO EMPREGADO. O empregado despedido será informado, por escrito, dos motivos da dispensa. Ex-PN 69.

48. EMPREGADO RURAL. CONCESSÃO DE TERRA. *O empregado rural terá direito ao uso de área para cultivo, em torno da moradia, observado o seguinte balizamento: a) 0,5 hectare para trabalhador solteiro, viúvo ou desquitado; b) 1 hectare para trabalhador viúvo ou desquitado, com filho de idade superior a 15 anos; c) 1,5 hectare para trabalhador casado; d) 2 hectares para trabalhador casado e com filho de idade superior a 15 anos. Quando o empregado rural for despedido sem justa causa, antes de colher sua própria cultura, será indenizado pelo empregador no valor equivalente às despesas que efetuou.* Ex-PN 75. (Cancelado pela Res. TST 125/2004 – *DJU* 10.09.2004.)

49. GESTANTE. GARANTIA DE EMPREGO. *Defere-se garantia de emprego à gestante, desde a concepção até 5 meses após o parto.* Ex-PN 49. (Cancelado no julgamento do Proc. TST-MA 455213/1998-9, Certidão de Julgamento publicada no *DJU* de 12.06.1998, p. 190.)

50. EMPREGADO RURAL. DEFENSIVOS AGRÍCOLAS. O empregador rural é obrigado a possuir o receituário agronômico de defensivos agrícolas e a observar as medidas de prevenção nele contidas. Ex-PN 76.

51. CIPAS. SUPLENTES. GARANTIA DE EMPREGO. *Concede-se a garantia do art. 165 da CLT aos suplentes das CIPAS.* Ex-PN 77. (Cancelado no julgamento do Proc. TST-MA 455213/1998-9, Certidão de Julgamento publicada no *DJU* de 12.06.98, p. 190.)

52. RECEBIMENTO DO PIS. Garante-se ao empregado o recebimento do salário do dia em que tiver de se afastar para recebimento do PIS. Ex-PN 78.

53. EMPREGADO RURAL. RESCISÃO DO CONTRATO DE TRABALHO DO CHEFE DE FAMÍLIA. A rescisão do contrato de trabalho rural, sem justa causa, do chefe da unidade familiar é extensiva à esposa, às filhas solteiras e aos filhos até 20 anos de idade, que exerçam atividades na propriedade, mediante opção destes. Ex-PN 80.

54. TRANSPORTE PARA AUDIÊNCIA. *Não se concede cláusula prevendo o fornecimento de transporte aos trabalhadores para assistirem à audiência em Junta de Conciliação e Julgamento.* Ex-PN 81. (Cancelado no julgamento do Proc. TST-MA 486195/1998, Certidão de Julgamento publicada no *DJU* de 23.09.1998, p. 118.)

- A EC 24/1999 substituiu as Juntas de Conciliação e Julgamento por Varas do Trabalho (juiz singular) e extinguiu a representação classista na Justiça do Trabalho.

55. JORNALISTA. CONTRATO DE TRABALHO. O empregador é obrigado a mencionar no contrato de trabalho o órgão de imprensa no qual o jornalista vai trabalhar. Ex-PN 82.

56. CONSTITUCIONALIDADE. São constitucionais os Decretos-leis 2.012/1983, 2.024/1983 e 2.045/1983. Ex-PN 86.

57. EMPREGADO RURAL. INSALUBRIDADE. *O empregado rural tem direito ao adicional de insalubridade previsto na CLT, desde que as condições desfavoráveis sejam apuradas através de perícia técnica.* Ex-PN 89. (Cancelado no julgamento do Proc. TST-MA 455213/1998-9, Certidão de Julgamento publicada no *DJU* de 12.06.1998, p. 190.)

58. SALÁRIO. PAGAMENTO AO ANALFABETO. O pagamento de salário ao empregado analfabeto deverá ser efetuado na presença de duas testemunhas. Ex-PN 91.

59. EMPREGADO RURAL. AFERIÇÃO DAS BALANÇAS. O instrumento de peso e medida, utilizado pelos empregadores para aferição das tarefas no regime de produção, deverá ser conferido pelo INPM. Ex-PN 93.

60. EMPREGADO RURAL. LATÃO DE CAFÉ. O latão de café terá capacidade de 60 litros e será padronizado de acordo com as normas do INPM. Ex-PN 94.

61. COBRANÇA DE TÍTULOS. Salvo disposição contratual, é vedado ao empregador responsabilizar o empregado pelo inadimplemento do cliente, até mesmo quanto a títulos. Ex-PN 95.

62. EMPREGADO RURAL. CONSERVAÇÃO DAS CASAS. Os empregadores são responsáveis pelos reparos nas residências que cedam aos empregados rurais, desde que os danos não decorram de culpa destes. Ex-PN 96.

63. EMPREGADO RURAL. FICHA DE CONTROLE DA PRODUÇÃO. Quando da colheita, o café será entregue na lavoura ou no monte, fornecendo-se ao trabalhador uma ficha com o valor da respectiva produção. Ex-PN 97.

64. EMPREGADO RURAL. HORÁRIO E LOCAL DE CONDUÇÃO. Fornecendo o empregador condução para o trabalho, informará ele aos empregados, previamente, os locais e horários do transporte. Ex-PN 98.

65. EMPREGADO RURAL. PAGAMENTO DE SALÁRIO. O pagamento de salário será efetuado em moeda corrente e no horário de serviço, para isso permitido o seu prolongamento até duas horas após o término da jornada de trabalho. Ex-PN 99.

66. GARRAFAS "BICADAS". Constituem ônus do empregador aceitar a devolução de garrafas "bicadas" e o extravio de engradados, salvo se cumpridas as disposições contratuais pelo empregado. Ex-PN 100.

67. REMUNERAÇÃO POR PRODUÇÃO. Quando o serviço for contratado por produção, a remuneração não poderá ser inferior à diária correspondente ao salário normativo. Ex-PN 107.

68. EMPREGADO RURAL. FALTAS AO SERVIÇO. COMPRAS. Autoriza-se o chefe de família, se empregado rural, a faltar ao serviço um dia por mês ou meio dia por quinzena, para efetuar compras, sem remuneração ou mediante compensação de horário, mas sem prejuízo do repouso remunerado, desde que não tenha falta injustificada durante o mês. Ex-PN 108.

69. EMPREGADO RURAL. PAGAMENTO DE DIA NÃO TRABALHADO. O empregado rural fará jus ao salário do dia, quando comparecer ao local de prestação de serviço ou ponto de embarque, se fornecida condução pelo empregador, e não puder trabalhar em consequência de chuva ou de outro motivo alheio à sua vontade. Ex-PN 109.

70. LICENÇA PARA ESTUDANTE. Concede-se licença não remunerada nos dias de prova ao empregado estudante, desde que avisado o patrão com 72 horas de antecedência e mediante comprovação. Ex-PN 70.

71. EMPREGADO RURAL. TRANSPORTE. CONDIÇÕES DE SEGURANÇA. Quando fornecidos pelo empregador, os veículos destinados a transportar trabalhadores rurais deverão satisfazer as condições de segurança e comodidade, sendo proibido o carregamento de ferramentas soltas junto às pessoas conduzidas. Ex-PN 112.

72. MULTA. ATRASO NO PAGAMENTO DE SALÁRIO. Estabelece-se multa de 10% sobre o saldo salarial, na hipótese de atraso no pagamento de salário até 20 dias, e de 5% por dia no período subsequente. Ex-PN 115.

73. MULTA. OBRIGAÇÃO DE FAZER. Impõe-se multa, por descumprimento das obrigações de fazer, no valor equivalente a 10% do salário básico, em favor do empregado prejudicado. Ex-PN 73.

74. DESCONTO ASSISTENCIAL. *Subordina-se o desconto assistencial sindical à não oposição do trabalhador, manifestada perante a empresa até 10 dias antes do primeiro pagamento reajustado.* Ex-PN 74 (Cancelado no julgamento do Proc. TST-MA 455193/1998-0, Certidão de Julgamento publicada no *DJU* de 12.06.1998, p. 197.)

75. CONTRATO DE EXPERIÊNCIA. READMISSÃO. *Readmitido o empregado no prazo de 1 (um) ano, na função que exercia, não será celebrado novo contrato de experiência, desde que cumprido integralmente o anterior.* Ex-PN 116. (Cancelado no julgamento do Proc. TST-MA 455213/1998-9, Certidão de Julgamento publicada no *DJU* de 12.06.1998, p. 190.)

76. AVISO-PRÉVIO DE 60 DIAS. *Concedem-se 60 dias de aviso-prévio a todos os trabalhadores demitidos sem justa causa.* Ex-PN 117. (Cancelado no julgamento do Proc. TST-MA 455213/1998-9, Certidão de Julgamento publicada no *DJU* de 12.06. 98, p. 190.)

77. EMPREGADO TRANSFERIDO. GARANTIA DE EMPREGO. Assegura-se ao empregado transferido, na forma do art. 469 da CLT, a garantia de emprego por 1 (um) ano após a data da transferência. Ex-PN 118.

78. PROFESSOR. REDUÇÃO SALARIAL NÃO CONFIGURADA. Não configura redução salarial ilegal a diminuição de carga horária motivada por inevitável supressão de aulas eventuais ou de turmas. Ex-PN. 119.

79. TRABALHADOR TEMPORÁRIO. DESCANSO SEMANAL. Concede-se ao trabalhador temporário o acréscimo de 1/6 ao seu salário diário, correspondente ao descanso semanal remunerado, por aplicação analógica do art. 3º da Lei 605/49. Ex-PN 120.

80. SERVIÇO MILITAR. GARANTIA DE EMPREGO AO ALISTANDO. Garante-se o emprego do alistando, desde a data da incorporação no serviço militar até 30 dias após a baixa. Ex-PN 122.

81. ATESTADOS MÉDICOS E ODONTOLÓGICOS. Assegura-se eficácia aos atestados médicos e odontológicos fornecidos por profissionais do sindicato dos trabalhadores, para o fim de abono de faltas ao serviço, desde que existente convênio do sindicato com a Previdência social, salvo se o empregador possuir serviço próprio ou conveniado. Ex-PN 124.

82. DISSÍDIO COLETIVO. GARANTIA DE SALÁRIOS E CONSECTÁRIOS. Defere-se a garantia de salários e consectários ao empregado despedido sem justa causa, desde a data do julgamento do dissídio coletivo até 90 dias após a publicação do acórdão, limitado o período total a 120 dias. Ex-PN 134.

83. DIRIGENTES SINDICAIS. FREQUÊNCIA LIVRE. Assegura-se a frequência livre dos dirigentes sindicais para participarem de assembleias e reuniões sindicais devidamente convocadas e comprovadas, sem ônus para o empregador.

- Precedente Normativo com redação determinada pela Res. TST 123/2004 (*DJU* 06.07.2004).

84. SEGURO DE VIDA. ASSALTO. Institui-se a obrigação do seguro de vida, em favor do empregado e seus dependentes previdenciários, para garantir a indenização nos casos de morte ou invalidez permanente, decorrentes de assalto, consumado ou não, desde que o empregado se encontre no exercício das suas funções. Ex-PN 136.

85. GARANTIA DE EMPREGO. APOSENTADORIA VOLUNTÁRIA. Defere-se a garantia de emprego, durante os 12 meses que antecedem a data em que o empregado adquire direito à aposentadoria voluntária, desde que trabalhe na empresa há pelo menos 5 anos. Adquirido o direito, extingue-se a garantia. Ex-PN 137.

86. REPRESENTANTE DOS TRABALHADORES. ESTABILIDADE NO EMPREGO. Nas empresas com mais de 200 empregados é assegurada a eleição direta de um representante, com as garantias do art. 543, e seus parágrafos, da CLT. Ex-PN 138.

87. TRABALHO EM DOMINGOS E FERIADOS. PAGAMENTO DOS SALÁRIOS. É devida a remuneração em dobro do trabalho em domingos e feriados não compensados, sem prejuízo do pagamento do repouso remunerado, desde que, para este, não seja estabelecido outro dia pelo empregador. Ex-PN 140.

88. DESCONTO EM FOLHA. *A empresa poderá descontar da remuneração mensal do empregado as parcelas relativas a empréstimos do convênio MTB/CEF, bem como prestações referentes a financiamento de tratamento odontológico feito pelo sindicato convenente, mensalidades de seguro ou outros, desde que os descontos sejam autorizados pelo empregado e não excedam a 30% da remuneração mensal.* Ex-PN 141. (Cancelado no julgamento do Proc. TST-MA 455213/1998-9, Certidão de Julgamento publicada no *DJU* de 12.06.1998, p. 190.)

89. REEMBOLSO DE DESPESAS. Defere-se o reembolso das despesas de alimentação e pernoite a motorista e ajudante, quando executarem tarefas a mais de 100 km da empresa. Ex-PN 142.

90. TRABALHO NOTURNO. ADICIONAL DE 60%. *O trabalho noturno será pago com adicional de 60%, a incidir sobre o salário da hora normal.* Ex-PN 143. (Cancelado no julgamento do Proc. TST-MA 455213/1998-9, Certidão de Julgamento publicada no *DJU* de 12.06.1998, p. 190.)

91. ACESSO DE DIRIGENTE SINDICAL À EMPRESA. Assegura-se o acesso dos dirigentes sindicais às empresas, nos intervalos destinados à alimentação e descanso, para desempenho de suas funções, vedada a divulgação de matéria política-partidária ou ofensiva. Ex-PN 144.

92. GARANTIA DE REPOUSO REMUNERADO. INGRESSO COM ATRASO. Assegura-se o repouso remunerado ao empregado que chegar atrasado, quando permitido seu ingresso pelo empregador, compensado o atraso no final da jornada de trabalho ou da semana. Ex-PN 145.

93. COMPROVANTE DE PAGAMENTO. O pagamento do salário será feito mediante recibo, fornecendo-se cópia ao empregado, com a identificação da empresa, e do qual constarão a remuneração, com a discriminação das parcelas, a quantia líquida paga, os dias trabalhados ou total da produção, as horas extras e os descontos efetuados, inclusive para a Previdência Social, e o valor correspondente ao FGTS. Ex-PN 153.

94. EMPREGADO RURAL. SALÁRIO-DOENÇA. *Assegura-se ao trabalhador rural o direito aos salários dos primeiros 15 dias de afastamento em virtude de doença. Possuindo a empresa serviço médico ou mantendo convênio com terceiro, a este caberá o abono de faltas.* Ex-PN 154. (Cancelado no julgamento do Proc. TST-MA 455213/1998-9, Certidão de Julgamento publicada no *DJU* de 12.06.1998, p. 190.)

95. ABONO DE FALTA PARA LEVAR FILHO AO MÉDICO. Assegura-se o direito à ausência remunerada de 1 (um) dia por semestre ao empregado, para levar ao médico filho menor ou dependente previdenciário de até 6 (seis) anos de idade, mediante comprovação no prazo de 48 horas. Ex-PN 155.

96. AVISO-PRÉVIO. REDUÇÃO DA JORNADA. *No início do período do aviso-prévio, o empregado poderá optar pela redução de 2 horas no começo ou no final da jornada de trabalho.* Ex-PN 156. (Cancelado no julgamento do Proc. TST-MA 455213/1998-9, Certidão de Julgamento publicada no *DJU* de 12.06.1998, p. 190.)

97. PROIBIÇÃO DE ESTORNO DE COMISSÕES. Ressalvada a hipótese prevista no art. 7º da Lei 3.207/1957, fica vedado às empresas o desconto ou estorno das comissões do empregado, incidentes sobre mercadorias devolvidas pelo cliente, após a efetivação da venda. Ex-PN 157.

98. RETENÇÃO DA CTPS. INDENIZAÇÃO. Será devida ao empregado a indenização correspondente a 1 (um) dia de salário, por dia de atraso, pela retenção de sua carteira profissional após o prazo de 48 horas. Ex-PN 158.

99. NOVA FUNÇÃO. SALÁRIO. *Assegura-se ao empregado, designado ou promovido, o direito de receber integralmente o salário da nova função, observando-se o disposto no art. 460 da CLT.* Ex-PN 159. (Cancelado no julgamento do Proc. TST-

-MA 455213/1998-9, Certidão de Julgamento publicada no *DJU* de 12.06.1998, p. 190.)

100. FÉRIAS. INÍCIO DO PERÍODO DE GOZO. O início das férias, coletivas ou individuais, não poderá coincidir com sábado, domingo, feriado ou dia de compensação de repouso semanal. Ex-PN 161.

101. ADICIONAL DE TRANSFERÊNCIA. *Concede-se adicional de transferência estabelecido pelo § 3º do art. 469 da CLT, no percentual de 50%.* Ex-PN 162. (Cancelado no julgamento do Proc. TST-MA 455213/1998-9, Certidão de Julgamento publicada no *DJU* de 12.06.1998, p. 190.)

102. ASSISTÊNCIA JURÍDICA AOS VIGIAS. A empresa prestará assistência jurídica a seu empregado que, no exercício da função de vigia, praticar ato que o leve a responder a ação penal. Ex-PN 163.

103. GRATIFICAÇÃO DE CAIXA. Concede-se ao empregado que exercer permanentemente a função de caixa a gratificação de 10% sobre seu salário, excluídos do cálculo adicionais, acréscimos e vantagens pessoais. Ex-PN 170.

104. QUADRO DE AVISOS. Defere-se a afixação, na empresa, de quadro de avisos do sindicato, para comunicados de interesse dos empregados, vedados os de conteúdo político-partidário ou ofensivo. Ex-PN 172.

105. ANOTAÇÃO NA CARTEIRA PROFISSIONAL. As empresas ficam obrigadas a anotar na carteira de trabalho a função efetivamente exercida pelo empregado, observada a Classificação Brasileira de Ocupações (CBO). Ex-JN 802.

106. EMPREGADO RURAL. ATIVIDADE INSALUBRE. FORNECIMENTO DE LEITE. Os empregadores que se dedicarem à pecuária leiteira fornecerão, diariamente, 1 (um) litro de leite aos trabalhadores que exerçam atividades insalubres. Ex-JN 803.

107. EMPREGADO RURAL. CAIXA DE MEDICAMENTOS. Nos locais de trabalho no campo serão mantidos pelo empregador medicamentos e materiais de primeiros socorros. Ex-JN 805.

108. EMPREGADO RURAL. ABRIGOS NO LOCAL DE TRABALHO. Os empregadores rurais ficam obrigados a construir abrigos rústicos, nos locais de trabalho, para proteção de seus empregados. Ex-JN 807.

109. DESCONTO MORADIA. Autoriza-se o desconto da moradia fornecida ao empregado somente quando o imóvel tiver o habite-se concedido pela autoridade competente. Ex-JN 809.

110. EMPREGADO RURAL. FERRAMENTAS. FORNECIMENTO PELO EMPREGADOR. Serão fornecidas gratuitamente, pelo empregador, as ferramentas necessárias à execução do trabalho. Ex-JN 812.

111. RELAÇÃO DE EMPREGADOS. Obriga-se a empresa a remeter ao sindicato profissional, uma vez por ano, a relação dos empregados pertencentes à categoria. Ex-JN 816.

112. JORNALISTA. SEGURO DE VIDA. Institui-se a obrigação do seguro de vida em favor de jornalista designado para prestar serviço em área de risco. Ex-JN 819.

113. TRANSPORTE DE ACIDENTADOS, DOENTES E PARTURIENTES. Obriga-se o empregador a transportar o empregado, com urgência, para local apropriado, em caso de acidente, mal súbito ou parto, desde que ocorram no horário de trabalho ou em consequência deste. Ex-JN 821.

114. CONTAGEM DO TEMPO GASTO COM TRANSPORTE. *Computa-se na jornada laboral o tempo gasto no trajeto do trabalhador, em condução fornecida pelo empregador, da cidade e para o local de trabalho de difícil acesso e não servido por transporte regular e, de volta, até o ponto costumeiro.* Ex-JN 823. (Cancelado no julgamento do Proc. TST-MA 455213/1998-9, Certidão de Julgamento publicada no *DJU* de 12.06.1998, p. 190.)

115. UNIFORMES. Determina-se o fornecimento gratuito de uniformes, desde que exigido seu uso pelo empregador. Ex-JN 824.

116. FÉRIAS. CANCELAMENTO OU ADIANTAMENTO. Comunicado ao empregado o período do gozo de férias individuais ou coletivas, o empregador somente poderá cancelar ou modificar o início previsto se ocorrer necessidade imperiosa e, ainda assim, mediante o ressarcimento, ao empregado, dos prejuízos financeiros por este comprovados.

117. PAGAMENTO DO SALÁRIO COM CHEQUE. Se o pagamento do salário for feito em cheque, a empresa dará ao trabalhador o tempo necessário para descontá-lo, no mesmo dia.

118. QUEBRA DE MATERIAL. Não se permite o desconto salarial por quebra de material, salvo nas hipóteses de dolo ou recusa de apresentação dos objetos danificados, ou ainda, havendo previsão contratual, de culpa comprovada do empregado.

119. CONTRIBUIÇÕES SINDICAIS. INOBSERVÂNCIA DE PRECEITOS CONSTITUCIONAIS. A Constituição da República, em seus arts. 5º, XX, e 8º, V, assegura o direito de livre associação e sindicalização. É ofensiva a essa modalidade de liberdade cláusula constante de acordo, convenção coletiva ou sentença normativa estabelecendo contribuição em favor de entidade sindical a título de taxa para custeio do sistema confederativo, assistencial, revigoramento ou fortalecimento sindical e outras da mesma espécie, obrigando trabalhadores não sindicalizados. Sendo nulas as estipulações que inobservem tal restrição, tornam-se passíveis de devolução os valores irregularmente descontados. (Redação conforme Proc. TST-MA 455193/1998-0, Sala de sessões 02.06.1998, Certidão de Julgamento publicada no DJU de 11.06.1998, p. 197.)

120. SENTENÇA NORMATIVA. DURAÇÃO. POSSIBILIDADE E LIMITES. A sentença normativa vigora, desde seu termo inicial até que sentença normativa, convenção coletiva de trabalho ou acordo coletivo de trabalho superveniente produza sua revogação, expressa ou tácita, respeitado, porém, o prazo máximo legal de 4 (quatro) anos de vigência.

- Precedente Normativo acrescentado pela Res. TST 176/2011 (*DEJT* 27.05.2011).

ENUNCIADOS DA SECRETARIA DAS RELAÇÕES DO TRABALHO

PORTARIA 1, DE 25 DE MAIO DE 2006, DA SECRETARIA DE RELAÇÕES DO TRABALHO – SRT

Aprova Ementas Normativas da Secretaria de Relações do Trabalho.

As ementas da Secretaria de Relações do Trabalho passaram a ser denominadas "enunciados" pela Portaria SRT/MTE 4/2014.

O Secretário de Relações do Trabalho do Ministério do Trabalho e Emprego, no uso das atribuições previstas no art. 17 do Decreto 5.063, de 3 de maio de 2004 e no Anexo VII, do art. 1º da Portaria 483, de 15 de setembro de 2004;

Considerando a necessidade dar maior eficiência ao atendimento ao público prestado pelas Delegacias Regionais do Trabalho por meio da padronização dos procedimentos administrativos; e

Considerando as orientações e entendimentos normativos emanados desta Secretaria, resolve:

Art. 1º Aprovar as Ementas constantes do Anexo, com orientações que deverão ser adotadas pelos órgãos regionais do Ministério do Trabalho e Emprego em seus procedimentos internos e no atendimento ao público.

Art. 2º Revogar a Portaria 1, de 22 de março de 2002 e a Instrução de Serviço 1, de 17 de junho de 1999.

Art. 3º Esta Portaria entra em vigor na data de sua publicação.

Mario dos Santos Barbosa

(*DOU* 26.05.2006)

ANEXO

- Anexo atualizado até a Portaria SRT 27/2017.

Enunciado 1

HOMOLOGAÇÃO. EMPREGADO EMANCIPADO. Não é necessária a assistência por responsável legal, na homologação da rescisão contratual, ao empregado adolescente que comprove ter sido emancipado.

Ref.: art. 439 da CLT e art. 5º do Código Civil.

Enunciado 2

HOMOLOGAÇÃO. APOSENTADORIA. É devida a assistência prevista no § 1º, do art. 477, da CLT, na ocorrência da aposentadoria espontânea acompanhada do afastamento do empregado. A assistência não é devida na aposentadoria por invalidez.

Ref.: art. 477, § 1º, da CLT; art. 4º, III, da IN 10, de 2010; STF RE 449.420-5/PR.

Enunciado 3

HOMOLOGAÇÃO. EMPREGADO FALECIDO.

I – No caso de falecimento de empregado, é devida a homologação e a assistência na rescisão do contrato de trabalho aos beneficiários habilitados perante o órgão previdenciário ou assim reconhecidos judicialmente, porque a estes se transferem todos os direitos do *de cujus*.

II – No caso de haver beneficiários com idade inferior a 18 (dezoito) anos, suas quotas deverão ser depositadas em caderneta de poupança, consoante Lei 6.858/80 e Decreto 85.845/81, sendo imprescindível a apresentação desta conta bancária para depósito, ou de autorização do juiz que ampare a aquisição de imóvel destinado à residência do menor e de sua família ou o dispêndio necessário à subsistência e educação do menor.

Ref.: art. 477, § 1º, da CLT; Lei 6.858, de 1980, Decreto 85.845, de 1981; art. 14 da IN 15, de 2010.

Enunciado 4

HOMOLOGAÇÃO. IMPEDIMENTOS. As seguintes circunstâncias, se não sanadas no decorrer da assistência, impedem o assistente do Ministério do Trabalho e Emprego de efetuar a homologação, ainda que o empregado com ela concorde:

I – a irregularidade na representação das partes;

II – a existência de garantia de emprego, no caso de dispensa sem justa causa;

III – a suspensão contratual, exceto na hipótese do art. 476-A, da CLT;

IV – a inaptidão do trabalhador declarada no atestado de saúde ocupacional (ASO);

V – a fraude caracterizada;

VI – a falta de apresentação de todos os documentos necessários ou incorreção não sanável;

VII – a falta de comprovação do pagamento das verbas rescisórias;

VIII – a recusa do empregador em pagar pelo menos parte das verbas rescisórias.

Ref.: CLT; NR-7; IN 15, de 2010.

Enunciado 5

HOMOLOGAÇÃO. FALTA DE PAGAMENTO DE VERBA RESCISÓRIA DEVIDA. CIÊNCIA DO EMPREGADO. O assistente deverá informar o trabalhador quanto à existência de irregularidades. Cientificado o empregado, caso este concorde com a rescisão, exceto nas hipóteses relacionadas na Ementa 4, o assistente não poderá obstá-la, e deverá consignar aquela anuência no verso do TRCT.

Ref.: arts. 10, §§ 1º, 2º e 3º, e 26, II, da IN 15, de 2010.

Enunciado 6

HOMOLOGAÇÃO. MEIOS DE PROVA DOS PAGAMENTOS. A assistência ao empregado na rescisão do contrato de trabalho compreende os seguintes atos: informar direitos e deveres aos interessados; conciliar controvérsias; conferir os reflexos financeiros decorrentes da extinção do contrato; e zelar pela quitação dos valores especificados no Termo de Rescisão do Contrato de Trabalho. Dada a natureza de ato vinculado da assistência, o agente somente deve admitir os meios de prova de quitação previstos em lei ou normas administrativas aplicáveis, quais sejam: o pagamento em dinheiro ou cheque administrativo no ato da assistência; a comprovação da efetiva transferência dos valores, para a conta corrente do empregado, por meio eletrônico, por depósito bancário, transferência eletrônica ou ordem bancária ou vale postal de pagamento ou de crédito.

Ref.: art. 477, § 4º, da CLT e art. 23 da IN 15, de 2010.

Enunciado 7

HOMOLOGAÇÃO. DEPÓSITO BANCÁRIO. MULTAS. Não são devidas as multas previstas no § 8º, do art. 477, da CLT quando o pagamento integral das verbas rescisórias, realizado por meio de depósito bancário em conta corrente do empregado, tenha observado o prazo previsto no § 6º, do art. 477, da CLT. Se o depósito for efetuado mediante cheque, este deve ser compensado no referido prazo legal. Em qualquer caso, o empregado deve ser, comprovadamente, informado desse depósito. Este entendimento não se aplica às hipóteses em que o pagamento das verbas rescisórias deve ser feito necessariamente em dinheiro, como por exemplo, na rescisão do contrato do empregado analfabeto ou adolescente e na efetuada pelo grupo móvel de fiscalização.

Ref.: art. 477, §§ 6º e 8º da CLT; e art. 23 da IN 15 de 2010.

Enunciado 8

(Revogado pela Portaria SRT/MTE 4/2014).

Enunciado 9

HOMOLOGAÇÃO. FEDERAÇÃO DE TRABALHADORES. COMPETÊNCIA. As federações de trabalhadores são competentes para prestar a assistência prevista no § 1º, do art. 477, da CLT, nas localidades onde a categoria profissional não estiver organizada em sindicato.

Ref.: art. 477, § 1º e art. 611, § 2º, da CLT.

Enunciado 10

ASSISTÊNCIA. RESCISÃO. COMPETÊNCIA DOS SERVIDORES.

I – A assistência e a homologação de rescisão do contrato de trabalho somente poderão ser prestadas por servidor público em exercício no MTE.

II – Compreendem-se no conceito de servidores públicos, em sentido amplo, os servidores estatutários e ocupantes de cargo público; os empregados públicos contratados sob regime da legislação trabalhista; e os servidores temporários contratados à luz do art. 37, IX, da Constituição Federal e da Lei 8.745, de 9 de dezembro de 1993.

Ref.: art. 477, § 1º, da CLT. Constituição Federal e Lei 8.745, de 9 de dezembro de 1993.

Enunciado 11

HOMOLOGAÇÃO. AVISO-PRÉVIO. O período do aviso-prévio, mesmo indenizado, é considerado tempo de serviço para todos os efeitos legais. Dessa forma se, quando computado esse período, resultar mais de um ano de serviço do empregado, deverá ser realizada a assistência à rescisão do contrato de trabalho prevista no § 1º, do art. 477, da Consolidação das Leis do Trabalho.

Ref.: art. 477, § 1º, e art. 487, § 1º, da CLT.

Enunciado 12

HOMOLOGAÇÃO. CONTAGEM DO PRAZO. O prazo de um ano e um dia de trabalho, a partir do qual se torna necessária a prestação de assistência na rescisão do contrato de trabalho, deve ser contado pelo calendário comum, incluindo-se o dia em que se iniciou a prestação do trabalho. A assistência será devida, portanto, se houver prestação de serviço até o mesmo dia do começo, no ano seguinte.

Ref.: art. 132, § 3º, do CC.

Enunciado 13

HOMOLOGAÇÃO. TRCT. Os comandos, determinações e especificações técnicas referentes ao Termo de Rescisão do Contrato de Trabalho, aprovado pela Portaria 302, de 26 de junho de 2002 ou pela Portaria 1.621, de 15 de julho de 2010, não comportam alterações ou supressões, ressalvadas as permitidas na própria regulamentação.

Ref.: art. 477 da CLT e Portaria 1.621, de 2010.

Enunciado 14

HOMOLOGAÇÃO. TRCT. IDENTIFICAÇÃO DO ÓRGÃO HOMOLOGADOR.

I – Devem constar, em campo reservado do TRCT, o nome, endereço e telefone do órgão que prestou assistência ao empregado na rescisão do contrato de trabalho.

II – Referida identificação pode ser aquela impressa automaticamente pelo sistema Homolognet, no caso de sua utilização para a assistência à rescisão, ou mediante outro meio, como carimbo, que contemple estas informações.

III – Tratando-se de entidade sindical, deverá ser informado, também, o número da carta sindical ou do processo que concedeu o registro sindical no âmbito do Ministério do Trabalho e Emprego.

Ref.: Portaria 1.057, de 6 de julho de 2012.

Enunciado 15
(Revogado pela Portaria SRT/MTE 3/2006).

Enunciado 16
HOMOLOGAÇÃO. PERFIL PROFISSIOGRÁFICO PREVIDENCIÁRIO. Não compete aos assistentes do MTE exigir a apresentação do Perfil Profissiográfico Previdenciário – PPP, previsto na Lei 8.213, de 1991 e no Decreto 3.048, de 1999, no ato da assistência e homologação das rescisões de contrato de trabalho, uma vez que tal exigência é de competência da Auditoria Fiscal da Previdência Social.
Ref.: art. 58, § 4º, da Lei 8.213, de 1991; art. 68, § 2º, do Decreto 3.048, de 1999; e Informação CGRT/SRT 12, de 2004.

Enunciado 17
HOMOLOGAÇÃO. EMPRESA EM PROCESSO DE RECUPERAÇÃO JUDICIAL. As empresas em processo de recuperação judicial não têm privilégios ou prerrogativas em relação à homologação das rescisões de contrato de trabalho. Portanto, devem atender a todas as exigências da legislação em vigor.
Ref.: art. 6º da Lei 11.101, de 2005 e art. 477 da CLT.

Enunciado 18
(Revogado pela Portaria SRT/MTE 9/2011).

Enunciado 19
HOMOLOGAÇÃO. ART. 9º DA LEI 7.238, de 1984. INDENIZAÇÃO ADICIONAL. CONTAGEM DO PRAZO DO AVISO-PRÉVIO. É devida ao empregado, dispensado sem justa causa no período de 30 dias que antecede a data base de sua categoria, indenização equivalente ao seu salário mensal.
I – Será devida a indenização em referência se o término do aviso prévio trabalhado ou a projeção do aviso-prévio indenizado se verificar em um dos dias do trintídio.
II – O empregado não terá direito à indenização se o término do aviso-prévio ocorrer após ou durante a data base e fora do trintídio, no entanto, fará jus aos complementos rescisórios decorrentes da norma coletiva celebrada.
Ref.: art. 9º, da Lei 7.238, de 1984, e art. 487, § 1º, da CLT.

Enunciado 20
HOMOLOGAÇÃO. AVISO-PRÉVIO CUMPRIDO EM CASA. FALTA DE PREVISÃO LEGAL. EFEITOS. Inexiste a figura jurídica do "aviso prévio cumprido em casa". O aviso-prévio ou é trabalhado ou indenizado. A dispensa do empregado de trabalhar no período de aviso prévio implica a necessidade de quitação das verbas rescisórias até o décimo dia, contado da data da notificação da dispensa, nos termos do § 6º, alínea *b*, do art. 477, da CLT.
Ref.: art. 477, § 6º, *b* e art. 487, § 1º, da CLT; Orientação Jurisprudencial 14 do TST.

Enunciado 21
HOMOLOGAÇÃO. AVISO-PRÉVIO. CONTAGEM DO PRAZO. O prazo do aviso-prévio conta-se excluindo o dia da notificação e incluindo o dia do vencimento. A contagem do período de trinta dias será feita independentemente de o dia seguinte ao da notificação ser útil ou não, bem como do horário em que foi feita a notificação no curso da jornada.
Ref.: art. 487 da CLT; art. 132 do CC; e Súmula 380 do TST.

Enunciado 22
HOMOLOGAÇÃO. AVISO-PRÉVIO INDENIZADO. PRAZO PARA PAGAMENTO. No aviso-prévio indenizado, o prazo para pagamento das verbas rescisórias deve ser contado excluindo-se o dia da notificação e incluindo-se o do vencimento.
Ref.: art. 477, § 6º, *b* da CLT; art. 132 do CC; e Orientação Jurisprudencial 162 da SBDI-1/TST.

Enunciado 23
HOMOLOGAÇÃO. AVISO-PRÉVIO. DISPENSA DO CUMPRIMENTO. PRAZO. No pedido de demissão, se o empregador aceitar a solicitação do trabalhador de dispensa de cumprimento do aviso-prévio, não haverá o dever de indenização pelo empregador, nem de cumprimento pelo trabalhador. A quitação das verbas rescisórias será feita até o décimo dia, contado do pedido de demissão ou do pedido de dispensa do cumprimento do aviso-prévio.
Ref.: art. 477, § 6º, *b* da CLT.

Enunciado 24
HOMOLOGAÇÃO. AVISO-PRÉVIO. DISPENSA DO EMPREGADO DURANTE O CUMPRIMENTO DO AVISO. PRAZO PARA PAGAMENTO. Quando, no curso do aviso-prévio, o trabalhador for dispensado pelo empregador do seu cumprimento, o prazo para o pagamento das verbas rescisórias será o que ocorrer primeiro: o décimo dia, a contar da dispensa do cumprimento, ou o primeiro dia útil após o término do cumprimento do aviso-prévio.
Ref.: art. 477, § 6º, da CLT.

Enunciado 25
HOMOLOGAÇÃO. AVISO-PRÉVIO. CONTRATO POR PRAZO DETERMINADO. Nos contratos por prazo determinado, só haverá direito a aviso prévio quando existir cláusula assecuratória do direito recíproco de rescisão antecipada, uma vez que, neste caso, aplicam-se as regras da rescisão dos contratos por prazo indeterminado.
Ref.: art. 7º, XXI, da CF; arts. 477 e 481 da CLT.

Enunciado 26
HOMOLOGAÇÃO. RESCISÃO DE CONTRATO DE TRABALHO. DESCANSO SEMANAL REMUNERADO. Nos contratos por prazo indeterminado, será devido o pagamento do descanso semanal remunerado por ocasião da rescisão do contrato de trabalho nas seguintes hipóteses: quando o descanso for aos domingos e a carga horária semanal tiver sido cumprida integralmente; quando o prazo do aviso prévio terminar em sábado ou sexta-feira e o sábado for compensado; quando existir escala de revezamento e o prazo do aviso prévio se encerrar no dia anterior ao do descanso previsto.
Ref.: arts. 67 e 385 da CLT; Lei 605, de 1949, e Decreto 27.048, de 1949.

Enunciado 27
HOMOLOGAÇÃO. RESCISÃO DE CONTRATO DE TRABALHO. FÉRIAS. PARCELAS VARIÁVEIS. CÁLCULO. Ressalvada norma mais favorável, o cálculo da média das parcelas variáveis incidentes sobre as férias será efetuado das seguintes formas:
I – com base no período aquisitivo, aplicando-se o valor do salário devido na data da rescisão;
II – quando pago por hora ou tarefa, com base na média quantitativa do período aquisitivo, aplicando-se o valor do salário devido na data da rescisão;
III – se o salário for pago por porcentagem, comissão ou viagem, com base na média dos salários percebidos nos doze meses que precederam seu pagamento ou rescisão contratual.
Ref.: arts. 7º, VII e XVII, da CF; art. 142 da CLT; Súmula 199 do STF; e Súmula 149 do TST.

Enunciado 28
CAPACIDADE SINDICAL. COMPROVAÇÃO. A capacidade sindical, necessária para a negociação coletiva, para a celebração de convenções e acordos coletivos do trabalho, para a participação em mediação coletiva no âmbito do Ministério do Trabalho e Emprego, para a prestação de assistência à rescisão de contrato de trabalho, bem como para figurar como beneficiário do recolhimento da contribuição sindical compulsória, é comprovada, sem prejuízo da necessidade de inscrição válida e ativa no cartório de pessoas jurídicas, por meio do registro sindical e da regularidade e atualização da diretoria no Cadastro Nacional de Entidades Sindicais deste Ministério.
Ref.: art. 8º, I, IV da CF; arts. 578 e 611 da CLT; Inst. Normativa 16, de 15.10.2013; Portaria MTE 186, de 10.04.2008 e Port. 326, de 01.03.2013.

Enunciado 29
CONVENÇÃO OU ACORDO COLETIVO DE TRABALHO. DEPÓSITO E REGISTRO. ANÁLISE DAS CLÁUSULAS.
I – O instrumento coletivo, para ser registrado no MTE, deve cumprir as formalidades previstas em lei aplicáveis ao processo de negociação, inclusive quanto à capacidade jurídica e/ou sindical daqueles que o subscrevem, assim como quanto à correspondência de categorias e bases territoriais.
II – Não será indeferido o registro por questões de mérito ou conteúdo das cláusulas convencionadas, as quais poderão ser objeto de controle de legalidade pelos órgãos competentes.
Ref.: art. 7º, XXVI, da CF; arts. 611 e 614 da CLT; IN 16, de 2013.

Enunciado 30

(Revogado pela Portaria SRT/MTE 3/2006).

Enunciado 31

CONVENÇÃO OU ACORDO COLETIVO DE TRABALHO. PRAZO PARA DEPÓSITO.

I – O instrumento coletivo de trabalho deverá observar os requisitos de validade dos atos e negócios jurídicos em geral, razão pela qual não será depositado quando expirada sua vigência.

II – A alteração do instrumento coletivo por Termo Aditivo deve obedecer às mesmas regras previstas para o depósito da solicitação de registro.

Ref.: arts. 613 e 614 da CLT; IN 16, de 2013.

Enunciado 32

COMISSÃO DE CONCILIAÇÃO PRÉVIA – CCP E NÚCLEO INTERSINDICAL DE CONCILIAÇÃO TRABALHISTA – NINTER. ASSISTÊNCIA AO EMPREGADO NA RESCISÃO DO CONTRATO DE TRABALHO.

I – A Comissão de Conciliação Prévia – CCP e o Núcleo Intersindical de Conciliação Trabalhista – Ninter não têm competência para a assistência e homologação de rescisão de contrato de trabalho de empregado com mais de um ano de serviço.

II – O termo de conciliação celebrado no âmbito da CCP ou do Ninter, ainda que ultime uma rescisão, não está sujeito à homologação prevista no art. 477 da CLT.

Ref.: art. 477, § 1º e art. 625-E, parágrafo único, da CLT.

Enunciado 33

COMISSÃO DE CONCILIAÇÃO PRÉVIA – CCP E NÚCLEO INTERSINDICAL DE CONCILIAÇÃO TRABALHISTA – NINTER. DESCUMPRIMENTO DE PRAZO PARA PAGAMENTO DAS VERBAS RESCISÓRIAS.

I – Os prazos para pagamento das verbas rescisórias são determinados pelo § 6º, do art. 477, da Consolidação das Leis do Trabalho.

II – O acordado em âmbito de CCP ou Ninter não tem o condão de ilidir a incidência da multa prevista no § 8º do art.477 da CLT, quando a quitação não ocorra nos prazos previstos no § 6º do mesmo dispositivo.

Ref.: art. 477, §§ 6º e 8º, e art. 625-D, § 1º, da CLT.

Enunciado 34

COMISSÃO DE CONCILIAÇÃO PRÉVIA – CCP E NÚCLEO INTERSINDICAL DE CONCILIAÇÃO TRABALHISTA – NINTER. FGTS.

Não produz efeitos o acordo firmado no âmbito de CCP e Ninter transacionando o pagamento diretamente ao empregado da contribuição do FGTS e da multa de quarenta por cento, prevista no § 1º, do art. 18, da Lei 8.036, de 11 de maio de 1990, incidentes sobre os valores acordados ou devidos na duração do vínculo empregatício, dada a natureza jurídica de ordem pública da legislação respectiva.

Ref.: arts. 18 e 23 da Lei 8.036, de 11 de maio de 1990; arts. 625-A e 625-H da CLT.

Enunciado 35

MEDIAÇÃO DE CONFLITOS COLETIVOS DE TRABALHO. ABRANGÊNCIA.

I – A mediação coletiva será realizada pelo Ministério do Trabalho e Emprego, observados os limites de sua competência, para:

a) Promoção de celebração de instrumentos coletivos de trabalho,

b) Resolução de conflitos nas relações de trabalho,

c) Resolução de conflitos intersindicais relativos à representação das categorias.

II – Caso as partes não compareçam à mediação proposta ou não cheguem a um acordo para a regularização dos conflitos existentes, o processo poderá ser encaminhado à Seção de Fiscalização do Trabalho para as providências cabíveis, especialmente quando versarem sobre garantias ou direitos dos trabalhadores que estejam sendo inobservados ou descumpridos.

Ref.: art. 626 da CLT, art. 11, da Lei 10.192, de 14 de dezembro de 2001; art. 4º, da Lei 10.101, de 19 de dezembro de 2000; art. 2º, do Decreto 1.256, de 1994; art. 2º, do Decreto 1.572, de 28 de julho de 1995; art. 18 do Decreto 4.552, de 27 de dezembro de 2002; art. 7º, da Portaria 343, de 23 de maio de 2000; arts. 22 e 24 da Portaria 326 de 2013, Instrução Normativa 16, de 15 de outubro de 2013.

Enunciado 36

(Revogado pela Portaria SRT/MTE 4/2014).

Enunciado 37

MEDIAÇÃO DE CONFLITOS COLETIVOS DE TRABALHO. TRANSAÇÃO DE DIREITOS INDISPONÍVEIS. VEDAÇÃO. Na mediação decorrente de descumprimento de norma legal ou convencional, os direitos indisponíveis não poderão ser objeto de transação.

Ref.: art. 11, da Lei 10.192, de 14 de dezembro de 2001; arts. 2º e 6º, do Decreto 1.572, de 28 de julho de 1995.

Enunciado 38

TRABALHO TEMPORÁRIO. PRORROGAÇÃO DO CONTRATO. LOCAL DE RECEBIMENTO DO PEDIDO.

I – Os pedidos de prorrogação do contrato de trabalho temporário devem ser realizados até cinco dias antes do termo final inicialmente previsto, mediante inserção da solicitação no Sistema de Registro de Empresa de Trabalho Temporário – Sirett.

II – Independe de autorização do órgão regional do MTE a prorrogação de contrato de trabalho temporário, quando a duração total da contratação, já somada a prorrogação, não exceder a três meses.

III – A análise das solicitações será feita pela Seção de Relações do Trabalho – Seret da Superintendência Regional do Trabalho e Emprego do local da prestação do serviço. IV – Em caso de negativa do pedido, o interessado pode, em até dez dias daquele ato, apresentar pedido de reconsideração à autoridade que proferiu a decisão, a qual, se não a reconsiderar, o encaminhará à autoridade superior.

Ref.: Lei 6.019, de 3 de janeiro de 1974; arts. 55, 56 e 59 da Lei 9.784, de 1999, Portaria 789, de 2 de junho de 2014.

Enunciado 39

TRABALHO TEMPORÁRIO. PRORROGAÇÃO DO CONTRATO. PRAZOS PARA PEDIDO E PARA ANÁLISE.

I – Pedidos de registro de contratos fora dos prazos previstos na Port. 789/2014 implicam indeferimento da solicitação.

II – A Administração tem cinco dias para analisar os pedidos, salvo motivo de força maior. Este prazo pode ser dilatado até o dobro, mediante comprovada justificação.

Ref.: Port. 789, de 2 de junho de 2014; arts. 24 e 48 da Lei 9.784/99.

Enunciado 40

(Revogado pela Portaria SRT/MTE 4/2014).

Enunciado 41

TRABALHO TEMPORÁRIO. MOTIVO JUSTIFICADOR. INDICAÇÃO. ALTERAÇÃO.

I – O art. 2º da Lei 6.019, de 3 de janeiro de 1974 serve apenas para enumerar as hipóteses de contratação de trabalho temporário.

II – A empresa deve obrigatoriamente, sob pena de indeferimento, descrever o motivo justificador, entendido como o fato determinado e identificável que ampara a contratação temporária, não sendo suficiente a mera referência às hipóteses legais.

III – A alteração da hipótese legal ou do motivo justificador não amparam prorrogação do contrato de trabalho temporário, mas ensejam nova contratação, a ser analisada à luz dos normativos vigentes.

Ref.: Lei 6.019, de 3 de janeiro de 1974; Portaria 789, de 2 de junho de 2014.

Enunciado 42

EMPRESA DE TRABALHO TEMPORÁRIO. SÓCIO ESTRANGEIRO.

I – A empresa de trabalho temporário pode possuir em seu quadro sócio estrangeiro, visto que a limitação constante no art. 6º, alínea *a* da Lei 6.019/74 não foi recepcionada pela Constituição Federal de 1988, consoante Parecer Conjur 342/97, aprovado em caráter normativo pelo Sr. Ministro do Trabalho e Emprego.

II – Se um dos sócios, pessoa física ou jurídica, for estrangeiro, deve apresentar seus documentos de identificação ou de contrato social, com tradução juramentada, além de procuração que atribua plenos poderes a procurador residente no Brasil para, em nome da pessoa física ou jurídica domiciliada no exterior, tratar e resolver definitivamente quaisquer questões perante o MTE.

Ref.: Parecer Conjur 342/97, publicado no *Diário Oficial da União* em 30 de junho de 1997, e Parecer Conjur 528/2005.

Enunciado 43

CONTRIBUIÇÃO SINDICAL. FORMA E COMPROVANTE DE RECOLHIMENTO.

I – Considerando que o art. 583, § 1º, da Consolidação das Leis do Trabalho – CLT, estabelece que o recolhimento da contribuição sindical urbana, que tem natureza tributária, obedecerá ao sistema de guias, de acordo com instruções do Ministério do Trabalho e Emprego, os recolhimentos, seja da parte laboral ou patronal, devem observar as regras constantes da Port. 488, de 23 de novembro de 2005.

II – A contribuição sindical rural também é tributo, à luz do art. 149 da Constituição Federal, e seu recolhimento é realizado em rede bancária conforme guias emitidas pelas entidades que a administram.

III – Pagamentos efetuados de modo diverso não são considerados, posto que, além de atentar contra a distribuição entre os beneficiários legais e lesar a conta pública de emprego e salário do Fundo de Amparo do Trabalhador – FAT, é uma ofensa ao princípio da legalidade.

Ref.: art. 149 da Constituição Federal; arts. 586 a 591 da CLT; Dec.-lei 1.166, de 15.04.71; Lei 8.847, 28.01.94; Lei 9.393, de 19.12.96; Port. 488, de 23.11.2005; Port. 982, de 05.05.2010; Port. 189 de 05.07.2007 e Port. 186, de 26.01.2014.

Enunciado 44

DEPÓSITO, REGISTRO E ARQUIVAMENTO DOS INSTRUMENTOS COLETIVOS. LEGITIMAÇÃO, HABILITAÇÃO, ALTERAÇÃO E PRAZOS.

I – Consoante Instrução Normativa 16, de 15 de outubro de 2013, os instrumentos coletivos, como negócios jurídicos que são, devem ser subscritos pelas pessoas legitimadas a fazê-lo, à luz dos arts. 115 a 120 da Lei 10.406, de 10 de janeiro de 2002 (Código Civil).

II – A inclusão da norma coletiva no sistema Mediador deve ser feita por pessoa habilitada pelos signatários para a realização do ato.

III – A análise formal de que trata a IN 16/2013, para fins de registro e depósito, demanda verificação dos documentos apresentados assinados pelos signatários, sem rasuras; a existência de procuração, quando for o caso; a correspondência de categorias entre as partes signatárias e a correspondência da base territorial de abrangência do instrumento coletivo.

IV – Constatado que o requerimento não é original, encontra-se rasurado ou sem assinatura, as partes deverão ser notificadas para as devidas correções.

V – Verificada a ausência de procuração ou procuração inválida, as partes deverão ser notificadas para apresentarem procurações que concedam poderes a seus representantes legais para atuarem no instrumento coletivo.

VI – Havendo erro de categoria, as partes serão notificadas para fazer a retificação devida por meio do sistema e transmitir novamente o instrumento, ocasião em que será gerado um novo requerimento que deverá ser assinado e protocolado no MTE ou em seus órgãos regionais, conforme o caso.

VII – Enquanto o instrumento coletivo não for transmitido, via sistema, para a base de dados do MTE, o solicitante poderá alterar cláusulas já inseridas. No entanto, se já tiver sido feita a transmissão, a alteração das cláusulas só poderá ser feita através de Termo Aditivo ou mediante nova solicitação.

VIII – Quando se tratar de acordo coletivo, a categoria de trabalhadores deverá ser equivalente à atividade econômica da empresa, e em todos os casos a categoria deverá ser compatível com o que consta no cadastro da entidade no CNES.

IX – O protocolo de instrumento coletivo ocorrido quando expirada sua vigência enseja imediato arquivamento sem registro.

X – A competência para análise, registro e arquivo de instrumento coletivo de abrangência nacional ou interestadual é da Secretaria de Relações do Trabalho, mas quaisquer termos aditivos que possuam base estadual, intermunicipal ou municipal serão registrados pela SRTE correspondente, independente de onde esteja registrado o processo principal.

Ref.: Instrução Normativa 16, de 15 de outubro de 2013.

Enunciado 45

HOMOLOGAÇÃO. FALTA DE PAGAMENTO DE VERBA RESCISÓRIA DEVIDA. RESSALVA. AUTO DE INFRAÇÃO. As irregularidades deverão ser especificamente ressalvadas no Termo de Rescisão de Contrato de Trabalho – TRCT ou do Termo de Homologação.

I – Se o assistente for Auditor Fiscal do Trabalho, deverá lavrar o auto de infração cabível, consignando sua lavratura no ato da homologação;

II – Se o assistente não for Auditor-Fiscal do Trabalho, deverá comunicar a irregularidade ao setor de fiscalização para os devidos fins.

Ref.: arts. 10, §§ 1º, 2º e 3º, e 26, II, da IN 15, de 2010.

Enunciado 46

ASSISTÊNCIA À Homologação DE RESCISÃO DO TRABALHO. MINISTÉRIO DO TRABALHO E EMPREGO. Administração Pública Indireta. Regime Jurídico. A rescisão de contratos de trabalho com prazo superior a 1 (um) ano, regidos pela Consolidação das Leis do Trabalho (CLT) está sujeita à homologação prevista no art. 477 da CLT, inclusive quando figure como empregador ente pertencente à Administração Pública Indireta.

Ref.: art. 173, § 1º, inc. II CF/88 e art. 477 da CLT. Instrução Normativa 15, de 14 de julho de 2010.

Enunciado 47

REVOGAÇÃO OU ALTERAÇÃO DO PLANO DE CARGOS E SALÁRIOS. DIREITO ADQUIRIDO. Cláusulas do Plano de Cargos e Salários, que revoguem ou alterem vantagens deferidas anteriormente, só atingirão os trabalhadores admitidos após a revogação ou alteração do Plano.

Ref. Súmula 51, TST, inciso I. Nota Informativa CGRT SRT 121/2014.

Enunciado 48

COEXISTÊNCIA DE PLANOS DE CARGOS E SALÁRIOS. OPÇÃO DO EMPREGADO. Havendo a coexistência de Planos de Cargos e Salários da empresa, a opção do empregado por um deles tem efeito jurídico de renúncia às regras do sistema do outro.

Ref. Súmula 51, TST, inciso I. Nota Informativa CGRT SRT 121/2014.

Enunciado 49

PLANO DE CARGOS E SALÁRIOS. NÃO APLICAÇÃO DE CLÁUSULAS. Havendo reivindicação de direito estabelecido no Plano de Cargos e Salários, ainda quando submetido à homologação no Ministério do Trabalho e Emprego, a competência para apreciação da demanda é da Justiça do Trabalho.

Ref.: Súmula 19, TST; Nota Informativa CGRT SRT 40/2014

Enunciado 50

PLANO DE CARGOS E SALÁRIOS. EFEITOS PECUNIÁRIOS. DIFERENÇA DO ADICIONAL POR TEMPO DE SERVIÇO.

I – Promoção por antiguidade não se confunde com adicional por tempo de serviço, sendo estes institutos distintos e independentes.

II – A promoção, tanto por antiguidade quanto por mérito, segue os critérios estabelecidos no PCS, refletindo em efetivo aumento salarial através da incorporação da promoção ao valor do salário-base.

III – O Adicional por Tempo de Serviço leva em consideração somente o critério temporal e, ainda que importe em aumento da remuneração, não altera o salário-base, nem tem o condão de alterar a classe ou o nível do trabalhador dentro do quadro de carreira.

Ref.: Nota Informativa CGRT SRT 40/2014.

Enunciado 51

PLANO DE CARGOS E SALÁRIOS. TRABALHADORES EM FUNÇÃO DE CONFIANÇA OU COMISSIONADOS.

I – Empregados que estejam ocupando função de confiança ou cargo comissionado na empresa permanecem beneficiários das progressões previstas no PCS, conforme seus critérios.

II – Ocupantes de função de confiança, tais como diretores, conselheiros e afins, podem ser abrangidos pelo Plano de Cargos e Salários, conforme discricionariedade da empresa, desde que expressamente previsto neste.

Ref.: Nota Informativa CGRT SRT 92/2014.

Enunciado 52

PLANO DE CARGOS E SALÁRIOS. IGUALDADE TEMPORAL NOS CRITÉRIOS DE PROMOÇÃO POR MÉRITO E TEMPO DE SERVIÇO.

I – O Plano de Cargos e Salários deve conter, de forma detalhada, os critérios a serem aplicados para fins de reflexos pecuniários em favor dos empregados contemplados pela progressão na carreira, tanto no caso de progressão por mérito quanto por tempo de serviço.

II – A progressão deve contemplar a alternância entre as duas modalidades, de forma que ocorra um tipo a cada período idêntico de tempo, sucessivamente.

III – Uma vez cumpridos todos os requisitos detalhadamente previstos para a progressão por antiguidade ou por mérito, o PCS não pode sujeitá-la a qualquer tipo de aprovação ou aval posterior, seja de cunho subjetivo ou de disponibilidade orçamentária.

Ref.: Nota Informativa CGRT SRT 39/2014.

Enunciado 53

PLANO DE CARGOS E SALÁRIOS. ABRANGENCIA E UNIVERSALIDADE.

I – O Plano de Cargos e Salários compreende toda a universalidade de empregados da empresa, independentemente de adesão.

II – Não será homologado o PCS que contenha cláusulas excludentes, proibitivas, discriminatórias ou restritivas para promoção, progressão ou reclassificação do empregado.

Ref.: Lei 9.029, de 13 de abril de 1995.

Enunciado 54

HOMOLOGAÇÃO. PLANO DE CARGOS E SALÁRIOS. ADMINISTRAÇÃO PÚBLICA INDIRETA. Quando submetidos à homologação por parte do MTE, cabe análise do plano de cargos e salários de empresa pública ou sociedade de economia mista, desde que se refira a relações de emprego regidas pela Consolidação das Leis do Trabalho.

Ref.: art. 173, § 1º, inc. II CF/88 e art. 461, § 2º da CLT. Port. MTE 2/2006.

Enunciado 55

ATOS PROCESSUAIS. MEIO ELETRÔNICO. ASSINATURA DIGITAL. A assinatura autenticada com certificação digital ou meio equivalente que comprove sua autenticidade é hábil a substituir firmas ou assinaturas de declarações, requerimentos ou solicitações, constantes dos documentos em forma eletrônica, presumindo-se verdadeira em relação aos signatários.

Ref.: Medida Provisória 2200-2, de 24 de agosto de 2001, Lei 12.682, de 9 de julho de 2012 e art. 968, inc. II da Lei 10.406, de 10 de janeiro de 2002 (Código Civil).

Enunciado 56

TRABALHO PORTUÁRIO. ENQUADRAMENTO SINDICAL. CATEGORIA DIFERENCIADA.

I – O trabalho portuário pode se dar na modalidade avulsa ou com vínculo empregatício.

II – Para efeito do enquadramento do trabalhador na categoria diferenciada, é suficiente a verificação do exercício de atividades tipicamente portuárias, sendo irrelevante se a forma de contratação é avulsa ou com vínculo de emprego, assim como independentemente das atividades serem desempenhadas dentro ou fora da área do porto organizado.

Ref.: art. 511, § 3º da CLT. Lei 12.815, de 5 de junho de 2013. Parecer Conjur 58/2011. Parecer Conjur/CGU/AGU 65/2013. Nota Técnica SRT 15/2013.

Enunciado 57

DIREITO DO TRABALHO. CATEGORIA DOS AGRICULTORES FAMILIARES. Não se aplica o inciso VI do art. 3º da Portaria 326, de 1 de março de 2013. Desnecessária a apresentação da cópia da Carteira de Trabalho e Previdência Social – CTPS, para solicitação de pedido de registro no caso da categoria laboral dos agricultores familiares.

Ref.: Nota Técnica 23/2013 SRT/MTE.

Enunciado 58

DIREITO CONSTITUCIONAL E DO TRABALHO. REGISTRO DE ESTATUTOS DE ENTIDADES SINDICAIS. LIBERDADE SINDICAL. Quando for oposto impedimento, no caso de atualização de mandato de diretoria, de registro pelos cartórios de atas de eleição e de posse com fundamento em duração de mandato superior a três anos ou inobservância do quantitativo de dirigentes, a entidade sindical apresentará ao MTE estes documentos, acompanhados da negativa cartorária, para depósito e registro no CNES.

Ref.: Nota Informativa CGRT/SRT 159/2014. Nota Técnica 37/2014 GAB/SRT/MTE. Art. 49 da Portaria 326, de 1 de março de 2013. Art. 8º, da Constituição Federal.

Enunciado 59

DIREITO CONSTITUCIONAL E DO TRABALHO. ESTATUTOS DE ENTIDADES SINDICAIS. LIBERDADE E ORGANIZAÇÃO SINDICAL. No que tange à composição ou quantificação dos órgãos diretivos da entidade sindical, assim como à duração dos mandatos de seus dirigentes, a análise do pedido de registro sindical verificará se tais informações estão em consonância com as disposições constantes no estatuto da entidade.

Ref.: arts. 3º e 49 da Portaria 326, de 1 de março de 2013. Art. 8º, da Constituição Federal.

Enunciado 60

REGISTRO SINDICAL. CONTAGEM DOS PRAZOS. A prática dos atos previstos na Port. 326, de 1 de março de 2013 deverá observar o que segue:

I – Computar-se-ão os prazos, excluindo-se o dia do começo e incluindo-se o do vencimento.

II – Os prazos só se iniciam e se vencem em dias úteis e/ou de expediente normal dos órgãos do ministério.

Ref.: Portaria 326/2013. Art. 66, § 1º da Lei 9.784/99. Art. 184, *caput* e § 2º do Código de Processo Civil.

Enunciado 61

MEDIAÇÃO. CONFLITO DE REPRESENTAÇÃO SINDICAL. A mediação para resolução de conflitos de representação sindical, a que se refere o art. 24 da Portaria 326/2013 deverá seguir os seguintes procedimentos elencados neste enunciado:

I – Solicitada a mediação, a SRT publicará, com a antecedência mínima de 10 (dez) dias, no *Diário Oficial da União – DOU*, o dia e hora da reunião de instalação da mediação para resolução do conflito de representação, de categoria e/ou base territorial, indicando o objeto do conflito a ser mediado;

II – Serão convocados, o(s) solicitante(s) da mediação, bem como o(s) diretamente interessado(s) na resolução do conflito, considerados para tal, a entidade sindical com registro no CNES ou que já tenha o seu pedido de registro sindical ou de alteração estatutária publicado, que sejam alcançadas pelo objeto da mediação a ser realizada;

III – Caso seja necessária a realização de mais de uma reunião de mediação, as demais prescindirão de convocação prévia via *Diário Oficial da União*, para a sua realização;

IV – Havendo acordo entre as entidades sindicais interessadas sobre a resolução do conflito, a SRT fará análise do acordado e, verificando que o resultado não envolve base e/ou categoria além do que já são representados pelos interessados, e atendido o art. 511 da Consolidação das Leis do Trabalho, a SRT publicará no *DOU* o resultado da mediação, informando a representação final de cada entidade para que, no prazo estabelecido na ata lavrada conforme § 4º, do art. 23, da Portaria 326/2013, sejam apresentados os estatutos contendo os elementos identificadores da nova representação sindical acordada;

V – A correção da representação sindical no CNES de cada entidade sindical só será feita quando todas as partes envolvidas no acordo apresentarem os seus estatutos devidamente alterados e registrados em cartório.

VI – Quando a solicitação for feita junto a SRTE ou Gerência, o processo será remetido à SRT, para cumprimento dos procedimentos elencados neste enunciado. Os procedimentos elencados acima deverão ser aplicados, integralmente, nos casos em que a contenda entre as partes envolvidas for preexistente. Na hipótese do conflito envolver entidade cujo processo ainda se encontre em trâmite na Secretaria de Relações do Trabalho, não se aplica o item IV.

Ref.: Art. 24 da Portaria 326, de 1º de março de 2013.

Enunciado 62

DIREITO DO TRABALHO. REGRAS SOBRE ENQUADRAMENTO E CONTRIBUIÇÃO SINDICAL RURAL. DECRETO-LEI 1.166, DE 15 DE ABRIL DE 1971.

Entende-se como TRABALHADOR RURAL a pessoa física que presta serviço a empregador rural mediante remuneração e aquele que trabalhe individualmente ou em regime de economia familiar em área igual ou inferior a dois módulos rurais e EMPREGADOR RURAL, a pessoa física ou jurídica que tendo empregado empreende atividade econômica rural e aquele que mesmo sem empregado, em regime de economia familiar, explore imóvel rural em área superior a dois módulos rurais. Existe a possibilidade de dissociação da categoria eclética de trabalhador rural nas categorias específicas de assalariados rurais e de agricultores familiares.

Ref.: Decreto-lei 1.166/71. Nota Técnica 88/2014/ GAB/ SRT/ MTE.

Enunciado 63

REGISTRO SINDICAL. SINDICALIZADOS. SINDICALIZADOS APTOS A VOTAR.

O termo "sindicalizados" e a expressão "sindicalizados aptos a votar", contidos no art. 5º, inciso IV, da Portaria 326/2013, devem ser interpretadas como "entidades filiadas" e "entidades filiadas aptas a votar", respectivamente, quando as suas aplicações se referirem às entidades de grau superior.

Enunciado 64

TERMO SINDICALIZADO. APLICAÇÃO.

Deve ser entendido como sindicalizado, associado e/ou filiado, aquele membro da categoria profissional em exercício, que é integrante do quadro associativo, nisso incluindo-se os que se aposentaram como membro dela, que possuem o pleno gozo dos direitos em sendo sócios, conforme definido em norma estatutária da entidade.

Ref.: art. 6º da IN 2, de dezembro de 2014.

Enunciado 65

DOCUMENTOS DE IDENTIFICAÇÃO DOS DIRIGENTES SINDICAIS DE DIVERSAS CATEGORIAS.

Comprovação do exercício da atividade do dirigente da entidade em diversas categorias. Novos documentos que servirão de comprovação. AVULSOS: 1. Movimentadores de Mercadorias: Declaração do Sindicato, nos termos da Lei 12.023/2009; 2. Portuários: – Porto Organizado: Registro no Órgão Gestor de Mão Obra – OGMO; Fora do Porto Organizado: Declaração do Sindicato. PESCADORES ARTESANAIS: Registro no Ministério da Pesca – RGP (Registro Geral de Pesca). MOTOTAXISTAS E MOTOFRETISTAS: Autorização emitida pelo órgão ou entidade executivo de trânsito dos Municípios, Estados e do Distrito Federal. SERVIDORES PÚBLICOS: Contracheque; Declaração do órgão; Cópia Autenticada do termo de Nomeação. TRABALHADORES DOMÉSTICOS: Diarista – Número do NIT (Número de Inscrição do Trabalhador); Cópia dos três últimos recolhimentos da Previdência Social. TRANSPORTADORES AUTÔNOMOS DE CARGAS: Número do Registro Nacional dos Transportes Nacional de Cargas – RNTNC na Agência Nacional de Transportes Terrestres – ANTT. PROFISSÕES REGULAMENTADAS: Cópia do registro no Ministério do Trabalho e Previdência Social.

Ref.: art. 24 da Portaria 326, de 1º de março de 2013.

Enunciado 66

DOCUMENTOS DE IDENTIFICAÇÃO DOS DIRIGENTES SINDICAIS DA CATEGORIA DE RURAIS.

Comprovação do exercício da atividade do dirigente da entidade na categoria de rurais. Novos documentos que servirão de comprovação em complementação aos elencados na Portaria 326, de 11 de maio de 2013: A) Trabalhador Rural: 1) Assalariado: Contrato de Safra; Contrato de Curta Duração. 2) *(Revogado)* B) Empregador Rural: 1) Pessoa física: Documento que comprove a condição de empregador; 2) Pessoa Jurídica: CNPJ; C) Propriedade explorada em nome de terceiro: Contrato de Cessão; Contrato de Arrendamento Rural, Comodato, Meação, Parceria ou matrícula onde se encontra averbado o usufruto (Todos os contratos devem estar registrados em Cartório).

Ref.: art. 24 da Portaria 326, de 1º de março de 2013.

Enunciado 67

ANÁLISE PRELIMINAR REALIZADA PELA SRTE NOS PROCESSOS DE REGISTRO SINDICAL E ALTERAÇÃO ESTATUTÁRIA.

A análise realizada pela SRTE nos processos de pedido de registro sindical e alteração estatutária restringir-se-á a verificar se a documentação elencada nos arts. 3º, 5º, 8º e 10 foi protocolada e se atende o que determina o art. 42, qual seja, se são originais, cópias autenticadas ou cópias simples com visto do servidor; se o comprovante de pagamento da GRU é o original; se os estatutos e as atas foram registrados no cartório da comarca da sede da entidade requerente. A SRTE não notificará a entidade que não realizou assembleia no perímetro urbano do município, uma vez que o saneamento implicará na publicação de novos editais, o que o § 3º do art. 12 proíbe. A análise de mérito será realizada pela CGRS.

Ref.: art. 11 da Portaria 326, de 1º de março de 2013.

Enunciado retificado no *DOU* 16.03.2016.

Enunciado 68

CURSOS DE FORMAÇÃO DE VIGILANTES NO SEGMENTO DA SEGURANÇA PRIVADA

Os membros das escolas/cursos de formação de segurança privada pertencem à categoria do ramo das empresas que exercem segurança privada.

Ref.: art. 49 da Portaria 326, de 1º de março de 2013.

Enunciado 69

O Enunciado 69 foi publicado no *DOU* 10.03.2016, sendo retificado no *DOU* 16.03.2016 para Enunciado 67.

Enunciado 70

A Coordenação Geral de Registro Sindical considerará como comprovação de endereço do subscritor do edital qualquer documento apresentado pela entidade interessada no processo de pedido de registro sindical ou de alteração estatutária passível de comprovar o endereço do subscritor do edital a que se refere o Art. 3º, II, da Portaria 326/2013.

Ref: Art. 2º, inciso III, da Portaria 326, de 1º de março de 2013.

PROVIMENTOS DA CORREGEDORIA-GERAL DA JUSTIÇA DO TRABALHO

PROVIMENTO 1, DE 14 DE NOVEMBRO DE 2001, DA CORREGEDORIA-GERAL DA JUSTIÇA DO TRABALHO – CGJT

Uniformiza as rotinas de processamento de agravo de instrumento nos autos principais.

Considerando a determinação de se processar o agravo de instrumento nos autos principais, nas hipóteses elencadas na Instrução Normativa 16 desta Corte, aprovada pela Resolução 102/2000;

Considerando a diversidade de procedimentos adotados pelos Tribunais Regionais do Trabalho quanto ao processamento do agravo de instrumento nos autos principais;

Considerando as dificuldades do Tribunal Superior do Trabalho na identificação, registro, classificação e autuação desses agravos de instrumento, acarretando prejuízos à celeridade processual; resolve:

Art. 1º Nas hipóteses elencadas no item II, parágrafo único, letras *a*, *b* e *c*, da Instrução Normativa 16 do TST, a petição de agravo de instrumento deverá ser juntada aos autos principais, remetendo-se o processo para o Tribunal Superior do Trabalho após decorrido o prazo para manifestação do agravado.

Art. 2º O agravo de instrumento processado nos autos principais dispensa a autuação no Tribunal Regional do Trabalho de origem, mantendo-se os registros já existentes referentes à classe e à numeração do processo principal.

Art. 3º Os Tribunais Regionais do Trabalho deverão lançar na capa dos autos carimbo contendo os seguintes dizeres: "Agravo de Instrumento".

Art. 4º Processado o agravo de instrumento nos autos principais, não serão formados autos apartados.

Art. 5º Os Tribunais Regionais do Trabalho deverão disciplinar os procedimentos quanto ao processamento do agravo de instrumento no âmbito de sua jurisdição.

Art. 6º Este Provimento entrará em vigor na data de sua publicação.

Vantuil Abdala
Ministro Corregedor-Geral da Justiça do Trabalho
(*DJU* 14.11.2001)

PROVIMENTO 1, DE 3 DE MAIO DE 2012, DA CORREGEDORIA-GERAL DA JUSTIÇA DO TRABALHO – CGJT

Dispõe sobre os procedimentos a serem adotados pelos MM. Juízos do Trabalho relativamente a credores trabalhistas de Empresa Falida ou em Recuperação Judicial e dá outras providências.

O Corregedor-Geral da Justiça do Trabalho, no uso da atribuição regimental que lhe é conferida pelo artigo 6º, inciso V, do Regimento Interno da Corregedoria-Geral da Justiça do Trabalho,

Considerando ser da competência das Varas do Trabalho ultimar a liquidação da sentença condenatória ilíquida, nos termos do artigo 6º, § 1º da Lei 11.101/2005;

Considerando que após a liquidação do crédito trabalhista impõe-se a sua habilitação perante o Administrador Judicial da Empresa Falida ou em Recuperação Judicial, a teor do artigo 7º da Legislação Extravagante, cabendo para tanto ao Juízo do Trabalho expedir a competente Certidão de Habilitação de Crédito;

Considerando que todos os bens e créditos da Empresa Falida, inclusive aqueles objeto de constrição judicial e os produtos obtidos em leilão realizado no âmbito do Judiciário do Trabalho, sujeitam-se à força atrativa do Juízo Falimentar, com a consequente suspensão da execução trabalhista, na conformidade do artigo 108, § 3º, da Lei 11.101/2005;

Considerando que, aprovado e homologado o Plano de Recuperação Judicial, é do Juízo de Falências e Recuperações Judiciais a competência para a prática de quaisquer atos de execução referentes a reclamações trabalhistas movidas contra a Empresa Recuperanda, de acordo com a jurisprudência consolidada no STJ e no STF;

Considerando que a elaboração da Relação de Credores e subsequente Quadro Geral de Credores é atribuição do Administrador Judicial e não do Cartório do Juízo de Falência, segundo disposto nos artigos 7º a 20 da Legislação Extravagante, resolve:

Art. 1º No caso de execução de crédito trabalhista em que se tenha dado a decretação da falência do executado ou este se encontre em recuperação judicial, caberá aos MM. Juízos das Varas do Trabalho orientar os respectivos credores para que providenciem a habilitação dos seus créditos perante o Administrador Judicial da Empresa Falida ou em Recuperação Judicial, expedindo para tanto Certidão de Habilitação de Crédito.

Parágrafo único. Expedida a Certidão de Habilitação de Crédito, os MM. Juízos das Varas do Trabalho deverão se abster de encaminhar diretamente aos MM. Juízos de Falências e Recuperações Judiciais os autos das execuções trabalhistas e/ou Certidões de Créditos Trabalhistas, com vistas à habilitação, inclusão ou exclusão de credores da Relação de Credores e do Quadro Geral de Credores, pois tal atribuição não é do Cartório Falimentar, mas do Administrador Judicial.

Art. 2º Os MM. Juízos das Varas do Trabalho manterão em seus arquivos os autos das execuções que tenham sido suspensas em decorrência da decretação da recuperação judicial ou da falência, a fim de que, com o encerramento da quebra, seja retomado o seu prosseguimento, desde que os créditos não tenham sido totalmente satisfeitos, em relação aos quais não corre a prescrição enquanto durar o processo falimentar, nos termos do artigo 6º Lei 11.101/2005.

Art. 3º É assegurado aos MM. Juízos das Varas do Trabalho, ainda que as ações trabalhistas se achem pendentes de julgamento, formular pedidos de reserva de valor diretamente aos MM. Juízos de Falência, os quais serão atendidos na medida das forças da Massa Falida, na conformidade do disposto no artigo 6º, § 3º, da Lei 11.101/2005.

Art. 4º Este Provimento entrará em vigor na data da sua publicação.

Publique-se no *DEJT*.

Dê-se ciência aos Presidentes e Corregedores dos Tribunais Regionais do Trabalho, mediante ofício, do inteiro teor deste Provimento, solicitando de Suas Excelências que o divulguem junto às Varas do Trabalho das respectivas jurisdições.

Brasília, 3 de maio de 2012.

Antonio José de Barros Levenhagen
Ministro Corregedor-Geral da Justiça do Trabalho
(*DJE*-TST 04.05.2012)

Art. 6º Este Provimento entrará em vigor na data de sua publicação.

Vantuil Abdala

Ministro Corregedor-Geral da Justiça do Trabalho

14.11.2011

PROVIMENTO N. 1, DE 3 DE MAIO DE 2012 DA CORREGEDORIA-GERAL DA JUSTIÇA DO TRABALHO – CGJT

Dispõe sobre os procedimentos a serem adotados pelos MM. Juízos do Trabalho relativamente aos credores trabalhistas de Empresa Falida ou em Recuperação Judicial e dá outras providências.

O Corregedor-Geral da Justiça do Trabalho, no uso da atribuição regimental que lhe é conferida pelo artigo 6º, inciso V, do Regimento Interno da Corregedoria-Geral da Justiça do Trabalho,

Considerando ser da competência das Varas do Trabalho ultimar a liquidação da sentença condenatória ilíquida, nos termos do artigo 6º, § 1º da Lei 11.101/2005;

Considerando que após a liquidação do crédito trabalhista impõe-se a sua habilitação perante o Administrador Judicial da Empresa Falida ou em Recuperação Judicial, a teor do artigo 7º da Legislação Extravagante, cabendo para tanto ao Juízo do Trabalho expedir a competente Certidão de Habilitação de Crédito;

Considerando que todos os bens e créditos da Empresa Falida, inclusive aqueles objeto de constrição judicial e os produtos obtidos em leilão realizado no âmbito do Judiciário do Trabalho, sujeitam-se à força atrativa do Juízo Falimentar, com a consequente suspensão da execução trabalhista, na conformidade do artigo 108, § 3º, da Lei 11.101/2005;

Considerando que, aprovado e homologado o Plano de Recuperação Judicial, é do Juízo de Falências e Recuperações Judiciais a competência para a prática de quaisquer atos de execução referentes a reclamações trabalhistas movidas contra a Empresa Recuperanda, de acordo com a jurisprudência consolidada no STJ e no STF;

Considerando que a elaboração da Relação de Credores e subsequente Quadro Geral de Credores é atribuição do Administrador Judicial e não do Cartório do Juízo de Falência, segundo disposto nos artigos 7º a 20 da Legislação Extravagante, resolve:

Art. 1º No caso de execução de crédito trabalhista em que se tenha dado a decretação da falência do executado ou este se encontre em recuperação judicial, caberá aos MM. Juízos das Varas do Trabalho orientar os respectivos credores para que providenciem a habilitação dos seus créditos perante o Administrador Judicial da Empresa Falida ou em Recuperação Judicial, expedindo para tanto Certidão de Habilitação de Crédito.

Parágrafo único. Expedida a Certidão de Habilitação de Crédito, os MM. Juízos das Varas do Trabalho deverão se abster de encaminhar diretamente aos MM. Juízos de Falências e Recuperações Judiciais os autos das execuções trabalhistas e/ou Certidões de Créditos Trabalhistas, com vistas à habilitação, inclusão ou exclusão de credores da Relação de Credores e do Quadro Geral de Credores, pois tal atribuição não é do Cartório Falimentar, mas do Administrador Judicial.

Art. 2º Os MM. Juízos das Varas do Trabalho manterão em seus arquivos os autos das execuções que tenham sido suspensas em decorrência da decretação da recuperação judicial ou da falência, a fim de que, com o encerramento da quebra, seja retomado o seu prosseguimento, desde que os créditos não tenham sido totalmente satisfeitos, em relação aos quais não corre a prescrição enquanto durar o processo falimentar, nos termos do artigo 6º Lei 11.101/2005.

Art. 3º É assegurado aos MM. Juízos das Varas do Trabalho, ainda que as ações trabalhistas se achem pendentes de julgamento, formular pedidos de reserva de valor diretamente aos MM. Juízos de Falência, os quais serão atendidos na medida das forças da Massa Falida, na conformidade do disposto no artigo 6º, § 3º, da Lei 11.101/2005.

Art. 4º Este Provimento entrará em vigor na data da sua publicação.

Publique-se no DEJT.

Dê-se ciência aos Presidentes e Corregedores dos Tribunais Regionais do Trabalho, mediante ofício, do inteiro teor deste Provimento, solicitando de Suas Excelências que o divulguem junto às Varas do Trabalho das respectivas jurisdições.

Brasília, 3 de maio de 2012.

Antonio José de Barros Levenhagen

Ministro Corregedor-Geral da Justiça do Trabalho

8.5.2012

Constituição da República Federativa do Brasil

6

Índice Sistemático da Constituição da República Federativa do Brasil

ATO DAS DISPOSIÇÕES CONSTITUCIONAIS TRANSITÓRIAS

Índice Cronológico das Emendas à Constituição da República Federativa do Brasil

Emendas Constitucionais de Revisão

Emendas Constitucionais

CF

Emendas Constitucionais

Constituição da República Federativa do Brasil

6

Promulgada em 05.10.1988

Preâmbulo

Nós, representantes do povo brasileiro, reunidos em Assembleia Nacional Constituinte para instituir um Estado Democrático, destinado a assegurar o exercício dos direitos sociais e individuais, a liberdade, a segurança, o bem-estar, o desenvolvimento, a igualdade e a justiça como valores supremos de uma sociedade fraterna, pluralista e sem preconceitos, fundada na harmonia social e comprometida, na ordem interna e internacional, com a solução pacífica das controvérsias, promulgamos, sob a proteção de Deus, a seguinte Constituição da República Federativa do Brasil.

TÍTULO I
Dos Princípios Fundamentais

Art. 1º **A República Federativa do Brasil, formada pela união indissolúvel dos Estados e Municípios e do Distrito Federal, constitui-se em Estado Democrático de Direito e tem como fundamentos:**

- V. arts. 18, *caput*, e 60, § 4º, I, CF.

I – a soberania;

- V. arts. 20, VI, 21, I e III, 84, VII, VIII, XIX e XX, CF.
- V. arts. 36, *caput*, 237, 260, 263, CPC/ 2015.
- V. arts. 780 a 790, CPP.
- V. arts. 215 a 229, RISTF.

II – a cidadania;

- V. arts. 5º, XXXIV, LIV, LXXI, LXXIII e LXXVII, e 60, § 4º, IV, CF.
- V. Lei 9.265/1996 (Gratuidade dos atos necessários ao exercício da cidadania).

III – a dignidade da pessoa humana;

- V. arts. 5º, XLII, XLIII, XLVIII, XLIX, L, 34, VII, *b*, 226, § 7º, 227 e 230, CF.
- V. art. 8º, III, Lei 11.340/2006 (Violência doméstica e familiar contra a mulher).
- V. Súmula vinculante 11, STF.

IV – os valores sociais do trabalho e da livre iniciativa;

- V. arts. 6º a 11 e 170, CF.

V – o pluralismo político.

- V. art. 17, CF.
- V. Lei 9.096/1995 (Lei Orgânica dos Partidos Políticos).

Parágrafo único. **Todo o poder emana do povo, que o exerce por meio de representantes eleitos ou diretamente, nos termos desta Constituição.**

- V. art. 1º, Lei 9.709/1998 (Regulamenta a execução do disposto nos incisos I, II e III do art. 14 da CF).
- V. arts. 14, 27, § 4º, 29, XIII, 60, § 4º, II, e 61, § 2º, CF.

Art. 2º **São Poderes da União, independentes e harmônicos entre si, o Legislativo, o Executivo e o Judiciário.**

- V. art. 60, § 4º, III, CF.

Art. 3º **Constituem objetivos fundamentais da República Federativa do Brasil:**

I – construir uma sociedade livre, justa e solidária;

- V. art. 29-1, *d*, Dec. 99.710/1990 (Promulga a Convenção sobre os Direitos da Criança).
- V. art. 10-1, Dec. 591/1992 (Pacto Internacional sobre Direitos Econômicos, Sociais e Culturais).

II – garantir o desenvolvimento nacional;

- V. arts. 23, parágrafo único, e 174, § 1º, CF.

III – erradicar a pobreza e a marginalização e reduzir as desigualdades sociais e regionais;

- V. arts. 23, X, e 214, CF.
- V. arts. 79 a 81, ADCT.
- V. Emenda Constitucional 31/2000 (Fundo de Combate e Erradicação da Pobreza).
- V. LC 111/2001 (Fundo de Combate e Erradicação da Pobreza).

IV – promover o bem de todos, sem preconceitos de origem, raça, sexo, cor, idade e quaisquer outras formas de discriminação.

- V. Lei 7.716/1989 (Crimes resultantes de preconceito de raça ou de cor).
- V. Lei 8.081/1990 (Penas aplicáveis aos atos discriminatórios ou de preconceito de raça, cor, religião, etnia, ou procedência nacional, praticados pelos meios de comunicação ou por publicação de qualquer natureza).
- V. art. 8º, III, Lei 11.340/2006 (Violência doméstica e familiar contra a mulher).
- V. Lei 12.288/2010 (Estatuto da Igualdade Racial).
- V. Dec. 9.883/2019 (Dispõe sobre o Conselho Nacional de Combate à Discriminação).

Art. 4º **A República Federativa do Brasil rege-se nas suas relações internacionais pelos seguintes princípios:**

- V. arts. 21, I, e 84, VII e VIII, CF.
- V. art. 3º, *a*, LC 75/1993 (Estatuto do Ministério Público da União).
- V. art. 39, V, Lei 9.082/1995 (Lei Orçamentária de 1996).

I – independência nacional;

- V. arts. 78, *caput*, e 91, § 1º, III e IV, CF.
- V. Lei 8.183/1991 (Conselho de Defesa Nacional).
- V. Dec. 893/1993 (Conselho de Defesa Nacional – Regulamento).

II – prevalência dos direitos humanos;

- V. Dec. 678/1992 (Promulga a Convenção Americana sobre Direitos Humanos – Pacto de São José da Costa Rica).

III – autodeterminação dos povos;

IV – não intervenção;

- V. art. 2º, Dec. Leg. 44/1995 (Organização dos Estados Americanos – Protocolo de Reforma).

V – igualdade entre os Estados;

VI – defesa da paz;

VII – solução pacífica dos conflitos;

VIII – repúdio ao terrorismo e ao racismo;

- V. art. 5º, XLIII, CF.
- V. Lei 7.716/1989 (Crimes resultantes de preconceito de raça ou de cor).
- V. Lei 8.072/1990 (Crimes hediondos).
- V. Lei 12.288/2010 (Estatuto da Igualdade Racial).

IX – cooperação entre os povos para o progresso da humanidade;

X – concessão de asilo político.

- V. art. 98, II, Dec. 99.244/1990 (Reorganização e funcionamento dos órgãos da Presidência da República e dos Ministérios).
- V. Lei 9.474/1997 (Estatuto dos Refugiados).

Parágrafo único. **A República Federativa do Brasil buscará a integração econômica, política, social e cultural dos povos da América Latina, visando à formação de uma comunidade latino-americana de nações.**

- V. Dec. 350/1991 (Promulga o Tratado para a Constituição de um Mercado Comum – Mercosul).
- V. Dec. 922/1993 (Protocolo para a solução de controvérsias – Mercosul).

TÍTULO II
Dos Direitos e Garantias Fundamentais

Capítulo I
Dos Direitos e Deveres Individuais e Coletivos

Art. 5º **Todos são iguais perante a lei, sem distinção de qualquer natureza, garantindo-se aos brasileiros e aos estrangeiros residentes no País a inviolabilidade do direito à vida, à liberdade, à igualdade, à segurança e à propriedade, nos termos seguintes:**

- V. arts. 5º, §§ 1º e 2º, 14, *caput*, e 60, § 4º, IV, CF.
- V. Lei 1.542/1952 (Casamento de funcionário da carreira diplomática com estrangeiros).
- V. Lei 5.709/1971 (Aquisição de imóvel rural por estrangeiro residente ou pessoa jurídica estrangeira).
- V. Dec. 74.965/1974 (Aquisição de imóvel rural por estrangeiro – Regulamento da Lei 5.709/1971).
- V. art. 4º, Lei 8.159/1991 (Política nacional de arquivos públicos e privados).
- V. Dec. 678/1992 (Promulga a Convenção Americana sobre Direitos Humanos – Pacto de São José da Costa Rica).
- V. Lei 9.047/1995 (Altera redação do § 1º do art. 10, Dec.-lei 4.657/1942).
- V. Lei 12.288/2010 (Estatuto da Igualdade Racial).
- V. Lei 13.445/2017 (Lei de Migração).
- V. Dec. 9.199/2017 (Regulamenta a Lei 13.445/2017).

I – homens e mulheres são iguais em direitos e obrigações, nos termos desta Constituição;

- V. arts. 143, § 2º, e 226, § 5º, CF.
- V. art. 372, CLT.

II – ninguém será obrigado a fazer ou deixar de fazer alguma coisa senão em virtude de lei;

- V. arts. 14, § 1º, I, e 143, CF.
- V. Súmulas 636 e 686, STF.

III – ninguém será submetido a tortura nem a tratamento desumano ou degradante;

CF

- V. art. 5º, XLVII, XLIX, LXII, LXIII, LXV e LXVI, CF.
- V. art. 4º, *b*, Lei 4.898/1965 (Abuso de autoridade).
- V. arts. 2º e 8º, Lei 8.072/1990 (Crimes hediondos).
- V. Dec. 40/1991 (Ratifica convenção contra a tortura e outros tratamentos ou penas cruéis, desumanos ou degradantes).
- V. art. 5º, Dec. 678/1992 (Promulga a Convenção Americana sobre Direitos Humanos – Pacto de São José da Costa Rica).
- V. Lei 9.455/1997 (Crime de tortura).
- V. Súmula vinculante 11, STF.

IV – é livre a manifestação do pensamento, sendo vedado o anonimato;

- V. art. 220, § 1º, CF.
- V. art. 1º, Lei 7.524/1986 (Manifestação de pensamentos e opinião política por militar inativo).
- V. art. 2º, *a*, Lei 8.389/1991 (Conselho de Comunicação Social).
- V. art. 6º, XIV, *e*, LC 75/1993 (Estatuto do Ministério Público da União).

V – é assegurado o direito de resposta, proporcional ao agravo, além da indenização por dano material, moral ou à imagem;

- V. art. 220, § 1º, CF.
- V. art. 6º, Lei 8.159/1991 (Política nacional de arquivos públicos e privados).
- V. Dec. 1.171/1994 (Código de Ética Profissional do Servidor Público Civil do Poder Executivo Federal).
- V. Súmulas 37, 227 e 403, STJ.

VI – é inviolável a liberdade de consciência e de crença, sendo assegurado o livre exercício dos cultos religiosos e garantida, na forma da lei, a proteção aos locais de culto e a suas liturgias;

- V. art. 208, CP.
- V. art. 3º, *d* e *e*, Lei 4.898/1965 (Abuso de autoridade).
- V. art. 24, Lei 7.210/1984 (Lei de Execução Penal).
- V. arts. 16, III, e 124, XIV, Lei 8.069/1990 (Estatuto da Criança e do Adolescente).
- V. art. 39, Lei 8.313/1991 (Programa Nacional de Apoio à Cultura – Pronac).
- V. art. 12-1, Dec. 678/1992 (Promulga a Convenção Americana sobre Direitos Humanos – Pacto de São José da Costa Rica).

VII – é assegurada, nos termos da lei, a prestação de assistência religiosa nas entidades civis e militares de internação coletiva;

- V. Lei 6.923/1981 (Assistência religiosa nas Forças Armadas).
- V. art. 24, Lei 7.210/1984 (Lei de Execução Penal).
- V. art. 124, XIV, Lei 8.069/1990 (Estatuto da Criança e do Adolescente).

VIII – ninguém será privado de direitos por motivo de crença religiosa ou de convicção filosófica ou política, salvo se as invocar para eximir-se de obrigação legal a todos imposta e recusar-se a cumprir prestação alternativa, fixada em lei;

- V. arts. 15, IV, e 143, §§ 1º e 2º, CF.
- V. Dec.-lei 1.002/1969 (Código de Processo Penal Militar).
- V. Lei 7.210/1984 (Lei de Execução Penal).
- V. Lei 8.239/1991 (Prestação de serviço alternativo ao serviço militar).

IX – é livre a expressão da atividade intelectual, artística, científica e de comunicação, independentemente de censura ou licença;

- V. art. 220, § 2º, CF.
- V. art. 39, Lei 8.313/1991 (Programa Nacional de Apoio à Cultura – Pronac).
- V. art. 5º, *d*, LC 75/1993 (Estatuto do Ministério Público da União).
- V. Lei 9.456/1997 (Lei de Proteção de Cultivares).
- V. Lei 9.610/1998 (Direitos autorais).

X – são invioláveis a intimidade, a vida privada, a honra e a imagem das pessoas, assegurado o direito a indenização pelo dano material ou moral decorrente de sua violação;

- V. art. 37, § 3º, II, CF.
- V. arts. 4º, 6º e 23, § 1º, Lei 8.159/1991 (Política nacional de arquivos públicos e privados).
- V. art. 11-2, Dec. 678/1992 (Promulga a Convenção Americana sobre Direitos Humanos – Pacto de São José da Costa Rica).
- V. art. 30, V, Lei 8.935/1994 (Serviços notariais e de registro).
- V. art. 101, § 1º, Lei 11.101/2005 (Lei de Recuperação de Empresas e Falência).
- V. Súmula vinculante 11, STF.
- V. Súmula 714, STF.
- V. Súmulas 227 e 403, STJ.

XI – a casa é asilo inviolável do indivíduo, ninguém nela podendo penetrar sem consentimento do morador, salvo em caso de flagrante delito ou desastre, ou para prestar socorro, ou, durante o dia, por determinação judicial;

- V. art. 150, CP.
- V. art. 301, CPP.

XII – é inviolável o sigilo da correspondência e das comunicações telegráficas, de dados e das comunicações telefônicas, salvo, no último caso, por ordem judicial, nas hipóteses e na forma que a lei estabelecer para fins de investigação criminal ou instrução processual penal;

- V. arts. 136, § 1º, I, *b* e *c*, e 139, III, CF.
- V. arts. 151 e 152, CP.
- V. arts. 55, 56 e 57, Lei 4.117/1962 (Código Brasileiro de Telecomunicações).
- V. art. 3º, *c*, Lei 4.898/1965 (Abuso de autoridade).
- V. Lei 6.538/1978 (Serviços postais).
- V. art. 6º, XVIII, *a*, LC 75/1993 (Estatuto do Ministério Público da União).
- V. art. 7º, II, Lei 8.906/1994 (Estatuto da Advocacia e da OAB).
- V. Lei 9.296/1996 (Regulamenta o inciso XII, parte final, do art. 5º da CF).

XIII – é livre o exercício de qualquer trabalho, ofício ou profissão, atendidas as qualificações profissionais que a lei estabelecer;

- V. arts. 170 e 220, § 1º, CF.

XIV – é assegurado a todos o acesso à informação e resguardado o sigilo da fonte, quando necessário ao exercício profissional;

- V. art. 220, § 1º, CF.
- V. art. 154, CP.
- V. art. 6º, Lei 8.394/1991 (Preservação, organização e proteção dos acervos documentais privados dos Presidentes da República).
- V. art. 8º, § 2º, LC 75/1993 (Estatuto do Ministério Público da União).

XV – é livre a locomoção no território nacional em tempo de paz, podendo qualquer pessoa, nos termos da lei, nele entrar, permanecer ou dele sair com seus bens;

- V. arts. 109, X, e 139, CF.
- V. art. 3º, *a*, Lei 4.898/1965 (Abuso de autoridade).
- V. art. 2º, III, Lei 7.685/1988 (Registro provisório para o estrangeiro em situação ilegal no território nacional).
- V. art. 2º, III, Dec. 96.998/1988 (Registro provisório para o estrangeiro em situação ilegal no território nacional).

XVI – todos podem reunir-se pacificamente, sem armas, em locais abertos ao público, independentemente de autorização, desde que não frustrem outra reunião anteriormente convocada para o mesmo local, sendo apenas exigido prévio aviso à autoridade competente;

- V. arts. 136, § 1º, I, *a*, e 139, IV, CF.
- V. art. 21, Dec. 592/1992 (Pacto Internacional sobre Direitos Civis e Políticos).
- V. art. 15, Dec. 678/1992 (Promulga a Convenção Americana sobre Direitos Humanos – Pacto de São José da Costa Rica).

XVII – é plena a liberdade de associação para fins lícitos, vedada a de caráter paramilitar;

- V. arts. 8º, 17, § 4º, e 37, VI, CF.
- V. art. 199, CP.
- V. art. 3º, *f*, Lei 4.898/1965 (Abuso de autoridade).
- V. art. 117, VII, Lei 8.112/1990 (Regime jurídico dos servidores públicos civis da União, das autarquias e das fundações públicas).

XVIII – a criação de associações e, na forma da lei, a de cooperativas independem de autorização, sendo vedada a interferência estatal em seu funcionamento;

- V. arts. 8º, I, e 37, VI, CF.
- V. Lei 5.764/1971 (Regime jurídico das sociedades cooperativas).

XIX – as associações só poderão ser compulsoriamente dissolvidas ou ter suas atividades suspensas por decisão judicial, exigindo-se, no primeiro caso, o trânsito em julgado;

XX – ninguém poderá ser compelido a associar-se ou a permanecer associado;

- V. arts. 4º, II, *a*, e 5º, V, Lei 8.078/1990 (Código de Defesa do Consumidor).
- V. art. 117, VII, Lei 8.112/1990 (Regime jurídico dos servidores públicos civis da União, das autarquias e das fundações públicas).

XXI – as entidades associativas, quando expressamente autorizadas, têm legitimidade para representar seus filiados judicial ou extrajudicialmente;

- V. art. 5º, Lei 7.347/1985 (Ação civil pública).
- V. art. 5º, I e III, Lei 7.802/1989 (Agrotóxicos).
- V. art. 3º, Lei 7.853/1989 (Apoio às pessoas portadoras de deficiência).
- V. art. 210, III, Lei 8.069/1990 (Estatuto da Criança e do Adolescente).
- V. art. 82, IV, Lei 8.078/1990 (Código de Defesa do Consumidor).
- V. Súmula 629, STF.

XXII – é garantido o direito de propriedade;

- V. art. 243, CF.
- V. arts. 1.228 a 1.368, CC.
- V. Lei 4.504/1964 (Estatuto da Terra).
- V. arts. 1º, 4º e 15, Lei 8.257/1991 (Expropriação das glebas nas quais se localizem culturas ilegais de plantas psicotrópicas).

XXIII – a propriedade atenderá a sua função social;

CF

- V. arts. 156, § 1º, 170, III, 182, § 2º, 185, parágrafo único, e 186, CF.
- V. art. 5º, Dec.-lei 4.657/1942 (Lei de Introdução às normas do Direito Brasileiro).
- V. arts. 2º, 12, 18, *a*, e 47, I, Lei 4.504/1964 (Estatuto da Terra).
- V. art. 2º, I, Lei 8.171/1991 (Política agrícola).
- V. arts. 2º, § 1º, 5º, § 2º, e 9º, Lei 8.629/1993 (Regulamentação dos dispositivos constitucionais relativos à reforma agrária).

XXIV – a lei estabelecerá o procedimento para desapropriação por necessidade ou utilidade pública, ou por interesse social, mediante justa e prévia indenização em dinheiro, ressalvados os casos previstos nesta Constituição;

- V. arts. 182, § 2º, 184 e 185, I e II, CF.
- V. art. 1.275, V, CC.
- V. Dec.-lei 3.365/1941 (Desapropriação por utilidade pública).
- V. Lei 4.132/1962 (Desapropriação por interesse social).
- V. arts. 17, *a*, 18, 19, §§ 1º a 4º, 31, IV, e 35, *caput*, Lei 4.504/1964 (Estatuto da Terra).
- V. Dec.-lei 1.075/1970 (Imissão de posse, *initio litis*, em imóveis residenciais urbanos).
- V. Lei 6.602/1978 (Desapropriação por utilidade pública – alterações).
- V. arts. 1º a 4º e 18, LC 76/1993 (Procedimento contraditório especial para o processo de desapropriação de imóvel rural por interesse social).
- V. arts. 2º, § 1º, 5º, § 2º, e 7º, IV, Lei 8.629/1993 (Regulamentação dos dispositivos constitucionais relativos à reforma agrária).
- V. art. 10, Lei 9.074/1995 (Concessões e permissões de serviços públicos – Prorrogações).
- V. art. 34, IV, Lei 9.082/1995 (Lei Orçamentária de 1996).
- V. Súmulas 23, 111, 157, 164, 218, 345, 378, 416, 561, 618 e 652, STF.
- V. Súmulas 69, 70, 113, 114 e 119, STJ.

XXV – no caso de iminente perigo público, a autoridade competente poderá usar de propriedade particular, assegurada ao proprietário indenização ulterior, se houver dano;

XXVI – a pequena propriedade rural, assim definida em lei, desde que trabalhada pela família, não será objeto de penhora para pagamento de débitos decorrentes de sua atividade produtiva, dispondo a lei sobre os meios de financiar o seu desenvolvimento;

- V. art. 185, CF.
- V. Lei 4.504/1964 (Estatuto da Terra).
- V. art. 19, IX, Lei 4.595/1964 (Conselho Monetário Nacional).
- V. art. 4º, § 2º, Lei 8.009/1990 (Impenhorabilidade do bem de família).
- V. art. 4º, I, LC 76/1993 (Procedimento contraditório especial para o processo de desapropriação de imóvel rural por interesse social).
- V. art. 4º, II e parágrafo único, Lei 8.629/1993 (Regulamentação dos dispositivos constitucionais relativos à reforma agrária).

XXVII – aos autores pertence o direito exclusivo de utilização, publicação ou reprodução de suas obras, transmissível aos herdeiros pelo tempo que a lei fixar;

- V. art. 184, CP.
- V. art. 30, Lei 8.977/1995 (Serviço de TV a Cabo).
- V. Dec. 2.206/1997 (Regulamento do Serviço de TV a Cabo).
- V. Lei 9.609/1998 (Proteção da propriedade intelectual sobre programas de computador).
- V. Lei 9.610/1998 (Direitos autorais).
- V. Súmula 386, STF.

XXVIII – são assegurados, nos termos da lei:

a) **a proteção às participações individuais em obras coletivas e à reprodução da imagem e voz humanas, inclusive nas atividades desportivas;**

- V. Lei 6.533/1978 (Regulamentação das profissões de artista e de técnico em espetáculos de diversões).
- V. Lei 9.610/1998 (Direitos autorais).

b) **o direito de fiscalização do aproveitamento econômico das obras que criarem ou de que participarem aos criadores, aos intérpretes e às respectivas representações sindicais e associativas;**

XXIX – a lei assegurará aos autores de inventos industriais privilégio temporário para sua utilização, bem como proteção às criações industriais, à propriedade das marcas, aos nomes de empresas e a outros signos distintivos, tendo em vista o interesse social e o desenvolvimento tecnológico e econômico do País;

- V. art. 48, IV, Lei 11.101/2005 (Lei de Recuperação de Empresas e Falência).
- V. art. 4º, VI, Lei 8.078/1990 (Código de Defesa do Consumidor).
- V. Lei 9.279/1996 (Regula direitos e obrigações relativas à propriedade industrial).
- V. Lei 9.456/1997 (Lei de Proteção de Cultivares).

XXX – é garantido o direito de herança;

- V. arts. 1.784 a 2.027, CC.
- V. arts. 2º e 3º, Lei 8.971/1994 (Regula os direitos dos companheiros a alimentos e à sucessão).
- V. Lei 9.278/1996 (Regula o § 3º do art. 226 da CF).

XXXI – a sucessão de bens de estrangeiros situados no País será regulada pela lei brasileira em benefício do cônjuge ou dos filhos brasileiros, sempre que não lhes seja mais favorável a lei pessoal do de cujus;

XXXII – o Estado promoverá, na forma da lei, a defesa do consumidor;

- V. art. 48, ADCT.
- V. Lei 8.078/1990 (Código de Defesa do Consumidor).
- V. art. 4º, Lei 8.137/1990 (Crimes contra a ordem tributária, econômica e contra as relações de consumo).
- V. Lei 8.178/1991 (Preços e salários).
- V. Lei 8.884/1994 (Infrações à ordem econômica – Cade).
- V. Lei 8.979/1995 (Torna obrigatória divulgação de preço total de mercadorias à venda).

XXXIII – todos têm direito a receber dos órgãos públicos informações de seu interesse particular, ou de interesse coletivo ou geral, que serão prestadas no prazo da lei, sob pena de responsabilidade, ressalvadas aquelas cujo sigilo seja imprescindível à segurança da sociedade e do Estado;

- V. arts. 5º, LXXII, e 37, § 3º, II, CF.
- V. Lei 12.527/2011 (Lei Geral de Acesso à Informação Pública).

XXXIV – são a todos assegurados, independentemente do pagamento de taxas:

a) **o direito de petição aos Poderes Públicos em defesa de direitos ou contra ilegalidade ou abuso de poder;**

- V. Súmula vinculante 21, STF.
- V. Súmula 373, STJ.

b) **a obtenção de certidões em repartições públicas, para defesa de direitos e esclarecimento de situações de interesse pessoal;**

XXXV – a lei não excluirá da apreciação do Poder Judiciário lesão ou ameaça a direito;

- V. Lei 9.307/1996 (Arbitragem).
- V. art. 40, Lei 11.101/2005 (Lei de Recuperação de Empresas e Falência).
- V. Súmula vinculante 28, STF.

XXXVI – a lei não prejudicará o direito adquirido, o ato jurídico perfeito e a coisa julgada;

- V. art. 6º, Dec.-lei 4.657/1942 (Lei de Introdução às normas do Direito Brasileiro).
- V. Súmulas 654 e 678, STF.
- V. Súmulas vinculantes 1 e 9, STF.

XXXVII – não haverá juízo ou tribunal de exceção;

XXXVIII – é reconhecida a instituição do júri, com a organização que lhe der a lei, assegurados:

a) **a plenitude de defesa;**

b) **o sigilo das votações;**

c) **a soberania dos veredictos;**

d) **a competência para o julgamento dos crimes dolosos contra a vida;**

- V. arts. 74, § 1º, e 406 a 497, CPP.
- V. Súmula 721, STF.

XXXIX – não há crime sem lei anterior que o defina, nem pena sem prévia cominação legal;

- V. art. 1º, CP.

XL – a lei penal não retroagirá, salvo para beneficiar o réu;

- V. art. 2º, parágrafo único, CP.
- V. art. 66, Lei 7.210/1984 (Lei de Execução Penal).
- V. Súmula 471, STJ.

XLI – a lei punirá qualquer discriminação atentatória dos direitos e liberdades fundamentais;

- V. Lei 12.288/2010 (Estatuto da Igualdade Racial).

XLII – a prática do racismo constitui crime inafiançável e imprescritível, sujeito à pena de reclusão, nos termos da lei;

- V. Lei 7.716/1989 (Crimes resultantes de preconceito de raça ou de cor).
- V. Lei 12.288/2010 (Estatuto da Igualdade Racial).

XLIII – a lei considerará crimes inafiançáveis e insuscetíveis de graça ou anistia a prática da tortura, o tráfico ilícito de entorpecentes e drogas afins, o terrorismo e os definidos como crimes hediondos, por eles respondendo os mandantes, os executores e os que, podendo evitá-los, se omitirem;

- V. Lei 8.072/1990 (Crimes hediondos).
- V. Lei 9.455/1997 (Crimes de tortura).
- V. Lei 11.343/2006 (Lei Antidrogas).
- V. Lei 13.260/2016 (Regulamenta o disposto no inc. XLIII do art. 5º da CF/1988).

XLIV – constitui crime inafiançável e imprescritível a ação de grupos armados, civis ou militares, contra a ordem constitucional e o Estado Democrático;

- V. Lei 12.850/2013 (Crime organizado).

XLV – nenhuma pena passará da pessoa do condenado, podendo a obrigação de reparar o dano e a decretação do perdi-

mento de bens ser, nos termos da lei, estendidas aos sucessores e contra eles executadas, até o limite do valor do patrimônio transferido;

- V. arts. 932 e 935, CC.
- V. art. 59, CP.

XLVI – a lei regulará a individualização da pena e adotará, entre outras, as seguintes:

- V. Súmula vinculante 26, STF.

a) privação ou restrição da liberdade;

b) perda de bens;

c) multa;

d) prestação social alternativa;

e) suspensão ou interdição de direitos;

XLVII – não haverá penas:

a) de morte, salvo em caso de guerra declarada, nos termos do art. 84, XIX;

- V. art. 60, § 4º, IV, CF.

b) de caráter perpétuo;

c) de trabalhos forçados;

d) de banimento;

e) cruéis;

XLVIII – a pena será cumprida em estabelecimentos distintos, de acordo com a natureza do delito, a idade e o sexo do apenado;

- V. arts. 5º a 9º e 82 a 104, Lei 7.210/1984 (Lei de Execução Penal).

XLIX – é assegurado aos presos o respeito à integridade física e moral;

- V. art. 5º, III, CF.
- V. art. 38, CP.
- V. Súmula vinculante 11, STF.

L – às presidiárias serão asseguradas condições para que possam permanecer com seus filhos durante o período de amamentação;

- V. art. 89, Lei 7.210/1984 (Lei de Execução Penal).

LI – nenhum brasileiro será extraditado, salvo o naturalizado, em caso de crime comum, praticado antes da naturalização, ou de comprovado envolvimento em tráfico ilícito de entorpecentes e drogas afins, na forma da lei;

- V. art. 12, II, CF.
- V. Dec. 98.961/1990 (Expulsão de estrangeiro condenado por tráfico de entorpecentes).
- V. Lei 11.343/2006 (Lei Antidrogas).
- V. art. 82 da Lei 13.445/2017 (Lei de Migração).
- V. art. 267 do Dec. 9.199/2017 (Regulamenta a Lei 13.445/2017).

LII – não será concedida extradição de estrangeiro por crime político ou de opinião;

- V. art. 82, VII da Lei 13.445/2017 (Lei de Migração).
- V. art. 267, VII do Dec. 9.199/2017 (Regulamenta a Lei 13.445/2017).

LIII – ninguém será processado nem sentenciado senão pela autoridade competente;

- V. Súmula 704, STF.

LIV – ninguém será privado da liberdade ou de seus bens sem o devido processo legal;

- V. Súmula vinculante 14, STF.
- V. Súmula 704, STF.
- V. Súmula 347, STJ.

LV – aos litigantes, em processo judicial ou administrativo, e aos acusados em geral são assegurados o contraditório e ampla defesa, com os meios e recursos a ela inerentes;

- V. Lei 8.112/1990 (Regime jurídico dos servidores públicos civis da União, das autarquias e das fundações públicas federais).
- V. Lei 9.784/1999 (Regula o processo administrativo no âmbito federal).
- V. Súmulas 701, 704, 705 e 712, STF.
- V. Súmulas vinculantes 5, 14, 21 e 28, STF.
- V. Súmulas 347, 358 e 373, STJ.

LVI – são inadmissíveis, no processo, as provas obtidas por meios ilícitos;

- V. art. 369 e ss., CPC/2015.
- V. art. 157, CPP.
- V. Lei 9.296/1996 (Regulamenta o inciso XII, parte final, do art. 5º da CF).

LVII – ninguém será considerado culpado até o trânsito em julgado de sentença penal condenatória;

- V. Súmula 9, STJ.

LVIII – o civilmente identificado não será submetido a identificação criminal, salvo nas hipóteses previstas em lei;

- V. art. 6º, VIII, CPP.
- V. Lei 12.037/2009 (Identificação criminal do civilmente identificado).

LIX – será admitida ação privada nos crimes de ação pública, se esta não for intentada no prazo legal;

- V. art. 29, CPP.

LX – a lei só poderá restringir a publicidade dos atos processuais quando a defesa da intimidade ou o interesse social o exigirem;

- V. art. 93, IX, CF.
- V. arts. 189 e 368, CPC/2015.
- V. art. 20, CPP.

LXI – ninguém será preso senão em flagrante delito ou por ordem escrita e fundamentada de autoridade judiciária competente, salvo nos casos de transgressão militar ou crime propriamente militar, definidos em lei;

- V. art. 301 e ss., CPP.
- V. Dec.-lei 1.001/1969 (Código Penal Militar).
- V. Lei 6.880/1980 (Estatuto dos Militares).

LXII – a prisão de qualquer pessoa e o local onde se encontre serão comunicados imediatamente ao juiz competente e à família do preso ou à pessoa por ele indicada;

- V. art. 136, § 3º, IV, CF.

LXIII – o preso será informado de seus direitos, entre os quais o de permanecer calado, sendo-lhe assegurada a assistência da família e de advogado;

LXIV – o preso tem direito à identificação dos responsáveis por sua prisão ou por seu interrogatório policial;

LXV – a prisão ilegal será imediatamente relaxada pela autoridade judiciária;

- V. arts. 307 a 310, CPP.
- V. Súmula 697, STF.

LXVI – ninguém será levado à prisão ou nela mantido, quando a lei admitir a liberdade provisória, com ou sem fiança;

- V. arts. 321 a 350, CPP.

LXVII – não haverá prisão civil por dívida, salvo a do responsável pelo inadimplemento voluntário e inescusável de obrigação alimentícia e a do depositário infiel;

- V. art. 652, CC.
- V. art. 528, § 3º, CPC/2015.
- V. arts. 19 e 22, Lei 5.478/1968 (Ação de alimentos).
- V. Dec.-lei 911/1969 (Alienação fiduciária).
- V. art. 7º, 7, Dec. 678/1992 (Promulga a Convenção Americana sobre Direitos Humanos – Pacto de São José da Costa Rica).
- V. Lei 8.866/1994 (Depositário infiel).
- V. Súmula vinculante 25, STF.
- V. Súmulas 309 e 419, STJ.

LXVIII – conceder-se-á *habeas corpus* sempre que alguém sofrer ou se achar ameaçado de sofrer violência ou coação em sua liberdade de locomoção, por ilegalidade ou abuso de poder;

- V. art. 142, § 2º, CF.
- V. art. 647 e ss., CPP.
- V. art. 5º, Lei 9.289/1996 (Custas na Justiça Federal).
- V. Súmulas 693 a 695, STF.

LXIX – conceder-se-á mandado de segurança para proteger direito líquido e certo, não amparado por *habeas corpus* ou *habeas data*, quando o responsável pela ilegalidade ou abuso de poder for autoridade pública ou agente de pessoa jurídica no exercício de atribuições do Poder Público;

- V. Lei 9.507/1997 (Rito processual do *habeas data*).
- V. Lei 12.016/2009 (Nova Lei do Mandado de Segurança).
- V. Súmula 632, STF.

LXX – o mandado de segurança coletivo pode ser impetrado por:

- V. Lei 12.016/2009 (Nova Lei do Mandado de Segurança).

a) partido político com representação no Congresso Nacional;

b) organização sindical, entidade de classe ou associação legalmente constituída e em funcionamento há pelo menos um ano, em defesa dos interesses de seus membros ou associados;

- V. art. 5º, Lei 7.347/1985 (Ação civil pública).
- V. Súmulas 629 e 630, STF.

LXXI – conceder-se-á mandado de injunção sempre que a falta de norma regulamentadora torne inviável o exercício dos direitos e liberdades constitucionais e das prerrogativas inerentes à nacionalidade, à soberania e à cidadania;

- V. Lei 9.265/1996 (Gratuidade dos atos necessários ao exercício da cidadania).
- V. art. 1º, Lei 13.300/2016 (Disciplina o processo e o julgamento dos mandados de injunção individual e coletivo, nos termos do inc. LXXI do art. 5º da CF/1988).

LXXII – conceder-se-á *habeas data*:

- V. art. 5º, Lei 9.289/1996 (Custas na Justiça Federal).
- V. Lei 9.507/1997 (Rito processual do *habeas data*).

a) para assegurar o conhecimento de informações relativas à pessoa do impetrante, constantes de registros ou bancos de dados de entidades governamentais ou de caráter público;

b) para a retificação de dados, quando não se prefira fazê-lo por processo sigiloso, judicial ou administrativo;

LXXIII – qualquer cidadão é parte legítima para propor ação popular que vise a anular ato lesivo ao patrimônio público ou de entidade de que o Estado participe, à moralidade administrativa, ao meio ambiente e ao patrimônio histórico e cultural, ficando o autor, salvo comprovada má-fé, isento de custas judiciais e do ônus da sucumbência;

- V. Lei 4.717/1965 (Ação popular).
- V. Lei 6.938/1981 (Política nacional do meio ambiente).

LXXIV – **o Estado prestará assistência jurídica integral e gratuita aos que comprovarem insuficiência de recursos;**

- V. art. 134, CF.
- V. Lei 1.060/1950 (Lei de Assistência Judiciária).
- V. LC 80/1994 (Defensoria Pública da União).

LXXV – **o Estado indenizará o condenado por erro judiciário, assim como o que ficar preso além do tempo fixado na sentença;**

LXXVI – **são gratuitos para os reconhecidamente pobres, na forma da lei:**

- V. art. 30, §§ 1º e 2º, Lei 6.015/1973 (Lei de Registros Públicos).
- V. art. 45, Lei 8.935/1994 (Regulamenta o art. 236 da CF).

a) **o registro civil de nascimento;**

- V. arts. 50 a 66, Lei 6.015/1973 (Lei de Registros Públicos).

b) **a certidão de óbito;**

- V. arts. 77 a 88, Lei 6.015/1973 (Lei de Registros Públicos).

LXXVII – **são gratuitas as ações de habeas corpus e habeas data, e, na forma da lei, os atos necessários ao exercício da cidadania;**

- V. Lei 9.265/1996 (Gratuidade dos atos necessários ao exercício da cidadania).
- V. Lei 9.507/1997 (Rito processual do *habeas data*).

LXXVIII – **a todos, no âmbito judicial e administrativo, são assegurados a razoável duração do processo e os meios que garantam a celeridade de sua tramitação.**

- Inciso LXXVIII acrescentado pela Emenda Constitucional 45/2004.
- V. art. 75, parágrafo único, Lei 11.101/2005 (Lei de Recuperação de Empresas e Falência).

§ 1º As normas definidoras dos direitos e garantias fundamentais têm aplicação imediata.

§ 2º Os direitos e garantias expressos nesta Constituição não excluem outros decorrentes do regime e dos princípios por ela adotados, ou dos tratados internacionais em que a República Federativa do Brasil seja parte.

- V. Súmula vinculante 25, STF.

§ 3º Os tratados e convenções internacionais sobre direitos humanos que forem aprovados, em cada Casa do Congresso Nacional, em dois turnos, por três quintos dos votos dos respectivos membros, serão equivalentes às emendas constitucionais.

- § 3º acrescentado pela Emenda Constitucional 45/2004.

§ 4º O Brasil se submete à jurisdição de Tribunal Penal Internacional a cuja criação tenha manifestado adesão.

- § 4º acrescentado pela Emenda Constitucional 45/2004.
- V. Dec. 4.388/2002 (Estatuto de Roma do Tribunal Penal Internacional).

Capítulo II
Dos Direitos Sociais

Art. 6º São direitos sociais a educação, a saúde, a alimentação, o trabalho, a moradia, o transporte, o lazer, a segurança, a previdência social, a proteção à maternidade e à infância, a assistência aos desamparados, na forma desta Constituição.

- Artigo com redação determinada pela Emenda Constitucional 90/2015.

Art. 7º São direitos dos trabalhadores urbanos e rurais, além de outros que visem à melhoria de sua condição social:

I – **relação de emprego protegida contra despedida arbitrária ou sem justa causa, nos termos de lei complementar, que preverá indenização compensatória, dentre outros direitos;**

- V. art. 10, ADCT.

II – **seguro-desemprego, em caso de desemprego involuntário;**

- V. art. 201, III, CF.
- V. art. 12, CLT.
- V. Lei 7.998/1990 (Fundo de Amparo ao Trabalhador – FAT).
- V. Lei 8.178/1991 (Preços e salários).
- V. Lei 10.779/2003 (Concessão do benefício de seguro-desemprego, durante o período de defeso, ao pescador profissional).

III – **fundo de garantia do tempo de serviço;**

- V. arts. 7º, 477, 478 e 492, CLT.
- V. Lei 8.036/1990 (Fundo de Garantia do Tempo de Serviço).
- V. Lei 8.884/1994 (Infrações à ordem econômica – Cade).
- V. Súmula 353, STJ.

IV – **salário mínimo, fixado em lei, nacionalmente unificado, capaz de atender a suas necessidades vitais básicas e às de sua família com moradia, alimentação, educação, saúde, lazer, vestuário, higiene, transporte e previdência social, com reajustes periódicos que lhe preservem o poder aquisitivo, sendo vedada sua vinculação para qualquer fim;**

- V. art. 39, § 3º, CF.
- V. Súmulas vinculantes 4, 6, 15 e 16, STF.

V – **piso salarial proporcional à extensão e à complexidade do trabalho;**

- V. LC 103/2000 (Piso salarial a que se refere o inciso V do art. 7º da CF).

VI – **irredutibilidade do salário, salvo o disposto em convenção ou acordo coletivo;**

VII – **garantia de salário, nunca inferior ao mínimo, para os que percebem remuneração variável;**

- V. art. 39, § 3º, CF.
- V. Lei 8.716/1993 (Garantia do salário mínimo).
- V. Lei 9.032/1995 (Valor do salário mínimo).

VIII – **décimo terceiro salário com base na remuneração integral ou no valor da aposentadoria;**

- V. arts. 39, § 3º, e 142, § 3º, VIII, CF.
- V. Lei 4.090/1962 (Gratificação de Natal para trabalhadores).

IX – **remuneração do trabalho noturno superior à do diurno;**

- V. art. 39, § 3º, CF.
- V. art. 73, CLT.

X – **proteção do salário na forma da lei, constituindo crime sua retenção dolosa;**

XI – **participação nos lucros, ou resultados, desvinculada da remuneração, e, excepcionalmente, participação na gestão da empresa, conforme definido em lei;**

- V. arts. 543 e 621, CLT.

XII – **salário-família pago em razão do dependente do trabalhador de baixa renda nos termos da lei;**

- Inciso XII com redação determinada pela Emenda Constitucional 20/1998.
- V. arts. 39, § 3º, e 142, § 3º, VIII, CF.
- V. art. 12, CLT.

XIII – **duração do trabalho normal não superior a oito horas diárias e quarenta e quatro semanais, facultada a compensação de horários e a redução da jornada, mediante acordo ou convenção coletiva de trabalho;**

- V. art. 39, § 3º, CF.
- V. arts. 58 e 67, CLT.

XIV – **jornada de seis horas para o trabalho realizado em turnos ininterruptos de revezamento, salvo negociação coletiva;**

- V. art. 58, CLT.
- V. Súmula 675, STF.

XV – **repouso semanal remunerado, preferencialmente aos domingos;**

- V. art. 39, §§ 2º e 3º, CF.
- V. art. 67, CLT.

XVI – **remuneração do serviço extraordinário superior, no mínimo, em cinquenta por cento à do normal;**

- V. art. 39, §§ 2º e 3º, CF.
- V. art. 59, CLT.

XVII – **gozo de férias anuais remuneradas com, pelo menos, um terço a mais do que o salário normal;**

- V. art. 39, §§ 2º e 3º, CF.
- V. arts. 7º, 129, 142 e 143, CLT.
- V. Súmula 386, STJ.

XVIII – **licença à gestante, sem prejuízo do emprego e do salário, com a duração de cento e vinte dias;**

- O STF, na ADIn 1.946-5 (*DJU* 16.05.2003 e *DOU* 03.06.2003), julgou parcialmente procedente o pedido formulado na ação para dar "ao art. 14 da EC 20/1998, sem redução de texto, interpretação conforme a CF, para excluir sua aplicação ao salário da licença à gestante a que se refere o art. 7º, inciso XVIII da referida Carta".
- V. art. 39, §§ 2º e 3º, CF.
- V. arts. 391 e 392, CLT.
- V. Lei 11.770/2008 (Programa Empresa Cidadã, destinado à prorrogação da licença-maternidade mediante concessão de incentivo fiscal).
- V. Dec. 7.052/2009 (Regulamenta a Lei 11.770/2008).

XIX – **licença-paternidade, nos termos fixados em lei;**

- V. art. 39, §§ 2º e 3º, CF.
- V. art. 10, § 1º, ADCT.

XX – **proteção do mercado de trabalho da mulher, mediante incentivos específicos, nos termos da lei;**

- V. art. 39, §§ 2º e 3º, CF.
- V. art. 372, CLT.

XXI – **aviso-prévio proporcional ao tempo de serviço, sendo no mínimo de trinta dias, nos termos da lei;**

- V. arts. 7º e 487, CLT.

CF

XXII – redução dos riscos inerentes ao trabalho, por meio de normas de saúde, higiene e segurança;

- V. art. 39, §§ 2º e 3º, CF.
- V. arts. 154 e 192, CLT.

XXIII – adicional de remuneração para as atividades penosas, insalubres ou perigosas, na forma da lei;

- V. art. 39, § 2º, CF.
- V. arts. 154, 192 e 193, CLT.

XXIV – aposentadoria;

- V. art. 154, CLT.
- V. art. 42 e ss., Lei 8.213/1991 (Planos de Benefícios da Previdência Social).

XXV – assistência gratuita aos filhos e dependentes desde o nascimento até 5 (cinco) anos de idade em creches e pré-escolas;

- Inciso XXV com redação determinada pela Emenda Constitucional 53/2006.
- V. art. 142, § 3º, VIII, CF.

XXVI – reconhecimento das convenções e acordos coletivos de trabalho;

- V. art. 611, CLT.

XXVII – proteção em face de automação, na forma da lei;

XXVIII – seguro contra acidentes de trabalho, a cargo do empregador, sem excluir a indenização a que este está obrigado, quando incorrer em dolo ou culpa;

- V. arts. 12 e 154, CLT.
- V. Lei 6.338/1976 (Indenização por acidente de trabalho).
- V. art. 83, I, Lei 11.101/2005 (Lei de Recuperação de Empresas e Falência).
- V. Súmula vinculante 22, STF.

XXIX – ação, quanto aos créditos resultantes das relações de trabalho, com prazo prescricional de 5 (cinco) anos para os trabalhadores urbanos e rurais, até o limite de 2 (dois) anos após a extinção do contrato de trabalho;

- Inciso XXIX com redação determinada pela Emenda Constitucional 28/2000, e retificado no *DOU* 29.05.2000.
- V. art. 10, Lei 5.889/1973 (Normas reguladoras do trabalho rural).

a) *(Revogada pela Emenda Constitucional 28/2000).*

b) *(Revogada pela Emenda Constitucional 28/2000).*

XXX – proibição de diferença de salários, de exercício de funções e de critério de admissão por motivo de sexo, idade, cor ou estado civil;

- V. art. 39, § 3º, CF.
- V. Lei 9.029/1995 (Proíbe a exigência de atestados de gravidez e esterilização para efeitos admissionais).
- V. Súmula 683, STF.

XXXI – proibição de qualquer discriminação no tocante a salário e critérios de admissão do trabalhador portador de deficiência;

XXXII – proibição de distinção entre trabalho manual, técnico e intelectual ou entre os profissionais respectivos;

XXXIII – proibição de trabalho noturno, perigoso ou insalubre a menores de dezoito e de qualquer trabalho a menores de dezesseis anos, salvo na condição de aprendiz, a partir de quatorze anos;

- Inciso XXXIII com redação determinada pela Emenda Constitucional 20/1998.
- V. art. 227, CF.
- V. arts. 192 e 402, CLT.

XXXIV – igualdade de direitos entre o trabalhador com vínculo empregatício permanente e o trabalhador avulso.

Parágrafo único. São assegurados à categoria dos trabalhadores domésticos os direitos previstos nos incisos IV, VI, VII, VIII, X, XIII, XV, XVI, XVII, XVIII, XIX, XXI, XXII, XXIV, XXVI, XXX, XXXI e XXXIII e, atendidas as condições estabelecidas em lei e observada a simplificação do cumprimento das obrigações tributárias, principais e acessórias, decorrentes da relação de trabalho e suas peculiaridades, os previstos nos incisos I, II, III, IX, XII, XXV e XXVIII, bem como a sua integração à previdência social.

- Parágrafo único com redação determinada pela Emenda Constitucional 72/2013.
- V. art. 7º, CLT.
- V. LC 150/2015 (Contrato de trabalho doméstico).

Art. 8º É livre a associação profissional ou sindical, observado o seguinte:

- V. arts. 511, 515, 524, 537, 543, 553, 558 e 570, CLT.

I – a lei não poderá exigir autorização do Estado para a fundação de sindicato, ressalvado o registro no órgão competente, vedadas ao Poder Público a interferência e a intervenção na organização sindical;

- V. Súmula 677, STF.

II – é vedada a criação de mais de uma organização sindical, em qualquer grau, representativa de categoria profissional ou econômica, na mesma base territorial, que será definida pelos trabalhadores ou empregadores interessados, não podendo ser inferior à área de um Município;

- V. Súmula 677, STF.

III – ao sindicato cabe a defesa dos direitos e interesses coletivos ou individuais da categoria, inclusive em questões judiciais ou administrativas;

IV – a assembleia geral fixará a contribuição que, em se tratando de categoria profissional, será descontada em folha, para custeio do sistema confederativo da representação sindical respectiva, independentemente da contribuição prevista em lei;

- V. Súmula vinculante 40, STF.
- V. Súmula 666, STF.
- V. Súmula 396, STJ.

V – ninguém será obrigado a filiar-se ou a manter-se filiado a sindicato;

VI – é obrigatória a participação dos sindicatos nas negociações coletivas de trabalho;

VII – o aposentado filiado tem direito a votar e ser votado nas organizações sindicais;

VIII – é vedada a dispensa do empregado sindicalizado a partir do registro da candidatura a cargo de direção ou representação sindical e, se eleito, ainda que suplente, até um ano após o final do mandato, salvo se cometer falta grave nos termos da lei.

- V. art. 543, CLT.

Parágrafo único. As disposições deste artigo aplicam-se à organização de sindicatos rurais e de colônias de pescadores, atendidas as condições que a lei estabelecer.

- V. Lei 11.699/2008 (Colônias, Federações e Confederação Nacional dos Pescadores, regulamentando este parágrafo).

Art. 9º É assegurado o direito de greve, competindo aos trabalhadores decidir sobre a oportunidade de exercê-lo e sobre os interesses que devam por meio dele defender.

- V. art. 114, II, CF.
- V. Lei 7.783/1989 (Direito de greve).

§ 1º A lei definirá os serviços ou atividades essenciais e disporá sobre o atendimento das necessidades inadiáveis da comunidade.

§ 2º Os abusos cometidos sujeitam os responsáveis às penas da lei.

Art. 10. É assegurada a participação dos trabalhadores e empregadores nos colegiados dos órgãos públicos em que seus interesses profissionais ou previdenciários sejam objeto de discussão e deliberação.

Art. 11. Nas empresas de mais de duzentos empregados, é assegurada a eleição de um representante destes com a finalidade exclusiva de promover-lhes o entendimento direto com os empregadores.

- V. art. 543, CLT.

Capítulo III
Da Nacionalidade

- V. art. 5º, LXXI, CF.

Art. 12. São brasileiros:

I – natos:

a) os nascidos na República Federativa do Brasil, ainda que de pais estrangeiros, desde que estes não estejam a serviço de seu país;

b) os nascidos no estrangeiro, de pai brasileiro ou mãe brasileira, desde que qualquer deles esteja a serviço da República Federativa do Brasil;

c) os nascidos no estrangeiro de pai brasileiro ou de mãe brasileira, desde que sejam registrados em repartição brasileira competente ou venham a residir na República Federativa do Brasil e optem, em qualquer tempo, depois de atingida a maioridade, pela nacionalidade brasileira;

- Alínea *c* com redação determinada pela Emenda Constitucional 54/2007.

II – naturalizados:

- V. Dec. 3.453/2000 (Delega competência ao Ministro da Justiça para declarar a perda e a requisição da nacionalidade brasileira).
- V. art. 64 e ss. da Lei 13.445/2017 (Lei de Migração).
- V. art. 218 e ss. do Dec. 9.199/2017 (Regulamenta a Lei 13.445/2017).

a) os que, na forma da lei, adquiram a nacionalidade brasileira, exigidas aos originários de países de língua portuguesa apenas residência por um ano ininterrupto e idoneidade moral;

b) os estrangeiros de qualquer nacionalidade residentes na República Federativa do Brasil há mais de quinze anos ininterruptos e sem condenação penal,

CF

desde que requeiram a nacionalidade brasileira.

- Alínea *b* com redação determinada pela Emenda Constitucional de Revisão 3/1994.

§ 1º Aos portugueses com residência permanente no País, se houver reciprocidade em favor de brasileiros, serão atribuídos os direitos inerentes ao brasileiro, salvo os casos previstos nesta Constituição.

- § 1º com redação determinada pela Emenda Constitucional de Revisão 3/1994.

§ 2º A lei não poderá estabelecer distinção entre brasileiros natos e naturalizados, salvo nos casos previstos nesta Constituição.

§ 3º São privativos de brasileiro nato os cargos:

I – de Presidente e Vice-Presidente da República;

II – de Presidente da Câmara dos Deputados;

III – de Presidente do Senado Federal;

IV – de Ministro do Supremo Tribunal Federal;

V – da carreira diplomática;

VI – de oficial das Forças Armadas;

VII – de Ministro de Estado da Defesa.

- Inciso VII acrescentado pela Emenda Constitucional 23/1999.

§ 4º Será declarada a perda da nacionalidade do brasileiro que:

I – tiver cancelada sua naturalização, por sentença judicial, em virtude de atividade nociva ao interesse nacional;

II – adquirir outra nacionalidade, salvo nos casos:

- Inciso II com redação determinada pela Emenda Constitucional de Revisão 3/1994.
- V. Dec. 3.453/2000 (Delega competência ao Ministro da Justiça para declarar a perda e a requisição da nacionalidade brasileira).

a) de reconhecimento de nacionalidade originária pela lei estrangeira;

b) de imposição de naturalização, pela norma estrangeira, ao brasileiro residente em Estado estrangeiro, como condição para permanência em seu território ou para o exercício de direitos civis.

Art. 13. A língua portuguesa é o idioma oficial da República Federativa do Brasil.

§ 1º São símbolos da República Federativa do Brasil a bandeira, o hino, as armas e o selo nacionais.

- V. Lei 5.700/1971 (Símbolos nacionais).

§ 2º Os Estados, o Distrito Federal e os Municípios poderão ter símbolos próprios.

Capítulo IV
Dos Direitos Políticos

- V. art. 5º, LXXI, CF.

Art. 14. A soberania popular será exercida pelo sufrágio universal e pelo voto direto e secreto, com valor igual para todos, e, nos termos da lei, mediante:

- V. Lei 4.737/1965 (Código Eleitoral).
- V. Lei 9.709/1998 (Regulamenta a execução do disposto nos incisos I, II e III do art. 14 da CF).

I – plebiscito;

- V. art. 18, §§ 3º e 4º, CF.
- V. arts. 1º, I, 2º, § 2º, 3º a 10 e 12, Lei 9.709/1998 (Regulamenta a execução do disposto nos incisos I, II e III do art. 14 da CF).

II – referendo;

- V. arts. 1º, II, 2º, § 2º, 3º, 6º, 8º e 10 a 12, Lei 9.709/1998 (Regulamenta a execução do disposto nos incisos I, II e III do art. 14 da CF).

III – iniciativa popular.

- V. art. 61, § 2º, CF.
- V. arts. 1º, III, 13 e 14, Lei 9.709/1998 (Regulamenta a execução do disposto nos incisos I, II e III do art. 14 da CF).

§ 1º O alistamento eleitoral e o voto são:

- V. arts. 42 a 81 e 133 a 156, Lei 4.737/1965 (Código Eleitoral).

I – obrigatórios para os maiores de dezoito anos;

- V. Lei 9.274/1996 (Anistia relativamente às eleições de 3 de outubro e de 15 de novembro dos anos de 1992 e 1994).

II – facultativos para:

a) os analfabetos;

b) os maiores de setenta anos;

c) os maiores de dezesseis e menores de dezoito anos.

§ 2º Não podem alistar-se como eleitores os estrangeiros e, durante o período do serviço militar obrigatório, os conscritos.

§ 3º São condições de elegibilidade, na forma da lei:

I – a nacionalidade brasileira;

II – o pleno exercício dos direitos políticos;

- V. art. 47, I, CP.

III – o alistamento eleitoral;

IV – o domicílio eleitoral na circunscrição;

V – a filiação partidária;

- V. Lei 9.096/1995 (Lei Orgânica dos Partidos Políticos).
- V. Emenda Constitucional 91/2016 (Desfiliação partidária).

VI – a idade mínima de:

a) trinta e cinco anos para Presidente e Vice-Presidente da República e Senador;

b) trinta anos para Governador e Vice-Governador de Estado e do Distrito Federal;

c) vinte e um anos para Deputado Federal, Deputado Estadual ou Distrital, Prefeito, Vice-Prefeito e juiz de paz;

d) dezoito anos para Vereador.

- V. Dec.-lei 201/1967 (Responsabilidade de Prefeitos e Vereadores).

§ 4º São inelegíveis os inalistáveis e os analfabetos.

§ 5º O Presidente da República, os Governadores de Estado e do Distrito Federal, os Prefeitos e quem os houver sucedido ou substituído no curso dos mandatos poderão ser reeleitos para um único período subsequente.

- § 5º com redação determinada pela Emenda Constitucional 16/1997.

§ 6º Para concorrerem a outros cargos, o Presidente da República, os Governadores de Estado e do Distrito Federal e os Prefeitos devem renunciar aos respectivos mandatos até seis meses antes do pleito.

§ 7º São inelegíveis, no território de jurisdição do titular, o cônjuge e os parentes consanguíneos ou afins, até o segundo grau ou por adoção, do Presidente da República, de Governador de Estado ou Território, do Distrito Federal, de Prefeito ou de quem os haja substituído dentro dos seis meses anteriores ao pleito, salvo se já titular de mandato eletivo e candidato à reeleição.

- V. Súmula vinculante 18, STF.

§ 8º O militar alistável é elegível, atendidas as seguintes condições:

I – se contar menos de dez anos de serviço, deverá afastar-se da atividade;

II – se contar mais de dez anos de serviço, será agregado pela autoridade superior e, se eleito, passará automaticamente, no ato da diplomação, para a inatividade.

- V. art. 42, § 1º, CF.

§ 9º Lei complementar estabelecerá outros casos de inelegibilidade e os prazos de sua cessação, a fim de proteger a probidade administrativa, a moralidade para o exercício do mandato, considerada a vida pregressa do candidato, e a normalidade e legitimidade das eleições contra a influência do poder econômico ou o abuso do exercício de função, cargo ou emprego na administração direta ou indireta.

- § 9º com redação determinada pela Emenda Constitucional de Revisão 4/1994.
- V. art. 37, § 4º, CF.
- V. LC 64/1990 (Inelegibilidades).
- V. LC 135/2010 (Altera a LC 64/1990).

§ 10. O mandato eletivo poderá ser impugnado ante a Justiça Eleitoral no prazo de quinze dias contados da diplomação, instruída a ação com provas de abuso do poder econômico, corrupção ou fraude.

§ 11. A ação de impugnação de mandato tramitará em segredo de justiça, respondendo o autor, na forma da lei, se temerária ou de manifesta má-fé.

Art. 15. É vedada a cassação de direitos políticos, cuja perda ou suspensão só se dará nos casos de:

- V. Lei 9.096/1995 (Lei Orgânica dos Partidos Políticos).

I – cancelamento da naturalização por sentença transitada em julgado;

II – incapacidade civil absoluta;

III – condenação criminal transitada em julgado, enquanto durarem seus efeitos;

- V. art. 92, I, CP.

IV – recusa de cumprir obrigação a todos imposta ou prestação alternativa, nos termos do art. 5º, VIII;

- V. art. 143, CF.
- V. Lei 8.239/1991 (Prestação de serviço alternativo ao serviço militar).

V – improbidade administrativa, nos termos do art. 37, § 4º.

Art. 16. A lei que alterar o processo eleitoral entrará em vigor na data de sua publicação, não se aplicando à eleição que ocorra até 1 (um) ano da data de sua vigência.

- Artigo com redação determinada pela Emenda Constitucional 4/1993.
- V. Lei 9.504/1997 (Normas eleitorais).

Capítulo V
Dos Partidos Políticos

Art. 17. É livre a criação, fusão, incorporação e extinção de partidos políticos, res-

CF

guardados a soberania nacional, o regime democrático, o pluripartidarismo, os direitos fundamentais da pessoa humana e observados os seguintes preceitos:

- V. Lei 9.096/1995 (Lei Orgânica dos Partidos Políticos).
- V. Lei 9.504/1997 (Normas eleitorais).
- V. Emenda Constitucional 91/2016 (Desfiliação partidária).

I – caráter nacional;

II – proibição de recebimento de recursos financeiros de entidade ou governo estrangeiros ou de subordinação a estes;

III – prestação de contas à Justiça Eleitoral;

IV – funcionamento parlamentar de acordo com a lei.

§ 1º É assegurada aos partidos políticos autonomia para definir sua estrutura interna e estabelecer regras sobre escolha, formação e duração de seus órgãos permanentes e provisórios e sobre sua organização e funcionamento e para adotar os critérios de escolha e o regime de suas coligações nas eleições majoritárias, vedada a sua celebração nas eleições proporcionais, sem obrigatoriedade de vinculação entre as candidaturas em âmbito nacional, estadual, distrital ou municipal, devendo seus estatutos estabelecer normas de disciplina e fidelidade partidária.

- § 1º com redação determinada pela Emenda Constitucional 97/2017.

§ 2º Os partidos políticos, após adquirirem personalidade jurídica, na forma da lei civil, registrarão seus estatutos no Tribunal Superior Eleitoral.

§ 3º Somente terão direito a recursos do fundo partidário e acesso gratuito ao rádio e à televisão, na forma da lei, os partidos políticos que alternativamente:

- § 3º com redação determinada pela Emenda Constitucional 97/2017.
- V. art. 241, Lei 4.737/1965 (Código Eleitoral).

I – obtiverem, nas eleições para a Câmara dos Deputados, no mínimo, 3% (três por cento) dos votos válidos, distribuídos em pelo menos um terço das unidades da Federação, com um mínimo de 2% (dois por cento) dos votos válidos em cada uma delas; ou

II – tiverem elegido pelo menos quinze Deputados Federais distribuídos em pelo menos um terço das unidades da Federação.

§ 4º É vedada a utilização pelos partidos políticos de organização paramilitar.

§ 5º Ao eleito por partido que não preencher os requisitos previstos no § 3º deste artigo é assegurado o mandato e facultada a filiação, sem perda do mandato, a outro partido que os tenha atingido, não sendo essa filiação considerada para fins de distribuição dos recursos do fundo partidário e de acesso gratuito ao tempo de rádio e de televisão.

- § 5º acrescentado pela Emenda Constitucional 97/2017.

TÍTULO III
Da Organização do Estado

Capítulo I
Da Organização Político-Administrativa

Art. 18. A organização político-administrativa da República Federativa do Brasil compreende a União, os Estados, o Distrito Federal e os Municípios, todos autônomos, nos termos desta Constituição.

§ 1º Brasília é a Capital Federal.

§ 2º Os Territórios Federais integram a União, e sua criação, transformação em Estado ou reintegração ao Estado de origem serão reguladas em lei complementar.

§ 3º Os Estados podem incorporar-se entre si, subdividir-se ou desmembrar-se para se anexarem a outros, ou formarem novos Estados ou Territórios Federais, mediante aprovação da população diretamente interessada, através de plebiscito, e do Congresso Nacional, por lei complementar.

- V. arts. 3º e 4º, Lei 9.709/1998 (Regulamenta a execução do disposto nos incisos I, II e III do art. 14 da CF).

§ 4º A criação, a incorporação, a fusão e o desmembramento de Municípios far-se-ão por lei estadual, dentro do período determinado por lei complementar federal, e dependerão de consulta prévia, mediante plebiscito, às populações dos Municípios envolvidos, após divulgação dos Estudos de Viabilidade Municipal, apresentados e publicados na forma da lei.

- § 4º com redação determinada pela Emenda Constitucional 15/1996.
- V. art. 5º, Lei 9.709/1998 (Regulamenta a execução do disposto nos incisos I, II e III do art. 14 da CF).

Art. 19. É vedado à União, aos Estados, ao Distrito Federal e aos Municípios:

I – estabelecer cultos religiosos ou igrejas, subvencioná-los, embaraçar-lhes o funcionamento ou manter com eles ou seus representantes relações de dependência ou aliança, ressalvada, na forma da lei, a colaboração de interesse público;

II – recusar fé aos documentos públicos;

III – criar distinções entre brasileiros ou preferências entre si.

- V. art. 325, CLT.

Capítulo II
Da União

Art. 20. São bens da União:

- V. art. 176, §§ 1º a 4º, CF.
- V. Dec.-lei 9.760/1946 (Bens imóveis da União).

I – os que atualmente lhe pertencem e os que lhe vierem a ser atribuídos;

- V. Súmula 650, STF.

II – as terras devolutas indispensáveis à defesa das fronteiras, das fortificações e construções militares, das vias federais de comunicação e à preservação ambiental, definidas em lei;

- V. Lei 4.504/1964 (Estatuto da Terra).
- V. Dec.-lei 227/1967 (Nova redação ao Dec.-lei 1.985/1940 – Código de Minas).
- V. Dec.-lei 1.135/1970 (Organização, competência e funcionamento do Conselho de Segurança Nacional).
- V. Lei 6.383/1976 (Processo discriminatório de terras devolutas da União).
- V. Lei 6.431/1977 (Doação de porções de terras devolutas a Municípios incluídos na região da Amazônia Legal).
- V. Lei 6.442/1977 (Áreas de proteção para o funcionamento das estações radiogoniométricas de alta frequência do Ministério da Marinha e de radiomonitoragem do Ministério das Comunicações).
- V. Lei 6.634/1979 (Faixa de fronteira).
- V. Lei 9.314/1996 (Altera dispositivos do Dec.-lei 227/1967).
- V. Lei 13.178/2015 (Ratificação dos registros imobiliários decorrentes de alienações e concessões de terras públicas situadas nas faixas de fronteira).
- V. Súmula 477, STF.

III – os lagos, rios e quaisquer correntes de água em terrenos de seu domínio, ou que banhem mais de um Estado, sirvam de limites com outros países, ou se estendam a território estrangeiro ou dele provenham, bem como os terrenos marginais e as praias fluviais;

- V. Dec. 1.265/1994 (Política marítima nacional).

IV – as ilhas fluviais e lacustres nas zonas limítrofes com outros países; as praias marítimas; as ilhas oceânicas e as costeiras, excluídas, destas, as que contenham a sede de Municípios, exceto aquelas áreas afetadas ao serviço público e a unidade ambiental federal, e as referidas no art. 26, II;

- Inciso IV com redação determinada pela Emenda Constitucional 46/2005.
- V. Dec. 1.265/1994 (Política marítima nacional).

V – os recursos naturais da plataforma continental e da zona econômica exclusiva;

- V. Lei 8.617/1993 (Mar territorial).
- V. Dec. 1.265/1994 (Política marítima nacional).

VI – o mar territorial;

- V. Lei 8.617/1993 (Mar territorial).
- V. Dec. 1.265/1994 (Política marítima nacional).

VII – os terrenos de marinha e seus acrescidos;

VIII – os potenciais de energia hidráulica;

IX – os recursos minerais, inclusive os do subsolo;

X – as cavidades naturais subterrâneas e os sítios arqueológicos e pré-históricos;

XI – as terras tradicionalmente ocupadas pelos índios.

- V. Súmula 650, STF.

§ 1º É assegurada, nos termos da lei, aos Estados, ao Distrito Federal e aos Municípios, bem como a órgãos da administração direta da União, participação no resultado da exploração de petróleo ou gás natural, de recursos hídricos para fins de geração de energia elétrica e de outros recursos minerais no respectivo território, plataforma continental, mar territorial ou zona econômica exclusiva, ou compensação financeira por essa exploração.

- V. art. 177, CF.
- V. Lei 7.990/1989 (Exploração de recursos energéticos e compensação financeira).
- V. Lei 8.001/1990 (Percentuais da distribuição da compensação da Lei 7.990/1989).
- V. Dec. 1/1991 (Pagamento da compensação financeira da Lei 7.990/1989).

§ 2º A faixa de até cento e cinquenta quilômetros de largura, ao longo das fronteiras terrestres, designada como faixa de fronteira, é considerada fundamental para defesa do território nacional, e sua ocupação e utilização serão reguladas em lei.

- V. Dec.-lei 1.135/1970 (Organização, competência e funcionamento do Conselho de Segurança Nacional).
- V. Lei 6.634/1979 (Faixa de fronteira).

Art. 21. Compete à União:

I – manter relações com Estados estrangeiros e participar de organizações internacionais;

II – declarar a guerra e celebrar a paz;

III – assegurar a defesa nacional;

IV – permitir, nos casos previstos em lei complementar, que forças estrangeiras transitem pelo território nacional ou nele permaneçam temporariamente;

V – decretar o estado de sítio, o estado de defesa e a intervenção federal;

VI – autorizar e fiscalizar a produção e o comércio de material bélico;

VII – emitir moeda;

VIII – administrar as reservas cambiais do País e fiscalizar as operações de natureza financeira, especialmente as de crédito, câmbio e capitalização, bem como as de seguros e de previdência privada;

IX – elaborar e executar planos nacionais e regionais de ordenação do território e de desenvolvimento econômico e social;

- V. Lei 9.491/1997 (Programa Nacional de Desestatização).

X – manter o serviço postal e o correio aéreo nacional;

- V. Lei 6.538/1978 (Serviços postais).

XI – explorar, diretamente ou mediante autorização, concessão ou permissão, os serviços de telecomunicações, nos termos da lei, que disporá sobre a organização dos serviços, a criação de um órgão regulador e outros aspectos institucionais;

- Inciso XI com redação determinada pela Emenda Constitucional 8/1995.
- V. art. 246, CF.
- V. Lei 9.295/1996 (Serviços de telecomunicações).
- V. Lei 9.472/1997 (Organização dos serviços de telecomunicações).

XII – explorar, diretamente ou mediante autorização, concessão ou permissão:

- V. Lei 4.117/1962 (Código Brasileiro de Telecomunicações).
- V. Dec. 2.196/1997 (Regulamento de Serviços Especiais).
- V. Dec. 2.197/1997 (Regulamento de Serviço Limitado).
- V. Dec. 2.198/1997 (Regulamento de Serviços Públicos).

a) os serviços de radiodifusão sonora e de sons e imagens;

- Alínea *a* com redação determinada pela Emenda Constitucional 8/1995.
- V. art. 246, CF.
- V. Lei 9.472/1997 (Organização dos serviços de telecomunicações).

b) os serviços e instalações de energia elétrica e o aproveitamento energético dos cursos de água, em articulação com os Estados onde se situam os potenciais hidroenergéticos;

c) a navegação aérea, aeroespacial e a infraestrutura aeroportuária;

- V. Lei 7.565/1986 (Código Brasileiro de Aeronáutica).
- V. Lei 9.994/2000 (Programa de Desenvolvimento Científico e Tecnológico do Setor Espacial).

d) os serviços de transporte ferroviário e aquaviário entre portos brasileiros e fronteiras nacionais, ou que transponham os limites de Estado ou Território;

- V. Lei 9.277/1996 (Autoriza a União a delegar aos Municípios, Estados da Federação e ao Distrito Federal a administração e exploração de rodovias e portos federais).
- V. Lei 9.432/1997 (Transporte aquaviário).

e) os serviços de transporte rodoviário interestadual e internacional de passageiros;

f) os portos marítimos, fluviais e lacustres;

- V. Dec. 1.265/1994 (Política marítima nacional).

XIII – organizar e manter o Poder Judiciário, o Ministério Público do Distrito Federal e dos Territórios e a Defensoria Pública dos Territórios;

- Inciso XIII com redação determinada pela Emenda Constitucional 69/2012 (DOU 30.03.2012), em vigor na data de sua publicação, produzindo efeitos após decorridos 120 (cento e vinte) dias de sua publicação oficial (v. art. 4º, da referida EC).

XIV – organizar e manter a polícia civil, a polícia militar e o corpo de bombeiros militar do Distrito Federal, bem como prestar assistência financeira ao Distrito Federal para a execução de serviços públicos, por meio de fundo próprio;

- Inciso XIV com redação determinada pela Emenda Constitucional 19/1998.
- V. art. 25, Emenda Constitucional 19/1998.
- V. Súmula 647, STF.

XV – organizar e manter os serviços oficiais de estatística, geografia, geologia e cartografia de âmbito nacional;

XVI – exercer a classificação, para efeito indicativo, de diversões públicas e de programas de rádio e televisão;

- V. art. 23, ADCT.

XVII – conceder anistia;

XVIII – planejar e promover a defesa permanente contra as calamidades públicas, especialmente as secas e as inundações;

XIX – instituir sistema nacional de gerenciamento de recursos hídricos e definir critérios de outorga de direitos de seu uso;

- V. Lei 9.433/1997 (Política Nacional de Recursos Hídricos e Sistema Nacional de Gerenciamento de Recursos Hídricos).

XX – instituir diretrizes para o desenvolvimento urbano, inclusive habitação, saneamento básico e transportes urbanos;

- V. Lei 11.445/2007 (Diretrizes nacionais para o saneamento básico).

XXI – estabelecer princípios e diretrizes para o sistema nacional de viação;

- V. Lei 12.379/2011 (Sistema Nacional de Viação – SNV).

XXII – executar os serviços de polícia marítima, aeroportuária e de fronteiras;

- Inciso XXII com redação determinada pela Emenda Constitucional 19/1998.

XXIII – explorar os serviços e instalações nucleares de qualquer natureza e exercer monopólio estatal sobre a pesquisa, a lavra, o enriquecimento e reprocessamento, a industrialização e o comércio de minérios nucleares e seus derivados, atendidos os seguintes princípios e condições:

a) toda atividade nuclear em território nacional somente será admitida para fins pacíficos e mediante aprovação do Congresso Nacional;

b) sob regime de permissão, são autorizadas a comercialização e a utilização de radioisótopos para a pesquisa e usos médicos, agrícolas e industriais;

- Alínea *b* com redação determinada pela Emenda Constitucional 49/2006.

c) sob regime de permissão, são autorizadas a produção, comercialização e utilização de radioisótopos de meia-vida igual ou inferior a duas horas;

- Alínea *c* acrescentada pela Emenda Constitucional 49/2006.

d) a responsabilidade civil por danos nucleares independe da existência de culpa;

- Primitiva alínea *c* renumerada pela Emenda Constitucional 49/2006.
- V. Lei 9.425/1996 (Concessão de pensão especial às vítimas do acidente nuclear ocorrido em Goiânia).

XXIV – organizar, manter e executar a inspeção do trabalho;

- V. art. 174, CF.

XXV – estabelecer as áreas e as condições para o exercício da atividade de garimpagem, em forma associativa.

- V. Lei 11.685/2008 (Estatuto do Garimpeiro).

Art. 22. Compete privativamente à União legislar sobre:

I – direito civil, comercial, penal, processual, eleitoral, agrário, marítimo, aeronáutico, espacial e do trabalho;

- V. Lei 556/1850 (Código Comercial).
- V. Dec.-lei 2.848/1940 (Código Penal).
- V. Dec.-lei 3.689/1941 (Código de Processo Penal).
- V. Dec.-lei 5.452/1943 (Consolidação das Leis do Trabalho).
- V. Lei 4.504/1964 (Estatuto da Terra).
- V. Lei 4.737/1965 (Código Eleitoral).
- V. Lei 4.947/1966 (Fixa normas de direito agrário).
- V. Lei 7.565/1986 (Código Brasileiro de Aeronáutica).
- V. Dec. 1.265/1994 (Política marítima nacional).
- V. Lei 10.406/2002 (Código Civil).
- V. Lei 13.105/2015 (Código de Processo Civil).
- V. Súmula 722, STF.

II – desapropriação;

- V. arts. 184 e 185, I e II, CF.
- V. art. 1.275, V, CC.
- V. Dec.-lei 3.365/1941 (Desapropriação por utilidade pública).
- V. Lei 4.132/1962 (Desapropriação por interesse social).
- V. Dec.-lei 1.075/1970 (Imissão de posse, *initio litis*, em imóveis residenciais urbanos).
- V. Lei 6.602/1978 (Desapropriação por utilidade pública – alterações).

III – requisições civis e militares, em caso de iminente perigo e em tempo de guerra;

IV – águas, energia, informática, telecomunicações e radiodifusão;

- V. Lei 4.117/1962 (Código Brasileiro de Telecomunicações).
- V. Lei 9.295/1996 (Serviços de telecomunicações).

- V. Dec. 2.196/1997 (Regulamento de Serviços Especiais).
- V. Dec. 2.197/1997 (Regulamento de Serviço Limitado).
- V. Dec. 2.198/1997 (Regulamento de Serviços Públicos).
- V. Lei 9.984/2000 (Criação da Agência Nacional de Águas – ANA).

V – serviço postal;

- V. Lei 6.538/1978 (Serviços postais).

VI – sistema monetário e de medidas, títulos e garantias dos metais;

VII – política de crédito, câmbio, seguros e transferência de valores;

- V. Súmula vinculante 32, STF.

VIII – comércio exterior e interestadual;

IX – diretrizes da política nacional de transportes;

X – regime dos portos, navegação lacustre, fluvial, marítima, aérea e aeroespacial;

- V. Dec. 1.265/1994 (Política marítima nacional).
- V. Lei 9.277/1996 (Autoriza a União a delegar aos Municípios, Estados da Federação e ao Distrito Federal a administração e exploração de rodovias e portos federais).
- V. Lei 9.994/2000 (Programa de Desenvolvimento Científico e Tecnológico do Setor Espacial).

XI – trânsito e transporte;

- V. Lei 9.503/1997 (Código de Trânsito Brasileiro).

XII – jazidas, minas, outros recursos minerais e metalurgia;

XIII – nacionalidade, cidadania e naturalização;

- V. Lei 13.445/2017 (Lei de Migração).
- V. Dec. 9.199/2017 (Regulamenta a Lei 13.445/2017).

XIV – populações indígenas;

- V. art. 231, CF.
- V. Lei 6.001/1973 (Estatuto do Índio).

XV – emigração e imigração, entrada, extradição e expulsão de estrangeiros;

XVI – organização do sistema nacional de emprego e condições para o exercício de profissões;

XVII – organização judiciária, do Ministério Público do Distrito Federal e dos Territórios e da Defensoria Pública dos Territórios, bem como organização administrativa destes;

- Inciso XVII com redação determinada pela Emenda Constitucional 69/2012 (DOU 30.03.2012), em vigor na data de sua publicação, produzindo efeitos após decorridos 120 (cento e vinte) dias de sua publicação oficial (v. art. 4º, da referida EC).

XVIII – sistema estatístico, sistema cartográfico e de geologia nacionais;

XIX – sistemas de poupança, captação e garantia da poupança popular;

- V. Lei 8.177/1991 (Desindexação da economia).

XX – sistemas de consórcios e sorteios;

- V. Súmula vinculante 2, STF.

XXI – normas gerais de organização, efetivos, material bélico, garantias, convocação e mobilização das polícias militares e corpos de bombeiros militares;

XXII – competência da polícia federal e das polícias rodoviária e ferroviária federais;

XXIII – seguridade social;

- V. Lei 8.212/1991 (Organização da Seguridade Social e Plano de Custeio).

XXIV – diretrizes e bases da educação nacional;

- V. Lei 9.394/1996 (Diretrizes e bases da educação nacional).

XXV – registros públicos;

- V. Lei 6.015/1973 (Lei de Registros Públicos).

XXVI – atividades nucleares de qualquer natureza;

XXVII – normas gerais de licitação e contratação, em todas as modalidades, para as administrações públicas diretas, autárquicas e fundacionais da União, Estados, Distrito Federal e Municípios, obedecido o disposto no art. 37, XXI, e para as empresas públicas e sociedades de economia mista, nos termos do art. 173, § 1º, III;

- Inciso XXVII com redação determinada pela Emenda Constitucional 19/1998.
- V. art. 37, XXI, CF.
- V. Lei 8.666/1993 (Lei de Licitações).

XXVIII – defesa territorial, defesa aeroespacial, defesa marítima, defesa civil e mobilização nacional;

- V. Dec. 7.257/2010 (Sistema Nacional de Defesa Civil – Sindec).

XXIX – propaganda comercial.

- V. Lei 8.078/1990 (Código de Defesa do Consumidor).

Parágrafo único. Lei complementar poderá autorizar os Estados a legislar sobre questões específicas das matérias relacionadas neste artigo.

Art. 23. É competência comum da União, dos Estados, do Distrito Federal e dos Municípios:

I – zelar pela guarda da Constituição, das leis e das instituições democráticas e conservar o patrimônio público;

II – cuidar da saúde e assistência pública, da proteção e garantia das pessoas portadoras de deficiência;

- V. art. 203, V, CF.

III – proteger os documentos, as obras e outros bens de valor histórico, artístico e cultural, os monumentos, as paisagens naturais notáveis e os sítios arqueológicos;

- V. LC 140/2011 (Cooperação nas ações administrativas da competência comum relativas à proteção do meio ambiente).

IV – impedir a evasão, a destruição e a descaracterização de obras de arte e de outros bens de valor histórico, artístico e cultural;

V – proporcionar os meios de acesso à cultura, à educação, à ciência, à tecnologia, à pesquisa e à inovação;

- Inciso V com redação determinada pela Emenda Constitucional 85/2015.

VI – proteger o meio ambiente e combater a poluição em qualquer de suas formas;

- V. Lei 6.938/1981 (Política nacional do meio ambiente).
- V. Lei 9.605/1998 (Lei de Crimes Ambientais).
- V. Dec. 6.514/2008 (Infrações e sanções administrativas ao meio ambiente, e processo administrativo federal para apuração destas infrações).
- V. LC 140/2011 (Cooperação nas ações administrativas de competência comum relativas à proteção do meio ambiente).

VII – preservar as florestas, a fauna e a flora;

- V. Lei 5.197/1967 (Código de Caça).
- V. Dec.-lei 221/1967 (Código de Pesca).
- V. LC 140/2011 (Cooperação nas ações administrativas de competência comum relativas à proteção do meio ambiente).
- V. Lei 12.651/2012 (Novo Código Florestal).

VIII – fomentar a produção agropecuária e organizar o abastecimento alimentar;

IX – promover programas de construção de moradias e a melhoria das condições habitacionais e de saneamento básico;

- V. Lei 11.445/2007 (Diretrizes nacionais para o saneamento básico).

X – combater as causas da pobreza e os fatores de marginalização, promovendo a integração social dos setores desfavorecidos;

- V. Emenda Constitucional 31/2000 (Fundo de Combate e Erradicação da Pobreza).

XI – registrar, acompanhar e fiscalizar as concessões de direitos de pesquisa e exploração de recursos hídricos e minerais em seus territórios;

XII – estabelecer e implantar política de educação para a segurança do trânsito.

Parágrafo único. Leis complementares fixarão normas para a cooperação entre a União e os Estados, o Distrito Federal e os Municípios, tendo em vista o equilíbrio do desenvolvimento e do bem-estar em âmbito nacional.

- Parágrafo único com redação determinada pela Emenda Constitucional 53/2006.
- V. LC 140/2011 (Cooperação nas ações administrativas da competência comum relativas à proteção do meio ambiente).

Art. 24. Compete à União, aos Estados e ao Distrito Federal legislar concorrentemente sobre:

I – direito tributário, financeiro, penitenciário, econômico e urbanístico;

- V. Lei 4.320/1964 (Lei de Orçamentos).
- V. Lei 5.172/1966 (Código Tributário Nacional).
- V. Lei 7.210/1984 (Lei de Execução Penal).
- V. Lei 8.884/1994 (Infrações à ordem econômica – Cade).

II – orçamento;

III – juntas comerciais;

- V. Lei 8.934/1994 (Registro público de empresas mercantis e atividades afins).
- V. Dec. 1.800/1996 (Regulamenta a Lei 8.934/1994).

IV – custas dos serviços forenses;

- V. Lei 9.289/1996 (Custas na Justiça Federal).

V – produção e consumo;

VI – florestas, caça, pesca, fauna, conservação da natureza, defesa do solo e dos recursos naturais, proteção do meio ambiente e controle da poluição;

- V. Lei 5.197/1967 (Código de Caça).
- V. Dec.-lei 221/1967 (Código de Pesca).
- V. Lei 9.605/1998 (Lei de Crimes Ambientais).
- V. Lei 9.795/1999 (Educação ambiental).
- V. Dec. 6.514/2008 (Infrações e sanções administrativas ao meio ambiente, e processo administrativo federal para apuração destas infrações).
- V. Lei 12.651/2012 (Novo Código Florestal).

VII – proteção ao patrimônio histórico, cultural, artístico, turístico e paisagístico;

CF

VIII – responsabilidade por dano ao meio ambiente, ao consumidor, a bens e direitos de valor artístico, estético, histórico, turístico e paisagístico;

- V. Lei 7.347/1985 (Ação civil pública).
- V. Lei 8.625/1993 (Lei Orgânica do Ministério Público).
- V. Dec. 6.514/2008 (Infrações e sanções administrativas ao meio ambiente, e processo administrativo federal para apuração destas infrações).

IX – educação, cultura, ensino, desporto, ciência, tecnologia, pesquisa, desenvolvimento e inovação;

- Inciso IX com redação determinada pela Emenda Constitucional 85/2015.

X – criação, funcionamento e processo do juizado de pequenas causas;

- V. art. 98, I, CF.
- V. Lei 9.099/1995 (Juizados Especiais Cíveis e Criminais).

XI – procedimentos em matéria processual;

- V. art. 98, I, CF.
- V. Lei 9.099/1995 (Juizados Especiais Cíveis e Criminais).

XII – previdência social, proteção e defesa da saúde;

- V. Lei 9.273/1996 (Torna obrigatória a inclusão de dispositivo de segurança que impeça a reutilização das seringas descartáveis).

XIII – assistência jurídica e defensoria pública;

- V. Lei 1.060/1950 (Assistência judiciária).

XIV – proteção e integração social das pessoas portadoras de deficiência;

- V. art. 203, V, CF.

XV – proteção à infância e à juventude;

- V. Lei 8.069/1990 (Estatuto da Criança e do Adolescente).

XVI – organização, garantias, direitos e deveres das polícias civis.

§ 1º No âmbito da legislação concorrente, a competência da União limitar-se-á a estabelecer normas gerais.

§ 2º A competência da União para legislar sobre normas gerais não exclui a competência suplementar dos Estados.

§ 3º Inexistindo lei federal sobre normas gerais, os Estados exercerão a competência legislativa plena, para atender a suas peculiaridades.

§ 4º A superveniência de lei federal sobre normas gerais suspende a eficácia da lei estadual, no que lhe for contrário.

Capítulo III
Dos Estados Federados

Art. 25. Os Estados organizam-se e regem-se pelas Constituições e leis que adotarem, observados os princípios desta Constituição.

§ 1º São reservadas aos Estados as competências que não lhes sejam vedadas por esta Constituição.

- V. art. 19, CF.

§ 2º Cabe aos Estados explorar diretamente, ou mediante concessão, os serviços locais de gás canalizado, na forma da lei, vedada a edição de medida provisória para a sua regulamentação.

- § 2º com redação determinada pela Emenda Constitucional 5/1995.
- V. art. 246, CF.
- V. Lei 9.478/1997 (Política energética nacional e atividades relativas ao monopólio do petróleo).

§ 3º Os Estados poderão, mediante lei complementar, instituir regiões metropolitanas, aglomerações urbanas e microrregiões, constituídas por agrupamentos de municípios limítrofes, para integrar a organização, o planejamento e a execução de funções públicas de interesse comum.

Art. 26. Incluem-se entre os bens dos Estados:

I – as águas superficiais ou subterrâneas, fluentes, emergentes e em depósito, ressalvadas, neste caso, na forma da lei, as decorrentes de obras da União;

- V. art. 29, Dec. 24.643/1934 (Código das Águas).
- V. Lei 9.984/2000 (Criação da Agência Nacional de Águas – ANA).

II – as áreas, nas ilhas oceânicas e costeiras, que estiverem no seu domínio, excluídas aquelas sob domínio da União, Municípios ou terceiros;

III – as ilhas fluviais e lacustres não pertencentes à União;

IV – as terras devolutas não compreendidas entre as da União.

Art. 27. O número de Deputados à Assembleia Legislativa corresponderá ao triplo da representação do Estado na Câmara dos Deputados e, atingindo o número de trinta e seis, será acrescido de tantos quantos forem os Deputados Federais acima de doze.

- V. art. 32, CF.

§ 1º Será de quatro anos o mandato dos Deputados Estaduais, aplicando-se-lhes as regras desta Constituição sobre sistema eleitoral, inviolabilidade, imunidades, remuneração, perda de mandato, licença, impedimentos e incorporação às Forças Armadas.

§ 2º O subsídio dos Deputados Estaduais será fixado por lei de iniciativa da Assembleia Legislativa, na razão de, no máximo, setenta e cinco por cento daquele estabelecido, em espécie, para os Deputados Federais, observado o que dispõem os arts. 39, § 4º, 57, § 7º, 150, II, 153, III, e 153, § 2º, I.

- § 2º com redação determinada pela Emenda Constitucional 19/1998.

§ 3º Compete às Assembleias Legislativas dispor sobre seu regimento interno, polícia e serviços administrativos de sua secretaria, e prover os respectivos cargos.

§ 4º A lei disporá sobre a iniciativa popular no processo legislativo estadual.

- V. art. 6º, Lei 9.709/1998 (Regulamenta a execução do disposto nos incisos I, II e III do art. 14 da CF).

Art. 28. A eleição do Governador e do Vice-Governador de Estado, para mandato de quatro anos, realizar-se-á no primeiro domingo de outubro, em primeiro turno, e no último domingo de outubro, em segundo turno, se houver, do ano anterior ao do término do mandato de seus antecessores, e a posse ocorrerá em primeiro de janeiro do ano subsequente, observado, quanto ao mais, o disposto no art. 77.

- *Caput* com redação determinada pela Emenda Constitucional 16/1997.

§ 1º Perderá o mandato o Governador que assumir outro cargo ou função na administração pública direta ou indireta, ressalvada a posse em virtude de concurso público e observado o disposto no art. 38, I, IV e V.

- Primitivo parágrafo único renumerado pela Emenda Constitucional 19/1998.
- V. art. 29, XIV, CF.

§ 2º Os subsídios do Governador, do Vice-Governador e dos Secretários de Estado serão fixados por lei de iniciativa da Assembleia Legislativa, observado o que dispõem os arts. 37, XI, 39, § 4º, 150, II, 153, III, e 153, § 2º, I.

- § 2º acrescentado pela Emenda Constitucional 19/1998.

Capítulo IV
Dos Municípios

Art. 29. O Município reger-se-á por lei orgânica, votada em dois turnos, com o interstício mínimo de dez dias, e aprovada por dois terços dos membros da Câmara Municipal, que a promulgará, atendidos os princípios estabelecidos nesta Constituição, na Constituição do respectivo Estado e os seguintes preceitos:

I – eleição do Prefeito, do Vice-Prefeito e dos Vereadores, para mandato de quatro anos, mediante pleito direto e simultâneo realizado em todo o País;

II – eleição do Prefeito e do Vice-Prefeito realizada no primeiro domingo de outubro do ano anterior ao término do mandato dos que devam suceder, aplicadas as regras do art. 77 no caso de Municípios com mais de duzentos mil eleitores;

- Inciso II com redação determinada pela Emenda Constitucional 16/1997.

III – posse do Prefeito e do Vice-Prefeito no dia 1º de janeiro do ano subsequente ao da eleição;

IV – para a composição das Câmaras Municipais, será observado o limite máximo de:

- Inciso IV com redação determinada pela Emenda Constitucional 58/2009 (*DOU* 24.09.2009), em vigor na data de sua promulgação, produzindo efeitos a partir do processo eleitoral de 2008 (V. art. 3º, I, da referida EC).
- O STF, na Med. Caut. em ADIn 4.307-2 (*DJE* 08.10.2009, divulgado em 07.10.2009), deferiu medida cautelar com efeito *ex tunc*, *ad referendum* do Plenário, para sustar os efeitos do inciso I do art. 3º da EC 58/2009. A cautelar concedida foi referendada pelo Tribunal (*DOU* e *DJE* 27.11.2009). O STF, na ADIn 4.307 (*DOU* e *DJE* 23.04.2013), julgou procedente a ação direta.

a) 9 (nove) Vereadores, nos Municípios de até 15.000 (quinze mil) habitantes;

b) 11 (onze) Vereadores, nos Municípios de mais de 15.000 (quinze mil) habitantes e de até 30.000 (trinta mil) habitantes;

c) 13 (treze) Vereadores, nos Municípios com mais de 30.000 (trinta mil) habitantes e de até 50.000 (cinquenta mil) habitantes;

d) 15 (quinze) Vereadores, nos Municípios de mais de 50.000 (cinquenta mil)

CF

habitantes e de até 80.000 (oitenta mil) habitantes;

e) 17 (dezessete) Vereadores, nos Municípios de mais de 80.000 (oitenta mil) habitantes e de até 120.000 (cento e vinte mil) habitantes;

f) 19 (dezenove) Vereadores, nos Municípios de mais de 120.000 (cento e vinte mil) habitantes e de até 160.000 (cento e sessenta mil) habitantes;

g) 21 (vinte e um) Vereadores, nos Municípios de mais de 160.000 (cento e sessenta mil) habitantes e de até 300.000 (trezentos mil) habitantes;

h) 23 (vinte e três) Vereadores, nos Municípios de mais de 300.000 (trezentos mil) habitantes e de até 450.000 (quatrocentos e cinquenta mil) habitantes;

i) 25 (vinte e cinco) Vereadores, nos Municípios de mais de 450.000 (quatrocentos e cinquenta mil) habitantes e de até 600.000 (seiscentos mil) habitantes;

j) 27 (vinte e sete) Vereadores, nos Municípios de mais de 600.000 (seiscentos mil) habitantes e de até 750.000 (setecentos e cinquenta mil) habitantes;

k) 29 (vinte e nove) Vereadores, nos Municípios de mais de 750.000 (setecentos e cinquenta mil) habitantes e de até 900.000 (novecentos mil) habitantes;

l) 31 (trinta e um) Vereadores, nos Municípios de mais de 900.000 (novecentos mil) habitantes e de até 1.050.000 (um milhão e cinquenta mil) habitantes;

m) 33 (trinta e três) Vereadores, nos Municípios de mais de 1.050.000 (um milhão e cinquenta mil) habitantes e de até 1.200.000 (um milhão e duzentos mil) habitantes;

n) 35 (trinta e cinco) Vereadores, nos Municípios de mais de 1.200.000 (um milhão e duzentos mil) habitantes e de até 1.350.000 (um milhão e trezentos e cinquenta mil) habitantes;

o) 37 (trinta e sete) Vereadores, nos Municípios de 1.350.000 (um milhão e trezentos e cinquenta mil) habitantes e de até 1.500.000 (um milhão e quinhentos mil) habitantes;

p) 39 (trinta e nove) Vereadores, nos Municípios de mais de 1.500.000 (um milhão e quinhentos mil) habitantes e de até 1.800.000 (um milhão e oitocentos mil) habitantes;

q) 41 (quarenta e um) Vereadores, nos Municípios de mais de 1.800.000 (um milhão e oitocentos mil) habitantes e de até 2.400.000 (dois milhões e quatrocentos mil) habitantes;

r) 43 (quarenta e três) Vereadores, nos Municípios de mais de 2.400.000 (dois milhões e quatrocentos mil) habitantes e de até 3.000.000 (três milhões) de habitantes;

s) 45 (quarenta e cinco) Vereadores, nos Municípios de mais de 3.000.000 (três milhões) de habitantes e de até 4.000.000 (quatro milhões) de habitantes;

t) 47 (quarenta e sete) Vereadores, nos Municípios de mais de 4.000.000 (quatro milhões) de habitantes e de até 5.000.000 (cinco milhões) de habitantes;

u) 49 (quarenta e nove) Vereadores, nos Municípios de mais de 5.000.000 (cinco milhões) de habitantes e de até 6.000.000 (seis milhões) de habitantes;

v) 51 (cinquenta e um) Vereadores, nos Municípios de mais de 6.000.000 (seis milhões) de habitantes e de até 7.000.000 (sete milhões) de habitantes;

w) 53 (cinquenta e três) Vereadores, nos Municípios de mais de 7.000.000 (sete milhões) de habitantes e de até 8.000.000 (oito milhões) de habitantes; e

x) 55 (cinquenta e cinco) Vereadores, nos Municípios de mais de 8.000.000 (oito milhões) de habitantes;

V – subsídios do Prefeito, do Vice-Prefeito e dos Secretários Municipais fixados por lei de iniciativa da Câmara Municipal, observado o que dispõem os arts. 37, XI, 39, § 4º, 150, II, 153, III, e 153, § 2º, I;

- Inciso V com redação determinada pela Emenda Constitucional 19/1998.

VI – o subsídio dos Vereadores será fixado pelas respectivas Câmaras Municipais em cada legislatura para a subsequente, observado o que dispõe esta Constituição, observados os critérios estabelecidos na respectiva Lei Orgânica e os seguintes limites máximos:

- Inciso VI com redação determinada pela Emenda Constitucional 25/2000 (*DOU* 15.02.2000), em vigor em 1º.01.2001.

a) em Municípios de até dez mil habitantes, o subsídio máximo dos Vereadores corresponderá a vinte por cento do subsídio dos Deputados Estaduais;

b) em Municípios de dez mil e um a cinquenta mil habitantes, o subsídio máximo dos Vereadores corresponderá a trinta por cento do subsídio dos Deputados Estaduais;

c) em Municípios de cinquenta mil e um a cem mil habitantes, o subsídio máximo dos Vereadores corresponderá a quarenta por cento do subsídio dos Deputados Estaduais;

d) em Municípios de cem mil e um a trezentos mil habitantes, o subsídio máximo dos Vereadores corresponderá a cinquenta por cento do subsídio dos Deputados Estaduais;

e) em Municípios de trezentos mil e um a quinhentos mil habitantes, o subsídio máximo dos Vereadores corresponderá a sessenta por cento do subsídio dos Deputados Estaduais;

f) em Municípios de mais de quinhentos mil habitantes, o subsídio máximo dos Vereadores corresponderá a setenta e cinco por cento do subsídio dos Deputados Estaduais;

VII – o total da despesa com a remuneração dos Vereadores não poderá ultrapassar o montante de cinco por cento da receita do município;

- Inciso VII acrescentado pela Emenda Constitucional 1/1992.

VIII – inviolabilidade dos Vereadores por suas opiniões, palavras e votos no exercício do mandato e na circunscrição do Município;

- Primitivo inciso VI renumerado pela Emenda Constitucional 1/1992.

IX – proibições e incompatibilidades, no exercício da vereança, similares, no que couber, ao disposto nesta Constituição para os membros do Congresso Nacional e, na Constituição do respectivo Estado, para os membros da Assembleia Legislativa;

- Primitivo inciso VII renumerado pela Emenda Constitucional 1/1992.

X – julgamento do Prefeito perante o Tribunal de Justiça;

- Primitivo inciso VIII renumerado pela Emenda Constitucional 1/1992.
- V. Dec.-lei 201/1967 (Responsabilidade de Prefeitos e Vereadores).
- V. Súmulas 702 e 703, STF.

XI – organização das funções legislativas e fiscalizadoras da Câmara Municipal;

- Primitivo inciso IX renumerado pela Emenda Constitucional 1/1992.

XII – cooperação das associações representativas no planejamento municipal;

- Primitivo inciso X renumerado pela Emenda Constitucional 1/1992.

XIII – iniciativa popular de projetos de lei de interesse específico do Município, da cidade ou de bairros, através de manifestação de, pelo menos, cinco por cento do eleitorado;

- Primitivo inciso XI renumerado pela Emenda Constitucional 1/1992.

XIV – perda do mandato do Prefeito, nos termos do art. 28, parágrafo único.

- Primitivo inciso XII renumerado pela Emenda Constitucional 1/1992.
- A Emenda Constitucional 19/1998 transformou o parágrafo único do art. 28 em § 1º.

Art. 29-A. O total da despesa do Poder Legislativo Municipal, incluídos os subsídios dos Vereadores e excluídos os gastos com inativos, não poderá ultrapassar os seguintes percentuais, relativos ao somatório da receita tributária e das transferências previstas no § 5º do art. 153 e nos arts. 158 e 159, efetivamente realizado no exercício anterior:

- *Caput* acrescentado pela Emenda Constitucional 25/2000 (*DOU* 15.02.2000), em vigor em 1º.01.2001.

I – 7% (sete por cento) para Municípios com população de até 100.000 (cem mil) habitantes;

- Inciso I com redação determinada pela Emenda Constitucional 58/2009 (*DOU* 24.09.2009), em vigor na data de sua promulgação, produzindo efeitos a partir de 1º de janeiro do ano subsequente ao da promulgação desta Emenda (v. art. 3º, II, da referida EC).

II – 6% (seis por cento) para Municípios com população entre 100.000 (cem mil) e 300.000 (trezentos mil) habitantes;

- Inciso II com redação determinada pela Emenda Constitucional 58/2009 (*DOU* 24.09.2009), em vigor na data de sua promulgação, produzindo efeitos a partir de 1º de janeiro do ano subsequente ao da promulgação desta Emenda (v. art. 3º, II, da referida EC).

III – 5% (cinco por cento) para Municípios com população entre 300.001 (trezentos mil e um) e 500.000 (quinhentos mil) habitantes;

- Inciso III com redação determinada pela Emenda Constitucional 58/2009 (*DOU*

24.09.2009), em vigor na data de sua promulgação, produzindo efeitos a partir de 1º de janeiro do ano subsequente ao da promulgação desta Emenda (v. art. 3º, II, da referida EC).

IV – 4,5% (quatro inteiros e cinco décimos por cento) para Municípios com população entre 500.001 (quinhentos mil e um) e 3.000.000 (três milhões) de habitantes;

- Inciso IV com redação determinada pela Emenda Constitucional 58/2009 (*DOU* 24.09.2009), em vigor na data de sua promulgação, produzindo efeitos a partir de 1º de janeiro do ano subsequente ao da promulgação desta Emenda (v. art. 3º, II, da referida EC).

V – 4% (quatro por cento) para Municípios com população entre 3.000.001 (três milhões e um) e 8.000.000 (oito milhões) de habitantes;

- Inciso V acrescentado pela Emenda Constitucional 58/2009 (*DOU* 24.09.2009), em vigor na data de sua promulgação, produzindo efeitos a partir de 1º de janeiro do ano subsequente ao da promulgação desta Emenda (v. art. 3º, II, da referida EC).

VI – 3,5% (três inteiros e cinco décimos por cento) para Municípios com população acima de 8.000.001 (oito milhões e um) habitantes.

- Inciso VI acrescentado pela Emenda Constitucional 58/2009 (*DOU* 24.09.2009), em vigor na data de sua promulgação, produzindo efeitos a partir de 1º de janeiro do ano subsequente ao da promulgação desta Emenda (v. art. 3º, II, da referida EC).

§ 1º A Câmara Municipal não gastará mais de setenta por cento de sua receita com folha de pagamento, incluído o gasto com o subsídio de seus Vereadores.

- § 1º acrescentado pela Emenda Constitucional 25/2000 (*DOU* 15.02.2000), em vigor em 1º.01.2001.

§ 2º Constitui crime de responsabilidade do Prefeito Municipal:

- § 2º acrescentado pela Emenda Constitucional 25/2000 (*DOU* 15.02.2000), em vigor em 1º.01.2001.

I – efetuar repasse que supere os limites definidos neste artigo;

II – não enviar o repasse até o dia vinte de cada mês; ou

III – enviá-lo a menor em relação à proporção fixada na Lei Orçamentária.

§ 3º Constitui crime de responsabilidade do Presidente da Câmara Municipal o desrespeito ao § 1º deste artigo.

- § 3º acrescentado pela Emenda Constitucional 25/2000 (*DOU* 15.02.2000), em vigor em 1º.01.2001.

Art. 30. Compete aos Municípios:

I – legislar sobre assuntos de interesse local;

- V. Súmulas vinculantes 38 e 42, STF.
- V. Súmula 645, STF.

II – suplementar a legislação federal e a estadual no que couber;

III – instituir e arrecadar os tributos de sua competência, bem como aplicar suas rendas, sem prejuízo da obrigatoriedade de prestar contas e publicar balancetes nos prazos fixados em lei;

- V. art. 156, CF.

IV – criar, organizar e suprimir distritos, observada a legislação estadual;

V – organizar e prestar, diretamente ou sob regime de concessão ou permissão, os serviços públicos de interesse local, incluído o de transporte coletivo, que tem caráter essencial;

VI – manter, com a cooperação técnica e financeira da União e do Estado, programas de educação infantil e de ensino fundamental;

- Inciso VI com redação determinada pela Emenda Constitucional 53/2006.

VII – prestar, com cooperação técnica e financeira da União e do Estado, serviços de atendimento à saúde da população;

VIII – promover, no que couber, adequado ordenamento territorial, mediante planejamento e controle do uso, do parcelamento e da ocupação do solo urbano;

- V. art. 182, CF.

IX – promover a proteção do patrimônio histórico-cultural local, observada a legislação e a ação fiscalizadora federal e estadual.

Art. 31. A fiscalização do Município será exercida pelo Poder Legislativo Municipal, mediante controle externo, e pelos sistemas de controle interno do Poder Executivo Municipal, na forma da lei.

§ 1º O controle externo da Câmara Municipal será exercido com o auxílio dos Tribunais de Contas dos Estados ou do Município ou dos Conselhos ou Tribunais de Contas dos Municípios, onde houver.

§ 2º O parecer prévio, emitido pelo órgão competente sobre as contas que o Prefeito deve anualmente prestar, só deixará de prevalecer por decisão de dois terços dos membros da Câmara Municipal.

§ 3º As contas dos Municípios ficarão, durante sessenta dias, anualmente, à disposição de qualquer contribuinte, para exame e apreciação, o qual poderá questionar-lhes a legitimidade, nos termos da lei.

§ 4º É vedada a criação de Tribunais, Conselhos ou órgãos de Contas Municipais.

Capítulo V
Do Distrito Federal e dos Territórios

Seção I
Do Distrito Federal

- A Lei Orgânica do Distrito Federal foi publicada no Diário da Câmara Legislativa do DF, de 08.06.1993 (suplemento especial).

Art. 32. O Distrito Federal, vedada sua divisão em Municípios, reger-se-á por lei orgânica, votada em dois turnos com interstício mínimo de dez dias, e aprovada por dois terços da Câmara Legislativa, que a promulgará, atendidos os princípios estabelecidos nesta Constituição.

§ 1º Ao Distrito Federal são atribuídas as competências legislativas reservadas aos Estados e Municípios.

- V. Súmula 642, STF.

§ 2º A eleição do Governador e do Vice-Governador, observadas as regras do art. 77, e dos Deputados Distritais coincidirá com a dos Governadores e Deputados Estaduais, para mandato de igual duração.

§ 3º Aos Deputados Distritais e à Câmara Legislativa aplica-se o disposto no art. 27.

§ 4º Lei federal disporá sobre a utilização, pelo Governo do Distrito Federal, das polícias civil e militar e do corpo de bombeiros militar.

- V. Dec.-lei 667/1969 (Polícias militares e corpos de bombeiros militares dos Estados, dos Territórios e do Distrito Federal).
- V. Lei 6.450/1977 (Organização básica da polícia militar do Distrito Federal).
- V. Lei 7.289/1984 (Estatuto dos Policiais Militares da Polícia Militar do Distrito Federal).
- V. Lei 7.479/1986 (Estatuto dos Bombeiros Militares do Corpo de Bombeiros do Distrito Federal).

Seção II
Dos Territórios

Art. 33. A lei disporá sobre a organização administrativa e judiciária dos Territórios.

- V. Lei 11.697/2008 (Organização judiciária do Distrito Federal e dos Territórios).

§ 1º Os Territórios poderão ser divididos em Municípios, aos quais se aplicará, no que couber, o disposto no Capítulo IV deste Título.

§ 2º As contas do Governo do Território serão submetidas ao Congresso Nacional, com parecer prévio do Tribunal de Contas da União.

§ 3º Nos Territórios Federais com mais de cem mil habitantes, além do Governador nomeado na forma desta Constituição, haverá órgãos judiciários de primeira e segunda instância, membros do Ministério Público e defensores públicos federais; a lei disporá sobre as eleições para a Câmara Territorial e sua competência deliberativa.

Capítulo VI
Da Intervenção

Art. 34. A União não intervirá nos Estados nem no Distrito Federal, exceto para:

I – manter a integridade nacional;

- V. art. 1º, CF.

II – repelir invasão estrangeira ou de uma unidade da Federação em outra;

III – pôr termo a grave comprometimento da ordem pública;

IV – garantir o livre exercício de qualquer dos Poderes nas unidades da Federação;

- V. art. 36, I, CF.

V – reorganizar as finanças da unidade da Federação que:

a) suspender o pagamento da dívida fundada por mais de dois anos consecutivos, salvo motivo de força maior;

b) deixar de entregar aos Municípios receitas tributárias fixadas nesta Constituição, dentro dos prazos estabelecidos em lei;

- V. art. 10, LC 63/1990 (Critérios e prazos de crédito das parcelas do produto da arrecadação de impostos de competência dos Estados e de transferências por estes recebidas pertencentes aos Municípios).

VI – prover a execução de lei federal, ordem ou decisão judicial;

- V. art. 36, § 3º, CF.
- V. Súmula 637, STF.

CF

VII – assegurar a observância dos seguintes princípios constitucionais:

- V. art. 36, III e § 3º, CF.

a) forma republicana, sistema representativo e regime democrático;

b) direitos da pessoa humana;

c) autonomia municipal;

d) prestação de contas da administração pública, direta e indireta;

e) aplicação do mínimo exigido da receita resultante de impostos estaduais, compreendida a proveniente de transferências, na manutenção e desenvolvimento do ensino e nas ações e serviços públicos de saúde.

- Alínea e acrescentada pela Emenda Constitucional 29/2000.

Art. 35. O Estado não intervirá em seus Municípios, nem a União nos Municípios localizados em Território Federal, exceto quando:

I – deixar de ser paga, sem motivo de força maior, por dois anos consecutivos, a dívida fundada;

II – não forem prestadas contas devidas, na forma da lei;

III – não tiver sido aplicado o mínimo exigido da receita municipal na manutenção e desenvolvimento do ensino e nas ações e serviços públicos de saúde;

- Inciso III com redação determinada pela Emenda Constitucional 29/2000.

IV – o Tribunal de Justiça der provimento a representação para assegurar a observância de princípios indicados na Constituição Estadual, ou para prover a execução de lei, de ordem ou de decisão judicial.

Art. 36. A decretação da intervenção dependerá:

I – no caso do art. 34, IV, de solicitação do Poder Legislativo ou do Poder Executivo coacto ou impedido, ou de requisição do Supremo Tribunal Federal, se a coação for exercida contra o Poder Judiciário;

II – no caso de desobediência a ordem ou decisão judiciária, de requisição do Supremo Tribunal Federal, do Superior Tribunal de Justiça ou do Tribunal Superior Eleitoral;

III – de provimento, pelo Supremo Tribunal Federal, de representação do Procurador-Geral da República, na hipótese do art. 34, VII, e no caso de recusa à execução de lei federal.

- Inciso III com redação determinada pela Emenda Constitucional 45/2004.

IV – *(Revogado pela Emenda Constitucional 45/2004).*

§ 1º O decreto de intervenção, que especificará a amplitude, o prazo e as condições de execução e que, se couber, nomeará o interventor, será submetido à apreciação do Congresso Nacional ou da Assembleia Legislativa do Estado, no prazo de vinte e quatro horas.

§ 2º Se não estiver funcionando o Congresso Nacional ou a Assembleia Legislativa, far-se-á convocação extraordinária, no mesmo prazo de vinte e quatro horas.

§ 3º Nos casos do art. 34, VI e VII, ou do art. 35, IV, dispensada a apreciação pelo Congresso Nacional ou pela Assembleia Legislativa, o decreto limitar-se-á a suspender a execução do ato impugnado, se essa medida bastar ao restabelecimento da normalidade.

§ 4º Cessados os motivos da intervenção, as autoridades afastadas de seus cargos a estes voltarão, salvo impedimento legal.

Capítulo VII
Da Administração Pública

Seção I
Disposições Gerais

Art. 37. A administração pública direta e indireta de qualquer dos Poderes da União, dos Estados, do Distrito Federal e dos Municípios obedecerá aos princípios de legalidade, impessoalidade, moralidade, publicidade e eficiência e, também, ao seguinte:

- *Caput* com redação determinada pela Emenda Constitucional 19/1998.
- V. art. 19, ADCT.
- V. Lei 8.112/1990 (Regime jurídico dos servidores públicos civis da União, das autarquias e das fundações públicas federais).
- V. Lei 8.727/1993 (Reescalonamento, pela União, de dívidas das administrações direta e indireta dos Estados, do Distrito Federal e dos Municípios).
- V. Lei 8.730/1993 (Obrigatoriedade de declaração de bens e rendas para o exercício de cargos, empregos e funções nos Poderes Executivo, Legislativo e Judiciário).
- V. Súmula vinculante 13, STF.

I – os cargos, empregos e funções públicas são acessíveis aos brasileiros que preencham os requisitos estabelecidos em lei, assim como aos estrangeiros, na forma da lei;

- Inciso I com redação determinada pela Emenda Constitucional 19/1998.
- V. art. 7º, CLT.
- V. arts. 3º e 5º, Lei 8.112/1990 (Regime jurídico dos servidores públicos civis da União, das autarquias e das fundações públicas federais).
- V. Súmula 686, STF.

II – a investidura em cargo ou emprego público depende de aprovação prévia em concurso público de provas ou de provas e títulos, de acordo com a natureza e a complexidade do cargo ou emprego, na forma prevista em lei, ressalvadas as nomeações para cargo em comissão declarado em lei de livre nomeação e exoneração;

- Inciso II com redação determinada pela Emenda Constitucional 19/1998.
- V. art. 7º, CLT.
- V. arts. 11 e 12, Lei 8.112/1990 (Regime jurídico dos servidores públicos civis da União, das autarquias e das fundações públicas federais).
- V. Lei 9.962/2000 (Regime de emprego público).
- V. Súmula vinculante 43, STF.
- V. Súmula 685, STF.

III – o prazo de validade do concurso público será de até dois anos, prorrogável uma vez, por igual período;

- V. art. 12, Lei 8.112/1990 (Regime jurídico dos servidores públicos civis da União, das autarquias e das fundações públicas federais).

IV – durante o prazo improrrogável previsto no edital de convocação, aquele aprovado em concurso público de provas ou de provas e títulos será convocado com prioridade sobre novos concursados para assumir cargo ou emprego, na carreira;

- V. art. 7º, CLT.

V – as funções de confiança, exercidas exclusivamente por servidores ocupantes de cargo efetivo, e os cargos em comissão, a serem preenchidos por servidores de carreira nos casos, condições e percentuais mínimos previstos em lei, destinam-se apenas às atribuições de direção, chefia e assessoramento;

- Inciso V com redação determinada pela Emenda Constitucional 19/1998.

VI – é garantido ao servidor público civil o direito à livre associação sindical;

VII – o direito de greve será exercido nos termos e nos limites definidos em lei específica;

- Inciso VII com redação determinada pela Emenda Constitucional 19/1998.

VIII – a lei reservará percentual dos cargos e empregos públicos para as pessoas portadoras de deficiência e definirá os critérios de sua admissão;

- V. Lei 7.853/1989 (Integração social das pessoas portadoras de deficiência).
- V. art. 5º, § 2º, Lei 8.112/1990 (Regime jurídico dos servidores públicos civis da União, das autarquias e das fundações públicas federais).
- V. Súmula 377, STJ.

IX – a lei estabelecerá os casos de contratação por tempo determinado para atender a necessidade temporária de excepcional interesse público;

- V. Lei 8.745/1993 (Contratação por tempo determinado para atender a necessidade temporária de excepcional interesse público).
- V. Lei 9.849/1999 (Altera a Lei 8.745/1993).
- V. art. 30, Lei 10.871/2004 (Criação de carreiras e organização de cargos efetivos das autarquias especiais).

X – a remuneração dos servidores públicos e o subsídio de que trata o § 4º do art. 39 somente poderão ser fixados ou alterados por lei específica, observada a iniciativa privativa em cada caso, assegurada revisão geral anual, sempre na mesma data e sem distinção de índices;

- Inciso X com redação determinada pela Emenda Constitucional 19/1998.
- V. arts. 39, § 4º, 95, III, e 128, § 5º, I, *c*, CF.
- V. Lei 7.706/1988 (Revisão de vencimentos, salários, soldos e proventos dos servidores civis e militares).

XI – a remuneração e o subsídio dos ocupantes de cargos, funções e empregos públicos da administração direta, autárquica e fundacional, dos membros de qualquer dos Poderes da União, dos Estados, do Distrito Federal e dos Municípios, dos detentores de mandato eletivo e dos demais agentes políticos e os proventos, pensões ou outra espécie remuneratória, percebidos cumulativamente ou não, incluídas as vantagens pessoais ou de qualquer outra natureza, não poderão exceder o subsídio mensal, em espécie, dos Ministros do Supremo Tribunal Federal, aplicando-se como limite, nos Municípios, o subsídio do Prefeito, e

CF

nos Estados e no Distrito Federal, o subsídio mensal do Governador no âmbito do Poder Executivo, o subsídio dos Deputados Estaduais e Distritais no âmbito do Poder Legislativo e o subsídio dos Desembargadores do Tribunal de Justiça, limitado a noventa inteiros e vinte e cinco centésimos por cento do subsídio mensal, em espécie, dos Ministros do Supremo Tribunal Federal, no âmbito do Poder Judiciário, aplicável este limite aos membros do Ministério Público, aos Procuradores e aos Defensores Públicos;

- Inciso XI com redação determinada pela Emenda Constitucional 41/2003.
- O STF, na ADIn 3.854-1 (*DOU* e *DJU* 08.03.2007), concedeu liminar para, "dando interpretação conforme à Constituição ao artigo 37, inciso XI, e § 12, da Constituição da República, o primeiro dispositivo, na redação da EC 41/2003, e o segundo, introduzido pela EC 47/2005, excluir a submissão dos membros da magistratura estadual ao subteto de remuneração [...]".
- V. arts. 27, § 2º, 28, § 2º, 29, V e VI, 39, §§ 4º e 5º, 49, VII e VIII, 93, V, 95, III, 128, § 5º, I, *c*, e 142, § 3º, VIII, CF.
- V. art. 3º, § 3º, Emenda Constitucional 20/1998.
- V. arts. 7º e 8º, Emenda Constitucional 41/2003.
- V. Lei 8.112/1990 (Regime jurídico dos servidores públicos civis da União, das autarquias e das fundações públicas federais).
- V. Lei Delegada 13/1992 (Gratificações de atividade para os servidores civis do Poder Executivo).
- V. Lei 12.042/2009 (Revisão do subsídio do Procurador-Geral da República).

XII – **os vencimentos dos cargos do Poder Legislativo e do Poder Judiciário não poderão ser superiores aos pagos pelo Poder Executivo;**

- V. art. 135, CF.
- V. art. 42, Lei 8.112/1990 (Regime jurídico dos servidores públicos civis da União, das autarquias e das fundações públicas federais).
- V. Lei 8.852/1994 (Aplicação dos arts. 37, XI e XII, e 39, § 1º, CF).

XIII – **é vedada a vinculação ou equiparação de quaisquer espécies remuneratórias para o efeito de remuneração de pessoal do serviço público;**

- Inciso XIII com redação determinada pela Emenda Constitucional 19/1998.
- V. art. 142, § 3º, VIII.

XIV – **os acréscimos pecuniários percebidos por servidor público não serão computados nem acumulados para fins de concessão de acréscimos ulteriores;**

- Inciso XIV com redação determinada pela Emenda Constitucional 19/1998.
- V. art. 142, § 3º, VIII, CF.

XV – **o subsídio e os vencimentos dos ocupantes de cargos e empregos públicos são irredutíveis, ressalvado o disposto nos incisos XI e XIV deste artigo e nos arts. 39, § 4º, 150, II, 153, III, e 153, § 2º, I;**

- Inciso XV com redação determinada pela Emenda Constitucional 19/1998.
- V. art. 142, § 3º, VIII, CF.

XVI – **é vedada a acumulação remunerada de cargos públicos, exceto, quando houver compatibilidade de horários, observado em qualquer caso o disposto no inciso XI:**

- *Caput* do inciso XVI com redação determinada pela Emenda Constitucional 19/1998.

a) **a de dois cargos de professor;**

- Alínea *a* com redação determinada pela Emenda Constitucional 19/1998.

b) **a de um cargo de professor com outro, técnico ou científico;**

- Alínea *b* com redação determinada pela Emenda Constitucional 19/1998.

c) **a de dois cargos ou empregos privativos de profissionais de saúde, com profissões regulamentadas;**

- Alínea *c* com redação determinada pela Emenda Constitucional 34/2001.
- V. arts. 118 a 120, Lei 8.112/1990 (Regime jurídico dos servidores públicos civis da União, das autarquias e das fundações públicas federais).

XVII – **a proibição de acumular estende-se a empregos e funções e abrange autarquias, fundações, empresas públicas, sociedades de economia mista, suas subsidiárias, e sociedades controladas, direta ou indiretamente, pelo poder público;**

- Inciso XVII com redação determinada pela Emenda Constitucional 19/1998.
- V. art. 118, § 1º, Lei 8.112/1990 (Regime jurídico dos servidores públicos civis da União, das autarquias e das fundações públicas federais).

XVIII – **a administração fazendária e seus servidores fiscais terão, dentro de suas áreas de competência e jurisdição, precedência sobre os demais setores administrativos, na forma da lei;**

XIX – **somente por lei específica poderá ser criada autarquia e autorizada a instituição de empresa pública, de sociedade de economia mista e de fundação, cabendo à lei complementar, neste último caso, definir as áreas de sua atuação;**

- Inciso XIX com redação determinada pela Emenda Constitucional 19/1998.

XX – **depende de autorização legislativa, em cada caso, a criação de subsidiárias das entidades mencionadas no inciso anterior, assim como a participação de qualquer delas em empresa privada;**

XXI – **ressalvados os casos especificados na legislação, as obras, serviços, compras e alienações serão contratados mediante processo de licitação pública que assegure igualdade de condições a todos os concorrentes, com cláusulas que estabeleçam obrigações de pagamento, mantidas as condições efetivas da proposta, nos termos da lei, o qual somente permitirá as exigências de qualificação técnica e econômica indispensáveis à garantia do cumprimento das obrigações.**

- V. art. 22, XXVII, CF.
- V. art. 3º, Lei 8.666/1993 (Lei de Licitações).
- V. Lei 8.883/1994 (Licitações e contratos da administração pública – altera a Lei 8.666/1993).
- V. Lei 9.854/1999 (Licitações e contratos da administração pública – altera a Lei 8.666/1993).
- V. Súmula 333, STJ.

XXII – **as administrações tributárias da União, dos Estados, do Distrito Federal e dos Municípios, atividades essenciais ao funcionamento do Estado, exercidas por servidores de carreiras específicas, terão recursos prioritários para a realização de suas atividades e atuarão de forma integrada, inclusive com o compartilhamento de cadastros e de informações fiscais, na forma da lei ou convênio.**

- Inciso XXII acrescentado pela Emenda Constitucional 42/2003.

§ 1º A publicidade dos atos, programas, obras, serviços e campanhas dos órgãos públicos deverá ter caráter educativo, informativo ou de orientação social, dela não podendo constar nomes, símbolos ou imagens que caracterizem promoção pessoal de autoridades ou servidores públicos.

- V. Lei 8.389/1991 (Conselho de Comunicação Social).

§ 2º A não observância do disposto nos incisos II e III implicará a nulidade do ato e a punição da autoridade responsável, nos termos da lei.

- V. arts. 116 a 142, Lei 8.112/1990 (Regime jurídico dos servidores públicos civis da União, das autarquias e das fundações públicas federais).
- V. Lei 8.429/1992 (Enriquecimento ilícito – sanções aplicáveis).

§ 3º A lei disciplinará as formas de participação do usuário na administração pública direta e indireta, regulando especialmente:

- § 3º com redação determinada pela Emenda Constitucional 19/1998.

I – **as reclamações relativas à prestação dos serviços públicos em geral, asseguradas a manutenção de serviços de atendimento ao usuário e a avaliação periódica, externa e interna, da qualidade dos serviços;**

II – **o acesso dos usuários a registros administrativos e a informações sobre atos de governo, observado o disposto no art. 5º, X e XXXIII;**

- V. Lei 12.527/2011 (Lei Geral de Acesso à Informação Pública).

III – **a disciplina da representação contra o exercício negligente ou abusivo de cargo, emprego ou função na administração pública.**

§ 4º Os atos de improbidade administrativa importarão a suspensão dos direitos políticos, a perda da função pública, a indisponibilidade dos bens e o ressarcimento ao erário, na forma e gradação previstas em lei, sem prejuízo da ação penal cabível.

- V. art. 15, V, CF.
- V. Dos crimes praticados por funcionário público contra a administração em geral, Capítulo I do Título XI, CP.
- V. Dec.-lei 3.240/1941 (Crimes contra a Fazenda Pública – sequestro de bens).
- V. Dec.-lei 502/1969 (Confisco de bens).
- V. Lei 8.026/1990 (Aplicação da pena de demissão a funcionário público).
- V. Lei 8.027/1990 (Conduta dos servidores públicos civis da União, das autarquias e das fundações públicas).
- V. Lei 8.112/1990 (Regime jurídico dos servidores públicos civis da União, das autarquias e das fundações públicas federais).
- V. art. 3º, Lei 8.137/1990 (Crimes contra a ordem tributária, econômica e contra as relações de consumo).
- V. Lei 8.429/1992 (Enriquecimento ilícito – sanções aplicáveis).
- V. arts. 81 a 99, Lei 8.666/1993 (Lei de Licitações).

§ 5º A lei estabelecerá os prazos de prescrição para ilícitos praticados por qualquer agente, servidor ou não, que causem prejuízos ao erário, ressalvadas as respectivas ações de ressarcimento.

- V. art. 142, Lei 8.112/1990 (Regime jurídico dos servidores públicos civis da União, das autarquias e das fundações públicas federais).
- V. art. 23, Lei 8.429/1992 (Enriquecimento ilícito – sanções aplicáveis).

§ 6º As pessoas jurídicas de direito público e as de direito privado prestadoras de serviços públicos responderão pelos danos que seus agentes, nessa qualidade, causarem a terceiros, assegurado o direito de regresso contra o responsável nos casos de dolo ou culpa.

- V. art. 43, CC.
- V. Lei 6.453/1977 (Responsabilidade civil e criminal por danos nucleares).

§ 7º A lei disporá sobre os requisitos e as restrições ao ocupante de cargo ou emprego da administração direta e indireta que possibilite o acesso a informações privilegiadas.

- § 7º acrescentado pela Emenda Constitucional 19/1998.

§ 8º A autonomia gerencial, orçamentária e financeira dos órgãos e entidades da administração direta e indireta poderá ser ampliada mediante contrato, a ser firmado entre seus administradores e o poder público, que tenha por objeto a fixação de metas de desempenho para o órgão ou entidade, cabendo à lei dispor sobre:

- § 8º acrescentado pela Emenda Constitucional 19/1998.

I – o prazo de duração do contrato;

II – os controles e critérios de avaliação de desempenho, direitos, obrigações e responsabilidade dos dirigentes;

III – a remuneração do pessoal.

§ 9º O disposto no inciso XI aplica-se às empresas públicas e às sociedades de economia mista, e suas subsidiárias, que receberem recursos da União, dos Estados, do Distrito Federal ou dos Municípios para pagamento de despesas de pessoal ou de custeio em geral.

- § 9º acrescentado pela Emenda Constitucional 19/1998.

§ 10. É vedada a percepção simultânea de proventos de aposentadoria decorrentes do art. 40 ou dos arts. 42 e 142 com a remuneração de cargo, emprego ou função pública, ressalvados os cargos acumuláveis na forma desta Constituição, os cargos eletivos e os cargos em comissão declarados em lei de livre nomeação e exoneração.

- § 10 acrescentado pela Emenda Constitucional 20/1998.

§ 11. Não serão computadas, para efeito dos limites remuneratórios de que trata o inciso XI do *caput* deste artigo, as parcelas de caráter indenizatório previstas em lei.

- § 11 acrescentado pela Emenda Constitucional 47/2005 (*DOU* 06.07.2005), em vigor na data de sua publicação, com efeitos retroativos à data de vigência da Emenda Constitucional 41/2003 (*DOU* 31.12.2003).
- V. art. 4º, Emenda Constitucional 47/2005.

§ 12. Para os fins do disposto no inciso XI do *caput* deste artigo, fica facultado aos Estados e ao Distrito Federal fixar, em seu âmbito, mediante emenda às respectivas Constituições e Lei Orgânica, como limite único, o subsídio mensal dos Desembargadores do respectivo Tribunal de Justiça, limitado a noventa inteiros e vinte e cinco centésimos por cento do subsídio mensal dos Ministros do Supremo Tribunal Federal, não se aplicando o disposto neste parágrafo aos subsídios dos Deputados Estaduais e Distritais e dos Vereadores.

- § 12 acrescentado pela Emenda Constitucional 47/2005 (*DOU* 06.07.2005), em vigor na data de sua publicação, com efeitos retroativos à data de vigência da Emenda Constitucional 41/2003 (*DOU* 31.12.2003).

Art. 38. Ao servidor público da administração direta, autárquica e fundacional, no exercício de mandato eletivo, aplicam-se as seguintes disposições:

- *Caput* com redação determinada pela Emenda Constitucional 19/1998.
- V. art. 28, CF.
- V. Lei 8.112/1990 (Regime jurídico dos servidores públicos civis da União, das autarquias e das fundações públicas federais).

I – tratando-se de mandato eletivo federal, estadual ou distrital, ficará afastado de seu cargo, emprego ou função;

- V. art. 28, § 1º, CF.

II – investido no mandato de Prefeito, será afastado do cargo, emprego ou função, sendo-lhe facultado optar pela sua remuneração;

III – investido no mandato de Vereador, havendo compatibilidade de horários, perceberá as vantagens de seu cargo, emprego ou função, sem prejuízo da remuneração do cargo eletivo, e, não havendo compatibilidade, será aplicada a norma do inciso anterior;

IV – em qualquer caso que exija o afastamento para o exercício de mandato eletivo, seu tempo de serviço será contado para todos os efeitos legais, exceto para promoção por merecimento;

- V. art. 28, § 1º, CF.

V – para efeito de benefício previdenciário, no caso de afastamento, os valores serão determinados como se no exercício estivesse.

- V. art. 28, § 1º, CF.

Seção II
Dos Servidores Públicos

- Rubrica da Seção II renomeada pela Emenda Constitucional 18/1998.
- V. Súmula 378, STJ.

Art. 39. A União, os Estados, o Distrito Federal e os Municípios instituirão conselho de política de administração e remuneração de pessoal, integrado por servidores designados pelos respectivos Poderes.

- Artigo com redação determinada pela Emenda Constitucional 19/1998.
- O STF, na ADIn 2.135-4 (*DOU* e *DJU* 14.08.2007), deferiu parcialmente a medida cautelar, com efeitos *ex nunc*, para suspender a eficácia do art. 39, *caput*, da CF, com a redação determinada pela EC 19/1998. De acordo com o voto do relator, em função da liminar concedida, volta a vigorar a redação original: "Art. 39. A União, os Estados, o Distrito Federal e os Municípios instituirão, no âmbito de sua competência, regime jurídico único e planos de carreira para os servidores da administração pública direta, das autarquias e das fundações públicas".
- V. art. 24, ADCT.
- V. Lei 8.026/1990 (Aplicação da pena de demissão a funcionário público).
- V. Lei 8.027/1990 (Conduta dos servidores públicos civis da União, das autarquias e das fundações públicas).
- V. Lei 8.112/1990 (Regime jurídico dos servidores públicos civis da União, das autarquias e das fundações públicas federais).

§ 1º A fixação dos padrões de vencimento e dos demais componentes do sistema remuneratório observará:

- V. Súmula vinculante 4, STF.

I – a natureza, o grau de responsabilidade e a complexidade dos cargos componentes de cada carreira;

II – os requisitos para a investidura;

III – as peculiaridades dos cargos.

- V. art. 41, § 4º, Lei 8.112/1990 (Regime jurídico dos servidores públicos civis da União, das autarquias e das fundações públicas federais).
- V. Lei 8.448/1992 (Regulamenta o art. 39, § 1º, CF).
- V. Res. CN 1/1992 (Poderes ao Presidente da República para legislar sobre revisão e instituição de gratificações de atividade dos servidores do Poder Executivo, civis e militares, com o fim específico de lhes assegurar a isonomia).
- V. Lei 8.852/1994 (Aplicação dos arts. 37, XI e XII, e 39, § 1º, CF).
- V. Lei 9.367/1996 (Fixa critérios para unificação das tabelas de vencimentos dos servidores).

§ 2º A União, os Estados e o Distrito Federal manterão escolas de governo para a formação e o aperfeiçoamento dos servidores públicos, constituindo-se a participação nos cursos um dos requisitos para a promoção na carreira, facultada, para isso, a celebração de convênios ou contratos entre os entes federados.

§ 3º Aplica-se aos servidores ocupantes de cargo público o disposto no art. 7º, IV, VII, VIII, IX, XII, XIII, XV, XVI, XVII, XVIII, XIX, XX, XXII e XXX, podendo a lei estabelecer requisitos diferenciados de admissão quando a natureza do cargo o exigir.

- V. Dec.-lei 5.452/1943 (Consolidação das Leis do Trabalho).
- V. Súmula vinculante 16, STF.

§ 4º O membro de Poder, o detentor de mandato eletivo, os Ministros de Estado e os Secretários Estaduais e Municipais serão remunerados exclusivamente por subsídio fixado em parcela única, vedado o acréscimo de qualquer gratificação, adicional, abono, prêmio, verba de representação ou outra espécie remuneratória, obedecido, em qualquer caso, o disposto no art. 37, X e XI.

- V. arts. 27, § 2º, 28, § 2º, 29, V e VI, 37, XV, 48, XV, 49, VII e VIII, 93, V, 95, III, 128, § 5º, I, *c*, e 135, CF.

CF

- V. Lei 11.144/2005 (Subsídio do Procurador Geral da República).
- V. Lei 12.042/2009 (Revisão do subsídio do Procurador-Geral da República).

§ 5º Lei da União, dos Estados, do Distrito Federal e dos Municípios poderá estabelecer a relação entre a maior e a menor remuneração dos servidores públicos, obedecido, em qualquer caso, o disposto no art. 37, XI.

§ 6º Os Poderes Executivo, Legislativo e Judiciário publicarão anualmente os valores do subsídio e da remuneração dos cargos e empregos públicos.

§ 7º Lei da União, dos Estados, do Distrito Federal e dos Municípios disciplinará a aplicação de recursos orçamentários provenientes da economia com despesas correntes em cada órgão, autarquia e fundação, para aplicação no desenvolvimento de programas de qualidade e produtividade, treinamento e desenvolvimento, modernização, reaparelhamento e racionalização do serviço público, inclusive sob a forma de adicional ou prêmio de produtividade.

§ 8º A remuneração dos servidores públicos organizados em carreira poderá ser fixada nos termos do § 4º.

Art. 40. Aos servidores titulares de cargos efetivos da União, dos Estados, do Distrito Federal e dos Municípios, incluídas suas autarquias e fundações, é assegurado regime de previdência de caráter contributivo e solidário, mediante contribuição do respectivo ente público, dos servidores ativos e inativos e dos pensionistas, observados critérios que preservem o equilíbrio financeiro e atuarial e o disposto neste artigo.

- *Caput* com redação determinada pela Emenda Constitucional 41/2003.
- V. arts. 37, § 10, 73, § 3º, e 93, VI, CF.
- V. arts. 4º e 6º, Emenda Constitucional 41/2003.
- V. art. 3º, Emenda Constitucional 47/2005.

§ 1º Os servidores abrangidos pelo regime de previdência de que trata este artigo serão aposentados, calculados os seus proventos a partir dos valores fixados na forma dos §§ 3º e 17:

- *Caput* do § 1º com redação determinada pela Emenda Constitucional 41/2003.
- V. art. 2º, § 5º, Emenda Constitucional 41/2003.

I – por invalidez permanente, sendo os proventos proporcionais ao tempo de contribuição, exceto se decorrente de acidente em serviço, moléstia profissional ou doença grave, contagiosa ou incurável, na forma da lei;

- Inciso I com redação determinada pela Emenda Constitucional 41/2003.

II – compulsoriamente, com proventos proporcionais ao tempo de contribuição, aos 70 (setenta) anos de idade, ou aos 75 (setenta e cinco) anos de idade, na forma de lei complementar;

- Inciso II com redação determinada pela Emenda Constitucional 88/2015.
- V. Med. Caut. em ADin 5.316 (DOU e DJE 06.08.2015), que concede medida cautelar para: 1) suspender a aplicação da expressão "nas condições do art. 52 da Constituição Federal" contida no art. 100 do ADCT, introduzido pela EC 88/2015, por vulnerar as condições materiais necessárias ao exercício imparcial e independente da função jurisdicional, ultrajando a separação dos Poderes, cláusula pétrea inscrita no art. 60, § 4º, III, da CRFB; 2) fixar a interpretação, quanto à parte remanescente da EC 88/2015, de que o art. 100 do ADCT não pode ser estendido a outros agentes públicos até que seja editada a lei complementar a que alude o art. 40, § 1º, II, da CRFB, a qual, quanto à magistratura, é a lei complementar de iniciativa do Supremo Tribunal Federal nos termos do art. 93 da CRFB; 3) suspender a tramitação de todos os processos que envolvam a aplicação a magistrados do art. 40, § 1º, II da CRFB e do art. 100 do ADCT, até o julgamento definitivo da presente demanda, e 4) declarar sem efeito todo e qualquer pronunciamento judicial ou administrativo que afaste, amplie ou reduza a literalidade do comando previsto no art. 100 do ADCT e, com base neste fundamento, assegure a qualquer outro agente público o exercício das funções relativas a cargo efetivo após ter completado setenta anos de idade.
- V. arts. 2º, § 5º, e 3º, § 1º, Emenda Constitucional 41/2003.

III – voluntariamente, desde que cumprido tempo mínimo de dez anos de efetivo exercício no serviço público e cinco anos no cargo efetivo em que se dará a aposentadoria, observadas as seguintes condições:

- Inciso III acrescentado pela Emenda Constitucional 20/1998.
- V. art. 2º, § 1º, Emenda Constitucional 41/2003.

a) sessenta anos de idade e trinta e cinco de contribuição, se homem, e cinquenta e cinco anos de idade e trinta de contribuição, se mulher;

- V. art. 3º, § 1º, Emenda Constitucional 20/1998.

b) sessenta e cinco anos de idade, se homem, e sessenta anos de idade, se mulher, com proventos proporcionais ao tempo de contribuição.

§ 2º Os proventos de aposentadoria e as pensões, por ocasião de sua concessão, não poderão exceder a remuneração do respectivo servidor, no cargo efetivo em que se deu a aposentadoria ou que serviu de referência para a concessão da pensão.

- § 2º com redação determinada pela Emenda Constitucional 20/1998.

§ 3º Para o cálculo dos proventos de aposentadoria, por ocasião da sua concessão, serão consideradas as remunerações utilizadas como base para as contribuições do servidor aos regimes de previdência de que tratam este artigo e o art. 201, na forma da lei.

- § 3º com redação determinada pela Emenda Constitucional 41/2003.
- V. art. 2º, Emenda Constitucional 41/2003.
- V. art. 1º, Lei 10.887/2004 (Aplicação de disposições da Emenda Constitucional 41/2003).

§ 4º É vedada a adoção de requisitos e critérios diferenciados para a concessão de aposentadoria aos abrangidos pelo regime de que trata este artigo, ressalvados, nos termos definidos em leis complementares, os casos de servidores:

- § 4º com redação determinada pela Emenda Constitucional 47/2005 (*DOU* 06.07.2005), em vigor na data de sua publicação, com efeitos retroativos à data de vigência da Emenda Constitucional 41/2003 (*DOU* 31.12.2003).
- V. Súmula vinculante 55, STF.

I – portadores de deficiência;

II – que exerçam atividades de risco;

III – cujas atividades sejam exercidas sob condições especiais que prejudiquem a saúde ou a integridade física.

- V. Súmula vinculante 33, STF.

§ 5º Os requisitos de idade e de tempo de contribuição serão reduzidos em cinco anos, em relação ao disposto no § 1º, III, a, para o professor que comprove exclusivamente tempo de efetivo exercício das funções de magistério na educação infantil e no ensino fundamental e médio.

- § 5º com redação determinada pela Emenda Constitucional 20/1998.
- V. arts. 2º, § 1º, e 6º, Emenda Constitucional 41/2003.
- V. art. 67, § 2º, Lei 9.394/1996 (Diretrizes e bases da educação nacional).
- V. Súmula 726, STF.

§ 6º Ressalvadas as aposentadorias decorrentes dos cargos acumuláveis na forma desta Constituição, é vedada a percepção de mais de uma aposentadoria à conta do regime de previdência previsto neste artigo.

- § 6º com redação determinada pela Emenda Constitucional 20/1998.

§ 7º Lei disporá sobre a concessão do benefício de pensão por morte, que será igual:

- § 7º com redação determinada pela Emenda Constitucional 41/2003.
- V. art. 42, § 2º, CF.

I – ao valor da totalidade dos proventos do servidor falecido, até o limite máximo estabelecido para os benefícios do regime geral de previdência social de que trata o art. 201, acrescido de setenta por cento da parcela excedente a este limite, caso aposentado à data do óbito; ou

II – ao valor da totalidade da remuneração do servidor no cargo efetivo em que se deu o falecimento, até o limite máximo estabelecido para os benefícios do regime geral de previdência social de que trata o art. 201, acrescido de setenta por cento da parcela excedente a este limite, caso em atividade na data do óbito.

§ 8º É assegurado o reajustamento dos benefícios para preservar-lhes, em caráter permanente, o valor real, conforme critérios estabelecidos em lei.

- § 8º com redação determinada pela Emenda Constitucional 41/2003.
- V. art. 2º, § 6º, Emenda Constitucional 41/2003.
- V. Súmula vinculante 34, STF.

§ 9º O tempo de contribuição federal, estadual ou municipal será contado para efeito de aposentadoria e o tempo de serviço correspondente para efeito de disponibilidade.

- § 9º acrescentado pela Emenda Constitucional 20/1998.
- V. art. 42, § 1º, CF.

§ 10. A lei não poderá estabelecer qualquer forma de contagem de tempo de contribuição fictício.

CF

- § 10 acrescentado pela Emenda Constitucional 20/1998.
- V. art. 4º, Emenda Constitucional 20/1998.

§ 11. Aplica-se o limite fixado no art. 37, XI, à soma total dos proventos de inatividade, inclusive quando decorrentes da acumulação de cargos ou empregos públicos, bem como de outras atividades sujeitas a contribuição para o regime geral de previdência social, e ao montante resultante da adição de proventos de inatividade com remuneração de cargo acumulável na forma desta Constituição, cargo em comissão declarado em lei de livre nomeação e exoneração, e de cargo eletivo.

- § 11 acrescentado pela Emenda Constitucional 20/1998.

§ 12. Além do disposto neste artigo, o regime de previdência dos servidores públicos titulares de cargo efetivo observará, no que couber, os requisitos e critérios fixados para o regime geral de previdência social.

- § 12 acrescentado pela Emenda Constitucional 20/1998.

§ 13. Ao servidor ocupante, exclusivamente, de cargo em comissão declarado em lei de livre nomeação e exoneração bem como de outro cargo temporário ou de emprego público, aplica-se o regime geral de previdência social.

- § 13 acrescentado pela Emenda Constitucional 20/1998.
- V. Lei 9.962/2000 (Regime de emprego público).

§ 14. A União, os Estados, o Distrito Federal e os Municípios, desde que instituam regime de previdência complementar para os seus respectivos servidores titulares de cargo efetivo, poderão fixar, para o valor das aposentadorias e pensões a serem concedidas pelo regime de que trata este artigo, o limite máximo estabelecido para os benefícios do regime geral de previdência social de que trata o art. 201.

- § 14 acrescentado pela Emenda Constitucional 20/1998.

§ 15. O regime de previdência complementar de que trata o § 14 será instituído por lei de iniciativa do respectivo Poder Executivo, observado o disposto no art. 202 e seus parágrafos, no que couber, por intermédio de entidades fechadas de previdência complementar, de natureza pública, que oferecerão aos respectivos participantes planos de benefícios somente na modalidade de contribuição definida.

- § 15 com redação determinada pela Emenda Constitucional 41/2003.

§ 16. Somente mediante sua prévia e expressa opção, o disposto nos §§ 14 e 15 poderá ser aplicado ao servidor que tiver ingressado no serviço público até a data da publicação do ato de instituição do correspondente regime de previdência complementar.

- § 16 acrescentado pela Emenda Constitucional 20/1998.

§ 17. Todos os valores de remuneração considerados para o cálculo do benefício previsto no § 3º serão devidamente atualizados, na forma da lei.

- § 17 acrescentado pela Emenda Constitucional 41/2003.
- V. art. 2º, Emenda Constitucional 41/2003.

§ 18. Incidirá contribuição sobre os proventos de aposentadorias e pensões concedidas pelo regime de que trata este artigo que superem o limite máximo estabelecido para os benefícios do regime geral de previdência social de que trata o art. 201, com percentual igual ao estabelecido para os servidores titulares de cargos efetivos.

- § 18 acrescentado pela Emenda Constitucional 41/2003.
- V. art. 4º, I e II, Emenda Constitucional 41/2003.

§ 19. O servidor de que trata este artigo que tenha completado as exigências para aposentadoria voluntária estabelecidas no § 1º, III, a, e que opte por permanecer em atividade fará jus a um abono de permanência equivalente ao valor da sua contribuição previdenciária até completar as exigências para aposentadoria compulsória contidas no § 1º, II.

- § 19 acrescentado pela Emenda Constitucional 41/2003.

§ 20. Fica vedada a existência de mais de um regime próprio de previdência social para os servidores titulares de cargos efetivos, e de mais de uma unidade gestora do respectivo regime em cada ente estatal, ressalvado o disposto no art. 142, § 3º, X.

- § 20 acrescentado pela Emenda Constitucional 41/2003.
- V. art. 2º, Emenda Constitucional 41/2003.

§ 21. A contribuição prevista no § 18 deste artigo incidirá apenas sobre as parcelas de proventos de aposentadoria e de pensão que superem o dobro do limite máximo estabelecido para os benefícios do regime geral de previdência social de que trata o art. 201 desta Constituição, quando o beneficiário, na forma da lei, for portador de doença incapacitante.

- § 21 acrescentado pela Emenda Constitucional 47/2005 (*DOU* 06.07.2005), em vigor na data de sua publicação, com efeitos retroativos à data de vigência da Emenda Constitucional 41/2003 (*DOU* 31.12.2003).

Art. 41. São estáveis após três anos de efetivo exercício os servidores nomeados para cargo de provimento efetivo em virtude de concurso público.

- Artigo com redação determinada pela Emenda Constitucional 19/1998.

§ 1º O servidor público estável só perderá o cargo:

I – em virtude de sentença judicial transitada em julgado;

II – mediante processo administrativo em que lhe seja assegurada ampla defesa;

III – mediante procedimento de avaliação periódica de desempenho, na forma de lei complementar, assegurada ampla defesa.

- V. art. 247, CF.

§ 2º Invalidada por sentença judicial a demissão do servidor estável, será ele reintegrado, e o eventual ocupante da vaga, se estável, reconduzido ao cargo de origem, sem direito a indenização, aproveitado em outro cargo ou posto em disponibilidade com remuneração proporcional ao tempo de serviço.

§ 3º Extinto o cargo ou declarada a sua desnecessidade, o servidor estável ficará em disponibilidade, com remuneração proporcional ao tempo de serviço, até seu adequado aproveitamento em outro cargo.

§ 4º Como condição para a aquisição da estabilidade, é obrigatória a avaliação especial de desempenho por comissão instituída para essa finalidade.

- V. art. 28, Emenda Constitucional 19/1998.

Seção III
Dos Militares dos Estados, do Distrito Federal e dos Territórios

- Rubrica da Seção III renomeada pela Emenda Constitucional 18/1998.

Art. 42. Os membros das Polícias Militares e Corpos de Bombeiros Militares, instituições organizadas com base na hierarquia e disciplina, são militares dos Estados, do Distrito Federal e dos Territórios.

- *Caput* com redação determinada pela Emenda Constitucional 18/1998.
- V. art. 37, § 10, CF.

§ 1º Aplicam-se aos militares dos Estados, do Distrito Federal e dos Territórios, além do que vier a ser fixado em lei, as disposições do art. 14, § 8º; do art. 40, § 9º; e do art. 142, §§ 2º e 3º, cabendo a lei estadual específica dispor sobre as matérias do art. 142, § 3º, inciso X, sendo as patentes dos oficiais conferidas pelos respectivos governadores.

- § 1º com redação determinada pela Emenda Constitucional 20/1998.

§ 2º Aos pensionistas dos militares dos Estados, do Distrito Federal e dos Territórios aplica-se o que for fixado em lei específica do respectivo ente estatal.

- § 2º com redação determinada pela Emenda Constitucional 41/2003.

§ 3º Aplica-se aos militares dos Estados, do Distrito Federal e dos Territórios o disposto no art. 37, inciso XVI, com prevalência da atividade militar.

- § 3º acrescentado pela Emenda Constitucional 101/2019.

Seção IV
Das Regiões

Art. 43. Para efeitos administrativos, a União poderá articular sua ação em um mesmo complexo geoeconômico e social, visando a seu desenvolvimento e à redução das desigualdades regionais.

§ 1º Lei complementar disporá sobre:

I – as condições para integração de regiões em desenvolvimento;

II – a composição dos organismos regionais que executarão, na forma da lei, os planos regionais, integrantes dos planos nacionais de desenvolvimento econômico e social, aprovados juntamente com estes.

- V. LC 124/2007 (Sudam).
- V. LC 125/2007 (Sudene).
- V. LC 129/2009 (Sudeco).

§ 2º Os incentivos regionais compreenderão, além de outros, na forma da lei:

I – igualdade de tarifas, fretes, seguros e outros itens de custos e preços de responsabilidade do Poder Público;

II – juros favorecidos para financiamento de atividades prioritárias;

III – isenções, reduções ou diferimento temporário de tributos federais devidos por pessoas físicas ou jurídicas;

IV – prioridade para o aproveitamento econômico e social dos rios e das massas de água represadas ou represáveis nas regiões de baixa renda, sujeitas a secas periódicas.

§ 3º Nas áreas a que se refere o § 2º, IV, a União incentivará a recuperação de terras áridas e cooperará com os pequenos e médios proprietários rurais para o estabelecimento, em suas glebas, de fontes de água e de pequena irrigação.

TÍTULO IV
Da Organização dos Poderes

Capítulo I
Do Poder Legislativo

Seção I
Do Congresso Nacional

Art. 44. O Poder Legislativo é exercido pelo Congresso Nacional, que se compõe da Câmara dos Deputados e do Senado Federal.

Parágrafo único. Cada legislatura terá a duração de quatro anos.

Art. 45. A Câmara dos Deputados compõe-se de representantes do povo, eleitos, pelo sistema proporcional, em cada Estado, em cada Território e no Distrito Federal.

§ 1º O número total de Deputados, bem como a representação por Estado e pelo Distrito Federal, será estabelecido por lei complementar, proporcionalmente à população, procedendo-se aos ajustes necessários, no ano anterior às eleições, para que nenhuma daquelas unidades da Federação tenha menos de oito ou mais de setenta Deputados.

- V. LC 78/1993 (Fixação do número de deputados).

§ 2º Cada Território elegerá quatro Deputados.

Art. 46. O Senado Federal compõe-se de representantes dos Estados e do Distrito Federal, eleitos segundo o princípio majoritário.

§ 1º Cada Estado e o Distrito Federal elegerão três Senadores, com mandato de oito anos.

§ 2º A representação de cada Estado e do Distrito Federal será renovada de quatro em quatro anos, alternadamente, por um e dois terços.

§ 3º Cada Senador será eleito com dois suplentes.

Art. 47. Salvo disposição constitucional em contrário, as deliberações de cada Casa e de suas Comissões serão tomadas por maioria dos votos, presente a maioria absoluta de seus membros.

Seção II
Das Atribuições do Congresso Nacional

Art. 48. Cabe ao Congresso Nacional, com a sanção do Presidente da República, não exigida esta para o especificado nos arts. 49, 51 e 52, dispor sobre todas as matérias de competência da União, especialmente sobre:

I – sistema tributário, arrecadação e distribuição de rendas;

II – plano plurianual, diretrizes orçamentárias, orçamento anual, operações de crédito, dívida pública e emissões de curso forçado;

- V. Lei 9.276/1996 (Plano Plurianual para o período de 1996/1999).

III – fixação e modificação do efetivo das Forças Armadas;

IV – planos e programas nacionais, regionais e setoriais de desenvolvimento;

V – limites do território nacional, espaço aéreo e marítimo e bens do domínio da União;

VI – incorporação, subdivisão ou desmembramento de áreas de Territórios ou Estados, ouvidas as respectivas Assembleias Legislativas;

- V. art. 4º, Lei 9.709/1998 (Regulamenta a execução do disposto nos incisos I, II e III do art. 14 da CF).

VII – transferência temporária da sede do Governo Federal;

VIII – concessão de anistia;

IX – organização administrativa, judiciária, do Ministério Público e da Defensoria Pública da União e dos Territórios e organização judiciária e do Ministério Público do Distrito Federal;

- Inciso IX com redação determinada pela Emenda Constitucional 69/2012 (DOU 30.03.2012), em vigor na data de sua publicação, produzindo efeitos após decorridos 120 (cento e vinte) dias de sua publicação oficial (v. art. 4º, da referida EC).

X – criação, transformação e extinção de cargos, empregos e funções públicas, observado o que estabelece o art. 84, VI, b;

- Inciso X com redação determinada pela Emenda Constitucional 32/2001.

XI – criação e extinção de Ministérios e órgãos da administração pública;

- Inciso XI com redação determinada pela Emenda Constitucional 32/2001.

XII – telecomunicações e radiodifusão;

- V. Lei 9.295/1996 (Serviços de telecomunicações).

XIII – matéria financeira, cambial e monetária, instituições financeiras e suas operações;

XIV – moeda, seus limites de emissão, e montante da dívida mobiliária federal;

XV – fixação do subsídio dos Ministros do Supremo Tribunal Federal, observado o que dispõem os arts. 39, § 4º; 150, II; 153, III; e 153, § 2º, I.

- Inciso XV com redação determinada pela Emenda Constitucional 41/2003.
- V. Lei 11.143/2005 (Subsídio de Ministro do Supremo Tribunal Federal).
- V. Lei 12.041/2009 (Revisão do subsídio de Ministro do STF).

Art. 49. É da competência exclusiva do Congresso Nacional:

- V. art. 48, CF.

I – resolver definitivamente sobre tratados, acordos ou atos internacionais que acarretem encargos ou compromissos gravosos ao patrimônio nacional;

II – autorizar o Presidente da República a declarar guerra, a celebrar a paz, a permitir que forças estrangeiras transitem pelo território nacional ou nele permaneçam temporariamente, ressalvados os casos previstos em lei complementar;

III – autorizar o Presidente e o Vice-Presidente da República a se ausentarem do País, quando a ausência exceder a quinze dias;

IV – aprovar o estado de defesa e a intervenção federal, autorizar o estado de sítio, ou suspender qualquer uma dessas medidas;

V – sustar os atos normativos do Poder Executivo que exorbitem do poder regulamentar ou dos limites de delegação legislativa;

VI – mudar temporariamente sua sede;

VII – fixar idêntico subsídio para os Deputados Federais e os Senadores, observado o que dispõem os arts. 37, XI, 39, § 4º, 150, II, 153, III, e 153, § 2º, I;

- Inciso VII com redação determinada pela Emenda Constitucional 19/1998.

VIII – fixar os subsídios do Presidente e do Vice-Presidente da República e dos Ministros de Estado, observado o que dispõem os arts. 37, XI, 39, § 4º, 150, II, 153, III, e 153, § 2º, I;

- Inciso VIII com redação determinada pela Emenda Constitucional 19/1998.

IX – julgar anualmente as contas prestadas pelo Presidente da República e apreciar os relatórios sobre a execução dos planos de governo;

X – fiscalizar e controlar, diretamente, ou por qualquer de suas Casas, os atos do Poder Executivo, incluídos os da administração indireta;

XI – zelar pela preservação de sua competência legislativa em face da atribuição normativa dos outros Poderes;

XII – apreciar os atos de concessão e renovação de concessão de emissoras de rádio e televisão;

XIII – escolher dois terços dos membros do Tribunal de Contas da União;

- V. Dec. Leg. 6/1993 (Escolha de Ministros do Tribunal de Contas da União pelo Congresso Nacional).

XIV – aprovar iniciativas do Poder Executivo referentes a atividades nucleares;

XV – autorizar referendo e convocar plebiscito;

- V. arts. 1º a 12, Lei 9.709/1998 (Regulamenta a execução do disposto nos incisos I, II e III do art. 14 da CF).

XVI – autorizar, em terras indígenas, a exploração e o aproveitamento de recursos hídricos e a pesquisa e lavra de riquezas minerais;

XVII – aprovar, previamente, a alienação ou concessão de terras públicas com área superior a dois mil e quinhentos hectares.

Art. 50. A Câmara dos Deputados e o Senado Federal, ou qualquer de suas Comissões, poderão convocar Ministro de Estado ou quaisquer titulares de órgãos diretamente subordinados à Presidência da República para prestarem, pessoalmente, informações sobre assunto previamente determinado, importando em crime de responsabilidade a ausência sem justificação adequada.

- *Caput* com redação determinada pela Emenda Constitucional de Revisão 2/1994.

§ 1º Os Ministros de Estado poderão comparecer ao Senado Federal, à Câmara dos Deputados, ou a qualquer de suas Comissões, por sua iniciativa e mediante entendimentos com a Mesa respectiva, para expor assunto de relevância de seu Ministério.

§ 2º As Mesas da Câmara dos Deputados e do Senado Federal poderão encaminhar pedidos escritos de informação a Ministros de Estado ou a qualquer das pessoas referidas no *caput* deste artigo, importando em crime de responsabilidade a recusa, ou o não atendimento, no prazo de trinta dias, bem como a prestação de informações falsas.

- § 2º com redação determinada pela Emenda Constitucional de Revisão 2/1994.

Seção III
Da Câmara dos Deputados

Art. 51. Compete privativamente à Câmara dos Deputados:

- V. art. 48, CF.

I – autorizar, por dois terços de seus membros, a instauração de processo contra o Presidente e o Vice-Presidente da República e os Ministros de Estado;

II – proceder à tomada de contas do Presidente da República, quando não apresentadas ao Congresso Nacional dentro de sessenta dias após a abertura da sessão legislativa;

III – elaborar seu regimento interno;

IV – dispor sobre sua organização, funcionamento, polícia, criação, transformação ou extinção dos cargos, empregos e funções de seus serviços, e a iniciativa de lei para fixação da respectiva remuneração, observados os parâmetros estabelecidos na lei de diretrizes orçamentárias;

- Inciso IV com redação determinada pela Emenda Constitucional 19/1998.

V – eleger membros do Conselho da República, nos termos do art. 89, VII.

Seção IV
Do Senado Federal

Art. 52. Compete privativamente ao Senado Federal:

- V. art. 48, CF.

I – processar e julgar o Presidente e o Vice-Presidente da República nos crimes de responsabilidade, bem como os Ministros de Estado e os Comandantes da Marinha, do Exército e da Aeronáutica nos crimes da mesma natureza conexos com aqueles;

- Inciso I com redação determinada pela Emenda Constitucional 23/1999.
- V. art. 102, I, *c*, CF.

II – processar e julgar os Ministros do Supremo Tribunal Federal, os membros do Conselho Nacional de Justiça e do Conselho Nacional do Ministério Público, o Procurador-Geral da República e o Advogado-Geral da União nos crimes de responsabilidade;

- Inciso II com redação determinada pela Emenda Constitucional 45/2004.
- V. arts. 103-B e 130-A, CF.
- V. art. 5º, Emenda Constitucional 45/2004.

III – aprovar previamente, por voto secreto, após arguição pública, a escolha de:

a) magistrados, nos casos estabelecidos nesta Constituição;

b) Ministros do Tribunal de Contas da União indicados pelo Presidente da República;

c) Governador de Território;

d) Presidente e Diretores do Banco Central;

e) Procurador-Geral da República;

f) titulares de outros cargos que a lei determinar;

IV – aprovar previamente, por voto secreto, após arguição em sessão secreta, a escolha dos chefes de missão diplomática de caráter permanente;

V – autorizar operações externas de natureza financeira, de interesse da União, dos Estados, do Distrito Federal, dos Territórios e dos Municípios;

- V. Res. SF 50/1993 (Operações de financiamento externo com recursos orçamentários da União).

VI – fixar, por proposta do Presidente da República, limites globais para o montante da dívida consolidada da União, dos Estados, do Distrito Federal e dos Municípios;

VII – dispor sobre limites globais e condições para as operações de crédito externo e interno da União, dos Estados, do Distrito Federal e dos Municípios, de suas autarquias e demais entidades controladas pelo Poder Público federal;

- V. Res. SF 50/1993 (Operações de financiamento externo com recursos orçamentários da União).

VIII – dispor sobre limites e condições para a concessão de garantia da União em operações de crédito externo e interno;

IX – estabelecer limites globais e condições para o montante da dívida mobiliária dos Estados, do Distrito Federal e dos Municípios;

X – suspender a execução, no todo ou em parte, de lei declarada inconstitucional por decisão definitiva do Supremo Tribunal Federal;

XI – aprovar, por maioria absoluta e por voto secreto, a exoneração, de ofício, do Procurador-Geral da República antes do término de seu mandato;

XII – elaborar seu regimento interno;

XIII – dispor sobre sua organização, funcionamento, polícia, criação, transformação ou extinção dos cargos, empregos e funções de seus serviços, e a iniciativa de lei para fixação da respectiva remuneração, observados os parâmetros estabelecidos na lei de diretrizes orçamentárias;

- Inciso XIII com redação determinada pela Emenda Constitucional 19/1998.

XIV – eleger membros do Conselho da República, nos termos do art. 89, VII;

XV – avaliar periodicamente a funcionalidade do Sistema Tributário Nacional, em sua estrutura e seus componentes, e o desempenho das administrações tributárias da União, dos Estados e do Distrito Federal e dos Municípios.

- Inciso XV acrescentado pela Emenda Constitucional 42/2003.

Parágrafo único. Nos casos previstos nos incisos I e II, funcionará como Presidente o do Supremo Tribunal Federal, limitando-se a condenação, que somente será proferida por dois terços dos votos do Senado Federal, à perda do cargo, com inabilitação, por oito anos, para o exercício de função pública, sem prejuízo das demais sanções judiciais cabíveis.

Seção V
Dos Deputados e dos Senadores

Art. 53. Os Deputados e Senadores são invioláveis, civil e penalmente, por quaisquer de suas opiniões, palavras e votos.

- Artigo com redação determinada pela Emenda Constitucional 35/2001.

§ 1º Os Deputados e Senadores, desde a expedição do diploma, serão submetidos a julgamento perante o Supremo Tribunal Federal.

- V. art. 102, I, *b*, CF.

§ 2º Desde a expedição do diploma, os membros do Congresso Nacional não poderão ser presos, salvo em flagrante de crime inafiançável. Nesse caso, os autos serão remetidos dentro de vinte e quatro horas à Casa respectiva, para que, pelo voto da maioria de seus membros, resolva sobre a prisão.

- V. art. 301, CPP.

§ 3º Recebida a denúncia contra o Senador ou Deputado, por crime ocorrido após a diplomação, o Supremo Tribunal Federal dará ciência à Casa respectiva, que, por iniciativa de partido político nela representado e pelo voto da maioria de seus membros, poderá, até a decisão final, sustar o andamento da ação.

§ 4º O pedido de sustação será apreciado pela Casa respectiva no prazo improrrogável de quarenta e cinco dias do seu recebimento pela Mesa Diretora.

§ 5º A sustação do processo suspende a prescrição, enquanto durar o mandato.

§ 6º Os Deputados e Senadores não serão obrigados a testemunhar sobre informações recebidas ou prestadas em razão do exercício do mandato, nem sobre as pessoas que lhes confiaram ou deles receberam informações.

§ 7º A incorporação às Forças Armadas de Deputados e Senadores, embora militares e ainda que em tempo de guerra, dependerá de prévia licença da Casa respectiva.

§ 8º As imunidades de Deputados ou Senadores subsistirão durante o estado de sítio, só podendo ser suspensas mediante o voto de dois terços dos membros da Casa respectiva, nos casos de atos praticados fora do recinto do Congresso Nacional, que sejam incompatíveis com a execução da medida.

- V. arts. 137 a 141, CF.
- V. arts. 138 a 145, CP.

Art. 54. Os Deputados e Senadores não poderão:

I – desde a expedição do diploma:

a) firmar ou manter contrato com pessoa jurídica de direito público, autarquia, empresa pública, sociedade de economia mista ou empresa concessionária de serviço público, salvo quando o contrato obedecer a cláusulas uniformes;

b) aceitar ou exercer cargo, função ou emprego remunerado, inclusive os de que sejam demissíveis ad nutum, nas entidades constantes da alínea anterior;

II – desde a posse:

a) ser proprietários, controladores ou diretores de empresa que goze de favor decorrente de contrato com pessoa jurídica de direito público, ou nela exercer função remunerada;

b) ocupar cargo ou função de que sejam demissíveis ad nutum, nas entidades referidas no inciso I, a;

c) patrocinar causa em que seja interessada qualquer das entidades a que se refere o inciso I, a;

d) ser titulares de mais de um cargo ou mandato público eletivo.

Art. 55. Perderá o mandato o Deputado ou Senador:

I – que infringir qualquer das proibições estabelecidas no artigo anterior;

II – cujo procedimento for declarado incompatível com o decoro parlamentar;

III – que deixar de comparecer, em cada sessão legislativa, à terça parte das sessões ordinárias da Casa a que pertencer, salvo licença ou missão por esta autorizada;

IV – que perder ou tiver suspensos os direitos políticos;

V – quando o decretar a Justiça Eleitoral, nos casos previstos nesta Constituição;

VI – que sofrer condenação criminal em sentença transitada em julgado.

- V. art. 92, I, CP.

§ 1º É incompatível com o decoro parlamentar, além dos casos definidos no regimento interno, o abuso das prerrogativas asseguradas a membro do Congresso Nacional ou a percepção de vantagens indevidas.

§ 2º Nos casos dos incisos I, II e VI, a perda do mandato será decidida pela Câmara dos Deputados ou pelo Senado Federal, por maioria absoluta, mediante provocação da respectiva Mesa ou de partido político representado no Congresso Nacional, assegurada ampla defesa.

- § 2º com redação determinada pela Emenda Constitucional 76/2013.

§ 3º Nos casos previstos nos incisos III a V, a perda será declarada pela Mesa da Casa respectiva, de ofício ou mediante provocação de qualquer de seus membros, ou de partido político representado no Congresso Nacional, assegurada ampla defesa.

§ 4º A renúncia de parlamentar submetido a processo que vise ou possa levar à perda do mandato, nos termos deste artigo, terá seus efeitos suspensos até as deliberações finais de que tratam os §§ 2º e 3º.

- § 4º acrescentado pela Emenda Constitucional de Revisão 6/1994.

Art. 56. Não perderá o mandato o Deputado ou Senador:

I – investido no cargo de Ministro de Estado, Governador de Território, Secretário de Estado, do Distrito Federal, de Território, de Prefeitura de Capital ou chefe de missão diplomática temporária;

II – licenciado pela respectiva Casa por motivo de doença, ou para tratar, sem remuneração, de interesse particular, desde que, neste caso, o afastamento não ultrapasse cento e vinte dias por sessão legislativa.

§ 1º O suplente será convocado nos casos de vaga, de investidura em funções previstas neste artigo ou de licença superior a cento e vinte dias.

§ 2º Ocorrendo vaga e não havendo suplente, far-se-á eleição para preenchê-la se faltarem mais de quinze meses para o término do mandato.

§ 3º Na hipótese do inciso I, o Deputado ou Senador poderá optar pela remuneração do mandato.

Seção VI
Das Reuniões

Art. 57. O Congresso Nacional reunir-se-á, anualmente, na Capital Federal, de 2 de fevereiro a 17 de julho e de 1º de agosto a 22 de dezembro.

- *Caput* com redação determinada pela Emenda Constitucional 50/2006.

§ 1º As reuniões marcadas para essas datas serão transferidas para o primeiro dia útil subsequente, quando recaírem em sábados, domingos ou feriados.

§ 2º A sessão legislativa não será interrompida sem a aprovação do projeto de lei de diretrizes orçamentárias.

§ 3º Além de outros casos previstos nesta Constituição, a Câmara dos Deputados e o Senado Federal reunir-se-ão em sessão conjunta para:

I – inaugurar a sessão legislativa;

II – elaborar o regimento comum e regular a criação de serviços comuns às duas Casas;

III – receber o compromisso do Presidente e do Vice-Presidente da República;

IV – conhecer do veto e sobre ele deliberar.

§ 4º Cada uma das Casas reunir-se-á em sessões preparatórias, a partir de 1º de fevereiro, no primeiro ano da legislatura, para a posse de seus membros e eleição das respectivas Mesas, para mandato de 2 (dois) anos, vedada a recondução para o mesmo cargo na eleição imediatamente subsequente.

- § 4º com redação determinada pela Emenda Constitucional 50/2006, que manteve a redação original.

§ 5º A Mesa do Congresso Nacional será presidida pelo Presidente do Senado Federal, e os demais cargos serão exercidos, alternadamente, pelos ocupantes de cargos equivalentes na Câmara dos Deputados e no Senado Federal.

§ 6º A convocação extraordinária do Congresso Nacional far-se-á:

- *Caput* do § 6º com redação determinada pela Emenda Constitucional 50/2006, que manteve a redação original.

I – pelo Presidente do Senado Federal, em caso de decretação de estado de defesa ou de intervenção federal, de pedido de autorização para a decretação de estado de sítio e para o compromisso e a posse do Presidente e do Vice-Presidente da República;

II – pelo Presidente da República, pelos Presidentes da Câmara dos Deputados e do Senado Federal ou a requerimento da maioria dos membros de ambas as Casas, em caso de urgência ou interesse público relevante, em todas as hipóteses deste inciso com a aprovação da maioria absoluta de cada uma das Casas do Congresso Nacional.

- Inciso II com redação determinada pela Emenda Constitucional 50/2006.

§ 7º Na sessão legislativa extraordinária, o Congresso Nacional somente deliberará sobre a matéria para a qual foi convocado, ressalvada a hipótese do § 8º deste artigo, vedado o pagamento de parcela indenizatória, em razão da convocação.

- § 7º com redação determinada pela Emenda Constitucional 50/2006.

§ 8º Havendo medidas provisórias em vigor na data de convocação extraordinária do Congresso Nacional, serão elas automaticamente incluídas na pauta da convocação.

- § 8º acrescentado pela Emenda Constitucional 32/2001.

Seção VII
Das Comissões

Art. 58. O Congresso Nacional e suas Casas terão comissões permanentes e temporárias, constituídas na forma e com as atribuições previstas no respectivo regimento ou no ato de que resultar sua criação.

§ 1º Na constituição das Mesas e de cada Comissão, é assegurada, tanto quanto possível, a representação proporcional dos partidos ou dos blocos parlamentares que participam da respectiva Casa.

§ 2º Às comissões, em razão da matéria de sua competência, cabe:

I – discutir e votar projeto de lei que dispensar, na forma do regimento, a competência do Plenário, salvo se houver recurso de um décimo dos membros da Casa;

II – realizar audiências públicas com entidades da sociedade civil;

III – convocar Ministro de Estado para prestar informações sobre assuntos inerentes a suas atribuições;

IV – receber petições, reclamações, representações ou queixas de qualquer pessoa contra atos ou omissões das autoridades ou entidades públicas;

V – solicitar depoimento de qualquer autoridade ou cidadão;

VI – apreciar programas de obras, planos nacionais, regionais e setoriais de desenvolvimento e sobre eles emitir parecer.

§ 3º As comissões parlamentares de inquérito, que terão poderes de investigação próprios das autoridades judiciais, além de outros previstos nos regimentos das respectivas Casas, serão criadas pela

Câmara dos Deputados e pelo Senado Federal, em conjunto ou separadamente, mediante requerimento de um terço de seus membros, para a apuração de fato determinado e por prazo certo, sendo suas conclusões, se for o caso, encaminhadas ao Ministério Público, para que promova a responsabilidade civil ou criminal dos infratores.

- V. Lei 10.001/2000 (Prioridade nos procedimentos a serem adotados pelo Ministério Público a respeito das conclusões da Comissão Parlamentar de Inquérito).

§ 4º Durante o recesso, haverá uma Comissão representativa do Congresso Nacional, eleita por suas Casas na última sessão ordinária do período legislativo, com atribuições definidas no regimento comum, cuja composição reproduzirá, quanto possível, a proporcionalidade da representação partidária.

Seção VIII
Do Processo Legislativo

Subseção I
Disposição Geral

Art. 59. O processo legislativo compreende a elaboração de:

I – emendas à Constituição;

II – leis complementares;

III – leis ordinárias;

IV – leis delegadas;

V – medidas provisórias;

- V. art. 73, ADCT.

VI – decretos legislativos;

- V. art. 3º, Lei 9.709/1998 (Regulamenta a execução do disposto nos incisos I, II e III do art. 14 da CF).

VII – resoluções.

Parágrafo único. Lei complementar disporá sobre a elaboração, redação, alteração e consolidação das leis.

- V. LC 95/1998 (Elaboração das leis).

Subseção II
Da Emenda à Constituição

Art. 60. A Constituição poderá ser emendada mediante proposta:

I – de um terço, no mínimo, dos membros da Câmara dos Deputados ou do Senado Federal;

II – do Presidente da República;

III – de mais da metade das Assembleias Legislativas das unidades da Federação, manifestando-se, cada uma delas, pela maioria relativa de seus membros.

§ 1º A Constituição não poderá ser emendada na vigência de intervenção federal, de estado de defesa ou de estado de sítio.

- V. arts. 34 a 36 e 136 a 141, CF.

§ 2º A proposta será discutida e votada em cada Casa do Congresso Nacional, em dois turnos, considerando-se aprovada se obtiver, em ambos, três quintos dos votos dos respectivos membros.

§ 3º A emenda à Constituição será promulgada pelas Mesas da Câmara dos Deputados e do Senado Federal, com o respectivo número de ordem.

§ 4º Não será objeto de deliberação a proposta de emenda tendente a abolir:

I – a forma federativa de Estado;

- V. arts. 1º e 18, CF.

II – o voto direto, secreto, universal e periódico;

- V. arts. 1º, 14 e 81, § 1º, CF.
- V. Lei 9.709/1998 (Regulamenta a execução do disposto nos incisos I, II e III do art. 14 da CF).

III – a separação dos Poderes;

- V. art. 2º, CF.

IV – os direitos e garantias individuais.

- V. art. 5º, CF.

§ 5º A matéria constante de proposta de emenda rejeitada ou havida por prejudicada não pode ser objeto de nova proposta na mesma sessão legislativa.

Subseção III
Das Leis

Art. 61. A iniciativa das leis complementares e ordinárias cabe a qualquer membro ou Comissão da Câmara dos Deputados, do Senado Federal ou do Congresso Nacional, ao Presidente da República, ao Supremo Tribunal Federal, aos Tribunais Superiores, ao Procurador-Geral da República e aos cidadãos, na forma e nos casos previstos nesta Constituição.

§ 1º São de iniciativa privativa do Presidente da República as leis que:

I – fixem ou modifiquem os efetivos das Forças Armadas;

II – disponham sobre:

a) criação de cargos, funções ou empregos públicos na administração direta e autárquica ou aumento de sua remuneração;

- V. Súmula 679, STF.

b) organização administrativa e judiciária, matéria tributária e orçamentária, serviços públicos e pessoal da administração dos Territórios;

c) servidores públicos da União e Territórios, seu regime jurídico, provimento de cargos, estabilidade e aposentadoria;

- Alínea *c* com redação determinada pela Emenda Constitucional 18/1998.

d) organização do Ministério Público e da Defensoria Pública da União, bem como normas gerais para a organização do Ministério Público e da Defensoria Pública dos Estados, do Distrito Federal e dos Territórios;

e) criação e extinção de Ministérios e órgãos da administração pública, observado o disposto no art. 84, VI;

- Alínea *e* com redação determinada pela Emenda Constitucional 32/2001.

f) militares das Forças Armadas, seu regime jurídico, provimento de cargos, promoções, estabilidade, remuneração, reforma e transferência para a reserva.

- Alínea *f* acrescentada pela Emenda Constitucional 18/1998.

§ 2º A iniciativa popular pode ser exercida pela apresentação à Câmara dos Deputados de projeto de lei subscrito por, no mínimo, um por cento do eleitorado nacional, distribuído pelo menos por cinco Estados, com não menos de três décimos por cento dos eleitores de cada um deles.

- V. arts. 1º, III, 13 e 14, Lei 9.709/1998 (Regulamenta a execução do disposto nos incisos I, II e III do art. 14 da CF).

Art. 62. Em caso de relevância e urgência, o Presidente da República poderá adotar medidas provisórias, com força de lei, devendo submetê-las de imediato ao Congresso Nacional.

- Artigo com redação determinada pela Emenda Constitucional 32/2001.
- V. art. 246, CF.
- V. Res. CN 1/2002 (Apreciação, pelo Congresso Nacional, das Medidas Provisórias a que se refere o art. 62 da CF).
- V. Súmula vinculante 54, STF.

§ 1º É vedada a edição de medidas provisórias sobre matéria:

I – relativa a:

a) nacionalidade, cidadania, direitos políticos, partidos políticos e direito eleitoral;

b) direito penal, processual penal e processual civil;

c) organização do Poder Judiciário e do Ministério Público, a carreira e a garantia de seus membros;

d) planos plurianuais, diretrizes orçamentárias, orçamento e créditos adicionais e suplementares, ressalvado o previsto no art. 167, § 3º;

II – que vise a detenção ou sequestro de bens, de poupança popular ou qualquer outro ativo financeiro;

III – reservada a lei complementar;

IV – já disciplinada em projeto de lei aprovado pelo Congresso Nacional e pendente de sanção ou veto do Presidente da República.

§ 2º Medida provisória que implique instituição ou majoração de impostos, exceto os previstos nos arts. 153, I, II, IV, V, e 154, II, só produzirá efeitos no exercício financeiro seguinte se houver sido convertida em lei até o último dia daquele em que foi editada.

§ 3º As medidas provisórias, ressalvado o disposto nos §§ 11 e 12 perderão eficácia, desde a edição, se não forem convertidas em lei no prazo de sessenta dias, prorrogável, nos termos do § 7º, uma vez por igual período, devendo o Congresso Nacional disciplinar, por decreto legislativo, as relações jurídicas delas decorrentes.

§ 4º O prazo a que se refere o § 3º contar-se-á da publicação da medida provisória, suspendendo-se durante os períodos de recesso do Congresso Nacional.

§ 5º A deliberação de cada uma das Casas do Congresso Nacional sobre o mérito das medidas provisórias dependerá de juízo prévio sobre o atendimento de seus pressupostos constitucionais.

§ 6º Se a medida provisória não for apreciada em até quarenta e cinco dias contados de sua publicação, entrará em regime de urgência, subsequentemente, em cada uma das Casas do Congresso Nacional, ficando sobrestadas, até que se ultime a votação, todas as demais deliberações legislativas da Casa em que estiver tramitando.

§ 7º Prorrogar-se-á uma única vez por igual período a vigência de medida provisória que, no prazo de sessenta dias, contado de sua publicação, não tiver a sua votação encerrada nas duas Casas do Congresso Nacional.

§ 8º As medidas provisórias terão sua votação iniciada na Câmara dos Deputados.

§ 9º Caberá à comissão mista de Deputados e Senadores examinar as medidas provisórias e sobre elas emitir parecer, antes de serem apreciadas, em sessão separada, pelo plenário de cada uma das Casas do Congresso Nacional.

§ 10. É vedada a reedição, na mesma sessão legislativa, de medida provisória que tenha sido rejeitada ou que tenha perdido sua eficácia por decurso de prazo.

§ 11. Não editado o decreto legislativo a que se refere o § 3º até sessenta dias após a rejeição ou perda de eficácia de medida provisória, as relações jurídicas constituídas e decorrentes de atos praticados durante sua vigência conservar-se-ão por ela regidas.

§ 12. Aprovado projeto de lei de conversão alterando o texto original da medida provisória, esta manter-se-á integralmente em vigor até que seja sancionado ou vetado o projeto.

Art. 63. Não será admitido aumento da despesa prevista:

I – nos projetos de iniciativa exclusiva do Presidente da República, ressalvado o disposto no art. 166, §§ 3º e 4º;

II – nos projetos sobre organização dos serviços administrativos da Câmara dos Deputados, do Senado Federal, dos Tribunais Federais e do Ministério Público.

Art. 64. A discussão e votação dos projetos de lei de iniciativa do Presidente da República, do Supremo Tribunal Federal e dos Tribunais Superiores terão início na Câmara dos Deputados.

§ 1º O Presidente da República poderá solicitar urgência para apreciação de projetos de sua iniciativa.

§ 2º Se, no caso do § 1º, a Câmara dos Deputados e o Senado Federal não se manifestarem sobre a proposição, cada qual sucessivamente, em até quarenta e cinco dias, sobrestar-se-ão todas as demais deliberações legislativas da respectiva Casa, com exceção das que tenham prazo constitucional determinado, até que se ultime a votação.

- § 2º com redação determinada pela Emenda Constitucional 32/2001.

§ 3º A apreciação das emendas do Senado Federal pela Câmara dos Deputados far-se-á no prazo de dez dias, observado quanto ao mais o disposto no parágrafo anterior.

§ 4º Os prazos do § 2º não correm nos períodos de recesso do Congresso Nacional, nem se aplicam aos projetos de código.

Art. 65. O projeto de lei aprovado por uma Casa será revisto pela outra, em um só turno de discussão e votação, e enviado à sanção ou promulgação, se a Casa revisora o aprovar, ou arquivado, se o rejeitar.

Parágrafo único. Sendo o projeto emendado, voltará à Casa iniciadora.

Art. 66. A Casa na qual tenha sido concluída a votação enviará o projeto de lei ao Presidente da República, que, aquiescendo, o sancionará.

§ 1º Se o Presidente da República considerar o projeto, no todo ou em parte, inconstitucional ou contrário ao interesse público, vetá-lo-á total ou parcialmente, no prazo de quinze dias úteis, contados da data do recebimento, e comunicará, dentro de quarenta e oito horas, ao Presidente do Senado Federal os motivos do veto.

§ 2º O veto parcial somente abrangerá texto integral de artigo, de parágrafo, de inciso ou de alínea.

§ 3º Decorrido o prazo de quinze dias, o silêncio do Presidente da República importará sanção.

§ 4º O veto será apreciado em sessão conjunta, dentro de 30 (trinta) dias a contar de seu recebimento, só podendo ser rejeitado pelo voto da maioria absoluta dos Deputados e Senadores.

- § 4º com redação determinada pela Emenda Constitucional 76/2013.

§ 5º Se o veto não for mantido, será o projeto enviado, para promulgação, ao Presidente da República.

§ 6º Esgotado sem deliberação o prazo estabelecido no § 4º, o veto será colocado na ordem do dia da sessão imediata, sobrestadas as demais proposições, até sua votação final.

- § 6º com redação determinada pela Emenda Constitucional 32/2001.

§ 7º Se a lei não for promulgada dentro de quarenta e oito horas pelo Presidente da República, nos casos dos §§ 3º e 5º, o Presidente do Senado a promulgará e, se este não fizer em igual prazo, caberá ao Vice-Presidente do Senado fazê-lo.

Art. 67. A matéria constante de projeto de lei rejeitado somente poderá constituir objeto de novo projeto, na mesma sessão legislativa, mediante proposta da maioria absoluta dos membros de qualquer das Casas do Congresso Nacional.

Art. 68. As leis delegadas serão elaboradas pelo Presidente da República, que deverá solicitar a delegação ao Congresso Nacional.

§ 1º Não serão objeto de delegação os atos de competência exclusiva do Congresso Nacional, os de competência privativa da Câmara dos Deputados ou do Senado Federal, a matéria reservada à lei complementar, nem a legislação sobre:

I – organização do Poder Judiciário e do Ministério Público, a carreira e a garantia de seus membros;

II – nacionalidade, cidadania, direitos individuais, políticos e eleitorais;

III – planos plurianuais, diretrizes orçamentárias e orçamentos.

§ 2º A delegação ao Presidente da República terá a forma de resolução do Congresso Nacional, que especificará seu conteúdo e os termos de seu exercício.

§ 3º Se a resolução determinar a apreciação do projeto pelo Congresso Nacional, este a fará em votação única, vedada qualquer emenda.

Art. 69. As leis complementares serão aprovadas por maioria absoluta.

Seção IX
Da Fiscalização Contábil, Financeira e Orçamentária

Art. 70. A fiscalização contábil, financeira, orçamentária, operacional e patrimonial da União e das entidades da administração direta e indireta, quanto à legalidade, legitimidade, economicidade, aplicação das subvenções e renúncia de receitas, será exercida pelo Congresso Nacional, mediante controle externo, e pelo sistema de controle interno de cada Poder.

Parágrafo único. Prestará contas qualquer pessoa física ou jurídica, pública ou privada, que utilize, arrecade, guarde, gerencie ou administre dinheiros, bens e valores públicos ou pelos quais a União responda, ou que, em nome desta, assuma obrigações de natureza pecuniária.

- Parágrafo único com redação determinada pela Emenda Constitucional 19/1998.

Art. 71. O controle externo, a cargo do Congresso Nacional, será exercido com o auxílio do Tribunal de Contas da União, ao qual compete:

- V. Lei 8.443/1992 (Lei Orgânica do Tribunal de Contas da União).

I – apreciar as contas prestadas anualmente pelo Presidente da República, mediante parecer prévio que deverá ser elaborado em sessenta dias a contar de seu recebimento;

II – julgar as contas dos administradores e demais responsáveis por dinheiros, bens e valores públicos da administração direta e indireta, incluídas as fundações e sociedades instituídas e mantidas pelo Poder Público federal, e as contas daqueles que derem causa a perda, extravio ou outra irregularidade de que resulte prejuízo ao erário público;

III – apreciar, para fins de registro, a legalidade dos atos de admissão de pessoal, a qualquer título, na administração direta e indireta, incluídas as fundações instituídas e mantidas pelo Poder Público, excetuadas as nomeações para cargo de provimento em comissão, bem como a das concessões de aposentadorias, reformas e pensões, ressalvadas as melhorias posteriores que não alterem o fundamento legal do ato concessório;

- V. Súmula vinculante 3, STF.

IV – realizar, por iniciativa própria, da Câmara dos Deputados, do Senado Federal, de Comissão técnica ou de inquérito, inspeções e auditorias de natureza contábil, financeira, orçamentária, operacional e patrimonial, nas unidades administrativas dos Poderes Legislativo, Executivo e Judiciário, e demais entidades referidas no inciso II;

V – fiscalizar as contas nacionais das empresas supranacionais de cujo capital social a União participe, de forma direta ou indireta, nos termos do tratado constitutivo;

VI – fiscalizar a aplicação de quaisquer recursos repassados pela União mediante convênio, acordo, ajuste ou outros instrumentos congêneres, a Estado, ao Distrito Federal ou a Município;

VII – prestar as informações solicitadas pelo Congresso Nacional, por qualquer de suas Casas, ou por qualquer das respectivas Comissões, sobre a fiscalização contábil, financeira, orçamentária, operacional e patrimonial e sobre resultados de auditorias e inspeções realizadas;

VIII – aplicar aos responsáveis, em caso de ilegalidade de despesa ou irregularidade de contas, as sanções previstas em lei, que estabelecerá, entre outras cominações, multa proporcional ao dano causado ao erário;

IX – assinar prazo para que o órgão ou entidade adote as providências necessárias ao exato cumprimento da lei, se verificada ilegalidade;

X – sustar, se não atendido, a execução do ato impugnado, comunicando a decisão à Câmara dos Deputados e ao Senado Federal;

XI – representar ao Poder competente sobre irregularidades ou abusos apurados.

§ 1º No caso de contrato, o ato de sustação será adotado diretamente pelo Congresso Nacional, que solicitará, de imediato, ao Poder Executivo as medidas cabíveis.

§ 2º Se o Congresso Nacional ou o Poder Executivo, no prazo de noventa dias, não efetivar as medidas previstas no parágrafo anterior, o Tribunal decidirá a respeito.

§ 3º As decisões do Tribunal de que resulte imputação de débito ou multa terão eficácia de título executivo.

§ 4º O Tribunal encaminhará ao Congresso Nacional, trimestral e anualmente, relatório de suas atividades.

Art. 72. A Comissão mista permanente a que se refere o art. 166, § 1º, diante de indícios de despesas não autorizadas, ainda que sob a forma de investimentos não programados ou de subsídios não aprovados, poderá solicitar à autoridade governamental responsável que, no prazo de cinco dias, preste os esclarecimentos necessários.

- V. art. 16, § 2º, ADCT.

§ 1º Não prestados os esclarecimentos, ou considerados estes insuficientes, a Comissão solicitará ao Tribunal pronunciamento conclusivo sobre a matéria, no prazo de trinta dias.

§ 2º Entendendo o Tribunal irregular a despesa, a Comissão, se julgar que o gasto possa causar dano irreparável ou grave lesão à economia pública, proporá ao Congresso Nacional sua sustação.

Art. 73. O Tribunal de Contas da União, integrado por nove Ministros, tem sede no Distrito Federal, quadro próprio de pessoal e jurisdição em todo o território nacional, exercendo, no que couber, as atribuições previstas no art. 96.

- V. art. 84, XV, CF.
- V. Lei 8.443/1992 (Lei Orgânica do Tribunal de Contas da União).

§ 1º Os Ministros do Tribunal de Contas da União serão nomeados dentre brasileiros que satisfaçam os seguintes requisitos:

I – mais de trinta e cinco e menos de sessenta e cinco anos de idade;

II – idoneidade moral e reputação ilibada;

III – notórios conhecimentos jurídicos, contábeis, econômicos e financeiros ou de administração pública;

IV – mais de dez anos de exercício de função ou de efetiva atividade profissional que exija os conhecimentos mencionados no inciso anterior.

§ 2º Os Ministros do Tribunal de Contas da União serão escolhidos:

I – um terço pelo Presidente da República, com aprovação do Senado Federal, sendo dois alternadamente dentre auditores e membros do Ministério Público junto ao Tribunal, indicados em lista tríplice pelo Tribunal, segundo os critérios de antiguidade e merecimento;

II – dois terços pelo Congresso Nacional.

- V. Dec. Leg. 6/1993 (Escolha de Ministros do Tribunal de Contas da União pelo Congresso Nacional).

§ 3º Os Ministros do Tribunal de Contas da União terão as mesmas garantias, prerrogativas, impedimentos, vencimentos e vantagens dos Ministros do Superior Tribunal de Justiça, aplicando-se-lhes, quanto à aposentadoria e pensão, as normas constantes do art. 40.

- § 3º com redação determinada pela Emenda Constitucional 20/1998.

§ 4º O auditor, quando em substituição a Ministro, terá as mesmas garantias e impedimentos do titular e, quando no exercício das demais atribuições da judicatura, as de juiz de Tribunal Regional Federal.

Art. 74. Os Poderes Legislativo, Executivo e Judiciário manterão, de forma integrada, sistema de controle interno com a finalidade de:

I – avaliar o cumprimento das metas previstas no plano plurianual, a execução dos programas de governo e dos orçamentos da União;

II – comprovar a legalidade e avaliar os resultados, quanto à eficácia e eficiência, da gestão orçamentária, financeira e patrimonial nos órgãos e entidades da administração federal, bem como da aplicação de recursos públicos por entidades de direito privado;

III – exercer o controle das operações de crédito, avais e garantias, bem como dos direitos e haveres da União;

IV – apoiar o controle externo no exercício de sua missão institucional.

§ 1º Os responsáveis pelo controle interno, ao tomarem conhecimento de qualquer irregularidade ou ilegalidade, dela darão ciência ao Tribunal de Contas da União, sob pena de responsabilidade solidária.

§ 2º Qualquer cidadão, partido político, associação ou sindicato é parte legítima para, na forma da lei, denunciar irregularidades ou ilegalidades perante o Tribunal de Contas da União.

- V. arts. 1º, XVI, e 53, Lei 8.443/1992 (Lei Orgânica do Tribunal de Contas da União).

Art. 75. As normas estabelecidas nesta seção aplicam-se, no que couber, à organização, composição e fiscalização dos Tribunais de Contas dos Estados e do Distrito Federal, bem como dos Tribunais e Conselhos de Contas dos Municípios.

Parágrafo único. As Constituições estaduais disporão sobre os Tribunais de Contas respectivos, que serão integrados por sete Conselheiros.

Capítulo II
Do Poder Executivo

Seção I
Do Presidente e do Vice-Presidente da República

Art. 76. O Poder Executivo é exercido pelo Presidente da República, auxiliado pelos Ministros de Estado.

Art. 77. A eleição do Presidente e do Vice-Presidente da República realizar-se-á, simultaneamente, no primeiro domingo de outubro, em primeiro turno, e no último domingo de outubro, em segundo turno, se houver, do ano anterior ao do término do mandato presidencial vigente.

- *Caput* com redação determinada pela Emenda Constitucional 16/1997.
- V. arts. 28, 29, II, 32, § 2º, CF.

§ 1º A eleição do Presidente da República importará a do Vice-Presidente com ele registrado.

§ 2º Será considerado eleito Presidente o candidato que, registrado por partido político, obtiver a maioria absoluta de votos, não computados os em branco e os nulos.

§ 3º Se nenhum candidato alcançar maioria absoluta na primeira votação, far-se-á nova eleição em até vinte dias após a proclamação do resultado, concorrendo os dois candidatos mais votados e considerando-se eleito aquele que obtiver a maioria dos votos válidos.

§ 4º Se, antes de realizado o segundo turno, ocorrer morte, desistência ou impedimento legal de candidato, convocar-se-á, dentre os remanescentes, o de maior votação.

§ 5º Se, na hipótese dos parágrafos anteriores, remanescer, em segundo lugar, mais de um candidato com a mesma votação, qualificar-se-á o mais idoso.

Art. 78. O Presidente e o Vice-Presidente da República tomarão posse em sessão do Congresso Nacional, prestando o compromisso de manter, defender e cumprir a Constituição, observar as leis, promover o bem geral do povo brasileiro, sustentar a união, a integridade e a independência do Brasil.

Parágrafo único. Se, decorridos dez dias da data fixada para a posse, o Presidente ou o Vice-Presidente, salvo motivo de força maior, não tiver assumido o cargo, este será declarado vago.

Art. 79. Substituirá o Presidente, no caso de impedimento, e suceder-lhe-á, no de vaga, o Vice-Presidente.

Parágrafo único. O Vice-Presidente da República, além de outras atribuições que lhe forem conferidas por lei complementar, auxiliará o Presidente, sempre que por ele convocado para missões especiais.

Art. 80. Em caso de impedimento do Presidente e do Vice-Presidente, ou vacância dos respectivos cargos, serão sucessivamente chamados ao exercício da Presidência o Presidente da Câmara dos Deputados, o do Senado Federal e o do Supremo Tribunal Federal.

Art. 81. Vagando os cargos de Presidente e Vice-Presidente da República, far-se-á eleição noventa dias depois de aberta a última vaga.

§ 1º Ocorrendo a vacância nos últimos dois anos do período presidencial, a eleição para ambos os cargos será feita trinta dias depois da última vaga, pelo Congresso Nacional, na forma da lei.

§ 2º Em qualquer dos casos, os eleitos deverão completar o período de seus antecessores.

Art. 82. O mandato do Presidente da República é de quatro anos e terá início em primeiro de janeiro do ano seguinte ao da sua eleição.

- Artigo com redação determinada pela Emenda Constitucional 16/1997.

Art. 83. O Presidente e o Vice-Presidente da República não poderão, sem licença do Congresso Nacional, ausentar-se do País por período superior a quinze dias, sob pena de perda do cargo.

Seção II
Das Atribuições do Presidente da República

Art. 84. Compete privativamente ao Presidente da República:

I – nomear e exonerar os Ministros de Estado;

II – exercer, com o auxílio dos Ministros de Estado, a direção superior da administração federal;

III – iniciar o processo legislativo, na forma e nos casos previstos nesta Constituição;

IV – sancionar, promulgar e fazer publicar as leis, bem como expedir decretos e regulamentos para sua fiel execução;

V – vetar projetos de lei, total ou parcialmente;

- V. art. 66, §§ 1º a 7º, CF.

VI – dispor, mediante decreto, sobre:

- Inciso VI com redação determinada pela Emenda Constitucional 32/2001.

a) organização e funcionamento da administração federal, quando não implicar aumento de despesa nem criação ou extinção de órgãos públicos;

b) extinção de funções ou cargos públicos, quando vagos;

VII – manter relações com Estados estrangeiros e acreditar seus representantes diplomáticos;

VIII – celebrar tratados, convenções e atos internacionais, sujeitos a referendo do Congresso Nacional;

IX – decretar o estado de defesa e o estado de sítio;

X – decretar e executar a intervenção federal;

XI – remeter mensagem e plano de governo ao Congresso Nacional por ocasião da abertura da sessão legislativa, expondo a situação do País e solicitando as providências que julgar necessárias;

XII – conceder indulto e comutar penas, com audiência, se necessário, dos órgãos instituídos em lei;

- V. Dec. 1.860/1996 (Concede indulto especial e condicional).
- V. Dec. 2.002/1996 (Concede indulto e comuta penas).

XIII – exercer o comando supremo das Forças Armadas, nomear os Comandantes da Marinha, do Exército e da Aeronáutica, promover seus oficiais-generais e nomeá-los para os cargos que lhes são privativos;

- Inciso XIII com redação determinada pela Emenda Constitucional 23/1999.

XIV – nomear, após aprovação pelo Senado Federal, os Ministros do Supremo Tribunal Federal e dos Tribunais Superiores, os Governadores de Territórios, o Procurador-Geral da República, o presidente e os diretores do Banco Central e outros servidores, quando determinado em lei;

XV – nomear, observado o disposto no art. 73, os Ministros do Tribunal de Contas da União;

XVI – nomear os magistrados, nos casos previstos nesta Constituição, e o Advogado-Geral da União;

XVII – nomear membros do Conselho da República, nos termos do art. 89, VII;

XVIII – convocar e presidir o Conselho da República e o Conselho de Defesa Nacional;

XIX – declarar guerra, no caso de agressão estrangeira, autorizado pelo Congresso Nacional ou referendado por ele, quando ocorrida no intervalo das sessões legislativas, e, nas mesmas condições, decretar, total ou parcialmente, a mobilização nacional;

- V. art. 5º, XLVII, *a*, CF.
- V. Lei 11.631/2007 (Mobilização nacional e Sistema Nacional de Mobilização – Sinamob).

XX – celebrar a paz, autorizado ou com o referendo do Congresso Nacional;

XXI – conferir condecorações e distinções honoríficas;

XXII – permitir, nos casos previstos em lei complementar, que forças estrangeiras transitem pelo território nacional ou nele permaneçam temporariamente;

- V. LC 90/1997 (Determina os casos em que forças estrangeiras possam transitar pelo território nacional ou nele permanecer temporariamente).

XXIII – enviar ao Congresso Nacional o plano plurianual, o projeto de lei de diretrizes orçamentárias e as propostas de orçamento previstos nesta Constituição;

XXIV – prestar, anualmente, ao Congresso Nacional, dentro de sessenta dias após a abertura da sessão legislativa, as contas referentes ao exercício anterior;

XXV – prover e extinguir os cargos públicos federais, na forma da lei;

XXVI – editar medidas provisórias com força de lei, nos termos do art. 62;

XXVII – exercer outras atribuições previstas nesta Constituição.

Parágrafo único. O Presidente da República poderá delegar as atribuições mencionadas nos incisos VI, XII e XXV, primeira parte, aos Ministros de Estado, ao Procurador-Geral da República ou ao Advogado-Geral da União, que observarão os limites traçados nas respectivas delegações.

Seção III
Da Responsabilidade do Presidente da República

Art. 85. São crimes de responsabilidade os atos do Presidente da República que atentem contra a Constituição Federal e, especialmente, contra:

I – a existência da União;

II – o livre exercício do Poder Legislativo, do Poder Judiciário, do Ministério Público e dos Poderes constitucionais das unidades da Federação;

III – o exercício dos direitos políticos, individuais e sociais;

IV – a segurança interna do País;

V – a probidade na administração;

- V. art. 37, § 4º, CF.

VI – a lei orçamentária;

VII – o cumprimento das leis e das decisões judiciais.

Parágrafo único. Esses crimes serão definidos em lei especial, que estabelecerá as normas de processo e julgamento.

- V. Lei 1.079/1950 (Crimes de responsabilidade).
- V. Súmula 722, STF.

Art. 86. Admitida a acusação contra o Presidente da República, por dois terços da Câmara dos Deputados, será ele submetido a julgamento perante o Supremo Tribunal Federal, nas infrações penais comuns, ou perante o Senado Federal, nos crimes de responsabilidade.

§ 1º O Presidente ficará suspenso de suas funções:

I – nas infrações penais comuns, se recebida a denúncia ou queixa-crime pelo Supremo Tribunal Federal;

II – nos crimes de responsabilidade, após a instauração do processo pelo Senado Federal.

§ 2º Se, decorrido o prazo de cento e oitenta dias, o julgamento não estiver concluído, cessará o afastamento do Presidente, sem prejuízo do regular prosseguimento do processo.

§ 3º Enquanto não sobrevier sentença condenatória, nas infrações comuns, o Presidente da República não estará sujeito a prisão.

§ 4º O Presidente da República, na vigência de seu mandato, não pode ser responsabilizado por atos estranhos ao exercício de suas funções.

Seção IV
Dos Ministros de Estado

Art. 87. Os Ministros de Estado serão escolhidos dentre brasileiros maiores de vinte e um anos e no exercício dos direitos políticos.

Parágrafo único. Compete ao Ministro de Estado, além de outras atribuições estabelecidas nesta Constituição e na lei:

I – exercer a orientação, coordenação e supervisão dos órgãos e entidades da administração federal na área de sua competência e referendar os atos e decretos assinados pelo Presidente da República;

II – expedir instruções para a execução das leis, decretos e regulamentos;

III – apresentar ao Presidente da República relatório anual de sua gestão no Ministério;

IV – praticar os atos pertinentes às atribuições que lhe forem outorgadas ou delegadas pelo Presidente da República.

Art. 88. A lei disporá sobre a criação e extinção de Ministérios e órgãos da administração pública.

- Artigo com redação determinada pela Emenda Constitucional 32/2001.

Seção V
Do Conselho da República e do Conselho de Defesa Nacional

Subseção I
Do Conselho da República

Art. 89. O Conselho da República é órgão superior de consulta do Presidente da República, e dele participam:

- V. Lei 8.041/1990 (Organização e funcionamento do Conselho da República).

I – o Vice-Presidente da República;

II – o Presidente da Câmara dos Deputados;

III – o Presidente do Senado Federal;

IV – os líderes da maioria e da minoria na Câmara dos Deputados;

V – os líderes da maioria e da minoria no Senado Federal;

VI – o Ministro da Justiça;

VII – seis cidadãos brasileiros natos, com mais de trinta e cinco anos de idade, sendo dois nomeados pelo Presidente da República, dois eleitos pelo Senado Federal e dois eleitos pela Câmara dos Deputados, todos com mandato de três anos, vedada a recondução.

- V. arts. 51, V, 52, XIV, e 84, XVII, CF.

Art. 90. Compete ao Conselho da República pronunciar-se sobre:

I – intervenção federal, estado de defesa e estado de sítio;

II – as questões relevantes para a estabilidade das instituições democráticas.

§ 1º O Presidente da República poderá convocar Ministro de Estado para participar da reunião do Conselho, quando constar da pauta questão relacionada com o respectivo Ministério.

§ 2º A lei regulará a organização e o funcionamento do Conselho da República.

- V. Lei 8.041/1990 (Organização e funcionamento do Conselho da República).

Subseção II
Do Conselho de Defesa Nacional

Art. 91. O Conselho de Defesa Nacional é órgão de consulta do Presidente da República nos assuntos relacionados com a soberania nacional e a defesa do Estado democrático, e dele participam como membros natos:

- V. Lei 8.183/1991 (Conselho de Defesa Nacional).
- V. Dec. 893/1993 (Conselho de Defesa Nacional – Regulamento).

I – o Vice-Presidente da República;

II – o Presidente da Câmara dos Deputados;

III – o Presidente do Senado Federal;

IV – o Ministro da Justiça;

V – o Ministro de Estado da Defesa;

- Inciso V com redação determinada pela Emenda Constitucional 23/1999.

VI – o Ministro das Relações Exteriores;

VII – o Ministro do Planejamento;

VIII – os Comandantes da Marinha, do Exército e da Aeronáutica.

- Inciso VIII acrescentado pela Emenda Constitucional 23/1999.

§ 1º Compete ao Conselho de Defesa Nacional:

I – opinar nas hipóteses de declaração de guerra e de celebração da paz, nos termos desta Constituição;

II – opinar sobre a decretação do estado de defesa, do estado de sítio e da intervenção federal;

III – propor os critérios e condições de utilização de áreas indispensáveis à segurança do território nacional e opinar sobre seu efetivo uso, especialmente na faixa de fronteira e nas relacionadas com a preservação e a exploração dos recursos naturais de qualquer tipo;

IV – estudar, propor e acompanhar o desenvolvimento de iniciativas necessárias a garantir a independência nacional e a defesa do Estado democrático.

§ 2º A lei regulará a organização e o funcionamento do Conselho de Defesa Nacional.

- V. Lei 8.183/1991 (Conselho de Defesa Nacional).
- V. Dec. 893/1993 (Conselho de Defesa Nacional – Regulamento).

Capítulo III
Do Poder Judiciário

Seção I
Disposições Gerais

Art. 92. São órgãos do Poder Judiciário:

I – o Supremo Tribunal Federal;

I-A – o Conselho Nacional de Justiça;

- Inciso I-A acrescentado pela Emenda Constitucional 45/2004.
- V. art. 103-B, CF.
- V. art. 5º, Emenda Constitucional 45/2004.

II – o Superior Tribunal de Justiça;

II-A – o Tribunal Superior do Trabalho;

- Inciso II-A acrescentado pela Emenda Constitucional 92/2016.

III – os Tribunais Regionais Federais e Juízes Federais;

IV – os Tribunais e Juízes do Trabalho;

V – os Tribunais e Juízes Eleitorais;

VI – os Tribunais e Juízes Militares;

VII – os Tribunais e Juízes dos Estados e do Distrito Federal e Territórios.

§ 1º O Supremo Tribunal Federal, o Conselho Nacional de Justiça e os Tribunais Superiores têm sede na Capital Federal.

- § 1º acrescentado pela Emenda Constitucional 45/2004.
- V. art. 103-B, CF.

§ 2º O Supremo Tribunal Federal e os Tribunais Superiores têm jurisdição em todo o território nacional.

- § 2º acrescentado pela Emenda Constitucional 45/2004.

Art. 93. Lei complementar, de iniciativa do Supremo Tribunal Federal, disporá sobre o Estatuto da Magistratura, observados os seguintes princípios:

- V. LC 35/1979 (Lei Orgânica da Magistratura Nacional).

I – ingresso na carreira, cujo cargo inicial será o de juiz substituto, mediante concurso público de provas e títulos, com a participação da Ordem dos Advogados do Brasil em todas as fases, exigindo-se do bacharel em direito, no mínimo, 3 (três) anos de atividade jurídica e obedecendo-se, nas nomeações, à ordem de classificação;

- Inciso I com redação determinada pela Emenda Constitucional 45/2004.

II – promoção de entrância para entrância, alternadamente, por antiguidade e merecimento, atendidas as seguintes normas:

a) é obrigatória a promoção do juiz que figure por três vezes consecutivas ou cinco alternadas em lista de merecimento;

b) a promoção por merecimento pressupõe dois anos de exercício na respectiva entrância e integrar o juiz a primeira quinta parte da lista de antiguidade desta, salvo se não houver com tais requisitos quem aceite o lugar vago;

c) aferição do merecimento conforme o desempenho e pelos critérios objetivos de produtividade e presteza no exercício da jurisdição e pela frequência e aproveitamento em cursos oficiais ou reconhecidos de aperfeiçoamento;

- Alínea *c* com redação determinada pela Emenda Constitucional 45/2004.

d) na apuração de antiguidade, o tribunal somente poderá recusar o juiz mais antigo pelo voto fundamentado de dois terços de seus membros, conforme procedimento próprio, e assegurada ampla defesa, repetindo-se a votação até fixar-se a indicação;

- Alínea *d* com redação determinada pela Emenda Constitucional 45/2004.

e) não será promovido o juiz que, injustificadamente, retiver autos em seu poder além do prazo legal, não podendo devolvê-los ao cartório sem o devido despacho ou decisão;

- Alínea *e* acrescentada pela Emenda Constitucional 45/2004.

III – o acesso aos tribunais de segundo grau far-se-á por antiguidade e merecimento, alternadamente, apurados na última ou única entrância;

- Inciso III com redação determinada pela Emenda Constitucional 45/2004.

IV – previsão de cursos oficiais de preparação, aperfeiçoamento e promoção de magistrados, constituindo etapa obrigatória do processo de vitaliciamento a participação em curso oficial ou reconhecido por escola nacional de formação e aperfeiçoamento de magistrados;

- Inciso IV com redação determinada pela Emenda Constitucional 45/2004.

V – o subsídio dos Ministros dos Tribunais Superiores corresponderá a noventa e cinco por cento do subsídio mensal fixado para os Ministros do Supremo Tribunal Federal e os subsídios dos demais magistrados serão fixados em lei e escalonados, em nível federal e estadual, conforme as respectivas categorias da estrutura judiciária nacional, não podendo a diferença entre uma e outra ser superior a dez por cento ou inferior a cinco por cento, nem exceder a noventa e cinco por cento do subsídio mensal dos Ministros dos Tribunais Superiores, obedecido, em qualquer caso, o disposto nos arts. 37, XI, e 39, § 4º;

- Inciso V com redação determinada pela Emenda Constitucional 19/1998.

VI – a aposentadoria dos magistrados e a pensão de seus dependentes observarão o disposto no art. 40;

- Inciso VI com redação determinada pela Emenda Constitucional 20/1998.

VII – o juiz titular residirá na respectiva comarca, salvo autorização do tribunal;

- Inciso VII com redação determinada pela Emenda Constitucional 45/2004.

VIII – o ato de remoção, disponibilidade e aposentadoria do magistrado, por interesse público, fundar-se-á em decisão por voto da maioria absoluta do respectivo tribunal ou do Conselho Nacional de Justiça, assegurada ampla defesa;

- Inciso VIII com redação determinada pela Emenda Constitucional 45/2004.
- V. arts. 95, II, e 103-B, CF.
- V. art. 5º, Emenda Constitucional 45/2004.

VIII-A – a remoção a pedido ou a permuta de magistrados de comarca de igual entrância atenderá, no que couber, ao disposto nas alíneas a, b, c e e do inciso II;

- Inciso VIII-A acrescentado pela Emenda Constitucional 45/2004.

IX – todos os julgamentos dos órgãos do Poder Judiciário serão públicos, e fundamentadas todas as decisões, sob pena de nulidade, podendo a lei limitar a presença, em determinados atos, às próprias partes e a seus advogados, ou somente a estes, em casos nos quais a preservação do direito à intimidade do interessado no sigilo não prejudique o interesse público à informação;

- Inciso IX com redação determinada pela Emenda Constitucional 45/2004.

X – as decisões administrativas dos tribunais serão motivadas e em sessão pública, sendo as disciplinares tomadas pelo voto da maioria absoluta de seus membros;

- Inciso X com redação determinada pela Emenda Constitucional 45/2004.

XI – nos tribunais com número superior a vinte e cinco julgadores, poderá ser constituído órgão especial, com o mínimo de onze e o máximo de vinte e cinco membros, para o exercício das atribuições administrativas e jurisdicionais delegadas da competência do tribunal pleno, provendo-se metade das vagas por antiguidade e a outra metade por eleição pelo tribunal pleno;

- Inciso XI com redação determinada pela Emenda Constitucional 45/2004.

XII – a atividade jurisdicional será ininterrupta, sendo vedado férias coletivas nos juízos e tribunais de segundo grau, funcionando, nos dias em que não houver expediente forense normal, juízes em plantão permanente;

- Inciso XII acrescentado pela Emenda Constitucional 45/2004.

XIII – o número de juízes na unidade jurisdicional será proporcional à efetiva demanda judicial e à respectiva população;

- Inciso XIII acrescentado pela Emenda Constitucional 45/2004.

XIV – os servidores receberão delegação para a prática de atos de administração e atos de mero expediente sem caráter decisório;

- Inciso XIV acrescentado pela Emenda Constitucional 45/2004.

XV – a distribuição de processos será imediata, em todos os graus de jurisdição.

- Inciso XV acrescentado pela Emenda Constitucional 45/2004.

Art. 94. Um quinto dos lugares dos Tribunais Regionais Federais, dos Tribunais dos Estados, e do Distrito Federal e Territórios será composto de membros, do Ministério Público, com mais de dez anos de carreira, e de advogados de notório saber jurídico e de reputação ilibada, com mais de dez anos de efetiva atividade profissional, indicados em lista sêxtupla pelos órgãos de representação das respectivas classes.

- V. arts. 104, II e 115, II, CF.

Parágrafo único. Recebidas as indicações, o tribunal formará lista tríplice, enviando-a ao Poder Executivo, que, nos vinte dias subsequentes, escolherá um de seus integrantes para nomeação.

Art. 95. Os juízes gozam das seguintes garantias:

I – vitaliciedade, que, no primeiro grau, só será adquirida após dois anos de exercício, dependendo a perda do cargo, nesse período, de deliberação do tribunal a que o juiz estiver vinculado, e, nos demais casos, de sentença judicial transitada em julgado;

II – inamovibilidade, salvo por motivo de interesse público, na forma do art. 93, VIII;

III – irredutibilidade de subsídio, ressalvado o disposto nos arts. 37, X e XI, 39, § 4º, 150, II, 153, III, e 153, § 2º, I.

- Inciso III com redação determinada pela Emenda Constitucional 19/1998.

Parágrafo único. Aos juízes é vedado:

- *Caput* do parágrafo único com redação determinada pela Emenda Constitucional 45/2004.

I – exercer, ainda que em disponibilidade, outro cargo ou função, salvo uma de magistério;

II – receber, a qualquer título ou pretexto, custas ou participação em processo;

III – dedicar-se à atividade político-partidária;

IV – receber, a qualquer título ou pretexto, auxílios ou contribuições de pessoas físicas, entidades públicas ou privadas, ressalvadas as exceções previstas em lei;

- Inciso IV acrescentado pela Emenda Constitucional 45/2004.

V – exercer a advocacia no juízo ou tribunal do qual se afastou, antes de decorridos três anos do afastamento do cargo por aposentadoria ou exoneração.

- Inciso V acrescentado Emenda Constitucional 45/2004.
- V. art. 128, § 6º, CF.

Art. 96. Compete privativamente:

- V. art. 4º, Emenda Constitucional 45/2004.

I – aos tribunais:

a) eleger seus órgãos diretivos e elaborar seus regimentos internos, com observância das normas de processo e das garantias processuais das partes, dispondo sobre a competência e o funcionamento dos respectivos órgãos jurisdicionais e administrativos;

b) organizar suas secretarias e serviços auxiliares e os dos juízos que lhes forem vinculados, velando pelo exercício da atividade correicional respectiva;

c) prover, na forma prevista nesta Constituição, os cargos de juiz de carreira da respectiva jurisdição;

d) propor a criação de novas varas judiciárias;

e) prover, por concurso público de provas, ou provas e títulos, obedecido o disposto no art. 169, parágrafo único, os cargos necessários à administração da Justiça, exceto os de confiança assim definidos em lei;

f) conceder licença, férias e outros afastamentos a seus membros e aos juízes e servidores que lhes forem imediatamente vinculados;

II – ao Supremo Tribunal Federal, aos Tribunais Superiores e aos Tribunais de Justiça propor ao Poder Legislativo respectivo, observado o disposto no art. 169:

a) a alteração do número de membros dos tribunais inferiores;

b) a criação e a extinção de cargos e a remuneração dos seus serviços auxiliares e dos juízos que lhes forem vinculados, bem como a fixação do subsídio de seus membros e dos juízes, inclusive dos tribunais inferiores, onde houver;

- Alínea *b* com redação determinada pela Emenda Constitucional 41/2003.

c) a criação ou extinção dos tribunais inferiores;

d) a alteração da organização e da divisão judiciárias;

III – aos Tribunais de Justiça julgar os juízes estaduais e do Distrito Federal e Territórios, bem como os membros do Ministério Público, nos crimes comuns e de responsabilidade, ressalvada a competência da Justiça Eleitoral.

Art. 97. Somente pelo voto da maioria absoluta de seus membros ou dos membros do respectivo órgão especial poderão os tribunais declarar a inconstitucionalidade de lei ou ato normativo do Poder Público.

- V. Súmula vinculante 10, STF.

Art. 98. A União, no Distrito Federal e nos Territórios, e os Estados criarão:

I – juizados especiais, providos por juízes togados, ou togados e leigos, competentes para a conciliação, o julgamento e a execução de causas cíveis de menor complexidade e infrações penais de menor potencial ofensivo, mediante os procedimentos oral e sumariíssimo, permitidos, nas hipóteses previstas em lei, a transação e o julgamento de recursos por turmas de juízes de primeiro grau;

- V. Lei 9.099/1995 (Juizados Especiais Cíveis e Criminais).
- V. Súmulas vinculantes 27 e 35, STF.
- V. Súmula 376, STJ.

II – justiça de paz, remunerada, composta de cidadãos eleitos pelo voto direto, universal e secreto, com mandato de quatro anos e competência para, na forma da lei, celebrar casamentos, verificar, de ofício ou em face de impugnação apresentada, o processo de habilitação e exercer atribuições conciliatórias, sem caráter jurisdicional, além de outras previstas na legislação.

- V. art. 30, ADCT.

§ 1º Lei federal disporá sobre a criação de juizados especiais no âmbito da Justiça Federal.

- Anterior parágrafo único renumerado pela Emenda Constitucional 45/2004.
- V. Lei 10.259/2001 (Juizados Especiais Cíveis e Criminais no âmbito da Justiça Federal).

§ 2º As custas e emolumentos serão destinados exclusivamente ao custeio dos serviços afetos às atividades específicas da Justiça.

- § 2º acrescentado pela Emenda Constitucional 45/2004.

Art. 99. Ao Poder Judiciário é assegurada autonomia administrativa e financeira.

§ 1º Os tribunais elaborarão suas propostas orçamentárias dentro dos limites estipulados conjuntamente com os demais Poderes na lei de diretrizes orçamentárias.

§ 2º O encaminhamento da proposta, ouvidos os outros tribunais interessados, compete:

- V. art. 134, § 2º, CF.

I – no âmbito da União, aos Presidentes do Supremo Tribunal Federal e dos Tribunais Superiores, com a aprovação dos respectivos tribunais;

II – no âmbito dos Estados e no do Distrito Federal e Territórios, aos Presidentes dos Tribunais de Justiça, com a aprovação dos respectivos tribunais.

§ 3º Se os órgãos referidos no § 2º não encaminharem as respectivas propostas orçamentárias dentro do prazo estabelecido na lei de diretrizes orçamentárias, o Poder Executivo considerará, para fins de consolidação da proposta orçamentária anual, os valores aprovados na lei orçamentária vigente, ajustados de acordo com os limites estipulados na forma do § 1º deste artigo.

- § 3º acrescentado pela Emenda Constitucional 45/2004.

§ 4º Se as propostas orçamentárias de que trata este artigo forem encaminhadas em desacordo com os limites estipulados na forma do § 1º, o Poder Executivo procederá aos ajustes necessários para fins de consolidação da proposta orçamentária anual.

- § 4º acrescentado pela Emenda Constitucional 45/2004.

§ 5º Durante a execução orçamentária do exercício, não poderá haver a realização de despesas ou a assunção de obrigações que extrapolem os limites estabelecidos na lei de diretrizes orçamentárias, exceto se previamente autorizadas, mediante a abertura de créditos suplementares ou especiais.

- § 5º acrescentado pela Emenda Constitucional 45/2004.

Art. 100. Os pagamentos devidos pelas Fazendas Públicas Federal, Estaduais, Distrital e Municipais, em virtude de sentença judiciária, far-se-ão exclusivamente na ordem cronológica de apresentação dos precatórios e à conta dos créditos respectivos, proibida a designação de casos ou de pessoas nas dotações orçamentárias e nos créditos adicionais abertos para este fim.

- Artigo com redação determinada pela Emenda Constitucional 62/2009.
- V. art. 97, ADCT.
- V. ADIn 4.357.
- V. Súmula 339, STJ.
- V. ADIn 4.425.

§ 1º Os débitos de natureza alimentícia compreendem aqueles decorrentes de salários, vencimentos, proventos, pensões e suas complementações, benefícios previdenciários e indenizações por morte ou por invalidez, fundadas em responsabilidade civil, em virtude de sentença judicial transitada em julgado, e serão pagos com preferência sobre todos os demais débitos, exceto sobre aqueles referidos no § 2º deste artigo.

- V. Súmula 655, STF.

§ 2º Os débitos de natureza alimentícia cujos titulares, originários ou por sucessão hereditária, tenham 60 (sessenta) anos de idade, ou sejam portadores de doença grave, ou pessoas com deficiência, assim definidos na forma da lei, serão pagos com preferência sobre todos os demais débitos, até o valor equivalente ao triplo fixado em lei para os fins do disposto no § 3º deste artigo, admitido o fracionamento para essa finalidade, sendo que o restante será pago na ordem cronológica de apresentação do precatório.

- § 2º com redação determinada pela Emenda Constitucional 94/2016.

§ 3º O disposto no *caput* deste artigo relativamente à expedição de precatórios não se aplica aos pagamentos de obrigações definidas em leis como de pequeno valor que as Fazendas referidas devam fazer em virtude de sentença judicial transitada em julgado.

§ 4º Para os fins do disposto no § 3º, poderão ser fixados, por leis próprias, valores distintos às entidades de direito público, segundo as diferentes capacidades econômicas, sendo o mínimo igual ao valor do maior benefício do regime geral de previdência social.

§ 5º É obrigatória a inclusão, no orçamento das entidades de direito público, de verba necessária ao pagamento de seus débitos, oriundos de sentenças transitadas em julgado, constantes de precatórios judiciários apresentados até 1º de julho, fazendo-se o pagamento até o final do exercício seguinte, quando terão seus valores atualizados monetariamente.

- V. Súmula vinculante 17, STF.

§ 6º As dotações orçamentárias e os créditos abertos serão consignados diretamente ao Poder Judiciário, cabendo ao Presidente do Tribunal que proferir a decisão exequenda determinar o pagamento integral e autorizar, a requerimento do credor e exclusivamente para os casos de preterimento de seu direito de precedência ou de não alocação orçamentária do valor necessário à satisfação do seu débito, o sequestro da quantia respectiva.

§ 7º O Presidente do Tribunal competente que, por ato comissivo ou omissivo, retardar ou tentar frustrar a liquidação regular de precatórios incorrerá em crime de responsabilidade e responderá, também, perante o Conselho Nacional de Justiça.

§ 8º É vedada a expedição de precatórios complementares ou suplementares de valor pago, bem como o fracionamento, repartição ou quebra do valor da execução para fins de enquadramento de parcela do total ao que dispõe o § 3º deste artigo.

§ 9º No momento da expedição dos precatórios, independentemente de regulamentação, deles deverá ser abatido, a título de compensação, valor correspondente aos débitos líquidos e certos, inscritos ou não em dívida ativa e constituídos contra o credor original pela Fazenda Pública devedora, incluídas parcelas vincendas de parcelamentos, ressalvados aqueles cuja execução esteja suspensa em virtude de contestação administrativa ou judicial.

- O STF, na ADIn 4.425 (DJE 19.12.2013), julgou procedente a ação para declarar a inconstitucionalidade da expressão "na data de expedição do precatório", contida no § 2º; os §§ 9º e 10; e das expressões "índice oficial de remuneração básica da caderneta de poupança" e "independentemente de sua natureza", constantes do § 12, todos dispositivos do art. 100 da CF, com a redação dada pela EC 62/2009 [...].

§ 10. Antes da expedição dos precatórios, o Tribunal solicitará à Fazenda Pública devedora, para resposta em até 30 (trinta) dias, sob pena de perda do direito de abatimento, informação sobre os débitos que preencham as condições estabelecidas no § 9º, para os fins nele previstos.

- O STF, na ADIn 4.425 (DJE 19.12.2013), julgou procedente a ação para declarar a inconstitucionalidade da expressão "na data de expedição do precatório", contida no § 2º; os §§ 9º e 10; e das expressões "índice oficial de remuneração básica da caderneta de poupança" e "independentemente de sua natureza", constantes do § 12, todos dispositivos do art. 100 da CF, com a redação dada pela EC 62/2009 [...].

§ 11. É facultada ao credor, conforme estabelecido em lei da entidade federativa devedora, a entrega de créditos em precatórios para compra de imóveis públicos do respectivo ente federado.

§ 12. A partir da promulgação desta Emenda Constitucional, a atualização de valores de requisitórios, após sua expedição, até o efetivo pagamento, independentemente de sua natureza, será feita pelo índice oficial de remuneração básica da caderneta de poupança, e, para fins de compensação da mora, incidirão juros simples no mesmo percentual de juros incidentes sobre a caderneta de poupança, ficando excluída a incidência de juros compensatórios.

- O STF, na ADIn 4.425 (DJE 19.12.2013), julgou procedente a ação para declarar a inconstitucionalidade da expressão "na data de expedição do precatório", contida no § 2º; os §§ 9º e 10; e das expressões "índice oficial de remuneração básica da caderneta de poupança" e "independentemente de sua natureza", constantes do § 12, todos dispositivos do art. 100 da CF, com a redação dada pela EC 62/2009 [...].

§ 13. O credor poderá ceder, total ou parcialmente, seus créditos em precatórios a terceiros, independentemente da concordância do devedor, não se aplicando ao cessionário o disposto nos §§ 2º e 3º.

§ 14. A cessão de precatórios somente produzirá efeitos após comunicação, por meio de petição protocolizada, ao tribunal de origem e à entidade devedora.

§ 15. Sem prejuízo do disposto neste artigo, lei complementar a esta Constituição Federal poderá estabelecer regime especial para pagamento de crédito de precatórios de Estados, Distrito Federal e Municípios, dispondo sobre vinculações à receita corrente líquida e forma e prazo de liquidação.

§ 16. A seu critério exclusivo e na forma de lei, a União poderá assumir débitos, oriundos de precatórios, de Estados, Distrito Federal e Municípios, refinanciando-os diretamente.

§ 17. A União, os Estados, o Distrito Federal e os Municípios aferirão mensalmente, em base anual, o comprometimento de suas respectivas receitas correntes líquidas com o pagamento de precatórios e obrigações de pequeno valor.

- § 17 acrescentado pela Emenda Constitucional 94/2016.

§ 18. Entende-se como receita corrente líquida, para os fins de que trata o § 17, o somatório das receitas tributárias, patrimoniais, industriais, agropecuárias, de contribuições e de serviços, de transferências correntes e outras receitas correntes, incluindo as oriundas do § 1º do art. 20 da Constituição Federal, verificado no período compreendido pelo segundo mês imediatamente anterior ao de referência e os 11 (onze) meses precedentes, excluídas as duplicidades, e deduzidas:

- § 18 acrescentado pela Emenda Constitucional 94/2016.

I – na União, as parcelas entregues aos Estados, ao Distrito Federal e aos Municípios por determinação constitucional;

II – nos Estados, as parcelas entregues aos Municípios por determinação constitucional;

III – na União, nos Estados, no Distrito Federal e nos Municípios, a contribuição dos servidores para custeio de seu sistema de previdência e assistência social e as receitas provenientes da compensação financeira referida no § 9º do art. 201 da Constituição Federal.

§ 19. Caso o montante total de débitos decorrentes de condenações judiciais em precatórios e obrigações de pequeno valor, em período de 12 (doze) meses, ultrapasse a média do comprometimento percentual da receita corrente líquida nos 5 (cinco) anos imediatamente anteriores, a parcela que exceder esse percentual poderá ser financiada, excetuada dos limites de endividamento de que tratam os incisos VI e VII do art. 52 da Constituição Federal e de quaisquer outros limites de endividamento previstos, não se aplicando a esse financiamento a vedação de vinculação de receita prevista no inciso IV do art. 167 da Constituição Federal.

- § 19 acrescentado pela Emenda Constitucional 94/2016.

§ 20. Caso haja precatório com valor superior a 15% (quinze por cento) do montante dos precatórios apresentados nos termos do § 5º deste artigo, 15% (quinze por cento) do valor deste precatório serão pagos até o final do exercício seguinte e o restante em parcelas iguais nos cinco exercícios subsequentes, acrescidas de juros de mora e correção monetária, ou mediante acordos diretos, perante Juízos Auxiliares de Conciliação de Precatórios, com redução máxima de 40% (quarenta por cento) do valor do crédito atualizado, desde que em relação ao crédito não penda recurso ou defesa judicial e que sejam observados os requisitos definidos na regulamentação editada pelo ente federado.

- § 20 acrescentado pela Emenda Constitucional 94/2016

Seção II
Do Supremo Tribunal Federal

Art. 101. O Supremo Tribunal Federal compõe-se de onze Ministros, escolhidos dentre cidadãos com mais de trinta e cinco e menos de sessenta e cinco anos de idade, de notável saber jurídico e reputação ilibada.

- V. Lei 8.038/1990 (Normas procedimentais, para os processos que especifica, perante o STJ e o STF).

Parágrafo único. Os Ministros do Supremo Tribunal Federal serão nomeados pelo Presidente da República, depois de aprovada a escolha pela maioria absoluta do Senado Federal.

Art. 102. Compete ao Supremo Tribunal Federal, precipuamente, a guarda da Constituição, cabendo-lhe:

I – processar e julgar, originariamente:

a) a ação direta de inconstitucionalidade de lei ou ato normativo federal ou estadual e a ação declaratória de constitucionalidade de lei ou ato normativo federal;

- Alínea *a* com redação determinada pela Emenda Constitucional 3/1993.
- V. Lei 9.868/1999 (Processo e julgamento da ação direta de inconstitucionalidade e da ação declaratória de constitucionalidade).
- V. Súmula 642, STF.

b) nas infrações penais comuns, o Presidente da República, o Vice-Presidente, os membros do Congresso Nacional, seus próprios Ministros e o Procurador-Geral da República;

c) nas infrações penais comuns e nos crimes de responsabilidade, os Ministros de Estado e os Comandantes da Marinha, do Exército e da Aeronáutica, ressalvado o disposto no art. 52, I, os membros dos Tribunais Superiores, os do Tribunal de Contas da União e os chefes de missão diplomática de caráter permanente;

- Alínea *c* com redação determinada pela Emenda Constitucional 23/1999.

d) o habeas corpus, sendo paciente qualquer das pessoas referidas nas alíneas anteriores; o mandado de segurança e o habeas data contra atos do Presidente da República, das Mesas da Câmara dos Deputados e do Senado Federal, do Tribunal de Contas da União, do Procurador-Geral da República e do próprio Supremo Tribunal Federal;

- V. Lei 9.507/1997 (Rito processual do *habeas data*).
- V. Súmula 692, STF.

e) o litígio entre Estado estrangeiro ou organismo internacional e a União, o Estado, o Distrito Federal ou o Território;

f) as causas e os conflitos entre a União e os Estados, a União e o Distrito Federal, ou entre uns e outros, inclusive as respectivas entidades da administração indireta;

g) a extradição solicitada por Estado estrangeiro;

h) *(Revogada pela Emenda Constitucional 45/2004).*

i) o habeas corpus, quando o coator for Tribunal Superior ou quando o coator ou o paciente for autoridade ou funcionário cujos atos estejam sujeitos diretamente à jurisdição do Supremo Tribunal Federal, ou se trate de crime sujeito à mesma jurisdição em uma única instância;

- Alínea *i* com redação determinada pela Emenda Constitucional 22/1999.
- V. Súmulas 690 e 691, STF.

CF

j) a revisão criminal e a ação rescisória de seus julgados;

l) a reclamação para a preservação de sua competência e garantia da autoridade de suas decisões;

m) a execução de sentença nas causas de sua competência originária, facultada a delegação de atribuições para a prática de atos processuais;

n) a ação em que todos os membros da magistratura sejam direta ou indiretamente interessados, e aquela em que mais da metade dos membros do tribunal de origem estejam impedidos ou sejam direta ou indiretamente interessados;

- V. Súmula 731, STF.

o) os conflitos de competência entre o Superior Tribunal de Justiça e quaisquer tribunais, entre Tribunais Superiores, ou entre estes e qualquer outro tribunal;

p) o pedido de medida cautelar das ações diretas de inconstitucionalidade;

q) o mandado de injunção, quando a elaboração da norma regulamentadora for atribuição do Presidente da República, do Congresso Nacional, da Câmara dos Deputados, do Senado Federal, das Mesas de uma dessas Casas Legislativas, do Tribunal de Contas da União, de um dos Tribunais Superiores, ou do próprio Supremo Tribunal Federal;

r) as ações contra o Conselho Nacional de Justiça e contra o Conselho Nacional do Ministério Público;

- Alínea *r* acrescentada pela Emenda Constitucional 45/2004.
- V. arts. 103-B e 130-A, CF.

II – julgar, em recurso ordinário:

a) o habeas corpus, o mandado de segurança, o habeas data e o mandado de injunção decididos em única instância pelos Tribunais Superiores, se denegatória a decisão;

- V. Lei 9.507/1997 (Rito processual do *habeas data*).

b) o crime político;

III – julgar, mediante recurso extraordinário, as causas decididas em única ou última instância, quando a decisão recorrida:

- V. Lei 8.038/1990 (Normas procedimentais para os processos que especifica perante o STJ e o STF).
- V. Lei 8.658/1993 (Aplicação nos Tribunais de Justiça e nos Tribunais Regionais Federais da Lei 8.038/1990).

a) contrariar dispositivo desta Constituição;

- V. Súmula 735, STF.

b) declarar a inconstitucionalidade de tratado ou lei federal;

c) julgar válida lei ou ato de governo local contestado em face desta Constituição;

d) julgar válida lei local contestada em face de lei federal.

- Alínea *d* acrescentada pela Emenda Constitucional 45/2004.

§ 1º A arguição de descumprimento de preceito fundamental, decorrente desta Constituição, será apreciada pelo Supremo Tribunal Federal, na forma da lei.

- § 1º com redação determinada pela Emenda Constitucional 3/1993.
- V. Lei 9.882/1999 (Processo e julgamento da arguição de descumprimento de preceito fundamental).

§ 2º As decisões definitivas de mérito, proferidas pelo Supremo Tribunal Federal, nas ações diretas de inconstitucionalidade e nas ações declaratórias de constitucionalidade, produzirão eficácia contra todos e efeito vinculante, relativamente aos demais órgãos do Poder Judiciário e à administração pública direta e indireta, nas esferas federal, estadual e municipal.

- § 2º com redação determinada pela Emenda Constitucional 45/2004.

§ 3º No recurso extraordinário o recorrente deverá demonstrar a repercussão geral das questões constitucionais discutidas no caso, nos termos da lei, a fim de que o Tribunal examine a admissão do recurso, somente podendo recusá-lo pela manifestação de dois terços de seus membros.

- § 3º acrescentado pela Emenda Constitucional 45/2004.
- V. arts. 1.035, 1.036, *caput* e § 1º, e 1.039, CPC/2015.
- V. Lei 11.418/2006 (Acrescenta ao CPC dispositivos que regulamentam o § 3º do art. 102 da CF – Repercussão Geral).

Art. 103. Podem propor a ação direta de inconstitucionalidade e a ação declaratória de constitucionalidade:

- *Caput* com redação determinada pela Emenda Constitucional 45/2004.

I – o Presidente da República;

II – a Mesa do Senado Federal;

III – a Mesa da Câmara dos Deputados;

IV – a Mesa de Assembleia Legislativa ou da Câmara Legislativa do Distrito Federal;

- Inciso IV com redação determinada pela Emenda Constitucional 45/2004.

V – o Governador de Estado ou do Distrito Federal;

- Inciso V com redação determinada pela Emenda Constitucional 45/2004.

VI – o Procurador-Geral da República;

VII – o Conselho Federal da Ordem dos Advogados do Brasil;

VIII – partido político com representação no Congresso Nacional;

IX – confederação sindical ou entidade de classe de âmbito nacional.

§ 1º O Procurador-Geral da República deverá ser previamente ouvido nas ações de inconstitucionalidade e em todos os processos de competência do Supremo Tribunal Federal.

§ 2º Declarada a inconstitucionalidade por omissão de medida para tornar efetiva norma constitucional, será dada ciência ao Poder competente para a adoção das providências necessárias e, em se tratando de órgão administrativo, para fazê-lo em trinta dias.

§ 3º Quando o Supremo Tribunal Federal apreciar a inconstitucionalidade, em tese, de norma legal ou ato normativo, citará, previamente, o Advogado-Geral da União, que defenderá o ato ou texto impugnado.

§ 4º *(Revogado pela Emenda Constitucional 45/2004).*

Art. 103-A. O Supremo Tribunal Federal poderá, de ofício ou por provocação, mediante decisão de dois terços dos seus membros, após reiteradas decisões sobre matéria constitucional, aprovar súmula que, a partir de sua publicação na imprensa oficial, terá efeito vinculante em relação aos demais órgãos do Poder Judiciário e à administração pública direta e indireta, nas esferas federal, estadual e municipal, bem como proceder à sua revisão ou cancelamento, na forma estabelecida em lei.

- Artigo acrescentado pela Emenda Constitucional 45/2004.
- V. art. 8º, Emenda Constitucional 45/2004.
- V. Lei 11.417/2006 (Regulamenta o art. 103-A da CF – Súmula vinculante).

§ 1º A súmula terá por objetivo a validade, a interpretação e a eficácia de normas determinadas, acerca das quais haja controvérsia atual entre órgãos judiciários ou entre esses e a administração pública que acarrete grave insegurança jurídica e relevante multiplicação de processos sobre questão idêntica.

§ 2º Sem prejuízo do que vier a ser estabelecido em lei, a aprovação, revisão ou cancelamento de súmula poderá ser provocada por aqueles que podem propor a ação direta de inconstitucionalidade.

§ 3º Do ato administrativo ou decisão judicial que contrariar a súmula aplicável ou que indevidamente a aplicar, caberá reclamação ao Supremo Tribunal Federal que, julgando-a procedente, anulará o ato administrativo ou cassará a decisão judicial reclamada, e determinará que outra seja proferida com ou sem a aplicação da súmula, conforme o caso.

Art. 103-B. O Conselho Nacional de Justiça compõe-se de 15 (quinze) membros com mandato de 2 (dois) anos, admitida 1 (uma) recondução, sendo:

- *Caput* com redação determinada pela Emenda Constitucional 61/2009.
- V. art. 5º, Emenda Constitucional 45/2004.
- V. Lei 11.364/2006 (Conselho Nacional de Justiça).

I – o Presidente do Supremo Tribunal Federal;

- Inciso I com redação determinada pela Emenda Constitucional 61/2009.

II – um Ministro do Superior Tribunal de Justiça, indicado pelo respectivo tribunal;

- Inciso II acrescentado pela Emenda Constitucional 45/2004.

III – um Ministro do Tribunal Superior do Trabalho, indicado pelo respectivo tribunal;

- Inciso III acrescentado pela Emenda Constitucional 45/2004.

IV – um desembargador de Tribunal de Justiça, indicado pelo Supremo Tribunal Federal;

- Inciso IV acrescentado pela Emenda Constitucional 45/2004.

V – um juiz estadual, indicado pelo Supremo Tribunal Federal;

- Inciso V acrescentado pela Emenda Constitucional 45/2004.

VI – um juiz de Tribunal Regional Federal, indicado pelo Superior Tribunal de Justiça;

- Inciso VI acrescentado pela Emenda Constitucional 45/2004.

VII – um juiz federal, indicado pelo Superior Tribunal de Justiça;

- Inciso VII acrescentado pela Emenda Constitucional 45/2004.

VIII – um juiz de Tribunal Regional do Trabalho, indicado pelo Tribunal Superior do Trabalho;

- Inciso VIII acrescentado pela Emenda Constitucional 45/2004.

IX – um juiz do trabalho, indicado pelo Tribunal Superior do Trabalho;

- Inciso IX acrescentado pela Emenda Constitucional 45/2004.

X – um membro do Ministério Público da União, indicado pelo Procurador-Geral da República;

- Inciso X acrescentado pela Emenda Constitucional 45/2004.

XI – um membro do Ministério Público estadual, escolhido pelo Procurador-Geral da República dentre os nomes indicados pelo órgão competente de cada instituição estadual;

- Inciso XI acrescentado pela Emenda Constitucional 45/2004.

XII – dois advogados, indicados pelo Conselho Federal da Ordem dos Advogados do Brasil;

- Inciso XII acrescentado pela Emenda Constitucional 45/2004.

XIII – dois cidadãos, de notável saber jurídico e reputação ilibada, indicados um pela Câmara dos Deputados e outro pelo Senado Federal.

- Inciso XIII acrescentado pela Emenda Constitucional 45/2004.

§ 1º O Conselho será presidido pelo Presidente do Supremo Tribunal Federal e, nas suas ausências e impedimentos, pelo Vice-Presidente do Supremo Tribunal Federal.

- § 1º com redação determinada pela Emenda Constitucional 61/2009.

§ 2º Os demais membros do Conselho serão nomeados pelo Presidente da República, depois de aprovada a escolha pela maioria absoluta do Senado Federal.

- § 2º com redação determinada pela Emenda Constitucional 61/2009.

§ 3º Não efetuadas, no prazo legal, as indicações previstas neste artigo, caberá a escolha ao Supremo Tribunal Federal.

- § 3º acrescentado pela Emenda Constitucional 45/2004.

§ 4º Compete ao Conselho o controle da atuação administrativa e financeira do Poder Judiciário e do cumprimento dos deveres funcionais dos juízes, cabendo-lhe, além de outras atribuições que lhe forem conferidas pelo Estatuto da Magistratura:

- § 4º acrescentado pela Emenda Constitucional 45/2004.

I – zelar pela autonomia do Poder Judiciário e pelo cumprimento do Estatuto da Magistratura, podendo expedir atos regulamentares, no âmbito de sua competência, ou recomendar providências;

II – zelar pela observância do art. 37 e apreciar, de ofício ou mediante provocação, a legalidade dos atos administrativos praticados por membros ou órgãos do Poder Judiciário, podendo desconstituí-los, revê-los ou fixar prazo para que se adotem as providências necessárias ao exato cumprimento da lei, sem prejuízo da competência do Tribunal de Contas da União;

III – receber e conhecer das reclamações contra membros ou órgãos do Poder Judiciário, inclusive contra seus serviços auxiliares, serventias e órgãos prestadores de serviços notariais e de registro que atuem por delegação do poder público ou oficializados, sem prejuízo da competência disciplinar e correicional dos tribunais, podendo avocar processos disciplinares em curso e determinar a remoção, a disponibilidade ou a aposentadoria com subsídios ou proventos proporcionais ao tempo de serviço e aplicar outras sanções administrativas, assegurada ampla defesa;

IV – representar ao Ministério Público, no caso de crime contra a administração pública ou de abuso de autoridade;

V – rever, de ofício ou mediante provocação, os processos disciplinares de juízes e membros de tribunais julgados há menos de um ano;

VI – elaborar semestralmente relatório estatístico sobre processos e sentenças prolatadas, por unidade da Federação, nos diferentes órgãos do Poder Judiciário;

VII – elaborar relatório anual, propondo as providências que julgar necessárias, sobre a situação do Poder Judiciário no País e as atividades do Conselho, o qual deve integrar mensagem do Presidente do Supremo Tribunal Federal a ser remetida ao Congresso Nacional, por ocasião da abertura da sessão legislativa.

§ 5º O Ministro do Superior Tribunal de Justiça exercerá a função de Ministro-Corregedor e ficará excluído da distribuição de processos no Tribunal, competindo-lhe, além das atribuições que lhe forem conferidas pelo Estatuto da Magistratura, as seguintes:

- § 5º acrescentado pela Emenda Constitucional 45/2004.

I – receber as reclamações e denúncias, de qualquer interessado, relativas aos magistrados e aos serviços judiciários;

II – exercer funções executivas do Conselho, de inspeção e de correição geral;

III – requisitar e designar magistrados, delegando-lhes atribuições, e requisitar servidores de juízos ou tribunais, inclusive nos Estados, Distrito Federal e Territórios.

§ 6º Junto ao Conselho oficiarão o Procurador-Geral da República e o Presidente do Conselho Federal da Ordem dos Advogados do Brasil.

- § 6º acrescentado pela Emenda Constitucional 45/2004.

§ 7º A União, inclusive no Distrito Federal e nos Territórios, criará ouvidorias de justiça, competentes para receber reclamações e denúncias de qualquer interessado contra membros ou órgãos do Poder Judiciário, ou contra seus serviços auxiliares, representando diretamente ao Conselho Nacional de Justiça.

- § 7º acrescentado pela Emenda Constitucional 45/2004.

Seção III
Do Superior Tribunal de Justiça

Art. 104. O Superior Tribunal de Justiça compõe-se de, no mínimo, trinta e três Ministros.

- V. Lei 8.038/1990 (Normas procedimentais, para os processos que especifica, perante o STJ e o STF).

Parágrafo único. Os Ministros do Superior Tribunal de Justiça serão nomeados pelo Presidente da República, dentre brasileiros com mais de trinta e cinco e menos de sessenta e cinco anos, de notável saber jurídico e reputação ilibada, depois de aprovada a escolha pela maioria absoluta do Senado Federal, sendo:

- *Caput* do parágrafo único com redação determinada pela Emenda Constitucional 45/2004.

I – um terço dentre juízes dos Tribunais Regionais Federais e um terço dentre desembargadores dos Tribunais de Justiça, indicados em lista tríplice elaborada pelo próprio Tribunal;

II – um terço, em partes iguais, dentre advogados e membros do Ministério Público Federal, Estadual, do Distrito Federal e Territórios, alternadamente, indicados na forma do art. 94.

Art. 105. Compete ao Superior Tribunal de Justiça:

I – processar e julgar, originariamente:

a) nos crimes comuns, os Governadores dos Estados e do Distrito Federal, e, nestes e nos de responsabilidade, os desembargadores dos Tribunais de Justiça dos Estados e do Distrito Federal, os membros dos Tribunais de Contas dos Estados e do Distrito Federal, os dos Tribunais Regionais Federais, dos Tribunais Regionais Eleitorais e do Trabalho, os membros dos Conselhos ou Tribunais de Contas dos Municípios e os do Ministério Público da União que oficiem perante tribunais;

b) os mandados de segurança e os habeas data contra ato de Ministro de Estado, dos Comandantes da Marinha, do Exército e da Aeronáutica ou do próprio Tribunal;

- Alínea *b* com redação determinada pela Emenda Constitucional 23/1999.
- V. Lei 9.507/1997 (Rito processual do *habeas data*).

c) os *habeas corpus*, quando o coator ou paciente for qualquer das pessoas mencionadas na alínea a, ou quando o coator for tribunal sujeito à sua jurisdição, Ministro de Estado ou Comandante da Marinha, do Exército ou da Aeronáutica, ressalvada a competência da Justiça Eleitoral;

- Alínea *c* com redação determinada pela Emenda Constitucional 23/1999.

d) os conflitos de competência entre quaisquer tribunais, ressalvado o disposto no art. 102, I, o, bem como entre tribunal e juízes a ele não vinculados e entre juízes vinculados a tribunais diversos;

e) as revisões criminais e as ações rescisórias de seus julgados;

f) a reclamação para a preservação de sua competência e garantia da autoridade de suas decisões;

g) os conflitos de atribuições entre autoridades administrativas e judiciárias da União, ou entre autoridades judiciárias de um Estado e administrativas de outro ou do Distrito Federal, ou entre as deste e da União;

h) o mandado de injunção, quando a elaboração da norma regulamentadora for atribuição de órgão, entidade ou autoridade federal, da administração direta ou indireta, excetuados os casos de competência do Supremo Tribunal Federal e dos órgãos da Justiça Militar, da Justiça Eleitoral, da Justiça do Trabalho e da Justiça Federal;

i) a homologação de sentenças estrangeiras e a concessão de exequatur às cartas rogatórias;

- Alínea *i* acrescentada pela Emenda Constitucional 45/2004.
- V. art. 109, X, CF.
- V. arts. 961 e 965, parágrafo único, CPC/2015.

II – julgar, em recurso ordinário:

a) os habeas corpus decididos em única ou última instância pelos Tribunais Regionais Federais ou pelos Tribunais dos Estados, do Distrito Federal e Territórios, quando a decisão for denegatória;

b) os mandados de segurança decididos em única instância pelos Tribunais Regionais Federais ou pelos Tribunais dos Estados, do Distrito Federal e Territórios, quando denegatória a decisão;

c) as causas em que forem partes Estado estrangeiro ou organismo internacional, de um lado, e, do outro, Município ou pessoa residente ou domiciliada no País;

III – julgar, em recurso especial, as causas decididas, em única ou última instância, pelos Tribunais Regionais Federais ou pelos Tribunais dos Estados, do Distrito Federal e Territórios, quando a decisão recorrida:

- V. Lei 8.038/1990 (Normas procedimentais para os processos que especifica perante o STJ e o STF).
- V. Lei 8.658/1993 (Aplicação nos Tribunais de Justiça e nos Tribunais Regionais Federais da Lei 8.038/1990).
- V. Súmulas 320 e 418, STJ.

a) contrariar tratado ou lei federal, ou negar-lhes vigência;

- V. Súmula 568, STJ.

b) julgar válido ato de governo local contestado em face de lei federal;

- Alínea *b* com redação determinada pela Emenda Constitucional 45/2004.

c) der a lei federal interpretação divergente da que lhe haja atribuído outro tribunal.

- V. Súmula 568, STJ.

Parágrafo único. Funcionarão junto ao Superior Tribunal de Justiça:

- Parágrafo único com redação determinada pela Emenda Constitucional 45/2004.

I – a escola nacional de formação e aperfeiçoamento de magistrados, cabendo-lhe, dentre outras funções, regulamentar os cursos oficiais para o ingresso e promoção na carreira;

II – o Conselho da Justiça Federal, cabendo-lhe exercer, na forma da lei, a supervisão administrativa e orçamentária da Justiça Federal de primeiro e segundo graus, como órgão central do sistema e com poderes correicionais, cujas decisões terão caráter vinculante.

Seção IV
Dos Tribunais Regionais Federais e dos Juízes Federais

Art. 106. São órgãos da Justiça Federal:

I – os Tribunais Regionais Federais;

- V. Lei 7.727/1989 (Composição e instalação dos Tribunais Regionais Federais).

II – os Juízes Federais.

Art. 107. Os Tribunais Regionais Federais compõem-se de, no mínimo, sete juízes, recrutados, quando possível, na respectiva região e nomeados pelo Presidente da República dentre brasileiros com mais de trinta e menos de sessenta e cinco anos, sendo:

I – um quinto dentre advogados com mais de dez anos de efetiva atividade profissional e membros do Ministério Público Federal com mais de dez anos de carreira;

II – os demais, mediante promoção de juízes federais com mais de cinco anos de exercício, por antiguidade e merecimento, alternadamente.

- V. art. 27, § 9º, ADCT.

§ 1º A lei disciplinará a remoção ou a permuta de juízes dos Tribunais Regionais Federais e determinará sua jurisdição e sede.

- Primitivo parágrafo único renumerado pela Emenda Constitucional 45/2004.

§ 2º Os Tribunais Regionais Federais instalarão a justiça itinerante, com a realização de audiências e demais funções da atividade jurisdicional, nos limites territoriais da respectiva jurisdição, servindo-se de equipamentos públicos e comunitários.

- § 2º acrescentado pela Emenda Constitucional 45/2004.

§ 3º Os Tribunais Regionais Federais poderão funcionar descentralizadamente, constituindo Câmaras regionais, a fim de assegurar o pleno acesso do jurisdicionado à justiça em todas as fases do processo.

- § 3º acrescentado pela Emenda Constitucional 45/2004.

Art. 108. Compete aos Tribunais Regionais Federais:

I – processar e julgar, originariamente:

a) os juízes federais da área de sua jurisdição, incluídos os da Justiça Militar e da Justiça do Trabalho, nos crimes comuns e de responsabilidade, e os membros do Ministério Público da União, ressalvada a competência da Justiça Eleitoral;

b) as revisões criminais e as ações rescisórias de julgados seus ou dos juízes federais da região;

c) os mandados de segurança e os habeas data contra ato do próprio Tribunal ou de juiz federal;

- V. Lei 9.507/1997 (Rito processual do *habeas data*).

d) os habeas corpus, quando a autoridade coatora for juiz federal;

e) os conflitos de competência entre juízes federais vinculados ao Tribunal;

II – julgar, em grau de recurso, as causas decididas pelos juízes federais e pelos juízes estaduais no exercício da competência federal da área de sua jurisdição.

Art. 109. Aos juízes federais compete processar e julgar:

- V. Lei 7.492/1986 (Crimes contra o sistema financeiro nacional).
- V. art. 70, Lei 11.343/2006 (Lei Antidrogas).
- V. Súmula 173, STJ.

I – as causas em que a União, entidade autárquica ou empresa pública federal forem interessadas na condição de autoras, rés, assistentes ou oponentes, exceto as de falência, as de acidentes de trabalho e as sujeitas à Justiça Eleitoral e à Justiça do Trabalho;

- V. Súmulas vinculantes 22 e 27, STF.
- V. Súmulas 324, 365 e 570, STJ.

II – as causas entre Estado estrangeiro ou organismo internacional e Município ou pessoa domiciliada ou residente no País;

III – as causas fundadas em tratado ou contrato da União com Estado estrangeiro ou organismo internacional;

IV – os crimes políticos e as infrações penais praticadas em detrimento de bens, serviços ou interesse da União ou de suas entidades autárquicas ou empresas públicas, excluídas as contravenções e ressalvada a competência da Justiça Militar e da Justiça Eleitoral;

V – os crimes previstos em tratado ou convenção internacional, quando, iniciada a execução no País, o resultado tenha ou devesse ter ocorrido no estrangeiro, ou reciprocamente;

V-A – as causas relativas a direitos humanos a que se refere o § 5º deste artigo;

- Inciso V-A acrescentado pela Emenda Constitucional 45/2004.

VI – os crimes contra a organização do trabalho e, nos casos determinados por lei, contra o sistema financeiro e a ordem econômico-financeira;

- V. Lei 8.137/1990 (Crimes contra a ordem tributária, econômica e contra as relações de consumo).
- V. Lei 8.176/1991 (Crimes contra a ordem econômica – cria o sistema de estoques de combustíveis).

VII – os habeas corpus, em matéria criminal de sua competência ou quando o constrangimento provier de autoridade cujos atos não estejam diretamente sujeitos a outra jurisdição;

VIII – os mandados de segurança e os habeas data contra ato de autoridade federal, excetuados os casos de competência dos tribunais federais;

- V. Lei 9.507/1997 (Rito processual do *habeas data*).

IX – **os crimes cometidos a bordo de navios ou aeronaves, ressalvada a competência da Justiça Militar;**

- V. art. 125, § 4º, CF.

X – **os crimes de ingresso ou permanência irregular de estrangeiro, a execução de carta rogatória, após o exequatur, e de sentença estrangeira, após a homologação, as causas referentes à nacionalidade, inclusive a respectiva opção, e à naturalização;**

- V. art. 105, I, *i*, CF.
- V. art. 965, parágrafo único, CPC/2015.

XI – **a disputa sobre direitos indígenas.**

§ 1º **As causas em que a União for autora serão aforadas na seção judiciária onde tiver domicílio a outra parte.**

§ 2º **As causas intentadas contra a União poderão ser aforadas na seção judiciária em que for domiciliado o autor, naquela onde houver ocorrido o ato ou fato que deu origem à demanda ou onde esteja situada a coisa, ou, ainda, no Distrito Federal.**

§ 3º **Serão processadas e julgadas na justiça estadual, no foro do domicílio dos segurados ou beneficiários, as causas em que forem parte instituição de previdência social e segurado, sempre que a comarca não seja sede de vara do juízo federal, e, se verificada essa condição, a lei poderá permitir que outras causas sejam também processadas e julgadas pela justiça estadual.**

- V. Lei 5.010/1966 (Organiza a Justiça Federal de 1ª instância).
- V. Dec.-lei 253/1967 (Modifica a Lei 5.010/1966).

§ 4º **Na hipótese do parágrafo anterior, o recurso cabível será sempre para o Tribunal Regional Federal na área de jurisdição do juiz de primeiro grau.**

§ 5º **Nas hipóteses de grave violação de direitos humanos, o Procurador-Geral da República, com a finalidade de assegurar o cumprimento de obrigações decorrentes de tratados internacionais de direitos humanos dos quais o Brasil seja parte, poderá suscitar, perante o Superior Tribunal de Justiça, em qualquer fase do inquérito ou processo, incidente de deslocamento de competência para a Justiça Federal.**

- § 5º acrescentado pela Emenda Constitucional 45/2004.

Art. 110. **Cada Estado, bem como o Distrito Federal, constituirá uma seção judiciária que terá por sede a respectiva Capital, e varas localizadas segundo o estabelecido em lei.**

- V. Lei 5.010/1966 (Organiza a Justiça Federal de 1ª instância).

Parágrafo único. **Nos Territórios Federais, a jurisdição e as atribuições cometidas aos juízes federais caberão aos juízes da justiça local, na forma da lei.**

Seção V
Do Tribunal Superior do Trabalho, dos Tribunais Regionais do Trabalho e dos Juízes do Trabalho

- Rubrica da Seção V com redação determinada pela Emenda Constitucional 92/2016.
- V. art. 644, CLT.

Art. 111. **São órgãos da Justiça do Trabalho:**

I – **o Tribunal Superior do Trabalho;**

II – **os Tribunais Regionais do Trabalho;**

III – **Juízes do Trabalho.**

- Inciso III com redação determinada pela Emenda Constitucional 24/1999.

§ 1º ***(Revogado pela Emenda Constitucional 45/2004).***

I – ***(Revogado pela Emenda Constitucional 24/1999).***

II – ***(Revogado pela Emenda Constitucional 24/1999).***

§ 2º ***(Revogado pela Emenda Constitucional 45/2004).***

§ 3º ***(Revogado pela Emenda Constitucional 45/2004).***

Art. 111-A. **O Tribunal Superior do Trabalho compor-se-á de vinte e sete Ministros, escolhidos dentre brasileiros com mais de trinta e cinco anos e menos de sessenta e cinco anos, de notável saber jurídico e reputação ilibada, nomeados pelo Presidente da República após aprovação pela maioria absoluta do Senado Federal, sendo:**

- *Caput* com redação determinada pela Emenda Constitucional 92/2016.

I – **um quinto dentre advogados com mais de 10 (dez) anos de efetiva atividade profissional e membros do Ministério Público do Trabalho com mais de 10 (dez) anos de efetivo exercício, observado o disposto no art. 94;**

II – **os demais dentre juízes dos Tribunais Regionais do Trabalho, oriundos da magistratura da carreira, indicados pelo próprio Tribunal Superior.**

§ 1º **A lei disporá sobre a competência do Tribunal Superior do Trabalho.**

§ 2º **Funcionarão junto ao Tribunal Superior do Trabalho:**

I – **a Escola Nacional de Formação e Aperfeiçoamento de Magistrados do Trabalho, cabendo-lhe, dentre outras funções, regulamentar os cursos oficiais para o ingresso e promoção na carreira;**

II – **o Conselho Superior da Justiça do Trabalho, cabendo-lhe exercer, na forma da lei, a supervisão administrativa, orçamentária, financeira e patrimonial da Justiça do Trabalho de primeiro e segundo graus, como órgão central do sistema, cujas decisões terão efeito vinculante.**

- V. art. 6º, Emenda Constitucional 45/2004.

§ 3º **Compete ao Tribunal Superior do Trabalho processar e julgar, originariamente, a reclamação para a preservação de sua competência e garantia da autoridade de suas decisões.**

- § 3º acrescentado pela Emenda Constitucional 92/2016.

Art. 112. **A lei criará varas da Justiça do Trabalho, podendo, nas comarcas não abrangidas por sua jurisdição, atribuí-la aos juízes de direito, com recurso para o respectivo Tribunal Regional do Trabalho.**

- Artigo com redação determinada pela Emenda Constitucional 45/2004.

Art. 113. **A lei disporá sobre a constituição, investidura, jurisdição, competência, garantias e condições de exercício dos órgãos da Justiça do Trabalho.**

- Artigo com redação determinada pela Emenda Constitucional 24/1999.
- V. arts. 643 a 673, CLT.
- V. LC 35/1979 (Lei Orgânica da Magistratura Nacional).

Art. 114. **Compete à Justiça do Trabalho processar e julgar:**

- *Caput* com redação determinada pela Emenda Constitucional 45/2004.
- V. art. 6º, § 2º, Lei 11.101/2005 (Lei de Recuperação de Empresas e Falência).
- V. Súmula vinculante 22, STF.
- V. Súmula 349, STJ.

I – **as ações oriundas da relação de trabalho, abrangidos os entes de direito público externo e da administração pública direta e indireta da União, dos Estados, do Distrito Federal e dos Municípios;**

- Inciso I acrescentado pela Emenda Constitucional 45/2004.
- O STF, na ADIn 3.395-6 (DJU 04.02.2005), concedeu liminar com efeito ex tunc, suspendendo ad referendum "... toda e qualquer interpretação dada ao inciso I do art. 114 da CF, na redação dada pela EC 45/2004, que inclua na competência da Justiça do Trabalho, a '... apreciação... de causas que ... sejam instauradas entre o Poder Público e seus servidores, a ele vinculados por típica relação de ordem estatutária ou de caráter jurídico-administrativo'". A liminar concedida foi referendada pelo Tribunal (DJU 10.11.2006).
- O STF, na ADIn 3.684-0 (*DJU* 03.08.2007), deferiu a medida cautelar, com eficácia *ex tunc*, para dar interpretação conforme, decidindo que "o disposto no art. 114, incs. I, IV e IX, da Constituição da República, acrescidos pela Emenda Constitucional 45, não atribui à Justiça do Trabalho competência para processar e julgar ações penais".

II – **as ações que envolvam exercício do direito de greve;**

- Inciso II acrescentado pela Emenda Constitucional 45/2004.
- V. art. 9º, CF.
- V. Lei 7.783/1989 (Direito de greve).
- V. Súmula vinculante 23, STF.

III – **as ações sobre representação sindical, entre sindicatos, entre sindicatos e trabalhadores, e entre sindicatos e empregadores;**

- Inciso III acrescentado pela Emenda Constitucional 45/2004.
- V. Lei 8.984/1995 (Estende a competência da Justiça do Trabalho).

IV – **os mandados de segurança, habeas corpus e habeas data, quando o ato questionado envolver matéria sujeita à sua jurisdição;**

- Inciso IV acrescentado pela Emenda Constitucional 45/2004.
- O STF, na ADIn 3.684-0 (*DJU* 03.08.2007), deferiu a medida cautelar, com eficácia *ex tunc*, para dar interpretação conforme, decidindo que o disposto no art. 114, incs. I, IV e IX, da Constituição da República, acrescidos pela Emenda Constitucional 45, não atribui à Justiça do Trabalho competência para processar e julgar ações penais".
- V. art. 5º, LXVIII, LXIX, LXXII, CF.
- V. Lei 9.507/1997 (Rito processual do *habeas data*).
- V. Lei 12.016/2009 (Nova Lei do Mandado de Segurança).

V – os conflitos de competência entre órgãos com jurisdição trabalhista, ressalvado o disposto no art. 102, I, o;

- Inciso V acrescentado pela Emenda Constitucional 45/2004.

VI – as ações de indenização por dano moral ou patrimonial, decorrentes da relação de trabalho;

- Inciso VI acrescentado pela Emenda Constitucional 45/2004.

VII – as ações relativas às penalidades administrativas impostas aos empregadores pelos órgãos de fiscalização das relações de trabalho;

- Inciso VII acrescentado pela Emenda Constitucional 45/2004.

VIII – a execução, de ofício, das contribuições sociais previstas no art. 195, I, a, e II, e seus acréscimos legais, decorrentes das sentenças que proferir;

- Inciso VIII acrescentado pela Emenda Constitucional 45/2004.

IX – outras controvérsias decorrentes da relação de trabalho, na forma da lei.

- Inciso IX acrescentado pela Emenda Constitucional 45/2004.
- O STF, na ADIn 3.684-0 (*DJU* 03.08.2007), deferiu a medida cautelar, com eficácia *ex tunc*, para dar interpretação conforme, decidindo que "o disposto no art. 114, incs. I, IV e IX, da Constituição da República, acrescidos pela Emenda Constitucional 45, não atribui à Justiça do Trabalho competência para processar e julgar ações penais".
- V. Súmula 736, STF.

§ 1º Frustrada a negociação coletiva, as partes poderão eleger árbitros.

§ 2º Recusando-se qualquer das partes à negociação coletiva ou à arbitragem, é facultado às mesmas, de comum acordo, ajuizar dissídio coletivo de natureza econômica, podendo a Justiça do Trabalho decidir o conflito, respeitadas as disposições mínimas legais de proteção ao trabalho, bem como as convencionadas anteriormente.

- § 2º com redação determinada pela Emenda Constitucional 45/2004.

§ 3º Em caso de greve em atividade essencial, com possibilidade de lesão do interesse público, o Ministério Público do Trabalho poderá ajuizar dissídio coletivo, competindo à Justiça do Trabalho decidir o conflito.

- § 3º com redação determinada pela Emenda Constitucional 45/2004.
- V. art. 9º, § 1º, CF.
- V. Lei 7.783/1989 (Direito de greve).

Art. 115. Os Tribunais Regionais do Trabalho compõem-se de, no mínimo, sete juízes, recrutados, quando possível, na respectiva região, e nomeados pelo Presidente da República dentre brasileiros com mais de trinta e menos de sessenta e cinco anos, sendo:

- Artigo com redação determinada pela Emenda Constitucional 45/2004.

I – um quinto dentre advogados com mais de 10 (dez) anos de efetiva atividade profissional e membros do Ministério Público do Trabalho com mais de 10 (dez) anos de efetivo exercício, observado o disposto no art. 94;

II – os demais, mediante promoção de juízes do trabalho por antiguidade e merecimento, alternadamente.

§ 1º Os Tribunais Regionais do Trabalho instalarão a justiça itinerante, com a realização de audiências e demais funções de atividade jurisdicional, nos limites territoriais da respectiva jurisdição, servindo-se de equipamentos públicos e comunitários.

§ 2º Os Tribunais Regionais do Trabalho poderão funcionar descentralizadamente, constituindo Câmaras regionais, a fim de assegurar o pleno acesso do jurisdicionado à justiça em todas as fases do processo.

Art. 116. Nas Varas do Trabalho, a jurisdição será exercida por um juiz singular.

- *Caput* com redação determinada pela Emenda Constitucional 24/1999.

Parágrafo único. *(Revogado pela Emenda Constitucional 24/1999).*

Art. 117. *(Revogado pela Emenda Constitucional 24/1999).*

Seção VI
Dos Tribunais e Juízes Eleitorais

- V. arts. 12 a 41, Lei 4.737/1965 (Código Eleitoral).

Art. 118. São órgãos da Justiça Eleitoral:

I – o Tribunal Superior Eleitoral;

II – os Tribunais Regionais Eleitorais;

III – os Juízes Eleitorais;

IV – as Juntas Eleitorais.

Art. 119. O Tribunal Superior Eleitoral compor-se-á, no mínimo, de sete membros, escolhidos:

I – mediante eleição, pelo voto secreto:

a) três juízes dentre os Ministros do Supremo Tribunal Federal;

b) dois juízes dentre os Ministros do Superior Tribunal de Justiça;

II – por nomeação do Presidente da República, dois juízes dentre seis advogados de notável saber jurídico e idoneidade moral, indicados pelo Supremo Tribunal Federal.

Parágrafo único. O Tribunal Superior Eleitoral elegerá seu Presidente e o Vice-Presidente dentre os Ministros do Supremo Tribunal Federal, e o Corregedor Eleitoral dentre os Ministros do Superior Tribunal de Justiça.

Art. 120. Haverá um Tribunal Regional Eleitoral na Capital de cada Estado e no Distrito Federal.

§ 1º Os Tribunais Regionais Eleitorais compor-se-ão:

I – mediante eleição, pelo voto secreto:

a) de dois juízes dentre os desembargadores do Tribunal de Justiça;

b) de dois juízes, dentre juízes de direito, escolhidos pelo Tribunal de Justiça;

II – de um juiz do Tribunal Regional Federal com sede na Capital do Estado ou no Distrito Federal, ou, não havendo, de juiz federal, escolhido, em qualquer caso, pelo Tribunal Regional Federal respectivo;

III – por nomeação, pelo Presidente da República, de dois juízes dentre seis advogados de notável saber jurídico e idoneidade moral, indicados pelo Tribunal de Justiça.

§ 2º O Tribunal Regional Eleitoral elegerá seu Presidente e o Vice-Presidente dentre os desembargadores.

Art. 121. Lei complementar disporá sobre a organização e competência dos tribunais, dos juízes de direito e das juntas eleitorais.

- V. arts. 22, 23, 29, 30, 34, 40 e 41, Lei 4.737/1965 (Código Eleitoral).
- V. Súmula 368, STJ.

§ 1º Os membros dos tribunais, os juízes de direito e os integrantes das juntas eleitorais, no exercício de suas funções, e no que lhes for aplicável, gozarão de plenas garantias e serão inamovíveis.

§ 2º Os juízes dos tribunais eleitorais, salvo motivo justificado, servirão por dois anos, no mínimo, e nunca por mais de dois biênios consecutivos, sendo os substitutos escolhidos na mesma ocasião e pelo mesmo processo, em número igual para cada categoria.

§ 3º São irrecorríveis as decisões do Tribunal Superior Eleitoral, salvo as que contrariarem esta Constituição e as denegatórias de habeas corpus ou mandado de segurança.

§ 4º Das decisões dos Tribunais Regionais Eleitorais somente caberá recurso quando:

I – forem proferidas contra disposição expressa desta Constituição ou de lei;

II – ocorrer divergência na interpretação de lei entre dois ou mais tribunais eleitorais;

III – versarem sobre inelegibilidade ou expedição de diplomas nas eleições federais ou estaduais;

IV – anularem diplomas ou decretarem a perda de mandatos eletivos federais ou estaduais;

V – denegarem habeas corpus, mandado de segurança, habeas data ou mandado de injunção.

Seção VII
Dos Tribunais e Juízes Militares

Art. 122. São órgãos da Justiça Militar:

- V. Lei 8.457/1992 (Justiça Militar da União e funcionamento de seus serviços auxiliares).
- V. Lei 9.839/1999 (Veda a aplicação da Lei 9.099/1995 na Justiça Militar).

I – o Superior Tribunal Militar;

II – os Tribunais e Juízes Militares instituídos por lei.

Art. 123. O Superior Tribunal Militar compor-se-á de quinze Ministros vitalícios, nomeados pelo Presidente da República, depois de aprovada a indicação pelo Senado Federal, sendo três dentre oficiais-generais da Marinha, quatro dentre oficiais-generais do Exército, três dentre oficiais-generais da Aeronáutica, todos da ativa e do posto mais elevado da carreira, e cinco dentre civis.

Parágrafo único. Os Ministros civis serão escolhidos pelo Presidente da República dentre brasileiros maiores de trinta e cinco anos, sendo:

I – três dentre advogados de notório saber jurídico e conduta ilibada, com mais de dez anos de efetiva atividade profissional;

II – dois, por escolha paritária, dentre juízes auditores e membros do Ministério Público da Justiça Militar.

Art. 124. À Justiça Militar compete processar e julgar os crimes militares definidos em lei.

- V. Dec.-lei 1.002/1969 (Código de Processo Penal Militar).
- V. Lei 9.839/1999 (Veda a aplicação da Lei 9.099/1995 na Justiça Militar).

Parágrafo único. A lei disporá sobre a organização, o funcionamento e a competência da Justiça Militar.

- V. Lei 8.457/1992 (Justiça Militar da União e funcionamento de seus serviços auxiliares).

Seção VIII
Dos Tribunais e Juízes dos Estados

Art. 125. Os Estados organizarão sua Justiça, observados os princípios estabelecidos nesta Constituição.

§ 1º A competência dos tribunais será definida na Constituição do Estado, sendo a lei de organização judiciária de iniciativa do Tribunal de Justiça.

- V. art. 70, ADCT.
- V. Súmula 721, STF.

§ 2º Cabe aos Estados a instituição de representação de inconstitucionalidade de leis ou atos normativos estaduais ou municipais em face da Constituição Estadual, vedada a atribuição da legitimação para agir a um único órgão.

§ 3º A lei estadual poderá criar, mediante proposta do Tribunal de Justiça, a Justiça Militar estadual, constituída, em primeiro grau, pelos juízes de direito e pelos Conselhos de Justiça e, em segundo grau, pelo próprio Tribunal de Justiça, ou por Tribunal de Justiça Militar nos Estados em que o efetivo militar seja superior a vinte mil integrantes.

- § 3º com redação determinada pela Emenda Constitucional 45/2004.

§ 4º Compete à Justiça Militar estadual processar e julgar os militares dos Estados, nos crimes militares definidos em lei e as ações judiciais contra atos disciplinares militares, ressalvada a competência do júri quando a vítima for civil, cabendo ao tribunal competente decidir sobre a perda do posto e da patente dos oficiais e da graduação das praças.

- § 4º com redação determinada pela Emenda Constitucional 45/2004.
- V. Súmula 673, STF.

§ 5º Compete aos juízes de direito do juízo militar processar e julgar, singularmente, os crimes militares cometidos contra civis e as ações judiciais contra atos disciplinares militares, cabendo ao Conselho de Justiça, sob a presidência de juiz de direito, processar e julgar os demais crimes militares.

- § 5º acrescentado pela Emenda Constitucional 45/2004.

§ 6º O Tribunal de Justiça poderá funcionar descentralizadamente, constituindo Câmaras regionais, a fim de assegurar o pleno acesso do jurisdicionado à justiça em todas as fases do processo.

- § 6º acrescentado pela Emenda Constitucional 45/2004.

§ 7º O Tribunal de Justiça instalará a justiça itinerante, com a realização de audiências e demais funções da atividade jurisdicional, nos limites territoriais da respectiva jurisdição, servindo-se de equipamentos públicos e comunitários.

- § 7º acrescentado pela Emenda Constitucional 45/2004.

Art. 126. Para dirimir conflitos fundiários, o Tribunal de Justiça proporá a criação de varas especializadas, com competência exclusiva para questões agrárias.

- *Caput* com redação determinada pela Emenda Constitucional 45/2004.

Parágrafo único. Sempre que necessário à eficiente prestação jurisdicional, o juiz far-se-á presente no local do litígio.

Capítulo IV
Das Funções Essenciais à Justiça

Seção I
Do Ministério Público

- V. Lei 8.625/1993 (Lei Orgânica Nacional do Ministério Público).
- V. LC 75/1993 (Estatuto do Ministério Público da União).

Art. 127. O Ministério Público é instituição permanente, essencial à função jurisdicional do Estado, incumbindo-lhe a defesa da ordem jurídica, do regime democrático e dos interesses sociais e individuais indisponíveis.

§ 1º São princípios institucionais do Ministério Público a unidade, a indivisibilidade e a independência funcional.

§ 2º Ao Ministério Público é assegurada autonomia funcional e administrativa, podendo, observado o disposto no art. 169, propor ao Poder Legislativo a criação e extinção de seus cargos e serviços auxiliares, provendo-os por concurso público de provas ou de provas e títulos, a política remuneratória e os planos de carreira; a lei disporá sobre sua organização e funcionamento.

- § 2º com redação determinada pela Emenda Constitucional 19/1998.
- V. Lei 11.144/2005 (Subsídio do Procurador-Geral da República).

§ 3º O Ministério Público elaborará sua proposta orçamentária dentro dos limites estabelecidos na lei de diretrizes orçamentárias.

§ 4º Se o Ministério Público não encaminhar a respectiva proposta orçamentária dentro do prazo estabelecido na lei de diretrizes orçamentárias, o Poder Executivo considerará, para fins de consolidação da proposta orçamentária anual, os valores aprovados na lei orçamentária vigente, ajustados de acordo com os limites estipulados na forma do § 3º.

- § 4º acrescentado pela Emenda Constitucional 45/2004.

§ 5º Se a proposta orçamentária de que trata este artigo for encaminhada em desacordo com os limites estipulados na forma do § 3º, o Poder Executivo procederá aos ajustes necessários para fins de consolidação da proposta orçamentária anual.

- § 5º acrescentado pela Emenda Constitucional 45/2004.

§ 6º Durante a execução orçamentária do exercício, não poderá haver a realização de despesas ou a assunção de obrigações que extrapolem os limites estabelecidos na lei de diretrizes orçamentárias, exceto se previamente autorizadas, mediante a abertura de créditos suplementares ou especiais.

- § 6º acrescentado pela Emenda Constitucional 45/2004.

Art. 128. O Ministério Público abrange:

I – o Ministério Público da União, que compreende:

- V. LC 75/1993 (Estatuto do Ministério Público da União).

a) o Ministério Público Federal;

b) o Ministério Público do Trabalho;

c) o Ministério Público Militar;

d) o Ministério Público do Distrito Federal e Territórios;

II – os Ministérios Públicos dos Estados.

§ 1º O Ministério Público da União tem por chefe o Procurador-Geral da República, nomeado pelo Presidente da República dentre integrantes da carreira, maiores de trinta e cinco anos, após a aprovação de seu nome pela maioria absoluta dos membros do Senado Federal, para mandato de dois anos, permitida a recondução.

§ 2º A destituição do Procurador-Geral da República, por iniciativa do Presidente da República, deverá ser precedida de autorização da maioria absoluta do Senado Federal.

§ 3º Os Ministérios Públicos dos Estados e o do Distrito Federal e Territórios formarão lista tríplice dentre integrantes da carreira, na forma da lei respectiva, para escolha de seu Procurador-Geral, que será nomeado pelo Chefe do Poder Executivo, para mandato de dois anos, permitida uma recondução.

§ 4º Os Procuradores-Gerais nos Estados e no Distrito Federal e Territórios poderão ser destituídos por deliberação da maioria absoluta do Poder Legislativo, na forma da lei complementar respectiva.

§ 5º Leis complementares da União e dos Estados, cuja iniciativa é facultada aos respectivos Procuradores-Gerais, estabelecerão a organização, as atribuições e o estatuto de cada Ministério Público, observadas, relativamente a seus membros:

I – as seguintes garantias:

a) vitaliciedade, após dois anos de exercício, não podendo perder o cargo senão por sentença judicial transitada em julgado;

b) inamovibilidade, salvo por motivo de interesse público, mediante decisão do órgão colegiado competente do Ministério Público, pelo voto da maioria absoluta de seus membros, assegurada ampla defesa;

- Alínea *b* com redação determinada pela Emenda Constitucional 45/2004.

c) irredutibilidade de subsídio, fixado na forma do art. 39, § 4º, e ressalvado o disposto nos arts. 37, X e XI, 150, II, 153, III, 153, § 2º, I;

- Alínea *c* com redação determinada pela Emenda Constitucional 19/1998.
- V. Lei 11.144/2005 (Subsídio do Procurador-Geral da República).
- V. Lei 12.042/2009 (Revisão do subsídio do Procurador-Geral da República).

II – as seguintes vedações:

a) receber, a qualquer título e sob qualquer pretexto, honorários, percentagens ou custas processuais;

b) exercer a advocacia;

c) participar de sociedade comercial, na forma da lei;

d) exercer, ainda que em disponibilidade, qualquer outra função pública, salvo uma de magistério;

e) exercer atividade político-partidária;

- Alínea *e* com redação determinada pela Emenda Constitucional 45/2004.

f) receber, a qualquer título ou pretexto, auxílios ou contribuições de pessoas físicas, entidades públicas ou privadas, ressalvadas as exceções previstas em lei.

- Alínea *f* acrescentada pela Emenda Constitucional 45/2004.

§ 6º Aplica-se aos membros do Ministério Público o disposto no art. 95, parágrafo único, V.

- § 6º acrescentado pela Emenda Constitucional 45/2004.

Art. 129. São funções institucionais do Ministério Público:

I – promover, privativamente, a ação penal pública, na forma da lei;

- V. art. 100, § 1º, CP.
- V. art. 24, CPP.
- V. Lei 8.625/1993 (Lei Orgânica Nacional do Ministério Público).

II – zelar pelo efetivo respeito dos Poderes Públicos e dos serviços de relevância pública aos direitos assegurados nesta Constituição, promovendo as medidas necessárias a sua garantia;

III – promover o inquérito civil e a ação civil pública, para a proteção do patrimônio público e social, do meio ambiente e de outros interesses difusos e coletivos;

- V. Lei 7.347/1985 (Ação civil pública).
- V. Súmula 643, STF.
- V. Súmula 329, STJ.

IV – promover a ação de inconstitucionalidade ou representação para fins de intervenção da União e dos Estados, nos casos previstos nesta Constituição;

- V. arts. 34 a 36, CF.

V – defender judicialmente os direitos e interesses das populações indígenas;

- V. art. 231, CF.

VI – expedir notificações nos procedimentos administrativos de sua competência, requisitando informações e documentos para instruí-los, na forma da lei complementar respectiva;

VII – exercer o controle externo da atividade policial, na forma da lei complementar mencionada no artigo anterior;

- V. arts. 3º, 9º, 10 e 38, IV, LC 75/1993 (Estatuto do Ministério Público da União).

VIII – requisitar diligências investigatórias e a instauração de inquérito policial, indicados os fundamentos jurídicos de suas manifestações processuais;

IX – exercer outras funções que lhe forem conferidas, desde que compatíveis com sua finalidade, sendo-lhe vedada a representação judicial e a consultoria jurídica de entidades públicas.

§ 1º A legitimação do Ministério Público para as ações civis previstas neste artigo não impede a de terceiros, nas mesmas hipóteses, segundo o disposto nesta Constituição e na lei.

- V. Lei 7.347/1985 (Ação civil pública).

§ 2º As funções do Ministério Público só podem ser exercidas por integrantes da carreira, que deverão residir na comarca da respectiva lotação, salvo autorização do chefe da instituição.

- § 2º com redação determinada pela Emenda Constitucional 45/2004.

§ 3º O ingresso na carreira do Ministério Público far-se-á mediante concurso público de provas e títulos, assegurada a participação da Ordem dos Advogados do Brasil em sua realização, exigindo-se do bacharel em direito, no mínimo, 3 (três) anos de atividade jurídica e observando-se, nas nomeações, a ordem de classificação.

- § 3º com redação determinada pela Emenda Constitucional 45/2004.

§ 4º Aplica-se ao Ministério Público, no que couber, o disposto no art. 93.

- § 4º com redação determinada pela Emenda Constitucional 45/2004.

§ 5º A distribuição de processos no Ministério Público será imediata.

- § 5º acrescentado pela Emenda Constitucional 45/2004.

Art. 130. Aos membros do Ministério Público junto aos Tribunais de Contas aplicam-se as disposições desta seção pertinentes a direitos, vedações e forma de investidura.

Art. 130-A. O Conselho Nacional do Ministério Público compõe-se de quatorze membros nomeados pelo Presidente da República, depois de aprovada a escolha pela maioria absoluta do Senado Federal, para um mandato de 2 (dois) anos, admitida uma recondução, sendo:

- Artigo acrescentado pela Emenda Constitucional 45/2004.
- V. art. 5º, Emenda Constitucional 45/2004.

I – o Procurador-Geral da República, que o preside;

II – quatro membros do Ministério Público da União, assegurada a representação de cada uma de suas carreiras;

III – três membros do Ministério Público dos Estados;

IV – dois juízes, indicados um pelo Supremo Tribunal Federal e outro pelo Superior Tribunal de Justiça;

V – dois advogados, indicados pelo Conselho Federal da Ordem dos Advogados do Brasil;

VI – dois cidadãos de notável saber jurídico e reputação ilibada, indicados um pela Câmara dos Deputados e outro pelo Senado Federal.

§ 1º Os membros do Conselho oriundos do Ministério Público serão indicados pelos respectivos Ministérios Públicos, na forma da lei.

- V. Lei 11.372/2006 (Regulamenta o § 1º do art. 130-A da CF).

§ 2º Compete ao Conselho Nacional do Ministério Público o controle da atuação administrativa e financeira do Ministério Público e do cumprimento dos deveres funcionais de seus membros, cabendo-lhe:

I – zelar pela autonomia funcional e administrativa do Ministério Público, podendo expedir atos regulamentares, no âmbito de sua competência, ou recomendar providências;

II – zelar pela observância do art. 37 e apreciar, de ofício ou mediante provocação, a legalidade dos atos administrativos praticados por membros ou órgãos do Ministério Público da União e dos Estados, podendo desconstituí-los, revê-los ou fixar prazo para que se adotem as providências necessárias ao exato cumprimento da lei, sem prejuízo da competência dos Tribunais de Contas;

III – receber e conhecer das reclamações contra membros ou órgãos do Ministério Público da União ou dos Estados, inclusive contra seus serviços auxiliares, sem prejuízo da competência disciplinar e correicional da instituição, podendo avocar processos disciplinares em curso, determinar a remoção, a disponibilidade ou a aposentadoria com subsídios ou proventos proporcionais ao tempo de serviço e aplicar outras sanções administrativas, assegurada ampla defesa;

IV – rever, de ofício ou mediante provocação, os processos disciplinares de membros do Ministério Público da União ou dos Estados julgados há menos de 1 (um) ano;

V – elaborar relatório anual, propondo as providências que julgar necessárias sobre a situação do Ministério Público no País e as atividades do Conselho, o qual deve integrar a mensagem prevista no art. 84, XI.

§ 3º O Conselho escolherá, em votação secreta, um Corregedor nacional, dentre os membros do Ministério Público que o integram, vedada a recondução, competindo-lhe, além das atribuições que lhe forem conferidas pela lei, as seguintes:

I – receber reclamações e denúncias, de qualquer interessado, relativas aos membros do Ministério Público e dos seus serviços auxiliares;

II – exercer funções executivas do Conselho, de inspeção e correição geral;

III – requisitar e designar membros do Ministério Público, delegando-lhes atribuições, e requisitar servidores de órgãos do Ministério Público.

§ 4º O Presidente do Conselho Federal da Ordem dos Advogados do Brasil oficiará junto ao Conselho.

§ 5º Leis da União e dos Estados criarão ouvidorias do Ministério Público, competentes para receber reclamações e denúncias de qualquer interessado contra membros ou órgãos do Ministério Público, inclusive contra seus serviços auxiliares, representando diretamente ao Conselho Nacional do Ministério Público.

Seção II
Da Advocacia Pública

- Rubrica da Seção II renomeada pela Emenda Constitucional 19/1998.

Art. 131. A Advocacia-Geral da União é a instituição que, diretamente ou através de órgão vinculado, representa a União, judicial e extrajudicialmente, cabendo-lhe, nos termos da lei complementar que dispuser sobre sua organização e funcionamento, as atividades de consultoria e assessoramento jurídico do Poder Executivo.

- V. LC 73/1993 (Lei Orgânica da Advocacia-Geral da União).
- V. Dec. 767/1993 (Controle interno da Advocacia-Geral da União).
- V. Lei 9.028/1995 (Exercício das atribuições institucionais da Advocacia-Geral da União em caráter emergencial e provisório).
- V. Lei 9.469/1997 (Regulamenta o art. 4º, VI, da LC 73/1993).

§ 1º A Advocacia-Geral da União tem por chefe o Advogado-Geral da União, de livre nomeação pelo Presidente da República dentre cidadãos maiores de trinta e cinco anos, de notável saber jurídico e reputação ilibada.

§ 2º O ingresso nas classes iniciais das carreiras da instituição de que trata este artigo far-se-á mediante concurso público de provas e títulos.

§ 3º Na execução da dívida ativa de natureza tributária, a representação da União cabe à Procuradoria-Geral da Fazenda Nacional, observado o disposto em lei.

Art. 132. Os Procuradores dos Estados e do Distrito Federal, organizados em carreira, na qual o ingresso dependerá de concurso público de provas e títulos, com a participação da Ordem dos Advogados do Brasil em todas as suas fases, exercerão a representação judicial e a consultoria jurídica das respectivas unidades federadas.

- Artigo com redação determinada pela Emenda Constitucional 19/1998.

Parágrafo único. Aos procuradores referidos neste artigo é assegurada estabilidade após três anos de efetivo exercício, mediante avaliação de desempenho perante os órgãos próprios, após relatório circunstanciado das corregedorias.

Seção III
Da Advocacia

- Seção III com redação determinada pela Emenda Constitucional 80/2014.

Art. 133. O advogado é indispensável à administração da justiça, sendo inviolável por seus atos e manifestações no exercício da profissão, nos limites da lei.

- V. Lei 8.906/1994 (Estatuto da Advocacia e da OAB).

Seção IV
Da Defensoria Pública

- Seção IV acrescentada pela Emenda Constitucional 80/2014.

Art. 134. A Defensoria Pública é instituição permanente, essencial à função jurisdicional do Estado, incumbindo-lhe, como expressão e instrumento do regime democrático, fundamentalmente, a orientação jurídica, a promoção dos direitos humanos e a defesa, em todos os graus, judicial e extrajudicial, dos direitos individuais e coletivos, de forma integral e gratuita, aos necessitados, na forma do inciso LXXIV do art. 5º desta Constituição Federal.

- *Caput* com redação determinada pela Emenda Constitucional 80/2014.
- V. Súmula 421, STJ.

§ 1º Lei complementar organizará a Defensoria Pública da União e do Distrito Federal e dos Territórios e prescreverá normas gerais para sua organização nos Estados, em cargos de carreira, providos, na classe inicial, mediante concurso público de provas e títulos, assegurada a seus integrantes a garantia da inamovibilidade e vedado o exercício da advocacia fora das atribuições institucionais.

- Primitivo parágrafo único renumerado pela Emenda Constitucional 45/2004.
- V. LC 80/1994 (Defensoria Pública da União).
- V. LC 98/1999 (Altera dispositivos da LC 80/1994).

§ 2º Às Defensorias Públicas Estaduais são asseguradas autonomia funcional e administrativa e a iniciativa de sua proposta orçamentária dentro dos limites estabelecidos na lei de diretrizes orçamentárias e subordinação ao disposto no art. 99, § 2º.

- § 2º acrescentado pela Emenda Constitucional 45/2004.

§ 3º Aplica-se o disposto no § 2º às Defensorias Públicas da União e do Distrito Federal.

- § 3º acrescentado pela Emenda Constitucional 74/2013.

§ 4º São princípios institucionais da Defensoria Pública a unidade, a indivisibilidade e a independência funcional, aplicando-se também, no que couber, o disposto no art. 93 e no inciso II do art. 96 desta Constituição Federal.

- § 4º acrescentado pela Emenda Constitucional 80/2014.

Art. 135. Os servidores integrantes das carreiras disciplinadas nas Seções II e III deste Capítulo serão remunerados na forma do art. 39, § 4º.

- Artigo com redação determinada pela Emenda Constitucional 19/1998.
- V. art. 132, CF.

TÍTULO V
Da Defesa do Estado e das Instituições Democráticas

Capítulo I
Do Estado de Defesa e do Estado de Sítio

Seção I
Do Estado de Defesa

Art. 136. O Presidente da República pode, ouvidos o Conselho da República e o Conselho de Defesa Nacional, decretar estado de defesa para preservar ou prontamente restabelecer, em locais restritos e determinados, a ordem pública ou a paz social ameaçadas por grave e iminente instabilidade institucional ou atingidas por calamidades de grandes proporções na natureza.

- V. arts. 89 a 91, CF.
- V. Lei 8.041/1990 (Organização e funcionamento do Conselho da República).
- V. Lei 8.183/1991 (Conselho de Defesa Nacional).
- V. Dec. 893/1993 (Conselho de Defesa Nacional – Regulamento).

§ 1º O decreto que instituir o estado de defesa determinará o tempo de sua duração, especificará as áreas a serem abrangidas e indicará, nos termos e limites da lei, as medidas coercitivas a vigorarem, dentre as seguintes:

I – restrições aos direitos de:

a) reunião, ainda que exercida no seio das associações;

b) sigilo de correspondência;

c) sigilo de comunicação telegráfica e telefônica;

II – ocupação e uso temporário de bens e serviços públicos, na hipótese de calamidade pública, respondendo a União pelos danos e custos decorrentes.

§ 2º O tempo de duração do estado de defesa não será superior a trinta dias, podendo ser prorrogado uma vez, por igual período, se persistirem as razões que justificaram a sua decretação.

§ 3º Na vigência do estado de defesa:

I – a prisão por crime contra o Estado, determinada pelo executor da medida, será por este comunicada imediatamente ao juiz competente, que a relaxará, se não for legal, facultado ao preso requerer exame de corpo de delito à autoridade policial;

II – a comunicação será acompanhada de declaração, pela autoridade, do estado físico e mental do detido no momento de sua autuação;

III – a prisão ou detenção de qualquer pessoa não poderá ser superior a dez dias, salvo quando autorizada pelo Poder Judiciário;

IV – é vedada a incomunicabilidade do preso.

§ 4º Decretado o estado de defesa ou sua prorrogação, o Presidente da República, dentro de vinte e quatro horas, submeterá o ato com a respectiva justificação ao Congresso Nacional, que decidirá por maioria absoluta.

§ 5º Se o Congresso Nacional estiver em recesso, será convocado, extraordinariamente, no prazo de cinco dias.

§ 6º O Congresso Nacional apreciará o decreto dentro de dez dias contados de seu recebimento, devendo continuar funcionando enquanto vigorar o estado de defesa.

§ 7º Rejeitado o decreto, cessa imediatamente o estado de defesa.

Seção II
Do Estado de Sítio

Art. 137. O Presidente da República pode, ouvidos o Conselho da República e o Conselho de Defesa Nacional, solicitar ao Congresso Nacional autorização para decretar o estado de sítio nos casos de:

I – comoção grave de repercussão nacional ou ocorrência de fatos que comprovem a ineficácia de medida tomada durante o estado de defesa;

II – declaração de estado de guerra ou resposta a agressão armada estrangeira.

Parágrafo único. O Presidente da República, ao solicitar autorização para decretar o estado de sítio ou sua prorrogação, relatará os motivos determinantes do pedido, devendo o Congresso Nacional decidir por maioria absoluta.

Art. 138. O decreto do estado de sítio indicará sua duração, as normas necessárias a sua execução e as garantias constitucionais que ficarão suspensas, e, depois de publicado, o Presidente da República designará o executor das medidas específicas e as áreas abrangidas.

§ 1º O estado de sítio, no caso do art. 137, I, não poderá ser decretado por mais de trinta dias, nem prorrogado, de cada vez, por prazo superior; no do inciso II, poderá ser decretado por todo o tempo que perdurar a guerra ou a agressão armada estrangeira.

§ 2º Solicitada autorização para decretar o estado de sítio durante o recesso parlamentar, o Presidente do Senado Federal, de imediato, convocará extraordinariamente o Congresso Nacional para se reunir dentro de cinco dias, a fim de apreciar o ato.

§ 3º O Congresso Nacional permanecerá em funcionamento até o término das medidas coercitivas.

Art. 139. Na vigência do estado de sítio decretado com fundamento no art. 137, I, só poderão ser tomadas contra as pessoas as seguintes medidas:

I – obrigação de permanência em localidade determinada;

II – detenção em edifício não destinado a acusados ou condenados por crimes comuns;

III – restrições relativas à inviolabilidade da correspondência, ao sigilo das comunicações, à prestação de informações e à liberdade de imprensa, radiodifusão e televisão, na forma da lei;

- V. Lei 9.296/1996 (Regulamenta o inciso XII, parte final, do art. 5º da Constituição Federal).

IV – suspensão da liberdade de reunião;

V – busca e apreensão em domicílio;

VI – intervenção nas empresas de serviços públicos;

VII – requisição de bens.

Parágrafo único. Não se inclui nas restrições do inciso III a difusão de pronunciamentos de parlamentares efetuados em suas Casas Legislativas, desde que liberada pela respectiva Mesa.

Seção III
Disposições Gerais

Art. 140. A Mesa do Congresso Nacional, ouvidos os líderes partidários, designará Comissão composta de cinco de seus membros para acompanhar e fiscalizar a execução das medidas referentes ao estado de defesa e ao estado de sítio.

Art. 141. Cessado o estado de defesa ou o estado de sítio, cessarão também seus efeitos, sem prejuízo da responsabilidade pelos ilícitos cometidos por seus executores ou agentes.

Parágrafo único. Logo que cesse o estado de defesa ou o estado de sítio, as medidas aplicadas em sua vigência serão relatadas pelo Presidente da República, em mensagem ao Congresso Nacional, com especificação e justificação das providências adotadas, com relação nominal dos atingidos e indicação das restrições aplicadas.

Capítulo II
Das Forças Armadas

Art. 142. As Forças Armadas, constituídas pela Marinha, pelo Exército e pela Aeronáutica, são instituições nacionais permanentes e regulares, organizadas com base na hierarquia e na disciplina, sob a autoridade suprema do Presidente da República, e destinam-se à defesa da Pátria, à garantia dos poderes constitucionais e, por iniciativa de qualquer destes, da lei e da ordem.

- V. art. 37, X, CF.
- V. Lei 8.071/1990 (Efetivos do Exército em tempo de paz).

§ 1º Lei complementar estabelecerá as normas gerais a serem adotadas na organização, no preparo e no emprego das Forças Armadas.

- V. LC 97/1999 (Organização, preparo e emprego das Forças Armadas).

§ 2º Não caberá habeas corpus em relação a punições disciplinares militares.

- V. art. 42, § 1º, CF.
- V. Dec.-lei 1.001/1969 (Código Penal Militar).

§ 3º Os membros das Forças Armadas são denominados militares, aplicando-se-lhes, além das que vierem a ser fixadas em lei, as seguintes disposições:

- *Caput* do § 3º acrescentado pela Emenda Constitucional 18/1998.
- V. art. 42, § 1º, CF.

I – as patentes, com prerrogativas, direitos e deveres a elas inerentes, são conferidas pelo Presidente da República e asseguradas em plenitude aos oficiais da ativa, da reserva ou reformados, sendo-lhes privativos os títulos e postos militares e, juntamente com os demais membros, o uso dos uniformes das Forças Armadas;

- Inciso I acrescentado pela Emenda Constitucional 18/1998.

II – o militar em atividade que tomar posse em cargo ou emprego público civil permanente, ressalvada a hipótese prevista no art. 37, inciso XVI, alínea c, será transferido para a reserva, nos termos da lei;

- Inciso II com redação determinada pela Emenda Constitucional 77/2014.

III – o militar da ativa que, de acordo com a lei, tomar posse em cargo, emprego ou função pública civil temporária, não eletiva, ainda que da administração indireta, ressalvada a hipótese prevista no art. 37, inciso XVI, alínea c, ficará agregado ao respectivo quadro e somente poderá, enquanto permanecer nessa situação, ser promovido por antiguidade, contando-se-lhe o tempo de serviço apenas para aquela promoção e transferência para a reserva, sendo depois de dois anos de afastamento, contínuos ou não, transferido para a reserva, nos termos da lei;

- Inciso III com redação determinada pela Emenda Constitucional 77/2014.

IV – ao militar são proibidas a sindicalização e a greve;

- Inciso IV acrescentado pela Emenda Constitucional 18/1998.

V – o militar, enquanto em serviço ativo, não pode estar filiado a partidos políticos;

- Inciso V acrescentado pela Emenda Constitucional 18/1998.

VI – o oficial só perderá o posto e a patente se for julgado indigno do oficialato ou com ele incompatível, por decisão de tribunal militar de caráter permanente, em tempo de paz, ou de tribunal especial, em tempo de guerra;

- Inciso VI acrescentado pela Emenda Constitucional 18/1998.

VII – o oficial condenado na justiça comum ou militar a pena privativa de liberdade superior a dois anos, por sentença transitada em julgado, será submetido ao julgamento previsto no inciso anterior;

- Inciso VII acrescentado pela Emenda Constitucional 18/1998.

VIII – aplica-se aos militares o disposto no art. 7º, incisos VIII, XII, XVII, XVIII, XIX e XXV, e no art. 37, incisos XI, XIII, XIV e XV, bem como, na forma da lei e com prevalência da atividade militar, no art. 37, inciso XVI, alínea c;

- Inciso VIII com redação determinada pela Emenda Constitucional 77/2014.

IX – *(Revogado pela Emenda Constitucional 41/2003).*

X – a lei disporá sobre o ingresso nas Forças Armadas, os limites de idade, a estabilidade e outras condições de transferência do militar para a inatividade, os direitos, os deveres, a remuneração, as prerrogativas e outras situações especiais dos militares, consideradas as peculiaridades de suas atividades, inclusive aquelas cumpridas por força de compromissos internacionais e de guerra.

- Inciso X acrescentado pela Emenda Constitucional 18/1998.
- V. art. 42, § 1º, CF.

Art. 143. O serviço militar é obrigatório nos termos da lei.

§ 1º Às Forças Armadas compete, na forma da lei, atribuir serviço alternativo aos que, em tempo de paz, após alistados, alegarem imperativo de consciência, entendendo-se como tal o decorrente de crença religiosa e de convicção filosófica ou política, para se eximirem de atividades de caráter essencialmente militar.

- V. art. 5º, VIII, CF.
- V. Lei 8.239/1991 (Prestação de serviço alternativo ao serviço militar).

§ 2º As mulheres e os eclesiásticos ficam isentos do serviço militar obrigatório em tempo de paz, sujeitos, porém, a outros encargos que a lei lhes atribuir.

- V. Lei 8.239/1991 (Prestação de serviço alternativo ao serviço militar).

Capítulo III
Da Segurança Pública

Art. 144. A segurança pública, dever do Estado, direito e responsabilidade de todos, é exercida para a preservação da ordem pública e da incolumidade das pessoas e do patrimônio, através dos seguintes órgãos:

I – polícia federal;

II – polícia rodoviária federal;

III – polícia ferroviária federal;

IV – polícias civis;

V – polícias militares e corpos de bombeiros militares.

§ 1º A polícia federal, instituída por lei como órgão permanente, organizado e mantido pela União e estruturado em carreira, destina-se a:

- *Caput* do § 1º com redação determinada pela Emenda Constitucional 19/1998.

I – apurar infrações penais contra a ordem política e social ou em detrimento de bens, serviços e interesses da União ou de suas entidades autárquicas e empresas públicas, assim como outras infrações cuja prática tenha repercussão interestadual ou internacional e exija repressão uniforme, segundo se dispuser em lei;

II – prevenir e reprimir o tráfico ilícito de entorpecentes e drogas afins, o contrabando e o descaminho, sem prejuízo da ação fazendária e de outros órgãos públicos nas respectivas áreas de competência;

- V. Lei 11.343/2006 (Lei Antidrogas).

III – exercer as funções de polícia marítima, aeroportuária e de fronteiras;

- Inciso III com redação determinada pela Emenda Constitucional 19/1998.

IV – exercer, com exclusividade, as funções de polícia judiciária da União.

§ 2º A polícia rodoviária federal, órgão permanente, organizado e mantido pela União e estruturado em carreira, destina-se, na forma da lei, ao patrulhamento ostensivo das rodovias federais.

- § 2º com redação determinada pela Emenda Constitucional 19/1998.

§ 3º A polícia ferroviária federal, órgão permanente, organizado e mantido pela União e estruturado em carreira, destina-se, na forma da lei, ao patrulhamento ostensivo das ferrovias federais.

- § 3º com redação determinada pela Emenda Constitucional 19/1998.

§ 4º Às polícias civis, dirigidas por delegados de polícia de carreira, incumbem, ressalvada a competência da União, as funções de polícia judiciária e a apuração de infrações penais, exceto as militares.

§ 5º Às polícias militares cabem a polícia ostensiva e a preservação da ordem pública; aos corpos de bombeiros militares, além das atribuições definidas em lei, incumbe a execução de atividades de defesa civil.

- V. Dec.-lei 667/1969 (Polícias militares e corpos de bombeiros militares dos Estados, dos Territórios e do Distrito Federal).

§ 6º As polícias militares e corpos de bombeiros militares, forças auxiliares e reserva do Exército subordinam-se, juntamente com as polícias civis, aos Governadores dos Estados, do Distrito Federal e dos Territórios.

§ 7º A lei disciplinará a organização e o funcionamento dos órgãos responsáveis pela segurança pública, de maneira a garantir a eficiência de suas atividades.

- V. Dec.-lei 200/1967 (Organização da administração federal).

§ 8º Os Municípios poderão constituir guardas municipais destinadas à proteção de seus bens, serviços e instalações, conforme dispuser a lei.

§ 9º A remuneração dos servidores policiais integrantes dos órgãos relacionados neste artigo será fixada na forma do § 4º do art. 39.

- § 9º acrescentado pela Emenda Constitucional 19/1998.

§ 10. A segurança viária, exercida para a preservação da ordem pública e da incolumidade das pessoas e do seu patrimônio nas vias públicas:

- § 10 acrescentado pela Emenda Constitucional 82/2014.

I – compreende a educação, engenharia e fiscalização de trânsito, além de outras atividades previstas em lei, que assegurem ao cidadão o direito à mobilidade urbana eficiente; e

II – compete, no âmbito dos Estados, do Distrito Federal e dos Municípios, aos respectivos órgãos ou entidades executivos e seus agentes de trânsito, estruturados em Carreira, na forma da lei.

TÍTULO VI
Da Tributação e do Orçamento

Capítulo I
Do Sistema Tributário nacional

- V. Lei 8.137/1990 (Crimes contra a ordem tributária, econômica e contra as relações de consumo).
- V. Lei 8.981/1995 (Altera a legislação tributária federal).
- V. Dec. 2.730/1998 (Representação fiscal para fins penais).

Seção I
Dos Princípios Gerais

Art. 145. A União, os Estados, o Distrito Federal e os Municípios poderão instituir os seguintes tributos:

- V. arts. 1º a 5º, CTN.

I – impostos;

- V. art. 16 e ss., CTN.

II – taxas, em razão do exercício do poder de polícia ou pela utilização, efetiva ou potencial, de serviços públicos específicos e divisíveis, prestados ao contribuinte ou postos a sua disposição;

- V. art. 77 e ss., CTN.
- V. Lei 7.940/1989 (Taxa de fiscalização dos mercados de títulos e valores mobiliários).
- V. Lei 8.003/1990 (Legislação tributária federal – alterações).
- V. Súmula vinculante 19, STF.
- V. Súmulas 665 e 670, STF.

III – contribuição de melhoria, decorrente de obras públicas.

- V. art. 81 e ss., CTN.

§ 1º Sempre que possível, os impostos terão caráter pessoal e serão graduados segundo a capacidade econômica do contribuinte, facultado à administração tributária, especialmente para conferir efetividade a esses objetivos, identificar, respeitados os direitos individuais e nos termos da lei, o patrimônio, os rendimentos e as atividades econômicas do contribuinte.

- V. Lei 8.021/1990 (Identificação dos contribuintes para fins fiscais).
- V. Súmulas 656 e 668, STF.

§ 2º As taxas não poderão ter base de cálculo própria de impostos.

- V. art. 77, parágrafo único, CTN.
- V. Súmula vinculante 29, STF.
- V. Súmula 665, STF.

Art. 146. Cabe à lei complementar:

I – dispor sobre conflitos de competência, em matéria tributária, entre a União, os Estados, o Distrito Federal e os Municípios;

- V. arts. 6º a 8º, CTN.

II – regular as limitações constitucionais ao poder de tributar;

- V. arts. 9º a 15, CTN.

III – estabelecer normas gerais em matéria de legislação tributária, especialmente sobre:

- V. art. 149, CF.

a) definição de tributos e de suas espécies, bem como, em relação aos impostos discriminados nesta Constituição, a dos respectivos fatos geradores, bases de cálculo e contribuintes;

b) obrigação, lançamento, crédito, prescrição e decadência tributários;

c) adequado tratamento tributário ao ato cooperativo praticado pelas sociedades cooperativas;

d) definição de tratamento diferenciado e favorecido para as microempresas e para as empresas de pequeno porte, inclusive regimes especiais ou simplificados no caso do imposto previsto no art. 155, II, das contribuições previstas no art. 195, I e §§ 12 e 13, e da contribuição a que se refere o art. 239.

- Alínea *d* acrescentada pela Emenda Constitucional 42/2003.
- V. art. 94, ADCT.

Parágrafo único. A lei complementar de que trata o inciso III, d, também poderá instituir um regime único de arrecadação dos impostos e contribuições da União, dos Estados, do Distrito Federal e dos Municípios, observado que:

- Parágrafo único acrescentado pela Emenda Constitucional 42/2003.

I – será opcional para o contribuinte;

II – poderão ser estabelecidas condições de enquadramento diferenciadas por Estado;

III – o recolhimento será unificado e centralizado e a distribuição da parcela de recursos pertencentes aos respectivos entes federados será imediata, vedada qualquer retenção ou condicionamento;

IV – a arrecadação, a fiscalização e a cobrança poderão ser compartilhadas pelos entes federados, adotado cadastro nacional único de contribuintes.

Art. 146-A. Lei complementar poderá estabelecer critérios especiais de tributação, com o objetivo de prevenir desequilíbrios da concorrência, sem prejuízo da competência de a União, por lei, estabelecer normas de igual objetivo.

- Artigo acrescentado pela Emenda Constitucional 42/2003.

Art. 147. Competem à União, em Território Federal, os impostos estaduais e, se o Território não for dividido em Municípios, cumulativamente, os impostos municipais; ao Distrito Federal cabem os impostos municipais.

Art. 148. A União, mediante lei complementar, poderá instituir empréstimos compulsórios:

I – para atender a despesas extraordinárias, decorrentes de calamidade pública, de guerra externa ou sua iminência;

II – no caso de investimento público de caráter urgente e de relevante interesse nacional, observado o disposto no art. 150, III, b.

- V. art. 34, § 12, ADCT.

Parágrafo único. A aplicação dos recursos provenientes de empréstimo compulsório será vinculada à despesa que fundamentou sua instituição.

Art. 149. Compete exclusivamente à União instituir contribuições sociais, de intervenção no domínio econômico e de interesse das categorias profissionais ou econômicas, como instrumento de sua atuação nas respectivas áreas, observado o disposto nos arts. 146, III, e 150, I e III, e sem prejuízo do previsto no art. 195, § 6º, relativamente às contribuições a que alude o dispositivo.

§ 1º Os Estados, o Distrito Federal e os Municípios instituirão contribuição, cobrada de seus servidores, para o custeio, em benefício destes, do regime previdenciário de que trata o art. 40, cuja alíquota não será inferior à da contribuição dos servidores titulares de cargos efetivos da União.

- § 1º com redação determinada pela Emenda Constitucional 41/2003.

§ 2º As contribuições sociais e de intervenção no domínio econômico de que trata o *caput* deste artigo:

- *Caput* do § 2º acrescentado pela Emenda Constitucional 33/2001.

I – não incidirão sobre as receitas decorrentes de exportação;

- Inciso I acrescentado pela Emenda Constitucional 33/2001.

II – incidirão também sobre a importação de produtos estrangeiros ou serviços;

- Inciso II com redação determinada pela Emenda Constitucional 42/2003.

III – poderão ter alíquotas:

- Inciso III acrescentado pela Emenda Constitucional 33/2001.

a) ad valorem, tendo por base o faturamento, a receita bruta ou o valor da operação e, no caso de importação, o valor aduaneiro;

b) específica, tendo por base a unidade de medida adotada.

§ 3º A pessoa natural destinatária das operações de importação poderá ser equiparada a pessoa jurídica, na forma da lei.

- § 3º acrescentado pela Emenda Constitucional 33/2001.

§ 4º A lei definirá as hipóteses em que as contribuições incidirão uma única vez.

- § 4º acrescentado pela Emenda Constitucional 33/2001.

Art. 149-A. Os Municípios e o Distrito Federal poderão instituir contribuição, na forma das respectivas leis, para o custeio do serviço de iluminação pública, observado o disposto no art. 150, I e III.

- Artigo acrescentado pela Emenda Constitucional 39/2002.

Parágrafo único. É facultada a cobrança da contribuição a que se refere o *caput*, na fatura de consumo de energia elétrica.

Seção II
Das Limitações do Poder de Tributar

Art. 150. Sem prejuízo de outras garantias asseguradas ao contribuinte, é vedado à União, aos Estados, ao Distrito Federal e aos Municípios:

- V. Lei 5.172/1966 (Código Tributário Nacional).

I – exigir ou aumentar tributo sem lei que o estabeleça;

- V. arts. 3º e 97, I e II, CTN.

II – instituir tratamento desigual entre contribuintes que se encontrem em situação equivalente, proibida qualquer distinção em razão de ocupação profissional ou função por eles exercida, independentemente da denominação jurídica dos rendimentos, títulos ou direitos;

III – cobrar tributos:

a) em relação a fatos geradores ocorridos antes do início da vigência da lei que os houver instituído ou aumentado;

- V. art. 9º, II, CTN.

b) no mesmo exercício financeiro em que haja sido publicada a lei que os instituiu ou aumentou;

- V. art. 195, § 6º, CF.

c) antes de decorridos noventa dias da data em que haja sido publicada a lei que os instituiu ou aumentou, observado o disposto na alínea b;

- Alínea *c* acrescentada pela Emenda Constitucional 42/2003.

IV – utilizar tributo com efeito de confisco;

V – estabelecer limitações ao tráfego de pessoas ou bens, por meio de tributos interestaduais ou intermunicipais, ressalvada a cobrança de pedágio pela utilização de vias conservadas pelo Poder Público;

- V. art. 9º, III, CTN.

VI – instituir impostos sobre:

a) patrimônio, renda ou serviços, uns dos outros;

- V. art. 9º, IV, *a*, CTN.

b) templos de qualquer culto;

- V. art. 9º, IV, *b*, CTN.

c) patrimônio, renda ou serviços dos partidos políticos, inclusive suas fundações, das entidades sindicais dos trabalhadores, das instituições de educação e de assistência social, sem fins lucrativos, atendidos os requisitos da lei;

- V. arts. 9º, IV, *c*, e 14, CTN.
- V. Súmulas 724 e 730, STF.

d) livros, jornais, periódicos e o papel destinado a sua impressão.

- V. art. 9º, IV, *d*, CTN.
- V. Súmula 657, STF.

e) fonogramas e videofonogramas musicais produzidos no Brasil contendo obras musicais ou literomusicais de autores brasileiros e/ou obras em geral interpretadas por artistas brasileiros bem como os suportes materiais ou arquivos digitais que os contenham, salvo na etapa de replicação industrial de mídias ópticas de leitura a laser.

- Alínea *e* acrescentada pela Emenda Constitucional 75/2013.

§ 1º A vedação do inciso III, b, não se aplica aos tributos previstos nos arts. 148, I, 153, I, II, IV e V; e 154, II; e a vedação do inciso III, c, não se aplica aos tributos previstos nos arts. 148, I, 153, I, II, III e V; e 154, II, nem à fixação da base de cálculo dos impostos previstos nos arts. 155, III, e 156, I.

- § 1º com redação determinada pela Emenda Constitucional 42/2003.

§ 2º A vedação do inciso VI, a, é extensiva às autarquias e às fundações instituídas e mantidas pelo Poder Público, no que se refere ao patrimônio, à renda e aos serviços, vinculados a suas finalidades essenciais ou às delas decorrentes.

§ 3º As vedações do inciso VI, a, e do parágrafo anterior não se aplicam ao patrimônio, à renda e aos serviços, relacionados com exploração de atividades econômicas regidas pelas normas aplicáveis a empreendimentos privados, ou em que haja contraprestação ou pagamento de preços ou tarifas pelo usuário, nem exonera o promitente comprador da obrigação de pagar imposto relativamente ao bem imóvel.

§ 4º As vedações expressas no inciso VI, alíneas b e c, compreendem somente o patrimônio, a renda e os serviços, relacionados com as finalidades essenciais das entidades nelas mencionadas.

§ 5º A lei determinará medidas para que os consumidores sejam esclarecidos acerca dos impostos que incidam sobre mercadorias e serviços.

§ 6º Qualquer subsídio ou isenção, redução de base de cálculo, concessão de crédito presumido, anistia ou remissão, relativos a impostos, taxas ou contribuições, só poderá ser concedido mediante lei específica, federal, estadual ou municipal, que regule exclusivamente as matérias acima enumeradas ou o correspondente tributo ou contribuição, sem prejuízo do disposto no art. 155, § 2º, XII, g.

- § 6º com redação determinada pela Emenda Constitucional 3/1993.

§ 7º A lei poderá atribuir a sujeito passivo de obrigação tributária a condição de responsável pelo pagamento de imposto ou contribuição, cujo fato gerador deva ocorrer posteriormente, assegurada a imediata e preferencial restituição da quantia paga, caso não se realize o fato gerador presumido.

- § 7º acrescentado pela Emenda Constitucional 3/1993.

Art. 151. É vedado à União:

I – instituir tributo que não seja uniforme em todo o território nacional ou que implique distinção ou preferência em relação a Estado, ao Distrito Federal ou a Município, em detrimento de outro, admitida a concessão de incentivos fiscais destinados a promover o equilíbrio do desenvolvimento socioeconômico entre as diferentes regiões do País;

- V. art. 10, CTN.
- V. Lei 9.440/1997 (Estabelece incentivos fiscais para o desenvolvimento regional).

II – tributar a renda das obrigações da dívida pública dos Estados, do Distrito Federal e dos Municípios, bem como a remuneração e os proventos dos respectivos agentes públicos, em níveis superiores aos que fixar para suas obrigações e para seus agentes;

III – instituir isenções de tributos da competência dos Estados, do Distrito Federal ou dos Municípios.

Art. 152. É vedado aos Estados, ao Distrito Federal e aos Municípios estabelecer diferença tributária entre bens e serviços, de qualquer natureza, em razão de sua procedência ou destino.

- V. art. 11, CTN.

Seção III
Dos Impostos da União

Art. 153. Compete à União instituir impostos sobre:

- V. art. 154, I, CF.

I – importação de produtos estrangeiros;

- V. Lei 7.810/1989 (Imposto de Importação – redução).
- V. Lei 8.003/1990 (Legislação tributária federal – alterações).
- V. Lei 8.032/1990 (Isenção ou redução do Imposto de Importação).
- V. Lei 9.449/1997 (Reduz o Imposto de Importação para produtos que especifica).

II – exportação, para o exterior, de produtos nacionais ou nacionalizados;

III – renda e proventos de qualquer natureza;

- V. arts. 27, § 2º, 28, § 2º, 29, V e VI, 37, XV, 48, XV, 49, VII e VIII, 95, III, 128, § 5º, I, *c*, CF.
- V. art. 34, § 2º, I, ADCT.
- V. Lei 8.034/1990 (Imposto de Renda – alterações – pessoas jurídicas).
- V. Lei 8.166/1991 (Imposto de Renda – não incidência sobre lucros ou dividendos distribuídos a residentes ou domiciliados no exterior, doados a instituições sem fins lucrativos).
- V. Lei 8.848/1994 (Imposto de Renda – alterações).
- V. Lei 8.849/1994 (Imposto de Renda – alterações).
- V. Lei 8.981/1995 (Altera a legislação tributária federal).
- V. Lei 9.316/1996 (Altera a legislação do Imposto de Renda e da Contribuição Social sobre o Lucro Líquido).
- V. Lei 9.430/1996 (Altera a legislação tributária federal).
- V. Lei 9.532/1997 (Altera a legislação tributária federal).

IV – produtos industrializados;

- V. art. 34, § 2º, I, ADCT.
- V. Lei 8.003/1990 (Legislação tributária federal – alterações).
- V. Lei 9.363/1996 (Crédito presumido do IPI para ressarcimento do valor do PIS/Pasep e Cofins).
- V. Lei 9.493/1997 (Isenções do IPI).

V – operações de crédito, câmbio e seguro, ou relativas a títulos ou valores mobiliários;

- V. arts. 63 a 67, CTN.
- V. Lei 8.894/1994 (IOF).
- V. Dec. 6.306/2007 (Regulamenta o Imposto sobre Operações de Crédito, Câmbio e Seguro, ou relativas a Títulos ou Valores Mobiliários – IOF).
- V. Súmula vinculante 32, STF.

VI – propriedade territorial rural;

- V. Lei 8.847/1994 (ITR).
- V. Lei 9.321/1996 (Programa Nacional de Fortalecimento da Agricultura Familiar – Pronaf).
- V. Lei 9.393/1996 (ITR e Títulos da Dívida Agrária).

VII – grandes fortunas, nos termos de lei complementar.

§ 1º É facultado ao Poder Executivo, atendidas as condições e os limites estabelecidos em lei, alterar as alíquotas dos impostos enumerados nos incisos I, II, IV e V.

- V. art. 150, § 1º, CF.
- V. Lei 8.088/1990 (Atualização do Bônus do Tesouro Nacional e depósitos de poupança).

§ 2º O imposto previsto no inciso III:

- V. Dec.-lei 1.351/1974 (Altera a legislação do Imposto de Renda).

I – será informado pelos critérios da generalidade, da universalidade e da progressividade, na forma da lei;

- V. arts. 27, § 2º, 28, § 2º, 29, V e VI, 37, XV, 48, XV, 49, VII e VIII, 95, III, e 128, § 5º, I, *c*, CF.

II – *(Revogado pela Emenda Constitucional 20/1998).*

§ 3º O imposto previsto no inciso IV:

I – será seletivo, em função da essencialidade do produto;

II – será não cumulativo, compensando-se o que for devido em cada operação com o montante cobrado nas anteriores;

III – não incidirá sobre produtos industrializados destinados ao exterior;

IV – terá reduzido seu impacto sobre a aquisição de bens de capital pelo contribuinte do imposto, na forma da lei.

- Inciso IV acrescentado pela Emenda Constitucional 42/2003.

§ 4º O imposto previsto no inciso VI do *caput*:

- § 4º com redação determinada pela Emenda Constitucional 42/2003.
- V. Lei 8.629/1993 (Regulamenta os dispositivos constitucionais relativos à reforma agrária).

I – será progressivo e terá suas alíquotas fixadas de forma a desestimular a manutenção de propriedades improdutivas;

II – não incidirá sobre pequenas glebas rurais, definidas em lei, quando as explore o proprietário que não possua outro imóvel;

III – será fiscalizado e cobrado pelos Municípios que assim optarem, na forma da lei, desde que não implique redução do imposto ou qualquer outra forma de renúncia fiscal.

- V. Lei 11.250/2005 (Regulamenta o inciso III do § 4º do art. 153 da CF).

§ 5º O ouro, quando definido em lei como ativo financeiro ou instrumento cambial, sujeita-se exclusivamente à incidência do imposto de que trata o inciso V do *caput* deste artigo, devido na operação de origem; a alíquota mínima será de um por cento, assegurada a transferência do montante da arrecadação nos seguintes termos:

- V. art. 74, § 2º, ADCT.
- V. Lei 7.766/1989 (Ouro como ativo financeiro).

I – trinta por cento para o Estado, o Distrito Federal ou o Território, conforme a origem;

II – setenta por cento para o Município de origem.

- V. art. 72, § 3º, ADCT.

Art. 154. A União poderá instituir:

I – mediante lei complementar, impostos não previstos no artigo anterior, desde que sejam não cumulativos e não tenham fato gerador ou base de cálculo próprios dos discriminados nesta Constituição;

- V. art. 195, § 4º, CF.
- V. art. 74, § 2º, ADCT.

II – na iminência ou no caso de guerra externa, impostos extraordinários, compreendidos ou não em sua competência tributária, os quais serão suprimidos, gradativamente, cessadas as causas de sua criação.

- V. art. 150, § 1º, CF.

Seção IV
Dos Impostos dos Estados e do Distrito Federal

Art. 155. Compete aos Estados e ao Distrito Federal instituir impostos sobre:

- *Caput* com redação determinada pela Emenda Constitucional 3/1993.

I – transmissão causa mortis e doação, de quaisquer bens ou direitos;

II – operações relativas à circulação de mercadorias e sobre prestações de serviços de transporte interestadual e intermunicipal e de comunicação, ainda que as operações e as prestações se iniciem no exterior;

- V. LC 24/1975 (Convênios para a concessão de isenção de ICMS).

- V. LC 87/1996 (ICMS).
- V. LC 102/2000 (Altera dispositivos da LC 87/1996).
- V. Súmula 662, STF.
- V. Súmulas 334 e 457, STJ.

III – propriedade de veículos automotores.

§ 1º O imposto previsto no inciso I:

- *Caput do* § 1º com redação determinada pela Emenda Constitucional 3/1993.

I – relativamente a bens imóveis e respectivos direitos, compete ao Estado da situação do bem, ou ao Distrito Federal;

II – relativamente a bens móveis, títulos e créditos, compete ao Estado onde se processar o inventário ou arrolamento, ou tiver domicílio o doador, ou ao Distrito Federal;

III – terá a competência para sua instituição regulada por lei complementar:

a) se o doador tiver domicílio ou residência no exterior;

b) se o de cujus possuía bens, era residente ou domiciliado ou teve o seu inventário processado no exterior;

IV – terá suas alíquotas máximas fixadas pelo Senado Federal.

§ 2º O imposto previsto no inciso II atenderá ao seguinte:

- *Caput do* § 2º com redação determinada pela Emenda Constitucional 3/1993.
- V. Dec.-lei 406/1968 (Normas gerais de direito financeiro aplicáveis ao ICMS e ISS).
- V. LC 24/1975 (Convênios para concessão de isenções do ICMS).
- V. LC 101/2000 (Estabelece normas de finanças públicas voltadas para a responsabilidade na gestão fiscal).

I – será não cumulativo, compensando-se o que for devido em cada operação relativa à circulação de mercadorias ou prestação de serviços com o montante cobrado nas anteriores pelo mesmo ou outro Estado ou pelo Distrito Federal;

II – a isenção ou não incidência, salvo determinação em contrário da legislação:

a) não implicará crédito para compensação com o montante devido nas operações ou prestações seguintes;

b) acarretará a anulação do crédito relativo às operações anteriores;

III – poderá ser seletivo, em função da essencialidade das mercadorias e dos serviços;

IV – resolução do Senado Federal, de iniciativa do Presidente da República ou de um terço dos Senadores, aprovada pela maioria absoluta de seus membros, estabelecerá as alíquotas aplicáveis às operações e prestações, interestaduais e de exportação;

V – é facultado ao Senado Federal:

a) estabelecer alíquotas mínimas nas operações internas, mediante resolução de iniciativa de um terço e aprovada pela maioria absoluta de seus membros;

b) fixar alíquotas máximas nas mesmas operações para resolver conflito específico que envolva interesse de Estados, mediante resolução de iniciativa da maioria absoluta e aprovada por dois terços de seus membros;

VI – salvo deliberação em contrário dos Estados e do Distrito Federal, nos termos do disposto no inciso XII, g, as alíquotas internas, nas operações relativas à circulação de mercadorias e nas prestações de serviços, não poderão ser inferiores às previstas para as operações interestaduais;

VII – nas operações e prestações que destinem bens e serviços a consumidor final, contribuinte ou não do imposto, localizado em outro Estado, adotar-se-á a alíquota interestadual e caberá ao Estado de localização do destinatário o imposto correspondente à diferença entre a alíquota interna do Estado destinatário e a alíquota interestadual;

- *Caput* do inciso VII com redação determinada pela Emenda Constitucional 87/2015 (DOU 17.04.2015), em vigor na data de sua publicação, produzindo efeitos no ano subsequente e após 90 (noventa) dias desta.

a) (Revogada pela Emenda Constitucional 87/2015 – DOU 17.04.2015, em vigor na data de sua publicação, produzindo efeitos no ano subsequente e após 90 (noventa) dias desta).

b) (Revogada pela Emenda Constitucional 87/2015 – DOU 17.04.2015, em vigor na data de sua publicação, produzindo efeitos no ano subsequente e após 90 (noventa) dias desta).

VIII – a responsabilidade pelo recolhimento do imposto correspondente à diferença entre a alíquota interna e a interestadual de que trata o inciso VII será atribuída:

- Inciso VIII com redação determinada pela Emenda Constitucional 87/2015 (DOU 17.04.2015), em vigor na data de sua publicação, produzindo efeitos no ano subsequente e após 90 (noventa) dias desta.

a) ao destinatário, quando este for contribuinte do imposto;

b) ao remetente, quando o destinatário não for contribuinte do imposto;

IX – incidirá também:

a) sobre a entrada de bem ou mercadoria importados do exterior por pessoa física ou jurídica, ainda que não seja contribuinte habitual do imposto, qualquer que seja a sua finalidade, assim como sobre o serviço prestado no exterior, cabendo o imposto ao Estado onde estiver situado o domicílio ou o estabelecimento do destinatário da mercadoria, bem ou serviço;

- Alínea *a* com redação determinada pela Emenda Constitucional 33/2001.
- V. Súmulas 660 e 661, STF.

b) sobre o valor total da operação, quando mercadorias forem fornecidas com serviços não compreendidos na competência tributária dos Municípios;

X – não incidirá:

a) sobre operações que destinem mercadorias para o exterior, nem sobre serviços prestados a destinatários no exterior, assegurada a manutenção e o aproveitamento do montante do imposto cobrado nas operações e prestações anteriores;

- Alínea *a* com redação determinada pela Emenda Constitucional 42/2003.

b) sobre operações que destinem a outros Estados petróleo, inclusive lubrificantes, combustíveis líquidos e gasosos dele derivados, e energia elétrica;

c) sobre o ouro, nas hipóteses definidas no art. 153, § 5º;

- V. Lei 7.766/1989 (Ouro como ativo financeiro).

d) nas prestações de serviço de comunicação nas modalidades de radiodifusão sonora e de sons e imagens de recepção livre e gratuita;

- Alínea *d* acrescentada pela Emenda Constitucional 42/2003.

XI – não compreenderá, em sua base de cálculo, o montante do imposto sobre produtos industrializados, quando a operação, realizada entre contribuintes e relativa a produto destinado à industrialização ou à comercialização, configure fato gerador dos dois impostos;

XII – cabe à lei complementar:

- V. art. 4º, Emenda Constitucional 42/2003.

a) definir seus contribuintes;

b) dispor sobre substituição tributária;

c) disciplinar o regime de compensação do imposto;

d) fixar, para efeito de sua cobrança e definição do estabelecimento responsável, o local das operações relativas à circulação de mercadorias e das prestações de serviços;

e) excluir da incidência do imposto, nas exportações para o exterior, serviços e outros produtos além dos mencionados no inciso X, a;

f) prever casos de manutenção de crédito, relativamente à remessa para outro Estado e exportação para o exterior, de serviços e de mercadorias;

g) regular a forma como, mediante deliberação dos Estados e do Distrito Federal, isenções, incentivos e benefícios fiscais serão concedidos e revogados;

h) definir os combustíveis e lubrificantes sobre os quais o imposto incidirá uma única vez, qualquer que seja a sua finalidade, hipótese em que não se aplicará o disposto no inciso X, b;

- Alínea *h* acrescentada pela Emenda Constitucional 33/2001.

i) fixar a base de cálculo, de modo que o montante do imposto a integre, também na importação do exterior de bem, mercadoria ou serviço.

- Alínea *i* acrescentada pela Emenda Constitucional 33/2001.

§ 3º À exceção dos impostos de que tratam o inciso II do *caput* deste artigo e o art. 153, I e II, nenhum outro imposto poderá incidir sobre operações relativas a energia elétrica, serviços de telecomunicações, derivados de petróleo, combustíveis e minerais do País.

- § 3º com redação determinada pela Emenda Constitucional 33/2001.
- V. Súmula 659, STF.

§ 4º Na hipótese do inciso XII, h, observar-se-á o seguinte:

- § 4º acrescentado pela Emenda Constitucional 33/2001.

I – nas operações com os lubrificantes e combustíveis derivados de petróleo, o imposto caberá ao Estado onde ocorrer o consumo;

II – nas operações interestaduais, entre contribuintes, com gás natural e seus derivados, e lubrificantes e combustíveis não incluídos no inciso I deste parágrafo, o imposto será repartido entre os Estados de origem e de destino, mantendo-se a mesma proporcionalidade que ocorre nas operações com as demais mercadorias;

III – nas operações interestaduais com gás natural e seus derivados, e lubrificantes e combustíveis não incluídos no inciso I deste parágrafo, destinadas a não contribuinte, o imposto caberá ao Estado de origem;

IV – as alíquotas do imposto serão definidas mediante deliberação dos Estados e Distrito Federal, nos termos do § 2º, XII, g, observando-se o seguinte:

a) serão uniformes em todo o território nacional, podendo ser diferenciadas por produto;

b) poderão ser específicas, por unidade de medida adotada, ou ad valorem, incidindo sobre o valor da operação ou sobre o preço que o produto ou seu similar alcançaria em uma venda em condições de livre concorrência;

c) poderão ser reduzidas e restabelecidas, não se lhes aplicando o disposto no art. 150, III, b.

§ 5º As regras necessárias à aplicação do disposto no § 4º, inclusive as relativas à apuração e à destinação do imposto, serão estabelecidas mediante deliberação dos Estados e do Distrito Federal, nos termos do § 2º, XII, g.

- § 5º acrescentado pela Emenda Constitucional 33/2001.

§ 6º O imposto previsto no inciso III:

- § 6º acrescentado pela Emenda Constitucional 42/2003.

I – terá alíquotas mínimas fixadas pelo Senado Federal;

II – poderá ter alíquotas diferenciadas em função do tipo e utilização.

Seção V
Dos Impostos dos Municípios

Art. 156. Compete aos Municípios instituir impostos sobre:

- V. art. 167, § 4º, CF.

I – propriedade predial e territorial urbana;

- V. arts. 32 a 34, CTN.

II – transmissão inter vivos, a qualquer título, por ato oneroso, de bens imóveis, por natureza ou acessão física, e de direitos reais sobre imóveis, exceto os de garantia, bem como cessão de direitos a sua aquisição;

- V. arts. 35 a 42, CTN.
- V. Súmula 656, STF.

III – serviços de qualquer natureza, não compreendidos no art. 155, II, definidos em lei complementar;

- Inciso III com redação determinada pela Emenda Constitucional 3/1993.

IV – *(Revogado pela Emenda Constitucional 3/1993).*

§ 1º Sem prejuízo da progressividade no tempo a que se refere o art. 182, § 4º, inciso II, o imposto previsto no inciso I poderá:

- § 1º com redação determinada pela Emenda Constitucional 29/2000.
- V. arts. 182, §§ 2º e 4º, e 186, CF.
- V. Súmula 589, STF.

I – ser progressivo em razão do valor do imóvel; e

II – ter alíquotas diferentes de acordo com a localização e o uso do imóvel.

§ 2º O imposto previsto no inciso II:

I – não incide sobre a transmissão de bens ou direitos incorporados ao patrimônio de pessoa jurídica em realização de capital, nem sobre a transmissão de bens ou direitos decorrente de fusão, incorporação, cisão ou extinção de pessoa jurídica, salvo se, nesses casos, a atividade preponderante do adquirente for a compra e venda desses bens ou direitos, locação de bens imóveis ou arrendamento mercantil;

II – compete ao Município da situação do bem.

§ 3º Em relação ao imposto previsto no inciso III do *caput* deste artigo, cabe à lei complementar:

- *Caput* do § 3º com redação determinada pela Emenda Constitucional 37/2002.

I – fixar as suas alíquotas máximas e mínimas;

- Inciso I com redação determinada pela Emenda Constitucional 37/2002.

II – excluir da sua incidência exportações de serviços para o exterior;

- Inciso II com redação determinada pela Emenda Constitucional 3/1993.

III – regular a forma e as condições como isenções, incentivos e benefícios fiscais serão concedidos e revogados.

- Inciso III acrescentado pela Emenda Constitucional 37/2002.

§ 4º *(Revogado pela Emenda Constitucional 3/1993).*

Seção VI
Da Repartição das Receitas Tributárias

Art. 157. Pertencem aos Estados e ao Distrito Federal:

- V. art. 167, § 4º, CF.

I – o produto da arrecadação do imposto da União sobre renda e proventos de qualquer natureza, incidente na fonte, sobre rendimentos pagos, a qualquer título, por eles, suas autarquias e pelas fundações que instituírem e mantiverem;

- V. art. 159, § 1º, CF.
- V. Súmula 447, STJ.

II – vinte por cento do produto da arrecadação do imposto que a União instituir no exercício da competência que lhe é atribuída pelo art. 154, I.

- V. art. 72, § 3º, ADCT.

Art. 158. Pertencem aos Municípios:

I – o produto da arrecadação do imposto da União sobre renda e proventos de qualquer natureza, incidente na fonte, sobre rendimentos pagos, a qualquer título, por eles, suas autarquias e pelas fundações que instituírem e mantiverem;

- V. art. 159, § 1º, CF.

II – cinquenta por cento do produto da arrecadação do imposto da União sobre a propriedade territorial rural, relativamente aos imóveis neles situados, cabendo a totalidade na hipótese da opção a que se refere o art. 153, § 4º, III;

- Inciso II com redação determinada pela Emenda Constitucional 42/2003.
- V. art. 72, § 4º, ADCT.

III – cinquenta por cento do produto da arrecadação do imposto do Estado sobre a propriedade de veículos automotores licenciados em seus territórios;

- V. art. 1º, LC 63/1990 (Critérios e prazos de crédito das parcelas do produto da arrecadação de impostos de competência dos Estados e de transferências por estes recebidas, pertencentes aos Municípios).

IV – vinte e cinco por cento do produto da arrecadação do imposto do Estado sobre operações relativas à circulação de mercadorias e sobre prestações de serviços de transporte interestadual e intermunicipal e de comunicação.

- V. art. 1º, LC 63/1990 (Critérios e prazos de crédito das parcelas do produto da arrecadação de impostos de competência dos Estados e de transferências por estes recebidas, pertencentes aos Municípios).

Parágrafo único. As parcelas de receita pertencentes aos Municípios, mencionadas no inciso IV, serão creditadas conforme os seguintes critérios:

I – três quartos, no mínimo, na proporção do valor adicionado nas operações relativas à circulação de mercadorias e nas prestações de serviços, realizadas em seus territórios;

II – até um quarto, de acordo com o que dispuser lei estadual ou, no caso dos Territórios, lei federal.

Art. 159. A União entregará:

- V. art. 72, §§ 2º e 4º, ADCT.
- V. LC 62/1989 (Fundos de Participação – normas sobre cálculo e entrega).

I – do produto da arrecadação dos impostos sobre renda e proventos de qualquer natureza e sobre produtos industrializados, 49% (quarenta e nove por cento), na seguinte forma:

- *Caput* do inciso I com redação determinada pela Emenda Constitucional 84/2014 (DOU 03.12.2014), em vigor na data de sua publicação, com efeitos financeiros a partir de 1º de janeiro do exercício subsequente.

a) vinte e um inteiros e cinco décimos por cento ao Fundo de Participação dos Estados e do Distrito Federal;

- V. arts. 34, § 2º, II, e 60, § 2º, ADCT.
- V. LC 62/1989 (Estabelece normas sobre o cálculo, a entrega e o controle das liberações dos recursos dos Fundos de Participação).

b) vinte e dois inteiros e cinco décimos por cento ao Fundo de Participação dos Municípios;

- V. LC 62/1989 (Estabelece normas sobre o cálculo, a entrega e o controle das liberações dos recursos dos Fundos de Participação).

CF

c) três por cento, para aplicação em programas de financiamento ao setor produtivo das Regiões Norte, Nordeste e Centro-Oeste, através de suas instituições financeiras de caráter regional, de acordo com os planos regionais de desenvolvimento, ficando assegurada ao semiárido do Nordeste a metade dos recursos destinados à Região, na forma que a lei estabelecer;

- V. Lei 7.827/1989 (Fundos Constitucionais de Financiamento).

d) um por cento ao Fundo de Participação dos Municípios, que será entregue no primeiro decêndio do mês de dezembro de cada ano;

- Alínea *d* acrescentada pela Emenda Constitucional 55/2007.
- V. art. 2º, Emenda Constitucional 55/2007, que determina que, no exercício de 2007, as alterações do art. 159 da CF previstas na referida Emenda Constitucional somente se aplicam sobre a arrecadação dos impostos sobre renda e proventos de qualquer natureza e sobre produtos industrializados realizada a partir de 1º.09.2007.

e) 1% (um por cento) ao Fundo de Participação dos Municípios, que será entregue no primeiro decêndio do mês de julho de cada ano;

- Alínea e acrescentada pela Emenda Constitucional 84/2014 (DOU 03.12.2014), em vigor na data de sua publicação, com efeitos financeiros a partir de 1º de janeiro do exercício subsequente.
- V. art. 2º, Emenda Constitucional 84/2014, que determina que a União entregará ao Fundo de Participação dos Municípios o percentual de 0,5% (cinco décimos por cento) do produto da arrecadação dos impostos sobre renda e proventos de qualquer natureza e sobre produtos industrializados no primeiro exercício em que esta Emenda Constitucional gerar efeitos financeiros, acrescentando-se 0,5% (cinco décimos por cento) a cada exercício, até que se alcance o percentual de 1% (um por cento).

II – do produto da arrecadação do imposto sobre produtos industrializados, dez por cento aos Estados e ao Distrito Federal, proporcionalmente ao valor das respectivas exportações de produtos industrializados;

- V. art. 1º, LC 63/1990 (Critérios e prazos de crédito das parcelas do produto da arrecadação de impostos de competência dos Estados e de transferências por estes recebidas, pertencentes aos Municípios).
- V. Lei 8.016/1990 (Entrega das cotas de participação dos Estados e do Distrito Federal na arrecadação do IPI de que trata o inciso II do art. 159 da CF/1988).

III – do produto da arrecadação da contribuição de intervenção no domínio econômico prevista no art. 177, § 4º, 29% (vinte e nove por cento) para os Estados e o Distrito Federal, distribuídos na forma da lei, observada a destinação a que se refere o inciso II, c, do referido parágrafo.

- Inciso III com redação determinada pela Emenda Constitucional 44/2004.
- V. art. 93, ADCT.

§ 1º Para efeito de cálculo da entrega a ser efetuada de acordo com o previsto no inciso I, excluir-se-á a parcela da arrecadação do imposto de renda e proventos de qualquer natureza pertencentes aos Estados, ao Distrito Federal e aos Municípios, nos termos do disposto nos arts. 157, I, e 158, I.

§ 2º A nenhuma unidade federada poderá ser destinada parcela superior a vinte por cento do montante a que se refere o inciso II, devendo o eventual excedente ser distribuído entre os demais participantes, mantido, em relação a esses, o critério de partilha nele estabelecido.

- V. LC 61/1989 (IPI – Fundo de Participação dos Estados).

§ 3º Os Estados entregarão aos respectivos Municípios vinte e cinco por cento dos recursos que receberem nos termos do inciso II, observados os critérios estabelecidos no art. 158, parágrafo único, I e II.

- V. art. 1º, LC 63/1990 (Critérios e prazos de crédito das parcelas do produto da arrecadação de impostos de competência dos Estados e de transferências por estes recebidas, pertencentes aos Municípios).

§ 4º Do montante de recursos de que trata o inciso III que cabe a cada Estado, vinte e cinco por cento serão destinados aos seus Municípios, na forma da lei a que se refere o mencionado inciso.

- § 4º acrescentado pela Emenda Constitucional 42/2003.
- V. art. 93, ADCT.

Art. 160. É vedada a retenção ou qualquer restrição à entrega e ao emprego dos recursos atribuídos, nesta seção, aos Estados, ao Distrito Federal e aos Municípios, neles compreendidos adicionais e acréscimos relativos a impostos.

Parágrafo único. A vedação prevista neste artigo não impede a União e os Estados de condicionarem a entrega de recursos:

- Parágrafo único com redação determinada pela Emenda Constitucional 29/2000.

I – ao pagamento de seus créditos, inclusive de suas autarquias;

II – ao cumprimento do disposto no art. 198, § 2º, incisos II e III.

Art. 161. Cabe à lei complementar:

I – definir valor adicionado para fins do disposto no art. 158, parágrafo único, I;

- V. LC 63/1990 (Critérios e prazos de crédito das parcelas do produto da arrecadação de impostos de competência dos Estados e de transferências por estes recebidas, pertencentes aos Municípios).

II – estabelecer normas sobre a entrega dos recursos de que trata o art. 159, especialmente sobre os critérios de rateio dos fundos previstos em seu inciso I, objetivando promover o equilíbrio socioeconômico entre Estados e entre Municípios;

- V. art. 34, § 2º, ADCT.
- V. LC 62/1989 (Estabelece normas sobre o cálculo, a entrega e o controle das liberações dos recursos dos Fundos de Participação).

III – dispor sobre o acompanhamento, pelos beneficiários, do cálculo das quotas e da liberação das participações previstas nos arts. 157, 158 e 159.

- V. LC 62/1989 (Normas sobre o cálculo, a entrega e o controle das liberações dos recursos dos Fundos de Participação).

Parágrafo único. O Tribunal de Contas da União efetuará o cálculo das quotas referentes aos fundos de participação a que alude o inciso II.

Art. 162. A União, os Estados, o Distrito Federal e os Municípios divulgarão, até o último dia do mês subsequente ao da arrecadação, os montantes de cada um dos tributos arrecadados, os recursos recebidos, os valores de origem tributária entregues e a entregar e a expressão numérica dos critérios de rateio.

Parágrafo único. Os dados divulgados pela União serão discriminados por Estado e por Município; os dos Estados, por Município.

Capítulo II
Das Finanças Públicas

Seção I
Normas Gerais

Art. 163. Lei complementar disporá sobre:

- V. art. 30, Emenda Constitucional 19/1998.
- V. Lei 4.320/1964 (Normas gerais de direito financeiro para elaboração e controle dos orçamentos e balanços da União, dos Estados, dos Municípios e do Distrito Federal).
- V. Lei 6.830/1980 (Lei de Execução Fiscal).
- V. Dec.-lei 1.833/1980 (Extingue a vinculação a categorias econômicas, na aplicação dos Estados, Distrito Federal, Territórios e Municípios, de recursos tributários transferidos pela União).

I – finanças públicas;

- V. LC 101/2000 (Estabelece normas de finanças públicas voltadas para a responsabilidade na gestão fiscal).

II – dívida pública externa e interna, incluída a das autarquias, fundações e demais entidades controladas pelo Poder Público;

- V. Lei 8.388/1991 (Diretrizes para o reescalonamento, pela União, de dívidas das administrações direta e indireta dos Estados, do Distrito Federal e dos Municípios).
- V. Dec. 456/1992 (Regulamenta a Lei 8.388/1991).

III – concessão de garantias pelas entidades públicas;

IV – emissão e resgate de títulos da dívida pública;

- V. art. 34, § 2º, I, ADCT.

V – fiscalização financeira da administração pública direta e indireta;

- Inciso V com redação determinada pela Emenda Constitucional 40/2003.
- V. Lei 4.595/1964 (Conselho Monetário Nacional).

VI – operações de câmbio realizadas por órgãos e entidades da União, dos Estados, do Distrito Federal e dos Municípios;

- V. Dec.-lei 9.025/1946 (Operações de câmbio).
- V. Dec.-lei 9.602/1946 (Operações de câmbio).
- V. Lei 1.807/1953 (Operações de câmbio).
- V. Lei 4.131/1962 (Aplicação do capital estrangeiro e as remessas de valores para o exterior).

VII – compatibilização das funções das instituições oficiais de crédito da União, resguardadas as características e condições operacionais plenas das voltadas ao desenvolvimento regional.

- V. Lei 4.595/1964 (Conselho Monetário Nacional).

Art. 164. A competência da União para emitir moeda será exercida exclusivamente pelo Banco Central.

§ 1º É vedado ao Banco Central conceder, direta ou indiretamente, empréstimos ao Tesouro Nacional e a qualquer órgão ou entidade que não seja instituição financeira.

§ 2º O Banco Central poderá comprar e vender títulos de emissão do Tesouro Nacional, com o objetivo de regular a oferta de moeda ou a taxa de juros.

§ 3º As disponibilidades de caixa da União serão depositadas no Banco Central; as dos Estados, do Distrito Federal, dos Municípios e dos órgãos ou entidades do Poder Público e das empresas por ele controladas, em instituições financeiras oficiais, ressalvados os casos previstos em lei.

Seção II
Dos Orçamentos

Art. 165. Leis de iniciativa do Poder Executivo estabelecerão:

I – o plano plurianual;

II – as diretrizes orçamentárias;

III – os orçamentos anuais.

§ 1º A lei que instituir o plano plurianual estabelecerá, de forma regionalizada, as diretrizes, objetivos e metas da administração pública federal para as despesas de capital e outras delas decorrentes e para as relativas aos programas de duração continuada.

§ 2º A lei de diretrizes orçamentárias compreenderá as metas e prioridades da administração pública federal, incluindo as despesas de capital para o exercício financeiro subsequente, orientará a elaboração da lei orçamentária anual, disporá sobre as alterações na legislação tributária e estabelecerá a política de aplicação das agências financeiras oficiais de fomento.

§ 3º O Poder Executivo publicará, até trinta dias após o encerramento de cada bimestre, relatório resumido da execução orçamentária.

§ 4º Os planos e programas nacionais, regionais e setoriais previstos nesta Constituição serão elaborados em consonância com o plano plurianual e apreciados pelo Congresso Nacional.

- V. Lei 9.491/1997 (Programa Nacional de Desestatização).

§ 5º A lei orçamentária anual compreenderá:

I – o orçamento fiscal referente aos Poderes da União, seus fundos, órgãos e entidades da administração direta e indireta, inclusive fundações instituídas e mantidas pelo Poder Público;

II – o orçamento de investimento das empresas em que a União, direta ou indiretamente, detenha a maioria do capital social com direito a voto;

III – o orçamento da seguridade social, abrangendo todas as entidades e órgãos a ela vinculados, da administração direta ou indireta, bem como os fundos e fundações instituídos e mantidos pelo Poder Público.

§ 6º O projeto de lei orçamentária será acompanhado de demonstrativo regionalizado do efeito, sobre as receitas e despesas, decorrente de isenções, anistias, remissões, subsídios e benefícios de natureza financeira, tributária e creditícia.

§ 7º Os orçamentos previstos no § 5º, I e II, deste artigo, compatibilizados com o plano plurianual, terão entre suas funções a de reduzir desigualdades inter-regionais, segundo critério populacional.

- V. art. 35, ADCT.

§ 8º A lei orçamentária anual não conterá dispositivo estranho à previsão da receita e à fixação da despesa, não se incluindo na proibição a autorização para abertura de créditos suplementares e contratação de operações de crédito, ainda que por antecipação de receita, nos termos da lei.

§ 9º Cabe à lei complementar:

- V. art. 168, CF.
- V. art. 35, § 2º, ADCT.
- V. Lei 4.320/1964 (Normas gerais de direito financeiro para elaboração e controle dos orçamentos e balanços da União, dos Estados, dos Municípios e do Distrito Federal).
- V. Dec.-lei 200/1967 (Organização da administração federal).
- V. Dec.-lei 900/1969 (Altera dispositivos do Dec.-lei 200/1967).

I – dispor sobre o exercício financeiro, a vigência, os prazos, a elaboração e a organização do plano plurianual, da lei de diretrizes orçamentárias e da lei orçamentária anual;

II – estabelecer normas de gestão financeira e patrimonial da administração direta e indireta, bem como condições para a instituição e funcionamento de fundos.

- V. art. 35, § 2º, ADCT.
- V. LC 89/1997 (Fundo para Aparelhamento e Operacionalização das Atividades-fim da Polícia Federal – Funapol).

☛ **III – dispor sobre critérios para a execução equitativa, além de procedimentos que serão adotados quando houver impedimentos legais e técnicos, cumprimento de restos a pagar e limitação das programações de caráter obrigatório, para a realização do disposto nos §§ 11 e 12 do art. 166.**

- Inciso III com redação determinada pela Emenda Constitucional 100/2019 (*DOU* 27.06.2019), em vigor na data de sua publicação, produzindo efeitos a partir da execução orçamentária do exercício financeiro subsequente.

§ 10. A administração tem o dever de executar as programações orçamentárias, adotando os meios e as medidas necessários, com o propósito de garantir a efetiva entrega de bens e serviços à sociedade.

- § 10 acrescentado pela Emenda Constitucional 100/2019 (*DOU* 27.06.2019), em vigor na data de sua publicação, produzindo efeitos a partir da execução orçamentária do exercício financeiro subsequente.

Art. 166. Os projetos de lei relativos ao plano plurianual, às diretrizes orçamentárias, ao orçamento anual e aos créditos adicionais serão apreciados pelas duas Casas do Congresso Nacional, na forma do regimento comum.

§ 1º Caberá a uma Comissão mista permanente de Senadores e Deputados:

- V. Res. CN 1/2006 (Comissão Mista Permanente a que se refere o § 1º do art. 166 da CF).

I – examinar e emitir parecer sobre os projetos referidos neste artigo e sobre as contas apresentadas anualmente pelo Presidente da República;

II – examinar e emitir parecer sobre os planos e programas nacionais, regionais e setoriais previstos nesta Constituição e exercer o acompanhamento e a fiscalização orçamentária, sem prejuízo da atuação das demais comissões do Congresso Nacional e de suas Casas, criadas de acordo com o art. 58.

§ 2º As emendas serão apresentadas na Comissão mista, que sobre elas emitirá parecer, e apreciadas, na forma regimental, pelo Plenário das duas Casas do Congresso Nacional.

§ 3º As emendas ao projeto de lei do orçamento anual ou aos projetos que o modifiquem somente podem ser aprovadas caso:

I – sejam compatíveis com o plano plurianual e com a lei de diretrizes orçamentárias;

II – indiquem os recursos necessários, admitidos apenas os provenientes de anulação de despesa, excluídas as que incidam sobre:

a) dotações para pessoal e seus encargos;

b) serviço da dívida;

c) transferências tributárias constitucionais para Estados, Municípios e Distrito Federal; ou

III – sejam relacionadas:

a) com a correção de erros ou omissões; ou

b) com os dispositivos do texto do projeto de lei.

§ 4º As emendas ao projeto de lei de diretrizes orçamentárias não poderão ser aprovadas quando incompatíveis com o plano plurianual.

- V. art. 63, I, CF.

§ 5º O Presidente da República poderá enviar mensagem ao Congresso Nacional para propor modificação nos projetos a que se refere este artigo enquanto não iniciada a votação, na Comissão mista, da parte cuja alteração é proposta.

§ 6º Os projetos de lei do plano plurianual, das diretrizes orçamentárias e do orçamento anual serão enviados pelo Presidente da República ao Congresso Nacional, nos termos da lei complementar a que se refere o art. 165, § 9º.

§ 7º Aplicam-se aos projetos mencionados neste artigo, no que não contrariar o disposto nesta seção, as demais normas relativas ao processo legislativo.

§ 8º Os recursos que, em decorrência de veto, emenda ou rejeição do projeto de lei orçamentária anual, ficarem sem despesas correspondentes poderão ser utilizados, conforme o caso, mediante créditos especiais ou suplementares, com prévia e específica autorização legislativa.

§ 9º As emendas individuais ao projeto de lei orçamentária serão aprovadas no limite de 1,2% (um inteiro e dois décimos por cento) da receita corrente líquida prevista no projeto encaminhado pelo Poder Executivo, sendo que a metade deste percentual será destinada a ações e serviços públicos de saúde.

- § 9º acrescentado pela Emenda Constitucional 86/2015 (*DOU* 18.03.2015), em vigor na data de sua publicação, produzindo efeitos a partir da execução orçamentária do exercício de 2014.

§ 10. A execução do montante destinado a ações e serviços públicos de saúde previsto no § 9º, inclusive custeio, será computada para fins do cumprimento do inciso I do § 2º do art. 198, vedada a destinação para pagamento de pessoal ou encargos sociais.

- § 10 acrescentado pela Emenda Constitucional 86/2015 (*DOU* 18.03.2015), em vigor na data de sua publicação, produzindo efeitos a partir da execução orçamentária do exercício de 2014.

§ 11. É obrigatória a execução orçamentária e financeira das programações a que se refere o § 9º deste artigo, em montante correspondente a 1,2% (um inteiro e dois décimos por cento) da receita corrente líquida realizada no exercício anterior, conforme os critérios para a execução equitativa da programação definidos na lei complementar prevista no § 9º do art. 165.

- § 11 acrescentado pela Emenda Constitucional 86/2015 (*DOU* 18.03.2015), em vigor na data de sua publicação, produzindo efeitos a partir da execução orçamentária do exercício de 2014.

☛ **§ 12.** A garantia de execução de que trata o § 11 deste artigo aplica-se também às programações incluídas por todas as emendas de iniciativa de bancada de parlamentares de Estado ou do Distrito Federal, no montante de até 1% (um por cento) da receita corrente líquida realizada no exercício anterior.

- § 12 com redação determinada pela Emenda Constitucional 100/2019 (*DOU* 27.06.2019), em vigor na data de sua publicação, produzindo efeitos a partir da execução orçamentária do exercício financeiro subsequente.

§ 13. As programações orçamentárias previstas nos §§ 11 e 12 deste artigo não serão de execução obrigatória nos casos dos impedimentos de ordem técnica.

- § 13 com redação determinada pela Emenda Constitucional 100/2019 (*DOU* 27.06.2019), em vigor na data de sua publicação, produzindo efeitos a partir da execução orçamentária do exercício financeiro subsequente.

§ 14. Para fins de cumprimento do disposto nos §§ 11 e 12 deste artigo, os órgãos de execução deverão observar, nos termos da lei de diretrizes orçamentárias, cronograma para análise e verificação de eventuais impedimentos das programações e demais procedimentos necessários à viabilização da execução dos respectivos montantes.

- § 14 com redação determinada pela Emenda Constitucional 100/2019 (*DOU* 27.06.2019), em vigor na data de sua publicação, produzindo efeitos a partir da execução orçamentária do exercício financeiro subsequente.

I – *(Revogado pela Emenda Constitucional 100/2019 (DOU 27.06.2019), em vigor na data de sua publicação, produzindo efeitos a partir da execução orçamentária do exercício financeiro subsequente).*

II – *(Revogado pela Emenda Constitucional 100/2019 (DOU 27.06.2019), em vigor na data de sua publicação, produzindo efeitos a partir da execução orçamentária do exercício financeiro subsequente).*

III – *(Revogado pela Emenda Constitucional 100/2019 (DOU 27.06.2019), em vigor na data de sua publicação, produzindo efeitos a partir da execução orçamentária do exercício financeiro subsequente).*

IV – *(Revogado pela Emenda Constitucional 100/2019 (DOU 27.06.2019), em vigor na data de sua publicação, produzindo efeitos a partir da execução orçamentária do exercício financeiro subsequente).*

§ 15. *(Revogado pela Emenda Constitucional 100/2019 (DOU 27.06.2019), em vigor na data de sua publicação, produzindo efeitos a partir da execução orçamentária do exercício financeiro subsequente).*

§ 16. Quando a transferência obrigatória da União para a execução da programação prevista nos §§ 11 e 12 deste artigo for destinada a Estados, ao Distrito Federal e a Municípios, independerá da adimplência do ente federativo destinatário e não integrará a base de cálculo da receita corrente líquida para fins de aplicação dos limites de despesa de pessoal de que trata o *caput* do art. 169.

- § 16 com redação determinada pela Emenda Constitucional 100/2019 (*DOU* 27.06.2019), em vigor na data de sua publicação, produzindo efeitos a partir da execução orçamentária do exercício financeiro subsequente.

§ 17. Os restos a pagar provenientes das programações orçamentárias previstas nos §§ 11 e 12 poderão ser considerados para fins de cumprimento da execução financeira até o limite de 0,6% (seis décimos por cento) da receita corrente líquida realizada no exercício anterior, para as programações das emendas individuais, e até o limite de 0,5% (cinco décimos por cento), para as programações das emendas de iniciativa de bancada de parlamentares de Estado ou do Distrito Federal.

- § 17 com redação determinada pela Emenda Constitucional 100/2019 (*DOU* 27.06.2019), em vigor na data de sua publicação, produzindo efeitos a partir da execução orçamentária do exercício financeiro subsequente.

§ 18. Se for verificado que a reestimativa da receita e da despesa poderá resultar no não cumprimento da meta de resultado fiscal estabelecida na lei de diretrizes orçamentárias, os montantes previstos nos §§ 11 e 12 deste artigo poderão ser reduzidos em até a mesma proporção da limitação incidente sobre o conjunto das demais despesas discricionárias.

- § 18 com redação determinada pela Emenda Constitucional 100/2019 (*DOU* 27.06.2019), em vigor na data de sua publicação, produzindo efeitos a partir da execução orçamentária do exercício financeiro subsequente.

§ 19. Considera-se equitativa a execução das programações de caráter obrigatório que observe critérios objetivos e imparciais e que atenda de forma igualitária e impessoal às emendas apresentadas, independentemente da autoria.

- § 19 acrescentado pela Emenda Constitucional 100/2019 (*DOU* 27.06.2019), em vigor na data de sua publicação, produzindo efeitos a partir da execução orçamentária do exercício financeiro subsequente.

§ 20. As programações de que trata o § 12 deste artigo, quando versarem sobre o início de investimentos com duração de mais de 1 (um) exercício financeiro ou cuja execução já tenha sido iniciada, deverão ser objeto de emenda pela mesma bancada estadual, a cada exercício, até a conclusão da obra ou do empreendimento.

- § 20 acrescentado pela Emenda Constitucional 100/2019 (*DOU* 27.06.2019), em vigor na data de sua publicação, produzindo efeitos a partir da execução orçamentária do exercício financeiro subsequente.

Art. 167. São vedados:

I – o início de programas ou projetos não incluídos na lei orçamentária anual;

II – a realização de despesas ou a assunção de obrigações diretas que excedam os créditos orçamentários ou adicionais;

III – a realização de operações de créditos que excedam o montante das despesas de capital, ressalvadas as autorizadas mediante créditos suplementares ou especiais com finalidade precisa, aprovados pelo Poder Legislativo por maioria absoluta;

- V. art. 37, ADCT.

IV – a vinculação de receita de impostos a órgão, fundo ou despesa, ressalvadas a repartição do produto da arrecadação dos impostos a que se referem os arts. 158 e 159, a destinação de recursos para as ações e serviços públicos de saúde, para manutenção e desenvolvimento do ensino e para realização de atividades da administração tributária, como determinado, respectivamente, pelos arts. 198, § 2º, 212 e 37, XXII, e a prestação de garantias às operações de crédito por antecipação de receita, previstas no art. 165, § 8º, bem como o disposto no § 4º deste artigo;

- Inciso IV com redação determinada pela Emenda Constitucional 42/2003.

V – a abertura de crédito suplementar ou especial sem prévia autorização legislativa e sem indicação dos recursos correspondentes;

VI – a transposição, o remanejamento ou a transferência de recursos de uma categoria de programação para outra ou de um órgão para outro, sem prévia autorização legislativa;

VII – a concessão ou utilização de créditos ilimitados;

VIII – a utilização, sem autorização legislativa específica, de recursos dos orçamentos fiscal e da seguridade social para suprir necessidade ou cobrir déficit de empresas, fundações e fundos, inclusive dos mencionados no art. 165, § 5º;

IX – a instituição de fundos de qualquer natureza, sem prévia autorização legislativa;

X – a transferência voluntária de recursos e a concessão de empréstimos, inclusive por antecipação de receita, pelos Governos Federal e Estaduais e suas instituições financeiras, para pagamento de despesas com pessoal ativo, inativo e pensionista, dos Estados, do Distrito Federal e dos Municípios;

- Inciso X acrescentado pela Emenda Constitucional 19/1998.

XI – a utilização dos recursos provenientes das contribuições sociais de que trata o art. 195, I, a, e II, para a realização de despesas distintas do pagamento de benefícios do regime geral de previdência social de que trata o art. 201.

- Inciso XI acrescentado pela Emenda Constitucional 20/1998.

§ 1º Nenhum investimento cuja execução ultrapasse um exercício financeiro poderá ser iniciado sem prévia inclusão no plano plurianual, ou sem lei que autorize a inclusão, sob pena de crime de responsabilidade.

§ 2º Os créditos especiais e extraordinários terão vigência no exercício financeiro em que forem autorizados, salvo se o ato de autorização for promulgado nos últimos quatro meses daquele exercício, caso em que, reabertos nos limites de seus saldos, serão incorporados ao orçamento do exercício financeiro subsequente.

§ 3º A abertura de crédito extraordinário somente será admitida para atender a despesas imprevisíveis e urgentes, como as decorrentes de guerra, comoção interna ou calamidade pública, observado o disposto no art. 62.

- O art. 2º, § 6º, da Res. CN 1/2002 dispõe: "Quando se tratar de Medida Provisória que abra crédito extraordinário à lei orçamentária anual, conforme os arts. 62 e 167, § 3º da Constituição Federal, o exame e o parecer serão realizados pela Comissão Mista prevista no art. 166, § 1º, da Constituição, observando-se os prazos e o rito estabelecidos nesta Resolução".

§ 4º É permitida a vinculação de receitas próprias geradas pelos impostos a que se referem os arts. 155 e 156, e dos recursos de que tratam os arts. 157, 158 e 159, I, a e b, e II, para a prestação de garantia ou contragarantia à União e para pagamento de débitos para com esta.

- § 4º acrescentado pela Emenda Constitucional 3/1993.

§ 5º A transposição, o remanejamento ou a transferência de recursos de uma categoria de programação para outra poderão ser admitidos, no âmbito das atividades de ciência, tecnologia e inovação, com o objetivo de viabilizar os resultados de projetos restritos a essas funções, mediante ato do Poder Executivo, sem necessidade da prévia autorização legislativa prevista no inciso VI deste artigo.

- § 5º acrescentado pela Emenda Constitucional 85/2015.

Art. 168. Os recursos correspondentes às dotações orçamentárias, compreendidos os créditos suplementares e especiais, destinados aos órgãos dos Poderes Legislativo e Judiciário, do Ministério Público e da Defensoria Pública, ser-lhes-ão entregues até o dia 20 de cada mês, em duodécimos, na forma da lei complementar a que se refere o art. 165, § 9º.

- Artigo com redação determinada pela Emenda Constitucional 45/2004.

Art. 169. A despesa com pessoal ativo e inativo da União, dos Estados, do Distrito Federal e dos Municípios não poderá exceder os limites estabelecidos em lei complementar.

- Artigo com redação determinada pela Emenda Constitucional 19/1998.
- V. arts. 96, II, e 127, § 2º, CF.
- V. LC 101/2000 (Finanças públicas).

§ 1º A concessão de qualquer vantagem ou aumento de remuneração, a criação de cargos, empregos e funções ou alteração de estrutura de carreiras, bem como a admissão ou contratação de pessoal, a qualquer título, pelos órgãos e entidades da administração direta ou indireta, inclusive fundações instituídas e mantidas pelo poder público, só poderão ser feitas:

- V. art. 96, I, *e*, CF.

I – se houver prévia dotação orçamentária suficiente para atender às projeções de despesa de pessoal e aos acréscimos dela decorrentes;

II – se houver autorização específica na lei de diretrizes orçamentárias, ressalvadas as empresas públicas e as sociedades de economia mista.

§ 2º Decorrido o prazo estabelecido na lei complementar referida neste artigo para a adaptação aos parâmetros ali previstos, serão imediatamente suspensos todos os repasses de verbas federais ou estaduais aos Estados, ao Distrito Federal e aos Municípios que não observarem os referidos limites.

§ 3º Para o cumprimento dos limites estabelecidos com base neste artigo, durante o prazo fixado na lei complementar referida no *caput*, a União, os Estados, o Distrito Federal e os Municípios adotarão as seguintes providências:

I – redução em pelo menos vinte por cento das despesas com cargos em comissão e funções de confiança;

II – exoneração dos servidores não estáveis.

- V. art. 33, Emenda Constitucional 19/1998.

§ 4º Se as medidas adotadas com base no parágrafo anterior não forem suficientes para assegurar o cumprimento da determinação da lei complementar referida neste artigo, o servidor estável poderá perder o cargo, desde que ato normativo motivado de cada um dos Poderes especifique a atividade funcional, o órgão ou unidade administrativa objeto da redução de pessoal.

§ 5º O servidor que perder o cargo na forma do parágrafo anterior fará jus a indenização correspondente a um mês de remuneração por ano de serviço.

§ 6º O cargo objeto da redução prevista nos parágrafos anteriores será considerado extinto, vedada a criação de cargo, emprego ou função com atribuições iguais ou assemelhadas pelo prazo de quatro anos.

§ 7º Lei federal disporá sobre as normas gerais a serem obedecidas na efetivação do disposto no § 4º.

- V. art. 247, CF.

TÍTULO VII
Da Ordem Econômica e Financeira

Capítulo I
Dos Princípios Gerais da Atividade Econômica

Art. 170. A ordem econômica, fundada na valorização do trabalho humano e na livre iniciativa, tem por fim assegurar a todos existência digna, conforme os ditames da justiça social, observados os seguintes princípios:

I – soberania nacional;

- V. art. 1º, I, CF.

II – propriedade privada;

- V. art. 5º, XXII, CF.
- V. arts. 1.228 a 1.368, CC.

III – função social da propriedade;

- V. Lei 8.884/1994 (Infrações à ordem econômica – Cade).

IV – livre concorrência;

- V. Súmula 646, STF.

V – defesa do consumidor;

- V. Lei 8.078/1990 (Código de Defesa do Consumidor).
- V. Lei 8.884/1994 (Infrações à ordem econômica – Cade).

VI – defesa do meio ambiente, inclusive mediante tratamento diferenciado conforme o impacto ambiental dos produtos e serviços e de seus processos de elaboração e prestação;

- Inciso VI com redação determinada pela Emenda Constitucional 42/2003.
- V. art. 5º, LXXIII, CF.
- V. Lei 7.347/1985 (Ação civil pública).

VII – redução das desigualdades regionais e sociais;

- V. art. 3º, III, CF.

VIII – busca do pleno emprego;

- V. arts. 6º e 7º, CF.
- V. art. 47, Lei 11.101/2005 (Lei de Recuperação de Empresas e Falência).

IX – tratamento favorecido para as empresas de pequeno porte constituídas sob as leis brasileiras e que tenham sua sede e administração no País.

- Inciso IX com redação determinada pela Emenda Constitucional 6/1995.
- V. art. 246, CF.
- V. LC 123/2006 (Supersimples).

Parágrafo único. É assegurado a todos o livre exercício de qualquer atividade econômica, independentemente de au-

CF

torização de órgãos públicos, salvo nos casos previstos em lei.

- V. Súmula 646, STF.

Art. 171. *(Revogado pela Emenda Constitucional 6/1995).*

Art. 172. A lei disciplinará, com base no interesse nacional, os investimentos de capital estrangeiro, incentivará os reinvestimentos e regulará a remessa de lucros.

- V. Lei 4.131/1962 (Aplicação do capital estrangeiro e as remessas de valores para o exterior).
- V. Dec.-lei 37/1966 (Reorganiza os serviços aduaneiros).
- V. Dec.-lei 94/1966 (Imposto de Renda).

Art. 173. Ressalvados os casos previstos nesta Constituição, a exploração direta de atividade econômica pelo Estado só será permitida quando necessária aos imperativos da segurança nacional ou a relevante interesse coletivo, conforme definidos em lei.

§ 1º A lei estabelecerá o estatuto jurídico da empresa pública, da sociedade de economia mista e de suas subsidiárias que explorem atividade econômica de produção ou comercialização de bens ou de prestação de serviços, dispondo sobre:

- § 1º com redação determinada pela Emenda Constitucional 19/1998.

I – sua função social e formas de fiscalização pelo Estado e pela sociedade;

II – a sujeição ao regime jurídico próprio das empresas privadas, inclusive quanto aos direitos e obrigações civis, comerciais, trabalhistas e tributários;

III – licitação e contratação de obras, serviços, compras e alienações, observados os princípios da administração pública;

- V. art. 22, XXVII, CF.
- V. Súmula 333, STJ.

IV – a constituição e o funcionamento dos conselhos de administração e fiscal, com a participação de acionistas minoritários;

V – os mandatos, a avaliação de desempenho e a responsabilidade dos administradores.

§ 2º As empresas públicas e as sociedades de economia mista não poderão gozar de privilégios fiscais não extensivos às do setor privado.

§ 3º A lei regulamentará as relações da empresa pública com o Estado e a sociedade.

§ 4º A lei reprimirá o abuso do poder econômico que vise à dominação dos mercados, à eliminação da concorrência e ao aumento arbitrário dos lucros.

- V. Lei 8.137/1990 (Crimes contra a ordem tributária, econômica e contra as relações de consumo).
- V. Lei 8.176/1991 (Crimes contra a ordem econômica e cria o sistema de estoques de combustíveis).
- V. Lei 8.884/1994 (Infrações à ordem econômica – Cade).
- V. Lei 9.069/1995 (Plano Real).
- V. Súmula 646, STF.

§ 5º A lei, sem prejuízo da responsabilidade individual dos dirigentes da pessoa jurídica, estabelecerá a responsabilidade desta, sujeitando-a às punições compatíveis com sua natureza, nos atos praticados contra a ordem econômica e financeira e contra a economia popular.

- V. Lei Del. 4/1962 (Intervenção no domínio econômico para assegurar a livre distribuição de produtos necessários ao consumo do povo).

Art. 174. Como agente normativo e regulador da atividade econômica, o Estado exercerá, na forma da lei, as funções de fiscalização, incentivo e planejamento, sendo este determinante para o setor público e indicativo para o setor privado.

§ 1º A lei estabelecerá as diretrizes e bases do planejamento do desenvolvimento nacional equilibrado, o qual incorporará e compatibilizará os planos nacionais e regionais de desenvolvimento.

§ 2º A lei apoiará e estimulará o cooperativismo e outras formas de associativismo.

- V. Lei 5.764/1971 (Política nacional de cooperativismo).
- V. Lei 9.867/1999 (Criação e funcionamento de cooperativas sociais).

§ 3º O Estado favorecerá a organização da atividade garimpeira em cooperativas, levando em conta a proteção do meio ambiente e a promoção econômico-social dos garimpeiros.

- V. Dec.-lei 227/1967 (Dá nova redação ao Dec.-lei 1.985/1940 – Código de Minas).
- V. Lei 9.314/1996 (Altera dispositivos do Dec.-lei 227/1967).
- V. Lei 11.685/2008 (Estatuto do Garimpeiro).

§ 4º As cooperativas a que se refere o parágrafo anterior terão prioridade na autorização ou concessão para pesquisa e lavra dos recursos e jazidas de minerais garimpáveis, nas áreas onde estejam atuando, e naquelas fixadas de acordo com o art. 21, XXV, na forma da lei.

Art. 175. Incumbe ao Poder Público, na forma da lei, diretamente ou sob regime de concessão ou permissão, sempre através de licitação, a prestação de serviços públicos.

- V. Lei 8.987/1995 (Concessão e permissão da prestação de serviços públicos).
- V. Lei 9.427/1996 (Agência Nacional de Energia Elétrica).
- V. Dec. 2.196/1997 (Regulamento de Serviços Especiais).
- V. Dec. 2.206/1997 (Regulamento do Serviço de TV a Cabo).
- V. Dec. 3.896/2001 (Serviços de Telecomunicações).
- V. Súmula 407, STJ.

Parágrafo único. A lei disporá sobre:

I – o regime das empresas concessionárias e permissionárias de serviços públicos, o caráter especial de seu contrato e de sua prorrogação, bem como as condições de caducidade, fiscalização e rescisão da concessão ou permissão;

II – os direitos dos usuários;

III – política tarifária;

IV – a obrigação de manter serviço adequado.

Art. 176. As jazidas, em lavra ou não, e demais recursos minerais e os potenciais de energia hidráulica constituem propriedade distinta da do solo, para efeito de exploração ou aproveitamento, e pertencem à União, garantida ao concessionário a propriedade do produto da lavra.

§ 1º A pesquisa e a lavra de recursos minerais e o aproveitamento dos potenciais a que se refere o *caput* deste artigo somente poderão ser efetuados mediante autorização ou concessão da União, no interesse nacional, por brasileiros ou empresa constituída sob as leis brasileiras e que tenham sua sede e administração no País, na forma da lei, que estabelecerá as condições específicas quando essas atividades se desenvolverem em faixa de fronteira ou terras indígenas.

- § 1º com redação determinada pela Emenda Constitucional 6/1995.
- V. art. 246, CF.
- V. Dec.-lei 227/1967 (Dá nova redação ao Dec.-lei 1.985/1940 – Código de Minas).
- V. Lei 9.314/1996 (Altera dispositivos do Dec.-lei 227/1967).

§ 2º É assegurada participação ao proprietário do solo nos resultados da lavra, na forma e no valor que dispuser a lei.

- V. Dec.-lei 227/1967 (Dá nova redação ao Dec.-lei 1.985/1940 – Código de Minas).
- V. Lei 8.901/1994 (Altera o Dec.-lei 227/1967).
- V. Lei 9.314/1996 (Altera dispositivos do Dec.-lei 227/1967).

§ 3º A autorização de pesquisa será sempre por prazo determinado, e as autorizações e concessões previstas neste artigo não poderão ser cedidas ou transferidas, total ou parcialmente, sem prévia anuência do poder concedente.

§ 4º Não dependerá de autorização ou concessão o aproveitamento do potencial de energia renovável de capacidade reduzida.

Art. 177. Constituem monopólio da União:

- V. Lei 9.478/1997 (Política energética nacional e atividades relativas ao monopólio do petróleo).
- V. Lei 11.909/2009 (Atividades relativas ao transporte de gás natural, de que trata o art. 177 da CF).

I – a pesquisa e a lavra das jazidas de petróleo e gás natural e outros hidrocarbonetos fluidos;

II – a refinação do petróleo nacional ou estrangeiro;

- V. art. 45, ADCT.

III – a importação e exportação dos produtos e derivados básicos resultantes das atividades previstas nos incisos anteriores;

IV – o transporte marítimo do petróleo bruto de origem nacional ou de derivados básicos de petróleo produzidos no País, bem assim o transporte, por meio de conduto, de petróleo bruto, seus derivados e gás natural de qualquer origem;

V – a pesquisa, a lavra, o enriquecimento, o reprocessamento, a industrialização e o comércio de minérios e minerais nucleares e seus derivados, com exceção dos radioisótopos cuja produção, comercialização e utilização poderão ser autorizadas sob regime de permissão, conforme as alíneas b e c do inciso XXIII do *caput* do art. 21 desta Constituição Federal.

- Inciso V com redação determinada pela Emenda Constitucional 49/2006.
- V. Lei 7.781/1989 (Altera a Lei 6.189/1974, que criou a CNEN e a Nuclebrás).

§ 1º A União poderá contratar com empresas estatais ou privadas a realização das atividades previstas nos incisos I a IV deste artigo, observadas as condições estabelecidas em lei.

- § 1º com redação determinada pela Emenda Constitucional 9/1995.

§ 2º A lei a que se refere o § 1º disporá sobre:

- § 2º acrescentado pela Emenda Constitucional 9/1995.

I – a garantia do fornecimento dos derivados de petróleo em todo o território nacional;

II – as condições de contratação;

III – a estrutura e atribuições do órgão regulador do monopólio da União.

- V. Lei 9.478/1997 (Política energética nacional e atividades relativas ao monopólio do petróleo).

§ 3º A lei disporá sobre o transporte e a utilização de materiais radioativos no território nacional.

- Primitivo § 2º renumerado pela Emenda Constitucional 9/1995.

§ 4º A lei que instituir contribuição de intervenção no domínio econômico relativa às atividades de importação ou comercialização de petróleo e seus derivados, gás natural e seus derivados e álcool combustível deverá atender aos seguintes requisitos:

- § 4º acrescentado pela Emenda Constitucional 33/2001.
- V. Lei 10.336/2001 (Cide).

I – a alíquota da contribuição poderá ser:

a) diferenciada por produto ou uso;

b) reduzida e restabelecida por ato do Poder Executivo, não se lhe aplicando o disposto no art. 150, III, b;

II – os recursos arrecadados serão destinados:

a) ao pagamento de subsídios a preços ou transporte de álcool combustível, gás natural e seus derivados e derivados de petróleo;

b) ao financiamento de projetos ambientais relacionados com a indústria do petróleo e do gás;

c) ao financiamento de programas de infraestrutura de transportes.

Art. 178. A lei disporá sobre a ordenação dos transportes aéreo, aquático e terrestre, devendo, quanto à ordenação do transporte internacional, observar os acordos firmados pela União, atendido o princípio da reciprocidade.

- Artigo com redação determinada pela Emenda Constitucional 7/1995.
- V. art. 246, CF.
- V. Dec.-lei 116/1967 (Transporte de mercadorias por via d'água nos portos brasileiros).
- V. Lei 7.565/1986 (Código Brasileiro de Aeronáutica).
- V. Lei 11.442/2007 (Transporte rodoviário de cargas).

Parágrafo único. Na ordenação do transporte aquático, a lei estabelecerá as condições em que o transporte de mercadorias na cabotagem e a navegação interior poderão ser feitos por embarcações estrangeiras.

- V. art. 246, CF.

Art. 179. A União, os Estados, o Distrito Federal e os Municípios dispensarão às microempresas e às empresas de pequeno porte, assim definidas em lei, tratamento jurídico diferenciado, visando a incentivá-las pela simplificação de suas obrigações administrativas, tributárias, previdenciárias e creditícias, ou pela eliminação ou redução destas por meio de lei.

- V. art. 47, § 1º, ADCT.
- V. LC 123/2006 (Supersimples).

Art. 180. A União, os Estados, o Distrito Federal e os Municípios promoverão e incentivarão o turismo como fator de desenvolvimento social e econômico.

Art. 181. O atendimento de requisição de documento ou informação de natureza comercial, feita por autoridade administrativa ou judiciária estrangeira, a pessoa física ou jurídica residente ou domiciliada no País dependerá de autorização do Poder competente.

Capítulo II
Da Política Urbana

Art. 182. A política de desenvolvimento urbano, executada pelo Poder Público municipal, conforme diretrizes gerais fixadas em lei, tem por objetivo ordenar o pleno desenvolvimento das funções sociais da cidade e garantir o bem-estar de seus habitantes.

- V. Lei 10.257/2001 (Diretrizes gerais da política urbana).
- V. Lei 13.311/2016 (Normas gerais para a ocupação e utilização de área pública urbana por equipamentos urbanos do tipo quiosque, trailer, feira e banca de venda de jornais e de revistas).

§ 1º O plano diretor, aprovado pela Câmara Municipal, obrigatório para cidades com mais de vinte mil habitantes, é o instrumento básico da política de desenvolvimento e de expansão urbana.

§ 2º A propriedade urbana cumpre sua função social quando atende às exigências fundamentais de ordenação da cidade expressas no plano diretor.

- V. art. 186, CF.
- V. Súmula 668, STF.

§ 3º As desapropriações de imóveis urbanos serão feitas com prévia e justa indenização em dinheiro.

§ 4º É facultado ao Poder Público municipal, mediante lei específica para área incluída no plano diretor, exigir, nos termos da lei federal, do proprietário do solo urbano não edificado, subutilizado ou não utilizado, que promova seu adequado aproveitamento, sob pena, sucessivamente de:

I – parcelamento ou edificação compulsórios;

II – imposto sobre a propriedade predial e territorial urbana progressivo no tempo;

- V. Súmula 668, STF.

III – desapropriação com pagamento mediante títulos da dívida pública de emissão previamente aprovada pelo Senado Federal, com prazo de resgate de até dez anos, em parcelas anuais, iguais e sucessivas, assegurados o valor real da indenização e os juros legais.

Art. 183. Aquele que possuir como sua área urbana de até duzentos e cinquenta metros quadrados, por cinco anos, ininterruptamente e sem oposição, utilizando-a para sua moradia ou de sua família, adquirir-lhe-á o domínio, desde que não seja proprietário de outro imóvel urbano ou rural.

- V. Lei 10.257/2001 (Diretrizes gerais da política urbana).

§ 1º O título de domínio e a concessão de uso serão conferidos ao homem ou à mulher, ou a ambos, independentemente do estado civil.

§ 2º Esse direito não será reconhecido ao mesmo possuidor mais de uma vez.

§ 3º Os imóveis públicos não serão adquiridos por usucapião.

Capítulo III
Da Política Agrícola e Fundiária e da Reforma Agrária

- V. Lei 4.504/1964 (Estatuto da Terra).
- V. Lei 8.174/1991 (Princípios da política agrícola).
- V. Lei 8.629/1993 (Regulamentação dos dispositivos constitucionais relativos à reforma agrária).

Art. 184. Compete à União desapropriar por interesse social, para fins de reforma agrária, o imóvel rural que não esteja cumprindo sua função social, mediante prévia e justa indenização em títulos da dívida agrária, com cláusula de preservação do valor real, resgatáveis no prazo de até vinte anos, a partir do segundo ano de sua emissão, e cuja utilização será definida em lei.

- V. Lei 8.629/1993 (Regulamentação dos dispositivos constitucionais relativos à reforma agrária).

§ 1º As benfeitorias úteis e necessárias serão indenizadas em dinheiro.

§ 2º O decreto que declarar o imóvel como de interesse social, para fins de reforma agrária, autoriza a União a propor a ação de desapropriação.

§ 3º Cabe à lei complementar estabelecer procedimento contraditório especial, de rito sumário, para o processo judicial de desapropriação.

- V. LC 76/1993 (Procedimento contraditório especial para o processo de desapropriação de imóvel rural por interesse social).

§ 4º O orçamento fixará anualmente o volume total de títulos da dívida agrária, assim como o montante de recursos para atender ao programa de reforma agrária no exercício.

§ 5º São isentas de impostos federais, estaduais e municipais as operações de transferência de imóveis desapropriados para fins de reforma agrária.

Art. 185. São insuscetíveis de desapropriação para fins de reforma agrária:

- V. Lei 8.629/1993 (Regulamentação dos dispositivos constitucionais relativos à reforma agrária).

I – a pequena e média propriedade rural, assim definida em lei, desde que seu proprietário não possua outra;

II – a propriedade produtiva.

Parágrafo único. A lei garantirá tratamento especial à propriedade produtiva e fixará normas para o cumprimento dos requisitos relativos a sua função social.

Art. 186. A função social é cumprida quando a propriedade rural atende, simultaneamente, segundo critérios e graus de exigência estabelecidos em lei, aos seguintes requisitos:

- V. Lei 8.629/1993 (Regulamentação dos dispositivos constitucionais relativos à reforma agrária).

I – aproveitamento racional e adequado;

II – utilização adequada dos recursos naturais disponíveis e preservação do meio ambiente;

III – observância das disposições que regulam as relações de trabalho;

IV – exploração que favoreça o bem-estar dos proprietários e dos trabalhadores.

Art. 187. A política agrícola será planejada e executada na forma da lei, com a participação efetiva do setor de produção, envolvendo produtores e trabalhadores rurais, bem como dos setores de comercialização, de armazenamento e de transportes, levando em conta, especialmente:

- V. Lei 8.171/1991 (Política agrícola).
- V. Lei 8.174/1991 (Princípios da política agrícola).

I – os instrumentos creditícios e fiscais;

II – os preços compatíveis com os custos de produção e a garantia de comercialização;

III – o incentivo à pesquisa e à tecnologia;

IV – a assistência técnica e extensão rural;

V – o seguro agrícola;

VI – o cooperativismo;

VII – a eletrificação rural e irrigação;

VIII – a habitação para o trabalhador rural.

§ 1º Incluem-se no planejamento agrícola as atividades agroindustriais, agropecuárias, pesqueiras e florestais.

§ 2º Serão compatibilizadas as ações de política agrícola e de reforma agrária.

Art. 188. A destinação de terras públicas e devolutas será compatibilizada com a política agrícola e com o plano nacional de reforma agrária.

§ 1º A alienação ou a concessão, a qualquer título, de terras públicas com área superior a dois mil e quinhentos hectares a pessoa física ou jurídica, ainda que por interposta pessoa, dependerá de prévia aprovação do Congresso Nacional.

§ 2º Excetuam-se do disposto no parágrafo anterior as alienações ou as concessões de terras públicas para fins de reforma agrária.

Art. 189. Os beneficiários da distribuição de imóveis rurais pela reforma agrária receberão títulos de domínio ou de concessão de uso, inegociáveis pelo prazo de dez anos.

Parágrafo único. O título de domínio e a concessão de uso serão conferidos ao homem ou à mulher, ou a ambos, independentemente do estado civil, nos termos e condições previstos em lei.

- V. Lei 8.629/1993 (Regulamentação dos dispositivos constitucionais relativos à reforma agrária).

Art. 190. A lei regulará e limitará a aquisição ou o arrendamento de propriedade rural por pessoa física ou jurídica estrangeira e estabelecerá os casos que dependerão de autorização do Congresso Nacional.

- V. Lei 8.629/1993 (Regulamentação dos dispositivos constitucionais relativos à reforma agrária).

Art. 191. Aquele que, não sendo proprietário de imóvel rural ou urbano, possua como seu, por cinco anos ininterruptos, sem oposição, área de terra, em zona rural, não superior a cinquenta hectares, tornando-a produtiva por seu trabalho ou de sua família, tendo nela sua moradia, adquirir-lhe-á a propriedade.

Parágrafo único. Os imóveis públicos não serão adquiridos por usucapião.

Capítulo IV
Do Sistema Financeiro Nacional

Art. 192. O sistema financeiro nacional, estruturado de forma a promover o desenvolvimento equilibrado do País e a servir aos interesses da coletividade, em todas as partes que o compõem, abrangendo as cooperativas de crédito, será regulado por leis complementares que disporão, inclusive, sobre a participação do capital estrangeiro nas instituições que o integram.

- Artigo com redação determinada pela Emenda Constitucional 40/2003.

I – *(Revogado pela Emenda Constitucional 40/2003).*

II – *(Revogado pela Emenda Constitucional 40/2003).*

III – *(Revogado pela Emenda Constitucional 40/2003).*

IV – *(Revogado pela Emenda Constitucional 40/2003).*

V – *(Revogado pela Emenda Constitucional 40/2003).*

VI – *(Revogado pela Emenda Constitucional 40/2003).*

VII – *(Revogado pela Emenda Constitucional 40/2003).*

VIII – *(Revogado pela Emenda Constitucional 40/2003).*

§ 1º *(Revogado pela Emenda Constitucional 40/2003).*

§ 2º *(Revogado pela Emenda Constitucional 40/2003).*

§ 3º *(Revogado pela Emenda Constitucional 40/2003).*

TÍTULO VIII
Da Ordem Social

Capítulo I
Disposição Geral

Art. 193. A ordem social tem como base o primado do trabalho, e como objetivo o bem-estar e a justiça sociais.

Capítulo II
Da Seguridade Social

- V. Lei 8.212/1991 (Organização da Seguridade Social e Plano de Custeio).
- V. Lei 8.213/1991 (Planos de Benefícios da Previdência Social).
- V. Lei 8.742/1993 (Lei Orgânica da Assistência Social).
- V. Dec. 3.048/1999 (Regulamento da Previdência Social).

Seção I
Disposições Gerais

Art. 194. A seguridade social compreende um conjunto integrado de ações de iniciativa dos Poderes Públicos e da sociedade, destinadas a assegurar os direitos relativos à saúde, à previdência e à assistência social.

Parágrafo único. Compete ao Poder Público, nos termos da lei, organizar a seguridade social, com base nos seguintes objetivos:

I – universalidade da cobertura e do atendimento;

II – uniformidade e equivalência dos benefícios e serviços às populações urbanas e rurais;

III – seletividade e distributividade na prestação dos benefícios e serviços;

IV – irredutibilidade do valor dos benefícios;

V – equidade na forma de participação no custeio;

VI – diversidade da base de financiamento;

VII – caráter democrático e descentralizado da administração, mediante gestão quadripartite, com participação dos trabalhadores, dos empregadores, dos aposentados e do Governo nos órgãos colegiados.

- Inciso VII com redação determinada pela Emenda Constitucional 20/1998.

Art. 195. A seguridade social será financiada por toda a sociedade, de forma direta e indireta, nos termos da lei, mediante recursos provenientes dos orçamentos da União, dos Estados, do Distrito Federal e dos Municípios, e das seguintes contribuições sociais:

- V. art. 12, Emenda Constitucional 20/1998.
- V. Lei 7.689/1988 (Contribuição Social sobre o lucro das pessoas jurídicas).
- V. Lei 7.894/1989 (Contribuição para Finsocial e PIS/Pasep).
- V. LC 70/1991 (Contribuição para financiamento da Seguridade Social).
- V. Lei 9.316/1996 (Altera a legislação do Imposto de Renda e da Contribuição Social sobre o Lucro Líquido).
- V. Lei 9.363/1996 (Crédito presumido do IPI para ressarcimento do valor do PIS/Pasep e Cofins).
- V. Lei 9.477/1997 (Fundo de Aposentadoria Programada Individual – Fapi).
- V. Súmulas 658 e 659, STF.

I – do empregador, da empresa e da entidade a ela equiparada na forma da lei, incidentes sobre:

- Inciso I com redação determinada pela Emenda Constitucional 20/1998.
- V. Súmula 688, STF.

a) a folha de salários e demais rendimentos do trabalho pagos ou creditados, a qualquer título, à pessoa física que lhe preste serviço, mesmo sem vínculo empregatício;

- V. arts. 114, VIII, e 167, XI, CF.

b) a receita ou o faturamento;

c) o lucro;

II – do trabalhador e dos demais segurados da previdência social, não incidindo contribuição sobre aposentadoria e pensão concedidas pelo regime geral de previdência social de que trata o art. 201;

- Inciso II com redação determinada pela Emenda Constitucional 20/1998.
- V. arts. 114, VIII, e 167, XI, CF.

III – sobre a receita de concursos de prognósticos;

- V. art. 4º, Lei 7.856/1989 (Destinação da renda de concursos de prognósticos).

IV – do importador de bens ou serviços do exterior, ou de quem a lei a ele equiparar.

- Inciso IV acrescentado pela Emenda Constitucional 42/2003.

§ 1º As receitas dos Estados, do Distrito Federal e dos Municípios destinadas à seguridade social constarão dos respectivos orçamentos, não integrando o orçamento da União.

§ 2º A proposta de orçamento da seguridade social será elaborada de forma integrada pelos órgãos responsáveis pela saúde, previdência social e assistência social, tendo em vista as metas e prioridades estabelecidas na lei de diretrizes orçamentárias, assegurada a cada área a gestão de seus recursos.

§ 3º A pessoa jurídica em débito com o sistema da seguridade social, como estabelecido em lei, não poderá contratar com o Poder Público nem dele receber benefícios ou incentivos fiscais ou creditícios.

- V. Capítulo X, Lei 8.212/1991 (Organização da Seguridade Social e Plano de Custeio).

§ 4º A lei poderá instituir outras fontes destinadas a garantir a manutenção ou expansão da seguridade social, obedecido o disposto no art. 154, I.

§ 5º Nenhum benefício ou serviço da seguridade social poderá ser criado, majorado ou estendido sem a correspondente fonte de custeio total.

§ 6º As contribuições sociais de que trata este artigo só poderão ser exigidas após decorridos noventa dias da data da publicação da lei que as houver instituído ou modificado, não se lhes aplicando o disposto no art. 150, III, *b*.

- V. art. 74, § 4º, ADCT.
- V. Súmula 669, STF.

§ 7º São isentas de contribuição para a seguridade social as entidades beneficentes de assistência social que atendam às exigências estabelecidas em lei.

- V. Súmula 659, STF.
- V. Súmula 352, STJ.

§ 8º O produtor, o parceiro, o meeiro e o arrendatário rurais e o pescador artesanal, bem como os respectivos cônjuges, que exerçam suas atividades em regime de economia familiar, sem empregados permanentes, contribuirão para a seguridade social mediante a aplicação de uma alíquota sobre o resultado da comercialização da produção e farão jus aos benefícios nos termos da lei.

- § 8º com redação determinada pela Emenda Constitucional 20/1998.

§ 9º As contribuições sociais previstas no inciso I do *caput* deste artigo poderão ter alíquotas ou bases de cálculo diferenciadas, em razão da atividade econômica, da utilização intensiva de mão de obra, do porte da empresa ou da condição estrutural do mercado de trabalho.

- § 9º com redação determinada pela Emenda Constitucional 47/2005 (*DOU* 06.07.2005), em vigor na data de sua publicação, com efeitos retroativos à data de vigência da Emenda Constitucional 41/2003 (*DOU* 31.12.2003).

§ 10. A lei definirá os critérios de transferência de recursos para o sistema único de saúde e ações de assistência social da União para os Estados, o Distrito Federal e os Municípios, e dos Estados para os Municípios, observada a respectiva contrapartida de recursos.

- § 10 acrescentado pela Emenda Constitucional 20/1998.

§ 11. É vedada a concessão de remissão ou anistia das contribuições sociais de que tratam os incisos I, a, e II deste artigo, para débitos em montante superior ao fixado em lei complementar.

- § 11 acrescentado pela Emenda Constitucional 20/1998.

§ 12. A lei definirá os setores de atividade econômica para os quais as contribuições incidentes na forma dos incisos I, b; e IV do *caput*, serão não cumulativas.

- § 12 acrescentado pela Emenda Constitucional 42/2003.

§ 13. Aplica-se o disposto no § 12 inclusive na hipótese de substituição gradual, total ou parcial, da contribuição incidente na forma do inciso I, a, pela incidente sobre a receita ou o faturamento.

- § 13 acrescentado pela Emenda Constitucional 42/2003.

Seção II
Da Saúde

- V. Lei 8.147/1990 (Alíquota do Finsocial).
- V. Lei 9.961/2000 (Agência Nacional de Saúde Suplementar – ANS).
- V. Dec. 3.327/2000 (Regulamento da Lei 9.961/2000).

Art. 196. A saúde é direito de todos e dever do Estado, garantido mediante políticas sociais e econômicas que visem à redução do risco de doença e de outros agravos e ao acesso universal e igualitário às ações e serviços para sua promoção, proteção e recuperação.

- V. Lei 9.273/1996 (Torna obrigatória a inclusão de dispositivo de segurança que impeça a reutilização das seringas descartáveis).
- V. Lei 9.313/1996 (Distribuição gratuita de medicamentos aos portadores e doentes de AIDS).
- V. Lei 9.797/1999 (Obrigatoriedade da cirurgia plástica reparadora da mama pela rede do SUS).

Art. 197. São de relevância pública as ações e serviços de saúde, cabendo ao Poder Público dispor, nos termos da lei, sobre sua regulamentação, fiscalização e controle, devendo sua execução ser feita diretamente ou através de terceiros e, também, por pessoa física ou jurídica de direito privado.

- V. Lei 8.080/1990 (Condições para a promoção, proteção e recuperação da saúde).
- V. Lei 9.273/1996 (Torna obrigatória a inclusão de dispositivo de segurança que impeça a reutilização das seringas descartáveis).

Art. 198. As ações e serviços públicos de saúde integram uma rede regionalizada e hierarquizada e constituem um sistema único, organizado de acordo com as seguintes diretrizes:

I – descentralização, com direção única em cada esfera de governo;

- V. Lei 8.080/1990 (Condições para a promoção, proteção e recuperação da saúde).

II – atendimento integral, com prioridade para as atividades preventivas, sem prejuízo dos serviços assistenciais;

III – participação da comunidade.

§ 1º O sistema único de saúde será financiado, nos termos do art. 195, com recursos do orçamento da seguridade social, da União, dos Estados, do Distrito Federal e dos Municípios, além de outras fontes.

- Primitivo parágrafo único renumerado pela Emenda Constitucional 29/2000.

§ 2º A União, os Estados, o Distrito Federal e os Municípios aplicarão, anualmente, em ações e serviços públicos de saúde recursos mínimos derivados da aplicação de percentuais calculados sobre:

- Caput do § 2º acrescentado pela Emenda Constitucional 29/2000.

I – no caso da União, a receita corrente líquida do respectivo exercício financeiro, não podendo ser inferior a 15% (quinze por cento);

- Inciso I com redação determinada pela Emenda Constitucional 86/2015 (DOU 18.03.2015), em vigor na data de sua publicação, produzindo efeitos a partir da execução orçamentária do exercício de 2014.

II – no caso dos Estados e do Distrito Federal, o produto da arrecadação dos impostos a que se refere o art. 155 e dos recursos de que tratam os arts. 157 e 159, inciso I, alínea a, e inciso II, deduzidas as parcelas que forem transferidas aos respectivos Municípios;

- Inciso II acrescentado pela Emenda Constitucional 29/2000.

III – no caso dos Municípios e do Distrito Federal, o produto da arrecadação dos impostos a que se refere o art. 156 e dos recursos de que tratam os arts. 158 e 159, inciso I, alínea b e § 3º.

- Inciso III acrescentado pela Emenda Constitucional 29/2000.

§ 3º Lei complementar, que será reavaliada pelo menos a cada 5 (cinco) anos, estabelecerá:

- Caput do § 3º acrescentado pela Emenda Constitucional 29/2000.

I – os percentuais de que tratam os incisos II e III do § 2º;

- Inciso I com redação determinada pela Emenda Constitucional 86/2015 (DOU 18.03.2015), em vigor na data de sua publicação, produzindo efeitos a partir da execução orçamentária do exercício de 2014.

II – os critérios de rateio dos recursos da União vinculados à saúde destinados aos Estados, ao Distrito Federal e aos Municípios, e dos Estados destinados a seus respectivos Municípios, objetivando a progressiva redução das disparidades regionais;

- Inciso II acrescentado pela Emenda Constitucional 29/2000.

III – as normas de fiscalização, avaliação e controle das despesas com saúde nas esferas federal, estadual, distrital e municipal;

- Inciso II acrescentado pela Emenda Constitucional 29/2000.

IV – *(Revogado pela Emenda Constitucional 86/2015 – DOU 18.03.2015, em vigor na data de sua publicação, produzindo efeitos a partir da execução orçamentária do exercício de 2014).*

§ 4º Os gestores locais do sistema único de saúde poderão admitir agentes comunitários de saúde e agentes de combate às endemias por meio de processo seletivo público, de acordo com a natureza e complexidade de suas atribuições e requisitos específicos para sua atuação.

- § 4º acrescentado pela Emenda Constitucional 51/2006.
- V. art. 2º, Emenda Constitucional 51/2006.

§ 5º Lei federal disporá sobre o regime jurídico, o piso salarial profissional nacional, as diretrizes para os Planos de Carreira e a regulamentação das atividades de agente comunitário de saúde e agente de combate às endemias, competindo à União, nos termos da lei, prestar assistência financeira complementar aos Estados, ao Distrito Federal e aos Municípios, para o cumprimento do referido piso salarial.

- § 5º com redação determinada pela Emenda Constitucional 63/2010.
- V. Lei 11.350/2006 (Regulamenta o § 5º do art. 198 da CF e dispõe sobre o aproveitamento de pessoal amparado pelo parágrafo único do art. 2º da EC 51/2006).

§ 6º Além das hipóteses previstas no § 1º do art. 41 e no § 4º do art. 169 da Constituição Federal, o servidor que exerça funções equivalentes às de agente comunitário de saúde ou de agente de combate às endemias poderá perder o cargo em caso de descumprimento dos requisitos específicos, fixados em lei, para o seu exercício.

- § 6º acrescentado pela Emenda Constitucional 51/2006.

Art. 199. A assistência à saúde é livre à iniciativa privada.

§ 1º As instituições privadas poderão participar de forma complementar do sistema único de saúde, segundo diretrizes deste, mediante contrato de direito público ou convênio, tendo preferência as entidades filantrópicas e as sem fins lucrativos.

§ 2º É vedada a destinação de recursos públicos para auxílios ou subvenções às instituições privadas com fins lucrativos.

§ 3º É vedada a participação direta ou indireta de empresas ou capitais estrangeiros na assistência à saúde no País, salvo nos casos previstos em lei.

- V. Lei 8.080/1990 (Condições para a promoção, proteção e recuperação da saúde).

§ 4º A lei disporá sobre as condições e os requisitos que facilitem a remoção de órgãos, tecidos ou substâncias humanas para fins de transplante, pesquisa e tratamento, bem como a coleta, processamento e transfusão de sangue e seus derivados, sendo vedado todo tipo de comercialização.

- V. Lei 8.501/1992 (Utilização de cadáver não reclamado para fins de estudo ou pesquisa científica).
- V. Lei 9.434/1997 (Transplantes).
- V. Lei 10.205/2001 (Regulamenta o § 4º do art. 199 da CF).

Art. 200. Ao sistema único de saúde compete, além de outras atribuições, nos termos da lei:

- V. Lei 8.080/1990 (Condições para a promoção, proteção e recuperação da saúde).

I – controlar e fiscalizar procedimentos, produtos e substâncias de interesse para a saúde e participar da produção de medicamentos, equipamentos, imunobiológicos, hemoderivados e outros insumos;

- V. Lei 9.431/1997 (Programas de controle de infecções hospitalares).

II – executar as ações de vigilância sanitária e epidemiológica, bem como as de saúde do trabalhador;

III – ordenar a formação de recursos humanos na área de saúde;

IV – participar da formulação da política e da execução das ações de saneamento básico;

V – incrementar, em sua área de atuação, o desenvolvimento científico e tecnológico e a inovação;

- Inciso V com redação determinada pela Emenda Constitucional 85/2015.

VI – fiscalizar e inspecionar alimentos, compreendido o controle de seu teor nutricional, bem como bebidas e águas para consumo humano;

VII – participar do controle e fiscalização da produção, transporte, guarda e utilização de substâncias e produtos psicoativos, tóxicos e radioativos;

- V. Lei 7.802/1989 (Agrotóxicos).
- V. Lei 9.974/2000 (Altera a Lei 7.802/1989).

VIII – colaborar na proteção do meio ambiente, nele compreendido o do trabalho.

Seção III
Da Previdência Social

- V. Lei 8.147/1990 (Alíquota do Finsocial).

Art. 201. A previdência social será organizada sob a forma de regime geral, de caráter contributivo e de filiação obrigatória, observados critérios que preservem o equilíbrio financeiro e atuarial, e atenderá, nos termos da lei, a:

- *Caput* com redação determinada pela Emenda Constitucional 20/1998.
- V. arts. 167, XI, e 195, II, CF.
- V. art. 14, Emenda Constitucional 20/1998.
- V. arts. 4º, parágrafo único, I e II, e 5º, Emenda Constitucional 41/2003.
- V. Lei 8.213/1991 (Planos de Benefícios da Previdência Social).
- V. Dec. 3.048/1999 (Regulamento da Previdência Social).

I – cobertura dos eventos de doença, invalidez, morte e idade avançada;

II – proteção à maternidade, especialmente à gestante;

III – proteção ao trabalhador em situação de desemprego involuntário;

- V. Lei 7.998/1990 (Fundo de Amparo ao Trabalhador – FAT).
- V. Lei 10.779/2003 (Concessão do benefício de seguro-desemprego, durante o período de defeso, ao pescador profissional).

IV – salário-família e auxílio-reclusão para os dependentes dos segurados de baixa renda;

V – pensão por morte do segurado, homem ou mulher, ao cônjuge ou companheiro e dependentes, observado o disposto no § 2º.

§ 1º É vedada a adoção de requisitos e critérios diferenciados para a concessão de aposentadoria aos beneficiários do regime geral de previdência social, ressalvados os casos de atividades exercidas sob condições especiais que prejudiquem a saúde ou a integridade física e quando se tratar de segurados portadores de deficiência, nos termos definidos em lei complementar.

- § 1º com redação determinada pela Emenda Constitucional 47/2005 (*DOU* 06.07.2005), em vigor na data de sua publicação, com efeitos retroativos à data de vigência da Emenda Constitucional 41/2003 (*DOU* 31.12.2003).
- V. art. 15, Emenda Constitucional 20/1998.

§ 2º Nenhum benefício que substitua o salário de contribuição ou o rendimento do trabalho do segurado terá valor mensal inferior ao salário mínimo.

- § 2º com redação determinada pela Emenda Constitucional 20/1998.

§ 3º Todos os salários de contribuição considerados para o cálculo de benefício serão devidamente atualizados, na forma da lei.

- § 3º com redação determinada pela Emenda Constitucional 20/1998.

§ 4º É assegurado o reajustamento dos benefícios para preservar-lhes, em caráter permanente, o valor real, conforme critérios definidos em lei.

- § 4º com redação determinada pela Emenda Constitucional 20/1998.
- V. art. 3º, § 4º, Lei 11.430/2006 (Aumenta o valor dos benefícios da previdência social).

§ 5º É vedada a filiação ao regime geral de previdência social, na qualidade de segurado facultativo, de pessoa participante de regime próprio de previdência.

- § 5º com redação determinada pela Emenda Constitucional 20/1998.

§ 6º A gratificação natalina dos aposentados e pensionistas terá por base o valor dos proventos do mês de dezembro de cada ano.

- § 6º com redação determinada pela Emenda Constitucional 20/1998.

§ 7º É assegurada aposentadoria no regime geral de previdência social, nos termos da lei, obedecidas as seguintes condições:

- § 7º com redação determinada pela Emenda Constitucional 20/1998.

I – trinta e cinco anos de contribuição, se homem, e trinta anos de contribuição, se mulher;

II – sessenta e cinco anos de idade, se homem, e sessenta anos de idade, se mulher, reduzido em cinco anos o limite para os trabalhadores rurais de ambos os sexos e para os que exerçam suas atividades em regime de economia familiar, nestes incluídos o produtor rural, o garimpeiro e o pescador artesanal.

§ 8º Os requisitos a que se refere o inciso I do parágrafo anterior serão reduzidos em cinco anos, para o professor que comprove exclusivamente tempo de efetivo exercício das funções de magistério na educação infantil e no ensino fundamental e médio.

- § 8º com redação determinada pela Emenda Constitucional 20/1998.
- V. art. 67, § 2º, Lei 9.394/1996 (Diretrizes e bases da educação nacional).

§ 9º Para efeito de aposentadoria, é assegurada a contagem recíproca do tempo de contribuição na administração pública e na atividade privada, rural e urbana, hipótese em que os diversos regimes de previdência social se compensarão financeiramente, segundo critérios estabelecidos em lei.

- § 9º com redação determinada pela Emenda Constitucional 20/1998.
- V. Lei 9.796/1999 (Regime Geral de Previdência Social e regimes de previdência dos servidores da União, dos Estados, do Distrito Federal e dos Municípios, nos casos de contagem recíproca de tempo de contribuição para efeito de aposentadoria).

§ 10. Lei disciplinará a cobertura do risco de acidente do trabalho, a ser atendida concorrentemente pelo regime geral de previdência social e pelo setor privado.

- § 10 com redação determinada pela Emenda Constitucional 20/1998.

§ 11. Os ganhos habituais do empregado, a qualquer título, serão incorporados ao salário para efeito de contribuição previdenciária e consequente repercussão em benefícios, nos casos e na forma da lei.

- § 11 com redação determinada pela Emenda Constitucional 20/1998.

§ 12. Lei disporá sobre sistema especial de inclusão previdenciária para atender a trabalhadores de baixa renda e àqueles sem renda própria que se dediquem exclusivamente ao trabalho doméstico no âmbito de sua residência, desde que pertencentes a famílias de baixa renda, garantindo-lhes acesso a benefícios de valor igual a um salário mínimo.

- § 12 com redação determinada pela Emenda Constitucional 47/2005 (*DOU* 06.07.2005), em vigor na data de sua publicação, com efeitos retroativos à data de vigência da Emenda Constitucional 41/2003 (*DOU* 31.12.2003).

§ 13. O sistema especial de inclusão previdenciária de que trata o § 12 deste artigo terá alíquotas e carências inferiores às vigentes para os demais segurados do regime geral de previdência social.

- § 13 acrescentado pela Emenda Constitucional 47/2005 (*DOU* 06.07.2005), em vigor na data de sua publicação, com efeitos retroativos à data de vigência da Emenda Constitucional 41/2003 (*DOU* 31.12.2003).

Art. 202. O regime de previdência privada, de caráter complementar e organizado de forma autônoma em relação ao regime geral de previdência social, será facultativo, baseado na constituição de reservas que garantam o benefício contratado, e regulado por lei complementar.

- Artigo com redação determinada pela Emenda Constitucional 20/1998.
- V. art. 7º, Emenda Constitucional 20/1998.

§ 1º A lei complementar de que trata este artigo assegurará ao participante de planos de benefícios de entidades de previdência privada o pleno acesso às informações relativas à gestão de seus respectivos planos.

§ 2º As contribuições do empregador, os benefícios e as condições contratuais previstas nos estatutos, regulamentos e planos de benefícios das entidades de previdência privada não integram o contrato de trabalho dos participantes, assim como, à exceção dos benefícios concedidos, não integram a remuneração dos participantes, nos termos da lei.

§ 3º É vedado o aporte de recursos a entidade de previdência privada pela União, Estados, Distrito Federal e Municípios, suas autarquias, fundações, empresas públicas, sociedades de economia mista e outras entidades públicas, salvo na qualidade de patrocinador, situação na qual, em hipótese alguma, sua contribuição normal poderá exceder a do segurado.

- V. art. 5º, Emenda Constitucional 20/1998.

§ 4º Lei complementar disciplinará a relação entre a União, Estados, Distrito Federal ou Municípios, inclusive suas autarquias, fundações, sociedades de economia mista e empresas controladas direta ou indiretamente, enquanto patrocinadoras de entidades fechadas de previdência privada, e suas respectivas entidades fechadas de previdência privada.

§ 5º A lei complementar de que trata o parágrafo anterior aplicar-se-á, no que couber, às empresas privadas permissionárias ou concessionárias de prestação de serviços públicos, quando patrocinadoras de entidades fechadas de previdência privada.

§ 6º A lei complementar a que se refere o § 4º deste artigo estabelecerá os requisitos para a designação dos membros das diretorias das entidades fechadas de previdência privada e disciplinará a inserção dos participantes nos colegiados e instâncias de decisão em que seus interesses sejam objeto de discussão e deliberação.

Seção IV
Da Assistência Social

- V. Lei 8.147/1990 (Alíquota do Finsocial).

Art. 203. A assistência social será prestada a quem dela necessitar, independentemente da contribuição à seguridade social, e tem por objetivos:

- V. Lei 8.213/1991 (Planos de Benefícios da Previdência Social).
- V. Lei 8.742/1993 (Organização da Assistência Social).
- V. Lei 8.909/1994 (Prestação de serviços por entidades de assistência social, entidades beneficentes de assistência social e entidades de fins filantrópicos – Conselho Nacional de Assistência Social).
- V. Lei 9.429/1996 (Certificado de Entidades de Fins Filantrópicos).

I – a proteção à família, à maternidade, à infância, à adolescência e à velhice;

II – o amparo às crianças e adolescentes carentes;

III – a promoção da integração ao mercado de trabalho;

IV – a habilitação e reabilitação das pessoas portadoras de deficiência e a promoção de sua integração à vida comunitária;

V – a garantia de um salário mínimo de benefício mensal à pessoa portadora de deficiência e ao idoso que comprovem não possuir meios de prover à própria manutenção ou de tê-la provida por sua família, conforme dispuser a lei.

Art. 204. As ações governamentais na área da assistência social serão realizadas com recursos do orçamento da seguridade social, previstos no art. 195, além de outras fontes, e organizadas com base nas seguintes diretrizes:

I – descentralização político-administrativa, cabendo a coordenação e as normas gerais à esfera federal e a coordenação e a execução dos respectivos programas às esferas estadual e municipal, bem como a entidades beneficentes e de assistência social;

II – participação da população, por meio de organizações representativas, na formulação das políticas e no controle das ações em todos os níveis.

Parágrafo único. É facultado aos Estados e ao Distrito Federal vincular a programa de apoio à inclusão e promoção social até cinco décimos por cento de sua receita tributária líquida, vedada a aplicação desses recursos no pagamento de:

- Parágrafo único acrescentado pela Emenda Constitucional 42/2003.

I – despesas com pessoal e encargos sociais;

II – serviço da dívida;

III – qualquer outra despesa corrente não vinculada diretamente aos investimentos ou ações apoiados.

Capítulo III
Da Educação, da Cultura e do Desporto

Seção I
Da Educação

Art. 205. A educação, direito de todos e dever do Estado e da família, será promovida e incentivada com a colaboração da sociedade, visando ao pleno desenvolvimento da pessoa, seu preparo para

CF

o exercício da cidadania e sua qualificação para o trabalho.

- V. Lei 8.147/1990 (Alíquota do Finsocial).
- V. Lei 9.394/1996 (Diretrizes e bases da educação nacional).

Art. 206. O ensino será ministrado com base nos seguintes princípios:

I – igualdade de condições para o acesso e permanência na escola;

II – liberdade de aprender, ensinar, pesquisar e divulgar o pensamento, a arte e o saber;

III – pluralismo de ideias e de concepções pedagógicas, e coexistência de instituições públicas e privadas de ensino;

IV – gratuidade do ensino público em estabelecimentos oficiais;

- V. art. 242, CF.
- V. Súmula vinculante 12, STF.

V – valorização dos profissionais da educação escolar, garantidos, na forma da lei, planos de carreira, com ingresso exclusivamente por concurso público de provas e títulos, aos das redes públicas;

- Inciso V com redação determinada pela Emenda Constitucional 53/2006.
- V. Lei 9.424/1996 (Fundo de Manutenção e Desenvolvimento do Ensino Fundamental e de Valorização do Magistério).

VI – gestão democrática do ensino público, na forma da lei;

- V. Lei 9.394/1996 (Diretrizes e bases da educação nacional).

VII – garantia de padrão de qualidade;

VIII – piso salarial profissional nacional para os profissionais da educação escolar pública, nos termos de lei federal.

- Inciso VIII acrescentado pela Emenda Constitucional 53/2006.

Parágrafo único. A lei disporá sobre as categorias de trabalhadores considerados profissionais da educação básica e sobre a fixação de prazo para a elaboração ou adequação de seus planos de carreira, no âmbito da União, dos Estados, do Distrito Federal e dos Municípios.

- Parágrafo único acrescentado pela Emenda Constitucional 53/2006.

Art. 207. As universidades gozam de autonomia didático-científica, administrativa e de gestão financeira e patrimonial, e obedecerão ao princípio de indissociabilidade entre ensino, pesquisa e extensão.

§ 1º É facultado às universidades admitir professores, técnicos e cientistas estrangeiros, na forma da lei.

- § 1º acrescentado pela Emenda Constitucional 11/1996.

§ 2º O disposto neste artigo aplica-se às instituições de pesquisa científica e tecnológica.

- § 2º acrescentado pela Emenda Constitucional 11/1996.

Art. 208. O dever do Estado com a educação será efetivado mediante a garantia de:

I – educação básica obrigatória e gratuita dos 4 (quatro) aos 17 (dezessete) anos de idade, assegurada inclusive sua oferta gratuita para todos os que a ela não tiveram acesso na idade própria;

- Inciso I com redação determinada pela Emenda Constitucional 59/2009.
- V. art. 6º, Emenda Constitucional 59/2009, que determina que o disposto neste inciso deverá ser implementado progressivamente, até 2016, nos termos do Plano Nacional de Educação, com apoio técnico e financeiro da União.

II – progressiva universalização do ensino médio gratuito;

- Inciso II com redação determinada pela Emenda Constitucional 14/1996.
- V. art. 6º, Emenda Constitucional 14/1996.

III – atendimento educacional especializado aos portadores de deficiência, preferencialmente na rede regular de ensino;

- V. Lei 10.845/2004 (Programa de Complementação ao Atendimento Educacional Especializado às Pessoas Portadoras de Deficiência).

IV – educação infantil, em creche e pré-escola, às crianças até 5 (cinco) anos de idade;

- Inciso IV com redação determinada pela Emenda Constitucional 53/2006.

V – acesso aos níveis mais elevados do ensino, da pesquisa e da criação artística, segundo a capacidade de cada um;

VI – oferta de ensino noturno regular, adequado às condições do educando;

VII – atendimento ao educando, em todas as etapas da educação básica, por meio de programas suplementares de material didático-escolar, transporte, alimentação e assistência à saúde.

- Inciso VII com redação determinada pela Emenda Constitucional 59/2009.
- V. art. 212, § 4º, CF.

§ 1º O acesso ao ensino obrigatório e gratuito é direito público subjetivo.

§ 2º O não oferecimento do ensino obrigatório pelo Poder Público, ou sua oferta irregular, importa responsabilidade da autoridade competente.

§ 3º Compete ao Poder Público recensear os educandos no ensino fundamental, fazer-lhes a chamada e zelar, junto aos pais ou responsáveis, pela frequência à escola.

Art. 209. O ensino é livre à iniciativa privada, atendidas as seguintes condições:

I – cumprimento das normas gerais da educação nacional;

II – autorização e avaliação de qualidade pelo Poder Público.

Art. 210. Serão fixados conteúdos mínimos para o ensino fundamental, de maneira a assegurar formação básica comum e respeito aos valores culturais e artísticos, nacionais e regionais.

§ 1º O ensino religioso, de matrícula facultativa, constituirá disciplina dos horários normais das escolas públicas de ensino fundamental.

§ 2º O ensino fundamental regular será ministrado em língua portuguesa, assegurada às comunidades indígenas também a utilização de suas línguas maternas e processos próprios de aprendizagem.

Art. 211. A União, os Estados, o Distrito Federal e os Municípios organizarão em regime de colaboração seus sistemas de ensino.

- V. art. 60, § 1º, ADCT.
- V. art. 6º, Emenda Constitucional 14/1996.

§ 1º A União organizará o sistema federal de ensino e o dos Territórios, financiará as instituições de ensino públicas federais e exercerá, em matéria educacional, função redistributiva e supletiva, de forma a garantir equalização de oportunidades educacionais e padrão mínimo de qualidade do ensino mediante assistência técnica e financeira aos Estados, ao Distrito Federal e aos Municípios.

- § 1º com redação determinada pela Emenda Constitucional 14/1996.

§ 2º Os Municípios atuarão prioritariamente no ensino fundamental e na educação infantil.

- § 2º com redação determinada pela Emenda Constitucional 14/1996.

§ 3º Os Estados e o Distrito Federal atuarão prioritariamente no ensino fundamental e médio.

- § 3º acrescentados pela Emenda Constitucional 14/1996.

§ 4º Na organização de seus sistemas de ensino, a União, os Estados, o Distrito Federal e os Municípios definirão formas de colaboração, de modo a assegurar a universalização do ensino obrigatório.

- § 4º com redação determinada pela Emenda Constitucional 59/2009.

§ 5º A educação básica pública atenderá prioritariamente ao ensino regular.

- § 5º acrescentado pela Emenda Constitucional 53/2006.

Art. 212. A União aplicará, anualmente, nunca menos de dezoito, e os Estados, o Distrito Federal e os Municípios vinte e cinco por cento, no mínimo, da receita resultante de impostos, compreendida a proveniente de transferências, na manutenção e desenvolvimento do ensino.

- V. art. 167, IV, CF.
- V. arts. 60 e 72, §§ 2º e 3º e 76, § 3º, ADCT.
- V. Lei 9.424/1996 (Fundo de Manutenção e Desenvolvimento do Ensino Fundamental e de Valorização do Magistério).
- V. Lei 11.494/2007 (Fundo de Manutenção e Desenvolvimento da Educação Básica e de Valorização dos Profissionais da Educação – Fundeb).

§ 1º A parcela da arrecadação de impostos transferida pela União aos Estados, ao Distrito Federal e aos Municípios, ou pelos Estados aos respectivos Municípios, não é considerada, para efeito do cálculo previsto neste artigo, receita do governo que a transferir.

§ 2º Para efeito do cumprimento do disposto no *caput* deste artigo, serão considerados os sistemas de ensino federal, estadual e municipal e os recursos aplicados na forma do art. 213.

§ 3º A distribuição dos recursos públicos assegurará prioridade ao atendimento das necessidades do ensino obrigatório, no que se refere a universalização, garantia de padrão de qualidade e equidade, nos termos do plano nacional de educação.

- § 3º com redação determinada pela Emenda Constitucional 59/2009.

§ 4º Os programas suplementares de alimentação e assistência à saúde previstos no art. 208, VII, serão financiados com recursos provenientes de contribuições sociais e outros recursos orçamentários.

§ 5º A educação básica pública terá como fonte adicional de financiamento a contribuição social do salário-educação, recolhida pelas empresas na forma da lei.

- § 5º com redação determinada pela Emenda Constitucional 53/2006.
- V. art. 76, § 2º, ADCT.
- V. Lei 9.766/1998 (Salário-educação).
- V. Dec. 6.003/2006 (Regulamenta a arrecadação, a fiscalização e a cobrança da contribuição social do salário-educação, a que se refere o art. 212, § 5º, da CF).
- V. Súmula 732, STF.

§ 6º As cotas estaduais e municipais da arrecadação da contribuição social do salário-educação serão distribuídas proporcionalmente ao número de alunos matriculados na educação básica nas respectivas redes públicas de ensino.

- § 6º acrescentado pela Emenda Constitucional 53/2006.

Art. 213. Os recursos públicos serão destinados às escolas públicas, podendo ser dirigidos a escolas comunitárias, confessionais ou filantrópicas, definidas em lei, que:

- V. art. 212, CF.
- V. art. 61, ADCT.
- V. Lei 9.394/1996 (Diretrizes e bases da educação nacional).

I – comprovem finalidade não lucrativa e apliquem seus excedentes financeiros em educação;

II – assegurem a destinação de seu patrimônio a outra escola comunitária, filantrópica ou confessional, ou ao Poder Público, no caso de encerramento de suas atividades.

- V. art. 61, ADCT.

§ 1º Os recursos de que trata este artigo poderão ser destinados a bolsas de estudo para o ensino fundamental e médio, na forma da lei, para os que demonstrarem insuficiência de recursos, quando houver falta de vagas e cursos regulares da rede pública na localidade da residência do educando, ficando o Poder Público obrigado a investir prioritariamente na expansão de sua rede na localidade.

- V. Lei 9.394/1996 (Diretrizes e bases da educação nacional).

§ 2º As atividades de pesquisa, de extensão e de estímulo e fomento à inovação realizadas por universidades e/ou por instituições de educação profissional e tecnológica poderão receber apoio financeiro do Poder Público.

- § 2º com redação determinada pela Emenda Constitucional 85/2015.
- V. Lei 8.436/1992 (Programa do crédito educativo para estudantes carentes).

Art. 214. A lei estabelecerá o plano nacional de educação, de duração decenal, com o objetivo de articular o sistema nacional de educação em regime de colaboração e definir diretrizes, objetivos, metas e estratégias de implementação para assegurar a manutenção e desenvolvimento do ensino em seus diversos níveis, etapas e modalidades por meio de ações integradas dos poderes públicos das diferentes esferas federativas que conduzam a:

- *Caput* com redação determinada pela Emenda Constitucional 59/2009.
- V. Lei 9.394/1996 (Diretrizes e bases da educação nacional).

I – erradicação do analfabetismo;

II – universalização do atendimento escolar;

III – melhoria da qualidade do ensino;

IV – formação para o trabalho;

V – promoção humanística, científica e tecnológica do País;

VI – estabelecimento de meta de aplicação de recursos públicos em educação como proporção do produto interno bruto.

- Inciso VI acrescentado pela Emenda Constitucional 59/2009.

Seção II
Da Cultura

Art. 215. O Estado garantirá a todos o pleno exercício dos direitos culturais e acesso às fontes da cultura nacional, e apoiará e incentivará a valorização e a difusão das manifestações culturais.

- V. Lei 8.313/1991 (Programa Nacional de Apoio à Cultura – Pronac).
- V. Lei 8.685/1993 (Mecanismos de fomento à atividade audiovisual).
- V. MP 2.228-1/2001 (Agência Nacional do Cinema – Ancine).
- V. Lei 10.454/2002 (Remissão da Condecine e alteração da MP 2.228-1/2001).
- V. Dec. 4.456/2002 (Regulamenta o art. 67 da MP 2.228-1/2001).
- V. Dec. 5.761/2006 (Regulamenta a Lei 8.313/1991).
- V. Dec. 6.304/2007 (Regulamenta a Lei 8.685/1993).

§ 1º O Estado protegerá as manifestações das culturas populares, indígenas e afro-brasileiras, e das de outros grupos participantes do processo civilizatório nacional.

§ 2º A lei disporá sobre a fixação de datas comemorativas de alta significação para os diferentes segmentos étnicos nacionais.

§ 3º A lei estabelecerá o Plano Nacional de Cultura, de duração plurianual, visando ao desenvolvimento cultural do País e à integração das ações do poder público que conduzem à:

- § 3º acrescentado pela Emenda Constitucional 48/2005.
- V. Lei 12.343/2010 (Plano Nacional de Cultura – PNC e Sistema Nacional de Informação e Indicadores Culturais – SNIIC).

I – defesa e valorização do patrimônio cultural brasileiro;

II – produção, promoção e difusão de bens culturais;

III – formação de pessoal qualificado para a gestão da cultura em suas múltiplas dimensões;

IV – democratização do acesso aos bens de cultura;

V – valorização da diversidade étnica e regional.

Art. 216. Constituem patrimônio cultural brasileiro os bens de natureza material e imaterial, tomados individualmente ou em conjunto, portadores de referência à identidade, à ação, à memória dos diferentes grupos formadores da sociedade brasileira, nos quais se incluem:

I – as formas de expressão;

II – os modos de criar, fazer e viver;

III – as criações científicas, artísticas e tecnológicas;

- V. Lei 9.610/1998 (Direitos autorais).

IV – as obras, objetos, documentos, edificações e demais espaços destinados às manifestações artístico-culturais;

V – os conjuntos urbanos e sítios de valor histórico, paisagístico, artístico, arqueológico, paleontológico, ecológico e científico.

§ 1º O Poder Público, com a colaboração da comunidade, promoverá e protegerá o patrimônio cultural brasileiro, por meio de inventários, registros, vigilância, tombamento e desapropriação, e de outras formas de acautelamento e preservação.

- V. Lei 7.347/1985 (Ação civil pública).
- V. Lei 8.394/1991 (Preservação, organização e proteção dos acervos documentais privados dos Presidentes da República).

§ 2º Cabem à administração pública, na forma da lei, a gestão da documentação governamental e as providências para franquear sua consulta a quantos dela necessitem.

- V. Lei 8.159/1991 (Sistema nacional de arquivos públicos e privados).
- V. Lei 12.527/2011 (Lei Geral de Acesso à Informação Pública).

§ 3º A lei estabelecerá incentivos para a produção e o conhecimento de bens e valores culturais.

- V. Lei 8.313/1991 (Programa nacional de apoio à cultura).
- V. Lei 8.685/1993 (Mecanismos de fomento à atividade audiovisual).
- V. Lei 9.323/1996 (Altera o limite de dedução de que trata a Lei 8.685/1993).
- V. MP 2.228-1/2001 (Agência Nacional do Cinema – Ancine).
- V. Lei 10.454/2002 (Remissão da Condecine e alteração da MP 2.228-1/2001).
- V. Dec. 4.456/2002 (Regulamenta o art. 67 da MP 2.228-1/2001).
- V. Dec. 6.304/2007 (Regulamenta a Lei 8.685/1993).

§ 4º Os danos e ameaças ao patrimônio cultural serão punidos, na forma da lei.

- V. Lei 3.924/1961 (Movimentos arqueológicos e pré-históricos).
- V. Lei 4.717/1965 (Ação popular).
- V. Lei 7.347/1985 (Ação civil pública).

§ 5º Ficam tombados todos os documentos e os sítios detentores de reminiscências históricas dos antigos quilombos.

§ 6º É facultado aos Estados e ao Distrito Federal vincular a fundo estadual de fomento à cultura até cinco décimos por cento de sua receita tributária líquida, para o financiamento de programas e projetos culturais, vedada a aplicação desses recursos no pagamento de:

- § 6º acrescentado pela Emenda Constitucional 42/2003.

I – despesas com pessoal e encargos sociais;

II – serviço da dívida;

III – qualquer outra despesa corrente não vinculada diretamente aos investimentos ou ações apoiados.

Art. 216-A. O Sistema Nacional de Cultura, organizado em regime de colaboração, de forma descentralizada e participativa, institui um processo de gestão e promoção conjunta de políticas públicas de cultura, democráticas e permanentes, pactuadas entre os entes da Federação e a sociedade, tendo por objetivo promover o desenvolvimento humano, social e econômico com pleno exercício dos direitos culturais.

- Artigo acrescentado pela Emenda Constitucional 71/2012.

§ 1º O Sistema Nacional de Cultura fundamenta-se na política nacional de cultura e nas suas diretrizes, estabelecidas no Plano Nacional de Cultura, e rege-se pelos seguintes princípios:

I – diversidade das expressões culturais;

II – universalização do acesso aos bens e serviços culturais;

III – fomento à produção, difusão e circulação de conhecimento e bens culturais;

IV – cooperação entre os entes federados, os agentes públicos e privados atuantes na área cultural;

V – integração e interação na execução das políticas, programas, projetos e ações desenvolvidas;

VI – complementaridade nos papéis dos agentes culturais;

VII – transversalidade das políticas culturais;

VIII – autonomia dos entes federados e das instituições da sociedade civil;

IX – transparência e compartilhamento das informações;

X – democratização dos processos decisórios com participação e controle social;

XI – descentralização articulada e pactuada da gestão, dos recursos e das ações;

XII – ampliação progressiva dos recursos contidos nos orçamentos públicos para a cultura.

§ 2º Constitui a estrutura do Sistema Nacional de Cultura, nas respectivas esferas da Federação:

I – órgãos gestores da cultura;

II – conselhos de política cultural;

III – conferências de cultura;

IV – comissões intergestores;

V – planos de cultura;

VI – sistemas de financiamento à cultura;

VII – sistemas de informações e indicadores culturais;

VIII – programas de formação na área da cultura; e

IX – sistemas setoriais de cultura.

§ 3º Lei federal disporá sobre a regulamentação do Sistema Nacional de Cultura, bem como de sua articulação com os demais sistemas nacionais ou políticas setoriais de governo.

§ 4º Os Estados, o Distrito Federal e os Municípios organizarão seus respectivos sistemas de cultura em leis próprias.

Seção III
Do Desporto

Art. 217. É dever do Estado fomentar práticas desportivas formais e não formais, como direito de cada um, observados:

I – a autonomia das entidades desportivas dirigentes e associações, quanto a sua organização e funcionamento;

II – a destinação de recursos públicos para a promoção prioritária do desporto educacional e, em casos específicos, para a do desporto de alto rendimento;

III – o tratamento diferenciado para o desporto profissional e o não profissional;

IV – a proteção e o incentivo às manifestações desportivas de criação nacional.

§ 1º O Poder Judiciário só admitirá ações relativas à disciplina e às competições desportivas após esgotarem-se as instâncias da justiça desportiva, regulada em lei.

§ 2º A justiça desportiva terá o prazo máximo de sessenta dias, contados da instauração do processo, para proferir decisão final.

§ 3º O Poder Público incentivará o lazer, como forma de promoção social.

Capítulo IV
Da Ciência, Tecnologia e Inovação

- Rubrica do Capítulo IV com redação determinada pela Emenda Constitucional 85/2015.

Art. 218. O Estado promoverá e incentivará o desenvolvimento científico, a pesquisa, a capacitação científica e tecnológica e a inovação.

- *Caput* com redação determinada pela Emenda Constitucional 85/2015.

§ 1º A pesquisa científica básica e tecnológica receberá tratamento prioritário do Estado, tendo em vista o bem público e o progresso da ciência, tecnologia e inovação.

- § 1º com redação determinada pela Emenda Constitucional 85/2015.

§ 2º A pesquisa tecnológica voltar-se-á preponderantemente para a solução dos problemas brasileiros e para o desenvolvimento do sistema produtivo nacional e regional.

§ 3º O Estado apoiará a formação de recursos humanos nas áreas de ciência, pesquisa, tecnologia e inovação, inclusive por meio do apoio às atividades de extensão tecnológica, e concederá aos que delas se ocupem meios e condições especiais de trabalho.

- § 3º com redação determinada pela Emenda Constitucional 85/2015.

§ 4º A lei apoiará e estimulará as empresas que invistam em pesquisa, criação de tecnologia adequada ao País, formação e aperfeiçoamento de seus recursos humanos e que pratiquem sistemas de remuneração que assegurem ao empregado, desvinculada do salário, participação nos ganhos econômicos resultantes da produtividade de seu trabalho.

- V. Lei 8.248/1991 (Capacitação e competitividade no setor de informática e automação).
- V. Lei 8.387/1991 (Altera e consolida a legislação sobre zona franca).
- V. Lei 9.257/1996 (Conselho Nacional de Ciência e Tecnologia).
- V. Lei 10.176/2001 (Altera as Leis 8.248/1991 e 8.387/1991 e o Dec.-lei 288/1967).

§ 5º É facultado aos Estados e ao Distrito Federal vincular parcela de sua receita orçamentária a entidades públicas de fomento ao ensino e à pesquisa científica e tecnológica.

§ 6º O Estado, na execução das atividades previstas no *caput*, estimulará a articulação entre entes, tanto públicos quanto privados, nas diversas esferas de governo.

- § 6º acrescentado pela Emenda Constitucional 85/2015.

§ 7º O Estado promoverá e incentivará a atuação no exterior das instituições públicas de ciência, tecnologia e inovação, com vistas à execução das atividades previstas no *caput*.

- § 7º acrescentado pela Emenda Constitucional 85/2015.

Art. 219. O mercado interno integra o patrimônio nacional e será incentivado de modo a viabilizar o desenvolvimento cultural e socioeconômico, o bem-estar da população e a autonomia tecnológica do País, nos termos de lei federal.

Parágrafo único. O Estado estimulará a formação e o fortalecimento da inovação nas empresas, bem como nos demais entes, públicos ou privados, a constituição e a manutenção de parques e polos tecnológicos e de demais ambientes promotores da inovação, a atuação dos inventores independentes e a criação, absorção, difusão e transferência de tecnologia.

- Parágrafo único acrescentado pela Emenda Constitucional 85/2015.

Art. 219-A. A União, os Estados, o Distrito Federal e os Municípios poderão firmar instrumentos de cooperação com órgãos e entidades públicos e com entidades privadas, inclusive para o compartilhamento de recursos humanos especializados e capacidade instalada, para a execução de projetos de pesquisa, de desenvolvimento científico e tecnológico e de inovação, mediante contrapartida financeira ou não financeira assumida pelo ente beneficiário, na forma da lei.

- Artigo acrescentado pela Emenda Constitucional 85/2015.

Art. 219-B. O Sistema Nacional de Ciência, Tecnologia e Inovação será organizado em regime de colaboração entre entes, tanto públicos quanto privados, com vistas a promover o desenvolvimento científico e tecnológico e a inovação.

- Artigo acrescentado pela Emenda Constitucional 85/2015.

§ 1º Lei federal disporá sobre as normas gerais do Sistema Nacional de Ciência, Tecnologia e Inovação.

§ 2º Os Estados, o Distrito Federal e os Municípios legislarão concorrentemente sobre suas peculiaridades.

Capítulo V
Da Comunicação Social

Art. 220. A manifestação do pensamento, a criação, a expressão e a informação, sob qualquer forma, processo ou veículo não sofrerão qualquer restrição, observado o disposto nesta Constituição.

- V. arts. 1º, III e IV, 3º, III e IV, 4º, II, 5º, IX, XII, XIV, XXVII, XXVIII e XXIX, CF.
- V. art. 1º, Lei 7.524/1986 (Manifestação, por militar inativo, de pensamento e opinião políticos ou filosóficos).
- V. arts. 36, 37, 43 e 44, Lei 8.078/1990 (Código de Defesa do Consumidor).
- V. art. 2º, Lei 8.389/1991 (Conselho de Comunicação Social).
- V. art. 7º, Lei 9.610/1998 (Direitos autorais).

§ 1º Nenhuma lei conterá dispositivo que possa constituir embaraço à plena liberdade de informação jornalística em qualquer veículo de comunicação social, observado o disposto no art. 5º, IV, V, X, XIII e XIV.

- V. art. 45, Lei 9.504/1997 (Normas para as eleições).

§ 2º É vedada toda e qualquer censura de natureza política, ideológica e artística.

§ 3º Compete à lei federal:

I – regular as diversões e espetáculos públicos, cabendo ao Poder Público informar sobre a natureza deles, as faixas etárias a que não se recomendem, locais e horários em que sua apresentação se mostre inadequada;

- V. art. 21, XVI, CF.
- V. arts. 74, 80, 247 e 258, Lei 8.069/1990 (Estatuto da Criança e do Adolescente).
- V. Lei 10.359/2001 (Obrigatoriedade de os novos aparelhos de televisão conterem dispositivo que possibilite o bloqueio temporário da recepção de programação inadequada).
- V. Portaria MJ 1.189/2018 (Regulamenta as disposições das Leis 8.069/1990, 10.359/2001 e 12.485/2011, relativas ao processo de classificação indicativa).

II – estabelecer os meios legais que garantam à pessoa e à família a possibilidade de se defenderem de programas ou programações de rádio e televisão que contrariem o disposto no art. 221, bem como da propaganda de produtos, práticas e serviços que possam ser nocivos à saúde e ao meio ambiente.

- V. arts. 9º e 10, Lei 8.078/1990 (Código de Defesa do Consumidor).
- V. art. 2º, Lei 8.389/1991 (Conselho de Comunicação Social).

§ 4º A propaganda comercial de tabaco, bebidas alcoólicas, agrotóxicos, medicamentos e terapias estará sujeita a restrições legais, nos termos do inciso II do parágrafo anterior, e conterá, sempre que necessário, advertência sobre os malefícios decorrentes de seu uso.

- V. Lei 9.294/1996 (Restrições ao uso e à propaganda de produtos fumígeros, bebidas alcoólicas, medicamentos, terapias e defensivos agrícolas).
- V. Lei 10.167/2000 (Altera a Lei 9.294/1996).

§ 5º Os meios de comunicação social não podem, direta ou indiretamente, ser objeto de monopólio ou oligopólio.

§ 6º A publicação de veículo impresso de comunicação independe de licença de autoridade.

- V. art. 114, parágrafo único, Lei 6.015/1973 (Lei de Registros Públicos).

Art. 221. A produção e a programação das emissoras de rádio e televisão atenderão aos seguintes princípios:

I – preferência a finalidades educativas, artísticas, culturais e informativas;

II – promoção da cultura nacional e regional e estímulo à produção independente que objetive sua divulgação;

- V. art. 2º, MP 2.228-1/2001 (Agência Nacional do Cinema – Ancine).
- V. Lei 10.454/2002 (Remissão da Condecine e alteração da MP 2.228-1/2001).
- V. Dec. 4.456/2002 (Regulamenta o art. 67 da MP 2.228-1/2001).

III – regionalização da produção cultural, artística e jornalística, conforme percentuais estabelecidos em lei;

- V. art. 3º, III, CF.

IV – respeito aos valores éticos e sociais da pessoa e da família.

- V. arts. 1º, III, 5º, XLII, XLIII, XLVIII, XLIX, L, 34, VII, *b*, 225 a 227 e 230, CF.
- V. art. 8º, III, Lei 11.340/2006 (Violência doméstica e familiar contra a mulher).

Art. 222. A propriedade de empresa jornalística e de radiodifusão sonora e de sons e imagens é privativa de brasileiros natos ou naturalizados há mais de dez anos, ou de pessoas jurídicas constituídas sob as leis brasileiras e que tenham sede no País.

- Artigo com redação determinada pela Emenda Constitucional 36/2002.

§ 1º Em qualquer caso, pelo menos setenta por cento do capital total e do capital votante das empresas jornalísticas e de radiodifusão sonora e de sons e imagens deverá pertencer, direta ou indiretamente, a brasileiros natos ou naturalizados há mais de dez anos, que exercerão obrigatoriamente a gestão das atividades e estabelecerão o conteúdo da programação.

§ 2º A responsabilidade editorial e as atividades de seleção e direção da programação veiculada são privativas de brasileiros natos ou naturalizados há mais de dez anos, em qualquer meio de comunicação social.

§ 3º Os meios de comunicação social eletrônica, independentemente da tecnologia utilizada para a prestação do serviço, deverão observar os princípios enunciados no art. 221, na forma de lei específica, que também garantirá a prioridade de profissionais brasileiros na execução de produções nacionais.

§ 4º Lei disciplinará a participação de capital estrangeiro nas empresas de que trata o § 1º.

- V. Lei 10.610/2002 (Participação de capital estrangeiro nas empresas jornalísticas e de radiodifusão).

§ 5º As alterações de controle societário das empresas de que trata o § 1º serão comunicadas ao Congresso Nacional.

Art. 223. Compete ao Poder Executivo outorgar e renovar concessão, permissão e autorização para o serviço de radiodifusão sonora e de sons e imagens, observado o princípio da complementaridade dos sistemas privado, público e estatal.

- V. arts. 2º e 10, Dec. 52.795/1963 (Aprova o Regulamento dos Serviços de Radiodifusão).
- V. Dec.-lei 236/1967 (Complementa e modifica a Lei 4.117/1962).
- V. Decreto de 10 de maio de 1991 (Consolida decretos de outorga de concessões e de autorizações para execução dos serviços de radiodifusão).
- V. Dec. 2.108/1996 (Altera dispositivos do Regulamento dos Serviços de Radiodifusão).

§ 1º O Congresso Nacional apreciará o ato no prazo do art. 64, §§ 2º e 4º, a contar do recebimento da mensagem.

§ 2º A não renovação da concessão ou permissão dependerá de aprovação de, no mínimo, dois quintos do Congresso Nacional, em votação nominal.

§ 3º O ato de outorga ou renovação somente produzirá efeitos legais após deliberação do Congresso Nacional, na forma dos parágrafos anteriores.

§ 4º O cancelamento da concessão ou permissão, antes de vencido o prazo, depende de decisão judicial.

§ 5º O prazo da concessão ou permissão será de dez anos para as emissoras de rádio e de quinze para as de televisão.

Art. 224. Para os efeitos do disposto neste capítulo, o Congresso Nacional instituirá, como seu órgão auxiliar, o Conselho de Comunicação Social, na forma da lei.

- V. Lei 6.650/1979 (Secretaria de Comunicação Social).
- V. Lei 8.389/1991 (Conselho de Comunicação Social).

Capítulo VI
Do Meio Ambiente

Art. 225. Todos têm direito ao meio ambiente ecologicamente equilibrado, bem de uso comum do povo e essencial à sadia qualidade de vida, impondo-se ao Poder Público e à coletividade o dever de defendê-lo e preservá-lo para as presentes e futuras gerações.

- V. Lei 7.735/1989 (Instituto Brasileiro do Meio Ambiente e dos Recursos Naturais Renováveis).
- V. Lei 7.797/1989 (Fundo Nacional do Meio Ambiente).
- V. Dec. 3.524/2000 (Administração do Fundo Nacional do Meio Ambiente).
- V. Dec. 4.339/2002 (Princípios e diretrizes para a implementação da Política Nacional da Biodiversidade).
- V. Lei 11.284/2006 (Gestão de florestas públicas).

§ 1º Para assegurar a efetividade desse direito, incumbe ao Poder Público:

I – preservar e restaurar os processos ecológicos essenciais e prover o manejo ecológico das espécies e ecossistemas;

- V. Lei 9.985/2000 (Sistema Nacional de Unidades de Conservação da Natureza).

CF

II – preservar a diversidade e a integridade do patrimônio genético do País e fiscalizar as entidades dedicadas à pesquisa e manipulação de material genético;

- V. Lei 9.985/2000 (Sistema Nacional de Unidades de Conservação da Natureza).
- V. Lei 11.105/2005 (Lei de Biossegurança).
- V. Lei 13.123/2015 (Regulamenta o inciso II do § 1º e o § 4º do art. 225 da Constituição).

III – definir, em todas as unidades da Federação, espaços territoriais e seus componentes a serem especialmente protegidos, sendo a alteração e a supressão permitidas somente através de lei, vedada qualquer utilização que comprometa a integridade dos atributos que justifiquem sua proteção;

- V. Lei 9.985/2000 (Sistema Nacional de Unidades de Conservação da Natureza).

IV – exigir, na forma da lei, para instalação de obra ou atividade potencialmente causadora de significativa degradação do meio ambiente, estudo prévio de impacto ambiental, a que se dará publicidade;

- V. Lei 11.105/2005 (Lei de Biossegurança).

V – controlar a produção, a comercialização e o emprego de técnicas, métodos e substâncias que comportem risco para a vida, a qualidade de vida e o meio ambiente;

- V. Lei 7.802/1989 (Agrotóxicos).
- V. Lei 11.105/2005 (Lei de Biossegurança).

VI – promover a educação ambiental em todos os níveis de ensino e a conscientização pública para a preservação do meio ambiente;

- V. Lei 9.795/1999 (Educação ambiental).

VII – proteger a fauna e a flora, vedadas, na forma da lei, as práticas que coloquem em risco sua função ecológica, provoquem a extinção de espécies ou submetam os animais a crueldade.

- V. Lei 9.985/2000 (Sistema Nacional de Unidades de Conservação da Natureza).
- V. Lei 11.794/2008 (Regulamenta o inciso VII do § 1º do art. 225 da CF, estabelecendo procedimentos para o uso científico de animais).

§ 2º Aquele que explorar recursos minerais fica obrigado a recuperar o meio ambiente degradado, de acordo com solução técnica exigida pelo órgão público competente, na forma da lei.

§ 3º As condutas e atividades consideradas lesivas ao meio ambiente sujeitarão os infratores, pessoas físicas ou jurídicas, a sanções penais e administrativas, independentemente da obrigação de reparar os danos causados.

- V. Lei 9.605/1998 (Lei de Crimes Ambientais).
- V. Dec. 6.514/2008 (Infrações e sanções administrativas ao meio ambiente, e processo administrativo federal para apuração destas infrações).

§ 4º A Floresta Amazônica brasileira, a Mata Atlântica, a Serra do Mar, o Pantanal Mato-Grossense e a Zona Costeira são patrimônio nacional, e sua utilização far-se-á, na forma da lei, dentro de condições que assegurem a preservação do meio ambiente, inclusive quanto ao uso dos recursos naturais.

- V. Lei 13.123/2015 (Regulamenta o inciso II do § 1º e o § 4º do art. 225 da Constituição).

§ 5º São indisponíveis as terras devolutas ou arrecadadas pelos Estados, por ações discriminatórias, necessárias à proteção dos ecossistemas naturais.

§ 6º As usinas que operem com reator nuclear deverão ter sua localização definida em lei federal, sem o que não poderão ser instaladas.

§ 7º Para fins do disposto na parte final do inciso VII do § 1º deste artigo, não se consideram cruéis as práticas desportivas que utilizem animais, desde que sejam manifestações culturais, conforme o § 1º do art. 215 desta Constituição Federal, registradas como bem de natureza imaterial integrante do patrimônio cultural brasileiro, devendo ser regulamentadas por lei específica que assegure o bem-estar dos animais envolvidos.

- § 7º acrescentado pela Emenda Constitucional 96/2017.

Capítulo VII
Da Família, da Criança, do Adolescente, do Jovem e do Idoso

- Rubrica do Capítulo VII com redação determinada pela Emenda Constitucional 65/2010.
- V. Lei 8.069/1990 (Estatuto da Criança e do Adolescente).
- V. Lei 10.741/2003 (Estatuto do Idoso).

Art. 226. A família, base da sociedade, tem especial proteção do Estado.

§ 1º O casamento é civil e gratuita a celebração.

- V. arts. 1.533 a 1.542, CC.
- V. Lei 4.121/1962 (Estatuto da Mulher Casada).
- V. art. 67 e ss., Lei 6.015/1973 (Lei de Registros Públicos).

§ 2º O casamento religioso tem efeito civil, nos termos da lei.

- V. Lei 1.110/1950 (Reconhecimento dos efeitos civis do casamento religioso).
- V. Lei 6.015/1973 (Lei de Registros Públicos).

§ 3º Para efeito da proteção do Estado, é reconhecida a união estável entre o homem e a mulher como entidade familiar, devendo a lei facilitar sua conversão em casamento.

- V. Lei 8.971/1994 (Regula os direitos dos companheiros a alimentos e à sucessão).
- V. Lei 9.278/1996 (Regula o § 3º do art. 226 da CF).

§ 4º Entende-se, também, como entidade familiar a comunidade formada por qualquer dos pais e seus descendentes.

- V. art. 25, Lei 8.069/1990 (Estatuto da Criança e do Adolescente).
- V. Súmula 364, STJ.

§ 5º Os direitos e deveres referentes à sociedade conjugal são exercidos igualmente pelo homem e pela mulher.

- V. arts. 1.565 e 1.567, CC.
- V. art. 2º e ss., Lei 6.515/1977 (Lei do Divórcio).
- V. Súmula 364, STJ.

§ 6º O casamento civil pode ser dissolvido pelo divórcio.

- § 6º com redação determinada pela Emenda Constitucional 66/2010.
- V. Lei 6.515/1977 (Lei do Divórcio).

§ 7º Fundado nos princípios da dignidade da pessoa humana e da paternidade responsável, o planejamento familiar é livre decisão do casal, competindo ao Estado propiciar recursos educacionais e científicos para o exercício desse direito, vedada qualquer forma coercitiva por parte de instituições oficiais ou privadas.

- V. Lei 9.263/1996 (Planejamento familiar).

§ 8º O Estado assegurará a assistência à família na pessoa de cada um dos que a integram, criando mecanismos para coibir a violência no âmbito de suas relações.

- V. Lei 11.340/2006 (Violência doméstica e familiar contra a mulher).

Art. 227. É dever da família, da sociedade e do Estado assegurar à criança, ao adolescente e ao jovem, com absoluta prioridade, o direito à vida, à saúde, à alimentação, à educação, ao lazer, à profissionalização, à cultura, à dignidade, ao respeito, à liberdade e à convivência familiar e comunitária, além de colocá-los a salvo de toda forma de negligência, discriminação, exploração, violência, crueldade e opressão.

- *Caput* com redação determinada pela Emenda Constitucional 65/2010.
- V. Lei 8.069/1990 (Estatuto da Criança e do Adolescente).
- V. Lei 12.288/2010 (Estatuto da Igualdade Racial).

§ 1º O Estado promoverá programas de assistência integral à saúde da criança, do adolescente e do jovem, admitida a participação de entidades não governamentais, mediante políticas específicas e obedecendo aos seguintes preceitos:

- *Caput* do § 1º com redação determinada pela Emenda Constitucional 65/2010.
- V. Lei 8.642/1993 (Programa Nacional de Atenção Integral à Criança e ao Adolescente – Pronaica).

I – aplicação de percentual dos recursos públicos destinados à saúde na assistência materno-infantil;

II – criação de programas de prevenção e atendimento especializado para as pessoas portadoras de deficiência física, sensorial ou mental, bem como de integração social do adolescente e do jovem portador de deficiência, mediante o treinamento para o trabalho e a convivência, e a facilitação do acesso aos bens e serviços coletivos, com a eliminação de obstáculos arquitetônicos e de todas as formas de discriminação.

- Inciso II com redação determinada pela Emenda Constitucional 65/2010.
- V. arts. 7º a 14, Lei 8.069/1990 (Estatuto da Criança e do Adolescente).

§ 2º A lei disporá sobre normas de construção dos logradouros e dos edifícios de uso público e de fabricação de veículos de transporte coletivo, a fim de garantir acesso adequado às pessoas portadoras de deficiência.

- V. art. 244, CF.
- V. art. 3º, Lei 7.853/1989 (Apoio às pessoas portadoras de deficiência).

§ 3º O direito a proteção especial abrangerá os seguintes aspectos:

I – idade mínima de quatorze anos para admissão ao trabalho, observado o disposto no art. 7º, XXXIII;

II – garantia de direitos previdenciários e trabalhistas;

III – garantia de acesso do trabalhador adolescente e jovem à escola;

- Inciso III com redação determinada pela Emenda Constitucional 65/2010.

IV – garantia de pleno e formal conhecimento da atribuição de ato infracional, igualdade na relação processual e defesa técnica por profissional habilitado, segundo dispuser a legislação tutelar específica;

V – obediência aos princípios de brevidade, excepcionalidade e respeito à condição peculiar de pessoa em desenvolvimento, quando da aplicação de qualquer medida privativa da liberdade;

VI – estímulo do Poder Público, através de assistência jurídica, incentivos fiscais e subsídios, nos termos da lei, ao acolhimento, sob a forma de guarda, de criança ou adolescente órfão ou abandonado;

- V. arts. 33 a 35, Lei 8.069/1990 (Estatuto da Criança e do Adolescente).

VII – programas de prevenção e atendimento especializado à criança, ao adolescente e ao jovem dependente de entorpecentes e drogas afins.

- Inciso VII com redação determinada pela Emenda Constitucional 65/2010.
- V. Lei 11.343/2006 (Lei Antidrogas).

§ 4º A lei punirá severamente o abuso, a violência e a exploração sexual da criança e do adolescente.

- V. arts. 217-A a 218-B, CP.
- V. art. 225 e ss., Lei 8.069/1990 (Estatuto da Criança e do Adolescente).

§ 5º A adoção será assistida pelo Poder Público, na forma da lei, que estabelecerá casos e condições de sua efetivação por parte de estrangeiros.

- V. arts 1.618 e 1.619, CC.
- V. arts. 39 a 52, Lei 8.069/1990 (Estatuto da Criança e do Adolescente).

§ 6º Os filhos, havidos ou não da relação do casamento, ou por adoção, terão os mesmos direitos e qualificações, proibidas quaisquer designações discriminatórias relativas à filiação.

- V. art. 41, §§ 1º e 2º, Lei 8.069/1990 (Estatuto da Criança e do Adolescente).
- V. Lei 8.560/1992 (Regula a investigação de paternidade dos filhos havidos fora do casamento).

§ 7º No atendimento dos direitos da criança e do adolescente levar-se-á em consideração o disposto no art. 204.

§ 8º A lei estabelecerá:

- § 8º acrescentado pela Emenda Constitucional 65/2010.

I – o estatuto da juventude, destinado a regular os direitos dos jovens;

II – o plano nacional de juventude, de duração decenal, visando à articulação das várias esferas do poder público para a execução de políticas públicas.

Art. 228. São penalmente inimputáveis os menores de dezoito anos, sujeitos às normas da legislação especial.

- V. art. 27, CP.
- V. art. 104, Lei 8.069/1990 (Estatuto da Criança e do Adolescente).

Art. 229. Os pais têm o dever de assistir, criar e educar os filhos menores, e os filhos maiores têm o dever de ajudar e amparar os pais na velhice, carência ou enfermidade.

- V. art. 22, Lei 8.069/1990 (Estatuto da Criança e do Adolescente).

Art. 230. A família, a sociedade e o Estado têm o dever de amparar as pessoas idosas, assegurando sua participação na comunidade, defendendo sua dignidade e bem-estar e garantindo-lhes o direito à vida.

- V. Lei 8.842/1994 (Conselho Nacional do Idoso).
- V. Lei 10.741/2003 (Estatuto do Idoso).

§ 1º Os programas de amparo aos idosos serão executados preferencialmente em seus lares.

§ 2º Aos maiores de sessenta e cinco anos é garantida a gratuidade dos transportes coletivos urbanos.

Capítulo VIII
Dos Índios

Art. 231. São reconhecidos aos índios sua organização social, costumes, línguas, crenças e tradições, e os direitos originários sobre as terras que tradicionalmente ocupam, competindo à União demarcá-las, proteger e fazer respeitar todos os seus bens.

- V. Lei 6.001/1973 (Estatuto do Índio).
- V. Dec. 26/1991 (Educação indígena no Brasil).
- V. Dec. 1.775/1996 (Procedimento administrativo de demarcação das terras indígenas).
- V. Dec. 7.747/2012 (Política Nacional de Gestão Territorial e Ambiental de Terras Indígenas – PNGATI).

§ 1º São terras tradicionalmente ocupadas pelos índios as por eles habitadas em caráter permanente, as utilizadas para suas atividades produtivas, as imprescindíveis à preservação dos recursos ambientais necessários a seu bem-estar e as necessárias a sua reprodução física e cultural, segundo seus usos, costumes e tradições.

§ 2º As terras tradicionalmente ocupadas pelos índios destinam-se a sua posse permanente, cabendo-lhes o usufruto exclusivo das riquezas do solo, dos rios e dos lagos nelas existentes.

§ 3º O aproveitamento dos recursos hídricos, incluídos os potenciais energéticos, a pesquisa e a lavra das riquezas minerais em terras indígenas só podem ser efetivados com autorização do Congresso Nacional, ouvidas as comunidades afetadas, ficando-lhes assegurada participação nos resultados da lavra, na forma da lei.

- V. Dec.-lei 227/1967 (Dá nova redação ao Dec.-lei 1.985/1940 – Código de Minas).
- V. Lei 9.314/1996 (Altera dispositivos do Dec.-lei 227/1967).

§ 4º As terras de que trata este artigo são inalienáveis e indisponíveis, e os direitos sobre elas, imprescritíveis.

§ 5º É vedada a remoção dos grupos indígenas de suas terras, salvo, ad referendum do Congresso Nacional, em caso de catástrofe ou epidemia que ponha em risco sua população, ou no interesse da soberania do País, após deliberação do Congresso Nacional, garantido, em qualquer hipótese, o retorno imediato logo que cesse o risco.

§ 6º São nulos e extintos, não produzindo efeitos jurídicos, os atos que tenham por objeto a ocupação, o domínio e a posse das terras a que se refere este artigo, ou a exploração das riquezas naturais do solo, dos rios e dos lagos nelas existentes, ressalvado relevante interesse público da União, segundo o que dispuser lei complementar, não gerando a nulidade e a extinção direito a indenização ou a ações contra a União, salvo, na forma da lei, quanto às benfeitorias derivadas da ocupação de boa-fé.

- V. art. 62, Lei 6.001/1973 (Estatuto do Índio).

§ 7º Não se aplica às terras indígenas o disposto no art. 174, §§ 3º e 4º.

Art. 232. Os índios, suas comunidades e organizações são partes legítimas para ingressar em juízo em defesa de seus direitos e interesses, intervindo o Ministério Público em todos os atos do processo.

TÍTULO IX
Das Disposições Constitucionais Gerais

Art. 233. *(Revogado pela Emenda Constitucional 28/2000).*

Art. 234. É vedado à União, direta ou indiretamente, assumir, em decorrência da criação de Estado, encargos referentes a despesas com pessoal inativo e com encargos e amortizações da dívida interna ou externa da administração pública, inclusive da indireta.

- V. art. 13, § 6º, ADCT.

Art. 235. Nos dez primeiros anos da criação de Estado, serão observadas as seguintes normas básicas:

I – a Assembleia Legislativa será composta de dezessete Deputados se a população do Estado for inferior a seiscentos mil habitantes, e de vinte e quatro, se igual ou superior a esse número, até um milhão e quinhentos mil;

II – o Governo terá no máximo dez Secretarias;

III – o Tribunal de Contas terá três membros, nomeados, pelo Governador eleito, dentre brasileiros de comprovada idoneidade e notório saber;

IV – o Tribunal de Justiça terá sete Desembargadores;

V – os primeiros Desembargadores serão nomeados pelo Governador eleito, escolhidos da seguinte forma:

a) cinco dentre os magistrados com mais de trinta e cinco anos de idade, em exercício na área do novo Estado ou do Estado originário;

b) dois dentre promotores, nas mesmas condições, e advogados de comprovada idoneidade e saber jurídico, com dez anos, no mínimo, de exercício profissional, obedecido o procedimento fixado na Constituição;

VI – no caso de Estado proveniente de Território Federal, os cinco primeiros Desembargadores poderão ser escolhidos dentre juízes de direito de qualquer parte do País;

VII – em cada Comarca, o primeiro Juiz de Direito, o primeiro Promotor de Justiça e o primeiro Defensor Público serão nomeados pelo Governador eleito após concurso público de provas e títulos;

VIII – até a promulgação da Constituição Estadual, responderão pela Procuradoria-Geral, pela Advocacia-Geral e pela Defensoria-Geral do Estado advogados de notório saber, com trinta e cinco anos de idade, no mínimo, nomeados pelo Governador eleito e demissíveis ad nutum;

IX – se o novo Estado for resultado de transformação de Território Federal, a transferência de encargos financeiros da União para pagamento dos servidores optantes que pertenciam à Administração Federal ocorrerá da seguinte forma:

a) no sexto ano de instalação, o Estado assumirá vinte por cento dos encargos financeiros para fazer face ao pagamento dos servidores públicos, ficando ainda o restante sob a responsabilidade da União;

b) no sétimo ano, os encargos do Estado serão acrescidos de trinta por cento e, no oitavo, dos restantes cinquenta por cento;

X – as nomeações que se seguirem às primeiras, para os cargos mencionados neste artigo, serão disciplinadas na Constituição Estadual;

XI – as despesas orçamentárias com pessoal não poderão ultrapassar cinquenta por cento da receita do Estado.

Art. 236. Os serviços notariais e de registro são exercidos em caráter privado, por delegação do Poder Público.

- V. art. 32, ADCT.
- V. Lei 8.935/1994 (Regulamenta o art. 236 da CF).

§ 1º Lei regulará as atividades, disciplinará a responsabilidade civil e criminal dos notários, dos oficiais de registro e de seus prepostos, e definirá a fiscalização de seus atos pelo Poder Judiciário.

§ 2º Lei federal estabelecerá normas gerais para fixação de emolumentos relativos aos atos praticados pelos serviços notariais e de registro.

§ 3º O ingresso na atividade notarial e de registro depende de concurso público de provas e títulos, não se permitindo que qualquer serventia fique vaga, sem abertura de concurso de provimento ou de remoção, por mais de seis meses.

Art. 237. A fiscalização e o controle sobre o comércio exterior, essenciais à defesa dos interesses fazendários nacionais, serão exercidos pelo Ministério da Fazenda.

Art. 238. A lei ordenará a venda e revenda de combustíveis de petróleo, álcool carburante e outros combustíveis derivados de matérias-primas renováveis, respeitados os princípios desta Constituição.

- V. Lei 9.478/1997 (Abastecimento nacional de combustíveis).
- V. Lei 9.847/1999 (Fiscalização das atividades relativas ao abastecimento nacional de combustíveis).

Art. 239. A arrecadação decorrente das contribuições para o Programa de Integração Social, criado pela Lei Complementar 7, de 7 de setembro de 1970, e para o Programa de Formação do Patrimônio do Servidor Público, criado pela Lei Complementar 8, de 3 de dezembro de 1970, passa, a partir da promulgação desta Constituição, a financiar, nos termos que a lei dispuser, o programa do seguro-desemprego e o abono de que trata o § 3º deste artigo.

- V. art. 72, §§ 2º e 3º, ADCT.
- V. Lei 7.998/1990 (Fundo de Amparo ao Trabalhador – FAT).
- V. Lei 9.715/1998 (PIS/Pasep).

§ 1º Dos recursos mencionados no *caput* deste artigo, pelo menos quarenta por cento serão destinados a financiar programas de desenvolvimento econômico, através do Banco Nacional de Desenvolvimento Econômico e Social, com critérios de remuneração que lhes preservem o valor.

§ 2º Os patrimônios acumulados do Programa de Integração Social e do Programa de Formação do Patrimônio do Servidor Público são preservados, mantendo-se os critérios de saque nas situações previstas nas leis específicas, com exceção da retirada por motivo de casamento, ficando vedada a distribuição da arrecadação de que trata o *caput* deste artigo, para depósito nas contas individuais dos participantes.

§ 3º Aos empregados que percebam de empregadores que contribuem para o Programa de Integração Social ou para o Programa de Formação do Patrimônio do Servidor Público, até dois salários mínimos de remuneração mensal, é assegurado o pagamento de um salário mínimo anual, computado neste valor o rendimento das contas individuais, no caso daqueles que já participavam dos referidos programas, até a data da promulgação desta Constituição.

§ 4º O financiamento do seguro-desemprego receberá uma contribuição adicional da empresa cujo índice de rotatividade da força de trabalho superar o índice médio da rotatividade do setor, na forma estabelecida por lei.

- V. Lei 7.998/1990 (Fundo de Amparo ao Trabalhador – FAT).
- V. Lei 8.352/1991 (Disponibilidades financeiras para o FAT).

Art. 240. Ficam ressalvadas do disposto no art. 195 as atuais contribuições compulsórias dos empregadores sobre a folha de salários, destinadas às entidades privadas de serviço social e de formação profissional vinculadas ao sistema sindical.

Art. 241. A União, os Estados, o Distrito Federal e os Municípios disciplinarão por meio de lei os consórcios públicos e os convênios de cooperação entre os entes federados, autorizando a gestão associada de serviços públicos, bem como a transferência total ou parcial de encargos, serviços, pessoal e bens essenciais à continuidade dos serviços transferidos.

- Artigo com redação determinada pela Emenda Constitucional 19/1998.

Art. 242. O princípio do art. 206, IV, não se aplica às instituições educacionais oficiais criadas por lei estadual ou municipal e existentes na data da promulgação desta Constituição, que não sejam total ou preponderantemente mantidas com recursos públicos.

§ 1º O ensino da História do Brasil levará em conta as contribuições das diferentes culturas e etnias para a formação do povo brasileiro.

§ 2º O Colégio Pedro II, localizado na cidade do Rio de Janeiro, será mantido na órbita federal.

Art. 243. As propriedades rurais e urbanas de qualquer região do País onde forem localizadas culturas ilegais de plantas psicotrópicas ou a exploração de trabalho escravo na forma da lei serão expropriadas e destinadas à reforma agrária e a programas de habitação popular, sem qualquer indenização ao proprietário e sem prejuízo de outras sanções previstas em lei, observado, no que couber, o disposto no art. 5º.

- Artigo com redação determinada pela Emenda Constitucional 81/2014.
- V. Lei 8.257/1991 (Expropriação das glebas nas quais se localizem culturas ilegais de plantas psicotrópicas).
- V. Dec. 577/1992 (Culturas ilegais de plantas psicotrópicas).

Parágrafo único. Todo e qualquer bem de valor econômico apreendido em decorrência do tráfico ilícito de entorpecentes e drogas afins e da exploração de trabalho escravo será confiscado e reverterá a fundo especial com destinação específica, na forma da lei.

- V. Lei 11.343/2006 (Lei Antidrogas).

Art. 244. A lei disporá sobre a adaptação dos logradouros, dos edifícios de uso público e dos veículos de transporte coletivo atualmente existentes a fim de garantir acesso adequado às pessoas portadoras de deficiência, conforme o disposto no art. 227, § 2º.

- V. Lei 7.853/1989 (Apoio às pessoas portadoras de deficiência).
- V. Lei 8.899/1994 (Passe livre às pessoas portadoras de deficiência no sistema de transporte coletivo interestadual).

Art. 245. A lei disporá sobre as hipóteses e condições em que o Poder Público dará assistência aos herdeiros e dependentes carentes de pessoas vitimadas por crime doloso, sem prejuízo da responsabilidade civil do autor do ilícito.

- V. LC 79/1994 (Fundo Penitenciário Nacional – Fupen).

Art. 246. É vedada a adoção de medida provisória na regulamentação de artigo da Constituição cuja redação tenha sido alterada por meio de emenda promulgada entre 1º de janeiro de 1995 até a promulgação desta emenda, inclusive.

- Artigo com redação determinada pela Emenda Constitucional 32/2001.
- V. art. 62, CF.

Art. 247. As leis previstas no inciso III do § 1º do art. 41 e no § 7º do art. 169 estabelecerão critérios e garantias especiais para a perda do cargo pelo servidor público estável que, em decorrência das atribuições de seu cargo efetivo, desenvolva atividades exclusivas de Estado.

- Artigo acrescentado pela Emenda Constitucional 19/1998.

Parágrafo único. Na hipótese de insuficiência de desempenho, a perda do cargo somente ocorrerá mediante processo administrativo em que lhe sejam assegurados o contraditório e a ampla defesa.

Art. 248. Os benefícios pagos, a qualquer título, pelo órgão responsável pelo regime geral de previdência social, ainda que à conta do Tesouro Nacional, e os não sujeitos ao limite máximo de valor fixado para os benefícios concedidos por esse regime observarão os limites fixados no art. 37, XI.

- Artigo acrescentado pela Emenda Constitucional 20/1998.

Art. 249. Com o objetivo de assegurar recursos para o pagamento de proventos de aposentadoria e pensões concedidas aos respectivos servidores e seus dependentes, em adição aos recursos dos respectivos tesouros, a -União, os Estados, o Distrito Federal e os Municípios poderão constituir fundos integrados pelos recursos provenientes de contribuições e por bens, direitos e ativos de qualquer natureza, mediante lei que disporá sobre a natureza e administração desses fundos.

- Artigo acrescentado pela Emenda Constitucional 20/1998.

Art. 250. Com o objetivo de assegurar recursos para o pagamento dos benefícios concedidos pelo regime geral de previdência social, em adição aos recursos de sua arrecadação, a União poderá constituir fundo integrado por bens, direitos e ativos de qualquer natureza, mediante lei que disporá sobre a natureza e administração desse fundo.

- Artigo acrescentado pela Emenda Constitucional 20/1998.

Brasília, 5 de outubro de 1988.

Ulysses Guimarães
Presidente
Mauro Benevides
Vice-Presidente
Jorge Arbage
Vice-Presidente

Ato das Disposições Constitucionais Transitórias

Art. 1º O Presidente da República, o Presidente do Supremo Tribunal Federal e os membros do Congresso Nacional prestarão o compromisso de manter, defender e cumprir a Constituição, no ato e na data de sua promulgação.

Art. 2º No dia 7 de setembro de 1993 o eleitorado definirá, através de plebiscito, a forma (república ou monarquia constitucional) e o sistema de governo (parlamentarismo ou presidencialismo) que devem vigorar no País.

- V. Emenda Constitucional 2/1992.
- V. Lei 8.624/1993 (Regulamenta o art. 2º do ADCT).

§ 1º Será assegurada gratuidade na livre divulgação dessas formas e sistemas, através dos meios de comunicação de massa cessionários de serviço público.

§ 2º O Tribunal Superior Eleitoral, promulgada a Constituição, expedirá as normas regulamentadoras deste artigo.

Art. 3º A revisão constitucional será realizada após cinco anos, contados da promulgação da Constituição, pelo voto da maioria absoluta dos membros do Congresso Nacional, em sessão unicameral.

- V. Emendas Constitucionais de Revisão 1 a 6/1994.

Art. 4º O mandato do atual Presidente da República terminará em 15 de março de 1990.

§ 1º A primeira eleição para Presidente da República após a promulgação da Constituição será realizada no dia 15 de novembro de 1989, não se lhe aplicando o disposto no art. 16 da Constituição.

§ 2º É assegurada a irredutibilidade da atual representação dos Estados e do Distrito Federal na Câmara dos Deputados.

§ 3º Os mandatos dos Governadores e dos Vice-Governadores eleitos em 15 de novembro de 1986 terminarão em 15 de março de 1991.

§ 4º Os mandatos dos atuais Prefeitos, Vice-Prefeitos e Vereadores terminarão no dia 1º de janeiro de 1989, com a posse dos eleitos.

Art. 5º Não se aplicam às eleições previstas para 15 de novembro de 1988 o disposto no art. 16 e as regras do art. 77 da Constituição.

§ 1º Para as eleições de 15 de novembro de 1988 será exigido domicílio eleitoral na circunscrição pelo menos durante os quatro meses anteriores ao pleito, podendo os candidatos que preencham este requisito, atendidas as demais exigências da lei, ter seu registro efetivado pela Justiça Eleitoral após a promulgação da Constituição.

§ 2º Na ausência de norma legal específica, caberá ao Tribunal Superior Eleitoral editar as normas necessárias à realização das eleições de 1988, respeitada a legislação vigente.

§ 3º Os atuais parlamentares federais e estaduais eleitos Vice-Prefeitos, se convocados a exercer a função de Prefeito, não perderão o mandato parlamentar.

§ 4º O número de vereadores por município será fixado, para a representação a ser eleita em 1988, pelo respectivo Tribunal Regional Eleitoral, respeitados os limites estipulados no art. 29, IV, da Constituição.

§ 5º Para as eleições de 15 de novembro de 1988, ressalvados os que já exercem mandato eletivo, são inelegíveis para qualquer cargo, no território de jurisdição do titular, o cônjuge e os parentes por consanguinidade ou afinidade, até o segundo grau, ou por adoção, do Presidente da República, do Governador do Estado, do Governador do Distrito Federal e do Prefeito que tenham exercido mais da metade do mandato.

Art. 6º Nos seis meses posteriores à promulgação da Constituição, parlamentares federais, reunidos em número não inferior a trinta, poderão requerer ao Tribunal Superior Eleitoral o registro de novo partido político, juntando ao requerimento o manifesto, o estatuto e o programa devidamente assinados pelos requerentes.

§ 1º O registro provisório, que será concedido de plano pelo Tribunal Superior Eleitoral, nos termos deste artigo, defere ao novo partido todos os direitos, deveres e prerrogativas dos atuais, entre eles o de participar, sob legenda própria, das eleições que vierem a ser realizadas nos doze meses seguintes a sua formação.

§ 2º O novo partido perderá automaticamente seu registro provisório se, no prazo de vinte e quatro meses, contados de sua formação, não obtiver registro definitivo no Tribunal Superior Eleitoral, na forma que a lei dispuser.

Art. 7º O Brasil propugnará pela formação de um tribunal internacional dos direitos humanos.

Art. 8º É concedida anistia aos que, no período de 18 de setembro de 1946 até a data da promulgação da Constituição, foram atingidos, em decorrência de motivação exclusivamente política, por atos de exceção, institucionais ou complementares, aos que foram abrangidos pelo Decreto Legislativo 18, de 15 de dezembro de 1961, e aos atingidos pelo Dec.-lei 864, de 12 de setembro de 1969, asseguradas as promoções, na inatividade, ao cargo, emprego, posto ou graduação a que teriam direito se estivessem em serviço ativo, obedecidos os prazos de permanência em atividade previstos nas leis e regulamentos vigentes, respeitadas as características e peculiaridades das carreiras dos servidores públicos civis e militares e observados os respectivos regimes jurídicos.

- V. Súmula 674, STF.

§ 1º O disposto neste artigo somente gerará efeitos financeiros a partir da promulgação da Constituição, vedada a remuneração de qualquer espécie em caráter retroativo.

§ 2º Ficam assegurados os benefícios estabelecidos neste artigo aos trabalhadores do setor privado, dirigentes e representantes sindicais que, por motivos exclusivamente políticos, tenham sido punidos, demitidos ou compelidos ao afastamento das atividades remuneradas que exerciam, bem como aos que foram impedidos de exercer atividades profissionais em virtude de pressões ostensivas ou expedientes oficiais sigilosos.

§ 3º Aos cidadãos que foram impedidos de exercer, na vida civil, atividade profissional específica, em decorrência das Portarias Reservadas do Ministério da Aeronáutica S-50-GM5, de 19 de junho de 1964, e S-285-GM5 será concedida reparação de natureza econômica, na forma que dispuser lei de iniciativa do Congresso Nacional e a entrar em vigor no prazo de doze meses a contar da promulgação da Constituição.

§ 4º Aos que, por força de atos institucionais, tenham exercido gratuitamente mandato eletivo de vereador serão computados, para efeito de aposentadoria no serviço público e previdência social, os respectivos períodos.

§ 5º A anistia concedida nos termos deste artigo aplica-se aos servidores públicos civis e aos empregados em todos os níveis de governo ou em suas fundações, empresas públicas ou empresas mistas sob controle estatal, exceto nos Ministérios militares, que tenham sido punidos ou demitidos por atividades profissionais interrompidas em virtude de decisão de seus trabalhadores, bem como em decorrência do Dec.-lei 1.632, de 4 de agosto de 1978, ou por motivos exclusivamente políticos, assegurada a readmissão dos que foram atingidos a partir de 1979, observado o disposto no § 1º.

Art. 9º Os que, por motivos exclusivamente políticos, foram cassados ou tiveram seus direitos políticos suspensos no período de 15 de julho a 31 de dezembro de 1969, por ato do então Presidente da República, poderão requerer ao Supremo Tribunal Federal o reconhecimento dos direitos e vantagens interrompidos pelos atos punitivos, desde que comprovem terem sido estes eivados de vício grave.

Parágrafo único. O Supremo Tribunal Federal proferirá a decisão no prazo de cento e vinte dias, a contar do pedido do interessado.

Art. 10. Até que seja promulgada a Lei Complementar a que se refere o art. 7º, I, da Constituição:

I – fica limitada a proteção nele referida ao aumento, para quatro vezes, da porcentagem prevista no art. 6º, *caput* e § 1º, da Lei 5.107, de 13 de setembro de 1966;

- V. Lei 8.036/1990 (Fundo de Garantia do Tempo de Serviço).

II – fica vedada a dispensa arbitrária ou sem justa causa:

a) do empregado eleito para cargo de direção de comissões internas de prevenção de acidentes, desde o registro de sua candidatura até um ano após o final de seu mandato;

- V. Súmula 676, STF.

b) da empregada gestante, desde a confirmação da gravidez até cinco meses após o parto.

§ 1º Até que a lei venha a disciplinar o disposto no art. 7º, XIX, da Constituição, o prazo da licença-paternidade a que se refere o inciso é de cinco dias.

§ 2º Até ulterior disposição legal, a cobrança das contribuições para o custeio das atividades dos sindicatos rurais será feita juntamente com a do imposto territorial rural, pelo mesmo órgão arrecadador.

§ 3º Na primeira comprovação do cumprimento das obrigações trabalhistas pelo empregador rural, na forma do art. 233, após a promulgação da Constituição, será certificada perante a Justiça do Trabalho a regularidade do contrato e das atualizações das obrigações trabalhistas de todo o período.

Art. 11. Cada Assembleia Legislativa, com poderes constituintes, elaborará a Constituição do Estado, no prazo de um ano, contado da promulgação da Constituição Federal, obedecidos os princípios desta.

Parágrafo único. Promulgada a Constituição do Estado, caberá à Câmara Municipal, no prazo de seis meses, votar a Lei Orgânica respectiva, em dois turnos de discussão e votação, respeitado o disposto na Constituição Federal e na Constituição Estadual.

Art. 12. Será criada, dentro de noventa dias da promulgação da Constituição, Comissão de Estudos Territoriais, com dez membros indicados pelo Congresso Nacional e cinco pelo Poder Executivo, com a finalidade de apresentar estudos sobre o território nacional e anteprojetos relativos a novas unidades territoriais, notadamente na Amazônia Legal e em áreas pendentes de solução.

§ 1º No prazo de um ano, a Comissão submeterá ao Congresso Nacional os resultados de seus estudos para, nos termos da Constituição, serem apreciados nos doze meses subsequentes, extinguindo-se logo após.

§ 2º Os Estados e os Municípios deverão no prazo de três anos, a contar da promulgação da Constituição, promover, mediante acordo ou arbitramento, a demarcação de suas linhas divisórias atualmente litigiosas, podendo para isso fazer alterações e compensações de área que atendam aos acidentes naturais, critérios históricos, conveniências administrativas e comodidade das populações limítrofes.

§ 3º Havendo solicitação dos Estados e Municípios interessados, a União poderá encarregar-se dos trabalhos demarcatórios.

§ 4º Se, decorrido o prazo de três anos, a contar da promulgação da Constituição, os trabalhos demarcatórios não tiverem sido concluídos, caberá à União determinar os limites das áreas litigiosas.

§ 5º Ficam reconhecidos e homologados os atuais limites do Estado do Acre com os Estados do Amazonas e de Rondônia, conforme levantamentos cartográficos e geodésicos realizados pela Comissão Tripartite integrada por representantes dos Estados e dos serviços técnico-especializados do Instituto Brasileiro de Geografia e Estatística.

Art. 13. É criado o Estado do Tocantins, pelo desmembramento da área descrita neste artigo, dando-se sua instalação no quadragésimo sexto dia após a eleição prevista no § 3º, mas não antes de 1º de janeiro de 1989.

§ 1º O Estado do Tocantins integra a Região Norte e limita-se com o Estado de Goiás pelas divisas norte dos Municípios de São Miguel do Araguaia, Porangatu, Formoso, Minaçu, Cavalcante, Monte Alegre de Goiás e Campos Belos, conservando a leste, norte e oeste as divisas-atuais de Goiás com os Estados da Bahia, Piauí, Maranhão, Pará e Mato Grosso.

§ 2º O Poder Executivo designará uma das cidades do Estado para sua Capital provisória até a aprovação da sede definitiva do governo pela Assembleia Constituinte.

§ 3º O Governador, o Vice-Governador, os Senadores, os Deputados Federais e os Deputados Estaduais serão eleitos, em um único turno, até setenta e cinco dias após a promulgação da Constituição, mas não antes de 15 de novembro de 1988, a critério do Tribunal Superior Eleitoral, obedecidas, entre outras, as seguintes normas:

I – o prazo de filiação partidária dos candidatos será encerrado setenta e cinco dias antes da data das eleições;

II – as datas das convenções regionais partidárias destinadas a deliberar sobre coligações e escolha de candidatos, de apresentação de requerimento de registro dos candidatos escolhidos e dos demais procedimentos legais serão fixadas, em calendário especial, pela Justiça Eleitoral;

III – são inelegíveis os ocupantes de cargos estaduais ou municipais que não se tenham deles afastado, em caráter definitivo, setenta e cinco dias antes da data das eleições previstas neste parágrafo;

IV – ficam mantidos os atuais diretórios regionais dos partidos políticos do Estado de Goiás, cabendo às comissões executivas nacionais designar comissões provisórias no Estado do Tocantins, nos termos e para os fins previstos na lei.

§ 4º Os mandatos do Governador, do Vice-Governador, dos Deputados Federais e Estaduais eleitos na forma do parágrafo anterior extinguir-se-ão concomitantemente aos das demais unidades da Federação; o mandato do Senador eleito menos votado extinguir-se-á nessa mesma oportunidade, e os dos outros dois, juntamente com os dos Senadores eleitos em 1986, nos demais Estados.

§ 5º A Assembleia Estadual Constituinte será instalada no quadragésimo sexto dia da eleição de seus integrantes, mas não antes de 1º de janeiro de 1989, sob a presidência do Presidente do Tribunal Regional Eleitoral do Estado de Goiás, e dará posse, na mesma data, ao Governador e ao Vice-Governador eleitos.

§ 6º Aplicam-se à criação e instalação do Estado do Tocantins, no que couber, as normas legais disciplinadoras da divisão do Estado de Mato Grosso, observado o disposto no art. 234 da Constituição.

§ 7º Fica o Estado de Goiás liberado dos débitos e encargos decorrentes de empreendimentos no território do novo Estado, e autorizada a União, a seu critério, a assumir os referidos débitos.

Art. 14. Os Territórios Federais de Roraima e do Amapá são transformados em Estados Federados, mantidos seus atuais limites geográficos.

§ 1º A instalação dos Estados dar-se-á com a posse dos governadores eleitos em 1990.

§ 2º Aplicam-se à transformação e instalação dos Estados de Roraima e Amapá as normas e critérios seguidos na criação do Estado de Rondônia, respeitado o disposto na Constituição e neste Ato.

§ 3º O Presidente da República, até quarenta e cinco dias após a promulgação da Constituição, encaminhará à apreciação do Senado Federal os nomes dos governadores dos Estados de Roraima e do Amapá que exercerão o Poder Executivo até a instalação dos novos Estados com a posse dos governadores eleitos.

§ 4º Enquanto não concretizada a transformação em Estados, nos termos deste artigo, os Territórios Federais de Roraima e do Amapá serão beneficiados pela transferência de recursos prevista nos arts. 159, I, a, da Constituição, e 34, § 2º, II, deste Ato.

Art. 15. Fica extinto o Território Federal de Fernando de Noronha, sendo sua área reincorporada ao Estado de Pernambuco.

Art. 16. Até que se efetive o disposto no art. 32, § 2º, da Constituição, caberá ao Presidente da República, com a aprovação do Senado Federal, indicar o Governador e o Vice-Governador do Distrito Federal.

§ 1º A competência da Câmara Legislativa do Distrito Federal, até que se instale, será exercida pelo Senado Federal.

§ 2º A fiscalização contábil, financeira, orçamentária, operacional e patrimonial do Distrito Federal, enquanto não for instalada a Câmara Legislativa, será exercida pelo Senado Federal, mediante controle externo, com o auxílio do Tribunal de Contas do Distrito Federal, observado o disposto no art. 72 da Constituição.

§ 3º Incluem-se entre os bens do Distrito Federal aqueles que lhe vierem a ser atribuídos pela União na forma da lei.

Art. 17. Os vencimentos, a remuneração, as vantagens e os adicionais, bem como os proventos de aposentadoria que estejam sendo percebidos em desacordo com a Constituição serão imediatamente reduzidos aos limites dela decorrentes, não se admitindo, neste caso, invocação de direito adquirido ou percepção de excesso a qualquer título.

- V. art. 9º, Emenda Constitucional 41/2003.

§ 1º É assegurado o exercício cumulativo de dois cargos ou empregos privativos de médico que estejam sendo exercidos por médico militar na administração pública direta ou indireta.

§ 2º É assegurado o exercício cumulativo de dois cargos ou empregos privativos de profissionais de saúde que estejam sendo exercidos na administração pública direta ou indireta.

Art. 18. Ficam extintos os efeitos jurídicos de qualquer ato legislativo ou administrativo, lavrado a partir da instalação da Assembleia Nacional Constituinte, que tenha por objeto a concessão de estabilidade a servidor admitido sem concurso público, da administração direta ou indireta, inclusive das fundações instituídas e mantidas pelo Poder Público.

Art. 19. Os servidores públicos civis da União, dos Estados, do Distrito Federal e dos Municípios, da administração direta, autárquica e das fundações públicas, em exercício na data da promulgação da Constituição, há pelo menos cinco anos continuados, e que não tenham sido admitidos na forma regulada no art. 37, da Constituição, são considerados estáveis no serviço público.

§ 1º O tempo de serviço dos servidores referidos neste artigo será contado como título quando se submeterem a concurso para fins de efetivação, na forma da lei.

§ 2º O disposto neste artigo não se aplica aos ocupantes de cargos, funções e empregos de confiança ou em comissão, nem aos que a lei declare de livre exoneração, cujo tempo de serviço não será computado para os fins do *caput* deste artigo, exceto se se tratar de servidor.

§ 3º O disposto neste artigo não se aplica aos professores de nível superior, nos termos da lei.

Art. 20. Dentro de cento e oitenta dias, proceder-se-á à revisão dos direitos dos servidores públicos inativos e pensionistas e à atualização dos proventos e pensões a eles devidos, a fim de ajustá-los ao disposto na Constituição.

Art. 21. Os juízes togados de investidura limitada no tempo, admitidos mediante concurso público de provas e títulos e que estejam em exercício na data da promulgação da Constituição, adquirem estabilidade, observado o estágio probatório, e passam a compor quadro em extinção, mantidas as competências, prerrogativas e restrições da legislação a que se achavam submetidos, salvo as inerentes à transitoriedade da investidura.

Parágrafo único. A aposentadoria dos juízes de que trata este artigo regular-se-á pelas normas fixadas para os demais juízes estaduais.

Art. 22. É assegurado aos defensores públicos investidos na função até a data de instalação da Assembleia Nacional Constituinte o direito de opção pela carreira, com a observância das garantias e vedações previstas no art. 134, parágrafo único, da Constituição.

Art. 23. Até que se edite a regulamentação do art. 21, XVI, da Constituição, os atuais ocupantes do cargo de censor federal continuarão exercendo funções com este compatíveis, no Departamento de Polícia Federal, observadas as disposições constitucionais.

Parágrafo único. A lei referida disporá sobre o aproveitamento dos Censores Federais, nos termos deste artigo.

Art. 24. A União, os Estados, o Distrito Federal e os Municípios editarão leis que estabeleçam critérios para a compatibilização de seus quadros de pessoal ao disposto no art. 39 da Constituição e à reforma administrativa dela decorrente, no prazo de dezoito meses, contados da sua promulgação.

Art. 25. Ficam revogados, a partir de cento e oitenta dias da promulgação da Constituição, sujeito este prazo a prorrogação por lei, todos os dispositivos legais que atribuam ou deleguem a órgão do Poder Executivo competência assinalada pela Constituição ao Congresso Nacional, especialmente no que tange a:

- V. Lei 7.763/1989 (Prorroga o prazo de dispositivos legais com base no art. 25 do ADCT).

I – ação normativa;

II – alocação ou transferência de recursos de qualquer espécie.

§ 1º Os decretos-leis em tramitação no Congresso Nacional e por este não apreciados até a promulgação da Constituição terão seus efeitos regulados da seguinte forma:

I – se editados até 2 de setembro de 1988, serão apreciados pelo Congresso Nacional no prazo de até cento e oitenta dias a contar da promulgação da Constituição, não computado o recesso parlamentar;

II – decorrido o prazo definido no inciso anterior, e não havendo apreciação, os decretos-leis ali mencionados serão considerados rejeitados;

III – nas hipóteses definidas nos incisos I e II, terão plena validade os atos praticados na vigência dos respectivos decretos-leis, podendo o Congresso Nacional, se necessário, legislar sobre os efeitos deles remanescentes.

§ 2º Os decretos-leis editados entre 3 de setembro de 1988 e a promulgação da Constituição serão convertidos, nesta data, em medidas provisórias, aplicando-se-lhes as regras estabelecidas no art. 62, parágrafo único.

- V. art. 62, § 3º, CF.

Art. 26. No prazo de um ano a contar da promulgação da Constituição, o Congresso Nacional promoverá, através de Comissão mista, exame analítico e pericial dos atos e fatos geradores do endividamento externo brasileiro.

§ 1º A Comissão terá a força legal de Comissão parlamentar de inquérito para os fins de requisição e convocação, e atuará com o auxílio do Tribunal de Contas da União.

§ 2º Apurada irregularidade, o Congresso Nacional proporá ao Poder Executivo a declaração de nulidade do ato e encaminhará o processo ao Ministério Público Federal, que formalizará, no prazo de sessenta dias, a ação cabível.

Art. 27. O Superior Tribunal de Justiça será instalado sob a Presidência do Supremo Tribunal Federal.

§ 1º Até que se instale o Superior Tribunal de Justiça, o Supremo Tribunal Federal exercerá as atribuições e competências definidas na ordem constitucional precedente.

§ 2º A composição inicial do Superior Tribunal de Justiça far-se-á:

I – pelo aproveitamento dos Ministros do Tribunal Federal de Recursos;

II – pela nomeação dos Ministros que sejam necessários para completar o número estabelecido na Constituição.

§ 3º Para os efeitos do disposto na Constituição, os atuais Ministros do Tribunal Federal de Recursos serão considerados pertencentes à classe de que provieram, quando de sua nomeação.

§ 4º Instalado o Tribunal, os Ministros aposentados do Tribunal Federal de Recursos tornar-se-ão, automaticamente, Ministros aposentados do Superior Tribunal de Justiça.

§ 5º Os Ministros a que se refere o § 2º, II, serão indicados em lista tríplice pelo Tribunal Federal de Recursos, observado o disposto no art. 104, parágrafo único, da Constituição.

§ 6º Ficam criados cinco Tribunais Regionais Federais, a serem instalados no prazo de seis meses a contar da promulgação da Constituição, com a jurisdição e sede que lhes fixar o Tribunal Federal de Recursos, tendo em conta o número de processos e sua localização geográfica.

- V. Lei 7.727/1989 (Composição e instalação dos Tribunais Regionais Federais).

§ 7º Até que se instalem os Tribunais Regionais Federais, o Tribunal Federal de

Recursos exercerá a competência a eles atribuída em todo o território nacional, cabendo-lhe promover sua instalação e indicar os candidatos a todos os cargos da composição inicial, mediante lista tríplice, podendo desta constar juízes federais de qualquer região, observado o disposto no § 9º.

§ 8º É vedado, a partir da promulgação da Constituição, o provimento de vagas de Ministros do Tribunal Federal de Recursos.

§ 9º Quando não houver juiz federal que conte o tempo mínimo previsto no art. 107, II, da Constituição, a promoção poderá contemplar juiz com menos de cinco anos no exercício do cargo.

§ 10. Compete à Justiça Federal julgar as ações nela propostas até a data da promulgação da Constituição, e aos Tribunais Regionais Federais bem como ao Superior Tribunal de Justiça julgar as ações rescisórias das decisões até então proferidas pela Justiça Federal, inclusive daquelas cuja matéria tenha passado à competência de outro ramo do Judiciário.

§ 11. São criados, ainda, os seguintes Tribunais Regionais Federais: o da 6ª Região, com sede em Curitiba, Estado do Paraná, e jurisdição nos Estados do Paraná, Santa Catarina e Mato Grosso do Sul; o da 7ª Região, com sede em Belo Horizonte, Estado de Minas Gerais, e jurisdição no Estado de Minas Gerais; o da 8ª Região, com sede em Salvador, Estado da Bahia, e jurisdição nos Estados da Bahia e Sergipe; e o da 9ª Região, com sede em Manaus, Estado do Amazonas, e jurisdição nos Estados do Amazonas, Acre, Rondônia e Roraima.

- § 11 acrescentado pela Emenda Constitucional 73/2013.
- V. Med. Caut. na ADIn 5.017.

Art. 28. Os juízes federais de que trata o art. 123, § 2º, da Constituição de 1967, com a redação dada pela Emenda Constitucional 7, de 1977, ficam investidos na titularidade de varas na Seção Judiciária para a qual tenham sido nomeados ou designados; na inexistência de vagas, proceder-se-á ao desdobramento das varas existentes.

Parágrafo único. Para efeito de promoção por antiguidade, o tempo de serviço desses juízes será computado a partir do dia de sua posse.

Art. 29. Enquanto não aprovadas as leis complementares relativas ao Ministério Público e à Advocacia-Geral da União, o Ministério Público Federal, a Procuradoria-Geral da Fazenda Nacional, as Consultorias Jurídicas dos Ministérios, as Procuradorias e Departamentos Jurídicos de autarquias federais com representação própria e os membros das Procuradorias das Universidades fundacionais públicas continuarão a exercer suas atividades na área das respectivas atribuições.

- V. LC 73/1993 (Lei Orgânica da Advocacia-Geral da União).
- V. LC 75/1993 (Estatuto do Ministério Público da União).
- V. Dec. 767/1993 (Controle interno da Advocacia-Geral da União).

§ 1º O Presidente da República, no prazo de cento e vinte dias, encaminhará ao Congresso Nacional projeto de lei complementar dispondo sobre a organização e o funcionamento da Advocacia-Geral da União.

§ 2º Aos atuais Procuradores da República, nos termos da Lei Complementar, será facultada a opção, de forma irretratável, entre as carreiras do Ministério Público Federal e da Advocacia-Geral da União.

§ 3º Poderá optar pelo regime anterior, no que respeita às garantias e vantagens, o membro do Ministério Público admitido antes da promulgação da Constituição, observando-se, quanto às vedações, a situação jurídica na data desta.

§ 4º Os atuais integrantes do quadro suplementar dos Ministérios Públicos do Trabalho e Militar que tenham adquirido estabilidade nessas funções passam a integrar o quadro da respectiva carreira.

§ 5º Cabe à atual Procuradoria-Geral da Fazenda Nacional, diretamente ou por delegação, que pode ser ao Ministério Público Estadual, representar judicialmente a União nas causas de natureza fiscal, na área da respectiva competência, até a promulgação das Leis Complementares previstas neste artigo.

Art. 30. A legislação que criar a justiça de paz manterá os atuais juízes de paz até a posse dos novos titulares, assegurando-lhes os direitos e atribuições conferidos a estes, e designará o dia para a eleição prevista no art. 98, II, da Constituição.

Art. 31. Serão estatizadas as serventias do foro judicial, assim definidas em lei, respeitados os direitos dos atuais titulares.

- V. Lei 8.935/1994 (Regulamenta o art. 236 da CF).

Art. 32. O disposto no art. 236 não se aplica aos serviços notariais e de registro que já tenham sido oficializados pelo Poder Público, respeitando-se o direito de seus servidores.

- V. Lei 8.935/1994 (Regulamenta o art. 236 da CF/1988).

Art. 33. Ressalvados os créditos de natureza alimentar, o valor dos precatórios judiciais pendentes de pagamento na data da promulgação da Constituição, incluído o remanescente de juros e correção monetária, poderá ser pago em moeda corrente, com atualização, em prestações anuais, iguais e sucessivas, no prazo máximo de oito anos, a partir de 1º de julho de 1989, por decisão editada pelo Poder Executivo até cento e oitenta dias da promulgação da Constituição.

- V. art. 97, § 15, ADCT.

Parágrafo único. Poderão as entidades devedoras, para o cumprimento do disposto neste artigo, emitir, em cada ano, no exato montante do dispêndio, títulos de dívida pública não computáveis para efeito do limite global de endividamento.

Art. 34. O sistema tributário nacional entrará em vigor a partir do primeiro dia do quinto mês seguinte ao da promulgação da Constituição, mantido, até então, o da Constituição de 1967, com redação dada pela Emenda 1, de 1969, e pelas posteriores.

§ 1º Entrarão em vigor com a promulgação da Constituição os arts. 148, 149, 150, 154, I, 156, III, e 159, I, c, revogadas as disposições em contrário da Constituição de 1967 e das Emendas que a modificaram, especialmente de seu art. 25, III.

§ 2º O Fundo de Participação dos Estados e do Distrito Federal e o Fundo de Participação dos Municípios obedecerão às seguintes determinações:

I – a partir da promulgação da Constituição, os percentuais serão, respectivamente, de dezoito por cento e de vinte por cento, calculados sobre o produto da arrecadação dos impostos referidos no art. 153, III e IV, mantidos os atuais critérios de rateio até a entrada em vigor da lei complementar a que se refere o art. 161, II;

II – o percentual relativo ao Fundo de Participação dos Estados e do Distrito Federal será acrescido de um ponto percentual no exercício financeiro de 1989 e, a partir de 1990, inclusive, à razão de meio ponto por exercício, até 1992, inclusive, atingindo em 1993 o percentual estabelecido no art. 159, I, a;

III – o percentual relativo ao Fundo de Participação dos Municípios, a partir de 1989, inclusive, será elevado à razão de meio ponto percentual por exercício financeiro, até atingir o estabelecido no art. 159, I, b.

§ 3º Promulgada a Constituição, a União, os Estados, o Distrito Federal e os Municípios poderão editar as leis necessárias à aplicação do sistema tributário nacional nela previsto.

§ 4º As leis editadas nos termos do parágrafo anterior produzirão efeitos a partir da entrada em vigor do sistema tributário nacional previsto na Constituição.

§ 5º Vigente o novo sistema tributário nacional, fica assegurada a aplicação da legislação anterior, no que não seja incompatível com ele e com a legislação referida nos §§ 3º e 4º.

- V. Súmula 663, STF.

§ 6º Até 31 de dezembro de 1989, o disposto no art. 150, III, b, não se aplica aos impostos de que tratam os arts. 155, I, a e b, e 156, II e III, que podem ser cobrados trinta dias após a publicação da lei que os tenha instituído ou aumentado.

- Em virtude da Emenda Constitucional 3/1993, a referência ao art. 155, I, a e b, passou a ser ao art. 155, I e II.

§ 7º Até que sejam fixadas em lei complementar, as alíquotas máximas do imposto municipal sobre vendas a varejo de combustíveis líquidos e gasosos não excederão a três por cento.

§ 8º Se, no prazo de sessenta dias contados da promulgação da Constituição, não for editada a lei complementar necessária à instituição do imposto de que trata o art. 155, I, b, os Estados e o Distrito

Federal, mediante convênio celebrado nos termos da Lei Complementar 24, de 7 de janeiro de 1975, fixarão normas para regular provisoriamente a matéria.

- Em virtude da Emenda Constitucional 3/1993, a referência ao art. 155, I, a e b, passou a ser ao art. 155, I e II.
- V. LC 87/1996 (ICMS).

§ 9º Até que lei complementar disponha sobre a matéria, as empresas distribuidoras de energia elétrica, na condição de contribuintes ou de substitutos tributários, serão as responsáveis, por ocasião da saída do produto de seus estabelecimentos, ainda que destinado a outra unidade da Federação, pelo pagamento do imposto sobre operações relativas à circulação de mercadorias incidente sobre energia elétrica, desde a produção ou importação até a última operação, calculado o imposto sobre o preço então praticado na operação final e assegurado seu recolhimento ao Estado ou ao Distrito Federal, conforme o local onde deva ocorrer essa operação.

§ 10. Enquanto não entrar em vigor a lei prevista no art. 159, I, c, cuja promulgação se fará até 31 de dezembro de 1989, é assegurada a aplicação dos recursos previstos naquele dispositivo da seguinte maneira:

- V. Lei 7.827/1989 (Fundos Constitucionais de Financiamento).

I – seis décimos por cento na Região Norte, através do Banco da Amazônia S.A.;

II – um inteiro e oito décimos por cento na Região Nordeste, através do Banco do Nordeste do Brasil S.A.;

III – seis décimos por cento na Região Centro-Oeste, através do Banco do Brasil S.A.

§ 11. Fica criado, nos termos da lei, o Banco de Desenvolvimento do Centro-Oeste, para dar cumprimento, na referida região, ao que determinam os arts. 159, I, c, e 192, § 2º, da Constituição.

§ 12. A urgência prevista no art. 148, II, não prejudica a cobrança do empréstimo compulsório instituído, em benefício das Centrais Elétricas Brasileiras S.A. (Eletrobrás), pela Lei 4.156, de 28 de novembro de 1962, com as alterações posteriores.

Art. 35. O disposto no art. 165, § 7º, será cumprido de forma progressiva, no prazo de até dez anos, distribuindo-se os recursos entre as regiões macroeconômicas em razão proporcional à população, a partir da situação verificada no biênio 1986-1987.

§ 1º Para aplicação dos critérios de que trata este artigo, excluem-se das despesas totais as relativas:

I – aos projetos considerados prioritários no plano plurianual;

II – à segurança e defesa nacional;

III – à manutenção dos órgãos federais no Distrito Federal;

IV – ao Congresso Nacional, ao Tribunal de Contas da União e ao Poder Judiciário;

V – ao serviço da dívida da administração direta e indireta da União, inclusive fundações instituídas e mantidas pelo Poder Público federal.

§ 2º Até a entrada em vigor da Lei Complementar a que se refere o art. 165, § 9º, I e II, serão obedecidas as seguintes normas:

I – o projeto do plano plurianual, para vigência até o final do primeiro exercício financeiro do mandato presidencial subsequente, será encaminhado até quatro meses antes do encerramento do primeiro exercício financeiro e devolvido para sanção até o encerramento da sessão legislativa;

II – o projeto de lei de diretrizes orçamentárias será encaminhado até oito meses e meio antes do encerramento do exercício financeiro e devolvido para sanção até o encerramento do primeiro período da sessão legislativa;

III – o projeto de lei orçamentária da União será encaminhado até quatro meses antes do encerramento do exercício financeiro e devolvido para sanção até o encerramento da sessão legislativa.

Art. 36. Os fundos existentes na data da promulgação da Constituição, excetuados os resultantes de isenções fiscais que passem a integrar patrimônio privado e os que interessem à defesa nacional, extinguir-se-ão, se não forem ratificados pelo Congresso Nacional no prazo de dois anos.

Art. 37. A adaptação ao que estabelece o art. 167, III, deverá processar-se no prazo de cinco anos, reduzindo-se o excesso à base de, pelo menos, um quinto por ano.

Art. 38. Até a promulgação da lei complementar referida no art. 169, a União, os Estados, o Distrito Federal e os Municípios não poderão despender com pessoal mais do que sessenta e cinco por cento do valor das respectivas receitas correntes.

Parágrafo único. A União, os Estados, o Distrito Federal e os Municípios, quando a respectiva despesa de pessoal exceder o limite previsto neste artigo, deverão retornar àquele limite, reduzindo o percentual excedente à razão de um quinto por ano.

Art. 39. Para efeito do cumprimento das disposições constitucionais que impliquem variações de despesas e receitas da União, após a promulgação da Constituição, o Poder Executivo deverá elaborar e o Poder Legislativo apreciar projeto de revisão da lei orçamentária referente ao exercício financeiro de 1989.

Parágrafo único. O Congresso Nacional deverá votar no prazo de doze meses a Lei Complementar prevista no art. 161, II.

Art. 40. É mantida a Zona Franca de Manaus, com suas características de área livre de comércio, de exportação e importação, e de incentivos fiscais, pelo prazo de vinte e cinco anos, a partir da promulgação da Constituição.

- V. arts. 92 e 92-A, ADCT.

Parágrafo único. Somente por lei federal podem ser modificados os critérios que disciplinaram ou venham a disciplinar a aprovação dos projetos na Zona Franca de Manaus.

Art. 41. Os Poderes Executivos da União, dos Estados, do Distrito Federal e dos Municípios reavaliarão todos os incentivos fiscais de natureza setorial ora em vigor, propondo aos Poderes Legislativos respectivos as medidas cabíveis.

- V. arts. 151, I, 155, XII, g, 195, § 3º, e 227, § 3º, VI, CF.
- V. Lei 8.402/1992 (Incentivos fiscais).

§ 1º Considerar-se-ão revogados após dois anos, a partir da data da promulgação da Constituição, os incentivos que não forem confirmados por lei.

§ 2º A revogação não prejudicará os direitos que já tiverem sido adquiridos, àquela data, em relação a incentivos concedidos sob condição e com prazo certo.

§ 3º Os incentivos concedidos por convênio entre Estados, celebrados nos termos do art. 23, § 6º, da Constituição de 1967, com a redação da Emenda 1, de 17 de outubro de 1969, também deverão ser reavaliados e reconfirmados nos prazos deste artigo.

Art. 42. Durante 40 (quarenta) anos, a União aplicará dos recursos destinados à irrigação:

- Artigo com redação determinada pela Emenda Constitucional 89/2015.

I – 20% (vinte por cento) na Região Centro-Oeste;

II – 50% (cinquenta por cento) na Região Nordeste, preferencialmente no Semiárido.

Parágrafo único. Dos percentuais previstos nos incisos I e II do *caput*, no mínimo 50% (cinquenta por cento) serão destinados a projetos de irrigação que beneficiem agricultores familiares que atendam aos requisitos previstos em legislação específica.

Art. 43. Na data da promulgação da lei que disciplinar a pesquisa e a lavra de recursos e jazidas minerais, ou no prazo de um ano, a contar da promulgação da Constituição, tornar-se-ão sem efeito as autorizações, concessões e demais títulos atributivos de direitos minerários, caso os trabalhos de pesquisa ou de lavra não hajam sido comprovadamente iniciados nos prazos legais ou estejam inativos.

- V. Lei 7.886/1989 (Regulamenta o art. 43 do ADCT).

Art. 44. As atuais empresas brasileiras titulares de autorização de pesquisa, concessão de lavra de recursos minerais e de aproveitamento dos potenciais de energia hidráulica em vigor terão quatro anos, a partir da promulgação da Constituição, para cumprir os requisitos do art. 176, § 1º.

§ 1º Ressalvadas as disposições de interesse nacional previstas no texto constitucional, as empresas brasileiras ficarão dispensadas do cumprimento do disposto no art. 176, § 1º, desde que, no prazo de até quatro anos da data da promulgação da Constituição, tenham o produto de sua lavra e beneficiamento destinado a industrialização no território nacional, em seus próprios estabelecimentos ou em empresa industrial controladora ou controlada.

§ 2º Ficarão também dispensadas do cumprimento do disposto no art. 176, § 1º, as empresas brasileiras titulares de concessão de energia hidráulica para uso em seu processo de industrialização.

§ 3º As empresas brasileiras referidas no § 1º, somente poderão ter autorizações de pesquisa e concessões de lavra ou potenciais de energia hidráulica, desde que a energia e o produto da lavra sejam utilizados nos respectivos processos industriais.

Art. 45. Ficam excluídas do monopólio estabelecido pelo art. 177, II, da Constituição as refinarias em funcionamento no País amparadas pelo art. 43 e nas condições do art. 45 da Lei 2.004, de 3 de outubro de 1953.

Parágrafo único. Ficam ressalvados da vedação do art. 177, § 1º, os contratos de risco feitos com a Petróleo Brasileiro S.A. (Petrobrás), para pesquisa de petróleo, que estejam em vigor na data da promulgação da Constituição.

Art. 46. São sujeitos à correção monetária desde o vencimento, até seu efetivo pagamento, sem interrupção ou suspensão, os créditos junto a entidades submetidas aos regimes de intervenção ou liquidação extrajudicial, mesmo quando esses regimes sejam convertidos em falência.

Parágrafo único. O disposto neste artigo aplica-se também:

I – às operações realizadas posteriormente à decretação dos regimes referidos no *caput* deste artigo;

II – às operações de empréstimo, financiamento, refinanciamento, assistência financeira de liquidez, cessão ou sub-rogação de créditos ou cédulas hipotecárias, efetivação de garantia de depósitos do público ou de compra de obrigações passivas, inclusive as realizadas com recursos de fundos que tenham essas destinações;

III – aos créditos anteriores à promulgação da Constituição;

IV – aos créditos das entidades da administração pública anteriores à promulgação da Constituição, não liquidados até 1º de janeiro de 1988.

Art. 47. Na liquidação dos débitos, inclusive suas renegociações e composições posteriores, ainda que ajuizados, decorrentes de quaisquer empréstimos concedidos por bancos e por instituições financeiras, não existirá correção monetária desde que o empréstimo tenha sido concedido:

I – aos micro e pequenos empresários ou seus estabelecimentos no período de 28 de fevereiro de 1986 a 28 de fevereiro de 1987;

II – aos mini, pequenos e médios produtores rurais no período de 28 de fevereiro de 1986 a 31 de dezembro de 1987, desde que relativos a crédito rural.

§ 1º Consideram-se, para efeito deste artigo, microempresas as pessoas jurídicas e as firmas individuais com receitas anuais de até dez mil Obrigações do Tesouro Nacional, e pequenas empresas as pessoas jurídicas e as firmas individuais com receita anual de até vinte e cinco mil Obrigações do Tesouro Nacional.

- V. art. 179, CF.

§ 2º A classificação de mini, pequeno e médio produtor rural será feita obedecendo-se às normas de crédito rural vigentes à época do contrato.

§ 3º A isenção da correção monetária a que se refere este artigo só será concedida nos seguintes casos:

I – se a liquidação do débito inicial, acrescido de juros legais e taxas judiciais, vier a ser efetivada no prazo de noventa dias, a contar da data da promulgação da Constituição;

II – se a aplicação dos recursos não contrariar a finalidade do financiamento, cabendo o ônus da prova à instituição credora;

III – se não for demonstrado pela instituição credora que o mutuário dispõe de meios para o pagamento de seu débito, excluído desta demonstração seu estabelecimento, a casa de moradia e os instrumentos de trabalho e produção;

IV – se o financiamento inicial não ultrapassar o limite de cinco mil Obrigações do Tesouro Nacional;

V – se o beneficiário não for proprietário de mais de cinco módulos rurais.

§ 4º Os benefícios de que trata este artigo não se estendem aos débitos já quitados e aos devedores que sejam constituintes.

§ 5º No caso de operações com prazos de vencimento posteriores à data limite de liquidação da dívida, havendo interesse do mutuário, os bancos e as instituições financeiras promoverão, por instrumento próprio, alteração nas condições contratuais originais de forma a ajustá-las ao presente benefício.

§ 6º A concessão do presente benefício por bancos comerciais privados em nenhuma hipótese acarretará ônus para o Poder Público, ainda que através de refinanciamento e repasse de recursos pelo Banco Central.

§ 7º No caso de repasse a agentes financeiros oficiais ou cooperativas de crédito, o ônus recairá sobre a fonte de recursos originária.

Art. 48. O Congresso Nacional, dentro de cento e vinte dias da promulgação da Constituição, elaborará código de defesa do consumidor.

- V. Lei 8.078/1990 (Código de Defesa do Consumidor).

Art. 49. A lei disporá sobre o instituto da enfiteuse em imóveis urbanos, sendo facultada aos foreiros, no caso de sua extinção, a remição dos aforamentos mediante aquisição do domínio direto, na conformidade do que dispuserem os respectivos contratos.

- V. Dec.-lei 9.760/1946 (Bens imóveis da União).

§ 1º Quando não existir cláusula contratual, serão adotados os critérios e bases hoje vigentes na legislação especial dos imóveis da União.

§ 2º Os direitos dos atuais ocupantes inscritos ficam assegurados pela aplicação de outra modalidade de contrato.

§ 3º A enfiteuse continuará sendo aplicada aos terrenos de marinha e seus acrescidos, situados na faixa de segurança, a partir da orla marítima.

§ 4º Remido o foro, o antigo titular do domínio direto deverá, no prazo de noventa dias, sob pena de responsabilidade, confiar à guarda do registro de imóveis competente toda a documentação a ele relativa.

Art. 50. Lei agrícola a ser promulgada no prazo de um ano disporá, nos termos da Constituição, sobre os objetivos e instrumentos de política agrícola, prioridades, planejamento de safras, comercialização, abastecimento interno, mercado externo e instituição de crédito fundiário.

- V. Lei 8.171/1991 (Princípios da política agrícola).

Art. 51. Serão revistos pelo Congresso Nacional, através de Comissão mista, nos três anos a contar da data da promulgação da Constituição, todas as doações, vendas e concessões de terras públicas com área superior a três mil hectares, realizadas no período de 1º de janeiro de 1962 a 31 de dezembro de 1987.

§ 1º No tocante às vendas, a revisão será feita com base exclusivamente no critério de legalidade da operação.

§ 2º No caso de concessões e doações, a revisão obedecerá aos critérios de legalidade e de conveniência do interesse público.

§ 3º Nas hipóteses previstas nos parágrafos anteriores, comprovada a ilegalidade, ou havendo interesse público, as terras reverterão ao patrimônio da União, dos Estados, do Distrito Federal ou dos Municípios.

Art. 52. Até que sejam fixadas as condições do art. 192, são vedados:

- *Caput* com redação determinada pela Emenda Constitucional 40/2003.

I – a instalação, no País, de novas agências de instituições financeiras domiciliadas no exterior;

II – o aumento do percentual de participação, no capital de instituições financeiras com sede no País, de pessoas físicas ou jurídicas residentes ou domiciliadas no exterior.

Parágrafo único. A vedação a que se refere este artigo não se aplica às autorizações resultantes de acordos internacionais, de reciprocidade, ou de interesse do Governo brasileiro.

Art. 53. Ao ex-combatente que tenha efetivamente participado de operações bélicas durante a Segunda Guerra Mundial, nos termos da Lei 5.315, de 12 de setembro de 1967, serão assegurados os seguintes direitos:

I – aproveitamento no serviço público, sem a exigência de concurso com estabilidade;

II – pensão especial correspondente à deixada por segundo-tenente das Forças Armadas, que poderá ser requerida a qualquer tempo, sendo inacumulável com quaisquer rendimentos recebidos dos cofres públicos, exceto os benefícios previdenciários, ressalvado o direito de opção;

III – em caso de morte, pensão à viúva ou companheira ou dependente, de forma proporcional, de valor igual à do inciso anterior;

IV – assistência médica, hospitalar e educacional gratuita, extensiva aos dependentes;

V – aposentadoria com proventos integrais aos vinte e cinco anos de serviço efetivo, em qualquer regime jurídico;

VI – prioridade na aquisição da casa própria, para os que não a possuam ou para suas viúvas ou companheiras.

Parágrafo único. A concessão da pensão especial do inciso II substitui, para todos os efeitos legais, qualquer outra pensão já concedida ao ex-combatente.

Art. 54. Os seringueiros recrutados nos termos do Dec.-lei 5.813, de 14 de setembro de 1943, e amparados pelo Dec.-lei 9.882, de 16 de setembro de 1946, receberão, quando carentes, pensão mensal vitalícia no valor de dois salários mínimos.

- V. Lei 7.986/1989 (Regulamenta a concessão do benefício previsto no art. 54 do ADCT).

§ 1º O benefício é estendido aos seringueiros que, atendendo a apelo do Governo brasileiro, contribuíram para o esforço de guerra, trabalhando na produção de borracha, na Região Amazônica, durante a Segunda Guerra Mundial.

§ 2º Os benefícios estabelecidos neste artigo são transferíveis aos dependentes reconhecidamente carentes.

§ 3º A concessão do benefício far-se-á conforme lei a ser proposta pelo Poder Executivo dentro de cento e cinquenta dias da promulgação da Constituição.

Art. 54-A. Os seringueiros de que trata o art. 54 deste Ato das Disposições Constitucionais Transitórias receberão indenização, em parcela única, no valor de R$ 25.000,00 (vinte e cinco mil reais).

- Artigo acrescentado pela Emenda Constitucional 78/2014, em vigor no exercício financeiro seguinte ao de sua publicação.
- V. art. 2º, Emenda Constitucional 78/2014.

Art. 55. Até que seja aprovada a lei de diretrizes orçamentárias, trinta por cento, no mínimo, do orçamento da seguridade social, excluído o seguro-desemprego, serão destinados ao setor de saúde.

Art. 56. Até que a lei disponha sobre o art. 195, I, a arrecadação decorrente de, no mínimo, cinco dos seis décimos percentuais correspondentes à alíquota da contribuição de que trata o Dec.-lei 1.940, de 25 de maio de 1982, alterada pelo Dec.-lei 2.049, de 1º de agosto de 1983, pelo Decreto 91.236, de 8 de maio de 1985, e pela Lei 7.611, de 8 de julho de 1987, passa a integrar a receita da seguridade social, ressalvados, exclusivamente no exercício de 1988, os compromissos assumidos com programas e projetos em andamento.

Art. 57. Os débitos dos Estados e dos Municípios relativos às contribuições previdenciárias até 30 de junho de 1988 serão liquidados, com correção monetária, em cento e vinte parcelas mensais, dispensados os juros e multas sobre eles incidentes, desde que os devedores requeiram o parcelamento e iniciem seu pagamento no prazo de cento e oitenta dias a contar da promulgação da Constituição.

§ 1º O montante a ser pago em cada um dos dois primeiros anos não será inferior a cinco por cento do total do débito consolidado e atualizado, sendo o restante dividido em parcelas mensais de igual valor.

§ 2º A liquidação poderá incluir pagamentos na forma de cessão de bens e prestação de serviços, nos termos da Lei 7.578, de 23 de dezembro de 1986.

§ 3º Em garantia do cumprimento do parcelamento, os Estados e os Municípios consignarão, anualmente, nos respectivos orçamentos as dotações necessárias ao pagamento de seus débitos.

§ 4º Descumprida qualquer das condições estabelecidas para concessão do parcelamento, o débito será considerado vencido em sua totalidade, sobre ele incidindo juros de mora; nesta hipótese, parcela dos recursos correspondentes aos Fundos de Participação, destinada aos Estados e Municípios devedores, será bloqueada e repassada à previdência social para pagamento de seus débitos.

Art. 58. Os benefícios de prestação continuada, mantidos pela previdência social na data da promulgação da Constituição, terão seus valores revistos, a fim de que seja restabelecido o poder aquisitivo, expresso em número de salários mínimos, que tinham na data de sua concessão, obedecendo-se a esse critério de atualização até a implantação do plano de custeio e benefícios referidos no artigo seguinte.

- V. Súmula 687, STF.

Parágrafo único. As prestações mensais dos benefícios atualizadas de acordo com este artigo serão devidas e pagas a partir do sétimo mês a contar da promulgação da Constituição.

Art. 59. Os projetos de lei relativos à organização da seguridade social e aos planos de custeio e de benefício serão apresentados no prazo máximo de seis meses da promulgação da Constituição ao Congresso Nacional, que terá seis meses para apreciá-los.

Parágrafo único. Aprovados pelo Congresso Nacional, os planos serão implantados progressivamente nos dezoito meses seguintes.

Art. 60. Até o 14º (décimo quarto) ano a partir da promulgação desta Emenda Constitucional, os Estados, o Distrito Federal e os Municípios destinarão parte dos recursos a que se refere o *caput* do art. 212 da Constituição Federal à manutenção e desenvolvimento da educação básica e à remuneração condigna dos trabalhadores da educação, respeitadas as seguintes disposições:

- Artigo com redação determinada pela Emenda Constitucional 53/2006 (*DOU* 20.12.2006), em vigor na data de sua publicação, mantidos os efeitos do art. 60 do ADCT, conforme estabelecido pela EC 14/1996, até o início da vigência dos Fundos, nos termos da EC 53/2006.
- V. Lei 11.494/2007 (Regulamenta o Fundo de Manutenção e Desenvolvimento da Educação Básica e de Valorização dos Profissionais da Educação – Fundeb, de que trata o art. 60 do ADCT).
- V. Dec. 6.253/2007 (Regulamenta a Lei 11.494/2007).

I – a distribuição dos recursos e de responsabilidades entre o Distrito Federal, os Estados e seus Municípios é assegurada mediante a criação, no âmbito de cada Estado e do Distrito Federal, de um Fundo de Manutenção e Desenvolvimento da Educação Básica e de Valorização dos Profissionais da Educação – Fundeb, de natureza contábil;

II – os Fundos referidos no inciso I do *caput* deste artigo serão constituídos por 20% (vinte por cento) dos recursos a que se referem os incisos I, II e III do art. 155; o inciso II do *caput* do art. 157; os incisos II, III e IV do *caput* do art. 158; e as alíneas a e b do inciso I e o inciso II do *caput* do art. 159, todos da Constituição Federal, e distribuídos entre cada Estado e seus Municípios, proporcionalmente ao número de alunos das diversas etapas e modalidades da educação básica presencial, matriculados nas respectivas redes, nos respectivos âmbitos de atuação prioritária estabelecidos nos §§ 2º e 3º do art. 211 da Constituição Federal;

III – observadas as garantias estabelecidas nos incisos I, II, III e IV do caput do art. 208 da Constituição Federal e as metas de universalização da educação básica estabelecidas no Plano Nacional de Educação, a lei disporá sobre:

- V. Lei 9.424/1996 (Fundo de Manutenção e Desenvolvimento do Ensino Fundamental e de Valorização do Magistério).

a) a organização dos Fundos, a distribuição proporcional de seus recursos, as diferenças e as ponderações quanto ao valor anual por aluno entre etapas e modalidades da educação básica e tipos de estabelecimento de ensino;

b) a forma de cálculo do valor anual mínimo por aluno;

c) os percentuais máximos de apropriação dos recursos dos Fundos pelas diversas etapas e modalidades da educação básica, observados os arts. 208 e 214 da Constituição Federal, bem como as metas do Plano Nacional de Educação;

d) a fiscalização e o controle dos Fundos;

e) prazo para fixar, em lei específica, piso salarial profissional nacional para os profissionais do magistério público da educação básica;

- V. Lei 11.738/2008 (Regulamenta a alínea *e* do inciso III do *caput* do art. 60 do ADCT, para instituir o piso salarial profissional nacional para os profissionais do magistério público da educação básica).

IV – os recursos recebidos à conta dos Fundos instituídos nos termos do inciso I do *caput* deste artigo serão aplicados pelos Estados e Municípios exclusivamente nos respectivos âmbitos de atuação prioritária, conforme estabelecido nos §§ 2º e 3º do art. 211 da Constituição Federal;

V – a União complementará os recursos dos Fundos a que se refere o inciso II do *caput* deste artigo sempre que, no Distrito Federal e em cada Estado, o valor por aluno não alcançar o mínimo definido nacionalmente, fixado em observância ao disposto no inciso VII do *caput* deste artigo, vedada a utilização dos recursos a que se refere o § 5º do art. 212 da Constituição Federal;

VI – até 10% (dez por cento) da complementação da União prevista no inciso V do *caput* deste artigo poderá ser distribuída para os Fundos por meio de programas direcionados para a melhoria da qualidade da educação, na forma da lei a que se refere o inciso III do *caput* deste artigo;

VII – a complementação da União de que trata o inciso V do *caput* deste artigo será de, no mínimo:

a) R$ 2.000.000.000,00 (dois bilhões de reais), no primeiro ano de vigência dos Fundos;

b) R$ 3.000.000.000,00 (três bilhões de reais), no segundo ano de vigência dos Fundos;

c) R$ 4.500.000.000,00 (quatro bilhões e quinhentos milhões de reais), no terceiro ano de vigência dos Fundos;

d) 10% (dez por cento) do total dos recursos a que se refere o inciso II do *caput* deste artigo, a partir do quarto ano de vigência dos Fundos;

VIII – a vinculação de recursos à manutenção e desenvolvimento do ensino estabelecida no art. 212 da Constituição Federal suportará, no máximo, 30% (trinta por cento) da complementação da União, considerando-se para os fins deste inciso os valores previstos no inciso VII do *caput* deste artigo;

IX – os valores a que se referem as alíneas a, b, e c do inciso VII do *caput* deste artigo serão atualizados, anualmente, a partir da promulgação desta Emenda Constitucional, de forma a preservar, em caráter permanente, o valor real da complementação da União;

X – aplica-se à complementação da União o disposto no art. 160 da Constituição Federal;

XI – o não cumprimento do disposto nos incisos V e VII do *caput* deste artigo importará crime de responsabilidade da autoridade competente;

XII – proporção não inferior a 60% (sessenta por cento) de cada Fundo referido no inciso I do *caput* deste artigo será destinada ao pagamento dos profissionais do magistério da educação básica em efetivo exercício.

§ 1º A União, os Estados, o Distrito Federal e os Municípios deverão assegurar, no financiamento da educação básica, a melhoria da qualidade de ensino, de forma a garantir padrão mínimo definido nacionalmente.

§ 2º O valor por aluno do ensino fundamental, no Fundo de cada Estado e do Distrito Federal, não poderá ser inferior ao praticado no âmbito do Fundo de Manutenção e Desenvolvimento do Ensino Fundamental e de Valorização do Magistério – Fundef, no ano anterior à vigência desta Emenda Constitucional.

§ 3º O valor anual mínimo por aluno do ensino fundamental, no âmbito do Fundo de Manutenção e Desenvolvimento da Educação Básica e de Valorização dos Profissionais da Educação – Fundeb, não poderá ser inferior ao valor mínimo fixado nacionalmente no ano anterior ao da vigência desta Emenda Constitucional.

§ 4º Para efeito de distribuição de recursos dos Fundos a que se refere o inciso I do *caput* deste artigo, levar-se-á em conta a totalidade das matrículas no ensino fundamental e considerar-se-á para a educação infantil, para o ensino médio e para a educação de jovens e adultos 1/3 (um terço) das matrículas no primeiro ano, 2/3 (dois terços) no segundo ano e sua totalidade a partir do terceiro ano.

§ 5º A porcentagem dos recursos de constituição dos Fundos, conforme o inciso II do *caput* deste artigo, será alcançada gradativamente nos primeiros 3 (três) anos de vigência dos Fundos, da seguinte forma:

I – no caso dos impostos e transferências constantes do inciso II do *caput* do art. 155; do inciso IV do *caput* do art. 158; e das alíneas a e b do inciso I e do inciso II do *caput* do art. 159 da Constituição Federal:

a) 16,66% (dezesseis inteiros e sessenta e seis centésimos por cento), no primeiro ano;

b) 18,33% (dezoito inteiros e trinta e três centésimos por cento), no segundo ano;

c) 20% (vinte por cento), a partir do terceiro ano;

II – no caso dos impostos e transferências constantes dos incisos I e III do *caput* do art. 155; do inciso II do *caput* do art. 157; e dos incisos II e III do *caput* do art. 158 da Constituição Federal:

a) 6,66% (seis inteiros e sessenta e seis centésimos por cento), no primeiro ano;

b) 13,33% (treze inteiros e trinta e três centésimos por cento), no segundo ano;

c) 20% (vinte por cento), a partir do terceiro ano.

§ 6º *(Revogado pela Emenda Constitucional 53/2006).*

§ 7º *(Revogado pela Emenda Constitucional 53/2006).*

Art. 61. As entidades educacionais a que se refere o art. 213, bem como as fundações de ensino e pesquisa cuja criação tenha sido autorizada por lei, que preencham os requisitos dos incisos I e II do referido artigo e que, nos últimos três anos, tenham recebido recursos públicos, poderão continuar a recebê-los, salvo disposição legal em contrário.

Art. 62. A lei criará o Serviço Nacional de Aprendizagem Rural (Senar) nos moldes da legislação relativa ao Serviço Nacional de Aprendizagem Industrial (Senai) e ao Serviço Nacional de Aprendizagem do Comércio (Senac), sem prejuízo das atribuições dos órgãos públicos que atuam na área.

- V. Lei 8.315/1991 (Regulamenta o art. 62 do ADCT).

Art. 63. É criada uma Comissão composta de nove membros, sendo três do Poder Legislativo, três do Poder Judiciário e três do Poder Executivo, para promover as comemorações do centenário da proclamação da República e da promulgação da primeira Constituição republicana do país, podendo, a seu critério, desdobrar-se em tantas subcomissões quantas forem necessárias.

Parágrafo único. No desenvolvimento de suas atribuições, a Comissão promoverá estudos, debates e avaliações sobre a evolução política, social, econômica e cultural do País, podendo articular-se com os governos estaduais e municipais e com instituições públicas e privadas que desejem participar dos eventos.

Art. 64. A Imprensa Nacional e demais gráficas da União, dos Estados, do Distrito Federal e dos Municípios, da administração direta ou indireta, inclusive fundações instituídas e mantidas pelo Poder Público, promoverão edição popular do texto integral da Constituição, que será posta à disposição das escolas e dos cartórios, dos sindicatos, dos quartéis, das igrejas e de outras instituições representativas da comunidade, gratuitamente, de modo que cada cidadão brasileiro possa receber do Estado um exemplar da Constituição do Brasil.

Art. 65. O Poder Legislativo regulamentará, no prazo de doze meses, o art. 220, § 4º.

Art. 66. São mantidas as concessões de serviços públicos de telecomunicações atualmente em vigor, nos termos da lei.

Art. 67. A União concluirá a demarcação das terras indígenas no prazo de cinco anos a partir da promulgação da Constituição.

Art. 68. Aos remanescentes das comunidades dos quilombos que estejam ocupando suas terras é reconhecida a propriedade definitiva, devendo o Estado emitir-lhes os títulos respectivos.

Art. 69. Será permitido aos Estados manter consultorias jurídicas separadas de suas Procuradorias-Gerais ou Advocacias-Gerais, desde que, na data da promulgação da Constituição, tenham órgãos distintos para as respectivas funções.

Art. 70. Fica mantida a atual competência dos tribunais estaduais até que a mesma seja definida na Constituição do Estado, nos termos do art. 125, § 1º, da Constituição.

- V. art. 4º, Emenda Constitucional 45/2004.

Art. 71. É instituído, nos exercícios financeiros de 1994 e 1995, bem assim nos períodos de 1º de janeiro de 1996 a 30 de junho de 1997 e 1º de julho de 1997 a 31 de dezembro de 1999, o Fundo Social de Emergência, com o objetivo de saneamento financeiro da Fazenda Pública Federal e de estabilização econômica, cujos recursos serão aplicados prioritariamente no custeio das ações dos sistemas de saúde e educação, incluindo a complementação de recursos de que trata o § 3º do art. 60 do Ato das Disposições Constitucionais Transitórias, benefícios previdenciários e auxílios assistenciais de prestação continuada, inclusive liquidação de passivo previdenciário, e despesas orçamentárias associadas a programas de relevante interesse econômico e social.

- *Caput* com redação determinada pela Emenda Constitucional 17/1997.

§ 1º Ao Fundo criado por este artigo não se aplica o disposto na parte final do inciso II do § 9º do art. 165 da Constituição.

- § 1º acrescentado pela Emenda Constitucional 10/1996.

§ 2º O Fundo criado por este artigo passa a ser denominado Fundo de Estabilização Fiscal a partir do início do exercício financeiro de 1996.

- § 2º acrescentado pela Emenda Constitucional 10/1996.

§ 3º O Poder Executivo publicará demonstrativo da execução orçamentária, de periodicidade bimestral, no qual se discriminarão as fontes e usos do Fundo criado por este artigo.

- § 3º acrescentado pela Emenda Constitucional 10/1996.

Art. 72. Integram o Fundo Social de Emergência:

- *Caput* acrescentado pela Emenda Constitucional de Revisão 1/1994.

I – o produto da arrecadação do imposto sobre renda e proventos de qualquer natureza incidente na fonte sobre pagamentos efetuados, a qualquer título, pela União, inclusive suas autarquias e fundações;

- Inciso I acrescentado pela Emenda Constitucional de Revisão 1/1994.

II – a parcela do produto da arrecadação do imposto sobre renda e proventos de qualquer natureza e do imposto sobre operações de crédito, câmbio e seguro, ou relativas a títulos e valores mobiliários, decorrente das alterações produzidas pela Lei 8.894, de 21 de junho de 1994, e pelas Leis 8.849 e 8.848, ambas de 28 de janeiro de 1994, e modificações posteriores;

- Inciso II com redação determinada pela Emenda Constitucional 10/1996.

III – a parcela do produto da arrecadação resultante da elevação da alíquota da contribuição social sobre o lucro dos contribuintes a que se refere o § 1º do art. 22 da Lei 8.212, de 24 de julho de 1991, a qual, nos exercícios financeiros de 1994 e 1995, bem assim no período de 1º de janeiro de 1996 a 30 de junho de 1997, passa a ser de trinta por cento, sujeita a alteração por lei ordinária, mantidas as demais normas da Lei 7.689, de 15 de dezembro de 1988;

- Inciso III com redação determinada pela Emenda Constitucional 10/1996.

IV – vinte por cento do produto da arrecadação de todos os impostos e contribuições da União, já instituídos ou a serem criados, excetuado o previsto nos incisos I, II e III, observado o disposto nos §§ 3º e 4º;

- Inciso IV com redação determinada pela Emenda Constitucional 10/1996.

V – a parcela do produto da arrecadação da contribuição de que trata a Lei Complementar 7, de 7 de setembro de 1970, devida pelas pessoas jurídicas a que se refere o inciso III deste artigo, a qual será calculada, nos exercícios financeiros de 1994 a 1995, bem assim nos períodos de 1º de janeiro de 1996 a 30 de junho de 1997 e de 1º de julho de 1997 a 31 de dezembro de 1999, mediante a aplicação da alíquota de setenta e cinco centésimos por cento, sujeita a alteração por lei ordinária posterior, sobre a receita bruta operacional, como definida na legislação do imposto sobre renda e proventos de qualquer natureza;

- Inciso V com redação determinada pela Emenda Constitucional 17/1997.

VI – outras receitas previstas em lei específica.

- Inciso VI acrescentado pela Emenda Constitucional de Revisão 1/1994.

§ 1º As alíquotas e a base de cálculo previstas nos incisos III e V aplicar-se-ão a partir do primeiro dia do mês seguinte aos noventa dias posteriores à promulgação desta Emenda.

- § 1º acrescentado pela Emenda Constitucional de Revisão 1/1994.

§ 2º As parcelas de que tratam os incisos I, II, III e V serão previamente deduzidas da base de cálculo de qualquer vinculação ou participação constitucional ou legal, não se lhes aplicando o disposto nos arts. 159, 212 e 239 da Constituição.

- § 2º com redação determinada pela Emenda Constitucional 10/1996.

§ 3º A parcela de que trata o inciso IV será previamente deduzida da base de cálculo das vinculações ou participações constitucionais previstas nos arts. 153, § 5º, 157, II, 212 e 239 da Constituição.

- § 3º com redação determinada pela Emenda Constitucional 10/1996.

§ 4º O disposto no parágrafo anterior não se aplica aos recursos previstos nos arts. 158, II, e 159 da Constituição.

- § 4º com redação determinada pela Emenda Constitucional 10/1996.

§ 5º A parcela dos recursos provenientes do imposto sobre renda e proventos de qualquer natureza, destinada ao Fundo Social de Emergência, nos termos do inciso II deste artigo, não poderá exceder a cinco inteiros e seis décimos por cento do total do produto da sua arrecadação.

- § 5º com redação determinada pela Emenda Constitucional 10/1996.

Art. 73. Na regulação do Fundo Social de Emergência não poderá ser utilizado o instrumento previsto no inciso V do art. 59 da Constituição.

- Artigo acrescentado pela Emenda Constitucional de Revisão 1/1994.

Art. 74. A União poderá instituir contribuição provisória sobre movimentação ou transmissão de valores e de créditos e direitos de natureza financeira.

- Artigo acrescentado pela Emenda Constitucional 12/1996.

§ 1º A alíquota da contribuição de que trata este artigo não excederá a vinte e cinco centésimos por cento, facultado ao Poder Executivo reduzi-la ou restabelecê-la, total ou parcialmente, nas condições e limites fixados em lei.

§ 2º À contribuição de que trata este artigo não se aplica o disposto nos arts. 153, § 5º, e 154, I, da Constituição.

§ 3º O produto da arrecadação da contribuição de que trata este artigo será destinado integralmente ao Fundo Nacional de Saúde, para financiamento das ações e serviços de saúde.

§ 4º A contribuição de que trata este artigo terá sua exigibilidade subordinada ao disposto no art. 195, § 6º, da Constituição, e não poderá ser cobrada por prazo superior a dois anos.

- V. Lei 9.311/1996 (Contribuição provisória sobre movimentação ou transmissão de valores e de créditos e direitos de natureza financeira – CPMF).

Art. 75. É prorrogada, por trinta e seis meses, a cobrança da contribuição provisória sobre movimentação ou transmissão de valores e de créditos e direitos de natureza financeira de que trata o art. 74, instituída pela Lei 9.311, de 24 de outubro de 1996, modificada pela Lei 9.539, de 12 de dezembro de 1997, cuja vigência é também prorrogada por idêntico prazo.

- Artigo acrescentado pela Emenda Constitucional 21/1999.

§ 1º Observado o disposto no § 6º do art. 195 da Constituição Federal, a alíquota da contribuição será de trinta e oito centésimos por cento, nos primeiros doze meses, e de trinta centésimos, nos meses subsequentes, facultado ao Poder Executivo reduzi-la total ou parcialmente, nos limites aqui definidos.

§ 2º O resultado do aumento da arrecadação, decorrente da alteração da alíquota, nos exercícios financeiros de 1999, 2000 e 2001, será destinado ao custeio da previdência social.

§ 3º É a União autorizada a emitir títulos da dívida pública interna, cujos recursos serão destinados ao custeio da saúde e da previdência social, em montante equivalente ao produto da arrecadação da contribuição, prevista e não realizada em 1999.

- O STF, na ADIn 2.031-5 (*DOU* e *DJU* 05.11.2003), julgou parcialmente procedente

CF

- o pedido formulado na ação para declarar a inconstitucionalidade do § 3º do art. 75 do ADCT, incluído pela EC 21/1999.

Art. 76. São desvinculados de órgão, fundo ou despesa, até 31 de dezembro de 2023, 30% (trinta por cento) da arrecadação da União relativa às contribuições sociais, sem prejuízo do pagamento das despesas do Regime Geral da Previdência Social, às contribuições de intervenção no domínio econômico e às taxas, já instituídas ou que vierem a ser criadas até a referida data.

- *Caput* com redação determinada pela Emenda Constitucional 93/2016 (DOU 09.09.2016, edição extra), em vigor na data de sua publicação, produzindo efeitos a partir de 1º de janeiro de 2016.

§ 1º *(Revogado pela Emenda Constitucional 93/2016 – DOU 09.09.2016, edição extra, em vigor na data de sua publicação, produzindo efeitos a partir de 1º de janeiro de 2016).*

§ 2º Excetua-se da desvinculação de que trata o *caput* a arrecadação da contribuição social do salário-educação a que se refere o § 5º do art. 212 da Constituição Federal.

§ 3º *(Revogado pela Emenda Constitucional 93/2016 – DOU 09.09.2016, edição extra, em vigor na data de sua publicação, produzindo efeitos a partir de 1º de janeiro de 2016).*

Art. 76-A. São desvinculados de órgão, fundo ou despesa, até 31 de dezembro de 2023, 30% (trinta por cento) das receitas dos Estados e do Distrito Federal relativas a impostos, taxas e multas, já instituídos ou que vierem a ser criados até a referida data, seus adicionais e respectivos acréscimos legais, e outras receitas correntes.

- Artigo acrescentado pela Emenda Constitucional 93/2016 (DOU 09.09.2016, edição extra), em vigor na data de sua publicação, produzindo efeitos a partir de 1º de janeiro de 2016.

Parágrafo único. Excetuam-se da desvinculação de que trata o *caput*:

I – recursos destinados ao financiamento das ações e serviços públicos de saúde e à manutenção e desenvolvimento do ensino de que tratam, respectivamente, os incisos II e III do § 2º do art. 198 e o art. 212 da Constituição Federal;

II – receitas que pertencem aos Municípios decorrentes de transferências previstas na Constituição Federal;

III – receitas de contribuições previdenciárias e de assistência à saúde dos servidores;

IV – demais transferências obrigatórias e voluntárias entre entes da Federação com destinação especificada em lei;

V – fundos instituídos pelo Poder Judiciário, pelos Tribunais de Contas, pelo Ministério Público, pelas Defensorias Públicas e pelas Procuradorias-Gerais dos Estados e do Distrito Federal.

Art. 76-B. São desvinculados de órgão, fundo ou despesa, até 31 de dezembro de 2023, 30% (trinta por cento) das receitas dos Municípios relativas a impostos, taxas e multas, já instituídos ou que vierem a ser criados até a referida data, seus adicionais e respectivos acréscimos legais, e outras receitas correntes.

- Artigo acrescentado pela Emenda Constitucional 93/2016 (DOU 09.09.2016, edição extra), em vigor na data de sua publicação, produzindo efeitos a partir de 1º de janeiro de 2016.

Parágrafo único. Excetuam-se da desvinculação de que trata o *caput*:

I – recursos destinados ao financiamento das ações e serviços públicos de saúde e à manutenção e desenvolvimento do ensino de que tratam, respectivamente, os incisos II e III do § 2º do art. 198 e o art. 212 da Constituição Federal;

II – receitas de contribuições previdenciárias e de assistência à saúde dos servidores;

III – transferências obrigatórias e voluntárias entre entes da Federação com destinação especificada em lei;

IV – fundos instituídos pelo Tribunal de Contas do Município.

Art. 77. Até o exercício financeiro de 2004, os recursos mínimos aplicados nas ações e serviços públicos de saúde serão equivalentes:

- Artigo acrescentado pela Emenda Constitucional 29/2000.

I – no caso da União:

a) no ano 2000, o montante empenhado em ações e serviços públicos de saúde no exercício financeiro de 1999 acrescido de, no mínimo, cinco por cento;

b) do ano 2001 ao ano 2004, o valor apurado no ano anterior, corrigido pela variação nominal do Produto Interno Bruto – PIB;

II – no caso dos Estados e do Distrito Federal, doze por cento do produto da arrecadação dos impostos a que se refere o art. 155 e dos recursos de que tratam os arts. 157 e 159, inciso I, alínea a, e inciso II, deduzidas as parcelas que forem transferidas aos respectivos Municípios; e

III – no caso dos Municípios e do Distrito Federal, quinze por cento do produto da arrecadação dos impostos a que se refere o art. 156 e dos recursos de que tratam os arts. 158 e 159, inciso I, alínea b e § 3º.

§ 1º Os Estados, o Distrito Federal e os Municípios que apliquem percentuais inferiores aos fixados nos incisos II e III deverão elevá-los gradualmente, até o exercício financeiro de 2004, reduzida a diferença à razão de, pelo menos, um quinto por ano, sendo que, a partir de 2000, a aplicação será de pelo menos sete por cento.

§ 2º Dos recursos da União apurados nos termos deste artigo, quinze por cento, no mínimo, serão aplicados nos Municípios, segundo o critério populacional, em ações e serviços básicos de saúde, na forma da lei.

§ 3º Os recursos dos Estados, do Distrito Federal e dos Municípios destinados às ações e serviços públicos de saúde e os transferidos pela União para a mesma finalidade serão aplicados por meio de Fundo de Saúde que será acompanhado e fiscalizado por Conselho de Saúde, sem prejuízo do disposto no art. 74 da Constituição Federal.

§ 4º Na ausência da lei complementar a que se refere o art. 198, § 3º, a partir do exercício financeiro de 2005, aplicar-se-á à União, aos Estados, ao Distrito Federal e aos Municípios o disposto neste artigo.

Art. 78. Ressalvados os créditos definidos em lei como de pequeno valor, os de natureza alimentícia, os de que trata o art. 33 deste Ato das Disposições Constitucionais Transitórias e suas complementações e os que já tiverem os seus respectivos recursos liberados ou depositados em juízo, os precatórios pendentes na data de promulgação desta Emenda e os que decorram de ações iniciais ajuizadas até 31 de dezembro de 1999 serão liquidados pelo seu valor real, em moeda corrente, acrescido de juros legais, em prestações anuais, iguais e sucessivas, no prazo máximo de dez anos, permitida a cessão dos créditos.

- Artigo acrescentado pela Emenda Constitucional 30/2000.
- V. art. 97, ADCT.
- O STF, na Med. Caut. em ADIn 2.356 e 2.362, deferiu a cautelar (DOU e DJE 07.12.2010; DJE 19.05.2011) para suspender a eficácia do art. 2º da Emenda Constitucional 30/2000, que introduziu o art. 78 no ADCT.

§ 1º É permitida a decomposição de parcelas, a critério do credor.

§ 2º As prestações anuais a que se refere o *caput* deste artigo terão, se não liquidadas até o final do exercício a que se referem, poder liberatório do pagamento de tributos da entidade devedora.

- V. art. 6º, Emenda Constitucional 62/2009.

§ 3º O prazo referido no *caput* deste artigo fica reduzido para dois anos, nos casos de precatórios judiciais originários de desapropriação de imóvel residencial do credor, desde que comprovadamente único à época da imissão na posse.

§ 4º O Presidente do Tribunal competente deverá, vencido o prazo ou em caso de omissão no orçamento, ou preterição ao direito de precedência, a requerimento do credor, requisitar ou determinar o sequestro de recursos financeiros da entidade executada, suficientes à satisfação da prestação.

Art. 79. É instituído, para vigorar até o ano de 2010, no âmbito do Poder Executivo Federal, o Fundo de Combate e Erradicação da Pobreza, a ser regulado por lei complementar com o objetivo de viabilizar a todos os brasileiros acesso a níveis dignos de subsistência, cujos recursos serão aplicados em ações suplementares de nutrição, habitação, educação, saúde, reforço de renda familiar e outros programas de relevante interesse social voltados para melhoria da qualidade de vida.

- Artigo acrescentado pela Emenda Constitucional 31/2000.
- V. art. 4º, Emenda Constitucional 42/2003.
- V. art. 1º, Emenda Constitucional 67/2010 (DOU 23.12.2010), que prorroga por tempo indeterminado, o prazo de vigência do Fundo

CF

de Combate e Erradicação da Pobreza a que se refere o *caput* do art. 79 do ADCT e, igualmente, o prazo de vigência da LC 111/2001.

Parágrafo único. O Fundo previsto neste artigo terá Conselho Consultivo e de Acompanhamento que conte com a participação de representantes da sociedade civil, nos termos da lei.

Art. 80. Compõem o Fundo de Combate e Erradicação da Pobreza:

- Artigo acrescentado pela Emenda Constitucional 31/2000.
- V. art. 4º, Emenda Constitucional 42/2003.

I – a parcela do produto da arrecadação correspondente a um adicional de oito centésimos por cento, aplicável de 18 de junho de 2000 a 17 de junho de 2002, na alíquota da contribuição social de que trata o art. 75 do Ato das Disposições Constitucionais Transitórias;

II – a parcela do produto da arrecadação correspondente a um adicional de cinco pontos percentuais na alíquota do Imposto sobre Produtos Industrializados – IPI, ou do imposto que vier a substituí-lo, incidente sobre produtos supérfluos e aplicável até a extinção do Fundo;

III – o produto da arrecadação do imposto de que trata o art. 153, inciso VII, da Constituição;

IV – dotações orçamentárias;

V – doações, de qualquer natureza, de pessoas físicas ou jurídicas do País ou do exterior;

VI – outras receitas, a serem definidas na regulamentação do referido Fundo.

§ 1º Aos recursos integrantes do Fundo de que trata este artigo não se aplica o disposto nos arts. 159 e 167, inciso IV, da Constituição, assim como qualquer desvinculação de recursos orçamentários.

§ 2º A arrecadação decorrente do disposto no inciso I deste artigo, no período compreendido entre 18 de junho de 2000 e o início da vigência da lei complementar a que se refere o art. 79, será integralmente repassada ao Fundo, preservado o seu valor real, em títulos públicos federais, progressivamente resgatáveis após 18 de junho de 2002, na forma da lei.

Art. 81. É instituído Fundo constituído pelos recursos recebidos pela União em decorrência da desestatização de sociedades de economia mista ou empresas públicas por ela controladas, direta ou indiretamente, quando a operação envolver a alienação do respectivo controle acionário a pessoa ou entidade não integrante da Administração Pública, ou de participação societária remanescente após a alienação, cujos rendimentos, gerados a partir de 18 de junho de 2002, reverterão ao Fundo de Combate e Erradicação da Pobreza.

- Artigo acrescentado pela Emenda Constitucional 31/2000.

§ 1º Caso o montante anual previsto nos rendimentos transferidos ao Fundo de Combate e Erradicação da Pobreza, na forma deste artigo, não alcance o valor de quatro bilhões de reais, far-se-á complementação na forma do art. 80, inciso IV, do Ato das Disposições Constitucionais Transitórias.

§ 2º Sem prejuízo do disposto no § 1º, o Poder Executivo poderá destinar ao Fundo a que se refere este artigo outras receitas decorrentes da alienação de bens da União.

§ 3º A constituição do Fundo a que se refere o *caput*, a transferência de recursos ao Fundo de Combate e Erradicação da Pobreza e as demais disposições referentes ao § 1º deste artigo serão disciplinadas em lei, não se aplicando o disposto no art. 165, § 9º, inciso II, da Constituição.

Art. 82. Os Estados, o Distrito Federal e os Municípios devem instituir Fundos de Combate à Pobreza, com os recursos de que trata este artigo e outros que vierem a destinar, devendo os referidos Fundos ser geridos por entidades que contem com a participação da sociedade civil.

- *Caput* acrescentado pela Emenda Constitucional 31/2000.
- V. art. 4º, Emenda Constitucional 42/2003.

§ 1º Para o financiamento dos Fundos Estaduais e Distrital, poderá ser criado adicional de até dois pontos percentuais na alíquota do Imposto sobre Circulação de Mercadorias e Serviços – ICMS, sobre os produtos e serviços supérfluos e nas condições definidas na lei complementar de que trata o art. 155, § 2º, XII, da Constituição, não se aplicando, sobre este percentual, o disposto no art. 158, IV, da Constituição.

- § 1º com redação determinada pela Emenda Constitucional 42/2003.

§ 2º Para o financiamento dos Fundos Municipais, poderá ser criado adicional de até meio ponto percentual na alíquota do Imposto sobre Serviços ou do imposto que vier a substituí-lo, sobre serviços supérfluos.

- § 2º acrescentado pela Emenda Constitucional 31/2000.

Art. 83. Lei federal definirá os produtos e serviços supérfluos a que se referem os arts. 80, II, e 82, § 2º.

- Artigo com redação determinada pela Emenda Constitucional 42/2003.

Art. 84. A contribuição provisória sobre movimentação ou transmissão de valores e de créditos e direitos de natureza financeira, prevista nos arts. 74, 75 e 80, I, deste Ato das Disposições Constitucionais Transitórias, será cobrada até 31 de dezembro de 2004.

- Artigo acrescentado pela Emenda Constitucional 37/2002.
- V. art. 90, ADCT.

§ 1º Fica prorrogada, até a data referida no *caput* deste artigo, a vigência da Lei 9.311, de 24 de outubro de 1996, e suas alterações.

§ 2º Do produto da arrecadação da contribuição social de que trata este artigo será destinada a parcela correspondente à alíquota de:

I – vinte centésimos por cento ao Fundo Nacional de Saúde, para financiamento das ações e serviços de saúde;

II – dez centésimos por cento ao custeio da previdência social;

III – oito centésimos por cento ao Fundo de Combate e Erradicação da Pobreza, de que tratam os arts. 80 e 81 deste Ato das Disposições Constitucionais Transitórias.

§ 3º A alíquota da contribuição de que trata este artigo será de:

I – trinta e oito centésimos por cento, nos exercícios financeiros de 2002 e 2003;

II – *(Revogado pela Emenda Constitucional 42/2003).*

Art. 85. A contribuição a que se refere o art. 84 deste Ato das Disposições Constitucionais Transitórias não incidirá, a partir do trigésimo dia da data de publicação desta Emenda Constitucional, nos lançamentos:

- Artigo acrescentado pela Emenda Constitucional 37/2002.

I – em contas-correntes de depósito especialmente abertas e exclusivamente utilizadas para operações de:

- V. art. 2º, Lei 10.892/2004 (*DOU* 14.07.2004), em vigor em 1º.10.2004, que dispõe sobre multas nos casos de utilização diversa da prevista na legislação das contas-correntes de depósito beneficiárias da alíquota 0 (zero), bem como da inobservância de normas baixadas pelo Bacen que resulte na falta de cobrança da CPMF devida.

a) câmaras e prestadoras de serviços de compensação e de liquidação de que trata o parágrafo único do art. 2º da Lei 10.214, de 27 de março de 2001;

b) companhias securitizadoras de que trata a Lei 9.514, de 20 de novembro de 1997;

c) sociedades anônimas que tenham por objeto exclusivo a aquisição de créditos oriundos de operações praticadas no mercado financeiro;

II – em contas-correntes de depósito, relativos a:

a) operações de compra e venda de ações, realizadas em recintos ou sistemas de negociação de bolsas de valores e no mercado de balcão organizado;

b) contratos referenciados em ações ou índices de ações, em suas diversas modalidades, negociados em bolsas de valores, de mercadorias e de futuros;

III – em contas de investidores estrangeiros, relativos a entradas no País e a remessas para o exterior de recursos financeiros empregados, exclusivamente, em operações e contratos referidos no inciso II deste artigo.

§ 1º O Poder Executivo disciplinará o disposto neste artigo no prazo de trinta dias da data de publicação desta Emenda Constitucional.

§ 2º O disposto no inciso I deste artigo aplica-se somente às operações relacionadas em ato do Poder Executivo, dentre aquelas que constituam o objeto social das referidas entidades.

§ 3º O disposto no inciso II deste artigo aplica-se somente a operações e contratos efetuados por intermédio de instituições financeiras, sociedades corretoras de títulos e valores mobiliários, sociedades distribuidoras de títulos e valores mobiliários e sociedades corretoras de mercadorias.

Art. 86. Serão pagos conforme disposto no art. 100 da Constituição Federal, não se lhes aplicando a regra de parcelamento estabelecida no *caput* do art. 78 deste Ato das Disposições Constitucionais Transitórias, os débitos da Fazenda Federal, Estadual, Distrital ou Municipal oriundos de sentenças transitadas em julgado, que preencham, cumulativamente, as seguintes condições:

- Artigo acrescentado pela Emenda Constitucional 37/2002.

I – ter sido objeto de emissão de precatórios judiciários;

II – ter sido definidos como de pequeno valor pela lei de que trata o § 3º do art. 100 da Constituição Federal ou pelo art. 87 deste Ato das Disposições Constitucionais Transitórias;

III – estar, total ou parcialmente, pendentes de pagamento na data da publicação desta Emenda Constitucional.

§ 1º Os débitos a que se refere o *caput* deste artigo, ou os respectivos saldos, serão pagos na ordem cronológica de apresentação dos respectivos precatórios, com precedência sobre os de maior valor.

§ 2º Os débitos a que se refere o *caput* deste artigo, se ainda não tiverem sido objeto de pagamento parcial, nos termos do art. 78 deste Ato das Disposições Constitucionais Transitórias, poderão ser pagos em duas parcelas anuais, se assim dispuser a lei.

§ 3º Observada a ordem cronológica de sua apresentação, os débitos de natureza alimentícia previstos neste artigo terão precedência para pagamento sobre todos os demais.

Art. 87. Para efeito do que dispõem o § 3º do art. 100 da Constituição Federal e o art. 78 deste Ato das Disposições Constitucionais Transitórias serão considerados de pequeno valor, até que se dê a publicação oficial das respectivas leis definidoras pelos entes da Federação, observado o disposto no § 4º do art. 100 da Constituição Federal, os débitos ou obrigações consignados em precatório judiciário, que tenham valor igual ou inferior a:

- Artigo acrescentado pela Emenda Constitucional 37/2002.

I – quarenta salários mínimos, perante a Fazenda dos Estados e do Distrito Federal;

II – trinta salários mínimos, perante a Fazenda dos Municípios.

Parágrafo único. Se o valor da execução ultrapassar o estabelecido neste artigo, o pagamento far-se-á, sempre, por meio de precatório, sendo facultada à parte exequente a renúncia ao crédito do valor excedente, para que possa optar pelo pagamento do saldo sem o precatório, da forma prevista no § 3º do art. 100.

Art. 88. Enquanto lei complementar não disciplinar o disposto nos incisos I e III do § 3º do art. 156 da Constituição Federal, o imposto a que se refere o inciso III do *caput* do mesmo artigo:

- Artigo acrescentado pela Emenda Constitucional 37/2002.

I – terá alíquota mínima de dois por cento, exceto para os serviços a que se referem os itens 32, 33 e 34 da Lista de Serviços anexa ao Decreto-lei 406, de 31 de dezembro de 1968;

II – não será objeto de concessão de isenções, incentivos e benefícios fiscais, que resulte, direta ou indiretamente, na redução da alíquota mínima estabelecida no inciso I.

Art. 89. Os integrantes da carreira policial militar e os servidores municipais do ex-Território Federal de Rondônia que, comprovadamente, se encontravam no exercício regular de suas funções prestando serviço àquele ex-Território na data em que foi transformado em Estado, bem como os servidores e os policiais militares alcançados pelo disposto no art. 36 da Lei Complementar 41, de 22 de dezembro de 1981, e aqueles admitidos regularmente nos quadros do Estado de Rondônia até a data de posse do primeiro Governador eleito, em 15 de março de 1987, constituirão, mediante opção, quadro em extinção da administração federal, assegurados os direitos e as vantagens a eles inerentes, vedado o pagamento, a qualquer título, de diferenças remuneratórias.

- Artigo com redação determinada pela Emenda Constitucional 60/2009 (*DOU* 12.11.2009), em vigor na data de sua publicação, não produzindo efeitos retroativos.
- V. art. 1º, Emenda Constitucional 60/2009 (Quadro de servidores civis e militares do ex-Território Federal de Rondônia).
- V. Lei 13.681/2018 (Dispõe sobre as tabelas de salários, vencimentos, soldos e demais vantagens aplicáveis aos servidores civis, aos militares e aos empregados dos ex-Territórios Federais, integrantes do quadro em extinção de que trata o art. 89 do Ato das Disposições Constitucionais Transitórias e o art. 31 da Emenda Constitucional 19, de 4 de junho de 1998).

§ 1º Os membros da Polícia Militar continuarão prestando serviços ao Estado de Rondônia, na condição de cedidos, submetidos às corporações da Polícia Militar, observadas as atribuições de função compatíveis com o grau hierárquico.

§ 2º Os servidores a que se refere o *caput* continuarão prestando serviços ao Estado de Rondônia na condição de cedidos, até seu aproveitamento em órgão ou entidade da administração federal direta, autárquica ou fundacional.

Art. 90. O prazo previsto no *caput* do art. 84 deste Ato das Disposições Constitucionais Transitórias fica prorrogado até 31 de dezembro de 2007.

- Artigo acrescentado pela Emenda Constitucional 42/2003.

§ 1º Fica prorrogada, até a data referida no *caput* deste artigo, a vigência da Lei 9.311, de 24 de outubro de 1996, e suas alterações.

§ 2º Até a data referida no *caput* deste artigo, a alíquota da contribuição de que trata o art. 84 deste Ato das Disposições Constitucionais Transitórias será de trinta e oito centésimos por cento.

Art. 91. A União entregará aos Estados e ao Distrito Federal o montante definido em lei complementar, de acordo com critérios, prazos e condições nela determinados, podendo considerar as exportações para o exterior de produtos primários e semielaborados, a relação entre as exportações e as importações, os créditos decorrentes de aquisições destinadas ao ativo permanente e a efetiva manutenção e aproveitamento do crédito do imposto a que se refere o art. 155, § 2º, X, a.

- Artigo acrescentado pela Emenda Constitucional 42/2003.

§ 1º Do montante de recursos que cabe a cada Estado, setenta e cinco por cento pertencem ao próprio Estado, e vinte e cinco por cento, aos seus Municípios, distribuídos segundo os critérios a que se refere o art. 158, parágrafo único, da Constituição.

§ 2º A entrega de recursos prevista neste artigo perdurará, conforme definido em lei complementar, até que o imposto a que se refere o art. 155, II, tenha o produto de sua arrecadação destinado predominantemente, em proporção não inferior a oitenta por cento, ao Estado onde ocorrer o consumo das mercadorias, bens ou serviços.

§ 3º Enquanto não for editada a lei complementar de que trata o *caput*, em substituição ao sistema de entrega de recursos nele previsto, permanecerá vigente o sistema de entrega de recursos previsto no art. 31 e Anexo da Lei Complementar 87, de 13 de setembro de 1996, com a redação dada pela Lei Complementar 115, de 26 de dezembro de 2002.

§ 4º Os Estados e o Distrito Federal deverão apresentar à União, nos termos das instruções baixadas pelo Ministério da Fazenda, as informações relativas ao imposto de que trata o art. 155, II, declaradas pelos contribuintes que realizarem operações ou prestações com destino ao exterior.

Art. 92. São acrescidos dez anos ao prazo fixado no art. 40 deste Ato das Disposições Constitucionais Transitórias.

- Artigo acrescentado pela Emenda Constitucional 42/2003.

Art. 92-A. São acrescidos 50 (cinquenta) anos ao prazo fixado pelo art. 92 deste Ato das Disposições Constitucionais Transitórias.

- Artigo acrescentado pela Emenda Constitucional 83/2014.

Art. 93. A vigência do disposto no art. 159, III, e § 4º, iniciará somente após a edição da lei de que trata o referido inciso III.

- Artigo acrescentado pela Emenda Constitucional 42/2003.

CF

Art. 94. Os regimes especiais de tributação para microempresas e empresas de pequeno porte próprios da União, dos Estados, do Distrito Federal e dos Municípios cessarão a partir da entrada em vigor do regime previsto no art. 146, III, d, da Constituição.

- Artigo acrescentado pela Emenda Constitucional 42/2003.

Art. 95. Os nascidos no estrangeiro entre 7 de junho de 1994 e a data da promulgação desta Emenda Constitucional, filhos de pai brasileiro ou mãe brasileira, poderão ser registrados em repartição diplomática ou consular brasileira competente ou em ofício de registro, se vierem a residir na República Federativa do Brasil.

- Artigo acrescentado pela Emenda Constitucional 54/2007 (DOU 21.09.2007).

Art. 96. Ficam convalidados os atos de criação, fusão, incorporação e desmembramento de Municípios, cuja lei tenha sido publicada até 31 de dezembro de 2006, atendidos os requisitos estabelecidos na legislação do respectivo Estado à época de sua criação.

- Artigo acrescentado pela Emenda Constitucional 57/2008.

Art. 97. Até que seja editada a lei complementar de que trata o § 15 do art. 100 da Constituição Federal, os Estados, o Distrito Federal e os Municípios que, na data de publicação desta Emenda Constitucional, estejam em mora na quitação de precatórios vencidos, relativos às suas administrações direta e indireta, inclusive os emitidos durante o período de vigência do regime especial instituído por este artigo, farão esses pagamentos de acordo com as normas a seguir estabelecidas, sendo inaplicável o disposto no art. 100 desta Constituição Federal, exceto em seus §§ 2º, 3º, 9º, 10, 11, 12, 13 e 14, e sem prejuízo dos acordos de juízos conciliatórios já formalizados na data de promulgação desta Emenda Constitucional.

- Artigo acrescentado pela Emenda Constitucional 62/2009.
- V. ADIn 4.425.
- V. art. 3º, Emenda Constitucional 62/2009, que determina que a implantação do regime de pagamento criado por este artigo, deverá ocorrer no prazo de até 90 (noventa) dias, contados da publicação da referida EC.
- V. art. 100, CF.

§ 1º Os Estados, o Distrito Federal e os Municípios sujeitos ao regime especial de que trata este artigo optarão, por meio de ato do Poder Executivo:

I – pelo depósito em conta especial do valor referido pelo § 2º deste artigo; ou

II – pela adoção do regime especial pelo prazo de até 15 (quinze) anos, caso em que o percentual a ser depositado na conta especial a que se refere o § 2º deste artigo corresponderá, anualmente, ao saldo total dos precatórios devidos, acrescido do índice oficial de remuneração básica da caderneta de poupança e de juros simples no mesmo percentual de juros incidentes sobre a caderneta de poupança para fins de compensação da mora, excluída a incidência de juros compensatórios, diminuído das amortizações e dividido pelo número de anos restantes no regime especial de pagamento.

§ 2º Para saldar os precatórios, vencidos e a vencer, pelo regime especial, os Estados, o Distrito Federal e os Municípios devedores depositarão mensalmente, em conta especial criada para tal fim, 1/12 (um doze avos) do valor calculado percentualmente sobre as respectivas receitas correntes líquidas, apuradas no segundo mês anterior ao mês de pagamento, sendo que esse percentual, calculado no momento de opção pelo regime e mantido fixo até o final do prazo a que se refere o § 14 deste artigo, será:

I – para os Estados e para o Distrito Federal:

a) de, no mínimo, 1,5% (um inteiro e cinco décimos por cento), para os Estados das regiões Norte, Nordeste e Centro-Oeste, além do Distrito Federal, ou cujo estoque de precatórios pendentes das suas administrações direta e indireta corresponder a até 35% (trinta e cinco por cento) do total da receita corrente líquida;

b) de, no mínimo, 2% (dois por cento), para os Estados das regiões Sul e Sudeste, cujo estoque de precatórios pendentes das suas administrações direta e indireta corresponder a mais de 35% (trinta e cinco por cento) da receita corrente líquida;

II – para Municípios:

a) de, no mínimo, 1% (um por cento), para Municípios das regiões Norte, Nordeste e Centro-Oeste, ou cujo estoque de precatórios pendentes das suas administrações direta e indireta corresponder a até 35% (trinta e cinco por cento) da receita corrente líquida;

b) de, no mínimo, 1,5% (um inteiro e cinco décimos por cento), para Municípios das regiões Sul e Sudeste, cujo estoque de precatórios pendentes das suas administrações direta e indireta corresponder a mais de 35 % (trinta e cinco por cento) da receita corrente líquida.

§ 3º Entende-se como receita corrente líquida, para os fins de que trata este artigo, o somatório das receitas tributárias, patrimoniais, industriais, agropecuárias, de contribuições e de serviços, transferências correntes e outras receitas correntes, incluindo as oriundas do § 1º do art. 20 da Constituição Federal, verificado no período compreendido pelo mês de referência e os 11 (onze) meses anteriores, excluídas as duplicidades, e deduzidas:

I – nos Estados, as parcelas entregues aos Municípios por determinação constitucional;

II – nos Estados, no Distrito Federal e nos Municípios, a contribuição dos servidores para custeio do seu sistema de previdência e assistência social e as receitas provenientes da compensação financeira referida no § 9º do art. 201 da Constituição Federal.

§ 4º As contas especiais de que tratam os §§ 1º e 2º serão administradas pelo Tribunal de Justiça local, para pagamento de precatórios expedidos pelos tribunais.

§ 5º Os recursos depositados nas contas especiais de que tratam os §§ 1º e 2º deste artigo não poderão retornar para Estados, Distrito Federal e Municípios devedores.

§ 6º Pelo menos 50% (cinquenta por cento) dos recursos de que tratam os §§ 1º e 2º deste artigo serão utilizados para pagamento de precatórios em ordem cronológica de apresentação, respeitadas as preferências definidas no § 1º, para os requisitórios do mesmo ano e no § 2º do art. 100, para requisitórios de todos os anos.

§ 7º Nos casos em que não se possa estabelecer a precedência cronológica entre 2 (dois) precatórios, pagar-se-á primeiramente o precatório de menor valor.

§ 8º A aplicação dos recursos restantes dependerá de opção a ser exercida por Estados, Distrito Federal e Municípios devedores, por ato do Poder Executivo, obedecendo à seguinte forma, que poderá ser aplicada isoladamente ou simultaneamente:

I – destinados ao pagamento dos precatórios por meio do leilão;

II – destinados a pagamento a vista de precatórios não quitados na forma do § 6º e do inciso I, em ordem única e crescente de valor por precatório;

III – destinados a pagamento por acordo direto com os credores, na forma estabelecida por lei própria da entidade devedora, que poderá prever criação e forma de funcionamento de câmara de conciliação.

§ 9º Os leilões de que trata o inciso I do § 8º deste artigo:

I – serão realizados por meio de sistema eletrônico administrado por entidade autorizada pela Comissão de Valores Mobiliários ou pelo Banco Central do Brasil;

II – admitirão a habilitação de precatórios, ou parcela de cada precatório indicada pelo seu detentor, em relação aos quais não esteja pendente, no âmbito do Poder Judiciário, recurso ou impugnação de qualquer natureza, permitida por iniciativa do Poder Executivo a compensação com débitos líquidos e certos, inscritos ou não em dívida ativa e constituídos contra devedor originário pela Fazenda Pública devedora até a data da expedição do precatório, ressalvados aqueles cuja exigibilidade esteja suspensa nos termos da legislação, ou que já tenham sido objeto de abatimento nos termos do § 9º do art. 100 da Constituição Federal;

III – ocorrerão por meio de oferta pública a todos os credores habilitados pelo respectivo ente federativo devedor;

IV – considerarão automaticamente habilitado o credor que satisfaça o que consta no inciso II;

V – serão realizados tantas vezes quanto necessário em função do valor disponível;

VI – a competição por parcela do valor total ocorrerá a critério do credor, com deságio sobre o valor desta;

VII – ocorrerão na modalidade deságio, associado ao maior volume ofertado cumulado ou não com o maior percentual de deságio, pelo maior percentual de deságio, podendo ser fixado valor máximo por credor, ou por outro critério a ser definido em edital;

VIII – o mecanismo de formação de preço constará nos editais publicados para cada leilão;

IX – a quitação parcial dos precatórios será homologada pelo respectivo Tribunal que o expediu.

§ 10. No caso de não liberação tempestiva dos recursos de que tratam o inciso II do § 1º e os §§ 2º e 6º deste artigo:

I – haverá o sequestro de quantia nas contas de Estados, Distrito Federal e Municípios devedores, por ordem do Presidente do Tribunal referido no § 4º, até o limite do valor não liberado;

II – constituir-se-á, alternativamente, por ordem do Presidente do Tribunal requerido, em favor dos credores de precatórios, contra Estados, Distrito Federal e Municípios devedores, direito líquido e certo, autoaplicável e independentemente de regulamentação, à compensação automática com débitos líquidos lançados por esta contra aqueles, e, havendo saldo em favor do credor, o valor terá automaticamente poder liberatório do pagamento de tributos de Estados, Distrito Federal e Municípios devedores, até onde se compensarem;

III – o chefe do Poder Executivo responderá na forma da legislação de responsabilidade fiscal e de improbidade administrativa;

IV – enquanto perdurar a omissão, a entidade devedora:

a) não poderá contrair empréstimo externo ou interno;

b) ficará impedida de receber transferências voluntárias;

V – a União reterá os repasses relativos ao Fundo de Participação dos Estados e do Distrito Federal e ao Fundo de Participação dos Municípios, e os depositará nas contas especiais referidas no § 1º, devendo sua utilização obedecer ao que prescreve o § 5º, ambos deste artigo.

§ 11. No caso de precatórios relativos a diversos credores, em litisconsórcio, admite-se o desmembramento do valor, realizado pelo Tribunal de origem do precatório, por credor, e, por este, a habilitação do valor total a que tem direito, não se aplicando, neste caso, a regra do § 3º do art. 100 da Constituição Federal.

§ 12. Se a lei a que se refere o § 4º do art. 100 não estiver publicada em até 180 (cento e oitenta) dias, contados da data de publicação desta Emenda Constitucional, será considerado, para os fins referidos, em relação a Estados, Distrito Federal e Municípios devedores, omissos na regulamentação, o valor de:

I – 40 (quarenta) salários mínimos para Estados e para o Distrito Federal;

II – 30 (trinta) salários mínimos para Municípios.

§ 13. Enquanto Estados, Distrito Federal e Municípios devedores estiverem realizando pagamentos de precatórios pelo regime especial, não poderão sofrer sequestro de valores, exceto no caso de não liberação tempestiva dos recursos de que tratam o inciso II do § 1º e o § 2º deste artigo.

§ 14. O regime especial de pagamento de precatório previsto no inciso I do § 1º vigorará enquanto o valor dos precatórios devidos for superior ao valor dos recursos vinculados, nos termos do § 2º, ambos deste artigo, ou pelo prazo fixo de até 15 (quinze) anos, no caso da opção prevista no inciso II do § 1º.

§ 15. Os precatórios parcelados na forma do art. 33 ou do art. 78 deste Ato das Disposições Constitucionais Transitórias e ainda pendentes de pagamento ingressarão no regime especial com o valor atualizado das parcelas não pagas relativas a cada precatório, bem como o saldo dos acordos judiciais e extrajudiciais.

§ 16. A partir da promulgação desta Emenda Constitucional, a atualização de valores de requisitórios, até o efetivo pagamento, independentemente de sua natureza, será feita pelo índice oficial de remuneração básica da caderneta de poupança, e, para fins de compensação da mora, incidirão juros simples no mesmo percentual de juros incidentes sobre a caderneta de poupança, ficando excluída a incidência de juros compensatórios.

§ 17. O valor que exceder o limite previsto no § 2º do art. 100 da Constituição Federal será pago, durante a vigência do regime especial, na forma prevista nos §§ 6º e 7º ou nos incisos I, II e III do § 8º deste artigo, devendo os valores dispendidos para o atendimento do disposto no § 2º do art. 100 da Constituição Federal serem computados para efeito do § 6º deste artigo.

§ 18. Durante a vigência do regime especial a que se refere este artigo, gozarão também da preferência a que se refere o § 6º os titulares originais de precatórios que tenham completado 60 (sessenta) anos de idade até a data da promulgação desta Emenda Constitucional.

Art. 98. O número de defensores públicos na unidade jurisdicional será proporcional à efetiva demanda pelo serviço da Defensoria Pública e à respectiva população.

- Artigo acrescentado pela Emenda Constitucional 80/2014.

§ 1º No prazo de 8 (oito) anos, a União, os Estados e o Distrito Federal deverão contar com defensores públicos em todas as unidades jurisdicionais, observado o disposto no *caput* deste artigo.

§ 2º Durante o decurso do prazo previsto no § 1º deste artigo, a lotação dos defensores públicos ocorrerá, prioritariamente, atendendo as regiões com maiores índices de exclusão social e adensamento populacional.

Art. 99. Para efeito do disposto no inciso VII do § 2º do art. 155, no caso de operações e prestações que destinem bens e serviços a consumidor final não contribuinte localizado em outro Estado, o imposto correspondente à diferença entre a alíquota interna e a interestadual será partilhado entre os Estados de origem e de destino, na seguinte proporção:

- Artigo acrescentado pela Emenda Constitucional 87/2015 (DOU 17.04.2015), em vigor na data de sua publicação, produzindo efeitos no ano subsequente e após 90 (noventa) dias desta.

I – para o ano de 2015: 20% (vinte por cento) para o Estado de destino e 80% (oitenta por cento) para o Estado de origem;

II – para o ano de 2016: 40% (quarenta por cento) para o Estado de destino e 60% (sessenta por cento) para o Estado de origem;

III – para o ano de 2017: 60% (sessenta por cento) para o Estado de destino e 40% (quarenta por cento) para o Estado de origem;

IV – para o ano de 2018: 80% (oitenta por cento) para o Estado de destino e 20% (vinte por cento) para o Estado de origem;

V – a partir do ano de 2019: 100% (cem por cento) para o Estado de destino.

Art. 100. Até que entre em vigor a lei complementar de que trata o inciso II do § 1º do art. 40 da Constituição Federal, os Ministros do Supremo Tribunal Federal, dos Tribunais Superiores e do Tribunal de Contas da União aposentar-se-ão, compulsoriamente, aos 75 (setenta e cinco) anos de idade, nas condições do art. 52 da Constituição Federal.

- Artigo acrescentado pela Emenda Constitucional 88/2015.
- V. Med. Caut. em ADIn 5.316 (DOU e DJE 06.08.2015), que concede medida cautelar para: 1) suspender a aplicação da expressão "nas condições do art. 52 da Constituição Federal" contida no art. 100 do ADCT, introduzido pela EC 88/2015, por vulnerar as condições materiais necessárias ao exercício imparcial e independente da função jurisdicional, ultrajando a separação dos Poderes, cláusula pétrea inscrita no art. 60, § 4º, III, da CRFB; 2) fixar a interpretação, quanto à parte remanescente da EC 88/2015, de que o art. 100 do ADCT não pode ser estendido a outros agentes públicos até que seja editada a lei complementar a que alude o art. 40, § 1º, II, da CRFB, a qual, quanto à magistratura, é a lei complementar de iniciativa do Supremo Tribunal Federal nos termos do art. 93 da CRFB; 3) suspender a tramitação de todos os processos que envolvam a aplicação a magistrados do art. 40, § 1º, II da CRFB e do art. 100 do ADCT, até o julgamento definitivo da presente demanda, e 4) declarar sem efeito todo e qualquer pronunciamento judicial ou administrativo que afaste, amplie ou reduza a literalidade do comando previsto no art. 100 do ADCT e, com base neste fundamento, assegure a qualquer outro agente público o exercício das funções relativas a cargo efetivo após ter completado setenta anos de idade.

Art. 101. Os Estados, o Distrito Federal e os Municípios que, em 25 de março de 2015, se encontravam em mora no pagamento de seus precatórios quitarão, até 31 de dezembro de 2024, seus débitos vencidos e os que vencerão dentro desse período, atualizados pelo Índice Nacional de Preços ao Consumidor Amplo Especial (IPCA-E), ou por outro índice que venha a substituí-lo, depositando mensalmente em conta especial do Tribunal de Justiça local, sob única e exclusiva administração deste, 1/12 (um doze avos) do valor calculado percentualmente sobre suas receitas correntes líquidas apuradas no segundo mês anterior ao mês de pagamento, em percentual suficiente para a quitação de seus débitos e, ainda que variável, nunca inferior, em cada exercício, ao percentual praticado na data da entrada em vigor do regime especial a que se refere este artigo, em conformidade com plano de pagamento a ser anualmente apresentado ao Tribunal de Justiça local.

- *Caput* com redação determinada pela Emenda Constitucional 99/2017.

§ 1º Entende-se como receita corrente líquida, para os fins de que trata este artigo, o somatório das receitas tributárias, patrimoniais, industriais, agropecuárias, de contribuições e de serviços, de transferências correntes e outras receitas correntes, incluindo as oriundas do § 1º do art. 20 da Constituição Federal, verificado no período compreendido pelo segundo mês imediatamente anterior ao de referência e os 11 (onze) meses precedentes, excluídas as duplicidades, e deduzidas:

- § 1º acrescentado pela Emenda Constitucional 94/2016.

I – nos Estados, as parcelas entregues aos Municípios por determinação constitucional;

II – nos Estados, no Distrito Federal e nos Municípios, a contribuição dos servidores para custeio de seu sistema de previdência e assistência social e as receitas provenientes da compensação financeira referida no § 9º do art. 201 da Constituição Federal.

§ 2º O débito de precatórios será pago com recursos orçamentários próprios provenientes das fontes de receita corrente líquida referidas no § 1º deste artigo e, adicionalmente, poderão ser utilizados recursos dos seguintes instrumentos:

- *Caput* do § 2º com redação determinada pela Emenda Constitucional 99/2017.

I – até 75% (setenta e cinco por cento) dos depósitos judiciais e dos depósitos administrativos em dinheiro referentes a processos judiciais ou administrativos, tributários ou não tributários, nos quais sejam parte os Estados, o Distrito Federal ou os Municípios, e as respectivas autarquias, fundações e empresas estatais dependentes, mediante a instituição de fundo garantidor em montante equivalente a 1/3 (um terço) dos recursos levantados, constituído pela parcela restante dos depósitos judiciais e remunerado pela taxa referencial do Sistema Especial de Liquidação e de Custódia (Selic) para títulos federais, nunca inferior aos índices e critérios aplicados aos depósitos levantados;

- Inciso I com redação determinada pela Emenda Constitucional 99/2017.

II – até 30% (trinta por cento) dos demais depósitos judiciais da localidade sob jurisdição do respectivo Tribunal de Justiça, mediante a instituição de fundo garantidor em montante equivalente aos recursos levantados, constituído pela parcela restante dos depósitos judiciais e remunerado pela taxa referencial do Sistema Especial de Liquidação e de Custódia (Selic) para títulos federais, nunca inferior aos índices e critérios aplicados aos depósitos levantados, destinando-se:

- *Caput* do inciso II com redação determinada pela Emenda Constitucional 99/2017.

a) no caso do Distrito Federal, 100% (cem por cento) desses recursos ao próprio Distrito Federal;

- Alínea *a* acrescentado pela Emenda Constitucional 94/2016.

b) no caso dos Estados, 50% (cinquenta por cento) desses recursos ao próprio Estado e 50% (cinquenta por cento) aos respectivos Municípios, conforme a circunscrição judiciária onde estão depositados os recursos, e, se houver mais de um Município na mesma circunscrição judiciária, os recursos serão rateados entre os Municípios concorrentes, proporcionalmente às respectivas populações, utilizado como referência o último levantamento censitário ou a mais recente estimativa populacional da Fundação Instituto Brasileiro de Geografia e Estatística (IBGE);

- Alínea *b* com redação determinada pela Emenda Constitucional 99/2017.

III – empréstimos, excetuados para esse fim os limites de endividamento de que tratam os incisos VI e VII do *caput* do art. 52 da Constituição Federal e quaisquer outros limites de endividamento previstos em lei, não se aplicando a esses empréstimos a vedação de vinculação de receita prevista no inciso IV do *caput* do art. 167 da Constituição Federal;

- Inciso III com redação determinada pela Emenda Constitucional 99/2017.

IV – a totalidade dos depósitos em precatórios e requisições diretas de pagamento de obrigações de pequeno valor efetuados até 31 de dezembro de 2009 e ainda não levantados, com o cancelamento dos respectivos requisitórios e a baixa das obrigações, assegurada a revalidação dos requisitórios pelos juízos dos processos perante os Tribunais, a requerimento dos credores e após a oitiva da entidade devedora, mantidas a posição de ordem cronológica original e a remuneração de todo o período.

- Inciso IV acrescentado pela Emenda Constitucional 99/2017.

§ 3º Os recursos adicionais previstos nos incisos I, II e IV do § 2º deste artigo serão transferidos diretamente pela instituição financeira depositária para a conta especial referida no *caput* deste artigo, sob única e exclusiva administração do Tribunal de Justiça local, e essa transferência deverá ser realizada em até sessenta dias contados a partir da entrada em vigor deste parágrafo, sob pena de responsabilização pessoal do dirigente da instituição financeira por improbidade.

- § 3º acrescentado pela Emenda Constitucional 99/2017.

§ 4º No prazo de até seis meses contados da entrada em vigor do regime especial a que se refere este artigo, a União, diretamente, ou por intermédio das instituições financeiras oficiais sob seu controle, disponibilizará aos Estados, ao Distrito Federal e aos Municípios, bem como às respectivas autarquias, fundações e empresas estatais dependentes, linha de crédito especial para pagamento dos precatórios submetidos ao regime especial de pagamento de que trata este artigo, observadas as seguintes condições:

- § 4º acrescentado pela Emenda Constitucional 99/2017.

I – no financiamento dos saldos remanescentes de precatórios a pagar a que se refere este parágrafo serão adotados os índices e critérios de atualização que incidem sobre o pagamento de precatórios, nos termos do § 12 do art. 100 da Constituição Federal;

II – o financiamento dos saldos remanescentes de precatórios a pagar a que se refere este parágrafo será feito em parcelas mensais suficientes à satisfação da dívida assim constituída;

III – o valor de cada parcela a que se refere o inciso II deste parágrafo será calculado percentualmente sobre a receita corrente líquida, respectivamente, do Estado, do Distrito Federal e do Município, no segundo mês anterior ao pagamento, em percentual equivalente à média do comprometimento percentual mensal de 2012 até o final do período referido no *caput* deste artigo, considerados para esse fim somente os recursos próprios de cada ente da Federação aplicados no pagamento de precatórios;

IV – nos empréstimos a que se refere este parágrafo não se aplicam os limites de endividamento de que tratam os incisos VI e VII do *caput* do art. 52 da Constituição Federal e quaisquer outros limites de endividamento previstos em lei.

Art. 102. Enquanto viger o regime especial previsto nesta Emenda Constitucional, pelo menos 50% (cinquenta por cento) dos recursos que, nos termos do art. 101 deste Ato das Disposições Constitucionais Transitórias, forem destinados ao pagamento dos precatórios em mora serão utilizados no pagamento segundo a ordem cronológica de apresentação, respeitadas as preferências dos créditos alimentares, e, nessas, as relativas à idade, ao estado de saúde e à deficiência, nos termos do § 2º do art. 100 da Constituição Federal, sobre todos os demais créditos de todos os anos.

• *Caput* do artigo acrescentado pela Emenda Constitucional 94/2016.

§ 1º A aplicação dos recursos remanescentes, por opção a ser exercida por Estados, Distrito Federal e Municípios, por ato do respectivo Poder Executivo, observada a ordem de preferência dos credores, poderá ser destinada ao pagamento mediante acordos diretos, perante Juízos Auxiliares de Conciliação de Precatórios, com redução máxima de 40% (quarenta por cento) do valor do crédito atualizado, desde que em relação ao crédito não penda recurso ou defesa judicial e que sejam observados os requisitos definidos na regulamentação editada pelo ente federado.

• Primitivo parágrafo único renumerado pela Emenda Constitucional 99/2017.

§ 2º Na vigência do regime especial previsto no art. 101 deste Ato das Disposições Constitucionais Transitórias, as preferências relativas à idade, ao estado de saúde e à deficiência serão atendidas até o valor equivalente ao quíntuplo fixado em lei para os fins do disposto no § 3º do art. 100 da Constituição Federal, admitido o fracionamento para essa finalidade, e o restante será pago em ordem cronológica de apresentação do precatório.

• § 2º acrescentado pela Emenda Constitucional 99/2017.

Art. 103. Enquanto os Estados, o Distrito Federal e os Municípios estiverem efetuando o pagamento da parcela mensal devida como previsto no *caput* do art. 101 deste Ato das Disposições Constitucionais Transitórias, nem eles, nem as respectivas autarquias, fundações e empresas estatais dependentes poderão sofrer sequestro de valores, exceto no caso de não liberação tempestiva dos recursos.

• *Caput* do artigo acrescentado pela Emenda Constitucional 94/2016.

Parágrafo único. Na vigência do regime especial previsto no art. 101 deste Ato das Disposições Constitucionais Transitórias, ficam vedadas desapropriações pelos Estados, pelo Distrito Federal e pelos Municípios, cujos estoques de precatórios ainda pendentes de pagamento, incluídos os precatórios a pagar de suas entidades da administração indireta, sejam superiores a 70% (setenta por cento) das respectivas receitas correntes líquidas, excetuadas as desapropriações para fins de necessidade pública nas áreas de saúde, educação, segurança pública, transporte público, saneamento básico e habitação de interesse social.

• Parágrafo único acrescentado pela Emenda Constitucional 99/2017.

Art. 104. Se os recursos referidos no art. 101 deste Ato das Disposições Constitucionais Transitórias para o pagamento de precatórios não forem tempestivamente liberados, no todo ou em parte:

• Artigo acrescentado pela Emenda Constitucional 94/2016.

I – o Presidente do Tribunal de Justiça local determinará o sequestro, até o limite do valor não liberado, das contas do ente federado inadimplente;

II – o chefe do Poder Executivo do ente federado inadimplente responderá, na forma da legislação de responsabilidade fiscal e de improbidade administrativa;

III – a União reterá os recursos referentes aos repasses ao Fundo de Participação dos Estados e do Distrito Federal e ao Fundo de Participação dos Municípios e os depositará na conta especial referida no art. 101 deste Ato das Disposições Constitucionais Transitórias, para utilização como nele previsto;

IV – os Estados reterão os repasses previstos no parágrafo único do art. 158 da Constituição Federal e os depositarão na conta especial referida no art. 101 deste Ato das Disposições Constitucionais Transitórias, para utilização como nele previsto.

Parágrafo único. Enquanto perdurar a omissão, o ente federado não poderá contrair empréstimo externo ou interno, exceto para os fins previstos no § 2º do art. 101 deste Ato das Disposições Constitucionais Transitórias, e ficará impedido de receber transferências voluntárias.

Art. 105. Enquanto viger o regime de pagamento de precatórios previsto no art. 101 deste Ato das Disposições Constitucionais Transitórias, é facultada aos credores de precatórios, próprios ou de terceiros, a compensação com débitos de natureza tributária ou de outra natureza que até 25 de março de 2015 tenham sido inscritos na dívida ativa dos Estados, do Distrito Federal ou dos Municípios, observados os requisitos definidos em lei própria do ente federado.

• *Caput* do artigo acrescentado pela Emenda Constitucional 94/2016.

§ 1º Não se aplica às compensações referidas no *caput* deste artigo qualquer tipo de vinculação, como as transferências a outros entes e as destinadas à educação, à saúde e a outras finalidades.

• Primitivo parágrafo único renumerado pela Emenda Constitucional 99/2017.

§ 2º Os Estados, o Distrito Federal e os Municípios regulamentarão nas respectivas leis o disposto no *caput* deste artigo em até cento e vinte dias a partir de 1º de janeiro de 2018.

• § 2º acrescentado pela Emenda Constitucional 99/2017.

§ 3º Decorrido o prazo estabelecido no § 2º deste artigo sem a regulamentação nele prevista, ficam os credores de precatórios autorizados a exercer a faculdade a que se refere o *caput* deste artigo.

• § 3º acrescentado pela Emenda Constitucional 99/2017.

Art. 106. Fica instituído o Novo Regime Fiscal no âmbito dos Orçamentos Fiscal e da Seguridade Social da União, que vigorará por vinte exercícios financeiros, nos termos dos arts. 107 a 114 deste Ato das Disposições Constitucionais Transitórias.

• Artigo acrescentado pela Emenda Constitucional 95/2016.

Art. 107. Ficam estabelecidos, para cada exercício, limites individualizados para as despesas primárias:

• Artigo acrescentado pela Emenda Constitucional 95/2016.

I – do Poder Executivo;

II – do Supremo Tribunal Federal, do Superior Tribunal de Justiça, do Conselho Nacional de Justiça, da Justiça do Trabalho, da Justiça Federal, da Justiça Militar da União, da Justiça Eleitoral e da Justiça do Distrito Federal e Territórios, no âmbito do Poder Judiciário;

III – do Senado Federal, da Câmara dos Deputados e do Tribunal de Contas da União, no âmbito do Poder Legislativo;

IV – do Ministério Público da União e do Conselho Nacional do Ministério Público; e

V – da Defensoria Pública da União.

§ 1º Cada um dos limites a que se refere o *caput* deste artigo equivalerá:

I – para o exercício de 2017, à despesa primária paga no exercício de 2016, incluídos os restos a pagar pagos e demais operações que afetam o resultado primário, corrigida em 7,2% (sete inteiros e dois décimos por cento); e

II – para os exercícios posteriores, ao valor do limite referente ao exercício imediatamente anterior, corrigido pela variação do Índice Nacional de Preços ao Consumidor Amplo – IPCA, publicado pelo Instituto Brasileiro de Geografia e Estatística, ou de outro índice que vier a substituí-lo, para o período de doze meses encerrado em junho do exercício anterior a que se refere a lei orçamentária.

§ 2º Os limites estabelecidos na forma do inciso IV do *caput* do art. 51, do inciso XIII do *caput* do art. 52, do § 1º do art. 99, do § 3º do art. 127 e do § 3º do art. 134 da Constituição Federal não poderão ser superiores aos estabelecidos nos termos deste artigo.

§ 3º A mensagem que encaminhar o projeto de lei orçamentária demonstrará os valores máximos de programação compatíveis com os limites individualizados calculados na forma do § 1º deste artigo, observados os §§ 7º a 9º deste artigo.

§ 4º As despesas primárias autorizadas na lei orçamentária anual sujeitas aos limites de que trata este artigo não poderão exceder os valores máximos demonstrados nos termos do § 3º deste artigo.

§ 5º É vedada a abertura de crédito suplementar ou especial que amplie o montante total autorizado de despesa primária sujeita aos limites de que trata este artigo.

§ 6º Não se incluem na base de cálculo e nos limites estabelecidos neste artigo:

I – transferências constitucionais estabelecidas no § 1º do art. 20, no inciso III do parágrafo único do art. 146, no § 5º do art. 153, no art. 157, nos incisos I e II do art. 158, no art. 159 e no § 6º do art. 212, as despesas referentes ao inciso XIV do *caput* do art. 21, todos da Constituição

Federal, e as complementações de que tratam os incisos V e VII do *caput* do art. 60, deste Ato das Disposições Constitucionais Transitórias;

II – créditos extraordinários a que se refere o § 3º do art. 167 da Constituição Federal;

III – despesas não recorrentes da Justiça Eleitoral com a realização de eleições; e

IV – despesas com aumento de capital de empresas estatais não dependentes.

§ 7º Nos três primeiros exercícios financeiros da vigência do Novo Regime Fiscal, o Poder Executivo poderá compensar com redução equivalente na sua despesa primária, consoante os valores estabelecidos no projeto de lei orçamentária encaminhado pelo Poder Executivo no respectivo exercício, o excesso de despesas primárias em relação aos limites de que tratam os incisos II a V do *caput* deste artigo.

§ 8º A compensação de que trata o § 7º deste artigo não excederá a 0,25% (vinte e cinco centésimos por cento) do limite do Poder Executivo.

§ 9º Respeitado o somatório em cada um dos incisos de II a IV do *caput* deste artigo, a lei de diretrizes orçamentárias poderá dispor sobre a compensação entre os limites individualizados dos órgãos elencados em cada inciso.

§ 10. Para fins de verificação do cumprimento dos limites de que trata este artigo, serão consideradas as despesas primárias pagas, incluídos os restos a pagar pagos e demais operações que afetam o resultado primário no exercício.

§ 11. O pagamento de restos a pagar inscritos até 31 de dezembro de 2015 poderá ser excluído da verificação do cumprimento dos limites de que trata este artigo, até o excesso de resultado primário dos Orçamentos Fiscal e da Seguridade Social do exercício em relação à meta fixada na lei de diretrizes orçamentárias.

Art. 108. O Presidente da República poderá propor, a partir do décimo exercício da vigência do Novo Regime Fiscal, projeto de lei complementar para alteração do método de correção dos limites a que se refere o inciso II do § 1º do art. 107 deste Ato das Disposições Constitucionais Transitórias.

- Artigo acrescentado pela Emenda Constitucional 95/2016.

Parágrafo único. Será admitida apenas uma alteração do método de correção dos limites por mandato presidencial.

Art. 109. No caso de descumprimento de limite individualizado, aplicam-se, até o final do exercício de retorno das despesas aos respectivos limites, ao Poder Executivo ou a órgão elencado nos incisos II a V do *caput* do art. 107 deste Ato das Disposições Constitucionais Transitórias que o descumpriu, sem prejuízo de outras medidas, as seguintes vedações:

- Artigo acrescentado pela Emenda Constitucional 95/2016.

I – concessão, a qualquer título, de vantagem, aumento, reajuste ou adequação de remuneração de membros de Poder ou de órgão, de servidores e empregados públicos e militares, exceto dos derivados de sentença judicial transitada em julgado ou de determinação legal decorrente de atos anteriores à entrada em vigor desta Emenda Constitucional;

II – criação de cargo, emprego ou função que implique aumento de despesa;

III – alteração de estrutura de carreira que implique aumento de despesa;

IV – admissão ou contratação de pessoal, a qualquer título, ressalvadas as reposições de cargos de chefia e de direção que não acarretem aumento de despesa e aquelas decorrentes de vacâncias de cargos efetivos ou vitalícios;

V – realização de concurso público, exceto para as reposições de vacâncias previstas no inciso IV;

VI – criação ou majoração de auxílios, vantagens, bônus, abonos, verbas de representação ou benefícios de qualquer natureza em favor de membros de Poder, do Ministério Público ou da Defensoria Pública e de servidores e empregados públicos e militares;

VII – criação de despesa obrigatória; e

VIII – adoção de medida que implique reajuste de despesa obrigatória acima da variação da inflação, observada a preservação do poder aquisitivo referida no inciso IV do *caput* do art. 7º da Constituição Federal.

§ 1º As vedações previstas nos incisos I, III e VI do *caput*, quando descumprido qualquer dos limites individualizados dos órgãos elencados nos incisos II, III e IV do *caput* do art. 107 deste Ato das Disposições Constitucionais Transitórias, aplicam-se ao conjunto dos órgãos referidos em cada inciso.

§ 2º Adicionalmente ao disposto no *caput*, no caso de descumprimento do limite de que trata o inciso I do *caput* do art. 107 deste Ato das Disposições Constitucionais Transitórias, ficam vedadas:

I – a criação ou expansão de programas e linhas de financiamento, bem como a remissão, renegociação ou refinanciamento de dívidas que impliquem ampliação das despesas com subsídios e subvenções; e

II – a concessão ou a ampliação de incentivo ou benefício de natureza tributária.

§ 3º No caso de descumprimento de qualquer dos limites individualizados de que trata o *caput* do art. 107 deste Ato das Disposições Constitucionais Transitórias, fica vedada a concessão da revisão geral prevista no inciso X do *caput* do art. 37 da Constituição Federal.

§ 4º As vedações previstas neste artigo aplicam-se também a proposições legislativas.

Art. 110. Na vigência do Novo Regime Fiscal, as aplicações mínimas em ações e serviços públicos de saúde e em manutenção e desenvolvimento do ensino equivalerão:

- Artigo acrescentado pela Emenda Constitucional 95/2016.

I – no exercício de 2017, às aplicações mínimas calculadas nos termos do inciso I do § 2º do art. 198 e do *caput* do art. 212, da Constituição Federal; e

II – nos exercícios posteriores, aos valores calculados para as aplicações mínimas do exercício imediatamente anterior, corrigidos na forma estabelecida pelo inciso II do § 1º do art. 107 deste Ato das Disposições Constitucionais Transitórias.

Art. 111. A partir do exercício financeiro de 2018, até o último exercício de vigência do Novo Regime Fiscal, a aprovação e a execução previstas nos §§ 9º e 11 do art. 166 da Constituição Federal corresponderão ao montante de execução obrigatória para o exercício de 2017, corrigido na forma estabelecida pelo inciso II do § 1º do art. 107 deste Ato das Disposições Constitucionais Transitórias.

- Artigo acrescentado pela Emenda Constitucional 95/2016.

Art. 112. As disposições introduzidas pelo Novo Regime Fiscal:

- Artigo acrescentado pela Emenda Constitucional 95/2016.

I – não constituirão obrigação de pagamento futuro pela União ou direitos de outrem sobre o erário; e

II – não revogam, dispensam ou suspendem o cumprimento de dispositivos constitucionais e legais que disponham sobre metas fiscais ou limites máximos de despesas.

Art. 113. A proposição legislativa que crie ou altere despesa obrigatória ou renúncia de receita deverá ser acompanhada da estimativa do seu impacto orçamentário e financeiro.

- Artigo acrescentado pela Emenda Constitucional 95/2016.

Art. 114. A tramitação de proposição elencada no *caput* do art. 59 da Constituição Federal, ressalvada a referida no seu inciso V, quando acarretar aumento de despesa ou renúncia de receita, será suspensa por até vinte dias, a requerimento de um quinto dos membros da Casa, nos termos regimentais, para análise de sua compatibilidade com o Novo Regime Fiscal.

- Artigo acrescentado pela Emenda Constitucional 95/2016.

Brasília, 5 de outubro de 1988.

Ulysses Guimarães
Presidente
Mauro Benevides
Vice-Presidente
Jorge Arbage
Vice-Presidente

Emendas à Constituição da República Federativa do Brasil

EC 1, DE 31 DE MARÇO DE 1992

Dispõe sobre a remuneração dos Deputados Estaduais e dos Vereadores.

As Mesas da Câmara dos Deputados e do Senado Federal, nos termos do § 3º do artigo 60, da Constituição Federal, promulgam a seguinte Emenda ao texto constitucional:

Art. 1º O § 2º do artigo 27 da Constituição passa a vigorar com a seguinte redação:

- Alteração processada no texto do referido artigo.

Art. 2º São acrescentados ao artigo 29 da Constituição os seguintes incisos, VI e VII, renumerando-se os demais:

- Acréscimos processados no texto do referido artigo.

Art. 3º Esta Emenda Constitucional entra em vigor na data de sua publicação.

Brasília, 31 de março de 1992.

Mesa da Câmara dos Deputados: Ibsen Pinheiro, Presidente

Mesa do Senado Federal: Mauro Benevides, Presidente

(*DOU* 06.04.1992)

EC 2, DE 25 DE AGOSTO DE 1992

Dispõe sobre o plebiscito previsto no art. 2º do Ato das Disposições Constitucionais Transitórias.

As Mesas da Câmara dos Deputados e do Senado Federal, nos termos do § 3º do artigo 60 da Constituição Federal, promulgam a seguinte Emenda ao texto constitucional:

Artigo único. O plebiscito de que trata o artigo 2º do Ato das Disposições Constitucionais Transitórias realizar-se-á no dia 21 de abril de 1993.

§ 1º A forma e o sistema de governo definidos pelo plebiscito terão vigência em 1º de janeiro de 1995.

§ 2º A lei poderá dispor sobre a realização do plebiscito, inclusive sobre a gratuidade da livre divulgação das formas e sistemas de governo, através dos meios de comunicação de massa concessionários ou permissionários de serviço público, assegurada igualdade de tempo e paridade de horários.

§ 3º A norma constante do parágrafo anterior não exclui a competência do Tribunal Superior Eleitoral para expedir instruções necessárias à realização da consulta plebiscitária.

Brasília, 25 de agosto de 1992.

Mesa da Câmara dos Deputados: Ibsen Pinheiro, Presidente

Mesa do Senado Federal: Mauro Benevides, Presidente

(*DOU* 1º.09.1992)

EC 3, DE 17 DE MARÇO DE 1993

Altera dispositivos da Constituição Federal.

As Mesas da Câmara dos Deputados e do Senado Federal, nos termos do § 3º do art. 60 da Constituição Federal, promulgam a seguinte Emenda ao texto constitucional:

Art. 1º Os dispositivos da Constituição Federal abaixo enumerados passam a vigorar com as seguintes alterações:

- Alterações do art. 40, § 6º; art. 42, § 10; art. 102, I, a, §§ 1º e 2º; art. 103, § 4º; art. 150, §§ 6º e 7º; art. 155, I a III, §§ 1º, 2º, *caput*, e § 3º; art. 156, III, § 3º, I e II; art. 160, parágrafo único e art. 167, IV, § 4º processadas no texto da Constituição.

Art. 2º A União poderá instituir, nos termos de lei complementar, com vigência até 31 de dezembro de 1994, imposto sobre movimentação ou transmissão de valores e de créditos e direitos de natureza financeira.

§ 1º A alíquota do imposto de que trata este artigo não excederá a vinte e cinco centésimos por cento, facultado ao Poder Executivo reduzi-la ou restabelecê-la, total ou parcialmente, nas condições e limites fixados em lei.

§ 2º Ao imposto de que trata este artigo não se aplica o art. 150, III, b, e VI, nem o disposto no § 5º do artigo 153 da Constituição.

§ 3º O produto da arrecadação do imposto de que trata este artigo não se encontra sujeito a qualquer modalidade de repartição com outra entidade federada.

§ 4º *(Revogado pela Emenda Constitucional de Revisão 1/1994).*

Art. 3º A eliminação do adicional ao Imposto sobre a Renda, de competência dos Estados, decorrente desta Emenda Constitucional, somente produzirá efeitos a partir de 1º de janeiro de 1996, reduzindo-se a correspondente alíquota, pelo menos, a dois e meio por cento no exercício financeiro de 1995.

Art. 4º A eliminação do imposto sobre vendas a varejo de combustíveis líquidos e gasosos, de competência dos Municípios, decorrente desta Emenda Constitucional, somente produzirá efeitos a partir de 1º de janeiro de 1996, reduzindo-se a correspondente alíquota, pelo menos, a um e meio por cento no exercício financeiro de 1995.

Art. 5º Até 31 de dezembro de 1999, os Estados, o Distrito Federal e os Municípios somente poderão emitir títulos da dívida pública no montante necessário ao refinanciamento do principal devidamente atualizado de suas obrigações, representadas por essa espécie de títulos, ressalvado o disposto no art. 33, parágrafo único, do Ato das Disposições Constitucionais Transitórias.

Art. 6º Revogam-se o inciso IV e o § 4º do art. 156 da Constituição Federal.

Brasília, 17 de março de 1993.

Mesa da Câmara dos Deputados: Deputado Inocêncio Oliveira, Presidente

Mesa do Senado Federal: Senador Humberto Lucena, Presidente

(*DOU* 18.03.1993)

EC 4, DE 14 DE SETEMBRO DE 1993

Dá nova redação ao art. 16 da Constituição Federal.

As Mesas da Câmara dos Deputados e do Senado Federal, nos termos do § 3º do art. 60 da Constituição Federal, promulgam a seguinte Emenda ao texto constitucional:

Artigo único. O art. 16 da Constituição Federal passa a vigorar com a seguinte redação:

- Alteração processada no texto do referido artigo.

Brasília, 14 de setembro de 1993.

Mesa da Câmara dos Deputados: *Deputado Inocêncio Oliveira*, Presidente

Mesa do Senado Federal: *Senador Humberto Lucena*, Presidente

(*DOU* 15.09.1993)

EC DE REVISÃO 1, DE 1º DE MARÇO DE 1994

A Mesa do Congresso Nacional, nos termos do art. 60 da Constituição Federal, combinado com o art. 3º do Ato das Disposições Constitucionais Transitórias, promulga a seguinte Emenda Constitucional:

Art. 1º Ficam incluídos os arts. 71, 72 e 73 no Ato das Disposições Constitucionais Transitórias, com a seguinte redação:

- Acréscimos processados no texto do Ato das Disposições Constitucionais Transitórias.

Art. 2º Fica revogado o § 4º do art. 2º da Emenda Constitucional 3, de 1993.

Art. 3º Esta Emenda entra em vigor na data de sua publicação.

Brasília, 1º de março de 1994.

Humberto Lucena, Presidente

(*DOU* 02.03.1994)

EC DE REVISÃO 2, DE 7 DE JUNHO DE 1994

A Mesa do Congresso Nacional, nos termos do art. 60 da Constituição Federal, combinado com o art. 3º do Ato das Disposições Constitucionais Transitórias, promulga a seguinte Emenda Constitucional:

Art. 1º É acrescentada a expressão "ou quaisquer titulares de órgãos diretamente subordinados à Presidência da República" ao texto do art. 50 da Constituição, que passa a vigorar com a redação seguinte:

- Acréscimo processado no texto do referido artigo.

Art. 2º É acrescentada a expressão "ou a qualquer das pessoas referidas no *caput* deste artigo" ao § 2º do art. 50, que passa a vigorar com a redação seguinte:

- Acréscimo processado no texto do referido artigo.

Art. 3º Esta Emenda Constitucional entra em vigor na data de sua publicação.

Brasília, 7 de junho de 1994.

Humberto Lucena, Presidente

(*DOU* 09.06.1994)

EC DE REVISÃO 3, DE 7 DE JUNHO DE 1994

A Mesa do Congresso Nacional, nos termos do art. 60 da Constituição Federal, combinado com o art. 3º do Ato das Disposições Constitucionais Transitórias, promulga a seguinte Emenda Constitucional:

Art. 1º A alínea c do inciso I, a alínea b do inciso II, o § 1º e o inciso II do § 4º do art. 12 da Constituição Federal passam a vigorar com a seguinte redação:

- Alterações processadas no texto do referido artigo.

Art. 2º Esta Emenda Constitucional entra em vigor na data de sua publicação.

Brasília, 7 de junho de 1994.

Humberto Lucena, Presidente

(*DOU* 09.06.1994)

EC DE REVISÃO 4, DE 7 DE JUNHO DE 1994

A Mesa do Congresso Nacional, nos termos do art. 60 da Constituição Federal, combinado com o art. 3º do Ato das Disposições Constitucionais Transitórias, promulga a seguinte Emenda Constitucional:

Art. 1º São acrescentadas ao § 9º do art. 14 da Constituição as expressões "a probidade administrativa, a moralidade para o exercício do mandato, considerada a vida pregressa do candidato, e", após a expressão "a fim de proteger", passando o dispositivo a vigorar com a seguinte redação:

- Acréscimos processados no texto do referido artigo.

Art. 2º Esta Emenda Constitucional entra em vigor na data de sua publicação.

Brasília, 7 de junho de 1994.

Humberto Lucena, Presidente

(*DOU* 09.06.1994)

EC DE REVISÃO 5, DE 7 DE JUNHO DE 1994

A Mesa do Congresso Nacional, nos termos do art. 60 da Constituição Federal, combinado com o art. 3º do Ato das Disposições Constitucionais Transitórias, promulga a seguinte Emenda Constitucional:

Art. 1º No art. 82 fica substituída a expressão "cinco anos" por "quatro anos".

Art. 2º Esta Emenda Constitucional entra em vigor no dia 1º de janeiro de 1995.

Brasília, 7 de junho de 1994.

Humberto Lucena, Presidente

(*DOU* 09.06.1994)

EC DE REVISÃO 6, DE 7 DE JUNHO DE 1994

A Mesa do Congresso Nacional, nos termos do art. 60 da Constituição Federal, combinado com o art. 3º do Ato das Disposições Constitucionais Transitórias, promulga a seguinte Emenda Constitucional:

Art. 1º Fica acrescido, no art. 55, o § 4º, com a seguinte redação:

- Acréscimo processado no texto do referido artigo.

Art. 2º Esta Emenda Constitucional entra em vigor na data de sua publicação.

Brasília, 7 de junho de 1994.

Humberto Lucena, Presidente

(*DOU* 09.06.1994)

EC 5, DE 15 DE AGOSTO DE 1995

Altera o § 2º do art. 25 da Constituição Federal.

As Mesas da Câmara dos Deputados e do Senado Federal, nos termos do § 3º do art. 60 da Constituição Federal, promulgam a seguinte Emenda ao texto constitucional:

Artigo único. O § 2º do art. 25 da Constituição Federal passa a vigorar com a seguinte redação:

- Alteração processada no texto do referido artigo.

Brasília, 15 de agosto de 1995.

Mesa da Câmara dos Deputados: Deputado Luís Eduardo, Presidente

Mesa do Senado Federal: Senador José Sarney, Presidente

(*DOU* 16.08.1995)

EC 6, DE 15 DE AGOSTO DE 1995

Altera o inciso IX do art. 170, o art. 171 e o § 1º do art. 176 da Constituição Federal.

As Mesas da Câmara dos Deputados e do Senado Federal, nos termos do § 3º do art. 60 da Constituição Federal, promulgam a seguinte Emenda ao texto constitucional:

Art. 1º O inciso IX do art. 170 e o § 1º do art. 176 da Constituição Federal passam a vigorar com a seguinte redação:

- Alterações processadas no texto dos referidos artigos.

Art. 2º Fica incluído o seguinte art. 246 no Título IX – "Das Disposições Constitucionais Gerais":

- Inclusão processada no texto do referido Título.

Art. 3º Fica revogado o art. 171 da Constituição Federal.

Brasília, 15 de agosto de 1995.

Mesa da Câmara dos Deputados: Deputado Luís Eduardo, Presidente

Mesa do Senado Federal: Senador José Sarney, Presidente

(*DOU* 16.08.1995)

EC 7, DE 15 DE AGOSTO DE 1995

Altera o art. 178 da Constituição Federal e dispõe sobre a adoção de Medidas Provisórias.

As Mesas da Câmara dos Deputados e do Senado Federal, nos termos do § 3º do art. 60 da Constituição Federal, promulgam a seguinte Emenda ao texto constitucional:

Art. 1º O art. 178 da Constituição Federal passa a vigorar com a seguinte redação:

- Alteração processada no texto do referido artigo.

Art. 2º Fica incluído o seguinte art. 246 no Título IX – "Das Disposições Constitucionais Gerais":

- Inclusão processada no texto do referido Título.

Brasília, 15 de agosto de 1995.

Mesa da Câmara dos Deputados: Deputado Luís Eduardo, Presidente

Mesa do Senado Federal: Senador José Sarney, Presidente

(*DOU* 16.08.1995)

EC 8, DE 15 DE AGOSTO DE 1995

Altera o inciso XI e a alínea a do inciso XII do art. 21 da Constituição Federal.

As Mesas da Câmara dos Deputados e do Senado Federal, nos termos do § 3º do art. 60 da Constituição Federal, promulgam a seguinte Emenda ao texto constitucional:

Art. 1º O inciso XI e a alínea a do inciso XII do art. 21 da Constituição Federal passam a vigorar com a seguinte redação:

- Alterações processadas no texto do referido artigo.

Art. 2º É vedada a adoção de medida provisória para regulamentar o disposto no inciso XI do art. 21 com a redação dada por esta emenda constitucional.

Brasília, 15 de agosto de 1995.

Mesa da Câmara dos Deputados: Deputado Luís Eduardo, Presidente

Mesa do Senado Federal: Senador José Sarney, Presidente

(*DOU* 16.08.1995)

EC 9, DE 9 DE NOVEMBRO DE 1995

Dá nova redação ao art. 177 da Constituição Federal, alterando e inserindo parágrafos.

As Mesas da Câmara dos Deputados e do Senado Federal, nos termos do § 3º do art. 60 da Constituição Federal, promulgam a seguinte Emenda ao texto constitucional:

Art. 1º O § 1º do art. 177 da Constituição Federal passa a vigorar com a seguinte redação:

- Alteração processada no texto do referido artigo.

Art. 2º Inclua-se um parágrafo, a ser enumerado como § 2º com a redação seguinte, passando o atual § 2º para § 3º, no art. 177 da Constituição Federal:

- Alterações processadas no texto do referido artigo.

Art. 3º É vedada a edição de medida provisória para a regulamentação da matéria prevista nos incisos I a IV dos §§ 1º e 2º do art. 177 da Constituição Federal.

Brasília, 9 de novembro de 1995.

Mesa da Câmara dos Deputados: Deputado Luís Eduardo, Presidente

Mesa do Senado Federal: Senador José Sarney, Presidente

(*DOU* 10.11.1995)

EC 10, DE 4 DE MARÇO DE 1996

Altera os arts. 71 e 72 do Ato das Disposições Constitucionais Transitórias, introduzidos pela Emenda Constitucional de Revisão 1, de 1994.

As Mesas da Câmara dos Deputados e do Senado Federal, nos termos do § 3º do art. 60 da Constituição Federal, promulgam a seguinte Emenda ao texto constitucional:

Art. 1º O art. 71 do Ato das Disposições Constitucionais Transitórias passa a vigorar com a seguinte redação:

- Alteração processada no texto do Ato das Disposições Constitucionais Transitórias.

Art. 2º O art. 72 do Ato das Disposições Constitucionais Transitórias passa a vigorar com a seguinte redação:

- Alteração processada no texto do Ato das Disposições Constitucionais Transitórias.

Art. 3º Esta Emenda Constitucional entra em vigor na data de sua publicação.

Brasília, 4 de março de 1996.

Mesa da Câmara dos Deputados: Deputado Luís Eduardo, Presidente

Mesa do Senado Federal: Senador José Sarney, Presidente

(*DOU* 07.03.1996)

EC 11, DE 30 DE ABRIL DE 1996

Permite a admissão de professores, técnicos e cientistas estrangeiros pelas universidades brasileiras e concede autonomia às instituições de pesquisa científica e tecnológica.

As Mesas da Câmara dos Deputados e do Senado Federal, nos termos do § 3º do art. 60 da Constituição Federal, promulgam a seguinte Emenda ao texto constitucional:

Art. 1º São acrescentados ao art. 207 da Constituição Federal dois parágrafos com a seguinte redação:

- Acréscimos processados no texto do referido artigo.

Art. 2º Esta Emenda entra em vigor na data de sua publicação.

Brasília, 30 de abril de 1996.

Mesa da Câmara dos Deputados: Deputado Luís Eduardo, Presidente

Mesa do Senado Federal: Senador José Sarney, Presidente

(*DOU* 02.05.1996)

EC 12, DE 15 DE AGOSTO DE 1996

Outorga competência à União, para instituir contribuição provisória sobre movimentação ou transmissão de valores e de créditos e direitos de natureza financeira.

As Mesas da Câmara dos Deputados e do Senado Federal promulgam, nos termos do § 3º do art. 60 da Constituição Federal, a seguinte Emenda ao texto constitucional:

Artigo único. Fica incluído o art. 74 no Ato das Disposições Constitucionais Transitórias, com a seguinte redação:

- Acréscimo processado no texto do Ato das Disposições Constitucionais Transitórias.

Brasília, em 15 de agosto de 1996.

Mesa da Câmara dos Deputados: Deputado Luís Eduardo, Presidente

Mesa do Senado Federal: Senador José Sarney, Presidente

(*DOU* 16.08.1996)

EC 13, DE 21 DE AGOSTO DE 1996

Dá nova redação ao inciso II do art. 192 da Constituição Federal.

As Mesas da Câmara dos Deputados e do Senado Federal, nos termos do § 3º do art. 60 da Constituição Federal, promulgam a seguinte Emenda ao texto constitucional:

Artigo único. O inciso II do art. 192 da Constituição Federal passa a vigorar com a seguinte redação:

- Alteração processada no texto do referido artigo.

Brasília, 21 de agosto de 1996.

Mesa da Câmara dos Deputados: Deputado Luís Eduardo, Presidente

Mesa do Senado Federal: Senador José Sarney, Presidente

(*DOU* 22.08.1996)

EC 14, DE 12 DE SETEMBRO DE 1996

Modifica os arts. 34, 208, 211 e 212 da Constituição Federal e dá nova redação ao art. 60 do Ato das Disposições Constitucionais Transitórias.

As Mesas da Câmara dos Deputados e do Senado Federal, nos termos do § 3º do art. 60 da Constituição Federal, promulgam a seguinte Emenda ao texto constitucional:

Art. 1º É acrescentada no inciso VII do art. 34, da Constituição Federal, a alínea e, com a seguinte redação:

- Acréscimo processado no texto do referido artigo.

Art. 2º É dada nova redação aos incisos I e II do art. 208 da Constituição Federal nos seguintes termos:

- Alterações processadas no texto do referido artigo.

Art. 3º É dada nova redação aos §§ 1º e 2º do art. 211 da Constituição Federal e nele são inseridos mais dois parágrafos passando a ter a seguinte redação:

- Alterações processadas e §§ 3º e 4º acrescentados no texto do referido artigo.

Art. 4º É dada nova redação ao § 5º do art. 212 da Constituição Federal nos seguintes termos:

- Alteração processada no texto do referido artigo.

Art. 5º É alterado o art. 60 do Ato das Disposições Constitucionais Transitórias e nele são inseridos novos parágrafos, passando o artigo a ter a seguinte redação:

- Alteração e acréscimos processados no texto do referido artigo.

Art. 6º Esta Emenda entra em vigor a primeiro de janeiro do ano subsequente ao de sua promulgação.

Brasília, 12 de setembro de 1996.

Mesa da Câmara dos Deputados: Deputado Luiz Eduardo, Presidente

Mesa do Senado Federal: Senador José Sarney, Presidente

(*DOU* 13.09.1996)

EC 15, DE 12 DE SETEMBRO DE 1996

Dá nova redação ao § 4º do art. 18 da Constituição Federal.

As Mesas da Câmara dos Deputados e do Senado Federal, nos termos do § 3º do art. 60 da Constituição Federal, promulgam a seguinte Emenda ao texto constitucional:

Artigo único. O § 4º do art. 18 da Constituição Federal passa a vigorar com a seguinte redação:

- Alteração processada no texto do referido artigo.

Brasília, 12 de setembro de 1996.

Mesa da Câmara dos Deputados: Deputado Luiz Eduardo, Presidente

Mesa do Senado Federal: Senador José Sarney, Presidente

(*DOU* 13.09.1996)

EC 16, DE 4 DE JUNHO DE 1997

Dá nova redação ao § 5º do art. 14, ao caput do art. 28, ao inciso II do art. 29, ao caput do art. 77 e ao art. 82 da Constituição Federal.

As Mesas da Câmara dos Deputados e do Senado Federal, nos termos do § 3º do art. 60 da Constituição Federal, promulgam a seguinte Emenda ao texto constitucional:

Art. 1º O § 5º do art. 14, o *caput* do art. 28, o inciso II do art. 29, o *caput* do art. 77 e o art. 82 da Constituição Federal passam a vigorar com a seguinte redação:

- Alterações processadas no texto dos referidos artigos.

Art. 2º Esta Emenda Constitucional entra em vigor na data de sua publicação.

Brasília, 4 de junho de 1997.

Mesa da Câmara dos Deputados: Deputado Michel Temer, Presidente

Mesa do Senado Federal: Senador Antônio Carlos Magalhães, Presidente

(*DOU* 05.06.1997)

EC 17, DE 22 DE NOVEMBRO DE 1997

Altera dispositivos dos arts. 71 e 72 do Ato das Disposições Constitucionais Transitórias, introduzidos pela Emenda Constitucional de Revisão 1, de 1994.

As Mesas da Câmara dos Deputados e do Senado Federal, nos termos do § 3º do art. 60 da Constituição Federal, promulgam a seguinte Emenda ao texto constitucional:

Art. 1º O *caput* do art. 71 do Ato das Disposições Constitucionais Transitórias passa a vigorar com a seguinte redação:

- Alteração processada no texto do referido artigo.

Art. 2º O inc. V do art. 72 do Ato das Disposições Constitucionais Transitórias passa a vigorar com a seguinte redação:

- Alteração processada no texto do referido artigo.

Art. 3º A União repassará aos Municípios, do produto da arrecadação do Imposto sobre a Renda e Proventos de Qualquer Natureza, tal como considerado na constituição dos fundos de que trata o art. 159, I, da Constituição, excluída a parcela referida no art. 72, I, do Ato das Disposições Constitucionais Transitórias, os seguintes percentuais:

I – um inteiro e cinquenta e seis centésimos por cento, no período de 1º de julho de 1997 a 31 de dezembro de 1997;

II – um inteiro e oitocentos e setenta e cinco milésimos por cento, no período de 1º de janeiro de 1998 a 31 de dezembro de 1998;

III – dois inteiros e cinco décimos por cento, no período de 1º de janeiro de 1999 a 31 de dezembro de 1999.

Parágrafo único. O repasse dos recursos de que trata este artigo obedecerá à mesma periodicidade e aos mesmos critérios de repartição e normas adotadas no Fundo de Participação dos Municípios, observado o disposto no art. 160 da Constituição.

Art. 4º Os efeitos do disposto nos arts. 71 e 72 do Ato das Disposições Constitucionais Transitórias, com a redação dada pelos arts. 1º e 2º desta Emenda, são retroativos a 1º de julho de 1997.

Parágrafo único. As parcelas de recursos destinados ao Fundo de Estabilização Fiscal e entregues na forma do art. 159, I, da Constituição, no período compreendido entre 1º de julho de 1997 e a data de promulgação desta Emenda, serão deduzidas das cotas subsequentes, limitada a dedução a um décimo do valor total entregue em cada mês.

Art. 5º Observado o disposto no artigo anterior, a União aplicará as disposições do art. 3º desta Emenda retroativamente a 1º de julho de 1997.

Art. 6º Esta Emenda Constitucional entra em vigor na data de sua publicação.

Brasília, 22 de novembro de 1997.

Mesa da Câmara dos Deputados: Deputado Michel Temer, Presidente

Mesa do Senado Federal: Senador Antonio Carlos Magalhães, Presidente

(*DOU* 25.11.1997)

EC 18, DE 5 DE FEVEREIRO DE 1998

Dispõe sobre o regime constitucional dos militares.

As Mesas da Câmara dos Deputados e do Senado Federal, nos termos do § 3º do art. 60 da Constituição Federal, promulgam a seguinte Emenda ao texto constitucional:

Art. 1º O art. 37, inciso XV, da Constituição passa a vigorar com a seguinte redação:

- Alteração processada no texto do referido artigo.

Art. 2º A Seção II do Capítulo VII do Título III da Constituição passa a denominar-se "Dos Servidores Públicos" e a Seção III do Capítulo VII do Título III da Constituição Federal passa a denominar-se "Dos Militares dos Estados, do Distrito Federal e dos Territórios", dando-se ao art. 42 a seguinte redação:

- Alterações processadas no texto do referido artigo e das referidas Seções.

Art. 3º O inciso II do § 1º do art. 61 da Constituição passa a vigorar com as seguintes alterações:

- Alteração processada no texto do referido artigo.

Art. 4º Acrescente-se o seguinte § 3º ao art. 142 da Constituição.

- Acréscimo processado no texto do referido artigo.

Art. 5º Esta Emenda Constitucional entra em vigor na data de sua publicação.

Brasília, 5 de fevereiro de 1998.

Mesa da Câmara dos Deputados: Deputado Michel Temer, Presidente

Mesa do Senado Federal: Senador Antonio Carlos Magalhães, Presidente

(*DOU* 06.02.1998)

EC 19, DE 4 DE JUNHO DE 1998

Modifica o regime e dispõe sobre princípios e normas da Administração Pública, servidores e agentes políticos, controle de despesas e finanças públicas e custeio de atividades a cargo do Distrito Federal, e dá outras providências.

As Mesas da Câmara dos Deputados e do Senado Federal, nos termos do § 3º do art. 60 da Constituição Federal, promulgam esta Emenda ao texto constitucional:

Art. 1º Os incisos XIV e XXII do art. 21 e XXVII do art. 22 da Constituição Federal passam a vigorar com a seguinte redação:

- Alterações processadas no texto dos referidos artigos.

Art. 2º O § 2º do art. 27 e os incisos V e VI do art. 29 da Constituição Federal passam a vigorar com a seguinte redação, inserindo-se § 2º no art. 28 e renumerando-se para o § 1º o atual parágrafo único:

- Alterações processadas no texto dos referidos artigos.

Art. 3º O *caput*, os incisos I, II, V, VII, X, XI, XIII, XIV, XV, XVI, XVII e XIX e o § 3º do art. 37 da Constituição Federal passam a vigorar com a seguinte redação, acrescendo-se ao artigo os §§ 7º a 9º:

- Alterações e acréscimos processados no texto do referido artigo.

Art. 4º O *caput* do art. 38 da Constituição Federal passa a vigorar com a seguinte redação:

- Alteração processada no texto do referido artigo.

Art. 5º O art. 39 da Constituição Federal passa a vigorar com a seguinte redação:

- Alteração processada no texto do referido artigo.
- V. ADIn 2.135-4.

Art. 6º O art. 41 da Constituição Federal passa a vigorar com a seguinte redação:

- Alteração processada no texto do referido artigo.

Art. 7º O art. 48 da Constituição Federal passa a vigorar acrescido do seguinte inciso XV:

- Acréscimo processado no texto do referido artigo.

Art. 8º Os incisos VII e VIII do art. 49 da Constituição Federal passam a vigorar com a seguinte redação:

- Alterações processadas no texto do referido artigo.

Art. 9º O inciso IV do art. 51 da Constituição Federal passa a vigorar com a seguinte redação:

- Alteração processada no texto do referido artigo.

Art. 10. O inciso XIII do art. 52 da Constituição Federal passa a vigorar com a seguinte redação:

- Alteração processada no texto do referido artigo.

Art. 11. O § 7º do art. 57 da Constituição Federal passa a vigorar com a seguinte redação:

- Alteração processada no texto do referido artigo.

Art. 12. O parágrafo único do art. 70 da Constituição Federal passa a vigorar com a seguinte redação:

- Alteração processada no texto do referido artigo.

Art. 13. O inciso V do art. 93, o inciso III do art. 95 e a alínea b do inciso II do art. 96 da Constituição Federal passam a vigorar com a seguinte redação:

- Alterações processadas no texto dos referidos artigos.

Art. 14. O § 2º do art. 127 da Constituição Federal passa a vigorar com a seguinte redação:

- Alteração processada no texto do referido artigo.

Art. 15. A alínea c do inciso I do § 5º do art. 128 da Constituição Federal passa a vigorar com a seguinte redação:

- Alteração processada no texto do referido artigo.

Art. 16. A Seção II do Capítulo IV do Título IV da Constituição Federal passa a denominar-se "Da Advocacia Pública".

- Alteração processada no texto da referida Seção.

Art. 17. O art. 132 da Constituição Federal passa a vigorar com a seguinte redação:

- Alteração processada no texto do referido artigo.

Art. 18. O art. 135 da Constituição Federal passa a vigorar com a seguinte redação:

- Alteração processada no texto do referido artigo.

Art. 19. O § 1º e seu inciso III e os §§ 2º e 3º do art. 144 da Constituição Federal passam a vigorar com a seguinte redação, inserindo-se no artigo § 9º:

- Alterações e acréscimo processados no texto do referido artigo.

Art. 20. O *caput* do art. 167 da Constituição Federal passa a vigorar acrescido de inciso X, com a seguinte redação:

- Acréscimo processado no texto do referido artigo.

Art. 21. O art. 169 da Constituição Federal passa a vigorar com a seguinte redação:

- Alteração processada no texto do referido artigo.

Art. 22. O § 1º do art. 173 da Constituição Federal passa a vigorar com a seguinte redação:

- Alteração processada no texto do referido artigo.

Art. 23. O inciso V do art. 206 da Constituição Federal passa a vigorar com a seguinte redação:

- Alteração processada no texto do referido artigo.

Art. 24. O art. 241 da Constituição Federal passa a vigorar com a seguinte redação:

- Alteração processada no texto do referido artigo.

Art. 25. Até a instituição do fundo a que se refere o inciso XIV do art. 21 da Constituição Federal, compete à União manter os atuais compromissos financeiros com a prestação de serviços públicos do Distrito Federal.

Art. 26. No prazo de dois anos da promulgação desta Emenda, as entidades da administração indireta terão seus estatutos revistos quanto à respectiva natureza jurídica, tendo em conta a finalidade e as competências efetivamente executadas.

Art. 27. O Congresso Nacional, dentro de cento e vinte dias da promulgação desta Emenda, elaborará lei de defesa do usuário de serviços públicos.

Art. 28. É assegurado o prazo de dois anos de efetivo exercício para aquisição da estabilidade aos atuais servidores em estágio probatório, sem prejuízo da avaliação a que se refere o § 4º do art. 41 da Constituição Federal.

Art. 29. Os subsídios, vencimentos, remuneração, proventos da aposentadoria e pensões e quaisquer outras espécies remuneratórias adequar-se-ão, a partir da promulgação desta Emenda, aos limites decorrentes da Constituição Federal, não se admitindo a percepção de excesso a qualquer título.

Art. 30. O projeto de lei complementar a que se refere o art. 163 da Constituição Federal será apresentado pelo Poder Executivo ao Congresso Nacional no prazo máximo de cento e oitenta dias da promulgação desta Emenda.

Art. 31. A pessoa que revestiu a condição de servidor público federal da administração direta, autárquica ou fundacional, de servidor municipal ou de integrante da carreira de policial, civil ou militar, dos ex-Territórios Federais do Amapá e de Roraima e que, comprovadamente, encontrava-se no exercício de suas funções, prestando serviço à administração pública dos ex-Territórios ou de prefeituras neles localizadas, na data em que foram transformados em Estado, ou a condição de servidor ou de policial, civil ou militar, admitido pelos Estados do Amapá e de Roraima, entre a data de sua transformação em Estado e outubro de 1993, bem como a pessoa que comprove ter mantido, nesse período, relação ou vínculo funcional, de caráter efetivo ou não, ou relação ou vínculo empregatício, estatutário ou de trabalho com a administração pública dos ex-Territórios, dos Estados ou das prefeituras neles localizadas ou com empresa pública ou sociedade de economia mista que haja sido constituída pelo ex-Território ou pela União para atuar no âmbito do ex-Território Federal, inclusive as extintas, poderão integrar, mediante opção, quadro em extinção da administração pública federal.

- *Caput* com redação determinada pela Emenda Constitucional 98/2017.
- V. arts. 2º a 7º, Emenda Constitucional 98/2017.
- V. Lei 13.681/2018 (Dispõe sobre as tabelas de salários, vencimentos, soldos e demais vantagens aplicáveis aos servidores civis, aos militares e aos empregados dos ex-Territórios Federais, integrantes do quadro em extinção de que trata o art. 89 do Ato das Disposições Constitucionais Transitórias e o art. 31 da Emenda Constitucional 19/1998).

§ 1º O enquadramento referido no *caput* deste artigo, para os servidores, para os policiais, civis ou militares, e para as pessoas que tenham revestido essa condição, entre a transformação e a instalação dos Estados em outubro de 1993, dar-se-á no cargo em que foram originariamente admitidos ou em cargo equivalente.

- § 1º com redação determinada pela Emenda Constitucional 98/2017.

§ 2º Os integrantes da carreira policial militar a que se refere o *caput* continuarão prestando serviços aos respectivos Estados, na condição de cedidos, submetidos às disposições estatutárias a que estão sujeitas as corporações das respectivas Polícias Militares, observados as atribuições de função compatíveis com seu grau hierárquico e o direito às devidas promoções.

- § 2º com redação determinada pela Emenda Constitucional 79/2014.

§ 3º As pessoas a que se referem este artigo prestarão serviços aos respectivos Estados ou a seus Municípios, na condição de servidores cedidos, sem ônus para o cessionário, até seu aproveitamento em órgão ou entidade da administração federal direta, autárquica ou fundacional, podendo os Estados, por conta e delegação da União, adotar os procedimentos necessários à cessão de servidores a seus Municípios.

- § 3º com redação determinada pela Emenda Constitucional 98/2017.

§ 4º Para fins do disposto no *caput* deste artigo, são meios probatórios de relação ou vínculo funcional, empregatício, estatutário ou de trabalho, independentemente da existência de vínculo atual, além dos admitidos em lei:

- § 4º com redação determinada pela Emenda Constitucional 98/2017.

I – o contrato, o convênio, o ajuste ou o ato administrativo por meio do qual a pessoa tenha revestido a condição de profissional, empregado, servidor público, prestador de serviço ou trabalhador e tenha atuado ou desenvolvido atividade laboral diretamente com o ex-Território, o Estado ou a prefeitura neles localizada, inclusive mediante a interveniência de cooperativa;

II – a retribuição, a remuneração ou o pagamento documentado ou formalizado, à época, mediante depósito em conta-corrente bancária ou emissão de ordem de pagamento, de recibo, de nota de empenho ou de ordem bancária em que se identifique a administração pública do ex-Território, do Estado ou de prefeitura neles localizada como fonte pagadora ou origem direta dos recursos, assim como aquele realizado à conta de recursos oriundos de fundo de participação ou de fundo especial, inclusive em proveito do pessoal integrante das tabelas especiais.

§ 5º Além dos meios probatórios de que trata o § 4º deste artigo, sem prejuízo daqueles admitidos em lei, o enquadramento referido no *caput* deste artigo dependerá de a pessoa ter mantido relação ou vínculo funcional, empregatício, estatutário ou de trabalho com o ex-Território ou o Estado que o tenha sucedido por, pelo menos, noventa dias.

- § 5º com redação determinada pela Emenda Constitucional 98/2017.

§ 6º As pessoas a que se referem este artigo, para efeito de exercício em órgão ou entidade da administração pública estadual ou municipal dos Estados do Amapá e de Roraima, farão jus à percepção de todas as gratificações e dos demais valores que componham a estrutura remuneratória dos cargos em que tenham sido enquadradas, vedando-se reduzi-los ou suprimi-los por motivo de cessão ao Estado ou a seu Município.

- § 6º com redação determinada pela Emenda Constitucional 98/2017.

Art. 32. A Constituição Federal passa a vigorar acrescida do seguinte artigo:

- Artigo 247 acrescentado ao texto da Constituição.

Art. 33. Consideram-se servidores não estáveis, para os fins do art. 169, § 3º, II, da Constituição Federal aqueles admitidos na administração direta, autárquica e fundacional sem concurso público de provas ou de provas e títulos após o dia 5 de outubro de 1983.

Art. 34. Esta Emenda Constitucional entra em vigor na data de sua promulgação.

Brasília, 4 de junho de 1998.

Mesa da Câmara dos Deputados: Deputado Michel Temer, Presidente

Mesa do Senado Federal: Senador Antonio Carlos Magalhães, Presidente

(*DOU* 05.06.1998)

EC 20, DE 15 DE DEZEMBRO DE 1998

Modifica o sistema de previdência social, estabelece normas de transição e dá outras providências.

As Mesas da Câmara dos Deputados e do Senado Federal, nos termos do § 3º do art. 60 da Constituição Federal, promulgam a seguinte emenda ao texto constitucional:

Art. 1º A Constituição Federal passa a vigorar com as seguintes alterações:

- Alterações do art. 7º, XII, XXXIII; art. 37, § 10; art. 40; §§ 1º a 16; art. 42, §§ 1º e 2º; art. 73, § 3º; art. 93, VI; art. 100, § 3º; art. 114, § 3º; art. 142, § 3º, IX; art. 167, XI; art. 194, parágrafo único, VII; art. 195, I, II e §§ 8º a 11; art. 201, I a V, §§ 1º a 11 e art. 202, §§ 1º a 6º processadas no texto da Constituição.

Art. 2º A Constituição Federal, nas Disposições Constitucionais Gerais, é acrescida dos seguintes artigos:

- Artigos 248, 249 e 250 acrescentados no texto da Constituição.

Art. 3º É assegurada a concessão de aposentadoria e pensão, a qualquer tempo, aos servidores públicos e aos segurados do regime geral de previdência social, bem como aos seus dependentes, que, até a data da publicação desta Emenda, tenham cumprido os requisitos para a obtenção destes benefícios, com base nos critérios da legislação então vigente.

§ 1º O servidor de que trata este artigo, que tenha completado as exigências para aposentadoria integral e que opte por permanecer em atividade fará jus à isenção da contribuição previdenciária até completar as exigências para aposentadoria contidas no art. 40, § 1º, III, a, da Constituição Federal.

§ 2º Os proventos da aposentadoria a ser concedida aos servidores públicos referidos no *caput*, em termos integrais ou proporcionais ao tempo de serviço já exercido até a data de publicação desta Emenda, bem como as pensões de seus dependentes, serão calculados de acordo com a legislação em vigor à época em que foram atendidas as prescrições nela estabelecidas para a concessão destes benefícios ou nas condições da legislação vigente.

§ 3º São mantidos todos os direitos e garantias assegurados nas disposições constitucionais vigentes à data de publicação desta Emenda aos servidores e militares, inativos e pensionistas, aos anistiados e aos ex-combatentes, assim como àqueles que já cumpriram, até aquela data, os requisitos para usufruírem tais direitos, observado o disposto no art. 37, XI, da Constituição Federal.

Art. 4º Observado o disposto no art. 40, § 10, da Constituição Federal, o tempo de serviço considerado pela legislação vigente para efeito de aposentadoria, cumprido até que a lei discipline a matéria, será contado como tempo de contribuição.

- V. art. 2º, Emenda Constitucional 41/2003.

Art. 5º O disposto no art. 202, § 3º, da Constituição Federal, quanto à exigência de paridade entre a contribuição da patrocinadora e a contribuição do segurado, terá vigência no prazo de dois anos a partir da publicação desta Emenda, ou, caso ocorra antes, na data de publicação da lei complementar a que se refere o § 4º do mesmo artigo.

Art. 6º As entidades fechadas de previdência privada patrocinadas por entidades públicas, inclusive empresas públicas e sociedades de economia mista, deverão rever, no prazo de dois anos, a contar da publicação desta Emenda, seus planos de benefícios e serviços, de modo a ajustá-los atuarialmente a seus ativos, sob pena de intervenção, sendo seus dirigentes e os de suas respectivas patrocinadoras responsáveis civil e criminalmente pelo descumprimento do disposto neste artigo.

Art. 7º Os projetos das leis complementares previstas no art. 202 da Constituição Federal deverão ser apresentados ao Congresso Nacional no prazo máximo de noventa dias após a publicação desta Emenda.

Art. 8º *(Revogado pela Emenda Constitucional 41/2003).*

Art. 9º Observado o disposto no art. 4º desta Emenda e ressalvado o direito de opção à aposentadoria pelas normas por ela estabelecidas para o regime geral de previdência social, é assegurado o direito à aposentadoria ao segurado que se tenha filiado ao regime geral de previdência social, até a data de publicação desta Emenda, quando, cumulativamente, atender aos seguintes requisitos:

I – contar com cinquenta e três anos de idade, se homem, e quarenta e oito anos de idade, se mulher; e

II – contar tempo de contribuição igual, no mínimo, à soma de:

a) trinta e cinco anos, se homem, e trinta anos, se mulher; e

b) um período adicional de contribuição equivalente a vinte por cento do tempo que, na data da publicação desta Emenda, faltaria para atingir o limite de tempo constante da alínea anterior.

§ 1º O segurado de que trata este artigo, desde que atendido o disposto no inciso I do *caput*, e observado o disposto no art. 4º desta Emenda, pode aposentar-se com valores proporcionais ao tempo de contribuição, quando atendidas as seguintes condições:

I – contar tempo de contribuição igual, no mínimo, à soma de:

a) trinta anos, se homem, e vinte e cinco anos, se mulher; e

b) um período adicional de contribuição equivalente a quarenta por cento do tempo que, na data da publicação desta Emenda, faltaria para atingir o limite de tempo constante da alínea anterior;

II – o valor da aposentadoria proporcional será equivalente a setenta por cento do valor da aposentadoria a que se refere o caput, acrescido de cinco por cento por ano de contribuição que supere a soma a que se refere o inciso anterior, até o limite de cem por cento.

§ 2º O professor que, até a data da publicação desta Emenda, tenha exercido atividade de magistério e que opte por aposentar-se na forma do disposto no *caput*, terá o tempo de serviço exercido até a publicação desta Emenda contado com o acréscimo de dezessete por cento, se homem, e de vinte por cento, se mulher, desde que se aposente, exclusivamente, com tempo de efetivo exercício de atividade de magistério.

Art. 10. *(Revogado pela Emenda Constitucional 41/2003).*

Art. 11. A vedação prevista no art. 37, § 10, da Constituição Federal, não se aplica aos membros de poder e aos inativos, servidores e militares, que, até a publicação desta Emenda, tenham ingressado novamente no serviço público por concurso público de provas ou de provas e títulos, e pelas demais formas previstas na Constituição Federal, sendo-lhes proibida a percepção de mais de uma aposentadoria pelo regime de previdência a que se refere o art. 40 da Constituição Federal, aplicando-se-lhes, em qualquer hipótese, o limite de que trata o § 11 deste mesmo artigo.

Art. 12. Até que produzam efeitos as leis que irão dispor sobre as contribuições de que trata o art. 195 da Constituição Federal, são exigíveis as estabelecidas em lei, destinadas ao custeio da seguridade social e dos diversos regimes previdenciários.

Art. 13. Até que a lei discipline o acesso ao salário-família e auxílio-reclusão para os servidores, segurados e seus dependentes, esses benefícios serão concedidos apenas àqueles que tenham renda bruta mensal igual ou inferior a R$ 360,00 (trezentos e sessenta reais), que, até a publicação da lei, serão corrigidos pelos mesmos índices aplicados aos benefícios do regime geral de previdência social.

Art. 14. O limite máximo para o valor dos benefícios do regime geral de previdência social de que trata o art. 201 da Constituição Federal é fixado em R$ 1.200,00 (um mil e duzentos reais), devendo, a partir da data da publicação desta Emenda, ser reajustado de forma a preservar, em caráter permanente, seu valor real, atualizado pelos mesmos índices aplicados aos benefícios do regime geral de previdência social.

- O STF, na ADIn 1.946-5 (*DJU* 16.05.2003; *DOU* 03.06.2003), julgou parcialmente procedente o pedido formulado na ação para dar "ao art. 14 da EC 20/1998, sem redução de texto, interpretação conforme a CF, para excluir sua aplicação ao salário da licença à gestante a que se refere o art. 7º, inciso XVIII da referida Carta".

Art. 15. Até que a lei complementar a que se refere o art. 201, § 1º, da Constituição Federal, seja publicada, permanece em vigor o disposto nos arts. 57 e 58 da Lei 8.213, de 24 de julho de 1991, na redação vigente à data da publicação desta Emenda.

Art. 16. Esta Emenda Constitucional entra em vigor na data de sua publicação.

Art. 17. Revoga-se o inciso II do § 2º do art. 153 da Constituição Federal.

Brasília, 15 de dezembro de 1998.

Mesa da Câmara dos Deputados: Deputado Michel Temer, Presidente

Mesa do Senado Federal: Senador Antonio Carlos Magalhães, Presidente

(*DOU* 16.12.1998)

EC 21, DE 18 DE MARÇO DE 1999

Prorroga, alterando a alíquota, a contribuição provisória sobre movimentação ou transmissão de valores e de créditos e de direitos de natureza financeira, a que se refere o art. 74 do Ato das Disposições Constitucionais Transitórias.

As Mesas da Câmara dos Deputados e do Senado Federal, nos termos do § 3º do art. 60 da Constituição Federal, promulgam a seguinte Emenda ao texto constitucional:

Art. 1º Fica incluído o art. 75 no Ato das Disposições Constitucionais Transitórias, com a seguinte redação:

- Inclusão processada no texto do Ato das Disposições Constitucionais Transitórias.

Art. 2º Esta Emenda entra em vigor na data de sua publicação.

Brasília, 18 de março de 1999.

Mesa da Câmara dos Deputados: Deputado Michel Temer, Presidente

Mesa do Senado Federal: Senador Antonio Carlos Magalhães, Presidente

(*DOU* 19.03.1999)

EC 22, DE 18 DE MARÇO DE 1999

Acrescenta parágrafo único ao art. 98 e altera as alíneas i do inciso I do art. 102 e c do inciso I do art. 105 da Constituição Federal.

As Mesas da Câmara dos Deputados e do Senado Federal, nos termos do § 3º do art. 60 da Constituição Federal, promulgam a seguinte Emenda ao texto constitucional:

Art. 1º É acrescentado ao art. 98 da Constituição Federal o seguinte parágrafo único:

- Acréscimo processado no texto do referido artigo.

Art. 2º A alínea i do inciso I do art. 102 da Constituição Federal passa a vigorar com a seguinte redação:

- Alteração processada no texto do referido artigo.

Art. 3º A alínea c do inciso I do art. 105 da Constituição Federal passa a vigorar com a seguinte redação:

- Alteração processada no texto do referido artigo.

Art. 4º Esta Emenda Constitucional entra em vigor na data de sua publicação.

Brasília, 18 de março de 1999.

Mesa da Câmara dos Deputados: Deputado Michel Temer, Presidente

Mesa do Senado Federal: Senador Antonio Carlos Magalhães, Presidente

(*DOU* 19.03.1999)

EC 23, DE 2 DE SETEMBRO DE 1999

Altera os arts. 12, 52, 84, 91, 102 e 105 da Constituição Federal (criação do Ministério da Defesa).

As Mesas da Câmara dos Deputados e do Senado Federal, nos termos do § 3º do art. 60 da Constituição Federal, promulgam a seguinte Emenda ao texto constitucional:

Art. 1º Os arts. 12, 52, 84, 91, 102 e 105 da Constituição Federal, passam a vigorar com as seguintes alterações:

- Alterações processadas no texto dos referidos artigos.

Art. 2º Esta Emenda Constitucional entra em vigor na data de sua publicação.

Brasília, 2 de setembro de 1999.

Mesa da Câmara dos Deputados: Deputado Michel Temer, Presidente

Mesa do Senado Federal: Senador Antonio Carlos Magalhães, Presidente

(*DOU* 03.09.1999)

EC 24, DE 9 DE DEZEMBRO DE 1999

Altera dispositivos da Constituição Federal pertinentes à representação classista na Justiça do Trabalho.

As Mesas da Câmara dos Deputados e do Senado Federal, nos termos do § 3º do art. 60 da Constituição Federal, promulgam a seguinte Emenda ao texto constitucional:

Art. 1º Os arts. 111, 112, 113, 115 e 116 da Constituição Federal passam a vigorar com a seguinte redação:

• Alterações processadas no texto dos referidos artigos.

Art. 2º É assegurado o cumprimento dos mandatos dos atuais ministros classistas temporários do Tribunal Superior do Trabalho e dos atuais juízes classistas temporários dos Tribunais Regionais do Trabalho e das Juntas de Conciliação e Julgamento.

Art. 3º Esta Emenda Constitucional entra em vigor na data de sua publicação.

Art. 4º Revoga-se o art. 117 da Constituição Federal.

Brasília, em 9 de dezembro de 1999.

Mesa da Câmara dos Deputados: Deputado Michel Temer, Presidente

Mesa do Senado Federal: Senador Antonio Carlos Magalhães, Presidente

(*DOU* 10.12.1999)

EC 25, DE 14 DE FEVEREIRO DE 2000

Altera o inciso VI do art. 29 e acrescenta o art. 29-A à Constituição Federal, que dispõem sobre limites de despesas com o Poder Legislativo Municipal.

As Mesas da Câmara dos Deputados e do Senado Federal, nos termos do § 3º do art. 60 da Constituição Federal, promulgam a seguinte Emenda ao texto constitucional:

Art. 1º O inciso VI do art. 29 da Constituição Federal passa a vigorar com a seguinte redação:

• Alteração processada no texto do referido artigo.

Art. 2º A Constituição Federal passa a vigorar acrescida do seguinte art. 29-A:

• Acréscimo processado no texto da Constituição.

Art. 3º Esta Emenda Constitucional entra em vigor em 1º de janeiro de 2001.

Brasília, 14 de fevereiro de 2000.

Mesa da Câmara dos Deputados: Deputado Michel Temer, *Presidente*

Mesa do Senado Federal: Senador Antonio Carlos Magalhães, *Presidente*

(*DOU* 15.02.2000)

EC 26, DE 14 DE FEVEREIRO DE 2000

Altera a redação do art. 6º da Constituição Federal.

As Mesas da Câmara dos Deputados e do Senado Federal, nos termos do § 3º do art. 60 da Constituição Federal, promulgam a seguinte Emenda ao texto constitucional:

Art. 1º O art. 6º da Constituição Federal passa a vigorar com a seguinte redação:

• Alteração processada no texto do referido artigo.

Art. 2º Esta Emenda Constitucional entra em vigor na data de sua publicação.

Brasília, 14 de fevereiro de 2000.

Mesa da Câmara dos Deputados: Deputado Michel Temer, *Presidente*

Mesa do Senado Federal: Senador Antonio Carlos Magalhães, *Presidente*

(*DOU* 15.02.2000)

EC 27, DE 21 DE MARÇO DE 2000

Acrescenta o art. 76 ao Ato das Disposições Constitucionais Transitórias, instituindo a desvinculação de arrecadação de impostos e contribuições sociais da União.

As Mesas da Câmara dos Deputados e do Senado Federal, nos termos do § 3º do art. 60 da Constituição Federal, promulgam a seguinte Emenda ao texto constitucional:

Art. 1º É incluído o art. 76 ao Ato das Disposições Constitucionais Transitórias, com a seguinte redação:

• Acréscimo processado no texto do Ato das Disposições Constitucionais Transitórias.

Art. 2º Esta Emenda Constitucional entra em vigor na data de sua publicação.

Brasília, 21 de março de 2000.

Mesa da Câmara dos Deputados: Deputado Michel Temer, *Presidente*

Mesa do Senado Federal: Senador Antonio Carlos Magalhães, Presidente

(*DOU* 22.03.2000)

EC 28, DE 25 DE MAIO DE 2000

Dá nova redação ao inciso XXIX do art. 7º e revoga o art. 233 da Constituição Federal.

As Mesas da Câmara dos Deputados e do Senado Federal, nos termos do § 3º do art. 60 da Constituição Federal, promulgam a seguinte Emenda ao texto constitucional:

Art. 1º O inciso XXIX do art. 7º da Constituição Federal passa a vigorar com a seguinte redação:

• Alteração processada no texto do referido artigo.

Art. 2º Revoga-se o art. 233 da Constituição Federal.

Art. 3º Esta Emenda Constitucional entra em vigor na data de sua publicação.

Brasília, em 25 de maio de 2000.

Mesa da Câmara dos Deputados: Deputado Michel Temer, Presidente

Mesa do Senado Federal: Senador Antonio Carlos Magalhães, Presidente

(*DOU* 29.05.2000)

EC 29, DE 13 DE SETEMBRO DE 2000

Altera os arts. 34, 35, 156, 160, 167 e 198 da Constituição Federal e acrescenta artigo ao Ato das Disposições Constitucionais Transitórias, para assegurar os recursos mínimos para o financiamento das ações e serviços públicos de saúde.

As Mesas da Câmara dos Deputados e do Senado Federal, nos termos do § 3º do art. 60 da Constituição Federal, promulgam a seguinte Emenda ao texto constitucional:

Art. 1º A alínea e do inciso VII do art. 34 passa a vigorar com a seguinte redação:

• Alteração processada no texto do referido artigo.

Art. 2º O inciso III do art. 35 passa a vigorar com a seguinte redação:

• Alteração processada no texto do referido artigo.

Art. 3º O § 1º do art. 156 da Constituição Federal passa a vigorar com a seguinte redação:

• Alteração processada no texto do referido artigo.

Art. 4º O parágrafo único do art. 160 passa a vigorar com a seguinte redação:

• Alteração processada no texto do referido artigo.

Art. 5º O inciso IV do art. 167 passa a vigorar com a seguinte redação:

• Alteração processada no texto do referido artigo.

Art. 6º O art. 198 passa a vigorar acrescido dos seguintes §§ 2º e 3º, numerando-se o atual parágrafo único como § 1º:

• Acréscimos processados no texto do referido artigo.

Art. 7º O Ato das Disposições Constitucionais Transitórias passa a vigorar acrescido do seguinte art. 77:

• Acréscimo processado no texto do Ato das Disposições Constitucionais Transitórias.

Art. 8º Esta Emenda Constitucional entra em vigor na data de sua publicação.

Brasília, 13 de setembro de 2000.

Mesa da Câmara dos Deputados: Deputado Michel Temer, Presidente

Mesa do Senado Federal: Senador Antonio Carlos Magalhães, Presidente

(*DOU* 14.09.2000)

EC 30, DE 13 DE SETEMBRO DE 2000

Altera a redação do art. 100 da Constituição Federal e acrescenta o art. 78 no Ato

das Disposições Constitucionais Transitórias, referente ao pagamento de precatórios judiciários.

As Mesas da Câmara dos Deputados e do Senado Federal, nos termos do § 3º do art. 60 da Constituição Federal, promulgam a seguinte Emenda ao texto constitucional:

Art. 1º O art. 100 da Constituição Federal passa a vigorar com a seguinte redação:

- Alteração processada no texto do referido artigo.

Art. 2º É acrescido, no Ato das Disposições Constitucionais Transitórias, o art. 78, com a seguinte redação:

- Acréscimo processado no texto do Ato das Disposições Constitucionais Transitórias.
- O STF, na Med. Caut. em ADIn 2.356 e 2.362, deferiu a cautelar (DOU e DJE 07.12.2010; DJE 19.05.2011) para suspender a eficácia do art. 2º da Emenda Constitucional 30/2000.

Art. 3º Esta Emenda Constitucional entra em vigor na data de sua publicação.

Brasília, em 13 de setembro de 2000.

Mesa da Câmara dos Deputados: Deputado Michel Temer, Presidente

Mesa do Senado Federal: Senador Antonio Carlos Magalhães, Presidente

(*DOU* 14.09.2000)

EC 31, DE 14 DE DEZEMBRO DE 2000

Altera o Ato das Disposições Constitucionais Transitórias, introduzindo artigos que criam o Fundo de Combate e Erradicação da Pobreza.

As Mesas da Câmara dos Deputados e do Senado Federal, nos termos do § 3º do art. 60 da Constituição Federal, promulgam a seguinte emenda ao texto constitucional:

Art. 1º A Constituição Federal, no Ato das Disposições Constitucionais Transitórias, é acrescida dos seguintes artigos:

- Artigos 79, 80, 81, 82 e 83 acrescentados no texto do Ato das Disposições Constitucionais Transitórias.

Art. 2º Esta Emenda Constitucional entra em vigor na data de sua publicação.

Brasília, 14 de dezembro de 2000.

Mesa da Câmara dos Deputados: Deputado Michel Temer, Presidente

Mesa do Senado Federal: Senador Antonio Carlos Magalhães, Presidente

(*DOU* 18.12.2000)

EC 32, DE 11 DE SETEMBRO DE 2001

Altera dispositivos dos arts. 48, 57, 61, 62, 64, 66, 84, 88 e 246 da Constituição Federal, e dá outras providências.

- V. Súmula vinculante 54, STF.

As Mesas da Câmara dos Deputados e do Senado Federal, nos termos do § 3º do art. 60 da Constituição Federal, promulgam a seguinte Emenda ao texto constitucional:

Art. 1º Os arts. 48, 57, 61, 62, 64, 66, 84, 88 e 246 da Constituição Federal passam a vigorar com as seguintes alterações:

- Alterações processadas no texto dos referidos artigos.

Art. 2º As medidas provisórias editadas em data anterior à da publicação desta emenda continuam em vigor até que medida provisória ulterior as revogue explicitamente ou até deliberação definitiva do Congresso Nacional.

Art. 3º Esta Emenda Constitucional entra em vigor na data de sua publicação.

Brasília, 11 de setembro de 2001.

Mesa da Câmara dos Deputados: Deputado Aécio Neves, Presidente

Mesa do Senado Federal: Senador Edison Lobão, Presidente

(*DOU* 12.09.2001)

EC 33, DE 11 DE DEZEMBRO DE 2001

Altera os arts. 149, 155 e 177 da Constituição Federal.

As Mesas da Câmara dos Deputados e do Senado Federal, nos termos do § 3º do art. 60 da Constituição Federal, promulgam a seguinte Emenda ao texto constitucional:

Art. 1º O art. 149 da Constituição Federal passa a vigorar acrescido dos seguintes parágrafos, renumerando-se o atual parágrafo único para § 1º:

- Parágrafo único renumerado e §§ 2º a 4º acrescentados no texto do referido artigo.

Art. 2º O art. 155 da Constituição Federal passa a vigorar com as seguintes alterações:

- Alterações processadas no texto do referido artigo.

Art. 3º O art. 177 da Constituição Federal passa a vigorar acrescido do seguinte parágrafo:

- Acréscimo processado no texto do referido artigo.

Art. 4º Enquanto não entrar em vigor a lei complementar de que trata o art. 155, § 2º, XII, h, da Constituição Federal, os Estados e o Distrito Federal, mediante convênio celebrado nos termos do § 2º, XII, g, do mesmo artigo, fixarão normas para regular provisoriamente a matéria.

Art. 5º Esta Emenda Constitucional entra em vigor na data de sua promulgação.

Brasília, 11 de dezembro de 2001.

Mesa da Câmara dos Deputados: Deputado Aécio Neves, Presidente

Mesa do Senado Federal: Senador Ramez Tebet, Presidente

(*DOU* 12.12.2001)

EC 34, DE 13 DE DEZEMBRO DE 2001

Dá nova redação à alínea c do inciso XVI do art. 37 da Constituição Federal.

As Mesas da Câmara dos Deputados e do Senado Federal, nos termos do § 3º do art. 60 da Constituição Federal, promulgam a seguinte Emenda ao texto constitucional:

Art. 1º A alínea c do inciso XVI do art. 37 da Constituição Federal passa a vigorar com a seguinte redação:

- Alteração processada no texto do referido artigo.

Art. 2º Esta Emenda Constitucional entra em vigor na data de sua publicação.

Brasília, 13 de dezembro de 2001.

Mesa da Câmara dos Deputados: Deputado Aécio Neves, Presidente

Mesa do Senado Federal: Senador Ramez Tebet, Presidente

(*DOU* 14.12.2001)

EC 35, DE 20 DE DEZEMBRO DE 2001

Dá nova redação ao art. 53 da Constituição Federal.

As Mesas da Câmara dos Deputados e do Senado Federal, nos termos do § 3º do art. 60 da Constituição Federal, promulgam a seguinte Emenda ao texto constitucional:

Art. 1º O art. 53 da Constituição Federal passa a vigorar com as seguintes alterações:

- Alterações processadas no texto do referido artigo.

Art. 2º Esta Emenda Constitucional entra em vigor na data de sua publicação.

Brasília, 20 de dezembro de 2001.

Mesa da Câmara dos Deputados: Deputado Aécio Neves, Presidente

Mesa do Senado Federal: Senador Ramez Tebet, Presidente

(*DOU* 21.12.2001)

EC 36, DE 28 DE MAIO DE 2002

Dá nova redação ao art. 222 da Constituição Federal, para permitir a participação de pessoas jurídicas no capital social de empresas jornalísticas e de radiodifusão sonora e de sons e imagens, nas condições que especifica.

As Mesas da Câmara dos Deputados e do Senado Federal, nos termos do § 3º do art. 60 da Constituição Federal, promulgam a seguinte Emenda ao texto constitucional:

Art. 1º O art. 222 da Constituição Federal passa a vigorar com a seguinte redação:

- Alteração processada no texto do referido artigo.

Art. 2º Esta Emenda Constitucional entra em vigor na data de sua publicação.

Brasília, 28 de maio de 2002.

Mesa da Câmara dos Deputados: Deputado Aécio Neves, Presidente

Mesa do Senado Federal: Senador Ramez Tebet, Presidente

(*DOU* 29.05.2002)

EC 37, DE 12 DE JUNHO DE 2002

Altera os arts. 100 e 156 da Constituição Federal e acrescenta os arts. 84, 85, 86, 87 e 88 ao Ato das Disposições Constitucionais Transitórias.

As Mesas da Câmara dos Deputados e do Senado Federal, nos termos do § 3º do art. 60 da Constituição Federal, promulgam a seguinte Emenda ao texto constitucional:

Art. 1º O art. 100 da Constituição Federal passa a vigorar acrescido do seguinte § 4º, renumerando-se os subsequentes:

- Acréscimo processado no texto do referido artigo.

Art. 2º O § 3º do art. 156 da Constituição Federal passa a vigorar com a seguinte redação:

- Alteração processada no texto do referido artigo.

Art. 3º O Ato das Disposições Constitucionais Transitórias passa a vigorar acrescido dos seguintes arts. 84, 85, 86, 87 e 88:

- Acréscimos processados no texto do Ato das Disposições Constitucionais Transitórias.

Art. 4º Esta Emenda Constitucional entra em vigor na data de sua publicação.

Brasília, em 12 de junho de 2002.

Mesa da Câmara dos Deputados: Deputado Aécio Neves, Presidente

Mesa do Senado Federal: Senador Ramez Tebet, Presidente

(*DOU* 13.06.2002)

EC 38, DE 12 DE JUNHO DE 2002

Acrescenta o art. 89 ao Ato das Disposições Constitucionais Transitórias, incorporando os Policiais Militares do extinto Território Federal de Rondônia aos Quadros da União.

As Mesas da Câmara dos Deputados e do Senado Federal, nos termos do § 3º do art. 60 da Constituição Federal, promulgam a seguinte Emenda ao texto constitucional:

Art. 1º O Ato das Disposições Constitucionais Transitórias passa a vigorar acrescido do seguinte art. 89:

- Acréscimo processado no texto do Ato das Disposições Constitucionais Transitórias.

Art. 2º Esta Emenda Constitucional entra em vigor na data de sua publicação.

Brasília, em 12 de junho de 2002.

Mesa da Câmara dos Deputados: Deputado Aécio Neves, Presidente

Mesa do Senado Federal: Senador Ramez Tebet, Presidente

(*DOU* 13.06.2002)

EC 39, DE 19 DE DEZEMBRO DE 2002

Acrescenta o art. 149-A à Constituição Federal (instituindo contribuição para custeio do serviço de iluminação pública nos Municípios e no Distrito Federal).

As Mesas da Câmara dos Deputados e do Senado Federal, nos termos do § 3º do art. 60 da Constituição Federal, promulgam a seguinte Emenda ao texto constitucional:

Art. 1º A Constituição Federal passa a vigorar acrescida do seguinte art. 149-A:

- Acréscimo processado no texto da Constituição.

Art. 2º Esta Emenda Constitucional entra em vigor na data de sua publicação.

Brasília, em 19 de dezembro de 2002.

Mesa da Câmara dos Deputados: Deputado Efraim Morais, Presidente

Mesa do Senado Federal: Senador Ramez Tebet, Presidente

(*DOU* 20.12.2002)

EC 40, DE 29 DE MAIO DE 2003

Altera o inciso V do art. 163 e o art. 192 da Constituição Federal, e o caput do art. 52 do Ato das Disposições Constitucionais Transitórias.

As Mesas da Câmara dos Deputados e do Senado Federal, nos termos do § 3º do art. 60 da Constituição Federal, promulgam a seguinte Emenda ao texto constitucional:

Art. 1º O inciso V do art. 163 da Constituição Federal passa a vigorar com a seguinte redação:

- Alteração processada no texto do referido artigo.

Art. 2º O art. 192 da Constituição Federal passa a vigorar com a seguinte redação:

- Alteração processada no texto do referido artigo.

Art. 3º O *caput* do art. 52 do Ato das Disposições Constitucionais Transitórias passa a vigorar com a seguinte redação:

- Alteração processada no texto do referido artigo.

Art. 4º Esta Emenda Constitucional entra em vigor na data de sua publicação.

Brasília, em 29 de maio de 2003.

Mesa da Câmara dos Deputados: Deputado João Paulo Cunha, Presidente

Mesa do Senado Federal: Senador José Sarney, Presidente

(*DOU* 30.05.2003)

EC 41, DE 19 DE DEZEMBRO DE 2003

Modifica os arts. 37, 40, 42, 48, 96, 149 e 201 da Constituição Federal, revoga o inciso IX do § 3º do art. 142 da Constituição Federal e dispositivos da Emenda Constitucional 20, de 15 de dezembro de 1998, e dá outras providências.

As Mesas da Câmara dos Deputados e do Senado Federal, nos termos do § 3º do art. 60 da Constituição Federal, promulgam a seguinte Emenda ao texto constitucional:

Art. 1º A Constituição Federal passa a vigorar com as seguintes alterações:

- Alterações do art. 37, XI; art. 40, *caput*, § 1º, I, § 3º, § 7º, I e II, § 8º, § 15 e §§ 17 a 20; art. 42, § 2º; art. 48, XV; art. 96, II, *b*; art. 149, § 1º e art. 201, § 12 processadas no texto da Constituição.

Art. 2º Observado o disposto no art. 4º da Emenda Constitucional 20, de 15 de dezembro de 1998, é assegurado o direito de opção pela aposentadoria voluntária com proventos calculados de acordo com o art. 40, §§ 3º e 17, da Constituição Federal, àquele que tenha ingressado regularmente em cargo efetivo na Administração Pública direta, autárquica e fundacional, até a data da publicação daquela Emenda, quando o servidor, cumulativamente:

- V. art. 1º, Lei 10.887/2004 (Dispõe sobre a aplicação de disposições da EC 41/2003).
- V. art. 3º, Emenda Constitucional 47/2005.

I – tiver cinquenta e três anos de idade, se homem, e quarenta e oito anos de idade, se mulher;

II – tiver cinco anos de efetivo exercício no cargo em que se der a aposentadoria;

III – contar tempo de contribuição igual, no mínimo, à soma de:

a) trinta e cinco anos, se homem, e trinta anos, se mulher; e

b) um período adicional de contribuição equivalente a vinte por cento do tempo que, na data de publicação daquela Emenda, faltaria para atingir o limite de tempo constante da alínea a deste inciso.

§ 1º O servidor de que trata este artigo que cumprir as exigências para aposentadoria na forma do *caput* terá os seus proventos de inatividade reduzidos para cada ano antecipado em relação aos limites de idade estabelecidos pelo art. 40, § 1º, III, a, e § 5º da Constituição Federal, na seguinte proporção:

I – três inteiros e cinco décimos por cento, para aquele que completar as exigências para aposentadoria na forma do *caput* até 31 de dezembro de 2005;

II – cinco por cento, para aquele que completar as exigências para aposentadoria na forma do *caput* a partir de 1º de janeiro de 2006.

§ 2º Aplica-se ao magistrado e ao membro do Ministério Público e de Tribunal de Contas o disposto neste artigo.

§ 3º Na aplicação do disposto no § 2º deste artigo, o magistrado ou o membro do Ministério Público ou de Tribunal de Contas, se homem, terá o tempo de serviço exercido até a data de publicação da Emenda Constitucional 20, de 15 de dezembro de 1998, contado com acréscimo de dezessete por cento, observado o disposto no § 1º deste artigo.

§ 4º O professor, servidor da União, dos Estados, do Distrito Federal e dos Municípios, incluídas suas autarquias e fundações, que, até a data de publicação da Emenda Constitucional 20, de 15 de dezembro de 1998, tenha ingressado, regularmente, em cargo efetivo de magistério e que opte por aposentar-se na forma do disposto no *caput*, terá o tempo de serviço exercido até a publicação daquela Emenda contado com o acréscimo de dezessete por cento, se homem, e de vinte por cento, se mulher, desde que se aposente, exclusivamente, com tempo de efetivo exercício nas funções de magistério, observado o disposto no § 1º.

§ 5º O servidor de que trata este artigo, que tenha completado as exigências para aposentadoria voluntária estabelecidas no *caput*, e que opte por permanecer em atividade, fará jus a um abono de permanência equivalente ao valor da sua contribuição previdenciária até completar as exigências para aposentadoria compulsória contidas no art. 40, § 1º, II, da Constituição Federal.

§ 6º Às aposentadorias concedidas de acordo com este artigo aplica-se o disposto no art. 40, § 8º, da Constituição Federal.

Art. 3º É assegurada a concessão, a qualquer tempo, de aposentadoria aos servidores públicos, bem como pensão aos seus dependentes, que, até a data de publicação desta Emenda tenham cumprido todos os requisitos para obtenção desses benefícios, com base nos critérios da legislação então vigente.

§ 1º O servidor de que trata este artigo que opte por permanecer em atividade tendo completado as exigências para aposentadoria voluntária e que conte com, no mínimo, vinte e cinco anos de contribuição, se mulher, ou trinta anos de contribuição, se homem, fará jus a um abono de permanência equivalente ao valor da sua contribuição previdenciária até completar as exigências para aposentadoria compulsória contidas no art. 40, § 1º, II, da Constituição Federal.

§ 2º Os proventos da aposentadoria a ser concedida aos servidores públicos referidos no *caput*, em termos integrais ou proporcionais ao tempo de contribuição já exercido até a data de publicação desta Emenda, bem como as pensões de seus dependentes, serão calculados de acordo com a legislação em vigor à época em que foram atendidos os requisitos nela estabelecidos para a concessão desses benefícios ou nas condições da legislação vigente.

Art. 4º Os servidores inativos e os pensionistas da União, dos Estados, do Distrito Federal e dos Municípios, incluídas suas autarquias e fundações, em gozo de benefícios na data de publicação desta Emenda, bem como os alcançados pelo disposto no seu art. 3º, contribuirão para o custeio do regime de que trata o art. 40 da Constituição Federal com percentual igual ao estabelecido para os servidores titulares de cargos efetivos.

Parágrafo único. A contribuição previdenciária a que se refere o *caput* incidirá apenas sobre a parcela dos proventos e das pensões que supere:

I – cinquenta por cento do limite máximo estabelecido para os benefícios do regime geral de previdência social de que trata o art. 201 da Constituição Federal, para os servidores inativos e os pensionistas dos Estados, do Distrito Federal e dos Municípios;

- O STF, nas ADIns 3.105-8 e 3.128-7 (*DOU* e *DJU* 27.08.2004), julgou inconstitucionais as expressões "cinquenta por cento do" e "sessenta por cento do", contidas, respectivamente, nos incisos I e II do parágrafo único do art. 4º da EC 41/2003, pelo que se aplica, então, à hipótese do art. 4º da EC 41/2003 o § 18 do art. 40 do texto permanente da Constituição, introduzido pela mesma Emenda Constitucional.

II – sessenta por cento do limite máximo estabelecido para os benefícios do regime geral de previdência social de que trata o art. 201 da Constituição Federal, para os servidores inativos e os pensionistas da União.

- O STF, nas ADIns 3.105-8 e 3.128-7 (*DOU* e *DJU* 27.08.2004), julgou inconstitucionais as expressões "cinquenta por cento do" e "sessenta por cento do", contidas, respectivamente, nos incisos I e II do parágrafo único do art. 4º da EC 41/2003, pelo que se aplica, então, à hipótese do art. 4º da EC 41/2003 o § 18 do art. 40 do texto permanente da Constituição, introduzido pela mesma Emenda Constitucional.

Art. 5º O limite máximo para o valor dos benefícios do regime geral de previdência social de que trata o art. 201 da Constituição Federal é fixado em R$ 2.400,00 (dois mil e quatrocentos reais), devendo, a partir da data de publicação desta Emenda, ser reajustado de forma a preservar, em caráter permanente, seu valor real, atualizado pelos mesmos índices aplicados aos benefícios do regime geral de previdência social.

Art. 6º Ressalvado o direito de opção à aposentadoria pelas normas estabelecidas pelo art. 40 da Constituição Federal ou pelas regras estabelecidas pelo art. 2º desta Emenda, o servidor da União, dos Estados, do Distrito Federal e dos Municípios, incluídas suas autarquias e fundações, que tenha ingressado no serviço público até a data de publicação desta Emenda poderá aposentar-se com proventos integrais, que corresponderão à totalidade da remuneração do servidor no cargo efetivo em que se der a aposentadoria, na forma da lei, quando, observadas as reduções de idade e tempo de contribuição contidas no § 5º do art. 40 da Constituição Federal, vier a preencher, cumulativamente, as seguintes condições:

- V. arts. 2º e 3º, Emenda Constitucional 47/2005.

I – sessenta anos de idade, se homem, e cinquenta e cinco anos de idade, se mulher;

II – trinta e cinco anos de contribuição, se homem, e trinta anos de contribuição, se mulher;

III – vinte anos de efetivo exercício no serviço público; e

IV – dez anos de carreira e cinco anos de efetivo exercício no cargo em que se der a aposentadoria.

Parágrafo único. *(Revogado pela Emenda Constitucional 47/2005* (DOU *06.07.2005), em vigor na data de sua publicação, com efeitos retroativos à data de vigência da Emenda Constitucional 41/2003).*

Art. 6º-A. O servidor da União, dos Estados, do Distrito Federal e dos Municípios, incluídas suas autarquias e fundações, que tenha ingressado no serviço público até a data de publicação desta Emenda Constitucional e que tenha se aposentado ou venha a se aposentar por invalidez permanente, com fundamento no inciso I do § 1º do art. 40 da Constituição Federal, tem direito a proventos de aposentadoria calculados com base na remuneração do cargo efetivo em que se der a aposentadoria, na forma da lei, não sendo aplicáveis as disposições constantes dos §§ 3º, 8º e 17 do art. 40 da Constituição Federal.

- Artigo acrescentado pela Emenda Constitucional 70/2012.

Parágrafo único. Aplica-se ao valor dos proventos de aposentadorias concedidas com base no *caput* o disposto no art. 7º desta Emenda Constitucional, observando-se igual critério de revisão às pensões derivadas dos proventos desses servidores.

Art. 7º Observado o disposto no art. 37, XI, da Constituição Federal, os proventos de aposentadoria dos servidores públicos titulares de cargo efetivo e as pensões dos seus dependentes pagos pela União, Estados, Distrito Federal e Municípios, incluídas suas autarquias e fundações, em fruição na data de publicação desta Emenda, bem como os proventos de aposentadoria dos servidores e as pensões dos dependentes abrangidos pelo art. 3º desta Emenda, serão revistos na mesma proporção e na mesma data, sempre que se modificar a remuneração dos servidores em atividade, sendo também estendidos aos aposentados e pensionistas quaisquer benefícios ou vantagens posteriormente concedidos aos servidores em atividade, inclusive quando decorrentes da transformação ou reclassificação do cargo ou função em que se deu a aposentadoria ou que serviu de referência para a concessão da pensão, na forma da lei.

Art. 8º Até que seja fixado o valor do subsídio de que trata o art. 37, XI, da Constituição Federal, será considerado, para os fins do limite fixado naquele inciso, o valor da maior remuneração atribuída por lei na data de publicação desta Emenda a Ministro do Supremo Tribunal Federal, a título de vencimento, de representação mensal e da parcela recebida em razão de tempo de serviço, aplicando-se como limite, nos Municípios, o subsídio do Prefeito, e nos Estados e no Distrito Federal, o subsídio mensal do Governador no âmbito do Poder Executivo, o subsídio dos Deputados Estaduais e Distritais no âmbito do Poder Legislativo e o subsídio dos Desembargadores do Tribunal de Justiça, limitado a noventa inteiros e vinte e cinco centésimos por cento da maior remuneração mensal de Ministro do Supremo Tribunal Federal a que se refere este artigo, no âmbito do Poder Judiciário, aplicável este limite aos membros do Ministério Público, aos Procuradores e aos Defensores Públicos.

Art. 9º Aplica-se o disposto no art. 17 do Ato das Disposições Constitucionais Transitórias aos vencimentos, remunerações e subsídios dos ocupantes de cargos, funções e empregos públicos da administração direta, autárquica e fundacional, dos membros de qualquer dos Poderes da União, dos Estados, do Distrito Federal e dos Municípios, dos detentores de mandato eletivo e dos demais agentes políticos e os proventos, pensões ou outra espécie remuneratória percebidos cumulativamente ou não, incluídas as vantagens pessoais ou de qualquer outra natureza.

Art. 10. Revogam-se o inciso IX do § 3º do art. 142 da Constituição Federal, bem como os arts. 8º e 10 da Emenda Constitucional 20, de 15 de dezembro de 1998.

Art. 11. Esta Emenda Constitucional entra em vigor na data de sua publicação.

Brasília, em 19 de dezembro de 2003.

Mesa da Câmara dos Deputados: Deputado João Paulo Cunha, Presidente

Mesa do Senado Federal: Senador José Sarney, Presidente

(*DOU* 31.12.2003)

EC 42, DE 19 DE DEZEMBRO DE 2003

Altera o Sistema Tributário Nacional e dá outras providências.

As Mesas da Câmara dos Deputados e do Senado Federal, nos termos do § 3º do art. 60 da Constituição Federal, promulgam a seguinte Emenda ao texto constitucional:

Art. 1º Os artigos da Constituição a seguir enumerados passam a vigorar com as seguintes alterações:

- Alterações do art. 37, XXII; art. 52, XV; art. 146, III, *d*, parágrafo único, I a IV; art. 146-A; art. 149, § 2º, II; art. 150, III, *c*, § 1º; art.153, § 3º, IV e § 4º, I a III; art. 155, § 2º, X, *a*, *d*, § 6º, I e II; art. 158, II; art. 159, III e § 4º; art. 167, IV; art. 170, VI; art. 195, IV, §§ 12 e 13; art. 204, parágrafo único, I a III e art. 216, § 6º, I a III processadas no texto da Constituição.

Art. 2º Os artigos do Ato das Disposições Constitucionais Transitórias a seguir enumerados passam a vigorar com as seguintes alterações:

- Alterações do art. 76, *caput* e § 1º; art. 82, § 1º e art. 83 processadas no texto do Ato das Disposições Constitucionais Transitórias.

Art. 3º O Ato das Disposições Constitucionais Transitórias passa a vigorar acrescido dos seguintes artigos:

- Artigos 90, 91, 92, 93 e 94 acrescentados no texto do Ato das Disposições Constitucionais Transitórias.

Art. 4º Os adicionais criados pelos Estados e pelo Distrito Federal até a data da promulgação desta Emenda, naquilo em que estiverem em desacordo com o previsto nesta Emenda, na Emenda Constitucional 31, de 14 de dezembro de 2000, ou na lei complementar de que trata o art. 155, § 2º, XII, da Constituição, terão vigência, no máximo, até o prazo previsto no art. 79 do Ato das Disposições Constitucionais Transitórias.

Art. 5º O Poder Executivo, em até sessenta dias contados da data da promulgação desta Emenda, encaminhará ao Congresso Nacional projeto de lei, sob o regime de urgência constitucional, que disciplinará os benefícios fiscais para a capacitação do setor de tecnologia da informação, que vigerão até 2019 nas condições que estiverem em vigor no ato da aprovação desta Emenda.

Art. 6º Fica revogado o inciso II do § 3º do art. 84 do Ato das Disposições Constitucionais Transitórias.

Brasília, em 19 de dezembro de 2003.

Mesa da Câmara dos Deputados: Deputado João Paulo Cunha, Presidente

Mesa do Senado Federal: Senador José Sarney, Presidente

(*DOU* 31.12.2003)

EC 43, DE 15 DE ABRIL DE 2004

Altera o art. 42 do Ato das Disposições Constitucionais Transitórias, prorrogando, por 10 (dez) anos, a aplicação, por parte da União, de percentuais mínimos do total dos recursos destinados à irrigação nas Regiões Centro-Oeste e Nordeste.

As Mesas da Câmara dos Deputados e do Senado Federal, nos termos do § 3º do art. 60 da Constituição Federal, promulgam a seguinte Emenda ao texto constitucional:

Art. 1º O *caput* do art. 42 do Ato das Disposições Constitucionais Transitórias passa a vigorar com a seguinte redação:

- Alteração processada no texto do referido artigo.

Art. 2º Esta Emenda Constitucional entra em vigor na data de sua publicação.

Mesa da Câmara dos Deputados: Deputado João Paulo Cunha, Presidente

Mesa do Senado Federal: Senador José Sarney, Presidente

(*DOU* 16.04.2004)

EC 44, DE 30 DE JUNHO DE 2004

Altera o Sistema Tributário Nacional e dá outras providências.

As Mesas da Câmara dos Deputados e do Senado Federal, nos termos do § 3º do art. 60 da Constituição Federal, promulgam a seguinte Emenda ao texto constitucional:

Art. 1º O inciso III do art. 159 da Constituição passa a vigorar com a seguinte redação:

- Alteração processada no texto do referido artigo.

Art. 2º Esta Emenda à Constituição entra em vigor na data de sua publicação.

Mesa da Câmara dos Deputados: Deputado João Paulo Cunha, Presidente

Mesa do Senado Federal: Senador José Sarney, Presidente

(*DOU* 1º.07.2004)

EC 45, DE 8 DE DEZEMBRO DE 2004

Altera dispositivos dos arts. 5º, 36, 52, 92, 93, 95, 98, 99, 102, 103, 104, 105, 107, 109, 111, 112, 114, 115, 125, 126, 127, 128, 129, 134 e 168 da Constituição Federal, e acrescenta os arts. 103-A, 103-B, 111-A e 130-A, e dá outras providências.

- V. Súmula 367, STJ.

As Mesas da Câmara dos Deputados e do Senado Federal, nos termos do § 3º do art. 60 da Constituição Federal, promulgam a seguinte Emenda ao texto constitucional:

Art. 1º Os arts. 5º, 36, 52, 92, 93, 95, 98, 99, 102, 103, 104, 105, 107, 109, 111, 112, 114, 115, 125, 126, 127, 128, 129, 134 e 168 da Constituição Federal passam a vigorar com a seguinte redação:

- Alterações processadas no texto dos referidos artigos.

Art. 2º A Constituição Federal passa a vigorar acrescida dos seguintes arts. 103-A, 103-B, 111-A e 130-A:

- Acréscimos processados no texto da Constituição.

Art. 3º A lei criará o Fundo de Garantia das Execuções Trabalhistas, integrado pelas multas decorrentes de condenações trabalhistas e administrativas oriundas da fiscalização do trabalho, além de outras receitas.

Art. 4º Ficam extintos os tribunais de Alçada, onde houver, passando os seus membros a integrar os Tribunais de Justiça dos respectivos Estados, respeitadas a antiguidade e classe de origem.

Parágrafo único. No prazo de 180 (cento e oitenta) dias, contado da promulgação desta Emenda, os Tribunais de Justiça, por ato administrativo, promoverão a integração dos membros dos tribunais extintos em seus quadros, fixando-lhes a competência e remetendo, em igual prazo, ao Poder Legislativo, proposta de alteração da organização e da divisão judiciária correspondentes, assegurados os direitos dos inativos e pensionistas e o aproveitamento dos servidores no Poder Judiciário estadual.

Art. 5º O Conselho Nacional de Justiça e o Conselho Nacional do Ministério Público serão instalados no prazo de 180 (cento e oitenta) dias a contar da promulgação desta Emenda, devendo a indicação ou escolha de seus membros ser efetuada até 30 (trinta) dias antes do termo final.

§ 1º Não efetuadas as indicações e escolha dos nomes para os Conselhos Nacional de Justiça e do Ministério Público dentro do prazo fixado no *caput* deste artigo, caberá, respectivamente, ao Supremo Tribunal Federal e ao Ministério Público da União realizá-las.

§ 2º Até que entre em vigor o Estatuto da Magistratura, o Conselho Nacional de Justiça, mediante resolução, disciplinará seu funcionamento e definirá as atribuições do Ministro-Corregedor.

Art. 6º O Conselho Superior da Justiça do Trabalho será instalado no prazo de cento e oitenta dias, cabendo ao Tribunal Superior do Trabalho regulamentar seu funcionamento por resolução, enquanto não promulgada a lei a que se refere o art. 111-A, § 2º, II.

Art. 7º O Congresso Nacional instalará, imediatamente após a promulgação desta Emenda Constitucional, comissão especial mista, destinada a elaborar, em cento e oitenta dias, os projetos de lei necessários à regulamentação da matéria nela tratada, bem como promover alterações na legislação federal objetivando tornar mais amplo o acesso à Justiça e mais célere a prestação jurisdicional.

Art. 8º As atuais súmulas do Supremo Tribunal Federal somente produzirão efeito vinculante após sua confirmação por dois terços de seus integrantes e publicação na imprensa oficial.

Art. 9º São revogados o inciso IV do art. 36; a alínea h do inciso I do art. 102; o § 4º do art. 103; e os §§ 1º a 3º do art. 111.

Art. 10. Esta Emenda Constitucional entra em vigor na data de sua publicação.

Brasília, em 8 de dezembro de 2004.

Mesa da Câmara dos Deputados: Deputado João Paulo Cunha, Presidente

Mesa do Senado Federal: Senador José Sarney, Presidente

(*DOU* 31.12.2004)

EC 46, DE 5 DE MAIO DE 2005

Altera o inciso IV do art. 20 da Constituição Federal.

As Mesas da Câmara dos Deputados e do Senado Federal, nos termos do § 3º do art. 60 da Constituição Federal, promulgam a seguinte Emenda ao texto constitucional:

Art. 1º O inciso IV do art. 20 da Constituição Federal passa a vigorar com a seguinte redação:

- Alteração processada no texto do referido artigo.

Art. 2º Esta Emenda Constitucional entra em vigor na data de sua publicação.

Brasília, em 5 de maio de 2005.

Mesa da Câmara dos Deputados: Deputado Severino Cavalcanti, Presidente

Mesa do Senado Federal: Senador Renan Calheiros, Presidente

(*DOU* 06.05.2005)

EC 47, DE 5 DE JULHO DE 2005

Altera os arts. 37, 40, 195 e 201 da Constituição Federal, para dispor sobre a previdência social, e dá outras providências.

- V. Súmula vinculante 34, STF.

As Mesas da Câmara dos Deputados e do Senado Federal, nos termos do § 3º do art. 60 da Constituição Federal, promulgam a seguinte Emenda ao texto constitucional:

Art. 1º Os arts. 37, 40, 195 e 201 da Constituição Federal passam a vigorar com a seguinte redação:

- Alterações processadas no texto dos referidos artigos.

Art. 2º Aplica-se aos proventos de aposentadorias dos servidores públicos que se aposentarem na forma do *caput* do art. 6º da Emenda Constitucional 41, de 2003, o disposto no art. 7º da mesma Emenda.

Art. 3º Ressalvado o direito de opção à aposentadoria pelas normas estabelecidas pelo art. 40 da Constituição Federal ou pelas regras estabelecidas pelos arts. 2º e 6º da Emenda Constitucional 41, de 2003, o servidor da União, dos Estados, do Distrito Federal e dos Municípios, incluídas suas autarquias e fundações, que tenha ingressado no serviço público até 16 de dezembro de 1998 poderá aposentar-se com proventos integrais, desde que preencha, cumulativamente, as seguintes condições:

I – trinta e cinco anos de contribuição, se homem, e trinta anos de contribuição, se mulher;

II – vinte e cinco anos de efetivo exercício no serviço público, quinze anos de carreira e cinco anos no cargo em que se der a aposentadoria;

III – idade mínima resultante da redução, relativamente aos limites do art. 40, § 1º, inciso III, alínea a, da Constituição Federal, de um ano de idade para cada ano de contribuição que exceder a condição prevista no inciso I do *caput* deste artigo.

Parágrafo único. Aplica-se ao valor dos proventos de aposentadorias concedidas com base neste artigo o disposto no art. 7º da Emenda Constitucional 41, de 2003, observando-se igual critério de revisão às pensões derivadas dos proventos de servidores falecidos que tenham se aposentado em conformidade com este artigo.

Art. 4º Enquanto não editada a lei a que se refere o § 11 do art. 37 da Constituição Federal, não será computada, para efeito dos limites remuneratórios de que trata o inciso XI do *caput* do mesmo artigo, qualquer parcela de caráter indenizatório, assim definida pela legislação em vigor na data de publicação da Emenda Constitucional 41, de 2003.

Art. 5º Revoga-se o parágrafo único do art. 6º da Emenda Constitucional 41, de 19 de dezembro de 2003.

Art. 6º Esta Emenda Constitucional entra em vigor na data de sua publicação, com efeitos retroativos à data de vigência da Emenda Constitucional 41, de 2003.

Brasília, em 5 de julho de 2005.

Mesa da Câmara dos Deputados: Deputado Severino Cavalcanti, Presidente

Mesa do Senado Federal: Senador Renan Calheiros, Presidente

(*DOU* 06.07.2005)

EC 48, DE 10 DE AGOSTO DE 2005

Acrescenta o § 3º ao art. 215 da Constituição Federal, instituindo o Plano Nacional de Cultura.

As Mesas da Câmara dos Deputados e do Senado Federal, nos termos do art. 60 da Constituição Federal, promulgam a seguinte Emenda ao texto constitucional:

Art. 1º O art. 215 da Constituição Federal passa a vigorar acrescido do seguinte § 3º:

- Acréscimo processado no texto do referido artigo

Art. 2º Esta Emenda Constitucional entra em vigor na data de sua publicação.

Brasília, em 10 de agosto de 2005.

Mesa da Câmara dos Deputados: Deputado Severino Cavalcanti, Presidente
Mesa do Senado Federal: Senador Renan Calheiros, Presidente
(*DOU* 11.08.2005)

EC 49, DE 8 DE FEVEREIRO DE 2006

Altera a redação da alínea b e acrescenta alínea c ao inciso XXIII do caput do art. 21 e altera a redação do inciso V do caput do art. 177 da Constituição Federal para excluir do monopólio da União a produção, a comercialização e a utilização de radioisótopos de meia-vida curta, para usos médicos, agrícolas e industriais.

As Mesas da Câmara dos Deputados e do Senado Federal, nos termos do art. 60 da Constituição Federal, promulgam a seguinte Emenda ao texto constitucional:

Art. 1º O inciso XXIII do art. 21 da Constituição Federal passa a vigorar com a seguinte redação:

- Alteração processada no texto do referido artigo.

Art. 2º O inciso V do *caput* do art. 177 da Constituição Federal passa a vigorar com a seguinte redação:

- Alteração processada no texto do referido artigo.

Art. 3º Esta Emenda Constitucional entra em vigor na data de sua publicação.

Brasília, em 8 de fevereiro de 2006.

Mesa da Câmara dos Deputados: Deputado Aldo Rebelo, Presidente
Mesa do Senado Federal: Senador Renan Calheiros, Presidente
(*DOU* 09.02.2006)

EC 50, DE 14 DE FEVEREIRO DE 2006

Modifica o art. 57 da Constituição Federal.

As Mesas da Câmara dos Deputados e do Senado Federal, nos termos do art. 60 da Constituição Federal, promulgam a seguinte Emenda ao texto constitucional:

Art. 1º O art. 57 da Constituição Federal passa a vigorar com a seguinte redação:

- Alteração processada no texto do referido artigo.

Art. 2º Esta Emenda Constitucional entra em vigor na data de sua publicação.

Brasília, em 14 de fevereiro de 2006.

Mesa da Câmara dos Deputados: Deputado Aldo Rebelo, Presidente
Mesa do Senado Federal: Senador Renan Calheiros, Presidente
(*DOU* 15.02.2006)

EC 51, DE 14 DE FEVEREIRO DE 2006

Acrescenta os §§ 4º, 5º e 6º ao art. 198 da Constituição Federal.

As Mesas da Câmara dos Deputados e do Senado Federal, nos termos do art. 60 da Constituição Federal, promulgam a seguinte Emenda ao texto constitucional:

Art. 1º O art. 198 da Constituição Federal passa a vigorar acrescido dos seguintes §§ 4º, 5º e 6º:

- Acréscimos processados no texto do referido artigo.

Art. 2º Após a promulgação da presente Emenda Constitucional, os agentes comunitários de saúde e os agentes de combate às endemias somente poderão ser contratados diretamente pelos Estados, pelo Distrito Federal ou pelos Municípios na forma do § 4º do art. 198 da Constituição Federal, observado o limite de gasto estabelecido na Lei Complementar de que trata o art. 169 da Constituição Federal.

Parágrafo único. Os profissionais que, na data de promulgação desta Emenda e a qualquer título, desempenharem as atividades de agente comunitário de saúde ou de agente de combate às endemias, na forma da lei, ficam dispensados de se submeter ao processo seletivo público a que se refere o § 4º do art. 198 da Constituição Federal, desde que tenham sido contratados a partir de anterior processo de Seleção Pública efetuado por órgãos ou entes da administração direta ou indireta de Estado, Distrito Federal ou Município ou por outras instituições com a efetiva supervisão e autorização da administração direta dos entes da federação.

Art. 3º Esta Emenda Constitucional entra em vigor na data da sua publicação.

Brasília, em 14 de fevereiro de 2006.

Mesa da Câmara dos Deputados: Deputado Aldo Rebelo, Presidente
Mesa do Senado Federal: Senador Renan Calheiros, Presidente
(*DOU* 15.02.2006)

EC 52, DE 8 DE MARÇO DE 2006

Dá nova redação ao § 1º do art. 17 da Constituição Federal para disciplinar as coligações eleitorais.

As Mesas da Câmara dos Deputados e do Senado Federal, nos termos do § 3º do art. 60 da Constituição Federal, promulgam a seguinte Emenda ao texto constitucional:

Art. 1º O § 1º do art. 17 da Constituição Federal passa a vigorar com a seguinte redação:

- Alteração processada no texto do referido artigo.

Art. 2º Esta Emenda Constitucional entra em vigor na data de sua publicação, aplicando-se às eleições que ocorrerão no ano de 2002.

Brasília, em 8 de março de 2006.

Mesa da Câmara dos Deputados: Deputado Aldo Rebelo, Presidente
Mesa do Senado Federal: Senador Renan Calheiros, Presidente
(*DOU* 09.03.2006)

EC 53, DE 19 DE DEZEMBRO DE 2006

Dá nova redação aos arts. 7º, 23, 30, 206, 208, 211 e 212 da Constituição Federal e ao art. 60 do Ato das Disposições Constitucionais Transitórias.

As Mesas da Câmara dos Deputados e do Senado Federal, nos termos do § 3º do art. 60 da Constituição Federal, promulgam a seguinte Emenda ao texto constitucional:

Art. 1º A Constituição Federal passa a vigorar com as seguintes alterações:

- Alterações do art. 7º, XXV; art. 23, parágrafo único; art. 30, VI; art. 206, V, VIII e parágrafo único; art. 208, IV; art. 211, § 5º e art. 212, §§ 5º e 6º processadas no texto da Constituição.

Art. 2º O art. 60 do Ato das Disposições Constitucionais Transitórias passa a vigorar com a seguinte redação:

- Alterações processadas no texto do Ato das Disposições Constitucionais Transitórias.

Art. 3º Esta Emenda Constitucional entra em vigor na data de sua publicação, mantidos os efeitos do art. 60 do Ato das Disposições Constitucionais Transitórias, conforme estabelecido pela Emenda Constitucional 14, de 12 de setembro de 1996, até o início da vigência dos Fundos, nos termos desta Emenda Constitucional.

Brasília, em 19 de dezembro de 2006.

Mesa da Câmara dos Deputados: Deputado Aldo Rebelo, Presidente
Mesa do Senado Federal: Senador Renan Calheiros, Presidente
(*DOU* 20.12.2006)

EC 54, DE 20 DE SETEMBRO DE 2007

Dá nova redação à alínea c do inciso I do art. 12 da Constituição Federal e acrescenta art. 95 ao Ato das Disposições Constitucionais Transitórias, assegurando o registro nos consulados de brasileiros nascidos no estrangeiro.

As Mesas da Câmara dos Deputados e do Senado Federal, nos termos do § 3º do art. 60 da Constituição Federal, promulgam a seguinte Emenda ao texto constitucional:

Art. 1º A alínea c do inciso I do art. 12 da Constituição Federal passa a vigorar com a seguinte redação:

- Alteração processada no texto do referido artigo.

Art. 2º O Ato das Disposições Constitucionais Transitórias passa a vigorar acrescido do seguinte art. 95:

- Alteração processada no texto do Ato das Disposições Constitucionais Transitórias.

Art. 3º Esta Emenda Constitucional entra em vigor na data de sua publicação.

Mesa da Câmara dos Deputados: Deputado Arlindo Chinaglia, Presidente
Mesa do Senado Federal: Senador Renan Calheiros, Presidente

(*DOU* 21.09.2007)

EC 55, DE 20 DE SETEMBRO DE 2007

Altera o art. 159 da Constituição Federal, aumentando a entrega de recursos pela União ao Fundo de Participação dos Municípios.

As Mesas da Câmara dos Deputados e do Senado Federal, nos termos do § 3º do art. 60 da Constituição Federal, promulgam a seguinte Emenda ao texto constitucional:

Art. 1º O art. 159 da Constituição Federal passa a vigorar com as seguintes alterações:

- Alterações processadas no texto do referido artigo.

Art. 2º No exercício de 2007, as alterações do art. 159 da Constituição Federal previstas nesta Emenda Constitucional somente se aplicam sobre a arrecadação dos impostos sobre renda e proventos de qualquer natureza e sobre produtos industrializados realizada a partir de 1º de setembro de 2007.

Art. 3º Esta Emenda Constitucional entra em vigor na data de sua publicação.

Mesa da Câmara dos Deputados: Deputado Arlindo Chinaglia, Presidente
Mesa do Senado Federal: Senador Renan Calheiros, Presidente

(*DOU* 21.09.2007)

EC 56, DE 20 DE DEZEMBRO DE 2007

Prorroga o prazo previsto no caput do art. 76 do Ato das Disposições Constitucionais Transitórias e dá outras providências.

As Mesas da Câmara dos Deputados e do Senado Federal, nos termos do § 3º do art. 60 da Constituição Federal, promulgam a seguinte Emenda ao texto constitucional:

Art. 1º O *caput* do art. 76 do Ato das Disposições Constitucionais Transitórias passa a vigorar com a seguinte redação:

- Alteração processada no texto do Ato das Disposições Constitucionais Transitórias.

Art. 2º Esta Emenda Constitucional entra em vigor na data da sua publicação.

Brasília, em 20 de dezembro de 2007.

Mesa da Câmara dos Deputados: Deputado Arlindo Chinaglia, Presidente
Mesa do Senado Federal: Senador Garibaldi Alves Filho, Presidente

(*DOU* 21.12.2007)

EC 57, DE 18 DE DEZEMBRO DE 2008

Acrescenta artigo ao Ato das Disposições Constitucionais Transitórias para convalidar os atos de criação, fusão, incorporação e desmembramento de Municípios.

As Mesas da Câmara dos Deputados e do Senado Federal, nos termos do § 3º do art. 60 da Constituição Federal, promulgam a seguinte Emenda ao texto constitucional:

Art. 1º O Ato das Disposições Constitucionais Transitórias passa a vigorar acrescido do seguinte art. 96:

- Acréscimo processado no texto do Ato das Disposições Constitucionais Transitórias.

Art. 2º Esta Emenda Constitucional entra em vigor na data de sua publicação.

Brasília, em 18 de dezembro de 2008.

Mesa da Câmara dos Deputados: Deputado Arlindo Chinaglia, Presidente
Mesa do Senado Federal: Senador Garibaldi Alves Filho, Presidente

(*DOU* 18.12.2008, edição extra)

EC 58, DE 23 DE SETEMBRO DE 2009

Altera a redação do inciso IV do caput do art. 29 e do art. 29-A da Constituição Federal, tratando das disposições relativas à recomposição das Câmaras Municipais.

As Mesas da Câmara dos Deputados e do Senado Federal, nos termos do § 3º do art. 60 da Constituição Federal, promulgam a seguinte Emenda ao texto constitucional:

Art. 1º O inciso IV do *caput* do art. 29 da Constituição Federal passa a vigorar com a seguinte redação:

- Alteração processada no texto do referido artigo.

Art. 2º O art. 29-A da Constituição Federal passa a vigorar com a seguinte redação:

- Alteração processada no texto do referido artigo.

Art. 3º Esta Emenda Constitucional entra em vigor na data de sua promulgação, produzindo efeitos:

I – o disposto no art. 1º, a partir do processo eleitoral de 2008; e

- O STF, na Med. Caut. em ADIn 4.310, (DJE 14.08.2012), deferiu medida cautelar com efeitos ex tunc, para sustar os efeitos do inciso I do art. 3º da EC 58/2009.
- O STF, na ADIn 4.307 (DJE 28.10.2013), julgou procedente a ação para declarar a inconstitucionalidade do disposto no inc. I do art. 3º da Emenda Constitucional 58/2010.

II – o disposto no art. 2º, a partir de 1º de janeiro do ano subsequente ao da promulgação desta Emenda.

Brasília, em 23 de setembro de 2009.

Mesa da Câmara dos Deputados: Deputado Michel Temer, Presidente
Mesa do Senado Federal: Senador José Sarney, Presidente

(*DOU* 24.09.2009)

EC 59, DE 11 DE NOVEMBRO DE 2009

Acrescenta § 3º ao art. 76 do Ato das Disposições Constitucionais Transitórias para reduzir, anualmente, a partir do exercício de 2009, o percentual da Desvinculação das Receitas da União incidente sobre os recursos destinados à manutenção e desenvolvimento do ensino de que trata o art. 212 da Constituição Federal, dá nova redação aos incisos I e VII do art. 208, de forma a prever a obrigatoriedade do ensino de quatro a dezessete anos e ampliar abrangência dos programas suplementares para todas as etapas da educação básica, e dá nova redação ao § 4º do art. 211 e ao § 3º do art. 212 e ao caput do art. 214, com a inserção neste dispositivo de inciso VI.

As Mesas da Câmara dos Deputados e do Senado Federal, nos termos do § 3º do art. 60 da Constituição Federal, promulgam a seguinte Emenda ao texto constitucional:

Art. 1º Os incisos I e VII do art. 208 da Constituição Federal, passam a vigorar com as seguintes alterações:

- Alterações processadas no texto do referido artigo.

Art. 2º O § 4º do art. 211 da Constituição Federal passa a vigorar com a seguinte redação:

- Alteração processada no texto do referido artigo.

Art. 3º O § 3º do art. 212 da Constituição Federal passa a vigorar com a seguinte redação:

- Alteração processada no texto do referido artigo.

Art. 4º O *caput* do art. 214 da Constituição Federal passa a vigorar com a seguinte redação, acrescido do inciso VI:

- Alterações processadas no texto do referido artigo.

Art. 5º O art. 76 do Ato das Disposições Constitucionais Transitórias passa a vigorar acrescido do seguinte § 3º:

- Acréscimo processado no texto do Ato das Disposições Constitucionais Transitórias.

Art. 6º O disposto no inciso I do art. 208 da Constituição Federal deverá ser implementado progressivamente, até 2016, nos termos do Plano Nacional de Educação, com apoio técnico e financeiro da União.

Art. 7º Esta Emenda Constitucional entra em vigor na data da sua publicação.

Brasília, em 11 de novembro de 2009.

Mesa da Câmara dos Deputados: Deputado Michel Temer, Presidente
Mesa do Senado Federal: Senador José Sarney, Presidente

(*DOU* 12.11.2009)

EC 60, DE 11 DE NOVEMBRO DE 2009

Altera o art. 89 do Ato das Disposições Constitucionais Transitórias para dispor sobre o quadro de servidores civis e militares do ex-Território Federal de Rondônia.

- V. Lei 13.681/2018 (Dispõe sobre as tabelas de salários, vencimentos, soldos e demais vantagens aplicáveis aos servidores civis, aos militares e aos empregados dos ex-Territórios Federais, integrantes do quadro em extinção de que trata o art. 89 do Ato das Disposições Constitucionais Transitórias e o art. 31 da Emenda Constitucional 19/1998).

As Mesas da Câmara dos Deputados e do Senado Federal, nos termos do § 3º do art. 60 da Constituição Federal, promulgam a seguinte Emenda ao texto constitucional:

Art. 1º O art. 89 do Ato das Disposições Constitucionais Transitórias passa a vigorar com a seguinte redação, vedado o pagamento, a qualquer título, em virtude de tal alteração, de ressarcimentos ou indenizações, de qualquer espécie, referentes a períodos anteriores à data de publicação desta Emenda Constitucional:

- Alteração processada no texto do Ato das Disposições Constitucionais Transitórias.

Art. 2º Esta Emenda Constitucional entra em vigor na data de sua publicação, não produzindo efeitos retroativos.

Brasília, em 11 de novembro de 2009.

Mesa da Câmara dos Deputados: Deputado Michel Temer, Presidente

Mesa do Senado Federal: Senador José Sarney, Presidente

(*DOU* 12.11.2009)

EC 61, DE 11 DE NOVEMBRO DE 2009

Altera o art. 103-B da Constituição Federal, para modificar a composição do Conselho Nacional de Justiça.

As Mesas da Câmara dos Deputados e do Senado Federal, nos termos do § 3º do art. 60 da Constituição Federal, promulgam a seguinte Emenda ao texto constitucional:

Art. 1º O art. 103-B da Constituição Federal passa a vigorar com a seguinte redação:

- Alteração processada no texto do referido artigo.

Art. 2º Esta Emenda Constitucional entra em vigor na data de sua publicação.

Brasília, em 11 de novembro de 2009.

Mesa da Câmara dos Deputados: Deputado Michel Temer, Presidente

Mesa do Senado Federal: Senador José Sarney, Presidente

(*DOU* 12.11.2009)

EC 62, DE 9 DE DEZEMBRO DE 2009

Altera o art. 100 da Constituição Federal e acrescenta o art. 97 ao Ato das Disposições Constitucionais Transitórias, instituindo regime especial de pagamento de precatórios pelos Estados, Distrito Federal e Municípios.

- O STF, na ADIn 4.425 (DJE 19.12.2013), julgou procedente a ação para declarar a inconstitucionalidade da expressão "na data de expedição do precatório", contida no § 2º; os §§ 9º e 10; e das expressões "índice oficial de remuneração básica da caderneta de poupança" e "independentemente de sua natureza", constantes do § 12, todos dispositivos do art. 100 da CF, com a redação dada pela EC 62/2009 [...].
- V. ADIn 4.357.

As Mesas da Câmara dos Deputados e do Senado Federal, nos termos do § 3º do art. 60 da Constituição Federal, promulgam a seguinte Emenda ao texto constitucional:

Art. 1º O art. 100 da Constituição Federal passa a vigorar com a seguinte redação:

- Alteração processada no texto do referido artigo.

Art. 2º O Ato das Disposições Constitucionais Transitórias passa a vigorar acrescido do seguinte art. 97:

- Acréscimo processado no texto do Ato das Disposições Constitucionais Transitórias.

Art. 3º A implantação do regime de pagamento criado pelo art. 97 do Ato das Disposições Constitucionais Transitórias deverá ocorrer no prazo de até 90 (noventa dias), contados da data da publicação desta Emenda Constitucional.

Art. 4º A entidade federativa voltará a observar somente o disposto no art. 100 da Constituição Federal:

I – no caso de opção pelo sistema previsto no inciso I do § 1º do art. 97 do Ato das Disposições Constitucionais Transitórias, quando o valor dos precatórios devidos for inferior ao dos recursos destinados ao seu pagamento;

II – no caso de opção pelo sistema previsto no inciso II do § 1º do art. 97 do Ato das Disposições Constitucionais Transitórias, ao final do prazo.

Art. 5º Ficam convalidadas todas as cessões de precatórios efetuadas antes da promulgação desta Emenda Constitucional, independentemente da concordância da entidade devedora.

Art. 6º Ficam também convalidadas todas as compensações de precatórios com tributos vencidos até 31 de outubro de 2009 da entidade devedora, efetuadas na forma do disposto no § 2º do art. 78 do ADCT, realizadas antes da promulgação desta Emenda Constitucional.

Art. 7º Esta Emenda Constitucional entra em vigor na data de sua publicação.

Brasília, em 9 de dezembro de 2009.

Mesa da Câmara dos Deputados: Deputado Michel Temer, Presidente

Mesa do Senado Federal: Senador Marconi Perillo, 1º Vice-Presidente, no exercício da Presidência

(*DOU* 10.12.2009)

EC 63, DE 4 DE FEVEREIRO DE 2010

Altera o § 5º do art. 198 da Constituição Federal para dispor sobre piso salarial profissional nacional e diretrizes para os Planos de Carreira de agentes comunitários de saúde e de agentes de combate às endemias.

As Mesas da Câmara dos Deputados e do Senado Federal, nos termos do art. 60 da Constituição Federal, promulgam a seguinte Emenda ao texto constitucional:

Art. 1º O § 5º do art. 198 da Constituição Federal passa a vigorar com a seguinte redação:

- Alteração processada no texto do referido artigo.

Art. 2º Esta Emenda Constitucional entra em vigor na data de sua publicação.

Brasília, em 4 de fevereiro de 2010.

Mesa da Câmara dos Deputados: Deputado Michel Temer, Presidente

Mesa do Senado Federal: Senador José Sarney, Presidente

(*DOU* 05.02.2010)

EC 64, DE 4 DE FEVEREIRO DE 2010

Altera o art. 6º da Constituição Federal, para introduzir a alimentação como direito social.

As Mesas da Câmara dos Deputados e do Senado Federal, nos termos do art. 60 da Constituição Federal, promulgam a seguinte Emenda ao texto constitucional:

Art. 1º O art. 6º da Constituição Federal passa a vigorar com a seguinte redação:

- Alteração processada no texto do referido artigo.

Art. 2º Esta Emenda Constitucional entra em vigor na data de sua publicação.

Brasília, em 4 de fevereiro de 2010.

Mesa da Câmara dos Deputados: Deputado Michel Temer, Presidente

Mesa do Senado Federal: Senador José Sarney, Presidente

(*DOU* 05.02.2010)

EC 65, DE 13 DE JULHO DE 2010

Altera a denominação do Capítulo VII do Título VIII da Constituição Federal e modifica o seu art. 227, para cuidar dos interesses da juventude.

As Mesas da Câmara dos Deputados e do Senado Federal, nos termos do art. 60 da Constituição Federal, promulgam a seguinte Emenda ao texto constitucional:

Art. 1º O Capítulo VII do Título VIII da Constituição Federal passa a denominar-se "Da Família, da Criança, do Adolescente, do Jovem e do Idoso".

Art. 2º O art. 227 da Constituição Federal passa a vigorar com a seguinte redação:

- Alterações processadas no texto do referido artigo.

Art. 3º Esta Emenda Constitucional entra em vigor na data de sua publicação.

Brasília, em 13 de julho de 2010.

Mesa da Câmara dos Deputados: Deputado Michel Temer, Presidente

Mesa do Senado Federal: Senador José Sarney, Presidente

(*DOU* 14.07.2010)

EC 66, DE 13 DE JULHO DE 2010

Dá nova redação ao § 6º do art. 226 da Constituição Federal, que dispõe sobre a dissolubilidade do casamento civil pelo divórcio, suprimindo o requisito de prévia separação judicial por mais de 1 (um) ano ou de comprovada separação de fato por mais de 2 (dois) anos.

As Mesas da Câmara dos Deputados e do Senado Federal, nos termos do art. 60 da Constituição Federal, promulgam a seguinte Emenda ao texto constitucional:

Art. 1º O § 6º do art. 226 da Constituição Federal passa a vigorar com a seguinte redação:

- Alteração processada no texto do referido artigo.

Art. 2º Esta Emenda Constitucional entra em vigor na data de sua publicação.

Brasília, em 13 de julho de 2010.

Mesa da Câmara dos Deputados: Deputado Michel Temer, Presidente

Mesa do Senado Federal: Senador José Sarney, Presidente

(*DOU* 14.07.2010)

EC 67, DE 22 DE DEZEMBRO DE 2010

Prorroga, por tempo indeterminado, o prazo de vigência do Fundo de Combate e Erradicação da Pobreza.

As Mesas da Câmara dos Deputados e do Senado Federal, nos termos do § 3º do art. 60 da Constituição Federal, promulgam a seguinte Emenda ao texto constitucional:

Art. 1º Prorrogam-se, por tempo indeterminado, o prazo de vigência do Fundo de Combate e Erradicação da Pobreza a que se refere o *caput* do art. 79 do Ato das Disposições Constitucionais Transitórias e, igualmente, o prazo de vigência da Lei Complementar 111, de 6 de julho de 2001, que "Dispõe sobre o Fundo de Combate e Erradicação da Pobreza, na forma prevista nos arts. 79, 80 e 81 do Ato das Disposições Constitucionais Transitórias".

Art. 2º Esta Emenda Constitucional entra em vigor na data de sua publicação.

Brasília, em 22 de dezembro de 2010.

Mesa da Câmara dos Deputados: Deputado Marco Maia, Presidente

Mesa do Senado Federal: Senador José Sarney, Presidente

(*DOU* 23.12.2010)

EC 68, DE 21 DE DEZEMBRO DE 2011

Altera o art. 76 do Ato das Disposições Constitucionais Transitórias.

As Mesas da Câmara dos Deputados e do Senado Federal, nos termos do § 3º do art. 60 da Constituição Federal, promulgam a seguinte Emenda ao texto constitucional:

Art. 1º O art. 76 do Ato das Disposições Constitucionais Transitórias passa a vigorar com a seguinte redação:

- Alterações processadas no texto do referido artigo.

Art. 2º Esta Emenda Constitucional entra em vigor na data da sua publicação.

Brasília, 21 de dezembro de 2011.

Mesa da Câmara dos Deputados: Deputado Marco Maia, Presidente

Mesa do Senado Federal: Senador José Sarney, Presidente

(*DOU* 22.12.2011)

EC 69, DE 29 DE MARÇO DE 2012

Altera os arts. 21, 22 e 48 da Constituição Federal, para transferir da União para o Distrito Federal as atribuições de organizar e manter a Defensoria Pública do Distrito Federal.

As Mesas da Câmara dos Deputados e do Senado Federal, nos termos do art. 60 da Constituição Federal, promulgam a seguinte Emenda ao texto constitucional:

Art. 1º Os arts. 21, 22 e 48 da Constituição Federal passam a vigorar com a seguinte redação:

- Alterações processadas no texto dos referidos artigos.

Art. 2º Sem prejuízo dos preceitos estabelecidos na Lei Orgânica do Distrito Federal, aplicam-se à Defensoria Pública do Distrito Federal os mesmos princípios e regras que, nos termos da Constituição Federal, regem as Defensorias Públicas dos Estados.

Art. 3º O Congresso Nacional e a Câmara Legislativa do Distrito Federal, imediatamente após a promulgação desta Emenda Constitucional e de acordo com suas competências, instalarão comissões especiais destinadas a elaborar, em 60 (sessenta) dias, os projetos de lei necessários à adequação da legislação infraconstitucional à matéria nela tratada.

Art. 4º Esta Emenda Constitucional entra em vigor na data de sua publicação, produzindo efeitos quanto ao disposto no art. 1º após decorridos 120 (cento e vinte) dias de sua publicação oficial.

Brasília, 29 de março de 2012.

Mesa da Câmara dos Deputados: Deputado Marco Maia, Presidente

Mesa do Senado Federal: Senador José Sarney, Presidente

(*DOU* 30.03.2012)

EC 70, DE 29 DE MARÇO DE 2012

Acrescenta art. 6º-A à Emenda Constitucional 41, de 2003, para estabelecer critérios para o cálculo e a correção dos proventos da aposentadoria por invalidez dos servidores públicos que ingressaram no serviço público até a data da publicação daquela Emenda Constitucional.

As Mesas da Câmara dos Deputados e do Senado Federal, nos termos do § 3º do art. 60 da Constituição Federal, promulgam a seguinte Emenda ao texto constitucional:

Art. 1º A Emenda Constitucional 41, de 19 de dezembro de 2003, passa a vigorar acrescida do seguinte art. 6º-A:

- Acréscimo processado no texto da referida Emenda Constitucional.

Art. 2º A União, os Estados, o Distrito Federal e os Municípios, assim como as respectivas autarquias e fundações, procederão, no prazo de 180 (cento e oitenta) dias da entrada em vigor desta Emenda Constitucional, à revisão das aposentadorias, e das pensões delas decorrentes, concedidas a partir de 1º de janeiro de 2004, com base na redação dada ao § 1º do art. 40 da Constituição Federal pela Emenda Constitucional 20, de 15 de dezembro de 1998, com efeitos financeiros a partir da data de promulgação desta Emenda Constitucional.

Art. 3º Esta Emenda Constitucional entra em vigor na data de sua publicação.

Brasília, 29 de março de 2012.

Mesa da Câmara dos Deputados: Deputado Marco Maia, Presidente

Mesa do Senado Federal: Senador José Sarney, Presidente

(*DOU* 30.03.2012)

EC 71, DE 29 DE NOVEMBRO DE 2012

Acrescenta o art. 216-A à Constituição Federal para instituir o Sistema Nacional de Cultura.

As Mesas da Câmara dos Deputados e do Senado Federal, nos termos do § 3º do art. 60 da Constituição Federal, promulgam a seguinte Emenda ao texto constitucional:

Art. 1º A Constituição Federal passa a vigorar acrescida do seguinte art. 216-A:

- Acréscimo processado no texto da Constituição Federal.

Art. 2º Esta Emenda Constitucional entra em vigor na data de sua publicação.

Brasília, em 29 de novembro de 2012.

Mesa da Câmara dos Deputados: Deputado Marco Maia, Presidente

Mesa do Senado Federal: Senador José Sarney, Presidente

(*DOU* 30.11.2012)

EC 72, DE 2 DE ABRIL DE 2013

Altera a redação do parágrafo único do art. 7º da Constituição Federal para estabelecer a igualdade de direitos trabalhistas entre os trabalhadores domésticos e os demais trabalhadores urbanos e rurais.

As Mesas da Câmara dos Deputados e do Senado Federal, nos termos do § 3º do art. 60 da Constituição Federal, promulgam a seguinte Emenda ao texto constitucional:

Artigo único O parágrafo único do art. 7º da Constituição Federal passa a vigorar com a seguinte redação:

- Alteração processada no texto do referido artigo.

Brasília, em 2 de abril de 2013.

Mesa da Câmara dos Deputados: Deputado Henrique Eduardo Alves, Presidente

Mesa do Senado Federal: Senador Renan Calheiros, Presidente

(*DOU* 03.04.2013)

EC 73, DE 6 DE JUNHO DE 2013

Cria os Tribunais Regionais Federais da 6ª, 7ª, 8ª e 9ª Regiões.

- O STF, na Med. Caut. em ADIn 5.017 (DJE 01.08.2013), sujeito ao referendo do Colegiado, deferiu medida cautelar para suspender os efeitos da EC 73/2013.

As Mesas da Câmara dos Deputados e do Senado Federal, nos termos do § 3º do art. 60 da Constituição Federal, promulgam a seguinte Emenda ao texto constitucional:

Art. 1º O art. 27 do Ato das Disposições Constitucionais Transitórias passa a vigorar acrescido do seguinte § 11:

- Acréscimo processado no texto do referido artigo.

Art. 2º Os Tribunais Regionais Federais da 6ª, 7ª, 8ª e 9ª Regiões deverão ser instalados no prazo de 6 (seis) meses, a contar da promulgação desta Emenda Constitucional.

Art. 3º Esta Emenda Constitucional entra em vigor na data de sua publicação.

Brasília, em 6 de junho de 2013.

Mesa da Câmara dos Deputados: Deputado André Vargas, 1º Vice-Presidente no exercício da Presidência

Mesa do Senado Federal: Senador Romero Jucá, 2º Vice-Presidente no exercício da Presidência

(*DOU* 07.06.2013)

EC 74, DE 6 DE AGOSTO DE 2013

Altera o art. 134 da Constituição Federal.

As Mesas da Câmara dos Deputados e do Senado Federal, nos termos do § 3º do art. 60 da Constituição Federal, promulgam a seguinte Emenda ao texto constitucional:

Art. 1º O art. 134 da Constituição Federal passa a vigorar acrescido do seguinte § 3º:

- Acréscimo processado no texto do referido artigo.

Art. 2º Esta Emenda Constitucional entra em vigor na data de sua publicação.

Brasília, em 6 de agosto de 2013.

Mesa da Câmara dos Deputados: Deputado Henrique Eduardo Alves, Presidente

Mesa do Senado Federal: Senador Renan Calheiros, Presidente

(*DOU* 07.08.2013)

EC 75, DE 15 DE OUTUBRO DE 2013

Acrescenta a alínea e ao inciso VI do art. 150 da Constituição Federal, instituindo imunidade tributária sobre os fonogramas e videofonogramas musicais produzidos no Brasil contendo obras musicais ou lítero musicais de autores brasileiros e/ou obras em geral interpretadas por artistas brasileiros bem como os suportes materiais ou arquivos digitais que os contenham.

As Mesas da Câmara dos Deputados e do Senado Federal, nos termos do § 3º do art. 60 da Constituição Federal, promulgam a seguinte Emenda ao texto constitucional:

Art. 1º O inciso VI do art. 150 da Constituição Federal passa a vigorar acrescido da seguinte alínea e:

- Acréscimo processado no texto do referido artigo.

Art. 2º Esta Emenda Constitucional entra em vigor na data de sua publicação.

Brasília, em 15 de outubro de 2013.

Mesa da Câmara dos Deputados: Deputado Henrique Eduardo Alves, Presidente

Mesa do Senado Federal: Senador Renan Calheiros, Presidente

(*DOU* 16.10.2013)

EC 76, DE 28 DE NOVEMBRO DE 2013

Altera o § 2º do art. 55 e o § 4º do art. 66 da Constituição Federal, para abolir a votação secreta nos casos de perda de mandato de Deputado ou Senador e de apreciação de veto.

As Mesas da Câmara dos Deputados e do Senado Federal, nos termos do § 3º do art. 60 da Constituição Federal, promulgam a seguinte Emenda ao texto constitucional:

Art. 1º Os arts. 55 e 66 da Constituição Federal passam a vigorar com as seguintes alterações:

- Alterações processadas no texto dos referidos artigos.

Art. 2º Esta Emenda Constitucional entra em vigor na data de sua publicação.

Brasília, em 28 de novembro de 2013.

Mesa da Câmara dos Deputados: Deputado Henrique Eduardo Alves, Presidente

Mesa do Senado Federal: Senador Renan Calheiros, Presidente

(*DOU* 29.11.2013)

EC 77, DE 11 DE FEVEREIRO DE 2014

Altera os incisos II, III e VIII do § 3º do art. 142 da Constituição Federal, para estender aos profissionais de saúde das Forças Armadas a possibilidade de cumulação de cargo a que se refere o art. 37, inciso XVI, alínea c.

As Mesas da Câmara dos Deputados e do Senado Federal, nos termos do § 3º do art. 60 da Constituição Federal, promulgam a seguinte Emenda ao texto constitucional:

Artigo único. Os incisos II, III e VIII do § 3º do art. 142 da Constituição Federal passam a vigorar com as seguintes alterações:

- Alterações processadas no texto do referido artigo.

Brasília, em 11 de fevereiro de 2014.

Mesa da Câmara dos Deputados: Deputado Henrique Eduardo Alves, Presidente

Mesa do Senado Federal: Senador Renan Calheiros, Presidente

(*DOU* 12.02.2014)

EC 78, DE 14 DE MAIO DE 2014

Acrescenta art. 54-A ao Ato das Disposições Constitucionais Transitórias, para dispor sobre indenização devida aos seringueiros de que trata o art. 54 desse Ato.

As Mesas da Câmara dos Deputados e do Senado Federal, nos termos do § 3º do art. 60 da Constituição Federal, promulgam a seguinte Emenda ao texto constitucional:

Art. 1º O Ato das Disposições Constitucionais Transitórias passa a vigorar acrescido do seguinte art. 54-A:

- Acréscimo processado no texto da Constituição Federal.

Art. 2º A indenização de que trata o art. 54-A do Ato das Disposições Constitucionais Transitórias somente se estende aos dependentes dos seringueiros que, na data de entrada em vigor desta Emenda Constitucional, detenham a condição de dependentes na forma do § 2º do art. 54 do Ato das Disposições Constitucionais Transitórias, devendo o valor de R$ 25.000,00 (vinte e cinco mil reais) ser rateado entre os pensionistas na proporção de sua cota-parte na pensão.

Art. 3º Esta Emenda Constitucional entra em vigor no exercício financeiro seguinte ao de sua publicação.

Brasília, em 14 de maio de 2014.

Mesa da Câmara dos Deputados: Deputado Henrique Eduardo Alves, Presidente

Mesa do Senado Federal: Senador Renan Calheiros, Presidente

(*DOU* 15.05.2014)

EC 79, DE 27 DE MAIO DE 2014

Altera o art. 31 da Emenda Constitucional 19, de 4 de junho de 1998, para prever a inclusão, em quadro em extinção da Administração Federal, de servidores e policiais militares admitidos pelos Estados do Amapá e de Roraima, na fase de instalação dessas unidades federadas, e dá outras providências.

As Mesas da Câmara dos Deputados e do Senado Federal, nos termos do § 3º do art. 60 da Constituição Federal, promulgam a seguinte Emenda ao texto constitucional:

Art. 1º O art. 31 da Emenda Constitucional 19, de 4 de junho de 1998, passa a vigorar com a seguinte redação:

- Alterações processadas no texto do referido artigo.

Art. 2º Para fins do enquadramento disposto no *caput* do art. 31 da Emenda Constitucional 19, de 4 de junho de 1998, e no *caput* do art. 89 do Ato das Disposições Constitucionais Transitórias, é reconhecido o vínculo funcional, com a União, dos servidores regularmente admitidos nos quadros dos Municípios integrantes dos ex-Territórios do Amapá, de Roraima e de Rondônia em efetivo exercício na data de transformação desses ex-Territórios em Estados.

Art. 3º Os servidores dos ex-Territórios do Amapá, de Roraima e de Rondônia incorporados a quadro em extinção da União serão enquadrados em cargos de atribuições equivalentes ou assemelhadas, integrantes de planos de cargos e carreiras da União, no nível de progressão alcançado, assegurados os direitos, vantagens e padrões remuneratórios a eles inerentes.

Art. 4º Cabe à União, no prazo máximo de 180 (cento e oitenta) dias, contado a partir da data de publicação desta Emenda Constitucional, regulamentar o enquadramento de servidores estabelecido no art. 31 da Emenda Constitucional 19, de 4 de junho de 1998, e no art. 89 do Ato das Disposições Constitucionais Transitórias.

Parágrafo único. No caso de a União não regulamentar o enquadramento previsto no *caput*, o optante tem direito ao pagamento retroativo das diferenças remuneratórias desde a data do encerramento do prazo para a regulamentação referida neste artigo.

Art. 5º A opção para incorporação em quadro em extinção da União, conforme disposto no art. 31 da Emenda Constitucional 19, de 4 de junho de 1998, e no art. 89 do Ato das Disposições Constitucionais Transitórias, deverá ser formalizada pelos servidores e policiais militares interessados perante a administração, no prazo máximo de 180 (cento e oitenta) dias, contado a partir da regulamentação prevista no art. 4º.

- V. Lei 13.681/2018 (Dispõe sobre as tabelas de salários, vencimentos, soldos e demais vantagens aplicáveis aos servidores civis, aos militares e aos empregados dos ex-Territórios Federais, integrantes do quadro em extinção de que trata o art. 89 do Ato das Disposições Constitucionais Transitórias e o art. 31 da Emenda Constitucional 19/1998).

Art. 6º Os servidores admitidos regularmente que comprovadamente se encontravam no exercício de funções policiais nas Secretarias de Segurança Pública dos ex-Territórios do Amapá, de Roraima e de Rondônia na data em que foram transformados em Estados serão enquadrados no quadro da Polícia Civil dos ex-Territórios, no prazo de 180 (cento e oitenta) dias, assegurados os direitos, vantagens e padrões remuneratórios a eles inerentes.

Art. 7º Aos servidores admitidos regularmente pela União nas Carreiras do Grupo Tributação, Arrecadação e Fiscalização de que trata a Lei 6.550, de 5 de julho de 1978, cedidos aos Estados do Amapá, de Roraima e de Rondônia são assegurados os mesmos direitos remuneratórios auferidos pelos integrantes das Carreiras correspondentes do Grupo Tributação, Arrecadação e Fiscalização da União de que trata a Lei 5.645, de 10 de dezembro de 1970.

Art. 8º Os proventos das aposentadorias, pensões, reformas e reservas remuneradas, originadas no período de outubro de 1988 a outubro de 1993, passam a ser mantidos pela União a partir da data de publicação desta Emenda Constitucional, vedado o pagamento, a qualquer título, de valores referentes a períodos anteriores a sua publicação.

Art. 9º É vedado o pagamento, a qualquer título, em virtude das alterações promovidas por esta Emenda Constitucional, de remunerações, proventos, pensões ou indenizações referentes a períodos anteriores à data do enquadramento, salvo o disposto no parágrafo único do art. 4º.

Art. 10. Esta Emenda Constitucional entra em vigor na data de sua publicação.

Brasília, em 27 de maio de 2014.

Mesa da Câmara dos Deputados: Deputado Henrique Eduardo Alves, Presidente

Mesa do Senado Federal: Senador Renan Calheiros, Presidente

(*DOU* 15.05.2014)

EC 80, DE 4 DE JUNHO DE 2014

Altera o Capítulo IV – Das Funções Essenciais à Justiça, do Título IV – Da Organização dos Poderes, e acrescenta artigo ao Ato das Disposições Constitucionais Transitórias da Constituição Federal.

As Mesas da Câmara dos Deputados e do Senado Federal, nos termos do § 3º do art. 60 da Constituição Federal, promulgam a seguinte Emenda ao texto constitucional:

Art. 1º O Capítulo IV – Das Funções Essenciais à Justiça, do Título IV – Da Organização dos Poderes, passa a vigorar com as seguintes alterações:

- Alterações processadas no texto do referido Capítulo.

Art. 2º O Ato das Disposições Constitucionais Transitórias passa a vigorar acrescido do seguinte art. 98:

- Acréscimo processado no texto do Ato das Disposições Constitucionais Transitórias.

Art. 3º Esta Emenda Constitucional entra em vigor na data de sua publicação.

Brasília, em 4 de junho de 2014.

Mesa da Câmara dos Deputados: Deputado Henrique Eduardo Alves, Presidente

Mesa do Senado Federal: Senador Renan Calheiros, Presidente

(*DOU* 05.06.2014)

EC 81, DE 5 DE JUNHO DE 2014

Dá nova redação ao art. 243 da Constituição Federal.

As Mesas da Câmara dos Deputados e do Senado Federal, nos termos do § 3º do art. 60 da Constituição Federal, promulgam a seguinte Emenda ao texto constitucional:

Art. 1º O art. 243 da Constituição Federal passa a vigorar com a seguinte redação:

- Alteração processada no texto do referido artigo.

Art. 2º Esta Emenda Constitucional entra em vigor na data de sua publicação.

Brasília, em 5 de junho de 2014.

Mesa da Câmara dos Deputados: Deputado Henrique Eduardo Alves, Presidente

Mesa do Senado Federal: Senador Renan Calheiros, Presidente

(*DOU* 06.06.2014)

EC 82, DE 16 DE JULHO DE 2014

Inclui o § 10 ao art. 144 da Constituição Federal, para disciplinar a segurança viária no âmbito dos Estados, do Distrito Federal e dos Municípios.

As Mesas da Câmara dos Deputados e do Senado Federal, nos termos do § 3º do art. 60 da Constituição Federal, promulgam a seguinte Emenda ao texto constitucional:

Art. 1º O art. 144 da Constituição Federal passa a vigorar acrescido do seguinte § 10:

- Acréscimo processado no texto do referido artigo.

Art. 2º Esta Emenda Constitucional entra em vigor na data de sua publicação.

Brasília, em 16 de julho de 2014.

Mesa da Câmara dos Deputados: Deputado Henrique Eduardo Alves, Presidente

Mesa do Senado Federal: Senador Renan Calheiros, Presidente

(*DOU* 17.07.2014)

EC 83, DE 5 DE AGOSTO DE 2014

Acrescenta o art. 92-A ao Ato das Disposições Constitucionais Transitórias – ADCT.

As Mesas da Câmara dos Deputados e do Senado Federal, nos termos do § 3º do art. 60 da Constituição Federal, promulgam a seguinte Emenda ao texto constitucional:

Art. 1º O Ato das Disposições Constitucionais Transitórias passa a vigorar acrescido do seguinte art. 92-A:

- Acréscimo processado no texto do Ato das Disposições Constitucionais Transitórias.

Art. 2º Esta Emenda Constitucional entra em vigor na data de sua publicação.

Brasília, em 5 de agosto de 2014.

Mesa da Câmara dos Deputados: Deputado Henrique Eduardo Alves, Presidente

Mesa do Senado Federal: Senador Renan Calheiros, Presidente

(*DOU* 06.08.2014)

EC 84, DE 3 DE DEZEMBRO DE 2014

Altera o art. 159 da Constituição Federal para aumentar a entrega de recursos pela União para o Fundo de Participação dos Municípios.

As Mesas da Câmara dos Deputados e do Senado Federal, nos termos do § 3º do art. 60 da Constituição Federal, promulgam a seguinte Emenda ao texto constitucional:

Art. 1º O art. 159 da Constituição Federal passa a vigorar com a seguinte redação:

- Alterações processadas no texto do referido artigo.

Art. 2º Para os fins do disposto na alínea e do inciso I do *caput* do art. 159 da Constituição Federal, a União entregará ao Fundo de Participação dos Municípios o percentual de 0,5% (cinco décimos por cento) do produto da arrecadação dos impostos sobre renda e proventos de qualquer natureza e sobre produtos industrializados no primeiro exercício em que esta Emenda Constitucional gerar efeitos financeiros, acrescentando-se 0,5% (cinco décimos por cento) a cada exercício, até que se alcance o percentual de 1% (um por cento).

Art. 3º Esta Emenda Constitucional entra em vigor na data de sua publicação, com efeitos financeiros a partir de 1º de janeiro do exercício subsequente.

Brasília, em 2 de dezembro de 2014.

Mesa da Câmara dos Deputados: Deputado Henrique Eduardo Alves, Presidente

Mesa do Senado Federal: Senador Renan Calheiros, Presidente

(*DOU* 03.12.2014)

EC 85, DE 26 DE FEVEREIRO DE 2015

Altera e adiciona dispositivos na Constituição Federal para atualizar o tratamento das atividades de ciência, tecnologia e inovação.

As Mesas da Câmara dos Deputados e do Senado Federal, nos termos do § 3º do art. 60 da Constituição Federal, promulgam a seguinte Emenda ao texto constitucional:

Art. 1º A Constituição Federal passa a vigorar com as seguintes alterações:

- Alterações processadas no texto da Constituição.

Art. 2º O Capítulo IV do Título VIII da Constituição Federal passa a vigorar acrescido dos seguintes arts. 219-A e 219-B:

- Acréscimos processados no texto da Constituição.

Art. 3º Esta Emenda Constitucional entra em vigor na data de sua publicação.

Brasília, em 26 de fevereiro de 2015.

Mesa da Câmara dos Deputados: Deputado Eduardo Cunha, Presidente

Mesa do Senado Federal: Senador Renan Calheiros, Presidente

(*DOU* 27.02.2015; rep. 03.03.2015)

EC 86, DE 17 DE MARÇO DE 2015

Altera os arts. 165, 166 e 198 da Constituição Federal, para tornar obrigatória a execução da programação orçamentária que especifica.

As Mesas da Câmara dos Deputados e do Senado Federal, nos termos do § 3º do art. 60 da Constituição Federal, promulgam a seguinte Emenda ao texto constitucional:

Art. 1º Os arts. 165, 166 e 198 da Constituição Federal passam a vigorar com as seguintes alterações:

- Alterações processadas no texto dos referidos artigos.

Art. 2º *(Revogado pela Emenda Constitucional 95/2016).*

Art. 3º As despesas com ações e serviços públicos de saúde custeados com a parcela da União oriunda da participação no resultado ou da compensação financeira pela exploração de petróleo e gás natural, de que trata o § 1º do art. 20 da Constituição Federal, serão computadas para fins de cumprimento do disposto no inciso I do § 2º do art. 198 da Constituição Federal.

Art. 4º Esta Emenda Constitucional entra em vigor na data de sua publicação e produzirá efeitos a partir da execução orçamentária do exercício de 2014.

Art. 5º Fica revogado o inciso IV do § 3º do art. 198 da Constituição Federal.

Brasília, em 17 de março de 2015.

Mesa da Câmara dos Deputados: Deputado Eduardo Cunha, Presidente

Mesa do Senado Federal: Senador Renan Calheiros, Presidente

(*DOU* 18.03.2015)

EC 87, DE 16 DE ABRIL DE 2015

Altera o § 2º do art. 155 da Constituição Federal e inclui o art. 99 no Ato das Disposições Constitucionais Transitórias, para tratar da sistemática de cobrança do imposto sobre operações relativas à circulação de mercadorias e sobre prestações de serviços de transporte interestadual e intermunicipal e de comunicação incidente sobre as operações e prestações que destinem bens e serviços a consumidor final, contribuinte ou não do imposto, localizado em outro Estado.

As Mesas da Câmara dos Deputados e do Senado Federal, nos termos do § 3º do art. 60 da Constituição Federal, promulgam a seguinte Emenda ao texto constitucional:

Art. 1º Os incisos VII e VIII do § 2º do art. 155 da Constituição Federal passam a vigorar com as seguintes alterações:

- Alterações processadas no texto do referido artigo.

Art. 2º O Ato das Disposições Constitucionais Transitórias passa a vigorar acrescido do seguinte art. 99:

- Acréscimo processado no texto do Ato das Disposições Constitucionais Transitórias.

Art. 3º Esta Emenda Constitucional entra em vigor na data de sua publicação, produzindo efeitos no ano subsequente e após 90 (noventa) dias desta.

Brasília, em 16 de abril de 2015

Mesa da Câmara dos Deputados: Deputado Eduardo Cunha, Presidente

Mesa do Senado Federal: Senador Renan Calheiros, Presidente

(*DOU* 17.04.2015)

EC 88, DE 7 DE MAIO DE 2015

Altera o art. 40 da Constituição Federal, relativamente ao limite de idade para

CF

a aposentadoria compulsória do servidor público em geral, e acrescenta dispositivo ao Ato das Disposições Constitucionais Transitórias.

- V. Med. Caut. em ADIn 5.316 (DOU e DJE 06.08.2015), que concede medida cautelar para: 1) suspender a aplicação da expressão "nas condições do art. 52 da Constituição Federal" contida no art. 100 do ADCT, introduzido pela EC 88/2015, por vulnerar as condições materiais necessárias ao exercício imparcial e independente da função jurisdicional, ultrajando a separação dos Poderes, cláusula pétrea inscrita no art. 60, § 4º, III, da CRFB; 2) fixar a interpretação, quanto à parte remanescente da EC 88/2015, de que o art. 100 do ADCT não pode ser estendido a outros agentes públicos até que seja editada a lei complementar a que alude o art. 40, § 1º, II, da CRFB, a qual, quanto à magistratura, é a lei complementar de iniciativa do Supremo Tribunal Federal nos termos do art. 93 da CRFB; 3) suspender a tramitação de todos os processos que envolvam a aplicação a magistrados do art. 40, § 1º, II da CRFB e do art. 100 do ADCT, até o julgamento definitivo da presente demanda, e 4) declarar sem efeito todo e qualquer pronunciamento judicial ou administrativo que afaste, amplie ou reduza a literalidade do comando previsto no art. 100 do ADCT e, com base neste fundamento, assegure a qualquer outro agente público o exercício das funções relativas a cargo efetivo após ter completado setenta anos de idade.

As Mesas da Câmara dos Deputados e do Senado Federal, nos termos do § 3º do art. 60 da Constituição Federal, promulgam a seguinte Emenda ao texto constitucional:

Art. 1º O art. 40 da Constituição Federal passa a vigorar com a seguinte alteração:

- Alteração processada no texto do referido artigo.

Art. 2º O Ato das Disposições Constitucionais Transitórias passa a vigorar acrescido do seguinte art. 100:

- Acréscimo processado no texto do Ato das Disposições Constitucionais Transitórias.

Art. 3º Esta Emenda Constitucional entra em vigor na data de sua publicação.

Brasília, em 7 de maio de 2015.

Mesa da Câmara dos Deputados: Deputado Eduardo Cunha, Presidente

Mesa do Senado Federal: Senador Renan Calheiros, Presidente

(*DOU* 08.05.2015)

EC 89, DE 15 DE SETEMBRO DE 2015

Dá nova redação ao art. 42 do Ato das Disposições Constitucionais Transitórias, ampliando o prazo em que a União deverá destinar às Regiões Centro-Oeste e Nordeste percentuais mínimos dos recursos destinados à irrigação.

As Mesas da Câmara dos Deputados e do Senado Federal, nos termos do art. 60 da Constituição Federal, promulgam a seguinte Emenda ao texto constitucional:

Art. 1º O art. 42 do Ato das Disposições Constitucionais Transitórias passa a vigorar com a seguinte redação:

- Alteração processada no texto do referido artigo.

Art. 2º Esta Emenda Constitucional entra em vigor na data de sua publicação.

Brasília, em 15 de setembro de 2015.

Mesa da Câmara dos Deputados: Deputado Eduardo Cunha, Presidente

Mesa do Senado Federal: Senador Renan Calheiros, Presidente

(*DOU* 16.09.2015)

EC 90, DE 15 DE SETEMBRO DE 2015

Dá nova redação ao art. 6º da Constituição Federal, para introduzir o transporte como direito social.

As Mesas da Câmara dos Deputados e do Senado Federal, nos termos do art. 60 da Constituição Federal, promulgam a seguinte Emenda ao texto constitucional:

Artigo único. O art. 6º da Constituição Federal de 1988 passa a vigorar com a seguinte redação:

- Alteração processada no texto do referido artigo.

Brasília, em 15 de setembro de 2015.

Mesa da Câmara dos Deputados: Deputado Eduardo Cunha, Presidente

Mesa do Senado Federal: Senador Renan Calheiros, Presidente

(*DOU* 16.09.2015)

EC 91, DE 18 DE FEVEREIRO DE 2016

Altera a Constituição Federal para estabelecer a possibilidade, excepcional e em período determinado, de desfiliação partidária, sem prejuízo do mandato.

As Mesas da Câmara dos Deputados e do Senado Federal, nos termos do § 3º do art. 60 da Constituição Federal, promulgam a seguinte Emenda ao texto constitucional:

Art. 1º É facultado ao detentor de mandato eletivo desligar-se do partido pelo qual foi eleito nos 30 (trinta) dias seguintes à promulgação desta Emenda Constitucional, sem prejuízo do mandato, não sendo essa desfiliação considerada para fins de distribuição dos recursos do Fundo Partidário e de acesso gratuito ao tempo de rádio e televisão.

Art. 2º Esta Emenda Constitucional entra em vigor na data de sua publicação.

Brasília, em 18 de fevereiro de 2016.

Mesa da Câmara dos Deputados: Deputado Eduardo Cunha, Presidente

Mesa do Senado Federal: Senador Renan Calheiros, Presidente

(*DOU* 19.02.2016)

EC 92, DE 12 DE JULHO DE 2016

Altera os arts. 92 e 111-A da Constituição Federal, para explicitar o Tribunal Superior do Trabalho como órgão do Poder Judiciário, alterar os requisitos para o provimento dos cargos de Ministros daquele Tribunal e modificar-lhe a competência.

As Mesas da Câmara dos Deputados e do Senado Federal, nos termos do § 3º do art. 60 da Constituição Federal, promulgam a seguinte Emenda ao texto constitucional:

Art. 1º Os arts. 92 e 111-A da Constituição Federal passam a vigorar com as seguintes alterações:

- Alterações processadas no texto dos referidos artigos.

Art. 2º Esta Emenda Constitucional entra em vigor na data de sua publicação.

Brasília, em 12 de julho de 2016

Mesa da Câmara dos Deputados: Deputado Waldir Maranhão, 1º Vice-Presidente, no exercício da Presidência

Mesa do Senado Federal: Senador Renan Calheiros, Presidente

(*DOU* 13.07.2016)

EC 93, DE 8 DE SETEMBRO DE 2016

Altera o Ato das Disposições Constitucionais Transitórias para prorrogar a desvinculação de receitas da União e estabelecer a desvinculação de receitas dos Estados, Distrito Federal e Municípios.

As Mesas da Câmara dos Deputados e do Senado Federal, nos termos do § 3º do art. 60 da Constituição Federal, promulgam a seguinte Emenda ao texto constitucional:

Art. 1º O art. 76 do Ato das Disposições Constitucionais Transitórias passa a vigorar com a seguinte redação:

- Alteração processada no texto do referido artigo.

Art. 2º O Ato das Disposições Constitucionais Transitórias passa a vigorar acrescido dos seguintes arts. 76-A e 76-B:

- Acréscimo processado no texto do Ato das Disposições Constitucionais Transitórias.

Art. 3º Esta Emenda Constitucional entra em vigor na data de sua publicação, produzindo efeitos a partir de 1º de janeiro de 2016.

Brasília, em 8 de setembro de 2016.

Mesa da Câmara dos Deputados: Deputado Rodrigo Maia, Presidente

Mesa do Senado Federal: Senador Renan Calheiros, Presidente

(*DOU* 09.09.2016, edição extra)

EC 94, DE 15 DE DEZEMBRO DE 2016

Altera o art. 100 da Constituição Federal, para dispor sobre o regime de pa-

gamento de débitos públicos decorrentes de condenações judiciais; e acrescenta dispositivos ao Ato das Disposições Constitucionais Transitórias, para instituir regime especial de pagamento para os casos em mora.

As Mesas da Câmara dos Deputados e do Senado Federal, nos termos do § 3º do art. 60 da Constituição Federal, promulgam a seguinte Emenda ao texto constitucional:

Art. 1º O art. 100 da Constituição Federal passa a vigorar com a seguinte redação:

- Alteração processada no texto do referido artigo.

Art. 2º O Ato das Disposições Constitucionais Transitórias passa a vigorar acrescido dos seguintes arts. 101 a 105:

- Acréscimos processados no texto do Ato das Disposições Constitucionais Transitórias.

Art. 3º Esta Emenda Constitucional entra em vigor na data de sua publicação.

Brasília, em 15 de dezembro de 2016.

Mesa da Câmara dos Deputados: Deputado Rodrigo Maia, Presidente

Mesa do Senado Federal: Senador Renan Calheiros, Presidente

(*DOU* 16.12.2016)

EC 95, DE 15 DE DEZEMBRO DE 2016

Altera o Ato das Disposições Constitucionais Transitórias, para instituir o Novo Regime Fiscal, e dá outras providências.

As Mesas da Câmara dos Deputados e do Senado Federal, nos termos do § 3º do art. 60 da Constituição Federal, promulgam a seguinte Emenda ao texto constitucional:

Art. 1º O Ato das Disposições Constitucionais Transitórias passa a vigorar acrescido dos seguintes arts. 106, 107, 108, 109, 110, 111, 112, 113 e 114:

- Acréscimos processados no texto do Ato das Disposições Constitucionais Transitórias.

Art. 2º Esta Emenda Constitucional entra em vigor na data de sua promulgação.

Art. 3º Fica revogado o art. 2º da Emenda Constitucional 86, de 17 de março de 2015.

Brasília, em 15 de dezembro de 2016.

Mesa da Câmara dos Deputados: Deputado Rodrigo Maia, Presidente

Mesa do Senado Federal: Senador Renan Calheiros, Presidente

(*DOU* 16.12.2016)

EC 96, DE 6 DE JUNHO DE 2017

Acrescenta § 7º ao art. 225 da Constituição Federal para determinar que práticas desportivas que utilizem animais não são consideradas cruéis, nas condições que especifica.

As Mesas da Câmara dos Deputados e do Senado Federal, nos termos do § 3º do art. 60 da Constituição Federal, promulgam a seguinte Emenda ao texto constitucional:

Art. 1º O art. 225 da Constituição Federal passa a vigorar acrescido do seguinte § 7º:

- Acréscimo processado no texto do referido artigo.

Art. 2º Esta Emenda Constitucional entra em vigor na data de sua publicação.

Brasília, em 6 de junho de 2017.

Mesa da Câmara dos Deputados: Deputado Rodrigo Maia, Presidente

Mesa do Senado Federal: Senador Eunício Oliveira, Presidente

(*DOU* 07.06.2017)

EC 97, DE 4 DE OUTUBRO DE 2017

Altera a Constituição Federal para vedar as coligações partidárias nas eleições proporcionais, estabelecer normas sobre acesso dos partidos políticos aos recursos do fundo partidário e ao tempo de propaganda gratuito no rádio e na televisão e dispor sobre regras de transição.

As Mesas da Câmara dos Deputados e do Senado Federal, nos termos do § 3º do art. 60 da Constituição Federal, promulgam a seguinte Emenda ao texto constitucional:

Art. 1º A Constituição Federal passa a vigorar com as seguintes alterações:

- Alterações do art. 17, § 1º, § 3º e § 5º processadas no texto da Constituição.

Art. 2º A vedação à celebração de coligações nas eleições proporcionais, prevista no § 1º do art. 17 da Constituição Federal, aplicar-se-á a partir das eleições de 2020.

Art. 3º O disposto no § 3º do art. 17 da Constituição Federal quanto ao acesso dos partidos políticos aos recursos do fundo partidário e à propaganda gratuita no rádio e na televisão aplicar-se-á a partir das eleições de 2030.

Parágrafo único. Terão acesso aos recursos do fundo partidário e à propaganda gratuita no rádio e na televisão os partidos políticos que:

I – na legislatura seguinte às eleições de 2018:

a) obtiverem, nas eleições para a Câmara dos Deputados, no mínimo, 1,5% (um e meio por cento) dos votos válidos, distribuídos em pelo menos um terço das unidades da Federação, com um mínimo de 1% (um por cento) dos votos válidos em cada uma delas; ou

b) tiverem elegido pelo menos nove Deputados Federais distribuídos em pelo menos um terço das unidades da Federação;

II – na legislatura seguinte às eleições de 2022:

a) obtiverem, nas eleições para a Câmara dos Deputados, no mínimo, 2% (dois por cento) dos votos válidos, distribuídos em pelo menos um terço das unidades da Federação, com um mínimo de 1% (um por cento) dos votos válidos em cada uma delas; ou

b) tiverem elegido pelo menos onze Deputados Federais distribuídos em pelo menos um terço das unidades da Federação;

III – na legislatura seguinte às eleições de 2026:

a) obtiverem, nas eleições para a Câmara dos Deputados, no mínimo, 2,5% (dois e meio por cento) dos votos válidos, distribuídos em pelo menos um terço das unidades da Federação, com um mínimo de 1,5% (um e meio por cento) dos votos válidos em cada uma delas; ou

b) tiverem elegido pelo menos treze Deputados Federais distribuídos em pelo menos um terço das unidades da Federação.

Art. 4º Esta Emenda Constitucional entra em vigor na data de sua publicação.

Brasília, em 4 de outubro de 2017.

Mesa da Câmara dos Deputados: Deputado Rodrigo Maia, Presidente

Mesa do Senado Federal: Senador Eunício Oliveira, Presidente

(*DOU* 05.10.17)

EC 98, DE 6 DE DEZEMBRO DE 2017

Altera o art. 31 da Emenda Constitucional 19, de 4 de junho de 1998, para prever a inclusão, em quadro em extinção da administração pública federal, de servidor público, de integrante da carreira de policial, civil ou militar, e de pessoa que haja mantido relação ou vínculo funcional, empregatício, estatutário ou de trabalho com a administração pública dos ex-Territórios ou dos Estados do Amapá ou de Roraima, inclusive suas prefeituras, na fase de instalação dessas unidades federadas, e dá outras providências.

- V. Lei 13.681/2018 (Dispõe sobre as tabelas de salários, vencimentos, soldos e demais vantagens aplicáveis aos servidores civis, aos militares e aos empregados dos ex-Territórios Federais, integrantes do quadro em extinção de que trata o art. 89 do Ato das Disposições Constitucionais Transitórias e o art. 31 da Emenda Constitucional 19/1998).

As Mesas da Câmara dos Deputados e do Senado Federal, nos termos do § 3º do art. 60 da Constituição Federal, promulgam a seguinte Emenda ao texto constitucional:

Art. 1º O art. 31 da Emenda Constitucional 19, de 4 de junho de 1998, passa a vigorar com as seguintes alterações:

- Alterações processadas no texto do referido artigo.

CF

Art. 2º Cabe à União, no prazo máximo de noventa dias, contado a partir da data de publicação desta Emenda Constitucional, regulamentar o disposto no art. 31 da Emenda Constitucional 19, de 4 de junho de 1998, a fim de que se exerça o direito de opção nele previsto.

§ 1º Descumprido o prazo de que trata o *caput* deste artigo, a pessoa a quem assista o direito de opção fará jus ao pagamento de eventuais acréscimos remuneratórios, desde a data de encerramento desse prazo, caso se confirme o seu enquadramento.

§ 2º É vedado o pagamento, a qualquer título, de acréscimo remuneratório, ressarcimento, auxílio, salário, retribuição ou valor em virtude de ato ou fato anterior à data de enquadramento da pessoa optante, ressalvado o pagamento de que trata o § 1º deste artigo.

Art. 3º O direito à opção, nos termos previstos no art. 31 da Emenda Constitucional 19, de 4 de junho de 1998, deverá ser exercido no prazo de até trinta dias, contado a partir da data de regulamentação desta Emenda Constitucional.

§ 1º São convalidados todos os direitos já exercidos até a data de regulamentação desta Emenda Constitucional, inclusive nos casos em que, feita a opção, o enquadramento ainda não houver sido efetivado, aplicando-se-lhes, para todos os fins, inclusive o de enquadramento, a legislação vigente à época em que houver sido feita a opção ou, sendo mais benéficas ou favoráveis ao optante, as normas previstas nesta Emenda Constitucional e em seu regulamento.

§ 2º Entre a data de promulgação desta Emenda Constitucional e a de publicação de seu regulamento, o exercício do direito de opção será feito com base nas disposições contidas na Emenda Constitucional 79, de 27 de maio de 2014, e em suas normas regulamentares, sem prejuízo do disposto no § 1º deste artigo.

Art. 4º É reconhecido o vínculo funcional com a União dos servidores do ex-Território do Amapá, a que se refere a Portaria 4.481, de 19 de dezembro de 1995, do Ministério da Administração Federal e Reforma do Estado, publicada no Diário Oficial da União de 21 de dezembro de 1995, convalidando-se os atos de gestão, de admissão, aposentadoria, pensão, progressão, movimentação e redistribuição relativos a esses servidores, desde que não tenham sido excluídos dos quadros da União por decisão do Tribunal de Contas da União, da qual não caiba mais recurso judicial.

Art. 5º O disposto no art. 7º da Emenda Constitucional 79, de 27 de maio de 2014, aplica-se aos servidores que, em iguais condições, hajam sido admitidos pelos Estados de Rondônia até 1987, e do Amapá e de Roraima até outubro de 1993.

Art. 6º O disposto no art. 6º da Emenda Constitucional 79, de 27 de maio de 2014, aplica-se aos servidores que, admitidos e lotados pelas Secretarias de Segurança Pública dos Estados de Rondônia até 1987, e do Amapá e de Roraima até outubro de 1993, exerciam função policial.

Art. 7º As disposições desta Emenda Constitucional aplicam-se aos aposentados e pensionistas, civis e militares, vinculados aos respectivos regimes próprios de previdência, vedado o pagamento, a qualquer título, de valores referentes a períodos anteriores à sua publicação.

Parágrafo único. Haverá compensação financeira entre os regimes próprios de previdência por ocasião da aposentação ou da inclusão de aposentados e pensionistas em quadro em extinção da União, observado o disposto no § 9º do art. 201 da Constituição Federal.

Art. 8º Esta Emenda Constitucional entra em vigor na data de sua publicação.

Brasília, em 6 de dezembro de 2017

Mesa da Câmara dos Deputados: Deputado Rodrigo Maia, Presidente

Mesa do Senado Federal: Senador Eunício Oliveira, Presidente

(*DOU* 11.12.2017)

EC 99, DE 14 DE DEZEMBRO DE 2017

Altera o art. 101 do Ato das Disposições Constitucionais Transitórias, para instituir novo regime especial de pagamento de precatórios, e os arts. 102, 103 e 105 do Ato das Disposições Constitucionais Transitórias.

As Mesas da Câmara dos Deputados e do Senado Federal, nos termos do § 3º do art. 60 da Constituição Federal, promulgam a seguinte Emenda ao texto constitucional:

Art. 1º O art. 101 do Ato das Disposições Constitucionais Transitórias passa a vigorar com as seguintes alterações:

- Alterações processadas no texto do referido artigo.

Art. 2º O art. 102 do Ato das Disposições Constitucionais Transitórias passa a vigorar acrescido do seguinte § 2º, numerando-se o atual parágrafo único como § 1º:

- Parágrafo único renumerado e § 2º acrescentado no texto do referido artigo.

Art. 3º O art. 103 do Ato das Disposições Constitucionais Transitórias passa a vigorar acrescido do seguinte parágrafo único:

- Acréscimo processado no texto do referido artigo.

Art. 4º O art. 105 do Ato das Disposições Constitucionais Transitórias passa a vigorar acrescido dos seguintes §§ 2º e 3º, numerando-se o atual parágrafo único como § 1º:

- Parágrafo único renumerado e §§ 2º e 3º acrescentados no texto do referido artigo.

Art. 5º Esta Emenda Constitucional entra em vigor na data de sua publicação.

Brasília, em 14 de dezembro de 2017

Mesa da Câmara dos Deputados: Deputado Rodrigo Maia, Presidente

Mesa do Senado Federal: Senador Eunício Oliveira, Presidente

(*DOU* 15.12.2017)

EC 100, DE 26 DE JUNHO DE 2019

Altera os arts. 165 e 166 da Constituição Federal para tornar obrigatória a execução da programação orçamentária proveniente de emendas de bancada de parlamentares de Estado ou do Distrito Federal.

As Mesas da Câmara dos Deputados e do Senado Federal, nos termos do § 3º do art. 60 da Constituição Federal, promulgam a seguinte Emenda ao texto constitucional:

Art. 1º Os arts. 165 e 166 da Constituição Federal passam a vigorar com as seguintes alterações:

- Alterações processadas no texto do referido artigo.

Art. 2º O montante previsto no § 12 do art. 166 da Constituição Federal será de 0,8% (oito décimos por cento) no exercício subsequente ao da promulgação desta Emenda Constitucional.

Art. 3º A partir do 3º (terceiro) ano posterior à promulgação desta Emenda Constitucional até o último exercício de vigência do regime previsto na Emenda Constitucional 95, de 15 de dezembro de 2016, a execução prevista no § 12 do art. 166 da Constituição Federal corresponderá ao montante de execução obrigatória para o exercício anterior, corrigido na forma estabelecida no inciso II do § 1º do art. 107 do Ato das Disposições Constitucionais Transitórias.

Art. 4º Esta Emenda Constitucional entra em vigor na data de sua publicação e produzirá efeitos a partir da execução orçamentária do exercício financeiro subsequente.

Brasília, em 26 de junho de 2019

Mesa da Câmara dos Deputados: Deputado Rodrigo Maia, Presidente

Mesa do Senado Federal: Senador Davi Alcolumbre, Presidente

(*DOU* 27.06.2019)

EC 101, DE 04 DE JULHO DE 2019

Acrescenta § 3º ao art. 42 da Constituição Federal para estender aos militares dos Estados, do Distrito Federal e dos Territórios o direito à acumulação de cargos públicos prevista no art. 37, inciso XVI.

As Mesas da Câmara dos Deputados e do Senado Federal, nos termos do § 3º do art. 60 da Constituição Federal, promulgam a seguinte Emenda ao texto constitucional:

Art. 1º O art. 42 da Constituição Federal passa a vigorar acrescido do seguinte § 3º:

- Alterações processadas no texto do referido artigo.

Art. 2º Esta Emenda Constitucional entra em vigor na data de sua publicação.

Brasília, em 3 de julho de 2019

Mesa da Câmara dos Deputados: Deputado Rodrigo Maia, Presidente

Mesa do Senado Federal: Senador Davi Alcolumbre, Presidente

(*DOU* 04.07.2019)

CF

Índice Alfabético-Remissivo da Constituição da República Federativa do Brasil

CF

CF

CF

CF

CF

CF

CF

CF

CF

CF

CF

CF

7 Códigos e LINDB

Lei de Introdução às Normas do Direito Brasileiro

DECRETO-LEI 4.657, DE 4 DE SETEMBRO DE 1942

Lei de Introdução às Normas do Direito Brasileiro.

- Ementa com redação determinada pela Lei 12.376/2010.

O Presidente da República, usando da atribuição que lhe confere o art. 180 da Constituição, decreta:

Art. 1º Salvo disposição contrária, a lei começa a vigorar em todo o país 45 (quarenta e cinco) dias depois de oficialmente publicada.

- V. art. 62, §§ 3º, 4º, 6º e 7º, CF.
- V. arts. 101 a 104, CTN.
- V. art. 8º, LC 95/1998 (Elaboração das Leis).

§ 1º Nos Estados estrangeiros, a obrigatoriedade da lei brasileira, quando admitida, se inicia 3 (três) meses depois de oficialmente publicada.

- V. art. 16, Lei 2.145/1953 (Carteira de Comércio Exterior).

§ 2º *(Revogado pela Lei 12.036/2009).*

§ 3º Se, antes de entrar a lei em vigor, ocorrer nova publicação de seu texto, destinada a correção, o prazo deste artigo e dos parágrafos anteriores começará a correr da nova publicação.

§ 4º As correções a texto de lei já em vigor consideram-se lei nova.

Art. 2º Não se destinando à vigência temporária, a lei terá vigor até que outra a modifique ou revogue.

- V. LC 95/1998 (Elaboração das Leis).

§ 1º A lei posterior revoga a anterior quando expressamente o declare, quando seja com ela incompatível ou quando regule inteiramente a matéria de que tratava a lei anterior.

§ 2º A lei nova, que estabeleça disposições gerais ou especiais a par das já existentes, não revoga nem modifica a lei anterior.

§ 3º Salvo disposição em contrário, a lei revogada não se restaura por ter a lei revogadora perdido a vigência.

Art. 3º Ninguém se escusa de cumprir a lei, alegando que não a conhece.

Art. 4º Quando a lei for omissa, o juiz decidirá o caso de acordo com a analogia, os costumes e os princípios gerais de direito.

- V. arts. 140, 375 e 723, CPC/2015.
- V. arts. 100, 101 e 107 a 111, CTN.
- V. art. 8º, CLT.
- V. art. 2º, Lei 9.307/1996 (Arbitragem).

Art. 5º Na aplicação da lei, o juiz atenderá aos fins sociais a que ela se dirige e às exigências do bem comum.

- V. art. 5º, LIV, CF.
- V. arts. 107 a 111, CTN.
- V. art. 6º, Lei 9.099/1995 (Juizados Especiais Cíveis e Criminais).

Art. 6º A lei em vigor terá efeito imediato e geral, respeitados o ato jurídico perfeito, o direito adquirido e a coisa julgada.

- Artigo com redação determinada pela Lei 3.238/1957.
- V. art. 5º, XXXVI, CF.
- V. art. 1.787, CC.

§ 1º Reputa-se ato jurídico perfeito o já consumado segundo a lei vigente ao tempo em que se efetuou.

§ 2º Consideram-se adquiridos assim os direitos que o seu titular, ou alguém por ele, possa exercer, como aqueles cujo começo do exercício tenha termo pré-fixo, ou condição preestabelecida inalterável, a arbítrio de outrem.

- V. arts. 121, 126, 130, 131 e 135, CC.

§ 3º Chama-se coisa julgada ou caso julgado a decisão judicial de que já não caiba recurso.

- V. art. 5º, XXXVI, CF.
- V. arts. 121, 126 a 128, 131 e 135, CC.
- V. arts. 337, § 1º, e 502, CPC/2015.

Art. 7º A lei do país em que for domiciliada a pessoa determina as regras sobre o começo e o fim da personalidade, o nome, a capacidade e os direitos de família.

- V. arts. 1º a 10, 22 a 39, 70 a 78 e 1.511 a 1.638, CC.
- V. Dec. 66.605/1970 (Convenção sobre Consentimento para Casamento).
- V. arts. 55 a 58, Lei 6.015/1973 (Lei de Registros Públicos).
- V. art. 69 do Dec. 9.199/2017 (Regulamenta a Lei 13.445/2017).

§ 1º Realizando-se o casamento no Brasil, será aplicada a lei brasileira quanto aos impedimentos dirimentes e às formalidades da celebração.

- V. arts. 1.517, 1.521, 1.523 e 1.533 a 1542, CC.
- V. arts. 8º e 9º, Lei 1.110/1950 (Reconhecimento dos efeitos civis do casamento religioso).
- V. Lei 6.015/1973 (Lei de Registros Públicos).

§ 2º O casamento de estrangeiros poderá celebrar-se perante autoridades diplomáticas ou consulares do país de ambos os nubentes.

- § 2º com redação determinada pela Lei 3.238/1957.
- V. art. 1.544, CC.

§ 3º Tendo os nubentes domicílio diverso, regerá os casos de invalidade do matrimônio a lei do primeiro domicílio conjugal.

- V. arts. 1.548 a 1.564, CC.

§ 4º O regime de bens, legal ou convencional, obedece à lei do país em que tiverem os nubentes domicílio, e, se este for diverso, à do primeiro domicílio conjugal.

- V. arts. 1.639 a 1.653, CC.

§ 5º O estrangeiro casado, que se naturalizar brasileiro, pode, mediante expressa anuência de seu cônjuge, requerer ao juiz, no ato de entrega do decreto de naturalização, se apostile ao mesmo a adoção do regime de comunhão parcial de bens, respeitados os direitos de terceiros e dada esta adoção ao competente registro.

- § 5º com redação determinada pela Lei 6.515/1977.
- V. arts. 1.658 a 1.666, CC.

§ 6º O divórcio realizado no estrangeiro, se um ou ambos os cônjuges forem brasileiros, só será reconhecido no Brasil depois de 1 (um) ano da data da sentença, salvo se houver sido antecedida de separação judicial por igual prazo, caso em que a homologação produzirá efeito imediato, obedecidas as condições estabelecidas para a eficácia das sentenças estrangeiras no país. O Superior Tribunal de Justiça, na forma de seu regimento interno, poderá reexaminar, a requerimento do interessado, decisões já proferidas em pedidos de homologação de sentenças estrangeiras de divórcio de brasileiros, a fim de que passem a produzir todos os efeitos legais.

- § 6º com redação determinada pela Lei 12.036/2009.
- V. art. 15.
- V. arts. 105, I, *i*, e 227, § 6º, CF.
- V. art. 961, CPC/2015.

§ 7º Salvo o caso de abandono, o domicílio do chefe da família estende-se ao outro cônjuge e aos filhos não emancipados, e o do tutor ou curador aos incapazes sob sua guarda.

- V. arts. 226, § 5º, e 227, § 6º, CF.
- V. arts. 3º, 4º e 76, parágrafo único, CC.
- V. Lei 10.216/2001 (Proteção a pessoas portadoras de transtornos mentais).

§ 8º Quando a pessoa não tiver domicílio, considerar-se-á domiciliada no lugar de sua residência ou naquele em que se encontre.

- V. arts. 70, 71 e 73, CC.
- V. art. 46, § 3º, CPC/2015.

Art. 8º Para qualificar os bens e regular as relações a eles concernentes, aplicar-se-á a lei do país em que estiverem situados.

- V. Lei 8.617/1993 (Mar territorial).

§ 1º Aplicar-se-á a lei do país em que for domiciliado o proprietário, quanto aos bens móveis que ele trouxer ou se destinarem a transporte para outros lugares.

§ 2º O penhor regula-se pela lei do domicílio que tiver a pessoa, em cuja posse se encontre a coisa apenhada.

- V. arts. 1.431 a 1.435, 1.438 a 1.440, 1.442, 1.445, 1.446, 1.451 a 1.460 e 1.467 a 1.471, CC.

Art. 9º Para qualificar e reger as obrigações, aplicar-se-á a lei do país em que se constituírem.

§ 1º Destinando-se a obrigação a ser executada no Brasil e dependendo de forma essencial, será esta observada, admitidas as peculiaridades da lei estrangeira quanto aos requisitos extrínsecos do ato.

- V. Dec.-lei 857/1969 (Moeda de pagamento de obrigações exequíveis no Brasil).

§ 2º A obrigação resultante do contrato reputa-se constituída no lugar em que residir o proponente.

- V. art. 435, CC.

Art. 10. A sucessão por morte ou por ausência obedece à lei do país em que era domiciliado o defunto ou o desaparecido, qualquer que seja a natureza e a situação dos bens.

- V. arts. 26 a 39 e 1.784 a 1.990, CC.

§ 1º A sucessão de bens de estrangeiros, situados no país, será regulada pela lei brasileira em benefício do cônjuge ou dos filhos brasileiros, ou de quem os represente, sempre que não lhes seja mais favorável a lei pessoal do de cujus.

- § 1º com redação determinada pela Lei 9.047/1995.
- V. art. 5º, XXXI, CF.
- arts. 1.851 a 1.856, CC.

§ 2º A lei do domicílio do herdeiro ou legatário regula a capacidade para suceder.

- V. art. 5º, XXX e XXXI, CF.
- V. arts. 1.787, 1.799, 1.801 e 1.802, CC.
- V. arts. 23, II, 48 e 610, CPC/2015.

Art. 11. As organizações destinadas a fins de interesse coletivo, como as sociedades e as fundações, obedecem à lei do Estado em que se constituírem.

- V. arts. 62, 63, 65 a 69 e 681 a 1.141, CC.
- V. art. 75, § 3º, CPC/2015.

§ 1º Não poderão, entretanto, ter no Brasil filiais, agências ou estabelecimentos antes de serem os atos constitutivos aprovados pelo Governo brasileiro, ficando sujeitas à lei brasileira.

- V. art. 170, parágrafo único, CF.
- V. arts. 21, parágrafo único, e 75, IX e § 3º, CPC/2015.
- V. Dec. 24.643/1934 (Código de Águas).
- V. Dec.-lei 2.980/1941 (Loterias).
- V. art. 74, Dec.-lei 73/1966 (Sistema Nacional de Seguros Privados).
- V. art. 12, Dec.-lei 200/1967 (Alterações nos atos que regem o funcionamento das sociedades estrangeiras).
- V. Dec.-lei 227/1967 (Código de Mineração).
- V. art. 32, II, Lei 8.934/1994 (Registro público de empresas mercantis e atividades afins).

§ 2º Os Governos estrangeiros, bem como as organizações de qualquer natureza, que eles tenham constituído, dirijam ou hajam investido de funções públicas, não poderão adquirir no Brasil bens imóveis ou suscetíveis de desapropriação.

§ 3º Os Governos estrangeiros podem adquirir a propriedade dos prédios necessários à sede dos representantes diplomáticos ou dos agentes consulares.

- V. Lei 4.331/1964 (Aquisição de imóveis no Distrito Federal por governos estrangeiros).

Art. 12. É competente a autoridade judiciária brasileira, quando for o réu domiciliado no Brasil ou aqui tiver de ser cumprida a obrigação.

- V. arts. 21, 23 e 24, CPC/2015.

§ 1º Só à autoridade judiciária brasileira compete conhecer das ações relativas a imóveis situados no Brasil.

- V. art. 23, I, CPC/2015.

§ 2º A autoridade judiciária brasileira cumprirá, concedido o exequatur e segundo a forma estabelecida pela lei brasileira, as diligências deprecadas por autoridade estrangeira competente, observando a lei desta, quanto ao objeto das diligências.

- V. arts. 105, I, *i*, e 109, X, CF.
- V. arts. 21, 23, 36, *caput*, 46, § 3º, 47, 256, § 1º e 268, CPC/2015.

Art. 13. A prova dos fatos ocorridos em país estrangeiro rege-se pela lei que nele vigorar, quanto ao ônus e aos meios de produzir-se, não admitindo os tribunais brasileiros provas que a lei brasileira desconheça.

- V. art. 224, CC.
- V. arts. 369, 372, 374 e 376, CPC/2015.
- V. art. 32, *caput*, Lei 6.015/1973 (Lei de Registros Públicos).

Art. 14. Não conhecendo a lei estrangeira, poderá o juiz exigir de quem a invoca prova do texto e da vigência.

- V. art. 376, CPC/2015.
- V. art. 116, RISTF.

Art. 15. Será executada no Brasil a sentença proferida no estrangeiro, que reúna os seguintes requisitos:

- V. art. 12, § 2º.
- V. arts. 36, *caput*, 268, 961 e 965, parágrafo único, CPC/2015.
- V. arts. 13, IX, 52, III, 215 a 347, I, e 367, RISTF.

a) haver sido proferida por juiz competente;

- V. Súmula 381, STF.

b) terem sido as partes citadas ou haver-se legalmente verificado a revelia;

c) ter passado em julgado e estar revestida das formalidades necessárias para a execução no lugar em que foi proferida;

- V. Súmula 420, STF.

d) estar traduzida por intérprete autorizado;

e) ter sido homologada pelo Supremo Tribunal Federal.

- Com a promulgação da EC 45/2004, que modificou o art. 105, I, *i*, da CF, a competência para homologação de sentença estrangeira passou a ser do Superior Tribunal de Justiça.
- V. art. 105, I, *i*, CF.
- V. art. 961, CPC/2015.
- V. art. 9º, CP.
- V. arts. 787 a 790, CPP.
- V. art. 35, Lei 9.307/1996 (Arbitragem).

Parágrafo único. *(Revogado pela Lei 12.036/2009).*

Art. 16. Quando, nos termos dos artigos precedentes, se houver de aplicar a lei estrangeira, ter-se-á em vista a disposição desta, sem considerar-se qualquer remissão por ela feita a outra lei.

Art. 17. As leis, atos e sentenças de outro país, bem como quaisquer declarações de vontade, não terão eficácia no Brasil, quando ofenderem a soberania nacional, a ordem pública e os bons costumes.

- V. art. 781, CPP.

Art. 18. Tratando-se de brasileiros, são competentes as autoridades consulares brasileiras para lhes celebrar o casamento e os mais atos de Registro Civil e de tabelionato, inclusive o registro de nascimento e de óbito dos filhos de brasileiro ou brasileira nascidos no país da sede do Consulado.

- *Caput* com redação determinada pela Lei 3.238/1957.
- V. art. 19.
- V. Dec. 360/1935 (Funções consulares).
- V. art. 32, § 3º, Lei 6.015/1973 (Lei de Registros Públicos).

§ 1º As autoridades consulares brasileiras também poderão celebrar a separação consensual e o divórcio consensual de brasileiros, não havendo filhos menores ou incapazes do casal e observados os requisitos legais quanto aos prazos, devendo constar da respectiva escritura pública as disposições relativas à descrição e à partilha dos bens comuns e à pensão alimentícia e, ainda, ao acordo quanto à retomada pelo cônjuge de seu nome de solteiro ou à manutenção do nome adotado quando se deu o casamento.

- § 1º acrescentado pela Lei 12.874/2013 (*DOU* 30.10.2013), em vigor após decorridos 120 (cento e vinte) dias de sua publicação oficial.

§ 2º É indispensável a assistência de advogado, devidamente constituído, que se dará mediante a subscrição de petição, juntamente com ambas as partes, ou com apenas uma delas, caso a outra constitua advogado próprio, não se fazendo necessário que a assinatura do advogado conste da escritura pública.

- § 2º acrescentado pela Lei 12.874/2013 (*DOU* 30.10.2013), em vigor após decorridos 120 (cento e vinte) dias de sua publicação oficial.

Art. 19. Reputam-se válidos todos os atos indicados no artigo anterior e celebrados pelos cônsules brasileiros na vigência do Dec.-lei 4.657, de 4 de setembro de 1942, desde que satisfaçam todos os requisitos legais.

- Artigo acrescentado pela Lei 3.238/1957.

Parágrafo único. No caso em que a celebração desses atos tiver sido recusada pelas autoridades consulares, com fundamento no art. 18 do mesmo Decreto-lei, ao interessado é facultado renovar o pedido dentre em 90 (noventa) dias contados da data da publicação desta Lei.

☛ **Art. 20.** Nas esferas administrativa, controladora e judicial, não se decidirá com base em valores jurídicos abstratos sem que sejam consideradas as consequências práticas da decisão.

- Artigo acrescentado pela Lei 13.655/2018.
- V. Dec. 9.830/2019 (Regulamenta os arts. 20 ao 30 do Dec.-lei 4.657/1942).

Parágrafo único. A motivação demonstrará a necessidade e a adequação da medida imposta ou da invalidação de ato, contrato, ajuste, processo ou norma administrativa, inclusive em face das possíveis alternativas.

Art. 21. A decisão que, nas esferas administrativa, controladora ou judicial, decretar a invalidação de ato, contrato, ajuste, processo ou norma administrativa deverá indicar de modo expresso suas consequências jurídicas e administrativas.

- Artigo acrescentado pela Lei 13.655/2018.
- V. Dec. 9.830/2019 (Regulamenta os arts. 20 ao 30 do Dec.-lei 4.657/1942).

Parágrafo único. A decisão a que se refere o *caput* deste artigo deverá, quando for o caso, indicar as condições para que a regularização ocorra de modo proporcional e equânime e sem prejuízo aos interesses gerais, não se podendo impor aos sujeitos atingidos ônus ou perdas que, em função das peculiaridades do caso, sejam anormais ou excessivos.

Art. 22. Na interpretação de normas sobre gestão pública, serão considerados os obstáculos e as dificuldades reais do gestor e as exigências das políticas públicas a seu cargo, sem prejuízo dos direitos dos administrados.

- Artigo acrescentado pela Lei 13.655/2018.
- V. Dec. 9.830/2019 (Regulamenta os arts. 20 ao 30 do Dec.-lei 4.657/1942).

§ 1º Em decisão sobre regularidade de conduta ou validade de ato, contrato, ajuste, processo ou norma administrativa, serão consideradas as circunstâncias práticas que houverem imposto, limitado ou condicionado a ação do agente.

§ 2º Na aplicação de sanções, serão consideradas a natureza e a gravidade da infração cometida, os danos que dela provierem para a administração pública, as circunstâncias agravantes ou atenuantes e os antecedentes do agente.

§ 3º As sanções aplicadas ao agente serão levadas em conta na dosimetria das demais sanções de mesma natureza e relativas ao mesmo fato.

Art. 23. A decisão administrativa, controladora ou judicial que estabelecer interpretação ou orientação nova sobre norma de conteúdo indeterminado, impondo novo dever ou novo condicionamento de direito, deverá prever regime de transição quando indispensável para que o novo dever ou condicionamento de direito seja cumprido de modo proporcional, equânime e eficiente e sem prejuízo aos interesses gerais.

- Artigo acrescentado pela Lei 13.655/2018.
- V. Dec. 9.830/2019 (Regulamenta os arts. 20 ao 30 do Dec.-lei 4.657/1942).

Parágrafo único. *(Vetado).*

Art. 24. A revisão, nas esferas administrativa, controladora ou judicial, quanto à validade de ato, contrato, ajuste, processo ou norma administrativa cuja produção já se houver completado levará em conta as orientações gerais da época, sendo vedado que, com base em mudança posterior de orientação geral, se declarem inválidas situações plenamente constituídas.

- Artigo acrescentado pela Lei 13.655/2018.
- V. Dec. 9.830/2019 (Regulamenta os arts. 20 ao 30 do Dec.-lei 4.657/1942).

Parágrafo único. Consideram-se orientações gerais as interpretações e especificações contidas em atos públicos de caráter geral ou em jurisprudência judicial ou administrativa majoritária, e ainda as adotadas por prática administrativa reiterada e de amplo conhecimento público.

Art. 25. *(Vetado).*

- Artigo acrescentado pela Lei 13.655/2018.
- V. Dec. 9.830/2019 (Regulamenta os arts. 20 ao 30 do Dec.-lei 4.657/1942).

Art. 26. Para eliminar irregularidade, incerteza jurídica ou situação contenciosa na aplicação do direito público, inclusive no caso de expedição de licença, a autoridade administrativa poderá, após oitiva do órgão jurídico e, quando for o caso, após realização de consulta pública, e presentes razões de relevante interesse geral, celebrar compromisso com os interessados, observada a legislação aplicável, o qual só produzirá efeitos a partir de sua publicação oficial.

- Artigo acrescentado pela Lei 13.655/2018.
- V. Dec. 9.830/2019 (Regulamenta os arts. 20 ao 30 do Dec.-lei 4.657/1942).

§ 1º O compromisso referido no *caput* deste artigo:

I – buscará solução jurídica proporcional, equânime, eficiente e compatível com os interesses gerais;

II – *(Vetado);*

III – não poderá conferir desoneração permanente de dever ou condicionamento de direito reconhecidos por orientação geral;

IV – deverá prever com clareza as obrigações das partes, o prazo para seu cumprimento e as sanções aplicáveis em caso de descumprimento.

§ 2º *(Vetado).*

Art. 27. A decisão do processo, nas esferas administrativa, controladora ou judicial, poderá impor compensação por benefícios indevidos ou prejuízos anormais ou injustos resultantes do processo ou da conduta dos envolvidos.

- Artigo acrescentado pela Lei 13.655/2018.
- V. Dec. 9.830/2019 (Regulamenta os arts. 20 ao 30 do Dec.-lei 4.657/1942).

§ 1º A decisão sobre a compensação será motivada, ouvidas previamente as partes sobre seu cabimento, sua forma e, se for o caso, seu valor.

§ 2º Para prevenir ou regular a compensação, poderá ser celebrado compromisso processual entre os envolvidos.

Art. 28. O agente público responderá pessoalmente por suas decisões ou opiniões técnicas em caso de dolo ou erro grosseiro.

- Artigo acrescentado pela Lei 13.655/2018.
- V. Dec. 9.830/2019 (Regulamenta os arts. 20 ao 30 do Dec.-lei 4.657/1942).

§ 1º *(Vetado).*

§ 2º *(Vetado).*

§ 3º *(Vetado).*

Art. 29. Em qualquer órgão ou Poder, a edição de atos normativos por autoridade administrativa, salvo os de mera organização interna, poderá ser precedida de consulta pública para manifestação de interessados, preferencialmente por meio eletrônico, a qual será considerada na decisão.

- Artigo acrescentado pela Lei 13.655/2018 (*DOU* 26.04.2018), em vigor após decorridos 180 (cento e oitenta) dias de sua publicação oficial.
- V. Dec. 9.830/2019 (Regulamenta os arts. 20 ao 30 do Dec.-lei 4.657/1942).

§ 1º A convocação conterá a minuta do ato normativo e fixará o prazo e demais condições da consulta pública, observadas as normas legais e regulamentares específicas, se houver.

§ 2º *(Vetado).*

Art. 30. As autoridades públicas devem atuar para aumentar a segurança jurídica na aplicação das normas, inclusive por meio de regulamentos, súmulas administrativas e respostas a consultas.

- Artigo acrescentado pela Lei 13.655/2018.
- V. Dec. 9.830/2019 (Regulamenta os arts. 20 ao 30 do Dec.-lei 4.657/1942).

Parágrafo único. Os instrumentos previstos no *caput* deste artigo terão caráter vinculante em relação ao órgão ou entidade a que se destinam, até ulterior revisão.

Rio de Janeiro, 4 de setembro de 1942; 121º da Independência e 54º da República.

Getúlio Vargas

(*DOU* 09.09.1942; ret. 08.10.1942 e 17.06.1943)

LEI 12.376, DE 30 DE DEZEMBRO DE 2010

Altera a ementa do Decreto-lei 4.657, de 4 de setembro de 1942.

O Presidente da República:

Faço saber que o Congresso Nacional decreta e eu sanciono a seguinte Lei:

Art. 1º Esta Lei altera a ementa do Decreto-lei 4.657, de 4 de setembro de 1942, ampliando o seu campo de aplicação.

Art. 2º A ementa do Decreto-lei 4.657, de 4 de setembro de 1942, passa a vigorar com a seguinte redação:

"Lei de Introdução às normas do Direito Brasileiro."

Art. 3º Esta Lei entra em vigor na data de sua publicação.

Brasília, 30 de dezembro de 2010; 189º da Independência e 122º da República.

Luiz Inácio Lula da Silva

(*DOU* 31.12.2010)

Índice Sistemático do Código de Processo Civil

LEI 13.105, DE 16 DE MARÇO DE 2015

Códigos

Código de Processo Civil

LEI 13.105, DE 16 DE MARÇO DE 2015

Código de Processo Civil.

A Presidenta da República:
Faço saber que o Congresso Nacional decreta e eu sanciono a seguinte Lei:

Parte Geral

Livro I
DAS NORMAS PROCESSUAIS CIVIS

TÍTULO ÚNICO
Das Normas Fundamentais e da Aplicação das Normas Processuais

Capítulo I
Das Normas Fundamentais do Processo Civil

Art. 1º O processo civil será ordenado, disciplinado e interpretado conforme os valores e as normas fundamentais estabelecidos na Constituição da República Federativa do Brasil, observando-se as disposições deste Código.

- Sem correspondência no CPC/1973.

Art. 2º O processo começa por iniciativa da parte e se desenvolve por impulso oficial, salvo as exceções previstas em lei.

- Correspondência: art. 262, CPC/1973.
- V. arts. 736, 738 e 744, CPC/2015.

Art. 3º Não se excluirá da apreciação jurisdicional ameaça ou lesão a direito.

- Sem correspondência no CPC/1973.
- V. art. 5º, XXXV, CF.

§ 1º É permitida a arbitragem, na forma da lei.

- Sem correspondência no CPC/1973.

§ 2º O Estado promoverá, sempre que possível, a solução consensual dos conflitos.

- Sem correspondência no CPC/1973.

§ 3º A conciliação, a mediação e outros métodos de solução consensual de conflitos deverão ser estimulados por juízes, advogados, defensores públicos e membros do Ministério Público, inclusive no curso do processo judicial.

- Correspondência: art. 125, *caput* e IV, CPC/1973.

Art. 4º As partes têm o direito de obter em prazo razoável a solução integral do mérito, incluída a atividade satisfativa.

- Sem correspondência no CPC/1973.
- V. art. 5º, LXXVIII, CF.

Art. 5º Aquele que de qualquer forma participa do processo deve comportar-se de acordo com a boa-fé.

- Correspondência: art. 14, *caput* e II, CPC/1973.
- V. arts. 79 a 81, CPC/2015.

Art. 6º Todos os sujeitos do processo devem cooperar entre si para que se obtenha, em tempo razoável, decisão de mérito justa e efetiva.

- Sem correspondência no CPC/1973.

Art. 7º É assegurada às partes paridade de tratamento em relação ao exercício de direitos e faculdades processuais, aos meios de defesa, aos ônus, aos deveres e à aplicação de sanções processuais, competindo ao juiz zelar pelo efetivo contraditório.

- Correspondência: art. 125, I, CPC/1973.
- V. arts. 139, I, 180, 183 e 229, CPC/2015.
- V. art. 5º, *caput* e I, CF.

Art. 8º Ao aplicar o ordenamento jurídico, o juiz atenderá aos fins sociais e às exigências do bem comum, resguardando e promovendo a dignidade da pessoa humana e observando a proporcionalidade, a razoabilidade, a legalidade, a publicidade e a eficiência.

- Sem correspondência no CPC/1973.
- V. art. 5º, LX, CF.

Art. 9º Não se proferirá decisão contra uma das partes sem que ela seja previamente ouvida.

- Sem correspondência no CPC/1973.
- V. art. 5º, LV, CF.

Parágrafo único. O disposto no *caput* não se aplica:

I – à tutela provisória de urgência;

II – às hipóteses de tutela da evidência previstas no art. 311, incisos II e III;

III – à decisão prevista no art. 701.

Art. 10. O juiz não pode decidir, em grau algum de jurisdição, com base em fundamento a respeito do qual não se tenha dado às partes oportunidade de se manifestar, ainda que se trate de matéria sobre a qual deva decidir de ofício.

- Sem correspondência no CPC/1973.
- V. art. 5º, LV, CF.

Art. 11. Todos os julgamentos dos órgãos do Poder Judiciário serão públicos, e fundamentadas todas as decisões, sob pena de nulidade.

- Correspondência: arts. 131, 155, *caput* e 165, CPC/1973.
- V. arts. 368, 489 e 490, CPC/2015.

Parágrafo único. Nos casos de segredo de justiça, pode ser autorizada a presença somente das partes, de seus advogados, de defensores públicos ou do Ministério Público.

- Correspondência: art. 155, I e II, CPC/1973.
- V. art. 189, CPC/2015.
- V. arts. 5º, LX e 93, IX, CF.

Art. 12. Os juízes e os tribunais atenderão, preferencialmente, à ordem cronológica de conclusão para proferir sentença ou acórdão.

- *Caput* com redação determinada pela Lei 13.256/2016.
- Sem correspondência no CPC/1973.
- V. art. 153, CPC/2015.

§ 1º A lista de processos aptos a julgamento deverá estar permanentemente à disposição para consulta pública em cartório e na rede mundial de computadores.

§ 2º Estão excluídos da regra do *caput*:

I – as sentenças proferidas em audiência, homologatórias de acordo ou de improcedência liminar do pedido;

II – o julgamento de processos em bloco para aplicação de tese jurídica firmada em julgamento de casos repetitivos;

III – o julgamento de recursos repetitivos ou de incidente de resolução de demandas repetitivas;

IV – as decisões proferidas com base nos arts. 485 e 932;

V – o julgamento de embargos de declaração;

VI – o julgamento de agravo interno;

VII – as preferências legais e as metas estabelecidas pelo Conselho Nacional de Justiça;

VIII – os processos criminais, nos órgãos jurisdicionais que tenham competência penal;

IX – a causa que exija urgência no julgamento, assim reconhecida por decisão fundamentada.

§ 3º Após elaboração de lista própria, respeitar-se-á a ordem cronológica das conclusões entre as preferências legais.

- V. art. 1.046, § 5º, CPC/2015.

§ 4º Após a inclusão do processo na lista de que trata o § 1º, o requerimento formulado pela parte não altera a ordem cronológica para a decisão, exceto quando implicar a reabertura da instrução ou a conversão do julgamento em diligência.

§ 5º Decidido o requerimento previsto no § 4º, o processo retornará à mesma posição em que anteriormente se encontrava na lista.

§ 6º Ocupará o primeiro lugar na lista prevista no § 1º ou, conforme o caso, no § 3º, o processo que:

I – tiver sua sentença ou acórdão anulado, salvo quando houver necessidade de realização de diligência ou de complementação da instrução;

II – se enquadrar na hipótese do art. 1.040, inciso II.

Capítulo II
Da Aplicação das Normas Processuais

Art. 13. A jurisdição civil será regida pelas normas processuais brasileiras, ressalvadas as disposições específicas previstas em tratados, convenções ou acordos internacionais de que o Brasil seja parte.

- Sem correspondência no CPC/1973.

Art. 14. A norma processual não retroagirá e será aplicável imediatamente aos processos em curso, respeitados os atos processuais praticados e as situações jurídicas consolidadas sob a vigência da norma revogada.

- Correspondência: art. 1.211, CPC/1973.
- V. art. 1.046, CPC/2015.

Art. 15. Na ausência de normas que regulem processos eleitorais, trabalhistas ou administrativos, as disposições deste Código lhes serão aplicadas supletiva e subsidiariamente.

- Sem correspondência no CPC/1973.

Livro II
DA FUNÇÃO JURISDICIONAL
TÍTULO I
Da Jurisdição e da Ação

Art. 16. A jurisdição civil é exercida pelos juízes e pelos tribunais em todo o território nacional, conforme as disposições deste Código.

- Correspondência: art. 1º, CPC/1973.
- V. arts. 318, 539 e 719, CPC/2015.

Art. 17. Para postular em juízo é necessário ter interesse e legitimidade.

- Correspondência: art. 3º, CPC/1973.
- V. arts. 330, II e III, 337, XI, 354 e 485, VI, CPC/2015.

Art. 18. Ninguém poderá pleitear direito alheio em nome próprio, salvo quando autorizado pelo ordenamento jurídico.

- Correspondência: art. 6º, CPC/1973.
- V. arts. 109, § 1º, 329, 330, II e 485, VI, e, CPC/2015.
- V. arts. 5º, XXI e LXX, e 103, I a IX, CF.
- V. art. 861, CC.
- V. art. 68, CPP.
- V. Lei 1.134/1950 (Representação dos associados de classes).
- V. art. 1º, Lei 4.717/1965 (Ação popular).
- V. Lei 7.347/1985 (Ação civil pública).
- V. art. 81, Lei 8.078/1990 (Código de Defesa do Consumidor).
- V. Lei 8.906/1994 (Estatuto da Advocacia e da OAB).

Parágrafo único. Havendo substituição processual, o substituído poderá intervir como assistente litisconsorcial.

- Sem correspondência no CPC/1973.

Art. 19. O interesse do autor pode limitar-se à declaração:

- Correspondência: art. 4º, *caput*, CPC/1973.
- V. arts. 20 e 322, CPC/2015.

I – da existência, da inexistência ou do modo de ser de uma relação jurídica;

- Correspondência: art. 4º, I, CPC/1973.
- V. art. 784, § 1º, CPC/2015.

II – da autenticidade ou da falsidade de documento.

- Correspondência: art. 4º, II, CPC/1973.

Art. 20. É admissível a ação meramente declaratória, ainda que tenha ocorrido a violação do direito.

- Correspondência: art. 4º, parágrafo único, CPC/1973.
- V. art. 313, V, *a*, CPC/2015.
- V. Súmula 258, STF.

TÍTULO II
Dos Limites da Jurisdição Nacional e da Cooperação Internacional
Capítulo I
Dos Limites da Jurisdição Nacional

Art. 21. Compete à autoridade judiciária brasileira processar e julgar as ações em que:

- Correspondência: art. 88, CPC/1973.

I – o réu, qualquer que seja a sua nacionalidade, estiver domiciliado no Brasil;

- V. arts. 70 a 78, CC.
- V. art. 12, Dec.-lei 4.657/1942 (Lei de Introdução às normas do Direito Brasileiro).

II – no Brasil tiver de ser cumprida a obrigação;

- V. art. 12, Dec.-lei 4.657/1942 (Lei de Introdução às normas do Direito Brasileiro).

III – o fundamento seja fato ocorrido ou ato praticado no Brasil.

Parágrafo único. Para o fim do disposto no inciso I, considera-se domiciliada no Brasil a pessoa jurídica estrangeira que nele tiver agência, filial ou sucursal.

- V. art. 75, IX e § 3º, CPC/2015.

Art. 22. Compete, ainda, à autoridade judiciária brasileira processar e julgar as ações:

- Sem correspondência no CPC/1973.

I – de alimentos, quando:

a) o credor tiver domicílio ou residência no Brasil;

b) o réu mantiver vínculos no Brasil, tais como posse ou propriedade de bens, recebimento de renda ou obtenção de benefícios econômicos;

II – decorrentes de relações de consumo, quando o consumidor tiver domicílio ou residência no Brasil;

III – em que as partes, expressa ou tacitamente, se submeterem à jurisdição nacional.

Art. 23. Compete à autoridade judiciária brasileira, com exclusão de qualquer outra:

- Correspondência: art. 89, *caput*, CPC/1973.

I – conhecer de ações relativas a imóveis situados no Brasil;

- Correspondência: art. 89, I, CPC/1973.
- V. art. 47, CPC/2015.
- V. art. 12, § 1º, Dec.-lei 4.657/1942 (Lei de Introdução às normas do Direito Brasileiro).

II – em matéria de sucessão hereditária, proceder à confirmação de testamento particular e ao inventário e à partilha de bens situados no Brasil, ainda que o autor da herança seja de nacionalidade estrangeira ou tenha domicílio fora do território nacional;

- Correspondência: art. 89, II, CPC/1973.
- V. art. 10, Dec.-lei 4.657/1942 (Lei de Introdução às normas do Direito Brasileiro).

III – em divórcio, separação judicial ou dissolução de união estável, proceder à partilha de bens situados no Brasil, ainda que o titular seja de nacionalidade estrangeira ou tenha domicílio fora do território nacional.

- Sem correspondência no CPC/1973.

Art. 24. A ação proposta perante tribunal estrangeiro não induz litispendência e não obsta a que a autoridade judiciária brasileira conheça da mesma causa e das que lhe são conexas, ressalvadas as disposições em contrário de tratados internacionais e acordos bilaterais em vigor no Brasil.

- Correspondência: art. 90, CPC/1973.
- V. art. 102, I, e, CF.
- V. arts. 55 e 57 e 337, §§ 1º a 3º, CPC/2015.

Parágrafo único. A pendência de causa perante a jurisdição brasileira não impede a homologação de sentença judicial estrangeira quando exigida para produzir efeitos no Brasil.

- Sem correspondência no CPC/1973.

Art. 25. Não compete à autoridade judiciária brasileira o processamento e o julgamento da ação quando houver cláusula de eleição de foro exclusivo estrangeiro em contrato internacional, arguida pelo réu na contestação.

- Sem correspondência no CPC/1973.

§ 1º Não se aplica o disposto no *caput* às hipóteses de competência internacional exclusiva previstas neste Capítulo.

§ 2º Aplica-se à hipótese do *caput* o art. 63, §§ 1º a 4º.

Capítulo II
Da Cooperação Internacional
Seção I
Disposições Gerais

Art. 26. A cooperação jurídica internacional será regida por tratado de que o Brasil faz parte e observará:

- Sem correspondência no CPC/1973.

I – o respeito às garantias do devido processo legal no Estado requerente;

II – a igualdade de tratamento entre nacionais e estrangeiros, residentes ou não no Brasil, em relação ao acesso à justiça e à tramitação dos processos, assegurando-se assistência judiciária aos necessitados;

III – a publicidade processual, exceto nas hipóteses de sigilo previstas na legislação brasileira ou na do Estado requerente;

IV – a existência de autoridade central para recepção e transmissão dos pedidos de cooperação;

V – a espontaneidade na transmissão de informações a autoridades estrangeiras.

§ 1º Na ausência de tratado, a cooperação jurídica internacional poderá realizar-se com base em reciprocidade, manifestada por via diplomática.

§ 2º Não se exigirá a reciprocidade referida no § 1º para homologação de sentença estrangeira.

§ 3º Na cooperação jurídica internacional não será admitida a prática de atos que contrariem ou que produzam resultados incompatíveis com as normas fundamentais que regem o Estado brasileiro.

§ 4º O Ministério da Justiça exercerá as funções de autoridade central na ausência de designação específica.

Art. 27. A cooperação jurídica internacional terá por objeto:

- Sem correspondência no CPC/1973.

I – citação, intimação e notificação judicial e extrajudicial;

II – colheita de provas e obtenção de informações;

III – homologação e cumprimento de decisão;

IV – concessão de medida judicial de urgência;

V – assistência jurídica internacional;

VI – qualquer outra medida judicial ou extrajudicial não proibida pela lei brasileira.

Seção II
Do Auxílio Direto

Art. 28. Cabe auxílio direto quando a medida não decorrer diretamente de decisão de autoridade jurisdicional estrangeira a ser submetida a juízo de delibação no Brasil.

- Sem correspondência no CPC/1973.

Art. 29. A solicitação de auxílio direto será encaminhada pelo órgão estrangeiro interessado à autoridade central, cabendo ao Estado requerente assegurar a autenticidade e a clareza do pedido.

- Sem correspondência no CPC/1973.

Art. 30. Além dos casos previstos em tratados de que o Brasil faz parte, o auxílio direto terá os seguintes objetos:

- Sem correspondência no CPC/1973.

I – obtenção e prestação de informações sobre o ordenamento jurídico e sobre processos administrativos ou jurisdicionais findos ou em curso;

II – colheita de provas, salvo se a medida for adotada em processo, em curso no estrangeiro, de competência exclusiva de autoridade judiciária brasileira;

III – qualquer outra medida judicial ou extrajudicial não proibida pela lei brasileira.

Art. 31. A autoridade central brasileira comunicar-se-á diretamente com suas congêneres e, se necessário, com outros órgãos estrangeiros responsáveis pela tramitação e pela execução de pedidos de cooperação enviados e recebidos pelo Estado brasileiro, respeitadas disposições específicas constantes de tratado.

- Sem correspondência no CPC/1973.

Art. 32. No caso de auxílio direto para a prática de atos que, segundo a lei brasileira, não necessitem de prestação jurisdicional, a autoridade central adotará as providências necessárias para seu cumprimento.

- Sem correspondência no CPC/1973.

Art. 33. Recebido o pedido de auxílio direto passivo, a autoridade central o encaminhará à Advocacia-Geral da União, que requererá em juízo a medida solicitada.

- Sem correspondência no CPC/1973.

Parágrafo único. O Ministério Público requererá em juízo a medida solicitada quando for autoridade central.

Art. 34. Compete ao juízo federal do lugar em que deva ser executada a medida apreciar pedido de auxílio direto passivo que demande prestação de atividade jurisdicional.

- Sem correspondência no CPC/1973.

Seção III
Da Carta Rogatória

Art. 35. *(Vetado).*

Art. 36. O procedimento da carta rogatória perante o Superior Tribunal de Justiça é de jurisdição contenciosa e deve assegurar às partes as garantias do devido processo legal.

- Correspondência: art. 211, CPC/1973.
- V. art. 105, I, *i*, CF.
- V. art. 215, RISTF.

§ 1º A defesa restringir-se-á à discussão quanto ao atendimento dos requisitos para que o pronunciamento judicial estrangeiro produza efeitos no Brasil.

- Sem correspondência no CPC/1973.

§ 2º Em qualquer hipótese, é vedada a revisão do mérito do pronunciamento judicial estrangeiro pela autoridade judiciária brasileira.

- Sem correspondência no CPC/1973.

Seção IV
Disposições Comuns às Seções Anteriores

Art. 37. O pedido de cooperação jurídica internacional oriundo de autoridade brasileira competente será encaminhado à autoridade central para posterior envio ao Estado requerido para lhe dar andamento.

- Sem correspondência no CPC/1973.

Art. 38. O pedido de cooperação oriundo de autoridade brasileira competente e os documentos anexos que o instruem serão encaminhados à autoridade central, acompanhados de tradução para a língua oficial do Estado requerido.

- Sem correspondência no CPC/1973.

Art. 39. O pedido passivo de cooperação jurídica internacional será recusado se configurar manifesta ofensa à ordem pública.

- Sem correspondência no CPC/1973.

Art. 40. A cooperação jurídica internacional para execução de decisão estrangeira dar-se-á por meio de carta rogatória ou de ação de homologação de sentença estrangeira, de acordo com o art. 960.

- Sem correspondência no CPC/1973.

Art. 41. Considera-se autêntico o documento que instruir pedido de cooperação jurídica internacional, inclusive tradução para a língua portuguesa, quando encaminhado ao Estado brasileiro por meio de autoridade central ou por via diplomática, dispensando-se ajuramentação, autenticação ou qualquer procedimento de legalização.

- Sem correspondência no CPC/1973.

Parágrafo único. O disposto no *caput* não impede, quando necessária, a aplicação pelo Estado brasileiro do princípio da reciprocidade de tratamento.

TÍTULO III
Da Competência Interna

Capítulo I
Da Competência

Seção I
Disposições Gerais

Art. 42. As causas cíveis serão processadas e decididas pelo juiz nos limites de sua competência, ressalvado às partes o direito de instituir juízo arbitral, na forma da lei.

- Correspondência: art. 86, CPC/1973.
- V. art. 5º, XXXV, CF.
- V. Lei 9.307/1996 (Arbitragem).

Art. 43. Determina-se a competência no momento do registro ou da distribuição da petição inicial, sendo irrelevantes as modificações do estado de fato ou de direito ocorridas posteriormente, salvo quando suprimirem órgão judiciário ou alterarem a competência absoluta.

- Correspondência: art. 87, CPC/1973.
- V. art. 312, CPC/2015.
- V. Súmulas 1, 4, 10, 11, 15, 32 a 34, 46, 58, 66, 82, 97, 137, 170 e 173, STJ.

Art. 44. Obedecidos os limites estabelecidos pela Constituição Federal, a competência é determinada pelas normas previstas neste Código ou em legislação especial, pelas normas de organização judiciária e, ainda, no que couber, pelas constituições dos Estados.

- Correspondência: arts. 91 e 93, CPC/1973.
- V. arts. 54 e 62, CPC/2015.
- V. arts. 102, 105, 108 e 125, § 1º, CF.

Art. 45. Tramitando o processo perante outro juízo, os autos serão remetidos ao juízo federal competente se nele intervier a União, suas empresas públicas, entidades autárquicas e fundações, ou conselho de fiscalização de atividade profissional, na qualidade de parte ou de terceiro interveniente, exceto as ações:

- Correspondência: art. 99, I e II, CPC/1973.
- V. art. 109, I, e 110, CF.

I – de recuperação judicial, falência, insolvência civil e acidente de trabalho;

- Correspondência: art. 99, parágrafo único, I, CPC/1973.
- V. art. 109, I, CF.

II – sujeitas à justiça eleitoral e à justiça do trabalho.

- Sem correspondência no CPC/1973.
- V. art. 109, I, CF.

§ 1º Os autos não serão remetidos se houver pedido cuja apreciação seja de competência do juízo perante o qual foi proposta a ação.

- Correspondência: art. 99, parágrafo único, CPC/1973.

§ 2º Na hipótese do § 1º, o juiz, ao não admitir a cumulação de pedidos em razão da incompetência para apreciar qualquer deles, não examinará o mérito daquele em que exista interesse da União, de suas entidades autárquicas ou de suas empresas públicas.

- Sem correspondência no CPC/1973.

§ 3º O juízo federal restituirá os autos ao juízo estadual sem suscitar conflito se o ente federal cuja presença ensejou a remessa for excluído do processo.

- Sem correspondência no CPC/1973.

Art. 46. A ação fundada em direito pessoal ou em direito real sobre bens móveis será proposta, em regra, no foro de domicílio do réu.

- Correspondência: art. 94, *caput*, CPC/1973.
- V. arts. 62 e 63, CPC/2015.

§ 1º Tendo mais de um domicílio, o réu será demandado no foro de qualquer deles.

- Correspondência: art. 94, § 1º, CPC/1973.
- V. arts. 70 a 78, CC.

§ 2º Sendo incerto ou desconhecido o domicílio do réu, ele poderá ser demandado onde for encontrado ou no foro de domicílio do autor.

- Correspondência: art. 94, § 2º, CPC/1973.

§ 3º Quando o réu não tiver domicílio ou residência no Brasil, a ação será proposta no foro de domicílio do autor, e, se este também residir fora do Brasil, a ação será proposta em qualquer foro.

- Correspondência: art. 94, § 3º, CPC/1973.
- V. art. 12, Dec.-lei 4.657/1942 (Lei de Introdução às normas do Direito Brasileiro).

§ 4º Havendo 2 (dois) ou mais réus com diferentes domicílios, serão demandados no foro de qualquer deles, à escolha do autor.

- Correspondência: art. 94, § 4º, CPC/1973.

§ 5º A execução fiscal será proposta no foro de domicílio do réu, no de sua residência ou no do lugar onde for encontrado.

- Sem correspondência no CPC/1973.
- V. arts. 127 e 159, CTN.

Art. 47. Para as ações fundadas em direito real sobre imóveis é competente o foro de situação da coisa.

- Correspondência: art. 95, *caput*, 1ª parte, CPC/1973.
- V. arts. 62, 63, 554 a 598, CPC/2015.
- V. arts. 328 e 341, CC.
- V. art. 12, Dec.-lei 4.657/1942 (Lei de Introdução às normas do Direito Brasileiro).
- V. art. 48, Lei 6.766/1979 (Parcelamento do solo urbano).
- V. Súmula 218, STF.

§ 1º O autor pode optar pelo foro de domicílio do réu ou pelo foro de eleição se o litígio não recair sobre direito de propriedade, vizinhança, servidão, divisão e demarcação de terras e de nunciação de obra nova.

- Correspondência: art. 95, *caput*, 2ª parte, CPC/ 1973.
- V. art. 58, II, Lei 8.245/1991 (Locação de imóveis urbanos).

§ 2º A ação possessória imobiliária será proposta no foro de situação da coisa, cujo juízo tem competência absoluta.

- Correspondência: art. 95, *caput*, 1ª parte, CPC/ 1973.

Art. 48. O foro de domicílio do autor da herança, no Brasil, é o competente para o inventário, a partilha, a arrecadação, o cumprimento de disposições de última vontade, a impugnação ou anulação de partilha extrajudicial e para todas as ações em que o espólio for réu, ainda que o óbito tenha ocorrido no estrangeiro.

- Correspondência: art. 96, *caput*, CPC/1973.
- V. arts. 23, II, 610 a 673 e 735 a 743, CPC/2015.
- V. arts. 73 e 1.785, CC.

Parágrafo único. Se o autor da herança não possuía domicílio certo, é competente:

- Correspondência: art. 96, parágrafo único, CPC/ 1973.

I – o foro de situação dos bens imóveis;

II – havendo bens imóveis em foros diferentes, qualquer destes;

III – não havendo bens imóveis, o foro do local de qualquer dos bens do espólio.

Art. 49. A ação em que o ausente for réu será proposta no foro de seu último domicílio, também competente para a arrecadação, o inventário, a partilha e o cumprimento de disposições testamentárias.

- Correspondência: art. 97, CPC/1973.
- V. arts. 744 a 745, CPC/2015.
- V. arts. 22 a 25, 27, 29 a 36, 38 e 39, CC.

Art. 50. A ação em que o incapaz for réu será proposta no foro de domicílio de seu representante ou assistente.

- Correspondência: art. 98, CPC/1973.
- V. art. 76, CC.

Art. 51. É competente o foro de domicílio do réu para as causas em que seja autora a União.

- V. arts. 109, I, e 110, CF.

Parágrafo único. Se a União for a demandada, a ação poderá ser proposta no foro de domicílio do autor, no de ocorrência do ato ou fato que originou a demanda, no de situação da coisa ou no Distrito Federal.

- Correspondência: art. 99, I, CPC/1973.

Art. 52. É competente o foro de domicílio do réu para as causas em que seja autor Estado ou o Distrito Federal.

- Sem correspondência no CPC/1973.

Parágrafo único. Se Estado ou o Distrito Federal for o demandado, a ação poderá ser proposta no foro de domicílio do autor, no de ocorrência do ato ou fato que originou a demanda, no de situação da coisa ou na capital do respectivo ente federado.

Art. 53. É competente o foro:

- Correspondência: art. 100, *caput*, CPC/1973.

I – para a ação de divórcio, separação, anulação de casamento e reconhecimento ou dissolução de união estável:

- Correspondência: art. 100, I, CPC/1973.

a) de domicílio do guardião de filho incapaz;

b) do último domicílio do casal, caso não haja filho incapaz;

c) de domicílio do réu, se nenhuma das partes residir no antigo domicílio do casal;

II – de domicílio ou residência do alimentando, para a ação em que se pedem alimentos;

- Correspondência: art. 100, II, CPC/1973.
- V. art. 26, Lei 5.478/1968 (Ação de alimentos).
- V. Súmula 1, STJ.

III – do lugar:

- Correspondência: art. 100, IV, CPC/1973.

a) onde está a sede, para a ação em que for ré pessoa jurídica;

- Correspondência: art. 100, IV, *a*, CPC/1973.
- V. art. 75, CC.

b) onde se acha agência ou sucursal, quanto às obrigações que a pessoa jurídica contraiu;

- Correspondência: art. 100, IV, *b*, CPC/1973.
- V. Súmula 363, STF.

c) onde exerce suas atividades, para a ação em que for ré sociedade ou associação sem personalidade jurídica;

- Correspondência: art. 100, IV, *c*, CPC/1973.

d) onde a obrigação deve ser satisfeita, para a ação em que se lhe exigir o cumprimento;

- Correspondência: art. 100, IV, *d*, CPC/1973.
- V. art. 540, CPC/2015.
- V. arts. 327 e 328, CC.

e) de residência do idoso, para a causa que verse sobre direito previsto no respectivo estatuto;

- Sem correspondência no CPC/1973.

f) da sede da serventia notarial ou de registro, para a ação de reparação de dano por ato praticado em razão do ofício;

- Sem correspondência no CPC/1973.

IV – do lugar do ato ou fato para a ação:

- Correspondé.ncia: art. 100, V, CPC/1973.

a) de reparação de dano;

- Correspondência: art. 100, V, *a*, CPC/1973.

b) em que for réu administrador ou gestor de negócios alheios;

- V. arts. 861 a 875 CC.
- Correspondência: art. 100, V, *b*, CPC/1973.

V – de domicílio do autor ou do local do fato, para a ação de reparação de dano sofrido em razão de delito ou acidente de veículos, inclusive aeronaves.

- Correspondência: art. 100, parágrafo único, CPC/1973.

Seção II
Da Modificação da Competência

Art. 54. A competência relativa poderá modificar-se pela conexão ou pela continência, observado o disposto nesta Seção.

- Correspondência: art. 102, CPC/1973.
- V. arts. 24, 43, 65, 152, IV, *d*, 286 e 327, CPC/ 2015.

Art. 55. Reputam-se conexas duas ou mais ações quando lhes for comum o pedido ou a causa de pedir.

- Correspondência: art. 103, CPC/1973.
- V. arts. 113, II, e 319, III, CPC/2015.
- V. Súmula 383, STJ.

§ 1º Os processos de ações conexas serão reunidos para decisão conjunta, salvo se um deles já houver sido sentenciado.

- Correspondência: art. 105, CPC/1973.

§ 2º Aplica-se o disposto no *caput*:

- Sem correspondência no CPC/1973.

I – à execução de título extrajudicial e à ação de conhecimento relativa ao mesmo ato jurídico;

II – às execuções fundadas no mesmo título executivo.

§ 3º Serão reunidos para julgamento conjunto os processos que possam gerar risco de prolação de decisões conflitantes ou contraditórias caso decididos separadamente, mesmo sem conexão entre eles.

- Sem correspondência no CPC/1973.

Art. 56. Dá-se a continência entre 2 (duas) ou mais ações quando houver identidade quanto às partes e à causa de pedir, mas o pedido de uma, por ser mais amplo, abrange o das demais.

- Correspondência: art. 104, CPC/1973.
- V. art. 337, §§ 1º a 3º, CPC/2015.

Art. 57. Quando houver continência e a ação continente tiver sido proposta anteriormente, no processo relativo à ação contida será proferida sentença sem resolução de mérito, caso contrário, as ações serão necessariamente reunidas.

- Correspondência: art. 105, CPC/1973.
- V. art. 337, VIII, CPC/2015.

Art. 58. A reunião das ações propostas em separado far-se-á no juízo prevento, onde serão decididas simultaneamente.

- Correspondência: arts. 105 e 106, CPC/1973.
- V. art. 337, VIII, CPC/2015.
- V. art. 6º, § 8º, Lei 11.101/2005 (Lei de Recuperação de Empresas e Falência).

Art. 59. O registro ou a distribuição da petição inicial torna prevento o juízo.

- Correspondência: arts. 106 e 219, CPC/1973.
- V. arts. 240, 312 e 802, CPC/2015.
- V. art. 6º, § 8º, Lei 11.101/2005 (Lei de Recuperação de Empresas e Falência).

Art. 60. Se o imóvel se achar situado em mais de um Estado, comarca, seção ou subseção judiciária, a competência territorial do juízo prevento estender-se-á sobre a totalidade do imóvel.

- Correspondência: art. 107, CPC/1973.
- V. arts. 47, 240 e 312, CPC/2015.

Art. 61. A ação acessória será proposta no juízo competente para a ação principal.

- Correspondência: art. 108, CPC/1973.
- V. arts. 674, e 712, CPC/2015.
- V. arts. 76 e 134, Lei 11.101/2005 (Lei de Recuperação de Empresas e Falência).

Art. 62. A competência determinada em razão da matéria, da pessoa ou da função é inderrogável por convenção das partes.

- Correspondência: art. 111, 1ª parte, CPC/1973.
- V. art. 1º, Dec.-lei 4.597/1942 (Prescrição das ações contra a Fazenda Pública).

Art. 63. As partes podem modificar a competência em razão do valor e do território, elegendo foro onde será proposta ação oriunda de direitos e obrigações.

- Correspondência: art. 111, 2ª parte, CPC/1973.
- V. art. 78, CC.
- V. art. 58, II, Lei 8.245/1991 (Locação de imóveis urbanos).
- V. Súmula 335, STF.

§ 1º A eleição de foro só produz efeito quando constar de instrumento escrito e aludir expressamente a determinado negócio jurídico.

- Correspondência: art. 111, § 1º, CPC/1973.

§ 2º O foro contratual obriga os herdeiros e sucessores das partes.

- Correspondência: art. 111, § 2º, CPC/1973.

§ 3º Antes da citação, a cláusula de eleição de foro, se abusiva, pode ser reputada ineficaz de ofício pelo juiz, que determinará a remessa dos autos ao juízo do foro de domicílio do réu.

- Correspondência: art. 112, parágrafo único, CPC/1973.

§ 4º Citado, incumbe ao réu alegar a abusividade da cláusula de eleição de foro na contestação, sob pena de preclusão.

- Sem correspondência no CPC/1973.
- V. arts. 65 e 337, II, CPC/2015.

Seção III
Da Incompetência

Art. 64. A incompetência, absoluta ou relativa, será alegada como questão preliminar de contestação.

- Correspondência: arts. 112, *caput* e 301, II, CPC/1973.
- V. arts. 62, 335, 337, II, 340, 535, V, 917, V, 957 e 966, II, CPC/2015.

§ 1º A incompetência absoluta pode ser alegada em qualquer tempo e grau de jurisdição e deve ser declarada de ofício.

- Correspondência: art. 113, CPC/1973.
- V. Súmula 33, STJ.

§ 2º Após manifestação da parte contrária, o juiz decidirá imediatamente a alegação de incompetência.

- Correspondência: art. 311, CPC/1973.

§ 3º Caso a alegação de incompetência seja acolhida, os autos serão remetidos ao juízo competente.

- Correspondência: art. 311, CPC/1973.

§ 4º Salvo decisão judicial em sentido contrário, conservar-se-ão os efeitos de decisão proferida pelo juízo incompetente até que outra seja proferida, se for o caso, pelo juízo competente.

- Correspondência: art. 113, § 2º, CPC/1973.

Art. 65. Prorrogar-se-á a competência relativa se o réu não alegar a incompetência em preliminar de contestação.

- Correspondência: art. 114, CPC/1973.
- V. art. 337, II e § 5º, CPC/2015.

Parágrafo único. A incompetência relativa pode ser alegada pelo Ministério Público nas causas em que atuar.

- Correspondência: art. 116, CPC/1973.

Art. 66. Há conflito de competência quando:

- Correspondência: art. 115, *caput*, CPC/1973.
- V. arts. 102, I, *o*, 105, I, *d*, e 108, I, *e*, CF.

I – 2 (dois) ou mais juízes se declaram competentes;

- Correspondência: art. 115, I, CPC/1973.
- V. arts. 240 e 485, V, CPC/2015.

II – 2 (dois) ou mais juízes se consideram incompetentes, atribuindo um ao outro a competência;

- Correspondência: art. 115, II, CPC/1973.
- V. arts. 240 e 485, V, CPC/2015.

III – entre 2 (dois) ou mais juízes surge controvérsia acerca da reunião ou separação de processos.

- Correspondência: art. 115, III, CPC/1973.
- V. art. 57, CPC/2015.

Parágrafo único. O juiz que não acolher a competência declinada deverá suscitar o conflito, salvo se a atribuir a outro juízo.

- Sem correspondência no CPC/1973.

Capítulo II
Da Cooperação Nacional

Art. 67. Aos órgãos do Poder Judiciário, estadual ou federal, especializado ou comum, em todas as instâncias e graus de jurisdição, inclusive aos tribunais superiores, incumbe o dever de recíproca cooperação, por meio de seus magistrados e servidores.

- Sem correspondência no CPC/1973.

Art. 68. Os juízos poderão formular entre si pedido de cooperação para prática de qualquer ato processual.

- Sem correspondência no CPC/1973.

Art. 69. O pedido de cooperação jurisdicional deve ser prontamente atendido, prescinde de forma específica e pode ser executado como:

- Sem correspondência no CPC/1973.
- V. arts. 236 e ss., CPC/2015.

I – auxílio direto;

II – reunião ou apensamento de processos;

III – prestação de informações;

IV – atos concertados entre os juízes cooperantes.

§ 1º As cartas de ordem, precatória e arbitral seguirão o regime previsto neste Código.

§ 2º Os atos concertados entre os juízes cooperantes poderão consistir, além de outros, no estabelecimento de procedimento para:

I – a prática de citação, intimação ou notificação de ato;

II – a obtenção e apresentação de provas e a coleta de depoimentos;

III – a efetivação de tutela provisória;

IV – a efetivação de medidas e providências para recuperação e preservação de empresas;

V – a facilitação de habilitação de créditos na falência e na recuperação judicial;

VI – a centralização de processos repetitivos;

VII – a execução de decisão jurisdicional.

§ 3º O pedido de cooperação judiciária pode ser realizado entre órgãos jurisdicionais de diferentes ramos do Poder Judiciário.

Livro III
DOS SUJEITOS DO PROCESSO

TÍTULO I
Das Partes e dos Procuradores

Capítulo I
Da Capacidade Processual

Art. 70. Toda pessoa que se encontre no exercício de seus direitos tem capacidade para estar em juízo.

- Correspondência: art. 7º, CPC/1973.
- V. arts. 75 e 76, CPC/2015.
- V. art. 15, § 1º, Lei 8.906/1994 (Estatuto da Advocacia e da OAB).
- V. art. 8º, § 2º, Lei 9.099/1995 (Juizados Especiais Cíveis e Criminais).

Art. 71. O incapaz será representado ou assistido por seus pais, por tutor ou por curador, na forma da lei.

- Correspondência: art. 8º, CPC/1973.
- V. art. 178, II, CPC/2015.
- V. arts. 3º, 4º, 1.690, 1.692, 1.747, I, 1.748, V, 1.767, 1.774, 1.775, 1.778, 1.779, 1.781 e 1.782, CC.

Códigos

- V. arts. 7º a 11, Lei 6.001/1973 (Estatuto do Índio).
- V. art. 21, Lei 8.069/1990 (Estatuto da Criança e do Adolescente).

Art. 72. O juiz nomeará curador especial ao:

- Correspondência: art. 9º, CPC/1973.
- V. arts. 245, §§ 4º e 5º, 341, parágrafo único, e 671, CPC/2015.

I – incapaz, se não tiver representante legal ou se os interesses deste colidirem com os daquele, enquanto durar a incapacidade;

- V. art. 1.692, CC.

II – réu preso revel, bem como ao réu revel citado por edital ou com hora certa, enquanto não for constituído advogado.

- V. art. 8º, Lei 9.099/1995 (Juizados Especiais Cíveis e Criminais).

Parágrafo único. A curatela especial será exercida pela Defensoria Pública, nos termos da lei.

Art. 73. O cônjuge necessitará do consentimento do outro para propor ação que verse sobre direito real imobiliário, salvo quando casados sob o regime de separação absoluta de bens.

- Correspondência: art. 10, *caput*, CPC/1973.
- V. art. 114 e 321, CPC/2015.

§ 1º Ambos os cônjuges serão necessariamente citados para a ação:

- Correspondência: art. 10, § 1º, CPC/1973.
- V. art. 226, § 5º, CF.
- V. arts. 1.567, 1.570, 1.644, 1.647 a 1.649, 1.651, 1.663, *caput* e § 1º, e 1.666, CC.

I – que verse sobre direito real imobiliário, salvo quando casados sob o regime de separação absoluta de bens;

- Correspondência: art. 10, § 1º, I, CPC/1973.

II – resultante de fato que diga respeito a ambos os cônjuges ou de ato praticado por eles;

- Correspondência: art. 10, § 1º, II, CPC/1973.

III – fundada em dívida contraída por um dos cônjuges a bem da família;

- Correspondência: art. 10, § 1º, III, CPC/1973.

IV – que tenha por objeto o reconhecimento, a constituição ou a extinção de ônus sobre imóvel de um ou de ambos os cônjuges.

- Correspondência: art. 10, § 1º, IV, CPC/1973.

§ 2º Nas ações possessórias, a participação do cônjuge do autor ou do réu somente é indispensável nas hipóteses de composse ou de ato por ambos praticado.

- Correspondência: art. 10, § 2º, CPC/1973.

§ 3º Aplica-se o disposto neste artigo à união estável comprovada nos autos.

- Sem correspondência no CPC/1973.

Art. 74. O consentimento previsto no art. 73 pode ser suprido judicialmente quando for negado por um dos cônjuges sem justo motivo, ou quando lhe seja impossível concedê-lo.

- Correspondência: art. 11, CPC/1973.
- V. arts. 76, 337, IX, 351, 485, IV, CPC/2015.
- V. art. 226, § 5º, CF.
- V. art. 1.648, CC.

Parágrafo único. A falta de consentimento, quando necessário e não suprido pelo juiz, invalida o processo.

Art. 75. Serão representados em juízo, ativa e passivamente:

- Correspondência: art. 12, *caput*, CPC/1973.
- V. arts. 110, 116, 739, § 1º, I, CPC/2015.
- V. art. 132, CF.

I – a União, pela Advocacia-Geral da União, diretamente ou mediante órgão vinculado;

- Correspondência: art. 12, I, CPC/1973.

II – o Estado e o Distrito Federal, por seus procuradores;

- Correspondência: art. 12, I, CPC/1973.

III – o Município, por seu prefeito ou procurador;

- Correspondência: art. 12, II, CPC/1973.
- V. art. 22, III, *n*, Lei 11.101/2005 (Lei de Recuperação de Empresas e Falência).

IV – a autarquia e a fundação de direito público, por quem a lei do ente federado designar;

- Sem correspondência no CPC/1973.

V – a massa falida, pelo administrador judicial;

- Correspondência: art. 12, III, CPC/1973.

VI – a herança jacente ou vacante, por seu curador;

- Correspondência: art. 12, IV, CPC/1973.
- V. art. 1.819, CC.

VII – o espólio, pelo inventariante;

- Correspondência: art. 12, V, CPC/1973.

VIII – a pessoa jurídica, por quem os respectivos atos constitutivos designarem ou, não havendo essa designação, por seus diretores;

- Correspondência: art. 12, VI, CPC/1973.
- V. art. 47, CC.
- V. art. 68, § 3º, Lei 6.404/1976 (Sociedades por ações).

IX – a sociedade e a associação irregulares e outros entes organizados sem personalidade jurídica, pela pessoa a quem couber a administração de seus bens;

- Correspondência: art. 12, VII, CPC/1973.
- V. art. 987, CC.

X – a pessoa jurídica estrangeira, pelo gerente, representante ou administrador de sua filial, agência ou sucursal aberta ou instalada no Brasil;

- Correspondência: art. 12, VIII, CPC/1973.

XI – o condomínio, pelo administrador ou síndico.

- Correspondência: art. 12, IX, CPC/1973.
- V. art. 1.324, CC.
- V. art. 22, § 1º, *a*, Lei 4.591/1964 (Condomínio em edificações e as incorporações imobiliárias).

§ 1º Quando o inventariante for dativo, os sucessores do falecido serão intimados no processo no qual o espólio seja parte.

- Correspondência: art. 12, § 1º, CPC/1973.

§ 2º A sociedade ou associação sem personalidade jurídica não poderá opor a irregularidade de sua constituição quando demandada.

- Correspondência: art. 12, § 2º, CPC/1973.

§ 3º O gerente de filial ou agência presume-se autorizado pela pessoa jurídica estrangeira a receber citação para qualquer processo.

- Correspondência: art. 12, § 3º, CPC/1973.

§ 4º Os Estados e o Distrito Federal poderão ajustar compromisso recíproco para prática de ato processual por seus procuradores em favor de outro ente federado, mediante convênio firmado pelas respectivas procuradorias.

- Sem correspondência no CPC/1973.
- V. art. 1.324, CC.

Art. 76. Verificada a incapacidade processual ou a irregularidade da representação da parte, o juiz suspenderá o processo e designará prazo razoável para que seja sanado o vício.

- Correspondência: art. 13, *caput*, 1ª parte, CPC/1973.
- V. arts. 313, I, 321, 337, IX, e 485, IV, CPC/2015.

§ 1º Descumprida a determinação, caso o processo esteja na instância originária:

- Correspondência: art. 13, *caput*, 2ª parte, CPC/1973.

I – o processo será extinto, se a providência couber ao autor;

- Correspondência: art. 13, I, CPC/1973.

II – o réu será considerado revel, se a providência lhe couber;

- Correspondência: art. 13, II, CPC/1973.

III – o terceiro será considerado revel ou excluído do processo, dependendo do polo em que se encontre.

- Correspondência: art. 13, III, CPC/1973.

§ 2º Descumprida a determinação em fase recursal perante tribunal de justiça, tribunal regional federal ou tribunal superior, o relator:

- Sem correspondência no CPC/1973.

I – não conhecerá do recurso, se a providência couber ao recorrente;

II – determinará o desentranhamento das contrarrazões, se a providência couber ao recorrido.

Capítulo II
Dos Deveres das Partes e de seus Procuradores

Seção I
Dos Deveres

Art. 77. Além de outros previstos neste Código, são deveres das partes, de seus procuradores e de todos aqueles que de qualquer forma participem do processo:

- Correspondência: art. 14, *caput*, CPC/1973.

I – expor os fatos em juízo conforme a verdade;

- Correspondência: art. 14, I, CPC/1973.

II – não formular pretensão ou de apresentar defesa quando cientes de que são destituídas de fundamento;

- Correspondência: art. 14, III, CPC/1973.

III – não produzir provas e não praticar atos inúteis ou desnecessários à declaração ou à defesa do direito;

- Correspondência: art. 14, IV, CPC/1973.
- V. arts. 202, 459, § 2º, e 966, III, CPC/2015.

IV – cumprir com exatidão as decisões jurisdicionais, de natureza provisória ou final, e não criar embaraços à sua efetivação;

- Correspondência: art. 14, V, CPC/1973.
- V. art. 379, CPC/2015.

V – declinar, no primeiro momento que lhes couber falar nos autos, o endereço residencial ou profissional onde receberão intimações, atualizando essa informação sempre que ocorrer qualquer modificação temporária ou definitiva;

- Correspondência: art. 238, parágrafo único, CPC/1973.

VI – não praticar inovação ilegal no estado de fato de bem ou direito litigioso.

- Correspondência: art. 879, III, CPC/1973.

§ 1º Nas hipóteses dos incisos IV e VI, o juiz advertirá qualquer das pessoas mencionadas no *caput* de que sua conduta poderá ser punida como ato atentatório à dignidade da justiça.

- Sem correspondência no CPC/1973.
- V. art. 360, I e II, CPC/2015.

§ 2º A violação ao disposto nos incisos IV e VI constitui ato atentatório à dignidade da justiça, devendo o juiz, sem prejuízo das sanções criminais, civis e processuais cabíveis, aplicar ao responsável multa de até 20% (vinte por cento) do valor da causa, de acordo com a gravidade da conduta.

- Correspondência: art. 14, parágrafo único, CPC/1973.

§ 3º Não sendo paga no prazo a ser fixado pelo juiz, a multa prevista no § 2º será inscrita como dívida ativa da União ou do Estado após o trânsito em julgado da decisão que a fixou, e sua execução observará o procedimento da execução fiscal, revertendo-se aos fundos previstos no art. 97.

- Correspondência: art. 14, parágrafo único, CPC/1973.

§ 4º A multa estabelecida no § 2º poderá ser fixada independentemente da incidência das previstas nos arts. 523, § 1º, e 536, § 1º.

- Sem correspondência no CPC/1973.

§ 5º Quando o valor da causa for irrisório ou inestimável, a multa prevista no § 2º poderá ser fixada em até 10 (dez) vezes o valor do salário mínimo.

- Sem correspondência no CPC/1973.

§ 6º Aos advogados públicos ou privados e aos membros da Defensoria Pública e do Ministério Público não se aplica o disposto nos §§ 2º a 5º, devendo eventual responsabilidade disciplinar ser apurada pelo respectivo órgão de classe ou corregedoria, ao qual o juiz oficiará.

- Correspondência: art. 14, parágrafo único, 1ª parte, CPC/1973.

§ 7º Reconhecida violação ao disposto no inciso VI, o juiz determinará o restabelecimento do estado anterior, podendo, ainda, proibir a parte de falar nos autos até a purgação do atentado, sem prejuízo da aplicação do § 2º.

- Sem correspondência no CPC/1973.

§ 8º O representante judicial da parte não pode ser compelido a cumprir decisão em seu lugar.

- Sem correspondência no CPC/1973.

Art. 78. É vedado às partes, a seus procuradores, aos juízes, aos membros do Ministério Público e da Defensoria Pública e a qualquer pessoa que participe do processo empregar expressões ofensivas nos escritos apresentados.

- Correspondência: art. 15, *caput*, 1ª parte, CPC/1973.

§ 1º Quando expressões ou condutas ofensivas forem manifestadas oral ou presencialmente, o juiz advertirá o ofensor de que não as deve usar ou repetir, sob pena de lhe ser cassada a palavra.

- Correspondência: art. 15, parágrafo único, CPC/1973.
- V. art. 360, CPC/2015.
- V. art. 142, I, CP.

§ 2º De ofício ou a requerimento do ofendido, o juiz determinará que as expressões ofensivas sejam riscadas e, a requerimento do ofendido, determinará a expedição de certidão com inteiro teor das expressões ofensivas e a colocará à disposição da parte interessada.

- Correspondência: art. 15, *caput*, 2ª parte, CPC/1973.

Seção II
Da Responsabilidade das Partes por Dano Processual

Art. 79. Responde por perdas e danos aquele que litigar de má-fé como autor, réu ou interveniente.

- Correspondência: art. 16, CPC/1973.
- V. arts. 302, 776, CPC/2015.

Art. 80. Considera-se litigante de má-fé aquele que:

- Correspondência: art. 17, CPC/1973.
- V. arts. 77, 142, 772, II, 774, CPC/2015.
- V. art. 32, Lei 8.906/1994 (Estatuto da Advocacia e da OAB).

I – deduzir pretensão ou defesa contra texto expresso de lei ou fato incontroverso;

II – alterar a verdade dos fatos;

III – usar do processo para conseguir objetivo ilegal;

IV – opuser resistência injustificada ao andamento do processo;

V – proceder de modo temerário em qualquer incidente ou ato do processo;

VI – provocar incidente manifestamente infundado;

VII – interpuser recurso com intuito manifestamente protelatório.

Art. 81. De ofício ou a requerimento, o juiz condenará o litigante de má-fé a pagar multa, que deverá ser superior a 1% (um por cento) e inferior a 10% (dez por cento) do valor corrigido da causa, a indenizar a parte contrária pelos prejuízos que esta sofreu e a arcar com os honorários advocatícios e com todas as despesas que efetuou.

- Correspondência: art. 18, CPC/1973.
- V. arts. 130, 339 e 718, CPC/2015.
- V. art. 32, Lei 8.906/1994 (Estatuto da Advocacia e da OAB).

§ 1º Quando forem 2 (dois) ou mais os litigantes de má-fé, o juiz condenará cada um na proporção de seu respectivo interesse na causa ou solidariamente aqueles que se coligaram para lesar a parte contrária.

- Correspondência: art. 18, § 1º, CPC/1973.
- V. art. 130, CPC/2015.

§ 2º Quando o valor da causa for irrisório ou inestimável, a multa poderá ser fixada em até 10 (dez) vezes o valor do salário mínimo.

- Sem correspondência no CPC/1973.

§ 3º O valor da indenização será fixado pelo juiz ou, caso não seja possível mensurá-lo, liquidado por arbitramento ou pelo procedimento comum, nos próprios autos.

- Correspondência: art. 18, § 2º, CPC/1973.

Seção III
Das Despesas, dos Honorários Advocatícios e das Multas

Art. 82. Salvo as disposições concernentes à gratuidade da justiça, incumbe às partes prover as despesas dos atos que realizarem ou requererem no processo, antecipando-lhes o pagamento, desde o início até a sentença final ou, na execução, até a plena satisfação do direito reconhecido no título.

- Correspondência: art. 19, *caput*, CPC/1973.
- V. arts 88, 268, 290, 462, 701, § 1º e 974, CPC/2015.
- V. art. 5º, LXXIII e LXXIV, CF.
- V. Lei 1.060/1950 (Lei de Assistência Judiciária).
- V. art. 12, Lei 4.717/1965 (Ação popular).
- V. art. 39, Lei 6.830/1980 (Lei de Execução Fiscal).
- V. Lei 6.899/1981 (Correção monetária nos débitos oriundos de decisão judicial).
- V. art. 18, Lei 7.347/1985 (Ação civil pública).
- V. art. 62, II, *d*, Lei 8.245/1991 (Locação de imóveis urbanos).
- V. arts. 46, 91 e 130, LC 80/1994 (Defensoria Pública da União).
- V. art. 4º, II, Lei 9.289/1996 (Custas na Justiça Federal).

§ 1º Incumbe ao autor adiantar as despesas relativas a ato cuja realização o juiz determinar de ofício ou a requerimento do Ministério Público, quando sua intervenção ocorrer como fiscal da ordem jurídica.

- Correspondência: art. 19, § 2º, CPC/1973.
- V. arts. 91, 95 e 266, CPC/2015.

§ 2º A sentença condenará o vencido a pagar ao vencedor as despesas que antecipou.

- Correspondência: art. 10, 1ª parte, CPC/1973.
- V. art. 30, Dec.-lei 3.365/1941 (Desapropriações por utilidade pública).
- V. art. 22, parágrafo único, Lei 6.515/1977 (Lei do Divórcio).
- V. art. 61, Lei 8.245/1991 (Locação de imóveis urbanos).

Art. 83. O autor, brasileiro ou estrangeiro, que residir fora do Brasil ou deixar de residir no país ao longo da tramitação de processo prestará caução suficiente ao pagamento das custas e dos honorários de advogado da parte contrária nas ações que propuser, se não tiver no Brasil bens imóveis que lhes assegurem o pagamento.

- Correspondência: art. 835, CPC/1973.
- V. art. 97, § 2º, Lei 11.101/2005 (Lei de Recuperação de Empresas e Falência).

§ 1º Não se exigirá a caução de que trata o *caput*:

- Correspondência: art. 836, *caput*, CPC/1973.

Códigos

I – quando houver dispensa prevista em acordo ou tratado internacional de que o Brasil faz parte;

- Sem correspondência no CPC/1973.

II – na execução fundada em título extrajudicial e no cumprimento de sentença;

- Correspondência: art. 836, I, CPC/1973.

III – na reconvenção.

- Correspondência: art. 836, II, CPC/1973.

§ 2º Verificando-se no trâmite do processo que se desfalcou a garantia, poderá o interessado exigir reforço da caução, justificando seu pedido com a indicação da depreciação do bem dado em garantia e a importância do reforço que pretende obter.

- Correspondência: art. 837, CPC/1973.
- V. art. 782, CPC/2015.

Art. 84. As despesas abrangem as custas dos atos do processo, a indenização de viagem, a remuneração do assistente técnico e a diária de testemunha.

- Correspondência: art. 20, § 2º, CPC/1973.
- V. arts. 462 e 701, § 1º, CPC/2015.

Art. 85. A sentença condenará o vencido a pagar honorários ao advogado do vencedor.

- Correspondência: art. 20, *caput*, 1ª parte, CPC/1973.
- V. art. 27, § 1º, Dec.-lei 3.365/1941 (Desapropriação por utilidade pública).
- V. art. 12, Lei 4.717/1965 (Ação popular).
- V. art. 22, parágrafo único, Lei 6.515/1977 (Lei do Divórcio).
- V. Súmulas 185, 234, 256, 257, 389, 512 e 616, STF.
- V. Súmulas 14, 105, 110, 111, 345 e 453, STJ.

§ 1º São devidos honorários advocatícios na reconvenção, no cumprimento de sentença, provisório ou definitivo, na execução, resistida ou não, e nos recursos interpostos, cumulativamente.

- Correspondência: art. 34, CPC/1973.

§ 2º Os honorários serão fixados entre o mínimo de dez e o máximo de 20% (vinte por cento) sobre o valor da condenação, do proveito econômico obtido ou, não sendo possível mensurá-lo, sobre o valor atualizado da causa, atendidos:

- Correspondência: art. 20, § 3º, CPC/1973.
- V. arts. 291, CPC/2015.
- V. arts. 61 e 62, II, *d*, Lei 8.245/1991 (Locação de imóveis urbanos).

I – o grau de zelo do profissional;

- Correspondência: art. 20, § 3º, *a*, CPC/1973.

II – o lugar de prestação do serviço;

- Correspondência: art. 20, § 3º, *b*, CPC/1973.

III – a natureza e a importância da causa;

- Correspondência: art. 20, § 3º, *c*, CPC/1973.

IV – o trabalho realizado pelo advogado e o tempo exigido para o seu serviço.

- Correspondência: art. 20, § 3º, *c*, CPC/1973.

§ 3º Nas causas em que a Fazenda Pública for parte, a fixação dos honorários observará os critérios estabelecidos nos incisos I a IV do § 2º e os seguintes percentuais:

- Correspondência: art. 20, § 4º, CPC/1973.

I – mínimo de dez e máximo de 20% (vinte por cento) sobre o valor da condenação ou do proveito econômico obtido até 200 (duzentos) salários mínimos;

- Sem correspondência no CPC/1973.

II – mínimo de oito e máximo de 10% (dez por cento) sobre o valor da condenação ou do proveito econômico obtido acima de 200 (duzentos) salários mínimos até 2.000 (dois mil) salários mínimos;

- Sem correspondência no CPC/1973.

III – mínimo de cinco e máximo de 8% (oito por cento) sobre o valor da condenação ou do proveito econômico obtido acima de 2.000 (dois mil) salários mínimos até 20.000 (vinte mil) salários mínimos;

- Sem correspondência no CPC/1973.

IV – mínimo de três e máximo de 5% (cinco por cento) sobre o valor da condenação ou do proveito econômico obtido acima de 20.000 (vinte mil) salários mínimos até 100.000 (cem mil) salários mínimos;

- Sem correspondência no CPC/1973.

V – mínimo de um e máximo de 3% (três por cento) sobre o valor da condenação ou do proveito econômico obtido acima de 100.000 (cem mil) salários mínimos.

- Sem correspondência no CPC/1973.

§ 4º Em qualquer das hipóteses do § 3º:

- Sem correspondência no CPC/1973.

I – os percentuais previstos nos incisos I a V devem ser aplicados desde logo, quando for líquida a sentença;

- Sem correspondência no CPC/1973.

II – não sendo líquida a sentença, a definição do percentual, nos termos previstos nos incisos I a V, somente ocorrerá quando liquidado o julgado;

- Sem correspondência no CPC/1973.

III – não havendo condenação principal ou não sendo possível mensurar o proveito econômico obtido, a condenação em honorários dar-se-á sobre o valor atualizado da causa;

- Sem correspondência no CPC/1973.

IV – será considerado o salário mínimo vigente quando prolatada sentença líquida ou o que estiver em vigor na data da decisão de liquidação.

- Sem correspondência no CPC/1973.

§ 5º Quando, conforme o caso, a condenação contra a Fazenda Pública ou o benefício econômico obtido pelo vencedor ou o valor da causa for superior ao valor previsto no inciso I do § 3º, a fixação do percentual de honorários deve observar a faixa inicial e, naquilo que a exceder, a faixa subsequente, e assim sucessivamente.

- Sem correspondência no CPC/1973.

§ 6º Os limites e critérios previstos nos §§ 2º e 3º aplicam-se independentemente de qual seja o conteúdo da decisão, inclusive aos casos de improcedência ou de sentença sem resolução de mérito.

- Sem correspondência no CPC/1973.

§ 7º Não serão devidos honorários no cumprimento de sentença contra a Fazenda Pública que enseje expedição de precatório, desde que não tenha sido impugnada.

- Sem correspondência no CPC/1973.

§ 8º Nas causas em que for inestimável ou irrisório o proveito econômico ou, ainda, quando o valor da causa for muito baixo, o juiz fixará o valor dos honorários por apreciação equitativa, observando o disposto nos incisos do § 2º.

- Correspondência: art. 20, § 4º, CPC/1973.

§ 9º Na ação de indenização por ato ilícito contra pessoa, o percentual de honorários incidirá sobre a soma das prestações vencidas acrescida de 12 (doze) prestações vincendas.

- Correspondência: art. 20, § 5º, CPC/1973.

§ 10. Nos casos de perda do objeto, os honorários serão devidos por quem deu causa ao processo.

- Sem correspondência no CPC/1973.

§ 11. O tribunal, ao julgar recurso, majorará os honorários fixados anteriormente levando em conta o trabalho adicional realizado em grau recursal, observando, conforme o caso, o disposto nos §§ 2º a 6º, sendo vedado ao tribunal, no cômputo geral da fixação de honorários devidos ao advogado do vencedor, ultrapassar os respectivos limites estabelecidos nos §§ 2º e 3º para a fase de conhecimento.

- Sem correspondência no CPC/1973.

§ 12. Os honorários referidos no § 11 são cumuláveis com multas e outras sanções processuais, inclusive as previstas no art. 77.

- Sem correspondência no CPC/1973.

§ 13. As verbas de sucumbência arbitradas em embargos à execução rejeitados ou julgados improcedentes e em fase de cumprimento de sentença serão acrescidas no valor do débito principal, para todos os efeitos legais.

- Sem correspondência no CPC/1973.

§ 14. Os honorários constituem direito do advogado e têm natureza alimentar, com os mesmos privilégios dos créditos oriundos da legislação do trabalho, sendo vedada a compensação em caso de sucumbência parcial.

- Sem correspondência no CPC/1973.
- V. arts. 22 a 26, Lei 8.906/1994 (Estatuto da Advocacia e da OAB).

§ 15. O advogado pode requerer que o pagamento dos honorários que lhe caibam seja efetuado em favor da sociedade de advogados que integra na qualidade de sócio, aplicando-se à hipótese o disposto no § 14.

- Sem correspondência no CPC/1973.

§ 16. Quando os honorários forem fixados em quantia certa, os juros moratórios incidirão a partir da data do trânsito em julgado da decisão.

- Sem correspondência no CPC/1973.
- V. Lei 6.899/1981 (Correção monetária nos débitos oriundos de decisão judicial).

§ 17. Os honorários serão devidos quando o advogado atuar em causa própria.

- Correspondência: art. 20, *caput*, 2ª parte, CPC/1973.

§ 18. Caso a decisão transitada em julgado seja omissa quanto ao direito aos honorários ou ao seu valor, é cabível ação autônoma para sua definição e cobrança.

- Sem correspondência no CPC/1973.

Códigos

§ 19. Os advogados públicos perceberão honorários de sucumbência, nos termos da lei.

- Sem correspondência no CPC/1973.

Art. 86. Se cada litigante for, em parte, vencedor e vencido, serão proporcionalmente distribuídas entre eles as despesas.

- Correspondência: art. 21, *caput*, CPC/1973.
- V. arts. 87 e 997, CPC/2015.
- V. art. 14, Lei 9.289/1996 (Custas na Justiça Federal).

Parágrafo único. Se um litigante sucumbir em parte mínima do pedido, o outro responderá, por inteiro, pelas despesas e pelos honorários.

- Correspondência: art. 21, parágrafo único, CPC/1973.

Art. 87. Concorrendo diversos autores ou diversos réus, os vencidos respondem proporcionalmente pelas despesas e pelos honorários.

- Correspondência: art. 23, CPC/1973.
- V. art. 86, CPC/2015.
- V. art. 257, CC.

§ 1º A sentença deverá distribuir entre os litisconsortes, de forma expressa, a responsabilidade proporcional pelo pagamento das verbas previstas no *caput*.

- Sem correspondência no CPC/1973.

§ 2º Se a distribuição de que trata o § 1º não for feita, os vencidos responderão solidariamente pelas despesas e pelos honorários.

- Sem correspondência no CPC/1973.

Art. 88. Nos procedimentos de jurisdição voluntária, as despesas serão adiantadas pelo requerente e rateadas entre os interessados.

- Correspondência: art. 24, CPC/1973.
- V. arts. 82 e 719, CPC/2015.

Art. 89. Nos juízos divisórios, não havendo litígio, os interessados pagarão as despesas proporcionalmente a seus quinhões.

- Correspondência: art. 24, CPC/1973.
- V. arts. 569 a 598, CPC/2015.
- V. art. 1.320, CC.
- V. art. 14, § 4º, Lei 9.289/1996 (Custas na Justiça Federal).

Art. 90. Proferida sentença com fundamento em desistência, em renúncia ou em reconhecimento do pedido, as despesas e os honorários serão pagos pela parte que desistiu, renunciou ou reconheceu.

- Correspondência: art. 26, *caput*, CPC/1973.
- V. arts. 485, VIII e § 4º, e 487, III, *a* e *c*, CPC/2015.

§ 1º Sendo parcial a desistência, a renúncia ou o reconhecimento, a responsabilidade pelas despesas e pelos honorários será proporcional à parcela reconhecida, à qual se renunciou ou da qual se desistiu.

- Correspondência: art. 26, § 1º, CPC/1973.

§ 2º Havendo transação e nada tendo as partes disposto quanto às despesas, estas serão divididas igualmente.

- Correspondência: art. 26, § 2º, CPC/1973.

§ 3º Se a transação ocorrer antes da sentença, as partes ficam dispensadas do pagamento das custas processuais remanescentes, se houver.

- Sem correspondência no CPC/1973.

§ 4º Se o réu reconhecer a procedência do pedido e, simultaneamente, cumprir integralmente a prestação reconhecida, os honorários serão reduzidos pela metade.

- Sem correspondência no CPC/1973.

Art. 91. As despesas dos atos processuais praticados a requerimento da Fazenda Pública, do Ministério Público ou da Defensoria Pública serão pagas ao final pelo vencido.

- Correspondência: art. 27, CPC/1973.
- V. art. 82, § 1º, CPC/2015.

§ 1º As perícias requeridas pela Fazenda Pública, pelo Ministério Público ou pela Defensoria Pública poderão ser realizadas por entidade pública ou, havendo previsão orçamentária, ter os valores adiantados por aquele que requerer a prova.

- Sem correspondência no CPC/1973.
- V. art. 39, Lei 6.830/1980 (Lei de Execução Fiscal).

§ 2º Não havendo previsão orçamentária no exercício financeiro para adiantamento dos honorários periciais, eles serão pagos no exercício seguinte ou ao final, pelo vencido, caso o processo se encerre antes do adiantamento a ser feito pelo ente público.

- Sem correspondência no CPC/1973.

Art. 92. Quando, a requerimento do réu, o juiz proferir sentença sem resolver o mérito, o autor não poderá propor novamente a ação sem pagar ou depositar em cartório as despesas e os honorários a que foi condenado.

- Correspondência: art. 28, CPC/1973.
- V. arts. 485, § 2º, e 486, *caput*, CPC/2015.

Art. 93. As despesas de atos adiados ou cuja repetição for necessária ficarão a cargo da parte, do auxiliar da justiça, do órgão do Ministério Público ou da Defensoria Pública ou do juiz que, sem justo motivo, houver dado causa ao adiamento ou à repetição.

- Correspondência: art. 29, CPC/1973.
- V. arts. 143, 233 e 362, § 3º, CPC/2015.

Art. 94. Se o assistido for vencido, o assistente será condenado ao pagamento das custas em proporção à atividade que houver exercido no processo.

- Correspondência: art. 32, CPC/1973.
- V. arts. 119, 121 e 124, CPC/2015.

Art. 95. Cada parte adiantará a remuneração do assistente técnico que houver indicado, sendo a do perito adiantada pela parte que houver requerido a perícia ou rateada quando a perícia for determinada de ofício ou requerida por ambas as partes.

- Correspondência: art. 33, *caput*, CPC/1973.
- V. arts. 82, 84 e 464 a 480, CPC/2015.
- V. art. 10, Lei 9.289/1996 (Custas na Justiça Federal).

§ 1º O juiz poderá determinar que a parte responsável pelo pagamento dos honorários do perito deposite em juízo o valor correspondente.

- Correspondência: art. 33, parágrafo único, 1ª parte, CPC/1973.

§ 2º A quantia recolhida em depósito bancário à ordem do juízo será corrigida monetariamente e paga de acordo com o art. 465, § 4º.

- Correspondência: art. 33, parágrafo único, 2ª parte, CPC/1973.

§ 3º Quando o pagamento da perícia for de responsabilidade de beneficiário de gratuidade da justiça, ela poderá ser:

- Sem correspondência no CPC/1973.

I – custeada com recursos alocados no orçamento do ente público e realizada por servidor do Poder Judiciário ou por órgão público conveniado;

- Sem correspondência no CPC/1973.

II – paga com recursos alocados no orçamento da União, do Estado ou do Distrito Federal, no caso de ser realizada por particular, hipótese em que o valor será fixado conforme tabela do tribunal respectivo ou, em caso de sua omissão, do Conselho Nacional de Justiça.

- Sem correspondência no CPC/1973.

§ 4º Na hipótese do § 3º, o juiz, após o trânsito em julgado da decisão final, oficiará a Fazenda Pública para que promova, contra quem tiver sido condenado ao pagamento das despesas processuais, a execução dos valores gastos com a perícia particular ou com a utilização de servidor público ou da estrutura de órgão público, observando- se, caso o responsável pelo pagamento das despesas seja beneficiário de gratuidade da justiça, o disposto no art. 98, § 2º.

- Sem correspondência no CPC/1973.

§ 5º Para fins de aplicação do § 3º, é vedada a utilização de recursos do fundo de custeio da Defensoria Pública.

- Sem correspondência no CPC/1973.

Art. 96. O valor das sanções impostas ao litigante de má-fé reverterá em benefício da parte contrária, e o valor das sanções impostas aos serventuários pertencerá ao Estado ou à União.

- Correspondência: art. 35, CPC/1973.
- V. arts. 80, 81, 202, 258, 468, § 1º, 896, § 2º, 897 e 968, II, CPC/2015.

Art. 97. A União e os Estados podem criar fundos de modernização do Poder Judiciário, aos quais serão revertidos os valores das sanções pecuniárias processuais destinadas à União e aos Estados, e outras verbas previstas em lei.

- Sem correspondência no CPC/1973.

Seção IV
Da Gratuidade da Justiça

Art. 98. A pessoa natural ou jurídica, brasileira ou estrangeira, com insuficiência de recursos para pagar as custas, as despesas processuais e os honorários advocatícios tem direito à gratuidade da justiça, na forma da lei.

- Sem correspondência no CPC/1973.

§ 1º A gratuidade da justiça compreende:

I – as taxas ou as custas judiciais;

II – os selos postais;

III – as despesas com publicação na imprensa oficial, dispensando-se a publicação em outros meios;

IV – a indenização devida à testemunha que, quando empregada, receberá do empregador salário integral, como se em serviço estivesse;

V – as despesas com a realização de exame de código genético – DNA e de outros exames considerados essenciais;

VI – os honorários do advogado e do perito e a remuneração do intérprete ou do tradutor nomeado para apresentação de versão em português de documento redigido em língua estrangeira;

VII – o custo com a elaboração de memória de cálculo, quando exigida para instauração da execução;

VIII – os depósitos previstos em lei para interposição de recurso, para propositura de ação e para a prática de outros atos processuais inerentes ao exercício da ampla defesa e do contraditório;

IX – os emolumentos devidos a notários ou registradores em decorrência da prática de registro, averbação ou qualquer outro ato notarial necessário à efetivação de decisão judicial ou à continuidade de processo judicial no qual o benefício tenha sido concedido.

§ 2º A concessão de gratuidade não afasta a responsabilidade do beneficiário pelas despesas processuais e pelos honorários advocatícios decorrentes de sua sucumbência.

§ 3º Vencido o beneficiário, as obrigações decorrentes de sua sucumbência ficarão sob condição suspensiva de exigibilidade e somente poderão ser executadas se, nos 5 (cinco) anos subsequentes ao trânsito em julgado da decisão que as certificou, o credor demonstrar que deixou de existir a situação de insuficiência de recursos que justificou a concessão de gratuidade, extinguindo-se, passado esse prazo, tais obrigações do beneficiário.

§ 4º A concessão de gratuidade não afasta o dever de o beneficiário pagar, ao final, as multas processuais que lhe sejam impostas.

§ 5º A gratuidade poderá ser concedida em relação a algum ou a todos os atos processuais, ou consistir na redução percentual de despesas processuais que o beneficiário tiver de adiantar no curso do procedimento.

§ 6º Conforme o caso, o juiz poderá conceder direito ao parcelamento de despesas processuais que o beneficiário tiver de adiantar no curso do procedimento.

§ 7º Aplica-se o disposto no art. 95, §§ 3º a 5º, ao custeio dos emolumentos previstos no § 1º, inciso IX, do presente artigo, observada a tabela e as condições da lei estadual ou distrital respectiva.

§ 8º Na hipótese do § 1º, inciso IX, havendo dúvida fundada quanto ao preenchimento atual dos pressupostos para a concessão de gratuidade, o notário ou registrador, após praticar o ato, pode requerer, ao juízo competente para decidir questões notariais ou registrais, a revogação total ou parcial do benefício ou a sua substituição pelo parcelamento de que trata o § 6º deste artigo, caso em que o beneficiário será citado para, em 15 (quinze) dias, manifestar-se sobre esse requerimento.

Art. 99. O pedido de gratuidade da justiça pode ser formulado na petição inicial, na contestação, na petição para ingresso de terceiro no processo ou em recurso.

- Sem correspondência no CPC/1973.

§ 1º Se superveniente à primeira manifestação da parte na instância, o pedido poderá ser formulado por petição simples, nos autos do próprio processo, e não suspenderá seu curso.

§ 2º O juiz somente poderá indeferir o pedido se houver nos autos elementos que evidenciem a falta dos pressupostos legais para a concessão de gratuidade, devendo, antes de indeferir o pedido, determinar à parte a comprovação do preenchimento dos referidos pressupostos.

§ 3º Presume-se verdadeira a alegação de insuficiência deduzida exclusivamente por pessoa natural.

§ 4º A assistência do requerente por advogado particular não impede a concessão de gratuidade da justiça.

§ 5º Na hipótese do § 4º, o recurso que verse exclusivamente sobre valor de honorários de sucumbência fixados em favor do advogado de beneficiário estará sujeito a preparo, salvo se o próprio advogado demonstrar que tem direito à gratuidade.

§ 6º O direito à gratuidade da justiça é pessoal, não se estendendo a litisconsorte ou a sucessor do beneficiário, salvo requerimento e deferimento expressos.

§ 7º Requerida a concessão de gratuidade da justiça em recurso, o recorrente estará dispensado de comprovar o recolhimento do preparo, incumbindo ao relator, neste caso, apreciar o requerimento e, se indeferi-lo, fixar prazo para realização do recolhimento.

Art. 100. Deferido o pedido, a parte contrária poderá oferecer impugnação na contestação, na réplica, nas contrarrazões de recurso ou, nos casos de pedido superveniente ou formulado por terceiro, por meio de petição simples, a ser apresentada no prazo de 15 (quinze) dias, nos autos do próprio processo, sem suspensão de seu curso.

- Sem correspondência no CPC/1973.
- V. art. 337, XIII, CPC/2015.

Parágrafo único. Revogado o benefício, a parte arcará com as despesas processuais que tiver deixado de adiantar e pagará, em caso de má-fé, até o décuplo de seu valor a título de multa, que será revertida em benefício da Fazenda Pública estadual ou federal e poderá ser inscrita em dívida ativa.

Art. 101. Contra a decisão que indeferir a gratuidade ou a que acolher pedido de sua revogação caberá agravo de instrumento, exceto quando a questão for resolvida na sentença, contra a qual caberá apelação.

- Sem correspondência no CPC/1973.
- V. art. 1.015, V, CPC/2015.

§ 1º O recorrente estará dispensado do recolhimento de custas até decisão do relator sobre a questão, preliminarmente ao julgamento do recurso.

§ 2º Confirmada a denegação ou a revogação da gratuidade, o relator ou o órgão colegiado determinará ao recorrente o recolhimento das custas processuais, no prazo de 5 (cinco) dias, sob pena de não conhecimento do recurso.

Art. 102. Sobrevindo o trânsito em julgado de decisão que revoga a gratuidade, a parte deverá efetuar o recolhimento de todas as despesas de cujo adiantamento foi dispensada, inclusive as relativas ao recurso interposto, se houver, no prazo fixado pelo juiz, sem prejuízo de aplicação das sanções previstas em lei.

- Sem correspondência no CPC/1973.

Parágrafo único. Não efetuado o recolhimento, o processo será extinto sem resolução de mérito, tratando-se do autor, e, nos demais casos, não poderá ser deferida a realização de nenhum ato ou diligência requerida pela parte enquanto não efetuado o depósito.

Capítulo III
Dos Procuradores

Art. 103. A parte será representada em juízo por advogado regularmente inscrito na Ordem dos Advogados do Brasil.

- Correspondência: art. 36, *caput*, 1ª parte, CPC/1973.
- Correspondência: art. 36, *caput*, 2ª parte, CPC/1973.
- V. arts. 111, 287 e 313, § 3º, CPC/2015.
- V. arts. 133 e 134, CF.
- V. art. 692, CC.
- V. art. 355, CP.
- V. art. 791, §§ 1º e 2º, CLT.
- V. art. 47, Dec.-lei 3.688/1941 (Lei das Contravenções Penais).
- V. Lei 3.836/1960 (Entrega de autos aos advogados).
- V. art. 2º, Lei 5.478/1968 (Ação de alimentos).
- V. art. 13, Lei 6.367/1976 (Acidente do trabalho).
- V. art. 1º, I, Lei 8.906/1994 (Estatuto da Advocacia e da OAB).
- V. art. 9º, Lei 9.099/1995 (Juizados Especiais Cíveis e Criminais).

Parágrafo único. É lícito à parte postular em causa própria quando tiver habilitação legal.

Art. 104. O advogado não será admitido a postular em juízo sem procuração, salvo para evitar preclusão, decadência ou prescrição, ou para praticar ato considerado urgente.

- Correspondência: art. 37, *caput*, 1ª parte, CPC/1973.
- V. art. 287, parágrafo único, III, CPC/2015.
- V. art. 692, CC.
- V. art. 16, Lei 1.060/1950 (Lei de Assistência Judiciária).

- V. art. 5º, § 1º, Lei 8.906/1994 (Estatuto da Advocacia e da OAB).
- V. Súmula 115, STJ.

§ 1º Nas hipóteses previstas no *caput*, o advogado deverá, independentemente de caução, exibir a procuração no prazo de 15 (quinze) dias, prorrogável por igual período por despacho do juiz.

- Correspondência: art. 37, *caput*, 2ª parte, CPC/1973.
- V. art. 5º, § 1º, Lei 8.906/1994 (Estatuto da Advocacia e da OAB).

§ 2º O ato não ratificado será considerado ineficaz relativamente àquele em cujo nome foi praticado, respondendo o advogado pelas despesas e por perdas e danos.

- Correspondência: art. 37, parágrafo único, CPC/1973.

Art. 105. A procuração geral para o foro, outorgada por instrumento público ou particular assinado pela parte, habilita o advogado a praticar todos os atos do processo, exceto receber citação, confessar, reconhecer a procedência do pedido, transigir, desistir, renunciar ao direito sobre o qual se funda a ação, receber, dar quitação, firmar compromisso e assinar declaração de hipossuficiência econômica, que devem constar de cláusula específica.

- Correspondência: art. 38, *caput*, CPC/1973.
- V. arts. 242, 390, § 1º, e 618, III, CPC/2015.
- V. arts. 654 e 692, CC.
- V. art. 16, parágrafo único, *a*, Lei 1.060/1950 (Lei de Assistência Judiciária).

§ 1º A procuração pode ser assinada digitalmente, na forma da lei.

- Correspondência: art. 38, parágrafo único, CPC/1973.

§ 2º A procuração deverá conter o nome do advogado, seu número de inscrição na Ordem dos Advogados do Brasil e endereço completo.

- Sem correspondência no CPC/1973.

§ 3º Se o outorgado integrar sociedade de advogados, a procuração também deverá conter o nome dessa, seu número de registro na Ordem dos Advogados do Brasil e endereço completo.

- Sem correspondência no CPC/1973.

§ 4º Salvo disposição expressa em sentido contrário constante do próprio instrumento, a procuração outorgada na fase de conhecimento é eficaz para todas as fases do processo, inclusive para o cumprimento de sentença.

- Sem correspondência no CPC/1973.

Art. 106. Quando postular em causa própria, incumbe ao advogado:

- Correspondência: art. 39, *caput*, CPC/1973.

I – declarar, na petição inicial ou na contestação, o endereço, seu número de inscrição na Ordem dos Advogados do Brasil e o nome da sociedade de advogados da qual participa, para o recebimento de intimações;

- Correspondência: art. 39, I, CPC/1973.

II – comunicar ao juízo qualquer mudança de endereço.

- Correspondência: art. 39, II, CPC/1973.

§ 1º Se o advogado descumprir o disposto no inciso I, o juiz ordenará que se supra a omissão, no prazo de 5 (cinco) dias, antes de determinar a citação do réu, sob pena de indeferimento da petição.

- Correspondência: art. 39, parágrafo único, 1ª parte, CPC/1973.
- V. arts. 76, 321 e 330, IV, CPC/2015.

§ 2º Se o advogado infringir o previsto no inciso II, serão consideradas válidas as intimações enviadas por carta registrada ou meio eletrônico ao endereço constante dos autos.

- Correspondência: art. 39, parágrafo único, 2ª parte, CPC/1973.

Art. 107. O advogado tem direito a:

- Correspondência: art. 40, *caput*, CPC/1973.
- V. arts. 207, parágrafo único e 289, CPC/2015.
- V. art. 7º, Lei 8.906/1994 (Estatuto da Advocacia e da OAB).

I – examinar, em cartório de fórum e secretaria de tribunal, mesmo sem procuração, autos de qualquer processo, independentemente da fase de tramitação, assegurados a obtenção de cópias e o registro de anotações, salvo na hipótese de segredo de justiça, nas quais apenas o advogado constituído terá acesso aos autos;

- Correspondência: art. 40, I, CPC/1973.
- V. art. 189, § 1º, CPC/2015.

II – requerer, como procurador, vista dos autos de qualquer processo, pelo prazo de 5 (cinco) dias;

- Correspondência: art. 40, II, CPC/1973.

III – retirar os autos do cartório ou da secretaria, pelo prazo legal, sempre que neles lhe couber falar por determinação do juiz, nos casos previstos em lei.

- Correspondência: art. 40, IIII, CPC/1973.
- V. art. 234, CPC/2015.

§ 1º Ao receber os autos, o advogado assinará carga em livro ou documento próprio.

- Correspondência: art. 40, § 1º, CPC/1973.

§ 2º Sendo o prazo comum às partes, os procuradores poderão retirar os autos somente em conjunto ou mediante prévio ajuste, por petição nos autos.

- Correspondência: art. 40, § 2º, 1ª parte, CPC/1973.

§ 3º Na hipótese do § 2º, é lícito ao procurador retirar os autos para obtenção de cópias, pelo prazo de 2 (duas) a 6 (seis) horas, independentemente de ajuste e sem prejuízo da continuidade do prazo.

- Correspondência: art. 40, § 2º, 2ª parte, CPC/1973.

§ 4º O procurador perderá no mesmo processo o direito a que se refere o § 3º se não devolver os autos tempestivamente, salvo se o prazo for prorrogado pelo juiz.

- Sem correspondência no CPC/1973.

§ 5º O disposto no inciso I do *caput* deste artigo aplica-se integralmente a processos eletrônicos.

- § 5º acrescentado pela Lei 13.793/2019.

Capítulo IV
Da Sucessão das Partes e dos Procuradores

Art. 108. No curso do processo, somente é lícita a sucessão voluntária das partes nos casos expressos em lei.

- Correspondência: art. 41, CPC/1973.
- V. arts. 43, 329, 778 e 779, CPC/2015.

Art. 109. A alienação da coisa ou do direito litigioso por ato entre vivos, a título particular, não altera a legitimidade das partes.

- Correspondência: art. 42, *caput*, CPC/1973.
- V. art. 808, CPC/2015.

§ 1º O adquirente ou cessionário não poderá ingressar em juízo, sucedendo o alienante ou cedente, sem que o consinta a parte contrária.

- Correspondência: art. 42, § 1º, CPC/1973.

§ 2º O adquirente ou cessionário poderá intervir no processo como assistente litisconsorcial do alienante ou cedente.

- Correspondência: art. 42, § 2º, CPC/1973.
- V. arts. 119 a 123, CPC/2015.

§ 3º Estendem-se os efeitos da sentença proferida entre as partes originárias ao adquirente ou cessionário.

- Correspondência: art. 42, § 3º, CPC/1973.
- V. arts. 779, II, III e 790, I, CPC/2015.

Art. 110. Ocorrendo a morte de qualquer das partes, dar-se-á a sucessão pelo seu espólio ou pelos seus sucessores, observado o disposto no art. 313, §§ 1º e 2º.

- Correspondência: art. 43, CPC/1973.
- V. arts. 75, VI e § 1º, 485, IX, 618, 687 e 1.004, CPC/2015.

Art. 111. A parte que revogar o mandato outorgado a seu advogado constituirá, no mesmo ato, outro que assuma o patrocínio da causa.

- Correspondência: art. 44, CPC/1973.
- V. art. 687, CC.

Parágrafo único. Não sendo constituído novo procurador no prazo de 15 (quinze) dias, observar-se-á o disposto no art. 76.

- Sem correspondência no CPC/1973.

Art. 112. O advogado poderá renunciar ao mandato a qualquer tempo, provando, na forma prevista neste Código, que comunicou a renúncia ao mandante, a fim de que este nomeie sucessor.

- Correspondência: art. 45, 1ª parte, CPC/1973.
- V. art. 313, I, § 1º, CPC/2015.
- V. arts. 682 e 688, CC.

§ 1º Durante os 10 (dez) dias seguintes, o advogado continuará a representar o mandante, desde que necessário para lhe evitar prejuízo.

- Correspondência: art. 45, 2ª parte, CPC/1973.

§ 2º Dispensa-se a comunicação referida no *caput* quando a procuração tiver sido outorgada a vários advogados e a parte continuar representada por outro, apesar da renúncia.

- Sem correspondência no CPC/1973.

TÍTULO II
Do Litisconsórcio

Art. 113. Duas ou mais pessoas podem litigar, no mesmo processo, em conjunto, ativa ou passivamente, quando:

- Correspondência: art. 46, *caput*, CPC/1973.
- V. art. 5º, § 5º, Lei 7.347/1985 (Ação civil pública).
- V. art. 14, § 2º, Lei 9.289/1996 (Custas na Justiça Federal).
- V. art. 94, § 1º, Lei 11.101/2005 (Lei de Recuperação de Empresas e Falência).

Códigos

I – entre elas houver comunhão de direitos ou de obrigações relativamente à lide;

- Correspondência: art. 46, I, CPC/1973.

II – entre as causas houver conexão pelo pedido ou pela causa de pedir;

- Correspondência: art. 46, III, CPC/1973.

III – ocorrer afinidade de questões por ponto comum de fato ou de direito.

- Correspondência: art. 46, IV, CPC/1973.

§ 1º O juiz poderá limitar o litisconsórcio facultativo quanto ao número de litigantes na fase de conhecimento, na liquidação de sentença ou na execução, quando este comprometer a rápida solução do litígio ou dificultar a defesa ou o cumprimento da sentença.

- Correspondência: art. 46, parágrafo único, 1ª parte, CPC/1973.
- V. art. 139, II, CPC/2015.

§ 2º O requerimento de limitação interrompe o prazo para manifestação ou resposta, que recomeçará da intimação da decisão que o solucionar.

- Correspondência: art. 46, parágrafo único, 2ª parte, CPC/1973.

Art. 114. O litisconsórcio será necessário por disposição de lei ou quando, pela natureza da relação jurídica controvertida, a eficácia da sentença depender da citação de todos que devam ser litisconsortes.

- Correspondência: art. 47, *caput*, CPC/1973.
- V. art. 569, II, CPC/2015.
- V. art. 6º, Lei 4.717/1965 (Ação popular).
- V. art. 94, Lei 8.078/1990 (Código de Defesa do Consumidor).

Art. 115. A sentença de mérito, quando proferida sem a integração do contraditório, será:

- Correspondência: art. 47, *caput*, CPC/1973.

I – nula, se a decisão deveria ser uniforme em relação a todos que deveriam ter integrado o processo;

- Correspondência: art. 47, *caput*, CPC/1973.

II – ineficaz, nos outros casos, apenas para os que não foram citados.

- Correspondência: art. 47, *caput*, CPC/1973.

Parágrafo único. Nos casos de litisconsórcio passivo necessário, o juiz determinará ao autor que requeira a citação de todos que devam ser litisconsortes, dentro do prazo que assinar, sob pena de extinção do processo.

- Correspondência: art. 47, parágrafo único, CPC/1973.
- V. art. 569, II, CPC/2015.

Art. 116. O litisconsórcio será unitário quando, pela natureza da relação jurídica, o juiz tiver de decidir o mérito de modo uniforme para todos os litisconsortes.

- Correspondência: art. 47, *caput*, CPC/1973.
- V. art. 354, CPC/2015.

Art. 117. Os litisconsortes serão considerados, em suas relações com a parte adversa, como litigantes distintos, exceto no litisconsórcio unitário, caso em que os atos e as omissões de um não prejudicarão os outros, mas os poderão beneficiar.

- Correspondência: art. 48, CPC/1973.
- V. arts. 345, I, 391, 997 e 1.005, CPC/2015.

Art. 118. Cada litisconsorte tem o direito de promover o andamento do processo, e todos devem ser intimados dos respectivos atos.

- Correspondência: art. 49, CPC/1973.
- V. art. 229, CPC/2015.

TÍTULO III
Da Intervenção de Terceiros

Capítulo I
Da Assistência

Seção I
Disposições Comuns

Art. 119. Pendendo causa entre 2 (duas) ou mais pessoas, o terceiro juridicamente interessado em que a sentença seja favorável a uma delas poderá intervir no processo para assisti-la.

- Correspondência: art. 50, *caput*, CPC/1973.
- V. arts. 109, § 2º, 124 e 364, §§ 1º e 2º, CPC/2015.
- V. art. 6º, Lei 4.717/1965 (Ação popular).
- V. art. 14, § 2º, Lei 9.289/1996 (Custas na Justiça Federal).

Parágrafo único. A assistência será admitida em qualquer procedimento e em todos os graus de jurisdição, recebendo o assistente o processo no estado em que se encontre.

- Correspondência: art. 50, parágrafo único, CPC/1973.

Art. 120. Não havendo impugnação no prazo de 15 (quinze) dias, o pedido do assistente será deferido, salvo se for caso de rejeição liminar.

- Sem correspondência no CPC/1973.

Parágrafo único. Se qualquer parte alegar que falta ao requerente interesse jurídico para intervir, o juiz decidirá o incidente, sem suspensão do processo.

- Correspondência: art. 51, CPC/1973.
- V. arts. 178, I, e 330, III, CPC/2015.

Seção II
Da Assistência Simples

Art. 121. O assistente simples atuará como auxiliar da parte principal, exercerá os mesmos poderes e sujeitar-se-á aos mesmos ônus processuais que o assistido.

- Correspondência: art. 52, *caput*, CPC/1973.

Parágrafo único. Sendo revel ou, de qualquer outro modo, omisso o assistido, o assistente será considerado seu substituto processual.

- Correspondência: art. 50, parágrafo único, CPC/1973.

Art. 122. A assistência simples não obsta a que a parte principal reconheça a procedência do pedido, desista da ação, renuncie ao direito sobre o que se funda a ação ou transija sobre direitos controvertidos.

- Correspondência: art. 53, CPC/1973.

Art. 123. Transitada em julgado a sentença no processo em que interveio o assistente, este não poderá, em processo posterior, discutir a justiça da decisão, salvo se alegar e provar que:

- Correspondência: art. 55, *caput*, CPC/1973.

I – pelo estado em que recebeu o processo ou pelas declarações e pelos atos do assistido, foi impedido de produzir provas suscetíveis de influir na sentença;

- Correspondência: art. 55, I, CPC/1973.

II – desconhecia a existência de alegações ou de provas das quais o assistido, por dolo ou culpa, não se valeu.

- Correspondência: art. 55, II, CPC/1973.

Seção III
Da Assistência Litisconsorcial

Art. 124. Considera-se litisconsorte da parte principal o assistente sempre que a sentença influir na relação jurídica entre ele e o adversário do assistido.

- Correspondência: art. 54, CPC/1973.

Capítulo II
Da Denunciação da Lide

Art. 125. É admissível a denunciação da lide, promovida por qualquer das partes:

- Correspondência: art. 70, *caput*, CPC/1973.

I – ao alienante imediato, no processo relativo à coisa cujo domínio foi transferido ao denunciante, a fim de que possa exercer os direitos que da evicção lhe resultam;

- Correspondência: art. 70, I, CPC/1973.
- V. arts. 447 a 457, CC.

II – àquele que estiver obrigado, por lei ou pelo contrato, a indenizar, em ação regressiva, o prejuízo de quem for vencido no processo.

- Correspondência: art. 70, III, CPC/1973.
- V. arts. 1.197 e 1.646, CC.
- V. Súmula 188, STF.

§ 1º O direito regressivo será exercido por ação autônoma quando a denunciação da lide for indeferida, deixar de ser promovida ou não for permitida.

- Sem correspondência no CPC/1973.

§ 2º Admite-se uma única denunciação sucessiva, promovida pelo denunciado, contra seu antecessor imediato na cadeia dominial ou quem seja responsável por indenizá-lo, não podendo o denunciado sucessivo promover nova denunciação, hipótese em que eventual direito de regresso será exercido por ação autônoma.

- Sem correspondência no CPC/1973.
- V. arts. 447 a 457, 1.197 e 1.646 do CC.

Art. 126. A citação do denunciado será requerida na petição inicial, se o denunciante for autor, ou na contestação, se o denunciante for réu, devendo ser realizada na forma e nos prazos previstos no art. 131.

- Correspondência: art. 71, CPC/1973.

Art. 127. Feita a denunciação pelo autor, o denunciado poderá assumir a posição de litisconsorte do denunciante e acrescentar novos argumentos à petição inicial, procedendo-se em seguida à citação do réu.

- Correspondência: art. 74, CPC/1973.
- V. arts. 113 a 118 e 131, CPC/2015.

Art. 128. Feita a denunciação pelo réu:

- Correspondência: art. 75, *caput*, CPC/1973.

Códigos

I – se o denunciado contestar o pedido formulado pelo autor, o processo prosseguirá tendo, na ação principal, em litisconsórcio, denunciante e denunciado;

- Correspondência: art. 75, I, CPC/1973.

II – se o denunciado for revel, o denunciante pode deixar de prosseguir com sua defesa, eventualmente oferecida, e abster-se de recorrer, restringindo sua atuação à ação regressiva;

- Correspondência: art. 75, II, CPC/1973.
- V. art. 344, CPC/2015.

III – se o denunciado confessar os fatos alegados pelo autor na ação principal, o denunciante poderá prosseguir com sua defesa ou, aderindo a tal reconhecimento, pedir apenas a procedência da ação de regresso.

- Correspondência: art. 75, III, CPC/1973.
- V. art. 389, CPC/2015.

Parágrafo único. Procedente o pedido da ação principal, pode o autor, se for o caso, requerer o cumprimento da sentença também contra o denunciado, nos limites da condenação deste na ação regressiva.

- Sem correspondência no CPC/1973.

Art. 129. Se o denunciante for vencido na ação principal, o juiz passará ao julgamento da denunciação da lide.

- Correspondência: art. 76, CPC/1973.
- V. art. 101, II, Lei 8.078/1990 (Código de Defesa do Consumidor).

Parágrafo único. Se o denunciante for vencedor, a ação de denunciação não terá o seu pedido examinado, sem prejuízo da condenação do denunciante ao pagamento das verbas de sucumbência em favor do denunciado.

- Sem correspondência no CPC/1973.

Capítulo III
Do Chamamento ao Processo

Art. 130. É admissível o chamamento ao processo, requerido pelo réu:

- Correspondência: art. 77, *caput*, CPC/1973.
- V. art. 231, § 1º, CPC/2015.

I – do afiançado, na ação em que o fiador for réu;

- Correspondência: art. 77, I, CPC/1973.
- V. arts. 818, 827 e 831, CC.

II – dos demais fiadores, na ação proposta contra um ou alguns deles;

- Correspondência: art. 77, II, CPC/1973.

III – dos demais devedores solidários, quando o credor exigir de um ou de alguns o pagamento da dívida comum.

- Correspondência: art. 77, III, CPC/1973.
- V. arts. 264, 265, e 275, CC.

Art. 131. A citação daqueles que devam figurar em litisconsórcio passivo será requerida pelo réu na contestação e deve ser promovida no prazo de 30 (trinta) dias, sob pena de ficar sem efeito o chamamento.

- Correspondência: art. 78, CPC/1973.

Parágrafo único. Se o chamado residir em outra comarca, seção ou subseção judiciárias, ou em lugar incerto, o prazo será de 2 (dois) meses.

- Correspondência: art. 72, CPC/1973.

Art. 132. A sentença de procedência valerá como título executivo em favor do réu que satisfizer a dívida, a fim de que possa exigi-la, por inteiro, do devedor principal, ou, de cada um dos codevedores, a sua quota, na proporção que lhes tocar.

- Correspondência: art. 80, CPC/1973.
- V. art. 778, CPC/2015.

Capítulo IV
Do Incidente de Desconsideração da Personalidade Jurídica

Art. 133. O incidente de desconsideração da personalidade jurídica será instaurado a pedido da parte ou do Ministério Público, quando lhe couber intervir no processo.

- Sem correspondência no CPC/1973.
- V. art. 50, CC.
- V. art. 2º, § 2º, CLT.
- V. art. 28, Lei 8.078/1990 (Código de Defesa do Consumidor).

§ 1º O pedido de desconsideração da personalidade jurídica observará os pressupostos previstos em lei.

§ 2º Aplica-se o disposto neste Capítulo à hipótese de desconsideração inversa da personalidade jurídica.

Art. 134. O incidente de desconsideração é cabível em todas as fases do processo de conhecimento, no cumprimento de sentença e na execução fundada em título executivo extrajudicial.

- Sem correspondência no CPC/1973.

§ 1º A instauração do incidente será imediatamente comunicada ao distribuidor para as anotações devidas.

§ 2º Dispensa-se a instauração do incidente se a desconsideração da personalidade jurídica for requerida na petição inicial, hipótese em que será citado o sócio ou a pessoa jurídica.

§ 3º A instauração do incidente suspenderá o processo, salvo na hipótese do § 2º.

§ 4º O requerimento deve demonstrar o preenchimento dos pressupostos legais específicos para desconsideração da personalidade jurídica.

Art. 135. Instaurado o incidente, o sócio ou a pessoa jurídica será citado para manifestar-se e requerer as provas cabíveis no prazo de 15 (quinze) dias.

- Sem correspondência no CPC/1973.

Art. 136. Concluída a instrução, se necessária, o incidente será resolvido por decisão interlocutória.

- Sem correspondência no CPC/1973.

Parágrafo único. Se a decisão for proferida pelo relator, cabe agravo interno.

Art. 137. Acolhido o pedido de desconsideração, a alienação ou a oneração de bens, havida em fraude de execução, será ineficaz em relação ao requerente.

- Sem correspondência no CPC/1973.

Capítulo V
Do *Amicus Curiae*

Art. 138. O juiz ou o relator, considerando a relevância da matéria, a especificidade do tema objeto da demanda ou a repercussão social da controvérsia, poderá, por decisão irrecorrível, de ofício ou a requerimento das partes ou de quem pretenda manifestar-se, solicitar ou admitir a participação de pessoa natural ou jurídica, órgão ou entidade especializada, com representatividade adequada, no prazo de 15 (quinze) dias de sua intimação.

- Sem correspondência no CPC/1973.
- V. art. 7º, § 2º, Lei 9.868/1999 (Processo e julgamento da ADIn e da ADC).

§ 1º A intervenção de que trata o *caput* não implica alteração de competência nem autoriza a interposição de recursos, ressalvadas a oposição de embargos de declaração e a hipótese do § 3º.

§ 2º Caberá ao juiz ou ao relator, na decisão que solicitar ou admitir a intervenção, definir os poderes do *amicus curiae*.

§ 3º O *amicus curiae* pode recorrer da decisão que julgar o incidente de resolução de demandas repetitivas.

TÍTULO IV
Do Juiz e dos Auxiliares da Justiça

Capítulo I
Dos Poderes, dos Deveres e da Responsabilidade do Juiz

Art. 139. O juiz dirigirá o processo conforme as disposições deste Código, incumbindo-lhe:

- Correspondência: art. 125, *caput*, CPC/1973.
- V. arts. 2º, 11, 57, 180, 203 a 205, 226, 229, 235, 359, 370 e 772, CPC/2015.

I – assegurar às partes igualdade de tratamento;

- Correspondência: art. 125, I, CPC/1973.
- V. art. 5º, *caput*, I, CF.

II – velar pela duração razoável do processo;

- Correspondência: art. 125, II, CPC/1973.
- V. art. 5º, LXXVIII, CF.
- V. art. 35, II, LC 35/1979 (Lei Orgânica da Magistratura Nacional).

III – prevenir ou reprimir qualquer ato contrário à dignidade da justiça e indeferir postulações meramente protelatórias;

- Correspondência: art. 125, III, CPC/1973.

IV – determinar todas as medidas indutivas, coercitivas, mandamentais ou sub-rogatórias necessárias para assegurar o cumprimento de ordem judicial, inclusive nas ações que tenham por objeto prestação pecuniária;

- Sem correspondência no CPC/1973.

V – promover, a qualquer tempo, a autocomposição, preferencialmente com auxílio de conciliadores e mediadores judiciais;

- Correspondência: art. 125, IV, CPC/1973.

VI – dilatar os prazos processuais e alterar a ordem de produção dos meios de prova, adequando-os às necessidades do conflito de modo a conferir maior efetividade à tutela do direito;

- Sem correspondência no CPC/1973.
- V. art. 35, III, LC 35/1979 (Lei Orgânica da Magistratura Nacional).

VII – exercer o poder de polícia, requisitando, quando necessário, força policial, além da segurança interna dos fóruns e tribunais;

- Correspondência: art. 445, CPC/1973.

VIII – determinar, a qualquer tempo, o comparecimento pessoal das partes, para inquiri-las sobre os fatos da causa, hipótese em que não incidirá a pena de confesso;

- Correspondência: art. 342, CPC/1973.

IX – determinar o suprimento de pressupostos processuais e o saneamento de outros vícios processuais;

- Sem correspondência no CPC/1973.

X – quando se deparar com diversas demandas individuais repetitivas, oficiar o Ministério Público, a Defensoria Pública e, na medida do possível, outros legitimados a que se referem o art. 5º da Lei 7.347, de 24 de julho de 1985, e o art. 82 da Lei 8.078, de 11 de setembro de 1990, para, se for o caso, promover a propositura da ação coletiva respectiva.

- Sem correspondência no CPC/1973.

Parágrafo único. A dilação de prazos prevista no inciso VI somente pode ser determinada antes de encerrado o prazo regular.

- Sem correspondência no CPC/1973.

Art. 140. O juiz não se exime de decidir sob a alegação de lacuna ou obscuridade do ordenamento jurídico.

- Correspondência: art. 126, CPC/1973.
- V. art. 375, CPC/2015.
- V. art. 4º, Dec.-lei 4.657/1942 (Lei de Introdução às normas do Direito Brasileiro).

Parágrafo único. O juiz só decidirá por equidade nos casos previstos em lei.

- Correspondência: art. 127, CPC/1973.

Art. 141. O juiz decidirá o mérito nos limites propostos pelas partes, sendo-lhe vedado conhecer de questões não suscitadas a cujo respeito a lei exige iniciativa da parte.

- Correspondência: art. 128, CPC/1973.
- V. arts. 322, 324, 488 e 492, CPC/2015.

Art. 142. Convencendo-se, pelas circunstâncias, de que autor e réu se serviram do processo para praticar ato simulado ou conseguir fim vedado por lei, o juiz proferirá decisão que impeça os objetivos das partes, aplicando, de ofício, as penalidades da litigância de má-fé.

- Correspondência: art. 129, CPC/1973.
- V. arts. 80 e 139, CPC/2015.

Art. 143. O juiz responderá, civil e regressivamente, por perdas e danos quando:

- Correspondência: art. 133, *caput*, CPC/1973.
- V. arts. 402 a 404, CC.

I – no exercício de suas funções, proceder com dolo ou fraude;

- Correspondência: art. 133, I, CPC/1973.
- V. art. 37, § 6º, CF.
- V. art. 319, CP.

II – recusar, omitir ou retardar, sem justo motivo, providência que deva ordenar de ofício ou a requerimento da parte.

- Correspondência: art. 133, II, CPC/1973.
- V. arts. 93, 226 e 235, CPC/2015.
- V. art. 35, II e III, LC 35/1979 (Lei Orgânica da Magistratura Nacional).

Parágrafo único. As hipóteses previstas no inciso II somente serão verificadas depois que a parte requerer ao juiz que determine a providência e o requerimento não for apreciado no prazo de 10 (dez) dias.

- Correspondência: art. 133, parágrafo único, CPC/1973.
- V. art. 49, parágrafo único, LC 35/1979 (Lei Orgânica da Magistratura Nacional).

Capítulo II
Dos Impedimentos e da Suspeição

Art. 144. Há impedimento do juiz, sendo-lhe vedado exercer suas funções no processo:

- Correspondência: art. 134, *caput*, CPC/1973.
- V. arts. 146 e 966, II, CPC/2015.
- V. arts. 14 e 20, Lei 9.307/1996 (Arbitragem).
- V. Súmula 252, STF.

I – em que interveio como mandatário da parte, oficiou como perito, funcionou como membro do Ministério Público ou prestou depoimento como testemunha;

- Correspondência: art. 134, II, CPC/1973.

II – de que conheceu em outro grau de jurisdição, tendo proferido decisão;

- Correspondência: art. 134, III, CPC/1973.
- V. art. 277, parágrafo único, RISTF.

III – quando nele estiver postulando, como defensor público, advogado ou membro do Ministério Público, seu cônjuge ou companheiro, ou qualquer parente, consanguíneo ou afim, em linha reta ou colateral, até o terceiro grau, inclusive;

- Correspondência: art. 134, IV, CPC/1973.

IV – quando for parte no processo ele próprio, seu cônjuge ou companheiro, ou parente, consanguíneo ou afim, em linha reta ou colateral, até o terceiro grau, inclusive;

- Correspondência: art. 134, V, CPC/1973.

V – quando for sócio ou membro de direção ou de administração de pessoa jurídica parte no processo;

- Correspondência: art. 134, VI, CPC/1973.

VI – quando for herdeiro presuntivo, donatário ou empregador de qualquer das partes;

- Correspondência: art. 135, III, CPC/1973.

VII – em que figure como parte instituição de ensino com a qual tenha relação de emprego ou decorrente de contrato de prestação de serviços;

- Sem correspondência no CPC/1973.

VIII – em que figure como parte cliente do escritório de advocacia de seu cônjuge, companheiro ou parente, consanguíneo ou afim, em linha reta ou colateral, até o terceiro grau, inclusive, mesmo que patrocinado por advogado de outro escritório;

- Sem correspondência no CPC/1973.

IX – quando promover ação contra a parte ou seu advogado.

- Sem correspondência no CPC/1973.

§ 1º Na hipótese do inciso III, o impedimento só se verifica quando o defensor público, o advogado ou o membro do Ministério Público já integrava o processo antes do início da atividade judicante do juiz.

- Correspondência: art. 134, parágrafo único, 1ª parte, CPC/1973.

§ 2º É vedada a criação de fato superveniente a fim de caracterizar impedimento do juiz.

- Correspondência: art. 134, parágrafo único, 2ª parte, CPC/1973.

§ 3º O impedimento previsto no inciso III também se verifica no caso de mandato conferido a membro de escritório de advocacia que tenha em seus quadros advogado que individualmente ostente a condição nele prevista, mesmo que não intervenha diretamente no processo.

- Sem correspondência no CPC/1973.

Art. 145. Há suspeição do juiz:

- Correspondência: art. 135, *caput*, CPC/1973.
- V. art. 146, CPC/2015.
- V. Lei 9.307/1996 (Arbitragem).

I – amigo íntimo ou inimigo de qualquer das partes ou de seus advogados;

- Correspondência: art. 135, I, CPC/1973.

II – que receber presentes de pessoas que tiverem interesse na causa antes ou depois de iniciado o processo, que aconselhar alguma das partes acerca do objeto da causa ou que subministrar meios para atender às despesas do litígio;

- Correspondência: art. 135, IV, CPC/1973.

III – quando qualquer das partes for sua credora ou devedora, de seu cônjuge ou companheiro ou de parentes destes, em linha reta até o terceiro grau, inclusive;

- Correspondência: art. 135, II, CPC/1973.

IV – interessado no julgamento do processo em favor de qualquer das partes.

- Correspondência: art. 135, V, CPC/1973.

§ 1º Poderá o juiz declarar-se suspeito por motivo de foro íntimo, sem necessidade de declarar suas razões.

- Correspondência: art. 135, parágrafo único, CPC/1973.

§ 2º Será ilegítima a alegação de suspeição quando:

- Sem correspondência no CPC/1973.

I – houver sido provocada por quem a alega;

- Sem correspondência no CPC/1973.

II – a parte que a alega houver praticado ato que signifique manifesta aceitação do arguido.

- Sem correspondência no CPC/1973.

Art. 146. No prazo de 15 (quinze) dias, a contar do conhecimento do fato, a parte alegará o impedimento ou a suspeição, em petição específica dirigida ao juiz do processo, na qual indicará o fundamento da recusa, podendo instruí-la com documentos em que se fundar a alegação e com rol de testemunhas.

- Correspondência: art. 312, CPC/1973.
- V. art. 966, II, CPC/2015.

§ 1º Se reconhecer o impedimento ou a suspeição ao receber a petição, o juiz ordenará imediatamente a remessa dos autos a seu substituto legal, caso contrário, determinará a autuação em apartado da petição e, no prazo de 15 (quinze) dias, apresentará suas razões,

Códigos

acompanhadas de documentos e de rol de testemunhas, se houver, ordenando a remessa do incidente ao tribunal.

- Correspondência: art. 313, CPC/1973.

§ 2º Distribuído o incidente, o relator deverá declarar os seus efeitos, sendo que, se o incidente for recebido:

- Correspondência: art. 306, CPC/1973.

I – sem efeito suspensivo, o processo voltará a correr;

- Sem correspondência no CPC/1973.

II – com efeito suspensivo, o processo permanecerá suspenso até o julgamento do incidente.

- Sem correspondência no CPC/1973.

§ 3º Enquanto não for declarado o efeito em que é recebido o incidente ou quando este for recebido com efeito suspensivo, a tutela de urgência será requerida ao substituto legal.

- Sem correspondência no CPC/1973.

§ 4º Verificando que a alegação de impedimento ou de suspeição é improcedente, o tribunal rejeitá-la-á.

- Correspondência: art. 314, CPC/1973.

§ 5º Acolhida a alegação, tratando-se de impedimento ou de manifesta suspeição, o tribunal condenará o juiz nas custas e remeterá os autos ao seu substituto legal, podendo o juiz recorrer da decisão.

- Correspondência: art. 314, CPC/1973.

§ 6º Reconhecido o impedimento ou a suspeição, o tribunal fixará o momento a partir do qual o juiz não poderia ter atuado.

- Sem correspondência no CPC/1973.

§ 7º O tribunal decretará a nulidade dos atos do juiz, se praticados quando já presente o motivo de impedimento ou de suspeição.

- Sem correspondência no CPC/1973.

Art. 147. Quando 2 (dois) ou mais juízes forem parentes, consanguíneos ou afins, em linha reta ou colateral, até o terceiro grau, inclusive, o primeiro que conhecer do processo impede que o outro nele atue, caso em que o segundo se escusará, remetendo os autos ao seu substituto legal.

- Correspondência: art. 136, CPC/1973.

Art. 148. Aplicam-se os motivos de impedimento e de suspeição:

- Correspondência: arts. 137 e 138, *caput*, CPC/1973.

I – ao membro do Ministério Público;

- Correspondência: art. 138, I, CPC/1973.

II – aos auxiliares da justiça;

- Correspondência: art. 138, II, CPC/1973.
- V. arts. 158 e 466, CPC/2015.

III – aos demais sujeitos imparciais do processo.

- Correspondência: art. 138, III e IV, CPC/1973.

§ 1º A parte interessada deverá arguir o impedimento ou a suspeição, em petição fundamentada e devidamente instruída, na primeira oportunidade em que lhe couber falar nos autos.

- Correspondência: art. 138, § 1º, CPC/1973.

§ 2º O juiz mandará processar o incidente em separado e sem suspensão do processo, ouvindo o arguido no prazo de 15 (quinze) dias e facultando a produção de prova, quando necessária.

- Correspondência: art. 138, § 1º, CPC/1973.

§ 3º Nos tribunais, a arguição a que se refere o § 1º será disciplinada pelo regimento interno.

- Sem correspondência no CPC/1973.

§ 4º O disposto nos §§ 1º e 2º não se aplica à arguição de impedimento ou de suspeição de testemunha.

- Sem correspondência no CPC/1973.

Capítulo III
Dos Auxiliares da Justiça

Art. 149. São auxiliares da Justiça, além de outros cujas atribuições sejam determinadas pelas normas de organização judiciária, o escrivão, o chefe de secretaria, o oficial de justiça, o perito, o depositário, o administrador, o intérprete, o tradutor, o mediador, o conciliador judicial, o partidor, o distribuidor, o contabilista e o regulador de avarias.

- Correspondência: art. 139, CPC/1973.
- V. arts. 156 a 175, 206 a 211 e 233, CPC/2015.

Seção I
Do Escrivão, do Chefe de Secretaria e do Oficial de Justiça

Art. 150. Em cada juízo haverá um ou mais ofícios de justiça, cujas atribuições serão determinadas pelas normas de organização judiciária.

- Correspondência: art. 140, CPC/1973.

Art. 151. Em cada comarca, seção ou subseção judiciária haverá, no mínimo, tantos oficiais de justiça quantos sejam os juízos.

- Sem correspondência no CPC/1973.

Art. 152. Incumbe ao escrivão ou ao chefe de secretaria:

- Correspondência: art. 141, *caput*, CPC/1973.
- V. arts. 206 a 211, CPC/2015.

I – redigir, na forma legal, os ofícios, os mandados, as cartas precatórias e os demais atos que pertençam ao seu ofício;

- Correspondência: art. 141, I, CPC/1973.
- V. art. 107, II e III, CPC/2015.

II – efetivar as ordens judiciais, realizar citações e intimações, bem como praticar todos os demais atos que lhe forem atribuídos pelas normas de organização judiciária;

- Correspondência: art. 141, II, CPC/1973.
- V. arts. 228, 238, 241 e 269, CPC/2015.

III – comparecer às audiências ou, não podendo fazê-lo, designar servidor para substituí-lo;

- Correspondência: art. 141, III, CPC/1973.

IV – manter sob sua guarda e responsabilidade os autos, não permitindo que saiam do cartório, exceto:

- Correspondência: art. 141, IV, CPC/1973.

a) quando tenham de seguir à conclusão do juiz;

- Correspondência: art. 141, IV, *a*, CPC/1973.

b) com vista a procurador, à Defensoria Pública, ao Ministério Público ou à Fazenda Pública;

- Correspondência: art. 141, IV, *b*, CPC/1973.
- V. art. 7º, XV e XVI, Lei 8.906/1994 (Estatuto da Advocacia e da OAB).

c) quando devam ser remetidos ao contabilista ou ao partidor;

- Correspondência: art. 141, IV, *c*, CPC/1973.

d) quando forem remetidos a outro juízo em razão da modificação da competência;

- Correspondência: art. 141, IV, *d*, CPC/1973.
- V. art. 43, *in fine*, CPC/2015.

V – fornecer certidão de qualquer ato ou termo do processo, independentemente de despacho, observadas as disposições referentes ao segredo de justiça;

- Correspondência: art. 141, V, CPC/1973.

VI – praticar, de ofício, os atos meramente ordinatórios.

- Correspondência: art. 162, § 4º, CPC/1973.

§ 1º O juiz titular editará ato a fim de regulamentar a atribuição prevista no inciso VI.

- Sem correspondência no CPC/1973.

§ 2º No impedimento do escrivão ou chefe de secretaria, o juiz convocará substituto e, não o havendo, nomeará pessoa idônea para o ato.

- Correspondência: art. 142, CPC/1973.

Art. 153. O escrivão ou o chefe de secretaria atenderá, preferencialmente, à ordem cronológica de recebimento para publicação e efetivação dos pronunciamentos judiciais.

- *Caput* com redação determinada pela Lei 13.256/2016, em vigor no início da vigência da Lei 13.105/2015.
- Sem correspondência no CPC/1973.
- V. arts. 12 e 1.046, § 5º, CPC/2015.

§ 1º A lista de processos recebidos deverá ser disponibilizada, de forma permanente, para consulta pública.

§ 2º Estão excluídos da regra do *caput*:

I – os atos urgentes, assim reconhecidos pelo juiz no pronunciamento judicial a ser efetivado;

II – as preferências legais.

§ 3º Após elaboração de lista própria, respeitar-se-ão a ordem cronológica de recebimento entre os atos urgentes e as preferências legais.

§ 4º A parte que se considerar preterida na ordem cronológica poderá reclamar, nos próprios autos, ao juiz do processo, que requisitará informações ao servidor, a serem prestadas no prazo de 2 (dois) dias.

§ 5º Constatada a preterição, o juiz determinará o imediato cumprimento do ato e a instauração de processo administrativo disciplinar contra o servidor.

Art. 154. Incumbe ao oficial de justiça:

- Correspondência: art. 143, *caput*, CPC/1973.
- V. arts. 148, II e 782, CPC/2015.

I – fazer pessoalmente citações, prisões, penhoras, arrestos e demais diligências próprias do seu ofício, sempre que possível na presença de 2 (duas) testemunhas, certificando no mandado o ocorrido, com menção ao lugar, ao dia e à hora;

- Correspondência: art. 143, I, CPC/1973.

II – executar as ordens do juiz a que estiver subordinado;

- Correspondência: art. 143, II, CPC/1973.

Códigos

III – entregar o mandado em cartório após seu cumprimento;

- Correspondência: art. 143, III, CPC/1973.

IV – auxiliar o juiz na manutenção da ordem;

- Correspondência: art. 143, IV, CPC/1973.

V – efetuar avaliações, quando for o caso;

- Correspondência: art. 143, V, CPC/1973.
- V. art. 870, CPC/2015.

VI – certificar, em mandado, proposta de autocomposição apresentada por qualquer das partes, na ocasião de realização de ato de comunicação que lhe couber.

- Sem correspondência no CPC/1973.

Parágrafo único. Certificada a proposta de autocomposição prevista no inciso VI, o juiz ordenará a intimação da parte contrária para manifestar-se, no prazo de 5 (cinco) dias, sem prejuízo do andamento regular do processo, entendendo-se o silêncio como recusa.

- Sem correspondência no CPC/1973.

Art. 155. O escrivão, o chefe de secretaria e o oficial de justiça são responsáveis, civil e regressivamente, quando:

- Correspondência: art. 144, *caput*, CPC/1973.
- V. art. 37, § 6º, CF.

I – sem justo motivo, se recusarem a cumprir no prazo os atos impostos pela lei ou pelo juiz a que estão subordinados;

- Correspondência: art. 144, I, CPC/1973.

II – praticarem ato nulo com dolo ou culpa.

- Correspondência: art. 144, II, CPC/1973.

Seção II
Do Perito

Art. 156. O juiz será assistido por perito quando a prova do fato depender de conhecimento técnico ou científico.

- Correspondência: art. 145, *caput*, CPC/1973.
- V. art. 468, CPC/2015.

§ 1º Os peritos serão nomeados entre os profissionais legalmente habilitados e os órgãos técnicos ou científicos devidamente inscritos em cadastro mantido pelo tribunal ao qual o juiz está vinculado.

- Correspondência: art. 145, § 1º, CPC/1973.

§ 2º Para formação do cadastro, os tribunais devem realizar consulta pública, por meio de divulgação na rede mundial de computadores ou em jornais de grande circulação, além de consulta direta a universidades, a conselhos de classe, ao Ministério Público, à Defensoria Pública e à Ordem dos Advogados do Brasil, para a indicação de profissionais ou de órgãos técnicos interessados.

- Sem correspondência no CPC/1973.

§ 3º Os tribunais realizarão avaliações e reavaliações periódicas para manutenção do cadastro, considerando a formação profissional, a atualização do conhecimento e a experiência dos peritos interessados.

- Sem correspondência no CPC/1973.

§ 4º Para verificação de eventual impedimento ou motivo de suspeição, nos termos dos arts. 148 e 467, o órgão técnico ou científico nomeado para realização da perícia informará ao juiz os nomes e os dados de qualificação dos profissionais que participarão da atividade.

- Sem correspondência no CPC/1973.

§ 5º Na localidade onde não houver inscrito no cadastro disponibilizado pelo tribunal, a nomeação do perito é de livre escolha pelo juiz e deverá recair sobre profissional ou órgão técnico ou científico comprovadamente detentor do conhecimento necessário à realização da perícia.

- Correspondência: art. 145, § 2º, CPC/1973.

Art. 157. O perito tem o dever de cumprir o ofício no prazo que lhe designar o juiz, empregando toda sua diligência, podendo escusar-se do encargo alegando motivo legítimo.

- Correspondência: art. 146, *caput*, CPC/1973.
- V. arts. 164, 466 e 477, CPC/2015.

§ 1º A escusa será apresentada no prazo de 15 (quinze) dias, contado da intimação, da suspeição ou do impedimento supervenientes, sob pena de renúncia ao direito a alegá-la.

- Correspondência: art. 146, parágrafo único, CPC/1973.
- V. art. 467, CPC/2015.

§ 2º Será organizada lista de peritos na vara ou na secretaria, com disponibilização dos documentos exigidos para habilitação à consulta de interessados, para que a nomeação seja distribuída de modo equitativo, observadas a capacidade técnica e a área de conhecimento.

- Sem correspondência no CPC/1973.

Art. 158. O perito que, por dolo ou culpa, prestar informações inverídicas responderá pelos prejuízos que causar à parte e ficará inabilitado para atuar em outras perícias no prazo de 2 (dois) a 5 (cinco) anos, independentemente das demais sanções previstas em lei, devendo o juiz comunicar o fato ao respectivo órgão de classe para adoção das medidas que entender cabíveis.

- Correspondência: art. 147, CPC/1973.
- V. art. 164, CPC/2015.
- V. arts. 142, III e 342, CP.

Seção III
Do Depositário e do Administrador

Art. 159. A guarda e a conservação de bens penhorados, arrestados, sequestrados ou arrecadados serão confiadas a depositário ou a administrador, não dispondo a lei de outro modo.

- Correspondência: art. 148, CPC/1973.
- V. art. 840, CPC/2015.

Art. 160. Por seu trabalho o depositário ou o administrador perceberá remuneração que o juiz fixará levando em conta a situação dos bens, ao tempo do serviço e às dificuldades de sua execução.

- Correspondência: art. 149, *caput*, CPC/1973.

Parágrafo único. O juiz poderá nomear um ou mais prepostos por indicação do depositário ou do administrador.

- Correspondência: art. 149, parágrafo único, CPC/1973.

Art. 161. O depositário ou o administrador responde pelos prejuízos que, por dolo ou culpa, causar à parte, perdendo a remuneração que lhe foi arbitrada, mas tem o direito a haver o que legitimamente despendeu no exercício do encargo.

- Correspondência: art. 150, CPC/1973.
- V. art. 553, CPC/2015.

Parágrafo único. O depositário infiel responde civilmente pelos prejuízos causados, sem prejuízo de sua responsabilidade penal e da imposição de sanção por ato atentatório à dignidade da justiça.

- Sem correspondência no CPC/1973.
- V. art. 5º, LXVII, CF.
- V. art. 168, § 1º, II, CP.

Seção IV
Do Intérprete e do Tradutor

Art. 162. O juiz nomeará intérprete ou tradutor quando necessário para:

- Correspondência: art. 151, *caput*, CPC/1973.

I – traduzir documento redigido em língua estrangeira;

- Correspondência: art. 151, I, CPC/1973.

II – verter para o português as declarações das partes e das testemunhas que não conhecerem o idioma nacional;

- Correspondência: art. 151, II, CPC/1973.

III – realizar a interpretação simultânea dos depoimentos das partes e testemunhas com deficiência auditiva que se comuniquem por meio da Língua Brasileira de Sinais, ou equivalente, quando assim for solicitado.

- Correspondência: art. 151, III, CPC/1973.

Art. 163. Não pode ser intérprete ou tradutor quem:

- Correspondência: art. 152, *caput*, CPC/1973.
- V. art. 192, CPC/2015.

I – não tiver a livre administração de seus bens;

- Correspondência: art. 152, I, CPC/1973.

II – for arrolado como testemunha ou atuar como perito no processo;

- Correspondência: art. 152, II, CPC/1973.

III – estiver inabilitado para o exercício da profissão por sentença penal condenatória, enquanto durarem seus efeitos.

- Correspondência: art. 152, III, CPC/1973.
- V. art. 47, II, CP.

Art. 164. O intérprete ou tradutor, oficial ou não, é obrigado a desempenhar seu ofício, aplicando-se-lhe o disposto nos arts. 157 e 158.

- Correspondência: art. 153, CPC/1973.
- V. art. 148, CPC/2015.

Seção V
Dos Conciliadores e Mediadores Judiciais

Art. 165. Os tribunais criarão centros judiciários de solução consensual de conflitos, responsáveis pela realização de sessões e audiências de conciliação e mediação e pelo desenvolvimento de programas destinados a auxiliar, orientar e estimular a autocomposição.

- Sem correspondência no CPC/1973.

§ 1º A composição e a organização dos centros serão definidas pelo respectivo tribunal, observadas as normas do Conselho Nacional de Justiça.

§ 2º O conciliador, que atuará preferencialmente nos casos em que não houver vínculo anterior entre as partes, poderá sugerir soluções para o litígio, sendo vedada a utilização de qualquer tipo de constrangimento ou intimidação para que as partes conciliem.

§ 3º O mediador, que atuará preferencialmente nos casos em que houver vínculo anterior entre as partes, auxiliará aos interessados a compreender as questões e os interesses em conflito, de modo que eles possam, pelo restabelecimento da comunicação, identificar, por si próprios, soluções consensuais que gerem benefícios mútuos.

- V. Res. CNJ 125/2010 (Política Judiciária Nacional de tratamento adequado dos conflitos de interesses no âmbito do Poder Judiciário).

Art. 166. A conciliação e a mediação são informadas pelos princípios da independência, da imparcialidade, da autonomia da vontade, da confidencialidade, da oralidade, da informalidade e da decisão informada.

- Sem correspondência no CPC/1973.
- V. Res. CNJ 125/2010 (Política Judiciária Nacional de tratamento adequado dos conflitos de interesses no âmbito do Poder Judiciário).

§ 1º A confidencialidade estende-se a todas as informações produzidas no curso do procedimento, cujo teor não poderá ser utilizado para fim diverso daquele previsto por expressa deliberação das partes.

§ 2º Em razão do dever de sigilo, inerente às suas funções, o conciliador e o mediador, assim como os membros de suas equipes, não poderão divulgar ou depor acerca de fatos ou elementos oriundos da conciliação ou da mediação.

§ 3º Admite-se a aplicação de técnicas negociais, com o objetivo de proporcionar ambiente favorável à autocomposição.

§ 4º A mediação e a conciliação serão regidas conforme a livre autonomia dos interessados, inclusive no que diz respeito à definição das regras procedimentais.

Art. 167. Os conciliadores, os mediadores e as câmaras privadas de conciliação e mediação serão inscritos em cadastro nacional e em cadastro de tribunal de justiça ou de tribunal regional federal, que manterá registro de profissionais habilitados, com indicação de sua área profissional.

- Sem correspondência no CPC/1973.
- V. Res. CNJ 125/2010 (Política Judiciária Nacional de tratamento adequado dos conflitos de interesses no âmbito do Poder Judiciário).

§ 1º Preenchendo o requisito da capacitação mínima, por meio de curso realizado por entidade credenciada, conforme parâmetro curricular definido pelo Conselho Nacional de Justiça em conjunto com o Ministério da Justiça, o conciliador ou o mediador, com o respectivo certificado, poderá requerer sua inscrição no cadastro nacional e no cadastro de tribunal de justiça ou de tribunal regional federal.

§ 2º Efetivado o registro, que poderá ser precedido de concurso público, o tribunal remeterá ao diretor do foro da comarca, seção ou subseção judiciária onde atuará o conciliador ou o mediador os dados necessários para que seu nome passe a constar da respectiva lista, a ser observada na distribuição alternada e aleatória, respeitado o princípio da igualdade dentro da mesma área de atuação profissional.

§ 3º Do credenciamento das câmaras e do cadastro de conciliadores e mediadores constarão todos os dados relevantes para a sua atuação, tais como o número de processos de que participou, o sucesso ou insucesso da atividade, a matéria sobre a qual versou a controvérsia, bem como outros dados que o tribunal julgar relevantes.

§ 4º Os dados colhidos na forma do § 3º serão classificados sistematicamente pelo tribunal, que os publicará, ao menos anualmente, para conhecimento da população e para fins estatísticos e de avaliação da conciliação, da mediação, das câmaras privadas de conciliação e de mediação, dos conciliadores e dos mediadores.

§ 5º Os conciliadores e mediadores judiciais cadastrados na forma do *caput*, se advogados, estarão impedidos de exercer a advocacia nos juízos em que desempenhem suas funções.

§ 6º O tribunal poderá optar pela criação de quadro próprio de conciliadores e mediadores, a ser preenchido por concurso público de provas e títulos, observadas as disposições deste Capítulo.

Art. 168. As partes podem escolher, de comum acordo, o conciliador, o mediador ou a câmara privada de conciliação e de mediação.

- Sem correspondência no CPC/1973.
- V. Res. CNJ 125/2010 (Política Judiciária Nacional de tratamento adequado dos conflitos de interesses no âmbito do Poder Judiciário).

§ 1º O conciliador ou mediador escolhido pelas partes poderá ou não estar cadastrado no tribunal.

§ 2º Inexistindo acordo quanto à escolha do mediador ou conciliador, haverá distribuição entre aqueles cadastrados no registro do tribunal, observada a respectiva formação.

§ 3º Sempre que recomendável, haverá a designação de mais de um mediador ou conciliador.

Art. 169. Ressalvada a hipótese do art. 167, § 6º, o conciliador e o mediador receberão pelo seu trabalho remuneração prevista em tabela fixada pelo tribunal, conforme parâmetros estabelecidos pelo Conselho Nacional de Justiça.

- Sem correspondência no CPC/1973.
- V. Res. CNJ 125/2010 (Política Judiciária Nacional de tratamento adequado dos conflitos de interesses no âmbito do Poder Judiciário).

§ 1º A mediação e a conciliação podem ser realizadas como trabalho voluntário, observada a legislação pertinente e a regulamentação do tribunal.

§ 2º Os tribunais determinarão o percentual de audiências não remuneradas que deverão ser suportadas pelas câmaras privadas de conciliação e mediação, com o fim de atender aos processos em que deferida gratuidade da justiça, como contrapartida de seu credenciamento.

Art. 170. No caso de impedimento, o conciliador ou mediador o comunicará imediatamente, de preferência por meio eletrônico, e devolverá os autos ao juiz do processo ou ao coordenador do centro judiciário de solução de conflitos, devendo este realizar nova distribuição.

- Sem correspondência no CPC/1973.
- V. Res. CNJ 125/2010 (Política Judiciária Nacional de tratamento adequado dos conflitos de interesses no âmbito do Poder Judiciário).

Parágrafo único. Se a causa de impedimento for apurada quando já iniciado o procedimento, a atividade será interrompida, lavrando-se ata com relatório do ocorrido e solicitação de distribuição para novo conciliador ou mediador.

Art. 171. No caso de impossibilidade temporária do exercício da função, o conciliador ou mediador informará o fato ao centro, preferencial-mente por meio eletrônico, para que, durante o período em que perdurar a impossibilidade, não haja novas distribuições.

- Sem correspondência no CPC/1973.
- V. Res. CNJ 125/2010 (Política Judiciária Nacional de tratamento adequado dos conflitos de interesses no âmbito do Poder Judiciário).

Art. 172. O conciliador e o mediador ficam impedidos, pelo prazo de 1 (um) ano, contado do término da última audiência em que atuaram, de assessorar, representar ou patrocinar qualquer das partes.

- Sem correspondência no CPC/1973.
- V. Res. CNJ 125/2010 (Política Judiciária Nacional de tratamento adequado dos conflitos de interesses no âmbito do Poder Judiciário).

Art. 173. Será excluído do cadastro de conciliadores e mediadores aquele que:

- Sem correspondência no CPC/1973.
- V. Res. CNJ 125/2010 (Política Judiciária Nacional de tratamento adequado dos conflitos de interesses no âmbito do Poder Judiciário).

I – agir com dolo ou culpa na condução da conciliação ou da mediação sob sua responsabilidade ou violar qualquer dos deveres decorrentes do art. 166, §§ 1º e 2º;

II – atuar em procedimento de mediação ou conciliação, apesar de impedido ou suspeito.

§ 1º Os casos previstos neste artigo serão apurados em processo administrativo.

§ 2º O juiz do processo ou o juiz coordenador do centro de conciliação e mediação, se houver, verificando atuação inadequada do mediador ou conciliador, poderá afastá-lo de suas atividades por até 180 (cento e oitenta) dias, por decisão fundamentada, informando o fato imediatamente ao tribunal para instauração do respectivo processo administrativo.

Art. 174. A União, os Estados, o Distrito Federal e os Municípios criarão câmaras de mediação e conciliação, com atribuições relacionadas à solução consensual de conflitos no âmbito administrativo, tais como:

- Sem correspondência no CPC/1973.
- V. Res. CNJ 125/2010 (Política Judiciária Nacional de tratamento adequado dos conflitos de interesses no âmbito do Poder Judiciário).

I – dirimir conflitos envolvendo órgãos e entidades da administração pública;

II – avaliar a admissibilidade dos pedidos de resolução de conflitos, por meio de conciliação, no âmbito da administração pública;

III – promover, quando couber, a celebração de termo de ajustamento de conduta.

Art. 175. As disposições desta Seção não excluem outras formas de conciliação e mediação extrajudiciais vinculadas a órgãos institucionais ou realizadas por intermédio de profissionais independentes, que poderão ser regulamentadas por lei específica.

- Sem correspondência no CPC/1973.
- V. Res. CNJ 125/2010 (Política Judiciária Nacional de tratamento adequado dos conflitos de interesses no âmbito do Poder Judiciário).

Parágrafo único. Os dispositivos desta Seção aplicam-se, no que couber, às câmaras privadas de conciliação e mediação.

TÍTULO V
Do Ministério Público

Art. 176. O Ministério Público atuará na defesa da ordem jurídica, do regime democrático e dos interesses e direitos sociais e individuais indisponíveis.

- Sem correspondência no CPC/1973.
- V. art. 127, CF.
- V. art. 1º, Lei 8.625/1993 (Lei Orgânica Nacional do Ministério Público).

Art. 177. O Ministério Público exercerá o direito de ação em conformidade com suas atribuições constitucionais.

- Correspondência: art. 81, CPC/1973.
- V. arts. 82, § 1º, 91, 180, 778, § 1º, I, 967, III e 996, CPC/2015.
- V. art. 129, CF.
- V. art. 32, Lei 8.625/1993 (Lei Orgânica Nacional do Ministério Público).

Art. 178. O Ministério Público será intimado para, no prazo de 30 (trinta) dias, intervir como fiscal da ordem jurídica nas hipóteses previstas em lei ou na Constituição Federal e nos processos que envolvam:

- Correspondência: art. 82, *caput*, CPC/1973.
- V. arts. 279, 626, 721, 735, § 2º, 737, § 2º e 740, § 6º, CPC/2015.
- V. art. 6º, § 4º, Lei 4.717/1965 (Ação popular).
- V. art. 9º, Lei 5.478/1968 (Ação de alimentos).
- V. art. 5º, I, Lei 7.347/1985 (Ação civil pública).

I – interesse público ou social;

- Correspondência: art. 82, III, 2ª parte, CPC/1973.

II – interesse de incapaz;

- Correspondência: art. 82, I, CPC/1973.

III – litígios coletivos pela posse de terra rural ou urbana.

- Correspondência: art. 82, III, 1ª parte, CPC/1973.

Parágrafo único. A participação da Fazenda Pública não configura, por si só, hipótese de intervenção do Ministério Público.

- Sem correspondência no CPC/1973.

Art. 179. Nos casos de intervenção como fiscal da ordem jurídica, o Ministério Público:

- Correspondência: art. 83, *caput*, CPC/1973.
- V. arts. 180 e 234, CPC/2015.

I – terá vista dos autos depois das partes, sendo intimado de todos os atos do processo;

- Correspondência: art. 83, I, CPC/1973.

II – poderá produzir provas, requerer as medidas processuais pertinentes e recorrer.

- Correspondência: art. 83, II, CPC/1973.

Art. 180. O Ministério Público gozará de prazo em dobro para manifestar-se nos autos, que terá início a partir de sua intimação pessoal, nos termos do art. 183, § 1º.

- Correspondência: art. 188, CPC/1973.
- V. art. 230, CPC/2015.
- V. art. 5º, § 5º, Lei 1.060/1950 (Lei de Assistência Judiciária).
- V. art. 10, Lei 9.469/1997 (Estende às autarquias e fundações públicas o disposto nos arts. 188 e 475, *caput* e II, CPC).
- V. Súmula 116, STJ.

§ 1º Findo o prazo para manifestação do Ministério Público sem o oferecimento de parecer, o juiz requisitará os autos e dará andamento ao processo.

- Sem correspondência no CPC/1973.

§ 2º Não se aplica o benefício da contagem em dobro quando a lei estabelecer, de forma expressa, prazo próprio para o Ministério Público.

- Sem correspondência no CPC/1973.

Art. 181. O membro do Ministério Público será civil e regressivamente responsável quando agir com dolo ou fraude no exercício de suas funções.

- Correspondência: art. 85, CPC/1973.
- V. art. 37, § 6º, CF.

TÍTULO VI
Da Advocacia Pública

Art. 182. Incumbe à Advocacia Pública, na forma da lei, defender e promover os interesses públicos da União, dos Estados, do Distrito Federal e dos Municípios, por meio da representação judicial, em todos os âmbitos federativos, das pessoas jurídicas de direito público que integram a administração direta e indireta.

- Sem correspondência no CPC/1973.
- V. arts. 37, § 6º e 131, CF.

Art. 183. A União, os Estados, o Distrito Federal, os Municípios e suas respectivas autarquias e fundações de direito público gozarão de prazo em dobro para todas as suas manifestações processuais, cuja contagem terá início a partir da intimação pessoal.

- Correspondência: art. 188, CPC/1973.
- V. arts. 180 e 230, CPC/2015.
- V. art. 5º, § 5º, Lei 1.060/1950 (Lei de Assistência Judiciária).
- V. art. 10, Lei 9.469/1997 (Estende às autarquias e fundações públicas o disposto nos arts. 188 e 475, *caput* e II, CPC).
- V. Súmula 116, STJ.

§ 1º A intimação pessoal far-se-á por carga, remessa ou meio eletrônico.

- Sem correspondência no CPC/1973.

§ 2º Não se aplica o benefício da contagem em dobro quando a lei estabelecer, de forma expressa, prazo próprio para o ente público.

- Sem correspondência no CPC/1973.

Art. 184. O membro da Advocacia Pública será civil e regressivamente responsável quando agir com dolo ou fraude no exercício de suas funções.

- Sem correspondência no CPC/1973.

TÍTULO VII
Da Defensoria Pública

Art. 185. A Defensoria Pública exercerá a orientação jurídica, a promoção dos direitos humanos e a defesa dos direitos individuais e coletivos dos necessitados, em todos os graus, de forma integral e gratuita.

- Sem correspondência no CPC/1973.
- V. art. 134, CF.

Art. 186. A Defensoria Pública gozará de prazo em dobro para todas as suas manifestações processuais.

- Sem correspondência no CPC/1973.
- V. art. 5º, § 5º, Lei 1.060/1950 (Lei de Assistência Judiciária).

§ 1º O prazo tem início com a intimação pessoal do defensor público, nos termos do art. 183, § 1º.

- V. art. 230, CPC/2015.

§ 2º A requerimento da Defensoria Pública, o juiz determinará a intimação pessoal da parte patrocinada quando o ato processual depender de providência ou informação que somente por ela possa ser realizada ou prestada.

§ 3º O disposto no *caput* aplica-se aos escritórios de prática jurídica das faculdades de Direito reconhecidas na forma da lei e às entidades que prestam assistência jurídica gratuita em razão de convênios firmados com a Defensoria Pública.

§ 4º Não se aplica o benefício da contagem em dobro quando a lei estabelecer, de forma expressa, prazo próprio para a Defensoria Pública.

Art. 187. O membro da Defensoria Pública será civil e regressivamente responsável quando agir com dolo ou fraude no exercício de suas funções.

- Sem correspondência no CPC/1973.
- V. art. 37, § 6º, CF.

Livro IV
DOS ATOS PROCESSUAIS

TÍTULO I
Da Forma, do Tempo e do Lugar dos Atos Processuais

Capítulo I
Da Forma dos Atos Processuais

Seção I
Dos Atos em Geral

Art. 188. Os atos e os termos processuais independem de forma determinada, salvo quando a lei expressamente a exigir, considerando-se válidos os que, realizados de outro modo, lhe preencham a finalidade essencial.

- Correspondência: art. 154, CPC/1973.
- V. arts. 277 e 283, CPC/2015.

Art. 189. Os atos processuais são públicos, todavia tramitam em segredo de justiça os processos:

- Correspondência: art. 155, *caput*, CPC/1973.
- V. art. 5º, LX, CF.
- V. art. 368, CPC/2015.

I – em que o exija o interesse público ou social;

- Correspondência: art. 155, I, CPC/1973.

II – que versem sobre casamento, separação de corpos, divórcio, separação, união estável, filiação, alimentos e guarda de crianças e adolescentes;

- Correspondência: art. 155, II, CPC/1973.

III – em que constem dados protegidos pelo direito constitucional à intimidade;

- Sem correspondência no CPC/1973.

IV – que versem sobre arbitragem, inclusive sobre cumprimento de carta arbitral, desde que a confidencialidade estipulada na arbitragem seja comprovada perante o juízo.

- Sem correspondência no CPC/1973.

§ 1º O direito de consultar os autos de processo que tramite em segredo de justiça e de pedir certidões de seus atos é restrito às partes e aos seus procuradores.

- Correspondência: art. 155, parágrafo único, 1ª parte, CPC/1973.
- V. arts. 5º, XXXIV, b e 133, CF.

§ 2º O terceiro que demonstrar interesse jurídico pode requerer ao juiz certidão do dispositivo da sentença, bem como de inventário e de partilha resultantes de divórcio ou separação.

- Correspondência: art. 155, parágrafo único, 2ª parte, CPC/1973.

Art. 190. Versando o processo sobre direitos que admitam autocomposição, é lícito às partes plenamente capazes estipular mudanças no procedimento para ajustá-lo às especificidades da causa e convencionar sobre os seus ônus, poderes, faculdades e deveres processuais, antes ou durante o processo.

- Correspondência: art. 181, CPC/1973.

Parágrafo único. De ofício ou a requerimento, o juiz controlará a validade das convenções previstas neste artigo, recusando-lhes aplicação somente nos casos de nulidade ou de inserção abusiva em contrato de adesão ou em que alguma parte se encontre em manifesta situação de vulnerabilidade.

- Sem correspondência no CPC/1973.

Art. 191. De comum acordo, o juiz e as partes podem fixar calendário para a prática dos atos processuais, quando for o caso.

- Correspondência: art. 181, § 1º, CPC/1973.
- V. art. 277, CPC/2015.

§ 1º O calendário vincula as partes e o juiz, e os prazos nele previstos somente serão modificados em casos excepcionais, devidamente justificados.

- Sem correspondência no CPC/1973.

§ 2º Dispensa-se a intimação das partes para a prática de ato processual ou a realização de audiência cujas datas tiverem sido designadas no calendário.

- Sem correspondência no CPC/1973.

Art. 192. Em todos os atos e termos do processo é obrigatório o uso da língua portuguesa.

- Correspondência: art. 156, CPC/1973.
- V. art. 162, CPC/2015.
- V. art. 13, CF.

Parágrafo único. O documento redigido em língua estrangeira somente poderá ser juntado aos autos quando acompanhado de versão para a língua portuguesa tramitada por via diplomática ou pela autoridade central, ou firmada por tradutor juramentado.

- Correspondência: art. 157, CPC/1973.
- V. art. 224, CC.
- V. art. 129, 6º, Lei 6.015/1973 (Lei de Registros Públicos).
- V. Súmula 259, STF.

Seção II
Da Prática Eletrônica de Atos Processuais

Art. 193. Os atos processuais podem ser total ou parcialmente digitais, de forma a permitir que sejam produzidos, comunicados, armazenados e validados por meio eletrônico, na forma da lei.

- Correspondência: art. 169, § 2º, CPC/1973.
- V. Lei 6.015/1973 (Lei de Registros Públicos).

Parágrafo único. O disposto nesta Seção aplica-se, no que for cabível, à prática de atos notariais e de registro.

- Sem correspondência no CPC/1973.

Art. 194. Os sistemas de automação processual respeitarão a publicidade dos atos, o acesso e a participação das partes e de seus procuradores, inclusive nas audiências e sessões de julgamento, observadas as garantias da disponibilidade, independência da plataforma computacional, acessibilidade e interoperabilidade dos sistemas, serviços, dados e informações que o Poder Judiciário administre no exercício de suas funções.

- Sem correspondência no CPC/1973.
- V. art. 5º, XXXV e LX, CF.

Art. 195. O registro de ato processual eletrônico deverá ser feito em padrões abertos, que atenderão aos requisitos de autenticidade, integridade, temporalidade, não repúdio, conservação e, nos casos que tramitem em segredo de justiça, confidencialidade, observada a infraestrutura de chaves públicas unificada nacionalmente, nos termos da lei.

- Correspondência: art. 154, parágrafo único, CPC/1973.
- V. art. 5º, LX, CF.
- V. MP 2.200/2001 (Infraestrutura de Chaves Públicas Brasileira – ICP-Brasil).

Art. 196. Compete ao Conselho Nacional de Justiça e, supletivamente, aos tribunais, regulamentar a prática e a comunicação oficial de atos processuais por meio eletrônico e velar pela compatibilidade dos sistemas, disciplinando a incorporação progressiva de novos avanços tecnológicos e editando, para esse fim, os atos que forem necessários, respeitadas as normas fundamentais deste Código.

- Correspondência: art. 154, parágrafo único, CPC/1973.
- V. Res. CNJ 185/2013 (Sistema Processo Judicial Eletrônico – Pje).

Art. 197. Os tribunais divulgarão as informações constantes de seu sistema de automação em página própria na rede mundial de computadores, gozando a divulgação de presunção de veracidade e confiabilidade.

- Sem correspondência no CPC/1973.
- V. Res. CNJ 185/2013 (Sistema Processo Judicial Eletrônico – Pje).

Parágrafo único. Nos casos de problema técnico do sistema e de erro ou omissão do auxiliar da justiça responsável pelo registro dos andamentos, poderá ser configurada a justa causa prevista no art. 223, *caput* e § 1º.

- Sem correspondência no CPC/1973.

Art. 198. As unidades do Poder Judiciário deverão manter gratuitamente, à disposição dos interessados, equipamentos necessários à prática de atos processuais e à consulta e ao acesso ao sistema e aos documentos dele constantes.

- Sem correspondência no CPC/1973.
- V. art. 5º, XIV, XXXIII e XXXIV, b, CF.
- V. Lei 12.527/2011 (Acesso às informações sigilosas do governo).
- V. Res. CNJ 185/2013 (Sistema Processo Judicial Eletrônico – Pje).

Parágrafo único. Será admitida a prática de atos por meio não eletrônico no local onde não estiverem disponibilizados os equipamentos previstos no *caput*.

- Sem correspondência no CPC/1973.

Art. 199. As unidades do Poder Judiciário assegurarão às pessoas com deficiência acessibilidade aos seus sítios na rede mundial de computadores, ao meio eletrônico de prática de atos judiciais, à comunicação eletrônica dos atos processuais e à assinatura eletrônica.

- Sem correspondência no CPC/1973.
- V. art. 5º, *caput*, CF.
- V. Dec. 3.298/1999 (Política Nacional para a Integração da Pessoa Portadora de Deficiência).
- V. Res. CNJ 185/2013 (Sistema Processo Judicial Eletrônico – Pje).

Seção III
Dos Atos das Partes

Art. 200. Os atos das partes consistentes em declarações unilaterais ou bilaterais de vontade produzem imediatamente a constituição, modificação ou extinção de direitos processuais.

- Correspondência: art. 158, *caput*, CPC/1973.
- V. arts. 90, 105, 122, 485, VIII, §§ 4º e 5º e 775, CPC/2015.

Parágrafo único. A desistência da ação só produzirá efeitos após homologação judicial.

- Correspondência: art. 158, parágrafo único, CPC/1973.

Códigos

Art. 201. As partes poderão exigir recibo de petições, arrazoados, papéis e documentos que entregarem em cartório.

- Correspondência: art. 160, CPC/1973.

Art. 202. É vedado lançar nos autos cotas marginais ou interlineares, as quais o juiz mandará riscar, impondo a quem as escrever multa correspondente à ½ (metade) do salário mínimo.

- Correspondência: art. 161, CPC/1973.
- V. art. 96, CPC/2015.

Seção IV
Dos Pronunciamentos do Juiz

Art. 203. Os pronunciamentos do juiz consistirão em sentenças, decisões interlocutórias e despachos.

- Correspondência: art. 162, *caput*, CPC/1973.
- V. art. 226,330, 336, 481 e 1.009, CPC/2015.

§ 1º Ressalvadas as disposições expressas dos procedimentos especiais, sentença é o pronunciamento por meio do qual o juiz, com fundamento nos arts. 485 e 487, põe fim à fase cognitiva do procedimento comum, bem como extingue a execução.

- Correspondência: art. 162, § 1º, CPC/1973.

§ 2º Decisão interlocutória é todo pronunciamento judicial de natureza decisória que não se enquadre no § 1º.

- Correspondência: art. 162, § 2º, CPC/1973.
- V. art. 1.015, CPC/2015.

§ 3º São despachos todos os demais pronunciamentos do juiz praticados no processo, de ofício ou a requerimento da parte.

- Correspondência: art. 162, § 3º, CPC/1973.

§ 4º Os atos meramente ordinatórios, como a juntada e a vista obrigatória, independem de despacho, devendo ser praticados de ofício pelo servidor e revistos pelo juiz quando necessário.

- Correspondência: art. 162, § 4º, CPC/1973.
- V. art. 93, XIV, CF.

Art. 204. Acórdão é o julgamento colegiado proferido pelos tribunais.

- Correspondência: art. 163, CPC/1973.

Art. 205. Os despachos, as decisões, as sentenças e os acórdãos serão redigidos, datados e assinados pelos juízes.

- Correspondência: art. 164, *caput*, 1ª parte, CPC/1973.
- V. arts. 209 e 210, CPC/2015.
- V. Súmulas 39, 85, 106, 119, 143 e 412, do STJ.
- V. Súmulas 149 a 151, 443, 445 e 494, do STF.

§ 1º Quando os pronunciamentos previstos no *caput* forem proferidos oralmente, o servidor os documentará, submetendo-os aos juízes para revisão e assinatura.

- Correspondência: art. 164, *caput*, 2ª parte, CPC/1973.

§ 2º A assinatura dos juízes, em todos os graus de jurisdição, pode ser feita eletronicamente, na forma da lei.

- Correspondência: art. 164, parágrafo único, CPC/1973.

§ 3º Os despachos, as decisões interlocutórias, o dispositivo das sentenças e a ementa dos acórdãos serão publicados no Diário de Justiça Eletrônico.

- Sem correspondência no CPC/1973.

Seção V
Dos Atos do Escrivão ou do Chefe de Secretaria

Art. 206. Ao receber a petição inicial de processo, o escrivão ou o chefe de secretaria a autuará, mencionando o juízo, a natureza do processo, o número de seu registro, os nomes das partes e a data de seu início, e procederá do mesmo modo em relação aos volumes em formação.

- Correspondência: art. 166, CPC/1973.
- V. art. 152, CPC/2015.
- V. art. 16, Lei 9.099/1995 (Juizados Especiais Cíveis e Criminais).

Art. 207. O escrivão ou o chefe de secretaria numerará e rubricará todas as folhas dos autos.

- Correspondência: art. 167, *caput*, CPC/1973.

Parágrafo único. À parte, ao procurador, ao membro do Ministério Público, ao defensor público e aos auxiliares da justiça é facultado rubricar as folhas correspondentes aos atos em que intervierem.

- Correspondência: art. 167, parágrafo único, CPC/1973.

Art. 208. Os termos de juntada, vista, conclusão e outros semelhantes constarão de notas datadas e rubricadas pelo escrivão ou pelo chefe de secretaria.

- Correspondência: art. 168, CPC/1973.

Art. 209. Os atos e os termos do processo serão assinados pelas pessoas que neles intervierem, todavia, quando essas não puderem ou não quiserem firmá-los, o escrivão ou o chefe de secretaria certificará a ocorrência.

- Correspondência: art. 169, *caput*, CPC/1973.

§ 1º Quando se tratar de processo total ou parcialmente documentado em autos eletrônicos, os atos processuais praticados na presença do juiz poderão ser produzidos e armazenados de modo integralmente digital em arquivo eletrônico inviolável, na forma da lei, mediante registro em termo, que será assinado digitalmente pelo juiz e pelo escrivão ou chefe de secretaria, bem como pelos advogados das partes.

- Correspondência: art. 169, § 2º, CPC/1973.

§ 2º Na hipótese do § 1º, eventuais contradições na transcrição deverão ser suscitadas oralmente no momento de realização do ato, sob pena de preclusão, devendo o juiz decidir de plano e ordenar o registro, no termo, da alegação e da decisão.

- Correspondência: art. 169, § 3º, CPC/1973.

Art. 210. É lícito o uso da taquigrafia, da estenotipia ou de outro método idôneo em qualquer juízo ou tribunal.

- Correspondência: art. 170, CPC/1973.
- V. art. 205, CPC/2015.

Art. 211. Não se admitem nos atos e termos processuais espaços em branco, salvo os que forem inutilizados, assim como entrelinhas, emendas ou rasuras, exceto quando expressamente ressalvadas.

- Correspondência: art. 171, CPC/1973.
- V. art. 426, CPC/2015.

Capítulo II
Do Tempo e do Lugar dos Atos Processuais

Seção I
Do Tempo

Art. 212. Os atos processuais serão realizados em dias úteis, das 6 (seis) às 20 (vinte) horas.

- Correspondência: art. 172, *caput*, CPC/1973.

§ 1º Serão concluídos após as 20 (vinte) horas os atos iniciados antes, quando o adiamento prejudicar a diligência ou causar grave dano.

- Correspondência: art. 172, § 1º, CPC/1973.

§ 2º Independentemente de autorização judicial, as citações, intimações e penhoras poderão realizar-se no período de férias forenses, onde as houver, e nos feriados ou dias úteis fora do horário estabelecido neste artigo, observado o disposto no art. 5º, inciso XI, da Constituição Federal.

- Correspondência: art. 172, § 2º, CPC/1973.
- V. arts. 214 e 900, CPC/2015.

§ 3º Quando o ato tiver de ser praticado por meio de petição em autos não eletrônicos, essa deverá ser protocolada no horário de funcionamento do fórum ou tribunal, conforme o disposto na lei de organização judiciária local.

- Correspondência: art. 172, § 3º, CPC/1973.

Art. 213. A prática eletrônica de ato processual pode ocorrer em qualquer horário até as 24 (vinte e quatro) horas do último dia do prazo.

- Sem correspondência no CPC/1973.
- V. Res. CNJ 185/2013 (Sistema Processo Judicial Eletrônico – Pje).

Parágrafo único. O horário vigente no juízo perante o qual o ato deve ser praticado será considerado para fins de atendimento do prazo.

Art. 214. Durante as férias forenses e nos feriados, não se praticarão atos processuais, excetuando-se:

- Correspondência: art. 173, *caput*, CPC/1973.
- V. art. 216, CPC/2015.
- V. art. 93, XII, CF.
- V. art. 66, § 1º, LC 35/1979 (Lei Orgânica da Magistratura Nacional).

I – os atos previstos no art. 212, § 2º;

- Correspondência: art. 173, II, CPC/1973.

II – a tutela de urgência.

- Sem correspondência no CPC/1973.

Art. 215. Processam-se durante as férias forenses, onde as houver, e não se suspendem pela superveniência delas:

- Correspondência: art. 174, *caput*, CPC/1973.
- V. art. 1º, Lei 6.338/1976 (Ações que têm curso nas férias).
- V. art. 58, I, Lei 8.245/1991 (Locação de imóveis urbanos).

I – os procedimentos de jurisdição voluntária e os necessários à conservação de direitos, quando puderem ser prejudicados pelo adiamento;

- Correspondência: art. 174, I, CPC/1973.
- V. arts. 719 a 770, CPC/2015.
- V. art. 39, Dec.-lei 3.365/1941 (Desapropriação por utilidade pública).
- V. art. 2º, § 1º, LC 76/1993 (Reforma agrária).

II – a ação de alimentos e os processos de nomeação ou remoção de tutor e curador;

- Correspondência: art. 174, II, CPC/1973.
- V. arts. 528 a 531 e 911 a 913, CPC/2015.

III – os processos que a lei determinar.

- Correspondência: art. 174, III, CPC/1973.

Art. 216. Além dos declarados em lei, são feriados, para efeito forense, os sábados, os domingos e os dias em que não haja expediente forense.

- Correspondência: art. 175, CPC/1973.
- V. arts. 1º e 2º, Lei 9.093/1995 (Feriados).

Seção II
Do Lugar

Art. 217. Os atos processuais realizar-se-ão ordinariamente na sede do juízo, ou, excepcionalmente, em outro lugar em razão de deferência, de interesse da justiça, da natureza do ato ou de obstáculo arguido pelo interessado e acolhido pelo juiz.

- Correspondência: art. 176, CPC/1973.
- V. arts. 454 e 483, CPC/2015.

Capítulo III
Dos Prazos

Seção I
Disposições Gerais

Art. 218. Os atos processuais serão realizados nos prazos prescritos em lei.

- Correspondência: art. 177, 1ª parte, CPC/1973.

§ 1º Quando a lei for omissa, o juiz determinará os prazos em consideração à complexidade do ato.

- Correspondência: art. 177, 2ª parte, CPC/1973.

§ 2º Quando a lei ou o juiz não determinar prazo, as intimações somente obrigarão a comparecimento após decorridas 48 (quarenta e oito) horas.

- Correspondência: art. 192, CPC/1973.

§ 3º Inexistindo preceito legal ou prazo determinado pelo juiz, será de 5 (cinco) dias o prazo para a prática de ato processual a cargo da parte.

- Correspondência: art. 185, CPC/1973.

§ 4º Será considerado tempestivo o ato praticado antes do termo inicial do prazo.

- Sem correspondência no CPC/1973.

Art. 219. Na contagem de prazo em dias, estabelecido por lei ou pelo juiz, computar-se-ão somente os dias úteis.

- Correspondência: art. 178, CPC/1973.

Parágrafo único. O disposto neste artigo aplica-se somente aos prazos processuais.

- Sem correspondência no CPC/1973.

Art. 220. Suspende-se o curso do prazo processual nos dias compreendidos entre 20 de dezembro e 20 de janeiro, inclusive.

- Correspondência: art. 179, CPC/1973.

§ 1º Ressalvadas as férias individuais e os feriados instituídos por lei, os juízes, os membros do Ministério Público, da Defensoria Pública e da Advocacia Pública e os auxiliares da Justiça exercerão suas atribuições durante o período previsto no *caput*.

- Sem correspondência no CPC/1973.

§ 2º Durante a suspensão do prazo, não se realizarão audiências nem sessões de julgamento.

- Sem correspondência no CPC/1973.

Art. 221. Suspende-se o curso do prazo por obstáculo criado em detrimento da parte ou ocorrendo qualquer das hipóteses do art. 313, devendo o prazo ser restituído por tempo igual ao que faltava para sua complementação.

- Correspondência: art. 180, CPC/1973.
- V. Súmula 173, STF.

Parágrafo único. Suspendem-se os prazos durante a execução de programa instituído pelo Poder Judiciário para promover a autocomposição, incumbindo aos tribunais especificar, com antecedência, a duração dos trabalhos.

- Sem correspondência no CPC/1973.

Art. 222. Na comarca, seção ou subseção judiciária onde for difícil o transporte, o juiz poderá prorrogar os prazos por até 2 (dois) meses.

- Correspondência: art. 182, *caput*, 2ª parte, CPC/1973.
- V. arts. 225 e 1.004, CPC/2015.

§ 1º Ao juiz é vedado reduzir prazos peremptórios sem anuência das partes.

- Correspondência: art. 182, *caput*, 1ª parte, CPC/1973.

§ 2º Havendo calamidade pública, o limite previsto no *caput* para prorrogação de prazos poderá ser excedido.

- Correspondência: art. 182, parágrafo único, CPC/1973.

Art. 223. Decorrido o prazo, extingue-se o direito de praticar ou de emendar o ato processual, independentemente de declaração judicial, ficando assegurado, porém, à parte provar que não o realizou por justa causa.

- Correspondência: art. 183, *caput*, CPC/1973.
- V. arts. 507 e 1.004, CPC/2015.

§ 1º Considera-se justa causa o evento alheio à vontade da parte e que a impediu de praticar o ato por si ou por mandatário.

- Correspondência: art. 183, § 1º, CPC/1973.

§ 2º Verificada a justa causa, o juiz permitirá à parte a prática do ato no prazo que lhe assinar.

- Correspondência: art. 183, § 2º, CPC/1973.

Art. 224. Salvo disposição em contrário, os prazos serão contados excluindo o dia do começo e incluindo o dia do vencimento.

- Correspondência: art. 184, *caput*, CPC/1973.
- V. arts. 214, 230 a 232, 975, § 1º e 1.003, CPC/2015.
- V. art. 132, CC.
- V. art. 210, CTN.
- V. art. 775, CLT.

§ 1º Os dias do começo e do vencimento do prazo serão protraídos para o primeiro dia útil seguinte, se coincidirem com dia em que o expediente forense for encerrado antes ou iniciado depois da hora normal ou houver indisponibilidade da comunicação eletrônica.

- Correspondência: art. 184, § 1º, CPC/1973.
- V. art. 5º, §§ 1º e 2º, Lei 11.419/2006 (Informatização do processo judicial).

§ 2º Considera-se como data de publicação o primeiro dia útil seguinte ao da disponibilização da informação no Diário da Justiça eletrônico.

- Sem correspondência no CPC/1973.

§ 3º A contagem do prazo terá início no primeiro dia útil que seguir ao da publicação.

- Correspondência: art. 184, § 2º, CPC/1973.
- V. art. 4º, § 4º, Lei 11.419/2006 (Informatização do processo judicial).

Art. 225. A parte poderá renunciar ao prazo estabelecido exclusivamente em seu favor, desde que o faça de maneira expressa.

- Correspondência: art. 186, CPC/1973.

Art. 226. O juiz proferirá:

- Correspondência: art. 189, *caput*, CPC/1973.

I – os despachos no prazo de 5 (cinco) dias;

- Correspondência: art. 189, I, CPC/1973.

II – as decisões interlocutórias no prazo de 10 (dez) dias;

- Correspondência: art. 189, II, CPC/1973.

III – as sentenças no prazo de 30 (trinta) dias.

- Sem correspondência no CPC/1973.
- V. arts. 235 e 366, CPC/2015.

Art. 227. Em qualquer grau de jurisdição, havendo motivo justificado, pode o juiz exceder, por igual tempo, os prazos a que está submetido.

- Correspondência: art. 187, CPC/1973.
- V. art. 226, CPC/2015.
- V. arts. 35, II, e 39, LC 35/1979 (Lei Orgânica da Magistratura Nacional).

Art. 228. Incumbirá ao serventuário remeter os autos conclusos no prazo de 1 (um) dia e executar os atos processuais no prazo de 5 (cinco) dias, contado da data em que:

- Correspondência: art. 190, *caput*, CPC/1973.
- V. arts. 155, I, e 233, CPC/2015.

I – houver concluído o ato processual anterior, se lhe foi imposto pela lei;

- Correspondência: art. 190, I, CPC/1973.

II – tiver ciência da ordem, quando determinada pelo juiz.

- Correspondência: art. 190, II, CPC/1973.

§ 1º Ao receber os autos, o serventuário certificará o dia e a hora em que teve ciência da ordem referida no inciso II.

- Correspondência: art. 190, parágrafo único, CPC/1973.

§ 2º Nos processos em autos eletrônicos, a juntada de petições ou de manifestações em geral ocorrerá de forma automática, independentemente de ato de serventuário da justiça.

- Sem correspondência no CPC/1973.

Art. 229. Os litisconsortes que tiverem diferentes procuradores, de escritórios de advocacia distintos, terão prazos contados em dobro para todas as suas manifestações, em qualquer juízo ou tribunal, independentemente de requerimento.

- Correspondência: art. 191, CPC/1973.
- V. arts. 107, § 2º, 231, § 1º, 1.004, CPC/2015.

§ 1º Cessa a contagem do prazo em dobro se, havendo apenas 2 (dois) réus, é oferecida defesa por apenas um deles.

- Sem correspondência no CPC/1973.
- V. Súmula 641, STF.

§ 2º Não se aplica o disposto no *caput* aos processos em autos eletrônicos.

- Sem correspondência no CPC/1973.

Art. 230. O prazo para a parte, o procurador, a Advocacia Pública, a Defensoria Pública e o Ministério Público será contado da citação, da intimação ou da notificação.

- Correspondência: art. 240, CPC/1973.

Art. 231. Salvo disposição em sentido diverso, considera-se dia do começo do prazo:

- Correspondência: art. 241, *caput*, CPC/1973.
- V. arts. 224, § 3º, 230, 318 e 915, CPC/2015.

I – a data de juntada aos autos do aviso de recebimento, quando a citação ou a intimação for pelo correio;

- Correspondência: art. 241, I, CPC/1973.

II – a data de juntada aos autos do mandado cumprido, quando a citação ou a intimação for por oficial de justiça;

- Correspondência: art. 241, II, CPC/1973.
- V. art. 362, CPP.

III – a data de ocorrência da citação ou da intimação, quando ela se der por ato do escrivão ou do chefe de secretaria;

- Sem correspondência no CPC/1973.

IV – o dia útil seguinte ao fim da dilação assinada pelo juiz, quando a citação ou a intimação for por edital;

- Correspondência: art. 241, V, CPC/1973.

V – o dia útil seguinte à consulta ao teor da citação ou da intimação ou ao término do prazo para que a consulta se dê, quando a citação ou a intimação for eletrônica;

- Sem correspondência no CPC/1973.

VI – a data de juntada do comunicado de que trata o art. 232 ou, não havendo esse, a data de juntada da carta aos autos de origem devidamente cumprida, quando a citação ou a intimação se realizar em cumprimento de carta;

- Correspondência: art. 241, IV, CPC/1973.

VII – a data de publicação, quando a intimação se der pelo Diário da Justiça impresso ou eletrônico;

- Sem correspondência no CPC/1973.

VIII – o dia da carga, quando a intimação se der por meio da retirada dos autos, em carga, do cartório ou da secretaria.

- Sem correspondência no CPC/1973.

§ 1º Quando houver mais de um réu, o dia do começo do prazo para contestar corresponderá à última das datas a que se referem os incisos I a VI do *caput*.

- Correspondência: art. 241, III, CPC/1973.

§ 2º Havendo mais de um intimado, o prazo para cada um é contado individualmente.

- Sem correspondência no CPC/1973.

§ 3º Quando o ato tiver de ser praticado diretamente pela parte ou por quem, de qualquer forma, participe do processo, sem a intermediação de representante judicial, o dia do começo do prazo para cumprimento da determinação judicial corresponderá à data em que se der a comunicação.

- Sem correspondência no CPC/1973.

§ 4º Aplica-se o disposto no inciso II do *caput* à citação com hora certa.

- Sem correspondência no CPC/1973.

Art. 232. Nos atos de comunicação por carta precatória, rogatória ou de ordem, a realização da citação ou da intimação será imediatamente informada, por meio eletrônico, pelo juiz deprecado ao juiz deprecante.

- Correspondência: art. 738, § 2º, CPC/1973.

Seção II
Da Verificação dos Prazos e das Penalidades

Art. 233. Incumbe ao juiz verificar se o serventuário excedeu, sem motivo legítimo, os prazos estabelecidos em lei.

- Correspondência: art. 193, CPC/1973.
- V. art. 228, CPC/2015.
- V. art. 5º, LV, CF.
- V. art. 35, III, LC 35/1979 (Lei Orgânica da Magistratura Nacional).

§ 1º Constatada a falta, o juiz ordenará a instauração de processo administrativo, na forma da lei.

- Correspondência: art. 194, CPC/1973.

§ 2º Qualquer das partes, o Ministério Público ou a Defensoria Pública poderá representar ao juiz contra o serventuário que injustificadamente exceder os prazos previstos em lei.

- Correspondência: art. 198, CPC/1973.

Art. 234. Os advogados públicos ou privados, o defensor público e o membro do Ministério Público devem restituir os autos no prazo do ato a ser praticado.

- Correspondência: art. 195, CPC/1973.
- V. art. 7º, XV e XVI, Lei 8.906/1994 (Estatuto da Advocacia e da OAB).

§ 1º É lícito a qualquer interessado exigir os autos do advogado que exceder prazo legal.

- Correspondência: art. 196, *caput*, 1ª parte, CPC/1973.
- V. art. 34, XXII, Lei 8.906/1994 (Estatuto da Advocacia e da OAB).

§ 2º Se, intimado, o advogado não devolver os autos no prazo de 3 (três) dias, perderá o direito à vista fora de cartório e incorrerá em multa correspondente à ½ (metade) do salário mínimo.

- Correspondência: art. 196, *caput*, 2ª parte, CPC/1973.

§ 3º Verificada a falta, o juiz comunicará o fato à seção local da Ordem dos Advogados do Brasil para procedimento disciplinar e imposição de multa.

- Correspondência: art. 196, parágrafo único, CPC/1973.

§ 4º Se a situação envolver membro do Ministério Público, da Defensoria Pública ou da Advocacia Pública, a multa, se for o caso, será aplicada ao agente público responsável pelo ato.

- Correspondência: art. 197, CPC/1973.

§ 5º Verificada a falta, o juiz comunicará o fato ao órgão competente responsável pela instauração de procedimento disciplinar contra o membro que atuou no feito.

- Sem correspondência no CPC/1973.
- V. art. 37, I, Lei 8.906/1994 (Estatuto da Advocacia e da OAB).

Art. 235. Qualquer parte, o Ministério Público ou a Defensoria Pública poderá representar ao corregedor do tribunal ou ao Conselho Nacional de Justiça contra juiz ou relator que injustificadamente exceder os prazos previstos em lei, regulamento ou regimento interno.

- Correspondência: arts. 198 e 199, CPC/1973.

§ 1º Distribuída a representação ao órgão competente e ouvido previamente o juiz, não sendo caso de arquivamento liminar, será instaurado procedimento para apuração da responsabilidade, com intimação do representado por meio eletrônico para, querendo, apresentar justificativa no prazo de 15 (quinze) dias.

- Correspondência: art. 198, CPC/1973.

§ 2º Sem prejuízo das sanções administrativas cabíveis, em até 48 (quarenta e oito) horas após a apresentação ou não da justificativa de que trata o § 1º, se for o caso, o corregedor do tribunal ou o relator no Conselho Nacional de Justiça determinará a intimação do representado por meio eletrônico para que, em 10 (dez) dias, pratique o ato.

- Correspondência: art. 198, CPC/1973.

§ 3º Mantida a inércia, os autos serão remetidos ao substituto legal do juiz ou do relator contra o qual se representou para decisão em 10 (dez) dias.

- Correspondência: art. 198, CPC/1973.

TÍTULO II
Da Comunicação dos Atos Processuais

Capítulo I
Disposições Gerais

Art. 236. Os atos processuais serão cumpridos por ordem judicial.

- Correspondência: art. 200, 1ª parte, CPC/1973.

§ 1º Será expedida carta para a prática de atos fora dos limites territoriais do tribunal, da comarca, da seção ou da subseção judiciárias, ressalvadas as hipóteses previstas em lei.

- Correspondência: art. 200, 2ª parte, CPC/1973.

§ 2º O tribunal poderá expedir carta para juízo a ele vinculado, se o ato houver de se realizar fora dos limites territoriais do local de sua sede.

- Correspondência: art. 200, 2ª parte, CPC/1973.

§ 3º Admite-se a prática de atos processuais por meio de videoconferência ou outro recurso tecnológico de transmissão de sons e imagens em tempo real.

- Sem correspondência no CPC/1973.

Art. 237. Será expedida carta:

- Correspondência: art. 201, CPC/1973.
- V. arts. 845, § 2º, e 914, § 2º, CPC/2015.

I – de ordem, pelo tribunal, na hipótese do § 2º do art. 236;

- Correspondência: art. 201, CPC/1973.

Códigos

II – rogatória, para que órgão jurisdicional estrangeiro pratique ato de cooperação jurídica internacional, relativo a processo em curso perante órgão jurisdicional brasileiro;

- Correspondência: art. 201, CPC/1973.
- V. art. 256, § 1º, CPC/2015.

III – precatória, para que órgão jurisdicional brasileiro pratique ou determine o cumprimento, na área de sua competência territorial, de ato relativo a pedido de cooperação judiciária formulado por órgão jurisdicional de competência territorial diversa;

- Correspondência: art. 201, CPC/1973.

IV – arbitral, para que órgão do Poder Judiciário pratique ou determine o cumprimento, na área de sua competência territorial, de ato objeto de pedido de cooperação judiciária formulado por juízo arbitral, inclusive os que importem efetivação de tutela provisória.

- Sem correspondência no CPC/1973.

Parágrafo único. Se o ato relativo a processo em curso na justiça federal ou em tribunal superior houver de ser praticado em local onde não haja vara federal, a carta poderá ser dirigida ao juízo estadual da respectiva comarca.

- Sem correspondência no CPC/1973.

Capítulo II
Da Citação

Art. 238. Citação é o ato pelo qual são convocados o réu, o executado ou o interessado para integrar a relação processual.

- Correspondência: art. 213, CPC/1973.

Art. 239. Para a validade do processo é indispensável a citação do réu ou do executado, ressalvadas as hipóteses de indeferimento da petição inicial ou de improcedência liminar do pedido.

- Correspondência: art. 214, *caput*, CPC/1973.
- V. arts. 280, 332, 337, I, e 910, § 2º, CPC/2015.

§ 1º O comparecimento espontâneo do réu ou do executado supre a falta ou a nulidade da citação, fluindo a partir desta data o prazo para apresentação de contestação ou de embargos à execução.

- Correspondência: art. 214, §§ 1º e 2º, CPC/1973.

§ 2º Rejeitada a alegação de nulidade, tratando-se de processo de:

- Sem correspondência no CPC/1973.

I – conhecimento, o réu será considerado revel;

II – execução, o feito terá seguimento.

Art. 240. A citação válida, ainda quando ordenada por juízo incompetente, induz litispendência, torna litigiosa a coisa e constitui em mora o devedor, ressalvado o disposto nos arts. 397 e 398 da Lei 10.406, de 10 de janeiro de 2002 (Código Civil).

- Correspondência: art. 219, *caput*, CPC/1973.
- V. arts. 58, 312, CPC/2015.
- V. arts. 397 e 398, CC.

§ 1º A interrupção da prescrição, operada pelo despacho que ordena a citação, ainda que proferido por juízo incompetente, retroagirá à data de propositura da ação.

- Correspondência: art. 219, § 1º, CPC/1973.
- V. art. 8º, § 2º, Lei 6.830/1980 (Lei de Execução Fiscal).

§ 2º Incumbe ao autor adotar, no prazo de 10 (dez) dias, as providências necessárias para viabilizar a citação, sob pena de não se aplicar o disposto no § 1º.

- Correspondência: art. 219, § 2º, 1ª parte, CPC/1973.
- V. art. 802, CPC/2015.

§ 3º A parte não será prejudicada pela demora imputável exclusivamente ao serviço judiciário.

- Correspondência: art. 219, § 2º, 2ª parte, CPC/1973.

§ 4º O efeito retroativo a que se refere o § 1º aplica-se à decadência e aos demais prazos extintivos previstos em lei.

- Correspondência: art. 220, CPC/1973.

Art. 241. Transitada em julgado a sentença de mérito proferida em favor do réu antes da citação, incumbe ao escrivão ou ao chefe de secretaria comunicar-lhe o resultado do julgamento.

- Correspondência: art. 219, § 6º, CPC/1973.
- V. arts. 152, II, 494, 502 e 505, CPC/2015.

Art. 242. A citação será pessoal, podendo, no entanto, ser feita na pessoa do representante legal ou do procurador do réu, do executado ou do interessado.

- Correspondência: art. 215, *caput*, CPC/1973.
- V. arts. 71, 73, §§ 1º, 2º e 3º e 215, CPC/2015.

§ 1º Na ausência do citando, a citação será feita na pessoa de seu mandatário, administrador, preposto ou gerente, quando a ação se originar de atos por eles praticados.

- Correspondência: art. 215, § 1º, CPC/1973.
- V. art. 119, Lei 6.404/1976 (Sociedades por ações).

§ 2º O locador que se ausentar do Brasil sem cientificar o locatário de que deixou, na localidade onde estiver situado o imóvel, procurador com poderes para receber citação será citado na pessoa do administrador do imóvel encarregado do recebimento dos aluguéis, que será considerado habilitado para representar o locador em juízo.

- Correspondência: art. 215, § 2º, CPC/1973.
- V. art. 58, IV, Lei 8.245/1991 (Locação de imóveis urbanos).

§ 3º A citação da União, dos Estados, do Distrito Federal, dos Municípios e de suas respectivas autarquias e fundações de direito público será realizada perante o órgão de Advocacia Pública responsável por sua representação judicial.

- Sem correspondência no CPC/1973.
- V. art. 75, CPC/2015.

Art. 243. A citação poderá ser feita em qualquer lugar em que se encontre o réu, o executado ou o interessado.

- Correspondência: art. 216, *caput*, CPC/1973.

Parágrafo único. O militar em serviço ativo será citado na unidade em que estiver servindo, se não for conhecida sua residência ou nela não for encontrado.

- Correspondência: art. 216, parágrafo único, CPC/1973.

Art. 244. Não se fará a citação, salvo para evitar o perecimento do direito:

- Correspondência: art. 217, *caput*, CPC/1973.
- V. art. 332, CPC/2015.

I – de quem estiver participando de ato de culto religioso;

- Correspondência: art. 217, I, CPC/1973.

II – de cônjuge, de companheiro ou de qualquer parente do morto, consanguíneo ou afim, em linha reta ou na linha colateral em segundo grau, no dia do falecimento e nos 7 (sete) dias seguintes;

- Correspondência: art. 217, II, CPC/1973.

III – de noivos, nos 3 (três) primeiros dias seguintes ao casamento;

- Correspondência: art. 217, III, CPC/1973.

IV – de doente, enquanto grave o seu estado.

- Correspondência: art. 217, IV, CPC/1973.

Art. 245. Não se fará citação quando se verificar que o citando é mentalmente incapaz ou está impossibilitado de recebê-la.

- Correspondência: art. 218, *caput*, CPC/1973.
- V. art. 178, II, CPC/2015.
- V. arts. 1.767 e 1.775, CC.

§ 1º O oficial de justiça descreverá e certificará minuciosamente a ocorrência.

- Correspondência: art. 218, § 1º, 1ª parte, CPC/1973.

§ 2º Para examinar o citando, o juiz nomeará médico, que apresentará laudo no prazo de 5 (cinco) dias.

- Correspondência: art. 218, § 1º, 2ª parte, CPC/1973.

§ 3º Dispensa-se a nomeação de que trata o § 2º se pessoa da família apresentar declaração do médico do citando que ateste a incapacidade deste.

- Sem correspondência no CPC/1973.

§ 4º Reconhecida a impossibilidade, o juiz nomeará curador ao citando, observando, quanto à sua escolha, a preferência estabelecida em lei e restringindo a nomeação à causa.

- Correspondência: art. 218, § 2º, CPC/1973.

§ 5º A citação será feita na pessoa do curador, a quem incumbirá a defesa dos interesses do citando.

- Correspondência: art. 218, § 3º, CPC/1973.

Art. 246. A citação será feita:

- Correspondência: art. 221, *caput*, CPC/1973.
- V. art. 18, Lei 9.099/1995 (Juizados Especiais Cíveis e Criminais).

I – pelo correio;

- Correspondência: art. 221, I, CPC/1973.
- V. art. 58, IV, Lei 8.245/1991 (Locação de imóveis urbanos).

II – por oficial de justiça;

- Correspondência: art. 221, II, CPC/1973.

III – pelo escrivão ou chefe de secretaria, se o citando comparecer em cartório;

- Sem correspondência no CPC/1973.

IV – por edital;

- Correspondência: art. 221, III, CPC/1973.

V – por meio eletrônico, conforme regulado em lei.

- Correspondência: art. 221, IV, CPC/1973.

- V. art. 9º, Lei 11.419/2006 (Informatização do processo judicial).

§ 1º Com exceção das microempresas e das empresas de pequeno porte, as empresas públicas e privadas são obrigadas a manter cadastro nos sistemas de processo em autos eletrônicos, para efeito de recebimento de citações e intimações, as quais serão efetuadas preferencialmente por esse meio.

- Sem correspondência no CPC/1973.

§ 2º O disposto no § 1º aplica-se à União, aos Estados, ao Distrito Federal, aos Municípios e às entidades da administração indireta.

- Sem correspondência no CPC/1973.

§ 3º Na ação de usucapião de imóvel, os confinantes serão citados pessoalmente, exceto quando tiver por objeto unidade autônoma de prédio em condomínio, caso em que tal citação é dispensada.

- Sem correspondência no CPC/1973.

Art. 247. A citação será feita pelo correio para qualquer comarca do país, exceto:

- Correspondência: art. 222, *caput*, CPC/1973.
- V. art. 249, CPC/2015.

I – nas ações de estado, observado o disposto no art. 695, § 3º;

- Correspondência: art. 222, *a*, CPC/1973.

II – quando o citando for incapaz;

- Correspondência: art. 222, *b*, CPC/1973.

III – quando o citando for pessoa de direito público;

- Correspondência: art. 222, *c*, CPC/1973.

IV – quando o citando residir em local não atendido pela entrega domiciliar de correspondência;

- Correspondência: art. 222, *e*, CPC/1973.

V – quando o autor, justificadamente, a requerer de outra forma.

- Correspondência: art. 222, *f*, CPC/1973.

Art. 248. Deferida a citação pelo correio, o escrivão ou o chefe de secretaria remeterá ao citando cópias da petição inicial e do despacho do juiz e comunicará o prazo para resposta, o endereço do juízo e o respectivo cartório.

- Correspondência: art. 223, *caput*, CPC/1973.
- V. Súmula 429, STJ.

§ 1º A carta será registrada para entrega ao citando, exigindo-lhe o carteiro, ao fazer a entrega, que assine o recibo.

- Correspondência: art. 223, parágrafo único, 1ª parte, CPC/1973.

§ 2º Sendo o citando pessoa jurídica, será válida a entrega do mandado a pessoa com poderes de gerência geral ou de administração ou, ainda, a funcionário responsável pelo recebimento de correspondências.

- Correspondência: art. 223, parágrafo único, 2ª parte, CPC/1973.

§ 3º Da carta de citação no processo de conhecimento constarão os requisitos do art. 250.

- Correspondência: art. 942, CPC/1973.

§ 4º Nos condomínios edilícios ou nos loteamentos com controle de acesso, será válida a entrega do mandado a funcionário da portaria responsável pelo recebimento de correspondência, que, entretanto, poderá recusar o recebimento, se declarar, por escrito, sob as penas da lei, que o destinatário da correspondência está ausente.

- Sem correspondência no CPC/1973.

Art. 249. A citação será feita por meio de oficial de justiça nas hipóteses previstas neste Código ou em lei, ou quando frustrada a citação pelo correio.

- Correspondência: art. 224, CPC/1973.
- V. art. 626, § 1º, CPC/2015.

Art. 250. O mandado que o oficial de justiça tiver de cumprir conterá:

- Correspondência: art. 225, *caput*, CPC/1973.
- V. art. 626, CPC/2015.

I – os nomes do autor e do citando e seus respectivos domicílios ou residências;

- Correspondência: art. 225, I, CPC/1973.

II – a finalidade da citação, com todas as especificações constantes da petição inicial, bem como a menção do prazo para contestar, sob pena de revelia, ou para embargar a execução;

- Correspondência: art. 225, II, CPC/1973.

III – a aplicação de sanção para o caso de descumprimento da ordem, se houver;

- Correspondência: art. 225, III, CPC/1973.
- V. arts. 537 e 814, CPC/2015.

IV – se for o caso, a intimação do citando para comparecer, acompanhado de advogado ou de defensor público, à audiência de conciliação ou de mediação, com a menção do dia, da hora e do lugar do comparecimento;

- Correspondência: art. 225, IV, CPC/1973.

V – a cópia da petição inicial, do despacho ou da decisão que deferir tutela provisória;

- Correspondência: art. 225, V, CPC/1973.

VI – a assinatura do escrivão ou do chefe de secretaria e a declaração de que o subscreve por ordem do juiz.

- Correspondência: art. 225, VII, CPC/1973.

Art. 251. Incumbe ao oficial de justiça procurar o citando e, onde o encontrar, citá-lo:

- Correspondência: art. 226, *caput*, CPC/1973.
- V. arts. 214, II, 216, 626, § 1º, e 829, CPC/2015.

I – lendo-lhe o mandado e entregando-lhe a contrafé;

- Correspondência: art. 226, I, CPC/1973.

II – portando por fé se recebeu ou recusou a contrafé;

- Correspondência: art. 226, II, CPC/1973.

III – obtendo a nota de ciente ou certificando que o citando não a apôs no mandado.

- Correspondência: art. 226, III, CPC/1973.

Art. 252. Quando, por 2 (duas) vezes, o oficial de justiça houver procurado o citando em seu domicílio ou residência sem o encontrar, deverá, havendo suspeita de ocultação, intimar qualquer pessoa da família ou, em sua falta, qualquer vizinho de que, no dia útil imediato, voltará a fim de efetuar a citação, na hora que designar.

- Correspondência: art. 227, CPC/1973.

Parágrafo único. Nos condomínios edilícios ou nos loteamentos com controle de acesso, será válida a intimação a que se refere o *caput* feita a funcionário da portaria responsável pelo recebimento de correspondência.

- Sem correspondência no CPC/1973.

Art. 253. No dia e na hora designados, o oficial de justiça, independentemente de novo despacho, comparecerá ao domicílio ou à residência do citando a fim de realizar a diligência.

- Correspondência: art. 228, *caput*, CPC/1973.
- V. art. 231, § 4º, CPC/2015.
- V. art. 362, CPP.

§ 1º Se o citando não estiver presente, o oficial de justiça procurará informar-se das razões da ausência, dando por feita a citação, ainda que o citando se tenha ocultado em outra comarca, seção ou subseção judiciárias.

- Correspondência: art. 228, § 1º, CPC/1973.

§ 2º A citação com hora certa será efetivada mesmo que a pessoa da família ou o vizinho que houver sido intimado esteja ausente, ou se, embora presente, a pessoa da família ou o vizinho se recusar a receber o mandado.

- Sem correspondência no CPC/1973.

§ 3º Da certidão da ocorrência, o oficial de justiça deixará contrafé com qualquer pessoa da família ou vizinho, conforme o caso, declarando-lhe o nome.

- Correspondência: art. 228, § 2º, CPC/1973.

§ 4º O oficial de justiça fará constar do mandado a advertência de que será nomeado curador especial se houver revelia.

- Sem correspondência no CPC/1973.

Art. 254. Feita a citação com hora certa, o escrivão ou chefe de secretaria enviará ao réu, executado ou interessado, no prazo de 10 (dez) dias, contado da data da juntada do mandado aos autos, carta, telegrama ou correspondência eletrônica, dando-lhe de tudo ciência.

- Correspondência: art. 229, CPC/1973.
- V. art. 72, II, CPC/2015.

Art. 255. Nas comarcas contíguas de fácil comunicação e nas que se situem na mesma região metropolitana, o oficial de justiça poderá efetuar, em qualquer delas, citações, intimações, notificações, penhoras e quaisquer outros atos executivos.

- Correspondência: art. 230, CPC/1973.
- V. arts. 274 e 782, § 1º, CPC/2015.

Art. 256. A citação por edital será feita:

- Correspondência: art. 231, *caput*, CPC/1973.
- V. arts. 72, II, 231, IV, 246, IV, 513, IV, 576, 589, 626, § 1º, 830, § 2º, e 876, § 3º, CPC/2015.

I – quando desconhecido ou incerto o citando;

- Correspondência: art. 231, I, CPC/1973.

II – quando ignorado, incerto ou inacessível o lugar em que se encontrar o citando;

- Correspondência: art. 231, II, CPC/1973.

III – nos casos expressos em lei.

- Correspondência: art. 231, III, CPC/1973.

§ 1º Considera-se inacessível, para efeito de citação por edital, o país que recusar o cumprimento de carta rogatória.

- Correspondência: art. 231, § 1º, CPC/1973.

§ 2º No caso de ser inacessível o lugar em que se encontrar o réu, a notícia de sua citação será divulgada também pelo rádio, se na comarca houver emissora de radiodifusão.

- Correspondência: art. 231, § 2º, CPC/1973.

§ 3º O réu será considerado em local ignorado ou incerto se infrutíferas as tentativas de sua localização, inclusive mediante requisição pelo juízo de informações sobre seu endereço nos cadastros de órgãos públicos ou de concessionárias de serviços públicos.

- Sem correspondência no CPC/1973.

Art. 257. São requisitos da citação por edital:

- Correspondência: art. 232, *caput*, CPC/1973.
- V. art. 259, CPC/2015.
- V. art. 4º, § 1º, Lei 6.739/1979 (Matrícula e registro de imóveis rurais).
- V. art. 5º, § 2º, Lei 6.969/1981 (Aquisição de imóveis rurais por usucapião especial).

I – a afirmação do autor ou a certidão do oficial informando a presença das circunstâncias autorizadoras;

- Correspondência: art. 232, I, CPC/1973.

II – a publicação do edital na rede mundial de computadores, no sítio do respectivo tribunal e na plataforma de editais do Conselho Nacional de Justiça, que deve ser certificada nos autos;

- Correspondência: art. 232, III, CPC/1973.
- V. Lei 8.639/1993 (Uso de caracteres nas publicações obrigatórias).
- V. Res. CNJ 185/2013 (Sistema Processo Judicial Eletrônico – Pje).

III – a determinação, pelo juiz, do prazo, que variará entre 20 (vinte) e 60 (sessenta) dias, fluindo da data da publicação única ou, havendo mais de uma, da primeira;

- Correspondência: art. 232, IV, CPC/1973.

IV – a advertência de que será nomeado curador especial em caso de revelia.

- Correspondência: art. 232, V, CPC/1973.

Parágrafo único. O juiz poderá determinar que a publicação do edital seja feita também em jornal local de ampla circulação ou por outros meios, considerando as peculiaridades da comarca, da seção ou da subseção judiciárias.

- Correspondência: art. 232, III, CPC/1973.

Art. 258. A parte que requerer a citação por edital, alegando dolosamente a ocorrência das circunstâncias autorizadoras para sua realização, incorrerá em multa de 5 (cinco) vezes o salário mínimo.

- Correspondência: art. 233, *caput*, CPC/1973.
- V. art. 4º, § 1º, Lei 6.739/1979 (Matrícula e registro de imóveis rurais).

Parágrafo único. A multa reverterá em benefício do citando.

- Correspondência: art. 233, parágrafo único, CPC/1973.
- V. art. 96, CPC/2015.

Art. 259. Serão publicados editais:

- Sem correspondência no CPC/1973.

I – na ação de usucapião de imóvel;

- Correspondência: art. 942, CPC/1973.
- V. art. 5º, § 2º, Lei 6.969/1981 (Aquisição de imóveis rurais por usucapião especial).

II – na ação de recuperação ou substituição de título ao portador;

- Correspondência: art. 908, I, CPC/1973.

III – em qualquer ação em que seja necessária, por determinação legal, a provocação, para participação no processo, de interessados incertos ou desconhecidos.

- Sem correspondência no CPC/1973.
- V. art. 4º, § 1º, Lei 6.739/1979 (Matrícula e registro de imóveis rurais).

Capítulo III
Das Cartas

Art. 260. São requisitos das cartas de ordem, precatória e rogatória:

- Correspondência: art. 202, *caput*, CPC/1973.
- V. arts. 255, 264, 469 e 632, CPC/2015.

I – a indicação dos juízes de origem e de cumprimento do ato;

- Correspondência: art. 202, I, CPC/1973.

II – o inteiro teor da petição, do despacho judicial e do instrumento do mandato conferido ao advogado;

- Correspondência: art. 202, II, CPC/1973.

III – a menção do ato processual que lhe constitui o objeto;

- Correspondência: art. 202, III, CPC/1973.

IV – o encerramento com a assinatura do juiz.

- Correspondência: art. 202, IV, CPC/1973.

§ 1º O juiz mandará trasladar para a carta quaisquer outras peças, bem como instruí-la com mapa, desenho ou gráfico, sempre que esses documentos devam ser examinados, na diligência, pelas partes, pelos peritos ou pelas testemunhas.

- Correspondência: art. 202 § 1º, CPC/1973.

§ 2º Quando o objeto da carta for exame pericial sobre documento, este será remetido em original, ficando nos autos reprodução fotográfica.

- Correspondência: art. 202, § 2º, CPC/1973.
- V. art. 632, CPC/2015.

§ 3º A carta arbitral atenderá, no que couber, aos requisitos a que se refere o *caput* e será instruída com a convenção de arbitragem e com as provas da nomeação do árbitro e de sua aceitação da função.

- Sem correspondência no CPC/1973.

Art. 261. Em todas as cartas o juiz fixará o prazo para cumprimento, atendendo à facilidade das comunicações e à natureza da diligência.

- Correspondência: art. 203, CPC/1973.
- V. arts. 268, 313, V, *b*, e 377, CPC/2015.

§ 1º As partes deverão ser intimadas pelo juiz do ato de expedição da carta.

- Sem correspondência no CPC/1973.

§ 2º Expedida a carta, as partes acompanharão o cumprimento da diligência perante o juízo destinatário, ao qual compete a prática dos atos de comunicação.

- Sem correspondência no CPC/1973.

§ 3º A parte a quem interessar o cumprimento da diligência cooperará para que o prazo a que se refere o *caput* seja cumprido.

- Sem correspondência no CPC/1973.

Art. 262. A carta tem caráter itinerante, podendo, antes ou depois de lhe ser ordenado o cumprimento, ser encaminhada a juízo diverso do que dela consta, a fim de se praticar o ato.

- Correspondência: art. 204, CPC/1973.

Parágrafo único. O encaminhamento da carta a outro juízo será imediatamente comunicado ao órgão expedidor, que intimará as partes.

- Sem correspondência no CPC/1973.

Art. 263. As cartas deverão, preferencialmente, ser expedidas por meio eletrônico, caso em que a assinatura do juiz deverá ser eletrônica, na forma da lei.

- Correspondência: art. 202, § 3º, CPC/1973.
- V. art. 7º, Lei 11.419/2006 (Informatização do processo judicial).

Art. 264. A carta de ordem e a carta precatória por meio eletrônico, por telefone ou por telegrama conterão, em resumo substancial, os requisitos mencionados no art. 250, especialmente no que se refere à aferição da autenticidade.

- Correspondência: arts. 205 e 206, CPC/1973.
- V. art. 413, CPC/2015.

Art. 265. O secretário do tribunal, o escrivão ou o chefe de secretaria do juízo deprecante transmitirá, por telefone, a carta de ordem ou a carta precatória ao juízo em que houver de se cumprir o ato, por intermédio do escrivão do primeiro ofício da primeira vara, se houver na comarca mais de um ofício ou de uma vara, observando-se, quanto aos requisitos, o disposto no art. 264.

- Correspondência: art. 207, *caput*, CPC/1973.

§ 1º O escrivão ou o chefe de secretaria, no mesmo dia ou no dia útil imediato, telefonará ou enviará mensagem eletrônica ao secretário do tribunal, ao escrivão ou ao chefe de secretaria do juízo deprecante, lendo-lhe os termos da carta e solicitando-lhe que os confirme.

- Correspondência: art. 207, § 1º, CPC/1973.

§ 2º Sendo confirmada, o escrivão ou o chefe de secretaria submeterá a carta a despacho.

- Correspondência: art. 207, § 2º, CPC/1973.

Art. 266. Serão praticados de ofício os atos requisitados por meio eletrônico e de telegrama, devendo a parte depositar, contudo, na secretaria do tribunal ou no cartório do juízo deprecante, a importância correspondente às despesas que serão feitas no juízo em que houver de praticar-se o ato.

- Correspondência: art. 208, CPC/1973.
- V. art. 82, CPC/2015.

Art. 267. O juiz recusará cumprimento a carta precatória ou arbitral, devolvendo-a com decisão motivada quando:

- Correspondência: art. 209, *caput*, CPC/1973.

I – a carta não estiver revestida dos requisitos legais;

- Correspondência: art. 209, I, CPC/1973.

II – faltar ao juiz competência em razão da matéria ou da hierarquia;

- Correspondência: art. 209, II, CPC/1973.

III – o juiz tiver dúvida acerca de sua autenticidade.

- Correspondência: art. 209, III, CPC/1973.

Códigos

Parágrafo único. No caso de incompetência em razão da matéria ou da hierarquia, o juiz deprecado, conforme o ato a ser praticado, poderá remeter a carta ao juiz ou ao tribunal competente.

- Sem correspondência no CPC/1973.

Art. 268. Cumprida a carta, será devolvida ao juízo de origem no prazo de 10 (dez) dias, independentemente de traslado, pagas as custas pela parte.

- Correspondência: art. 212, CPC/1973.

Capítulo IV
Das Intimações

Art. 269. Intimação é o ato pelo qual se dá ciência a alguém dos atos e dos termos do processo.

- Correspondência: art. 234, CPC/1973.

§ 1º É facultado aos advogados promover a intimação do advogado da outra parte por meio do correio, juntando aos autos, a seguir, cópia do ofício de intimação e do aviso de recebimento.

- Sem correspondência no CPC/1973.

§ 2º O ofício de intimação deverá ser instruído com cópia do despacho, da decisão ou da sentença.

- Sem correspondência no CPC/1973.

§ 3º A intimação da União, dos Estados, do Distrito Federal, dos Municípios e de suas respectivas autarquias e fundações de direito público será realizada perante o órgão de Advocacia Pública responsável por sua representação judicial.

- Sem correspondência no CPC/1973.

Art. 270. As intimações realizam-se, sempre que possível, por meio eletrônico, na forma da lei.

- Correspondência: art. 237, parágrafo único, CPC/1973.
- V. art. 5º, Lei 11.419/2006 (Informatização do processo judicial).

Parágrafo único. Aplica-se ao Ministério Público, à Defensoria Pública e à Advocacia Pública o disposto no § 1º do art. 246.

- Correspondência: art. 236, § 2º, CPC/1973.

Art. 271. O juiz determinará de ofício as intimações em processos pendentes, salvo disposição em contrário.

- Correspondência: art. 235, CPC/1973.

Art. 272. Quando não realizadas por meio eletrônico, consideram- se feitas as intimações pela publicação dos atos no órgão oficial.

- Correspondência: art. 236, *caput*, CPC/1973.
- V. arts. 239, § 1º, e 363, CPC/2015.

§ 1º Os advogados poderão requerer que, na intimação a eles dirigida, figure apenas o nome da sociedade a que pertençam, desde que devidamente registrada na Ordem dos Advogados do Brasil.

- Sem correspondência no CPC/1973.
- V. Súmula 427, TST.

§ 2º Sob pena de nulidade, é indispensável que da publicação constem os nomes das partes e de seus advogados, com o respectivo número de inscrição na Ordem dos Advogados do Brasil, ou, se assim requerido, da sociedade de advogados.

- Correspondência: art. 236, § 1º, CPC/1973.

§ 3º A grafia dos nomes das partes não deve conter abreviaturas.

- Correspondência: art. 169, § 1º, CPC/1973.

§ 4º A grafia dos nomes dos advogados deve corresponder ao nome completo e ser a mesma que constar da procuração ou que estiver registrada na Ordem dos Advogados do Brasil.

- Sem correspondência no CPC/1973.

§ 5º Constando dos autos pedido expresso para que as comunicações dos atos processuais sejam feitas em nome dos advogados indicados, o seu desatendimento implicará nulidade.

- Sem correspondência no CPC/1973.

§ 6º A retirada dos autos do cartório ou da secretaria em carga pelo advogado, por pessoa credenciada a pedido do advogado ou da sociedade de advogados, pela Advocacia Pública, pela Defensoria Pública ou pelo Ministério Público implicará intimação de qualquer decisão contida no processo retirado, ainda que pendente de publicação.

- Sem correspondência no CPC/1973.
- V. art. 3º, § 2º, Lei 8.906/1994 (Estatuto da Advocacia e da OAB).

§ 7º O advogado e a sociedade de advogados deverão requerer o respectivo credenciamento para a retirada de autos por preposto.

- Sem correspondência no CPC/1973.

§ 8º A parte arguirá a nulidade da intimação em capítulo preliminar do próprio ato que lhe caiba praticar, o qual será tido por tempestivo se o vício for reconhecido.

- Correspondência: art. 245, *caput*, CPC/1973.

§ 9º Não sendo possível a prática imediata do ato diante da necessidade de acesso prévio aos autos, a parte limitar-se-á a arguir a nulidade da intimação, caso em que o prazo será contado da intimação da decisão que a reconheça.

- Sem correspondência no CPC/1973.

Art. 273. Se inviável a intimação por meio eletrônico e não houver na localidade publicação em órgão oficial, incumbirá ao escrivão ou chefe de secretaria intimar de todos os atos do processo os advogados das partes:

- Correspondência: art. 237, *caput*, CPC/1973.
- V. arts. 183, 186, §§ 1º e 2º, 255, 308, § 3º, 385, 485, § 1º, 528, *caput*, 675, parágrafo único, 841, § 2º, 854, § 2º, e 1.019, II, CPC/2015.
- V. Lei 11.419/2006 (Informatização do processo judicial).

I – pessoalmente, se tiverem domicílio na sede do juízo;

- Correspondência: art. 237, I, CPC/1973.

II – por carta registrada, com aviso de recebimento, quando forem domiciliados fora do juízo.

- Correspondência: art. 237, II, CPC/1973.

Art. 274. Não dispondo a lei de outro modo, as intimações serão feitas às partes, aos seus representantes legais, aos advogados e aos demais sujeitos do processo pelo correio ou, se presentes em cartório, diretamente pelo escrivão ou chefe de secretaria.

- Correspondência: art. 238, *caput*, CPC/1973.
- V. arts. 255 e 782, § 1º, CPC/2015.

Parágrafo único. Presumem-se válidas as intimações dirigidas ao endereço constante dos autos, ainda que não recebidas pessoalmente pelo interessado, se a modificação temporária ou definitiva não tiver sido devidamente comunicada ao juízo, fluindo os prazos a partir da juntada aos autos do comprovante de entrega da correspondência no primitivo endereço.

- Correspondência: art. 238, parágrafo único, CPC/1973.

Art. 275. A intimação será feita por oficial de justiça quando frustrada a realização por meio eletrônico ou pelo correio.

- Correspondência: art. 239, *caput*, CPC/1973.
- V. Lei 11.419/2006 (Informatização do processo judicial).

§ 1º A certidão de intimação deve conter:

- Correspondência: art. 239, parágrafo único, CPC/1973.

I – a indicação do lugar e a descrição da pessoa intimada, mencionando, quando possível, o número de seu documento de identidade e o órgão que o expediu;

- Correspondência: art. 239, parágrafo único, I, CPC/1973.

II – a declaração de entrega da contrafé;

- Correspondência: art. 239, parágrafo único, II, CPC/1973.

III – a nota de ciente ou a certidão de que o interessado não a após no mandado.

- Correspondência: art. 239, parágrafo único, III, CPC/1973.

§ 2º Caso necessário, a intimação poderá ser efetuada com hora certa ou por edital.

- Sem correspondência no CPC/1973.

TÍTULO III
Das Nulidades

Art. 276. Quando a lei prescrever determinada forma sob pena de nulidade, a decretação desta não pode ser requerida pela parte que lhe deu causa.

- Correspondência: art. 243, CPC/1973.
- V. arts. 74, parágrafo único, 272, § 2º, e 803, CPC/2015.

Art. 277. Quando a lei prescrever determinada forma, o juiz considerará válido o ato se, realizado de outro modo, lhe alcançar a finalidade.

- Correspondência: art. 244, CPC/1973.
- V. arts. 188 e 282, § 2º, CPC/2015.

Art. 278. A nulidade dos atos deve ser alegada na primeira oportunidade em que couber à parte falar nos autos, sob pena de preclusão.

- Correspondência: art. 245, *caput*, CPC/1973.
- V. arts. 223, § 1º, 342, II, e 507, CPC/2015.

Parágrafo único. Não se aplica o disposto no *caput* às nulidades que o juiz deva decretar de ofício, nem prevalece a preclusão provando a parte legítimo impedimento.

- Correspondência: art. 245, parágrafo único, CPC/1973.
- V. art. 485, § 3º, CPC/2015.

Art. 279. É nulo o processo quando o membro do Ministério Público não for intimado a acompanhar o feito em que deva intervir.

- Correspondência: art. 246, *caput*, CPC/1973.
- V. arts. 178 e 282, CPC/2015.

§ 1º Se o processo tiver tramitado sem conhecimento do membro do Ministério Público, o juiz invalidará os atos praticados a partir do momento em que ele deveria ter sido intimado.

- Correspondência: art. 246, parágrafo único, CPC/1973.

§ 2º A nulidade só pode ser decretada após a intimação do Ministério Público, que se manifestará sobre a existência ou a inexistência de prejuízo.

- Sem correspondência no CPC/1973.

Art. 280. As citações e as intimações serão nulas quando feitas sem observância das prescrições legais.

- Correspondência: art. 247, CPC/1973.
- V. arts. 239 e 535, I, CPC/2015.

Art. 281. Anulado o ato, consideram-se de nenhum efeito todos os subsequentes que dele dependam, todavia, a nulidade de uma parte do ato não prejudicará as outras que dela sejam independentes.

- Correspondência: art. 248, CPC/1973.

Art. 282. Ao pronunciar a nulidade, o juiz declarará que atos são atingidos e ordenará as providências necessárias a fim de que sejam repetidos ou retificados.

- Correspondência: art. 249, *caput*, CPC/1973.
- V. arts. 188, 352, 932, parágrafo único, e 938, § 1º, CPC/2015.

§ 1º O ato não será repetido nem sua falta será suprida quando não prejudicar a parte.

- Correspondência: art. 249, § 1º, CPC/1973.

§ 2º Quando puder decidir o mérito a favor da parte a quem aproveite a decretação da nulidade, o juiz não a pronunciará nem mandará repetir o ato ou suprir-lhe a falta.

- Correspondência: art. 249, § 2º, CPC/1973.

Art. 283. O erro de forma do processo acarreta unicamente a anulação dos atos que não possam ser aproveitados, devendo ser praticados os que forem necessários a fim de se observarem as prescrições legais.

- Correspondência: art. 250, *caput*, CPC/1973.

Parágrafo único. Dar-se-á o aproveitamento dos atos praticados desde que não resulte prejuízo à defesa de qualquer parte.

- Correspondência: art. 250, parágrafo único, CPC/1973.

TÍTULO IV
Da Distribuição e do Registro

Art. 284. Todos os processos estão sujeitos a registro, devendo ser distribuídos onde houver mais de um juiz.

- Correspondência: art. 251, CPC/1973.
- V. arts. 206 e 286, parágrafo único, CPC/2015.

Art. 285. A distribuição, que poderá ser eletrônica, será alternada e aleatória, obedecendo-se rigorosa igualdade.

- Correspondência: art. 252, CPC/1973.
- V. Lei 11.419/2006 (Informatização do processo judicial).

Parágrafo único. A lista de distribuição deverá ser publicada no Diário de Justiça.

- Sem correspondência no CPC/1973.

Art. 286. Serão distribuídas por dependência as causas de qualquer natureza:

- Correspondência: art. 253, *caput*, CPC/1973.
- V. arts. 642, § 1º, e 676, CPC/2015.

I – quando se relacionarem, por conexão ou continência, com outra já ajuizada;

- Correspondência: art. 253, I, CPC/1973.
- V. art. 54, CPC/2015.

II – quando, tendo sido extinto o processo sem resolução de mérito, for reiterado o pedido, ainda que em litisconsórcio com outros autores ou que sejam parcialmente alterados os réus da demanda;

- Correspondência: art. 253, II, CPC/1973.

III – quando houver ajuizamento de ações nos termos do art. 55, § 3º, ao juízo prevento.

- Correspondência: art. 253, III, CPC/1973.

Parágrafo único. Havendo intervenção de terceiro, reconvenção ou outra hipótese de ampliação objetiva do processo, o juiz, de ofício, mandará proceder à respectiva anotação pelo distribuidor.

- Correspondência: art. 253, parágrafo único, CPC/1973.
- V. arts. 119, 124, 125, 130 e 343, CPC/2015.

Art. 287. A petição inicial deve vir acompanhada de procuração, que conterá os endereços do advogado, eletrônico e não eletrônico.

- Correspondência: art. 254, *caput*, CPC/1973.

Parágrafo único. Dispensa-se a juntada da procuração:

- Correspondência: art. 254, *caput*, CPC/1973.

I – no caso previsto no art. 104;

- Correspondência: art. 254, III, CPC/1973.

II – se a parte estiver representada pela Defensoria Pública;

- Sem correspondência no CPC/1973.

III – se a representação decorrer diretamente de norma prevista na Constituição Federal ou em lei.

- Sem correspondência no CPC/1973.

Art. 288. O juiz, de ofício ou a requerimento do interessado, corrigirá o erro ou compensará a falta de distribuição.

- Correspondência: art. 255, CPC/1973.

Art. 289. A distribuição poderá ser fiscalizada pela parte, por seu procurador, pelo Ministério Público e pela Defensoria Pública.

- Correspondência: art. 256, CPC/1973.

Art. 290. Será cancelada a distribuição do feito se a parte, intimada na pessoa de seu advogado, não realizar o pagamento das custas e despesas de ingresso em 15 (quinze) dias.

- Correspondência: art. 257, CPC/1973.

TÍTULO V
Do Valor da Causa

Art. 291. A toda causa será atribuído valor certo, ainda que não tenha conteúdo econômico imediatamente aferível.

- Correspondência: art. 258, CPC/1973.

Art. 292. O valor da causa constará da petição inicial ou da reconvenção e será:

- Correspondência: art. 259, *caput*, CPC/1973.
- V. arts. 319, V e 322, CPC/2015.
- V. art. 58, III, Lei 8.245/1991 (Locação de imóveis urbanos).

I – na ação de cobrança de dívida, a soma monetariamente corrigida do principal, dos juros de mora vencidos e de outras penalidades, se houver, até a data de propositura da ação;

- Correspondência: art. 259, I, CPC/1973.

II – na ação que tiver por objeto a existência, a validade, o cumprimento, a modificação, a resolução, a resilição ou a rescisão de ato jurídico, o valor do ato ou o de sua parte controvertida;

- Correspondência: art. 259, V, CPC/1973.

III – na ação de alimentos, a soma de 12 (doze) prestações mensais pedidas pelo autor;

- Correspondência: art. 259, VI, CPC/1973.

IV – na ação de divisão, de demarcação e de reivindicação, o valor de avaliação da área ou do bem objeto do pedido;

- Correspondência: art. 259, VII, CPC/1973.

V – na ação indenizatória, inclusive a fundada em dano moral, o valor pretendido;

- Sem correspondência no CPC/1973.

VI – na ação em que há cumulação de pedidos, a quantia correspondente à soma dos valores de todos eles;

- Correspondência: art. 259, II, CPC/1973.
- V. arts. 327 e 555, CPC/2015.

VII – na ação em que os pedidos são alternativos, o de maior valor;

- Correspondência: art. 259, III, CPC/1973.

VIII – na ação em que houver pedido subsidiário, o valor do pedido principal.

- Correspondência: art. 259, IV, CPC/1973.

§ 1º Quando se pedirem prestações vencidas e vincendas, considerar-se-á o valor de umas e outras.

- Correspondência: art. 260, 1ª parte, CPC/1973.

§ 2º O valor das prestações vincendas será igual a uma prestação anual, se a obrigação for por tempo indeterminado ou por tempo superior a 1 (um) ano, e, se por tempo inferior, será igual à soma das prestações.

- Correspondência: art. 260, 2ª parte, CPC/1973.

§ 3º O juiz corrigirá, de ofício e por arbitramento, o valor da causa quando verificar que não corresponde ao conteúdo patrimonial em discussão ou ao proveito econômico perseguido pelo autor, caso em que se procederá ao recolhimento das custas correspondentes.

- Sem correspondência no CPC/1973.

Art. 293. O réu poderá impugnar, em preliminar da contestação, o valor atribuído à causa pelo autor, sob pena de preclusão, e o juiz decidirá a respeito, impondo, se for o caso, a complementação das custas.

- Correspondência: art. 261, CPC/1973.

Livro V
DA TUTELA PROVISÓRIA

TÍTULO I
Disposições Gerais

Art. 294. A tutela provisória pode fundamentar-se em urgência ou evidência.

- Sem correspondência no CPC/1973.
- V. art. 102, I, *p*, CF.
- V. Lei 2.770/1956 (Suprime a concessão de medidas liminares nas ações e procedimentos judiciais de qualquer natureza que visem à liberação de bens, mercadorias ou coisas de procedência estrangeira).

Parágrafo único. A tutela provisória de urgência, cautelar ou antecipada, pode ser concedida em caráter antecedente ou incidental.

- Correspondência: art. 796, CPC/1973.

Art. 295. A tutela provisória requerida em caráter incidental independe do pagamento de custas.

- Sem correspondência no CPC/1973.

Art. 296. A tutela provisória conserva sua eficácia na pendência do processo, mas pode, a qualquer tempo, ser revogada ou modificada.

- Correspondência: arts. 273, § 4º e 807, *caput*, CPC/1973.
- V. art. 313, CPC/2015.

Parágrafo único. Salvo decisão judicial em contrário, a tutela provisória conservará a eficácia durante o período de suspensão do processo.

- Correspondência: art. 807, parágrafo único, CPC/1973.

Art. 297. O juiz poderá determinar as medidas que considerar adequadas para efetivação da tutela provisória.

- Correspondência: art. 798, CPC/1973.
- V. arts. 519 e 695, CPC/2015.

Parágrafo único. A efetivação da tutela provisória observará as normas referentes ao cumprimento provisório da sentença, no que couber.

- Correspondência: art. 273, § 3º, CPC/1973.

Art. 298. Na decisão que conceder, negar, modificar ou revogar a tutela provisória, o juiz motivará seu convencimento de modo claro e preciso.

- Correspondência: art. 273, § 1º, CPC/1973.
- V. arts. 11, 203 e 489, II, CPC/2015.
- V. art. 93, IX, CF.

Art. 299. A tutela provisória será requerida ao juízo da causa e, quando antecedente, ao juízo competente para conhecer do pedido principal.

- Correspondência: art. 800, *caput*, CPC/1973.
- V. arts. 55 a 57, 61 e 286, CPC/2015.

Parágrafo único. Ressalvada disposição especial, na ação de competência originária de tribunal e nos recursos a tutela provisória será requerida ao órgão jurisdicional competente para apreciar o mérito.

- Correspondência: art. 800, parágrafo único, CPC/1973.

TÍTULO II
Da Tutela de Urgência

Capítulo I
Disposições Gerais

Art. 300. A tutela de urgência será concedida quando houver elementos que evidenciem a probabilidade do direito e o perigo de dano ou o risco ao resultado útil do processo.

- Correspondência: art. 273, I, CPC/1973.
- V. arts. 302, II, 497 e 969, CPC/2015.

§ 1º Para a concessão da tutela de urgência, o juiz pode, conforme o caso, exigir caução real ou fidejussória idônea para ressarcir os danos que a outra parte possa vir a sofrer, podendo a caução ser dispensada se a parte economicamente hipossuficiente não puder oferecê-la.

- Correspondência: art. 804, CPC/1973.

§ 2º A tutela de urgência pode ser concedida liminarmente ou após justificação prévia.

- Correspondência: art. 804, 1ª parte, CPC/1973.
- V. art. 84, § 3º, Lei 8.078/1990 (Código de Defesa do Consumidor).

§ 3º A tutela de urgência de natureza antecipada não será concedida quando houver perigo de irreversibilidade dos efeitos da decisão.

- Correspondência: art. 273, § 2º, CPC/1973.

Art. 301. A tutela de urgência de natureza cautelar pode ser efetivada mediante arresto, sequestro, arrolamento de bens, registro de protesto contra alienação de bem e qualquer outra medida idônea para asseguração do direito.

- Correspondência: arts. 798 e 799, CPC/1973.

Art. 302. Independentemente da reparação por dano processual, a parte responde pelo prejuízo que a efetivação da tutela de urgência causar à parte adversa, se:

- Correspondência: art. 811, *caput*, CPC/1973.

I – a sentença lhe for desfavorável;

- Correspondência: art. 811, I, CPC/1973.

II – obtida liminarmente a tutela em caráter antecedente, não fornecer os meios necessários para a citação do requerido no prazo de 5 (cinco) dias;

- Correspondência: art. 811, II, CPC/1973.

III – ocorrer a cessação da eficácia da medida em qualquer hipótese legal;

- Correspondência: art. 811, III, CPC/1973.

IV – o juiz acolher a alegação de decadência ou prescrição da pretensão do autor.

- Correspondência: art. 811, IV, CPC/1973.

Parágrafo único. A indenização será liquidada nos autos em que a medida tiver sido concedida, sempre que possível.

- Correspondência: art. 811, parágrafo único, CPC/1973.

Capítulo II
Do Procedimento da Tutela Antecipada Requerida em Caráter Antecedente

Art. 303. Nos casos em que a urgência for contemporânea à propositura da ação, a petição inicial pode limitar-se ao requerimento da tutela antecipada e à indicação do pedido de tutela final, com a exposição da lide, do direito que se busca realizar e do perigo de dano ou do risco ao resultado útil do processo.

- Sem correspondência no CPC/1973.
- V. art. 319, CPC/2015.
- V. art. 5º, XXXV e LXXVIII, e § 1º, CF.
- V. art. 7º, § 5º, Lei 12.016/2009 (Nova Lei do Mandado de Segurança).

§ 1º Concedida a tutela antecipada a que se refere o *caput* deste artigo:

I – o autor deverá aditar a petição inicial, com a complementação de sua argumentação, a juntada de novos documentos e a confirmação do pedido de tutela final, em 15 (quinze) dias ou em outro prazo maior que o juiz fixar;

II – o réu será citado e intimado para a audiência de conciliação ou de mediação na forma do art. 334;

III – não havendo autocomposição, o prazo para contestação será contado na forma do art. 335.

§ 2º Não realizado o aditamento a que se refere o inciso I do § 1º deste artigo, o processo será extinto sem resolução do mérito.

§ 3º O aditamento a que se refere o inciso I do § 1º deste artigo dar-se-á nos mesmos autos, sem incidência de novas custas processuais.

§ 4º Na petição inicial a que se refere o *caput* deste artigo, o autor terá de indicar o valor da causa, que deve levar em consideração o pedido de tutela final.

§ 5º O autor indicará na petição inicial, ainda, que pretende valer-se do benefício previsto no *caput* deste artigo.

§ 6º Caso entenda que não há elementos para a concessão de tutela antecipada, o órgão jurisdicional determinará a emenda da petição inicial em até 5 (cinco) dias, sob pena de ser indeferida e de o processo ser extinto sem resolução de mérito.

Art. 304. A tutela antecipada, concedida nos termos do art. 303, torna-se estável se da decisão que a conceder não for interposto o respectivo recurso.

- Sem correspondência no CPC/1973.
- V. art. 5º, LXXVIII, CF.

§ 1º No caso previsto no *caput*, o processo será extinto.

§ 2º Qualquer das partes poderá demandar a outra com o intuito de rever, reformar ou invalidar a tutela antecipada estabilizada nos termos do *caput*.

- V. art. 5º, LV, CF.

§ 3º A tutela antecipada conservará seus efeitos enquanto não revista, reformada ou invalidada por decisão de mérito proferida na ação de que trata o § 2º.

§ 4º Qualquer das partes poderá requerer o desarquivamento dos autos em que foi concedida a medida, para instruir a petição inicial da ação a que se refere o § 2º, prevento o juízo em que a tutela antecipada foi concedida.

- V. art. 59, CPC/2015.

§ 5º O direito de rever, reformar ou invalidar a tutela antecipada, previsto no § 2º deste artigo, extingue-se após 2 (dois) anos, contados da ciência da decisão que extinguiu o processo, nos termos do § 1º.

- V. art. 975, CPC/2015.

§ 6º A decisão que concede a tutela não fará coisa julgada, mas a estabilidade dos respectivos efeitos só será afastada por decisão que a revir, reformar ou invalidar, proferida em ação ajuizada por uma das partes, nos termos do § 2º deste artigo.

Capítulo III
Do Procedimento da Tutela Cautelar Requerida em Caráter Antecedente

Art. 305. A petição inicial da ação que visa à prestação de tutela cautelar em caráter antecedente indicará a lide e seu fundamento, a exposição sumária do direito que se objetiva assegurar e o perigo de dano ou o risco ao resultado útil do processo.

- Correspondência: art. 801, CPC/1973.
- V. art. 319, CPC/2015.

Parágrafo único. Caso entenda que o pedido a que se refere o *caput* tem natureza antecipada, o juiz observará o disposto no art. 303.

- Sem correspondência no CPC/1973.

Art. 306. O réu será citado para, no prazo de 5 (cinco) dias, contestar o pedido e indicar as provas que pretende produzir.

- Correspondência: art. 802, CPC/1973.
- V. arts. 180, 214, 229, 250, II, e 347, CPC/2015.

Art. 307. Não sendo contestado o pedido, os fatos alegados pelo autor presumir-se-ão aceitos pelo réu como ocorridos, caso em que o juiz decidirá dentro de 5 (cinco) dias.

- Correspondência: art. 803, *caput*, CPC/1973.
- V. arts. 341 e 714, CPC/2015.

Parágrafo único. Contestado o pedido no prazo legal, observar-se-á o procedimento comum.

- Correspondência: art. 803, parágrafo único, CPC/1973.
- V. art. 679, e 761, parágrafo único, CPC/2015.

Art. 308. Efetivada a tutela cautelar, o pedido principal terá de ser formulado pelo autor no prazo de 30 (trinta) dias, caso em que será apresentado nos mesmos autos em que deduzido o pedido de tutela cautelar, não dependendo do adiantamento de novas custas processuais.

- Correspondência: art. 806, CPC/1973.
- V. arts. 302, III, e 309, I, CPC/2015.
- V. art. 11, Lei 8.397/1992 (Medida cautelar fiscal).

§ 1º O pedido principal pode ser formulado conjuntamente com o pedido de tutela cautelar.

- Sem correspondência no CPC/1973.

§ 2º A causa de pedir poderá ser aditada no momento de formulação do pedido principal.

- Sem correspondência no CPC/1973.

§ 3º Apresentado o pedido principal, as partes serão intimadas para a audiência de conciliação ou de mediação, na forma do art. 334, por seus advogados ou pessoalmente, sem necessidade de nova citação do réu.

- Sem correspondência no CPC/1973.

§ 4º Não havendo autocomposição, o prazo para contestação será contado na forma do art. 335.

- Sem correspondência no CPC/1973.

Art. 309. Cessa a eficácia da tutela concedida em caráter antecedente, se:

- Correspondência: art. 808, *caput*, CPC/1973.
- V. arts. 302, III, 485, 487 e 668, CPC/2015.

I – o autor não deduzir o pedido principal no prazo legal;

- Correspondência: art. 808, I, CPC/1973.

II – não for efetivada dentro de 30 (trinta) dias;

- Correspondência: art. 808, II, CPC/1973.

III – o juiz julgar improcedente o pedido principal formulado pelo autor ou extinguir o processo sem resolução de mérito.

- Correspondência: art. 808, III, CPC/1973.
- V. art.485, CPC/2015.

Parágrafo único. Se por qualquer motivo cessar a eficácia da tutela cautelar, é vedado à parte renovar o pedido, salvo sob novo fundamento.

- Correspondência: art. 808, parágrafo único, CPC/1973.

Art. 310. O indeferimento da tutela cautelar não obsta a que a parte formule o pedido principal, nem influi no julgamento desse, salvo se o motivo do indeferimento for o reconhecimento de decadência ou de prescrição.

- Correspondência: art. 810, CPC/1973.

TÍTULO III
Da Tutela da Evidência

Art. 311. A tutela da evidência será concedida, independentemente da demonstração de perigo de dano ou de risco ao resultado útil do processo, quando:

- Correspondência: art. 273, *caput*, CPC/1973.
- V. art. 5º, LXXVIII, CF.

I – ficar caracterizado o abuso do direito de defesa ou o manifesto propósito protelatório da parte;

- Correspondência: art. 273, II, CPC/1973.
- V. arts. 80, IV e VI, CPC/2015.

II – as alegações de fato puderem ser comprovadas apenas documentalmente e houver tese firmada em julgamento de casos repetitivos ou em súmula vinculante;

- Sem correspondência no CPC/1973.

III – se tratar de pedido reipersecutório fundado em prova documental adequada do contrato de depósito, caso em que será decretada a ordem de entrega do objeto custodiado, sob cominação de multa;

- Sem correspondência no CPC/1973.

IV – a petição inicial for instruída com prova documental suficiente dos fatos constitutivos do direito do autor, a que o réu não oponha prova capaz de gerar dúvida razoável.

- Sem correspondência no CPC/1973.

Parágrafo único. Nas hipóteses dos incisos II e III, o juiz poderá decidir liminarmente.

- Sem correspondência no CPC/1973.

Livro VI
DA FORMAÇÃO, DA SUSPENSÃO E DA EXTINÇÃO DO PROCESSO

TÍTULO I
Da Formação do Processo

Art. 312. Considera-se proposta a ação quando a petição inicial for protocolada, todavia, a propositura da ação só produz quanto ao réu os efeitos mencionados no art. 240 depois que for validamente citado.

- Correspondência: art. 263, CPC/1973.
- V. arts. 43, 59 e 240, CPC/2015.

TÍTULO II
Da Suspensão do Processo

Art. 313. Suspende-se o processo:

- Correspondência: art. 265, *caput*, CPC/1973.
- V. arts. 221 e 921, I, CPC/2015.

I – pela morte ou pela perda da capacidade processual de qualquer das partes, de seu representante legal ou de seu procurador;

- Correspondência: art. 265, I, CPC/1973.
- V. arts. 75 e 76, CPC/2015.

II – pela convenção das partes;

- Correspondência: art. 265, II, CPC/1973.

III – pela arguição de impedimento ou de suspeição;

- Correspondência: art. 265, III, CPC/1973.
- V. art. 146, CPC/2015.
- V. arts. 277 a 287, RISTF.
- V. arts. 272 a 282, RISTJ.

IV – pela admissão de incidente de resolução de demandas repetitivas;

- Sem correspondência no CPC/1973.

V – quando a sentença de mérito:

- Correspondência: art. 265, IV, CPC/1973.

a) depender do julgamento de outra causa ou da declaração de existência ou de inexistência de relação jurídica que constitua o objeto principal de outro processo pendente;

- Correspondência: art. 265, IV, *a*, CPC/1973.

b) tiver de ser proferida somente após a verificação de determinado fato ou a produção de certa prova, requisitada a outro juízo;

- Correspondência: art. 265, IV, *b*, CPC/1973.

VI – por motivo de força maior;

- Correspondência: art. 265, V, CPC/1973.

VII – quando se discutir em juízo questão decorrente de acidentes e fatos da navegação de competência do Tribunal Marítimo;

- Sem correspondência no CPC/1973.

VIII – nos demais casos que este Código regula.

- Correspondência: art. 265, VI, CPC/1973.

IX – pelo parto ou pela concessão de adoção, quando a advogada responsável pelo processo constituir a única patrona da causa;

- Inciso IX acrescentado pela Lei 13.363/2016.

X – quando o advogado responsável pelo processo constituir o único patrono da causa e tornar-se pai.

- Inciso X acrescentado pela Lei 13.363/2016.

§ 1º Na hipótese do inciso I, o juiz suspenderá o processo, nos termos do art. 689.

- Correspondência: art. 265, § 1º, CPC/1973.

§ 2º Não ajuizada ação de habilitação, ao tomar conhecimento da morte, o juiz determinará a suspensão do processo e observará o seguinte:

- Sem correspondência no CPC/1973.
- V. arts. 110, 687 e 1.004, CPC/2015.

Códigos

I – falecido o réu, ordenará a intimação do autor para que promova a citação do respectivo espólio, de quem for o sucessor ou, se for o caso, dos herdeiros, no prazo que designar, de no mínimo 2 (dois) e no máximo 6 (seis) meses;

- Sem correspondência no CPC/1973.

II – falecido o autor e sendo transmissível o direito em litígio, determinará a intimação de seu espólio, de quem for o sucessor ou, se for o caso, dos herdeiros, pelos meios de divulgação que reputar mais adequados, para que manifestem interesse na sucessão processual e promovam a respectiva habilitação no prazo designado, sob pena de extinção do processo sem resolução de mérito.

- Sem correspondência no CPC/1973.

§ 3º No caso de morte do procurador de qualquer das partes, ainda que iniciada a audiência de instrução e julgamento, o juiz determinará que a parte constitua novo mandatário, no prazo de 15 (quinze) dias, ao final do qual extinguirá o processo sem resolução de mérito, se o autor não nomear novo mandatário, ou ordenará o prosseguimento do processo à revelia do réu, se falecido o procurador deste.

- Correspondência: art. 265, § 2º, CPC/1973.
- V. art. 346, CPC/2015.

§ 4º O prazo de suspensão do processo nunca poderá exceder 1 (um) ano nas hipóteses do inciso V e 6 (seis) meses naquela prevista no inciso II.

- Correspondência: art. 265, §§ 3º e 5º, CPC/1973.

§ 5º O juiz determinará o prosseguimento do processo assim que esgotados os prazos previstos no § 4º.

- Correspondência: art. 265, §§ 3º e 5º, CPC/1973.

§ 6º No caso do inciso IX, o período de suspensão será de 30 (trinta) dias, contado a partir da data do parto ou da concessão da adoção, mediante apresentação de certidão de nascimento ou documento similar que comprove a realização do parto, ou de termo judicial que tenha concedido a adoção, desde que haja notificação ao cliente.

- § 6º acrescentado pela Lei 13.363/2016.

§ 7º No caso do inciso X, o período de suspensão será de 8 (oito) dias, contado a partir da data do parto ou da concessão da adoção, mediante apresentação de certidão de nascimento ou documento similar que comprove a realização do parto, ou de termo judicial que tenha concedido a adoção, desde que haja notificação ao cliente.

- § 7º acrescentado pela Lei 13.363/2016.

Art. 314. Durante a suspensão é vedado praticar qualquer ato processual, podendo o juiz, todavia, determinar a realização de atos urgentes a fim de evitar dano irreparável, salvo no caso de arguição de impedimento e de suspeição.

- Correspondência: art. 266, CPC/1973.
- V. arts. 214, 220, 297 e 923, CPC/2015.

Art. 315. Se o conhecimento do mérito depender de verificação da existência de fato delituoso, o juiz pode determinar a suspensão do processo até que se pronuncie a justiça criminal.

- Correspondência: art. 110, *caput*, CPC/1973.
- V. arts. 313, V, *a* e § 4º, e 516, III, CPC/2015.
- V. art. 935, CC.
- V. art. 91, I, CP.
- V. arts. 64 e 65, CPP.
- V. art. 103, § 4º, Lei 8.078/1990 (Código de Defesa do Consumidor).

§ 1º Se a ação penal não for proposta no prazo de 3 (três) meses, contado da intimação do ato de suspensão, cessará o efeito desse, incumbindo ao juiz cível examinar incidentemente a questão prévia.

- Correspondência: art. 110, parágrafo único, CPC/1973.

§ 2º Proposta a ação penal, o processo ficará suspenso pelo prazo máximo de 1 (um) ano, ao final do qual aplicar-se-á o disposto na parte final do § 1º.

- Sem correspondência no CPC/1973.

TÍTULO III
Da Extinção do Processo

Art. 316. A extinção do processo dar-se-á por sentença.

- Correspondência: art. 329, CPC/1973.
- V. arts. 485 e 487, CPC/2015.

Art. 317. Antes de proferir decisão sem resolução de mérito, o juiz deverá conceder à parte oportunidade para, se possível, corrigir o vício.

- Sem correspondência no CPC/1973.
- V. art. 5º, LV, CF.
- V. art. 487, CPC/2015.

Parte Especial
Livro I
DO PROCESSO DE CONHECIMENTO E DO CUMPRIMENTO DE SENTENÇA

TÍTULO I
Do Procedimento Comum

Capítulo I
Disposições Gerais

Art. 318. Aplica-se a todas as causas o procedimento comum, salvo disposição em contrário deste Código ou de lei.

- Correspondência: art. 271, CPC/1973.
- V. arts. 283, 327, § 2º, CPC/2015.

Parágrafo único. O procedimento comum aplica-se subsidiariamente aos demais procedimentos especiais e ao processo de execução.

- Correspondência: art. 272, parágrafo único, CPC/1973.

Capítulo II
Da Petição Inicial

Seção I
Dos Requisitos da Petição Inicial

Art. 319. A petição inicial indicará:

- Correspondência: art. 282, *caput*, CPC/1973.
- V. art. 2º, Lei 5.741/1971 (Proteção de bens imóveis do SFH).
- V. arts. 67, I, 68, I, e 71, Lei 8.245/1991 (Locação de imóveis urbanos).
- V. art. 37, Lei 9.307/1996 (Arbitragem).

I – o juízo a que é dirigida;

- Correspondência: art. 282, I, CPC/1973.

II – os nomes, os prenomes, o estado civil, a existência de união estável, a profissão, o número de inscrição no Cadastro de Pessoas Físicas ou no Cadastro Nacional da Pessoa Jurídica, o endereço eletrônico, o domicílio e a residência do autor e do réu;

- Correspondência: art. 282, II, CPC/1973.

III – o fato e os fundamentos jurídicos do pedido;

- Correspondência: art. 282, III, CPC/1973.

IV – o pedido com as suas especificações;

- Correspondência: art. 282, IV, CPC/1973.

V – o valor da causa;

- Correspondência: art. 282, V, CPC/1973.

VI – as provas com que o autor pretende demonstrar a verdade dos fatos alegados;

- Correspondência: art. 282, VI, CPC/1973.

VII – a opção do autor pela realização ou não de audiência de conciliação ou de mediação.

- Sem correspondência no CPC/1973.

§ 1º Caso não disponha das informações previstas no inciso II, poderá o autor, na petição inicial, requerer ao juiz diligências necessárias a sua obtenção.

- Sem correspondência no CPC/1973.

§ 2º A petição inicial não será indeferida se, a despeito da falta de informações a que se refere o inciso II, for possível a citação do réu.

- Sem correspondência no CPC/1973.

§ 3º A petição inicial não será indeferida pelo não atendimento ao disposto no inciso II deste artigo se a obtenção de tais informações tornar impossível ou excessivamente oneroso o acesso à justiça.

- Sem correspondência no CPC/1973.

Art. 320. A petição inicial será instruída com os documentos indispensáveis à propositura da ação.

- Correspondência: art. 283, CPC/1973.
- V. arts. 83, 290, 341, II, 345, III, 406, 434, 435 e 798, I, *a*, CPC/2015.
- V. art. 46, Lei 6.766/1979 (Parcelamento do solo urbano).

Art. 321. O juiz, ao verificar que a petição inicial não preenche os requisitos dos arts. 319 e 320 ou que apresenta defeitos e irregularidades capazes de dificultar o julgamento de mérito, determinará que o autor, no prazo de 15 (quinze) dias, a emende ou a complete, indicando com precisão o que deve ser corrigido ou completado.

- Correspondência: art. 284, *caput*, CPC/1973.
- V. arts. 330, 331, 337, IV, e 485, I, CPC/2015.
- V. art. 106, Lei 11.101/2005 (Lei de Recuperação de Empresas e Falência).

Parágrafo único. Se o autor não cumprir a diligência, o juiz indeferirá a petição inicial.

- Correspondência: art. 284, parágrafo único, CPC/1973.

Seção II
Do Pedido

Art. 322. O pedido deve ser certo.

- Correspondência: art. 286, *caput*, 1ª parte, CPC/1973.
- V. art. 329, CPC/2015.

Códigos

- V. art. 14, Lei 9.099/1995 (Juizados Especiais Cíveis e Criminais).

§ 1º Compreendem-se no principal os juros legais, a correção monetária e as verbas de sucumbência, inclusive os honorários advocatícios.

- Correspondência: art. 293, CPC/1973.
- V. arts. 406 e 407, CC.
- V. Súmula 254, STF.
- V. Súmula 176, STJ.

§ 2º A interpretação do pedido considerará o conjunto da postulação e observará o princípio da boa-fé.

- Sem correspondência no CPC/1973.

Art. 323. Na ação que tiver por objeto o cumprimento de obrigação em prestações sucessivas, essas serão consideradas incluídas no pedido, independentemente de declaração expressa do autor, e serão incluídas na condenação, enquanto durar a obrigação, se o devedor, no curso do processo, deixar de pagá-las ou de consigná-las.

- Correspondência: art. 290, CPC/1973.

Art. 324. O pedido deve ser determinado.

- Correspondência: art. 286, *caput*, 1ª parte, CPC/1973.
- V. art. 329, CPC/2015.
- V. art. 14, Lei 9.099/1995 (Juizados Especiais Cíveis e Criminais).

§ 1º É lícito, porém, formular pedido genérico:

- Correspondência: art. 286, *caput*, 2ª parte, CPC/1973.

I – nas ações universais, se o autor não puder individuar os bens demandados;

- Correspondência: art. 286, I, CPC/1973.

II – quando não for possível determinar, desde logo, as consequências do ato ou do fato;

- Correspondência: art. 286, II, CPC/1973.

III – quando a determinação do objeto ou do valor da condenação depender de ato que deva ser praticado pelo réu.

- Correspondência: art. 286, III, CPC/1973.

§ 2º O disposto neste artigo aplica-se à reconvenção.

- Sem correspondência no CPC/1973.

Art. 325. O pedido será alternativo quando, pela natureza da obrigação, o devedor puder cumprir a prestação de mais de um modo.

- Correspondência: art. 288, *caput*, CPC/1973.
- V. art. 292, VII, CPC/2015.
- V. art. 15, Lei 9.099/1995 (Juizados Especiais Cíveis e Criminais).

Parágrafo único. Quando, pela lei ou pelo contrato, a escolha couber ao devedor, o juiz lhe assegurará o direito de cumprir a prestação de um ou de outro modo, ainda que o autor não tenha formulado pedido alternativo.

- Correspondência: art. 288, parágrafo único, CPC/1973.
- V. arts. 252 a 256, CC.

Art. 326. É lícito formular mais de um pedido em ordem subsidiária, a fim de que o juiz conheça do posterior, quando não acolher o anterior.

- Correspondência: art. 289, CPC/1973.
- V. art. 292, VIII, CPC/2015.

Parágrafo único. É lícito formular mais de um pedido, alternativamente, para que o juiz acolha um deles.

- Sem correspondência no CPC/1973.

Art. 327. É lícita a cumulação, em um único processo, contra o mesmo réu, de vários pedidos, ainda que entre eles não haja conexão.

- Correspondência: art. 292, *caput*, CPC/1973.
- V. arts. 55, 283 e 292, VI, CPC/2015.
- V. Súmula 170, STJ.

§ 1º São requisitos de admissibilidade da cumulação que:

- Correspondência: art. 292, § 1º, CPC/1973.

I – os pedidos sejam compatíveis entre si;

- Correspondência: art. 292, § 1º, I, CPC/1973.

II – seja competente para conhecer deles o mesmo juízo;

- Correspondência: art. 292, § 1º, II, CPC/1973.

III – seja adequado para todos os pedidos o tipo de procedimento.

- Correspondência: art. 292, § 1º, III, CPC/1973.

§ 2º Quando, para cada pedido, corresponder tipo diverso de procedimento, será admitida a cumulação se o autor empregar o procedimento comum, sem prejuízo do emprego das técnicas processuais diferenciadas previstas nos procedimentos especiais a que se sujeitam um ou mais pedidos cumulados, que não forem incompatíveis com as disposições sobre o procedimento comum.

- Correspondência: art. 292, § 2º, CPC/1973.

§ 3º O inciso I do § 1º não se aplica às cumulações de pedidos de que trata o art. 326.

- Sem correspondência no CPC/1973.

Art. 328. Na obrigação indivisível com pluralidade de credores, aquele que não participou do processo receberá sua parte, deduzidas as despesas na proporção de seu crédito.

- Correspondência: art. 291, CPC/1973.
- V. arts. 260 e 261, CC.

Art. 329. O autor poderá:

- Sem correspondência no CPC/1973.

I – até a citação, aditar ou alterar o pedido ou a causa de pedir, independentemente de consentimento do réu;

- Correspondência: art. 294, CPC/1973.
- V. art. 2º, § 8º, Lei 6.830/1980 (Lei de Execução Fiscal).

II – até o saneamento do processo, aditar ou alterar o pedido e a causa de pedir, com consentimento do réu, assegurado o contraditório mediante a possibilidade de manifestação deste no prazo mínimo de 15 (quinze) dias, facultado o requerimento de prova suplementar.

- Correspondência: art. 264, CPC/1973.

Parágrafo único. Aplica-se o disposto neste artigo à reconvenção e à respectiva causa de pedir.

- Sem correspondência no CPC/1973.

Seção III
Do Indeferimento da Petição Inicial

Art. 330. A petição inicial será indeferida quando:

- Correspondência: art. 295, *caput*, CPC/1973.
- V. arts. 120, 178, 225, 487, 554, 918 e 968, CPC/2015.

I – for inepta;

- Correspondência: art. 295, I, CPC/1973.

II – a parte for manifestamente ilegítima;

- Correspondência: art. 295, II, CPC/1973.

III – o autor carecer de interesse processual;

- Correspondência: art. 295, III, CPC/1973.
- V. arts. 17 e 19, CPC/2015.

IV – não atendidas as prescrições dos arts. 106 e 321.

- Correspondência: art. 295, VI, CPC/1973.

§ 1º Considera-se inepta a petição inicial quando:

- Correspondência: art. 295, parágrafo único, CPC/1973.
- V. arts. 485, I, CPC/2015.

I – lhe faltar pedido ou causa de pedir;

- Correspondência: art. 295, parágrafo único, I, CPC/1973.

II – o pedido for indeterminado, ressalvadas as hipóteses legais em que se permite o pedido genérico;

- Sem correspondência no CPC/1973.

III – da narração dos fatos não decorrer logicamente a conclusão;

- Correspondência: art. 295, parágrafo único, II, CPC/1973.

IV – contiver pedidos incompatíveis entre si.

- Correspondência: art. 295, parágrafo único, IV, CPC/1973.

§ 2º Nas ações que tenham por objeto a revisão de obrigação decorrente de empréstimo, de financiamento ou de alienação de bens, o autor terá de, sob pena de inépcia, discriminar na petição inicial, dentre as obrigações contratuais, aquelas que pretende controverter, além de quantificar o valor incontroverso do débito.

- Correspondência: art. 285-B, *caput*, CPC/1973.

§ 3º Na hipótese do § 2º, o valor incontroverso deverá continuar a ser pago no tempo e modo contratados.

- Correspondência: art. 285-B, § 1º, CPC/1973.

Art. 331. Indeferida a petição inicial, o autor poderá apelar, facultado ao juiz, no prazo de 5 (cinco) dias, retratar-se.

- Correspondência: art. 296, *caput*, CPC/1973.
- V. art. 198, VII, Lei 8.069/1990 (Estatuto da Criança e do Adolescente).

§ 1º Se não houver retratação, o juiz mandará citar o réu para responder ao recurso.

- Correspondência: art. 296, parágrafo único, CPC/1973.

§ 2º Sendo a sentença reformada pelo tribunal, o prazo para a contestação começará a correr da intimação do retorno dos autos, observado o disposto no art. 334.

- Sem correspondência no CPC/1973.

§ 3º Não interposta a apelação, o réu será intimado do trânsito em julgado da sentença.

- Sem correspondência no CPC/1973.

Códigos

Capítulo III
Da Improcedência Liminar do Pedido

Art. 332. Nas causas que dispensem a fase instrutória, o juiz, independentemente da citação do réu, julgará liminarmente improcedente o pedido que contrariar:

- Correspondência: art. 295-A, *caput*, CPC/1973.

I – enunciado de súmula do Supremo Tribunal Federal ou do Superior Tribunal de Justiça;

- Sem correspondência no CPC/1973.

II – acórdão proferido pelo Supremo Tribunal Federal ou pelo Superior Tribunal de Justiça em julgamento de recursos repetitivos;

- Sem correspondência no CPC/1973.

III – entendimento firmado em incidente de resolução de demandas repetitivas ou de assunção de competência;

- Sem correspondência no CPC/1973.

IV – enunciado de súmula de tribunal de justiça sobre direito local.

- Sem correspondência no CPC/1973.

§ 1º O juiz também poderá julgar liminarmente improcedente o pedido se verificar, desde logo, a ocorrência de decadência ou de prescrição.

- Correspondência: art. 295, IV, CPC/1973.
- V. art. 487, II, CPC/2015.

§ 2º Não interposta a apelação, o réu será intimado do trânsito em julgado da sentença, nos termos do art. 241.

- Sem correspondência no CPC/1973.

§ 3º Interposta a apelação, o juiz poderá retratar-se em 5 (cinco) dias.

- Correspondência: art. 285-A, § 1º, CPC/1973.

§ 4º Se houver retratação, o juiz determinará o prosseguimento do processo, com a citação do réu, e, se não houver retratação, determinará a citação do réu para apresentar contrarrazões, no prazo de 15 (quinze) dias.

- Correspondência: art. 285-A, § 2º, CPC/1973.

Capítulo IV
Da Conversão da Ação Individual em Ação Coletiva

Art. 333. *(Vetado).*

Capítulo V
Da Audiência de Conciliação ou de Mediação

Art. 334. Se a petição inicial preencher os requisitos essenciais e não for o caso de improcedência liminar do pedido, o juiz designará audiência de conciliação ou de mediação com antecedência mínima de 30 (trinta) dias, devendo ser citado o réu com pelo menos 20 (vinte) dias de antecedência.

- Correspondência: art. 331, *caput*, CPC/1973.
- V. arts. 3º, § 2º, 103 e 190, CPC/2015.
- V. Res. CNJ 125/2010 (Política Judiciária Nacional de tratamento adequado dos conflitos de interesses no âmbito do Poder Judiciário).

§ 1º O conciliador ou mediador, onde houver, atuará necessariamente na audiência de conciliação ou de mediação, observando o disposto neste Código, bem como as disposições da lei de organização judiciária.

- Sem correspondência no CPC/1973.

§ 2º Poderá haver mais de uma sessão destinada à conciliação e à mediação, não podendo exceder a 2 (dois) meses da data de realização da primeira sessão, desde que necessárias à composição das partes.

- Sem correspondência no CPC/1973.

§ 3º A intimação do autor para a audiência será feita na pessoa de seu advogado.

- Sem correspondência no CPC/1973.

§ 4º A audiência não será realizada:

- Sem correspondência no CPC/1973.

I – se ambas as partes manifestarem, expressamente, desinteresse na composição consensual;

- Correspondência: art. 331, § 3º, CPC/1973.

II – quando não se admitir a autocomposição.

- Correspondência: art. 331, *caput*, CPC/1973.

§ 5º O autor deverá indicar, na petição inicial, seu desinteresse na autocomposição, e o réu deverá fazê-lo, por petição, apresentada com 10 (dez) dias de antecedência, contados da data da audiência.

- Sem correspondência no CPC/1973.

§ 6º Havendo litisconsórcio, o desinteresse na realização da audiência deve ser manifestado por todos os litisconsortes.

- Sem correspondência no CPC/1973.

§ 7º A audiência de conciliação ou de mediação pode realizar-se por meio eletrônico, nos termos da lei.

- Sem correspondência no CPC/1973.

§ 8º O não comparecimento injustificado do autor ou do réu à audiência de conciliação é considerado ato atentatório à dignidade da justiça e será sancionado com multa de até 2% (dois por cento) da vantagem econômica pretendida ou do valor da causa, revertida em favor da União ou do Estado.

- Sem correspondência no CPC/1973.

§ 9º As partes devem estar acompanhadas por seus advogados ou defensores públicos.

- Sem correspondência no CPC/1973.

§ 10. A parte poderá constituir representante, por meio de procuração específica, com poderes para negociar e transigir.

- Sem correspondência no CPC/1973.

§ 11. A autocomposição obtida será reduzida a termo e homologada por sentença.

- Correspondência: art. 331, § 1º, CPC/1973.

§ 12. A pauta das audiências de conciliação ou de mediação será organizada de modo a respeitar o intervalo mínimo de 20 (vinte) minutos entre o início de uma e o início da seguinte.

- Sem correspondência no CPC/1973.

Capítulo VI
Da Contestação

Art. 335. O réu poderá oferecer contestação, por petição, no prazo de 15 (quinze) dias, cujo termo inicial será a data:

- Correspondência: art. 297, *caput*, CPC/1973.
- V. arts. 17, 180, 337, 340, 343, 344 e 434, CPC/2015.

I – da audiência de conciliação ou de mediação, ou da última sessão de conciliação, quando qualquer parte não comparecer ou, comparecendo, não houver autocomposição;

- Sem correspondência no CPC/1973.

II – do protocolo do pedido de cancelamento da audiência de conciliação ou de mediação apresentado pelo réu, quando ocorrer a hipótese do art. 334, § 4º, inciso I;

- Sem correspondência no CPC/1973.

III – prevista no art. 231, de acordo com o modo como foi feita a citação, nos demais casos.

- Sem correspondência no CPC/1973.

§ 1º No caso de litisconsórcio passivo, ocorrendo a hipótese do art. 334, § 6º, o termo inicial previsto no inciso II será, para cada um dos réus, a data de apresentação de seu respectivo pedido de cancelamento da audiência.

- Correspondência: art. 298, *caput*, CPC/1973.
- V. art. 229, CPC/2015.

§ 2º Quando ocorrer a hipótese do art. 334, § 4º, inciso II, havendo litisconsórcio passivo e o autor desistir da ação em relação a réu ainda não citado, o prazo para resposta correrá da data de intimação da decisão que homologar a desistência.

- Correspondência: art. 298, parágrafo único, CPC/1973.

Art. 336. Incumbe ao réu alegar, na contestação, toda a matéria de defesa, expondo as razões de fato e de direito com que impugna o pedido do autor e especificando as provas que pretende produzir.

- Correspondência: art. 300, CPC/1973.
- V. arts. 106, I, e 341, parágrafo único, CPC/2015.

Art. 337. Incumbe ao réu, antes de discutir o mérito, alegar:

- Correspondência: art. 301, *caput*, CPC/1973.
- V. arts. 351, 485, I, IV e § 1º, e 486, § 3º, CPC/2015.

I – inexistência ou nulidade da citação;

- Correspondência: art. 301, I, CPC/1973.
- V. arts. 239, § 1º, 280 e 485, IV e § 1º, CPC/2015.

II – incompetência absoluta e relativa;

- Correspondência: art. 301, II, CPC/1973.
- V. art. 62, CPC/2015.

III – incorreção do valor da causa;

- Sem correspondência no CPC/1973.

IV – inépcia da petição inicial;

- Correspondência: art. 301, III, CPC/1973.
- V. art. 330, I, CPC/2015.

V – perempção;

- Correspondência: art. 301, IV, CPC/1973.

VI – litispendência;

- Correspondência: art. 301, V, CPC/1973.

VII – coisa julgada;

- Correspondência: art. 301, VI, CPC/1973.
- V. art. 5º, XXXVI, CF.

VIII – conexão;

- Correspondência: art. 301, VII, CPC/1973.

IX – incapacidade da parte, defeito de representação ou falta de autorização;

Códigos

• Correspondência: art. 301, VIII, CPC/1973.
• V. arts. 3º, 4º e 1.634, V, CC.

X – convenção de arbitragem;

• Correspondência: art. 301, IX, CPC/1973.

XI – ausência de legitimidade ou de interesse processual;

• Correspondência: art. 301, X, CPC/1973.

XII – falta de caução ou de outra prestação que a lei exige como preliminar;

• Correspondência: art. 301, XI, CPC/1973.

XIII – indevida concessão do benefício de gratuidade de justiça.

• Sem correspondência no CPC/1973.

§ 1º Verifica-se a litispendência ou a coisa julgada quando se reproduz ação anteriormente ajuizada.

• Correspondência: art. 301, § 1º, CPC/1973.

§ 2º Uma ação é idêntica a outra quando possui as mesmas partes, a mesma causa de pedir e o mesmo pedido.

• Correspondência: art. 301, § 2º, CPC/1973.

§ 3º Há litispendência quando se repete ação que está em curso.

• Correspondência: art. 301, § 3º, 1ª parte, CPC/1973.

§ 4º Há coisa julgada quando se repete ação que já foi decidida por decisão transitada em julgado.

• Correspondência: art. 301, § 3º, 2ª parte, CPC/1973.

§ 5º Excetuadas a convenção de arbitragem e a incompetência relativa, o juiz conhecerá de ofício das matérias enumeradas neste artigo.

• Correspondência: art. 301, § 4º, CPC/1973.

§ 6º A ausência de alegação da existência de convenção de arbitragem, na forma prevista neste Capítulo, implica aceitação da jurisdição estatal e renúncia ao juízo arbitral.

• Sem correspondência no CPC/1973.

Art. 338. Alegando o réu, na contestação, ser parte ilegítima ou não ser o responsável pelo prejuízo invocado, o juiz facultará ao autor, em 15 (quinze) dias, a alteração da petição inicial para substituição do réu.

• Sem correspondência no CPC/1973.

Parágrafo único. Realizada a substituição, o autor reembolsará as despesas e pagará os honorários ao procurador do réu excluído, que serão fixados entre 3% (três) e 5% (cinco por cento) do valor da causa ou, sendo este irrisório, nos termos do art. 85, § 8º.

• Sem correspondência no CPC/1973.

Art. 339. Quando alegar sua ilegitimidade, incumbe ao réu indicar o sujeito passivo da relação jurídica discutida sempre que tiver conhecimento, sob pena de arcar com as despesas processuais e de indenizar o autor pelos prejuízos decorrentes da falta de indicação.

• Correspondência: arts. 62, 63 e 69, CPC/1973.
• V. arts. 79 a 81, CPC/2015.

§ 1º O autor, ao aceitar a indicação, procederá, no prazo de 15 (quinze) dias, à alteração da petição inicial para a substituição do réu, observando-se, ainda, o parágrafo único do art. 338.

• Sem correspondência no CPC/1973.

§ 2º No prazo de 15 (quinze) dias, o autor pode optar por alterar a petição inicial para incluir, como litisconsorte passivo, o sujeito indicado pelo réu.

• Sem correspondência no CPC/1973.

Art. 340. Havendo alegação de incompetência relativa ou absoluta, a contestação poderá ser protocolada no foro de domicílio do réu, fato que será imediatamente comunicado ao juiz da causa, preferencialmente por meio eletrônico.

• Correspondência: art. 305, parágrafo único, CPC/1973.
• V. arts. 53 e 64, CPC/2015.

§ 1º A contestação será submetida a livre distribuição ou, se o réu houver sido citado por meio de carta precatória, juntada aos autos dessa carta, seguindo-se a sua imediata remessa para o juízo da causa.

• Sem correspondência no CPC/1973.

§ 2º Reconhecida a competência do foro indicado pelo réu, o juízo para o qual for distribuída a contestação ou a carta precatória será considerado prevento.

• Correspondência: art. 311, CPC/1973.

§ 3º Alegada a incompetência nos termos do *caput*, será suspensa a realização da audiência de conciliação ou de mediação, se tiver sido designada.

• Sem correspondência no CPC/1973.

§ 4º Definida a competência, o juízo competente designará nova data para a audiência de conciliação ou de mediação.

• Sem correspondência no CPC/1973.

Art. 341. Incumbe também ao réu manifestar-se precisamente sobre as alegações de fato constantes da petição inicial, presumindo-se verdadeiras as não impugnadas, salvo se:

• Correspondência: art. 302, *caput*, CPC/1973.
• V. arts. 334, 337, § 5º, e 535, VI, CPC/2015.

I – não for admissível, a seu respeito, a confissão;

• Correspondência: art. 302, I, CPC/1973.

II – a petição inicial não estiver acompanhada de instrumento que a lei considerar da substância do ato;

• Correspondência: art. 302, II, CPC/1973.

III – estiverem em contradição com a defesa, considerada em seu conjunto.

• Correspondência: art. 302, III, CPC/1973.

Parágrafo único. O ônus da impugnação especificada dos fatos não se aplica ao defensor público, ao advogado dativo e ao curador especial.

• Correspondência: art. 302, parágrafo único, CPC/1973.

Art. 342. Depois da contestação, só é lícito ao réu deduzir novas alegações quando:

• Correspondência: art. 303, *caput*, CPC/1973.
• V. arts. 337, § 5º, e 535, VI, CPC/2015.

I – relativas a direito ou a fato superveniente;

• Correspondência: art. 303, I, CPC/1973.

II – competir ao juiz conhecer delas de ofício;

• Correspondência: art. 303, II, CPC/1973.

III – por expressa autorização legal, puderem ser formuladas em qualquer tempo e grau de jurisdição.

• Correspondência: art. 303, III, CPC/1973.

Capítulo VII
Da Reconvenção

Art. 343. Na contestação, é lícito ao réu propor reconvenção para manifestar pretensão própria, conexa com a ação principal ou com o fundamento da defesa.

• Correspondência: art. 315, CPC/1973.
• V. arts. 55, CPC/2015.
• V. art. 36, *caput*, Lei 6.515/1977 (Lei do Divórcio).
• V. art. 16, § 3º, Lei 6.830/1980 (Lei de Execução Fiscal).
• V. art. 7º, Lei 9.289/1996 (Custas na Justiça Federal).

§ 1º Proposta a reconvenção, o autor será intimado, na pessoa de seu advogado, para apresentar resposta no prazo de 15 (quinze) dias.

• Correspondência: art. 316, CPC/1973.

§ 2º A desistência da ação ou a ocorrência de causa extintiva que impeça o exame de seu mérito não obsta ao prosseguimento do processo quanto à reconvenção.

• Correspondência: art. 317, CPC/1973.

§ 3º A reconvenção pode ser proposta contra o autor e terceiro.

• Sem correspondência no CPC/1973.

§ 4º A reconvenção pode ser proposta pelo réu em litisconsórcio com terceiro.

• Sem correspondência no CPC/1973.

§ 5º Se o autor for substituto processual, o reconvinte deverá afirmar ser titular de direito em face do substituído, e a reconvenção deverá ser proposta em face do autor, também na qualidade de substituto processual.

• Correspondência: art. 315, parágrafo único, CPC/1973.

§ 6º O réu pode propor reconvenção independentemente de oferecer contestação.

• Sem correspondência no CPC/1973.

Capítulo VIII
Da Revelia

Art. 344. Se o réu não contestar a ação, será considerado revel e presumir-se-ão verdadeiras as alegações de fato formuladas pelo autor.

• Correspondência: art. 319, CPC/1973.
• V. arts. 76, §1º, II, 240, 308, 355, II, 546 e 702, CPC/2015.

Art. 345. A revelia não produz o efeito mencionado no art. 344 se:

• Correspondência: art. 320, *caput*, CPC/1973.

I – havendo pluralidade de réus, algum deles contestar a ação;

• Correspondência: art. 320, I, CPC/1973.
• V. art. 231, § 1º, CPC/2015.

II – o litígio versar sobre direitos indisponíveis;

• Correspondência: art. 320, II, CPC/1973.
• V. art. 392, CPC/2015.

III – a petição inicial não estiver acompanhada de instrumento que a lei considere indispensável à prova do ato;

• Correspondência: art. 320, III, CPC/1973.

Códigos

IV – as alegações de fato formuladas pelo autor forem inverossímeis ou estiverem em contradição com prova constante dos autos.

- Sem correspondência no CPC/1973.

Art. 346. Os prazos contra o revel que não tenha patrono nos autos fluirão da data de publicação do ato decisório no órgão oficial.

- Correspondência: art. 322, *caput*, CPC/1973.

Parágrafo único. O revel poderá intervir no processo em qualquer fase, recebendo-o no estado em que se encontrar.

- Correspondência: art. 322, parágrafo único, CPC/1973.
- V. art. 355, II, CPC/2015.

Capítulo IX
Das Providências Preliminares e do Saneamento

Art. 347. Findo o prazo para a contestação, o juiz tomará, conforme o caso, as providências preliminares constantes das seções deste Capítulo.

- Correspondência: art. 323, CPC/1973.

Seção I
Da Não Incidência dos Efeitos da Revelia

Art. 348. Se o réu não contestar a ação, o juiz, verificando a inocorrência do efeito da revelia previsto no art. 344, ordenará que o autor especifique as provas que pretenda produzir, se ainda não as tiver indicado.

- Correspondência: art. 324, CPC/1973.
- V. arts. 329, 344 a 346, e 355, II, CPC/2015.

Art. 349. Ao réu revel será lícita a produção de provas, contrapostas às alegações do autor, desde que se faça representar nos autos a tempo de praticar os atos processuais indispensáveis a essa produção.

- Sem correspondência no CPC/1973.
- V. art. 356, CPC/2015.
- V. Súmula 231, STF.

Seção II
Do Fato Impeditivo, Modificativo ou Extintivo do Direito do Autor

Art. 350. Se o réu alegar fato impeditivo, modificativo ou extintivo do direito do autor, este será ouvido no prazo de 15 (quinze) dias, permitindo-lhe o juiz a produção de prova.

- Correspondência: art. 326, CPC/1973.
- V. arts. 373, II, e 535, VI, CPC/2015.

Seção III
Das Alegações do Réu

Art. 351. Se o réu alegar qualquer das matérias enumeradas no art. 337, o juiz determinará a oitiva do autor no prazo de 15 (quinze) dias, permitindo-lhe a produção de prova.

- Correspondência: art. 327, 1ª parte, CPC/1973.
- V. art. 276, CPC/2015.

Art. 352. Verificando a existência de irregularidades ou de vícios sanáveis, o juiz determinará sua correção em prazo nunca superior a 30 (trinta) dias.

- Correspondência: art. 327, 2ª parte, CPC/1973.
- V. arts. 76 e 283, CPC/2015.

Art. 353. Cumpridas as providências preliminares ou não havendo necessidade delas, o juiz proferirá julgamento conforme o estado do processo, observando o que dispõe o Capítulo X.

- Correspondência: art. 328, CPC/1973.

Capítulo X
Do Julgamento Conforme o Estado do Processo

Seção I
Da Extinção do Processo

Art. 354. Ocorrendo qualquer das hipóteses previstas nos arts. 485 e 487, incisos II e III, o juiz proferirá sentença.

- Correspondência: art. 329, CPC/1973.
- V. arts. 485, 487, II e III, CPC/2015.

Parágrafo único. A decisão a que se refere o *caput* pode dizer respeito a apenas parcela do processo, caso em que será impugnável por agravo de instrumento.

- Sem correspondência no CPC/1973.

Seção II
Do Julgamento Antecipado do Mérito

Art. 355. O juiz julgará antecipadamente o pedido, proferindo sentença com resolução de mérito, quando:

- Correspondência: art. 330, *caput*, CPC/1973.
- V. arts. 345, 348, 485 e 487, II e III, 550, § 4º, e 920, II, CPC/2015.

I – não houver necessidade de produção de outras provas;

- Correspondência: art. 330, I, CPC/1973.
- V. art. 37, *caput*, Lei 6.515/1977 (Lei do Divórcio).
- V. art. 87, § 3º, Lei 11.101/2005 (Lei de Recuperação de Empresas e Falência).

II – o réu for revel, ocorrer o efeito previsto no art. 344 e não houver requerimento de prova, na forma do art. 349.

- Correspondência: art. 330, II, CPC/1973.

Seção III
Do Julgamento Antecipado Parcial do Mérito

Art. 356. O juiz decidirá parcialmente o mérito quando um ou mais dos pedidos formulados ou parcela deles:

- Correspondência: art. 273, § 6º, 1ª parte, CPC/1973.

I – mostrar-se incontroverso;

- Correspondência: art. 273, § 6º, 2ª parte, CPC/1973.

II – estiver em condições de imediato julgamento, nos termos do art. 355.

- Sem correspondência no CPC/1973.

§ 1º A decisão que julgar parcialmente o mérito poderá reconhecer a existência de obrigação líquida ou ilíquida.

- Sem correspondência no CPC/1973.

§ 2º A parte poderá liquidar ou executar, desde logo, a obrigação reconhecida na decisão que julgar parcialmente o mérito, independentemente de caução, ainda que haja recurso contra essa interposto.

- Sem correspondência no CPC/1973.

§ 3º Na hipótese do § 2º, se houver trânsito em julgado da decisão, a execução será definitiva.

- Sem correspondência no CPC/1973.

§ 4º A liquidação e o cumprimento da decisão que julgar parcialmente o mérito poderão ser processados em autos suplementares, a requerimento da parte ou a critério do juiz.

- Sem correspondência no CPC/1973.

§ 5º A decisão proferida com base neste artigo é impugnável por agravo de instrumento.

- Sem correspondência no CPC/1973.

Seção IV
Do Saneamento e da Organização do Processo

Art. 357. Não ocorrendo nenhuma das hipóteses deste Capítulo, deverá o juiz, em decisão de saneamento e de organização do processo:

- Correspondência: arts. 331, *caput*, CPC/1973.
- V. arts 139, V, CPC/2015.

I – resolver as questões processuais pendentes, se houver;

- Correspondência: art. 331, § 2º, CPC/1973.

II – delimitar as questões de fato sobre as quais recairá a atividade probatória, especificando os meios de prova admitidos;

- Correspondência: art. 331, § 2º, CPC/1973.

III – definir a distribuição do ônus da prova, observado o art. 373;

- Correspondência: art. 331, § 2º, CPC/1973.

IV – delimitar as questões de direito relevantes para a decisão do mérito;

- Correspondência: art. 331, § 2º, CPC/1973.

V – designar, se necessário, audiência de instrução e julgamento.

- Correspondência: arts. 331, § 2º, CPC/1973.
- V. art. 15, IV, Lei 11.101/2005 (Lei de Recuperação de Empresas e Falência).

§ 1º Realizado o saneamento, as partes têm o direito de pedir esclarecimentos ou solicitar ajustes, no prazo comum de 5 (cinco) dias, findo o qual a decisão se torna estável.

- Sem correspondência no CPC/1973.

§ 2º As partes podem apresentar ao juiz, para homologação, delimitação consensual das questões de fato e de direito a que se referem os incisos II e IV, a qual, se homologada, vincula as partes e o juiz.

- Sem correspondência no CPC/1973.

§ 3º Se a causa apresentar complexidade em matéria de fato ou de direito, deverá o juiz designar audiência para que o saneamento seja feito em cooperação com as partes, oportunidade em que o juiz, se for o caso, convidará as partes a integrar ou esclarecer suas alegações.

- Sem correspondência no CPC/1973.

§ 4º Caso tenha sido determinada a produção de prova testemunhal, o juiz fixará prazo comum não superior a 15 (quinze) dias para que as partes apresentem rol de testemunhas.

- Correspondência: art. 407, *caput*, CPC/1973.

§ 5º Na hipótese do § 3º, as partes devem levar, para a audiência prevista, o respectivo rol de testemunhas.

- Correspondência: art. 407, *caput*, CPC/1973.

§ 6º O número de testemunhas arroladas não pode ser superior a 10 (dez),

Códigos

sendo 3 (três), no máximo, para a prova de cada fato.

- Correspondência: art. 407, parágrafo único, CPC/1973.

§ 7º O juiz poderá limitar o número de testemunhas levando em conta a complexidade da causa e dos fatos individualmente considerados.

- Sem correspondência no CPC/1973.

§ 8º Caso tenha sido determinada a produção de prova pericial, o juiz deve observar o disposto no art. 465 e, se possível, estabelecer, desde logo, calendário para sua realização.

- Sem correspondência no CPC/1973.
- V. art. 156, CPC/2015.

§ 9º As pautas deverão ser preparadas com intervalo mínimo de 1 (uma) hora entre as audiências.

- Sem correspondência no CPC/1973.

Capítulo XI
Da Audiência de Instrução e Julgamento

Art. 358. No dia e na hora designados, o juiz declarará aberta a audiência de instrução e julgamento e mandará apregoar as partes e os respectivos advogados, bem como outras pessoas que dela devam participar.

- Correspondência: art. 450, CPC/1973.
- V. art. 400, CPP.
- V. art. 28, Lei 9.099/1995 (Juizados Especiais Cíveis e Criminais).

Art. 359. Instalada a audiência, o juiz tentará conciliar as partes, independentemente do emprego anterior de outros métodos de solução consensual de conflitos, como a mediação e a arbitragem.

- Correspondência: art. 448, CPC/1973.
- V. Lei 9.307/1996 (Arbitragem).

Art. 360. O juiz exerce o poder de polícia, incumbindo-lhe:

- Correspondência: art. 445, *caput*, CPC/1973.

I – manter a ordem e o decoro na audiência;

- Correspondência: art. 445, I, CPC/1973.
- V. art.139, IV e VII, CPC/2015.

II – ordenar que se retirem da sala de audiência os que se comportarem inconvenientemente;

- Correspondência: art. 445, II, CPC/1973
- V. art. 78, § 1º, CPC/2015.

III – requisitar, quando necessário, força policial;

- Correspondência: art. 445, III, CPC/1973.
- V. arts. 139, IV e VII, e 782, CPC/2015.

IV – tratar com urbanidade as partes, os advogados, os membros do Ministério Público e da Defensoria Pública e qualquer pessoa que participe do processo;

- Sem correspondência no CPC/1973.

V – registrar em ata, com exatidão, todos os requerimentos apresentados em audiência.

- Sem correspondência no CPC/1973.

Art. 361. As provas orais serão produzidas em audiência, ouvindo-se nesta ordem, preferencialmente:

- Correspondência: art. 452, *caput*, CPC/1973.
- V. art. 36, Lei 9.099/1995 (Juizados Especiais Cíveis e Criminais).

I – o perito e os assistentes técnicos, que responderão aos quesitos de esclarecimentos requeridos no prazo e na forma do art. 477, caso não respondidos anteriormente por escrito;

- Correspondência: art. 452, I, CPC/1973.

II – o autor e, em seguida, o réu, que prestarão depoimentos pessoais;

- Correspondência: art. 452, II, CPC/1973.
- V. arts. 385 a 388, CPC/2015.

III – as testemunhas arroladas pelo autor e pelo réu, que serão inquiridas.

- Correspondência: art. 452, III, CPC/1973.
- V. arts.456 a 459, CPC/2015.

Parágrafo único. Enquanto depuserem o perito, os assistentes técnicos, as partes e as testemunhas, não poderão os advogados e o Ministério Público intervir ou apartear, sem licença do juiz.

- Correspondência: art. 446, parágrafo único, CPC/1973.

Art. 362. A audiência poderá ser adiada:

- Correspondência: art. 453, *caput*, CPC/1973.

I – por convenção das partes;

- Correspondência: art. 453, I, CPC/1973.

II – se não puder comparecer, por motivo justificado, qualquer pessoa que dela deva necessariamente participar;

- Correspondência: art. 453, II, CPC/1973.

III – por atraso injustificado de seu início em tempo superior a 30 (trinta) minutos do horário marcado.

- Sem correspondência no CPC/1973.

§ 1º O impedimento deverá ser comprovado até a abertura da audiência, e, não o sendo, o juiz procederá à instrução.

- Correspondência: art. 453, § 1º, CPC/1973.

§ 2º O juiz poderá dispensar a produção das provas requeridas pela parte cujo advogado ou defensor público não tenha comparecido à audiência, aplicando-se a mesma regra ao Ministério Público.

- Correspondência: art. 453, § 2º, CPC/1973.

§ 3º Quem der causa ao adiamento responderá pelas despesas acrescidas.

- Correspondência: art. 453, § 3º, CPC/1973.
- V. arts. 93 e 462, CPC/2015.

Art. 363. Havendo antecipação ou adiamento da audiência, o juiz, de ofício ou a requerimento da parte, determinará a intimação dos advogados ou da sociedade de advogados para ciência da nova designação.

- Correspondência: art. 242, § 2º, CPC/1973.

Art. 364. Finda a instrução, o juiz dará a palavra ao advogado do autor e do réu, bem como ao membro do Ministério Público, se for o caso de sua intervenção, sucessivamente, pelo prazo de 20 (vinte) minutos para cada um, prorrogável por 10 (dez) minutos, a critério do juiz.

- Correspondência: art. 454, *caput*, CPC/1973.
- V. art. 10, CPC/2015.

§ 1º Havendo litisconsorte ou terceiro interveniente, o prazo, que formará com o da prorrogação um só todo, dividir-se-á entre os do mesmo grupo, se não convencionarem de modo diverso.

- Correspondência: art. 454, § 1º, CPC/1973.

§ 2º Quando a causa apresentar questões complexas de fato ou de direito, o debate oral poderá ser substituído por razões finais escritas, que serão apresentadas pelo autor e pelo réu, bem como pelo Ministério Público, se for o caso de sua intervenção, em prazos sucessivos de 15 (quinze) dias, assegurada vista dos autos.

- Correspondência: art. 454, § 3º, CPC/1973.

Art. 365. A audiência é una e contínua, podendo ser excepcional e justificadamente cindida na ausência de perito ou de testemunha, desde que haja concordância das partes.

- Correspondência: art. 455, 1ª parte, CPC/1973.

Parágrafo único. Diante da impossibilidade de realização da instrução, do debate e do julgamento no mesmo dia, o juiz marcará seu prosseguimento para a data mais próxima possível, em pauta preferencial.

- Correspondência: art. 455, 2ª parte, CPC/1973.

Art. 366. Encerrado o debate ou oferecidas as razões finais, o juiz proferirá sentença em audiência ou no prazo de 30 (trinta) dias.

- Correspondência: art. 456, CPC/1973.
- V. art. 58, CPC/2015.

Art. 367. O servidor lavrará, sob ditado do juiz, termo que conterá, em resumo, o ocorrido na audiência, bem como, por extenso, os despachos, as decisões e a sentença, se proferida no ato.

- Correspondência: art. 457, *caput*, CPC/1973.

§ 1º Quando o termo não for registrado em meio eletrônico, o juiz rubricar-lhe-á as folhas, que serão encadernadas em volume próprio.

- Correspondência: art. 457, § 1º, CPC/1973.

§ 2º Subscreverão o termo o juiz, os advogados, o membro do Ministério Público e o escrivão ou chefe de secretaria, dispensadas as partes, exceto quando houver ato de disposição para cuja prática os advogados não tenham poderes.

- Correspondência: art. 457, § 2º, CPC/1973.
- V. art. 209, CPC/2015.

§ 3º O escrivão ou chefe de secretaria trasladará para os autos cópia autêntica do termo de audiência.

- Correspondência: art. 457, § 3º, CPC/1973.

§ 4º Tratando-se de autos eletrônicos, observar-se-á o disposto neste Código, em legislação específica e nas normas internas dos tribunais.

- Correspondência: art. 457, § 4º, CPC/1973.

§ 5º A audiência poderá ser integralmente gravada em imagem e em áudio, em meio digital ou analógico, desde que assegure o rápido acesso das partes e dos órgãos julgadores, observada a legislação específica.

- Sem correspondência no CPC/1973.
- V. arts. 210 e 460, CPC/2015.

§ 6º A gravação a que se refere o § 5º também pode ser realizada diretamente por qualquer das partes, independentemente de autorização judicial.

- Sem correspondência no CPC/1973.

Códigos

Art. 368. A audiência será pública, ressalvadas as exceções legais.

- Correspondência: art. 444, CPC/1973.
- V. arts. 11 e 189, CPC/2015.
- V. art. 93, IX, CF.
- V. art. 792 §1º, CPP.

Capítulo XII
Das Provas

Seção I
Disposições Gerais

Art. 369. As partes têm o direito de empregar todos os meios legais, bem como os moralmente legítimos, ainda que não especificados neste Código, para provar a verdade dos fatos em que se funda o pedido ou a defesa e influir eficazmente na convicção do juiz.

- Correspondência: art. 332, CPC/1973.
- V. art. 5º, LVI, CF.
- V. art. 179, II, CPC/2015.
- V. art. 212, CC.
- V. art. 157, CPP.
- V. Lei 9.296/1996 (Interceptação de comunicações telefônicas).

Art. 370. Caberá ao juiz, de ofício ou a requerimento da parte, determinar as provas necessárias ao julgamento do mérito.

- Correspondência: art. 130, 1ª parte, CPC/1973.
- V. arts. 139, VI e 480, CPC/2015.

Parágrafo único. O juiz indeferirá, em decisão fundamentada, as diligências inúteis ou meramente protelatórias.

- Correspondência: art. 130, 2ª parte, CPC/1973.
- V. arts. 77, III e 139, III, CPC/2015.

Art. 371. O juiz apreciará a prova constante dos autos, independentemente do sujeito que a tiver promovido, e indicará na decisão as razões da formação de seu convencimento.

- Correspondência: art. 131, CPC/1973.
- V. arts. 11 e 489, II, CPC/2015.

Art. 372. O juiz poderá admitir a utilização de prova produzida em outro processo, atribuindo-lhe o valor que considerar adequado, observado o contraditório.

- Correspondência: art. 332, CPC/1973.

Art. 373. O ônus da prova incumbe:

- Correspondência: art. 333, *caput*, CPC/1973.

I – ao autor, quanto ao fato constitutivo de seu direito;

- Correspondência: art. 333, I, CPC/1973.
- V. art. 319, VI, CPC/2015.

II – ao réu, quanto à existência de fato impeditivo, modificativo ou extintivo do direito do autor.

- Correspondência: art. 333, II, CPC/1973.
- V. art. 336, CPC/2015.

§ 1º Nos casos previstos em lei ou diante de peculiaridades da causa relacionadas à impossibilidade ou à excessiva dificuldade de cumprir o encargo nos termos do *caput* ou à maior facilidade de obtenção da prova do fato contrário, poderá o juiz atribuir o ônus da prova de modo diverso, desde que o faça por decisão fundamentada, caso em que deverá dar à parte a oportunidade de se desincumbir do ônus que lhe foi atribuído.

- Sem correspondência no CPC/1973.
- V. art. 841, CC.
- V. arts. 6º, VIII, 38 e 51, VI, Lei 8.078/1990 (Código de Defesa do Consumidor).

§ 2º A decisão prevista no § 1º deste artigo não pode gerar situação em que a desincumbência do encargo pela parte seja impossível ou excessivamente difícil.

- Sem correspondência no CPC/1973.

§ 3º A distribuição diversa do ônus da prova também pode ocorrer por convenção das partes, salvo quando:

- Correspondência: art. 333, parágrafo único, *caput*, CPC/1973.

I – recair sobre direito indisponível da parte;

- Correspondência: art. 333, parágrafo único, I, CPC/1973.
- V. arts. 345, II e 392, CPC/2015.

II – tornar excessivamente difícil a uma parte o exercício do direito.

- Correspondência: art. 333, parágrafo único, II, CPC/1973.

§ 4º A convenção de que trata o § 3º pode ser celebrada antes ou durante o processo.

- Sem correspondência no CPC/1973.

Art. 374. Não dependem de prova os fatos:

- Correspondência: art. 334, *caput*, CPC/1973.

I – notórios;

- Correspondência: art. 334, I, CPC/1973.

II – afirmados por uma parte e confessados pela parte contrária;

- Correspondência: art. 334, II, CPC/1973.
- V. arts. 341 e 389 a 395, CPC/2015.

III – admitidos no processo como incontroversos;

- Correspondência: art. 334, III, CPC/1973.

IV – em cujo favor milita presunção legal de existência ou de veracidade.

- Correspondência: art. 334, IV, CPC/1973.

Art. 375. O juiz aplicará as regras de experiência comum subministradas pela observação do que ordinariamente acontece e, ainda, as regras de experiência técnica, ressalvado, quanto a estas, o exame pericial.

- Correspondência: art. 335, CPC/1973.
- V. art. 140, CPC/2015.

Art. 376. A parte que alegar direito municipal, estadual, estrangeiro ou consuetudinário provar-lhe-á o teor e a vigência, se assim o juiz determinar.

- Correspondência: art. 337, CPC/1973.
- V. art. 14, Dec.-lei 4.657/1942 (Lei de Introdução às normas do Direito Brasileiro).

Art. 377. A carta precatória, a carta rogatória e o auxílio direto suspenderão o julgamento da causa no caso previsto no art. 313, inciso V, alínea *b*, quando, tendo sido requeridos antes da decisão de saneamento, a prova neles solicitada for imprescindível.

- Correspondência: art. 338, *caput*, CPC/1973.
- V. art. 313, V, *b* e § 4º, CPC/2015.

Parágrafo único. A carta precatória e a carta rogatória não devolvidas no prazo ou concedidas sem efeito suspensivo poderão ser juntadas aos autos a qualquer momento.

- Correspondência: art. 338, parágrafo único, CPC/1973.

Art. 378. Ninguém se exime do dever de colaborar com o Poder Judiciário para o descobrimento da verdade.

- Correspondência: art. 339, CPC/1973.
- V. art. 5º, CPC/2015.

Art. 379. Preservado o direito de não produzir prova contra si própria, incumbe à parte:

- Correspondência: art. 340, *caput*, CPC/1973.
- V. art. 5º, II, CF.

I – comparecer em juízo, respondendo ao que lhe for interrogado;

- Correspondência: art. 340, I, CPC/1973.

II – colaborar com o juízo na realização de inspeção judicial que for considerada necessária;

- Correspondência: art. 340, II, CPC/1973.
- V. arts. 481 a 484, CPC/2015.

III – praticar o ato que lhe for determinado.

- Correspondência: art. 340, III, CPC/1973.

Art. 380. Incumbe ao terceiro, em relação a qualquer causa:

- Correspondência: art. 341, *caput*, CPC/1973.

I – informar ao juiz os fatos e as circunstâncias de que tenha conhecimento;

- Correspondência: art. 341, I, CPC/1973.

II – exibir coisa ou documento que esteja em seu poder.

- Correspondência: art. 341, II, CPC/1973.
- V. arts. 396 a 404, CPC/2015.
- V. art. 5º, XIV, CF.

Parágrafo único. Poderá o juiz, em caso de descumprimento, determinar, além da imposição de multa, outras medidas indutivas, coercitivas, mandamentais ou sub-rogatórias.

- Sem correspondência no CPC/1973.

Seção II
Da Produção Antecipada da Prova

Art. 381. A produção antecipada da prova será admitida nos casos em que:

- Correspondência: art. 846, CPC/1973.
- V. arts. 214, II e 464, CPC/2015.
- V. art. 108, Lei 8.213/1991 (Planos de Benefícios da Previdência Social).

I – haja fundado receio de que venha a tornar-se impossível ou muito difícil a verificação de certos fatos na pendência da ação;

- Correspondência: art. 849, CPC/1973.

II – a prova a ser produzida seja suscetível de viabilizar a autocomposição ou outro meio adequado de solução de conflito;

- Sem correspondência no CPC/1973.

III – o prévio conhecimento dos fatos possa justificar ou evitar o ajuizamento de ação.

- Sem correspondência no CPC/1973.

§ 1º O arrolamento de bens observará o disposto nesta Seção quando tiver por finalidade apenas a realização de documentação e não a prática de atos de apreensão.

- Sem correspondência no CPC/1973.

§ 2º A produção antecipada da prova é da competência do juízo do foro onde esta deva ser produzida ou do foro de domicílio do réu.

- Correspondência: art. 800, CPC/1973.

Códigos

§ 3º A produção antecipada da prova não previne a competência do juízo para a ação que venha a ser proposta.

- Correspondência: art. 800, CPC/1973.

§ 4º O juízo estadual tem competência para produção antecipada de prova requerida em face da União, de entidade autárquica ou de empresa pública federal se, na localidade, não houver vara federal.

- Sem correspondência no CPC/1973.
- V. art. 109, § 3º, CF.
- V. art. 15, II, Lei 5.010/1966 (Justiça Federal).

§ 5º Aplica-se o disposto nesta Seção àquele que pretender justificar a existência de algum fato ou relação jurídica para simples documento e sem caráter contencioso, que exporá, em petição circunstanciada, a sua intenção.

- Correspondência: art. 861, CPC/1973.

Art. 382. Na petição, o requerente apresentará as razões que justificam a necessidade de antecipação da prova e mencionará com precisão os fatos sobre os quais a prova há de recair.

- Correspondência: art. 848, *caput*, CPC/1973.

§ 1º O juiz determinará, de ofício ou a requerimento da parte, a citação de interessados na produção da prova ou no fato a ser provado, salvo se inexistente caráter contencioso.

- Correspondência: art. 848, parágrafo único, CPC/1973.

§ 2º O juiz não se pronunciará sobre a ocorrência ou a inocorrência do fato, nem sobre as respectivas consequências jurídicas.

- Sem correspondência no CPC/1973.

§ 3º Os interessados poderão requerer a produção de qualquer prova no mesmo procedimento, desde que relacionada ao mesmo fato, salvo se a sua produção conjunta acarretar excessiva demora.

- Sem correspondência no CPC/1973.

§ 4º Neste procedimento, não se admitirá defesa ou recurso, salvo contra decisão que indeferir totalmente a produção da prova pleiteada pelo requerente originário.

- Sem correspondência no CPC/1973.

Art. 383. Os autos permanecerão em cartório durante 1 (um) mês para extração de cópias e certidões pelos interessados.

- Correspondência: art. 851, CPC/1973.

Parágrafo único. Findo o prazo, os autos serão entregues ao promovente da medida.

- Sem correspondência no CPC/1973.

Seção III
Da Ata Notarial

Art. 384. A existência e o modo de existir de algum fato podem ser atestados ou documentados, a requerimento do interessado, mediante ata lavrada por tabelião.

- Correspondência: art. 364, CPC/1973.

Parágrafo único. Dados representados por imagem ou som gravados em arquivos eletrônicos poderão constar da ata notarial.

- Sem correspondência no CPC/1973.

Seção IV
Do Depoimento Pessoal

Art. 385. Cabe à parte requerer o depoimento pessoal da outra parte, a fim de que esta seja interrogada na audiência de instrução e julgamento, sem prejuízo do poder do juiz de ordená-lo de ofício.

- Correspondência: art. 343, *caput*, CPC/1973.
- V. arts. 379, I, e 389, CPC/2015.

§ 1º Se a parte, pessoalmente intimada para prestar depoimento pessoal e advertida da pena de confesso, não comparecer ou, comparecendo, se recusar a depor, o juiz aplicar-lhe-á a pena.

- Correspondência: art. 343, § 1º, CPC/1973.

§ 2º É vedado a quem ainda não depôs assistir ao interrogatório da outra parte.

- Correspondência: art. 344, parágrafo único, CPC/1973.

§ 3º O depoimento pessoal da parte que residir em comarca, seção ou subseção judiciária diversa daquela onde tramita o processo poderá ser colhido por meio de videoconferência ou outro recurso tecnológico de transmissão de sons e imagens em tempo real, o que poderá ocorrer, inclusive, durante a realização da audiência de instrução e julgamento.

- Sem correspondência no CPC/1973.

Art. 386. Quando a parte, sem motivo justificado, deixar de responder ao que lhe for perguntado ou empregar evasivas, o juiz, apreciando as demais circunstâncias e os elementos de prova, declarará, na sentença, se houve recusa de depor.

- Correspondência: art. 345, CPC/1973.

Art. 387. A parte responderá pessoalmente sobre os fatos articulados, não podendo servir-se de escritos anteriormente preparados, permitindo-lhe o juiz, todavia, a consulta a notas breves, desde que objetivem completar esclarecimentos.

- Correspondência: art. 346, CPC/1973.

Art. 388. A parte não é obrigada a depor sobre fatos:

- Correspondência: art. 347, *caput*, CPC/1973.
- V. art. 186, CPP.

I – criminosos ou torpes que lhe forem imputados;

- Correspondência: art. 347, I, CPC/1973.

II – a cujo respeito, por estado ou profissão, deva guardar sigilo;

- Correspondência: art. 347, II, CPC/1973.
- V. art. 154, CP.

III – acerca dos quais não possa responder sem desonra própria, de seu cônjuge, de seu companheiro ou de parente em grau sucessível;

- Sem correspondência no CPC/1973.

IV – que coloquem em perigo a vida do depoente ou das pessoas referidas no inciso III.

- Sem correspondência no CPC/1973.

Parágrafo único. Esta disposição não se aplica às ações de estado e de família.

- Correspondência: art. 347, parágrafo único, CPC/1973.
- V. art. 229 CC.

Seção V
Da Confissão

Art. 389. Há confissão, judicial ou extrajudicial, quando a parte admite a verdade de fato contrário ao seu interesse e favorável ao do adversário.

- Correspondência: art. 348, CPC/1973.
- V. arts. 117 e 371, CPC/2015.
- V. art. 212, I, CC.
- V. art. 186, parágrafo único, CPP.

Art. 390. A confissão judicial pode ser espontânea ou provocada.

- Correspondência: art. 349, *caput*, 1ª parte, CPC/1973.
- V. art. 105, CPC/2015.

§ 1º A confissão espontânea pode ser feita pela própria parte ou por representante com poder especial.

- Correspondência: art. 349, parágrafo único, CPC/1973.

§ 2º A confissão provocada constará do termo de depoimento pessoal.

- Correspondência: art. 349, *caput*, 2ª parte, CPC/1973.

Art. 391. A confissão judicial faz prova contra o confitente, não prejudicando, todavia, os litisconsortes.

- Correspondência: art. 350, *caput*, CPC/1973.
- V. arts. 117 e 128, III, CPC/2015.

Parágrafo único. Nas ações que versarem sobre bens imóveis ou direitos reais sobre imóveis alheios, a confissão de um cônjuge ou companheiro não valerá sem a do outro, salvo se o regime de casamento for o de separação absoluta de bens.

- Correspondência: art. 350, parágrafo único, CPC/1973.

Art. 392. Não vale como confissão a admissão, em juízo, de fatos relativos a direitos indisponíveis.

- Correspondência: art. 351, CPC/1973.
- V. art. 345, II, CPC/2015.

§ 1º A confissão será ineficaz se feita por quem não for capaz de dispor do direito a que se referem os fatos confessados.

- Sem correspondência no CPC/1973.

§ 2º A confissão feita por um representante somente é eficaz nos limites em que este pode vincular o representado.

- Sem correspondência no CPC/1973.

Art. 393. A confissão é irrevogável, mas pode ser anulada se decorreu de erro de fato ou de coação.

- Correspondência: art. 352, *caput*, CPC/1973.
- V. arts. 138 e 151, CC.
- V. art. 344, CP.

Parágrafo único. A legitimidade para a ação prevista no *caput* é exclusiva do confitente e pode ser transferida a seus herdeiros se ele falecer após a propositura.

- Correspondência: art. 352, parágrafo único, CPC/1973.

Art. 394. A confissão extrajudicial, quando feita oralmente, só terá eficácia nos casos em que a lei não exija prova literal.

- Correspondência: art. 353, CPC/1973.

Art. 395. A confissão é, em regra, indivisível, não podendo a parte que a quiser invocar como prova aceitá-la no tópico que a beneficiar e rejeitá-la no que lhe for desfavorável, porém cindir-se-á quando o confitente a ela aduzir fatos novos, capazes de constituir fundamento de defesa de direito material ou de reconvenção.

- Correspondência: art. 354, CPC/1973.
- V. arts. 343, 412, parágrafo único, e 419, CPC/2015.

Seção VI
Da Exibição de Documento ou Coisa

Art. 396. O juiz pode ordenar que a parte exiba documento ou coisa que se encontre em seu poder.

- Correspondência: art. 355, CPC/1973.
- V. arts. 380, II, e 772, III, CPC/2015.

Art. 397. O pedido formulado pela parte conterá:

- Correspondência: art. 356, *caput*, CPC/1973.

I – a individuação, tão completa quanto possível, do documento ou da coisa;

- Correspondência: art. 356, I, CPC/1973.

II – a finalidade da prova, indicando os fatos que se relacionam com o documento ou com a coisa;

- Correspondência: art. 356, II, CPC/1973.

III – as circunstâncias em que se funda o requerente para afirmar que o documento ou a coisa existe e se acha em poder da parte contrária.

- Correspondência: art. 356, III, CPC/1973.

Art. 398. O requerido dará sua resposta nos 5 (cinco) dias subsequentes à sua intimação.

- Correspondência: art. 357, 1ª parte, CPC/1973.
- V. arts. 373 e 400, I, CPC/2015.

Parágrafo único. Se o requerido afirmar que não possui o documento ou a coisa, o juiz permitirá que o requerente prove, por qualquer meio, que a declaração não corresponde à verdade.

- Correspondência: art. 357, 2ª parte, CPC/1973.

Art. 399. O juiz não admitirá a recusa se:

- Correspondência: art. 358, *caput*, CPC/1973.

I – o requerido tiver obrigação legal de exibir;

- Correspondência: art. 358, I, CPC/1973.
- V. art. 195, CTN.

II – o requerido tiver aludido ao documento ou à coisa, no processo, com o intuito de constituir prova;

- Correspondência: art. 358, II, CPC/1973.

III – o documento, por seu conteúdo, for comum às partes.

- Correspondência: art. 358, III, CPC/1973.

Art. 400. Ao decidir o pedido, o juiz admitirá como verdadeiros os fatos que, por meio do documento ou da coisa, a parte pretendia provar se:

- Correspondência: art. 359, *caput*, CPC/1973.

I – o requerido não efetuar a exibição nem fizer nenhuma declaração no prazo do art. 398;

- Correspondência: art. 359, I, CPC/1973.

II – a recusa for havida por ilegítima.

- Correspondência: art. 359, II, CPC/1973.

Parágrafo único. Sendo necessário, o juiz pode adotar medidas indutivas, coercitivas, mandamentais ou sub-rogatórias para que o documento seja exibido.

- Sem correspondência no CPC/1973.

Art. 401. Quando o documento ou a coisa estiver em poder de terceiro, o juiz ordenará sua citação para responder no prazo de 15 (quinze) dias.

- Correspondência: art. 360, CPC/1973.
- V. art. 379, II, CPC/2015.

Art. 402. Se o terceiro negar a obrigação de exibir ou a posse do documento ou da coisa, o juiz designará audiência especial, tomando-lhe o depoimento, bem como o das partes e, se necessário, o de testemunhas, e em seguida proferirá decisão.

- Correspondência: art. 361, CPC/1973.

Art. 403. Se o terceiro, sem justo motivo, se recusar a efetuar a exibição, o juiz ordenar-lhe-á que proceda ao respectivo depósito em cartório ou em outro lugar designado, no prazo de 5 (cinco) dias, impondo ao requerente que o ressarça pelas despesas que tiver.

- Correspondência: art. 362, CPC/1973.
- V. art. 330, CP.

Parágrafo único. Se o terceiro descumprir a ordem, o juiz expedirá mandado de apreensão, requisitando, se necessário, força policial, sem prejuízo da responsabilidade por crime de desobediência, pagamento de multa e outras medidas indutivas, coercitivas, mandamentais ou sub-rogatórias necessárias para assegurar a efetivação da decisão.

- Sem correspondência no CPC/1973.
- V. art. 380, parágrafo único, CPC/2015.

Art. 404. A parte e o terceiro se escusam de exibir, em juízo, o documento ou a coisa se:

- Correspondência: art. 363, *caput*, CPC/1973.
- V. arts. 388, II, 674 e 856, CPC/2015.

I – concernente a negócios da própria vida da família;

- Correspondência: art. 363, I, CPC/1973.

II – sua apresentação puder violar dever de honra;

- Correspondência: art. 363, II, CPC/1973.

III – sua publicidade redundar em desonra à parte ou ao terceiro, bem como a seus parentes consanguíneos ou afins até o terceiro grau, ou lhes representar perigo de ação penal;

- Correspondência: art. 363, III, CPC/1973.
- V. art. 5º, X, CF.

IV – sua exibição acarretar a divulgação de fatos a cujo respeito, por estado ou profissão, devam guardar segredo;

- Correspondência: art. 363, IV, CPC/1973.
- V. art. 388, II, CPC/2015.
- V. art. 5º, XIV, CF.
- V. art. 154, CP.
- V. art. 34, VII, Lei 8.906/1994 (Estatuto da Advocacia e da OAB).

V – subsistirem outros motivos graves que, segundo o prudente arbítrio do juiz, justifiquem a recusa da exibição;

- Correspondência: art. 363, V, CPC/1973.

VI – houver disposição legal que justifique a recusa da exibição.

- Sem correspondência no CPC/1973.
- V. art. 8º, § 2º, Lei 7.347/1985 (Ação civil pública).

Parágrafo único. Se os motivos de que tratam os incisos I a VI do *caput* disserem respeito a apenas uma parcela do documento, a parte ou o terceiro exibirá a outra em cartório, para dela ser extraída cópia reprográfica, de tudo sendo lavrado auto circunstanciado.

- Correspondência: art. 363, parágrafo único, CPC/1973.

Seção VII
Da Prova Documental
Subseção I
Da Força Probante dos Documentos

Art. 405. O documento público faz prova não só da sua formação, mas também dos fatos que o escrivão, o chefe de secretaria, o tabelião ou o servidor declarar que ocorreram em sua presença.

- Correspondência: art. 364, CPC/1973.

Art. 406. Quando a lei exigir instrumento público como da substância do ato, nenhuma outra prova, por mais especial que seja, pode suprir-lhe a falta.

- Correspondência: art. 366, CPC/1973.
- V. art. 215, CC.

Art. 407. O documento feito por oficial público incompetente ou sem a observância das formalidades legais, sendo subscrito pelas partes, tem a mesma eficácia probatória do documento particular.

- Correspondência: art. 367, CPC/1973.

Art. 408. As declarações constantes do documento particular escrito e assinado ou somente assinado presumem-se verdadeiras em relação ao signatário.

- Correspondência: art. 368, *caput*, CPC/1973.
- V. art. 219, CC.
- V. art. 429, II, CPC/2015.

Parágrafo único. Quando, todavia, contiver declaração de ciência de determinado fato, o documento particular prova a ciência, mas não o fato em si, incumbindo o ônus de prová-lo ao interessado em sua veracidade.

- Correspondência: art. 368, parágrafo único, CPC/1973.

Art. 409. A data do documento particular, quando a seu respeito surgir dúvida ou impugnação entre os litigantes, provar-se-á por todos os meios de direito.

- Correspondência: art. 370, *caput*, 1ª parte, CPC/1973.

Parágrafo único. Em relação a terceiros, considerar-se-á datado o documento particular:

- Correspondência: art. 370, *caput*, 2ª parte, CPC/1973.
- V. Súmula 132, STJ.

I – no dia em que foi registrado;

- Correspondência: art. 370, I, CPC/1973.

II – desde a morte de algum dos signatários;

- Correspondência: art. 370, II, CPC/1973.

III – a partir da impossibilidade física que sobreveio a qualquer dos signatários;

- Correspondência: art. 370, III, CPC/1973.

IV – da sua apresentação em repartição pública ou em juízo;

- Correspondência: art. 370, IV, CPC/1973.

V – do ato ou do fato que estabeleça, de modo certo, a anterioridade da formação do documento.

- Correspondência: art. 370, V, CPC/1973.

Art. 410. Considera-se autor do documento particular:

- Correspondência: art. 371, *caput*, CPC/1973.

I – aquele que o fez e o assinou;

- Correspondência: art. 371, I, CPC/1973.

II – aquele por conta de quem ele foi feito, estando assinado;

- Correspondência: art. 371, II, CPC/1973.

III – aquele que, mandando compô-lo, não o firmou porque, conforme a experiência comum, não se costuma assinar, como livros empresariais e assentos domésticos.

- Correspondência: art. 371, III, CPC/1973.

Art. 411. Considera-se autêntico o documento quando:

- Correspondência: art. 369, *caput*, 1ª parte, CPC/1973.

I – o tabelião reconhecer a firma do signatário;

- Correspondência: art. 369, *caput*, 2ª parte, CPC/1973.
- V. art. 654, § 2º, CC.
- V. art. 13, § 1º, Lei 6.015/1973 (Lei de Registros Públicos).

II – a autoria estiver identificada por qualquer outro meio legal de certificação, inclusive eletrônico, nos termos da lei;

- Sem correspondência no CPC/1973.

III – não houver impugnação da parte contra quem foi produzido o documento.

- Sem correspondência no CPC/1973.

Art. 412. O documento particular de cuja autenticidade não se duvida prova que o seu autor fez a declaração que lhe é atribuída.

- Correspondência: art. 373, *caput*, CPC/1973.
- V. art. 219, CC.

Parágrafo único. O documento particular admitido expressa ou tacitamente é indivisível, sendo vedado à parte que pretende utilizar-se dele aceitar os fatos que lhe são favoráveis e recusar os que são contrários ao seu interesse, salvo se provar que estes não ocorreram.

- Correspondência: art. 373, parágrafo único, CPC/1973.
- V. arts. 395 e 419, CPC/2015.

Art. 413. O telegrama, o radiograma ou qualquer outro meio de transmissão tem a mesma força probatória do documento particular se o original constante da estação expedidora tiver sido assinado pelo remetente.

- Correspondência: art. 374, *caput*, CPC/1973.

Parágrafo único. A firma do remetente poderá ser reconhecida pelo tabelião, declarando-se essa circunstância no original depositado na estação expedidora.

- Correspondência: art. 374, parágrafo único, CPC/1973.

Art. 414. O telegrama ou o radiograma presume-se conforme com o original, provando as datas de sua expedição e de seu recebimento pelo destinatário.

- Correspondência: art. 375, CPC/1973.

Art. 415. As cartas e os registros domésticos provam contra quem os escreveu quando:

- Correspondência: art. 376, *caput*, CPC/1973.
- V. art. 219, CC.

I – enunciam o recebimento de um crédito;

- Correspondência: art. 376, I, CPC/1973.

II – contêm anotação que visa a suprir a falta de título em favor de quem é apontado como credor;

- Correspondência: art. 376, II, CPC/1973.

III – expressam conhecimento de fatos para os quais não se exija determinada prova.

- Correspondência: art. 376, III, CPC/1973.

Art. 416. A nota escrita pelo credor em qualquer parte de documento representativo de obrigação, ainda que não assinada, faz prova em benefício do devedor.

- Correspondência: art. 377, *caput*, CPC/1973.
- V. art. 112, CC.
- V. art. 47, Lei 8.078/1990 (Código de Defesa do Consumidor).

Parágrafo único. Aplica-se essa regra tanto para o documento que o credor conservar em seu poder quanto para aquele que se achar em poder do devedor ou de terceiro.

- Correspondência: art. 377, parágrafo único, CPC/1973.

Art. 417. Os livros empresariais provam contra seu autor, sendo lícito ao empresário, todavia, demonstrar, por todos os meios permitidos em direito, que os lançamentos não correspondem à verdade dos fatos.

- Correspondência: art. 378, CPC/1973.
- V. art. 19, Lei 5.474/1968 (Duplicatas).
- V. art. 100, Lei 6.404/1976 (Sociedades por ações).

Art. 418. Os livros empresariais que preencham os requisitos exigidos por lei provam a favor de seu autor no litígio entre empresários.

- Correspondência: art. 379, CPC/1973.
- V. art. 226, CC.

Art. 419. A escrituração contábil é indivisível, e, se dos fatos que resultam dos lançamentos, uns são favoráveis ao interesse de seu autor e outros lhe são contrários, ambos serão considerados em conjunto, como unidade.

- Correspondência: art. 380, CPC/1973.
- V. art. 422, CPC/2015.
- V. art. 1.183, CC.

Art. 420. O juiz pode ordenar, a requerimento da parte, a exibição integral dos livros empresariais e dos documentos do arquivo:

- Correspondência: art. 381, *caput*, CPC/1973.
- V. art. 620, § 1º, CPC/2015.
- V. art. 105, Lei 6.404/1976 (Sociedades por ações).

I – na liquidação de sociedade;

- Correspondência: art. 381, I, CPC/1973.
- V. art. 22, III, *b*, Lei 11.101/2005 (Lei de Recuperação de Empresas e Falência).

II – na sucessão por morte de sócio;

- Correspondência: art. 381, II, CPC/1973.

III – quando e como determinar a lei.

- Correspondência: art. 381, III, CPC/1973.

Art. 421. O juiz pode, de ofício, ordenar à parte a exibição parcial dos livros e dos documentos, extraindo-se deles a suma que interessar ao litígio, bem como reproduções autenticadas.

- Correspondência: art. 382, CPC/1973.
- V. Súmula 260, STF.

Art. 422. Qualquer reprodução mecânica, como a fotográfica, a cinematográfica, a fonográfica ou de outra espécie, tem aptidão para fazer prova dos fatos ou das coisas representadas, se a sua conformidade com o documento original não for impugnada por aquele contra quem foi produzida.

- Correspondência: art. 383, *caput*, CPC/1973.
- V. Lei 5.433/1968 (Microfilmagem de documentos).
- V. art. 141, Lei 6.015/1973 (Lei de Registros Públicos).

§ 1º As fotografias digitais e as extraídas da rede mundial de computadores fazem prova das imagens que reproduzem, devendo, se impugnadas, ser apresentada a respectiva autenticação eletrônica ou, não sendo possível, realizada perícia.

- Correspondência: art. 383, parágrafo único, CPC/1973.

§ 2º Se se tratar de fotografia publicada em jornal ou revista, será exigido um exemplar original do periódico, caso impugnada a veracidade pela outra parte.

- Sem correspondência no CPC/1973.

§ 3º Aplica-se o disposto neste artigo à forma impressa de mensagem eletrônica.

- Sem correspondência no CPC/1973.

Art. 423. As reproduções dos documentos particulares, fotográficas ou obtidas por outros processos de repetição, valem como certidões sempre que o escrivão ou o chefe de secretaria certificar sua conformidade com o original.

- Correspondência: art. 384, CPC/1973.

Art. 424. A cópia de documento particular tem o mesmo valor probante que o original, cabendo ao escrivão, intimadas as partes, proceder à conferência e certificar a conformidade entre a cópia e o original.

- Correspondência: art. 485, CPC/1973.
- V. arts. 407, 408, 411 e 425, CPC/2015.

Art. 425. Fazem a mesma prova que os originais:

- Correspondência: art. 365, *caput*, CPC/1973.
- V. arts. 192 e 424, CPC/2015.
- V. art. 161, Lei 6.015/1973 (Lei de Registros Públicos).

I – as certidões textuais de qualquer peça dos autos, do protocolo das audiências ou de outro livro a cargo do escrivão ou do chefe de secretaria, se extraídas por ele ou sob sua vigilância e por ele subscritas;

- Correspondência: art. 365, I, CPC/1973.
- V. arts. 216 a 218 e 224, CC.

II – os traslados e as certidões extraídas por oficial público de instrumentos ou documentos lançados em suas notas;

- Correspondência: art. 365, II, CPC/1973.
- V. arts. 216 a 218 e 224, CC.

III – as reproduções dos documentos públicos, desde que autenticadas por oficial público ou conferidas em cartório com os respectivos originais;

- Correspondência: art. 365, III, CPC/1973.
- V. arts. 216 a 218 e 224, CC.
- V. Lei 5.433/1968 (Microfilmagem de documentos).

IV – as cópias reprográficas de peças do próprio processo judicial declaradas autênticas pelo advogado, sob sua responsabilidade pessoal, se não lhes for impugnada a autenticidade;

- Correspondência: art. 365, IV, CPC/1973.

V – os extratos digitais de bancos de dados públicos e privados, desde que atestado pelo seu emitente, sob as penas da lei, que as informações conferem com o que consta na origem;

- Correspondência: art. 365, V, CPC/1973.

VI – as reproduções digitalizadas de qualquer documento público ou particular, quando juntadas aos autos pelos órgãos da justiça e seus auxiliares, pelo Ministério Público e seus auxiliares, pela Defensoria Pública e seus auxiliares, pelas procuradorias, pelas repartições públicas em geral e por advogados, ressalvada a alegação motivada e fundamentada de adulteração.

- Correspondência: art. 365, VI, CPC/1973.
- V. Lei 5.433/1968 (Microfilmagem de documentos).

§ 1º Os originais dos documentos digitalizados mencionados no inciso VI deverão ser preservados pelo seu detentor até o final do prazo para propositura de ação rescisória.

- Correspondência: art. 365, § 1º, CPC/1973.

§ 2º Tratando-se de cópia digital de título executivo extrajudicial ou de documento relevante à instrução do processo, o juiz poderá determinar seu depósito em cartório ou secretaria.

- Correspondência: art. 365, § 2º, CPC/1973.

Art. 426. O juiz apreciará fundamentadamente a fé que deva merecer o documento, quando em ponto substancial e sem ressalva contiver entrelinha, emenda, borrão ou cancelamento.

- Correspondência: art. 386, CPC/1973.
- V. art. 211, CPC/2015.

Art. 427. Cessa a fé do documento público ou particular sendo-lhe declarada judicialmente a falsidade.

- Correspondência: art. 387, *caput*, CPC/1973.

Parágrafo único. A falsidade consiste em:

- Correspondência: art. 387, parágrafo único, *caput*, CPC/1973.

I – formar documento não verdadeiro;

- Correspondência: art. 387, parágrafo único, I, CPC/1973.

II – alterar documento verdadeiro.

- Correspondência: art. 387, parágrafo único, II, CPC/1973.

Art. 428. Cessa a fé do documento particular quando:

- Correspondência: art. 388, *caput*, CPC/1973.

I – for impugnada sua autenticidade e enquanto não se comprovar sua veracidade;

- Correspondência: art. 388, I, CPC/1973.

II – assinado em branco, for impugnado seu conteúdo, por preenchimento abusivo.

- Correspondência: art. 388, II, CPC/1973.

Parágrafo único. Dar-se-á abuso quando aquele que recebeu documento assinado com texto não escrito no todo ou em parte formá-lo ou completá-lo por si ou por meio de outrem, violando o pacto feito com o signatário.

- Correspondência: art. 388, parágrafo único, CPC/1973.

Art. 429. Incumbe o ônus da prova quando:

- Correspondência: art. 389, *caput*, CPC/1973.

I – se tratar de falsidade de documento ou de preenchimento abusivo, à parte que a arguir;

- Correspondência: art. 389, I, CPC/1973.

II – se tratar de impugnação da autenticidade, à parte que produziu o documento.

- Correspondência: art. 389, II, CPC/1973.

Subseção II
Da Arguição de Falsidade

Art. 430. A falsidade deve ser suscitada na contestação, na réplica ou no prazo de 15 (quinze) dias, contado a partir da intimação da juntada do documento aos autos.

- Correspondência: art. 390, CPC/1973.

Parágrafo único. Uma vez arguida, a falsidade será resolvida como questão incidental, salvo se a parte requerer que o juiz a decida como questão principal, nos termos do inciso II do art. 19.

- Sem correspondência no CPC/1973.

Art. 431. A parte arguirá a falsidade expondo os motivos em que funda a sua pretensão e os meios com que provará o alegado.

- Correspondência: art. 391, CPC/1973.

Art. 432. Depois de ouvida a outra parte no prazo de 15 (quinze) dias, será realizado o exame pericial.

- Correspondência: art. 392, *caput*, CPC/1973.
- V. art. 478, CPC/2015.

Parágrafo único. Não se procederá ao exame pericial se a parte que produziu o documento concordar em retirá-lo.

- Correspondência: art. 392, parágrafo único, CPC/1973.

Art. 433. A declaração sobre a falsidade do documento, quando suscitada como questão principal, constará da parte dispositiva da sentença e sobre ela incidirá também a autoridade da coisa julgada.

- Correspondência: art. 395, CPC/1973.

Subseção III
Da Produção da Prova Documental

Art. 434. Incumbe à parte instruir a petição inicial ou a contestação com os documentos destinados a provar suas alegações.

- Correspondência: art. 396, CPC/1973.
- V. arts. 350, 351, 396, 401 e 700, § 5º, CPC/2015.

Parágrafo único. Quando o documento consistir em reprodução cinematográfica ou fonográfica, a parte deverá trazê-lo nos termos do *caput*, mas sua exposição será realizada em audiência, intimando-se previamente as partes.

- Sem correspondência no CPC/1973.

Art. 435. É lícito às partes, em qualquer tempo, juntar aos autos documentos novos, quando destinados a fazer prova de fatos ocorridos depois dos articulados ou para contrapô-los aos que foram produzidos nos autos.

- Correspondência: art. 397, CPC/1973.

Parágrafo único. Admite-se também a juntada posterior de documentos formados após a petição inicial ou a contestação, bem como dos que se tornaram conhecidos, acessíveis ou disponíveis após esses atos, cabendo à parte que os produzir comprovar o motivo que a impediu de juntá-los anteriormente e incumbindo ao juiz, em qualquer caso, avaliar a conduta da parte de acordo com o art. 5º.

- Sem correspondência no CPC/1973.

Art. 436. A parte, intimada a falar sobre documento constante dos autos, poderá:

- Sem correspondência no CPC/1973.

I – impugnar a admissibilidade da prova documental;

II – impugnar sua autenticidade;

- V. art. 11, § 2º, Lei 11.419/2006 (Informatização do processo judicial).

III – suscitar sua falsidade, com ou sem deflagração do incidente de arguição de falsidade;

- V. arts. 297 a 305, CP.
- V. art. 11, § 2º, Lei 11.419/2006 (Informatização do processo judicial).

IV – manifestar-se sobre seu conteúdo.

Parágrafo único. Nas hipóteses dos incisos II e III, a impugnação deverá basear-se em argumentação específica, não se admitindo alegação genérica de falsidade.

Art. 437. O réu manifestar-se-á na contestação sobre os documentos anexados à inicial, e o autor manifestar-se-á na réplica sobre os documentos anexados à contestação.

- Correspondência: art. 396, CPC/1973.
- V. art. 1.001, CPC/2015.

§ 1º Sempre que uma das partes requerer a juntada de documento aos autos, o juiz ouvirá, a seu respeito, a outra parte, que disporá do prazo de 15 (quinze) dias para adotar qualquer das posturas indicadas no art. 436.

- Correspondência: art. 398, CPC/1973.
- V. arts. 350, 351e 396, CPC/2015.

§ 2º Poderá o juiz, a requerimento da parte, dilatar o prazo para manifestação sobre a prova documental produzida, levando em consideração a quantidade e a complexidade da documentação.

- Sem correspondência no CPC/1973.
- V. art. 401, CPC/2015.

Art. 438. O juiz requisitará às repartições públicas, em qualquer tempo ou grau de jurisdição:

- Correspondência: art. 399, *caput*, CPC/1973.
- V. art. 1º, § 6º, Lei 4.717/1965 (Ação popular).
- V. art. 41, parágrafo único, Lei 6.830/1980 (Lei de Execução Fiscal).

I – as certidões necessárias à prova das alegações das partes;

- Correspondência: art. 399, I, CPC/1973.
- V. art. 5º, XXXIV, *b*, CF.
- V. art. 8º, Lei 7.347/1985 (Ação civil pública).

II – os procedimentos administrativos nas causas em que forem interessados a União, os Estados, o Distrito Federal, os Municípios ou entidades da administração indireta.

- Correspondência: art. 399, II, CPC/1973.

§ 1º Recebidos os autos, o juiz mandará extrair, no prazo máximo e improrrogável de 1 (um) mês, certidões ou reproduções fotográficas das peças que indicar e das que forem indicadas pelas partes, e, em seguida, devolverá os autos à repartição de origem.

- Correspondência: art. 399, § 1º, CPC/1973.

§ 2º As repartições públicas poderão fornecer todos os documentos em meio eletrônico, conforme disposto em lei, certificando, pelo mesmo meio, que se trata de extrato fiel do que consta em seu banco de dados ou no documento digitalizado.

- Correspondência: art. 399, § 2º, CPC/1973.

Seção VIII
Dos Documentos Eletrônicos

Art. 439. A utilização de documentos eletrônicos no processo convencional dependerá de sua conversão à forma impressa e da verificação de sua autenticidade, na forma da lei.

- Sem correspondência no CPC/1973.
- V. Lei 11.419/2006 (Informatização do processo judicial).
- V. Res. CNJ 185/2013 (Sistema Processo Judicial Eletrônico – Pje).

Art. 440. O juiz apreciará o valor probante do documento eletrônico não convertido, assegurado às partes o acesso ao seu teor.

- Sem correspondência no CPC/1973.
- V. Lei 11.419/2006 (Informatização do processo judicial).
- V. Res. CNJ 185/2013 (Sistema Processo Judicial Eletrônico – Pje).

Art. 441. Serão admitidos documentos eletrônicos produzidos e conservados com a observância da legislação específica.

- Sem correspondência no CPC/1973.
- V. Lei 11.419/2006 (Informatização do processo judicial).
- V. Res. CNJ 185/2013 (Sistema Processo Judicial Eletrônico – Pje).

Seção IX
Da Prova Testemunhal

Subseção I
Da Admissibilidade e do Valor da Prova Testemunhal

Art. 442. A prova testemunhal é sempre admissível, não dispondo a lei de modo diverso.

- Correspondência: art. 400, primeira parte, CPC/1973.
- V. art. 365, CPC/2015.

Art. 443. O juiz indeferirá a inquirição de testemunhas sobre fatos:

- Correspondência: art. 400, segunda parte, CPC/1973.

I – já provados por documento ou confissão da parte;

- Correspondência: art. 400, I, CPC/1973.
- V. arts. 355 e 389 a 395, CPC/2015.

II – que só por documento ou por exame pericial puderem ser provados.

- Correspondência: art. 400, II, CPC/1973.
- V. art. 156, CPC/2015.

Art. 444. Nos casos em que a lei exigir prova escrita da obrigação, é admissível a prova testemunhal quando houver começo de prova por escrito, emanado da parte contra a qual se pretende produzir a prova.

- Correspondência: art. 402, *caput* e I CPC/1973.
- V. arts. 227, parágrafo único, e 228, CC.

Art. 445. Também se admite a prova testemunhal quando o credor não pode ou não podia, moral ou materialmente, obter a prova escrita da obrigação, em casos como o de parentesco, de depósito necessário ou de hospedagem em hotel ou em razão das práticas comerciais do local onde contraída a obrigação.

- Correspondência: art. 402, II, CPC/1973.

Art. 446. É lícito à parte provar com testemunhas:

- Correspondência: art. 404, *caput*, CPC/1973.

I – nos contratos simulados, a divergência entre a vontade real e a vontade declarada;

- Correspondência: art. 404, I, CPC/1973.
- V. art. 167, § 1º, CC.

II – nos contratos em geral, os vícios de consentimento.

- Correspondência: art. 404, II, CPC/1973.
- V. arts. 138, 145 e 158, *caput*, CC.

Art. 447. Podem depor como testemunhas todas as pessoas, exceto as incapazes, impedidas ou suspeitas.

- Correspondência: art. 405, *caput*, CPC/1973.
- V. arts. 385 e 457, § 1º, CPC/2015.
- V. art. 228, CC.

§ 1º São incapazes:

- Correspondência: art. 405, § 1º, *caput*, CPC/1973.

I – o interdito por enfermidade ou deficiência mental;

- Correspondência: art. 405, § 1º, I, CPC/1973.

II – o que, acometido por enfermidade ou retardamento mental, ao tempo em que ocorreram os fatos, não podia discerni-los, ou, ao tempo em que deve depor, não está habilitado a transmitir as percepções;

- Correspondência: art. 405, § 1º, II, CPC/1973.

III – o que tiver menos de 16 (dezesseis) anos;

- Correspondência: art. 405, § 1º, III, CPC/1973.

IV – o cego e o surdo, quando a ciência do fato depender dos sentidos que lhes faltam.

- Correspondência: art. 405, § 1º, IV, CPC/1973.

§ 2º São impedidos:

- Correspondência: art. 405, § 2º, *caput*, CPC/1973.
- V. art. 452, CPC/2015.

I – o cônjuge, o companheiro, o ascendente e o descendente em qualquer grau e o colateral, até o terceiro grau, de alguma das partes, por consanguinidade ou afinidade, salvo se o exigir o interesse público ou, tratando-se de causa relativa ao estado da pessoa, não se puder obter de outro modo a prova que o juiz repute necessária ao julgamento do mérito;

- Correspondência: art. 405, § 2º, I, CPC/1973.

II – o que é parte na causa;

- Correspondência: art. 405, § 2º, II, CPC/1973.

III – o que intervém em nome de uma parte, como o tutor, o representante legal da pessoa jurídica, o juiz, o advogado e outros que assistam ou tenham assistido as partes.

- Correspondência: art. 405, § 2º, III, CPC/1973.
- V. art. 7º, XIX, Lei 8.906/1994 (Estatuto da Advocacia e da OAB).

§ 3º São suspeitos:

- Correspondência: art. 405, § 3º, *caput*, CPC/1973.

I – o inimigo da parte ou o seu amigo íntimo;

- Correspondência: art. 405, § 3º, III, CPC/1973.

II – o que tiver interesse no litígio.

- Correspondência: art. 405, § 3º, IV, CPC/1973.
- V. arts. 119, 125, e 682, CPC/2015.

§ 4º Sendo necessário, pode o juiz admitir o depoimento das testemunhas menores, impedidas ou suspeitas.

- Correspondência: art. 405, § 4º, CPC/1973.
- V. art. 457, § 1º, CPC/2015.

§ 5º Os depoimentos referidos no § 4º serão prestados independentemente de compromisso, e o juiz lhes atribuirá o valor que possam merecer.

- Correspondência: art. 405, § 4º, CPC/1973.

Art. 448. A testemunha não é obrigada a depor sobre fatos:

- Correspondência: art. 406, *caput*, CPC/1973.
- V. arts. 388, e 457, § 2º, CPC/2015.

I – que lhe acarretem grave dano, bem como ao seu cônjuge ou companheiro e aos seus parentes consanguíneos ou afins, em linha reta ou colateral, até o terceiro grau;

- Correspondência: art. 406, I, CPC/1973.

II – a cujo respeito, por estado ou profissão, deva guardar sigilo.

- Correspondência: art. 406, II, CPC/1973.
- V. arts. 388 e 404, IV, CPC/2015.
- V. arts. 153 e 154, CP.
- V. art. 7º, XIX, Lei 8.906/1994 (Estatuto da Advocacia e a OAB).

Art. 449. Salvo disposição especial em contrário, as testemunhas devem ser ouvidas na sede do juízo.

- Correspondência: art. 336, *caput*, CPC/1973.
- V. arts. 36, 260 a 268, 361, 381 a 391 e 453, CPC/2015.

Parágrafo único. Quando a parte ou a testemunha, por enfermidade ou por outro motivo relevante, estiver impossibilitada de comparecer, mas não de prestar depoimento, o juiz designará, conforme as circunstâncias, dia, hora e lugar para inquiri-la.

- Correspondência: art. 336, parágrafo único, CPC/1973.

Subseção II
Da Produção da Prova Testemunhal

Art. 450. O rol de testemunhas conterá, sempre que possível, o nome, a profissão, o estado civil, a idade, o número de inscrição no Cadastro de Pessoas Físicas, o número de registro de identidade e o endereço completo da residência e do local de trabalho.

- Correspondência: art. 407, CPC/1973.

Art. 451. Depois de apresentado o rol de que tratam os §§ 4º e 5º do art. 357, a parte só pode substituir a testemunha:

- Correspondência: art. 408, *caput*, CPC/1973.

I – que falecer;

- Correspondência: art. 408, I, CPC/1973.

II – que, por enfermidade, não estiver em condições de depor;

- Correspondência: art. 408, II, CPC/1973.

III – que, tendo mudado de residência ou de local de trabalho, não for encontrada.

- Correspondência: art. 408, III, CPC/1973.

Art. 452. Quando for arrolado como testemunha, o juiz da causa:

- Correspondência: art. 409, *caput*, CPC/1973.

I – declarar-se-á impedido, se tiver conhecimento de fatos que possam influir na decisão, caso em que será vedado à parte que o incluiu no rol desistir de seu depoimento;

- Correspondência: art. 409, I, CPC/1973.
- V. art. 144, I, CPC/2015.

II – se nada souber, mandará excluir o seu nome.

- Correspondência: art. 409, II, CPC/1973.

Art. 453. As testemunhas depõem, na audiência de instrução e julgamento, perante o juiz da causa, exceto:

- Correspondência: art. 410, *caput*, CPC/1973.
- V. arts. 217 e 449, CPC/2015.

I – as que prestam depoimento antecipadamente;

- Correspondência: art. 410, I, CPC/1973.
- V. art. 381, CPC/2015.

II – as que são inquiridas por carta.

- Correspondência: art. 410, II, CPC/1973.
- V. arts. 36 e 260 a 268, CPC/2015.

§ 1º A oitiva de testemunha que residir em comarca, seção ou subseção judiciária diversa daquela onde tramita o processo poderá ser realizada por meio de videoconferência ou outro recurso tecnológico de transmissão e recepção de sons e imagens em tempo real, o que poderá ocorrer, inclusive, durante a audiência de instrução e julgamento.

- Sem correspondência no CPC/1973.

§ 2º Os juízos deverão manter equipamento para a transmissão e recepção de sons e imagens a que se refere o § 1º.

- Sem correspondência no CPC/1973.

Art. 454. São inquiridos em sua residência ou onde exercem sua função:

- Correspondência: art. 411, *caput*, CPC/1973.
- V. art. 33, I, LC 35/1979 (Lei Orgânica da Magistratura Nacional).
- V. art. 40, I, Lei 8.625/1993 (Lei Orgânica Nacional do Ministério Público).

I – o presidente e o vice-presidente da República;

- Correspondência: art. 411, I, CPC/1973.

II – os ministros de Estado;

- Correspondência: art. 411, III, CPC/1973.

III – os ministros do Supremo Tribunal Federal, os conselheiros do Conselho Nacional de Justiça e os ministros do Superior Tribunal de Justiça, do Superior Tribunal Militar, do Tribunal Superior Eleitoral, do Tribunal Superior do Trabalho e do Tribunal de Contas da União;

- Correspondência: art. 411, IV, CPC/1973.

IV – o procurador-geral da República e os conselheiros do Conselho Nacional do Ministério Público;

- Correspondência: art. 411, V, CPC/1973.

V – o advogado-geral da União, o procurador-geral do Estado, o procurador-geral do Município, o defensor público-geral federal e o defensor público-geral do Estado;

- Sem correspondência no CPC/1973.

VI – os senadores e os deputados federais;

- Correspondência: art. 411, VI, CPC/1973.

VII – os governadores dos Estados e do Distrito Federal;

- Correspondência: art. 411, VII, CPC/1973.

VIII – o prefeito;

- Sem correspondência no CPC/1973.

IX – os deputados estaduais e distritais;

- Correspondência: art. 411, VIII, CPC/1973.

X – os desembargadores dos Tribunais de Justiça, dos Tribunais Regionais Federais, dos Tribunais Regionais do Trabalho e dos Tribunais Regionais Eleitorais e os conselheiros dos Tribunais de Contas dos Estados e do Distrito Federal;

- Correspondência: art. 411, IX, CPC/1973.

XI – o procurador-geral de justiça;

- Sem correspondência no CPC/1973.

XII – o embaixador de país que, por lei ou tratado, concede idêntica prerrogativa a agente diplomático do Brasil.

- Correspondência: art. 411, X, CPC/1973.

§ 1º O juiz solicitará à autoridade que indique dia, hora e local a fim de ser inquirida, remetendo-lhe cópia da petição inicial ou da defesa oferecida pela parte que a arrolou como testemunha.

- Correspondência: art. 411, parágrafo único, CPC/1973.

§ 2º Passado 1 (um) mês sem manifestação da autoridade, o juiz designará dia, hora e local para o depoimento, preferencialmente na sede do juízo.

- Sem correspondência no CPC/1973.

§ 3º O juiz também designará dia, hora e local para o depoimento, quando a autoridade não comparecer, injustificadamente, à sessão agendada para a colheita de seu testemunho no dia, hora e local por ela mesma indicados.

- Sem correspondência no CPC/1973.

Art. 455. Cabe ao advogado da parte informar ou intimar a testemunha por ele arrolada do dia, da hora e do local da audiência designada, dispensando-se a intimação do juízo.

- Correspondência: art. 412, *caput*, CPC/1973.

§ 1º A intimação deverá ser realizada por carta com aviso de recebimento, cumprindo ao advogado juntar aos autos, com antecedência de pelo menos 3 (três) dias da data da audiência, cópia da correspondência de intimação e do comprovante de recebimento.

- Correspondência: art. 412, § 3º, CPC/1973.

§ 2º A parte pode comprometer-se a levar a testemunha à audiência, independentemente da intimação de que trata o § 1º, presumindo-se, caso a testemunha não compareça, que a parte desistiu de sua inquirição.

- Correspondência: art. 412, § 1º, CPC/1973.

§ 3º A inércia na realização da intimação a que se refere o § 1º importa desistência da inquirição da testemunha.

- Sem correspondência no CPC/1973.

§ 4º A intimação será feita pela via judicial quando:

- Sem correspondência no CPC/1973.

I – for frustrada a intimação prevista no § 1º deste artigo;

- Sem correspondência no CPC/1973.

II – sua necessidade for devidamente demonstrada pela parte ao juiz;

- Sem correspondência no CPC/1973.

III – figurar no rol de testemunhas servidor público ou militar, hipótese em que o juiz o requisitará ao chefe da repartição ou ao comando do corpo em que servir;

- Correspondência: art. 412, § 2º, CPC/1973.

IV – a testemunha houver sido arrolada pelo Ministério Público ou pela Defensoria Pública;

- Sem correspondência no CPC/1973.

V – a testemunha for uma daquelas previstas no art. 454.

- Sem correspondência no CPC/1973.

§ 5º A testemunha que, intimada na forma do § 1º ou do § 4º, deixar de comparecer sem motivo justificado será conduzida e responderá pelas despesas do adiamento.

- Correspondência: art. 412, *caput*, segunda parte, CPC/1973.
- V. art. 5º, CPC/2015.

Art. 456. O juiz inquirirá as testemunhas separada e sucessivamente, primeiro as do autor e depois as do réu, e providenciará para que uma não ouça o depoimento das outras.

- Correspondência: art. 413, CPC/1973.

Parágrafo único. O juiz poderá alterar a ordem estabelecida no *caput* se as partes concordarem.

- Sem correspondência no CPC/1973.

Art. 457. Antes de depor, a testemunha será qualificada, declarará ou confirmará seus dados e informará se tem relações de parentesco com a parte ou interesse no objeto do processo.

- Correspondência: art. 414, *caput*, CPC/1973.

§ 1º É lícito à parte contraditar a testemunha, arguindo-lhe a incapacidade, o impedimento ou a suspeição, bem como, caso a testemunha negue os fatos que lhe são imputados, provar a contradita com documentos ou com testemunhas, até 3 (três), apresentadas no ato e inquiridas em separado.

- Correspondência: art. 414, § 1º, 1ª parte, CPC/1973.

§ 2º Sendo provados ou confessados os fatos a que se refere o § 1º, o juiz dispensará a testemunha ou lhe tomará o depoimento como informante.

- Correspondência: art. 414, § 1º, 2ª parte, CPC/1973.

§ 3º A testemunha pode requerer ao juiz que a escuse de depor, alegando os motivos previstos neste Código, decidindo o juiz de plano após ouvidas as partes.

- Correspondência: art. 414, § 2º, CPC/1973.

Art. 458. Ao início da inquirição, a testemunha prestará o compromisso de dizer a verdade do que souber e lhe for perguntado.

- Correspondência: art. 415, *caput*, CPC/1973.
- V. arts. 5º e 447, § 4º, CPC/2015.

Parágrafo único. O juiz advertirá à testemunha que incorre em sanção penal quem faz afirmação falsa, cala ou oculta a verdade.

- Correspondência: art. 415, parágrafo único, CPC/1973.
- V. art. 342, CP.

Art. 459. As perguntas serão formuladas pelas partes diretamente à testemunha, começando pela que a arrolou, não admitindo o juiz aquelas que puderem induzir a resposta, não tiverem relação com as questões de fato objeto da atividade probatória ou importarem repetição de outra já respondida.

- Correspondência: art. 416, *caput*, CPC/1973.
- V. arts. 442 e 443, CPC/2015.
- V. art. 212, CPP.

§ 1º O juiz poderá inquirir a testemunha tanto antes quanto depois da inquirição feita pelas partes.

- Sem correspondência no CPC/1973.

§ 2º As testemunhas devem ser tratadas com urbanidade, não se lhes fazendo perguntas ou considerações impertinentes, capciosas ou vexatórias.

- Correspondência: art. 416, § 1º, CPC/1973.

§ 3º As perguntas que o juiz indeferir serão transcritas no termo, se a parte o requerer.

- Correspondência: art. 416, § 2º, CPC/1973.

Art. 460. O depoimento poderá ser documentado por meio de gravação.

- Correspondência: art. 417, *caput*, CPC/1973.
- V. Lei 11.419/2006 (Informatização do processo judicial).

§ 1º Quando digitado ou registrado por taquigrafia, estenotipia ou outro método idôneo de documentação, o depoimento será assinado pelo juiz, pelo depoente e pelos procuradores.

- Correspondência: art. 417, § 1º, CPC/1973.

§ 2º Se houver recurso em processo em autos não eletrônicos, o depoimento somente será digitado quando for impossível o envio de sua documentação eletrônica.

- Correspondência: art. 417, § 2º, CPC/1973.

§ 3º Tratando-se de autos eletrônicos, observar-se-á o disposto neste Código e na legislação específica sobre a prática eletrônica de atos processuais.

- Correspondência: art. 417, § 2º, CPC/1973.

Art. 461. O juiz pode ordenar, de ofício ou a requerimento da parte:

- Correspondência: art. 418, *caput*, CPC/1973.

I – a inquirição de testemunhas referidas nas declarações da parte ou das testemunhas;

- Correspondência: art. 418, I, CPC/1973.
- V. art. 370, CPC/2015.

II – a acareação de 2 (duas) ou mais testemunhas ou de alguma delas com a parte, quando, sobre fato determinado que possa influir na decisão da causa, divergirem as suas declarações.

- Correspondência: art. 418, II, CPC/1973.
- V. art. 80, II, CPC/2015.

§ 1º Os acareados serão reperguntados para que expliquem os pontos de divergência, reduzindo-se a termo o ato de acareação.

- Sem correspondência no CPC/1973.

§ 2º A acareação pode ser realizada por videoconferência ou por outro recurso tecnológico de transmissão de sons e imagens em tempo real.

- Sem correspondência no CPC/1973.

Art. 462. A testemunha pode requerer ao juiz o pagamento da despesa que efetuou para comparecimento à audiência, devendo a parte pagá-la logo que arbitrada ou depositá-la em cartório dentro de 3 (três) dias.

- Correspondência: art. 419, *caput*, CPC/1973.
- V. art. 84, CPC/2015.

Art. 463. O depoimento prestado em juízo é considerado serviço público.

- Correspondência: art. 419, parágrafo único, CPC/1973.

Parágrafo único. A testemunha, quando sujeita ao regime da legislação trabalhista, não sofre, por comparecer à audiência, perda de salário nem desconto no tempo de serviço.

Seção X
Da Prova Pericial

Art. 464. A prova pericial consiste em exame, vistoria ou avaliação.

- Correspondência: art. 420, *caput*, CPC/1973.
- V. art. 381, CPC/2015.

§ 1º O juiz indeferirá a perícia quando:

- Correspondência: art. 420, parágrafo único, *caput*, CPC/1973.

I – a prova do fato não depender de conhecimento especial de técnico;

- Correspondência: art. 420, parágrafo único, I, CPC/1973.

II – for desnecessária em vista de outras provas produzidas;

- Correspondência: art. 420, parágrafo único, II, CPC/1973.

III – a verificação for impraticável.

- Correspondência: art. 420, parágrafo único, III, CPC/1973.

§ 2º De ofício ou a requerimento das partes, o juiz poderá, em substituição à perícia, determinar a produção de prova técnica simplificada, quando o ponto controvertido for de menor complexidade.

- Sem correspondência no CPC/1973.

§ 3º A prova técnica simplificada consistirá apenas na inquirição de especialista, pelo juiz, sobre ponto controvertido da causa que demande especial conhecimento científico ou técnico.

- Sem correspondência no CPC/1973.

§ 4º Durante a arguição, o especialista, que deverá ter formação acadêmica específica na área objeto de seu depoimento, poderá valer-se de qualquer recurso tecnológico de transmissão de sons e imagens com o fim de esclarecer os pontos controvertidos da causa.

- Sem correspondência no CPC/1973.
- V. Lei 11.419/2006 (Informatização do processo judicial).
- V. Res. CNJ 185/2013 (Sistema Processo Judicial Eletrônico – Pje).

Art. 465. O juiz nomeará perito especializado no objeto da perícia e fixará de imediato o prazo para a entrega do laudo.

- Correspondência: art. 421, *caput*, CPC/1973.
- V. art. 160, CPP.
- V. art. 35, Lei 9.099/1995 (Juizados Especiais Cíveis e Criminais).

§ 1º Incumbe às partes, dentro de 15 (quinze) dias contados da intimação do despacho de nomeação do perito:

- Correspondência: art. 421, § 1º, CPC/1973.

I – arguir o impedimento ou a suspeição do perito, se for o caso;

- Correspondência: art. 423, CPC/1973.
- V. art. 467, CPC/2015.

II – indicar assistente técnico;

- Correspondência: art. 421, § 1º, I, CPC/1973.

III – apresentar quesitos.

- Correspondência: art. 421, § 1º, II, CPC/1973.
- V. art. 470, II, CPC/2015.

§ 2º Ciente da nomeação, o perito apresentará em 5 (cinco) dias:

- Sem correspondência no CPC/1973.

I – proposta de honorários;

- Sem correspondência no CPC/1973.

II – currículo, com comprovação de especialização;

- Sem correspondência no CPC/1973.

III – contatos profissionais, em especial o endereço eletrônico, para onde serão dirigidas as intimações pessoais.

- Sem correspondência no CPC/1973.

§ 3º As partes serão intimadas da proposta de honorários para, querendo, manifestar-se no prazo comum de 5 (cinco) dias, após o que o juiz arbitrará o valor, intimando-se as partes para os fins do art. 95.

- Sem correspondência no CPC/1973.

§ 4º O juiz poderá autorizar o pagamento de até 50% (cinquenta por cento) dos honorários arbitrados a favor do perito no início dos trabalhos, devendo o remanescente ser pago apenas ao final, depois de entregue o laudo e prestados todos os esclarecimentos necessários.

- Sem correspondência no CPC/1973.

§ 5º Quando a perícia for inconclusiva ou deficiente, o juiz poderá reduzir a remuneração inicialmente arbitrada para o trabalho.

- Sem correspondência no CPC/1973.

§ 6º Quando tiver de realizar-se por carta, poder-se-á proceder à nomeação de perito e à indicação de assistentes técnicos no juízo ao qual se requisitar a perícia.

- Correspondência: art. 428, CPC/1973.

Art. 466. O perito cumprirá escrupulosamente o encargo que lhe foi cometido, independentemente de termo de compromisso.

- Correspondência: art. 422, 1ª parte, CPC/1973.

§ 1º Os assistentes técnicos são de confiança da parte e não estão sujeitos a impedimento ou suspeição.

- Correspondência: art. 422, 2ª parte, CPC/1973.

§ 2º O perito deve assegurar aos assistentes das partes o acesso e o acompanhamento das diligências e dos exames que realizar, com prévia comunicação, comprovada nos autos, com antecedência mínima de 5 (cinco) dias.

- Sem correspondência no CPC/1973.

Art. 467. O perito pode escusar-se ou ser recusado por impedimento ou suspeição.

- Correspondência: art. 423, CPC/1973.

Parágrafo único. O juiz, ao aceitar a escusa ou ao julgar procedente a impugnação, nomeará novo perito.

- Correspondência: art. 423, CPC/1973.

Art. 468. O perito pode ser substituído quando:

- Correspondência: art. 424, *caput*, CPC/1973.

I – faltar-lhe conhecimento técnico ou científico;

- Correspondência: art. 424, I, CPC/1973.

II – sem motivo legítimo, deixar de cumprir o encargo no prazo que lhe foi assinado.

- Correspondência: art. 424, II, CPC/1973.

§ 1º No caso previsto no inciso II, o juiz comunicará a ocorrência à corporação profissional respectiva, podendo, ainda, impor multa ao perito, fixada tendo em vista o valor da causa e o possível prejuízo decorrente do atraso no processo.

- Correspondência: art. 424, parágrafo único, CPC/1973.

§ 2º O perito substituído restituirá, no prazo de 15 (quinze) dias, os valores recebidos pelo trabalho não realizado, sob pena de ficar impedido de atuar como perito judicial pelo prazo de 5 (cinco) anos.

- Sem correspondência no CPC/1973.

§ 3º Não ocorrendo a restituição voluntária de que trata o § 2º, a parte que tiver realizado o adiantamento dos honorários poderá promover execução contra o perito, na forma dos arts. 513 e seguintes deste Código, com fundamento na decisão que determinar a devolução do numerário.

- Sem correspondência no CPC/1973.

Art. 469. As partes poderão apresentar quesitos suplementares durante a diligência, que poderão ser respondidos pelo perito previamente ou na audiência de instrução e julgamento.

- Correspondência: art. 425, 1ª parte, CPC/1973.

Parágrafo único. O escrivão dará à parte contrária ciência da juntada dos quesitos aos autos.

- Correspondência: art. 425, 2ª parte, CPC/1973.

Art. 470. Incumbe ao juiz:

- Correspondência: art. 426, *caput*, CPC/1973.

I – indeferir quesitos impertinentes;

- Correspondência: art. 426, I, CPC/1973.

II – formular os quesitos que entender necessários ao esclarecimento da causa.

- Correspondência: art. 426, II, CPC/1973.

Art. 471. As partes podem, de comum acordo, escolher o perito, indicando-o mediante requerimento, desde que:

- Sem correspondência no CPC/1973.
- V. arts. 370 e 465, § 1º, III, CPC/2015.

I – sejam plenamente capazes;

II – a causa possa ser resolvida por autocomposição.

§ 1º As partes, ao escolher o perito, já devem indicar os respectivos assistentes técnicos para acompanhar a realização da perícia, que se realizará em data e local previamente anunciados.

§ 2º O perito e os assistentes técnicos devem entregar, respectivamente, laudo e pareceres em prazo fixado pelo juiz.

§ 3º A perícia consensual substitui, para todos os efeitos, a que seria realizada por perito nomeado pelo juiz.

Art. 472. O juiz poderá dispensar prova pericial quando as partes, na inicial e na contestação, apresentarem, sobre as questões de fato, pareceres técnicos ou documentos elucidativos que considerar suficientes.

- Correspondência: art. 427, CPC/1973.

Art. 473. O laudo pericial deverá conter:

- Sem correspondência no CPC/1973.

I – a exposição do objeto da perícia;

- Sem correspondência no CPC/1973.

II – a análise técnica ou científica realizada pelo perito;

- Sem correspondência no CPC/1973.

III – a indicação do método utilizado, esclarecendo-o e demonstrando ser predominantemente aceito pelos especialistas da área do conhecimento da qual se originou;

- Sem correspondência no CPC/1973.

IV – resposta conclusiva a todos os quesitos apresentados pelo juiz, pelas partes e pelo órgão do Ministério Público.

- Sem correspondência no CPC/1973.

§ 1º No laudo, o perito deve apresentar sua fundamentação em linguagem simples e com coerência lógica, indicando como alcançou suas conclusões.

- Sem correspondência no CPC/1973.

§ 2º É vedado ao perito ultrapassar os limites de sua designação, bem como emitir opiniões pessoais que excedam o exame técnico ou científico do objeto da perícia.

- Sem correspondência no CPC/1973.

§ 3º Para o desempenho de sua função, o perito e os assistentes técnicos podem valer-se de todos os meios necessários, ouvindo testemunhas, obtendo informações, solicitando documentos que estejam em poder da parte, de terceiros ou em repartições públicas, bem como instruir o laudo com planilhas, mapas, plantas, desenhos, fotografias ou outros elementos necessários ao esclarecimento do objeto da perícia.

- Correspondência: art. 429, CPC/1973.

Art. 474. As partes terão ciência da data e do local designados pelo juiz ou indicados pelo perito para ter início a produção da prova.

- Correspondência: art. 431-A, CPC/1973.

Art. 475. Tratando-se de perícia complexa que abranja mais de uma área de conhecimento especializado, o juiz poderá nomear mais de um perito, e a parte, indicar mais de um assistente técnico.

- Correspondência: art. 431-B, CPC/1973.

Art. 476. Se o perito, por motivo justificado, não puder apresentar o laudo dentro do prazo, o juiz poderá conceder-lhe, por uma vez, prorrogação pela 1/2 (metade) do prazo originalmente fixado.

- Correspondência: art. 432, CPC/1973.
- V. arts. 223, § 2º, 472 e 477, CPC/2015.

Art. 477. O perito protocolará o laudo em juízo, no prazo fixado pelo juiz, pelo menos 20 (vinte) dias antes da audiência de instrução e julgamento.

- Correspondência: art. 433, *caput*, CPC/1973.

§ 1º As partes serão intimadas para, querendo, manifestar-se sobre o laudo do perito do juízo no prazo comum de 15 (quinze) dias, podendo o assistente técnico de cada uma das partes, em igual prazo, apresentar seu respectivo parecer.

- Correspondência: art. 433, parágrafo único, CPC/1973.
- V. art. 107, § 2º, CPC/2015.

§ 2º O perito do juízo tem o dever de, no prazo de 15 (quinze) dias, esclarecer ponto:

- Correspondência: art. 435, parágrafo único, CPC/1973.

I – sobre o qual exista divergência ou dúvida de qualquer das partes, do juiz ou do órgão do Ministério Público;

- Sem correspondência no CPC/1973.

II – divergente apresentado no parecer do assistente técnico da parte.

- Sem correspondência no CPC/1973.

§ 3º Se ainda houver necessidade de esclarecimentos, a parte requererá ao juiz que mande intimar o perito ou o assistente técnico a comparecer à audiência de instrução e julgamento, formulando, desde logo, as perguntas, sob forma de quesitos.

- Correspondência: art. 435, *caput*, CPC/1973.
- V. art. 361, I, CPC/2015.

§ 4º O perito ou o assistente técnico será intimado por meio eletrônico, com pelo

Códigos

menos 10 (dez) dias de antecedência da audiência.

- Correspondência: art. 435, parágrafo único, CPC/1973.

Art. 478. Quando o exame tiver por objeto a autenticidade ou a falsidade de documento ou for de natureza médico-legal, o perito será escolhido, de preferência, entre os técnicos dos estabelecimentos oficiais especializados, a cujos diretores o juiz autorizará a remessa dos autos, bem como do material sujeito a exame.

- Correspondência: art. 434, CPC/1973.

§ 1º Nas hipóteses de gratuidade de justiça, os órgãos e as repartições oficiais deverão cumprir a determinação judicial com preferência, no prazo estabelecido.

- Sem correspondência no CPC/1973.

§ 2º A prorrogação do prazo referido no § 1º pode ser requerida motivadamente.

- Sem correspondência no CPC/1973.

§ 3º Quando o exame tiver por objeto a autenticidade da letra e da firma, o perito poderá requisitar, para efeito de comparação, documentos existentes em repartições públicas e, na falta destes, poderá requerer ao juiz que a pessoa a quem se atribuir a autoria do documento lance em folha de papel, por cópia ou sob ditado, dizeres diferentes, para fins de comparação.

- Correspondência: art. 434, parágrafo único, CPC/1973.

Art. 479. O juiz apreciará a prova pericial de acordo com o disposto no art. 371, indicando na sentença os motivos que o levaram a considerar ou a deixar de considerar as conclusões do laudo, levando em conta o método utilizado pelo perito.

- Correspondência: art. 436, CPC/1973.
- V. art. 371, CPC/2015.

Art. 480. O juiz determinará, de ofício ou a requerimento da parte, a realização de nova perícia quando a matéria não estiver suficientemente esclarecida.

- Correspondência: art. 437, CPC/1973.
- V. art. 370, CPC/2015.

§ 1º A segunda perícia tem por objeto os mesmos fatos sobre os quais recaiu a primeira e destina-se a corrigir eventual omissão ou inexatidão dos resultados a que esta conduziu.

- Correspondência: art. 438, CPC/1973.

§ 2º A segunda perícia rege-se pelas disposições estabelecidas para a primeira.

- Correspondência: art. 439, *caput*, CPC/1973

§ 3º A segunda perícia não substitui a primeira, cabendo ao juiz apreciar o valor de uma e de outra.

- Correspondência: art. 439, parágrafo único, CPC/1973.

Seção XI
Da Inspeção Judicial

Art. 481. O juiz, de ofício ou a requerimento da parte, pode, em qualquer fase do processo, inspecionar pessoas ou coisas, a fim de se esclarecer sobre fato que interesse à decisão da causa.

- Correspondência: art. 440, CPC/1973.
- V. arts. 370 e 379, II, CPC/2015.
- V. art. 35, parágrafo único, Lei 9.099/1995 (Juizados Especiais Cíveis e Criminais).

Art. 482. Ao realizar a inspeção, o juiz poderá ser assistido por um ou mais peritos.

- Correspondência: art. 441, CPC/1973.

Art. 483. O juiz irá ao local onde se encontre a pessoa ou a coisa quando:

- Correspondência: art. 442, *caput*, CPC/1973.
- V. art. 126, parágrafo único, CF.

I – julgar necessário para a melhor verificação ou interpretação dos fatos que deva observar;

- Correspondência: art. 442, I, CPC/1973.

II – a coisa não puder ser apresentada em juízo sem consideráveis despesas ou graves dificuldades;

- Correspondência: art. 442, II, CPC/1973.

III – determinar a reconstituição dos fatos.

- Correspondência: art. 442, III, CPC/1973.

Parágrafo único. As partes têm sempre direito a assistir à inspeção, prestando esclarecimentos e fazendo observações que considerem de interesse para a causa.

- Correspondência: art. 442, parágrafo único, CPC/1973.

Art. 484. Concluída a diligência, o juiz mandará lavrar auto circunstanciado, mencionando nele tudo quanto for útil ao julgamento da causa.

- Correspondência: art. 443, *caput*, CPC/1973.

Parágrafo único. O auto poderá ser instruído com desenho, gráfico ou fotografia.

- Correspondência: art. 443, parágrafo único, CPC/1973.

Capítulo XIII
Da Sentença e da Coisa Julgada

Seção I
Disposições Gerais

Art. 485. O juiz não resolverá o mérito quando:

- Correspondência: art. 267, *caput*, CPC/1973.
- V. arts. 354, 486, 490, 1.009 e 1.013, § 3º, CPC/2015.
- V. art. 6º, § 5º, Lei 12.016/2009 (Nova Lei do Mandado de Segurança).

I – indeferir a petição inicial;

- Correspondência: art. 267, I, CPC/1973.
- V. arts. 330, 337, IV a VII e §§ 1º a 4º, CPC/2015.

II – o processo ficar parado durante mais de 1 (um) ano por negligência das partes;

- Correspondência: art. 267, II, CPC/1973.

III – por não promover os atos e as diligências que lhe incumbir, o autor abandonar a causa por mais de 30 (trinta) dias;

- Correspondência: art. 267, III, CPC/1973.
- V. art. 321, parágrafo único e 486, § 3º, CPC/2015.
- V. Súmula 216, STF.

IV – verificar a ausência de pressupostos de constituição e de desenvolvimento válido e regular do processo;

- Correspondência: art. 267, IV, CPC/1973.

V – reconhecer a existência de perempção, de litispendência ou de coisa julgada;

- Correspondência: art. 267, V, CPC/1973.
- V. art. 337, V a VII e §§ 1º a 4º, CPC/2015.
- V. art. 5º, XXXVI, CF.

VI – verificar ausência de legitimidade ou de interesse processual;

- Correspondência: art. 267, VI, CPC/1973.
- V. art. 17, CPC/2015.

VII – acolher a alegação de existência de convenção de arbitragem ou quando o juízo arbitral reconhecer sua competência;

- Correspondência: art. 267, VII, CPC/1973.

VIII – homologar a desistência da ação;

- Correspondência: art. 267, VIII, CPC/1973.
- V. art. 200, parágrafo único, CPC/2015.

IX – em caso de morte da parte, a ação for considerada intransmissível por disposição legal; e

- Correspondência: art. 267, IX, CPC/1973.

X – nos demais casos prescritos neste Código.

- Correspondência: art. 267, XI, CPC/1973.

§ 1º Nas hipóteses descritas nos incisos II e III, a parte será intimada pessoalmente para suprir a falta no prazo de 5 (cinco) dias.

- Correspondência: art. 267, § 1º, CPC/1973.

§ 2º No caso do § 1º, quanto ao inciso II, as partes pagarão proporcionalmente as custas, e, quanto ao inciso III, o autor será condenado ao pagamento das despesas e dos honorários de advogado.

- Correspondência: art. 267, § 2º, CPC/1973.
- V. arts. 90 e 92, CPC/2015.

§ 3º O juiz conhecerá de ofício da matéria constante dos incisos IV, V, VI e IX, em qualquer tempo e grau de jurisdição, enquanto não ocorrer o trânsito em julgado.

- Correspondência: art. 267, § 3º, CPC/1973.

§ 4º Oferecida a contestação, o autor não poderá, sem o consentimento do réu, desistir da ação.

- Correspondência: art. 267, § 4º, CPC/1973.

§ 5º A desistência da ação pode ser apresentada até a sentença.

- Sem correspondência no CPC/1973.
- V. art. 775, CPC/2015.

§ 6º Oferecida a contestação, a extinção do processo por abandono da causa pelo autor depende de requerimento do réu.

- Sem correspondência no CPC/1973.

§ 7º Interposta a apelação em qualquer dos casos de que tratam os incisos deste artigo, o juiz terá 5 (cinco) dias para retratar-se.

- Sem correspondência no CPC/1973.

Art. 486. O pronunciamento judicial que não resolve o mérito não obsta a que a parte proponha de novo a ação.

- Correspondência: art. 268, *caput*, 1ª parte, CPC/1973.

§ 1º No caso de extinção em razão de litispendência e nos casos dos incisos I, IV, VI e VII do art. 485, a propositura da nova ação depende da correção do vício que levou à sentença sem resolução do mérito.

- Sem correspondência no CPC/1973.

§ 2º A petição inicial, todavia, não será despachada sem a prova do pagamento ou do depósito das custas e dos honorários de advogado.

- Correspondência: art. 268, *caput*, 2ª parte, CPC/1973.

§ 3º Se o autor der causa, por 3 (três) vezes, a sentença fundada em abandono da causa, não poderá propor nova ação contra o réu com o mesmo objeto, ficando-lhe ressalvada, entretanto, a possibilidade de alegar em defesa o seu direito.

- Correspondência: art. 268, parágrafo único, CPC/1973.
- V. art. 485, III, e § 1º, CPC/2015.

Art. 487. Haverá resolução de mérito quando o juiz:

- Correspondência: art. 269, *caput*, CPC/1973.
- V. arts. 141, 354, 924, 1.009, 1.010, §§ 1º e 2º, CPC/2015.

I – acolher ou rejeitar o pedido formulado na ação ou na reconvenção;

- Correspondência: art. 269, I, CPC/1973.

II – decidir, de ofício ou a requerimento, sobre a ocorrência de decadência ou prescrição;

- Correspondência: art. 269, IV, CPC/1973.
- V. art. 96, II, Lei 11.101/2005 (Lei de Recuperação de Empresas e Falência).

III – homologar:

- Sem correspondência no CPC/1973.

a) o reconhecimento da procedência do pedido formulado na ação ou na reconvenção;

- Correspondência: art. 269, II, CPC/1973.

b) a transação;

- Correspondência: art. 269, III, CPC/1973.

c) a renúncia à pretensão formulada na ação ou na reconvenção.

- Correspondência: art. 269, V, CPC/1973.

Parágrafo único. Ressalvada a hipótese do § 1º do art. 332, a prescrição e a decadência não serão reconhecidas sem que antes seja dada às partes oportunidade de manifestar-se.

- Sem correspondência no CPC/1973.
- V. arts. 115, 1.009 e 1.010, §§ 1º e 2º, CPC/2015.

Art. 488. Desde que possível, o juiz resolverá o mérito sempre que a decisão for favorável à parte a quem aproveitaria eventual pronunciamento nos termos do art. 485.

- Sem correspondência no CPC/1973.

Seção II
Dos Elementos e dos Efeitos da Sentença

Art. 489. São elementos essenciais da sentença:

- Correspondência: art. 458, *caput*, CPC/1973.
- V. art. 381, CPP.
- V. art. 99, Lei 11.101/2005 (Lei de Recuperação de Empresas e Falência).

I – o relatório, que conterá os nomes das partes, a identificação do caso, com a suma do pedido e da contestação, e o registro das principais ocorrências havidas no andamento do processo;

- Correspondência: art. 458, I, CPC/1973.

II – os fundamentos, em que o juiz analisará as questões de fato e de direito;

- Correspondência: art. 458, II, CPC/1973.
- V. arts. 11 e 371, CPC/2015.

III – o dispositivo, em que o juiz resolverá as questões principais que as partes lhe submeterem.

- Correspondência: art. 458, III, CPC/1973.

§ 1º Não se considera fundamentada qualquer decisão judicial, seja ela interlocutória, sentença ou acórdão, que:

- Sem correspondência no CPC/1973.

I – se limitar à indicação, à reprodução ou à paráfrase de ato normativo, sem explicar sua relação com a causa ou a questão decidida;

- Sem correspondência no CPC/1973.

II – empregar conceitos jurídicos indeterminados, sem explicar o motivo concreto de sua incidência no caso;

- Sem correspondência no CPC/1973.

III – invocar motivos que se prestariam a justificar qualquer outra decisão;

- Sem correspondência no CPC/1973.

IV – não enfrentar todos os argumentos deduzidos no processo capazes de, em tese, infirmar a conclusão adotada pelo julgador;

- Sem correspondência no CPC/1973.
- V. art. 140, CPC/2015.

V – se limitar a invocar precedente ou enunciado de súmula, sem identificar seus fundamentos determinantes nem demonstrar que o caso sob julgamento se ajusta àqueles fundamentos;

- Sem correspondência no CPC/1973.

VI – deixar de seguir enunciado de súmula, jurisprudência ou precedente invocado pela parte, sem demonstrar a existência de distinção no caso em julgamento ou a superação do entendimento.

- Sem correspondência no CPC/1973.

§ 2º No caso de colisão entre normas, o juiz deve justificar o objeto e os critérios gerais da ponderação efetuada, enunciando as razões que autorizam a interferência na norma afastada e as premissas fáticas que fundamentam a conclusão.

- Sem correspondência no CPC/1973.

§ 3º A decisão judicial deve ser interpretada a partir da conjugação de todos os seus elementos e em conformidade com o princípio da boa-fé.

- Sem correspondência no CPC/1973.

Art. 490. O juiz resolverá o mérito acolhendo ou rejeitando, no todo ou em parte, os pedidos formulados pelas partes.

- Correspondência: art. 459, *caput*, CPC/1973.
- V. art. 322, CPC/2015.

Art. 491. Na ação relativa à obrigação de pagar quantia, ainda que formulado pedido genérico, a decisão definirá desde logo a extensão da obrigação, o índice de correção monetária, a taxa de juros, o termo inicial de ambos e a periodicidade da capitalização dos juros, se for o caso, salvo quando:

- Sem correspondência no CPC/1973.
- V. arts. 322 a 324, CPC/2015.

I – não for possível determinar, de modo definitivo, o montante devido;

- Sem correspondência no CPC/1973.

II – a apuração do valor devido depender da produção de prova de realização demorada ou excessivamente dispendiosa, assim reconhecida na sentença.

- Sem correspondência no CPC/1973.

§ 1º Nos casos previstos neste artigo, seguir-se-á a apuração do valor devido por liquidação.

- Correspondência: art. 475-A, *caput*, CPC/1973.

§ 2º O disposto no *caput* também se aplica quando o acórdão alterar a sentença.

- Sem correspondência no CPC/1973.

Art. 492. É vedado ao juiz proferir decisão de natureza diversa da pedida, bem como condenar a parte em quantidade superior ou em objeto diverso do que lhe foi demandado.

- Correspondência: art. 460, *caput*, CPC/1973.
- V. art. 141, CPC/2015.

Parágrafo único. A decisão deve ser certa, ainda que resolva relação jurídica condicional.

- Correspondência: art. 460, parágrafo único, CPC/1973.

Art. 493. Se, depois da propositura da ação, algum fato constitutivo, modificativo ou extintivo do direito influir no julgamento do mérito, caberá ao juiz tomá-lo em consideração, de ofício ou a requerimento da parte, no momento de proferir a decisão.

- Correspondência: art. 462, CPC/1973.
- V. arts. 329 e 342, CPC/2015.

Parágrafo único. Se constatar de ofício o fato novo, o juiz ouvirá as partes sobre ele antes de decidir.

- Sem correspondência no CPC/1973.

Art. 494. Publicada a sentença, o juiz só poderá alterá-la:

- Correspondência: art. 463, *caput*, CPC/1973.
- V. art. 505, CPC/2015.

I – para corrigir-lhe, de ofício ou a requerimento da parte, inexatidões materiais ou erros de cálculo;

- Correspondência: art. 463, I, CPC/1973.
- V. art. 656, CPC/2015.
- V. art. 96, § 6º, RISTF.
- V. art. 103, § 2º, RISTJ.

II – por meio de embargos de declaração.

- Correspondência: art. 463, II, CPC/1973.
- V. arts. 1.021 a 1.023, CPC/2015.

Art. 495. A decisão que condenar o réu ao pagamento de prestação consistente em dinheiro e a que determinar a conversão de prestação de fazer, de não fazer ou de dar coisa em prestação pecuniária valerão como título constitutivo de hipoteca judiciária.

- Correspondência: art. 466, *caput*, CPC/1973.
- V. art. 1.489, CC.

§ 1º A decisão produz a hipoteca judiciária:

- Correspondência: art. 466, parágrafo único, *caput*, CPC/1973.

I – embora a condenação seja genérica;

- Correspondência: art. 466, parágrafo único, I, CPC/1973.

II – ainda que o credor possa promover o cumprimento provisório da sentença ou esteja pendente arresto sobre bem do devedor;

- Correspondência: art. 466, parágrafo único, II e III, CPC/1973.

III – mesmo que impugnada por recurso dotado de efeito suspensivo.

- Sem correspondência no CPC/1973.

§ 2º A hipoteca judiciária poderá ser realizada mediante apresentação de cópia da sentença perante o cartório de registro imobiliário, independentemente de ordem judicial, de declaração expressa do juiz ou de demonstração de urgência.

- Sem correspondência no CPC/1973.

§ 3º No prazo de até 15 (quinze) dias da data de realização da hipoteca, a parte informá-la-á ao juízo da causa, que determinará a intimação da outra parte para que tome ciência do ato.

- Sem correspondência no CPC/1973.

§ 4º A hipoteca judiciária, uma vez constituída, implicará, para o credor hipotecário, o direito de preferência, quanto ao pagamento, em relação a outros credores, observada a prioridade no registro.

- Sem correspondência no CPC/1973.

§ 5º Sobrevindo a reforma ou a invalidação da decisão que impôs o pagamento de quantia, a parte responderá, independentemente de culpa, pelos danos que a outra parte tiver sofrido em razão da constituição da garantia, devendo o valor da indenização ser liquidado e executado nos próprios autos.

- Sem correspondência no CPC/1973.

Seção III
Da Remessa Necessária

Art. 496. Está sujeita ao duplo grau de jurisdição, não produzindo efeito senão depois de confirmada pelo tribunal, a sentença:

- Correspondência: art. 475, *caput*, CPC/1973.
- V. art. 19, *caput*, Lei 4.717/1965 (Ação popular).
- V. art. 4º, § 1º, Lei 7.853/1989 (Apoio às pessoas portadoras de deficiência).

I – proferida contra a União, os Estados, o Distrito Federal, os Municípios e suas respectivas autarquias e fundações de direito público;

- Correspondência: art. 475, I, CPC/1973.
- V. art. 784, IX, CPC/2015.
- V. Lei 6.830/1980 (Lei de Execução Fiscal).
- V. art. 10, Lei 9.469/1997 (Estende às autarquias e fundações públicas o disposto nos arts. 188 e 475, *caput* e II, do CPC/1973).
- V. Súmulas 45 e 325, STJ.

II – que julgar procedentes, no todo ou em parte, os embargos à execução fiscal.

- Correspondência: art. 475, II, CPC/1973.
- V. Súmulas 45 e 325, STJ.

§ 1º Nos casos previstos neste artigo, não interposta a apelação no prazo legal, o juiz ordenará a remessa dos autos ao tribunal, e, se não o fizer, o presidente do respectivo tribunal avocá-los-á.

- Correspondência: art. 475, § 1º, CPC/1973.

§ 2º Em qualquer dos casos referidos no § 1º, o tribunal julgará a remessa necessária.

- Correspondência: art. 475, § 2º, CPC/1973.

§ 3º Não se aplica o disposto neste artigo quando a condenação ou o proveito econômico obtido na causa for de valor certo e líquido inferior a:

- Correspondência: art. 475, § 2º, CPC/1973.

I – 1.000 (mil) salários mínimos para a União e as respectivas autarquias e fundações de direito público;

II – 500 (quinhentos) salários mínimos para os Estados, o Distrito Federal, as respectivas autarquias e fundações de direito público e os Municípios que constituam capitais dos Estados;

III – 100 (cem) salários mínimos para todos os demais Municípios e respectivas autarquias e fundações de direito público.

§ 4º Também não se aplica o disposto neste artigo quando a sentença estiver fundada em:

- Correspondência: art. 475, § 3º, CPC/1973.

I – súmula de tribunal superior;

- Correspondência: art. 475, § 3º, CPC/1973.
- V. Lei 11.417/2006 (Súmula vinculante).

II – acórdão proferido pelo Supremo Tribunal Federal ou pelo Superior Tribunal de Justiça em julgamento de recursos repetitivos;

- Correspondência: art. 475, § 3º, CPC/1973.

III – entendimento firmado em incidente de resolução de demandas repetitivas ou de assunção de competência;

- Sem correspondência no CPC/1973.

IV – entendimento coincidente com orientação vinculante firmada no âmbito administrativo do próprio ente público, consolidada em manifestação, parecer ou súmula administrativa.

- Sem correspondência no CPC/1973.

Seção IV
Do Julgamento das Ações Relativas às Prestações de Fazer, de Não Fazer e de Entregar Coisa

Art. 497. Na ação que tenha por objeto a prestação de fazer ou de não fazer, o juiz, se procedente o pedido, concederá a tutela específica ou determinará providências que assegurem a obtenção de tutela pelo resultado prático equivalente.

- Correspondência: art. 461, *caput*, CPC/1973.
- V. arts. 513, 536 e 538, CPC/2015.
- V. art. 11, Lei 7.347/1985 (Ação civil pública).
- V. art. 213, *caput*, Lei 8.069/1990 (Estatuto da Criança e do Adolescente).
- V. art. 84, *caput*, Lei 8.078/1990 (Código de Defesa do Consumidor).
- V. art. 52, V e VI, Lei 9.099/1995 (Juizados Especiais Cíveis e Criminais).
- V. art. 7º, § 5º, Lei 12.016/2009 (Nova Lei do Mandado de Segurança).

Parágrafo único. Para a concessão da tutela específica destinada a inibir a prática, a reiteração ou a continuação de um ilícito, ou a sua remoção, é irrelevante a demonstração da ocorrência de dano ou da existência de culpa ou dolo.

- Sem correspondência no CPC/1973.

Art. 498. Na ação que tenha por objeto a entrega de coisa, o juiz, ao conceder a tutela específica, fixará o prazo para o cumprimento da obrigação.

- Correspondência: art. 461-A, *caput*, CPC/1973.
- V. art. 538, CPC/2015.

Parágrafo único. Tratando-se de entrega de coisa determinada pelo gênero e pela quantidade, o autor individualizá-la-á na petição inicial, se lhe couber a escolha, ou, se a escolha couber ao réu, este a entregará individualizada, no prazo fixado pelo juiz.

- Correspondência: art. 461-A, § 1º, CPC/1973.

Art. 499. A obrigação somente será convertida em perdas e danos se o autor o requerer ou se impossível a tutela específica ou a obtenção de tutela pelo resultado prático equivalente.

- Correspondência: art. 461, § 1º, CPC/1973.
- V. art. 84, § 1º, Lei 8.078/1990 (Código de Defesa do Consumidor).

Art. 500. A indenização por perdas e danos dar-se-á sem prejuízo da multa fixada periodicamente para compelir o réu ao cumprimento específico da obrigação.

- Correspondência: art. 461, § 2º, CPC/1973.
- V. art. 84, § 2º, Lei 8.078/1990 (Código de Defesa do Consumidor).

Art. 501. Na ação que tenha por objeto a emissão de declaração de vontade, a sentença que julgar procedente o pedido, uma vez transitada em julgado, produzirá todos os efeitos da declaração não emitida.

- Correspondência: art. 466-A, CPC/1973.

Seção V
Da Coisa Julgada

Art. 502. Denomina-se coisa julgada material a autoridade que torna imutável e indiscutível a decisão de mérito não mais sujeita a recurso.

- Correspondência: art. 467, CPC/1973.
- V. art. 337, VII e §§ 1º e 4º, CPC/2015.
- V. art. 5º, XXXVI, CF.
- V. art. 65, CPP.
- V. art. 6º, § 3º, Dec.-lei 4.657/1942 (Lei de Introdução às normas do Direito Brasileiro).

Art. 503. A decisão que julgar total ou parcialmente o mérito tem força de lei nos limites da questão principal expressamente decidida.

- Correspondência: art. 468, CPC/1973.
- V. arts. 141, 486 e 490 e 492, CPC/2015.

§ 1º O disposto no *caput* aplica-se à resolução de questão prejudicial, decidida expressa e incidentemente no processo, se:

- Sem correspondência no CPC/1973.

I – dessa resolução depender o julgamento do mérito;

II – a seu respeito tiver havido contraditório prévio e efetivo, não se aplicando no caso de revelia;

III – o juízo tiver competência em razão da matéria e da pessoa para resolvê-la como questão principal.

§ 2º A hipótese do § 1º não se aplica se no processo houver restrições probatórias ou limitações à cognição que impeçam o aprofundamento da análise da questão prejudicial.

- Sem correspondência no CPC/1973.

Art. 504. Não fazem coisa julgada:

- Correspondência: art. 469, *caput*, CPC/1973.

I – os motivos, ainda que importantes para determinar o alcance da parte dispositiva da sentença;

- Correspondência: art. 469, I, CPC/1973.

II – a verdade dos fatos, estabelecida como fundamento da sentença.

- Correspondência: art. 469, II, CPC/1973.

Art. 505. Nenhum juiz decidirá novamente as questões já decididas relativas à mesma lide, salvo:

- Correspondência: art. 471, *caput*, CPC/1973.
- V. art. 493 e 494, CPC/2015.

I – se, tratando-se de relação jurídica de trato continuado, sobreveio modificação no estado de fato ou de direito, caso em que poderá a parte pedir a revisão do que foi estatuído na sentença;

- Correspondência: art. 471, I, CPC/1973.
- V. art. 1.699, CC.
- V. art. 15, Lei 5.478/1968 (Ação de alimentos).

II – nos demais casos prescritos em lei.

- Correspondência: art. 471, II, CPC/1973.

Art. 506. A sentença faz coisa julgada às partes entre as quais é dada, não prejudicando terceiros.

- Correspondência: art. 472, CPC/1973.
- V. arts. 109, § 3º, e 123, CPC/2015.
- V. art. 16, Lei 7.347/1985 (Ação civil pública).

Art. 507. É vedado à parte discutir no curso do processo as questões já decididas a cujo respeito se operou a preclusão.

- Correspondência: art. 473, CPC/1973.
- V. arts. 278 e 1.012, CPC/2015.

Art. 508. Transitada em julgado a decisão de mérito, considerar-se-ão deduzidas e repelidas todas as alegações e as defesas que a parte poderia opor tanto ao acolhimento quanto à rejeição do pedido.

- Correspondência: art. 474, CPC/1973.

Capítulo XIV
Da Liquidação de Sentença

Art. 509. Quando a sentença condenar ao pagamento de quantia ilíquida, proceder-se-á à sua liquidação, a requerimento do credor ou do devedor:

- Correspondência: art. 475-A, *caput*, CPC/1973.
- V. art. 63, CP.
- V. Res. CSJT 8/2005 (Estabelece a Tabela Única para atualização e conversão de débitos trabalhistas – Sistema Único de Cálculo – SUCJT).

I – por arbitramento, quando determinado pela sentença, convencionado pelas partes ou exigido pela natureza do objeto da liquidação;

- Correspondência: art. 475-C, CPC/1973.

II – pelo procedimento comum, quando houver necessidade de alegar e provar fato novo.

- Correspondência: art. 475-E, CPC/1973.

§ 1º Quando na sentença houver uma parte líquida e outra ilíquida, ao credor é lícito promover simultaneamente a execução daquela e, em autos apartados, a liquidação desta.

- Correspondência: art. 475-I, § 2º, CPC/1973.

§ 2º Quando a apuração do valor depender apenas de cálculo aritmético, o credor poderá promover, desde logo, o cumprimento da sentença.

- Correspondência: art. 475-B, *caput*, CPC/1973.

§ 3º O Conselho Nacional de Justiça desenvolverá e colocará à disposição dos interessados programa de atualização financeira.

- Sem correspondência no CPC/1973.

§ 4º Na liquidação é vedado discutir de novo a lide ou modificar a sentença que a julgou.

- Correspondência: art. 475-G, CPC/1973.

Art. 510. Na liquidação por arbitramento, o juiz intimará as partes para a apresentação de pareceres ou documentos elucidativos, no prazo que fixar, e, caso não possa decidir de plano, nomeará perito, observando-se, no que couber, o procedimento da prova pericial.

- Correspondência: arts. 475-C e 475-D, CPC/1973.

Art. 511. Na liquidação pelo procedimento comum, o juiz determinará a intimação do requerido, na pessoa de seu advogado ou da sociedade de advogados a que estiver vinculado, para, querendo, apresentar contestação no prazo de 15 (quinze) dias, observando-se, a seguir, no que couber, o disposto no Livro I da Parte Especial deste Código.

- Correspondência: arts. 475-E e 475-F, CPC/1973.

Art. 512. A liquidação poderá ser realizada na pendência de recurso, processando-se em autos apartados no juízo de origem, cumprindo ao liquidante instruir o pedido com cópias das peças processuais pertinentes.

- Correspondência: art. 475-A, § 2º, CPC/1973.

TÍTULO II
Do Cumprimento da Sentença

Capítulo I
Disposições Gerais

Art. 513. O cumprimento da sentença será feito segundo as regras deste Título, observando-se, no que couber e conforme a natureza da obrigação, o disposto no Livro II da Parte Especial deste Código.

- Correspondência: art. 475-I, CPC/1973.

§ 1º O cumprimento da sentença que reconhece o dever de pagar quantia, provisório ou definitivo, far-se-á a requerimento do exequente.

- Sem correspondência no CPC/1973.

§ 2º O devedor será intimado para cumprir a sentença:

- Sem correspondência no CPC/1973.
- V. arts. 269 a 275, CPC/2015.

I – pelo Diário da Justiça, na pessoa de seu advogado constituído nos autos;

II – por carta com aviso de recebimento, quando representado pela Defensoria Pública ou quando não tiver procurador constituído nos autos, ressalvada a hipótese do inciso IV;

III – por meio eletrônico, quando, no caso do § 1º do art. 246, não tiver procurador constituído nos autos;

- V. Lei 11.419/2006 (Informatização do processo judicial).

IV – por edital, quando, citado na forma do art. 256, tiver sido revel na fase de conhecimento.

§ 3º Na hipótese do § 2º, incisos II e III, considera-se realizada a intimação quando o devedor houver mudado de endereço sem prévia comunicação ao juízo, observado o disposto no parágrafo único do art. 274.

- Sem correspondência no CPC/1973.
- V. Lei 11.419/2006 (Informatização do processo judicial).

§ 4º Se o requerimento a que alude o § 1º for formulado após 1 (um) ano do trânsito em julgado da sentença, a intimação será feita na pessoa do devedor, por meio de carta com aviso de recebimento encaminhada ao endereço constante dos autos, observado o disposto no parágrafo único do art. 274 e no § 3º deste artigo.

- Sem correspondência no CPC/1973.

§ 5º O cumprimento da sentença não poderá ser promovido em face do fiador, do coobrigado ou do corresponsável que não tiver participado da fase de conhecimento.

- Sem correspondência no CPC/1973.

Art. 514. Quando o juiz decidir relação jurídica sujeita a condição ou termo, o cumprimento da sentença dependerá de demonstração de que se realizou a condição ou de que ocorreu o termo.

- Correspondência: art. 572, CPC/1973.
- V. arts. 535, III, 798, I, *c*, 803, III, e 917, § 2º, V, CPC/2015.
- V. arts. 121 a 135, CC.

Art. 515. São títulos executivos judiciais, cujo cumprimento dar-se-á de acordo com os artigos previstos neste Título:

- Correspondência: art. 475-N, *caput*, CPC/1973.
- V. Res. CNJ 125/2010 (Política Judiciária Nacional de tratamento adequado dos conflitos de interesses no âmbito do Poder Judiciário).

I – as decisões proferidas no processo civil que reconheçam a exigibilidade de obrigação de pagar quantia, de fazer, de não fazer ou de entregar coisa;

- Correspondência: art. 475-N, I, CPC/1973.

II – a decisão homologatória de autocomposição judicial;

- Correspondência: art. 475-N, III, CPC/1973.

III – a decisão homologatória de autocomposição extrajudicial de qualquer natureza;

- Correspondência: art. 475-N, V, CPC/1973.
- V. art. 57, *caput*, Lei 9.099/1995 (Juizados Especiais Cíveis e Criminais).

IV – o formal e a certidão de partilha, exclusivamente em relação ao inventariante, aos herdeiros e aos sucessores a título singular ou universal;

- Correspondência: art. 475-N, VII, CPC/1973.

Códigos

V – o crédito de auxiliar da justiça, quando as custas, emolumentos ou honorários tiverem sido aprovados por decisão judicial;

• Correspondência: art. 585, VI, CPC/1973.

VI – a sentença penal condenatória transitada em julgado;

• Correspondência: art. 585, II, CPC/1973.

VII – a sentença arbitral;

• Correspondência: art. 585, IV, CPC/1973.

VIII – a sentença estrangeira homologada pelo Superior Tribunal de Justiça;

• Correspondência: art. 585, VI, CPC/1973.

IX – a decisão interlocutória estrangeira, após a concessão do *exequatur* à carta rogatória pelo Superior Tribunal de Justiça;

• Sem correspondência no CPC/1973.

X – *(Vetado).*

§ 1º Nos casos dos incisos VI a IX, o devedor será citado no juízo cível para o cumprimento da sentença ou para a liquidação no prazo de 15 (quinze) dias.

• Correspondência: art. 475-N, parágrafo único, CPC/1973.

§ 2º A autocomposição judicial pode envolver sujeito estranho ao processo e versar sobre relação jurídica que não tenha sido deduzida em juízo.

• Sem correspondência no CPC/1973.

Art. 516. O cumprimento da sentença efetuar-se-á perante:

• Correspondência: art. 475-P, *caput*, CPC/1973.

I – os tribunais, nas causas de sua competência originária;

• Correspondência: art. 475-P, I, CPC/1973.

II – o juízo que decidiu a causa no primeiro grau de jurisdição;

• Correspondência: art. 475-P, II, CPC/1973.

III – o juízo cível competente, quando se tratar de sentença penal condenatória, de sentença arbitral, de sentença estrangeira ou de acórdão proferido pelo Tribunal Marítimo.

• Correspondência: art. 475-P, III, CPC/1973.

Parágrafo único. Nas hipóteses dos incisos II e III, o exequente poderá optar pelo juízo do atual domicílio do executado, pelo juízo do local onde se encontrem os bens sujeitos à execução ou pelo juízo do local onde deva ser executada a obrigação de fazer ou de não fazer, casos em que a remessa dos autos do processo será solicitada ao juízo de origem.

• Correspondência: art. 475-P, parágrafo único, CPC/1973.

Art. 517. A decisão judicial transitada em julgado poderá ser levada a protesto, nos termos da lei, depois de transcorrido o prazo para pagamento voluntário previsto no art. 523.

• Sem correspondência no CPC/1973.

§ 1º Para efetivar o protesto, incumbe ao exequente apresentar certidão de teor da decisão.

§ 2º A certidão de teor da decisão deverá ser fornecida no prazo de 3 (três) dias e indicará o nome e a qualificação do exequente e do executado, o número do processo, o valor da dívida e a data de decurso do prazo para pagamento voluntário.

§ 3º O executado que tiver proposto ação rescisória para impugnar a decisão exequenda pode requerer, a suas expensas e sob sua responsabilidade, a anotação da propositura da ação à margem do título protestado.

§ 4º A requerimento do executado, o protesto será cancelado por determinação do juiz, mediante ofício a ser expedido ao cartório, no prazo de 3 (três) dias, contado da data de protocolo do requerimento, desde que comprovada a satisfação integral da obrigação.

Art. 518. Todas as questões relativas à validade do procedimento de cumprimento da sentença e dos atos executivos subsequentes poderão ser arguidas pelo executado nos próprios autos e nestes serão decididas pelo juiz.

• Sem correspondência no CPC/1973.
• V. arts. 1.009 e 1.014, CPC/2015.

Art. 519. Aplicam-se as disposições relativas ao cumprimento da sentença, provisório ou definitivo, e à liquidação, no que couber, às decisões que concederem tutela provisória.

• Correspondência: art. 273, § 3º, CPC/1973.
• V. art. 300 e ss., CPC/2015.

Capítulo II
Do Cumprimento Provisório da Sentença que Reconhece a Exigibilidade de Obrigação de Pagar Quantia Certa

Art. 520. O cumprimento provisório da sentença impugnada por recurso desprovido de efeito suspensivo será realizado da mesma forma que o cumprimento definitivo, sujeitando-se ao seguinte regime:

• Correspondência: art. 475-O, *caput*, CPC/1973.

I – corre por iniciativa e responsabilidade do exequente, que se obriga, se a sentença for reformada, a reparar os danos que o executado haja sofrido;

• Correspondência: art. 475-O, I, CPC/1973.

II – fica sem efeito, sobrevindo decisão que modifique ou anule a sentença objeto da execução, restituindo-se as partes ao estado anterior e liquidando-se eventuais prejuízos nos mesmos autos;

• Correspondência: art. 475-O, II, CPC/1973.

III – se a sentença objeto de cumprimento provisório for modificada ou anulada apenas em parte, somente nesta ficará sem efeito a execução;

• Correspondência: art. 475-O, § 1º, CPC/1973.

IV – o levantamento de depósito em dinheiro e a prática de atos que importem transferência de posse ou alienação de propriedade ou de outro direito real, ou dos quais possa resultar grave dano ao executado, dependem de caução suficiente e idônea, arbitrada de plano pelo juiz e prestada nos próprios autos.

• Correspondência: art. 475-O, III, CPC/1973.

§ 1º No cumprimento provisório da sentença, o executado poderá apresentar impugnação, se quiser, nos termos do art. 525.

• Sem correspondência no CPC/1973.

§ 2º A multa e os honorários a que se refere o § 1º do art. 523 são devidos no cumprimento provisório de sentença condenatória ao pagamento de quantia certa.

• Sem correspondência no CPC/1973.

§ 3º Se o executado comparecer tempestivamente e depositar o valor, com a finalidade de isentar-se da multa, o ato não será havido como incompatível com o recurso por ele interposto.

• Sem correspondência no CPC/1973.

§ 4º A restituição ao estado anterior a que se refere o inciso II não implica o desfazimento da transferência de posse ou da alienação de propriedade ou de outro direito real eventualmente já realizada, ressalvado, sempre, o direito à reparação dos prejuízos causados ao executado.

• Sem correspondência no CPC/1973.

§ 5º Ao cumprimento provisório de sentença que reconheça obrigação de fazer, de não fazer ou de dar coisa aplica-se, no que couber, o disposto neste Capítulo.

• Sem correspondência no CPC/1973.

Art. 521. A caução prevista no inciso IV do art. 520 poderá ser dispensada nos casos em que:

• Correspondência: art. 475-O, § 2º, *caput*, CPC/1973.

I – o crédito for de natureza alimentar, independentemente de sua origem;

• Correspondência: art. 475-O, I, CPC/1973.

II – o credor demonstrar situação de necessidade;

• Correspondência: art. 475-O, I, CPC/1973.

III – pender o agravo do art. 1.042;

• Inciso III com redação determinada pela Lei 13.256/2016, em vigor no início da vigência da Lei 13.105/2015.
• Correspondência: art. 475-O, § 2º, II, CPC/1973.

IV – a sentença a ser provisoriamente cumprida estiver em consonância com súmula da jurisprudência do Supremo Tribunal Federal ou do Superior Tribunal de Justiça ou em conformidade com acórdão proferido no julgamento de casos repetitivos.

• Sem correspondência no CPC/1973.

Parágrafo único. A exigência de caução será mantida quando da dispensa possa resultar manifesto risco de grave dano de difícil ou incerta reparação.

• Correspondência: art. 475-O, § 2º, II, CPC/1973.

Art. 522. O cumprimento provisório da sentença será requerido por petição dirigida ao juízo competente.

• Correspondência: art. 475-O, § 3º, CPC/1973.

Parágrafo único. Não sendo eletrônicos os autos, a petição será acompanhada de cópias das seguintes peças do processo, cuja autenticidade poderá ser certificada pelo próprio advogado, sob sua responsabilidade pessoal:

• Correspondência: art. 475-O, § 3º, CPC/1973.

I – decisão exequenda;

• Correspondência: art. 475-O, § 3º, I, CPC/1973.

II – certidão de interposição do recurso não dotado de efeito suspensivo;

• Correspondência: art. 475-O, § 3º, II, CPC/1973.

III – procurações outorgadas pelas partes;

- Correspondência: art. 475-O, § 3º, III, CPC/1973.

IV – decisão de habilitação, se for o caso;

- Correspondência: art. 475-O, § 3º, IV, CPC/1973.

V – facultativamente, outras peças processuais consideradas necessárias para demonstrar a existência do crédito.

- Correspondência: art. 475-O, § 3º, V, CPC/1973.

Capítulo III
Do Cumprimento Definitivo da Sentença que Reconhece a Exigibilidade de Obrigação de Pagar Quantia Certa

Art. 523. No caso de condenação em quantia certa, ou já fixada em liquidação, e no caso de decisão sobre parcela incontroversa, o cumprimento definitivo da sentença far-se-á a requerimento do exequente, sendo o executado intimado para pagar o débito, no prazo de 15 (quinze) dias, acrescido de custas, se houver.

- Correspondência: art. 475-J, *caput*, CPC/1973.

§ 1º Não ocorrendo pagamento voluntário no prazo do *caput*, o débito será acrescido de multa de 10% (dez por cento) e, também, de honorários de advogado de 10% (dez por cento).

- Correspondência: art. 475-J, *caput*, CPC/1973.

§ 2º Efetuado o pagamento parcial no prazo previsto no *caput*, a multa e os honorários previstos no § 1º incidirão sobre o restante.

- Correspondência: art. 475-J, § 4º, CPC/1973.

§ 3º Não efetuado tempestivamente o pagamento voluntário, será expedido, desde logo, mandado de penhora e avaliação, seguindo-se os atos de expropriação.

- Correspondência: art. 475-J, *caput*, CPC/1973.
- V. art. 872, CPC/2015.

Art. 524. O requerimento previsto no art. 523 será instruído com demonstrativo discriminado e atualizado do crédito, devendo a petição conter:

- Sem correspondência no CPC/1973.

I – o nome completo, o número de inscrição no Cadastro de Pessoas Físicas ou no Cadastro Nacional da Pessoa Jurídica do exequente e do executado, observado o disposto no art. 319, §§ 1º a 3º;

- Sem correspondência no CPC/1973.

II – o índice de correção monetária adotado;

- Sem correspondência no CPC/1973.

III – os juros aplicados e as respectivas taxas;

- Sem correspondência no CPC/1973.

IV – o termo inicial e o termo final dos juros e da correção monetária utilizados;

- Sem correspondência no CPC/1973.

V – a periodicidade da capitalização dos juros, se for o caso;

- Sem correspondência no CPC/1973.

VI – especificação dos eventuais descontos obrigatórios realizados;

- Sem correspondência no CPC/1973.

VII – indicação dos bens passíveis de penhora, sempre que possível.

- Correspondência: art. 475-J, § 3º, CPC/1973.

§ 1º Quando o valor apontado no demonstrativo aparentemente exceder os limites da condenação, a execução será iniciada pelo valor pretendido, mas a penhora terá por base a importância que o juiz entender adequada.

- Correspondência: art. 475-B, § 4º, CPC/1973.

§ 2º Para a verificação dos cálculos, o juiz poderá valer-se de contabilista do juízo, que terá o prazo máximo de 30 (trinta) dias para efetuá-la, exceto se outro lhe for determinado.

- Correspondência: art. 475-B, § 3º, CPC/1973.

§ 3º Quando a elaboração do demonstrativo depender de dados em poder de terceiros ou do executado, o juiz poderá requisitá-los, sob cominação do crime de desobediência.

- Correspondência: art. 475-B, §§ 1º e 2º, CPC/1973.

§ 4º Quando a complementação do demonstrativo depender de dados adicionais em poder do executado, o juiz poderá, a requerimento do exequente, requisitá-los, fixando prazo de até 30 (trinta) dias para o cumprimento da diligência.

- Correspondência: art. 475-B, § 1º, CPC/1973.

§ 5º Se os dados adicionais a que se refere o § 4º não forem apresentados pelo executado, sem justificativa, no prazo designado, reputar-se-ão corretos os cálculos apresentados pelo exequente apenas com base nos dados de que dispõe.

- Correspondência: art. 475-B, § 2º, CPC/1973.

Art. 525. Transcorrido o prazo previsto no art. 523 sem o pagamento voluntário, inicia-se o prazo de 15 (quinze) dias para que o executado, independentemente de penhora ou nova intimação, apresente, nos próprios autos, sua impugnação.

- Correspondência: art. 475-J, § 1º, CPC/1973.
- V. arts. 872 e 1.061, CPC/2015.

§ 1º Na impugnação, o executado poderá alegar:

- Correspondência: art. 475-L, *caput*, CPC/1973.
- V. art. 917, CPC/2015.

I – falta ou nulidade da citação se, na fase de conhecimento, o processo correu à revelia;

- Correspondência: art. 475-L, I, CPC/1973.

II – ilegitimidade de parte;

- Correspondência: art. 475-L, IV, CPC/1973.

III – inexequibilidade do título ou inexigibilidade da obrigação;

- Correspondência: art. 475-L, II, CPC/1973.

IV – penhora incorreta ou avaliação errônea;

- Correspondência: art. 475-L, III, CPC/1973.

V – excesso de execução ou cumulação indevida de execuções;

- Correspondência: art. 475-L, V, CPC/1973.

VI – incompetência absoluta ou relativa do juízo da execução;

- Sem correspondência no CPC/1973.

VII – qualquer causa modificativa ou extintiva da obrigação, como pagamento, novação, compensação, transação ou prescrição, desde que supervenientes à sentença.

- Correspondência: art. 475-L, VI, CPC/1973.

§ 2º A alegação de impedimento ou suspeição observará o disposto nos arts. 146 e 148.

- Sem correspondência no CPC/1973.

§ 3º Aplica-se à impugnação o disposto no art. 229.

- Sem correspondência no CPC/1973.

§ 4º Quando o executado alegar que o exequente, em excesso de execução, pleiteia quantia superior à resultante da sentença, cumprir-lhe-á declarar de imediato o valor que entende correto, apresentando demonstrativo discriminado e atualizado de seu cálculo.

- Correspondência: art. 475-L, § 2º, CPC/1973.

§ 5º Na hipótese do § 4º, não apontado o valor correto ou não apresentado o demonstrativo, a impugnação será liminarmente rejeitada, se o excesso de execução for o seu único fundamento, ou, se houver outro, a impugnação será processada, mas o juiz não examinará a alegação de excesso de execução.

- Sem correspondência no CPC/1973.

§ 6º A apresentação de impugnação não impede a prática dos atos executivos, inclusive os de expropriação, podendo o juiz, a requerimento do executado e desde que garantido o juízo com penhora, caução ou depósito suficientes, atribuir-lhe efeito suspensivo, se seus fundamentos forem relevantes e se o prosseguimento da execução for manifestamente suscetível de causar ao executado grave dano de difícil ou incerta reparação.

- Correspondência: art. 475-M, *caput*, CPC/1973.

§ 7º A concessão de efeito suspensivo a que se refere o § 6º não impedirá a efetivação dos atos de substituição, de reforço ou de redução da penhora e de avaliação dos bens.

- Correspondência: art. 739-A, § 6º, CPC/1973.

§ 8º Quando o efeito suspensivo atribuído à impugnação disser respeito apenas a parte do objeto da execução, esta prosseguirá quanto à parte restante.

- Correspondência: art. 739-A, § 3º, CPC/1973.

§ 9º A concessão de efeito suspensivo à impugnação deduzida por um dos executados não suspenderá a execução contra os que não impugnaram, quando o respectivo fundamento disser respeito exclusivamente ao impugnante.

- Correspondência: art. 739-A, § 4º, CPC/1973.

§ 10. Ainda que atribuído efeito suspensivo à impugnação, é lícito ao exequente requerer o prosseguimento da execução, oferecendo e prestando, nos próprios autos, caução suficiente e idônea a ser arbitrada pelo juiz.

- Correspondência: art. 475-M, § 1º, CPC/1973.

§ 11. As questões relativas a fato superveniente ao término do prazo para apresentação da impugnação, assim como aquelas relativas à validade e à adequação da penhora, da avaliação e dos atos executivos subsequentes, podem ser arguidas por simples petição, tendo o executado, em qualquer dos casos, o prazo de 15 (quinze) dias para formular esta arguição, contado da comprovada ciência do fato ou da intimação do ato.

- Sem correspondência no CPC/1973.

§ 12. Para efeito do disposto no inciso III do § 1º deste artigo, considera-se também inexigível a obrigação reconhecida em título executivo judicial fundado em lei ou ato normativo considerado inconstitucional pelo Supremo Tribunal Federal, ou fundado em aplicação ou interpretação da lei ou do ato normativo tido pelo Supremo Tribunal Federal como incompatível com a Constituição Federal, em controle de constitucionalidade concentrado ou difuso.

- Correspondência: art. 741, parágrafo único, CPC/1973.
- V. art. 27, Lei 9.868/1999 (Processo e julgamento da ADIn e da ADC).

§ 13. No caso do § 12, os efeitos da decisão do Supremo Tribunal Federal poderão ser modulados no tempo, em atenção à segurança jurídica.

- Sem correspondência no CPC/1973.

§ 14. A decisão do Supremo Tribunal Federal referida no § 12 deve ser anterior ao trânsito em julgado da decisão exequenda.

- Sem correspondência no CPC/1973.

§ 15. Se a decisão referida no § 12 for proferida após o trânsito em julgado da decisão exequenda, caberá ação rescisória, cujo prazo será contado do trânsito em julgado da decisão proferida pelo Supremo Tribunal Federal.

- Sem correspondência no CPC/1973.
- V. art. 966, CPC/2015.
- V. Súmula 343, STF.

Art. 526. É lícito ao réu, antes de ser intimado para o cumprimento da sentença, comparecer em juízo e oferecer em pagamento o valor que entender devido, apresentando memória discriminada do cálculo.

- Sem correspondência no CPC/1973.
- V. art. 525, § 5º, CPC/2015.

§ 1º O autor será ouvido no prazo de 5 (cinco) dias, podendo impugnar o valor depositado, sem prejuízo do levantamento do depósito a título de parcela incontroversa.

§ 2º Concluindo o juiz pela insuficiência do depósito, sobre a diferença incidirão multa de 10% (dez por cento) e honorários advocatícios, também fixados em 10% (dez por cento), seguindo-se a execução com penhora e atos subsequentes.

§ 3º Se o autor não se opuser, o juiz declarará satisfeita a obrigação e extinguirá o processo.

- V. art. 924, II, CPC/2015.

Art. 527. Aplicam-se as disposições deste Capítulo ao cumprimento provisório da sentença, no que couber.

- Correspondência: art. 475-O, *caput*, CPC/1973.

Capítulo IV
Do Cumprimento de Sentença que Reconheça a Exigibilidade de Obrigação de Prestar Alimentos

Art. 528. No cumprimento de sentença que condene ao pagamento de prestação alimentícia ou de decisão interlocutória que fixe alimentos, o juiz, a requerimento do exequente, mandará intimar o executado pessoalmente para, em 3 (três) dias, pagar o débito, provar que o fez ou justificar a impossibilidade de efetuá-lo.

- Correspondência: arts.732 e 733, CPC/1973.
- V. arts. 523, 531 e 911, CPC/2015.
- V. arts. 1.694 a 1.710, CC.
- V. Súmula 144, STJ.

§ 1º Caso o executado, no prazo referido no *caput*, não efetue o pagamento, não prove que o efetuou ou não apresente justificativa da impossibilidade de efetuá-lo, o juiz mandará protestar o pronunciamento judicial, aplicando-se, no que couber, o disposto no art. 517.

- Sem correspondência no CPC/1973.

§ 2º Somente a comprovação de fato que gere a impossibilidade absoluta de pagar justificará o inadimplemento.

- Sem correspondência no CPC/1973.

§ 3º Se o executado não pagar ou se a justificativa apresentada não for aceita, o juiz, além de mandar protestar o pronunciamento judicial na forma do § 1º, decretar-lhe-á a prisão pelo prazo de 1 (um) a 3 (três) meses.

- Correspondência: art. 733, § 1º, CPC/1973.
- V. art. 5º, LXVII, CF.
- V. art. 244, CP.
- V. art. 19, Lei 5.478/1968 (Ação de alimentos).

§ 4º A prisão será cumprida em regime fechado, devendo o preso ficar separado dos presos comuns.

- Sem correspondência no CPC/1973.

§ 5º O cumprimento da pena não exime o executado do pagamento das prestações vencidas e vincendas.

- Correspondência: art. 733, § 2º, CPC/1973.

§ 6º Paga a prestação alimentícia, o juiz suspenderá o cumprimento da ordem de prisão.

- Correspondência: art. 733, § 3º, CPC/1973.

§ 7º O débito alimentar que autoriza a prisão civil do alimentante é o que compreende até as 3 (três) prestações anteriores ao ajuizamento da execução e as que se vencerem no curso do processo.

- Sem correspondência no CPC/1973.
- V. Súmula 309, STJ.

§ 8º O exequente pode optar por promover o cumprimento da sentença ou decisao desde logo, nos termos do disposto neste Livro, Título II, Capítulo III, caso em que não será admissível a prisão do executado, e, recaindo a penhora em dinheiro, a concessão de efeito suspensivo à impugnação não obsta a que o exequente levante mensalmente a importância da prestação.

- Correspondência: art. 732, parágrafo único, CPC/1973.

§ 9º Além das opções previstas no art. 516, parágrafo único, o exequente pode promover o cumprimento da sentença ou decisão que condena ao pagamento de prestação alimentícia no juízo de seu domicílio.

- Sem correspondência no CPC/1973.

Art. 529. Quando o executado for funcionário público, militar, diretor ou gerente de empresa ou empregado sujeito à legislação do trabalho, o exequente poderá requerer o desconto em folha de pagamento da importância da prestação alimentícia.

- Correspondência: art. 734, *caput*, CPC/1973.
- V. arts. 833, IV e 911 a 913, CPC/2015.
- V. art. 1.701, parágrafo único, CC.
- V. art. 462, CLT.
- V. art. 115, IV, Lei 8.213/1991 (Planos de Benefícios da Previdência Social).

§ 1º Ao proferir a decisão, o juiz oficiará à autoridade, à empresa ou ao empregador, determinando, sob pena de crime de desobediência, o desconto a partir da primeira remuneração posterior do executado, a contar do protocolo do ofício.

- Correspondência: art. 734, parágrafo único, CPC/1973.
- V. art. 22, parágrafo único, Lei 5.478/1968 (Ação de alimentos).

§ 2º O ofício conterá o nome e o número de inscrição no Cadastro de Pessoas Físicas do exequente e do executado, a importância a ser descontada mensalmente, o tempo de sua duração e a conta na qual deve ser feito o depósito.

- Sem correspondência no CPC/1973.

§ 3º Sem prejuízo do pagamento dos alimentos vincendos, o débito objeto de execução pode ser descontado dos rendimentos ou rendas do executado, de forma parcelada, nos termos do *caput* deste artigo, contanto que, somado à parcela devida, não ultrapasse 50% (cinquenta por cento) de seus ganhos líquidos.

- Sem correspondência no CPC/1973.

Art. 530. Não cumprida a obrigação, observar-se-á o disposto nos arts. 831 e seguintes.

- Correspondência: art. 732, CPC/1973.
- V. arts. 1.694 a 1.710, CC.
- V. art. 244, CP.
- V. Súmula 144, STJ.

Art. 531. O disposto neste Capítulo aplica-se aos alimentos definitivos ou provisórios.

- Sem correspondência no CPC/1973.
- V. arts. 1.694 a 1.710, CC.
- V. art. 19, Lei 5.478/1968 (Ação de alimentos).

§ 1º A execução dos alimentos provisórios, bem como a dos alimentos fixados em sentença ainda não transitada em julgado, se processa em autos apartados.

§ 2º O cumprimento definitivo da obrigação de prestar alimentos será processado nos mesmos autos em que tenha sido proferida a sentença.

Art. 532. Verificada a conduta procrastinatória do executado, o juiz deverá, se for o caso, dar ciência ao Ministério Público dos indícios da prática do crime de abandono material.

- Sem correspondência no CPC/1973.
- V. art. 244, CP.

Art. 533. Quando a indenização por ato ilícito incluir prestação de alimentos, caberá ao executado, a requerimento do exequente, constituir capital cuja renda assegure o pagamento do valor mensal da pensão.

- Correspondência: art. 475-Q, *caput*, CPC/1973.
- V. arts. 186 a 188, e 927, CC.

§ 1º O capital a que se refere o *caput*, representado por imóveis ou por direitos reais sobre imóveis suscetíveis de alienação, títulos da dívida pública ou aplicações financeiras em banco oficial, será inalienável e impenhorável enquanto durar a obrigação do executado, além de constituir-se em patrimônio de afetação.

- Correspondência: art. 475-Q, § 1º, CPC/1973.

§ 2º O juiz poderá substituir a constituição do capital pela inclusão do exequente em folha de pagamento de pessoa jurídica de notória capacidade econômica ou, a requerimento do executado, por fiança bancária ou garantia real, em valor a ser arbitrado de imediato pelo juiz.

- Correspondência: art. 475-Q, § 2º, CPC/1973.

§ 3º Se sobrevier modificação nas condições econômicas, poderá a parte requerer, conforme as circunstâncias, redução ou aumento da prestação.

- Correspondência: art. 475-Q, § 3º, CPC/1973.

§ 4º A prestação alimentícia poderá ser fixada tomando por base o salário mínimo.

- Correspondência: art. 475-Q, § 4º, CPC/1973.

§ 5º Finda a obrigação de prestar alimentos, o juiz mandará liberar o capital, cessar o desconto em folha ou cancelar as garantias prestadas.

- Correspondência: art. 475-Q, § 5º, CPC/1973.

Capítulo V
Do Cumprimento de Sentença que Reconheça a Exigibilidade de Obrigação de Pagar Quantia Certa pela Fazenda Pública

Art. 534. No cumprimento de sentença que impuser à Fazenda Pública o dever de pagar quantia certa, o exequente apresentará demonstrativo discriminado e atualizado do crédito contendo:

- Correspondência: art. 730, *caput*, CPC/1973.
- V. arts. 496 e 910, CPC/2015.
- V. art. 100, CF.
- V. arts. 128 e 130, Lei 8.213/1991 (Planos de Benefícios da Previdência Social).
- V. art. 17, § 1º, Lei 10.259/2001 (Juizados Especiais Federais).
- V. Súmula 339, STJ.

I – o nome completo e o número de inscrição no Cadastro de Pessoas Físicas ou no Cadastro Nacional da Pessoa Jurídica do exequente;

- Sem correspondência no CPC/1973.

II – o índice de correção monetária adotado;

- Sem correspondência no CPC/1973.

III – os juros aplicados e as respectivas taxas;

- Sem correspondência no CPC/1973.

IV – o termo inicial e o termo final dos juros e da correção monetária utilizados;

- Sem correspondência no CPC/1973.

V – a periodicidade da capitalização dos juros, se for o caso;

- Sem correspondência no CPC/1973.

VI – a especificação dos eventuais descontos obrigatórios realizados.

- Sem correspondência no CPC/1973.

§ 1º Havendo pluralidade de exequentes, cada um deverá apresentar o seu próprio demonstrativo, aplicando-se à hipótese, se for o caso, o disposto nos §§ 1º e 2º do art. 113.

- Sem correspondência no CPC/1973.

§ 2º A multa prevista no § 1º do art. 523 não se aplica à Fazenda Pública.

- Sem correspondência no CPC/1973.

Art. 535. A Fazenda Pública será intimada na pessoa de seu representante judicial, por carga, remessa ou meio eletrônico, para, querendo, no prazo de 30 (trinta) dias e nos próprios autos, impugnar a execução, podendo arguir:

- Correspondência: arts. 730, *caput*, e 741, *caput*, CPC/1973.
- V. arts. 239, 344, 496, 516, 778 a 783, 918, II, e 921, II, CPC/2015.
- V. art. 5º, parágrafo único, Lei 5.741/1971 (Proteção de financiamento de bens imóveis – SFH).
- V. Súmula 150, STF.
- V. Súmula 339, STJ.

I – falta ou nulidade da citação se, na fase de conhecimento, o processo correu à revelia;

- Correspondência: art. 741, I, CPC/1973.

II – ilegitimidade de parte;

- Correspondência: art. 741, III, CPC/1973.

III – inexequibilidade do título ou inexigibilidade da obrigação;

- Correspondência: art. 741, II, CPC/1973.

IV – excesso de execução ou cumulação indevida de execuções;

- Correspondência: art. 741, IV e V, CPC/1973.

V – incompetência absoluta ou relativa do juízo da execução;

- Correspondência: art. 741, VII, CPC/1973.

VI – qualquer causa modificativa ou extintiva da obrigação, como pagamento, novação, compensação, transação ou prescrição, desde que supervenientes ao trânsito em julgado da sentença.

- Correspondência: art. 741, VI, CPC/1973.
- V. arts. 917 e 921, CPC/2015.
- V. arts. 304 a 388, CC.

§ 1º A alegação de impedimento ou suspeição observará o disposto nos arts. 146 e 148.

- Sem correspondência no CPC/1973.

§ 2º Quando se alegar que o exequente, em excesso de execução, pleiteia quantia superior à resultante do título, cumprirá à executada declarar de imediato o valor que entende correto, sob pena de não conhecimento da arguição.

- Sem correspondência no CPC/1973.

§ 3º Não impugnada a execução ou rejeitadas as arguições da executada:

- Sem correspondência no CPC/1973.
- V. arts. 189 a 211, CC.
- V. arts. 128 e 130, Lei 8.213/1991 (Planos de Benefícios da Previdência Social).
- V. art. 17, § 1º, Lei 10.259/2001 (Juizados Especiais Federais).

I – expedir-se-á, por intermédio do presidente do tribunal competente, precatório em favor do exequente, observando-se o disposto na Constituição Federal;

- Correspondência: art. 730, I e II, CPC/1973.
- V. art. 100, CF.

II – por ordem do juiz, dirigida à autoridade na pessoa de quem o ente público foi citado para o processo, o pagamento de obrigação de pequeno valor será realizado no prazo de 2 (dois) meses contado da entrega da requisição, mediante depósito na agência de banco oficial mais próxima da residência do exequente.

- Sem correspondência no CPC/1973.

§ 4º Tratando-se de impugnação parcial, a parte não questionada pela executada será, desde logo, objeto de cumprimento.

- Sem correspondência no CPC/1973.

§ 5º Para efeito do disposto no inciso III do *caput* deste artigo, considera-se também inexigível a obrigação reconhecida em título executivo judicial fundado em lei ou ato normativo considerado inconstitucional pelo Supremo Tribunal Federal, ou fundado em aplicação ou interpretação da lei ou do ato normativo tido pelo Supremo Tribunal Federal como incompatível com a Constituição Federal, em controle de constitucionalidade concentrado ou difuso.

- Correspondência: art. 741, parágrafo único, CPC/1973.

§ 6º No caso do § 5º, os efeitos da decisão do Supremo Tribunal Federal poderão ser modulados no tempo, de modo a favorecer a segurança jurídica.

- Sem correspondência no CPC/1973.

§ 7º A decisão do Supremo Tribunal Federal referida no § 5º deve ter sido proferida antes do trânsito em julgado da decisão exequenda.

- Sem correspondência no CPC/1973.

§ 8º Se a decisão referida no § 5º for proferida após o trânsito em julgado da decisão exequenda, caberá ação rescisória, cujo prazo será contado do trânsito em julgado da decisão proferida pelo Supremo Tribunal Federal.

- Sem correspondência no CPC/1973.

Capítulo VI
Do Cumprimento de Sentença que Reconheça a Exigibilidade de Obrigação de Fazer, de Não Fazer ou de Entregar Coisa

Seção I
Do Cumprimento de Sentença que Reconheça a Exigibilidade de Obrigação de Fazer ou de Não Fazer

Art. 536. No cumprimento de sentença que reconheça a exigibilidade de obrigação de fazer ou de não fazer, o juiz poderá, de ofício ou a requerimento, para a efetivação da tutela específica ou a obtenção de tutela pelo resultado prático equivalente, determinar as medidas necessárias à satisfação do exequente.

- Correspondência: art. 461, *caput*, CPC/1973.
- V. arts. 5º, 496, I, 497, CPC/2015.
- V. art. 11, Lei 7.347/1985 (Ação civil pública).
- V. art. 213, *caput*, Lei 8.069/1990 (Estatuto da Criança e do Adolescente).
- V. art. 84, *caput*, § 5º, Lei 8.078/1990 (Código de Defesa do Consumidor).

§ 1º Para atender ao disposto no *caput*, o juiz poderá determinar, entre outras medidas, a imposição de multa, a busca e apreensão, a remoção de pessoas e coisas, o desfazimento de obras e o impedimento de atividade nociva, podendo, caso necessário, requisitar o auxílio de força policial.

- Correspondência: art. 461, § 5º, CPC/1973.
- V. art. 11, Lei 7.347/1985 (Ação civil pública).
- V. art. 52, V e VI, Lei 9.099/1995 (Juizados Especiais Cíveis e Criminais).

§ 2º O mandado de busca e apreensão de pessoas e coisas será cumprido por 2 (dois) oficiais de justiça, observando-se o disposto no art. 846, §§ 1º a 4º, se houver necessidade de arrombamento.

- Correspondência: art. 461-A, § 2º, CPC/1973.

§ 3º O executado incidirá nas penas de litigância de má-fé quando injustificadamente descumprir a ordem judicial, sem prejuízo de sua responsabilização por crime de desobediência.

- Sem correspondência no CPC/1973.

§ 4º No cumprimento de sentença que reconheça a exigibilidade de obrigação de fazer ou de não fazer, aplica-se o art. 525, no que couber.

- Sem correspondência no CPC/1973.

§ 5º O disposto neste artigo aplica-se, no que couber, ao cumprimento de sentença que reconheça deveres de fazer e de não fazer de natureza não obrigacional.

- Sem correspondência no CPC/1973.

Art. 537. A multa independe de requerimento da parte e poderá ser aplicada na fase de conhecimento, em tutela provisória ou na sentença, ou na fase de execução, desde que seja suficiente e compatível com a obrigação e que se determine prazo razoável para cumprimento do preceito.

- Correspondência: art. 461, § 4º, CPC/1973.
- V. art. 500, CPC/2015.
- V. art. 213, § 2º, Lei 8.069/1990 (Estatuto da Criança e do Adolescente).
- V. art. 84, § 4º, Lei 8.078/1990 (Código de Defesa do Consumidor).
- V. Súmula 410, STJ.

§ 1º O juiz poderá, de ofício ou a requerimento, modificar o valor ou a periodicidade da multa vincenda ou excluí-la, caso verifique que:

- Correspondência: art. 461, § 6º, CPC/1973.

I – se tornou insuficiente ou excessiva;

- Correspondência: art. 461, § 6º, CPC/1973.

II – o obrigado demonstrou cumprimento parcial superveniente da obrigação ou justa causa para o descumprimento.

- Sem correspondência no CPC/1973.

§ 2º O valor da multa será devido ao exequente.

- Sem correspondência no CPC/1973.

§ 3º A decisão que fixa a multa é passível de cumprimento provisório, devendo ser depositada em juízo, permitido o levantamento do valor após o trânsito em julgado da sentença favorável à parte.

- § 3º com redação determinada pela Lei 13.256/2016.
- Sem correspondência no CPC/1973.

§ 4º A multa será devida desde o dia em que se configurar o descumprimento da decisão e incidirá enquanto não for cumprida a decisão que a tiver cominado.

- Sem correspondência no CPC/1973.

§ 5º O disposto neste artigo aplica-se, no que couber, ao cumprimento de sentença que reconheça deveres de fazer e de não fazer de natureza não obrigacional.

- Sem correspondência no CPC/1973.

Seção II
Do Cumprimento de Sentença que Reconheça a Exigibilidade de Obrigação de Entregar Coisa

Art. 538. Não cumprida a obrigação de entregar coisa no prazo estabelecido na sentença, será expedido mandado de busca e apreensão ou de imissão na posse em favor do credor, conforme se tratar de coisa móvel ou imóvel.

- Correspondência: art. 461-A, § 2º, CPC/1973.
- V. art. 513, CPC/2015.

§ 1º A existência de benfeitorias deve ser alegada na fase de conhecimento, em contestação, de forma discriminada e com atribuição, sempre que possível e justificadamente, do respectivo valor.

- Sem correspondência no CPC/1973.

§ 2º O direito de retenção por benfeitorias deve ser exercido na contestação, na fase de conhecimento.

- Sem correspondência no CPC/1973.

§ 3º Aplicam-se ao procedimento previsto neste artigo, no que couber, as disposições sobre o cumprimento de obrigação de fazer ou de não fazer.

- Correspondência: art. 461-A, § 3º, CPC/1973.

TÍTULO III
Dos Procedimentos Especiais

Capítulo I
Da Ação de Consignação em Pagamento

Art. 539. Nos casos previstos em lei, poderá o devedor ou terceiro requerer, com efeito de pagamento, a consignação da quantia ou da coisa devida.

- Correspondência: art. 890, *caput*, CPC/1973.
- V. art. 542, I, CPC/2015.

§ 1º Tratando-se de obrigação em dinheiro, poderá o valor ser depositado em estabelecimento bancário, oficial onde houver, situado no lugar do pagamento, cientificando-se o credor por carta com aviso de recebimento, assinado o prazo de 10 (dez) dias para a manifestação de recusa.

- Correspondência: art. 890, § 1º, CPC/1973.
- V. art. 248, §§ 1º e 2º, CPC/2015.

§ 2º Decorrido o prazo do § 1º, contado do retorno do aviso de recebimento, sem a manifestação de recusa, considerar-se-á o devedor liberado da obrigação, ficando à disposição do credor a quantia depositada.

- Correspondência: art. 890, § 2º, CPC/1973.

§ 3º Ocorrendo a recusa, manifestada por escrito ao estabelecimento bancário, poderá ser proposta, dentro de 1 (um) mês, a ação de consignação, instruindo-se a inicial com a prova do depósito e da recusa.

- Correspondência: art. 890, § 3º, CPC/1973.
- V. arts. 334 a 345, CC.
- V. art. 164, CTN.
- V. art. 67, Lei 8.245/1991 (Locação de imóveis urbanos).

§ 4º Não proposta a ação no prazo do § 3º, ficará sem efeito o depósito, podendo levantá-lo o depositante.

- Correspondência: art. 890, § 4º, CPC/1973.

Art. 540. Requerer-se-á a consignação no lugar do pagamento, cessando para o devedor, à data do depósito, os juros e os riscos, salvo se a demanda for julgada improcedente.

- Correspondência: art. 891, CPC/1973.
- V. art. 53, III, *d*, CPC/2015.
- V. arts. 327 e 328, CC.

Art. 541. Tratando-se de prestações sucessivas, consignada uma delas, pode o devedor continuar a depositar, no mesmo processo e sem mais formalidades, as que se forem vencendo, desde que o faça em até 5 (cinco) dias contados da data do respectivo vencimento.

- Correspondência: art. 892, CPC/1973.
- V. art. 323, CPC/2015.
- V. art. 67, III, Lei 8.245/1991 (Locação de imóveis urbanos).

Art. 542. Na petição inicial, o autor requererá:

- Correspondência: art. 893, *caput*, CPC/1973.

I – o depósito da quantia ou da coisa devida, a ser efetivado no prazo de 5 (cinco) dias contados do deferimento, ressalvada a hipótese do art. 539, § 3º;

- Correspondência: art. 893, I, CPC/1973.
- V. art. 62, II, Lei 8.245/1991 (Locação de imóveis urbanos).

II – a citação do réu para levantar o depósito ou oferecer contestação.

- Correspondência: art. 893, II, CPC/1973.

Parágrafo único. Não realizado o depósito no prazo do inciso I, o processo será extinto sem resolução do mérito.

- Sem correspondência no CPC/1973.

Art. 543. Se o objeto da prestação for coisa indeterminada e a escolha couber ao credor, será este citado para exercer o direito dentro de 5 (cinco) dias, se outro prazo não constar de lei ou do contrato, ou para aceitar que o devedor a faça, devendo o juiz, ao despachar a petição inicial, fixar lugar, dia e hora em que se fará a entrega, sob pena de depósito.

- Correspondência: art. 894, CPC/1973.
- V. art. 811, CPC/2015.
- V. arts. 252 e 342, CC.

Art. 544. Na contestação, o réu poderá alegar que:

- Correspondência: art. 896, *caput*, CPC/1973.
- V. arts. 180, 183, 229, 231 e 335 CPC/2015.

I – não houve recusa ou mora em receber a quantia ou a coisa devida;

- Correspondência: art. 896, I, CPC/1973.

II – foi justa a recusa;

- Correspondência: art. 896, II, CPC/1973.

III – o depósito não se efetuou no prazo ou no lugar do pagamento;

- Correspondência: art. 896, III, CPC/1973.

IV – o depósito não é integral.

- Correspondência: art. 896, IV, CPC/1973.
- V. art. 545, CPC/2015.

Parágrafo único. No caso do inciso IV, a alegação somente será admissível se o réu indicar o montante que entende devido.

- Correspondência: art. 896, parágrafo único, CPC/1973.

Art. 545. Alegada a insuficiência do depósito, é lícito ao autor completá-lo, em 10 (dez) dias, salvo se corresponder a prestação cujo inadimplemento acarrete a rescisão do contrato.

- Correspondência: art. 899, *caput*, CPC/1973.

§ 1º No caso do *caput*, poderá o réu levantar, desde logo, a quantia ou a coisa depositada, com a consequente liberação parcial do autor, prosseguindo o processo quanto à parcela controvertida.

- Correspondência: art. 890, § 1º, CPC/1973.

§ 2º A sentença que concluir pela insuficiência do depósito determinará, sempre que possível, o montante devido e valerá como título executivo, facultado ao credor promover-lhe o cumprimento nos mesmos autos, após liquidação, se necessária.

- Correspondência: art. 890, § 2º, CPC/1973.

Art. 546. Julgado procedente o pedido, o juiz declarará extinta a obrigação e condenará o réu ao pagamento de custas e honorários advocatícios.

- Correspondência: art. 897, *caput*, CPC/1973.

Parágrafo único. Proceder-se-á do mesmo modo se o credor receber e der quitação.

- Correspondência: art. 897, parágrafo único, CPC/1973.

Art. 547. Se ocorrer dúvida sobre quem deva legitimamente receber o pagamento, o autor requererá o depósito e a citação dos possíveis titulares do crédito para provarem o seu direito.

- Correspondência: art. 895, CPC/1973.
- V. arts. 266, 335, IV, e 344, CC.

Art. 548. No caso do art. 547:

- Correspondência: art. 898, CPC/1973.
- V. art. 547, CPC/2015.

I – não comparecendo pretendente algum, converter-se-á o depósito em arrecadação de coisas vagas;

- V. arts. 744 e 745, CPC/2015.

II – comparecendo apenas um, o juiz decidirá de plano;

III – comparecendo mais de um, o juiz declarará efetuado o depósito e extinta a obrigação, continuando o processo a correr unicamente entre os presuntivos credores, observado o procedimento comum.

Art. 549. Aplica-se o procedimento estabelecido neste Capítulo, no que couber, ao resgate do aforamento.

- Correspondência: art. 900, CPC/1973.

Capítulo II
Da Ação de Exigir Contas

Art. 550. Aquele que afirmar ser titular do direito de exigir contas requererá a citação do réu para que as preste ou ofereça contestação no prazo de 15 (quinze) dias.

- Correspondência: arts. 914 e 915, *caput*, CPC/1973.
- V. art. 34, XXI, Lei 8.906/1994 (Estatuto da Advocacia e da OAB).
- V. Súmula 259, STJ.

§ 1º Na petição inicial, o autor especificará, detalhadamente, as razões pelas quais exige as contas, instruindo-a com documentos comprobatórios dessa necessidade, se existirem.

- Sem correspondência no CPC/1973.

§ 2º Prestadas as contas, o autor terá 15 (quinze) dias para se manifestar, prosseguindo-se o processo na forma do Capítulo X do Título I deste Livro.

- Correspondência: art. 915, § 1º, CPC/1973.

§ 3º A impugnação das contas apresentadas pelo réu deverá ser fundamentada e específica, com referência expressa ao lançamento questionado.

- Sem correspondência no CPC/1973.

§ 4º Se o réu não contestar o pedido, observar-se-á o disposto no art. 355.

- Correspondência: art. 915, § 2º, 1ª parte, CPC/1973.

§ 5º A decisão que julgar procedente o pedido condenará o réu a prestar as contas no prazo de 15 (quinze) dias, sob pena de não lhe ser lícito impugnar as que o autor apresentar.

- Correspondência: art. 915, § 2º, 2ª parte, CPC/1973.

§ 6º Se o réu apresentar as contas no prazo previsto no § 5º, seguir-se-á o procedimento do § 2º, caso contrário, o autor apresentá-las-á no prazo de 15 (quinze) dias, podendo o juiz determinar a realização de exame pericial, se necessário.

- Correspondência: art. 915, § 3º, CPC/1973.

Art. 551. As contas do réu serão apresentadas na forma adequada, especificando-se as receitas, a aplicação das despesas e os investimentos, se houver.

- Correspondência: art. 917, CPC/1973.

§ 1º Havendo impugnação específica e fundamentada pelo autor, o juiz estabelecerá prazo razoável para que o réu apresente os documentos justificativos dos lançamentos individualmente impugnados.

- Sem correspondência no CPC/1973.

§ 2º As contas do autor, para os fins do art. 550, § 5º, serão apresentadas na forma adequada, já instruídas com os documentos justificativos, especificando-se as receitas, a aplicação das despesas e os investimentos, se houver, bem como o respectivo saldo.

- Correspondência: art. 917, CPC/1973.

Art. 552. A sentença apurará o saldo e constituirá título executivo judicial.

- Correspondência: art. 918, CPC/1973.

Art. 553. As contas do inventariante, do tutor, do curador, do depositário e de qualquer outro administrador serão prestadas em apenso aos autos do processo em que tiver sido nomeado.

- Correspondência: art. 919, CPC/1973.

Parágrafo único. Se qualquer dos referidos no *caput* for condenado a pagar o saldo e não o fizer no prazo legal, o juiz poderá destituí-lo, sequestrar os bens sob sua guarda, glosar o prêmio ou a gratificação a que teria direito e determinar as medidas executivas necessárias à recomposição do prejuízo.

Capítulo III
Das Ações Possessórias
Seção I
Disposições Gerais

Art. 554. A propositura de uma ação possessória em vez de outra não obstará a que o juiz conheça do pedido e outorgue a proteção legal correspondente àquela cujos pressupostos estejam provados.

- Correspondência: art. 920, CPC/1973.
- V. art. 674, CPC/2015.
- V. arts. 1.196, 1.200 e 1.210, CC.
- V. art. 3º, IV, Lei 9.099/1995 (Juizados Especiais Cíveis e Criminais).

§ 1º No caso de ação possessória em que figure no polo passivo grande número de pessoas, serão feitas a citação pessoal dos ocupantes que forem encontrados no local e a citação por edital dos demais, determinando-se, ainda, a intimação do Ministério Público e, se envolver pessoas em situação de hipossuficiência econômica, da Defensoria Pública.

- Sem correspondência no CPC/1973.
- V. arts. 47 e 73, § 2º, CPC/2015.

§ 2º Para fim da citação pessoal prevista no § 1º, o oficial de justiça procurará os ocupantes no local por uma vez, citando-se por edital os que não forem encontrados.

- Sem correspondência no CPC/1973.

§ 3º O juiz deverá determinar que se dê ampla publicidade da existência da ação prevista no § 1º e dos respectivos prazos processuais, podendo, para tanto, valer-se de anúncios em jornal ou rádio locais, da publicação de cartazes na região do conflito e de outros meios.

- Sem correspondência no CPC/1973.

Art. 555. É lícito ao autor cumular ao pedido possessório o de:

- Correspondência: art. 921, *caput*, CPC/1973.

I – condenação em perdas e danos;

- Correspondência: art. 921, I, CPC/1973.

II – indenização dos frutos.

- Correspondência: art. 921, III, CPC/1973.

Parágrafo único. Pode o autor requerer, ainda, imposição de medida necessária e adequada para:

- Sem correspondência no CPC/1973.

I – evitar nova turbação ou esbulho;

- Correspondência: art. 921, II, CPC/1973.
- V. art. 161, §1º, II, CP.

II – cumprir-se a tutela provisória ou final.

- Sem correspondência no CPC/1973.

Art. 556. É lícito ao réu, na contestação, alegando que foi o ofendido em sua posse, demandar a proteção possessória e a indenização pelos prejuízos resultantes da turbação ou do esbulho cometido pelo autor.

- Correspondência: art. 922, CPC/1973.
- V. art. 31, 2ª parte, Lei 9.099/1995 (Juizados Especiais Cíveis e Criminais).

Códigos

Art. 557. Na pendência de ação possessória é vedado, tanto ao autor quanto ao réu, propor ação de reconhecimento do domínio, exceto se a pretensão for deduzida em face de terceira pessoa.

• Correspondência: art. 923, CPC/1973.
• V. Súmula 487, STF.

Parágrafo único. Não obsta à manutenção ou à reintegração de posse a alegação de propriedade ou de outro direito sobre a coisa.

• Sem correspondência no CPC/1973.
• V. art. 1.210, § 2º, CC.

Art. 558. Regem o procedimento de manutenção e de reintegração de posse as normas da Seção II deste Capítulo quando a ação for proposta dentro de ano e dia da turbação ou do esbulho afirmado na petição inicial.

• Correspondência: art. 924, CPC/1973.

Parágrafo único. Passado o prazo referido no *caput*, será comum o procedimento, não perdendo, contudo, o caráter possessório.

Art. 559. Se o réu provar, em qualquer tempo, que o autor provisoriamente mantido ou reintegrado na posse carece de idoneidade financeira para, no caso de sucumbência, responder por perdas e danos, o juiz designar-lhe-á o prazo de 5 (cinco) dias para requerer caução, real ou fidejussória, sob pena de ser depositada a coisa litigiosa, ressalvada a impossibilidade da parte economicamente hipossuficiente.

• Correspondência: art. 925, CPC/1973.

Seção II
Da Manutenção e da Reintegração de Posse

Art. 560. O possuidor tem direito a ser mantido na posse em caso de turbação e reintegrado em caso de esbulho.

• Correspondência: art. 926, CPC/1973.
• V. art. 1.210, CC.

Art. 561. Incumbe ao autor provar:

• Correspondência: art. 927, *caput*, CPC/1973.
• V. art. 373, I, CPC/2015.

I – a sua posse;

• Correspondência: art. 927, I, CPC/1973.
• V. art. 1.196, CC.

II – a turbação ou o esbulho praticado pelo réu;

• Correspondência: art. 927, II, CPC/1973.
• V. art. 1.210, CC.

III – a data da turbação ou do esbulho;

• Correspondência: art. 927, III, CPC/1973.
• V. art. 1.210, CC.

IV – a continuação da posse, embora turbada, na ação de manutenção, ou a perda da posse, na ação de reintegração.

• Correspondência: art. 927, IV, CPC/1973.
• V. art. 1.210, CC.

Art. 562. Estando a petição inicial devidamente instruída, o juiz deferirá, sem ouvir o réu, a expedição do mandado liminar de manutenção ou de reintegração, caso contrário, determinará que o autor justifique previamente o alegado, citando-se o réu para comparecer à audiência que for designada.

• Correspondência: art. 928, *caput*, CPC/1973.
• V. art. 564, parágrafo único, CPC/2015.

Parágrafo único. Contra as pessoas jurídicas de direito público não será deferida a manutenção ou a reintegração liminar sem prévia audiência dos respectivos representantes judiciais.

• Correspondência: art. 928, parágrafo único, CPC/1973.

Art. 563. Considerada suficiente a justificação, o juiz fará logo expedir mandado de manutenção ou de reintegração.

• Correspondência: art. 929, CPC/1973.

Art. 564. Concedido ou não o mandado liminar de manutenção ou de reintegração, o autor promoverá, nos 5 (cinco) dias subsequentes, a citação do réu para, querendo, contestar a ação no prazo de 15 (quinze) dias.

• Correspondência: art. 930, *caput*, CPC/1973.

Parágrafo único. Quando for ordenada a justificação prévia, o prazo para contestar será contado da intimação da decisão que deferir ou não a medida liminar.

• Correspondência: art. 930, parágrafo único, CPC/1973.

Art. 565. No litígio coletivo pela posse de imóvel, quando o esbulho ou a turbação afirmado na petição inicial houver ocorrido há mais de ano e dia, o juiz, antes de apreciar o pedido de concessão da medida liminar, deverá designar audiência de mediação, a realizar-se em até 30 (trinta) dias, que observará o disposto nos §§ 2º e 4º.

• Sem correspondência no CPC/1973.

§ 1º Concedida a liminar, se essa não for executada no prazo de 1 (um) ano, a contar da data de distribuição, caberá ao juiz designar audiência de mediação, nos termos dos §§ 2º a 4º deste artigo.

§ 2º O Ministério Público será intimado para comparecer à audiência, e a Defensoria Pública será intimada sempre que houver parte beneficiária de gratuidade da justiça.

§ 3º O juiz poderá comparecer à área objeto do litígio quando sua presença se fizer necessária à efetivação da tutela jurisdicional.

§ 4º Os órgãos responsáveis pela política agrária e pela política urbana da União, de Estado ou do Distrito Federal e de Município onde se situe a área objeto do litígio poderão ser intimados para a audiência, a fim de se manifestarem sobre seu interesse no processo e sobre a existência de possibilidade de solução para o conflito possessório.

§ 5º Aplica-se o disposto neste artigo ao litígio sobre propriedade de imóvel.

Art. 566. Aplica-se, quanto ao mais, o procedimento comum.

• Correspondência: art. 931, CPC/1973.

Seção III
Do Interdito Proibitório

Art. 567. O possuidor direto ou indireto que tenha justo receio de ser molestado na posse poderá requerer ao juiz que o segure da turbação ou esbulho iminente, mediante mandado proibitório em que se comine ao réu determinada pena pecuniária caso transgrida o preceito.

• Correspondência: art. 932, CPC/1973.

Art. 568. Aplica-se ao interdito proibitório o disposto na Seção II deste Capítulo.

• Correspondência: art. 933, CPC/1973.

Capítulo IV
Da Ação de Divisão e da Demarcação de Terras Particulares

Seção I
Disposições Gerais

Art. 569. Cabe:

• Correspondência: art. 946, *caput*, CPC/1973.
• V. arts. 47, 60 e 588, CPC/2015.

I – ao proprietário a ação de demarcação, para obrigar o seu confinante a estremar os respectivos prédios, fixando-se novos limites entre eles ou aviventando-se os já apagados;

• Correspondência: art. 946, I, CPC/1973.
• V. art. 574, CPC/2015.
• V. arts. 1.297 e 1.298, CC.
• V. Lei 6.383/1976 (Processo discriminatório de terras devolutas da União).

II – ao condômino a ação de divisão, para obrigar os demais consortes a estremar os quinhões.

• Correspondência: art. 946, II, CPC/1973.
• V. arts. 1.297, 1.298, 1.320, CC.
• V. Lei 6.383/1976 (Processo discriminatório de terras devolutas da União).

Art. 570. É lícita a cumulação dessas ações, caso em que deverá processar-se primeiramente a demarcação total ou parcial da coisa comum, citando-se os confinantes e os condôminos.

• Correspondência: art. 947, CPC/1973.

Art. 571. A demarcação e a divisão poderão ser realizadas por escritura pública, desde que maiores, capazes e concordes todos os interessados, observando-se, no que couber, os dispositivos deste Capítulo.

• Sem correspondência no CPC/1973.

Art. 572. Fixados os marcos da linha de demarcação, os confinantes considerar-se-ão terceiros quanto ao processo divisório, ficando-lhes, porém, ressalvado o direito de vindicar os terrenos de que se julguem despojados por invasão das linhas limítrofes constitutivas do perímetro ou de reclamar indenização correspondente ao seu valor.

• Correspondência: art. 948, CPC/1973.

§ 1º No caso do *caput*, serão citados para a ação todos os condôminos, se a sentença homologatória da divisão ainda não houver transitado em julgado, e todos os quinhoeiros dos terrenos vindicados, se a ação for proposta posteriormente.

• Correspondência: art. 949, *caput*, CPC/1973.

§ 2º Neste último caso, a sentença que julga procedente a ação, condenando a restituir os terrenos ou a pagar a indenização, valerá como título executivo em favor dos quinhoeiros para haverem dos outros condôminos que forem parte na divisão ou de seus sucessores a título universal, na proporção que lhes tocar, a composição pecuniária do desfalque sofrido.

- Correspondência: art. 949, parágrafo único, CPC/1973.

Art. 573. Tratando-se de imóvel georreferenciado, com averbação no registro de imóveis, pode o juiz dispensar a realização de prova pericial.

- Sem correspondência no CPC/1973.

Seção II
Da Demarcação

Art. 574. Na petição inicial, instruída com os títulos da propriedade, designar-se-á o imóvel pela situação e pela denominação, descrever-se-ão os limites por constituir, aviventar ou renovar e nomear-se-ão todos os confinantes da linha demarcanda.

- Correspondência: art. 950, CPC/1973.
- V. arts. 292, IV, 319, 320, 569, I, CPC/2015.
- V. arts. 1.297 e 1.298, CC.

Art. 575. Qualquer condômino é parte legítima para promover a demarcação do imóvel comum, requerendo a intimação dos demais para, querendo, intervir no processo.

- Correspondência: art. 952, CPC/1973.

Art. 576. A citação dos réus será feita por correio, observado o disposto no art. 247.

- Correspondência: art. 953, CPC/1973.

Parágrafo único. Será publicado edital, nos termos do inciso III do art. 259.

Art. 577. Feitas as citações, terão os réus o prazo comum de 15 (quinze) dias para contestar.

- Correspondência: art. 954, CPC/1973.

Art. 578. Após o prazo de resposta do réu, observar-se-á o procedimento comum.

- Correspondência: art. 955, CPC/1973.

Art. 579. Antes de proferir a sentença, o juiz nomeará um ou mais peritos para levantar o traçado da linha demarcanda.

- Correspondência: art. 956, CPC/1973.

Art. 580. Concluídos os estudos, os peritos apresentarão minucioso laudo sobre o traçado da linha demarcanda, considerando os títulos, os marcos, os rumos, a fama da vizinhança, as informações de antigos moradores do lugar e outros elementos que coligirem.

- Correspondência: art. 957, *caput*, CPC/1973.

Art. 581. A sentença que julgar procedente o pedido determinará o traçado da linha demarcanda.

- Correspondência: art. 958, CPC/1973.

Parágrafo único. A sentença proferida na ação demarcatória determinará a restituição da área invadida, se houver, declarando o domínio ou a posse do prejudicado, ou ambos.

- Sem correspondência no CPC/1973.

Art. 582. Transitada em julgado a sentença, o perito efetuará a demarcação e colocará os marcos necessários.

- Correspondência: art. 959, CPC/1973.
- V. art. 22, parágrafo único, Lei 6.383/1976 (Processo discriminatório de terras devolutas da União).

Parágrafo único. Todas as operações serão consignadas em planta e memorial descritivo com as referências convenientes para a identificação, em qualquer tempo, dos pontos assinalados, observada a legislação especial que dispõe sobre a identificação do imóvel rural.

- V. art. 583, CPC/2015.

Art. 583. As plantas serão acompanhadas das cadernetas de operações de campo e do memorial descritivo, que conterá:

- Correspondência: art. 962, *caput*, CPC/1973.
- V. art. 22, parágrafo único, Lei 6.383/1976 (Processo discriminatório de terras devolutas da União).

I – o ponto de partida, os rumos seguidos e a aviventação dos antigos com os respectivos cálculos;

- Correspondência: art. 962, I, CPC/1973.

II – os acidentes encontrados, as cercas, os valos, os marcos antigos, os córregos, os rios, as lagoas e outros;

- Correspondência: art. 962, II, CPC/1973.

III – a indicação minuciosa dos novos marcos cravados, dos antigos aproveitados, das culturas existentes e da sua produção anual;

- Correspondência: art. 962, III, CPC/1973.

IV – a composição geológica dos terrenos, bem como a qualidade e a extensão dos campos, das matas e das capoeiras;

- Correspondência: art. 962, IV, CPC/1973.

V – as vias de comunicação;

- Correspondência: art. 962, V, CPC/1973.

VI – as distâncias a pontos de referência, tais como rodovias federais e estaduais, ferrovias, portos, aglomerações urbanas e polos comerciais;

- Correspondência: art. 962, VI, CPC/1973.

VII – a indicação de tudo o mais que for útil para o levantamento da linha ou para a identificação da linha já levantada.

- Correspondência: art. 962, VII, CPC/1973.

Art. 584. É obrigatória a colocação de marcos tanto na estação inicial, dita marco primordial, quanto nos vértices dos ângulos, salvo se algum desses últimos pontos for assinalado por acidentes naturais de difícil remoção ou destruição.

- Correspondência: art. 963, CPC/1973.
- V. arts. 583 e 596, CPC/2015.
- V. art. 22, parágrafo único, Lei 6.383/1976 (Processo discriminatório de terras devolutas da União).

Art. 585. A linha será percorrida pelos peritos, que examinarão os marcos e os rumos, consignando em relatório escrito a exatidão do memorial e da planta apresentados pelo agrimensor ou as divergências porventura encontradas.

- Correspondência: art. 964, CPC/1973.
- V. art. 596, CPC/2015.
- V. art. 22, parágrafo único, Lei 6.383/1976 (Processo discriminatório de terras devolutas da União).

Art. 586. Juntado aos autos o relatório dos peritos, o juiz determinará que as partes se manifestem sobre ele no prazo comum de 15 (quinze) dias.

- Correspondência: art. 965, CPC/1973.

Parágrafo único. Executadas as correções e as retificações que o juiz determinar, lavrar-se-á, em seguida, o auto de demarcação em que os limites demarcandos serão minuciosamente descritos de acordo com o memorial e a planta.

- V. art. 597, CPC/2015.
- V. art. 22, parágrafo único, Lei 6.383/1976 (Processo discriminatório de terras devolutas da União).

Art. 587. Assinado o auto pelo juiz e pelos peritos, será proferida a sentença homologatória da demarcação.

- Correspondência: art. 966, CPC/1973.
- V. art. 1.012, § 1º, I, CPC/2015.
- V. art. 22, parágrafo único, Lei 6.383/1976 (Processo discriminatório de terras devolutas da União).

Seção III
Da Divisão

Art. 588. A petição inicial será instruída com os títulos de domínio do promovente e conterá:

- Correspondência: art. 967, *caput*, CPC/1973.
- V. arts. 89, 319, 320 e 569, II, CPC/2015.
- V. art. 1.320, CC.

I – a indicação da origem da comunhão e a denominação, a situação, os limites e as características do imóvel;

- Correspondência: art. 967, I, CPC/1973.

II – o nome, o estado civil, a profissão e a residência de todos os condôminos, especificando-se os estabelecidos no imóvel com benfeitorias e culturas;

- Correspondência: art. 967, II, CPC/1973.

III – as benfeitorias comuns.

- Correspondência: art. 967, III, CPC/1973.

Art. 589. Feitas as citações como preceitua o art. 576, prosseguir-se-á na forma dos arts. 577 e 578.

- Correspondência: art. 968, CPC/1973.

Art. 590. O juiz nomeará um ou mais peritos para promover a medição do imóvel e as operações de divisão, observada a legislação especial que dispõe sobre a identificação do imóvel rural.

- Correspondência: art. 969, CPC/1973.

Parágrafo único. O perito deverá indicar as vias de comunicação existentes, as construções e as benfeitorias, com a indicação dos seus valores e dos respectivos proprietários e ocupantes, as águas principais que banham o imóvel e quaisquer outras informações que possam concorrer para facilitar a partilha.

- Correspondência: art. 975, CPC/1973.

Art. 591. Todos os condôminos serão intimados a apresentar, dentro de 10 (dez) dias, os seus títulos, se ainda não o tiverem feito, e a formular os seus pedidos sobre a constituição dos quinhões.

- Correspondência: art. 970, CPC/1973.

Art. 592. O juiz ouvirá as partes no prazo comum de 15 (quinze) dias.

- Correspondência: art. 971, *caput*, CPC/1973.

Códigos

§ 1º Não havendo impugnação, o juiz determinará a divisão geodésica do imóvel.

- Correspondência: art. 971, parágrafo único, CPC/1973.

§ 2º Havendo impugnação, o juiz proferirá, no prazo de 10 (dez) dias, decisão sobre os pedidos e os títulos que devam ser atendidos na formação dos quinhões.

- Correspondência: art. 971, parágrafo único, CPC/1973.

Art. 593. Se qualquer linha do perímetro atingir benfeitorias permanentes dos confinantes feitas há mais de 1 (um) ano, serão elas respeitadas, bem como os terrenos onde estiverem, os quais não se computarão na área dividenda.

- Correspondência: art. 973, *caput*, CPC/1973.
- V. arts. 96 e 97, CC.

Art. 594. Os confinantes do imóvel dividendo podem demandar a restituição dos terrenos que lhes tenham sido usurpados.

- Correspondência: art. 974, *caput*, CPC/1973.

§ 1º Serão citados para a ação todos os condôminos, se a sentença homologatória da divisão ainda não houver transitado em julgado, e todos os quinhoeiros dos terrenos vindicados, se a ação for proposta posteriormente.

- Correspondência: art. 974, § 1º, CPC/1973.

§ 2º Nesse último caso terão os quinhoeiros o direito, pela mesma sentença que os obrigar à restituição, a haver dos outros condôminos do processo divisório ou de seus sucessores a título universal a composição pecuniária proporcional ao desfalque sofrido.

- Correspondência: art. 974, § 2º, CPC/1973.

Art. 595. Os peritos proporão, em laudo fundamentado, a forma da divisão, devendo consultar, quanto possível, a comodidade das partes, respeitar, para adjudicação a cada condômino, a preferência dos terrenos contíguos às suas residências e benfeitorias e evitar o retalhamento dos quinhões em glebas separadas.

- Correspondência: art. 978, *caput*, CPC/1973.

Art. 596. Ouvidas as partes, no prazo comum de 15 (quinze) dias, sobre o cálculo e o plano da divisão, o juiz deliberará a partilha.

- Correspondência: art. 979, *caput*, CPC/1973.
- V. arts. 96, 97 e 1.378 a 1.389, CC.

Parágrafo único. Em cumprimento dessa decisão, o perito procederá à demarcação dos quinhões, observando, além do disposto nos arts. 584 e 585, as seguintes regras:

- Correspondência: art. 979, *caput*, CPC/1973.

I – as benfeitorias comuns que não comportarem divisão cômoda serão adjudicadas a um dos condôminos mediante compensação;

- Correspondência: art. 979, I, CPC/1973.

II – instituir-se-ão as servidões que forem indispensáveis em favor de uns quinhões sobre os outros, incluindo o respectivo valor no orçamento para que, não se tratando de servidões naturais, seja compensado o condômino aquinhoado com o prédio serviente;

- Correspondência: art. 979, II, CPC/1973.

III – as benfeitorias particulares dos condôminos que excederem à área a que têm direito serão adjudicadas ao quinhoeiro vizinho mediante reposição;

- Correspondência: art. 979, III, CPC/1973.

IV – se outra coisa não acordarem as partes, as compensações e as reposições serão feitas em dinheiro.

- Correspondência: art. 979, IV, CPC/1973.

Art. 597. Terminados os trabalhos e desenhados na planta os quinhões e as servidões aparentes, o perito organizará o memorial descritivo.

- Correspondência: art. 980, *caput*, CPC/1973.

§ 1º Cumprido o disposto no art. 586, o escrivão, em seguida, lavrará o auto de divisão, acompanhado de uma folha de pagamento para cada condômino.

- Correspondência: art. 980, *caput*, CPC/1973.

§ 2º Assinado o auto pelo juiz e pelo perito, será proferida sentença homologatória da divisão.

- Correspondência: art. 980, *caput*, CPC/1973.

§ 3º O auto conterá:

- Correspondência: art. 980, § 1º, *caput*, CPC/1973.

I – a confinação e a extensão superficial do imóvel;

- Correspondência: art. 980, § 1º, I, CPC/1973.

II – a classificação das terras com o cálculo das áreas de cada consorte e com a respectiva avaliação ou, quando a homogeneidade das terras não determinar diversidade de valores, a avaliação do imóvel na sua integridade;

- Correspondência: art. 980, § 1º, II, CPC/1973.

III – o valor e a quantidade geométrica que couber a cada condômino, declarando-se as reduções e as compensações resultantes da diversidade de valores das glebas componentes de cada quinhão.

- Correspondência: art. 980, § 1º, III, CPC/1973.

§ 4º Cada folha de pagamento conterá:

- Correspondência: art. 980, § 2º, *caput*, CPC/1973.

I – a descrição das linhas divisórias do quinhão, mencionadas as confinantes;

- Correspondência: art. 980, § 2º, I, CPC/1973.

II – a relação das benfeitorias e das culturas do próprio quinhoeiro e das que lhe foram adjudicadas por serem comuns ou mediante compensação;

- Correspondência: art. 980, § 2º, II, CPC/1973.

III – a declaração das servidões instituídas, especificados os lugares, a extensão e o modo de exercício.

- Correspondência: art. 980, § 2º, III, CPC/1973.

Art. 598. Aplica-se às divisões o disposto nos arts. 575 a 578.

- Correspondência: art. 981, CPC/1973.

Capítulo V
Da Ação de Dissolução Parcial de Sociedade

Art. 599. A ação de dissolução parcial de sociedade pode ter por objeto:

- Sem correspondência no CPC/1973.
- V. arts. 1.028 a 1.038, 1.085, 1.086, e 1.089, CC.
- V. art. 4º, Lei 6.404/1976 (Sociedades por ações).

I – a resolução da sociedade empresária contratual ou simples em relação ao sócio falecido, excluído ou que exerceu o direito de retirada ou recesso; e

II – a apuração dos haveres do sócio falecido, excluído ou que exerceu o direito de retirada ou recesso; ou

III – somente a resolução ou a apuração de haveres.

§ 1º A petição inicial será necessariamente instruída com o contrato social consolidado.

§ 2º A ação de dissolução parcial de sociedade pode ter também por objeto a sociedade anônima de capital fechado quando demonstrado, por acionista ou acionistas que representem 5% (cinco por cento) ou mais do capital social, que não pode preencher o seu fim.

Art. 600. A ação pode ser proposta:

- Sem correspondência no CPC/1973.
- V. art. 113, CPC/2015.

I – pelo espólio do sócio falecido, quando a totalidade dos sucessores não ingressar na sociedade;

II – pelos sucessores, após concluída a partilha do sócio falecido;

III – pela sociedade, se os sócios sobreviventes não admitirem o ingresso do espólio ou dos sucessores do falecido na sociedade, quando esse direito decorrer do contrato social;

IV – pelo sócio que exerceu o direito de retirada ou recesso, se não tiver sido providenciada, pelos demais sócios, a alteração contratual consensual formalizando o desligamento, depois de transcorridos 10 (dez) dias do exercício do direito;

- V. art. 5º, XX, CF.

V – pela sociedade, nos casos em que a lei não autoriza a exclusão extrajudicial; ou

VI – pelo sócio excluído.

Parágrafo único. O cônjuge ou companheiro do sócio cujo casamento, união estável ou convivência terminou poderá requerer a apuração de seus haveres na sociedade, que serão pagos à conta da quota social titulada por este sócio.

Art. 601. Os sócios e a sociedade serão citados para, no prazo de 15 (quinze) dias, concordar com o pedido ou apresentar contestação.

- Sem correspondência no CPC/1973.
- V. art. 113, CPC/2015.

Parágrafo único. A sociedade não será citada se todos os seus sócios o forem, mas ficará sujeita aos efeitos da decisão e à coisa julgada.

Art. 602. A sociedade poderá formular pedido de indenização compensável com o valor dos haveres a apurar.

- Sem correspondência no CPC/1973.
- V. art. 1.107, CC.

Art. 603. Havendo manifestação expressa e unânime pela concordância da dissolução, o juiz a decretará, passando-se imediatamente à fase de liquidação.

Códigos

- Sem correspondência no CPC/1973.
- V. arts. 1.102 a 1.112, CC.

§ 1º Na hipótese prevista no *caput*, não haverá condenação em honorários advocatícios de nenhuma das partes, e as custas serão rateadas segundo a participação das partes no capital social.

§ 2º Havendo contestação, observar-se-á o procedimento comum, mas a liquidação da sentença seguirá o disposto neste Capítulo.

Art. 604. Para apuração dos haveres, o juiz:

- Sem correspondência no CPC/1973.
- V. art. 1.107, CC.

I – fixará a data da resolução da sociedade;

II – definirá o critério de apuração dos haveres à vista do disposto no contrato social; e

III – nomeará o perito.

§ 1º O juiz determinará à sociedade ou aos sócios que nela permanecerem que depositem em juízo a parte incontroversa dos haveres devidos.

§ 2º O depósito poderá ser, desde logo, levantando pelo ex-sócio, pelo espólio ou pelos sucessores.

§ 3º Se o contrato social estabelecer o pagamento dos haveres, será observado o que nele se dispôs no depósito judicial da parte incontroversa.

Art. 605. A data da resolução da sociedade será:

- Sem correspondência no CPC/1973.

I – no caso de falecimento do sócio, a do óbito;

II – na retirada imotivada, o sexagésimo dia seguinte ao do recebimento, pela sociedade, da notificação do sócio retirante;

III – no recesso, o dia do recebimento, pela sociedade, da notificação do sócio dissidente;

IV – na retirada por justa causa de sociedade por prazo determinado e na exclusão judicial de sócio, a do trânsito em julgado da decisão que dissolver a sociedade; e

V – na exclusão extrajudicial, a data da assembleia ou da reunião de sócios que a tiver deliberado.

Art. 606. Em caso de omissão do contrato social, o juiz definirá, como critério de apuração de haveres, o valor patrimonial apurado em balanço de determinação, tomando-se por referência a data da resolução e avaliando-se bens e direitos do ativo, tangíveis e intangíveis, a preço de saída, além do passivo também a ser apurado de igual forma.

- Sem correspondência no CPC/1973.
- V. arts. 1.020, 1.065 e 1.069, CC.

Parágrafo único. Em todos os casos em que seja necessária a realização de perícia, a nomeação do perito recairá preferencialmente sobre especialista em avaliação de sociedades.

Art. 607. A data da resolução e o critério de apuração de haveres podem ser revistos pelo juiz, a pedido da parte, a qualquer tempo antes do início da perícia.

- Sem correspondência no CPC/1973.

Art. 608. Até a data da resolução, integram o valor devido ao ex-sócio, ao espólio ou aos sucessores a participação nos lucros ou os juros sobre o capital próprio declarados pela sociedade e, se for o caso, a remuneração como administrador.

- Sem correspondência no CPC/1973.

Parágrafo único. Após a data da resolução, o ex-sócio, o espólio ou os sucessores terão direito apenas à correção monetária dos valores apurados e aos juros contratuais ou legais.

Art. 609. Uma vez apurados, os haveres do sócio retirante serão pagos conforme disciplinar o contrato social e, no silêncio deste, nos termos do § 2º do art. 1.031 da Lei 10.406, de 10 de janeiro de 2002 (Código Civil).

- Sem correspondência no CPC/1973.
- V. art. 1.107, CC.

Capítulo VI
Do Inventário e da Partilha

Seção I
Disposições Gerais

Art. 610. Havendo testamento ou interessado incapaz, proceder-se-á ao inventário judicial.

- Correspondência: art. 982, *caput*, CPC/1973.
- V. arts. 3º e 4º, CC.

§ 1º Se todos forem capazes e concordes, o inventário e a partilha poderão ser feitos por escritura pública, a qual constituirá documento hábil para qualquer ato de registro, bem como para levantamento de importância depositada em instituições financeiras.

- Correspondência: art. 982, *caput*, CPC/1973.
- V. arts. 215 e 2.015, CC.

§ 2º O tabelião somente lavrará a escritura pública se todas as partes interessadas estiverem assistidas por advogado ou por defensor público, cuja qualificação e assinatura constarão do ato notarial.

- Correspondência: art. 982, § 1º, CPC/1973.
- V. Res. CNJ 35/2007 (Disciplina a aplicação da Lei 11.441/2007 pelos serviços notariais e de registro).

Art. 611. O processo de inventário e de partilha deve ser instaurado dentro de 2 (dois) meses, a contar da abertura da sucessão, ultimando-se nos 12 (doze) meses subsequentes, podendo o juiz prorrogar esses prazos, de ofício ou a requerimento de parte.

- Correspondência: art. 983, CPC/1973.
- V. Res. CNJ 35/2007 (Disciplina a aplicação da Lei 11.441/2007 pelos serviços notariais e de registro).

Art. 612. O juiz decidirá todas as questões de direito desde que os fatos relevantes estejam provados por documento, só remetendo para as vias ordinárias as questões que dependerem de outras provas.

- Correspondência: art. 984, CPC/1973.
- V. arts. 627, §§ 1º a 3º, 628, 641, § 2º, e 643, CPC/2015.

Art. 613. Até que o inventariante preste o compromisso, continuará o espólio na posse do administrador provisório.

- Correspondência: art. 985, CPC/1973.

Art. 614. O administrador provisório representa ativa e passivamente o espólio, é obrigado a trazer ao acervo os frutos que desde a abertura da sucessão percebeu, tem direito ao reembolso das despesas necessárias e úteis que fez e responde pelo dano a que, por dolo ou culpa, der causa.

- Correspondência: art. 986, CPC/1973.

Seção II
Da Legitimidade para Requerer o Inventário

Art. 615. O requerimento de inventário e de partilha incumbe a quem estiver na posse e na administração do espólio, no prazo estabelecido no art. 611.

- Correspondência: art. 987, CPC/1973.

Parágrafo único. O requerimento será instruído com a certidão de óbito do autor da herança.

Art. 616. Têm, contudo, legitimidade concorrente:

- Correspondência: art. 988, *caput*, CPC/1973.

I – o cônjuge ou companheiro supérstite;

- Correspondência: art. 988, I, CPC/1973.

II – o herdeiro;

- Correspondência: art. 988, II, CPC/1973.

III – o legatário;

- Correspondência: art. 988, III, CPC/1973.

IV – o testamenteiro;

- Correspondência: art. 988, IV, CPC/1973.

V – o cessionário do herdeiro ou do legatário;

- Correspondência: art. 988, V, CPC/1973.

VI – o credor do herdeiro, do legatário ou do autor da herança;

- Correspondência: art. 988, VI, CPC/1973.

VII – o Ministério Público, havendo herdeiros incapazes;

- Correspondência: art. 988, VIII, CPC/1973.

VIII – a Fazenda Pública, quando tiver interesse;

- Correspondência: art. 988, IX, CPC/1973.

IX – o administrador judicial da falência do herdeiro, do legatário, do autor da herança ou do cônjuge ou companheiro supérstite.

- Correspondência: art. 988, VII, CPC/1973.

Seção III
Do Inventariante e das Primeiras Declarações

Art. 617. O juiz nomeará inventariante na seguinte ordem:

- Correspondência: art. 990, *caput*, CPC/1973.
- V. arts. 613 e 625, CPC/2015.

I – o cônjuge ou companheiro sobrevivente, desde que estivesse convivendo com o outro ao tempo da morte deste;

- Correspondência: art. 990, I, CPC/1973.

II – o herdeiro que se achar na posse e na administração do espólio, se não houver cônjuge ou companheiro sobrevivente ou se estes não puderem ser nomeados;

- Correspondência: art. 990, II, CPC/1973.

Códigos

III – qualquer herdeiro, quando nenhum deles estiver na posse e na administração do espólio;

• Correspondência: art. 990, III, CPC/1973.

IV – o herdeiro menor, por seu representante legal;

• Sem correspondência no CPC/1973.

V – o testamenteiro, se lhe tiver sido confiada a administração do espólio ou se toda a herança estiver distribuída em legados;

• Correspondência: art. 990, IV, CPC/1973.

VI – o cessionário do herdeiro ou do legatário;

• Sem correspondência no CPC/1973.

VII – o inventariante judicial, se houver;

• Correspondência: art. 990, V, CPC/1973.

VIII – pessoa estranha idônea, quando não houver inventariante judicial.

• Correspondência: art. 990, VI, CPC/1973.

Parágrafo único. O inventariante, intimado da nomeação, prestará, dentro de 5 (cinco) dias, o compromisso de bem e fielmente desempenhar a função.

• Correspondência: art. 990, parágrafo único, CPC/1973.
• V. art. 625, CPC/2015.

Art. 618. Incumbe ao inventariante:

• Correspondência: art. 991, CPC/1973.

I – representar o espólio ativa e passivamente, em juízo ou fora dele, observando-se, quanto ao dativo, o disposto no art. 75, § 1º;

• V. art. 622, IV, CPC/2015.

II – administrar o espólio, velando-lhe os bens com a mesma diligência que teria se seus fossem;

• V. art. 622, IV, CPC/2015.

III – prestar as primeiras e as últimas declarações pessoalmente ou por procurador com poderes especiais;

• V. arts. 620, 622, I, 636, CPC/2015.

IV – exibir em cartório, a qualquer tempo, para exame das partes, os documentos relativos ao espólio;

V – juntar aos autos certidão do testamento, se houver;

VI – trazer à colação os bens recebidos pelo herdeiro ausente, renunciante ou excluído;

• V. arts. 639 a 641, CPC/2015.

VII – prestar contas de sua gestão ao deixar o cargo ou sempre que o juiz lhe determinar;

• V. art. 550, CPC/2015.

VIII – requerer a declaração de insolvência.

Art. 619. Incumbe ainda ao inventariante, ouvidos os interessados e com autorização do juiz:

• Correspondência: art. 992, CPC/1973.

I – alienar bens de qualquer espécie;

II – transigir em juízo ou fora dele;

• V. arts. 840 a 850, CC.

III – pagar dívidas do espólio;

• V. arts. 642 a 646, CPC/2015.
• V. arts. 134, IV, parágrafo único, e 192, CTN.

IV – fazer as despesas necessárias para a conservação e o melhoramento dos bens do espólio.

Art. 620. Dentro de 20 (vinte) dias contados da data em que prestou o compromisso, o inventariante fará as primeiras declarações, das quais se lavrará termo circunstanciado, assinado pelo juiz, pelo escrivão e pelo inventariante, no qual serão exarados:

• Correspondência: art. 993, *caput*, CPC/1973.

I – o nome, o estado, a idade e o domicílio do autor da herança, o dia e o lugar em que faleceu e se deixou testamento;

• Correspondência: art. 993, I, CPC/1973.

II – o nome, o estado, a idade, o endereço eletrônico e a residência dos herdeiros e, havendo cônjuge ou companheiro supérstite, além dos respectivos dados pessoais, o regime de bens do casamento ou da união estável;

• Correspondência: art. 993, II, CPC/1973.

III – a qualidade dos herdeiros e o grau de parentesco com o inventariado;

• Correspondência: art. 993, III, CPC/1973.

IV – a relação completa e individualizada de todos os bens do espólio, inclusive aqueles que devem ser conferidos à colação, e dos bens alheios que nele forem encontrados, descrevendo-se:

• Correspondência: art. 993, IV, CPC/1973.

a) os imóveis, com as suas especificações, nomeadamente local em que se encontram, extensão da área, limites, confrontações, benfeitorias, origem dos títulos, números das matrículas e ônus que os gravam;

b) os móveis, com os sinais característicos;

c) os semoventes, seu número, suas espécies, suas marcas e seus sinais distintivos;

d) o dinheiro, as joias, os objetos de ouro e prata e as pedras preciosas, declarando-se-lhes especificadamente a qualidade, o peso e a importância;

e) os títulos da dívida pública, bem como as ações, as quotas e os títulos de sociedade, mencionando-se-lhes o número, o valor e a data;

f) as dívidas ativas e passivas, indicando-se-lhes as datas, os títulos, a origem da obrigação e os nomes dos credores e dos devedores;

g) direitos e ações;

h) o valor corrente de cada um dos bens do espólio.

§ 1º O juiz determinará que se proceda:

• Correspondência: art. 993, parágrafo único, CPC/1973.

I – ao balanço do estabelecimento, se o autor da herança era empresário individual;

II – à apuração de haveres, se o autor da herança era sócio de sociedade que não anônima.

§ 2º As declarações podem ser prestadas mediante petição, firmada por procurador com poderes especiais, à qual o termo se reportará.

• Sem correspondência no CPC/1973.

Art. 621. Só se pode arguir sonegação ao inventariante depois de encerrada a descrição dos bens, com a declaração, por ele feita, de não existirem outros por inventariar.

• Correspondência: art. 994, CPC/1973.

Art. 622. O inventariante será removido de ofício ou a requerimento:

• Correspondência: art. 995, CPC/1973.

I – se não prestar, no prazo legal, as primeiras ou as últimas declarações;

• V. arts. 626, § 2º, 627, 633 e 634, CPC/2015.

II – se não der ao inventário andamento regular, se suscitar dúvidas infundadas ou se praticar atos meramente protelatórios;

III – se, por culpa sua, bens do espólio se deteriorarem, forem dilapidados ou sofrerem dano;

• V. art. 674, CPC/2015.

IV – se não defender o espólio nas ações em que for citado, se deixar de cobrar dívidas ativas ou se não promover as medidas necessárias para evitar o perecimento de direitos;

V – se não prestar contas ou se as que prestar não forem julgadas boas;

• V. art. 420, II, CPC/2015.

VI – se sonegar, ocultar ou desviar bens do espólio.

• V. arts. 1.992 a 1.996, CC.

Art. 623. Requerida a remoção com fundamento em qualquer dos incisos do art. 622, será intimado o inventariante para, no prazo de 15 (quinze) dias, defender-se e produzir provas.

• Correspondência: art. 996, CPC/1973.

Parágrafo único. O incidente da remoção correrá em apenso aos autos do inventário.

Art. 624. Decorrido o prazo, com a defesa do inventariante ou sem ela, o juiz decidirá.

• Correspondência: art. 997, CPC/1973.

Parágrafo único. Se remover o inventariante, o juiz nomeará outro, observada a ordem estabelecida no art. 617.

Art. 625. O inventariante removido entregará imediatamente ao substituto os bens do espólio e, caso deixe de fazê-lo, será compelido mediante mandado de busca e apreensão ou de imissão na posse, conforme se tratar de bem móvel ou imóvel, sem prejuízo da multa a ser fixada pelo juiz em montante não superior a 3% (três por cento) do valor dos bens inventariados.

• Correspondência: art. 998, CPC/1973.

Seção IV
Das Citações e das Impugnações

Art. 626. Feitas as primeiras declarações, o juiz mandará citar, para os termos do inventário e da partilha, o cônjuge, o companheiro, os herdeiros e os legatários e intimar a Fazenda Pública, o Ministério Público, se houver herdeiro incapaz ou ausente, e o testamenteiro, se houver testamento.

• Correspondência: art. 999, CPC/1973.
• V. arts. 256 a 258, CPC/2015.

§ 1º O cônjuge ou o companheiro, os herdeiros e os legatários serão citados

Códigos

pelo correio, observado o disposto no art. 247, sendo, ainda, publicado edital, nos termos do inciso III do art. 259.

§ 2º Das primeiras declarações extrair-se-ão tantas cópias quantas forem as partes.

§ 3º A citação será acompanhada de cópia das primeiras declarações.

§ 4º Incumbe ao escrivão remeter cópias à Fazenda Pública, ao Ministério Público, ao testamenteiro, se houver, e ao advogado, se a parte já estiver representada nos autos.

Art. 627. Concluídas as citações, abrir-se-á vista às partes, em cartório e pelo prazo comum de 15 (quinze) dias, para que se manifestem sobre as primeiras declarações, incumbindo às partes:

- Correspondência: art. 1.000, *caput*, CPC/1973.
- V. arts. 624, 629, 630, 639 e 668, I, CPC/2015.

I – arguir erros, omissões e sonegação de bens;

- Correspondência: art. 1.000, I, CPC/1973.

II – reclamar contra a nomeação de inventariante;

- Correspondência: art. 1.000, III, CPC/1973.
- V. art. 617, CPC/2015.

III – contestar a qualidade de quem foi incluído no título de herdeiro.

- Correspondência: art. 1.000, III, CPC/1973.

§ 1º Julgando procedente a impugnação referida no inciso I, o juiz mandará retificar as primeiras declarações.

- Correspondência: art. 1.000, parágrafo único, CPC/1973.

§ 2º Se acolher o pedido de que trata o inciso II, o juiz nomeará outro inventariante, observada a preferência legal.

- Correspondência: art. 1.000, parágrafo único, CPC/1973.

§ 3º Verificando que a disputa sobre a qualidade de herdeiro a que alude o inciso III demanda produção de provas que não a documental, o juiz remeterá a parte às vias ordinárias e sobrestará, até o julgamento da ação, a entrega do quinhão que na partilha couber ao herdeiro admitido.

- Correspondência: art. 1.000, parágrafo único, CPC/1973.
- V. art. 612, CPC/2015.

Art. 628. Aquele que se julgar preterido poderá demandar sua admissão no inventário, requerendo-a antes da partilha.

- Correspondência: art. 1.001, CPC/1973.
- V. art. 668, I, CPC/2015.

§ 1º Ouvidas as partes no prazo de 15 (quinze) dias, o juiz decidirá.

§ 2º Se para solução da questão for necessária a produção de provas que não a documental, o juiz remeterá o requerente às vias ordinárias, mandando reservar, em poder do inventariante, o quinhão do herdeiro excluído até que se decida o litígio.

- V. art. 612, CPC/2015.

Art. 629. A Fazenda Pública, no prazo de 15 (quinze) dias, após a vista de que trata o art. 627, informará ao juízo, de acordo com os dados que constam de seu cadastro imobiliário, o valor dos bens de raiz descritos nas primeiras declarações.

- Correspondência: art. 1.002, CPC/1973.
- V. art. 633, CPC/2015.

Seção V
Da Avaliação e do Cálculo do Imposto

Art. 630. Findo o prazo previsto no art. 627 sem impugnação ou decidida a impugnação que houver sido oposta, o juiz nomeará, se for o caso, perito para avaliar os bens do espólio, se não houver na comarca avaliador judicial.

- Correspondência: art. 1.003, CPC/1973.
- V. arts. 156 a 158, CPC/2015.

Parágrafo único. Na hipótese prevista no art. 620, § 1º, o juiz nomeará perito para avaliação das quotas sociais ou apuração dos haveres.

Art. 631. Ao avaliar os bens do espólio, o perito observará, no que for aplicável, o disposto nos arts. 872 e 873.

- Correspondência: art. 1.004, CPC/1973.

Art. 632. Não se expedirá carta precatória para a avaliação de bens situados fora da comarca onde corre o inventário se eles forem de pequeno valor ou perfeitamente conhecidos do perito nomeado.

- Correspondência: art. 1.006, CPC/1973.

Art. 633. Sendo capazes todas as partes, não se procederá à avaliação se a Fazenda Pública, intimada pessoalmente, concordar de forma expressa com o valor atribuído, nas primeiras declarações, aos bens do espólio.

- Correspondência: art. 1.007, CPC/1973.
- V. art. 629, CPC/2015.

Art. 634. Se os herdeiros concordarem com o valor dos bens declarados pela Fazenda Pública, a avaliação cingir-se-á aos demais.

- Correspondência: art. 1.008, CPC/1973.

Art. 635. Entregue o laudo de avaliação, o juiz mandará que as partes se manifestem no prazo de 15 (quinze) dias, que correrá em cartório.

- Correspondência: art. 1.009, CPC/1973.

§ 1º Versando a impugnação sobre o valor dado pelo perito, o juiz a decidirá de plano, à vista do que constar dos autos.

§ 2º Julgando procedente a impugnação, o juiz determinará que o perito retifique a avaliação, observando os fundamentos da decisão.

Art. 636. Aceito o laudo ou resolvidas as impugnações suscitadas a seu respeito, lavrar-se-á em seguida o termo de últimas declarações, no qual o inventariante poderá emendar, aditar ou completar as primeiras.

- Correspondência: art. 1.011, CPC/1973.
- V. art. 622, I, CPC/2015.

Art. 637. Ouvidas as partes sobre as últimas declarações no prazo comum de 15 (quinze) dias, proceder-se-á ao cálculo do tributo.

- Correspondência: art. 1.012, CPC/1973.
- V. Súmulas 112 a 115, 331 e 590, STF.

Art. 638. Feito o cálculo, sobre ele serão ouvidas todas as partes no prazo comum de 5 (cinco) dias, que correrá em cartório, e, em seguida, a Fazenda Pública.

- Correspondência: art. 1.013, CPC/1973.

§ 1º Se acolher eventual impugnação, o juiz ordenará nova remessa dos autos ao contabilista, determinando as alterações que devam ser feitas no cálculo.

§ 2º Cumprido o despacho, o juiz julgará o cálculo do tributo.

Seção VI
Das Colações

Art. 639. No prazo estabelecido no art. 627, o herdeiro obrigado à colação conferirá por termo nos autos ou por petição à qual o termo se reportará os bens que recebeu ou, se já não os possuir, trar-lhes-á o valor.

- Correspondência: art. 1.014, CPC/1973.
- V. arts. 2.002 a 2.012, CC.

Parágrafo único. Os bens a serem conferidos na partilha, assim como as acessões e as benfeitorias que o donatário fez, calcular-se-ão pelo valor que tiverem ao tempo da abertura da sucessão.

Art. 640. O herdeiro que renunciou à herança ou o que dela foi excluído não se exime, pelo fato da renúncia ou da exclusão, de conferir, para o efeito de repor a parte inoficiosa, as liberalidades que obteve do doador.

- Correspondência: art. 1.015, *caput*, CPC/1973.
- V. art. 2.007, CC.

§ 1º É lícito ao donatário escolher, dentre os bens doados, tantos quantos bastem para perfazer a legítima e a metade disponível, entrando na partilha o excedente para ser dividido entre os demais herdeiros.

- Correspondência: art. 1.015, § 1º, CPC/1973.

§ 2º Se a parte inoficiosa da doação recair sobre bem imóvel que não comporte divisão cômoda, o juiz determinará que sobre ela se proceda a licitação entre os herdeiros.

- Correspondência: art. 1.015, § 2º, CPC/1973.

§ 3º O donatário poderá concorrer na licitação referida no § 2º e, em igualdade de condições, terá preferência sobre os herdeiros.

- Correspondência: art. 1.015, § 2º, CPC/1973.

Art. 641. Se o herdeiro negar o recebimento dos bens ou a obrigação de os conferir, o juiz, ouvidas as partes no prazo comum de 15 (quinze) dias, decidirá à vista das alegações e das provas produzidas.

- Correspondência: art. 1.016, CPC/1973
- V. art. 612, CPC/2015.

§ 1º Declarada improcedente a oposição, se o herdeiro, no prazo improrrogável de 15 (quinze) dias, não proceder à conferência, o juiz mandará sequestrar-lhe, para serem inventariados e partilhados, os bens sujeitos à colação ou imputar ao seu quinhão hereditário o valor deles, se já não os possuir.

§ 2º Se a matéria exigir dilação probatória diversa da documental, o juiz remeterá as partes às vias ordinárias, não podendo o herdeiro receber o seu quinhão hereditário, enquanto pender a demanda, sem prestar caução correspondente ao valor dos bens sobre os quais versar a conferência.

- V. art. 83, CPC/2015.

Seção VII
Do Pagamento das Dívidas

Art. 642. Antes da partilha, poderão os credores do espólio requerer ao juízo do inventário o pagamento das dívidas vencidas e exigíveis.

- Correspondência: art. 1.017, *caput*, CPC/1973.
- V. art. 619, III, CPC/2015.
- V. arts. 1.997 a 2.001, CC.
- V. arts. 187 a 189, CTN.
- V. art. 4º, § 4º, Lei 6.830/1980 (Lei de Execução Fiscal).

§ 1º A petição, acompanhada de prova literal da dívida, será distribuída por dependência e autuada em apenso aos autos do processo de inventário.

- Correspondência: art. 1.017, § 1º, CPC/1973.

§ 2º Concordando as partes com o pedido, o juiz, ao declarar habilitado o credor, mandará que se faça a separação de dinheiro ou, em sua falta, de bens suficientes para o pagamento.

- Correspondência: art. 1.017, § 2º, CPC/1973.

§ 3º Separados os bens, tantos quantos forem necessários para o pagamento dos credores habilitados, o juiz mandará aliená-los, observando-se as disposições deste Código relativas à expropriação.

- Correspondência: art. 1.017, § 3º, CPC/1973.
- V. arts. 647 e 825 CPC/2015

§ 4º Se o credor requerer que, em vez de dinheiro, lhe sejam adjudicados, para o seu pagamento, os bens já reservados, o juiz deferir-lhe-á o pedido, concordando todas as partes.

- Correspondência: art. 1.017, § 4º, CPC/1973.

§ 5º Os donatários serão chamados a pronunciar-se sobre a aprovação das dívidas, sempre que haja possibilidade de resultar delas a redução das liberalidades.

- Sem correspondência no CPC/1973.

Art. 643. Não havendo concordância de todas as partes sobre o pedido de pagamento feito pelo credor, será o pedido remetido às vias ordinárias.

- Correspondência: art. 1.018, CPC/1973.
- V. arts. 612 e 688, I, CPC/2015.
- V. art. 1.997, § 2º, CC.

Parágrafo único. O juiz mandará, porém, reservar, em poder do inventariante, bens suficientes para pagar o credor quando a dívida constar de documento que comprove suficientemente a obrigação e a impugnação não se fundar em quitação.

Art. 644. O credor de dívida líquida e certa, ainda não vencida, pode requerer habilitação no inventário.

- Correspondência: art. 1.019, CPC/1973.

Parágrafo único. Concordando as partes com o pedido referido no *caput*, o juiz, ao julgar habilitado o crédito, mandará que se faça separação de bens para o futuro pagamento.

- Correspondência: art. 1.019, CPC/1973.

Art. 645. O legatário é parte legítima para manifestar-se sobre as dívidas do espólio:

- Correspondência: art. 1.020, CPC/1973.

I – quando toda a herança for dividida em legados;

II – quando o reconhecimento das dívidas importar redução dos legados.

Art. 646. Sem prejuízo do disposto no art. 860, é lícito aos herdeiros, ao separarem bens para o pagamento de dívidas, autorizar que o inventariante os indique à penhora no processo em que o espólio for executado.

- Correspondência: art. 1.021, CPC/1973.
- V. arts. 1.912 a 1.940, CC.

Seção VIII
Da Partilha

Art. 647. Cumprido o disposto no art. 642, § 3º, o juiz facultará às partes que, no prazo comum de 15 (quinze) dias, formulem o pedido de quinhão e, em seguida, proferirá a decisão de deliberação da partilha, resolvendo os pedidos das partes e designando os bens que devam constituir quinhão de cada herdeiro e legatário.

- Correspondência: art. 1.022, CPC/1973.
- V. art. 659, § 1º, CPC/2015.
- V. arts. 2.013 a 2.021, CC.

Parágrafo único. O juiz poderá, em decisão fundamentada, deferir antecipadamente a qualquer dos herdeiros o exercício dos direitos de usar e de fruir de determinado bem, com a condição de que, ao término do inventário, tal bem integre a cota desse herdeiro, cabendo a este, desde o deferimento, todos os ônus e bônus decorrentes do exercício daqueles direitos.

- Sem correspondência no CPC/1973.

Art. 648. Na partilha, serão observadas as seguintes regras:

- Sem correspondência no CPC/1973.

I – a máxima igualdade possível quanto ao valor, à natureza e à qualidade dos bens;

II – a prevenção de litígios futuros;

III – a máxima comodidade dos coerdeiros, do cônjuge ou do companheiro, se for o caso.

Art. 649. Os bens insuscetíveis de divisão cômoda que não couberem na parte do cônjuge ou companheiro supérstite ou no quinhão de um só herdeiro serão licitados entre os interessados ou vendidos judicialmente, partilhando-se o valor apurado, salvo se houver acordo para que sejam adjudicados a todos.

- Sem correspondência no CPC/1973.

Art. 650. Se um dos interessados for nascituro, o quinhão que lhe caberá será reservado em poder do inventariante até o seu nascimento.

- Correspondência: art. 878, CPC/1973.
- V. arts. 2º, 1.630 a 1.638 e 1.779, CC.

Art. 651. O partidor organizará o esboço da partilha de acordo com a decisão judicial, observando nos pagamentos a seguinte ordem:

- Correspondência: art. 1.023, CPC/1973.

I – dívidas atendidas;

II – meação do cônjuge;

III – meação disponível;

IV – quinhões hereditários, a começar pelo coerdeiro mais velho.

Art. 652. Feito o esboço, as partes manifestar-se-ão sobre esse no prazo comum de 15 (quinze) dias, e, resolvidas as reclamações, a partilha será lançada nos autos.

- Correspondência: art. 1.024, CPC/1973.

Art. 653. A partilha constará:

- Correspondência: art. 1.025, CPC/1973.

I – de auto de orçamento, que mencionará:

a) os nomes do autor da herança, do inventariante, do cônjuge ou companheiro supérstite, dos herdeiros, dos legatários e dos credores admitidos;

b) o ativo, o passivo e o líquido partível, com as necessárias especificações;

c) o valor de cada quinhão;

II – de folha de pagamento para cada parte, declarando a quota a pagar-lhe, a razão do pagamento e a relação dos bens que lhe compõem o quinhão, as características que os individualizam e os ônus que os gravam.

Parágrafo único. O auto e cada uma das folhas serão assinados pelo juiz e pelo escrivão.

Art. 654. Pago o imposto de transmissão a título de morte e juntada aos autos certidão ou informação negativa de dívida para com a Fazenda Pública, o juiz julgará por sentença a partilha.

- Correspondência: art. 1.026, CPC/1973.
- V. art. 656, CPC/2015.
- V. art. 192, CTN.
- V. art. 22, § 2º, Lei 4.947/1966 (Direito agrário).

Parágrafo único. A existência de dívida para com a Fazenda Pública não impedirá o julgamento da partilha, desde que o seu pagamento esteja devidamente garantido.

- Sem correspondência no CPC 1973.

Art. 655. Transitada em julgado a sentença mencionada no art. 654, receberá o herdeiro os bens que lhe tocarem e um formal de partilha, do qual constarão as seguintes peças:

- Sem correspondência no CPC/1973.

I – termo de inventariante e título de herdeiros;

II – avaliação dos bens que constituíram o quinhão do herdeiro;

III – pagamento do quinhão hereditário;

IV – quitação dos impostos;

V – sentença.

Parágrafo único. O formal de partilha poderá ser substituído por certidão de pagamento do quinhão hereditário quando esse não exceder a 5 (cinco) vezes o salário mínimo, caso em que se transcreverá nela a sentença de partilha transitada em julgado.

Art. 656. A partilha, mesmo depois de transitada em julgado a sentença, pode ser emendada nos mesmos autos do inventário, convindo todas as partes, quando tenha havido erro de fato na descrição dos bens, podendo o juiz, de ofício ou a requerimento da parte, a qualquer tempo, corrigir-lhe as inexatidões materiais.

- Correspondência: art. 1.028, CPC/1973.

Art. 657. A partilha amigável, lavrada em instrumento público, reduzida a termo nos autos do inventário ou constante de escrito particular homologado pelo juiz, pode ser anulada por dolo, coação, erro essencial ou intervenção de incapaz, observado o disposto no § 4º do art. 966.

- Correspondência: art. 1.029, CPC/1973.
- V. arts. 171, 2.015 e 2.027, CC.

Parágrafo único. O direito à anulação de partilha amigável extingue-se em 1 (um) ano, contado esse prazo:

I – no caso de coação, do dia em que ela cessou;

II – no caso de erro ou dolo, do dia em que se realizou o ato;

III – quanto ao incapaz, do dia em que cessar a incapacidade.

Art. 658. É rescindível a partilha julgada por sentença:

- Correspondência: art. 1.030, CPC/1973.
- V. arts. 657 e 966, CPC/2015.

I – nos casos mencionados no art. 657;

II – se feita com preterição de formalidades legais;

III – se preteriu herdeiro ou incluiu quem não o seja.

Seção IX
Do Arrolamento

Art. 659. A partilha amigável, celebrada entre partes capazes, nos termos da lei, será homologada de plano pelo juiz, com observância dos arts. 660 a 663.

- Correspondência: art. 1.031, CPC/1973.
- V. Res. CNJ 35/2007 (Disciplina a aplicação da Lei 11.441/2007 pelos serviços notariais e de registro).

§ 1º O disposto neste artigo aplica-se, também, ao pedido de adjudicação, quando houver herdeiro único.

§ 2º Transitada em julgado a sentença de homologação de partilha ou de adjudicação, será lavrado o formal de partilha ou elaborada a carta de adjudicação e, em seguida, serão expedidos os alvarás referentes aos bens e às rendas por ele abrangidos, intimando-se o fisco para lançamento administrativo do imposto de transmissão e de outros tributos porventura incidentes, conforme dispuser a legislação tributária, nos termos do § 2º do art. 662.

Art. 660. Na petição de inventário, que se processará na forma de arrolamento sumário, independentemente da lavratura de termos de qualquer espécie, os herdeiros:

- Correspondência: art. 1.032, CPC/1973.
- V. art. 659, CPC/2015.

I – requererão ao juiz a nomeação do inventariante que designarem;

- V. arts. 613 e 618 a 625, CPC/2015.

II – declararão os títulos dos herdeiros e os bens do espólio, observado o disposto no art. 630;

III – atribuirão valor aos bens do espólio, para fins de partilha.

Art. 661. Ressalvada a hipótese prevista no parágrafo único do art. 663, não se procederá à avaliação dos bens do espólio para nenhuma finalidade.

- Correspondência: art. 1.033, CPC/1973.
- V. art. 659, CPC/2015.

Art. 662. No arrolamento, não serão conhecidas ou apreciadas questões relativas ao lançamento, ao pagamento ou à quitação de taxas judiciárias e de tributos incidentes sobre a transmissão da propriedade dos bens do espólio.

- Correspondência: art. 1.034, CPC/1973.
- V. arts. 659, 664, § 4º, CPC/2015.

§ 1º A taxa judiciária, se devida, será calculada com base no valor atribuído pelos herdeiros, cabendo ao fisco, se apurar em processo administrativo valor diverso do estimado, exigir a eventual diferença pelos meios adequados ao lançamento de créditos tributários em geral.

§ 2º O imposto de transmissão será objeto de lançamento administrativo, conforme dispuser a legislação tributária, não ficando as autoridades fazendárias adstritas aos valores dos bens do espólio atribuídos pelos herdeiros.

Art. 663. A existência de credores do espólio não impedirá a homologação da partilha ou da adjudicação, se forem reservados bens suficientes para o pagamento da dívida.

- Correspondência: art. 1.035, CPC/1973.
- V. arts. 630, 642, §§ 2º a 4º, 644 e 659, CPC/2015.

Parágrafo único. A reserva de bens será realizada pelo valor estimado pelas partes, salvo se o credor, regularmente notificado, impugnar a estimativa, caso em que se promoverá a avaliação dos bens a serem reservados.

- V. art. 661, CPC/2015.

Art. 664. Quando o valor dos bens do espólio for igual ou inferior a 1.000 (mil) salários mínimos, o inventário processar-se-á na forma de arrolamento, cabendo ao inventariante nomeado, independentemente de assinatura de termo de compromisso, apresentar, com suas declarações, a atribuição de valor aos bens do espólio e o plano da partilha.

- Correspondência: art. 1.036, CPC/1973.
- V. art. 1º, Lei 6.858/1980 (Pagamento aos dependentes ou sucessores de valores não recebidos em vida).
- V. Lei 7.730/1989 (Extinção da OTN).
- V. art. 112, Lei 8.213/1991 (Planos de Benefícios da Previdência Social).

§ 1º Se qualquer das partes ou o Ministério Público impugnar a estimativa, o juiz nomeará avaliador, que oferecerá laudo em 10 (dez) dias.

§ 2º Apresentado o laudo, o juiz, em audiência que designar, deliberará sobre a partilha, decidindo de plano todas as reclamações e mandando pagar as dívidas não impugnadas.

§ 3º Lavrar-se-á de tudo um só termo, assinado pelo juiz, pelo inventariante e pelas partes presentes ou por seus advogados.

§ 4º Aplicam-se a essa espécie de arrolamento, no que couber, as disposições do art. 672, relativamente ao lançamento, ao pagamento e à quitação da taxa judiciária e do imposto sobre a transmissão da propriedade dos bens do espólio.

§ 5º Provada a quitação dos tributos relativos aos bens do espólio e às suas rendas, o juiz julgará a partilha.

Art. 665. O inventário processar-se-á também na forma do art. 664, ainda que haja interessado incapaz, desde que concordem todas as partes e o Ministério Público.

- Correspondência: art. 982, CPC/1973.
- V. art. 178, II, CPC/2015.
- V. Res. CNJ 35/2007 (Disciplina a aplicação da Lei 11.441/2007 pelos serviços notariais e de registro).

Art. 666. Independerá de inventário ou de arrolamento o pagamento dos valores previstos na Lei 6.858, de 24 de novembro de 1980.

- Correspondência: art. 1.037, CPC/1973.

Art. 667. Aplicam-se subsidiariamente a esta Seção as disposições das Seções VII e VIII deste Capítulo.

- Correspondência: art. 1.038, CPC/1973.

Seção X
Disposições Comuns a Todas as Seções

Art. 668. Cessa a eficácia da tutela provisória prevista nas Seções deste Capítulo:

- Correspondência: art. 1.039, CPC/1973.
- V. arts. 309 e 310, CPC/2015.

I – se a ação não for proposta em 30 (trinta) dias contados da data em que da decisão foi intimado o impugnante, o herdeiro excluído ou o credor não admitido;

II – se o juiz extinguir o processo de inventário com ou sem resolução de mérito.

Art. 669. São sujeitos à sobrepartilha os bens:

- Correspondência: art. 1.040, CPC/1973.

I – sonegados;

- V. arts. 1.992 a 1.996, CC.

II – da herança descobertos após a partilha;

- V. art. 59, CPC/2015.

III – litigiosos, assim como os de liquidação difícil ou morosa;

IV – situados em lugar remoto da sede do juízo onde se processa o inventário.

- V. art. 59, CPC/2015.

Parágrafo único. Os bens mencionados nos incisos III e IV serão reservados à sobrepartilha sob a guarda e a administração do mesmo ou de diverso inventariante, a consentimento da maioria dos herdeiros.

- V. art. 656, CPC/2015.

Códigos

Art. 670. Na sobrepartilha dos bens, observar-se-á o processo de inventário e de partilha.

- Correspondência: art. 1.041, CPC/1973.

Parágrafo único. A sobrepartilha correrá nos autos do inventário do autor da herança.

Art. 671. O juiz nomeará curador especial:

- Correspondência: art. 1.042, CPC/1973.

I – ao ausente, se não o tiver;

II – ao incapaz, se concorrer na partilha com o seu representante, desde que exista colisão de interesses.

- V. art. 72, I, CPC/2015.
- V. art. 1.692, CC.

Art. 672. É lícita a cumulação de inventários para a partilha de heranças de pessoas diversas quando houver:

- Correspondência: arts. 1.043 e 1.044, CPC/1973.

I – identidade de pessoas entre as quais devam ser repartidos os bens;

- Correspondência: arts. 1.043 e 1.044, CPC/1973.

II – heranças deixadas pelos dois cônjuges ou companheiros;

- Correspondência: arts. 1.043 e 1.044, CPC/1973.

III – dependência de uma das partilhas em relação à outra.

- Correspondência: arts. 1.043 e 1.044, CPC/1973.

Parágrafo único. No caso previsto no inciso III, se a dependência for parcial, por haver outros bens, o juiz pode ordenar a tramitação separada, se melhor convier ao interesse das partes ou à celeridade processual.

- Sem correspondência no CPC/1973.

Art. 673. No caso previsto no art. 672, inciso II, prevalecerão as primeiras declarações, assim como o laudo de avaliação, salvo se alterado o valor dos bens.

- Correspondência: art. 1.045, CPC/1973.

Capítulo VII
Dos Embargos de Terceiro

- V. Súmula 303, STJ.

Art. 674. Quem, não sendo parte no processo, sofrer constrição ou ameaça de constrição sobre bens que possua ou sobre os quais tenha direito incompatível com o ato constritivo, poderá requerer seu desfazimento ou sua inibição por meio de embargos de terceiro.

- Correspondência: art. 1.046, *caput*, CPC/1973.
- V. arts. 790, III, 792, § 4º, 799, IX, 808 a 810, 844, 845 e 868, § 1º, 967, II, e 996, CPC/2015.

§ 1º Os embargos podem ser de terceiro proprietário, inclusive fiduciário, ou possuidor.

- Correspondência: art. 1.046, § 1º, CPC/1973.
- V. art. 790, III, CPC/2015.
- V. Súmulas 84, STJ.

§ 2º Considera-se terceiro, para ajuizamento dos embargos:

- Correspondência: art. 1.046, § 3º, CPC/1973.

I – o cônjuge ou companheiro, quando defende a posse de bens próprios ou de sua meação, ressalvado o disposto no art. 843;

- Correspondência: art. 1.046, § 3º, CPC/1973.
- V. art. 734, CPC/2015.
- V. Súmula 134, STJ.

II – o adquirente de bens cuja constrição decorreu de decisão que declara a ineficácia da alienação realizada em fraude à execução;

- Sem correspondência no CPC/1973.

III – quem sofre constrição judicial de seus bens por força de desconsideração da personalidade jurídica, de cujo incidente não fez parte;

- Sem correspondência no CPC/1973.

IV – o credor com garantia real para obstar expropriação judicial do objeto de direito real de garantia, caso não tenha sido intimado, nos termos legais dos atos expropriatórios respectivos.

- Correspondência: art. 1.047, II, CPC/1973.
- V. art. 416, CPC/2015.

Art. 675. Os embargos podem ser opostos a qualquer tempo no processo de conhecimento enquanto não transitada em julgado a sentença e, no cumprimento de sentença ou no processo de execução, até 5 (cinco) dias depois da adjudicação, da alienação por iniciativa particular ou da arrematação, mas sempre antes da assinatura da respectiva carta.

- Correspondência: art. 1.048, CPC/1973.
- V. art. 214, I, CPC/2015.

Parágrafo único. Caso identifique a existência de terceiro titular de interesse em embargar o ato, o juiz mandará intimá-lo pessoalmente.

- Sem correspondência no CPC/1973

Art. 676. Os embargos serão distribuídos por dependência ao juízo que ordenou a constrição e autuados em apartado.

- Correspondência: art. 1.049, CPC/1973.
- V. art. 914, CPC/2015.

Parágrafo único. Nos casos de ato de constrição realizado por carta, os embargos serão oferecidos no juízo deprecado, salvo se indicado pelo juízo deprecante o bem constrito ou se já devolvida a carta.

- Sem correspondência no CPC/1973

Art. 677. Na petição inicial, o embargante fará a prova sumária de sua posse ou de seu domínio e da qualidade de terceiro, oferecendo documentos e rol de testemunhas.

- Correspondência: art. 1.050, *caput*, CPC/1973.
- V. art. 1.197, CC.

§ 1º É facultada a prova da posse em audiência preliminar designada pelo juiz.

- Correspondência: art. 1.050, § 1º, CPC/1973.

§ 2º O possuidor direto pode alegar, além da sua posse, o domínio alheio.

- Correspondência: art. 1.050, § 2º, CPC/1973.
- V. art. 1.197, CC.

§ 3º A citação será pessoal, se o embargado não tiver procurador constituído nos autos da ação principal.

- Correspondência: art. 1.050, § 3º, CPC/1973.

§ 4º Será legitimado passivo o sujeito a quem o ato de constrição aproveita, assim como o será seu adversário no processo principal quando for sua a indicação do bem para a constrição judicial.

- Sem correspondência no CPC/1973.

Art. 678. A decisão que reconhecer suficientemente provado o domínio ou a posse determinará a suspensão das medidas constritivas sobre os bens litigiosos objeto dos embargos, bem como a manutenção ou a reintegração provisória da posse, se o embargante a houver requerido.

- Correspondência: art. 1.051, CPC/1973.

Parágrafo único. O juiz poderá condicionar a ordem de manutenção ou de reintegração provisória de posse à prestação de caução pelo requerente, ressalvada a impossibilidade da parte economicamente hipossuficiente.

- Correspondência: art. 1.051, CPC/1973.

Art. 679. Os embargos poderão ser contestados no prazo de 15 (quinze) dias, findo o qual se seguirá o procedimento comum.

- Correspondência: art. 1.053, CPC/1973

Art. 680. Contra os embargos do credor com garantia real, o embargado somente poderá alegar que:

- Correspondência: art. 1.054, CPC/1973.

I – o devedor comum é insolvente;

II – o título é nulo ou não obriga a terceiro;

III – outra é a coisa dada em garantia.

Art. 681. Acolhido o pedido inicial, o ato de constrição judicial indevida será cancelado, com o reconhecimento do domínio, da manutenção da posse ou da reintegração definitiva do bem ou do direito ao embargante.

- Sem correspondência no CPC/1973.

Capítulo VIII
Da Oposição

Art. 682. Quem pretender, no todo ou em parte, a coisa ou o direito sobre que controvertem autor e réu poderá, até ser proferida a sentença, oferecer oposição contra ambos.

- Correspondência: art. 56, CPC/1973.
- V. art. 364, CPC/2015.
- V. art. 14, § 2º, Lei 9.289/1996 (Custas na Justiça Federal).

Art. 683. O opoente deduzirá o pedido em observação aos requisitos exigidos para propositura da ação.

- Correspondência: art. 57, CPC/1973.
- V. arts. 231, 238, 242, 246, 249 e 256, CPC/2015.

Parágrafo único. Distribuída a oposição por dependência, serão os opostos citados, na pessoa de seus respectivos advogados, para contestar o pedido no prazo comum de 15 (quinze) dias.

- Correspondência: art. 57, CPC/1973.

Art. 684. Se um dos opostos reconhecer a procedência do pedido, contra o outro prosseguirá o opoente.

- Correspondência: art. 58, CPC/1973.

Art. 685. Admitido o processamento, a oposição será apensada aos autos e tramitará simultaneamente à ação originária, sendo ambas julgadas pela mesma sentença.

- Correspondência: art. 59, CPC/1973.

Parágrafo único. Se a oposição for proposta após o início da audiência de instrução, o juiz suspenderá o curso do processo ao fim da produção das provas, salvo se concluir que a unidade da instrução atende melhor ao princípio da duração razoável do processo.

- Correspondência: art. 60, CPC/1973.

Art. 686. Cabendo ao juiz decidir simultaneamente a ação originária e a oposição, desta conhecerá em primeiro lugar.

- Correspondência: art. 61, CPC/1973.

Capítulo IX
Da Habilitação

Art. 687. A habilitação ocorre quando, por falecimento de qualquer das partes, os interessados houverem de suceder-lhe no processo.

- Correspondência: art. 1.055, CPC/1973.
- V. arts. 108 a 110, e 313, I e § 1º, CPC/2015.

Art. 688. A habilitação pode ser requerida:

- Correspondência: art. 1.056, CPC/1973.

I – pela parte, em relação aos sucessores do falecido;

II – pelos sucessores do falecido, em relação à parte.

Art. 689. Proceder-se-á à habilitação nos autos do processo principal, na instância em que estiver, suspendendo-se, a partir de então, o processo.

- Correspondência: art. 1.060, CPC/1973.
- V. art. 110, CPC/2015.

Art. 690. Recebida a petição, o juiz ordenará a citação dos requeridos para se pronunciarem no prazo de 5 (cinco) dias.

- Correspondência: art. 1.057, CPC/1973.

Parágrafo único. A citação será pessoal, se a parte não tiver procurador constituído nos autos.

Art. 691. O juiz decidirá o pedido de habilitação imediatamente, salvo se este for impugnado e houver necessidade de dilação probatória diversa da documental, caso em que determinará que o pedido seja autuado em apartado e disporá sobre a instrução.

- Sem correspondência no CPC/1973
- V. art. 745, CPC/2015.

Art. 692. Transitada em julgado a sentença de habilitação, o processo principal retomará o seu curso, e cópia da sentença será juntada aos autos respectivos.

- Correspondência: art. 1.062, CPC/1973.

Capítulo X
Das Ações de Família

Art. 693. As normas deste Capítulo aplicam-se aos processos contenciosos de divórcio, separação, reconhecimento e extinção de união estável, guarda, visitação e filiação.

- Sem correspondência no CPC/1973.
- V. arts. 1.511 a 1.767 e 1.774 a 1.783, CC.

Parágrafo único. A ação de alimentos e a que versar sobre interesse de criança ou de adolescente observarão o procedimento previsto em legislação específica, aplicando-se, no que couber, as disposições deste Capítulo.

- V. art. 148, parágrafo único, *g*, Lei 8.069/1990 (Estatuto da Criança e do Adolescente).

Art. 694. Nas ações de família, todos os esforços serão empreendidos para a solução consensual da controvérsia, devendo o juiz dispor do auxílio de profissionais de outras áreas de conhecimento para a mediação e conciliação.

- Sem correspondência no CPC/1973.
- V. Res. CNJ 125/2010 (Política Judiciária Nacional de tratamento adequado dos conflitos de interesses no âmbito do Poder Judiciário).

Parágrafo único. A requerimento das partes, o juiz pode determinar a suspensão do processo enquanto os litigantes se submetem a mediação extrajudicial ou a atendimento multidisciplinar.

Art. 695. Recebida a petição inicial e, se for o caso, tomadas as providências referentes à tutela provisória, o juiz ordenará a citação do réu para comparecer à audiência de mediação e conciliação, observado o disposto no art. 694.

- Sem correspondência no CPC/1973.
- V. arts. 238, 246, 249, 294 a 299, CPC/2015.
- V. Res. CNJ 125/2010 (Política Judiciária Nacional de tratamento adequado dos conflitos de interesses no âmbito do Poder Judiciário).

§ 1º O mandado de citação conterá apenas os dados necessários à audiência e deverá estar desacompanhado de cópia da petição inicial, assegurado ao réu o direito de examinar seu conteúdo a qualquer tempo.

§ 2º A citação ocorrerá com antecedência mínima de 15 (quinze) dias da data designada para a audiência.

§ 3º A citação será feita na pessoa do réu.

- V. art. 242, CPC/2015.

§ 4º Na audiência, as partes deverão estar acompanhadas de seus advogados ou de defensores públicos.

Art. 696. A audiência de mediação e conciliação poderá dividir-se em tantas sessões quantas sejam necessárias para viabilizar a solução consensual, sem prejuízo de providências jurisdicionais para evitar o perecimento do direito.

- Sem correspondência no CPC/1973.
- V. Res. CNJ 125/2010 (Política Judiciária Nacional de tratamento adequado dos conflitos de interesses no âmbito do Poder Judiciário).

Art. 697. Não realizado o acordo, passarão a incidir, a partir de então, as normas do procedimento comum, observado o art. 335.

- Sem correspondência no CPC/1973.
- V. arts. 269 a 275, CPC/2015.

Art. 698. Nas ações de família, o Ministério Público somente intervirá quando houver interesse de incapaz e deverá ser ouvido previamente à homologação de acordo.

- Correspondência: art. 82, *caput*, I, CPC/1973.
- V. art. 178, CPC/2015.

Art. 699. Quando o processo envolver discussão sobre fato relacionado a abuso ou a alienação parental, o juiz, ao tomar o depoimento do incapaz, deverá estar acompanhado por especialista.

- Sem correspondência no CPC/1973.
- V. art. 1.638, CC.
- V. art. 19, Lei 8.069/1990 (Estatuto da Criança e do Adolescente).
- V. Lei 12.318/2010 (Alienação parental).

Capítulo XI
Da Ação Monitória

Art. 700. A ação monitória pode ser proposta por aquele que afirmar, com base em prova escrita sem eficácia de título executivo, ter direito de exigir do devedor capaz:

- Correspondência: art. 1.102-A, CPC/1973.
- V. Súmulas 299 e 384, STJ.

I – o pagamento de quantia em dinheiro;

- Correspondência: art. 1.102-A, CPC/1973.

II – a entrega de coisa fungível ou infungível ou de bem móvel ou imóvel;

- Correspondência: art. 1.102-A, CPC/1973.

III – o adimplemento de obrigação de fazer ou de não fazer.

- Sem correspondência no CPC/1973.

§ 1º A prova escrita pode consistir em prova oral documentada, produzida antecipadamente nos termos do art. 381.

- Sem correspondência no CPC/1973.

§ 2º Na petição inicial, incumbe ao autor explicitar, conforme o caso:

- Sem correspondência no CPC/1973.

I – a importância devida, instruindo-a com memória de cálculo;

- Sem correspondência no CPC/1973.

II – o valor atual da coisa reclamada;

- Sem correspondência no CPC/1973.

III – o conteúdo patrimonial em discussão ou o proveito econômico perseguido.

- Sem correspondência no CPC/1973.

§ 3º O valor da causa deverá corresponder à importância prevista no § 2º, incisos I a III.

- Sem correspondência no CPC/1973.

§ 4º Além das hipóteses do art. 330, a petição inicial será indeferida quando não atendido o disposto no § 2º deste artigo.

- Sem correspondência no CPC/1973.

§ 5º Havendo dúvida quanto à idoneidade de prova documental apresentada pelo autor, o juiz intimá-lo-á para, querendo, emendar a petição inicial, adaptando-a ao procedimento comum.

- Sem correspondência no CPC/1973.

§ 6º É admissível ação monitória em face da Fazenda Pública.

- Sem correspondência no CPC/1973.
- V. Súmula 339, STJ.

§ 7º Na ação monitória, admite-se citação por qualquer dos meios permitidos para o procedimento comum.

- Sem correspondência no CPC/1973.

Art. 701. Sendo evidente o direito do autor, o juiz deferirá a expedição de mandado de pagamento, de entrega de coisa ou para execução de obrigação de fazer ou de não fazer, concedendo ao réu prazo de 15 (quinze) dias para o cumprimento e o pagamento de honorários ad-

Códigos

vocatícios de 5% (cinco por cento) do valor atribuído à causa.

- Correspondência: art. 1.102-B, CPC/1973.

§ 1º O réu será isento do pagamento de custas processuais se cumprir o mandado no prazo.

- Correspondência: art. 1.102-C, § 1º, CPC/1973.

§ 2º Constituir-se-á de pleno direito o título executivo judicial, independentemente de qualquer formalidade, se não realizado o pagamento e não apresentados os embargos previstos no art. 702, observando-se, no que couber, o Título II do Livro I da Parte Especial.

- Correspondência: art. 1.102-C, CPC/1973.

§ 3º É cabível ação rescisória da decisão prevista no *caput* quando ocorrer a hipótese do § 2º.

- Sem correspondência no CPC/1973.

§ 4º Sendo a ré Fazenda Pública, não apresentados os embargos previstos no art. 702, aplicar-se-á o disposto no art. 496, observando-se, a seguir, no que couber, o Título II do Livro I da Parte Especial.

- Sem correspondência no CPC/1973.

§ 5º Aplica-se à ação monitória, no que couber, o art. 916.

- Sem correspondência no CPC/1973.

Art. 702. Independentemente de prévia segurança do juízo, o réu poderá opor, nos próprios autos, no prazo previsto no art. 701, embargos à ação monitória.

- Correspondência: art. 1.102-C, *caput* e § 2º, CPC/1973.
- V. arts. 824 a 910, CPC/2015.

§ 1º Os embargos podem se fundar em matéria passível de alegação como defesa no procedimento comum.

- Sem correspondência no CPC/1973.

§ 2º Quando o réu alegar que o autor pleiteia quantia superior à devida, cumprir-lhe-á declarar de imediato o valor que entende correto, apresentando demonstrativo discriminado e atualizado da dívida.

- Sem correspondência no CPC/1973.

§ 3º Não apontado o valor correto ou não apresentado o demonstrativo, os embargos serão liminarmente rejeitados, se esse for o seu único fundamento, e, se houver outro fundamento, os embargos serão processados, mas o juiz deixará de examinar a alegação de excesso.

- Sem correspondência no CPC/1973.

§ 4º A oposição dos embargos suspende a eficácia da decisão referida no *caput* do art. 701 até o julgamento em primeiro grau.

- Correspondência: art. 1.102-C, CPC/1973.

§ 5º O autor será intimado para responder aos embargos no prazo de 15 (quinze) dias.

- Sem correspondência no CPC/1973.

§ 6º Na ação monitória admite-se a reconvenção, sendo vedado o oferecimento de reconvenção à reconvenção.

- Sem correspondência no CPC/1973.
- V. art. 343, CPC/2015.

§ 7º A critério do juiz, os embargos serão autuados em apartado, se parciais, constituindo-se de pleno direito o título executivo judicial em relação à parcela incontroversa.

- Sem correspondência no CPC/1973.

§ 8º Rejeitados os embargos, constituir-se-á de pleno direito o título executivo judicial, prosseguindo-se o processo em observância ao disposto no Título II do Livro I da Parte Especial, no que for cabível.

- Correspondência: art. 1.102-C, § 3º, CPC/1973.

§ 9º Cabe apelação contra a sentença que acolhe ou rejeita os embargos.

- Sem correspondência no CPC/1973.
- V. art. 1.009, CPC/2015.

§ 10. O juiz condenará o autor de ação monitória proposta indevidamente e de má-fé ao pagamento, em favor do réu, de multa de até 10% (dez por cento) sobre o valor da causa.

- Sem correspondência no CPC/1973.
- V. art. 5º, CPC/2015.

§ 11. O juiz condenará o réu que de má-fé opuser embargos à ação monitória ao pagamento de multa de até 10% (dez por cento) sobre o valor atribuído à causa, em favor do autor.

- Sem correspondência no CPC/1973.
- V. art. 5º, CPC/2015.

Capítulo XII
Da Homologação do Penhor Legal

Art. 703. Tomado o penhor legal nos casos previstos em lei, requererá o credor, ato contínuo, a homologação.

- Correspondência: art. 874, *caput*, 1ª parte, CPC/1973.
- V. arts. 1.467 a 1.472, CC.
- V. art. 16, Dec. 5.492/1928 (Organização das empresas de diversões).

§ 1º Na petição inicial, instruída com o contrato de locação ou a conta pormenorizada das despesas, a tabela dos preços e a relação dos objetos retidos, o credor pedirá a citação do devedor para pagar ou contestar na audiência preliminar que for designada.

- Correspondência: art. 874, *caput*, 2ª parte, CPC/1973.

§ 2º A homologação do penhor legal poderá ser promovida pela via extrajudicial mediante requerimento, que conterá os requisitos previstos no § 1º deste artigo, do credor a notário de sua livre escolha.

- Sem correspondência no CPC/1973.

§ 3º Recebido o requerimento, o notário promoverá a notificação extrajudicial do devedor para, no prazo de 5 (cinco) dias, pagar o débito ou impugnar sua cobrança, alegando por escrito uma das causas previstas no art. 704, hipótese em que o procedimento será encaminhado ao juízo competente para decisão.

- Sem correspondência no CPC/1973.

§ 4º Transcorrido o prazo sem manifestação do devedor, o notário formalizará a homologação do penhor legal por escritura pública.

- Sem correspondência no CPC/1973.

Art. 704. A defesa só pode consistir em:

- Correspondência: art. 875, *caput*, CPC/1973.

I – nulidade do processo;

- Correspondência: art. 875, I, CPC/1973.

II – extinção da obrigação;

- Correspondência: art. 875, II, CPC/1973.

III – não estar a dívida compreendida entre as previstas em lei ou não estarem os bens sujeitos a penhor legal;

- Correspondência: art. 875, III, CPC/1973.

IV – alegação de haver sido ofertada caução idônea, rejeitada pelo credor.

- Sem correspondência no CPC/1973.

Art. 705. A partir da audiência preliminar, observar-se-á o procedimento comum.

- Sem correspondência no CPC/1973.

Art. 706. Homologado judicialmente o penhor legal, consolidar-se-á a posse do autor sobre o objeto.

- Correspondência: art. 876, 1ª parte, CPC/1973.

§ 1º Negada a homologação, o objeto será entregue ao réu, ressalvado ao autor o direito de cobrar a dívida pelo procedimento comum, salvo se acolhida a alegação de extinção da obrigação.

- Correspondência: art. 876, 2ª parte, CPC/1973.

§ 2º Contra a sentença caberá apelação, e, na pendência de recurso, poderá o relator ordenar que a coisa permaneça depositada ou em poder do autor.

- Sem correspondência no CPC/1973.
- V. arts. 1.007 a 1.012, CPC/2015.

Capítulo XIII
Da Regulação de Avaria Grossa

Art. 707. Quando inexistir consenso acerca da nomeação de um regulador de avarias, o juiz de direito da comarca do primeiro porto onde o navio houver chegado, provocado por qualquer parte interessada, nomeará um de notório conhecimento.

- Sem correspondência no CPC/1973.

Art. 708. O regulador declarará justificadamente se os danos são passíveis de rateio na forma de avaria grossa e exigirá das partes envolvidas a apresentação de garantias idôneas para que possam ser liberadas as cargas aos consignatários.

- Sem correspondência no CPC/1973.

§ 1º A parte que não concordar com o regulador quanto à declaração de abertura da avaria grossa deverá justificar suas razões ao juiz, que decidirá no prazo de 10 (dez) dias.

§ 2º Se o consignatário não apresentar garantia idônea a critério do regulador, este fixará o valor da contribuição provisória com base nos fatos narrados e nos documentos que instruírem a petição inicial, que deverá ser caucionado sob a forma de depósito judicial ou de garantia bancária.

§ 3º Recusando-se o consignatário a prestar caução, o regulador requererá ao juiz a alienação judicial de sua carga na forma dos arts. 879 a 903.

§ 4º É permitido o levantamento, por alvará, das quantias necessárias ao paga-

Códigos

mento das despesas da alienação a serem arcadas pelo consignatário, mantendo-se o saldo remanescente em depósito judicial até o encerramento da regulação.

Art. 709. As partes deverão apresentar nos autos os documentos necessários à regulação da avaria grossa em prazo razoável a ser fixado pelo regulador.

- Sem correspondência no CPC/1973.

Art. 710. O regulador apresentará o regulamento da avaria grossa no prazo de até 12 (doze) meses, contado da data da entrega dos documentos nos autos pelas partes, podendo o prazo ser estendido a critério do juiz.

- Sem correspondência no CPC/1973.

§ 1º Oferecido o regulamento da avaria grossa, dele terão vista as partes pelo prazo comum de 15 (quinze) dias, e, não havendo impugnação, o regulamento será homologado por sentença.

§ 2º Havendo impugnação ao regulamento, o juiz decidirá no prazo de 10 (dez) dias, após a oitiva do regulador.

Art. 711. Aplicam-se ao regulador de avarias os arts. 156 a 158, no que couber.

- Sem correspondência no CPC/1973.
- V. arts. 762 a 765, CCo.

Capítulo XIV
Da Restauração de Autos

Art. 712. Verificado o desaparecimento dos autos, eletrônicos ou não, pode o juiz, de ofício, qualquer das partes ou o Ministério Público, se for o caso, promover-lhes a restauração.

- Correspondência: art. 1.063, *caput*, CPC/1973.
- V. art. 47, Lei 6.515/1977 (Lei do Divórcio).

Parágrafo único. Havendo autos suplementares, nesses prosseguirá o processo.

- Correspondência: art. 1.063, parágrafo único, CPC/1973.

Art. 713. Na petição inicial, declarará a parte o estado do processo ao tempo do desaparecimento dos autos, oferecendo:

- Correspondência: art. 1.064, *caput*, CPC/1973.

I – certidões dos atos constantes do protocolo de audiências do cartório por onde haja corrido o processo;

- Correspondência: art. 1.064, I, CPC/1973.

II – cópia das peças que tenha em seu poder;

- Correspondência: art. 1.064, II, CPC/1973.

III – qualquer outro documento que facilite a restauração.

- Correspondência: art. 1.064, III, CPC/1973.

Art. 714. A parte contrária será citada para contestar o pedido no prazo de 5 (cinco) dias, cabendo-lhe exibir as cópias, as contrafés e as reproduções dos atos e dos documentos que estiverem em seu poder.

- Correspondência: art. 1.065, *caput*, CPC/1973.

§ 1º Se a parte concordar com a restauração, lavrar-se-á o auto que, assinado pelas partes e homologado pelo juiz, suprirá o processo desaparecido.

- Correspondência: art. 1.065, § 1º, CPC/1973.

§ 2º Se a parte não contestar ou se a concordância for parcial, observar-se-á o procedimento comum.

- Correspondência: art. 1.065, § 2º, CPC/1973.

Art. 715. Se a perda dos autos tiver ocorrido depois da produção das provas em audiência, o juiz, se necessário, mandará repeti-las.

- Correspondência: art. 1.066, *caput*, CPC/1973.

§ 1º Serão reinquiridas as mesmas testemunhas, que, em caso de impossibilidade, poderão ser substituídas de ofício ou a requerimento.

- Correspondência: art. 1.066, § 1º, CPC/1973.

§ 2º Não havendo certidão ou cópia do laudo, far-se-á nova perícia, sempre que possível pelo mesmo perito.

- Correspondência: art. 1.066, § 2º, CPC/1973.

§ 3º Não havendo certidão de documentos, esses serão reconstituídos mediante cópias ou, na falta dessas, pelos meios ordinários de prova.

- Correspondência: art. 1.066, § 3º, CPC/1973.

§ 4º Os serventuários e os auxiliares da justiça não podem eximir-se de depor como testemunhas a respeito de atos que tenham praticado ou assistido.

- Correspondência: art. 1.066, § 4º, CPC/1973.

§ 5º Se o juiz houver proferido sentença da qual ele próprio ou o escrivão possua cópia, esta será juntada aos autos e terá a mesma autoridade da original.

- Correspondência: art. 1.066, § 5º, CPC/1973.

Art. 716. Julgada a restauração, seguirá o processo os seus termos.

- Correspondência: art. 1.067, *caput*, CPC/1973.
- V. art. 1.009, CPC/2015.

Parágrafo único. Aparecendo os autos originais, neles se prosseguirá, sendo-lhes apensados os autos da restauração.

- Correspondência: art. 1.067, § 1º, CPC/1973.

Art. 717. Se o desaparecimento dos autos tiver ocorrido no tribunal, o processo de restauração será distribuído, sempre que possível, ao relator do processo.

- Correspondência: art. 1.068, *caput*, CPC/1973.
- V. arts. 298 a 303, RISTF.

§ 1º A restauração far-se-á no juízo de origem quanto aos atos nele realizados.

- Correspondência: art. 1.068, § 1º, CPC/1973.

§ 2º Remetidos os autos ao tribunal, nele completar-se-á a restauração e proceder-se-á ao julgamento.

- Correspondência: art. 1.068, § 2º, CPC/1973.

Art. 718. Quem houver dado causa ao desaparecimento dos autos responderá pelas custas da restauração e pelos honorários de advogado, sem prejuízo da responsabilidade civil ou penal em que incorrer.

- Correspondência: art. 1.069, CPC/1973.
- V. arts. 79 a 81, e 143, I, CPC/2015.

Capítulo XV
Dos Procedimentos de Jurisdição Voluntária

Seção I
Disposições Gerais

Art. 719. Quando este Código não estabelecer procedimento especial, regem os procedimentos de jurisdição voluntária as disposições constantes desta Seção.

- Correspondência: art. 1.103, CPC/1973.
- V. art. 215, I, CPC/2015.

Art. 720. O procedimento terá início por provocação do interessado, do Ministério Público ou da Defensoria Pública, cabendo-lhes formular o pedido devidamente instruído com os documentos necessários e com a indicação da providência judicial.

- Correspondência: art. 1.104, CPC/1973.

Art. 721. Serão citados todos os interessados, bem como intimado o Ministério Público, nos casos do art. 178, para que se manifestem, querendo, no prazo de 15 (quinze) dias.

- Correspondência: arts. 1.105 e 1.106, CPC/1973.
- V. arts. 178 e 279, CPC/2015.

Art. 722. A Fazenda Pública será sempre ouvida nos casos em que tiver interesse.

- Correspondência: art. 1.108, CPC/1973.
- V. art. 178, parágrafo único, CPC/2015.

Art. 723. O juiz decidirá o pedido no prazo de 10 (dez) dias.

- Correspondência: art. 1.109, 1ª parte, CPC/1973.

Parágrafo único. O juiz não é obrigado a observar critério de legalidade estrita, podendo adotar em cada caso a solução que considerar mais conveniente ou oportuna.

- Correspondência: art. 1.109, 2ª parte, CPC/1973.

Art. 724. Da sentença caberá apelação.

- Correspondência: art. 1.110, CPC/1973.
- V. art. 1.008, CPC/2015.

Art. 725. Processar-se-á na forma estabelecida nesta Seção o pedido de:

- Correspondência: art. 1.112, *caput*, CPC/1973.
- V. art. 322, CPC/2015.

I – emancipação;

- Correspondência: art. 1.112, I, CPC/1973.
- V. art. 9º, II, CC.
- V. arts. 29, IV, 90 e 91, Lei 6.015/1973 (Lei de Registros Públicos).

II – sub-rogação;

- Correspondência: art. 1.112, II, CPC/1973.
- V. art. 857, § 1º, CPC/2015.
- V. arts. 346 a 351, CC.

III – alienação, arrendamento ou oneração de bens de crianças ou adolescentes, de órfãos e de interditos;

- Correspondência: art. 1.112, III, CPC/1973.
- V. art. 5º, parágrafo único, CC.

IV – alienação, locação e administração da coisa comum;

- Correspondência: art. 1.112, IV, CPC/1973.

V – alienação de quinhão em coisa comum;

- Correspondência: art. 1.112, V, CPC/1973.

VI – extinção de usufruto, quando não decorrer da morte do usufrutuário, do termo da sua duração ou da consolidação, e de fideicomisso, quando decorrer de renúncia ou quando ocorrer antes do evento que caracterizar a condição resolutória;

- Correspondência: art. 1.112, VI, CPC/1973.
- V. arts. 322 e 857, § 1º, CPC/2015.
- V. arts. 1.390 a 1.411, CC.

VII – expedição de alvará judicial;

- Sem correspondência no CPC/1973.

VIII – homologação de autocomposição extrajudicial, de qualquer natureza ou valor.

- Sem correspondência no CPC/1973.

Parágrafo único. As normas desta Seção aplicam-se, no que couber, aos procedimentos regulados nas seções seguintes.

- Sem correspondência no CPC/1973.

Seção II
Da Notificação e da Interpelação

Art. 726. Quem tiver interesse em manifestar formalmente sua vontade a outrem sobre assunto juridicamente relevante poderá notificar pessoas participantes da mesma relação jurídica para dar-lhes ciência de seu propósito.

- Correspondência: art. 867, CPC/1973.

§ 1º Se a pretensão for a de dar conhecimento geral ao público, mediante edital, o juiz só a deferirá se a tiver por fundada e necessária ao resguardo de direito.

- Correspondência: art. 870, *caput* e I, CPC/1973.
- V. arts. 256 e 258, CPC/2015.

§ 2º Aplica-se o disposto nesta Seção, no que couber, ao protesto judicial.

- Correspondência: art. 873, CPC/1973.

Art. 727. Também poderá o interessado interpelar o requerido, no caso do art. 726, para que faça ou deixe de fazer o que o requerente entenda ser de seu direito.

- Sem correspondência no CPC/1973.

Art. 728. O requerido será previamente ouvido antes do deferimento da notificação ou do respectivo edital:

- Correspondência: art. 870, parágrafo único, CPC/1973.

I – se houver suspeita de que o requerente, por meio da notificação ou do edital, pretende alcançar fim ilícito;

- Correspondência: art. 870, parágrafo único, CPC/1973.

II – se tiver sido requerida a averbação da notificação em registro público.

- Sem correspondência no CPC/1973.

Art. 729. Deferida e realizada a notificação ou interpelação, os autos serão entregues ao requerente.

- Correspondência: art. 872, CPC/1973.

Seção III
Da Alienação Judicial

Art. 730. Nos casos expressos em lei, não havendo acordo entre os interessados sobre o modo como se deve realizar a alienação do bem, o juiz, de ofício ou a requerimento dos interessados ou do depositário, mandará aliená-lo em leilão, observando-se o disposto na Seção I deste Capítulo e, no que couber, o disposto nos arts. 879 a 903.

- Correspondência: art. 1.113, *caput*, CPC/1973.
- V. arts. 642, 742, 881, 883 e 884, e 891, CPC/2015.

Seção IV
Do Divórcio e da Separação Consensuais, da Extinção Consensual de União Estável e da Alteração do Regime de Bens do Matrimônio

Art. 731. A homologação do divórcio ou da separação consensuais, observados os requisitos legais, poderá ser requerida em petição assinada por ambos os cônjuges, da qual constarão:

- Correspondência: arts. 1.120, *caput*, e 1.121, *caput*, CPC/1973.
- V. art. 5º, I, e 226, § 6º, CF.
- V. arts. 4º, 31, 34 e 40, § 2º, Lei 6.515/1977 (Lei do Divórcio).

I – as disposições relativas à descrição e à partilha dos bens comuns;

- Correspondência: art. 1.121, I, CPC/1973.
- V. art. 43, Lei 6.515/1977 (Lei do Divórcio).

II – as disposições relativas à pensão alimentícia entre os cônjuges;

- Correspondência: art. 1.121, IV, CPC/1973.
- V. Súmula 379, STF.

III – o acordo relativo à guarda dos filhos incapazes e ao regime de visitas; e

- Correspondência: art. 1.121, II, CPC/1973.
- V. art. 1.634, II, CC.
- V. arts. 9º e 15, Lei 6.515/1977 (Lei do Divórcio).

IV – o valor da contribuição para criar e educar os filhos.

- Correspondência: art. 1.121, III, CPC/1973.
- V. art. 20, Lei 6.515/1977 (Lei do Divórcio).

Parágrafo único. Se os cônjuges não acordarem sobre a partilha dos bens, far-se-á esta depois de homologado o divórcio, na forma estabelecida nos arts. 647 a 658.

- Correspondência: art. 1.121, § 1º, CPC/1973.

Art. 732. As disposições relativas ao processo de homologação judicial de divórcio ou de separação consensuais aplicam-se, no que couber, ao processo de homologação da extinção consensual de união estável.

- Sem correspondência no CPC/1973.
- V. Lei 11.441/2007 (Inventário, partilha, separação consensual e divórcio consensual por via administrativa).
- V. Res. CNJ 35/2007 (Disciplina a aplicação da Lei 11.441/2007 pelos serviços notariais e de registro).

Art. 733. O divórcio consensual, a separação consensual e a extinção consensual de união estável, não havendo nascituro ou filhos incapazes e observados os requisitos legais, poderão ser realizados por escritura pública, da qual constarão as disposições de que trata o art. 731.

- Correspondência: art. 1.124-A, *caput*, CPC/1973.
- V. Res. CNJ 35/2007 (Disciplina a aplicação da Lei 11.441/2007 pelos serviços notariais e de registro).

§ 1º A escritura não depende de homologação judicial e constitui título hábil para qualquer ato de registro, bem como para levantamento de importância depositada em instituições financeiras.

- Correspondência: art. 1.124-A, § 1º, CPC/1973.

§ 2º O tabelião somente lavrará a escritura se os interessados estiverem assistidos por advogado ou por defensor público, cuja qualificação e assinatura constarão do ato notarial.

- Correspondência: art. 1.124-A, § 2º, CPC/1973.

Art. 734. A alteração do regime de bens do casamento, observados os requisitos legais, poderá ser requerida, motivadamente, em petição assinada por ambos os cônjuges, na qual serão expostas as razões que justificam a alteração, ressalvados os direitos de terceiros.

- Sem correspondência no CPC/1973.
- V. art. 1.639, § 2º, CC.

§ 1º Ao receber a petição inicial, o juiz determinará a intimação do Ministério Público e a publicação de edital que divulgue a pretendida alteração de bens, somente podendo decidir depois de decorrido o prazo de 30 (trinta) dias da publicação do edital.

§ 2º Os cônjuges, na petição inicial ou em petição avulsa, podem propor ao juiz meio alternativo de divulgação da alteração do regime de bens, a fim de resguardar direitos de terceiros.

§ 3º Após o trânsito em julgado da sentença, serão expedidos mandados de averbação aos cartórios de registro civil e de imóveis e, caso qualquer dos cônjuges seja empresário, ao Registro Público de Empresas Mercantis e Atividades Afins.

Seção V
Dos Testamentos e dos Codicilos

Art. 735. Recebendo testamento cerrado, o juiz, se não achar vício externo que o torne suspeito de nulidade ou falsidade, o abrirá e mandará que o escrivão o leia em presença do apresentante.

- Correspondência: art. 1.125, *caput*, CPC/1973.
- V. arts. 553 e 736, CPC/2015.
- V. arts. 1.868 a 1.875, CC.

§ 1º Do termo de abertura constarão o nome do apresentante e como ele obteve o testamento, a data e o lugar do falecimento do testador, com as respectivas provas, e qualquer circunstância digna de nota.

- Correspondência: art. 1.125, parágrafo único, CPC/1973.

§ 2º Depois de ouvido o Ministério Público, não havendo dúvidas a serem esclarecidas, o juiz mandará registrar, arquivar e cumprir o testamento.

- Correspondência: art. 1.126, CPC/1973.

§ 3º Feito o registro, será intimado o testamenteiro para assinar o termo da testamentária.

- Correspondência: art. 1.127, CPC/1973.
- V. arts. 1.976 a 1.990, CC.

§ 4º Se não houver testamenteiro nomeado ou se ele estiver ausente ou não aceitar o encargo, o juiz nomeará testamenteiro dativo, observando-se a preferência legal.

- Correspondência: art. 1.127, CPC/1973.
- V. arts. 1.976 a 1.990, CC.

§ 5º O testamenteiro deverá cumprir as disposições testamentárias e prestar contas em juízo do que recebeu e despendeu, observando-se o disposto em lei.

- Correspondência: art. 1.135, CPC/1973.
- V. arts. 1.976 a 1.990, CC.

Art. 736. Qualquer interessado, exibindo o traslado ou a certidão de testamento público, poderá requerer ao juiz que ordene o seu cumprimento, observando-se, no que couber, o disposto nos parágrafos do art. 735.

- Correspondência: art. 1.128, CPC/1973.
- V. arts. 1.864 a 1.867, CC.

Art. 737. A publicação do testamento particular poderá ser requerida, depois da morte do testador, pelo herdeiro, pelo legatário ou pelo testamenteiro, bem como pelo terceiro detentor do testamento, se impossibilitado de entregá-lo a algum dos outros legitimados para requerê-la.

- Correspondência: art. 1.130, CPC/1973.
- V. arts. 1.876 a 1.885, CC.

§ 1º Serão intimados os herdeiros que não tiverem requerido a publicação do testamento.

- Correspondência: art. 1.131, CPC/1973.

§ 2º Verificando a presença dos requisitos da lei, ouvido o Ministério Público, o juiz confirmará o testamento.

- Correspondência: art. 1.133, CPC/1973.

§ 3º Aplica-se o disposto neste artigo ao codicilo e aos testamentos marítimo, aeronáutico, militar e nuncupativo.

- Correspondência: art. 1.134, CPC/1973.
- V. arts. 1.888 a 1.896, CC.

§ 4º Observar-se-á, no cumprimento do testamento, o disposto nos parágrafos do art. 735.

- Sem correspondência no CPC/1973.

Seção VI
Da Herança Jacente

Art. 738. Nos casos em que a lei considere jacente a herança, o juiz em cuja comarca tiver domicílio o falecido procederá imediatamente à arrecadação dos respectivos bens.

- Correspondência: art. 1.142, CPC/1973.
- V. arts. 1.819 e 1.823, CC.

Art. 739. A herança jacente ficará sob a guarda, a conservação e a administração de um curador até a respectiva entrega ao sucessor legalmente habilitado ou até a declaração de vacância.

- Correspondência: art. 1.143, CPC/1973.
- V. art. 75, VI, CPC/2015.
- V. art. 1.819, CC.

§ 1º Incumbe ao curador:

- Correspondência: art. 1.144, *caput*, CPC/1973.

I – representar a herança em juízo ou fora dele, com intervenção do Ministério Público;

- Correspondência: art. 1.144, I, CPC/1973.

II – ter em boa guarda e conservação os bens arrecadados e promover a arrecadação de outros porventura existentes;

- Correspondência: art. 1.144, II, CPC/1973.

III – executar as medidas conservatórias dos direitos da herança;

- Correspondência: art. 1.144, III, CPC/1973.

IV – apresentar mensalmente ao juiz balancete da receita e da despesa;

- Correspondência: art. 1.144, IV, CPC/1973.

V – prestar contas ao final de sua gestão.

- Correspondência: art. 1.144, V, CPC/1973.
- V. art. 553, CPC/2015.

§ 2º Aplica-se ao curador o disposto nos arts. 159 a 161.

- Correspondência: art. 1.144, parágrafo único, CPC/1973.

Art. 740. O juiz ordenará que o oficial de justiça, acompanhado do escrivão ou do chefe de secretaria e do curador, arrole os bens e descreva-os em auto circunstanciado.

- Correspondência: art. 1.145, CPC/1973.

§ 1º Não podendo comparecer ao local, o juiz requisitará à autoridade policial que proceda à arrecadação e ao arrolamento dos bens, com 2 (duas) testemunhas, que assistirão às diligências.

- Correspondência: art. 1.148, CPC/1973.

§ 2º Não estando ainda nomeado o curador, o juiz designará depositário e lhe entregará os bens, mediante simples termo nos autos, depois de compromissado.

- Correspondência: art. 1.145, § 1º, CPC/1973.

§ 3º Durante a arrecadação, o juiz ou a autoridade policial inquirirá os moradores da casa e da vizinhança sobre a qualificação do falecido, o paradeiro de seus sucessores e a existência de outros bens, lavrando-se de tudo auto de inquirição e informação.

- Correspondência: art. 1.150, CPC/1973.

§ 4º O juiz examinará reservadamente os papéis, as cartas missivas e os livros domésticos e, verificando que não apresentam interesse, mandará empacotá-los e lacrá-los para serem assim entregues aos sucessores do falecido ou queimados quando os bens forem declarados vacantes.

- Correspondência: art. 1.147, CPC/1973.

§ 5º Se constar ao juiz a existência de bens em outra comarca, mandará expedir carta precatória a fim de serem arrecadados.

- Correspondência: art. 1.149, CPC/1973.

§ 6º Não se fará a arrecadação, ou essa será suspensa, quando, iniciada, apresentarem-se para reclamar os bens o cônjuge ou companheiro, o herdeiro ou o testamenteiro notoriamente reconhecido e não houver oposição motivada do curador, de qualquer interessado, do Ministério Público ou do representante da Fazenda Pública.

- Correspondência: art. 1.151, CPC/1973.

Art. 741. Ultimada a arrecadação, o juiz mandará expedir edital, que será publicado na rede mundial de computadores, no sítio do tribunal a que estiver vinculado o juízo e na plataforma de editais do Conselho Nacional de Justiça, onde permanecerá por 3 (três) meses, ou, não havendo sítio, no órgão oficial e na imprensa da comarca, por 3 (três) vezes com intervalos de 1 (um) mês, para que os sucessores do falecido venham a habilitar-se no prazo de 6 (seis) meses contado da primeira publicação.

- Correspondência: art. 1.152, *caput*, CPC/1973.
- V. arts. 642 a 646, e 743, CPC/2015.

§ 1º Verificada a existência de sucessor ou de testamenteiro em lugar certo, far-se-á a sua citação, sem prejuízo do edital.

- Correspondência: art. 1.152, § 1º, CPC/1973.

§ 2º Quando o falecido for estrangeiro, será também comunicado o fato à autoridade consular.

- Correspondência: art. 1.152, § 2º, CPC/1973.

§ 3º Julgada a habilitação do herdeiro, reconhecida a qualidade do testamenteiro ou provada a identidade do cônjuge ou companheiro, a arrecadação converter-se-á em inventário.

- Correspondência: art. 1.153, CPC/1973.

§ 4º Os credores da herança poderão habilitar-se como nos inventários ou propor a ação de cobrança.

- Correspondência: art. 1.154, CPC/1973.
- V. arts. 642 a 646, CPC/2015.

Art. 742. O juiz poderá autorizar a alienação:

- Correspondência: art. 1.155, *caput*, CPC/1973.
- V. art. 730, CPC/2015.

I – de bens móveis, se forem de conservação difícil ou dispendiosa;

- Correspondência: art. 1.155, I, CPC/1973.

II – de semoventes, quando não empregados na exploração de alguma indústria;

- Correspondência: art. 1.155, II, CPC/1973.

III – de títulos e papéis de crédito, havendo fundado receio de depreciação;

- Correspondência: art. 1.155, III, CPC/1973.

IV – de ações de sociedade quando, reclamada a integralização, não dispuser a herança de dinheiro para o pagamento;

- Correspondência: art. 1.155, IV, CPC/1973.

V – de bens imóveis:

- Correspondência: art. 1.155, V, CPC/1973.

a) se ameaçarem ruína, não convindo a reparação;

- Correspondência: art. 1.155, V, *a*, CPC/1973.

b) se estiverem hipotecados e vencer-se a dívida, não havendo dinheiro para o pagamento.

- Correspondência: art. 1.155, V, *b*, CPC/1973.

§ 1º Não se procederá, entretanto, à venda se a Fazenda Pública ou o habilitando adiantar a importância para as despesas.

- Correspondência: art. 1.155, parágrafo único, CPC/1973.

§ 2º Os bens com valor de afeição, como retratos, objetos de uso pessoal, livros e obras de arte, só serão alienados depois de declarada a vacância da herança.

- Correspondência: art. 1.156, CPC/1973.

Art. 743. Passado 1 (um) ano da primeira publicação do edital e não havendo herdeiro habilitado nem habilitação pendente, será a herança declarada vacante.

- Correspondência: art. 1.157, *caput*, CPC/1973.
- V. arts. 1.820 e 1.822, CC.

§ 1º Pendendo habilitação, a vacância será declarada pela mesma sentença que a julgar improcedente, aguardando-se, no caso de serem diversas as habilitações, o julgamento da última.

- Correspondência: art. 1.157, parágrafo único, CPC/1973.

§ 2º Transitada em julgado a sentença que declarou a vacância, o cônjuge, o companheiro, os herdeiros e os credores só poderão reclamar o seu direito por ação direta.

- Correspondência: art. 1.158, CPC/1973.

Seção VII
Dos Bens dos Ausentes

Art. 744. Declarada a ausência nos casos previstos em lei, o juiz mandará arrecadar os bens do ausente e nomear-lhes-á curador na forma estabelecida na Seção VI, observando-se o disposto em lei.

- Correspondência: arts. 1.159 e 1.160, CPC/1973.
- V. arts. 671, I e 745, CPC/2015.
- V. arts. 22, 36, 38 e 39, CC.
- V. arts. 29, VI, e 94, Lei 6.015/1973 (Lei de Registros Públicos).

Art. 745. Feita a arrecadação, o juiz mandará publicar editais na rede mundial de computadores, no sítio do tribunal a que estiver vinculado e na plataforma de editais do Conselho Nacional de Justiça, onde permanecerá por 1 (um) ano, ou, não havendo sítio, no órgão oficial e na imprensa da comarca, durante 1 (um) ano, reproduzida de 2 (dois) em 2 (dois) meses, anunciando a arrecadação e chamando o ausente a entrar na posse de seus bens.

- Correspondência: art. 1.161, CPC/1973.
- V. Súmula 331, STF.

§ 1º Findo o prazo previsto no edital, poderão os interessados requerer a abertura da sucessão provisória, observando-se o disposto em lei.

- Correspondência: art. 1.163, *caput*, CPC/1973.
- V. art. 26, CC.

§ 2º O interessado, ao requerer a abertura da sucessão provisória, pedirá a citação pessoal dos herdeiros presentes e do curador e, por editais, a dos ausentes para requererem habilitação, na forma dos arts. 689 a 692.

- Correspondência: art. 1.164, CPC/1973.

§ 3º Presentes os requisitos legais, poderá ser requerida a conversão da sucessão provisória em definitiva.

- Correspondência: art. 1.167, CPC/1973.
- V. arts. 37 e 38, CC.

§ 4º Regressando o ausente ou algum de seus descendentes ou ascendentes para requerer ao juiz a entrega de bens, serão citados para contestar o pedido os sucessores provisórios ou definitivos, o Ministério Público e o representante da Fazenda Pública, seguindo-se o procedimento comum.

- Correspondência: arts. 1.168 e 1.169, CPC/1973.
- V. art. 39, CC.

Seção VIII
Das Coisas Vagas

Art. 746. Recebendo do descobridor coisa alheia perdida, o juiz mandará lavrar o respectivo auto, do qual constará a descrição do bem e as declarações do descobridor.

- Correspondência: art. 1.170, *caput*, CPC/1973.
- V. arts. 1.233 a 1.237, CC.
- V. art. 169, parágrafo único, II, CP.

§ 1º Recebida a coisa por autoridade policial, esta a remeterá em seguida ao juízo competente.

- Correspondência: art. 1.170, parágrafo único, CPC/1973.

§ 2º Depositada a coisa, o juiz mandará publicar edital na rede mundial de computadores, no sítio do tribunal a que estiver vinculado e na plataforma de editais do Conselho Nacional de Justiça ou, não havendo sítio, no órgão oficial e na imprensa da comarca, para que o dono ou o legítimo possuidor a reclame, salvo se se tratar de coisa de pequeno valor e não for possível a publicação no sítio do tribunal, caso em que o edital será apenas afixado no átrio do edifício do fórum.

- Correspondência: art. 1.171, § 2º, CPC/1973.

§ 3º Observar-se-á, quanto ao mais, o disposto em lei.

- Sem correspondência no CPC/1973.

Seção IX
Da Interdição

Art. 747. A interdição pode ser promovida:

- Correspondência: art. 1.177, *caput*, CPC/1973.

I – pelo cônjuge ou companheiro;

- Correspondência: art. 1.177, I e II, CPC/1973.

II – pelos parentes ou tutores;

- Correspondência: art. 1.177, I e II, CPC/1973.
- V. arts. 1.767, 1.774 a 1.778 e 1.781 a 1.783, CC.

III – pelo representante da entidade em que se encontra abrigado o interditando;

- Sem correspondência no CPC/1973.

IV – pelo Ministério Público.

- Correspondência: art. 1.177, III, CPC/1973.
- V. art. 177, CPC/2015.

Parágrafo único. A legitimidade deverá ser comprovada por documentação que acompanhe a petição inicial.

- Correspondência: art. 1.180, CPC/1973.

Art. 748. O Ministério Público só promoverá interdição em caso de doença mental grave:

- Correspondência: art. 1.178, I, CPC/1973.

I – se as pessoas designadas nos incisos I, II e III do art. 747 não existirem ou não promoverem a interdição;

- Correspondência: art. 1.178, II, CPC/1973.

II – se, existindo, forem incapazes as pessoas mencionadas nos incisos I e II do art. 747.

- Correspondência: art. 1.178, III, CPC/1973.

Art. 749. Incumbe ao autor, na petição inicial, especificar os fatos que demonstram a incapacidade do interditando para administrar seus bens e, se for o caso, para praticar atos da vida civil, bem como o momento em que a incapacidade se revelou.

- Correspondência: art. 1.180, CPC/1973.

Parágrafo único. Justificada a urgência, o juiz pode nomear curador provisório ao interditando para a prática de determinados atos.

- Sem correspondência no CPC/1973.

Art. 750. O requerente deverá juntar laudo médico para fazer prova de suas alegações ou informar a impossibilidade de fazê-lo.

- Sem correspondência no CPC/1973.

Art. 751. O interditando será citado para, em dia designado, comparecer perante o juiz, que o entrevistará minuciosamente acerca de sua vida, negócios, bens, vontades, preferências e laços familiares e afetivos e sobre o que mais lhe parecer necessário para convencimento quanto à sua capacidade para praticar atos da vida civil, devendo ser reduzidas a termo as perguntas e respostas.

- Correspondência: art. 1.181, CPC/1973.

§ 1º Não podendo o interditando deslocar-se, o juiz o ouvirá no local onde estiver.

- Sem correspondência no CPC/1973.

§ 2º A entrevista poderá ser acompanhada por especialista.

- Sem correspondência no CPC/1973.

§ 3º Durante a entrevista, é assegurado o emprego de recursos tecnológicos capazes de permitir ou de auxiliar o interditando a expressar suas vontades e preferências e a responder às perguntas formuladas.

- Sem correspondência no CPC/1973.

§ 4º A critério do juiz, poderá ser requisitada a oitiva de parentes e de pessoas próximas.

- Sem correspondência no CPC/1973.

Art. 752. Dentro do prazo de 15 (quinze) dias contado da entrevista, o interditando poderá impugnar o pedido.

- Correspondência: art. 1.182, *caput*, CPC/1973.

§ 1º O Ministério Público intervirá como fiscal da ordem jurídica.

- Correspondência: art. 1.182, § 1º, CPC/1973.
- V. art. 178, CPC/2015.

§ 2º O interditando poderá constituir advogado, e, caso não o faça, deverá ser nomeado curador especial.

- Correspondência: art. 1.182, § 2º, CPC/1973.

§ 3º Caso o interditando não constitua advogado, o seu cônjuge, companheiro ou qualquer parente sucessível poderá intervir como assistente.

- Correspondência: art. 1.182, § 3º, CPC/1973.

Art. 753. Decorrido o prazo previsto no art. 752, o juiz determinará a produção de prova pericial para avaliação da capacidade do interditando para praticar atos da vida civil.

- Correspondência: art. 1.183, *caput*, CPC/1973.

§ 1º A perícia pode ser realizada por equipe composta por expertos com formação multidisciplinar.

- Sem correspondência no CPC/1973.

§ 2º O laudo pericial indicará especificadamente, se for o caso, os atos para os quais haverá necessidade de curatela.

- Sem correspondência no CPC/1973.

Art. 754. Apresentado o laudo, produzidas as demais provas e ouvidos os interessados, o juiz proferirá sentença.

- Correspondência: art. 1.183, *caput*, CPC/1973.

Art. 755. Na sentença que decretar a interdição, o juiz:

- Sem correspondência no CPC/1973.

I – nomeará curador, que poderá ser o requerente da interdição, e fixará os limites da curatela, segundo o estado e o desenvolvimento mental do interdito;

- Correspondência: art. 1.183, parágrafo único, CPC/1973.

II – considerará as características pessoais do interdito, observando suas potencialidades, habilidades, vontades e preferências.

- Sem correspondência no CPC/1973.

§ 1º A curatela deve ser atribuída a quem melhor possa atender aos interesses do curatelado.

- Sem correspondência no CPC/1973.

§ 2º Havendo, ao tempo da interdição, pessoa incapaz sob a guarda e a responsabilidade do interdito, o juiz atribuirá a curatela a quem melhor puder atender aos interesses do interdito e do incapaz.

- Sem correspondência no CPC/1973.

§ 3º A sentença de interdição será inscrita no registro de pessoas naturais e imediatamente publicada na rede mundial de computadores, no sítio do tribunal a que estiver vinculado o juízo e na plataforma de editais do Conselho Nacional de Justiça, onde permanecerá por 6 (seis) meses, na imprensa local, 1 (uma) vez, e no órgão oficial, por 3 (três) vezes, com intervalo de 10 (dez) dias, constando do edital os nomes do interdito e do curador, a causa da interdição, os limites da curatela e, não sendo total a interdição, os atos que o interdito poderá praticar autonomamente.

- Correspondência: art. 1.184, CPC/1973.
- V. art. 9º, III, CC.
- V. arts. 29, V, 92 e 107, § 1º, Lei 6.015/1973 (Lei de Registros Públicos).

Art. 756. Levantar-se-á a curatela quando cessar a causa que a determinou.

- Correspondência: art. 1.186, *caput*, CPC/1973.

§ 1º O pedido de levantamento da curatela poderá ser feito pelo interdito, pelo curador ou pelo Ministério Público e será apensado aos autos da interdição.

- Correspondência: art. 1.186, § 1º, CPC/1973.

§ 2º O juiz nomeará perito ou equipe multidisciplinar para proceder ao exame do interdito e designará audiência de instrução e julgamento após a apresentação do laudo.

- Correspondência: art. 1.186, § 1º, CPC/1973.

§ 3º Acolhido o pedido, o juiz decretará o levantamento da interdição e determinará a publicação da sentença, após o trânsito em julgado, na forma do art. 755, § 3º, ou, não sendo possível, na imprensa local e no órgão oficial, por 3 (três) vezes, com intervalo de 10 (dez) dias, seguindo-se a averbação no registro de pessoas naturais.

- Correspondência: art. 1.186, § 2º, CPC/1973.

§ 4º A interdição poderá ser levantada parcialmente quando demonstrada a capacidade do interdito para praticar alguns atos da vida civil.

- Sem correspondência no CPC/1973.

Art. 757. A autoridade do curador estende-se à pessoa e aos bens do incapaz que se encontrar sob a guarda e a responsabilidade do curatelado ao tempo da interdição, salvo se o juiz considerar outra solução como mais conveniente aos interesses do incapaz.

- Sem correspondência no CPC/1973.
- V. art. 1.778, CC.

Art. 758. O curador deverá buscar tratamento e apoio apropriados à conquista da autonomia pelo interdito.

- Sem correspondência no CPC/1973.

Seção X
Disposições Comuns à Tutela e à Curatela

Art. 759. O tutor ou o curador será intimado a prestar compromisso no prazo de 5 (cinco) dias contado da:

- Correspondência: art. 1.187, *caput*, CPC/1973.
- V. arts. 71 e 747, CPC/2015.

I – nomeação feita em conformidade com a lei;

- Correspondência: art. 1.187, I, CPC/1973.
- V. art. 215, II, CPC/2015.

II – intimação do despacho que mandar cumprir o testamento ou o instrumento público que o houver instituído.

- Correspondência: art. 1.187, II, CPC/1973.

§ 1º O tutor ou o curador prestará o compromisso por termo em livro rubricado pelo juiz.

- Correspondência: art. 1.188, CPC/1973.
- V. art. 553, CPC/2015.

§ 2º Prestado o compromisso, o tutor ou o curador assume a administração dos bens do tutelado ou do interditado.

- Correspondência: art. 1.188, CPC/1973.

Art. 760. O tutor ou o curador poderá eximir-se do encargo apresentando escusa ao juiz no prazo de 5 (cinco) dias contado:

- Correspondência: art. 1.192, *caput*, CPC/1973.
- V. arts. 1.736 a 1.739, CC.

I – antes de aceitar o encargo, da intimação para prestar compromisso;

- Correspondência: art. 1.192, I, CPC/1973.

II – depois de entrar em exercício, do dia em que sobrevier o motivo da escusa.

- Correspondência: art. 1.192, II, CPC/1973.

§ 1º Não sendo requerida a escusa no prazo estabelecido neste artigo, considerar-se-á renunciado o direito de alegá-la.

- Correspondência: art. 1.192, parágrafo único, CPC/1973.

§ 2º O juiz decidirá de plano o pedido de escusa, e, não o admitindo, exercerá o nomeado a tutela ou a curatela enquanto não for dispensado por sentença transitada em julgado.

- Correspondência: art. 1.193, CPC/1973.

Art. 761. Incumbe ao Ministério Público ou a quem tenha legítimo interesse requerer, nos casos previstos em lei, a remoção do tutor ou do curador.

- Correspondência: art. 1.194, CPC/1973.
- V. arts. 1.735, 1.766, 1.774 e 1.781, CC.

Parágrafo único. O tutor ou o curador será citado para contestar a arguição no prazo de 5 (cinco) dias, findo o qual observar-se-á o procedimento comum.

- Correspondência: arts. 1.195 e 1.196, CPC/1973.

Art. 762. Em caso de extrema gravidade, o juiz poderá suspender o tutor ou o curador do exercício de suas funções, nomeando substituto interino.

- Correspondência: art. 1.197, CPC/1973.

Art. 763. Cessando as funções do tutor ou do curador pelo decurso do prazo em que era obrigado a servir, ser-lhe-á lícito requerer a exoneração do encargo.

- Correspondência: art. 1.198, CPC/1973.

§ 1º Caso o tutor ou o curador não requeira a exoneração do encargo dentro dos 10 (dez) dias seguintes à expiração do termo, entender-se-á reconduzido, salvo se o juiz o dispensar.

- Correspondência: art. 1.198, CPC/1973.

§ 2º Cessada a tutela ou a curatela, é indispensável a prestação de contas pelo tutor ou pelo curador, na forma da lei civil.

- Sem correspondência no CPC/1973.

Seção XI
Da Organização e da Fiscalização das Fundações

Art. 764. O juiz decidirá sobre a aprovação do estatuto das fundações e de suas alterações sempre que o requeira o interessado, quando:

- Correspondência: art. 1.201, § 1º, CPC/1973.
- V. art. 5º, XXXV, CF.

I – ela for negada previamente pelo Ministério Público ou por este forem exigidas modificações com as quais o interessado não concorde;

- Correspondência: art. 1.201, § 1º, CPC/1973.

II – o interessado discordar do estatuto elaborado pelo Ministério Público.

- Correspondência: art. 1.202, I e II, CPC/1973.

§ 1º O estatuto das fundações deve observar o disposto na Lei 10.406, de 10 de janeiro de 2002 (Código Civil).

- Sem correspondência no CPC/1973.

§ 2º Antes de suprir a aprovação, o juiz poderá mandar fazer no estatuto modificações a fim de adaptá-lo ao objetivo do instituidor.

- Correspondência: art. 1.201, § 2º, CPC/1973.

Art. 765. Qualquer interessado ou o Ministério Público promoverá em juízo a extinção da fundação quando:

- Correspondência: art. 1.204, *caput*, CPC/1973.
- V. art. 69, CC.

I – se tornar ilícito o seu objeto;

- Correspondência: art. 1.204, I, CPC/1973.

II – for impossível a sua manutenção;

- Correspondência: art. 1.204, II, CPC/1973.

III – vencer o prazo de sua existência.

- Correspondência: art. 1.204, III, CPC/1973.

Seção XII
Da Ratificação dos Protestos Marítimos e dos Processos Testemunháveis Formados a Bordo

Art. 766. Todos os protestos e os processos testemunháveis formados a bordo e lançados no livro Diário da Navegação deverão ser apresentados pelo comandante ao juiz de direito do primeiro porto, nas primeiras 24 (vinte e quatro) horas de chegada da embarcação, para sua ratificação judicial.

- Sem correspondência no CPC/1973.

Art. 767. A petição inicial conterá a transcrição dos termos lançados no livro Diário da Navegação e deverá ser instruída com cópias das páginas que contenham os termos que serão ratificados, dos documentos de identificação do comandante e das testemunhas arroladas, do rol de tripulantes, do documento de registro da embarcação e, quando for o caso, do manifesto das cargas sinistradas e a qualificação de seus consignatários, traduzidos, quando for o caso, de forma livre para o português.

- Sem correspondência no CPC/1973.
- V. art. 319, CPC/2015.

Art. 768. A petição inicial deverá ser distribuída com urgência e encaminhada ao juiz, que ouvirá, sob compromisso a ser prestado no mesmo dia, o comandante e as testemunhas em número mínimo de 2 (duas) e máximo de 4 (quatro), que deverão comparecer ao ato independentemente de intimação.

- Sem correspondência no CPC/1973.

§ 1º Tratando-se de estrangeiros que não dominem a língua portuguesa, o autor deverá fazer-se acompanhar por tradutor, que prestará compromisso em audiência.

§ 2º Caso o autor não se faça acompanhar por tradutor, o juiz deverá nomear outro que preste compromisso em audiência.

Art. 769. Aberta a audiência, o juiz mandará apregoar os consignatários das cargas indicados na petição inicial e outros eventuais interessados, nomeando para os ausentes curador para o ato.

- Sem correspondência no CPC/1973.
- V. arts. 22 a 25, CC.

Art. 770. Inquiridos o comandante e as testemunhas, o juiz, convencido da veracidade dos termos lançados no Diário da Navegação, em audiência, ratificará por sentença o protesto ou o processo testemunhável lavrado a bordo, dispensado o relatório.

- Sem correspondência no CPC/1973.

Parágrafo único. Independentemente do trânsito em julgado, o juiz determinará a entrega dos autos ao autor ou ao seu advogado, mediante a apresentação de traslado.

Livro II
DO PROCESSO DE EXECUÇÃO

TÍTULO I
Da Execução em Geral

Capítulo I
Disposições Gerais

Art. 771. Este Livro regula o procedimento da execução fundada em título extrajudicial, e suas disposições aplicam-se, também, no que couber, aos procedimentos especiais de execução, aos atos executivos realizados no procedimento de cumprimento de sentença, bem como aos efeitos de atos ou fatos processuais a que a lei atribuir força executiva.

- Sem correspondência no CPC/1973.
- V. art. 513, CPC/2015.

Parágrafo único. Aplicam-se subsidiariamente à execução as disposições do Livro I da Parte Especial.

- Correspondência: art. 598, CPC/1973.

Art. 772. O juiz pode, em qualquer momento do processo:

- Correspondência: art. 152, I, CPC/1973.

I – ordenar o comparecimento das partes;

- Correspondência: art. 152, I, CPC/1973.

II – advertir o executado de que seu procedimento constitui ato atentatório à dignidade da justiça;

- Correspondência: art. 152, I, CPC/1973.

III – determinar que sujeitos indicados pelo exequente forneçam informações em geral relacionadas ao objeto da execução, tais como documentos e dados que tenham em seu poder, assinando-lhes prazo razoável.

- Sem correspondência no CPC/1973.

Art. 773. O juiz poderá, de ofício ou a requerimento, determinar as medidas necessárias ao cumprimento da ordem de entrega de documentos e dados.

- Sem correspondência no CPC/1973.

Parágrafo único. Quando, em decorrência do disposto neste artigo, o juízo receber dados sigilosos para os fins da execução, o juiz adotará as medidas necessárias para assegurar a confidencialidade.

Art. 774. Considera-se atentatória à dignidade da justiça a conduta comissiva ou omissiva do executado que:

- Correspondência: art. 600, *caput*, CPC/1973.
- V. art. 5º, CPC/2015.

I – frauda a execução;

- Correspondência: art. 600, I, CPC/1973.
- V. arts. 792, 808, 856, § 3º, CPC/2015.

II – se opõe maliciosamente à execução, empregando ardis e meios artificiosos;

- Correspondência: art. 600, II, CPC/1973.

III – dificulta ou embaraça a realização da penhora;

- Sem correspondência no CPC/1973.

IV – resiste injustificadamente às ordens judiciais;

- Correspondência: art. 600, III, CPC/1973.

V – intimado, não indica ao juiz quais são e onde estão os bens sujeitos à penhora e os respectivos valores, nem exibe prova de sua propriedade e, se for o caso, certidão negativa de ônus.

- Correspondência: art. 600, IV, CPC/1973.

Parágrafo único. Nos casos previstos neste artigo, o juiz fixará multa em montante não superior a 20% (vinte por cento) do valor atualizado do débito em execução, a qual será revertida em proveito do exequente, exigível nos próprios autos do processo, sem prejuízo de outras sanções de natureza processual ou material.

- Correspondência: art. 601, CPC/1973.

Art. 775. O exequente tem o direito de desistir de toda a execução ou de apenas alguma medida executiva.

- Correspondência: art. 569, *caput*, CPC/1973.
- V. art. 200, parágrafo único, CPC/2015.

Parágrafo único. Na desistência da execução, observar-se-á o seguinte:

- Correspondência: art. 569, parágrafo único, CPC/1973.

I – serão extintos a impugnação e os embargos que versarem apenas sobre questões processuais, pagando o exequente as custas processuais e os honorários advocatícios;

- Correspondência: art. 569, parágrafo único, *a*, CPC/1973.

II – nos demais casos, a extinção dependerá da concordância do impugnante ou do embargante.

- Correspondência: art. 569, parágrafo único, *b*, CPC/1973.
- V. art. 485, § 4º, CPC/2015.

Art. 776. O exequente ressarcirá ao executado os danos que este sofreu, quando a sentença, transitada em julgado, declarar inexistente, no todo ou em parte, a obrigação que ensejou a execução.

- Correspondência: art. 574, CPC/1973.

Art. 777. A cobrança de multas ou de indenizações decorrentes de litigância de má-fé ou de prática de ato atentatório à dignidade da justiça será promovida nos próprios autos do processo.

- Correspondência: art. 739-B, CPC/1973.

Capítulo II
Das Partes

Art. 778. Pode promover a execução forçada o credor a quem a lei confere título executivo.

- Correspondência: art. 566, *caput* e I, CPC/1973.
- V. arts. 109, § 1º, 177, 328 e 784, CPC/2015.

§ 1º Podem promover a execução forçada ou nela prosseguir, em sucessão ao exequente originário:

- Correspondência: art. 567, *caput*, CPC/1973.

I – o Ministério Público, nos casos previstos em lei;

- Correspondência: art. 566, II, CPC/1973.

II – o espólio, os herdeiros ou os sucessores do credor, sempre que, por morte deste, lhes for transmitido o direito resultante do título executivo;

- Correspondência: art. 567, I, CPC/1973.
- V. art. 75, VII, 485, IX, 687 a 692, CPC/2015.

III – o cessionário, quando o direito resultante do título executivo lhe for transferido por ato entre vivos;

- Correspondência: art. 567, II, CPC/1973.
- V. arts. 287 a 289, CC.

IV – o sub-rogado, nos casos de sub-rogação legal ou convencional.

- Correspondência: art. 567, III, CPC/1973.
- V. art. 857, CPC/2015.
- V. arts. 346 a 351, 831 e 834, CC.

§ 2º A sucessão prevista no § 1º independe de consentimento do executado.

- Sem correspondência no CPC/1973.

Art. 779. A execução pode ser promovida contra:

- Correspondência: art. 568, *caput*, CPC/1973.
- V. art. 789, CPC/2015.

I – o devedor, reconhecido como tal no título executivo;

- Correspondência: art. 568, I, CPC/1973.

II – o espólio, os herdeiros ou os sucessores do devedor;

- Correspondência: art. 568, II, CPC/1973.

III – o novo devedor que assumiu, com o consentimento do credor, a obrigação resultante do título executivo;

- Correspondência: art. 568, III, CPC/1973.
- V. art. 109, § 1º, CPC/2015.

IV – o fiador do débito constante em título extrajudicial;

- Correspondência: art. 568, IV, CPC/1973.
- V. art. 794, CPC/2015.

V – o responsável titular do bem vinculado por garantia real ao pagamento do débito;

- Sem correspondência no CPC/1973.

VI – o responsável tributário, assim definido em lei.

- Correspondência: art. 568, V, CPC/1973.
- V. arts. 121, parágrafo único, 128 a 138, CTN.

Art. 780. O exequente pode cumular várias execuções, ainda que fundadas em títulos diferentes, quando o executado for o mesmo e desde que para todas elas seja competente o mesmo juízo e idêntico o procedimento.

- Correspondência: art. 573, CPC/1973.
- V. art. 327, CPC/2015.
- V. Súmula 27, STJ.

Capítulo III
Da Competência

Art. 781. A execução fundada em título extrajudicial será processada perante o juízo competente, observando-se o seguinte:

- Correspondência: art. 576, CPC/1973.
- V. arts. 21, 23, 24, 42 a 63 e 951 a 959, CPC/2015.

I – a execução poderá ser proposta no foro de domicílio do executado, de eleição constante do título ou, ainda, de situação dos bens a ela sujeitos;

- Sem correspondência no CPC/1973.

II – tendo mais de um domicílio, o executado poderá ser demandado no foro de qualquer deles;

- Sem correspondência no CPC/1973.

III – sendo incerto ou desconhecido o domicílio do executado, a execução poderá ser proposta no lugar onde for encontrado ou no foro de domicílio do exequente;

- Sem correspondência no CPC/1973.

IV – havendo mais de um devedor, com diferentes domicílios, a execução será proposta no foro de qualquer deles, à escolha do exequente;

- Sem correspondência no CPC/1973.

V – a execução poderá ser proposta no foro do lugar em que se praticou o ato ou em que ocorreu o fato que deu origem ao título, mesmo que nele não mais resida o executado.

- Sem correspondência no CPC/1973.

Art. 782. Não dispondo a lei de modo diverso, o juiz determinará os atos executivos, e o oficial de justiça os cumprirá.

- Correspondência: art. 577, CPC/1973.
- V. arts. 154, 155 e 233, CPC/2015.

§ 1º O oficial de justiça poderá cumprir os atos executivos determinados pelo juiz também nas comarcas contíguas, de fácil comunicação, e nas que se situem na mesma região metropolitana.

- Correspondência: art. 230, CPC/1973.

§ 2º Sempre que, para efetivar a execução, for necessário o emprego de força policial, o juiz a requisitará.

- Correspondência: art. 579, CPC/1973.
- V. arts. 360, III, e 846, CPC/2015.

§ 3º A requerimento da parte, o juiz pode determinar a inclusão do nome do executado em cadastros de inadimplentes.

- Sem correspondência no CPC/1973.

§ 4º A inscrição será cancelada imediatamente se for efetuado o pagamento, se for garantida a execução ou se a execução for extinta por qualquer outro motivo.

- Sem correspondência no CPC/1973.

§ 5º O disposto nos §§ 3º e 4º aplica-se à execução definitiva de título judicial.

- Sem correspondência no CPC/1973.

Capítulo IV
Dos Requisitos Necessários para Realizar qualquer Execução

Seção I
Do Título Executivo

Art. 783. A execução para cobrança de crédito fundar-se-á sempre em título de obrigação certa, líquida e exigível.

- Correspondência: art. 586, CPC/1973.
- V. art. 803, I, CPC/2015.
- V. art. 2º, Lei 6.458/1977 (Adapta a Lei 5.474/1968 ao CPC).

Art. 784. São títulos executivos extrajudiciais:

- Correspondência: art. 585, *caput*, CPC/1973.

I – a letra de câmbio, a nota promissória, a duplicata, a debênture e o cheque;

- Correspondência: art. 585, I, CPC/1973.
- V. arts. 49, 50, 51 e 56, Dec. 2.044/1908 (Letra de câmbio e nota promissória).
- V. Dec. 57.595/1966 (Convenções para adoção de uma Lei Uniforme em matéria de cheques).
- V. arts. 41 e 44, Dec.-lei 167/1967 (Títulos de crédito rural).
- V. arts. 15 e 22, Lei 5.474/1968 (Duplicatas).
- V. Dec.-lei 413/1969 (Títulos de crédito industrial).
- V. arts. 52 a 74, Lei 6.404/1976 (Sociedades por ações).
- V. Lei 7.357/1985 (Cheque).

II – a escritura pública ou outro documento público assinado pelo devedor;

- Correspondência: art. 585, II, CPC/1973.
- V. art. 215, CC.

III – o documento particular assinado pelo devedor e por 2 (duas) testemunhas;

- Correspondência: art. 585, II, CPC/1973.
- V. art. 221, CC.
- V. Súmula 300, STJ.

IV – o instrumento de transação referendado pelo Ministério Público, pela Defensoria Pública, pela Advocacia Pública, pelos advogados dos transatores ou por conciliador ou mediador credenciado por tribunal;

- Correspondência: art. 585, II, CPC/1973.
- V. art. 57, parágrafo único, Lei 9.099/1995 (Juizados Especiais Cíveis e Criminais).

V – o contrato garantido por hipoteca, penhor, anticrese ou outro direito real de garantia e aquele garantido por caução;

- Correspondência: art. 585, III, CPC/1973.
- V. arts. 1.419 a 1.510, CC.
- V. arts. 1º a 13 e 31, Lei 492/1937 (Penhor rural e a cédula pignoratícia).
- V. arts. 29, 32, § 2º, 35, § 1º, e 38, Dec.-lei 70/1966 (Cédula hipotecária).

VI – o contrato de seguro de vida em caso de morte;

- Correspondência: art. 585, III, CPC/1973.
- V. Dec.-lei 5.384/1943 (Beneficiários do seguro de vida).

VII – o crédito decorrente de foro e laudêmio;

- Correspondência: art. 585, IV, CPC/1973.

VIII – o crédito, documentalmente comprovado, decorrente de aluguel de imóvel, bem como de encargos acessórios, tais como taxas e despesas de condomínio;

- Correspondência: art. 585, V, CPC/1973.
- V. art. 1.315, CC.
- V. Lei 4.591/1964 (Condomínio em edificações e as incorporações imobiliárias).

IX – a certidão de dívida ativa da Fazenda Pública da União, dos Estados, do Distrito Federal e dos Municípios, correspondente aos créditos inscritos na forma da lei;

- Correspondência: art. 585, VII, CPC/1973.
- V. arts. 201 a 204, CTN.
- V. arts. 2º e 3º, Lei 6.830/1980 (Lei de Execução Fiscal).

X – o crédito referente às contribuições ordinárias ou extraordinárias de condomínio edilício, previstas na respectiva convenção ou aprovadas em assembleia geral, desde que documentalmente comprovadas;

- Sem correspondência no CPC/1973.
- V. arts. 1.315, CC.
- V. Lei 4.591/1964 (Condomínio em edificações e as incorporações imobiliárias).

XI – a certidão expedida por serventia notarial ou de registro relativa a valores de emolumentos e demais despesas devidas pelos atos por ela praticados, fixados nas tabelas estabelecidas em lei;

- Sem correspondência no CPC/1973.

XII – todos os demais títulos aos quais, por disposição expressa, a lei atribuir força executiva.

- Correspondência: art. 585, VIII, CPC/1973.
- V. arts. 32, § 2º, 35, § 1º, e 38, Dec.-lei 70/1966 (Cédula hipotecária).
- V. art. 10, Lei 5.741/1971 (Sistema Financeiro da Habitação).
- V. art. 107, I, Lei 6.404/1976 (Sociedades por ações).
- V. art. 211, Lei 8.069/1990 (Estatuto da Criança e do Adolescente).
- V. art. 24, Lei 8.906/1994 (Estatuto da Advocacia e da OAB).
- V. arts. 49, § 1º, e 142, § 6º, III, Lei 11.101/2005 (Lei de Recuperação de Empresas e Falência).

§ 1º A propositura de qualquer ação relativa a débito constante de título executivo não inibe o credor de promover-lhe a execução.

- Correspondência: art. 585, § 1º, CPC/1973.
- V. Súmula 317, STJ.

§ 2º Os títulos executivos extrajudiciais oriundos de país estrangeiro não dependem de homologação para serem executados.

- Correspondência: art. 585, § 2º, CPC/1973.
- V. art. 13, Dec.-lei 4.657/1942 (Lei de Introdução às normas do Direito Brasileiro).

§ 3º O título estrangeiro só terá eficácia executiva quando satisfeitos os requisitos de formação exigidos pela lei do lugar de sua celebração e quando o Brasil for indicado como o lugar de cumprimento da obrigação.

- Correspondência: art. 585, § 2º, CPC/1973.

Art. 785. A existência de título executivo extrajudicial não impede a parte de optar pelo processo de conhecimento, a fim de obter título executivo judicial.

- Sem correspondência no CPC/1973.

Seção II
Da Exigibilidade da Obrigação

Art. 786. A execução pode ser instaurada caso o devedor não satisfaça a obrigação certa, líquida e exigível consubstanciada em título executivo.

- Correspondência: art. 580, CPC/1973.

Parágrafo único. A necessidade de simples operações aritméticas para apurar o crédito exequendo não retira a liquidez da obrigação constante do título.

- Sem correspondência no CPC/1973.

Art. 787. Se o devedor não for obrigado a satisfazer sua prestação senão mediante a contraprestação do credor, este deverá provar que a adimpliu ao requerer a execução, sob pena de extinção do processo.

- Correspondência: art. 615, *caput* e IV, CPC/1973.

Parágrafo único. O executado poderá eximir-se da obrigação, depositando em juízo a prestação ou a coisa, caso em que o juiz não permitirá que o credor a receba sem cumprir a contraprestação que lhe tocar.

- Correspondência: art. 582, parágrafo único, CPC/1973.

Art. 788. O credor não poderá iniciar a execução ou nela prosseguir se o devedor cumprir a obrigação, mas poderá recusar o recebimento da prestação se ela não corresponder ao direito ou à obrigação estabelecidos no título executivo, caso em que poderá requerer a execução forçada, ressalvado ao devedor o direito de embargá-la.

- Correspondência: art. 581, CPC/1973.
- V. art. 914, CPC/2015.
- V. art. 313, CC.

Capítulo V
Da Responsabilidade Patrimonial

Art. 789. O devedor responde com todos os seus bens presentes e futuros para o cumprimento de suas obrigações, salvo as restrições estabelecidas em lei.

- Correspondência: art. 591, CPC/1973.
- V. art. 824, CPC/2015.

Art. 790. São sujeitos à execução os bens:

- Correspondência: art. 592, *caput*, CPC/1973.
- V. art. 779, CPC/2015.

I – do sucessor a título singular, tratando-se de execução fundada em direito real ou obrigação reipersecutória;

- Correspondência: art. 592, I, CPC/1973.

II – do sócio, nos termos da lei;

- Correspondência: art. 592, II, CPC/1973.
- V. art. 795, CPC/2015.

III – do devedor, ainda que em poder de terceiros;

- Correspondência: art. 592, III, CPC/1973.

IV – do cônjuge ou companheiro, nos casos em que seus bens próprios ou de sua meação respondem pela dívida;

- Correspondência: art. 592, IV, CPC/1973.
- V. art. 1.642, CC.

V – alienados ou gravados com ônus real em fraude à execução;

- Correspondência: art. 592, V, CPC/1973.

VI – cuja alienação ou gravação com ônus real tenha sido anulada em razão do reconhecimento, em ação autônoma, de fraude contra credores;

- Sem correspondência no CPC/1973.

VII – do responsável, nos casos de desconsideração da personalidade jurídica.

- Sem correspondência no CPC/1973.

Art. 791. Se a execução tiver por objeto obrigação de que seja sujeito passivo o proprietário de terreno submetido ao regime do direito de superfície, ou o superficiário, responderá pela dívida, exclusivamente, o direito real do qual é titular o executado, recaindo a penhora ou outros atos de constrição exclusivamente sobre o terreno, no primeiro caso, ou sobre a construção ou a plantação, no segundo caso.

- Sem correspondência no CPC/1973.

§ 1º Os atos de constrição a que se refere o *caput* serão averbados separadamente na matrícula do imóvel, com a identificação do executado, do valor do crédito e do objeto sobre o qual recai o gravame, devendo o oficial destacar o bem que responde pela dívida, se o terreno, a construção ou a plantação, de modo a assegurar a publicidade da responsabilidade patrimonial de cada um deles pelas dívidas e pelas obrigações que a eles estão vinculadas.

§ 2º Aplica-se, no que couber, o disposto neste artigo à enfiteuse, à concessão de uso especial para fins de moradia e à concessão de direito real de uso.

Art. 792. A alienação ou a oneração de bem é considerada fraude à execução:

- Correspondência: art. 593, *caput*, CPC/1973.
- V. arts. 774, 808, CPC/2015.
- V. art. 185, CTN.
- V. arts. 216 e 240, Lei 6.015/1973 (Lei de Registros Públicos).

I – quando sobre o bem pender ação fundada em direito real ou com pretensão reipersecutória, desde que a pendência do processo tenha sido averbada no respectivo registro público, se houver;

- Correspondência: art. 593, I, CPC/1973.
- V. Súmula 375, STJ.

II – quando tiver sido averbada, no registro do bem, a pendência do processo de execução, na forma do art. 828;

- Sem correspondência no CPC/1973.
- V. arts. 828, § 3º, CPC/2015.
- V. Súmula 375, STJ.

III – quando tiver sido averbado, no registro do bem, hipoteca judiciária ou outro ato de constrição judicial originário do processo onde foi arguida a fraude;

- Sem correspondência no CPC/1973.

IV – quando, ao tempo da alienação ou da oneração, tramitava contra o devedor ação capaz de reduzi-lo à insolvência;

- Correspondência: art. 593, II, CPC/1973.

V – nos demais casos expressos em lei.

- Correspondência: art. 593, III, CPC/1973.
- V. Súmula 375, STJ.

§ 1º A alienação em fraude à execução é ineficaz em relação ao exequente.

- Sem correspondência no CPC/1973.

§ 2º No caso de aquisição de bem não sujeito a registro, o terceiro adquirente tem o ônus de provar que adotou as cautelas necessárias para a aquisição, mediante a exibição das certidões pertinentes, obtidas no domicílio do vendedor e no local onde se encontra o bem.

- Sem correspondência no CPC/1973.

§ 3º Nos casos de desconsideração da personalidade jurídica, a fraude à execução verifica-se a partir da citação da parte cuja personalidade se pretende desconsiderar.

- Sem correspondência no CPC/1973.

§ 4º Antes de declarar a fraude à execução, o juiz deverá intimar o terceiro adquirente, que, se quiser, poderá opor embargos de terceiro, no prazo de 15 (quinze) dias.

- Sem correspondência no CPC/1973.

Art. 793. O exequente que estiver, por direito de retenção, na posse de coisa pertencente ao devedor não poderá promover a execução sobre outros bens senão depois de excutida a coisa que se achar em seu poder.

- Correspondência: art. 594, CPC/1973.
- V. arts. 319, 476, 477, 491, 495, 578, 644, 664, 681, 708, 1.219, 1.220, 1.423, 1.433, II, 1.434 e 1.507 a 1.509, CC.

Art. 794. O fiador, quando executado, tem o direito de exigir que primeiro sejam executados os bens do devedor situados na mesma comarca, livres e desembargados, indicando-os pormenorizadamente à penhora.

- Correspondência: art. 595, *caput*, CPC/1973.
- V. arts. 827 e 828, CC.

§ 1º Os bens do fiador ficarão sujeitos à execução se os do devedor, situados na mesma comarca que os seus, forem insuficientes à satisfação do direito do credor.

- Correspondência: art. 595, *caput*, CPC/1973.

§ 2º O fiador que pagar a dívida poderá executar o afiançado nos autos do mesmo processo.

- Correspondência: art. 595, parágrafo único, CPC/1973.

§ 3º O disposto no *caput* não se aplica se o fiador houver renunciado ao benefício de ordem.

- Sem correspondência no CPC/1973.

Art. 795. Os bens particulares dos sócios não respondem pelas dívidas da sociedade, senão nos casos previstos em lei.

- Correspondência: art. 596, *caput*, CPC/1973.
- V. art. 790, II, CPC/2015.

- V. art. 1.022, CC.
- V. arts. 134, VII, e 135, I, CTN.

§ 1º O sócio réu, quando responsável pelo pagamento da dívida da sociedade, tem o direito de exigir que primeiro sejam excutidos os bens da sociedade.

- Correspondência: art. 596, *caput*, CPC/1973.

§ 2º Incumbe ao sócio que alegar o benefício do § 1º nomear quantos bens da sociedade situados na mesma comarca, livres e desembargados, bastem para pagar o débito.

- Correspondência: art. 596, § 1º, CPC/1973.

§ 3º O sócio que pagar a dívida poderá executar a sociedade nos autos do mesmo processo.

- Correspondência: art. 596, § 2º, CPC/1973.

§ 4º Para a desconsideração da personalidade jurídica é obrigatória a observância do incidente previsto neste Código.

- Sem correspondência no CPC/1973.

Art. 796. O espólio responde pelas dívidas do falecido, mas, feita a partilha, cada herdeiro responde por elas dentro das forças da herança e na proporção da parte que lhe coube.

- Correspondência: art. 597, CPC/1973.
- V. arts. 1.792, 1.821 e 1.997, CC.

TÍTULO II
Das Diversas Espécies de Execução

Capítulo I
Disposições Gerais

Art. 797. Ressalvado o caso de insolvência do devedor, em que tem lugar o concurso universal, realiza-se a execução no interesse do exequente que adquire, pela penhora, o direito de preferência sobre os bens penhorados.

- Correspondência: art. 612, CPC/1973.
- V. art. 187, parágrafo único, CTN.

Parágrafo único. Recaindo mais de uma penhora sobre o mesmo bem, cada exequente conservará o seu título de preferência.

- Correspondência: art. 613, CPC/1973.

Art. 798. Ao propor a execução, incumbe ao exequente:

- Correspondência: art. 614, *caput*, CPC/1973.

I – instruir a petição inicial com:

- Correspondência: art. 614, *caput*, CPC/1973.

a) o título executivo extrajudicial;

- Correspondência: art. 614, I, CPC/1973.

b) o demonstrativo do débito atualizado até a data de propositura da ação, quando se tratar de execução por quantia certa;

- Correspondência: art. 614, II, CPC/1973.

c) a prova de que se verificou a condição ou ocorreu o termo, se for o caso;

- Correspondência: art. 614, III, CPC/1973.

d) a prova, se for o caso, de que adimpliu a contraprestação que lhe corresponde ou que lhe assegura o cumprimento, se o executado não for obrigado a satisfazer a sua prestação senão mediante a contraprestação do exequente;

- Correspondência: art. 615, IV, CPC/1973.

II – indicar:

- Correspondência: art. 615, I, CPC/1973.

a) a espécie de execução de sua preferência, quando por mais de um modo puder ser realizada;

- Correspondência: art. 615, I, CPC/1973.

b) os nomes completos do exequente e do executado e seus números de inscrição no Cadastro de Pessoas Físicas ou no Cadastro Nacional da Pessoa Jurídica;

- Sem correspondência no CPC/1973.

c) os bens suscetíveis de penhora, sempre que possível.

- Correspondência: art. 652, § 2º, CPC/1973.

Parágrafo único. O demonstrativo do débito deverá conter:

- Sem correspondência no CPC/1973.

I – o índice de correção monetária adotado;

- Sem correspondência no CPC/1973.

II – a taxa de juros aplicada;

- Sem correspondência no CPC/1973.

III – os termos inicial e final de incidência do índice de correção monetária e da taxa de juros utilizados;

- Sem correspondência no CPC/1973.

IV – a periodicidade da capitalização dos juros, se for o caso;

- Sem correspondência no CPC/1973.

V – a especificação de desconto obrigatório realizado.

- Sem correspondência no CPC/1973.

Art. 799. Incumbe ainda ao exequente:

- Correspondência: art. 615, *caput*, CPC/1973.

I – requerer a intimação do credor pignoratício, hipotecário, anticrético ou fiduciário, quando a penhora recair sobre bens gravados por penhor, hipoteca, anticrese ou alienação fiduciária;

- Correspondência: art. 615, II, CPC/1973.

II – requerer a intimação do titular de usufruto, uso ou habitação, quando a penhora recair sobre bem gravado por usufruto, uso ou habitação;

- Correspondência: art. 615, II, CPC/1973.

III – requerer a intimação do promitente comprador, quando a penhora recair sobre bem em relação ao qual haja promessa de compra e venda registrada;

- Sem correspondência no CPC/1973.

IV – requerer a intimação do promitente vendedor, quando a penhora recair sobre direito aquisitivo derivado de promessa de compra e venda registrada;

- Sem correspondência no CPC/1973.

V – requerer a intimação do superficiário, enfiteuta ou concessionário, em caso de direito de superfície, enfiteuse, concessão de uso especial para fins de moradia ou concessão de direito real de uso, quando a penhora recair sobre imóvel submetido ao regime do direito de superfície, enfiteuse ou concessão;

- Sem correspondência no CPC/1973.

VI – requerer a intimação do proprietário de terreno com regime de direito de superfície, enfiteuse, concessão de uso especial para fins de moradia ou concessão de direito real de uso, quando a penhora recair sobre direitos do superficiário, do enfiteuta ou do concessionário;

- Sem correspondência no CPC/1973.

VII – requerer a intimação da sociedade, no caso de penhora de quota social ou de ação de sociedade anônima fechada, para o fim previsto no art. 876, § 7º;

- Sem correspondência no CPC/1973.

VIII – pleitear, se for o caso, medidas urgentes;

- Correspondência: art. 615, III, CPC/1973.

IX – proceder à averbação em registro público do ato de propositura da execução e dos atos de constrição realizados, para conhecimento de terceiros;

- Correspondência: art. 615-A, CPC/1973.

X – requerer a intimação do titular da construção-base, bem como, se for o caso, do titular de lajes anteriores, quando a penhora recair sobre o direito real de laje;

- Inciso X acrescentado pela Lei 13.465/2017.

XI – requerer a intimação do titular das lajes, quando a penhora recair sobre a construção-base.

- Inciso XI acrescentado pela Lei 13.465/2017.

Art. 800. Nas obrigações alternativas, quando a escolha couber ao devedor, esse será citado para exercer a opção e realizar a prestação dentro de 10 (dez) dias, se outro prazo não lhe foi determinado em lei ou em contrato.

- Correspondência: art. 571, *caput*, CPC/1973.
- V. arts. 252 a 256, CC.

§ 1º Devolver-se-á ao credor a opção, se o devedor não a exercer no prazo determinado.

- Correspondência: art. 571, § 1º, CPC/1973.

§ 2º A escolha será indicada na petição inicial da execução quando couber ao credor exercê-la.

- Correspondência: art. 571, § 2º, CPC/1973.

Art. 801. Verificando que a petição inicial está incompleta ou que não está acompanhada dos documentos indispensáveis à propositura da execução, o juiz determinará que o exequente a corrija, no prazo de 15 (quinze) dias, sob pena de indeferimento.

- Correspondência: art. 616, CPC/1973.

Art. 802. Na execução, o despacho que ordena a citação, desde que realizada em observância ao disposto no § 2º do art. 240, interrompe a prescrição, ainda que proferido por juízo incompetente.

- Correspondência: art. 617, CPC/1973.
- V. Súmula 150, STF.

Parágrafo único. A interrupção da prescrição retroagirá à data de propositura da ação.

- Correspondência: art. 219, § 1º, CPC/1973.

Art. 803. É nula a execução se:

- Correspondência: art. 618, *caput*, CPC/1973.

I – o título executivo extrajudicial não corresponder a obrigação certa, líquida e exigível;

- Correspondência: art. 618, I, CPC/1973.

II – o executado não for regularmente citado;

- Correspondência: art. 618, II, CPC/1973.

III – for instaurada antes de se verificar a condição ou de ocorrer o termo.

- Correspondência: art. 618, III, CPC/1973.

Parágrafo único. A nulidade de que cuida este artigo será pronunciada pelo juiz, de ofício ou a requerimento da parte, independentemente de embargos à execução.

- Sem correspondência no CPC/1973.

Art. 804. A alienação de bem gravado por penhor, hipoteca ou anticrese será ineficaz em relação ao credor pignoratício, hipotecário ou anticrético não intimado.

- Correspondência: art. 619, CPC/1973.
- V. art. 1.501, CC.

§ 1º A alienação de bem objeto de promessa de compra e venda ou de cessão registrada será ineficaz em relação ao promitente comprador ou ao cessionário não intimado.

- Sem correspondência no CPC/1973.

§ 2º A alienação de bem sobre o qual tenha sido instituído direito de superfície, seja do solo, da plantação ou da construção, será ineficaz em relação ao concedente ou ao concessionário não intimado.

- Sem correspondência no CPC/1973.

§ 3º A alienação de direito aquisitivo de bem objeto de promessa de venda, de promessa de cessão ou de alienação fiduciária será ineficaz em relação ao promitente vendedor, ao promitente cedente ou ao proprietário fiduciário não intimado.

- Sem correspondência no CPC/1973.

§ 4º A alienação de imóvel sobre o qual tenha sido instituída enfiteuse, concessão de uso especial para fins de moradia ou concessão de direito real de uso será ineficaz em relação ao enfiteuta ou ao concessionário não intimado.

- Sem correspondência no CPC/1973.

§ 5º A alienação de direitos do enfiteuta, do concessionário de direito real de uso ou do concessionário de uso especial para fins de moradia será ineficaz em relação ao proprietário do respectivo imóvel não intimado.

- Sem correspondência no CPC/1973.

§ 6º A alienação de bem sobre o qual tenha sido instituído usufruto, uso ou habitação será ineficaz em relação ao titular desses direitos reais não intimado.

- Correspondência: art. 619, CPC/1973.

Art. 805. Quando por vários meios o exequente puder promover a execução, o juiz mandará que se faça pelo modo menos gravoso para o executado.

- Correspondência: art. 620, CPC/1973.

Parágrafo único. Ao executado que alegar ser a medida executiva mais gravosa incumbe indicar outros meios mais eficazes e menos onerosos, sob pena de manutenção dos atos executivos já determinados.

- Correspondência: art. 668, CPC/1973.
- V. Súmula 417, STJ.

Capítulo II
Da Execução para a Entrega de Coisa

Seção I
Da Entrega de Coisa Certa

Art. 806. O devedor de obrigação de entrega de coisa certa, constante de título executivo extrajudicial, será citado para, em 15 (quinze) dias, satisfazer a obrigação.

- Correspondência: art. 621, *caput*, CPC/1973.
- V. arts. 233 a 242 e 313, CC.
- V. art. 35, I, Lei 8.078/1990 (Código de Defesa do Consumidor).

§ 1º Ao despachar a inicial, o juiz poderá fixar multa por dia de atraso no cumprimento da obrigação, ficando o respectivo valor sujeito a alteração, caso se revele insuficiente ou excessivo.

- Correspondência: art. 621, parágrafo único, CPC/1973.

§ 2º Do mandado de citação constará ordem para imissão na posse ou busca e apreensão, conforme se tratar de bem imóvel ou móvel, cujo cumprimento se dará de imediato, se o executado não satisfizer a obrigação no prazo que lhe foi designado.

- Correspondência: art. 625, CPC/1973.

Art. 807. Se o executado entregar a coisa, será lavrado o termo respectivo e considerada satisfeita a obrigação, prosseguindo-se a execução para o pagamento de frutos ou o ressarcimento de prejuízos, se houver.

- Correspondência: art. 624, CPC/1973.
- V. arts. 233, 234 e 236, CC.

Art. 808. Alienada a coisa quando já litigiosa, será expedido mandado contra o terceiro adquirente, que somente será ouvido após depositá-la.

- Correspondência: art. 626, CPC/1973.

Art. 809. O exequente tem direito a receber, além de perdas e danos, o valor da coisa, quando essa se deteriorar, não lhe for entregue, não for encontrada ou não for reclamada do poder de terceiro adquirente.

- Correspondência: art. 628, CPC/1973.
- V. arts. 402 a 405, CC.

§ 1º Não constando do título o valor da coisa e sendo impossível sua avaliação, o exequente apresentará estimativa, sujeitando-a ao arbitramento judicial.

§ 2º Serão apurados em liquidação o valor da coisa e os prejuízos.

Art. 810. Havendo benfeitorias indenizáveis feitas na coisa pelo executado ou por terceiros de cujo poder ela houver sido tirada, a liquidação prévia é obrigatória.

- Correspondência: art. 628, CPC/1973.
- V. arts. 96, 242 e 1.219 a 1.222, CC.

Parágrafo único. Havendo saldo:

I – em favor do executado ou de terceiros, o exequente o depositará ao requerer a entrega da coisa;

II – em favor do exequente, esse poderá cobrá-lo nos autos do mesmo processo.

Seção II
Da Entrega de Coisa Incerta

Art. 811. Quando a execução recair sobre coisa determinada pelo gênero e pela quantidade, o executado será citado para entregá-la individualizada, se lhe couber a escolha.

- Correspondência: art. 629, CPC/1973.
- V. arts. 85, 243 a 246, CC.
- V. art. 15, Lei 8.929/1994 (Cédula de produto rural).

Parágrafo único. Se a escolha couber ao exequente, esse deverá indicá-la na petição inicial.

Art. 812. Qualquer das partes poderá, no prazo de 15 (quinze) dias, impugnar a escolha feita pela outra, e o juiz decidirá de plano ou, se necessário, ouvindo o perito de sua nomeação.

- Correspondência: art. 630, CPC/1973.

Art. 813. Aplicar-se-ão à execução para entrega de coisa incerta, no que couber, as disposições da Seção I deste Capítulo.

- Correspondência: art. 631, CPC/1973.

Capítulo III
Da Execução das Obrigações de Fazer ou de Não Fazer

Seção I
Disposições Comuns

Art. 814. Na execução de obrigação de fazer ou de não fazer fundada em título extrajudicial, ao despachar a inicial, o juiz fixará multa por período de atraso no cumprimento da obrigação e a data a partir da qual será devida.

- Correspondência: art. 645, CPC/1973.

Parágrafo único. Se o valor da multa estiver previsto no título e for excessivo, o juiz poderá reduzi-lo.

Seção II
Da Obrigação de Fazer

Art. 815. Quando o objeto da execução for obrigação de fazer, o executado será citado para satisfazê-la no prazo que o juiz lhe designar, se outro não estiver determinado no título executivo.

- Correspondência: art. 632, CPC/1973.
- V. arts. 247 a 249, CC.
- V. Súmula 410, STJ.

Art. 816. Se o executado não satisfizer a obrigação no prazo designado, é lícito ao exequente, nos próprios autos do processo, requerer a satisfação da obrigação à custa do executado ou perdas e danos, hipótese em que se converterá em indenização.

- Correspondência: art. 633, CPC/1973.
- V. art. 249, CC.
- V. arts. 35 e 84, Lei 8.078/1990 (Código de Defesa do Consumidor).

Parágrafo único. O valor das perdas e danos será apurado em liquidação, seguindo-se a execução para cobrança de quantia certa.

Art. 817. Se a obrigação puder ser satisfeita por terceiro, é lícito ao juiz autorizar, a requerimento do exequente, que aquele a satisfaça à custa do executado.

- Correspondência: art. 634, CPC/1973.

Códigos

Parágrafo único. O exequente adiantará as quantias previstas na proposta que, ouvidas as partes, o juiz houver aprovado.

Art. 818. Realizada a prestação, o juiz ouvirá as partes no prazo de 10 (dez) dias e, não havendo impugnação, considerará satisfeita a obrigação.

- Correspondência: art. 635, CPC/1973.

Parágrafo único. Caso haja impugnação, o juiz a decidirá.

Art. 819. Se o terceiro contratado não realizar a prestação no prazo ou se o fizer de modo incompleto ou defeituoso, poderá o exequente requerer ao juiz, no prazo de 15 (quinze) dias, que o autorize a concluí-la ou a repará-la à custa do contratante.

- Correspondência: art. 636, CPC/1973.

Parágrafo único. Ouvido o contratante no prazo de 15 (quinze) dias, o juiz mandará avaliar o custo das despesas necessárias e o condenará a pagá-lo.

Art. 820. Se o exequente quiser executar ou mandar executar, sob sua direção e vigilância, as obras e os trabalhos necessários à realização da prestação, terá preferência, em igualdade de condições de oferta, em relação ao terceiro.

- Correspondência: art. 637, CPC/1973.

Parágrafo único. O direito de preferência deverá ser exercido no prazo de 5 (cinco) dias, após aprovada a proposta do terceiro.

Art. 821. Na obrigação de fazer, quando se convencionar que o executado a satisfaça pessoalmente, o exequente poderá requerer ao juiz que lhe assine prazo para cumpri-la.

- Correspondência: art. 638, CPC/1973.

Parágrafo único. Havendo recusa ou mora do executado, sua obrigação pessoal será convertida em perdas e danos, caso em que se observará o procedimento de execução por quantia certa.

- V. art. 247, CC.

Seção III
Da Obrigação de Não Fazer

Art. 822. Se o executado praticou ato a cuja abstenção estava obrigado por lei ou por contrato, o exequente requererá ao juiz que assine prazo ao executado para desfazê-lo.

- Correspondência: art. 642, CPC/1973.
- V. art. 251, *caput*, CC.

Art. 823. Havendo recusa ou mora do executado, o exequente requererá ao juiz que mande desfazer o ato à custa daquele, que responderá por perdas e danos.

- Correspondência: art. 643, CPC/1973.

Parágrafo único. Não sendo possível desfazer-se o ato, a obrigação resolve-se em perdas e danos, caso em que, após a liquidação, se observará o procedimento de execução por quantia certa.

- V. arts. 402 a 405, CC.

Capítulo IV
Da Execução por Quantia Certa

Seção I
Disposições Gerais

Art. 824. A execução por quantia certa realiza-se pela expropriação de bens do executado, ressalvadas as execuções especiais.

- Correspondência: art. 646, CPC/1973.

Art. 825. A expropriação consiste em:

- Correspondência: art. 647, *caput*, CPC/1973.

I – adjudicação;

- Correspondência: art. 647, I, CPC/1973.

II – alienação;

- Correspondência: art. 647, II e III, CPC/1973.

III – apropriação de frutos e rendimentos de empresa ou de estabelecimentos e de outros bens.

- Correspondência: art. 647, IV, CPC/1973.

Art. 826. Antes de adjudicados ou alienados os bens, o executado pode, a todo tempo, remir a execução, pagando ou consignando a importância atualizada da dívida, acrescida de juros, custas e honorários advocatícios.

- Correspondência: art. 651, CPC/1973.
- V. art. 19, I e II, Lei 6.830/1980 (Lei de Execução Fiscal).

Seção II
Da Citação do Devedor e do Arresto

Art. 827. Ao despachar a inicial, o juiz fixará, de plano, os honorários advocatícios de 10% (dez por cento), a serem pagos pelo executado.

- Correspondência: art. 652-A, *caput*, CPC/1973.

§ 1º No caso de integral pagamento no prazo de 3 (três) dias, o valor dos honorários advocatícios será reduzido pela metade.

- Correspondência: art. 652-A, parágrafo único, CPC/1973.

§ 2º O valor dos honorários poderá ser elevado até 20% (vinte por cento), quando rejeitados os embargos à execução, podendo a majoração, caso não opostos os embargos, ocorrer ao final do procedimento executivo, levando-se em conta o trabalho realizado pelo advogado do exequente.

- Sem correspondência no CPC/1973.

Art. 828. O exequente poderá obter certidão de que a execução foi admitida pelo juiz, com identificação das partes e do valor da causa, para fins de averbação no registro de imóveis, de veículos ou de outros bens sujeitos a penhora, arresto ou indisponibilidade.

- Correspondência: art. 615-A, *caput*, CPC/1973.

§ 1º No prazo de 10 (dez) dias de sua concretização, o exequente deverá comunicar ao juízo as averbações efetivadas.

- Correspondência: art. 615-A, § 1º, CPC/1973.

§ 2º Formalizada penhora sobre bens suficientes para cobrir o valor da dívida, o exequente providenciará, no prazo de 10 (dez) dias, o cancelamento das averbações relativas àqueles não penhorados.

- Correspondência: art. 615-A, § 2º, CPC/1973.

§ 3º O juiz determinará o cancelamento das averbações, de ofício ou a requerimento, caso o exequente não o faça no prazo.

- Sem correspondência no CPC/1973.

§ 4º Presume-se em fraude à execução a alienação ou a oneração de bens efetuada após a averbação.

- Correspondência: art. 615-A, § 3º, CPC/1973.

§ 5º O exequente que promover averbação manifestamente indevida ou não cancelar as averbações nos termos do § 2º indenizará a parte contrária, processando-se o incidente em autos apartados.

- Correspondência: art. 615-A, § 4º, CPC/1973.

Art. 829. O executado será citado para pagar a dívida no prazo de 3 (três) dias, contado da citação.

- Correspondência: art. 652, CPC/1973.
- V. art. 8º, Lei 6.830/1980 (Lei de Execução Fiscal).
- V. Lei 8.397/1992 (Medida cautelar fiscal).

§ 1º Do mandado de citação constarão, também, a ordem de penhora e a avaliação a serem cumpridas pelo oficial de justiça tão logo verificado o não pagamento no prazo assinalado, de tudo lavrando-se auto, com intimação do executado.

§ 2º A penhora recairá sobre os bens indicados pelo exequente, salvo se outros forem indicados pelo executado e aceitos pelo juiz, mediante demonstração de que a constrição proposta lhe será menos onerosa e não trará prejuízo ao exequente.

Art. 830. Se o oficial de justiça não encontrar o executado, arrestar-lhe-á tantos bens quantos bastem para garantir a execução.

- Correspondência: art. 653-A, *caput*, CPC/1973.
- V. art. 11, Lei 6.830/1980 (Lei de Execução Fiscal).

§ 1º Nos 10 (dez) dias seguintes à efetivação do arresto, o oficial de justiça procurará o executado 2 (duas) vezes em dias distintos e, havendo suspeita de ocultação, realizará a citação com hora certa, certificando pormenorizadamente o ocorrido.

- Correspondência: art. 653, parágrafo único, CPC/1973.

§ 2º Incumbe ao exequente requerer a citação por edital, uma vez frustradas a pessoal e a com hora certa.

- Correspondência: art. 654, CPC/1973.

§ 3º Aperfeiçoada a citação e transcorrido o prazo de pagamento, o arresto converter-se-á em penhora, independentemente de termo.

- Sem correspondência no CPC/1973.

Seção III
Da Penhora, do Depósito e da Avaliação

Subseção I
Do Objeto da Penhora

Art. 831. A penhora deverá recair sobre tantos bens quantos bastem para o

Códigos

pagamento do principal atualizado, dos juros, das custas e dos honorários advocatícios.

- Correspondência: art. 659, CPC/1973.

Art. 832. **Não estão sujeitos à execução os bens que a lei considera impenhoráveis ou inalienáveis.**

- Correspondência: art. 648, *caput*, CPC/1973.
- V. arts. 1.711, *caput*, 1.714, 1.717 e 1.722, CC.
- V. Lei 8.009/1990 (Impenhorabilidade do bem de família).

Art. 833. **São impenhoráveis:**

- Correspondência: art. 649, *caput*, CPC/1973.
- V. Lei 4.673/1965 (Impenhorabilidade sobre os bens penhorados em execução fiscal).
- V. art. 69, Dec.-lei 167/1967 (Títulos de crédito rural).
- V. art. 57, Dec.-lei 413/1969 (Títulos de crédito industrial).
- V. art. 5º, parágrafo único, Dec.-lei 911/1969 (Alienação fiduciária).
- V. art. 10, parte final, Lei 6.830/1980 (Lei de Execução Fiscal).

I – os bens inalienáveis e os declarados, por ato voluntário, não sujeitos à execução;

- Correspondência: art. 649, I, CPC/1973.

II – os móveis, os pertences e as utilidades domésticas que guarnecem a residência do executado, salvo os de elevado valor ou os que ultrapassem as necessidades comuns correspondentes a um médio padrão de vida;

- Correspondência: art. 649, II, CPC/1973.

III – os vestuários, bem como os pertences de uso pessoal do executado, salvo se de elevado valor;

- Correspondência: art. 649, III, CPC/1973.

IV – os vencimentos, os subsídios, os soldos, os salários, as remunerações, os proventos de aposentadoria, as pensões, os pecúlios e os montepios, bem como as quantias recebidas por liberalidade de terceiro e destinadas ao sustento do devedor e de sua família, os ganhos de trabalhador autônomo e os honorários de profissional liberal, ressalvado o § 2º;

- Correspondência: art. 649, IV, CPC/1973.
- V. art. 114, Lei 8.213/1991 (Planos de Benefícios da Previdência Social).

V – os livros, as máquinas, as ferramentas, os utensílios, os instrumentos ou outros bens móveis necessários ou úteis ao exercício da profissão do executado;

- Correspondência: art. 649, V, CPC/1973.
- V. art. 5º, parágrafo único, Dec.-lei 911/1969 (Alienação fiduciária).
- V. Súmula 451, STJ.

VI – o seguro de vida;

- Correspondência: art. 649, VI, CPC/1973.

VII – os materiais necessários para obras em andamento, salvo se essas forem penhoradas;

- Correspondência: art. 649, VII, CPC/1973.
- V. arts. 81, II, e 84, CC.

VIII – a pequena propriedade rural, assim definida em lei, desde que trabalhada pela família;

- Correspondência: art. 649, VIII, CPC/1973.
- V. art. 5º, XXVI, CF.
- V. art. 4º, § 2º, Lei 8.009/1990 (Impenhorabilidade do bem de família).

IX – os recursos públicos recebidos por instituições privadas para aplicação compulsória em educação, saúde ou assistência social;

- Correspondência: art. 649, IX, CPC/1973.

X – a quantia depositada em caderneta de poupança, até o limite de 40 (quarenta) salários mínimos;

- Correspondência: art. 649, X, CPC/1973.

XI – os recursos públicos do fundo partidário recebidos por partido político, nos termos da lei;

- Correspondência: art. 649, XI, CPC/1973.

XII – os créditos oriundos de alienação de unidades imobiliárias, sob regime de incorporação imobiliária, vinculados à execução da obra.

- Sem correspondência no CPC/1973.

§ 1º A impenhorabilidade não é oponível à execução de dívida relativa ao próprio bem, inclusive àquela contraída para sua aquisição.

- Correspondência: art. 649, § 1º, CPC/1973.

§ 2º O disposto nos incisos IV e X do *caput* não se aplica à hipótese de penhora para pagamento de prestação alimentícia, independentemente de sua origem, bem como às importâncias excedentes a 50 (cinquenta) salários mínimos mensais, devendo a constrição observar o disposto no art. 528, § 8º, e no art. 529, § 3º.

- Correspondência: art. 649, § 2º, CPC/1973.

§ 3º Incluem-se na impenhorabilidade prevista no inciso V do *caput* os equipamentos, os implementos e as máquinas agrícolas pertencentes a pessoa física ou a empresa individual produtora rural, exceto quando tais bens tenham sido objeto de financiamento e estejam vinculados em garantia a negócio jurídico ou quando respondam por dívida de natureza alimentar, trabalhista ou previdenciária.

- Sem correspondência no CPC/1973.

Art. 834. **Podem ser penhorados, à falta de outros bens, os frutos e os rendimentos dos bens inalienáveis.**

- Correspondência: art. 650, CPC/1973.

Art. 835. **A penhora observará, preferencialmente, a seguinte ordem:**

- Correspondência: art. 655, *caput*, CPC/1973.
- V. art. 11, Lei 6.830/1980 (Lei de Execução Fiscal).

I – dinheiro, em espécie ou em depósito ou aplicação em instituição financeira;

- Correspondência: art. 655, I, CPC/1973.
- V. Súmula 328, STJ.

II – títulos da dívida pública da União, dos Estados e do Distrito Federal com cotação em mercado;

- Correspondência: art. 655, IX, CPC/1973.

III – títulos e valores mobiliários com cotação em mercado;

- Correspondência: art. 655, X, CPC/1973.

IV – veículos de via terrestre;

- Correspondência: art. 655, II, CPC/1973.

V – bens imóveis;

- Correspondência: art. 655, IV, CPC/1973.
- V. arts. 79 e 80, CC.

VI – bens móveis em geral;

- Correspondência: art. 655, III, CPC/1973.
- V. arts. 82 e 83, CC.

VII – semoventes;

- Sem correspondência no CPC/1973.

VIII – navios e aeronaves;

- Correspondência: art. 655, V, CPC/1973.
- V. art. 155, Lei 7.565/1986 (Código Brasileiro de Aeronáutica).

IX – ações e quotas de sociedades simples e empresárias;

- Correspondência: art. 655, VI, CPC/1973.

X – percentual do faturamento de empresa devedora;

- Correspondência: art. 655, VII, CPC/1973.

XI – pedras e metais preciosos;

- Correspondência: art. 655, VIII, CPC/1973.

XII – direitos aquisitivos derivados de promessa de compra e venda e de alienação fiduciária em garantia;

- Sem correspondência no CPC/1973.

XIII – outros direitos.

- Correspondência: art. 655, XI, CPC/1973.

§ 1º É prioritária a penhora em dinheiro, podendo o juiz, nas demais hipóteses, alterar a ordem prevista no *caput* de acordo com as circunstâncias do caso concreto.

- Sem correspondência no CPC/1973.
- V. Súmulas 406 e 417, STJ.

§ 2º Para fins de substituição da penhora, equiparam-se a dinheiro a fiança bancária e o seguro garantia judicial, desde que em valor não inferior ao do débito constante da inicial, acrescido de 30% (trinta por cento).

- Correspondência: art. 656, § 2º, CPC/1973.

§ 3º Na execução de crédito com garantia real, a penhora recairá sobre a coisa dada em garantia, e, se a coisa pertencer a terceiro garantidor, este também será intimado da penhora.

- Correspondência: art. 656, § 1º, CPC/1973.

Art. 836. **Não se levará a efeito a penhora quando ficar evidente que o produto da execução dos bens encontrados será totalmente absorvido pelo pagamento das custas da execução.**

- Correspondência: art. 659, § 2º, CPC/1973.

§ 1º Quando não encontrar bens penhoráveis, independentemente de determinação judicial expressa, o oficial de justiça descreverá na certidão os bens que guarnecem a residência ou o estabelecimento do executado, quando este for pessoa jurídica.

- Correspondência: art. 659, § 3º, CPC/1973.

§ 2º Elaborada a lista, o executado ou seu representante legal será nomeado depositário provisório de tais bens até ulterior determinação do juiz.

- Sem correspondência no CPC/1973.

Subseção II
Da Documentação da Penhora, de seu Registro e do Depósito

Art. 837. **Obedecidas as normas de segurança instituídas sob critérios uniformes pelo Conselho Nacional de Justiça, a penhora de dinheiro e as averbações de penhoras de bens imóveis e**

móveis podem ser realizadas por meio eletrônico.

- Correspondência: art. 659, § 6º, CPC/1973.

Art. 838. A penhora será realizada mediante auto ou termo, que conterá:

- Correspondência: art. 665, CPC/1973.

I – a indicação do dia, do mês, do ano e do lugar em que foi feita;

II – os nomes do exequente e do executado;

III – a descrição dos bens penhorados, com as suas características;

IV – a nomeação do depositário dos bens.

- V. Súmula 319, STJ.

Art. 839. Considerar-se-á feita a penhora mediante a apreensão e o depósito dos bens, lavrando-se um só auto se as diligências forem concluídas no mesmo dia.

- Correspondência: art. 664, CPC/1973.

Parágrafo único. Havendo mais de uma penhora, serão lavrados autos individuais.

Art. 840. Serão preferencialmente depositados:

- Correspondência: art. 666, *caput*, CPC/1973.

I – as quantias em dinheiro, os papéis de crédito e as pedras e os metais preciosos, no Banco do Brasil, na Caixa Econômica Federal ou em banco do qual o Estado ou o Distrito Federal possua mais da metade do capital social integralizado, ou, na falta desses estabelecimentos, em qualquer instituição de crédito designada pelo juiz;

- Correspondência: art. 666, I, CPC/1973.
- V. Dec.-lei 1.737/1979 (Depósitos de interesse da administração pública efetuados na Caixa Econômica Federal).
- V. art. 32, Lei 6.830/1980 (Lei de Execução Fiscal).

II – os móveis, os semoventes, os imóveis urbanos e os direitos aquisitivos sobre imóveis urbanos, em poder do depositário judicial;

- Correspondência: art. 666, II, CPC/1973.

III – os imóveis rurais, os direitos aquisitivos sobre imóveis rurais, as máquinas, os utensílios e os instrumentos necessários ou úteis à atividade agrícola, mediante caução idônea, em poder do executado.

- Sem correspondência no CPC/1973.

§ 1º No caso do inciso II do *caput*, se não houver depositário judicial, os bens ficarão em poder do exequente.

- Sem correspondência no CPC/1973.

§ 2º Os bens poderão ser depositados em poder do executado nos casos de difícil remoção ou quando anuir o exequente.

- Correspondência: art. 666, § 1º, CPC/1973.

§ 3º As joias, as pedras e os objetos preciosos deverão ser depositados com registro do valor estimado de resgate.

- Correspondência: art. 666, § 2º, CPC/1973.

Art. 841. Formalizada a penhora por qualquer dos meios legais, dela será imediatamente intimado o executado.

- Sem correspondência no CPC/1973.

§ 1º A intimação da penhora será feita ao advogado do executado ou à sociedade de advogados a que aquele pertença.

- Correspondência: art. 659, § 5º, CPC/1973.

§ 2º Se não houver constituído advogado nos autos, o executado será intimado pessoalmente, de preferência por via postal.

- Correspondência: art. 652, § 4º, CPC/1973.

§ 3º O disposto no § 1º não se aplica aos casos de penhora realizada na presença do executado, que se reputa intimado.

- Sem correspondência no CPC/1973.

§ 4º Considera-se realizada a intimação a que se refere o § 2º quando o executado houver mudado de endereço sem prévia comunicação ao juízo, observado o disposto no parágrafo único do art. 274.

- Correspondência: art. 652, § 5º, CPC/1973.

Art. 842. Recaindo a penhora sobre bem imóvel ou direito real sobre imóvel, será intimado também o cônjuge do executado, salvo se forem casados em regime de separação absoluta de bens.

- Correspondência: art. 655, § 2º, CPC/1973.

Art. 843. Tratando-se de penhora de bem indivisível, o equivalente à quota-parte do coproprietário ou do cônjuge alheio à execução recairá sobre o produto da alienação do bem.

- Correspondência: art. 655-B, CPC/1973.

§ 1º É reservada ao coproprietário ou ao cônjuge não executado a preferência na arrematação do bem em igualdade de condições.

- Sem correspondência no CPC/1973.

§ 2º Não será levada a efeito expropriação por preço inferior ao da avaliação na qual o valor auferido seja incapaz de garantir, ao coproprietário ou ao cônjuge alheio à execução, o correspondente à sua quota-parte calculado sobre o valor da avaliação.

- Sem correspondência no CPC/1973.

Art. 844. Para presunção absoluta de conhecimento por terceiros, cabe ao exequente providenciar a averbação do arresto ou da penhora no registro competente, mediante apresentação de cópia do auto ou do termo, independentemente de mandado judicial.

- Correspondência: art. 659, § 4º, CPC/1973.
- V. Súmula 375, STJ.

Subseção III
Do Lugar de Realização da Penhora

Art. 845. Efetuar-se-á a penhora onde se encontrem os bens, ainda que sob a posse, a detenção ou a guarda de terceiros.

- Correspondência: art. 659, § 1º, CPC/1973.

§ 1º A penhora de imóveis, independentemente de onde se localizem, quando apresentada certidão da respectiva matrícula, e a penhora de veículos automotores, quando apresentada certidão que ateste a sua existência, serão realizadas por termo nos autos.

- Correspondência: art. 659, § 5º, CPC/1973.

§ 2º Se o executado não tiver bens no foro do processo, não sendo possível a realização da penhora nos termos do § 1º, a execução será feita por carta, penhorando-se, avaliando-se e alienando-se os bens no foro da situação.

- Correspondência: art. 658, CPC/1973.

Art. 846. Se o executado fechar as portas da casa a fim de obstar a penhora dos bens, o oficial de justiça comunicará o fato ao juiz, solicitando-lhe ordem de arrombamento.

- Correspondência: art. 660, CPC/1973.

§ 1º Deferido o pedido, 2 (dois) oficiais de justiça cumprirão o mandado, arrombando cômodos e móveis em que se presuma estarem os bens, e lavrarão de tudo auto circunstanciado, que será assinado por 2 (duas) testemunhas presentes à diligência.

- Correspondência: art. 661, CPC/1973.

§ 2º Sempre que necessário, o juiz requisitará força policial, a fim de auxiliar os oficiais de justiça na penhora dos bens.

- Correspondência: art. 662, CPC/1973.

§ 3º Os oficiais de justiça lavrarão em duplicata o auto da ocorrência, entregando uma via ao escrivão ou ao chefe de secretaria, para ser juntada aos autos, e a outra à autoridade policial a quem couber a apuração criminal dos eventuais delitos de desobediência ou de resistência.

- Correspondência: art. 663, *caput*, CPC/1973.
- V. arts. 329 e 330, CP.

§ 4º Do auto da ocorrência constará o rol de testemunhas, com a respectiva qualificação.

- Correspondência: art. 663, parágrafo único, CPC/1973.

Subseção IV
Das modificações da penhora

Art. 847. O executado pode, no prazo de 10 (dez) dias contado da intimação da penhora, requerer a substituição do bem penhorado, desde que comprove que lhe será menos onerosa e não trará prejuízo ao exequente.

- Correspondência: art. 668, *caput*, CPC/1973.
- V. art. 15, I, Lei 6.830/1980 (Lei de Execução Fiscal).

§ 1º O juiz só autorizará a substituição se o executado:

- Correspondência: art. 668, parágrafo único, *caput*, CPC/1973.

I – comprovar as respectivas matrículas e os registros por certidão do correspondente ofício, quanto aos bens imóveis;

- Correspondência: art. 668, parágrafo único, I, CPC/1973.

II – descrever os bens móveis, com todas as suas propriedades e características, bem como o estado deles e o lugar onde se encontram;

- Correspondência: art. 668, parágrafo único, II, CPC/1973.

III – descrever os semoventes, com indicação de espécie, de número, de marca ou sinal e do local onde se encontram;

- Correspondência: art. 668, parágrafo único, III, CPC/1973.

IV – identificar os créditos, indicando quem seja o devedor, qual a origem da dívida, o título que a representa e a data do vencimento; e

- Correspondência: art. 668, parágrafo único, IV, CPC/1973.

V – atribuir, em qualquer caso, valor aos bens indicados à penhora, além de especificar os ônus e os encargos a que estejam sujeitos.

- Correspondência: art. 668, parágrafo único, V, CPC/1973.

§ 2º Requerida a substituição do bem penhorado, o executado deve indicar onde se encontram os bens sujeitos à execução, exibir a prova de sua propriedade e a certidão negativa ou positiva de ônus, bem como abster-se de qualquer atitude que dificulte ou embarace a realização da penhora.

- Correspondência: art. 656, § 1º, CPC/1973.

§ 3º O executado somente poderá oferecer bem imóvel em substituição caso o requeira com a expressa anuência do cônjuge, salvo se o regime for o de separação absoluta de bens.

- Correspondência: art. 656, § 3º, CPC/1973.

§ 4º O juiz intimará o exequente para manifestar-se sobre o requerimento de substituição do bem penhorado.

- Correspondência: art. 657, CPC/1973.

Art. 848. As partes poderão requerer a substituição da penhora se:

- Correspondência: art. 656, *caput*, CPC/1973.

I – ela não obedecer à ordem legal;

- Correspondência: art. 656, I, CPC/1973.

II – ela não incidir sobre os bens designados em lei, contrato ou ato judicial para o pagamento;

- Correspondência: art. 656, II, CPC/1973.

III – havendo bens no foro da execução, outros tiverem sido penhorados;

- Correspondência: art. 656, III, CPC/1973.

IV – havendo bens livres, ela tiver recaído sobre bens já penhorados ou objeto de gravame;

- Correspondência: art. 656, IV, CPC/1973.

V – ela incidir sobre bens de baixa liquidez;

- Correspondência: art. 656, V, CPC/1973.

VI – fracassar a tentativa de alienação judicial do bem; ou

- Correspondência: art. 656, VI, CPC/1973.

VII – o executado não indicar o valor dos bens ou omitir qualquer das indicações previstas em lei.

- Correspondência: art. 656, VII, CPC/1973.

Parágrafo único. A penhora pode ser substituída por fiança bancária ou por seguro garantia judicial, em valor não inferior ao do débito constante da inicial, acrescido de 30% (trinta por cento).

- Correspondência: art. 656, § 2º, CPC/1973.
- V. Súmula 406, STJ.

Art. 849. Sempre que ocorrer a substituição dos bens inicialmente penhorados, será lavrado novo termo.

- Correspondência: art. 657, CPC/1973.

Art. 850. Será admitida a redução ou a ampliação da penhora, bem como sua transferência para outros bens, se, no curso do processo, o valor de mercado dos bens penhorados sofrer alteração significativa.

- Correspondência: art. 685, CPC/1973.

Art. 851. Não se procede à segunda penhora, salvo se:

- Correspondência: art. 667, *caput*, CPC/1973.

I – a primeira for anulada;

- Correspondência: art. 667, I, CPC/1973.

II – executados os bens, o produto da alienação não bastar para o pagamento do exequente;

- Correspondência: art. 667, II, CPC/1973.

III – o exequente desistir da primeira penhora, por serem litigiosos os bens ou por estarem submetidos a constrição judicial.

- Correspondência: art. 667, III, CPC/1973.

Art. 852. O juiz determinará a alienação antecipada dos bens penhorados quando:

- Correspondência: art. 670, *caput*, CPC/1973.

I – se tratar de veículos automotores, de pedras e metais preciosos e de outros bens móveis sujeitos à depreciação ou à deterioração;

- Correspondência: art. 670, I, CPC/1973.

II – houver manifesta vantagem.

- Correspondência: art. 670, II, CPC/1973.

Art. 853. Quando uma das partes requerer alguma das medidas previstas nesta Subseção, o juiz ouvirá sempre a outra, no prazo de 3 (três) dias, antes de decidir.

- Correspondência: arts. 670, parágrafo único e 657, *caput*, CPC/1973.

Parágrafo único. O juiz decidirá de plano qualquer questão suscitada.

- Correspondência: art. 657, parágrafo único, CPC/1973.

Subseção V
Da Penhora de Dinheiro em Depósito ou em Aplicação Financeira

Art. 854. Para possibilitar a penhora de dinheiro em depósito ou em aplicação financeira, o juiz, a requerimento do exequente, sem dar ciência prévia do ato ao executado, determinará às instituições financeiras, por meio de sistema eletrônico gerido pela autoridade supervisora do sistema financeiro nacional, que torne indisponíveis ativos financeiros existentes em nome do executado, limitando-se a indisponibilidade ao valor indicado na execução.

- Correspondência: art. 655-A, *caput*, CPC/1973.

§ 1º No prazo de 24 (vinte e quatro) horas a contar da resposta, de ofício, o juiz determinará o cancelamento de eventual indisponibilidade excessiva, o que deverá ser cumprido pela instituição financeira em igual prazo.

- Sem correspondência no CPC/1973.

§ 2º Tornados indisponíveis os ativos financeiros do executado, este será intimado na pessoa de seu advogado ou, não o tendo, pessoalmente.

- Sem correspondência no CPC/1973.

§ 3º Incumbe ao executado, no prazo de 5 (cinco) dias, comprovar que:

- Correspondência: art. 655-A, § 2º, CPC/1973.

I – as quantias tornadas indisponíveis são impenhoráveis;

- Correspondência: art. 655-A, § 2º, CPC/1973.

II – ainda remanesce indisponibilidade excessiva de ativos financeiros.

- Sem correspondência no CPC/1973.

§ 4º Acolhida qualquer das arguições dos incisos I e II do § 3º, o juiz determinará o cancelamento de eventual indisponibilidade irregular ou excessiva, a ser cumprido pela instituição financeira em 24 (vinte e quatro) horas.

- Sem correspondência no CPC/1973.

§ 5º Rejeitada ou não apresentada a manifestação do executado, converter-se-á a indisponibilidade em penhora, sem necessidade de lavratura de termo, devendo o juiz da execução determinar à instituição financeira depositária que, no prazo de 24 (vinte e quatro) horas, transfira o montante indisponível para conta vinculada ao juízo da execução.

- Sem correspondência no CPC/1973.

§ 6º Realizado o pagamento da dívida por outro meio, o juiz determinará, imediatamente, por sistema eletrônico gerido pela autoridade supervisora do sistema financeiro nacional, a notificação da instituição financeira para que, em até 24 (vinte e quatro) horas, cancele a indisponibilidade.

- Sem correspondência no CPC/1973.

§ 7º As transmissões das ordens de indisponibilidade, de seu cancelamento e de determinação de penhora previstas neste artigo far-se-ão por meio de sistema eletrônico gerido pela autoridade supervisora do sistema financeiro nacional.

- Sem correspondência no CPC/1973.

§ 8º A instituição financeira será responsável pelos prejuízos causados ao executado em decorrência da indisponibilidade de ativos financeiros em valor superior ao indicado na execução ou pelo juiz, bem como na hipótese de não cancelamento da indisponibilidade no prazo de 24 (vinte e quatro) horas, quando assim determinar o juiz.

- Sem correspondência no CPC/1973.

§ 9º Quando se tratar de execução contra partido político, o juiz, a requerimento do exequente, determinará às instituições financeiras, por meio de sistema eletrônico gerido por autoridade supervisora do sistema bancário, que tornem indisponíveis ativos financeiros somente em nome do órgão partidário que tenha contraído a dívida executada ou que tenha dado causa à violação de direito ou ao dano, ao qual cabe exclusivamente a responsabilidade pelos atos praticados, na forma da lei.

- Correspondência: art. 655-A, § 4º, CPC/1973.

Subseção VI
Da Penhora de Créditos

Art. 855. Quando recair em crédito do executado, enquanto não ocorrer a hipótese prevista no art. 856, considerar-se-á feita a penhora pela intimação:

- Correspondência: art. 671, *caput*, CPC/1973.

I – ao terceiro devedor para que não pague ao executado, seu credor;

- Correspondência: art. 671, I, CPC/1973.
- V. art. 312, CC.

II – ao executado, credor do terceiro, para que não pratique ato de disposição do crédito.

- Correspondência: art. 671, II, CPC/1973.

Art. 856. A penhora de crédito representado por letra de câmbio, nota promissória, duplicata, cheque ou outros títulos far-se-á pela apreensão do documento, esteja ou não este em poder do executado.

- Correspondência: art. 672, *caput*, CPC/1973.
- V. art. 312, CC.

§ 1º Se o título não for apreendido, mas o terceiro confessar a dívida, será este tido como depositário da importância.

- Correspondência: art. 672, § 1º, CPC/1973.

§ 2º O terceiro só se exonerará da obrigação depositando em juízo a importância da dívida.

- Correspondência: art. 672, § 2º, CPC/1973.

§ 3º Se o terceiro negar o débito em conluio com o executado, a quitação que este lhe der caracterizará fraude à execução.

- Correspondência: art. 672, § 3º, CPC/1973.

§ 4º A requerimento do exequente, o juiz determinará o comparecimento, em audiência especialmente designada, do executado e do terceiro, a fim de lhes tomar os depoimentos.

- Correspondência: art. 672, § 4º, CPC/1973.

Art. 857. Feita a penhora em direito e ação do executado, e não tendo ele oferecido embargos ou sendo estes rejeitados, o exequente ficará sub-rogado nos direitos do executado até a concorrência de seu crédito.

- Correspondência: art. 673, *caput*, CPC/1973.

§ 1º O exequente pode preferir, em vez da sub-rogação, a alienação judicial do direito penhorado, caso em que declarará sua vontade no prazo de 10 (dez) dias contado da realização da penhora.

- Correspondência: art. 673, § 1º, CPC/1973.

§ 2º A sub-rogação não impede o sub-rogado, se não receber o crédito do executado, de prosseguir na execução, nos mesmos autos, penhorando outros bens.

- Correspondência: art. 673, § 2º, CPC/1973.

Art. 858. Quando a penhora recair sobre dívidas de dinheiro a juros, de direito a rendas ou de prestações periódicas, o exequente poderá levantar os juros, os rendimentos ou as prestações à medida que forem sendo depositados, abatendo-se do crédito as importâncias recebidas, conforme as regras de imputação do pagamento.

- Correspondência: art. 675, CPC/1973.

Art. 859. Recaindo a penhora sobre direito a prestação ou a restituição de coisa determinada, o executado será intimado para, no vencimento, depositá-la, correndo sobre ela a execução.

- Correspondência: art. 676, CPC/1973.

Art. 860. Quando o direito estiver sendo pleiteado em juízo, a penhora que recair sobre ele será averbada, com destaque, nos autos pertinentes ao direito e na ação correspondente à penhora, a fim de que esta seja efetivada nos bens que forem adjudicados ou que vierem a caber ao executado.

- Correspondência: art. 674, CPC/1973.

Subseção VII
Da Penhora das Quotas ou das Ações de Sociedades Personificadas

Art. 861. Penhoradas as quotas ou as ações de sócio em sociedade simples ou empresária, o juiz assinará prazo razoável, não superior a 3 (três) meses, para que a sociedade:

- Sem correspondência no CPC/1973.

I – apresente balanço especial, na forma da lei;

II – ofereça as quotas ou as ações aos demais sócios, observado o direito de preferência legal ou contratual;

III – não havendo interesse dos sócios na aquisição das ações, proceda à liquidação das quotas ou das ações, depositando em juízo o valor apurado, em dinheiro.

§ 1º Para evitar a liquidação das quotas ou das ações, a sociedade poderá adquiri-las sem redução do capital social e com utilização de reservas, para manutenção em tesouraria.

§ 2º O disposto no *caput* e no § 1º não se aplica à sociedade anônima de capital aberto, cujas ações serão adjudicadas ao exequente ou alienadas em bolsa de valores, conforme o caso.

§ 3º Para os fins da liquidação de que trata o inciso III do *caput*, o juiz poderá, a requerimento do exequente ou da sociedade, nomear administrador, que deverá submeter à aprovação judicial a forma de liquidação.

§ 4º O prazo previsto no *caput* poderá ser ampliado pelo juiz, se o pagamento das quotas ou das ações liquidadas:

I – superar o valor do saldo de lucros ou reservas, exceto a legal, e sem diminuição do capital social, ou por doação; ou

II – colocar em risco a estabilidade financeira da sociedade simples ou empresária.

§ 5º Caso não haja interesse dos demais sócios no exercício de direito de preferência, não ocorra a aquisição das quotas ou das ações pela sociedade e a liquidação do inciso III do *caput* seja excessivamente onerosa para a sociedade, o juiz poderá determinar o leilão judicial das quotas ou das ações.

Subseção VIII
Da Penhora de Empresa, de Outros Estabelecimentos e de Semoventes

Art. 862. Quando a penhora recair em estabelecimento comercial, industrial ou agrícola, bem como em semoventes, plantações ou edifícios em construção, o juiz nomeará administrador-depositário, determinando-lhe que apresente em 10 (dez) dias o plano de administração.

- Correspondência: art. 677, *caput*, CPC/1973.

§ 1º Ouvidas as partes, o juiz decidirá.

- Correspondência: art. 677, § 1º, CPC/1973.

§ 2º É lícito às partes ajustar a forma de administração e escolher o depositário, hipótese em que o juiz homologará por despacho a indicação.

- Correspondência: art. 677, § 2º, CPC/1973.

§ 3º Em relação aos edifícios em construção sob regime de incorporação imobiliária, a penhora somente poderá recair sobre as unidades imobiliárias ainda não comercializadas pelo incorporador.

- Sem correspondência no CPC/1973.

§ 4º Sendo necessário afastar o incorporador da administração da incorporação, será ela exercida pela comissão de representantes dos adquirentes ou, se se tratar de construção financiada, por empresa ou profissional indicado pela instituição fornecedora dos recursos para a obra, devendo ser ouvida, neste último caso, a comissão de representantes dos adquirentes.

- Sem correspondência no CPC/1973.

Art. 863. A penhora de empresa que funcione mediante concessão ou autorização far-se-á, conforme o valor do crédito, sobre a renda, sobre determinados bens ou sobre todo o patrimônio, e o juiz nomeará como depositário, de preferência, um de seus diretores.

- Correspondência: art. 678, *caput*, CPC/1973.

§ 1º Quando a penhora recair sobre a renda ou sobre determinados bens, o administrador-depositário apresentará a forma de administração e o esquema de pagamento, observando-se, quanto ao mais, o disposto em relação ao regime de penhora de frutos e rendimentos de coisa móvel e imóvel.

- Correspondência: art. 678, parágrafo único, 1ª parte, CPC/1973.

§ 2º Recaindo a penhora sobre todo o patrimônio, prosseguirá a execução em seus ulteriores termos, ouvindo-se, antes da arrematação ou da adjudicação, o ente público que houver outorgado a concessão.

- Correspondência: art. 678, parágrafo único, 2ª parte, CPC/1973.

Art. 864. A penhora de navio ou de aeronave não obsta que continuem navegando ou operando até a alienação, mas o juiz, ao conceder a autorização para tanto, não permitirá que saiam do porto ou do aeroporto antes que o executado faça o seguro usual contra riscos.

- Correspondência: art. 679, CPC/1973.
- V. art. 155, Lei 7.565/1986 (Código Brasileiro de Aeronáutica).

Art. 865. A penhora de que trata esta Subseção somente será determinada se não houver outro meio eficaz para a efetivação do crédito.

- Sem correspondência no CPC/1973.

Subseção IX
Da Penhora de Percentual de Faturamento de Empresa

Art. 866. Se o executado não tiver outros bens penhoráveis ou se, tendo-os, esses forem de difícil alienação ou insuficientes para saldar o crédito executado, o juiz poderá ordenar a penhora de percentual de faturamento de empresa.

- Sem correspondência no CPC/1973.

§ 1º O juiz fixará percentual que propicie a satisfação do crédito exequendo em

Códigos

tempo razoável, mas que não torne inviável o exercício da atividade empresarial.

- Sem correspondência no CPC/1973.

§ 2º O juiz nomeará administrador-depositário, o qual submeterá à aprovação judicial a forma de sua atuação e prestará contas mensalmente, entregando em juízo as quantias recebidas, com os respectivos balancetes mensais, a fim de serem imputadas no pagamento da dívida.

- Correspondência: art. 655-A, § 3º, CPC/1973.

§ 3º Na penhora de percentual de faturamento de empresa, observar-se-á, no que couber, o disposto quanto ao regime de penhora de frutos e rendimentos de coisa móvel e imóvel.

- Correspondência: art. 655-A, § 3º, CPC/1973.

Subseção X
Da Penhora de Frutos e Rendimentos de Coisa Móvel ou Imóvel

Art. 867. O juiz pode ordenar a penhora de frutos e rendimentos de coisa móvel ou imóvel quando a considerar mais eficiente para o recebimento do crédito e menos gravosa ao executado.

- Correspondência: art. 716, CPC/1973.
- V. arts. 805 e 863, § 1º, CPC/2015.

Art. 868. Ordenada a penhora de frutos e rendimentos, o juiz nomeará administrador-depositário, que será investido de todos os poderes que concernem à administração do bem e à fruição de seus frutos e utilidades, perdendo o executado o direito de gozo do bem, até que o exequente seja pago do principal, dos juros, das custas e dos honorários advocatícios.

- Correspondência: art. 717, CPC/1973.
- V. art. 863, § 1º, CPC/2015.
- V. Lei 6.899/1981 (Correção monetária nos débitos oriundos de decisão judicial).

§ 1º A medida terá eficácia em relação a terceiros a partir da publicação da decisão que a conceda ou de sua averbação no ofício imobiliário, em caso de imóveis.

- Correspondência: art. 718, CPC/1973.

§ 2º O exequente providenciará a averbação no ofício imobiliário mediante a apresentação de certidão de inteiro teor do ato, independentemente de mandado judicial.

- Correspondência: art. 722, § 1º, CPC/1973.

Art. 869. O juiz poderá nomear administrador-depositário o exequente ou o executado, ouvida a parte contrária, e, não havendo acordo, nomeará profissional qualificado para o desempenho da função.

- Correspondência: art. 719, CPC/1973.

§ 1º O administrador submeterá à aprovação judicial a forma de administração e a de prestar contas periodicamente.

- Sem correspondência no CPC/1973.
- V. art. 863, § 1º, CPC/2015.

§ 2º Havendo discordância entre as partes ou entre essas e o administrador, o juiz decidirá a melhor forma de administração do bem.

- Correspondência: art. 724, parágrafo único, CPC/1973.

§ 3º Se o imóvel estiver arrendado, o inquilino pagará o aluguel diretamente ao exequente, salvo se houver administrador.

- Correspondência: art. 723, CPC/1973.

§ 4º O exequente ou o administrador poderá celebrar locação do móvel ou do imóvel, ouvido o executado.

- Correspondência: art. 724, *caput*, CPC/1973.

§ 5º As quantias recebidas pelo administrador serão entregues ao exequente, a fim de serem imputadas ao pagamento da dívida.

- Correspondência: art. 722, CPC/1973.

§ 6º O exequente dará ao executado, por termo nos autos, quitação das quantias recebidas.

- Sem correspondência no CPC/1973.

Subseção XI
Da Avaliação

Art. 870. A avaliação será feita pelo oficial de justiça.

- Correspondência: art. 680, CPC/1973.
- V. art. 154, V, CPC/2015.

Parágrafo único. Se forem necessários conhecimentos especializados e o valor da execução o comportar, o juiz nomeará avaliador, fixando-lhe prazo não superior a 10 (dez) dias para entrega do laudo.

- Correspondência: art. 680, CPC/1973.
- V. art. 13, Lei 6.830/1980 (Lei de Execução Fiscal).

Art. 871. Não se procederá à avaliação quando:

- Correspondência: art. 684, *caput*, CPC/1973.

I – uma das partes aceitar a estimativa feita pela outra;

- Correspondência: art. 684, I, CPC/1973.

II – se tratar de títulos ou de mercadorias que tenham cotação em bolsa, comprovada por certidão ou publicação no órgão oficial;

- Correspondência: art. 684, II, CPC/1973.

III – se tratar de títulos da dívida pública, de ações de sociedades e de títulos de crédito negociáveis em bolsa, cujo valor será o da cotação oficial do dia, comprovada por certidão ou publicação no órgão oficial;

- Correspondência: art. 682, CPC/1973.

IV – se tratar de veículos automotores ou de outros bens cujo preço médio de mercado possa ser conhecido por meio de pesquisas realizadas por órgãos oficiais ou de anúncios de venda divulgados em meios de comunicação, caso em que caberá a quem fizer a nomeação o encargo de comprovar a cotação de mercado.

- Sem correspondência no CPC/1973.

Parágrafo único. Ocorrendo a hipótese do inciso I deste artigo, a avaliação poderá ser realizada quando houver fundada dúvida do juiz quanto ao real valor do bem.

- Sem correspondência no CPC/1973.
- V. art. 631, CPC/2015.

Art. 872. A avaliação realizada pelo oficial de justiça constará de vistoria e de laudo anexados ao auto de penhora ou, em caso de perícia realizada por avaliador, de laudo apresentado no prazo fixado pelo juiz, devendo-se, em qualquer hipótese, especificar:

- Correspondência: art. 681, *caput*, CPC/1973.

I – os bens, com as suas características, e o estado em que se encontram;

- Correspondência: art. 681, I, CPC/1973.

II – o valor dos bens.

- Correspondência: art. 681, II, CPC/1973.

§ 1º Quando o imóvel for suscetível de cômoda divisão, a avaliação, tendo em conta o crédito reclamado, será realizada em partes, sugerindo-se, com a apresentação de memorial descritivo, os possíveis desmembramentos para alienação.

- Correspondência: art. 681, parágrafo único, CPC/1973.

§ 2º Realizada a avaliação e, sendo o caso, apresentada a proposta de desmembramento, as partes serão ouvidas no prazo de 5 (cinco) dias.

- Sem correspondência no CPC/1973.

Art. 873. É admitida nova avaliação quando:

- Correspondência: art. 683, *caput*, CPC/1973.
- V. art. 631, CPC/2015.

I – qualquer das partes arguir, fundamentadamente, a ocorrência de erro na avaliação ou dolo do avaliador;

- Correspondência: art. 683, I, CPC/1973.

II – se verificar, posteriormente à avaliação, que houve majoração ou diminuição no valor do bem;

- Correspondência: art. 683, II, CPC/1973.

III – o juiz tiver fundada dúvida sobre o valor atribuído ao bem na primeira avaliação.

- Correspondência: art. 683, III, CPC/1973.

Parágrafo único. Aplica-se o art. 480 à nova avaliação prevista no inciso III do *caput* deste artigo.

- Sem correspondência no CPC/1973.

Art. 874. Após a avaliação, o juiz poderá, a requerimento do interessado e ouvida a parte contrária, mandar:

- Correspondência: art. 685, *caput*, CPC/1973.
- V. art. 5º, LV, CF.

I – reduzir a penhora aos bens suficientes ou transferi-la para outros, se o valor dos bens penhorados for consideravelmente superior ao crédito do exequente e dos acessórios;

- Correspondência: art. 685, I, CPC/1973.
- V. art. 847, CPC/2015.
- V. art. 15, II, Lei 6.830/1980 (Lei de Execução Fiscal).

II – ampliar a penhora ou transferi-la para outros bens mais valiosos, se o valor dos bens penhorados for inferior ao crédito do exequente.

- Correspondência: art. 685, II, CPC/1973.
- V. art. 847, CPC/2015.
- V. art. 15, II, Lei 6.830/1980 (Lei de Execução Fiscal).

Art. 875. Realizadas a penhora e a avaliação, o juiz dará início aos atos de expropriação do bem.

- Correspondência: art. 685, parágrafo único, CPC/1973.
- V. arts. 876, 879 a 909, CPC/2015.

Seção IV
Da Expropriação de Bens

Subseção I
Da Adjudicação

Art. 876. É lícito ao exequente, oferecendo preço não inferior ao da avaliação, requerer que lhe sejam adjudicados os bens penhorados.

- Correspondência: art. 685-A, *caput*, CPC/1973.

§ 1º Requerida a adjudicação, o executado será intimado do pedido:

- Sem correspondência no CPC/1973.

I – pelo Diário da Justiça, na pessoa de seu advogado constituído nos autos;

- Sem correspondência no CPC/1973.

II – por carta com aviso de recebimento, quando representado pela Defensoria Pública ou quando não tiver procurador constituído nos autos;

- Sem correspondência no CPC/1973.

III – por meio eletrônico, quando, sendo o caso do § 1º do art. 246, não tiver procurador constituído nos autos.

- Sem correspondência no CPC/1973.

§ 2º Considera-se realizada a intimação quando o executado houver mudado de endereço sem prévia comunicação ao juízo, observado o disposto no art. 274, parágrafo único.

- Sem correspondência no CPC/1973.

§ 3º Se o executado, citado por edital, não tiver procurador constituído nos autos, é dispensável a intimação prevista no § 1º.

- Sem correspondência no CPC/1973.

§ 4º Se o valor do crédito for:

- Correspondência: art. 685-A, § 1º, CPC/1973.

I – inferior ao dos bens, o requerente da adjudicação depositará de imediato a diferença, que ficará à disposição do executado;

- Correspondência: art. 685-A, § 1º, CPC/1973.

II – superior ao dos bens, a execução prosseguirá pelo saldo remanescente.

- Correspondência: art. 685-A, § 1º, CPC/1973.

§ 5º Idêntico direito pode ser exercido por aqueles indicados no art. 889, incisos II a VIII, pelos credores concorrentes que hajam penhorado o mesmo bem, pelo cônjuge, pelo companheiro, pelos descendentes ou pelos ascendentes do executado.

- Correspondência: art. 685-A, § 2º, CPC/1973.

§ 6º Se houver mais de um pretendente, proceder-se-á a licitação entre eles, tendo preferência, em caso de igualdade de oferta, o cônjuge, o companheiro, o descendente ou o ascendente, nessa ordem.

- Correspondência: art. 685-A, § 3º, CPC/1973.

§ 7º No caso de penhora de quota social ou de ação de sociedade anônima fechada realizada em favor de exequente alheio à sociedade, esta será intimada, ficando responsável por informar aos sócios a ocorrência da penhora, assegurando-se a estes a preferência.

- Correspondência: art. 685-A, § 4º, CPC/1973.

Art. 877. Transcorrido o prazo de 5 (cinco) dias, contado da última intimação, e decididas eventuais questões, o juiz ordenará a lavratura do auto de adjudicação.

- Correspondência: art. 685-A, § 5º, CPC/1973.

§ 1º Considera-se perfeita e acabada a adjudicação com a lavratura e a assinatura do auto pelo juiz, pelo adjudicatário, pelo escrivão ou chefe de secretaria, e, se estiver presente, pelo executado, expedindo-se:

- Correspondência: art. 685-B, *caput*, CPC/1973.

I – a carta de adjudicação e o mandado de imissão na posse, quando se tratar de bem imóvel;

- Correspondência: art. 685-B, *caput*, CPC/1973.

II – a ordem de entrega ao adjudicatário, quando se tratar de bem móvel.

- Correspondência: art. 685-B, *caput*, CPC/1973.

§ 2º A carta de adjudicação conterá a descrição do imóvel, com remissão à sua matrícula e aos seus registros, a cópia do auto de adjudicação e a prova de quitação do imposto de transmissão.

- Correspondência: art. 685-B, parágrafo único, CPC/1973.

§ 3º No caso de penhora de bem hipotecado, o executado poderá remi-lo até a assinatura do auto de adjudicação, oferecendo preço igual ao da avaliação, se não tiver havido licitantes, ou ao do maior lance oferecido.

- Sem correspondência no CPC/1973.

§ 4º Na hipótese de falência ou de insolvência do devedor hipotecário, o direito de remição previsto no § 3º será deferido à massa ou aos credores em concurso, não podendo o exequente recusar o preço da avaliação do imóvel.

- Sem correspondência no CPC/1973.

Art. 878. Frustradas as tentativas de alienação do bem, será reaberta oportunidade para requerimento de adjudicação, caso em que também se poderá pleitear a realização de nova avaliação.

- Sem correspondência no CPC/1973.

Subseção II
Da Alienação

Art. 879. A alienação far-se-á:

- Correspondência: art. 647, *caput*, CPC/1973.

I – por iniciativa particular;

- Correspondência: art. 647, I, CPC/1973.

II – em leilão judicial eletrônico ou presencial.

- Correspondência: art. 647, II, CPC/1973.

Art. 880. Não efetivada a adjudicação, o exequente poderá requerer a alienação por sua própria iniciativa ou por intermédio de corretor ou leiloeiro público credenciado perante o órgão judiciário.

- Correspondência: art. 685-C, *caput*, CPC/1973.
- V. Res. CJF 160/2011 (Procedimento de alienação por iniciativa particular previsto no art. 685-C do CPC/1973).

§ 1º O juiz fixará o prazo em que a alienação deve ser efetivada, a forma de publicidade, o preço mínimo, as condições de pagamento, as garantias e, se for o caso, a comissão de corretagem.

- Correspondência: art. 685-C, § 1º, CPC/1973.

§ 2º A alienação será formalizada por termo nos autos, com a assinatura do juiz, do exequente, do adquirente e, se estiver presente, do executado, expedindo-se:

- Correspondência: art. 685-C, § 2º, CPC/1973.

I – a carta de alienação e o mandado de imissão na posse, quando se tratar de bem imóvel;

- Correspondência: art. 685-C, § 2º, CPC/1973.

II – a ordem de entrega ao adquirente, quando se tratar de bem móvel.

- Correspondência: art. 685-C, § 2º, CPC/1973.

§ 3º Os tribunais poderão editar disposições complementares sobre o procedimento da alienação prevista neste artigo, admitindo, quando for o caso, o concurso de meios eletrônicos, e dispor sobre o credenciamento dos corretores e leiloeiros públicos, os quais deverão estar em exercício profissional por não menos que 3 (três) anos.

- Correspondência: art. 685-C, § 3º, CPC/1973.

§ 4º Nas localidades em que não houver corretor ou leiloeiro público credenciado nos termos do § 3º, a indicação será de livre escolha do exequente.

- Sem correspondência no CPC/1973.

Art. 881. A alienação far-se-á em leilão judicial se não efetivada a adjudicação ou a alienação por iniciativa particular.

- Correspondência: art. 686, *caput*, CPC/1973.
- V. art. 871, CPC/2015.
- V. arts. 22 e 23, Lei 6.830/1980 (Lei de Execução Fiscal).

§ 1º O leilão do bem penhorado será realizado por leiloeiro público.

- Sem correspondência no CPC/1973.

§ 2º Ressalvados os casos de alienação a cargo de corretores de bolsa de valores, todos os demais bens serão alienados em leilão público.

- Correspondência: art. 704, CPC/1973.

Art. 882. Não sendo possível a sua realização por meio eletrônico, o leilão será presencial.

- Sem correspondência no CPC/1973.
- V. arts. 22 e 23, *caput*, Lei 6.830/1980 (Lei de Execução Fiscal).

§ 1º A alienação judicial por meio eletrônico será realizada, observando-se as garantias processuais das partes, de acordo com regulamentação específica do Conselho Nacional de Justiça.

- Sem correspondência no CPC/1973.

§ 2º A alienação judicial por meio eletrônico deverá atender aos requisitos de ampla publicidade, autenticidade e segurança, com observância das regras estabelecidas na legislação sobre certificação digital.

- Sem correspondência no CPC/1973.

§ 3º O leilão presencial será realizado no local designado pelo juiz.

- Correspondência: art. 686, § 2º, CPC/1973.

Art. 883. Caberá ao juiz a designação do leiloeiro público, que poderá ser indicado pelo exequente.

- Correspondência: art. 706, CPC/1973.

Códigos

Art. 884. Incumbe ao leiloeiro público:

• Correspondência: art. 705, *caput*, CPC/1973.

I – publicar o edital, anunciando a alienação;

• Correspondência: art. 705, I, CPC/1973.

II – realizar o leilão onde se encontrem os bens ou no lugar designado pelo juiz;

• Correspondência: art. 705, II, CPC/1973.

III – expor aos pretendentes os bens ou as amostras das mercadorias;

• Correspondência: art. 705, III, CPC/1973.

IV – receber e depositar, dentro de 1 (um) dia, à ordem do juiz, o produto da alienação;

• Correspondência: art. 705, V, CPC/1973.

V – prestar contas nos 2 (dois) dias subsequentes ao depósito.

• Correspondência: art. 705, VI, CPC/1973.

Parágrafo único. O leiloeiro tem o direito de receber do arrematante a comissão estabelecida em lei ou arbitrada pelo juiz.

• Correspondência: art. 705, IV, CPC/1973.
• V. art. 23, § 2º, Lei 6.830/1980 (Lei de Execução Fiscal).

Art. 885. O juiz da execução estabelecerá o preço mínimo, as condições de pagamento e as garantias que poderão ser prestadas pelo arrematante.

• Correspondência: art. 685-C, § 1º, CPC/1973.

Art. 886. O leilão será precedido de publicação de edital, que conterá:

• Correspondência: art. 686, *caput*, CPC/1973.
• V. art. 22, Lei 6.830/1980 (Lei de Execução Fiscal).

I – a descrição do bem penhorado, com suas características, e, tratando-se de imóvel, sua situação e suas divisas, com remissão à matrícula e aos registros;

• Correspondência: art. 686, I, CPC/1973.

II – o valor pelo qual o bem foi avaliado, o preço mínimo pelo qual poderá ser alienado, as condições de pagamento e, se for o caso, a comissão do leiloeiro designado;

• Correspondência: art. 686, II, CPC/1973.

III – o lugar onde estiverem os móveis, os veículos e os semoventes e, tratando-se de créditos ou direitos, a identificação dos autos do processo em que foram penhorados;

• Correspondência: art. 686, III, CPC/1973.

IV – o sítio, na rede mundial de computadores, e o período em que se realizará o leilão, salvo se este se der de modo presencial, hipótese em que serão indicados o local, o dia e a hora de sua realização;

• Correspondência: art. 686, IV, CPC/1973.

V – a indicação de local, dia e hora de segundo leilão presencial, para a hipótese de não haver interessado no primeiro;

• Sem correspondência no CPC/1973.

VI – menção da existência de ônus, recurso ou processo pendente sobre os bens a serem leiloados.

• Correspondência: art. 686, V, CPC/1973.

Parágrafo único. No caso de títulos da dívida pública e de títulos negociados em bolsa, constará do edital o valor da última cotação.

• Correspondência: art. 686, § 1º, CPC/1973.

Art. 887. O leiloeiro público designado adotará providências para a ampla divulgação da alienação.

• Sem correspondência no CPC/1973.

§ 1º A publicação do edital deverá ocorrer pelo menos 5 (cinco) dias antes da data marcada para o leilão.

• Correspondência: art. 687, *caput*, CPC/1973.

§ 2º O edital será publicado na rede mundial de computadores, em sítio designado pelo juízo da execução, e conterá descrição detalhada e, sempre que possível, ilustrada dos bens, informando expressamente se o leilão se realizará de forma eletrônica ou presencial.

• Correspondência: art. 687, § 1º, CPC/1973.

§ 3º Não sendo possível a publicação na rede mundial de computadores ou considerando o juiz, em atenção às condições da sede do juízo, que esse modo de divulgação é insuficiente ou inadequado, o edital será afixado em local de costume e publicado, em resumo, pelo menos uma vez em jornal de ampla circulação local.

• Correspondência: art. 687, *caput*, CPC/1973.

§ 4º Atendendo ao valor dos bens e às condições da sede do juízo, o juiz poderá alterar a forma e a frequência da publicidade na imprensa, mandar publicar o edital em local de ampla circulação de pessoas e divulgar avisos em emissora de rádio ou televisão local, bem como em sítios distintos do indicado no § 2º.

• Correspondência: art. 687, § 2º, CPC/1973.

§ 5º Os editais de leilão de imóveis e de veículos automotores serão publicados pela imprensa ou por outros meios de divulgação, preferencialmente na seção ou no local reservados à publicidade dos respectivos negócios.

• Correspondência: art. 687, § 3º, CPC/1973.

§ 6º O juiz poderá determinar a reunião de publicações em listas referentes a mais de uma execução.

• Correspondência: art. 687, § 4º, CPC/1973.

Art. 888. Não se realizando o leilão por qualquer motivo, o juiz mandará publicar a transferência, observando-se o disposto no art. 887.

• Correspondência: art. 688, *caput*, CPC/1973.

Parágrafo único. O escrivão, o chefe de secretaria ou o leiloeiro que culposamente der causa à transferência responde pelas despesas da nova publicação, podendo o juiz aplicar-lhe a pena de suspensão por 5 (cinco) dias a 3 (três) meses, em procedimento administrativo regular.

• Correspondência: art. 688, parágrafo único, CPC/1973.

Art. 889. Serão cientificados da alienação judicial, com pelo menos 5 (cinco) dias de antecedência:

• Correspondência: art. 698, CPC/1973.

I – o executado, por meio de seu advogado ou, se não tiver procurador constituído nos autos, por carta registrada, mandado, edital ou outro meio idôneo;

• Correspondência: art. 687, § 5º, CPC/1973.
• V. art. 798, I, *b*, CPC/2015.
• V. Súmula 121, STJ.

II – o coproprietário de bem indivisível do qual tenha sido penhorada fração ideal;

• Sem correspondência no CPC/1973.

III – o titular de usufruto, uso, habitação, enfiteuse, direito de superfície, concessão de uso especial para fins de moradia ou concessão de direito real de uso, quando a penhora recair sobre bem gravado com tais direitos reais;

• Sem correspondência no CPC/1973.

IV – o proprietário do terreno submetido ao regime de direito de superfície, enfiteuse, concessão de uso especial para fins de moradia ou concessão de direito real de uso, quando a penhora recair sobre tais direitos reais;

• Sem correspondência no CPC/1973.

V – o credor pignoratício, hipotecário, anticrético, fiduciário ou com penhora anteriormente averbada, quando a penhora recair sobre bens com tais gravames, caso não seja o credor, de qualquer modo, parte na execução;

• Sem correspondência no CPC/1973.
• V. art. 804, CPC/2015.
• V. art. 1.501, CC.
• V. art. 251, II, Lei 6.015/1973 (Registros Públicos).

VI – o promitente comprador, quando a penhora recair sobre bem em relação ao qual haja promessa de compra e venda registrada;

• Sem correspondência no CPC/1973.

VII – o promitente vendedor, quando a penhora recair sobre direito aquisitivo derivado de promessa de compra e venda registrada;

• Sem correspondência no CPC/1973.

VIII – a União, o Estado e o Município, no caso de alienação de bem tombado.

• Sem correspondência no CPC/1973.

Parágrafo único. Se o executado for revel e não tiver advogado constituído, não constando dos autos seu endereço atual ou, ainda, não sendo ele encontrado no endereço constante do processo, a intimação considerar-se-á feita por meio do próprio edital de leilão.

• Sem correspondência no CPC/1973.

Art. 890. Pode oferecer lance quem estiver na livre administração de seus bens, com exceção:

• Correspondência: art. 690-A, *caput*, CPC/1973.

I – dos tutores, dos curadores, dos testamenteiros, dos administradores ou dos liquidantes, quanto aos bens confiados à sua guarda e à sua responsabilidade;

• Correspondência: art. 690-A, I, CPC/1973.

II – dos mandatários, quanto aos bens de cuja administração ou alienação estejam encarregados;

• Correspondência: art. 690-A, II, CPC/1973.

III – do juiz, do membro do Ministério Público e da Defensoria Pública, do escrivão, do chefe de secretaria e dos demais servidores e auxiliares da justiça, em relação aos bens e direitos objeto de alienação na localidade onde servirem ou a que se estender a sua autoridade;

• Correspondência: art. 690-A, III, CPC/1973.

IV – dos servidores públicos em geral, quanto aos bens ou aos direitos da pessoa jurídica a que servirem ou que estejam sob sua administração direta ou indireta;

- Sem correspondência no CPC/1973.

V – dos leiloeiros e seus prepostos, quanto aos bens de cuja venda estejam encarregados;

- Sem correspondência no CPC/1973.

VI – dos advogados de qualquer das partes.

- Sem correspondência no CPC/1973.

Art. 891. Não será aceito lance que ofereça preço vil.

- Correspondência: art. 692, CPC/1973.
- V. Súmula 128, STJ.

Parágrafo único. Considera-se vil o preço inferior ao mínimo estipulado pelo juiz e constante do edital, e, não tendo sido fixado preço mínimo, considera-se vil o preço inferior a 50% (cinquenta por cento) do valor da avaliação.

- Sem correspondência no CPC/1973.

Art. 892. Salvo pronunciamento judicial em sentido diverso, o pagamento deverá ser realizado de imediato pelo arrematante, por depósito judicial ou por meio eletrônico.

- Correspondência: art. 690, CPC/1973.
- V. art. 130, parágrafo único, CTN.

§ 1º Se o exequente arrematar os bens e for o único credor, não estará obrigado a exibir o preço, mas, se o valor dos bens exceder ao seu crédito, depositará, dentro de 3 (três) dias, a diferença, sob pena de tornar-se sem efeito a arrematação, e, nesse caso, realizar-se-á novo leilão, à custa do exequente.

- Correspondência: art. 690-A, parágrafo único, CPC/1973.

§ 2º Se houver mais de um pretendente, proceder-se-á entre eles à licitação, e, no caso de igualdade de oferta, terá preferência o cônjuge, o companheiro, o descendente ou o ascendente do executado, nessa ordem.

- Correspondência: art. 685-A, § 3º, CPC/1973.

§ 3º No caso de leilão de bem tombado, a União, os Estados e os Municípios terão, nessa ordem, o direito de preferência na arrematação, em igualdade de oferta.

- Sem correspondência no CPC/1973.

Art. 893. Se o leilão for de diversos bens e houver mais de um lançador, terá preferência aquele que se propuser a arrematá-los todos, em conjunto, oferecendo, para os bens que não tiverem lance, preço igual ao da avaliação e, para os demais, preço igual ao do maior lance que, na tentativa de arrematação individualizada, tenha sido oferecido para eles.

- Correspondência: art. 691, CPC/1973.
- V. art. 23, § 1º, Lei 6.830/1980 (Lei de Execução Fiscal).

Art. 894. Quando o imóvel admitir cômoda divisão, o juiz, a requerimento do executado, ordenará a alienação judicial de parte dele, desde que suficiente para o pagamento do exequente e para a satisfação das despesas da execução.

- Correspondência: art. 702, *caput*, CPC/1973.
- V. art. 872, § 1º, CPC/2015.

§ 1º Não havendo lançador, far-se-á a alienação do imóvel em sua integridade.

- Correspondência: art. 702, *caput*, CPC/1973.

§ 2º A alienação por partes deverá ser requerida a tempo de permitir a avaliação das glebas destacadas e sua inclusão no edital, e, nesse caso, caberá ao executado instruir o requerimento com planta e memorial descritivo subscritos por profissional habilitado.

- Sem correspondência no CPC/1973.

Art. 895. O interessado em adquirir o bem penhorado em prestações poderá apresentar, por escrito:

- Correspondência: art. 690, § 1º, CPC/1973.

I – até o início do primeiro leilão, proposta de aquisição do bem por valor não inferior ao da avaliação;

- Sem correspondência no CPC/1973.

II – até o início do segundo leilão, proposta de aquisição do bem por valor que não seja considerado vil.

- Sem correspondência no CPC/1973.

§ 1º A proposta conterá, em qualquer hipótese, oferta de pagamento de pelo menos 25% (vinte e cinco por cento) do valor do lance à vista e o restante parcelado em até 30 (trinta) meses, garantido por caução idônea, quando se tratar de móveis, e por hipoteca do próprio bem, quando se tratar de imóveis.

- Correspondência: art. 690, § 1º, CPC/1973.

§ 2º As propostas para aquisição em prestações indicarão o prazo, a modalidade, o indexador de correção monetária e as condições de pagamento do saldo.

- Correspondência: art. 690, § 2º, CPC/1973.

§ 3º *(Vetado).*

§ 4º No caso de atraso no pagamento de qualquer das prestações, incidirá multa de 10% (dez por cento) sobre a soma da parcela inadimplida com as parcelas vincendas.

- Sem correspondência no CPC/1973.

§ 5º O inadimplemento autoriza o exequente a pedir a resolução da arrematação ou promover, em face do arrematante, a execução do valor devido, devendo ambos os pedidos ser formulados nos autos da execução em que se deu a arrematação.

- Sem correspondência no CPC/1973.

§ 6º A apresentação da proposta prevista neste artigo não suspende o leilão.

- Sem correspondência no CPC/1973.

§ 7º A proposta de pagamento do lance à vista sempre prevalecerá sobre as propostas de pagamento parcelado.

- Sem correspondência no CPC/1973.

§ 8º Havendo mais de uma proposta de pagamento parcelado:

- Sem correspondência no CPC/1973.

I – em diferentes condições, o juiz decidirá pela mais vantajosa, assim compreendida, sempre, a de maior valor;

- Sem correspondência no CPC/1973.

II – em iguais condições, o juiz decidirá pela formulada em primeiro lugar.

- Sem correspondência no CPC/1973.

§ 9º No caso de arrematação a prazo, os pagamentos feitos pelo arrematante pertencerão ao exequente até o limite de seu crédito, e os subsequentes, ao executado.

- Correspondência: art. 690, § 4º, CPC/1973.

Art. 896. Quando o imóvel de incapaz não alcançar em leilão pelo menos 80% (oitenta por cento) do valor da avaliação, o juiz o confiará à guarda e à administração de depositário idôneo, adiando a alienação por prazo não superior a 1 (um) ano.

- Correspondência: art. 701, *caput*, CPC/1973.

§ 1º Se, durante o adiamento, algum pretendente assegurar, mediante caução idônea, o preço da avaliação, o juiz ordenará a alienação em leilão.

- Correspondência: art. 701, § 1º, CPC/1973.

§ 2º Se o pretendente à arrematação se arrepender, o juiz impor-lhe-á multa de 20% (vinte por cento) sobre o valor da avaliação, em benefício do incapaz, valendo a decisão como título executivo.

- Correspondência: art. 701, § 2º, CPC/1973.

§ 3º Sem prejuízo do disposto nos §§ 1º e 2º, o juiz poderá autorizar a locação do imóvel no prazo do adiamento.

- Correspondência: art. 701, § 3º, CPC/1973.

§ 4º Findo o prazo do adiamento, o imóvel será submetido a novo leilão.

- Correspondência: art. 701, § 4º, CPC/1973.

Art. 897. Se o arrematante ou seu fiador não pagar o preço no prazo estabelecido, o juiz impor-lhe-á, em favor do exequente, a perda da caução, voltando os bens a novo leilão, do qual não serão admitidos a participar o arrematante e o fiador remissos.

- Correspondência: art. 695, CPC/1973.

Art. 898. O fiador do arrematante que pagar o valor do lance e a multa poderá requerer que a arrematação lhe seja transferida.

- Correspondência: art. 696, CPC/1973.

Art. 899. Será suspensa a arrematação logo que o produto da alienação dos bens for suficiente para o pagamento do credor e para a satisfação das despesas da execução.

- Correspondência: art. 692, parágrafo único, CPC/1973.

Art. 900. O leilão prosseguirá no dia útil imediato, à mesma hora em que teve início, independentemente de novo edital, se for ultrapassado o horário de expediente forense.

- Correspondência: art. 689, CPC/1973.
- V. art. 212, CPC/2015.

Art. 901. A arrematação constará de auto que será lavrado de imediato e poderá abranger bens penhorados em mais de uma execução, nele mencionadas as condições nas quais foi alienado o bem.

- Correspondência: arts. 693 e 707, CPC/1973.

§ 1º A ordem de entrega do bem móvel ou a carta de arrematação do bem imóvel, com o respectivo mandado de imissão na posse, será expedida depois de efetuado o depósito ou prestadas as garantias pelo arrematante, bem como realizado o pagamento da comissão do leiloeiro e das demais despesas da execução.

- Correspondência: art. 693, parágrafo único, CPC/1973.

§ 2º A carta de arrematação conterá a descrição do imóvel, com remissão à sua matrícula ou individuação e aos seus registros, a cópia do auto de arrematação e a prova de pagamento do imposto de transmissão, além da indicação da existência de eventual ônus real ou gravame.

- Correspondência: art. 703, CPC/1973.

Art. 902. No caso de leilão de bem hipotecado, o executado poderá remi-lo até a assinatura do auto de arrematação, oferecendo preço igual ao do maior lance oferecido.

- Sem correspondência no CPC/1973.

Parágrafo único. No caso de falência ou insolvência do devedor hipotecário, o direito de remição previsto no *caput* defere-se à massa ou aos credores em concurso, não podendo o exequente recusar o preço da avaliação do imóvel.

Art. 903. Qualquer que seja a modalidade de leilão, assinado o auto pelo juiz, pelo arrematante e pelo leiloeiro, a arrematação será considerada perfeita, acabada e irretratável, ainda que venham a ser julgados procedentes os embargos do executado ou a ação autônoma de que trata o § 4º deste artigo, assegurada a possibilidade de reparação pelos prejuízos sofridos.

- Correspondência: art. 694, *caput*, CPC/1973.

§ 1º Ressalvadas outras situações previstas neste Código, a arrematação poderá, no entanto, ser:

- Correspondência: art. 694, § 1º, CPC/1973.

I – invalidada, quando realizada por preço vil ou com outro vício;

- Correspondência: art. 694, § 1º, I e V, CPC/1973.

II – considerada ineficaz, se não observado o disposto no art. 804;

- Sem correspondência no CPC/1973.

III – resolvida, se não for pago o preço ou se não for prestada a caução.

- Correspondência: art. 694, II, CPC/1973.

§ 2º O juiz decidirá acerca das situações referidas no § 1º, se for provocado em até 10 (dez) dias após o aperfeiçoamento da arrematação.

- Correspondência: art. 746, § 2º, CPC/1973

§ 3º Passado o prazo previsto no § 2º sem que tenha havido alegação de qualquer das situações previstas no § 1º, será expedida a carta de arrematação e, conforme o caso, a ordem de entrega ou mandado de imissão na posse.

- Correspondência: art. 693, parágrafo único, CPC/1973.

§ 4º Após a expedição da carta de arrematação ou da ordem de entrega, a invalidação da arrematação poderá ser pleiteada por ação autônoma, em cujo processo o arrematante figurará como litisconsorte necessário.

- Sem correspondência no CPC/1973.

§ 5º O arrematante poderá desistir da arrematação, sendo-lhe imediatamente devolvido o depósito que tiver feito:

- Correspondência: art. 746, § 1º, CPC/1973.

I – se provar, nos 10 (dez) dias seguintes, a existência de ônus real ou gravame não mencionado no edital;

- Sem correspondência no CPC/1973.

II – se, antes de expedida a carta de arrematação ou a ordem de entrega, o executado alegar alguma das situações previstas no § 1º;

- Sem correspondência no CPC/1973.

III – uma vez citado para responder a ação autônoma de que trata o § 4º deste artigo, desde que apresente a desistência no prazo de que dispõe para responder a essa ação.

- Sem correspondência no CPC/1973.

§ 6º Considera-se ato atentatório à dignidade da justiça a suscitação infundada de vício com o objetivo de ensejar a desistência do arrematante, devendo o suscitante ser condenado, sem prejuízo da responsabilidade por perdas e danos, ao pagamento de multa, a ser fixada pelo juiz e devida ao exequente, em montante não superior a 20% (vinte por cento) do valor atualizado do bem.

- Correspondência: art. 746, § 3º, CPC/1973.

Seção V
Da Satisfação do Crédito

Art. 904. A satisfação do crédito exequendo far-se-á:

- Correspondência: art. 708, *caput*, CPC/1973.

I – pela entrega do dinheiro;

- Correspondência: art. 708, I, CPC/1973.

II – pela adjudicação dos bens penhorados.

- Correspondência: art. 708, II, CPC/1973.

Art. 905. O juiz autorizará que o exequente levante, até a satisfação integral de seu crédito, o dinheiro depositado para segurar o juízo ou o produto dos bens alienados, bem como do faturamento de empresa ou de outros frutos e rendimentos de coisas ou empresas penhoradas, quando:

- Correspondência: art. 709, *caput*, CPC/1973.
- V. art. 858, CPC/2015.

I – a execução for movida só a benefício do exequente singular, a quem, por força da penhora, cabe o direito de preferência sobre os bens penhorados e alienados;

- Correspondência: art. 709, I, CPC/1973.
- V. art. 797, CPC/2015.

II – não houver sobre os bens alienados outros privilégios ou preferências instituídos anteriormente à penhora.

- Correspondência: art. 709, II, CPC/1973.
- V. art. 908, CPC/2015.

Parágrafo único. Durante o plantão judiciário, veda-se a concessão de pedidos de levantamento de importância em dinheiro ou valores ou de liberação de bens apreendidos.

- Sem correspondência no CPC/1973.

Art. 906. Ao receber o mandado de levantamento, o exequente dará ao executado, por termo nos autos, quitação da quantia paga.

- Correspondência: art. 709, parágrafo único, CPC/1973.

Parágrafo único. A expedição de mandado de levantamento poderá ser substituída pela transferência eletrônica do valor depositado em conta vinculada ao juízo para outra indicada pelo exequente.

- Sem correspondência no CPC/1973.

Art. 907. Pago ao exequente o principal, os juros, as custas e os honorários, a importância que sobrar será restituída ao executado.

- Correspondência: art. 710, CPC/1973.
- V. art. 924, II, CPC/2015.
- V. Lei 6.899/1981 (Correção monetária nos débitos oriundos de decisão judicial).

Art. 908. Havendo pluralidade de credores ou exequentes, o dinheiro lhes será distribuído e entregue consoante a ordem das respectivas preferências.

- Correspondência: art. 711, CPC/1973.
- V. art. 797, CPC/2015.

§ 1º No caso de adjudicação ou alienação, os créditos que recaem sobre o bem, inclusive os de natureza *propter rem*, sub-rogam-se sobre o respectivo preço, observada a ordem de preferência.

- Sem correspondência no CPC/1973.

§ 2º Não havendo título legal à preferência, o dinheiro será distribuído entre os concorrentes, observando-se a anterioridade de cada penhora.

- Sem correspondência no CPC/1973.

Art. 909. Os exequentes formularão as suas pretensões, que versarão unicamente sobre o direito de preferência e a anterioridade da penhora, e, apresentadas as razões, o juiz decidirá.

- Correspondência: art. 712, CPC/1973.
- V. Súmula 563, STF.

Capítulo V
Da Execução Contra a Fazenda Pública

Art. 910. Na execução fundada em título extrajudicial, a Fazenda Pública será citada para opor embargos em 30 (trinta) dias.

- Correspondência: art. 730, *caput*, CPC/1973.
- V. arts. 146, 239, 344, 496, II, 780 a 783, 917, 918 e 921, II, CPC/2015.
- V. art. 100, CF.
- V. arts. 100 e 101, CC.
- V. art. 130, Lei 8.213/1991 (Planos de Benefícios da Previdência Social).
- V. Súmula 150, STF.

§ 1º Não opostos embargos ou transitada em julgado a decisão que os rejeitar, expedir-se-á precatório ou requisição de pequeno valor em favor do exequente, observando-se o disposto no art. 100 da Constituição Federal.

- Correspondência: art. 730, I e II, CPC/1973.
- V. arts. 33, 78, 86, 87 e 97, ADCT.
- V. art. 128, Lei 8.213/1991 (Planos de Benefícios da Previdência Social).
- V. art. 17, § 1º, Lei 10.259/2001 (Juizados Especiais Federais).
- V. Súmulas 144, STJ.

Códigos

§ 2º Nos embargos, a Fazenda Pública poderá alegar qualquer matéria que lhe seria lícito deduzir como defesa no processo de conhecimento.

- Correspondência: art. 741, I a VII, CPC/1973.
- V. Súmula 394, STJ.

§ 3º Aplica-se a este Capítulo, no que couber, o disposto nos artigos 534 e 535.

- Sem correspondência no CPC/1973.

Capítulo VI
Da Execução de Alimentos

Art. 911. Na execução fundada em título executivo extrajudicial que contenha obrigação alimentar, o juiz mandará citar o executado para, em 3 (três) dias, efetuar o pagamento das parcelas anteriores ao início da execução e das que se vencerem no seu curso, provar que o fez ou justificar a impossibilidade de fazê-lo.

- Correspondência: art. 733, *caput*, CPC/1973.
- V. art. 531, CPC/2015.
- V. art. 5º, LXVII, CF.
- V. Súmula 309, STJ.

Parágrafo único. Aplicam-se, no que couber, os §§ 2º a 7º do art. 528.

- Correspondência: art. 733, § 1º, CPC/1973.

Art. 912. Quando o executado for funcionário público, militar, diretor ou gerente de empresa, bem como empregado sujeito à legislação do trabalho, o exequente poderá requerer o desconto em folha de pagamento de pessoal da importância da prestação alimentícia.

- Correspondência: art. 734, *caput*, CPC/1973.
- V. art. 833, IV, CPC/2015.
- V. art. 1.701, parágrafo único, CC.
- V. art. 462, CLT.
- V. art. 22, parágrafo único, Lei 5.478/1968 (Ação de alimentos).
- V. art. 115, IV, Lei 8.213/1991 (Planos de Benefícios da Previdência Social).

§ 1º Ao despachar a inicial, o juiz oficiará à autoridade, à empresa ou ao empregador, determinando, sob pena de crime de desobediência, o desconto a partir da primeira remuneração posterior do executado, a contar do protocolo do ofício.

- Sem correspondência no CPC/1973.

§ 2º O ofício conterá os nomes e o número de inscrição no Cadastro de Pessoas Físicas do exequente e do executado, a importância a ser descontada mensalmente, a conta na qual deve ser feito o depósito e, se for o caso, o tempo de sua duração.

- Correspondência: art. 734, parágrafo único, CPC/1973.

Art. 913. Não requerida a execução nos termos deste Capítulo, observar-se-á o disposto no art. 824 e seguintes, com a ressalva de que, recaindo a penhora em dinheiro, a concessão de efeito suspensivo aos embargos à execução não obsta a que o exequente levante mensalmente a importância da prestação.

- Correspondência: art. 732, CPC/1973.
- V. arts. 1.694 a 1.710, CC.
- V. art. 244, CP.
- V. Súmula 144, STJ.

TÍTULO III
Dos Embargos à Execução

Art. 914. O executado, independentemente de penhora, depósito ou caução, poderá se opor à execução por meio de embargos.

- Correspondência: art. 736, *caput*, CPC/1973.
- V. arts. 260 a 268, 516, 676, 781, 845, § 2º, e 917, CPC/2015.
- V. arts. 16, Lei 6.830/1980 (Lei de Execução Fiscal).

§ 1º Os embargos à execução serão distribuídos por dependência, autuados em apartado e instruídos com cópias das peças processuais relevantes, que poderão ser declaradas autênticas pelo próprio advogado, sob sua responsabilidade pessoal.

- Correspondência: art. 736, parágrafo único, CPC/1973.

§ 2º Na execução por carta, os embargos serão oferecidos no juízo deprecante ou no juízo deprecado, mas a competência para julgá-los é do juízo deprecante, salvo se versarem unicamente sobre vícios ou defeitos da penhora, da avaliação ou da alienação dos bens efetuadas no juízo deprecado.

- Correspondência: art. 747, CPC/1973.
- V. art. 20, Lei 6.830/1980 (Lei de Execução Fiscal).
- V. Súmula 46, STJ.

Art. 915. Os embargos serão oferecidos no prazo de 15 (quinze) dias, contado, conforme o caso, na forma do art. 231.

- Correspondência: art. 738, *caput*, CPC/1973.

§ 1º Quando houver mais de um executado, o prazo para cada um deles embargar conta-se a partir da juntada do respectivo comprovante da citação, salvo no caso de cônjuges ou de companheiros, quando será contado a partir da juntada do último.

- Correspondência: art. 738, § 1º, CPC/1973.

§ 2º Nas execuções por carta, o prazo para embargos será contado:

- Correspondência: art. 738, § 2º, CPC/1973.

I – da juntada, na carta, da certificação da citação, quando versarem unicamente sobre vícios ou defeitos da penhora, da avaliação ou da alienação dos bens;

- Correspondência: art. 738, § 2º, CPC/1973.

II – da juntada, nos autos de origem, do comunicado de que trata o § 4º deste artigo ou, não havendo este, da juntada da carta devidamente cumprida, quando versarem sobre questões diversas da prevista no inciso I deste parágrafo.

- Correspondência: art. 738, § 2º, CPC/1973.

§ 3º Em relação ao prazo para oferecimento dos embargos à execução, não se aplica o disposto no art. 229.

- Correspondência: art. 738, § 3º, CPC/1973.

§ 4º Nos atos de comunicação por carta precatória, rogatória ou de ordem, a realização da citação será imediatamente informada, por meio eletrônico, pelo juiz deprecado ao juiz deprecante.

- Correspondência: art. 738, § 4º, CPC/1973.

Art. 916. No prazo para embargos, reconhecendo o crédito do exequente e comprovando o depósito de 30% (trinta por cento) do valor em execução, acrescido de custas e de honorários de advogado, o executado poderá requerer que lhe seja permitido pagar o restante em até 6 (seis) parcelas mensais, acrescidas de correção monetária e de juros de 1% (um por cento) ao mês.

- Correspondência: art. 745-A, *caput*, CPC/1973.

§ 1º O exequente será intimado para manifestar-se sobre o preenchimento dos pressupostos do *caput*, e o juiz decidirá o requerimento em 5 (cinco) dias.

- Sem correspondência no CPC/1973.

§ 2º Enquanto não apreciado o requerimento, o executado terá de depositar as parcelas vincendas, facultado ao exequente seu levantamento.

- Sem correspondência no CPC/1973

§ 3º Deferida a proposta, o exequente levantará a quantia depositada, e serão suspensos os atos executivos.

- Correspondência: art. 745-A, § 1º, CPC/1973

§ 4º Indeferida a proposta, seguir-se-ão os atos executivos, mantido o depósito, que será convertido em penhora.

- Correspondência: art. 745-A, § 1º, CPC/1973.

§ 5º O não pagamento de qualquer das prestações acarretará cumulativamente:

- Correspondência: art. 745-A, § 2º, CPC/1973.

I – o vencimento das prestações subsequentes e o prosseguimento do processo, com o imediato reinício dos atos executivos;

- Correspondência: art. 745-A, § 2º, CPC/1973.

II – a imposição ao executado de multa de 10% (dez por cento) sobre o valor das prestações não pagas.

- Correspondência: art. 745-A, § 2º, CPC/1973.

§ 6º A opção pelo parcelamento de que trata este artigo importa renúncia ao direito de opor embargos.

- Sem correspondência no CPC/1973.

§ 7º O disposto neste artigo não se aplica ao cumprimento da sentença.

- Sem correspondência no CPC/1973.

Art. 917. Nos embargos à execução, o executado poderá alegar:

- Correspondência: art. 745, *caput*, CPC/1973.
- V. art. 16, §§ 2º e 3º, Lei 6.830/1980 (Lei de Execução Fiscal).
- V. art. 782, CPC/2015.

I – inexequibilidade do título ou inexigibilidade da obrigação;

- Correspondência: art. 745, I, CPC/1973.

II – penhora incorreta ou avaliação errônea;

- Correspondência: art. 745, II, CPC/1973.

III – excesso de execução ou cumulação indevida de execuções;

- Correspondência: art. 745, III, CPC/1973.

IV – retenção por benfeitorias necessárias ou úteis, nos casos de execução para entrega de coisa certa;

- Correspondência: art. 745, IV, CPC/1973.

V – incompetência absoluta ou relativa do juízo da execução;

- Sem correspondência no CPC/1973.
- V. art. 64, CPC/2015.

VI – qualquer matéria que lhe seria lícito deduzir como defesa em processo de conhecimento.

- Correspondência: art. 745, V, CPC/1973.

§ 1º A incorreção da penhora ou da avaliação poderá ser impugnada por

Códigos

simples petição, no prazo de 15 (quinze) dias, contado da ciência do ato.

- Sem correspondência no CPC/1973.

§ 2º Há excesso de execução quando:

- Correspondência: art. 743, *caput*, CPC/1973.

I – o exequente pleiteia quantia superior à do título;

- Correspondência: art. 743, I, CPC/1973.

II – ela recai sobre coisa diversa daquela declarada no título;

- Correspondência: art. 743, II, CPC/1973.

III – ela se processa de modo diferente do que foi determinado no título;

- Correspondência: art. 743, II, CPC/1973.

IV – o exequente, sem cumprir a prestação que lhe corresponde, exige o adimplemento da prestação do executado;

- Correspondência: art. 743, IV, CPC/1973.

V – o exequente não prova que a condição se realizou.

- Correspondência: art. 743, V, CPC/1973.
- V. art. 803, III, CPC/2015.

§ 3º Quando alegar que o exequente, em excesso de execução, pleiteia quantia superior à do título, o embargante declarará na petição inicial o valor que entende correto, apresentando demonstrativo discriminado e atualizado de seu cálculo.

- Correspondência: art. 739-A, § 5º, CPC/1973.

§ 4º Não apontado o valor correto ou não apresentado o demonstrativo, os embargos à execução:

- Correspondência: art. 739-A, § 5º, CPC/1973.

I – serão liminarmente rejeitados, sem resolução de mérito, se o excesso de execução for o seu único fundamento;

- Correspondência: art. 739-A, § 5º, CPC/1973.

II – serão processados, se houver outro fundamento, mas o juiz não examinará a alegação de excesso de execução.

- Correspondência: art. 739-A, § 5º, CPC/1973.

§ 5º Nos embargos de retenção por benfeitorias, o exequente poderá requerer a compensação de seu valor com o dos frutos ou dos danos considerados devidos pelo executado, cumprindo ao juiz, para a apuração dos respectivos valores, nomear perito, observando-se, então, o art. 464.

- Correspondência: art. 745, § 1º, CPC/1973.

§ 6º O exequente poderá a qualquer tempo ser imitido na posse da coisa, prestando caução ou depositando o valor devido pelas benfeitorias ou resultante da compensação.

- Correspondência: art. 745, § 2º, CPC/1973.

§ 7º A arguição de impedimento e suspeição observará o disposto nos arts. 146 e 148.

- Correspondência: art. 742, CPC/1973.

Art. 918. O juiz rejeitará liminarmente os embargos:

- Correspondência: art. 739, *caput*, CPC/1973.
- V. art. 1.012, § 1º, III, CPC/2015.

I – quando intempestivos;

- Correspondência: art. 739, I, CPC/1973.

II – nos casos de indeferimento da petição inicial e de improcedência liminar do pedido;

- Correspondência: art. 739, II, CPC/1973.

III – manifestamente protelatórios.

- Correspondência: art. 739, III, CPC/1973.

Parágrafo único. Considera-se conduta atentatória à dignidade da justiça o oferecimento de embargos manifestamente protelatórios.

- Sem correspondência no CPC/1973.

Art. 919. Os embargos à execução não terão efeito suspensivo.

- Correspondência: art. 739-A, *caput*, CPC/1973.

§ 1º O juiz poderá, a requerimento do embargante, atribuir efeito suspensivo aos embargos quando verificados os requisitos para a concessão da tutela provisória e desde que a execução já esteja garantida por penhora, depósito ou caução suficientes.

- Correspondência: art. 739-A, § 1º, CPC/1973.
- V. art. 921, II, CPC/2015.

§ 2º Cessando as circunstâncias que a motivaram, a decisão relativa aos efeitos dos embargos poderá, a requerimento da parte, ser modificada ou revogada a qualquer tempo, em decisão fundamentada.

- Correspondência: art. 739-A, § 2º, CPC/1973.

§ 3º Quando o efeito suspensivo atribuído aos embargos disser respeito apenas a parte do objeto da execução, esta prosseguirá quanto à parte restante.

- Correspondência: art. 739-A, § 3º, CPC/1973.

§ 4º A concessão de efeito suspensivo aos embargos oferecidos por um dos executados não suspenderá a execução contra os que não embargaram quando o respectivo fundamento disser respeito exclusivamente ao embargante.

- Correspondência: art. 739-A, § 4º, CPC/1973.

§ 5º A concessão de efeito suspensivo não impedirá a efetivação dos atos de substituição, de reforço ou de redução da penhora e de avaliação dos bens.

- Correspondência: art. 739-A, § 6º, CPC/1973.

Art. 920. Recebidos os embargos:

- Correspondência: art. 740, CPC/1973.

I – o exequente será ouvido no prazo de 15 (quinze) dias;

- Correspondência: art. 740, CPC/1973.
- V. art. 17, *caput*, Lei 6.830/1980 (Lei de Execução Fiscal).

II – a seguir, o juiz julgará imediatamente o pedido ou designará audiência;

- Correspondência: art. 740, CPC/1973.
- V. arts. 334, 358 a 368, CPC/2015.

III – encerrada a instrução, o juiz proferirá sentença.

- Correspondência: art. 740, CPC/1973.

TÍTULO IV
Da Suspensão e da Extinção do Processo de Execução

Capítulo I
Da Suspensão do Processo de Execução

Art. 921. Suspende-se a execução:

- Correspondência: art. 791, *caput*, CPC/1973.

I – nas hipóteses dos arts. 313 e 315, no que couber;

- Correspondência: art. 791, II, CPC/1973.

II – no todo ou em parte, quando recebidos com efeito suspensivo os embargos à execução;

- Correspondência: art. 791, I, CPC/1973.

III – quando o executado não possuir bens penhoráveis;

- Correspondência: art. 791, III, CPC/1973.
- V. art. 40, Lei 6.830/1980 (Lei de Execução Fiscal).

IV – se a alienação dos bens penhorados não se realizar por falta de licitantes e o exequente, em 15 (quinze) dias, não requerer a adjudicação nem indicar outros bens penhoráveis;

- Sem correspondência no CPC/1973.

V – quando concedido o parcelamento de que trata o art. 916.

- Sem correspondência no CPC/1973.

§ 1º Na hipótese do inciso III, o juiz suspenderá a execução pelo prazo de 1 (um) ano, durante o qual se suspenderá a prescrição.

- Sem correspondência no CPC/1973.

§ 2º Decorrido o prazo máximo de 1 (um) ano sem que seja localizado o executado ou que sejam encontrados bens penhoráveis, o juiz ordenará o arquivamento dos autos.

- Sem correspondência no CPC/1973.

§ 3º Os autos serão desarquivados para prosseguimento da execução se a qualquer tempo forem encontrados bens penhoráveis.

- Sem correspondência no CPC/1973.

§ 4º Decorrido o prazo de que trata o § 1º sem manifestação do exequente, começa a correr o prazo de prescrição intercorrente.

- Sem correspondência no CPC/1973.

§ 5º O juiz, depois de ouvidas as partes, no prazo de 15 (quinze) dias, poderá, de ofício, reconhecer a prescrição de que trata o § 4º e extinguir o processo.

- Sem correspondência no CPC/1973.

Art. 922. Convindo as partes, o juiz declarará suspensa a execução durante o prazo concedido pelo exequente para que o executado cumpra voluntariamente a obrigação.

- Correspondência: art. 792, *caput*, CPC/1973.
- V. art. 313, II, CPC/2015.

Parágrafo único. Findo o prazo sem cumprimento da obrigação, o processo retomará o seu curso.

- Correspondência: art. 792, parágrafo único, CPC/1973.
- V. art. 313, §§ 4º e 5º, CPC/2015.

Art. 923. Suspensa a execução, não serão praticados atos processuais, podendo o juiz, entretanto, salvo no caso de arguição de impedimento ou de suspeição, ordenar providências urgentes.

- Correspondência: art. 793, CPC/1973.
- V. art. 314, CPC/2015.

Capítulo II
Da Extinção do Processo de Execução

Art. 924. Extingue-se a execução quando:

- Correspondência: art. 794, *caput*, CPC/1973.
- V. art. 487, III, *a*, CPC/2015.

I – a petição inicial for indeferida;

- Sem correspondência no CPC/1973.

II – a obrigação for satisfeita;

- Correspondência: art. 794, I, CPC/1973.

Códigos

- V. arts. 807 e 818, CPC/2015.
- V. art. 304, CC.

III – o executado obtiver, por qualquer outro meio, a extinção total da dívida;

- Correspondência: art. 794, II, CPC/1973.

IV – o exequente renunciar ao crédito;

- Correspondência: art. 794, III, CPC/1973.

V – ocorrer a prescrição intercorrente.

- Sem correspondência no CPC/1973.

Art. 925. A extinção só produz efeito quando declarada por sentença.

- Correspondência: art. 795, CPC/1973.
- V. arts. 203, § 1º, e 494, CPC/2015.

Livro III
DOS PROCESSOS NOS TRIBUNAIS E DOS MEIOS DE IMPUGNAÇÃO DAS DECISÕES JUDICIAIS

TÍTULO I
Da Ordem dos Processos e dos Processos de Competência Originária dos Tribunais

Capítulo I
Disposições Gerais

Art. 926. Os tribunais devem uniformizar sua jurisprudência e mantê-la estável, íntegra e coerente.

- Correspondência: art. 479, *caput*, CPC/1973.
- V. art. 93, XI, CF.
- V. arts. 16, parágrafo único, e 101, § 3º, *c*, LC 35/1979 (Lei Orgânica da Magistratura Nacional).

§ 1º Na forma estabelecida e segundo os pressupostos fixados no regimento interno, os tribunais editarão enunciados de súmula correspondentes a sua jurisprudência dominante.

- Correspondência: art. 479, parágrafo único, CPC/1973.

§ 2º Ao editar enunciados de súmula, os tribunais devem ater-se às circunstâncias fáticas dos precedentes que motivaram sua criação.

- Sem correspondência no CPC/1973.

Art. 927. Os juízes e os tribunais observarão:

- Sem correspondência no CPC/1973.

I – as decisões do Supremo Tribunal Federal em controle concentrado de constitucionalidade;

II – os enunciados de súmula vinculante;

- V. art. 103-A, CF.
- V. Lei 11.417/2006 (Súmula vinculante).

III – os acórdãos em incidente de assunção de competência ou de resolução de demandas repetitivas e em julgamento de recursos extraordinário e especial repetitivos;

IV – os enunciados das súmulas do Supremo Tribunal Federal em matéria constitucional e do Superior Tribunal de Justiça em matéria infraconstitucional;

V – a orientação do plenário ou do órgão especial aos quais estiverem vinculados.

§ 1º Os juízes e os tribunais observarão o disposto no art. 10 e no art. 489, § 1º, quando decidirem com fundamento neste artigo.

§ 2º A alteração de tese jurídica adotada em enunciado de súmula ou em julgamento de casos repetitivos poderá ser precedida de audiências públicas e da participação de pessoas, órgãos ou entidades que possam contribuir para a rediscussão da tese.

§ 3º Na hipótese de alteração de jurisprudência dominante do Supremo Tribunal Federal e dos tribunais superiores ou daquela oriunda de julgamento de casos repetitivos, pode haver modulação dos efeitos da alteração no interesse social e no da segurança jurídica.

- V. art. 27, Lei 9.868/1999 (Processo e julgamento da ação direta de inconstitucionalidade e da ação declaratória perante o Supremo Tribunal Federal).

§ 4º A modificação de enunciado de súmula, de jurisprudência pacificada ou de tese adotada em julgamento de casos repetitivos observará a necessidade de fundamentação adequada e específica, considerando os princípios da segurança jurídica, da proteção da confiança e da isonomia.

- V. art. 5º, I e LXXVIII, CF.

§ 5º Os tribunais darão publicidade a seus precedentes, organizando-os por questão jurídica decidida e divulgando-os, preferencialmente, na rede mundial de computadores.

- V. art. 5º, LX, CF.

Art. 928 Para os fins deste Código, considera-se julgamento de casos repetitivos a decisão proferida em:

- Sem correspondência no CPC/1973.
- V. arts. 102, III, e 105, III, CF.

I – incidente de resolução de demandas repetitivas;

II – recursos especial e extraordinário repetitivos.

Parágrafo único. O julgamento de casos repetitivos tem por objeto questão de direito material ou processual.

Capítulo II
Da Ordem dos Processos no Tribunal

Art. 929. Os autos serão registrados no protocolo do tribunal no dia de sua entrada, cabendo à secretaria ordená-los, com imediata distribuição.

- Correspondência: art. 547, *caput*, CPC/1973.
- V. art. 152, IV, CPC/2015.

Parágrafo único. A critério do tribunal, os serviços de protocolo poderão ser descentralizados, mediante delegação a ofícios de justiça de primeiro grau.

- Correspondência: art. 547, parágrafo único, CPC/1973.

Art. 930. Far-se-á a distribuição de acordo com o regimento interno do tribunal, observando-se a alternatividade, o sorteio eletrônico e a publicidade.

- Correspondência: art. 548, CPC/1973.

Parágrafo único. O primeiro recurso protocolado no tribunal tornará prevento o relator para eventual recurso subsequente interposto no mesmo processo ou em processo conexo.

- Sem correspondência no CPC/1973

Art. 931. Distribuídos, os autos serão imediatamente conclusos ao relator, que, em 30 (trinta) dias, depois de elaborar o voto, restituí-los-á, com relatório, à secretaria.

- Correspondência: art. 549, CPC/1973.

Art. 932. Incumbe ao relator:

- Correspondência: art. 557, CPC/1973.
- V. arts. 6º, 139 a 143, CPC/2015.

I – dirigir e ordenar o processo no tribunal, inclusive em relação à produção de prova, bem como, quando for o caso, homologar autocomposição das partes;

- Sem correspondência no CPC/1973.

II – apreciar o pedido de tutela provisória nos recursos e nos processos de competência originária do tribunal;

- Sem correspondência no CPC/1973.

III – não conhecer de recurso inadmissível, prejudicado ou que não tenha impugnado especificamente os fundamentos da decisão recorrida;

- Correspondência: art. 557, CPC/1973.

IV – negar provimento a recurso que for contrário a:

- Sem correspondência no CPC/1973.

a) súmula do Supremo Tribunal Federal, do Superior Tribunal de Justiça ou do próprio tribunal;

- Correspondência: art. 557, CPC/1973.

b) acórdão proferido pelo Supremo Tribunal Federal ou pelo Superior Tribunal de Justiça em julgamento de recursos repetitivos;

- Correspondência: art. 557, CPC/1973.

c) entendimento firmado em incidente de resolução de demandas repetitivas ou de assunção de competência;

- Sem correspondência no CPC/1973.

V – depois de facultada a apresentação de contrarrazões, dar provimento ao recurso se a decisão recorrida for contrária a:

- Sem correspondência no CPC/1973.

a) súmula do Supremo Tribunal Federal, do Superior Tribunal de Justiça ou do próprio tribunal;

- Correspondência: art. 557, CPC/1973.

b) acórdão proferido pelo Supremo Tribunal Federal ou pelo Superior Tribunal de Justiça em julgamento de recursos repetitivos;

- Correspondência: art. 557, CPC/1973.

c) entendimento firmado em incidente de resolução de demandas repetitivas ou de assunção de competência;

- Sem correspondência no CPC/1973.

VI – decidir o incidente de desconsideração da personalidade jurídica, quando este for instaurado originariamente perante o tribunal;

- Sem correspondência no CPC/1973.

VII – determinar a intimação do Ministério Público, quando for o caso;

- Sem correspondência no CPC/1973.

VIII – exercer outras atribuições estabelecidas no regimento interno do tribunal.

- Sem correspondência no CPC/1973.

Parágrafo único. Antes de considerar inadmissível o recurso, o relator concederá o prazo de 5 (cinco) dias ao recor-

Códigos

rente para que seja sanado vício ou complementada a documentação exigível.

- Correspondência: art. 515, § 4º, CPC/1973.

Art. 933. Se o relator constatar a ocorrência de fato superveniente à decisão recorrida ou a existência de questão apreciável de ofício ainda não examinada que devam ser considerados no julgamento do recurso, intimará as partes para que se manifestem no prazo de 5 (cinco) dias.

- Sem correspondência no CPC/1973.

§ 1º Se a constatação ocorrer durante a sessão de julgamento, esse será imediatamente suspenso a fim de que as partes se manifestem especificamente.

§ 2º Se a constatação se der em vista dos autos, deverá o juiz que a solicitou encaminhá-los ao relator, que tomará as providências previstas no *caput* e, em seguida, solicitará a inclusão do feito em pauta para prosseguimento do julgamento, com submissão integral da nova questão aos julgadores.

Art. 934. Em seguida, os autos serão apresentados ao presidente, que designará dia para julgamento, ordenando, em todas as hipóteses previstas neste Livro, a publicação da pauta no órgão oficial.

- Correspondência: art. 552, *caput*, CPC/1973.

Art. 935. Entre a data de publicação da pauta e a da sessão de julgamento decorrerá, pelo menos, o prazo de 5 (cinco) dias, incluindo-se em nova pauta os processos que não tenham sido julgados, salvo aqueles cujo julgamento tiver sido expressamente adiado para a primeira sessão seguinte.

- Correspondência: art. 552, § 1º, CPC/1973.

§ 1º Às partes será permitida vista dos autos em cartório após a publicação da pauta de julgamento.

- Correspondência: art. 552, *caput*, CPC/1973.

§ 2º Afixar-se-á a pauta na entrada da sala em que se realizar a sessão de julgamento.

- Correspondência: art. 552, § 2º, CPC/1973.

Art. 936. Ressalvadas as preferências legais e regimentais, os recursos, a remessa necessária e os processos de competência originária serão julgados na seguinte ordem:

- Sem correspondência no CPC/1973.

I – aqueles nos quais houver sustentação oral, observada a ordem dos requerimentos;

- Sem correspondência no CPC/1973.

II – os requerimentos de preferência apresentados até o início da sessão de julgamento;

- Sem correspondência no CPC/1973.

III – aqueles cujo julgamento tenha iniciado em sessão anterior; e

- Correspondência: art. 552, § 2º, CPC/1973

IV – os demais casos.

- Sem correspondência no CPC/1973.

Art. 937. Na sessão de julgamento, depois da exposição da causa pelo relator, o presidente dará a palavra, sucessivamente, ao recorrente, ao recorrido e, nos casos de sua intervenção, ao membro do Ministério Público, pelo prazo improrrogável de 15 (quinze) minutos para cada um, a fim de sustentarem suas razões, nas seguintes hipóteses, nos termos da parte final do *caput* do art. 1.021:

- Correspondência: art. 554, CPC/1973.

I – no recurso de apelação;

- Sem correspondência no CPC/1973.

II – no recurso ordinário;

- Sem correspondência no CPC/1973.

III – no recurso especial;

- Sem correspondência no CPC/1973.

IV – no recurso extraordinário;

- Sem correspondência no CPC/1973.

V – nos embargos de divergência;

- Sem correspondência no CPC/1973.

VI – na ação rescisória, no mandado de segurança e na reclamação;

- Sem correspondência no CPC/1973.

VII – *(Vetado).*

VIII – no agravo de instrumento interposto contra decisões interlocutórias que versem sobre tutelas provisórias de urgência ou da evidência;

- Sem correspondência no CPC/1973.

IX – em outras hipóteses previstas em lei ou no regimento interno do tribunal.

- Sem correspondência no CPC/1973.

§ 1º A sustentação oral no incidente de resolução de demandas repetitivas observará o disposto no art. 984, no que couber.

- Sem correspondência no CPC/1973.

§ 2º O procurador que desejar proferir sustentação oral poderá requerer, até o início da sessão, que o processo seja julgado em primeiro lugar, sem prejuízo das preferências legais.

- Correspondência: art. 565, CPC/1973.

§ 3º Nos processos de competência originária previstos no inciso VI, caberá sustentação oral no agravo interno interposto contra decisão de relator que o extinga.

- Sem correspondência no CPC/1973.

§ 4º É permitido ao advogado com domicílio profissional em cidade diversa daquela onde está sediado o tribunal realizar sustentação oral por meio de videoconferência ou outro recurso tecnológico de transmissão de sons e imagens em tempo real, desde que o requeira até o dia anterior ao da sessão.

- Sem correspondência no CPC/1973.

Art. 938. A questão preliminar suscitada no julgamento será decidida antes do mérito, deste não se conhecendo caso seja incompatível com a decisão.

- Correspondência: art. 560, *caput*, CPC/1973.

§ 1º Constatada a ocorrência de vício sanável, inclusive aquele que possa ser conhecido de ofício, o relator determinará a realização ou a renovação do ato processual, no próprio tribunal ou em primeiro grau de jurisdição, intimadas as partes.

- Correspondência: art. 515, § 4º, CPC/1973.

§ 2º Cumprida a diligência de que trata o § 1º, o relator, sempre que possível, prosseguirá no julgamento do recurso.

- Correspondência: art. 515, § 4º, CPC/1973.

§ 3º Reconhecida a necessidade de produção de prova, o relator converterá o julgamento em diligência, que se realizará no tribunal ou em primeiro grau de jurisdição, decidindo-se o recurso após a conclusão da instrução.

- Correspondência: art. 560, parágrafo único, CPC/1973.

§ 4º Quando não determinadas pelo relator, as providências indicadas nos §§ 1º e 3º poderão ser determinadas pelo órgão competente para julgamento do recurso.

- Sem correspondência no CPC/1973.

Art. 939. Se a preliminar for rejeitada ou se a apreciação do mérito for com ela compatível, seguir-se-ão a discussão e o julgamento da matéria principal, sobre a qual deverão se pronunciar os juízes vencidos na preliminar.

- Correspondência: art. 561, CPC/1973.
- V. art. 1.013, § 1º, CPC/2015.

Art. 940. O relator ou outro juiz que não se considerar habilitado a proferir imediatamente seu voto poderá solicitar vista pelo prazo máximo de 10 (dez) dias, após o qual o recurso será reincluído em pauta para julgamento na sessão seguinte à data da devolução.

- Correspondência: art. 555, § 2º, CPC/1973.
- V. art. 121, LC 35/1979 (Lei Orgânica da Magistratura Nacional).

§ 1º Se os autos não forem devolvidos tempestivamente ou se não for solicitada pelo juiz prorrogação de prazo de no máximo mais 10 (dez) dias, o presidente do órgão fracionário os requisitará para julgamento do recurso na sessão ordinária subsequente, com publicação da pauta em que for incluído.

- Correspondência: art. 555, § 3º, CPC/1973.

§ 2º Quando requisitar os autos na forma do § 1º, se aquele que fez o pedido de vista ainda não se sentir habilitado a votar, o presidente convocará substituto para proferir voto, na forma estabelecida no regimento interno do tribunal.

- Sem correspondência no CPC/1973.

Art. 941. Proferidos os votos, o presidente anunciará o resultado do julgamento, designando para redigir o acórdão o relator ou, se vencido este, o autor do primeiro voto vencedor.

- Correspondência: art. 556, CPC/1973.

§ 1º O voto poderá ser alterado até o momento da proclamação do resultado pelo presidente, salvo aquele já proferido por juiz afastado ou substituído.

- Sem correspondência no CPC/1973.

§ 2º No julgamento de apelação ou de agravo de instrumento, a decisão será tomada, no órgão colegiado, pelo voto de 3 (três) juízes.

- Correspondência: art. 555, *caput*, CPC/1973.

§ 3º O voto vencido será necessariamente declarado e considerado parte integrante do acórdão para todos os fins legais, inclusive de pré-questionamento.

- Sem correspondência no CPC/1973.

Art. 942. Quando o resultado da apelação for não unânime, o julgamento terá prosseguimento em sessão a ser designada com a presença de outros julgadores, que serão convocados nos termos previamente definidos no regimento interno, em número suficiente para garantir a possibilidade de inversão do resultado inicial, assegurado às partes e a eventuais terceiros o direito de sustentar oralmente suas razões perante os novos julgadores.

- Correspondência: art. 530, CPC/1973.
- V. Súmulas 293, 354, 455 e 518, STF.
- V. Súmula 88, STJ.

§ 1º Sendo possível, o prosseguimento do julgamento dar-se-á na mesma sessão, colhendo-se os votos de outros julgadores que porventura componham o órgão colegiado.

- Sem correspondência no CPC/1973.

§ 2º Os julgadores que já tiverem votado poderão rever seus votos por ocasião do prosseguimento do julgamento.

- Sem correspondência no CPC/1973.

§ 3º A técnica de julgamento prevista neste artigo aplica-se, igualmente, ao julgamento não unânime proferido em:

- Sem correspondência no CPC/1973.

I – ação rescisória, quando o resultado for a rescisão da sentença, devendo, nesse caso, seu prosseguimento ocorrer em órgão de maior composição previsto no regimento interno;

- Sem correspondência no CPC/1973.

II – agravo de instrumento, quando houver reforma da decisão que julgar parcialmente o mérito.

- Correspondência: art. 532, CPC/1973.

§ 4º Não se aplica o disposto neste artigo ao julgamento:

- Sem correspondência no CPC/1973.

I – do incidente de assunção de competência e ao de resolução de demandas repetitivas;

- Sem correspondência no CPC/1973.

II – da remessa necessária;

- Sem correspondência no CPC/1973.

III – não unânime proferido, nos tribunais, pelo plenário ou pela corte especial.

- Sem correspondência no CPC/1973.

Art. 943. Os votos, os acórdãos e os demais atos processuais podem ser registrados em documento eletrônico inviolável e assinados eletronicamente, na forma da lei, devendo ser impressos para juntada aos autos do processo quando este não for eletrônico.

- Correspondência: art. 556, parágrafo único, CPC/1973.

§ 1º Todo acórdão conterá ementa.

- Correspondência: art. 563, CPC/1973.

§ 2º Lavrado o acórdão, sua ementa será publicada no órgão oficial no prazo de 10 (dez) dias.

- Correspondência: art. 564, CPC/1973.

Art. 944. Não publicado o acórdão no prazo de 30 (trinta) dias, contado da data da sessão de julgamento, as notas taquigráficas o substituirão, para todos os fins legais, independentemente de revisão.

- Sem correspondência no CPC/1973.

Parágrafo único. No caso do *caput*, o presidente do tribunal lavrará, de imediato, as conclusões e a ementa e mandará publicar o acórdão.

Art. 945. *(Revogado pela Lei 13.256/2016, em vigor no início da vigência da Lei 13.105/2015).*

Art. 946. O agravo de instrumento será julgado antes da apelação interposta no mesmo processo.

- Correspondência: art. 559, CPC/1973.

Parágrafo único. Se ambos os recursos de que trata o *caput* houverem de ser julgados na mesma sessão, terá precedência o agravo de instrumento.

- Correspondência: art. 559, CPC/1973.

Capítulo III
Do Incidente de Assunção de Competência

Art. 947. É admissível a assunção de competência quando o julgamento de recurso, de remessa necessária ou de processo de competência originária envolver relevante questão de direito, com grande repercussão social, sem repetição em múltiplos processos.

- Sem correspondência no CPC/1973.

§ 1º Ocorrendo a hipótese de assunção de competência, o relator proporá, de ofício ou a requerimento da parte, do Ministério Público ou da Defensoria Pública, que seja o recurso, a remessa necessária ou o processo de competência originária julgado pelo órgão colegiado que o regimento indicar.

- Correspondência: art. 555, § 1º, CPC/1973.

§ 2º O órgão colegiado julgará o recurso, a remessa necessária ou o processo de competência originária se reconhecer interesse público na assunção de competência.

- Correspondência: art. 555, § 1º, CPC/1973.

§ 3º O acórdão proferido em assunção de competência vinculará todos os juízes e órgãos fracionários, exceto se houver revisão de tese.

- Sem correspondência no CPC/1973.

§ 4º Aplica-se o disposto neste artigo quando ocorrer relevante questão de direito a respeito da qual seja conveniente a prevenção ou a composição de divergência entre câmaras ou turmas do tribunal.

- Sem correspondência no CPC/1973.

Capítulo IV
Do Incidente de Arguição de Inconstitucionalidade

Art. 948. Arguida, em controle difuso, a inconstitucionalidade de lei ou de ato normativo do poder público, o relator, após ouvir o Ministério Público e as partes, submeterá a questão à turma ou à câmara à qual competir o conhecimento do processo.

- Correspondência: art. 480, CPC/1973.
- V. arts. 52, X, 97, 102, III, *b*, 125, § 2º, e 129, IV, CF.

Art. 949. Se a arguição for:

- Correspondência: art. 481, *caput*, CPC/1973.

I – rejeitada, prosseguirá o julgamento;

- Correspondência: art. 481, *caput*, CPC/1973.

II – acolhida, a questão será submetida ao plenário do tribunal ou ao seu órgão especial, onde houver.

- Correspondência: art. 481, *caput*, CPC/1973.

Parágrafo único. Os órgãos fracionários dos tribunais não submeterão ao plenário ou ao órgão especial a arguição de inconstitucionalidade quando já houver pronunciamento destes ou do plenário do Supremo Tribunal Federal sobre a questão.

- Correspondência: art. 481, parágrafo único, CPC/1973.

Art. 950. Remetida cópia do acórdão a todos os juízes, o presidente do tribunal designará a sessão de julgamento.

- Correspondência: art. 482, *caput*, CPC/1973.

§ 1º As pessoas jurídicas de direito público responsáveis pela edição do ato questionado poderão manifestar-se no incidente de inconstitucionalidade se assim o requererem, observados os prazos e as condições previstos no regimento interno do tribunal.

- Correspondência: art. 482, § 1º, CPC/1973.

§ 2º A parte legitimada à propositura das ações previstas no art. 103 da Constituição Federal poderá manifestar-se, por escrito, sobre a questão constitucional objeto de apreciação, no prazo previsto pelo regimento interno, sendo-lhe assegurado o direito de apresentar memoriais ou de requerer a juntada de documentos.

- Correspondência: art. 482, § 2º, CPC/1973.

§ 3º Considerando a relevância da matéria e a representatividade dos postulantes, o relator poderá admitir, por despacho irrecorrível, a manifestação de outros órgãos ou entidades.

- Correspondência: art. 482, § 3º, CPC/1973.

Capítulo V
Do Conflito de Competência

Art. 951. O conflito de competência pode ser suscitado por qualquer das partes, pelo Ministério Público ou pelo juiz.

- Correspondência: art. 116, *caput*, CPC/1973.

Parágrafo único. O Ministério Público somente será ouvido nos conflitos de competência relativos aos processos previstos no art. 178, mas terá qualidade de parte nos conflitos que suscitar.

- Correspondência: art. 116, parágrafo único, CPC/1973.
- V. art. 279, CPC/2015.

Art. 952. Não pode suscitar conflito a parte que, no processo, arguiu incompetência relativa.

- Correspondência: art. 117, *caput*, CPC/1973.

Parágrafo único. O conflito de competência não obsta, porém, a que a parte que não o arguiu suscite a incompetência.

- Correspondência: art. 117, parágrafo único, CPC/1973.

Art. 953. O conflito será suscitado ao tribunal:

- Correspondência: art. 118, *caput*, CPC/1973.
- V. arts. 102, I, *o*, 105, I, *d*, e 108, I, *e*, CF.
- V. Súmula 59, STJ.

Códigos

I – pelo juiz, por ofício;

- Correspondência: art. 118, I, CPC/1973.

II – pela parte e pelo Ministério Público, por petição.

- Correspondência: art. 118, II, CPC/1973.

Parágrafo único. O ofício e a petição serão instruídos com os documentos necessários à prova do conflito.

- Correspondência: art. 118, parágrafo único, CPC/1973.

Art. 954. Após a distribuição, o relator determinará a oitiva dos juízes em conflito ou, se um deles for suscitante, apenas do suscitado.

- Correspondência: art. 119, CPC/1973.

Parágrafo único. No prazo designado pelo relator, incumbirá ao juiz ou aos juízes prestar as informações.

- Correspondência: art. 119, CPC/1973.

Art. 955. O relator poderá, de ofício ou a requerimento de qualquer das partes, determinar, quando o conflito for positivo, o sobrestamento do processo e, nesse caso, bem como no de conflito negativo, designará um dos juízes para resolver, em caráter provisório, as medidas urgentes.

- Correspondência: art. 120, *caput*, CPC/1973.
- V. arts. 313, II, e 314, CPC/2015.

Parágrafo único. O relator poderá julgar de plano o conflito de competência quando sua decisão se fundar em:

- Correspondência: art. 120, parágrafo único, CPC/1973.

I – súmula do Supremo Tribunal Federal, do Superior Tribunal de Justiça ou do próprio tribunal;

- Sem correspondência no CPC/1973.

II – tese firmada em julgamento de casos repetitivos ou em incidente de assunção de competência.

- Sem correspondência no CPC/1973.

Art. 956. Decorrido o prazo designado pelo relator, será ouvido o Ministério Público, no prazo de 5 (cinco) dias, ainda que as informações não tenham sido prestadas, e, em seguida, o conflito irá a julgamento.

- Correspondência: art. 121, CPC/1973.
- V. arts. 178 e 279, CPC/2015.

Art. 957. Ao decidir o conflito, o tribunal declarará qual o juízo competente, pronunciando-se também sobre a validade dos atos do juízo incompetente.

- Correspondência: art. 122, *caput*, CPC/1973.
- V. arts. 43, 58, 59, 240, 281, 312 e 930, parágrafo único, CPC/2015.

Parágrafo único. Os autos do processo em que se manifestou o conflito serão remetidos ao juiz declarado competente.

- Correspondência: art. 122, parágrafo único, CPC/1973.

Art. 958. No conflito que envolva órgãos fracionários dos tribunais, desembargadores e juízes em exercício no tribunal, observar-se-á o que dispuser o regimento interno do tribunal.

- Correspondência: art. 123, CPC/1973.
- V. arts. 163 a 168, RISTF.
- V. arts. 193 a 198, RISTJ.

Art. 959. O regimento interno do tribunal regulará o processo e o julgamento do conflito de atribuições entre autoridade judiciária e autoridade administrativa.

- Correspondência: art. 124, CPC/1973.
- V. art. 105, I, *g*, CF.

Capítulo VI
Da Homologação de Decisão Estrangeira e da Concessão do *Exequatur* à Carta Rogatória

Art. 960. A homologação de decisão estrangeira será requerida por ação de homologação de decisão estrangeira, salvo disposição especial em sentido contrário prevista em tratado.

- Sem correspondência no CPC/1973.
- V. art. 105, I, *i*, CF.

§ 1º A decisão interlocutória estrangeira poderá ser executada no Brasil por meio de carta rogatória.

- Sem correspondência no CPC/1973.

§ 2º A homologação obedecerá ao que dispuserem os tratados em vigor no Brasil e o Regimento Interno do Superior Tribunal de Justiça.

- Correspondência: art. 483, parágrafo único, CPC/1973.

§ 3º A homologação de decisão arbitral estrangeira obedecerá ao disposto em tratado e em lei, aplicando-se, subsidiariamente, as disposições deste Capítulo.

- Sem correspondência no CPC/1973.

Art. 961. A decisão estrangeira somente terá eficácia no Brasil após a homologação de sentença estrangeira ou a concessão do *exequatur* às cartas rogatórias, salvo disposição em sentido contrário de lei ou tratado.

- Correspondência: art. 483, CPC/1973.
- V. arts. 105, I, *i*, e 109, X, CF.
- V. art. 515, VIII, CPC/2015.
- V. art. 221, III, Lei 6.015/1973 (Lei de Registros Públicos).
- V. art. 36, Lei 9.307/1996 (Arbitragem).

§ 1º É passível de homologação a decisão judicial definitiva, bem como a decisão não judicial que, pela lei brasileira, teria natureza jurisdicional.

- Sem correspondência no CPC/1973.

§ 2º A decisão estrangeira poderá ser homologada parcialmente.

- Sem correspondência no CPC/1973.

§ 3º A autoridade judiciária brasileira poderá deferir pedidos de urgência e realizar atos de execução provisória no processo de homologação de decisão estrangeira.

- Correspondência: art. 484, CPC/1973.

§ 4º Haverá homologação de decisão estrangeira para fins de execução fiscal quando prevista em tratado ou em promessa de reciprocidade apresentada à autoridade brasileira.

- Sem correspondência no CPC/1973.

§ 5º A sentença estrangeira de divórcio consensual produz efeitos no Brasil, independentemente de homologação pelo Superior Tribunal de Justiça.

- Sem correspondência no CPC/1973.

§ 6º Na hipótese do § 5º, competirá a qualquer juiz examinar a validade da decisão, em caráter principal ou incidental, quando essa questão for suscitada em processo de sua competência.

- Sem correspondência no CPC/1973.

Art. 962. É passível de execução a decisão estrangeira concessiva de medida de urgência.

- Sem correspondência no CPC/1973.

§ 1º A execução no Brasil de decisão interlocutória estrangeira concessiva de medida de urgência dar-se-á por carta rogatória.

§ 2º A medida de urgência concedida sem audiência do réu poderá ser executada, desde que garantido o contraditório em momento posterior.

§ 3º O juízo sobre a urgência da medida compete exclusivamente à autoridade jurisdicional prolatora da decisão estrangeira.

§ 4º Quando dispensada a homologação para que a sentença estrangeira produza efeitos no Brasil, a decisão concessiva de medida de urgência dependerá, para produzir efeitos, de ter sua validade expressamente reconhecida pelo juiz competente para dar-lhe cumprimento, dispensada a homologação pelo Superior Tribunal de Justiça.

Art. 963. Constituem requisitos indispensáveis à homologação da decisão:

- Sem correspondência no CPC/1973.

I – ser proferida por autoridade competente;

II – ser precedida de citação regular, ainda que verificada a revelia;

III – ser eficaz no país em que foi proferida;

IV – não ofender a coisa julgada brasileira;

V – estar acompanhada de tradução oficial, salvo disposição que a dispense prevista em tratado;

VI – não conter manifesta ofensa à ordem pública.

Parágrafo único. Para a concessão do *exequatur* às cartas rogatórias, observar-se-ão os pressupostos previstos no *caput* deste artigo e no art. 962, § 2º.

Art. 964. Não será homologada a decisão estrangeira na hipótese de competência exclusiva da autoridade judiciária brasileira.

- Sem correspondência no CPC/1973.

Parágrafo único. O dispositivo também se aplica à concessão do *exequatur* à carta rogatória.

Art. 965. O cumprimento de decisão estrangeira far-se-á perante o juízo federal competente, a requerimento da parte, conforme as normas estabelecidas para o cumprimento de decisão nacional.

- Correspondência: art. 484, CPC/1973.
- V. arts. 105, I, *i*, e 109, X, CF.
- V. art. 221, III, Lei 6.015/1973 (Lei de Registros Públicos).
- V. art. 36, Lei 9.307/1996 (Arbitragem).

Parágrafo único. O pedido de execução deverá ser instruído com cópia autenticada da decisão homologatória ou do *exequatur*, conforme o caso.

- Sem correspondência no CPC/1973.

Capítulo VII
Da Ação Rescisória

Art. 966. A decisão de mérito, transitada em julgado, pode ser rescindida quando:

- Correspondência: art. 485, *caput*, CPC/1973.
- V. art. 487, CPC/2015.
- V. arts. 102, I, *j*, 105, I, *e*, e 108, I, *b*, CF.
- V. art. 59, Lei 9.099/1995 (Juizados Especiais Cíveis e Criminais).
- V. Súmula 343, STF.

I – se verificar que foi proferida por força de prevaricação, concussão ou corrupção do juiz;

- Correspondência: art. 485, I, CPC/1973.
- V. arts. 139 a 143, CPC/2015.
- V. arts. 316, 317 e 319, CP.

II – for proferida por juiz impedido ou por juízo absolutamente incompetente;

- Correspondência: art. 485, II, CPC/1973.
- V. arts. 144, 147 e 148, CPC/2015.

III – resultar de dolo ou coação da parte vencedora em detrimento da parte vencida ou, ainda, de simulação ou colusão entre as partes, a fim de fraudar a lei;

- Correspondência: art. 485, III, CPC/1973.
- V. art. 658, CPC/2015.
- V. arts. 145 a 155, 166 a 184, CC.

IV – ofender a coisa julgada;

- Correspondência: art. 485, IV, CPC/1973.
- V. art. 502, CPC/2015.

V – violar manifestamente norma jurídica;

- Correspondência: art. 485, V, CPC/1973.

VI – for fundada em prova cuja falsidade tenha sido apurada em processo criminal ou venha a ser demonstrada na própria ação rescisória;

- Correspondência: art. 485, VI, CPC/1973.

VII – obtiver o autor, posteriormente ao trânsito em julgado, prova nova cuja existência ignorava ou de que não pôde fazer uso, capaz, por si só, de lhe assegurar pronunciamento favorável;

- Correspondência: art. 485, VII, CPC/1973.

VIII – for fundada em erro de fato verificável do exame dos autos.

- Correspondência: art. 485, IX, CPC/1973.

§ 1º Há erro de fato quando a decisão rescindenda admitir fato inexistente ou quando considerar inexistente fato efetivamente ocorrido, sendo indispensável, em ambos os casos, que o fato não represente ponto controvertido sobre o qual o juiz deveria ter se pronunciado.

- Correspondência: art. 485, § 1º, CPC/1973.

§ 2º Nas hipóteses previstas nos incisos do *caput*, será rescindível a decisão transitada em julgado que, embora não seja de mérito, impeça:

- Sem correspondência no CPC/1973.

I – nova propositura da demanda; ou

- Sem correspondência no CPC/1973.

II – admissibilidade do recurso correspondente.

- Sem correspondência no CPC/1973.

§ 3º A ação rescisória pode ter por objeto apenas 1 (um) capítulo da decisão.

- Sem correspondência no CPC/1973.

§ 4º Os atos de disposição de direitos, praticados pelas partes ou por outros participantes do processo e homologados pelo juízo, bem como os atos homologatórios praticados no curso da execução, estão sujeitos à anulação, nos termos da lei.

- Correspondência: art. 486, CPC/1973.
- V. art. 138, CPC/2015.

§ 5º Cabe ação rescisória, com fundamento no inciso V do *caput* deste artigo, contra decisão baseada em enunciado de súmula ou acórdão proferido em julgamento de casos repetitivos que não tenha considerado a existência de distinção entre a questão discutida no processo e o padrão decisório que lhe deu fundamento.

- § 5º acrescentado pela Lei 13.256/2016.
- Sem correspondência no CPC/1973.

§ 6º Quando a ação rescisória fundar-se na hipótese do § 5º deste artigo, caberá ao autor, sob pena de inépcia, demonstrar, fundamentadamente, tratar-se de situação particularizada por hipótese fática distinta ou de questão jurídica não examinada, a impor outra solução jurídica.

- § 6º acrescentado pela Lei 13.256/2016.
- Sem correspondência no CPC/1973.

Art. 967. Têm legitimidade para propor a ação rescisória:

- Correspondência: art. 487, *caput*, CPC/1973.
- V. arts. 96, 108 a 110, 125, 130, 178 e 974, CPC/2015.
- V. Súmula 175, STJ.

I – quem foi parte no processo ou o seu sucessor a título universal ou singular;

- Correspondência: art. 487, I, CPC/1973.

II – o terceiro juridicamente interessado;

- Correspondência: art. 487, II, CPC/1973.

III – o Ministério Público:

- Correspondência: art. 487, III, CPC/1973.

a) se não foi ouvido no processo em que lhe era obrigatória a intervenção;

- Correspondência: art. 487, III, *a*, CPC/1973.

b) quando a decisão rescindenda é o efeito de simulação ou de colusão das partes, a fim de fraudar a lei;

- Correspondência: art. 487, III, *b*, CPC/1973.

c) em outros casos em que se imponha sua atuação;

- Sem correspondência no CPC/1973.

IV – aquele que não foi ouvido no processo em que lhe era obrigatória a intervenção.

- Sem correspondência no CPC/1973.

Parágrafo único. Nas hipóteses do art. 178, o Ministério Público será intimado para intervir como fiscal da ordem jurídica quando não for parte.

- Sem correspondência no CPC/1973.

Art. 968. A petição inicial será elaborada com observância dos requisitos essenciais do art. 319, devendo o autor:

- Correspondência: art. 488, *caput*, CPC/1973.

I – cumular ao pedido de rescisão, se for o caso, o de novo julgamento do processo;

- Correspondência: art. 488, I, CPC/1973.

II – depositar a importância de 5% (cinco por cento) sobre o valor da causa, que se converterá em multa caso a ação seja, por unanimidade de votos, declarada inadmissível ou improcedente.

- Correspondência: art. 488, II, CPC/1973.
- V. arts. 96 e 974, CPC/2015.
- V. Súmula 175, STJ.

§ 1º Não se aplica o disposto no inciso II à União, aos Estados, ao Distrito Federal, aos Municípios, às suas respectivas autarquias e fundações de direito público, ao Ministério Público, à Defensoria Pública e aos que tenham obtido o benefício de gratuidade da justiça.

- Correspondência: art. 488, parágrafo único, CPC/1973.

§ 2º O depósito previsto no inciso II do *caput* deste artigo não será superior a 1.000 (mil) salários mínimos.

- Sem correspondência no CPC/1973.

§ 3º Além dos casos previstos no art. 330, a petição inicial será indeferida quando não efetuado o depósito exigido pelo inciso II do *caput* deste artigo.

- Correspondência: art. 490, II, CPC/1973.

§ 4º Aplica-se à ação rescisória o disposto no art. 332.

- Sem correspondência no CPC/1973.

§ 5º Reconhecida a incompetência do tribunal para julgar a ação rescisória, o autor será intimado para emendar a petição inicial, a fim de adequar o objeto da ação rescisória, quando a decisão apontada como rescindenda:

- Sem correspondência no CPC/1973.

I – não tiver apreciado o mérito e não se enquadrar na situação prevista no § 2º do art. 966;

- Sem correspondência no CPC/1973.

II – tiver sido substituída por decisão posterior.

- Sem correspondência no CPC/1973.

§ 6º Na hipótese do § 5º, após a emenda da petição inicial, será permitido ao réu complementar os fundamentos de defesa, e, em seguida, os autos serão remetidos ao tribunal competente.

- Sem correspondência no CPC/1973.

Art. 969. A propositura da ação rescisória não impede o cumprimento da decisão rescindenda, ressalvada a concessão de tutela provisória.

- Correspondência: art. 489, CPC/1973.
- V. art. 297, CPC/2015.
- V. art. 15, MP 2.180-35/2001.

Art. 970. O relator ordenará a citação do réu, designando-lhe prazo nunca inferior a 15 (quinze) dias nem superior a 30 (trinta) dias para, querendo, apresentar resposta, ao fim do qual, com ou sem contestação, observar-se-á, no que couber, o procedimento comum.

- Correspondência: art. 491, CPC/1973.
- V. arts. 347 a 357, CPC/2015.

Art. 971. Na ação rescisória, devolvidos os autos pelo relator, a secretaria do tribunal expedirá cópias do relatório e as distribuirá entre os juízes que compuserem o órgão competente para o julgamento.

- Correspondência: art. 553, CPC/1973.

Parágrafo único. A escolha de relator recairá, sempre que possível, em juiz que não haja participado do julgamento rescindendo.

- Sem correspondência no CPC/1973.
- V. Súmula 252, STF.

Art. 972. Se os fatos alegados pelas partes dependerem de prova, o relator poderá delegar a competência ao órgão que proferiu a decisão rescindenda, fixando prazo de 1 (um) a 3 (três) meses para a devolução dos autos.

- Correspondência: art. 492, CPC/1973.

Art. 973. Concluída a instrução, será aberta vista ao autor e ao réu para razões finais, sucessivamente, pelo prazo de 10 (dez) dias.

- Correspondência: art. 493, CPC/1973.

Parágrafo único. Em seguida, os autos serão conclusos ao relator, procedendo-se ao julgamento pelo órgão competente.

- Correspondência: art. 493, CPC/1973.
- V. Súmula 252, STF.

Art. 974. Julgando procedente o pedido, o tribunal rescindirá a decisão, proferirá, se for o caso, novo julgamento e determinará a restituição do depósito a que se refere o inciso II do art. 968.

- Correspondência: art. 494, CPC/1973.

Parágrafo único. Considerando, por unanimidade, inadmissível ou improcedente o pedido, o tribunal determinará a reversão, em favor do réu, da importância do depósito, sem prejuízo do disposto no § 2º do art. 82.

- Sem correspondência no CPC/1973.

Art. 975. O direito à rescisão se extingue em 2 (dois) anos contados do trânsito em julgado da última decisão proferida no processo.

- Correspondência: art. 495, CPC/1973.

§ 1º Prorroga-se até o primeiro dia útil imediatamente subsequente o prazo a que se refere o *caput*, quando expirar durante férias forenses, recesso, feriados ou em dia em que não houver expediente forense.

- Sem correspondência no CPC/1973.

§ 2º Se fundada a ação no inciso VII do art. 966, o termo inicial do prazo será a data de descoberta da prova nova, observado o prazo máximo de 5 (cinco) anos, contado do trânsito em julgado da última decisão proferida no processo.

- Sem correspondência no CPC/1973.

§ 3º Nas hipóteses de simulação ou de colusão das partes, o prazo começa a contar, para o terceiro prejudicado e para o Ministério Público, que não interveio no processo, a partir do momento em que têm ciência da simulação ou da colusão.

- Sem correspondência no CPC/1973.

Capítulo VIII
Do Incidente de Resolução de Demandas Repetitivas

Art. 976. É cabível a instauração do incidente de resolução de demandas repetitivas quando houver, simultaneamente:

- Sem correspondência no CPC/1973.

I – efetiva repetição de processos que contenham controvérsia sobre a mesma questão unicamente de direito;

II – risco de ofensa à isonomia e à segurança jurídica.

§ 1º A desistência ou o abandono do processo não impede o exame de mérito do incidente.

§ 2º Se não for o requerente, o Ministério Público intervirá obrigatoriamente no incidente e deverá assumir sua titularidade em caso de desistência ou de abandono.

§ 3º A inadmissão do incidente de resolução de demandas repetitivas por ausência de qualquer de seus pressupostos de admissibilidade não impede que, uma vez satisfeito o requisito, seja o incidente novamente suscitado.

§ 4º É incabível o incidente de resolução de demandas repetitivas quando um dos tribunais superiores, no âmbito de sua respectiva competência, já tiver afetado recurso para definição de tese sobre questão de direito material ou processual repetitiva.

§ 5º Não serão exigidas custas processuais no incidente de resolução de demandas repetitivas.

Art. 977. O pedido de instauração do incidente será dirigido ao presidente de tribunal:

- Sem correspondência no CPC/1973.

I – pelo juiz ou relator, por ofício;

II – pelas partes, por petição;

III – pelo Ministério Público ou pela Defensoria Pública, por petição.

Parágrafo único. O ofício ou a petição será instruído com os documentos necessários à demonstração do preenchimento dos pressupostos para a instauração do incidente.

Art. 978. O julgamento do incidente caberá ao órgão indicado pelo regimento interno dentre aqueles responsáveis pela uniformização de jurisprudência do tribunal.

- Sem correspondência no CPC/1973.

Parágrafo único. O órgão colegiado incumbido de julgar o incidente e de fixar a tese jurídica julgará igualmente o recurso, a remessa necessária ou o processo de competência originária de onde se originou o incidente.

Art. 979. A instauração e o julgamento do incidente serão sucedidos da mais ampla e específica divulgação e publicidade, por meio de registro eletrônico no Conselho Nacional de Justiça.

- Sem correspondência no CPC/1973.

§ 1º Os tribunais manterão banco eletrônico de dados atualizados com informações específicas sobre questões de direito submetidas ao incidente, comunicando-o imediatamente ao Conselho Nacional de Justiça para inclusão no cadastro.

§ 2º Para possibilitar a identificação dos processos abrangidos pela decisão do incidente, o registro eletrônico das teses jurídicas constantes do cadastro conterá, no mínimo, os fundamentos determinantes da decisão e os dispositivos normativos a ela relacionados.

§ 3º Aplica-se o disposto neste artigo ao julgamento de recursos repetitivos e da repercussão geral em recurso extraordinário.

Art. 980. O incidente será julgado no prazo de 1 (um) ano e terá preferência sobre os demais feitos, ressalvados os que envolvam réu preso e os pedidos de *habeas corpus*.

- Sem correspondência no CPC/1973.

Parágrafo único. Superado o prazo previsto no *caput*, cessa a suspensão dos processos prevista no art. 982, salvo decisão fundamentada do relator em sentido contrário.

Art. 981. Após a distribuição, o órgão colegiado competente para julgar o incidente procederá ao seu juízo de admissibilidade, considerando a presença dos pressupostos do art. 976.

- Sem correspondência no CPC/1973.

Art. 982. Admitido o incidente, o relator:

- Sem correspondência no CPC/1973.

I – suspenderá os processos pendentes, individuais ou coletivos, que tramitam no Estado ou na região, conforme o caso;

II – poderá requisitar informações a órgãos em cujo juízo tramita processo no qual se discute o objeto do incidente, que as prestarão no prazo de 15 (quinze) dias;

III – intimará o Ministério Público para, querendo, manifestar-se no prazo de 15 (quinze) dias.

§ 1º A suspensão será comunicada aos órgãos jurisdicionais competentes.

§ 2º Durante a suspensão, o pedido de tutela de urgência deverá ser dirigido ao juízo onde tramita o processo suspenso.

§ 3º Visando à garantia da segurança jurídica, qualquer legitimado mencionado no art. 977, incisos II e III, poderá requerer, ao tribunal competente para conhecer do recurso extraordinário ou especial, a suspensão de todos os processos individuais ou coletivos em curso no território nacional que versem sobre a questão objeto do incidente já instaurado.

§ 4º Independentemente dos limites da competência territorial, a parte no processo em curso no qual se discuta a mesma questão objeto do incidente é legitimada para requerer a providência prevista no § 3º deste artigo.

§ 5º Cessa a suspensão a que se refere o inciso I do *caput* deste artigo se não for interposto recurso especial ou recurso extraordinário contra a decisão proferida no incidente.

Art. 983. O relator ouvirá as partes e os demais interessados, inclusive pessoas, órgãos e entidades com interesse na controvérsia, que, no prazo comum de 15 (quinze) dias, poderão requerer a juntada de documentos, bem como as diligências necessárias para a elucidação da questão de direito controvertida, e, em seguida, manifestar-se-á o Ministério Público, no mesmo prazo.

- Sem correspondência no CPC/1973.

§ 1º Para instruir o incidente, o relator poderá designar data para, em audiência pública, ouvir depoimentos de pessoas com experiência e conhecimento na matéria.

§ 2º Concluídas as diligências, o relator solicitará dia para o julgamento do incidente.

Art. 984. No julgamento do incidente, observar-se-á a seguinte ordem:

- Sem correspondência no CPC/1973.

I – o relator fará a exposição do objeto do incidente;

II – poderão sustentar suas razões, sucessivamente:

a) o autor e o réu do processo originário e o Ministério Público, pelo prazo de 30 (trinta) minutos;

b) os demais interessados, no prazo de 30 (trinta) minutos, divididos entre todos, sendo exigida inscrição com 2 (dois) dias de antecedência.

§ 1º Considerando o número de inscritos, o prazo poderá ser ampliado.

§ 2º O conteúdo do acórdão abrangerá a análise de todos os fundamentos suscitados concernentes à tese jurídica discutida, sejam favoráveis ou contrários.

Art. 985. Julgado o incidente, a tese jurídica será aplicada:

- Sem correspondência no CPC/1973.

I – a todos os processos individuais ou coletivos que versem sobre idêntica questão de direito e que tramitem na área de jurisdição do respectivo tribunal, inclusive àqueles que tramitem nos juizados especiais do respectivo Estado ou região;

II – aos casos futuros que versem idêntica questão de direito e que venham a tramitar no território de competência do tribunal, salvo revisão na forma do art. 986.

§ 1º Não observada a tese adotada no incidente, caberá reclamação.

§ 2º Se o incidente tiver por objeto questão relativa a prestação de serviço concedido, permitido ou autorizado, o resultado do julgamento será comunicado ao órgão, ao ente ou à agência reguladora competente para fiscalização da efetiva aplicação, por parte dos entes sujeitos a regulação, da tese adotada.

Art. 986. A revisão da tese jurídica firmada no incidente far-se-á pelo mesmo tribunal, de ofício ou mediante requerimento dos legitimados mencionados no art. 977, inciso III.

- Sem correspondência no CPC/1973.

Art. 987. Do julgamento do mérito do incidente caberá recurso extraordinário ou especial, conforme o caso.

- Sem correspondência no CPC/1973.

§ 1º O recurso tem efeito suspensivo, presumindo-se a repercussão geral de questão constitucional eventualmente discutida.

§ 2º Apreciado o mérito do recurso, a tese jurídica adotada pelo Supremo Tribunal Federal ou pelo Superior Tribunal de Justiça será aplicada no território nacional a todos os processos individuais ou coletivos que versem sobre idêntica questão de direito.

Capítulo IX
Da Reclamação

Art. 988. Caberá reclamação da parte interessada ou do Ministério Público para:

- Sem correspondência no CPC/1973.
- V. arts. 156 a 162, RISTF.

I – preservar a competência do tribunal;

II – garantir a autoridade das decisões do tribunal;

III – garantir a observância de enunciado de súmula vinculante e de decisão do Supremo Tribunal Federal em controle concentrado de constitucionalidade;

- Inciso III com redação determinada pela Lei 13.256/2016.

IV – garantir a observância de acórdão proferido em julgamento de incidente de resolução de demandas repetitivas ou de incidente de assunção de competência;

- Inciso IV com redação determinada pela Lei 13.256/2016.

§ 1º A reclamação pode ser proposta perante qualquer tribunal, e seu julgamento compete ao órgão jurisdicional cuja competência se busca preservar ou cuja autoridade se pretenda garantir.

§ 2º A reclamação deverá ser instruída com prova documental e dirigida ao presidente do tribunal.

§ 3º Assim que recebida, a reclamação será autuada e distribuída ao relator do processo principal, sempre que possível.

§ 4º As hipóteses dos incisos III e IV compreendem a aplicação indevida da tese jurídica e sua não aplicação aos casos que a ela correspondam.

§ 5º É inadmissível a reclamação:

- § 5º com redação determinada pela Lei 13.256/2016, em vigor no início da vigência da Lei 13.105/2015.

I – proposta após o trânsito em julgado da decisão reclamada;

II – proposta para garantir a observância de acórdão de recurso extraordinário com repercussão geral reconhecida ou de acórdão proferido em julgamento de recursos extraordinário ou especial repetitivos, quando não esgotadas as instâncias ordinárias.

§ 6º A inadmissibilidade ou o julgamento do recurso interposto contra a decisão proferida pelo órgão reclamado não prejudica a reclamação.

Art. 989. Ao despachar a reclamação, o relator:

- Sem correspondência no CPC/1973.

I – requisitará informações da autoridade a quem for imputada a prática do ato impugnado, que as prestará no prazo de 10 (dez) dias;

II – se necessário, ordenará a suspensão do processo ou do ato impugnado para evitar dano irreparável;

III – determinará a citação do beneficiário da decisão impugnada, que terá prazo de 15 (quinze) dias para apresentar a sua contestação.

Art. 990. Qualquer interessado poderá impugnar o pedido do reclamante.

- Sem correspondência no CPC/1973.

Art. 991. Na reclamação que não houver formulado, o Ministério Público terá vista do processo por 5 (cinco) dias, após o decurso do prazo para informações e para o oferecimento da contestação pelo beneficiário do ato impugnado.

- Sem correspondência no CPC/1973.

Art. 992. Julgando procedente a reclamação, o tribunal cassará a decisão exorbitante de seu julgado ou determinará medida adequada à solução da controvérsia.

- Sem correspondência no CPC/1973.

Art. 993. O presidente do tribunal determinará o imediato cumprimento da decisão, lavrando-se o acórdão posteriormente.

- Sem correspondência no CPC/1973.

TÍTULO II
Dos Recursos

Capítulo I
Disposições Gerais

Art. 994. São cabíveis os seguintes recursos:

- Correspondência: art. 496, *caput*, CPC/1973.
- V. art. 5º, LV, CF.

I – apelação;

- Correspondência: art. 496, I, CPC/1973.
- V. arts. 1.009 a 1.044, CPC/2015.

II – agravo de instrumento;

- Correspondência: art. 496, II, CPC/1973.

III – agravo interno;

- Sem correspondência no CPC/1973.

IV – embargos de declaração;

- Correspondência: art. 496, IV, CPC/1973.
- V. art. 1.003, § 5º, CPC/2015.

V – recurso ordinário;

- Correspondência: art. 496, V, CPC/1973.

VI – recurso especial;

- Correspondência: art. 496, VI, CPC/1973.

VII – recurso extraordinário;

- Correspondência: art. 496, VII, CPC/1973.

VIII – agravo em recurso especial ou extraordinário;

- Sem correspondência no CPC/1973.

IX – embargos de divergência.

- Correspondência: art. 496, VIII, CPC/1973.
- V. Súmulas 315 e 316, STJ.

Art. 995. Os recursos não impedem a eficácia da decisão, salvo disposição legal ou decisão judicial em sentido diverso.

- Correspondência: arts. 497, 520, *caput*, 542, § 2º e 558, *caput*, CPC/1973.
- V. arts. 1.026, *caput*, e 1.029, § 5º, CPC/2015.

Parágrafo único. A eficácia da decisão recorrida poderá ser suspensa por decisão do relator, se da imediata produção de seus efeitos houver risco de dano grave, de difícil ou impossível reparação, e ficar demonstrada a probabilidade de provimento do recurso.

- Correspondência: arts. 497, 520, *caput*, 542, § 2º e 558, *caput*, CPC/1973.
- V. arts. 987, § 1º, 989, II, 1.012, 1.019, I, CPC/2015.
- V. art. 14, Lei 7.347/1985 (Ação civil pública).

Art. 996. O recurso pode ser interposto pela parte vencida, pelo terceiro prejudicado e pelo Ministério Público, como parte ou como fiscal da ordem jurídica.

- Correspondência: art. 499, *caput*, CPC/1973.
- V. arts. 178, 682 e 967, CPC/2015.

Parágrafo único. Cumpre ao terceiro demonstrar a possibilidade de a decisão sobre a relação jurídica submetida à apreciação judicial atingir direito de que se afirme titular ou que possa discutir em juízo como substituto processual.

- Correspondência: art. 499, § 1º, CPC/1973.

Art. 997. Cada parte interporá o recurso independentemente, no prazo e com observância das exigências legais.

- Correspondência: art. 500, CPC/1973.

§ 1º Sendo vencidos autor e réu, ao recurso interposto por qualquer deles poderá aderir o outro.

§ 2º O recurso adesivo fica subordinado ao recurso independente, sendo-lhe aplicáveis as mesmas regras deste quanto aos requisitos de admissibilidade e julgamento no tribunal, salvo disposição legal diversa, observado, ainda, o seguinte:

I – será dirigido ao órgão perante o qual o recurso independente fora interposto, no prazo de que a parte dispõe para responder;

II – será admissível na apelação, no recurso extraordinário e no recurso especial;

III – não será conhecido, se houver desistência do recurso principal ou se for ele considerado inadmissível.

Art. 998. O recorrente poderá, a qualquer tempo, sem a anuência do recorrido ou dos litisconsortes, desistir do recurso.

- Correspondência: art. 501, CPC/1973.

Parágrafo único. A desistência do recurso não impede a análise de questão cuja repercussão geral já tenha sido reconhecida e daquela objeto de julgamento de recursos extraordinários ou especiais repetitivos.

- Sem correspondência no CPC/1973.

Art. 999. A renúncia ao direito de recorrer independe da aceitação da outra parte.

- Correspondência: art. 502, CPC/1973.
- V. art. 200, CPC/2015.

Art. 1.000. A parte que aceitar expressa ou tacitamente a decisão não poderá recorrer.

- Correspondência: art. 503, *caput*, CPC/1973.

Parágrafo único. Considera-se aceitação tácita a prática, sem nenhuma reserva, de ato incompatível com a vontade de recorrer.

- Correspondência: art. 503, parágrafo único, CPC/1973.

Art. 1.001. Dos despachos não cabe recurso.

- Correspondência: art. 504, CPC/1973.

Art. 1.002. A decisão pode ser impugnada no todo ou em parte.

- Correspondência: art. 505, CPC/1973.
- V. art. 1.013, § 1º, CPC/2015.

Art. 1.003. O prazo para interposição de recurso conta-se da data em que os advogados, a sociedade de advogados, a Advocacia Pública, a Defensoria Pública ou o Ministério Público são intimados da decisão.

- Correspondência: art. 242, *caput*, CPC/1973.
- V. arts. 183, 215, 216, 220 a 222, 225, 229, 231, 236 e 242, CPC/2015.
- V. Súmula 25, STJ.

§ 1º Os sujeitos previstos no *caput* considerar-se-ão intimados em audiência quando nesta for proferida a decisão.

- Correspondência: art. 242, § 1º, CPC/1973.

§ 2º Aplica-se o disposto no art. 231, incisos I a VI, ao prazo de interposição de recurso pelo réu contra decisão proferida anteriormente à citação.

- Sem correspondência no CPC/1973.

§ 3º No prazo para interposição de recurso, a petição será protocolada em cartório ou conforme as normas de organização judiciária, ressalvado o disposto em regra especial.

- Correspondência: art. 506, parágrafo único, CPC/1973.

§ 4º Para aferição da tempestividade do recurso remetido pelo correio, será considerada como data de interposição a data de postagem.

- Sem correspondência no CPC/1973.

§ 5º Excetuados os embargos de declaração, o prazo para interpor os recursos e para responder-lhes é de 15 (quinze) dias.

- Correspondência: art. 508, CPC/1973.

§ 6º O recorrente comprovará a ocorrência de feriado local no ato de interposição do recurso.

- Sem correspondência no CPC/1973.

Art. 1.004. Se, durante o prazo para a interposição do recurso, sobrevier o falecimento da parte ou de seu advogado ou ocorrer motivo de força maior que suspenda o curso do processo, será tal prazo restituído em proveito da parte, do herdeiro ou do sucessor, contra quem começará a correr novamente depois da intimação.

- Correspondência: art. 507, CPC/1973.
- V. arts. 110, 222, 313, I e VI, e 687, CPC/2015.

Art. 1.005. O recurso interposto por um dos litisconsortes a todos aproveita, salvo se distintos ou opostos os seus interesses.

- Correspondência: art. 509, *caput*, CPC/1973.
- V. arts. 117 e 998, CPC/2015.

Parágrafo único. Havendo solidariedade passiva, o recurso interposto por um devedor aproveitará aos outros quando as defesas opostas ao credor lhes forem comuns.

- Correspondência: art. 509, parágrafo único, CPC/1973.
- V. arts. 275 a 285, CC.

Art. 1.006. Certificado o trânsito em julgado, com menção expressa da data de sua ocorrência, o escrivão ou o chefe de secretaria, independentemente de despacho, providenciará a baixa dos autos ao juízo de origem, no prazo de 5 (cinco) dias.

- Correspondência: art. 510, CPC/1973.

Art. 1.007. No ato de interposição do recurso, o recorrente comprovará, quando exigido pela legislação pertinente, o respectivo preparo, inclusive porte de remessa e de retorno, sob pena de deserção.

- Correspondência: art. 511, *caput*, CPC/1973.

§ 1º São dispensados de preparo, inclusive porte de remessa e de retorno, os recursos interpostos pelo Ministério Público, pela União, pelo Distrito Federal, pelos Estados, pelos Municípios, e respectivas autarquias, e pelos que gozam de isenção legal.

- Correspondência: art. 511, § 1º, CPC/1973.

§ 2º A insuficiência no valor do preparo, inclusive porte de remessa e de retorno, implicará deserção se o recorrente, intimado na pessoa de seu advogado, não vier a supri-lo no prazo de 5 (cinco) dias.

- Correspondência: art. 511, § 2º, CPC/1973.

§ 3º É dispensado o recolhimento do porte de remessa e de retorno no processo em autos eletrônicos.

- Sem correspondência no CPC/1973.

§ 4º O recorrente que não comprovar, no ato de interposição do recurso, o recolhimento do preparo, inclusive porte de remessa e de retorno, será intimado, na pessoa de seu advogado, para realizar o recolhimento em dobro, sob pena de deserção.

- Sem correspondência no CPC/1973.

§ 5º É vedada a complementação se houver insuficiência parcial do preparo, inclusive porte de remessa e de retorno, no recolhimento realizado na forma do § 4º.

- Sem correspondência no CPC/1973.

§ 6º Provando o recorrente justo impedimento, o relator relevará a pena de deserção, por decisão irrecorrível, fixando-lhe prazo de 5 (cinco) dias para efetuar o preparo.

- Correspondência: art. 519, CPC/1973.

§ 7º O equívoco no preenchimento da guia de custas não implicará a aplicação da pena de deserção, cabendo ao relator, na hipótese de dúvida quanto ao recolhimento, intimar o recorrente para sanar o vício no prazo de 5 (cinco) dias.

- Sem correspondência no CPC/1973.

Art. 1.008. O julgamento proferido pelo tribunal substituirá a decisão impugnada no que tiver sido objeto de recurso.

- Correspondência: art. 512, CPC/1973.

Capítulo II
Da Apelação

Art. 1.009. Da sentença cabe apelação.

- Correspondência: art. 513, CPC/1973.

§ 1º As questões resolvidas na fase de conhecimento, se a decisão a seu respeito não comportar agravo de instrumento, não são cobertas pela preclusão e devem ser suscitadas em preliminar de apelação, eventualmente interposta contra a decisão final, ou nas contrarrazões.

- Sem correspondência no CPC/1973.

§ 2º Se as questões referidas no § 1º forem suscitadas em contrarrazões, o recorrente será intimado para, em 15 (quinze) dias, manifestar-se a respeito delas.

- Sem correspondência no CPC/1973.

§ 3º O disposto no *caput* deste artigo aplica-se mesmo quando as questões mencionadas no art. 1.015 integrarem capítulo da sentença.

- Sem correspondência no CPC/1973.

Art. 1.010. A apelação, interposta por petição dirigida ao juízo de primeiro grau, conterá:

- Correspondência: art. 514, *caput*, CPC/1973.

I – os nomes e a qualificação das partes;

- Correspondência: art. 514, I, CPC/1973.

II – a exposição do fato e do direito;

- Correspondência: art. 514, II, CPC/1973.

III – as razões do pedido de reforma ou de decretação de nulidade;

- Sem correspondência no CPC/1973.

IV – o pedido de nova decisão.

- Correspondência: art. 514, III, CPC/1973.

§ 1º O apelado será intimado para apresentar contrarrazões no prazo de 15 (quinze) dias.

- Correspondência: art. 518, *caput*, CPC/1973.

§ 2º Se o apelado interpuser apelação adesiva, o juiz intimará o apelante para apresentar contrarrazões.

- Sem correspondência no CPC/1973.

§ 3º Após as formalidades previstas nos §§ 1º e 2º, os autos serão remetidos ao tribunal pelo juiz, independentemente de juízo de admissibilidade.

- Correspondência: art. 518, § 2º, CPC/1973.

Art. 1.011. Recebido o recurso de apelação no tribunal e distribuído imediatamente, o relator:

- Sem correspondência no CPC/1973.

I – decidi-lo-á monocraticamente apenas nas hipóteses do art. 932, incisos III a V;

II – se não for o caso de decisão monocrática, elaborará seu voto para julgamento do recurso pelo órgão colegiado.

Art. 1.012. A apelação terá efeito suspensivo.

- Correspondência: art. 518, § 2º, CPC/1973.

§ 1º Além de outras hipóteses previstas em lei, começa a produzir efeitos imediatamente após a sua publicação a sentença que:

- Correspondência: art. 520, *caput*, CPC/1973.

I – homologa divisão ou demarcação de terras;

- Correspondência: art. 520, I, CPC/1973.

II – condena a pagar alimentos;

- Correspondência: art. 520, II, CPC/1973.

III – extingue sem resolução do mérito ou julga improcedentes os embargos do executado;

- Correspondência: art. 520, V, CPC/1973.

IV – julga procedente o pedido de instituição de arbitragem;

- Correspondência: art. 520, VI, CPC/1973.

V – confirma, concede ou revoga tutela provisória;

- Correspondência: art. 520, VII, CPC/1973.

VI – decreta a interdição.

- Sem correspondência no CPC/1973.

§ 2º Nos casos do § 1º, o apelado poderá promover o pedido de cumprimento provisório depois de publicada a sentença.

- Correspondência: art. 521, CPC/1973.

§ 3º O pedido de concessão de efeito suspensivo nas hipóteses do § 1º poderá ser formulado por requerimento dirigido ao:

- Sem correspondência no CPC/1973.

I – tribunal, no período compreendido entre a interposição da apelação e sua distribuição, ficando o relator designado para seu exame prevento para julgá-la;

- Sem correspondência no CPC/1973.

II – relator, se já distribuída a apelação.

- Sem correspondência no CPC/1973.

§ 4º Nas hipóteses do § 1º, a eficácia da sentença poderá ser suspensa pelo relator se o apelante demonstrar a probabilidade de provimento do recurso ou se, sendo relevante a fundamentação, houver risco de dano grave ou de difícil reparação.

- Sem correspondência no CPC/1973.

Art. 1.013. A apelação devolverá ao tribunal o conhecimento da matéria impugnada.

- Correspondência: art. 515, *caput*, CPC/1973.

§ 1º Serão, porém, objeto de apreciação e julgamento pelo tribunal todas as questões suscitadas e discutidas no processo, ainda que não tenham sido solucionadas, desde que relativas ao capítulo impugnado.

- Correspondência: art. 515, § 1º, CPC/1973.

§ 2º Quando o pedido ou a defesa tiver mais de um fundamento e o juiz acolher apenas um deles, a apelação devolverá ao tribunal o conhecimento dos demais.

- Correspondência: art. 515, § 2º, CPC/1973.

§ 3º Se o processo estiver em condições de imediato julgamento, o tribunal deve decidir desde logo o mérito quando:

- Correspondência: art. 515, § 3º, CPC/1973.

I – reformar sentença fundada no art. 485;

- Sem correspondência no CPC/1973.

II – decretar a nulidade da sentença por não ser ela congruente com os limites do pedido ou da causa de pedir;

- Sem correspondência no CPC/1973.

III – constatar a omissão no exame de um dos pedidos, hipótese em que poderá julgá-lo;

- Sem correspondência no CPC/1973.

IV – decretar a nulidade de sentença por falta de fundamentação.

- Sem correspondência no CPC/1973.

§ 4º Quando reformar sentença que reconheça a decadência ou a prescrição, o tribunal, se possível, julgará o mérito, examinando as demais questões, sem determinar o retorno do processo ao juízo de primeiro grau.

- Sem correspondência no CPC/1973.

§ 5º O capítulo da sentença que confirma, concede ou revoga a tutela provisória é impugnável na apelação.

- Sem correspondência no CPC/1973.
- V. art. 1.012, § 1º, V, CPC/2015.

Art. 1.014. As questões de fato não propostas no juízo inferior poderão ser suscitadas na apelação, se a parte provar que deixou de fazê-lo por motivo de força maior.

- Correspondência: art. 517, CPC/1973.

Capítulo III
Do Agravo de Instrumento

Art. 1.015. Cabe agravo de instrumento contra as decisões interlocutórias que versarem sobre:

- Correspondência: art. 522, CPC/1973.

I – tutelas provisórias;

- Sem correspondência no CPC/1973.

II – mérito do processo;

- Sem correspondência no CPC/1973.

III – rejeição da alegação de convenção de arbitragem;

- Sem correspondência no CPC/1973.

IV – incidente de desconsideração da personalidade jurídica;

- Sem correspondência no CPC/1973.

V – rejeição do pedido de gratuidade da justiça ou acolhimento do pedido de sua revogação;

- Sem correspondência no CPC/1973.

VI – exibição ou posse de documento ou coisa;

- Sem correspondência no CPC/1973.

VII – exclusão de litisconsorte;

- Sem correspondência no CPC/1973.

VIII – rejeição do pedido de limitação do litisconsórcio;

- Sem correspondência no CPC/1973.

IX – admissão ou inadmissão de intervenção de terceiros;

- Sem correspondência no CPC/1973.

X – concessão, modificação ou revogação do efeito suspensivo aos embargos à execução;

- Sem correspondência no CPC/1973.

XI – redistribuição do ônus da prova nos termos do art. 373, § 1º;

- Sem correspondência no CPC/1973.

XII – *(Vetado)*.

XIII – outros casos expressamente referidos em lei.

- Sem correspondência no CPC/1973.

Parágrafo único. Também caberá agravo de instrumento contra decisões interlocutórias proferidas na fase de liquidação de sentença ou de cumprimento de sentença, no processo de execução e no processo de inventário.

- Sem correspondência no CPC/1973.

Art. 1.016. O agravo de instrumento será dirigido diretamente ao tribunal competente, por meio de petição com os seguintes requisitos:

- Correspondência: art. 524, *caput*, CPC/1973.

I – os nomes das partes;

- Sem correspondência no CPC/1973.

II – a exposição do fato e do direito;

- Correspondência: art. 524, I, CPC/1973.

III – as razões do pedido de reforma ou de invalidação da decisão e o próprio pedido;

- Correspondência: art. 524, II, CPC/1973.

IV – o nome e o endereço completo dos advogados constantes do processo.

- Correspondência: art. 524, III, CPC/1973.

Art. 1.017. A petição de agravo de instrumento será instruída:

- Correspondência: art. 525, *caput*, CPC/1973.

I – obrigatoriamente, com cópias da petição inicial, da contestação, da petição que ensejou a decisão agravada, da própria decisão agravada, da certidão da respectiva intimação ou outro documento oficial que comprove a tempestividade e das procurações outorgadas aos advogados do agravante e do agravado;

- Correspondência: art. 525, I, CPC/1973.

II – com declaração de inexistência de qualquer dos documentos referidos no inciso I, feita pelo advogado do agravante, sob pena de sua responsabilidade pessoal;

- Sem correspondência no CPC/1973.

III – facultativamente, com outras peças que o agravante reputar úteis.

- Correspondência: art. 525, II, CPC/1973.

§ 1º Acompanhará a petição o comprovante do pagamento das respectivas custas e do porte de retorno, quando devidos, conforme tabela publicada pelos tribunais.

- Correspondência: art. 525, § 1º, CPC/1973.

§ 2º No prazo do recurso, o agravo será interposto por:

- Correspondência: art. 525, § 2º, CPC/1973.

I – protocolo realizado diretamente no tribunal competente para julgá-lo;

II – protocolo realizado na própria comarca, seção ou subseção judiciárias;

III – postagem, sob registro, com aviso de recebimento;

IV – transmissão de dados tipo fac-símile, nos termos da lei;

V – outra forma prevista em lei.

§ 3º Na falta da cópia de qualquer peça ou no caso de algum outro vício que comprometa a admissibilidade do agravo de instrumento, deve o relator aplicar o disposto no art. 932, parágrafo único.

- Sem correspondência no CPC/1973.

§ 4º Se o recurso for interposto por sistema de transmissão de dados tipo fac-símile ou similar, as peças devem ser juntadas no momento de protocolo da petição original.

- Sem correspondência no CPC/1973.

§ 5º Sendo eletrônicos os autos do processo, dispensam-se as peças referidas nos incisos I e II do *caput*, facultando-se ao agravante anexar outros documentos que entender úteis para a compreensão da controvérsia.

- Sem correspondência no CPC/1973.

Art. 1.018. O agravante poderá requerer a juntada, aos autos do processo, de cópia da petição do agravo de instrumento, do comprovante de sua interposição e da relação dos documentos que instruíram o recurso.

- Correspondência: art. 526, *caput*, CPC/1973.

§ 1º Se o juiz comunicar que reformou inteiramente a decisão, o relator considerará prejudicado o agravo de instrumento.

- Correspondência: art. 529, CPC/1973.

§ 2º Não sendo eletrônicos os autos, o agravante tomará a providência prevista no *caput*, no prazo de 3 (três) dias a contar da interposição do agravo de instrumento.

- Correspondência: art. 526, parágrafo único, CPC/1973.

§ 3º O descumprimento da exigência de que trata o § 2º, desde que arguido e provado pelo agravado, importa inadmissibilidade do agravo de instrumento.

- Correspondência: art. 526, parágrafo único, CPC/1973.

Art. 1.019. Recebido o agravo de instrumento no tribunal e distribuído imediatamente, se não for o caso de aplicação do art. 932, incisos III e IV, o relator, no prazo de 5 (cinco) dias:

- Correspondência: art. 527, *caput*, CPC/1973.

I – poderá atribuir efeito suspensivo ao recurso ou deferir, em antecipação de tutela, total ou parcialmente, a pretensão recursal, comunicando ao juiz sua decisão;

- Correspondência: art. 527, III, CPC/1973.

II – ordenará a intimação do agravado pessoalmente, por carta com aviso de recebimento, quando não tiver procurador constituído, ou pelo Diário da Justiça ou por carta com aviso de recebimento dirigida ao seu advogado, para que responda no prazo de 15 (quinze) dias, facultando-lhe juntar a documentação que entender necessária ao julgamento do recurso;

- Correspondência: art. 527, V, CPC/1973.

III – determinará a intimação do Ministério Público, preferencialmente por meio eletrônico, quando for o caso de sua intervenção, para que se manifeste no prazo de 15 (quinze) dias.

- Correspondência: art. 527, VI, CPC/1973.

Art. 1.020. O relator solicitará dia para julgamento em prazo não superior a 1 (um) mês da intimação do agravado.

- Correspondência: art. 528, CPC/1973.

Capítulo IV
Do Agravo Interno

Art. 1.021. Contra decisão proferida pelo relator caberá agravo interno para o respectivo órgão colegiado, observadas, quanto ao processamento, as regras do regimento interno do tribunal.

- Correspondência: art. 545, CPC/1973.
- V. arts. 932, IV, e 937, CPC/2015.

§ 1º Na petição de agravo interno, o recorrente impugnará especificadamente os fundamentos da decisão agravada.

- Correspondência: art. 545, CPC/1973.

§ 2º O agravo será dirigido ao relator, que intimará o agravado para manifestar-se sobre o recurso no prazo de 15 (quinze) dias, ao final do qual, não havendo retratação, o relator levá-lo-á a julgamento pelo órgão colegiado, com inclusão em pauta.

- Correspondência: art. 545, CPC/1973.

§ 3º É vedado ao relator limitar-se à reprodução dos fundamentos da decisão agravada para julgar improcedente o agravo interno.

- Correspondência: art. 545, CPC/1973.

§ 4º Quando o agravo interno for declarado manifestamente inadmissível ou improcedente em votação unânime, o órgão colegiado, em decisão fundamentada, condenará o agravante a pagar ao agravado multa fixada entre um e 5% (cinco por cento) do valor atualizado da causa.

- Correspondência: art. 557, § 2º, CPC/1973.

§ 5º A interposição de qualquer outro recurso está condicionada ao depósito prévio do valor da multa prevista no § 4º, à exceção da Fazenda Pública e do beneficiário de gratuidade da justiça, que farão o pagamento ao final.

- Correspondência: art. 557, § 2º, CPC/1973.

Capítulo V
Dos Embargos de Declaração

Art. 1.022. Cabem embargos de declaração contra qualquer decisão judicial para:

- Correspondência: art. 535, *caput*, CPC/1973.
- V. art. 494, II, CPC/2015.

I – esclarecer obscuridade ou eliminar contradição;

- Correspondência: art. 535, I, CPC/1973.

II – suprir omissão de ponto ou questão sobre o qual devia se pronunciar o juiz de ofício ou a requerimento;

- Correspondência: art. 535, II, CPC/1973.

III – corrigir erro material.

- Sem correspondência no CPC/1973.

Parágrafo único. Considera-se omissa a decisão que:

- Sem correspondência no CPC/1973.

I – deixe de se manifestar sobre tese firmada em julgamento de casos repetitivos ou em incidente de assunção de competência aplicável ao caso sob julgamento;

- Sem correspondência no CPC/1973.

II – incorra em qualquer das condutas descritas no art. 489, § 1º.

- Sem correspondência no CPC/1973.

Art. 1.023. Os embargos serão opostos, no prazo de 5 (cinco) dias, em petição dirigida ao juiz, com indicação do erro, obscuridade, contradição ou omissão, e não se sujeitam a preparo.

- Correspondência: art. 536, CPC/1973.

§ 1º Aplica-se aos embargos de declaração o art. 229.

- Sem correspondência no CPC/1973.

§ 2º O juiz intimará o embargado para, querendo, manifestar-se, no prazo de 5 (cinco) dias, sobre os embargos opostos, caso seu eventual acolhimento implique a modificação da decisão embargada.

- Sem correspondência no CPC/1973.

Art. 1.024. O juiz julgará os embargos em 5 (cinco) dias.

- Correspondência: art. 537, CPC/1973.

§ 1º Nos tribunais, o relator apresentará os embargos em mesa na sessão subsequente, proferindo voto, e, não havendo julgamento nessa sessão, será o recurso incluído em pauta automaticamente.

- Correspondência: art. 537, CPC/1973.

§ 2º Quando os embargos de declaração forem opostos contra decisão de relator ou outra decisão unipessoal proferida em tribunal, o órgão prolator da decisão embargada decidi-los-á monocraticamente.

- Sem correspondência no CPC/1973.

§ 3º O órgão julgador conhecerá dos embargos de declaração como agravo interno se entender ser este o recurso cabível, desde que determine previamente a intimação do recorrente para, no prazo de 5 (cinco) dias, complementar as razões recursais, de modo a ajustá-las às exigências do art. 1.021, § 1º.

- Sem correspondência no CPC/1973.

§ 4º Caso o acolhimento dos embargos de declaração implique modificação da decisão embargada, o embargado que já tiver interposto outro recurso contra a decisão originária tem o direito de complementar ou alterar suas razões, nos exatos limites da modificação, no prazo de 15 (quinze) dias, contado da intimação da decisão dos embargos de declaração.

- Sem correspondência no CPC/1973.

§ 5º Se os embargos de declaração forem rejeitados ou não alterarem a conclusão do julgamento anterior, o recurso interposto pela outra parte antes da publicação do julgamento dos embargos de declaração será processado e julgado independentemente de ratificação.

- Sem correspondência no CPC/1973.

Art. 1.025. Consideram-se incluídos no acórdão os elementos que o embargante suscitou, para fins de pré-questionamento, ainda que os embargos de declaração sejam inadmitidos ou rejeitados, caso o tribunal superior considere existentes erro, omissão, contradição ou obscuridade.

- Sem correspondência no CPC/1973.
- V. Súmulas 98, 211, 320, STJ.
- V. Súmulas 282, 356, STF.

Art. 1.026. Os embargos de declaração não possuem efeito suspensivo e interrompem o prazo para a interposição de recurso.

- Correspondência: art. 538, *caput*, CPC/1973.
- V. arts. 220 e 313, CPC/2015.
- V. Súmula 418, STJ.

§ 1º A eficácia da decisão monocrática ou colegiada poderá ser suspensa pelo respectivo juiz ou relator se demonstrada a probabilidade de provimento do recurso ou, sendo relevante a fundamentação, se houver risco de dano grave ou de difícil reparação.

- Sem correspondência no CPC/1973.

§ 2º Quando manifestamente protelatórios os embargos de declaração, o juiz ou o tribunal, em decisão fundamentada, condenará o embargante a pagar ao embargado multa não excedente a 2% (dois por cento) sobre o valor atualizado da causa.

- Correspondência: art. 538, parágrafo único, CPC/1973.

§ 3º Na reiteração de embargos de declaração manifestamente protelatórios, a multa será elevada a até 10% (dez por cento) sobre o valor atualizado da causa, e a interposição de qualquer recurso ficará condicionada ao depósito prévio do valor da multa, à exceção da Fazenda Pública e do beneficiário de gratuidade da justiça, que a recolherão ao final.

- Correspondência: art. 538, parágrafo único, CPC/1973.

§ 4º Não serão admitidos novos embargos de declaração se os 2 (dois) anteriores houverem sido considerados protelatórios.

- Sem correspondência no CPC/1973.

Capítulo VI
Dos Recursos para o Supremo Tribunal Federal e para o Superior Tribunal de Justiça

Seção I
Do Recurso Ordinário

Art. 1.027. Serão julgados em recurso ordinário:

- Correspondência: art. 539, *caput*, CPC/1973.
- V. art. 105, II, CF.

I – pelo Supremo Tribunal Federal, os mandados de segurança, os habeas data e os mandados de injunção decididos em única instância pelos tribunais superiores, quando denegatória a decisão;

- Correspondência: art. 539, I, CPC/1973.

II – pelo Superior Tribunal de Justiça:

- Correspondência: art. 539, II, CPC/1973.

a) os mandados de segurança decididos em única instância pelos tribunais regionais federais ou pelos tribunais de justiça dos Estados e do Distrito Federal e Territórios, quando denegatória a decisão;

- Correspondência: art. 539, II, *a*, CPC/1973.

b) os processos em que forem partes, de um lado, Estado estrangeiro ou organismo internacional e, de outro, Município ou pessoa residente ou domiciliada no País.

- Correspondência: art. 539, II, *b*, CPC/1973.

§ 1º Nos processos referidos no inciso II, alínea *b*, contra as decisões interlocutórias caberá agravo de instrumento dirigido ao Superior Tribunal de Justiça, nas hipóteses do art. 1.015.

- Correspondência: art. 539, parágrafo único, CPC/1973.

§ 2º Aplica-se ao recurso ordinário o disposto nos arts. 1.013, § 3º, e 1.029, § 5º.

- Sem correspondência no CPC/1973.

Art. 1.028. Ao recurso mencionado no art. 1.027, inciso II, alínea *b*, aplicam-se, quanto aos requisitos de admissibilidade e ao procedimento, as disposições relativas à apelação e o Regimento Interno do Superior Tribunal de Justiça.

- Correspondência: art. 540, CPC/1973.

§ 1º Na hipótese do art. 1.027, § 1º, aplicam-se as disposições relativas ao agravo de instrumento e o Regimento Interno do Superior Tribunal de Justiça.

- Sem correspondência no CPC/1973.

§ 2º O recurso previsto no art. 1.027, incisos I e II, alínea *a*, deve ser interposto perante o tribunal de origem, cabendo ao seu presidente ou vice-presidente determinar a intimação do recorrido para, em 15 (quinze) dias, apresentar as contrarrazões.

- Sem correspondência no CPC/1973.

§ 3º Findo o prazo referido no § 2º, os autos serão remetidos ao respectivo tribunal superior, independentemente de juízo de admissibilidade.

- Sem correspondência no CPC/1973.

Seção II
Do Recurso Extraordinário e do Recurso Especial

Subseção I
Disposições Gerais

Art. 1.029. O recurso extraordinário e o recurso especial, nos casos previstos na Constituição Federal, serão interpostos perante o presidente ou o vice-presidente do tribunal recorrido, em petições distintas que conterão:

- Correspondência: art. 541, *caput*, CPC/1973.
- V. arts. 102, III, e 105, III, CF.
- V. Súmula 320, STJ.

I – a exposição do fato e do direito;

- Correspondência: art. 541, I, CPC/1973.

II – a demonstração do cabimento do recurso interposto;

- Correspondência: art. 541, II, CPC/1973.

III – as razões do pedido de reforma ou de invalidação da decisão recorrida.

- Correspondência: art. 541, III, CPC/1973.

§ 1º Quando o recurso fundar-se em dissídio jurisprudencial, o recorrente fará a prova da divergência com a certidão, cópia ou citação do repositório de jurisprudência, oficial ou credenciado, inclusive em mídia eletrônica, em que houver sido publicado o acórdão divergente, ou ainda com a reprodução de julgado disponível na rede mundial de computadores, com indicação da respectiva fonte, devendo-se, em qualquer caso, mencionar as circunstâncias que identifiquem ou assemelhem os casos confrontados.

- Correspondência: art. 541, parágrafo único, CPC/1973.

§ 2º *(Revogado pela Lei 13.256/2016, em vigor no início da vigência da Lei 13.105/2015.)*

§ 3º O Supremo Tribunal Federal ou o Superior Tribunal de Justiça poderá

Códigos

desconsiderar vício formal de recurso tempestivo ou determinar sua correção, desde que não o repute grave.

- Sem correspondência no CPC/1973.

§ 4º Quando, por ocasião do processamento do incidente de resolução de demandas repetitivas, o presidente do Supremo Tribunal Federal ou do Superior Tribunal de Justiça receber requerimento de suspensão de processos em que se discuta questão federal constitucional ou infraconstitucional, poderá, considerando razões de segurança jurídica ou de excepcional interesse social, estender a suspensão a todo o território nacional, até ulterior decisão do recurso extraordinário ou do recurso especial a ser interposto.

- Sem correspondência no CPC/1973.

§ 5º O pedido de concessão de efeito suspensivo a recurso extraordinário ou a recurso especial poderá ser formulado por requerimento dirigido:

- Correspondência: art. 542, § 2º, CPC/1973.

I – ao tribunal superior respectivo, no período compreendido entre a publicação da decisão de admissão do recurso e sua distribuição, ficando o relator designado para seu exame prevento para julgá-lo;

- Inciso I com redação determinada pela Lei 13.256/2016.
- Sem correspondência no CPC/1973.

II – ao relator, se já distribuído o recurso;

- Sem correspondência no CPC/1973.

III – ao presidente ou ao vice-presidente do tribunal recorrido, no período compreendido entre a interposição do recurso e a publicação da decisão de admissão do recurso, assim como no caso de o recurso ter sido sobrestado, nos termos do art. 1.037.

- Inciso III com redação determinada pela Lei 13.256/2016.
- Sem correspondência no CPC/1973.

Art. 1.030. Recebida a petição do recurso pela secretaria do tribunal, o recorrido será intimado para apresentar contrarrazões no prazo de 15 (quinze) dias, findo o qual os autos serão conclusos ao presidente ou ao vice-presidente do tribunal recorrido, que deverá:

- Artigo com redação determinada pela Lei 13.256/2016, em vigor no início da vigência da Lei 13.105/2015.
- Correspondência: art. 542, § 1º, CPC/1973.

I – negar seguimento:

a) a recurso extraordinário que discuta questão constitucional à qual o Supremo Tribunal Federal não tenha reconhecido a existência de repercussão geral ou a recurso extraordinário interposto contra acórdão que esteja em conformidade com entendimento do Supremo Tribunal Federal exarado no regime de repercussão geral;

- Correspondência: art. 543-A, *caput*, CPC/1973.

b) a recurso extraordinário ou a recurso especial interposto contra acórdão que esteja em conformidade com entendimento do Supremo Tribunal Federal ou do Superior Tribunal de Justiça, respectivamente, exarado no regime de julgamento de recursos repetitivos;

- Sem correspondência no CPC/1973.

II – encaminhar o processo ao órgão julgador para realização do juízo de retratação, se o acórdão recorrido divergir do entendimento do Supremo Tribunal Federal ou do Superior Tribunal de Justiça exarado, conforme o caso, nos regimes de repercussão geral ou de recursos repetitivos;

- Correspondência: art. 543-B, § 3º, CPC/1973.

III – sobrestar o recurso que versar sobre controvérsia de caráter repetitivo ainda não decidida pelo Supremo Tribunal Federal ou pelo Superior Tribunal de Justiça, conforme se trate de matéria constitucional ou infraconstitucional;

- Sem correspondência no CPC/1973.

IV – selecionar o recurso como representativo de controvérsia constitucional ou infraconstitucional, nos termos do § 6º do art. 1.036;

- Correspondência: art. 543-C, § 1º, CPC/1973.

V – realizar o juízo de admissibilidade e, se positivo, remeter o feito ao Supremo Tribunal Federal ou ao Superior Tribunal de Justiça, desde que:

- Correspondência: art. 543, *caput*, CPC/1973.

a) o recurso ainda não tenha sido submetido ao regime de repercussão geral ou de julgamento de recursos repetitivos;

b) o recurso tenha sido selecionado como representativo da controvérsia; ou

c) o tribunal recorrido tenha refutado o juízo de retratação.

§ 1º Da decisão de inadmissibilidade proferida com fundamento no inciso V caberá agravo ao tribunal superior, nos termos do art. 1.042.

- Sem correspondência no CPC/1973.

§ 2º Da decisão proferida com fundamento nos incisos I e III caberá agravo interno, nos termos do art. 1.021.

- Correspondência: art. 545, CPC/1973.

Art. 1.031. Na hipótese de interposição conjunta de recurso extraordinário e recurso especial, os autos serão remetidos ao Superior Tribunal de Justiça.

- Correspondência: art. 543, *caput*, CPC/1973.

§ 1º Concluído o julgamento do recurso especial, os autos serão remetidos ao Supremo Tribunal Federal para apreciação do recurso extraordinário, se este não estiver prejudicado.

- Correspondência: art. 543, § 1º, CPC/1973.

§ 2º Se o relator do recurso especial considerar prejudicial o recurso extraordinário, em decisão irrecorrível, sobrestará o julgamento e remeterá os autos ao Supremo Tribunal Federal.

- Correspondência: art. 543, § 2º, CPC/1973.

§ 3º Na hipótese do § 2º, se o relator do recurso extraordinário, em decisão irrecorrível, rejeitar a prejudicialidade, devolverá os autos ao Superior Tribunal de Justiça para o julgamento do recurso especial.

- Correspondência: art. 543, § 3º, CPC/1973.

Art. 1.032. Se o relator, no Superior Tribunal de Justiça, entender que o recurso especial versa sobre questão constitucional, deverá conceder prazo de 15 (quinze) dias para que o recorrente demonstre a existência de repercussão geral e se manifeste sobre a questão constitucional.

- Sem correspondência no CPC/1973.
- V. art. 102, § 3º, CF.

Parágrafo único. Cumprida a diligência de que trata o *caput*, o relator remeterá o recurso ao Supremo Tribunal Federal, que, em juízo de admissibilidade, poderá devolvê-lo ao Superior Tribunal de Justiça.

Art. 1.033. Se o Supremo Tribunal Federal considerar como reflexa a ofensa à Constituição afirmada no recurso extraordinário, por pressupor a revisão da interpretação de lei federal ou de tratado, remetê-lo-á ao Superior Tribunal de Justiça para julgamento como recurso especial.

- Sem correspondência no CPC/1973.

Art. 1.034. Admitido o recurso extraordinário ou o recurso especial, o Supremo Tribunal Federal ou o Superior Tribunal de Justiça julgará o processo, aplicando o direito.

- Sem correspondência no CPC/1973.
- V. Súmula 456, STF.

Parágrafo único. Admitido o recurso extraordinário ou o recurso especial por um fundamento, devolve-se ao tribunal superior o conhecimento dos demais fundamentos para a solução do capítulo impugnado.

Art. 1.035. O Supremo Tribunal Federal, em decisão irrecorrível, não conhecerá do recurso extraordinário quando a questão constitucional nele versada não tiver repercussão geral, nos termos deste artigo.

- Correspondência: art. 543-A, *caput*, CPC/1973.
- V. arts. 321 a 329, RISTF.

§ 1º Para efeito de repercussão geral, será considerada a existência ou não de questões relevantes do ponto de vista econômico, político, social ou jurídico que ultrapassem os interesses subjetivos do processo.

- Correspondência: art. 543-A, § 1º, CPC/1973.

§ 2º O recorrente deverá demonstrar a existência de repercussão geral para apreciação exclusiva pelo Supremo Tribunal Federal.

- Correspondência: art. 543-A, § 2º, CPC/1973.

§ 3º Haverá repercussão geral sempre que o recurso impugnar acórdão que:

- Correspondência: art. 543-A, § 3º, CPC/1973.

I – contrarie súmula ou jurisprudência dominante do Supremo Tribunal Federal;

- Correspondência: art. 543-A, § 3º, CPC/1973.

II – *(Revogado pela Lei 13.256/2016).*

III – tenha reconhecido a inconstitucionalidade de tratado ou de lei federal, nos termos do art. 97 da Constituição Federal.

- Sem correspondência no CPC/1973.

§ 4º O relator poderá admitir, na análise da repercussão geral, a manifestação de terceiros, subscrita por procurador habilitado, nos termos do Regimento Interno do Supremo Tribunal Federal.

- Correspondência: art. 543-A, § 6º, CPC/1973.

§ 5º Reconhecida a repercussão geral, o relator no Supremo Tribunal Federal determinará a suspensão do processamento de todos os processos pendentes, individuais ou coletivos, que versem sobre a questão e tramitem no território nacional.

- Sem correspondência no CPC/1973.

§ 6º O interessado pode requerer, ao presidente ou ao vice-presidente do tribunal de origem, que exclua da decisão de sobrestamento e inadmita o recurso extraordinário que tenha sido interposto intempestivamente, tendo o recorrente o prazo de 5 (cinco) dias para manifestar-se sobre esse requerimento.

- Sem correspondência no CPC/1973.

§ 7º Da decisão que indeferir o requerimento referido no § 6º ou que aplicar entendimento firmado em regime de repercussão geral ou em julgamento de recursos repetitivos caberá agravo interno.

- § 7º com redação determinada pela Lei 13.256/2016.
- Sem correspondência no CPC/1973.

§ 8º Negada a repercussão geral, o presidente ou o vice-presidente do tribunal de origem negará seguimento aos recursos extraordinários sobrestados na origem que versem sobre matéria idêntica.

- Correspondência: art. 543-A, § 5º, CPC/1973.

§ 9º O recurso que tiver a repercussão geral reconhecida deverá ser julgado no prazo de 1 (um) ano e terá preferência sobre os demais feitos, ressalvados os que envolvam réu preso e os pedidos de *habeas corpus*.

- Sem correspondência no CPC/1973.

§ 10. *(Revogado pela Lei 13.256/2016).*

§ 11. A súmula da decisão sobre a repercussão geral constará de ata, que será publicada no diário oficial e valerá como acórdão.

- Correspondência: art. 543-A, § 7º, CPC/1973.

Subseção II
Do Julgamento dos Recursos Extraordinário e Especial Repetitivos

Art. 1.036. Sempre que houver multiplicidade de recursos extraordinários ou especiais com fundamento em idêntica questão de direito, haverá afetação para julgamento de acordo com as disposições desta Subseção, observado o disposto no Regimento Interno do Supremo Tribunal Federal e no do Superior Tribunal de Justiça.

- Correspondência: arts. 543-B, *caput*, e 543-C, *caput*, CPC/1973.
- V. art. 4º, Lei 11.418/2006, que determina que esta Lei se aplica aos recursos interpostos a partir do primeiro dia de sua vigência.
- V. Res. STJ 8/2008 (Procedimentos relativos ao processamento e julgamento de recursos especiais repetitivos).
- V. Provimento CFOAB 128/2008 (Parâmetros de atuação do Conselho Federal da OAB para manifestação em recursos especiais repetitivos – art. 543-C do CPC/1973).
- V. arts. 321 a 329, RISTF.

§ 1º O presidente ou o vice-presidente de tribunal de justiça ou de tribunal regional federal selecionará 2 (dois) ou mais recursos representativos da controvérsia, que serão encaminhados ao Supremo Tribunal Federal ou ao Superior Tribunal de Justiça para fins de afetação, determinando a suspensão do trâmite de todos os processos pendentes, individuais ou coletivos, que tramitem no Estado ou na região, conforme o caso.

- Correspondência: arts. 543-B, § 1º, e 543-C, § 1º, CPC/1973.

§ 2º O interessado pode requerer, ao presidente ou ao vice-presidente, que exclua da decisão de sobrestamento e inadmita o recurso especial ou o recurso extraordinário que tenha sido interposto intempestivamente, tendo o recorrente o prazo de 5 (cinco) dias para manifestar-se sobre esse requerimento.

- Sem correspondência no CPC/1973.

§ 3º Da decisão que indeferir o requerimento referido no § 2º caberá apenas agravo interno.

- § 3º com redação determinada pela Lei 13.256/2016.
- Sem correspondência no CPC/1973.

§ 4º A escolha feita pelo presidente ou vice-presidente do tribunal de justiça ou do tribunal regional federal não vinculará o relator no tribunal superior, que poderá selecionar outros recursos representativos da controvérsia.

- Sem correspondência no CPC/1973.

§ 5º O relator em tribunal superior também poderá selecionar 2 (dois) ou mais recursos representativos da controvérsia para julgamento da questão de direito independentemente da iniciativa do presidente ou do vice-presidente do tribunal de origem.

- Sem correspondência no CPC/1973.

§ 6º Somente podem ser selecionados recursos admissíveis que contenham abrangente argumentação e discussão a respeito da questão a ser decidida.

- Sem correspondência no CPC/1973.

Art. 1.037. Selecionados os recursos, o relator, no tribunal superior, constatando a presença do pressuposto do *caput* do art. 1.036, proferirá decisão de afetação, na qual:

- Sem correspondência no CPC/1973.
- V. arts. 1.014 e 1.022, CPC/2015.

I – identificará com precisão a questão a ser submetida a julgamento;

- Sem correspondência no CPC/1973.

II – determinará a suspensão do processamento de todos os processos pendentes, individuais ou coletivos, que versem sobre a questão e tramitem no território nacional;

- Sem correspondência no CPC/1973.

III – poderá requisitar aos presidentes ou aos vice-presidentes dos tribunais de justiça ou dos tribunais regionais federais a remessa de um recurso representativo da controvérsia.

- Sem correspondência no CPC/1973.

§ 1º Se, após receber os recursos selecionados pelo presidente ou pelo vice-presidente de tribunal de justiça ou de tribunal regional federal, não se proceder à afetação, o relator, no tribunal superior, comunicará o fato ao presidente ou ao vice-presidente que os houver enviado, para que seja revogada a decisão de suspensão referida no art. 1.036, § 1º.

- Sem correspondência no CPC/1973.

§ 2º *(Revogado pela Lei 13.256/2016).*

§ 3º Havendo mais de uma afetação, será prevento o relator que primeiro tiver proferido a decisão a que se refere o inciso I do *caput*.

- Sem correspondência no CPC/1973.

§ 4º Os recursos afetados deverão ser julgados no prazo de 1 (um) ano e terão preferência sobre os demais feitos, ressalvados os que envolvam réu preso e os pedidos de *habeas corpus*.

- Correspondência: art. 543-C, § 6º, 2ª parte, CPC/1973.

§ 5º *(Revogado pela Lei 13.256/2016).*

§ 6º Ocorrendo a hipótese do § 5º, é permitido a outro relator do respectivo tribunal superior afetar 2 (dois) ou mais recursos representativos da controvérsia na forma do art. 1.036.

- Sem correspondência no CPC/1973.

§ 7º Quando os recursos requisitados na forma do inciso III do *caput* contiverem outras questões além daquela que é objeto da afetação, caberá ao tribunal decidir esta em primeiro lugar e depois as demais, em acórdão específico para cada processo.

- Sem correspondência no CPC/1973.

§ 8º As partes deverão ser intimadas da decisão de suspensão de seu processo, a ser proferida pelo respectivo juiz ou relator quando informado da decisão a que se refere o inciso II do *caput*.

- Sem correspondência no CPC/1973.

§ 9º Demonstrando distinção entre a questão a ser decidida no processo e aquela a ser julgada no recurso especial ou extraordinário afetado, a parte poderá requerer o prosseguimento do seu processo.

- Sem correspondência no CPC/1973.

§ 10. O requerimento a que se refere o § 9º será dirigido:

- Sem correspondência no CPC/1973.

I – ao juiz, se o processo sobrestado estiver em primeiro grau;

II – ao relator, se o processo sobrestado estiver no tribunal de origem;

III – ao relator do acórdão recorrido, se for sobrestado recurso especial ou recurso extraordinário no tribunal de origem;

IV – ao relator, no tribunal superior, de recurso especial ou de recurso extraordinário cujo processamento houver sido sobrestado.

§ 11. A outra parte deverá ser ouvida sobre o requerimento a que se refere o § 9º, no prazo de 5 (cinco) dias.

- Sem correspondência no CPC/1973.

§ 12. Reconhecida a distinção no caso:

- Sem correspondência no CPC/1973.

I – dos incisos I, II e IV do § 10, o próprio juiz ou relator dará prosseguimento ao processo;

Códigos

II – do inciso III do § 10, o relator comunicará a decisão ao presidente ou ao vice-presidente que houver determinado o sobrestamento, para que o recurso especial ou o recurso extraordinário seja encaminhado ao respectivo tribunal superior, na forma do art. 1.030, parágrafo único.

§ 13. Da decisão que resolver o requerimento a que se refere o § 9º caberá:

I – agravo de instrumento, se o processo estiver em primeiro grau;

II – agravo interno, se a decisão for de relator.

Art. 1.038. O relator poderá:

- Correspondência: art. 543-C, § 3º, 1ª parte, CPC/1973.

I – solicitar ou admitir manifestação de pessoas, órgãos ou entidades com interesse na controvérsia, considerando a relevância da matéria e consoante dispuser o regimento interno;

- Correspondência: art. 543-C, § 4º, CPC/1973.

II – fixar data para, em audiência pública, ouvir depoimentos de pessoas com experiência e conhecimento na matéria, com a finalidade de instruir o procedimento;

- Sem correspondência no CPC/1973.

III – requisitar informações aos tribunais inferiores a respeito da controvérsia e, cumprida a diligência, intimará o Ministério Público para manifestar-se.

- Correspondência: art. 543-C, § 3º, 2ª parte e § 5º, CPC/1973.

§ 1º No caso do inciso III, os prazos respectivos são de 15 (quinze) dias, e os atos serão praticados, sempre que possível, por meio eletrônico.

- Correspondência: art. 543-C, § 3º, 2ª parte e § 5º, CPC/1973.

§ 2º Transcorrido o prazo para o Ministério Público e remetida cópia do relatório aos demais ministros, haverá inclusão em pauta, devendo ocorrer o julgamento com preferência sobre os demais feitos, ressalvados os que envolvam réu preso e os pedidos de *habeas corpus*.

- Correspondência: art. 543-C, § 6º, CPC/1973.

§ 3º O conteúdo do acórdão abrangerá a análise dos fundamentos relevantes da tese jurídica discutida.

- § 3º com redação determinada pela Lei 13.256/2016.
- Sem correspondência no CPC/1973.

Art. 1.039. Decididos os recursos afetados, os órgãos colegiados declararão prejudicados os demais recursos versando sobre idêntica controvérsia ou os decidirão aplicando a tese firmada.

- Correspondência: art. 543-B, § 3º, CPC/1973.

Parágrafo único. Negada a existência de repercussão geral no recurso extraordinário afetado, serão considerados automaticamente inadmitidos os recursos extraordinários cujo processamento tenha sido sobrestado.

- Correspondência: art. 543-B, § 2º, CPC/1973.

Art. 1.040. Publicado o acórdão paradigma:

- Correspondência: art. 543-C, § 7º, CPC/1973.

I – o presidente ou o vice-presidente do tribunal de origem negará seguimento aos recursos especiais ou extraordinários sobrestados na origem, se o acórdão recorrido coincidir com a orientação do tribunal superior;

- Correspondência: art. 543-C, § 7º, I, CPC/1973.

II – o órgão que proferiu o acórdão recorrido, na origem, reexaminará o processo de competência originária, a remessa necessária ou o recurso anteriormente julgado, se o acórdão recorrido contrariar a orientação do tribunal superior;

- Correspondência: art. 543-C, § 7º, II, CPC/1973.

III – os processos suspensos em primeiro e segundo graus de jurisdição retomarão o curso para julgamento e aplicação da tese firmada pelo tribunal superior;

- Sem correspondência no CPC/1973.

IV – se os recursos versarem sobre questão relativa a prestação de serviço público objeto de concessão, permissão ou autorização, o resultado do julgamento será comunicado ao órgão, ao ente ou à agência reguladora competente para fiscalização da efetiva aplicação, por parte dos entes sujeitos a regulação, da tese adotada.

- Sem correspondência no CPC/1973.

§ 1º A parte poderá desistir da ação em curso no primeiro grau de jurisdição, antes de proferida a sentença, se a questão nela discutida for idêntica à resolvida pelo recurso representativo da controvérsia.

- Sem correspondência no CPC/1973.

§ 2º Se a desistência ocorrer antes de oferecida contestação, a parte ficará isenta do pagamento de custas e de honorários de sucumbência.

- Sem correspondência no CPC/1973.

§ 3º A desistência apresentada nos termos do § 1º independe de consentimento do réu, ainda que apresentada contestação.

- Sem correspondência no CPC/1973.

Art. 1.041. Mantido o acórdão divergente pelo tribunal de origem, o recurso especial ou extraordinário será remetido ao respectivo tribunal superior, na forma do art. 1.036, § 1º.

- Sem correspondência no CPC/1973.

§ 1º Realizado o juízo de retratação, com alteração do acórdão divergente, o tribunal de origem, se for o caso, decidirá as demais questões ainda não decididas cujo enfrentamento se tornou necessário em decorrência da alteração.

§ 2º Quando ocorrer a hipótese do inciso II do *caput* do art. 1.040 e o recurso versar sobre outras questões, caberá ao presidente ou ao vice-presidente do tribunal recorrido, depois do reexame pelo órgão de origem e independentemente de ratificação do recurso, sendo positivo o juízo de admissibilidade, determinar a remessa do recurso ao tribunal superior para julgamento das demais questões.

- § 2º com redação determinada pela Lei 13.256/2016.

Seção III
Do Agravo em Recurso Especial e em Recurso Extraordinário

Art. 1.042 Cabe agravo contra decisão do presidente ou do vice-presidente do tribunal recorrido que inadmitir recurso extraordinário ou recurso especial, salvo quando fundada na aplicação de entendimento firmado em regime de repercussão geral ou em julgamento de recursos repetitivos.

- *Caput* com redação determinada pela Lei 13.256/2016.
- Correspondência: art. 544, *caput*, CPC/1973.

I – *(Revogado pela Lei 13.256/2016).*

II – *(Revogado pela Lei 13.256/2016).*

III – *(Revogado pela Lei 13.256/2016).*

§ 1º *(Revogado pela Lei 13.256/2016).*

§ 2º A petição de agravo será dirigida ao presidente ou ao vice-presidente do tribunal de origem e independe do pagamento de custas e despesas postais, aplicando-se a ela o regime de repercussão geral e de recursos repetitivos, inclusive quanto à possibilidade de sobrestamento e do juízo de retratação.

- § 2º com redação determinada pela Lei 13.256/2016.
- Correspondência: art. 544, § 2º, 1ª parte, CPC/1973.

§ 3º O agravado será intimado, de imediato, para oferecer resposta no prazo de 15 (quinze) dias.

- Correspondência: art. 544, § 2º, 2ª parte e § 3º, CPC/1973.

§ 4º Após o prazo de resposta, não havendo retratação, o agravo será remetido ao tribunal superior competente.

- Correspondência: art. 544, § 2º, 2ª parte e § 3º, CPC/1973.

§ 5º O agravo poderá ser julgado, conforme o caso, conjuntamente com o recurso especial ou extraordinário, assegurada, neste caso, sustentação oral, observando-se, ainda, o disposto no regimento interno do tribunal respectivo.

- Correspondência: art. 544, § 4º, CPC/1973.

§ 6º Na hipótese de interposição conjunta de recursos extraordinário e especial, o agravante deverá interpor um agravo para cada recurso não admitido.

- Correspondência: art. 544, § 1º, CPC/1973.

§ 7º Havendo apenas um agravo, o recurso será remetido ao tribunal competente, e, havendo interposição conjunta, os autos serão remetidos ao Superior Tribunal de Justiça.

- Sem correspondência no CPC/1973.

§ 8º Concluído o julgamento do agravo pelo Superior Tribunal de Justiça e, se for o caso, do recurso especial, independentemente de pedido, os autos serão remetidos ao Supremo Tribunal Federal para apreciação do agravo a ele dirigido, salvo se estiver prejudicado.

- Sem correspondência no CPC/1973.

Seção IV
Dos embargos de divergência

Art. 1.043. É embargável o acórdão de órgão fracionário que:

- Correspondência: art. 546, *caput*, CPC/1973.
- V. Súmulas 158, 168 e 316, STJ.

I – em recurso extraordinário ou em recurso especial, divergir do julgamento de qualquer outro órgão do mesmo tribunal, sendo os acórdãos, embargado e paradigma, de mérito;

- Correspondência: art. 546, I e II, CPC/1973.

II – *(Revogado pela Lei 13.256/2016).*

III – em recurso extraordinário ou em recurso especial, divergir do julgamento de qualquer outro órgão do mesmo tribunal, sendo um acórdão de mérito e outro que não tenha conhecido do recurso, embora tenha apreciado a controvérsia;

- Correspondência: art. 546, I e II, CPC/1973.

IV – *(Revogado pela Lei 13.256/2016).*

§ 1º Poderão ser confrontadas teses jurídicas contidas em julgamentos de recursos e de ações de competência originária.

- Sem correspondência no CPC/1973.

§ 2º A divergência que autoriza a interposição de embargos de divergência pode verificar-se na aplicação do direito material ou do direito processual.

- Sem correspondência no CPC/1973.

§ 3º Cabem embargos de divergência quando o acórdão paradigma for da mesma turma que proferiu a decisão embargada, desde que sua composição tenha sofrido alteração em mais da metade de seus membros.

- Sem correspondência no CPC/1973.

§ 4º O recorrente provará a divergência com certidão, cópia ou citação de repositório oficial ou credenciado de jurisprudência, inclusive em mídia eletrônica, onde foi publicado o acórdão divergente, ou com a reprodução de julgado disponível na rede mundial de computadores, indicando a respectiva fonte, e mencionará as circunstâncias que identificam ou assemelham os casos confrontados.

- Correspondência: art. 541, parágrafo único, CPC/1973.

§ 5º *(Revogado pela Lei 13.256/2016).*

Art. 1.044. No recurso de embargos de divergência, será observado o procedimento estabelecido no regimento interno do respectivo tribunal superior.

- Correspondência: art. 546, parágrafo único, CPC/1973.

§ 1º A interposição de embargos de divergência no Superior Tribunal de Justiça interrompe o prazo para interposição de recurso extraordinário por qualquer das partes.

- Sem correspondência no CPC/1973.

§ 2º Se os embargos de divergência forem desprovidos ou não alterarem a conclusão do julgamento anterior, o recurso extraordinário interposto pela outra parte antes da publicação do julgamento dos embargos de divergência será processado e julgado independentemente de ratificação.

- Sem correspondência no CPC/1973.

Livro Complementar DISPOSIÇÕES FINAIS E TRANSITÓRIAS

Art. 1.045. Este Código entra em vigor após decorrido 1 (um) ano da data de sua publicação oficial.

- Correspondência: art. 1.220, CPC/1973.

Art. 1.046. Ao entrar em vigor este Código, suas disposições se aplicarão desde logo aos processos pendentes, ficando revogada a Lei 5.869, de 11 de janeiro de 1973.

- Correspondência: art. 1.211, CPC/1973.

§ 1º As disposições da Lei 5.869, de 11 de janeiro de 1973, relativas ao procedimento sumário e aos procedimentos especiais que forem revogadas aplicar-se-ão às ações propostas e não sentenciadas até o início da vigência deste Código.

- Sem correspondência no CPC/1973.

§ 2º Permanecem em vigor as disposições especiais dos procedimentos regulados em outras leis, aos quais se aplicará supletivamente este Código.

- Sem correspondência no CPC/1973.

§ 3º Os processos mencionados no art. 1.218 da Lei 5.869, de 11 de janeiro de 1973, cujo procedimento ainda não tenha sido incorporado por lei submetem-se ao procedimento comum previsto neste Código.

- Sem correspondência no CPC/1973.
- V. art. 1.218, CPC/1973, na Seção de Excertos do CPC/1973.

§ 4º As remissões a disposições do Código de Processo Civil revogado, existentes em outras leis, passam a referir-se às que lhes são correspondentes neste Código.

- Sem correspondência no CPC/1973.

§ 5º A primeira lista de processos para julgamento em ordem cronológica observará a antiguidade da distribuição entre os já conclusos na data da entrada em vigor deste Código.

- Sem correspondência no CPC/1973.

Art. 1.047. As disposições de direito probatório adotadas neste Código aplicam-se apenas às provas requeridas ou determinadas de ofício a partir da data de início de sua vigência.

- Sem correspondência no CPC/1973.

Art. 1.048. Terão prioridade de tramitação, em qualquer juízo ou tribunal, os procedimentos judiciais:

- Correspondência: art. 1.211-A, CPC/1973.
- V. Res. STF 408/2009 (Concessão de prioridade na tramitação de procedimentos judiciais às pessoas que especifica).

I – em que figure como parte ou interessado pessoa com idade igual ou superior a 60 (sessenta) anos ou portadora de doença grave, assim compreendida qualquer das enumeradas no art. 6º, inciso XIV, da Lei 7.713, de 22 de dezembro de 1988;

- Correspondência: art. 1.211-A, CPC/1973.
- V. art. 71, §§ 1º e 2º, Lei 10.741/2003 (Estatuto do Idoso).

II – regulados pela Lei 8.069, de 13 de julho de 1990 (Estatuto da Criança e do Adolescente).

- Sem correspondência no CPC/1973.

§ 1º A pessoa interessada na obtenção do benefício, juntando prova de sua condição, deverá requerê-lo à autoridade judiciária competente para decidir o feito, que determinará ao cartório do juízo as providências a serem cumpridas.

- Correspondência: art. 1.211-B, *caput*, CPC/1973.

§ 2º Deferida a prioridade, os autos receberão identificação própria que evidencie o regime de tramitação prioritária.

- Correspondência: art. 1.211-B, § 1º, CPC/1973.

§ 3º Concedida a prioridade, essa não cessará com a morte do beneficiado, estendendo-se em favor do cônjuge supérstite ou do companheiro em união estável.

- Correspondência: art. 1.211-C, CPC/1973.

§ 4º A tramitação prioritária independe de deferimento pelo órgão jurisdicional e deverá ser imediatamente concedida diante da prova da condição de beneficiário.

- Sem correspondência no CPC/1973.

Art. 1.049. Sempre que a lei remeter a procedimento previsto na lei processual sem especificá-lo, será observado o procedimento comum previsto neste Código.

- Sem correspondência no CPC/1973.

Parágrafo único. Na hipótese de a lei remeter ao procedimento sumário, será observado o procedimento comum previsto neste Código, com as modificações previstas na própria lei especial, se houver.

Art. 1.050. A União, os Estados, o Distrito Federal, os Municípios, suas respectivas entidades da administração indireta, o Ministério Público, a Defensoria Pública e a Advocacia Pública, no prazo de 30 (trinta) dias a contar da data da entrada em vigor deste Código, deverão se cadastrar perante a administração do tribunal no qual atuem para cumprimento do disposto nos arts. 246, § 2º, e 270, parágrafo único.

- Sem correspondência no CPC/1973.

Art. 1.051. As empresas públicas e privadas devem cumprir o disposto no art. 246, § 1º, no prazo de 30 (trinta) dias, a contar da data de inscrição do ato constitutivo da pessoa jurídica, perante o juízo onde tenham sede ou filial.

- Sem correspondência no CPC/1973.

Parágrafo único. O disposto no *caput* não se aplica às microempresas e às empresas de pequeno porte.

Art. 1.052. Até a edição de lei específica, as execuções contra devedor insolvente, em curso ou que venham a ser propostas, permanecem reguladas pelo Livro II, Título IV, da Lei 5.869, de 11 de janeiro de 1973.

- Sem correspondência no CPC/1973.
- V. arts. 748 a 786-A, CPC/1973.

Art. 1.053. Os atos processuais praticados por meio eletrônico até a transição definitiva para certificação digital ficam convalidados, ainda que não tenham observado os requisitos mínimos estabelecidos por este Código, desde que tenham atingido sua finalidade e não tenha havido prejuízo à defesa de qualquer das partes.

- Sem correspondência no CPC/1973.

Art. 1.054. O disposto no art. 503, § 1º, somente se aplica aos processos iniciados após a vigência deste Código, aplicando-se aos anteriores o disposto nos arts. 5º, 325 e 470 da Lei 5.869, de 11 de janeiro de 1973.

- Sem correspondência no CPC/1973.
- V. arts. 5º, 325 e 470, CPC/1973, na Seção de Excertos do CPC/1973.

Art. 1.055. *(Vetado).*

Art. 1.056. Considerar-se-á como termo inicial do prazo da prescrição prevista no art. 924, inciso V, inclusive para as execuções em curso, a data de vigência deste Código.

- Sem correspondência no CPC/1973.

Art. 1.057. O disposto no art. 525, §§ 14 e 15, e no art. 535, §§ 7º e 8º, aplica-se às decisões transitadas em julgado após a entrada em vigor deste Código, e, às decisões transitadas em julgado anteriormente, aplica-se o disposto no art. 475-L, § 1º, e no art. 741, parágrafo único, da Lei 5.869, de 11 de janeiro de 1973.

- Sem correspondência no CPC/1973.
- V. arts. 475-L, § 1º, e 741, parágrafo único, CPC/1973, na Seção de Excertos do CPC/1973.

Art. 1.058. Em todos os casos em que houver recolhimento de importância em dinheiro, esta será depositada em nome da parte ou do interessado, em conta especial movimentada por ordem do juiz, nos termos do art. 840, inciso I.

- Correspondência: art. 1.219, CPC/1973.

Art. 1.059. À tutela provisória requerida contra a Fazenda Pública aplica-se o disposto nos arts. 1º a 4º da Lei 8.437, de 30 de junho de 1992, e no art. 7º, § 2º, da Lei 12.016, de 7 de agosto de 2009.

- Sem correspondência no CPC/1973.

Art. 1.060. O inciso II do art. 14 da Lei 9.289, de 4 de julho de 1996, passa a vigorar com a seguinte redação:

- Sem correspondência no CPC/1973.

"Art. 14. [...]

[...]

II – aquele que recorrer da sentença adiantará a outra metade das custas, comprovando o adiantamento no ato de interposição do recurso, sob pena de deserção, observado o disposto nos §§ 1º a 7º do art. 1.007 do Código de Processo Civil;

[...]"

Art. 1.061. O § 3º do art. 33 da Lei 9.307, de 23 de setembro de 1996 (Lei de Arbitragem), passa a vigorar com a seguinte redação:

- Sem correspondência no CPC/1973.

"Art. 33. [...]

[...]

§ 3º A decretação da nulidade da sentença arbitral também poderá ser requerida na impugnação ao cumprimento da sentença, nos termos dos arts. 525 e seguintes do Código de Processo Civil, se houver execução judicial."

Art. 1.062. O incidente de desconsideração da personalidade jurídica aplica-se ao processo de competência dos juizados especiais.

- Sem correspondência no CPC/1973.

Art. 1.063. Até a edição de lei específica, os juizados especiais cíveis previstos na Lei 9.099, de 26 de setembro de 1995, continuam competentes para o processamento e julgamento das causas previstas no art. 275, inciso II, da Lei 5.869, de 11 de janeiro de 1973.

- Sem correspondência no CPC/1973.
- V. art. 275, II, CPC/1973, na Seção de Excertos do CPC/1973.

Art. 1.064. O *caput* do art. 48 da Lei 9.099, de 26 de setembro de 1995, passa a vigorar com a seguinte redação:

- Sem correspondência no CPC/1973.

"Art. 48. Caberão embargos de declaração contra sentença ou acórdão nos casos previstos no Código de Processo Civil.

[...]"

Art. 1.065. O art. 50 da Lei 9.099, de 26 de setembro de 1995, passa a vigorar com a seguinte redação:

- Sem correspondência no CPC/1973.

"Art. 50. Os embargos de declaração interrompem o prazo para a interposição de recurso."

Art. 1.066. O art. 83 da Lei 9.099, de 26 de setembro de 1995, passam a vigorar com a seguinte redação:

- Sem correspondência no CPC/1973.

"Art. 83. Cabem embargos de declaração quando, em sentença ou acórdão, houver obscuridade, contradição ou omissão.

[...]

§ 2º Os embargos de declaração interrompem o prazo para a interposição de recurso.

[...]"

Art. 1.067. O art. 275 da Lei 4.737, de 15 de julho de 1965 (Código Eleitoral), passa a vigorar com a seguinte redação:

- Sem correspondência no CPC/1973.

"Art. 275. São admissíveis embargos de declaração nas hipóteses previstas no Código de Processo Civil.

§ 1º Os embargos de declaração serão opostos no prazo de 3 (três) dias, contado da data de publicação da decisão embargada, em petição dirigida ao juiz ou relator, com a indicação do ponto que lhes deu causa.

§ 2º Os embargos de declaração não estão sujeitos a preparo.

§ 3º O juiz julgará os embargos em 5 (cinco) dias.

§ 4º Nos tribunais:

I – o relator apresentará os embargos em mesa na sessão subsequente, proferindo voto;

II – não havendo julgamento na sessão referida no inciso I, será o recurso incluído em pauta;

III – vencido o relator, outro será designado para lavrar o acórdão.

§ 5º Os embargos de declaração interrompem o prazo para a interposição de recurso.

§ 6º Quando manifestamente protelatórios os embargos de declaração, o juiz ou o tribunal, em decisão fundamentada, condenará o embargante a pagar ao embargado multa não excedente a 2 (dois) salários mínimos.

§ 7º Na reiteração de embargos de declaração manifestamente protelatórios, a multa será elevada a até 10 (dez) salários mínimos."

Art. 1.068. O art. 274 e o *caput* do art. 2.027 da Lei 10.406, de 10 de janeiro de 2002 (Código Civil), passam a vigorar com a seguinte redação:

- Sem correspondência no CPC/1973.

"Art. 274. O julgamento contrário a um dos credores solidários não atinge os demais, mas o julgamento favorável aproveita-lhes, sem prejuízo de exceção pessoal que o devedor tenha direito de invocar em relação a qualquer deles."

"Art. 2.027. A partilha é anulável pelos vícios e defeitos que invalidam, em geral, os negócios jurídicos.

[...]"

Art. 1.069. O Conselho Nacional de Justiça promoverá, periodicamente, pesquisas estatísticas para avaliação da efetividade das normas previstas neste Código.

- Sem correspondência no CPC/1973.

Art. 1.070. É de 15 (quinze) dias o prazo para a interposição de qualquer agravo, previsto em lei ou em regimento interno de tribunal, contra decisão de relator ou outra decisão unipessoal proferida em tribunal.

- Sem correspondência no CPC/1973.

Art. 1.071. O Capítulo III do Título V da Lei 6.015, de 31 de dezembro de 1973 (Lei de Registros Públicos), passa a vigorar acrescida do seguinte art. 216-A:

- Sem correspondência no CPC/1973.

"Art. 216-A. Sem prejuízo da via jurisdicional, é admitido o pedido de reconhecimento extrajudicial de usucapião, que será processado diretamente perante o cartório do registro de imóveis da comarca em que estiver situado o imóvel usucapiendo, a requerimento do interessado, representado por advogado, instruído com:

I – ata notarial lavrada pelo tabelião, atestando o tempo de posse do requerente e seus antecessores, conforme o caso e suas circunstâncias;

II – planta e memorial descritivo assinado por profissional legalmente habilitado, com prova de anotação de responsabilidade técnica no respectivo conselho de fiscalização profissional, e pelos titulares de direitos reais e de outros direitos registrados ou averbados na matrícula do imóvel usucapiendo e na matrícula dos imóveis confinantes;

III – certidões negativas dos distribuidores da comarca da situação do imóvel e do domicílio do requerente;

IV – justo título ou quaisquer outros documentos que demonstrem a origem, a continuidade, a natureza e o tempo da posse, tais como o pagamento dos impostos e das taxas que incidirem sobre o imóvel.

§ 1º O pedido será autuado pelo registrador, prorrogando-se o prazo da prenotação até o acolhimento ou a rejeição do pedido.

§ 2º Se a planta não contiver a assinatura de qualquer um dos titulares de direitos reais e de outros direitos registrados ou averbados na matrícula do imóvel usucapiendo e na matrícula dos imóveis confinantes, esse será notificado pelo registrador competente, pessoalmente ou pelo correio com aviso de recebimento, para manifestar seu consentimento expresso em 15 (quinze) dias, interpretado o seu silêncio como discordância.

§ 3º O oficial de registro de imóveis dará ciência à União, ao Estado, ao Distrito Federal e ao Município, pessoalmente, por intermédio do oficial de registro de títulos e documentos, ou pelo correio com aviso de recebimento, para que se manifestem, em 15 (quinze) dias, sobre o pedido.

§ 4º O oficial de registro de imóveis promoverá a publicação de edital em jornal de grande circulação, onde houver, para a ciência de terceiros eventualmente interessados, que poderão se manifestar em 15 (quinze) dias.

§ 5º Para a elucidação de qualquer ponto de dúvida, poderão ser solicitadas ou realizadas diligências pelo oficial de registro de imóveis.

§ 6º Transcorrido o prazo de que trata o § 4º deste artigo, sem pendência de diligências na forma do § 5º deste artigo e achando-se em ordem a documentação, com inclusão da concordância expressa dos titulares de direitos reais e de outros direitos registrados ou averbados na matrícula do imóvel usucapiendo e na matrícula dos imóveis confinantes, o oficial de registro de imóveis registrará a aquisição do imóvel com as descrições apresentadas, sendo permitida a abertura de matrícula, se for o caso.

§ 7º Em qualquer caso, é lícito ao interessado suscitar o procedimento de dúvida, nos termos desta Lei.

§ 8º Ao final das diligências, se a documentação não estiver em ordem, o oficial de registro de imóveis rejeitará o pedido.

§ 9º A rejeição do pedido extrajudicial não impede o ajuizamento de ação de usucapião.

§ 10. Em caso de impugnação do pedido de reconhecimento extrajudicial de usucapião, apresentada por qualquer um dos titulares de direito reais e de outros direitos registrados ou averbados na matrícula do imóvel usucapiendo e na matrícula dos imóveis confinantes, por algum dos entes públicos ou por algum terceiro interessado, o oficial de registro de imóveis remeterá os autos ao juízo competente da comarca da situação do imóvel, cabendo ao requerente emendar a petição inicial para adequá-la ao procedimento comum."

Art. 1.072. Revogam-se:

- Sem correspondência no CPC/1973.

I – o art. 22 do Decreto-lei 25, de 30 de novembro de 1937;

II – os arts. 227, *caput*, 229, 230, 456, 1.482, 1.483 e 1.768 a 1.773 da Lei 10.406, de 10 de janeiro de 2002 (Código Civil);

III – os arts. 2º, 3º, 4º, 6º, 7º, 11, 12 e 17 da Lei 1.060, de 5 de fevereiro de 1950;

IV – os arts. 13 a 18, 26 a 29 e 38 da Lei 8.038, de 28 de maio de 1990;

V – os arts. 16 a 18 da Lei 5.478, de 25 de julho de 1968; e

VI – o art. 98, § 4º, da Lei 12.529, de 30 de novembro de 2011.

Brasília, 16 de março de 2015; 194º da Independência e 127º da República.

Dilma Rousseff

(*DOU* 17.03.2015)

Códigos

Índice Alfabético-remissivo* do Código de Processo Civil

* Elaborado por Nelson Nery Jr. e Rosa Maria de Andrade Nery

Códigos

Códigos

Códigos

Códigos

Códigos

Codigos

Códigos

Códigos

Códigos

Códigos

Códigos

Códigos

Códigos

Códigos

Códigos

Códigos

Códigos

Códigos

Códigos

Códigos

Códigos

Códigos

Códigos

Códigos

Códigos

Códigos

Códigos

Códigos

Códigos

Códigos

Códigos

Códigos

PODERES E DEVERES DO JUIZ

Códigos

Códigos

Códigos

Códigos

Códigos

Códigos

Códigos

Códigos

Códigos

Códigos

Excertos do CPC/1973

7

LEI 5.869, DE 11 DE JANEIRO DE 1973

Institui o Código de Processo Civil.

O Presidente da República:
Faço saber que o Congresso Nacional decreta e eu sanciono a seguinte Lei:

[...]

Livro II
DO PROCESSO DE EXECUÇÃO

TÍTULO IV
Da Execução por Quantia Certa Contra Devedor Insolvente

Capítulo I
Da Insolvência

Art. 748. Dá-se a insolvência toda vez que as dívidas excederem à importância dos bens do devedor.

Art. 749. Se o devedor for casado e o outro cônjuge, assumindo a responsabilidade por dívidas, não possuir bens próprios que bastem ao pagamento de todos os credores, poderá ser declarada, nos autos do mesmo processo, a insolvência de ambos.

Art. 750. Presume-se a insolvência quando:

I – o devedor não possuir outros bens livres e desembaraçados para nomear à penhora;

II – forem arrestados bens do devedor, com fundamento no art. 813, I, II e III.

Art. 751. A declaração de insolvência do devedor produz:

- V. art. 30, Lei 6.766/1979 (Parcelamento do solo urbano).

I – o vencimento antecipado das suas dívidas;

- V. art. 77, Lei 11.101/2005 (Lei de Recuperação de Empresas e Falência).

II – a arrecadação de todos os seus bens suscetíveis de penhora, quer os atuais, quer os adquiridos no curso do processo;

- V. art. 116, Lei 11.101/2005 (Lei de Recuperação de Empresas e Falência).

III – a execução por concurso universal dos seus credores.

- V. art. 777, CPC/1973.

Art. 752. Declarada a insolvência, o devedor perde o direito de administrar os seus bens e de dispor deles, até a liquidação total da massa.

- V. art. 782, CPC/1973.
- V. arts. 99, VI e 103, Lei 11.101/2005 (Lei de Recuperação de Empresas e Falência).

Art. 753. A declaração de insolvência pode ser requerida:

- V. art. 97, Lei 11.101/2005 (Lei de Recuperação de Empresas e Falência).

I – por qualquer credor quirografário;

- V. art. 83, VI, Lei 11.101/2005 (Lei de Recuperação de Empresas e Falência).

II – pelo devedor;

III – pelo inventariante do espólio do devedor.

Capítulo II
Da Insolvência Requerida pelo Credor

Art. 754. O credor requererá a declaração de insolvência do devedor, instruindo o pedido com título executivo judicial ou extrajudicial (art. 586).

Art. 755. O devedor será citado para, no prazo de 10 (dez) dias, opor embargos; se os não oferecer, o juiz proferirá, em 10 (dez) dias, a sentença.

Art. 756. Nos embargos pode o devedor alegar:

I – que não paga por ocorrer alguma das causas enumeradas nos arts. 741, 742 e 745, conforme o pedido de insolvência se funde em título judicial ou extrajudicial;

II – que o seu ativo é superior ao passivo.

Art. 757. O devedor ilidirá o pedido de insolvência se, no prazo para opor embargos, depositar a importância do crédito, para lhe discutir a legitimidade ou o valor.

Art. 758. Não havendo provas a produzir, o juiz dará a sentença em 10 (dez) dias; havendo-as, designará audiência de instrução e julgamento.

Capítulo III
Da Insolvência Requerida pelo Devedor ou pelo seu Espólio

Art. 759. É lícito ao devedor ou ao seu espólio, a todo tempo, requerer a declaração de insolvência.

Art. 760. A petição, dirigida ao juiz da comarca em que o devedor tem o seu domicílio, conterá:

- V. art. 105, Lei 11.101/2005 (Lei de Recuperação de Empresas e Falência).

I – a relação nominal de todos os credores, com a indicação do domicílio de cada um, bem como da importância e da natureza dos respectivos créditos;

II – a individuação de todos os bens, com a estimativa do valor de cada um;

III – o relatório do estado patrimonial, com a exposição das causas que determinaram a insolvência.

Capítulo IV
Da Declaração Judicial de Insolvência

Art. 761. Na sentença, que declarar a insolvência, o juiz:

- V. arts. 768, 779 e 784, CPC/1973.
- V. art. 99, Lei 11.101/2005 (Lei de Recuperação de Empresas e Falência).

I – nomeará, dentre os maiores credores, um administrador da massa;

II – mandará expedir edital, convocando os credores para que apresentem, no prazo de 20 (vinte) dias, a declaração do crédito, acompanhada do respectivo título.

- V. arts. 765 e 768, CPC/1973.
- V. Súmula 244, TFR.

Art. 762. Ao juízo da insolvência concorrerão todos os credores do devedor comum.

- V. art. 784, CPC/1973.
- V. art. 115, Lei 11.101/2005 (Lei de Recuperação de Empresas e Falência).
- V. Súmula 244, TFR.

§ 1º As execuções movidas por credores individuais serão remetidas ao juízo da insolvência.

§ 2º Havendo, em alguma execução, dia designado para a praça ou o leilão, far-se-á a arrematação, entrando para a massa o produto dos bens.

Capítulo V
Das Atribuições do Administrador

Art. 763. A massa dos bens do devedor insolvente ficará sob a custódia e responsabilidade de um administrador, que exercerá as suas atribuições, sob a direção e superintendência do juiz.

- V. art. 22, Lei 11.101/2005 (Lei de Recuperação de Empresas e Falência).

Art. 764. Nomeado o administrador, o escrivão o intimará a assinar, dentro de 24 (vinte e quatro) horas, termo de compromisso de desempenhar bem e fielmente o cargo.

- V. art. 33, Lei 11.101/2005 (Lei de Recuperação de Empresas e Falência).

Art. 765. Ao assinar o termo, o administrador entregará a declaração de crédito, acompanhada do título executivo. Não o tendo em seu poder, juntá-lo-á no prazo fixado pelo art. 761, II.

Art. 766. Cumpre ao administrador:

- V. art. 22, Lei 11.101/2005 (Lei de Recuperação de Empresas e Falência).

I – arrecadar todos os bens do devedor, onde quer que estejam, requerendo para esse fim as medidas judiciais necessárias;

- V. arts. 22, III, *f*, e 108, Lei 11.101/2005 (Lei de Recuperação de Empresas e Falência).

II – representar a massa, ativa e passivamente, contratando advogado, cujos honorários serão previamente ajustados e submetidos à aprovação judicial;

- V. arts. 22, III, *n*, Lei 11.101/2005 (Lei de Recuperação de Empresas e Falência).

III – praticar todos os atos conservatórios de direitos e de ações, bem como promover a cobrança das dívidas ativas;

- V. arts. 22, III, *l*, Lei 11.101/2005 (Lei de Recuperação de Empresas e Falência).

Códigos

IV – alienar em praça ou em leilão, com autorização judicial, os bens da massa.

- V. art. 704, CPC/1973.

Art. 767. O administrador terá direito a uma remuneração, que o juiz arbitrará, atendendo à sua diligência, ao trabalho, à responsabilidade da função e à importância da massa.

- V. art. 24, Lei 11.101/2005 (Lei de Recuperação de Empresas e Falência).

Capítulo VI
Da Verificação e da Classificação dos Créditos

Art. 768. Findo o prazo, a que se refere o n. II do art. 761, o escrivão, dentro de 5 (cinco) dias, ordenará todas as declarações, autuando cada uma com o seu respectivo título. Em seguida intimará, por edital, todos os credores para, no prazo de 20 (vinte) dias, que lhes é comum, alegarem as suas preferências, bem como a nulidade, simulação, fraude, ou falsidade de dívidas e contratos.

- V. art. 24, Lei 8.906/1994 (Estatuto da Advocacia e da OAB).
- V. art. 7º, § 2º, Lei 11.101/2005 (Lei de Recuperação de Empresas e Falência).

Parágrafo único. No prazo, a que se refere este artigo, o devedor poderá impugnar quaisquer créditos.

Art. 769. Não havendo impugnações, o escrivão remeterá os autos ao contador, que organizará o quadro geral dos credores, observando, quanto à classificação dos créditos e dos títulos legais de preferência, o que dispõe a lei civil.

- V. arts. 776 e 783, CPC/1973.
- V. arts. 955 a 965, CC.
- V. arts. 148 e 449, CLT.
- V. art. 186, CTN.
- V. arts. 83, *caput*, I, e 151, Lei 11.101/2005 (Lei de Recuperação de Empresas e Falência).

Parágrafo único. Se concorrerem aos bens apenas credores quirografários, o contador organizará o quadro, relacionando-os em ordem alfabética.

Art. 770. Se, quando for organizado o quadro geral dos credores, os bens da massa já tiverem sido alienados, o contador indicará a percentagem, que caberá a cada credor no rateio.

Art. 771. Ouvidos todos os interessados, no prazo de 10 (dez) dias, sobre o quadro geral dos credores, o juiz proferirá sentença.

Art. 772. Havendo impugnação pelo credor ou pelo devedor, o juiz deferirá, quando necessário, a produção de provas e em seguida proferirá sentença.

§ 1º Se for necessária prova oral, o juiz designará audiência de instrução e julgamento.

§ 2º Transitada em julgado a sentença, observar-se-á o que dispõem os três artigos antecedentes.

Art. 773. Se os bens não foram alienados antes da organização do quadro geral, o juiz determinará alienação em praça ou em leilão, destinando-se o produto ao pagamento dos credores.

Capítulo VII
Do Saldo Devedor

Art. 774. Liquidada a massa sem que tenha sido efetuado o pagamento integral a todos os credores, o devedor insolvente continua obrigado pelo saldo.

Art. 775. Pelo pagamento dos saldos respondem os bens penhoráveis que o devedor adquirir, até que se lhe declare a extinção das obrigações.

Art. 776. Os bens do devedor poderão ser arrecadados nos autos do mesmo processo, a requerimento de qualquer credor incluído no quadro geral, a que se refere o art. 769, procedendo-se à sua alienação e à distribuição do respectivo produto aos credores, na proporção dos seus saldos.

- V. art. 780, II, CPC/1973.

Capítulo VIII
Da Extinção das Obrigações

Art. 777. A prescrição das obrigações, interrompida com a instauração do concurso universal de credores, recomeça a correr no dia em que passar em julgado a sentença que encerrar o processo de insolvência.

- V. art. 202, IV e parágrafo único, CC.
- V. arts. 6º, *caput*, 82, § 1º, e 157, Lei 11.101/2005 (Lei de Recuperação de Empresas e Falência).

Art. 778. Consideram-se extintas todas as obrigações do devedor, decorrido o prazo de 5 (cinco) anos, contados da data do encerramento do processo de insolvência.

- V. art. 158, III, Lei 11.101/2005 (Lei de Recuperação de Empresas e Falência).

Art. 779. É lícito ao devedor requerer ao juízo da insolvência a extinção das obrigações; o juiz mandará publicar edital, com prazo de 30 (trinta) dias, no órgão oficial e em outro jornal de grande circulação.

Art. 780. No prazo, estabelecido no artigo antecedente, qualquer credor poderá opor-se ao pedido, alegando que:

I – não transcorreram 5 (cinco) anos da data do encerramento da insolvência;

II – o devedor adquiriu bens, sujeitos à arrecadação (art. 776).

Art. 781. Ouvido o devedor no prazo de 10 (dez) dias, o juiz proferirá sentença; havendo provas a produzir, o juiz designará audiência de instrução e julgamento.

Art. 782. A sentença, que declarar extintas as obrigações, será publicada por edital, ficando o devedor habilitado a praticar todos os atos da vida civil.

- V. art. 102, parágrafo único, Lei 11.101 /2005 (Lei de Recuperação de Empresas e Falência).

Capítulo IX
Das Disposições Gerais

Art. 783. O devedor insolvente poderá, depois da aprovação do quadro a que se refere o art. 769, acordar com os seus credores, propondo-lhes a forma de pagamento. Ouvidos os credores, se não houver oposição, o juiz aprovará a proposta por sentença.

Art. 784. Ao credor retardatário é assegurado o direito de disputar, por ação direta, antes do rateio final, a prelação ou a cota proporcional ao seu crédito.

- V. art. 10, Lei 11.101/2005 (Lei de Recuperação de Empresas e Falência).

Art. 785. O devedor, que caiu em estado de insolvência sem culpa sua, pode requerer ao juiz, se a massa o comportar, que lhe arbitre uma pensão, até a alienação dos bens. Ouvidos os credores, o juiz decidirá.

Art. 786. As disposições deste Título aplicam-se às sociedades civis, qualquer que seja a sua forma.

- V. art. 44, I e II, CC.

Art. 786-A. Os editais referidos neste Título também serão publicados, quando for o caso, nos órgãos oficiais dos Estados em que o devedor tenha filiais ou representantes.

- Artigo acrescentado pela Lei 9.462/1997.

DISPOSITIVOS REVOGADOS MENCIONADOS NAS DISPOSIÇÕES FINAIS E TRANSITÓRIAS DO CPC/2015

Livro I
DO PROCESSO DE CONHECIMENTO

TÍTULO I
Da Jurisdição e da Ação

[...]

Capítulo II
Da Ação

[...]

Art. 5º Se, no curso do processo, se tornar litigiosa relação jurídica de cuja existência ou inexistência depender o julgamento da lide, qualquer das partes poderá requerer que o juiz a declare por sentença.

- Artigo com redação determinada pela Lei 5.925/1973.
- V. art. 1.054, CPC/2015.

[...]

TÍTULO VII
Do Processo e do Procedimento

[...]

Capítulo III
Do Procedimento Sumário

Art. 275. Observar-se-á o procedimento sumário:

- *Caput* com redação determinada pela Lei 9.245/1995.

I – nas causas cujo valor não exceda a sessenta vezes o valor do salário mínimo;

- Inciso I com redação determinada pela Lei 10.444/2002.
- V. arts. 3º, I, e 9º, Lei 9.099/1995 (Juizados Especiais Cíveis e Criminais).

II – nas causas, qualquer que seja o valor:

- Inciso II com redação determinada pela Lei 9.245/1995.
- V. art. 1.063, CPC/2015.
- V. art. 255, Lei 7.565/1986 (Código Brasileiro de Aeronáutica).

Códigos

- V. art. 3º, II, Lei 9.099/1995 (Juizados Especiais Cíveis e Criminais).

a) de arrendamento rural e de parceria agrícola;

b) de cobrança ao condômino de quaisquer quantias devidas ao condomínio;

- V. art. 12, § 2º, Lei 4.591/1964 (Condomínio em edificações e as incorporações imobiliárias).

c) de ressarcimento por danos em prédio urbano ou rústico;

d) de ressarcimento por danos causados em acidente de veículo de via terrestre;

e) de cobrança de seguro, relativamente aos danos causados em acidente de veículo, ressalvados os casos de processo de execução;

f) de cobrança de honorários dos profissionais liberais, ressalvado o disposto em legislação especial;

g) que versem sobre revogação de doação;

- Alínea *g* acrescentada pela Lei 12.122/ 2009.
- V. arts. 555 a 564, CC.

h) nos demais casos previstos em lei.

- Primitiva alínea *g* reordenada pela Lei 12.122/ 2009.

[...]

TÍTULO VIII
Do Procedimento Ordinário

[...]

Capítulo IV
Das Providências Preliminares

[...]

Seção II
Da Declaração Incidente

Art. 325. Contestando o réu o direito que constitui fundamento do pedido, o autor poderá requerer, no prazo de 10 (dez) dias, que sobre ele o juiz profira sentença incidente, se da declaração da existência ou da inexistência do direito depender, no todo ou em parte, o julgamento da lide (art. 5º).

- V. art. 1.054, CPC/2015.

[...]

Capítulo VIII
Da Sentença e da Coisa Julgada

[...]

Seção II
Da Coisa Julgada

[...]

Art. 470. Faz, todavia, coisa julgada a resolução da questão prejudicial, se a parte o requerer (arts. 5º e 325), o juiz for competente em razão da matéria e constituir pressuposto necessário para o julgamento da lide.

- V. art. 1.054, CPC/2015.

[...]

Capítulo X
Do Cumprimento da Sentença

[...]

Art. 475-L. A impugnação somente poderá versar sobre:

- Artigo acrescentado pela Lei 11.232/2005 (*DOU* 23.12.2005), em vigor 6 (seis) meses após a data de sua publicação.
- V. Súmula 519, STJ.

I – falta ou nulidade da citação, se o processo correu à revelia;

II – inexigibilidade do título;

III – penhora incorreta ou avaliação errônea;

IV – ilegitimidade das partes;

V – excesso de execução;

VI – qualquer causa impeditiva, modificativa ou extintiva da obrigação, como pagamento, novação, compensação, transação ou prescrição, desde que superveniente à sentença.

§ 1º Para efeito do disposto no inciso II do *caput* deste artigo, considera-se também inexigível o título judicial fundado em lei ou ato normativo declarados inconstitucionais pelo Supremo Tribunal Federal, ou fundado em aplicação ou interpretação da lei ou ato normativo tidas pelo Supremo Tribunal Federal como incompatíveis com a Constituição Federal.

- V. art. 1.057, CPC/2015.

[...]

Livro II
DO PROCESSO DE EXECUÇÃO

[...]

TÍTULO III
Dos Embargos do Devedor

[...]

Capítulo II
Dos Embargos à Execução Contra a Fazenda Pública

- Rubrica do Capítulo com redação determinada pela Lei 11.232/2005 (*DOU* 23.12.2005), em vigor 6 (seis) meses após a data de sua publicação.

Art. 741. Na execução contra a Fazenda Pública, os embargos só poderão versar sobre:

- *Caput* com redação determinada pela Lei 11.232/2005 (*DOU* 23.12.2005), em vigor 6 (seis) meses após a data de sua publicação.
- V. arts. 756, I, e 791, I, CPC/1973.
- V. art. 5º, parágrafo único, Lei 5.741/1971 (Proteção de financiamento de bens imóveis – SFH).
- V. art. 33, § 3º, Lei 9.307/1996 (Arbitragem).

I – falta ou nulidade da citação, se o processo correu à revelia;

- Inciso I com redação determinada pela Lei 11.232/2005 (*DOU* 23.12.2005), em vigor 6 (seis) meses após a data de sua publicação.

II – inexigibilidade do título;

III – ilegitimidade das partes;

IV – cumulação indevida de execuções;

V – excesso de execução;

- Inciso V com redação determinada pela Lei 11.232/2005 (*DOU* 23.12.2005), em vigor 6 (seis) meses após a data de sua publicação.

VI – qualquer causa impeditiva, modificativa ou extintiva da obrigação, como pagamento, novação, compensação, transação ou prescrição, desde que superveniente à sentença;

- Inciso VI com redação determinada pela Lei 11.232/2005 (*DOU* 23.12.2005), em vigor 6 (seis) meses após a data de sua publicação.
- V. arts. 189 a 211 e 304 a 388, CC.
- V. art. 16, § 3º, Lei 6.830/1980 (Execução fiscal).
- V. Súmula 150, STF.
- V. Súmula 394, STJ.

VII – incompetência do juízo da execução, bem como suspeição ou impedimento do juiz.

- V. art. 16, § 3º, Lei 6.830/1980 (Execução fiscal).

Parágrafo único. Para efeito do disposto no inciso II do *caput* deste artigo, considera-se também inexigível o título judicial fundado em lei ou ato normativo declarados inconstitucionais pelo Supremo Tribunal Federal, ou fundado em aplicação ou interpretação da lei ou ato normativo tidas pelo Supremo Tribunal Federal como incompatíveis com a Constituição Federal.

- Parágrafo único com redação determinada pela Lei 11.232/2005 (*DOU* 23.12.2005), em vigor 6 (seis) meses após a data de sua publicação.
- V. art. 1.057, CPC/2015.

[...]

Livro V
DAS DISPOSIÇÕES FINAIS E TRANSITÓRIAS

[...]

Art. 1.218. Continuam em vigor até serem incorporados nas leis especiais os procedimentos regulados pelo Dec.-lei 1.608, de 18 de setembro de 1939, concernentes:

- V. art. 1.046, § 3º, CPC/2015.

I – ao loteamento e venda de imóveis a prestações (arts. 345 a 349);

- V. art. 1º, Lei 6.014/1973 (Código de Processo Civil – adaptação).

II – ao despejo (arts. 350 a 353);

- V. arts. 59 a 66, Lei 8.245/1991 (Locação de imóveis urbanos).

III – à renovação de contrato de locação de imóveis destinados a fins comerciais (arts. 354 a 365);

- V. arts. 12 e 13, Lei 6.014/1973 (Código de Processo Civil – adaptação).

IV – ao Registro Torrens (arts. 457 a 464);

- V. arts. 277 a 288, Lei 6.015/1973 (Lei de Registros Públicos).

V – às averbações ou retificações do registro civil (arts. 595 a 599);

- V. arts. 97 a 113, Lei 6.015/1973 (Lei de Registros Públicos).

VI – ao bem de família (arts. 647 a 651);

- V. arts. 260 a 265, Lei 6.015/1973 (Lei de Registros Públicos).

VII – à dissolução e liquidação das sociedades (arts. 655 a 674);

VIII – aos protestos formados a bordo (arts. 725 a 729);

- Inciso VIII acrescentado pela Lei 6.780/ 1980, renumerados os seguintes.

IX – à habilitação para casamento (arts. 742 a 745);

- V. arts. 67 a 69, Lei 6.015/1973 (Lei de Registros Públicos).

X – ao dinheiro a risco (arts. 754 e 755);

XI – à vistoria de fazendas avariadas (art. 756);

XII – à apreensão de embarcações (arts. 757 a 761);

XIII – à avaria a cargo do segurador (arts. 762 a 764);

XIV – às avarias (arts. 765 a 768);

XV – *(Revogado pela Lei 7.542/1986).*

XVI – às arribadas forçadas (arts. 772 a 775).

Índice Sistemático do Código Civil

LEI 10.406, DE 10 DE JANEIRO DE 2002

PARTE GERAL

PARTE ESPECIAL

Código Civil

LEI 10.406, DE 10 DE JANEIRO DE 2002

Institui o Código Civil.

O Presidente da República:

Faço saber que o Congresso Nacional decreta e eu sanciono a seguinte Lei:

PARTE GERAL

Livro I
DAS PESSOAS

TÍTULO I
Das Pessoas Naturais

Capítulo I
Da Personalidade e da Capacidade

Art. 1º Toda pessoa é capaz de direitos e deveres na ordem civil.

- V. arts. 3º a 5º e 11 a 21, CC.
- V. art. 70, CPC/2015.

Art. 2º A personalidade civil da pessoa começa do nascimento com vida; mas a lei põe a salvo, desde a concepção, os direitos do nascituro.

- V. arts. 5º, 115 a 120, 166, I, 542, 1.597, 1.598, 1.609, parágrafo único, 1.690, *caput*, 1.779, 1.799, I, 1.800 e 1.952, CC.
- V. arts. 50, 71, 178, II, 650, 896, CPC/ 2015.
- V. arts. 124 e 128, CP.
- V. art. 7º, *caput*, Dec.-lei 4.657/1942 (Lei de Introdução às normas do Direito Brasileiro).
- V. arts. 50 a 66, Lei 6.015/1973 (Lei de Registros Públicos).
- V. arts. 7º a 10, 228 e 229, Lei 8.069/1990 (Estatuto da Criança e do Adolescente).

Art. 3º São absolutamente incapazes de exercer pessoalmente os atos da vida civil os menores de 16 (dezesseis) anos.

- *Caput* com redação determinada pela Lei 13.146/2015 (*DOU* 07.07.2015), em vigor após decorridos 180 (cento e oitenta) dias de sua publicação oficial.
- V. arts. 5º, 22 a 25, 76, 105, 115 a 120, 166, I, 198, I, 471, 543, 1.634, V, e 1.781, CC.
- V. arts. 71, 72 e 447, § 1º, CPC/2015.

I – *(Revogado pela Lei 13.146/2015 –* DOU *07.07.2015, em vigor após decorridos 180 (cento e oitenta) dias de sua publicação oficial).*

II – *(Revogado pela Lei 13.146/2015 –* DOU *07.07.2015, em vigor após decorridos 180 (cento e oitenta) dias de sua publicação oficial).*

III – *(Revogado pela Lei 13.146/2015 –* DOU *07.07.2015, em vigor após decorridos 180 (cento e oitenta) dias de sua publicação oficial).*

Art. 4º São incapazes, relativamente a certos atos ou à maneira de os exercer:

- *Caput* com redação determinada pela Lei 13.146/2015 (*DOU* 07.07.2015), em vigor após decorridos 180 (cento e oitenta) dias de sua publicação oficial.
- V. arts. 171, I, 1.634, V, 1.642, VI, 1.647, 1.649 e 1.651, CC.
- V. arts. 71, 72, 74 e 447, § 1º, CPC/2015.
- V. arts. 34, 50, parágrafo único, e 52, CPP.
- V. arts. 2º, 36, 42, 60, 104 e 142, Lei 8.069/1990 (Estatuto da Criança e do Adolescente).

I – os maiores de 16 (dezesseis) e menores de 18 (dezoito) anos;

- V. arts. 5º, parágrafo único, 180, 666, 1.634, V, 1.690 e 1.747, I, CC.
- V. art. 793, CLT.
- V. art. 73, Lei 4.375/1964 (Serviço militar).

II – os ébrios habituais e os viciados em tóxico;

- Inciso II com redação determinada pela Lei 13.146/2015 (*DOU* 07.07.2015), em vigor após decorridos 180 (cento e oitenta) dias de sua publicação oficial.
- V. art. 1.767, I a III, CC.
- V. Lei 10.216/2001 (Proteção e direitos das pessoas portadoras de transtornos mentais).
- V. Lei 11.343/2006 (Lei Antidrogas).

III – aqueles que, por causa transitória ou permanente, não puderem exprimir sua vontade;

- Inciso III com redação determinada pela Lei 13.146/2015 (*DOU* 07.07.2015), em vigor após decorridos 180 (cento e oitenta) dias de sua publicação oficial.
- V. arts. 1.767, IV, e 1.777, CC.

IV – os pródigos.

- V. arts. 1.767, V, e 1.782, CC.
- V. art. 72, CPC/2015.

Parágrafo único. A capacidade dos indígenas será regulada por legislação especial.

- Parágrafo único com redação determinada pela Lei 13.146/2015 (*DOU* 07.07.2015), em vigor após decorridos 180 (cento e oitenta) dias de sua publicação oficial.
- V. arts. 231 e 232, CF.
- V. Lei 6.001/1973 (Estatuto do Índio).
- V. art. 50, § 2º, Lei 6.015/1973 (Lei de Registros Públicos).
- V. Dec. 7.747/2012 (Política Nacional de Gestão Territorial e Ambiental de Terras Indígenas – PNGATI).

Art. 5º A menoridade cessa aos 18 (dezoito) anos completos, quando a pessoa fica habilitada à prática de todos os atos da vida civil.

- V. arts. 666, 1.635, II, e 1.763, I, CC.
- V. arts. 27, 65, I, e 115, CP.
- V. arts. 15, 34, 50, parágrafo único, 52, 262 e 564, III, *c*, CPP.
- V. art. 792, CLT.
- V. arts. 1º e 13, Lei 9.307/1996 (Arbitragem).

Parágrafo único. Cessará, para os menores, a incapacidade:

- V. art. 73, Lei 4.375/1964 (Serviço militar).

I – pela concessão dos pais, ou de um deles na falta do outro, mediante instrumento público, independentemente de homologação judicial, ou por sentença do juiz, ouvido o tutor, se o menor tiver 16 (dezesseis) anos completos;

- V. arts. 9º, II, 666 e 1.635, II, CC.
- V. art. 725, I, CPC/2015.
- V. art. 148, parágrafo único, *e*, Lei 8.069/1990 (Estatuto da Criança e do Adolescente).

II – pelo casamento;

III – pelo exercício de emprego público efetivo;

- V. art. 5º, V, Lei 8.112/1990 (Regime jurídico único dos servidores públicos civis da União).

IV – pela colação de grau em curso de ensino superior;

V – pelo estabelecimento civil ou comercial, ou pela existência de relação de emprego, desde que, em função deles, o menor com 16 (dezesseis) anos completos tenha economia própria.

- V. art. 3º, CLT.

Art. 6º A existência da pessoa natural termina com a morte; presume-se esta, quanto aos ausentes, nos casos em que a lei autoriza a abertura de sucessão definitiva.

- V. arts. 22 a 39, CC.
- V. arts. 104 a 106, 744 e 745, CPC/2015.
- V. art. 107, I, CP.
- V. art. 62, CPP.
- V. arts. 88 e 89, Lei 6.015/1973 (Lei de Registros Públicos).
- V. Súmula 331, STF.

Art. 7º Pode ser declarada a morte presumida, sem decretação de ausência:

- V. arts. 22 a 39, CC.
- V. Dec.-lei 5.782/1943 (Morte presumida de servidor público).
- V. Dec.-lei 6.239/1944 (Morte presumida de militar da Aeronáutica).
- V. art. 88, Lei 6.015/1973 (Lei de Registros Públicos).
- V. Lei 9.140/1995 (Reconhece como mortas pessoas desaparecidas entre 1961 a 1979).

I – se for extremamente provável a morte de quem estava em perigo de vida;

II – se alguém, desaparecido em campanha ou feito prisioneiro, não for encontrado até 2 (dois) anos após o término da guerra.

Parágrafo único. A declaração da morte presumida, nesses casos, somente poderá ser requerida depois de esgotadas as buscas e averiguações, devendo a sentença fixar a data provável do falecimento.

Art. 8º Se dois ou mais indivíduos falecerem na mesma ocasião, não se podendo averiguar se algum dos comorientes precedeu aos outros, presumir-se-ão simultaneamente mortos.

Art. 9º Serão registrados em registro público:

- V. Lei 3.764/1960 (Rito sumaríssimo para retificações no registro civil).
- V. Lei 6.015/1973 (Lei de Registros Públicos).
- V. Lei 13.445/2017 (Lei de Migração).
- V. Dec. 9.199/2017 (Regulamenta a Lei 13.445/2017).

I – os nascimentos, casamentos e óbitos;

- V. arts. 1.512, 1.516, 1.543 e 1.604, CC.
- V. arts. 241 a 243, CP.
- V. art. 18, Dec.-lei 4.657/1942 (Lei de Introdução às normas do Direito Brasileiro).

- V. arts. 12 e 13, Lei 6.001/1973 (Estatuto do Índio).
- V. arts. 29, I a III, 50 a 66, 70 a 75 e 77 a 88, Lei 6.015/1973 (Lei de Registros Públicos).

II – a emancipação por outorga dos pais ou por sentença do juiz;

- V. art. 5º, parágrafo único, I, CC.
- V. art. 725, I, CPC/2015.
- V. arts. 13, § 2º, 29, IV, e 89 a 91, Lei 6.015/1973 (Lei de Registros Públicos).

III – a interdição por incapacidade absoluta ou relativa;

- V. Lei 6.001/1973 (Estatuto do Índio).
- V. arts. 29, V, 92, 93, 104 e 107, § 1º, Lei 6.015/1973 (Lei de Registros Públicos).

IV – a sentença declaratória de ausência e de morte presumida.

- V. arts. 29, I a VIII, e 94, Lei 6.015/1973 (Lei de Registros Públicos).

Art. 10. Far-se-á averbação em registro público:

I – das sentenças que decretarem a nulidade ou anulação do casamento, o divórcio, a separação judicial e o restabelecimento da sociedade conjugal;

- V. art. 1.571, II, III e IV, CC.
- V. arts. 29, § 1º, *a*, 100 e 101, Lei 6.015/1973 (Lei de Registros Públicos).
- V. Lei 6.515/1977 (Lei do Divórcio).

II – dos atos judiciais ou extrajudiciais que declararem ou reconhecerem a filiação;

- V. arts. 1.607 a 1.617, CC.
- V. arts. 29, § 1º, *b*, *c* e *d*, e 102, Lei 6.015/1973 (Lei de Registros Públicos).
- V. arts. 26 e 27, Lei 8.069/1990 (Estatuto da Criança e do Adolescente).
- V. art. 1º, Lei 8.560/1992 (Investigação de paternidade).

III – *(Revogado pela Lei 12.010/2009 – DOU 04.08.2009, em vigor noventa dias após a data de sua publicação).*

Capítulo II
Dos Direitos da Personalidade

Art. 11. Com exceção dos casos previstos em lei, os direitos da personalidade são intransmissíveis e irrenunciáveis, não podendo o seu exercício sofrer limitação voluntária.

- V. arts. 1º, III, 3º, IV, e 5º, V, VI, IX, X, XII, CF.
- V. art. 52, CC.
- V. arts. 1º a 85, Lei 8.069/1990 (Estatuto da Criança e do Adolescente).

Art. 12. Pode-se exigir que cesse a ameaça, ou a lesão, a direito da personalidade, e reclamar perdas e danos, sem prejuízo de outras sanções previstas em lei.

- V. arts. 5º, X, LXVIII, LXIX e LXXI, e 142, § 2º, CF.
- V. arts. 186, 402 a 405, 927, 935, 944 a 954, CC.
- V. arts. 150 a 154 e 208, CP.
- V. arts. 282 a 284, 647 e 648, CPP.
- V. Lei 9.507/1997 (Habeas data).
- V. Súmula 37, STJ.

Parágrafo único. Em se tratando de morto, terá legitimação para requerer a medida prevista neste artigo o cônjuge sobrevivente, ou qualquer parente em linha reta, ou colateral até o quarto grau.

- V. arts. 20, parágrafo único, 943, 1.591 e 1.592, CC.
- V. art. 6º, VI, Lei 8.078/1990 (Código de Defesa do Consumidor).
- V. art. 138, § 2º, CP.

Art. 13. Salvo por exigência médica, é defeso o ato de disposição do próprio corpo, quando importar diminuição permanente da integridade física, ou contrariar os bons costumes.

Parágrafo único. O ato previsto neste artigo será admitido para fins de transplante, na forma estabelecida em lei especial.

- V. art. 199, § 4º, CF.
- V. art. 9º, Lei 9.434/1997 (Transplante de órgãos).

Art. 14. É válida, com objetivo científico, ou altruístico, a disposição gratuita do próprio corpo, no todo ou em parte, para depois da morte.

- V. art. 199, § 4º, CF.
- V. Lei 8.501/1992 (Utilização de cadáver não reclamado, para fins de estudos ou pesquisas científicas).
- V. art. 1º, Lei 9.434/1997 (Transplante de órgãos).

Parágrafo único. O ato de disposição pode ser livremente revogado a qualquer tempo.

- V. art. 9º, § 5º, Lei 9.434/1997 (Transplante de órgãos).

Art. 15. Ninguém pode ser constrangido a submeter-se, com risco de vida, a tratamento médico ou a intervenção cirúrgica.

- V. art. 5º, II e III, CF.

Art. 16. Toda pessoa tem direito ao nome, nele compreendidos o prenome e o sobrenome.

- V. art. 227, § 6º, CF.
- V. arts. 1.565, § 1º, 1.571, § 2º e 1.578, CC.
- V. arts. 54, 4, 55, 59 e 60, Lei 6.015/1973 (Lei de Registros Públicos).

Art. 17. O nome da pessoa não pode ser empregado por outrem em publicações ou representações que a exponham ao desprezo público, ainda quando não haja intenção difamatória.

- V. art. 5º, X, CF.
- V. Súmula 221, STJ.

Art. 18. Sem autorização, não se pode usar o nome alheio em propaganda comercial.

Art. 19. O pseudônimo adotado para atividades lícitas goza da proteção que se dá ao nome.

Art. 20. Salvo se autorizadas, ou se necessárias à administração da justiça ou à manutenção da ordem pública, a divulgação de escritos, a transmissão da palavra, ou a publicação, a exposição ou a utilização da imagem de uma pessoa poderão ser proibidas, a seu requerimento e sem prejuízo da indenização que couber, se lhe atingirem a honra, a boa fama ou a respeitabilidade, ou se se destinarem a fins comerciais.

- V. ADIn 4.815 (*DOU* e *DJE* 26.06.2015), que julgou procedente o pedido formulado na ação direta para dar interpretação conforme à Constituição aos artigos 20 e 21 do CC, sem redução de texto, para, em consonância com os direitos fundamentais à liberdade de pensamento e de sua expressão, de criação artística, produção científica, declarar inexigível o consentimento de pessoa biografada relativamente a obras biográficas literárias ou audiovisuais, sendo por igual desnecessária autorização de pessoas retratadas como coadjuvantes (ou de seus familiares, em caso de pessoas falecidas).
- V. art. 5º, V e X, CF.
- V. arts. 186 a 188 e 953, CC.
- V. arts. 143 e 247, Lei 8.069/1990 (Estatuto da Criança e do Adolescente).
- V. Lei 9.610/1998 (Direitos autorais).
- V. Súmula 221, STJ.

Parágrafo único. Em se tratando de morto ou de ausente, são partes legítimas para requerer essa proteção o cônjuge, os ascendentes ou os descendentes.

- V. arts. 12, parágrafo único, 22 a 25 e 943, CC.

Art. 21. A vida privada da pessoa natural é inviolável, e o juiz, a requerimento do interessado, adotará as providências necessárias para impedir ou fazer cessar ato contrário a esta norma.

- V. ADIn 4.815 (*DOU* e *DJE* 26.06.2015), que julgou procedente o pedido formulado na ação direta para dar interpretação conforme à Constituição aos artigos 20 e 21 do CC, sem redução de texto, para, em consonância com os direitos fundamentais à liberdade de pensamento e de sua expressão, de criação artística, produção científica, declarar inexigível o consentimento de pessoa biografada relativamente a obras biográficas literárias ou audiovisuais, sendo por igual desnecessária autorização de pessoas retratadas como coadjuvantes (ou de seus familiares, em caso de pessoas falecidas).
- V. art. 5º, X e 226, § 7º, CF.
- V. art. 1.513, CC.

Capítulo III
Da Ausência

Seção I
Da Curadoria dos Bens do Ausente

Art. 22. Desaparecendo uma pessoa do seu domicílio sem dela haver notícia, se não houver deixado representante ou procurador a quem caiba administrar-lhe os bens, o juiz, a requerimento de qualquer interessado ou do Ministério Público, declarará a ausência, e nomear-lhe-á curador.

- V. arts. 6º, 7º, 9º, IV, 198, II, 335, III, 428, II e III, 1.728, I, e 1.759, CC.
- V. arts. 49, 72, parágrafo único, 178, 242, § 1º, 548, 626, 671, I, 744 e 745, CPC/2015.
- V. art. 94, III, f, Lei 11.101/2005 (Lei de Recuperação de Empresas e Falência).
- V. arts. 29, VI, e 94, Lei 6.015/1973 (Lei de Registros Públicos).

Art. 23. Também se declarará a ausência, e se nomeará curador, quando o ausente deixar mandatário que não queira ou não possa exercer ou continuar o mandato, ou se os seus poderes forem insuficientes.

- V. arts. 653 e 682, CC.

Art. 24. O juiz, que nomear o curador, fixar-lhe-á os poderes e obrigações, conforme as circunstâncias, observando, no que for aplicável, o disposto a respeito dos tutores e curadores.

- V. arts. 1.728 a 1.783, CC.
- V. arts. 739, §§ 1º e 2º, 759 e 760, CPC/2015.

Art. 25. O cônjuge do ausente, sempre que não esteja separado judicialmente, ou de fato por mais de 2 (dois) anos antes da declaração da ausência, será o seu legítimo curador.

- V. arts. 1.570, 1.651, 1.775 e 1.783, CC.

§ 1º Em falta do cônjuge, a curadoria dos bens do ausente incumbe aos pais ou aos descendentes, nesta ordem, não havendo impedimento que os iniba de exercer o cargo.

§ 2º Entre os descendentes, os mais próximos precedem os mais remotos.

§ 3º Na falta das pessoas mencionadas, compete ao juiz a escolha do curador.

- V. art. 744, CPC/2015.

Seção II
Da Sucessão Provisória

Art. 26. Decorrido 1 (um) ano da arrecadação dos bens do ausente, ou, se ele deixou representante ou procurador, em se passando 3 (três) anos, poderão os interessados requerer que se declare a ausência e se abra provisoriamente a sucessão.

- V. art. 5º, XXXI, CF.
- V. art. 28, § 1º, CC.
- V. arts. 744 e 745, CPC/2015.
- V. art. 104, parágrafo único, Lei 6.015/1973 (Lei de Registros Públicos).

Art. 27. Para o efeito previsto no artigo anterior, somente se consideram interessados:

- V. art. 28, § 1º, CC.
- V. art. 745, § 1º, CPC/2015.

I – o cônjuge não separado judicialmente;

II – os herdeiros presumidos, legítimos ou testamentários;

III – os que tiverem sobre os bens do ausente direito dependente de sua morte;

- V. art. 1.951, CC.

IV – os credores de obrigações vencidas e não pagas.

Art. 28. A sentença que determinar a abertura da sucessão provisória só produzirá efeito 180 (cento e oitenta) dias depois de publicada pela imprensa; mas, logo que passe em julgado, proceder-se-á à abertura do testamento, se houver, e ao inventário e partilha dos bens, como se o ausente fosse falecido.

- V. art. 104, parágrafo único, Lei 6.015/ 1973 (Lei de Registros Públicos).

§ 1º Findo o prazo a que se refere o art. 26, e não havendo interessados na sucessão provisória, cumpre ao Ministério Público requerê-la ao juízo competente.

- V. art. 745, § 1º, CPC/2015.

§ 2º Não comparecendo herdeiro ou interessado para requerer o inventário até 30 (trinta) dias depois de passar em julgado a sentença que mandar abrir a sucessão provisória, proceder-se-á à arrecadação dos bens do ausente pela forma estabelecida nos arts. 1.819 a 1.823.

- V. art. 104, parágrafo único, Lei 6.015/ 1973 (Lei de Registros Públicos).

Art. 29. Antes da partilha, o juiz, quando julgar conveniente, ordenará a conversão dos bens móveis, sujeitos a deterioração ou a extravio, em imóveis ou em títulos garantidos pela União.

- V. art. 33, CC.
- V. art. 730, CPC/2015.

Art. 30. Os herdeiros, para se imitirem na posse dos bens do ausente, darão garantias da restituição deles, mediante penhores ou hipotecas equivalentes aos quinhões respectivos.

- V. art. 34, CC.

§ 1º Aquele que tiver direito à posse provisória, mas não puder prestar a garantia exigida neste artigo, será excluído, mantendo-se os bens que lhe deviam caber sob a administração do curador, ou de outro herdeiro designado pelo juiz, e que preste essa garantia.

- V. art. 34, CC.

§ 2º Os ascendentes, os descendentes e o cônjuge, uma vez provada a sua qualidade de herdeiros, poderão, independentemente de garantia, entrar na posse dos bens do ausente.

- V. art. 723, CPC/2015.

Art. 31. Os imóveis do ausente só se poderão alienar, não sendo por desapropriação, ou hipotecar, quando o ordene o juiz, para lhes evitar a ruína.

- V. arts. 1.113 a 1.119, CC.

Art. 32. Empossados nos bens, os sucessores provisórios ficarão representando ativa e passivamente o ausente, de modo que contra eles correrão as ações pendentes e as que de futuro àquele forem movidas.

Art. 33. O descendente, ascendente ou cônjuge que for sucessor provisório do ausente, fará seus todos os frutos e rendimentos dos bens que a este couberem; os outros sucessores, porém, deverão capitalizar metade desses frutos e rendimentos, segundo o disposto no art. 29, de acordo com o representante do Ministério Público, e prestar anualmente contas ao juiz competente.

Parágrafo único. Se o ausente aparecer, e ficar provado que a ausência foi voluntária e injustificada, perderá ele, em favor do sucessor, sua parte nos frutos e rendimentos.

Art. 34. O excluído, segundo o art. 30, da posse provisória poderá, justificando falta de meios, requerer lhe seja entregue metade dos rendimentos do quinhão que lhe tocaria.

- V. art. 30, § 1º, CC.

Art. 35. Se durante a posse provisória se provar a época exata do falecimento do ausente, considerar-se-á, nessa data, aberta a sucessão em favor dos herdeiros, que o eram àquele tempo.

- V. art. 1.784, CC.
- V. art. 745, § 3º, CPC/2015.

Art. 36. Se o ausente aparecer, ou se lhe provar a existência, depois de estabelecida a posse provisória, cessarão para logo as vantagens dos sucessores nela imitidos, ficando, todavia, obrigados a tomar as medidas assecuratórias precisas, até a entrega dos bens a seu dono.

Seção III
Da Sucessão Definitiva

Art. 37. Dez anos depois de passada em julgado a sentença que concede a abertura da sucessão provisória, poderão os interessados requerer a sucessão definitiva e o levantamento das cauções prestadas.

- V. art. 6º, CC.
- V. art. 745, §§ 3º e 4º, CPC/2015.

Art. 38. Pode-se requerer a sucessão definitiva, também, provando-se que o ausente conta 80 (oitenta) anos de idade, e que de cinco datam as últimas notícias dele.

- V. art. 6º, CC.
- V. art. 745, § 3º, CPC/2015.

Art. 39. Regressando o ausente nos dez anos seguintes à abertura da sucessão definitiva, ou algum de seus descendentes ou ascendentes, aquele ou estes haverão só os bens existentes no estado em que se acharem, os sub-rogados em seu lugar, ou o preço que os herdeiros e demais interessados houverem recebido pelos bens alienados depois daquele tempo.

- V. art. 745 § 4º, CPC/2015.

Parágrafo único. Se, nos dez anos a que se refere este artigo, o ausente não regressar, e nenhum interessado promover a sucessão definitiva, os bens arrecadados passarão ao domínio do Município ou do Distrito Federal, se localizados nas respectivas circunscrições, incorporando-se ao domínio da União, quando situados em território federal.

- V. arts. 1.822 e 1.844, CC.

TÍTULO II
Das Pessoas Jurídicas

Capítulo I
Disposições Gerais

Art. 40. As pessoas jurídicas são de direito público, interno ou externo, e de direito privado.

Art. 41. São pessoas jurídicas de direito público interno:

- V. arts. 8º e 17, § 2º, CF.
- V. art. 75, I a III, CPC/2015.

I – a União;

II – os Estados, o Distrito Federal e os Territórios;

III – os Municípios;

IV – as autarquias, inclusive as associações públicas;

- Inciso IV com redação determinada pela Lei 11.107/2005.
- V. art. 20, Lei 4.717/1965 (Ação popular).
- V. art. 5º, I, Dec.-lei 200/1967 (Autarquias).

V – as demais entidades de caráter público criadas por lei.

Parágrafo único. Salvo disposição em contrário, as pessoas jurídicas de direito público, a que se tenha dado estrutura de direito privado, regem-se, no que couber, quanto ao seu funcionamento, pelas normas deste Código.

Art. 42. São pessoas jurídicas de direito público externo os Estados estrangeiros e todas as pessoas que forem regidas pelo direito internacional público.

Art. 43. As pessoas jurídicas de direito público interno são civilmente responsáveis por atos dos seus agentes que nessa qualidade causem danos a terceiros, ressalvado direito regressivo contra os causadores do dano, se houver, por parte destes, culpa ou dolo.

- V. art. 37, § 6º, CF.
- V. arts. 186, 927 a 954, CC.
- V. art. 125, II, CPC/2015.
- V. Lei 4.619/1965 (Ação regressiva da União contra seus agentes).
- V. art. 6º, § 2º, Lei 4.898/1965 (Abuso de autoridade).
- V. arts. 121 a 126, Lei 8.112/1990 (Regime jurídico único dos servidores públicos civis da União).
- V. Lei 10.309/2001 (Responsabilidade civil da União, perante terceiros, no caso de atentados terroristas ou atos de guerra).
- V. Lei 10.744/2003 (Responsabilidade civil da União, perante terceiros por atentados terroristas, atos de guerra ou eventos correlatos, contra aeronaves brasileiras).
- V. Súmula 39, STJ.

Art. 44. São pessoas jurídicas de direito privado:

- V. art. 173, §§ 1º a 3º, CF.
- V. arts. 2.031 a 2.034, CC.
- V. art. 11, Dec.-lei 4.657/1942 (Lei de Introdução às normas do Direito Brasileiro).
- V. art. 5º, Dec.-lei 200/1967 (Organização da administração federal).
- V. art. 1º, Lei 9.096/1995 (Partidos políticos).
- V. Súmulas 39 e 42, STJ.

I – as associações;

- V. art. 5º, XVII e XXI, CF.
- V. arts. 53 a 61, CC.

II – as sociedades;

- V. arts. 981 a 1.141, CC.

III – as fundações;

- V. arts. 62 a 69, CC.
- V. arts. 764 e 765, CPC/2015.

IV – as organizações religiosas;

- Inciso IV acrescentado pela Lei 10.825/ 2003.

V – os partidos políticos.

- Inciso V acrescentado pela Lei 10.825/ 2003.
- V. art. 17, CF.

VI – as empresas individuais de responsabilidade limitada.

- Inciso VI acrescentado pela Lei 12.441/ 2011 (*DOU* 12.07.2011), em vigor 180 (cento e oitenta) dias após a data de sua publicação.

§ 1º São livres a criação, a organização, a estruturação interna e o funcionamento das organizações religiosas, sendo vedado ao poder público negar-lhes reconhecimento ou registro dos atos constitutivos e necessários ao seu funcionamento.

- § 1º acrescentado pela Lei 10.825/2003.

§ 2º As disposições concernentes às associações aplicam-se subsidiariamente às sociedades que são objeto do Livro II da Parte Especial deste Código.

- Primitivo parágrafo único renumerado pela Lei 10.825/2003.

§ 3º Os partidos políticos serão organizados e funcionarão conforme o disposto em lei específica.

- § 3º acrescentado pela Lei 10.825/2003.

Art. 45. Começa a existência legal das pessoas jurídicas de direito privado com a inscrição do ato constitutivo no respectivo registro, precedida, quando necessário, de autorização ou aprovação do Poder Executivo, averbando-se no registro todas as alterações por que passar o ato constitutivo.

- V. arts. 207 a 211, 985, 998, 999, parágrafo único, 1.000, 1.012, 1.134, 1.135 e 1.150 a 1.154, CC.
- V. Dec.-lei 9.085/1946 (Registro civil das pessoas jurídicas).
- V. Lei 4.503/1964 (Cadastro Geral de Pessoas Jurídicas no Ministério da Fazenda).
- V. arts. 114 a 126, Lei 6.015/1973 (Lei de Registros Públicos).
- V. Lei 6.739/1979 (Matrícula e registro de imóveis rurais).
- V. Lei 7.433/1985 (Requisitos para lavratura de escrituras públicas).
- V. Dec. 93.240/1986 (Regulamenta a Lei 7.433/1985).
- V. arts. 1º, § 2º, e 15, § 1º, Lei 8.906/1994 (Estatuto da Advocacia e da OAB).
- V. Lei 8.934/1994 (Registro público de empresas mercantis e atividades afins).
- V. arts. 7º a 11, Lei 9.096/1995 (Partidos políticos).
- V. Lei 9.279/1996 (Código da Propriedade Industrial).
- V. Dec. 1.800/1996 (Regulamenta a Lei 8.934/1994).

Parágrafo único. Decai em 3 (três) anos o direito de anular a constituição das pessoas jurídicas de direito privado, por defeito do ato respectivo, contado o prazo da publicação de sua inscrição no registro.

Art. 46. O registro declarará:

- V. arts. 998, 1.000, 1.033 e 1.150, CC.
- V. arts. 120 e 121, Lei 6.015/1973 (Lei de Registros Públicos).

I – a denominação, os fins, a sede, o tempo de duração e o fundo social, quando houver;

II – o nome e a individualização dos fundadores ou instituidores, e dos diretores;

III – o modo por que se administra e representa, ativa e passivamente, judicial e extrajudicialmente;

IV – se o ato constitutivo é reformável no tocante à administração, e de que modo;

V – se os membros respondem, ou não, subsidiariamente, pelas obrigações sociais;

VI – as condições de extinção da pessoa jurídica e o destino do seu patrimônio, nesse caso.

Art. 47. Obrigam a pessoa jurídica os atos dos administradores, exercidos nos limites de seus poderes definidos no ato constitutivo.

- V. arts. 43, 989, 997, VI, e 1.010 a 1.021, CC.
- V. art. 75, CPC/2015.
- V. art. 37, CPP.

Art. 48. Se a pessoa jurídica tiver administração coletiva, as decisões se tomarão pela maioria de votos dos presentes, salvo se o ato constitutivo dispuser de modo diverso.

- V. arts. 1.010 e 1.014, CC.

Parágrafo único. Decai em 3 (três) anos o direito de anular as decisões a que se refere este artigo, quando violarem a lei ou estatuto, ou forem eivadas de erro, dolo, simulação ou fraude.

Art. 49. Se a administração da pessoa jurídica vier a faltar, o juiz, a requerimento de qualquer interessado, nomear-lhe-á administrador provisório.

- V. art. 614, CPC/2015.

☛ **Art. 50.** Em caso de abuso da personalidade jurídica, caracterizado pelo desvio de finalidade ou pela confusão patrimonial, pode o juiz, a requerimento da parte, ou do Ministério Público quando lhe couber intervir no processo, desconsiderá-la para que os efeitos de certas e determinadas relações de obrigações sejam estendidos aos bens particulares de administradores ou de sócios da pessoa jurídica beneficiados direta ou indiretamente pelo abuso.

- Artigo com redação determinada pela MP 881/2019.
- V. art. 795, §§ 1º e 2º, CPC/2015.
- V. art. 135, CTN.
- V. art. 2º, CLT.
- V. art. 28, Lei 8.078/1990 (Código de Defesa do Consumidor).

§ 1º Para fins do disposto neste artigo, desvio de finalidade é a utilização dolosa da pessoa jurídica com o propósito de lesar credores e para a prática de atos ilícitos de qualquer natureza.

§ 2º Entende-se por confusão patrimonial a ausência de separação de fato entre os patrimônios, caracterizada por:

I – cumprimento repetitivo pela sociedade de obrigações do sócio ou do administrador ou vice-versa;

II – transferência de ativos ou de passivos sem efetivas contraprestações, exceto o de valor proporcionalmente insignificante; e

III – outros atos de descumprimento da autonomia patrimonial.

§ 3º O disposto no *caput* e nos § 1º e § 2º também se aplica à extensão das obrigações de sócios ou de administradores à pessoa jurídica.

§ 4º A mera existência de grupo econômico sem a presença dos requisitos de que trata o *caput* não autoriza a desconsideração da personalidade da pessoa jurídica.

§ 5º Não constitui desvio de finalidade a mera expansão ou a alteração da finalidade original da atividade econômica específica da pessoa jurídica.

Art. 51. Nos casos de dissolução da pessoa jurídica ou cassada a autorização para seu funcionamento, ela subsistirá para os fins de liquidação, até que esta se conclua.

- V. arts. 1.033 a 1.038 e 1.125, CC.

§ 1º Far-se-á, no registro onde a pessoa jurídica estiver inscrita, a averbação de sua dissolução.

§ 2º As disposições para a liquidação das sociedades aplicam-se, no que couber, às demais pessoas jurídicas de direito privado.

§ 3º Encerrada a liquidação, promover-se-á o cancelamento da inscrição da pessoa jurídica.

Art. 52. Aplica-se às pessoas jurídicas, no que couber, a proteção dos direitos da personalidade.

- V. arts. 11 a 21, CC.
- V. Súmula 227, STJ.

Capítulo II
Das Associações

Art. 53. Constituem-se as associações pela união de pessoas que se organizem para fins não econômicos.

- V. arts. 5º, XVII a XXI, 8º, 17 e 174, CF.
- V. arts. 40, 44 a 52, 75, 2.031 e 2.033, CC.
- V. art. 75, CPC/2015.
- V. arts. 511 a 521, CLT.
- V. art. 11, Dec.-lei 4.657/1942 (Lei de Introdução às normas do Direito Brasileiro).
- V. Dec.-lei 4.684/1942 (Condições para a fundação e o funcionamento de associações para a defesa nacional).
- V. arts. 35 a 42, Lei 4.380/1964 (BNH).
- V. arts. 62 a 65, Lei 4.728/1965 (Mercado de capitais).
- V. Dec.-lei 70/1966 (Associações de poupança e empréstimo e cédula hipotecária).
- V. arts. 6º, *a*, 12 e 22, Lei 5.197/1967 (Proteção à fauna).
- V. arts. 114, I, e 120, Lei 6.015/1973 (Lei de Registros Públicos).
- V. Lei 8.909/1994 (Associações).
- V. Lei 9.096/1995 (Partidos políticos).
- V. Lei 9.637/1998 (Qualificação de entidades como organizações sociais).
- V. Lei 9.790/1999 (Organizações da Sociedade Civil de Interesse Público).
- V. Dec. 3.100/1999 (Regulamenta a Lei 9.790/1999).
- V. LC 109/2001 (Regime de Previdência Complementar).
- V. Dec. 8.242/2014 (Processo de certificação das entidades beneficentes de assistência social e sobre procedimentos de isenção das contribuições para a seguridade social).

Parágrafo único. Não há, entre os associados, direitos e obrigações recíprocos.

Art. 54. Sob pena de nulidade, o estatuto das associações conterá:

- V. art. 5º, XVII a XXI, CF.

I – a denominação, os fins e a sede da associação;

II – os requisitos para a admissão, demissão e exclusão dos associados;

III – os direitos e deveres dos associados;

IV – as fontes de recursos para sua manutenção;

V – o modo de constituição e de funcionamento dos órgãos deliberativos;

- Inciso V com redação determinada pela Lei 11.127/2005.

VI – as condições para a alteração das disposições estatutárias e para a dissolução;

VII – a forma de gestão administrativa e de aprovação das respectivas contas.

- Inciso VII acrescentado pela Lei 11.127/ 2005.

Art. 55. Os associados devem ter iguais direitos, mas o estatuto poderá instituir categorias com vantagens especiais.

Art. 56. A qualidade de associado é intransmissível, se o estatuto não dispuser o contrário.

Parágrafo único. Se o associado for titular de quota ou fração ideal do patrimônio da associação, a transferência daquela não importará, de per si, na atribuição da qualidade de associado ao adquirente ou ao herdeiro, salvo disposição diversa do estatuto.

Art. 57. A exclusão do associado só é admissível havendo justa causa, assim reconhecida em procedimento que assegure direito de defesa e de recurso, nos termos previstos no estatuto.

- *Caput* com redação determinada pela Lei 11.127/2005.

Parágrafo único. *(Revogado pela Lei 11.127/2005).*

Art. 58. Nenhum associado poderá ser impedido de exercer direito ou função que lhe tenha sido legitimamente conferido, a não ser nos casos e pela forma previstos na lei ou no estatuto.

Art. 59. Compete privativamente à assembleia geral:

- Artigo com redação determinada pela Lei 11.127/2005.

I – destituir os administradores;

II – alterar o estatuto.

Parágrafo único. Para as deliberações a que se referem os incisos I e II deste artigo é exigido deliberação da assembleia especialmente convocada para esse fim, cujo *quorum* será o estabelecido no estatuto, bem como os critérios de eleição dos administradores.

Art. 60. A convocação dos órgãos deliberativos far-se-á na forma do estatuto, garantido a 1/5 (um quinto) dos associados o direito de promovê-la.

- Artigo com redação determinada pela Lei 11.127/2005.

Art. 61. Dissolvida a associação, o remanescente do seu patrimônio líquido, depois de deduzidas, se for o caso, as quotas ou frações ideais referidas no parágrafo único do art. 56, será destinado à entidade de fins não econômicos designada no estatuto, ou, omisso este, por deliberação dos associados, à instituição municipal, estadual ou federal, de fins idênticos ou semelhantes.

- V. art. 5º, XIX, CF.

§ 1º Por cláusula do estatuto ou, no seu silêncio, por deliberação dos associados, podem estes, antes da destinação do remanescente referida neste artigo, receber em restituição, atualizado o respectivo valor, as contribuições que tiverem prestado ao patrimônio da associação.

§ 2º Não existindo no Município, no Estado, no Distrito Federal ou no Território, em que a associação tiver sede, instituição nas condições indicadas neste artigo, o que remanescer do seu patrimônio se devolverá à Fazenda do Estado, do Distrito Federal ou da União.

Capítulo III
Das Fundações

Art. 62. Para criar uma fundação, o seu instituidor fará, por escritura pública ou testamento, dotação especial de bens livres, especificando o fim a que se destina, e declarando, se quiser, a maneira de administrá-la.

- V. arts. 40, 44 a 52, 65, 75, 215 e 2.031 a 2.033, CC.
- V. arts. 764 e 765, CPC/2015.
- V. art. 11, Dec.-lei 4.657/1942 (Lei de Introdução às normas do Direito Brasileiro).
- V. arts. 114, I, 119, parágrafo único, e 120, Lei 6.015/1973 (Lei de Registros Públicos).

Parágrafo único. A fundação somente poderá constituir-se para fins de:

- Parágrafo único com redação determinada pela Lei 13.151/2015.
- V. Lei 8.958/1994 (Relações entre as instituições federais de ensino superior e de pesquisa e as fundações de apoio).

I – assistência social;

II – cultura, defesa e conservação do patrimônio histórico e artístico;

III – educação;

IV – saúde;

V – segurança alimentar e nutricional;

VI – defesa, preservação e conservação do meio ambiente e promoção do desenvolvimento sustentável;

VII – pesquisa científica, desenvolvimento de tecnologias alternativas, modernização de sistemas de gestão, produção e divulgação de informações e conhecimentos técnicos e científicos;

VIII – promoção da ética, da cidadania, da democracia e dos direitos humanos;

IX – atividades religiosas; e

X – *(Vetado).*

Art. 63. Quando insuficientes para constituir a fundação, os bens a ela destinados serão, se de outro modo não dispuser o instituidor, incorporados em outra fundação que se proponha a fim igual ou semelhante.

Art. 64. Constituída a fundação por negócio jurídico entre vivos, o instituidor é obrigado a transferir-lhe a propriedade, ou outro direito real, sobre os bens dotados, e, se não o fizer, serão registrados, em nome dela, por mandado judicial.

Art. 65. Aqueles a quem o instituidor cometer a aplicação do patrimônio, em tendo ciência do encargo, formularão logo, de acordo com as suas bases (art. 62), o estatuto da fundação projetada, submetendo-o, em seguida, à aprovação da autoridade competente, com recurso ao juiz.

- V. arts. 764 e 765, CPC/2015.

Parágrafo único. Se o estatuto não for elaborado no prazo assinado pelo instituidor, ou, não havendo prazo, em 180 (cento e oitenta) dias, a incumbência caberá ao Ministério Público.

Art. 66. Velará pelas fundações o Ministério Público do Estado onde situadas.

- V. arts. 764 e 765, CPC/2015.
- V. art. 25, Lei 8.625/1993 (Lei Orgânica Nacional do Ministério Público).
- V. art. 72, LC 109/2001 (Regime de Previdência Complementar).

§ 1º Se funcionarem no Distrito Federal ou em Território, caberá o encargo ao Ministério Público do Distrito Federal e Territórios.

- § 1º com redação determinada pela Lei 13.151/2015.

§ 2º Se estenderem a atividade por mais de um Estado, caberá o encargo, em cada um deles, ao respectivo Ministério Público.

Art. 67. Para que se possa alterar o estatuto da fundação é mister que a reforma:

I – seja deliberada por 2/3 (dois terços) dos competentes para gerir e representar a fundação;

II – não contrarie ou desvirtue o fim desta;

III – seja aprovada pelo órgão do Ministério Público no prazo máximo de 45 (quarenta e cinco) dias, findo o qual ou no caso de o Ministério Público a denegar, poderá o juiz supri-la, a requerimento do interessado.

- Inciso III com redação determinada pela Lei 13.151/2015.
- V. arts. 764 e 765, CPC/2015.

Art. 68. Quando a alteração não houver sido aprovada por votação unânime, os administradores da fundação, ao submeterem o estatuto ao órgão do Ministério Público, requererão que se dê ciência à minoria vencida para impugná-la, se quiser, em 10 (dez) dias.

Art. 69. Tornando-se ilícita, impossível ou inútil a finalidade a que visa a fundação, ou vencido o prazo de sua existência, o órgão do Ministério Público, ou qualquer interessado, lhe promoverá a extinção, incorporando-se o seu patrimônio, salvo disposição em contrário no ato constitutivo, ou no estatuto, em outra fundação, designada pelo juiz, que se proponha a fim igual ou semelhante.

- V. art. 765, CPC/2015.

Art. 69-A. *(Vetado).*

TÍTULO III
Do Domicílio

Art. 70. O domicílio da pessoa natural é o lugar onde ela estabelece a sua residência com ânimo definitivo.

- V. art. 5º, XI, CF.
- V. arts. 327, 1.566, II, 1.569 e 1.711, CC.
- V. arts. 45 a 51, 53, 62 e 63, CPC/2015.
- V. arts. 127 e 159, CTN.
- V. arts. 7º, 10 e 12, Dec.-lei 4.657/1942 (Lei de Introdução às normas do Direito Brasileiro).

Art. 71. Se, porém, a pessoa natural tiver diversas residências, onde, alternadamente, viva, considerar-se-á domicílio seu qualquer delas.

- V. art. 46, § 1º, CPC/2015.
- V. Súmula 483, STF.

Art. 72. É também domicílio da pessoa natural, quanto às relações concernentes à profissão, o lugar onde esta é exercida.

- V. art. 10, § 1º, Lei 8.906/1994 (Estatuto da Advocacia e OAB).

Parágrafo único. Se a pessoa exercitar profissão em lugares diversos, cada um deles constituirá domicílio para as relações que lhe corresponderem.

Art. 73. Ter-se-á por domicílio da pessoa natural, que não tenha residência habitual, o lugar onde for encontrada.

- V. art. 46, § 2º, CPC/2015.
- V. art. 7º, § 8º, Dec.-lei 4.657/1942 (Lei de Introdução às normas do Direito Brasileiro).

Art. 74. Muda-se o domicílio, transferindo a residência, com a intenção manifesta de o mudar.

Parágrafo único. A prova da intenção resultará do que declarar a pessoa às municipalidades dos lugares, que deixa, e para onde vai, ou, se tais declarações não fizer, da própria mudança, com as circunstâncias que a acompanharem.

Art. 75. Quanto às pessoas jurídicas, o domicílio é:

I – da União, o Distrito Federal;

- V. art. 109, §§ 1º a 4º, CF.
- V. arts. 45, I e 51, CPC/2015.

II – dos Estados e Territórios, as respectivas capitais;

- V. arts. 45, I e 51, CPC/2015.

III – do Município, o lugar onde funcione a administração municipal;

IV – das demais pessoas jurídicas, o lugar onde funcionarem as respectivas diretorias e administrações, ou onde elegerem domicílio especial no seu estatuto ou atos constitutivos.

- V. art. 53, III, *a*, CPC/2015.

§ 1º Tendo a pessoa jurídica diversos estabelecimentos em lugares diferentes, cada um deles será considerado domicílio para os atos nele praticados.

- V. art. 53, III, *b*, CPC/2015.
- V. Súmula 363, STF.

§ 2º Se a administração, ou diretoria, tiver a sede no estrangeiro, haver-se-á por domicílio da pessoa jurídica, no tocante às obrigações contraídas por cada uma das suas agências, o lugar do estabelecimento, sito no Brasil, a que ela corresponder.

- V. art. 21, I e parágrafo único, CPC/ 2015.
- V. art. 3º, Lei 11.101/2005 (Lei de Recuperação de Empresas e Falência).

Art. 76. Têm domicílio necessário o incapaz, o servidor público, o militar, o marítimo e o preso.

Parágrafo único. O domicílio do incapaz é o do seu representante ou assistente; o do servidor público, o lugar em que exercer permanentemente suas funções; o do militar, onde servir, e, sendo da Marinha ou da Aeronáutica, a sede do comando a que se encontrar imediatamente subordinado; o do marítimo, onde o navio estiver matriculado; e o do preso, o lugar em que cumprir a sentença.

- V. arts. 3º e 4º, CC.
- V. art. 7º, § 7º, Dec.-lei 4.657/1942 (Lei de Introdução às normas do Direito Brasileiro).
- V. art. 50, CPC/2015.

Art. 77. O agente diplomático do Brasil, que, citado no estrangeiro, alegar extraterritorialidade sem designar onde tem, no país, o seu domicílio, poderá ser demandado no Distrito Federal ou no último ponto do território brasileiro onde o teve.

Art. 78. Nos contratos escritos, poderão os contratantes especificar domicílio onde se exercitem e cumpram os direitos e obrigações deles resultantes.

- V. art. 327, CC.
- V. arts. 47, 62 e 63, CPC/2015.
- V. art. 1º, Dec.-lei 4.597/1942 (Prescrição das ações contra a Fazenda Pública).
- V. Súmula 335, STF.

Livro II
DOS BENS

TÍTULO ÚNICO
Das Diferentes Classes de Bens

Capítulo I
Dos Bens Considerados em Si Mesmos

Seção I
Dos Bens Imóveis

Art. 79. São bens imóveis o solo e tudo quanto se lhe incorporar natural ou artificialmente.

- V. arts. 20, VIII a X, e 176, CF.
- V. arts. 92 a 97, 1.229 e 1.230, CC.
- V. art. 145, Dec. 24.643/1934 (Código de Águas).
- V. Lei 4.591/1964 (Condomínio em edificações e incorporações imobiliárias).
- V. Dec.-lei 227/1967 (Código de Mineração).
- V. Súmula 329, STF.
- V. Súmula 238, STJ.

Art. 80. Consideram-se imóveis para os efeitos legais:

I – os direitos reais sobre imóveis e as ações que os asseguram;

- V. arts. 1.225 e 1.227, CC.
- V. Dec. 24.778/1934 (Caução de hipoteca e penhor).
- V. Súmula 329, STF.

II – o direito à sucessão aberta.

- V. art. 5º, XXX e XXXI, CF.
- V. art. 1.784, CC.

Art. 81. Não perdem o caráter de imóveis:

I – as edificações que, separadas do solo, mas conservando a sua unidade, forem removidas para outro local;

II – os materiais provisoriamente separados de um prédio, para nele se reempregarem.

- V. art. 84, CC.

Seção II
Dos Bens Móveis

Art. 82. São móveis os bens suscetíveis de movimento próprio, ou de remoção por força alheia, sem alteração da substância ou da destinação econômico-social.

Art. 83. Consideram-se móveis para os efeitos legais:

I – as energias que tenham valor econômico;

- V. art. 155, § 3º, CP.

II – os direitos reais sobre objetos móveis e as ações correspondentes;

- V. arts. 1.225 e 1.226, CC.

III – os direitos pessoais de caráter patrimonial e respectivas ações.

- V. arts. 233 a 251, CC.
- V. art. 5º, Lei 9.279/1996 (Propriedade industrial).
- V. art. 3º, Lei 9.610/1998 (Direitos autorais).

Art. 84. Os materiais destinados a alguma construção, enquanto não forem empregados, conservam sua qualidade de móveis; readquirem essa qualidade os provenientes da demolição de algum prédio.

- V. art. 81, II, CC.

Seção III
Dos Bens Fungíveis e Consumíveis

Art. 85. São fungíveis os móveis que podem substituir-se por outros da mesma espécie, qualidade e quantidade.

- V. arts. 243, 247, 307, parágrafo único, e 369, CC.

Art. 86. São consumíveis os bens móveis cujo uso importa destruição imediata da própria substância, sendo também considerados tais os destinados à alienação.

- V. art. 1.392, § 1º, CC.

Seção IV
Dos Bens Divisíveis

Art. 87. Bens divisíveis são os que se podem fracionar sem alteração na sua substância, diminuição considerável de valor, ou prejuízo do uso a que se destinam.

- V. arts. 177, 257 a 263, 314, 414 e 415, CC.

Art. 88. Os bens naturalmente divisíveis podem tornar-se indivisíveis por determinação da lei ou por vontade das partes.

- V. arts. 105, 263, 504, 844, 1.320, 1.386 e 1.791, CC.
- V. art. 65, Lei 4.504/1964 (Estatuto da Terra).

Seção V
Dos Bens Singulares e Coletivos

Art. 89. São singulares os bens que, embora reunidos, se consideram de per si, independentemente dos demais.

Art. 90. Constitui universalidade de fato a pluralidade de bens singulares que, pertinentes à mesma pessoa, tenham destinação unitária.

- V. art. 1.791, CC.
- V. arts. 36, § 5º, e 38, Lei 7.565/1986 (Código Brasileiro de Aeronáutica).

Parágrafo único. Os bens que formam essa universalidade podem ser objeto de relações jurídicas próprias.

Art. 91. Constitui universalidade de direito o complexo de relações jurídicas, de uma pessoa, dotadas de valor econômico.

Capítulo II
Dos Bens Reciprocamente Considerados

Art. 92. Principal é o bem que existe sobre si, abstrata ou concretamente; acessório, aquele cuja existência supõe a do principal.

- V. arts. 184, 233, 287, 364, 822 e 1.209, CC.

Art. 93. São pertenças os bens que, não constituindo partes integrantes, se destinam, de modo duradouro, ao uso, ao serviço ou ao aformoseamento de outro.

Art. 94. Os negócios jurídicos que dizem respeito ao bem principal não abrangem as pertenças, salvo se o contrário resultar da lei, da manifestação de vontade, ou das circunstâncias do caso.

Art. 95. Apesar de ainda não separados do bem principal, os frutos e produtos podem ser objeto de negócio jurídico.

- V. arts. 79, 237 e 1.214 a 1.216, CC.

Art. 96. As benfeitorias podem ser voluptuárias, úteis ou necessárias.

- V. arts. 453, 571, 578, 1.219 a 1.222, 1.248 a 1.259 e 1.922, parágrafo único, CC.
- V. art. 24, Dec. 59.566/1966 (Regulamenta a Lei 4.504/1964).

§ 1º São voluptuárias as de mero deleite ou recreio, que não aumentam o uso habitual do bem, ainda que o tornem mais agradável ou sejam de elevado valor.

§ 2º São úteis as que aumentam ou facilitam o uso do bem.

§ 3º São necessárias as que têm por fim conservar o bem ou evitar que se deteriore.

Art. 97. Não se consideram benfeitorias os melhoramentos ou acréscimos sobrevindos ao bem sem a intervenção do proprietário, possuidor ou detentor.

- V. art 1.248, CC.

Capítulo III
Dos Bens Públicos

Art. 98. São públicos os bens do domínio nacional pertencentes às pessoas jurídicas de direito público interno; todos os outros são particulares, seja qual for a pessoa a que pertencerem.

- V. arts. 5º, LXXIII, 20, 26 e 176, *caput*, CF.
- V. art. 16, § 3º, ADCT.
- V. art. 102, CC.
- V. Dec. 24.643/1934 (Código de Águas).
- V. Dec.-lei 3.236/1941 (Jazidas de petróleo e gases naturais).
- V. Dec.-lei 9.760/1946 (Bens imóveis da União).
- V. Dec. 28.840/1950 (Plataforma submarina).
- V. art. 1º, Lei 4.717/1965 (Ação popular).
- V. Lei 6.383/1976 (Processo discriminatório de terras devolutas da União).
- V. Lei 6.634/1979 (Faixa de fronteira).
- V. Dec. 85.064/1980 (Regulamenta a Lei 6.634/1979).
- V. Lei 8.617/1993 (Mar territorial).
- V. Súmulas 340 e 650, STF.

Art. 99. São bens públicos:

- V. Súmula 477, STF.

I – os de uso comum do povo, tais como rios, mares, estradas, ruas e praças;

- V. arts. 20, I a XI, 26, 176, 191 e 225, CF.
- V. Dec. 24.643/1934 (Código de Águas).
- V. art. 5º, Dec.-lei 2.490/1940 (Aforamento de terrenos de marinha).
- V. Dec.-lei 7.937/1945 (Loteamento de terrenos de marinha).
- V. Dec.-lei 9.760/1946 (Bens imóveis da União).
- V. art. 10, Lei 7.661/1988 (Plano Nacional de Gerenciamento Costeiro).

II – os de uso especial, tais como edifícios ou terrenos destinados a serviço ou estabelecimento da administração federal, estadual, territorial ou municipal, inclusive os de suas autarquias;

- V. Dec.-lei 9.760/1946 (Bens imóveis da União).

III – os dominicais, que constituem o patrimônio das pessoas jurídicas de direito público, como objeto de direito pessoal, ou real, de cada uma dessas entidades.

- V. arts. 183, § 3º e 191, parágrafo único, CF.
- V. Dec.-lei 25/1937 (Proteção do patrimônio histórico e artístico).
- V. art. 200, Dec.-lei 9.760/1946 (Bens imóveis da União).
- V. Súmula 340, STF.

Parágrafo único. Não dispondo a lei em contrário, consideram-se dominicais os bens pertencentes às pessoas jurídicas de direito público a que se tenha dado estrutura de direito privado.

- V. arts. 183, § 3º e 191, parágrafo único, CF.
- V. art. 200, Dec.-lei 9.760/1946 (Bens imóveis da União).
- V. Súmula 340, STF.

Art. 100. Os bens públicos de uso comum do povo e os de uso especial são inalienáveis, enquanto conservarem a sua qualificação, na forma que a lei determinar.

- V. arts. 183, § 3º e 191, parágrafo único, CF.
- V. art. 200, Dec.-lei 9.760/1946 (Bens imóveis da União).
- V. art. 23, Lei 9.636/1998 (Regularização, administração, aforamento e alienação de bens imóveis da União).
- V. Dec. 3.725/2001 (Regulamenta a Lei 9.636/1998).
- V. Súmula 340, STF.

Art. 101. Os bens públicos dominicais podem ser alienados, observadas as exigências da lei.

- V. art. 23, Lei 9.636/1998 (Regularização, administração, aforamento e alienação de bens imóveis da União).
- V. Dec. 3.725/2001 (Regulamenta a Lei 9.636/1998).

Art. 102. Os bens públicos não estão sujeitos a usucapião.

- V. arts. 183, § 3º e 191, parágrafo único, CF.
- V. arts. 1.238 a 1.244, CC.
- V. art. 200, Dec.-lei 9.760/1946 (Bens imóveis da União).
- V. Súmula 340, STF.

Art. 103. O uso comum dos bens públicos pode ser gratuito ou retribuído, conforme for estabelecido legalmente pela entidade a cuja administração pertencerem.

- V. art. 29, Lei 6.383/1976 (Processo discriminatório de terras devolutas).

Livro III
DOS FATOS JURÍDICOS

TÍTULO I
Do Negócio Jurídico

Capítulo I
Disposições Gerais

Art. 104. A validade do negócio jurídico requer:

- V. arts. 107 a 114, 166, 167, 171 a 184 e 2.035, CC.
- V. arts. 6º, V, e 51, § 1º, III, Lei 8.078/1990 (Código de Defesa do Consumidor).

I – agente capaz;

- V. arts. 1º, 3º, 4º, 105, 166, I, e 171, I, CC.

II – objeto lícito, possível, determinado ou determinável;

- V. arts. 106 e 166, II, CC.

III – forma prescrita ou não defesa em lei.

- V. arts. 107 a 114, 166, IV, e 421, CC.

Códigos

Art. 105. A incapacidade relativa de uma das partes não pode ser invocada pela outra em benefício próprio, nem aproveita aos cointeressados capazes, salvo se, neste caso, for indivisível o objeto do direito ou da obrigação comum.

- V. arts. 4º, 87, 88, 104, I, 180, 257 a 263 e 314, CC.

Art. 106. A impossibilidade inicial do objeto não invalida o negócio jurídico se for relativa, ou se cessar antes de realizada a condição a que ele estiver subordinado.

- V. arts. 104, II, 123 e 124, CC.

Art. 107. A validade da declaração de vontade não dependerá de forma especial, senão quando a lei expressamente a exigir.

- V. arts. 104, III, 108, 109, 183, 184 e 212, CC.
- V. arts. 369 e 372, CPC/2015.

Art. 108. Não dispondo a lei em contrário, a escritura pública é essencial à validade dos negócios jurídicos que visem à constituição, transferência, modificação ou renúncia de direitos reais sobre imóveis de valor superior a trinta vezes o maior salário mínimo vigente no País.

- V. arts. 215, 1.227, 1.245, 1.640, parágrafo único, 1.653 e 1.711, CC.
- V. arts. 17, § 4º, e 74, Dec.-lei 9.760/1946 (Bens imóveis da União).
- V. art. 61, Lei 4.380/1964 (BNH).
- V. art. 221, Lei 6.015/1973 (Lei de Registros Públicos).
- V. art. 26, Lei 6.766/1979 (Parcelamento do solo urbano).
- V. art. 7º, Dec.-lei 2.375/1987 (Terras públicas).
- V. art. 33, Lei 7.652/1988 (Registro da propriedade marítima).
- V. art. 38, Lei 9.514/1997 (Sistema de Financiamento Imobiliário e alienação fiduciária de coisa imóvel).
- V. art. 8º, Lei 10.188/2001 (Programa de Arrendamento Residencial).
- V. arts. 10, 35 e 48, Lei 10.257/2001 (Política urbana).

Art. 109. No negócio jurídico celebrado com a cláusula de não valer sem instrumento público, este é da substância do ato.

- V. arts. 104, III, 212 e 215, CC.
- V. art. 1º, II, Lei 8.560/1992 (Investigação de paternidade).

Art. 110. A manifestação de vontade subsiste ainda que o seu autor haja feito a reserva mental de não querer o que manifestou, salvo se dela o destinatário tinha conhecimento.

- V. art. 112, CC.

Art. 111. O silêncio importa anuência, quando as circunstâncias ou os usos o autorizarem, e não for necessária a declaração de vontade expressa.

- V. art. 539, CC.

Art. 112. Nas declarações de vontade se atenderá mais à intenção nelas consubstanciada do que ao sentido literal da linguagem.

- V. arts. 114, 133, 819 e 1.899, CC.
- V. art. 47, Lei 8.078/1990 (Código de Defesa do Consumidor).
- V. art. 4º, Lei 9.610/1998 (Direitos Autorais).

Art. 113. Os negócios jurídicos devem ser interpretados conforme a boa-fé e os usos do lugar de sua celebração.

- V. arts. 164, 422, 423, 1.201 e 1.202, CC.
- V. art. 4º, Lei 9.610/1998 (Direitos Autorais).

Art. 114. Os negócios jurídicos benéficos e a renúncia interpretam-se estritamente.

- V. arts. 108, 112, 191, 538, 819, 828, I, 1.410, I, 1.425, III, e 1.806, CC.
- V. art. 4º, Lei 9.610/1998 (Direitos autorais).

Capítulo II
Da Representação

Art. 115. Os poderes de representação conferem-se por lei ou pelo interessado.

- V. arts. 2º, 120, 653, 1.542, § 2º, 1.634, V, 1.690, 1.747, I, e 1.774, CC.
- V. art. 75, CPC/2015.

Art. 116. A manifestação de vontade pelo representante, nos limites de seus poderes, produz efeitos em relação ao representado.

- V. arts. 3º, 4º, 112, 149, 213, parágrafo único, 662, 928, 1.205, I, e 1.634, CC.

Art. 117. Salvo se o permitir a lei ou o representado, é anulável o negócio jurídico que o representante, no seu interesse ou por conta de outrem, celebrar consigo mesmo.

- V. arts. 138 a 184 e 685, CC.
- V. Súmula 165, STF.
- V. Súmula 60, STJ.

Parágrafo único. Para esse efeito, tem-se como celebrado pelo representante o negócio realizado por aquele em quem os poderes houverem sido subestabelecidos.

Art. 118. O representante é obrigado a provar às pessoas, com quem tratar em nome do representado, a sua qualidade e a extensão de seus poderes, sob pena de, não o fazendo, responder pelos atos que a estes excederem.

- V. arts. 653, 665, 673 e 679, CC.

Art. 119. É anulável o negócio concluído pelo representante em conflito de interesses com o representado, se tal fato era ou devia ser do conhecimento de quem com aquele tratou.

- V. arts. 138 a 184, CC.

Parágrafo único. É de cento e oitenta dias, a contar da conclusão do negócio ou da cessação da incapacidade, o prazo de decadência para pleitear-se a anulação prevista neste artigo.

Art. 120. Os requisitos e os efeitos da representação legal são os estabelecidos nas normas respectivas; os da representação voluntária são os da Parte Especial deste Código.

- V. arts. 115, 653 a 692, 1.634, V, 1.690 e 1.747, I, CC.

Capítulo III
Da Condição, do Termo e do Encargo

Art. 121. Considera-se condição a cláusula que, derivando exclusivamente da vontade das partes, subordina o efeito do negócio jurídico a evento futuro e incerto.

- V. arts. 125, 127, 131, 135, 136, 167, § 1º, II, 855, 1.613, 1.808, 1.897 e 1.900, CC.

Art. 122. São lícitas, em geral, todas as condições não contrárias à lei, à ordem pública ou aos bons costumes; entre as condições defesas se incluem as que privarem de todo efeito o negócio jurídico, ou o sujeitarem ao puro arbítrio de uma das partes.

- V. arts. 332 e 489, CC.
- V. art. 51, IX, X, XI e XIII, Lei 8.078/1990 (Código de Defesa do Consumidor).
- V. Portaria SDE 4/1998 (Cláusulas abusivas em aditamento ao elenco do art. 51 da Lei 8.078/1990).
- V. Portaria SDE 3/2001 (Elenca as cláusulas abusivas).
- V. Portaria SDE 5/2002 (Complementa o elenco de cláusulas abusivas constante do art. 51 da Lei 8.078/1990).

Art. 123. Invalidam os negócios jurídicos que lhes são subordinados:

- V. art. 137, CC.

I – as condições física ou juridicamente impossíveis, quando suspensivas;

- V. arts. 106 e 166, II, CC.

II – as condições ilícitas, ou de fazer coisa ilícita;

- V. arts. 122 e 166, II e III, CC.

III – as condições incompreensíveis ou contraditórias.

Art. 124. Têm-se por inexistentes as condições impossíveis, quando resolutivas, e as de não fazer coisa impossível.

Art. 125. Subordinando-se a eficácia do negócio jurídico à condição suspensiva, enquanto esta se não verificar, não se terá adquirido o direito, a que ele visa.

- V. arts. 121, 131, 135, 199, I, 234, 332, 509, 1.923, CC.

Art. 126. Se alguém dispuser de uma coisa sob condição suspensiva, e, pendente esta, fizer quanto àquela novas disposições, estas não terão valor, realizada a condição, se com ela forem incompatíveis.

- V. art. 135, CC.

Art. 127. Se for resolutiva a condição, enquanto esta se não realizar, vigorará o negócio jurídico, podendo exercer-se desde a conclusão deste o direito por ele estabelecido.

- V. arts. 135, 397, 401 e 1.359, CC.
- V. art. 12, Dec.-lei 58/1937 (Loteamento e venda de terrenos para pagamento em prestações).

Art. 128. Sobrevindo a condição resolutiva, extingue-se, para todos os efeitos, o direito a que ela se opõe; mas, se aposta a um negócio de execução continuada ou periódica, a sua realização, salvo disposição em contrário, não tem eficácia quanto aos atos já praticados, desde que compatíveis com a natureza da condição pendente e conforme aos ditames de boa-fé.

- V. arts. 135, 1.359 e 1.360, CC.

Art. 129. Reputa-se verificada, quanto aos efeitos jurídicos, a condição cujo

Códigos

implemento for maliciosamente obstado pela parte a quem desfavorecer, considerando-se, ao contrário, não verificada a condição maliciosamente levada a efeito por aquele a quem aproveita o seu implemento.

Art. 130. Ao titular do direito eventual, nos casos de condição suspensiva ou resolutiva, é permitido praticar os atos destinados a conservá-lo.

- V. art. 6º, § 2º, Dec.-lei 4.657/1942 (Lei de Introdução às normas do Direito Brasileiro).

Art. 131. O termo inicial suspende o exercício, mas não a aquisição do direito.

- V. art. 5º, XXXVI, CF.
- V. arts. 125, 135, 1.613 e 1.924, CC.
- V. art. 6º, § 2º, Dec.-lei 4.657/1942 (Lei de Introdução às normas do Direito Brasileiro).

Art. 132. Salvo disposição legal ou convencional em contrário, computam-se os prazos, excluído o dia do começo, e incluído o do vencimento.

- V. arts. 216 e 224, *caput*, CPC/2015.
- V. art. 10, CP.
- V. art. 798, CPP.
- V. art. 775, CLT.
- V. art. 210, CTN.
- V. Dec.-lei 3.602/1941 (Contagem dos prazos em processos ou causas de natureza fiscal ou administrativa).
- V. Lei 662/1949 (Feriados nacionais).
- V. Lei 810/1949 (Ano civil).
- V. Lei 1.408/1951 (Prorrogação de prazos judiciais).
- V. Lei 6.802/1980 (Feriado).
- V. Lei 7.089/1983 (Veda cobrança de juros de mora sobre título vencido em feriado, sábado ou domingo).
- V. Lei 9.093/1995 (Feriados).
- V. Lei 9.800/1999 (Utilização de sistema de transmissão de dados).
- V. Lei 10.607/2002 (Declara feriados nacionais).

§ 1º Se o dia do vencimento cair em feriado, considerar-se-á prorrogado o prazo até o seguinte dia útil.

- V. arts. 214, *caput* e I, e 216, CPC/2015.
- V. art. 798, § 3º, CPP.
- V. art. 775, parágrafo único, CLT.

§ 2º Meado considera-se, em qualquer mês, o seu décimo quinto dia.

§ 3º Os prazos de meses e anos expiram no dia de igual número do de início, ou no imediato, se faltar exata correspondência.

§ 4º Os prazos fixados por hora contar-se-ão de minuto a minuto.

Art. 133. Nos testamentos, presume-se o prazo em favor do herdeiro, e, nos contratos, em proveito do devedor, salvo, quanto a esses, se do teor do instrumento, ou das circunstâncias, resultar que se estabeleceu a benefício do credor, ou de ambos os contratantes.

- V. art. 112, CC.

Art. 134. Os negócios jurídicos entre vivos, sem prazo, são exequíveis desde logo, salvo se a execução tiver de ser feita em lugar diverso ou depender de tempo.

- V. arts. 123 a 130, 474 e 1.359, CC.

Art. 135. Ao termo inicial e final aplicam-se, no que couber, as disposições relativas à condição suspensiva e resolutiva.

- V. arts. 123 a 130, CC.

Art. 136. O encargo não suspende a aquisição nem o exercício do direito, salvo quando expressamente imposto no negócio jurídico, pelo disponente, como condição suspensiva.

- V. arts. 121, 539, 553, 564, II, 1.938, CC.

Art. 137. Considera-se não escrito o encargo ilícito ou impossível, salvo se constituir o motivo determinante da liberalidade, caso em que se invalida o negócio jurídico.

- V. art. 123, I e II, CC.

Capítulo IV
Dos Defeitos do Negócio Jurídico

- V. art. 138, Lei 11.101/2005 (Lei de Recuperação de Empresas e Falência).

Seção I
Do Erro ou Ignorância

Art. 138. São anuláveis os negócios jurídicos, quando as declarações de vontade emanarem de erro substancial que poderia ser percebido por pessoa de diligência normal, em face das circunstâncias do negócio.

- V. arts. 48, 171, II, 177, 178, II, 849, 877, 1.559, 1.812, 1.909 e 2.027, CC.
- V. arts. 393, 446, II, e 966, VIII e § 1º, CPC/2015.

Art. 139. O erro é substancial quando:

- V. arts. 1.556, 1.557, 1.559 e 1.903, CC.
- V. art. 37, § 1º, Lei 8.078/1990 (Código de Defesa do Consumidor).

I – interessa à natureza do negócio, ao objeto principal da declaração, ou a alguma das qualidades a ele essenciais;

II – concerne à identidade ou à qualidade essencial da pessoa a quem se refira a declaração de vontade, desde que tenha influído nesta de modo relevante;

- V. arts. 1.556, 1.557, I, e 1.903, CC.

III – sendo de direito e não implicando recusa à aplicação da lei, for o motivo único ou principal do negócio jurídico.

- V. art. 3º, Dec.-lei 4.657/1942 (Lei de Introdução às normas do Direito Brasileiro).

Art. 140. O falso motivo só vicia a declaração de vontade quando expresso como razão determinante.

- V. art. 166, III, CC.

Art. 141. A transmissão errônea da vontade por meios interpostos é anulável nos mesmos casos em que o é a declaração direta.

Art. 142. O erro de indicação da pessoa ou da coisa, a que se referir a declaração de vontade, não viciará o negócio quando, por seu contexto e pelas circunstâncias, se puder identificar a coisa ou pessoa cogitada.

- V. art. 1.903, CC.

Art. 143. O erro de cálculo apenas autoriza a retificação da declaração de vontade.

Art. 144. O erro não prejudica a validade do negócio jurídico quando a pessoa, a quem a manifestação de vontade se dirige, se oferecer para executá-la na conformidade da vontade real do manifestante.

- V. arts. 172 a 175, CC.

Seção II
Do Dolo

- V. art. 101, Lei 11.101/2005 (Lei de Recuperação de Empresas e Falência).

Art. 145. São os negócios jurídicos anuláveis por dolo, quando este for a sua causa.

- V. arts. 171, II, 177, 178, II, 180, 849, 1.812, 1.909 e 2.027, CC.
- V. arts. 393, 446, II, e 966, VII, CPC/2015.

Art. 146. O dolo acidental só obriga à satisfação das perdas e danos, e é acidental quando, a seu despeito, o negócio seria realizado, embora por outro modo.

Art. 147. Nos negócios jurídicos bilaterais, o silêncio intencional de uma das partes a respeito de fato ou qualidade que a outra parte haja ignorado, constitui omissão dolosa, provando-se que sem ela o negócio não se teria celebrado.

- V. arts. 441 a 446, 766 e 773, CC.
- V. art. 678-2, CCo.

Art. 148. Pode também ser anulado o negócio jurídico por dolo de terceiro, se a parte a quem aproveite dele tivesse ou devesse ter conhecimento; em caso contrário, ainda que subsista o negócio jurídico, o terceiro responderá por todas as perdas e danos da parte a quem ludibriou.

Art. 149. O dolo do representante legal de uma das partes só obriga o representado a responder civilmente até a importância do proveito que teve; se, porém, o dolo for do representante convencional, o representado responderá solidariamente com ele por perdas e danos.

- V. art. 932, CC.

Art. 150. Se ambas as partes procederem com dolo, nenhuma pode alegá-lo para anular o negócio, ou reclamar indenização.

Seção III
Da Coação

Art. 151. A coação, para viciar a declaração da vontade, há de ser tal que incuta ao paciente fundado temor de dano iminente e considerável à sua pessoa, à sua família, ou aos seus bens.

- V. arts. 171, II, 177, 178, I, 849, 1.558, 1.559, 1.812, 1.909 e 2.027, CC.
- V. arts. 393, 446, II, e 966, VII, CPC/2015.
- V. art. 146, CP.

Parágrafo único. Se disser respeito a pessoa não pertencente à família do paciente, o juiz, com base nas circunstâncias, decidirá se houve coação.

Art. 152. No apreciar a coação, ter-se-ão em conta o sexo, a idade, a condição, a saúde, o temperamento do paciente e todas as demais circunstâncias que possam influir na gravidade dela.

Art. 153. Não se considera coação a ameaça do exercício normal de um direito, nem o simples temor reverencial.

Códigos

Art. 154. Vicia o negócio jurídico a coação exercida por terceiro, se dela tivesse ou devesse ter conhecimento a parte a que aproveite, e esta responderá solidariamente com aquele por perdas e danos.

- V. arts. 275 a 285, CC.

Art. 155. Subsistirá o negócio jurídico, se a coação decorrer de terceiro, sem que a parte a que aproveite dela tivesse ou devesse ter conhecimento; mas o autor da coação responderá por todas as perdas e danos que houver causado ao coacto.

Seção IV
Do Estado de Perigo

Art. 156. Configura-se o estado de perigo quando alguém, premido da necessidade de salvar-se, ou a pessoa de sua família, de grave dano conhecido pela outra parte, assume obrigação excessivamente onerosa.

- V. art. 171, II, CC.
- V. art. 24, CP.

Parágrafo único. Tratando-se de pessoa não pertencente à família do declarante, o juiz decidirá segundo as circunstâncias.

Seção V
Da Lesão

Art. 157. Ocorre a lesão quando uma pessoa, sob premente necessidade, ou por inexperiência, se obriga a prestação manifestamente desproporcional ao valor da prestação oposta.

- V. art. 171, II, CC.

§ 1º Aprecia-se a desproporção das prestações segundo os valores vigentes ao tempo em que foi celebrado o negócio jurídico.

§ 2º Não se decretará a anulação do negócio, se for oferecido suplemento suficiente, ou se a parte favorecida concordar com a redução do proveito.

Seção VI
Da Fraude Contra Credores

- V. art. 130, Lei 11.101/2005 (Lei de Recuperação de Empresas e Falência).

Art. 158. Os negócios de transmissão gratuita de bens ou remissão de dívida, se os praticar o devedor já insolvente, ou por eles reduzido à insolvência, ainda quando o ignore, poderão ser anulados pelos credores quirografários, como lesivos dos seus direitos.

- V. arts. 161, 171, II, 177, 178, II, 1.812 e 2.027, CC.
- V. arts. 774, I, 789, 792, 856, § 3º, CPC/2015.
- V. art. 179, CP.
- V. art. 185, CTN.
- V. art. 216, Lei 6.015/1973 (Lei de Registros Públicos).

§ 1º Igual direito assiste aos credores cuja garantia se tornar insuficiente.

§ 2º Só os credores que já o eram ao tempo daqueles atos podem pleitear a anulação deles.

- V. Súmula 195, STJ.

Art. 159. Serão igualmente anuláveis os contratos onerosos do devedor insolvente, quando a insolvência for notória, ou houver motivo para ser conhecida do outro contratante.

- V. art. 161, CC.
- V. art. 216, Lei 6.015/1973 (Lei de Registros Públicos).

Art. 160. Se o adquirente dos bens do devedor insolvente ainda não tiver pago o preço e este for, aproximadamente, o corrente, desobrigar-se-á depositando-o em juízo, com a citação de todos os interessados.

- V. art. 335, CC.
- V. arts. 539 a 549, CPC/2015.

Parágrafo único. Se inferior, o adquirente, para conservar os bens, poderá depositar o preço que lhes corresponda ao valor real.

Art. 161. A ação, nos casos dos arts. 158 e 159, poderá ser intentada contra o devedor insolvente, a pessoa que com ele celebrou a estipulação considerada fraudulenta, ou terceiros adquirentes que hajam procedido de má-fé.

- V. art. 178, II, CC.

Art. 162. O credor quirografário, que receber do devedor insolvente o pagamento da dívida ainda não vencida, ficará obrigado a repor, em proveito do acervo sobre que se tenha de efetuar o concurso de credores, aquilo que recebeu.

Art. 163. Presumem-se fraudatórias dos direitos dos outros credores as garantias de dívidas que o devedor insolvente tiver dado a algum credor.

- V. art. 1.419, CC.

Art. 164. Presumem-se, porém, de boa-fé e valem os negócios ordinários indispensáveis à manutenção de estabelecimento mercantil, rural, ou industrial, ou à subsistência do devedor e de sua família.

- V. art. 113, CC.

Art. 165. Anulados os negócios fraudulentos, a vantagem resultante reverterá em proveito do acervo sobre que se tenha de efetuar o concurso de credores.

Parágrafo único. Se esses negócios tinham por único objeto atribuir direitos preferenciais, mediante hipoteca, penhor ou anticrese, sua invalidade importará somente na anulação da preferência ajustada.

- V. arts. 184 e 1.419 a 1.510, CC.

Capítulo V
Da Invalidade do Negócio Jurídico

Art. 166. É nulo o negócio jurídico quando:

- V. arts. 104 e 2.035, CC.
- V. art. 96, III, Lei 11.101/2005 (Lei de Recuperação de Empresas e Falência).

I – celebrado por pessoa absolutamente incapaz;

- V. arts. 3º, 104, I, 105 e 1.860, CC.

II – for ilícito, impossível ou indeterminável o seu objeto;

- V. arts. 104, II, 106, 123, 124 e 762, CC.
- V. art. 17, Dec.-lei 4.657/1942 (Lei de Introdução às normas do Direito Brasileiro).

III – o motivo determinante, comum a ambas as partes, for ilícito;

IV – não revestir a forma prescrita em lei;

- V. arts. 104, III, 107 e 1.653, CC.

V – for preterida alguma solenidade que a lei considere essencial para a sua validade;

VI – tiver por objetivo fraudar lei imperativa;

- V. art. 1.802, CC.
- V. art. 9º, CLT.
- V. art. 11, Dec. 22.626/1933 (Juros nos contratos).

VII – a lei taxativamente o declarar nulo, ou proibir-lhe a prática, sem cominar sanção.

- V. arts. 209, 489, 548, 549, 795, 907, 912, parágrafo único, 1.428, 1.516, § 3º, 1.548, II, 1.900, 1.912 e 1.959, CC.
- V. arts. 37 a 39, Lei 6.766/1979 (Parcelamento do solo urbano).
- V. art. 18, § 1º, Lei 7.357/1985 (Cheque).

Art. 167. É nulo o negócio jurídico simulado, mas subsistirá o que se dissimulou, se válido for na substância e na forma.

- V. art. 96, III, Lei 11.101/2005 (Lei de Recuperação de Empresas e Falência).

§ 1º Haverá simulação nos negócios jurídicos quando:

I – aparentarem conferir ou transmitir direitos a pessoas diversas daquelas às quais realmente se conferem, ou transmitem;

II – contiverem declaração, confissão, condição ou cláusula não verdadeira;

III – os instrumentos particulares forem antedatados, ou pós-datados.

- V. art. 409, CPC/2015.

§ 2º Ressalvam-se os direitos de terceiros de boa-fé em face dos contraentes do negócio jurídico simulado.

Art. 168. As nulidades dos artigos antecedentes podem ser alegadas por qualquer interessado, ou pelo Ministério Público, quando lhe couber intervir.

- V. art. 1.549, CC.

Parágrafo único. As nulidades devem ser pronunciadas pelo juiz, quando conhecer do negócio jurídico ou dos seus efeitos e as encontrar provadas, não lhe sendo permitido supri-las, ainda que a requerimento das partes.

- V. art. 282, CPC/2015.
- V. Súmula 346, STF.

Art. 169. O negócio jurídico nulo não é suscetível de confirmação, nem convalesce pelo decurso do tempo.

- V. art. 367, CC.

Art. 170. Se, porém, o negócio jurídico nulo contiver os requisitos de outro, subsistirá este quando o fim a que visavam as partes permitir supor que o teriam querido, se houvessem previsto a nulidade.

Art. 171. Além dos casos expressamente declarados na lei, é anulável o negócio jurídico:

- V. arts. 154, 177, 182 a 184, CC.

I – por incapacidade relativa do agente;

- V. arts. 4º, 105, 180 e 181, CC.

II – por vício resultante de erro, dolo, coação, estado de perigo, lesão ou fraude contra credores.

- V. arts. 138 a 165, CC.

Art. 172. O negócio anulável pode ser confirmado pelas partes, salvo direito de terceiro.

- V. arts. 175 e 367, CC.

Art. 173. O ato de confirmação deve conter a substância do negócio celebrado e a vontade expressa de mantê-lo.

Art. 174. É escusada a confirmação expressa, quando o negócio já foi cumprido em parte pelo devedor, ciente do vício que o inquinava.

Art. 175. A confirmação expressa, ou a execução voluntária de negócio anulável, nos termos dos arts. 172 a 174, importa a extinção de todas as ações, ou exceções, de que contra ele dispusesse o devedor.

Art. 176. Quando a anulabilidade do ato resultar da falta de autorização de terceiro, será validado se este a der posteriormente.

- V. art. 496, CC.

Art. 177. A anulabilidade não tem efeito antes de julgada por sentença, nem se pronuncia de ofício; só os interessados a podem alegar, e aproveita exclusivamente aos que a alegarem, salvo o caso de solidariedade ou indivisibilidade.

- V. arts. 87, 88, 171 e 257 a 285, CC.

Art. 178. É de 4 (quatro) anos o prazo de decadência para pleitear-se a anulação do negócio jurídico, contado:

- V. arts. 207 a 211, CC.

I – no caso de coação, do dia em que ela cessar;

- V. arts. 151 a 155, CC.

II – no de erro, dolo, fraude contra credores, estado de perigo ou lesão, do dia em que se realizou o negócio jurídico;

- V. arts. 138 a 150, 156 a 165 e 167, § 1º, CC.

III – no de atos de incapazes, do dia em que cessar a incapacidade.

- V. arts. 3º e 4º, CC.

Art. 179. Quando a lei dispuser que determinado ato é anulável, sem estabelecer prazo para pleitear-se a anulação, será este de 2 (dois) anos, a contar da data da conclusão do ato.

Art. 180. O menor, entre 16 (dezesseis) e 18 (dezoito) anos, não pode, para eximir-se de uma obrigação, invocar a sua idade se dolosamente a ocultou quando inquirido pela outra parte, ou se, no ato de obrigar-se, declarou-se maior.

- V. arts. 4º, I, e 145, CC.

Art. 181. Ninguém pode reclamar o que, por uma obrigação anulada, pagou a um incapaz, se não provar que reverteu em proveito dele a importância paga.

- V. arts. 221 e 310, CC.

Art. 182. Anulado o negócio jurídico, restituir-se-ão as partes ao estado em que antes dele se achavam, e, não sendo possível restituí-las, serão indenizadas com o equivalente.

Art. 183. A invalidade do instrumento não induz a do negócio jurídico sempre que este puder provar-se por outro meio.

Art. 184. Respeitada a intenção das partes, a invalidade parcial de um negócio jurídico não o prejudicará na parte válida, se esta for separável; a invalidade da obrigação principal implica a das obrigações acessórias, mas a destas não induz a da obrigação principal.

- V. arts. 92 e 165, parágrafo único, CC.
- V. art. 51, § 2º, Lei 8.078/1990 (Código de Defesa do Consumidor).

TÍTULO II
Dos Atos Jurídicos Lícitos

Art. 185. Aos atos jurídicos lícitos, que não sejam negócios jurídicos, aplicam-se, no que couber, as disposições do Título anterior.

TÍTULO III
Dos Atos Ilícitos

Art. 186. Aquele que, por ação ou omissão voluntária, negligência ou imprudência, violar direito e causar dano a outrem, ainda que exclusivamente moral, comete ato ilícito.

- V. art. 5º, V e X, CF.
- V. arts. 12, 43, 475 a 477 e 927 a 954, CC.
- V. arts. 81, 143, 161 e 302, CPC/2015.
- V. art. 243, *caput*, IX, e §§ 1º a 3º, Lei 4.737/1965 (Código Eleitoral).
- V. Súmulas 227, 388 e 403, STJ.

Art. 187. Também comete ato ilícito o titular de um direito que, ao exercê-lo, excede manifestamente os limites impostos pelo seu fim econômico ou social, pela boa-fé ou pelos bons costumes.

- V. arts. 927 a 954 e 1.277, CC.

Art. 188. Não constituem atos ilícitos:

- V. arts. 23 a 25, CP.

I – os praticados em legítima defesa ou no exercício regular de um direito reconhecido;

- V. art. 930, parágrafo único, CC.

II – a deterioração ou destruição da coisa alheia, ou a lesão a pessoa, a fim de remover perigo iminente.

- V. arts. 929 e 930, *caput*, CC.

Parágrafo único. No caso do inciso II, o ato será legítimo somente quando as circunstâncias o tornarem absolutamente necessário, não excedendo os limites do indispensável para a remoção do perigo.

- V. art. 23, parágrafo único, CP.

TÍTULO IV
Da Prescrição e da Decadência

Capítulo I
Da Prescrição

Seção I
Disposições Gerais

Art. 189. Violado o direito, nasce para o titular a pretensão, a qual se extingue, pela prescrição, nos prazos a que aludem os arts. 205 e 206.

- V. arts. 882 e 2.028, CC.
- V. art. 82, § 1º, Lei 11.101/2005 (Lei de Recuperação de Empresas e Falência).

Art. 190. A exceção prescreve no mesmo prazo em que a pretensão.

Art. 191. A renúncia da prescrição pode ser expressa ou tácita, e só valerá, sendo feita, sem prejuízo de terceiro, depois que a prescrição se consumar; tácita é a renúncia quando se presume de fatos do interessado, incompatíveis com a prescrição.

Art. 192. Os prazos de prescrição não podem ser alterados por acordo das partes.

Art. 193. A prescrição pode ser alegada em qualquer grau de jurisdição, pela parte a quem aproveita.

- V. arts. 302, IV, 487, II, 903, §§ 2º e 5º, e 910, § 2º, CPC/2015.
- V. art. 96, II, Lei 11.101/2005 (Lei de Recuperação de Empresas e Falência).
- V. Súmula 150, STF.

Art. 194. *(Revogado pela Lei 11.280/2006 – DOU 17.02.2006, em vigor 90 (noventa) dias após a data de sua publicação).*

Art. 195. Os relativamente incapazes e as pessoas jurídicas têm ação contra os seus assistentes ou representantes legais, que derem causa à prescrição, ou não a alegarem oportunamente.

- V. arts. 4º, 40 a 44, 197 a 199 e 208, CC.

Art. 196. A prescrição iniciada contra uma pessoa continua a correr contra o seu sucessor.

Seção II
Das Causas que Impedem ou Suspendem a Prescrição

Art. 197. Não corre a prescrição:

- V. art. 4º, Dec. 20.910/1932 (Prescrição quinquenal).
- V. art. 157, Lei 11.101/2005 (Lei de Recuperação de Empresas e Falência).

I – entre os cônjuges, na constância da sociedade conjugal;

II – entre ascendentes e descendentes, durante o poder familiar;

III – entre tutelados ou curatelados e seus tutores ou curadores, durante a tutela ou curatela.

Art. 198. Também não corre a prescrição:

- V. art. 157, Lei 11.101/2005 (Lei de Recuperação de Empresas e Falência).

I – contra os incapazes de que trata o art. 3º;

- V. art. 208, CC.
- V. art. 440, CLT.

II – contra os ausentes do País em serviço público da União, dos Estados ou dos Municípios;

III – contra os que se acharem servindo nas Forças Armadas, em tempo de guerra.

- V. Lei 19/1947 (Prescrição das ações não propostas por brasileiros empenhados na guerra).

Art. 199. Não corre igualmente a prescrição:

- V. art. 157, Lei 11.101/2005 (Lei de Recuperação de Empresas e Falência).

Códigos

I – pendendo condição suspensiva;

- V. art. 125, CC.

II – não estando vencido o prazo;

- V. art. 131, CC.

III – pendendo ação de evicção.

- V. arts. 447 a 457, CC.

Art. 200. Quando a ação se originar de fato que deva ser apurado no juízo criminal, não correrá a prescrição antes da respectiva sentença definitiva.

Art. 201. Suspensa a prescrição em favor de um dos credores solidários, só aproveitam os outros se a obrigação for indivisível.

- V. arts. 257 a 264, CC.

Seção III
Das Causas que Interrompem a Prescrição

Art. 202. A interrupção da prescrição, que somente poderá ocorrer uma vez, dar-se-á:

- V. art. 203, CC.
- V. art. 174, parágrafo único, CTN.
- V. Dec. 20.910/1932 (Prescrição quinquenal).
- V. Dec.-lei 4.597/1942 (Prescrição das ações contra a Fazenda Pública).
- V. arts. 6º, *caput*, e 157, Lei 11.101/2005 (Lei de Recuperação de Empresas e Falência).
- V. Súmula 154, STF.
- V. Súmula 248, TFR.

I – por despacho do juiz, mesmo incompetente, que ordenar a citação, se o interessado a promover no prazo e na forma da lei processual;

- V. arts. 59, 240, *caput*, §§ 1º, 2º, 4º e 5º, 240, § 4º, e 802, *caput*, CPC/2015.
- V. Súmula 78, TFR.

II – por protesto, nas condições do inciso antecedente;

- V. arts. 703, § 1º, 704, I, II e III, 706, 726, 729 e 728, CPC/2015.

III – por protesto cambial;

- V. Súmula 153, STF.

IV – pela apresentação do título de crédito em juízo de inventário ou em concurso de credores;

- V. art. 908, *caput*, CPC/2015.

V – por qualquer ato judicial que constitua em mora o devedor;

- V. art. 397, parágrafo único, CC.

VI – por qualquer ato inequívoco, ainda que extrajudicial, que importe reconhecimento do direito pelo devedor.

Parágrafo único. A prescrição interrompida recomeça a correr da data do ato que a interrompeu, ou do último ato do processo para a interromper.

- V. Súmula 383, STF.

Art. 203. A prescrição pode ser interrompida por qualquer interessado.

Art. 204. A interrupção da prescrição por um credor não aproveita aos outros; semelhantemente, a interrupção operada contra o codevedor, ou seu herdeiro, não prejudica aos demais coobrigados.

§ 1º A interrupção por um dos credores solidários aproveita aos outros; assim como a interrupção efetuada contra o devedor solidário envolve os demais e seus herdeiros.

- V. arts. 264 a 285, CC.

§ 2º A interrupção operada contra um dos herdeiros do devedor solidário não prejudica os outros herdeiros ou devedores, senão quando se trate de obrigações e direitos indivisíveis.

- V. arts. 87, 88 e 257 a 263, CC.

§ 3º A interrupção produzida contra o principal devedor prejudica o fiador.

Seção IV
Dos Prazos da Prescrição

Art. 205. A prescrição ocorre em 10 (dez) anos, quando a lei não lhe haja fixado prazo menor.

- V. arts. 149, 440 e 916, CLT.
- V. art. 12, Lei 6.453/1977 (Responsabilidade civil e criminal por danos nucleares).
- V. art. 26, Lei 8.078/1990 (Código de Defesa do Consumidor).
- V. Súmulas 149 a 151, 443, 445 e 494, STF.
- V. Súmulas 39, 85, 106, 119, 143 e 412, STJ.
- V. Súmulas 107, 108 e 219, TFR.

Art. 206. Prescreve:

§ 1º Em 1 (um) ano:

- V. art. 36, parágrafo único, Lei 5.764/1971 (Define a Política Nacional de Cooperativismo e institui o regime jurídico das sociedades cooperativas).
- V. Súmula 151, STF.

I – a pretensão dos hospedeiros ou fornecedores de víveres destinados a consumo no próprio estabelecimento, para o pagamento da hospedagem ou dos alimentos;

II – a pretensão do segurado contra o segurador, ou a deste contra aquele, contado o prazo:

- V. Súmula 101, STJ.

a) para o segurado, no caso de seguro de responsabilidade civil, da data em que é citado para responder à ação de indenização proposta pelo terceiro prejudicado, ou da data que a este indeniza, com a anuência do segurador;

b) quanto aos demais seguros, da ciência do fato gerador da pretensão;

III – a pretensão dos tabeliães, auxiliares da justiça, serventuários judiciais, árbitros e peritos, pela percepção de emolumentos, custas e honorários;

IV – a pretensão contra os peritos, pela avaliação dos bens que entraram para a formação do capital de sociedade anônima, contado da publicação da ata da assembleia que aprovar o laudo;

V – a pretensão dos credores não pagos contra os sócios ou acionistas e os liquidantes, contado o prazo da publicação da ata de encerramento da liquidação da sociedade.

§ 2º Em 2 (dois) anos, a pretensão para haver prestações alimentares, a partir da data em que se vencerem.

- V. art. 948, II, CC.
- V. art. 975, CPC/2015.
- V. art. 119, CLT.
- V. art. 169, CTN.
- V. art. 23, Lei 5.478/1968 (Ação de alimentos).

§ 3º Em 3 (três) anos:

I – a pretensão relativa a aluguéis de prédios urbanos ou rústicos;

II – a pretensão para receber prestações vencidas de rendas temporárias ou vitalícias;

III – a pretensão para haver juros, dividendos ou quaisquer prestações acessórias, pagáveis, em períodos não maiores de 1 (um) ano, com capitalização ou sem ela;

IV – a pretensão de ressarcimento de enriquecimento sem causa;

V – a pretensão de reparação civil;

VI – a pretensão de restituição dos lucros ou dividendos recebidos de má-fé, correndo o prazo da data em que foi deliberada a distribuição;

VII – a pretensão contra as pessoas em seguida indicadas por violação da lei ou do estatuto, contado o prazo:

a) para os fundadores, da publicação dos atos constitutivos da sociedade anônima;

b) para os administradores, ou fiscais, da apresentação, aos sócios, do balanço referente ao exercício em que a violação tenha sido praticada, ou da reunião ou assembleia geral que dela deva tomar conhecimento;

c) para os liquidantes, da primeira assembleia semestral posterior à violação;

VIII – a pretensão para haver o pagamento de título de crédito, a contar do vencimento, ressalvadas as disposições de lei especial;

IX – a pretensão do beneficiário contra o segurador, e a do terceiro prejudicado, no caso de seguro de responsabilidade civil obrigatório.

- V. Súmula 405, STJ.

§ 4º Em 4 (quatro) anos, a pretensão relativa à tutela, a contar da data da aprovação das contas.

- V. art. 43, Lei 5.764/1971 (Define a Política Nacional de Cooperativismo e institui o regime jurídico das sociedades cooperativas).

§ 5º Em 5 (cinco) anos:

- V. art. 5º, XXIX, CF.
- V. art. 11, CLT.
- V. art. 168, CTN.
- V. art. 12, Lei 1.060/1950 (Assistência judiciária).
- V. art. 6º, Lei 7.542/1986 (Coisas perdidas no mar).
- V. art. 27, Lei 8.078/1990 (Código de Defesa do Consumidor).
- V. arts. 103 e 104, Lei 8.213/1991 (Planos de Benefícios da Previdência Social).
- V. Súmula 264, STF.

I – a pretensão de cobrança de dívidas líquidas constantes de instrumento público ou particular;

- V. Súmulas 503 e 504, STJ

II – a pretensão dos profissionais liberais em geral, procuradores judiciais, curadores e professores pelos seus honorários, contado o prazo da conclusão dos serviços, da cessação dos respectivos contratos ou mandato;

- V. art. 25, Lei 8.906/1994 (Estatuto da Advocacia e da OAB).

III – a pretensão do vencedor para haver do vencido o que despendeu em juízo.

Capítulo II
Da Decadência

Art. 207. Salvo disposição legal em contrário, não se aplicam à decadência as normas que impedem, suspendem ou interrompem a prescrição.

- V. arts. 197 a 204, CC.

Art. 208. Aplica-se à decadência o disposto nos arts. 195 e 198, inciso I.

Art. 209. É nula a renúncia à decadência fixada em lei.

- V. art. 191, CC.

Art. 210. Deve o juiz, de ofício, conhecer da decadência, quando estabelecida por lei.

- V. arts. 316, 354, *caput*, 487, II, CPC/2015.

Art. 211. Se a decadência for convencional, a parte a quem aproveita pode alegá-la em qualquer grau de jurisdição, mas o juiz não pode suprir a alegação.

TÍTULO V
Da Prova

Art. 212. Salvo o negócio a que se impõe forma especial, o fato jurídico pode ser provado mediante:

- V. art. 5º, XII e LVI, CF.
- V. arts. 369 e 372, CPC/2015.

I – confissão;

- V. arts. 213 e 214, CC.
- V. arts. 384, *caput*, 405 a 438, CPC/2015.

II – documento;

- V. arts. 107 a 109 e 215 a 226, CC.
- V. arts. 384, *caput*, 405 a 438, CPC/2015.
- V. Lei 7.115/1983 (Prova documental).
- V. Lei 7.116/1983 (Validade nacional das carteiras de identidade).
- V. Dec. 7.845/2012 (Núcleo de Segurança e Credenciamento).

III – testemunha;

- V. arts. 227 a 228, CC.
- V. arts. 357, §§ 4º e 5º, 442 a 448, 450 a 463, CPC/2015.

IV – presunção;

- V. art. 375, CPC/2015.

V – perícia.

- V. arts. 231 e 232, CC.
- V. arts. 81, § 3º, 467 a 480, e 809, §§ 1º e 2º, CPC/2015.

Art. 213. Não tem eficácia a confissão se provém de quem não é capaz de dispor do direito a que se referem os fatos confessados.

- V. art. 392, *caput*, CPC/2015.

Parágrafo único. Se feita a confissão por um representante, somente é eficaz nos limites em que este pode vincular o representado.

Art. 214. A confissão é irrevogável, mas pode ser anulada se decorreu de erro de fato ou de coação.

- V. art. 393, CPC/2015.

Art. 215. A escritura pública, lavrada em notas de tabelião, é documento dotado de fé pública, fazendo prova plena.

§ 1º Salvo quando exigidos por lei outros requisitos, a escritura pública deve conter:

- V. Lei 7.433/1985 (Requisitos para lavratura de escrituras públicas).

I – data e local de sua realização;

II – reconhecimento da identidade e capacidade das partes e de quantos hajam comparecido ao ato, por si, como representantes, intervenientes ou testemunhas;

III – nome, nacionalidade, estado civil, profissão, domicílio e residência das partes e demais comparecentes, com a indicação, quando necessário, do regime de bens do casamento, nome do outro cônjuge e filiação;

IV – manifestação clara da vontade das partes e dos intervenientes;

V – referência ao cumprimento das exigências legais e fiscais inerentes à legitimidade do ato;

VI – declaração de ter sido lida na presença das partes e demais comparecentes, ou de que todos a leram;

VII – assinatura das partes e dos demais comparecentes, bem como a do tabelião ou seu substituto legal, encerrando o ato.

§ 2º Se algum comparecente não puder ou não souber escrever, outra pessoa capaz assinará por ele, a seu rogo.

§ 3º A escritura será redigida na língua nacional.

- V. art. 148, Lei 6.015/1973 (Lei de Registros Públicos).

§ 4º Se qualquer dos comparecentes não souber a língua nacional e o tabelião não entender o idioma em que se expressa, deverá comparecer tradutor público para servir de intérprete, ou, não o havendo na localidade, outra pessoa capaz que, a juízo do tabelião, tenha idoneidade e conhecimento bastantes.

§ 5º Se algum dos comparecentes não for conhecido do tabelião, nem puder identificar-se por documento, deverão participar do ato pelo menos duas testemunhas que o conheçam e atestem sua identidade.

Art. 216. Farão a mesma prova que os originais as certidões textuais de qualquer peça judicial, do protocolo das audiências, ou de outro qualquer livro a cargo do escrivão, sendo extraídas por ele, ou sob a sua vigilância, e por ele subscritas, assim como os traslados de autos, quando por outro escrivão consertados.

- V. art. 425, I e III, CPC/2015.

Art. 217. Terão a mesma força probante os traslados e as certidões, extraídos por tabelião ou oficial de registro, de instrumentos ou documentos lançados em suas notas.

- V. art. 425, II, CPC/2015.
- V. art. 830, CLT.
- V. Lei 5.433/1968 (Microfilmagem de documentos oficiais).
- V. Lei 8.935/1994 (Serviços notariais e de registro).
- V. Dec. 1.799/1996 (Regulamenta a Lei 5.433/1968).

Art. 218. Os traslados e as certidões considerar-se-ão instrumentos públicos, se os originais se houverem produzido em juízo como prova de algum ato.

Art. 219. As declarações constantes de documentos assinados presumem-se verdadeiras em relação aos signatários.

- V. art. 408, *caput*, CPC/2015.
- V. Lei 7.115/1983 (Prova documental).

Parágrafo único. Não tendo relação direta, porém, com as disposições principais ou com a legitimidade das partes, as declarações enunciativas não eximem os interessados em sua veracidade do ônus de prová-las.

- V. art. 408, parágrafo único, CPC/2015.

Art. 220. A anuência ou a autorização de outrem, necessária à validade de um ato, provar-se-á do mesmo modo que este, e constará, sempre que se possa, do próprio instrumento.

Art. 221. O instrumento particular, feito e assinado, ou somente assinado por quem esteja na livre disposição e administração de seus bens, prova as obrigações convencionais de qualquer valor; mas os seus efeitos, bem como os da cessão, não se operam, a respeito de terceiros, antes de registrado no registro público.

- V. arts. 288 e 289, CC.
- V. art. 412, CPC/2015.
- V. art. 2º, *caput* e § 1º, Lei 492/1937 (Penhor rural e cédula pignoratícia).
- V. arts. 127, I, 129-9, 156 e 161, Lei 6.015/1973 (Lei de Registros Públicos).
- V. art. 31, Lei 6.766/1979 (Parcelamento do solo urbano).
- V. Dec. 83.936/1979 (Simplificação de exigências de documentos).

Parágrafo único. A prova do instrumento particular pode suprir-se pelas outras de caráter legal.

- V. art. 183, CC.
- V. art. 408, parágrafo único, CPC/2015.

Art. 222. O telegrama, quando lhe for contestada a autenticidade, faz prova mediante conferência com o original assinado.

- V. arts. 413 e 414, CPC/2015.

Art. 223. A cópia fotográfica de documento, conferida por tabelião de notas, valerá como prova de declaração da vontade, mas, impugnada sua autenticidade, deverá ser exibido o original.

- V. arts. 423 e 424, CPC/2015.
- V. art. 2º, Dec.-lei 2.148/1940 (Certidões de tempo de serviço).

Parágrafo único. A prova não supre a ausência do título de crédito, ou do original, nos casos em que a lei ou as circunstâncias condicionarem o exercício do direito à sua exibição.

Art. 224. Os documentos redigidos em língua estrangeira serão traduzidos para o português para ter efeitos legais no País.

- V. arts. 162, I, e 192, parágrafo único, CPC/2015.
- V. art. 148, Lei 6.015/1973 (Lei de Registros Públicos).

Art. 225. As reproduções fotográficas, cinematográficas, os registros fonográficos e, em geral, quaisquer outras reproduções mecânicas ou eletrônicas de fatos ou de coisas fazem prova plena destes, se a parte, contra quem forem exibidos, não lhes impugnar a exatidão.

- V. art. 422, CPC/2015.

Art. 226. Os livros e fichas dos empresários e sociedades provam contra as pessoas a que pertencem, e, em seu favor, quando, escriturados sem vício extrínseco ou intrínseco, forem confirmados por outros subsídios.

- V. arts. 1.191 e 1.192, CC.
- V. arts. 417 a 421, CPC/2015.

Parágrafo único. A prova resultante dos livros e fichas não é bastante nos casos em que a lei exige escritura pública, ou escrito particular revestido de requisitos especiais, e pode ser ilidida pela comprovação da falsidade ou inexatidão dos lançamentos.

- V. art. 215, CC.

Art. 227. *(Revogado pela Lei 13.105/2015 – DOU 17.03.2015, em vigor após decorrido 1 (um) ano da data de sua publicação oficial).*

Parágrafo único. Qualquer que seja o valor do negócio jurídico, a prova testemunhal é admissível como subsidiária ou complementar da prova por escrito.

- V. arts. 444 e 445, CPC/2015.

Art. 228. Não podem ser admitidos como testemunhas:

- V. arts. 447, §§ 1º a 3º, 452 e 457, *caput*, CPC/2015.
- V. art. 206, CPP.
- V. art. 829, CLT.
- V. art. 42, Lei 6.015/1973 (Lei de Registros Públicos).

I – os menores de 16 (dezesseis) anos;

II – *(Revogado pela Lei 13.146/2015 – DOU 07.07.2015, em vigor após decorridos 180 (cento e oitenta) dias de sua publicação oficial).*

III – *(Revogado pela Lei 13.146/2015 – DOU 07.07.2015, em vigor após decorridos 180 (cento e oitenta) dias de sua publicação oficial).*

IV – o interessado no litígio, o amigo íntimo ou o inimigo capital das partes;

V – os cônjuges, os ascendentes, os descendentes e os colaterais, até o terceiro grau de alguma das partes, por consanguinidade, ou afinidade.

§ 1º Para a prova de fatos que só elas conheçam, pode o juiz admitir o depoimento das pessoas a que se refere este artigo.

- Primitivo parágrafo único renumerado pela Lei 13.146/2015 (*DOU* 07.07.2015), em vigor após decorridos 180 (cento e oitenta) dias de sua publicação oficial.
- V. art. 447, § 4º, CPC/2015.

§ 2º A pessoa com deficiência poderá testemunhar em igualdade de condições com as demais pessoas, sendo-lhe assegurados todos os recursos de tecnologia assistiva.

- § 2º acrescentado pela Lei 13.146/2015 (*DOU* 07.07.2015), em vigor após decorridos 180 (cento e oitenta) dias de sua publicação oficial.

Art. 229. *(Revogado pela Lei 13.105/2015 – DOU 17.03.2015, em vigor após decorrido 1 (um) ano da data de sua publicação oficial).*

Art. 230. *(Revogado pela Lei 13.105/2015 – DOU 17.03.2015, em vigor após decorrido 1 (um) ano da data de sua publicação oficial).*

Art. 231. Aquele que se nega a submeter-se a exame médico necessário não poderá aproveitar-se de sua recusa.

Art. 232. A recusa à perícia médica ordenada pelo juiz poderá suprir a prova que se pretendia obter com o exame.

Parte Especial

Livro I
DO DIREITO DAS OBRIGAÇÕES

TÍTULO I
Das Modalidades das Obrigações

Capítulo I
Das Obrigações de Dar

Seção I
Das Obrigações de Dar Coisa Certa

Art. 233. A obrigação de dar coisa certa abrange os acessórios dela embora não mencionados, salvo se o contrário resultar do título ou das circunstâncias do caso.

- V. arts. 92 a 97, CC.
- V. arts. 806 a 810, CPC/2015.

Art. 234. Se, no caso do artigo antecedente, a coisa se perder, sem culpa do devedor, antes da tradição, ou pendente a condição suspensiva, fica resolvida a obrigação para ambas as partes; se a perda resultar de culpa do devedor, responderá este pelo equivalente e mais perdas e danos.

- V. arts. 125, 239, 248, 250, 256, 389, 402 a 405, 444, 458, 492, 611 e 1.267, parágrafo único, CC.

Art. 235. Deteriorada a coisa, não sendo o devedor culpado, poderá o credor resolver a obrigação, ou aceitar a coisa, abatido de seu preço o valor que perdeu.

- V. art. 240, CC.

Art. 236. Sendo culpado o devedor, poderá o credor exigir o equivalente, ou aceitar a coisa no estado em que se acha, com direito a reclamar, em um ou em outro caso, indenização das perdas e danos.

- V. arts. 239, 389 e 402 a 405, CC.

Art. 237. Até a tradição pertence ao devedor a coisa, com os seus melhoramentos e acrescidos, pelos quais poderá exigir aumento no preço; se o credor não anuir, poderá o devedor resolver a obrigação.

- V. art. 1.267, parágrafo único, CC.

Parágrafo único. Os frutos percebidos são do devedor, cabendo ao credor os pendentes.

- V. arts. 1.214 e 1.215, CC.

Art. 238. Se a obrigação for de restituir coisa certa, e esta, sem culpa do devedor, se perder antes da tradição, sofrerá o credor a perda, e a obrigação se resolverá, ressalvados os seus direitos até o dia da perda.

- V. art. 241, CC.

Art. 239. Se a coisa se perder por culpa do devedor, responderá este pelo equivalente, mais perdas e danos.

- V. arts. 234, 2ª parte, e 402 a 405, CC.

Art. 240. Se a coisa restituível se deteriorar sem culpa do devedor, recebê-la-á o credor, tal qual se ache, sem direito a indenização; se por culpa do devedor, observar-se-á o disposto no art. 239.

Art. 241. Se, no caso do art. 238, sobrevier melhoramento ou acréscimo à coisa, sem despesa ou trabalho do devedor, lucrará o credor, desobrigado de indenização.

Art. 242. Se para o melhoramento, ou aumento, empregou o devedor trabalho ou dispêndio, o caso se regulará pelas normas deste Código atinentes às benfeitorias realizadas pelo possuidor de boa-fé ou de má-fé.

- V. arts. 1.219 a 1.222, CC.

Parágrafo único. Quanto aos frutos percebidos, observar-se-á, do mesmo modo, o disposto neste Código, acerca do possuidor de boa-fé ou de má-fé.

- V. arts. 1.214 a 1.216, CC.

Seção II
Das Obrigações de Dar Coisa Incerta

Art. 243. A coisa incerta será indicada, ao menos, pelo gênero e pela quantidade.

- V. arts. 811 a 813, CPC/2015.

Art. 244. Nas coisas determinadas pelo gênero e pela quantidade, a escolha pertence ao devedor, se o contrário não resultar do título da obrigação; mas não poderá dar a coisa pior, nem será obrigado a prestar a melhor.

- V. arts. 342, 1.929 e 1.931, CC.

Art. 245. Cientificado da escolha o credor, vigorará o disposto na Seção antecedente.

- V. arts. 233 a 242, CC.

Art. 246. Antes da escolha, não poderá o devedor alegar perda ou deterioração da coisa, ainda que por força maior ou caso fortuito.

- V. art. 393, CC.

Capítulo II
Das Obrigações de Fazer

Art. 247. Incorre na obrigação de indenizar perdas e danos o devedor que recusar a prestação a ele só imposta, ou só por ele exequível.

- V. arts. 85 e 402 a 405, CC.
- V. arts. 497 a 500, 536, *caput* e §§ 1º e 2º, 537, *caput* e § 1º, 538, *caput* e § 3º, 814 a 821, CPC/2015.
- V. art. 213, Lei 8.069/1990 (Estatuto da Criança e do Adolescente).
- V. art. 52, V e VI, Lei 9.099/1995 (Juizados Especiais Cíveis e Criminais).

Art. 248. Se a prestação do fato tornar-se impossível sem culpa do devedor, resolver-se-á a obrigação; se por culpa dele, responderá por perdas e danos.

- V. arts. 402 a 405, CC.

Art. 249. Se o fato puder ser executado por terceiro, será livre ao credor mandá-lo executar à custa do devedor, havendo recusa ou mora deste, sem prejuízo da indenização cabível.

- V. arts. 389, 394 e 402 a 405, CC.

Códigos

Parágrafo único. Em caso de urgência, pode o credor, independentemente de autorização judicial, executar ou mandar executar o fato, sendo depois ressarcido.

Capítulo III
Das Obrigações de Não Fazer

Art. 250. Extingue-se a obrigação de não fazer, desde que, sem culpa do devedor, se lhe torne impossível abster-se do ato, que se obrigou a não praticar.

- V. arts. 497, 499, 500, 536, *caput*, § 1º, 537, *caput*, § 1º, 814, 822 e 823, CPC/2015.
- V. art. 52, V, Lei 9.099/1995 (Juizados Especiais Cíveis e Criminais).

Art. 251. Praticado pelo devedor o ato, a cuja abstenção se obrigara, o credor pode exigir dele que o desfaça, sob pena de se desfazer à sua custa, ressarcindo o culpado perdas e danos.

- V. arts. 389, 394 e 402 a 405, CC.

Parágrafo único. Em caso de urgência, poderá o credor desfazer ou mandar desfazer, independentemente de autorização judicial, sem prejuízo do ressarcimento devido.

Capítulo IV
Das Obrigações Alternativas

Art. 252. Nas obrigações alternativas, a escolha cabe ao devedor, se outra coisa não se estipulou.

- V. arts. 342, 1.932 e 1.933, CC.
- V. arts. 543 e 800, CPC/2015.

§ 1º Não pode o devedor obrigar o credor a receber parte em uma prestação e parte em outra.

- V. art. 314, CC.

§ 2º Quando a obrigação for de prestações periódicas, a faculdade de opção poderá ser exercida em cada período.

§ 3º No caso de pluralidade de optantes, não havendo acordo unânime entre eles, decidirá o juiz, findo o prazo por este assinado para a deliberação.

§ 4º Se o título deferir a opção a terceiro, e este não quiser, ou não puder exercê-la, caberá ao juiz a escolha se não houver acordo entre as partes.

- V. art. 1.930, CC.

Art. 253. Se uma das duas prestações não puder ser objeto de obrigação ou se tornada inexequível, subsistirá o débito quanto à outra.

Art. 254. Se, por culpa do devedor, não se puder cumprir nenhuma das prestações, não competindo ao credor a escolha, ficará aquele obrigado a pagar o valor da que por último se impossibilitou, mais as perdas e danos que o caso determinar.

- V. arts. 389 e 402 a 405, CC.

Art. 255. Quando a escolha couber ao credor e uma das prestações tornar-se impossível por culpa do devedor, o credor terá direito de exigir a prestação subsistente ou o valor da outra, com perdas e danos; se, por culpa do devedor, ambas as prestações se tornarem inexequíveis, poderá o credor reclamar o valor de qualquer das duas, além da indenização por perdas e danos.

- V. arts. 389 e 402 a 405, CC.

Art. 256. Se todas as prestações se tornarem impossíveis sem culpa do devedor, extinguir-se-á a obrigação.

- V. arts. 234 e 393, CC.

Capítulo V
Das Obrigações Divisíveis e Indivisíveis

Art. 257. Havendo mais de um devedor ou mais de um credor em obrigação divisível, esta presume-se dividida em tantas obrigações, iguais e distintas, quantos os credores ou devedores.

- V. arts. 87, 88, 105 e 265, CC.

Art. 258. A obrigação é indivisível quando a prestação tem por objeto uma coisa ou um fato não suscetíveis de divisão, por sua natureza, por motivo de ordem econômica, ou dada a razão determinante do negócio jurídico.

Art. 259. Se, havendo dois ou mais devedores, a prestação não for divisível, cada um será obrigado pela dívida toda.

- V. art. 264, CC.

Parágrafo único. O devedor, que paga a dívida, sub-roga-se no direito do credor em relação aos outros coobrigados.

- V. art. 346, CC.

Art. 260. Se a pluralidade for dos credores, poderá cada um destes exigir a dívida inteira; mas o devedor ou devedores se desobrigarão, pagando:

- V. art. 267, CC.

I – a todos conjuntamente;

II – a um, dando este caução de ratificação dos outros credores.

Art. 261. Se um só dos credores receber a prestação por inteiro, a cada um dos outros assistirá o direito de exigir dele em dinheiro a parte que lhe caiba no total.

Art. 262. Se um dos credores remitir a dívida, a obrigação não ficará extinta para com os outros; mas estes só a poderão exigir, descontada a quota do credor remitente.

Parágrafo único. O mesmo critério se observará no caso de transação, novação, compensação ou confusão.

- V. arts. 360 a 384 e 840 a 850, CC.

Art. 263. Perde a qualidade de indivisível a obrigação que se resolver em perdas e danos.

- V. arts. 402 a 405, CC.

§ 1º Se, para efeito do disposto neste artigo, houver culpa de todos os devedores, responderão todos por partes iguais.

§ 2º Se for de um só a culpa, ficarão exonerados os outros, respondendo só esse pelas perdas e danos.

Capítulo VI
Das Obrigações Solidárias

Seção I
Disposições Gerais

Art. 264. Há solidariedade, quando na mesma obrigação concorre mais de um credor, ou mais de um devedor, cada um com direito, ou obrigado, à dívida toda.

- V. arts. 257 e 258, CC.
- V. arts. 130, III, e 1.005, parágrafo único, CPC/2015.

Art. 265. A solidariedade não se presume; resulta da lei ou da vontade das partes.

- V. arts. 257 e 942, CC.
- V. arts. 124 e 125, CTN.
- V. arts. 7º, parágrafo único, 18, *caput*, 19, *caput*, 25, §§ 1º e 2º, 28, § 3º, e 34, Lei 8.078/1990 (Código de Defesa do Consumidor).
- V. Súmula 26, STJ.

Art. 266. A obrigação solidária pode ser pura e simples para um dos cocredores ou codevedores, e condicional, ou a prazo, ou pagável em lugar diferente, para o outro.

Seção II
Da Solidariedade Ativa

Art. 267. Cada um dos credores solidários tem direito a exigir do devedor o cumprimento da prestação por inteiro.

- V. art. 260, CC.

Art. 268. Enquanto alguns dos credores solidários não demandarem o devedor comum, a qualquer daqueles poderá este pagar.

Art. 269. O pagamento feito a um dos credores solidários extingue a dívida até o montante do que foi pago.

Art. 270. Se um dos credores solidários falecer deixando herdeiros, cada um destes só terá direito a exigir e receber a quota do crédito que corresponder ao seu quinhão hereditário, salvo se a obrigação for indivisível.

Art. 271. Convertendo-se a prestação em perdas e danos, subsiste, para todos os efeitos, a solidariedade.

- V. arts. 402 a 405, CC.

Art. 272. O credor que tiver remitido a dívida ou recebido o pagamento responderá aos outros pela parte que lhes caiba.

- V. arts. 277 e 388, CC.

Art. 273. A um dos credores solidários não pode o devedor opor as exceções pessoais oponíveis aos outros.

Art. 274. O julgamento contrário a um dos credores solidários não atinge os demais, mas o julgamento favorável aproveita-lhes, sem prejuízo de exceção pessoal que o devedor tenha direito de invocar em relação a qualquer deles.

- Artigo com redação determinada pela Lei 13.105/2015 (*DOU* 17.03.2015), em vigor após decorrido 1 (um) ano da data de sua publicação oficial.

Seção III
Da Solidariedade Passiva

Art. 275. O credor tem direito a exigir e receber de um ou de alguns dos devedores, parcial ou totalmente, a dívida comum; se o pagamento tiver sido parcial, todos os demais devedores continuam obrigados solidariamente pelo resto.

- V. art. 333, parágrafo único, CC.
- V. arts. 130 e 1.005, parágrafo único, CPC/2015.

Parágrafo único. Não importará renúncia da solidariedade a propositura de ação pelo credor contra um ou alguns dos devedores.

Art. 276. Se um dos devedores solidários falecer deixando herdeiros, nenhum destes será obrigado a pagar senão a quota que corresponder ao seu quinhão hereditário, salvo se a obrigação for indivisível; mas todos reunidos serão considerados como um devedor solidário em relação aos demais devedores.

- V. arts. 87 e 88, 257 a 263, 1.792, 1.821 e 1.997, CC.

Art. 277. O pagamento parcial feito por um dos devedores e a remissão por ele obtida não aproveitam aos outros devedores, senão até à concorrência da quantia paga ou relevada.

- V. arts. 272 e 385 a 388, CC.
- V. art. 125, CTN.

Art. 278. Qualquer cláusula, condição ou obrigação adicional, estipulada entre um dos devedores solidários e o credor, não poderá agravar a posição dos outros sem consentimento destes.

- V. arts. 121 a 137, CC.

Art. 279. Impossibilitando-se a prestação por culpa de um dos devedores solidários, subsiste para todos o encargo de pagar o equivalente; mas pelas perdas e danos só responde o culpado.

- V. arts. 402 a 405, CC.

Art. 280. Todos os devedores respondem pelos juros da mora, ainda que a ação tenha sido proposta somente contra um; mas o culpado responde aos outros pela obrigação acrescida.

- V. arts. 394 e 406, CC.

Art. 281. O devedor demandado pode opor ao credor as exceções que lhe forem pessoais e as comuns a todos; não lhe aproveitando as exceções pessoais a outro codevedor.

- V. art. 177, CC.

Art. 282. O credor pode renunciar à solidariedade em favor de um, de alguns ou de todos os devedores.

- V. arts. 284 e 388, CC.

Parágrafo único. Se o credor exonerar da solidariedade um ou mais devedores, subsistirá a dos demais.

Art. 283. O devedor que satisfez a dívida por inteiro tem direito a exigir de cada um dos codevedores a sua quota, dividindo-se igualmente por todos a do insolvente, se o houver, presumindo-se iguais, no débito, as partes de todos os codevedores.

- V. arts. 346, 680 e 831, CC.

Art. 284. No caso de rateio entre os codevedores, contribuirão também os exonerados da solidariedade pelo credor, pela parte que na obrigação incumbia ao insolvente.

- V. art. 282, CC.

Art. 285. Se a dívida solidária interessar exclusivamente a um dos devedores, responderá este por toda ela para com aquele que pagar.

- V. art. 333, CC.

TÍTULO II
Da Transmissão das Obrigações

Capítulo I
Da Cessão de Crédito

Art. 286. O credor pode ceder o seu crédito, se a isso não se opuser a natureza da obrigação, a lei, ou a convenção com o devedor; a cláusula proibitiva da cessão não poderá ser oposta ao cessionário de boa-fé, se não constar do instrumento da obrigação.

- V. arts. 347, 348, 358, 377, 497, parágrafo único, 498, 1.149 e 1.749, II e III, CC.
- V. art. 16, Dec.-lei 70/1966 (Associações de poupança e empréstimo e cédula hipotecária).
- V. arts. 18 e 28, Lei 9.514/1997 (Sistema de Financiamento Imobiliário e alienação fiduciária de coisa imóvel).
- V. art. 83, § 4º, Lei 11.101/2005 (Lei de Recuperação de Empresas e Falência).

Art. 287. Salvo disposição em contrário, na cessão de um crédito abrangem-se todos os seus acessórios.

- V. arts. 92, 348 e 364, CC.

Art. 288. É ineficaz, em relação a terceiros, a transmissão de um crédito, se não celebrar-se mediante instrumento público, ou instrumento particular revestido das solenidades do § 1º do art. 654.

- V. arts. 221, 347 e 348, CC.
- V. arts. 127, I, e 129-9, Lei 6.015/1973 (Lei de Registros Públicos).

Art. 289. O cessionário de crédito hipotecário tem o direito de fazer averbar a cessão no registro do imóvel.

- V. art. 346, II, CC.
- V. art. 246, Lei 6.015/1973 (Lei de Registros Públicos).

Art. 290. A cessão do crédito não tem eficácia em relação ao devedor, senão quando a este notificada; mas por notificado se tem o devedor que, em escrito público ou particular, se declarou ciente da cessão feita.

- V. arts. 312, 347, 348 e 377, CC.
- V. art. 35, Lei 9.514/1997 (Sistema de Financiamento Imobiliário e alienação fiduciária de coisa imóvel).

Art. 291. Ocorrendo várias cessões do mesmo crédito, prevalece a que se completar com a tradição do título do crédito cedido.

- V. arts. 347 e 348, CC.
- V. art. 16, Dec.-lei 70/1966 (Associações de poupança e empréstimo e cédula hipotecária).

Art. 292. Fica desobrigado o devedor que, antes de ter conhecimento da cessão, paga ao credor primitivo, ou que, no caso de mais de uma cessão notificada, paga ao cessionário que lhe apresenta, com o título de cessão, o da obrigação cedida; quando o crédito constar de escritura pública, prevalecerá a prioridade da notificação.

- V. arts. 215, 347 e 348, CC.

Art. 293. Independentemente do conhecimento da cessão pelo devedor, pode o cessionário exercer os atos conservatórios do direito cedido.

Art. 294. O devedor pode opor ao cessionário as exceções que lhe competirem, bem como as que, no momento em que veio a ter conhecimento da cessão, tinha contra o cedente.

- V. arts. 347 e 348, CC.
- V. art. 16, Dec.-lei 70/1966 (Associações de poupança e empréstimo e cédula hipotecária).

Art. 295. Na cessão por título oneroso, o cedente, ainda que não se responsabilize, fica responsável ao cessionário pela existência do crédito ao tempo em que lhe cedeu; a mesma responsabilidade lhe cabe nas cessões por título gratuito, se tiver procedido de má-fé.

- V. arts. 347 e 348, CC.

Art. 296. Salvo estipulação em contrário, o cedente não responde pela solvência do devedor.

- V. arts. 347 e 348, CC.

Art. 297. O cedente, responsável ao cessionário pela solvência do devedor, não responde por mais do que daquele recebeu, com os respectivos juros; mas tem de ressarcir-lhe as despesas da cessão e as que o cessionário houver feito com a cobrança.

- V. arts. 347 e 348, CC.

Art. 298. O crédito, uma vez penhorado, não pode mais ser transferido pelo credor que tiver conhecimento da penhora; mas o devedor que o pagar, não tendo notificação dela, fica exonerado, subsistindo somente contra o credor os direitos de terceiro.

- V. arts. 312, 347 e 348, CC.
- V. art. 240, Lei 6.015/1973 (Lei de Registros Públicos).

Capítulo II
Da Assunção de Dívida

Art. 299. É facultado a terceiro assumir a obrigação do devedor, com o consentimento expresso do credor, ficando exonerado o devedor primitivo, salvo se aquele, ao tempo da assunção, era insolvente e o credor o ignorava.

Parágrafo único. Qualquer das partes pode assinar prazo ao credor para que consinta na assunção da dívida, interpretando-se o seu silêncio como recusa.

Art. 300. Salvo assentimento expresso do devedor primitivo, consideram-se extintas, a partir da assunção da dívida, as garantias especiais por ele originariamente dadas ao credor.

Art. 301. Se a substituição do devedor vier a ser anulada, restaura-se o débito, com todas as suas garantias, salvo as garantias prestadas por terceiros, exceto se este conhecia o vício que inquinava a obrigação.

Art. 302. O novo devedor não pode opor ao credor as exceções pessoais que competiam ao devedor primitivo.

Art. 303. O adquirente de imóvel hipotecado pode tomar a seu cargo o pagamento do crédito garantido; se o credor, notificado, não impugnar em 30 (trinta) dias a transferência do débito, entender-se-á dado o assentimento.

- V. art. 1.479, CC.

TÍTULO III
Do Adimplemento e Extinção das Obrigações

Capítulo I
Do Pagamento

Seção I
De Quem Deve Pagar

Art. 304. Qualquer interessado na extinção da dívida pode pagá-la, usando, se o credor se opuser, dos meios conducentes à exoneração do devedor.

- V. arts. 334, 346, III, e 394, CC.
- V. art. 158, II, Lei 11.101/2005 (Lei de Recuperação de Empresas e Falência).

Parágrafo único. Igual direito cabe ao terceiro não interessado, se o fizer em nome e à conta do devedor, salvo oposição deste.

Art. 305. O terceiro não interessado, que paga a dívida em seu próprio nome, tem direito a reembolsar-se do que pagar; mas não se sub-roga nos direitos do credor.

- V. arts. 346, III, 347, 348, 871, 872 e 880, CC.

Parágrafo único. Se pagar antes de vencida a dívida, só terá direito ao reembolso no vencimento.

Art. 306. O pagamento feito por terceiro, com desconhecimento ou oposição do devedor, não obriga a reembolsar aquele que pagou, se o devedor tinha meios para ilidir a ação.

Art. 307. Só terá eficácia o pagamento que importar transmissão da propriedade, quando feito por quem possa alienar o objeto em que ele consistiu.

- V. arts. 356 a 359 e 1.268, CC.

Parágrafo único. Se se der em pagamento coisa fungível, não se poderá mais reclamar do credor que, de boa-fé, a recebeu e consumiu, ainda que o solvente não tivesse o direito de aliená-la.

- V. art. 85, CC.

Seção II
Daqueles a Quem se Deve Pagar

Art. 308. O pagamento deve ser feito ao credor ou a quem de direito o represente, sob pena de só valer depois de por ele ratificado, ou tanto quanto reverter em seu proveito.

- V. arts. 171 a 179, 335, 662, 673, 873 e 905, CC.

Art. 309. O pagamento feito de boa-fé ao credor putativo é válido, ainda provado depois que não era credor.

- V. art. 113, CC.

Art. 310. Não vale o pagamento cientemente feito ao credor incapaz de quitar, se o devedor não provar que em benefício dele efetivamente reverteu.

- V. arts. 3º, 4º e 181, CC.

Art. 311. Considera-se autorizado a receber o pagamento o portador da quitação, salvo se as circunstâncias contrariarem a presunção daí resultante.

- V. art. 320, CC.

Art. 312. Se o devedor pagar ao credor, apesar de intimado da penhora feita sobre o crédito, ou da impugnação a ele oposta por terceiros, o pagamento não valerá contra estes, que poderão constranger o devedor a pagar de novo, ficando-lhe ressalvado o regresso contra o credor.

- V. arts. 290, 298, 876 e 1.460, parágrafo único, CC.
- V. arts. 855 e 856, CPC/2015.

Seção III
Do Objeto do Pagamento e sua Prova

Art. 313. O credor não é obrigado a receber prestação diversa da que lhe é devida, ainda que mais valiosa.

- V. arts. 233 a 242 e 356, CC.
- V. arts. 806 a 810, CPC/2015.

Art. 314. Ainda que a obrigação tenha por objeto prestação divisível, não pode o credor ser obrigado a receber, nem o devedor a pagar, por partes, se assim não se ajustou.

- V. arts. 87, 88, 252, 257, 258, 414, 415 e 844, CC.
- V. art. 22, § 1º, Dec. 2.044/1908 (Letra de câmbio e nota promissória).

Art. 315. As dívidas em dinheiro deverão ser pagas no vencimento, em moeda corrente e pelo valor nominal, salvo o disposto nos artigos subsequentes.

- V. arts. 327, 328 e 393, CC.
- V. art. 162, CTN.
- V. art. 9º, Dec.-lei 4.657/1942 (Lei de Introdução às normas do Direito Brasileiro).
- V. art. 1º, Dec.-lei 857/1969 (Moeda de pagamento de obrigações exequíveis no Brasil).
- V. Lei 9.069/1995 (Plano Real).
- V. art. 1º, *caput*, Lei 10.192/2001 (Medidas complementares ao Plano Real).

Art. 316. É lícito convencionar o aumento progressivo de prestações sucessivas.

- V. Lei 5.670/1971 (Cálculo da correção monetária).
- V. Lei 6.899/1981 (Correção monetária nos débitos oriundos de decisão judicial).
- V. arts. 1º, parágrafo único, II e III, e 2º, Lei 10.192/2001 (Medidas complementares ao Plano Real).

Art. 317. Quando, por motivos imprevisíveis, sobrevier desproporção manifesta entre o valor da prestação devida e o do momento de sua execução, poderá o juiz corrigi-lo, a pedido da parte, de modo que assegure, quanto possível, o valor real da prestação.

- V. art. 478, CC.

Art. 318. São nulas as convenções de pagamento em ouro ou em moeda estrangeira, bem como para compensar a diferença entre o valor desta e o da moeda nacional, excetuados os casos previstos na legislação especial.

- V. art. 1º, Dec.-lei 857/1969 (Moeda de pagamento de obrigações exequíveis no Brasil).
- V. art. 6º, Lei 8.880/1994 (Sistema Monetário Nacional).
- V. art. 1º, parágrafo único, Lei 10.192/2001 (Medidas complementares ao Plano Real).

Art. 319. O devedor que paga tem direito a quitação regular, e pode reter o pagamento, enquanto não lhe seja dada.

- V. arts. 335, I, e 396, CC.
- V. art. 205, CTN.

Art. 320. A quitação, que sempre poderá ser dada por instrumento particular, designará o valor e a espécie da dívida quitada, o nome do devedor, ou quem por este pagou, o tempo e o lugar do pagamento, com a assinatura do credor, ou do seu representante.

- V. art. 477, §§ 1º e 2º, CLT.
- V. arts. 129-7 e 251, I, Lei 6.015/1973 (Lei de Registros Públicos).

Parágrafo único. Ainda sem os requisitos estabelecidos neste artigo valerá a quitação, se de seus termos ou das circunstâncias resultar haver sido paga a dívida.

Art. 321. Nos débitos, cuja quitação consista na devolução do título, perdido este, poderá o devedor exigir, retendo o pagamento, declaração do credor que inutilize o título desaparecido.

Art. 322. Quando o pagamento for em quotas periódicas, a quitação da última estabelece, até prova em contrário, a presunção de estarem solvidas as anteriores.

Art. 323. Sendo a quitação do capital sem reserva dos juros, estes presumem-se pagos.

Art. 324. A entrega do título ao devedor firma a presunção do pagamento.

- V. arts. 321, 386 e 902, §§ 1º e 2º, CC.

Parágrafo único. Ficará sem efeito a quitação assim operada se o credor provar, em 60 (sessenta) dias, a falta do pagamento.

Art. 325. Presumem-se a cargo do devedor as despesas com o pagamento e a quitação; se ocorrer aumento por fato do credor, suportará este a despesa acrescida.

Art. 326. Se o pagamento se houver de fazer por medida, ou peso, entender-se-á, no silêncio das partes, que aceitaram os do lugar da execução.

Seção IV
Do Lugar do Pagamento

Art. 327. Efetuar-se-á o pagamento no domicílio do devedor, salvo se as partes convencionarem diversamente, ou se o contrário resultar da lei, da natureza da obrigação ou das circunstâncias.

- V. arts. 70 a 78, e 394, CC.
- V. art. 159, CTN.

Parágrafo único. Designados dois ou mais lugares, cabe ao credor escolher entre eles.

Art. 328. Se o pagamento consistir na tradição de um imóvel, ou em prestações relativas a imóvel, far-se-á no lugar onde situado o bem.

- V. art. 341, CC.

Art. 329. Ocorrendo motivo grave para que se não efetue o pagamento no lugar determinado, poderá o devedor fazê-lo em outro, sem prejuízo para o credor.

Art. 330. O pagamento reiteradamente feito em outro local faz presumir renúncia do credor relativamente ao previsto no contrato.

- V. art. 114, CC.

Seção V
Do Tempo do Pagamento

Art. 331. Salvo disposição legal em contrário, não tendo sido ajustada época para o pagamento, pode o credor exigi-lo imediatamente.

- V. arts. 134, 333, 397, parágrafo único, 592 e 939, CC.
- V. art. 160, CTN.
- V. art. 52, § 2º, Lei 8.078/1990 (Código de Defesa do Consumidor).

Art. 332. As obrigações condicionais cumprem-se na data do implemento da condição, cabendo ao credor a prova de que deste teve ciência o devedor.

- V. arts. 121 a 130, CC.

Art. 333. Ao credor assistirá o direito de cobrar a dívida antes de vencido o prazo estipulado no contrato ou marcado neste Código:

- V. arts. 476, 477, 590, 939, 941, 1.425 e 1.465, CC.

I – no caso de falência do devedor, ou de concurso de credores;

- V. art. 955, CC.
- V. arts. 908 e 909, CPC/2015.
- V. art. 18, Lei 6.024/1974 (Intervenção e liquidação extrajudicial).
- V. art. 77, Lei 11.101/2005 (Lei de Recuperação de Empresas e Falência).

II – se os bens, hipotecados ou empenhados, forem penhorados em execução por outro credor;

- V. art. 1.425, § 2º, CC.
- V. art. 856, § 2º, CPC/2015.

III – se cessarem, ou se se tornarem insuficientes, as garantias do débito, fidejussórias, ou reais, e o devedor, intimado, se negar a reforçá-las.

- V. art. 826, CC.
- V. art. 49, II, LC 109/2001 (Regime de Previdência Complementar).

Parágrafo único. Nos casos deste artigo, se houver, no débito, solidariedade passiva, não se reputará vencido quanto aos outros devedores solventes.

- V. arts. 264 a 285, CC.

Capítulo II
Do Pagamento em Consignação

Art. 334. Considera-se pagamento, e extingue a obrigação, o depósito judicial ou em estabelecimento bancário da coisa devida, nos casos e forma legais.

- V. arts. 539 a 549, CPC/2015.
- V. art. 164, CTN.
- V. art. 33, Dec.-lei 3.365/1941 (Desapropriações por utilidade pública).

Art. 335. A consignação tem lugar:

I – se o credor não puder, ou, sem justa causa, recusar receber o pagamento, ou dar quitação na devida forma;

- V. arts. 304, 319 a 324, 635 e 641, CC.

II – se o credor não for, nem mandar receber a coisa no lugar, tempo e condição devidos;

- V. arts. 327 a 333 e 341, CC.

III – se o credor for incapaz de receber, for desconhecido, declarado ausente, ou residir em lugar incerto ou de acesso perigoso ou difícil;

- V. arts. 3º, 4º, 22, 160 e 955, CC.

IV – se ocorrer dúvida sobre quem deva legitimamente receber o objeto do pagamento;

- V. arts. 344 e 345, CC.
- V. arts. 547 e 548, CPC/2015.

V – se pender litígio sobre o objeto do pagamento.

- V. arts. 344 e 345, CC.

Art. 336. Para que a consignação tenha força de pagamento, será mister concorram, em relação às pessoas, ao objeto, modo e tempo, todos os requisitos sem os quais não é válido o pagamento.

- V. arts. 304 a 333, CC.

Art. 337. O depósito requerer-se-á no lugar do pagamento, cessando, tanto que se efetue, para o depositante, os juros da dívida e os riscos, salvo se for julgado improcedente.

- V. arts. 327 a 329, CC.
- V. art. 540, CPC/2015.

Art. 338. Enquanto o credor não declarar que aceita o depósito, ou não o impugnar, poderá o devedor requerer o levantamento, pagando as respectivas despesas, e subsistindo a obrigação para todas as consequências de direito.

Art. 339. Julgado procedente o depósito, o devedor já não poderá levantá-lo, embora o credor consinta, senão de acordo com os outros devedores e fiadores.

Art. 340. O credor que, depois de contestar a lide ou aceitar o depósito, aquiescer no levantamento, perderá a preferência e a garantia que lhe competiam com respeito à coisa consignada, ficando para logo desobrigados os codevedores e fiadores que não tenham anuído.

Art. 341. Se a coisa devida for imóvel ou corpo certo que deva ser entregue no mesmo lugar onde está, poderá o devedor citar o credor para vir ou mandar recebê-la, sob pena de ser depositada.

- V. arts. 328 e 335, II, CC.
- V. art. 540, CPC/2015.

Art. 342. Se a escolha da coisa indeterminada competir ao credor, será ele citado para esse fim, sob cominação de perder o direito e de ser depositada a coisa que o devedor escolher; feita a escolha pelo devedor, proceder-se-á como no artigo antecedente.

- V. arts. 244, 252, 255 e 256, CC.
- V. art. 543, CPC/2015.

Art. 343. As despesas com o depósito, quando julgado procedente, correrão à conta do credor, e, no caso contrário, à conta do devedor.

- V. art. 546, CPC/2015.

Art. 344. O devedor de obrigação litigiosa exonerar-se-á mediante consignação, mas, se pagar a qualquer dos pretendidos credores, tendo conhecimento do litígio, assumirá o risco do pagamento.

- V. art. 856, § 2º, CPC/2015.

Art. 345. Se a dívida se vencer, pendendo litígio entre credores que se pretendem mutuamente excluir, poderá qualquer deles requerer a consignação.

Capítulo III
Do Pagamento Com Sub-Rogação

Art. 346. A sub-rogação opera-se, de pleno direito, em favor:

- V. arts. 289 e 350, CC.
- V. art. 13, parágrafo único, Lei 8.078/1990 (Código de Defesa do Consumidor).

I – do credor que paga a dívida do devedor comum;

- V. arts. 304 e 1.478, CC.

II – do adquirente do imóvel hipotecado, que paga a credor hipotecário, bem como do terceiro que efetiva o pagamento para não ser privado de direito sobre imóvel;

- V. arts. 1.479 e 1.481, CC.

III – do terceiro interessado, que paga a dívida pela qual era ou podia ser obrigado, no todo ou em parte.

- V. arts. 259, 283, 304, 305, 786, 800 e 831, CC.
- V. art. 728, CCo.
- V. Súmula 94, TFR.

Art. 347. A sub-rogação é convencional:

- V. art. 129-9, Lei 6.015/1973 (Lei de Registros Públicos).

I – quando o credor recebe o pagamento de terceiro e expressamente lhe transfere todos os seus direitos;

- V. arts. 305 e 348, CC.

II – quando terceira pessoa empresta ao devedor a quantia precisa para solver a dívida, sob a condição expressa de ficar o mutuante sub-rogado nos direitos do credor satisfeito.

Art. 348. Na hipótese do inciso I do artigo antecedente, vigorará o disposto quanto à cessão do crédito.

- V. arts. 286 a 298, CC.

Art. 349. A sub-rogação transfere ao novo credor todos os direitos, ações, privilégios e garantias do primitivo, em relação à dívida, contra o devedor principal e os fiadores.

- V. arts. 786 e 800, CC.
- V. art. 728, CCo.
- V. Súmulas 188 e 257, STF.

Art. 350. Na sub-rogação legal o sub-rogado não poderá exercer os direitos e as ações do credor, senão até à soma que tiver desembolsado para desobrigar o devedor.

- V. art. 346, CC.

Art. 351. O credor originário, só em parte reembolsado, terá preferência ao sub-rogado, na cobrança da dívida restante, se os bens do devedor não chegarem para saldar inteiramente o que a um e outro dever.

Capítulo IV
Da Imputação do Pagamento

Art. 352. A pessoa obrigada por dois ou mais débitos da mesma natureza, a um só credor, tem o direito de indicar a qual deles oferece pagamento, se todos forem líquidos e vencidos.

- V. arts. 355 e 379, CC.
- V. art. 163, CTN.

Art. 353. Não tendo o devedor declarado em qual das dívidas líquidas e vencidas quer imputar o pagamento, se aceitar a quitação de uma delas, não terá direito a reclamar contra a imputação feita pelo credor, salvo provando haver ele cometido violência ou dolo.

- V. art. 379, CC.

Art. 354. Havendo capital e juros, o pagamento imputar-se-á primeiro nos juros vencidos, e depois no capital, salvo estipulação em contrário, ou se o credor passar a quitação por conta do capital.

- V. arts. 379, 406 e 407, CC.
- V. Súmula 464, STJ.

Art. 355. Se o devedor não fizer a indicação do art. 352, e a quitação for omissa quanto à imputação, esta se fará nas dívidas líquidas e vencidas em primeiro lugar. Se as dívidas forem todas líquidas e vencidas ao mesmo tempo, a imputação far-se-á na mais onerosa.

- V. art. 379, CC.

Capítulo V
Da Dação em Pagamento

Art. 356. O credor pode consentir em receber prestação diversa da que lhe é devida.

- V. arts. 313 e 838, III, CC.
- V. art. 50, IX, Lei 11.101/2005 (Lei de Recuperação de Empresas e Falência).

Art. 357. Determinado o preço da coisa dada em pagamento, as relações entre as partes regular-se-ão pelas normas do contrato de compra e venda.

- V. arts. 481 a 532, CC.

Art. 358. Se for título de crédito a coisa dada em pagamento, a transferência importará em cessão.

- V. arts. 286 a 298, CC.

Art. 359. Se o credor for evicto da coisa recebida em pagamento, restabelecer-se-á a obrigação primitiva, ficando sem efeito a quitação dada, ressalvados os direitos de terceiros.

- V. arts. 447 a 457 e 838, III, CC.

Capítulo VI
Da Novação

Art. 360. Dá-se a novação:

- V. art. 50, IX, Lei 11.101/2005 (Lei de Recuperação de Empresas e Falência).

I – quando o devedor contrai com o credor nova dívida para extinguir e substituir a anterior;

II – quando novo devedor sucede ao antigo, ficando este quite com o credor;

III – quando, em virtude de obrigação nova, outro credor é substituído ao antigo, ficando o devedor quite com este.

Art. 361. Não havendo ânimo de novar, expresso ou tácito mas inequívoco, a segunda obrigação confirma simplesmente a primeira.

Art. 362. A novação por substituição do devedor pode ser efetuada independentemente de consentimento deste.

Art. 363. Se o novo devedor for insolvente, não tem o credor, que o aceitou, ação regressiva contra o primeiro, salvo se este obteve por má-fé a substituição.

Art. 364. A novação extingue os acessórios e garantias da dívida, sempre que não houver estipulação em contrário. Não aproveitará, contudo, ao credor ressalvar o penhor, a hipoteca ou a anticrese, se os bens dados em garantia pertencerem a terceiro que não foi parte na novação.

- V. arts. 92, 233, 287 e 822, CC.

Art. 365. Operada a novação entre o credor e um dos devedores solidários, somente sobre os bens do que contrair a nova obrigação subsistem as preferências e garantias do crédito novado. Os outros devedores solidários ficam por esse fato exonerados.

- V. arts. 275 a 285, CC.

Art. 366. Importa exoneração do fiador a novação feita sem seu consenso com o devedor principal.

- V. arts. 837 e 838, CC.

Art. 367. Salvo as obrigações simplesmente anuláveis, não podem ser objeto de novação obrigações nulas ou extintas.

- V. arts. 166 a 173, CC.

Capítulo VII
Da Compensação

Art. 368. Se duas pessoas forem ao mesmo tempo credor e devedor uma da outra, as duas obrigações extinguem-se, até onde se compensarem.

- V. arts. 1.221, 1.707 e 1.919, CC.

Art. 369. A compensação efetua-se entre dívidas líquidas, vencidas e de coisas fungíveis.

- V. art. 85, CC.

Art. 370. Embora sejam do mesmo gênero as coisas fungíveis, objeto das duas prestações, não se compensarão, verificando-se que diferem na qualidade, quando especificada no contrato.

- V. art. 85, CC.

Art. 371. O devedor somente pode compensar com o credor o que este lhe dever; mas o fiador pode compensar sua dívida com a de seu credor ao afiançado.

- V. arts. 376, 828, II, e 837, CC.

Art. 372. Os prazos de favor, embora consagrados pelo uso geral, não obstam a compensação.

Art. 373. A diferença de causa nas dívidas não impede a compensação, exceto:

I – se provier de esbulho, furto ou roubo;

- V. art. 1.210, CC.
- V. arts. 155, 157 e 161, § 1º, II, CP.

II – se uma se originar de comodato, depósito ou alimentos;

- V. arts. 579 a 585, 627 a 652, 638 e 1.694 a 1.710, CC.

III – se uma for de coisa não suscetível de penhora.

- V. arts. 312, 839 e 1.481, § 4º, CC.
- V. arts. 528,§ 8º, 794, 797, 799, I, 824 a 875, e 905, II, CPC/2015.

Art. 374. *(Revogado pela Lei 10.677/2003).*

Art. 375. Não haverá compensação quando as partes, por mútuo acordo, a excluírem, ou no caso de renúncia prévia de uma delas.

- V. arts. 114 e 385 a 388, CC.

Art. 376. Obrigando-se por terceiro uma pessoa, não pode compensar essa dívida com a que o credor dele lhe dever.

- V. arts. 371 e 439, CC.

Art. 377. O devedor que, notificado, nada opõe à cessão que o credor faz a terceiros dos seus direitos, não pode opor ao cessionário a compensação, que antes da cessão teria podido opor ao cedente. Se, porém, a cessão lhe não tiver sido notificada, poderá opor ao cessionário compensação do crédito que antes tinha contra o cedente.

- V. art. 290, CC.

Art. 378. Quando as duas dívidas não são pagáveis no mesmo lugar, não se podem compensar sem dedução das despesas necessárias à operação.

- V. arts. 325 e 327, CC.

Art. 379. Sendo a mesma pessoa obrigada por várias dívidas compensáveis, serão observadas, no compensá-las, as regras estabelecidas quanto à imputação do pagamento.

- V. arts. 352 a 355, CC.

Art. 380. Não se admite a compensação em prejuízo de direito de terceiro. O devedor que se torne credor do seu credor, depois de penhorado o crédito deste, não pode opor ao exequente a compensação, de que contra o próprio credor disporia.

Capítulo VIII
Da Confusão

Art. 381. Extingue-se a obrigação, desde que na mesma pessoa se confundam as qualidades de credor e devedor.

- V. arts. 262, parágrafo único, e 1.436, IV, CC.
- V. Súmula 421, STJ.

Art. 382. A confusão pode verificar-se a respeito de toda a dívida, ou só de parte dela.

- V. art. 1.436, § 2º, CC.

Art. 383. A confusão operada na pessoa do credor ou devedor solidário só extingue a obrigação até a concorrência da respectiva parte no crédito, ou na dívida, subsistindo quanto ao mais a solidariedade.

- V. arts. 264 a 285, CC.

Art. 384. Cessando a confusão, para logo se restabelece, com todos os seus acessórios, a obrigação anterior.

Capítulo IX
Da Remissão das Dívidas

Art. 385. A remissão da dívida, aceita pelo devedor, extingue a obrigação, mas sem prejuízo de terceiro.

- V. arts. 158 e 1.436, V, CC.
- V. art. 172, CTN.

Art. 386. A devolução voluntária do título da obrigação, quando por escrito particular, prova desoneração do devedor e seus coobrigados, se o credor for capaz de alienar, e o devedor capaz de adquirir.

- V. art. 324, CC.

Art. 387. A restituição voluntária do objeto empenhado prova a renúncia do credor à garantia real, não a extinção da dívida.

- V. art. 1.436, III e § 1º, CC.

Art. 388. A remissão concedida a um dos codevedores extingue a dívida na parte a ele correspondente; de modo que, ainda reservando o credor a solidariedade contra os outros, já lhes não pode cobrar o débito sem dedução da parte remitida.

- V. arts. 277 e 282, CC.

TÍTULO IV
Do Inadimplemento das Obrigações

Capítulo I
Disposições Gerais

Art. 389. Não cumprida a obrigação, responde o devedor por perdas e danos, mais juros e atualização monetária segundo índices oficiais regularmente estabelecidos, e honorários de advogado.

- V. arts. 234, 255, 316, 393 a 416 e 475 a 477, CC.
- V. arts. 82, § 2º, 84 a 86, CPC/2015.
- V. art. 10, Dec.-lei 15/1966 (Reajustes salariais).
- V. art. 52, V, Lei 9.099/1995 (Juizados Especiais Cíveis e Criminais).
- V. art. 84, Lei 8.078/1990 (Código de Defesa do Consumidor).

Art. 390. Nas obrigações negativas o devedor é havido por inadimplente desde o dia em que executou o ato de que se devia abster.

- V. arts. 250 e 251, CC.
- V. arts. 814, 822 e 823, CPC/2015.

Art. 391. Pelo inadimplemento das obrigações respondem todos os bens do devedor.

- V. art. 789, CPC/2015.

Art. 392. Nos contratos benéficos, responde por simples culpa o contratante, a quem o contrato aproveite, e por dolo aquele a quem não favoreça. Nos contratos onerosos, responde cada uma das partes por culpa, salvo as exceções previstas em lei.

- V. arts. 234, 476, 477, 582 e 667, CC.
- V. Súmula 145, STJ.

Art. 393. O devedor não responde pelos prejuízos resultantes de caso fortuito ou força maior, se expressamente não se houver por eles responsabilizado.

- V. arts. 394 a 400, 492, 625, 642, 650, 667, 735, 737, 753, e 936, CC.

Parágrafo único. O caso fortuito ou de força maior verifica-se no fato necessário, cujos efeitos não era possível evitar ou impedir.

Capítulo II
Da Mora

- V. Súmula 380, STJ.

Art. 394. Considera-se em mora o devedor que não efetuar o pagamento e o credor que não quiser recebê-lo no tempo, lugar e forma que a lei ou a convenção estabelecer.

- V. arts. 202, V, 320, 327 a 333, 389 a 393, 396 e 401, CC.

Art. 395. Responde o devedor pelos prejuízos a que sua mora der causa, mais juros, atualização dos valores monetários segundo índices oficiais regularmente estabelecidos, e honorários de advogado.

- V. arts. 280, 389 a 393, 406 e 706, CC.
- V. art. 161, CTN.

Parágrafo único. Se a prestação, devido à mora, se tornar inútil ao credor, este poderá enjeitá-la, e exigir a satisfação das perdas e danos.

- V. arts. 402 a 405, CC.

Art. 396. Não havendo fato ou omissão imputável ao devedor, não incorre este em mora.

- V. art. 280, CC.
- V. Súmula 369, STJ.

Art. 397. O inadimplemento da obrigação, positiva e líquida, no seu termo, constitui de pleno direito em mora o devedor.

- V. arts. 398, 407, 408 e 763, CC.

Parágrafo único. Não havendo termo, a mora se constitui mediante interpelação judicial ou extrajudicial.

- V. arts. 127, 135, 331, 405, 562 e 1.925, CC.
- V. arts. 726, 728 e 729, CPC/2015.
- V. Dec.-lei 745/1969 (Contratos a que se refere o art. 22 do Dec.-lei 58/1937).
- V. Súmula 76, STJ.

Art. 398. Nas obrigações provenientes de ato ilícito, considera-se o devedor em mora, desde que o praticou.

- V. arts. 186 a 188 e 927, CC.
- V. Súmula 54, STJ.

Art. 399. O devedor em mora responde pela impossibilidade da prestação, embora essa impossibilidade resulte de caso fortuito ou de força maior, se estes ocorrerem durante o atraso; salvo se provar isenção de culpa, ou que o dano sobreviria ainda quando a obrigação fosse oportunamente desempenhada.

- V. arts. 393, 552, 562 e 862, CC.

Art. 400. A mora do credor subtrai o devedor isento de dolo à responsabilidade pela conservação da coisa, obriga o credor a ressarcir as despesas empregadas em conservá-la, e sujeita-o a recebê-la pela estimação mais favorável ao devedor, se o seu valor oscilar entre o dia estabelecido para o pagamento e o da sua efetivação.

- V. arts. 492, § 2º, 611, 629 e 753, CC.

Art. 401. Purga-se a mora:

- V. Súmula 369, STJ.

I – por parte do devedor, oferecendo este a prestação mais a importância dos prejuízos decorrentes do dia da oferta;

- V. art. 404, CC.
- V. art. 14, *caput* e § 1º, Dec. 3.079/1938 (Regulamenta o Dec.-lei 58/1937).
- V. art. 63, Lei 4.591/1964 (Condomínio em edificações e incorporações imobiliárias).
- V. art. 1º, VI, Lei 4.864/1965 (Estímulo à indústria de construção civil).
- V. arts. 31, § 1º, 34 e 37, Dec.-lei 70/1966 (Associações de poupança e empréstimo e cédula hipotecária).
- V. art. 32, parágrafo único, Dec. 59.566/1966 (Regulamenta a Lei 4.504/1964).
- V. art. 3º, §§ 1º e 3º, Dec.-lei 911/1969 (Alienação fiduciária).
- V. art. 32, Lei 6.766/1979 (Parcelamento do solo urbano).
- V. art. 62, Lei 8.245/1991 (Locação de imóveis urbanos).
- V. Súmula 122, STF.

II – por parte do credor, oferecendo-se este a receber o pagamento e sujeitando-se aos efeitos da mora até a mesma data.

- V. art. 33, Lei 6.766/1979 (Parcelamento do solo urbano).

Capítulo III
Das Perdas e Danos

Art. 402. Salvo as exceções expressamente previstas em lei, as perdas e danos devidas ao credor abrangem, além do que ele efetivamente perdeu, o que razoavelmente deixou de lucrar.

- V. arts. 186, 234, 236, 247, 251, 255, 389, 416, 475, 927 e 944 a 954, CC.
- V. Súmula 412, STF.

Art. 403. Ainda que a inexecução resulte de dolo do devedor, as perdas e danos só incluem os prejuízos efetivos e os lucros cessantes por efeito dela direto e imediato, sem prejuízo do disposto na lei processual.

- V. arts. 816 e 821, CPC/2015.

Art. 404. As perdas e danos, nas obrigações de pagamento em dinheiro, serão pagas com atualização monetária segundo índices oficiais regularmente estabelecidos, abrangendo juros, custas e honorários de advogado, sem prejuízo da pena convencional.

- V. arts. 396 e 406 a 416, CC.
- V. art. 322, § 1º, CPC/2015.

Parágrafo único. Provado que os juros da mora não cobrem o prejuízo, e não havendo pena convencional, pode o juiz conceder ao credor indenização suplementar.

Art. 405. Contam-se os juros de mora desde a citação inicial.

- V. arts. 394 a 398, 406, 407, 670 e 1.762, CC.
- V. arts. 59, 240 e 241, CPC/2015.
- V. Súmula 163, STF.
- V. Súmulas 54 e 426, STJ.

Capítulo IV
Dos Juros Legais

Art. 406. Quando os juros moratórios não forem convencionados, ou o forem sem taxa estipulada, ou quando provierem de determinação da lei, serão fixados segundo a taxa que estiver em vigor para a mora do pagamento de impostos devidos à Fazenda Nacional.

- V. art. 192, CF.
- V. arts. 354, 395, 405 e 591, CC.
- V. art. 161, § 1º, CTN.
- V. art. 1º, Dec. 22.626/1933 (Juros nos contratos).
- V. arts. 15-A e 15-B, Dec.-lei 3.365/1941 (Desapropriações por utilidade pública).
- V. art. 4º, Lei 1.521/1951 (Crimes contra a economia popular).
- V. art. 5º, Lei 4.380/1964 (BNH).
- V. Lei 4.414/1964 (Pagamento de juros moratórios pela União, Estados, Distrito Federal, Municípios e autarquias).
- V. art. 63, § 8º, Lei 4.591/1964 (Condomínio em edificações e incorporações imobiliárias).
- V. art. 1º, Lei 7.089/1983 (Veda a cobrança de juros de mora sobre título vencido em feriado, sábado e domingo).
- V. art. 52, Lei 8.078/1990 (Código de Defesa do Consumidor).
- V. Súmula 618, STF.
- V. Súmulas 176 e 379, STJ.

Art. 407. Ainda que se não alegue prejuízo, é obrigado o devedor aos juros da mora que se contarão assim às dívidas em dinheiro, como às prestações de outra natureza, uma vez que lhes esteja fixado o valor pecuniário por sentença judicial, arbitramento, ou acordo entre as partes.

- V. arts. 394 a 401, 404, 405, 552, 677, 869 e 1.762, CC.
- V. arts. 59, 240 e 241, CPC/2015.
- V. Lei 7.089/1983 (Veda a cobrança de juros de mora sobre título vencido em feriado, sábado e domingo).
- V. arts. 77 e 124, Lei 11.101/2005 (Lei de Recuperação de Empresas e Falência).
- V. art. 49, IV, LC 109/2001 (Regime de Previdência Complementar).

Capítulo V
Da Cláusula Penal

Art. 408. Incorre de pleno direito o devedor na cláusula penal, desde que, culposamente, deixe de cumprir a obrigação ou se constitua em mora.

- V. arts. 397, 740 e 847, CC.
- V. art. 9º, Dec. 22.626/1933 (Juros nos contratos).
- V. art. 11, *f*, Dec.-lei 58/1937 (Loteamento e venda de terrenos para pagamento em prestações).
- V. art. 11, *f*, Dec. 3.079/1938 (Regulamenta o Dec.-lei 58/1937).
- V. art. 83, § 3º, Lei 11.101/2005 (Lei de Recuperação de Empresas e Falência).
- V. art. 2º, § 1º, Dec.-lei 911/1969 (Alienação fiduciária).
- V. art. 26, V, Lei 6.766/1979 (Parcelamento do solo urbano).
- V. art. 149, I, Lei 7.565/1986 (Código Brasileiro de Aeronáutica).
- V. art. 28, Lei 9.615/1998 (Desporto).

Art. 409. A cláusula penal estipulada conjuntamente com a obrigação, ou em ato posterior, pode referir-se à inexecução completa da obrigação, à de alguma cláusula especial ou simplesmente à mora.

Art. 410. Quando se estipular a cláusula penal para o caso de total inadimplemento da obrigação, esta converter-se-á em alternativa a benefício do credor.

Art. 411. Quando se estipular a cláusula penal para o caso de mora, ou em segurança especial de outra cláusula determinada, terá o credor o arbítrio de exigir a satisfação da pena cominada, juntamente com o desempenho da obrigação principal.

- V. art. 404, CC.

Art. 412. O valor da cominação imposta na cláusula penal não pode exceder o da obrigação principal.

Art. 413. A penalidade deve ser reduzida equitativamente pelo juiz se a obrigação principal tiver sido cumprida em parte, ou se o montante da penalidade for manifestamente excessivo, tendo-se em vista a natureza e a finalidade do negócio.

- V. art. 572, CC.
- V. art. 4º, Lei 8.245/1991 (Locação de imóveis urbanos).

Art. 414. Sendo indivisível a obrigação, todos os devedores, caindo em falta um deles, incorrerão na pena; mas esta só se poderá demandar integralmente do culpado, respondendo cada um dos outros somente pela sua quota.

- V. arts. 87, 88 e 257 a 263, CC.

Parágrafo único. Aos não culpados fica reservada a ação regressiva contra aquele que deu causa à aplicação da pena.

- V. art. 125, II, CPC/2015.

Art. 415. Quando a obrigação for divisível, só incorre na pena o devedor ou o herdeiro do devedor que a infringir, e proporcionalmente à sua parte na obrigação.

- V. arts. 87, 88, 257 a 263 e 314, CC.

Art. 416. Para exigir a pena convencional, não é necessário que o credor alegue prejuízo.

Parágrafo único. Ainda que o prejuízo exceda ao previsto na cláusula penal, não pode o credor exigir indenização suplementar se assim não foi convencionado. Se o tiver sido, a pena vale como mínimo da indenização, competindo ao credor provar o prejuízo excedente.

Capítulo VI
Das Arras ou Sinal

Art. 417. Se, por ocasião da conclusão do contrato, uma parte der à outra, a título de arras, dinheiro ou outro bem móvel, deverão as arras, em caso de execução, ser restituídas ou computadas na prestação devida, se do mesmo gênero da principal.

Art. 418. Se a parte que deu as arras não executar o contrato, poderá a outra tê-lo por desfeito, retendo-as; se a inexecução for de quem recebeu as arras, poderá quem as deu haver o contrato por desfeito, e exigir sua devolução mais o equivalente, com atualização monetária segundo índices oficiais regularmente estabelecidos, juros e honorários de advogado.

Art. 419. A parte inocente pode pedir indenização suplementar, se provar maior prejuízo, valendo as arras como taxa mínima. Pode, também, a parte inocente exigir a execução do contrato, com as perdas e danos, valendo as arras como o mínimo da indenização.

Art. 420. Se no contrato for estipulado o direito de arrependimento para qualquer das partes, as arras ou sinal terão função unicamente indenizatória. Neste caso, quem as deu perdê-las-á em benefício da outra parte; e quem as recebeu devolvê-las-á, mais o equivalente. Em ambos os casos não haverá direito a indenização suplementar.

- V. art. 463, CC.
- V. Súmula 412, STF.

TÍTULO V
Dos Contratos em Geral

Capítulo I
Disposições Gerais

Seção I
Preliminares

☛ **Art. 421.** A liberdade de contratar será exercida em razão e nos limites da função social do contrato, observado o disposto na Declaração de Direitos de Liberdade Econômica.

- V. art. 2.035, parágrafo único, CC.
- Artigo com redação determinada pela MP 881/2019.

Parágrafo único. Nas relações contratuais privadas, prevalecerá o princípio da intervenção mínima do Estado, por qualquer dos seus poderes, e a revisão contratual determinada de forma externa às partes será excepcional.

Art. 422. Os contratantes são obrigados a guardar, assim na conclusão do contrato, como em sua execução, os princípios de probidade e boa-fé.

- V. arts. 113, 187, 765 e 1.741, CC.
- V. art. 51, IV, Lei 8.078/1990 (Código de Defesa do Consumidor).
- V. art. 22, IV, Dec. 2.181/1997 (Sistema Nacional de Defesa do Consumidor – SNDC).

☛ **Art. 423.** Quando houver no contrato de adesão cláusulas que gerem dúvida quanto à sua interpretação, será adotada a mais favorável ao aderente.

- Artigo com redação determinada pela MP 881/2019.
- V. arts. 47 e 54, Lei 8.078/1990 (Código de Defesa do Consumidor).

Parágrafo único. Nos contratos não atingidos pelo disposto no *caput*, exceto se houver disposição específica em lei, a dúvida na interpretação beneficia a parte que não redigiu a cláusula controvertida.

Art. 424. Nos contratos de adesão, são nulas as cláusulas que estipulem a renúncia antecipada do aderente a direito resultante da natureza do negócio.

- V. art. 51, I, Lei 8.078/1990 (Código de Defesa do Consumidor).

Art. 425. É lícito às partes estipular contratos atípicos, observadas as normas gerais fixadas neste Código.

Art. 426. Não pode ser objeto de contrato a herança de pessoa viva.

- V. arts. 1.655 e 2.018, CC.

Seção II
Da Formação dos Contratos

Art. 427. A proposta de contrato obriga o proponente, se o contrário não resultar dos termos dela, da natureza do negócio, ou das circunstâncias do caso.

- V. arts. 107 e 138, CC.

Art. 428. Deixa de ser obrigatória a proposta:

I – se, feita sem prazo a pessoa presente, não foi imediatamente aceita. Considera-se também presente a pessoa que contrata por telefone ou por meio de comunicação semelhante;

- V. art. 49, Lei 8.078/1990 (Código de Defesa do Consumidor).

II – se, feita sem prazo a pessoa ausente, tiver decorrido tempo suficiente para chegar a resposta ao conhecimento do proponente;

III – se, feita a pessoa ausente, não tiver sido expedida a resposta dentro do prazo dado;

IV – se, antes dela, ou simultaneamente, chegar ao conhecimento da outra parte a retratação do proponente.

Art. 429. A oferta ao público equivale a proposta quando encerra os requisitos essenciais ao contrato, salvo se o contrário resultar das circunstâncias ou dos usos.

- V. art. 30, Lei 8.078/1990 (Código de Defesa do Consumidor).

Parágrafo único. Pode revogar-se a oferta pela mesma via de sua divulgação, desde que ressalvada esta faculdade na oferta realizada.

Art. 430. Se a aceitação, por circunstância imprevista, chegar tarde ao conhecimento do proponente, este comunicá-lo-á imediatamente ao aceitante, sob pena de responder por perdas e danos.

- V. arts. 402 a 405, CC.

Art. 431. A aceitação fora do prazo, com adições, restrições, ou modificações, importará nova proposta.

Art. 432. Se o negócio for daqueles em que não seja costume a aceitação expressa, ou o proponente a tiver dispensado, reputar-se-á concluído o contrato, não chegando a tempo a recusa.

- V. art. 659, CC.

Art. 433. Considera-se inexistente a aceitação, se antes dela ou com ela chegar ao proponente a retratação do aceitante.

Art. 434. Os contratos entre ausentes tornam-se perfeitos desde que a aceitação é expedida, exceto:

I – no caso do artigo antecedente;

II – se o proponente se houver comprometido a esperar resposta;

III – se ela não chegar no prazo convencionado.

Art. 435. Reputar-se-á celebrado o contrato no lugar em que foi proposto.

- V. art. 9º, § 2º, Dec.-lei 4.657/1942 (Lei de Introdução às normas do Direito Brasileiro).

Seção III
Da Estipulação em Favor de Terceiro

Art. 436. O que estipula em favor de terceiro pode exigir o cumprimento da obrigação.

- V. art. 553, CC.

Parágrafo único. Ao terceiro, em favor de quem se estipulou a obrigação, também é permitido exigi-la, ficando, todavia, sujeito às condições e normas do contrato, se a ele anuir, e o estipulante não o inovar nos termos do art. 438.

Art. 437. Se ao terceiro, em favor de quem se fez o contrato, se deixar o direito de reclamar-lhe a execução, não poderá o estipulante exonerar o devedor.

Art. 438. O estipulante pode reservar-se o direito de substituir o terceiro designado no contrato, independentemente da sua anuência e da do outro contratante.

- V. arts. 436, 791 e 792, CC.

Parágrafo único. A substituição pode ser feita por ato entre vivos ou por disposição de última vontade.

Seção IV
Da Promessa de Fato de Terceiro

Art. 439. Aquele que tiver prometido fato de terceiro responderá por perdas e danos, quando este o não executar.

- V. arts. 402 a 405, CC.

Parágrafo único. Tal responsabilidade não existirá se o terceiro for o cônjuge do promitente, dependendo da sua anuência o ato a ser praticado, e desde que, pelo regime do casamento, a indenização, de algum modo, venha a recair sobre os seus bens.

Art. 440. Nenhuma obrigação haverá para quem se comprometer por outrem, se este, depois de se ter obrigado, faltar à prestação.

Seção V
Dos Vícios Redibitórios

Art. 441. A coisa recebida em virtude de contrato comutativo pode ser enjeitada por vícios ou defeitos ocultos, que a tornem imprópria ao uso a que é destinada, ou lhe diminuam o valor.

- V. arts. 138, 139, I, 442, 484, 500, 501, 503, 509, 510 e 568, CC.
- V. arts. 12 a 25, 35, 41 e 51, II, Lei 8.078/1990 (Código de Defesa do Consumidor).

Parágrafo único. É aplicável a disposição deste artigo às doações onerosas.

- V. arts. 136, 540, 552 e 553, CC.

Art. 442. Em vez de rejeitar a coisa, redibindo o contrato (art. 441), pode o adquirente reclamar abatimento no preço.

- V. art. 616, CC.
- V. arts. 18, § 1º, III, 19, I, e 20, III, Lei 8.078/1990 (Código de Defesa do Consumidor).

Art. 443. Se o alienante conhecia o vício ou defeito da coisa, restituirá o que recebeu com perdas e danos; se o não conhecia, tão somente restituirá o valor recebido, mais as despesas do contrato.

- V. arts. 402 a 405, CC.

Art. 444. A responsabilidade do alienante subsiste ainda que a coisa pereça em poder do alienatário, se perecer por vício oculto, já existente ao tempo da tradição.

Art. 445. O adquirente decai do direito de obter a redibição ou abatimento no preço no prazo de 30 (trinta) dias se a coisa for móvel, e de 1 (um) ano se for imóvel, contado da entrega efetiva; se já estava na posse, o prazo conta-se da alienação, reduzido à metade.

- V. art. 446, CC.
- V. arts. 26 e 27, Lei 8.078/1990 (Código de Defesa do Consumidor).

§ 1º Quando o vício, por sua natureza, só puder ser conhecido mais tarde, o prazo contar-se-á do momento em que dele tiver ciência, até o prazo máximo de 180 (cento e oitenta) dias, em se tratando de bens móveis; e de 1 (um) ano, para os imóveis.

§ 2º Tratando-se de venda de animais, os prazos de garantia por vícios ocultos serão os estabelecidos em lei especial, ou, na falta desta, pelos usos locais, aplicando-se o disposto no parágrafo antecedente se não houver regras disciplinando a matéria.

Art. 446. Não correrão os prazos do artigo antecedente na constância de cláusula de garantia; mas o adquirente deve denunciar o defeito ao alienante nos 30 (trinta) dias seguintes ao seu descobrimento, sob pena de decadência.

- V. arts. 207 a 211, CC.
- V. art. 50, Lei 8.078/1990 (Código de Defesa do Consumidor).

Seção VI
Da Evicção

Art. 447. Nos contratos onerosos, o alienante responde pela evicção. Subsiste esta garantia ainda que a aquisição se tenha realizado em hasta pública.

- V. arts. 199, III, 295, 359, 552, 845, 1.005, 1.939, III, e 2.024 a 2.026, CC.
- V. art. 125, I, CPC/2015.

Art. 448. Podem as partes, por cláusula expressa, reforçar, diminuir ou excluir a responsabilidade pela evicção.

- V. art. 449, CC.

Art. 449. Não obstante a cláusula que exclui a garantia contra a evicção, se esta se der, tem direito o evicto a receber o preço que pagou pela coisa evicta, se não soube do risco da evicção, ou, dele informado, não o assumiu.

- V. art. 448, CC.

Art. 450. Salvo estipulação em contrário, tem direito o evicto, além da restituição integral do preço ou das quantias que pagou:

I – à indenização dos frutos que tiver sido obrigado a restituir;

II – à indenização pelas despesas dos contratos e pelos prejuízos que diretamente resultarem da evicção;

III – às custas judiciais e aos honorários do advogado por ele constituído.

Parágrafo único. O preço, seja a evicção total ou parcial, será o do valor da coisa, na época em que se evenceu, e proporcional ao desfalque sofrido, no caso de evicção parcial.

Art. 451. Subsiste para o alienante esta obrigação, ainda que a coisa alienada esteja deteriorada, exceto havendo dolo do adquirente.

- V. arts. 145 a 150, CC.

Art. 452. Se o adquirente tiver auferido vantagens das deteriorações, e não tiver sido condenado a indenizá-las, o valor das vantagens será deduzido da quantia que lhe houver de dar o alienante.

Art. 453. As benfeitorias necessárias ou úteis, não abonadas ao que sofreu a evicção, serão pagas pelo alienante.

- V. arts. 96, §§ 2º e 3º, 97 e 454, CC.

Art. 454. Se as benfeitorias abonadas ao que sofreu a evicção tiverem sido feitas pelo alienante, o valor delas será levado em conta na restituição devida.

- V. art. 453, CC.

Art. 455. Se parcial, mas considerável, for a evicção, poderá o evicto optar entre a rescisão do contrato e a restituição da parte do preço correspondente ao desfalque sofrido. Se não for considerável, caberá somente direito a indenização.

- V. art. 442, CC.

Art. 456. *(Revogado pela Lei 13.105/2015 – DOU 17.03.2015, em vigor após decorrido 1 (um) ano da data de sua publicação oficial).*

Art. 457. Não pode o adquirente demandar pela evicção, se sabia que a coisa era alheia ou litigiosa.

Seção VII
Dos Contratos Aleatórios

Art. 458. Se o contrato for aleatório, por dizer respeito a coisas ou fatos futuros, cujo risco de não virem a existir um dos contratantes assuma, terá o outro direito de receber integralmente o que lhe foi prometido, desde que de sua parte não tenha havido dolo ou culpa, ainda que nada do avençado venha a existir.

- V. arts. 757 a 777, CC.

Art. 459. Se for aleatório, por serem objeto dele coisas futuras, tomando o adquirente a si o risco de virem a existir em qualquer quantidade, terá também direito o alienante a todo o preço, desde que de sua parte não tiver concorrido culpa, ainda que a coisa venha a existir em quantidade inferior à esperada.

Parágrafo único. Mas, se da coisa nada vier a existir, alienação não haverá, e o alienante restituirá o preço recebido.

Art. 460. Se for aleatório o contrato, por se referir a coisas existentes, mas expostas a risco, assumido pelo adquirente, terá igualmente direito o alienante a todo o preço, posto que a coisa já não existisse, em parte, ou de todo, no dia do contrato.

Art. 461. A alienação aleatória a que se refere o artigo antecedente poderá ser anulada como dolosa pelo prejudicado, se provar que o outro contratante não ignorava a consumação do risco, a que no contrato se considerava exposta a coisa.

Seção VIII
Do Contrato Preliminar

Art. 462. O contrato preliminar, exceto quanto à forma, deve conter todos os requisitos essenciais ao contrato a ser celebrado.

- V. art. 11, Dec.-lei 58/1937 (Loteamento e venda de terrenos para pagamento em prestações).
- V. art. 26, Lei 6.766/1979 (Parcelamento do solo urbano).

Art. 463. Concluído o contrato preliminar, com observância do disposto no artigo antecedente, e desde que dele não conste cláusula de arrependimento, qualquer das partes terá o direito de exigir a celebração do definitivo, assinando prazo à outra para que o efetive.

- V. arts. 420, 1.417 e 1.418, CC.
- V. art. 15, Dec.-lei 58/1937 (Loteamento e venda de terrenos para pagamento em prestações).
- V. arts. 221, II, 223 e 225, § 1º, Lei 6.015/1973 (Lei de Registros Públicos).
- V. art. 25, Lei 6.766/1979 (Parcelamento do solo urbano).
- V. Súmula 166, STF.

Parágrafo único. O contrato preliminar deverá ser levado ao registro competente.

- V. arts. 221, II, 223 e 225, § 1º, Lei 6.015/1973 (Lei de Registros Públicos).
- V. Súmulas 167 e 412, STF.
- V. Súmula 76, STJ.

Art. 464. Esgotado o prazo, poderá o juiz, a pedido do interessado, suprir a vontade da parte inadimplente, conferindo caráter definitivo ao contrato preliminar, salvo se a isto se opuser a natureza da obrigação.

- V. art. 1.418, CC.
- V. arts. 497, 499, 500, 536, *caput* e § 1º, 537, *caput* e § 1º, CPC/2015.
- V. arts. 16 e 22, Dec.-lei 58/1937 (Loteamento e venda de terrenos para pagamento em prestações).
- V. art. 69, Lei 4.380/1964 (BNH).
- V. Súmulas 168 e 413, STF.

Art. 465. Se o estipulante não der execução ao contrato preliminar, poderá a outra parte considerá-lo desfeito, e pedir perdas e danos.

- V. arts. 389 e 402 a 405, CC.

Art. 466. Se a promessa de contrato for unilateral, o credor, sob pena de ficar a mesma sem efeito, deverá manifestar-se no prazo nela previsto, ou, inexistindo este, no que lhe for razoavelmente assinado pelo devedor.

Seção IX
Do Contrato com Pessoa a Declarar

Art. 467. No momento da conclusão do contrato, pode uma das partes reservar-se a faculdade de indicar a pessoa que deve adquirir os direitos e assumir as obrigações dele decorrentes.

Art. 468. Essa indicação deve ser comunicada à outra parte no prazo de 5 (cinco) dias da conclusão do contrato, se outro não tiver sido estipulado.

Parágrafo único. A aceitação da pessoa nomeada não será eficaz se não se revestir da mesma forma que as partes usaram para o contrato.

Art. 469. A pessoa, nomeada de conformidade com os artigos antecedentes, adquire os direitos e assume as obrigações decorrentes do contrato, a partir do momento em que este foi celebrado.

Art. 470. O contrato será eficaz somente entre os contratantes originários:

I – se não houver indicação de pessoa, ou se o nomeado se recusar a aceitá-la;

II – se a pessoa nomeada era insolvente, e a outra pessoa o desconhecia no momento da indicação.

Art. 471. Se a pessoa a nomear era incapaz ou insolvente no momento da nomeação, o contrato produzirá seus efeitos entre os contratantes originários.

- V. arts. 3º a 5º e 104, I, CC.

Capítulo II
Da Extinção do Contrato

Seção I
Do Distrato

Art. 472. O distrato faz-se pela mesma forma exigida para o contrato.

- V. art. 251, Lei 6.015/1973 (Lei de Registros Públicos).

Art. 473. A resilição unilateral, nos casos em que a lei expressa ou implicitamente o permita, opera mediante denúncia notificada à outra parte.

- V. art. 6º, Lei 8.245/1991 (Locação de imóveis urbanos).

Parágrafo único. Se, porém, dada a natureza do contrato, uma das partes houver feito investimentos consideráveis para a sua execução, a denúncia unilateral só produzirá efeito depois de transcorrido prazo compatível com a natureza e o vulto dos investimentos.

Seção II
Da Cláusula Resolutiva

Art. 474. A cláusula resolutiva expressa opera de pleno direito; a tácita depende de interpelação judicial.

- V. arts. 127, 128 e 130, CC.
- V. arts. 726, 728 e 729, CPC/2015.

Art. 475. A parte lesada pelo inadimplemento pode pedir a resolução do contrato, se não preferir exigir-lhe o cumprimento, cabendo, em qualquer dos casos, indenização por perdas e danos.

- V. arts. 186, 389, 402 a 405 e 927, CC.

Seção III
Da Exceção de Contrato Não Cumprido

Art. 476. Nos contratos bilaterais, nenhum dos contratantes, antes de cumprida a sua obrigação, pode exigir o implemento da do outro.

- V. arts. 333 e 491, CC.

Art. 477. Se, depois de concluído o contrato, sobrevier a uma das partes contratantes diminuição em seu patrimônio capaz de comprometer ou tornar duvidosa a prestação pela qual se obrigou, pode a outra recusar-se à prestação que lhe incumbe, até que aquela satisfaça a que lhe compete ou dê garantia bastante de satisfazê-la.

- V. arts. 333, III, 495, 590 e 810, CC.

Seção IV
Da Resolução por Onerosidade Excessiva

Art. 478. Nos contratos de execução continuada ou diferida, se a prestação de uma das partes se tornar excessivamente onerosa, com extrema vantagem para a outra, em virtude de acontecimentos extraordinários e imprevisíveis, poderá o devedor pedir a resolução do contrato. Os efeitos da sentença que a decretar retroagirão à data da citação.

- V. arts. 157, 621, 625 e 884 a 886, CC.
- V. arts. 6º, V, e 51, IV e § 1º, III, Lei 8.078/1990 (Código de Defesa do Consumidor).

Art. 479. A resolução poderá ser evitada, oferecendo-se o réu a modificar equitativamente as condições do contrato.

Art. 480. Se no contrato as obrigações couberem a apenas uma das partes, poderá ela pleitear que a sua prestação seja reduzida, ou alterado o modo de executá-la, a fim de evitar a onerosidade excessiva.

☛ **Art. 480-A.** Nas relações interempresariais, é lícito às partes contratantes estabelecer parâmetros objetivos para a interpretação de requisitos de revisão ou de resolução do pacto contratual.

- Artigo acrescentado pela MP 881/2019.

Art. 480-B. Nas relações interempresariais, deve-se presumir a simetria dos contratantes e observar a alocação de riscos por eles definida.

- Artigo acrescentado pela MP 881/2019.

TÍTULO VI
Das Várias Espécies de Contrato

Capítulo I
Da Compra e Venda

Seção I
Disposições Gerais

Art. 481. Pelo contrato de compra e venda, um dos contratantes se obriga a transferir o domínio de certa coisa, e o outro, a pagar-lhe certo preço em dinheiro.

- V. arts. 357, 521 a 528, 533, 1.361 a 1.368, 1.417 e 1.418, CC.
- V. arts. 730, 881, *caput*, 882, § 3º, 886, 887, §§ 1º a 6º, 888, 889, I, 890, 891, 892, *caput* e § 1º, 893, 895, *caput* e §§ 1º, 2º e 9º, 897 a 901, 903, *caput* e § 1º, CPC/2015.
- V. Dec.-lei 58/1937 (Loteamento e venda de terrenos para pagamento em prestações).
- V. Dec. 3.079/1938 (Regulamenta o Dec.-lei 58/1937).
- V. Lei 4.380/1964 (BNH).
- V. Dec.-lei 911/1969 (Alienação fiduciária).
- V. Lei 5.709/1971 (Aquisição de imóvel rural por estrangeiro residente no Brasil).
- V. art. 129-5, Lei 6.015/1973 (Lei de Registros Públicos).
- V. Lei 6.766/1979 (Parcelamento do solo urbano).
- V. Lei 8.025/1990 (Alienação de bens imóveis residenciais de propriedade da União).
- V. Lei 8.078/1990 (Código de Defesa do Consumidor).

Art. 482. A compra e venda, quando pura, considerar-se-á obrigatória e perfeita, desde que as partes acordarem no objeto e no preço.

- V. arts. 417 a 420, 485 e 486, CC.

Art. 483. A compra e venda pode ter por objeto coisa atual ou futura. Neste caso, ficará sem efeito o contrato se esta não vier a existir, salvo se a intenção das partes era de concluir contrato aleatório.

- V. arts. 458 a 461, CC.

Art. 484. Se a venda se realizar à vista de amostras, protótipos ou modelos, entender-se-á que o vendedor assegura ter a coisa as qualidades que a elas correspondem.

- V. arts. 441 a 446, CC.

Parágrafo único. Prevalece a amostra, o protótipo ou o modelo, se houver contradição ou diferença com a maneira pela qual se descreveu a coisa no contrato.

Art. 485. A fixação do preço pode ser deixada ao arbítrio de terceiro, que os contratantes logo designarem ou prometerem designar. Se o terceiro não aceitar a incumbência, ficará sem efeito o contrato, salvo quando acordarem os contratantes designar outra pessoa.

Art. 486. Também se poderá deixar a fixação do preço à taxa de mercado ou de bolsa, em certo e determinado dia e lugar.

Art. 487. É lícito às partes fixar o preço em função de índices ou parâmetros, desde que suscetíveis de objetiva determinação.

Art. 488. Convencionada a venda sem fixação de preço ou de critérios para a sua determinação, se não houver tabelamento oficial, entende-se que as partes se sujeitaram ao preço corrente nas vendas habituais do vendedor.

- V. arts. 422 e 2.035, parágrafo único, CC.

Parágrafo único. Na falta de acordo, por ter havido diversidade de preço, prevalecerá o termo médio.

Art. 489. Nulo é o contrato de compra e venda, quando se deixa ao arbítrio exclusivo de uma das partes a fixação do preço.

- V. art. 122, CC.
- V. art. 51, X, Lei 8.078/1990 (Código de Defesa do Consumidor).

Art. 490. Salvo cláusula em contrário, ficarão as despesas de escritura e registro a cargo do comprador, e a cargo do vendedor as da tradição.

- V. art. 533, I, CC.

Art. 491. Não sendo a venda a crédito, o vendedor não é obrigado a entregar a coisa antes de receber o preço.

- V. arts. 476 e 477, CC.

Art. 492. Até o momento da tradição, os riscos da coisa correm por conta do vendedor, e os do preço por conta do comprador.

- V. arts. 234, 237, 246, 458, 1.267 e 1.268, CC.

§ 1º Todavia, os casos fortuitos, ocorrentes no ato de contar, marcar ou assinalar coisas, que comumente se recebem, contando, pesando, medindo ou assinalando, e que já tiverem sido postas à disposição do comprador, correrão por conta deste.

- V. art. 393, parágrafo único, CC.

§ 2º Correrão também por conta do comprador os riscos das referidas coisas, se estiver em mora de as receber, quando postas à sua disposição no tempo, lugar e pelo modo ajustados.

- V. art. 400, CC.

Art. 493. A tradição da coisa vendida, na falta de estipulação expressa, dar-se-á no lugar onde ela se encontrava, ao tempo da venda.

- V. arts. 328 e 1.267, CC.

Art. 494. Se a coisa for expedida para lugar diverso, por ordem do comprador, por sua conta correrão os riscos, uma vez entregue a quem haja de transportá-la, salvo se das instruções dele se afastar o vendedor.

- V. arts. 749, 750 e 754, CC.

Art. 495. Não obstante o prazo ajustado para o pagamento, se antes da tradição o comprador cair em insolvência, poderá o vendedor sobrestar na entrega da coisa, até que o comprador lhe dê caução de pagar no tempo ajustado.

- V. art. 477, CC.

Art. 496. É anulável a venda de ascendente a descendente, salvo se os outros descendentes e o cônjuge do alienante expressamente houverem consentido.

- V. arts. 176, 179 e 533, II, CC.
- V. Súmula 494, STF.

Parágrafo único. Em ambos os casos, dispensa-se o consentimento do cônjuge se o regime de bens for o da separação obrigatória.

- V. art. 1.641, CC.

Art. 497. Sob pena de nulidade, não podem ser comprados, ainda que em hasta pública:

- V. arts. 166 a 170, CC.
- V. art. 895, *caput*, CPC/2015.
- V. art. 177, Lei 11.101/2005 (Lei de Recuperação de Empresas e Falência).

I – pelos tutores, curadores, testamenteiros e administradores, os bens confiados à sua guarda ou administração;

- V. arts. 580, 1.749, I, 1.774, 1.781 e 1.977, *caput*, CC.
- V. Súmula 165, STF.

Códigos

II – pelos servidores públicos, em geral, os bens ou direitos da pessoa jurídica a que servirem, ou que estejam sob sua administração direta ou indireta;

- V. art. 24, VI, Dec.-lei 411/1969 (Administração dos territórios federais).
- V. art. 117, IX, Lei 8.112/1990 (Regime jurídico único dos servidores públicos civis da União).

III – pelos juízes, secretários de tribunais, arbitradores, peritos e outros serventuários ou auxiliares da justiça, os bens ou direitos sobre que se litigar em tribunal, juízo ou conselho, no lugar onde servirem, ou a que se estender a sua autoridade;

- V. art. 498, CC.

IV – pelos leiloeiros e seus prepostos, os bens de cuja venda estejam encarregados.

- V. art. 36, *b*, Dec. 21.981/1932 (Leiloeiro).
- V. art. 7º, II, Lei 4.021/1961 (Leiloeiro rural).

Parágrafo único. As proibições deste artigo estendem-se à cessão de crédito.

- V. arts. 286 a 298 e 1.749, III, CC.

Art. 498. A proibição contida no inciso III do artigo antecedente, não compreende os casos de compra e venda ou cessão entre coerdeiros, ou em pagamento de dívida, ou para garantia de bens já pertencentes a pessoas designadas no referido inciso.

Art. 499. É lícita a compra e venda entre cônjuges, com relação a bens excluídos da comunhão.

- V. arts. 1.641, 1.656, 1.659, 1.668, 1.673 e 1.687, CC.

Art. 500. Se, na venda de um imóvel, se estipular o preço por medida de extensão, ou se determinar a respectiva área, e esta não corresponder, em qualquer dos casos, às dimensões dadas, o comprador terá o direito de exigir o complemento da área, e, não sendo isso possível, o de reclamar a resolução do contrato ou abatimento proporcional ao preço.

- V. arts. 441 a 446 e 500, CC.

§ 1º Presume-se que a referência às dimensões foi simplesmente enunciativa, quando a diferença encontrada não exceder de 1/20 (um vigésimo) da área total enunciada, ressalvado ao comprador o direito de provar que, em tais circunstâncias, não teria realizado o negócio.

§ 2º Se em vez de falta houver excesso, e o vendedor provar que tinha motivos para ignorar a medida exata da área vendida, caberá ao comprador, à sua escolha, completar o valor correspondente ao preço ou devolver o excesso.

§ 3º Não haverá complemento de área, nem devolução de excesso, se o imóvel for vendido como coisa certa e discriminada, tendo sido apenas enunciativa a referência às suas dimensões, ainda que não conste, de modo expresso, ter sido a venda *ad corpus*.

Art. 501. Decai do direito de propor as ações previstas no artigo antecedente o vendedor ou o comprador que não o fizer no prazo de 1 (um) ano, a contar do registro do título.

- V. arts. 207 a 211, CC.

Parágrafo único. Se houver atraso na imissão de posse no imóvel, atribuível ao alienante, a partir dela fluirá o prazo de decadência.

Art. 502. O vendedor, salvo convenção em contrário, responde por todos os débitos que gravem a coisa até o momento da tradição.

- V. arts. 492 e 533, CC.

Art. 503. Nas coisas vendidas conjuntamente, o defeito oculto de uma não autoriza a rejeição de todas.

- V. arts. 441 a 445, CC.

Art. 504. Não pode um condômino em coisa indivisível vender a sua parte a estranhos, se outro consorte a quiser, tanto por tanto. O condômino, a quem não se der conhecimento da venda, poderá, depositando o preço, haver para si a parte vendida a estranhos, se o requerer no prazo de 180 (cento e oitenta) dias, sob pena de decadência.

- V. arts. 87, 88, 207 a 211, 513 a 520, 1.314, 1.320 e 1.322, CC.
- V. art. 92, § 3º, Lei 4.504/1964 (Estatuto da Terra).
- V. art. 34, Lei 8.245/1991 (Locação de imóveis urbanos).

Parágrafo único. Sendo muitos os condôminos, preferirá o que tiver benfeitorias de maior valor e, na falta de benfeitorias, o de quinhão maior. Se as partes forem iguais, haverão a parte vendida os comproprietários, que a quiserem, depositando previamente o preço.

Seção II
Das Cláusulas Especiais à Compra e Venda

Subseção I
Da Retrovenda

Art. 505. O vendedor de coisa imóvel pode reservar-se o direito de recobrá-la no prazo máximo de decadência de 3 (três) anos, restituindo o preço recebido e reembolsando as despesas do comprador, inclusive as que, durante o período de resgate, se efetuaram com a sua autorização escrita, ou para a realização de benfeitorias necessárias.

- V. arts. 96, § 3º, e 207 a 211, CC.

Art. 506. Se o comprador se recusar a receber as quantias a que faz jus, o vendedor, para exercer o direito de resgate, as depositará judicialmente.

- V. arts. 334 a 345, CC.
- V. arts. 539 a 545, CPC/2015.

Parágrafo único. Verificada a insuficiência do depósito judicial, não será o vendedor restituído no domínio da coisa, até e enquanto não for integralmente pago o comprador.

Art. 507. O direito de retrato, que é cessível e transmissível a herdeiros e legatários, poderá ser exercido contra o terceiro adquirente.

- V. art. 1.359, CC.
- V. art. 167, I-29, Lei 6.015/1973 (Lei de Registros Públicos).

Art. 508. Se a duas ou mais pessoas couber o direito de retrato sobre o mesmo imóvel, e só uma o exercer, poderá o comprador intimar as outras para nele acordarem, prevalecendo o pacto em favor de quem haja efetuado o depósito, contanto que seja integral.

Subseção II
Da Venda a Contento e da Sujeita a Prova

Art. 509. A venda feita a contento do comprador entende-se realizada sob condição suspensiva, ainda que a coisa lhe tenha sido entregue; e não se reputará perfeita, enquanto o adquirente não manifestar seu agrado.

- V. arts. 122, 125, 135, 234, 492 e 611, CC.
- V. Lei 5.966/1973 (Sistema Nacional de Metrologia, Normalização e Qualidade Industrial).

Art. 510. Também a venda sujeita a prova presume-se feita sob a condição suspensiva de que a coisa tenha as qualidades asseguradas pelo vendedor e seja idônea para o fim a que se destina.

- V. arts. 125, 135, 234 e 492, CC.

Art. 511. Em ambos os casos, as obrigações do comprador, que recebeu, sob condição suspensiva, a coisa comprada, são as de mero comodatário, enquanto não manifeste aceitá-la.

- V. arts. 579 a 585, CC.

Art. 512. Não havendo prazo estipulado para a declaração do comprador, o vendedor terá direito de intimá-lo, judicial ou extrajudicialmente, para que o faça em prazo improrrogável.

Subseção III
Da Preempção ou Preferência

Art. 513. A preempção, ou preferência, impõe ao comprador a obrigação de oferecer ao vendedor a coisa que aquele vai vender, ou dar em pagamento, para que este use de seu direito de prelação na compra, tanto por tanto.

- V. arts. 504, 516, 518 e 1.359, CC.
- V. arts. 27 e 34, Lei 8.245/1991 (Locação de imóveis urbanos).

Parágrafo único. O prazo para exercer o direito de preferência não poderá exceder a 180 (cento e oitenta) dias, se a coisa for móvel, ou a 2 (dois) anos, se imóvel.

Art. 514. O vendedor pode também exercer o seu direito de prelação, intimando o comprador, quando lhe constar que este vai vender a coisa.

Art. 515. Aquele que exerce a preferência está, sob pena de a perder, obrigado a pagar, em condições iguais, o preço encontrado, ou o ajustado.

- V. art. 504, CC.

Art. 516. Inexistindo prazo estipulado, o direito de preempção caducará, se a coisa for móvel, não se exercendo nos 3 (três) dias, e, se for imóvel, não se exercendo nos 60 (sessenta) dias subsequentes à data em que o comprador tiver notificado o vendedor.

- V. art. 28, Lei 8.245/1991 (Locação de imóveis urbanos).

Art. 517. Quando o direito de preempção for estipulado a favor de dois ou mais indivíduos em comum, só pode ser exercido em relação à coisa no seu todo. Se alguma das pessoas, a quem ele toque, perder ou não exercer o seu direito, poderão as demais utilizá-lo na forma sobredita.

Art. 518. Responderá por perdas e danos o comprador, se alienar a coisa sem ter dado ao vendedor ciência do preço e das vantagens que por ela lhe oferecem. Responderá solidariamente o adquirente, se tiver procedido de má-fé.

- V. arts. 275 a 285 e 402 a 405, CC.
- V. art. 33, Lei 8.245/1991 (Locação de imóveis urbanos).

Art. 519. Se a coisa expropriada para fins de necessidade ou utilidade pública, ou por interesse social, não tiver o destino para que se desapropriou, ou não for utilizada em obras ou serviços públicos, caberá ao expropriado direito de preferência, pelo preço atual da coisa.

- V. art. 35, Dec.-lei 3.365/1941 (Desapropriações por utilidade pública).

Art. 520. O direito de preferência não se pode ceder nem passa aos herdeiros.

Subseção IV
Da Venda com Reserva de Domínio

- V. art. 119, IV, Lei 11.101/2005 (Lei de Recuperação de Empresas e Falência).

Art. 521. Na venda de coisa móvel, pode o vendedor reservar para si a propriedade, até que o preço esteja integralmente pago.

- V. arts. 523 e 1.359, CC.

Art. 522. A cláusula de reserva de domínio será estipulada por escrito e depende de registro no domicílio do comprador para valer contra terceiros.

- V. art. 129-5, Lei 6.015/1973 (Lei de Registros Públicos).

Art. 523. Não pode ser objeto de venda com reserva de domínio a coisa insuscetível de caracterização perfeita, para estremá-la de outras congêneres. Na dúvida, decide-se a favor do terceiro adquirente de boa-fé.

- V. art. 85, CC.

Art. 524. A transferência de propriedade ao comprador dá-se no momento em que o preço esteja integralmente pago. Todavia, pelos riscos da coisa responde o comprador, a partir de quando lhe foi entregue.

- V. arts. 492 e 587, CC.

Art. 525. O vendedor somente poderá executar a cláusula de reserva de domínio após constituir o comprador em mora, mediante protesto do título ou interpelação judicial.

- V. arts. 394 a 401, CC.
- V. arts. 726, 728 e 729, CPC/2015.

Art. 526. Verificada a mora do comprador, poderá o vendedor mover contra ele a competente ação de cobrança das prestações vencidas e vincendas e o mais que lhe for devido; ou poderá recuperar a posse da coisa vendida.

Art. 527. Na segunda hipótese do artigo antecedente, é facultado ao vendedor reter as prestações pagas até o necessário para cobrir a depreciação da coisa, as despesas feitas e o mais que de direito lhe for devido. O excedente será devolvido ao comprador; e o que faltar lhe será cobrado, tudo na forma da lei processual.

Art. 528. Se o vendedor receber o pagamento à vista, ou, posteriormente, mediante financiamento de instituição do mercado de capitais, a esta caberá exercer os direitos e ações decorrentes do contrato, a benefício de qualquer outro. A operação financeira e a respectiva ciência do comprador constarão do registro do contrato.

Subseção V
Da Venda sobre Documentos

Art. 529. Na venda sobre documentos, a tradição da coisa é substituída pela entrega do seu título representativo e dos outros documentos exigidos pelo contrato ou, no silêncio deste, pelos usos.

Parágrafo único. Achando-se a documentação em ordem, não pode o comprador recusar o pagamento, a pretexto de defeito de qualidade ou do estado da coisa vendida, salvo se o defeito já houver sido comprovado.

Art. 530. Não havendo estipulação em contrário, o pagamento deve ser efetuado na data e no lugar da entrega dos documentos.

Art. 531. Se entre os documentos entregues ao comprador figurar apólice de seguro que cubra os riscos do transporte, correm estes à conta do comprador, salvo se, ao ser concluído o contrato, tivesse o vendedor ciência da perda ou avaria da coisa.

Art. 532. Estipulado o pagamento por intermédio de estabelecimento bancário, caberá a este efetuá-lo contra a entrega dos documentos, sem obrigação de verificar a coisa vendida, pela qual não responde.

Parágrafo único. Nesse caso, somente após a recusa do estabelecimento bancário a efetuar o pagamento, poderá o vendedor pretendê-lo, diretamente do comprador.

Capítulo II
Da Troca ou Permuta

Art. 533. Aplicam-se à troca as disposições referentes à compra e venda, com as seguintes modificações:

- V. arts. 481 a 532, CC.

I – salvo disposição em contrário, cada um dos contratantes pagará por metade as despesas com o instrumento da troca;

- V. art. 490, CC.

II – é anulável a troca de valores desiguais entre ascendentes e descendentes, sem consentimento dos outros descendentes e do cônjuge do alienante.

- V. arts. 179 e 496, CC.
- V. Súmula 494, STF.

Capítulo III
Do Contrato Estimatório

Art. 534. Pelo contrato estimatório, o consignante entrega bens móveis ao consignatário, que fica autorizado a vendê-los, pagando àquele o preço ajustado, salvo se preferir, no prazo estabelecido, restituir-lhe a coisa consignada.

Art. 535. O consignatário não se exonera da obrigação de pagar o preço, se a restituição da coisa, em sua integridade, se tornar impossível, ainda que por fato a ele não imputável.

Art. 536. A coisa consignada não pode ser objeto de penhora ou sequestro pelos credores do consignatário, enquanto não pago integralmente o preço.

Art. 537. O consignante não pode dispor da coisa antes de lhe ser restituída ou de lhe ser comunicada a restituição.

Capítulo IV
Da Doação

Seção I
Disposições Gerais

Art. 538. Considera-se doação o contrato em que uma pessoa, por liberalidade, transfere do seu patrimônio bens ou vantagens para o de outra.

- V. art. 155, I, CF.
- V. arts. 547 a 550, 879, 1.642, V, 1.647, IV, e 1.663, § 2º, CC.
- V. art. 17, I, *b*, Lei 8.666/1993 (Licitações e contratos da administração pública).
- V. art. 9º, Lei 9.434/1997 (Remoção de órgãos, tecidos e partes do corpo humano para fins de transplante e tratamento).
- V. Súmula 328, STF.

Art. 539. O doador pode fixar prazo ao donatário, para declarar se aceita ou não a liberalidade. Desde que o donatário, ciente do prazo, não faça, dentro dele, a declaração, entender-se-á que aceitou, se a doação não for sujeita a encargo.

- V. arts. 111, 136, 441, parágrafo único, 553, 562, 564, II, 1.748, II, e 1.938, CC.

Art. 540. A doação feita em contemplação do merecimento do donatário não perde o caráter de liberalidade, como não o perde a doação remuneratória, ou a gravada, no excedente ao valor dos serviços remunerados ou ao encargo imposto.

- V. arts. 136, 441 e 564, CC.

Art. 541. A doação far-se-á por escritura pública ou instrumento particular.

- V. art. 108, CC.
- V. arts. 167, I-33, e 218, Lei 6.015/1973 (Lei de Registros Públicos).

Parágrafo único. A doação verbal será válida, se, versando sobre bens móveis e de pequeno valor, se lhe seguir incontinenti a tradição.

- V. art. 1.267, CC.

Art. 542. A doação feita ao nascituro valerá, sendo aceita pelo seu representante legal.

- V. arts. 2º, 1.630, 1.633 e 1.779, CC.

Art. 543. Se o donatário for absolutamente incapaz, dispensa-se a aceitação, desde que se trate de doação pura.

- V. arts. 3º, 4º, 1.748, II, e 1.781, CC.

Art. 544. A doação de ascendentes a descendentes, ou de um cônjuge a outro, importa adiantamento do que lhes cabe por herança.

- V. arts. 1.789, 1.846, 1.847 e 2.002 a 2.012, CC.

Art. 545. A doação em forma de subvenção periódica ao beneficiado extingue-se morrendo o doador, salvo se este outra coisa dispuser, mas não poderá ultrapassar a vida do donatário.

Art. 546. A doação feita em contemplação de casamento futuro com certa e determinada pessoa, quer pelos nubentes entre si, quer por terceiro a um deles, a ambos, ou aos filhos que, de futuro, houverem um do outro, não pode ser impugnada por falta de aceitação, e só ficará sem efeito se o casamento não se realizar.

- V. arts. 552 e 564, IV, CC.

Art. 547. O doador pode estipular que os bens doados voltem ao seu patrimônio, se sobreviver ao donatário.

- V. art. 1.359, CC.

Parágrafo único. Não prevalece cláusula de reversão em favor de terceiro.

Art. 548. É nula a doação de todos os bens sem reserva de parte, ou renda suficiente para a subsistência do doador.

Art. 549. Nula é também a doação quanto à parte que exceder à de que o doador, no momento da liberalidade, poderia dispor em testamento.

- V. arts. 1.789, 1.846, 1.967, 2.007 e 2.008, CC.

Art. 550. A doação do cônjuge adúltero ao seu cúmplice pode ser anulada pelo outro cônjuge, ou por seus herdeiros necessários, até 2 (dois) anos depois de dissolvida a sociedade conjugal.

- V. arts. 793 e 1.642, V, CC.

Art. 551. Salvo declaração em contrário, a doação em comum a mais de uma pessoa entende-se distribuída entre elas por igual.

Parágrafo único. Se os donatários, em tal caso, forem marido e mulher, subsistirá na totalidade a doação para o cônjuge sobrevivo.

Art. 552. O doador não é obrigado a pagar juros moratórios, nem é sujeito às consequências da evicção ou do vício redibitório. Nas doações para casamento com certa e determinada pessoa, o doador ficará sujeito à evicção, salvo convenção em contrário.

- V. arts. 406, 407, 441 a 457 e 1.939, III, CC.

Art. 553. O donatário é obrigado a cumprir os encargos da doação, caso forem a benefício do doador, de terceiro, ou do interesse geral.

- V. arts. 136, 137, 436 a 438, 540, 555, 564, 1.748, II, 1.781 e 1.938, CC.

Parágrafo único. Se desta última espécie for o encargo, o Ministério Público poderá exigir sua execução, depois da morte do doador, se este não tiver feito.

Art. 554. A doação a entidade futura caducará se, em 2 (dois) anos, esta não estiver constituída regularmente.

Seção II
Da Revogação da Doação

Art. 555. A doação pode ser revogada por ingratidão do donatário, ou por inexecução do encargo.

- V. arts. 390, 397, 553, 557, 559 e 562, CC.

Art. 556. Não se pode renunciar antecipadamente o direito de revogar a liberalidade por ingratidão do donatário.

Art. 557. Podem ser revogadas por ingratidão as doações:

- V. arts. 1.814 e 1.961 a 1.963, CC.

I – se o donatário atentou contra a vida do doador ou cometeu crime de homicídio doloso contra ele;

- V. art. 561, CC.

II – se cometeu contra ele ofensa física;

III – se o injuriou gravemente ou o caluniou;

IV – se, podendo ministrá-los, recusou ao doador os alimentos de que este necessitava.

Art. 558. Pode ocorrer também a revogação quando o ofendido, nos casos do artigo anterior, for o cônjuge, ascendente, descendente, ainda que adotivo, ou irmão do doador.

Art. 559. A revogação por qualquer desses motivos deverá ser pleiteada dentro de 1 (um) ano, a contar de quando chegue ao conhecimento do doador o fato que a autorizar, e de ter sido o donatário o seu autor.

Art. 560. O direito de revogar a doação não se transmite aos herdeiros do doador, nem prejudica os do donatário. Mas aqueles podem prosseguir na ação iniciada pelo doador, continuando-a contra os herdeiros do donatário, se este falecer depois de ajuizada a lide.

Art. 561. No caso de homicídio doloso do doador, a ação caberá aos seus herdeiros, exceto se aquele houver perdoado.

- V. art. 557, I, CC.

Art. 562. A doação onerosa pode ser revogada por inexecução do encargo, se o donatário incorrer em mora. Não havendo prazo para o cumprimento, o doador poderá notificar judicialmente o donatário, assinando-lhe prazo razoável para que cumpra a obrigação assumida.

- V. arts. 390, 397, 399 e 553, CC.
- V. arts. 726, 728 e 729, CPC/2015.

Art. 563. A revogação por ingratidão não prejudica os direitos adquiridos por terceiros, nem obriga o donatário a restituir os frutos percebidos antes da citação válida; mas sujeita-o a pagar os posteriores, e, quando não possa restituir em espécie as coisas doadas, a indenizá-la pelo meio-termo do seu valor.

- V. art. 1.360, CC.

Art. 564. Não se revogam por ingratidão:

I – as doações puramente remuneratórias;

- V. art. 540, CC.

II – as oneradas com encargo já cumprido;

III – as que se fizerem em cumprimento de obrigação natural;

- V. arts. 814 e 882, CC.

IV – as feitas para determinado casamento.

- V. art. 546, CC.

Capítulo V
Da Locação de Coisas

Art. 565. Na locação de coisas, uma das partes se obriga a ceder à outra, por tempo determinado ou não, o uso e gozo de coisa não fungível, mediante certa retribuição.

- V. arts. 85, 206, § 3º, I, e 2.036, CC.
- V. arts. 64, § 1º, e 86 a 98, Dec.-lei 9.760/1946 (Bens imóveis da União).
- V. art. 1º, parágrafo único, Lei 8.245/1991 (Locação de imóveis urbanos).
- V. Lei 8.494/1992 (Reajuste dos contratos de locação residencial).
- V. arts. 17, I, *f*, e 24, X, Lei 8.666/1993 (Licitações e contratos da administração pública).

Art. 566. O locador é obrigado:

- V. art. 22, I a III, Lei 8.245/1991 (Locação de imóveis urbanos).

I – a entregar ao locatário a coisa alugada, com suas pertenças, em estado de servir ao uso a que se destina, e a mantê-la nesse estado, pelo tempo do contrato, salvo cláusula expressa em contrário;

II – a garantir-lhe, durante o tempo do contrato, o uso pacífico da coisa.

- V. arts. 441 e 568, CC.

Art. 567. Se, durante a locação, se deteriorar a coisa alugada, sem culpa do locatário, a este caberá pedir redução proporcional do aluguel, ou resolver o contrato, caso já não sirva a coisa para o fim a que se destinava.

Art. 568. O locador resguardará o locatário dos embaraços e turbações de terceiros, que tenham ou pretendam ter direitos sobre a coisa alugada, e responderá pelos seus vícios, ou defeitos, anteriores à locação.

- V. arts. 441 a 457, 566, II, e 569, III, CC.
- V. art. 22, IV, Lei 8.245/1991 (Locação de imóveis urbanos).

Art. 569. O locatário é obrigado:

- V. art. 23, I a V, Lei 8.245/1991 (Locação de imóveis urbanos).

I – a servir-se da coisa alugada para os usos convencionados ou presumidos, conforme a natureza dela e as circunstâncias, bem como tratá-la com o mesmo cuidado como se sua fosse;

- V. art. 570, CC.

II – a pagar pontualmente o aluguel nos prazos ajustados, e, em falta de ajuste, segundo o costume do lugar;

- V. arts. 9º, III, e 62, Lei 8.245/1991 (Locação de imóveis urbanos).

III – a levar ao conhecimento do locador as turbações de terceiros, que se pretendam fundadas em direito;

IV – a restituir a coisa, finda a locação, no estado em que a recebeu, salvas as deteriorações naturais ao uso regular.

- V. arts. 575, 1.402 e 1.508, CC.

Art. 570. Se o locatário empregar a coisa em uso diverso do ajustado, ou do a que se destina, ou se ela se danificar por abuso do locatário, poderá o locador, além de rescindir o contrato, exigir perdas e danos.

- V. arts. 402 a 405 e 569, I, CC.
- V. art. 9º, II, Lei 8.245/1991 (Locação de imóveis urbanos).

Art. 571. Havendo prazo estipulado à duração do contrato, antes do vencimento não poderá o locador reaver a coisa alugada, senão ressarcindo ao locatário as perdas e danos resultantes, nem o locatário devolvê-la ao locador, senão pagando, proporcionalmente, a multa prevista no contrato.

- V. arts. 402 a 404, CC.
- V. art. 4º, *caput*, Lei 8.245/1991 (Locação de imóveis urbanos).

Parágrafo único. O locatário gozará do direito de retenção, enquanto não for ressarcido.

- V. art. 578, CC.

Art. 572. Se a obrigação de pagar o aluguel pelo tempo que faltar constituir indenização excessiva, será facultado ao juiz fixá-la em bases razoáveis.

- V. arts. 413, 884 a 886 e 2.035, parágrafo único, CC.

Art. 573. A locação por tempo determinado cessa de pleno direito findo o prazo estipulado, independentemente de notificação ou aviso.

- V. arts. 472 a 475, CC.
- V. arts. 46, *caput*, 47, 48 e 56, Lei 8.245/1991 (Locação de imóveis urbanos).

Art. 574. Se, findo o prazo, o locatário continuar na posse da coisa alugada, sem oposição do locador, presumir-se-á prorrogada a locação pelo mesmo aluguel, mas sem prazo determinado.

- V. arts. 46, § 1º, 47, 50 e 56, parágrafo único, Lei 8.245/1991 (Locação de imóveis urbanos).

Art. 575. Se, notificado o locatário, não restituir a coisa, pagará, enquanto a tiver em seu poder, o aluguel que o locador arbitrar, e responderá pelo dano que ela venha a sofrer, embora proveniente de caso fortuito.

- V. art. 393, CC.
- V. arts. 703, § 1º, 704, I a III, e 706, CPC/2015.

Parágrafo único. Se o aluguel arbitrado for manifestamente excessivo, poderá o juiz reduzi-lo, mas tendo sempre em conta o seu caráter de penalidade.

- V. arts. 884 a 886, CC.

Art. 576. Se a coisa for alienada durante a locação, o adquirente não ficará obrigado a respeitar o contrato, se nele não for consignada a cláusula da sua vigência no caso de alienação, e não constar de registro.

- V. arts. 8º e 27 a 34, Lei 8.245/1991 (Locação de imóveis urbanos).
- V. Súmula 442, STF.

§ 1º O registro a que se refere este artigo será o de Títulos e Documentos do domicílio do locador, quando a coisa for móvel; e será o Registro de Imóveis da respectiva circunscrição, quando imóvel.

- V. arts. 129-1, 167, I-3, e 169, III, Lei 6.015/1973 (Lei de Registros Públicos).

§ 2º Em se tratando de imóvel, e ainda no caso em que o locador não esteja obrigado a respeitar o contrato, não poderá ele despedir o locatário, senão observado o prazo de 90 (noventa) dias após a notificação.

- V. arts. 703, § 1º, 704, I a III, e 706, CPC/2015.

Art. 577. Morrendo o locador ou o locatário, transfere-se aos seus herdeiros a locação por tempo determinado.

- V. arts. 10 e 11, Lei 8.245/1991 (Locação de imóveis urbanos).

Art. 578. Salvo disposição em contrário, o locatário goza do direito de retenção, no caso de benfeitorias necessárias, ou no de benfeitorias úteis, se estas houverem sido feitas com expresso consentimento do locador.

- V. arts. 96, 571, parágrafo único, e 1.219, CC.
- V. arts. 35 e 36, Lei 8.245/1991 (Locação de imóveis urbanos).
- V. Súmula 158, STF.

Capítulo VI
Do Empréstimo

Seção I
Do Comodato

Art. 579. O comodato é o empréstimo gratuito de coisas não fungíveis. Perfaz-se com a tradição do objeto.

- V. art. 85, CC.

Art. 580. Os tutores, curadores e em geral todos os administradores de bens alheios não poderão dar em comodato, sem autorização especial, os bens confiados à sua guarda.

- V. arts. 497, I, 1.741, 1.749, II, 1.774 e 1.781, CC.

Art. 581. Se o comodato não tiver prazo convencional, presumir-se-lhe-á o necessário para o uso concedido; não podendo o comodante, salvo necessidade imprevista e urgente, reconhecida pelo juiz, suspender o uso e gozo da coisa emprestada, antes de findo o prazo convencional, ou o que se determine pelo uso outorgado.

- V. arts. 472 a 475, CC.

Art. 582. O comodatário é obrigado a conservar, como se sua própria fora, a coisa emprestada, não podendo usá-la senão de acordo com o contrato ou a natureza dela, sob pena de responder por perdas e danos. O comodatário constituído em mora, além de por ela responder, pagará, até restituí-la, o aluguel da coisa que for arbitrado pelo comodante.

- V. arts. 397, 399 e 402 a 405, CC.

Art. 583. Se, correndo risco o objeto do comodato juntamente com outros do comodatário, antepuser este a salvação dos seus abandonando o do comodante, responderá pelo dano ocorrido, ainda que se possa atribuir a caso fortuito, ou força maior.

- V. arts. 238 a 240 e 393, parágrafo único, CC.

Art. 584. O comodatário não poderá jamais recobrar do comodante as despesas feitas com o uso e gozo da coisa emprestada.

- V. arts. 241 e 242, CC.

Art. 585. Se duas ou mais pessoas forem simultaneamente comodatárias de uma coisa, ficarão solidariamente responsáveis para com o comodante.

- V. arts. 275 a 285, CC.

Seção II
Do Mútuo

Art. 586. O mútuo é o empréstimo de coisas fungíveis. O mutuário é obrigado a restituir ao mutuante o que dele recebeu em coisa do mesmo gênero, qualidade e quantidade.

- V. arts. 85, 591 e 645, CC.

Art. 587. Este empréstimo transfere o domínio da coisa emprestada ao mutuário, por cuja conta correm todos os riscos dela desde a tradição.

- V. art. 645, CC.

Art. 588. O mútuo feito a pessoa menor, sem prévia autorização daquele sob cuja guarda estiver, não pode ser reavido nem do mutuário, nem de seus fiadores.

- V. arts. 4º, I, 180, parágrafo único, 824 e 837, CC.

Art. 589. Cessa a disposição do artigo antecedente:

I – se a pessoa, de cuja autorização necessitava o mutuário para contrair o empréstimo, o ratificar posteriormente;

- V. arts. 172 a 175, CC.

II – se o menor, estando ausente essa pessoa, se viu obrigado a contrair o empréstimo para os seus alimentos habituais;

III – se o menor tiver bens ganhos com o seu trabalho. Mas, em tal caso, a execução do credor não lhes poderá ultrapassar as forças;

- V. art. 1.693, II, CC.

IV – se o empréstimo reverteu em benefício do menor;

- V. art. 181, CC.

V – se o menor obteve o empréstimo maliciosamente.

- V. art. 180, CC.

Art. 590. O mutuante pode exigir garantia da restituição, se antes do vencimento o mutuário sofrer notória mudança em sua situação econômica.

- V. arts. 333 e 477, CC.

Art. 591. Destinando-se o mútuo a fins econômicos, presumem-se devidos juros, os quais, sob pena de redução, não poderão exceder a taxa a que se refere o art. 406, permitida a capitalização anual.

- V. art. 192, CF.
- V. Dec. 22.626/1933 (Juros nos contratos).
- V. Dec.-lei 1.113/1939 (Taxas de juros nos empréstimos sob penhor).
- V. arts. 8º e 9º, Dec.-lei 3.200/1941 (Organização e proteção da família).

- V. art. 7º, Lei 1.046/1950 (Consignação em folha de pagamento).
- V. art. 4º, *a*, Lei 1.521/1951 (Crimes contra a economia popular).
- V. art. 10, § 1º, Lei 4.380/1964 (BNH).
- V. Lei 8.177/1991 (Desindexação da economia).
- V. arts. 4º e 5º, Lei 9.514/1997 (Sistema de Financiamento Imobiliário e alienação fiduciária de coisa imóvel).

Art. 592. Não se tendo convencionado expressamente, o prazo do mútuo será:

- V. art. 331, CC.

I – até a próxima colheita, se o mútuo for de produtos agrícolas, assim para o consumo, como para semeadura;

II – de 30 (trinta) dias, pelo menos, se for de dinheiro;

III – do espaço de tempo que declarar o mutuante, se for de qualquer outra coisa fungível.

Capítulo VII
Da Prestação de Serviço

Art. 593. A prestação de serviço, que não estiver sujeita às leis trabalhistas ou a lei especial, reger-se-á pelas disposições deste Capítulo.

- V. arts. 1º a 3º, CLT.
- V. arts. 1º a 4º, Lei 5.889/1973 (Trabalhador rural).
- V. LC 150/2015 (Contrato de Trabalho Doméstico).

Art. 594. Toda a espécie de serviço ou trabalho lícito, material ou imaterial, pode ser contratada mediante retribuição.

- V. arts. 3º, parágrafo único, e 5º, CLT.

Art. 595. No contrato de prestação de serviço, quando qualquer das partes não souber ler, nem escrever, o instrumento poderá ser assinado a rogo e subscrito por duas testemunhas.

- V. art. 456, CLT.

Art. 596. Não se tendo estipulado, nem chegado a acordo as partes, fixar-se-á por arbitramento a retribuição, segundo o costume do lugar, o tempo de serviço e sua qualidade.

- V. art. 606, CC.
- V. arts. 460 e 461, CLT.

Art. 597. A retribuição pagar-se-á depois de prestado o serviço, se, por convenção, ou costume, não houver de ser adiantada, ou paga em prestações.

- V. art. 459, CLT.

Art. 598. A prestação de serviço não se poderá convencionar por mais de 4 (quatro) anos, embora o contrato tenha por causa o pagamento de dívida de quem o presta, ou se destine à execução de certa e determinada obra. Neste caso, decorridos 4 (quatro) anos, dar-se-á por findo o contrato, ainda que não concluída a obra.

- V. art. 149, CP.
- V. art. 445, CLT.

Art. 599. Não havendo prazo estipulado, nem se podendo inferir da natureza do contrato, ou do costume do lugar, qualquer das partes, a seu arbítrio, mediante prévio aviso, pode resolver o contrato.

- V. arts. 472 a 475 e 607, CC.
- V. art. 487, CLT.

Parágrafo único. Dar-se-á o aviso:

I – com antecedência de 8 (oito) dias, se o salário se houver fixado por tempo de 1 (um) mês, ou mais;

II – com antecipação de 4 (quatro) dias, se o salário se tiver ajustado por semana, ou quinzena;

III – de véspera, quando se tenha contratado por menos de 7 (sete) dias.

Art. 600. Não se conta no prazo do contrato o tempo em que o prestador de serviço, por culpa sua, deixou de servir.

- V. art. 453, CLT.

Art. 601. Não sendo o prestador de serviço contratado para certo e determinado trabalho, entender-se-á que se obrigou a todo e qualquer serviço compatível com as suas forças e condições.

- V. art. 456, parágrafo único, CLT.

Art. 602. O prestador de serviço contratado por tempo certo, ou por obra determinada, não se pode ausentar, ou despedir, sem justa causa, antes de preenchido o tempo, ou concluída a obra.

- V. arts. 443 e 478 a 481, CLT.
- V. Lei 9.601/1998 (Contrato de trabalho por prazo determinado).

Parágrafo único. Se se despedir sem justa causa, terá direito à retribuição vencida, mas responderá por perdas e danos. O mesmo dar-se-á, se despedido por justa causa.

- V. arts. 402 a 405, CC.
- V. arts. 457, § 1º, 482 e 483, CLT.

Art. 603. Se o prestador de serviço for despedido sem justa causa, a outra parte será obrigada a pagar-lhe por inteiro a retribuição vencida, e por metade a que lhe tocaria de então ao termo legal do contrato.

- V. art. 479, CLT.

Art. 604. Findo o contrato, o prestador de serviço tem direito a exigir da outra parte a declaração de que o contrato está findo. Igual direito lhe cabe, se for despedido sem justa causa, ou se tiver havido motivo justo para deixar o serviço.

Art. 605. Nem aquele a quem os serviços são prestados, poderá transferir a outrem o direito aos serviços ajustados, nem o prestador de serviços, sem aprazimento da outra parte, dar substituto que os preste.

- V. art. 609, CC.
- V. arts. 448 e 468, CLT.

Art. 606. Se o serviço for prestado por quem não possua título de habilitação, ou não satisfaça requisitos outros estabelecidos em lei, não poderá quem os prestou cobrar a retribuição normalmente correspondente ao trabalho executado. Mas se deste resultar benefício para a outra parte, o juiz atribuirá a quem o prestou uma compensação razoável, desde que tenha agido com boa-fé.

- V. arts. 422 e 596, CC.

Parágrafo único. Não se aplica a segunda parte deste artigo, quando a proibição da prestação de serviço resultar de lei de ordem pública.

Art. 607. O contrato de prestação de serviço acaba com a morte de qualquer das partes. Termina, ainda, pelo escoamento do prazo, pela conclusão da obra, pela rescisão do contrato mediante aviso-prévio, por inadimplemento de qualquer das partes ou pela impossibilidade da continuação do contrato, motivada por força maior.

- V. arts. 393, parágrafo único, 472 a 477, 599 e 626, CC.

Art. 608. Aquele que aliciar pessoas obrigadas em contrato escrito a prestar serviço a outrem pagará a este a importância que ao prestador de serviço, pelo ajuste desfeito, houvesse de caber durante 2 (dois) anos.

- V. art. 207, CP.

Art. 609. A alienação do prédio agrícola, onde a prestação dos serviços se opera, não importa a rescisão do contrato, salvo ao prestador opção entre continuá-lo com o adquirente da propriedade ou com o primitivo contratante.

- V. art. 605, CC.

Capítulo VIII
Da Empreitada

Art. 610. O empreiteiro de uma obra pode contribuir para ela só com seu trabalho ou com ele e os materiais.

§ 1º A obrigação de fornecer os materiais não se presume; resulta da lei ou da vontade das partes.

§ 2º O contrato para elaboração de um projeto não implica a obrigação de executá-lo, ou de fiscalizar-lhe a execução.

Art. 611. Quando o empreiteiro fornece os materiais, correm por sua conta os riscos até o momento da entrega da obra, a contento de quem a encomendou, se este não estiver em mora de receber. Mas se estiver, por sua conta correrão os riscos.

- V. arts. 234, 394, 400, 509, 511, 512 e 615, CC.

Art. 612. Se o empreiteiro só forneceu mão de obra, todos os riscos em que não tiver culpa correrão por conta do dono.

- V. art. 614, CC.

Art. 613. Sendo a empreitada unicamente de lavor (art. 610), se a coisa perecer antes de entregue, sem mora do dono nem culpa do empreiteiro, este perderá a retribuição, se não provar que a perda resultou de defeito dos materiais e que em tempo reclamara contra a sua quantidade ou qualidade.

Art. 614. Se a obra constar de partes distintas, ou for de natureza das que se determinam por medida, o empreiteiro terá direito a que também se verifique por medida, ou segundo as partes em que se dividir, podendo exigir o pagamento na proporção da obra executada.

§ 1º Tudo o que se pagou presume-se verificado.

Códigos

§ 2º O que se mediu presume-se verificado se, em 30 (trinta) dias, a contar da medição, não forem denunciados os vícios ou defeitos pelo dono da obra ou por quem estiver incumbido da sua fiscalização.

Art. 615. Concluída a obra de acordo com o ajuste, ou o costume do lugar, o dono é obrigado a recebê-la. Poderá, porém, rejeitá-la, se o empreiteiro se afastou das instruções recebidas e dos planos dados, ou das regras técnicas em trabalhos de tal natureza.

- V. arts. 441, 476 e 477, CC.

Art. 616. No caso da segunda parte do artigo antecedente, pode quem encomendou a obra, em vez de enjeitá-la, recebê-la com abatimento no preço.

- V. art. 442, CC.

Art. 617. O empreiteiro é obrigado a pagar os materiais que recebeu, se por imperícia ou negligência os inutilizar.

- V. arts. 186, 932, III, e 933, CC.

Art. 618. Nos contratos de empreitada de edifícios ou outras construções consideráveis, o empreiteiro de materiais e execução responderá, durante o prazo irredutível de 5 (cinco) anos, pela solidez e segurança do trabalho, assim em razão dos materiais, como do solo.

- V. arts. 622, 937 e 1.280, CC.

Parágrafo único. Decairá do direito assegurado neste artigo o dono da obra que não propuser a ação contra o empreiteiro, nos 180 (cento e oitenta) dias seguintes ao aparecimento do vício ou defeito.

Art. 619. Salvo estipulação em contrário, o empreiteiro que se incumbir de executar uma obra, segundo plano aceito por quem a encomendou, não terá direito a exigir acréscimo no preço, ainda que sejam introduzidas modificações no projeto, a não ser que estas resultem de instruções escritas do dono da obra.

- V. arts. 478 a 480, CC.

Parágrafo único. Ainda que não tenha havido autorização escrita, o dono da obra é obrigado a pagar ao empreiteiro os aumentos e acréscimos, segundo o que for arbitrado, se, sempre presente à obra, por continuadas visitas, não podia ignorar o que se estava passando, e nunca protestou.

Art. 620. Se ocorrer diminuição no preço do material ou da mão de obra superior a 1/10 (um décimo) do preço global convencionado, poderá este ser revisto, a pedido do dono da obra, para que se lhe assegure a diferença apurada.

- V. arts. 478 e 884 a 886, CC.

Art. 621. Sem anuência de seu autor, não pode o proprietário da obra introduzir modificações no projeto por ele aprovado, ainda que a execução seja confiada a terceiros, a não ser que, por motivos supervenientes ou razões de ordem técnica, fique comprovada a inconveniência ou a excessiva onerosidade de execução do projeto em sua forma originária.

- V. art. 478, CC.
- V. arts. 7º, X, 24, IV, e 26, Lei 9.610/1998 (Direitos autorais).

Parágrafo único. A proibição deste artigo não abrange alterações de pouca monta, ressalvada sempre a unidade estética da obra projetada.

Art. 622. Se a execução da obra for confiada a terceiros, a responsabilidade do autor do projeto respectivo, desde que não assuma a direção ou fiscalização daquela, ficará limitada aos danos resultantes de defeitos previstos no art. 618 e seu parágrafo único.

Art. 623. Mesmo após iniciada a construção, pode o dono da obra suspendê-la, desde que pague ao empreiteiro as despesas e lucros relativos aos serviços já feitos, mais indenização razoável, calculada em função do que ele teria ganho, se concluída a obra.

Art. 624. Suspensa a execução da empreitada sem justa causa, responde o empreiteiro por perdas e danos.

- V. arts. 402 a 405, CC.

Art. 625. Poderá o empreiteiro suspender a obra:

I – por culpa do dono, ou por motivo de força maior;

- V. art. 393, parágrafo único, CC.

II – quando, no decorrer dos serviços, se manifestarem dificuldades imprevisíveis de execução, resultantes de causas geológicas ou hídricas, ou outras semelhantes, de modo que torne a empreitada excessivamente onerosa, e o dono da obra se opuser ao reajuste do preço inerente ao projeto por ele elaborado, observados os preços;

- V. arts. 478 a 480, CC.

III – se as modificações exigidas pelo dono da obra, por seu vulto e natureza, forem desproporcionais ao projeto aprovado, ainda que o dono se disponha a arcar com o acréscimo de preço.

- V. arts. 478 a 480, CC.

Art. 626. Não se extingue o contrato de empreitada pela morte de qualquer das partes, salvo se ajustado em consideração às qualidades pessoais do empreiteiro.

- V. art. 607, CC.

Capítulo IX
Do Depósito

Seção I
Do Depósito Voluntário

Art. 627. Pelo contrato de depósito recebe o depositário um objeto móvel, para guardar, até que o depositante o reclame.

- V. arts. 640, 645, 646, 652, 751 e 1.435, CC.
- V. Lei 2.313/1954 (Prazos dos contratos de depósito regular e voluntário).
- V. art. 1º, § 1º, Lei 2.666/1955 (Penhor de produtos agrícolas).

Art. 628. O contrato de depósito é gratuito, exceto se houver convenção em contrário, se resultante de atividade negocial ou se o depositário o praticar por profissão.

- V. art. 651, CC.

Parágrafo único. Se o depósito for oneroso e a retribuição do depositário não constar de lei, nem resultar de ajuste, será determinada pelos usos do lugar, e, na falta destes, por arbitramento.

Art. 629. O depositário é obrigado a ter na guarda e conservação da coisa depositada o cuidado e diligência que costuma com o que lhe pertence, bem como a restituí-la, com todos os frutos e acrescidos, quando o exija o depositante.

- V. art. 648, CC.

Art. 630. Se o depósito se entregou fechado, colado, selado, ou lacrado, nesse mesmo estado se manterá.

Art. 631. Salvo disposição em contrário, a restituição da coisa deve dar-se no lugar em que tiver de ser guardada. As despesas de restituição correm por conta do depositante.

Art. 632. Se a coisa houver sido depositada no interesse de terceiro, e o depositário tiver sido cientificado deste fato pelo depositante, não poderá ele exonerar-se restituindo a coisa a este, sem consentimento daquele.

Art. 633. Ainda que o contrato fixe prazo à restituição, o depositário entregará o depósito logo que se lhe exija, salvo se tiver o direito de retenção a que se refere o art. 644, se o objeto for judicialmente embargado, se sobre ele pender execução, notificada ao depositário, ou se houver motivo razoável de suspeitar que a coisa foi dolosamente obtida.

- V. arts. 634 e 638, CC.

Art. 634. No caso do artigo antecedente, última parte, o depositário, expondo o fundamento da suspeita, requererá que se recolha o objeto ao depósito público.

- V. arts. 334, 335, IV, e 638, CC.
- V. arts. 539 a 545, CPC/2015.

Art. 635. Ao depositário será facultado, outrossim, requerer depósito judicial da coisa, quando, por motivo plausível, não a possa guardar, e o depositante não queira recebê-la.

- V. arts. 334, 335, I, e 641, CC.
- V. arts. 539 a 545, CPC/2015.

Art. 636. O depositário, que por força maior houver perdido a coisa depositada e recebido outra em seu lugar, é obrigado a entregar a segunda ao depositante, e ceder-lhe as ações que no caso tiver contra o terceiro responsável pela restituição da primeira.

- V. art. 393, parágrafo único, CC.

Art. 637. O herdeiro do depositário, que de boa-fé vendeu a coisa depositada, é obrigado a assistir o depositante na reivindicação, e a restituir ao comprador o preço recebido.

- V. arts. 447, 879, 1.792 e 1.821, CC.

Art. 638. Salvo os casos previstos nos arts. 633 e 634, não poderá o depositário furtar-se à restituição do depósito, alegando não pertencer a coisa ao depositante, ou opondo compensação, exceto se noutro depósito se fundar.

- V. arts. 373, II, e 629, CC.

Art. 639. Sendo dois ou mais depositantes, e divisível a coisa, a cada um só entregará o depositário a respectiva parte, salvo se houver entre eles solidariedade.

- V. arts. 87, 260 e 264 a 285, CC.

Art. 640. Sob pena de responder por perdas e danos, não poderá o depositário, sem licença expressa do depositante, servir-se da coisa depositada, nem a dar em depósito a outrem.

- V. arts. 402 a 405, CC.

Parágrafo único. Se o depositário, devidamente autorizado, confiar a coisa em depósito a terceiro, será responsável se agiu com culpa na escolha deste.

Art. 641. Se o depositário se tornar incapaz, a pessoa que lhe assumir a administração dos bens diligenciará imediatamente restituir a coisa depositada e, não querendo ou não podendo o depositante recebê-la, recolhê-la-á ao depósito público ou promoverá nomeação de outro depositário.

- V. arts. 4º, II a IV, 334 e 335, I, CC.
- V. arts. 539 a 545, CPC/2015.

Art. 642. O depositário não responde pelos casos de força maior; mas, para que lhe valha a escusa, terá de prová-los.

- V. art. 393, parágrafo único, CC.

Art. 643. O depositante é obrigado a pagar ao depositário as despesas feitas com a coisa, e os prejuízos que do depósito provierem.

Art. 644. O depositário poderá reter o depósito até que se lhe pague a retribuição devida, o líquido valor das despesas, ou dos prejuízos a que se refere o artigo anterior, provando imediatamente esses prejuízos ou essas despesas.

- V. art. 633, CC.

Parágrafo único. Se essas dívidas, despesas ou prejuízos não forem provados suficientemente, ou forem ilíquidos, o depositário poderá exigir caução idônea do depositante ou, na falta desta, a remoção da coisa para o depósito público, até que se liquidem.

Art. 645. O depósito de coisas fungíveis, em que o depositário se obrigue a restituir objetos do mesmo gênero, qualidade e quantidade, regular-se-á pelo disposto acerca do mútuo.

- V. arts. 85 e 586 a 592, CC.
- V. art. 9º, Lei 8.866/1994 (Depositário infiel de valor pertencente à Fazenda Pública).

Art. 646. O depósito voluntário provar-se-á por escrito.

- V. art. 129-2, Lei 6.015/1973 (Lei de Registros Públicos).

Seção II
Do Depósito Necessário

Art. 647. É depósito necessário:

I – o que se faz em desempenho de obrigação legal;

- V. art. 648, *caput*, CC.
- V. art. 1º, Lei 8.866/1994 (Depositário infiel de valor pertencente à Fazenda Pública).

II – o que se efetua por ocasião de alguma calamidade, como o incêndio, a inundação, o naufrágio ou o saque.

- V. art. 648, parágrafo único, CC.

Art. 648. O depósito a que se refere o inciso I do artigo antecedente, reger-se-á pela disposição da respectiva lei, e, no silêncio ou deficiência dela, pelas concernentes ao depósito voluntário.

- V. arts. 627 a 646, CC.
- V. Lei 2.313/1954 (Prazos dos contratos de depósito regular e voluntário).
- V. art. 1º, Lei 8.866/1994 (Depositário infiel de valor pertencente à Fazenda Pública).

Parágrafo único. As disposições deste artigo aplicam-se aos depósitos previstos no inciso II do artigo antecedente, podendo estes certificarem-se por qualquer meio de prova.

Art. 649. Aos depósitos previstos no artigo antecedente é equiparado o das bagagens dos viajantes ou hóspedes nas hospedarias onde estiverem.

- V. arts. 650, 651, 932, IV, e 1.467, I, CC.

Parágrafo único. Os hospedeiros responderão como depositários, assim como pelos furtos e roubos que perpetrarem as pessoas empregadas ou admitidas nos seus estabelecimentos.

Art. 650. Cessa, nos casos do artigo antecedente, a responsabilidade dos hospedeiros, se provarem que os fatos prejudiciais aos viajantes ou hóspedes não podiam ter sido evitados.

- V. art. 393, parágrafo único, CC.

Art. 651. O depósito necessário não se presume gratuito. Na hipótese do art. 649, a remuneração pelo depósito está incluída no preço da hospedagem.

- V. art. 628, CC.

Art. 652. Seja o depósito voluntário ou necessário, o depositário que não o restituir quando exigido será compelido a fazê-lo mediante prisão não excedente a 1 (um) ano, e ressarcir os prejuízos.

- V. art. 5º, LXVII, CF.
- V. art. 168, § 1º, I, CP.
- V. art. 11-1, Dec. 1.102/1903 (Armazéns gerais).
- V. art. 27, § 4º, Dec. 21.981/1932 (Leiloeiro).
- V. arts. 23 e 35, Lei 492/1937 (Penhor rural e cédula pignoratícia).
- V. art. 17, Lei 4.021/1961 (Leiloeiro rural).
- V. art. 4º, Dec.-lei 911/1969 (Alienação fiduciária).
- V. Lei 8.866/1994 (Depositário infiel de valor pertencente à Fazenda Pública).
- V. art. 108, § 1º, Lei 11.101/2005 (Lei de Recuperação de Empresas e Falência).

Capítulo X
Do Mandato

Seção I
Disposições Gerais

Art. 653. Opera-se o mandato quando alguém recebe de outrem poderes para, em seu nome, praticar atos ou administrar interesses. A procuração é o instrumento do mandato.

- V. art. 54, II, *c*, CF.
- V. arts. 115 a 120, 692, 709, 721, 873 e 1.011, § 2º, CC.
- V. art. 744, CPC/2015.
- V. arts. 513, *a*, e 791, CLT.
- V. Lei 1.134/1950 (Representação dos associados de classes).
- V. art. 117, XI, Lei 8.112/1990 (Regime jurídico único dos servidores públicos civis da União).

Art. 654. Todas as pessoas capazes são aptas para dar procuração mediante instrumento particular, que valerá desde que tenha a assinatura do outorgante.

- V. arts. 3º a 5º, 109, 219, 657, 666 e 1.018, CC.
- V. art. 50, parágrafo único, CPP.
- V. art. 50, § 3º, Lei 6.015/1973 (Lei de Registros Públicos).

§ 1º O instrumento particular deve conter a indicação do lugar onde foi passado, a qualificação do outorgante e do outorgado, a data e o objetivo da outorga com a designação e a extensão dos poderes conferidos.

- V. art. 105, CPC/2015.

§ 2º O terceiro com quem o mandatário tratar poderá exigir que a procuração traga a firma reconhecida.

- V. art. 158, Lei 6.015/1973 (Lei de Registros Públicos).

Art. 655. Ainda quando se outorgue mandato por instrumento público, pode substabelecer-se mediante instrumento particular.

- V. arts. 109 e 657, CC.

Art. 656. O mandato pode ser expresso ou tácito, verbal ou escrito.

- V. arts. 657 e 1.324, CC.
- V. art. 513, CLT.
- V. Lei 1.134/1950 (Representação dos associados de classes).

Art. 657. A outorga do mandato está sujeita à forma exigida por lei para o ato a ser praticado. Não se admite mandato verbal quando o ato deva ser celebrado por escrito.

- V. arts. 109 e 215, CC.

Art. 658. O mandato presume-se gratuito quando não houver sido estipulada retribuição, exceto se o seu objeto corresponder ao daqueles que o mandatário trata por ofício ou profissão lucrativa.

Parágrafo único. Se o mandato for oneroso, caberá ao mandatário a retribuição prevista em lei ou no contrato. Sendo estes omissos, será ela determinada pelos usos do lugar, ou, na falta destes, por arbitramento.

- V. art. 676, CC.

Art. 659. A aceitação do mandato pode ser tácita, e resulta do começo de execução.

- V. art. 432, CC.

Art. 660. O mandato pode ser especial a um ou mais negócios determinadamente, ou geral a todos os do mandante.

Art. 661. O mandato em termos gerais só confere poderes de administração.

- V. art. 30, § 3º, Dec.-lei 891/1938 (Aprova a Lei de Fiscalização de Entorpecentes).

§ 1º Para alienar, hipotecar, transigir, ou praticar outros quaisquer atos que exorbitem da administração ordinária, depende a procuração de poderes especiais e expressos.

- V. arts. 840 a 853, 1.473 a 1.505 e 1.542, *caput*, CC.
- V. art. 105, CPC/2015.

§ 2º O poder de transigir não importa o de firmar compromisso.

- V. arts. 840 a 853, CC.
- V. Lei 9.307/1996 (Lei de Arbitragem).

Art. 662. Os atos praticados por quem não tenha mandato, ou o tenha sem poderes suficientes, são ineficazes em relação àquele em cujo nome foram praticados, salvo se este os ratificar.

- V. arts. 172, 176, 665, 672, 673, 679 e 873, CC.

Parágrafo único. A ratificação há de ser expressa, ou resultar de ato inequívoco, e retroagirá à data do ato.

- V. arts. 173 a 175, CC.
- V. art. 104, § 2º, CPC/2015.

Art. 663. Sempre que o mandatário estipular negócios expressamente em nome do mandante, será este o único responsável; ficará, porém, o mandatário pessoalmente obrigado, se agir no seu próprio nome, ainda que o negócio seja de conta do mandante.

- V. art. 1.652, II, CC.

Art. 664. O mandatário tem o direito de reter, do objeto da operação que lhe foi cometida, quanto baste para pagamento de tudo que lhe for devido em consequência do mandato.

- V. arts. 644, 681, 708 e 742, CC.

Art. 665. O mandatário que exceder os poderes do mandato, ou proceder contra eles, será considerado mero gestor de negócios, enquanto o mandante lhe não ratificar os atos.

- V. arts. 172 a 175, 662, 673, 675, 678 e 861 a 875, CC.

Art. 666. O maior de 16 (dezesseis) e menor de 18 (dezoito) anos não emancipado pode ser mandatário, mas o mandante não tem ação contra ele senão de conformidade com as regras gerais, aplicáveis às obrigações contraídas por menores.

- V. arts. 4º, I, 5º, 171, I, 180 a 182 e 654, CC.

Seção II
Das Obrigações do Mandatário

Art. 667. O mandatário é obrigado a aplicar toda sua diligência habitual na execução do mandato, e a indenizar qualquer prejuízo causado por culpa sua ou daquele a quem substabelecer, sem autorização, poderes que devia exercer pessoalmente.

- V. arts. 866 e 867, CC.

§ 1º Se, não obstante proibição do mandante, o mandatário se fizer substituir na execução do mandato, responderá ao seu constituinte pelos prejuízos ocorridos sob a gerência do substituto, embora provenientes de caso fortuito, salvo provando que o caso teria sobrevindo, ainda que não tivesse havido substabelecimento.

- V. art. 393, parágrafo único, CC.

§ 2º Havendo poderes de substabelecer, só serão imputáveis ao mandatário os danos causados pelo substabelecido, se tiver agido com culpa na escolha deste ou nas instruções dadas a ele.

§ 3º Se a proibição de substabelecer constar da procuração, os atos praticados pelo substabelecido não obrigam o mandante, salvo ratificação expressa, que retroagirá à data do ato.

§ 4º Sendo omissa a procuração quanto ao substabelecimento, o procurador será responsável se o substabelecido proceder culposamente.

Art. 668. O mandatário é obrigado a dar contas de sua gerência ao mandante, transferindo-lhe as vantagens provenientes do mandato, por qualquer título que seja.

- V. arts. 685 e 1.980, CC.

Art. 669. O mandatário não pode compensar os prejuízos a que deu causa com os proveitos que, por outro lado, tenha granjeado ao seu constituinte.

Art. 670. Pelas somas que devia entregar ao mandante ou recebeu para despesa, mas empregou em proveito seu, pagará o mandatário juros, desde o momento em que abusou.

- V. arts. 406, 407 e 677, CC.

Art. 671. Se o mandatário, tendo fundos ou crédito do mandante, comprar, em nome próprio, algo que devera comprar para o mandante, por ter sido expressamente designado no mandato, terá este ação para obrigá-lo à entrega da coisa comprada.

- V. arts. 806 a 813, CPC/2015.

Art. 672. Sendo dois ou mais os mandatários nomeados no mesmo instrumento, qualquer deles poderá exercer os poderes outorgados, se não forem expressamente declarados conjuntos, nem especificamente designados para atos diferentes, ou subordinados a atos sucessivos. Se os mandatários forem declarados conjuntos, não terá eficácia o ato praticado sem interferência de todos, salvo havendo ratificação, que retroagirá à data do ato.

- V. arts. 264 a 285, 662 e 867, parágrafo único, CC.

Art. 673. O terceiro que, depois de conhecer os poderes do mandatário, com ele celebrar negócio jurídico exorbitante do mandato, não tem ação contra o mandatário, salvo se este lhe prometeu ratificação do mandante ou se responsabilizou pessoalmente.

- V. art. 662, CC.

Art. 674. Embora ciente da morte, interdição ou mudança de estado do mandante, deve o mandatário concluir o negócio já começado, se houver perigo na demora.

- V. arts. 682, II e III, 689 e 865, CC.

Seção III
Das Obrigações do Mandante

Art. 675. O mandante é obrigado a satisfazer todas as obrigações contraídas pelo mandatário, na conformidade do mandato conferido, e adiantar a importância das despesas necessárias à execução dele, quando o mandatário lho pedir.

- V. arts. 665, 673, 678 e 869, CC.

Art. 676. É obrigado o mandante a pagar ao mandatário a remuneração ajustada e as despesas da execução do mandato, ainda que o negócio não surta o esperado efeito, salvo tendo o mandatário culpa.

- V. arts. 658 e 677 a 680, CC.

Art. 677. As somas adiantadas pelo mandatário, para a execução do mandato, vencem juros desde a data do desembolso.

- V. arts. 406, 407 e 670, CC.

Art. 678. É igualmente obrigado o mandante a ressarcir ao mandatário as perdas que este sofrer com a execução do mandato, sempre que não resultem de culpa sua ou de excesso de poderes.

- V. arts. 186, 402 a 405, 665, 673 e 675, CC.

Art. 679. Ainda que o mandatário contrarie as instruções do mandante, se não exceder os limites do mandato, ficará o mandante obrigado para com aqueles com quem o seu procurador contratou; mas terá contra este ação pelas perdas e danos resultantes da inobservância das instruções.

- V. arts. 402 a 405, 662, 665 e 673, CC.

Art. 680. Se o mandato for outorgado por duas ou mais pessoas, e para negócio comum, cada uma ficará solidariamente responsável ao mandatário por todos os compromissos e efeitos do mandato, salvo direito regressivo, pelas quantias que pagar, contra os outros mandantes.

- V. arts. 275 a 285, CC.

Art. 681. O mandatário tem sobre a coisa de que tenha a posse em virtude do mandato, direito de retenção, até se reembolsar do que no desempenho do encargo despendeu.

- V. arts. 644, 664, 708 e 742, CC.
- V. art. 83, IV, c, Lei 11.101/2005 (Lei de Recuperação de Empresas e Falência).

Seção IV
Da Extinção do Mandato

Art. 682. Cessa o mandato:

- V. art. 689, CC.
- V. art. 120, *caput*, Lei 11.101/2005 (Lei de Recuperação de Empresas e Falência).

I – pela revogação ou pela renúncia;

- V. arts. 686 a 689, CC.
- V. arts. 111 e 112, *caput* e § 1º, CPC/2015.
- V. art. 5º, § 3º, Lei 8.906/1994 (Estatuto da Advocacia e da OAB).

II – pela morte ou interdição de uma das partes;

- V. arts. 674 e 689 a 691, CC.
- V. arts. 313, I, e 1.004, CPC/2015.

III – pela mudança de estado que inabilite o mandante a conferir os poderes, ou o mandatário para os exercer;

- V. arts. 3º e 4º, CC.
- V. art. 120, § 2º, Lei 11.101/2005 (Lei de Recuperação de Empresas e Falência).

IV – pelo término do prazo ou pela conclusão do negócio.

Art. 683. Quando o mandato contiver a cláusula de irrevogabilidade e o mandante o revogar, pagará perdas e danos.

- V. arts. 402 a 405, CC.

Art. 684. Quando a cláusula de irrevogabilidade for condição de um negócio bilateral, ou tiver sido estipulada no exclusivo interesse do mandatário, a revogação do mandato será ineficaz.

Art. 685. Conferido o mandato com a cláusula "em causa própria", a sua revogação não terá eficácia, nem se extinguirá pela morte de qualquer das partes, ficando o mandatário dispensado de prestar contas, e podendo transferir para si os bens móveis ou imóveis objeto do mandato, obedecidas as formalidades legais.

- V. art. 117, CC.

Art. 686. A revogação do mandato, notificada somente ao mandatário, não se pode opor aos terceiros que, ignorando-a, de boa-fé com ele trataram; mas ficam salvas ao constituinte as ações que no caso lhe possam caber contra o procurador.

- V. art. 689, CC.
- V. art. 111, CPC/2015.

Parágrafo único. É irrevogável o mandato que contenha poderes de cumprimento ou confirmação de negócios encetados, aos quais se ache vinculado.

Art. 687. Tanto que for comunicada ao mandatário a nomeação de outro, para o mesmo negócio, considerar-se-á revogado o mandato anterior.

Art. 688. A renúncia do mandato será comunicada ao mandante, que, se for prejudicado pela sua inoportunidade, ou pela falta de tempo, a fim de prover à substituição do procurador, será indenizado pelo mandatário, salvo se este provar que não podia continuar no mandato sem prejuízo considerável, e que não lhe era dado substabelecer.

- V. art. 112, *caput* e § 1º, CPC/2015.

Art. 689. São válidos, a respeito dos contratantes de boa-fé, os atos com estes ajustados em nome do mandante pelo mandatário, enquanto este ignorar a morte daquele ou a extinção do mandato, por qualquer outra causa.

- V. arts. 674 e 686, CC.

Art. 690. Se falecer o mandatário, pendente o negócio a ele cometido, os herdeiros, tendo ciência do mandato, avisarão o mandante, e providenciarão a bem dele, como as circunstâncias exigirem.

Art. 691. Os herdeiros, no caso do artigo antecedente, devem limitar-se às medidas conservatórias, ou continuar os negócios pendentes que se não possam demorar sem perigo, regulando-se os seus serviços dentro desse limite, pelas mesmas normas a que os do mandatário estão sujeitos.

Seção V
Do Mandato Judicial

Art. 692. O mandato judicial fica subordinado às normas que lhe dizem respeito, constantes da legislação processual, e, supletivamente, às estabelecidas neste Código.

- V. arts. 653 a 691, CC.
- V. arts. 103 a 107, 111, 112, *caput* e § 1º, 260, II, 287, *caput*, parágrafo único e I, 313, I, 550 e 1.004, CPC/2015.
- V. art. 266, CPP.
- V. arts. 791 e 839, *a*, CLT.
- V. art. 16, Lei 1.060/1950 (Assistência judiciária).
- V. arts. 4º, 5º, 15, § 3º, 27 a 30 e 42, Lei 8.906/1994 (Estatuto da Advocacia e da OAB).
- V. arts. 9º, 41, § 2º, e 68, Lei 9.099/1995 (Juizados Especiais Cíveis e Criminais).

Capítulo XI
Da Comissão

Art. 693. O contrato de comissão tem por objeto a aquisição ou a venda de bens pelo comissário, em seu próprio nome, à conta do comitente.

- V. art. 709, CC.

Art. 694. O comissário fica diretamente obrigado para com as pessoas com quem contratar, sem que estas tenham ação contra o comitente, nem este contra elas, salvo se o comissário ceder seus direitos a qualquer das partes.

Art. 695. O comissário é obrigado a agir de conformidade com as ordens e instruções do comitente, devendo, na falta destas, não podendo pedi-las a tempo, proceder segundo os usos em casos semelhantes.

Parágrafo único. Ter-se-ão por justificados os atos do comissário, se deles houver resultado vantagem para o comitente, e ainda no caso em que, não admitindo demora a realização do negócio, o comissário agiu de acordo com os usos.

Art. 696. No desempenho das suas incumbências o comissário é obrigado a agir com cuidado e diligência, não só para evitar qualquer prejuízo ao comitente, mas ainda para lhe proporcionar o lucro que razoavelmente se podia esperar do negócio.

Parágrafo único. Responderá o comissário, salvo motivo de força maior, por qualquer prejuízo que, por ação ou omissão, ocasionar ao comitente.

- V. art. 393, parágrafo único, CC.

Art. 697. O comissário não responde pela insolvência das pessoas com quem tratar, exceto em caso de culpa e no do artigo seguinte.

- V. art. 698, CC.

Art. 698. Se do contrato de comissão constar a cláusula *del credere*, responderá o comissário solidariamente com as pessoas com que houver tratado em nome do comitente, caso em que, salvo estipulação em contrário, o comissário tem direito a remuneração mais elevada, para compensar o ônus assumido.

- V. arts. 275 a 285 e 697, CC.

Art. 699. Presume-se o comissário autorizado a conceder dilação do prazo para pagamento, na conformidade dos usos do lugar onde se realizar o negócio, se não houver instruções diversas do comitente.

Art. 700. Se houver instruções do comitente proibindo prorrogação de prazos para pagamento, ou se esta não for conforme os usos locais, poderá o comitente exigir que o comissário pague incontinenti ou responda pelas consequências da dilação concedida, procedendo-se de igual modo se o comissário não der ciência ao comitente dos prazos concedidos e de quem é seu beneficiário.

Art. 701. Não estipulada a remuneração devida ao comissário, será ela arbitrada segundo os usos correntes no lugar.

Art. 702. No caso de morte do comissário, ou, quando, por motivo de força maior, não puder concluir o negócio, será devida pelo comitente uma remuneração proporcional aos trabalhos realizados.

- V. art. 393, parágrafo único, CC.

Art. 703. Ainda que tenha dado motivo à dispensa, terá o comissário direito a ser remunerado pelos serviços úteis prestados ao comitente, ressalvado a este o direito de exigir daquele os prejuízos sofridos.

- V. art. 705, CC.

Art. 704. Salvo disposição em contrário, pode o comitente, a qualquer tempo, alterar as instruções dadas ao comissário, entendendo-se por elas regidos também os negócios pendentes.

Art. 705. Se o comissário for despedido sem justa causa, terá direito a ser remunerado pelos trabalhos prestados, bem como a ser ressarcido pelas perdas e danos resultantes de sua dispensa.

- V. arts. 402 a 405 e 703, CC.

Art. 706. O comitente e o comissário são obrigados a pagar juros um ao outro; o primeiro pelo que o comissário houver adiantado para cumprimento de suas ordens; e o segundo pela mora na entrega dos fundos que pertencerem ao comitente.

- V. arts. 394 a 401, 406 e 407, CC.

Art. 707. O crédito do comissário, relativo a comissões e despesas feitas, goza de privilégio geral, no caso de falência ou insolvência do comitente.

- V. arts. 158, 333, I, e 955 a 965, CC.
- V. art. 83, V, Lei 11.101/2005 (Lei de Recuperação de Empresas e Falência).

Art. 708. Para reembolso das despesas feitas, bem como para recebimento das comissões devidas, tem o comissário direito de retenção sobre os bens e valores em seu poder em virtude da comissão.

- V. arts. 644, 664 e 681 e 742, CC.
- V. art. 83, IV, c, Lei 11.101/2005 (Lei de Recuperação de Empresas e Falência).

Art. 709. São aplicáveis à comissão, no que couber, as regras sobre mandato.

- V. arts. 653 a 691, CC.

Capítulo XII
Da Agência e Distribuição

Art. 710. Pelo contrato de agência, uma pessoa assume, em caráter não eventual e sem vínculos de dependência, a obrigação de promover, à conta de outra, mediante retribuição, a realização de certos negócios, em zona determinada, caracterizando-se a distribuição quando o agente tiver à sua disposição a coisa a ser negociada.

- V. arts. 721 e 775, CC.
- V. Lei 4.886/1965 (Representantes comerciais autônomos).
- V. Lei 6.729/1979 (Produtores e distribuidores de veículos automotores de via terrestre).

Parágrafo único. O proponente pode conferir poderes ao agente para que este o represente na conclusão dos contratos.

Art. 711. Salvo ajuste, o proponente não pode constituir, ao mesmo tempo, mais de um agente, na mesma zona, com idêntica incumbência; nem pode o agente assumir o encargo de nela tratar de negócios do mesmo gênero, à conta de outros proponentes.

Art. 712. O agente, no desempenho que lhe foi cometido, deve agir com toda diligência, atendo-se às instruções recebidas do proponente.

Art. 713. Salvo estipulação diversa, todas as despesas com a agência ou distribuição correm a cargo do agente ou distribuidor.

Art. 714. Salvo ajuste, o agente ou distribuidor terá direito à remuneração correspondente aos negócios concluídos dentro de sua zona, ainda que sem a sua interferência.

Art. 715. O agente ou distribuidor tem direito à indenização se o proponente, sem justa causa, cessar o atendimento das propostas ou reduzi-lo tanto que se torna antieconômica a continuação do contrato.

Art. 716. A remuneração será devida ao agente também quando o negócio deixar de ser realizado por fato imputável ao proponente.

Art. 717. Ainda que dispensado por justa causa, terá o agente direito a ser remunerado pelos serviços úteis prestados ao proponente, sem embargo de haver este perdas e danos pelos prejuízos sofridos.

- V. arts. 186, 402 a 405, CC.

Art. 718. Se a dispensa se der sem culpa do agente, terá ele direito à remuneração até então devida, inclusive sobre os negócios pendentes, além das indenizações previstas em lei especial.

Art. 719. Se o agente não puder continuar o trabalho por motivo de força maior, terá direito à remuneração correspondente aos serviços realizados, cabendo esse direito aos herdeiros no caso de morte.

- V. art. 393, parágrafo único, CC.

Art. 720. Se o contrato for por tempo indeterminado, qualquer das partes poderá resolvê-lo, mediante aviso-prévio de 90 (noventa) dias, desde que transcorrido prazo compatível com a natureza e o vulto do investimento exigido do agente.

- V. arts. 474 e 475, CC.

Parágrafo único. No caso de divergência entre as partes, o juiz decidirá da razoabilidade do prazo e do valor devido.

Art. 721. Aplicam-se ao contrato de agência e distribuição, no que couber, as regras concernentes ao mandato e à comissão e as constantes de lei especial.

- V. arts. 653 a 709, CC.

Capítulo XIII
Da Corretagem

Art. 722. Pelo contrato de corretagem, uma pessoa, não ligada a outra em virtude de mandato, de prestação de serviços ou por qualquer relação de dependência, obriga-se a obter para a segunda um ou mais negócios, conforme as instruções recebidas.

- V. art. 729, CC.
- V. Lei 2.146/1953 (Corretor de valores).
- V. Lei 4.594/1964 (Corretor de seguros).
- V. Lei 6.530/1978 (Corretor de imóveis).

Art. 723. O corretor é obrigado a executar a mediação com diligência e prudência, e a prestar ao cliente, espontaneamente, todas as informações sobre o andamento do negócio.

- Artigo com redação determinada pela Lei 12.236/2010.

Parágrafo único. Sob pena de responder por perdas e danos, o corretor prestará ao cliente todos os esclarecimentos acerca da segurança ou do risco do negócio, das alterações de valores e de outros fatores que possam influir nos resultados da incumbência.

- V. arts. 402 a 405, CC.

Art. 724. A remuneração do corretor, se não estiver fixada em lei, nem ajustada entre as partes, será arbitrada segundo a natureza do negócio e os usos locais.

Art. 725. A remuneração é devida ao corretor uma vez que tenha conseguido o resultado previsto no contrato de mediação, ou ainda que este não se efetive em virtude de arrependimento das partes.

Art. 726. Iniciado e concluído o negócio diretamente entre as partes, nenhuma remuneração será devida ao corretor; mas se, por escrito, for ajustada a corretagem com exclusividade, terá o corretor direito à remuneração integral, ainda que realizado o negócio sem a sua mediação, salvo se comprovada sua inércia ou ociosidade.

Art. 727. Se, por não haver prazo determinado, o dono do negócio dispensar o corretor, e o negócio se realizar posteriormente, como fruto da sua mediação, a corretagem lhe será devida; igual solução se adotará se o negócio se realizar após a decorrência do prazo contratual, mas por efeito dos trabalhos do corretor.

Art. 728. Se o negócio se concluir com a intermediação de mais de um corretor, a remuneração será paga a todos em partes iguais, salvo ajuste em contrário.

Art. 729. Os preceitos sobre corretagem constantes deste Código não excluem a aplicação de outras normas da legislação especial.

- V. art. 721, CC.

Capítulo XIV
Do Transporte

Seção I
Disposições Gerais

Art. 730. Pelo contrato de transporte alguém se obriga, mediante retribuição, a transportar, de um lugar para outro, pessoas ou coisas.

Art. 731. O transporte exercido em virtude de autorização, permissão ou concessão, rege-se pelas normas regulamentares e pelo que for estabelecido naqueles atos, sem prejuízo do disposto neste Código.

Art. 732. Aos contratos de transporte, em geral, são aplicáveis, quando couber, desde que não contrariem as disposições deste Código, os preceitos constantes da legislação especial e de tratados e convenções internacionais.

- V. Dec. 2.681/1912 (Responsabilidade civil das estradas de ferro).
- V. Dec.-lei 3.326/1941 (Transporte de malas postais).
- V. Dec. 1.832/1996 (Aprova o Regulamento dos Transportes Ferroviários).
- V. Lei 9.432/1997 (Ordenação do transporte aquaviário).

Art. 733. Nos contratos de transporte cumulativo, cada transportador se obriga a cumprir o contrato relativamente ao respectivo percurso, respondendo pelos danos nele causados a pessoas e coisas.

- V. art. 756, CC.

§ 1º O dano, resultante do atraso ou da interrupção da viagem, será determinado em razão da totalidade do percurso.

§ 2º Se houver substituição de algum dos transportadores no decorrer do percurso, a responsabilidade solidária estender-se-á ao substituto.

- V. arts. 275 a 285, CC.

Seção II
Do Transporte de Pessoas

Art. 734. O transportador responde pelos danos causados às pessoas transportadas e suas bagagens, salvo motivo de força maior, sendo nula qualquer cláusula excludente da responsabilidade.

- V. arts. 186, 393, parágrafo único, 789 a 802 e 927 a 954, CC.

Parágrafo único. É lícito ao transportador exigir a declaração do valor da bagagem a fim de fixar o limite da indenização.

- V. art. 750, CC.

Art. 735. A responsabilidade contratual do transportador por acidente com o passageiro não é elidida por culpa de terceiro, contra o qual tem ação regressiva.

- V. art. 125, II, CPC/2015.

Art. 736. Não se subordina às normas do contrato de transporte o feito gratuitamente, por amizade ou cortesia.

Parágrafo único. Não se considera gratuito o transporte quando, embora feito sem remuneração, o transportador auferir vantagens indiretas.

Art. 737. O transportador está sujeito aos horários e itinerários previstos, sob pena de responder por perdas e danos, salvo motivo de força maior.

- V. arts. 393, parágrafo único, e 402 a 405, CC.

Art. 738. A pessoa transportada deve sujeitar-se às normas estabelecidas pelo transportador, constantes no bilhete ou afixadas à vista dos usuários, abstendo-se de quaisquer atos que causem incômodo ou prejuízo aos passageiros, danifiquem o veículo, ou dificultem ou impeçam a execução normal do serviço.

Parágrafo único. Se o prejuízo sofrido pela pessoa transportada for atribuível à transgressão de normas e instruções regulamentares, o juiz reduzirá equitativamente a indenização, na medida em que a vítima houver concorrido para a ocorrência do dano.

- V. art. 945, CC.

Art. 739. O transportador não pode recusar passageiros, salvo os casos previstos nos regulamentos, ou se as condições de higiene ou de saúde do interessado o justificarem.

Art. 740. O passageiro tem direito a rescindir o contrato de transporte antes de iniciada a viagem, sendo-lhe devida a restituição do valor da passagem, desde que feita a comunicação ao transportador em tempo de ser renegociada.

§ 1º Ao passageiro é facultado desistir do transporte, mesmo depois de iniciada a viagem, sendo-lhe devida a restituição do valor correspondente ao trecho não utilizado, desde que provado que outra pessoa haja sido transportada em seu lugar.

§ 2º Não terá direito ao reembolso do valor da passagem o usuário que deixar de embarcar, salvo se provado que outra pessoa foi transportada em seu lugar, caso em que lhe será restituído o valor do bilhete não utilizado.

§ 3º Nas hipóteses previstas neste artigo, o transportador terá direito de reter até 5% (cinco por cento) da importância a ser restituída ao passageiro, a título de multa compensatória.

- V. arts. 472 a 475, CC.

Art. 741. Interrompendo-se a viagem por qualquer motivo alheio à vontade do transportador, ainda que em consequência de evento imprevisível, fica ele obrigado a concluir o transporte contratado em outro veículo da mesma categoria, ou, com a anuência do passageiro, por modalidade diferente, à sua custa, correndo também por sua conta as despesas de estada e alimentação do usuário, durante a espera de novo transporte.

Art. 742. O transportador, uma vez executado o transporte, tem direito de retenção sobre a bagagem de passageiro e outros objetos pessoais deste, para garantir-se do pagamento do valor da passagem que não tiver sido feito no início ou durante o percurso.

- V. arts. 644, 664, 681 e 708, CC.

Seção III
Do Transporte de Coisas

Art. 743. A coisa, entregue ao transportador, deve estar caracterizada pela sua natureza, valor, peso e quantidade, e o mais que for necessário para que não se confunda com outras, devendo o destinatário ser indicado ao menos pelo nome e endereço.

Art. 744. Ao receber a coisa, o transportador emitirá conhecimento com a menção dos dados que a identifiquem, obedecido o disposto em lei especial.

Parágrafo único. O transportador poderá exigir que o remetente lhe entregue, devidamente assinada, a relação discriminada das coisas a serem transportadas, em duas vias, uma das quais, por ele devidamente autenticada, ficará fazendo parte integrante do conhecimento.

Art. 745. Em caso de informação inexata ou falsa descrição no documento a que se refere o artigo antecedente, será o transportador indenizado pelo prejuízo que sofrer, devendo a ação respectiva ser ajuizada no prazo de 120 (cento e vinte) dias, a contar daquele ato, sob pena de decadência.

- V. arts. 207 a 211 e 422, CC.

Art. 746. Poderá o transportador recusar a coisa cuja embalagem seja inadequada, bem como a que possa pôr em risco a saúde das pessoas, ou danificar o veículo e outros bens.

- V. Dec. 96.044/1988 (Aprova o Regulamento para o Transporte Rodoviário de Produtos Perigosos).

Art. 747. O transportador deverá obrigatoriamente recusar a coisa cujo transporte ou comercialização não sejam permitidos, ou que venha desacompanhada dos documentos exigidos por lei ou regulamento.

Art. 748. Até a entrega da coisa, pode o remetente desistir do transporte e pedi-la de volta, ou ordenar seja entregue a outro destinatário, pagando, em ambos os casos, os acréscimos de despesa decorrentes da contraordem, mais as perdas e danos que houver.

- V. arts. 402 a 405, CC.

Art. 749. O transportador conduzirá a coisa ao seu destino, tomando todas as cautelas necessárias para mantê-la em bom estado e entregá-la no prazo ajustado ou previsto.

- V. art. 494, CC.

Art. 750. A responsabilidade do transportador, limitada ao valor constante do conhecimento, começa no momento em que ele, ou seus prepostos, recebem a coisa; termina quando é entregue ao destinatário, ou depositada em juízo, se aquele não for encontrado.

- V. arts. 334 a 337, 494, 734, parágrafo único, e 778 a 788, 927, 932, III, 933, 942 a 944 e 946, CC.

Art. 751. A coisa, depositada ou guardada nos armazéns do transportador, em virtude de contrato de transporte, rege-se, no que couber, pelas disposições relativas a depósito.

- V. arts. 627 a 652, CC.

Art. 752. Desembarcadas as mercadorias, o transportador não é obrigado a dar aviso ao destinatário, se assim não foi convencionado, dependendo também de ajuste a entrega a domicílio, e devem constar do conhecimento de embarque as cláusulas de aviso ou de entrega a domicílio.

Art. 753. Se o transporte não puder ser feito ou sofrer longa interrupção, o transportador solicitará, incontinenti, instruções ao remetente, e zelará pela coisa, por cujo perecimento ou deterioração responderá, salvo força maior.

- V. art. 393, parágrafo único, CC.

§ 1º Perdurando o impedimento, sem motivo imputável ao transportador e sem manifestação do remetente, poderá aquele depositar a coisa em juízo, ou vendê-la, obedecidos os preceitos legais e regulamentares, ou os usos locais, depositando o valor.

- V. arts. 539 a 549, CPC/2015.

§ 2º Se o impedimento for responsabilidade do transportador, este poderá depositar a coisa, por sua conta e risco, mas só poderá vendê-la se perecível.

- V. arts. 539 a 549, CPC/2015.

§ 3º Em ambos os casos, o transportador deve informar o remetente da efetivação do depósito ou da venda.

§ 4º Se o transportador mantiver a coisa depositada em seus próprios armazéns, continuará a responder pela sua guarda e conservação, sendo-lhe devida, porém, uma remuneração pela custódia, a qual poderá ser contratualmente ajustada ou se conformará aos usos adotados em cada sistema de transporte.

- V. arts. 628, 629, 647 e 651, CC.

Art. 754. As mercadorias devem ser entregues ao destinatário, ou a quem apresentar o conhecimento endossado, devendo aquele que as receber conferi-las e apresentar as reclamações que tiver, sob pena de decadência dos direitos.

- V. arts. 207 a 211 e 494, CC.

Parágrafo único. No caso de perda parcial ou de avaria não perceptível à primeira vista, o destinatário conserva a sua ação contra o transportador, desde que denuncie o dano em 10 (dez) dias a contar da entrega.

Art. 755. Havendo dúvida acerca de quem seja o destinatário, o transportador deve depositar a mercadoria em juízo, se não lhe for possível obter instruções do remetente; se a demora puder ocasionar a deterioração da coisa, o transportador deverá vendê-la, depositando o saldo em juízo.

- V. arts. 334 e 335, CC.
- V. arts. 539 a 549, CPC/2015.

Art. 756. No caso de transporte cumulativo, todos os transportadores respondem solidariamente pelo dano causado perante o remetente, ressalvada a apuração final da responsabilidade entre eles, de modo que o ressarcimento recaia, por inteiro, ou proporcionalmente, naquele ou naqueles em cujo percurso houver ocorrido o dano.

- V. arts. 275 a 285 e 733, CC.

Capítulo XV
Do Seguro

Seção I
Disposições Gerais

Art. 757. Pelo contrato de seguro, o segurador se obriga, mediante o pagamento do prêmio, a garantir interesse legítimo do segurado, relativo a pessoa ou a coisa, contra riscos predeterminados.

- V. arts. 206, §§ 1º, II, e 3º, IX, 768, 777 e 785, CC.
- V. art. 4º, Dec. 59.195/1966 (Cobrança de prêmios de seguros privados).
- V. Súmula 465, STJ.

Parágrafo único. Somente pode ser parte, no contrato de seguro, como segurador, entidade para tal fim legalmente autorizada.

Art. 758. O contrato de seguro prova-se com a exibição da apólice ou do bilhete do seguro, e, na falta deles, por documento comprobatório do pagamento do respectivo prêmio.

Art. 759. A emissão da apólice deverá ser precedida de proposta escrita com a declaração dos elementos essenciais do interesse a ser garantido e do risco.

- V. arts. 427 e 768, CC.
- V. art. 666, parte final, CCo.

Art. 760. A apólice ou o bilhete de seguro serão nominativos, à ordem ou ao portador, e mencionarão os riscos assumidos, o início e o fim de sua validade, o limite da garantia e o prêmio devido, e, quando for o caso, o nome do segurado e o do beneficiário.

- V. arts. 147 e 791 a 793, CC.
- V. art. 667, CCo.

Parágrafo único. No seguro de pessoas, a apólice ou o bilhete não podem ser ao portador.

- V. arts. 791 a 793, CC.

Art. 761. Quando o risco for assumido em cosseguro, a apólice indicará o segurador que administrará o contrato e representará os demais, para todos os seus efeitos.

- V. arts. 667, parte final, 668 e 687, 1ª parte, CCo.

Art. 762. Nulo será o contrato para garantia de risco proveniente de ato doloso do segurado, do beneficiário, ou de representante de um ou de outro.

- V. arts. 145 a 150 e 798, CC.

Art. 763. Não terá direito a indenização o segurado que estiver em mora no pagamento do prêmio, se ocorrer o sinistro antes de sua purgação.

- V. arts. 394 a 401, CC.

Art. 764. Salvo disposição especial, o fato de se não ter verificado o risco, em previsão do qual se faz o seguro, não exime o segurado de pagar o prêmio.

- V. art. 773, CC.

Art. 765. O segurado e o segurador são obrigados a guardar na conclusão e na execução do contrato, a mais estrita boa-fé e veracidade, tanto a respeito do objeto como das circunstâncias e declarações a ele concernentes.

- V. arts. 422, 762, 766, 768, 773, 778 e 781, CC.
- V. art. 171, § 2º, V, CP.
- V. art. 678, CCo.
- V. Súmula 465, STJ.

Art. 766. Se o segurado, por si ou por seu representante, fizer declarações inexatas ou omitir circunstâncias que possam influir na aceitação da proposta ou na taxa do prêmio, perderá o direito à garantia, além de ficar obrigado ao prêmio vencido.

- V. arts. 149 e 778, CC.
- V. art. 679, 1ª parte, CCo.

Parágrafo único. Se a inexatidão ou omissão nas declarações não resultar de má-fé do segurado, o segurador terá direito a resolver o contrato, ou a cobrar, mesmo após o sinistro, a diferença do prêmio.

- V. art. 765, CC.

Art. 767. No seguro à conta de outrem, o segurador pode opor ao segurado quaisquer defesas que tenha contra o estipulante, por descumprimento das normas de conclusão do contrato, ou de pagamento do prêmio.

Art. 768. O segurado perderá o direito à garantia se agravar intencionalmente o risco objeto do contrato.

- V. arts. 757, 759, 765 e 769, CC.

Art. 769. O segurado é obrigado a comunicar ao segurador, logo que saiba, todo incidente suscetível de agravar consideravelmente o risco coberto, sob pena de perder o direito à garantia, se provar que silenciou de má-fé.

- V. arts. 422, 765, 768, 770 e 773, CC.

§ 1º O segurador, desde que o faça nos 15 (quinze) dias seguintes ao recebimento do aviso da agravação do risco sem culpa do segurado, poderá dar-lhe ciência, por escrito, de sua decisão de resolver o contrato.

- V. art. 473, CC.

§ 2º A resolução só será eficaz 30 (trinta) dias após a notificação, devendo ser restituída pelo segurador a diferença do prêmio.

Art. 770. Salvo disposição em contrário, a diminuição do risco no curso do contrato não acarreta a redução do prêmio estipulado; mas, se a redução do risco for considerável, o segurado poderá exigir a revisão do prêmio, ou a resolução do contrato.

- V. arts. 473 e 769, CC.

Art. 771. Sob pena de perder o direito à indenização, o segurado participará o sinistro ao segurador, logo que o saiba, e tomará as providências imediatas para minorar-lhe as consequências.

- V. arts. 779 e 787, § 1º, CC.
- V. art. 719, CCo.

Parágrafo único. Correm à conta do segurador, até o limite fixado no contrato, as despesas de salvamento consequente ao sinistro.

Art. 772. A mora do segurador em pagar o sinistro obriga à atualização monetária da indenização devida segundo índices oficiais regularmente estabelecidos, sem prejuízo dos juros moratórios.

- V. arts. 389, 394 a 401, 406 e 407, CC.
- V. Lei 5.488/1968 (Correção monetária nos contratos de seguros).
- V. Dec. 85.266/1980 (Atualização dos valores monetários dos seguros obrigatórios do Dec. 61.867/1967).
- V. Súmula 25, TFR.

Art. 773. O segurador que, ao tempo do contrato, sabe estar passado o risco de que o segurado se pretende cobrir, e, não obstante, expede a apólice, pagará em dobro o prêmio estipulado.

- V. arts. 147, 764, 765 e 769, CC.
- V. art. 679, parte final, CCo.

Art. 774. A recondução tácita do contrato pelo mesmo prazo, mediante expressa cláusula contratual, não poderá operar mais de uma vez.

Art. 775. Os agentes autorizados do segurador presumem-se seus representantes para todos os atos relativos aos contratos que agenciarem.

- V. arts. 115 a 120, 710 a 721, CC.
- V. Lei 4.594/1964 (Corretor de seguros).
- V. Dec. 56.900/1965 (Regime de corretagem de seguros).

Art. 776. O segurador é obrigado a pagar em dinheiro o prejuízo resultante do risco assumido, salvo se convencionada a reposição da coisa.

- V. arts. 206, § 1º, II, 778, 781 e 782, CC.
- V. Súmula 188, STF.

Art. 777. O disposto no presente Capítulo aplica-se, no que couber, aos seguros regidos por leis próprias.

- V. arts. 666 a 730, CCo.
- V. Dec.-lei 2.063/1940 (Operações de seguros privados).
- V. Dec.-lei 5.384/1943 (Beneficiários do seguro de vida).
- V. Dec.-lei 73/1966 (Sistema Nacional de Seguros Privados).
- V. Dec. 59.195/1966 (Cobrança de prêmios de seguros privados).
- V. Dec. 59.428/1966 (Seguros na colonização).
- V. Dec. 60.459/1967 (Regulamenta o Dec.-lei 73/1966).
- V. Dec. 61.867/1967 (Regulamenta os seguros obrigatórios previstos no art. 20 do Dec.-lei 73/1966).

- V. Lei 6.194/1974 (Seguro obrigatório de danos pessoais causados por veículos automotores de via terrestre ou por sua carga).
- V. Lei 6.704/1979 (Seguro de crédito à exportação).
- V. Lei 8.374/1991 (Seguro obrigatório de danos pessoais causados por embarcações ou sua carga).
- V. Lei 9.477/1997 (Fundo de Aposentadoria Programada Individual – FAPI e seu plano de incentivo).
- V. art. 5º, § 3º, Lei 9.514/1997 (Sistema de Financiamento Imobiliário e alienação fiduciária de coisa imóvel).
- V. Lei 9.656/1998 (Planos e seguros privados de assistência à saúde).
- V. Lei 10.185/2001 (Especialização das sociedades seguradoras em planos privados de assistência à saúde).
- V. Súmula 402, STJ.

Seção II
Do Seguro de Dano

Art. 778. Nos seguros de dano, a garantia prometida não pode ultrapassar o valor do interesse segurado no momento da conclusão do contrato, sob pena do disposto no art. 766, e sem prejuízo da ação penal que no caso couber.

- V. arts. 765, 776, 781, 782 e 789, CC.

Art. 779. O risco do seguro compreenderá todos os prejuízos resultantes ou consequentes, como sejam os estragos ocasionados para evitar o sinistro, minorar o dano, ou salvar a coisa.

- V. art. 771, CC.
- V. art. 710, CCo.

Art. 780. A vigência da garantia, no seguro de coisas transportadas, começa no momento em que são pelo transportador recebidas, e cessa com a sua entrega ao destinatário.

- V. arts. 750 e 1.425, IV, CC.
- V. arts. 705 a 707, CCo.

Art. 781. A indenização não pode ultrapassar o valor do interesse segurado no momento do sinistro, e, em hipótese alguma, o limite máximo da garantia fixado na apólice, salvo em caso de mora do segurador.

- V. arts. 394 a 401, 765, 776, 778, 782, 783 e 789, CC.

Art. 782. O segurado que, na vigência do contrato, pretender obter novo seguro sobre o mesmo interesse, e contra o mesmo risco junto a outro segurador, deve previamente comunicar sua intenção por escrito ao primeiro, indicando a soma por que pretende segurar-se, a fim de se comprovar a obediência ao disposto no art. 778.

- V. arts. 765, 778, 781 e 789, CC.
- V. art. 687, parte final, CCo.

Art. 783. Salvo disposição em contrário, o seguro de um interesse por menos do que valha acarreta a redução proporcional da indenização, no caso de sinistro parcial.

- V. art. 781, CC.

Art. 784. Não se inclui na garantia o sinistro provocado por vício intrínseco da coisa segurada, não declarado pelo segurado.

- V. art. 441, CC.

Parágrafo único. Entende-se por vício intrínseco o defeito próprio da coisa, que se não encontra normalmente em outras da mesma espécie.

Art. 785. Salvo disposição em contrário, admite-se a transferência do contrato a terceiro com a alienação ou cessão do interesse segurado.

- V. arts. 286 a 303, 760 e 959, I, CC.
- V. arts. 675 e 676, CCo.
- V. Súmula 465, STJ.

§ 1º Se o instrumento contratual é nominativo, a transferência só produz efeitos em relação ao segurador mediante aviso escrito assinado pelo cedente e pelo cessionário.

§ 2º A apólice ou o bilhete à ordem só se transfere por endosso em preto, datado e assinado pelo endossante e pelo endossatário.

Art. 786. Paga a indenização, o segurador sub-roga-se, nos limites do valor respectivo, nos direitos e ações que competirem ao segurado contra o autor do dano.

- V. arts. 346, III, e 800, CC.
- V. art. 125, II, CPC/2015.
- V. art. 728, CCo.
- V. Súmulas 151 e 188, STF.
- V. Súmulas 94 e 124, TFR.

§ 1º Salvo dolo, a sub-rogação não tem lugar se o dano foi causado pelo cônjuge do segurado, seus descendentes ou ascendentes, consanguíneos ou afins.

§ 2º É ineficaz qualquer ato do segurado que diminua ou extinga, em prejuízo do segurador, os direitos a que se refere este artigo.

Art. 787. No seguro de responsabilidade civil, o segurador garante o pagamento de perdas e danos devidos pelo segurado a terceiro.

- V. arts. 402 a 405, 927, 934 e 944 a 947, CC.

§ 1º Tão logo saiba o segurado das consequências de ato seu, suscetível de lhe acarretar a responsabilidade incluída na garantia, comunicará o fato ao segurador.

- V. art. 771, CC.

§ 2º É defeso ao segurado reconhecer sua responsabilidade ou confessar a ação, bem como transigir com o terceiro prejudicado, ou indenizá-lo diretamente, sem anuência expressa do segurador.

- V. art. 795, CC.

§ 3º Intentada a ação contra o segurado, dará este ciência da lide ao segurador.

- V. art. 125, II, CPC/2015.

§ 4º Subsistirá a responsabilidade do segurado perante o terceiro, se o segurador for insolvente.

Art. 788. Nos seguros de responsabilidade legalmente obrigatórios, a indenização por sinistro será paga pelo segurador diretamente ao terceiro prejudicado.

- V. art. 20, Dec.-lei 73/1966 (Sistema Nacional de Seguros Privados).
- V. Dec. 61.867/1967 (Regulamenta os seguros obrigatórios previstos no art. 20 do Dec.-lei 73/1966).
- V. Lei 6.194/1974 (Seguro obrigatório de danos pessoais causados por veículos automotores de via terrestre ou por sua carga).
- V. Lei 8.374/1991 (Seguro obrigatório de danos pessoais causados por embarcações ou sua carga).

Parágrafo único. Demandado em ação direta pela vítima do dano, o segurador não poderá opor a exceção de contrato não cumprido pelo segurado, sem promover a citação deste para integrar o contraditório.

- V. arts. 476 e 477, CC.
- V. arts. 113 a 118 e 125, II, CPC/2015.

Seção III
Do Seguro de Pessoa

Art. 789. Nos seguros de pessoas, o capital segurado é livremente estipulado pelo proponente, que pode contratar mais de um seguro sobre o mesmo interesse, com o mesmo ou diversos seguradores.

- V. arts. 778 e 782, CC.

Art. 790. No seguro sobre a vida de outros, o proponente é obrigado a declarar, sob pena de falsidade, o seu interesse pela preservação da vida do segurado.

- V. art. 760, parágrafo único, CC.

Parágrafo único. Até prova em contrário, presume-se o interesse, quando o segurado é cônjuge, ascendente ou descendente do proponente.

Art. 791. Se o segurado não renunciar à faculdade, ou se o seguro não tiver como causa declarada a garantia de alguma obrigação, é lícita a substituição do beneficiário, por ato entre vivos ou de última vontade.

- V. arts. 438, 538, 760 e 1.857, CC.

Parágrafo único. O segurador, que não for cientificado oportunamente da substituição, desobrigar-se-á pagando o capital segurado ao antigo beneficiário.

Art. 792. Na falta de indicação da pessoa ou beneficiário, ou se por qualquer motivo não prevalecer a que for feita, o capital segurado será pago por metade ao cônjuge não separado judicialmente, e o restante aos herdeiros do segurado, obedecida a ordem da vocação hereditária.

- V. art. 1.829, CC.
- V. Dec.-lei 5.384/1943 (Beneficiários do seguro de vida).

Parágrafo único. Na falta das pessoas indicadas neste artigo, serão beneficiários os que provarem que a morte do segurado os privou dos meios necessários à subsistência.

Art. 793. É válida a instituição do companheiro como beneficiário, se ao tempo do contrato o segurado era separado judicialmente, ou já se encontrava separado de fato.

- V. arts. 550 e 1.801, III, CC.

Art. 794. No seguro de vida ou de acidentes pessoais para o caso de morte, o capital estipulado não está sujeito às dívidas do segurado, nem se considera herança para todos os efeitos de direito.

- V. art. 833, IX, CPC/2015.

Códigos

Art. 795. É nula, no seguro de pessoa, qualquer transação para pagamento reduzido do capital segurado.

- V. arts. 787, § 2º, e 840, CC.

Art. 796. O prêmio, no seguro de vida, será conveniado por prazo limitado, ou por toda a vida do segurado.

Parágrafo único. Em qualquer hipótese, no seguro individual, o segurador não terá ação para cobrar o prêmio vencido, cuja falta de pagamento, nos prazos previstos, acarretará, conforme se estipular, a resolução do contrato, com a restituição da reserva já formada, ou a redução do capital garantido proporcionalmente ao prêmio pago.

Art. 797. No seguro de vida para o caso de morte, é lícito estipular-se um prazo de carência, durante o qual o segurador não responde pela ocorrência do sinistro.

Parágrafo único. No caso deste artigo o segurador é obrigado a devolver ao beneficiário o montante da reserva técnica já formada.

Art. 798. O beneficiário não tem direito ao capital estipulado quando o segurado se suicida nos primeiros 2 (dois) anos de vigência inicial do contrato, ou da sua recondução depois de suspenso, observado o disposto no parágrafo único do artigo antecedente.

- V. Súmula 105, STF.

Parágrafo único. Ressalvada a hipótese prevista neste artigo, é nula a cláusula contratual que exclui o pagamento do capital por suicídio do segurado.

- V. Súmula 61, STJ.

Art. 799. O segurador não pode eximir-se ao pagamento do seguro, ainda que da apólice conste a restrição, se a morte ou a incapacidade do segurado provier da utilização de meio de transporte mais arriscado, da prestação de serviço militar, da prática de esporte, ou de atos de humanidade em auxílio de outrem.

Art. 800. Nos seguros de pessoas, o segurador não pode sub-rogar-se nos direitos e ações do segurado, ou do beneficiário, contra o causador do sinistro.

- V. arts. 346, 349 e 786, CC.

Art. 801. O seguro de pessoas pode ser estipulado por pessoa natural ou jurídica em proveito de grupo que a ela, de qualquer modo, se vincule.

§ 1º O estipulante não representa o segurador perante o grupo segurado, e é o único responsável, para com o segurador, pelo cumprimento de todas as obrigações contratuais.

- V. Súmula 101, STJ.

§ 2º A modificação da apólice em vigor dependerá da anuência expressa de segurados que representem 3/4 (três quartos) do grupo.

Art. 802. Não se compreende nas disposições desta Seção a garantia do reembolso de despesas hospitalares ou de tratamento médico, nem o custeio das despesas de luto e de funeral do segurado.

- V. Lei 9.656/1998 (Planos e seguros privados de assistência à saúde).
- V. Lei 10.185/2001 (Especialização das sociedades seguradoras em planos privados de assistência à saúde).

Capítulo XVI
Da Constituição de Renda

Art. 803. Pode uma pessoa, pelo contrato de constituição de renda, obrigar-se para com outra a uma prestação periódica, a título gratuito.

- V. art. 813, CC.

Art. 804. O contrato pode ser também a título oneroso, entregando-se bens móveis ou imóveis à pessoa que se obriga a satisfazer as prestações a favor do credor ou de terceiros.

- V. art. 809, CC.

Art. 805. Sendo o contrato a título oneroso, pode o credor, ao contratar, exigir que o rendeiro lhe preste garantia real, ou fidejussória.

- V. arts. 810, 818 e 1.419, CC.

Art. 806. O contrato de constituição de renda será feito a prazo certo, ou por vida, podendo ultrapassar a vida do devedor mas não a do credor, seja ele o contratante, seja terceiro.

- V. art. 808, CC.

Art. 807. O contrato de constituição de renda requer escritura pública.

- V. arts. 108 e 215, CC.
- V. art. 167, I-8, Lei 6.015/1973 (Lei de Registros Públicos).

Art. 808. É nula a constituição de renda em favor de pessoa já falecida, ou que, nos 30 (trinta) dias seguintes, vier a falecer de moléstia que já sofria, quando foi celebrado o contrato.

- V. art. 806, CC.

Art. 809. Os bens dados em compensação da renda caem, desde a tradição, no domínio da pessoa que por aquela se obrigou.

- V. arts. 804 e 1.359, CC.

Art. 810 Se o rendeiro, ou censuário, deixar de cumprir a obrigação estipulada, poderá o credor da renda acioná-lo, tanto para que lhe pague as prestações atrasadas como para que lhe dê garantias das futuras, sob pena de rescisão do contrato.

- V. arts. 472, 475 e 477, CC.

Art. 811. O credor adquire o direito à renda dia a dia, se a prestação não houver de ser paga adiantada, no começo de cada um dos períodos prefixos.

Art. 812. Quando a renda for constituída em benefício de duas ou mais pessoas, sem determinação da parte de cada uma, entende-se que os seus direitos são iguais; e, salvo estipulação diversa, não adquirirão os sobrevivos direito à parte dos que morrerem.

- V. art. 257, CC.

Art. 813. A renda constituída por título gratuito pode, por ato do instituidor, ficar isenta de todas as execuções pendentes e futuras.

- V. art. 833, I, CPC/2015.

Parágrafo único. A isenção prevista neste artigo prevalece de pleno direito em favor dos montepios e pensões alimentícias.

- V. art. 833, VII, CPC/2015.

Capítulo XVII
Do Jogo e da Aposta

Art. 814. As dívidas de jogo ou de aposta não obrigam a pagamento; mas não se pode recobrar a quantia, que voluntariamente se pagou, salvo se foi ganha por dolo, ou se o perdente é menor ou interdito.

- V. arts. 166, II, 816 e 882, CC.
- V. arts. 50 a 58, Dec.-lei 3.688/1941 (Lei das Contravenções Penais).
- V. Dec.-lei 9.215/1946 (Proíbe a prática ou exploração de jogos de azar).

§ 1º Estende-se esta disposição a qualquer contrato que encubra ou envolva reconhecimento, novação ou fiança de dívida de jogo; mas a nulidade resultante não pode ser oposta ao terceiro de boa-fé.

- V. arts. 360 a 367, 818 a 839 e 882, CC.

§ 2º O preceito contido neste artigo tem aplicação, ainda que se trate de jogo não proibido, só se excetuando os jogos e apostas legalmente permitidos.

§ 3º Excetuam-se, igualmente, os prêmios oferecidos ou prometidos para o vencedor em competição de natureza esportiva, intelectual ou artística, desde que os interessados se submetam às prescrições legais e regulamentares.

Art. 815. Não se pode exigir reembolso do que se emprestou para jogo ou aposta, no ato de apostar ou jogar.

- V. arts. 579, 586 e 816, CC.

Art. 816. As disposições dos arts. 814 e 815 não se aplicam aos contratos sobre títulos de bolsa, mercadorias ou valores, em que se estipulem a liquidação exclusivamente pela diferença entre o preço ajustado e a cotação que eles tiverem no vencimento do ajuste.

Art. 817. O sorteio para dirimir questões ou dividir coisas comuns considera-se sistema de partilha ou processo de transação, conforme o caso.

- V. arts. 840 e 858, CC.

Capítulo XVIII
Da Fiança

Seção I
Disposições Gerais

Art. 818. Pelo contrato de fiança, uma pessoa garante satisfazer ao credor uma obrigação assumida pelo devedor, caso este não a cumpra.

- V. arts. 814, § 1º, 1.425, I, 1.642, IV, 1.645 e 1.647, III, a 1.650, CC.
- V. arts. 477, 481, 483, 527, 535, 548-4, 580, 595, 604, 609, 612, 784 e 785, CCo.
- V. art. 30, Dec. 21.981/1932 (Leiloeiro).
- V. Dec. 91.271/1985 (Veda a concessão, por entidades estatais, de aval, fiança ou outras garantias).

Códigos

• V. arts. 37, II, 40, V, e 71, V, Lei 8.245/1991 (Locação de imóveis urbanos).

Art. 819. A fiança dar-se-á por escrito, e não admite interpretação extensiva.

• V. arts. 114, 823 e 830, CC.
• V. art. 129-3, Lei 6.015/1973 (Lei de Registros Públicos).
• V. Súmula 214, STJ.

Art. 819-A. *(Vetado).*

• Artigo acrescentado pela Lei 10.931/2004.

Art. 820. Pode-se estipular a fiança, ainda que sem consentimento do devedor ou contra a sua vontade.

Art. 821. As dívidas futuras podem ser objeto de fiança; mas o fiador, neste caso, não será demandado senão depois que se fizer certa e líquida a obrigação do principal devedor.

Art. 822. Não sendo limitada, a fiança compreenderá todos os acessórios da dívida principal, inclusive as despesas judiciais, desde a citação do fiador.

• V. art. 92, CC.

Art. 823. A fiança pode ser de valor inferior ao da obrigação principal e contraída em condições menos onerosas, e, quando exceder o valor da dívida, ou for mais onerosa que ela, não valerá senão até ao limite da obrigação afiançada.

• V. arts. 114 e 830, CC.

Art. 824. As obrigações nulas não são suscetíveis de fiança, exceto se a nulidade resultar apenas de incapacidade pessoal do devedor.

• V. arts. 814, § 1º, e 837, CC.

Parágrafo único. A exceção estabelecida neste artigo não abrange o caso de mútuo feito a menor.

• V. art. 588, CC.

Art. 825. Quando alguém houver de oferecer fiador, o credor não pode ser obrigado a aceitá-lo se não for pessoa idônea, domiciliada no município onde tenha de prestar a fiança, e não possua bens suficientes para cumprir a obrigação.

Art. 826. Se o fiador se tornar insolvente ou incapaz, poderá o credor exigir que seja substituído.

• V. arts. 333, III, e 477, CC.
• V. art. 40, Lei 8.245/1991 (Locação de imóveis urbanos).

Seção II
Dos Efeitos da Fiança

Art. 827. O fiador demandado pelo pagamento da dívida tem direito a exigir, até a contestação da lide, que sejam primeiro executados os bens do devedor.

• V. arts. 371, 828, 838 e 839, CC.
• V. arts. 130, 335, *caput* e 794, CPC/2015.

Parágrafo único. O fiador que alegar o benefício de ordem, a que se refere este artigo, deve nomear bens do devedor, sitos no mesmo município, livres e desembargados, quantos bastem para solver o débito.

Art. 828. Não aproveita este benefício ao fiador:

I – se ele o renunciou expressamente;

II – se se obrigou como principal pagador, ou devedor solidário;

• V. arts. 264, 265, 275 a 285 e 838, CC.

III – se o devedor for insolvente, ou falido.

• V. art. 839, CC.

Art. 829. A fiança conjuntamente prestada a um só débito por mais de uma pessoa importa o compromisso de solidariedade entre elas, se declaradamente não se reservarem o benefício de divisão.

• V. arts. 275 a 285, 819 e 838, CC.

Parágrafo único. Estipulado este benefício, cada fiador responde unicamente pela parte que, em proporção, lhe couber no pagamento.

• V. arts. 823 e 830, CC.
• V. art. 130, CPC/2015.

Art. 830. Cada fiador pode fixar no contrato a parte da dívida que toma sob sua responsabilidade, caso em que não será por mais obrigado.

• V. arts. 114, 823 e 829, parágrafo único, CC.

Art. 831. O fiador que pagar integralmente a dívida fica sub-rogado nos direitos do credor; mas só poderá demandar a cada um dos outros fiadores pela respectiva quota.

• V. arts. 283, 304, 346, III, e 838, II, CC.
• V. art. 130, CPC/2015.

Parágrafo único. A parte do fiador insolvente distribuir-se-á pelos outros.

• V. art. 284, CC.

Art. 832. O devedor responde também perante o fiador por todas as perdas e danos que este pagar, e pelos que sofrer em razão da fiança.

• V. arts. 402 a 405, CC.

Art. 833. O fiador tem direito aos juros do desembolso pela taxa estipulada na obrigação principal, e, não havendo taxa convencionada, aos juros legais da mora.

• V. arts. 406 e 407, CC.

Art. 834. Quando o credor, sem justa causa, demorar a execução iniciada contra o devedor, poderá o fiador promover-lhe o andamento.

• V. art. 778, IV, CPC/2015.

Art. 835. O fiador poderá exonerar-se da fiança que tiver assinado sem limitação de tempo, sempre que lhe convier, ficando obrigado por todos os efeitos da fiança, durante 60 (sessenta) dias após a notificação do credor.

Art. 836. A obrigação do fiador passa aos herdeiros; mas a responsabilidade da fiança se limita ao tempo decorrido até a morte do fiador, e não pode ultrapassar as forças da herança.

• V. arts. 1.792, 1.821 e 1.997, CC.

Seção III
Da Extinção da Fiança

Art. 837. O fiador pode opor ao credor as exceções que lhe forem pessoais, e as extintivas da obrigação que competem ao devedor principal, se não provierem simplesmente de incapacidade pessoal, salvo o caso do mútuo feito a pessoa menor.

• V. arts. 204, 366, 371, 376, 588, 814, § 1º, 824 e 844, CC.

Art. 838. O fiador, ainda que solidário, ficará desobrigado:

• V. arts. 827 a 829, CC.

I – se, sem consentimento seu, o credor conceder moratória ao devedor;

II – se, por fato do credor, for impossível a sub-rogação nos seus direitos e preferências;

• V. art. 346, III, CC.

III – se o credor, em pagamento da dívida, aceitar amigavelmente do devedor objeto diverso do que este era obrigado a lhe dar, ainda que depois venha a perdê-lo por evicção.

• V. arts. 356 a 359 e 447 a 457, CC.

Art. 839. Se for invocado o benefício da excussão e o devedor, retardando-se a execução, cair em insolvência, ficará exonerado o fiador que o invocou, se provar que os bens por ele indicados eram, ao tempo da penhora, suficientes para a solução da dívida afiançada.

• V. art. 827, CC.
• V. art. 794, *caput*, CPC/2015.

Capítulo XIX
Da Transação

Art. 840. É lícito aos interessados prevenirem ou terminarem o litígio mediante concessões mútuas.

• V. arts. 262, 661 e 817, CC.
• V. arts. 90, 122, 359, 487, III, *b*, 910, § 2º, 903, §§ 2º e 5º, e 924, III, CPC/2015.

Art. 841. Só quanto a direitos patrimoniais de caráter privado se permite a transação.

• V. arts. 661, 846 e 852, CC.
• V. art. 171, CTN.
• V. Lei 9.469/1997 (Intervenção da União em causas em que figurarem entes da administração pública).

Art. 842. A transação far-se-á por escritura pública, nas obrigações em que a lei o exige, ou por instrumento particular, nas em que ela o admite; se recair sobre direitos contestados em juízo, será feita por escritura pública, ou por termo nos autos, assinado pelos transigentes e homologado pelo juiz.

• V. arts. 107 a 109 e 215, CC.

Art. 843. A transação interpreta-se restritivamente, e por ela não se transmitem, apenas se declaram ou reconhecem direitos.

• V. art. 114, CC.

Art. 844. A transação não aproveita, nem prejudica senão aos que nela intervierem, ainda que diga respeito a coisa indivisível.

• V. arts. 87, 88, 257 a 263 e 314, CC.

§ 1º Se for concluída entre o credor e o devedor, desobrigará o fiador.

• V. art. 838, CC.

§ 2º Se entre um dos credores solidários e o devedor, extingue a obrigação deste para com os outros credores.

• V. arts. 267 a 274, CC.

§ 3º Se entre um dos devedores solidários e seu credor, extingue a dívida em relação aos codevedores.

- V. arts. 275 a 285, CC.

Art. 845. Dada a evicção da coisa renunciada por um dos transigentes, ou por ele transferida à outra parte, não revive a obrigação extinta pela transação; mas ao evicto cabe o direito de reclamar perdas e danos.

- V. arts. 402 a 405 e 447 a 457, CC.

Parágrafo único. Se um dos transigentes adquirir, depois da transação, novo direito sobre a coisa renunciada ou transferida, a transação feita não o inibirá de exercê-lo.

Art. 846. A transação concernente a obrigações resultantes de delito não extingue a ação penal pública.

- V. art. 841, CC.

Art. 847. É admissível, na transação, a pena convencional.

- V. arts. 408 a 416, CC.

Art. 848. Sendo nula qualquer das cláusulas da transação, nula será esta.

- V. arts. 166 a 170, CC.

Parágrafo único. Quando a transação versar sobre diversos direitos contestados, independentes entre si, o fato de não prevalecer em relação a um não prejudicará os demais.

Art. 849. A transação só se anula por dolo, coação, ou erro essencial quanto à pessoa ou coisa controversa.

- V. arts. 138 a 155 e 171, CC.

Parágrafo único. A transação não se anula por erro de direito a respeito das questões que foram objeto de controvérsia entre as partes.

- V. art. 139, III, CC.

Art. 850. É nula a transação a respeito do litígio decidido por sentença passada em julgado, se dela não tinha ciência algum dos transatores, ou quando, por título ulteriormente descoberto, se verificar que nenhum deles tinha direito sobre o objeto da transação.

- V. art. 138, Lei 11.101/2005 (Lei de Recuperação de Empresas e Falência).

Capítulo XX
Do Compromisso

Art. 851. É admitido compromisso, judicial ou extrajudicial, para resolver litígios entre pessoas que podem contratar.

- V. art. 661, CC.
- V. arts. 42 e 485, VII, CPC/2015.
- V. arts. 1º e 9º, Lei 9.307/1996 (Arbitragem).

Art. 852. É vedado compromisso para solução de questões de estado, de direito pessoal de família e de outras que não tenham caráter estritamente patrimonial.

- V. arts. 661 e 841, CC.
- V. art. 1º, Lei 9.307/1996 (Arbitragem).

Art. 853. Admite-se nos contratos a cláusula compromissória, para resolver divergências mediante juízo arbitral, na forma estabelecida em lei especial.

- V. art. 3º, Lei 9.307/1996 (Arbitragem).

TÍTULO VII
Dos Atos Unilaterais

Capítulo I
Da Promessa de Recompensa

Art. 854. Aquele que, por anúncios públicos, se comprometer a recompensar, ou gratificar, a quem preencha certa condição, ou desempenhe certo serviço, contrai obrigação de cumprir o prometido.

- V. art. 427, CC.
- V. Lei 5.768/1971 (Distribuição gratuita de prêmios, mediante sorteio, vale brinde ou concurso).

Art. 855. Quem quer que, nos termos do artigo antecedente, fizer o serviço, ou satisfizer a condição, ainda que não pelo interesse da promessa, poderá exigir a recompensa estipulada.

- V. art. 121, CC.

Art. 856. Antes de prestado o serviço ou preenchida a condição, pode o promitente revogar a promessa, contanto que o faça com a mesma publicidade; se houver assinado prazo à execução da tarefa, entender-se-á que renuncia o arbítrio de retirar, durante ele, a oferta.

- V. art. 859, CC.

Parágrafo único. O candidato de boa-fé, que houver feito despesas, terá direito a reembolso.

Art. 857. Se o ato contemplado na promessa for praticado por mais de um indivíduo, terá direito à recompensa o que primeiro o executou.

Art. 858. Sendo simultânea a execução, a cada um tocará quinhão igual na recompensa; se esta não for divisível, conferir-se-á por sorteio, e o que obtiver a coisa dará ao outro o valor de seu quinhão.

- V. art. 817, CC.

Art. 859. Nos concursos que se abrirem com promessa pública de recompensa, é condição essencial, para valerem, a fixação de um prazo, observadas também as disposições dos parágrafos seguintes.

- V. art. 856, CC.

§ 1º A decisão da pessoa nomeada, nos anúncios, como juiz, obriga os interessados.

§ 2º Em falta de pessoa designada para julgar o mérito dos trabalhos que se apresentarem, entender-se-á que o promitente se reservou essa função.

§ 3º Se os trabalhos tiverem mérito igual, proceder-se-á de acordo com os arts. 857 e 858.

Art. 860. As obras premiadas, nos concursos de que trata o artigo antecedente, só ficarão pertencendo ao promitente, se assim for estipulado na publicação da promessa.

Capítulo II
Da Gestão de Negócios

Art. 861. Aquele que, sem autorização do interessado, intervém na gestão de negócio alheio, dirigi-lo-á segundo o interesse e a vontade presumível de seu dono, ficando responsável a este e às pessoas com que tratar.

- V. arts. 665, 873 e 874, CC.
- V. arts. 121 e 53, IV, *b*, CPC/2015.

Art. 862. Se a gestão foi iniciada contra a vontade manifesta ou presumível do interessado, responderá o gestor até pelos casos fortuitos, não provando que teriam sobrevindo, ainda quando se houvesse abatido.

- V. arts. 393, parágrafo único, 399, 868 e 874, CC.

Art. 863. No caso do artigo antecedente, se os prejuízos da gestão excederem o seu proveito, poderá o dono do negócio exigir que o gestor restitua as coisas ao estado anterior, ou o indenize da diferença.

- V. arts. 870 e 874, CC.

Art. 864. Tanto que se possa, comunicará o gestor ao dono do negócio a gestão que assumiu, aguardando-lhe a resposta, se da espera não resultar perigo.

Art. 865. Enquanto o dono não providenciar, velará o gestor pelo negócio, até o levar a cabo, esperando, se aquele falecer durante a gestão, as instruções dos herdeiros, sem se descuidar, entretanto, das medidas que o caso reclame.

- V. art. 674, CC.

Art. 866. O gestor envidará toda sua diligência habitual na administração do negócio, ressarcindo ao dono o prejuízo resultante de qualquer culpa na gestão.

- V. arts. 667, 862 e 868, CC.

Art. 867. Se o gestor se fizer substituir por outrem, responderá pelas faltas do substituto, ainda que seja pessoa idônea, sem prejuízo da ação que a ele, ou ao dono do negócio, contra ela possa caber.

- V. arts. 275, 285 e 667, CC.

Parágrafo único. Havendo mais de um gestor, solidária será a sua responsabilidade.

- V. arts. 275 a 285 e 672, CC.

Art. 868. O gestor responde pelo caso fortuito quando fizer operações arriscadas, ainda que o dono costumasse fazê-las, ou quando preterir interesse deste em proveito de interesses seus.

- V. art. 393, parágrafo único, CC.

Parágrafo único. Querendo o dono aproveitar-se da gestão, será obrigado a indenizar o gestor das despesas necessárias, que tiver feito, e dos prejuízos, que por motivo da gestão, houver sofrido.

Art. 869. Se o negócio for utilmente administrado, cumprirá ao dono as obrigações contraídas em seu nome, reembolsando ao gestor as despesas necessárias ou úteis que houver feito, com os juros legais, desde o desembolso, respondendo ainda pelos prejuízos que este houver sofrido por causa da gestão.

- V. arts. 305, 406, 407, 675, 870, 873 e 874, CC.

§ 1º A utilidade, ou necessidade, da despesa, apreciar-se-á não pelo resultado obtido, mas segundo as circunstâncias da ocasião em que se fizerem.

§ 2º Vigora o disposto neste artigo, ainda quando o gestor, em erro quanto ao dono do negócio, der a outra pessoa as contas da gestão.

Art. 870. Aplica-se a disposição do artigo antecedente, quando a gestão se proponha a acudir a prejuízos iminentes, ou redunde em proveito do dono do negócio ou da coisa; mas a indenização ao gestor não excederá, em importância, as vantagens obtidas com a gestão.

- V. art. 874, CC.

Art. 871. Quando alguém, na ausência do indivíduo obrigado a alimentos, por ele os prestar a quem se devem, poder-lhes-á reaver do devedor a importância, ainda que este não ratifique o ato.

- V. arts. 305, 872, parágrafo único, 1.694, 1.696 a 1.698 e 1.700, CC.

Art. 872. Nas despesas do enterro, proporcionadas aos usos locais e à condição do falecido, feitas por terceiro, podem ser cobradas da pessoa que teria a obrigação de alimentar a que veio a falecer, ainda mesmo que esta não tenha deixado bens.

- V. arts. 1.694, 1.696 a 1.698 e 1.700, CC.

Parágrafo único. Cessa o disposto neste artigo e no antecedente, em se provando que o gestor fez essas despesas com o simples intento de bem-fazer.

Art. 873. A ratificação pura e simples do dono do negócio retroage ao dia do começo da gestão, e produz todos os efeitos do mandato.

- V. arts. 172, 653, 654, 656 a 662, 665 a 670, 672 a 683, 686 a 692 e 1.205, II, CC.

Art. 874. Se o dono do negócio, ou da coisa, desaprovar a gestão, considerando-a contrária aos seus interesses, vigorará o disposto nos arts. 862 e 863, salvo o estabelecido nos arts. 869 e 870.

- V. art. 871, CC.

Art. 875. Se os negócios alheios forem conexos ao do gestor, de tal arte que se não possam gerir separadamente, haver-se-á o gestor por sócio daquele cujos interesses agenciar de envolta com os seus.

Parágrafo único. No caso deste artigo, aquele em cujo benefício interveio o gestor só é obrigado na razão das vantagens que lograr.

Capítulo III
Do Pagamento Indevido

Art. 876. Todo aquele que recebeu o que lhe não era devido fica obrigado a restituir; obrigação que incumbe àquele que recebe dívida condicional antes de cumprida a condição.

- V. arts. 125, 290, 312 e 880, CC.
- V. arts. 165 a 169, CTN.
- V. Súmulas 71 e 546, STF.

Art. 877. Àquele que voluntariamente pagou o indevido incumbe a prova de tê-lo feito por erro.

Art. 878. Aos frutos, acessões, benfeitorias e deteriorações sobrevindas à coisa dada em pagamento indevido, aplica-se o disposto neste Código sobre o possuidor de boa-fé ou de má-fé, conforme o caso.

- V. arts. 1.214 a 1.222, CC.

Art. 879. Se aquele que indevidamente recebeu um imóvel o tiver alienado em boa-fé, por título oneroso, responde somente pela quantia recebida; mas, se agiu de má-fé, além do valor do imóvel, responde por perdas e danos.

- V. arts. 402 a 405, CC.

Parágrafo único. Se o imóvel foi alienado por título gratuito, ou se, alienado por título oneroso, o terceiro adquirente agiu de má-fé, cabe ao que pagou por erro o direito de reivindicação.

- V. art. 538, CC.

Art. 880. Fica isento de restituir pagamento indevido aquele que, recebendo-o como parte de dívida verdadeira, inutilizou o título, deixou prescrever a pretensão ou abriu mão das garantias que asseguravam seu direito; mas aquele que pagou dispõe de ação regressiva contra o verdadeiro devedor e seu fiador.

- V. art. 305, CC.
- V. art. 125, II, CPC/2015.

Art. 881. Se o pagamento indevido tiver consistido no desempenho de obrigação de fazer ou para eximir-se da obrigação de não fazer, aquele que recebeu a prestação fica na obrigação de indenizar o que a cumpriu, na medida do lucro obtido.

- V. arts. 247 a 251, CC.
- V. arts. 814 a 823, CPC/2015.

Art. 882. Não se pode repetir o que se pagou para solver dívida prescrita, ou cumprir obrigação judicialmente inexigível.

- V. arts. 191, 564, III, e 814, CC.

Art. 883. Não terá direito à repetição aquele que deu alguma coisa para obter fim ilícito, imoral, ou proibido por lei.

- V. art. 814, CC.

Parágrafo único. No caso deste artigo, o que se deu reverterá em favor de estabelecimento local de beneficência, a critério do juiz.

Capítulo IV
Do Enriquecimento Sem Causa

Art. 884. Aquele que, sem justa causa, se enriquecer à custa de outrem, será obrigado a restituir o indevidamente auferido, feita a atualização dos valores monetários.

- V. arts. 206, § 3º, IV, e 478 a 480, CC.

Parágrafo único. Se o enriquecimento tiver por objeto coisa determinada, quem a recebeu é obrigado a restituí-la, e, se a coisa não mais subsistir, a restituição se fará pelo valor do bem na época em que foi exigido.

Art. 885. A restituição é devida, não só quando não tenha havido causa que justifique o enriquecimento, mas também se esta deixou de existir.

Art. 886. Não caberá a restituição por enriquecimento, se a lei conferir ao lesado outros meios para se ressarcir do prejuízo sofrido.

TÍTULO VIII
Dos Títulos de Crédito
Capítulo I
Disposições Gerais

Art. 887. O título de crédito, documento necessário ao exercício do direito literal e autônomo nele contido, somente produz efeito quando preencha os requisitos da lei.

- V. arts. 206, § 3º, VIII, 223 e 889, CC.
- V. art. 784, I, CPC/2015.
- V. arts. 1º, 2º, 75 e 76, Anexo I, Dec. 57.663/1966 (Lei Uniforme – Letras de Câmbio e Notas Promissórias).
- V. art. 2º, § 1º, Lei 5.474/1968 (Lei das Duplicatas).
- V. arts. 1º e 2º, Lei 7.357/1985 (Lei do Cheque).

Art. 888. A omissão de qualquer requisito legal, que tire ao escrito a sua validade como título de crédito, não implica a invalidade do negócio jurídico que lhe deu origem.

Art. 889. Deve o título de crédito conter a data da emissão, a indicação precisa dos direitos que confere, e a assinatura do emitente.

§ 1º É à vista o título de crédito que não contenha indicação de vencimento.

- V. art. 331, CC.

§ 2º Considera-se lugar de emissão e de pagamento, quando não indicado no título, o domicílio do emitente.

- V. arts. 2º e 76, Anexo I, Dec. 57.663/1966 (Lei Uniforme – Letras de Câmbio e Notas Promissórias).
- V. art. 2º, I e II, Lei 7.357/1985 (Lei do Cheque).
- V. Súmula 387, STF.

§ 3º O título poderá ser emitido a partir dos caracteres criados em computador ou meio técnico equivalente e que constem da escrituração do emitente, observados os requisitos mínimos previstos neste artigo.

Art. 890. Consideram-se não escritas no título a cláusula de juros, a proibitiva de endosso, a excludente de responsabilidade pelo pagamento ou por despesas, a que dispense a observância de termos e formalidade prescritas, e a que, além dos limites fixados em lei, exclua ou restrinja direitos e obrigações.

- V. art. 44, Dec. 2.044/1908 (Letra de câmbio e nota promissória).
- V. arts. 1º e 5º, Anexo I, Dec. 57.663/1966 (Lei Uniforme – Letras de Câmbio e Notas Promissórias).

Art. 891. O título de crédito, incompleto ao tempo da emissão, deve ser preenchido de conformidade com os ajustes realizados.

- V. art. 10, Anexo I, Dec. 57.663/1966 (Lei Uniforme – Letras de Câmbio e Notas Promissórias).

Parágrafo único. O descumprimento dos ajustes previstos neste artigo pelos que deles participaram, não constitui motivo de oposição ao terceiro portador, salvo se este, ao adquirir o título, tiver agido de má-fé.

- V. Súmula 387, STF.

Art. 892. Aquele que, sem ter poderes, ou excedendo os que tem, lança a sua assinatura em título de crédito, como mandatário ou representante de outrem, fica pessoalmente obrigado, e, pagando o título, tem ele os mesmos direitos que teria o suposto mandante ou representado.

- V. art. 662, CC.
- V. arts. 1º, V, 8º, 14 e 46, Dec. 2.044/1908 (Letra de câmbio e nota promissória).
- V. arts. 8º, Anexo I, e 2º, Anexo II, Dec. 57.663/1966 (Lei Uniforme – Letras de Câmbio e Notas Promissórias).

Art. 893. A transferência do título de crédito implica a de todos os direitos que lhe são inerentes.

- V. art. 17, Dec. 57.595/1966 (Lei Uniforme – Cheque).
- V. arts. 14 e 16, Anexo I, Dec. 57.663/1966 (Lei Uniforme – Letras de Câmbio e Notas Promissórias).
- V. art. 20, Lei 7.357/1985 (Lei do Cheque).
- V. art. 1º, *caput*, Lei 8.021/1990 (Identificação dos contribuintes para fins fiscais).

Art. 894. O portador de título representativo de mercadoria tem o direito de transferi-lo, de conformidade com as normas que regulam a sua circulação, ou de receber aquela independentemente de quaisquer formalidades, além da entrega do título devidamente quitado.

- V. arts. 15, 16, 18 e 20 a 22, Dec. 1.102/1903 (Armazéns gerais).

Art. 895. Enquanto o título de crédito estiver em circulação, só ele poderá ser dado em garantia, ou ser objeto de medidas judiciais, e não, separadamente, os direitos ou mercadorias que representa.

- V. art. 17, Dec. 1.102/1903 (Armazéns gerais).

Art. 896. O título de crédito não pode ser reivindicado do portador que o adquiriu de boa-fé e na conformidade das normas que disciplinam a sua circulação.

- V. art. 39, § 2º, Dec. 2.044/1908 (Letra de câmbio e nota promissória).
- V. art. 21, Dec. 57.595/1966 (Lei Uniforme – Cheque).
- V. art. 16, Anexo I, Dec. 57.663/1966 (Lei Uniforme – Letras de Câmbio e Notas Promissórias).
- V. art. 24, *caput*, Lei 7.357/1985 (Lei do Cheque).

Art. 897. O pagamento de título de crédito, que contenha obrigação de pagar soma determinada, pode ser garantido por aval.

- V. arts. 899, 900 e 1.647, III, CC.
- V. art. 14, 1ª parte, Dec. 2.044/1908 (Letra de câmbio e nota promissória).
- V. art. 30, Anexo I, Dec. 57.663/1966 (Lei Uniforme – Letras de câmbio e notas promissórias).
- V. art. 12, *caput*, Lei 5.474/1968 (Duplicatas).
- V. art. 29, Lei 7.357/1985 (Lei do Cheque).

Parágrafo único. É vedado o aval parcial.

- V. art. 30, Anexo I, Dec. 57.663/1966 (Lei Uniforme – Letras de Câmbio e Notas Promissórias).

Art. 898. O aval deve ser dado no verso ou no anverso do próprio título.

- V. arts. 14 e 44, § 1º, Dec. 2.044/1908 (Letra de câmbio e nota promissória).
- V. art. 26, Dec. 57.595/1966 (Lei Uniforme – Cheque).
- V. arts. 2º, Anexo II, e 31, Anexo I, Dec. 57.663/1966 (Lei Uniforme – Letras de câmbio e notas promissórias).
- V. art. 30, Lei 7.357/1985 (Lei do Cheque).
- V. Súmula 189, STF.

§ 1º Para a validade do aval, dado no anverso do título, é suficiente a simples assinatura do avalista.

- V. art. 1.647, III, CC.

§ 2º Considera-se não escrito o aval cancelado.

Art. 899. O avalista equipara-se àquele cujo nome indicar; na falta de indicação, ao emitente ou devedor final.

- V. art. 15, Dec. 2.044/1908 (Letra de câmbio e nota promissória).
- V. art. 12, *caput*, Lei 5.474/1968 (Duplicatas).
- V. art. 31, Lei 7.357/1985 (Lei do Cheque).

§ 1º Pagando o título, tem o avalista ação de regresso contra o seu avalizado e demais coobrigados anteriores.

- V. art. 125, II, CPC/2015.

§ 2º Subsiste a responsabilidade do avalista, ainda que nula a obrigação daquele a quem se equipara, a menos que a nulidade decorra de vício de forma.

- V. art. 27, Dec. 57.595/1966 (Lei Uniforme – Cheque).
- V. art. 32, Anexo I, Dec. 57.663/1966 (Lei Uniforme – Letras de câmbio e notas promissórias).

Art. 900. O aval posterior ao vencimento produz os mesmos efeitos do anteriormente dado.

- V. art. 12, parágrafo único, Lei 5.474/1968 (Lei das Duplicatas).

Art. 901. Fica validamente desonerado o devedor que paga título de crédito ao legítimo portador, no vencimento, sem oposição, salvo se agiu de má-fé.

- V. arts. 309 e 311, CC.
- V. art. 23, Dec. 2.044/1908 (Letra de câmbio e nota promissória).

Parágrafo único. Pagando, pode o devedor exigir do credor, além da entrega do título, quitação regular.

- V. arts. 319 a 321 e 324, CC.
- V. art. 34, 1ª parte, Dec. 57.595/1966 (Lei Uniforme – Cheque).
- V. arts. 39, 1ª parte, e 40, 2ª parte, Anexo I, Dec. 57.663/1966 (Lei Uniforme – Letras de câmbio e notas promissórias).

Art. 902. Não é o credor obrigado a receber o pagamento antes do vencimento do título, e aquele que o paga, antes do vencimento, fica responsável pela validade do pagamento.

- V. art. 315, CC.
- V. art. 22, Dec. 2.044/1908 (Letra de câmbio e nota promissória).

§ 1º No vencimento, não pode o credor recusar pagamento, ainda que parcial.

- V. art. 34, 2ª parte, Dec. 57.595/1966 (Lei Uniforme – Cheque).
- V. arts. 39, 2ª parte, e 40, 1ª parte, Anexo I, Dec. 57.663/1966 (Lei Uniforme – Letras de câmbio e notas promissórias).
- V. art. 38, parágrafo único, Lei 7.357/1985 (Lei do Cheque).

§ 2º No caso de pagamento parcial, em que se não opera a tradição do título, além da quitação em separado, outra deverá ser firmada no próprio título.

Art. 903. Salvo disposição diversa em lei especial, regem-se os títulos de crédito pelo disposto neste Código.

- V. arts. 291, 910, § 2º, 1.226, 1.267 e 1.268, CC.
- V. art. 856, CPC/2015.
- V. Dec. 177-A/1893 (Emissão de empréstimos em obrigações ao portador – debêntures – das companhias ou sociedades anônimas).
- V. Dec. 1.102/1903 (Armazéns gerais).
- V. Dec. 2.044/1908 (Letra de câmbio e nota promissória).
- V. Dec.-lei 2.627/1940 (Sociedades por ações).
- V. Dec.-lei 2.980/1941 (Serviço de loterias).
- V. Dec.-lei 3.545/1941 (Regula a compra e venda de títulos da dívida pública).
- V. Dec.-lei 6.259/1944 (Serviço de loterias).
- V. Dec.-lei 7.390/1945 (Emissão de obrigações ao portador).
- V. Lei Del. 3/1962 (Altera o Dec. 1.102/1903).
- V. Lei 4.380/1964 (BNH).
- V. Lei 4.728/1965 (Mercado de capitais – Alienação fiduciária).
- V. Dec.-lei 14/1966 (Autoriza bancos privados a emitir certificados de depósito bancário).
- V. Dec.-lei 70/1966 (Associações de poupança e empréstimo e cédula hipotecária).
- V. Dec. 57.595/1966 (Lei Uniforme – Cheques).
- V. Dec. 57.663/1966 (Lei Uniforme – Letras de Câmbio e Notas Promissórias).
- V. Dec.-lei 167/1967 (Títulos de crédito rural).
- V. Dec.-lei 204/1967 (Exploração de loterias).
- V. Lei 5.474/1968 (Duplicata).
- V. Dec.-lei 413/1969 (Títulos de crédito industrial).
- V. Lei 5.709/1971 (Aquisição de imóvel rural por estrangeiro residente no Brasil).
- V. Lei 5.764/1971 (Define a Política Nacional de Cooperativismo e institui o regime jurídico das sociedades cooperativas).
- V. Dec. 74.965/1974 (Regulamenta a Lei 5.709/1971).
- V. Lei 6.313/1975 (Títulos de crédito à exportação).
- V. Lei 6.404/1976 (Sociedades por ações).
- V. Lei 6.840/1980 (Títulos de crédito comercial).
- V. Lei 7.357/1985 (Lei do Cheque).
- V. Dec.-lei 2.478/1988 (Letras hipotecárias).
- V. Lei 7.684/1988 (Letras hipotecárias).
- V. Lei 8.088/1990 (Atualização do BTN e dos depósitos de poupança).
- V. Lei 8.929/1994 (Cédula de produto rural).
- V. Dec. 1.240/1994 (Promulga a Convenção Interamericana sobre Conflitos de Leis em Matéria de Cheques).
- V. Lei 9.138/1995 (Crédito rural).
- V. Lei 9.514/1997 (Sistema de Financiamento Imobiliário e alienação fiduciária de coisa imóvel).
- V. Lei 9.611/1998 (Transporte multimodal de cargas).
- V. Lei 10.931/2004 (Patrimônio de afetação de incorporações imobiliárias, Letra de Crédito Imobiliário, Cédula de Crédito Imobiliário, Cédula de Crédito Bancário).
- V. Dec. 9.292/2018 (Títulos da dívida pública mobiliária federal).

Capítulo II
Do Título ao Portador

Art. 904. A transferência de título ao portador se faz por simples tradição.

- V. arts. 291, 910, § 2º, 1.226, 1.267 e 1.268, CC.
- V. art. 856, CPC/2015.
- V. Lei 8.021/1990 (Identificação do contribuinte para fins fiscais).

Art. 905. O possuidor de título ao portador tem direito à prestação nele indicada, mediante a sua simples apresentação ao devedor.

- V. arts. 308 a 312, CC.

Parágrafo único. A prestação é devida ainda que o título tenha entrado em circulação contra a vontade do emitente.

Art. 906. O devedor só poderá opor ao portador exceção fundada em direito pessoal, ou em nulidade de sua obrigação.

- V. arts. 281, 915 a 917, § 3º, e 918, § 2º, CC.
- V. art. 51, Dec. 2.044/1908 (Letra de câmbio e nota promissória).
- V. art. 17, Anexo I, Dec. 57.663/1966 (Lei Uniforme – Letras de Câmbio e Notas Promissórias).

Art. 907. É nulo o título ao portador emitido sem autorização de lei especial.

- V. art. 292, CP.

Art. 908. O possuidor de título dilacerado, porém identificável, tem direito a obter do emitente a substituição do anterior, mediante a restituição do primeiro e o pagamento das despesas.

Art. 909. O proprietário, que perder ou extraviar título, ou for injustamente desapossado dele, poderá obter novo título em juízo, bem como impedir sejam pagos a outrem capital e rendimentos.

- V. art. 1.268, CC.
- V. art. 259, II, CPC/2015.
- V. Lei 891/1949 (Recuperação de título da dívida pública).
- V. art. 71, Lei 4.728/1965 (Mercado de capitais – Alienação fiduciária).
- V. Dec. 83.974/1979 (Resgate de títulos da dívida pública federal ao portador, destruídos, perdidos ou extraviados).
- V. Lei 8.021/1990 (Identificação do contribuinte para fins fiscais).

Parágrafo único. O pagamento, feito antes de ter ciência da ação referida neste artigo, exonera o devedor, salvo se se provar que ele tinha conhecimento do fato.

Capítulo III
Do Título à Ordem

Art. 910. O endosso deve ser lançado pelo endossante no verso ou anverso do próprio título.

- V. arts. 920 e 923, CC.
- V. art. 13, Anexo I, Dec. 57.663/1966 (Lei Uniforme – Letras de Câmbio e Notas Promissórias).

§ 1º Pode o endossante designar o endossatário, e para validade do endosso, dado no verso do título, é suficiente a simples assinatura do endossante.

- V. art. 16, Dec. 57.595/1966 (Lei Uniforme – Cheque).
- V. art. 13, Anexo I, Dec. 57.663/1966 (Lei Uniforme – Letras de Câmbio e Notas Promissórias).
- V. art. 19, § 1º, Lei 7.357/1985 (Lei do Cheque).

§ 2º A transferência por endosso completa-se com a tradição do título.

- V. art. 904, CC.
- V. art. 8º, *caput*, 1ª parte, Dec. 2.044/1908 (Letra de câmbio e nota promissória).

§ 3º Considera-se não escrito o endosso cancelado, total ou parcialmente.

- V. art. 19, 2ª parte, Anexo I, Dec. 57.595/1966 (Lei Uniforme – Cheque).
- V. arts. 12 e 16, 2ª parte, Anexo I, Dec. 57.663/1966 (Lei Uniforme – Letras de Câmbio e Notas Promissórias).
- V. art. 22, *caput*, 2ª parte, Lei 7.357/1985 (Lei do Cheque).

Art. 911. Considera-se legítimo possuidor o portador do título à ordem com série regular e ininterrupta de endossos, ainda que o último seja em branco.

- V. art. 19, 1ª parte, Anexo I, Dec. 57.595/1966 (Lei Uniforme – Cheque).
- V. art. 16, Anexo I, Dec. 57.663/1966 (Lei Uniforme – Letras de Câmbio e Notas Promissórias).
- V. art. 22, *caput*, 1ª parte, Lei 7.357/1985 (Lei do Cheque).

Parágrafo único. Aquele que paga o título está obrigado a verificar a regularidade da série de endossos, mas não a autenticidade das assinaturas.

Art. 912. Considera-se não escrita no endosso qualquer condição a que o subordine o endossante.

- V. art. 15, 1ª parte, Anexo I, Dec. 57.595/1966 (Lei Uniforme – Cheque).
- V. art. 12, 1ª parte, Anexo I, Dec. 57.663/1966 (Lei Uniforme – Letras de câmbio e notas promissórias).
- V. art. 18, *caput*, Lei 7.357/1985 (Lei do Cheque).

Parágrafo único. É nulo o endosso parcial.

- V. art. 8º, § 3º, Dec. 2.044/1908 (Letra de câmbio e nota promissória).
- V. art. 15, 1ª parte, Anexo I, Dec. 57.595/1966 (Lei Uniforme – Cheque).
- V. art. 12, Anexo I, Dec. 57.663/1966 (Lei Uniforme – Letras de Câmbio e Notas Promissórias).
- V. art. 18, § 1º, Lei 7.357/1985 (Lei do Cheque).

Art. 913. O endossatário de endosso em branco pode mudá-lo para endosso em preto, completando-o com o seu nome ou de terceiro; pode endossar novamente o título, em branco ou em preto; ou pode transferi-lo sem novo endosso.

- V. art. 17, Anexo I, Dec. 57.595/1966 (Lei Uniforme – Cheque).
- V. art. 14, Anexo I, Dec. 57.663/1966 (Lei Uniforme – Letras de câmbio e notas promissórias).
- V. art. 20, Lei 7.357/1985 (Lei do Cheque).

Art. 914. Ressalvada cláusula expressa em contrário, constante do endosso, não responde o endossante pelo cumprimento da prestação constante do título.

- V. art. 18, Anexo I, Dec. 57.595/1966 (Lei Uniforme – Cheque).
- V. art. 15, Anexo I, Dec. 57.663/1966 (Lei Uniforme – Letras de Câmbio e Notas Promissórias).
- V. art. 21, Lei 7.357/1985 (Lei do Cheque).

§ 1º Assumindo responsabilidade pelo pagamento, o endossante se torna devedor solidário.

- V. arts. 275 a 285, CC.

§ 2º Pagando o título, tem o endossante ação de regresso contra os coobrigados anteriores.

- V. art. 125, II, CPC/2015.

Art. 915. O devedor, além das exceções fundadas nas relações pessoais que tiver com o portador, só poderá opor a este as exceções relativas à forma do título e ao seu conteúdo literal, à falsidade da própria assinatura, a defeito de capacidade ou de representação no momento da subscrição, e à falta de requisito necessário ao exercício da ação.

- V. arts. 906, 916, 917, § 3º, e 918, § 2º, CC.
- V. art. 17, Anexo I, Dec. 57.663/1966 (Lei Uniforme – Letras de Câmbio e Notas Promissórias).

Art. 916. As exceções, fundadas em relação do devedor com os portadores precedentes, somente poderão ser por ele opostas ao portador, se este, ao adquirir o título, tiver agido de má-fé.

- V. arts. 906, 915, 917, § 3º, e 918, § 2º, CC.
- V. art. 22, Anexo I, Dec. 57.595/1966 (Lei Uniforme – Cheque).
- V. art. 17, Anexo I, Dec. 57.663/1966 (Lei Uniforme – Letras de câmbio e notas promissórias).
- V. art. 25, Lei 7.357/1985 (Lei do Cheque).

Art. 917. A cláusula constitutiva de mandato, lançada no endosso, confere ao endossatário o exercício dos direitos inerentes ao título, salvo restrição expressamente estatuída.

- V. art. 653, CC.
- V. art. 23, Anexo I, Dec. 57.595/1966 (Lei Uniforme – Cheque).
- V. art. 18, Anexo I, Dec. 57.663/1966 (Lei Uniforme – Letras de câmbio e notas promissórias).
- V. art. 26, Lei 7.357/1985 (Lei do Cheque).

§ 1º O endossatário de endosso-mandato só pode endossar novamente o título na qualidade de procurador, com os mesmos poderes que recebeu.

§ 2º Com a morte ou a superveniente incapacidade do endossante, não perde eficácia o endosso-mandato.

§ 3º Pode o devedor opor ao endossatário de endosso-mandato somente as exceções que tiver contra o endossante.

- V. arts. 906, 915, 916 e 918, § 2º, CC.

Art. 918. A cláusula constitutiva de penhor, lançada no endosso, confere ao endossatário o exercício dos direitos inerentes ao título.

- V. art. 1.458, CC.
- V. art. 19, Anexo I, Dec. 57.663/1966 (Lei Uniforme – Letras de câmbio e notas promissórias).

§ 1º O endossatário de endosso-penhor só pode endossar novamente o título na qualidade de procurador.

§ 2º Não pode o devedor opor ao endossatário de endosso-penhor as exceções que tinha contra o endossante, salvo se aquele tiver agido de má-fé.

- V. arts. 906, 915 a 917, § 3º, CC.

Art. 919. A aquisição de título à ordem, por meio diverso do endosso, tem efeito de cessão civil.

- V. arts. 286 a 298, CC.

Art. 920. O endosso posterior ao vencimento produz os mesmos efeitos do anterior.

- V. art. 8º, § 2º, Dec. 2.044/1908 (Letra de câmbio e nota promissória).
- V. art. 24, 1ª parte, Anexo I, Dec. 57.595/1966 (Lei Uniforme – Cheque).
- V. art. 20, Anexo I, Dec. 57.663/1966 (Lei Uniforme – Letras de Câmbio e Notas Promissórias).

Capítulo IV
Do Título Nominativo

Art. 921. É título nominativo o emitido em favor de pessoa cujo nome conste no registro do emitente.

Art. 922. Transfere-se o título nominativo mediante termo, em registro do emitente, assinado pelo proprietário e pelo adquirente.

Art. 923. O título nominativo também pode ser transferido por endosso que contenha o nome do endossatário.

- V. art. 910, CC.

§ 1º A transferência mediante endosso só tem eficácia perante o emitente, uma vez feita a competente averbação em seu registro, podendo o emitente exigir do endossatário que comprove a autenticidade da assinatura do endossante.

§ 2º O endossatário, legitimado por série regular e ininterrupta de endossos, tem o direito de obter a averbação no registro do emitente, comprovada a autenticidade das assinaturas de todos os endossantes.

§ 3º Caso o título original contenha o nome do primitivo proprietário, tem direito o adquirente a obter do emitente novo título, em seu nome, devendo a emissão do novo título constar no registro do emitente.

Art. 924. Ressalvada proibição legal, pode o título nominativo ser transformado em à ordem ou ao portador, a pedido do proprietário e à sua custa.

- V. arts. 904 a 920, CC.
- V. Lei 8.021/1990 (Identificação do contribuinte para fins fiscais).

Art. 925. Fica desonerado de responsabilidade o emitente que de boa-fé fizer a transferência pelos modos indicados nos artigos antecedentes.

Art. 926. Qualquer negócio ou medida judicial, que tenha por objeto o título, só produz efeito perante o emitente ou terceiros, uma vez feita a competente averbação no registro do emitente.

TÍTULO IX
Da Responsabilidade Civil

Capítulo I
Da Obrigação De Indenizar

Art. 927. Aquele que, por ato ilícito (arts. 186 e 187), causar dano a outrem, fica obrigado a repará-lo.

- V. arts. 5º, V, X e LXXV, e 37, § 6º, CF.
- V. arts. 43, 186 a 188, 206, § 3º, V, 475 a 477, 612, 613, 617, 734, 784, 944 a 954 e 1.942, CC.
- V. arts. 77, VI, 81, 143, 161, 302 e 718, CPC/2015.
- V. art. 91, I, CP.
- V. art. 64, CPP.
- V. art. 136, § 2º, Lei 11.101/2005 (Lei de Recuperação de Empresas e Falência).
- V. Súmulas 28, 161, 229, 491, 492 e 562, STF.
- V. Súmulas 37, 43, 130, 145, 186, 227, 388 e 403, STJ.

Parágrafo único. Haverá obrigação de reparar o dano, independentemente de culpa, nos casos especificados em lei, ou quando a atividade normalmente desenvolvida pelo autor do dano implicar, por sua natureza, risco para os direitos de outrem.

- V. arts. 77, VI, 81, 143, 161, 302 e 718, CPC/2015.
- V. Dec. 2.681/1912 (Responsabilidade civil das estradas de ferro).
- V. Dec.-lei 3.415/1941 (Prisão administrativa, depósito e guarda dos bens apreendidos aos acusados de crime contra a Fazenda Nacional).
- V. art. 243, Lei 4.737/1965 (Código Eleitoral).
- V. art. 6º, § 2º, Lei 4.898/1965 (Abuso de autoridade).
- V. Dec. 61.867/1967 (Regulamenta os seguros obrigatórios previstos no art. 20 do Dec.-lei 73/1966).
- V. arts. 21, 28, 30 e 246, Lei 6.015/1973 (Lei de Registros Públicos).
- V. arts. 10, 97, 159 e 244, Lei 6.404/1976 (Sociedades por ações).
- V. Lei 6.453/1977 (Responsabilidade civil por danos nucleares).
- V. Dec. 79.437/1977 (Promulga a Convenção Internacional sobre Responsabilidade Civil em Danos Causados por Poluição por Óleo).
- V. art. 49, LC 35/1979 (Lei Orgânica da Magistratura Nacional).
- V. Dec. 83.540/1979 (Regulamenta a aplicação da Convenção Internacional sobre Responsabilidade Civil em Danos Causados por Poluição de Óleo).
- V. Lei 7.195/1984 (Responsabilidade civil das agências de empregados).
- V. Lei 7.347/1985 (Ação civil pública de responsabilidade por danos ao meio ambiente, ao consumidor, a bens e direitos de valor artístico, estético, histórico, turístico e paisagístico).
- V. Lei 7.565/1986 (Código Brasileiro de Aeronáutica).
- V. art. 1º, § 3º, Dec. 93.240/1986 (Regulamenta a Lei 7.433/1985, sobre os requisitos para a lavratura de escrituras públicas).
- V. art. 101, Lei 8.078/1990 (Código de Defesa do Consumidor).
- V. arts. 121 a 126, Lei 8.112/1990 (Regime jurídico único dos servidores públicos civis da União).
- V. Lei 8.429/1992 (Sanções aplicáveis aos agentes públicos em casos de enriquecimento ilícito).
- V. Dec. 911/1993 (Promulga a Convenção de Viena sobre Responsabilidade Civil por Danos Nucleares).
- V. arts. 22 a 24, Lei 8.935/1994 (Serviços notariais e de registro).
- V. art. 21, Lei 9.263/1996 (Planejamento familiar).
- V. art. 25, Lei 9.966/2000 (Prevenção, controle e fiscalização da poluição por óleo em águas).
- V. arts. 8º e 11, Dec. 3.724/2001 (Regulamenta o art. 6º da LC 105/2001, sobre requisição, acesso e uso, pela SRF, de informações referentes a operações e serviços das instituições financeiras).
- V. art. 80, Dec. 4.954/2004 (Regulamenta a Lei 6.894/1980, sobre a inspeção e fiscalização da produção e do comércio de fertilizantes, corretivos, inoculantes ou biofertilizantes destinados à agricultura).
- V. Súmulas 28, 492 e 562, STF.
- V. Súmulas 37, 43, 186 e 227, STJ.

Art. 928. O incapaz responde pelos prejuízos que causar, se as pessoas por ele responsáveis não tiverem obrigação de fazê-lo ou não dispuserem de meios suficientes.

- V. arts. 3º e 4º, CC.
- V. arts. 50 e 72, I, CPC/2015.

Parágrafo único. A indenização prevista neste artigo, que deverá ser equitativa, não terá lugar se privar do necessário o incapaz ou as pessoas que dele dependem.

Art. 929. Se a pessoa lesada, ou o dono da coisa, no caso do inciso II do art. 188, não forem culpados do perigo, assistir-lhes-á direito à indenização do prejuízo que sofreram.

- V. arts. 186, 188, II, e 927, parágrafo único, CC.
- V. art. 65, CPP.

Art. 930. No caso do inciso II do art. 188, se o perigo ocorrer por culpa de terceiro, contra este terá o autor do dano ação regressiva para haver a importância que tiver ressarcido ao lesado.

- V. arts. 186, 188, II, 735, e 927, parágrafo único, CC.
- V. art. 125, II, CPC/2015.

Parágrafo único. A mesma ação competirá contra aquele em defesa de quem se causou o dano (art. 188, inciso I).

- V. art. 125, II, CPC/2015.

Art. 931. Ressalvados outros casos previstos em lei especial, os empresários individuais e as empresas respondem independentemente de culpa pelos danos causados pelos produtos postos em circulação.

- V. art. 186, CC.
- V. arts. 6º, VI e VII, 7º, parágrafo único, 8º a 28 e 35, III, Lei 8.078/1990 (Código de Defesa do Consumidor).

Art. 932. São também responsáveis pela reparação civil:

- V. arts. 149, 186, 265, 275 a 285, 927, 933 e 942, parágrafo único, CC.
- V. art. 64, CPP.

I – os pais, pelos filhos menores que estiverem sob sua autoridade e em sua companhia;

- V. art. 928, CC.
- V. art. 116, Lei 8.069/1990 (Estatuto da Criança e do Adolescente).

II – o tutor e o curador, pelos pupilos e curatelados, que se acharem nas mesmas condições;

- V. art. 928, CC.

III – o empregador ou comitente, por seus empregados, serviçais e prepostos, no exercício do trabalho que lhes competir, ou em razão dele;

- V. art. 37, § 6º, CF.
- V. arts. 149 e 927, parágrafo único, CC.
- V. Súmula 341, STF.

IV – os donos de hotéis, hospedarias, casas ou estabelecimentos onde se albergue por dinheiro, mesmo para fins de educação, pelos seus hóspedes, moradores e educandos;

- V. arts. 647 a 650, CC.

V – os que gratuitamente houverem participado nos produtos do crime, até a concorrente quantia.

Art. 933. As pessoas indicadas nos incisos I a V do artigo antecedente, ainda que não haja culpa de sua parte, responderão pelos atos praticados pelos terceiros ali referidos.

- V. arts. 186, 1.175, 1.177 e 1.178, CC.

Art. 934. Aquele que ressarcir o dano causado por outrem pode reaver o que houver pago daquele por quem pagou, salvo se o causador do dano for descendente seu, absoluta ou relativamente incapaz.

- V. arts. 3º, 4º, 186, 304 a 307, 928 e 942, parágrafo único, CC.
- V. art. 125, II, CPC/2015.

Art. 935. A responsabilidade civil é independente da criminal, não se podendo questionar mais sobre a existência do fato, ou sobre quem seja o seu autor, quando estas questões se acharem decididas no juízo criminal.

- V. arts. 313, V, a, § 5º, e 315, CPC/2015.
- V. arts. 63 a 68, CP.
- V. arts. 63 a 67 e 92 a 94, CPP.
- V. Título XI (Dos Crimes Falimentares), Seção I (Dos crimes em espécie), Lei 11.101/2005 (Lei de Recuperação de Empresas e Falência).
- V. Súmula 18, STJ.

Art. 936. O dono, ou detentor, do animal ressarcirá o dano por este causado, se não provar culpa da vítima ou força maior.

- V. arts. 186, 393, parágrafo único, 945 e 1.297, § 3º, CC.
- V. art. 31, Dec.-lei 3.688/1941 (Lei das Contravenções Penais).

Art. 937. O dono de edifício ou construção responde pelos danos que resultarem de sua ruína, se esta provier de falta de reparos, cuja necessidade fosse manifesta.

- V. arts. 186, 393, 618 e 1.280, CC.

§ 1º *(Vetado).*

§ 2º *(Vetado).*

Art. 938. Aquele que habitar prédio, ou parte dele, responde pelo dano proveniente das coisas que dele caírem ou forem lançadas em lugar indevido.

- V. art. 932, IV, CC.

Art. 939. O credor que demandar o devedor antes de vencida a dívida, fora dos casos em que a lei o permita, ficará obrigado a esperar o tempo que faltava para o vencimento, a descontar os juros correspondentes, embora estipulados, e a pagar as custas em dobro.

- V. arts. 331 a 333, 941, 1.425 e 1.465, CC.
- V. arts. 79 a 81, CPC/2015.
- V. art. 32, parágrafo único, Lei 8.906/1994 (Estatuto da Advocacia e da OAB).

Art. 940. Aquele que demandar por dívida já paga, no todo ou em parte, sem ressalvar as quantias recebidas ou pedir mais do que for devido, ficará obrigado a pagar ao devedor, no primeiro caso, o dobro do que houver cobrado e, no segundo, o equivalente do que dele exigir, salvo se houver prescrição.

- V. art. 941, CC.
- V. arts. 79 a 81 e 776, CPC/2015.
- V. art. 42, parágrafo único, Lei 8.078/1990 (Código de Defesa do Consumidor).
- V. art. 32, parágrafo único, Lei 8.906/1994 (Estatuto da Advocacia e da OAB).
- V. Súmula 159, STF.

Art. 941. As penas previstas nos arts. 939 e 940 não se aplicarão quando o autor desistir da ação antes de contestada a lide, salvo ao réu o direito de haver indenização por algum prejuízo que prove ter sofrido.

- V. arts. 186 e 402 a 404, CC.
- V. arts. 485, VIII e § 4º, e 775, parágrafo único, CPC/2015.

Art. 942. Os bens do responsável pela ofensa ou violação do direito de outrem ficam sujeitos à reparação do dano causado; e, se a ofensa tiver mais de um autor, todos responderão solidariamente pela reparação.

- V. arts. 5º, V, X, LXXV, e 37, § 6º, CF.
- V. arts. 275 a 285, 391, 932, 1.659, IV, e 1.668, V, CC.
- V. art. 789, CPC/2015.

Parágrafo único. São solidariamente responsáveis com os autores os coautores e as pessoas designadas no art. 932.

Art. 943. O direito de exigir reparação e a obrigação de prestá-la transmitem-se com a herança.

- V. arts. 12, parágrafo único, 20, 186, 787, 1.792, 1.821 e 1.997, CC.
- V. art. 75, VII, CPC/2015.

Capítulo II
Da Indenização

Art. 944. A indenização mede-se pela extensão do dano.

- V. arts. 82, § 2º, 84 e 85, CPC/2015.
- V. art. 136, § 2º, Lei 11.101/2005 (Lei de Recuperação de Empresas e Falência).
- V. Súmula 37, STJ.

Parágrafo único. Se houver excessiva desproporção entre a gravidade da culpa e o dano, poderá o juiz reduzir, equitativamente, a indenização.

- V. arts. 884 a 886, CC.

Art. 945. Se a vítima tiver concorrido culposamente para o evento danoso, a sua indenização será fixada tendo-se em conta a gravidade de sua culpa em confronto com a do autor do dano.

- V. arts. 738, parágrafo único, e 936, CC.

Art. 946. Se a obrigação for indeterminada, e não houver na lei ou no contrato disposição fixando a indenização devida pelo inadimplente, apurar-se-á o valor das perdas e danos na forma que a lei processual determinar.

- V. arts. 402 a 405 e 408 a 416, CC.

Art. 947. Se o devedor não puder cumprir a prestação na espécie ajustada, substituir-se-á pelo seu valor, em moeda corrente.

- V. arts. 234, 240, 244, 248 e 249, CC.
- V. arts. 809, 816 e 823, CPC/2015.

Art. 948. No caso de homicídio, a indenização consiste, sem excluir outras reparações:

- V. art. 245, CF.
- V. arts. 186, 202, § 2º, 945, 951 e 1.649 a 1.707, CC.

I – no pagamento das despesas com o tratamento da vítima, seu funeral e o luto da família;

II – na prestação de alimentos às pessoas a quem o morto os devia, levando-se em conta a duração provável da vida da vítima.

- V. arts. 1.694 a 1.710, CC.
- V. Súmulas 490, 491 e 493, STF.

Art. 949. No caso de lesão ou outra ofensa à saúde, o ofensor indenizará o ofendido das despesas do tratamento e dos lucros cessantes até ao fim da convalescença, além de algum outro prejuízo que o ofendido prove haver sofrido.

- V. arts. 402 e 951, CC.
- V. Súmulas 37 e 387, STJ.

Art. 950. Se da ofensa resultar defeito pelo qual o ofendido não possa exercer o seu ofício ou profissão, ou se lhe diminua a capacidade de trabalho, a indenização, além das despesas do tratamento e lucros cessantes até ao fim da convalescença, incluirá pensão correspondente à importância do trabalho para que se inabilitou, ou da depreciação que ele sofreu.

- V. arts. 186 e 951, CC.
- V. Súmulas 490 e 493, STF.

Parágrafo único. O prejudicado, se preferir, poderá exigir que a indenização seja arbitrada e paga de uma só vez.

Art. 951. O disposto nos arts. 948, 949 e 950 aplica-se ainda no caso de indenização devida por aquele que, no exercício de atividade profissional, por negligência, imprudência ou imperícia, causar a morte do paciente, agravar-lhe o mal, causar-lhe lesão, ou inabilitá-lo para o trabalho.

- V. arts. 932, III, 933 e 942, parágrafo único, CC.
- V. Lei 6.437/1977 (Infrações à legislação sanitária federal).
- V. arts. 14, § 4º, e 17, Lei 8.078/1990 (Código de Defesa do Consumidor).
- V. Lei 9.431/1997 (Obrigatoriedade da manutenção de Programa de Controle de Infecções Hospitalares pelos hospitais).
- V. Súmula 341, STF.
- V. Súmula 37, STJ.

Art. 952. Havendo usurpação ou esbulho do alheio, além da restituição da coisa, a indenização consistirá em pagar o valor das suas deteriorações e o devido a título de lucros cessantes; faltando a coisa, dever-se-á reembolsar o seu equivalente ao prejudicado.

- V. arts. 947, 1.210 e 1.228, CC.
- V. arts. 555, I, 556 e 560, CPC/2015.
- V. arts. 161 e 162, CP.
- V. Súmula 562, STF.

Parágrafo único. Para se restituir o equivalente, quando não exista a própria coisa, estimar-se-á ela pelo seu preço ordinário e pelo de afeição, contanto que este não se avantaje àquele.

- V. Súmula 37, STJ.

Art. 953. A indenização por injúria, difamação ou calúnia consistirá na reparação do dano que delas resulte ao ofendido.

- V. art. 5º, V e X, CF.

- V. arts. 138 a 145, CP.
- V. arts. 52 a 72, Lei 4.117/1962 (Código Brasileiro de Telecomunicações).
- V. art. 243, IX e §§ 1º a 3º, Lei 4.737/1965 (Código Eleitoral).
- V. art. 108, Lei 9.610/1998 (Direitos autorais).
- V. Súmula 562, STF.
- V. Súmula 37, STJ.

Parágrafo único. Se o ofendido não puder provar prejuízo material, caberá ao juiz fixar, equitativamente, o valor da indenização, na conformidade das circunstâncias do caso.

Art. 954. A indenização por ofensa à liberdade pessoal consistirá no pagamento das perdas e danos que sobrevierem ao ofendido, e se este não puder provar prejuízo, tem aplicação o disposto no parágrafo único do artigo antecedente.

- V. arts. 5º, XV a XVII e LXXV, e 37, § 6º, CF.
- V. arts. 12 e 402 a 405, CC.
- V. Súmula 37, STJ.

Parágrafo único. Consideram-se ofensivos da liberdade pessoal:

I – o cárcere privado;

- V. art. 148, CP.

II – a prisão por queixa ou denúncia falsa e de má-fé;

- V. arts. 339 e 340, CP.

III – a prisão ilegal.

- V. art. 5º, LXV, CF.
- V. Súmula vinculante 11, STF.

TÍTULO X
Das Preferências e Privilégios Creditórios

Art. 955. Procede-se à declaração de insolvência toda vez que as dívidas excedam à importância dos bens do devedor.

- V. art. 373, I, CPC/2015.

Art. 956. A discussão entre os credores pode versar quer sobre a preferência entre eles disputada, quer sobre a nulidade, simulação, fraude, ou falsidade das dívidas e contratos.

- V. arts. 158 a 184 e 958, CC.
- V. art. 185, CTN.

Art. 957. Não havendo título legal à preferência, terão os credores igual direito sobre os bens do devedor comum.

- V. art. 958, CC.

Art. 958. Os títulos legais de preferência são os privilégios e os direitos reais.

- V. arts. 964, 965, 1.225 a 1.227 e 1.422, CC.
- V. arts. 186 a 192, CTN.
- V. art. 449, § 1º, CLT.
- V. arts. 83, *caput*, I e 151, Lei 11.101/2005 (Lei de Recuperação de Empresas e Falência).
- V. arts. 4º, § 4º e 29, Lei 6.830/1980 (Lei de Execução Fiscal).

Art. 959. Conservam seus respectivos direitos os credores, hipotecários ou privilegiados:

- V. arts. 960 e 1.425, § 1º, CC.

I – sobre o preço do seguro da coisa gravada com hipoteca ou privilégio, ou sobre a indenização devida, havendo responsável pela perda ou danificação da coisa;

- V. arts. 785 e 1.425, IV, CC.

II – sobre o valor da indenização, se a coisa obrigada a hipoteca ou privilégio for desapropriada.

- V. art. 1.425, V, CC.
- V. Dec.-lei 3.365/1941 (Desapropriações por utilidade pública).

Art. 960. Nos casos a que se refere o artigo antecedente, o devedor do seguro, ou da indenização, exonera-se pagando sem oposição dos credores hipotecários ou privilegiados.

Art. 961. O crédito real prefere ao pessoal de qualquer espécie; o crédito pessoal privilegiado, ao simples; e o privilégio especial, ao geral.

- V. arts. 963, 1.419, 1.422 e 1.509, § 1º, CC.
- V. art. 83, Lei 11.101/2005 (Lei de Recuperação de Empresas e Falência).

Art. 962. Quando concorrerem aos mesmos bens, e por título igual, dois ou mais credores da mesma classe especialmente privilegiados, haverá entre eles rateio proporcional ao valor dos respectivos créditos, se o produto não bastar para o pagamento integral de todos.

- V. art. 908, *caput*, CPC/2015.

Art. 963. O privilégio especial só compreende os bens sujeitos, por expressa disposição de lei, ao pagamento do crédito que ele favorece; e o geral, todos os bens não sujeitos a crédito real nem a privilégio especial.

- V. arts. 964 e 965, CC.

Art. 964. Têm privilégio especial:

- V. art. 83, IV, *a*, Lei 11.101/2005 (Lei de Recuperação de Empresas e Falência).
- V. art. 35, § 2º, Dec.-lei 70/1966 (Associações de poupança e empréstimo e cédula hipotecária).
- V. arts. 28, 45 e 53, Dec.-lei 167/1967 (Títulos de crédito rural).
- V. art. 17, Dec.-lei 413/1969 (Títulos de crédito industrial).
- V. Dec.-lei 496/1969 (Aeronaves de empresas em liquidação, falência ou concordata).
- V. art. 189, Lei 7.565/1986 (Código Brasileiro de Aeronáutica).
- V. art. 24, Lei 8.906/1994 (Estatuto da Advocacia e da OAB).

I – sobre a coisa arrecadada e liquidada, o credor de custas e despesas judiciais feitas com a arrecadação e liquidação;

II – sobre a coisa salvada, o credor por despesas de salvamento;

- V. art. 13, Lei 7.203/1984 (Salvamento de embarcação).

III – sobre a coisa beneficiada, o credor por benfeitorias necessárias ou úteis;

- V. arts. 96, §§ 2º e 3º, e 1.219, CC.

IV – sobre os prédios rústicos ou urbanos, fábricas, oficinas, ou quaisquer outras construções, o credor de materiais, dinheiro, ou serviços para a sua edificação, reconstrução, ou melhoramento;

V – sobre os frutos agrícolas, o credor por sementes, instrumentos e serviços à cultura, ou à colheita;

VI – sobre as alfaias e utensílios de uso doméstico, nos prédios rústicos ou urbanos, o credor de aluguéis, quanto às prestações do ano corrente e do anterior;

VII – sobre os exemplares da obra existente na massa do editor, o autor dela, ou seus legítimos representantes, pelo crédito fundado contra aquele no contrato da edição;

- V. Lei 9.610/1998 (Direitos autorais).

VIII – sobre o produto da colheita, para a qual houver concorrido com o seu trabalho, e precipuamente a quaisquer outros créditos, ainda que reais, o trabalhador agrícola, quanto à dívida dos seus salários.

IX – sobre os produtos do abate, o credor por animais.

- Inciso IX acrescentado pela Lei 13.176/2015.

Art. 965. Goza de privilégio geral, na ordem seguinte, sobre os bens do devedor:

- V. art. 83, V, Lei 11.101/2005 (Lei de Recuperação de Empresas e Falência).

I – o crédito por despesa de seu funeral, feito segundo a condição do morto e o costume do lugar;

- V. art. 1.998, CC.

II – o crédito por custas judiciais, ou por despesas com a arrecadação e liquidação da massa;

III – o crédito por despesas com o luto do cônjuge sobrevivo e dos filhos do devedor falecido, se foram moderadas;

IV – o crédito por despesas com a doença de que faleceu o devedor, no semestre anterior à sua morte;

V – o crédito pelos gastos necessários à mantença do devedor falecido e sua família, no trimestre anterior ao falecimento;

VI – o crédito pelos impostos devidos à Fazenda Pública, no ano corrente e no anterior;

- V. art. 186, CTN.

VII – o crédito pelos salários dos empregados do serviço doméstico do devedor, nos seus derradeiros 6 (seis) meses de vida;

- V. art. 186, CTN.

VIII – os demais créditos de privilégio geral.

Livro II
DO DIREITO DE EMPRESA

TÍTULO I
Do Empresário

Capítulo I
Da Caracterização e da Inscrição

Art. 966. Considera-se empresário quem exerce profissionalmente atividade econômica organizada para a produção ou a circulação de bens ou de serviços.

- V. arts. 972 a 985, 1.156, 1.163 a 1.168, 2.031 e 2.037, CC.
- V. art. 1º, Lei 11.101/2005 (Lei de Recuperação de Empresas e Falência).

Parágrafo único. Não se considera empresário quem exerce profissão intelectual, de natureza científica, literária ou artística, ainda com o concurso de auxiliares ou colaboradores, salvo se o exer-

Códigos

cício da profissão constituir elemento de empresa.

- V. arts. 5º, X, e 53, Lei 9.610/1998 (Direitos autorais).

Art. 967. É obrigatória a inscrição do empresário no Registro Público de Empresas Mercantis da respectiva sede, antes do início de sua atividade.

- V. arts. 40, 44 a 52, 968, 969, 971, 979, 982, 984, 987, 990, 1.024 e 1.150 a 1.154, CC.
- V. art. 75, § 2º, CPC/2015.
- V. arts. 51, V, e 97, § 1º, Lei 11.101/2005 (Lei de Recuperação de Empresas e Falência).
- V. arts. 7º e 8º, Lei 4.728/1965 (Mercado de capitais – Alienação fiduciária).
- V. art. 72, Dec.-lei 73/1966 (Sistema Nacional de Seguros Privados).
- V. Dec. 60.459/1967 (Regulamenta o Dec.-lei 73/1966).
- V. arts. 2º, 32 e 43, Lei 8.934/1994 (Registro público de empresas mercantis e atividades afins).
- V. Dec. 1.800/1996 (Regulamenta a Lei 8.934/1994).
- V. art. 104, I, *b*, Lei 11.101/2005 (Lei de Recuperação de Empresas e Falência).

Art. 968. A inscrição do empresário far-se-á mediante requerimento que contenha:

- V. art. 971, CC.

I – o seu nome, nacionalidade, domicílio, estado civil e, se casado, o regime de bens;

- V. arts. 16 a 19, 70 a 74, 78, 977 a 980, 1.163 e 1.639 a 1.688, CC.

II – a firma, com a respectiva assinatura autógrafa que poderá ser substituída pela assinatura autenticada com certificação digital ou meio equivalente que comprove a sua autenticidade, ressalvado o disposto no inciso I do § 1º do art. 4º da Lei Complementar 123, de 14 de dezembro de 2006;

- Inciso II com redação determinada pela LC 147/2014.

III – o capital;

IV – o objeto e a sede da empresa.

- V. art. 75, IV e §§ 1º e 2º, CC.
- V. arts. 35, II, III, V, VII, VIII, 36 e 37, Lei 8.934/1994 (Registro público de empresas mercantis e atividades afins).
- V. arts. 32, 34, 41 a 44, 46 e 53, Dec. 1.800/1996 (Regulamenta a Lei 8.934/1994).

§ 1º Com as indicações estabelecidas neste artigo, a inscrição será tomada por termo no livro próprio do Registro Público de Empresas Mercantis, e obedecerá a número de ordem contínuo para todos os empresários inscritos.

§ 2º À margem da inscrição, e com as mesmas formalidades, serão averbadas quaisquer modificações nela ocorrentes.

- V. arts. 976, 977, 979, 980, 999, parágrafo único, 1.003, parágrafo único, 1.012, 1.032, 1.048, 1.057, parágrafo único, 1.063, §§ 2º e 3º, 1.083, 1.084, § 3º, 1.086, 1.102, parágrafo único, 1.113, 1.121, 1.131, 1.136, 1.138, parágrafo único, 1.141, § 3º, 1.144 e 1.174, CC.

§ 3º Caso venha a admitir sócios, o empresário individual poderá solicitar ao Registro Público de Empresas Mercantis a transformação de seu registro de empresário para registro de sociedade empresária, observado, no que couber, o disposto nos arts. 1.113 a 1.115 deste Código.

- § 3º acrescentado pela LC 128/2008.

§ 4º O processo de abertura, registro, alteração e baixa do microempreendedor individual de que trata o art. 18-A da Lei Complementar 123, de 14 de dezembro de 2006, bem como qualquer exigência para o início de seu funcionamento deverão ter trâmite especial e simplificado, preferentemente eletrônico, opcional para o empreendedor, na forma a ser disciplinada pelo Comitê para Gestão da Rede Nacional para a Simplificação do Registro e da Legalização de Empresas e Negócios – CGSIM, de que trata o inciso III do art. 2º da mesma Lei.

- § 4º acrescentado pela Lei 12.470/2011.

§ 5º Para fins do disposto no § 4º, poderão ser dispensados o uso da firma, com a respectiva assinatura autógrafa, o capital, requerimentos, demais assinaturas, informações relativas à nacionalidade, estado civil e regime de bens, bem como remessa de documentos, na forma estabelecida pelo CGSIM.

- § 5º acrescentado pela Lei 12.470/2011.

Art. 969. O empresário que instituir sucursal, filial ou agência, em lugar sujeito à jurisdição de outro Registro Público de Empresas Mercantis, neste deverá também inscrevê-la, com a prova da inscrição originária.

- V. art. 1.000, CC.

Parágrafo único. Em qualquer caso, a constituição do estabelecimento secundário deverá ser averbada no Registro Público de Empresas Mercantis da respectiva sede.

Art. 970. A lei assegurará tratamento favorecido, diferenciado e simplificado ao empresário rural e ao pequeno empresário, quanto à inscrição e aos efeitos daí decorrentes.

- V. arts. 170, IX, e 179, CF.
- V. art. 1.179, § 2º, CC.
- V. Lei 4.504/1964 (Estatuto da Terra).
- V. Lei 4.829/1965 (Crédito rural).
- V. Dec. 58.380/1966 (Regulamenta o crédito rural).
- V. Lei 5.868/1972 (Sistema Nacional de Cadastro Rural).
- V. Dec. 72.106/1973 (Regulamenta a Lei 5.868/1972).
- V. LC 48/1984 (Isenção do ICM e do ISS à microempresa).
- V. Lei 8.171/1991 (Política agrícola).
- V. Lei 8.174/1991 (Princípios de política agrícola).
- V. Dec. 235/1991 (Regulamenta o disposto no art. 4º da Lei 8.174/1991).
- V. Lei 10.194/2001 (Sociedades de crédito ao microempreendedor).
- V. art. 68, LC 123/2006 (Supersimples).

Art. 971. O empresário, cuja atividade rural constitua sua principal profissão, pode, observadas as formalidades de que tratam o art. 968 e seus parágrafos, requerer inscrição no Registro Público de Empresas Mercantis da respectiva sede, caso em que, depois de inscrito, ficará equiparado, para todos os efeitos, ao empresário sujeito a registro.

- V. arts. 984 e 1.150 a 1.154, CC.

Capítulo II
Da Capacidade

Art. 972. Podem exercer a atividade de empresário os que estiverem em pleno gozo da capacidade civil e não forem legalmente impedidos.

- V. arts. 54, II, *a*, 128, § 5º, II, *c*, 176, § 1º, 178, parágrafo único, 222 e 226, § 5º, CF.
- V. arts. 3º a 5º, parágrafo único, I e V, 9º, II, 180, 966, 974, 976 e 1.643, CC.
- V. art. 725, I, CPC/2015.
- V. art. 524, CCo.
- V. art. 482, *c*, CLT.
- V. art. 36, *a*, 1, Dec. 21.981/1932 (Leiloeiro).
- V. Dec.-lei 341/1938 (Apresentação de documentos por estrangeiros ao Registro do Comércio).
- V. arts. 102 e 181, I, e § 1º, Lei 11.101/2005 (Lei de Recuperação de Empresas e Falência).
- V. art. 204, Dec.-lei 1.001/1969 (Código Penal Militar).
- V. art. 29, Lei 6.880/1980 (Estatuto dos Militares).
- V. art. 117, X, Lei 8.112/1990 (Regime jurídico único dos servidores públicos civis da União).
- V. art. 44, III, Lei 8.625/1993 (Lei Orgânica Nacional do Ministério Público).
- V. art. 42, II e 151, II do Dec. 9.199/2017 (Regulamenta a Lei 13.445/2017).

Art. 973. A pessoa legalmente impedida de exercer atividade própria de empresário, se a exercer, responderá pelas obrigações contraídas.

- V. art. 176, Lei 11.101/2005 (Lei de Recuperação de Empresas e Falência).

Art. 974. Poderá o incapaz, por meio de representante ou devidamente assistido, continuar a empresa antes exercida por ele enquanto capaz, por seus pais ou pelo autor de herança.

- V. arts. 3º, 4º, 115 a 120, 166, I, 178, III, 181, 892, 972 e 976, CC.

§ 1º Nos casos deste artigo, precederá autorização judicial, após exame das circunstâncias e dos riscos da empresa, bem como da conveniência em continuá-la, podendo a autorização ser revogada pelo juiz, ouvidos os pais, tutores ou representantes legais do menor ou do interdito, sem prejuízo dos direitos adquiridos por terceiros.

§ 2º Não ficam sujeitos ao resultado da empresa os bens que o incapaz já possuía, ao tempo da sucessão ou da interdição, desde que estranhos ao acervo daquela, devendo tais fatos constar do alvará que conceder a autorização.

§ 3º O Registro Público de Empresas Mercantis a cargo das Juntas Comerciais deverá registrar contratos ou alterações contratuais de sociedade que envolva sócio incapaz, desde que atendidos, de forma conjunta, os seguintes pressupostos:

- § 3º acrescentado pela Lei 12.399/2011.

I – o sócio incapaz não pode exercer a administração da sociedade;

II – o capital social deve ser totalmente integralizado;

III – o sócio relativamente incapaz deve ser assistido e o absolutamente incapaz deve ser representado por seus representantes legais.

Art. 975. Se o representante ou assistente do incapaz for pessoa que, por disposição de lei, não puder exercer atividade de empresário, nomeará, com a aprovação do juiz, um ou mais gerentes.

- V. arts. 972 e 1.172 a 1.176, CC.

§ 1º Do mesmo modo será nomeado gerente em todos os casos em que o juiz entender ser conveniente.

§ 2º A aprovação do juiz não exime o representante ou assistente do menor ou do interdito da responsabilidade pelos atos dos gerentes nomeados.

Art. 976. A prova da emancipação e da autorização do incapaz, nos casos do art. 974, e a de eventual revogação desta, serão inscritas ou averbadas no Registro Público de Empresas Mercantis.

- V. arts. 5º e 968, § 2º, CC.

Parágrafo único. O uso da nova firma caberá, conforme o caso, ao gerente; ou ao representante do incapaz; ou a este, quando puder ser autorizado.

- V. art. 974, § 1º, CC.

Art. 977. Faculta-se aos cônjuges contratar sociedade, entre si ou com terceiros, desde que não tenham casado no regime da comunhão universal de bens, ou no da separação obrigatória.

- V. arts. 1.641 e 1.667 a 1.671, CC.

Art. 978. O empresário casado pode, sem necessidade de outorga conjugal, qualquer que seja o regime de bens, alienar os imóveis que integrem o patrimônio da empresa ou gravá-los de ônus real.

- V. arts. 1.642 a 1.647, CC.

Art. 979. Além de no Registro Civil, serão arquivados e averbados, no Registro Público de Empresas Mercantis, os pactos e declarações antenupciais do empresário, o título de doação, herança, ou legado, de bens clausulados de incomunicabilidade ou inalienabilidade.

- V. arts. 1.653 a 1.657, 1.659, 1.660, 1.668, 1.674, 1.848 e 1.911, CC.
- V. arts. 167, I-12 e II-1, 244 e 245, Lei 6.015/1973 (Lei de Registros Públicos).

Art. 980. A sentença que decretar ou homologar a separação judicial do empresário e o ato de reconciliação não podem ser opostos a terceiros, antes de arquivados e averbados no Registro Público de Empresas Mercantis.

- V. art. 1.577, parágrafo único, CC.
- V. art. 167, II, ns. 5, 10 e 14, Lei 6.015/1973 (Lei de Registros Públicos).

TÍTULO I-A
Da Empresa Individual de Responsabilidade Limitada

- Título I-A acrescentado pela Lei 12.441/2011 (DOU 12.07.2011), em vigor 180 (cento e oitenta) dias após a data de sua publicação.

Art. 980-A. A empresa individual de responsabilidade limitada será constituída por uma única pessoa titular da totalidade do capital social, devidamente integralizado, que não será inferior a 100 (cem) vezes o maior salário mínimo vigente no País.

- Artigo acrescentado pela Lei 12.441/2011 (DOU 12.07.2011), em vigor 180 (cento e oitenta) dias após a data de sua publicação.

§ 1º O nome empresarial deverá ser formado pela inclusão da expressão "EIRELI" após a firma ou a denominação social da empresa individual de responsabilidade limitada.

§ 2º A pessoa natural que constituir empresa individual de responsabilidade limitada somente poderá figurar em uma única empresa dessa modalidade.

§ 3º A empresa individual de responsabilidade limitada também poderá resultar da concentração das quotas de outra modalidade societária num único sócio, independentemente das razões que motivaram tal concentração.

§ 4º *(Vetado).*

§ 5º Poderá ser atribuída à empresa individual de responsabilidade limitada constituída para a prestação de serviços de qualquer natureza a remuneração decorrente da cessão de direitos patrimoniais de autor ou de imagem, nome, marca ou voz de que seja detentor o titular da pessoa jurídica, vinculados à atividade profissional.

§ 6º Aplicam-se à empresa individual de responsabilidade limitada, no que couber, as regras previstas para as sociedades limitada.

§ 7º Somente o patrimônio social da empresa responderá pelas dívidas da empresa individual de responsabilidade limitada, hipótese em que não se confundirá, em qualquer situação, com o patrimônio do titular que a constitui, ressalvados os casos de fraude.

- § 7º acrescentado pela MP 881/2019.

TÍTULO II
Da Sociedade

Capítulo Único
Disposições Gerais

Art. 981. Celebram contrato de sociedade as pessoas que reciprocamente se obrigam a contribuir, com bens ou serviços, para o exercício de atividade econômica e a partilha, entre si, dos resultados.

- V. arts. 40, 44, II, 45 a 52, 966, 967, 986, 2.031 e 2.033, CC.
- V. art. 1º, Lei 11.101/2005 (Lei de Recuperação de Empresas e Falência).

Parágrafo único. A atividade pode restringir-se à realização de um ou mais negócios determinados.

- V. arts. 991 a 996, CC.

Art. 982. Salvo as exceções expressas, considera-se empresária a sociedade que tem por objeto o exercício de atividade própria de empresário sujeito a registro (art. 967); e, simples, as demais.

- V. arts. 997 a 1.092 e 2.037, CC.
- V. art. 1º, Lei 11.101/2005 (Lei de Recuperação de Empresas e Falência).

Parágrafo único. Independentemente de seu objeto, considera-se empresária a sociedade por ações; e, simples, a cooperativa.

- V. arts. 1.088 a 1.096, CC.
- V. Lei 5.764/1971 (Define a Política Nacional de Cooperativismo e institui o regime jurídico das sociedades cooperativas).
- V. Lei 6.404/1976 (Sociedades por ações).
- V. Lei 9.867/1999 (Cooperativas sociais).

Art. 983. A sociedade empresária deve constituir-se segundo um dos tipos regulados nos arts. 1.039 a 1.092; a sociedade simples pode constituir-se de conformidade com um desses tipos, e, não o fazendo, subordina-se às normas que lhe são próprias.

- V. arts. 997 a 1.038, CC.

Parágrafo único. Ressalvam-se as disposições concernentes à sociedade em conta de participação e à cooperativa, bem como as constantes de leis especiais que, para o exercício de certas atividades, imponham a constituição da sociedade segundo determinado tipo.

- V. arts. 991 a 996 e 1.093 a 1.096, CC.

Art. 984. A sociedade que tenha por objeto o exercício de atividade própria de empresário rural e seja constituída, ou transformada, de acordo com um dos tipos de sociedade empresária, pode, com as formalidades do art. 968, requerer inscrição no Registro Público de Empresas Mercantis da sua sede, caso em que, depois de inscrita, ficará equiparada, para todos os efeitos, à sociedade empresária.

- V. arts. 968, 970, 971 e 982, CC.

Parágrafo único. Embora já constituída a sociedade segundo um daqueles tipos, o pedido de inscrição se subordinará, no que for aplicável, às normas que regem a transformação.

- V. arts. 1.113 a 1.115, CC.

Art. 985. A sociedade adquire personalidade jurídica com a inscrição, no registro próprio e na forma da lei, dos seus atos constitutivos (arts. 45 e 1.150).

- V. art. 32, II, a, Lei 8.934/1994 (Registro público de empresas mercantis e atividades afins).
- V. art. 32, II, d, Dec. 1.800/1996 (Regulamenta a Lei 8.934/1994).

Subtítulo I
Da Sociedade não Personificada

Capítulo I
Da Sociedade em Comum

Art. 986. Enquanto não inscritos os atos constitutivos, reger-se-á a sociedade, exceto por ações em organização, pelo disposto neste Capítulo, observadas, subsidiariamente e no que com ele forem compatíveis, as normas da sociedade simples.

- V. arts. 45, 990, 997 a 1.038, CC.

Art. 987. Os sócios, nas relações entre si ou com terceiros, somente por escrito podem provar a existência da sociedade, mas os terceiros podem prová-la de qualquer modo.

- V. arts. 212 e 990, CC.
- V. art. 75, § 2º, CPC/2015.

Art. 988. Os bens e dívidas sociais constituem patrimônio especial, do qual os sócios são titulares em comum.

Art. 989. Os bens sociais respondem pelos atos de gestão praticados por qualquer dos sócios, salvo pacto expresso limitativo de poderes, que somente terá eficácia contra o terceiro que o conheça ou deva conhecer.

- V. arts. 1.015, parágrafo único, e 1.024, CC.
- V. arts. 789, 790, II, e 795, §§ 1º e 2º, CPC/2015.

Art. 990. Todos os sócios respondem solidária e ilimitadamente pelas obrigações sociais, excluído do benefício de ordem, previsto no art. 1.024, aquele que contratou pela sociedade.

- V. arts. 275 a 285, CC.

Capítulo II
Da Sociedade em Conta de Participação

Art. 991. Na sociedade em conta de participação, a atividade constitutiva do objeto social é exercida unicamente pelo sócio ostensivo, em seu nome individual e sob sua própria e exclusiva responsabilidade, participando os demais dos resultados correspondentes.

- V. arts. 983, parágrafo único, e 1.162, CC.

Parágrafo único. Obriga-se perante terceiro tão somente o sócio ostensivo; e, exclusivamente perante este, o sócio participante, nos termos do contrato social.

Art. 992. A constituição da sociedade em conta de participação independe de qualquer formalidade e pode provar-se por todos os meios de direito.

- V. art. 212, CC.

Art. 993. O contrato social produz efeito somente entre os sócios, e a eventual inscrição de seu instrumento em qualquer registro não confere personalidade jurídica à sociedade.

Parágrafo único. Sem prejuízo do direito de fiscalizar a gestão dos negócios sociais, o sócio participante não pode tomar parte nas relações do sócio ostensivo com terceiros, sob pena de responder solidariamente com este pelas obrigações em que intervier.

- V. arts. 275 a 285, CC.

Art. 994. A contribuição do sócio participante constitui, com a do sócio ostensivo, patrimônio especial, objeto da conta de participação relativa aos negócios sociais.

§ 1º A especialização patrimonial somente produz efeitos em relação aos sócios.

§ 2º A falência do sócio ostensivo acarreta a dissolução da sociedade e a liquidação da respectiva conta, cujo saldo constituirá crédito quirografário.

- V. art. 83, VI, Lei 11.101/2005 (Lei de Recuperação de Empresas e Falência).

§ 3º Falindo o sócio participante, o contrato social fica sujeito às normas que regulam os efeitos da falência nos contratos bilaterais do falido.

- V. art. 117, Lei 11.101/2005 (Lei de Recuperação de Empresas e Falência).

Art. 995. Salvo estipulação em contrário, o sócio ostensivo não pode admitir novo sócio sem o consentimento expresso dos demais.

Art. 996. Aplica-se à sociedade em conta de participação, subsidiariamente e no que com ela for compatível, o disposto para a sociedade simples, e a sua liquidação rege-se pelas normas relativas à prestação de contas, na forma da lei processual.

- V. arts. 997 a 1.038, CC.
- V. arts. 550 a 553, CPC/2015.

Parágrafo único. Havendo mais de um sócio ostensivo, as respectivas contas serão prestadas e julgadas no mesmo processo.

Subtítulo II
Da Sociedade Personificada

Capítulo I
Da Sociedade Simples

Seção I
Do Contrato Social

Art. 997. A sociedade constitui-se mediante contrato escrito, particular ou público, que, além de cláusulas estipuladas pelas partes, mencionará:

- V. art. 1.001, 1ª parte, CC.

I – nome, nacionalidade, estado civil, profissão e residência dos sócios, se pessoas naturais, e a firma ou a denominação, nacionalidade e sede dos sócios, se jurídicas;

II – denominação, objeto, sede e prazo da sociedade;

III – capital da sociedade, expresso em moeda corrente, podendo compreender qualquer espécie de bens, suscetíveis de avaliação pecuniária;

IV – a quota de cada sócio no capital social, e o modo de realizá-la;

V – as prestações a que se obriga o sócio, cuja contribuição consista em serviços;

- V. art. 1.006, CC.

VI – as pessoas naturais incumbidas da administração da sociedade, e seus poderes e atribuições;

- V. art. 1.015, parágrafo único, CC.

VII – a participação de cada sócio nos lucros e nas perdas;

- V. art. 1.007, CC.

VIII – se os sócios respondem, ou não, subsidiariamente, pelas obrigações sociais.

Parágrafo único. É ineficaz em relação a terceiros qualquer pacto separado, contrário ao disposto no instrumento do contrato.

Art. 998. Nos 30 (trinta) dias subsequentes à sua constituição, a sociedade deverá requerer a inscrição do contrato social no Registro Civil das Pessoas Jurídicas do local de sua sede.

- V. arts. 45, 46, 75, IV, e 1.150 a 1.154, CC.
- V. arts. 19, *caput*, 114, II, 120 e 121, Lei 6.015/1973 (Lei de Registros Públicos).

§ 1º O pedido de inscrição será acompanhado do instrumento autenticado do contrato, e, se algum sócio nele houver sido representado por procurador, o da respectiva procuração, bem como, se for o caso, da prova de autorização da autoridade competente.

- V. arts. 1.123 a 1.141, CC.

§ 2º Com todas as indicações enumeradas no artigo antecedente, será a inscrição tomada por termo no livro de registro próprio, e obedecerá a número de ordem contínua para todas as sociedades inscritas.

Art. 999. As modificações do contrato social, que tenham por objeto matéria indicada no art. 997, dependem do consentimento de todos os sócios; as demais podem ser decididas por maioria absoluta de votos, se o contrato não determinar a necessidade de deliberação unânime.

Parágrafo único. Qualquer modificação do contrato social será averbada, cumprindo-se as formalidades previstas no artigo antecedente.

- V. arts. 1.002, 1.003 e 2.033, CC.

Art. 1.000. A sociedade simples que instituir sucursal, filial ou agência na circunscrição de outro Registro Civil das Pessoas Jurídicas, neste deverá também inscrevê-la, com a prova da inscrição originária.

- V. arts. 969 e 982, CC.

Parágrafo único. Em qualquer caso, a constituição da sucursal, filial ou agência deverá ser averbada no Registro Civil da respectiva sede.

Seção II
Dos Direitos e Obrigações dos Sócios

Art. 1.001. As obrigações dos sócios começam imediatamente com o contrato, se este não fixar outra data, e terminam quando, liquidada a sociedade, se extinguirem as responsabilidades sociais.

Art. 1.002. O sócio não pode ser substituído no exercício das suas funções, sem o consentimento dos demais sócios, expresso em modificação do contrato social.

- V. arts. 999, 1.018 e 1.019, CC.

Art. 1.003. A cessão total ou parcial de quota, sem a correspondente modificação do contrato social com o consentimento dos demais sócios, não terá eficácia quanto a estes e à sociedade.

- V. arts. 999 e 1.057, CC.

Parágrafo único. Até 2 (dois) anos depois de averbada a modificação do contrato, responde o cedente solidariamente com o cessionário, perante a sociedade e terceiros, pelas obrigações que tinha como sócio.

- V. arts. 275 a 285, e 1.057, parágrafo único, CC.

Art. 1.004. Os sócios são obrigados, na forma e prazo previstos, às contribuições estabelecidas no contrato social, e aquele que deixar de fazê-lo, nos 30 (trinta) dias seguintes ao da notificação pela sociedade, responderá perante esta pelo dano emergente da mora.

- V. arts. 394 a 401, 997, IV, 1.030 e 1.031, CC.

Parágrafo único. Verificada a mora, poderá a maioria dos demais sócios preferir, à indenização, a exclusão do sócio remisso, ou reduzir-lhe a quota ao montante já realizado, aplicando-se, em ambos os casos, o disposto no § 1º do art. 1.031.

- V. arts. 1.030, 1.032 e 1.052, CC.

Art. 1.005. O sócio que, a título de quota social, transmitir domínio, posse ou uso, responde pela evicção; e pela solvência do devedor, aquele que transferir crédito.

- V. arts. 297 e 447 a 457, CC.

Art. 1.006. O sócio, cuja contribuição consista em serviços, não pode, salvo convenção em contrário, empregar-se em atividade estranha à sociedade, sob pena de ser privado de seus lucros e dela excluído.

- V. arts. 997, V, e 1.030, CC.

Art. 1.007. Salvo estipulação em contrário, o sócio participa dos lucros e das perdas, na proporção das respectivas quotas, mas aquele, cuja contribuição consiste em serviços, somente participa dos lucros na proporção da média do valor das quotas.

- V. art. 997, VII, CC.

Art. 1.008. É nula a estipulação contratual que exclua qualquer sócio de participar dos lucros e das perdas.

- V. arts. 997, VII, e 1.007, CC.

Art. 1.009. A distribuição de lucros ilícitos ou fictícios acarreta responsabilidade solidária dos administradores que a realizarem e dos sócios que os receberem, conhecendo ou devendo conhecer-lhes a ilegitimidade.

- V. arts. 275 a 285, CC.

Seção III
Da Administração

Art. 1.010. Quando, por lei ou pelo contrato social, competir aos sócios decidir sobre os negócios da sociedade, as deliberações serão tomadas por maioria de votos, contados segundo o valor das quotas de cada um.

- V. art. 1.072, CC.

§ 1º Para formação da maioria absoluta são necessários votos correspondentes a mais de metade do capital.

§ 2º Prevalece a decisão sufragada por maior número de sócios no caso de empate, e, se este persistir, decidirá o juiz.

§ 3º Responde por perdas e danos o sócio que, tendo em alguma operação interesse contrário ao da sociedade, participar da deliberação que a aprove graças a seu voto.

- V. arts. 402 a 405, 1.017, parágrafo único, e 1.071, CC.

Art. 1.011. O administrador da sociedade deverá ter, no exercício de suas funções, o cuidado e a diligência que todo homem ativo e probo costuma empregar na administração de seus próprios negócios.

- V. arts. 667 e 884 a 886, CC.

§ 1º Não podem ser administradores, além das pessoas impedidas por lei especial, os condenados a pena que vede, ainda que temporariamente, o acesso a cargos públicos; ou por crime falimentar, de prevaricação, peita ou suborno, concussão, peculato; ou contra a economia popular, contra o sistema financeiro nacional, contra as normas de defesa da concorrência, contra as relações de consumo, a fé pública ou a propriedade, enquanto perdurarem os efeitos da condenação.

- V. arts. 972 a 980 e 1.066, § 1º, CC.
- V. arts. 171 a 179, 289 a 337-D e 359-A a 359-H, CP.
- V. Capítulo VII (Disposições Penais), Seção I (Dos crimes em espécie), Lei 11.101/2005 (Lei de Recuperação de Empresas e Falência).
- V. arts. 2º a 4º, Lei 1.521/1951 (Crimes contra a economia popular).
- V. art. 65, Lei 4.591/1964 (Condomínio em edificações e incorporações imobiliárias).
- V. arts. 27-C a 27-E, Lei 6.385/1976 (Mercado de valores mobiliários e criação da Comissão de Valores Mobiliários).
- V. art. 153, Lei 6.404/1976 (Sociedades por ações).
- V. arts. 2º a 23, Lei 7.492/1986 (Crimes contra o Sistema Financeiro Nacional).
- V. arts. 61 a 76, Lei 8.078/1990 (Código de Defesa do Consumidor).
- V. arts. 1º e 7º, Lei 8.137/1990 (Crimes contra a ordem tributária, econômica e contra as relações de consumo).
- V. arts. 1º e 2º, Lei 8.176/1991 (Crimes contra a ordem econômica).
- V. arts. 9º a 11, Lei 8.429/1992 (Enriquecimento ilícito).
- V. arts. 89 a 98, Lei 8.666/1993 (Licitações e contratos da administração pública).
- V. art. 1º, Lei 9.613/1998 (Crimes de "lavagem" ou ocultação de bens, direitos e valores).
- V. art. 181, II, Lei 11.101/2005 (Lei de Recuperação de Empresas e Falência).

§ 2º Aplicam-se à atividade dos administradores, no que couber, as disposições concernentes ao mandato.

- V. arts. 653 a 691, CC.

Art. 1.012. O administrador, nomeado por instrumento em separado, deve averbá-lo à margem da inscrição da sociedade, e, pelos atos que praticar, antes de requerer a averbação, responde pessoal e solidariamente com a sociedade.

- V. arts. 275 a 285, 999 e 1.019, parágrafo único, CC.

Art. 1.013. A administração da sociedade, nada dispondo o contrato social, compete separadamente a cada um dos sócios.

§ 1º Se a administração competir separadamente a vários administradores, cada um pode impugnar operação pretendida por outro, cabendo a decisão aos sócios, por maioria de votos.

§ 2º Responde por perdas e danos perante a sociedade o administrador que realizar operações, sabendo ou devendo saber que estava agindo em desacordo com a maioria.

- V. arts. 402 a 405, CC.

Art. 1.014. Nos atos de competência conjunta de vários administradores, torna-se necessário o concurso de todos, salvo nos casos urgentes, em que a omissão ou retardo das providências possa ocasionar dano irreparável ou grave.

Art. 1.015. No silêncio do contrato, os administradores podem praticar todos os atos pertinentes à gestão da sociedade; não constituindo objeto social, a oneração ou a venda de bens imóveis depende do que a maioria dos sócios decidir.

Parágrafo único. O excesso por parte dos administradores somente pode ser oposto a terceiros se ocorrer pelo menos uma das seguintes hipóteses:

I – se a limitação de poderes estiver inscrita ou averbada no registro próprio da sociedade;

- V. art. 997, VI, CC.

II – provando-se que era conhecida do terceiro;

III – tratando-se de operação evidentemente estranha aos negócios da sociedade.

Art. 1.016. Os administradores respondem solidariamente perante a sociedade e os terceiros prejudicados, por culpa no desempenho de suas funções.

- V. arts. 275 a 285, 1.023 e 1.070, CC.
- V. arts. 789, 790, 792 a 795, CPC/2015.

Art. 1.017. O administrador que, sem consentimento escrito dos sócios, aplicar créditos ou bens sociais em proveito próprio ou de terceiros, terá de restituí-los à sociedade, ou pagar o equivalente, com todos os lucros resultantes, e, se houver prejuízo, por ele também responderá.

- V. arts. 402 a 405, CC.

Parágrafo único. Fica sujeito às sanções o administrador que, tendo em qualquer operação interesse contrário ao da sociedade, tome parte na correspondente deliberação.

- V. art. 1.010, § 3º, CC.

Art. 1.018. Ao administrador é vedado fazer-se substituir no exercício de suas funções, sendo-lhe facultado, nos limites de seus poderes, constituir mandatários da sociedade, especificados no instrumento os atos e operações que poderão praticar.

- V. arts. 653 a 691, CC.

Art. 1.019. São irrevogáveis os poderes do sócio investido na administração por cláusula expressa do contrato social, salvo justa causa, reconhecida judicialmente, a pedido de qualquer dos sócios.

Parágrafo único. São revogáveis, a qualquer tempo, os poderes conferidos a sócio por ato separado, ou a quem não seja sócio.

- V. arts. 653 a 691, 1.012 e 1.022, CC.

Art. 1.020. Os administradores são obrigados a prestar aos sócios contas justificadas de sua administração, e apresentar-lhes o inventário anualmente, bem como o balanço patrimonial e o de resultado econômico.

- V. arts. 1.065, 1.069, III, 1.078, I e § 3º, 1.140, 1.179 e 1.189, CC.

Códigos

- V. art. 31, Lei 4.595/1964 (Política e instituições monetárias, bancárias e creditícias e criação do Conselho Monetário Nacional).
- V. arts. 178 a 184-A, Lei 6.404/1976 (Sociedades por ações).
- V. art. 178, Lei 11.101/2005 (Lei de Recuperação de Empresas e Falência).

Art. 1.021. Salvo estipulação que determine época própria, o sócio pode, a qualquer tempo, examinar os livros e documentos, e o estado da caixa e da carteira da sociedade.

- V. arts. 109, III, 132, I, 142, III, e 163, I, VI e VII, Lei 6.404/1976 (Sociedades por ações).

Seção IV
Das Relações com Terceiros

Art. 1.022. A sociedade adquire direitos, assume obrigações e procede judicialmente, por meio de administradores com poderes especiais, ou, não os havendo, por intermédio de qualquer administrador.

Art. 1.023. Se os bens da sociedade não lhe cobrirem as dívidas, respondem os sócios pelo saldo, na proporção em que participem das perdas sociais, salvo cláusula de responsabilidade solidária.

- V. arts. 275 a 285 e 1.016, CC.
- V. arts. 790, II, e 795, CPC/2015.

Art. 1.024. Os bens particulares dos sócios não podem ser executados por dívidas da sociedade, senão depois de executados os bens sociais.

- V. art. 990, CC.
- V. arts. 790, II, e 795, CPC/2015.

Art. 1.025. O sócio, admitido em sociedade já constituída, não se exime das dívidas sociais anteriores à admissão.

Art. 1.026. O credor particular de sócio pode, na insuficiência de outros bens do devedor, fazer recair a execução sobre o que a este couber nos lucros da sociedade, ou na parte que lhe tocar em liquidação.

Parágrafo único. Se a sociedade não estiver dissolvida, pode o credor requerer a liquidação da quota do devedor, cujo valor, apurado na forma do art. 1.031, será depositado em dinheiro, no juízo da execução, até 90 (noventa) dias após aquela liquidação.

- V. art. 1.030, CC.

Art. 1.027. Os herdeiros do cônjuge de sócio, ou o cônjuge do que se separou judicialmente, não podem exigir desde logo a parte que lhes couber na quota social, mas concorrer à divisão periódica dos lucros, até que se liquide a sociedade.

Seção V
Da Resolução da Sociedade em Relação a um Sócio

Art. 1.028. No caso de morte de sócio, liquidar-se-á sua quota, salvo:

I – se o contrato dispuser diferentemente;

II – se os sócios remanescentes optarem pela dissolução da sociedade;

- V. arts. 1.033 a 1.038, CC.

III – se, por acordo com os herdeiros, regular-se a substituição do sócio falecido.

- V. arts. 997, 999, 1.085 e 1.086, CC.

Art. 1.029. Além dos casos previstos na lei ou no contrato, qualquer sócio pode retirar-se da sociedade; se de prazo indeterminado, mediante notificação aos demais sócios, com antecedência mínima de 60 (sessenta) dias; se de prazo determinado, provando judicialmente justa causa.

Parágrafo único. Nos 30 (trinta) dias subsequentes à notificação, podem os demais sócios optar pela dissolução da sociedade.

- V. arts. 1.033 a 1.038, CC.

Art. 1.030. Ressalvado o disposto no art. 1.004 e seu parágrafo único, pode o sócio ser excluído judicialmente, mediante iniciativa da maioria dos demais sócios, por falta grave no cumprimento de suas obrigações, ou, ainda, por incapacidade superveniente.

Parágrafo único. Será de pleno direito excluído da sociedade o sócio declarado falido, ou aquele cuja quota tenha sido liquidada nos termos do parágrafo único do art. 1.026.

- V. art. 123, Lei 11.101/2005 (Lei de Recuperação de Empresas e Falência).

Art. 1.031. Nos casos em que a sociedade se resolver em relação a um sócio, o valor da sua quota, considerada pelo montante efetivamente realizado, liquidar-se-á, salvo disposição contratual em contrário, com base na situação patrimonial da sociedade, à data da resolução, verificada em balanço especialmente levantado.

- V. art. 1.077, CC.

§ 1º O capital social sofrerá a correspondente redução, salvo se os demais sócios suprirem o valor da quota.

§ 2º A quota liquidada será paga em dinheiro, no prazo de 90 (noventa) dias, a partir da liquidação, salvo acordo, ou estipulação contratual em contrário.

Art. 1.032. A retirada, exclusão ou morte do sócio, não o exime, ou a seus herdeiros, da responsabilidade pelas obrigações sociais anteriores, até 2 (dois) anos após averbada a resolução da sociedade; nem nos dois primeiros casos, pelas posteriores e em igual prazo, enquanto não se requerer a averbação.

- V. art. 968, § 2º, CC.

Seção VI
Da Dissolução

Art. 1.033. Dissolve-se a sociedade quando ocorrer:

- V. arts. 51, 1.001, 1.044, 1.051 e 2.034, CC.
- V. art. 599 a 609, CPC/2015.
- V. Dec.-lei 368/1968 (Efeitos de débitos salariais).

I – o vencimento do prazo de duração, salvo se, vencido este e sem oposição de sócio, não entrar a sociedade em liquidação, caso em que se prorrogará por tempo indeterminado;

- V. art. 46, I, CC.

II – o consenso unânime dos sócios;

- V. art. 1.071, VI, CC.

III – a deliberação dos sócios, por maioria absoluta, na sociedade de prazo indeterminado;

IV – a falta de pluralidade de sócios, não reconstituída no prazo de 180 (cento e oitenta) dias;

V – a extinção, na forma da lei, de autorização para funcionar.

- V. arts. 1.037 e 1.123 a 1.141, CC.

Parágrafo único. Não se aplica o disposto no inciso IV caso o sócio remanescente, inclusive na hipótese de concentração de todas as cotas da sociedade sob sua titularidade, requeira, no Registro Público de Empresas Mercantis, a transformação do registro da sociedade para empresário individual ou para empresa individual de responsabilidade limitada, observado, no que couber, o disposto nos arts. 1.113 a 1.115 deste Código.

- Parágrafo único com redação determinada pela Lei 12.441/2011 (*DOU* 12.07.2011), em vigor 180 (cento e oitenta) dias após a data de sua publicação.

Art. 1.034. A sociedade pode ser dissolvida judicialmente, a requerimento de qualquer dos sócios, quando:

I – anulada a sua constituição;

II – exaurido o fim social, ou verificada a sua inexequibilidade.

Art. 1.035. O contrato pode prever outras causas de dissolução, a serem verificadas judicialmente quando contestadas.

Art. 1.036. Ocorrida a dissolução, cumpre aos administradores providenciar imediatamente a investidura do liquidante, e restringir a gestão própria aos negócios inadiáveis, vedadas novas operações, pelas quais responderão solidária e ilimitadamente.

- V. arts. 275 a 285, CC.

Parágrafo único. Dissolvida de pleno direito a sociedade, pode o sócio requerer, desde logo, a liquidação judicial.

- V. arts. 1.102 a 1.112, CC.

Art. 1.037. Ocorrendo a hipótese prevista no inciso V do art. 1.033, o Ministério Público, tão logo lhe comunique a autoridade competente, promoverá a liquidação judicial da sociedade, se os administradores não o tiverem feito nos 30 (trinta) dias seguintes à perda da autorização, ou se o sócio não houver exercido a faculdade assegurada no parágrafo único do artigo antecedente.

- V. arts. 1.102 a 1.112 e 1.123 a 1.141, CC.

Parágrafo único. Caso o Ministério Público não promova a liquidação judicial da sociedade nos 15 (quinze) dias subsequentes ao recebimento da comunicação, a autoridade competente para conceder a autorização nomeará interventor com poderes para requerer a medida e administrar a sociedade até que seja nomeado o liquidante.

- V. art. 51, CC.

Art. 1.038. Se não estiver designado no contrato social, o liquidante será eleito por deliberação dos sócios, podendo a escolha recair em pessoa estranha à sociedade.

§ 1º O liquidante pode ser destituído, a todo tempo:

I – se eleito pela forma prevista neste artigo, mediante deliberação dos sócios;

II – em qualquer caso, por via judicial, a requerimento de um ou mais sócios, ocorrendo justa causa.

§ 2º A liquidação da sociedade se processa de conformidade com o disposto no Capítulo IX, deste Subtítulo.

- V. arts. 1.102 a 1.112, CC.

Capítulo II
Da Sociedade em Nome Coletivo

Art. 1.039. Somente pessoas físicas podem tomar parte na sociedade em nome coletivo, respondendo todos os sócios, solidária e ilimitadamente, pelas obrigações sociais.

- V. arts. 275 a 285 e 1.157, CC.
- V. arts. 77, 81, *caput*, e 123, Lei 11.101/2005 (Lei de Recuperação de Empresas e Falência).

Parágrafo único. Sem prejuízo da responsabilidade perante terceiros, podem os sócios, no ato constitutivo, ou por unânime convenção posterior, limitar entre si a responsabilidade de cada um.

Art. 1.040. A sociedade em nome coletivo se rege pelas normas deste Capítulo e, no que seja omisso, pelas do Capítulo antecedente.

Art. 1.041. O contrato deve mencionar, além das indicações referidas no art. 997, a firma social.

Art. 1.042. A administração da sociedade compete exclusivamente a sócios, sendo o uso da firma, nos limites do contrato, privativo dos que tenham os necessários poderes.

Art. 1.043. O credor particular de sócio não pode, antes de dissolver-se a sociedade, pretender a liquidação da quota do devedor.

Parágrafo único. Poderá fazê-lo quando:

I – a sociedade houver sido prorrogada tacitamente;

II – tendo ocorrido prorrogação contratual, for acolhida judicialmente oposição do credor, levantada no prazo de 90 (noventa) dias, contado da publicação do ato dilatório.

Art. 1.044. A sociedade se dissolve de pleno direito por qualquer das causas enumeradas no art. 1.033 e, se empresária, também pela declaração da falência.

- V. arts. 982, 983 e 1.087, CC.
- V. arts. 94, 99 e 100, Lei 11.101/2005 (Lei de Recuperação de Empresas e Falência).

Capítulo III
Da Sociedade em Comandita Simples

Art. 1.045. Na sociedade em comandita simples tomam parte sócios de duas categorias: os comanditados, pessoas físicas, responsáveis solidária e ilimitadamente pelas obrigações sociais; e os comanditários, obrigados somente pelo valor de sua quota.

- V. arts. 275 a 285, CC.
- V. arts. 20, 77, 81, *caput*, 123 e 190, Lei 11.101/2005 (Lei de Recuperação de Empresas e Falência).

Parágrafo único. O contrato deve discriminar os comanditados e os comanditários.

Art. 1.046. Aplicam-se à sociedade em comandita simples as normas da sociedade em nome coletivo, no que forem compatíveis com as deste Capítulo.

- V. arts. 1.039 a 1.044, CC.

Parágrafo único. Aos comanditados cabem os mesmos direitos e obrigações dos sócios da sociedade em nome coletivo.

Art. 1.047. Sem prejuízo da faculdade de participar das deliberações da sociedade e de lhe fiscalizar as operações, não pode o comanditário praticar qualquer ato de gestão, nem ter o nome na firma social, sob pena de ficar sujeito às responsabilidades de sócio comanditado.

Parágrafo único. Pode o comanditário ser constituído procurador da sociedade, para negócio determinado e com poderes especiais.

Art. 1.048. Somente após averbada a modificação do contrato, produz efeito, quanto a terceiros, a diminuição da quota do comanditário, em consequência de ter sido reduzido o capital social, sempre sem prejuízo dos credores preexistentes.

- V. art. 968, § 2º, CC.

Art. 1.049. O sócio comanditário não é obrigado à reposição de lucros recebidos de boa-fé e de acordo com o balanço.

Parágrafo único. Diminuído o capital social por perdas supervenientes, não pode o comanditário receber quaisquer lucros, antes de reintegrado aquele.

Art. 1.050. No caso de morte de sócio comanditário, a sociedade, salvo disposição do contrato, continuará com os seus sucessores, que designarão quem os represente.

Art. 1.051. Dissolve-se de pleno direito a sociedade:

- V. art. 1.033, CC.

I – por qualquer das causas previstas no art. 1.044;

II – quando por mais de 180 (cento e oitenta) dias perdurar a falta de uma das categorias de sócio.

Parágrafo único. Na falta de sócio comanditado, os comanditários nomearão administrador provisório para praticar, durante o período referido no inciso II e sem assumir a condição de sócio, os atos de administração.

Capítulo IV
Da Sociedade Limitada

Seção I
Disposições Preliminares

Art. 1.052. Na sociedade limitada, a responsabilidade de cada sócio é restrita ao valor de suas quotas, mas todos respondem solidariamente pela integralização do capital social.

- V. arts. 275 a 285, 1.056, § 2º, e 1.158, § 3º, CC.
- V. arts. 2º e 9º, Dec. 3.708/1919 (Sociedades por quotas de responsabilidade limitada).
- V. art. 82, caput, Lei 11.101/2005 (Lei de Recuperação de Empresas e Falência).

☛ **Parágrafo único.** A sociedade limitada pode ser constituída por uma ou mais pessoas, hipótese em que se aplicarão ao documento de constituição do sócio único, no que couber, as disposições sobre o contrato social.

- Parágrafo único acrescentado pela MP 881/2019.

Art. 1.053. A sociedade limitada rege-se, nas omissões deste Capítulo, pelas normas da sociedade simples.

- V. arts. 997 a 1.038, CC.

Parágrafo único. O contrato social poderá prever a regência supletiva da sociedade limitada pelas normas da sociedade anônima.

- V. arts. 1.088 e 1.089, CC.
- V. art. 18, Dec. 3.708/1919 (Sociedades por quotas de responsabilidade limitada).
- V. Lei 6.404/1976 (Sociedades por ações).

Art. 1.054. O contrato mencionará, no que couber, as indicações do art. 997, e, se for o caso, a firma social.

- V. arts. 1.064 e 1.158, CC.
- V. arts. 2º e 3º, Dec. 3.708/1919 (Sociedades por quotas de responsabilidade limitada).

Seção II
Das Quotas

Art. 1.055. O capital social divide-se em quotas, iguais ou desiguais, cabendo uma ou diversas a cada sócio.

- V. art. 4º, Dec. 3.708/1919 (Sociedades por quotas de responsabilidade limitada).

§ 1º Pela exata estimação de bens conferidos ao capital social respondem solidariamente todos os sócios, até o prazo de 5 (cinco) anos da data do registro da sociedade.

- V. arts. 275 a 285, CC.

§ 2º É vedada contribuição que consista em prestação de serviços.

- V. art. 4º, Dec. 3.708/1919 (Sociedades por quotas de responsabilidade limitada).

Art. 1.056. A quota é indivisível em relação à sociedade, salvo para efeito de transferência, caso em que se observará o disposto no artigo seguinte.

- V. art. 88, CC.
- V. art. 6º, Dec. 3.708/1919 (Sociedades por quotas de responsabilidade limitada).

§ 1º No caso de condomínio de quota, os direitos a ela inerentes somente podem ser exercidos pelo condômino representante, ou pelo inventariante do espólio de sócio falecido.

§ 2º Sem prejuízo do disposto no art. 1.052, os condôminos de quota indivisa respondem solidariamente pelas prestações necessárias à sua integralização.

Art. 1.057. Na omissão do contrato, o sócio pode ceder sua quota, total ou parcialmente, a quem seja sócio, independentemente de audiência dos outros, ou

Códigos

a estranho, se não houver oposição de titulares de mais de 1/4 (um quarto) do capital social.

- V. art. 1.081, § 2º, CC.

Parágrafo único. A cessão terá eficácia quanto à sociedade e terceiros, inclusive para os fins do parágrafo único do art. 1.003, a partir da averbação do respectivo instrumento, subscrito pelos sócios anuentes.

- V. art. 968, § 2º, CC.

Art. 1.058. Não integralizada a quota de sócio remisso, os outros sócios podem, sem prejuízo do disposto no art. 1.004 e seu parágrafo único, tomá-la para si ou transferi-la a terceiros, excluindo o primitivo titular e devolvendo-lhe o que houver pago, deduzidos os juros da mora, as prestações estabelecidas no contrato mais as despesas.

- V. arts. 394 a 401 e 405 a 407, CC.
- V. art. 7º, Dec. 3.708/1919 (Sociedades por quotas de responsabilidade limitada).

Art. 1.059. Os sócios serão obrigados à reposição dos lucros e das quantias retiradas, a qualquer título, ainda que autorizados pelo contrato, quando tais lucros ou quantia se distribuírem com prejuízo do capital.

- V. art. 9º, Dec. 3.708/1919 (Sociedades por quotas de responsabilidade limitada).
- V. art. 45, § 8º, Lei 6.404/1976 (Sociedades por ações).

Seção III
Da Administração

Art. 1.060. A sociedade limitada é administrada por uma ou mais pessoas designadas no contrato social ou em ato separado.

Parágrafo único. A administração atribuída no contrato a todos os sócios não se estende de pleno direito aos que posteriormente adquiram essa qualidade.

Art. 1.061. A designação de administradores não sócios dependerá de aprovação da unanimidade dos sócios, enquanto o capital não estiver integralizado, e de 2/3 (dois terços), no mínimo, após a integralização.

- Artigo com redação determinada pela Lei 12.375/2010.
- V. art. 1.076, CC.

Art. 1.062. O administrador designado em ato separado investir-se-á no cargo mediante termo de posse no livro de atas da administração.

- V. art. 149, caput e § 1º, Lei 6.404/1976 (Sociedades por ações).

§ 1º Se o termo não for assinado nos 30 (trinta) dias seguintes à designação, esta se tornará sem efeito.

§ 2º Nos dez dias seguintes ao da investidura, deve o administrador requerer seja averbada sua nomeação no registro competente, mencionando o seu nome, nacionalidade, estado civil, residência, com exibição de documento de identidade, o ato e a data da nomeação e o prazo de gestão.

Art. 1.063. O exercício do cargo de administrador cessa pela destituição, em qualquer tempo, do titular, ou pelo término do prazo se, fixado no contrato ou em ato separado, não houver recondução.

§ 1º Tratando-se de sócio nomeado administrador no contrato, sua destituição somente se opera pela aprovação de titulares de quotas correspondentes a mais da metade do capital social, salvo disposição contratual diversa.

- § 1º com redação determinada pela Lei 13.792/ 2019.
- V. art. 1.076, CC.

§ 2º A cessação do exercício do cargo de administrador deve ser averbada no registro competente, mediante requerimento apresentado nos 10 (dez) dias seguintes ao da ocorrência.

- V. art. 968, § 2º, CC.

§ 3º A renúncia de administrador torna-se eficaz, em relação à sociedade, desde o momento em que esta toma conhecimento da comunicação escrita do renunciante; e, em relação a terceiros, após a averbação e publicação.

- V. art. 968, § 2º, CC.
- V. art. 151, Lei 6.404/1976 (Sociedades por ações).

Art. 1.064. O uso da firma ou denominação social é privativo dos administradores que tenham os necessários poderes.

- V. arts. 1.054 e 1.158, CC.
- V. art. 13, Dec. 3.708/1919 (Sociedades por quotas de responsabilidade limitada).
- V. art. 138, Lei 6.404/1976 (Sociedades por ações).

Art. 1.065. Ao término de cada exercício social, proceder-se-á à elaboração do inventário, do balanço patrimonial e do balanço de resultado econômico.

- V. arts. 1.020, 1.069, III, 1.078, I e § 3º, 1.140, 1.179 e 1.189, CC.
- V. arts. 175 a 188, Lei 6.404/1976 (Sociedades por ações).

Seção IV
Do Conselho Fiscal

Art. 1.066. Sem prejuízo dos poderes da assembleia dos sócios, pode o contrato instituir conselho fiscal composto de três ou mais membros e respectivos suplentes, sócios ou não, residentes no País, eleitos na assembleia anual prevista no art. 1.078.

- V. arts. 1.071 a 1.080, CC.
- V. arts. 161, §§ 1º e 4º, *a*, e 162, *caput* e § 2º, Lei 6.404/1976 (Sociedades por ações).

§ 1º Não podem fazer parte do conselho fiscal, além dos inelegíveis enumerados no § 1º do art. 1.011, os membros dos demais órgãos da sociedade ou de outra por ela controlada, os empregados de quaisquer delas ou dos respectivos administradores, o cônjuge ou parente destes até o terceiro grau.

§ 2º É assegurado aos sócios minoritários, que representarem pelo menos 1/5 (um quinto) do capital social, o direito de eleger, separadamente, um dos membros do conselho fiscal e o respectivo suplente.

Art. 1.067. O membro ou suplente eleito, assinando termo de posse lavrado no livro de atas e pareceres do conselho fiscal, em que se mencione o seu nome, nacionalidade, estado civil, residência e a data da escolha, ficará investido nas suas funções, que exercerá, salvo cessação anterior, até a subsequente assembleia anual.

- V. art. 161, §§ 2º e 6º, Lei 6.404/1976 (Sociedades por ações).

Parágrafo único. Se o termo não for assinado nos 30 (trinta) dias seguintes ao da eleição, esta se tornará sem efeito.

Art. 1.068. A remuneração dos membros do conselho fiscal será fixada, anualmente, pela assembleia dos sócios que os eleger.

- V. art. 162, § 3º, Lei 6.404/1976 (Sociedades por ações).

Art. 1.069. Além de outras atribuições determinadas na lei ou no contrato social, aos membros do conselho fiscal incumbem, individual ou conjuntamente, os deveres seguintes:

- V. arts. 1.020, 1.065, 1.078, I e § 3º, 1.140, 1.179 e 1.189, CC.
- V. art. 163, IV a VIII, Lei 6.404/1976 (Sociedades por ações).

I – examinar, pelo menos trimestralmente, os livros e papéis da sociedade e o estado da caixa e da carteira, devendo os administradores ou liquidantes prestar-lhes as informações solicitadas;

II – lavrar no livro de atas e pareceres do conselho fiscal o resultado dos exames referidos no inciso I deste artigo;

III – exarar no mesmo livro e apresentar à assembleia anual dos sócios parecer sobre os negócios e as operações sociais do exercício em que servirem, tomando por base o balanço patrimonial e o de resultado econômico;

IV – denunciar os erros, fraudes ou crimes que descobrirem, sugerindo providências úteis à sociedade;

V – convocar a assembleia dos sócios se a diretoria retardar por mais de 30 (trinta) dias a sua convocação anual, ou sempre que ocorram motivos graves e urgentes;

- V. arts. 1.073, II, e 1.152, § 3º, CC.

VI – praticar, durante o período da liquidação da sociedade, os atos a que se refere este artigo, tendo em vista as disposições especiais reguladoras da liquidação.

- V. arts. 1.102 a 1.112, CC.

Art. 1.070. As atribuições e poderes conferidos pela lei ao conselho fiscal não podem ser outorgados a outro órgão da sociedade, e a responsabilidade de seus membros obedece à regra que define a dos administradores (art. 1.016).

- V. arts. 161, § 7º, e 163, §§ 5º e 7º, Lei 6.404/1976 (Sociedades por ações).

Parágrafo único. O conselho fiscal poderá escolher para assisti-lo no exame dos livros, dos balanços e das contas, contabilista legalmente habilitado, me-

Códigos

diante remuneração aprovada pela assembleia dos sócios.

- V. Dec.-lei 9.295/1946 (Contador e guarda-livros).

Seção V
Das Deliberações dos Sócios

Art. 1.071. Dependem da deliberação dos sócios, além de outras matérias indicadas na lei ou no contrato:

- V. art. 122, I a III, VIII e IX, Lei 6.404/1976 (Sociedades por ações).

I – a aprovação das contas da administração;

- V. arts. 1.010 e 1.065, CC.

II – a designação dos administradores, quando feita em ato separado;

- V. arts. 1.060, 1.061 e 1.076, II, CC.

III – a destituição dos administradores;

- V. arts. 1.063 e 1.076, II, CC.

IV – o modo de sua remuneração, quando não estabelecido no contrato;

- V. art. 1.076, II, CC.

V – a modificação do contrato social;

- V. arts. 1.076, I, e 1.081 a 1.086, CC.

VI – a incorporação, a fusão e a dissolução da sociedade, ou a cessação do estado de liquidação;

- V. arts. 1.033, 1.076, I, 1.087, e 1.102 a 1.122, CC.

VII – a nomeação e destituição dos liquidantes e o julgamento das suas contas;

- V. arts. 1.038 e 1.102 a 1.112, CC.

VIII – o pedido de concordata.

- V. art. 1.072, § 4º, e 1.076, II, CC.
- V. art. 191, CTN.
- V. arts. 47 a 72, Lei 11.101/2005 (Lei de Recuperação de Empresas e Falência).
- V. art. 95, § 2º, e, Lei 8.212/1991 (Organização da Seguridade Social e Plano de Custeio).
- V. Súmulas 190 e 227, STF.

Art. 1.072. As deliberações dos sócios, obedecido o disposto no art. 1.010, serão tomadas em reunião ou em assembleia, conforme previsto no contrato social, devendo ser convocadas pelos administradores nos casos previstos em lei ou no contrato.

- V. arts. 122, parágrafo único, 123, *caput*, e 124, § 4º, Lei 6.404/1976 (Sociedades por ações).

§ 1º A deliberação em assembleia será obrigatória se o número dos sócios for superior a dez.

§ 2º Dispensam-se as formalidades de convocação previstas no § 3º do art. 1.152, quando todos os sócios comparecerem ou se declararem, por escrito, cientes do local, data, hora e ordem do dia.

§ 3º A reunião ou a assembleia tornam-se dispensáveis quando todos os sócios decidirem, por escrito, sobre a matéria que seria objeto delas.

§ 4º No caso do inciso VIII do artigo antecedente, os administradores, se houver urgência e com autorização de titulares de mais da metade do capital social, podem requerer concordata preventiva.

- V. art. 449, CLT.
- V. arts. 47 a 72, Lei 11.101/2005 (Lei de Recuperação de Empresas e Falência).
- V. art. 122, parágrafo único, Lei 6.404/1976 (Sociedades por ações).

§ 5º As deliberações tomadas de conformidade com a lei e o contrato vinculam todos os sócios, ainda que ausentes ou dissidentes.

- V. art. 1.080, CC.

§ 6º Aplica-se às reuniões dos sócios, nos casos omissos no contrato, o disposto na presente Seção sobre a assembleia.

- V. arts. 1.073 a 1.080, CC.

Art. 1.073. A reunião ou a assembleia podem também ser convocadas:

- V. art. 123, parágrafo único, Lei 6.404/1976 (Sociedades por ações).

I – por sócio, quando os administradores retardarem a convocação, por mais de 60 (sessenta) dias, nos casos previstos em lei ou no contrato, ou por titulares de mais de 1/5 (um quinto) do capital, quando não atendido, no prazo de 8 (oito) dias, pedido de convocação fundamentado, com indicação das matérias a serem tratadas;

II – pelo conselho fiscal, se houver, nos casos a que se refere o inciso V do art. 1.069.

Art. 1.074. A assembleia dos sócios instala-se com a presença, em primeira convocação, de titulares de no mínimo 3/4 (três quartos) do capital social, e, em segunda, com qualquer número.

- V. art. 125, *caput*, Lei 6.404/1976 (Sociedades por ações).

§ 1º O sócio pode ser representado na assembleia por outro sócio, ou por advogado, mediante outorga de mandato com especificação dos atos autorizados, devendo o instrumento ser levado a registro, juntamente com a ata.

- V. arts. 653 a 691, CC.
- V. art. 126, § 1º, Lei 6.404/1976 (Sociedades por ações).

§ 2º Nenhum sócio, por si ou na condição de mandatário, pode votar matéria que lhe diga respeito diretamente.

- V. art. 1.120, § 3º, CC.

Art. 1.075. A assembleia será presidida e secretariada por sócios escolhidos entre os presentes.

- V. arts. 128 e 130, *caput*, Lei 6.404/1976 (Sociedades por ações).

§ 1º Dos trabalhos e deliberações será lavrada, no livro de atas da assembleia, ata assinada pelos membros da mesa e por sócios participantes da reunião, quantos bastem à validade das deliberações, mas sem prejuízo dos que queiram assiná-la.

§ 2º Cópia da ata autenticada pelos administradores, ou pela mesa, será, nos 20 (vinte) dias subsequentes à reunião, apresentada ao Registro Público de Empresas Mercantis para arquivamento e averbação.

§ 3º Ao sócio, que a solicitar, será entregue cópia autenticada da ata.

☛ **Art. 1.076.** **Ressalvado o disposto no art. 1.061, as deliberações dos sócios serão tomadas:**

- *Caput* com redação determinada pela Lei 13.792/2019.
- V. art. 129, *caput* e § 1º, Lei 6.404/1976 (Sociedades por ações).

I – pelos votos correspondentes, no mínimo, a 3/4 (três quartos) do capital social, nos casos previstos nos incisos V e VI do art. 1.071;

II – pelos votos correspondentes a mais de metade do capital social, nos casos previstos nos incisos II, III, IV e VIII do art. 1.071;

III – pela maioria de votos dos presentes, nos demais casos previstos na lei ou no contrato, se este não exigir maioria mais elevada.

Art. 1.077. Quando houver modificação do contrato, fusão da sociedade, incorporação de outra, ou dela por outra, terá o sócio que dissentiu o direito de retirar-se da sociedade, nos 30 (trinta) dias subsequentes à reunião, aplicando-se, no silêncio do contrato social antes vigente, o disposto no art. 1.031.

- V. arts. 1.113 a 1.122, CC.
- V. art. 15, Dec. 3.708/1919 (Sociedades por quotas de responsabilidade limitada).
- V. art. 37, *caput*, Lei 6.404/1976 (Sociedades por ações).

Art. 1.078. A assembleia dos sócios deve realizar-se ao menos uma vez por ano, nos 4 (quatro) meses seguintes à ao (*sic*) término do exercício social, com o objetivo de:

- V. art. 132, Lei 6.404/1976 (Sociedades por ações).

I – tomar as contas dos administradores e deliberar sobre o balanço patrimonial e o de resultado econômico;

- V. arts. 1.020, 1.065, 1.069, III, 1.140, 1.179 e 1.189, CC.

II – designar administradores, quando for o caso;

III – tratar de qualquer outro assunto constante da ordem do dia.

§ 1º Até 30 (trinta) dias antes da data marcada para a assembleia, os documentos referidos no inciso I deste artigo devem ser postos, por escrito, e com a prova do respectivo recebimento, à disposição dos sócios que não exerçam a administração.

- V. art. 133, Lei 6.404/1976 (Sociedades por ações).

§ 2º Instalada a assembleia, proceder-se-á à leitura dos documentos referidos no parágrafo antecedente, os quais serão submetidos, pelo presidente, a discussão e votação, nesta não podendo tomar parte os membros da administração e, se houver, os do conselho fiscal.

- V. art. 1.074, § 2º, CC.
- V. art. 134, *caput*, Lei 6.404/1976 (Sociedades por ações).

§ 3º A aprovação, sem reserva, do balanço patrimonial e do de resultado econômico, salvo erro, dolo ou simulação, exonera de responsabilidade os membros da administração e, se houver, os do conselho fiscal.

- V. arts. 138 a 150, 167, 1.020, 1.065, 1.069, III, 1.140, 1.179 e 1.189, CC.
- V. art. 134, § 3º, Lei 6.404/1976 (Sociedades por ações).

§ 4º Extingue-se em 2 (dois) anos o direito de anular a aprovação a que se refere o parágrafo antecedente.

Art. 1.079. Aplica-se às reuniões dos sócios, nos casos omissos no contrato, o estabelecido nesta Seção sobre a assembleia, obedecido o disposto no § 1º do art. 1.072.

- V. art. 1.072, § 6º, CC.

Art. 1.080. As deliberações infringentes do contrato ou da lei tornam ilimitada a responsabilidade dos que expressamente as aprovaram.

- V. art. 1.072, § 5º, CC.
- V. art. 16, Dec. 3.708/1919 (Sociedades por quotas de responsabilidade limitada).

Seção VI
Do Aumento e da Redução do Capital

- V. art. 50, VI, Lei 11.101/2005 (Lei de Recuperação de Empresas e Falência).

Art. 1.081. Ressalvado o disposto em lei especial, integralizadas as quotas, pode ser o capital aumentado, com a correspondente modificação do contrato.

- V. art. 166, Lei 6.404/1976 (Sociedades por ações).

§ 1º Até 30 (trinta) dias após a deliberação, terão os sócios preferência para participar do aumento, na proporção das quotas de que sejam titulares.

- V. art. 171, *caput*, Lei 6.404/1976 (Sociedades por ações).

§ 2º À cessão do direito de preferência, aplica-se o disposto no *caput* do art. 1.057.

§ 3º Decorrido o prazo da preferência, e assumida pelos sócios, ou por terceiros, a totalidade do aumento, haverá reunião ou assembleia dos sócios, para que seja aprovada a modificação do contrato.

- V. art. 1.071, V, CC.

Art. 1.082. Pode a sociedade reduzir o capital, mediante a correspondente modificação do contrato:

- V. art. 173, § 1º, Lei 6.404/1976 (Sociedades por ações).

I – depois de integralizado, se houver perdas irreparáveis;

- V. art. 1.083, CC.

II – se excessivo em relação ao objeto da sociedade.

- V. art. 1.084, CC.

Art. 1.083. No caso do inciso I do artigo antecedente, a redução do capital será realizada com a diminuição proporcional do valor nominal das quotas, tornando-se efetiva a partir da averbação, no Registro Público de Empresas Mercantis, da ata da assembleia que a tenha aprovado.

- V. art. 968, § 2º, CC.

Art. 1.084. No caso do inciso II do art. 1.082, a redução do capital será feita restituindo-se parte do valor das quotas aos sócios, ou dispensando-se as prestações ainda devidas, com diminuição proporcional, em ambos os casos, do valor nominal das quotas.

- V. art. 174, §§ 1º e 2º, Lei 6.404/1976 (Sociedades por ações).

§ 1º No prazo de 90 (noventa) dias, contado da data da publicação da ata da assembleia que aprovar a redução, o credor quirografário, por título líquido anterior a essa data, poderá opor-se ao deliberado.

§ 2º A redução somente se tornará eficaz se, no prazo estabelecido no parágrafo antecedente, não for impugnada, ou se provado o pagamento da dívida ou o depósito judicial do respectivo valor.

§ 3º Satisfeitas as condições estabelecidas no parágrafo antecedente, proceder-se-á à averbação, no Registro Público de Empresas Mercantis, da ata que tenha aprovado a redução.

- V. art. 968, § 2º, CC.

Seção VII
Da Resolução da Sociedade em Relação a Sócios Minoritários

Art. 1.085. Ressalvado o disposto no art. 1.030, quando a maioria dos sócios, representativa de mais da metade do capital social, entender que um ou mais sócios estão pondo em risco a continuidade da empresa, em virtude de atos de inegável gravidade, poderá excluí-los da sociedade, mediante alteração do contrato social, desde que prevista neste a exclusão por justa causa.

☛ **Parágrafo único.** Ressalvado o caso em que haja apenas dois sócios na sociedade, a exclusão de um sócio somente poderá ser determinada em reunião ou assembleia especialmente convocada para esse fim, ciente o acusado em tempo hábil para permitir seu comparecimento e o exercício do direito de defesa.

- Parágrafo único com redação determinada pela Lei 13.792/2019.
- V. arts. 1.028 a 1.032, CC.

Art. 1.086. Efetuado o registro da alteração contratual, aplicar-se-á o disposto nos arts. 1.031 e 1.032.

- V. art. 968, § 2º, CC.

Seção VIII
Da Dissolução

Art. 1.087. A sociedade dissolve-se, de pleno direito, por qualquer das causas previstas no art. 1.044.

- V. art. 1.033, CC.

Capítulo V
Da Sociedade Anônima

Seção Única
Da Caracterização

Art. 1.088. Na sociedade anônima ou companhia, o capital divide-se em ações, obrigando-se cada sócio ou acionista somente pelo preço de emissão das ações que subscrever ou adquirir.

- V. arts. 982, parágrafo único, e 1.160, CC.
- V. art. 1º, Lei 6.404/1976 (Sociedades por ações).

Art. 1.089. A sociedade anônima rege-se por lei especial, aplicando-se-lhe, nos casos omissos, as disposições deste Código.

- V. arts. 206, §§ 1º, IV, e 3º, VII, 1.053, parágrafo único, 1.126, parágrafo único, 1.128, 1.129, 1.132, 1.134, 1.160 e 1.187, parágrafo único, II, CC.
- V. arts. 59 a 73, Dec.-lei 2.627/1940 (Sociedades por ações).
- V. Lei 6.404/1976 (Sociedades por ações).

Capítulo VI
Da Sociedade em Comandita por Ações

Art. 1.090. A sociedade em comandita por ações tem o capital dividido em ações, regendo-se pelas normas relativas à sociedade anônima, sem prejuízo das modificações constantes deste Capítulo, e opera sob firma ou denominação.

- V. arts. 982, parágrafo único, 1.045 a 1.051, 1.088, 1.089 e 1.161, CC.
- V. arts. 280 a 284, Lei 6.404/1976 (Sociedades por ações).

Art. 1.091. Somente o acionista tem qualidade para administrar a sociedade e, como diretor, responde subsidiária e ilimitadamente pelas obrigações da sociedade.

- V. arts. 275 a 285, CC.
- V. art. 282, Lei 6.404/1976 (Sociedades por ações).

§ 1º Se houver mais de um diretor, serão solidariamente responsáveis, depois de esgotados os bens sociais.

- V. arts. 275 a 285, CC.

§ 2º Os diretores serão nomeados no ato constitutivo da sociedade, sem limitação de tempo, e somente poderão ser destituídos por deliberação de acionistas que representem no mínimo 2/3 (dois terços) do capital social.

§ 3º O diretor destituído ou exonerado continua, durante 2 (dois) anos, responsável pelas obrigações sociais contraídas sob sua administração.

Art. 1.092. A assembleia geral não pode, sem o consentimento dos diretores, mudar o objeto essencial da sociedade, prorrogar-lhe o prazo de duração, aumentar ou diminuir o capital social, criar debêntures, ou partes beneficiárias.

- V. art. 283, Lei 6.404/1976 (Sociedades por ações).

Capítulo VII
Da Sociedade Cooperativa

Art. 1.093. A sociedade cooperativa reger-se-á pelo disposto no presente Capítulo, ressalvada a legislação especial.

- V. arts. 174, § 2º, 187, VI, e 192, CF.
- V. art. 1.159, CC.
- V. Lei 5.764/1971 (Define a Política Nacional de Cooperativismo e institui o regime jurídico das sociedades cooperativas).
- V. Lei 9.867/1999 (Cooperativas sociais).
- V. LC 130/2009 (Sistema Nacional de Crédito Cooperativo).

Art. 1.094. São características da sociedade cooperativa:

- V. art. 4º, Lei 5.764/1971 (Define a Política Nacional de Cooperativismo e institui o regime jurídico das sociedades cooperativas).

I – variabilidade, ou dispensa do capital social;

II – concurso de sócios em número mínimo necessário a compor a administração da sociedade, sem limitação de número máximo;

III – limitação do valor da soma de quotas do capital social que cada sócio poderá tomar;

IV – intransferibilidade das quotas do capital a terceiros estranhos à sociedade, ainda que por herança;

V – *quorum*, para a assembleia geral funcionar e deliberar, fundado no número de sócios presentes à reunião, e não no capital social representado;

VI – direito de cada sócio a um só voto nas deliberações, tenha ou não capital a sociedade, e qualquer que seja o valor de sua participação;

VII – distribuição dos resultados, proporcionalmente ao valor das operações efetuadas pelo sócio com a sociedade, podendo ser atribuído juro fixo ao capital realizado;

VIII – indivisibilidade do fundo de reserva entre os sócios, ainda que em caso de dissolução da sociedade.

Art. 1.095. Na sociedade cooperativa, a responsabilidade dos sócios pode ser limitada ou ilimitada.

§ 1º É limitada a responsabilidade na cooperativa em que o sócio responde somente pelo valor de suas quotas e pelo prejuízo verificado nas operações sociais, guardada a proporção de sua participação nas mesmas operações.

- V. art. 11, Lei 5.764/1971 (Define a Política Nacional de Cooperativismo e institui o regime jurídico das sociedades cooperativas).

§ 2º É ilimitada a responsabilidade na cooperativa em que o sócio responde solidária e ilimitadamente pelas obrigações sociais.

- V. art. 12, Lei 5.764/1971 (Define a Política Nacional de Cooperativismo e institui o regime jurídico das sociedades cooperativas).

Art. 1.096. No que a lei for omissa, aplicam-se as disposições referentes à sociedade simples, resguardadas as características estabelecidas no art. 1.094.

- V. arts. 997 a 1.038, CC.

Capítulo VIII
Das Sociedades Coligadas

Art. 1.097. Consideram-se coligadas as sociedades que, em suas relações de capital, são controladas, filiadas, ou de simples participação, na forma dos artigos seguintes.

- V. art. 1.188, parágrafo único, CC.
- V. arts. 243 a 264, Lei 6.404/1976 (Sociedades por ações).

Art. 1.098. É controlada:

- V. art. 243, § 2º, Lei 6.404/1976 (Sociedades por ações).

I – a sociedade de cujo capital outra sociedade possua a maioria dos votos nas deliberações dos quotistas ou da assembleia geral e o poder de eleger a maioria dos administradores;

II – a sociedade cujo controle, referido no inciso antecedente, esteja em poder de outra, mediante ações ou quotas possuídas por sociedades ou sociedades por esta já controladas.

Art. 1.099. Diz-se coligada ou filiada a sociedade de cujo capital outra sociedade participa com 10% (dez por cento) ou mais, do capital da outra, sem controlá-la.

- V. art. 243, § 1º, Lei 6.404/1976 (Sociedades por ações).

Art. 1.100. É de simples participação a sociedade de cujo capital outra sociedade possua menos de 10% (dez por cento) do capital com direito de voto.

- V. art. 243, § 1º, Lei 6.404/1976 (Sociedades por ações).

Art. 1.101. Salvo disposição especial de lei, a sociedade não pode participar de outra, que seja sua sócia, por montante superior, segundo o balanço, ao das próprias reservas, excluída a reserva legal.

- V. art. 244, §§ 1º, 2º, 4º e 5º, Lei 6.404/1976 (Sociedades por ações).

Parágrafo único. Aprovado o balanço em que se verifique ter sido excedido esse limite, a sociedade não poderá exercer o direito de voto correspondente às ações ou quotas em excesso, as quais devem ser alienadas nos 180 (cento e oitenta) dias seguintes àquela aprovação.

Capítulo IX
Da Liquidação da Sociedade

Art. 1.102. Dissolvida a sociedade e nomeado o liquidante na forma do disposto neste Livro, procede-se à sua liquidação, de conformidade com os preceitos deste Capítulo, ressalvado o disposto no ato constitutivo ou no instrumento da dissolução.

- V. arts. 1.033 a 1.038 e 2.034, CC.
- V. arts. 208 e 209, Lei 6.404/1976 (Sociedades por ações).

Parágrafo único. O liquidante, que não seja administrador da sociedade, investir-se-á nas funções, averbada a sua nomeação no registro próprio.

- V. art. 968, § 2º, CC.

Art. 1.103. Constituem deveres do liquidante:

- V. art. 22, Lei 11.101/2005 (Lei de Recuperação de Empresas e Falência).
- V. arts. 210 a 212, Lei 6.404/1976 (Sociedades por ações).

I – averbar e publicar a ata, sentença ou instrumento de dissolução da sociedade;

II – arrecadar os bens, livros e documentos da sociedade, onde quer que estejam;

III – proceder, nos 15 (quinze) dias seguintes ao da sua investidura e com a assistência, sempre que possível, dos administradores, à elaboração do inventário e do balanço geral do ativo e do passivo;

IV – ultimar os negócios da sociedade, realizar o ativo, pagar o passivo e partilhar o remanescente entre os sócios ou acionistas;

V – exigir dos quotistas, quando insuficiente o ativo à solução do passivo, a integralização de suas quotas e, se for o caso, as quantias necessárias, nos limites da responsabilidade de cada um e proporcionalmente à respectiva participação nas perdas, repartindo-se, entre os sócios solventes e na mesma proporção, o devido pelo insolvente;

VI – convocar assembleia dos quotistas, cada 6 (seis) meses, para apresentar relatório e balanço do estado da liquidação, prestando conta dos atos praticados durante o semestre, ou sempre que necessário;

VII – confessar a falência da sociedade e pedir concordata, de acordo com as formalidades prescritas para o tipo de sociedade liquidanda;

- V. art. 97, Lei 11.101/2005 (Lei de Recuperação de Empresas e Falência).

VIII – finda a liquidação, apresentar aos sócios o relatório da liquidação e as suas contas finais;

IX – averbar a ata da reunião ou da assembleia, ou o instrumento firmado pelos sócios, que considerar encerrada a liquidação.

Parágrafo único. Em todos os atos, documentos ou publicações, o liquidante empregará a firma ou denominação social sempre seguida da cláusula "em liquidação" e de sua assinatura individual, com a declaração de sua qualidade.

Art. 1.104. As obrigações e a responsabilidade do liquidante regem-se pelos preceitos peculiares às dos administradores da sociedade liquidanda.

- V. arts. 1.010 a 1.021, CC.
- V. art. 217, Lei 6.404/1976 (Sociedades por ações).

Art. 1.105. Compete ao liquidante representar a sociedade e praticar todos os atos necessários à sua liquidação, inclusive alienar bens móveis ou imóveis, transigir, receber e dar quitação.

- V. art. 211, Lei 6.404/1976 (Sociedades por ações).

Parágrafo único. Sem estar expressamente autorizado pelo contrato social, ou pelo voto da maioria dos sócios, não pode o liquidante gravar de ônus reais os móveis e imóveis, contrair empréstimos, salvo quando indispensáveis ao pagamento de obrigações inadiáveis, nem prosseguir, embora para facilitar a liquidação, na atividade social.

Art. 1.106. Respeitados os direitos dos credores preferenciais, pagará o liquidante as dívidas sociais proporcionalmente, sem distinção entre vencidas e vincendas, mas, em relação a estas, com desconto.

- V. arts. 955 a 965, CC.
- V. art. 214, Lei 6.404/1976 (Sociedades por ações).

Parágrafo único. Se o ativo for superior ao passivo, pode o liquidante, sob sua responsabilidade pessoal, pagar integralmente as dívidas vencidas.

Art. 1.107. Os sócios podem resolver, por maioria de votos, antes de ultimada a liquidação, mas depois de pagos os credores, que o liquidante faça rateios por antecipação da partilha, à medida em que se apurem os haveres sociais.

- V. art. 215, *caput*, Lei 6.404/1976 (Sociedades por ações).

Art. 1.108. Pago o passivo e partilhado o remanescente, convocará o liquidante assembleia dos sócios para a prestação final de contas.

- V. art. 216, *caput*, Lei 6.404/1976 (Sociedades por ações).

Art. 1.109. Aprovadas as contas, encerra-se a liquidação, e a sociedade se extingue, ao ser averbada no registro próprio a ata da assembleia.

- V. art. 216, § 1º, Lei 6.404/1976 (Sociedades por ações).

Parágrafo único. O dissidente tem o prazo de 30 (trinta) dias, a contar da publicação da ata, devidamente averbada, para promover a ação que couber.

- V. art. 216, § 2º, Lei 6.404/1976 (Sociedades por ações).

Art. 1.110. Encerrada a liquidação, o credor não satisfeito só terá direito a exigir dos sócios, individualmente, o pagamento do seu crédito, até o limite da soma por eles recebida em partilha, e a propor contra o liquidante ação de perdas e danos.

- V. arts. 402 a 405, CC.
- V. art. 218, Lei 6.404/1976 (Sociedades por ações).

Art. 1.111. No caso de liquidação judicial, será observado o disposto na lei processual.

- V. art. 209, parágrafo único, Lei 6.404/1976 (Sociedades por ações).

Art. 1.112. No curso de liquidação judicial, o juiz convocará, se necessário, reunião ou assembleia para deliberar sobre os interesses da liquidação, e as presidirá, resolvendo sumariamente as questões suscitadas.

- V. art. 213, § 2º, Lei 6.404/1976 (Sociedades por ações).

Parágrafo único. As atas das assembleias serão, em cópia autêntica, apensadas ao processo judicial.

Capítulo X
Da Transformação, da Incorporação, da Fusão e da Cisão das Sociedades

- V. art. 50, II, Lei 11.101/2005 (Lei de Recuperação de Empresas e Falência).

Art. 1.113. O ato de transformação independe de dissolução ou liquidação da sociedade, e obedecerá aos preceitos reguladores da constituição e inscrição próprios do tipo em que vai converter-se.

- V. arts. 968, § 2º, e 2.033, CC.
- V. art. 220, Lei 6.404/1976 (Sociedades por ações).

Art. 1.114. A transformação depende do consentimento de todos os sócios, salvo se prevista no ato constitutivo, caso em que o dissidente poderá retirar-se da sociedade, aplicando-se, no silêncio do estatuto ou do contrato social, o disposto no art. 1.031.

- V. art. 221, *caput*, Lei 6.404/1976 (Sociedades por ações).

Art. 1.115. A transformação não modificará nem prejudicará, em qualquer caso, os direitos dos credores.

- V. art. 222, *caput*, Lei 6.404/1976 (Sociedades por ações).

Parágrafo único. A falência da sociedade transformada somente produzirá efeitos em relação aos sócios que, no tipo anterior, a eles estariam sujeitos, se o pedirem os titulares de créditos anteriores à transformação, e somente a estes beneficiará.

- V. art. 222, parágrafo único, Lei 6.404/1976 (Sociedades por ações).

Art. 1.116. Na incorporação, uma ou várias sociedades são absorvidas por outra, que lhes sucede em todos os direitos e obrigações, devendo todas aprová-la, na forma estabelecida para os respectivos tipos.

- V. arts. 223, § 1º, e 227, *caput*, Lei 6.404/1976 (Sociedades por ações).

Art. 1.117. A deliberação dos sócios da sociedade incorporada deverá aprovar as bases da operação e o projeto de reforma do ato constitutivo.

- V. art. 227, §§ 1º e 2º, Lei 6.404/1976 (Sociedades por ações).

§ 1º A sociedade que houver de ser incorporada tomará conhecimento desse ato, e, se o aprovar, autorizará os administradores a praticar o necessário à incorporação, inclusive a subscrição em bens pelo valor da diferença que se verificar entre o ativo e o passivo.

§ 2º A deliberação dos sócios da sociedade incorporadora compreenderá a nomeação dos peritos para a avaliação do patrimônio líquido da sociedade, que tenha de ser incorporada.

Art. 1.118. Aprovados os atos da incorporação, a incorporadora declarará extinta a incorporada, e promoverá a respectiva averbação no registro próprio.

- V. art. 227, § 3º, Lei 6.404/1976 (Sociedades por ações).

Art. 1.119. A fusão determina a extinção das sociedades que se unem, para formar sociedade nova, que a elas sucederá nos direitos e obrigações.

- V. art. 228, *caput*, Lei 6.404/1976 (Sociedades por ações).

Art. 1.120. A fusão será decidida, na forma estabelecida para os respectivos tipos, pelas sociedades que pretendam unir-se.

- V. arts. 223, § 1º, e 228, §§ 1º e 2º, Lei 6.404/1976 (Sociedades por ações).

§ 1º Em reunião ou assembleia dos sócios de cada sociedade, deliberada a fusão e aprovado o projeto do ato constitutivo da nova sociedade, bem como o plano de distribuição do capital social, serão nomeados os peritos para a avaliação do patrimônio da sociedade.

§ 2º Apresentados os laudos, os administradores convocarão reunião ou assembleia dos sócios para tomar conhecimento deles, decidindo sobre a constituição definitiva da nova sociedade.

§ 3º É vedado aos sócios votar o laudo de avaliação do patrimônio da sociedade de que façam parte.

- V. art. 1.074, § 2º, CC.

Art. 1.121. Constituída a nova sociedade, aos administradores incumbe fazer inscrever, no registro próprio da sede, os atos relativos à fusão.

- V. art. 968, § 2º, CC.
- V. art. 228, § 3º, Lei 6.404/1976 (Sociedades por ações).

Art. 1.122. Até 90 (noventa) dias após publicados os atos relativos à incorporação, fusão ou cisão, o credor anterior, por ela prejudicado, poderá promover judicialmente a anulação deles.

- V. art. 232, Lei 6.404/1976 (Sociedades por ações).

§ 1º A consignação em pagamento prejudicará a anulação pleiteada.

§ 2º Sendo ilíquida a dívida, a sociedade poderá garantir-lhe a execução, suspendendo-se o processo de anulação.

§ 3º Ocorrendo, no prazo deste artigo, a falência da sociedade incorporadora, da sociedade nova ou da cindida, qualquer credor anterior terá direito a pedir a separação dos patrimônios, para o fim de serem os créditos pagos pelos bens das respectivas massas.

Capítulo XI
Da Sociedade Dependente de Autorização

Seção I
Disposições Gerais

Art. 1.123. A sociedade que dependa de autorização do Poder Executivo para funcionar reger-se-á por este título, sem prejuízo do disposto em lei especial.

- V. arts. 45, 1.033, V, 1.125 e 1.133, CC.

Parágrafo único. A competência para a autorização será sempre do Poder Executivo federal.

- V. Dec. 24.643/1934 (Código de Águas).
- V. Dec.-lei 2.980/1941 (Serviço de loterias).
- V. art. 18, *a*, Lei 4.594/1964 (Corretor de seguros).
- V. Dec.-lei 73/1966 (Sistema Nacional de Seguros Privados).
- V. Dec.-lei 227/1967 (Código de Mineração).

Art. 1.124. Na falta de prazo estipulado em lei ou em ato do poder público, será considerada caduca a autorização se a sociedade não entrar em funcionamento nos 12 (doze) meses seguintes à respectiva publicação.

Art. 1.125. Ao Poder Executivo é facultado, a qualquer tempo, cassar a autorização concedida a sociedade nacional ou estrangeira que infringir disposição de ordem pública ou praticar atos contrários aos fins declarados no seu estatuto.

Seção II
Da Sociedade Nacional

Art. 1.126. É nacional a sociedade organizada de conformidade com a lei brasileira e que tenha no País a sede de sua administração.

- V. art. 75, *caput*, IV e § 2º, CC.

Parágrafo único. Quando a lei exigir que todos ou alguns sócios sejam brasileiros, as ações da sociedade anônima revestirão, no silêncio da lei, a forma nominativa. Qualquer que seja o tipo da sociedade, na sua sede ficará arquivada cópia autêntica do documento comprobatório da nacionalidade dos sócios.

- V. arts. 176, § 1º, e 222, CF.
- V. art. 1.089, CC.
- V. Dec. 2.617/1998 (Composição do capital de empresas de telecomunicação).

Art. 1.127. Não haverá mudança de nacionalidade de sociedade brasileira sem o consentimento unânime dos sócios ou acionistas.

Art. 1.128. O requerimento de autorização de sociedade nacional deve ser acompanhado de cópia do contrato, assinada por todos os sócios, ou, tratando-se de sociedade anônima, de cópia, autenticada pelos fundadores, dos documentos exigidos pela lei especial.

- V. arts. 1.089 e 1.131, CC.

Parágrafo único. Se a sociedade tiver sido constituída por escritura pública, bastará juntar-se ao requerimento a respectiva certidão.

Art. 1.129. Ao Poder Executivo é facultado exigir que se procedam a alterações ou aditamento no contrato ou no estatuto, devendo os sócios, ou, tratando-se de sociedade anônima, os fundadores, cumprir as formalidades legais para revisão dos atos constitutivos, e juntar ao processo prova regular.

- V. arts. 1.089 e 1.131, CC.

Art. 1.130. Ao Poder Executivo é facultado recusar a autorização, se a sociedade não atender às condições econômicas, financeiras ou jurídicas especificadas em lei.

Art. 1.131. Expedido o decreto de autorização, cumprirá à sociedade publicar os atos referidos nos arts. 1.128 e 1.129, em 30 (trinta) dias, no órgão oficial da União, cujo exemplar representará prova para inscrição, no registro próprio, dos atos constitutivos da sociedade.

- V. arts. 968, § 2º, e 1.135, parágrafo único, CC.

Parágrafo único. A sociedade promoverá, também no órgão oficial da União e no prazo de 30 (trinta) dias, a publicação do termo de inscrição.

- V. art. 1.136, § 3º, CC.

Art. 1.132. As sociedades anônimas nacionais, que dependam de autorização do Poder Executivo para funcionar, não se constituirão sem obtê-la, quando seus fundadores pretenderem recorrer a subscrição pública para a formação do capital.

- V. art. 1.089, CC.

§ 1º Os fundadores deverão juntar ao requerimento cópias autênticas do projeto do estatuto e do prospecto.

§ 2º Obtida a autorização e constituída a sociedade, proceder-se-á à inscrição dos seus atos constitutivos.

Art. 1.133. Dependem de aprovação as modificações do contrato ou do estatuto de sociedade sujeita a autorização do Poder Executivo, salvo se decorrerem de aumento do capital social, em virtude de utilização de reservas ou reavaliação do ativo.

Seção III
Da Sociedade Estrangeira

Art. 1.134. A sociedade estrangeira, qualquer que seja o seu objeto, não pode, sem autorização do Poder Executivo, funcionar no País, ainda que por estabelecimentos subordinados, podendo, todavia, ressalvados os casos expressos em lei, ser acionista de sociedade anônima brasileira.

- V. arts. 1.089 e 1.141, CC.
- V. art. 11, § 1º, Dec.-lei 4.657/1942 (Lei de Introdução às normas do Direito Brasileiro).
- V. Dec. 92.319/1986 (Funcionamento de empresas estrangeiras de transporte aéreo).

§ 1º Ao requerimento de autorização devem juntar-se:

- V. art. 1.135, parágrafo único, CC.

I – prova de se achar a sociedade constituída conforme a lei de seu país;

II – inteiro teor do contrato ou do estatuto;

III – relação dos membros de todos os órgãos da administração da sociedade, com nome, nacionalidade, profissão, domicílio e, salvo quanto a ações ao portador, o valor da participação de cada um no capital da sociedade;

IV – cópia do ato que autorizou o funcionamento no Brasil e fixou o capital destinado às operações no território nacional;

V – prova de nomeação do representante no Brasil, com poderes expressos para aceitar as condições exigidas para a autorização;

VI – último balanço.

§ 2º Os documentos serão autenticados, de conformidade com a lei nacional da sociedade requerente, legalizados no consulado brasileiro da respectiva sede e acompanhados de tradução em vernáculo.

Art. 1.135. É facultado ao Poder Executivo, para conceder a autorização, estabelecer condições convenientes à defesa dos interesses nacionais.

Parágrafo único. Aceitas as condições, expedirá o Poder Executivo decreto de autorização, do qual constará o montante de capital destinado às operações no País, cabendo à sociedade promover a publicação dos atos referidos no art. 1.131 e no § 1º do art. 1.134.

- V. arts. 1.128 e 1.129, CC.

Art. 1.136. A sociedade autorizada não pode iniciar sua atividade antes de inscrita no registro próprio do lugar em que se deva estabelecer.

- V. art. 968, § 2º, CC.

§ 1º O requerimento de inscrição será instruído com exemplar da publicação exigida no parágrafo único do artigo antecedente, acompanhado de documento do depósito em dinheiro, em estabelecimento bancário oficial, do capital ali mencionado.

§ 2º Arquivados esses documentos, a inscrição será feita por termo em livro especial para as sociedades estrangeiras, com número de ordem contínuo para todas as sociedades inscritas; no termo constarão:

I – nome, objeto, duração e sede da sociedade no estrangeiro;

II – lugar da sucursal, filial ou agência, no País;

III – data e número do decreto de autorização;

IV – capital destinado às operações no País;

V – individuação do seu representante permanente.

§ 3º Inscrita a sociedade, promover-se-á a publicação determinada no parágrafo único do art. 1.131.

Art. 1.137. A sociedade estrangeira autorizada a funcionar ficará sujeita às leis e aos tribunais brasileiros, quanto aos atos ou operações praticados no Brasil.

- V. arts. 21, 23 e 24, CPC/2015.
- V. art. 12, Dec.-lei 4.657/1942 (Lei de Introdução às normas do Direito Brasileiro).

Parágrafo único. A sociedade estrangeira funcionará no território nacional com o nome que tiver em seu país de origem, podendo acrescentar as palavras "do Brasil" ou "para o Brasil".

Art. 1.138. A sociedade estrangeira autorizada a funcionar é obrigada a ter, permanentemente, representante no Brasil, com poderes para resolver quaisquer questões e receber citação judicial pela sociedade.

- V. arts. 21, parágrafo único e 75, § 3º, CPC/2015.

Parágrafo único. O representante somente pode agir perante terceiros depois de arquivado e averbado o instrumento de sua nomeação.

- V. art. 968, § 2º, CC.

Art. 1.139. Qualquer modificação no contrato ou no estatuto dependerá da aprovação do Poder Executivo, para produzir efeitos no território nacional.

Art. 1.140. A sociedade estrangeira deve, sob pena de lhe ser cassada a autorização, reproduzir no órgão oficial da União, e do Estado, se for o caso, as publicações que, segundo a sua lei nacional, seja obrigada a fazer relativamente ao balanço patrimonial e ao de resultado econômico, bem como aos atos de sua administração.

- V. arts. 1.020, 1.065, 1.078, I e § 3º, 1.179, 1.188 e 1.189, CC.

Parágrafo único. Sob pena, também, de lhe ser cassada a autorização, a sociedade estrangeira deverá publicar o balanço patrimonial e o de resultado econômico das sucursais, filiais ou agências existentes no País.

Art. 1.141. Mediante autorização do Poder Executivo, a sociedade estrangeira admitida a funcionar no País pode nacionalizar-se, transferindo sua sede para o Brasil.

§ 1º Para o fim previsto neste artigo, deverá a sociedade, por seus representantes, oferecer, com o requerimento, os documentos exigidos no art. 1.134, e ainda a prova da realização do capital,

Códigos

pela forma declarada no contrato, ou no estatuto, e do ato em que foi deliberada a nacionalização.

§ 2º O Poder Executivo poderá impor as condições que julgar convenientes à defesa dos interesses nacionais.

§ 3º Aceitas as condições pelo representante, proceder-se-á, após a expedição do decreto de autorização, à inscrição da sociedade e publicação do respectivo termo.

- V. art. 968, § 2º, CC.

TÍTULO III
Do Estabelecimento

Capítulo Único
Disposições Gerais

- V. art. 50, VII, Lei 11.101/2005 (Lei de Recuperação de Empresas e Falência).

Art. 1.142. Considera-se estabelecimento todo complexo de bens organizado, para exercício da empresa, por empresário, ou por sociedade empresária.

- V. art. 90, CC.
- V. art. 109, Lei 11.101/2005 (Lei de Recuperação de Empresas e Falência).
- V. Súmula 451, STJ.

Art. 1.143. Pode o estabelecimento ser objeto unitário de direitos e de negócios jurídicos, translativos ou constitutivos, que sejam compatíveis com a sua natureza.

- V. arts. 90, parágrafo único, e 1.164, parágrafo único, CC.

Art. 1.144. O contrato que tenha por objeto a alienação, o usufruto ou arrendamento do estabelecimento, só produzirá efeitos quanto a terceiros depois de averbado à margem da inscrição do empresário, ou da sociedade empresária, no Registro Público de Empresas Mercantis, e de publicado na imprensa oficial.

- V. art. 968, § 2º, CC.

Art. 1.145. Se ao alienante não restarem bens suficientes para solver o seu passivo, a eficácia da alienação do estabelecimento depende do pagamento de todos os credores, ou do consentimento destes, de modo expresso ou tácito, em 30 (trinta) dias a partir de sua notificação.

- V. arts. 66, 94, III, *c*, e 129, VI, Lei 11.101/2005 (Lei de Recuperação de Empresas e Falência).

Art. 1.146. O adquirente do estabelecimento responde pelo pagamento dos débitos anteriores à transferência, desde que regularmente contabilizados, continuando o devedor primitivo solidariamente obrigado pelo prazo de 1 (um) ano, a partir, quanto aos créditos vencidos, da publicação, e, quanto aos outros, da data do vencimento.

- V. arts. 275 a 285, CC.
- V. art. 448, CLT.
- V. art. 133, CTN.

Art. 1.147. Não havendo autorização expressa, o alienante do estabelecimento não pode fazer concorrência ao adquirente, nos 5 (cinco) anos subsequentes à transferência.

Parágrafo único. No caso de arrendamento ou usufruto do estabelecimento, a proibição prevista neste artigo persistirá durante o prazo do contrato.

- V. art. 448, CLT.

Art. 1.148. Salvo disposição em contrário, a transferência importa a sub-rogação do adquirente nos contratos estipulados para exploração do estabelecimento, se não tiverem caráter pessoal, podendo os terceiros rescindir o contrato em 90 (noventa) dias a contar da publicação da transferência, se ocorrer justa causa, ressalvada, neste caso, a responsabilidade do alienante.

- V. art. 448, CLT.

Art. 1.149. A cessão dos créditos referentes ao estabelecimento transferido produzirá efeito em relação aos respectivos devedores, desde o momento da publicação da transferência, mas o devedor ficará exonerado se de boa-fé pagar ao cedente.

- V. arts. 286 a 298, CC.

TÍTULO IV
Dos Institutos Complementares

Capítulo I
Do Registro

Art. 1.150. O empresário e a sociedade empresária vinculam-se ao Registro Público de Empresas Mercantis a cargo das Juntas Comerciais, e a sociedade simples ao Registro Civil das Pessoas Jurídicas, o qual deverá obedecer às normas fixadas para aquele registro, se a sociedade simples adotar um dos tipos de sociedade empresária.

- V. arts. 45, 966 a 971, 976, 979, 980, 982 a 985, 998, 1.000, 1.075, § 2º, 1.083, 1.084, § 3º, 1.144, 1.174 e 1.181, CC.
- V. art. 75, § 2º, CPC/2015.
- V. Dec. 1.102/1903 (Armazéns gerais).
- V. Dec.-lei 9.085/1946 (Registro civil das pessoas jurídicas).
- V. arts. 1º, § 1º, II, e 114 a 121, Lei 6.015/1973 (Lei de Registros Públicos).
- V. Lei 6.385/1976 (Mercado de valores mobiliários e criação da Comissão de Valores Mobiliários).
- V. arts. 95 a 97, Lei 6.404/1976 (Sociedades por ações).
- V. Lei 8.934/1994 (Registro público de empresas mercantis e atividades afins).
- V. arts. 15 a 17, Lei 8.906/1994 (Estatuto da Advocacia e da OAB).
- V. Dec. 1.800/1996 (Regulamenta a Lei 8.934/1994).

Art. 1.151. O registro dos atos sujeitos à formalidade exigida no artigo antecedente será requerido pela pessoa obrigada em lei, e, no caso de omissão ou demora, pelo sócio ou qualquer interessado.

§ 1º Os documentos necessários ao registro deverão ser apresentados no prazo de 30 (trinta) dias, contado da lavratura dos atos respectivos.

§ 2º Requerido além do prazo previsto neste artigo, o registro somente produzirá efeito a partir da data de sua concessão.

§ 3º As pessoas obrigadas a requerer o registro responderão por perdas e danos, em caso de omissão ou demora.

- V. arts. 402 a 405, CC.
- V. art. 99, Lei 6.404/1976 (Sociedades por ações).

Art. 1.152. Cabe ao órgão incumbido do registro verificar a regularidade das publicações determinadas em lei, de acordo com o disposto nos parágrafos deste artigo.

§ 1º Salvo exceção expressa, as publicações ordenadas neste Livro serão feitas no órgão oficial da União ou do Estado, conforme o local da sede do empresário ou da sociedade, e em jornal de grande circulação.

- V. art. 98, Lei 6.404/1976 (Sociedades por ações).

§ 2º As publicações das sociedades estrangeiras serão feitas nos órgãos oficiais da União e do Estado onde tiverem sucursais, filiais ou agências.

§ 3º O anúncio de convocação da assembleia de sócios será publicado por três vezes, ao menos, devendo mediar, entre a data da primeira inserção e a da realização da assembleia, o prazo mínimo de 8 (oito) dias, para a primeira convocação, e de 5 (cinco) dias, para as posteriores.

- V. art. 1.072, § 2º, CC.
- V. art. 124, *caput* e § 1º, Lei 6.404/1976 (Sociedades por ações).

Art. 1.153. Cumpre à autoridade competente, antes de efetivar o registro, verificar a autenticidade e a legitimidade do signatário do requerimento, bem como fiscalizar a observância das prescrições legais concernentes ao ato ou aos documentos apresentados.

- V. art. 40, Lei 8.934/1994 (Registro público de empresas mercantis e atividades afins).

Parágrafo único. Das irregularidades encontradas deve ser notificado o requerente, que, se for o caso, poderá saná-las, obedecendo às formalidades da lei.

- V. art. 40, §§ 2º e 3º, Lei 8.934/1994 (Registro público de empresas mercantis e atividades afins).

Art. 1.154. O ato sujeito a registro, ressalvadas disposições especiais da lei, não pode, antes do cumprimento das respectivas formalidades, ser oposto a terceiro, salvo prova de que este o conhecia.

Parágrafo único. O terceiro não pode alegar ignorância, desde que cumpridas as referidas formalidades.

- V. art. 1.015, parágrafo único, I e II, CC.

Capítulo II
Do Nome Empresarial

Art. 1.155. Considera-se nome empresarial a firma ou a denominação adotada, de conformidade com este Capítulo, para o exercício de empresa.

- V. art. 61, Dec. 1.800/1996 (Regulamenta a Lei 8.934/1994).

Parágrafo único. Equipara-se ao nome empresarial, para os efeitos da proteção da lei, a denominação das sociedades simples, associações e fundações.

Art. 1.156. O empresário opera sob firma constituída por seu nome, completo ou abreviado, aditando-lhe, se quiser, designação mais precisa da sua pessoa ou do gênero de atividade.

- V. art. 966, CC.
- V. art. 62, Dec. 1.800/1996 (Regulamenta a Lei 8.934/1994).

Art. 1.157. A sociedade em que houver sócios de responsabilidade ilimitada operará sob firma, na qual somente os nomes daqueles poderão figurar, bastando para formá-la aditar ao nome de um deles a expressão "e companhia" ou sua abreviatura.

- V. arts. 1.041 e 1.047, CC.

Parágrafo único. Ficam solidária e ilimitadamente responsáveis pelas obrigações contraídas sob a firma social aqueles que, por seus nomes, figurarem na firma da sociedade de que trata este artigo.

- V. arts. 264 a 266 e 275 a 285, CC.

Art. 1.158. Pode a sociedade limitada adotar firma ou denominação, integradas pela palavra final "limitada" ou a sua abreviatura.

- V. arts. 1.054 e 1.064, CC.
- V. art. 3º, Dec. 3.708/1919 (Sociedades por quotas de responsabilidade limitada).

§ 1º A firma será composta com o nome de um ou mais sócios, desde que pessoas físicas, de modo indicativo da relação social.

§ 2º A denominação deve designar o objeto da sociedade, sendo permitido nela figurar o nome de um ou mais sócios.

§ 3º A omissão da palavra "limitada" determina a responsabilidade solidária e ilimitada dos administradores que assim empregarem a firma ou a denominação da sociedade.

- V. arts. 275 a 285 e 1.052, CC.

Art. 1.159. A sociedade cooperativa funciona sob denominação integrada pelo vocábulo "cooperativa".

- V. arts. 1.093 a 1.096, CC.
- V. art. 5º, Lei 5.764/1971 (Sociedades cooperativas).

Art. 1.160. A sociedade anônima opera sob denominação designativa do objeto social, integrada pelas expressões "sociedade anônima" ou "companhia", por extenso ou abreviadamente.

- V. arts. 1.088 e 1.089, CC.
- V. art. 3º, Lei 6.404/1976 (Sociedades por ações).

Parágrafo único. Pode constar da denominação o nome do fundador, acionista, ou pessoa que haja concorrido para o bom êxito da formação da empresa.

Art. 1.161. A sociedade em comandita por ações pode, em lugar de firma, adotar denominação designativa do objeto social, aditada da expressão "comandita por ações".

- V. arts. 1.090 a 1.092, CC.
- V. art. 281, parágrafo único, Lei 6.404/1976 (Sociedades por ações).

Art. 1.162. A sociedade em conta de participação não pode ter firma ou denominação.

- V. arts. 991 a 996, CC.

Art. 1.163. O nome de empresário deve distinguir-se de qualquer outro já inscrito no mesmo registro.

- V. art. 981, I, CC.
- V. art. 35, V, Lei 8.934/1994 (Registro público de empresas mercantis e atividades afins).
- V. art. 62, § 2º, Dec. 1.800/1996 (Regulamenta a Lei 8.934/1994).

Parágrafo único. Se o empresário tiver nome idêntico ao de outros já inscritos, deverá acrescentar designação que o distinga.

- V. art. 3º, § 2º, Lei 6.404/1976 (Sociedades por ações).

Art. 1.164. O nome empresarial não pode ser objeto de alienação.

- V. art. 1.143, CC.

Parágrafo único. O adquirente de estabelecimento, por ato entre vivos, pode, se o contrato o permitir, usar o nome do alienante, precedido do seu próprio, com a qualificação de sucessor.

Art. 1.165. O nome de sócio que vier a falecer, for excluído ou se retirar, não pode ser conservado na firma social.

- V. art. 62, Dec. 1.800/1996 (Regulamenta a Lei 8.934/1994).

Art. 1.166. A inscrição do empresário, ou dos atos constitutivos das pessoas jurídicas, ou as respectivas averbações, no registro próprio, asseguram o uso exclusivo do nome nos limites do respectivo Estado.

- V. art. 5º, XXIX, CF.
- V. art. 195, V, Lei 9.279/1996 (Propriedade industrial).

Parágrafo único. O uso previsto neste artigo estender-se-á a todo o território nacional, se registrado na forma da lei especial.

- V. art. 61, § 2º, Dec. 1.800/1996 (Regulamenta a Lei 8.934/1994).

Art. 1.167. Cabe ao prejudicado, a qualquer tempo, ação para anular a inscrição do nome empresarial feita com violação da lei ou do contrato.

Art. 1.168. A inscrição do nome empresarial será cancelada, a requerimento de qualquer interessado, quando cessar o exercício da atividade para que foi adotado, ou quando ultimar-se a liquidação da sociedade que o inscreveu.

Capítulo III
Dos Prepostos

- V. art. 168, § 3º, Lei 11.101/2005 (Lei de Recuperação de Empresas e Falência).

Seção I
Disposições Gerais

Art. 1.169. O preposto não pode, sem autorização escrita, fazer-se substituir no desempenho da preposição, sob pena de responder pessoalmente pelos atos do substituto e pelas obrigações por ele contraídas.

Art. 1.170. O preposto, salvo autorização expressa, não pode negociar por conta própria ou de terceiro, nem participar, embora indiretamente, de operação do mesmo gênero da que lhe foi cometida, sob pena de responder por perdas e danos e de serem retidos pelo preponente os lucros da operação.

- V. arts. 402 a 405, CC.

Art. 1.171. Considera-se perfeita a entrega de papéis, bens ou valores ao preposto, encarregado pelo preponente, se os recebeu sem protesto, salvo nos casos em que haja prazo para reclamação.

Seção II
Do Gerente

Art. 1.172. Considera-se gerente o preposto permanente no exercício da empresa, na sede desta, ou em sucursal, filial ou agência.

- V. arts. 1.169 a 1.171, CC.

Art. 1.173. Quando a lei não exigir poderes especiais, considera-se o gerente autorizado a praticar todos os atos necessários ao exercício dos poderes que lhe foram outorgados.

- V. art. 108, § 1º, Lei 11.101/2005 (Lei de Recuperação de Empresas e Falência).

Parágrafo único. Na falta de estipulação diversa, consideram-se solidários os poderes conferidos a dois ou mais gerentes.

Art. 1.174. As limitações contidas na outorga de poderes, para serem opostas a terceiros, dependem do arquivamento e averbação do instrumento no Registro Público de Empresas Mercantis, salvo se provado serem conhecidas da pessoa que tratou com o gerente.

- V. arts. 968, § 2º, 1.154 e 1.184, CC.

Parágrafo único. Para o mesmo efeito e com idêntica ressalva, deve a modificação ou revogação do mandato ser arquivada e averbada no Registro Público de Empresas Mercantis.

Art. 1.175. O preponente responde com o gerente pelos atos que este pratique em seu próprio nome, mas à conta daquele.

- V. arts. 275 a 285, 932, III, 933, 1.177 e 1.178, CC.
- V. art. 297, Lei 7.565/1986 (Código Brasileiro de Aeronáutica).
- V. art. 34, Lei 8.078/1990 (Código de Defesa do Consumidor).

Art. 1.176. O gerente pode estar em juízo em nome do preponente, pelas obrigações resultantes do exercício da sua função.

- V. arts. 334, *caput*, I, II e § 11, 357, *caput* e I a V, CPC/2015.
- V. art. 843, § 1º, CLT.
- V. art. 9º, § 4º, Lei 9.099/1995 (Juizados Especiais Cíveis e Criminais).

Seção III
Do Contabilista e Outros Auxiliares

Art. 1.177. Os assentos lançados nos livros ou fichas do preponente, por qualquer dos prepostos encarregados de sua escrituração, produzem, salvo se houver

Códigos

procedido de má-fé, os mesmos efeitos como se o fossem por aquele.

- V. arts. 226, 932, III, 933, 1.175 e 1.178, CC.
- V. Dec.-lei 9.295/1946 (Contador e guarda-livros).
- V. Dec.-lei 806/1969 (Atuário).
- V. Dec. 66.408/1970 (Regulamentação do exercício da profissão de atuário).

Parágrafo único. No exercício de suas funções, os prepostos são pessoalmente responsáveis, perante os preponentes, pelos atos culposos; e, perante terceiros, solidariamente com o preponente, pelos atos dolosos.

- V. arts. 275 a 285, CC.

Art. 1.178. Os preponentes são responsáveis pelos atos de quaisquer prepostos, praticados nos seus estabelecimentos e relativos à atividade da empresa, ainda que não autorizados por escrito.

- V. arts. 932, III, 933, 1.175 e 1.177, CC.

Parágrafo único. Quando tais atos forem praticados fora do estabelecimento, somente obrigarão o preponente nos limites dos poderes conferidos por escrito, cujo instrumento pode ser suprido pela certidão ou cópia autêntica do seu teor.

Capítulo IV
Da Escrituração

- V. arts. 51, § 1º, 105, V, 110, § 2º, I, e 178, Lei 11.101/2005 (Lei de Recuperação de Empresas e Falência).

Art. 1.179. O empresário e a sociedade empresária são obrigados a seguir um sistema de contabilidade, mecanizado ou não, com base na escrituração uniforme de seus livros, em correspondência com a documentação respectiva, e a levantar anualmente o balanço patrimonial e o de resultado econômico.

- V. arts. 1.020, 1.065, 1.069, III, 1.078, I e § 3º, 1.140 e 1.189, CC.
- V. art. 178, Lei 11.101/2005 (Lei de Recuperação de Empresas e Falência).
- V. art. 31, Lei 4.595/1964 (Política e instituições monetárias, bancárias e creditícias e criação do Conselho Monetário Nacional).
- V. Dec.-lei 305/1967 (Legalização dos livros de escrituração das operações mercantis).
- V. Dec.-lei 486/1969 (Escrituração de livros mercantis).
- V. Dec. 64.567/1969 (Regulamenta o Dec.-lei 486/1969).
- V. arts. 176 a 178, Lei 6.404/1976 (Sociedades por ações).
- V. art. 68, LC 123/2006 (Supersimples).

§ 1º Salvo o disposto no art. 1.180, o número e a espécie de livros ficam a critério dos interessados.

- V. arts. 31 e 32, Dec. 21.981/1932 (Leiloeiro).
- V. art. 19, Lei 5.474/1968 (Duplicata).
- V. arts. 100 a 105, Lei 6.404/1976 (Sociedades por ações).
- V. art. 32 e ss., Lei 8.934/1994 (Registro público de empresas mercantis e atividades afins).

§ 2º É dispensado das exigências deste artigo o pequeno empresário a que se refere o art. 970.

- V. LC 123/2006 (Supersimples).

Art. 1.180. Além dos demais livros exigidos por lei, é indispensável o Diário, que pode ser substituído por fichas no caso de escrituração mecanizada ou eletrônica.

- V. arts. 226, 1.184 e 1.185, CC.
- V. art. 7º, Dec. 1.102/1903 (Armazéns gerais).
- V. art. 31, Dec. 21.981/1932 (Regula a profissão de leiloeiro).
- V. art. 5º, § 3º, Dec.-lei 486/1969 (Escrituração de livros mercantis).
- V. art. 32 e ss., Lei 8.934/1994 (Registro público de empresas mercantis e atividades afins).
- V. Dec. 6.022/2007 (Sistema Público de Escrituração Digital – SPED).

Parágrafo único. A adoção de fichas não dispensa o uso de livro apropriado para o lançamento do balanço patrimonial e do de resultado econômico.

- V. art. 8º, Dec.-lei 486/1969 (Escrituração de livros mercantis).

Art. 1.181. Salvo disposição especial de lei, os livros obrigatórios e, se for o caso, as fichas, antes de postos em uso, devem ser autenticados no Registro Público de Empresas Mercantis.

Parágrafo único. A autenticação não se fará sem que esteja inscrito o empresário, ou a sociedade empresária, que poderá fazer autenticar livros não obrigatórios.

Art. 1.182. Sem prejuízo do disposto no art. 1.174, a escrituração ficará sob a responsabilidade de contabilista legalmente habilitado, salvo se nenhum houver na localidade.

- V. arts. 1.177 e 1.178, CC.
- V. art. 297, *caput* e § 2º, CP.

Art. 1.183. A escrituração será feita em idioma e moeda corrente nacionais e em forma contábil, por ordem cronológica de dia, mês e ano, sem intervalos em branco, nem entrelinhas, borrões, rasuras, emendas ou transportes para as margens.

- V. arts. 417 a 419, CPC/2015.
- V. arts. 1º e 2º, Dec.-lei 486/1969 (Escrituração de livros mercantis).

Parágrafo único. É permitido o uso de código de números ou de abreviaturas, que constem de livro próprio, regularmente autenticado.

Art. 1.184. No Diário serão lançadas, com individuação, clareza e caracterização do documento respectivo, dia a dia, por escrita direta ou reprodução, todas as operações relativas ao exercício da empresa.

- V. art. 5º, *caput*, Dec.-lei 486/1969 (Livros mercantis).

§ 1º Admite-se a escrituração resumida do Diário, com totais que não excedam o período de 30 (trinta) dias, relativamente a contas cujas operações sejam numerosas ou realizadas fora da sede do estabelecimento, desde que utilizados livros auxiliares regularmente autenticados, para registro individualizado, e conservados os documentos que permitam a sua perfeita verificação.

- V. art. 5º, § 3º, Dec.-lei 486/1969 (Livros mercantis).

§ 2º Serão lançados no Diário o balanço patrimonial e o de resultado econômico, devendo ambos ser assinados por técnico em Ciências Contábeis legalmente habilitado e pelo empresário ou sociedade empresária.

- V. arts. 1.177, 1.178 e 1.182, CC.

Art. 1.185. O empresário ou sociedade empresária que adotar o sistema de fichas de lançamentos poderá substituir o livro Diário pelo livro Balancetes Diários e Balanços, observadas as mesmas formalidades extrínsecas exigidas para aquele.

Art. 1.186. O livro Balancetes Diários e Balanços será escriturado de modo que registre:

- V. art. 176, Lei 6.404/1976 (Sociedades por ações).

I – a posição diária de cada uma das contas ou títulos contábeis, pelo respectivo saldo, em forma de balancetes diários;

II – o balanço patrimonial e o de resultado econômico, no encerramento do exercício.

- V. art. 178, Lei 6.404/1976 (Sociedades por ações).

Art. 1.187. Na coleta dos elementos para o inventário serão observados os critérios de avaliação a seguir determinados:

- V. art. 176, Lei 6.404/1976 (Sociedades por ações).

I – os bens destinados à exploração da atividade serão avaliados pelo custo de aquisição, devendo, na avaliação dos que se desgastam ou depreciam com o uso, pela ação do tempo ou outros fatores, atender-se à desvalorização respectiva, criando-se fundos de amortização para assegurar-lhes a substituição ou a conservação do valor;

II – os valores mobiliários, matéria-prima, bens destinados à alienação, ou que constituem produtos ou artigos da indústria ou comércio da empresa, podem ser estimados pelo custo de aquisição ou de fabricação, ou pelo preço corrente, sempre que este for inferior ao preço de custo, e quando o preço corrente ou venal estiver acima do valor do custo de aquisição, ou fabricação, e os bens forem avaliados pelo preço corrente, a diferença entre este e o preço de custo não será levada em conta para a distribuição de lucros, nem para as percentagens referentes a fundos de reserva;

III – o valor das ações e dos títulos de renda fixa pode ser determinado com base na respectiva cotação da Bolsa de Valores; os não cotados e as participações não acionárias serão considerados pelo seu valor de aquisição;

IV – os créditos serão considerados de conformidade com o presumível valor de realização, não se levando em conta os prescritos ou de difícil liquidação, salvo se houver, quanto aos últimos, previsão equivalente.

Parágrafo único. Entre os valores do ativo podem figurar, desde que se preceda, anualmente, à sua amortização:

I – as despesas de instalação da sociedade, até o limite correspondente a 10% (dez por cento) do capital social;

II – os juros pagos aos acionistas da sociedade anônima, no período antecedente ao início das operações sociais, à taxa não superior a 12% (doze por cento) ao ano, fixada no estatuto;

III – a quantia efetivamente paga a título de aviamento de estabelecimento adquirido pelo empresário ou sociedade.

Art. 1.188. O balanço patrimonial deverá exprimir, com fidelidade e clareza, a situação real da empresa e, atendidas as peculiaridades desta, bem como as disposições das leis especiais, indicará, distintamente, o ativo e o passivo.

- V. arts. 178 a 184, Lei 6.404/1976 (Sociedades por ações).

Parágrafo único. Lei especial disporá sobre as informações que acompanharão o balanço patrimonial, em caso de sociedades coligadas.

- V. arts. 1.097 a 1.101, CC.
- V. arts. 247 a 250, Lei 6.404/1976 (Sociedades por ações).

Art. 1.189. O balanço de resultado econômico, ou demonstração da conta de lucros e perdas, acompanhará o balanço patrimonial e dele constarão crédito e débito, na forma da lei especial.

- V. arts. 1.020, 1.065, 1.069, III, 1.078, I e § 3º, 1.140 e 1.179, CC.

Art. 1.190. Ressalvados os casos previstos em lei, nenhuma autoridade, juiz ou tribunal, sob qualquer pretexto, poderá fazer ou ordenar diligência para verificar se o empresário ou a sociedade empresária observam, ou não, em seus livros e fichas, as formalidades prescritas em lei.

- V. art. 226, CC.
- V. art. 195, CTN.

Art. 1.191. O juiz só poderá autorizar a exibição integral dos livros e papéis de escrituração quando necessária para resolver questões relativas a sucessão, comunhão ou sociedade, administração ou gestão à conta de outrem, ou em caso de falência.

- V. art. 226, CC.
- V. arts. 355, 396 a 404 e 418 a 421, CPC/2015.
- V. arts. 51, § 1º, 104, II, e 105, V, Lei 11.101/2005 (Lei de Recuperação de Empresas e Falência).
- V. art. 105, Lei 6.404/1976 (Sociedades por ações).
- V. Súmulas 260 e 390, STF.

§ 1º O juiz ou tribunal que conhecer de medida cautelar ou de ação pode, a requerimento ou de ofício, ordenar que os livros de qualquer das partes, ou de ambas, sejam examinados na presença do empresário ou da sociedade empresária a que pertencerem, ou de pessoas por estes nomeadas, para deles se extrair o que interessar à questão.

§ 2º Achando-se os livros em outra jurisdição, nela se fará o exame, perante o respectivo juiz.

Art. 1.192. Recusada a apresentação dos livros, nos casos do artigo antecedente, serão apreendidos judicialmente e, no do seu § 1º, ter-se-á como verdadeiro o alegado pela parte contrária para se provar pelos livros.

- V. arts. 396, 399 e 400, *caput* e I e II, CPC/2015.
- V. art. 330, CP.

Parágrafo único. A confissão resultante da recusa pode ser elidida por prova documental em contrário.

Art. 1.193. As restrições estabelecidas neste Capítulo ao exame da escrituração, em parte ou por inteiro, não se aplicam às autoridades fazendárias, no exercício da fiscalização do pagamento de impostos, nos termos estritos das respectivas leis especiais.

- V. arts. 195 e 198, CTN.
- V. art. 33, Lei 8.212/1991 (Organização da Seguridade Social e Plano de Custeio).
- V. Súmula 439, STF.

Art. 1.194. O empresário e a sociedade empresária são obrigados a conservar em boa guarda toda a escrituração, correspondência e mais papéis concernentes à sua atividade, enquanto não ocorrer prescrição ou decadência no tocante aos atos neles consignados.

- V. art. 4º, Dec.-lei 486/1969 (Escrituração de livros mercantis).
- V. art. 5º, Dec. 64.567/1969 (Regulamenta o Dec.-lei 486/1969).

Art. 1.195. As disposições deste Capítulo aplicam-se às sucursais, filiais ou agências, no Brasil, do empresário ou sociedade com sede em país estrangeiro.

Livro III
DO DIREITO DAS COISAS

TÍTULO I
Da Posse

Capítulo I
Da Posse e sua Classificação

Art. 1.196. Considera-se possuidor todo aquele que tem de fato o exercício, pleno ou não, de algum dos poderes inerentes à propriedade.

- V. arts. 1.199, 1.204, 1.208, 1.210, 1.223 e 1.784, CC.
- V. arts. 554 a 568, CPC/2015.

Art. 1.197. A posse direta, de pessoa que tem a coisa em seu poder, temporariamente, em virtude de direito pessoal, ou real, não anula a indireta, de quem aquela foi havida, podendo o possuidor direto defender a sua posse contra o indireto.

- V. arts. 1.267, parágrafo único, e 1.394, CC.

Art. 1.198. Considera-se detentor aquele que, achando-se em relação de dependência para com outro, conserva a posse em nome deste e em cumprimento de ordens ou instruções suas.

- V. art. 339, CPC/2015.

Parágrafo único. Aquele que começou a comportar-se do modo como prescreve este artigo, em relação ao bem e à outra pessoa, presume-se detentor, até que prove o contrário.

Art. 1.199. Se duas ou mais pessoas possuírem coisa indivisa, poderá cada uma exercer sobre ela atos possessórios, contanto que não excluam os dos outros compossuidores.

- V. art. 1.314, CC.

Art. 1.200. É justa a posse que não for violenta, clandestina ou precária.

- V. art. 1.208, CC.

Art. 1.201. É de boa-fé a posse, se o possuidor ignora o vício, ou o obstáculo que impede a aquisição da coisa.

- V. arts. 113, 1.214 a 1.222 e 1.254 a 1.261, CC.

Parágrafo único. O possuidor com justo título tem por si a presunção de boa-fé, salvo prova em contrário, ou quando a lei expressamente não admite esta presunção.

Art. 1.202. A posse de boa-fé só perde este caráter no caso e desde o momento em que as circunstâncias façam presumir que o possuidor não ignora que possui indevidamente.

- V. art. 113, CC.

Art. 1.203. Salvo prova em contrário, entende-se manter a posse o mesmo caráter com que foi adquirida.

- V. arts. 1.206 e 1.207, CC.

Capítulo II
Da Aquisição da Posse

Art. 1.204. Adquire-se a posse desde o momento em que se torna possível o exercício, em nome próprio, de qualquer dos poderes inerentes à propriedade.

- V. arts. 1.238 a 1.274, CC.

Art. 1.205. A posse pode ser adquirida:

I – pela própria pessoa que a pretende ou por seu representante;

- V. art. 116, CC.

II – por terceiro sem mandato, dependendo de ratificação.

- V. art. 662, CC.

Art. 1.206. A posse transmite-se aos herdeiros ou legatários do possuidor com os mesmos caracteres.

- V. arts. 1.203, 1.207 e 1.784, CC.

Art. 1.207. O sucessor universal continua de direito a posse do seu antecessor; e ao sucessor singular é facultado unir sua posse à do antecessor, para os efeitos legais.

- V. arts. 80, II, 1.203, 1.206, 1.243 e 1.784, CC.

Art. 1.208. Não induzem posse os atos de mera permissão ou tolerância assim como não autorizam a sua aquisição os atos violentos, ou clandestinos, senão depois de cessar a violência ou a clandestinidade.

- V. arts. 1.200 e 1.203, CC.

Art. 1.209. A posse do imóvel faz presumir, até prova contrária, a das coisas móveis que nele estiverem.

- V. art. 92, CC.

Capítulo III
Dos Efeitos da Posse

Art. 1.210. O possuidor tem direito a ser mantido na posse em caso de turbação, restituído no de esbulho, e segurado de violência iminente, se tiver justo receio de ser molestado.

- V. arts. 554 a 568, CPC/2015.
- V. art. 3º, IV, Lei 9.099/1995 (Juizados Especiais Cíveis e Criminais).

§ 1º O possuidor turbado, ou esbulhado, poderá manter-se ou restituir-se por sua própria força, contanto que o faça logo; os atos de defesa, ou de desforço, não podem ir além do indispensável à manutenção, ou restituição da posse.

- V. art. 1.224, CC.
- V. arts. 23, II, e 25, CP.

§ 2º Não obsta à manutenção ou reintegração na posse a alegação de propriedade, ou de outro direito sobre a coisa.

- V. Súmula 487, STF.

Art. 1.211. Quando mais de uma pessoa se disser possuidora, manter-se-á provisoriamente a que tiver a coisa, se não estiver manifesto que a obteve de alguma das outras por modo vicioso.

- V. art. 1.200, CC.

Art. 1.212. O possuidor pode intentar a ação de esbulho, ou a de indenização, contra o terceiro, que recebeu a coisa esbulhada sabendo que o era.

- V. art. 555, I, CPC/2015.

Art. 1.213. O disposto nos artigos antecedentes não se aplica às servidões não aparentes, salvo quando os respectivos títulos provierem do possuidor do prédio serviente, ou daqueles de quem este o houve.

- V. arts. 1.378 a 1.389, CC.
- V. Súmula 415, STF.

Art. 1.214. O possuidor de boa-fé tem direito, enquanto ela durar, aos frutos percebidos.

- V. arts. 237, 242, 878, 1.201, 1.216, 1.232 e 1.253 a 1.259, CC.

Parágrafo único. Os frutos pendentes ao tempo em que cessar a boa-fé devem ser restituídos, depois de deduzidas as despesas da produção e custeio; devem ser também restituídos os frutos colhidos com antecipação.

- V. art. 1.396, parágrafo único, CC.

Art. 1.215. Os frutos naturais e industriais reputam-se colhidos e percebidos, logo que são separados; os civis reputam-se percebidos dia por dia.

- V. arts. 242, 878 e 1.396 a 1.398, CC.

Art. 1.216. O possuidor de má-fé responde por todos os frutos colhidos e percebidos, bem como pelos que, por culpa sua, deixou de perceber, desde o momento em que se constituiu de má-fé; tem direito às despesas da produção e custeio.

- V. arts. 237, 242, 878 e 1.214, CC.
- V. art. 71, Dec.-lei 9.760/1946 (Bens imóveis da União).

Art. 1.217. O possuidor de boa-fé não responde pela perda ou deterioração da coisa, a que não der causa.

- V. arts. 1.201 e 1.218, CC.

Art. 1.218. O possuidor de má-fé responde pela perda, ou deterioração da coisa, ainda que acidentais, salvo se provar que de igual modo se teriam dado, estando ela na posse do reivindicante.

- V. art. 1.217, CC.

Art. 1.219. O possuidor de boa-fé tem direito à indenização das benfeitorias necessárias e úteis, bem como, quanto às voluptuárias, se não lhe forem pagas, a levantá-las, quando o puder sem detrimento da coisa, e poderá exercer o direito de retenção pelo valor das benfeitorias necessárias e úteis.

- V. arts. 96, 97, 242, 878, 1.201, CC.
- V. art. 810, CPC/2015.
- V. art. 71, Dec.-lei 9.760/1946 (Bens imóveis da União).
- V. art. 95, VIII, Lei 4.504/1964 (Estatuto da Terra).
- V. art. 25, *caput* e § 1º, Dec. 59.566/1966 (Regulamenta a Lei 4.504/1964).
- V. art. 34, Lei 6.766/1979 (Parcelamento do solo urbano).
- V. art. 51, XVI, Lei 8.078/1990 (Código de Defesa do Consumidor).
- V. art. 27, § 4º, Lei 9.514/1997 (Sistema de Financiamento Imobiliário e alienação fiduciária de coisa imóvel).
- V. Súmula 158, STF.

Art. 1.220. Ao possuidor de má-fé serão ressarcidas somente as benfeitorias necessárias; não lhe assiste o direito de retenção pela importância destas, nem o de levantar as voluptuárias.

- V. arts. 96, §§ 1º e 3º, 242 e 878, CC.
- V. art. 71, Dec.-lei 9.760/1946 (Bens imóveis da União).

Art. 1.221. As benfeitorias compensam-se com os danos, e só obrigam ao ressarcimento se ao tempo da evicção ainda existirem.

- V. arts. 242, 368 a 380, 447 a 457 e 878, CC.

Art. 1.222. O reivindicante, obrigado a indenizar as benfeitorias ao possuidor de má-fé, tem o direito de optar entre o seu valor atual e o seu custo; ao possuidor de boa-fé indenizará pelo valor atual.

- V. arts. 242 e 878, CC.

Capítulo IV
Da Perda da Posse

Art. 1.223. Perde-se a posse quando cessa, embora contra a vontade do possuidor, o poder sobre o bem, ao qual se refere o art. 1.196.

- V. arts. 1.275 e 1.387 a 1.389, CC.

Art. 1.224. Só se considera perdida a posse para quem não presenciou o esbulho, quando, tendo notícia dele, se abstém de retornar a coisa, ou, tentando recuperá-la, é violentamente repelido.

- V. art. 1.210, CC.

TÍTULO II
Dos Direitos Reais

Capítulo Único
Disposições Gerais

Art. 1.225. São direitos reais:

- V. arts. 80, 108 e 2.038, CC.

I – a propriedade;

- V. arts. 1.228 a 1.368, CC.
- V. art. 8º, Dec.-lei 4.657/1942 (Lei de Introdução às normas do Direito Brasileiro).

II – a superfície;

- V. arts. 1.369 a 1.377, CC.

III – as servidões;

- V. arts. 1.378 a 1.389, CC.

IV – o usufruto;

- V. arts. 1.390 a 1.411, CC.

V – o uso;

- V. arts. 1.412 e 1.413, CC.

VI – a habitação;

- V. arts. 1.414 a 1.416, CC.

VII – o direito do promitente comprador do imóvel;

- V. arts. 1.417 e 1.418, CC.

VIII – o penhor;

- V. arts. 1.419 a 1.472, CC.

IX – a hipoteca;

- V. arts. 1.419 a 1.430 e 1.473 a 1.505, CC.

X – a anticrese;

- V. arts. 1.419 a 1.430 e 1.506 a 1.510, CC.

XI – a concessão de uso especial para fins de moradia;

- Inciso XI acrescentado pela Lei 11.481/2007.

XII – a concessão de direito real de uso; e

- Inciso XII com redação determinada pela Lei 13.465/2017.
- V. MP 2.220/2001 (Concessão de uso especial de imóvel em área urbana).

XIII – a laje.

- Inciso XIII acrescentado pela Lei 13.465/2017.

Art. 1.226. Os direitos reais sobre coisas móveis, quando constituídos, ou transmitidos por atos entre vivos, só se adquirem com a tradição.

- V. arts. 291, 529, 541, parágrafo único, 579, 904, 1.267, 1.268 e 1.458, CC.

Art. 1.227. Os direitos reais sobre imóveis constituídos, ou transmitidos por atos entre vivos, só se adquirem com o registro no Cartório de Registro de Imóveis dos referidos títulos (arts. 1.245 a 1.247), salvo os casos expressos neste Código.

- V. arts. 108, 215, 1.227, 1.275, parágrafo único, 1.369, 1.378, 1.391, 1.417, 1.492 e 1.500, CC.
- V. art. 167, Lei 6.015/1973 (Lei de Registros Públicos).

TÍTULO III
Da Propriedade

Capítulo I
Da Propriedade em Geral

Seção I
Disposições Preliminares

Art. 1.228. O proprietário tem a faculdade de usar, gozar e dispor da coisa, e o direito de reavê-la do poder de quem quer que injustamente a possua ou detenha.

- V. arts. 5º, XXII a XXVI, 20, 26, 170, III e VI, 176, *caput*, 182, 184, 185, parágrafo único, 186, 216, 225, §§ 4º a 6º, e 243, CF.
- V. art. 16, § 3º, ADCT.
- V. arts. 952, 1.231, 1.359 e 1.784, V, CC.
- V. arts. 91, II, 155 a 170 e 180, CP.
- V. Dec. 24.643/1934 (Código de Águas).
- V. Dec.-lei 25/1937 (Proteção do patrimônio histórico e artístico).
- V. Dec.-lei 3.240/1941 (Sequestro de bens por crimes em prejuízo da Fazenda Pública).
- V. Dec.-lei 3.365/1941 (Desapropriações por utilidade pública).

Códigos

- V. Dec.-lei 7.315-A/1945 (Requisição, ocupação e desapropriação de imóveis destinados à defesa nacional).
- V. Dec.-lei 7.841/1945 (Código de Águas Minerais).
- V. art. 2º, III, Lei Del. 4/1962 (Intervenção no domínio econômico).
- V. Lei 4.132/1962 (Casos de desapropriação por interesse social).
- V. Dec. 51.644-A/1962 (Aprova o Regulamento da Lei Del. 4/1962).
- V. Lei 4.504/1964 (Estatuto da Terra).
- V. Dec.-lei 2/1966 (Requisição de bens ou serviços essenciais ao abastecimento da população).
- V. Dec. 57.844/1966 (Regulamenta artigos do Dec.-lei 2/1966).
- V. arts. 11 a 14, Dec. 58.824/1966 (Promulga a Convenção 107 sobre as populações indígenas e tribais).
- V. Dec.-lei 227/1967 (Código de Mineração).
- V. Dec.-lei 1.075/1970 (Imissão de posse, *initio litis*, em imóveis residenciais urbanos).
- V. Lei 5.709/1971 (Aquisição de imóvel rural por estrangeiro residente no Brasil).
- V. arts. 17 a 46, Lei 6.001/1973 (Estatuto do Índio).
- V. Dec. 74.965/1974 (Regulamenta a Lei 5.709/1971).
- V. Lei 6.442/1977 (Áreas de proteção para o funcionamento de estações radiogoniométricas e de radiomonitoragem).
- V. Lei 6.634/1979 (Faixa de fronteira).
- V. Lei 6.766/1979 (Parcelamento do solo urbano).
- V. Dec. 85.064/1980 (Regulamenta a Lei 6.634/1979).
- V. Lei 6.938/1981 (Política Nacional do Meio Ambiente).
- V. art. 43, Lei 7.565/1986 (Código Brasileiro de Aeronáutica).
- V. arts. 1º, 4º e 15, Lei 8.257/1991 (Desapropriação das glebas com culturas ilegais de plantas psicotrópicas).
- V. Dec. 577/1992 (Expropriação de glebas com culturas ilegais de plantas psicotrópicas).
- V. arts. 1º a 4º e 18, LC 76/1993 (Processo de desapropriação de imóvel rural para reforma agrária).
- V. arts. 2º e 5º, Lei 8.629/1993 (Regulamentação dos dispositivos constitucionais relativos à reforma agrária).
- V. art. 10, Lei 9.074/1995 (Outorga e prorrogações das concessões e permissões de serviços públicos).
- V. Lei 9.279/1996 (Propriedade industrial).
- V. Dec. 1.775/1996 (Procedimento administrativo de demarcação das terras indígenas).
- V. Lei 9.456/1997 (Lei de proteção de cultivares).
- V. Lei 9.478/1997 (Política Energética Nacional).
- V. Lei 9.503/1997 (Código de Trânsito Brasileiro).
- V. art. 25, Lei 9.605/1998 (Sanções derivadas de lesões ao meio ambiente).
- V. art. 3º, Lei 9.610/1998 (Direitos autorais).
- V. Lei 9.985/2000 (Sistema Nacional de Unidades de Conservação da Natureza).
- V. Lei 10.257/2001 (Política urbana).

§ 1º O direito de propriedade deve ser exercido em consonância com as suas finalidades econômicas e sociais e de modo que sejam preservados, de conformidade com o estabelecido em lei especial, a flora, a fauna, as belezas naturais, o equilíbrio ecológico e o patrimônio histórico e artístico, bem como evitada a poluição do ar e das águas.

- V. arts. 5º, XXII e XXIII, 170, II e III, e 216, IV e V, CF.
- V. art. 2.035, parágrafo único, CC.

§ 2º São defesos os atos que não trazem ao proprietário qualquer comodidade, ou utilidade, e sejam animados pela intenção de prejudicar outrem.

- V. art. 1.277 a 1.313, CC.

§ 3º O proprietário pode ser privado da coisa, nos casos de desapropriação, por necessidade ou utilidade pública ou interesse social, bem como no de requisição, em caso de perigo público iminente.

- V. arts. 5º, XXIV a XXVI, 182, 184 a 186 e 243, CF.
- V. arts. 519 e 1.275, V, CC.

§ 4º O proprietário também pode ser privado da coisa se o imóvel reivindicado consistir em extensa área, na posse ininterrupta e de boa-fé, por mais de 5 (cinco) anos, de considerável número de pessoas, e estas nela houverem realizado, em conjunto ou separadamente, obras e serviços considerados pelo juiz de interesse social e econômico relevante.

- V. arts. 2.029 e 2.030, CC.

§ 5º No caso do parágrafo antecedente, o juiz fixará a justa indenização devida ao proprietário; pago o preço, valerá a sentença como título para o registro do imóvel em nome dos possuidores.

Art. 1.229. A propriedade do solo abrange a do espaço aéreo e subsolo correspondentes, em altura e profundidade úteis ao seu exercício, não podendo o proprietário opor-se a atividades que sejam realizadas, por terceiros, a uma altura ou profundidade tais, que não tenha ele interesse legítimo em impedi-las.

- V. arts. 20, IX, e 176, CF.
- V. arts. 79 e 1.310, CC.
- V. art. 21, § 1º, Lei 10.257/2001 (Política urbana).

Art. 1.230. A propriedade do solo não abrange as jazidas, minas e demais recursos minerais, os potenciais de energia hidráulica, os monumentos arqueológicos e outros bens referidos por leis especiais.

- V. arts. 22, XII e parágrafo único, 23, III e IV, 24, VII, 176, 177 e 216, V, CF.
- V. arts. 43 a 45, ADCT.
- V. arts. 79 e 1.392, § 2º, CC.

Parágrafo único. O proprietário do solo tem o direito de explorar os recursos minerais de emprego imediato na construção civil, desde que não submetidos a transformação industrial, obedecido o disposto em lei especial.

- V. art. 2º, parágrafo único, Dec.-lei 227/1967 (Código de Mineração).
- V. art. 1º, Lei 6.567/1978 (Exploração e aproveitamento de substâncias minerais).

Art. 1.231. A propriedade presume-se plena e exclusiva, até prova em contrário.

- V. arts. 1.228, *caput*, e 1.359, CC.

Art. 1.232. Os frutos e mais produtos da coisa pertencem, ainda quando separados, ao seu proprietário, salvo se, por preceito jurídico especial, couberem a outrem.

- V. arts. 1.214 a 1.216 e 1.254 a 1.257, CC.

Seção II
Da Descoberta

Art. 1.233. Quem quer que ache coisa alheia perdida há de restituí-la ao dono ou legítimo possuidor.

- V. art. 1.263, CC.
- V. art. 746, CPC/2015.
- V. art. 169, parágrafo único, II, CP.

Parágrafo único. Não o conhecendo, o descobridor fará por encontrá-lo, e, se não o encontrar, entregará a coisa achada à autoridade competente.

Art. 1.234. Aquele que restituir a coisa achada, nos termos do artigo antecedente, terá direito a uma recompensa não inferior a 5% (cinco por cento) do seu valor, e à indenização pelas despesas que houver feito com a conservação e transporte da coisa, se o dono não preferir abandoná-la.

Parágrafo único. Na determinação do montante da recompensa, considerar-se-á o esforço desenvolvido pelo descobridor para encontrar o dono, ou o legítimo possuidor, as possibilidades que teria este de encontrar a coisa e a situação econômica de ambos.

Art. 1.235. O descobridor responde pelos prejuízos causados ao proprietário ou possuidor legítimo, quando tiver procedido com dolo.

Art. 1.236. A autoridade competente dará conhecimento da descoberta através da imprensa e outros meios de informação, somente expedindo editais se o seu valor os comportar.

- V. art. 746, § 2º, CPC/2015.

Art. 1.237. Decorridos 60 (sessenta) dias da divulgação da notícia pela imprensa, ou do edital, não se apresentando quem comprove a propriedade sobre a coisa, será esta vendida em hasta pública e, deduzidas do preço as despesas, mais a recompensa do descobridor, pertencerá o remanescente ao Município em cuja circunscrição se deparou o objeto perdido.

- V. art. 730, CPC/2015.

Parágrafo único. Sendo de diminuto valor, poderá o Município abandonar a coisa em favor de quem a achou.

Capítulo II
Da Aquisição da Propriedade Imóvel

Seção I
Da Usucapião

Art. 1.238. Aquele que, por 15 (quinze) anos, sem interrupção, nem oposição, possuir como seu um imóvel, adquire-lhe a propriedade, independentemente de título e boa-fé; podendo requerer ao juiz que assim o declare por sentença, a qual servirá de título para o registro no Cartório de Registro de Imóveis.

- V. arts. 183, § 3º, 191, parágrafo único, e 231, § 4º, CF.

Códigos

- V. arts. 102 e 2.029, CC.
- V. art. 259, I, CPC/2015.
- V. art. 200, Dec.-lei 9.760/1946 (Bens imóveis da União).
- V. art. 38, Lei 6.001/1973 (Estatuto do Índio).
- V. art. 167, I-28, Lei 6.015/1973 (Lei de Registros Públicos).
- V. Súmulas 237, 340 e 391, STF.

Parágrafo único. O prazo estabelecido neste artigo reduzir-se-á a 10 (dez) anos se o possuidor houver estabelecido no imóvel a sua moradia habitual, ou nele realizado obras ou serviços de caráter produtivo.

- V. art. 2.029, CC.
- V. art. 33, Lei 6.001/1973 (Estatuto do Índio).

Art. 1.239. Aquele que, não sendo proprietário de imóvel rural ou urbano, possua como sua, por 5 (cinco) anos ininterruptos, sem oposição, área de terra em zona rural não superior a cinquenta hectares, tornando-a produtiva por seu trabalho ou de sua família, tendo nela sua moradia, adquirir-lhe-á a propriedade.

- V. arts. 183, § 3º, 191, parágrafo único, e 231, § 4º, CF.
- V. art. 200, Dec.-lei 9.760/1946 (Bens imóveis da União).
- V. art. 98, Lei 4.504/1964 (Estatuto da Terra).
- V. art. 38, Lei 6.001/1973 (Estatuto do Índio).
- V. at. 1º, *caput*, Lei 6.969/1981 (Usucapião especial).

Art. 1.240. Aquele que possuir, como sua, área urbana de até duzentos e cinquenta metros quadrados, por 5 (cinco) anos ininterruptamente e sem oposição, utilizando-a para sua moradia ou de sua família, adquirir-lhe-á o domínio, desde que não seja proprietário de outro imóvel urbano ou rural.

- V. arts. 183, §§ 1º a 3º, 191, parágrafo único, e 231, § 4º, CF.
- V. art. 200, Dec.-lei 9.760/1946 (Bens imóveis da União).
- V. art. 38, Lei 6.001/1973 (Estatuto do Índio).
- V. art. 9º, Lei 10.257/2001 (Política urbana).

§ 1º O título de domínio e a concessão de uso serão conferidos ao homem ou à mulher, ou a ambos, independentemente do estado civil.

§ 2º O direito previsto no parágrafo antecedente não será reconhecido ao mesmo possuidor mais de uma vez.

Art. 1.240-A. Aquele que exercer, por 2 (dois) anos ininterruptamente e sem oposição, posse direta, com exclusividade, sobre imóvel urbano de até $250m^2$ (duzentos e cinquenta metros quadrados) cuja propriedade divida com ex-cônjuge ou ex-companheiro que abandonou o lar, utilizando-o para sua moradia ou de sua família, adquirir-lhe-á o domínio integral, desde que não seja proprietário de outro imóvel urbano ou rural.

- Artigo acrescentado pela Lei 12.424/2011.

§ 1º O direito previsto no *caput* não será reconhecido ao mesmo possuidor mais de uma vez.

§ 2º *(Vetado).*

Art. 1.241. Poderá o possuidor requerer ao juiz seja declarada adquirida, mediante usucapião, a propriedade imóvel.

- V. art. 259, I, CPC/2015.

Parágrafo único. A declaração obtida na forma deste artigo constituirá título hábil para o registro no Cartório de Registro de Imóveis.

- V. arts. 167, I-28, e 226, Lei 6.015/1973 (Lei de Registros Públicos).

Art. 1.242. Adquire também a propriedade do imóvel aquele que, contínua e incontestadamente, com justo título e boa-fé, o possuir por 10 (dez) anos.

- V. arts. 183, § 3º, 191, parágrafo único, e 231, § 4º, CF.
- V. arts. 1.201 a 1.203 e 1.379, CC.
- V. art. 200, Dec.-lei 9.760/1946 (Bens imóveis da União).
- V. art. 38, Lei 6.001/1973 (Estatuto do Índio).

Parágrafo único. Será de 5 (cinco) anos o prazo previsto neste artigo se o imóvel houver sido adquirido, onerosamente, com base no registro constante do respectivo cartório, cancelada posteriormente, desde que os possuidores nele tiverem estabelecido a sua moradia, ou realizado investimentos de interesse social e econômico.

- V. art. 2.029, CC.

Art. 1.243. O possuidor pode, para o fim de contar o tempo exigido pelos artigos antecedentes, acrescentar à sua posse a dos seus antecessores (art. 1.207), contanto que todas sejam contínuas, pacíficas e, nos casos do art. 1.242, com justo título e de boa-fé.

- V. art. 1.262, CC.

Art. 1.244. Estende-se ao possuidor o disposto quanto ao devedor acerca das causas que obstam, suspendem ou interrompem a prescrição, as quais também se aplicam à usucapião.

- V. arts. 197 a 204 e 1.262, CC.

Seção II
Da Aquisição pelo Registro do Título

Art. 1.245. Transfere-se entre vivos a propriedade mediante o registro do título translativo no Registro de Imóveis.

- V. arts. 1.227 e 1.275, parágrafo único, CC.
- V. Lei 5.972/1973 (Registro da propriedade de bens imóveis pela União).
- V. arts. 1º, § 1º, IV, e 167 a 288, Lei 6.015/1973 (Lei de Registros Públicos).

§ 1º Enquanto não se registrar o título translativo, o alienante continua a ser havido como dono do imóvel.

§ 2º Enquanto não se promover, por meio de ação própria, a decretação de invalidade do registro, e o respectivo cancelamento, o adquirente continua a ser havido como dono do imóvel.

Art. 1.246. O registro é eficaz desde o momento em que se apresentar o título ao oficial do registro, e este o prenotar no protocolo.

- V. arts. 182, 183, 186 e 205, Lei 6.015/1973 (Lei de Registros Públicos).

Art. 1.247. Se o teor do registro não exprimir a verdade, poderá o interessado reclamar que se retifique ou anule.

- V. art. 1.245, § 2º, CC.
- V. arts. 212 a 214 e 216, Lei 6.015/1973 (Lei de Registros Públicos).

Parágrafo único. Cancelado o registro, poderá o proprietário reivindicar o imóvel, independentemente da boa-fé ou do título do terceiro adquirente.

Seção III
Da Aquisição por Acessão

Art. 1.248. A acessão pode dar-se:

- V. art. 1.474, CC.
- V. arts. 16 a 28, Dec. 24.643/1934 (Código de Águas).

I – por formação de ilhas;

- V. art. 1.249, CC.

II – por aluvião;

- V. art. 1.250, CC.

III – por avulsão;

- V. art. 1.251, CC.

IV – por abandono de álveo;

- V. art. 1.252, CC.

V – por plantações ou construções.

- V. arts. 1.253 a 1.259, CC.

Subseção I
Das Ilhas

Art. 1.249. As ilhas que se formarem em correntes comuns ou particulares pertencem aos proprietários ribeirinhos fronteiros, observadas as regras seguintes:

- V. arts. 20, IV, e 26, II e III, CF.
- V. arts. 23 a 25, Dec. 24.643/1934 (Código de Águas).

I – as que se formarem no meio do rio consideram-se acréscimos sobrevindos aos terrenos ribeirinhos fronteiros de ambas as margens, na proporção de suas testadas, até a linha que dividir o álveo em duas partes iguais;

II – as que se formarem entre a referida linha e uma das margens consideram-se acréscimos aos terrenos ribeirinhos fronteiros desse mesmo lado;

III – as que se formarem pelo desdobramento de um novo braço do rio continuam a pertencer aos proprietários dos terrenos à custa dos quais se constituíram.

Subseção II
Da Aluvião

Art. 1.250. Os acréscimos formados, sucessiva e imperceptivelmente, por depósitos e aterros naturais ao longo das margens das correntes, ou pelo desvio das águas destas, pertencem aos donos dos terrenos marginais, sem indenização.

- V. arts. 16 a 18, Dec. 24.643/1934 (Código de Águas).

Parágrafo único. O terreno aluvial, que se formar em frente de prédios de proprietários diferentes, dividir-se-á entre eles, na proporção da testada de cada um sobre a antiga margem.

Subseção III
Da Avulsão

Art. 1.251. Quando, por força natural violenta, uma porção de terra se destacar de um prédio e se juntar a outro, o dono deste adquirirá a propriedade do acréscimo, se indenizar o dono do primeiro ou, sem indenização, se, em 1 (um) ano, ninguém houver reclamado.

- V. arts. 19 a 22, Dec. 24.643/1934 (Código de Águas).

Parágrafo único. Recusando-se ao pagamento de indenização, o dono do prédio a que se juntou a porção de terra deverá aquiescer a que se remova a parte acrescida.

Subseção IV
Do Álveo Abandonado

Art. 1.252. O álveo abandonado de corrente pertence aos proprietários ribeirinhos das duas margens, sem que tenham indenização os donos dos terrenos por onde as águas abrirem novo curso, entendendo-se que os prédios marginais se estendem até o meio do álveo.

- V. arts. 9º, 10, 26 e 27, Dec. 24.643/1934 (Código de Águas).

Subseção V
Das Construções e Plantações

Art. 1.253. Toda construção ou plantação existente em um terreno presume-se feita pelo proprietário e à sua custa, até que se prove o contrário.

Art. 1.254. Aquele que semeia, planta ou edifica em terreno próprio com sementes, plantas ou materiais alheios, adquire a propriedade destes; mas fica obrigado a pagar-lhes o valor, além de responder por perdas e danos, se agiu de má-fé.

- V. arts. 402 a 405, 1.214 a 1.222 e 1.232, CC.

Art. 1.255. Aquele que semeia, planta ou edifica em terreno alheio perde, em proveito do proprietário, as sementes, plantas e construções; se procedeu de boa-fé, terá direito a indenização.

Parágrafo único. Se a construção ou a plantação exceder consideravelmente o valor do terreno, aquele que, de boa-fé, plantou ou edificou, adquirirá a propriedade do solo, mediante pagamento da indenização fixada judicialmente, se não houver acordo.

Art. 1.256. Se de ambas as partes houve má-fé, adquirirá o proprietário as sementes, plantas e construções, devendo ressarcir o valor das acessões.

Parágrafo único. Presume-se má-fé no proprietário, quando o trabalho de construção, ou lavoura, se fez em sua presença e sem impugnação sua.

Art. 1.257. O disposto no artigo antecedente aplica-se ao caso de não pertencerem as sementes, plantas ou materiais a quem de boa-fé os empregou em solo alheio.

Parágrafo único. O proprietário das sementes, plantas ou materiais poderá cobrar do proprietário do solo a indenização devida, quando não puder havê-la do plantador ou construtor.

Art. 1.258. Se a construção, feita parcialmente em solo próprio, invade solo alheio em proporção não superior à vigésima parte deste, adquire o construtor de boa-fé a propriedade da parte do solo invadido, se o valor da construção exceder o dessa parte, e responde por indenização que represente, também, o valor da área perdida e a desvalorização da área remanescente.

- V. arts. 402 a 405, CC.

Parágrafo único. Pagando em décuplo as perdas e danos previstos neste artigo, o construtor de má-fé adquire a propriedade da parte do solo que invadiu, se em proporção à vigésima parte deste e o valor da construção exceder consideravelmente o dessa parte e não se puder demolir a porção invasora sem grave prejuízo para a construção.

Art. 1.259. Se o construtor estiver de boa-fé, e a invasão do solo alheio exceder a vigésima parte deste, adquire a propriedade da parte do solo invadido, e responde por perdas e danos que abranjam o valor que a invasão acrescer à construção, mais o da área perdida e o da desvalorização da área remanescente; se de má-fé, é obrigado a demolir o que nele construiu, pagando as perdas e danos apurados, que serão devidos em dobro.

- V. arts. 402 a 405, CC.

Capítulo III
Da Aquisição da Propriedade Móvel

Seção I
Da Usucapião

Art. 1.260. Aquele que possuir coisa móvel como sua, contínua e incontestadamente durante 3 (três) anos, com justo título e boa-fé, adquirir-lhe-á a propriedade.

- V. arts. 1.208 e 1.242, *caput*, CC.

Art. 1.261. Se a posse da coisa móvel se prolongar por 5 (cinco) anos, produzirá usucapião, independentemente de título ou boa-fé.

- V. art. 1.238, *caput*, CC.

Art. 1.262. Aplica-se à usucapião das coisas móveis o disposto nos arts. 1.243 e 1.244.

- V. Lei 370/1937 (Dinheiro e objetos de valor depositados nos estabelecimentos bancários e comerciais).
- V. Lei 2.313/1954 (Prazos dos contratos de depósito regular e voluntário de bens).

Seção II
Da Ocupação

Art. 1.263. Quem se assenhorear de coisa sem dono para logo lhe adquire a propriedade, não sendo essa ocupação defesa por lei.

- V. arts. 1.233 a 1.237 e 1.264 a 1.266, CC.

Seção III
Do Achado do Tesouro

Art. 1.264. O depósito antigo de coisas preciosas, oculto e de cujo dono não haja memória, será dividido por igual entre o proprietário do prédio e o que achar o tesouro casualmente.

- V. art. 1.392, § 3º, CC.
- V. art. 169, parágrafo único, I, CP.
- V. arts. 17 a 19, Lei 3.924/1961 (Monumentos arqueológicos e pré-históricos).
- V. Lei 7.542/1986 (Coisas ou bens afundados, submersos, encalhados e perdidos).

Art. 1.265. O tesouro pertencerá por inteiro ao proprietário do prédio, se for achado por ele, ou em pesquisa que ordenou, ou por terceiro não autorizado.

Art. 1.266. Achando-se em terreno aforado, o tesouro será dividido por igual entre o descobridor e o enfiteuta, ou será deste por inteiro quando ele mesmo seja o descobridor.

- V. art. 2.038, CC.

Seção IV
Da Tradição

Art. 1.267. A propriedade das coisas não se transfere pelos negócios jurídicos antes da tradição.

- V. arts. 234, 237, 238, 291, 444, 492, 495, 541, parágrafo único, 809, 1.197 e 1.226, CC.

Parágrafo único. Subentende-se a tradição quando o transmitente continua a possuir pelo constituto possessório; quando cede ao adquirente o direito à restituição da coisa, que se encontra em poder de terceiro; ou quando o adquirente já está na posse da coisa, por ocasião do negócio jurídico.

- V. art. 1.197, CC.

Art. 1.268. Feita por quem não seja proprietário, a tradição não aliena a propriedade, exceto se a coisa, oferecida ao público, em leilão ou estabelecimento comercial, for transferida em circunstâncias tais que, ao adquirente de boa-fé, como a qualquer pessoa, o alienante se afigurar dono.

- V. arts. 307 e 1.912, CC.
- V. art. 171, § 2º, I, CP.

§ 1º Se o adquirente estiver de boa-fé e o alienante adquirir depois a propriedade, considera-se realizada a transferência desde o momento em que ocorreu a tradição.

- V. art. 1.420, § 1º, CC.

§ 2º Não transfere a propriedade a tradição, quando tiver por título um negócio jurídico nulo.

- V. arts. 166 a 170, CC.

Seção V
Da Especificação

Art. 1.269. Aquele que, trabalhando em matéria-prima em parte alheia, obtiver espécie nova, desta será proprietário, se não se puder restituir à forma anterior.

- V. art. 1.274, CC.

Art. 1.270. Se toda a matéria for alheia, e não se puder reduzir à forma precedente, será do especificador de boa-fé a espécie nova.

§ 1º Sendo praticável a redução, ou quando impraticável, se a espécie nova se obteve de má-fé, pertencerá ao dono da matéria-prima.

- V. art. 1.271, CC.

§ 2º Em qualquer caso, inclusive o da pintura em relação à tela, da escultura, escritura e outro qualquer trabalho gráfico em relação à matéria-prima, a espécie nova será do especificador, se o seu valor exceder consideravelmente o da matéria-prima.

Art. 1.271. Aos prejudicados, nas hipóteses dos arts. 1.269 e 1.270, se ressarcirá o dano que sofrerem, menos ao especificador de má-fé, no caso do § 1º do artigo antecedente, quando irredutível a especificação.

Seção VI
Da Confusão, da Comissão e da Adjunção

- Comissão conforme publicação oficial. No CC/1916 consta Comistão.

Art. 1.272. As coisas pertencentes a diversos donos, confundidas, misturadas ou adjuntadas sem o consentimento deles, continuam a pertencer-lhes, sendo possível separá-las sem deterioração.

- V. art. 87, CC.

§ 1º Não sendo possível a separação das coisas, ou exigindo dispêndio excessivo, subsiste indiviso o todo, cabendo a cada um dos donos quinhão proporcional ao valor da coisa com que entrou para a mistura ou agregado.

§ 2º Se uma das coisas puder considerar-se principal, o dono sê-lo-á do todo, indenizando os outros.

- V. art. 92, CC.

Art. 1.273. Se a confusão, comissão ou adjunção se operou de má-fé, à outra parte caberá escolher entre adquirir a propriedade do todo, pagando o que não for seu, abatida a indenização que lhe for devida, ou renunciar ao que lhe pertencer, caso em que será indenizado.

Art. 1.274. Se da união de matérias de natureza diversa se formar espécie nova, à confusão, comissão ou adjunção aplicam-se as normas dos arts. 1.272 e 1.273.

- V. arts. 1.269 a 1.271, CC.

Capítulo IV
Da Perda da Propriedade

Art. 1.275. Além das causas consideradas neste Código, perde-se a propriedade:

I – por alienação;
II – pela renúncia;
III – por abandono;
IV – por perecimento da coisa;
V – por desapropriação.

- V. art. 1.228, § 3º, CC.

Parágrafo único. Nos casos dos incisos I e II, os efeitos da perda da propriedade imóvel serão subordinados ao registro do título transmissivo ou do ato renunciativo no Registro de Imóveis.

- V. art. 1.245, CC.
- V. art. 167, I-29, Lei 6.015/1973 (Lei de Registros Públicos).

Art. 1.276. O imóvel urbano que o proprietário abandonar, com a intenção de não mais o conservar em seu patrimônio, e que se não encontrar na posse de outrem, poderá ser arrecadado, como bem vago, e passar, 3 (três) anos depois, à propriedade do Município ou à do Distrito Federal, se se achar nas respectivas circunscrições.

- V. arts. 26, 1.819 e 1.844, CC.
- V. art. 746, CPC/2015.

§ 1º O imóvel situado na zona rural, abandonado nas mesmas circunstâncias, poderá ser arrecadado, como bem vago, e passar, 3 (três) anos depois, à propriedade da União, onde quer que ele se localize.

§ 2º Presumir-se-á de modo absoluto a intenção a que se refere este artigo, quando, cessados os atos de posse, deixar o proprietário de satisfazer os ônus fiscais.

Capítulo V
Dos Direitos de Vizinhança

Seção I
Do Uso Anormal da Propriedade

Art. 1.277. O proprietário ou o possuidor de um prédio tem o direito de fazer cessar as interferências prejudiciais à segurança, ao sossego e à saúde dos que o habitam, provocadas pela utilização de propriedade vizinha.

- V. art. 1.336, IV, CC.
- V. art. 19, Lei 4.591/1964 (Condomínio em edificações e incorporações imobiliárias).

Parágrafo único. Proíbem-se as interferências considerando-se a natureza da utilização, a localização do prédio, atendidas as normas que distribuem as edificações em zonas, e os limites ordinários de tolerância dos moradores da vizinhança.

- V. art. 1º, parágrafo único, Lei 10.257/2001 (Política urbana).

Art. 1.278. O direito a que se refere o artigo antecedente não prevalece quando as interferências forem justificadas por interesse público, caso em que o proprietário ou o possuidor, causador delas, pagará ao vizinho indenização cabal.

Art. 1.279. Ainda que por decisão judicial devam ser toleradas as interferências, poderá o vizinho exigir a sua redução, ou eliminação, quando estas se tornarem possíveis.

Art. 1.280. O proprietário ou o possuidor tem direito a exigir do dono do prédio vizinho a demolição, ou a reparação deste, quando ameace ruína, bem como que lhe preste caução pelo dano iminente.

- V. arts. 618 e 937, CC.

Art. 1.281. O proprietário ou o possuidor de um prédio, em que alguém tenha direito de fazer obras, pode, no caso de dano iminente, exigir do autor delas as necessárias garantias contra o prejuízo eventual.

- V. arts. 1.297 e 1.311 a 1.313, CC.

Seção II
Das Árvores Limítrofes

Art. 1.282. A árvore, cujo tronco estiver na linha divisória, presume-se pertencer em comum aos donos dos prédios confinantes.

- V. art. 1.327, CC.

Art. 1.283. As raízes e os ramos de árvore, que ultrapassarem a estrema do prédio, poderão ser cortados, até o plano vertical divisório, pelo proprietário do terreno invadido.

Art. 1.284. Os frutos caídos de árvore do terreno vizinho pertencem ao dono do solo onde caíram, se este for de propriedade particular.

Seção III
Da Passagem Forçada

Art. 1.285. O dono do prédio que não tiver acesso a via pública, nascente ou porto, pode, mediante pagamento de indenização cabal, constranger o vizinho a lhe dar passagem, cujo rumo será judicialmente fixado, se necessário.

- V. arts. 1.378 a 1.389, CC.

§ 1º Sofrerá o constrangimento o vizinho cujo imóvel mais natural e facilmente se prestar à passagem.

§ 2º Se ocorrer alienação parcial do prédio, de modo que uma das partes perca o acesso a via pública, nascente ou porto, o proprietário da outra deve tolerar a passagem.

§ 3º Aplica-se o disposto no parágrafo antecedente ainda quando, antes da alienação, existia passagem através de imóvel vizinho, não estando o proprietário deste constrangido, depois, a dar uma outra.

Seção IV
Da Passagem de Cabos e Tubulações

Art. 1.286. Mediante recebimento de indenização que atenda, também, à desvalorização da área remanescente, o proprietário é obrigado a tolerar a passagem, através de seu imóvel, de cabos, tubulações e outros condutos subterrâneos de serviços de utilidade pública, em proveito de proprietários vizinhos, quando de outro modo for impossível ou excessivamente onerosa.

- V. art. 1.294, CC.

Parágrafo único. O proprietário prejudicado pode exigir que a instalação seja feita de modo menos gravoso ao prédio onerado, bem como, depois, seja removida, à sua custa, para outro local do imóvel.

Art. 1.287. Se as instalações oferecerem grave risco, será facultado ao proprietário do prédio onerado exigir a realização de obras de segurança.

- V. art. 1.294, CC.

Seção V
Das Águas

Art. 1.288. O dono ou o possuidor do prédio inferior é obrigado a receber as águas que correm naturalmente do superior, não podendo realizar obras que embaracem o seu fluxo; porém a condição natural e anterior do prédio inferior não pode ser agravada por obras feitas pelo dono ou possuidor do prédio superior.

- V. art. 69, Dec. 24.643/1934 (Código de Águas).

Art. 1.289. Quando as águas, artificialmente levadas ao prédio superior, ou aí colhidas, correrem dele para o inferior, poderá o dono deste reclamar que se desviem, ou se lhe indenize o prejuízo que sofrer.

- V. art. 92, Dec. 24.643/1934 (Código de Águas).

Códigos

Parágrafo único. Da indenização será deduzido o valor do benefício obtido.

Art. 1.290. O proprietário de nascente, ou do solo onde caem águas pluviais, satisfeitas as necessidades de seu consumo, não pode impedir, ou desviar o curso natural das águas remanescentes pelos prédios inferiores.

- V. arts. 90 e 103, parágrafo único, item 2º, Dec. 24.643/1934 (Código de Águas).

Art. 1.291. O possuidor do imóvel superior não poderá poluir as águas indispensáveis às primeiras necessidades da vida dos possuidores dos imóveis inferiores; as demais, que poluir, deverá recuperar, ressarcindo os danos que estes sofrerem, se não for possível a recuperação ou o desvio do curso artificial das águas.

- V. art. 1.309, CC.
- V. art. 71, Dec. 24.643/1934 (Código de Águas).

Art. 1.292. O proprietário tem direito de construir barragens, açudes, ou outras obras para represamento de água em seu prédio; se as águas represadas invadirem prédio alheio, será o seu proprietário indenizado pelo dano sofrido, deduzido o valor do benefício obtido.

- V. art. 119, Dec. 24.643/1934 (Código de Águas).

Art. 1.293. É permitido a quem quer que seja, mediante prévia indenização aos proprietários prejudicados, construir canais, através de prédios alheios, para receber as águas a que tenha direito, indispensáveis às primeiras necessidades da vida, e, desde que não cause prejuízo considerável à agricultura e à indústria, bem como para o escoamento de águas supérfluas ou acumuladas, ou a drenagem de terrenos.

- V. art. 1.296, CC.
- V. arts. 117 a 138, Dec. 24.643/1934 (Código de Águas).

§ 1º Ao proprietário prejudicado, em tal caso, também assiste direito a ressarcimento pelos danos que de futuro lhe advenham da infiltração ou irrupção das águas, bem como da deterioração das obras destinadas a canalizá-las.

§ 2º O proprietário prejudicado poderá exigir que seja subterrânea a canalização que atravessa áreas edificadas, pátios, hortas, jardins ou quintais.

§ 3º O aqueduto será construído de maneira que cause o menor prejuízo aos proprietários dos imóveis vizinhos, e a expensas do seu dono, a quem incumbem também as despesas de conservação.

Art. 1.294. Aplica-se ao direito de aqueduto o disposto nos arts. 1.286 e 1.287.

Art. 1.295. O aqueduto não impedirá que os proprietários cerquem os imóveis e construam sobre ele, sem prejuízo para a sua segurança e conservação; os proprietários dos imóveis poderão usar das águas do aqueduto para as primeiras necessidades da vida.

Art. 1.296. Havendo no aqueduto águas supérfluas, outros poderão canalizá-las, para os fins previstos no art. 1.293, mediante pagamento de indenização aos proprietários prejudicados e ao dono do aqueduto, de importância equivalente às despesas que então seriam necessárias para a condução das águas até o ponto de derivação.

Parágrafo único. Têm preferência os proprietários dos imóveis atravessados pelo aqueduto.

Seção VI
Dos Limites entre Prédios e do Direito de Tapagem

Art. 1.297. O proprietário tem direito a cercar, murar, valar ou tapar de qualquer modo o seu prédio, urbano ou rural, e pode constranger o seu confinante a proceder com ele à demarcação entre os dois prédios, a aviventar rumos apagados e a renovar marcos destruídos ou arruinados, repartindo-se proporcionalmente entre os interessados as respectivas despesas.

- V. arts. 1.327 a 1.330, CC.
- V. arts. 89 e 569 a 587, CPC/2015.
- V. art. 167, I-23, Lei 6.015/1973 (Lei de Registros Públicos).

§ 1º Os intervalos, muros, cercas e os tapumes divisórios, tais como sebes vivas, cercas de arame ou de madeira, valas ou banquetas, presumem-se, até prova em contrário, pertencer a ambos os proprietários confinantes, sendo estes obrigados, de conformidade com os costumes da localidade, a concorrer, em partes iguais, para as despesas de sua construção e conservação.

§ 2º As sebes vivas, as árvores, ou plantas quaisquer, que servem de marco divisório, só podem ser cortadas, ou arrancadas, de comum acordo entre proprietários.

§ 3º A construção de tapumes especiais para impedir a passagem de animais de pequeno porte, ou para outro fim, pode ser exigida de quem provocou a necessidade deles, pelo proprietário, que não está obrigado a concorrer para as despesas.

- V. art. 1.313, II, CC.

Art. 1.298. Sendo confusos, os limites, em falta de outro meio, se determinarão de conformidade com a posse justa; e, não se achando ela provada, o terreno contestado se dividirá por partes iguais entre os prédios, ou, não sendo possível a divisão cômoda, se adjudicará a um deles, mediante indenização ao outro.

- V. art. 1.327, CC.

Seção VII
Do Direito de Construir

Art. 1.299. O proprietário pode levantar em seu terreno as construções que lhe aprouver, salvo o direito dos vizinhos e os regulamentos administrativos.

- V. art. 18, Dec.-lei 25/1937 (Proteção do patrimônio histórico e artístico).
- V. art. 43, Lei 7.565/1986 (Código Brasileiro de Aeronáutica).
- V. Súmula 142, TFR.

Art. 1.300. O proprietário construirá de maneira que o seu prédio não despeje águas, diretamente, sobre o prédio vizinho.

- V. art. 105, Dec. 24.643/1934 (Código de Águas).

Art. 1.301. É defeso abrir janelas, ou fazer eirado, terraço ou varanda, a menos de metro e meio do terreno vizinho.

- V. Súmulas 120 e 414, STF.

§ 1º As janelas cuja visão não incida sobre a linha divisória, bem como as perpendiculares, não poderão ser abertas a menos de setenta e cinco centímetros.

§ 2º As disposições deste artigo não abrangem as aberturas para luz ou ventilação, não maiores de dez centímetros de largura sobre vinte de comprimento e construídas a mais de dois metros de altura de cada piso.

Art. 1.302. O proprietário pode, no lapso de ano e dia após a conclusão da obra, exigir que se desfaça janela, sacada, terraço ou goteira sobre o seu prédio; escoado o prazo, não poderá, por sua vez, edificar sem atender ao disposto no artigo antecedente, nem impedir, ou dificultar, o escoamento das águas da goteira, com prejuízo para o prédio vizinho.

- V. art. 1.312, CC.

Parágrafo único. Em se tratando de vãos, ou aberturas para luz, seja qual for a quantidade, altura e disposição, o vizinho poderá, a todo tempo, levantar a sua edificação, ou contramuro, ainda que lhes vede a claridade.

Art. 1.303. Na zona rural, não será permitido levantar edificações a menos de três metros do terreno vizinho.

Art. 1.304. Nas cidades, vilas e povoados cuja edificação estiver adstrita a alinhamento, o dono de um terreno pode nele edificar, madeirando na parede divisória do prédio contíguo, se ela suportar a nova construção; mas terá de embolsar ao vizinho metade do valor da parede e do chão correspondentes.

- V. arts. 1.327 a 1.330, CC.

Art. 1.305. O confinante, que primeiro construir, pode assentar a parede divisória até meia espessura no terreno contíguo, sem perder por isso o direito a haver meio valor dela se o vizinho a travejar, caso em que o primeiro fixará a largura e a profundidade do alicerce.

Parágrafo único. Se a parede divisória pertencer a um dos vizinhos, e não tiver capacidade para ser travejada pelo outro, não poderá este fazer-lhe alicerce ao pé sem prestar caução àquele, pelo risco a que expõe a construção anterior.

Art. 1.306. O condômino da parede-meia pode utilizá-la até ao meio da espessura, não pondo em risco a segurança ou a separação dos dois prédios, e avisando previamente o outro condômino das obras que ali tenciona fazer;

não pode sem consentimento do outro, fazer, na parede-meia, armários, ou obras semelhantes, correspondendo a outras, da mesma natureza, já feitas do lado oposto.

Art. 1.307. Qualquer dos confinantes pode altear a parede divisória, se necessário reconstruindo-a, para suportar o alteamento; arcará com todas as despesas, inclusive de conservação, ou com metade, se o vizinho adquirir meação também na parte aumentada.

Art. 1.308. Não é lícito encostar à parede divisória chaminés, fogões, fornos ou quaisquer aparelhos ou depósitos suscetíveis de produzir infiltrações ou interferências prejudiciais ao vizinho.

Parágrafo único. A disposição anterior não abrange as chaminés ordinárias e os fogões de cozinha.

Art. 1.309. São proibidas construções capazes de poluir, ou inutilizar, para uso ordinário, a água do poço, ou nascente alheia, a elas preexistentes.

- V. art. 1.291, CC.
- V. art. 98, Dec. 24.643/1934 (Código de Águas).

Art. 1.310. Não é permitido fazer escavações ou quaisquer obras que tirem ao poço ou à nascente de outrem a água indispensável às suas necessidades normais.

- V. arts. 96 e 97, Dec. 24.643/1934 (Código de Águas).

Art. 1.311. Não é permitida a execução de qualquer obra ou serviço suscetível de provocar desmoronamento ou deslocação de terra, ou que comprometa a segurança do prédio vizinho, senão após haverem sido feitas as obras acautelatórias.

- V. art. 1.281, CC.

Parágrafo único. O proprietário do prédio vizinho tem direito a ressarcimento pelos prejuízos que sofrer, não obstante haverem sido realizadas as obras acautelatórias.

Art. 1.312. Todo aquele que violar as proibições estabelecidas nesta Seção é obrigado a demolir as construções feitas, respondendo por perdas e danos.

- V. arts. 402 a 405 e 1.302, CC.
- V. art. 99, Dec. 24.643/1934 (Código de Águas).

Art. 1.313. O proprietário ou ocupante do imóvel é obrigado a tolerar que o vizinho entre no prédio, mediante prévio aviso, para:

I – dele temporariamente usar, quando indispensável à reparação, construção, reconstrução ou limpeza de sua casa ou do muro divisório;

II – apoderar-se de coisas suas, inclusive animais que aí se encontrem casualmente.

- V. art. 1.297, § 3º, CC.

§ 1º O disposto neste artigo aplica-se aos casos de limpeza ou reparação de esgotos, goteiras, aparelhos higiênicos, poços e nascentes e ao aparo de cerca viva.

§ 2º Na hipótese do inciso II, uma vez entregues as coisas buscadas pelo vizinho, poderá ser impedida a sua entrada no imóvel.

§ 3º Se do exercício do direito assegurado neste artigo provier dano, terá o prejudicado direito a ressarcimento.

- V. art. 1.281, CC.

Capítulo VI
Do Condomínio Geral

Seção I
Do Condomínio Voluntário

Subseção I
Dos Direitos e Deveres dos Condôminos

Art. 1.314. Cada condômino pode usar da coisa conforme sua destinação, sobre ela exercer todos os direitos compatíveis com a indivisão, reivindicá-la de terceiro, defender a sua posse e alhear a respectiva parte ideal, ou gravá-la.

- V. arts. 504, 1.199, 1.320, 1.327 a 1.330 e 1.791, parágrafo único, CC.

Parágrafo único. Nenhum dos condôminos pode alterar a destinação da coisa comum, nem dar posse, uso ou gozo dela a estranhos, sem o consenso dos outros.

Art. 1.315. O condômino é obrigado, na proporção de sua parte, a concorrer para as despesas de conservação ou divisão da coisa, e a suportar os ônus a que estiver sujeita.

- V. art. 3º, Lei 2.757/1956 (Situação dos empregados de prédios de apartamentos residenciais).

Parágrafo único. Presumem-se iguais as partes ideais dos condôminos.

- V. art. 1.325, § 3º, CC.

Art. 1.316. Pode o condômino eximir-se do pagamento das despesas e dívidas, renunciando à parte ideal.

§ 1º Se os demais condôminos assumem as despesas e as dívidas, a renúncia lhes aproveita, adquirindo a parte ideal de quem renunciou, na proporção dos pagamentos que fizerem.

§ 2º Se não há condômino que faça os pagamentos, a coisa comum será dividida.

- V. art. 1.318, CC.

Art. 1.317. Quando a dívida houver sido contraída por todos os condôminos, sem se discriminar a parte de cada um na obrigação, nem se estipular solidariedade, entende-se que cada qual se obrigou proporcionalmente ao seu quinhão na coisa comum.

- V. arts. 275 a 285, CC.

Art. 1.318. As dívidas contraídas por um dos condôminos em proveito da comunhão, e durante ela, obrigam o contratante; mas terá este ação regressiva contra os demais.

- V. art. 1.316, § 2º, CC.
- V. art. 125, II, CPC/2015.

Art. 1.319. Cada condômino responde aos outros pelos frutos que percebeu da coisa e pelo dano que lhe causou.

- V. art. 1.326, CC.

Art. 1.320. A todo tempo será lícito ao condômino exigir a divisão da coisa comum, respondendo o quinhão de cada um pela sua parte nas despesas da divisão.

- V. arts. 88, 504 e 1.322, CC.
- V. arts. 569, 570, 572 e 588 a 598, CPC/2015.

§ 1º Podem os condôminos acordar que fique indivisa a coisa comum por prazo não maior de 5 (cinco) anos, suscetível de prorrogação ulterior.

§ 2º Não poderá exceder de 5 (cinco) anos a indivisão estabelecida pelo doador ou pelo testador.

§ 3º A requerimento de qualquer interessado e se graves razões o aconselharem, pode o juiz determinar a divisão da coisa comum antes do prazo.

Art. 1.321. Aplicam-se à divisão do condomínio, no que couber, as regras de partilha de herança (arts. 2.013 a 2.022).

Art. 1.322. Quando a coisa for indivisível, e os consortes não quiserem adjudicá-la a um só, indenizando os outros, será vendida e repartido o apurado, preferindo-se, na venda, em condições iguais de oferta, o condômino ao estranho, e entre os condôminos aquele que tiver na coisa benfeitorias mais valiosas, e, não as havendo, o de quinhão maior.

- V. arts. 87, 88, 96, 97, 504, 1.489, IV, e 2.019, CC.
- V. art. 725, IV, CPC/2015.
- V. art. 65, Lei 4.504/1964 (Estatuto da Terra).
- V. art. 8º, Lei 5.868/1972 (Sistema Nacional de Cadastro Rural).
- V. Dec. 72.106/1973 (Regulamenta a Lei 5.868/1972).
- V. art. 53, Lei 6.766/1979 (Parcelamento do solo urbano).
- V. Lei 10.257/2001 (Política urbana).

Parágrafo único. Se nenhum dos condôminos tem benfeitorias na coisa comum e participam todos do condomínio em partes iguais, realizar-se-á licitação entre estranhos e, antes de adjudicada a coisa àquele que ofereceu maior lanço, proceder-se-á à licitação entre os condôminos, a fim de que a coisa seja adjudicada a quem afinal oferecer melhor lanço, preferindo, em condições iguais, o condômino ao estranho.

Subseção II
Da Administração do Condomínio

Art. 1.323. Deliberando a maioria sobre a administração da coisa comum, escolherá o administrador, que poderá ser estranho ao condomínio; resolvendo alugá-la, preferir-se-á, em condições iguais, o condômino ao que não o é.

- V. art. 725, IV, CPC/2015.

Art. 1.324. O condômino que administrar sem oposição dos outros presume-se representante comum.

- V. arts. 115 a 120 e 656, CC.
- V. art. 2º, Lei 2.757/1956 (Situação dos empregados de prédios de apartamentos residenciais).

Art. 1.325. A maioria será calculada pelo valor dos quinhões.

§ 1º As deliberações serão obrigatórias, sendo tomadas por maioria absoluta.

§ 2º Não sendo possível alcançar maioria absoluta, decidirá o juiz, a requerimento de qualquer condômino, ouvidos os outros.

§ 3º Havendo dúvida quanto ao valor do quinhão, será este avaliado judicialmente.

- V. art. 1.315, parágrafo único, CC.

Art. 1.326. Os frutos da coisa comum, não havendo em contrário estipulação ou disposição de última vontade, serão partilhados na proporção dos quinhões.

- V. arts. 1.315, parágrafo único, 1.319 e 1.325, § 3º, CC.

Seção II
Do Condomínio Necessário

Art. 1.327. O condomínio por meação de paredes, cercas, muros e valas regula-se pelo disposto neste Código (arts. 1.297 e 1.298; 1.304 a 1.307).

- V. arts. 1.282 a 1.284, CC.

Art. 1.328. O proprietário que tiver direito a estremar um imóvel com paredes, cercas, muros, valas ou valados, tê-lo-á igualmente a adquirir meação na parede, muro, valado ou cerca do vizinho, embolsando-lhe metade do que atualmente valer a obra e o terreno por ela ocupado (art. 1.297).

- V. art. 1.330, CC.

Art. 1.329. Não convindo os dois no preço da obra, será este arbitrado por peritos, a expensas de ambos os confinantes.

Art. 1.330. Qualquer que seja o valor da meação, enquanto aquele que pretender a divisão não o pagar ou depositar, nenhum uso poderá fazer na parede, muro, vala, cerca ou qualquer outra obra divisória.

Capítulo VII
Do Condomínio Edilício

Seção I
Disposições Gerais

Art. 1.331. Pode haver, em edificações, partes que são propriedade exclusiva, e partes que são propriedade comum dos condôminos.

- V. arts. 1º, § 2º, e 3º, Lei 4.591/1964 (Condomínio em edificações e incorporações imobiliárias).

§ 1º As partes suscetíveis de utilização independente, tais como apartamentos, escritórios, salas, lojas e sobrelojas, com as respectivas frações ideais no solo e nas outras partes comuns, sujeitam-se a propriedade exclusiva, podendo ser alienadas e gravadas livremente por seus proprietários, exceto os abrigos para veículos, que não poderão ser alienados ou alugados a pessoas estranhas ao condomínio, salvo autorização expressa na convenção de condomínio.

- § 1º com redação determinada pela Lei 12.607/2012 (DOU 05.04.2012), em vigor 45 (quarenta e cinco) dias após a data de sua publicação, de acordo com o art. 1º do Dec.-lei 4.657/1942.

§ 2º O solo, a estrutura do prédio, o telhado, a rede geral de distribuição de água, esgoto, gás e eletricidade, a calefação e refrigeração centrais, e as demais partes comuns, inclusive o acesso ao logradouro público, são utilizados em comum pelos condôminos, não podendo ser alienados separadamente, ou divididos.

§ 3º A cada unidade imobiliária caberá, como parte inseparável, uma fração ideal no solo e nas outras partes comuns, que será identificada em forma decimal ou ordinária no instrumento de instituição do condomínio.

- § 3º com redação determinada pela Lei 10.931/2004.

§ 4º Nenhuma unidade imobiliária pode ser privada do acesso ao logradouro público.

§ 5º O terraço de cobertura é parte comum, salvo disposição contrária da escritura de constituição do condomínio.

- V. art. 1.344, CC.

Art. 1.332. Institui-se o condomínio edilício por ato entre vivos ou testamento, registrado no Cartório de Registro de Imóveis, devendo constar daquele ato, além do disposto em lei especial:

- V. art. 7º, Lei 4.591/1964 (Condomínio em edificações e incorporações imobiliárias).
- V. art. 167, I-17, Lei 6.015/1973 (Lei de Registros Públicos).
- V. Súmula 260, STJ.

I – a discriminação e individualização das unidades de propriedade exclusiva, estremadas uma das outras e das partes comuns;

II – a determinação da fração ideal atribuída a cada unidade, relativamente ao terreno e partes comuns;

III – o fim a que as unidades se destinam.

Art. 1.333. A convenção que constitui o condomínio edilício deve ser subscrita pelos titulares de, no mínimo, 2/3 (dois terços) das frações ideais e torna-se, desde logo, obrigatória para os titulares de direito sobre as unidades, ou para quantos sobre elas tenham posse ou detenção.

- V. art. 9º, §§ 1º e 2º, Lei 4.591/1964 (Condomínio em edificações e incorporações imobiliárias).

Parágrafo único. Para ser oponível contra terceiros, a convenção do condomínio deverá ser registrada no Cartório de Registro de Imóveis.

Art. 1.334. Além das cláusulas referidas no art. 1.332 e das que os interessados houverem por bem estipular, a convenção determinará:

- V. art. 9º, § 3º, Lei 4.591/1964 (Condomínio em edificações e incorporações imobiliárias).

I – a quota proporcional e o modo de pagamento das contribuições dos condôminos para atender às despesas ordinárias e extraordinárias do condomínio;

II – sua forma de administração;

III – a competência das assembleias, forma de sua convocação e *quorum* exigido para as deliberações;

IV – as sanções a que estão sujeitos os condôminos, ou possuidores;

V – o regimento interno.

§ 1º A convenção poderá ser feita por escritura pública ou por instrumento particular.

§ 2º São equiparados aos proprietários, para os fins deste artigo, salvo disposição em contrário, os promitentes compradores e os cessionários de direitos relativos às unidades autônomas.

Art. 1.335. São direitos do condômino:

- V. art. 19, Lei 4.591/1964 (Condomínio em edificações e incorporações imobiliárias).

I – usar, fruir e livremente dispor das suas unidades;

II – usar das partes comuns, conforme a sua destinação, e contanto que não exclua a utilização dos demais compossuidores;

III – votar nas deliberações da assembleia e delas participar, estando quite.

Art. 1.336. São deveres do condômino:

- V. arts. 10, *caput* e § 1º, 12, *caput* e § 3º, e 21, *caput*, Lei 4.591/1964 (Condomínio em edificações e incorporações imobiliárias).

I – contribuir para as despesas do condomínio na proporção das suas frações ideais, salvo disposição em contrário na convenção;

- Inciso I com redação determinada pela Lei 10.931/2004.

II – não realizar obras que comprometam a segurança da edificação;

III – não alterar a forma e a cor da fachada, das partes e esquadrias externas;

IV – dar às suas partes a mesma destinação que tem a edificação, e não as utilizar de maneira prejudicial ao sossego, salubridade e segurança dos possuidores, ou aos bons costumes.

- V. art. 1.277, CC.

§ 1º O condômino que não pagar a sua contribuição ficará sujeito aos juros moratórios convencionados ou, não sendo previstos, os de 1% (um por cento) ao mês e multa de até 2% (dois por cento) sobre o débito.

§ 2º O condômino, que não cumprir qualquer dos deveres estabelecidos nos incisos II a IV, pagará a multa prevista no ato constitutivo ou na convenção, não podendo ela ser superior a cinco vezes o valor de suas contribuições mensais, independentemente das perdas e danos que se apurarem; não havendo disposição expressa, caberá à assembleia geral, por 2/3 (dois terços) no mínimo dos condôminos restantes, deliberar sobre a cobrança da multa.

Art. 1.337. O condômino, ou possuidor, que não cumpre reiteradamente com os seus deveres perante o condomínio poderá, por deliberação de 3/4 (três quartos) dos condôminos restantes, ser constrangido a pagar multa correspondente até ao quíntuplo do valor atribuído à contribuição para as despesas condominiais, conforme a gravidade das faltas e a reiteração, independentemente das perdas e danos que se apurem.

- V. arts. 402 a 405, CC.
- V. art. 21, *caput*, Lei 4.591/1964 (Condomínio em edificações e incorporações imobiliárias).

Códigos

Parágrafo único. O condômino ou possuidor que, por seu reiterado comportamento antissocial, gerar incompatibilidade de convivência com os demais condôminos ou possuidores, poderá ser constrangido a pagar multa correspondente ao décuplo do valor atribuído à contribuição para as despesas condominiais, até ulterior deliberação da assembleia.

Art. 1.338. Resolvendo o condômino alugar área no abrigo para veículos, preferir-se-á, em condições iguais, qualquer dos condôminos a estranhos, e, entre todos, os possuidores.

- V. art. 2º, §§ 1º e 2º, Lei 4.591/1964 (Condomínio em edificações e incorporações imobiliárias).

Art. 1.339. Os direitos de cada condômino às partes comuns são inseparáveis de sua propriedade exclusiva; são também inseparáveis das frações ideais correspondentes às unidades imobiliárias, com as suas partes acessórias.

- V. art. 3º, Lei 4.591/1964 (Condomínio em edificações e incorporações imobiliárias).

§ 1º Nos casos deste artigo é proibido alienar ou gravar os bens em separado.

§ 2º É permitido ao condômino alienar parte acessória de sua unidade imobiliária a outro condômino, só podendo fazê-lo a terceiro se essa faculdade constar do ato constitutivo do condomínio, e se a ela não se opuser a respectiva assembleia geral.

Art. 1.340. As despesas relativas a partes comuns de uso exclusivo de um condômino, ou de alguns deles, incumbem a quem delas se serve.

Art. 1.341. A realização de obras no condomínio depende:

- V. art. 12, § 4º, Lei 4.591/1964 (Condomínio em edificações e incorporações imobiliárias).

I – se voluptuárias, de voto de 2/3 (dois terços) dos condôminos;

II – se úteis, de voto da maioria dos condôminos.

§ 1º As obras ou reparações necessárias podem ser realizadas, independentemente de autorização, pelo síndico, ou, em caso de omissão ou impedimento deste, por qualquer condômino.

§ 2º Se as obras ou reparos necessários forem urgentes e importarem em despesas excessivas, determinada sua realização, o síndico ou o condômino que tomou a iniciativa delas dará ciência à assembleia, que deverá ser convocada imediatamente.

§ 3º Não sendo urgentes, as obras ou reparos necessários, que importarem em despesas excessivas, somente poderão ser efetuadas após autorização da assembleia, especialmente convocada pelo síndico, ou, em caso de omissão ou impedimento deste, por qualquer dos condôminos.

§ 4º O condômino que realizar obras ou reparos necessários será reembolsado das despesas que efetuar, não tendo direito à restituição das que fizer com obras ou reparos de outra natureza, embora de interesse comum.

Art. 1.342. A realização de obras, em partes comuns, em acréscimo às já existentes, a fim de lhes facilitar ou aumentar a utilização, depende da aprovação de 2/3 (dois terços) dos votos dos condôminos, não sendo permitidas construções, nas partes comuns, suscetíveis de prejudicar a utilização, por qualquer dos condôminos, das partes próprias, ou comuns.

- V. art. 10, IV, Lei 4.591/1964 (Condomínio em edificações e incorporações imobiliárias).

Art. 1.343. A construção de outro pavimento, ou, no solo comum, de outro edifício, destinado a conter novas unidades imobiliárias, depende da aprovação da unanimidade dos condôminos.

- V. art. 1.351, CC.

Art. 1.344. Ao proprietário do terraço de cobertura incumbem as despesas da sua conservação, de modo que não haja danos às unidades imobiliárias inferiores.

- V. art. 1.331, § 5º, CC.

Art. 1.345. O adquirente de unidade responde pelos débitos do alienante, em relação ao condomínio, inclusive multas e juros moratórios.

Art. 1.346. É obrigatório o seguro de toda a edificação contra o risco de incêndio ou destruição, total ou parcial.

- V. art. 13, Lei 4.591/1964 (Condomínio em edificações e incorporações imobiliárias).

Seção II
Da Administração do Condomínio

Art. 1.347. A assembleia escolherá um síndico, que poderá não ser condômino, para administrar o condomínio, por prazo não superior a 2 (dois) anos, o qual poderá renovar-se.

- V. art. 22, *caput*, Lei 4.591/1964 (Condomínio em edificações e incorporações imobiliárias).

Art. 1.348. Compete ao síndico:

- V. arts. 22, §§ 1º e 2º, e 24, *caput*, Lei 4.591/1964 (Condomínio em edificações e incorporações imobiliárias).

I – convocar a assembleia dos condôminos;

II – representar, ativa e passivamente, o condomínio, praticando, em juízo ou fora dele, os atos necessários à defesa dos interesses comuns;

III – dar imediato conhecimento à assembleia da existência de procedimento judicial ou administrativo, de interesse do condomínio;

IV – cumprir e fazer cumprir a convenção, o regimento interno e as determinações da assembleia;

V – diligenciar a conservação e a guarda das partes comuns e zelar pela prestação dos serviços que interessem aos possuidores;

VI – elaborar o orçamento da receita e da despesa relativa a cada ano;

VII – cobrar dos condôminos as suas contribuições, bem como impor e cobrar as multas devidas;

VIII – prestar contas à assembleia, anualmente e quando exigidas;

IX – realizar o seguro da edificação.

§ 1º Poderá a assembleia investir outra pessoa, em lugar do síndico, em poderes de representação.

§ 2º O síndico pode transferir a outrem, total ou parcialmente, os poderes de representação ou as funções administrativas, mediante aprovação da assembleia, salvo disposição em contrário da convenção.

Art. 1.349. A assembleia, especialmente convocada para o fim estabelecido no § 2º do artigo antecedente, poderá, pelo voto da maioria absoluta de seus membros, destituir o síndico que praticar irregularidades, não prestar contas, ou não administrar convenientemente o condomínio.

- V. art. 22, § 5º, Lei 4.591/1964 (Condomínio em edificações e incorporações imobiliárias).

Art. 1.350. Convocará o síndico, anualmente, reunião da assembleia dos condôminos, na forma prevista na convenção, a fim de aprovar o orçamento das despesas, as contribuições dos condôminos e a prestação de contas, e eventualmente eleger-lhe o substituto e alterar o regimento interno.

- V. arts. 24, *caput*, e 27, Lei 4.591/1964 (Condomínio em edificações e incorporações imobiliárias).

§ 1º Se o síndico não convocar a assembleia, 1/4 (um quarto) dos condôminos poderá fazê-lo.

§ 2º Se a assembleia não se reunir, o juiz decidirá, a requerimento de qualquer condômino.

Art. 1.351. Depende da aprovação de 2/3 (dois terços) dos votos dos condôminos a alteração da convenção; a mudança da destinação do edifício, ou da unidade imobiliária, depende da aprovação pela unanimidade dos condôminos.

- Artigo com redação determinada pela Lei 10.931/2004.
- V. art. 1.343, CC.
- V. art. 25, parágrafo único, Lei 4.591/1964 (Condomínio em edificações e incorporações imobiliárias).

Art. 1.352. Salvo quando exigido *quorum* especial, as deliberações da assembleia serão tomadas, em primeira convocação, por maioria de votos dos condôminos presentes que representem pelo menos metade das frações ideais.

- V. art. 24, § 3º, Lei 4.591/1964 (Condomínio em edificações e incorporações imobiliárias).

Parágrafo único. Os votos serão proporcionais às frações ideais no solo e nas outras partes comuns pertencentes a cada condômino, salvo disposição diversa da convenção de constituição do condomínio.

Art. 1.353. Em segunda convocação, a assembleia poderá deliberar por maioria dos votos dos presentes, salvo quando exigido *quorum* especial.

Art. 1.354. A assembleia não poderá deliberar se todos os condôminos não forem convocados para a reunião.

Art. 1.355. Assembleias extraordinárias poderão ser convocadas pelo síndico ou por 1/4 (um quarto) dos condôminos.

- V. art. 25, *caput*, Lei 4.591/1964 (Condomínio em edificações e incorporações imobiliárias).

Art. 1.356. Poderá haver no condomínio um conselho fiscal, composto de três membros, eleitos pela assembleia, por prazo não superior a 2 (dois) anos, ao qual compete dar parecer sobre as contas do síndico.

- V. art. 23, Lei 4.591/1964 (Condomínio em edificações e incorporações imobiliárias).

Seção III
Da Extinção do Condomínio

Art. 1.357. Se a edificação for total ou consideravelmente destruída, ou ameace ruína, os condôminos deliberarão em assembleia sobre a reconstrução, ou venda, por votos que representem metade mais uma das frações ideais.

- V. art. 14, *caput* e §§ 2º e 3º, Lei 4.591/1964 (Condomínio em edificações e incorporações imobiliárias).

§ 1º Deliberada a reconstrução, poderá o condômino eximir-se do pagamento das despesas respectivas, alienando os seus direitos a outros condôminos, mediante avaliação judicial.

§ 2º Realizada a venda, em que se preferirá, em condições iguais de oferta, o condômino ao estranho, será repartido o apurado entre os condôminos, proporcionalmente ao valor das suas unidades imobiliárias.

Art. 1.358. Se ocorrer desapropriação, a indenização será repartida na proporção a que se refere o § 2º do artigo antecedente.

Seção IV
Do Condomínio de Lotes

- Seção IV acrescentada pela Lei 13.465/2017

Art. 1.358-A. Pode haver, em terrenos, partes designadas de lotes que são propriedade exclusiva e partes que são propriedade comum dos condôminos.

- Artigo acrescentado pela Lei 13.465/2017.

§ 1º A fração ideal de cada condômino poderá ser proporcional à área do solo de cada unidade autônoma, ao respectivo potencial construtivo ou a outros critérios indicados no ato de instituição.

§ 2º Aplica-se, no que couber, ao condomínio de lotes o disposto sobre condomínio edilício neste Capítulo, respeitada a legislação urbanística.

§ 3º Para fins de incorporação imobiliária, a implantação de toda a infraestrutura ficará a cargo do empreendedor.

Capítulo VII-A
Do Condomínio em Multipropriedade

- Capítulo VII-A acrescentado pela Lei 13.777/2018 (*DOU* 21.12.2018), em vigor 45 (quarenta e cinco) dias após a data de sua publicação, de acordo com o art. 1º do Dec.-lei 4.657/1942.

Seção I
Disposições Gerais

- Seção I acrescentada pela Lei 13.777/2018 (*DOU* 21.12.2018), em vigor 45 (quarenta e cinco) dias após a data de sua publicação, de acordo com o art. 1º do Dec.-lei 4.657/1942.

Art. 1.358-B. A multipropriedade reger-se-á pelo disposto neste Capítulo e, de forma supletiva e subsidiária, pelas demais disposições deste Código e pelas disposições das Leis 4.591, de 16 de dezembro de 1964, e 8.078, de 11 de setembro de 1990 (Código de Defesa do Consumidor).

- Artigo acrescentado pela Lei 13.777/2018 (*DOU* 21.12.2018), em vigor 45 (quarenta e cinco) dias após a data de sua publicação, de acordo com o art. 1º do Dec.-lei 4.657/1942.

Art. 1.358-C. Multipropriedade é o regime de condomínio em que cada um dos proprietários de um mesmo imóvel é titular de uma fração de tempo, à qual corresponde a faculdade de uso e gozo, com exclusividade, da totalidade do imóvel, a ser exercida pelos proprietários de forma alternada.

- Artigo acrescentado pela Lei 13.777/2018 (*DOU* 21.12.2018), em vigor 45 (quarenta e cinco) dias após a data de sua publicação, de acordo com o art. 1º do Dec.-lei 4.657/1942.

Parágrafo único. A multipropriedade não se extinguirá automaticamente se todas as frações de tempo forem do mesmo multiproprietário.

Art. 1.358-D. O imóvel objeto da multipropriedade:

- Artigo acrescentado pela Lei 13.777/2018 (*DOU* 21.12.2018), em vigor 45 (quarenta e cinco) dias após a data de sua publicação, de acordo com o art. 1º do Dec.-lei 4.657/1942.

I – é indivisível, não se sujeitando a ação de divisão ou de extinção de condomínio;

II – inclui as instalações, os equipamentos e o mobiliário destinados a seu uso e gozo.

Art. 1.358-E. Cada fração de tempo é indivisível.

- Artigo acrescentado pela Lei 13.777/2018 (*DOU* 21.12.2018), em vigor 45 (quarenta e cinco) dias após a data de sua publicação, de acordo com o art. 1º do Dec.-lei 4.657/1942.

§ 1º O período correspondente a cada fração de tempo será de, no mínimo, 7 (sete) dias, seguidos ou intercalados, e poderá ser:

I – fixo e determinado, no mesmo período de cada ano;

II – flutuante, caso em que a determinação do período será realizada de forma periódica, mediante procedimento objetivo que respeite, em relação a todos os multiproprietários, o princípio da isonomia, devendo ser previamente divulgado; ou

III – misto, combinando os sistemas fixo e flutuante.

§ 2º Todos os multiproprietários terão direito a uma mesma quantidade mínima de dias seguidos durante o ano, podendo haver a aquisição de frações maiores que a mínima, com o correspondente direito ao uso por períodos também maiores.

Seção II
Da Instituição da Multipropriedade

- Seção II acrescentada pela Lei 13.777/2018 (*DOU* 21.12.2018), em vigor 45 (quarenta e cinco) dias após a data de sua publicação, de acordo com o art. 1º do Dec.-lei 4.657/1942.

Art. 1.358-F. Institui-se a multipropriedade por ato entre vivos ou testamento, registrado no competente cartório de registro de imóveis, devendo constar daquele ato a duração dos períodos correspondentes a cada fração de tempo.

- Artigo acrescentado pela Lei 13.777/2018 (*DOU* 21.12.2018), em vigor 45 (quarenta e cinco) dias após a data de sua publicação, de acordo com o art. 1º do Dec.-lei 4.657/1942.

Art. 1.358-G. Além das cláusulas que os multiproprietários decidirem estipular, a convenção de condomínio em multipropriedade determinará:

- Artigo acrescentado pela Lei 13.777/2018 (*DOU* 21.12.2018), em vigor 45 (quarenta e cinco) dias após a data de sua publicação, de acordo com o art. 1º do Dec.-lei 4.657/1942.

I – os poderes e deveres dos multiproprietários, especialmente em matéria de instalações, equipamentos e mobiliário do imóvel, de manutenção ordinária e extraordinária, de conservação e limpeza e de pagamento da contribuição condominial;

II – o número máximo de pessoas que podem ocupar simultaneamente o imóvel no período correspondente a cada fração de tempo;

III – as regras de acesso do administrador condominial ao imóvel para cumprimento do dever de manutenção, conservação e limpeza;

IV – a criação de fundo de reserva para reposição e manutenção dos equipamentos, instalações e mobiliário;

V – o regime aplicável em caso de perda ou destruição parcial ou total do imóvel, inclusive para efeitos de participação no risco ou no valor do seguro, da indenização ou da parte restante;

VI – as multas aplicáveis ao multiproprietário nas hipóteses de descumprimento de deveres.

Art. 1.358-H. O instrumento de instituição da multipropriedade ou a convenção de condomínio em multipropriedade poderá estabelecer o limite máximo de frações de tempo no mesmo imóvel que poderão ser detidas pela mesma pessoa natural ou jurídica.

- Artigo acrescentado pela Lei 13.777/2018 (*DOU* 21.12.2018), em vigor 45 (quarenta e cinco) dias após a data de sua publicação, de acordo com o art. 1º do Dec.-lei 4.657/1942.

Parágrafo único. Em caso de instituição da multipropriedade para posterior venda das frações de tempo a terceiros, o atendimento a eventual limite de frações de tempo por titular estabelecido no instrumento de instituição será obrigatório somente após a venda das frações.

Seção III
Dos Direitos e das Obrigações do Multiproprietário

- Seção III acrescentada pela Lei 13.777/2018 (*DOU* 21.12.2018), em vigor 45 (quarenta e cinco) dias após a data de sua publicação, de acordo com o art. 1º do Dec.-lei 4.657/1942.

Art. 1.358-I. São direitos do multiproprietário, além daqueles previstos no instrumento de instituição e na convenção de condomínio em multipropriedade:

- Artigo acrescentado pela Lei 13.777/2018 (*DOU* 21.12.2018), em vigor 45 (quarenta e cinco) dias após a data de sua publicação, de acordo com o art. 1º do Dec.-lei 4.657/1942.

I – usar e gozar, durante o período correspondente à sua fração de tempo, do imóvel e de suas instalações, equipamentos e mobiliário;

II – ceder a fração de tempo em locação ou comodato;

III – alienar a fração de tempo, por ato entre vivos ou por causa de morte, a título oneroso ou gratuito, ou onerá-la, devendo a alienação e a qualificação do sucessor, ou a oneração, ser informadas ao administrador;

IV – participar e votar, pessoalmente ou por intermédio de representante ou procurador, desde que esteja quite com as obrigações condominiais, em:

a) assembleia geral do condomínio em multipropriedade, e o voto do multiproprietário corresponderá à quota de sua fração de tempo no imóvel;

b) assembleia geral do condomínio edilício, quando for o caso, e o voto do multiproprietário corresponderá à quota de sua fração de tempo em relação à quota de poder político atribuído à unidade autônoma na respectiva convenção de condomínio edilício.

Art. 1.358-J. São obrigações do multiproprietário, além daquelas previstas no instrumento de instituição e na convenção de condomínio em multipropriedade:

- Artigo acrescentado pela Lei 13.777/2018 (*DOU* 21.12.2018), em vigor 45 (quarenta e cinco) dias após a data de sua publicação, de acordo com o art. 1º do Dec.-lei 4.657/1942.

I – pagar a contribuição condominial do condomínio em multipropriedade e, quando for o caso, do condomínio edilício, ainda que renuncie ao uso e gozo, total ou parcial, do imóvel, das áreas comuns ou das respectivas instalações, equipamentos e mobiliário;

II – responder por danos causados ao imóvel, às instalações, aos equipamentos e ao mobiliário por si, por qualquer de seus acompanhantes, convidados ou prepostos ou por pessoas por ele autorizadas;

III – comunicar imediatamente ao administrador os defeitos, avarias e vícios no imóvel dos quais tiver ciência durante a utilização;

IV – não modificar, alterar ou substituir o mobiliário, os equipamentos e as instalações do imóvel;

V – manter o imóvel em estado de conservação e limpeza condizente com os fins a que se destina e com a natureza da respectiva construção;

VI – usar o imóvel, bem como suas instalações, equipamentos e mobiliário, conforme seu destino e natureza;

VII – usar o imóvel exclusivamente durante o período correspondente à sua fração de tempo;

VIII – desocupar o imóvel, impreterivelmente, até o dia e hora fixados no instrumento de instituição ou na convenção de condomínio em multipropriedade, sob pena de multa diária, conforme convencionado no instrumento pertinente;

IX – permitir a realização de obras ou reparos urgentes.

§ 1º Conforme previsão que deverá constar da respectiva convenção de condomínio em multipropriedade, o multiproprietário estará sujeito a:

I – multa, no caso de descumprimento de qualquer de seus deveres;

II – multa progressiva e perda temporária do direito de utilização do imóvel no período correspondente à sua fração de tempo, no caso de descumprimento reiterado de deveres.

§ 2º A responsabilidade pelas despesas referentes a reparos no imóvel, bem como suas instalações, equipamentos e mobiliário, será:

I – de todos os multiproprietários, quando decorrentes do uso normal e do desgaste natural do imóvel;

II – exclusivamente do multiproprietário responsável pelo uso anormal, sem prejuízo de multa, quando decorrentes de uso anormal do imóvel.

§ 3º *(Vetado).*

§ 4º *(Vetado).*

§ 5º *(Vetado).*

Art. 1.358-K. Para os efeitos do disposto nesta Seção, são equiparados aos multiproprietários os promitentes compradores e os cessionários de direitos relativos a cada fração de tempo.

- Artigo acrescentado pela Lei 13.777/2018 (*DOU* 21.12.2018), em vigor 45 (quarenta e cinco) dias após a data de sua publicação, de acordo com o art. 1º do Dec.-lei 4.657/1942.

Seção IV
Da Transferência da Multipropriedade

- Seção IV acrescentada pela Lei 13.777/2018 (*DOU* 21.12.2018), em vigor 45 (quarenta e cinco) dias após a data de sua publicação, de acordo com o art. 1º do Dec.-lei 4.657/1942.

Art. 1.358-L. A transferência do direito de multipropriedade e a sua produção de efeitos perante terceiros dar-se-ão na forma da lei civil e não dependerão da anuência ou cientificação dos demais multiproprietários.

- Artigo acrescentado pela Lei 13.777/2018 (*DOU* 21.12.2018), em vigor 45 (quarenta e cinco) dias após a data de sua publicação, de acordo com o art. 1º do Dec.-lei 4.657/1942.

§ 1º Não haverá direito de preferência na alienação de fração de tempo, salvo se estabelecido no instrumento de instituição ou na convenção do condomínio em multipropriedade em favor dos demais multiproprietários ou do instituidor do condomínio em multipropriedade.

§ 2º O adquirente será solidariamente responsável com o alienante pelas obrigações de que trata o § 5º do art. 1.358-J deste Código caso não obtenha a declaração de inexistência de débitos referente à fração de tempo no momento de sua aquisição.

Seção V
Da Administração da Multipropriedade

- Seção V acrescentada pela Lei 13.777/2018 (*DOU* 21.12.2018), em vigor 45 (quarenta e cinco) dias após a data de sua publicação, de acordo com o art. 1º do Dec.-lei 4.657/1942.

Art. 1.358-M. A administração do imóvel e de suas instalações, equipamentos e mobiliário será de responsabilidade da pessoa indicada no instrumento de instituição ou na convenção de condomínio em multipropriedade, ou, na falta de indicação, de pessoa escolhida em assembleia geral dos condôminos.

- Artigo acrescentado pela Lei 13.777/2018 (*DOU* 21.12.2018), em vigor 45 (quarenta e cinco) dias após a data de sua publicação, de acordo com o art. 1º do Dec.-lei 4.657/1942.

§ 1º O administrador exercerá, além daquelas previstas no instrumento de instituição e na convenção de condomínio em multipropriedade, as seguintes atribuições:

I – coordenação da utilização do imóvel pelos multiproprietários durante o período correspondente a suas respectivas frações de tempo;

II – determinação, no caso dos sistemas flutuante ou misto, dos períodos concretos de uso e gozo exclusivos de cada multiproprietário em cada ano;

III – manutenção, conservação e limpeza do imóvel;

IV – troca ou substituição de instalações, equipamentos ou mobiliário, inclusive:

a) determinar a necessidade da troca ou substituição;

b) providenciar os orçamentos necessários para a troca ou substituição;

c) submeter os orçamentos à aprovação pela maioria simples dos condôminos em assembleia;

V – elaboração do orçamento anual, com previsão das receitas e despesas;

VI – cobrança das quotas de custeio de responsabilidade dos multiproprietários;

VII – pagamento, por conta do condomínio edilício ou voluntário, com os fundos comuns arrecadados, de todas as despesas comuns.

§ 2º A convenção de condomínio em multipropriedade poderá regrar de forma diversa a atribuição prevista no inciso IV do § 1º deste artigo.

Art. 1.358-N. O instrumento de instituição poderá prever fração de tempo destinada à realização, no imóvel e em suas instalações, em seus equipamentos e em seu mobiliário, de reparos indispensáveis ao exercício normal do direito de multipropriedade.

- Artigo acrescentado pela Lei 13.777/2018 (*DOU* 21.12.2018), em vigor 45 (quarenta e cinco) dias após a data de sua publicação, de acordo com o art. 1º do Dec.-lei 4.657/1942.

§ 1º A fração de tempo de que trata o *caput* deste artigo poderá ser atribuída:

I – ao instituidor da multipropriedade; ou

II – aos multiproprietários, proporcionalmente às respectivas frações.

§ 2º Em caso de emergência, os reparos de que trata o *caput* deste artigo poderão ser feitos durante o período correspondente à fração de tempo de um dos multiproprietários.

Seção VI
Disposições Específicas relativas às Unidades Autônomas de Condomínios Edilícios

• Seção VI acrescentada pela Lei 13.777/2018 (*DOU* 21.12.2018), em vigor 45 (quarenta e cinco) dias após a data de sua publicação, de acordo com o art. 1º do Dec.-lei 4.657/1942.

Art. 1.358-O. O condomínio edilício poderá adotar o regime de multipropriedade em parte ou na totalidade de suas unidades autônomas, mediante:

• Artigo acrescentado pela Lei 13.777/2018 (*DOU* 21.12.2018), em vigor 45 (quarenta e cinco) dias após a data de sua publicação, de acordo com o art. 1º do Dec.-lei 4.657/1942.

I – previsão no instrumento de instituição; ou

II – deliberação da maioria absoluta dos condôminos.

Parágrafo único. No caso previsto no inciso I do *caput* deste artigo, a iniciativa e a responsabilidade para a instituição do regime da multipropriedade serão atribuídas às mesmas pessoas e observarão os mesmos requisitos indicados nas alíneas *a*, *b* e *c* e no § 1º do art. 31 da Lei 4.591, de 16 de dezembro de 1964.

Art. 1.358-P. Na hipótese do art. 1.358-O, a convenção de condomínio edilício deve prever, além das matérias elencadas nos arts. 1.332, 1.334 e, se for o caso, 1.358-G deste Código:

• Artigo acrescentado pela Lei 13.777/2018 (*DOU* 21.12.2018), em vigor 45 (quarenta e cinco) dias após a data de sua publicação, de acordo com o art. 1º do Dec.-lei 4.657/1942.

I – a identificação das unidades sujeitas ao regime da multipropriedade, no caso de empreendimentos mistos;

II – a indicação da duração das frações de tempo de cada unidade autônoma sujeita ao regime da multipropriedade;

III – a forma de rateio, entre os multiproprietários de uma mesma unidade autônoma, das contribuições condominiais relativas à unidade, que, salvo se disciplinada de forma diversa no instrumento de instituição ou na convenção de condomínio em multipropriedade, será proporcional à fração de tempo de cada multiproprietário;

IV – a especificação das despesas ordinárias, cujo custeio será obrigatório, independentemente do uso e gozo do imóvel e das áreas comuns;

V – os órgãos de administração da multipropriedade;

VI – a indicação, se for o caso, de que o empreendimento conta com sistema de administração de intercâmbio, na forma prevista no § 2º do art. 23 da Lei 11.771, de 17 de setembro de 2008, seja do período de fruição da fração de tempo, seja do local de fruição, caso em que a responsabilidade e as obrigações da companhia de intercâmbio limitam-se ao contido na documentação de sua contratação;

VII – a competência para a imposição de sanções e o respectivo procedimento, especialmente nos casos de mora no cumprimento das obrigações de custeio e nos casos de descumprimento da obrigação de desocupar o imóvel até o dia e hora previstos;

VIII – o quórum exigido para a deliberação de adjudicação da fração de tempo na hipótese de inadimplemento do respectivo multiproprietário;

IX – o quórum exigido para a deliberação de alienação, pelo condomínio edilício, da fração de tempo adjudicada em virtude do inadimplemento do respectivo multiproprietário.

Art. 1.358-Q. Na hipótese do art. 1.358-O deste Código, o regimento interno do condomínio edilício deve prever:

• Artigo acrescentado pela Lei 13.777/2018 (*DOU* 21.12.2018), em vigor 45 (quarenta e cinco) dias após a data de sua publicação, de acordo com o art. 1º do Dec.-lei 4.657/1942.

I – os direitos dos multiproprietários sobre as partes comuns do condomínio edilício;

II – os direitos e obrigações do administrador, inclusive quanto ao acesso ao imóvel para cumprimento do dever de manutenção, conservação e limpeza;

III – as condições e regras para uso das áreas comuns;

IV – os procedimentos a serem observados para uso e gozo dos imóveis e das instalações, equipamentos e mobiliário destinados ao regime da multipropriedade;

V – o número máximo de pessoas que podem ocupar simultaneamente o imóvel no período correspondente a cada fração de tempo;

VI – as regras de convivência entre os multiproprietários e os ocupantes de unidades autônomas não sujeitas ao regime da multipropriedade, quando se tratar de empreendimentos mistos;

VII – a forma de contribuição, destinação e gestão do fundo de reserva específico para cada imóvel, para reposição e manutenção dos equipamentos, instalações e mobiliário, sem prejuízo do fundo de reserva do condomínio edilício;

VIII – a possibilidade de realização de assembleias não presenciais, inclusive por meio eletrônico;

IX – os mecanismos de participação e representação dos titulares;

X – o funcionamento do sistema de reserva, os meios de confirmação e os requisitos a serem cumpridos pelo multiproprietário quando não exercer diretamente sua faculdade de uso;

XI – a descrição dos serviços adicionais, se existentes, e as regras para seu uso e custeio.

Parágrafo único. O regimento interno poderá ser instituído por escritura pública ou por instrumento particular.

Art. 1.358-R. O condomínio edilício em que tenha sido instituído o regime de multipropriedade em parte ou na totalidade de suas unidades autônomas terá necessariamente um administrador profissional.

• Artigo acrescentado pela Lei 13.777/2018 (*DOU* 21.12.2018), em vigor 45 (quarenta e cinco) dias após a data de sua publicação, de acordo com o art. 1º do Dec.-lei 4.657/1942.

§ 1º O prazo de duração do contrato de administração será livremente convencionado.

§ 2º O administrador do condomínio referido no *caput* deste artigo será também o administrador de todos os condomínios em multipropriedade de suas unidades autônomas.

§ 3º O administrador será mandatário legal de todos os multiproprietários, exclusivamente para a realização dos atos de gestão ordinária da multipropriedade, incluindo manutenção, conservação e limpeza do imóvel e de suas instalações, equipamentos e mobiliário.

§ 4º O administrador poderá modificar o regimento interno quanto aos aspectos estritamente operacionais da gestão da multipropriedade no condomínio edilício.

§ 5º O administrador pode ser ou não um prestador de serviços de hospedagem.

Art. 1.358-S. Na hipótese de inadimplemento, por parte do multiproprietário, da obrigação de custeio das despesas ordinárias ou extraordinárias, é cabível, na forma da lei processual civil, a adjudicação ao condomínio edilício da fração de tempo correspondente.

• Artigo acrescentado pela Lei 13.777/2018 (*DOU* 21.12.2018), em vigor 45 (quarenta e cinco) dias após a data de sua publicação, de acordo com o art. 1º do Dec.-lei 4.657/1942.

Parágrafo único. Na hipótese de o imóvel objeto da multipropriedade ser parte integrante de empreendimento em que haja sistema de locação das frações de tempo no qual os titulares possam ou sejam obrigados a locar suas frações de tempo exclusivamente por meio de uma administração única, repartindo entre si as receitas das locações independentemente da efetiva ocupação de cada unidade autônoma, poderá a convenção do condomínio edilício regrar que em caso de inadimplência:

I – o inadimplente fique proibido de utilizar o imóvel até a integral quitação da dívida;

II – a fração de tempo do inadimplente passe a integrar o pool da administradora;

III – a administradora do sistema de locação fique automaticamente munida de poderes e obrigada a, por conta e ordem do inadimplente, utilizar a integralidade dos valores líquidos a que o inadimplente tiver direito para amortizar suas dívidas condominiais, seja do condomínio edilício, seja do condomínio em multipropriedade, até sua integral quitação, devendo eventual saldo ser imediatamente repassado ao multiproprietário.

Art. 1.358-T. O multiproprietário somente poderá renunciar de forma translativa a seu direito de multipropriedade em favor do condomínio edilício.

- Artigo acrescentado pela Lei 13.777/2018 (*DOU* 21.12.2018), em vigor 45 (quarenta e cinco) dias após a data de sua publicação, de acordo com o art. 1º do Dec.-lei 4.657/1942.

Parágrafo único. A renúncia de que trata o *caput* deste artigo só é admitida se o multiproprietário estiver em dia com as contribuições condominiais, com os tributos imobiliários e, se houver, com o foro ou a taxa de ocupação.

Art. 1.358-U. As convenções dos condomínios edilícios, os memoriais de loteamentos e os instrumentos de venda dos lotes em loteamentos urbanos poderão limitar ou impedir a instituição da multipropriedade nos respectivos imóveis, vedação que somente poderá ser alterada no mínimo pela maioria absoluta dos condôminos.

- Artigo acrescentado pela Lei 13.777/2018 (*DOU* 21.12.2018), em vigor 45 (quarenta e cinco) dias após a data de sua publicação, de acordo com o art. 1º do Dec.-lei 4.657/1942.

Capítulo VIII
Da Propriedade Resolúvel

Art. 1.359. Resolvida a propriedade pelo implemento da condição ou pelo advento do termo, entendem-se também resolvidos os direitos reais concedidos na sua pendência, e o proprietário, em cujo favor se opera a resolução, pode reivindicar a coisa do poder de quem a possua ou detenha.

- V. arts. 121, 127, 128, 131, 135, 165, 507, 547, 1.225 e 1.953, CC.

Art. 1.360. Se a propriedade se resolver por outra causa superveniente, o possuidor, que a tiver adquirido por título anterior à sua resolução, será considerado proprietário perfeito, restando à pessoa, em cujo benefício houve a resolução, ação contra aquele cuja propriedade se resolveu para haver a própria coisa ou o seu valor.

- V. arts. 557 a 563, CC.

Capítulo IX
Da Propriedade Fiduciária

Art. 1.361. Considera-se fiduciária a propriedade resolúvel de coisa móvel infungível que o devedor, com escopo de garantia, transfere ao credor.

- V. art. 85, CC.
- V. arts. 22 e 23, Lei 4.864/1965 (Estímulo à indústria de construção civil).
- V. Dec.-lei 911/1969 (Alienação fiduciária).
- V. arts. 148 a 152, Lei 7.565/1986 (Código Brasileiro de Aeronáutica).
- V. arts. 6º a 9º, Lei 8.668/1993 (Fundos de Investimento Imobiliário).
- V. arts. 22 a 33, Lei 9.514/1997 (Sistema de Financiamento Imobiliário e alienação fiduciária de coisa imóvel).

§ 1º Constitui-se a propriedade fiduciária com o registro do contrato, celebrado por instrumento público ou particular, que lhe serve de título, no Registro de Títulos e Documentos do domicílio do devedor, ou, em se tratando de veículos, na repartição competente para o licenciamento, fazendo-se a anotação no certificado de registro.

- V. arts. 129-5 e 167, I-35, Lei 6.015/1973 (Lei de Registros Públicos).

§ 2º Com a constituição da propriedade fiduciária, dá-se o desdobramento da posse, tornando-se o devedor possuidor direto da coisa.

- V. art. 1.197, CC.

§ 3º A propriedade superveniente, adquirida pelo devedor, torna eficaz, desde o arquivamento, a transferência da propriedade fiduciária.

Art. 1.362. O contrato, que serve de título à propriedade fiduciária, conterá:

I – o total da dívida, ou sua estimativa;

II – o prazo, ou a época do pagamento;

III – a taxa de juros, se houver;

IV – a descrição da coisa objeto da transferência, com os elementos indispensáveis à sua identificação.

Art. 1.363. Antes de vencida a dívida, o devedor, a suas expensas e risco, pode usar a coisa segundo sua destinação, sendo obrigado, como depositário:

- V. arts. 627 a 652, CC.

I – a empregar na guarda da coisa a diligência exigida por sua natureza;

II – a entregá-la ao credor, se a dívida não for paga no vencimento.

Art. 1.364. Vencida a dívida, e não paga, fica o credor obrigado a vender, judicial ou extrajudicialmente, a coisa a terceiros, a aplicar o preço no pagamento de seu crédito e das despesas de cobrança, e a entregar o saldo, se houver, ao devedor.

- V. art. 1.366, CC.

Art. 1.365. É nula a cláusula que autoriza o proprietário fiduciário a ficar com a coisa alienada em garantia, se a dívida não for paga no vencimento.

- V. art. 1.428, CC.

Parágrafo único. O devedor pode, com a anuência do credor, dar seu direito eventual à coisa em pagamento da dívida, após o vencimento desta.

Art. 1.366. Quando, vendida a coisa, o produto não bastar para o pagamento da dívida e das despesas de cobrança, continuará o devedor obrigado pelo restante.

Art. 1.367. A propriedade fiduciária em garantia de bens móveis ou imóveis sujeita-se às disposições do Capítulo I do Título X do Livro III da Parte Especial deste Código e, no que for específico, à legislação especial pertinente, não se equiparando, para quaisquer efeitos, à propriedade plena de que trata o art. 1.231.

- Artigo com redação determinada pela Lei 13.043/2014.

Art. 1.368. O terceiro, interessado ou não, que pagar a dívida, se sub-rogará de pleno direito no crédito e na propriedade fiduciária.

- V. arts. 346 a 351, CC.

Art. 1.368-A. As demais espécies de propriedade fiduciária ou de titularidade fiduciária submetem-se à disciplina específica das respectivas leis especiais, somente se aplicando as disposições deste Código naquilo que não for incompatível com a legislação especial.

- Artigo acrescentado pela Lei 10.931/2004.

Art. 1.368-B. A alienação fiduciária em garantia de bem móvel ou imóvel confere direito real de aquisição ao fiduciante, seu cessionário ou sucessor.

- Artigo acrescentado pela Lei 13.043/2014.

Parágrafo único. O credor fiduciário que se tornar proprietário pleno do bem, por efeito de realização da garantia, mediante consolidação da propriedade, adjudicação, dação ou outra forma pela qual lhe tenha sido transmitida a propriedade plena, passa a responder pelo pagamento dos tributos sobre a propriedade e a posse, taxas, despesas condominiais e quaisquer outros encargos, tributários ou não, incidentes sobre o bem objeto da garantia, a partir da data em que vier a ser imitido na posse direta do bem.

Capítulo X
Do Fundo de Investimento

- Capítulo X acrescentado pela MP 881/2019.

☛ **Art. 1.368-C.** O fundo de investimento é uma comunhão de recursos, constituído sob a forma de condomínio, destinado à aplicação em ativos financeiros.

- Artigo acrescentado pela MP 881/2019.

Parágrafo único. Competirá à Comissão de Valores Mobiliários disciplinar o disposto no *caput*.

Art. 1.368-D. O regulamento do fundo de investimento poderá, observado o disposto no regulamento a que se refere o parágrafo único do art. 1.368-C:

- Artigo acrescentado pela MP 881/2019.

I – estabelecer a limitação da responsabilidade de cada condômino ao valor de suas cotas; e

II – autorizar a limitação da responsabilidade dos prestadores de serviços fiduciários, perante o condomínio e entre si, ao cumprimento dos deveres particulares de cada um, sem solidariedade.

Art. 1.368-E. A adoção da responsabilidade limitada por fundo constituído sem a limitação de responsabilidade somente abrangerá fatos ocorridos após a mudança.

- Artigo acrescentado pela MP 881/2019.

TÍTULO IV
Da Superfície

Art. 1.369. O proprietário pode conceder a outrem o direito de construir ou de plantar em seu terreno, por tempo determinado, mediante escritura pública devidamente registrada no Cartório de Registro de Imóveis.

- V. art. 1.225, II, CC.

- V. art. 167, I-39, Lei 6.015/1973 (Lei de Registros Públicos).
- V. arts. 21 a 24, Lei 10.257/2001 (Política urbana).

Parágrafo único. O direito de superfície não autoriza obra no subsolo, salvo se for inerente ao objeto da concessão.

Art. 1.370. A concessão da superfície será gratuita ou onerosa; se onerosa, estipularão as partes se o pagamento será feito de uma só vez, ou parceladamente.

- V. art. 21, § 2º, Lei 10.257/2001 (Política urbana).

Art. 1.371. O superficiário responderá pelos encargos e tributos que incidirem sobre o imóvel.

- V. art. 21, § 3º, Lei 10.257/2001 (Política urbana).

Art. 1.372. O direito de superfície pode transferir-se a terceiros e, por morte do superficiário, aos seus herdeiros.

- V. art. 1.784, CC.
- V. art. 21, §§ 4º e 5º, Lei 10.257/2001 (Política urbana).

Parágrafo único. Não poderá ser estipulado pelo concedente, a nenhum título, qualquer pagamento pela transferência.

Art. 1.373. Em caso de alienação do imóvel ou do direito de superfície, o superficiário ou o proprietário tem direito de preferência, em igualdade de condições.

- V. art. 22, Lei 10.257/2001 (Política urbana).

Art. 1.374. Antes do termo final, resolver-se-á a concessão se o superficiário der ao terreno destinação diversa daquela para que foi concedida.

- V. art. 24, § 1º, Lei 10.257/2001 (Política urbana).

Art. 1.375. Extinta a concessão, o proprietário passará a ter a propriedade plena sobre o terreno, construção ou plantação, independentemente de indenização, se as partes não houverem estipulado o contrário.

- V. art. 24, *caput*, Lei 10.257/2001 (Política urbana).

Art. 1.376. No caso de extinção do direito de superfície em consequência de desapropriação, a indenização cabe ao proprietário e ao superficiário, no valor correspondente ao direito real de cada um.

Art. 1.377. O direito de superfície, constituído por pessoa jurídica de direito público interno, rege-se por este Código, no que não for diversamente disciplinado em lei especial.

TÍTULO V
Das Servidões

Capítulo I
Da Constituição das Servidões

Art. 1.378. A servidão proporciona utilidade para o prédio dominante, e grava o prédio serviente, que pertence a diverso dono, e constitui-se mediante declaração expressa dos proprietários, ou por testamento, e subsequente registro no Cartório de Registro de Imóveis.

- V. arts. 1.225, III, 1.227, 1.285 e 1.286, CC.
- V. arts. 12, 17, 29, 35, 77 e 117 a 138, Dec. 24.643/1934 (Código de Águas).
- V. arts. 17 e 23, Dec.-lei 3.236/1941 (Regime legal de jazidas de petróleo e gases naturais).
- V. arts. 59 a 62, Dec.-lei 227/1967 (Código de Mineração).
- V. art. 167, I-6, Lei 6.015/1973 (Lei de Registros Públicos).
- V. art. 7º, Dec.-lei 1.865/1981 (Ocupação provisória de imóveis para pesquisa e lavra de minérios com elementos nucleares).

Art. 1.379. O exercício incontestado e contínuo de uma servidão aparente, por 10 (dez) anos, nos termos do art. 1.242, autoriza o interessado a registrá-la em seu nome no Registro de Imóveis, valendo-lhe como título a sentença que julgar consumado a usucapião.

- V. art. 259, I, CPC/2015.
- V. art. 167, I-28, Lei 6.015/1973 (Lei de Registros Públicos).
- V. Súmula 415, STF.

Parágrafo único. Se o possuidor não tiver título, o prazo da usucapião será de 20 (vinte) anos.

Capítulo II
Do Exercício das Servidões

Art. 1.380. O dono de uma servidão pode fazer todas as obras necessárias à sua conservação e uso, e, se a servidão pertencer a mais de um prédio, serão as despesas rateadas entre os respectivos donos.

Art. 1.381. As obras a que se refere o artigo antecedente devem ser feitas pelo dono do prédio dominante, se o contrário não dispuser expressamente o título.

Art. 1.382. Quando a obrigação incumbir ao dono do prédio serviente, este poderá exonerar-se, abandonando, total ou parcialmente, a propriedade ao dono do dominante.

Parágrafo único. Se o proprietário do prédio dominante se recusar a receber a propriedade do serviente, ou parte dela, caber-lhe-á custear as obras.

Art. 1.383. O dono do prédio serviente não poderá embaraçar de modo algum o exercício legítimo da servidão.

Art. 1.384. A servidão pode ser removida, de um local para outro, pelo dono do prédio serviente e à sua custa, se em nada diminuir as vantagens do prédio dominante, ou pelo dono deste e à sua custa, se houver considerável incremento da utilidade e não prejudicar o prédio serviente.

Art. 1.385. Restringir-se-á o exercício da servidão às necessidades do prédio dominante, evitando-se, quanto possível, agravar o encargo ao prédio serviente.

§ 1º Constituída para certo fim, a servidão não se pode ampliar a outro.

§ 2º Nas servidões de trânsito, a de maior inclui a de menor ônus, e a menor exclui a mais onerosa.

§ 3º Se as necessidades da cultura, ou da indústria, do prédio dominante impuserem à servidão maior largueza, o dono do serviente é obrigado a sofrê-la; mas tem direito a ser indenizado pelo excesso.

Art. 1.386. As servidões prediais são indivisíveis, e subsistem, no caso de divisão dos imóveis, em benefício de cada uma das porções do prédio dominante, e continuam a gravar cada uma das do prédio serviente, salvo se, por natureza, ou destino, só se aplicarem a certa parte de um ou de outro.

- V. arts. 87 e 88, CC.

Capítulo III
Da Extinção das Servidões

Art. 1.387. Salvo nas desapropriações, a servidão, uma vez registrada, só se extingue, com respeito a terceiros, quando cancelada.

Parágrafo único. Se o prédio dominante estiver hipotecado, e a servidão se mencionar no título hipotecário, será também preciso, para a cancelar, o consentimento do credor.

- V. art. 256, Lei 6.015/1973 (Lei de Registros Públicos).

Art. 1.388. O dono do prédio serviente tem direito, pelos meios judiciais, ao cancelamento do registro, embora o dono do prédio dominante lho impugne:

- V. art. 257, Lei 6.015/1973 (Lei de Registros Públicos).

I – quando o titular houver renunciado a sua servidão;

II – quando tiver cessado, para o prédio dominante, a utilidade ou a comodidade, que determinou a constituição da servidão;

III – quando o dono do prédio serviente resgatar a servidão.

Art. 1.389. Também se extingue a servidão, ficando ao dono do prédio serviente a faculdade de fazê-la cancelar, mediante a prova da extinção:

I – pela reunião dos dois prédios no domínio da mesma pessoa;

II – pela supressão das respectivas obras por efeito de contrato, ou de outro título expresso;

III – pelo não uso, durante 10 (dez) anos contínuos.

TÍTULO VI
Do Usufruto

Capítulo I
Disposições Gerais

Art. 1.390. O usufruto pode recair em um ou mais bens, móveis ou imóveis, em um patrimônio inteiro, ou parte deste, abrangendo-lhe, no todo ou em parte, os frutos e utilidades.

- V. art. 231, § 2º, CF.
- V. arts. 1.225, IV, 1.410, VIII, 1.413, 1.416, 1.652, I, 1.689, I, 1.693, 1.816, parágrafo único, 1.921 e 1.946, CC.
- V. arts. 867 e 879, II, CPC/2015.
- V. art. 17, Dec.-lei 3.200/1941 (Organização e proteção da família).

- V. arts. 2º, IX, 22, 24, 26, 39, II, e 40, II, Lei 6.001/1973 (Estatuto do Índio).
- V. art. 21, § 1º, Lei 6.515/1977 (Dissolução da sociedade conjugal e do casamento).
- V. art. 2º, Lei 8.971/1994 (Direito dos companheiros a alimentos e à sucessão).

Art. 1.391. O usufruto de imóveis, quando não resulte de usucapião, constituir-se-á mediante registro no Cartório de Registro de Imóveis.

- V. art. 1.227, CC.
- V. art. 167, I-7, Lei 6.015/1973 (Lei de Registros Públicos).

Art. 1.392. Salvo disposição em contrário, o usufruto estende-se aos acessórios da coisa e seus acrescidos.

- V. arts. 92, 96, 97 e 1.248, CC.

§ 1º Se, entre os acessórios e os acrescidos, houver coisas consumíveis, terá o usufrutuário o dever de restituir, findo o usufruto, as que ainda houver e, das outras, o equivalente em gênero, qualidade e quantidade, ou, não sendo possível, o seu valor, estimado ao tempo da restituição.

- V. art. 86, CC.

§ 2º Se há no prédio em que recai o usufruto florestas ou os recursos minerais a que se refere o art. 1.230, devem o dono e o usufrutuário prefixar-lhe a extensão do gozo e a maneira de exploração.

§ 3º Se o usufruto recai sobre universalidade ou quota-parte de bens, o usufrutuário tem direito à parte do tesouro achado por outrem, e ao preço pago pelo vizinho do prédio usufruído, para obter meação em parede, cerca, muro, vala ou valado.

- V. arts. 90, 91, 1.264 a 1.266, 1.297 e 1.328, CC.

Art. 1.393. Não se pode transferir o usufruto por alienação; mas o seu exercício pode ceder-se por título gratuito ou oneroso.

- V. arts. 1.399 e 1.410, CC.

Capítulo II
Dos Direitos do Usufrutuário

Art. 1.394. O usufrutuário tem direito à posse, uso, administração e percepção dos frutos.

- V. arts. 1.196, 1.197, 1.395 a 1.398, 1.400 a 1.404, 1.410, VII, 1.412 e 1.413, CC.

Art. 1.395. Quando o usufruto recai em títulos de crédito, o usufrutuário tem direito a perceber os frutos e a cobrar as respectivas dívidas.

Parágrafo único. Cobradas as dívidas, o usufrutuário aplicará, de imediato, a importância em títulos da mesma natureza, ou em títulos da dívida pública federal, com cláusula de atualização monetária segundo índices oficiais regularmente estabelecidos.

- V. art. 1.410, VII, CC.

Art. 1.396. Salvo direito adquirido por outrem, o usufrutuário faz seus os frutos naturais, pendentes ao começar o usufruto, sem encargo de pagar as despesas de produção.

- V. art. 1.215, CC.

Parágrafo único. Os frutos naturais, pendentes ao tempo em que cessa o usufruto, pertencem ao dono, também sem compensação das despesas.

- V. art. 1.214, parágrafo único, CC.

Art. 1.397. As crias dos animais pertencem ao usufrutuário, deduzidas quantas bastem para inteirar as cabeças de gado existentes ao começar o usufruto.

Art. 1.398. Os frutos civis, vencidos na data inicial do usufruto, pertencem ao proprietário, e ao usufrutuário os vencidos na data em que cessa o usufruto.

- V. art. 1.215, CC.

Art. 1.399. O usufrutuário pode usufruir em pessoa, ou mediante arrendamento, o prédio, mas não mudar-lhe a destinação econômica, sem expressa autorização do proprietário.

- V. arts. 1.393 e 1.410, VIII, CC.

Capítulo III
Dos Deveres do Usufrutuário

Art. 1.400. O usufrutuário, antes de assumir o usufruto, inventariará, à sua custa, os bens que receber, determinando o estado em que se acham, e dará caução, fidejussória ou real, se lha exigir o dono, de velar-lhes pela conservação, e entregá-los findo o usufruto.

- V. arts. 1.394, 1.652, I, e 1.689, I, CC.

Parágrafo único. Não é obrigado à caução o doador que se reservar o usufruto da coisa doada.

Art. 1.401. O usufrutuário que não quiser ou não puder dar caução suficiente perderá o direito de administrar o usufruto; e, neste caso, os bens serão administrados pelo proprietário, que ficará obrigado, mediante caução, a entregar ao usufrutuário o rendimento deles, deduzidas as despesas de administração, entre as quais se incluirá a quantia fixada pelo juiz como remuneração do administrador.

Art. 1.402. O usufrutuário não é obrigado a pagar as deteriorações resultantes do exercício regular do usufruto.

- V. art. 569, IV, CC.

Art. 1.403. Incumbem ao usufrutuário:

I – as despesas ordinárias de conservação dos bens no estado em que os recebeu;

II – as prestações e os tributos devidos pela posse ou rendimento da coisa usufruída.

Art. 1.404. Incumbem ao dono as reparações extraordinárias e as que não forem de custo módico; mas o usufrutuário lhe pagará os juros do capital despendido com as que forem necessárias à conservação, ou aumentarem o rendimento da coisa usufruída.

§ 1º Não se consideram módicas as despesas superiores a 2/3 (dois terços) do líquido rendimento em 1 (um) ano.

§ 2º Se o dono não fizer as reparações a que está obrigado, e que são indispensáveis à conservação da coisa, o usufrutuário pode realizá-las, cobrando daquele a importância despendida.

Art. 1.405. Se o usufruto recair num patrimônio, ou parte deste, será o usufrutuário obrigado aos juros da dívida que onerar o patrimônio ou a parte dele.

- V. arts. 90 e 91, CC.

Art. 1.406. O usufrutuário é obrigado a dar ciência ao dono de qualquer lesão produzida contra a posse da coisa, ou os direitos deste.

Art. 1.407. Se a coisa estiver segurada, incumbe ao usufrutuário pagar, durante o usufruto, as contribuições do seguro.

- V. arts. 1.408 e 1.410, V, CC.

§ 1º Se o usufrutuário fizer o seguro, ao proprietário caberá o direito dele resultante contra o segurador.

§ 2º Em qualquer hipótese, o direito do usufrutuário fica sub-rogado no valor da indenização do seguro.

Art. 1.408. Se um edifício sujeito a usufruto for destruído sem culpa do proprietário, não será este obrigado a reconstruí-lo, nem o usufruto se restabelecerá, se o proprietário reconstruir à sua custa o prédio; mas se a indenização do seguro for aplicada à reconstrução do prédio, restabelecer-se-á o usufruto.

- V. art. 1.410, V, CC.

Art. 1.409. Também fica sub-rogada no ônus do usufruto, em lugar do prédio, a indenização paga, se ele for desapropriado, ou a importância do dano, ressarcido pelo terceiro responsável no caso de danificação ou perda.

- V. art. 1.410, V, CC.

Capítulo IV
Da Extinção do Usufruto

Art. 1.410. O usufruto extingue-se, cancelando-se o registro no Cartório de Registro de Imóveis:

- V. art. 725, VI, CPC/2015.
- V. arts. 248 a 250, Lei 6.015/1973 (Lei de Registros Públicos).

I – pela renúncia ou morte do usufrutuário;

- V. art. 1.921, CC.

II – pelo termo de sua duração;

III – pela extinção da pessoa jurídica, em favor de quem o usufruto foi constituído, ou, se ela perdurar, pelo decurso de 30 (trinta) anos da data em que se começou a exercer;

IV – pela cessação do motivo de que se origina;

V – pela destruição da coisa, guardadas as disposições dos arts. 1.407, 1.408, 2ª parte, e 1.409;

- V. arts. 85, 1.392, § 1º, e 1.395, CC.

VI – pela consolidação;

- V. arts. 85, 1.392, § 1º, e 1.395, CC.

VII – por culpa do usufrutuário, quando aliena, deteriora, ou deixa arruinar os bens, não lhes acudindo com os reparos de conservação, ou quando, no usufruto de títulos de crédito, não dá às impor-

Códigos

tâncias recebidas a aplicação prevista no parágrafo único do art. 1.395;

VIII – pelo não uso, ou não fruição, da coisa em que o usufruto recai (arts. 1.390 e 1.399).

Art. 1.411. Constituído o usufruto em favor de duas ou mais pessoas, extinguir-se-á a parte em relação a cada uma das que falecerem, salvo se, por estipulação expressa, o quinhão desses couber ao sobrevivente.

- V. art. 1.946, CC.

TÍTULO VII
Do Uso

Art. 1.412. O usuário usará da coisa e perceberá os seus frutos, quanto o exigirem as necessidades suas e de sua família.

- V. Dec. 24.643/1934 (Código de Águas).
- V. arts. 7º e 8º, Dec.-lei 271/1967 (Loteamento urbano).
- V. art. 167, I-7, Lei 6.015/73 (Lei de Registros Públicos).
- V. art. 4º, § 1º, Dec. 98.897/1990 (Reservas extrativistas).
- V. Dec. 980/1993 (Cessão de uso e administração de imóveis residenciais da União).
- V. art. 2º, Lei 8.955/1994 (Contrato de franquia empresarial – *Franchising*).
- V. arts. 14 e 15, Lei 9.433/1997 (Política Nacional de Recursos Hídricos).

§ 1º Avaliar-se-ão as necessidades pessoais do usuário conforme a sua condição social e o lugar onde viver.

§ 2º As necessidades da família do usuário compreendem as de seu cônjuge, dos filhos solteiros e das pessoas de seu serviço doméstico.

Art. 1.413. São aplicáveis ao uso, no que não for contrário à sua natureza, as disposições relativas ao usufruto.

- V. arts. 1.390 a 1.411, CC.

TÍTULO VIII
Da Habitação

Art. 1.414. Quando o uso consistir no direito de habitar gratuitamente casa alheia, o titular deste direito não a pode alugar, nem emprestar, mas simplesmente ocupá-la com sua família.

- V. arts. 1.225, VI, e 1.831, CC.
- V. art. 7º, parágrafo único, Lei 9.278/1996 (Companheiros – Regula o § 3º do art. 226 da CF).

Art. 1.415. Se o direito real de habitação for conferido a mais de uma pessoa, qualquer delas que sozinha habite a casa não terá de pagar aluguel à outra, ou às outras, mas não as pode inibir de exercerem, querendo, o direito, que também lhes compete, de habitá-la.

Art. 1.416. São aplicáveis à habitação, no que não for contrário à sua natureza, as disposições relativas ao usufruto.

- V. arts. 1.390 a 1.411, CC.

TÍTULO IX
Do Direito do Promitente Comprador

Art. 1.417. Mediante promessa de compra e venda, em que se não pactuou arrependimento, celebrada por instrumento público ou particular, e registrada no Cartório de Registro de Imóveis, adquire o promitente comprador direito real à aquisição do imóvel.

- V. arts. 463 e 1.225, VII, CC.
- V. arts. 5º e 22, Dec.-lei 58/1937 (Loteamento e venda de terrenos para pagamento em prestações).
- V. art. 5º, Dec. 3.079/1938 (Regulamenta o Dec.-lei 58/1937).
- V. arts. 62 a 69, Lei 4.380/1964 (BNH).
- V. art. 11, Lei 4.504/1964 (Estatuto da Terra).
- V. arts. 32, § 2º, e 35, § 4º, Lei 4.591/1964 (Condomínio em edificações e incorporações imobiliárias).
- V. art. 69, Dec. 59.428/1966 (Seguros na colonização).
- V. art. 167, I-20, Lei 6.015/1973 (Lei de Registros Públicos).
- V. art. 25, Lei 6.766/1979 (Parcelamento do solo urbano).
- V. Súmula 166, STF.

Art. 1.418. O promitente comprador, titular de direito real, pode exigir do promitente vendedor, ou de terceiros, a quem os direitos deste forem cedidos, a outorga da escritura definitiva de compra e venda, conforme o disposto no instrumento preliminar; e, se houver recusa, requerer ao juiz a adjudicação do imóvel.

- V. arts. 108 e 464, CC.
- V. arts. 16 e 22, Dec.-lei 58/1937 (Loteamento e venda de terrenos para pagamento em prestações).
- V. art. 32, § 2º, Lei 4.591/1964 (Condomínio em edificações e incorporações imobiliárias).

TÍTULO X
Do Penhor, da Hipoteca e da Anticrese

Capítulo I
Disposições Gerais

Art. 1.419. Nas dívidas garantidas por penhor, anticrese ou hipoteca, o bem dado em garantia fica sujeito, por vínculo real, ao cumprimento da obrigação.

- V. arts. 30, 165, parágrafo único, 364, 805, 961 e 1.225, VIII a X, CC.
- V. art. 83, II, Lei 11.101/2005 (Lei de Recuperação de Empresas e Falência).

Art. 1.420. Só aquele que pode alienar poderá empenhar, hipotecar ou dar em anticrese; só os bens que se podem alienar poderão ser dados em penhor, anticrese ou hipoteca.

- V. arts. 1.647, 1.691, 1.717 e 1.848, CC.

§ 1º A propriedade superveniente torna eficaz, desde o registro, as garantias reais estabelecidas por quem não era dono.

- V. arts. 845, 1.268 e 1.912, CC.

§ 2º A coisa comum a dois ou mais proprietários não pode ser dada em garantia real, na sua totalidade, sem o consentimento de todos; mas cada um pode individualmente dar em garantia real a parte que tiver.

- V. arts. 87 e 1.314, CC.

Art. 1.421. O pagamento de uma ou mais prestações da dívida não importa exoneração correspondente da garantia, ainda que esta compreenda vários bens, salvo disposição expressa no título ou na quitação.

- V. art. 7º, Dec. 22.626/1933 (Juros nos contratos).

Art. 1.422. O credor hipotecário e o pignoratício têm o direito de excutir a coisa hipotecada ou empenhada, e preferir, no pagamento, a outros credores, observada, quanto à hipoteca, a prioridade no registro.

- V. arts. 958 a 961 e 1.493, parágrafo único, CC.
- V. arts. 784, V, 842, 905, II, e 909, CPC/2015.

Parágrafo único. Excetuam-se da regra estabelecida neste artigo as dívidas que, em virtude de outras leis, devam ser pagas precipuamente a quaisquer outros créditos.

- V. art. 964, CC.
- V. notas aos arts. 955 a 965, CC.

Art. 1.423. O credor anticrético tem direito a reter em seu poder o bem, enquanto a dívida não for paga; extingue-se esse direito decorridos 15 (quinze) anos da data de sua constituição.

- V. arts. 1.506 a 1.510, CC.

Art. 1.424. Os contratos de penhor, anticrese ou hipoteca declararão, sob pena de não terem eficácia:

I – o valor do crédito, sua estimação, ou valor máximo;

II – o prazo fixado para pagamento;

III – a taxa dos juros, se houver;

IV – o bem dado em garantia com as suas especificações.

Art. 1.425. A dívida considera-se vencida:

- V. art. 333, CC.

I – se, deteriorando-se, ou depreciando-se o bem dado em segurança, desfalcar a garantia, e o devedor, intimado, não a reforçar ou substituir;

II – se o devedor cair em insolvência ou falir;

- V. art. 77, Lei 11.101/2005 (Lei de Recuperação de Empresas e Falência).

III – se as prestações não forem pontualmente pagas, toda vez que deste modo se achar estipulado o pagamento. Neste caso, o recebimento posterior da prestação atrasada importa renúncia do credor ao seu direito de execução imediata;

- V. art. 401, I, CC.

IV – se perecer o bem dado em garantia, e não for substituído;

V – se se desapropriar o bem dado em garantia, hipótese na qual se depositará a parte do preço que for necessária para o pagamento integral do credor.

- V. art. 959, II, CC.

§ 1º Nos casos de perecimento da coisa dada em garantia, esta se sub-rogará na indenização do seguro, ou no ressarcimento do dano, em benefício do credor, a quem assistirá sobre ela preferência até seu completo reembolso.

- V. art. 959, CC.

§ 2º Nos casos dos incisos IV e V, só se vencerá a hipoteca antes do prazo estipulado, se o perecimento, ou a desapropriação recair sobre o bem dado em garantia, e esta não abranger outras; subsistindo, no caso contrário, a dívida reduzida, com a respectiva garantia sobre os demais bens, não desapropriados ou destruídos.

Art. 1.426. Nas hipóteses do artigo anterior, de vencimento antecipado da dívida, não se compreendem os juros correspondentes ao tempo ainda não decorrido.

Art. 1.427. Salvo cláusula expressa, o terceiro que presta garantia real por dívida alheia não fica obrigado a substituí-la, ou reforçá-la, quando, sem culpa sua, se perca, deteriore, ou desvalorize.

Art. 1.428. É nula a cláusula que autoriza o credor pignoratício, anticrético ou hipotecário a ficar com o objeto da garantia, se a dívida não for paga no vencimento.

- V. arts. 1.365, 1.433, IV, e 1.435, V, CC.
- V. art. 23, § 3º, Lei 4.864/1965 (Estímulo à indústria de construção civil).

Parágrafo único. Após o vencimento, poderá o devedor dar a coisa em pagamento da dívida.

Art. 1.429. Os sucessores do devedor não podem remir parcialmente o penhor ou a hipoteca na proporção dos seus quinhões; qualquer deles, porém, pode fazê-lo no todo.

Parágrafo único. O herdeiro ou sucessor que fizer a remição fica sub-rogado nos direitos do credor pelas quotas que houver satisfeito.

Art. 1.430. Quando, excutido o penhor, ou executada a hipoteca, o produto não bastar para pagamento da dívida e despesas judiciais, continuará o devedor obrigado pessoalmente pelo restante.

Capítulo II
Do Penhor

Seção I
Da Constituição do Penhor

Art. 1.431. Constitui-se o penhor pela transferência efetiva da posse que, em garantia do débito ao credor ou a quem o represente, faz o devedor, ou alguém por ele, de uma coisa móvel, suscetível de alienação.

- V. arts. 30, 165, parágrafo único, 364, 1.225, VIII, e 1.419 a 1.430, CC.
- V. art. 8º, § 2º, Dec.-lei 4.567/1942 (Lei de Introdução às normas do Direito Brasileiro).
- V. arts. 674, IV, 784, V, 799, I, 804, § 6º, CPC/2015.
- V. arts. 171, § 2º, III, e 293, II e IV, CP.

Parágrafo único. No penhor rural, industrial, mercantil e de veículos, as coisas empenhadas continuam em poder do devedor, que as deve guardar e conservar.

Art. 1.432. O instrumento do penhor deverá ser levado a registro, por qualquer dos contratantes; o do penhor comum será registrado no Cartório de Títulos e Documentos.

- V. arts. 183, 221, 1.438, 1.448, 1.452, 1.453, 1.458 e 1.462, CC.
- V. arts. 127, II, e 145, Lei 6.015/1973 (Lei de Registros Públicos).

Seção II
Dos Direitos do Credor Pignoratício

Art. 1.433. O credor pignoratício tem direito:

I – à posse da coisa empenhada;

II – à retenção dela, até que o indenizem das despesas devidamente justificadas, que tiver feito, não sendo ocasionadas por culpa sua;

III – ao ressarcimento do prejuízo que houver sofrido por vício da coisa empenhada;

IV – a promover a execução judicial, ou a venda amigável, se lhe permitir expressamente o contrato, ou lhe autorizar o devedor mediante procuração;

- V. arts. 1.428 e 1.435, V, CC.

V – a apropriar-se dos frutos da coisa empenhada que se encontra em seu poder;

- V. art. 1.435, III, CC.

VI – a promover a venda antecipada, mediante prévia autorização judicial, sempre que haja receio fundado de que a coisa empenhada se perca ou deteriore, devendo o preço ser depositado. O dono da coisa empenhada pode impedir a venda antecipada, substituindo-a, ou oferecendo outra garantia real idônea.

Art. 1.434. O credor não pode ser constrangido a devolver a coisa empenhada, ou uma parte dela, antes de ser integralmente pago, podendo o juiz, a requerimento do proprietário, determinar que seja vendida apenas uma das coisas, ou parte da coisa empenhada, suficiente para o pagamento do credor.

Seção III
Das Obrigações do Credor Pignoratício

Art. 1.435. O credor pignoratício é obrigado:

I – à custódia da coisa, como depositário, e a ressarcir ao dono a perda ou deterioração de que for culpado, podendo ser compensada na dívida, até a concorrente quantia, a importância da responsabilidade;

- V. arts. 368 a 380, 627 a 652, 1.428 e 1.431, parágrafo único, CC.

II – à defesa da posse da coisa empenhada e a dar ciência, ao dono dela, das circunstâncias que tornarem necessário o exercício de ação possessória;

III – a imputar o valor dos frutos, de que se apropriar (art. 1.433, inciso V) nas despesas de guarda e conservação, nos juros e no capital da obrigação garantida, sucessivamente;

IV – a restituí-la, com os respectivos frutos e acessões, uma vez paga a dívida;

- V. arts. 652 e 1.445, CC.

V – a entregar o que sobeje do preço, quando a dívida for paga, no caso do inciso IV do art. 1.433.

- V. art. 1.428, CC.
- V. art. 907, CPC/2015.

Seção IV
Da Extinção do Penhor

Art. 1.436. Extingue-se o penhor:

I – extinguindo-se a obrigação;

- V. art. 1.435, IV, CC.

II – perecendo a coisa;

- V. arts. 1.359 e 1.435, I, CC.

III – renunciando o credor;

- V. art. 1.436, § 1º, CC.

IV – confundindo-se na mesma pessoa as qualidades de credor e de dono da coisa;

- V. arts. 381 a 384 e 1.436, § 2º, CC.

V – dando-se a adjudicação judicial, a remissão ou a venda da coisa empenhada, feita pelo credor ou por ele autorizada.

- V. arts. 1.435, V, e 1.445, CC.

§ 1º Presume-se a renúncia do credor quando consentir na venda particular do penhor sem reserva de preço, quando restituir a sua posse ao devedor, ou quando anuir à sua substituição por outra garantia.

- V. art. 387, CC.

§ 2º Operando-se a confusão tão somente quanto a parte da dívida pignoratícia, subsistirá inteiro o penhor quanto ao resto.

- V. arts. 382 e 1.421, CC.

Art. 1.437. Produz efeitos a extinção do penhor depois de averbado o cancelamento do registro, à vista da respectiva prova.

- V. art. 250, Lei 6.015/1973 (Lei de Registros Públicos).

Seção V
Do Penhor Rural

Subseção I
Disposições Gerais

Art. 1.438. Constitui-se o penhor rural mediante instrumento público ou particular, registrado no Cartório de Registro de Imóveis da circunscrição em que estiverem situadas as coisas empenhadas.

- V. arts. 1º e 2º, Lei 492/1937 (Penhor rural e cédula pignoratícia).
- V. Dec.-lei 2.612/1940 (Registro do penhor rural).
- V. Lei 2.666/1955 (Penhor de produtos agrícolas).
- V. Lei 4.829/1965 (Crédito rural).
- V. arts. 51 a 65, Dec. 59.566/1966 (Regulamenta a Lei 4.504/1964).
- V. art. 9º, Dec.-lei 167/1967 (Títulos de crédito rural).
- V. art. 167, I-15, Lei 6.015/1973 (Lei de Registros Públicos).
- V. Lei 8.929/1994 (Cédula de produto rural).

Parágrafo único. Prometendo pagar em dinheiro a dívida, que garante com penhor rural, o devedor poderá emitir, em favor do credor, cédula rural pignoratícia, na forma determinada em lei especial.

- V. arts. 14 a 21, Lei 492/1937 (Penhor rural e cédula pignoratícia).

Art. 1.439. O penhor agrícola e o penhor pecuário não podem ser conven-

Códigos

cionados por prazos superiores aos das obrigações garantidas.

- *Caput* com redação determinada pela Lei 12.873/2013.
- V. arts. 61 e 62, Dec.-lei 167/1967 (Títulos de crédito rural).

§ 1º Embora vencidos os prazos, permanece a garantia, enquanto subsistirem os bens que a constituem.

§ 2º A prorrogação deve ser averbada à margem do registro respectivo, mediante requerimento do credor e do devedor.

Art. 1.440. Se o prédio estiver hipotecado, o penhor rural poderá constituir-se independentemente da anuência do credor hipotecário, mas não lhe prejudica o direito de preferência, nem restringe a extensão da hipoteca, ao ser executada.

Art. 1.441. Tem o credor direito a verificar o estado das coisas empenhadas, inspecionando-as onde se acharem, por si ou por pessoa que credenciar.

- V. arts. 1.450 e 1.464, CC.
- V. art. 3º, § 2º, Lei 492/1937 (Penhor rural e cédula pignoratícia).

Subseção II
Do Penhor Agrícola

Art. 1.442. Podem ser objeto de penhor:

- V. arts. 6º a 9º, Lei 492/1937 (Penhor rural e cédula pignoratícia).
- V. Lei 2.666/1955 (Penhor de produtos agrícolas).
- V. art. 25, I, Lei 4.829/1965 (Crédito rural).

I – máquinas e instrumentos de agricultura;

II – colheitas pendentes, ou em via de formação;

- V. art. 1.443, CC.

III – frutos acondicionados ou armazenados;

IV – lenha cortada e carvão vegetal;

V – animais do serviço ordinário de estabelecimento agrícola.

Art. 1.443. O penhor agrícola que recai sobre colheita pendente, ou em via de formação, abrange a imediatamente seguinte, no caso de frustrar-se ou ser insuficiente a que se deu em garantia.

- V. art. 1.439, CC.
- V. art. 7º, § 1º, Lei 492/1937 (Penhor rural e cédula pignoratícia).

Parágrafo único. Se o credor não financiar a nova safra, poderá o devedor constituir com outrem novo penhor, em quantia máxima equivalente à do primeiro; o segundo penhor terá preferência sobre o primeiro, abrangendo este apenas o excesso apurado na colheita seguinte.

Subseção III
Do Penhor Pecuário

Art. 1.444. Podem ser objeto de penhor os animais que integram a atividade pastoril, agrícola ou de lacticínios.

- V. art. 1.439, CC.
- V. arts. 10 a 13, Lei 492/1937 (Penhor rural e cédula pignoratícia).
- V. art. 25, II, Lei 4.829/1965 (Crédito rural).
- V. Dec.-lei 167/1967 (Títulos de crédito rural).
- V. art. 127, IV, Lei 6.015/1973 (Lei de Registros Públicos).

Art. 1.445. O devedor não poderá alienar os animais empenhados sem prévio consentimento, por escrito, do credor.

- V. art. 1.435, IV, CC.
- V. arts. 12 e 35, Lei 492/1937 (Penhor rural e cédula pignoratícia).

Parágrafo único. Quando o devedor pretende alienar o gado empenhado ou, por negligência, ameace prejudicar o credor, poderá este requerer se depositem os animais sob a guarda de terceiro, ou exigir que se lhe pague a dívida de imediato.

Art. 1.446. Os animais da mesma espécie, comprados para substituir os mortos, ficam sub-rogados no penhor.

- V. art. 12, §§ 2º e 3º, Lei 492/1937 (Penhor rural e cédula pignoratícia).

Parágrafo único. Presume-se a substituição prevista neste artigo, mas não terá eficácia contra terceiros, se não constar de menção adicional ao respectivo contrato, a qual deverá ser averbada.

Seção VI
Do Penhor Industrial e Mercantil

Art. 1.447. Podem ser objeto de penhor máquinas, aparelhos, materiais, instrumentos, instalados e em funcionamento, com os acessórios ou sem eles; animais, utilizados na indústria; sal e bens destinados à exploração das salinas; produtos de suinocultura, animais destinados à industrialização de carnes e derivados; matérias-primas e produtos industrializados.

- V. art. 25, III e IV, Lei 4.829/1965 (Crédito rural).
- V. art. 15, Dec.-lei 167/1967 (Títulos de crédito rural).
- V. art. 20, Dec.-lei 413/1969 (Títulos de crédito industrial).
- V. art. 7º, Lei 8.929/1994 (Cédula de produto rural).

Parágrafo único. Regula-se pelas disposições relativas aos armazéns gerais o penhor das mercadorias neles depositadas.

- V. Dec. 1.102/1903 (Armazéns gerais).

Art. 1.448. Constitui-se o penhor industrial, ou o mercantil, mediante instrumento público ou particular, registrado no Cartório de Registro de Imóveis da circunscrição onde estiverem situadas as coisas empenhadas.

- V. art. 167, I-4, Lei 6.015/1973 (Lei de Registros Públicos).

Parágrafo único. Prometendo pagar em dinheiro a dívida, que garante com penhor industrial ou mercantil, o devedor poderá emitir, em favor do credor, cédula do respectivo crédito, na forma e para os fins que a lei especial determinar.

Art. 1.449. O devedor não pode, sem o consentimento por escrito do credor, alterar as coisas empenhadas ou mudar-lhes a situação, nem delas dispor. O devedor que, anuindo o credor, alienar as coisas empenhadas, deverá repor outros bens da mesma natureza, que ficarão sub-rogados no penhor.

- V. art. 1.435, IV, CC.

Art. 1.450. Tem o credor direito a verificar o estado das coisas empenhadas, inspecionando-as onde se acharem, por si ou por pessoa que credenciar.

- V. arts. 1.441 e 1.464, CC.

Seção VII
Do Penhor de Direitos e Títulos de Crédito

Art. 1.451. Podem ser objeto de penhor direitos, suscetíveis de cessão, sobre coisas móveis.

- V. art. 83, II, CC.
- V. Dec. 24.778/1934 (Caução de hipoteca e penhor).

Art. 1.452. Constitui-se o penhor de direito mediante instrumento público ou particular, registrado no Registro de Títulos e Documentos.

- V. art. 127, III, Lei 6.015/1973 (Lei de Registros Públicos).

Parágrafo único. O titular de direito empenhado deverá entregar ao credor pignoratício os documentos comprobatórios desse direito, salvo se tiver interesse legítimo em conservá-los.

Art. 1.453. O penhor de crédito não tem eficácia senão quando notificado ao devedor; por notificado tem-se o devedor que, em instrumento público ou particular, declarar-se ciente da existência do penhor.

- V. art. 83, III, CC.

Art. 1.454. O credor pignoratício deve praticar os atos necessários à conservação e defesa do direito empenhado e cobrar os juros e mais prestações acessórias compreendidas na garantia.

- V. art. 1.435, III, CC.

Art. 1.455. Deverá o credor pignoratício cobrar o crédito empenhado, assim que se torne exigível. Se este consistir numa prestação pecuniária, depositará a importância recebida, de acordo com o devedor pignoratício, ou onde o juiz determinar; se consistir na entrega da coisa, nesta se sub-rogará o penhor.

Parágrafo único. Estando vencido o crédito pignoratício, tem o credor direito a reter, da quantia recebida, o que lhe é devido, restituindo o restante ao devedor; ou a excutir a coisa a ele entregue.

Art. 1.456. Se o mesmo crédito for objeto de vários penhores, só ao credor pignoratício, cujo direito prefira aos demais, o devedor deve pagar; responde por perdas e danos aos demais credores o credor preferente que, notificado por qualquer um deles, não promover oportunamente a cobrança.

- V. arts. 402 a 405, CC.

Art. 1.457. O titular do crédito empenhado só pode receber o pagamento com a anuência, por escrito, do credor pignoratício, caso em que o penhor se extinguirá.

Art. 1.458. O penhor, que recai sobre título de crédito, constitui-se mediante instrumento público ou particular ou endosso pignoratício, com a tradição do título ao credor, regendo-se pelas Disposições Gerais deste Título e, no que couber, pela presente Seção.

- V. art. 918, CC.

Art. 1.459. Ao credor, em penhor de título de crédito, compete o direito de:

I – conservar a posse do título e recuperá-la de quem quer que o detenha;

II – usar dos meios judiciais convenientes para assegurar os seus direitos, e os do credor do título empenhado;

III – fazer intimar ao devedor do título que não pague ao seu credor, enquanto durar o penhor;

- V. art. 1.460, CC.

IV – receber a importância consubstanciada no título e os respectivos juros, se exigíveis, restituindo o título ao devedor, quando este solver a obrigação.

Art. 1.460. O devedor do título empenhado que receber a intimação prevista no inciso III do artigo antecedente, ou se der por ciente do penhor, não poderá pagar ao seu credor. Se o fizer, responderá solidariamente por este, por perdas e danos, perante o credor pignoratício.

- V. arts. 264 a 285 e 402 a 405, CC.

Parágrafo único. Se o credor der quitação ao devedor do título empenhado, deverá saldar imediatamente a dívida, em cuja garantia se constituiu o penhor.

Seção VIII
Do Penhor de Veículos

Art. 1.461. Podem ser objeto de penhor os veículos empregados em qualquer espécie de transporte ou condução.

Art. 1.462. Constitui-se o penhor, a que se refere o artigo antecedente, mediante instrumento público ou particular, registrado no Cartório de Títulos e Documentos do domicílio do devedor, e anotado no certificado de propriedade.

- V. art. 129-7, Lei 6.015/1973 (Lei de Registros Públicos).

Parágrafo único. Prometendo pagar em dinheiro a dívida garantida com o penhor, poderá o devedor emitir cédula de crédito, na forma e para os fins que a lei especial determinar.

Art. 1.463. Não se fará o penhor de veículos sem que estejam previamente segurados contra furto, avaria, perecimento e danos causados a terceiros.

Art. 1.464. Tem o credor direito a verificar o estado do veículo empenhado, inspecionando-o onde se achar, por si ou por pessoa que credenciar.

- V. arts. 1.441 e 1.450, CC.

Art. 1.465. A alienação, ou a mudança, do veículo empenhado sem prévia comunicação ao credor importa no vencimento antecipado do crédito pignoratício.

Art. 1.466. O penhor de veículos só se pode convencionar pelo prazo máximo de 2 (dois) anos, prorrogável até o limite de igual tempo, averbada a prorrogação à margem do registro respectivo.

Seção IX
Do Penhor Legal

Art. 1.467. São credores pignoratícios, independentemente de convenção:

- V. arts. 30, 1.469 e 1.470, CC.
- V. art. 31, Lei 6.533/1978 (Regulamentação das profissões de artista e de técnico em espetáculos de diversões).
- V. art. 61, Dec. 82.385/1978 (Regulamenta a Lei 6.533/1978).

I – os hospedeiros, ou fornecedores de pousada ou alimento, sobre as bagagens, móveis, joias ou dinheiro que os seus consumidores ou fregueses tiverem consigo nas respectivas casas ou estabelecimentos, pelas despesas ou consumo que aí tiverem feito;

- V. arts. 206, § 1º, I, e 1.468, CC.

II – o dono do prédio rústico ou urbano, sobre os bens móveis que o rendeiro ou inquilino tiver guarnecendo o mesmo prédio, pelos aluguéis ou rendas.

Art. 1.468. A conta das dívidas enumeradas no inciso I do artigo antecedente será extraída conforme a tabela impressa, prévia e ostensivamente exposta na casa, dos preços de hospedagem, da pensão ou dos gêneros fornecidos, sob pena de nulidade do penhor.

Art. 1.469. Em cada um dos casos do art. 1.467, o credor poderá tomar em garantia um ou mais objetos até o valor da dívida.

Art. 1.470. Os credores, compreendidos no art. 1.467, podem fazer efetivo o penhor, antes de recorrerem à autoridade judiciária, sempre que haja perigo na demora, dando aos devedores comprovante dos bens de que se apossarem.

Art. 1.471. Tomado o penhor, requererá o credor, ato contínuo, a sua homologação judicial.

- V. arts. 703, § 1º, 704, I a III, e 706, CPC/2015.

Art. 1.472. Pode o locatário impedir a constituição do penhor mediante caução idônea.

- V. arts. 37 a 42, Lei 8.245/1991 (Locação de imóveis urbanos).

Capítulo III
Da Hipoteca

Seção I
Disposições Gerais

Art. 1.473. Podem ser objeto de hipoteca:

- V. arts. 30, 165, parágrafo único, 364, 959, 1.225, IX, e 1.419 a 1.430, CC.
- V. arts. 674, IV, 784, V, 799, I, 804, § 6º, CPC/2015.
- V. art. 25, VIII, Lei 4.829/1965 (Crédito rural).
- V. Dec.-lei 70/1966 (Associações de poupança e empréstimo e cédula hipotecária).
- V. art. 30, VIII, Dec. 58.380/1966 (Regulamenta o crédito rural).
- V. arts. 20 a 26, 68 e 69, Dec.-lei 167/1967 (Títulos de crédito rural).
- V. arts. 19, III, e 24 a 26, Dec.-lei 413/1969 (Títulos de crédito industrial).
- V. art. 167, I-2, Lei 6.015/1973 (Lei de Registros Públicos).
- V. arts. 5º, I, e 6º, Lei 8.929/1994 (Cédula de produto rural).

I – os imóveis e os acessórios dos imóveis conjuntamente com eles;

- V. arts. 79 a 81 e 92 a 97, CC.

II – o domínio direto;

- V. art. 2.038, CC.

III – o domínio útil;

- V. art. 2.038, CC.

IV – as estradas de ferro;

- V. arts. 1.502 a 1.505, CC.

V – os recursos naturais a que se refere o art. 1.230, independentemente do solo onde se acham;

VI – os navios;

VII – as aeronaves;

VIII – o direito de uso especial para fins de moradia;

- Inciso VIII acrescentado pela Lei 11.481/2007.

IX – o direito real de uso;

- Inciso IX acrescentado pela Lei 11.481/2007.

X – a propriedade superficiária.

- Inciso X acrescentado pela Lei 11.481/2007.

Parágrafo único. A hipoteca dos navios e das aeronaves reger-se-á pelo disposto em lei especial.

- V. Lei 7.565/1986 (Código Brasileiro de Aeronáutica).
- V. Lei 7.652/1988 (Registro da propriedade marítima).

§ 2º Os direitos de garantia instituídos nas hipóteses dos incisos IX e X do deste artigo ficam limitados à duração da concessão ou direito de superfície, caso tenham sido transferidos por período determinado.

- § 2º acrescentado pela Lei 11.481/2007.
- Numeração do § 2º de acordo com a Lei 11.481/2007, que nada mencionou a respeito da renumeração do atual parágrafo único deste artigo.

Art. 1.474. A hipoteca abrange todas as acessões, melhoramentos ou construções do imóvel. Subsistem os ônus reais constituídos e registrados, anteriormente à hipoteca, sobre o mesmo imóvel.

- V. arts. 94 a 97 e 1.248 a 1.259, CC.

Art. 1.475. É nula a cláusula que proíbe ao proprietário alienar imóvel hipotecado.

- V. arts. 303 e 1.479, CC.

Parágrafo único. Pode convencionar-se que vencerá o crédito hipotecário, se o imóvel for alienado.

Art. 1.476. O dono do imóvel hipotecado pode constituir outra hipoteca sobre ele, mediante novo título, em favor do mesmo ou de outro credor.

Art. 1.477. Salvo o caso de insolvência do devedor, o credor da segunda hipoteca, embora vencida, não poderá executar o imóvel antes de vencida a primeira.

Parágrafo único. Não se considera insolvente o devedor por faltar ao pagamento das obrigações garantidas por hipotecas posteriores à primeira.

Códigos

Art. 1.478. Se o devedor da obrigação garantida pela primeira hipoteca não se oferecer, no vencimento, para pagá-la, o credor da segunda pode promover-lhe a extinção, consignando a importância e citando o primeiro credor para recebê-la e o devedor para pagá-la; se este não pagar, o segundo credor, efetuando o pagamento, se sub-rogará nos direitos da hipoteca anterior, sem prejuízo dos que lhe competirem contra o devedor comum.

- V. art. 346, I, CC.
- V. arts. 266 a 276, Lei 6.015/1973 (Lei de Registros Públicos).

Parágrafo único. Se o primeiro credor estiver promovendo a execução da hipoteca, o credor da segunda depositará a importância do débito e as despesas judiciais.

Art. 1.479. O adquirente do imóvel hipotecado, desde que não se tenha obrigado pessoalmente a pagar as dívidas aos credores hipotecários, poderá exonerar-se da hipoteca, abandonando-lhes o imóvel.

- V. arts. 303, 1.475 e 1.480, parágrafo único, CC.

Art. 1.480. O adquirente notificará o vendedor e os credores hipotecários, deferindo-lhes, conjuntamente, a posse do imóvel, ou o depositará em juízo.

- V. art. 346, II, CC.

Parágrafo único. Poderá o adquirente exercer a faculdade de abandonar o imóvel hipotecado, até as 24 (vinte e quatro) horas subsequentes à citação, com que se inicia o procedimento executivo.

Art. 1.481. Dentro em 30 (trinta) dias, contados do registro do título aquisitivo, tem o adquirente do imóvel hipotecado o direito de remi-lo, citando os credores hipotecários e propondo importância não inferior ao preço por que o adquiriu.

- V. art. 831, CC.
- V. arts. 266 a 276, Lei 6.015/1973 (Lei de Registros Públicos).

§ 1º Se o credor impugnar o preço da aquisição ou a importância oferecida, realizar-se-á licitação, efetuando-se a venda judicial a quem oferecer maior preço, assegurada preferência ao adquirente do imóvel.

§ 2º Não impugnado pelo credor, o preço da aquisição ou o preço proposto pelo adquirente, haver-se-á por definitivamente fixado para a remissão do imóvel, que ficará livre de hipoteca, uma vez pago ou depositado o preço.

- V. art. 1.499, V, CC.
- Mantivemos a expressão "remissão" conforme publicação oficial. O correto seria "remição".

§ 3º Se o adquirente deixar de remir o imóvel, sujeitando-o a execução, ficará obrigado a ressarcir os credores hipotecários da desvalorização que, por sua culpa, o mesmo vier a sofrer, além das despesas judiciais da execução.

- V. arts. 402 a 404, CC.

§ 4º Disporá de ação regressiva contra o vendedor o adquirente que ficar privado do imóvel em consequência de licitação ou penhora, o que pagar a hipoteca, o que, por causa de adjudicação ou licitação, desembolsar com o pagamento da hipoteca importância excedente à da compra e o que suportar custas e despesas judiciais.

- V. art. 346, II, CC.
- V. art. 125, II, CPC/2015.

Art. 1.482. *(Revogado pela Lei 13.105/2015 – DOU 17.03.2015, em vigor após decorrido 1 (um) ano da data de sua publicação oficial).*

Art. 1.483. *(Revogado pela Lei 13.105/2015 – DOU 17.03.2015, em vigor após decorrido 1 (um) ano da data de sua publicação oficial).*

Art. 1.484. É lícito aos interessados fazer constar das escrituras o valor entre si ajustado dos imóveis hipotecados, o qual, devidamente atualizado, será a base para as arrematações, adjudicações e remições, dispensada a avaliação.

- V. art. 871, I, CPC/2015.

Art. 1.485. Mediante simples averbação, requerida por ambas as partes, poderá prorrogar-se a hipoteca, até 30 (trinta) anos da data do contrato. Desde que perfaça esse prazo, só poderá subsistir o contrato de hipoteca reconstituindo-se por novo título e novo registro; e, nesse caso, lhe será mantida a precedência, que então lhe competir.

- Artigo com redação determinada pela Lei 10.931/2004.
- V. art. 1.498, CC.
- V. art. 238, Lei 6.015/1973 (Lei de Registros Públicos).

Art. 1.486. Podem o credor e o devedor, no ato constitutivo da hipoteca, autorizar a emissão da correspondente cédula hipotecária, na forma e para os fins previstos em lei especial.

- V. Dec.-lei 70/1966 (Associações de poupança e empréstimo e cédula hipotecária).

Art. 1.487. A hipoteca pode ser constituída para garantia de dívida futura ou condicionada, desde que determinado o valor máximo do crédito a ser garantido.

- V. arts. 121 a 137, CC.

§ 1º Nos casos deste artigo, a execução da hipoteca dependerá de prévia e expressa concordância do devedor quanto à verificação da condição, ou ao montante da dívida.

§ 2º Havendo divergência entre o credor e o devedor, caberá àquele fazer prova de seu crédito. Reconhecido este, o devedor responderá, inclusive, por perdas e danos, em razão da superveniente desvalorização do imóvel.

- V. arts. 402 a 405, CC.

Art. 1.488. Se o imóvel, dado em garantia hipotecária, vier a ser loteado, ou se nele se constituir condomínio edilício, poderá o ônus ser dividido, gravando cada lote ou unidade autônoma, se o requererem ao juiz o credor, o devedor ou os donos, obedecida a proporção entre o valor de cada um deles e o crédito.

§ 1º O credor só poderá se opor ao pedido de desmembramento do ônus, provando que o mesmo importa em diminuição de sua garantia.

§ 2º Salvo convenção em contrário, todas as despesas judiciais ou extrajudiciais necessárias ao desmembramento do ônus correm por conta de quem o requerer.

§ 3º O desmembramento do ônus não exonera o devedor originário da responsabilidade a que se refere o art. 1.430, salvo anuência do credor.

Seção II
Da Hipoteca Legal

Art. 1.489. A lei confere hipoteca:

- V. arts. 30 e 2.040, CC.
- V. arts. 495, CPC/2015.
- V. arts. 470, 564, 565, 626, 632 a 634, 658 e 662, CCo.
- V. art. 7º, § 1º, Lei 6.001/1973 (Estatuto do Índio).

I – às pessoas de direito público interno (art. 41) sobre os imóveis pertencentes aos encarregados da cobrança, guarda ou administração dos respectivos fundos e rendas;

- V. art. 4º, § 2º-2, Dec.-lei 3.240/1941 (Sequestro de bens por crimes em prejuízo da Fazenda Pública).

II – aos filhos, sobre os imóveis do pai ou da mãe que passar a outras núpcias, antes de fazer o inventário do casal anterior;

- V. arts. 1.523, I, 1.568 e 1.641, CC.

III – ao ofendido, ou aos seus herdeiros, sobre os imóveis do delinquente, para satisfação do dano causado pelo delito e pagamento das despesas judiciais;

- V. arts. 186 e 927 a 954, CC.
- V. arts. 134 a 144, CPP.

IV – ao coerdeiro, para garantia do seu quinhão ou torna da partilha, sobre o imóvel adjudicado ao herdeiro reponente;

- V. arts. 1.322 e 2.019, CC.

V – ao credor sobre o imóvel arrematado, para garantia do pagamento do restante do preço da arrematação.

Art. 1.490. O credor da hipoteca legal, ou quem o represente, poderá, provando a insuficiência dos imóveis especializados, exigir do devedor que seja reforçado com outros.

Art. 1.491. A hipoteca legal pode ser substituída por caução de títulos da dívida pública federal ou estadual, recebidos pelo valor de sua cotação mínima no ano corrente; ou por outra garantia, a critério do juiz, a requerimento do devedor.

- V. art. 1.451, CC.

Seção III
Do Registro da Hipoteca

Art. 1.492. As hipotecas serão registradas no cartório do lugar do imóvel, ou no de cada um deles, se o título se referir a mais de um.

- V. arts. 1.497 e 1.502, CC.
- V. art. 111, Lei 4.504/1964 (Estatuto da Terra).
- V. arts. 13 e 44, Dec.-lei 70/1966 (Associações de poupança e empréstimo e cédula hipotecária).

- V. arts. 167, I-2, e 169, II, Lei 6.015/1973 (Lei de Registros Públicos).
- V. art. 12, Lei 8.929/1994 (Cédula de produto rural).

Parágrafo único. Compete aos interessados, exibido o título, requerer o registro da hipoteca.

Art. 1.493. Os registros e averbações seguirão a ordem em que forem requeridas, verificando-se ela pela da sua numeração sucessiva no protocolo.

- V. art. 1.422, *caput*, CC.

Parágrafo único. O número de ordem determina a prioridade, e esta a preferência entre as hipotecas.

- V. art. 186, Lei 6.015/1973 (Lei de Registros Públicos).

Art. 1.494. Não se registrarão no mesmo dia duas hipotecas, ou uma hipoteca e outro direito real, sobre o mesmo imóvel, em favor de pessoas diversas, salvo se as escrituras, do mesmo dia, indicarem a hora em que foram lavradas.

- V. arts. 190 a 192, Lei 6.015/1973 (Lei de Registros Públicos).

Art. 1.495. Quando se apresentar ao oficial do registro título de hipoteca que mencione a constituição de anterior, não registrada, sobrestará ele na inscrição da nova, depois de a prenotar, até 30 (trinta) dias, aguardando que o interessado inscreva a precedente; esgotado o prazo, sem que se requeira a inscrição desta, a hipoteca ulterior será registrada e obterá preferência.

- V. art. 189, Lei 6.015/1973 (Lei de Registros Públicos).

Art. 1.496. Se tiver dúvida sobre a legalidade do registro requerido, o oficial fará, ainda assim, a prenotação do pedido. Se a dúvida, dentro em 90 (noventa) dias, for julgada improcedente, o registro efetuar-se-á com o mesmo número que teria na data da prenotação; no caso contrário, cancelada esta, receberá o registro o número correspondente à data em que se tornar a requerer.

- V. arts. 198 a 207, Lei 6.015/1973 (Lei de Registros Públicos).

Art. 1.497. As hipotecas legais, de qualquer natureza, deverão ser registradas e especializadas.

- V. art. 1.492, CC.

§ 1º O registro e a especialização das hipotecas legais incumbem a quem está obrigado a prestar a garantia, mas os interessados podem promover a inscrição delas, ou solicitar ao Ministério Público que o faça.

- V. art. 1.489, CC.

§ 2º As pessoas, às quais incumbir o registro e a especialização das hipotecas legais, estão sujeitas a perdas e danos pela omissão.

- V. arts. 402 a 405, CC.

Art. 1.498. Vale o registro da hipoteca, enquanto a obrigação perdurar; mas a especialização, em completando 20 (vinte) anos, deve ser renovada.

- V. art. 1.485, CC.

Seção IV
Da Extinção da Hipoteca

Art. 1.499. A hipoteca extingue-se:

I – pela extinção da obrigação principal;

II – pelo perecimento da coisa;

- V. arts. 1.275, IV, e 1.425, § 2º, CC.

III – pela resolução da propriedade;

- V. arts. 1.359 e 1.360, CC.

IV – pela renúncia do credor;

V – pela remição;

- V. art. 1.481, § 2º, CC.

VI – pela arrematação ou adjudicação.

- V. art. 1.501, CC.
- V. arts. 881, *caput*, 882, § 3º, 886, 887, §§ 1º a 6º, 888, 889, I, 890, 891, 892, *caput* e § 1º, 893, 895, *caput* e §§ 1º, 2º e 9º, 897 a 901, 903, *caput* e § 1º, CPC/2015.

Art. 1.500. Extingue-se ainda a hipoteca com a averbação, no Registro de Imóveis, do cancelamento do registro, à vista da respectiva prova.

- V. arts. 1º, § 4º, e 16, §§ 1º, *c*, e 5º, Dec. 3.079/1938 (Regulamenta o Dec.-lei 58/1937).
- V. arts. 251 e 259, Lei 6.015/1973 (Lei de Registros Públicos).

Art. 1.501. Não extinguirá a hipoteca, devidamente registrada, a arrematação ou adjudicação, sem que tenham sido notificados judicialmente os respectivos credores hipotecários, que não forem de qualquer modo partes na execução.

- V. arts. 674, IV, 784, V, 799, I, 804, § 6º, 889, *caput*, CPC/2015.
- V. art. 142, Lei 11.101/2005 (Lei de Recuperação de Empresas e Falência).
- V. arts. 29 e 31, Dec.-lei 70/1966 (Associações de poupança e empréstimo e cédula hipotecária).

Seção V
Da Hipoteca de Vias Férreas

Art. 1.502. As hipotecas sobre as estradas de ferro serão registradas no Município da estação inicial da respectiva linha.

- V. arts. 1.473 e 1.492, CC.
- V. Dec.-lei 3.109/1941 (Registro de alienações de estradas de ferro).
- V. art. 171, Lei 6.015/1973 (Lei de Registros Públicos).

Art. 1.503. Os credores hipotecários não podem embaraçar a exploração da linha, nem contrariar as modificações, que a administração deliberar, no leito da estrada, em suas dependências, ou no seu material.

Art. 1.504. A hipoteca será circunscrita à linha ou às linhas especificadas na escritura e ao respectivo material de exploração, no estado em que ao tempo da execução estiverem; mas os credores hipotecários poderão opor-se à venda da estrada, à de suas linhas, de seus ramais ou de parte considerável do material de exploração; bem como à fusão com outra empresa, sempre que com isso a garantia do débito enfraquecer.

Art. 1.505. Na execução das hipotecas será intimado o representante da União ou do Estado, para, dentro em 15 (quinze) dias, remir a estrada de ferro hipotecada, pagando o preço da arrematação ou da adjudicação.

- V. art. 22, Dec.-lei 25/1937 (Proteção do patrimônio histórico e artístico).

Capítulo IV
Da Anticrese

Art. 1.506. Pode o devedor ou outrem por ele, com a entrega do imóvel ao credor, ceder-lhe o direito de perceber, em compensação da dívida, os frutos e rendimentos.

- V. arts. 165, parágrafo único, 364, 1.225, X, e 1.419 a 1.430, CC.
- V. arts. 674, IV, 784, V, 799, I e 889, *caput*, CPC/2015.
- V. art. 167, I-11, Lei 6.015/1973 (Lei de Registros Públicos).
- V. art. 17, § 3º, Lei 9.514/1997 (Sistema de Financiamento Imobiliário e alienação fiduciária de coisa imóvel).

§ 1º É permitido estipular que os frutos e rendimentos do imóvel sejam percebidos pelo credor à conta de juros, mas se o seu valor ultrapassar a taxa máxima permitida em lei para as operações financeiras, o remanescente será imputado ao capital.

§ 2º Quando a anticrese recair sobre bem imóvel, este poderá ser hipotecado pelo devedor ao credor anticrético, ou a terceiros, assim como o imóvel hipotecado poderá ser dado em anticrese.

Art. 1.507. O credor anticrético pode administrar os bens dados em anticrese e fruir seus frutos e utilidades, mas deverá apresentar anualmente balanço, exato e fiel, de sua administração.

- V. art. 1.509, CC.

§ 1º Se o devedor anticrético não concordar com o que se contém no balanço, por ser inexato, ou ruinosa a administração, poderá impugná-lo, e, se o quiser, requerer a transformação em arrendamento, fixando o juiz o valor mensal do aluguel, o qual poderá ser corrigido anualmente.

§ 2º O credor anticrético pode, salvo pacto em sentido contrário, arrendar os bens dados em anticrese a terceiro, mantendo, até ser pago, direito de retenção do imóvel, embora o aluguel desse arrendamento não seja vinculativo para o devedor.

- V. art. 1.423, CC.

Art. 1.508. O credor anticrético responde pelas deteriorações que, por culpa sua, o imóvel vier a sofrer, e pelos frutos e rendimentos que, por sua negligência, deixar de perceber.

- V. art. 569, IV, CC.

Art. 1.509. O credor anticrético pode vindicar os seus direitos contra o adquirente dos bens, os credores quirografários e os hipotecários posteriores ao registro da anticrese.

- V. arts. 961 e 1.507, CC.
- V. art. 83, II, Lei 11.101/2005 (Lei de Recuperação de Empresas e Falência).

§ 1º Se executar os bens por falta de pagamento da dívida, ou permitir que outro credor o execute, sem opor o seu direito de retenção ao exequente, não terá preferência sobre o preço.

- V. art. 1.423, CC.

§ 2º O credor anticrético não terá preferência sobre a indenização do seguro, quando o prédio seja destruído, nem, se forem desapropriados os bens, com relação à desapropriação.

- V. art. 1.425, § 1º, CC.

Art. 1.510. O adquirente dos bens dados em anticrese poderá remi-los, antes do vencimento da dívida, pagando a sua totalidade à data do pedido de remição e imitir-se-á, se for o caso, na sua posse.

TÍTULO XI
Da Laje

- Título XI acrescentado pela Lei 13.465/2017.

Art. 1.510-A. O proprietário de uma construção-base poderá ceder a superfície superior ou inferior de sua construção a fim de que o titular da laje mantenha unidade distinta daquela originalmente construída sobre o solo.

- Artigo acrescentado pela Lei 13.465/2017.

§ 1º O direito real de laje contempla o espaço aéreo ou o subsolo de terrenos públicos ou privados, tomados em projeção vertical, como unidade imobiliária autônoma, não contemplando as demais áreas edificadas ou não pertencentes ao proprietário da construção-base.

§ 2º O titular do direito real de laje responderá pelos encargos e tributos que incidirem sobre a sua unidade.

§ 3º Os titulares da laje, unidade imobiliária autônoma constituída em matrícula própria, poderão dela usar, gozar e dispor.

§ 4º A instituição do direito real de laje não implica a atribuição de fração ideal de terreno ao titular da laje ou a participação proporcional em áreas já edificadas.

§ 5º Os Municípios e o Distrito Federal poderão dispor sobre posturas edilícias e urbanísticas associadas ao direito real de laje.

§ 6º O titular da laje poderá ceder a superfície de sua construção para a instituição de um sucessivo direito real de laje, desde que haja autorização expressa dos titulares da construção-base e das demais lajes, respeitadas as posturas edilícias e urbanísticas vigentes.

Art. 1.510-B. É expressamente vedado ao titular da laje prejudicar com obras novas ou com falta de reparação a segurança, a linha arquitetônica ou o arranjo estético do edifício, observadas as posturas previstas em legislação local.

- Artigo acrescentado pela Lei 13.465/2017.

Art. 1.510-C. Sem prejuízo, no que couber, das normas aplicáveis aos condomínios edilícios, para fins do direito real de laje, as despesas necessárias à conservação e fruição das partes que sirvam a todo o edifício e ao pagamento de serviços de interesse comum serão partilhadas entre o proprietário da construção-base e o titular da laje, na proporção que venha a ser estipulada em contrato.

- Artigo acrescentado pela Lei 13.465/2017.

§ 1º São partes que servem a todo o edifício:

I – os alicerces, colunas, pilares, paredes-mestras e todas as partes restantes que constituam a estrutura do prédio;

II – o telhado ou os terraços de cobertura, ainda que destinados ao uso exclusivo do titular da laje;

III – as instalações gerais de água, esgoto, eletricidade, aquecimento, ar condicionado, gás, comunicações e semelhantes que sirvam a todo o edifício; e

IV – em geral, as coisas que sejam afetadas ao uso de todo o edifício.

§ 2º É assegurado, em qualquer caso, o direito de qualquer interessado em promover reparações urgentes na construção na forma do parágrafo único do art. 249 deste Código.

Art. 1.510-D. Em caso de alienação de qualquer das unidades sobrepostas, terão direito de preferência, em igualdade de condições com terceiros, os titulares da construção-base e da laje, nessa ordem, que serão cientificados por escrito para que se manifestem no prazo de trinta dias, salvo se o contrato dispuser de modo diverso.

- Artigo acrescentado pela Lei 13.465/2017.

§ 1º O titular da construção-base ou da laje a quem não se der conhecimento da alienação poderá, mediante depósito do respectivo preço, haver para si a parte alienada a terceiros, se o requerer no prazo decadencial de cento e oitenta dias, contado da data de alienação.

§ 2º Se houver mais de uma laje, terá preferência, sucessivamente, o titular das lajes ascendentes e o titular das lajes descendentes, assegurada a prioridade para a laje mais próxima à unidade sobreposta a ser alienada.

Art. 1.510-E. A ruína da construção-base implica extinção do direito real de laje, salvo:

- Artigo acrescentado pela Lei 13.465/2017.

I – se este tiver sido instituído sobre o subsolo;

II – se a construção-base não for reconstruída no prazo de cinco anos.

Parágrafo único. O disposto neste artigo não afasta o direito a eventual reparação civil contra o culpado pela ruína.

Livro IV
DO DIREITO DE FAMÍLIA

TÍTULO I
Do Direito Pessoal

Subtítulo I
Do Casamento

Capítulo I
Disposições Gerais

Art. 1.511. O casamento estabelece comunhão plena de vida, com base na igualdade de direitos e deveres dos cônjuges.

- V. art. 226, § 5º, CF.
- V. arts. 1.565, 1.567, 1.568 e 1.573, CC.

Art. 1.512. O casamento é civil e gratuita a sua celebração.

- V. art. 226, § 1º, CF.

Parágrafo único. A habilitação para o casamento, o registro e a primeira certidão serão isentos de selos, emolumentos e custas, para as pessoas cuja pobreza for declarada, sob as penas da lei.

- V. art. 1.515, CC.
- V. arts. 6º e 41, Dec.-lei 3.200/1941 (Organização e proteção da família).
- V. art. 30, Lei 6.015/1973 (Lei de Registros Públicos).

Art. 1.513. É defeso a qualquer pessoa, de direito público ou privado, interferir na comunhão de vida instituída pela família.

- V. art. 1.565, § 2º, CC.

Art. 1.514. O casamento se realiza no momento em que o homem e a mulher manifestam, perante o juiz, a sua vontade de estabelecer vínculo conjugal, e o juiz os declara casados.

- V. arts. 1.535, 1.538 e 1.542, CC.

Art. 1.515. O casamento religioso, que atender às exigências da lei para a validade do casamento civil, equipara-se a este, desde que registrado no registro próprio, produzindo efeitos a partir da data de sua celebração.

- V. art. 226, § 2º, CF.
- V. arts. 1.512 e 1.543, CC.
- V. arts. 1º e 7º, Lei 1.110/1950 (Reconhecimento dos efeitos civis do casamento religioso).
- V. art. 75, Lei 6.015/1973 (Lei de Registros Públicos).

Art. 1.516. O registro do casamento religioso submete-se aos mesmos requisitos exigidos para o casamento civil.

- V. arts. 72 a 74, Lei 6.015/1973 (Lei de Registros Públicos).

§ 1º O registro civil do casamento religioso deverá ser promovido dentro de 90 (noventa) dias de sua realização, mediante comunicação do celebrante ao ofício competente, ou por iniciativa de qualquer interessado, desde que haja sido homologada previamente a habilitação regulada neste Código. Após o referido prazo, o registro dependerá de nova habilitação.

§ 2º O casamento religioso, celebrado sem as formalidades exigidas neste Código, terá efeitos civis se, a requerimento do casal, for registrado, a qualquer tempo, no registro civil, mediante prévia habilitação perante a autoridade competente e observado o prazo do art. 1.532.

- V. arts. 1.525 a 1.532, CC.

§ 3º Será nulo o registro civil do casamento religioso se, antes dele, qualquer dos consorciados houver contraído com outrem casamento civil.

- V. art. 1.521, VI, CC.

Capítulo II
Da Capacidade para o Casamento

Art. 1.517. O homem e a mulher com dezesseis anos podem casar, exigindo-se autorização de ambos os pais, ou de

Códigos

seus representantes legais, enquanto não atingida a maioridade civil.

- V. arts. 5º, *caput* e parágrafo único, II, 1.519, 1.537, 1.550, I e II, 1.634, 1.690 e 1.747, I, CC.

Parágrafo único. Se houver divergência entre os pais, aplica-se o disposto no parágrafo único do art. 1.631.

Art. 1.518. Até a celebração do casamento podem os pais ou tutores revogar a autorização.

- Artigo com redação determinada pela Lei 13.146/2015 (*DOU* 07.07.2015), em vigor após decorridos 180 (cento e oitenta) dias de sua publicação oficial.

Art. 1.519. A denegação do consentimento, quando injusta, pode ser suprida pelo juiz.

- V. art. 148, parágrafo único, *c*, Lei 8.069/1990 (Estatuto da Criança e do Adolescente).

Art. 1.520. Não será permitido, em qualquer caso, o casamento de quem não atingiu a idade núbil, observado o disposto no art. 1.517 deste Código.

- Artigo com redação determinada pela Lei 13.811/2019.
- V. arts. 1.550, I, e 1.551, CC.
- V. art. 69, § 1º, Lei 6.015/1973 (Lei de Registros Públicos).

Capítulo III
Dos Impedimentos

Art. 1.521. Não podem casar:

- V. arts. 1.529 e 1.723, § 1º, CC.
- V. art. 7º, § 1º, Dec.-lei 4.657/1942 (Lei de Introdução às normas do Direito Brasileiro).
- V. arts. 236 e 237, CP.

I – os ascendentes com os descendentes, seja o parentesco natural ou civil;

- V. arts. 1.591 e 1.593, CC.

II – os afins em linha reta;

- V. arts. 1.591 e 1.595, CC.

III – o adotante com quem foi cônjuge do adotado e o adotado com quem o foi do adotante;

- V. art. 41, Lei 8.069/1990 (Estatuto da Criança e do Adolescente).

IV – os irmãos, unilaterais ou bilaterais, e demais colaterais, até o terceiro grau inclusive;

- V. art. 1.592, CC.
- V. arts. 1º a 3º, Dec.-lei 3.200/1941 (Organização e proteção da família).
- V. art. 1º, Lei 5.891/1973 (Exame médico na habilitação de casamento entre colaterais de terceiro grau).

V – o adotado com o filho do adotante;

- V. art. 41, Lei 8.069/1990 (Estatuto da Criança e do Adolescente).

VI – as pessoas casadas;

- V. art. 1.723, § 1º, CC.
- V. art. 235, CP.

VII – o cônjuge sobrevivente com o condenado por homicídio ou tentativa de homicídio contra o seu consorte.

Art. 1.522. Os impedimentos podem ser opostos, até o momento da celebração do casamento, por qualquer pessoa capaz.

Parágrafo único. Se o juiz, ou o oficial de registro, tiver conhecimento da existência de algum impedimento, será obrigado a declará-lo.

Capítulo IV
Das Causas Suspensivas

Art. 1.523. Não devem casar:

- V. arts. 1.529, 1.641, I, e 1.723, § 2º, CC.

I – o viúvo ou a viúva que tiver filho do cônjuge falecido, enquanto não fizer inventário dos bens do casal e der partilha aos herdeiros;

- V. art. 1.489, II, CC.

II – a viúva, ou a mulher cujo casamento se desfez por ser nulo ou ter sido anulado, até 10 (dez) meses depois do começo da viuvez, ou da dissolução da sociedade conjugal;

- V. arts. 1.597, II, e 1.598, CC.

III – o divorciado, enquanto não houver sido homologada ou decidida a partilha dos bens do casal;

IV – o tutor ou o curador e os seus descendentes, ascendentes, irmãos, cunhados ou sobrinhos, com a pessoa tutelada ou curatelada, enquanto não cessar a tutela ou curatela, e não estiverem saldadas as respectivas contas.

Parágrafo único. É permitido aos nubentes solicitar ao juiz que não lhes sejam aplicadas as causas suspensivas previstas nos incisos I, III e IV deste artigo, provando-se a inexistência de prejuízo, respectivamente, para o herdeiro, para o ex-cônjuge e para a pessoa tutelada ou curatelada; no caso do inciso II, a nubente deverá provar nascimento de filho, ou inexistência de gravidez, na fluência do prazo.

Art. 1.524. As causas suspensivas da celebração do casamento podem ser arguidas pelos parentes em linha reta de um dos nubentes, sejam consanguíneos ou afins, e pelos colaterais em segundo grau, sejam também consanguíneos ou afins.

- V. arts. 1.591 a 1.595, CC.

Capítulo V
Do Processo de Habilitação para o Casamento

Art. 1.525. O requerimento de habilitação para o casamento será firmado por ambos os nubentes, de próprio punho, ou, a seu pedido, por procurador, e deve ser instruído com os seguintes documentos:

- V. art. 1.542, CC.
- V. art. 7º, § 1º, Dec.-lei 4.657/1942 (Lei de Introdução às normas do Direito Brasileiro).
- V. art. 4º, Lei 1.110/1950 (Reconhecimento dos efeitos civis do casamento religioso).
- V. arts. 67 a 69, Lei 6.015/1973 (Lei de Registros Públicos).

I – certidão de nascimento ou documento equivalente;

- V. arts. 1.517, 1.550 I e II, CC.

II – autorização por escrito das pessoas sob cuja dependência legal estiverem, ou ato judicial que a supra;

- V. arts. 1.517, 1.519, 1.550, II, e 1.555, CC.

III – declaração de duas testemunhas maiores, parentes ou não, que atestem conhecê-los e afirmem não existir impedimento que os iniba de casar;

- V. art. 228, CC.
- V. arts. 342 e 343, CP.

IV – declaração do estado civil, do domicílio e da residência atual dos contraentes e de seus pais, se forem conhecidos;

- V. art. 1.521, VI, CC.

V – certidão de óbito do cônjuge falecido, de sentença declaratória de nulidade ou de anulação de casamento, transitada em julgado, ou do registro da sentença de divórcio.

- V. arts. 1.548 a 1.564, CC.

Art. 1.526. A habilitação será feita pessoalmente perante o oficial do Registro Civil, com a audiência do Ministério Público.

- Artigo com redação determinada pela Lei 12.133/2009 (*DOU* 18.12.2009), em vigor após decorridos 30 (trinta) dias de sua publicação oficial.
- V. art. 67, § 1º, Lei 6.015/1973 (Lei de Registros Públicos).

Parágrafo único. Caso haja impugnação do oficial, do Ministério Público ou de terceiro, a habilitação será submetida ao juiz.

Art. 1.527. Estando em ordem a documentação, o oficial extrairá o edital, que se afixará durante 15 (quinze) dias nas circunscrições do Registro Civil de ambos os nubentes, e, obrigatoriamente, se publicará na imprensa local, se houver.

- V. arts. 44 e 67, §§ 3º e 4º, Lei 6.015/1973 (Lei de Registros Públicos).

Parágrafo único. A autoridade competente, havendo urgência, poderá dispensar a publicação.

- V. arts. 1.539 e 1.540, CC.
- V. arts. 67, §§ 3º e 4º, 69 e 76, Lei 6.015/1973 (Lei de Registros Públicos).

Art. 1.528. É dever do oficial do registro esclarecer os nubentes a respeito dos fatos que podem ocasionar a invalidade do casamento, bem como sobre os diversos regimes de bens.

- V. arts. 1.548, 1.550, 1.551, 1.556, 1.558, 1.639 a 1.652 e 1.640, parágrafo único, CC.
- V. art. 28, Lei 6.015/1973 (Lei de Registros Públicos).

Art. 1.529. Tanto os impedimentos quanto as causas suspensivas serão opostos em declaração escrita e assinada, instruída com as provas do fato alegado, ou com a indicação do lugar onde possam ser obtidas.

- V. arts. 1.521 e 1.523, CC.

Art. 1.530. O oficial do registro dará aos nubentes ou a seus representantes nota da oposição, indicando os fundamentos, as provas e o nome de quem a ofereceu.

- V. art. 67, § 5º, Lei 6.015/1973 (Lei de Registros Públicos).

Parágrafo único. Podem os nubentes requerer prazo razoável para fazer prova contrária aos fatos alegados, e promover as ações civis e criminais contra o oponente de má-fé.

Art. 1.531. Cumpridas as formalidades dos arts. 1.526 e 1.527 e verificada a inexistência de fato obstativo, o oficial do registro extrairá o certificado de habilitação.

- V. art. 2º, Lei 1.110/1950 (Reconhecimento dos efeitos civis do casamento religioso).
- V. art. 71, Lei 6.015/1973 (Lei de Registros Públicos).

Art. 1.532. A eficácia da habilitação será de 90 (noventa) dias, a contar da data em que foi extraído o certificado.

- V. arts. 2º e 3º, Lei 1.110/1950 (Reconhecimento dos efeitos civis do casamento religioso).
- V. art. 71, Lei 6.015/1973 (Lei de Registros Públicos).

Capítulo VI
Da Celebração do Casamento

Art. 1.533. Celebrar-se-á o casamento, no dia, hora e lugar previamente designados pela autoridade que houver de presidir o ato, mediante petição dos contraentes, que se mostrem habilitados com a certidão do art. 1.531.

- V. arts. 1.542 e 1.726, CC.
- V. arts. 18 e 19, Dec.-lei 4.657/1942 (Lei de Introdução às normas do Direito Brasileiro).
- V. arts. 238 e 239, CP.
- V. art. 8º, Lei 9.278/1996 (Companheiros – Regula o § 3º do art. 226 da CF).

Art. 1.534. A solenidade realizar-se-á na sede do cartório, com toda publicidade, a portas abertas, presentes pelo menos 2 (duas) testemunhas, parentes ou não dos contraentes, ou, querendo as partes e consentindo a autoridade celebrante, noutro edifício público ou particular.

- V. art. 228, CC.
- V. art. 70, parágrafo único, Lei 6.015/1973 (Lei de Registros Públicos).

§ 1º Quando o casamento for em edifício particular, ficará este de portas abertas durante o ato.

§ 2º Serão quatro as testemunhas na hipótese do parágrafo anterior e se algum dos contraentes não souber ou não puder escrever.

Art. 1.535. Presentes os contraentes, em pessoa ou por procurador especial, juntamente com as testemunhas e o oficial do registro, o presidente do ato, ouvida aos nubentes a afirmação de que pretendem casar por livre e espontânea vontade, declarará efetuado o casamento, nestes termos:

"De acordo com a vontade que ambos acabais de afirmar perante mim, de vos receberdes por marido e mulher, eu, em nome da lei, vos declaro casados."

- V. arts. 1.514, 1.538 e 1.542, CC.

Art. 1.536. Do casamento, logo depois de celebrado, lavrar-se-á o assento no livro de registro. No assento, assinado pelo presidente do ato, pelos cônjuges, as testemunhas, e o oficial do registro, serão exarados:

- V. art. 70, Lei 6.015/1973 (Lei de Registros Públicos).

I – os prenomes, sobrenomes, datas de nascimento, profissão, domicílio e residência atual dos cônjuges;

- V. art. 1.565, § 1º, CC.

II – os prenomes, sobrenomes, datas de nascimento ou de morte, domicílio e residência atual dos pais;

III – o prenome e sobrenome do cônjuge precedente e a data da dissolução do casamento anterior;

IV – a data da publicação dos proclamas e da celebração do casamento;

V – a relação dos documentos apresentados ao oficial do registro;

VI – o prenome, sobrenome, profissão, domicílio e residência atual das testemunhas;

VII – o regime do casamento, com a declaração da data e do cartório em cujas notas foi lavrada a escritura antenupcial, quando o regime não for o da comunhão parcial, ou o obrigatoriamente estabelecido.

- V. art. 1.641, CC.

Art. 1.537. O instrumento da autorização para casar transcrever-se-á integralmente na escritura antenupcial.

- V. arts. 215, 220, 1.517, 1.525, II, 1.634, III, e 1.690, parágrafo único, CC.

Art. 1.538. A celebração do casamento será imediatamente suspensa se algum dos contraentes:

I – recusar a solene afirmação da sua vontade;

II – declarar que esta não é livre e espontânea;

III – manifestar-se arrependido.

Parágrafo único. O nubente que, por algum dos fatos mencionados neste artigo, der causa à suspensão do ato, não será admitido a retratar-se no mesmo dia.

Art. 1.539. No caso de moléstia grave de um dos nubentes, o presidente do ato irá celebrá-lo onde se encontrar o impedido, sendo urgente, ainda que à noite, perante duas testemunhas que saibam ler e escrever.

- V. art. 1.527, parágrafo único, CC.

§ 1º A falta ou impedimento da autoridade competente para presidir o casamento suprir-se-á por qualquer dos seus substitutos legais, e a do oficial do Registro Civil por outro *ad hoc*, nomeado pelo presidente do ato.

§ 2º O termo avulso, lavrado pelo oficial *ad hoc*, será registrado no respectivo registro dentro em 5 (cinco) dias, perante duas testemunhas, ficando arquivado.

Art. 1.540. Quando algum dos contraentes estiver em iminente risco de vida, não obtendo a presença da autoridade à qual incumba presidir o ato, nem a de seu substituto, poderá o casamento ser celebrado na presença de seis testemunhas, que com os nubentes não tenham parentesco em linha reta, ou, na colateral, até segundo grau.

- V. arts. 1.527, parágrafo único, 1.591 e 1.592, CC.
- V. art. 76, Lei 6.015/1973 (Lei de Registros Públicos).

Art. 1.541. Realizado o casamento, devem as testemunhas comparecer perante a autoridade judicial mais próxima, dentro em 10 (dez) dias, pedindo que lhes tome por termo a declaração de:

- V. art. 76, Lei 6.015/1973 (Lei de Registros Públicos).

I – que foram convocadas por parte do enfermo;

II – que este parecia em perigo de vida, mas em seu juízo;

III – que, em sua presença, declararam os contraentes, livre e espontaneamente, receber-se por marido e mulher.

§ 1º Autuado o pedido e tomadas as declarações, o juiz procederá às diligências necessárias para verificar se os contraentes podiam ter-se habilitado, na forma ordinária, ouvidos os interessados que o requererem, dentro em 15 (quinze) dias.

§ 2º Verificada a idoneidade dos cônjuges para o casamento, assim o decidirá a autoridade competente, com recurso voluntário às partes.

§ 3º Se da decisão não se tiver recorrido, ou se ela passar em julgado, apesar dos recursos interpostos, o juiz mandará registrá-la no livro do Registro dos Casamentos.

§ 4º O assento assim lavrado retrotrairá os efeitos do casamento, quanto ao estado dos cônjuges, à data da celebração.

§ 5º Serão dispensadas as formalidades deste e do artigo antecedente, se o enfermo convalescer e puder ratificar o casamento na presença da autoridade competente e do oficial do registro.

Art. 1.542. O casamento pode celebrar-se mediante procuração, por instrumento público, com poderes especiais.

- V. art. 657, CC.

§ 1º A revogação do mandato não necessita chegar ao conhecimento do mandatário; mas, celebrado o casamento sem que o mandatário ou o outro contraente tivessem ciência da revogação, responderá o mandante por perdas e danos.

- V. arts. 402 a 405 e 1.550, *caput*, V, e parágrafo único, CC.

§ 2º O nubente que não estiver em iminente risco de vida poderá fazer-se representar no casamento nuncupativo.

§ 3º A eficácia do mandato não ultrapassará 90 (noventa) dias.

§ 4º Só por instrumento público se poderá revogar o mandato.

Capítulo VII
Das Provas do Casamento

Art. 1.543. O casamento celebrado no Brasil prova-se pela certidão do registro.

- V. arts. 1.515 e 1.516, CC.
- V. arts. 70 e 74, parágrafo único, Lei 6.015/1973 (Lei de Registros Públicos).

Parágrafo único. Justificada a falta ou perda do registro civil, é admissível qualquer outra espécie de prova.

- V. Dec.-lei 7.485/1945 (Prova do casamento nas habilitações aos benefícios do seguro social).

Art. 1.544. O casamento de brasileiro, celebrado no estrangeiro, perante as respectivas autoridades ou os cônsules brasileiros, deverá ser registrado em 180 (cento e oitenta) dias, a contar da volta de um ou de ambos os cônjuges ao Brasil, no cartório do respectivo domicílio, ou, em sua falta, no 1º Ofício da Capital do Estado em que passarem a residir.

- V. arts. 13, 18 e 19, Dec.-lei 4.657/1942 (Lei de Introdução às normas do Direito Brasileiro).
- V. art. 32, Lei 6.015/1973 (Lei de Registros Públicos).

Art. 1.545. O casamento de pessoas que, na posse do estado de casadas, não possam manifestar vontade, ou tenham falecido, não se pode contestar em prejuízo da prole comum, salvo mediante certidão do Registro Civil que prove que já era casada alguma delas, quando contraiu o casamento impugnado.

Art. 1.546. Quando a prova da celebração legal do casamento resultar de processo judicial, o registro da sentença no livro do Registro Civil produzirá, tanto no que toca aos cônjuges como no que respeita aos filhos, todos os efeitos civis desde a data do casamento.

Art. 1.547. Na dúvida entre as provas favoráveis e contrárias, julgar-se-á pelo casamento, se os cônjuges, cujo casamento se impugna, viverem ou tiverem vivido na posse do estado de casados.

Capítulo VIII
Da Invalidade do Casamento

Art. 1.548. É nulo o casamento contraído:

- V. art. 1.596, CC.
- V. art. 8º, Lei 1.110/1950 (Reconhecimento dos efeitos civis do casamento religioso).

I – *(Revogado pela Lei 13.146/2015* – DOU *07.07.2015, em vigor após decorridos 180 (cento e oitenta) dias de sua publicação oficial).*

II – por infringência de impedimento.

- V. arts. 1.521 e 1.561, CC.

Art. 1.549. A decretação de nulidade de casamento, pelos motivos previstos no artigo antecedente, pode ser promovida mediante ação direta, por qualquer interessado, ou pelo Ministério Público.

Art. 1.550. É anulável o casamento:

- V. art. 1.561, CC.
- V. art. 8º, Lei 1.110/1950 (Reconhecimento dos efeitos civis do casamento religioso).

I – de quem não completou a idade mínima para casar;

- V. arts. 1.517, 1.520 e 1.551, CC.

II – do menor em idade núbil, quando não autorizado por seu representante legal;

- V. arts. 1.517, 1.519 e 1.555, CC.

III – por vício da vontade, nos termos dos arts. 1.556 a 1.558;

IV – do incapaz de consentir ou manifestar, de modo inequívoco, o consentimento;

- V. arts. 3º, 4º, II e III, e 1.560, I, CC.

V – realizado pelo mandatário, sem que ele ou o outro contraente soubesse da revogação do mandato, e não sobrevindo coabitação entre os cônjuges;

- V. arts. 1.542 e 1.560, § 2º, CC.

VI – por incompetência da autoridade celebrante.

- V. arts. 1.554 e 1.560, II, CC.

§ 1º Equipara-se à revogação a invalidade do mandato judicialmente decretada.

- Primitivo parágrafo único renumerado pela Lei 13.146/2015 (*DOU* 07.07.2015), em vigor após decorridos 180 (cento e oitenta) dias de sua publicação oficial.

§ 2º A pessoa com deficiência mental ou intelectual em idade núbia poderá contrair matrimônio, expressando sua vontade diretamente ou por meio de seu responsável ou curador.

- § 2º acrescentado pela Lei 13.146/2015 (*DOU* 07.07.2015), em vigor após decorridos 180 (cento e oitenta) dias de sua publicação oficial.

Art. 1.551. Não se anulará, por motivo de idade, o casamento de que resultou gravidez.

- V. arts. 1.517, 1.520 e 1.550, I e II, CC.

Art. 1.552. A anulação do casamento dos menores de 16 (dezesseis) anos será requerida:

- V. arts. 1.551, 1.555 e 1.560, § 1º, CC.

I – pelo próprio cônjuge menor;

II – por seus representantes legais;

III – por seus ascendentes.

Art. 1.553. O menor que não atingiu a idade núbil poderá, depois de completá-la, confirmar seu casamento, com a autorização de seus representantes legais, se necessária, ou com suprimento judicial.

- V. arts. 1.517 e 1.519, CC.

Art. 1.554. Subsiste o casamento celebrado por aquele que, sem possuir a competência exigida na lei, exercer publicamente as funções de juiz de casamentos e, nessa qualidade, tiver registrado o ato no Registro Civil.

- V. art. 1.550, VI, CC.

Art. 1.555. O casamento do menor em idade núbil, quando não autorizado por seu representante legal, só poderá ser anulado se a ação for proposta em 180 (cento e oitenta) dias, por iniciativa do incapaz, ao deixar de sê-lo, de seus representantes legais ou de seus herdeiros necessários.

- V. arts. 1.517, 1.550, II, 1.551 e 1.560, I, CC.

§ 1º O prazo estabelecido neste artigo será contado do dia em que cessou a incapacidade, no primeiro caso; a partir do casamento, no segundo; e, no terceiro, da morte do incapaz.

§ 2º Não se anulará o casamento quando à sua celebração houverem assistido os representantes legais do incapaz, ou tiverem, por qualquer modo, manifestado sua aprovação.

Art. 1.556. O casamento pode ser anulado por vício da vontade, se houve por parte de um dos nubentes, ao consentir, erro essencial quanto à pessoa do outro.

- V. arts. 138, 139, II, e 1.557, CC.
- V. art. 236, CP.

Art. 1.557. Considera-se erro essencial sobre a pessoa do outro cônjuge:

- V. arts. 139, II, e 1.560, III, CC.

I – o que diz respeito à sua identidade, sua honra e boa fama, sendo esse erro tal que o seu conhecimento ulterior torne insuportável a vida em comum ao cônjuge enganado;

II – a ignorância de crime, anterior ao casamento, que, por sua natureza, torne insuportável a vida conjugal;

III – a ignorância, anterior ao casamento, de defeito físico irremediável que não caracterize deficiência ou de moléstia grave e transmissível, por contágio ou por herança, capaz de pôr em risco a saúde do outro cônjuge ou de sua descendência;

- Inciso III com redação determinada pela Lei 13.146/2015 (*DOU* 07.07.2015), em vigor após decorridos 180 (cento e oitenta) dias de sua publicação oficial.
- V. art. 1.559, CC.

IV – *(Revogado pela Lei 13.146/2015 – DOU 07.07.2015, em vigor após decorridos 180 (cento e oitenta) dias de sua publicação oficial).*

Art. 1.558. É anulável o casamento em virtude de coação, quando o consentimento de um ou de ambos os cônjuges houver sido captado mediante fundado temor de mal considerável e iminente para a vida, a saúde e a honra, sua ou de seus familiares.

- V. arts. 151 a 155, CC.
- V. art. 147, CP.

Art. 1.559. Somente o cônjuge que incidiu em erro, ou sofreu coação, pode demandar a anulação do casamento; mas a coabitação, havendo ciência do vício, valida o ato, ressalvadas as hipóteses dos incisos III e IV do art. 1.557.

- V. arts. 138, 139, II, 151 a 155, 1.557, 1.558 e 1.560, IV, CC.

Art. 1.560. O prazo para ser intentada a ação de anulação do casamento, a contar da data da celebração, é de:

I – 180 (cento e oitenta) dias, no caso do inciso IV do art. 1.550;

II – 2 (dois) anos, se incompetente a autoridade celebrante;

- V. arts. 1.550, VI, e 1.554, CC.

III – 3 (três) anos, nos casos dos incisos I a IV do art. 1.557;

- V. arts. 1.556 e 1.559, CC.

IV – 4 (quatro) anos, se houver coação.

- V. arts. 1.558 e 1.559, CC.

§ 1º Extingue-se, em 180 (cento e oitenta) dias, o direito de anular o casamento dos menores de 16 (dezesseis) anos, contado o prazo para o menor do dia em que perfez essa idade; e da data do casamento, para seus representantes legais ou ascendentes.

- V. arts. 1.517 e 1.552, CC.

§ 2º Na hipótese do inciso V do art. 1.550, o prazo para anulação do casamento é de 180 (cento e oitenta) dias, a partir da data em que o mandante tiver conhecimento da celebração.

- V. art. 1.550, parágrafo único, CC.

Art. 1.561. Embora anulável ou mesmo nulo, se contraído de boa-fé por ambos os cônjuges, o casamento, em relação a estes como aos filhos, produz todos os efeitos até o dia da sentença anulatória.

- V. art. 227, § 6º, CF.
- V. arts. 1.596 e 1.617, CC.
- V. art. 20, Lei 8.069/1990 (Estatuto da Criança e do Adolescente).

§ 1º Se um dos cônjuges estava de boa-fé ao celebrar o casamento, os seus efeitos civis só a ele e aos filhos aproveitarão.

- V. art. 1.564, CC.

§ 2º Se ambos os cônjuges estavam de má-fé ao celebrar o casamento, os seus efeitos civis só aos filhos aproveitarão.

- V. art. 14, parágrafo único, Lei 6.515/1977 (Dissolução da sociedade conjugal e do casamento).

Art. 1.562. Antes de mover a ação de nulidade do casamento, a de anulação, a de separação judicial, a de divórcio direto ou a de dissolução de união estável, poderá requerer a parte, comprovando sua necessidade, a separação de corpos, que será concedida pelo juiz com a possível brevidade.

- V. arts. 1.575, 1.580 e 1.585, CC.
- V. arts. 7º, § 1º, e 8º, Lei 6.515/1977 (Dissolução da sociedade conjugal e do casamento).

Art. 1.563. A sentença que decretar a nulidade do casamento retroagirá à data da sua celebração, sem prejudicar a aquisição de direitos, a título oneroso, por terceiros de boa-fé, nem a resultante de sentença transitada em julgado.

Art. 1.564. Quando o casamento for anulado por culpa de um dos cônjuges, este incorrerá:

I – na perda de todas as vantagens havidas do cônjuge inocente;

- V. art. 1.561, § 1º, CC.

II – na obrigação de cumprir as promessas que lhe fez no contrato antenupcial.

- V. arts. 1.653 a 1.657, CC.

Capítulo IX
Da Eficácia do Casamento

Art. 1.565. Pelo casamento, homem e mulher assumem mutuamente a condição de consortes, companheiros e responsáveis pelos encargos da família.

- V. art. 226, § 5º, CF.
- V. arts. 1.511, 1.567 e 1.568, CC.
- V. art. 83, Lei 8.112/1990 (Regime jurídico único dos servidores públicos civis da União).

§ 1º Qualquer dos nubentes, querendo, poderá acrescer ao seu o sobrenome do outro.

- V. arts. 1.571, § 2º, e 1.578, CC.

§ 2º O planejamento familiar é de livre decisão do casal, competindo ao Estado propiciar recursos educacionais e financeiros para o exercício desse direito, vedado qualquer tipo de coerção por parte de instituições privadas ou públicas.

- V. art. 226, §§ 5º e 7º, CF.
- V. art. 1.513, CC.
- V. Lei 9.263/1996 (Planejamento familiar).

Art. 1.566. São deveres de ambos os cônjuges:

- V. art. 226, § 5º, CF.
- V. arts. 1.511, 1.572, 1.573 e 1.724, CC.
- V. art. 5º, Lei 6.515/1977 (Dissolução da sociedade conjugal e do casamento).

I – fidelidade recíproca;

- V. art. 1.573, I, CC.

II – vida em comum, no domicílio conjugal;

- V. arts. 1.562, 1.569 e 1.573, IV, CC.

III – mútua assistência;

- V. arts. 1.568 e 1.694, CC.
- V. art. 244, CP.

IV – sustento, guarda e educação dos filhos;

- V. arts. 227 e 229, CF.
- V. arts. 1.568, 1.634, I e II, e 1.638, CC.
- V. arts. 244 a 247, CP.
- V. art. 22, Lei 8.069/1990 (Estatuto da Criança e do Adolescente).

V – respeito e consideração mútuos.

- V. art. 1.573, CC.

Art. 1.567. A direção da sociedade conjugal será exercida, em colaboração, pelo marido e pela mulher, sempre no interesse do casal e dos filhos.

- V. art. 226, § 5º, CF.
- V. arts. 1.642, 1.643, 1.647 e 1.651, CC.

Parágrafo único. Havendo divergência, qualquer dos cônjuges poderá recorrer ao juiz, que decidirá tendo em consideração aqueles interesses.

- V. art. 1.648, CC.
- V. arts. 73 e 74, CPC/2015.

Art. 1.568. Os cônjuges são obrigados a concorrer, na proporção de seus bens e dos rendimentos do trabalho, para o sustento da família e a educação dos filhos, qualquer que seja o regime patrimonial.

- V. art. 226, § 5º, CF.
- V. arts. 1.565, 1.566, III e IV, e 1.688, CC.

Art. 1.569. O domicílio do casal será escolhido por ambos os cônjuges, mas um e outro podem ausentar-se do domicílio conjugal para atender a encargos públicos, ao exercício de sua profissão, ou a interesses particulares relevantes.

- V. art. 226, § 5º, CF.
- V. arts. 72 e 1.573, IV, CC.

Art. 1.570. Se qualquer dos cônjuges estiver em lugar remoto ou não sabido, encarcerado por mais de 180 (cento e oitenta) dias, interditado judicialmente ou privado, episodicamente, de consciência, em virtude de enfermidade ou de acidente, o outro exercerá com exclusividade a direção da família, cabendo-lhe a administração dos bens.

- V. arts. 25, 1.647 a 1.651 e 1.775, CC.

Capítulo X
Da Dissolução da Sociedade e do Vínculo Conjugal

Art. 1.571. A sociedade conjugal termina:

- V. arts. 2º, 17 e 18, Lei 6.515/1977 (Dissolução da sociedade conjugal e do casamento).

I – pela morte de um dos cônjuges;

- V. arts. 6º e 7º, CC.

II – pela nulidade ou anulação do casamento;

- V. arts. 1.548 a 1.564, CC.

III – pela separação judicial;

- V. arts. 980, 1.027 e 1.572 a 1.578, CC.
- V. arts. 3º a 23, Lei 6.515/1977 (Dissolução da sociedade conjugal e do casamento).

IV – pelo divórcio.

- V. arts. 1.579 a 1.582, CC.
- V. arts. 24 a 33, Lei 6.515/1977 (Dissolução da sociedade conjugal e do casamento).

§ 1º O casamento válido só se dissolve pela morte de um dos cônjuges ou pelo divórcio, aplicando-se a presunção estabelecida neste Código quanto ao ausente.

- V. arts. 22 a 39, CC.

§ 2º Dissolvido o casamento pelo divórcio direto ou por conversão, o cônjuge poderá manter o nome de casado; salvo, no segundo caso, dispondo em contrário a sentença de separação judicial.

- V. arts. 1.565, § 1º, e 1.578, CC.

Art. 1.572. Qualquer dos cônjuges poderá propor a ação de separação judicial, imputando ao outro qualquer ato que importe grave violação dos deveres do casamento e torne insuportável a vida em comum.

- V. arts. 1.566, 1.573 e 1.724, CC.
- V. art. 5º, Lei 6.515/1977 (Dissolução da sociedade conjugal e do casamento).

§ 1º A separação judicial pode também ser pedida se um dos cônjuges provar ruptura da vida em comum há mais de 1 (um) ano e a impossibilidade de sua reconstituição.

§ 2º O cônjuge pode ainda pedir a separação judicial quando o outro estiver acometido de doença mental grave, manifestada após o casamento, que torne impossível a continuação da vida em comum, desde que, após uma duração de 2 (dois) anos, a enfermidade tenha sido reconhecida de cura improvável.

§ 3º No caso do § 2º, reverterão ao cônjuge enfermo, que não houver pedido a separação judicial, os remanescentes dos bens que levou para o casamento, e se o regime dos bens adotado o permitir, a meação dos adquiridos na constância da sociedade conjugal.

Art. 1.573. Podem caracterizar a impossibilidade da comunhão de vida a ocorrência de algum dos seguintes motivos:

- V. arts. 1.566, 1.572, §§ 1º e 2º, e 1.724, CC.

I – adultério;

- A Lei 11.106/2005 revogou o art. 240 do CP que tratava do crime de adultério.

II – tentativa de morte;

III – sevícia ou injúria grave;

IV – abandono voluntário do lar conjugal, durante um ano contínuo;

V – condenação por crime infamante;

VI – conduta desonrosa.

Parágrafo único. O juiz poderá considerar outros fatos que tornem evidente a impossibilidade da vida em comum.

Códigos

Art. 1.574. Dar-se-á a separação judicial por mútuo consentimento dos cônjuges se forem casados por mais de 1 (um) ano e o manifestarem perante o juiz, sendo por ele devidamente homologada a convenção.

- V. art. 731, *caput*, CPC/2015.
- V. arts. 4º e 34, § 2º, Lei 6.515/1977 (Dissolução da sociedade conjugal e do casamento).

Parágrafo único. O juiz pode recusar a homologação e não decretar a separação judicial se apurar que a convenção não preserva suficientemente os interesses dos filhos ou de um dos cônjuges.

Art. 1.575. A sentença de separação judicial importa a separação de corpos e a partilha de bens.

- V. arts. 980, 1.562, 1.572, § 3º, 1.576, 1.580, 1.581, 1.585 e 1.639 a 1.688, CC.
- V. art. 7º, Lei 6.515/1977 (Dissolução da sociedade conjugal e do casamento).

Parágrafo único. A partilha de bens poderá ser feita mediante proposta dos cônjuges e homologada pelo juiz ou por este decidida.

Art. 1.576. A separação judicial põe termo aos deveres de coabitação e fidelidade recíproca e ao regime de bens.

- V. 1.566, I e II, e 1.639 a 1.688, CC.
- V. art. 3º, *caput* e § 1º, Lei 6.515/1977 (Dissolução da sociedade conjugal e do casamento).

Parágrafo único. O procedimento judicial da separação caberá somente aos cônjuges, e, no caso de incapacidade, serão representados pelo curador, pelo ascendente ou pelo irmão.

- V. arts. 4º, II, e 1.767, I a III, CC.

Art. 1.577. Seja qual for a causa da separação judicial e o modo como esta se faça, é lícito aos cônjuges restabelecer, a todo tempo, a sociedade conjugal, por ato regular em juízo.

- V. art. 46, Lei 6.515/1977 (Dissolução da sociedade conjugal e do casamento).

Parágrafo único. A reconciliação em nada prejudicará o direito de terceiros, adquirido antes e durante o estado de separado, seja qual for o regime de bens.

- V. arts. 29, § 1º, *a*, 101, 107, § 2º, e 167, II-10, Lei 6.015/1973 (Lei de Registros Públicos).

Art. 1.578. O cônjuge declarado culpado na ação de separação judicial perde o direito de usar o sobrenome do outro, desde que expressamente requerido pelo cônjuge inocente e se a alteração não acarretar:

- V. arts. 1.565, § 1º, e 1.571, § 2º, CC.
- V. arts. 17, 18 e 25, parágrafo único, Lei 6.515/1977 (Dissolução da sociedade conjugal e do casamento).

I – evidente prejuízo para a sua identificação;

II – manifesta distinção entre o seu nome de família e o dos filhos havidos da união dissolvida;

III – dano grave reconhecido na decisão judicial.

§ 1º O cônjuge inocente na ação de separação judicial poderá renunciar, a qualquer momento, ao direito de usar o sobrenome do outro.

§ 2º Nos demais casos caberá a opção pela conservação do nome de casado.

Art. 1.579. O divórcio não modificará os direitos e deveres dos pais em relação aos filhos.

- V. art. 27, Lei 6.515/1977 (Dissolução da sociedade conjugal e do casamento).

Parágrafo único. Novo casamento de qualquer dos pais, ou de ambos, não poderá importar restrições aos direitos e deveres previstos neste artigo.

Art. 1.580. Decorrido 1 (um) ano do trânsito em julgado da sentença que houver decretado a separação judicial, ou da decisão concessiva da medida cautelar de separação de corpos, qualquer das partes poderá requerer sua conversão em divórcio.

- V. Emenda Constitucional 66/2010 (Dissolução do casamento civil pelo divórcio).
- V. art. 226, § 6º, CF.
- V. arts. 1.562, 1.571, IV, e 1.575, CC.
- V. art. 7º, § 6º, Dec.-lei 4.657/1942 (Lei de Introdução às normas do Direito Brasileiro).
- V. arts. 25, *caput*, e 40, *caput*, Lei 6.515/1977 (Dissolução da sociedade conjugal e do casamento).

§ 1º A conversão em divórcio da separação judicial dos cônjuges será decretada por sentença, da qual não constará referência à causa que a determinou.

§ 2º O divórcio poderá ser requerido, por um ou por ambos os cônjuges, no caso de comprovada separação de fato por mais de 2 (dois) anos.

Art. 1.581. O divórcio pode ser concedido sem que haja prévia partilha de bens.

- V. arts. 1.523, *caput*, III, e parágrafo único, 1.575 e 1.576, CC.
- V. art. 731, I e parágrafo único, CPC/ 2015.
- V. art. 31, Lei 6.515/1977 (Dissolução da sociedade conjugal e do casamento).
- V. Súmula 197, STJ.

Art. 1.582. O pedido de divórcio somente competirá aos cônjuges.

- V. art. 24, parágrafo único, Lei 6.515/1977 (Dissolução da sociedade conjugal e do casamento).

Parágrafo único. Se o cônjuge for incapaz para propor a ação ou defender-se, poderá fazê-lo o curador, o ascendente ou o irmão.

Capítulo XI
Da Proteção da Pessoa dos Filhos

Art. 1.583. A guarda será unilateral ou compartilhada.

- Artigo com redação determinada pela Lei 11.698/2008 (*DOU* 16.06.2008), em vigor 60 (sessenta) dias após a data de sua publicação.
- V. arts. 1.589 e 1.590, CC.
- V. art. 9º, Lei 6.515/1977 (Dissolução da sociedade conjugal e do casamento).

§ 1º Compreende-se por guarda unilateral a atribuída a um só dos genitores ou a alguém que o substitua (art. 1.584, § 5º) e, por guarda compartilhada a responsabilização conjunta e o exercício de direitos e deveres do pai e da mãe que não vivam sob o mesmo teto, concernentes ao poder familiar dos filhos comuns.

§ 2º Na guarda compartilhada, o tempo de convívio com os filhos deve ser dividido de forma equilibrada com a mãe e com o pai, sempre tendo em vista as condições fáticas e os interesses dos filhos.

- *Caput* do § 2º com redação determinada pela Lei 13.058/2014.

I – *(Revogado pela Lei 13.058/2014).*

II – *(Revogado pela Lei 13.058/2014).*

III – *(Revogado pela Lei 13.058/2014).*

§ 3º Na guarda compartilhada, a cidade considerada base de moradia dos filhos será aquela que melhor atender aos interesses dos filhos.

- § 3º com redação determinada pela Lei 13.058/2014.

§ 4º *(Vetado).*

§ 5º A guarda unilateral obriga o pai ou a mãe que não a detenha a supervisionar os interesses dos filhos, e, para possibilitar tal supervisão, qualquer dos genitores sempre será parte legítima para solicitar informações e/ou prestação de contas, objetivas ou subjetivas, em assuntos ou situações que direta ou indiretamente afetem a saúde física e psicológica e a educação de seus filhos.

- § 5º acrescentado pela Lei 13.058/2014.

Art. 1.584. A guarda, unilateral ou compartilhada, poderá ser:

- Artigo com redação determinada pela Lei 11.698/2008 (*DOU* 16.06.2008), em vigor 60 (sessenta) dias após a data de sua publicação.
- V. arts. 1.586 e 1.612, CC.
- V. art. 10, Lei 6.515/1977 (Dissolução da sociedade conjugal e do casamento).

I – requerida, por consenso, pelo pai e pela mãe, ou por qualquer deles, em ação autônoma de separação, de divórcio, de dissolução de união estável ou em medida cautelar;

II – decretada pelo juiz, em atenção a necessidades específicas do filho, ou em razão da distribuição de tempo necessário ao convívio deste com o pai e com a mãe.

§ 1º Na audiência de conciliação, o juiz informará ao pai e à mãe o significado da guarda compartilhada, a sua importância, a similitude de deveres e direitos atribuídos aos genitores e as sanções pelo descumprimento de suas cláusulas.

§ 2º Quando não houver acordo entre a mãe e o pai quanto à guarda do filho, encontrando-se ambos os genitores aptos a exercer o poder familiar, será aplicada a guarda compartilhada, salvo se um dos genitores declarar ao magistrado que não deseja a guarda do menor.

- § 2º com redação determinada pela Lei 13.058/2014.

§ 3º Para estabelecer as atribuições do pai e da mãe e os períodos de convivência sob guarda compartilhada, o juiz, de ofício ou a requerimento do Ministério Público, poderá basear-se em orientação técnico-profissional ou de equipe interdisciplinar, que deverá visar à divisão equilibrada do tempo com o pai e com a mãe.

- § 3º com redação determinada pela Lei 13.058/2014.

§ 4º A alteração não autorizada ou o descumprimento imotivado de cláusula de guarda unilateral ou compartilhada poderá implicar a redução de prerrogativas atribuídas ao seu detentor.

- § 4º com redação determinada pela Lei 13.058/2014.

§ 5º Se o juiz verificar que o filho não deve permanecer sob a guarda do pai ou da mãe, deferirá a guarda a pessoa que revele compatibilidade com a natureza da medida, considerados, de preferência, o grau de parentesco e as relações de afinidade e afetividade.

- § 5º com redação determinada pela Lei 13.058/2014.

§ 6º Qualquer estabelecimento público ou privado é obrigado a prestar informações a qualquer dos genitores sobre os filhos destes, sob pena de multa de R$ 200,00 (duzentos reais) a R$ 500,00 (quinhentos reais) por dia pelo não atendimento da solicitação.

- § 6º acrescentado pela Lei 13.058/2014.

Art. 1.585. Em sede de medida cautelar de separação de corpos, em sede de medida cautelar de guarda ou em outra sede de fixação liminar de guarda, a decisão sobre guarda de filhos, mesmo que provisória, será proferida preferencialmente após a oitiva de ambas as partes perante o juiz, salvo se a proteção aos interesses dos filhos exigir a concessão de liminar sem a oitiva da outra parte, aplicando-se as disposições do art. 1.584.

- Artigo com redação determinada pela Lei 13.058/2014.
- V. art. 1.562, CC.

Art. 1.586. Havendo motivos graves, poderá o juiz, em qualquer caso, a bem dos filhos, regular de maneira diferente da estabelecida nos artigos antecedentes a situação deles para com os pais.

- V. art. 13, Lei 6.515/1977 (Dissolução da sociedade conjugal e do casamento).

Art. 1.587. No caso de invalidade do casamento, havendo filhos comuns, observar-se-á o disposto nos arts. 1.584 e 1.586.

- V. arts. 1.548 a 1.564, CC.
- V. art. 14, *caput*, Lei 6.515/1977 (Dissolução da sociedade conjugal e do casamento).

Art. 1.588. O pai ou a mãe que contrair novas núpcias não perde o direito de ter consigo os filhos, que só lhe poderão ser retirados por mandado judicial, provado que não são tratados convenientemente.

- V. art. 1.636, CC.

Art. 1.589. O pai ou a mãe, em cuja guarda não estejam os filhos, poderá visitá-los e tê-los em sua companhia, segundo o que acordar com o outro cônjuge, ou for fixado pelo juiz, bem como fiscalizar sua manutenção e educação.

- V. art. 15, Lei 6.515/1977 (Dissolução da sociedade conjugal e do casamento).

Parágrafo único. O direito de visita estende-se a qualquer dos avós, a critério do juiz, observados os interesses da criança ou do adolescente.

- Parágrafo único acrescentado pela Lei 12.398/2011.

Art. 1.590. As disposições relativas à guarda e prestação de alimentos aos filhos menores estendem-se aos maiores incapazes.

- V. art. 4º, II e III, CC.
- V. art. 16, Lei 6.515/1977 (Dissolução da sociedade conjugal e do casamento).

Subtítulo II
Das Relações de Parentesco

Capítulo I
Disposições Gerais

Art. 1.591. São parentes em linha reta as pessoas que estão umas para com as outras na relação de ascendentes e descendentes.

Art. 1.592. São parentes em linha colateral ou transversal, até o quarto grau, as pessoas provenientes de um só tronco, sem descenderem uma da outra.

Art. 1.593. O parentesco é natural ou civil, conforme resulte de consanguinidade ou outra origem.

Art. 1.594. Contam-se, na linha reta, os graus de parentesco pelo número de gerações, e, na colateral, também pelo número delas, subindo de um dos parentes até ao ascendente comum, e descendo até encontrar o outro parente.

Art. 1.595. Cada cônjuge ou companheiro é aliado aos parentes do outro pelo vínculo da afinidade.

§ 1º O parentesco por afinidade limita-se aos ascendentes, aos descendentes e aos irmãos do cônjuge ou companheiro.

§ 2º Na linha reta, a afinidade não se extingue com a dissolução do casamento ou da união estável.

Capítulo II
Da Filiação

Art. 1.596. Os filhos, havidos ou não da relação de casamento, ou por adoção, terão os mesmos direitos e qualificações, proibidas quaisquer designações discriminatórias relativas à filiação.

- V. art. 227, § 6º, CF.
- V. art. 20, Lei 8.069/1990 (Estatuto da Criança e do Adolescente).

Art. 1.597. Presumem-se concebidos na constância do casamento os filhos:

I – nascidos 180 (cento e oitenta) dias, pelo menos, depois de estabelecida a convivência conjugal;

- V. art. 1.598, CC.

II – nascidos nos 300 (trezentos) dias subsequentes à dissolução da sociedade conjugal, por morte, separação judicial, nulidade e anulação do casamento;

- V. art. 1.523, II, CC.

III – havidos por fecundação artificial homóloga, mesmo que falecido o marido;

IV – havidos, a qualquer tempo, quando se tratar de embriões excedentários, decorrentes de concepção artificial homóloga;

V – havidos por inseminação artificial heteróloga, desde que tenha prévia autorização do marido.

Art. 1.598. Salvo prova em contrário, se, antes de decorrido o prazo previsto no inciso II do art. 1.523, a mulher contrair novas núpcias e lhe nascer algum filho, este se presume do primeiro marido, se nascido dentro dos 300 (trezentos) dias a contar da data do falecimento deste e, do segundo, se o nascimento ocorrer após esse período e já decorrido o prazo a que se refere o inciso I do art. 1.597.

Art. 1.599. A prova da impotência do cônjuge para gerar, à época da concepção, ilide a presunção da paternidade.

Art. 1.600. Não basta o adultério da mulher, ainda que confessado, para ilidir a presunção legal da paternidade.

- A Lei 11.106/2005 revogou o art. 240 do CP que tratava do crime de adultério.
- V. art. 1.602, CC.

Art. 1.601. Cabe ao marido o direito de contestar a paternidade dos filhos nascidos de sua mulher, sendo tal ação imprescritível.

Parágrafo único. Contestada a filiação, os herdeiros do impugnante têm direito de prosseguir na ação.

Art. 1.602. Não basta a confissão materna para excluir a paternidade.

- V. art. 1.600, CC.

Art. 1.603. A filiação prova-se pela certidão do termo de nascimento registrada no Registro Civil.

- V. art. 9º, I, CC.
- V. arts. 29, I e § 1º, *b* e *d*, 50 a 66 e 102, ns. 1 e 2, Lei 6.015/1973 (Lei de Registros Públicos).

Art. 1.604. Ninguém pode vindicar estado contrário ao que resulta do registro de nascimento, salvo provando-se erro ou falsidade do registro.

- V. art. 1.608, CC.
- V. arts. 241 a 243, CP.
- V. art. 113, Lei 6.015/1973 (Lei de Registros Públicos).

Art. 1.605. Na falta, ou defeito, do termo de nascimento, poderá provar-se a filiação por qualquer modo admissível em direito:

- V. arts. 212 a 232, CC.

I – quando houver começo de prova por escrito, proveniente dos pais, conjunta ou separadamente;

II – quando existirem veementes presunções resultantes de fatos já certos.

Art. 1.606. A ação de prova de filiação compete ao filho, enquanto viver, passando aos herdeiros, se ele morrer menor ou incapaz.

- V. arts. 1.615 e 1.616, CC.
- V. Lei 8.560/1992 (Investigação de paternidade).

Parágrafo único. Se iniciada a ação pelo filho, os herdeiros poderão continuá-la, salvo se julgado extinto o processo.

Capítulo III
Do Reconhecimento dos Filhos

Art. 1.607. O filho havido fora do casamento pode ser reconhecido pelos pais, conjunta ou separadamente.

- V. art. 1.596, CC.
- V. art. 59, Lei 6.015/1973 (Lei de Registros Públicos).
- V. art. 26, *caput*, Lei 8.069/1990 (Estatuto da Criança e do Adolescente).
- V. Lei 8.560/1992 (Investigação de paternidade).

Art. 1.608. Quando a maternidade constar do termo do nascimento do filho, a mãe só poderá contestá-la, provando a falsidade do termo, ou das declarações nele contidas.

- V. art. 1.604, CC.
- V. arts. 241 a 243, CP.
- V. art. 113, Lei 6.015/1973 (Lei de Registros Públicos).

Art. 1.609. O reconhecimento dos filhos havidos fora do casamento é irrevogável e será feito:

- V. art. 26, Lei 8.069/1990 (Estatuto da Criança e do Adolescente).
- V. art. 1º, Lei 8.560/1992 (Investigação de paternidade).

I – no registro do nascimento;

II – por escritura pública ou escrito particular, a ser arquivado em cartório;

III – por testamento, ainda que incidentalmente manifestado;

- V. art. 1.610, CC.

IV – por manifestação direta e expressa perante o juiz, ainda que o reconhecimento não haja sido o objeto único e principal do ato que o contém.

Parágrafo único. O reconhecimento pode preceder o nascimento do filho ou ser posterior ao seu falecimento, se ele deixar descendentes.

- V. art. 26, parágrafo único, Lei 8.069/1990 (Estatuto da Criança e do Adolescente).

Art. 1.610. O reconhecimento não pode ser revogado, nem mesmo quando feito em testamento.

- V. art. 1.609, III, CC.

Art. 1.611. O filho havido fora do casamento, reconhecido por um dos cônjuges, não poderá residir no lar conjugal sem o consentimento do outro.

- V. art. 15, Dec.-lei 3.200/1941 (Organização e proteção da família).

Art. 1.612. O filho reconhecido, enquanto menor, ficará sob a guarda do genitor que o reconheceu, e, se ambos o reconheceram e não houver acordo, sob a de quem melhor atender aos interesses do menor.

- V. arts. 1.584, 1.586 e 1.633, CC.
- V. art. 16, Dec.-lei 3.200/1941 (Organização e proteção da família).

Art. 1.613. São ineficazes a condição e o termo apostos ao ato de reconhecimento do filho.

- V. arts. 121, 131 e 135, CC.

Art. 1.614. O filho maior não pode ser reconhecido sem o seu consentimento, e o menor pode impugnar o reconhecimento, nos quatro anos que se seguirem à maioridade, ou à emancipação.

- V. art. 5º, *caput* e parágrafo único, CC.
- V. art. 4º, Lei 8.560/1992 (Investigação de paternidade).

Art. 1.615. Qualquer pessoa, que justo interesse tenha, pode contestar a ação de investigação de paternidade, ou maternidade.

- V. art. 1.606, CC.

Art. 1.616. A sentença que julgar procedente a ação de investigação produzirá os mesmos efeitos do reconhecimento; mas poderá ordenar que o filho se crie e eduque fora da companhia dos pais ou daquele que lhe contestou essa qualidade.

- V. art. 109, § 4º, Lei 6.015/1973 (Lei de Registros Públicos).

Art. 1.617. A filiação materna ou paterna pode resultar de casamento declarado nulo, ainda mesmo sem as condições do putativo.

- V. arts. 1.548, 1.550, 1.556, 1.558 e 1.561, CC.

Capítulo IV
Da Adoção

- V. Res. CNJ 54/2008 (Implantação e funcionamento do Cadastro Nacional de Adoção).

Art. 1.618. A adoção de crianças e adolescentes será deferida na forma prevista pela Lei 8.069, de 13 de julho de 1990 – Estatuto da Criança e do Adolescente.

- *Caput* com redação determinada pela Lei 12.010/2009 (*DOU* 04.08.2009), em vigor 90 (noventa) dias após a data de sua publicação.

Parágrafo único. *(Revogado pela Lei 12.010/2009 – DOU 04.08.2009, em vigor noventa dias após a data de sua publicação).*

Art. 1.619. A adoção de maiores de 18 (dezoito) anos dependerá da assistência efetiva do poder público e de sentença constitutiva, aplicando-se, no que couber, as regras gerais da Lei 8.069, de 13 de julho de 1990 – Estatuto da Criança e do Adolescente.

- Artigo com redação determinada pela Lei 12.010/2009 (*DOU* 04.08.2009), em vigor 90 (noventa) dias após a data de sua publicação.

Arts. 1.620 a 1.629. *(Revogados pela Lei 12.010/2009 – DOU 04.08.2009, em vigor noventa dias após a data de sua publicação).*

Capítulo V
Do Poder Familiar

Seção I
Disposições Gerais

Art. 1.630. Os filhos estão sujeitos ao poder familiar, enquanto menores.

- V. arts. 5º, 1.612, 1.633, 1.635 e 1.638, CC.

Art. 1.631. Durante o casamento e a união estável, compete o poder familiar aos pais; na falta ou impedimento de um deles, o outro o exercerá com exclusividade.

- V. arts. 1.511, 1.567, 1.588, 1.637 e 1.690, CC.
- V. art. 21, Lei 8.069/1990 (Estatuto da Criança e do Adolescente).

Parágrafo único. Divergindo os pais quanto ao exercício do poder familiar, é assegurado a qualquer deles recorrer ao juiz para solução do desacordo.

Art. 1.632. A separação judicial, o divórcio e a dissolução da união estável não alteram as relações entre pais e filhos senão quanto ao direito, que aos primeiros cabe, de terem em sua companhia os segundos.

- V. arts. 1.583 a 1.586 e 1.589, CC.
- V. arts. 9º a 27, Lei 6.515/1977 (Dissolução da sociedade conjugal e do casamento).

Art. 1.633. O filho, não reconhecido pelo pai, fica sob poder familiar exclusivo da mãe; se a mãe não for conhecida ou capaz de exercê-lo, dar-se-á tutor ao menor.

- V. art. 1.612, CC.
- V. art. 16, Dec.-lei 3.200/1941 (Organização e proteção da família).

Seção II
Do Exercício do Poder Familiar

Art. 1.634. Compete a ambos os pais, qualquer que seja a sua situação conjugal, o pleno exercício do poder familiar, que consiste em, quanto aos filhos:

- Artigo com redação determinada pela Lei 13.058/2014.
- V. arts. 1.637 e 1.638, CC.
- V. arts. 136 e 244 a 247, CP.
- V. art. 22, Lei 8.069/1990 (Estatuto da Criança e do Adolescente).

I – dirigir-lhes a criação e a educação;

- V. art. 1.566, IV, CC.

II – exercer a guarda unilateral ou compartilhada nos termos do art. 1.584;

- V. arts. 1.583 a 1.588, 1.612 e 1.632, CC.
- V. arts. 33 a 35, Lei 8.069/1990 (Estatuto da Criança e do Adolescente).

III – conceder-lhes ou negar-lhes consentimento para casarem;

- V. arts. 1.517, 1.519 e 1.550, II, CC.

IV – conceder-lhes ou negar-lhes consentimento para viajarem ao exterior;

V – conceder-lhes ou negar-lhes consentimento para mudarem sua residência permanente para outro Município;

- V. arts. 3º, 4º, 115 a120 e 1.747, CC.

VI – nomear-lhes tutor por testamento ou documento autêntico, se o outro dos pais não lhe sobreviver, ou o sobrevivo não puder exercer o poder familiar;

- V. arts. 1.729 e 1.730, CC.

VII – representá-los judicial e extrajudicialmente até os 16 (dezesseis) anos, nos atos da vida civil, e assisti-los, após essa idade, nos atos em que forem partes, suprindo-lhes o consentimento;

- V. arts. 3º, 4º, 115 a 120 e 1.747, I, CC.
- V. art. 439, CLT.

VIII – reclamá-los de quem ilegalmente os detenha;

- V. arts. 248 e 249, CP.

IX – exigir que lhes prestem obediência, respeito e os serviços próprios de sua idade e condição.

- V. art. 136, CP.

Códigos

Seção III
Da Suspensão e Extinção do Poder Familiar

Art. 1.635. Extingue-se o poder familiar:

I – pela morte dos pais ou do filho;

II – pela emancipação, nos termos do art. 5º, parágrafo único;

III – pela maioridade;

- V. art. 5º, CC.

IV – pela adoção;

V – por decisão judicial, na forma do artigo 1.638.

Art. 1.636. O pai ou a mãe que contrai novas núpcias, ou estabelece união estável, não perde, quanto aos filhos do relacionamento anterior, os direitos ao poder familiar, exercendo-os sem qualquer interferência do novo cônjuge ou companheiro.

- V. art. 1.588, CC.

Parágrafo único. Igual preceito ao estabelecido neste artigo aplica-se ao pai ou à mãe solteiros que casarem ou estabelecerem união estável.

Art. 1.637. Se o pai, ou a mãe, abusar de sua autoridade, faltando aos deveres a eles inerentes ou arruinando os bens dos filhos, cabe ao juiz, requerendo algum parente, ou o Ministério Público, adotar a medida que lhe pareça reclamada pela segurança do menor e seus haveres, até suspendendo o poder familiar, quando convenha.

- V. arts. 1.638, IV, e 1.691, CC.
- V. arts. 24, 129, X, e 155 a 163, Lei 8.069/1990 (Estatuto da Criança e do Adolescente).

Parágrafo único. Suspende-se igualmente o exercício do poder familiar ao pai ou à mãe condenados por sentença irrecorrível, em virtude de crime cuja pena exceda a 2 (dois) anos de prisão.

- V. art. 92, II, CP.

Art. 1.638. Perderá por ato judicial o poder familiar o pai ou a mãe que:

- V. art. 1.635, V, CC.
- V. art. 92, II, CP.
- V. arts. 24, 129, X, 130, 148, parágrafo único, *b*, e 155 a 163, Lei 8.069/1990 (Estatuto da Criança e do Adolescente).

I – castigar imoderadamente o filho;

- V. art. 136, CP.

II – deixar o filho em abandono;

- V. arts. 244 e 246, CP.

III – praticar atos contrários à moral e aos bons costumes;

- V. arts. 226, II, 245 e 247, CP.

IV – incidir, reiteradamente, nas faltas previstas no artigo antecedente.

V – entregar de forma irregular o filho a terceiros para fins de adoção.

- Inciso V acrescentado pela Lei 13.509/2017.

Parágrafo único. Perderá também por ato judicial o poder familiar aquele que:

- Parágrafo único acrescentado pela Lei 13.715/2018.

I – praticar contra outrem igualmente titular do mesmo poder familiar:

a) homicídio, feminicídio ou lesão corporal de natureza grave ou seguida de morte, quando se tratar de crime doloso envolvendo violência doméstica e familiar ou menosprezo ou discriminação à condição de mulher;

b) estupro ou outro crime contra a dignidade sexual sujeito à pena de reclusão;

II – praticar contra filho, filha ou outro descendente:

a) homicídio, feminicídio ou lesão corporal de natureza grave ou seguida de morte, quando se tratar de crime doloso envolvendo violência doméstica e familiar ou menosprezo ou discriminação à condição de mulher;

b) estupro, estupro de vulnerável ou outro crime contra a dignidade sexual sujeito à pena de reclusão.

TÍTULO II
Do Direito Patrimonial

Subtítulo I
Do Regime de Bens entre os Cônjuges

- V. art. 2.039, CC.

Capítulo I
Disposições Gerais

Art. 1.639. É lícito aos nubentes, antes de celebrado o casamento, estipular, quanto aos seus bens, o que lhes aprouver.

- V. arts. 108, 1.536, VII, 1.564, II, 1.640, 1.641, 1.653 a 1.657, 1.662, 1.668, IV, 1.688, 1.725 e 2.039, CC.
- V. art. 7º, §§ 4º e 5º, Dec.-lei 4.657/1942 (Lei de Introdução às normas do Direito Brasileiro).
- V. art. 3º, *caput*, Lei 6.515/1977 (Dissolução da sociedade conjugal e do casamento).

§ 1º O regime de bens entre os cônjuges começa a vigorar desde a data do casamento.

§ 2º É admissível alteração do regime de bens, mediante autorização judicial em pedido motivado de ambos os cônjuges, apurada a procedência das razões invocadas e ressalvados os direitos de terceiros.

Art. 1.640. Não havendo convenção, ou sendo ela nula ou ineficaz, vigorará, quanto aos bens entre os cônjuges, o regime da comunhão parcial.

- V. arts. 1.653, 1.655 e 1.657, CC.

Parágrafo único. Poderão os nubentes, no processo de habilitação, optar por qualquer dos regimes que este código regula. Quanto à forma, reduzir-se-á a termo a opção pela comunhão parcial, fazendo-se o pacto antenupcial por escritura pública, nas demais escolhas.

- V. arts. 215, 1.528, 1.658, 1.667, 1.672 e 1.687, CC.

Art. 1.641. É obrigatório o regime da separação de bens no casamento:

- V. art. 977, CC.

I – das pessoas que o contraírem com inobservância das causas suspensivas da celebração do casamento;

- V. art. 1.523, CC.

II – da pessoa maior de 70 (setenta) anos;

- Inciso II com redação determinada pela Lei 12.344/2010.

III – de todos os que dependerem, para casar, de suprimento judicial.

- V. arts. 1.517, 1.519, 1.634, III, 1.747, I, 1.774 e 1.781, CC.

Art. 1.642. Qualquer que seja o regime de bens, tanto o marido quanto a mulher podem livremente:

- V. art. 226, § 5º, CF.
- V. arts. 499, 550, 1.643 e 1.647, CC.

I – praticar todos os atos de disposição e de administração necessários ao desempenho de sua profissão, com as limitações estabelecidas no inciso I do art. 1.647;

II – administrar os bens próprios;

- V. arts. 1.663, § 1º, 1.665 e 1.666, CC.

III – desobrigar ou reivindicar os imóveis que tenham sido gravados ou alienados sem o seu consentimento ou sem suprimento judicial;

- V. arts. 1.645 e 1.646, CC.

IV – demandar a rescisão dos contratos de fiança e doação, ou a invalidação do aval, realizados pelo outro cônjuge com infração do disposto nos incisos III e IV do art. 1.647;

- V. arts. 1.645, 1.646 e 1.647, III e IV, CC.

V – reivindicar os bens comuns, móveis ou imóveis, doados ou transferidos pelo outro cônjuge ao concubino, desde que provado que os bens não foram adquiridos pelo esforço comum destes, se o casal estiver separado de fato por mais de 5 (cinco) anos;

- V. arts. 550, 1.645 e 1.647, parágrafo único, CC.

VI – praticar todos os atos que não lhes forem vedados expressamente.

Art. 1.643. Podem os cônjuges, independentemente de autorização um do outro:

- V. art. 1.664, CC.

I – comprar, ainda a crédito, as coisas necessárias à economia doméstica;

II – obter, por empréstimo, as quantias que a aquisição dessas coisas possa exigir.

Art. 1.644. As dívidas contraídas para os fins do artigo antecedente obrigam solidariamente ambos os cônjuges.

- V. arts. 275 a 285, CC.

Art. 1.645. As ações fundadas nos incisos III, IV e V do art. 1.642 competem ao cônjuge prejudicado e a seus herdeiros.

Art. 1.646. No caso dos incisos III e IV do art. 1.642, o terceiro, prejudicado com a sentença favorável ao autor, terá direito regressivo contra o cônjuge, que realizou o negócio jurídico, ou seus herdeiros.

- V. art. 125, II, CPC/2015.

Art. 1.647. Ressalvado o disposto no art. 1.648, nenhum dos cônjuges pode, sem autorização do outro, exceto no regime da separação absoluta:

- V. arts. 220, 1.649 e 1.650, CC.
- V. art. 3º, Lei 8.245/1991 (Locação de imóveis urbanos).

I – alienar ou gravar de ônus real os bens imóveis;

- V. arts. 496, 499, 533, II, 978, 1.420, 1.438, parágrafo único, 1.642, III, 1.648, 1.659, I e II, 1.668, I, II e IV, 1.687 e 1.783, CC.

- V. art. 11, parágrafo único, Lei 492/1937 (Penhor rural e cédula pignoratícia).
- V. art. 11, § 2º, Dec.-lei 58/1937 (Loteamento e venda de terrenos para pagamento em prestações).
- V. art. 17, § 2º, Dec.-lei 70/1966 (Associações de poupança e empréstimo e cédula hipotecária).
- V. art. 18, VII e § 3º, Lei 6.766/1979 (Parcelamento do solo urbano).

II – pleitear, como autor ou réu, acerca desses bens ou direitos;

- V. art. 73, §§ 1º e 2º, CPC/2015.
- V. art. 16, Dec.-lei 3.365/1941 (Desapropriações por utilidade pública).

III – prestar fiança ou aval;

- V. art. 1.642, IV, CC.
- V. Súmula 332, STJ.

IV – fazer doação, não sendo remuneratória, de bens comuns, ou dos que possam integrar futura meação.

- V. arts. 544, 550, 1.642, III e IV, e 1.675, CC.

Parágrafo único. São válidas as doações nupciais feitas aos filhos quando casarem ou estabelecerem economia separada.

Art. 1.648. Cabe ao juiz, nos casos do artigo antecedente, suprir a outorga, quando um dos cônjuges a denegue sem motivo justo, ou lhe seja impossível concedê-la.

- V. arts. 1.567, parágrafo único, e 1.570, CC.
- V. arts. 74 e 725, IV e V, CPC/2015.

Art. 1.649. A falta de autorização, não suprida pelo juiz, quando necessária (art. 1.647), tornará anulável o ato praticado, podendo o outro cônjuge pleitear-lhe a anulação, até 2 (dois) anos depois de terminada a sociedade conjugal.

- V. art. 74, parágrafo único, CPC/2015.

Parágrafo único. A aprovação torna válido o ato, desde que feita por instrumento público, ou particular, autenticado.

Art. 1.650. A decretação de invalidade dos atos praticados sem outorga, sem consentimento, ou sem suprimento do juiz, só poderá ser demandada pelo cônjuge a quem cabia concedê-la, ou por seus herdeiros.

- V. art. 1.642, CC.

Art. 1.651. Quando um dos cônjuges não puder exercer a administração dos bens que lhe incumbe, segundo o regime de bens, caberá ao outro:

- V. arts. 25, 1.567, 1.570 e 1.775, CC.

I – gerir os bens comuns e os do consorte;

II – alienar os bens móveis comuns;

III – alienar os imóveis comuns e os móveis ou imóveis do consorte, mediante autorização judicial.

Art. 1.652. O cônjuge, que estiver na posse dos bens particulares do outro, será para com este e seus herdeiros responsável:

- V. arts. 1.659, 1.668 e 1.783, CC.

I – como usufrutuário, se o rendimento for comum;

- V. arts. 1.391, 1.400 a 1.409 e 1.660, V, CC.

II – como procurador, se tiver mandato expresso ou tácito para os administrar;

- V. arts. 663 e 667 a 674, CC.

III – como depositário, se não for usufrutuário, nem administrador.

- V. arts. 627 a 652, 1.659, I, e 1.687, CC.

Capítulo II
Do Pacto Antenupcial

Art. 1.653. É nulo o pacto antenupcial se não for feito por escritura pública, e ineficaz se não lhe seguir o casamento.

- V. arts. 108, 166, IV, 215, 1.536, VII, 1.537, 1.564, II, 1.639, 1.642, 1.657, 1.668, IV, e 1.688, CC.

Art. 1.654. A eficácia do pacto antenupcial, realizado por menor, fica condicionada à aprovação de seu representante legal, salvo as hipóteses de regime obrigatório de separação de bens.

- V. art. 1.641, CC.

Art. 1.655. É nula a convenção ou cláusula dela que contravenha disposição absoluta de lei.

Art. 1.656. No pacto antenupcial, que adotar o regime de participação final nos aquestos, poder-se-á convencionar a livre disposição dos bens imóveis, desde que particulares.

- V. arts. 1.672 a 1.686, CC.

Art. 1.657. As convenções antenupciais não terão efeito perante terceiros senão depois de registradas, em livro especial, pelo oficial do Registro de Imóveis do domicílio dos cônjuges.

- V. art. 979, CC.
- V. arts. 167, I-12 e II-1, e 178, V, Lei 6.015/1973 (Lei de Registros Públicos).

Capítulo III
Do Regime de Comunhão Parcial

Art. 1.658. No regime de comunhão parcial, comunicam-se os bens que sobrevierem ao casal, na constância do casamento, com as exceções dos artigos seguintes.

Art. 1.659. Excluem-se da comunhão:

I – os bens que cada cônjuge possuir ao casar, e os que lhe sobrevierem, na constância do casamento, por doação ou sucessão, e os sub-rogados em seu lugar;

II – os bens adquiridos com valores exclusivamente pertencentes a um dos cônjuges em sub-rogação dos bens particulares;

- V. art. 1.661, CC.

III – as obrigações anteriores ao casamento;

- V. arts. 1.661 e 1.668, III, CC.

IV – as obrigações provenientes de atos ilícitos, salvo reversão em proveito do casal;

- V. art. 942, CC.

V – os bens de uso pessoal, os livros e instrumentos de profissão;

- V. art. 1.668, V, CC.

VI – os proventos do trabalho pessoal de cada cônjuge;

- V. art. 1.668, V, CC.

VII – as pensões, meios-soldos, montepios e outras rendas semelhantes.

- V. art. 1.668, V, CC.

Art. 1.660. Entram na comunhão:

I – os bens adquiridos na constância do casamento por título oneroso, ainda que só em nome de um dos cônjuges;

II – os bens adquiridos por fato eventual, com ou sem o concurso de trabalho ou despesa anterior;

III – os bens adquiridos por doação, herança ou legado, em favor de ambos os cônjuges;

IV – as benfeitorias em bens particulares de cada cônjuge;

- V. arts. 96 e 97, CC.

V – os frutos dos bens comuns, ou dos particulares de cada cônjuge, percebidos na constância do casamento, ou pendentes ao tempo de cessar a comunhão.

Art. 1.661. São incomunicáveis os bens cuja aquisição tiver por título uma causa anterior ao casamento.

- V. art. 1.659, II, CC.

Art. 1.662. No regime da comunhão parcial, presumem-se adquiridos na constância do casamento os bens móveis, quando não se provar que o foram em data anterior.

- V. arts. 82 a 84, CC.

Art. 1.663. A administração do patrimônio comum compete a qualquer dos cônjuges.

- V. arts. 1.567 a 1.569 e 1.665, CC.

§ 1º As dívidas contraídas no exercício da administração obrigam os bens comuns e particulares do cônjuge que os administra, e os do outro na razão do proveito que houver auferido.

- V. arts. 1.642, II, 1.666 e 1.677, CC.

§ 2º A anuência de ambos os cônjuges é necessária para os atos, a título gratuito, que impliquem cessão do uso ou gozo dos bens comuns.

§ 3º Em caso de malversação dos bens, o juiz poderá atribuir a administração a apenas um dos cônjuges.

Art. 1.664. Os bens da comunhão respondem pelas obrigações contraídas pelo marido ou pela mulher para atender aos encargos da família, às despesas de administração e às decorrentes de imposição legal.

- V. arts. 1.643 e 1.663, § 1º, CC.

Art. 1.665. A administração e a disposição dos bens constitutivos do patrimônio particular competem ao cônjuge proprietário, salvo convenção diversa em pacto antenupcial.

- V. arts. 1.642, II, e 1.663, *caput*, CC.

Art. 1.666. As dívidas, contraídas por qualquer dos cônjuges na administração de seus bens particulares e em benefício destes, não obrigam os bens comuns.

- V. arts. 1.642, II, 1.663, § 1º, e 1.677, CC.

Capítulo IV
Do Regime de Comunhão Universal

Art. 1.667. O regime de comunhão universal importa a comunicação de todos os bens presentes e futuros dos cônjuges e suas dívidas passivas, com as exceções do artigo seguinte.

- V. arts. 977, 1.640, 1.641, 1.651 e 1.652, CC.

Art. 1.668. São excluídos da comunhão:

- V. arts. 1.652, 1.669 e 1.783, CC.

I – os bens doados ou herdados com a cláusula de incomunicabilidade e os sub-rogados em seu lugar;

II – os bens gravados de fideicomisso e o direito do herdeiro fideicomissário, antes de realizada a condição suspensiva;

- V. arts. 1.951 a 1.960, CC.

III – as dívidas anteriores ao casamento, salvo se provierem de despesas com seus aprestos, ou reverterem em proveito comum;

- V. art. 1.659, III, CC.

IV – as doações antenupciais feitas por um dos cônjuges ao outro com a cláusula de incomunicabilidade;

V – os bens referidos nos incisos V a VII do art. 1.659.

Art. 1.669. A incomunicabilidade dos bens enumerados no artigo antecedente não se estende aos frutos, quando se percebam ou vençam durante o casamento.

Art. 1.670. Aplica-se ao regime da comunhão universal o disposto no Capítulo antecedente, quanto à administração dos bens.

- V. arts. 1.663 a 1.666, CC.

Art. 1.671. Extinta a comunhão, e efetuada a divisão do ativo e do passivo, cessará a responsabilidade de cada um dos cônjuges para com os credores do outro.

- V. arts. 1.571 e 1.639, § 1º, CC.

Capítulo V
Do Regime de Participação Final Nos Aquestos

Art. 1.672. No regime de participação final nos aquestos, cada cônjuge possui patrimônio próprio, consoante disposto no artigo seguinte, e lhe cabe, à época da dissolução da sociedade conjugal, direito à metade dos bens adquiridos pelo casal, a título oneroso, na constância do casamento.

- V. arts. 1.571, 1.656 e 1.673, CC.

Art. 1.673. Integram o patrimônio próprio os bens que cada cônjuge possuía ao casar e os por ele adquiridos, a qualquer título, na constância do casamento.

Parágrafo único. A administração desses bens é exclusiva de cada cônjuge, que os poderá livremente alienar, se forem móveis.

- V. arts. 1.647, I, 1.656 e 1.676, CC.

Art. 1.674. Sobrevindo a dissolução da sociedade conjugal, apurar-se-á o montante dos aquestos, excluindo-se da soma dos patrimônios próprios:

- V. art. 1.571, CC.

I – os bens anteriores ao casamento e os que em seu lugar se sub-rogaram;

II – os que sobrevieram a cada cônjuge por sucessão ou liberalidade;

III – as dívidas relativas a esses bens.

Parágrafo único. Salvo prova em contrário, presumem-se adquiridos durante o casamento os bens móveis.

- V. art. 1.680, CC.

Art. 1.675. Ao determinar-se o montante dos aquestos, computar-se-á o valor das doações feitas por um dos cônjuges, sem a necessária autorização do outro; nesse caso, o bem poderá ser reivindicado pelo cônjuge prejudicado ou por seus herdeiros, ou declarado no monte partilhável, por valor equivalente ao da época da dissolução.

- V. arts. 1.642, V, e 1.647, IV e parágrafo único, CC.

Art. 1.676. Incorpora-se ao monte o valor dos bens alienados em detrimento da meação, se não houver preferência do cônjuge lesado, ou de seus herdeiros, de os reivindicar.

- V. art. 1.673, parágrafo único, CC.

Art. 1.677. Pelas dívidas posteriores ao casamento, contraídas por um dos cônjuges, somente este responderá, salvo prova de terem revertido, parcial ou totalmente, em benefício do outro.

- V. arts. 1.663, § 1º, e 1.666, CC.

Art. 1.678. Se um dos cônjuges solveu uma dívida do outro com bens do seu patrimônio, o valor do pagamento deve ser atualizado e imputado, na data da dissolução, à meação do outro cônjuge.

Art. 1.679. No caso de bens adquiridos pelo trabalho conjunto, terá cada um dos cônjuges uma quota igual no condomínio ou no crédito por aquele modo estabelecido.

Art. 1.680. As coisas móveis, em face de terceiros, presumem-se do domínio do cônjuge devedor, salvo se o bem for de uso pessoal do outro.

- V. art. 1.674, parágrafo único, CC.

Art. 1.681. Os bens imóveis são de propriedade do cônjuge cujo nome constar no registro.

Parágrafo único. Impugnada a titularidade, caberá ao cônjuge proprietário provar a aquisição regular dos bens.

Art. 1.682. O direito à meação não é renunciável, cessível ou penhorável na vigência do regime matrimonial.

Art. 1.683. Na dissolução do regime de bens por separação judicial ou por divórcio, verificar-se-á o montante dos aquestos à data em que cessou a convivência.

- V. art. 1.571, III e IV, CC.

Art. 1.684. Se não for possível nem conveniente a divisão de todos os bens em natureza, calcular-se-á o valor de alguns ou de todos para reposição em dinheiro ao cônjuge não proprietário.

Parágrafo único. Não se podendo realizar a reposição em dinheiro, serão avaliados e, mediante autorização judicial, alienados tantos bens quantos bastarem.

Art. 1.685. Na dissolução da sociedade conjugal por morte, verificar-se-á a meação do cônjuge sobrevivente de conformidade com os artigos antecedentes, deferindo-se a herança aos herdeiros na forma estabelecida neste Código.

- V. art. 1.571, I, CC.

Art. 1.686. As dívidas de um dos cônjuges, quando superiores à sua meação, não obrigam ao outro, ou a seus herdeiros.

- V. art. 1.792, CC.

Capítulo VI
Do Regime de Separação de Bens

Art. 1.687. Estipulada a separação de bens, estes permanecerão sob a administração exclusiva de cada um dos cônjuges, que os poderá livremente alienar ou gravar de ônus real.

- V. arts. 977, 1.639, 1.641, 1.642, 1.647, 1.651 e 1.653, CC.
- V. Súmula 377, STF.

Art. 1.688. Ambos os cônjuges são obrigados a contribuir para as despesas do casal na proporção dos rendimentos de seu trabalho e de seus bens, salvo estipulação em contrário no pacto antenupcial.

- V. arts. 1.567 a 1.569 e 1.639, CC.

Subtítulo II
Do Usufruto e da Administração dos Bens de Filhos Menores

Art. 1.689. O pai e a mãe, enquanto no exercício do poder familiar:

- V. arts. 1.631, 1.693 e 1.733, CC.

I – são usufrutuários dos bens dos filhos;

- V. arts. 1.390 a 1.411, CC.

II – têm a administração dos bens dos filhos menores sob sua autoridade.

- V. arts. 3º a 5º, 1.637, *caput*, e 1.691, *caput*, CC.

Art. 1.690. Compete aos pais, e na falta de um deles ao outro, com exclusividade, representar os filhos menores de 16 (dezesseis) anos, bem como assisti-los até completarem a maioridade ou serem emancipados.

- V. arts. 3º a 5º, 115 a 120, 1.566, IV e 1.631, CC.
- V. art. 793, CLT.
- V. art. 142, *caput*, Lei 8.069/1990 (Estatuto da Criança e do Adolescente).

Parágrafo único. Os pais devem decidir em comum as questões relativas aos filhos e a seus bens; havendo divergência, poderá qualquer deles recorrer ao juiz para a solução necessária.

- V. art. 1.517, parágrafo único, CC.

Art. 1.691. Não podem os pais alienar, ou gravar de ônus real os imóveis dos filhos, nem contrair, em nome deles, obrigações que ultrapassem os limites da simples administração, salvo por necessidade ou evidente interesse da prole, mediante prévia autorização do juiz.

- V. arts. 1.637 e 1.689, II, CC.

Parágrafo único. Podem pleitear a declaração de nulidade dos atos previstos neste artigo:

I – os filhos;

II – os herdeiros;
III – o representante legal.

Art. 1.692. Sempre que no exercício do poder familiar colidir o interesse dos pais com o do filho, a requerimento deste ou do Ministério Público o juiz lhe dará curador especial.

- V. arts. 142, parágrafo único, e 148, parágrafo único, *f*, Lei 8.069/1990 (Estatuto da Criança e do Adolescente).

Art. 1.693. Excluem-se do usufruto e da administração dos pais:

- V. art. 1.689, CC.

I – os bens adquiridos pelo filho havido fora do casamento, antes do reconhecimento;
II – os valores auferidos pelo filho maior de 16 (dezesseis) anos, no exercício de atividade profissional e os bens com tais recursos adquiridos;

- V. art. 4º, I, CC.

III – os bens deixados ou doados ao filho, sob a condição de não serem usufruídos, ou administrados, pelos pais;

- V. art. 1.816, CC.

IV – os bens que aos filhos couberem na herança, quando os pais forem excluídos da sucessão.

- V. arts. 1.814 e 1.816, parágrafo único, CC.

Subtítulo III
Dos Alimentos

- V. Lei 11.804/2008 (Alimentos gravídicos).

Art. 1.694. Podem os parentes, os cônjuges ou companheiros pedir uns aos outros os alimentos de que necessitem para viver de modo compatível com a sua condição social, inclusive para atender às necessidades de sua educação.

- V. art. 5º, LXVII, CF.
- V. arts. 206, § 2º, 557, IV, 1.697, 1.698, 1.700, 1.701, 1.740, I, e 1.920, CC.
- V. Dec. 56.826/1965 (Promulga a Convenção sobre Prestação de Alimentos no Estrangeiro).
- V. Lei 5.478/1968 (Ação de alimentos).
- V. arts. 19 a 23, Lei 6.515/1977 (Dissolução da sociedade conjugal e do casamento).
- V. art. 1º, Lei 8.971/1994 (Direito dos companheiros a alimentos e à sucessão).
- V. art. 7º, Lei 9.278/1996 (Companheiros – Regula o § 3º do art. 226 da CF).
- V. Dec. 2.428/1997 (Promulga a Convenção Interamericana sobre Obrigação Alimentar).

§ 1º Os alimentos devem ser fixados na proporção das necessidades do reclamante e dos recursos da pessoa obrigada.

- V. art. 1.699, CC.

§ 2º Os alimentos serão apenas os indispensáveis à subsistência, quando a situação de necessidade resultar de culpa de quem os pleiteia.

Art. 1.695. São devidos os alimentos quando quem os pretende não tem bens suficientes, nem pode prover, pelo seu trabalho, à própria mantença, e aquele, de quem se reclamam, pode fornecê-los, sem desfalque do necessário ao seu sustento.

- V. art. 229, CF.
- V. art. 244, CP.

Art. 1.696. O direito à prestação de alimentos é recíproco entre pais e filhos, e extensivo a todos os ascendentes, recaindo a obrigação nos mais próximos em grau, uns em falta de outros.

- V. art. 229, CF.
- V. art. 871, CC.
- V. Súmula 358, STJ.

Art. 1.697. Na falta dos ascendentes cabe a obrigação aos descendentes, guardada a ordem de sucessão e, faltando estes, aos irmãos, assim germanos como unilaterais.

- V. art. 871, CC.

Art. 1.698. Se o parente, que deve alimentos em primeiro lugar, não estiver em condições de suportar totalmente o encargo, serão chamados a concorrer os de grau imediato; sendo várias as pessoas obrigadas a prestar alimentos, todas devem concorrer na proporção dos respectivos recursos, e, intentada ação contra uma delas, poderão as demais ser chamadas a integrar a lide.

Art. 1.699. Se, fixados os alimentos, sobrevier mudança na situação financeira de quem os supre, ou na de quem os recebe, poderá o interessado reclamar ao juiz, conforme as circunstâncias, exoneração, redução ou majoração do encargo.

- V. art. 1.694, § 1º, CC.
- V. art. 15, Lei 5.478/1968 (Ação de alimentos).
- V. art. 28, Lei 6.515/1977 (Dissolução da sociedade conjugal e do casamento).

Art. 1.700. A obrigação de prestar alimentos transmite-se aos herdeiros do devedor, na forma do art. 1.694.

- V. arts. 948 e 1.997, CC.
- V. art. 23, Lei 6.515/1977 (Dissolução da sociedade conjugal e do casamento).

Art. 1.701. A pessoa obrigada a suprir alimentos poderá pensionar o alimentando, ou dar-lhe hospedagem e sustento, sem prejuízo do dever de prestar o necessário à sua educação, quando menor.

- V. arts. 1.920 e 1.928, CC.
- V. art. 25, Lei 5.478/1968 (Ação de alimentos).

Parágrafo único. Compete ao juiz, se as circunstâncias o exigirem, fixar a forma do cumprimento da prestação.

- V. arts. 528 a 530 e 911 a 913, CPC/2015.
- V. art. 7º, Dec.-lei 3.200/1941 (Organização e proteção da família).

Art. 1.702. Na separação judicial litigiosa, sendo um dos cônjuges inocente e desprovido de recursos, prestar-lhe-á o outro a pensão alimentícia que o juiz fixar, obedecidos os critérios estabelecidos no art. 1.694.

- V. art. 19, Lei 6.515/1977 (Dissolução da sociedade conjugal e do casamento).

Art. 1.703. Para a manutenção dos filhos, os cônjuges separados judicialmente contribuirão na proporção de seus recursos.

- V. art. 1.568, CC.
- V. art. 20, Lei 6.515/1977 (Dissolução da sociedade conjugal e do casamento).

Art. 1.704. Se um dos cônjuges separados judicialmente vier a necessitar de alimentos, será o outro obrigado a prestá-los mediante pensão a ser fixada pelo juiz, caso não tenha sido declarado culpado na ação de separação judicial.

Parágrafo único. Se o cônjuge declarado culpado vier a necessitar de alimentos, e não tiver parentes em condições de prestá-los, nem aptidão para o trabalho, o outro cônjuge será obrigado a assegurá-los, fixando o juiz o valor indispensável à sobrevivência.

- V. art. 19, Lei 6.515/1977 (Dissolução da sociedade conjugal e do casamento).

Art. 1.705. Para obter alimentos, o filho havido fora do casamento pode acionar o genitor, sendo facultado ao juiz determinar, a pedido de qualquer das partes, que a ação se processe em segredo de justiça.

- V. art. 7º, Lei 8.560/1992 (Investigação de paternidade).

Art. 1.706. Os alimentos provisionais serão fixados pelo juiz, nos termos da lei processual.

- V. art. 7º, Dec.-lei 3.200/1941 (Organização e proteção da família).
- V. art. 7º, Lei 8.560/1992 (Investigação de paternidade).
- V. Súmula 226, STF.

Art. 1.707. Pode o credor não exercer, porém lhe é vedado renunciar o direito a alimentos, sendo o respectivo crédito insuscetível de cessão, compensação ou penhora.

- V. art. 833, IV, CPC/2015.
- V. Súmula 379, STF.
- V. Súmula 64, TFR.

Art. 1.708. Com o casamento, a união estável ou o concubinato do credor, cessa o dever de prestar alimentos.

- V. art. 29, Lei 6.515/1977 (Dissolução da sociedade conjugal e do casamento).
- V. art. 1º, Lei 8.971/1994 (Direito dos companheiros a alimentos e à sucessão).

Parágrafo único. Com relação ao credor cessa, também, o direito a alimentos, se tiver procedimento indigno em relação ao devedor.

Art. 1.709. O novo casamento do cônjuge devedor não extingue a obrigação constante da sentença de divórcio.

- V. art. 30, Lei 6.515/1977 (Dissolução da sociedade conjugal e do casamento).

Art. 1.710. As prestações alimentícias, de qualquer natureza, serão atualizadas segundo índice oficial regularmente estabelecido.

- V. art. 22, Lei 6.515/1977 (Dissolução da sociedade conjugal e do casamento).

Subtítulo IV
Do Bem de Família

Art. 1.711. Podem os cônjuges, ou a entidade familiar, mediante escritura pública ou testamento, destinar parte de seu patrimônio para instituir bem de família, desde que não ultrapasse 1/3 (um terço) do patrimônio líquido existente ao tempo da instituição, mantidas as regras sobre a impenhorabilidade do imóvel residencial estabelecida em lei especial.

- V. arts. 8º, § 5º, e 19, Dec.-lei 3.200/1941 (Organização e proteção da família).
- V. art. 108, § 4º, Lei 11.101/2005 (Lei de Recuperação de Empresas e Falência).
- V. art. 1º, Lei 8.009/1990 (Impenhorabilidade do bem de família).
- V. Súmula 364, STJ.

Parágrafo único. O terceiro poderá igualmente instituir bem de família por testamento ou doação, dependendo a eficácia do ato da aceitação expressa de ambos os cônjuges beneficiados ou da entidade familiar beneficiada.

- V. art. 1.714, CC.
- V. art. 833, I, CPC/2015.

Art. 1.712. O bem de família consistirá em prédio residencial urbano ou rural, com suas pertenças e acessórios, destinando-se em ambos os casos a domicílio familiar, e poderá abranger valores mobiliários, cuja renda será aplicada na conservação do imóvel e no sustento da família.

- V. art. 1.717, CC.
- V. art. 1º, parágrafo único, Lei 8.009/1990 (Impenhorabilidade do bem de família).

Art. 1.713. Os valores mobiliários, destinados aos fins previstos no artigo antecedente, não poderão exceder o valor do prédio instituído em bem de família, à época de sua instituição.

§ 1º Deverão os valores mobiliários ser devidamente individualizados no instrumento de instituição do bem de família.

§ 2º Se se tratar de títulos nominativos, a sua instituição como bem de família deverá constar dos respectivos livros de registro.

- V. arts. 921 a 926, CC.

§ 3º O instituidor poderá determinar que a administração dos valores mobiliários seja confiada a instituição financeira, bem como disciplinar a forma de pagamento da respectiva renda aos beneficiários, caso em que a responsabilidade dos administradores obedecerá às regras do contrato de depósito.

- V. arts. 627 a 652 e 1.718, CC.

Art. 1.714. O bem de família, quer instituído pelos cônjuges ou por terceiro, constitui-se pelo registro de seu título no Registro de Imóveis.

- V. art. 1.711, parágrafo único, CC.
- V. arts. 167, I-1, e 260 a 265, Lei 6.015/1973 (Lei de Registros Públicos).

Art. 1.715. O bem de família é isento de execução por dívidas posteriores à sua instituição, salvo as que provierem de tributos relativos ao prédio, ou de despesas de condomínio.

- V. art. 833, I, CPC/2015.
- V. art. 108, § 4º, Lei 11.101/2005 (Lei de Recuperação de Empresas e Falência).
- V. arts. 1º e 3º, Lei 8.009/1990 (Impenhorabilidade do bem de família).

Parágrafo único. No caso de execução pelas dívidas referidas neste artigo, o saldo existente será aplicado em outro prédio, como bem de família, ou em títulos da dívida pública, para sustento familiar, salvo se motivos relevantes aconselharem outra solução, a critério do juiz.

Art. 1.716. A isenção de que trata o artigo antecedente durará enquanto viver um dos cônjuges, ou, na falta destes, até que os filhos completem a maioridade.

- V. art. 1.722, CC.

Art. 1.717. O prédio e os valores mobiliários, constituídos como bem da família, não podem ter destino diverso do previsto no art. 1.712 ou serem alienados sem o consentimento dos interessados e seus representantes legais, ouvido o Ministério Público.

Art. 1.718. Qualquer forma de liquidação da entidade administradora, a que se refere o § 3º do art. 1.713, não atingirá os valores a ela confiados, ordenando o juiz a sua transferência para outra instituição semelhante, obedecendo-se, no caso de falência, ao disposto sobre pedido de restituição.

- V. arts. 85 a 93, Lei 11.101/2005 (Lei de Recuperação de Empresas e Falência).

Art. 1.719. Comprovada a impossibilidade da manutenção do bem de família nas condições em que foi instituído, poderá o juiz, a requerimento dos interessados, extingui-lo ou autorizar a sub-rogação dos bens que o constituem em outros, ouvidos o instituidor e o Ministério Público.

Art. 1.720. Salvo disposição em contrário do ato de instituição, a administração do bem de família compete a ambos os cônjuges, resolvendo o juiz em caso de divergência.

Parágrafo único. Com o falecimento de ambos os cônjuges, a administração passará ao filho mais velho, se for maior, e, do contrário, a seu tutor.

- V. arts. 1.728, I, e 1.741, CC.

Art. 1.721. A dissolução da sociedade conjugal não extingue o bem de família.

- V. art. 1.571, CC.

Parágrafo único. Dissolvida a sociedade conjugal pela morte de um dos cônjuges, o sobrevivente poderá pedir a extinção do bem de família, se for o único bem do casal.

Art. 1.722. Extingue-se, igualmente, o bem de família com a morte de ambos os cônjuges e a maioridade dos filhos, desde que não sujeitos a curatela.

- V. arts. 1.716 e 1.767, CC.

TÍTULO III
Da União Estável

Art. 1.723. É reconhecida como entidade familiar a união estável entre o homem e a mulher, configurada na convivência pública, contínua e duradoura e estabelecida com o objetivo de constituição de família.

- V. art. 226, § 3º, CF.
- V. arts. 793, 1.562, 1.727, e 1.790, CC.
- V. art. 1º, Lei 9.278/1996 (Companheiros – Regula o § 3º do art. 226 da CF).
- V. Súmula 382, STF.
- V. Adin 4.277.

§ 1º A união estável não se constituirá se ocorrerem os impedimentos do art. 1.521; não se aplicando a incidência do inciso VI no caso de a pessoa casada se achar separada de fato ou judicialmente.

§ 2º As causas suspensivas do art. 1.523 não impedirão a caracterização da união estável.

Art. 1.724. As relações pessoais entre os companheiros obedecerão aos deveres de lealdade, respeito e assistência, e de guarda, sustento e educação dos filhos.

- V. arts. 1.566, 1.572 e 1.573, CC.
- V. art. 2º, Lei 9.278/1996 (Companheiros – Regula o § 3º do art. 226 da CF).

Art. 1.725. Na união estável, salvo contrato escrito entre os companheiros, aplica-se às relações patrimoniais, no que couber, o regime da comunhão parcial de bens.

- V. arts. 1.658 a 1.666, CC.
- V. art. 5º, Lei 9.278/1996 (Companheiros – Regula o § 3º do art. 226 da CF).

Art. 1.726. A união estável poderá converter-se em casamento, mediante pedido dos companheiros ao juiz e assento no Registro Civil.

- V. art. 8º, Lei 9.278/1996 (Companheiros – Regula o § 3º do art. 226 da CF).

Art. 1.727. As relações não eventuais entre o homem e a mulher, impedidos de casar, constituem concubinato.

- V. arts. 550, 1.521, 1.642, V, 1.645, 1.723, § 1º, e 1.801, III, CC.

TÍTULO IV
Da Tutela, da Curatela e da Tomada de Decisão Apoiada

- Rubrica do Título IV com redação determinada pela Lei 13.146/2015 (*DOU* 07.07.2015), em vigor após decorridos 180 (cento e oitenta) dias de sua publicação oficial.

Capítulo I
Da Tutela

Seção I
Dos Tutores

Art. 1.728. Os filhos menores são postos em tutela:

- V. arts. 3º a 5º, CC.
- V. arts. 759 a 763, CPC/2015.

I – com o falecimento dos pais, ou sendo estes julgados ausentes;

- V. art. 1.635, I, CC.

II – em caso de os pais decaírem do poder familiar.

- V. arts. 1.635, V, e 1.638, CC.

Art. 1.729. O direito de nomear tutor compete aos pais, em conjunto.

- V. arts. 1.634, IV, e 1.730, CC.

Parágrafo único. A nomeação deve constar de testamento ou de qualquer outro documento autêntico.

- V. arts. 1.857 a 1.859, CC.

Art. 1.730. É nula a nomeação de tutor pelo pai ou pela mãe que, ao tempo de sua morte, não tinha o poder familiar.

- V. arts. 1.630 a 1.638, CC.

Art. 1.731. Em falta de tutor nomeado pelos pais incumbe a tutela aos parentes consanguíneos do menor, por esta ordem:

- V. arts. 1.591 a 1.594, 1.735 e 1.736, CC.

I – aos ascendentes, preferindo o de grau mais próximo ao mais remoto;

II – aos colaterais até o terceiro grau, preferindo os mais próximos aos mais remotos, e, no mesmo grau, os mais velhos aos mais moços; em qualquer dos casos, o juiz escolherá entre eles o mais apto a exercer a tutela em benefício do menor.

Art. 1.732. O juiz nomeará tutor idôneo e residente no domicílio do menor:

- V. arts. 759 a 763, CPC/2015.
- V. art. 148, parágrafo único, *a* e *b*, Lei 8.069/1990 (Estatuto da Criança e do Adolescente).

I – na falta de tutor testamentário ou legítimo;

- V. arts. 1.729, parágrafo único, e 1.731, CC.

II – quando estes forem excluídos ou escusados da tutela;

- V. arts. 1.735, 1.736, 1.764, II, e 1.766, CC.

III – quando removidos por não idôneos o tutor legítimo e o testamentário.

- V. arts. 1.735 e 1.764, III, CC.

Art. 1.733. Aos irmãos órfãos dar-se-á um só tutor.

- V. arts. 1.735 a 1.737, CC.

§ 1º No caso de ser nomeado mais de um tutor por disposição testamentária sem indicação de precedência, entende-se que a tutela foi cometida ao primeiro, e que os outros lhe sucederão pela ordem de nomeação, se ocorrer morte, incapacidade, escusa ou qualquer outro impedimento.

- V. art. 1.897, CC.

§ 2º Quem institui um menor herdeiro, ou legatário seu, poderá nomear-lhe curador especial para os bens deixados, ainda que o beneficiário se encontre sob o poder familiar, ou tutela.

- V. art. 1.630, CC.

Art. 1.734. As crianças e os adolescentes cujos pais forem desconhecidos, falecidos ou que tiverem sido suspensos ou destituídos do poder familiar terão tutores nomeados pelo Juiz ou serão incluídos em programa de colocação familiar, na forma prevista pela Lei 8.069, de 13 de julho de 1990 – Estatuto da Criança e do Adolescente.

- Artigo com redação determinada pela Lei 12.010/2009 (*DOU* 04.08.2009), em vigor 90 (noventa) dias após a data de sua publicação.
- V. art. 1.752, *caput*, CC.
- V. arts. 28 a 38 e 90 a 94, Lei 8.069/1990 (Estatuto da Criança e do Adolescente).

Seção II
Dos Incapazes de Exercer a Tutela

Art. 1.735. Não podem ser tutores e serão exonerados da tutela, caso a exerçam:

- V. art. 1.764, III, e 1.766, CC.
- V. arts. 761 e 762, CPC/2015.

I – aqueles que não tiverem a livre administração de seus bens;

II – aqueles que, no momento de lhes ser deferida a tutela, se acharem constituídos em obrigação para com o menor, ou tiverem que fazer valer direitos contra este, e aqueles cujos pais, filhos ou cônjuges tiverem demanda contra o menor;

- V. art. 1.751, CC.

III – os inimigos do menor, ou de seus pais, ou que tiverem sido por estes expressamente excluídos da tutela;

IV – os condenados por crime de furto, roubo, estelionato, falsidade, contra a família ou os costumes, tenham ou não cumprido pena;

- V. arts. 92, II, 248 e 249, CP.
- V. art. 692, CPP.
- V. art. 249, Lei 8.069/1990 (Estatuto da Criança e do Adolescente).

V – as pessoas de mau procedimento, ou falhas em probidade, e as culpadas de abuso em tutorias anteriores;

VI – aqueles que exercerem função pública incompatível com a boa administração da tutela.

Seção III
Da Escusa dos Tutores

Art. 1.736. Podem escusar-se da tutela:

I – mulheres casadas;

II – maiores de 60 (sessenta) anos;

III – aqueles que tiverem sob sua autoridade mais de três filhos;

IV – os impossibilitados por enfermidade;

V – aqueles que habitarem longe do lugar onde se haja de exercer a tutela;

VI – aqueles que já exercerem tutela ou curatela;

VII – militares em serviço.

Art. 1.737. Quem não for parente do menor não poderá ser obrigado a aceitar a tutela, se houver no lugar parente idôneo, consanguíneo ou afim, em condições de exercê-la.

- V. arts. 1.591 a 1.595, CC.

Art. 1.738. A escusa apresentar-se-á nos 10 (dez) dias subsequentes à designação, sob pena de entender-se renunciado o direito de alegá-la; se o motivo escusatório ocorrer depois de aceita a tutela, os 10 (dez) dias contar-se-ão do em que ele sobrevier.

- V. art. 760, *caput*, I e II e § 1º, CPC/2015.

Art. 1.739. Se o juiz não admitir a escusa, exercerá o nomeado a tutela, enquanto o recurso interposto não tiver provimento, e responderá desde logo pelas perdas e danos que o menor venha a sofrer.

- V. arts. 402 a 404, CC.
- V. art. 760, § 2º, CPC/2015.

Seção IV
Do Exercício da Tutela

Art. 1.740. Incumbe ao tutor, quanto à pessoa do menor:

- V. arts. 932, II, e 1.634, CC.
- V. arts. 3º a 5º, Lei 8.069/1990 (Estatuto da Criança e do Adolescente).

I – dirigir-lhe a educação, defendê-lo e prestar-lhe alimentos, conforme os seus haveres e condição;

II – reclamar do juiz que providencie, como houver por bem, quando o menor haja mister correção;

III – adimplir os demais deveres que normalmente cabem aos pais, ouvida a opinião do menor, se este já contar 12 (doze) anos de idade.

Art. 1.741. Incumbe ao tutor, sob a inspeção do juiz, administrar os bens do tutelado, em proveito deste, cumprindo seus deveres com zelo e boa-fé.

- V. arts. 1.742, 1.745, 1.746 e 1.752, CC.
- V. art. 249, Lei 8.069/1990 (Estatuto da Criança e do Adolescente).

Art. 1.742. Para fiscalização dos atos do tutor, pode o juiz nomear um protutor.

- V. art. 1.752, §§ 1º e 2º, CC.

Art. 1.743. Se os bens e interesses administrativos exigirem conhecimentos técnicos, forem complexos, ou realizados em lugares distantes do domicílio do tutor, poderá este, mediante aprovação judicial, delegar a outras pessoas físicas ou jurídicas o exercício parcial da tutela.

Art. 1.744. A responsabilidade do juiz será:

- V. art. 143, CPC/2015.

I – direta e pessoal, quando não tiver nomeado o tutor, ou não o houver feito oportunamente;

II – subsidiária, quando não tiver exigido garantia legal do tutor, nem o removido, tanto que se tornou suspeito.

Art. 1.745. Os bens do menor serão entregues ao tutor mediante termo especificado deles e seus valores, ainda que os pais o tenham dispensado.

- V. arts. 1.743 e 1.746, CC.

Parágrafo único. Se o patrimônio do menor for de valor considerável, poderá o juiz condicionar o exercício da tutela à prestação de caução bastante, podendo dispensá-la se o tutor for de reconhecida idoneidade.

- V. art. 2.040, CC.
- V. art. 759, § 1º, CPC/2015.

Art. 1.746. Se o menor possuir bens, será sustentado e educado a expensas deles, arbitrando o juiz para tal fim as quantias que lhe pareçam necessárias, considerado o rendimento da fortuna do pupilo quando o pai ou a mãe não as houver fixado.

- V. arts. 1.743 e 1.753, CC.

Art. 1.747. Compete mais ao tutor:

I – representar o menor, até os 16 (dezesseis) anos, nos atos da vida civil, e assisti-lo, após essa idade, nos atos em que for parte;

- V. arts., 4º, I, 5º, 115 a 120 e 1.634, V, CC.

II – receber as rendas e pensões do menor, e as quantias a ele devidas;

- V. art. 1.753, § 2º, CC.

III – fazer-lhe as despesas de subsistência e educação, bem como as de administração, conservação e melhoramentos de seus bens;

- V. art. 1.754, CC.

IV – alienar os bens do menor destinados a venda;

- V. arts. 1.748, IV, e 1.750, CC.

Códigos

V – promover-lhe, mediante preço conveniente, o arrendamento de bens de raiz.

Art. 1.748. Compete também ao tutor, com autorização do juiz:

I – pagar as dívidas do menor;

• V. art. 1.754, CC.

II – aceitar por ele heranças, legados ou doações, ainda que com encargos;

• V. art. 539, CC.

III – transigir;

IV – vender-lhe os bens móveis, cuja conservação não convier, e os imóveis nos casos em que for permitido;

• V. art. 1.750, CC.

V – propor em juízo as ações, ou nelas assistir o menor, e promover todas as diligências a bem deste, assim como defendê-lo nos pleitos contra ele movidos.

Parágrafo único. No caso de falta de autorização, a eficácia de ato do tutor depende da aprovação ulterior do juiz.

Art. 1.749. Ainda com a autorização judicial, não pode o tutor, sob pena de nulidade:

• V. art. 1.523, IV, CC.

I – adquirir por si, ou por interposta pessoa, mediante contrato particular, bens móveis ou imóveis pertencentes ao menor;

• V. arts. 79 a 84 e 497, I, CC.

II – dispor dos bens do menor a título gratuito;

• V. art. 580, CC.

III – constituir-se cessionário de crédito ou de direito, contra o menor.

• V. arts. 286 a 298, CC.

Art. 1.750. Os imóveis pertencentes aos menores sob tutela somente podem ser vendidos quando houver manifesta vantagem, mediante prévia avaliação judicial e aprovação do juiz.

• V. art. 1.747, IV e 1.748, IV, CC.

Art. 1.751. Antes de assumir a tutela, o tutor declarará tudo o que o menor lhe deva, sob pena de não lhe poder cobrar, enquanto exerça a tutoria, salvo provando que não conhecia o débito quando a assumiu.

• V. art. 1.735, II, CC.

Art. 1.752. O tutor responde pelos prejuízos que, por culpa, ou dolo, causar ao tutelado; mas tem direito a ser pago pelo que realmente despender no exercício da tutela, salvo no caso do art. 1.734, e a perceber remuneração proporcional à importância dos bens administrados.

• V. arts. 197, III, 402 a 405, 1.741 e 1.760, CC.

§ 1º Ao protutor será arbitrada uma gratificação módica pela fiscalização efetuada.

• V. art. 1.742, CC.

§ 2º São solidariamente responsáveis pelos prejuízos as pessoas às quais competia fiscalizar a atividade do tutor, e as que concorreram para o dano.

• V. arts. 275 a 285, CC.

Seção V
Dos Bens do Tutelado

Art. 1.753. Os tutores não podem conservar em seu poder dinheiro dos tutelados, além do necessário para as despesas ordinárias com o seu sustento, a sua educação e a administração de seus bens.

• V. art. 1.746, CC.
• V. art. 168, § 1º, II, CP.

§ 1º Se houver necessidade, os objetos de ouro e prata, pedras preciosas e móveis serão avaliados por pessoa idônea e, após autorização judicial, alienados, e o seu produto convertido em títulos, obrigações e letras de responsabilidade direta ou indireta da União ou dos Estados, atendendo-se preferentemente à rentabilidade, e recolhidos ao estabelecimento bancário oficial ou aplicado na aquisição de imóveis, conforme for determinado pelo juiz.

• V. art. 1.754, II, CC.
• V. art. 840, I, CPC/2015.

§ 2º O mesmo destino previsto no parágrafo antecedente terá o dinheiro proveniente de qualquer outra procedência.

§ 3º Os tutores respondem pela demora na aplicação dos valores acima referidos, pagando os juros legais desde o dia em que deveriam dar esse destino, o que não os exime da obrigação, que o juiz fará efetiva, da referida aplicação.

• V. arts. 406 e 407, CC.

Art. 1.754. Os valores que existirem em estabelecimento bancário oficial, na forma do artigo antecedente, não se poderão retirar, senão mediante ordem do juiz, e somente:

I – para as despesas com o sustento e educação do tutelado, ou a administração de seus bens;

• V. art. 1.747, III, CC.

II – para se comprarem bens imóveis e títulos, obrigações ou letras, nas condições previstas no § 1º do artigo antecedente;

• V. arts. 79 a 81 e 887 a 926, CC.

III – para se empregarem em conformidade com o disposto por quem os houver doado, ou deixado;

IV – para se entregarem aos órfãos, quando emancipados, ou maiores, ou, mortos eles, aos seus herdeiros.

• V. art. 5º, CC.

Seção VI
Da Prestação de Contas

Art. 1.755. Os tutores, embora o contrário tivessem disposto os pais dos tutelados, são obrigados a prestar contas da sua administração.

• V. art. 1.783, CC.
• V. art. 553, CPC/2015.

Art. 1.756. No fim de cada ano de administração, os tutores submeterão ao juiz o balanço respectivo, que, depois de aprovado, se anexará aos autos do inventário.

Art. 1.757. Os tutores prestarão contas de 2 (dois) em 2 (dois) anos, e também quando, por qualquer motivo, deixarem o exercício da tutela ou toda vez que o juiz achar conveniente.

• V. art. 553, CPC/2015.

Parágrafo único. As contas serão prestadas em juízo, e julgadas depois da audiência dos interessados, recolhendo o tutor imediatamente a estabelecimento bancário oficial os saldos, ou adquirindo bens imóveis, ou títulos, obrigações ou letras, na forma do § 1º do art. 1.753.

Art. 1.758. Finda a tutela pela emancipação ou maioridade, a quitação do menor não produzirá efeito antes de aprovadas as contas pelo juiz, subsistindo inteira, até então, a responsabilidade do tutor.

• V. arts. 5º e 206, § 4º, CC.

Art. 1.759. Nos casos de morte, ausência, ou interdição do tutor, as contas serão prestadas por seus herdeiros ou representantes.

Art. 1.760. Serão levadas a crédito do tutor todas as despesas justificadas e reconhecidamente proveitosas ao menor.

• V. art. 1.752, *caput*, CC.

Art. 1.761. As despesas com a prestação das contas serão pagas pelo tutelado.

Art. 1.762. O alcance do tutor, bem como o saldo contra o tutelado, são dívidas de valor e vencem juros desde o julgamento definitivo das contas.

• V. arts. 406 a 407, CC.

Seção VII
Da Cessação da Tutela

Art. 1.763. Cessa a condição de tutelado:

I – com a maioridade ou a emancipação do menor;

• V. art. 5º, CC.

II – ao cair o menor sob o poder familiar, no caso de reconhecimento ou adoção.

• V. arts. 1.607 e 1.630, CC.

Art. 1.764. Cessam as funções do tutor:

I – ao expirar o termo, em que era obrigado a servir;

• V. art. 1.765, CC.
• V. art. 763, *caput* e § 1º, CPC/2015.

II – ao sobrevir escusa legítima;

• V. arts. 1.736 e 1.737, CC.

III – ao ser removido.

• V. arts. 1.735 e 1.766, CC.
• V. arts. 761 a 763, CPC/2015.

Art. 1.765. O tutor é obrigado a servir por espaço de 2 (dois) anos.

Parágrafo único. Pode o tutor continuar no exercício da tutela, além do prazo previsto neste artigo, se o quiser e o juiz julgar conveniente ao menor.

• V. art. 763, *caput* e § 1º, CPC/2015.

Art. 1.766. Será destituído o tutor, quando negligente, prevaricador ou incurso em incapacidade.

• V. art. 1.735, CC.
• V. arts. 761 a 762, CPC/2015.
• V. art. 164, Lei 8.069/1990 (Estatuto da Criança e do Adolescente).

Capítulo II
Da Curatela

Seção I
Dos Interditos

Art. 1.767. Estão sujeitos a curatela:

- V. arts. 3º e 4º, CC.
- V. arts. 747 a 763, CPC/2015.

I – aqueles que, por causa transitória ou permanente, não puderem exprimir sua vontade;

- Inciso I com redação determinada pela Lei 13.146/2015 (*DOU* 07.07.2015), em vigor após decorridos 180 (cento e oitenta) dias de sua publicação oficial.
- V. art. 1.777, CC.
- V. art. 447, § 1º, I e II, CPC/2015.

II – *(Revogado pela Lei 13.146/2015 – DOU 07.07.2015, em vigor após decorridos 180 (cento e oitenta) dias de sua publicação oficial).*

III – os ébrios habituais e os viciados em tóxico;

- Inciso III com redação determinada pela Lei 13.146/2015 (*DOU* 07.07.2015), em vigor após decorridos 180 (cento e oitenta) dias de sua publicação oficial.
- V. art. 1.777, CC.
- V. art. 30, *caput* e § 5º, Dec.-lei 891/1938 (Aprova a Lei de Fiscalização de Entorpecentes).
- V. Lei 11.343/2006 (Lei Antidrogas).

IV – *(Revogado pela Lei 13.146/2015 – DOU 07.07.2015, em vigor após decorridos 180 (cento e oitenta) dias de sua publicação oficial).*

V – os pródigos.

- V. art. 1.782, CC.

Art. 1.768. *(Revogado pela Lei 13.105/2015 – DOU 17.03.2015, em vigor após decorrido 1 (um) ano da data de sua publicação).*

Art. 1.769. *(Revogado pela Lei 13.105/2015 – DOU 17.03.2015, em vigor após decorrido 1 (um) ano da data de sua publicação).*

Art. 1.770. *(Revogado pela Lei 13.105/2015 – DOU 17.03.2015, em vigor após decorrido 1 (um) ano da data de sua publicação oficial).*

Art. 1.771. *(Revogado pela Lei 13.105/2015 – DOU 17.03.2015, em vigor após decorrido 1 (um) ano da data de sua publicação).*

Art. 1.772. *(Revogado pela Lei 13.105/2015 – DOU 17.03.2015, em vigor após decorrido 1 (um) ano da data de sua publicação).*

Art. 1.773. *(Revogado pela Lei 13.105/2015 – DOU 17.03.2015, em vigor após decorrido 1 (um) ano da data de sua publicação oficial).*

Art. 1.774. Aplicam-se à curatela as disposições concernentes à tutela, com as modificações dos artigos seguintes.

- V. arts. 1.728 a 1.766 e 1.781, CC.

Art. 1.775. O cônjuge ou companheiro, não separado judicialmente ou de fato, é, de direito, curador do outro, quando interdito.

- V. arts. 25, 1.570, 1.651 e 1.783, CC.

§ 1º Na falta do cônjuge ou companheiro, é curador legítimo o pai ou a mãe; na falta destes, o descendente que se demonstrar mais apto.

§ 2º Entre os descendentes, os mais próximos precedem aos mais remotos.

§ 3º Na falta das pessoas mencionadas neste artigo, compete ao juiz a escolha do curador.

- V. art. 206, § 5º, II, CC.
- V. art. 754, I, CPC/2015.

Art. 1.775-A. Na nomeação de curador para a pessoa com deficiência, o juiz poderá estabelecer curatela compartilhada a mais de uma pessoa.

- Artigo acrescentado pela Lei 13.146/2015 (*DOU* 07.07.2015), em vigor após decorridos 180 (cento e oitenta) dias de sua publicação oficial.

Art. 1.776. *(Revogado pela Lei 13.146/2015 – DOU 07.07.2015, em vigor após decorridos 180 (cento e oitenta) dias de sua publicação oficial).*

Art. 1.777. As pessoas referidas no inciso I do art. 1.767 receberão todo o apoio necessário para ter preservado o direito à convivência familiar e comunitária, sendo evitado o seu recolhimento em estabelecimento que os afaste desse convívio.

- Artigo com redação determinada pela Lei 13.146/2015 (*DOU* 07.07.2015), em vigor após decorridos 180 (cento e oitenta) dias de sua publicação oficial.
- V. arts. 26, 98 e 99, CP.

Art. 1.778. A autoridade do curador estende-se à pessoa e aos bens dos filhos do curatelado, observado o art. 5º.

- V. art. 1.779, parágrafo único, CC.

Seção II
Da Curatela do Nascituro e do Enfermo ou Portador de Deficiência Física

Art. 1.779. Dar-se-á curador ao nascituro, se o pai falecer estando grávida a mulher, e não tendo o poder familiar.

- V. arts. 2º e 1.638, CC.

Parágrafo único. Se a mulher estiver interdita, seu curador será o do nascituro.

Art. 1.780. *(Revogado pela Lei 13.146/2015 – DOU 07.07.2015, em vigor após decorridos 180 (cento e oitenta) dias de sua publicação oficial).*

Seção III
Do Exercício da Curatela

Art. 1.781. As regras a respeito do exercício da tutela aplicam-se ao da curatela, com a restrição do art. 1.772 e as desta Seção.

- V. arts. 1.740 a 1.752 e 1.774, CC.

Art. 1.782. A interdição do pródigo só o privará de, sem curador, emprestar, transigir, dar quitação, alienar, hipotecar, demandar ou ser demandado, e praticar, em geral, os atos que não sejam de mera administração.

- V. arts. 4º, IV, 1.767, V, e 1.772, CC.

Art. 1.783. Quando o curador for o cônjuge e o regime de bens do casamento for de comunhão universal, não será obrigado à prestação de contas, salvo determinação judicial.

- V. arts. 1.652, 1.668 e 1.775, CC.

Capítulo III
Da Tomada de Decisão Apoiada

- Capítulo III acrescentado pela Lei 13.146/2015 (*DOU* 07.07.2015), em vigor após decorridos 180 (cento e oitenta) dias de sua publicação oficial.

Art. 1.783-A. A tomada de decisão apoiada é o processo pelo qual a pessoa com deficiência elege pelo menos 2 (duas) pessoas idôneas, com as quais mantenha vínculos e que gozem de sua confiança, para prestar-lhe apoio na tomada de decisão sobre atos da vida civil, fornecendo-lhes os elementos e informações necessários para que possa exercer sua capacidade.

- Artigo acrescentado pela Lei 13.146/2015 (*DOU* 07.07.2015), em vigor após decorridos 180 (cento e oitenta) dias de sua publicação oficial.

§ 1º Para formular pedido de tomada de decisão apoiada, a pessoa com deficiência e os apoiadores devem apresentar termo em que constem os limites do apoio a ser oferecido e os compromissos dos apoiadores, inclusive o prazo de vigência do acordo e o respeito à vontade, aos direitos e aos interesses da pessoa que devem apoiar.

§ 2º O pedido de tomada de decisão apoiada será requerido pela pessoa a ser apoiada, com indicação expressa das pessoas aptas a prestarem o apoio previsto no *caput* deste artigo.

§ 3º Antes de se pronunciar sobre o pedido de tomada de decisão apoiada, o juiz, assistido por equipe multidisciplinar, após oitiva do Ministério Público, ouvirá pessoalmente o requerente e as pessoas que lhe prestarão apoio.

§ 4º A decisão tomada por pessoa apoiada terá validade e efeitos sobre terceiros, sem restrições, desde que esteja inserida nos limites do apoio acordado.

§ 5º Terceiro com quem a pessoa apoiada mantenha relação negocial pode solicitar que os apoiadores contra-assinem o contrato ou acordo, especificando, por escrito, sua função em relação ao apoiado.

§ 6º Em caso de negócio jurídico que possa trazer risco ou prejuízo relevante, havendo divergência de opiniões entre a pessoa apoiada e um dos apoiadores, deverá o juiz, ouvido o Ministério Público, decidir sobre a questão.

§ 7º Se o apoiador agir com negligência, exercer pressão indevida ou não adimplir as obrigações assumidas, poderá a pessoa apoiada ou qualquer pessoa apresentar denúncia ao Ministério Público ou ao juiz.

§ 8º Se procedente a denúncia, o juiz destituirá o apoiador e nomeará, ouvida a pessoa apoiada e se for de seu interesse, outra pessoa para prestação de apoio.

§ 9º A pessoa apoiada pode, a qualquer tempo, solicitar o término de acordo firmado em processo de tomada de decisão apoiada.

§ 10. O apoiador pode solicitar ao juiz a exclusão de sua participação do processo de tomada de decisão apoiada, sendo seu desligamento condicionado à manifestação do juiz sobre a matéria.

§ 11. Aplicam-se à tomada de decisão apoiada, no que couber, as disposições referentes à prestação de contas na curatela.

Livro V
DO DIREITO DAS SUCESSÕES

TÍTULO I
Da Sucessão em Geral

Capítulo I
Disposições Gerais

Art. 1.784. Aberta a sucessão, a herança transmite-se, desde logo, aos herdeiros legítimos e testamentários.

- V. art. 5º, XXVII, XXX e XXXI, CF.
- V. arts. 35, 80, II, 91, 426, 1.206, 1.207, 1.788, 1.791, 1.797, 1.829,1.923 e 1.997, CC.

Art. 1.785. A sucessão abre-se no lugar do último domicílio do falecido.

- V. art. 5º, XXXI, CF.
- V. arts. 70 a 78, CC.
- V. arts. 23, II, e 48, CPC/2015.
- V. art. 10, Dec.-lei 4.657/1942 (Lei de Introdução às normas do Direito Brasileiro).
- V. Súmula 58, TFR.

Art. 1.786. A sucessão dá-se por lei ou por disposição de última vontade.

- V. arts. 426, 1.788, 1.789, 1.829, 1.857 e 1.897, CC.

Art. 1.787. Regula a sucessão e a legitimação para suceder a lei vigente ao tempo da abertura daquela.

- V. art. 5º, XXXI, CF.
- V. art. 2.042, CC.
- V. arts. 6º e 10, § 2º, Dec.-lei 4.657/1942 (Lei de Introdução às normas do Direito Brasileiro).

Art. 1.788. Morrendo a pessoa sem testamento, transmite a herança aos herdeiros legítimos; o mesmo ocorrerá quanto aos bens que não forem compreendidos no testamento; e subsiste a sucessão legítima se o testamento caducar, ou for julgado nulo.

- V. arts. 1.829, 1.850, 1.906, 1.908, 1.909, 1.939, 1.940, 1.943, 1.944, 1.966, 1.969 a 1.975 e 1.977, CC.

Art. 1.789. Havendo herdeiros necessários, o testador só poderá dispor da metade da herança.

- V. arts. 549, 1.845, 1.846, 1.961, 1.973 a 1.975 e 2.018, CC.

Art. 1.790. A companheira ou o companheiro participará da sucessão do outro, quanto aos bens adquiridos onerosamente na vigência da união estável, nas condições seguintes:

- V. art. 2º, Lei 8.971/1994 (Direito dos companheiros a alimentos e à sucessão).
- V. RE 646.721/RS (DJE-STF 10.05.2017)
- V. RE 878.694/MG (DJE-STF 06.02.2018)

I – se concorrer com filhos comuns, terá direito a uma quota equivalente à que por lei for atribuída ao filho;

II – se concorrer com descendentes só do autor da herança, tocar-lhe-á a metade do que couber a cada um daqueles;

III – se concorrer com outros parentes sucessíveis, terá direito a 1/3 (um terço) da herança;

IV – não havendo parentes sucessíveis, terá direito à totalidade da herança.

Capítulo II
Da Herança e de sua Administração

Art. 1.791. A herança defere-se como um todo unitário, ainda que vários sejam os herdeiros.

Parágrafo único. Até a partilha, o direito dos coerdeiros, quanto à propriedade e posse da herança, será indivisível, e regular-se-á pelas normas relativas ao condomínio.

- V. arts. 88, 91, 1.314 a 1.322, 2.019 e 2.023, CC.
- V. arts. 647 a 673, CPC/2015.

Art. 1.792. O herdeiro não responde por encargos superiores às forças da herança; incumbe-lhe, porém, a prova do excesso, salvo se houver inventário que a escuse, demonstrando o valor dos bens herdados.

- V. arts. 836, 943, 1.821 e 1.997, CC.
- V. art. 796, CPC/2015.

Art. 1.793. O direito à sucessão aberta, bem como o quinhão de que disponha o coerdeiro, pode ser objeto de cessão por escritura pública.

- V. arts. 80, II, 215, 426 e 1.794, CC.

§ 1º Os direitos, conferidos ao herdeiro em consequência de substituição ou de direito de acrescer, presumem-se não abrangidos pela cessão feita anteriormente.

- V. arts. 1.941 a 1.960, CC.

§ 2º É ineficaz a cessão, pelo coerdeiro, de seu direito hereditário sobre qualquer bem da herança considerado singularmente.

- V. arts. 89, 91 e 1.791, CC.

§ 3º Ineficaz é a disposição, sem prévia autorização do juiz da sucessão, por qualquer herdeiro, de bem componente do acervo hereditário, pendente a indivisibilidade.

- V. arts. 88 e 1.791, CC.

Art. 1.794. O coerdeiro não poderá ceder a sua quota hereditária a pessoa estranha à sucessão, se outro coerdeiro a quiser, tanto por tanto.

- V. arts. 504 e 1.795, parágrafo único, CC.

Art. 1.795. O coerdeiro, a quem não se der conhecimento da cessão, poderá, depositado o preço, haver para si a quota cedida a estranho, se o requerer até 180 (cento e oitenta) dias após a transmissão.

- V. art. 504, CC.

Parágrafo único. Sendo vários os coerdeiros a exercer a preferência, entre eles se distribuirá o quinhão cedido, na proporção das respectivas quotas hereditárias.

- V. art. 1.794, CC.

Art. 1.796. No prazo de 30 (trinta) dias, a contar da abertura da sucessão, instaurar-se-á inventário do patrimônio hereditário, perante o juízo competente no lugar da sucessão, para fins de liquidação e, quando for o caso, de partilha da herança.

- V. arts 1.785 e 2.013 a 2.022, CC.
- V. arts. 48 e 610 a 673, CPC/2015.
- V. Lei 6.858/1980 (Pagamento, aos dependentes ou sucessores, de valores não recebidos em vida pelos respectivos titulares).
- V. Dec. 85.845/1981 (Regulamenta a Lei 6.858/1980).

Art. 1.797. Até o compromisso do inventariante, a administração da herança caberá, sucessivamente:

- V. arts. 613 a 617, CPC/2015.

I – ao cônjuge ou companheiro, se com o outro convivia ao tempo da abertura da sucessão;

- V. art. 1.723, CC.

II – ao herdeiro que estiver na posse e administração dos bens, e, se houver mais de um nessas condições, ao mais velho;

- V. art. 1.984, CC.

III – ao testamenteiro;

- V. arts. 1.976, 1.977 e 1.990, CC.

IV – a pessoa de confiança do juiz, na falta ou escusa das indicadas nos incisos antecedentes, ou quando tiverem de ser afastadas por motivo grave levado ao conhecimento do juiz.

Capítulo III
Da Vocação Hereditária

Art. 1.798. Legitimam-se a suceder as pessoas nascidas ou já concebidas no momento da abertura da sucessão.

- V. arts. 2º, 1.784 e 1.906, CC.

Art. 1.799. Na sucessão testamentária podem ainda ser chamados a suceder:

- V. arts. 1.947, 1.948 e 1.960, CC.

I – os filhos, ainda não concebidos, de pessoas indicadas pelo testador, desde que vivas estas ao abrir-se a sucessão;

- V. arts. 2º, 542, 1.800 e 1.952, CC.

II – as pessoas jurídicas;

- V. arts. 40 a 61, CC.
- V. art. 11, § 2º, Dec.-lei 4.657/1942 (Lei de Introdução às normas do Direito Brasileiro).

III – as pessoas jurídicas, cuja organização for determinada pelo testador sob a forma de fundação.

- V. arts. 62 a 69, CC.
- V. art. 11, § 2º, Dec.-lei 4.657/1942 (Lei de Introdução às normas do Direito Brasileiro).

Art. 1.800. No caso do inciso I do artigo antecedente, os bens da herança serão confiados, após a liquidação ou partilha, a curador nomeado pelo juiz.

§ 1º Salvo disposição testamentária em contrário, a curatela caberá à pessoa cujo filho o testador esperava ter por herdeiro, e, sucessivamente, às pessoas indicadas no art. 1.775.

§ 2º Os poderes, deveres e responsabilidades do curador, assim nomeado, regem-se pelas disposições concernentes à curatela dos incapazes, no que couber.

- V. arts. 1.767 a 1.783, CC.

§ 3º Nascendo com vida o herdeiro esperado, ser-lhe-á deferida a sucessão, com os frutos e rendimentos relativos à deixa, a partir da morte do testador.

§ 4º Se, decorridos 2 (dois) anos após a abertura da sucessão, não for concebido o herdeiro esperado, os bens reservados, salvo disposição em contrário do testador, caberão aos herdeiros legítimos.

- V. art. 1.829, CC.

Art. 1.801. Não podem ser nomeados herdeiros nem legatários:

- V. art. 1.900, V, CC.

I – a pessoa que, a rogo, escreveu o testamento, nem o seu cônjuge ou companheiro, ou os seus ascendentes e irmãos;

- V. arts. 1.865, 1.868, *caput*, e 1.870, CC.

II – as testemunhas do testamento;

- V. arts. 1.864, II, 1.868, II e III, 1.876, §§ 1º e 2º, 1.888, 1.893, 1.894 e 1.896, CC.

III – o concubino do testador casado, salvo se este, sem culpa sua, estiver separado de fato do cônjuge há mais de 5 (cinco) anos;

- V. arts. 1.803 e 1.830, CC.

IV – o tabelião, civil ou militar, ou o comandante ou escrivão, perante quem se fizer, assim como o que fizer ou aprovar o testamento.

- V. arts. 1.864, I, 1.868, III, 1.869, 1.870, 1.874, 1.888, 1.889, 1.893, §§ 1º a 3º, e 1.894, CC.

Art. 1.802. São nulas as disposições testamentárias em favor de pessoas não legitimadas a suceder, ainda quando simuladas sob a forma de contrato oneroso, ou feitas mediante interposta pessoa.

- V. arts. 267, § 1º, I, 1.801 e 1.900, V, CC.

Parágrafo único. Presumem-se pessoas interpostas os ascendentes, os descendentes, os irmãos e o cônjuge ou companheiro do não legitimado a suceder.

Art. 1.803. É lícita a deixa ao filho do concubino, quando também o for do testador.

- V. Súmula 447, STF.

Capítulo IV
Da Aceitação e Renúncia da Herança

Art. 1.804. Aceita a herança, torna-se definitiva a sua transmissão ao herdeiro, desde a abertura da sucessão.

- V. arts. 1.784 e 1.812, CC.

Parágrafo único. A transmissão tem-se por não verificada quando o herdeiro renuncia à herança.

- V. art. 129, V, Lei 11.101/2005 (Lei de Recuperação de Empresas e Falência).

Art. 1.805. A aceitação da herança, quando expressa, faz-se por declaração escrita; quando tácita, há de resultar tão somente de atos próprios da qualidade de herdeiro.

- V. art. 1.807, CC.

§ 1º Não exprimem aceitação de herança os atos oficiosos, como o funeral do finado, os meramente conservatórios, ou os de administração e guarda provisória.

§ 2º Não importa igualmente aceitação a cessão gratuita, pura e simples, da herança, aos demais coerdeiros.

Art. 1.806. A renúncia da herança deve constar expressamente de instrumento público ou termo judicial.

- V. arts. 108, 215, 1.647, 1.807, 1.812, 1.954 e 2.008, CC.
- V. art. 129, V, Lei 11.101/2005 (Lei de Recuperação de Empresas e Falência).

Art. 1.807. O interessado em que o herdeiro declare se aceita, ou não, a herança, poderá, 20 (vinte) dias após aberta a sucessão, requerer ao juiz prazo razoável, não maior de 30 (trinta) dias, para, nele, se pronunciar o herdeiro, sob pena de se haver a herança por aceita.

Art. 1.808. Não se pode aceitar ou renunciar a herança em parte, sob condição ou a termo.

- V. arts. 121 a 137, CC.

§ 1º O herdeiro, a quem se testarem legados, pode aceitá-los, renunciando a herança; ou, aceitando-a, repudiá-los.

- V. arts. 1.912 a 1.946, CC.

§ 2º O herdeiro, chamado, na mesma sucessão, a mais de um quinhão hereditário, sob títulos sucessórios diversos, pode livremente deliberar quanto aos quinhões que aceita e aos que renuncia.

Art. 1.809. Falecendo o herdeiro antes de declarar se aceita a herança, o poder de aceitar passa-lhe aos herdeiros, a menos que se trate de vocação adstrita a uma condição suspensiva, ainda não verificada.

- V. arts. 125, 1.897 e 1.933, CC.

Parágrafo único. Os chamados à sucessão do herdeiro falecido antes da aceitação, desde que concordem em receber a segunda herança, poderão aceitar ou renunciar a primeira.

Art. 1.810. Na sucessão legítima, a parte do renunciante acresce à dos outros herdeiros da mesma classe e, sendo ele o único desta, devolve-se aos da subsequente.

- V. arts. 1.829 a 1.856, CC.

Art. 1.811. Ninguém pode suceder, representando herdeiro renunciante. Se, porém, ele for o único legítimo da sua classe, ou se todos os outros da mesma classe renunciarem a herança, poderão os filhos vir à sucessão, por direito próprio, e por cabeça.

- V. arts. 1.829, 1.835 e 1.851 a 1.856, CC.

Art. 1.812. São irrevogáveis os atos de aceitação ou de renúncia da herança.

- V. arts. 138 a 165, CC.

Art. 1.813. Quando o herdeiro prejudicar os seus credores, renunciando à herança, poderão eles, com autorização do juiz, aceitá-la em nome do renunciante.

- V. arts. 158 a 165 e 391, CC.
- V. arts. 789 e 790, I, CPC/2015.
- V. art. 129, V, Lei 11.101/2005 (Lei de Recuperação de Empresas e Falência).

§ 1º A habilitação dos credores se fará no prazo de 30 (trinta) dias seguintes ao conhecimento do fato.

§ 2º Pagas as dívidas do renunciante, prevalece a renúncia quanto ao remanescente, que será devolvido aos demais herdeiros.

Capítulo V
Dos Excluídos da Sucessão

Art. 1.814. São excluídos da sucessão os herdeiros ou legatários:

- V. arts. 557, 935, 1.818, 1.939, IV, e 1.961 a 1.965, CC.

I – que houverem sido autores, coautores ou partícipes de homicídio doloso, ou tentativa deste, contra a pessoa de cuja sucessão se tratar, seu cônjuge, companheiro, ascendente ou descendente;

II – que houverem acusado caluniosamente em juízo o autor da herança ou incorrerem em crime contra a sua honra, ou de seu cônjuge ou companheiro;

III – que, por violência ou meios fraudulentos, inibirem ou obstarem o autor da herança de dispor livremente de seus bens por ato de última vontade.

Art. 1.815. A exclusão do herdeiro ou legatário, em qualquer desses casos de indignidade, será declarada por sentença.

- V. art. 1.939, IV, CC.

§ 1º O direito de demandar a exclusão do herdeiro ou legatário extingue-se em 4 (quatro) anos, contados da abertura da sucessão.

- Primitivo parágrafo único renumerado pela Lei 13.532/2017.
- V. art. 1.965, parágrafo único, CC.

§ 2º Na hipótese do inciso I do art. 1.814, o Ministério Público tem legitimidade para demandar a exclusão do herdeiro ou legatário.

- § 2º acrescentado pela Lei 13.532/2017.

Art. 1.816. São pessoais os efeitos da exclusão; os descendentes do herdeiro excluído sucedem, como se ele morto fosse antes da abertura da sucessão.

- V. arts. 1.835 e 1.961 a 1.965, CC.

Parágrafo único. O excluído da sucessão não terá direito ao usufruto ou à administração dos bens que a seus sucessores couberem na herança, nem à sucessão eventual desses bens.

- V. arts. 1.689 e 1.693, IV, CC.

Art. 1.817. São válidas as alienações onerosas de bens hereditários a terceiros de boa-fé, e os atos de administração legalmente praticados pelo herdeiro, antes da sentença de exclusão; mas aos herdeiros subsiste, quando prejudicados, o direito de demandar-lhe perdas e danos.

- V. arts. 402 a 405, 1.360 e 1.827, CC.

Parágrafo único. O excluído da sucessão é obrigado a restituir os frutos e rendimentos que dos bens da herança houver percebido, mas tem direito a ser indenizado das despesas com a conservação deles.

Art. 1.818. Aquele que incorreu em atos que determinem a exclusão da herança será admitido a suceder, se o ofendido o tiver expressamente reabilitado em testamento, ou em outro ato autêntico.

- V. art. 1.814, CC.

Parágrafo único. Não havendo reabilitação expressa, o indigno, contemplado em testamento do ofendido, quando o testador, ao testar, já conhecia a causa da indignidade, pode suceder no limite da disposição testamentária.

Capítulo VI
Da Herança Jacente

Art. 1.819. Falecendo alguém sem deixar testamento nem herdeiro legítimo notoriamente conhecido, os bens da herança, depois de arrecadados, ficarão sob a guarda e administração de um curador, até a sua entrega ao sucessor devidamente habilitado ou à declaração de sua vacância.

- V. arts. 26 e 28, § 2º, CC.
- V. arts. 75, VI, e 738 a 740, CPC/2015.

Art. 1.820. Praticadas as diligências de arrecadação e ultimado o inventário, serão expedidos editais na forma da lei processual, e, decorrido 1 (um) ano de sua primeira publicação, sem que haja herdeiro habilitado, ou penda habilitação, será a herança declarada vacante.

- V. arts. 687 a 692, 741, *caput* e §§ 1º e 2º e 743, *caput* e § 1º, CPC/2015.

Art. 1.821. É assegurado aos credores o direito de pedir o pagamento das dívidas reconhecidas, nos limites das forças da herança.

- V. arts. 836, 1.792 e 1.997, *caput*, CC.
- V. art. 741, § 4º, CPC/2015.

Art. 1.822. A declaração de vacância da herança não prejudicará os herdeiros que legalmente se habilitarem; mas, decorridos 5 (cinco) anos da abertura da sucessão, os bens arrecadados passarão ao domínio do Município ou do Distrito Federal, se localizados nas respectivas circunscrições, incorporando-se ao domínio da União quando situados em território federal.

- V. arts. 28, § 2º, 39 e 1.844, CC.
- V. art. 739, CPC/2015.

Parágrafo único. Não se habilitando até a declaração de vacância, os colaterais ficarão excluídos da sucessão.

- V. arts. 1.592 e 1.594, CC.
- V. art. 743, § 2º, CPC/2015.

Art. 1.823. Quando todos os chamados a suceder renunciarem à herança, será esta desde logo declarada vacante.

- V. arts. 1.805, 1.806 e 1.812, CC.

Capítulo VII
Da Petição de Herança

Art. 1.824. O herdeiro pode, em ação de petição de herança, demandar o reconhecimento de seu direito sucessório, para obter a restituição da herança, ou de parte dela, contra quem, na qualidade de herdeiro, ou mesmo sem título, a possua.

- V. art. 205, CC.
- V. art. 628, CPC/2015.

Art. 1.825. A ação de petição de herança, ainda que exercida por um só dos herdeiros, poderá compreender todos os bens hereditários.

Art. 1.826. O possuidor da herança está obrigado à restituição dos bens do acervo, fixando-se-lhe a responsabilidade de segundo a sua posse, observado o disposto nos arts. 1.214 a 1.222.

Parágrafo único. A partir da citação, a responsabilidade do possuidor se há de aferir pelas regras concernentes à posse de má-fé e à mora.

- V. arts. 394 a 401 e 405, CC.

Art. 1.827. O herdeiro pode demandar os bens da herança, mesmo em poder de terceiros, sem prejuízo da responsabilidade do possuidor originário pelo valor dos bens alienados.

Parágrafo único. São eficazes as alienações feitas, a título oneroso, pelo herdeiro aparente a terceiro de boa-fé.

- V. art. 1.817, CC.

Art. 1.828. O herdeiro aparente, que de boa-fé houver pago um legado, não está obrigado a prestar o equivalente ao verdadeiro sucessor, ressalvado a este o direito de proceder contra quem o recebeu.

TÍTULO II
Da Sucessão Legítima

Capítulo I
Da Ordem da Vocação Hereditária

Art. 1.829. A sucessão legítima defere-se na ordem seguinte:

- V. art. 5º, XXXI, CF.
- V. arts. 1.784, 1.788 e 2.041, CC.
- V. art. 10, § 1º, Dec.-lei 4.657/1942 (Lei de Introdução às normas do Direito Brasileiro).

I – aos descendentes, em concorrência com o cônjuge sobrevivente, salvo se casado este com o falecido no regime da comunhão universal, ou no da separação obrigatória de bens (art. 1.640, parágrafo único); ou se, no regime da comunhão parcial, o autor da herança não houver deixado bens particulares;

- O regime da separação obrigatória de bens encontra-se no art. 1.641, e não no art. 1.640, parágrafo único.
- V. art. 227, § 6º, CF.
- V. arts. 1.591, 1.594, 1.596, 1.641, 1.658 a 1.671, 1.837 e 1.845, CC.

II – aos ascendentes, em concorrência com o cônjuge;

- V. arts. 1.591, 1.594 e 1.845, CC.

III – ao cônjuge sobrevivente;

- V. arts. 1.790, 1.830 e 1.845, CC.
- V. art. 2º, Lei 8.971/1994 (Direito dos companheiros a alimentos e à sucessão).

IV – aos colaterais.

- V. arts. 1.592, 1.594 e 1.839, CC.

Art. 1.830. Somente é reconhecido direito sucessório ao cônjuge sobrevivente se, ao tempo da morte do outro, não estavam separados judicialmente, nem separados de fato há mais de 2 (dois) anos, salvo prova, neste caso, de que essa convivência se tornara impossível sem culpa do sobrevivente.

- V. art. 1.839, CC.

Art. 1.831. Ao cônjuge sobrevivente, qualquer que seja o regime de bens, será assegurado, sem prejuízo da participação que lhe caiba na herança, o direito real de habitação relativamente ao imóvel destinado à residência da família, desde que seja o único daquela natureza a inventariar.

- V. arts. 1.225, VI, e 1.414 a 1.416, CC.
- V. art. 7º, parágrafo único, Lei 9.278/1996 (Companheiros – Regula o § 3º do art. 226 da CF).

Art. 1.832. Em concorrência com os descendentes (art. 1.829, inciso I) caberá ao cônjuge quinhão igual ao dos que sucederem por cabeça, não podendo a sua quota ser inferior à quarta parte da herança, se for ascendente dos herdeiros com que concorrer.

Art. 1.833. Entre os descendentes, os em grau mais próximo excluem os mais remotos, salvo o direito de representação.

- V. arts. 1.594 e 1.851, CC.

Art. 1.834. Os descendentes da mesma classe têm os mesmos direitos à sucessão de seus ascendentes.

Art. 1.835. Na linha descendente, os filhos sucedem por cabeça, e os outros descendentes, por cabeça ou por estirpe, conforme se achem ou não no mesmo grau.

- V. art. 227, § 6º, CF.
- V. arts. 1.810, 1.811, 1.816 e 1.852, CC.

Art. 1.836. Na falta de descendentes, são chamados à sucessão os ascendentes, em concorrência com o cônjuge sobrevivente.

§ 1º Na classe dos ascendentes, o grau mais próximo exclui o mais remoto, sem distinção de linhas.

- V. arts. 1.594 e 1.852, CC.

§ 2º Havendo igualdade em grau e diversidade em linha, os ascendentes da linha paterna herdam a metade, cabendo a outra aos da linha materna.

Art. 1.837. Concorrendo com ascendente em primeiro grau, ao cônjuge tocará 1/3 (um terço) da herança; caber-lhe-á a metade desta se houver um só ascendente, ou se maior for aquele grau.

Art. 1.838. Em falta de descendentes e ascendentes, será deferida a sucessão por inteiro ao cônjuge sobrevivente.

- V. art. 2º, Lei 8.971/1994 (Direito dos companheiros a alimentos e à sucessão).

Art. 1.839. Se não houver cônjuge sobrevivente, nas condições estabelecidas no art. 1.830, serão chamados a suceder os colaterais até o quarto grau.

- V. arts. 1.592, 1.594 e 1.850, CC.

Art. 1.840. Na classe dos colaterais, os mais próximos excluem os mais remotos, salvo o direito de representação concedido aos filhos de irmãos.

- V. arts. 1.592, 1.594, 1.810, 1.811, 1.816, 1.841, 1.843 e 1.851 a 1.856, CC.

Art. 1.841. Concorrendo à herança do falecido irmãos bilaterais com irmãos unilaterais, cada um destes herdará metade do que cada um daqueles herdar.

- V. art. 1.843, § 3º, CC.

Art. 1.842. Não concorrendo à herança irmão bilateral, herdarão, em partes iguais, os unilaterais.

Art. 1.843. Na falta de irmãos, herdarão os filhos destes e, não os havendo, os tios.

§ 1º Se concorrerem à herança somente filhos de irmãos falecidos, herdarão por cabeça.

- V. art. 1.853, CC.

§ 2º Se concorrem filhos de irmãos bilaterais com filhos de irmãos unilaterais, cada um destes herdará a metade do que herdar cada um daqueles.

§ 3º Se todos forem filhos de irmãos bilaterais, ou todos de irmãos unilaterais, herdarão por igual.

- V. art. 1.841, CC.

Art. 1.844. Não sobrevivendo cônjuge, ou companheiro, nem parente algum sucessível, ou tendo eles renunciado a herança, esta se devolve ao Município ou ao Distrito Federal, se localizada nas respectivas circunscrições, ou à União, quando situada em território federal.

- V. art. 1.822, CC.
- V. art. 1º, § 2º, Lei 6.858/1980 (Pagamento, aos dependentes ou sucessores, de valores não recebidos em vida pelos respectivos titulares).
- V. art. 7º, Dec. 85.845/1981 (Regulamenta a Lei 6.858/1980).

Capítulo II
Dos Herdeiros Necessários

Art. 1.845. São herdeiros necessários os descendentes, os ascendentes e o cônjuge.

- V. arts. 1.814, 1.829, I a III, e 1.961 a 1.963, CC.

Art. 1.846. Pertence aos herdeiros necessários, de pleno direito, a metade dos bens da herança, constituindo a legítima.

- V. arts. 544, 549, 1.789, 1.814, 1.847, 1.961 a 1.963 e 2.018, CC.

Art. 1.847. Calcula-se a legítima sobre o valor dos bens existentes na abertura da sucessão, abatidas as dívidas e as despesas do funeral, adicionando-se, em seguida, o valor dos bens sujeitos a colação.

- V. arts. 544, 1.789, 1.967, 1.998, 2.002 a 2.012 e 2.010, CC.

Art. 1.848. Salvo se houver justa causa, declarada no testamento, não pode o testador estabelecer cláusula de inalienabilidade, impenhorabilidade, e de incomunicabilidade, sobre os bens da legítima.

- V. arts. 1.668, I e IV, 1.911, *caput*, e 2.042, CC.
- V. art. 833, I a XI, §§ 1º e 2º e 834, CPC/2015.
- V. arts. 167, II-11, e 247, Lei 6.015/1973 (Lei de Registros Públicos).
- V. Súmula 49, STF.

§ 1º Não é permitido ao testador estabelecer a conversão dos bens da legítima em outros de espécie diversa.

§ 2º Mediante autorização judicial e havendo justa causa, podem ser alienados os bens gravados, convertendo-se o produto em outros bens, que ficarão sub-rogados nos ônus dos primeiros.

- V. art. 1.911, parágrafo único, CC.
- V. art. 725, II, CPC/2015.

Art. 1.849. O herdeiro necessário, a quem o testador deixar a sua parte disponível, ou algum legado, não perderá o direito à legítima.

Art. 1.850. Para excluir da sucessão os herdeiros colaterais, basta que o testador disponha de seu patrimônio sem os contemplar.

- V. arts. 1.592, 1.788, 1.829, IV, 1.839 e 1.906, CC.

Capítulo III
Do Direito de Representação

Art. 1.851. Dá-se o direito de representação, quando a lei chama certos parentes do falecido a suceder em todos os direitos, em que ele sucederia, se vivo fosse.

- V. arts. 1.811, 1.816, 1.833 e 1.840, CC.

Art. 1.852. O direito de representação dá-se na linha reta descendente, mas nunca na ascendente.

- V. arts. 1.591 e 1.835, CC.

Art. 1.853. Na linha transversal, somente se dá o direito de representação em favor dos filhos de irmãos do falecido, quando com irmãos deste concorrerem.

- V. arts. 1.592 e 1.840 a 1.843, CC.

Art. 1.854. Os representantes só podem herdar, como tais, o que herdaria o representado, se vivo fosse.

Art. 1.855. O quinhão do representado partir-se-á por igual entre os representantes.

Art. 1.856. O renunciante à herança de uma pessoa poderá representá-la na sucessão de outra.

TÍTULO III
Da Sucessão Testamentária

Capítulo I
Do Testamento em Geral

Art. 1.857. Toda pessoa capaz pode dispor, por testamento, da totalidade dos seus bens, ou de parte deles, para depois de sua morte.

- V. arts. 62, 791, 1.784, 1.788, 1.819, 1.860 a 1.862, 1.881 a 1.886 e 1.969 a 1.975, CC.

§ 1º A legítima dos herdeiros necessários não poderá ser incluída no testamento.

- V. arts. 1.845 a 1.847 e 1.966 a 1.968, CC.

§ 2º São válidas as disposições testamentárias de caráter não patrimonial, ainda que o testador somente a elas se tenha limitado.

- V. arts. 14, 1.332, 1.378, 1.609, III, 1.634, IV, 1.711, 1.729, parágrafo único, 1.818 e 1.848, CC.
- V. art. 7º, Lei 4.591/1964 (Condomínio em edificações e incorporações imobiliárias).
- V. art. 26, *caput*, Lei 8.069/1990 (Estatuto da Criança e do Adolescente).
- V. art. 1º, III, Lei 8.560/1992 (Investigação de paternidade).

Art. 1.858. O testamento é ato personalíssimo, podendo ser mudado a qualquer tempo.

- V. arts. 1.609, III, 1.863 e 1.969 a 1.972, CC.

Art. 1.859. Extingue-se em 5 (cinco) anos o direito de impugnar a validade do testamento, contado o prazo da data do seu registro.

- V. arts. 1.900, 1.903 e 1.909, CC.

Capítulo II
Da Capacidade de Testar

Art. 1.860. Além dos incapazes, não podem testar os que, no ato de fazê-lo, não tiverem pleno discernimento.

- V. arts. 3º, 4º, II e III, 166, 1.782, 1.866, 1.867, 1.872, 1.873 e 1.881, CC.

Parágrafo único. Podem testar os maiores de 16 (dezesseis) anos.

Art. 1.861. A incapacidade superveniente do testador não invalida o testamento, nem o testamento do incapaz se valida com a superveniência da capacidade.

Capítulo III
Das Formas Ordinárias do Testamento

Seção I
Disposições Gerais

Art. 1.862. São testamentos ordinários:

I – o público;

- V. arts. 1.864 a 1.867, CC.

II – o cerrado;

- V. arts. 1.868 a 1.875, CC.

III – o particular.

- V. arts. 1.876 a 1.880, CC.

Art. 1.863. É proibido o testamento conjuntivo, seja simultâneo, recíproco ou correspectivo.

- V. art. 1.858, CC.

Seção II
Do Testamento Público

Art. 1.864. São requisitos essenciais do testamento público:

- V. art. 736, CPC/2015.

I – ser escrito por tabelião ou por seu substituto legal em seu livro de notas, de acordo com as declarações do testador, podendo este servir-se de minuta, notas ou apontamentos;

II – lavrado o instrumento, ser lido em voz alta pelo tabelião ao testador e a duas testemunhas, a um só tempo; ou pelo testador, se o quiser, na presença destas e do oficial;

- V. art. 228, CC.

III – ser o instrumento, em seguida à leitura, assinado pelo testador, pelas testemunhas e pelo tabelião.

- V. art. 1.865, CC.

Parágrafo único. O testamento público pode ser escrito manualmente ou mecanicamente, bem como ser feito pela inserção da declaração de vontade em partes impressas de livro de notas, desde que rubricadas todas as páginas pelo testador, se mais de uma.

Art. 1.865. Se o testador não souber, ou não puder assinar, o tabelião ou seu substituto legal assim o declarará, assinando, neste caso, pelo testador, e, a seu rogo, uma das testemunhas instrumentárias.

Art. 1.866. O indivíduo inteiramente surdo, sabendo ler, lerá o seu testamento, e, se não o souber, designará quem o leia em seu lugar, presentes as testemunhas.

Art. 1.867. Ao cego só se permite o testamento público, que lhe será lido, em voz alta, duas vezes, uma pelo tabelião ou por seu substituto legal, e a outra por uma das testemunhas, designada pelo testador, fazendo-se de tudo circunstanciada menção no testamento.

Seção III
Do Testamento Cerrado

Art. 1.868. O testamento escrito pelo testador, ou por outra pessoa, a seu rogo, e por aquele assinado, será válido se aprovado pelo tabelião ou seu substituto legal, observadas as seguintes formalidades:

- V. arts. 1.801, 1.870, 1.871 e 1.972, CC.
- V. art. 735, CPC/2015.

I – que o testador o entregue ao tabelião em presença de duas testemunhas;

- V. art. 228, CC.

II – que o testador declare que aquele é o seu testamento e quer que seja aprovado;

III – que o tabelião lavre, desde logo, o auto de aprovação, na presença de duas testemunhas, e o leia, em seguida, ao testador e testemunhas;

IV – que o auto de aprovação seja assinado pelo tabelião, pelas testemunhas e pelo testador.

Parágrafo único. O testamento cerrado pode ser escrito mecanicamente, desde que seu subscritor numere e autentique, com a sua assinatura, todas as páginas.

Art. 1.869. O tabelião deve começar o auto de aprovação imediatamente depois da última palavra do testador, declarando, sob sua fé, que o testador lhe entregou para ser aprovado na presença das testemunhas; passando a cerrar e coser o instrumento aprovado.

Parágrafo único. Se não houver espaço na última folha do testamento, para início da aprovação, o tabelião aporá nele o seu sinal público, mencionando a circunstância no auto.

Art. 1.870. Se o tabelião tiver escrito o testamento a rogo do testador, poderá, não obstante, aprová-lo.

Art. 1.871. O testamento pode ser escrito em língua nacional ou estrangeira, pelo próprio testador, ou por outrem, a seu rogo.

Art. 1.872. Não pode dispor de seus bens em testamento cerrado quem não saiba ou não possa ler.

Art. 1.873. Pode fazer testamento cerrado o surdo-mudo, contanto que o escreva todo, e o assine de sua mão, e que, ao entregá-lo ao oficial público, ante as duas testemunhas, escreva, na face externa do papel ou do envoltório, que aquele é o seu testamento, cuja aprovação lhe pede.

Art. 1.874. Depois de aprovado e cerrado, será o testamento entregue ao testador, e o tabelião lançará, no seu livro, nota do lugar, dia, mês e ano em que o testamento foi aprovado e entregue.

Art. 1.875. Falecido o testador, o testamento será apresentado ao juiz, que o abrirá e o fará registrar, ordenando seja cumprido, se não achar vício externo que o torne eivado de nulidade ou suspeito de falsidade.

- V. art. 1.972, CC.
- V. art. 735, CPC/2015.

Seção IV
Do Testamento Particular

Art. 1.876. O testamento particular pode ser escrito de próprio punho ou mediante processo mecânico.

§ 1º Se escrito de próprio punho, são requisitos essenciais à sua validade seja lido e assinado por quem o escreveu, na presença de pelo menos três testemunhas, que o devem subscrever.

- V. arts. 228 e 1.880, CC.

§ 2º Se elaborado por processo mecânico, não pode conter rasuras ou espaços em branco, devendo ser assinado pelo testador, depois de o ter lido na presença de pelo menos três testemunhas, que o subscreverão.

Art. 1.877. Morto o testador, publicar-se-á em juízo o testamento, com citação dos herdeiros legítimos.

- V. art. 1.829, CC.
- V. art. 737, CPC/2015.

Art. 1.878. Se as testemunhas forem contestes sobre o fato da disposição, ou, ao menos, sobre a sua leitura perante elas, e se reconhecerem as próprias assinaturas, assim como a do testador, o testamento será confirmado.

- V. art. 297, § 2º, CP.

Parágrafo único. Se faltarem testemunhas, por morte ou ausência, e se pelo menos uma delas o reconhecer, o testamento poderá ser confirmado, se, a critério do juiz, houver prova suficiente de sua veracidade.

Art. 1.879. Em circunstâncias excepcionais declaradas na cédula, o testamento particular de próprio punho e assinado pelo testador, sem testemunhas, poderá ser confirmado, a critério do juiz.

Art. 1.880. O testamento particular pode ser escrito em língua estrangeira, contanto que as testemunhas a compreendam.

Capítulo IV
Dos Codicilos

Art. 1.881. Toda pessoa capaz de testar poderá, mediante escrito particular seu, datado e assinado, fazer disposições especiais sobre o seu enterro, sobre esmolas de pouca monta a certas e determinadas pessoas, ou, indeterminadamente, aos pobres de certo lugar, assim como legar móveis, roupas ou joias, de pouco valor, de seu uso pessoal.

- V. arts. 1.860, 1.902 e 1.998, CC.
- V. art. 737, § 3º, CPC/2015.

Art. 1.882. Os atos a que se refere o artigo antecedente, salvo direito de terceiro, valerão como codicilos, deixe ou não testamento o autor.

Art. 1.883. Pelo modo estabelecido no art. 1.881, poder-se-ão nomear ou substituir testamenteiros.

- V. arts. 1.976 a 1.990, CC.

Art. 1.884. Os atos previstos nos artigos antecedentes revogam-se por atos iguais, e consideram-se revogados, se, havendo testamento posterior, de qualquer natureza, este os não confirmar ou modificar.

- V. art. 1.969, CC.

Art. 1.885. Se estiver fechado o codicilo, abrir-se-á do mesmo modo que o testamento cerrado.

- V. art. 1.875, CC.
- V. art. 735, CPC/2015.

Capítulo V
Dos Testamentos Especiais

Seção I
Disposições Gerais

Art. 1.886. São testamentos especiais:

- V. arts. 1.888 a 1.896, CC.

I – o marítimo;

II – o aeronáutico;

III – o militar.

Art. 1.887. Não se admitem outros testamentos especiais além dos contemplados neste Código.

Seção II
Do Testamento Marítimo e do Testamento Aeronáutico

Art. 1.888. Quem estiver em viagem, a bordo de navio nacional, de guerra ou mercante, pode testar perante o comandante, em presença de duas testemunhas, por forma que corresponda ao testamento público ou ao cerrado.

- V. arts. 1.801, II e IV, 1.864 a 1.875 e 1.886, I e II, CC.
- V. art. 737, § 3º, CPC/2015.

Parágrafo único. O registro do testamento será feito no diário de bordo.

Art. 1.889. Quem estiver em viagem, a bordo de aeronave militar ou comercial, pode testar perante pessoa designada pelo comandante, observado o disposto no artigo antecedente.

Art. 1.890. O testamento marítimo ou aeronáutico ficará sob a guarda do comandante, que o entregará às autoridades administrativas do primeiro porto ou aeroporto nacional, contra recibo averbado no diário de bordo.

- V. art. 1.801, I, CC.

Art. 1.891. Caducará o testamento marítimo, ou aeronáutico, se o testador não morrer na viagem, nem nos 90 (noventa) dias subsequentes ao seu desembarque em terra, onde possa fazer, na forma ordinária, outro testamento.

Art. 1.892. Não valerá o testamento marítimo, ainda que feito no curso de uma viagem, se, ao tempo em que se fez, o navio estava em porto onde o testador pudesse desembarcar e testar na forma ordinária.

Seção III
Do Testamento Militar

Art. 1.893. O testamento dos militares e demais pessoas a serviço das Forças Armadas em campanha, dentro do País ou fora dele, assim como em praça sitiada, ou que esteja de comunicações interrompidas, poderá fazer-se, não havendo tabelião ou seu substituto legal, ante duas, ou três testemunhas, se o testador não puder, ou não souber assinar, caso em que assinará por ele uma delas.

- V. arts. 1.801, II e IV, 1.886, III, e 1.896, CC.
- V. art. 737, § 3º, CPC/2015.

§ 1º Se o testador pertencer a corpo ou seção de corpo destacado, o testamento será escrito pelo respectivo comandante, ainda que de graduação ou posto inferior.

§ 2º Se o testador estiver em tratamento em hospital, o testamento será escrito pelo respectivo oficial de saúde, ou pelo diretor do estabelecimento.

§ 3º Se o testador for o oficial mais graduado, o testamento será escrito por aquele que o substituir.

Art. 1.894. Se o testador souber escrever, poderá fazer o testamento de seu punho, contanto que o date e assine por extenso, e o apresente aberto ou cerrado, na presença de duas testemunhas ao auditor, ou ao oficial de patente, que lhe faça as vezes neste mister.

Parágrafo único. O auditor, ou o oficial a quem o testamento se apresente notará, em qualquer parte dele, lugar, dia, mês e ano, em que lhe for apresentado, nota esta que será assinada por ele e pelas testemunhas.

Art. 1.895. Caduca o testamento militar, desde que, depois dele, o testador esteja, 90 (noventa) dias seguidos, em lugar onde possa testar na forma ordinária, salvo se esse testamento apresentar as solenidades prescritas no parágrafo único do artigo antecedente.

Art. 1.896. As pessoas designadas no art. 1.893, estando empenhadas em combate, ou feridas, podem testar oralmente, confiando a sua última vontade a duas testemunhas.

- V. art. 1.801, II, CC.
- V. art. 737, § 3º, CPC/2015.

Parágrafo único. Não terá efeito o testamento se o testador não morrer na guerra ou convalescer do ferimento.

Capítulo VI
Das Disposições Testamentárias

Art. 1.897. A nomeação de herdeiro, ou legatário, pode fazer-se pura e simplesmente, sob condição, para certo fim ou modo, ou por certo motivo.

- V. arts. 62, 121, 136, 137, 1.693, III, e 1.733, § 2º, CC.

Art. 1.898. A designação do tempo em que deva começar ou cessar o direito do herdeiro, salvo nas disposições fideicomissárias, ter-se-á por não escrita.

- V. arts. 1.924, 1.928 e 1.951 a 1.960, CC.

Art. 1.899. Quando a cláusula testamentária for suscetível de interpretações diferentes, prevalecerá a que melhor assegure a observância da vontade do testador.

- V. arts. 112 e 133, CC.
- V. Súmula 49, STF.

Art. 1.900. É nula a disposição:

- V. arts. 166, 1.859, 1.903 e 1.909, CC.

I – que institua herdeiro ou legatário sob a condição captatória de que este disponha, também por testamento, em benefício do testador, ou de terceiro;

II – que se refira a pessoa incerta, cuja identidade não se possa averiguar;

III – que favoreça a pessoa incerta, cometendo a determinação de sua identidade a terceiro;

- V. art. 1.901, I, CC.

IV – que deixe a arbítrio do herdeiro, ou de outrem, fixar o valor do legado;

- V. art. 1.901, II, CC.

V – que favoreça as pessoas a que se referem os arts. 1.801 e 1.802.

- V. art. 1.803, CC.

Art. 1.901. Valerá a disposição:

I – em favor de pessoa incerta que deva ser determinada por terceiro, dentre duas ou mais pessoas mencionadas pelo testador, ou pertencentes a uma família, ou a um corpo coletivo, ou a um estabelecimento por ele designado;

- V. art. 1.900, III, CC.

II – em remuneração de serviços prestados ao testador, por ocasião da moléstia de que faleceu, ainda que fique ao arbítrio do herdeiro ou de outrem determinar o valor do legado.

- V. art. 1.900 IV, CC.

Art. 1.902. A disposição geral em favor dos pobres, dos estabelecimentos particulares de caridade, ou dos de assistência pública, entender-se-á relativa aos pobres do lugar do domicílio do testador ao tempo de sua morte, ou dos estabelecimentos aí sitos, salvo se manifestamente constar que tinha em mente beneficiar os de outra localidade.

- V. art. 1.881, CC.

Parágrafo único. Nos casos deste artigo, as instituições particulares preferirão sempre às públicas.

Art. 1.903. O erro na designação da pessoa do herdeiro, do legatário, ou da coisa legada anula a disposição, salvo se, pelo contexto do testamento, por outros documentos, ou por fatos inequívocos, se puder identificar a pessoa ou coisa a que o testador queria referir-se.

- V. arts. 142, 1.859, 1.899, 1.900 e 1.909, CC.

Art. 1.904. Se o testamento nomear dois ou mais herdeiros, sem discriminar a parte de cada um, partilhar-se-á por igual, entre todos, a porção disponível do testador.

Art. 1.905. Se o testador nomear certos herdeiros individualmente e outros coletivamente, a herança será dividida em tantas quotas quantos forem os indivíduos e os grupos designados.

Art. 1.906. Se forem determinadas as quotas de cada herdeiro, e não absorverem toda a herança, o remanescente pertencerá aos herdeiros legítimos, segundo a ordem da vocação hereditária.

- V. arts. 1.788, 1.829, 1.850 e 1.966, CC.

Art. 1.907. Se forem determinados os quinhões de uns e não os de outros herdeiros, distribuir-se-á por igual a estes últimos o que restar, depois de completas as porções hereditárias dos primeiros.

- V. arts. 1.788 e 1.850, CC.

Art. 1.908. Dispondo o testador que não caiba ao herdeiro instituído certo e determinado objeto, dentre os da herança, tocará ele aos herdeiros legítimos.

Art. 1.909. São anuláveis as disposições testamentárias inquinadas de erro, dolo ou coação.

- V. arts. 138 a 155, 171 a 185, 1.788, 1.859, 1.900 e 1.903, CC.

Parágrafo único. Extingue-se em 4 (quatro) anos o direito de anular a disposição, contados de quando o interessado tiver conhecimento do vício.

Art. 1.910. A ineficácia de uma disposição testamentária importa a das outras que, sem aquela, não teriam sido determinadas pelo testador.

- V. arts. 184 e 185, CC.

Art. 1.911. A cláusula de inalienabilidade, imposta aos bens por ato de liberalidade, implica impenhorabilidade e incomunicabilidade.

- V. arts. 1.693, III, 1.733, § 2º, e 1.848, *caput*, CC.
- V. arts. 833, I a XI, §§ 1º e 2º e 834, CPC/2015.
- V. art. 108, § 4º, Lei 11.101/2005 (Lei de Recuperação de Empresas e Falência).
- V. art. 4º, Lei 2.666/1955 (Penhor de produtos agrícolas).
- V. arts. 167, II-11, e 247, Lei 6.015/1973 (Lei de Registros Públicos).
- V. art. 169, § 2º, Lei 6.404/1976 (Sociedades por ações).
- V. art. 30, Lei 6.830/1980 (Lei de Execução Fiscal).
- V. Súmula 49, STF.

Parágrafo único. No caso de desapropriação de bens clausulados, ou de sua alienação, por conveniência econômica do donatário ou do herdeiro, mediante autorização judicial, o produto da venda converter-se-á em outros bens, sobre os quais incidirão as restrições apostas aos primeiros.

- V. art. 1.848, § 2º, CC.
- V. arts. 723 e 725, II, CPC/2015.
- V. art. 31, Dec.-lei 3.365/1941 (Desapropriações por utilidade pública).
- V. Dec.-lei 6.777/1944 (Sub-rogação de imóveis gravados ou inalienáveis).

Capítulo VII
Dos Legados

Seção I
Disposições gerais

Art. 1.912. É ineficaz o legado de coisa certa que não pertença ao testador no momento da abertura da sucessão.

- V. arts. 1.268, § 1º, 1.420, § 1º, e 1.939, II, CC.

Art. 1.913. Se o testador ordenar que o herdeiro ou legatário entregue coisa de sua propriedade a outrem, não o cumprindo ele, entender-se-á que renunciou à herança ou ao legado.

- V. art. 1.935, CC.

Art. 1.914. Se tão somente em parte a coisa legada pertencer ao testador, ou, no caso do artigo antecedente, ao herdeiro ou ao legatário, só quanto a essa parte valerá o legado.

- V. arts. 1.916 e 1.939, II, CC.

Art. 1.915. Se o legado for de coisa que se determine pelo gênero, será o mesmo cumprido, ainda que tal coisa não exista entre os bens deixados pelo testador.

- V. art. 85, CC.

Art. 1.916. Se o testador legar coisa sua, singularizando-a, só terá eficácia o legado se, ao tempo do seu falecimento, ela se achava entre os bens da herança; se a coisa legada existir entre os bens do testador, mas em quantidade inferior à do legado, este será eficaz apenas quanto à existente.

- V. arts. 1.914 e 1.939, II, CC.

Art. 1.917. O legado de coisa que deva encontrar-se em determinado lugar só terá eficácia se nele for achada, salvo se removida a título transitório.

Art. 1.918. O legado de crédito, ou de quitação de dívida, terá eficácia somente até a importância desta, ou daquele, ao tempo da morte do testador.

§ 1º Cumpre-se o legado, entregando o herdeiro ao legatário o título respectivo.

§ 2º Este legado não compreende as dívidas posteriores à data do testamento.

Art. 1.919. Não o declarando expressamente o testador, não se reputará compensação da sua dívida o legado que ele faça ao credor.

- V. arts. 368 a 380, CC.

Parágrafo único. Subsistirá integralmente o legado, se a dívida lhe foi posterior, e o testador a solveu antes de morrer.

Art. 1.920. O legado de alimentos abrange o sustento, a cura, o vestuário e a casa, enquanto o legatário viver, além da educação, se ele for menor.

- V. art. 1.928, parágrafo único, CC.

Art. 1.921. O legado de usufruto, sem fixação de tempo, entende-se deixado ao legatário por toda a sua vida.

- V. art. 1.410, I, CC.

Art. 1.922. Se aquele que legar um imóvel lhe ajuntar depois novas aquisições, estas, ainda que contíguas, não se compreendem no legado, salvo expressa declaração em contrário do testador.

Parágrafo único. Não se aplica o disposto neste artigo às benfeitorias necessárias, úteis ou voluptuárias feitas no prédio legado.

- V. art. 96, CC.

Seção II
Dos Efeitos do Legado e do seu Pagamento

Art. 1.923. Desde a abertura da sucessão, pertence ao legatário a coisa certa, existente no acervo, salvo se o legado estiver sob condição suspensiva.

- V. arts. 121, 125, 131, 135, 1.784, 1.900, I, e 1.937, CC.

§ 1º Não se defere de imediato a posse da coisa, nem nela pode o legatário entrar por autoridade própria.

§ 2º O legado de coisa certa existente na herança transfere também ao legatário os frutos que produzir, desde a morte do testador, exceto se dependente de condição suspensiva, ou de termo inicial.

Art. 1.924. O direito de pedir o legado não se exercerá, enquanto se litigue sobre a validade do testamento, e, nos legados condicionais, ou a prazo, enquanto esteja pendente a condição ou o prazo não se vença.

- V. arts. 125 e 131, CC.

Art. 1.925. O legado em dinheiro só vence juros desde o dia em que se constituir em mora a pessoa obrigada a prestá-lo.

- V. arts. 394, 397, 406 e 407, CC.

Art. 1.926. Se o legado consistir em renda vitalícia ou pensão periódica, esta ou aquela correrá da morte do testador.

- V. art. 1.918, parágrafo único, CC.

Art. 1.927. Se o legado for de quantidades certas, em prestações periódicas, datará da morte do testador o primeiro período, e o legatário terá direito a cada prestação, uma vez encetado cada um dos períodos sucessivos, ainda que venha a falecer antes do termo dele.

Art. 1.928. Sendo periódicas as prestações, só no termo de cada período se poderão exigir.

Parágrafo único. Se as prestações forem deixadas a título de alimentos, pagar-se-ão no começo de cada período, sempre que outra coisa não tenha disposto o testador.

- V. art. 1.920, CC.

Art. 1.929. Se o legado consiste em coisa determinada pelo gênero, ao herdeiro tocará escolhê-la, guardando o meio-termo entre as congêneres da melhor e pior qualidade.

- V. arts. 244 e 1.931, CC.

Art. 1.930. O estabelecido no artigo antecedente será observado, quando a escolha for deixada a arbítrio de terceiro; e, se este não a quiser ou não a puder exercer, ao juiz competirá fazê-la, guardado o disposto na última parte do artigo antecedente.

- V. art. 252, § 4º, CC.

Art. 1.931. Se a opção foi deixada ao legatário, este poderá escolher, do gênero determinado, a melhor coisa que houver na herança; e, se nesta não existir coisa de tal gênero, dar-lhe-á de outra congênere o herdeiro, observada a disposição na última parte do art. 1.929.

- V. art. 244, CC.

Art. 1.932. No legado alternativo, presume-se deixada ao herdeiro a opção.

- V. art. 252, *caput*, CC.

Art. 1.933. Se o herdeiro ou legatário a quem couber a opção falecer antes de exercê-la, passará este poder aos seus herdeiros.

- V. art. 1.809, CC.

Art. 1.934. No silêncio do testamento, o cumprimento dos legados incumbe aos herdeiros e, não os havendo, aos legatários, na proporção do que herdaram.

Parágrafo único. O encargo estabelecido neste artigo, não havendo disposição testamentária em contrário, caberá ao herdeiro ou legatário incumbido pelo testador da execução do legado; quando indicados mais de um, os onerados dividirão entre si o ônus, na proporção do que recebam da herança.

Art. 1.935. Se algum legado consistir em coisa pertencente a herdeiro ou legatário (art. 1.913), só a ele incumbirá cumpri-lo, com regresso contra os coerdeiros, pela quota de cada um, salvo se o contrário expressamente dispôs o testador.

- V. art. 125, II, CPC/2015.

Art. 1.936. As despesas e os riscos da entrega do legado correm à conta do legatário, se não dispuser diversamente o testador.

Art. 1.937. A coisa legada entregar-se-á, com seus acessórios, no lugar e estado em que se achava ao falecer o testador, passando ao legatário com todos os encargos que a onerarem.

- V. art. 1.923, CC.

Art. 1.938. Nos legados com encargo, aplica-se ao legatário o disposto neste Código quanto às doações de igual natureza.

- V. arts. 136 e 553, CC.

Seção III
Da Caducidade dos Legados

Art. 1.939. Caducará o legado:

- V. arts. 1.788 e 1.973 a 1.975, CC.

I – se, depois do testamento, o testador modificar a coisa legada, ao ponto de já não ter a forma nem lhe caber a denominação que possuía;

II – se o testador, por qualquer título, alienar no todo ou em parte a coisa legada; nesse caso, caducará até onde ela deixou de pertencer ao testador;

- V. arts. 1.912, 1.914 e 1.916, CC.

III – se a coisa perecer ou for evicta, vivo ou morto o testador, sem culpa do herdeiro ou legatário incumbido do seu cumprimento;

- V. art. 552, CC.

IV – se o legatário for excluído da sucessão, nos termos do art. 1.815;

V – se o legatário falecer antes do testador.

Códigos

Art. 1.940. Se o legado for de duas ou mais coisas alternativamente, e algumas delas perecerem, subsistirá quanto às restantes; perecendo parte de uma, valerá, quanto ao seu remanescente, o legado.

Capítulo VIII
Do Direito de Acrescer entre Herdeiros e Legatários

Art. 1.941. Quando vários herdeiros, pela mesma disposição testamentária, forem conjuntamente chamados à herança em quinhões não determinados, e qualquer deles não puder ou não quiser aceitá-la, a sua parte acrescerá à dos coerdeiros, salvo o direito do substituto.

- V. art. 1.943, CC.

Art. 1.942. O direito de acrescer competirá aos colegatários, quando nomeados conjuntamente a respeito de uma só coisa, determinada e certa, ou quando o objeto do legado não puder ser dividido sem risco de desvalorização.

- V. art. 87, CC.

Art. 1.943. Se um dos coerdeiros ou colegatários, nas condições do artigo antecedente, morrer antes do testador; se renunciar a herança ou legado, ou destes for excluído, e, se a condição sob a qual foi instituído não se verificar, acrescerá o seu quinhão, salvo o direito do substituto, à parte dos coerdeiros ou colegatários conjuntos.

- V. arts. 125, 1.810, 1.814 e 1.974, CC.

Parágrafo único. Os coerdeiros ou colegatários, aos quais acresceu o quinhão daquele que não quis ou não pôde suceder, ficam sujeitos às obrigações ou encargos que o oneravam.

- V. art. 136, CC.

Art. 1.944. Quando não se efetua o direito de acrescer, transmite-se aos herdeiros legítimos a quota vaga do nomeado.

- V. arts. 1.788, 1.906 e 1.908, CC.

Parágrafo único. Não existindo o direito de acrescer entre os colegatários, a quota do que faltar acresce ao herdeiro ou ao legatário incumbido de satisfazer esse legado, ou a todos os herdeiros, na proporção dos seus quinhões, se o legado se deduziu da herança.

Art. 1.945. Não pode o beneficiário do acréscimo repudiá-lo separadamente da herança ou legado que lhe caiba, salvo se o acréscimo comportar encargos especiais impostos pelo testador; nesse caso, uma vez repudiado, reverte o acréscimo para a pessoa a favor de quem os encargos foram instituídos.

Art. 1.946. Legado um só usufruto conjuntamente a duas ou mais pessoas, a parte da que faltar acresce aos colegatários.

- V. art. 1.411, CC.

Parágrafo único. Se não houver conjunção entre os colegatários, ou se, apesar de conjuntos, só lhes foi legada certa parte do usufruto, consolidar-se-ão na propriedade as quotas dos que faltarem, à medida que eles forem faltando.

Capítulo IX
Das Substituições

Seção I
Da Substituição Vulgar e da Recíproca

Art. 1.947. O testador pode substituir outra pessoa ao herdeiro ou ao legatário nomeado, para o caso de um ou outro não querer ou não poder aceitar a herança ou o legado, presumindo-se que a substituição foi determinada para as duas alternativas, ainda que o testador só a uma se refira.

Art. 1.948. Também é lícito ao testador substituir muitas pessoas por uma só, ou vice-versa, e ainda substituir com reciprocidade ou sem ela.

Art. 1.949. O substituto fica sujeito à condição ou encargo imposto ao substituído, quando não for diversa a intenção manifestada pelo testador, ou não resultar outra coisa da natureza da condição ou do encargo.

- V. arts. 121 e 136, CC.

Art. 1.950. Se, entre muitos coerdeiros ou legatários de partes desiguais, for estabelecida substituição recíproca, a proporção dos quinhões fixada na primeira disposição entender-se-á mantida na segunda; se, com as outras anteriormente nomeadas, for incluída mais alguma pessoa na substituição, o quinhão vago pertencerá em partes iguais aos substitutos.

Seção II
Da Substituição Fideicomissária

Art. 1.951. Pode o testador instituir herdeiros ou legatários, estabelecendo que, por ocasião de sua morte, a herança ou o legado se transmita ao fiduciário, resolvendo-se o direito deste, por sua morte, a certo tempo ou sob certa condição, em favor de outrem, que se qualifica de fideicomissário.

- V. arts. 27, III, 1.660, II, 1.898, 1.959 e 1.960, CC.
- V. art. 167, II-11, Lei 6.015/1973 (Lei de Registros Públicos).
- V. art. 169, § 2º, Lei 6.404/1976 (Sociedades por ações).

Art. 1.952. A substituição fideicomissária somente se permite em favor dos não concebidos ao tempo da morte do testador.

- V. arts. 2º, 1.784, 1.799, I, e 1.959, CC.

Parágrafo único. Se, ao tempo da morte do testador, já houver nascido o fideicomissário, adquirirá este a propriedade dos bens fideicometidos, convertendo-se em usufruto o direito do fiduciário.

- V. arts. 1.390 a 1.411, CC.

Art. 1.953. O fiduciário tem a propriedade da herança ou legado, mas restrita e resolúvel.

- V. arts. 1.231, 1.359 e 1.360, CC.

Parágrafo único. O fiduciário é obrigado a proceder ao inventário dos bens gravados, e a prestar caução de restituí-los se o exigir o fideicomissário.

Art. 1.954. Salvo disposição em contrário do testador, se o fiduciário renunciar a herança ou o legado, defere-se ao fideicomissário o poder de aceitar.

- V. arts. 1.806 e 1.943, CC.

Art. 1.955. O fideicomissário pode renunciar a herança ou o legado, e, neste caso, o fideicomisso caduca, deixando de ser resolúvel a propriedade do fiduciário, se não houver disposição contrária do testador.

- V. art. 1.958, CC.

Art. 1.956. Se o fideicomissário aceitar a herança ou o legado, terá direito à parte que, ao fiduciário, em qualquer tempo acrescer.

Art. 1.957. Ao sobrevir a sucessão, o fideicomissário responde pelos encargos da herança que ainda restarem.

Art. 1.958. Caduca o fideicomisso se o fideicomissário morrer antes do fiduciário, ou antes de realizar-se a condição resolutória do direito deste último; nesse caso, a propriedade consolida-se no fiduciário, nos termos do art. 1.955.

Art. 1.959. São nulos os fideicomissos além do segundo grau.

- V. art. 1.594, CC.

Art. 1.960. A nulidade da substituição ilegal não prejudica a instituição, que valerá sem o encargo resolutório.

Capítulo X
Da Deserdação

Art. 1.961. Os herdeiros necessários podem ser privados de sua legítima, ou deserdados, em todos os casos em que podem ser excluídos da sucessão.

- V. arts. 1.789, 1.814 a 1.818, 1.846, 1.962, 1.963 e 1.965, parágrafo único, CC.

Art. 1.962. Além das causas mencionadas no art. 1.814, autorizam a deserdação dos descendentes por seus ascendentes:

I – ofensa física;

II – injúria grave;

III – relações ilícitas com a madrasta ou com o padrasto;

IV – desamparo do ascendente em alienação mental ou grave enfermidade.

Art. 1.963. Além das causas enumeradas no art. 1.814, autorizam a deserdação dos ascendentes pelos descendentes:

I – ofensa física;

II – injúria grave;

III – relações ilícitas com a mulher ou companheira do filho ou a do neto, ou com o marido ou companheiro da filha ou o da neta;

IV – desamparo do filho ou neto com deficiência mental ou grave enfermidade.

Art. 1.964. Somente com expressa declaração de causa pode a deserdação ser ordenada em testamento.

- V. art. 1.975, CC.

Art. 1.965. Ao herdeiro instituído, ou àquele a quem aproveite a deserdação, incumbe provar a veracidade da causa alegada pelo testador.

Parágrafo único. O direito de provar a causa da deserdação extingue-se no prazo de 4 (quatro) anos, a contar da data da abertura do testamento.

- V. art. 1.815, parágrafo único, CC.

Capítulo XI
Da Redução das Disposições Testamentárias

Art. 1.966. O remanescente pertencerá aos herdeiros legítimos, quando o testador só em parte dispuser da quota hereditária disponível.

- V. arts. 1.788, 1.829, 1.846, 1.847, 1.906 e 1.908, CC.

Art. 1.967. As disposições que excederem a parte disponível reduzir-se-ão aos limites dela, de conformidade com o disposto nos parágrafos seguintes.

- V. arts. 549, 1.846, 1.847 e 2.007, CC.

§ 1º Em se verificando excederem as disposições testamentárias a porção disponível, serão proporcionalmente reduzidas as quotas do herdeiro ou herdeiros instituídos, até onde baste, e, não bastando, também os legados, na proporção do seu valor.

§ 2º Se o testador, prevenindo o caso, dispuser que se inteirem, de preferência, certos herdeiros e legatários, a redução far-se-á nos outros quinhões ou legados, observando-se a seu respeito a ordem estabelecida no parágrafo antecedente.

Art. 1.968. Quando consistir em prédio divisível o legado sujeito a redução, far-se-á esta dividindo-o proporcionalmente.

- V. art. 87, CC.

§ 1º Se não for possível a divisão, e o excesso do legado montar a mais de um 1/4 (um quarto) do valor do prédio, o legatário deixará inteiro na herança o imóvel legado, ficando com o direito de pedir aos herdeiros o valor que couber na parte disponível; se o excesso não for de mais de 1/4 (um quarto), aos herdeiros fará tornar em dinheiro o legatário, que ficará com o prédio.

§ 2º Se o legatário for ao mesmo tempo herdeiro necessário, poderá inteirar sua legítima no mesmo imóvel, de preferência aos outros, sempre que ela e a parte subsistente do legado lhe absorverem o valor.

- V. arts. 1.845 a 1.847 e 1.849, CC.

Capítulo XII
Da Revogação do Testamento

Art. 1.969. O testamento pode ser revogado pelo mesmo modo e forma como pode ser feito.

- V. art. 1.609, III, CC.
- V. art. 1º, III, Lei 8.560/1992 (Investigação de paternidade).

Art. 1.970. A revogação do testamento pode ser total ou parcial.

Parágrafo único. Se parcial, ou se o testamento posterior não contiver cláusula revogatória expressa, o anterior subsiste em tudo que não for contrário ao posterior.

Art. 1.971. A revogação produzirá seus efeitos, ainda quando o testamento, que a encerra, vier a caducar por exclusão, incapacidade ou renúncia do herdeiro nele nomeado; não valerá, se o testamento revogatório for anulado por omissão ou infração de solenidades essenciais ou por vícios intrínsecos.

Art. 1.972. O testamento cerrado que o testador abrir ou dilacerar, ou for aberto ou dilacerado com seu consentimento, haver-se-á como revogado.

- V. arts. 1.868 a 1.875, CC.

Capítulo XIII
Do Rompimento do Testamento

Art. 1.973. Sobrevindo descendente sucessível ao testador, que não o tinha ou não o conhecia quando testou, rompe-se o testamento em todas as suas disposições, se esse descendente sobreviver ao testador.

- V. arts. 1.789, 1.845 a 1.847, 1.939 e 1.940, CC.

Art. 1.974. Rompe-se também o testamento feito na ignorância de existirem outros herdeiros necessários.

- V. arts. 1.789, 1.845 a 1.847, 1.939 e 1.940, CC.

Art. 1.975. Não se rompe o testamento, se o testador dispuser da sua metade, não contemplando os herdeiros necessários de cuja existência saiba, ou quando os exclua dessa parte.

- V. arts. 1.789, 1.845 a 1.847, 1.850, 1.939, 1.940 e 1.964, CC.

Capítulo XIV
Do Testamenteiro

Art. 1.976. O testador pode nomear um ou mais testamenteiros, conjuntos ou separados, para lhe darem cumprimento às disposições de última vontade.

- V. arts. 1.883 e 1.986, CC.
- V. art. 735, § 5º, CPC/2015.

Art. 1.977. O testador pode conceder ao testamenteiro a posse e a administração da herança, ou de parte dela, não havendo cônjuge ou herdeiros necessários.

- V. arts. 1.797, III, e 1.845, CC.
- V. art. 617, V, CPC/2015.

Parágrafo único. Qualquer herdeiro pode requerer partilha imediata, ou devolução da herança, habilitando o testamenteiro com os meios necessários para o cumprimento dos legados, ou dando caução de prestá-los.

Art. 1.978. Tendo o testamenteiro a posse e a administração dos bens, incumbe-lhe requerer inventário e cumprir o testamento.

- V. arts. 615 e 616, IV, CPC/2015.

Art. 1.979. O testamenteiro nomeado, ou qualquer parte interessada, pode requerer, assim como o juiz pode ordenar, de ofício, ao detentor do testamento, que o leve a registro.

- V. art. 735, §§ 2º a 4º, CPC/2015.

Art. 1.980. O testamenteiro é obrigado a cumprir as disposições testamentárias, no prazo marcado pelo testador, e a dar contas do que recebeu e despendeu, subsistindo sua responsabilidade enquanto durar a execução do testamento.

- V. art. 1.983, CC.
- V. art. 735, § 5º, CPC/2015.

Art. 1.981. Compete ao testamenteiro, com ou sem o concurso do inventariante e dos herdeiros instituídos, defender a validade do testamento.

Art. 1.982. Além das atribuições exaradas nos artigos antecedentes, terá o testamenteiro as que lhe conferir o testador, nos limites da lei.

Art. 1.983. Não concedendo o testador prazo maior, cumprirá o testamenteiro o testamento e prestará contas em 180 (cento e oitenta) dias, contados da aceitação da testamentaria.

- V. art. 735, § 5º, CPC/2015.

Parágrafo único. Pode esse prazo ser prorrogado se houver motivo suficiente.

Art. 1.984. Na falta de testamenteiro nomeado pelo testador, a execução testamentária compete a um dos cônjuges, e, em falta destes, ao herdeiro nomeado pelo juiz.

- V. art. 1.797, CC.
- V. art. 617, CPC/2015.

Art. 1.985. O encargo da testamentaria não se transmite aos herdeiros do testamenteiro, nem é delegável; mas o testamenteiro pode fazer-se representar em juízo e fora dele, mediante mandatário com poderes especiais.

- V. arts. 653, 660 e 692, CC.

Art. 1.986. Havendo simultaneamente mais de um testamenteiro, que tenha aceitado o cargo, poderá cada qual exercê-lo, em falta dos outros; mas todos ficam solidariamente obrigados a dar conta dos bens que lhes forem confiados, salvo se cada um tiver, pelo testamento, funções distintas, e a elas se limitar.

- V. arts. 275 a 285 e 1.976, CC.

Art. 1.987. Salvo disposição testamentária em contrário, o testamenteiro, que não seja herdeiro ou legatário, terá direito a um prêmio, que, se o testador não o houver fixado, será de 1 (um) a 5% (cinco por cento), arbitrado pelo juiz, sobre a herança líquida, conforme a importância dela e maior ou menor dificuldade na execução do testamento.

- V. art. 1.989, CC.

Parágrafo único. O prêmio arbitrado será pago à conta da parte disponível, quando houver herdeiro necessário.

- V. arts. 1.845 a 1.847, CC.

Art. 1.988. O herdeiro ou o legatário nomeado testamenteiro poderá preferir o prêmio à herança ou ao legado.

Art. 1.989. Reverterá à herança o prêmio que o testamenteiro perder, por ser removido ou por não ter cumprido o testamento.

- V. arts. 1.796, 1.978 e 1.987, CC.

Art. 1.990. Se o testador tiver distribuído toda a herança em legados, exercerá o testamenteiro as funções de inventariante.

- V. arts. 1.797, III, 1.912 a 1.938 e 1.991, CC.
- V. arts. 617 a 625, CPC/2015.

TÍTULO IV
Do Inventário e da Partilha

Capítulo I
Do Inventário

Art. 1.991. Desde a assinatura do compromisso até a homologação da partilha, a administração da herança será exercida pelo inventariante.

- V. arts. 1.797, 1.977, 1.978 e 1.990, CC.
- V. arts. 75, VII e § 1º, 617 a 625, CPC/2015.

Capítulo II
Dos Sonegados

Art. 1.992. O herdeiro que sonegar bens da herança, não os descrevendo no inventário quando estejam em seu poder, ou, com o seu conhecimento, no de outrem, ou que os omitir na colação, a que os deva levar, ou que deixar de restituí-los, perderá o direito que sobre eles lhe cabia.

- V. arts. 2.002 a 2.012 e 2.022, CC.
- V. arts. 621 e 669, I, CPC/2015.

Art. 1.993. Além da pena cominada no artigo antecedente, se o sonegador for o próprio inventariante, remover-se-á, em se provando a sonegação, ou negando ele a existência dos bens, quando indicados.

- V. art. 622, VI, CPC/2015.

Art. 1.994. A pena de sonegados só se pode requerer e impor em ação movida pelos herdeiros ou pelos credores da herança.

- V. art. 641, CPC/2015.

Parágrafo único. A sentença que se proferir na ação de sonegados, movida por qualquer dos herdeiros ou credores, aproveita aos demais interessados.

Art. 1.995. Se não se restituírem os bens sonegados, por já não os ter o sonegador em seu poder, pagará ele a importância dos valores que ocultou, mais as perdas e danos.

- V. arts. 402 a 405, CC.
- V. art. 641, § 2º, CPC/2015.

Art. 1.996. Só se pode arguir de sonegação o inventariante depois de encerrada a descrição dos bens, com a declaração, por ele feita, de não existirem outros por inventariar e partir, assim como arguir o herdeiro, depois de declarar-se no inventário que não os possui.

- V. art. 621, CPC/2015.

Capítulo III
Do Pagamento das Dívidas

Art. 1.997. A herança responde pelo pagamento das dívidas do falecido; mas, feita a partilha, só respondem os herdeiros, cada qual em proporção da parte que na herança lhe coube.

- V. arts. 276, 836, 943, 1.700, 1.792 e 1.821, CC.
- V. arts. 789, 796, 642 a 646 e 659, CPC/2015.
- V. art. 23, Lei 6.515/1977 (Dissolução da sociedade conjugal e do casamento).
- V. art. 29, Lei 6.830/1980 (Lei de Execução Fiscal).

§ 1º Quando, antes da partilha, for requerido no inventário o pagamento de dívidas constantes de documentos, revestidos de formalidades legais, constituindo prova bastante da obrigação, e houver impugnação, que não se funde na alegação de pagamento, acompanhada de prova valiosa, o juiz mandará reservar, em poder do inventariante, bens suficientes para solução do débito, sobre os quais venha a recair oportunamente a execução.

- V. arts. 637, 638 e 643, CPC/2015.
- V. art. 189, CTN.
- V. art. 31, Lei 6.830/1980 (Lei de Execução Fiscal).
- V. art. 23, § 2º, I, Lei 9.532/1997 (Altera a legislação tributária federal).

§ 2º No caso previsto no parágrafo antecedente, o credor será obrigado a iniciar a ação de cobrança no prazo de 30 (trinta) dias, sob pena de se tornar de nenhum efeito a providência indicada.

- V. art. 668, I, CPC/2015.

Art. 1.998. As despesas funerárias, haja ou não herdeiros legítimos, sairão do monte da herança; mas as de sufrágios por alma do falecido só obrigarão a herança quando ordenadas em testamento ou codicilo.

- V. arts. 965, I, 1.847 e 1.881, CC.

Art. 1.999. Sempre que houver ação regressiva de uns contra outros herdeiros, a parte do coerdeiro insolvente dividir-se-á em proporção entre os demais.

- V. art. 125, II, CPC/2015.

Art. 2.000. Os legatários e credores da herança podem exigir que do patrimônio do falecido se discrimine o do herdeiro, e, em concurso com os credores deste, ser-lhes-ão preferidos no pagamento.

Art. 2.001. Se o herdeiro for devedor ao espólio, sua dívida será partilhada igualmente entre todos, salvo se a maioria consentir que o débito seja imputado inteiramente no quinhão do devedor.

Capítulo IV
Da Colação

Art. 2.002. Os descendentes que concorrem à sucessão do ascendente comum são obrigados, para igualar as legítimas, a conferir o valor das doações que dele em vida receberam, sob pena de sonegação.

- V. arts. 544, 1.995, 2.010 e 2.011, CC.
- V. arts. 639 a 641, CPC/2015.

Parágrafo único. Para cálculo da legítima, o valor dos bens conferidos será computado na parte indisponível, sem aumentar a disponível.

- V. arts. 1.846 e 1.847, CC.

Art. 2.003. A colação tem por fim igualar, na proporção estabelecida neste Código, as legítimas dos descendentes e do cônjuge sobrevivente, obrigando também os donatários que, ao tempo do falecimento do doador, já não possuírem os bens doados.

- V. art. 2.009, CC.

Parágrafo único. Se, computados os valores das doações feitas em adiantamento de legítima, não houver no acervo bens suficientes para igualar as legítimas dos descendentes e do cônjuge, os bens assim doados serão conferidos em espécie, ou, quando deles já não disponha o donatário, pelo seu valor ao tempo da liberalidade.

- V. art. 2.004, CC.

Art. 2.004. O valor de colação dos bens doados será aquele, certo ou estimativo, que lhes atribuir o ato de liberalidade.

- V. art. 639, CPC/2015.

§ 1º Se do ato de doação não constar valor certo, nem houver estimação feita naquela época, os bens serão conferidos na partilha pelo que então se calcular valessem ao tempo da liberalidade.

§ 2º Só o valor dos bens doados entrará em colação; não assim o das benfeitorias acrescidas, as quais pertencerão ao herdeiro donatário, correndo também à conta deste os rendimentos ou lucros, assim como os danos e perdas que eles sofrerem.

- V. arts. 96 e 402 a 405, CC.

Art. 2.005. São dispensadas da colação as doações que o doador determinar saiam da parte disponível, contanto que não a excedam, computado o seu valor ao tempo da doação.

- V. arts. 549 e 1.857, § 1º, CC.

Parágrafo único. Presume-se imputada na parte disponível a liberalidade feita a descendente que, ao tempo do ato, não seria chamado à sucessão na qualidade de herdeiro necessário.

Art. 2.006. A dispensa da colação pode ser outorgada pelo doador em testamento, ou no próprio título de liberalidade.

Art. 2.007. São sujeitas à redução as doações em que se apurar excesso quanto ao que o doador poderia dispor, no momento da liberalidade.

- V. arts. 549 e 1.966 a 1.968, CC.

§ 1º O excesso será apurado com base no valor que os bens doados tinham, no momento da liberalidade.

§ 2º A redução da liberalidade far-se-á pela restituição ao monte do excesso assim apurado; a restituição será em espécie, ou, se não mais existir o bem em poder do donatário, em dinheiro, segundo o seu valor ao tempo da abertura da sucessão, observadas, no que forem aplicáveis, as regras deste Código sobre a redução das disposições testamentárias.

§ 3º Sujeita-se a redução, nos termos do parágrafo antecedente, a parte da doação feita a herdeiros necessários que exceder a legítima e mais a quota disponível.

§ 4º Sendo várias as doações a herdeiros necessários, feitas em diferentes datas, serão elas reduzidas a partir da última, até a eliminação do excesso.

Art. 2.008. Aquele que renunciou a herança ou dela foi excluído, deve, não obstante, conferir as doações recebidas, para o fim de repor o que exceder o disponível.

- V. arts. 1.804 a 1.818, 1.961 a 1.963 e 1.966 a 1.968, CC.
- V. art. 640, CPC/2015.

Art. 2.009. Quando os netos, representando os seus pais, sucederem aos avós, serão obrigados a trazer à colação, ainda que não o hajam herdado, o que os pais teriam de conferir.

- V. arts. 1.851 e 1.852, CC.

Art. 2.010. Não virão à colação os gastos ordinários do ascendente com o descendente, enquanto menor, na sua educação, estudos, sustento, vestuário, tratamento nas enfermidades, enxoval, assim como as despesas de casamento, ou as feitas no interesse de sua defesa em processo-crime.

Art. 2.011. As doações remuneratórias de serviços feitos ao ascendente também não estão sujeitas a colação.

Art. 2.012. Sendo feita a doação por ambos os cônjuges, no inventário de cada um se conferirá por metade.

Capítulo V
Da Partilha

Art. 2.013. O herdeiro pode sempre requerer a partilha, ainda que o testador o proíba, cabendo igual faculdade aos seus cessionários e credores.

- V. arts. 349, 1.796 e 2.023, CC.
- V. arts. 616, II, V e VI, 647, *caput* e 651 a 658, CPC/2015.

Art. 2.014. Pode o testador indicar os bens e valores que devem compor os quinhões hereditários, deliberando ele próprio a partilha, que prevalecerá, salvo se o valor dos bens não corresponder às quotas estabelecidas.

- V. art. 2.018, CC.

Art. 2.015. Se os herdeiros forem capazes, poderão fazer partilha amigável, por escritura pública, termo nos autos do inventário, ou escrito particular, homologado pelo juiz.

- V. arts. 657 e 659 a 667, CPC/2015.

Art. 2.016. Será sempre judicial a partilha, se os herdeiros divergirem, assim como se algum deles for incapaz.

- V. arts. 3º a 5º, CC.
- V. art. 657, CPC/2015.

Art. 2.017. No partilhar os bens, observar-se-á, quanto ao seu valor, natureza e qualidade, a maior igualdade possível.

- V. art. 2.024, CC.

Art. 2.018. É válida a partilha feita por ascendente, por ato entre vivos ou de última vontade, contanto que não prejudique a legítima dos herdeiros necessários.

- V. arts. 1.789, 1.845 a 1.847 e 2.014, CC.

Art. 2.019. Os bens insuscetíveis de divisão cômoda, que não couberem na meação do cônjuge sobrevivente ou no quinhão de um só herdeiro, serão vendidos judicialmente, partilhando-se o valor apurado, a não ser que haja acordo para serem adjudicados a todos.

- V. arts. 1.322 e 1.489, IV, CC.

§ 1º Não se fará a venda judicial se o cônjuge sobrevivente ou um ou mais herdeiros requererem lhes seja adjudicado o bem, repondo aos outros, em dinheiro, a diferença, após avaliação atualizada.

§ 2º Se a adjudicação for requerida por mais de um herdeiro, observar-se-á o processo da licitação.

Art. 2.020. Os herdeiros em posse dos bens da herança, o cônjuge sobrevivente e o inventariante são obrigados a trazer ao acervo os frutos que perceberam, desde a abertura da sucessão; têm direito ao reembolso das despesas necessárias e úteis que fizeram, e respondem pelo dano a que, por dolo ou culpa, deram causa.

- V. art. 614, CPC/2015.

Art. 2.021. Quando parte da herança consistir em bens remotos do lugar do inventário, litigiosos, ou de liquidação morosa ou difícil, poderá proceder-se, no prazo legal, à partilha dos outros, reservando-se aqueles para uma ou mais sobrepartilhas, sob a guarda e a administração do mesmo ou diverso inventariante, e consentimento da maioria dos herdeiros.

- V. art. 669, *caput*, III e IV, e parágrafo único, CPC/2015.

Art. 2.022. Ficam sujeitos a sobrepartilha os bens sonegados e quaisquer outros bens da herança de que se tiver ciência após a partilha.

Capítulo VI
Da Garantia dos Quinhões Hereditários

Art. 2.023. Julgada a partilha, fica o direito de cada um dos herdeiros circunscrito aos bens do seu quinhão.

Art. 2.024. Os coerdeiros são reciprocamente obrigados a indenizar-se no caso de evicção dos bens aquinhoados.

- V. arts. 447 a 457 e 2.017, CC.

Art. 2.025. Cessa a obrigação mútua estabelecida no artigo antecedente, havendo convenção em contrário, e bem assim dando-se a evicção por culpa do evicto, ou por fato posterior à partilha.

- V. arts. 447 a 457, CC.

Art. 2.026. O evicto será indenizado pelos coerdeiros na proporção de suas quotas hereditárias, mas, se algum deles se achar insolvente, responderão os demais na mesma proporção, pela parte desse, menos a quota que corresponderia ao indenizado.

- V. arts. 447 a 457, CC.

Capítulo VII
Da Anulação da Partilha

Art. 2.027. A partilha é anulável pelos vícios e defeitos que invalidam, em geral, os negócios jurídicos.

- *Caput* com redação determinada pela Lei 13.105/2015 (*DOU* 17.03.2015), em vigor após decorrido 1 (um) ano da data de sua publicação oficial.
- V. arts. 138 a 184 e 441 a 446, CC.
- V. art. 658, CPC/2015.

Parágrafo único. Extingue-se em 1 (um) ano o direito de anular a partilha.

- V. art. 657, parágrafo único, CPC/2015.

Livro Complementar
DAS DISPOSIÇÕES FINAIS E TRANSITÓRIAS

Art. 2.028. Serão os da lei anterior os prazos, quando reduzidos por este Código, e se, na data de sua entrada em vigor, já houver transcorrido mais da metade do tempo estabelecido na lei revogada.

Art. 2.029. Até 2 (dois) anos após a entrada em vigor deste Código, os prazos estabelecidos no parágrafo único do art. 1.238 e no parágrafo único do art. 1.242 serão acrescidos de 2 (dois) anos, qualquer que seja o tempo transcorrido na vigência do anterior, Lei 3.071, de 1º de janeiro de 1916.

Art. 2.030. O acréscimo de que trata o artigo antecedente, será feito nos casos a que se refere o § 4º do art. 1.228.

Art. 2.031. As associações, sociedades e fundações, constituídas na forma das leis anteriores, bem como os empresários, deverão se adaptar às disposições deste Código até 11 de janeiro de 2007.

- *Caput* com redação determinada pela Lei 11.127/2005.
- V. arts. 44, I a III, 45, 46, 53 a 69 e 966 a 1.195, CC.
- V. Portaria MPS 2/2004 (Estatutos das entidades fechadas de previdência complementar em face do art. 2.031 do CC).

Parágrafo único. O disposto neste artigo não se aplica às organizações religiosas nem aos partidos políticos.

- Parágrafo único acrescentado pela Lei 10.825/2003.

Art. 2.032. As fundações, instituídas segundo a legislação anterior, inclusive as de fins diversos dos previstos no parágrafo único do art. 62, subordinam-se, quanto ao seu funcionamento, ao disposto neste Código.

- V. arts. 62 a 69, CC.

Art. 2.033. Salvo o disposto em lei especial, as modificações dos atos constitutivos das pessoas jurídicas referidas no art. 44, bem como a sua transformação, incorporação, cisão ou fusão, regem-se desde logo por este Código.

- V. arts. 53 a 69 e 981 a 1.195, CC.

Art. 2.034. A dissolução e a liquidação das pessoas jurídicas referidas no artigo antecedente, quando iniciadas antes da vigência deste Código, obedecerão ao disposto nas leis anteriores.

- V. arts. 1.033 a 1.038 e 1.102 a 1.112, CC.

Art. 2.035. A validade dos negócios e demais atos jurídicos, constituídos antes da entrada em vigor deste Código, obedece ao disposto nas leis anteriores, referidas no art. 2.045, mas os seus efeitos, produzidos após a vigência deste Código, aos preceitos dele se subordinam, salvo se houver sido prevista pelas partes determinada forma de execução.

- V. art. 5º, XXXVI, CF.
- V. arts. 104 a 114 e 166 a 185, CC.

- V. arts. 1º e 6º, Dec.-lei 4.657/1942 (Lei de Introdução às normas do Direito Brasileiro).

Parágrafo único. Nenhuma convenção prevalecerá se contrariar preceitos de ordem pública, tais como os estabelecidos por este Código para assegurar a função social da propriedade e dos contratos.

Art. 2.036. A locação de prédio urbano, que esteja sujeita à lei especial, por esta continua a ser regida.

- V. arts. 565 a 578, CC.
- V. Lei 8.245/1991 (Locação de imóveis urbanos).

Art. 2.037. Salvo disposição em contrário, aplicam-se aos empresários e sociedades empresárias as disposições de lei não revogadas por este Código, referentes a comerciantes, ou a sociedades comerciais, bem como a atividades mercantis.

- V. arts. 966 a 1.195, CC.

Art. 2.038. Fica proibida a constituição de enfiteuses e subenfiteuses, subordinando-se as existentes, até sua extinção, às disposições do Código Civil anterior, Lei 3.071, de 1º de janeiro de 1916, e leis posteriores.

- V. art. 49, ADCT.
- V. art. 549, CPC/2015.
- V. Dec.-lei 2.490/1940 (Terrenos de marinha e marginais a rios navegáveis).
- V. Dec.-lei 3.438/1941 (Esclarece e amplia o Dec.-lei 2.490/1940).
- V. Dec.-lei 4.120/1942 (Altera a legislação sobre terrenos de marinha).
- V. Dec.-lei 9.760/1946 (Bens imóveis da União).
- V. art. 167, I-10, Lei 6.015/1973 (Lei de Registros Públicos).
- V. art. 34, § 1º, Dec. 85.064/1980 (Regulamenta a Lei 6.634/1979).
- V. Dec.-lei 2.398/1987 (Foros, laudêmios e taxas de ocupação de imóveis da União).
- V. Dec. 95.760/1988 (Regulamenta o art. 3º do Dec.-lei 2.398/1987).
- V. arts. 6º, § 1º, 7º, § 1º, e 12, § 4º, LC 76/1993 (Processo de desapropriação de imóvel rural para reforma agrária).
- V. Lei 9.636/1998 (Regularização, administração, aforamento e alienação de bens imóveis da União).
- V. Súmula 170, STF.

§ 1º Nos aforamentos a que se refere este artigo é defeso:

I – cobrar laudêmio ou prestação análoga nas transmissões de bem aforado, sobre o valor das construções ou plantações;

II – constituir subenfiteuse.

§ 2º A enfiteuse dos terrenos de marinha e acrescidos regula-se por lei especial.

Art. 2.039. O regime de bens nos casamentos celebrados na vigência do Código Civil anterior, Lei 3.071, de 1º de janeiro de 1916, é o por ele estabelecido.

- V. art. 5º, XXXVI, CF.
- V. art. 6º, Dec.-lei 4.657/1942 (Lei de Introdução às normas do Direito Brasileiro).

Art. 2.040. A hipoteca legal dos bens do tutor ou curador, inscrita em conformidade com o inciso IV do art. 827 do Código Civil anterior, Lei 3.071, de 1º de janeiro de 1916, poderá ser cancelada, obedecido o disposto no parágrafo único do art. 1.745 deste Código.

Art. 2.041. As disposições deste Código relativas à ordem da vocação hereditária (arts. 1.829 a 1.844) não se aplicam à sucessão aberta antes de sua vigência, prevalecendo o disposto na lei anterior (Lei 3.071, de 1º de janeiro de 1916).

- V. arts. 1.784, 1.787, 1.829 e 1.844, CC.

Art. 2.042. Aplica-se o disposto no *caput* do art. 1.848, quando aberta a sucessão no prazo de 1 (um) ano após a entrada em vigor deste Código, ainda que o testamento tenha sido feito na vigência do anterior, Lei 3.071, de 1º de janeiro de 1916; se, no prazo, o testador não aditar o testamento para declarar a justa causa de cláusula aposta à legítima, não subsistirá a restrição.

Art. 2.043. Até que por outra forma se disciplinem, continuam em vigor as disposições de natureza processual, administrativa ou penal, constantes de leis cujos preceitos de natureza civil hajam sido incorporados a este Código.

Art. 2.044. Este Código entrará em vigor 1 (um) ano após a sua publicação.

- V. art. 8º, § 1º, LC 95/1998 (Elaboração, redação, alteração e consolidação das leis).

Art. 2.045. Revogam-se a Lei 3.071, de 1º de janeiro de 1916 – Código Civil e a Parte Primeira do Código Comercial, Lei 556, de 25 de junho de 1850.

Art. 2.046. Todas as remissões, em diplomas legislativos, aos Códigos referidos no artigo antecedente, consideram-se feitas às disposições correspondentes deste Código.

Brasília, 10 de janeiro de 2002; 181º da Independência e 114º da República.

Fernando Henrique Cardoso

(*DOU* 11.01.2002)

Índice Alfabético-Remissivo do Código Civil e das Súmulas Correlatas

Códigos

Códigos

Códigos

Códigos

Códigos

Códigos

Códigos

Códigos

Códigos

Códigos

Códigos

Códigos

Códigos

Códigos

Códigos

Códigos

Códigos

Códigos

Códigos

Códigos

Códigos

Códigos

Códigos

Códigos

Índice Sistemático do Código de Defesa do Consumidor

LEI 8.078, DE 11 DE SETEMBRO DE 1990

Índice Sistemático do Código de Defesa do Consumidor

LEI 8.078, DE 11 DE SETEMBRO DE 1990

Código de Defesa do Consumidor

LEI 8.078, DE 11 DE SETEMBRO DE 1990

Dispõe sobre a proteção do consumidor e dá outras providências.

- V. Dec. 6.523/2008 (Regulamenta a Lei 8.078/1990, para fixar normas gerais sobre o Serviço de Atendimento ao Consumidor – SAC).
- V. Lei 12.291/2010 (Obrigatoriedade da manutenção de exemplar do CDC nos estabelecimentos comerciais e de prestação de serviços).
- V. Súmula 469, STJ.

O Presidente da República:

Faço saber que o Congresso Nacional decreta e eu sanciono a seguinte Lei:

TÍTULO I
Dos Direitos do Consumidor

CAPÍTULO I
Disposições Gerais

Art. 1º O presente Código estabelece normas de proteção e defesa do consumidor, de ordem pública e interesse social, nos termos dos arts. 5º, inciso XXXII, 170, inciso V, da Constituição Federal e art. 48 de suas Disposições Transitórias.

Art. 2º Consumidor é toda pessoa física ou jurídica que adquire ou utiliza produto ou serviço como destinatário final.

- V. arts. 17 e 29.
- V. Súmula 563, STJ.

Parágrafo único. Equipara-se a consumidor a coletividade de pessoas, ainda que indetermináveis, que haja intervindo nas relações de consumo.

Art. 3º Fornecedor é toda pessoa física ou jurídica, pública ou privada, nacional ou estrangeira, bem como os entes despersonalizados, que desenvolvem atividades de produção, montagem, criação, construção, transformação, importação, exportação, distribuição ou comercialização de produtos ou prestação de serviços.

- V. art. 28.

§ 1º Produto é qualquer bem, móvel ou imóvel, material ou imaterial.

§ 2º Serviço é qualquer atividade fornecida no mercado de consumo, mediante remuneração, inclusive as de natureza bancária, financeira, de crédito e securitária, salvo as decorrentes das relações de caráter trabalhista.

- V. Súmulas 297 e 563, STJ.

Capítulo II
Da Política Nacional de Relações de Consumo

Art. 4º A Política Nacional das Relações de Consumo tem por objetivo o atendimento das necessidades dos consumidores, o respeito à sua dignidade, saúde e segurança, a proteção de seus interesses econômicos, a melhoria da sua qualidade de vida, bem como a transparência e harmonia das relações de consumo, atendidos os seguintes princípios: Artigo com redação determinada pela Lei 9.008/1995.

I – reconhecimento da vulnerabilidade do consumidor no mercado de consumo;

- V. art. 5º, *caput*, CF.

II – ação governamental no sentido de proteger efetivamente o consumidor:

a) por iniciativa direta;

b) por incentivos à criação e desenvolvimento de associações representativas;

c) pela presença do Estado no mercado de consumo;

d) pela garantia dos produtos e serviços com padrões adequados de qualidade, segurança, durabilidade e desempenho;

III – harmonização dos interesses dos participantes das relações de consumo e compatibilização da proteção do consumidor com a necessidade de desenvolvimento econômico e tecnológico, de modo a viabilizar os princípios nos quais se funda a ordem econômica (art. 170 da Constituição Federal), sempre com base na boa-fé e equilíbrio nas relações entre consumidores e fornecedores;

IV – educação e informação de fornecedores e consumidores, quanto aos seus direitos e deveres, com vistas à melhoria do mercado de consumo;

V – incentivo à criação pelos fornecedores de meios eficientes de controle de qualidade e segurança de produtos e serviços, assim como de mecanismos alternativos de solução de conflitos de consumo;

VI – coibição e repressão eficientes de todos os abusos praticados no mercado de consumo, inclusive a concorrência desleal e utilização indevida de inventos e criações industriais das marcas e nomes comerciais e signos distintivos, que possam causar prejuízos aos consumidores;

VII – racionalização e melhoria dos serviços públicos;

VIII – estudo constante das modificações do mercado de consumo.

Art. 5º Para a execução da Política Nacional das Relações de Consumo, contará o Poder Público com os seguintes instrumentos, entre outros:

I – manutenção de assistência jurídica, integral e gratuita, para o consumidor carente;

- V. art. 5º, LXXIV, CF.

II – instituição de Promotorias de Justiça de Defesa do Consumidor, no âmbito do Ministério Público;

- V. art. 128, § 5º, CF.

III – criação de delegacias de polícia especializadas no atendimento de consumidores vítimas de infrações penais de consumo;

IV – criação de Juizados Especiais de Pequenas Causas e Varas Especializadas para a solução de litígios de consumo;

- V. arts. 98, I, e 125, CF.

V – concessão de estímulos à criação e desenvolvimento das Associações de Defesa do Consumidor.

§§ 1º e 2º *(Vetados).*

Capítulo III
Dos Direitos Básicos do Consumidor

Art. 6º São direitos básicos do consumidor:

I – a proteção da vida, saúde e segurança contra os riscos provocados por práticas no fornecimento de produtos e serviços considerados perigosos ou nocivos;

II – a educação e divulgação sobre o consumo adequado dos produtos e serviços, asseguradas a liberdade de escolha e a igualdade nas contratações;

III – a informação adequada e clara sobre os diferentes produtos e serviços, com especificação correta de quantidade, características, composição, qualidade, tributos incidentes e preço, bem como sobre os riscos que apresentem;

- Inciso III com redação determinada pela Lei 12.741/2012 (*DOU* 10.12.2012), em vigor 6 (seis) meses após a data de sua publicação.
- V. Lei 10.962/2004 (Oferta e formas de afixação de preços de produtos e serviços para o consumidor).
- V. Dec. 5.903/2006 (Regulamenta a Lei 10.962/2004 e a Lei 8.078/1990).

IV – a proteção contra a publicidade enganosa e abusiva, métodos comerciais coercitivos ou desleais, bem como contra práticas e cláusulas abusivas ou impostas no fornecimento de produtos e serviços;

V – a modificação das cláusulas contratuais que estabeleçam prestações desproporcionais ou sua revisão em razão de fatos supervenientes que as tornem excessivamente onerosas;

VI – a efetiva prevenção e reparação de danos patrimoniais e morais, individuais, coletivos e difusos;

- V. arts. 57, *caput*, e 100.
- V. art. 13, Lei 7.347/1985 (Ação civil pública).
- V. Súmula 37, STJ.

VII – o acesso aos órgãos judiciários e administrativos, com vistas à prevenção ou reparação de danos patrimoniais e morais, individuais, coletivos ou difusos, assegurada a proteção jurídica, administrativa e técnica aos necessitados;

- V. art. 83.
- V. art. 5º, LXXIV, CF.

VIII – a facilitação da defesa de seus direitos, inclusive com a inversão do ônus da prova, a seu favor, no processo civil, quando, a critério do juiz, for verossímil a alegação ou quando for ele hipossuficiente, segundo as regras ordinárias de experiências;

- V. art. 93.
- V. art. 5º, LV, CF.
- V. art. 373, § 3º, CPC/2015.
- V. art. 14, Lei 7.347/1985 (Ação civil pública).

IX – *(Vetado).*

X – a adequada e eficaz prestação dos serviços públicos em geral.

Parágrafo único. A informação de que trata o inciso III do *caput* deste artigo deve ser acessível à pessoa com deficiência, observado o disposto em regulamento.

- Parágrafo único acrescentado pela Lei 13.146/ 2015 (*DOU* 07.07.2015), em vigor após decorridos 180 (cento e oitenta) dias de sua publicação oficial.

Art. 7º Os direitos previstos neste Código não excluem outros decorrentes de tratados ou convenções internacionais de que o Brasil seja signatário, da legislação interna ordinária, de regulamentos expedidos pelas autoridades administrativas competentes, bem como dos que derivem dos princípios gerais do direito, analogia, costumes e equidade.

Parágrafo único. Tendo mais de um autor a ofensa, todos responderão solidariamente pela reparação dos danos previstos nas normas de consumo.

- V. arts. 18, *caput*, 19, *caput*, 25, § 1º, 28, § 3º, e 34.
- V. arts. 264 a 266, 275, *caput*, 285 e 942, *caput*, 2ª parte, CC.
- V. art. 113, CPC/2015.

Capítulo IV
Da Qualidade de Produtos e Serviços, da Prevenção e da Reparação dos Danos

Seção I
Da Proteção à Saúde e Segurança

Art. 8º Os produtos e serviços colocados no mercado de consumo não acarretarão riscos à saúde ou segurança dos consumidores, exceto os considerados normais e previsíveis em decorrência de sua natureza e fruição, obrigando-se os fornecedores, em qualquer hipótese, a dar as informações necessárias e adequadas a seu respeito.

§ 1º Em se tratando de produto industrial, ao fabricante cabe prestar as informações a que se refere este artigo, através de impressos apropriados que devam acompanhar o produto.

- Primitivo parágrafo único renumerado pela Lei 13.486/2017.

§ 2º O fornecedor deverá higienizar os equipamentos e utensílios utilizados no fornecimento de produtos ou serviços, ou colocados à disposição do consumidor, e informar, de maneira ostensiva e adequada, quando for o caso, sobre o risco de contaminação.

§ 2º acrescentado pela Lei 13.486/2017.

Art. 9º O fornecedor de produtos e serviços potencialmente nocivos ou perigosos à saúde ou segurança deverá informar, de maneira ostensiva e adequada, a respeito da sua nocividade ou periculosidade, sem prejuízo da adoção de outras medidas cabíveis em cada caso concreto.

Art. 10. O fornecedor não poderá colocar no mercado de consumo produto ou serviço que sabe ou deveria saber apresentar alto grau de nocividade ou periculosidade à saúde ou segurança.

§ 1º O fornecedor de produtos e serviços que, posteriormente à sua introdução no mercado de consumo, tiver conhecimento da periculosidade que apresentem, deverá comunicar o fato imediatamente às autoridades competentes e aos consumidores, mediante anúncios publicitários.

§ 2º Os anúncios publicitários a que se refere o parágrafo anterior serão veiculados na imprensa, rádio e televisão, às expensas do fornecedor do produto ou serviço.

§ 3º Sempre que tiverem conhecimento de periculosidade de produtos ou serviços à saúde ou segurança dos consumidores, a União, os Estados, o Distrito Federal e os Municípios deverão informá-los a respeito.

Art. 11. (Vetado).

Art. 11-A. (Vetado).

Seção II
Da Responsabilidade pelo Fato do Produto e do Serviço

Art. 12. O fabricante, o produtor, o construtor, nacional ou estrangeiro, e o importador respondem, independentemente da existência de culpa, pela reparação dos danos causados aos consumidores por defeitos decorrentes de projeto, fabricação, construção, montagem, fórmulas, manipulação, apresentação ou acondicionamento de seus produtos, bem como por informações insuficientes ou inadequadas sobre sua utilização e riscos.

§ 1º O produto é defeituoso quando não oferece a segurança que dele legitimamente se espera, levando-se em consideração as circunstâncias relevantes, entre as quais:

I – sua apresentação;

II – o uso e os riscos que razoavelmente dele se esperam;

III – a época em que foi colocado em circulação.

§ 2º O produto não é considerado defeituoso pelo fato de outro de melhor qualidade ter sido colocado no mercado.

§ 3º O fabricante, o construtor, o produtor ou importador só não será responsabilizado quando provar:

I – que não colocou o produto no mercado;

II – que, embora haja colocado o produto no mercado, o defeito inexiste;

III – a culpa exclusiva do consumidor ou de terceiro.

Art. 13. O comerciante é igualmente responsável, nos termos do artigo anterior, quando:

I – o fabricante, o construtor, o produtor ou o importador não puderem ser identificados;

II – o produto for fornecido sem identificação clara do seu fabricante, produtor, construtor ou importador;

III – não conservar adequadamente os produtos perecíveis.

Parágrafo único. Aquele que efetivar o pagamento ao prejudicado poderá exercer o direito de regresso contra os demais responsáveis, segundo sua participação na causação do evento danoso.

- V. art. 88.
- V. art. 283, CC.

Art. 14. O fornecedor de serviços responde, independentemente da existência de culpa, pela reparação dos danos causados aos consumidores por defeitos relativos à prestação dos serviços, bem como por informações insuficientes ou inadequadas sobre sua fruição e riscos.

§ 1º O serviço é defeituoso quando não fornece a segurança que o consumidor dele pode esperar, levando-se em consideração as circunstâncias relevantes, entre as quais:

I – o modo de seu fornecimento;

II – o resultado e os riscos que razoavelmente dele se esperam;

III – a época em que foi fornecido.

§ 2º O serviço não é considerado defeituoso pela adoção de novas técnicas.

§ 3º O fornecedor de serviços só não será responsabilizado quando provar:

I – que, tendo prestado o serviço, o defeito inexiste;

II – a culpa exclusiva do consumidor ou de terceiro.

§ 4º A responsabilidade pessoal dos profissionais liberais será apurada mediante a verificação de culpa.

Arts. 15 e 16. (Vetados).

Art. 17. Para os efeitos desta Seção, equiparam-se aos consumidores todas as vítimas do evento.

Seção III
Da Responsabilidade por Vício do Produto e do Serviço

Art. 18. Os fornecedores de produtos de consumo duráveis ou não duráveis respondem solidariamente pelos vícios de qualidade ou quantidade que os tornem impróprios ou inadequados ao consumo a que se destinam ou lhes diminuam o valor, assim como por aqueles decorrentes da disparidade, com as indicações constantes do recipiente, da embalagem, rotulagem ou mensagem publicitária, respeitadas as variações decorrentes de sua natureza, podendo o consumidor exigir a substituição das partes viciadas.

- V. arts. 264 a 266 e 275 a 285, CC.

§ 1º Não sendo o vício sanado no prazo máximo de 30 (trinta) dias, pode o consumidor exigir, alternativamente e à sua escolha:

I – a substituição do produto por outro da mesma espécie, em perfeitas condições de uso;

II – a restituição imediata da quantia paga, monetariamente atualizada, sem prejuízo de eventuais perdas e danos;

III – o abatimento proporcional do preço.

§ 2º Poderão as partes convencionar a redução ou ampliação do prazo previsto no parágrafo anterior, não podendo ser inferior a 7 (sete) nem superior a 180 (cento e oitenta) dias. Nos contratos de adesão, a cláusula de prazo deverá ser convencionada em separado, por meio de manifestação expressa do consumidor.

§ 3º O consumidor poderá fazer uso imediato das alternativas do § 1º deste artigo sempre que, em razão da extensão do vício, a substituição das partes viciadas puder comprometer a qualidade ou características do produto, diminuir-lhe o valor ou se tratar de produto essencial.

§ 4º Tendo o consumidor optado pela alternativa do inciso I do § 1º deste artigo, e não sendo possível a substituição do bem, poderá haver substituição por outro de espécie, marca ou modelo diversos, mediante complementação ou restituição de eventual diferença de preço, sem prejuízo do disposto nos incisos II e III do § 1º deste artigo.

§ 5º No caso de fornecimento de produtos in natura, será responsável perante o consumidor o fornecedor imediato, exceto quando identificado claramente seu produtor.

§ 6º São impróprios ao uso e consumo:

I – os produtos cujos prazos de validade estejam vencidos;

II – os produtos deteriorados, alterados, adulterados, avariados, falsificados, corrompidos, fraudados, nocivos à vida ou à saúde, perigosos ou, ainda, aqueles em desacordo com as normas regulamentares de fabricação, distribuição ou apresentação;

III – os produtos que, por qualquer motivo, se revelem inadequados ao fim a que se destinam.

Art. 19. Os fornecedores respondem solidariamente pelos vícios de quantidade do produto sempre que, respeitadas as variações decorrentes de sua natureza, seu conteúdo líquido for inferior às indicações constantes do recipiente, da embalagem, rotulagem ou de mensagem publicitária, podendo o consumidor exigir, alternativamente e à sua escolha:

- V. art. 58.
- V. arts. 264 a 266 e 275 a 285, CC.

I – o abatimento proporcional do preço;

II – complementação do peso ou medida;

III – a substituição do produto por outro da mesma espécie, marca ou modelo, sem os aludidos vícios;

IV – a restituição imediata da quantia paga, monetariamente atualizada, sem prejuízo de eventuais perdas e danos.

§ 1º Aplica-se a este artigo o disposto no § 4º do artigo anterior.

§ 2º O fornecedor imediato será responsável quando fizer a pesagem ou a medição e o instrumento utilizado não estiver aferido segundo os padrões oficiais.

Art. 20. O fornecedor de serviços responde pelos vícios de qualidade que os tornem impróprios ao consumo ou lhes diminuam o valor, assim como por aqueles decorrentes da disparidade com as indicações constantes da oferta ou mensagem publicitária, podendo o consumidor exigir, alternativamente e à sua escolha:

I – a reexecução dos serviços, sem custo adicional e quando cabível;

II – a restituição imediata da quantia paga monetariamente atualizada, sem prejuízo de eventuais perdas e danos;

III – o abatimento proporcional do preço.

§ 1º A reexecução dos serviços poderá ser confiada a terceiros devidamente capacitados, por conta e risco do fornecedor.

§ 2º São impróprios os serviços que se mostrem inadequados para os fins que razoavelmente deles se esperam, bem como aqueles que não atendam as normas regulamentares de prestabilidade.

Art. 21. No fornecimento de serviços que tenham por objetivo a reparação de qualquer produto considerar-se-á implícita a obrigação do fornecedor de empregar componentes de reposição originais adequados e novos, ou que mantenham as especificações técnicas do fabricante, salvo, quanto a estes últimos, autorização em contrário do consumidor.

Art. 22. Os órgãos públicos, por si ou suas empresas, concessionárias, permissionárias ou sob qualquer outra forma de empreendimento, são obrigados a fornecer serviços adequados, eficientes, seguros e, quanto aos essenciais, contínuos.

Parágrafo único. Nos casos de descumprimento, total ou parcial, das obrigações referidas neste artigo, serão as pessoas jurídicas compelidas a cumpri-las e a reparar os danos causados, na forma prevista neste Código.

Art. 23. A ignorância do fornecedor sobre os vícios de qualidade por inadequação dos produtos e serviços não o exime de responsabilidade.

Art. 24. A garantia legal de adequação do produto ou serviço independe de termo expresso, vedada a exoneração contratual do fornecedor.

Art. 25. É vedada a estipulação contratual de cláusula que impossibilite, exonere ou atenue a obrigação de indenizar prevista nesta e nas Seções anteriores.

§ 1º Havendo mais de um responsável pela causação do dano, todos responderão solidariamente pela reparação prevista nesta e nas Seções anteriores.

§ 2º Sendo o dano causado por componente ou peça incorporada ao produto ou serviço, são responsáveis solidários seu fabricante, construtor ou importador e o que realizou a incorporação.

Seção IV
Da Decadência e da Prescrição

Art. 26. O direito de reclamar pelos vícios aparentes ou de fácil constatação caduca em:

I – 30 (trinta) dias, tratando-se de fornecimento de serviço e de produto não duráveis;

II – 90 (noventa) dias, tratando-se de fornecimento de serviço e de produto duráveis.

§ 1º Inicia-se a contagem do prazo decadencial a partir da entrega efetiva do produto ou do término da execução dos serviços.

§ 2º Obstam a decadência:

I – a reclamação comprovadamente formulada pelo consumidor perante o fornecedor de produtos e serviços até a resposta negativa correspondente, que deve ser transmitida de forma inequívoca;

II – (Vetado).

III – a instauração de inquérito civil, até seu encerramento.

- V. art. 90.
- V. arts. 8º, § 1º, e 9º, Lei 7.347/1985 (Ação civil pública).

§ 3º Tratando-se de vício oculto, o prazo decadencial inicia-se no momento em que ficar evidenciado o defeito.

Art. 27. Prescreve em 5 (cinco) anos a pretensão à reparação pelos danos causados por fato do produto ou do serviço prevista na Seção II deste Capítulo, iniciando-se a contagem do prazo a partir do conhecimento do dano e de sua autoria.

- V. arts. 101 e 102.

Parágrafo único. (Vetado).

Seção V
Da Desconsideração da Personalidade Jurídica

Art. 28. O juiz poderá desconsiderar a personalidade jurídica da sociedade quando, em detrimento do consumidor, houver abuso de direito, excesso de poder, infração da lei, fato ou ato ilícito ou violação dos estatutos ou contrato social. A desconsideração também será efetivada quando houver falência, estado de insolvência, encerramento ou inatividade da pessoa jurídica provocados por má administração.

- V. arts. 50 e 1.642, I e II, CC.
- V. arts. 134, VII, e 135, CTN.

§ 1º *(Vetado).*

§ 2º As sociedades integrantes dos grupos societários e as sociedades controladas, são subsidiariamente responsáveis pelas obrigações decorrentes deste Código.

§ 3º As sociedades consorciadas são solidariamente responsáveis pelas obrigações decorrentes deste Código.

§ 4º As sociedades coligadas só responderão por culpa.

§ 5º Também poderá ser desconsiderada a pessoa jurídica sempre que sua personalidade for, de alguma forma, obstáculo ao ressarcimento de prejuízos causados aos consumidores.

Capítulo V
Das Práticas Comerciais

Seção I
Das Disposições Gerais

Art. 29. Para os fins deste Capítulo e do seguinte, equiparam-se aos consumidores todas as pessoas determináveis ou não, expostas às práticas nele previstas.

Seção II
Da Oferta

Art. 30. Toda informação ou publicidade, suficientemente precisa, veiculada por qualquer forma ou meio de comunicação com relação a produtos e serviços oferecidos ou apresentados, obriga o fornecedor que a fizer veicular ou dela se utilizar e integra o contrato que vier a ser celebrado.

Art. 31. A oferta e apresentação de produtos ou serviços devem assegurar informações corretas, claras, precisas, ostensivas e em língua portuguesa sobre suas características, qualidades, quantidade, composição, preço, garantia, prazos de validade e origem, entre outros dados, bem como sobre os riscos que apresentam à saúde e segurança dos consumidores.

Parágrafo único. As informações de que trata este artigo, nos produtos refrigerados oferecidos ao consumidor, serão gravadas de forma indelével.

Parágrafo único acrescentado pela Lei 11.989/ 2009 (*DOU* 28.07.2009), em vigor 180 (cento e oitenta) dias após a sua publicação.

Art. 32. Os fabricantes e importadores deverão assegurar a oferta de componentes e peças de reposição enquanto não cessar a fabricação ou importação do produto.

- V. art. 70.

Parágrafo único. Cessadas a produção ou importação, a oferta deverá ser mantida por período razoável de tempo, na forma da lei.

Art. 33. Em caso de oferta ou venda por telefone ou reembolso postal, deve constar o nome do fabricante e endereço na embalagem, publicidade e em todos os impressos utilizados na transação comercial.

- V. art. 49, *caput*.

Parágrafo único. É proibida a publicidade de bens e serviços por telefone, quando a chamada for onerosa ao consumidor que a origina.

Parágrafo único acrescentado pela Lei 11.800/ 2008.

Art. 34. O fornecedor do produto ou serviço é solidariamente responsável pelos atos de seus prepostos ou representantes autônomos.

- V. arts. 7º, parágrafo único, 18, *caput*, 19, *caput*, 25, §§ 1º e 2º, 28, § 3º, e 51, III.

Art. 35. Se o fornecedor de produtos ou serviços recusar cumprimento à oferta, apresentação ou publicidade, o consumidor poderá, alternativamente e à sua livre escolha:

I – exigir o cumprimento forçado da obrigação, nos termos da oferta, apresentação ou publicidade;

- V. art. 84, § 1º.

II – aceitar outro produto ou prestação de serviço equivalente;

III – rescindir o contrato, com direito à restituição de quantia eventualmente antecipada, monetariamente atualizada, e a perdas e danos.

Seção III
Da Publicidade

Art. 36. A publicidade deve ser veiculada de tal forma que o consumidor, fácil e imediatamente, a identifique como tal.

- V. art. 60.

Parágrafo único. O fornecedor, na publicidade de seus produtos ou serviços, manterá, em seu poder, para informação dos legítimos interessados, os dados fáticos, técnicos e científicos que dão sustentação à mensagem.

Art. 37. É proibida toda publicidade enganosa ou abusiva.

- V. art. 60, *caput*, 66 e 67.

§ 1º É enganosa qualquer modalidade de informação ou comunicação de caráter publicitário, inteira ou parcialmente falsa, ou, por qualquer outro modo, mesmo por omissão, capaz de induzir em erro o consumidor a respeito da natureza, características, qualidade, quantidade, propriedades, origem, preço e quaisquer outros dados sobre produtos e serviços.

§ 2º É abusiva, dentre outras, a publicidade discriminatória de qualquer natureza, a que incite à violência, explore o medo ou a superstição, se aproveite da deficiência de julgamento e experiência da criança, desrespeite valores ambientais, ou que seja capaz de induzir o consumidor a se comportar de forma prejudicial ou perigosa à sua saúde ou segurança.

§ 3º Para os efeitos deste Código, a publicidade é enganosa por omissão quando deixar de informar sobre dado essencial do produto ou serviço.

§ 4º *(Vetado).*

Art. 38. O ônus da prova da veracidade e correção da informação ou comunicação publicitária cabe a quem as patrocina.

- V. arts. 6º, VIII, e 51, VI.
- V. art. 373, CPC/2015.

Seção IV
Das Práticas Abusivas

Art. 39. É vedado ao fornecedor de produtos ou serviços, dentre outras práticas abusivas:

- *Caput* com redação determinada pela Lei 8.884/ 1994.
- V. Portaria SDE 49/2009 (Especifica hipótese prevista no elenco de práticas abusivas constante do art. 39 da Lei 8.078/1990).

I – condicionar o fornecimento de produto ou de serviço ao fornecimento de outro produto ou serviço, bem como, sem justa causa, a limites quantitativos;

II – recusar atendimento às demandas dos consumidores, na exata medida de suas disponibilidades de estoque, e, ainda, de conformidade com os usos e costumes;

III – enviar ou entregar ao consumidor, sem solicitação prévia, qualquer produto, ou fornecer qualquer serviço;

IV – prevalecer-se da fraqueza ou ignorância do consumidor, tendo em vista sua idade, saúde, conhecimento ou condição social, para impingir-lhe seus produtos ou serviços;

V – exigir do consumidor vantagem manifestamente excessiva;

VI – executar serviços sem a prévia elaboração de orçamento e autorização expressa do consumidor, ressalvadas as decorrentes de práticas anteriores entre as partes;

VII – repassar informação depreciativa, referente a ato praticado pelo consumidor no exercício de seus direitos;

VIII – colocar, no mercado de consumo, qualquer produto ou serviço em desacordo com as normas expedidas pelos órgãos oficiais competentes ou, se normas específicas não existirem, pela Associação Brasileira de Normas Técnicas ou outra entidade credenciada pelo Conselho Nacional de Metrologia, Normalização e Qualidade Industrial – CONMETRO;

IX – recusar a venda de bens ou a prestação de serviços, diretamente a quem se disponha a adquiri-los mediante pronto pagamento, ressalvados os casos de intermediação regulados em leis especiais;

- Inciso IX acrescentado pela Lei 8.884/1994.
- V. art. 122, parte final, CC.

X – elevar sem justa causa o preço de produtos ou serviços;

- Inciso X acrescentado pela Lei 8.884/1994.

XI – (Inciso XI acrescentado pela MP 1.890-67/1999, transformado em inciso XIII quando da conversão na Lei 9.870/1999)

- Inciso XI acrescentado pela Lei 9.870/1999.

XII – deixar de estipular prazo para o cumprimento de sua obrigação ou deixar a fixação de seu termo inicial a seu exclusivo critério.

- Inciso XII acrescentado pela Lei 9.008/1995.

XIII – aplicar fórmula ou índice de reajuste diverso do legal ou contratualmente estabelecido.

- Inciso XIII acrescentado pela Lei 9.870/1999.

XIV – permitir o ingresso em estabelecimentos comerciais ou de serviços de um número maior de consumidores que o fixado pela autoridade administrativa como máximo.

- Inciso XIV acrescentado pela Lei 13.425/2017 (*DOU* 31.03.2017), em vigor após decorridos 180 (cento e oitenta) dias de sua publicação oficial.

Parágrafo único. Os serviços prestados e os produtos remetidos ou entregues ao consumidor, na hipótese prevista no inciso III, equiparam-se às amostras grátis, inexistindo obrigação de pagamento.

Art. 40. O fornecedor de serviço será obrigado a entregar ao consumidor orçamento prévio discriminando o valor da mão de obra, dos materiais e equipamentos a serem empregados, as condições de pagamento, bem como as datas de início e término dos serviços.

§ 1º Salvo estipulação em contrário, o valor orçado terá validade pelo prazo de 10 (dez) dias, contado de seu recebimento pelo consumidor.

§ 2º Uma vez aprovado pelo consumidor, o orçamento obriga os contraentes e somente pode ser alterado mediante livre negociação das partes.

§ 3º O consumidor não responde por quaisquer ônus ou acréscimos decorrentes da contratação de serviços de terceiros, não previstos no orçamento prévio.

Art. 41. No caso de fornecimento de produtos ou de serviços sujeitos ao regime de controle ou de tabelamento de preços, os fornecedores deverão respeitar os limites oficiais sob pena de, não o fazendo, responderem pela restituição da quantia recebida em excesso, monetariamente atualizada, podendo o consumidor exigir, à sua escolha, o desfazimento do negócio, sem prejuízo de outras sanções cabíveis.

Seção V
Da Cobrança de Dívidas

Art. 42. Na cobrança de débitos, o consumidor inadimplente não será exposto a ridículo, nem será submetido a qualquer tipo de constrangimento ou ameaça.

Parágrafo único. O consumidor cobrado em quantia indevida tem direito à repetição do indébito, por valor igual ao dobro do que pagou em excesso, acrescido de correção monetária e juros legais, salvo hipótese de engano justificável.

Art. 42-A. Em todos os documentos de cobrança de débitos apresentados ao consumidor, deverão constar o nome, o endereço e o número de inscrição no Cadastro de Pessoas Físicas – CPF ou no Cadastro Nacional de Pessoa Jurídica – CNPJ do fornecedor do produto ou serviço correspondente.

Artigo acrescentado pela Lei 12.039/2009.

Seção VI
Dos Bancos de Dados e Cadastros de Consumidores

Art. 43. O consumidor, sem prejuízo do disposto no art. 86, terá acesso às informações existentes em cadastros, fichas, registros e dados pessoais e de consumo arquivados sobre ele, bem como sobre as suas respectivas fontes.

- V. art. 72.
- V. Súmula 572, STJ.

§ 1º Os cadastros e dados de consumidores devem ser objetivos, claros, verdadeiros e em linguagem de fácil compreensão, não podendo conter informações negativas referentes a período superior a 5 (cinco) anos.

- V. Súmula 323, STJ.

§ 2º A abertura de cadastro, ficha, registro e dados pessoais e de consumo deverá ser comunicada por escrito ao consumidor, quando não solicitada por ele.

- V. Súmulas 359, 385 e 404, STJ.

§ 3º O consumidor, sempre que encontrar inexatidão nos seus dados e cadastros, poderá exigir sua imediata correção, devendo o arquivista, no prazo de 5 (cinco) dias úteis, comunicar a alteração aos eventuais destinatários das informações incorretas.

§ 4º Os bancos de dados e cadastros relativos a consumidores, os serviços de proteção ao crédito e congêneres são considerados entidades de caráter público.

- V. art. 5º, LXXII, *a*, CF.

§ 5º Consumada a prescrição relativa à cobrança de débitos do consumidor, não serão fornecidas, pelos respectivos Sistemas de Proteção ao Crédito, quaisquer informações que possam impedir ou dificultar novo acesso ao crédito junto aos fornecedores.

- V. Súmula 323, STJ.

§ 6º Todas as informações de que trata o *caput* deste artigo devem ser disponibilizadas em formatos acessíveis, inclusive para a pessoa com deficiência, mediante solicitação do consumidor.

§ 6º acrescentado pela Lei 13.146/2015 (*DOU* 07.07.2015), em vigor após decorridos 180 (cento e oitenta) dias de sua publicação oficial.

Art. 44. Os órgãos públicos de defesa do consumidor manterão cadastros atualizados de reclamações fundamentadas contra fornecedores de produtos e serviços, devendo divulgá-lo pública e anualmente. A divulgação indicará se a reclamação foi atendida ou não pelo fornecedor.

- V. arts. 3º, XIII, e 57, Dec. 2.181/1997 (Sistema Nacional de Defesa do Consumidor).

§ 1º É facultado o acesso às informações lá constantes para orientação e consulta por qualquer interessado.

§ 2º Aplicam-se a este artigo, no que couber, as mesmas regras enunciadas no artigo anterior e as do parágrafo único do art. 22 deste Código.

Art. 45. *(Vetado).*

Capítulo VI
Da Proteção Contratual

Seção I
Disposições Gerais

Art. 46. Os contratos que regulam as relações de consumo não obrigarão os consumidores, se não lhes for dada a oportunidade de tomar conhecimento prévio de seu conteúdo, ou se os respectivos instrumentos forem redigidos de modo a dificultar a compreensão de seu sentido e alcance.

Art. 47. As cláusulas contratuais serão interpretadas de maneira mais favorável ao consumidor.

- V. art. 423, CC.

Art. 48. As declarações de vontade constantes de escritos particulares, recibos e pré-contratos relativos às relações de consumo vinculam o fornecedor, ensejando inclusive execução específica, nos termos do art. 84 e parágrafos.

- V. art. 35, I.

Art. 49. O consumidor pode desistir do contrato, no prazo de sete dias a contar de sua assinatura ou do ato de recebimento do produto ou serviço, sempre que a contratação de fornecimento de produtos e serviços ocorrer fora do estabelecimento comercial, especialmente por telefone ou a domicílio.

- V. art. 33.

Parágrafo único. Se o consumidor exercitar o direito de arrependimento previsto neste artigo, os valores eventualmente pagos, a qualquer título, durante o prazo de reflexão, serão devolvidos, de imediato, monetariamente atualizados.

Art. 50. A garantia contratual é complementar à legal e será conferida mediante termo escrito.

- V. arts. 24 e 74.

Parágrafo único. O termo de garantia ou equivalente deve ser padronizado e esclarecer, de maneira adequada, em que consiste a mesma garantia, bem como a forma, o prazo e o lugar em que pode ser exercitada e os ônus a cargo do consumidor, devendo ser-lhe entregue, devidamente preenchido pelo fornecedor, no ato do fornecimento, acompanhado de manual de instrução, de instalação e uso de produto em linguagem didática, com ilustrações.

- V. art. 13, XIX, Dec. 2.181/1997 (Sistema Nacional de Defesa do Consumidor).

Seção II
Das Cláusulas Abusivas

Art. 51. São nulas de pleno direito, entre outras, as cláusulas contratuais relativas ao fornecimento de produtos e serviços que:

- V. art. 56, Dec. 2.181/1997 (Sistema Nacional de Defesa do Consumidor).
- V. Súmula 381, STJ.

I – impossibilitem, exonerem ou atenuem a responsabilidade do fornecedor por vícios de qualquer natureza dos produtos e serviços ou impliquem renúncia ou disposição de direitos. Nas relações de consumo entre o fornecedor e o consumidor-pessoa jurídica, a indenização poderá ser limitada, em situações justificáveis;

- V. art. 424, CC.

II – subtraiam ao consumidor a opção de reembolso da quantia já paga, nos casos previstos neste Código;

III – transfiram responsabilidades a terceiros;

IV – estabeleçam obrigações consideradas iníquas, abusivas, que coloquem o consumidor em desvantagem exagerada, ou sejam incompatíveis com a boa-fé ou a equidade;

- V. Súmula 302, STJ.

V – *(Vetado)*.

VI – estabeleçam inversão do ônus da prova em prejuízo do consumidor;

VII – determinem a utilização compulsória de arbitragem;

- V. Lei 9.307/1996 (Arbitragem).

VIII – imponham representante para concluir ou realizar outro negócio jurídico pelo consumidor;

- V. Súmula 60, STJ.

IX – deixem ao fornecedor a opção de concluir ou não o contrato, embora obrigando o consumidor;

X – permitam ao fornecedor, direta ou indiretamente, variação do preço de maneira unilateral;

XI – autorizem o fornecedor a cancelar o contrato unilateralmente, sem que igual direito seja conferido ao consumidor;

XII – obriguem o consumidor a ressarcir os custos de cobrança de sua obrigação, sem que igual direito lhe seja conferido contra o fornecedor;

XIII – autorizem o fornecedor a modificar unilateralmente o conteúdo ou a qualidade do contrato, após sua celebração;

XIV – infrinjam ou possibilitem a violação de normas ambientais;

XV – estejam em desacordo com o sistema de proteção ao consumidor;

XVI – possibilitem a renúncia do direito de indenização por benfeitorias necessárias.

§ 1º Presume-se exagerada, entre outros casos, a vantagem que:

I – ofende os princípios fundamentais do sistema jurídico a que pertence;

II – restringe direitos ou obrigações fundamentais inerentes à natureza do contrato, de tal modo a ameaçar seu objeto ou o equilíbrio contratual;

III – se mostra excessivamente onerosa para o consumidor, considerando-se a natureza e conteúdo do contrato, o interesse das partes e outras circunstâncias peculiares ao caso.

§ 2º A nulidade de uma cláusula contratual abusiva não invalida o contrato, exceto quando de sua ausência, apesar dos esforços de integração, decorrer ônus excessivo a qualquer das partes.

- V. art. 184, CC.

§ 3º *(Vetado)*.

§ 4º É facultado a qualquer consumidor ou entidade que o represente requerer ao Ministério Público que ajuíze a competente ação para ser declarada a nulidade de cláusula contratual que contrarie o disposto neste Código ou de qualquer forma não assegure o justo equilíbrio entre direitos e obrigações das partes.

Art. 52. No fornecimento de produtos ou serviços que envolva outorga de crédito ou concessão de financiamento ao consumidor, o fornecedor deverá, entre outros requisitos, informá-lo prévia e adequadamente sobre:

I – preço do produto ou serviço em moeda corrente nacional;

II – montante dos juros de mora e da taxa efetiva anual de juros;

III – acréscimos legalmente previstos;

IV – número e periodicidade das prestações;

V – soma total a pagar, com e sem financiamento.

§ 1º As multas de mora decorrentes do inadimplemento de obrigações no seu termo não poderão ser superiores a 2% (dois por cento) do valor da prestação.

§ 1º com redação determinada pela Lei 9.298/1996.

- V. art. 22, XIX, Dec. 2.181/1997 (Sistema Nacional de Defesa do Consumidor).
- V. Súmula 285, STJ.

§ 2º É assegurada ao consumidor a liquidação antecipada do débito, total ou parcialmente, mediante redução proporcional dos juros e demais acréscimos.

- V. art. 7º, Dec. 22.626/1933 (Juros nos contratos).

§ 3º *(Vetado)*.

Art. 53. Nos contratos de compra e venda de móveis ou imóveis mediante pagamento em prestações, bem como nas alienações fiduciárias em garantia, consideram-se nulas de pleno direito as cláusulas que estabeleçam a perda total das prestações pagas em benefício do credor que, em razão do inadimplemento, pleitear a resolução do contrato e a retomada do produto alienado.

§ 1º *(Vetado)*.

§ 2º Nos contratos do sistema de consórcio de produtos duráveis, a compensação ou a restituição das parcelas quitadas, na forma deste artigo, terá descontada, além da vantagem econômica auferida com a fruição, os prejuízos que o desistente ou inadimplente causar ao grupo.

- V. art. 54, § 2º.

§ 3º Os contratos de que trata o *caput* deste artigo serão expressos em moeda corrente nacional.

Seção III
Dos Contratos de Adesão

Art. 54. Contrato de adesão é aquele cujas cláusulas tenham sido aprovadas pela autoridade competente ou estabelecidas unilateralmente pelo fornecedor de produtos ou serviços, sem que o consumidor possa discutir ou modificar substancialmente seu conteúdo.

- V. art. 18, § 2º, parte final.

§ 1º A inserção de cláusula no formulário não desfigura a natureza de adesão do contrato.

§ 2º Nos contratos de adesão admite-se cláusula resolutória, desde que alternativa, cabendo a escolha ao consumidor, ressalvando-se o disposto no § 2º do artigo anterior.

§ 3º Os contratos de adesão escritos serão redigidos em termos claros e com caracteres ostensivos e legíveis, cujo tamanho da fonte não será inferior ao corpo doze, de modo a facilitar sua compreensão pelo consumidor.

§ 3º com redação determinada pela Lei 11.785/2008.

§ 4º As cláusulas que implicarem limitação de direito do consumidor deverão ser redigidas com destaque, permitindo sua imediata e fácil compreensão.

§ 5º *(Vetado)*.

Capítulo VII
Das Sanções Administrativas

- V. Dec. 2.181/1997 (Sistema Nacional de Defesa do Consumidor).

Art. 55. A União, os Estados e o Distrito Federal, em caráter concorrente e nas suas respectivas áreas de atuação administrativa, baixarão normas relativas à produção, industrialização, distribuição e consumo de produtos e serviços.

§ 1º A União, os Estados, o Distrito Federal e os Municípios fiscalizarão e controlarão a produção, industrialização, distribuição, a publicidade de produtos e serviços e o mercado de consumo, no interesse da preservação da vida, da saúde, da segurança, da informação e do bem-estar do consumidor, baixando as normas que se fizerem necessárias.

- V. Decreto de 28 de setembro de 1995 (Cria a Comissão Nacional Permanente de Defesa do Consumidor).

§ 2º *(Vetado)*.

§ 3º Os órgãos federais, estaduais, do Distrito Federal e municipais com atribuições para fiscalizar e controlar o mercado de consumo manterão comissões permanentes para elaboração, revisão e atualização das normas referidas no § 1º, sendo obrigatória a participação dos consumidores e fornecedores.

- V. Decreto de 28 de setembro de 1995 (Cria a Comissão Nacional Permanente de Defesa do Consumidor).

§ 4º Os órgãos oficiais poderão expedir notificações aos fornecedores para que, sob pena de desobediência, prestem informações sobre questões de interesse do consumidor, resguardado o segredo industrial.

- V. art. 33, § 1º, Dec. 2.181/1997 (Sistema Nacional de Defesa do Consumidor).

Art. 56. As infrações das normas de defesa do consumidor ficam sujeitas, conforme o caso, às seguintes sanções administrativas, sem prejuízo das de natureza civil, penal e das definidas em normas específicas:

I – multa;

- V. art. 29, Dec. 2.181/1997 (Sistema Nacional de Defesa do Consumidor).

II – apreensão do produto;

III – inutilização do produto;

IV – cassação do registro do produto junto ao órgão competente;

V – proibição de fabricação do produto;

VI – suspensão de fornecimento de produtos ou serviço;

VII – suspensão temporária de atividade;

VIII – revogação de concessão ou permissão de uso;

IX – cassação de licença do estabelecimento ou de atividade;

X – interdição, total ou parcial, de estabelecimento, de obra ou de atividade;

XI – intervenção administrativa;

XII – imposição de contrapropaganda.

Parágrafo único. As sanções previstas neste artigo serão aplicadas pela autoridade administrativa, no âmbito de sua atribuição, podendo ser aplicadas cumulativamente, inclusive por medida cautelar antecedente ou incidente de procedimento administrativo.

Art. 57. A pena de multa, graduada de acordo com a gravidade da infração, a vantagem auferida e a condição econômica do fornecedor, será aplicada mediante procedimento administrativo, revertendo para o Fundo de que trata a Lei 7.347, de 24 de julho de 1985, os valores cabíveis à União, ou para os Fundos estaduais ou municipais de proteção ao consumidor nos demais casos.

- *Caput* com redação determinada pela Lei 8.656/1993.
- V. art. 3º, parágrafo único, Lei 8.907/1994 (Uniformes escolares).
- V. Dec. 1.306/1994 (Fundo de Defesa de Direitos Difusos).
- V. arts. 28 e 29, Dec. 2.181/1997 (Sistema Nacional de Defesa do Consumidor).

Parágrafo único. A multa será em montante não inferior a duzentas e não superior a três milhões de vezes o valor da Unidade Fiscal de Referência (UFIR), ou índice equivalente que venha a substituí-lo.

Parágrafo único acrescentado pela Lei 8.703/ 1993.

Art. 58. As penas de apreensão, de inutilização de produtos, de proibição de fabricação de produtos, de suspensão do fornecimento de produto ou serviço, de cassação do registro do produto e revogação da concessão ou permissão de uso serão aplicadas pela administração, mediante procedimento administrativo, assegurada ampla defesa, quando forem constatados vícios de quantidade ou de qualidade por inadequação ou insegurança do produto ou serviço.

Art. 59. As penas de cassação de alvará de licença, de interdição e de suspensão temporária da atividade, bem como a de intervenção administrativa serão aplicadas mediante procedimento administrativo, assegurada ampla defesa, quando o fornecedor reincidir na prática das infrações de maior gravidade previstas neste Código e na legislação de consumo.

§ 1º A pena de cassação da concessão será aplicada à concessionária de serviço público, quando violar obrigação legal ou contratual.

§ 2º A pena de intervenção administrativa será aplicada sempre que as circunstâncias de fato desaconselharem a cassação de licença, a interdição ou suspensão da atividade.

§ 3º Pendendo ação judicial na qual se discuta a imposição de penalidade administrativa, não haverá reincidência até o trânsito em julgado da sentença.

Art. 60. A imposição de contrapropaganda será cominada quando o fornecedor incorrer na prática de publicidade enganosa ou abusiva, nos termos do art. 36 e seus parágrafos, sempre às expensas do infrator.

O correto é art. 37 e seus parágrafos, diferentemente do que consta da publicação oficial.

§ 1º A contrapropaganda será divulgada pelo responsável da mesma forma, frequência e dimensão e, preferencialmente no mesmo veículo, local, espaço e horário, de forma capaz de desfazer o malefício da publicidade enganosa ou abusiva.

- V. art. 47, Dec. 2.181/1997 (Sistema Nacional de Defesa do Consumidor).

§§ 2º e 3º *(Vetados).*

TÍTULO II
Das Infrações Penais

Art. 61. Constituem crimes contra as relações de consumo previstas neste Código, sem prejuízo do disposto no Código Penal e leis especiais, as condutas tipificadas nos artigos seguintes.

Art. 62. *(Vetado).*

Art. 63. Omitir dizeres ou sinais ostensivos sobre a nocividade ou periculosidade de produtos, nas embalagens, nos invólucros, recipientes ou publicidade:

Pena – detenção de 6 (seis) meses a 2 (dois) anos e multa.

- V. arts. 8º a 10.

§ 1º Incorrerá nas mesmas penas quem deixar de alertar, mediante recomendações escritas ostensivas, sobre a periculosidade do serviço a ser prestado.

§ 2º Se o crime é culposo:

Pena – detenção de 1 (um) a 6 (seis) meses ou multa.

Art. 64. Deixar de comunicar à autoridade competente e aos consumidores a nocividade ou periculosidade de produtos cujo conhecimento seja posterior à sua colocação no mercado:

Pena – detenção de 6 (seis) meses a 2 (dois) anos e multa.

- V. art. 10, § 1º.

Parágrafo único. Incorrerá nas mesmas penas quem deixar de retirar do mercado, imediatamente quando determinado pela autoridade competente, os produtos nocivos ou perigosos, na forma deste artigo.

Art. 65. Executar serviço de alto grau de periculosidade, contrariando determinação de autoridade competente:

Pena – detenção de 6 (seis) meses a 2 (dois) anos e multa.

§ 1º As penas deste artigo são aplicáveis sem prejuízo das correspondentes à lesão corporal e à morte.

- Primitivo parágrafo único renumerado pela Lei 13.425/2017 (*DOU* 31.03.2017), em vigor após decorridos 180 (cento e oitenta) dias de sua publicação oficial.
- V. art. 10.
- V. art. 19, CP.

§ 2º A prática do disposto no inciso XIV do art. 39 desta Lei também caracteriza o crime previsto no *caput* deste artigo.

§ 2º acrescentado pela Lei 13.425/2017 (*DOU* 31.03.2017), em vigor após decorridos 180 (cento e oitenta) dias de sua publicação oficial.

Art. 66. Fazer afirmação falsa ou enganosa, ou omitir informação relevante sobre a natureza, característica, qualidade, quantidade, segurança, desempenho, durabilidade, preço ou garantia de produtos ou serviços:

Pena – detenção de 3 (três) meses a 1 (um) ano e multa.

- V. arts. 6º, III, e 31.
- V. art. 9º, Dec. 5.903/2006 (Regulamenta a Lei 10.962/2004 e a Lei 8.078/1990).

§ 1º Incorrerá nas mesmas penas quem patrocinar a oferta.

§ 2º Se o crime é culposo:

Pena – detenção de 1 (um) a 6 (seis) meses ou multa.

Art. 67. Fazer ou promover publicidade que sabe ou deveria saber ser enganosa ou abusiva:

Pena – detenção de 3 (três) meses a 1 (um) ano e multa.

- V. arts. 6º, IV, 36 e 37.

Parágrafo único. *(Vetado).*

Art. 68. Fazer ou promover publicidade que sabe ou deveria saber ser capaz de induzir o consumidor a se comportar de forma prejudicial ou perigosa a sua saúde ou segurança:

Pena – detenção de 6 (seis) meses a 2 (dois) anos e multa.

- V. arts. 6º, IV, 36 e 37, § 2º.

Parágrafo único. *(Vetado).*

Art. 69. Deixar de organizar dados fáticos, técnicos e científicos que dão base à publicidade:

Pena – detenção de 1 (um) a 6 (seis) meses ou multa.

- V. art. 36, parágrafo único.

Art. 70. Empregar, na reparação de produtos, peças ou componentes de reposição usados, sem autorização do consumidor:

Pena – detenção de 3 (três) meses a 1 (um) ano e multa.

- V. arts. 21 e 32.

Art. 71. Utilizar, na cobrança de dívidas, de ameaça, coação, constrangimento físico ou moral, afirmações falsas, incorretas ou enganosas ou de qualquer outro procedimento que exponha o consumidor, injustificadamente, a ridículo ou interfira com seu trabalho, descanso ou lazer:

Pena – detenção de 3 (três) meses a 1 (um) ano e multa.

- V. art. 42.
- V. arts. 146 e 147, CP.

Art. 72. Impedir ou dificultar o acesso do consumidor às informações que sobre ele constem em cadastros, banco de dados, fichas e registros:

Pena – detenção de 6 (seis) meses a 1 (um) ano ou multa.

- V. arts. 43 e 44.

Art. 73. Deixar de corrigir imediatamente informação sobre consumidor constante de cadastro, banco de dados, fichas ou registros que sabe ou deveria saber ser inexata:

Pena – detenção de 1 (um) a 6 (seis) meses ou multa.

- V. art. 43, § 3º.

Art. 74. Deixar de entregar ao consumidor o termo de garantia adequadamente preenchido e com especificação clara de seu conteúdo:

Pena – detenção de 1 (um) a 6 (seis) meses ou multa.

- V. art. 50.

Art. 75. Quem, de qualquer forma, concorrer para os crimes referidos neste Código incide nas penas a esses cominadas na medida de sua culpabilidade, bem como o diretor, administrador ou gerente da pessoa jurídica que promover, permitir ou por qualquer modo aprovar o fornecimento, oferta, exposição à venda ou manutenção em depósito de produtos ou a oferta e prestação de serviços nas condições por ele proibidas.

- V. art. 28.
- V. art. 29, CP.

Art. 76. São circunstâncias agravantes dos crimes tipificados neste Código:

- V. art. 61, CP.

I – serem cometidos em época de grave crise econômica ou por ocasião de calamidade;

- V. art. 61, II, *j*, CP.

II – ocasionarem grave dano individual ou coletivo;

III – dissimular-se a natureza ilícita do procedimento;

IV – quando cometidos:

a) por servidor público, ou por pessoa cuja condição econômico-social seja manifestamente superior à da vítima;

b) em detrimento de operário ou rurícola, de menor de dezoito ou maior de sessenta anos ou de pessoas portadoras de deficiência mental, interditadas ou não;

V – serem praticados em operações que envolvam alimentos, medicamentos ou quaisquer outros produtos ou serviços essenciais.

Art. 77. A pena pecuniária prevista nesta Seção será fixada em dias-multa, correspondente ao mínimo e ao máximo de dias de duração da pena privativa da liberdade cominada ao crime. Na individualização desta multa, o juiz observará o disposto no art. 60, § 1º, do Código Penal.

Art. 78. Além das penas privativas de liberdade e de multa, podem ser impostas, cumulativa ou alternadamente, observado o disposto nos arts. 44 a 47, do Código Penal:

I – a interdição temporária de direitos;

II – a publicação em órgãos de comunicação de grande circulação ou audiência, às expensas do condenado, de notícia sobre os fatos e a condenação;

III – a prestação de serviços à comunidade.

Art. 79. O valor da fiança, nas infrações de que trata este Código, será fixado pelo juiz, ou pela autoridade que presidir o inquérito, entre cem e duzentas mil vezes o valor do Bônus do Tesouro Nacional – BTN, ou índice equivalente que venha substituí-lo.

- V. art. 3º, Lei 8.177/1991 (Extinção do BTN).

Parágrafo único. Se assim recomendar a situação econômica do indiciado ou réu, a fiança poderá ser:

a) reduzida até a metade de seu valor mínimo;

b) aumentada pelo juiz até vinte vezes.

Art. 80. No processo penal atinente aos crimes previstos neste Código, bem como a outros crimes e contravenções que envolvam relações de consumo, poderão intervir, como assistentes do Ministério Público, os legitimados indicados no art. 82, incisos III e IV, aos quais também é facultado propor ação penal subsidiária, se a denúncia não for oferecida no prazo legal.

TÍTULO III
Da Defesa do Consumidor em Juízo

Capítulo I
Disposições Gerais

Art. 81. A defesa dos interesses e direitos dos consumidores e das vítimas poderá ser exercida em juízo individualmente, ou a título coletivo.

- V. art. 129, III, CF.
- V. Lei 7.347/1985 (Ação civil pública).
- V. Dec. 2.181/1997 (Sistema Nacional de Defesa do Consumidor).

Parágrafo único. A defesa coletiva será exercida quando se tratar de:

- V. arts. 82, 91, 93 e 98, § 2º.

I – interesses ou direitos difusos, assim entendidos, para efeitos deste Código, os transindividuais, de natureza indivisível, de que sejam titulares pessoas indeterminadas e ligadas por circunstâncias de fato;

- V. arts. 103, I e § 1º, e 104.

II – interesses ou direitos coletivos, assim entendidos, para efeitos deste Código, os transindividuais de natureza indivisível, de que seja titular grupo, categoria ou classe de pessoas ligadas entre si ou com a parte contrária por uma relação jurídica base;

- V. arts. 103, II e § 1º, e 104.

III – interesses ou direitos individuais homogêneos, assim entendidos os decorrentes de origem comum.

- V. arts. 93 a 100 e 103, III e § 2º.

Art. 82. Para os fins do art. 81, parágrafo único, são legitimados concorrentemente:

- *Caput* com redação determinada pela Lei 9.008/1995.
- V. arts. 83, 90, 91, 97, 98 e 100.
- V. art. 18, CPC/2015.
- V. art. 5º, Lei 7.347/1985 (Ação civil pública).
- V. art. 56, § 3º, Dec. 2.181/1997 (Sistema Nacional de Defesa do Consumidor).

I – o Ministério Público;

- V. arts. 127 e 129, III, CF.

II – a União, os Estados, os Municípios e o Distrito Federal;

III – as entidades e órgãos da administração pública, direta ou indireta, ainda que sem personalidade jurídica, especificamente destinados à defesa dos interesses e direitos protegidos por este Código;

- V. art. 80.

IV – as associações legalmente constituídas há pelo menos 1 (um) ano e que incluam entre seus fins institucionais a defesa dos interesses e direitos protegidos por este Código, dispensada a autorização assemblear.

- V. art. 80.
- V. arts. 5º, XXI e LXX, e 8º, III, CF.
- V. arts. 45 a 61, CC.
- V. art. 114, I, Lei 6.015/1973 (Lei de Registros Públicos).
- V. art. 3º, Lei 8.073/1990 (Política nacional de salários).
- V. art. 8º, II, Dec. 2.181/1997 (Sistema Nacional de Defesa do Consumidor).

§ 1º O requisito da pré-constituição pode ser dispensado pelo juiz, nas ações previstas no art. 91 e segs., quando haja manifesto interesse social evidenciado pela dimensão ou característica do dano, ou pela relevância do bem jurídico a ser protegido.

§§ 2º e 3º *(Vetados).*

Art. 83. Para a defesa dos direitos e interesses protegidos por este Código são admissíveis todas as espécies de ações capazes de propiciar sua adequada e efetiva tutela.

Parágrafo único. *(Vetado).*

Art. 84. Na ação que tenha por objeto o cumprimento da obrigação de fazer ou não fazer, o juiz concederá a tutela específica da obrigação ou determinará providências que assegurem o resultado prático equivalente ao do adimplemento.

- V. arts. 30, 35, I, e 48.

§ 1º A conversão da obrigação em perdas e danos somente será admissível se por elas optar o autor ou se impossível a tutela específica ou a obtenção do resultado prático correspondente.

§ 2º A indenização por perdas e danos se fará sem prejuízo da multa (art. 287, do Código de Processo Civil).

§ 3º Sendo relevante o fundamento da demanda e havendo justificado receio de ineficácia do provimento final, é lícito ao juiz conceder a tutela liminarmente ou após justificação prévia, citado o réu.

§ 4º O juiz poderá, na hipótese do § 3º ou na sentença, impor multa diária ao réu, independentemente de pedido do autor, se for suficiente ou compatível com a obrigação, fixando prazo razoável para o cumprimento do preceito.

§ 5º Para a tutela específica ou para a obtenção do resultado prático equivalente, poderá o juiz determinar as medidas necessárias, tais como busca e apreensão, remoção de coisas e pessoas, desfazimento de obra, impedimento de atividade nociva, além de requisição de força policial.

Arts. 85 e 86. *(Vetados).*

Art. 87. Nas ações coletivas de que trata este Código não haverá adiantamento de custas, emolumentos, honorários periciais e quaisquer outras despesas, nem condenação da associação autora, salvo comprovada má-fé, em honorários de advogados, custas e despesas processuais.

- V. art. 18, Lei 7.347/1985 (Ação civil pública).
- V. art. 4º, IV, Lei 9.289/1996 (Custas na Justiça Federal).

Parágrafo único. Em caso de litigância de má-fé, a associação autora e os diretores responsáveis pela propositura da ação serão solidariamente condenados em honorários advocatícios e ao décuplo das custas, sem prejuízo da responsabilidade por perdas e danos.

- V. arts. 264 e 265, CC.
- V. arts. 79 a 81, CPC/2015.

Art. 88. Na hipótese do art. 13, parágrafo único, deste Código, a ação de regresso poderá ser ajuizada em processo autônomo, facultada a possibilidade de prosseguir-se nos mesmos autos, vedada a denunciação da lide.

- V. art. 283, CC.
- V. arts. 125 a 128 e 131, CPC/2015.

Art. 89. (Vetado).

Art. 90. Aplicam-se às ações previstas neste Título as normas do Código de Processo Civil e da Lei 7.347, de 24 de julho de 1985, inclusive no que respeita ao inquérito civil, naquilo que não contrariar suas disposições.

- V. art. 26, § 2º, III.
- V. arts. 8º, § 1º, e 9º, Lei 7.347/1985 (Ação civil pública).

Capítulo II
Das Ações Coletivas para a Defesa de Interesses Individuais Homogêneos

Art. 91. Os legitimados de que trata o art. 82 poderão propor, em nome próprio e no interesse das vítimas ou seus sucessores, ação civil coletiva de responsabilidade pelos danos individualmente sofridos, de acordo com o disposto nos artigos seguintes.

- Artigo com redação determinada pela Lei 9.008/1995.
- V. art. 82, § 1º.

Art. 92. O Ministério Público, se não ajuizar a ação, atuará sempre como fiscal da lei.

- V. arts. 51, § 4º, e 82, I.
- V. arts. 127 e 129, IX, CF.

Parágrafo único. (Vetado).

Art. 93. Ressalvada a competência da Justiça Federal, é competente para a causa a justiça local:

I – no foro do lugar onde ocorreu ou deva ocorrer o dano, quando de âmbito local;

- V. art. 53, IV, a, CPC/2015.

II – no foro da Capital do Estado ou no do Distrito Federal, para os danos de âmbito nacional ou regional, aplicando-se as regras do Código de Processo Civil aos casos de competência concorrente.

- V. arts. 46, § 4º, e 51, CPC/2015.

Art. 94. Proposta a ação, será publicado edital no órgão oficial, a fim de que os interessados possam intervir no processo como litisconsortes, sem prejuízo de ampla divulgação pelos meios de comunicação social por parte dos órgãos de defesa do consumidor.

- V. arts. 113 a 118 e 257, III, CPC/2015.

Art. 95. Em caso de procedência do pedido, a condenação será genérica, fixando a responsabilidade do réu pelos danos causados.

Art. 96. (Vetado).

Art. 97. A liquidação e a execução de sentença poderão ser promovidas pela vítima e seus sucessores, assim como pelos legitimados de que trata o art. 82.

- V. art. 103, § 3º.

Parágrafo único. *(Vetado).*

Art. 98. A execução poderá ser coletiva, sendo promovida pelos legitimados de que trata o art. 82, abrangendo as vítimas cujas indenizações já tiverem sido fixadas em sentença de liquidação, sem prejuízo do ajuizamento de outras execuções.

- *Caput* com redação determinada pela Lei 9.008/1995.
- V. art. 103, § 3º.

§ 1º A execução coletiva far-se-á com base em certidão das sentenças de liquidação, da qual deverá constar a ocorrência ou não do trânsito em julgado.

§ 2º É competente para a execução o juízo:

I – da liquidação da sentença ou da ação condenatória, no caso de execução individual;

II – da ação condenatória, quando coletiva a execução.

Art. 99. Em caso de concurso de créditos decorrentes de condenação prevista na Lei 7.347, de 24 de julho de 1985, e de indenizações pelos prejuízos individuais resultantes do mesmo evento danoso, estas terão preferência no pagamento.

- V. art. 103, § 3º.

Parágrafo único. Para efeito do disposto neste artigo, a destinação da importância recolhida ao Fundo criado pela Lei 7.347, de 24 de julho de 1985, ficará sustada enquanto pendentes de decisão de segundo grau as ações de indenização pelos danos individuais, salvo na hipótese de o patrimônio do devedor ser manifestamente suficiente para responder pela integralidade das dívidas.

- V. art. 57.
- V. art. 13, Lei 7.347/1985 (Ação civil pública).
- V. Dec. 1.306/1994 (Fundo de Defesa de Direitos Difusos).

Art. 100. Decorrido o prazo de 1 (um) ano sem habilitação de interessados em número compatível com a gravidade do dano, poderão os legitimados do art. 82 promover a liquidação e execução da indenização devida.

- V. art. 57.
- V. art. 13, Lei 7.347/1985 (Ação civil pública).
- V. Dec. 1.306/1994 (Fundo de Defesa de Direitos Difusos).

Parágrafo único. O produto da indenização devida reverterá para o Fundo criado pela Lei 7.347, de 24 de julho de 1985.

- V. art. 13, Lei 7.347/1985 (Ação civil pública).
- V. Dec. 1.306/1994 (Regulamenta o Fundo de Defesa de Direitos Difusos).

Capítulo III
Das Ações de Responsabilidade do Fornecedor de Produtos e Serviços

Art. 101. Na ação de responsabilidade civil do fornecedor de produtos e serviços, sem prejuízo do disposto nos Capítulos I e II deste Título, serão observadas as seguintes normas:

- V. arts. 81 a 100.

I – a ação pode ser proposta no domicílio do autor;

- V. arts. 70 a 78, CC.
- V. art. 53, IV, a, CPC/2015.

II – o réu que houver contratado seguro de responsabilidade poderá chamar ao processo o segurador, vedada a integração do contraditório pelo Instituto de Resseguros do Brasil. Nesta hipótese, a sentença que julgar procedente o pedido condenará o réu nos termos do art. 80 do Código de Processo Civil. Se o réu houver sido declarado falido, o síndico será intimado a informar a existência de seguro de responsabilidade facultando-se, em caso afirmativo, o ajuizamento de ação de indenização diretamente contra o segurador, vedada a denunciação da lide ao Instituto de Resseguros do Brasil e dispensado o litisconsórcio obrigatório com este.

Art. 102. Os legitimados a agir na forma deste Código poderão propor ação visando compelir o Poder Público competente a proibir, em todo o território nacional, a produção, divulgação, distribuição ou venda, ou a determinar alteração na composição, estrutura, fórmula ou acondicionamento de produto, cujo uso ou consumo regular se revele nocivo ou perigoso à saúde pública e à incolumidade pessoal.

- V. art. 82.

§§ 1º e 2º *(Vetados).*

Capítulo IV
Da Coisa Julgada

Art. 103. Nas ações coletivas de que trata este Código, a sentença fará coisa julgada:

- V. arts. 502 e 506, CPC/2015.

I – erga omnes, exceto se o pedido for julgado improcedente por insuficiência de provas, hipótese em que qualquer legitimado poderá intentar outra ação, com idêntico fundamento, valendo-se de nova prova, na hipótese do inciso I do parágrafo único do art. 81;

II – ultra partes, mas limitadamente ao grupo, categoria ou classe, salvo improcedência por insuficiência de provas, nos termos do inciso anterior, quando se tratar da hipótese prevista no inciso II do parágrafo único do art. 81;

III – erga omnes, apenas no caso de procedência do pedido, para beneficiar todas as vítimas e seus sucessores, na hipótese do inciso III do parágrafo único do art. 81.

§ 1º Os efeitos da coisa julgada previstos nos incisos I e II não prejudicarão interesses e direitos individuais dos integrantes da coletividade, do grupo, categoria ou classe.

§ 2º Na hipótese prevista no inciso III, em caso de improcedência do pedido, os interessados que não tiverem intervindo no processo como litisconsortes poderão propor ação de indenização a título individual.

§ 3º Os efeitos da coisa julgada de que cuida o art. 16, combinado com o art. 13 da Lei 7.347, de 24 de julho de 1985, não prejudicarão as ações de indenização por danos pessoalmente sofridos, propostas individualmente ou na forma prevista neste Código, mas, se procedente o pedido, beneficiarão as vítimas e seus sucessores, que poderão proceder à liquidação e à execução, nos termos dos arts. 96 a 99.

§ 4º Aplica-se o disposto no parágrafo anterior à sentença penal condenatória.

Art. 104. As ações coletivas, previstas nos incisos I e II do parágrafo único do art. 81, não induzem litispendência para as ações individuais, mas os efeitos da coisa julgada erga omnes ou ultra partes a que aludem os incisos II e III do artigo anterior não beneficiarão os autores das ações individuais, se não for requerida sua suspensão no prazo de 30 (trinta) dias, a contar da ciência nos autos do ajuizamento da ação coletiva.

- A remissão correta seria aos incisos II e III do parágrafo único do art. 81.
- V. art. 337, §§ 1º e 3º, CPC/2015.

TÍTULO IV
Do Sistema Nacional de Defesa do Consumidor

Art. 105. Integram o Sistema Nacional de Defesa do Consumidor – SNDC, os órgãos federais, estaduais, do Distrito Federal e municipais e as entidades privadas de defesa do consumidor.

- V. Dec. 2.181/1997 (Sistema Nacional de Defesa do Consumidor).

Art. 106. O Departamento Nacional de Defesa do Consumidor, da Secretaria Nacional de Direito Econômico – MJ, ou órgão federal que venha substituí-lo, é organismo de coordenação da política do Sistema Nacional de Defesa do Consumidor, cabendo-lhe:

I – planejar, elaborar, propor, coordenar e executar a política nacional de proteção ao consumidor;

II – receber, analisar, avaliar e encaminhar consultas, denúncias ou sugestões apresentadas por entidades representativas ou pessoas jurídicas de direito público ou privado;

III – prestar aos consumidores orientação permanente sobre seus direitos e garantias;

IV – informar, conscientizar e motivar o consumidor através dos diferentes meios de comunicação;

V – solicitar à polícia judiciária a instauração de inquérito policial para a apreciação de delito contra os consumidores, nos termos da legislação vigente;

VI – representar ao Ministério Público competente para fins de adoção de medidas processuais no âmbito de suas atribuições;

VII – levar ao conhecimento dos órgãos competentes as infrações de ordem administrativa que violarem os interesses difusos, coletivos, ou individuais dos consumidores;

VIII – solicitar o concurso de órgãos e entidades da União, Estados, do Distrito Federal e Municípios, bem como auxiliar a fiscalização de preços, abastecimento, quantidade e segurança de bens e serviços;

IX – incentivar, inclusive com recursos financeiros e outros programas especiais, a formação de entidades de defesa do consumidor pela população e pelos órgãos públicos estaduais e municipais;

X a XII – (*Vetados*).

XIII – desenvolver outras atividades compatíveis com suas finalidades.

Parágrafo único. Para a consecução de seus objetivos, o Departamento Nacional de Defesa do Consumidor poderá solicitar o concurso de órgãos e entidades de notória especialização técnico-científica.

TÍTULO V
Da Convenção Coletiva de Consumo

Art. 107. As entidades civis de consumidores e as associações de fornecedores ou sindicatos de categoria econômica podem regular, por convenção escrita, relações de consumo que tenham por objeto estabelecer condições relativas ao preço, à qualidade, à quantidade, à garantia e características de produtos e serviços, bem como à reclamação e composição do conflito de consumo.

§ 1º A convenção tornar-se-á obrigatória a partir do registro do instrumento no cartório de títulos e documentos.

§ 2º A convenção somente obrigará os filiados às entidades signatárias.

§ 3º Não se exime de cumprir a convenção o fornecedor que se desligar da entidade em data posterior ao registro do instrumento.

Art. 108. (*Vetado*).

TÍTULO VI
Disposições Finais

Art. 109. (*Vetado*).

Art. 110. Acrescente-se o seguinte inciso IV ao art. 1º da Lei 7.347, de 24 de julho de 1985:

- Alteração processada no texto da referida Lei.

Art. 111. O inciso II do art. 5º da Lei 7.347, de 24 de julho de 1985, passa a ter a seguinte redação:

- Alteração processada no texto da referida Lei.

Art. 112. O § 3º do art. 5º da Lei 7.347, de 24 de julho de 1985, passa a ter a seguinte redação:

- Alteração processada no texto da referida Lei.

Art. 113. Acrescente-se os seguintes §§ 4º, 5º e 6º ao art. 5º da Lei 7.347, de 24 de julho de 1985:

- Alterações processadas no texto da referida Lei.

Art. 114. O art. 15 da Lei 7.347, de 24 de julho de 1985, passa a ter a seguinte redação:

- Alteração processada no texto da referida Lei.

Art. 115. Suprima-se o *caput* do art. 17 da Lei 7.347, de 24 de julho de 1985, passando o parágrafo único a constituir o *caput*, com a seguinte redação:

- Alterações processadas no texto da referida Lei.

Art. 116. Dê-se a seguinte redação ao art. 18 da Lei 7.347, de 24 de julho de 1985:

- Alteração processada no texto da referida Lei.

Art. 117. Acrescente-se à Lei 7.347, de 24 de julho de 1985, o seguinte dispositivo, renumerando-se os seguintes:

- Alteração processada no texto da referida Lei.

Art. 118. Este Código entrará em vigor dentro de 180 (cento e oitenta) dias a contar de sua publicação.

Art. 119. Revogam-se as disposições em contrário.

Brasília, em 11 de setembro de 1990; 169º da Independência e 102º da República.

Fernando Collor

(*DOU* 12.09.1990; ret. 10.01.2007)

Códigos

Índice Alfabético-Remissivo do Código de Defesa do Consumidor

Códigos

Códigos

DECRETO-LEI 2.848, DE 7 DE DEZEMBRO DE 1940

Código Penal

O Presidente da República, usando da atribuição que lhe confere o art. 180 da Constituição, decreta a seguinte Lei:

- V. art. 22, I, CF.

[...]

PARTE ESPECIAL

TÍTULO I
Dos Crimes Contra a Pessoa

[...]

Capítulo VI
Dos Crimes contra a Liberdade Individual

Seção I
Dos Crimes contra a Liberdade Pessoal

- V. art. 3º, *a*, Lei 4.898/1965 (Abuso de autoridade).
- V. art. 28, Lei 7.170/1983 (Lei de Segurança Nacional).

[...]

Redução a Condição Análoga à de Escravo

Art. 149. Reduzir alguém a condição análoga à de escravo, quer submetendo-o a trabalhos forçados ou a jornada exaustiva, quer sujeitando-o a condições degradantes de trabalho, quer restringindo, por qualquer meio, sua locomoção em razão de dívida contraída com o empregador ou preposto:

Pena – reclusão, de 2 (dois) a 8 (oito) anos, e multa, além da pena correspondente à violência.

- Artigo com redação determinada pela Lei 10.803/2003.
- V. art. 303, CPP.

§ 1º Nas mesmas penas incorre quem:

I – cerceia o uso de qualquer meio de transporte por parte do trabalhador, com o fim de retê-lo no local de trabalho;

II – mantém vigilância ostensiva no local de trabalho ou se apodera de documentos ou objetos pessoais do trabalhador, com o fim de retê-lo no local de trabalho.

§ 2º A pena é aumentada de 1/2 (metade), se o crime é cometido:

I – contra criança ou adolescente;

II – por motivo de preconceito de raça, cor, etnia, religião ou origem.

[...]

Seção IV
Dos Crimes contra a Inviolabilidade dos Segredos

Divulgação de Segredo

Art. 153. Divulgar alguém, sem justa causa, conteúdo de documento particular ou de correspondência confidencial, de que é destinatário ou detentor, e cuja divulgação possa produzir dano a outrem:

Pena – detenção, de 1 (um) a 6 (seis) meses, ou multa.

- V. art. 232, CPP.
- V. art. 2º, § 6º, Dec.-lei 3.200/1941 (Organização e proteção à família).
- V. art. 47, Lei 6.538/1978 (Serviços postais).
- V. arts. 60, 61 e 89, Lei 9.099/1995 (Juizados Especiais Cíveis e Criminais).

§ 1º Somente se procede mediante representação.

- Primitivo parágrafo único renumerado pela Lei 9.983/2000.
- V. art. 100, § 1º, CP.
- V. arts. 24, 38 e 39, CPP.

§ 1º-A. Divulgar, sem justa causa, informações sigilosas ou reservadas, assim definidas em lei, contidas ou não nos sistemas de informações ou banco de dados da Administração Pública:

Pena – detenção, de 1 (um) a 4 (quatro) anos, e multa.

- Consta conforme publicação oficial.
- § 1º-A acrescentado pela Lei 9.983/2000.
- V. art. 89, Lei 9.099/1995 (Juizados Especiais Cíveis e Criminais).

§ 2º Quando resultar prejuízo para a Administração Pública, a ação penal será incondicionada.

- § 2º acrescentado pela Lei 9.983/2000.

Art. 154. Revelar alguém, sem justa causa, segredo, de que tem ciência em razão de função, ministério, ofício ou profissão, e cuja revelação possa produzir dano a outrem:

Pena – detenção, de 3 (três) meses a 1 (um) ano, ou multa.

- V. art. 207, CPP.
- V. art. 229, CC.
- V. art. 21, Lei 7.170/1983 (Lei de Segurança Nacional).
- V. arts. 60, 61 e 89, Lei 9.099/1995 (Juizados Especiais Cíveis e Criminais).
- V. art. 195, XII, Lei 9.279/1996 (Regula direitos e obrigações relativos à propriedade industrial).

Parágrafo único. Somente se procede mediante representação.

- V. art. 100, § 1º, CP.
- V. arts. 24, 38 e 39, CPP.

Invasão de Dispositivo Informático

- Rubrica acrescentada pela Lei 12.737/2012 (DOU 03.12.2012), em vigor após decorridos 120 (cento e vinte) dias de sua publicação oficial.

Art. 154-A. Invadir dispositivo informático alheio, conectado ou não à rede de computadores, mediante violação indevida de mecanismo de segurança e com o fim de obter, adulterar ou destruir dados ou informações sem autorização expressa ou tácita do titular do dispositivo ou instalar vulnerabilidades para obter vantagem ilícita:

- Artigo acrescentado pela Lei 12.737/2012 (DOU 03.12.2012), em vigor após decorridos 120 (cento e vinte) dias de sua publicação oficial.

Pena – detenção, de 3 (três) meses a 1 (um) ano, e multa.

§ 1º Na mesma pena incorre quem produz, oferece, distribui, vende ou difunde dispositivo ou programa de computador com o intuito de permitir a prática da conduta definida no *caput*.

§ 2º Aumenta-se a pena de 1/6 (um sexto) a 1/3 (um terço) se da invasão resulta prejuízo econômico.

§ 3º Se da invasão resultar a obtenção de conteúdo de comunicações eletrônicas privadas, segredos comerciais ou industriais, informações sigilosas, assim definidas em lei, ou o controle remoto não autorizado do dispositivo invadido:

Pena – reclusão, de 6 (seis) meses a 2 (dois) anos, e multa, se a conduta não constitui crime mais grave.

§ 4º Na hipótese do § 3º, aumenta-se a pena de 1 (um) a 2/3 (dois terços) se houver divulgação, comercialização ou transmissão a terceiro, a qualquer título, dos dados ou informações obtidos.

§ 5º Aumenta-se a pena de 1/3 (um terço) a 1/2 (metade) se o crime for praticado contra:

I – Presidente da República, governadores e prefeitos;

II – Presidente do Supremo Tribunal Federal;

III – Presidente da Câmara dos Deputados, do Senado Federal, de Assembleia Legislativa de Estado, da Câmara Legislativa do Distrito Federal ou de Câmara Municipal; ou

IV – dirigente máximo da administração direta e indireta federal, estadual, municipal ou do Distrito Federal.

Ação penal

- Rubrica acrescentada pela Lei 12.737/2012 (DOU 03.12.2012), em vigor após decorridos 120 (cento e vinte) dias de sua publicação oficial.

Art. 154-B. Nos crimes definidos no art. 154-A, somente se procede mediante representação, salvo se o crime é cometido contra a administração pública direta ou indireta de qualquer dos Poderes da União, Estados, Distrito Federal ou Municípios ou contra empresas concessionárias de serviços públicos.

- Artigo acrescentado pela Lei 12.737/2012 (DOU 03.12.2012), em vigor após decorridos 120 (cento e vinte) dias de sua publicação oficial.

[...]

TÍTULO II
Dos Crimes contra o Patrimônio

- V. art. 5º, *caput*, CF.
- V. arts. 24 a 26, Dec.-lei 3.688/1941 (Lei das Contravenções Penais).

- V. art. 59, Lei 6.001/1973 (Estatuto do Índio).

[...]

Capítulo V
Da Apropriação Indébita

Art. 168-A. Deixar de repassar à previdência social as contribuições recolhidas dos contribuintes, no prazo e forma legal ou convencional:

- Caput do artigo acrescentado pela Lei 9.983/2000.

Pena – reclusão, de 2 (dois) a 5 (cinco) anos, e multa.

- Pena acrescentada pela Lei 9.983/2000.
- V. art. 9º, Lei 10.684/2003 (Altera a legislação tributária).
- V. arts. 68 e 69, Lei 11.941/2009 (Altera a legislação tributária federal).

§ 1º Nas mesmas penas incorre quem deixar de:

- § 1º acrescentado pela Lei 9.983/2000.

I – recolher, no prazo legal, contribuição ou outra importância destinada à previdência social que tenha sido descontada de pagamento efetuado a segurados, a terceiros ou arrecadada do público;

II – recolher contribuições devidas à previdência social que tenham integrado despesas contábeis ou custos relativos à venda de produtos ou à prestação de serviços;

III – pagar benefício devido a segurado, quando as respectivas cotas ou valores já tiverem sido reembolsados à empresa pela previdência social.

§ 2º É extinta a punibilidade se o agente, espontaneamente, declara, confessa e efetua o pagamento das contribuições, importâncias ou valores e presta as informações devidas à previdência social, na forma definida em lei ou regulamento, antes do início da ação fiscal.

- § 2º acrescentado pela Lei 9.983/2000.

§ 3º É facultado ao juiz deixar de aplicar a pena ou aplicar somente a de multa se o agente for primário e de bons antecedentes, desde que:

- § 3º acrescentado pela Lei 9.983/2000.

I – tenha promovido, após o início da ação fiscal e antes de oferecida a denúncia, o pagamento da contribuição social previdenciária, inclusive acessórios; ou

II – o valor das contribuições devidas, inclusive acessórios, seja igual ou inferior àquele estabelecido pela previdência social, administrativamente, como sendo o mínimo para o ajuizamento de suas execuções fiscais.

☛ **§ 4º** A faculdade prevista no § 3º deste artigo não se aplica aos casos de parcelamento de contribuições cujo valor, inclusive dos acessórios, seja superior àquele estabelecido, administrativamente, como sendo o mínimo para o ajuizamento de suas execuções fiscais.

- § 4º acrescentado pela Lei 13.606/2018.

[...]

TÍTULO IV
Dos Crimes contra a Organização do Trabalho

- V. arts. 47 a 49, Dec.-lei 3.688/1941 (Lei das Contravenções Penais).
- V. art. 4º, Lei 7.716/1989 (Crimes resultantes de preconceito de raça ou de cor).
- V. art. 8º, III, Lei 7.853/1989 (Apoio às pessoas portadoras de deficiências).
- V. art. 1º, Lei 9.099/1995 (Juizados Especiais Cíveis e Criminais).

Atentado contra a Liberdade de Trabalho

Art. 197. Constranger alguém, mediante violência ou grave ameaça:

I – a exercer ou não exercer arte, ofício, profissão ou indústria, ou a trabalhar ou não trabalhar durante certo período ou em determinados dias:

Pena – detenção, de 1 (um) mês a 1 (um) ano, e multa, além da pena correspondente à violência;

- V. art. 89, Lei 9.099/1995 (Juizados Especiais Cíveis e Criminais).

II – a abrir ou fechar o seu estabelecimento de trabalho, ou a participar de parede ou paralisação de atividade econômica:

Pena – detenção, de 3 (três) meses a 1 (um) ano, e multa, além da pena correspondente à violência.

- V. art. 722, CLT (*Lockout*).
- V. Lei 7.783/1989 (Direito de greve).
- V. art. 89, Lei 9.099/1995 (Juizados Especiais Cíveis e Criminais).

Atentado contra a Liberdade de Contrato de Trabalho e Boicotagem Violenta

Art. 198. Constranger alguém, mediante violência ou grave ameaça, a celebrar contrato de trabalho, ou a não fornecer a outrem ou não adquirir de outrem matéria-prima ou produto industrial ou agrícola:

Pena – detenção, de 1 (um) mês a 1 (um) ano, e multa, além da pena correspondente à violência.

- V. art. 89, Lei 9.099/1995 (Juizados Especiais Cíveis e Criminais).

Atentado contra a Liberdade de Associação

Art. 199. Constranger alguém, mediante violência ou grave ameaça, a participar ou deixar de participar de determinado sindicato ou associação profissional:

Pena – detenção, de 1 (um) mês a 1 (um) ano, e multa, além da pena correspondente à violência.

- V. art. 511 e ss., CLT (Organização sindical).
- V. art. 3º, f, Lei 4.898/1965 (Abuso de autoridade).
- V. art. 89, Lei 9.099/1995 (Juizados Especiais Cíveis e Criminais).

Paralisação de Trabalho, Seguida de Violência ou Perturbação da Ordem

Art. 200. Participar de suspensão ou abandono coletivo de trabalho, praticando violência contra pessoa ou contra coisa:

Pena – detenção, de 1 (um) mês a 1 (um) ano, e multa, além da pena correspondente à violência.

- V. art. 89, Lei 9.099/1995 (Juizados Especiais Cíveis e Criminais).

Parágrafo único. Para que se considere coletivo o abandono de trabalho, é indispensável o concurso de, pelo menos, três empregados.

Paralisação de Trabalho de Interesse Coletivo

Art. 201. Participar de suspensão ou abandono coletivo de trabalho, provocando a interrupção de obra pública ou serviço de interesse coletivo:

Pena – detenção, de 6 (seis) meses a 2 (dois) anos, e multa.

- V. art. 3º, II, Lei 1.521/1951 (Crimes contra a economia popular).
- V. art. 89, Lei 9.099/1995 (Juizados Especiais Cíveis e Criminais).

Invasão de Estabelecimento Industrial, Comercial ou Agrícola. Sabotagem

Art. 202. Invadir ou ocupar estabelecimento industrial, comercial ou agrícola, com o intuito de impedir ou embaraçar o curso normal do trabalho, ou com o mesmo fim danificar o estabelecimento ou as coisas nele existentes ou delas dispor:

Pena – reclusão, de 1 (um) a 3 (três) anos, e multa.

- V. art. 89, Lei 9.099/1995 (Juizados Especiais Cíveis e Criminais).

Frustração de Direito Assegurado por Lei Trabalhista

Art. 203. Frustrar, mediante fraude ou violência, direito assegurado pela legislação do trabalho:

Pena – detenção de 1 (um) ano a 2 (dois) anos, e multa, além da pena correspondente à violência.

- Pena determinada pela Lei 9.777/1998.
- V. art. 89, Lei 9.099/1995 (Juizados Especiais Cíveis e Criminais).

§ 1º Na mesma pena incorre quem:

- § 1º acrescentado pela Lei 9.777/1998.

I – obriga ou coage alguém a usar mercadorias de determinado estabelecimento, para impossibilitar o desligamento do serviço em virtude de dívida;

II – impede alguém de se desligar de serviços de qualquer natureza, mediante coação ou por meio da retenção de seus documentos pessoais ou contratuais.

§ 2º A pena é aumentada de 1/6 (um sexto) a 1/3 (um terço) se a vítima é menor de 18 (dezoito) anos, idosa, gestante, indígena ou portadora de deficiência física ou mental.

- § 2º acrescentado pela Lei 9.777/1998.

Frustração de Lei sobre a Nacionalização do Trabalho

Art. 204. Frustrar, mediante fraude ou violência, obrigação legal relativa à nacionalização do trabalho:

Pena – detenção, de 1 (um) mês a 1 (um) ano, e multa, além da pena correspondente à violência.

- V. arts. 352 a 371, CLT.

Códigos

- V. arts. 60, 61 e 89, Lei 9.099/1995 (Juizados Especiais Cíveis e Criminais).
- V. Súmula 115, TFR.

Exercício de Atividade com Infração de Decisão Administrativa

Art. 205. Exercer atividade, de que está impedido por decisão administrativa:

Pena – detenção, de 3 (três) meses a 2 (dois) anos, ou multa.

- V. arts. 47 e 48, Dec.-lei 3.688/1941 (Lei das Contravenções Penais).
- V. art. 89, Lei 9.099/1995 (Juizados Especiais Cíveis e Criminais).

Aliciamento para o Fim de Emigração

Art. 206. Recrutar trabalhadores, mediante fraude, com o fim de levá-los para território estrangeiro:

Pena – detenção, de 1 (um) a 3 (três) anos, e multa.

- Artigo com redação determinada pela Lei 8.683/1993.
- V. art. 89, Lei 9.099/1995 (Juizados Especiais Cíveis e Criminais).

Aliciamento de Trabalhadores de um Local para Outro do Território Nacional

Art. 207. Aliciar trabalhadores, com o fim de levá-los de uma para outra localidade do território nacional:

Pena – detenção de 1 (um) a 3 (três) anos, e multa.

- Pena determinada pela Lei 9.777/1998.
- V. art. 89, Lei 9.099/1995 (Juizados Especiais Cíveis e Criminais).

§ 1º Incorre na mesma pena quem recrutar trabalhadores fora da localidade de execução do trabalho, dentro do território nacional, mediante fraude ou cobrança de qualquer quantia do trabalhador, ou, ainda, não assegurar condições do seu retorno ao local de origem.

- § 1º acrescentado pela Lei 9.777/1998.
- V. art. 89, Lei 9.099/1995 (Juizados Especiais Cíveis e Criminais).

§ 2º A pena é aumentada de 1/6 (um sexto) a 1/3 (um terço) se a vítima é menor de 18 (dezoito) anos, idosa, gestante, indígena ou portadora de deficiência física ou mental.

- § 2º acrescentado pela Lei 9.777/1998.

[...]

TÍTULO VI
Dos Crimes Contra a Dignidade Sexual

Capítulo I
Dos Crimes Contra a Liberdade Sexual

[...]

Assédio sexual

Art. 216-A. Constranger alguém com o intuito de obter vantagem ou favorecimento sexual, prevalecendo-se o agente da sua condição de superior hierárquico ou ascendência inerentes ao exercício de emprego, cargo ou função.

- Artigo acrescentado pela Lei 10.224/2001.

Pena – detenção, de 1 (um) a 2 (dois) anos.

Parágrafo único. *(Vetado.)*

TÍTULO VIII
Dos Crimes contra a Incolumidade Pública

[...]

Capítulo II
Dos Crimes contra a Segurança dos Meios de Comunicação e Transporte e Outros Serviços Públicos

[...]

Interrupção ou perturbação de serviço telegráfico, telefônico, informático, telemático ou de informação de utilidade pública

Art. 266. Interromper ou perturbar serviço telegráfico, radiotelegráfico ou telefônico, impedir ou dificultar-lhe o restabelecimento:

Pena – detenção, de um a três anos, e multa.

- V. art. 41, Dec.-lei 3.688/1941 (Lei das Contravenções Penais).
- V. Lei 4.117/1962 (Código Brasileiro de Telecomunicações).
- V. art. 89, Lei 9.099/1995 (Juizados Especiais Cíveis e Criminais).
- V. Lei 9.472/1997 (Telecomunicações).

§ 1º Incorre na mesma pena quem interrompe serviço telemático ou de informação de utilidade pública, ou impede ou dificulta-lhe o restabelecimento.

- § 1º acrescentado pela Lei 12.737/2012 (DOU 03.12.2012), em vigor após decorridos 120 (cento e vinte) dias de sua publicação oficial.

§ 2º Aplicam-se as penas em dobro se o crime é cometido por ocasião de calamidade pública.

- § 2º acrescentado pela Lei 12.737/2012 (DOU 03.12.2012), em vigor após decorridos 120 (cento e vinte) dias de sua publicação oficial.

TÍTULO X
Dos Crimes contra a Fé Pública

[...]

Capítulo III
Da Falsidade Documental

- V. art. 145, IV, CPP.
- V. art. 96, I, Lei 11.101/2005 (Lei de Recuperação de Empresas e Falência).

Art. 297. Falsificar, no todo ou em parte, documento público, ou alterar documento público verdadeiro:

Pena – reclusão, de 2 (dois) a 6 (seis) anos, e multa.

- V. art. 49, IV, CLT.
- V. art. 311, Dec.-lei 1.001/1969 (Código Penal Militar).
- V. art. 64, Lei 8.383/1991 (Altera a legislação do Imposto de Renda).

§ 1º Se o agente é funcionário público, e comete o crime prevalecendo-se do cargo, aumenta-se a pena de sexta parte.

§ 2º Para os efeitos penais, equiparam-se a documento público o emanado de entidade paraestatal, o título ao portador ou transmissível por endosso, as ações de sociedade comercial, os livros mercantis e o testamento particular.

- V. art. 348, §§ 1º e 2º, Lei 4.737/1965 (Código Eleitoral).
- V. art. 2º, Lei 7.492/1986 (Crimes contra o sistema financeiro nacional).

§ 3º Nas mesmas penas incorre quem insere ou faz inserir:

- § 3º acrescentado pela Lei 9.983/2000.

I – na folha de pagamento ou em documento de informações que seja destinado a fazer prova perante a previdência social, pessoa que não possua a qualidade de segurado obrigatório;

II – na Carteira de Trabalho e Previdência Social do empregado ou em documento que deva produzir efeito perante a previdência social, declaração falsa ou diversa da que deveria ter sido escrita;

III – em documento contábil ou em qualquer outro documento relacionado com as obrigações da empresa perante a previdência social, declaração falsa ou diversa da que deveria ter constado.

§ 4º Nas mesmas penas incorre quem omite, nos documentos mencionados no § 3º, nome do segurado e seus dados pessoais, a remuneração, a vigência do contrato de trabalho ou de prestação de serviços.

- § 4º acrescentado pela Lei 9.983/2000.

Falsificação de Documento Particular

Art. 298

[...]

Falsificação de cartão

Parágrafo único. Para fins do disposto no caput, equipara-se a documento particular o cartão de crédito ou débito.

- Parágrafo único acrescentado pela Lei 12.737/2012 (DOU 03.12.2012), em vigor após decorridos 120 (cento e vinte) dias de sua publicação oficial.

[...]

TÍTULO XI
Dos Crimes contra a Administração Pública

Capítulo I
Dos Crimes Praticados por Funcionário Público contra a Administração em Geral

[...]

Inserção de Dados Falsos em Sistema de Informações

Art. 313-A. Inserir ou facilitar, o funcionário autorizado, a inserção de dados falsos, alterar ou excluir indevidamente dados corretos nos sistemas informatizados ou bancos de dados da Administração Pública com o fim de obter vantagem indevida para si ou para outrem ou para causar dano:

Pena – reclusão, de 2 (dois) a 12 (doze) anos, e multa.

- Artigo acrescentado pela Lei 9.983/2000.

Modificação ou Alteração Não Autorizada de Sistema de Informações

Art. 313-B. Modificar ou alterar, o funcionário, sistema de informações ou programa de informática sem autorização ou solicitação de autoridade competente:

Pena – detenção, de 3 (três) meses a 2 (dois) anos, e multa.

- Artigo acrescentado pela Lei 9.983/2000.
- V. art. 89, Lei 9.099/1995 (Juizados Especiais Cíveis e Criminais).

Parágrafo único. As penas são aumentadas de 1/3 (um terço) até a 1/2 (metade) se da modificação ou alteração resulta dano para a Administração Pública ou para o administrado.

[...]

Capítulo II
Dos Crimes Praticados por Particular contra a Administração em Geral

[...]

Sonegação de Contribuição Previdenciária

Art. 337-A. Suprimir ou reduzir contribuição social previdenciária e qualquer acessório, mediante as seguintes condutas:

- Artigo acrescentado pela Lei 9.983/2000.
- V. Lei 10.467/2002 (Acrescenta o Capítulo II-A ao Título XI do Código Penal).
- V. art. 9º, Lei 10.684/2003 (Altera a legislação tributária).
- V. arts. 68 e 69, Lei 11.941/2009 (Altera a legislação tributária federal).

I – omitir de folha de pagamento da empresa ou de documento de informações previsto pela legislação previdenciária segurados empregado, empresário, trabalhador avulso ou trabalhador autônomo ou a este equiparado que lhe prestem serviços;

II – deixar de lançar mensalmente nos títulos próprios da contabilidade da empresa as quantias descontadas dos segurados ou as devidas pelo empregador ou pelo tomador de serviços;

III – omitir, total ou parcialmente, receitas ou lucros auferidos, remunerações pagas ou creditadas e demais fatos geradores de contribuições sociais previdenciárias:

Pena – reclusão, de 2 (dois) a 5 (cinco) anos, e multa.

§ 1º É extinta a punibilidade se o agente, espontaneamente, declara e confessa as contribuições, importâncias ou valores e presta as informações devidas à previdência social, na forma definida em lei ou regulamento, antes do início da ação fiscal.

§ 2º É facultado ao juiz deixar de aplicar a pena ou aplicar somente a de multa se o agente for primário e de bons antecedentes, desde que:

I – *(Vetado).*

II – o valor das contribuições devidas, inclusive acessórios, seja igual ou inferior àquele estabelecido pela previdência social, administrativamente, como sendo o mínimo para o ajuizamento de suas execuções fiscais.

§ 3º Se o empregador não é pessoa jurídica e sua folha de pagamento mensal não ultrapassa R$ 1.510,00 (um mil, quinhentos e dez reais), o juiz poderá reduzir a pena de 1/3 (um terço) até a 1/2 (metade) ou aplicar apenas a de multa.

- Valor original sujeito a atualização mediante Portaria do Ministério da Previdência Social – MPS.

§ 4º O valor a que se refere o parágrafo anterior será reajustado nas mesmas datas e nos mesmos índices do reajuste dos benefícios da previdência social.

[...]

Disposições Finais

[...]

Art. 361. Este Código entrará em vigor no dia 1º de janeiro de 1942.

Rio de Janeiro, 7 de dezembro de 1940; 119º da Independência e 52º da República.

Getúlio Vargas

(*DOU* 31.12.1940; ret. 03.01.1941)

8 Normas Regulamentadoras

Normas Regulamentadoras

8

NR 1

DISPOSIÇÕES GERAIS

1.1 As Normas Regulamentadoras – NR, relativas à segurança e medicina do trabalho, são de observância obrigatória pelas empresas privadas e públicas e pelos órgãos públicos da administração direta e indireta, bem como pelos órgãos dos Poderes Legislativo e Judiciário, que possuam empregados regidos pela Consolidação das Leis do Trabalho – CLT.

1.1.1 As disposições contidas nas Normas Regulamentadoras – NR aplicam-se, no que couber, aos trabalhadores avulsos, às entidades ou empresas que lhes tomem o serviço e aos sindicatos representativos das respectivas categorias profissionais.

1.2 A observância das Normas Regulamentadoras – NR não desobriga as empresas do cumprimento de outras disposições que, com relação à matéria, sejam incluídas em códigos de obras ou regulamentos sanitários dos Estados ou Municípios, e outras, oriundas de convenções e acordos coletivos de trabalho.

1.3 A Secretaria de Segurança e Saúde no Trabalho – SSST é o órgão de âmbito nacional competente para coordenar, orientar, controlar e supervisionar as atividades relacionadas com a segurança e medicina do trabalho, inclusive a Campanha Nacional de Prevenção de Acidentes do Trabalho – CANPAT, o Programa de Alimentação do Trabalhador – PAT e ainda a fiscalização do cumprimento dos preceitos legais e regulamentares sobre segurança e medicina do trabalho em todo o território nacional.

1.3.1 Compete, ainda, à Secretaria de Segurança e Saúde no Trabalho – SSST conhecer, em última instância, dos recursos voluntários ou de ofício, das decisões proferidas pelos Delegados Regionais do Trabalho, em matéria de segurança e saúde no trabalho.

1.4 A Delegacia Regional do Trabalho – DRT, nos limites de sua jurisdição, é o órgão regional competente para executar as atividades relacionadas com a segurança e medicina do trabalho, inclusive a Campanha Nacional de Prevenção dos Acidentes do Trabalho – CANPAT, o Programa de Alimentação do Trabalhador – PAT e ainda a fiscalização do cumprimento dos preceitos legais e regulamentares sobre segurança e medicina do trabalho.

1.4.1 Compete, ainda, à Delegacia Regional do Trabalho – DRT ou à Delegacia do Trabalho Marítimo – DTM, nos limites de sua jurisdição:

a) adotar medidas necessárias à fiel observância dos preceitos legais e regulamentares sobre segurança e medicina do trabalho;

b) impor as penalidades cabíveis por descumprimento dos preceitos legais e regulamentares sobre segurança e medicina do trabalho;

c) embargar obra, interditar estabelecimento, setor de serviço, canteiro de obra, frente de trabalho, locais de trabalho, máquinas e equipamentos;

d) notificar as empresas, estipulando prazos, para eliminação e/ou neutralização de insalubridade;

e) atender requisições judiciais para realização de perícias sobre segurança e medicina do trabalho nas localidades onde não houver Médico do Trabalho ou Engenheiro de Segurança do Trabalho registrado no MTb.

1.5 Podem ser delegadas a outros órgãos federais, estaduais e municipais, mediante convênio autorizado pelo Ministro do Trabalho, atribuições de fiscalização e/ou orientação às empresas, quanto ao cumprimento dos preceitos legais e regulamentares sobre segurança e medicina do trabalho.

- Item com redação determinada pela Portaria MTE 06/1983.

1.6 Para fins de aplicação das Normas Regulamentadoras – NR, considera-se:

a) empregador, a empresa individual ou coletiva, que, assumindo os riscos da atividade econômica, admite, assalaria e dirige a prestação pessoal de serviços. Equiparam-se ao empregador os profissionais liberais, as instituições de beneficência, as associações recreativas ou outras instituições sem fins lucrativos, que admitem trabalhadores como empregados;

b) empregado, a pessoa física que presta serviços de natureza não eventual a empregador, sob a dependência deste e mediante salário;

c) empresa, o estabelecimento ou o conjunto de estabelecimentos, canteiros de obra, frente de trabalho, locais de trabalho e outras, constituindo a organização de que se utiliza o empregador para atingir seus objetivos;

d) estabelecimento, cada uma das unidades da empresa, funcionando em lugares diferentes, tais como: fábrica, refinaria, usina, escritório, loja, oficina, depósito, laboratório;

e) setor de serviço, a menor unidade administrativa ou operacional compreendida no mesmo estabelecimento;

f) canteiro de obra, a área do trabalho fixa e temporária, onde se desenvolvem operações de apoio e execução à construção, demolição ou reparo de uma obra;

g) frente de trabalho, a área de trabalho móvel e temporária, onde se desenvolvem operações de apoio e execução à construção, demolição ou reparo de uma obra;

h) local de trabalho, a área onde são executados os trabalhos.

1.6.1 Sempre que uma ou mais empresas, tendo, embora, cada uma delas, personalidade jurídica própria, estiverem sob direção, controle ou administração de outra, constituindo grupo industrial, comercial ou de qualquer outra atividade econômica, serão, para efeito de aplicação das Normas Regulamentadoras – NR, solidariamente responsáveis a empresa principal e cada uma das subordinadas.

1.6.2 Para efeito de aplicação das Normas Regulamentadoras – NR, a obra de engenharia, compreendendo ou não canteiro de obra ou frentes de trabalho, será considerada como um estabelecimento, a menos que se disponha, de forma diferente, em NR específica.

1.7 Cabe ao empregador:

a) cumprir e fazer cumprir as disposições legais e regulamentares sobre segurança e medicina do trabalho;

b) elaborar ordens de serviço sobre segurança e saúde no trabalho, dando ciência aos empregados por comunicados, cartazes ou meios eletrônicos;

- Alínea com redação determinada pela Portaria SIT 84/2009.

c) informar aos trabalhadores:

I. os riscos profissionais que possam originar-se nos locais de trabalho;

II. os meios para prevenir e limitar tais riscos e as medidas adotadas pela empresa;

III. os resultados dos exames médicos e de exames complementares de diagnóstico aos quais os próprios trabalhadores forem submetidos;

IV. os resultados das avaliações ambientais realizadas nos locais de trabalho.

d) permitir que representantes dos trabalhadores acompanhem a fiscalização dos preceitos legais e regulamentares sobre segurança e medicina do trabalho;

e) determinar procedimentos que devem ser adotados em caso de acidente ou doença relacionada ao trabalho.

- Alínea com redação determinada pela Portaria SIT 84/2009.

1.8 Cabe ao empregado:

a) cumprir as disposições legais e regulamentares sobre segurança e saúde do trabalho, inclusive as ordens de serviço expedidas pelo empregador;

- Alínea com redação determinada pela Portaria SIT 84/2009.

b) usar o EPI fornecido pelo empregador;

c) submeter-se aos exames médicos previstos nas Normas Regulamentadoras – NR;

d) colaborar com a empresa na aplicação das Normas Regulamentadoras – NR;

1.8.1 Constitui ato faltoso a recusa injustificada do empregado ao cumprimento do disposto no item anterior.

1.9 O não-cumprimento das disposições legais e regulamentares sobre segurança e medicina do trabalho acarretará ao empregador a aplicação das penalidades previstas na legislação pertinente.

1.10 As dúvidas suscitadas e os casos omissos verificados na execução das Normas Regulamentadoras – NR, serão decididos pela Secretaria de Segurança e Medicina do Trabalho – SSMT.

(*DOU* 06.07.1978)

NR 2

INSPEÇÃO PRÉVIA

- NR com redação determinada pela Portaria MTE 35/1983.

2.1 Todo estabelecimento novo, antes de iniciar suas atividades, deverá solicitar aprovação de suas instalações ao órgão regional do MTb.

2.2 O órgão regional do MTb, após realizar a inspeção prévia, emitirá o Certificado de Aprovação de Instalações – CAI, conforme modelo anexo.

2.3 A empresa poderá encaminhar ao órgão regional do MTb uma declaração das instalações do estabelecimento novo, conforme modelo anexo, que poderá ser aceita pelo referido órgão, para fins de fiscalização, quando não for possível realizar a inspeção prévia antes de o estabelecimento iniciar suas atividades.

2.4 A empresa deverá comunicar e solicitar a aprovação do órgão regional do MTb, quando ocorrer modificações substanciais nas instalações e/ou nos equipamentos de seu(s) estabelecimento(s).

2.5 É facultado às empresas submeter à apreciação prévia do órgão regional do MTb os projetos de construção e respectivas instalações.

2.6 A inspeção prévia e a declaração de instalações, referidas nos itens 2.1 e 2.3, constituem os elementos capazes de assegurar que o novo estabelecimento inicie suas atividades livre de riscos de acidentes e/ou de doenças do trabalho, razão pela qual o estabelecimento que não atender ao disposto naqueles itens fica sujeito ao impedimento de seu funcionamento, conforme estabelece o art. 160 da CLT, até que seja cumprida a exigência deste artigo.

MINISTÉRIO DO TRABALHO

SECRETARIA DE SEGURANÇA E MEDICINA DO TRABALHO DELEGACIA DRT ou DTM

CERTIFICADO DE APROVAÇÃO DE INSTALAÇÕES CAI n.º ______

O DELEGADO REGIONAL DO TRABALHO OU DELEGADO DO TRABALHO MARÍTIMO, diante do que consta no processo DRT em que é interessada a firma ______ resolve expedir o presente Certificado de Aprovação de Instalações – CAI para o local de trabalho, sito na ______ n.º ______, na cidade de ______ neste Estado. Nesse local serão exercidas atividades ______ por um máximo de ______ empregados. A expedição do presente Certificado é feita em obediência ao art. 160 da CLT com a redação dada pela Lei n.º 6.514, de 22.12.77, devidamente regulamentada pela NR 02 da Portaria n.º 35 de 28 e não isenta a firma de posteriores inspeções, a fim de ser observada a manutenção das condições de segurança e medicina do trabalho previstas na NR.

Nova inspeção deverá ser requerida, nos termos do § 1º do citado art. 160 da CLT, quando ocorrer modificação substancial nas instalações e/ou nos equipamentos de seu(s) estabelecimento(s).

______

Diretor da Divisão ou Chefe da Seção de Segurança e Medicina do Trabalho

______

Delegado Regional do Trabalho ou do Trabalho Marítimo

- Deixamos de publicar o Modelo de Declaração

(*DOU* 06.07.1978)

NR 3

EMBARGO OU INTERDIÇÃO

- NR com redação determinada pela Portaria MTE 199/2011.

3.1 Embargo e interdição são medidas de urgência, adotadas a partir da constatação de situação de trabalho que caracterize risco grave e iminente ao trabalhador.

3.1.1 Considera-se grave e iminente risco toda condição ou situação de trabalho que possa causar acidente ou doença relacionada ao trabalho com lesão grave à integridade física do trabalhador.

3.2 A interdição implica a paralisação total ou parcial do estabelecimento, setor de serviço, máquina ou equipamento.

3.3 O embargo implica a paralisação total ou parcial da obra.

3.3.1 Considera-se obra todo e qualquer serviço de engenharia de construção, montagem, instalação, manutenção ou reforma.

3.4 Durante a vigência da interdição ou do embargo, podem ser desenvolvidas atividades necessárias à correção da situação de grave e iminente risco, desde que adotadas medidas de proteção adequadas dos trabalhadores envolvidos.

3.5 Durante a paralisação decorrente da imposição de interdição ou embargo, os empregados devem receber os salários como se estivessem em efetivo exercício.

(*DOU* 06.07.1978)

NR 4

SERVIÇOS ESPECIALIZADOS EM ENGENHARIA DE SEGURANÇA E EM MEDICINA DO TRABALHO

4.1 As empresas privadas e públicas, os órgãos públicos da administração direta e indireta e dos poderes Legislativo e Judiciário, que possuam empregados regidos pela Consolidação das Leis do Trabalho – CLT, manterão, obrigatoriamente, Serviços Especializados em Engenharia de Segurança e em Medicina do Trabalho, com a finalidade de promover a saúde e proteger a integridade do trabalhador no local de trabalho.

4.2 O dimensionamento dos Serviços Especializados em Engenharia de Segurança e em Medicina do Trabalho vincula-se à gradação do risco da atividade principal e ao número total de empregados do estabelecimento, constantes dos Quadros I e II, anexos, observadas as exceções previstas nesta NR.

4.2.1 Para fins de dimensionamento, os canteiros de obras e as frentes de trabalho com menos de 1 (um) mil empregados e situados no mesmo estado, território ou Distrito Federal não serão considerados como estabelecimentos, mas como integrantes da empresa de engenharia principal responsável, a quem caberá organizar os Serviços Especializados em Engenharia de Segurança e em Medicina do Trabalho.

4.2.1.1 Neste caso, os engenheiros de segurança do trabalho, os médicos do trabalho e os enfermeiros do trabalho poderão ficar centralizados.

4.2.1.2 Para os técnicos de segurança do trabalho e auxiliares de enfermagem do trabalho, o dimensionamento será feito por canteiro de obra ou frente de trabalho, conforme o Quadro II, anexo.

4.2.2 As empresas que possuam mais de 50% (cinqüenta por cento) de seus empregados em estabelecimentos ou setor com atividade cuja gradação de risco seja de grau superior ao da atividade principal deverão dimensionar os Serviços Especializados em Engenharia de Segurança e em Medicina do Trabalho, em função do maior grau de risco, obedecido o disposto no Quadro II desta NR.

4.2.3 A empresa poderá constituir Serviço Especializado em Engenharia de Segurança e em Medicina do Trabalho centralizado para atender a um conjunto de estabelecimentos pertencentes a ela, desde que a distância a ser percorrida entre aquele em que se situa o serviço e cada um dos demais não ultrapasse a 5.000 (cinco mil metros), dimensionando-o em função do total de empregados e do risco, de acordo com o Quadro II, anexo, e o subitem 4.2.2.

4.2.4 Havendo, na empresa, estabelecimento(s) que se enquadre(m) no Quadro II, desta NR, e outro(s) que não se enquadre(m), a assistência a este(s) será feita pelos serviços especializados daquele(s), dimensionados conforme os subitens 4.2.5.1 e 4.2.5.2 e desde que localizados no mesmo Estado, Território ou Distrito Federal.

4.2.5 Havendo, na mesma empresa, apenas estabelecimentos que, isoladamente, não se enquadrem no Quadro II, anexo, o cumprimento desta NR será feito através de Serviços Especializados em Engenharia de Segurança e em Medicina do Trabalho centralizados em cada estado, território ou Distrito Federal, desde que o total de empregados dos estabelecimentos no estado, território ou Distrito Federal alcance os limites previstos no Quadro II, anexo, aplicado o disposto no subitem 4.2.2.

4.2.5.1 Para as empresas enquadradas no grau de risco 1 o dimensionamento dos serviços referidos no subitem 4.2.5 obedecerá ao Quadro II, anexo, considerando-se como número de empregados o somatório dos empregados existentes no estabelecimento que possua o maior número e a média aritmética do número de empregados dos demais estabelecimentos, devendo todos os profissionais integrantes dos Serviços Especializados em Engenharia de Segurança e em Medicina do Trabalho, assim constituídos, cumprirem tempo integral.

4.2.5.2 Para as empresas enquadradas nos graus de risco 2, 3 e 4, o dimensionamento dos serviços referidos no subitem 4.2.5 obedecerá o Quadro II, anexo, considerando-se como número de empregados o somatório dos empregados de todos os estabelecimentos.

4.3 As empresas enquadradas no grau de risco 1 obrigadas a constituir Serviços Especializados em Engenharia de Segurança e em Medicina do Trabalho e que possuam outros serviços de medicina e engenharia poderão integrar estes serviços com os Serviços Especializados em Engenharia de Segurança e em Medicina do Trabalho constituindo um serviço único de engenharia e medicina.

4.3.1 As empresas que optarem pelo serviço único de engenharia e medicina ficam obrigadas a elaborar e submeter à aprovação da Secretaria de Segurança e Medicina do Trabalho, até o dia 30 de março, um programa bienal de segurança e medicina do trabalho a ser desenvolvido.

4.3.1.1 As empresas novas que se instalarem após o dia 30 de março de cada exercício poderão constituir o serviço único de que trata o subitem 4.3.1 e elaborar o programa respectivo a ser submetido à Secretaria de Segurança e Medicina do Trabalho, no prazo de 90 (noventa) dias a contar de sua instalação.

4.3.1.2 As empresas novas, integrantes de grupos empresariais que já possuam serviço único, poderão ser assistidas pelo referido serviço, após comunicação à DRT.

4.3.2 À Secretaria de Segurança e Medicina do Trabalho fica reservado o direito de controlar a execução do programa e aferir a sua eficácia.

4.3.3 O serviço único de engenharia e medicina deverá possuir os profissionais especializados previstos no Quadro II desta NR. Subitem com redação determinada pela Portaria MTPS 510/2016.

4.3.4 O dimensionamento do serviço único de engenharia e medicina deverá obedecer ao disposto no Quadro II desta NR, no tocante aos profissionais especializados.

4.4 Os Serviços Especializados em Engenharia de Segurança e em Medicina do Trabalho devem ser compostos por Médico do Trabalho, Engenheiro de Segurança do Trabalho, Técnico de Segurança do Trabalho, Enfermeiro do Trabalho e Auxiliar ou Técnico em Enfermagem do Trabalho, obedecido o Quadro II desta NR.

4.4.1 Os profissionais integrantes do SESMT devem possuir formação e registro profissional em conformidade com o disposto na regulamentação da profissão e nos instrumentos normativos emitidos pelo respectivo Conselho Profissional, quando existente.

4.4.1.1 Em relação ao Engenheiro de Segurança do Trabalho e ao Técnico de Segurança do Trabalho, observar-se-á o disposto na Lei 7.410, de 27 de novembro de 1985.

4.4.2 Os profissionais integrantes dos Serviços Especializados em Engenharia de Segurança e em Medicina do Trabalho deverão ser empregados da empresa, salvo os casos previstos nos itens 4.14 e 4.15.

4.5 A empresa que contratar outra(s) para prestar serviços em estabelecimentos enquadrados no Quadro II, anexo, deverá estender a assistência de seus Serviços Especializados em Engenharia de Segurança e em Medicina do Trabalho aos empregados da(s) contratada(s), sempre que o número de empregados desta(s), exercendo atividade naqueles estabelecimentos, não alcançar os limites previstos no Quadro II, devendo, ainda, a contratada cumprir o disposto no subitem 4.2.5.

4.5.1 Quando a empresa contratante e as outras por ela contratadas não se enquadrarem no Quadro II, anexo, mas que pelo número total de empregados de ambos, no estabelecimento, atingirem os limites dispostos no referido quadro, deverá ser constituído um serviço especializado em Engenharia de Segurança e em Medicina do Trabalho comum, nos moldes do item 4.14.

4.5.2 Quando a empresa contratada não se enquadrar no Quadro II, anexo, mesmo considerando-se o total de empregados nos estabelecimentos, a contratante deve estender aos empregados da contratada a assistência de seus Serviços Especializados em Engenharia de Segurança e em Medicina do Trabalho, sejam estes centralizados ou por estabelecimento.

4.5.3 A empresa que contratar outras para prestar serviços em seu estabelecimento pode constituir SESMT comum para assistência aos empregados das contratadas, sob gestão própria, desde que previsto em Convenção ou Acordo Coletivo de Trabalho.

4.5.3.1 O dimensionamento do SESMT organizado na forma prevista no subitem 4.5.3 deve considerar o somatório dos trabalhadores assistidos e a atividade econômica do estabelecimento da contratante.

4.5.3.2 No caso previsto no item 4.5.3, o número de empregados da empresa contratada no estabelecimento da contratante, assistidos pelo SESMT comum, não integra a base de cálculo para dimensionamento do SESMT da empresa contratada.

4.5.3.3 O SESMT organizado conforme o subitem 4.5.3 deve ter seu funcionamento avaliado semestralmente, por Comissão composta de representantes da empresa contratante, do sindicato de trabalhadores e da Delegacia Regional do Trabalho, ou na forma e periodicidade previstas na Convenção ou Acordo Coletivo de Trabalho.

4.6 Os Serviços Especializados em Engenharia de Segurança e em Medicina do Trabalho das empresas que operem em regime sazonal deverão ser dimensionados, tomando-se por base a média aritmética do número de trabalhadores do ano civil anterior e obedecidos os Quadros I e II anexos.

4.7 Os Serviços Especializados em Engenharia de Segurança e em Medicina do Trabalho deverão ser chefiados por profissional qualificado, segundo os requisitos especificados no subitem 4.4.1 desta Norma Regulamentadora.

4.8 O técnico de segurança do trabalho e o auxiliar de enfermagem do trabalho deverão dedicar 8 (oito) horas por dia para as atividades dos Serviços Especializados em Engenharia de Segurança e em Medicina do Trabalho, de acordo com o estabelecido no Quadro II, anexo.

4.9 O engenheiro de segurança do trabalho, o médico do trabalho e o enfermeiro do trabalho deverão dedicar, no mínimo, 3 (três) horas (tempo parcial) ou 6 (seis) horas (tempo integral) por dia para as atividades dos Serviços Especializados em Engenharia de Segurança e em Medicina do Trabalho, de acordo com o estabelecido no Quadro II, anexo, respeitada a legislação pertinente em vigor.

4.9.1 Relativamente ao médico do trabalho, para cumprimento das atividades dos Serviços Especializados em Engenharia de Segurança e em Medicina do Trabalho em tempo integral, a empresa poderá contratar mais de um profissional, desde que cada um dedique, no mínimo, 3 (três) horas de trabalho, sendo necessário que o somatório das horas diárias trabalhadas por todos seja de, no mínimo, 6 (seis) horas.

4.10 Ao profissional especializado em Segurança e em Medicina do Trabalho é vedado o exercício de outras atividades na empresa, durante o horário de sua atuação nos Serviços Especializados em Engenharia de Segurança e em Medicina do Trabalho.

4.11 Ficará por conta exclusiva do empregador todo o ônus decorrente da instalação e manutenção dos Serviços Especializados em Engenharia de Segurança e em Medicina do Trabalho.

4.12 Compete aos profissionais integrantes dos Serviços Especializados em Engenharia de Segurança e em Medicina do Trabalho:

a) aplicar os conhecimentos de engenharia de segurança e de medicina do trabalho ao ambiente de trabalho e a todos os seus componentes, inclusive máquinas e equipamentos, de modo a reduzir até eliminar os riscos ali existentes à saúde do trabalhador;

b) determinar, quando esgotados todos os meios conhecidos para a eliminação do risco e este persistir, mesmo reduzido, a utilização, pelo trabalhador, de Equipamentos de Proteção Individual – EPI, de acordo com o que determina a NR 6, desde que a concentração, a intensidade ou característica do agente assim o exija;

c) colaborar, quando solicitado, nos projetos e na implantação de novas instalações físicas e tecnológicas da empresa, exercendo a competência disposta na alínea "a";

d) responsabilizar-se tecnicamente, pela orientação quanto ao cumprimento do disposto nas NR aplicáveis às atividades executadas pela empresa e/ou seus estabelecimentos;

e) manter permanente relacionamento com a CIPA, valendo-se ao máximo de suas observações, além de apoiá-la, treiná-la e atendê-la, conforme dispõe a NR 5;

f) promover a realização de atividades de conscientização, educação e orientação dos trabalhadores para a prevenção de acidentes do trabalho e doenças ocupacionais, tanto através de campanhas quanto de programas de duração permanente;

g) esclarecer e conscientizar os empregadores sobre acidentes do trabalho e doenças ocupacionais, estimulando-os em favor da prevenção;

h) analisar e registrar em documento(s) específico(s) todos os acidentes ocorridos na empresa ou estabelecimento, com ou sem vítima, e todos os casos de doença ocupacional, descrevendo a história e as características do acidente e/ou da doença ocupacional, os fatores ambientais, as características do agente e as condições do(s) indivíduo(s) portador(es) de doença ocupacional ou acidentado(s);

i) registrar mensalmente os dados atualizados de acidentes do trabalho, doenças ocupacionais e agentes de insalubridade, preenchendo, no mínimo, os quesitos descritos nos modelos de mapas constantes nos Quadros III, IV, V e VI, devendo o empregador manter a documentação à disposição da inspeção do trabalho;

j) manter os registros de que tratam as alíneas "h" e "i" na sede dos Serviços Especializados em Engenharia de Segurança e em Medicina do Trabalho ou facilmente alcançáveis a partir da mesma, sendo de livre escolha da empresa o método de arquivamento e recuperação, desde que sejam asseguradas condições de acesso aos registros e entendimento de seu conteúdo, devendo ser guardados somente os mapas anuais dos dados correspondentes às alíneas "h" e "i" por um período não-inferior a 5 (cinco) anos;

l) as atividades dos profissionais integrantes dos Serviços Especializados em Engenharia de Segurança e em Medicina do Trabalho são essencialmente prevencionistas, embora não seja vedado o atendimento de emergência, quando se tornar necessário. Entretanto, a elaboração de planos de controle de efeitos de catástrofes, de disponibilidade de meios que visem ao combate a incêndios e ao salvamento e de imediata atenção à vítima deste ou de qualquer outro tipo de acidente estão incluídos em suas atividades.

4.13 Os Serviços Especializados em Engenharia de Segurança e em Medicina do Trabalho deverão manter entrosamento permanente com a CIPA, dela valendo-se como agente multiplicador, e deverão estudar suas observações e solicitações, propondo soluções corretivas e preventivas, conforme o disposto no subitem 5.14.1. da NR 5.

4.14 As empresas cujos estabelecimentos não se enquadrem no Quadro II, anexo a esta NR, poderão dar assistência na área de segurança e medicina do trabalho a seus empregados através de Serviços Especializados em Engenharia de Segurança e em Medicina do Trabalho comuns, organizados pelo sindicato ou associação da categoria econômica correspondente ou pelas próprias empresas interessadas.

4.14.1 A manutenção desses Serviços Especializados em Engenharia de Segurança e em Medicina do Trabalho deverá ser feita pelas empresas usuárias, que participarão das despesas em proporção ao número de empregados de cada uma.

4.14.2 Os Serviços Especializados em Engenharia de Segurança e em Medicina do Trabalho previstos no item 4.14 deverão ser dimensionados em função do somatório dos empregados das empresas participantes, obedecendo ao disposto nos Quadros I e II e no subitem 4.2, desta NR.

4.14.3 As empresas de mesma atividade econômica, localizadas em um mesmo município, ou em municípios limítrofes, cujos estabelecimentos se enquadrem no Quadro II, podem constituir SESMT comum, organizado pelo sindicato patronal correspondente ou pelas próprias empresas interessadas, desde que previsto em Convenção ou Acordo Coletivo de Trabalho.

4.14.3.1 O SESMT comum pode ser estendido a empresas cujos estabelecimentos não se enquadrem no Quadro II, desde que atendidos os demais requisitos do subitem 4.14.3.

4.14.3.2 O dimensionamento do SESMT organizado na forma do subitem 4.14.3 deve considerar o somatório dos trabalhadores assistidos.

4.14.3.3 No caso previsto no item 4.14.3, o número de empregados assistidos pelo SESMT comum não integra a base de cálculo para dimensionamento do SESMT das empresas.

4.14.3.4 O SESMT organizado conforme o subitem 4.14.3 deve ter seu funcionamento avaliado semestralmente, por Comissão composta de representantes das empresas, do sindicato de trabalhadores e da Delegacia Regional do Trabalho, ou na forma e periodicidade previstas na Convenção ou Acordo Coletivo de Trabalho.

4.14.4. As empresas que desenvolvem suas atividades em um mesmo pólo industrial ou comercial podem constituir SESMT comum, organizado pelas próprias empresas interessadas, desde que previsto nas Convenções ou Acordos Coletivos de Trabalho das categorias envolvidas.

4.14.4.1 O dimensionamento do SESMT comum organizado na forma do subitem 4.14.4 deve considerar o somatório dos trabalhadores assistidos e a atividade econômica que empregue o maior número entre os trabalhadores assistidos.

4.14.4.2 No caso previsto no item 4.14.4, o número de empregados assistidos pelo SESMT comum não integra a base de cálculo para dimensionamento do SESMT das empresas.

4.14.4.3 O SESMT organizado conforme o subitem 4.14.4 deve ter seu funcionamento avaliado semestralmente, por Comissão composta de representantes das empresas, dos sindicatos de trabalhadores e da Delegacia Regional do Trabalho, ou na forma e periodicidade previstas nas Convenções ou Acordos Coletivos de Trabalho.

4.15 As empresas referidas no item 4.14 poderão optar pelos Serviços Especializados em Engenharia de Segurança e em Medicina do Trabalho de instituição oficial ou instituição privada de utilidade pública, cabendo às empresas o custeio das despesas, na forma prevista no subitem 4.14.1.

4.16 As empresas cujos Serviços Especializados em Engenharia de Segurança e em Medicina do Trabalho não possuam médico do trabalho e/ou engenheiro de segurança do trabalho, de acordo com o Quadro II desta NR, poderão se utilizar dos serviços destes profissionais existentes nos Serviços Especializados em Engenharia de Segurança e em Medicina do Trabalho mencionados no item 4.14 e subitem 4.14.1 ou no item 4.15, para atendimento do disposto nas Normas Regulamentadoras.

4.16.1 O ônus decorrente dessa utilização caberá à empresa solicitante.

4.17 Os serviços Especializados em Engenharia de Segurança e em Medicina do Trabalho de que trata esta NR deverão ser registrados no órgão regional do MTb.

4.17.1 O registro referido no item 4.17 deverá ser requerido ao órgão regional do MTb e o requerimento deverá conter os seguintes dados:

a) nome dos profissionais integrantes dos Serviços Especializados em Engenharia de Segurança e em Medicina do Trabalho;

b) número de registro dos profissionais na Secretaria de Segurança e Medicina do Trabalho do MTb;

c) número de empregados da requerente e grau de risco das atividades, por estabelecimento;

d) especificação dos turnos de trabalho, por estabelecimento;

e) horário de trabalho dos profissionais dos Serviços Especializados em Engenharia de Segurança e em Medicina do Trabalho.

4.18 Os Serviços Especializados em Engenharia de Segurança e em Medicina do Trabalho, já constituídos, deverão ser redimensionados nos termos desta NR e a empresa terá 90 (noventa) dias de prazo, a partir da publicação desta Norma, para efetuar o redimensionamento e o registro referido no item 4.17.

4.19 A empresa é responsável pelo cumprimento da NR, devendo assegurar, como um dos meios para concretizar tal responsabilidade, o exercício profissional dos componentes dos Serviços Especializados em Engenharia de Segurança e em Medicina do Trabalho. O impedimento do referido exercício profissional, mesmo que parcial e o desvirtuamento ou desvio de funções constituem, em conjunto ou separadamente, infrações classificadas no grau I4, se devidamente comprovadas, para os fins de aplicação das penalidades previstas na NR-28.

4.20 Quando se tratar de empreiteiras ou empresas prestadoras de serviços, considera-se estabelecimento, para fins de aplicação desta NR, o local em que os seus empregados estiverem exercendo suas atividades.

QUADRO I

Relação da Classificação Nacional de Atividades Econômicas – CNAE (Versão 2.0)*, com correspondente Grau de Risco – GR para fins de dimensionamento do SESMT

- Importante: Os códigos CNAE são alterados com frequência. Sugerimos consultar a fonte: [https://concla.ibge.gov.br/busca-online-cnae.html].

Códigos	Denominação	GR
A	AGRICULTURA, PECUÁRIA, PRODUÇÃO FLORESTAL, PESCA E AQÜICULTURA	
01	AGRICULTURA, PECUÁRIA E SERVIÇOS RELACIONADOS	
01.1	Produção de lavouras temporárias	
01.11-3	Cultivo de cereais	3
01.12-1	Cultivo de algodão herbáceo e de outras fibras de lavoura temporária	3
01.13-0	Cultivo de cana-de-açúcar	3
01.14-8	Cultivo de fumo	3
01.15-6	Cultivo de soja	3
01.16-4	Cultivo de oleaginosas de lavoura temporária, exceto soja	3
01.19-9	Cultivo de plantas de lavoura temporária não especificadas anteriormente	3
01.2	Horticultura e floricultura	
01.21-1	Horticultura	3
01.22-9	Cultivo de flores e plantas ornamentais	3

Códigos	Denominação	GR
01.3	Produção de lavouras permanentes	
01.31-8	Cultivo de laranja	3
01.32-6	Cultivo de uva	3
01.33-4	Cultivo de frutas de lavoura permanente, exceto laranja e uva	3
01.34-2	Cultivo de café	3
01.35-1	Cultivo de cacao	3
01.39-3	Cultivo de plantas de lavoura permanente não especificadas anteriormente	3
01.4	Produção de sementes e mudas certificadas	
01.41-5	Produção de sementes certificadas	3
01.42-3	Produção de mudas e outras formas de propagação vegetal, certificadas	3
01.5	Pecuária	
01.51-2	Criação de bovinos	3
01.52-1	Criação de outros animais de grande porte	3
01.53-9	Criação de caprinos e ovinos	3
01.54-7	Criação de suínos	3
01.55-5	Criação de aves	3
01.59-8	Criação de animais não especificados anteriormente	3
01.6	Atividades de apoio à agricultura e à pecuária; atividades de pós-colheita	
01.61-0	Atividades de apoio à agricultura	3
01.62-8	Atividades de apoio à pecuária	3
01.63-6	Atividades de pós-colheita	3
01.7	Caça e serviços relacionados	
01.70-9	Caça e serviços relacionados	3
02	PRODUÇÃO FLORESTAL	
02.1	Produção florestal – florestas plantadas	
02.10-1	Produção florestal – florestas plantadas	3
02.2	Produção florestal – florestas nativas	
02.20-9	Produção florestal – florestas nativas	4
02.3	Atividades de apoio à produção florestal	
02.30-6	Atividades de apoio à produção florestal	3
03	PESCA E AQÜICULTURA	
03.1	Pesca	
03.11-6	Pesca em água salgada	3
03.12-4	Pesca em água doce	3
03.2	Aqüicultura	
03.21-3	Aqüicultura em água salgada e salobra	3
03.22-1	Aqüicultura em água doce	3
B	INDÚSTRIAS EXTRATIVAS	
05	EXTRAÇÃO DE CARVÃO MINERAL	
05.0	Extração de carvão mineral	
05.00-3	Extração de carvão mineral	4
06	EXTRAÇÃO DE PETRÓLEO E GÁS NATURAL	
06.0	Extração de petróleo e gás natural	
06.00-0	Extração de petróleo e gás natural	4
07	EXTRAÇÃO DE MINERAIS METÁLICOS	
07.1	Extração de minério de ferro	

Códigos	Denominação	GR
07.10-3	Extração de minério de ferro	4
07.2	Extração de minerais metálicos não-ferrosos	
07.21-9	Extração de minério de alumínio	4
07.22-7	Extração de minério de estanho	4
07.23-5	Extração de minério de manganês	4
07.24-3	Extração de minério de metais preciosos	4
07.25-1	Extração de minerais radioativos	4
07.29-4	Extração de minerais metálicos não-ferrosos não especificados anteriormente	4
08	EXTRAÇÃO DE MINERAIS NÃO-METÁLICOS	
08.1	Extração de pedra, areia e argila	
08.10-0	Extração de pedra, areia e argila	4
08.9	Extração de outros minerais não-metálicos	
08.91-6	Extração de minerais para fabricação de adubos, fertilizantes e outros produtos químicos	4
08.92-4	Extração e refino de sal marinho e sal-gema	4
08.93-2	Extração de gemas (pedras preciosas e semipreciosas)	4
08.99-1	Extração de minerais não-metálicos não especificados anteriormente	4
09	ATIVIDADES DE APOIO À EXTRAÇÃO DE MINERAIS	
09.1	Atividades de apoio à extração de petróleo e gás natural	
09.10-6	Atividades de apoio à extração de petróleo e gás natural	4
09.9	Atividades de apoio à extração de minerais, exceto petróleo e gás natural	
09.90-4	Atividades de apoio à extração de minerais, exceto petróleo e gás natural	4
C	INDÚSTRIAS DE TRANSFORMAÇÃO	
10	FABRICAÇÃO DE PRODUTOS ALIMENTÍCIOS	
10.1	Abate e fabricação de produtos de carne	
10.11-2	Abate de reses, exceto suínos	3
10.12-1	Abate de suínos, aves e outros pequenos animais	3
10.13-9	Fabricação de produtos de carne	3
10.2	Preservação do pescado e fabricação de produtos do pescado	
10.20-1	Preservação do pescado e fabricação de produtos do pescado	3
10.3	Fabricação de conservas de frutas, legumes e outros vegetais	
10.31-7	Fabricação de conservas de frutas	3
10.32-5	Fabricação de conservas de legumes e outros vegetais	3
10.33-3	Fabricação de sucos de frutas, hortaliças e legumes	3
10.4	Fabricação de óleos e gorduras vegetais e animais	
10.41-4	Fabricação de óleos vegetais em bruto, exceto óleo de milho	3
10.42-2	Fabricação de óleos vegetais refinados, exceto óleo de milho	3
10.43-1	Fabricação de margarina e outras gorduras vegetais e de óleos não-comestíveis de animais	3
10.5	Laticínios	
10.51-1	Preparação do leite	3
10.52-0	Fabricação de laticínios	3
10.53-8	Fabricação de sorvetes e outros gelados comestíveis	3
10.6	Moagem, fabricação de produtos amiláceos e de alimentos para animais	
10.61-9	Beneficiamento de arroz e fabricação de produtos do arroz	3
10.62-7	Moagem de trigo e fabricação de derivados	3
10.63-5	Fabricação de farinha de mandioca e derivados	3

Códigos	Denominação	GR
10.64-3	Fabricação de farinha de milho e derivados, exceto óleos de milho	3
10.65-1	Fabricação de amidos e féculas de vegetais e de óleos de milho	3
10.66-0	Fabricação de alimentos para animais	3
10.69-4	Moagem e fabricação de produtos de origem vegetal não especificados anteriormente	3
10.7	Fabricação e refino de açúcar	
10.71-6	Fabricação de açúcar em bruto	3
10.72-4	Fabricação de açúcar refinado	3
10.8	Torrefação e moagem de café	
10.81-3	Torrefação e moagem de café	3
10.82-1	Fabricação de produtos à base de café	3
10.9	Fabricação de outros produtos alimentícios	
10.91-1	Fabricação de produtos de panificação	3
10.92-9	Fabricação de biscoitos e bolachas	3
10.93-7	Fabricação de produtos derivados do cacau, de chocolates e confeitos	3
10.94-5	Fabricação de massas alimentícias	3
10.95-3	Fabricação de especiarias, molhos, temperos e condimentos	3
10.96-1	Fabricação de alimentos e pratos prontos	3
10.99-6	Fabricação de produtos alimentícios não especificados anteriormente	3
11	FABRICAÇÃO DE BEBIDAS	
11.1	Fabricação de bebidas alcoólicas	
11.11-9	Fabricação de aguardentes e outras bebidas destiladas	3
11.12-7	Fabricação de vinho	3
11.13-5	Fabricação de malte, cervejas e chopes	3
11.2	Fabricação de bebidas não-alcoólicas	
11.21-6	Fabricação de águas envasadas	3
11.22-4	Fabricação de refrigerantes e de outras bebidas não-alcoólicas	3
12	FABRICAÇÃO DE PRODUTOS DO FUMO	
12.1	Processamento industrial do fumo	
12.10-7	Processamento industrial do fumo	3
12.2	Fabricação de produtos do fumo	
12.20-4	Fabricação de produtos do fumo	3
13	FABRICAÇÃO DE PRODUTOS TÊXTEIS	
13.1	Preparação e fiação de fibras têxteis	
13.11-1	Preparação e fiação de fibras de algodão	3
13.12-0	Preparação e fiação de fibras têxteis naturais, exceto algodão	3
13.13-8	Fiação de fibras artificiais e sintéticas	3
13.14-6	Fabricação de linhas para costurar e bordar	3
13.2	Tecelagem, exceto malha	
13.21-9	Tecelagem de fios de algodão	3
13.22-7	Tecelagem de fios de fibras têxteis naturais, exceto algodão	3
13.23-5	Tecelagem de fios de fibras artificiais e sintéticas	3
13.3	Fabricação de tecidos de malha	
13.30-8	Fabricação de tecidos de malha	3
13.4	Acabamentos em fios, tecidos e artefatos têxteis	
13.40-5	Acabamentos em fios, tecidos e artefatos têxteis	3

Códigos	Denominação	GR
13.5	Fabricação de artefatos têxteis, exceto vestuário	
13.51-1	Fabricação de artefatos têxteis para uso doméstico	3
13.52-9	Fabricação de artefatos de tapeçaria	3
13.53-7	Fabricação de artefatos de cordoaria	3
13.54-5	Fabricação de tecidos especiais, inclusive artefatos	3
13.59-6	Fabricação de outros produtos têxteis não especificados anteriormente	3
14	CONFECÇÃO DE ARTIGOS DO VESTUÁRIO E ACESSÓRIOS	
14.1	Confecção de artigos do vestuário e acessórios	
14.11-8	Confecção de roupas íntimas	2
14.12-6	Confecção de peças do vestuário, exceto roupas íntimas	2
14.13-4	Confecção de roupas profissionais	2
14.14-2	Fabricação de acessórios do vestuário, exceto para segurança e proteção	2
14.2	Fabricação de artigos de malharia e tricotagem	
14.21-5	Fabricação de meias	2
14.22-3	Fabricação de artigos do vestuário, produzidos em malharias e tricotagens, exceto meias	2
15	PREPARAÇÃO DE COUROS E FABRICAÇÃO DE ARTEFATOS DE COURO, ARTIGOS PARA VIAGEM E CALÇADOS	
15.1	Curtimento e outras preparações de couro	
15.10-6	Curtimento e outras preparações de couro	3
15.2	Fabricação de artigos para viagem e de artefatos diversos de couro	
15.21-1	Fabricação de artigos para viagem, bolsas e semelhantes de qualquer material	2
15.29-7	Fabricação de artefatos de couro não especificados anteriormente	2
15.3	Fabricação de calçados	
15.31-9	Fabricação de calçados de couro	3
15.32-7	Fabricação de tênis de qualquer material	3
15.33-5	Fabricação de calçados de material sintético	3
15.39-4	Fabricação de calçados de materiais não especificados anteriormente	3
15.4	Fabricação de partes para calçados, de qualquer material	
15.40-8	Fabricação de partes para calçados, de qualquer material	3
16	FABRICAÇÃO DE PRODUTOS DE MADEIRA	
16.1	Desdobramento de madeira	
16.10-2	Desdobramento de madeira	3
16.2	Fabricação de produtos de madeira, cortiça e material trançado, exceto móveis	
16.21-8	Fabricação de madeira laminada e de chapas de madeira compensada, prensada e aglomerada	3
16.22-6	Fabricação de estruturas de madeira e de artigos de carpintaria para construção	3
16.23-4	Fabricação de artefatos de tanoaria e de embalagens de madeira	3
16.29-3	Fabricação de artefatos de madeira, palha, cortiça, vime e material trançado não especificados anteriormente, exceto móveis	3
17	FABRICAÇÃO DE CELULOSE, PAPEL E PRODUTOS DE PAPEL	
17.1	Fabricação de celulose e outras pastas para a fabricação de papel	
17.10-9	Fabricação de celulose e outras pastas para a fabricação de papel	3
17.2	Fabricação de papel, cartolina e papel-cartão	
17.21-4	Fabricação de papel	3
17.22-2	Fabricação de cartolina e papel-cartão	3
17.3	Fabricação de embalagens de papel, cartolina, papel-cartão e papelão ondulado	
17.31-1	Fabricação de embalagens de papel	2
17.32-0	Fabricação de embalagens de cartolina e papel-cartão	2

Códigos	Denominação	GR
17.33-8	Fabricação de chapas e de embalagens de papelão ondulado	2
17.4	Fabricação de produtos diversos de papel, cartolina, papel-cartão e papelão ondulado	
17.41-9	Fabricação de produtos de papel, cartolina, papel-cartão e papelão ondulado para uso comercial e de escritório	2
17.42-7	Fabricação de produtos de papel para usos doméstico e higiênico-sanitário	2
17.49-4	Fabricação de produtos de pastas celulósicas, papel, cartolina, papel-cartão e papelão ondulado não especificados anteriormente	2
18	IMPRESSÃO E REPRODUÇÃO DE GRAVAÇÕES	
18.1	Atividade de impressão	
18.11-3	Impressão de jornais, livros, revistas e outras publicações periódicas	3
18.12-1	Impressão de material de segurança	3
18.13-0	Impressão de materiais para outros usos	3
18.2	Serviços de pré-impressão e acabamentos gráficos	
18.21-1	Serviços de pré-impressão	3
18.22-9	Serviços de acabamentos gráficos	3
18.3	Reprodução de materiais gravados em qualquer suporte	
18.30-0	Reprodução de materiais gravados em qualquer suporte	3
19	FABRICAÇÃO DE COQUE, DE PRODUTOS DERIVADOS DO PETRÓLEO E DE BIOCOMBUSTÍVEIS	
19.1	Coquerias	
19.10-1	Coquerias	3
19.2	Fabricação de produtos derivados do petróleo	
19.21-7	Fabricação de produtos do refino de petróleo	3
19.22-5	Fabricação de produtos derivados do petróleo, exceto produtos do refino	3
19.3	Fabricação de biocombustíveis	
19.31-4	Fabricação de álcool	3
19.32-2	Fabricação de biocombustíveis, exceto álcool	3
20	FABRICAÇÃO DE PRODUTOS QUÍMICOS	
20.1	Fabricação de produtos químicos inorgânicos	
20.11-8	Fabricação de cloro e álcalis	3
20.12-6	Fabricação de intermediários para fertilizantes	3
20.13-4	Fabricação de adubos e fertilizantes	3
20.14-2	Fabricação de gases industriais	3
20.19-3	Fabricação de produtos químicos inorgânicos não especificados anteriormente	3
20.2	Fabricação de produtos químicos orgânicos	
20.21-5	Fabricação de produtos petroquímicos básicos	3
20.22-3	Fabricação de intermediários para plastificantes, resinas e fibras	3
20.29-1	Fabricação de produtos químicos orgânicos não especificados anteriormente	3
20.3	Fabricação de resinas e elastômeros	
20.31-2	Fabricação de resinas termoplásticas	3
20.32-1	Fabricação de resinas termofixas	3
20.33-9	Fabricação de elastômeros	3
20.4	Fabricação de fibras artificiais e sintéticas	
20.40-1	Fabricação de fibras artificiais e sintéticas	3
20.5	Fabricação de defensivos agrícolas e desinfetantes domissanitários	
20.51-7	Fabricação de defensivos agrícolas	3
20.52-5	Fabricação de desinfetantes domissanitários	3
20.6	Fabricação de sabões, detergentes, produtos de limpeza, cosméticos, produtos de perfumaria e de higiene pessoal	

Códigos	Denominação	GR
20.61-4	Fabricação de sabões e detergentes sintéticos	3
20.62-2	Fabricação de produtos de limpeza e polimento	3
20.63-1	Fabricação de cosméticos, produtos de perfumaria e de higiene pessoal	2
20.7	Fabricação de tintas, vernizes, esmaltes, lacas e produtos afins	
20.71-1	Fabricação de tintas, vernizes, esmaltes e lacas	3
20.72-0	Fabricação de tintas de impressão	3
20.73-8	Fabricação de impermeabilizantes, solventes e produtos afins	3
20.9	Fabricação de produtos e preparados químicos diversos	
20.91-6	Fabricação de adesivos e selantes	3
20.92-4	Fabricação de explosivos	4
20.93-2	Fabricação de aditivos de uso industrial	3
20.94-1	Fabricação de catalisadores	3
20.99-1	Fabricação de produtos químicos não especificados anteriormente	3
21.10-6	Fabricação de produtos farmoquímicos	3
21.2	Fabricação de produtos farmacêuticos	
21.21-1	Fabricação de medicamentos para uso humano	3
21.22-0	Fabricação de medicamentos para uso veterinário	3
21.23-8	Fabricação de preparações farmacêuticas	3
22	FABRICAÇÃO DE PRODUTOS DE BORRACHA E DE MATERIAL PLÁSTICO	
22.1	Fabricação de produtos de borracha	
22.11-1	Fabricação de pneumáticos e de câmaras-de-ar	3
22.12-9	Reforma de pneumáticos usados	3
22.19-6	Fabricação de artefatos de borracha não especificados anteriormente	3
22.2	Fabricação de produtos de material plástico	
22.21-8	Fabricação de laminados planos e tubulares de material plástico	3
22.22-6	Fabricação de embalagens de material plástico	3
22.23-4	Fabricação de tubos e acessórios de material plástico para uso na construção	3
22.29-3	Fabricação de artefatos de material plástico não especificados anteriormente	3
23	FABRICAÇÃO DE PRODUTOS DE MINERAIS NÃO-METÁLICOS	
23.1	Fabricação de vidro e de produtos do vidro	
23.11-7	Fabricação de vidro plano e de segurança	3
23.12-5	Fabricação de embalagens de vidro	3
23.19-2	Fabricação de artigos de vidro	3
23.2	Fabricação de cimento	
23.20-6	Fabricação de cimento	4
23.3	Fabricação de artefatos de concreto, cimento, fibrocimento, gesso e materiais semelhantes	
23.30-3	Fabricação de artefatos de concreto, cimento, fibrocimento, gesso e materiais semelhantes	4
23.4	Fabricação de produtos cerâmicos	
23.41-9	Fabricação de produtos cerâmicos refratários	4
23.42-7	Fabricação de produtos cerâmicos não-refratários para uso estrutural na construção	3
23.49-4	Fabricação de produtos cerâmicos não-refratários não especificados anteriormente	4
23.9	Aparelhamento de pedras e fabricação de outros produtos de minerais não-metálicos	
23.91-5	Aparelhamento e outros trabalhos em pedras	3
23.92-3	Fabricação de cal e gesso	4
23.99-1	Fabricação de produtos de minerais não-metálicos não especificados anteriormente	3

Códigos	Denominação	GR
24	METALURGIA	
24.1	Produção de ferro-gusa e de ferroligas	
24.11-3	Produção de ferro-gusa	4
24.12-1	Produção de ferroligas	4
24.2	Siderurgia	
24.21-1	Produção de semi-acabados de aço	4
24.22-9	Produção de laminados planos de aço	4
24.23-7	Produção de laminados longos de aço	4
24.24-5	Produção de relaminados, trefilados e perfilados de aço	4
24.3	Produção de tubos de aço, exceto tubos sem costura	
24.31-8	Produção de tubos de aço com costura	4
24.39-3	Produção de outros tubos de ferro e aço	4
24.4	Metalurgia dos metais não-ferrosos	
24.41-5	Metalurgia do alumínio e suas ligas	4
24.42-3	Metalurgia dos metais preciosos	4
24.43-1	Metalurgia do cobre	4
24.49-1	Metalurgia dos metais não-ferrosos e suas ligas não especificados anteriormente	4
24.5	Fundição	
24.51-2	Fundição de ferro e aço	4
24.52-1	Fundição de metais não-ferrosos e suas ligas	4
25	FABRICAÇÃO DE PRODUTOS DE METAL, EXCETO MÁQUINAS E EQUIPAMENTOS	
25.1	Fabricação de estruturas metálicas e obras de caldeiraria pesada	
25.11-0	Fabricação de estruturas metálicas	4
25.12-8	Fabricação de esquadrias de metal	3
25.13-6	Fabricação de obras de caldeiraria pesada	3
25.2	Fabricação de tanques, reservatórios metálicos e caldeiras	
25.21-7	Fabricação de tanques, reservatórios metálicos e caldeiras para aquecimento central	3
25.22-5	Fabricação de caldeiras geradoras de vapor, exceto para aquecimento central e para veículos	3
25.3	Forjaria, estamparia, metalurgia do pó e serviços de tratamento de metais	
25.31-4	Produção de forjados de aço e de metais não-ferrosos e suas ligas	4
25.32-2	Produção de artefatos estampados de metal; metalurgia do pó	4
25.39-0	Serviços de usinagem, solda, tratamento e revestimento em metais	4
25.4	Fabricação de artigos de cutelaria, de serralheria e ferramentas	
25.41-1	Fabricação de artigos de cutelaria	3
25.42-0	Fabricação de artigos de serralheria, exceto esquadrias	3
25.43-8	Fabricação de ferramentas	3
25.5	Fabricação de equipamento bélico pesado, armas de fogo e munições	
25.50-1	Fabricação de equipamento bélico pesado, armas de fogo e munições	4
25.9	Fabricação de produtos de metal não especificados anteriormente	
25.91-8	Fabricação de embalagens metálicas	3
25.92-6	Fabricação de produtos de trefilados de metal	4
25.93-4	Fabricação de artigos de metal para uso doméstico e pessoal	3
25.99-3	Fabricação de produtos de metal não especificados anteriormente	3
26	FABRICAÇÃO DE EQUIPAMENTOS DE INFORMÁTICA, PRODUTOS ELETRÔNICOS E ÓPTICOS	
26.1	Fabricação de componentes eletrônicos	

Códigos	Denominação	GR
26.10-8	Fabricação de componentes eletrônicos	3
26.2	Fabricação de equipamentos de informática e periféricos	
26.21-3	Fabricação de equipamentos de informática	3
26.22-1	Fabricação de periféricos para equipamentos de informática	3
26.3	Fabricação de equipamentos de comunicação	
26.31-1	Fabricação de equipamentos transmissores de comunicação	3
26.32-9	Fabricação de aparelhos telefônicos e de outros equipamentos de comunicação	3
26.4	Fabricação de aparelhos de recepção, reprodução, gravação e amplificação de áudio e vídeo	
26.40-0	Fabricação de aparelhos de recepção, reprodução, gravação e amplificação de áudio e vídeo	3
26.5	Fabricação de aparelhos e instrumentos de medida, teste e controle; cronômetros e relógios	
26.51-5	Fabricação de aparelhos e equipamentos de medida, teste e controle	3
26.52-3	Fabricação de cronômetros e relógios	3
26.6	Fabricação de aparelhos eletromédicos e eletroterapêuticos e equipamentos de irradiação	
26.60-4	Fabricação de aparelhos eletromédicos e eletroterapêuticos e equipamentos de irradiação	3
26.7	Fabricação de equipamentos e instrumentos ópticos, fotográficos e cinematográficos	
26.70-1	Fabricação de equipamentos e instrumentos ópticos, fotográficos e cinematográficos	3
26.8	Fabricação de mídias virgens, magnéticas e ópticas	
26.80-9	Fabricação de mídias virgens, magnéticas e ópticas	3
27	FABRICAÇÃO DE MÁQUINAS, APARELHOS E MATERIAIS ELÉTRICOS	
27.1	Fabricação de geradores, transformadores e motores elétricos	
27.10-4	Fabricação de geradores, transformadores e motores elétricos	3
27.2	Fabricação de pilhas, baterias e acumuladores elétricos	
27.21-0	Fabricação de pilhas, baterias e acumuladores elétricos, exceto para veículos automotores	3
27.22-8	Fabricação de baterias e acumuladores para veículos automotores	3
27.3	Fabricação de equipamentos para distribuição e controle de energia elétrica	
27.31-7	Fabricação de aparelhos e equipamentos para distribuição e controle de energia elétrica	3
27.32-5	Fabricação de material elétrico para instalações em circuito de consumo	3
27.33-3	Fabricação de fios, cabos e condutores elétricos isolados	3
27.4	Fabricação de lâmpadas e outros equipamentos de iluminação	
27.40-6	Fabricação de lâmpadas e outros equipamentos de iluminação	3
27.5	Fabricação de eletrodomésticos	
27.51-1	Fabricação de fogões, refrigeradores e máquinas de lavar e secar para uso doméstico	3
27.59-7	Fabricação de aparelhos eletrodomésticos não especificados anteriormente	3
27.9	Fabricação de equipamentos e aparelhos elétricos não especificados anteriormente	
27.90-2	Fabricação de equipamentos e aparelhos elétricos não especificados anteriormente	3
28	FABRICAÇÃO DE MÁQUINAS E EQUIPAMENTOS	
28.1	Fabricação de motores, bombas, compressores e equipamentos de transmissão	
28.11-9	Fabricação de motores e turbinas, exceto para aviões e veículos rodoviários	3
28.12-7	Fabricação de equipamentos hidráulicos e pneumáticos, exceto válvulas	3
28.13-5	Fabricação de válvulas, registros e dispositivos semelhantes	3
28.14-3	Fabricação de compressores	3
28.15-1	Fabricação de equipamentos de transmissão para fins industriais	3
28.2	Fabricação de máquinas e equipamentos de uso geral	
28.21-6	Fabricação de aparelhos e equipamentos para instalações térmicas	3
28.22-4	Fabricação de máquinas, equipamentos e aparelhos para transporte e elevação de cargas e pessoas	3

Códigos	Denominação	GR
28.23-2	Fabricação de máquinas e aparelhos de refrigeração e ventilação para uso industrial e comercial	3
28.24-1	Fabricação de aparelhos e equipamentos de ar condicionado	3
28.25-9	Fabricação de máquinas e equipamentos para saneamento básico e ambiental	3
28.29-1	Fabricação de máquinas e equipamentos de uso geral não especificados anteriormente	3
28.3	Fabricação de tratores e de máquinas e equipamentos para a agricultura e pecuária	
28.31-3	Fabricação de tratores agrícolas	3
28.32-1	Fabricação de equipamentos para irrigação agrícola	3
28.33-0	Fabricação de máquinas e equipamentos para a agricultura e pecuária, exceto para irrigação	3
28.4	Fabricação de máquinas-ferramenta	
28.40-2	Fabricação de máquinas-ferramenta	3
28.5	Fabricação de máquinas e equipamentos de uso na extração mineral e na construção	
28.51-8	Fabricação de máquinas e equipamentos para a prospecção e extração de petróleo	3
28.52-6	Fabricação de outras máquinas e equipamentos para uso na extração mineral, exceto na extração de petróleo	3
28.53-4	Fabricação de tratores, exceto agrícolas	3
28.54-2	Fabricação de máquinas e equipamentos para terraplenagem, pavimentação e construção, exceto tratores	3
28.6	Fabricação de máquinas e equipamentos de uso industrial específico	
28.61-5	Fabricação de máquinas para a indústria metalúrgica, exceto máquinas-ferramenta	3
28.62-3	Fabricação de máquinas e equipamentos para as indústrias de alimentos, bebidas e fumo	3
28.63-1	Fabricação de máquinas e equipamentos para a indústria têxtil	3
28.64-0	Fabricação de máquinas e equipamentos para as indústrias do vestuário, do couro e de calçados	3
28.65-8	Fabricação de máquinas e equipamentos para as indústrias de celulose, papel e papelão e artefatos	3
28.66-6	Fabricação de máquinas e equipamentos para a indústria do plástico	3
28.69-1	Fabricação de máquinas e equipamentos para uso industrial específico não especificados anteriormente	3
29	FABRICAÇÃO DE VEÍCULOS AUTOMOTORES, REBOQUES E CARROCERIAS	
29.1	Fabricação de automóveis, camionetas e utilitários	
29.10-7	Fabricação de automóveis, camionetas e utilitários	3
29.2	Fabricação de caminhões e ônibus	
29.20-4	Fabricação de caminhões e ônibus	3
29.3	Fabricação de cabines, carrocerias e reboques para veículos automotores	
29.30-1	Fabricação de cabines, carrocerias e reboques para veículos automotores	3
29.4	Fabricação de peças e acessórios para veículos automotores	
29.41-7	Fabricação de peças e acessórios para o sistema motor de veículos automotores	3
29.42-5	Fabricação de peças e acessórios para os sistemas de marcha e transmissão de veículos automotores	3
29.43-3	Fabricação de peças e acessórios para o sistema de freios de veículos automotores	3
29.44-1	Fabricação de peças e acessórios para o sistema de direção e suspensão de veículos automotores	3
29.45-0	Fabricação de material elétrico e eletrônico para veículos automotores, exceto baterias	3
29.49-2	Fabricação de peças e acessórios para veículos automotores não especificados anteriormente	3
29.5	Recondicionamento e recuperação de motores para veículos automotores	
29.50-6	Recondicionamento e recuperação de motores para veículos automotores	3
30	FABRICAÇÃO DE OUTROS EQUIPAMENTOS DE TRANSPORTE, EXCETO VEÍCULOS AUTOMOTORES	
30.1	Construção de embarcações	
30.11-3	Construção de embarcações e estruturas flutuantes	3
30.12-1	Construção de embarcações para esporte e lazer	3
30.3	Fabricação de veículos ferroviários	
30.31-8	Fabricação de locomotivas, vagões e outros materiais rodantes	3

Códigos	Denominação	GR
30.32-6	Fabricação de peças e acessórios para veículos ferroviários	3
30.4	Fabricação de aeronaves	
30.41-5	Fabricação de aeronaves	3
30.42-3	Fabricação de turbinas, motores e outros componentes e peças para aeronaves	3
30.5	Fabricação de veículos militares de combate	
30.50-4	Fabricação de veículos militares de combate	3
30.9	Fabricação de equipamentos de transporte não especificados anteriormente	
30.91-1	Fabricação de motocicletas	3
30.92-0	Fabricação de bicicletas e triciclos não-motorizados	3
30.99-7	Fabricação de equipamentos de transporte não especificados anteriormente	3
31	FABRICAÇÃO DE MÓVEIS	
31.0	Fabricação de móveis	
31.01-2	Fabricação de móveis com predominância de madeira	3
31.02-1	Fabricação de móveis com predominância de metal	3
31.03-9	Fabricação de móveis de outros materiais, exceto madeira e metal	3
31.04-7	Fabricação de colchões	2
32	FABRICAÇÃO DE PRODUTOS DIVERSOS	
32.1	Fabricação de artigos de joalheria, bijuteria e semelhantes	
32.11-6	Lapidação de gemas e fabricação de artefatos de ourivesaria e joalheria	3
32.12-4	Fabricação de bijuterias e artefatos semelhantes	3
32.2	Fabricação de instrumentos musicais	
32.20-5	Fabricação de instrumentos musicais	3
32.3	Fabricação de artefatos para pesca e esporte	
32.30-2	Fabricação de artefatos para pesca e esporte	3
32.4	Fabricação de brinquedos e jogos recreativos	
32.40-0	Fabricação de brinquedos e jogos recreativos	3
32.5	Fabricação de instrumentos e materiais para uso médico e odontológico e de artigos ópticos	
32.50-7	Fabricação de instrumentos e materiais para uso médico e odontológico e de artigos ópticos	3
32.9	Fabricação de produtos diversos	
32.91-4	Fabricação de escovas, pincéis e vassouras	3
32.92-2	Fabricação de equipamentos e acessórios para segurança e proteção pessoal e profissional	3
32.99-0	Fabricação de produtos diversos não especificados anteriormente	3
33	MANUTENÇÃO, REPARAÇÃO E INSTALAÇÃO DE MÁQUINAS E EQUIPAMENTOS	
33.1	Manutenção e reparação de máquinas e equipamentos	
33.11-2	Manutenção e reparação de tanques, reservatórios metálicos e caldeiras, exceto para veículos	3
33.12-1	Manutenção e reparação de equipamentos eletrônicos e ópticos	3
33.13-9	Manutenção e reparação de máquinas e equipamentos elétricos	3
33.14-7	Manutenção e reparação de máquinas e equipamentos da indústria mecânica	3
33.15-5	Manutenção e reparação de veículos ferroviários	3
33.16-3	Manutenção e reparação de aeronaves	3
33.17-1	Manutenção e reparação de embarcações	3
33.19-8	Manutenção e reparação de equipamentos e produtos não especificados anteriormente	3
33.2	Instalação de máquinas e equipamentos	
33.21-0	Instalação de máquinas e equipamentos industriais	3
33.29-5	Instalação de equipamentos não especificados anteriormente	3

Códigos	Denominação	GR
D	ELETRICIDADE E GÁS	
35	ELETRICIDADE, GÁS E OUTRAS UTILIDADES	
35.1	Geração, transmissão e distribuição de energia elétrica	
35.11-5	Geração de energia elétrica	3
35.12-3	Transmissão de energia elétrica	3
35.13-1	Comércio atacadista de energia elétrica	3
35.14-0	Distribuição de energia elétrica	3
35.2	Produção e distribuição de combustíveis gasosos por redes urbanas	
35.20-4	Produção de gás; processamento de gás natural; distribuição de combustíveis gasosos por redes urbanas	3
35.3	Produção e distribuição de vapor, água quente e ar condicionado	
35.30-1	Produção e distribuição de vapor, água quente e ar condicionado	3
E	ÁGUA, ESGOTO, ATIVIDADES DE GESTÃO DE RESÍDUOS E DESCONTAMINAÇÃO	
36	CAPTAÇÃO, TRATAMENTO E DISTRIBUIÇÃO DE ÁGUA	
36.0	Captação, tratamento e distribuição de água	
36.00-6	Captação, tratamento e distribuição de água	3
37	ESGOTO E ATIVIDADES RELACIONADAS	
37.0	Esgoto e atividades relacionadas	
37.01-1	Gestão de redes de esgoto	3
37.02-9	Atividades relacionadas a esgoto, exceto a gestão de redes	3
38	COLETA, TRATAMENTO E DISPOSIÇÃO DE RESÍDUOS; RECUPERAÇÃO DE MATERIAIS	
38.1	Coleta de resíduos	
38.11-4	Coleta de resíduos não-perigosos	3
38.12-2	Coleta de resíduos perigosos	3
38.2	Tratamento e disposição de resíduos	
38.21-1	Tratamento e disposição de resíduos não-perigosos	3
38.22-0	Tratamento e disposição de resíduos perigosos	3
38.3	Recuperação de materiais	
38.31-9	Recuperação de materiais metálicos	3
38.32-7	Recuperação de materiais plásticos	3
38.39-4	Recuperação de materiais não especificados anteriormente	3
39	DESCONTAMINAÇÃO E OUTROS SERVIÇOS DE GESTÃO DE RESÍDUOS	
39.0	Descontaminação e outros serviços de gestão de resíduos	
39.00-5	Descontaminação e outros serviços de gestão de resíduos	3
F	CONSTRUÇÃO	
41	CONSTRUÇÃO DE EDIFÍCIOS	
41.1	Incorporação de empreendimentos imobiliários	
41.10-7	Incorporação de empreendimentos imobiliários	1
41.2	Construção de edifícios	
41.20-4	Construção de edifícios	3
42	OBRAS DE INFRA-ESTRUTURA	
42.1	Construção de rodovias, ferrovias, obras urbanas e obras-de-arte especiais	
42.11-1	Construção de rodovias e ferrovias	4
42.12-0	Construção de obras-de-arte especiais	4
42.13-8	Obras de urbanização – ruas, praças e calçadas	3
42.2	Obras de infra-estrutura para energia elétrica, telecomunicações, água, esgoto e transporte por dutos	

Códigos	Denominação	GR
42.21-9	Obras para geração e distribuição de energia elétrica e para telecomunicações	4
42.22-7	Construção de redes de abastecimento de água, coleta de esgoto e construções correlatas	4
42.23-5	Construção de redes de transportes por dutos, exceto para água e esgoto	4
42.9	Construção de outras obras de infra-estrutura	
42.91-0	Obras portuárias, marítimas e fluviais	4
42.92-8	Montagem de instalações industriais e de estruturas metálicas	4
42.99-5	Obras de engenharia civil não especificadas anteriormente	3
43	SERVIÇOS ESPECIALIZADOS PARA CONSTRUÇÃO	
43.1	Demolição e preparação do terreno	
43.11-8	Demolição e preparação de canteiros de obras	4
43.12-6	Perfurações e sondagens	4
43.13-4	Obras de terraplenagem	3
43.19-3	Serviços de preparação do terreno não especificados anteriormente	3
43.2	Instalações elétricas, hidráulicas e outras instalações em construções	
43.21-5	Instalações elétricas	3
43.22-3	Instalações hidráulicas, de sistemas de ventilação e refrigeração	3
43.29-1	Obras de instalações em construções não especificadas anteriormente	3
43.3	Obras de acabamento	
43.30-4	Obras de acabamento	3
43.9	Outros serviços especializados para construção	
43.91-6	Obras de fundações	4
43.99-1	Serviços especializados para construção não especificados anteriormente	3
G	COMÉRCIO; REPARAÇÃO DE VEÍCULOS AUTOMOTORES E MOTOCICLETAS	
45	COMÉRCIO E REPARAÇÃO DE VEÍCULOS AUTOMOTORES E MOTOCICLETAS	
45.1	Comércio de veículos automotores	
45.11-1	Comércio a varejo e por atacado de veículos automotores	2
45.12-9	Representantes comerciais e agentes do comércio de veículos automotores	2
45.2	Manutenção e reparação de veículos automotores	
45.20-0	Manutenção e reparação de veículos automotores	3
45.3	Comércio de peças e acessórios para veículos automotores	
45.30-7	Comércio de peças e acessórios para veículos automotores	2
45.4	Comércio, manutenção e reparação de motocicletas, peças e acessórios	
45.41-2	Comércio por atacado e a varejo de motocicletas, peças e acessórios	2
45.42-1	Representantes comerciais e agentes do comércio de motocicletas, peças e acessórios	2
45.43-9	Manutenção e reparação de motocicletas	3
46	COMÉRCIO POR ATACADO, EXCETO VEÍCULOS AUTOMOTORES E MOTOCICLETAS	
46.1	Representantes comerciais e agentes do comércio, exceto de veículos automotores e motocicletas	
46.11-7	Representantes comerciais e agentes do comércio de matérias-primas agrícolas e animais vivos	2
46.12-5	Representantes comerciais e agentes do comércio de combustíveis, minerais, produtos siderúrgicos e químicos	2
46.13-3	Representantes comerciais e agentes do comércio de madeira, material de construção e ferragens	2
46.14-1	Representantes comerciais e agentes do comércio de máquinas, equipamentos, embarcações e aeronaves	2
46.15-0	Representantes comerciais e agentes do comércio de eletrodomésticos, móveis e artigos de uso doméstico	2
46.16-8	Representantes comerciais e agentes do comércio de texteis, vestuário, calçados e artigos de viagem	2
46.17-6	Representantes comerciais e agentes do comércio de produtos alimentícios, bebidas e fumo	2
46.18-4	Representantes comerciais e agentes do comércio especializado em produtos não especificados anteriormente	2

Códigos	Denominação	GR
46.19-2	Representantes comerciais e agentes do comércio de mercadorias em geral não especializado	2
46.2	Comércio atacadista de matérias-primas agrícolas e animais vivos	
46.21-4	Comércio atacadista de café em grão	2
46.22-2	Comércio atacadista de soja	2
46.23-1	Comércio atacadista de animais vivos, alimentos para animais e matérias-primas agrícolas, exceto café e soja	2
46.3	Comércio atacadista especializado em produtos alimentícios, bebidas e fumo	
46.31-1	Comércio atacadista de leite e laticínios	2
46.32-0	Comércio atacadista de cereais e leguminosas beneficiados, farinhas, amidos e féculas	2
46.33-8	Comércio atacadista de hortifrutigranjeiros	2
46.34-6	Comércio atacadista de carnes, produtos da carne e pescado	2
46.35-4	Comércio atacadista de bebidas	2
46.36-2	Comércio atacadista de produtos do fumo	2
46.37-1	Comércio atacadista especializado em produtos alimentícios não especificados anteriormente	2
46.39-7	Comércio atacadista de produtos alimentícios em geral	2
46.4	Comércio atacadista de produtos de consumo não-alimentar	
46.41-9	Comércio atacadista de tecidos, artefatos de tecidos e de armarinho	2
46.42-7	Comércio atacadista de artigos do vestuário e acessórios	2
46.43-5	Comércio atacadista de calçados e artigos de viagem	2
46.44-3	Comércio atacadista de produtos farmacêuticos para uso humano e veterinário	2
46.45-1	Comércio atacadista de instrumentos e materiais para uso médico, cirúrgico, ortopédico e odontológico	2
46.46-0	Comércio atacadista de cosméticos, produtos de perfumaria e de higiene pessoal	2
46.47-8	Comércio atacadista de artigos de escritório e de papelaria; livros, jornais e outras publicações	2
46.49-4	Comércio atacadista de equipamentos e artigos de uso pessoal e doméstico não especificados anteriormente	2
46.5	Comércio atacadista de equipamentos e produtos de tecnologias de informação e comunicação	
46.51-6	Comércio atacadista de computadores, periféricos e suprimentos de informática	3
46.52-4	Comércio atacadista de componentes eletrônicos e equipamentos de telefonia e comunicação	3
46.6	Comércio atacadista de máquinas, aparelhos e equipamentos, exceto de tecnologias de informação e comunicação	
46.61-3	Comércio atacadista de máquinas, aparelhos e equipamentos para uso agropecuário; partes e peças	3
46.62-1	Comércio atacadista de máquinas, equipamentos para terraplenagem, mineração e construção; partes e peças	3
46.63-0	Comércio atacadista de máquinas e equipamentos para uso industrial; partes e peças	3
46.64-8	Comércio atacadista de máquinas, aparelhos e equipamentos para uso odonto-médico- hospitalar; partes e peças	3
46.65-6	Comércio atacadista de máquinas e equipamentos para uso comercial; partes e peças	3
46.69-9	Comércio atacadista de máquinas, aparelhos e equipamentos não especificados anteriormente; partes e peças	3
46.7	Comércio atacadista de madeira, ferragens, ferramentas, material elétrico e material de construção	
46.71-1	Comércio atacadista de madeira e produtos derivados	3
46.72-9	Comércio atacadista de ferragens e ferramentas	3
46.73-7	Comércio atacadista de material elétrico	3
46.74-5	Comércio atacadista de cimento	3
46.79-6	Comércio atacadista especializado de materiais de construção não especificados anteriormente e de materiais de construção em geral	3
46.8	Comércio atacadista especializado em outros produtos	
46.81-8	Comércio atacadista de combustíveis sólidos, líquidos e gasosos, exceto gás natural e GLP	3
46.82-6	Comércio atacadista de gás liquefeito de petróleo (GLP)	3
46.83-4	Comércio atacadista de defensivos agrícolas, adubos, fertilizantes e corretivos do solo	3
46.84-2	Comércio atacadista de produtos químicos e petroquímicos, exceto agroquímicos	3

Códigos	Denominação	GR
46.85-1	Comércio atacadista de produtos siderúrgicos e metalúrgicos, exceto para construção	3
46.86-9	Comércio atacadista de papel e papelão em bruto e de embalagens	3
46.87-7	Comércio atacadista de resíduos e sucatas	3
46.89-3	Comércio atacadista especializado de outros produtos intermediários não especificados anteriormente	3
46.9	Comércio atacadista não-especializado	
46.91-5	Comércio atacadista de mercadorias em geral, com predominância de produtos alimentícios	2
46.92-3	Comércio atacadista de mercadorias em geral, com predominância de insumos agropecuários	2
46.93-1	Comércio atacadista de mercadorias em geral, sem predominância de alimentos ou de insumos agropecuários	2
47	COMÉRCIO VAREJISTA	
47.1	Comércio varejista não-especializado	
47.11-3	Comércio varejista de mercadorias em geral, com predominância de produtos alimentícios – hipermercados e supermercados	2
47.12-1	Comércio varejista de mercadorias em geral, com predominância de produtos alimentícios – minimercados, mercearias e armazéns	2
47.13-0	Comércio varejista de mercadorias em geral, sem predominância de produtos alimentícios	2
47.2	Comércio varejista de produtos alimentícios, bebidas e fumo	
47.21-1	Comércio varejista de produtos de padaria, laticínio, doces, balas e semelhantes	2
47.22-9	Comércio varejista de carnes e pescados – açougues e peixarias	3
47.23-7	Comércio varejista de bebidas	2
47.24-5	Comércio varejista de hortifrutigranjeiros	2
47.29-6	Comércio varejista de produtos alimentícios em geral ou especializado em produtos alimentícios não especificados anteriormente; produtos do fumo	2
47.3	Comércio varejista de combustíveis para veículos automotores	
47.31-8	Comércio varejista de combustíveis para veículos automotores	3
47.32-6	Comércio varejista de lubrificantes	3
47.4	Comércio varejista de material de construção	
47.41-5	Comércio varejista de tintas e materiais para pintura	2
47.42-3	Comércio varejista de material elétrico	1
47.43-1	Comércio varejista de vidros	2
47.44-0	Comércio varejista de ferragens, madeira e materiais de construção	2
47.5	Comércio varejista de equipamentos de informática e comunicação; equipamentos e artigos de uso doméstico	
47.51-2	Comércio varejista especializado de equipamentos e suprimentos de informática	1
47.52-1	Comércio varejista especializado de equipamentos de telefonia e comunicação	1
47.53-9	Comércio varejista especializado de eletrodomésticos e equipamentos de áudio e vídeo	1
47.54-7	Comércio varejista especializado de móveis, colchoaria e artigos de iluminação	1
47.55-5	Comércio varejista especializado de tecidos e artigos de cama, mesa e banho	1
47.56-3	Comércio varejista especializado de instrumentos musicais e acessórios	1
47.57-1	Comércio varejista especializado de peças e acessórios para aparelhos eletroeletrônicos para uso doméstico, exceto informática e comunicação	1
47.59-8	Comércio varejista de artigos de uso doméstico não especificados anteriormente	1
47.6	Comércio varejista de artigos culturais, recreativos e esportivos	
47.61-0	Comércio varejista de livros, jornais, revistas e papelaria	1
47.62-8	Comércio varejista de discos, CDs, DVDs e fitas	1
47.63-6	Comércio varejista de artigos recreativos e esportivos	1
47.7	Comércio varejista de produtos farmacêuticos, perfumaria e cosméticos e artigos médicos, ópticos e ortopédicos	
47.71-7	Comércio varejista de produtos farmacêuticos para uso humano e veterinário	2
47.72-5	Comércio varejista de cosméticos, produtos de perfumaria e de higiene pessoal	1

Códigos	Denominação	GR
47.73-3	Comércio varejista de artigos médicos e ortopédicos	1
47.74-1	Comércio varejista de artigos de óptica	1
47.8	Comércio varejista de produtos novos não especificados anteriormente e de produtos usados	
47.81-4	Comércio varejista de artigos do vestuário e acessórios	1
47.82-2	Comércio varejista de calçados e artigos de viagem	1
47.83-1	Comércio varejista de jóias e relógios	1
47.84-9	Comércio varejista de gás liqüefeito de petróleo (GLP)	3
47.85-7	Comércio varejista de artigos usados	2
47.89-0	Comércio varejista de outros produtos novos não especificados anteriormente	1
47.9	Comércio ambulante e outros tipos de comércio varejista	
47.90-3	Comércio ambulante e outros tipos de comércio varejista	2
H	TRANSPORTE, ARMAZENAGEM E CORREIO	
49	TRANSPORTE TERRESTRE	
49.1	Transporte ferroviário e metroferroviário	
49.11-6	Transporte ferroviário de carga	3
49.12-4	Transporte metroferroviário de passageiros	3
49.2	Transporte rodoviário de passageiros	
49.21-3	Transporte rodoviário coletivo de passageiros, com itinerário fixo, municipal e em região metropolitana	3
49.22-1	Transporte rodoviário coletivo de passageiros, com itinerário fixo, intermunicipal, interestadual e internacional	3
49.23-0	Transporte rodoviário de táxi	3
49.24-8	Transporte escolar	3
49.29-9	Transporte rodoviário coletivo de passageiros, sob regime de fretamento, e outros transportes rodoviários não especificados anteriormente	3
49.3	Transporte rodoviário de carga	
49.30-2	Transporte rodoviário de carga	3
49.4	Transporte dutoviário	
49.40-0	Transporte dutoviário	3
49.5	Trens turísticos, teleféricos e similares	
49.50-7	Trens turísticos, teleféricos e similares	3
50	TRANSPORTE AQUAVIÁRIO	
50.1	Transporte marítimo de cabotagem e longo curso	
50.11-4	Transporte marítimo de cabotagem	3
50.12-2	Transporte marítimo de longo curso	3
50.2	Transporte por navegação interior	
50.21-1	Transporte por navegação interior de carga	3
50.22-0	Transporte por navegação interior de passageiros em linhas regulares	3
50.3	Navegação de apoio	
50.30-1	Navegação de apoio	3
50.9	Outros transportes aquaviários	
50.91-2	Transporte por navegação de travessia	3
50.99-8	Transportes aquaviários não especificados anteriormente	3
51	TRANSPORTE AÉREO	
51.1	Transporte aéreo de passageiros	
51.11-1	Transporte aéreo de passageiros regular	3
51.12-9	Transporte aéreo de passageiros não-regular	3

Códigos	Denominação	GR
51.2	Transporte aéreo de carga	
51.20-0	Transporte aéreo de carga	3
51.3	Transporte espacial	
51.30-7	Transporte espacial	3
52	ARMAZENAMENTO E ATIVIDADES AUXILIARES DOS TRANSPORTES	
52.1	Armazenamento, carga e descarga	
52.11-7	Armazenamento	3
52.12-5	Carga e descarga	3
52.2	Atividades auxiliares dos transportes terrestres	
52.21-4	Concessionárias de rodovias, pontes, túneis e serviços relacionados	3
52.22-2	Terminais rodoviários e ferroviários	3
52.23-1	Estacionamento de veículos	3
52.29-0	Atividades auxiliares dos transportes terrestres não especificadas anteriormente	3
52.3	Atividades auxiliares dos transportes aquaviários	
52.31-1	Gestão de portos e terminais	3
52.32-0	Atividades de agenciamento marítimo	3
52.39-7	Atividades auxiliares dos transportes aquaviários não especificadas anteriormente	3
52.4	Atividades auxiliares dos transportes aéreos	
52.40-1	Atividades auxiliares dos transportes aéreos	3
52.5	Atividades relacionadas à organização do transporte de carga	
52.50-8	Atividades relacionadas à organização do transporte de carga	3
53	CORREIO E OUTRAS ATIVIDADES DE ENTREGA	
53.1	Atividades de Correio	
53.10-5	Atividades de Correio	2
53.2	Atividades de malote e de entrega	
53.20-2	Atividades de malote e de entrega	2
I	ALOJAMENTO E ALIMENTAÇÃO	
55	ALOJAMENTO	
55.1	Hotéis e similares	
55.10-8	Hotéis e similares	2
55.9	Outros tipos de alojamento não especificados anteriormente	
55.90-6	Outros tipos de alojamento não especificados anteriormente	2
56	ALIMENTAÇÃO	
56.1	Restaurantes e outros serviços de alimentação e bebidas	
56.11-2	Restaurantes e outros estabelecimentos de serviços de alimentação e bebidas	2
56.12-1	Serviços ambulantes de alimentação	2
56.2	Serviços de catering, bufê e outros serviços de comida preparada	
56.20-1	Serviços de catering, bufê e outros serviços de comida preparada	2
J	INFORMAÇÃO E COMUNICAÇÃO	
58	EDIÇÃO E EDIÇÃO INTEGRADA À IMPRESSÃO	
58.1	Edição de livros, jornais, revistas e outras atividades de edição	
58.11-5	Edição de livros	3
58.12-3	Edição de jornais	3
58.13-1	Edição de revistas	3
58.19-1	Edição de cadastros, listas e outros produtos gráficos	3

Códigos	Denominação	GR
58.2	Edição integrada à impressão de livros, jornais, revistas e outras publicações	
58.21-2	Edição integrada à impressão de livros	3
58.22-1	Edição integrada à impressão de jornais	3
58.23-9	Edição integrada à impressão de revistas	3
58.29-8	Edição integrada à impressão de cadastros, listas e outros produtos gráficos	3
59	ATIVIDADES CINEMATOGRÁFICAS, PRODUÇÃO DE VÍDEOS E DE PROGRAMAS DE TELEVISÃO; GRAVAÇÃO DE SOM E EDIÇÃO DE MÚSICA	
59.1	Atividades cinematográficas, produção de vídeos e de programas de televisão	
59.11-1	Atividades de produção cinematográfica, de vídeos e de programas de televisão	2
59.12-0	Atividades de pós-produção cinematográfica, de vídeos e de programas de televisão	2
59.13-8	Distribuição cinematográfica, de vídeo e de programas de televisão	2
59.14-6	Atividades de exibição cinematográfica	2
59.2	Atividades de gravação de som e de edição de música	
59.20-1	Atividades de gravação de som e de edição de música	2
60	ATIVIDADES DE RÁDIO E DE TELEVISÃO	
60.1	Atividades de rádio	
60.10-1	Atividades de rádio	2
60.2	Atividades de televisão	
60.21-7	Atividades de televisão aberta	2
60.22-5	Programadoras e atividades relacionadas à televisão por assinatura	2
61	TELECOMUNICAÇÕES	
61.1	Telecomunicações por fio	
61.10-8	Telecomunicações por fio	2
61.2	Telecomunicações sem fio	
61.20-5	Telecomunicações sem fio	2
61.3	Telecomunicações por satélite	
61.30-2	Telecomunicações por satélite	2
61.4	Operadoras de televisão por assinatura	
61.41-8	Operadoras de televisão por assinatura por cabo	2
61.42-6	Operadoras de televisão por assinatura por microondas	2
61.43-4	Operadoras de televisão por assinatura por satélite	2
61.9	Outras atividades de telecomunicações	
61.90-6	Outras atividades de telecomunicações	2
62	ATIVIDADES DOS SERVIÇOS DE TECNOLOGIA DA INFORMAÇÃO	
62.0	Atividades dos serviços de tecnologia da informação	
62.01-5	Desenvolvimento de programas de computador sob encomenda	2
62.02-3	Desenvolvimento e licenciamento de programas de computador customizáveis	2
62.03-1	Desenvolvimento e licenciamento de programas de computador não-customizáveis	2
62.04-0	Consultoria em tecnologia da informação	2
62.09-1	Suporte técnico, manutenção e outros serviços em tecnologia da informação	2
63	ATIVIDADES DE PRESTAÇÃO DE SERVIÇOS DE INFORMAÇÃO	
63.1	Tratamento de dados, hospedagem na internet e outras atividades relacionadas	
63.11-9	Tratamento de dados, provedores de serviços de aplicação e serviços de hospedagem na internet	2
63.19-4	Portais, provedores de conteúdo e outros serviços de informação na internet	2
63.9	Outras atividades de prestação de serviços de informação	
63.91-7	Agências de notícias	2

Códigos	Denominação	GR
63.99-2	Outras atividades de prestação de serviços de informação não especificadas anteriormente	2
K	ATIVIDADES FINANCEIRAS, DE SEGUROS E SERVIÇOS RELACIONADOS	
64	ATIVIDADES DE SERVIÇOS FINANCEIROS	
64.1	Banco Central	
64.10-7	Banco Central	1
64.2	Intermediação monetária – depósitos à vista	
64.21-2	Bancos comerciais	1
64.22-1	Bancos múltiplos, com carteira comercial	1
64.23-9	Caixas econômicas	1
64.24-7	Crédito cooperativo	1
64.3	Intermediação não-monetária – outros instrumentos de captação	
64.31-0	Bancos múltiplos, sem carteira comercial	1
64.32-8	Bancos de investimento	1
64.33-6	Bancos de desenvolvimento	1
64.34-4	Agências de fomento	1
64.35-2	Crédito imobiliário	1
64.36-1	Sociedades de crédito, financiamento e investimento – financeiras	1
64.37-9	Sociedades de crédito ao microempreendedor	1
64.38-7	Bancos de câmbio e outras instituições de intermediação não-monetária	1
64.4	Arrendamento mercantil	
64.40-9	Arrendamento mercantil	1
64.5	Sociedades de capitalização	
64.50-6	Sociedades de capitalização	1
64.6	Atividades de sociedades de participação	
64.61-1	Holdings de instituições financeiras	1
64.62-0	Holdings de instituições não-financeiras	1
64.63-8	Outras sociedades de participação, exceto holdings	1
64.7	Fundos de investimento	
64.70-1	Fundos de investimento	1
64.9	Atividades de serviços financeiros não especificadas anteriormente	
64.91-3	Sociedades de fomento mercantil – factoring	1
64.92-1	Securitização de créditos	1
64.93-0	Administração de consórcios para aquisição de bens e direitos	1
64.99-9	Outras atividades de serviços financeiros não especificadas anteriormente	1
65	SEGUROS, RESSEGUROS, PREVIDÊNCIA COMPLEMENTAR E PLANOS DE SAÚDE	
65.1	Seguros de vida e não-vida	
65.11-1	Seguros de vida	1
65.12-0	Seguros não-vida	1
65.2	Seguros-saúde	
65.20-1	Seguros-saúde	1
65.3	Resseguros	
65.30-8	Resseguros	1
65.4	Previdência complementar	
65.41-3	Previdência complementar fechada	1
65.42-1	Previdência complementar aberta	1

Códigos	Denominação	GR
65.5	Planos de saúde	
65.50-2	Planos de saúde	1
66	ATIVIDADES AUXILIARES DOS SERVIÇOS FINANCEIROS, SEGUROS, PREVIDÊNCIA COMPLEMENTAR E PLANOS DE SAÚDE	
66.1	Atividades auxiliares dos serviços financeiros	
66.11-8	Administração de bolsas e mercados de balcão organizados	1
66.12-6	Atividades de intermediários em transações de títulos, valores mobiliários e mercadorias	1
66.13-4	Administração de cartões de crédito	1
66.19-3	Atividades auxiliares dos serviços financeiros não especificadas anteriormente	1
66.2	Atividades auxiliares dos seguros, da previdência complementar e dos planos de saúde	
66.21-5	Avaliação de riscos e perdas	1
66.22-3	Corretores e agentes de seguros, de planos de previdência complementar e de saúde	1
66.29-1	Atividades auxiliares dos seguros, da previdência complementar e dos planos de saúde não especificadas anteriormente	1
66.3	Atividades de administração de fundos por contrato ou comissão	
66.30-4	Atividades de administração de fundos por contrato ou comissão	1
L	ATIVIDADES IMOBILIÁRIAS	
68	ATIVIDADES IMOBILIÁRIAS	
68.1	Atividades imobiliárias de imóveis próprios	
68.10-2	Atividades imobiliárias de imóveis próprios	1
68.2	Atividades imobiliárias por contrato ou comissão	
68.21-8	Intermediação na compra, venda e aluguel de imóveis	1
68.22-6	Gestão e administração da propriedade imobiliária	1
M	ATIVIDADES PROFISSIONAIS, CIENTÍFICAS E TÉCNICAS	
69	ATIVIDADES JURÍDICAS, DE CONTABILIDADE E DE AUDITORIA	
69.1	Atividades jurídicas	
69.11-7	Atividades jurídicas, exceto cartórios	1
69.12-5	Cartórios	1
69.2	Atividades de contabilidade, consultoria e auditoria contábil e tributária	
69.20-6	Atividades de contabilidade, consultoria e auditoria contábil e tributária	1
70	ATIVIDADES DE SEDES DE EMPRESAS E DE CONSULTORIA EM GESTÃO EMPRESARIAL	
70.1	Sedes de empresas e unidades administrativas locais	
70.10-7	Sedes de empresas e unidades administrativas locais	1
70.2	Atividades de consultoria em gestão empresarial	
70.20-4	Atividades de consultoria em gestão empresarial	1
71	SERVIÇOS DE ARQUITETURA E ENGENHARIA; TESTES E ANÁLISES TÉCNICAS	
71.1	Serviços de arquitetura e engenharia e atividades técnicas relacionadas	
71.11-1	Serviços de arquitetura	1
71.12-0	Serviços de engenharia	1
71.19-7	Atividades técnicas relacionadas à arquitetura e engenharia	1
71.2	Testes e análises técnicas	
71.20-1	Testes e análises técnicas	2
72	PESQUISA E DESENVOLVIMENTO CIENTÍFICO	
72.1	Pesquisa e desenvolvimento experimental em ciências físicas e naturais	
72.10-0	Pesquisa e desenvolvimento experimental em ciências físicas e naturais	2
72.2	Pesquisa e desenvolvimento experimental em ciências sociais e humanas	
72.20-7	Pesquisa e desenvolvimento experimental em ciências sociais e humanas	2

Códigos	Denominação	GR
73	PUBLICIDADE E PESQUISA DE MERCADO	
73.1	Publicidade	
73.11-4	Agências de publicidade	1
73.12-2	Agenciamento de espaços para publicidade, exceto em veículos de comunicação	1
73.19-0	Atividades de publicidade não especificadas anteriormente	1
73.2	Pesquisas de mercado e de opinião pública	
73.20-3	Pesquisas de mercado e de opinião pública	1
74	OUTRAS ATIVIDADES PROFISSIONAIS, CIENTÍFICAS E TÉCNICAS	
74.1	Design e decoração de interiores	
74.10-2	Design e decoração de interiores	1
74.2	Atividades fotográficas e similares	
74.20-0	Atividades fotográficas e similares	2
74.9	Atividades profissionais, científicas e técnicas não especificadas anteriormente	
74.90-1	Atividades profissionais, científicas e técnicas não especificadas anteriormente	1
75	ATIVIDADES VETERINÁRIAS	
75.0	Atividades veterinárias	
75.00-1	Atividades veterinárias	3
N	ATIVIDADES ADMINISTRATIVAS E SERVIÇOS COMPLEMENTARES	
77	ALUGUÉIS NÃO-IMOBILIÁRIOS E GESTÃO DE ATIVOS INTANGÍVEIS NÃO- FINANCEIROS	
77.1	Locação de meios de transporte sem condutor	
77.11-0	Locação de automóveis sem condutor	1
77.19-5	Locação de meios de transporte, exceto automóveis, sem condutor	1
77.2	Aluguel de objetos pessoais e domésticos	
77.21-7	Aluguel de equipamentos recreativos e esportivos	1
77.22-5	Aluguel de fitas de vídeo, DVDs e similares	1
77.23-3	Aluguel de objetos do vestuário, jóias e acessórios	1
77.29-2	Aluguel de objetos pessoais e domésticos não especificados anteriormente	1
77.3	Aluguel de máquinas e equipamentos sem operador	
77.31-4	Aluguel de máquinas e equipamentos agrícolas sem operador	1
77.32-2	Aluguel de máquinas e equipamentos para construção sem operador	1
77.33-1	Aluguel de máquinas e equipamentos para escritório	1
77.39-0	Aluguel de máquinas e equipamentos não especificados anteriormente	1
77.4	Gestão de ativos intangíveis não financeiros	
77.40-3	Gestão de ativos intangíveis não-financeiros	1
78	SELEÇÃO, AGENCIAMENTO E LOCAÇÃO DE MÃO-DE-OBRA	
78.1	Seleção e agenciamento de mão-de-obra	
78.10-8	Seleção e agenciamento de mão-de-obra	1
78.2	Locação de mão-de-obra temporária	
78.20-5	Locação de mão-de-obra temporária	1
78.3	Fornecimento e gestão de recursos humanos para terceiros	
78.30-2	Fornecimento e gestão de recursos humanos para terceiros	1
79	AGÊNCIAS DE VIAGENS, OPERADORES TURÍSTICOS E SERVIÇOS DE RESERVAS	
79.1	Agências de viagens e operadores turísticos	
79.11-2	Agências de viagens	1
79.12-1	Operadores turísticos	1
79.9	Serviços de reservas e outros serviços de turismo não especificados anteriormente	
79.90-2	Serviços de reservas e outros serviços de turismo não especificados anteriormente	1

Códigos	Denominação	GR
80	ATIVIDADES DE VIGILÂNCIA, SEGURANÇA E INVESTIGAÇÃO	
80.1	Atividades de vigilância, segurança privada e transporte de valores	
80.11-1	Atividades de vigilância e segurança privada	3
80.12-9	Atividades de transporte de valores	3
80.2	Atividades de monitoramento de sistemas de segurança	
80.20-0	Atividades de monitoramento de sistemas de segurança	3
80.3	Atividades de investigação particular	
80.30-7	Atividades de investigação particular	3
81	SERVIÇOS PARA EDIFÍCIOS E ATIVIDADES PAISAGÍSTICAS	
81.1	Serviços combinados para apoio a edifícios	
81.11-7	Serviços combinados para apoio a edifícios, exceto condomínios prediais	2
81.12-5	Condomínios prediais	2
81.2	Atividades de limpeza	
81.21-4	Limpeza em prédios e em domicílios	3
81.22-2	Imunização e controle de pragas urbanas	3
81.29-0	Atividades de limpeza não especificadas anteriormente	3
81.3	Atividades paisagísticas	
81.30-3	Atividades paisagísticas	1
82	SERVIÇOS DE ESCRITÓRIO, DE APOIO ADMINISTRATIVO E OUTROS SERVIÇOS PRESTADOS ÀS EMPRESAS	
82.1	Serviços de escritório e apoio administrativo	
82.11-3	Serviços combinados de escritório e apoio administrativo	1
82.19-9	Fotocópias, preparação de documentos e outros serviços especializados de apoio administrativo	2
82.2	Atividades de teleatendimento	
82.20-2	Atividades de teleatendimento	2
82.3	Atividades de organização de eventos, exceto culturais e esportivos	
82.30-0	Atividades de organização de eventos, exceto culturais e esportivos	2
82.9	Outras atividades de serviços prestados principalmente às empresas	
82.91-1	Atividades de cobrança e informações cadastrais	2
82.92-0	Envasamento e empacotamento sob contrato	2
82.99-7	Atividades de serviços prestados principalmente às empresas não especificadas anteriormente	2
O	ADMINISTRAÇÃO PÚBLICA, DEFESA E SEGURIDADE SOCIAL	
84	ADMINISTRAÇÃO PÚBLICA, DEFESA E SEGURIDADE SOCIAL	
84.1	Administração do estado e da política econômica e social	
84.11-6	Administração pública em geral	1
84.12-4	Regulação das atividades de saúde, educação, serviços culturais e outros serviços sociais	1
84.13-2	Regulação das atividades econômicas	1
84.2	Serviços coletivos prestados pela administração pública	
84.21-3	Relações exteriores	1
84.22-1	Defesa	1
84.23-0	Justiça	1
84.24-8	Segurança e ordem pública	1
84.25-6	Defesa Civil	1
84.3	Seguridade social obrigatória	
84.30-2	Seguridade social obrigatória	1
P	EDUCAÇÃO	
85	EDUCAÇÃO	
85.1	Educação infantil e ensino fundamental	
85.11-2	Educação infantil – creche	2
85.12-1	Educação infantil – pré-escola	2
85.13-9	Ensino fundamental	2

Códigos	Denominação	GR
85.2	Ensino médio	
85.20-1	Ensino médio	2
85.3	Educação superior	
85.31-7	Educação superior – graduação	2
85.32-5	Educação superior – graduação e pós-graduação	2
85.33-3	Educação superior – pós-graduação e extensão	2
85.4	Educação profissional de nível técnico e tecnológico	
85.41-4	Educação profissional de nível técnico	2
85.42-2	Educação profissional de nível tecnológico	2
85.5	Atividades de apoio à educação	
85.50-3	Atividades de apoio à educação	2
85.9	Outras atividades de ensino	
85.91-1	Ensino de esportes	2
85.92-9	Ensino de arte e cultura	2
85.93-7	Ensino de idiomas	2
85.99-6	Atividades de ensino não especificadas anteriormente	2
Q	SAÚDE HUMANA E SERVIÇOS SOCIAIS	
86	ATIVIDADES DE ATENÇÃO À SAÚDE HUMANA	
86.1	Atividades de atendimento hospitalar	
86.10-1	Atividades de atendimento hospitalar	3
86.2	Serviços móveis de atendimento a urgências e de remoção de pacientes	
86.21-6	Serviços móveis de atendimento a urgências	3
86.22-4	Serviços de remoção de pacientes, exceto os serviços móveis de atendimento a urgências	3
86.3	Atividades de atenção ambulatorial executadas por médicos e odontólogos	
86.30-5	Atividades de atenção ambulatorial executadas por médicos e odontólogos	3
86.4	Atividades de serviços de complementação diagnóstica e terapêutica	
86.40-2	Atividades de serviços de complementação diagnóstica e terapêutica	3
86.5	Atividades de profissionais da área de saúde, exceto médicos e odontólogos	
86.50-0	Atividades de profissionais da área de saúde, exceto médicos e odontólogos	2
86.6	Atividades de apoio à gestão de saúde	
86.60-7	Atividades de apoio à gestão de saúde	1
86.9	Atividades de atenção à saúde humana não especificadas anteriormente	
86.90-9	Atividades de atenção à saúde humana não especificadas anteriormente	1
87	ATIVIDADES DE ATENÇÃO À SAÚDE HUMANA INTEGRADAS COM ASSISTÊNCIA SOCIAL, PRESTADAS EM RESIDÊNCIAS COLETIVAS E PARTICULARES	
87.1	Atividades de assistência a idosos, deficientes físicos, imunodeprimidos e convalescentes, e de infra-estrutura e apoio a pacientes prestadas em residências coletivas e particulares	
87.11-5	Atividades de assistência a idosos, deficientes físicos, imunodeprimidos e convalescentes prestadas em residências coletivas e particulares	1
87.12-3	Atividades de fornecimento de infra-estrutura de apoio e assistência a paciente no domicílio	1
87.2	Atividades de assistência psicossocial e à saúde a portadores de distúrbios psíquicos, deficiência mental e dependência química	
87.20-4	Atividades de assistência psicossocial e à saúde a portadores de distúrbios psíquicos, deficiência mental e dependência química	1
87.3	Atividades de assistência social prestadas em residências coletivas e particulares	1
87.30-1	Atividades de assistência social prestadas em residências coletivas e particulares	1
88	SERVIÇOS DE ASSISTÊNCIA SOCIAL SEM ALOJAMENTO	
88.0	Serviços de assistência social sem alojamento	

Códigos	Denominação	GR
88.00-6	Serviços de assistência social sem alojamento	1
R	ARTES, CULTURA, ESPORTE E RECREAÇÃO	
90	ATIVIDADES ARTÍSTICAS, CRIATIVAS E DE ESPETÁCULOS	
90.0	Atividades artísticas, criativas e de espetáculos	
90.01-9	Artes cênicas, espetáculos e atividades complementares	2
90.02-7	Criação artística	2
90.03-5	Gestão de espaços para artes cênicas, espetáculos e outras atividades artísticas	1
91	ATIVIDADES LIGADAS AO PATRIMÔNIO CULTURAL E AMBIENTAL	
91.0	Atividades ligadas ao patrimônio cultural e ambiental	
91.01-5	Atividades de bibliotecas e arquivos	2
91.02-3	Atividades de museus e de exploração, restauração artística e conservação de lugares e prédios históricos e atrações similares	2
91.03-1	Atividades de jardins botânicos, zoológicos, parques nacionais, reservas ecológicas e áreas de proteção ambiental	2
92	ATIVIDADES DE EXPLORAÇÃO DE JOGOS DE AZAR E APOSTAS	
92.0	Atividades de exploração de jogos de azar e apostas	
92.00-3	Atividades de exploração de jogos de azar e apostas	1
93	ATIVIDADES ESPORTIVAS E DE RECREAÇÃO E LAZER	
93.1	Atividades esportivas	
93.11-5	Gestão de instalações de esportes	1
93.12-3	Clubes sociais, esportivos e similares	2
93.13-1	Atividades de condicionamento físico	2
93.19-1	Atividades esportivas não especificadas anteriormente	2
93.2	Atividades de recreação e lazer	
93.21-2	Parques de diversão e parques temáticos	2
93.29-8	Atividades de recreação e lazer não especificadas anteriormente	2
S	OUTRAS ATIVIDADES DE SERVIÇOS	
94	ATIVIDADES DE ORGANIZAÇÕES ASSOCIATIVAS	
94.1	Atividades de organizações associativas patronais, empresariais e profissionais	
94.11-1	Atividades de organizações associativas patronais e empresariais	1
94.12-0	Atividades de organizações associativas profissionais	1
94.2	Atividades de organizações sindicais	
94.20-1	Atividades de organizações sindicais	1
94.3	Atividades de associações de defesa de direitos sociais	
94.30-8	Atividades de associações de defesa de direitos sociais	1
94.9	Atividades de organizações associativas não especificadas anteriormente	
94.91-0	Atividades de organizações religiosas	1
94.92-8	Atividades de organizações políticas	1
94.93-6	Atividades de organizações associativas ligadas à cultura e à arte	1
94.99-5	Atividades associativas não especificadas anteriormente	1
95	REPARAÇÃO E MANUTENÇÃO DE EQUIPAMENTOS DE INFORMÁTICA E COMUNICAÇÃO E DE OBJETOS PESSOAIS E DOMÉSTICOS	
95.1	Reparação e manutenção de equipamentos de informática e comunicação	
95.11-8	Reparação e manutenção de computadores e de equipamentos periféricos	3
95.12-6	Reparação e manutenção de equipamentos de comunicação	3
95.2	Reparação e manutenção de objetos e equipamentos pessoais e domésticos	

Códigos	Denominação	GR
95.21-5	Reparação e manutenção de equipamentos eletroeletrônicos de uso pessoal e doméstico	3
95.29-1	Reparação e manutenção de objetos e equipamentos pessoais e domésticos não especificados anteriormente	3
96	OUTRAS ATIVIDADES DE SERVIÇOS PESSOAIS	
96.0	Outras atividades de serviços pessoais	
96.01-7	Lavanderias, tinturarias e toalheiros	2
96.02-5	Cabeleireiros e outras atividades de tratamento de beleza	2
96.03-3	Atividades funerárias e serviços relacionados	2
96.09-2	Atividades de serviços pessoais não especificadas anteriormente	2
T	SERVIÇOS DOMÉSTICOS	
97	SERVIÇOS DOMÉSTICOS	
97.0	Serviços domésticos	
97.00-5	Serviços domésticos	2
U	ORGANISMOS INTERNACIONAIS E OUTRAS INSTITUIÇÕES EXTRATERRITORIAIS	
99	ORGANISMOS INTERNACIONAIS E OUTRAS INSTITUIÇÕES EXTRATERRITORIAIS	
99.0	Organismos internacionais e outras instituições extraterritoriais	
99.00-8	Organismos internacionais e outras instituições extraterritoriais	1

* Informações sobre detalhamentos dos CNAE ver http://www.cnae.ibge.gov.br/.

QUADRO II

DIMENSIONAMENTO DOS SESMT

Grau de Risco	N.º de Empregados no estabelecimento / Técnicas	50 a 100	101 a 250	251 a 500	501 a 1.000	1.001 a 2000	2.001 a 3.500	3.501 a 5.000	Acima de 5000 Para cada grupo De 4000 ou fração acima 2000**
1	Técnico Seg. Trabalho				1	1	1	2	1
	Engenheiro Seg.						1*	1	1*
	Trabalho Aux. Enferm. do Trabalho						1	1	1
						1*		1*	
	Enfermeiro do Trabalho						1*	1	1*
	Médico do Trabalho								
2	Técnico Seg. Trabalho				1	1	2	5	1
	Engenheiro Seg.					1*	1	1	1*
	Trabalho Aux. Enferm. do Trabalho					1	1	1	1
								1	
	Enfermeiro do Trabalho					1*	1	1	1
	Médico do Trabalho								
3	Técnico Seg. Trabalho		1	2	3	4	6	8	3
	Engenheiro Seg. Trabalho				1*	1	1	2	1
	Aux. Enferm. do Trabalho					1	2	1	1
	Enfermeiro do Trabalho							1	
	Médico do Trabalho				1*	1	1	2	1
4	Técnico Seg. Trabalho	1	2	3	4	5	8	10	3
	Engenheiro Seg. Trabalho		1*	1*	1	1	2	3	1
	Aux. Enferm. do Trabalho				1	1	2	1	1
	Enfermeiro do Trabalho							1	
	Médico do Trabalho		1*	1*	1	1	2	3	1

(*) Tempo parcial (mínimo de três horas)

O dimensionamento total deverá ser feito levando-se em consideração o dimensionamento de faixas de 3501 a 5000 mais o dimensionamento do(s) grupo(s) de 4000 ou fração acima de 2000.

OBS: Hospitais, Ambulatórios, Maternidade, Casas de (**) Saúde e Repouso, Clínicas e estabelecimentos similares com mais de 500 (quinhentos) empregados deverão contratar um Enfermeiro em tempo integral.

QUADRO III

ACIDENTES COM VÍTIMA

ACIDENTES COM VÍTIMA

ACIDENTES C/ VÍTIMA

DATA DO MAPA: ____/____/____

RESPONSÁVEL: ______________________ ASS.: ______________________

Setor	Nº Absoluto	Nº Absoluto c/afastamento < 15 dias	Nº Absoluto c/afastamento > 15 dias	Nº Absoluto sem afastamento	Índice Relativo/Total de Empregados	Dias/Homem Perdidos	Taxa de Frequência	Óbitos	Índice de Avaliação da Gravidade
Total do Estabelecimento									

QUADRO IV

DOENÇAS OCUPACIONAIS

DATA DO MAPA: ____/____/____

RESPONSÁVEL: ______________________ ASS.: ______________________

Tipo de Doença	Nº Absoluto de Casos	Setores de Atividade dos Portadores (*)	Nº Relativo de Casos (% Total Empregados)	Nº de Óbitos	Nº Trabalhadores Transferidos p/ Outro Setor	Nº de Trabalhadores Definitivamente Incapacitados

(*) Codificar no verso. Por exemplo: 1 – setor embalagens; 2- setor montagem.

QUADRO V

INSALUBRIDADE

DATA DO MAPA: ____/____/____

RESPONSÁVEL: ______________________ ASS.: ______________________

Setor	Agentes Identificados	Intensidade ou Concentração	Nº de Trabalhadores Expostos

QUADRO VI

ACIDENTES SEM VÍTIMA

RESPONSÁVEL: ______________________ DATA DO MAPA: ____/____/____

ASS.: ______________________

Setor	Nº de acidentes	Perda Material Avaliada (Cr$ 1.000,00)	Acid. s/Vítima Acid. c/ Vítima	Observações
Total do Estabelecimento				

(*DOU* 06.07.1978)

NR 5

COMISSÃO INTERNA DE PREVENÇÃO DE ACIDENTES

DO OBJETIVO

5.1 A Comissão Interna de Prevenção de Acidentes – CIPA – tem como objetivo a prevenção de acidentes e doenças decorrentes do trabalho, de modo a tornar compatível permanentemente o trabalho com a preservação da vida e a promoção da saúde do trabalhador.

DA CONSTITUIÇÃO

5.2 Devem constituir CIPA, por estabelecimento, e mantê-la em regular funcionamento as empresas privadas, públicas, sociedades de economia mista, órgãos da administração direta e indireta, instituições beneficentes, associações recreativas, cooperativas, bem como outras instituições que admitam trabalhadores como empregados.

5.3 As disposições contidas nesta NR aplicam-se, no que couber, aos trabalhadores avulsos e às entidades que lhes tomem serviços, observadas as disposições estabelecidas em Normas Regulamentadoras de setores econômicos específicos.

5.4 *(Revogado pela Portaria SIT 247/2011).*

5.5 As empresas instaladas em centro comercial ou industrial estabelecerão, através de membros de CIPA ou designados, mecanismos de integração com objetivo de promover o desenvolvimento de ações de prevenção de acidentes e doenças decorrentes do ambiente e instalações de uso coletivo, podendo contar com a participação da administração do mesmo.

DA ORGANIZAÇÃO

5.6 A CIPA será composta de representantes do empregador e dos empregados, de acordo com o dimensionamento previsto no Quadro I desta NR, ressalvadas as alterações disciplinadas em atos normativos para setores econômicos específicos.

5.6.1 Os representantes dos empregadores, titulares e suplentes, serão por eles designados.

5.6.2 Os representantes dos empregados, titulares e suplentes, serão eleitos em escrutínio secreto, do qual participem, independentemente de filiação sindical, exclusivamente os empregados interessados.

5.6.3 O número de membros titulares e suplentes da CIPA, considerando a ordem decrescente de votos recebidos, observará o dimensionamento previsto no Quadro I desta NR, ressalvadas as alterações disciplinadas em atos normativos de setores econômicos específicos.

5.6.4 Quando o estabelecimento não se enquadrar no Quadro I, a empresa designará um responsável pelo cumprimento dos objetivos desta NR, podendo ser adotados mecanismos de participação dos empregados, através de negociação coletiva.

5.7 O mandato dos membros eleitos da CIPA terá a duração de um ano, permitida uma reeleição.

5.8 É vedada a dispensa arbitrária ou sem justa causa do empregado eleito para cargo de direção de Comissões Internas de Prevenção de Acidentes desde o registro de sua candidatura até um ano após o final de seu mandato.

5.9 Serão garantidas aos membros da CIPA condições que não descaracterizem suas atividades normais na empresa, sendo vedada a transferência para outro estabelecimento sem a sua anuência, ressalvado o disposto nos parágrafos primeiro e segundo do artigo 469, da CLT.

5.10 O empregador deverá garantir que seus indicados tenham a representação necessária para a discussão e encaminhamento das soluções de questões de segurança e saúde no trabalho analisadas na CIPA.

5.11 O empregador designará entre seus representantes o Presidente da CIPA, e os representantes dos empregados escolherão entre os titulares o vice-presidente.

5.12 Os membros da CIPA, eleitos e designados serão, empossados no primeiro dia útil após o término do mandato anterior.

5.13 Será indicado, de comum acordo com os membros da CIPA, um secretário e seu substituto, entre os componentes ou não da comissão, sendo neste caso necessária a concordância do empregador.

5.14 A documentação referente ao processo eleitoral da CIPA, incluindo as atas de eleição e de posse e o calendário anual das reuniões ordinárias, deve ficar no estabelecimento à disposição da fiscalização do Ministério do Trabalho e Emprego.

- Item com redação determinada pela Portaria SIT 247/2011.

5.14.1 A documentação indicada no item 5.14 deve ser encaminhada ao Sindicato dos Trabalhadores da categoria, quando solicitada. Subitem acrescentado pela Portaria SIT 247/2011.

5.14.2 O empregador deve fornecer cópias das atas de eleição e posse aos membros titulares e suplentes da CIPA, mediante recibo. Subitem acrescentado pela Portaria SIT 247/2011.

5.15 A CIPA não poderá ter seu número de representantes reduzido, bem como não poderá ser desativada pelo empregador, antes do término do mandato de seus membros, ainda que haja redução do número de empregados da empresa, exceto no caso de encerramento das atividades do estabelecimento.

- Item com redação determinada pela Portaria SIT 247/2011.

DAS ATRIBUIÇÕES

5.16 A CIPA terá por atribuição:

a) identificar os riscos do processo de trabalho, e elaborar o mapa de riscos, com a participação do maior número de trabalhadores, com assessoria do SESMT, onde houver;

b) elaborar plano de trabalho que possibilite a ação preventiva na solução de problemas de segurança e saúde no trabalho;

c) participar da implementação e do controle da qualidade das medidas de prevenção necessárias, bem como da avaliação das prioridades de ação nos locais de trabalho;

d) realizar, periodicamente, verificações nos ambientes e condições de trabalho visando a identificação de situações que venham a trazer riscos para a segurança e saúde dos trabalhadores;

e) realizar, a cada reunião, avaliação do cumprimento das metas fixadas em seu plano de trabalho e discutir as situações de risco que foram identificadas;

f) divulgar aos trabalhadores informações relativas à segurança e saúde no trabalho;

g) participar, com o SESMT, onde houver, das discussões promovidas pelo empregador, para avaliar os impactos de alterações no ambiente e processo de trabalho relacionados à segurança e saúde dos trabalhadores;

h) requerer ao SESMT, quando houver, ou ao empregador, a paralisação de máquina ou setor onde considere haver risco grave e iminente à segurança e saúde dos trabalhadores;

i) colaborar no desenvolvimento e implementação do PCMSO e PPRA e de outros programas relacionados à segurança e saúde no trabalho;

j) divulgar e promover o cumprimento das Normas Regulamentadoras, bem como cláusulas de acordos e convenções coletivas de trabalho, relativas à segurança e saúde no trabalho;

k) participar, em conjunto com o SESMT, onde houver, ou com o empregador, da análise das causas das doenças e acidentes de trabalho e propor medidas de solução dos problemas identificados;

l) requisitar ao empregador e analisar as informações sobre questões que tenham interferido na segurança e saúde dos trabalhadores;

m) requisitar à empresa as cópias das CAT emitidas;

n) promover, anualmente, em conjunto com o SESMT, onde houver, a Semana Interna de Prevenção de Acidentes do Trabalho – SIPAT;

o) participar, anualmente, em conjunto com a empresa, de Campanhas de Prevenção da AIDS.

5.17 Cabe ao empregador proporcionar aos membros da CIPA os meios necessários ao desempenho de suas atribuições, garantindo tempo suficiente para a realização das tarefas constantes do plano de trabalho.

5.18 Cabe aos empregados:

a) participar da eleição de seus representantes;

b) colaborar com a gestão da CIPA;

c) indicar à CIPA, ao SESMT e ao empregador situações de riscos e apresentar sugestões para melhoria das condições de trabalho;

d) observar e aplicar no ambiente de trabalho as recomendações quanto à prevenção de acidentes e doenças decorrentes do trabalho.

5.19 Cabe ao Presidente da CIPA:

a) convocar os membros para as reuniões da CIPA;
b) coordenar as reuniões da CIPA, encaminhando ao empregador e ao SESMT, quando houver, as decisões da comissão;
c) manter o empregador informado sobre os trabalhos da CIPA;
d) coordenar e supervisionar as atividades de secretaria;
e) delegar atribuições ao Vice-Presidente;

5.20 Cabe ao Vice-Presidente:
a) executar atribuições que lhe forem delegadas;
b) substituir o Presidente nos seus impedimentos eventuais ou nos seus afastamentos temporários;

5.21 O Presidente e o Vice-Presidente da CIPA, em conjunto, terão as seguintes atribuições:
a) cuidar para que a CIPA disponha de condições necessárias para o desenvolvimento de seus trabalhos;
b) coordenar e supervisionar as atividades da CIPA, zelando para que os objetivos propostos sejam alcançados;
c) delegar atribuições aos membros da CIPA;
d) promover o relacionamento da CIPA com o SESMT, quando houver;
e) divulgar as decisões da CIPA a todos os trabalhadores do estabelecimento;
f) encaminhar os pedidos de reconsideração das decisões da CIPA;
g) constituir a comissão eleitoral.

5.22 O Secretário da CIPA terá por atribuição:
a) acompanhar as reuniões da CIPA e redigir as atas apresentando-as para aprovação e assinatura dos membros presentes;
b) preparar as correspondências; e
c) outras que lhe forem conferidas.

DO FUNCIONAMENTO

5.23 A CIPA terá reuniões ordinárias mensais, de acordo com o calendário preestabelecido.

5.24 As reuniões ordinárias da CIPA serão realizadas durante o expediente normal da empresa e em local apropriado.

5.25 As reuniões da CIPA terão atas assinadas pelos presentes com encaminhamento de cópias para todos os membros.

5.26 As atas devem ficar no estabelecimento à disposição da fiscalização do Ministério do Trabalho e Emprego.

- Item com redação determinada pela Portaria SIT 247/2011.

5.27 Reuniões extraordinárias deverão ser realizadas quando:
a) houver denúncia de situação de risco grave e iminente que determine aplicação de medidas corretivas de emergência;
b) ocorrer acidente do trabalho grave ou fatal;
c) houver solicitação expressa de uma das representações.

5.28 As decisões da CIPA serão preferencialmente por consenso.

5.28.1 Não havendo consenso, e frustradas as tentativas de negociação direta ou com mediação, será instalado processo de votação, registrando-se a ocorrência na ata da reunião.

5.29 Das decisões da CIPA caberá pedido de reconsideração, mediante requerimento justificado.

5.29.1 O pedido de reconsideração será apresentado à CIPA até a próxima reunião ordinária, quando será analisado, devendo o Presidente e o Vice-Presidente efetivar os encaminhamentos necessários.

5.30 O membro titular perderá o mandato, sendo substituído por suplente, quando faltar a mais de quatro reuniões ordinárias sem justificativa.

5.31 A vacância definitiva de cargo, ocorrida durante o mandato, será suprida por suplente, obedecida a ordem de colocação decrescente que consta na ata de eleição, devendo os motivos ser registrados em ata de reunião.

- Item com redação determinada pela Portaria SIT 247/2011.

5.31.1 No caso de afastamento definitivo do presidente, o empregador indicará o substituto, em dois dias úteis, preferencialmente entre os membros da CIPA.

5.31.2 No caso de afastamento definitivo do vice-presidente, os membros titulares da representação dos empregados, escolherão o substituto, entre seus titulares, em dois dias úteis.

5.31.3 Caso não existam suplentes para ocupar o cargo vago, o empregador deve realizar eleição extraordinária, cumprindo todas as exigências estabelecidas para o processo eleitoral, exceto quanto aos prazos, que devem ser reduzidos pela metade.

- Subitem acrescentado pela Portaria SIT 247/2011.

5.31.3.1 O mandato do membro eleito em processo eleitoral extraordinário deve ser compatibilizado com o mandato dos demais membros da Comissão.

- Subitem acrescentado pela Portaria SIT 247/2011.

5.31.3.2 O treinamento de membro eleito em processo extraordinário deve ser realizado no prazo máximo de trinta dias, contados a partir da data da posse.

- Subitem acrescentado pela Portaria SIT 247/2011.

DO TREINAMENTO

5.32 A empresa deverá promover treinamento para os membros da CIPA, titulares e suplentes, antes da posse.

5.32.1 O treinamento de CIPA em primeiro mandato será realizado no prazo máximo de trinta dias, contados a partir da data da posse.

5.32.2 As empresas que não se enquadrem no Quadro I, promoverão anualmente treinamento para o designado responsável pelo cumprimento do objetivo desta NR.

5.33 O treinamento para a CIPA deverá contemplar, no mínimo, os seguintes itens:
a) estudo do ambiente, das condições de trabalho, bem como dos riscos originados do processo produtivo;
b) metodologia de investigação e análise de acidentes e doenças do trabalho;
c) noções sobre acidentes e doenças do trabalho decorrentes de exposição aos riscos existentes na empresa;
d) noções sobre a Síndrome da Imunodeficiência Adquirida – AIDS, e medidas de prevenção;
e) noções sobre as legislações trabalhista e previdenciária relativas à segurança e saúde no trabalho;
f) princípios gerais de higiene do trabalho e de medidas de controle dos riscos;
g) organização da CIPA e outros assuntos necessários ao exercício das atribuições da Comissão.

5.34 O treinamento terá carga horária de vinte horas, distribuídas em no máximo oito horas diárias e será realizado durante o expediente normal da empresa.

5.35 O treinamento poderá ser ministrado pelo SESMT da empresa, entidade patronal, entidade de trabalhadores ou por profissional que possua conhecimentos sobre os temas ministrados.

5.36 A CIPA será ouvida sobre o treinamento a ser realizado, inclusive quanto à entidade ou profissional que o ministrará, constando sua manifestação em ata, cabendo à empresa escolher a entidade ou profissional que ministrará o treinamento.

5.37 Quando comprovada a não observância ao disposto nos itens relacionados ao treinamento, a unidade descentralizada do Ministério do Trabalho e Emprego, determinará a complementação ou a realização de outro, que será efetuado no prazo máximo de trinta dias, contados da data de ciência da empresa sobre a decisão.

DO PROCESSO ELEITORAL

5.38 Compete ao empregador convocar eleições para escolha dos representantes dos empregados na CIPA, no prazo mínimo de 60 (sessenta) dias antes do término do mandato em curso.

5.38.1 A empresa estabelecerá mecanismos para comunicar o início do processo eleitoral ao sindicato da categoria profissional.

5.39 O Presidente e o Vice Presidente da CIPA constituirão dentre seus membros, no prazo mínimo de 45 (quarenta e cinco) dias antes do término do mandato em curso, a Comissão Eleitoral – CE, que será a responsável pela organização e acompanhamento do processo eleitoral.

5.39.1 Nos estabelecimentos onde não houver CIPA, a Comissão Eleitoral será constituída pela empresa.

5.40 O processo eleitoral observará as seguintes condições:

a) publicação e divulgação de edital, em locais de fácil acesso e visualização, no prazo mínimo de 45 (quarenta e cinco) dias antes do término do mandato em curso;

b) inscrição e eleição individual, sendo que o período mínimo para inscrição será de quinze dias;

c) liberdade de inscrição para todos os empregados do estabelecimento, independentemente de setores ou locais de trabalho, com fornecimento de comprovante;

d) garantia de emprego para todos os inscritos até a eleição;

e) realização da eleição no prazo mínimo de 30 (trinta) dias antes do término do mandato da CIPA, quando houver;

f) realização de eleição em dia normal de trabalho, respeitando os horários de turnos e em horário que possibilite a participação da maioria dos empregados.

g) voto secreto;

h) apuração dos votos, em horário normal de trabalho, com acompanhamento de representante do empregador e dos empregados, em número a ser definido pela comissão eleitoral;

i) faculdade de eleição por meios eletrônicos;

j) guarda, pelo empregador, de todos os documentos relativos à eleição, por um período mínimo de cinco anos.

5.41 Havendo participação inferior a cinqüenta por cento dos empregados na votação, não haverá a apuração dos votos e a comissão eleitoral deverá organizar outra votação, que ocorrerá no prazo máximo de dez dias.

5.42 As denúncias sobre o processo eleitoral deverão ser protocolizadas na unidade descentralizada do MTE, até trinta dias após a data da posse dos novos membros da CIPA.

5.42.1 Compete a unidade descentralizada do Ministério do Trabalho e Emprego, confirmadas irregularidades no processo eleitoral, determinar a sua correção ou proceder a anulação quando for o caso.

5.42.2 Em caso de anulação a empresa convocará nova eleição no prazo de cinco dias, a contar da data de ciência, garantidas as inscrições anteriores.

5.42.3 Quando a anulação se der antes da posse dos membros da CIPA, ficará assegurada a prorrogação do mandato anterior, quando houver, até a complementação do processo eleitoral.

5.43 Assumirão a condição de membros titulares e suplentes, os candidatos mais votados.

5.44 Em caso de empate, assumirá aquele que tiver maior tempo de serviço no estabelecimento.

5.45 Os candidatos votados e não eleitos serão relacionados na ata de eleição e apuração, em ordem decrescente de votos, possibilitando nomeação posterior, em caso de vacância de suplentes.

DAS CONTRATANTES E CONTRATADAS

5.46 Quando se tratar de empreiteiras ou empresas prestadoras de serviços, considera-se estabelecimento, para fins de aplicação desta NR, o local em que seus empregados estiverem exercendo suas atividades.

5.47 Sempre que duas ou mais empresas atuarem em um mesmo estabelecimento, a CIPA ou designado da empresa contratante deverá, em conjunto com as das contratadas ou com os designados, definir mecanismos de integração e de participação de todos os trabalhadores em relação às decisões das CIPA existentes no estabelecimento.

5.48 A contratante e as contratadas, que atuem num mesmo estabelecimento, deverão implementar, de forma integrada, medidas de prevenção de acidentes e doenças do trabalho, decorrentes da presente NR, de forma a garantir o mesmo nível de proteção em matéria de segurança e saúde a todos os trabalhadores do estabelecimento

5.49 A empresa contratante adotará medidas necessárias para que as empresas contratadas, suas CIPA, os designados e os demais trabalhadores lotados naquele estabelecimento recebam as informações sobre os riscos presentes nos ambientes de trabalho, bem como sobre as medidas de proteção adequadas.

5.50 A empresa contratante adotará as providências necessárias para acompanhar o cumprimento pelas empresas contratadas que atuam no seu estabelecimento, das medidas de segurança e saúde no trabalho.

DISPOSIÇÕES FINAIS

5.52 *(Revogado pela Portaria SIT 247/ 2011).*

QUADRO I

Dimensionamento de CIPA

*GRUPOS	Nº de Empregados no Estabelecimento Nº de Membros da CIPA	0 a 19	20 a 29	30 a 50	51 a 80	81 a 100	101 a 120	121 a 140	141 a 300	301 a 500	501 a 1000	1001 a 2500	2501 a 5000	5001 a 10.000	Acima de 10.000 para cada grupo de 2.500 acrescentar
C-1	Efetivos		1	1	3	3	4	4	4	4	6	9	12	15	2
	Suplentes		1	1	3	3	3	3	3	3	4	7	9	12	2
C-1a	Efetivos		1	1	3	3	4	4	4	4	6	9	12	15	2
	Suplentes		1	1	3	3	3	3	3	4	5	8	9	12	2
C-2	Efetivos		1	1	2	2	3	4	4	5	6	7	10	11	2
	Suplentes		1	1	2	2	3	3	4	4	5	6	7	9	1

*GRUPOS	Nº de Empregados no Estabelecimento Nº de Membros da CIPA	0 a 19	20 a 29	30 a 50	51 a 80	81 a 100	101 a 120	121 a 140	141 a 300	301 a 500	501 a 1000	1001 a 2500	2501 a 5000	5001 a 10.000	Acima de 10.000 para cada grupo de 2.500 acrescentar
C-3	Efetivos		1	1	2	2	3	3	4	5	6	7	10	10	2
	Suplentes		1	1	2	2	3	3	4	4	5	6	8	8	2
C-3a	Efetivos				1	1	2	2	2	3	3	4	5	6	1
	Suplentes				1	1	2	2	2	3	3	3	4	5	1
C-4	Efetivos			1	1	1	1	1	2	2	2	3	5	6	1
	Suplentes			1	1	1	1	1	2	2	2	3	4	4	1
C-5	Efetivos		1	1	2	3	3	4	4	4	6	9	9	11	2
	Suplentes		1	1	2	3	3	3	4	4	5	7	7	9	2
C-5a	Efetivos				1	1	2	2	2	3	3	4	6	7	1
	Suplentes				1	1	2	2	2	3	3	3	4	5	1
C-6	Efetivos		1	1	2	3	3	4	5	5	6	8	10	12	2
	Suplentes		1	1	2	3	3	3	4	4	4	6	8	10	2
C-7	Efetivos				1	1	2	2	2	2	3	4	5	6	1
	Suplentes				1	1	2	2	2	2	3	3	4	4	1
C-7a	Efetivos		1	1	2	2	3	3	4	5	6	8	9	10	2
	Suplentes		1	1	2	2	3	3	3	4	5	7	8	8	2
C-8	Efetivos		1	1	2	2	3	3	4	5	6	7	8	10	1
	Suplentes		1	1	2	2	3	3	3	4	4	5	6	8	1
C-9	Efetivos				1	1	1	2	2	2	3	5	6	7	1
	Suplentes				1	1	1	2	2	2	3	4	4	5	1
C-10	Efetivos		1	1	2	2	3	3	4	4	5	8	9	10	2
	Suplentes		1	1	2	2	3	3	3	4	4	6	7	8	2
C-11	Efetivos		1	1	2	3	3	4	4	5	6	9	10	12	2
	Suplentes		1	1	2	3	3	3	3	4	4	7	8	10	2
C-12	Efetivos		1	1	2	3	3	4	4	5	7	8	9	10	2
	Suplentes		1	1	2	3	3	3	3	4	6	6	7	8	2
C-13	Efetivos		1	1	3	3	3	3	4	5	6	9	11	13	2
	Suplentes		1	1	3	3	3	3	3	4	5	7	8	10	2
C-14	Efetivos		1	1	2	2	3	4	4	5	6	9	11	11	2
	Suplentes		1	1	2	2	3	3	4	4	5	7	9	9	2
C-14a	Efetivos				1	1	2	2	2	3	3	4	5	6	1
	Suplentes				1	1	2	2	2	3	3	3	4	4	1
C-15	Efetivos		1	1	3	3	4	4	4	5	6	8	10	12	2
	Suplentes		1	1	3	3	3	3	3	4	4	6	8	10	2

*GRUPOS	Nº de Empregados no Estabelecimento Nº de Membros da CIPA	0 a 19	20 a 29	30 a 50	51 a 80	81 a 100	101 a 120	121 a 140	141 a 300	301 a 500	501 a 1000	1001 a 2500	2501 a 5000	5001 a 10.000	Acima de 10.000 para cada grupo de 2.500 acrescentar
C-16	Efetivos		1	1	2	3	3	3	4	5	6	8	10	12	2
	Suplentes		1	1	2	3	3	3	3	4	4	6	7	9	2
C-17	Efetivos		1	1	2	2	4	4	4	4	6	8	10	12	2
	Suplentes		1	1	2	2	3	3	3	4	5	7	8	10	2
C-18	Efetivos				2	2	4	4	4	4	6	8	10	12	2
	Suplentes				2	2	3	3	3	4	5	7	8	10	2
C-18a	Efetivos				3	3	4	4	4	4	6	9	12	15	2
	Suplentes				3	3	3	3	3	4	5	7	9	12	2
C-19	Efetivos				1	1	2	2	2	3	3	4	5	6	1
	Suplentes				1	1	2	2	2	3	3	3	4	4	1
C-20	Efetivos			1	1	3	3	3	3	4	5	5	6	8	2
	Suplentes			1	1	3	3	3	3	3	4	4	5	6	1
C-21	Efetivos				1	1	2	2	2	3	3	4	5	6	1
	Suplentes				1	1	2	2	2	3	3	3	4	5	1
C-22	Efetivos		1	1	2	2	3	3	4	4	6	8	10	12	2
	Suplentes		1	1	2	2	3	3	3	3	5	6	8	9	2
C-23	Efetivos				1	1	2	2	2	2	3	4	5	6	1
	Suplentes				1	1	2	2	2	2	3	3	4	5	1
C-24	Efetivos		1	1	2	2	4	4	4	4	6	8	10	12	2
	Suplentes		1	1	2	2	3	3	4	4	5	7	8	10	2
C-24a	Efetivos				1	1	2	2	2	2	3	4	5	6	1
	Suplentes				1	1	2	2	2	2	3	3	4	4	1
C-24b	Efetivos		1	1	3	3	4	4	4	4	6	9	12	15	2
	Suplentes		1	1	3	3	3	3	3	3	4	7	9	12	2
C-24c	Efetivos				1	1	2	2	2	2	4	5	7	7	1
	Suplentes				1	1	1	1	2	2	4	5	7	7	1
C-24d	Efetivos				1	1	2	2	2	3	4	5	7	9	1
	Suplentes				1	1	1	1	2	2	4	5	7	9	1
C-25	Efetivos				1	1	2	2	2	2	3	4	5	6	1
	Suplentes				1	1	2	2	2	2	3	3	4	5	1
C-26	Efetivos									1	2	3	4	5	1
	Suplentes									1	2	3	3	4	1
C-27	Efetivos						1	1	2	3	4	5	6	6	1
	Suplentes						1	1	2	3	3	4	5	5	1

*GRUPOS	Nº de Empregados no Estabelecimento Nº de Membros da CIPA	0 a 19	20 a 29	30 a 50	51 a 80	81 a 100	101 a 120	121 a 140	141 a 300	301 a 500	501 a 1000	1001 a 2500	2501 a 5000	5001 a 10.000	Acima de 10.000 para cada grupo de 2.500 acrescentar
C-28	Efetivos						1	1	2	3	4	5	6	6	1
	Suplentes						1	1	2	3	4	5	5	5	1
C-29	Efetivos									1	2	3	4	5	1
	Suplentes									1	2	3	3	4	1
C-30	Efetivos		1	1	1	2	4	4	4	5	7	8	9	10	2
	Suplentes		1	1	1	2	3	3	4	4	6	7	8	9	1
C-31	Efetivos				1	1	2	2	2	3	3	4	5	6	1
	Suplentes				1	1	2	2	2	3	3	3	4	5	1
C-32	Efetivos				1	1	2	2	2	3	3	4	5	6	1
	Suplentes				1	1	2	2	2	3	3	3	4	5	1
C-33	Efetivos						1	1	1	1	2	3	4	5	1
	Suplentes						1	1	1	1	2	3	3	4	1
C-34	Efetivos		1	1	2	2	4	4	4	4	6	8	10	12	2
	Suplentes		1	1	2	2	3	3	3	4	5	7	8	9	2
C-35	Efetivos				1	1	2	2	2	2	3	4	5	6	1
	Suplentes				1	1	2	2	2	2	3	3	4	5	1

OBS.: Os membros efetivos e suplentes terão representantes dos Empregadores e Empregados.

* As atividades econômicas integrantes dos grupos estão especificadas por CNAE nos QUADROS II e III.

* Nos grupos C-18 e C-18a constituir CIPA por estabelecimento a partir de 70 trabalhadores e quando o estabelecimento possuir menos de 70 trabalhadores observar o dimensionamento descrito na NR 18 – subitem 18.33.1.

QUADRO II

Agrupamento de setores econômicos pela Classificação Nacional de Atividades Econômicas – CNAE (versão 2.0), para dimensionamento da CIPA

C-1 – MINERAIS

05.00-3 06.00-0 07.10-3 07.21-9 07.22-7 07.23-5 07.24-3 07.25-1 07.29-4 08.10-0 08.91-6
08.92-4 08.93-2 08.99-1 09.10-6 09.90-4 19.10-1 23.20-6 23.91-5

C-1a – MINERAIS

19.21-7 19.22-5 19.31-4

C-2 – ALIMENTOS

10.11-2 10.12-1 10.13-9 10.20-1 10.31-7 10.32-5 10.33-3 10.41-4 10.42-2 10.43-1 10.51-1
10.52-0 10.53-8 10.61-9 10.62-7 10.63-5 10.64-3 10.65-1 10.66-0 10.69-4 10.71-6 10.72-4
10.81-3 10.82-1 10.91-1 10.92-9 10.93-7 10.94-5 10.95-3 10.96-1 10.99-6 11.11-9 11.12-7
11.13-5 11.21-6 11.22-4 12.10-7 12.20-4

C-3 – TÊXTEIS

13.11-1 13.12-0 13.13-8 13.14-6 13.21-9 13.22-7 13.23-5 13.40-5 13.59-6

C-3a – TÊXTEIS

13.30-8 13.51-1 13.52-9 13.53-7 13.54-5 13.59-6 14.21-5 14.22-3

C-4 – CONFECÇÃO

14.11-8 14.12-6 14.13-4 14.14-2 32.92-2

C-5 – CALÇADOS E SIMILARES

15.10-6 15.31-9 15.32-7 15.33-5 15.39-4 15.40-8

C-5a – CALÇADOS E SIMILARES

15.21-1 15.29-7

C-6 – MADEIRA

16.10-2 16.21-8 16.22-6 16.23-4 16.29-3 31.01-2

C-7 – PAPEL

17.31-1 17.32-0 17.33-8 17.41-9 17.42-7 17.49-4

C-7a – PAPEL

17.10-9 17.21-4 17.22-2

C-8 – GRÁFICOS

18.11-3 18.12-1 18.13-0 18.21-1 18.22-9 58.11-5 58.12-3 58.13-1 58.19-1 58.21-2 58.22-1

58.23-9 58.29-8 63.91-7

C-9 – SOM E IMAGEM

18.30-0 59.11-1 59.12-0 59.13-8 59.14-6 59.20-1 60.10-1 60.21-7 60.22-5 74.20-0 90.01-9

90.02-7 90.03-5

C-10 – QUÍMICOS

19.32-2 20.11-8 20.12-6 20.13-4 20.14-2 20.19-3 20.21-5 20.22-3 20.29-1 20.31-2 20.32-1

20.33-9 20.40-1 20.51-7 20.52-5 20.61-4 20.62-2 20.63-1 20.71-1 20.72-0 20.73-8 20.91-6

20.93-2 20.94-1 20.99-1 21.10-6 21.21-1 21.22-0 21.23-8 22.21-8 22.22-6 22.23-4 22.29-3

26.80-9 27.21-0 27.22-8 31.04-7

C-11 – BORRACHA

22.11-1 22.12-9 22.19-6

C-12 – NÃO-METÁLICOS

23.11-7 23.12-5 23.19-2 23.30-3 23.41-9 23.42-7 23.49-4 23.92-3 23.99-1 32.11-6 38.32-7

38.39-4

C-13 – METÁLICOS

24.11-3 24.12-1 24.21-1 24.22-9 24.23-7 24.24-5 24.31-8 24.39-3 24.41-5 24.42-3 24.43-1

24.49-1 24.51-2 24.52-1 25.11-0 25.13-6 25.31-4 25.32-2 25.39-0 25.92-6

C-14 – EQUIPAMENTOS/MÁQUINAS E FERRAMENTAS

25.12-8 25.21-7 25.22-5 25.41-1 25.42-0 25.43-8 25.91-8 25.93-4 25.99-3 26.10-8 26.21-3

26.22-1 26.31-1 26.32-9 26.40-0 26.51-5 26.52-3 26.60-4 26.70-1 27.10-4 27.31-7 27.32-5

27.33-3 27.40-6 27.51-1 27.59-7 27.90-2 28.11-9 28.12-7 28.13-5 28.14-3 28.15-1 28.21-6

28.22-4 28.23-2 28.24-1 28.25-9 28.32-1 28.33-0 28.40-2 28.51-8 28.52-6 28.54-2 28.61-5

28.62-3 28.63-1 28.64-0 28.65-8 28.66-6 28.69-1 29.45-0 31.02-1 31.03-9 32.30-2 32.40-0

32.50-7 33.11-2 33.12-1 33.13-9 33.14-7 33.19-8 33.21-0 38.31-9 95.12-6 95.21-5

C-14a – EQUIPAMENTOS/MÁQUINAS E FERRAMENTAS

28.29-1 32.12-4 32.20-5 32.99-0 32.91-4 33.29-5 95.11-8

C-15 – EXPLOSIVOS E ARMAS

20.92-4 25.50-1

C-16 – VEÍCULOS

28.31-3 28.53-4 29.10-7 29.20-4 29.30-1 29.41-7 29.42-5 29.43-3 29.44-1 29.49-2 29.50-6

30.11-3 30.12-1 30.31-8 30.32-6 30.41-5 30.42-3 30.50-4 30.91-1 30.92-0 30.99-7 33.15-5

33.16-3 33.17-1 45.20-0 45.43-9

C-17 – ÁGUA E ENERGIA

35.11-5 35.12-3 35.13-1 35.14-0 35.20-4 35.30-1 36.00-6 37.01-1 37.02-9 38.11-4 38.12-2

38.21-1 38.22-0 39.00-5

C-18 – CONSTRUÇÃO

42.22-7 42.23-5 42.91-0 42.99-5 43.21-5 43.22-3 43.29-1 43.30-4 43.99-1

C-18a – CONSTRUÇÃO

41.20-4 42.11-1 42.12-0 42.13-8 42.21-9 42.92-8 43.11-8 43.12-6 43.13-4 43.19-3 43.91-6

QUADRO III

Relação da Classificação Nacional de Atividades Econômicas – CNAE (Versão 2.0), com correspondente agrupamento para dimensionamento da CIPA

CNAE	Descrição	Grupo
05.00-3	Extração de carvão mineral	C-1
06.00-0	Extração de petróleo e gás natural	C-1
07.10-3	Extração de minério de ferro	C-1
07.21-9	Extração de minério de alumínio	C-1
07.22-7	Extração de minério de estanho	C-1
07.23-5	Extração de minério de manganês	C-1
07.24-3	Extração de minério de metais preciosos	C-1
07.25-1	Extração de minerais radioativos	C-1
07.29-4	Extração de minerais metálicos não-ferrosos não especificados anteriormente	C-1
08.10-0	Extração de pedra, areia e argila	C-1
08.91-6	Extração de minerais para fabricação de adubos, fertilizantes e outros produtos químicos	C-1
08.92-4	Extração e refino de sal marinho e sal-gema	C-1
08.93-2	Extração de gemas (pedras preciosas e semipreciosas)	C-1
08.99-1	Extração de minerais não-metálicos não especificados anteriormente	C-1
09.10-6	Atividades de apoio à extração de petróleo e gás natural	C-1
09.90-4	Atividades de apoio à extração de minerais, exceto petróleo e gás natural	C-1
10.11-2	Abate de reses, exceto suínos	C-2
10.12-1	Abate de suínos, aves e outros pequenos animais	C-2
10.13-9	Fabricação de produtos de carne	C-2
10.20-1	Preservação do pescado e fabricação de produtos do pescado	C-2
10.31-7	Fabricação de conservas de frutas	C-2
10.32-5	Fabricação de conservas de legumes e outros vegetais	C-2
10.33-3	Fabricação de sucos de frutas, hortaliças e legumes	C-2
10.41-4	Fabricação de óleos vegetais em bruto, exceto óleo de milho	C-2
10.42-2	Fabricação de óleos vegetais refinados, exceto óleo de milho	C-2
10.43-1	Fabricação de margarina e outras gorduras vegetais e de óleos não comestíveis de animais	C-2
10.51-1	Preparação do leite	C-2
10.52-0	Fabricação de laticínios	C-2
10.53-8	Fabricação de sorvetes e outros gelados comestíveis	C-2
10.61-9	Beneficiamento de arroz e fabricação de produtos do arroz	C-2
10.62-7	Moagem de trigo e fabricação de derivados	C-2
10.63-5	Fabricação de farinha de mandioca e derivados	C-2
10.64-3	Fabricação de farinha de milho e derivados, exceto óleos de milho	C-2
10.65-1	Fabricação de amidos e féculas de vegetais e de óleos de milho	C-2
10.66-0	Fabricação de alimentos para animais	C-2
10.69-4	Moagem e fabricação de produtos de origem vegetal não especificados anteriormente	C-2
10.71-6	Fabricação de açúcar em bruto	C-2
10.72-4	Fabricação de açúcar refinado	C-2
10.81-3	Torrefação e moagem de café	C-2
10.82-1	Fabricação de produtos à base de café	C-2
10.91-1	Fabricação de produtos de panificação	C-2

CNAE	Descrição	Grupo
10.92-9	Fabricação de biscoitos e bolachas	C-2
10.93-7	Fabricação de produtos derivados do cacau, de chocolates e confeitos	C-2
10.94-5	Fabricação de massas alimentícias	C-2
10.95-3	Fabricação de especiarias, molhos, temperos e condimentos	C-2
10.96-1	Fabricação de alimentos e pratos prontos	C-2
10.99-6	Fabricação de produtos alimentícios não especificados anteriormente	C-2
11.11-9	Fabricação de aguardentes e outras bebidas destiladas	C-2
11.12-7	Fabricação de vinho	C-2
11.13-5	Fabricação de malte, cervejas e chopes	C-2
11.21-6	Fabricação de águas envasadas	C-2
11.22-4	Fabricação de refrigerantes e de outras bebidas não-alcoólicas	C-2
12.10-7	Processamento industrial do fumo	C-2
12.20-4	Fabricação de produtos do fumo	C-2
13.11-1	Preparação e fiação de fibras de algodão	C-3
13.12-0	Preparação e fiação de fibras têxteis naturais, exceto algodão	C-3
13.13-8	Fiação de fibras artificiais e sintéticas	C-3
13.14-6	Fabricação de linhas para costurar e bordar	C-3
13.21-9	Tecelagem de fios de algodão	C-3
13.22-7	Tecelagem de fios de fibras têxteis naturais, exceto algodão	C-3
13.23-5	Tecelagem de fios de fibras artificiais e sintéticas	C-3
13.30-8	Fabricação de tecidos de malha	C-3a
13.40-5	Acabamentos em fios, tecidos e artefatos têxteis	C-3
13.51-1	Fabricação de artefatos têxteis para uso doméstico	C-3a
13.52-9	Fabricação de artefatos de tapeçaria	C-3a
13.53-7	Fabricação de artefatos de cordoaria	C-3a
13.54-5	Fabricação de tecidos especiais, inclusive artefatos	C-3a
13.59-6	Fabricação de outros produtos têxteis não especificados anteriormente	C-3a
14.11-8	Confecção de roupas íntimas	C-4
14.12-6	Confecção de peças do vestuário, exceto roupas íntimas	C-4
14.13-4	Confecção de roupas profissionais	C-4
14.14-2	Fabricação de acessórios do vestuário, exceto para segurança e proteção	C-4
14.21-5	Fabricação de meias	C-3a
14.22-3	Fabricação de artigos do vestuário, produzidos em malharias e tricotagens, exceto meias	C-3a
15.10-6	Curtimento e outras preparações de couro	C-5
15.21-1	Fabricação de artigos para viagem, bolsas e semelhantes de qualquer material	C-5a
15.29-7	Fabricação de artefatos de couro não especificados anteriormente	C-5a
15.31-9	Fabricação de calçados de couro	C-5
15.32-7	Fabricação de tênis de qualquer material	C-5
15.33-5	Fabricação de calçados de material sintético	C-5
15.39-4	Fabricação de calçados de materiais não especificados anteriormente	C-5
15.40-0	Fabricação de partes para calçados, de qualquer material	C-5
16.10-2	Desdobramento de madeira	C-6
16.21-8	Fabricação de madeira laminada e de chapas de madeira compensada, prensada e aglomerada	C-6
16.22-6	Fabricação de estruturas de madeira e de artigos de carpintaria para construção	C-6

CNAE	Descrição	Grupo
16.23-4	Fabricação de artefatos de tanoaria e de embalagens de madeira	C-6
16.29-3	Fabricação de artefatos de madeira, palha, cortiça, vime e material trançado não especificados anteriormente, exceto móveis	C-6
17.10-9	Fabricação de celulose e outras pastas para a fabricação de papel	C-7a
17.21-4	Fabricação de papel	C-7a
17.22-2	Fabricação de cartolina e papel-cartão	C-7a
17.31-1	Fabricação de embalagens de papel	C-7
17.32-0	Fabricação de embalagens de cartolina e papel-cartão	C-7
17.33-8	Fabricação de chapas e de embalagens de papelão ondulado	C-7
17.41-9	Fabricação de produtos de papel, cartolina, papel-cartão e papelão ondulado para uso comercial e de escritório	C-7
17.42-7	Fabricação de produtos de papel para usos doméstico e higiênico-sanitário	C-7
17.49-4	Fabricação de produtos de pastas celulósicas, papel, cartolina, papel-cartão e papelão ondulado não especificados anteriormente	C-7
18.11-3	Impressão de jornais, livros, revistas e outras publicações periódicas	C-8
18.12-1	Impressão de material de segurança	C-8
18.13-0	Impressão de materiais para outros usos	C-8
18.21-1	Serviços de pré-impressão	C-8
18.22-9	Serviços de acabamentos gráficos	C-8
18.30-0	Reprodução de materiais gravados em qualquer suporte	C-9
19.10-1	Coquerias	C-1
19.21-7	Fabricação de produtos do refino de petróleo	C-1a
19.22-5	Fabricação de produtos derivados do petróleo, exceto produtos do refino	C-1a
19.31-4	Fabricação de álcool	C-1a
19.32-2	Fabricação de biocombustíveis, exceto álcool	C-10
20.11-8	Fabricação de cloro e álcalis	C-10
20.12-6	Fabricação de intermediários para fertilizantes	C-10
20.13-4	Fabricação de adubos e fertilizantes	C-10
20.14-2	Fabricação de gases industriais	C-10
20.19-3	Fabricação de produtos químicos inorgânicos não especificados anteriormente	C-10
20.21-5	Fabricação de produtos petroquímicos básicos	C-10
20.22-3	Fabricação de intermediários para plastificantes, resinas e fibras	C-10
20.29-1	Fabricação de produtos químicos orgânicos não especificados anteriormente	C-10
20.31-2	Fabricação de resinas termoplásticas	C-10
20.32-1	Fabricação de resinas termofixas	C-10
20.33-9	Fabricação de elastômeros	C-10
20.40-1	Fabricação de fibras artificiais e sintéticas	C-10
20.51-7	Fabricação de defensivos agrícolas	C-10
20.52-5	Fabricação de desinfestantes domissanitários	C-10
20.61-4	Fabricação de sabões e detergentes sintéticos	C-10
20.62-2	Fabricação de produtos de limpeza e polimento	C-10
20.63-1	Fabricação de cosméticos, produtos de perfumaria e de higiene pessoal	C-10
20.71-1	Fabricação de tintas, vernizes, esmaltes e lacas	C-10
20.72-0	Fabricação de tintas de impressão	C-10
20.73-8	Fabricação de impermeabilizantes, solventes e produtos afins	C-10

CNAE	Descrição	Grupo
20.91-6	Fabricação de adesivos e selantes	C-10
20.92-4	Fabricação de explosivos	C-15
20.93-2	Fabricação de aditivos de uso industrial	C-10
20.94-1	Fabricação de catalisadores	C-10
20.99-1	Fabricação de produtos químicos não especificados anteriormente	C-10
21.10-6	Fabricação de produtos farmoquímicos	C-10
21.21-1	Fabricação de medicamentos para uso humano	C-10
21.22-0	Fabricação de medicamentos para uso veterinário	C-10
21.23-8	Fabricação de preparações farmacêuticas	C-10
22.11-1	Fabricação de pneumáticos e de câmaras-de-ar	C-11
22.12-9	Reforma de pneumáticos usados	C-11
22.19-6	Fabricação de artefatos de borracha não especificados anteriormente	C-11
22.21-8	Fabricação de laminados planos e tubulares de material plástico	C-10
22.22-6	Fabricação de embalagens de material plástico	C-10
22.23-4	Fabricação de tubos e acessórios de material plástico para uso na construção	C-10
22.29-3	Fabricação de artefatos de material plástico não especificados anteriormente	C-10
23.11-7	Fabricação de vidro plano e de segurança	C12
23.12-5	Fabricação de embalagens de vidro	C12
23.19-2	Fabricação de artigos de vidro	C-12
23.20-6	Fabricação de cimento	C-1
23.30-3	Fabricação de artefatos de concreto, cimento, fibrocimento, gesso e materiais semelhantes	C-12
23.41-9	Fabricação de produtos cerâmicos refratários	C-12
23.42-7	Fabricação de produtos cerâmicos não-refratários para uso estrutural na construção	C-12
23.49-4	Fabricação de produtos cerâmicos não-refratários não especificados anteriormente	C-12
23.91-5	Aparelhamento e outros trabalhos em pedras	C-1
23.92-3	Fabricação de cal e gesso	C-12
23.99-1	Fabricação de produtos de minerais não-metálicos não especificados anteriormente	C-12
24.11-3	Produção de ferro-gusa	C-13
24.12-1	Produção de ferroligas	C-13
24.21-1	Produção de semi-acabados de aço	C-13
24.22-9	Produção de laminados planos de aço	C-13
24.23-7	Produção de laminados longos de aço	C-13
24.24-5	Produção de relaminados, trefilados e perfilados de aço	C-13
24.31-8	Produção de tubos de aço com costura	C-13
24.39-3	Produção de outros tubos de ferro e aço	C-13
24.41-5	Metalurgia do alumínio e suas ligas	C-13
24.42-3	Metalurgia dos metais preciosos	C-13
24.43-1	Metalurgia do cobre	C-13
24.49-1	Metalurgia dos metais não-ferrosos e suas ligas não especificados anteriormente	C-13
24.51-2	Fundição de ferro e aço	C-13
24.52-1	Fundição de metais não-ferrosos e suas ligas	C-13
25.11-0	Fabricação de estruturas metálicas	C-13
25.12-8	Fabricação de esquadrias de metal	C-14
25.13-6	Fabricação de obras de caldeiraria pesada	C-13

CNAE	Descrição	Grupo
25.21-7	Fabricação de tanques, reservatórios metálicos e caldeiras para aquecimento central	C-14
25.22-5	Fabricação de caldeiras geradoras de vapor, exceto para aquecimento central e para veículos	C-14
25.31-4	Produção de forjados de aço e de metais não-ferrosos e suas ligas	C-13
25.32-2	Produção de artefatos estampados de metal; metalurgia do pó	C-13
25.39-0	Serviços de usinagem, solda, tratamento e revestimento em metais	C-13
25.41-1	Fabricação de artigos de cutelaria	C-14
25.42-0	Fabricação de artigos de serralheria, exceto esquadrias	C-14
25.43-8	Fabricação de ferramentas	C-14
25.50-1	Fabricação de equipamento bélico pesado, armas de fogo e munições	C-15
25.91-8	Fabricação de embalagens metálicas	C-14
25.92-6	Fabricação de produtos de trefilados de metal	C-13
25.93-4	Fabricação de artigos de metal para uso doméstico e pessoal	C-14
25.99-3	Fabricação de produtos de metal não especificados anteriormente	C-14
26.10-8	Fabricação de componentes eletrônicos	C-14
26.21-3	Fabricação de equipamentos de informática	C-14
26.22-1	Fabricação de periféricos para equipamentos de informática	C-14
26.31-1	Fabricação de equipamentos transmissores de comunicação	C-14
26.32-9	Fabricação de aparelhos telefônicos e de outros equipamentos de comunicação	C-14
26.40-0	Fabricação de aparelhos de recepção, reprodução, gravação e amplificação de áudio e vídeo	C-14
26.51-5	Fabricação de aparelhos e equipamentos de medida, teste e controle	C-14
26.52-3	Fabricação de cronômetros e relógios	C-14
26.60-4	Fabricação de aparelhos eletromédicos e eletroterapêuticos e equipamentos de irradiação	C-14
26.70-1	Fabricação de equipamentos e instrumentos ópticos, fotográficos e cinematográficos	C-14
26.80-9	Fabricação de mídias virgens, magnéticas e ópticas	C-10
27.10-4	Fabricação de geradores, transformadores e motores elétricos	C-14
27.21-0	Fabricação de pilhas, baterias e acumuladores elétricos, exceto para veículos automotores	C-10
27.22-8	Fabricação de baterias e acumuladores para veículos automotores	C-10
27.31-7	Fabricação de aparelhos e equipamentos para distribuição e controle de energia elétrica	C-14
27.32-5	Fabricação de material elétrico para instalações em circuito de consumo	C-14
27.33-3	Fabricação de fios, cabos e condutores elétricos isolados	C-14
27.40-6	Fabricação de lâmpadas e outros equipamentos de iluminação	C-14
27.51-1	Fabricação de fogões, refrigeradores e máquinas de lavar e secar para uso doméstico	C-14
27.59-7	Fabricação de aparelhos eletrodomésticos não especificados anteriormente	C-14
27.90-2	Fabricação de equipamentos e aparelhos elétricos não especificados anteriormente	C-14
28.11-9	Fabricação de motores e turbinas, exceto para aviões e veículos rodoviários	C-14
28.12-7	Fabricação de equipamentos hidráulicos e pneumáticos, exceto válvulas	C-14
28.13-5	Fabricação de válvulas, registros e dispositivos semelhantes	C-14
28.14-3	Fabricação de compressores	C-14
28.15-1	Fabricação de equipamentos de transmissão para fins industriais	C-14
28.21-6	Fabricação de aparelhos e equipamentos para instalações térmicas	C-14
28.22-4	Fabricação de máquinas, equipamentos e aparelhos para transporte e elevação de cargas e pessoas	C-14
28.23-2	Fabricação de máquinas e aparelhos de refrigeração e ventilação para uso industrial e comercial	C-14
28.24-1	Fabricação de aparelhos e equipamentos de ar condicionado	C-14
28.25-9	Fabricação de máquinas e equipamentos para saneamento básico e ambiental	C-14

CNAE	Descrição	Grupo
28.29-1	Fabricação de máquinas e equipamentos de uso geral não especificados anteriormente	C-14a
28.31-3	Fabricação de tratores agrícolas	C-16
28.32-1	Fabricação de equipamentos para irrigação agrícola	C-14
28.33-0	Fabricação de máquinas e equipamentos para a agricultura e pecuária, exceto para irrigação	C-14
28.40-2	Fabricação de máquinas-ferramenta	C-14
28.51-8	Fabricação de máquinas e equipamentos para a prospecção e extração de petróleo	C-14
28.52-6	Fabricação de outras máquinas e equipamentos para uso na extração mineral, exceto na extração de petróleo	C-14
28.53-4	Fabricação de tratores, exceto agrícolas	C-16
28.54-2	Fabricação de máquinas e equipamentos para terraplenagem, pavimentação e construção, exceto tratores	C-14
28.61-5	Fabricação de máquinas para a indústria metalúrgica, exceto máquinas-ferramenta	C-14
28.62-3	Fabricação de máquinas e equipamentos para as indústrias de alimentos, bebidas e fumo	C-14
28.63-1	Fabricação de máquinas e equipamentos para a indústria têxtil	C-14
28.64-0	Fabricação de máquinas e equipamentos para as indústrias do vestuário, do couro e de calçados	C-14
28.65-8	Fabricação de máquinas e equipamentos para as indústrias de celulose, papel e papelão e artefatos	C-14
28.66-6	Fabricação de máquinas e equipamentos para a indústria do plástico	C-14
28.69-1	Fabricação de máquinas e equipamentos para uso industrial específico não especificados anteriormente	C-14
29.10-7	Fabricação de automóveis, camionetas e utilitários	C-16
29.20-4	Fabricação de caminhões e ônibus	C-16
29.30-1	Fabricação de cabines, carrocerias e reboques para veículos automotores	C-16
29.41-7	Fabricação de peças e acessórios para o sistema motor de veículos automotores	C-16
29.42-5	Fabricação de peças e acessórios para os sistemas de marcha e transmissão de veículos automotores	C-16
29.43-3	Fabricação de peças e acessórios para o sistema de freios de veículos automotores	C-16
29.44-1	Fabricação de peças e acessórios para o sistema de direção e suspensão de veículos automotores	C-16
29.45-0	Fabricação de material elétrico e eletrônico para veículos automotores, exceto baterias	C-14
29.49-2	Fabricação de peças e acessórios para veículos automotores não especificados anteriormente	C-16
29.50-6	Recondicionamento e recuperação de motores para veículos automotores	C-16
30.11-3	Construção de embarcações e estruturas flutuantes	C-16
30.12-1	Construção de embarcações para esporte e lazer	C-16
30.31-8	Fabricação de locomotivas, vagões e outros materiais rodantes	C-16
30.32-6	Fabricação de peças e acessórios para veículos ferroviários	C-16
30.41-5	Fabricação de aeronaves	C-16
30.42-3	Fabricação de turbinas, motores e outros componentes e peças para aeronaves	C-16
30.50-4	Fabricação de veículos militares de combate	C-16
30.91-1	Fabricação de motocicletas	C-16
30.92-0	Fabricação de bicicletas e triciclos não-motorizados	C-16
30.99-7	Fabricação de equipamentos de transporte não especificados anteriormente	C-16
31.01-2	Fabricação de móveis com predominância de madeira	C-6
31.02-1	Fabricação de móveis com predominância de metal	C-14
31.03-9	Fabricação de móveis de outros materiais, exceto madeira e metal	C-14
31.04-7	Fabricação de colchões	C-10
32.11-6	Lapidação de gemas e fabricação de artefatos de ourivesaria e joalheria	C-12
32.12-4	Fabricação de bijuterias e artefatos semelhantes	C-14a
32.20-5	Fabricação de instrumentos musicais	C-14a
32.30-2	Fabricação de artefatos para pesca e esporte	C-14

CNAE	Descrição	Grupo
32.40-0	Fabricação de brinquedos e jogos recreativos	C-14
32.50-7	Fabricação de instrumentos e materiais para uso médico e odontológico e de artigos ópticos	C-14
32.91-4	Fabricação de escovas, pincéis e vassouras	C-14a
32.92-2	Fabricação de equipamentos e acessórios para segurança e proteção pessoal e profissional	C-4
32.99-0	Fabricação de produtos diversos não especificados anteriormente	C-14a
33.11-2	Manutenção e reparação de tanques, reservatórios metálicos e caldeiras, exceto para veículos	C-14
33.12-1	Manutenção e reparação de equipamentos eletrônicos e ópticos	C-14
33.13-9	Manutenção e reparação de máquinas e equipamentos elétricos	C-14
33.14-7	Manutenção e reparação de máquinas e equipamentos da indústria mecânica	C-14
33.15-5	Manutenção e reparação de veículos ferroviários	C-16
33.16-3	Manutenção e reparação de aeronaves	C-16
33.17-1	Manutenção e reparação de embarcações	C-16
33.19-8	Manutenção e reparação de equipamentos e produtos não especificados anteriormente	C-14
33.21-0	Instalação de máquinas e equipamentos industriais	C-14
33.29-5	Instalação de equipamentos não especificados anteriormente	C-14a
35.11-5	Geração de energia elétrica	C-17
35.12-3	Transmissão de energia elétrica	C-17
35.13-1	Comércio atacadista de energia elétrica	C-17
35.14-0	Distribuição de energia elétrica	C-17
35.20-4	Produção de gás; processamento de gás natural; distribuição de combustíveis gasosos por redes urbanas	C-17
35.30-1	Produção e distribuição de vapor, água quente e ar condicionado	C-17
36.00-6	Captação, tratamento e distribuição de água	C-17
37.01-1	Gestão de redes de esgoto	C-17
37.02-9	Atividades relacionadas a esgoto, exceto a gestão de redes	C-17
38.11-4	Coleta de resíduos não-perigosos	C-17
38.12-2	Coleta de resíduos perigosos	C-17
38.21-1	Tratamento e disposição de resíduos não-perigosos	C-17
38.22-0	Tratamento e disposição de resíduos perigosos	C-17
38.31-9	Recuperação de materiais metálicos	C-14
38.32-7	Recuperação de materiais plásticos	C-12
38.39-4	Recuperação de materiais não especificados anteriormente	C-12
39.00-5	Descontaminação e outros serviços de gestão de resíduos	C-17
41.10-7	Incorporação de empreendimentos imobiliários	C-29
41.20-4	Construção de edifícios	C-18a
42.11-1	Construção de rodovias e ferrovias	C-18a
42.12-0	Construção de obras-de-arte especiais	C-18a
42.13-8	Obras de urbanização – ruas, praças e calçadas	C-18a
42.21-9	Obras para geração e distribuição de energia elétrica e para telecomunicações	C-18a
42.22-7	Construção de redes de abastecimento de água, coleta de esgoto e construções correlatas	C-18
42.23-5	Construção de redes de transportes por dutos, exceto para água e esgoto	C-18
42.91-0	Obras portuárias, marítimas e fluviais	C-18
42.92-8	Montagem de instalações industriais e de estruturas metálicas	C-18a
42.99-5	Obras de engenharia civil não especificadas anteriormente	C-18
43.11-8	Demolição e preparação de canteiros de obras	C-18a

CNAE	Descrição	Grupo
43.12-6	Perfurações e sondagens	C-18a
43.13-4	Obras de terraplenagem	C-18a
43.19-3	Serviços de preparação do terreno não especificados anteriormente	C-18a
43.21-5	Instalações elétricas	C-18
43.22-3	Instalações hidráulicas, de sistemas de ventilação e refrigeração	C-18
43.29-1	Obras de instalações em construções não especificadas anteriormente	C-18
43.30-4	Obras de acabamento	C-18
43.91-6	Obras de fundações	C-18a
43.99-1	Serviços especializados para construção não especificados anteriormente	C-18
45.11-1	Comércio a varejo e por atacado de veículos automotores	C-21
45.12-9	Representantes comerciais e agentes do comércio de veículos automotores	C-21
45.20-0	Manutenção e reparação de veículos automotores	C-16
45.30-7	Comércio de peças e acessórios para veículos automotores	C-21
45.41-2	Comércio por atacado e a varejo de motocicletas, peças e acessórios	C-21
45.42-1	Representantes comerciais e agentes do comércio de motocicletas, peças e acessórios	C-21
45.43-9	Manutenção e reparação de motocicletas	C-16
46.11-7	Representantes comerciais e agentes do comércio de matérias-primas agrícolas e animais vivos	C-19
46.12-5	Representantes comerciais e agentes do comércio de combustíveis, minerais, produtos siderúrgicos e químicos	C-22
46.13-3	Representantes comerciais e agentes do comércio de madeira, material de construção e ferragens	C-20
46.14-1	Representantes comerciais e agentes do comércio de máquinas, equipamentos, embarcações e aeronaves	C-19
46.15-0	Representantes comerciais e agentes do comércio de eletrodomésticos, móveis e artigos de uso doméstico	C-19
46.16-8	Representantes comerciais e agentes do comércio de têxteis, vestuário, calçados e artigos de viagem	C-19
46.17-6	Representantes comerciais e agentes do comércio de produtos alimentícios, bebidas e fumo	C-19
46.18-4	Representantes comerciais e agentes do comércio especializado em produtos não especificados anteriormente	C-19
46.19-2	Representantes comerciais e agentes do comércio de mercadorias em geral não especializado	C-19
46.21-4	Comércio atacadista de café em grão	C-20
46.22-2	Comércio atacadista de soja	C-20
46.23-1	Comércio atacadista de animais vivos, alimentos para animais e matérias-primas agrícolas, exceto café e soja	C-20
46.31-1	Comércio atacadista de leite e laticínios	C-20
46.32-0	Comércio atacadista de cereais e leguminosas beneficiados, farinhas, amidos e féculas	C-20
46.33-8	Comércio atacadista de hortifrutigranjeiros	C-20
46.34-6	Comércio atacadista de carnes, produtos da carne e pescado	C-20
46.35-4	Comércio atacadista de bebidas	C-20
46.36-2	Comércio atacadista de produtos do fumo	C-20
46.37-1	Comércio atacadista especializado em produtos alimentícios não especificados anteriormente	C-20
46.39-7	Comércio atacadista de produtos alimentícios em geral	C-20
46.41-9	Comércio atacadista de tecidos, artefatos de tecidos e de armarinho	C-20
46.42-7	Comércio atacadista de artigos do vestuário e acessórios	C-20
46.43-5	Comércio atacadista de calçados e artigos de viagem	C-20
46.44-3	Comércio atacadista de produtos farmacêuticos para uso humano e veterinário	C-20
46.45-1	Comércio atacadista de instrumentos e materiais para uso médico, cirúrgico, ortopédico e odontológico	C-20
46.46-0	Comércio atacadista de cosméticos, produtos de perfumaria e de higiene pessoal	C-22
46.47-8	Comércio atacadista de artigos de escritório e de papelaria; livros, jornais e outras publicações	C-20
46.49-4	Comércio atacadista de equipamentos e artigos de uso pessoal e doméstico não especificados anteriormente	C-20

CNAE	Descrição	Grupo
46.51-6	Comércio atacadista de computadores, periféricos e suprimentos de informática	C-20
46.52-4	Comércio atacadista de componentes eletrônicos e equipamentos de telefonia e comunicação	C-20
46.61-3	Comércio atacadista de máquinas, aparelhos e equipamentos para uso agropecuário; partes e peças	C-20
46.62-1	Comércio atacadista de máquinas, equipamentos para terraplenagem, mineração e construção; partes e peças	C-20
46.63-0	Comércio atacadista de máquinas e equipamentos para uso industrial; partes e peças	C-20
46.64-8	Comércio atacadista de máquinas, aparelhos e equipamentos para uso odonto-médico-hospitalar; partes e peças	C-20
46.65-6	Comércio atacadista de máquinas e equipamentos para uso comercial; partes e peças	C-20
46.69-9	Comércio atacadista de máquinas, aparelhos e equipamentos não especificados anteriormente; partes e peças	C-20
46.71-1	Comércio atacadista de madeira e produtos derivados	C-20
46.72-9	Comércio atacadista de ferragens e ferramentas	C-20
46.73-7	Comércio atacadista de material elétrico	C-20
46.74-5	Comércio atacadista de cimento	C-20
46.79-6	Comércio atacadista especializado de materiais de construção não especificados anteriormente e de materiais de construção em geral	C-20
46.81-8	Comércio atacadista de combustíveis sólidos, líquidos e gasosos, exceto gás natural e GLP	C-22
46.82-6	Comércio atacadista de gás liqüefeito de petróleo (GLP)	C-22
46.83-4	Comércio atacadista de defensivos agrícolas, adubos, fertilizantes e corretivos do solo	C-22
46.84-2	Comércio atacadista de produtos químicos e petroquímicos, exceto agroquímicos	C-22
46.85-1	Comércio atacadista de produtos siderúrgicos e metalúrgicos, exceto para construção	C-20
46.86-9	Comércio atacadista de papel e papelão em bruto e de embalagens	C-20
46.87-7	Comércio atacadista de resíduos e sucatas	C-22
46.89-3	Comércio atacadista especializado de outros produtos intermediários não especificados anteriormente	C-20
46.91-5	Comércio atacadista de mercadorias em geral, com predominância de produtos alimentícios	C-20
46.92-3	Comércio atacadista de mercadorias em geral, com predominância de insumos agropecuários	C-20
46.93-1	Comércio atacadista de mercadorias em geral, sem predominância de alimentos ou de insumos agropecuários	C-20
47.11-3	Comércio varejista de mercadorias em geral, com predominância de produtos alimentícios – hipermercados e supermercados	C-21
47.12-1	Comércio varejista de mercadorias em geral, com predominância de produtos alimentícios – minimercados, mercearias e armazéns	C-21
47.13-0	Comércio varejista de mercadorias em geral, sem predominância de produtos alimentícios	C-21
47.21-1	Comércio varejista de produtos de padaria, laticínio, doces, balas e semelhantes	C-21
47.22-9	Comércio varejista de carnes e pescados – açougues e peixarias	C-21
47.23-7	Comércio varejista de bebidas	C-21
47.24-5	Comércio varejista de hortifrutigranjeiros	C-21
47.29-6	Comércio varejista de produtos alimentícios em geral ou especializado em produtos alimentícios não especificados anteriormente; produtos do fumo	C-21
47.31-8	Comércio varejista de combustíveis para veículos automotores	C-22
47.32-6	Comércio varejista de lubrificantes	C-22
47.41-5	Comércio varejista de tintas e materiais para pintura	C-21
47.42-3	Comércio varejista de material elétrico	C-21
47.43-1	Comércio varejista de vidros	C-21
47.44-0	Comércio varejista de ferragens, madeira e materiais de construção	C-21
47.51-2	Comércio varejista especializado de equipamentos e suprimentos de informática	C-21
47.52-1	Comércio varejista especializado de equipamentos de telefonia e comunicação	C-21
47.53-9	Comércio varejista especializado de eletrodomésticos e equipamentos de áudio e vídeo	C-21

CNAE	Descrição	Grupo
47.54-7	Comércio varejista especializado de móveis, colchoaria e artigos de iluminação	C-21
47.55-5	Comércio varejista especializado de tecidos e artigos de cama, mesa e banho	C-21
47.56-3	Comércio varejista especializado de instrumentos musicais e acessórios	C-21
47.57-1	Comércio varejista especializado de peças e acessórios para aparelhos eletroeletrônicos para uso doméstico, exceto informática e comunicação	C-21
47.59-8	Comércio varejista de artigos de uso doméstico não especificados anteriormente	C-21
47.61-0	Comércio varejista de livros, jornais, revistas e papelaria	C-21
47.62-8	Comércio varejista de discos, CDs, DVDs e fitas	C-21
47.63-6	Comércio varejista de artigos recreativos e esportivos	C-21
47.71-7	Comércio varejista de produtos farmacêuticos para uso humano e veterinário	C-21
47.72-5	Comércio varejista de cosméticos, produtos de perfumaria e de higiene pessoal	C-21
47.73-3	Comércio varejista de artigos médicos e ortopédicos	C-21
47.74-1	Comércio varejista de artigos de óptica	C-21
47.81-4	Comércio varejista de artigos do vestuário e acessórios	C-21
47.82-2	Comércio varejista de calçados e artigos de viagem	C-21
47.83-1	Comércio varejista de jóias e relógios	C-21
47.84-9	Comércio varejista de gás liqüefeito de petróleo (GLP)	C-22
47.85-7	Comércio varejista de artigos usados	C-21
47.89-0	Comércio varejista de outros produtos novos não especificados anteriormente	C-21
47.90-3	Comércio ambulante e outros tipos de comércio varejista	C-21
49.11-6	Transporte ferroviário de carga	C-24d
49.12-4	Transporte metroferroviário de passageiros	C-24d
49.21-3	Transporte rodoviário coletivo de passageiros, com itinerário fixo, municipal e em região metropolitana	C-24c
49.22-1	Transporte rodoviário coletivo de passageiros, com itinerário fixo, intermunicipal, interestadual e internacional	C-24c
49.23-0	Transporte rodoviário de táxi	C-24c
49.24-8	Transporte escolar	C-24c
49.29-9	Transporte rodoviário coletivo de passageiros, sob regime de fretamento, e outros transportes rodoviários não especificados anteriormente	C-24c
49.30-2	Transporte rodoviário de carga	C-24c
49.30-2	Transporte rodoviário de carga	C-24c
49.40-0	Transporte dutoviário	C-24
49.50 7	Trens turísticos, teleféricos e similares	C-24
50.11-4	Transporte marítimo de cabotagem	C-24b
50.12-2	Transporte marítimo de longo curso	C-24b
50.21-1	Transporte por navegação interior de carga	C-24b
50.22-0	Transporte por navegação interior de passageiros em linhas regulares	C-24
50.30-1	Navegação de apoio	C-24a
50.91-2	Transporte por navegação de travessia	C-24
50.99-8	Transportes aquaviários não especificados anteriormente	C-24
51.11-1	Transporte aéreo de passageiros regular	C-24
51.12-9	Transporte aéreo de passageiros não-regular	C-24
51.20-0	Transporte aéreo de carga	C-24
51.30-7	Transporte espacial	C-24b
52.11-7	Armazenamento	C-24
52.12-5	Carga e descarga	C-24

CNAE	Descrição	Grupo
52.21-4	Concessionárias de rodovias, pontes, túneis e serviços relacionados	C-24a
52.22-2	Terminais rodoviários e ferroviários	C-24a
52.23-1	Estacionamento de veículos	C-24a
52.29-0	Atividades auxiliares dos transportes terrestres não especificadas anteriormente	C-24a
52.31-1	Gestão de portos e terminais	C-24a
52.32-0	Atividades de agenciamento marítimo	C-24a
52.39-7	Atividades auxiliares dos transportes aquaviários não especificadas anteriormente	C-24a
52.40-1	Atividades auxiliares dos transportes aéreos	C-24
52.50-8	Atividades relacionadas à organização do transporte de carga	C-24a
53.10-5	Atividades de Correio	C-25
53.20-2	Atividades de malote e de entrega	C-25
55.10-8	Hotéis e similares	C-23
55.90-6	Outros tipos de alojamento não especificados anteriormente	C-23
56.11-2	Restaurantes e outros estabelecimentos de serviços de alimentação e bebidas	C-23
56.12-1	Serviços ambulantes de alimentação	C-23
56.20-1	Serviços de catering, bufê e outros serviços de comida preparada	C-23
58.11-5	Edição de livros	C-8
58.12-3	Edição de jornais	C-8
58.13-1	Edição de revistas	C-8
58.19-1	Edição de cadastros, listas e outros produtos gráficos	C-8
58.21-2	Edição integrada à impressão de livros	C-8
58.22-1	Edição integrada à impressão de jornais	C-8
58.23-9	Edição integrada à impressão de revistas	C-8
58.29-8	Edição integrada à impressão de cadastros, listas e outros produtos gráficos	C-8
59.11-1	Atividades de produção cinematográfica, de vídeos e de programas de televisão	C-9
59.12-0	Atividades de pós-produção cinematográfica, de vídeos e de programas de televisão	C-9
59.13-8	Distribuição cinematográfica, de vídeo e de programas de televisão	C-9
59.14-6	Atividades de exibição cinematográfica	C-9
59.20-1	Atividades de gravação de som e de edição de música	C-9
60.10-1	Atividades de rádio	C-9
60.21-7	Atividades de televisão aberta	C-9
60.22-5	Programadoras e atividades relacionadas à televisão por assinatura	C-9
61.10-8	Telecomunicações por fio	C-25
61.20-5	Telecomunicações sem fio	C-25
61.30-2	Telecomunicações por satélite	C-25
61.41-8	Operadoras de televisão por assinatura por cabo	C-25
61.42-6	Operadoras de televisão por assinatura por microondas	C-25
61.43-4	Operadoras de televisão por assinatura por satélite	C-25
61.90-6	Outras atividades de telecomunicações	C-25
62.01-5	Desenvolvimento de programas de computador sob encomenda	C-35
62.02-3	Desenvolvimento e licenciamento de programas de computador customizáveis	C-35
62.03-1	Desenvolvimento e licenciamento de programas de computador não customizáveis	C-35
62.04-0	Consultoria em tecnologia da informação	C-35
62.09-1	Suporte técnico, manutenção e outros serviços em tecnologia da informação	C-35

CNAE	Descrição	Grupo
63.11-9	Tratamento de dados, provedores de serviços de aplicação e serviços de hospedagem na internet	C-35
63.19-4	Portais, provedores de conteúdo e outros serviços de informação na internet	C-35
63.91-7	Agências de notícias	C-8
63.99-2	Outras atividades de prestação de serviços de informação não especificadas anteriormente	C-35
64.10-7	Banco Central	C-28
64.21-2	Bancos comerciais	C-28
64.22-1	Bancos múltiplos, com carteira comercial	C-28
64.23-9	Caixas econômicas	C-28
64.24-7	Crédito cooperativo	C-28
64.31-0	Bancos múltiplos, sem carteira comercial	C-28
64.32-8	Bancos de investimento	C-28
64.33-6	Bancos de desenvolvimento	C-28
64.34-4	Agências de fomento	C-28
64.35-2	Crédito imobiliário	C-28
64.36-1	Sociedades de crédito, financiamento e investimento – financeiras	C-28
64.37-9	Sociedades de crédito ao microempreendedor	C-28
64.40-9	Arrendamento mercantil	C-28
64.50-6	Sociedades de capitalização	C-28
64.61-1	Holdings de instituições financeiras	C-28
64.62-0	Holdings de instituições não-financeiras	C-29
64.63-8	Outras sociedades de participação, exceto holdings	C-28
64.70-1	Fundos de investimento	C-28
64.91-3	Sociedades de fomento mercantil – factoring	C-28
64.92-1	Securitização de créditos	C-28
64.93-0	Administração de consórcios para aquisição de bens e direitos	C-28
64.99-9	Outras atividades de serviços financeiros não especificadas anteriormente	C-28
65.11-1	Seguros de vida	C-26
65.12-0	Seguros não-vida	C-26
65.20-1	Seguros-saúde	C-26
65.30-8	Resseguros	C-26
65.41-3	Previdência complementar fechada	C-26
65.42-1	Previdência complementar aberta	C-26
65.50-2	Planos de saúde	C-26
66.11-8	Administração de bolsas e mercados de balcão organizados	C-27
66.12-6	Atividades de intermediários em transações de títulos, valores mobiliários e mercadorias	C-27
66.13-4	Administração de cartões de crédito	C-28
66.19-3	Atividades auxiliares dos serviços financeiros não especificadas anteriormente	C-27
66.21-5	Avaliação de riscos e perdas	C-27
66.22-3	Corretores e agentes de seguros, de planos de previdência complementar e de saúde	C-27
66.29-1	Atividades auxiliares dos seguros, da previdência complementar e dos planos de saúde não especificadas anteriormente	C-27
66.30-4	Atividades de administração de fundos por contrato ou comissão	C-27
68.10-2	Atividades imobiliárias de imóveis próprios	C-29
68.21-8	Intermediação na compra, venda e aluguel de imóveis	C-29
68.22-6	Gestão e administração da propriedade imobiliária	C-29

CNAE	Descrição	Grupo
69.11-7	Atividades jurídicas, exceto cartórios	C-29
69.12-5	Cartórios	C-29
69.20-6	Atividades de contabilidade, consultoria e auditoria contábil e tributária	C-29
70.10-7	Sedes de empresas e unidades administrativas locais	C-29
70.20-4	Atividades de consultoria em gestão empresarial	C-29
71.11-1	Serviços de arquitetura	C-35
71.12-0	Serviços de engenharia	C-35
71.19-7	Atividades técnicas relacionadas à arquitetura e engenharia	C-35
71.20-1	Testes e análises técnicas	C-32
72.10-0	Pesquisa e desenvolvimento experimental em ciências físicas e naturais	C-32
72.20-7	Pesquisa e desenvolvimento experimental em ciências sociais e humanas	C-32
73.11-4	Agências de publicidade	C-35
73.12-2	Agenciamento de espaços para publicidade, exceto em veículos de comunicação	C-35
73.19-0	Atividades de publicidade não especificadas anteriormente	C-35
73.20-3	Pesquisas de mercado e de opinião pública	C-29
74.10-2	Design e decoração de interiores	C-35
74.20-0	Atividades fotográficas e similares	C-9
74.90-1	Atividades profissionais, científicas e técnicas não especificadas anteriormente	C-35
75.00-1	Atividades veterinárias	C-34
77.11-0	Locação de automóveis sem condutor	C-35
77.19-5	Locação de meios de transporte, exceto automóveis, sem condutor	C-35
77.21-7	Aluguel de equipamentos recreativos e esportivos	C-29
77.22-5	Aluguel de fitas de vídeo, DVDs e similares	C-29
77.23-3	Aluguel de objetos do vestuário, jóias e acessórios	C-29
77.29-2	Aluguel de objetos pessoais e domésticos não especificados anteriormente	C-29
77.31-4	Aluguel de máquinas e equipamentos agrícolas sem operador	C-35
77.32-2	Aluguel de máquinas e equipamentos para construção sem operador	C-35
77.33-1	Aluguel de máquinas e equipamentos para escritório	C-35
77.39-0	Aluguel de máquinas e equipamentos não especificados anteriormente	C-35
77.40-3	Gestão de ativos intangíveis não-financeiros	C-28
78.10-8	Seleção e agenciamento de mão-de-obra	C-35
78.20-5	Locação de mão-de-obra temporária	C-35
78.30-2	Fornecimento e gestão de recursos humanos para terceiros	C-35
79.11-2	Agências de viagens	C-29
79.12-1	Operadores turísticos	C-29
79.90-2	Serviços de reservas e outros serviços de turismo não especificados anteriormente	C-29
80.11-1	Atividades de vigilância e segurança privada	C-30
80.12-9	Atividades de transporte de valores	C-30
80.20-0	Atividades de monitoramento de sistemas de segurança	C-30
80.30-7	Atividades de investigação particular	C-30
81.11-7	Serviços combinados para apoio a edifícios, exceto condomínios prediais	C-29
81.12-5	Condomínios prediais	C-35
81.21-4	Limpeza em prédios e em domicílios	C-30
81.22-2	Imunização e controle de pragas urbanas	C-30

CNAE	Descrição	Grupo
81.29-0	Atividades de limpeza não especificadas anteriormente	C-30
81.30-3	Atividades paisagísticas	C-30
82.11-3	Serviços combinados de escritório e apoio administrativo	C-35
82.19-9	Fotocópias, preparação de documentos e outros serviços especializados de apoio administrativo	C-35
82.20-2	Atividades de teleatendimento	C-35
82.30-0	Atividades de organização de eventos, exceto culturais e esportivos	C-35
82.91-1	Atividades de cobrança e informações cadastrais	C-35
82.92-0	Envasamento e empacotamento sob contrato	C-35
82.99-7	Atividades de serviços prestados principalmente às empresas não especificadas anteriormente	C-35
84.11-6	Administração pública em geral	C-33
84.12-4	Regulação das atividades de saúde, educação, serviços culturais e outros serviços sociais	C-33
84.13-2	Regulação das atividades econômicas	C-33
84.21-3	Relações exteriores	C-33
84.22-1	Defesa	C-33
84.23-0	Justiça	C-33
84.24-8	Segurança e ordem pública	C-33
84.25-6	Defesa Civil	C-33
84.30-2	Seguridade social obrigatória	C-33
85.11-2	Educação infantil – creche	C-31
85.12-1	Educação infantil – pré-escola	C-31
85.13-9	Ensino fundamental	C-31
85.20-1	Ensino médio	C-31
85.31-7	Educação superior – graduação	C-31
85.32-5	Educação superior – graduação e pós-graduação	C-31
85.33-3	Educação superior – pós-graduação e extensão	C-31
85.41-4	Educação profissional de nível técnico	C-31
85.42-2	Educação profissional de nível tecnológico	C-31
85.50-3	Atividades de apoio à educação	C-29
85.91-1	Ensino de esportes	C-31
85.92-9	Ensino de arte e cultura	C-31
85.93-7	Ensino de idiomas	C-31
85.99-6	Atividades de ensino não especificadas anteriormente	C-31
86.10-1	Atividades de atendimento hospitalar	C-34
86.21-6	Serviços móveis de atendimento a urgências	C-34
86.22-4	Serviços de remoção de pacientes, exceto os serviços móveis de atendimento a urgências	C-34
86.30-5	Atividades de atenção ambulatorial executadas por médicos e odontólogos	C-34
86.40-2	Atividades de serviços de complementação diagnóstica e terapêutica	C-34
86.50-0	Atividades de profissionais da área de saúde, exceto médicos e odontólogos	C-34
86.60-7	Atividades de apoio à gestão de saúde	C-34
86.90-9	Atividades de atenção à saúde humana não especificadas anteriormente	C-34
87.11-5	Atividades de assistência a idosos, deficientes físicos, imunodeprimidos e convalescentes prestadas em residências coletivas e particulares	C-34
87.12-3	Atividades de fornecimento de infra-estrutura de apoio e assistência a paciente no domicílio	C-34
87.20-4	Atividades de assistência psicossocial e à saúde a portadores de distúrbios psíquicos, deficiência mental e dependência química	C-34

CNAE	Descrição	Grupo
87.30-1	Atividades de assistência social prestadas em residências coletivas e particulares	C-34
88.00-6	Serviços de assistência social sem alojamento	C-23
90.01-9	Artes cênicas, espetáculos e atividades complementares	C-9
90.02-7	Criação artística	C-9
90.03-5	Gestão de espaços para artes cênicas, espetáculos e outras atividades artísticas	C-9
91.01-5	Atividades de bibliotecas e arquivos	C-31
91.02-3	Atividades de museus e de exploração, restauração artística e conservação de lugares e prédios históricos e atrações similares	C-31
91.03-1	Atividades de jardins botânicos, zoológicos, parques nacionais, reservas ecológicas e áreas de proteção ambiental	C-31
92.00-3	Atividades de exploração de jogos de azar e apostas	C-35
93.11-5	Gestão de instalações de esportes	C-31
93.12-3	Clubes sociais, esportivos e similares	C-31
93.13-1	Atividades de condicionamento físico	C-31
93.19-1	Atividades esportivas não especificadas anteriormente	C-31
93.21-2	Parques de diversão e parques temáticos	C-35
93.29-8	Atividades de recreação e lazer não especificadas anteriormente	C-35
94.11-1	Atividades de organizações associativas patronais e empresariais	C-29
94.12-0	Atividades de organizações associativas profissionais	C-29
94.20-1	Atividades de organizações sindicais	C-29
94.30-8	Atividades de associações de defesa de direitos sociais	C-29
94.91-0	Atividades de organizações religiosas	C-29
94.92-8	Atividades de organizações políticas	C-29
94.93-6	Atividades de organizações associativas ligadas à cultura e à arte	C-29
94.99-5	Atividades associativas não especificadas anteriormente	C-29
95.11-8	Reparação e manutenção de computadores e de equipamentos periféricos	C-14a
95.12-6	Reparação e manutenção de equipamentos de comunicação	C-14
95.21-5	Reparação e manutenção de equipamentos eletroeletrônicos de uso pessoal e doméstico	C-14
95.29-1	Reparação e manutenção de objetos e equipamentos pessoais e domésticos não especificados anteriormente	C-35
95.29-1	Reparação e manutenção de objetos e equipamentos pessoais e domésticos não especificados anteriormente	C-35
96.01-7	Lavanderias, tinturarias e toalheiros	C-30
96.02-5	Cabeleireiros e outras atividades de tratamento de beleza	C-35
96.03-3	Atividades funerárias e serviços relacionados	C-34
96.09-2	Atividades de serviços pessoais não especificadas anteriormente	C-35
97.00-5	Serviços domésticos	C-35
99.00-8	Organismos internacionais e outras instituições extraterritoriais	C-33

(*DOU* 06.07.1978)

NR 6

EQUIPAMENTO DE PROTEÇÃO INDIVIDUAL – EPI

6.1 Para os fins de aplicação desta Norma Regulamentadora – NR, considera-se Equipamento de Proteção Individual – EPI, todo dispositivo ou produto, de uso individual utilizado pelo trabalhador, destinado à proteção de riscos suscetíveis de ameaçar a segurança e a saúde no trabalho.

6.1.1 Entende-se como Equipamento Conjugado de Proteção Individual, todo aquele composto por vários dispositivos, que o fabricante tenha associado contra um ou mais riscos que possam ocorrer simultaneamente e que sejam suscetíveis de ameaçar a segurança e a saúde no trabalho.

6.2 O equipamento de proteção individual, de fabricação nacional ou importado, só poderá ser posto à venda ou utilizado com a indicação do Certificado de Aprovação – CA, expedido pelo órgão nacional competente em matéria de segurança e saúde no trabalho do Ministério do Trabalho e Emprego.

6.3 A empresa é obrigada a fornecer aos empregados, gratuitamente, EPI adequado ao risco, em perfeito estado de conservação e funcionamento, nas seguintes circuns-tâncias:

a) sempre que as medidas de ordem geral não ofereçam completa proteção contra os riscos de acidentes do trabalho ou de doenças profissionais e do trabalho;

b) enquanto as medidas de proteção coletiva estiverem sendo implantadas; e,

c) para atender a situações de emergência.

6.4 Atendidas as peculiaridades de cada atividade profissional, e observado o disposto no item 6.3, o empregador deve fornecer aos trabalhadores os EPI adequados, de acordo com o disposto no ANEXO I desta NR.

6.4.1 As solicitações para que os produtos que não estejam relacionados no ANEXO I, desta NR, sejam considerados como EPI, bem como as propostas para reexame daqueles ora elencados, deverão ser avaliadas por comissão tripartite a ser constituída pelo órgão nacional competente em matéria de segurança e saúde no trabalho, após ouvida a CTPP, sendo as conclusões submetidas àquele órgão do Ministério do Trabalho e Emprego para aprovação.

6.5 Compete ao Serviço Especializado em Engenharia de Segurança e em Medicina do Trabalho – SESMT, ouvida a Comissão Interna de Prevenção de Acidentes – CIPA e trabalhadores usuários, recomendar ao empregador o EPI adequado ao risco existente em determinada atividade.

6.5.1 Nas empresas desobrigadas a constituir SESMT, cabe ao empregador selecionar o EPI adequado ao risco, mediante orientação de profissional tecnicamente habilitado, ouvida a CIPA ou, na falta desta, o designado e trabalhadores usuários.

6.6 Responsabilidades do empregador.

6.6.1 Cabe ao empregador quanto ao EPI:

a) adquirir o adequado ao risco de cada atividade;

b) exigir seu uso;

c) fornecer ao trabalhador somente o aprovado pelo órgão nacional competente em matéria de segurança e saúde no trabalho;

d) orientar e treinar o trabalhador sobre o uso adequado, guarda e conservação;

e) substituir imediatamente, quando danificado ou extraviado;

f) responsabilizar-se pela higienização e manutenção periódica; e,

g) comunicar ao MTE qualquer irregularidade observada.

h) registrar o seu fornecimento ao trabalhador, podendo ser adotados livros, fichas ou sistema eletrônico.

6.7 Responsabilidades dos trabalhadores.

6.7.1 Cabe ao empregado quanto ao EPI:

a) usar, utilizando-o apenas para a finalidade a que se destina;

b) responsabilizar-se pela guarda e conservação;

c) comunicar ao empregador qualquer alteração que o torne impróprio para uso; e,

d) cumprir as determinações do empregador sobre o uso adequado.

6.8 Responsabilidades de fabricantes e/ou importadores.

6.8.1 O fabricante nacional ou importador deverá:

a) cadastrar-se junto ao órgão nacional competente em matéria de segurança e saúde no trabalho;

b) solicitar a emissão do CA;

c) solicitar a renovação do CA quando vencido o prazo de validade estipulado pelo órgão nacional competente em matéria de segurança e saúde do trabalho;

d) requerer novo CA quando houver alteração das especificações do equipamento aprovado;

e) responsabilizar-se pela manutenção da qualidade do EPI que deu origem ao Certificado de Aprovação – CA;

f) comercializar ou colocar à venda somente o EPI, portador de CA;

g) comunicar ao órgão nacional competente em matéria de segurança e saúde no trabalho quaisquer alterações dos dados cadastrais fornecidos;

h) comercializar o EPI com instruções técnicas no idioma nacional, orientando sua utilização, manutenção, restrição e demais referências ao seu uso;

i) fazer constar do EPI o número do lote de fabricação; e,

j) providenciar a avaliação da conformidade do EPI no âmbito do SINMETRO, quando for o caso;

k) fornecer as informações referentes aos processos de limpeza e higienização de seus EPI, indicando quando for o caso, o número de higienizações acima do qual é necessário proceder à revisão ou à substituição do equipamento, a fim de garantir que os mesmos mantenham as características de proteção original.

☛ *l)* promover adaptação do EPI detentor de Certificado de Aprovação para pessoas com deficiência.

- Alínea *l* inserida pela Portaria MTb 877/2018.

6.8.1.1 Os procedimentos de cadastramento de fabricante e/ou importador de EPI e de emissão e/ou renovação de CA devem atender os requisitos estabelecidos em Portaria específica.

6.9 Certificado de Aprovação – CA

6.9.1 Para fins de comercialização o CA concedido aos EPI terá validade:

a) de 5 (cinco) anos, para aqueles equipamentos com laudos de ensaio que não tenham sua conformidade avaliada no âmbito do SINMETRO;

b) do prazo vinculado à avaliação da conformidade no âmbito do SINMETRO, quando for o caso;

c) *(Excluído pela Portaria SIT 194/2010.)*

d) *(Excluído pela Portaria SIT 194/2010.)*

6.9.2 O órgão nacional competente em matéria de segurança e saúde no trabalho, quando necessário e mediante justificativa, poderá estabelecer prazos diversos daqueles dispostos no subitem 6.9.1.

6.9.3 Todo EPI deverá apresentar em caracteres indeléveis e bem visíveis, o nome comercial da empresa fabricante, o lote de fabricação e o número do CA, ou, no caso de EPI importado, o nome do importador, o lote de fabricação e o número do CA.

6.9.3.1 Na impossibilidade de cumprir o determinado no item 6.9.3, o órgão nacional competente em matéria de segurança e saúde no trabalho poderá autorizar forma alternativa de gravação, a ser proposta pelo fabricante ou importador, devendo esta constar do CA.

☛ **6.9.3.2** A adaptação do Equipamento de Proteção Individual para uso pela pessoa com deficiência feita pelo fabricante ou importador detentor do Certificado de Aprovação não invalida o certificado já emitido, sendo desnecessária a emissão de novo CA.

- Subitem acrescentado pela Portaria MTb 877/2018.

6.10 *(Excluído pela Portaria SIT 194/2010.)*

6.10.1 *(Excluído pela Portaria SIT 194/2010.)*

6.11 Da competência do Ministério do Trabalho e Emprego / MTE

6.11.1 Cabe ao órgão nacional competente em matéria de segurança e saúde no trabalho:

a) cadastrar o fabricante ou importador de EPI;

b) receber e examinar a documentação para emitir ou renovar o CA de EPI;

c) estabelecer, quando necessário, os regulamentos técnicos para ensaios de EPI;

d) emitir ou renovar o CA e o cadastro de fabricante ou importador;

e) fiscalizar a qualidade do EPI;

f) suspender o cadastramento da empresa fabricante ou importadora; e,

g) cancelar o CA.

6.11.1.1 Sempre que julgar necessário o órgão nacional competente em matéria de segurança e saúde no trabalho, poderá requisitar amostras de EPI, identificadas com o nome do fabricante e o número de referência, além de outros requisitos.

6.11.2 Cabe ao órgão regional do MTE:

a) fiscalizar e orientar quanto ao uso adequado e a qualidade do EPI;

b) recolher amostras de EPI; e,

c) aplicar, na sua esfera de competência, as penalidades cabíveis pelo descumprimento desta NR.

6.12 *(Revogado pela Portaria SIT 125/2009.)*

6.12.1 *(Revogado pela Portaria SIT 125/2009.)*

6.12.2 *(Revogado pela Portaria SIT 125/2009.)*

6.12.2.1 *(Revogado pela Portaria SIT 125/2009.)*

6.12.2.2 *(Revogado pela Portaria SIT 125/2009.)*

6.12.2.3 *(Revogado pela Portaria SIT 125/2009.)*

6.12.2.4 *(Revogado pela Portaria SIT 125/2009.)*

6.12.2.5 *(Revogado pela Portaria SIT 125/2009.)*

6.12.2.6 *(Revogado pela Portaria SIT 125/2009.)*

6.12.3 *(Revogado pela Portaria SIT 125/2009.)*

6.12.4 *(Revogado pela Portaria SIT 125/2009.)*

ANEXO I
LISTA DE EQUIPAMENTOS DE PROTEÇÃO INDIVIDUAL

A – EPI PARA PROTEÇÃO DA CABEÇA

A.1 Capacete

a) capacete para proteção contra impactos de objetos sobre o crânio;

b) capacete para proteção contra choques elétricos;

c) capacete para proteção do crânio e face contra agentes térmicos.

A.2 Capuz ou balaclava

a) capuz para proteção do crânio e pescoço contra riscos de origem térmica;

b) capuz para proteção do crânio, face e pescoço contra agentes químicos;

c) capuz para proteção do crânio e pescoço contra agentes abrasivos e escoriantes;

d) capuz para proteção da cabeça e pescoço contra umidade proveniente de operações com uso de água.

B – EPI PARA PROTEÇÃO DOS OLHOS E FACE

B.1 Óculos

a) óculos para proteção dos olhos contra impactos de partículas volantes;

b) óculos para proteção dos olhos contra luminosidade intensa;

c) óculos para proteção dos olhos contra radiação ultravioleta;

d) óculos para proteção dos olhos contra radiação infravermelha.

e) óculos de tela para proteção limitada dos olhos contra impactos de partículas volantes.

B.2 Protetor facial

a) protetor facial para proteção da face contra impactos de partículas volantes;

b) protetor facial para proteção da face contra radiação infravermelha;

c) protetor facial para proteção dos olhos contra luminosidade intensa;

d) protetor facial para proteção da face contra riscos de origem térmica;

e) protetor facial para proteção da face contra radiação ultravioleta.

B.3 Máscara de Solda

a) máscara de solda para proteção dos olhos e face contra impactos de partículas volantes, radiação ultra-violeta, radiação infravermelha e luminosidade intensa.

C – EPI PARA PROTEÇÃO AUDITIVA

C.1 Protetor auditivo

a) protetor auditivo circum-auricular para proteção do sistema auditivo contra níveis de pressão sonora superiores ao estabelecido na NR-15, Anexos 1 e 2;

b) protetor auditivo de inserção para proteção do sistema auditivo contra níveis de pressão sonora superiores ao estabelecido na NR-15, Anexos 1 e 2;

c) protetor auditivo semi-auricular para proteção do sistema auditivo contra níveis de pressão sonora superiores ao estabelecido na NR-15, Anexos 1 e 2.

D – EPI PARA PROTEÇÃO RESPIRATÓRIA

D.1 Respirador purificador de ar não motorizado

a) peça semifacial filtrante (PFF1) para proteção das vias respiratórias contra poeiras e névoas;

b) peça semifacial filtrante (PFF2) para proteção das vias respiratórias contra poeiras, névoas e fumos;

c) peça semifacial filtrante (PFF3) para proteção das vias respiratórias contra poeiras, névoas, fumos e radionuclídeos;

d) peça um quarto facial, semifacial ou facial inteira com filtros para material particulado tipo P1 para proteção das vias respiratórias contra poeiras e névoas; e ou P2 para proteção contra poeiras, névoas e fumos; e ou P3 para proteção contra poeiras, névoas, fumos e radionuclídeos;

e) peça um quarto facial, semifacial ou facial inteira com filtros químicos e ou combinados para proteção das vias respiratórias contra gases e vapores e ou material particulado.

D.2 Respirador purificador de ar motorizado

a) sem vedação facial tipo touca de proteção respiratória, capuz ou capacete para proteção das vias respiratórias contra poeiras, névoas, fumos e radionuclídeos e ou contra gases e vapores;

b) com vedação facial tipo peça semifacial ou facial inteira para proteção das vias respiratórias contra poeiras, névoas, fumos e radionuclídeos e ou contra gases e vapores.

D.3 Respirador de adução de ar tipo linha de ar comprimido

a) sem vedação facial de fluxo contínuo tipo capuz ou capacete para proteção das vias respiratórias em atmosferas com concentração de oxigênio maior que 12,5%;

b) sem vedação facial de fluxo contínuo tipo capuz ou capacete para proteção das vias respiratórias em operações de jateamento e em atmosferas com concentração de oxigênio maior que 12,5%;

c) com vedação facial de fluxo contínuo tipo peça semifacial ou facial inteira para proteção das vias respiratórias em atmosferas com concentração de oxigênio maior que 12,5%;

d) de demanda com pressão positiva tipo peça semifacial ou facial inteira para proteção das vias respiratórias em atmosferas com concentração de oxigênio maior que 12,5%;

e) de demanda com pressão positiva tipo peça facial inteira combinado com cilindro auxiliar para proteção das vias respiratórias em atmosferas com concentração de oxigênio menor ou igual que 12,5%, ou seja, em atmosferas Imediatamente Perigosas à Vida e a Saúde (IPVS).

D.4 Respirador de adução de ar tipo máscara autonoma

a) de circuito aberto de demanda com pressão positiva para proteção das vias respiratórias em atmosferas com concentração de oxigênio menor ou igual que 12,5%, ou seja, em atmosferas Imediatamente Perigosas à Vida e a Saúde (IPVS);

b) de circuito fechado de demanda com pressão positiva para proteção das vias respiratórias em atmosferas com concentração de oxigênio menor ou igual que 12,5%, ou seja, em atmosferas Imediatamente Perigosas à Vida e a Saúde (IPVS).

D.5 Respirador de fuga

a) respirador de fuga tipo bocal para proteção das vias respiratórias contra gases e vapores e ou material particulado em condições de escape de atmosferas Imediatamente Perigosas à Vida e a Saúde (IPVS).

E – EPI PARA PROTEÇÃO DO TRONCO

E.1 Vestimentas

a) vestimentas para proteção do tronco contra riscos de origem térmica;

b) vestimentas para proteção do tronco contra riscos de origem mecânica;

c) vestimentas para proteção do tronco contra agentes químicos;

d) vestimentas para proteção do tronco contra riscos de origem radioativa;

e) vestimenta para proteção do tronco contra umidade proveniente de precipitação pluviométrica; (NR)

f) vestimentas para proteção do tronco contra umidade proveniente de operações com uso de água.

E.2 Colete à prova de balas de uso permitido para vigilantes que trabalhem portando arma de fogo, para proteção do tronco contra riscos de origem mecânica.

F – EPI PARA PROTEÇÃO DOS MEMBROS SUPERIORES

F.1 Luvas

a) luvas para proteção das mãos contra agentes abrasivos e escoriantes;

b) luvas para proteção das mãos contra agentes cortantes e perfurantes;

c) luvas para proteção das mãos contra choques elétricos;

d) luvas para proteção das mãos contra agentes térmicos;

e) luvas para proteção das mãos contra agentes biológicos;

f) luvas para proteção das mãos contra agentes químicos;

g) luvas para proteção das mãos contra vibrações;

h) luvas para proteção contra umidade proveniente de operações com uso de água;

i) luvas para proteção das mãos contra radiações ionizantes.

F.2 Creme protetor

a) creme protetor de segurança para proteção dos membros superiores contra agentes químicos.

F.3 Manga

a) manga para proteção do braço e do antebraço contra choques elétricos;

b) manga para proteção do braço e do antebraço contra agentes abrasivos e escoriantes;

c) manga para proteção do braço e do antebraço contra agentes cortantes e perfurantes;

d) manga para proteção do braço e do antebraço contra umidade proveniente de operações com uso de água;

e) manga para proteção do braço e do antebraço contra agentes térmicos;

f) manga para proteção do braço e do antebraço contra agentes químicos.

F.4 Braçadeira

a) braçadeira para proteção do antebraço contra agentes cortantes;

b) braçadeira para proteção do antebraço contra agentes escoriantes.

F.5 Dedeira

a) dedeira para proteção dos dedos contra agentes abrasivos e escoriantes.

G – EPI PARA PROTEÇÃO DOS MEMBROS INFERIORES

G.1 Calçado

a) calçado para proteção contra impactos de quedas de objetos sobre os artelhos;

b) calçado para proteção dos pés contra agentes provenientes de energia elétrica;

c) calçado para proteção dos pés contra agentes térmicos;

d) calçado para proteção dos pés contra agentes abrasivos e escoriantes;

e) calçado para proteção dos pés contra agentes cortantes e perfurantes;

f) calçado para proteção dos pés e pernas contra umidade proveniente de operações com uso de água;

g) calçado para proteção dos pés e pernas contra agentes químicos.

G.2 Meia

a) meia para proteção dos pés contra baixas temperaturas.

G.3 Perneira

a) perneira para proteção da perna contra agentes abrasivos e escoriantes;

b) perneira para proteção da perna contra agentes térmicos;

c) perneira para proteção da perna contra agentes químicos;

d) perneira para proteção da perna contra agentes cortantes e perfurantes;

e) perneira para proteção da perna contra umidade proveniente de operações com uso de água.

G.4 Calça

a) calça para proteção das pernas contra agentes abrasivos e escoriantes;

b) calça para proteção das pernas contra agentes químicos;

c) calça para proteção das pernas contra agentes térmicos;

d) calça para proteção das pernas contra umidade proveniente de operações com uso de água;

e) calça para proteção das pernas contra umidade proveniente de precipitação pluviométrica.

H – EPI PARA PROTEÇÃO DO CORPO INTEIRO

H.1 – Macacão

a) macacão para proteção do tronco e membros superiores e inferiores contra agentes térmicos;

b) macacão para proteção do tronco e membros superiores e inferiores contra agentes químicos;

c) macacão para proteção do tronco e membros superiores e inferiores contra umidade proveniente de operações com uso de água;

d) macacão para proteção do tronco e membros superiores e inferiores contra umidade proveniente de precipitação pluviométrica.

H.2 Vestimenta de corpo inteiro

a) vestimenta para proteção de todo o corpo contra riscos de origem química;

b) vestimenta para proteção de todo o corpo contra umidade proveniente de operações com água;

c) vestimenta condutiva para proteção de todo o corpo contra choques elétricos;

d) vestimenta para proteção de todo o corpo contra umidade proveniente de precipitação pluviométrica.

I – EPI PARA PROTEÇÃO CONTRA QUEDAS COM DIFERENÇA DE NÍVEL

I.1 Cinturao de segurança com dispositivo trava-queda

a) cinturão de segurança com dispositivo trava-queda para proteção do usuário contra quedas em operações com movimentação vertical ou horizontal.

I.2 Cinturão de segurança com talabarte

a) cinturão de segurança Com Talabarte Para Proteção Do usuário contra riscos de queda em trabalhos em altura;

b) cinturão de segurança com talabarte para proteção do usuário contra riscos de queda no posicionamento em trabalhos em altura.

ANEXO II

(Excluído pela Portaria SIT 194/2010.)

ANEXO III

(Excluído pela Portaria SIT 194/2010.)

(DOU 06.07.1978)

NR 7

PROGRAMA DE CONTROLE MÉDICO DE SAÚDE OCUPACIONAL

7.1 DO OBJETO

7.1.1 Esta Norma Regulamentadora – NR estabelece a obrigatoriedade de elaboração e implementação, por parte de todos os empregadores e instituições que admitam trabalhadores como empregados, do Programa de Controle Médico de Saúde Ocupacional – PCMSO, com o objetivo de promoção e preservação da saúde do conjunto dos seus trabalhadores.

7.1.2 Esta NR estabelece os parâmetros mínimos e diretrizes gerais a serem observados na execução do PCMSO, podendo os mesmos ser ampliados mediante negociação coletiva de trabalho.

7.1.3 Caberá à empresa contratante de mão-de-obra prestadora de serviços informar a empresa contratada dos riscos existentes e auxiliar na elaboração e implementação do PCMSO nos locais de trabalho onde os serviços estão sendo prestados.

7.2 DAS DIRETRIZES

7.2.1 O PCMSO é parte integrante do conjunto mais amplo de iniciativas da empresa no campo da saúde dos trabalhadores, devendo estar articulado com o disposto nas demais NR.

7.2.2 O PCMSO deverá considerar as questões incidentes sobre o indivíduo e a coletividade de trabalhadores, privilegiando o instrumental clínico-epidemiológico na abordagem da relação entre sua saúde e o trabalho.

7.2.3 O PCMSO deverá ter caráter de prevenção, rastreamento e diagnóstico precoce dos agravos à saúde relacionados ao trabalho, inclusive de natureza subclínica, além da constatação da existência de casos de doenças profissionais ou danos irreversíveis à saúde dos trabalhadores.

7.2.4 O PCMSO deverá ser planejado e implantado com base nos riscos à saúde dos trabalhadores, especialmente os identificados nas avaliações previstas nas demais NR.

7.3 DAS RESPONSABILIDADES

7.3.1 Compete ao empregador:

a) garantir a elaboração e efetiva implementação do PCMSO, bem como zelar pela sua eficácia;

b) custear sem ônus para o empregado todos os procedimentos relacionados ao PCMSO;

c) indicar, dentre os médicos dos Serviços Especializados em Engenharia de Segurança e Medicina do Trabalho – SESMT, da empresa, um coordenador responsável pela execução do PCMSO;

d) no caso de a empresa estar desobrigada de manter médico do trabalho, de acordo com a NR 4, deverá o empregador indicar médico do trabalho, empregado ou não da empresa, para coordenar o PCMSO;

e) inexistindo médico do trabalho na localidade, o empregador poderá contratar médico de outra especialidade para coordenar o PCMSO.

7.3.1.1 Ficam desobrigadas de indicar médico coordenador as empresas de grau de risco 1 e 2, segundo o Quadro 1 da NR 4, com até 25 (vinte e cinto) empregados e aquelas de grau de risco 3 e 4, segundo o Quadro 1 da NR 4, com até 10 (dez) empregados.

7.3.1.1.1 As empresas com mais de 25 (vinte e cinco) empregados e até 50 (cinqüenta) empregados, enquadradas no grau de risco 1 ou 2, segundo o Quadro 1 da NR 4, poderão estar desobrigadas de indicar médico coordenador em decorrência de negociação coletiva.

7.3.1.1.2 As empresas com mais de 10 (dez) empregados e com até 20 (vinte) empregados, enquadradas no grau de risco 3 ou 4, segundo o Quadro 1 da NR 4, poderão estar desobrigadas de indicar médico do trabalho coordenador em decorrência de negociação coletiva, assistida por profissional do órgão regional competente em segurança e saúde no trabalho.

7.3.1.1.3 Por determinação do Delegado Regional do Trabalho, com base no parecer técnico conclusivo da autoridade regional competente em matéria de segurança e saúde do trabalhador, ou em decorrência de negociação coletiva, as empresas previstas no item 7.3.1.1 e subitens anteriores poderão ter a obrigatoriedade de indicação de médico coordenador, quando suas condições representarem potencial de risco grave aos trabalhadores.

7.3.2 Compete ao médico coordenador:

a) realizar os exames médicos previstos no item 7.4.1 ou encarregar os mesmos a profissional médico familiarizado com os princípios da patologia ocupacional e suas causas, bem como com o ambiente, as condições de trabalho e os riscos a que está ou será exposto cada trabalhador da empresa a ser examinado;

b) encarregar dos exames complementares previstos nos itens, quadros e anexos desta NR profissionais e/ou entidades devidamente capacitados, equipados e qualificados.

7.4 DO DESENVOLVIMENTO DO PCMSO

7.4.1 O PCMSO deve incluir, entre outros, a realização obrigatória dos exames médicos:

a) admissional;

b) periódico;

c) de retorno ao trabalho;

d) de mudança de função;

e) demissional.

7.4.2 Os exames de que trata o item 7.4.1 compreendem:

a) avaliação clínica, abrangendo anamnese ocupacional e exame físico e mental;

b) exames complementares, realizados de acordo com os termos específicos nesta NR e seus anexos.

7.4.2.1 Para os trabalhadores cujas atividades envolvem os riscos discriminados nos Quadros I e II desta NR, os exames médicos complementares deverão ser executados e interpretados com base nos critérios constantes dos referidos quadros e seus anexos. A periodicidade de avaliação dos indicadores biológicos do Quadro I deverá ser, no mínimo, semestral, podendo ser reduzida a critério do médico coordenador, ou por notificação do médico agente da inspeção do trabalho, ou mediante negociação coletiva de trabalho.

7.4.2.2 Para os trabalhadores expostos a agentes químicos não-constantes dos Quadros I e II, outros indicadores biológicos poderão ser monitorizados, dependendo de estudo prévio dos aspectos de validade toxicológica, analítica e de interpretação desses indicadores.

7.4.2.3 Outros exames complementares usados normalmente em patologia clínica para avaliar o funcionamento de órgãos e sistemas orgânicos podem ser realizados, a critério do médico coordenador ou encarregado, ou por notificação do médico agente da inspeção do trabalho, ou ainda decorrente de negociação coletiva de trabalho.

7.4.3 A avaliação clínica referida no item 7.4.2, alínea "a", com parte integrante dos exames médicos constantes no item 7.4.1, deverá obedecer aos prazos e à periodicidade conforme previstos nos subitens abaixo relacionados:

7.4.3.1 no exame médico admissional, deverá ser realizada antes que o trabalhador assuma suas atividades;

7.4.3.2 no exame médico periódico, de acordo com os intervalos mínimos de tempo abaixo discriminados:

a) para trabalhadores expostos a riscos ou a situações de trabalho que impliquem o desencadeamento ou agravamento de doença ocupacional, ou, ainda, para aqueles que sejam portadores de doenças crônicas, os exames deverão ser repetidos:

a.1) a cada ano ou a intervalos menores, a critério do médico encarregado, ou se notificado pelo médico agente da inspeção do trabalho, ou, ainda, como resultado de negociação coletiva de trabalho;

a.2) de acordo com à periodicidade especificada no Anexo n.º 6 da NR 15, para os trabalhadores expostos a condições hiperbáricas;

b) para os demais trabalhadores:

a.1) anual, quando menores de 18 (dezoito) anos e maiores de 45 (quarenta e cinco) anos de idade;

a.2) a cada dois anos, para os trabalhadores entre 18 (dezoito) anos e 45 (quarenta e cinco) anos de idade.

7.4.3.3 No exame médico de retorno ao trabalho, deverá ser realizada obrigatoriamente no primeiro dia da volta ao trabalho de trabalhador ausente por período igual ou superior a 30 (trinta) dias por motivo de doença ou acidente, de natureza ocupacional ou não, ou parto.

7.4.3.4 No exame médico de mudança de função, será obrigatoriamente realizada antes da data da mudança.

7.4.3.4.1 Para fins desta NR, entende-se por mudança de função toda e qualquer alteração de atividade, posto de trabalho ou de setor que implique a exposição do trabalhador a risco diferente daquele a que estava exposto antes da mudança.

7.4.3.5 No exame médico demissional, será obrigatoriamente realizada em até 10 (dez) dias contados a partir do término do contrato, desde que o último exame médico ocupacional tenha sido realizado há mais de: (Alterado pela Portaria MTb n.º 1.031, de 06 de dezembro de 2018)

- 135 (centro e trinta e cinco) dias para as empresas de grau de risco 1 e 2, segundo o Quadro I da NR-4;
- 90 (noventa) dias para as empresas de grau de risco 3 e 4, segundo o Quadro I da NR-4.

7.4.3.5.1 As empresas enquadradas no grau de risco 1 ou 2, segundo o Quadro I da NR-4, poderão ampliar o prazo de dispensa da realização do exame demissional em até mais 135 (cento e trinta e cinco) dias, em decorrência de negociação coletiva, assistida por profissional indicado de comum acordo entre as partes ou por profissional do órgão regional competente em segurança e saúde no trabalho.

7.4.3.5.2 As empresas enquadradas no grau de risco 3 ou 4, segundo o Quadro I da NR 4, poderão ampliar o prazo de dispensa da realização do exame demissional em até mais 90 (noventa) dias, em decorrência de negociação coletiva assistida por profissional indicado de comum acordo entre as partes ou por profissional do órgão regional competente em segurança e saúde no trabalho.

7.4.3.5.3 Por determinação do Delegado Regional do Trabalho, com base em parecer técnico conclusivo da autoridade regional competente em matéria de segurança e saúde do trabalhador, ou em decorrência de negociação coletiva, as empresas poderão ser obrigadas a realizar o exame médico demissional independentemente da época de realização de qualquer outro exame, quando suas condições representarem potencial de risco grave aos trabalhadores.

7.4.4 Para cada exame médico realizado, previsto no item 7.4.1, o médico emitirá o Atestado de Saúde Ocupacional – ASO, em 2 (duas) vias.

7.4.4.1 A primeira via do ASO ficará arquivada no local de trabalho do trabalhador, inclusive frente de trabalho ou canteiro de obras, à disposição da fiscalização do trabalho.

7.4.4.2 A segunda via do ASO será obrigatoriamente entregue ao trabalhador, mediante recibo na primeira via.

7.4.4.3 O ASO deverá conter no mínimo:

a) nome completo do trabalhador, o número de registro de sua identidade e sua função;

b) os riscos ocupacionais específicos existentes, ou a ausência deles, na atividade do empregado, conforme instruções técnicas expedidas pela Secretaria de Segurança e Saúde no Trabalho – SSST;

c) indicação dos procedimentos médicos a que foi submetido o trabalhador, incluindo os exames complementares e a data em que foram realizados;

d) o nome do médico coordenador, quando houver, com respectivo CRM;

e) definição de apto ou inapto para a função específica que o trabalhador vai exercer, exerce ou exerceu;

f) nome do médico encarregado do exame e endereço ou forma de contato;

g) data e assinatura do médico encarregado do exame e carimbo contendo seu número de inscrição no Conselho Regional de Medicina.

7.4.5 Os dados obtidos nos exames médicos, incluindo avaliação clínica e exames complementares, as conclusões e as medidas aplicadas deverão ser registrados em prontuário clínico individual, que ficará sob a responsabilidade do médico-coordenador do PCMSO.

7.4.5.1 Os registros a que se refere o item 7.4.5 deverão ser mantidos por período mínimo de 20 (vinte) anos após o desligamento do trabalhador.

7.4.5.2 Havendo substituição do médico a que se refere o item 7.4.5, os arquivos deverão ser transferidos para seu sucessor.

7.4.6 O PCMSO deverá obedecer a um planejamento em que estejam previstas as ações de saúde a serem executadas durante o ano, devendo estas ser objeto de relatório anual.

7.4.6.1 O relatório anual deverá discriminar, por setores da empresa, o número e a natureza dos exames médicos, incluindo avaliações clínicas e exames complementares, estatísticas de resultados considerados anormais, assim como o planejamento para o próximo ano, tomando como base o modelo proposto no Quadro III desta NR.

7.4.6.2 O relatório anual deverá ser apresentado e discutido na CIPA, quando existente na empresa, de acordo com a NR 5, sendo sua cópia anexada ao livro de atas daquela comissão.

7.4.6.3 O relatório anual do PCMSO poderá ser armazenado na forma de arquivo informatizado, desde que este seja mantido de modo a proporcionar o imediato acesso por parte do agente da inspeção do trabalho.

7.4.6.4 As empresas desobrigadas de indicarem médico coordenador ficam dispensadas de elaborar o relatório anual.

7.4.7 Sendo verificada, através da avaliação clínica do trabalhador e/ou dos exames constantes do Quadro I da presente NR, apenas exposição excessiva (EE ou SC+) ao risco, mesmo sem qualquer sintomatologia ou sinal clínico, deverá o trabalhador ser afastado do local de trabalho, ou do risco, até que esteja normalizado o indicador biológico de exposição e as medidas de controle nos ambientes de trabalho tenham sido adotadas.

7.4.8 Sendo constatada a ocorrência ou agravamento de doenças profissionais, através de exames médicos que incluam os definidos nesta NR; ou sendo verificadas alterações que revelem qualquer tipo de disfunção de órgão ou sistema biológico, através dos exames constantes dos Quadros I (apenas aqueles com interpretação SC) e II, e do item 7.4.2.3 da presente NR, mesmo sem sintomatologia, caberá ao médico-coordenador ou encarregado:

a) solicitar à empresa a emissão da Comunicação de Acidente do Trabalho – CAT;

b) indicar, quando necessário, o afastamento do trabalhador da exposição ao risco, ou do trabalho;

c) encaminhar o trabalhador à Previdência Social para estabelecimento de nexo causal, avaliação de incapacidade e definição da conduta previdenciária em relação ao trabalho;

d) orientar o empregador quanto à necessidade de adoção de medidas de controle no ambiente de trabalho.

7.5 DOS PRIMEIROS SOCORROS.

7.5.1 Todo estabelecimento deverá estar equipado com material necessário à prestação dos primeiros socorros, considerando-se as características da atividade desenvolvida; manter esse material guardado em local adequado e aos cuidados de pessoa treinada para esse fim.

QUADRO I
Parâmetros para Controle Biológico da Exposição Ocupacional a Alguns Agentes Químicos

Agente Químico	Indicador Biológico		VR	IBMP	Método Analítico	Amostragem	Interpretação	Vigência
	Mat. Biológ.	Análise						
Anilina	Urina Sangue	p-aminofenol e/ou Metahemoglobina	Até 2%	50mg/g creat. 5%	CG E	FJ FJ0-1	EE SC+	
Arsênico	Urina	Arsênico	Até 10ug/g creat.	50ug/g creat.	E ou EAA	FS+T-6	EE	
Cádmio	Urina	Cádmio	Até 2ug/g	5ug/g creat.	EAA	NC T-6	SC	
Chumbo Inorgânico	Sangue Urina Sangue	Chumbo e Ác. delta amino levulínico ou Zinco-protoporfirina	Até 40ug/100 ml Até 4,5 mg/g creat. Até 40ug/100 ml	60ug/100 ml 10mg/g creat. 100ug/100 ml	EAA E HF	NC T-1 NC T-1 NC T-1	SC SC SC	
Chumbo Tetraetila	Urina	Chumbo	Até 50ug/g creat.	100ug/g creat.	EA A	FJ 0-1	EE	
Cromo Hexavalente	Urina	Cromo	Urina	Até 5 ug/g creat.	30ug/ creat.	EA A	FS	EE
Diclorometano	Sangue	Carboxihemoglobina	Até 1% NF	3,5% NF	E	FJ 0-1	SC+	
Dimetilformamida	Urina	N-Metilformamida		40mg/g creat.	CG ou CLAD	FJ	EE	P-18
Dissulfeto de Carbono	Urina	Ác. 2-Tio-Tiazolidina		5mg/g creat.	CG ou CLAD	FJ	EE	P-25
Esteres Organofosforados e Carbamatos	Sangue	Acetil-Colinesterase Eritrocitária ou Colinesterase Plasmática ou Colinesterase Eritrocitária e plasmática (sangue total)	Determinar a atividade pré-ocupacional	30% de depressão da atividade de inicial 50% de depressão da atividade de inicial 25% de depresesão da atividade inicial	NC NC NC	SC SC SC		
Estireno	Urina Urina	Ác. Mandélico e/ou Ác. Fenil-Glioxilico		0,8g/g creat. 240mg/g creat.	CG ou CLAD CG ou CLAD	FJ FJ	EE EE	
Etil-Benzeno	Urina	Ác. Mandélico		1,5g/g creat.	CG ou CLAD	FS	EE	
Fenol	Urina	Fenol	20mg/g creat.	250mg/g creat.	CG ou CLAD	FJ 0-1	EE	
Flúor e Fluoretos	Urina	Fluoreto	Até 0,5mg/g	3mg/g creat. no início da jornada e 10mg/g creat. no final da jornada	IS	PP+	EE	
Mercúrio Inorgânico	Urina	Mercúrio	Até 5ug/g creat.	35ug/g creat.	EA A	PU T-12 12	EE	
Metanol	Urina	Metanol	Até 5mg/l	15mg/l	CG	FJ 0-1	EE	
Metil-Etil-Cetona	Urina	Metil-Etil-Cetona		2mg/l	CG	FJ	EE	P-12
Monóxido de Carbono	Sangue	Carboxihemoglobina	Até 1% NF	3,5 NF	E	FJ 0-1	SC +	
N-Hexano	Urina	2,5 Hexanodiona		5mg/g creat.	CG	FJ	EE	P-18
Nitrobenzeno	Sangue	Metahemoglobina	Até 2%	5%	E	FJ 0-1	SC +	

Agente Químico	Indicador Biológico		VR	IBMP	Método Analítico	Amostragem	Inter-preta-ção	Vigência
	Mat. Biológ.	Análise						
Pentacloro-fenol	Urina	Pentaclorofenol		2mg/g creat.	CG ou CLAD	FS +	EE	
Tetracloroe-tileno	Urina	Ác. Tricloroacético		3,5mg/l	E	FS+	EE	
Tolueno	Urina	Ác. Hipúrico	Até 1,5g/g creat.	2,5 g/g creat.	CG ou CLAD	FJ - 1	EE	
Tricloroe-tano	Urina	Triclorocompostos Totais		40mg/g creat.	E	FS	EE	
Tricloroeti-leno	Urina	Triclorocompostos Totais		300mg/g creat.	E	FS	EE	
Xileno	Urina	Ác. Metil-Hipúrico		1,5g/g creat.	CG ou CLAD	FJ	EE	

ANEXO DO QUADRO I

ABREVIATURAS

IBMP

Índice Biológico Máximo Permitido: é o valor máximo do indicador biológico para o qual se supõe que a maioria das pessoas ocupacionalmente expostas não corre risco de dano à saúde. A ultrapassagem deste valor significa exposição excessiva;

VR

Valor de Referência da Normalidade: valor possível de ser encontrado em populações não-expostas ocupacionalmente;

NF

Não-Fumantes.

MÉTODO ANALÍTICO RECOMENDADO

E

Espectrofotometria Ultravioleta/Visível;

EAA

Espectrofotometria de Absorção Atômica;

CG

Cromatografia em Fase Gasosa;

CLAD

Cromatografia Líquida de Alto Desempenho;

IS

Eletrodo Ion Seletivo;

HF

Hematofluorômetro.

CONDIÇÕES DE AMOSTRAGEM

FJ

Final do último dia de jornada de trabalho (recomenda-se evitar a primeira jornada da semana);

FS

Final do último dia de jornada da semana;

FS+

Início da última jornada da semana;

PP+,

Pré e pós a 4a jornada de trabalho da semana;

PU

Primeira urina da manhã;

NC

Momento de amostragem "não crítico": pode ser feita em qualquer dia e horário, desde que o trabalhador esteja em trabalho contínuo nas últimas 4 (quatro) semanas sem afastamento maior que 4 (quatro) dias;

T-1

Recomenda-se iniciar a monitorização após 1 (um) mês de exposição;

T-6

Recomenda-se iniciar a monitorização após 6 (seis) meses de exposição;

T-12

Recomenda-se iniciar a monitorização após 12 (doze) meses de exposição;

0-1

Pode-se fazer a diferença entre pré e pós-jornada.

INTERPRETAÇÃO

EE

O indicador biológico é capaz de indicar uma exposição ambiental acima do limite de tolerância, mas não possui, isoladamente, significado clínico ou toxicológico próprio, ou seja, não indica doença, nem está associado a um efeito ou disfunção de qualquer sistema biológico;

SC

Além de mostrar uma exposição excessiva, o indicador biológico tem também significado clínico ou toxicológico próprio, ou seja, pode indicar doença, estar associado a um efeito ou uma disfunção do sistema biológico avaliado;

SC+

O indicador biológico possui significado clínico ou toxicológico próprio, mas, na prática, devido à sua curta meia-vida biológica, deve ser considerado como EE.

VIGÊNCIA

P-12

A inspeção do trabalho passará a exigir a avaliação deste indicador biológico 12 (doze) meses após a publicação desta norma;

P-18

A inspeção do trabalho passará a exigir a avaliação deste indicador biológico 18 (dezoito) meses após a publicação desta norma;

P-24

A inspeção do trabalho passará a exigir a avaliação deste indicador biológico 24 (vinte e quatro) meses após a publicação desta norma.

RECOMENDAÇÃO

Recomenda-se executar a monitorização biológica no coletivo, ou seja, monitorizando os resultados do grupo de trabalhadores expostos a riscos quantitativamente semelhantes.

QUADRO II

Parâmetros para Monitoração da Exposição Ocupacional a Alguns Riscos à Saúde

Risco	Exame Complementar	Periodicidade	Método de Execução	Critério de Interpretação	Observações
Ruído			Vide Anexo I do Quadro II		
Aerodispersóides FIBROGÊNICOS	Telerradiografia do tórax	Admissional e anual	Vide Anexo II do Quadro II	Classificação Internacional da OIT para radiografias	
	Espirometria	Admissional e bienal	Técnica preconizada pela American Thoracic Society, 1987		
Aerodispersóides NÃO FIBROGÊNICOS	Telerradiografia do tórax	Admissional e trienal, se exposição < 15 anos	Vide Anexo II do Quadro II	Classificação internacional da OIT para radiografias	
	Espirometria	Bienal, se exposição > 15 anos Admissional e Bienal	Técnica preconizada pela American Thoracic Society, 1987		
Condições Hiperbáricas	Radiografias de articulações coxo-femorais e escápulo-umerais	Admissional e anual			Ver anexo "B" do Anexo n.º 6 da NR-15
Raidações ionizantes	Hemograma completo e contagem de plaquetas	Admissional e semestral			
Hormônios sexuais Femininos	Apenas em homens; Testosterona total ou plasmática livre LH e FSH	Admissional e semestral			
Benzeno	Hemograma completo e plaquetas	Admissional e semestral			

ANEXO I

DIRETRIZES E PARÂMETROS MÍNIMOS PARA AVALIAÇÃO E ACOMPANHAMENTO DA AUDIÇÃO EM TRABALHADORES EXPOSTOS A NÍVEIS DE PRESSÃO SONORA ELEVADOS

1. Objetivos

1.1. Estabelecer diretrizes e parâmetros mínimos para a avaliação e o acompanhamento da audição do trabalhador através da realização de exames audiológicos de referência e seqüenciais.

1.2. Fornecer subsídios para a adoção de programas que visem a prevenção da perda auditiva induzida por níveis de pressão sonora elevados e a conservação da saúde auditiva dos trabalhadores.

2. Definições e Caracterização

2.1. Entende-se por perda auditiva por níveis de pressão sonora elevados as alterações dos limiares auditivos, do tipo sensorioneural, decorrente da exposição ocupacional sistemática a níveis de pressão sonora elevados. Tem como características principais a irreversibilidade e a progressão gradual com o tempo de exposição ao risco. A sua história natural mostra, inicialmente, o acometimento dos limiares auditivos em uma ou mais freqüências da faixa de 3.000 a 6.000 Hz. As freqüências mais altas e mais baixas poderão levar mais tempo para serem afetadas. Uma vez cessada a exposição, não haverá progressão da redução auditiva.

2.2. Entende-se por exames audiológicos de referência e seqüenciais o conjunto de procedimentos necessários para avaliação da audição do trabalhador ao longo do tempo de exposição ao risco, incluindo:

a. anamnese clínico-ocupacional;

b. exame otológico;

c. exame audiométrico realizado segundo os termos previstos nesta norma técnica.

d. outros exames audiológicos complementares solicitados a critério médico.

3. Princípios e procedimentos básicos para a realização do exame audiométrico

3.1. Devem ser submetidos a exames audiométricos de referência e seqüenciais, no mínimo, todos os trabalhadores que exerçam ou exercerão suas atividades em ambientes cujos níveis de pressão sonora ultrapassem os limites de tolerância estabelecidos nos anexos 1 e 2 da NR 15 da Portaria 3.214 do Ministério do Trabalho, independentemente do uso de protetor auditivo.

3.2. O audiômetro será submetido a procedimentos de verificação e controle periódico do seu funcionamento.

3.2.1. Aferição acústica anual.

3.2.2. Calibração acústica, sempre que a aferição acústica indicar alteração, e , obrigatoriamente, a cada 5 anos.

3.2.3. Aferição biológica é recomendada precedendo a realização dos exames audiométricos. Em caso de alteração, submeter o equipamento à aferição acústica.

3.2.4. Os procedimentos constantes dos itens 3.2.1 e 3.2.2 devem seguir o preconizado na norma ISSO 8253-1, e os resultados devem ser incluídos em um certificado de aferição e/ou calibração que acompanhará o equipamento.

3.3. O exame audiométrico será executado por profissional habilitado, ou seja, médico ou fonoaudiólogo, conforme resoluções dos respectivos conselhos federais profissionais.

3.4. Periodicidade dos exames audiométricos.

3.4.1. O exame audiométrico será realizado, no mínimo, no momento da admissão, no 6º (sexto) mês após a mesma, anualmente a partir de então, e na demissão.

3.4.1.1. No momento da demissão, do mesmo modo como previsto para a avaliação clínica no item 7.4.3.5 da NR -7, poderá ser aceito o resultado de um exame audiométrico realizado até:

a) 135 (cento e trinta e cinco) dias retroativos em relação à data do exame médico demissional de trabalhador de empresa classificada em grau de risco 1 ou 2;

b) 90 (noventa) dias retroativos em relação à data do exame médico demissional de trabalhador de empresa classificada em grau de risco 3 ou 4 .

3.4.2. O intervalo entre os exames audiométricos poderá se reduzido a critério do médico coordenador do PCMSO, ou por notificação do médico agente de inspeção do trabalho, ou mediante negociação coletiva de trabalho.

3.5. O resultado do exame audiométrico deve ser registrado em uma ficha que contenha, no mínimo:

a) nome, idade e número de registro de Identidade do trabalhador;

b) nome da empresa e a função do trabalhador;

c) tempo de repouso auditivo cumprido para a realização do exame audiométrico;

d) nome do fabricante, modelo e data da última aferição acústica do audiômetro;

e) traçado audiométrico e símbolos conforme o modelo constante do Anexo 1;

f) nome, número de registro no conselho regional e assinatura do profissional responsável pelo exame audiométrico.

3.6. Tipos de exames audiométricos

O trabalhador deverá ser submetido a exame audiométrico de referência e a exame audiométrico seqüencial na forma abaixo descrita:

3.6.1. Exame audiométrico de referência, aquele com o qual os seqüenciais serão comparados e cujas diretrizes constam dos subitens abaixo, deve ser realizado:

a) quando não se possua um exame audiométrico de referência prévio:

b) quando algum exame audiométrico seqüencial apresentar alteração significativa em relação ao de referência, conforme descrito nos itens 4.2.1, 4.2.2 e 4.2.3 desta norma técnica.

3.6.1.1. O exame audiométrico será realizado em cabina audiométrica, cujos níveis de pressão sonora não ultrapassem os níveis máximos permitidos, de acordo com a norma ISO 8253.1.

3.6.1.1.1. Nas empresas em que existir ambiente acusticamente tratado, que atenda à norma ISO 8253.1, a cabina audiométrica poderá ser dispensada.

3.6.1.2. O trabalhador permanecerá em repouso auditivo por um período mínimo de 14 horas até o momento de realização do exame audiométrico.

3.6.1.3. O responsável pela execução do exame audiométrico inspecionará o meato acústico externo de ambas as orelhas e anotará os achados na ficha de registro. Se identificada alguma anormalidade, encaminhará ao médico responsável.

3.6.1.4. Vias, freqüências e outros testes complementares.

3.6.1.4.1. O exame audiométrico será realizado, sempre, pela via aérea nas freqüências de 500, 1.000, 2.000. 3.000, 4.000, 6.000 e 8.000 Hz.

3.6.1.4.2. No caso de alteração detectada no teste pela via aérea ou segundo a avaliação do profissional responsável pela execução do exame, o mesmo será feito, também, pela via óssea nas freqüências de 500, 1.000, 2.000, 3.000 e 4.000 Hz.

3.6.1.4.3. Segundo a avaliação do profissional responsável, no momento da execução do exame, poderão ser determinados os limiares de reconhecimento de fala (LRF).

3.6.2. Exame audiométrico seqüencial, aquele que será comparado com o de referência, aplica-se a todo trabalhador que já possua um exame audiométrico de referência prévio, nos moldes previstos no item 3.6.1. As seguintes diretrizes mínimas devem ser obedecidas:

3.6.2.1. Na impossibilidade da realização do exame audiométrico nas condições previstas no item 3.6.1.1, o responsável pela execução do exame avaliará a viabilidade de sua realização em um ambiente silencioso, através do exame audiométrico em 2 (dois) indivíduos, cujos limiares auditivos, detectados em exames audiométricos de referência atuais, sejam conhecidos. Diferença de limiar auditivo, em qualquer freqüência e em qualquer um dos 2 (dois) indivíduos examinados, acima de 5 dB(NA) (nível de audição em decibel) inviabiliza a realização do exame no local escolhido.

3.6.2.2. O responsável pela execução do exame audiométrico inspecionará o meato acústico externo de ambas as orelhas e anotará os achados na ficha de registro.

3.6.2.3. O exame audiométrico será feito pela via aérea nas freqüências de 500, 1.000, 2.000, 3.000, 4.000, 6.000 e 8.000 Hz.

4. Interpretação dos resultados do exame audiométrico com finalidade de prevenção

4.1. A interpretação dos resultados do exame audiométrico de referência deve seguir os seguintes parâmetros:

4.1.1. São considerados dentro dos limites aceitáveis, para efeito desta norma técnica de caráter preventivo, os casos cujos audiogramas mostram limiares auditivos menores ou iguais a 25 dB(NA), em todas as freqüências examinadas.

4.1.2. São considerados sugestivos de perda auditiva induzida por níveis de pressão sonora elevados os casos cujos audiogramas, nas freqüências de 3.000 e/ou 4.000 e/ou 6.000 Hz, apresentam limiares auditivos acima de 25 dB(NA) e mais elevados do que nas outras freqüências testadas, estando estas comprometidas ou não, tanto no teste da via aérea quanto da via óssea, em um ou em ambos os lados.

4.1.3. São considerados não sugestivos de perda auditiva induzida por níveis de pressão sonora elevados os casos cujos audiogramas não se enquadram nas descrições contidas nos itens 4.1.1 e 4.1.2 acima.

4.2. A interpretação dos resultados do exame audiométrico seqüencial deve seguir os seguintes parâmetros:

4.2.1. São considerados sugestivos de desencadeamento de perda auditiva induzida por níveis de pressão sonora elevados, os casos em que os limiares auditivos em todas as freqüências testadas no exame audiométrico de referência e no seqüencial permanecem menores ou iguais a 25 dB(NA), mas a comparação do audiograma seqüencial com o de referência mostra uma evolução dentro dos moldes definidos no item 2.1 desta norma, e preenche um dos critérios abaixo:

a) a diferença entre as médias aritméticas dos limiares auditivos no grupo de freqüências de 3.000, 4.000 e 6.000 Hz iguala ou ultrapassa 10 dB(NA);

b) a piora em pelo menos uma das freqüências de 3.000, 4.000 ou 6.000 Hz iguala ou ultrapassa 15 dB(NA).

4.2.2. São considerados, também sugestivos de desencadeamento de perda auditiva induzida por níveis de pressão sonora elevados, os casos em que apenas o exame audiométrico de referência apresenta limiares auditivos em todas as freqüências testadas menores ou iguais a 25 dB(NA), e a comparação do audiograma seqüencial com o de referência mostra uma evolução dentro dos moldes definidos no item 2.1 desta norma, e preenche um dos critérios abaixo:

a) a diferença entre as médias aritméticas dos limiares auditivos no grupo de freqüência de 3.000, 4.000 e 6.000 Hz iguala ou ultrapassa 10 dB(NA);

b) a piora em pelo menos uma das freqüências de 3.000, 4.000 ou 6.000 Hz iguala ou ultrapassa 15 dB(NA).

4.2.3. São considerados sugestivos de agravamento da perda auditiva induzida por níveis de pressão sonora elevados, os casos já confirmados em exame audiométrico de referência, conforme item 4.1.2., e nos quais a comparação de exame audiométrico seqüencial com o de referência mostra uma evolução dentro dos moldes definidos no item 2.1 desta norma, e preenche um dos critérios abaixo:

a) a diferença entre as médias aritméticas dos limiares auditivos no grupo de freqüência de 500, 1.000 e 2.000 Hz, ou no grupo de freqüências de 3.000, 4.000 e 6.000 Hz iguala ou ultrapassa 10 dB(NA);

b) a piora em uma freqüência isolada iguala ou ultrapassa 15 dB(NA).

4.2.4. Para fins desta norma técnica, o exame audiométrico de referência permanece o mesmo até o momento em que algum dos exames audiométricos seqüenciais for preenchido algum dos critérios apresentados em 4.2.1, 4.2.2 ou 4.2.3. Uma vez preenchido por algum destes critérios, deve-se realizar um novo exame audiométrico, dentro dos moldes previstos no item 3.6.1 desta norma técnica, que será, a partir de então, o novo exame audiométrico de referência. Os exames anteriores passam a constituir o histórico evolutivo da audição do trabalhador.

5. Diagnóstico da perda auditiva induzida por níveis de pressão sonora elevados e definição da aptidão para o trabalho.

5.1. O diagnóstico conclusivo, o diagnóstico diferencial e a definição da aptidão para o trabalho, na suspeita de perda auditiva induzida por níveis de pressão sonora elevados, estão a cargo do médico coordenador do PCMSO de cada empresa, ou do médico encarregado pelo mesmo para realizar o exame médico, dentro dos moldes previstos na NR-7, ou, na ausência destes, do médico que assiste ao trabalhador.

5.2. A perda auditiva induzida por níveis de pressão sonora elevados, por si só, não é indicativa de inaptidão para o trabalho, devendo-se levar em consideração na análise de cada caso, além do traçado audiométrico ou da evolução seqüencial de exames audiométricos, os seguintes fatores:

a) a história clínica e ocupacional do trabalhador;

b) o resultado da otoscopia e de outros testes audiológicos complementares;

c) a idade do trabalhador;

d) o tempo de exposição pregressa e atual a níveis de pressão sonora elevados;

e) os níveis de pressão sonora a que o trabalhador estará, está ou esteve exposto no exercício do trabalho;

f) a demanda auditiva do trabalho ou da função;

g) a exposição não ocupacional a níveis de pressão sonora elevados;

h) a exposição ocupacional a outro(s) agente(s) de risco ao sistema auditivo;

i) a exposição não ocupacional a outro(s) agentes de risco ao sistema auditivo;

j) a capacitação profissional do trabalhador examinado;

k) os programas de conservação auditiva aos quais tem ou terá acesso o trabalhador.

6. Condutas Preventivas

6.1. Em presença de trabalhador cujo exame audiométrico de referência se enquadre no item 4.1.2, ou algum dos exames audiométricos seqüenciais se enquadre no item 4.2.1 ou 4.2.2 ou 4.2.3, o médico coordenador do PCMSO, ou o encarregado pelo mesmo do exame médico, deverá:

a) definir a aptidão do trabalhador para a função, com base nos fatores ressaltados no item 5.2 desta norma técnica;

b) incluir o caso no relatório anual do PCMSO;

c) participar da implantação, aprimoramento e controle de programas que visem a prevenção da progressão da perda auditiva do trabalhador acometido e de outros expostos ao risco, levando-se em consideração o disposto no item 9.3.6 da NR-9;

d) disponibilizar cópias dos exames audiométricos aos trabalhadores.

6.2. Em presença de trabalhador cujo exame audiométrico de referência se enquadre no item 4.1.3, ou que algum dos exames audiométricos seqüenciais se enquadre nos itens 4.2.1.a., 4.2.1.b, 4.2.2.a, 4.2.2.b, 4.2.3.a ou 4.2.3.b, mas cuja evolução foge dos moldes definidos no item 2.1 desta norma técnica, o médico coordenador do PCMSO, ou o encarregado pelo mesmo do exame médico, deverá:

a) verificar a possibilidade da presença concomitante de mais de um tipo de agressão ao sistema auditivo;

b) orientar e encaminhar o trabalhador para avaliação especializada;

c) definir sobre a aptidão do trabalhador para função;

d) participar da implantação, aprimoramento, e controle de programas que visem a prevenção da progressão da perda auditiva do trabalhador acometido e de outros expostos ao risco, levando-se em consideração o disposto no item 9.3.6 da NR-9.

e) disponibilizar cópias dos exames audiométricos aos trabalhadores.

TRAÇADO AUDIOMÉTRICO ORELHA DIREITA

Frequência em KHZ

NÍVEL DE AUDIÇÃO EM dB

-10	0,25	0,5	1	2	3	4	6	8
0								
10								
20								
30								
40								
50								
60								
70								
80								
90								
100								
110								
120								
130								

D

D

TRAÇADO AUDIOMÉTRICO ORELHA ESQUERDA

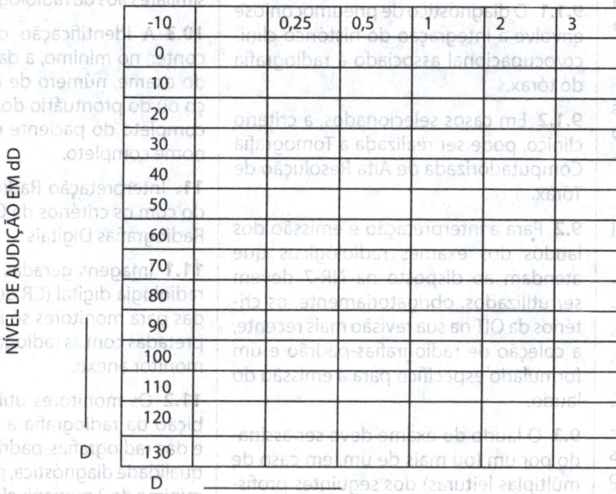

A distância entre cada oitiva de freqüência deve corresponder a uma variação de 20 dB no eixo do nível de audição (D).

SÍMBOLOS

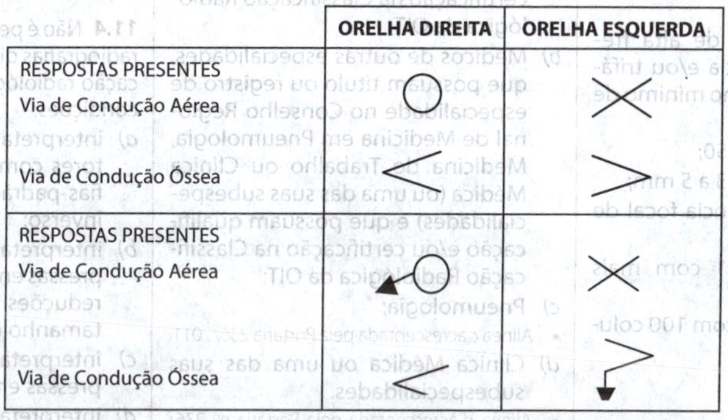

Os símbolos referentes à via de condução aérea devem ser ligados através de linhas contínuas para a orelha direita e linhas interrompidas para a orelha esquerda.

Os símbolos de condução óssea não devem ser interligados.

No caso do uso de cores:

a) a cor vermelha deve ser usada para os símbolos referentes à orelha direita;

b) a cor azul deve ser usada para os símbolos referentes à orelha esquerda.

ANEXO II DO QUADRO II

DIRETRIZES E CONDIÇÕES MÍNIMAS PARA REALIZAÇÃO E INTERPRETAÇÃO DE RADIOGRAFIAS DE TÓRAX

1. Objetivo

Estabelecer as condições técnicas e parâmetros mínimos para a realização de Radiografias de Tórax para contribuir no diagnóstico de pneumoconioses por meio de exames de qualidade que facilitem a leitura radiológica adequada, de acordo com os critérios da Organização Internacional do Trabalho – OIT.

2. Profissionais envolvidos na realização de radiografias de tórax

2.1. Supervisor Técnico.

Profissional detentor de Titulo de Especialista em Radiologia e Diagnóstico por Imagem pelo Colégio Brasileiro de Radiologia/Associação Médica Brasileira.

2.2. Profissionais Envolvidos na Realização do exame radiológico:

a) Um (ou mais) Médico Radiologista com Titulo de Especialista em Radiologia e Diagnóstico por Imagem;

b) Técnicos em Radiologia registrados no Conselho Nacional de Técnicos de Radiologia.

3. Exigências Legais para funcionamento do Serviço de Radiologia

Para o funcionamento do serviço de Radiologia deverão ser observadas as seguintes exigências legais, estabelecidas pela Agência Nacional de Vigilância Sanitária – ANVISA:

a) Alvará da Vigilância Sanitária específico para a Radiologia;

b) Relatório de Testes de Constância;

c) Medidas Radiométricas do Equipamento e da Sala de Exame;

d) Medidas de Radiações de Fuga;

e) Dosímetros Individuais;

f) Registro no Conselho Regional de Medicina especifico para Radiologia;

g) Registro no Cadastro Nacional de Estabelecimentos de Saúde – CNES.

4. Condições ambientais dos serviços de radiologia

O serviço de radiologia deve possuir sala com, no mínimo, 25 m², com paredes baritadas ou com revestimento de chumbo, com portas blindadas com chumbo, com avisos de funcionamento e luz vermelha para aviso de disparo de Raios-X e demais condições previstas no item 32.4 da Norma Regulamentadora n.º 32.

4.1 No caso de utilização de Equipamentos Transportáveis para Radiografias de Tórax deverão ser cumpridas, além do exigido no item 3 deste anexo, as seguintes exigências:

a) Alvará específico para funcionamento da unidade transportável de Raios X.

b) ser realizado por profissional legalmente habilitado e sob a supervisão de responsável técnico nos termos da Portaria SVS/MS n.º 453, de 1 de junho de 98.

c) Laudo Técnico emitido por profissional legalmente habilitado, comprovando que os equipamentos utilizados atendem ao exigido no item 5 deste anexo.

5. Equipamentos

Os equipamentos utilizados para realização das Radiografias de Tórax devem possuir as seguintes características mínimas:

a) Gerador monofásico de alta freqüência de preferência e/ou trifásico de 6 a 12 pulsos, no mínimo de 500 mA;

b) Tubo de Raios X – 30/50;

c) Filtro de Alumínio de 3 a 5 mm;

d) Grade Fixa com distância focal de 1,50 m;

e) Razão da grade 10:1 com mais de100 colunas;

f) Razão da grade 12:1 com 100 colunas.

6. Técnica Radiológica

A técnica radiológica deverá observar os seguintes padrões:

a) Foco fino (0,6 a 1,2 mm) - 100 mA ou 200 mA (Tubo de alta rotação);

b) Tempo 0,01 a 0,02 ou 0,03 segundos;

c) Constante- 40 ou 50 Kv.

7. Processamento dos Filmes (Radiologia Convencional)

O processamento dos filmes deve ser realizado por Processadora Automática com um sistema de depuração de resíduos que atenda às exigências dos órgãos ambientais responsáveis.

8. Identificação dos Filmes (Radiologia Convencional)

Nos filmes deve constar no canto superior direito a data da realização do exame, número de ordem do serviço ou do prontuário do paciente, nome completo do paciente ou as iniciais do nome completo.

9. Leitura Radiológica de acordo com os critérios da Organização Internacional do Trabalho – OIT.

9.1 A leitura radiológica é descritiva.

9.1.1 O diagnóstico de pneumoconiose envolve a integração do histórico clínico/ocupacional associado à radiografia do tórax.

9.1.2 Em casos selecionados, a critério clínico, pode ser realizada a Tomografia Computadorizada de Alta Resolução de Tórax.

9.2 Para a interpretação e emissão dos laudos dos exames radiológicos que atendam ao disposto na NR-7 devem ser utilizados, obrigatoriamente, os critérios da OIT na sua revisão mais recente, a coleção de radiografias-padrão e um formulário específico para a emissão do laudo.

9.3 O laudo do exame deve ser assinado por um (ou mais de um, em caso de múltiplas leituras) dos seguintes profissionais:

a) Médico Radiologista com Titulo de Especialista ou registro de especialidade no Conselho Regional de Medicina e com qualificação e/ou certificação na Classificação Radiológica da OIT;

b) Médicos de outras especialidades, que possuam título ou registro de especialidade no Conselho Regional de Medicina em Pneumologia, Medicina do Trabalho ou Clínica Médica (ou uma das suas subespecialidades) e que possuam qualificação e/ou certificação na Classificação Radiológica da OIT;

c) Pneumologia;

- Alínea *c* acrescentada pela Portaria 236/2011.

d) Clínica Médica ou uma das suas subespecialidades.

- Alínea *d* acrescentada pela Portaria nº 236/2011.

9.3.1 A denominação "Qualificado" se refere ao Médico que realizou o treinamento em Leitura Radiológica por meio de curso/módulo específico.

9.3.2 A denominação "Certificado" se refere ao Médico treinado e aprovado em exame de proficiência em Leitura Radiológica.

9.3.3 Caso a certificação seja concedida pelo exame do National Institute for Occupational Safety and Health (NIOSH), também poderá ser denominado de "Leitor B".

10. Utilização de Radiografias Digitais

10.1 Sistemas de radiologia digital do tipo CR ou DR podem ser utilizados para a obtenção de imagens radiológicas do tórax para fins de interpretação radiológica da OIT.

10.2 Os parâmetros físicos para obtenção de radiografias de tórax de qualidade técnica adequada, utilizando-se equipamentos de radiologia digital, devem ser similares aos da radiologia convencional.

10.3 A identificação dos filmes deve conter, no mínimo, a data da realização do exame, número de ordem do serviço ou do prontuário do paciente, nome completo do paciente ou as iniciais do nome completo.

11. Interpretação Radiológica de acordo com os critérios da OIT utilizando-se Radiografias Digitais

11.1 Imagens geradas em sistemas de radiologia digital (CR ou DR) e transferidas para monitores só podem ser interpretadas com as radiografias-padrão em monitor anexo.

11.2 Os monitores utilizados para exibição da radiografia a ser interpretada e das radiografias-padrão devem ser de qualidade diagnóstica, possuir resolução mínima de 3 megapixels e 21" (54 cm) de exibição diagonal por imagem.

11.3 Imagens digitais impressas em filmes radiológicos devem ser interpretadas com as radiografias-padrão em formato impresso, em negatoscópios.

11.4 Não é permitida a interpretação de radiografias digitais, para fins de classificação radiológica da OIT, nas seguintes condições:

a) interpretar radiografias em monitores comparando-as às radiografias-padrão em negatoscópio, ou o inverso;

b) interpretar radiografias digitais impressas em filmes radiológicos com reduções menores do que 2/3 do tamanho original;

c) interpretar radiografias digitais impressas em papel fotográfico;

d) interpretar imagens originadas no sistema de radiografias convencionais e que foram digitalizadas por scanner e, posteriormente, impressas ou exibidas em tela.

12. Ética e Segurança no armazenamento de imagens digitais

12.1 Os serviços que ofertam radiologia digital devem assegurar a confidencialidade dos arquivos eletrônicos e de dados dos trabalhadores submetidos a radiografias de tórax admissionais, periódicas e demissionais, para fins da classificação radiológica da OIT, através da implementação de medidas e procedimentos técnicos e administrativos adequados.

12.2 As imagens digitais devem ser armazenadas no formato DICOM.

12.3 O tempo de guarda dos exames radiológicos deve obedecer ao texto da NR-7.

12.4 Não é permitido guardar/arquivar filmes obtidos pelo método de radiologia convencional na forma de imagens escaneadas.

QUADRO III
Programa de Controle Médico de Saúde Ocupacional
Relatório Anual

RESPONSÁVEL: ______________________________ DATA DO MAPA: ___/___/___

ASS.: ______________________________

Setor	Natureza do Exame	N.º Anual de Exames Realizados	N.º de Resultados Anormais	N.º de Resultados Anormais x 100 / N.º Anual de Exames	N.º de Exames para o Ano Seguinte

(DOU 06.07.1978)

NR 8

EDIFICAÇÕES

8.1 Esta Norma Regulamentadora – NR estabelece requisitos técnicos mínimos que devem ser observados nas edificações, para garantir segurança e conforto aos que nelas trabalhem.

8.2 Os locais de trabalho devem ter a altura do piso ao teto, pé direito, de acordo com as posturas municipais, atendidas as condições de conforto, segurança e salubridade, estabelecidas na Portaria 3.214/78.

8.2.1 *(Revogado pela Portaria SIT 23/2001.)*

8.3 Circulação.

8.3.1 Os pisos dos locais de trabalho não devem apresentar saliências nem depressões que prejudiquem a circulação de pessoas ou a movimentação de materiais.

8.3.2 As aberturas nos pisos e nas paredes devem ser protegidas de forma que impeçam a queda de pessoas ou objetos.

8.3.3 Os pisos, as escadas e rampas devem oferecer resistência suficiente para suportar as cargas móveis e fixas, para as quais a edificação se destina.

8.3.4 As rampas e as escadas fixas de qualquer tipo devem ser construídas de acordo com as normas técnicas oficiais e mantidas em perfeito estado de conservação.

8.3.5 Nos pisos, escadas, rampas, corredores e passagens dos locais de trabalho, onde houver perigo de escorregamento, serão empregados materiais ou processos antiderrapantes.

8.3.6 Os andares acima do solo devem dispor de proteção adequada contra quedas, de acordo com as normas técnicas e legislações municipais, atendidas as condições de segurança e conforto.

• Subitem com redação determinada pela Portaria SIT 222/2011.

8.4 Proteção contra intempéries.

8.4.1 As partes externas, bem como todas as que separem unidades autônomas de uma edificação, ainda que não acompanhem sua estrutura, devem, obrigatoriamente, observar as normas técnicas oficiais relativas à resistência ao fogo, isolamento térmico, isolamento e condicionamento acústico, resistência estrutural e impermeabilidade.

8.4.2 Os pisos e as paredes dos locais de trabalho devem ser, sempre que necessário, impermeabilizados e protegidos contra a umidade.

8.4.3 As coberturas dos locais de trabalho devem assegurar proteção contra as chuvas.

8.4.4 As edificações dos locais de trabalho devem ser projetadas e construídas de modo a evitar insolação excessiva ou falta de insolação.

(DOU 06.07.1978)

NR 9

PROGRAMA DE PREVENÇÃO DE RISCOS AMBIENTAIS

9.1 Do objeto e campo de aplicação.

9.1.1 Esta Norma Regulamentadora – NR estabelece a obrigatoriedade da elaboração e implementação, por parte de todos os empregadores e instituições que admitam trabalhadores como empregados, do Programa de Prevenção de Riscos Ambientais – PPRA, visando à preservação da saúde e da integridade dos trabalhadores, através da antecipação, reconhecimento, avaliação e conseqüente controle da ocorrência de riscos ambientais existentes ou que venham a existir no ambiente de trabalho, tendo em consideração a proteção do meio ambiente e dos recursos naturais.

9.1.2 As ações do PPRA devem ser desenvolvidas no âmbito de cada estabelecimento da empresa, sob a responsabilidade do empregador, com a participação dos trabalhadores, sendo sua abrangência e profundidade dependentes das características dos riscos e das necessidades de controle.

9.1.2.1 Quando não forem identificados riscos ambientais nas fases de antecipação ou reconhecimento, descritas nos itens 9.3.2 e 9.3.3, o PPRA poderá resumir-se às etapas previstas nas alíneas "a" e "f" do subitem 9.3.1.

9.1.3 O PPRA é parte integrante do conjunto mais amplo das iniciativas da empresa no campo da preservação da saúde e da integridade dos trabalhadores, devendo estar articulado com o disposto nas demais NR, em especial com o Programa de Controle Médico de Saúde Ocupacional – PCMSO previsto na NR-7.

9.1.4 Esta NR estabelece os parâmetros mínimos e diretrizes gerais a serem observados na execução do PPRA, podendo os mesmos ser ampliados mediante negociação coletiva de trabalho.

9.1.5 Para efeito desta NR, consideram-se riscos ambientais os agentes físicos, químicos e biológicos existentes nos ambientes de trabalho que, em função de sua natureza, concentração ou intensidade e tempo de exposição, são capazes de causar danos à saúde do trabalhador.

9.1.5.1 Consideram-se agentes físicos as diversas formas de energia a que possam estar expostos os trabalhadores, tais como: ruído, vibrações, pressões anormais, temperaturas extremas, radiações ionizantes, radiações não ionizantes, bem como o infra-som e o ultra-som.

9.1.5.2 Consideram-se agentes químicos as substâncias, compostos ou produtos que possam penetrar no organismo pela via respiratória, nas formas de poeiras, fumos, névoas, neblinas, gases ou vapores, ou que, pela natureza da atividade de exposição, possam ter contato ou ser absorvido pelo organismo através da pele ou por ingestão.

9.1.5.3 Consideram-se agentes biológicos as bactérias, fungos, bacilos, parasitas, protozoários, vírus, entre outros.

9.2 Da estrutura do PPRA.

9.2.1 O Programa de Prevenção de Riscos Ambientais deverá conter, no mínimo, a seguinte estrutura:

a) planejamento anual com estabelecimento de metas, prioridades e cronograma;

b) estratégia e metodologia de ação;

c) forma do registro, manutenção e divulgação dos dados;

d) periodicidade e forma de avaliação do desenvolvimento do PPRA.

9.2.1.1 Deverá ser efetuada, sempre que necessário e pelo menos uma vez ao ano, uma análise global do PPRA para avaliação do seu desenvolvimento e realização dos ajustes necessários e estabelecimento de novas metas e prioridades.

9.2.2 O PPRA deverá estar descrito num documento-base contendo todos os aspectos estruturais constantes do item 9.2.1.

9.2.2.1 O documento-base e suas alterações e complementações deverão ser apresentados e discutidos na CIPA, quando existente na empresa, de acordo com a NR-5, sendo sua cópia anexada ao livro de atas desta Comissão.

9.2.2.2 O documento-base e suas alterações deverão estar disponíveis de modo a proporcionar o imediato acesso às autoridades competentes.

9.2.3 O cronograma previsto no item 9.2.1 deverá indicar claramente os prazos para o desenvolvimento das etapas e cumprimento das metas do PPRA.

9.3 Do desenvolvimento do PPRA.

9.3.1 O Programa de Prevenção de Riscos Ambientais deverá incluir as seguintes etapas:

a) antecipação e reconhecimento dos riscos;

b) estabelecimento de prioridades e metas de avaliação e controle;

c) avaliação dos riscos e da exposição dos trabalhadores;

d) implantação de medidas de controle e avaliação de sua eficácia;

e) monitoramento da exposição aos riscos;

f) registro e divulgação dos dados.

9.3.1.1 A elaboração, implementação, acompanhamento e avaliação do PPRA poderão ser feitas pelo Serviço Especializado em Engenharia de Segurança e em Medicina do Trabalho – SESMT ou por pessoa ou equipe de pessoas que, a critério do empregador, sejam capazes de desenvolver o disposto nesta NR.

9.3.2 A antecipação deverá envolver a análise de projetos de novas instalações, métodos ou processos de trabalho, ou de modificação dos já existentes, visando a identificar os riscos potenciais e introduzir medidas de proteção para sua redução ou eliminação.

9.3.3 O reconhecimento dos riscos ambientais deverá conter os seguintes itens, quando aplicáveis:

a) a sua identificação;

b) a determinação e localização das possíveis fontes geradoras;

c) a identificação das possíveis trajetórias e dos meios de propagação dos agentes no ambiente de trabalho;

d) a identificação das funções e determinação do número de trabalhadores expostos;

e) a caracterização das atividades e do tipo da exposição;

f) a obtenção de dados existentes na empresa, indicativos de possível comprometimento da saúde decorrente do trabalho;

g) os possíveis danos à saúde relacionados aos riscos identificados, disponíveis na literatura técnica;

h) a descrição das medidas de controle já existentes.

9.3.4 A avaliação quantitativa deverá ser realizada sempre que necessária para:

a) comprovar o controle da exposição ou a inexistência riscos identificados na etapa de reconhecimento;

b) dimensionar a exposição dos trabalhadores;

c) subsidiar o equacionamento das medidas de controle.

9.3.5 Das medidas de controle.

9.3.5.1 Deverão ser adotadas as medidas necessárias suficientes para a eliminação, a minimização ou o controle dos riscos ambientais sempre que forem verificadas uma ou mais das seguintes situações:

a) identificação, na fase de antecipação, de risco potencial à saúde;

b) constatação, na fase de reconhecimento de risco evidente à saúde;

c) quando os resultados das avaliações quantitativas da exposição dos trabalhadores excederem os valores dos limites previstos na NR-15 ou, na ausência destes, os valores limites de exposição ocupacional adotados pela American Conference of Governmental Industrial Higyenists-ACGIH, ou aqueles que venham a ser estabelecidos em negociação coletiva de trabalho, desde que mais rigorosos do que os critérios técnico-legais estabelecidos;

d) quando, através do controle médico da saúde, ficar caracterizado o nexo causal entre danos observados na saúde os trabalhadores e a situação de trabalho a que eles ficam expostos.

9.3.5.2 *O estudo,* desenvolvimento e implantação de medidas de proteção coletiva deverão obedecer à seguinte hierarquia:

a) medidas que eliminam ou reduzam a utilização ou a formação de agentes prejudiciais à saúde;

b) medidas que previnam a liberação ou disseminação desses agentes no ambiente de trabalho;

c) medidas que reduzam os níveis ou a concentração desses agentes no ambiente de trabalho.

9.3.5.3 A implantação de medidas de caráter coletivo deverá ser acompanhada de treinamento dos trabalhadores quanto os procedimentos que assegurem a sua eficiência e de informação sobre as eventuais limitações de proteção que ofereçam.

9.3.5.4 Quando comprovado pelo empregador ou instituição a inviabilidade técnica da adoção de medidas de proteção coletiva ou quando estas não forem suficientes ou encontrarem-se em fase de estudo, planejamento ou implantação, ou ainda em caráter complementar ou emergencial, deverão ser adotadas outras medidas, obedecendo- se à seguinte hierarquia:

a) medidas de caráter administrativo ou de organização do trabalho;

b) utilização de equipamento de proteção individual – EPI.

9.3.5.5 A utilização de EPI no âmbito do programa deverá considerar as Normas Legais e Administrativas em vigor e envolver no mínimo:

a) seleção do EPI adequado tecnicamente ao risco a que o trabalhador está exposto e à atividade exercida, considerando-se a eficiência necessária para o controle da exposição ao risco e o conforto oferecido segundo avaliação do trabalhador usuário;

b) programa de treinamento dos trabalhadores quanto à sua correta utilização e orientação sobre as limitações de proteção que o EPI oferece;

c) estabelecimento de normas ou procedimento para promover o fornecimento, o uso, a guarda, a higienização, a conservação, a manutenção e a reposição do EPI, visando garantir as condições de proteção originalmente estabelecidas;

d) caracterização das funções ou atividades dos trabalhadores, com a respectiva identificação dos EPI's utilizados para os riscos ambientais.

9.3.5.6 O PPRA deve estabelecer critérios e mecanismos de avaliação da eficácia das medidas de proteção implantadas considerando os dados obtidos nas avaliações realizadas e no controle médico da saúde previsto na NR-7.

9.3.6 Do nível de ação.

9.3.6.1 Para os fins desta NR, considera-se nível de ação o valor acima do qual devem ser iniciadas ações preventivas de forma a minimizar a probabilidade de que as exposições a agentes ambientais ultrapassem os limites de exposição. As ações devem incluir o monitoramento periódico da exposição, a informação aos trabalhadores e o controle médico.

9.3.6.2 Deverão ser objeto de controle sistemático as situações que apresentem exposição ocupacional acima dos níveis de ação, conforme indicado nas alíneas que seguem:

a) para agentes químicos, a metade dos limites de exposição ocupacional considerados de acordo com a alínea "c" do subitem 9.3.5.1;

b) para o ruído, a dose de 0,5 (dose superior a 50%), conforme critério estabelecido na NR-15, Anexo I, item 6.

9.3.7 Do monitoramento.

9.3.7.1 Para o monitoramento da exposição dos trabalhadores e das medidas de controle, deve ser realizada uma avaliação sistemática e repetitiva da exposição a um dado risco, visando à introdução ou modificação das medidas de controle, sempre que necessário.

9.3.8 Do registro de dados.

9.3.8.1 Deverá ser mantido pelo empregador ou instituição um registro de dados, estruturado de forma a constituir um histórico técnico e administrativo do desenvolvimento do PPRA.

9.3.8.2 Os dados deverão ser mantidos por um período mínimo de 20 (vinte) anos.

9.3.8.3 O registro de dados deverá estar sempre disponível aos trabalhadores interessados ou seus representantes e para as autoridades competentes.

9.4 Das responsabilidades.

9.4.1 Do empregador:

I. estabelecer, implementar e assegurar o cumprimento do PPRA como atividade permanente da empresa ou instituição.

9.4.2 Dos trabalhadores:

I. colaborar e participar na implantação e execução do PPRA;

II. seguir as orientações recebidas nos treinamentos oferecidos dentro do PPRA;

III. informar ao seu superior hierárquico direto ocorrências que, a seu julgamento, possam implicar risco à saúde dos trabalhadores.

9.5 Da informação.

9.5.1 Os trabalhadores interessados terão o direito de apresentar propostas e receber informações e orientações a fim de assegurar a proteção aos riscos ambientais identificados na execução do PPRA.

9.5.2 Os empregadores deverão informar os trabalhadores de maneira apropriada e suficiente sobre os riscos ambientais que possam originar-se nos locais de trabalho e sobre os meios disponíveis para prevenir ou limitar tais riscos e para proteger-se dos mesmos.

9.6 Das disposições finais.

9.6.1 Sempre que vários empregadores realizem, simultaneamente, atividades no mesmo local de trabalho terão o dever de executar ações integradas para aplicar as medidas previstas no PPRA visando a proteção de todos os trabalhadores expostos aos riscos ambientais gerados.

9.6.2 O conhecimento e a percepção que os trabalhadores têm do processo de trabalho e dos riscos ambientais presentes, incluindo os dados consignados no Mapa de Riscos, previsto na NR-5, deverão ser considerados para fins de planejamento e execução do PPRA em todas as suas fases.

9.6.3 O empregador deverá garantir que, na ocorrência de riscos ambientais nos locais de trabalho que coloquem em situação de grave e iminente risco um ou mais trabalhadores, os mesmos possam interromper de imediato as suas atividades, comunicando o fato ao superior hierárquico direto para as devidas providências.

ANEXO 1
VIBRAÇÃO

SUMÁRIO:

1. Objetivos

1.1 Definir critérios para prevenção de doenças e distúrbios decorrentes da exposição ocupacional às Vibrações em Mãos e Braços – VMB e às Vibrações de Corpo Inteiro – VCI, no âmbito do Programa de Prevenção de Riscos Ambientais.

2. Disposições Gerais

2.1 Os empregadores devem adotar medidas de prevenção e controle da exposição às vibrações mecânicas que possam afetar a segurança e a saúde dos trabalhadores, eliminando o risco ou, onde comprovadamente não houver tecnologia disponível, reduzindo-o aos menores níveis possíveis.

2.1.1 No processo de eliminação ou redução dos riscos relacionados à exposição às vibrações mecânicas devem ser considerados, entre outros fatores, os esforços físicos e aspectos posturais.

2.2 O empregador deve comprovar, no âmbito das ações de manutenção preventiva e corretiva de veículos, máquinas, equipamentos e ferramentas, a adoção de medidas efetivas que visem o controle e a redução da exposição a vibrações.

2.3 As ferramentas manuais vibratórias que produzam acelerações superiores a 2,5 m/s2 nas mãos dos operadores devem informar junto às suas especificações técnicas a vibração emitida pelas mesmas, indicando as normas de ensaio que foram utilizadas para a medição.

3. Avaliação Preliminar da Exposição

3.1 Deve ser realizada avaliação preliminar da exposição às VMB e VCI, no contexto do reconhecimento e da avaliação dos riscos, considerando-se também os seguintes aspectos:

a) ambientes de trabalho, processos, operações e condições de exposição;

b) características das máquinas, veículos, ferramentas ou equipamentos de trabalho;

c) informações fornecidas por fabricantes sobre os níveis de vibração gerados por ferramentas, veículos, máquinas ou equipamentos envolvidos na exposição, quando disponíveis;

d) condições de uso e estado de conservação de veículos, máquinas, equipamentos e ferramentas, incluindo componentes ou dispositivos de isolamento e amortecimento que interfiram na exposição de operadores ou condutores;

e) características da superfície de circulação, cargas transportadas e velocidades de operação, no caso de VCI;

f) estimativa de tempo efetivo de exposição diária;

g) constatação de condições específicas de trabalho que possam contribuir para o agravamento dos efeitos decorrentes da exposição;

h) esforços físicos e aspectos posturais;

i) dados de exposição ocupacional existentes;

j) informações ou registros relacionados a queixas e antecedentes médicos relacionados aos trabalhadores expostos.

3.2 Os resultados da avaliação preliminar devem subsidiar a adoção de medidas preventivas e corretivas, sem prejuízo de outras medidas previstas nas demais NR.

3.3 Se a avaliação preliminar não for suficiente para permitir a tomada de decisão quanto à necessidade de implantação de medidas preventivas e corretivas, deve-se proceder à avaliação quantitativa.

4. Avaliação Quantitativa da Exposição

4.1 A avaliação quantitativa deve ser representativa da exposição, abrangendo aspectos organizacionais e ambientais que envolvam o trabalhador no exercício de suas funções.

4.1.1 Os procedimentos de avaliação quantitativa para VCI e VMB, a serem adotados no âmbito deste anexo, são aqueles estabelecidos nas Normas de Higiene Ocupacional publicadas pela FUNDACENTRO.

4.2 Avaliação quantitativa da exposição dos trabalhadores às VMB

4.2.1 A avaliação da exposição ocupacional à vibração em mãos e braços deve ser feita utilizando-se sistemas de medição que permitam a obtenção da aceleração resultante de exposição normalizada (aren), parâmetro representativo da exposição diária do trabalhador.

4.2.2 O nível de ação para a avaliação da exposição ocupacional diária à vibração em mãos e braços corresponde a um valor de aceleração resultante de exposição normalizada (aren) de 2,5 m/s2.

4.2.3 O limite de exposição ocupacional diária à vibração em mãos e braços corresponde a um valor de aceleração resultante de exposição normalizada (aren) de 5 m/s2.

4.2.4 As situações de exposição ocupacional superior ao nível de ação, independentemente do uso de equipamentos de proteção individual, implicam obrigatória adoção de medidas de caráter preventivo, sem prejuízo do disposto no item 9.3.5.1 da NR-9.

4.2.5 As situações de exposição ocupacional superior ao limite de exposição, independentemente do uso de equipamentos de proteção individual, implicam obrigatória adoção de medidas de caráter corretivo, sem prejuízo do disposto no item 9.3.5.1 da NR-9.

4.3 Avaliação quantitativa da exposição dos trabalhadores às VCI

4.3.1 A avaliação da exposição ocupacional à vibração de corpo inteiro deve ser feita utilizando-se sistemas de medição que permitam a determinação da aceleração resultante de exposição normalizada (aren) e do valor da dose de vibração resultante (VDVR), parâmetros representativos da exposição diária do trabalhador.

4.3.2 O nível de ação para a avaliação da exposição ocupacional diária à vibração de corpo inteiro corresponde a um valor da aceleração resultante de exposição normalizada (aren) de 0,5m/s2, ou ao valor da dose de vibração resultante (VDVR) de 9,1m/s1,75.

4.3.3 O limite de exposição ocupacional diária à vibração de corpo inteiro corresponde ao: valor da aceleração resultante de exposição normalizada (aren) de 1,1 m/s2; ou valor da dose de vibração resultante (VDVR) de 21,0 m/s1,75.

4.3.3.1 Para fins de caracterização da exposição, o empregador deve comprovar a avaliação dos dois parâmetros acima descritos.

4.3.4 As situações de exposição ocupacional superiores ao nível de ação implicam obrigatória adoção de medidas de caráter preventivo, sem prejuízo do disposto no item 9.3.5.1 da NR-9.

4.3.5 As situações de exposição ocupacional superiores ao limite de exposição ocupacional implicam obrigatória adoção de medidas de caráter corretivo, sem prejuízo do disposto no item 9.3.5.1 da NR-9.

5. Medidas Preventivas e Corretivas

5.1 As medidas preventivas devem contemplar:

a) Avaliação periódica da exposição;

b) Orientação dos trabalhadores quanto aos riscos decorrentes da exposição à vibração e à utilização adequada dos equipamentos de trabalho, bem como quanto ao direito de comunicar aos seus superiores sobre níveis anormais de vibração observados durante suas atividades;

c) Vigilância da saúde dos trabalhadores focada nos efeitos da exposição à vibração;

d) Adoção de procedimentos e métodos de trabalho alternativos que permitam reduzir a exposição a vibrações mecânicas.

5.1.1 As medidas de caráter preventivo descritas neste item não excluem outras medidas que possam ser consideradas necessárias ou recomendáveis em função das particularidades de cada condição de trabalho.

5.2 As medidas corretivas devem contemplar, no mínimo, uma das medidas abaixo, obedecida a hierarquia prevista na NR-9:

e) No caso de exposição às VMB, modificação do processo ou da operação de trabalho, podendo envolver: a substituição de ferramentas e acessórios; a reformulação ou a reorganização de bancadas e postos de trabalho; a alteração das rotinas ou dos procedimentos de trabalho; a adequação do tipo de ferramenta, do acessório utilizado e das velocidades operacionais;

f) No caso de exposição às VCI, modificação do processo ou da operação de trabalho, podendo envolver: o reprojeto de plataformas de trabalho; a reformulação, a reorganização ou a alteração das rotinas ou dos procedimentos e organização do trabalho; a adequação de veículos utilizados, especialmente pela adoção de assentos antivibratórios; a melhoria das condições e das características dos pisos e pavimentos utilizados para circulação das máquinas e dos veículos;

g) Redução do tempo e da intensidade de exposição diária à vibração;

h) Alternância de atividades ou operações que gerem exposições a níveis mais elevados de vibração com outras que não apresentem exposições ou impliquem exposições a menores níveis.

5.2.1 As medidas de caráter corretivo mencionadas não excluem outras medidas que possam ser consideradas necessárias ou recomendáveis em função das particularidades de cada condição de trabalho.

6. *(Suprimido pela Portaria MTE 1.471/2014.)*

ANEXO 2
EXPOSIÇÃO OCUPACIONAL AO BENZENO EM POSTOS REVENDEDORES DE COMBUSTÍVEIS

SUMÁRIO:

1. Objetivo e Campo de Aplicação

1.1 Este anexo estabelece os requisitos mínimos de segurança e saúde no trabalho para as atividades com exposição ocupacional ao benzeno em Postos Revendedores de Combustíveis – PRC contendo essa substância. Estes requisitos devem complementar as exigências e orientações já previstas na legislação de Segurança e Saúde no Trabalho – SST em vigor no Brasil.

1.1.1 Para fins deste anexo, consideram-se Postos Revendedores de Combustíveis – PRC contendo benzeno o estabelecimento localizado em terra firme que revende, a varejo, combustíveis automotivos e abastece tanque de consumo dos veículos automotores terrestres ou em embalagens certificadas pelo INMETRO.

2. Responsabilidades

2.1 Cabe ao empregador:

2.1.1 Cumprir e fazer cumprir o presente anexo.

2.1.2 Só permitir a contratação de serviços de outras empresas desde que faça constar no contrato a obrigatoriedade do cumprimento das medidas de SST previstas neste anexo.

2.1.2.1 Os PRC devem adequar os contratos de prestação de serviços vigentes às disposições desta norma.

2.1.3 Interromper todo e qualquer tipo de atividade que exponha os trabalhadores a condições de risco grave e iminente para a sua segurança ou saúde.

2.1.4 Fornecer às empresas contratadas as informações sobre os riscos potenciais e às medidas preventivas de exposição ao benzeno, na área da instalação em que desenvolvem suas atividades.

2.1.5 Prestar as informações que se fizerem necessárias, quando solicitadas formalmente pelos órgãos fiscalizadores competentes com relação às disposições objeto deste anexo.

2.1.6 Informar os trabalhadores sobre os riscos potenciais de exposição ao benzeno que possam afetar sua segurança e saúde, bem como as medidas preventivas necessárias.

2.1.7 Manter as Fichas com Dados de Segurança de Produto Químico dos combustíveis à disposição dos trabalhadores, em local de fácil acesso para consulta.

2.1.8 Dar conhecimento sobre os procedimentos operacionais aos trabalhadores com o objetivo de informar sobre os riscos da exposição ao benzeno e as medidas de prevenção necessárias.

2.2 Cabe aos trabalhadores:

2.2.1 Zelar pela sua segurança e saúde ou de terceiros que possam ser afetados pela exposição ao benzeno.

2.2.2 Comunicar imediatamente ao seu superior hierárquico as situações que considerem representar risco grave e iminente para sua segurança e saúde ou para a de terceiros.

2.2.3 Não utilizar flanela, estopa e tecidos similares para a contenção de respingos e extravasamentos, conforme previsto no item 9.7 deste anexo.

2.2.4 Usar os Equipamentos de Proteção Individual – EPI apenas para a finalidade a que se destinam, responsabilizando-se pela sua guarda e conservação, devendo comunicar ao empregador qualquer alteração que o torne impróprio para o uso, bem como cumprir as determinações do empregador sobre o uso adequado.

3. Dos Direitos dos Trabalhadores

3.1 São direitos dos trabalhadores, além do previsto na legislação vigente:

3.1.1 Serem informados sobre os riscos potenciais de exposição ao benzeno que possam afetar sua segurança e saúde, bem como as medidas preventivas necessárias.

3.1.2 Quando o trabalhador tiver convicção, fundamentada em sua capacitação e experiência, de que exista risco grave e iminente para a sua segurança e saúde ou para a de terceiros, deve suspender a tarefa e informar imediatamente ao seu superior hierárquico para que sejam tomadas todas as medidas de correção adequadas. Após avaliar a situação e se constatar a existência da condição de risco grave e iminente, o superior hierárquico manterá a suspensão da tarefa, até que venha a ser normalizada a referida situação.

4. Da Comissão Interna de Prevenção de Acidentes – CIPA

4.1 Aplicam-se aos PRC as disposições da NR-5.

4.1.1 O conteúdo do treinamento referente ao item 5.33 da NR-5, dado aos membros da CIPA ou designado, nos PRC que operem com combustíveis líquidos contendo benzeno, deve enfatizar informações sobre os riscos da exposição ocupacional a essa substância, assim como as medidas preventivas, observando o conteúdo do item 5.1.1 deste anexo.

5. Da Capacitação dos Trabalhadores

5.1 Os trabalhadores que exerçam suas atividades com risco de exposição ocupacional ao benzeno devem receber capacitação com carga horária mínima de 4 (quatro) horas.

5.1.1 O conteúdo da capacitação a que se refere o item 5.1 deve contemplar os seguintes temas:

a) riscos de exposição ao benzeno e vias de absorção;

b) conceitos básicos sobre monitoramento ambiental, biológico e de saúde;

a) sinais e sintomas de intoxicação ocupacional por benzeno;

b) medidas de prevenção;

c) procedimentos de emergência;

d) caracterização básica das instalações, atividades de risco e pontos de possíveis emissões de benzeno;

e) dispositivos legais sobre o benzeno.

5.1.1.1 A capacitação referida no item 5.1 deve enfatizar a identificação das situações de risco de exposição ao benzeno e as medidas de prevenção nas atividades de maior risco abaixo elencadas:

a) conferência do produto no caminhão-tanque no ato do descarregamento;

b) coleta de amostras no caminhão-tanque com amostrador específico;

c) medição volumétrica de tanque subterrâneo com régua;

d) estacionamento do caminhão, aterramento e conexão via mangotes aos tanques subterrâneos;

e) descarregamento de combustíveis para os tanques subterrâneos;

f) desconexão dos mangotes e retirada do conteúdo residual;

g) abastecimento de combustível para veículos;

h) abastecimento de combustíveis em recipientes certificados;

i) análises físico-químicas para o controle de qualidade dos produtos comercializados;

j) limpeza de válvulas, bombas e seus compartimentos de contenção de vazamentos;

k) esgotamento e limpeza de caixas separadoras;

l) limpeza de caixas de passagem e canaletas;

m) aferição de bombas de abastecimento;

n) manutenção operacional de bombas;

o) manutenção e reforma do sistema de abastecimento subterrâneo de combustível (SASC);

p) outras operações e atividades passíveis de exposição ao benzeno.

5.2 A capacitação referida no item 5.1 deve ser renovada com a periodicidade de 2 (dois) anos.

5.3 A capacitação referida no item 5.1 poderá ser realizada na modalidade de ensino a distância, desde que haja previsão em acordo ou convenção coletiva.

6. Do Programa de Controle Médico de Saúde Ocupacional – PCMSO

6.1 Aplicam-se aos PRC as disposições da NR-7 e adicionalmente o que se segue.

6.2 Os trabalhadores que exerçam suas atividades com risco de exposição ocupacional ao benzeno devem realizar, com frequência mínima semestral, hemograma completo com contagem de plaquetas e reticulócitos, independentemente de outros exames previstos no PCMSO.

6.2.1 Os casos de dispensa de aplicação dos exames previstos no item 6.2 devem ser justificados tecnicamente nos PPRA e PCMSO dos PRC.

6.3 Os resultados dos hemogramas devem ser organizados sob a forma de séries históricas, de fácil compreensão, com vistas a facilitar a detecção precoce de alterações hematológicas.

6.4 As séries históricas dos hemogramas devem ficar em poder do Médico Coordenador do PCMSO.

6.5 Ao término de seus serviços, o Médico Coordenador do PCMSO, responsável pela guarda das séries históricas, deve repassá-las ao médico que o sucederá na função.

6.6 Os resultados dos hemogramas semestrais e a série histórica atualizada devem ser entregues aos trabalhadores, mediante recibo, em no máximo 30 dias após a emissão dos resultados.

6.7 Ao final do contrato de trabalho, a série histórica dos hemogramas deve ser entregue ao trabalhador.

6.8 Aplicam-se aos trabalhadores dos PRC as disposições da Portaria n.º 776, de 28/04/2004, do Ministério da Saúde, e suas eventuais atualizações, especialmente, no que tange aos critérios de interpretação da série histórica dos hemogramas.

7. Da Avaliação Ambiental

7.1 Aplicam-se aos PRC as disposições da NR-9 e adicionalmente o que se segue.

7.2 O documento base do PPRA, referido no item 9.2.2 da NR-9, deve conter o reconhecimento de todas as atividades, setores, áreas, operações, procedimentos e equipamentos onde possa haver exposição dos trabalhadores a combustíveis líquidos contendo benzeno, seja pela via respiratória, seja pela via cutânea, incluindo as atividades relacionadas no subitem 5.1.1.1 deste anexo, no que couber.

7.2.1 As informações a serem levantadas na fase de reconhecimento devem incluir os procedimentos de operação normal, os de manutenção e os de situações de emergência.

8. Procedimentos Operacionais

8.1 Os PRC devem possuir procedimentos operacionais, com o objetivo de informar sobre os riscos da exposição ao benzeno e as medidas de prevenção necessárias, para as atividades que se seguem:

a) abastecimento de veículos com combustíveis líquidos contendo benzeno;

b) limpeza e manutenção operacional de:
- reservatório de contenção para tanques (sump de tanque);
- reservatório de contenção para bombas (sump de bombas);
- canaletas de drenagem;
- tanques e tubulações;
- caixa separadora de água-óleo (SAO);
- caixas de passagem para sistemas eletroeletrônicos;
- aferição de bombas.

c) de emergência em casos de extravazamento de combustíveis líquidos contendo benzeno, atingindo pisos, vestimentas dos trabalhadores e o corpo dos trabalhadores, especialmente os olhos;

d) medição de tanques com régua e aferição de bombas de combustível líquido contendo benzeno;

e) recebimento de combustíveis líquidos contendo benzeno, contemplando minimamente:
- identificação e qualificação do profissional responsável pela operação;
- isolamento da área e aterramento;
- cuidados durante a abertura do tanque;
- equipamentos de proteção coletiva e individual;
- coleta, análise e armazenamento de amostras;
- descarregamento.

f) manuseio, acondicionamento e descarte de líquidos e resíduos sólidos contaminados com derivados de petróleo contendo benzeno.

8.2 Os PRC devem exigir das empresas contratadas para prestação de serviços de manutenção técnica a apresentação dos procedimentos operacionais, que informem os riscos da exposição ao benzeno e as medidas de prevenção necessárias, para as atividades que se seguem:

a) troca de tanques e linhas;

b) manutenção preventiva e corretiva de equipamentos;

c) sistema de captação e recuperação de vapores;

d) teste de estanqueidade;

e) investigação para análise de risco de contaminação de solo;

f) remediações de solo.

8.3 Os procedimentos citados nos itens 8.1 e 8.2 devem ser mantidos, por escrito, no local de trabalho, à disposição da fiscalização e para consulta dos trabalhadores.

8.4 Os conteúdos dos procedimentos citados nos itens 8.1 e 8.2 podem ser incluídos no documento sobre os procedimentos operacionais exigidos pelo item 20.7.1 da NR-20.

9. Atividades Operacionais

9.1 Os PRC que entrarem em operação após a vigência deste item devem possuir sistema eletrônico de medição de estoque.

9.2. Os PRC em operação e que já possuem tanques de armazenamento com viabilidade técnica para instalação de sistemas de medição eletrônica devem instalar o sistema eletrônico de medição de estoque.

9.2.1 Os tanques de armazenamento com viabilidade técnica para a instalação de sistemas de medição eletrônica são aqueles que possuem boca de visita e que já realizaram obras para adequação ambiental.

9.2.2 Os PRC não enquadrados nos itens 9.1 e 9.2 devem adotar o sistema eletrônico de medição de estoque quando da reforma com troca dos tanques de armazenamento.

9.3 A medição de tanques com régua é admitida nas seguintes situações:

a) para aferição do sistema eletrônico;

b) em situações em que a medição eletrônica não puder ser realizada por pane temporária do sistema;

c) para a verificação da necessidade de drenagem dos tanques;

d) para fins de testes de estanqueidade.

9.3.1 Nas situações em que a medição de tanques tiver que ser realizada com o uso de régua, é obrigatória a utilização dos EPIs referidos no item 12 deste anexo.

9.4 Todas as bombas de abastecimento de combustíveis líquidos contendo benzeno devem estar equipadas com bicos automáticos.

9.5 Ficam vedadas nos PRC as seguintes atividades envolvendo combustíveis líquidos contendo benzeno:

a) transferência de combustível líquido contendo benzeno de veículo a veículo automotor ou de quaisquer recipientes para veículo automotor com uso de mangueira por sucção oral;

b) transferência de combustível líquido contendo benzeno entre tanques de armazenamento por qualquer meio, salvo em situações de emergência após a adoção das medidas de prevenção necessárias e com equipamentos intrinsecamente seguros e apropriados para áreas classificadas;

c) armazenamento de amostras coletadas de combustíveis líquidos contendo benzeno em áreas ou recintos fechados onde haja a presença regular de trabalhadores em quaisquer atividades;

d) enchimento de tanques veiculares após o desarme do sistema automático, referido no item 9.4, exceto quando ocorrer o desligamento precoce do bico, em função de características do tanque do veículo;

e) comercialização de combustíveis líquidos contendo benzeno em recipientes que não sejam certificados para o seu armazenamento;

f) qualquer tipo de acesso pessoal ao interior de tanques do caminhão ou de tubulações por onde tenham circulado combustíveis líquidos contendo benzeno;

g) abastecimento com a utilização de bicos que não disponham de sistema de desarme automático.

9.6 Para a contenção de respingos e extravasamentos de combustíveis líquidos contendo benzeno durante o abastecimento e outras atividades com essa possibilidade, só podem ser utilizados materiais que tenham sido projetados para esta finalidade.

9.7 Cabe ao empregador proibir a utilização de flanela, estopa e tecidos similares para a contenção de respingos e extravasamentos nas atividades referidas no item 9.6.

9.8 Para a limpeza de superfícies contaminadas com combustíveis líquidos contendo benzeno, será admitido apenas o uso de tolhas de papel absorvente, desde que o trabalhador esteja utilizando luvas impermeáveis apropriadas.

9.8.1 O material referido no item 9.8 só pode ser utilizado uma única vez, devendo, a seguir, ser acondicionado para posterior descarte em recipiente apropriado para esta finalidade, que deve estar disponível próximo à área de operação.

9.9 As análises físico-químicas de combustíveis líquidos contendo benzeno devem ser realizadas em local ventilado e afastado das outras áreas de trabalho, do local de tomada de refeições e de vestiários.

9.9.1 As análises em ambientes fechados devem ser realizadas sob sistema de exaustão localizada ou em capela com exaustão.

10. Ambientes de Trabalho Anexos

10.1 Os PRC devem dispor de área exclusiva para armazenamento de amostras coletadas de combustíveis líquidos contendo benzeno, dotada de ventilação e temperatura adequadas e afastada de outras áreas de trabalho, dos locais de tomada de refeições e de vestiários.

10.2 Os PRC devem adotar medidas para garantir a qualidade do ar em seus ambientes internos anexos às áreas de abastecimentos, de descarregamento e de respiros de tanques de combustíveis líquidos contendo benzeno, como escritórios, lojas de conveniência e outros.

10.2.1 Os sistemas de climatização que captam ar do ambiente externo ou outro de igual eficiência devem ser instalados de forma a evitar a contaminação dos ambientes internos por vapores de combustíveis líquidos contendo benzeno provenientes daquelas áreas.

11. Uniforme

11.1 Aplicam-se aos PRC as disposições da NR-24, especialmente, no que se refere à separação entre o uniforme e aquelas vestimentas de uso comum.

11.2 Aos trabalhadores de PRC com atividades que impliquem em exposição ocupacional ao benzeno, serão fornecidos, gratuitamente, pelo empregador, uniforme e calçados de trabalho adequados aos riscos.

11.3 A higienização dos uniformes será feita pelo empregador com frequência mínima semanal.

11.4 O empregador deverá manter à disposição, nos PRC, um conjunto extra de uniforme, para pelo menos 1/3 (um terço) do efetivo dos trabalhadores em atividade expostos a combustíveis líquidos contendo benzeno, a ser disponibilizado em situações nas quais seu uniforme venha a ser contaminado por tais produtos.

12. Equipamentos de Proteção Individual (EPI)

12.1 Aplicam-se aos PRC as disposições da NR-6, da Instrução Normativa 1, de 11 de abril de 1994, e adicionalmente o que se segue.

12.1.1 Os trabalhadores que realizem, direta ou indiretamente, as atividades críticas listadas no subitem 5.1.1.1, exceto as alíneas "d", "g" e "h", e, inclusive, no caso de atividade de descarga selada, alínea "e", devem utilizar equipamento de proteção respiratória de face inteira, com filtro para vapores orgânicos, assim como, equipamentos de proteção para a pele.

• Subitem com redação determinada pela Portaria MTb 871/2017.

12.1.1.1 Quando o sistema de exaustão previsto no item 9.9.1 estiver sob manutenção, deve ser utilizado o equipamento de proteção respiratória de forma provisória, atendendo à especificação do item 12.1.1.

12.1.1.2 O empregador pode optar por outro equipamento de proteção respiratória, mais apropriado às características do processo de trabalho do PRC do que aquele sugerido no item 12.1.1, desde que a mudança represente uma proteção maior para o trabalhador.

12.1.1.3 A substituição periódica dos filtros das máscaras é obrigatória e deve obedecer às orientações do fabricante e da IN 01/94 do MTE.

12.2 Os trabalhadores que realizem a atividade de abastecimento de veículos, citada nas alíneas "g" e "h" do item 5.1.1.1, em função das características inerentes à própria atividade, estão dispensados do uso de equipamento de proteção respiratória.

13. Sinalização referente ao Benzeno

13.1 Os PRC devem manter sinalização, em local visível, na altura das bombas de abastecimento de combustíveis líquidos contendo benzeno, indicando os riscos dessa substância, nas dimensões de 20 x 14 cm com os dizeres: "A GASOLINA CONTÉM BENZENO, SUBSTÂNCIA CANCERÍGENA. RISCO À SAÚDE."

14. Controle Coletivo de Exposição durante o abastecimento

14.1 Os PRC devem instalar sistema de recuperação de vapores.

14.2 Para fins do presente anexo, considera-se como sistema de recuperação de vapores um sistema de captação de vapores, instalado nos bicos de abastecimento das bombas de combustíveis líquidos contendo benzeno, que direcione esses vapores para o tanque de combustível do próprio PRC ou para um equipamento de tratamento de vapores.

14.3 Os PRC novos, aprovados e construídos após três anos da publicação deste anexo, devem ter instalado o sistema previsto no item 14.1.

(*DOU* 06.07.1978)

NR 10

SEGURANÇA EM INSTALAÇÕES E SERVIÇOS EM ELETRICIDADE

10.1 OBJETIVO E CAMPO DE APLICAÇÃO

10.1.1 Esta Norma Regulamentadora – NR estabelece os requisitos e condições mínimas objetivando a implementação de medidas de controle e sistemas preventivos, de forma a garantir a segurança e a saúde dos trabalhadores que, direta ou indiretamente, interajam em instalações elétricas e serviços com eletricidade.

10.1.2 Esta NR se aplica às fases de geração, transmissão, distribuição e consumo, incluindo as etapas de projeto, construção, montagem, operação, manutenção das instalações elétricas e quaisquer trabalhos realizados nas suas proximidades, observando-se as normas técnicas oficiais estabelecidas pelos órgãos competentes e, na ausência ou omissão destas, as normas internacionais cabíveis.

10.2 MEDIDAS DE CONTROLE

10.2.1 Em todas as intervenções em instalações elétricas devem ser adotadas medidas preventivas de controle do risco elétrico e de outros riscos adicionais, mediante técnicas de análise de risco, de forma a garantir a segurança e a saúde no trabalho.

10.2.2 As medidas de controle adotadas devem integrar-se às demais iniciativas da empresa, no âmbito da preservação da segurança, da saúde e do meio ambiente do trabalho.

10.2.3 As empresas estão obrigadas a manter esquemas unifilares atualizados das instalações elétricas dos seus estabelecimentos com as especificações do sistema de aterramento e demais equipamentos e dispositivos de proteção.

10.2.4 Os estabelecimentos com carga instalada superior a 75 kW devem constituir e manter o Prontuário de Instalações Elétricas, contendo, além do disposto no subitem 10.2.3, no mínimo:

a) conjunto de procedimentos e instruções técnicas e administrativas de segurança e saúde, implantadas e relacionadas a esta NR e descrição das medidas de controle existentes;

b) documentação das inspeções e medições do sistema de proteção contra descargas atmosféricas e aterramentos elétricos;

c) especificação dos equipamentos de proteção coletiva e individual e o ferramental, aplicáveis conforme determina esta NR;

d) documentação comprobatória da qualificação, habilitação, capacitação, autorização dos trabalhadores e dos treinamentos realizados;

e) resultados dos testes de isolação elétrica realizados em equipamentos de proteção individual e coletiva;

f) certificações dos equipamentos e materiais elétricos em áreas classificadas;

g) relatório técnico das inspeções atualizadas com recomendações, cronogramas de adequações, contemplando as alíneas de "a" a "f".

10.2.5 As empresas que operam em instalações ou equipamentos integrantes do sistema elétrico de potência devem constituir prontuário com o conteúdo do item 10.2.4 e acrescentar ao prontuário os documentos a seguir listados:

a) descrição dos procedimentos para emergências;

b) certificações dos equipamentos de proteção coletiva e individual;

10.2.5.1 As empresas que realizam trabalhos em proximidade do Sistema Elétrico de Potência devem constituir prontuário contemplando as alíneas "a", "c", "d" e "e", do item 10.2.4 e alíneas "a" e "b" do item 10.2.5.

10.2.6 O Prontuário de Instalações Elétricas deve ser organizado e mantido atualizado pelo empregador ou pessoa formalmente designada pela empresa, devendo permanecer à disposição dos trabalhadores envolvidos nas instalações e serviços em eletricidade.

10.2.7 Os documentos técnicos previstos no Prontuário de Instalações Elétricas devem ser elaborados por profissional legalmente habilitado.

10.2.8 MEDIDAS DE PROTEÇÃO COLETIVA

10.2.8.1 Em todos os serviços executados em instalações elétricas devem ser previstas e adotadas, prioritariamente, medidas de proteção coletiva aplicáveis, mediante procedimentos, às atividades a serem desenvolvidas, de forma a garantir a segurança e a saúde dos trabalhadores.

10.2.8.2 As medidas de proteção coletiva compreendem, prioritariamente, a desenergização elétrica conforme estabelece esta NR e, na sua impossibilidade, o emprego de tensão de segurança.

10.2.8.2.1 Na impossibilidade de implementação do estabelecido no subitem 10.2.8.2., devem ser utilizadas outras medidas de proteção coletiva, tais como: isolação das partes vivas, obstáculos, barreiras, sinalização, sistema de seccionamento automático de alimentação, bloqueio do religamento automático.

10.2.8.3 O aterramento das instalações elétricas deve ser executado conforme regulamentação estabelecida pelos órgãos competentes e, na ausência desta, deve atender às Normas Internacionais vigentes.

10.2.9 MEDIDAS DE PROTEÇÃO INDIVIDUAL

10.2.9.1 Nos trabalhos em instalações elétricas, quando as medidas de proteção coletiva forem tecnicamente inviáveis ou insuficientes para controlar os riscos, devem ser adotados equipamentos de proteção individual específicos e adequados às atividades desenvolvidas, em atendimento ao disposto na NR 6.

10.2.9.2 As vestimentas de trabalho devem ser adequadas às atividades, devendo contemplar a condutibilidade, inflamabilidade e influências eletromagnéticas.

102.9.3 É vedado o uso de adornos pessoais nos trabalhos com instalações elétricas ou em suas proximidades.

10.3 SEGURANÇA EM PROJETOS

10.3.1 É obrigatório que os projetos de instalações elétricas especifiquem dispositivos de desligamento de circuitos que possuam recursos para impedimento de reenergização, para sinalização de advertência com indicação da condição operativa.

10.3.2 O projeto elétrico, na medida do possível, deve prever a instalação de dispositivo de seccionamento de ação simultânea, que permita a aplicação de impedimento de reenergização do circuito.

10.3.3 O projeto de instalações elétricas deve considerar o espaço seguro, quanto ao dimensionamento e a localização de seus componentes e as influências externas, quando da operação e da realização de serviços de construção e manutenção.

10.3.3.1 Os circuitos elétricos com finalidades diferentes, tais como: comunicação, sinalização, controle e tração elétrica devem ser identificados e instalados separadamente, salvo quando o desenvolvimento tecnológico permitir compartilhamento, respeitadas as definições de projetos.

10.3.4 O projeto deve definir a configuração do esquema de aterramento, a obrigatoriedade ou não da interligação entre o condutor neutro e o de proteção e a conexão à terra das partes condutoras não destinadas à condução da eletricidade.

10.3.5 Sempre que for tecnicamente viável e necessário, devem ser projetados dispositivos de seccionamento que incorporem recursos fixos de equipotencialização e aterramento do circuito seccionado.

10.3.6 Todo projeto deve prever condições para a adoção de aterramento temporário.

10.3.7 O projeto das instalações elétricas deve ficar à disposição dos trabalhadores autorizados, das autoridades competentes e de outras pessoas autorizadas pela empresa e deve ser mantido atualizado.

10.3.8 O projeto elétrico deve atender ao que dispõem as Normas Regulamentadoras de Saúde e Segurança no Trabalho, as regulamentações técnicas oficiais estabelecidas, e ser assinado por profissional legalmente habilitado.

10.3.9 O memorial descritivo do projeto deve conter, no mínimo, os seguintes itens de segurança:

a) especificação das características relativas à proteção contra choques elétricos, queimaduras e outros riscos adicionais;

b) indicação de posição dos dispositivos de manobra dos circuitos elétricos: (Verde – "D", desligado e Vermelho – "L", ligado);

c) descrição do sistema de identificação de circuitos elétricos e equipamentos, incluindo dispositivos de manobra, de controle, de proteção, de intertravamento, dos condutores e os próprios equipamentos e estruturas, definindo como tais indicações devem ser aplicadas fisicamente nos componentes das instalações;

d) recomendações de restrições e advertências quanto ao acesso de pessoas aos componentes das instalações;

e) precauções aplicáveis em face das influências externas;

f) o princípio funcional dos dispositivos de proteção, constantes do projeto, destinados à segurança das pessoas;

g) descrição da compatibilidade dos dispositivos de proteção com a instalação elétrica.

10.3.10 Os projetos devem assegurar que as instalações proporcionem aos trabalhadores iluminação adequada e uma posição de trabalho segura, de acordo com a NR 17 – Ergonomia.

10.4 SEGURANÇA NA CONSTRUÇÃO, MONTAGEM, OPERAÇÃO E MANUTENÇÃO

10.4.1 As instalações elétricas devem ser construídas, montadas, operadas, reformadas, ampliadas, reparadas e inspecionadas de forma a garantir a segurança e a saúde dos trabalhadores e dos usuários, e serem supervisionadas por profissional autorizado, conforme dispõe esta NR.

10.4.2 Nos trabalhos e nas atividades referidas devem ser adotadas medidas preventivas destinadas ao controle dos riscos adicionais, especialmente quanto a altura, confinamento, campos elétricos e magnéticos, explosividade, umidade, poeira, fauna e flora e outros agravantes, adotando-se a sinalização de segurança.

10.4.3 Nos locais de trabalho só podem ser utilizados equipamentos, dispositivos e ferramentas elétricas compatíveis com a instalação elétrica existente, preservando-se as características de proteção, respeitadas as recomendações do fabricante e as influências externas.

10.4.3.1 Os equipamentos, dispositivos e ferramentas que possuam isolamento elétrico devem estar adequados às tensões envolvidas, e serem inspecionados e testados de acordo com as regulamentações existentes ou recomendações dos fabricantes.

10.4.4 As instalações elétricas devem ser mantidas em condições seguras de funcionamento e seus sistemas de proteção devem ser inspecionados e controlados periodicamente, de acordo com as regulamentações existentes e definições de projetos.

10.4.4.1 Os locais de serviços elétricos, compartimentos e invólucros de equipamentos e instalações elétricas são exclusivos para essa finalidade, sendo expressamente proibido utilizá-los para armazenamento ou guarda de quaisquer objetos.

10.4.5 Para atividades em instalações elétricas deve ser garantida ao trabalhador iluminação adequada e uma posição de trabalho segura, de acordo com a NR 17 – Ergonomia, de forma a permitir que ele disponha dos membros superiores livres para a realização das tarefas.

10.4.6 Os ensaios e testes elétricos laboratoriais e de campo ou comissionamento de instalações elétricas devem atender à regulamentação estabelecida nos itens 10.6 e 10.7, e somente podem ser realizados por trabalhadores que atendam às condições de qualificação, habilitação, capacitação e autorização estabelecidas nesta NR.

10.5 SEGURANÇA EM INSTALAÇÕES ELÉTRICAS DESENERGIZADAS

10.5.1 Somente serão consideradas desenergizadas as instalações elétricas liberadas para trabalho, mediante os procedimentos apropriados, obedecida a seqüência abaixo:

a) seccionamento;

b) impedimento de reenergização;

c) constatação da ausência de tensão;

d) instalação de aterramento temporário com equipotencialização dos condutores dos circuitos;

e) proteção dos elementos energizados existentes na zona controlada (Anexo II);

- Alínea com redação determinada pela Portaria MTPS 508/2016.

f) instalação da sinalização de impedimento de reenergização.

10.5.2 O estado de instalação desenergizada deve ser mantido até a autorização para reenergização, devendo ser reenergizada respeitando a sequência de procedimentos abaixo:

a) retirada das ferramentas, utensílios e equipamentos;

b) retirada da zona controlada de todos os trabalhadores não envolvidos no processo de reenergização;

c) remoção do aterramento temporário, da equipotencialização e das proteções adicionais;

d) remoção da sinalização de impedimento de reenergização;

e) destravamento, se houver, e religação dos dispositivos de seccionamento.

10.5.3 As medidas constantes das alíneas apresentadas nos itens 10.5.1 e 10.5.2 podem ser alteradas, substituídas, ampliadas ou eliminadas, em função das peculiaridades de cada situação, por profissional legalmente habilitado, autorizado e mediante justificativa técnica previamente formalizada, desde que seja mantido o mesmo nível de segurança originalmente preconizado.

10.5.4 Os serviços a serem executados em instalações elétricas desligadas, mas com possibilidade de energização, por qualquer meio ou razão, devem atender ao que estabelece o disposto no item 10.6.

10.6 SEGURANÇA EM INSTALAÇÕES ELÉTRICAS ENERGIZADAS

10.6.1 As intervenções em instalações elétricas com tensão igual ou superior a 50 Volts em corrente alternada ou superior a 120 Volts em corrente contínua somente podem ser realizadas por trabalhadores que atendam ao que estabelece o item 10.8 desta Norma.

10.6.1.1 Os trabalhadores de que trata o item anterior devem receber treinamento de segurança para trabalhos com instalações elétricas energizadas, com currículo mínimo, carga horária e demais determinações estabelecidas no Anexo III desta NR.

- Subitem com redação determinada pela Portaria MTPS 508/2016.

10.6.1.2 As operações elementares como ligar e desligar circuitos elétricos, realizadas em baixa tensão, com materiais e equipamentos elétricos em perfeito estado de conservação, adequados para operação, podem ser realizadas por qualquer pessoa não advertida.

10.6.2 Os trabalhos que exigem o ingresso na zona controlada devem ser realizados mediante procedimentos específicos respeitando as distâncias previstas no Anexo II.

- Subitem com redação determinada pela Portaria MTPS 508/2016.

10.6.3 Os serviços em instalações energizadas, ou em suas proximidades devem ser suspensos de imediato na iminência de ocorrência que possa colocar os trabalhadores em perigo.

10.6.4 Sempre que inovações tecnológicas forem implementadas ou para a entrada em operações de novas instalações ou equipamentos elétricos devem ser previamente elaboradas análises de risco, desenvolvidas com circuitos desenergizados, e respectivos procedimentos de trabalho.

10.6.5 O responsável pela execução do serviço deve suspender as atividades quando verificar situação ou condição de risco não prevista, cuja eliminação ou neutralização imediata não seja possível.

10.7 TRABALHOS ENVOLVENDO ALTA TENSÃO (AT)

10.7.1 Os trabalhadores que intervenham em instalações elétricas energizadas com alta tensão, que exerçam suas atividades dentro dos limites estabelecidos como zonas controladas e de risco, conforme Anexo II, devem atender ao disposto no item 10.8 desta NR.

- Subitem com redação determinada pela Portaria MTPS 508/2016.

10.7.2 Os trabalhadores de que trata o item 10.7.1 devem receber treinamento de segurança, específico em segurança no Sistema Elétrico de Potência (SEP) e em suas proximidades, com currículo mínimo, carga horária e demais determinações estabelecidas no Anexo III desta NR.

- Subitem com redação determinada pela Portaria MTPS 508/2016.

10.7.3 Os serviços em instalações elétricas energizadas em AT, bem como aqueles executados no Sistema Elétrico de Potência – SEP, não podem ser realizados individualmente.

10.7.4 Todo trabalho em instalações elétricas energizadas em AT, bem como aquelas que interajam com o SEP, somente pode ser realizado mediante ordem de serviço específica para data e local, assinada por superior responsável pela área.

10.7.5 Antes de iniciar trabalhos em circuitos energizados em AT, o superior imediato e a equipe, responsáveis pela execução do serviço, devem realizar uma avaliação prévia, estudar e planejar as atividades e ações a serem desenvolvidas de forma a atender os princípios técnicos básicos e as melhores técnicas de segurança em eletricidade aplicáveis ao serviço.

10.7.6 Os serviços em instalações elétricas energizadas em AT somente podem ser realizados quando houver procedimentos específicos, detalhados e assinados por profissional autorizado.

10.7.7 A intervenção em instalações elétricas energizadas em AT dentro dos limites estabelecidos como zona de risco, conforme Anexo II desta NR, somente pode ser realizada mediante a desativação, também conhecida como bloqueio, dos conjuntos e dispositivos de religamento automático do circuito, sistema ou equipamento.

- Subitem com redação determinada pela Portaria MTPS 508/2016

10.7.7.1 Os equipamentos e dispositivos desativados devem ser sinalizados com identificação da condição de desativação, conforme procedimento de trabalho específico padronizado.

10.7.8 Os equipamentos, ferramentas e dispositivos isolantes ou equipados com materiais isolantes, destinados ao trabalho em alta tensão, devem ser submetidos a testes elétricos ou ensaios de laboratório periódicos, obedecendo-se as especificações do fabricante, os procedimentos da empresa e na ausência desses, anualmente.

10.7.9 Todo trabalhador em instalações elétricas energizadas em AT, bem como aqueles envolvidos em atividades no SEP devem dispor de equipamento que permita a comunicação permanente com os demais membros da equipe ou com o centro de operação durante a realização do serviço.

10.8 HABILITAÇÃO, QUALIFICAÇÃO, CAPACITAÇÃO E AUTORIZAÇÃO DOS TRABALHADORES

10.8.1 É considerado trabalhador qualificado aquele que comprovar conclusão de curso específico na área elétrica reconhecido pelo Sistema Oficial de Ensino.

10.8.2 É considerado profissional legalmente habilitado o trabalhador previamente qualificado e com registro no competente conselho de classe.

10.8.3 É considerado trabalhador capacitado aquele que atenda às seguintes condições, simultaneamente:

a) receba capacitação sob orientação e responsabilidade de profissional habilitado e autorizado; e

b) trabalhe sob a responsabilidade de profissional habilitado e autorizado.

10.8.3.1 A capacitação só terá validade para a empresa que o capacitou e nas condições estabelecidas pelo profissional habilitado e autorizado responsável pela capacitação.

10.8.4 São considerados autorizados os trabalhadores qualificados ou capacitados e os profissionais habilitados, com anuência formal da empresa.

10.8.5 A empresa deve estabelecer sistema de identificação que permita a qualquer tempo conhecer a abrangência da autorização de cada trabalhador, conforme o item 10.8.4.

10.8.6 Os trabalhadores autorizados a trabalhar em instalações elétricas devem ter essa condição consignada no sistema de registro de empregado da empresa.

10.8.7 Os trabalhadores autorizados a intervir em instalações elétricas devem ser submetidos a exame de saúde compatível com as atividades a serem desenvolvidas, realizado em conformidade com a NR 7 e registrado em seu prontuário médico.

10.8.8 Os trabalhadores autorizados a intervir em instalações elétricas devem possuir treinamento específico sobre os riscos decorrentes do emprego da energia elétrica e as principais medidas de prevenção de acidentes em instalações elétricas, de acordo com o estabelecido no Anexo III desta NR.

- Subitem com redação determinada pela Portaria MTPS 508/2016.

10.8.8.1 A empresa concederá autorização na forma desta NR aos trabalhadores capacitados ou qualificados e aos profissionais habilitados que tenham participado com avaliação e aproveitamento satisfatórios dos cursos constantes do Anexo III desta NR.

- Subitem com redação determinada pela Portaria MTPS 508/2016.

10.8.8.2 Deve ser realizado um treinamento de reciclagem bienal e sempre que ocorrer alguma das situações a seguir:

a) troca de função ou mudança de empresa;

b) retorno de afastamento ao trabalho ou inatividade, por período superior a três meses;

c) modificações significativas nas instalações elétricas ou troca de métodos, processos e organização do trabalho.

10.8.8.3 A carga horária e o conteúdo programático dos treinamentos de reciclagem destinados ao atendimento das alíneas "a", "b" e "c" do item 10.8.8.2 devem atender as necessidades da situação que o motivou.

10.8.8.4 Os trabalhos em áreas classificadas devem ser precedidos de treinamento especifico de acordo com risco envolvido.

10.8.9 Os trabalhadores com atividades não relacionadas às instalações elétricas desenvolvidas em zona livre e na vizinhança da zona controlada, conforme define esta NR, devem ser instruídos formalmente com conhecimentos que permitam identificar e avaliar seus possíveis riscos e adotar as precauções cabíveis.

10.9 PROTEÇÃO CONTRA INCÊNDIO E EXPLOSÃO

10.9.1 As áreas onde houver instalações ou equipamentos elétricos devem ser dotadas de proteção contra incêndio e explosão, conforme dispõe a NR 23 – Proteção Contra Incêndios.

10.9.2 Os materiais, peças, dispositivos, equipamentos e sistemas destinados à aplicação em instalações elétricas de ambientes com atmosferas potencialmente explosivas devem ser avaliados quanto à sua conformidade, no âmbito do Sistema Brasileiro de Certificação.

10.9.3 Os processos ou equipamentos susceptíveis de gerar ou acumular eletricidade estática devem dispor de proteção específica e dispositivos de descarga elétrica.

10.9.4 Nas instalações elétricas de áreas classificadas ou sujeitas a risco acentuado de incêndio ou explosões, devem ser adotados dispositivos de proteção, como alarme e seccionamento automático para prevenir sobretensões, sobrecorrentes, falhas de isolamento, aquecimentos ou outras condições anormais de operação.

10.9.5 Os serviços em instalações elétricas nas áreas classificadas somente poderão ser realizados mediante permissão para o trabalho com liberação formalizada, conforme estabelece o item 10.5 ou supressão do agente de risco que determina a classificação da área.

10.10 SINALIZAÇÃO DE SEGURANÇA

10.10.1 Nas instalações e serviços em eletricidade deve ser adotada sinalização adequada de segurança, destinada à advertência e à identificação, obedecendo ao disposto na NR-26 – Sinalização de Segurança, de forma a atender, dentre outras, as situações a seguir:

a) identificação de circuitos elétricos;

b) travamentos e bloqueios de dispositivos e sistemas de manobra e comandos;

c) restrições e impedimentos de acesso;

d) delimitações de áreas;

e) sinalização de áreas de circulação, de vias públicas, de veículos e de movimentação de cargas;

f) sinalização de impedimento de energização;

g) identificação de equipamento ou circuito impedido.

10.11 PROCEDIMENTOS DE TRABALHO

10.11.1 Os serviços em instalações elétricas devem ser planejados e realizados em conformidade com procedimentos de trabalho específicos, padronizados, com descrição detalhada de cada tarefa, passo a passo, assinados por profissional que atenda ao que estabelece o item 10.8 desta NR.

10.11.2 Os serviços em instalações elétricas devem ser precedidos de ordens de serviço especificas, aprovadas por trabalhador autorizado, contendo, no mínimo, o tipo, a data, o local e as referências aos procedimentos de trabalho a serem adotados.

10.11.3 Os procedimentos de trabalho devem conter, no mínimo, objetivo, campo de aplicação, base técnica, competências e responsabilidades, disposições gerais, medidas de controle e orientações finais.

10.11.4 Os procedimentos de trabalho, o treinamento de segurança e saúde e a autorização de que trata o item 10.8 devem ter a participação em todo processo de desenvolvimento do Serviço Especializado de Engenharia de Segurança e Medicina do Trabalho – SESMT, quando houver.

10.11.5 A autorização referida no item 10.8 deve estar em conformidade com o treinamento ministrado, previsto no Anexo III desta NR.

- Subitem com redação determinada pela Portaria MTPS 508/2016.

10.11.6 Toda equipe deverá ter um de seus trabalhadores indicado e em condições de exercer a supervisão e condução dos trabalhos.

10.11.7 Antes de iniciar trabalhos em equipe os seus membros, em conjunto com o responsável pela execução do serviço, devem realizar uma avaliação prévia, estudar e planejar as atividades e ações a serem desenvolvidas no local, de forma a atender os princípios técnicos básicos e as melhores técnicas de segurança aplicáveis ao serviço.

10.11.8 A alternância de atividades deve considerar a análise de riscos das tarefas e a competência dos trabalhadores envolvidos, de forma a garantir a segurança e a saúde no trabalho.

10.12 SITUAÇÃO DE EMERGÊNCIA

10.12.1 As ações de emergência que envolvam as instalações ou serviços com eletricidade devem constar do plano de emergência da empresa.

10.12.2 Os trabalhadores autorizados devem estar aptos a executar o resgate e prestar primeiros socorros a acidentados, especialmente por meio de reanimação cardio-respiratória.

10.12.3 A empresa deve possuir métodos de resgate padronizados e adequados às suas atividades, disponibilizando os meios para a sua aplicação.

10.12.4 Os trabalhadores autorizados devem estar aptos a manusear e operar equipamentos de prevenção e combate a incêndio existentes nas instalações elétricas.

10.13 RESPONSABILIDADES

10.13.1 As responsabilidades quanto ao cumprimento desta NR são solidárias aos contratantes e contratados envolvidos.

10.13.2 É de responsabilidade dos contratantes manter os trabalhadores informados sobre os riscos a que estão expostos, instruindo-os quanto aos procedimentos e medidas de controle contra os riscos elétricos a serem adotados.

10.13.3 Cabe à empresa, na ocorrência de acidentes de trabalho envolvendo instalações e serviços em eletricidade, propor e adotar medidas preventivas e corretivas.

10.13.4 Cabe aos trabalhadores:

a) zelar pela sua segurança e saúde e a de outras pessoas que possam ser afetadas por suas ações ou omissões no trabalho;

b) responsabilizar-se junto com a empresa pelo cumprimento das disposições legais e regulamentares, inclusive quanto aos procedimentos internos de segurança e saúde; e

c) comunicar, de imediato, ao responsável pela execução do serviço as situações que considerar de risco para sua segurança e saúde e a de outras pessoas.

10.14 DISPOSIÇÕES FINAIS

10.14.1 Os trabalhadores devem interromper suas tarefas exercendo o direito de recusa, sempre que constatarem evidências de riscos graves e iminentes para sua segurança e saúde ou a de outras pessoas, comunicando imediatamente o fato a seu superior hierárquico, que diligenciará as medidas cabíveis.

10.14.2 As empresas devem promover ações de controle de riscos originados por outrem em suas instalações elétricas e oferecer, de imediato, quando cabível, denúncia aos órgãos competentes.

10.14.3 Na ocorrência do não cumprimento das normas constantes nesta NR, o MTE adotará as providências estabelecidas na NR-03.

10.14.4 A documentação prevista nesta NR deve estar permanentemente à disposição dos trabalhadores que atuam em serviços e instalações elétricas, respeitadas as abrangências, limitações e interferências nas tarefas.

10.14.5 A documentação prevista nesta NR deve estar, permanentemente, à disposição das autoridades competentes.

10.14.6 Esta NR não é aplicável a instalações elétricas alimentadas por extra-baixa tensão.

GLOSSÁRIO

1. Alta Tensão (AT): tensão superior a 1000 volts em corrente alternada ou 1500 volts em corrente contínua, entre fases ou entre fase e terra.
2. Área Classificada: local com potencialidade de ocorrência de atmosfera explosiva.
3. Aterramento Elétrico Temporário: ligação elétrica efetiva confiável e adequada intencional à terra, destinada a garantir a equipotencialidade e mantida continuamente durante a intervenção na instalação elétrica.
4. Atmosfera Explosiva: mistura com o ar, sob condições atmosféricas, de substâncias inflamáveis na forma de gás, vapor, névoa, poeira ou fibras, na qual após a ignição a combustão se propaga.
5. Baixa Tensão (BT): tensão superior a 50 volts em corrente alternada ou 120 volts em corrente contínua e igual ou inferior a 1000 volts em corrente alternada ou 1500 volts em corrente contínua, entre fases ou entre fase e terra.
6. Barreira: dispositivo que impede qualquer contato com partes energizadas das instalações elétricas.
7. Direito de Recusa: instrumento que assegura ao trabalhador a interrupção de uma atividade de trabalho por considerar que ela envolve grave e iminente risco para sua segurança e saúde ou de outras pessoas.
8. Equipamento de Proteção Coletiva (EPC): dispositivo, sistema, ou meio, fixo ou móvel de abrangência coletiva, destinado a preservar a integridade física e a saúde dos trabalhadores, usuários e terceiros.
9. Equipamento Segregado: equipamento tornado inacessível por meio de invólucro ou barreira.
10. Extra-Baixa Tensão (EBT): tensão não superior a 50 volts em corrente alternada ou 120 volts em corrente contínua, entre fases ou entre fase e terra.
11. Influências Externas: variáveis que devem ser consideradas na definição e seleção de medidas de proteção para segurança das pessoas e desempenho dos componentes da instalação.
12. Instalação Elétrica: conjunto das partes elétricas e não elétricas associadas e com características coordenadas entre si, que são necessárias ao funcionamento de uma parte determinada de um sistema elétrico.
13. Instalação Liberada para Serviços (BT/AT): aquela que garanta as condições de segurança ao trabalhador por meio de procedimentos e equipamentos adequados desde o início até o final dos trabalhos e liberação para uso.
14. Impedimento de Reenergização: condição que garante a não energização do circuito através de recursos e procedimentos apropriados, sob controle dos trabalhadores envolvidos nos serviços.
15. Invólucro: envoltório de partes energizadas destinado a impedir qualquer contato com partes internas.
16. Isolamento Elétrico: processo destinado a impedir a passagem de corrente elétrica, por interposição de materiais isolantes.
17. Obstáculo: elemento que impede o contato acidental, mas não impede o contato direto por ação deliberada.
18. Perigo: situação ou condição de risco com probabilidade de causar lesão física ou dano à saúde das pessoas por ausência de medidas de controle.
19. Pessoa Advertida: pessoa informada ou com conhecimento suficiente para evitar os perigos da eletricidade.
20. Procedimento: seqüência de operações a serem desenvolvidas para realização de um determinado trabalho, com a inclusão dos meios materiais e humanos, medidas de segurança e circunstâncias que impossibilitem sua realização.
21. Prontuário: sistema organizado de forma a conter uma memória dinâmica de informações pertinentes às instalações e aos trabalhadores.
22. Risco: capacidade de uma grandeza com potencial para causar lesões ou danos à saúde das pessoas.

23. Riscos Adicionais: todos os demais grupos ou fatores de risco, além dos elétricos, específicos de cada ambiente ou processos de Trabalho que, direta ou indiretamente, possam afetar a segurança e a saúde no trabalho.
24. Sinalização: procedimento padronizado destinado a orientar, alertar, avisar e advertir.
25. Sistema Elétrico: circuito ou circuitos elétricos inter-relacionados destinados a atingir um determinado objetivo.
26. Sistema Elétrico de Potência (SEP): conjunto das instalações e equipamentos destinados à geração, transmissão e distribuição de energia elétrica até a medição, inclusive.
27. Tensão de Segurança: extra baixa tensão originada em uma fonte de segurança.
28. Trabalho em Proximidade: trabalho durante o qual o trabalhador pode entrar na zona controlada, ainda que seja com uma parte do seu corpo ou com extensões condutoras, representadas por materiais, ferramentas ou equipamentos que manipule.
29. Travamento: ação destinada a manter, por meios mecânicos, um dispositivo de manobra fixo numa determinada posição, de forma a impedir uma operação não autorizada.
30. Zona de Risco: entorno de parte condutora energizada, não segregada, acessível inclusive acidentalmente, de dimensões estabelecidas de acordo com o nível de tensão, cuja aproximação só é permitida a profissionais autorizados e com a adoção de técnicas e instrumentos apropriados de trabalho.
31. Zona Controlada: entorno de parte condutora energizada, não segregada, acessível, de dimensões estabelecidas de acordo com o nível de tensão, cuja aproximação só é permitida a profissionais autorizados.

ANEXO II
ZONA DE RISCO E ZONA CONTROLADA

Tabela de raios de delimitação de zonas de risco, controlada e livre

Faixa de tensão Nominal da instalação elétrica em kV	Rr – Raio de delimitação entre zona de risco e controlada em metros	Rc – Raio de delimitação entre zona controlada e livre em metros
<1	0,20	0,70
≥1 e <3	0,22	1,22
≥3 e <6	0,25	1,25
≥6 e <10	0,35	1,35
≥10 e <15	0,38	1,38
≥15 e <20	0,40	1,40
≥20 e <30	0,56	1,56
≥30 e <36	0,58	1,58
≥36 e <45	0,63	1,63
≥45 e <60	0,83	1,83
≥60 e <70	0,90	1,90
≥70 e <110	1,00	2,00
≥110 e <132	1,10	3,10
≥132 e <150	1,20	3,20
≥150 e <220	1,60	3,60
≥220 e <275	1,80	3,80
≥275 e <380	2,50	4,50
≥380 e <480	3,20	5,20
≥480 e <700	5,20	7,20

Figura 1 – Distâncias no ar que delimitam radialmente as zonas de risco, controlada e livre.

- Deixamos de publicar a Figura anexa a esta Portaria.

Figura 2 – Distâncias no ar que delimitam radialmente as zonas de risco, controlada e livre, com interposição de superfície de separação física adequada.

- Deixamos de publicar a Figura anexa a esta Portaria.

ZL = Zona livre
ZC = Zona controlada, restrita a trabalhadores autorizados.
ZR = Zona de risco, restrita a trabalhadores autorizados e com a adoção de técnicas, instrumentos e equipamentos apropriados ao trabalho.
PE = Ponto da instalação energizado.
SI = Superfície isolante construída com material resistente e dotada de todos dispositivos de segurança.

ANEXO III
TREINAMENTO

1. CURSO BÁSICO – SEGURANÇA EM INSTALAÇÕES E SERVIÇOS COM ELETRICIDADE

I – Para os trabalhadores autorizados: carga horária mínima – 40h: Programação Mínima:

1. introdução à segurança com eletricidade.
2. riscos em instalações e serviços com eletricidade:
   a) o choque elétrico, mecanismos e efeitos;
   b) arcos elétricos; queimaduras e quedas;
   c) campos eletromagnéticos.
3. Técnicas de Análise de Risco.
4. Medidas de Controle do Risco Elétrico:
   a) desenergização;
   b) aterramento funcional (TN / TT / IT); de proteção; temporário;
   c) equipotencialização;
   d) seccionamento automático da alimentação;
   e) dispositivos a corrente de fuga;
   f) extra baixa tensão;
   g) barreiras e invólucros;
   h) bloqueios e impedimentos;
   i) obstáculos e anteparos;
   j) isolamento das partes vivas;
   k) isolação dupla ou reforçada;
   l) colocação fora de alcance;
   m) separação elétrica.
5. Normas Técnicas Brasileiras – NBR da ABNT: NBR-5410, NBR 14039 e outras;
6. Regulamentações do MTE:
   a) NRs;
   b) NR-10 (Segurança em Instalações e Serviços com Eletricidade);
   c) qualificação; habilitação; capacitação e autorização.
7. Equipamentos de proteção coletiva.
8. Equipamentos de proteção individual.
9. Rotinas de trabalho – Procedimentos.
   a) instalações desenergizadas;
   b) liberação para serviços;
   c) sinalização;
   d) inspeções de áreas, serviços, ferramental e equipamento;
10. Documentação de instalações elétricas.
11. Riscos adicionais:
    a) altura;
    b) ambientes confinados;
    c) áreas classificadas;
    d) umidade;
    e) condições atmosféricas.
12. Proteção e combate a incêndios:
    a) noções básicas;
    b) medidas preventivas;
    c) métodos de extinção;
    d) prática;
13. Acidentes de origem elétrica:
    a) causas diretas e indiretas;
    b) discussão de casos;
14. Primeiros socorros:
    a) noções sobre lesões;
    b) priorização do atendimento;
    c) aplicação de respiração artificial;
    d) massagem cardíaca;
    e) técnicas para remoção e transporte de acidentados;
    f) práticas.
15. Responsabilidades.

2. CURSO COMPLEMENTAR – SEGURANÇA NO SISTEMA ELÉTRICO DE POTÊNCIA (SEP) E EM SUAS PROXIMIDADES.

É pré-requisito para freqüentar este curso complementar, ter participado, com aproveitamento satisfatório, do curso básico definido anteriormente.

Carga horária mínima – 40h

(*) Estes tópicos deverão ser desenvolvidos e dirigidos especificamente para as condições de trabalho características de cada ramo, padrão de operação, de nível de tensão e de outras peculiaridades específicas ao tipo ou condição especial de atividade, sendo obedecida a hierarquia no aperfeiçoamento técnico do trabalhador.

I – Programação Mínima:

1. Organização do Sistema Elétrico de Potencia – SEP.
2. Organização do trabalho:
   a) programação e planejamento dos serviços;
   b) trabalho em equipe;
   c) prontuário e cadastro das instalações;
   d) métodos de trabalho; e
   e) comunicação.
3. Aspectos comportamentais.
4. Condições impeditivas para serviços.
5. Riscos típicos no SEP e sua prevenção (*):
   a) proximidade e contatos com partes energizadas;
   b) indução;
   c) descargas atmosféricas;
   d) estática;
   e) campos elétricos e magnéticos;
   f) comunicação e identificação; e
   g) trabalhos em altura, máquinas e equipamentos especiais.
6. Técnicas de análise de Risco no S E P (*)
7. Procedimentos de trabalho – análise e discussão. (*)
8. Técnicas de trabalho sob tensão: (*)
   a) em linha viva;
   b) ao potencial;
   c) em áreas internas;
   d) trabalho a distância;
   e) trabalhos noturnos; e
   f) ambientes subterrâneos.
9. Equipamentos e ferramentas de trabalho (escolha, uso, conservação, verificação, ensaios) (*).
10. Sistemas de proteção coletiva (*).
11. Equipamentos de proteção individual (*).
12. Posturas e vestuários de trabalho (*).
13. Segurança com veículos e transporte de pessoas, materiais e equipamentos(*).
14. Sinalização e isolamento de áreas de trabalho(*).
15. Liberação de instalação para serviço e para operação e uso (*).
16. Treinamento em técnicas de remoção, atendimento, transporte de acidentados (*).
17. Acidentes típicos (*) – Análise, discussão, medidas de proteção.
18. Responsabilidades (*).

(*DOU* 06.07.1978)

NR 11

TRANSPORTE, MOVIMENTAÇÃO, ARMAZENAGEM E MANUSEIO DE MATERIAIS

11.1 Normas de segurança para operação de elevadores, guindastes, transportadores industriais e máquinas transportadoras.

11.1.1 Os poços de elevadores e monta-cargas deverão ser cercados, solidamente, em toda sua altura, exceto as portas ou cancelas necessárias nos pavimentos.

11.1.2 Quando a cabina do elevador não estiver ao nível do pavimento, a abertura deverá estar protegida por corrimão ou outros dispositivos convenientes.

11.1.3 Os equipamentos utilizados na movimentação de materiais, tais como ascensores, elevadores de carga, guindastes, monta-carga, pontes-rolantes, talhas, empilhadeiras, guinchos, esteiras-rolantes, transportadores de diferentes tipos, serão calculados e construídos de maneira que ofereçam as necessárias garantias de resistência e segurança e conservados em perfeitas condições de trabalho.

11.1.3.1 Especial atenção será dada aos cabos de aço, cordas, correntes, roldanas e ganchos que deverão ser inspecionados, permanentemente, substituindo-se as suas partes defeituosas.

11.1.3.2 Em todo o equipamento será indicado, em lugar visível, a carga máxima de trabalho permitida

11.1.3.3 Para os equipamentos destinados à movimentação do pessoal serão exigidas condições especiais de segurança.

11.1.4 Os carros manuais para transporte devem possuir protetores das mãos.

11.1.5 Nos equipamentos de transporte, com força motriz própria, o operador deverá receber treinamento específico, dado pela empresa, que o habilitará nessa função.

11.1.6 Os operadores de equipamentos de transporte motorizado deverão ser habilitados e só poderão dirigir se durante o horário de trabalho portarem um cartão de identificação, com o nome e fotografia, em lugar visível.

11.1.6.1 O cartão terá a validade de 1 (um) ano, salvo imprevisto, e, para a revalidação, o empregado deverá passar por exame de saúde completo, por conta do empregador.

11.1.7 Os equipamentos de transporte motorizados deverão possuir sinal de advertência sonora (buzina).

11.1.8 Todos os transportadores industriais serão permanentemente inspecionados e as peças defeituosas, ou que apresentem deficiências, deverão ser imediatamente substituídas.

11.1.9 Nos locais fechados ou pouco ventilados, a emissão de gases tóxicos, por máquinas transportadoras, deverá ser controlada para evitar concentrações, no ambiente de trabalho, acima dos limites permissíveis.

11.1.10 Em locais fechados e sem ventilação, é proibida a utilização de máquinas transportadoras, movidas a motores de combustão interna, salvo se providas de dispositivos neutralizadores adequados.

11.2 Normas de segurança do trabalho em atividades de transporte de sacas.

11.2.1 Denomina-se, para fins de aplicação da presente regulamentação a expressão "Transporte manual de sacos" toda atividade realizada de maneira contínua ou descontínua, essencial ao transporte manual de sacos, na qual o peso da carga é suportado, integralmente, por um só trabalhador, compreendendo também o levantamento e sua deposição.

11.2.2 Fica estabelecida a distância máxima de 60,00m (sessenta metros) para o transporte manual de um saco.

11.2.2.1 Além do limite previsto nesta norma, o transporte descarga deverá ser realizado mediante impulsão de vagonetes, carros, carretas, carros de mão apropriados, ou qualquer tipo de tração mecanizada.

11.2.3 É vedado o transporte manual de sacos, através de pranchas, sobre vãos superiores a 1,00m (um metro) ou mais de extensão.

11.2.3.1 As pranchas de que trata o item 11.2.3 deverão ter a largura mínima de 0,50m (cinqüenta centímetros).

11.2.4 Na operação manual de carga e descarga de sacos, em caminhão ou vagão, o trabalhador terá o auxílio de ajudante.

11.2.5 As pilhas de sacos, nos armazéns, devem ter altura máxima limitada ao nível de resistência do piso, à forma e resistência dos materiais de embalagem e à estabilidade, baseada na geometria, tipo de amarração e inclinação das pilhas.

• Item alterado pela Portaria SIT 82/2004

11.2.6 *(Revogado pela Portaria SIT 82/2004.)*

11.2.7 No processo mecanizado de empilhamento, aconselha-se o uso de esteiras-rolantes, dadas ou empilhadeiras.

11.2.8 Quando não for possível o emprego de processo mecanizado, admite-se o processo manual, mediante a utilização de escada removível de madeira, com as seguintes características:

a) lance único de degraus com acesso a um patamar final;

b) a largura mínima de 1,00m (um metro), apresentando o patamar as dimensões mínimas de 1,00m x 1,00m (um metro x um metro) e a altura máxima, em relação ao solo, de 2,25m (dois metros e vinte e cinco centímetros);

c) deverá ser guardada proporção conveniente entre o piso e o espelho dos degraus, não podendo o espelho ter altura superior a 0,15m (quinze centímetros), nem o piso largura inferior a 0,25m (vinte e cinco centímetros);

d) deverá ser reforçada, lateral e verticalmente, por meio de estrutura metálica ou de madeira que assegure sua estabilidade;

e) deverá possuir, lateralmente, um corrimão ou guarda-corpo na altura de 1,00m (um metro) em toda a extensão;

f) perfeitas condições de estabilidade e segurança, sendo substituída imediatamente a que apresente qualquer defeito.

11.2.9 O piso do armazém deverá ser constituído de material não escorregadio, sem aspereza, utilizando-se, de preferência, o mastique asfáltico, e mantido em perfeito estado de conservação.

11.2.10 Deve ser evitado o transporte manual de sacos em pisos escorregadios ou molhados.

11.2.11 A empresa deverá providenciar cobertura apropriada dos locais de carga e descarga da sacaria.

11.3 Armazenamento de materiais.

11.3.1 O peso do material armazenado não poderá exceder a capacidade de carga calculada para o piso.

11.3.2 O material armazenado deverá ser disposto de forma a evitar a obstrução de portas, equipamentos contra incêndio, saídas de emergências, etc.

11.3.3 Material empilhado deverá ficar afastado das estruturas laterais do prédio a uma distância de pelo menos 0,50m (cinqüenta centímetros).

11.3.4 A disposição da carga não deverá dificultar o trânsito, a iluminação, e o acesso às saídas de emergência.

11.3.5 O armazenamento deverá obedecer aos requisitos de segurança especiais a cada tipo de material.

11.4 Movimentação, Armazenagem e Manuseio de Chapas de Mármore, Granito e outras rochas.

- Item acrescentado pela Portaria SIT 56/2003

11.4.1 A movimentação, armazenagem e manuseio de chapas de mármore, granito e outras rochas deve obedecer ao disposto no Regulamento Técnico de Procedimentos constante no Anexo I desta NR.

[...]

- Deixamos de publicar o Anexo I a esta NR.

(DOU 06.07.1978)

NR 12

SEGURANÇA NO TRABALHO EM MÁQUINAS E EQUIPAMENTOS

PRINCÍPIOS GERAIS

12.1 Esta Norma Regulamentadora e seus anexos definem referências técnicas, princípios fundamentais e medidas de proteção para garantir a saúde e a integridade física dos trabalhadores e estabelece requisitos mínimos para a prevenção de acidentes e doenças do trabalho nas fases de projeto e de utilização de máquinas e equipamentos de todos os tipos, e ainda à sua fabricação, importação, comercialização, exposição e cessão a qualquer título, em todas as atividades econômicas, sem prejuízo da observância do disposto nas demais Normas Regulamentadoras – NR aprovadas pela Portaria n.º 3.214, de 8 de junho de 1978, nas normas técnicas oficiais e, na ausência ou omissão destas, nas normas internacionais aplicáveis.

12.1.1 Entende-se como fase de utilização o transporte, montagem, instalação, ajuste, operação, limpeza, manutenção, inspeção, desativação e desmonte da máquina ou equipamento.

12.2 As disposições desta Norma referem-se a máquinas e equipamentos novos e usados, exceto nos itens em que houver menção específica quanto à sua aplicabilidade.

12.2-A As máquinas e equipamentos comprovadamente destinados à exportação estão isentos do atendimento dos requisitos técnicos de segurança previstos nesta norma.

12.2-B Esta norma não se aplica às máquinas e equipamentos:

a) movidos ou impulsionados por força humana ou animal;

b) expostos em museus, feiras e eventos, para fins históricos ou que sejam considerados como antiguidades e não sejam mais empregados com fins produtivos, desde que sejam adotadas medidas que garantam a preservação da integridade física dos visitantes e expositores;

c) classificados como eletrodomésticos.

12.2-C É permitida a movimentação segura de máquinas e equipamentos fora das instalações físicas da empresa para reparos, adequações, modernização tecnológica, desativação, desmonte e descarte.

12.3 O empregador deve adotar medidas de proteção para o trabalho em máquinas e equipamentos, capazes de garantir a saúde e a integridade física dos trabalhadores, e medidas apropriadas sempre que houver pessoas com deficiência envolvidas direta ou indiretamente no trabalho.

12.4 São consideradas medidas de proteção, a ser adotadas nessa ordem de prioridade:

a) medidas de proteção coletiva;

b) medidas administrativas ou de organização do trabalho; e

c) medidas de proteção individual.

12.5 Na aplicação desta Norma e de seus anexos, devem-se considerar as características das máquinas e equipamentos, do processo, a apreciação de riscos e o estado da técnica.

12.5-A Cabe aos trabalhadores:

a) cumprir todas as orientações relativas aos procedimentos seguros de operação, alimentação, abastecimento, limpeza, manutenção, inspeção, transporte, desativação, desmonte e descarte das máquinas e equipamentos;

b) não realizar qualquer tipo de alteração nas proteções mecânicas ou dispositivos de segurança de máquinas e equipamentos, de maneira que possa colocar em risco a sua saúde e integridade física ou de terceiros;

c) comunicar seu superior imediato se uma proteção ou dispositivo de segurança foi removido, danificado ou se perdeu sua função;

d) participar dos treinamentos fornecidos pelo empregador para atender às exigências/requisitos descritos nesta Norma;

e) colaborar com o empregador na implementação das disposições contidas nesta Norma.

12.5.1 Não é obrigatória a observação de novas exigências advindas de normas técnicas publicadas posteriormente à data de fabricação, importação ou adequação das máquinas e equipamentos, desde que atendam a Norma Regulamentadora n.º 12, publicada pela Portaria n.º 197/2010, seus anexos e suas alterações posteriores, bem como às normas técnicas vigentes à época de sua fabricação, importação ou adequação.

ARRANJO FÍSICO E INSTALAÇÕES

12.6 Nos locais de instalação de máquinas e equipamentos, as áreas de circulação devem ser devidamente demarcadas e em conformidade com as normas técnicas oficiais.

12.6.1 *(Excluído pela Portaria MTb 98/2018.)*

12.6.2 As áreas de circulação devem ser mantidas desobstruídas.

12.7 Os materiais em utilização no processo produtivo devem ser alocados em áreas específicas de armazenamento, devidamente demarcadas com faixas na cor indicada pelas normas técnicas oficiais ou sinalizadas quando se tratar de áreas externas.

12.8 Os espaços ao redor das máquinas e equipamentos devem ser adequados ao seu tipo e ao tipo de operação, de forma a prevenir a ocorrência de acidentes e doenças relacionados ao trabalho.

12.8.1 A distância mínima entre máquinas, em conformidade com suas características e aplicações, deve garantir a segurança dos trabalhadores durante sua operação, manutenção, ajuste, limpeza e inspeção, e permitir a movimentação dos segmentos corporais, em face da natureza da tarefa.

12.8.2 As áreas de circulação e armazenamento de materiais e os espaços em torno de máquinas devem ser projetados, dimensionados e mantidos de forma que os trabalhadores e os transportadores de materiais, mecanizados e manuais, movimentem-se com segurança.

12.9 Os pisos dos locais de trabalho onde se instalam máquinas e equipamentos e das áreas de circulação devem:

a) ser mantidos limpos e livres de objetos, ferramentas e quaisquer materiais que ofereçam riscos de acidentes;

b) ter características de modo a prevenir riscos provenientes de graxas, óleos e outras substâncias e materiais que os tornem escorregadios; e

c) ser nivelados e resistentes às cargas a que estão sujeitos.

12.10 As ferramentas utilizadas no processo produtivo devem ser organizadas e armazenadas ou dispostas em locais específicos para essa finalidade.

12.11 As máquinas estacionárias devem possuir medidas preventivas quanto à sua estabilidade, de modo que não basculem e não se desloquem intempestivamente por vibrações, choques, forças externas previsíveis, forças dinâmicas internas ou qualquer outro motivo acidental.

12.11.1 A instalação das máquinas estacionárias deve respeitar os requisitos necessários fornecidos pelos fabricantes ou, na falta desses, o projeto elaborado por profissional legalmente habilitado, em especial quanto à fundação, fixação, amortecimento, nivelamento, ventilação, alimentação elétrica, pneumática e hidráulica, aterramento e sistemas de refrigeração.

12.12 Nas máquinas móveis que possuem rodízios, pelo menos dois deles devem possuir travas.

12.13 As máquinas, as áreas de circulação, os postos de trabalho e quaisquer outros locais em que possa haver trabalhadores devem ficar posicionados de modo que não ocorra transporte e movimentação aérea de materiais sobre os trabalhadores.

12.13.1 É permitido o transporte de cargas em teleférico nas áreas internas e externas à edificação fabril, desde que não haja postos de trabalho sob o seu percurso, exceto os indispensáveis para sua inspeção e manutenção, que devem ser programadas e realizadas de acordo com esta Norma Regulamentadora e a Norma Regulamentadora nº 35.

- Subitem incluído pela Portaria MTb 326/2018.

INSTALAÇÕES E DISPOSITIVOS ELÉTRICOS

12.14 As instalações elétricas das máquinas e equipamentos devem ser projetadas e mantidas de modo a prevenir, por meios seguros, os perigos de choque elétrico, incêndio, explosão e outros tipos de acidentes, conforme previsto na NR-10.

12.15 Devem ser aterrados, conforme as normas técnicas oficiais vigentes, as instalações, carcaças, invólucros, blindagens ou partes condutoras das máquinas e equipamentos que não façam parte dos circuitos elétricos, mas que possam ficar sob tensão.

12.16 As instalações elétricas das máquinas e equipamentos que estejam ou possam estar em contato direto ou indireto com água ou agentes corrosivos devem ser projetadas com meios e dispositivos que garantam sua blindagem, estanqueidade, isolamento e aterramento, de modo a prevenir a ocorrência de acidentes.

12.17 Os condutores de alimentação elétrica das máquinas e equipamentos devem atender aos seguintes requisitos mínimos de segurança:

a) oferecer resistência mecânica compatível com a sua utilização;

b) possuir proteção contra a possibilidade de rompimento mecânico, de contatos abrasivos e de contato com lubrificantes, combustíveis e calor;

c) localização de forma que nenhum segmento fique em contato com as partes móveis ou cantos vivos;

d) não dificultar o trânsito de pessoas e materiais ou a operação das máquinas;

- Alínea com redação determinada pela Portaria MTb 98/2018

e) não oferecer quaisquer outros tipos de riscos na sua localização; e

f) ser constituídos de materiais que não propaguem o fogo.

- Alínea com redação determinada pela Portaria MTb 98/2018.

12.18 Os quadros de energia das máquinas e equipamentos devem atender aos seguintes requisitos mínimos de segurança:

a) possuir porta de acesso, mantida permanentemente fechada;

b) possuir sinalização quanto ao perigo de choque elétrico e restrição de acesso por pessoas não autorizadas;

c) ser mantidos em bom estado de conservação, limpos e livres de objetos e ferramentas;

d) possuir proteção e identificação dos circuitos; e

e) atender ao grau de proteção adequado em função do ambiente de uso.

12.19 As ligações e derivações dos condutores elétricos das máquinas e equipamentos devem ser feitas mediante dispositivos apropriados e conforme as normas técnicas oficiais vigentes, de modo a assegurar resistência mecânica e contato elétrico adequado, com características equivalentes aos condutores elétricos utilizados e proteção contra riscos.

12.20 As instalações elétricas das máquinas e equipamentos que utilizem energia elétrica fornecida por fonte externa devem possuir dispositivo protetor contra sobrecorrente, dimensionado conforme a demanda de consumo do circuito.

12.20.1 As máquinas e equipamentos de-vem possuir dispositivo protetor contra sobretensão quando a elevação da tensão puder ocasionar risco de acidentes.

12.20.2 Nas máquinas e equipamentos em que a falta ou a inversão de fases da alimentação elétrica puder ocasionar riscos, deve haver dispositivo que impeça a ocorrência de acidentes.

12.21 São proibidas nas máquinas e equipamentos:

a) a utilização de chave geral como dispositivo de partida e parada;

b) a utilização de chaves tipo faca nos circuitos elétricos; e

c) a existência de partes energizadas expostas de circuitos que utilizam energia elétrica.

12.22 As baterias devem atender aos seguintes requisitos mínimos de segurança:

a) localização de modo que sua manutenção e troca possam ser realizadas facilmente a partir do solo ou de uma plataforma de apoio;

b) constituição e fixação de forma a não haver deslocamento acidental; e

c) proteção do terminal positivo, a fim de prevenir contato acidental e curto-circuito.

12.23 Os serviços e substituições de baterias devem ser realizados conforme indicação constante do manual de operação.

DISPOSITIVOS DE PARTIDA, ACIONAMENTO E PARADA

12.24 Os dispositivos de partida, acionamento e parada das máquinas devem ser projetados, selecionados e instalados de modo que:

a) não se localizem em suas zonas perigosas;

b) possam ser acionados ou desligados em caso de emergência por outra pessoa que não seja o operador;

c) impeçam acionamento ou desligamento involuntário pelo operador ou por qualquer outra forma acidental;

d) não acarretem riscos adicionais; e

e) não possam ser burlados.

12.25 Os comandos de partida ou acionamento das máquinas devem possuir dispositivos que impeçam seu funcionamento automático ao serem energizadas.

☛ **12.26** Quando forem utilizados dispositivos de acionamento do tipo comando bimanual, visando a manter as mãos do operador fora da zona de perigo, esses devem atender aos seguintes requisitos mínimos:

- Item com redação determinada pela Portaria MTb 326/2018.

a) possuir atuação síncrona, ou seja, um sinal de saída deve ser gerado somente quando os dois dispositivos de atuação do comando – botões – forem atuados com um retardo de tempo menor ou igual a 0,5 s (meio segundo);

b) estar sob monitoramento automático por interface de segurança;

☛ c) ter relação entre os sinais de entrada e saída, de modo que os sinais de entrada aplicados a cada um dos dois dispositivos de atuação devem juntos iniciar e manter o sinal de saída somente durante a aplicação dos dois sinais;

- Alínea com redação determinada pela Portaria MTb 326/2018.

d) o sinal de saída deve terminar quando houver desacionamento de qualquer dos dispositivos de atuação;

- Alínea com redação determinada pela Portaria MTb 326/2018.

e) possuir dispositivos de atuação que exijam intenção do operador em acioná-los a fim de minimizar a probabilidade de acionamento acidental;

- Alínea com redação determinada pela Portaria MTb 326/2018.

f) possuir distanciamento e barreiras entre os dispositivos de atuação de comando para dificultar a burla do efeito de proteção do dispositivo de comando bimanual; e

- Alínea com redação determinada pela Portaria MTb 326/2018.

g) tornar possível o reinício do sinal de saída somente após a desativação dos dois dispositivos de atuação.

- Alínea com redação determinada pela Portaria MTb 326/2018.

12.27 Nas máquinas e equipamentos operados por dois ou mais dispositivos de acionamento bimanual, a atuação síncrona é requerida somente para cada um dos dispositivos de acionamento bimanual e não entre dispositivos diferentes, que devem manter simultaneidade entre si.

12.28 Os dispositivos de acionamento bimanual devem ser posicionados a uma distância segura da zona de perigo, levando em consideração:

a) a forma, a disposição e o tempo de resposta do dispositivo de acionamento bimanual;

b) o tempo máximo necessário para a paralisação da máquina ou para a remoção do perigo, após o término do sinal de saída do dispositivo de acionamento bimanual; e

c) a utilização projetada para a máquina.

12.29 Os dispositivos de acionamento bimanual móveis instalados em pedestais devem:

a) manter-se estáveis em sua posição de trabalho; e

b) possuir altura compatível com o alcance do operador em sua posição de trabalho.

12.30 Nas máquinas e equipamentos cuja operação requeira a participação de mais de uma pessoa, o número de dispositivos de acionamento bimanual simultâneos deve corresponder ao número de operadores expostos aos perigos decorrentes de seu acionamento, de modo que o nível de proteção seja o mesmo para cada trabalhador.

12.30.1 Deve haver seletor do número de dispositivos de acionamento em utilização, com bloqueio que impeça a sua seleção por pessoas não autorizadas.

☛ **12.30.2** O circuito de acionamento deve ser projetado de modo a impedir o funcionamento dos dispositivos de acionamento bimanual habilitados pelo seletor enquanto os demais dispositivos de acionamento bimanuais não habilitados não forem desconectados.

- Subitem com redação determinada pela Portaria MTB 326/2018.

12.30.3 Quando utilizados dois ou mais dispositivos de acionamento bimanual simultâneos, devem possuir sinal luminoso que indique seu funcionamento.

12.31 As máquinas ou equipamentos concebidos e fabricados para permitir a utilização de vários modos de comando ou de funcionamento que apresentem níveis de segurança diferentes, devem possuir um seletor que atenda aos seguintes requisitos:

a) bloqueio em cada posição, impedindo a sua mudança por pessoas não autorizadas;

b) correspondência de cada posição a um único modo de comando ou de funcionamento;

c) modo de comando selecionado com prioridade sobre todos os outros sistemas de comando, com exceção da parada de emergência; e

d) a seleção deve ser visível, clara e facilmente identificável.

12.32 As máquinas e equipamentos, cujo acionamento por pessoas não autorizadas possam oferecer risco à saúde ou integridade física de qualquer pessoa, devem possuir sistema que possibilite o bloqueio de seus dispositivos de acionamento.

12.33 O acionamento e o desligamento simultâneo por um único comando de um conjunto de máquinas e equipamentos ou de máquinas e equipamentos de grande dimensão devem ser precedidos da emissão de sinal sonoro ou visual.

12.34 Devem ser adotadas, quando necessárias, medidas adicionais de alerta, como sinal visual e dispositivos de telecomunicação, considerando as características do processo produtivo e dos trabalhadores.

12.35 As máquinas e equipamentos comandados por radiofreqüência devem possuir proteção contra interferências eletromagnéticas acidentais.

12.36 Os componentes de partida, parada, acionamento e controles que compõem a interface de operação das máquinas e equipamentos fabricados a partir de 24 de Março de 2012 devem:

a) possibilitar a instalação e funcionamento do sistema de parada de emergência, quando aplicável, conforme itens e subitens do capítulo sobre dispositivos de parada de emergência, desta norma; e

b) operar em extrabaixa tensão de até 25VCA (vinte e cinco volts em corrente alternada) ou de até 60VCC (sessenta volts em corrente contínua), ou ser adotada outra medida de proteção contra choques elétricos, conforme Normas Técnicas oficiais vigentes.

12.36.1 Os componentes de partida, parada, acionamento e controles que compõem a interface de operação das máquinas e equipamentos fabricados até 24 de março de 2012 devem:

a) possibilitar a instalação e funcionamento do sistema de parada de emergência, quando aplicável, conforme itens e subitens do capítulo dispositivos de parada de emergência, desta norma; e *b)* quando a apreciação de risco indicar a necessidade de proteções contra choques elétricos, operar em extrabaixa tensão de até 25VCA (vinte e cinco volts em corrente alternada) ou de até 60VCC (sessenta volts em corrente contínua), ou ser adotada outra medida de proteção, conforme Normas Técnicas oficiais vigentes.

12.37 Se indicada pela apreciação de riscos a necessidade de redundância dos dispositivos responsáveis pela prevenção de partida inesperada ou pela função de parada relacionada à segurança, conforme a categoria de segurança requerida, o circuito elétrico da chave de partida de motores de máquinas e equipamentos deve:

- Item com redação determinada pela Portaria MTb 1.083/2018.

a) possuir estrutura redundante;

b) permitir que as falhas que comprometem a função de segurança sejam monitoradas; e

c) ser adequadamente dimensionado de acordo com o estabelecido pelas normas técnicas nacionais vigentes e, na ausência ou omissão destas, pelas normas técnicas internacionais.

12.37.1 Para o atendimento aos requisitos do item 12.37, alíneas "b", "c" e "d", é permitida a parada controlada do motor, desde que não haja riscos decorrentes de sua parada não instantânea.

SISTEMAS DE SEGURANÇA

12.38 As zonas de perigo das máquinas e equipamentos devem possuir sistemas de segurança, caracterizados por proteções fixas, proteções móveis e dispositivos de segurança interligados, que garantam proteção à saúde e à integridade física dos trabalhadores.

12.38.1 A adoção de sistemas de segurança, em especial nas zonas de operação que apresentem perigo, deve considerar as características técnicas da máquina e do processo de trabalho e as medidas e alternativas técnicas existentes, de modo a atingir o nível necessário de segurança previsto nesta Norma.

12.39 Os sistemas de segurança devem ser selecionados e instalados de modo a atender aos seguintes requisitos:

a) ter categoria de segurança conforme prévia análise de riscos prevista nas normas técnicas oficiais vigentes;

b) estar sob a responsabilidade técnica de profissional legalmente habilitado;

c) possuir conformidade técnica com o sistema de comando a que são integrados;

d) instalação de modo que não possam ser neutralizados ou burlados;

e) manterem-se sob vigilância automática, ou seja, monitoramento, de acordo com a categoria de segurança requerida, exceto para dispositivos de segurança exclusivamente mecânicos; e

f) paralisação dos movimentos perigosos e demais riscos quando ocorrerem falhas ou situações anormais de trabalho.

12.40 Os sistemas de segurança, se indicado pela apreciação de riscos, devem exigir rearme ("reset") manual.

12.40.1 Depois que um comando de parada tiver sido iniciado pelo sistema de segurança, a condição de parada deve ser mantida até que existam condições seguras para o rearme.

12.41 Para fins de aplicação desta Norma, considera-se proteção o elemento especificamente utilizado para prover segurança por meio de barreira física, podendo ser:

a) proteção fixa, que deve ser mantida em sua posição de maneira permanente ou por meio de elementos de fixação que só permitam sua remoção ou abertura com o uso de ferramentas;

b) proteção móvel, que pode ser aberta sem o uso de ferramentas, geralmente ligada por elementos mecânicos à estrutura da máquina ou a um elemento fixo próximo, e deve se associar a dispositivos de intertravamento.

12.42 Para fins de aplicação desta Norma, consideram-se dispositivos de segurança os componentes que, por si só ou interligados ou associados a proteções, reduzam os riscos de acidentes e de outros agravos à saúde, sendo classificados em:

a) comandos elétricos ou interfaces de segurança: dispositivos responsáveis por realizar o monitoramento, que verificam a interligação, posição e funcionamento de outros dispositivos do sistema e impedem a ocorrência de falha que provoque a perda da função de segurança, como relés de segurança, controladores configuráveis de segurança e controlador lógico programável – CLP de segurança;

b) dispositivos de intertravamento: chaves de segurança eletromecânicas, magnéticas e eletrônicas codificadas, optoeletrônicas, sensores indutivos de segurança e outros dispositivos de segurança que possuem a finalidade de impedir o funcionamento de elementos da máquina sob condições específicas;

c) sensores de segurança: dispositivos detectores de presença mecânicos e não mecânicos, que atuam quando uma pessoa ou parte do seu corpo adentra a zona de detecção, enviando um sinal para interromper ou impedir o início de funções perigosas, como cortinas de luz, detectores de presença optoeletrônicos, laser de múltiplos feixes, barreiras óticas, monitores de área, ou scanners, batentes, tapetes e sensores de posição;

d) válvulas e blocos de segurança ou sistemas pneumáticos e hidráulicos de mesma eficácia;

e) dispositivos mecânicos, tais como: dispositivos de retenção, limitadores, separadores, empurradores, inibidores/defletores, retráteis, ajustáveis ou com auto fechamento; e

f) dispositivos de validação: dispositivos suplementares de controle operados manualmente, que, quando aplicados de modo permanente, habilitam o dispositivo de acionamento.

12.43 Os componentes relacionados aos sistemas de segurança e comandos de acionamento e parada das máquinas, inclusive de emergência, devem garantir a manutenção do estado seguro da máquina ou equipamento quando ocorrerem flutuações no nível de energia além dos limites considerados no projeto, incluindo o corte e restabelecimento do fornecimento de energia.

12.44 A proteção deve ser móvel quando o acesso a uma zona de perigo for requerido uma ou mais vezes por turno de trabalho, observando-se que:

a) a proteção deve ser associada a um dispositivo de intertravamento quando sua abertura não possibilitar o acesso à zona de perigo antes da eliminação do risco; e

b) a proteção deve ser associada a um dispositivo de intertravamento com bloqueio quando sua abertura possibilitar o acesso à zona de perigo antes da eliminação do risco.

12.45 As máquinas e equipamentos dotados de proteções móveis associadas a dispositivos de intertravamento devem:

a) operar somente quando as proteções estiverem fechadas;

b) paralisar suas funções perigosas quando as proteções forem abertas durante a operação; e

c) garantir que o fechamento das proteções por si só não possa dar inicio às funções perigosas

12.45.1 A utilização de proteções intertravadas com comando de partida, como exceção ao previsto na alínea "c", deve ser limitada e aplicada conforme as exigências específicas previstas em normas técnicas.

12.46 Os dispositivos de intertravamento com bloqueio associados às proteções móveis das máquinas e equipamentos devem:

a) permitir a operação somente enquanto a proteção estiver fechada e bloqueada;

b) manter a proteção fechada e bloqueada até que tenha sido eliminado o risco de lesão devido às funções perigosas da máquina ou do equipamento; e

c) garantir que o fechamento e bloqueio da proteção por si só não possa dar inicio às funções perigosas da máquina ou do equipamento.

12.46.1 A utilização de proteções intertravadas com comando de partida, como exceção ao previsto na alínea "c", deve ser limitada e aplicada conforme as exigências específicas previstas em normas técnicas.

12.47 As transmissões de força e os componentes móveis a elas interligados, acessíveis ou expostos, devem possuir proteções fixas, ou móveis com dispositivos de intertravamento, que impeçam o acesso por todos os lados.

12.47.1 Quando utilizadas proteções móveis para o enclausuramento de transmissões de força que possuam inércia, devem ser utilizados dispositivos de intertravamento com bloqueio.

12.47.2 O eixo cardã deve possuir proteção adequada, em perfeito estado de conservação em toda a sua extensão, fixada na tomada de força da máquina desde a cruzeta até o acoplamento do implemento ou equipamento.

12.48 As máquinas e equipamentos que ofereçam risco de ruptura de suas partes, projeção de materiais, partículas ou substâncias, devem possuir proteções que garantam a saúde e a segurança dos trabalhadores.

12.49 As proteções devem ser projetadas e construídas de modo a atender aos seguintes requisitos de segurança:

a) cumprir suas funções apropriadamente durante a vida útil da máquina ou possibilitar a reposição de partes deterioradas ou danificadas;

b) ser constituídas de materiais resistentes e adequados à contenção de projeção de peças, materiais e partículas;

c) fixação firme e garantia de estabilidade e resistência mecânica compatíveis com os esforços requeridos;

d) não criar pontos de esmagamento ou agarramento com partes da máquina ou com outras proteções;

e) não possuir extremidades e arestas cortantes ou outras saliências perigosas;

f) resistir às condições ambientais do local onde estão instaladas;

g) impedir que possam ser burladas;

h) proporcionar condições de higiene e limpeza;

i) impedir o acesso à zona de perigo;

j) ter seus dispositivos de intertravamento protegidos adequadamente contra sujidade, poeiras e corrosão, se necessário;

k) ter ação positiva, ou seja, atuação de modo positivo; e

l) não acarretar riscos adicionais.

12.50 Quando a proteção for confeccionada com material descontínuo, devem ser observadas as distâncias de segurança para impedir o acesso às zonas de perigo, conforme previsto no Anexo I, item A.

☛ **12.51** Sempre que forem utilizados sistemas de segurança, inclusive proteções distantes, com possibilidade de alguma pessoa ficar na zona de perigo, deve ser adotada uma das seguintes medidas adicionais de proteção coletiva para impedir a partida da máquina enquanto houver pessoas nessa zona:

- Item com redação determinada pela Portaria MTb 98/2018.

a) sensoriamento da presença de pessoas;

b) proteções móveis ou sensores de segurança na entrada ou acesso à zona de perigo, associadas a rearme ("reset") manual.

12.51.1 A localização dos atuadores de rearme ("reset") manual deve permitir uma visão completa da zona protegida pelo sistema.

- Subitem com redação determinada pela Portaria MTb 98/2018.

12.51.2 Quando não for possível o cumprimento da exigência do item 12.51.1, deve ser adotado o sensoriamento da presença de pessoas nas zonas de perigo com a visualização obstruída, ou a adoção de sistema que exija a ida à zona de perigo não visualizada, como, por exemplo, duplo rearme ("reset").

- Subitem com redação determinada pela Portaria MTb 98/2018.

12.51.3 Deve haver dispositivos de parada de emergência localizados no interior da zona protegida pelo sistema, bem como meios de liberar pessoas presas dentro dela.

- Subitem com redação determinada pela Portaria MTb 98/2018.

12.52 As proteções também utilizadas como meio de acesso por exigência das características da máquina ou do equipamento devem atender aos requisitos de resistência e segurança adequados a ambas as finalidades.

12.53 Deve haver proteção no fundo dos degraus da escada, ou seja, nos espelhos, sempre que uma parte saliente do pé ou da mão possa contatar uma zona perigosa.

12.54 As proteções, dispositivos e sistemas de segurança devem integrar as máquinas e equipamentos, e não podem ser considerados itens opcionais para qualquer fim.

12.55 Em função do risco, poderá ser exigido projeto, diagrama ou representação esquemática dos sistemas de segurança de máquinas, com respectivas especificações técnicas em língua portuguesa.

12.55.1 Quando a máquina não possuir a documentação técnica exigida, o seu proprietário deve constituí-la, sob a responsabilidade de profissional legalmente habilitado e com respectiva Anotação de Responsabilidade Técnica do Conselho Regional de Engenharia e Arquitetura – ART/CREA.

DISPOSITIVOS DE PARADA DE EMERGÊNCIA

12.56 As máquinas devem ser equipadas com um ou mais dispositivos de parada de emergência, por meio dos quais possam ser evitadas situações de perigo latentes e existentes.

12.56.1 Os dispositivos de parada de emergência não devem ser utilizados como dispositivos de partida ou de acionamento.

12.56.2 Excetuam-se da obrigação do item 12.56 as máquinas manuais, as máquinas autopropelidas e aquelas nas quais o dispositivo de parada de emergência não possibilita a redução do risco.

12.57 Os dispositivos de parada de emergência devem ser posicionados em locais de fácil acesso e visualização pelos operadores em seus postos de trabalho e por outras pessoas, e mantidos permanentemente desobstruídos.

12.58 Os dispositivos de parada de emergência devem:

a) ser selecionados, montados e interconectados de forma a suportar as condições de operação previstas, bem como as influências do meio;

b) ser usados como medida auxiliar, não podendo ser alternativa a medidas adequadas de proteção ou a sistemas automáticos de segurança;

c) possuir acionadores projetados para fácil atuação do operador ou outros que possam necessitar da sua utilização;

d) prevalecer sobre todos os outros comandos;

e) provocar a parada da operação ou processo perigoso em período de tempo tão reduzido quanto tecnicamente possível, sem provocar riscos suplementares;

f) ter sua função disponível e operacional a qualquer tempo, independentemente do modo de operação; e

g) ser mantidos em perfeito estado de funcionamento.

12.59 A função parada de emergência não deve:

a) prejudicar a eficiência de sistemas de segurança ou dispositivos com funções relacionadas com a segurança;

b) prejudicar qualquer meio projetado para resgatar pessoas acidentadas; e

c) gerar risco adicional.

12.60 O acionamento do dispositivo de parada de emergência deve também resultar na retenção do acionador, de tal forma que quando a ação no acionador for descontinuada, este se mantenha retido até que seja desacionado.

12.60.1 O desacionamento deve ser possível apenas como resultado de uma ação manual intencionada sobre o acionador, por meio de manobra apropriada;

12.61 Quando usados acionadores do tipo cabo, deve-se:

a) utilizar chaves de parada de emergência que trabalhem tracionadas, de modo a cessarem automaticamente as funções perigosas da máquina em caso de ruptura ou afrouxamento dos cabos;

b) considerar o deslocamento e a força aplicada nos acionadores, necessários para a atuação das chaves de parada de emergência; e

c) obedecer à distância máxima entre as chaves de parada de emergência recomendada pelo fabricante.

12.62 As chaves de parada de emergência devem ser localizadas de tal forma que todo o cabo de acionamento seja visível a partir da posição de desacionamento da parada de emergência.

12.62.1 Se não for possível o cumprimento da exigência do item 12.62, deve-se garantir que, após a atuação e antes do desacionamento, a máquina ou equipamento seja inspecionado em toda a extensão do cabo.

12.63 A parada de emergência deve exigir rearme, ou reset manual, a ser realizado somente após a correção do evento que motivou o acionamento da parada de emergência.

12.63.1 A localização dos acionadores de rearme deve permitir uma visualização completa da área protegida pelo cabo.

MEIOS DE ACESSO PERMANENTES

12.64 As máquinas e equipamentos devem possuir acessos permanentemente fixados e seguros a todos os seus pontos de operação, abastecimento, inserção de matérias-primas e retirada de produtos trabalhados, preparação, manutenção e intervenção constante.

12.64.1 Consideram-se meios de acesso elevadores, rampas, passarelas, plataformas ou escadas de degraus.

12.64.2 Na impossibilidade técnica de adoção dos meios previstos no subitem 12.64.1, poderá ser utilizada escada fixa tipo marinheiro.

12.64.3 Nas máquinas e equipamentos, os meios de acesso permanentes devem ser localizados e instalados de modo a prevenir riscos de acidente e facilitar o seu acesso e utilização pelos trabalhadores.

12.65 O emprego dos meios de acesso deve considerar o ângulo de lance conforme Figura 1 do Anexo III.

12.66 Os locais ou postos de trabalho acima do piso em que haja acesso de trabalhadores, para operação ou quaisquer outras intervenções habituais nas máquinas e equipamentos, como abastecimento, preparação, ajuste, inspeção, limpeza e manutenção, devem possuir plataformas de trabalho estáveis e seguras.

12.66.1 Na impossibilidade técnica de aplicação do previsto no item 12.66, poderá ser adotado o uso de plataformas móveis ou elevatórias.

12.67 As plataformas móveis devem ser estáveis, de modo a não permitir sua movimentação ou tombamento durante a realização do trabalho.

12.68 As passarelas, plataformas, rampas e escadas de degraus devem propiciar condições seguras de trabalho, circulação, movimentação e manuseio de materiais e:

a) ser dimensionadas, construídas e fixadas de modo seguro e resistente, de forma a suportar os esforços solicitantes e movimentação segura do trabalhador;

b) ter pisos e degraus constituídos de materiais ou revestimentos antiderrapantes;

c) ser mantidas desobstruídas; e

d) ser localizadas e instaladas de modo a prevenir riscos de queda, escorregamento, tropeçamento e dispêndio excessivo de esforços físicos pelos trabalhadores ao utilizá-las.

12.69 As rampas com inclinação entre 10º (dez) e 20º (vinte) graus em relação ao plano horizontal devem possuir peças transversais horizontais fixadas de modo seguro, para impedir escorregamento, distanciadas entre si 0,40 m (quarenta centímetros) em toda sua extensão quando o piso não for antiderrapante.

12.69.1 É proibida a construção de rampas com inclinação superior a 20º (vinte) graus em relação ao piso.

12.70 Os meios de acesso, exceto escada fixa do tipo marinheiro e elevador, devem possuir sistema de proteção contra quedas com as seguintes características:

a) ser dimensionados, construídos e fixados de modo seguro e resistente, de forma a suportar os esforços solicitantes;

b) ser constituídos de material resistente a intempéries e corrosão;

c) possuir travessão superior de 1,10 m (um metro e dez centímetros) a 1,20 m (um metro e vinte centímetros) de altura em relação ao piso ao longo de toda a extensão, em ambos os lados;

d) o travessão superior não deve possuir superfície plana, a fim de evitar a colocação de objetos; e

e) possuir rodapé de, no mínimo, 0,20 m (vinte centímetros) de altura e travessão intermediário a 0,70 m (setenta centímetros) de altura em relação ao piso, localizado entre o rodapé e o travessão superior.

12.71 Havendo risco de queda de objetos e materiais, o vão entre o rodapé e o travessão superior do guarda corpo deve receber proteção fixa, integral e resistente.

12.71.1 A proteção mencionada no item 12.71 pode ser constituída de tela resistente, desde que sua malha não permita a passagem de qualquer objeto ou material que possa causar lesões aos trabalhadores.

12.72 Para o sistema de proteção contra quedas em plataformas utilizadas em operações de abastecimento ou que acumulam sujidades, é permitida a adoção das dimensões da Figura 5 do Anexo III.

12.73 As passarelas, plataformas e rampas devem ter as seguintes características:

a) largura útil mínima de 0,60 m (sessenta centímetros);

b) meios de drenagem, se necessário; e

c) não possuir rodapé no vão de acesso.

12.74 As escadas de degraus sem espelho devem ter:

a) largura útil mínima de 0,60 m (sessenta centímetros);

b) degraus com profundidade mínima de 0,15 m (quinze centímetros);

c) degraus e lances uniformes, nivelados e sem saliências;

d) altura máxima entre os degraus de 0,25 m (vinte e cinco centímetros);

e) plataforma de descanso com largura útil mínima de 0,60 m (sessenta centímetros) e comprimento a intervalos de, no máximo, 3,00 m (três metros) de altura;

f) projeção mínima de 0,01 m (dez milímetros) de um degrau sobre o outro; e

g) degraus com profundidade que atendam à fórmula: $600 \leq g + 2h \leq 660$ (dimensões em milímetros), conforme Figura 2 do Anexo III.

12.75 As escadas de degraus com espelho devem ter:

a) largura útil mínima de 0,60 m (sessenta centímetros);

b) degraus com profundidade mínima de 0,20 m (vinte centímetros);

c) degraus e lances uniformes, nivelados e sem saliências;

d) altura entre os degraus de 0,20 m (vinte centímetros) a 0,25 m (vinte e cinco centímetros);

e) plataforma de descanso com largura útil mínima de 0,60 m (sessenta centímetros) e comprimento a intervalos de, no máximo, 3,00 m (três metros) de altura.

12.76 As escadas fixas do tipo marinheiro devem ter:

a) dimensionamento, construção e fixação seguras e resistentes, de forma a suportar os esforços solicitantes;

b) constituição de materiais ou revestimentos resistentes a intempéries e corrosão, caso estejam expostas em ambiente externo ou corrosivo;

c) gaiolas de proteção, caso possuam altura superior a 3,50 m (três metros e meio), instaladas a partir de 2,0 m (dois metros) do piso, ultrapassando a plataforma de descanso ou o piso superior em pelo menos de 1,10 m (um metro e dez centímetros) a 1,20 m (um metro e vinte centímetros);

d) corrimão ou continuação dos montantes da escada ultrapassando a plataforma de descanso ou o piso superior de 1,10 m (um metro e dez centímetros) a 1,20 m (um metro e vinte centímetros);

e) largura de 0,40 m (quarenta centímetros) a 0,60 m (sessenta centímetros), conforme Figura 3 do Anexo III;

f) altura total máxima de 10,00 m (dez metros), se for de um único lance;

g) altura máxima de 6,00 m (seis metros) entre duas plataformas de descanso, se for de múltiplos lances, construídas em lances consecutivos com eixos paralelos, distanciados no mínimo em 0,70 m (setenta centímetros), conforme Figura 3 do Anexo III;

h) espaçamento entre barras horizontais de 0,25 m (vinte e cinco centímetros) a 0,30 m (trinta centímetros), conforme Figura 3 do Anexo III;

i) espaçamento entre o piso da máquina ou da edificação e a primeira barra não superior a 0,55 m (cinqüenta e cinco centímetros), conforme Figura 3 do Anexo III;

j) distância em relação à estrutura em que é fixada de, no mínimo, 0,15 m (quinze centímetros), conforme Figura 4C do Anexo III;

k) barras horizontais de 0,025m (vinte e cinco milímetros) a 0,038 m (trinta e oito milímetros) de diâmetro ou espessura; e

l) barras horizontais com superfícies, formas ou ranhuras a fim de prevenir deslizamentos.

12.76.1 As gaiolas de proteção devem ter diâmetro de 0,65m (sessenta e cinco centímetros) a 0,80 m (oitenta centímetros), conforme Figura 4 C do Anexo III; e:

a) possuir barras verticais com espaçamento máximo de 0,30m (trinta centímetros) entre si e distância máxima de 1,50m (um metro e cinquenta centímetros) entre arcos, conforme figuras 4A e 4B do Anexo III; ou

b) vãos entre arcos de, no máximo, 0,30m (trinta centímetros), conforme Figura 3 do Anexo III, dotadas de barra vertical de sustentação dos arcos.

COMPONENTES PRESSURIZADOS

12.77 Devem ser adotadas medidas adicionais de proteção das mangueiras, tubulações e demais componentes pressurizados sujeitos a eventuais impactos mecânicos e outros agentes agressivos, quando houver risco.

12.78 As mangueiras, tubulações e demais componentes pressurizados devem ser localizados ou protegidos de tal forma que uma situação de ruptura destes componentes e vazamentos de fluidos, não possa ocasionar acidentes de trabalho.

12.79 As mangueiras utilizadas nos sistemas pressurizados devem possuir indicação da pressão máxima de trabalho admissível especificada pelo fabricante.

12.80 Os sistemas pressurizados das máquinas devem possuir meios ou dispositivos destinados a garantir que:

a) a pressão máxima de trabalho admissível nos circuitos não possa ser excedida; e

b) quedas de pressão progressivas ou bruscas e perdas de vácuo não possam gerar perigo.

12.81 Quando as fontes de energia da máquina forem isoladas, a pressão residual dos reservatórios e de depósitos similares, como os acumuladores hidropneumáticos, não pode gerar risco de acidentes.

12.82 Os recipientes contendo gases comprimidos utilizados em máquinas e equipamentos devem permanecer em perfeito estado de conservação e funcionamento e ser armazenados em depósitos bem ventilados, protegidos contra quedas, calor e impactos acidentais.

12.83 Nas atividades de montagem e desmontagem de pneumáticos das rodas das máquinas e equipamentos não estacionários, que ofereçam riscos de acidentes, devem ser observadas as seguintes condições:

a) os pneumáticos devem ser completamente despressurizados, removendo o núcleo da válvula de calibragem antes da desmontagem e de qualquer intervenção que possa acarretar acidentes; e

b) o enchimento de pneumáticos só poderá ser executado dentro de dispositivo de clausura ou gaiola adequadamente dimensionada, até que seja alcançada uma pressão suficiente para forçar o talão sobre o aro e criar uma vedação pneumática.

☛ **12.84** Para fins de aplicação desta Norma, consideram-se seguras, não suficientes para provocar danos à integridade física dos trabalhadores, a limitação da força das partes móveis até 150 N (cento e cinquenta Newtons), da pressão de contato até 50 N/cm2 (cinquenta Newtons por centímetro quadrado) e da energia até 10 J (dez Joules), exceto nos casos em que haja previsão de outros valores em normas técnicas oficiais vigentes específicas.

- Item com redação determinada pela Portaria MTb 252/2018.

12.84.1 Em sistemas pneumáticos e hidráulicos que utilizam dois ou mais estágios com diferentes pressões como medida de proteção, a força exercida no percurso inicial ou circuito de segurança – aproximação – a pressão de contato e a energia devem respeitar os limites estabelecidos no item 12.84, exceto nos casos em que haja previsão de outros valores em normas técnicas oficiais vigentes específicas.

- Subitem com redação determinada pela Portaria MTb 252/2018.

TRANSPORTADORES DE MATERIAIS

12.85 Os movimentos perigosos dos transportadores contínuos de materiais devem ser protegidos, especialmente nos pontos de esmagamento, agarramento e aprisionamento formados pelas esteiras, correias, roletes, acoplamentos, freios, roldanas, amostradores, volantes, tambores, engrenagens, cremalheiras, correntes, guias, alinhadores, região do esticamento e contrapeso e outras partes móveis acessíveis durante a operação normal.

12.85.1 Os transportadores contínuos de correia cuja altura da borda da correia que transporta a carga esteja superior a 2,70 m (dois metros e setenta centímetros) do piso estão dispensados da observância do item 12.85, desde que não haja circulação nem permanência de pessoas nas zonas de perigo.

12.85.2 Os transportadores contínuos de correia em que haja proteção fixa distante, associada a proteção móvel intertravada que restrinja o acesso a pessoal especializado para a realização de inspeções, manutenções e outras intervenções necessárias, estão dispensados da observância do item 12.85, desde que atendido o disposto no item 12.51.

12.86 Os transportadores contínuos de correia, cuja altura da borda da correia que transporta a carga esteja superior a 2,70 m (dois metros e setenta centímetros) do piso, devem possuir, em toda a sua extensão, passarelas em ambos os lados, atendidos os requisitos do item 12.66.

12.86.1 Os transportadores cuja correia tenha largura de até 762 mm (setecentos e sessenta e dois milímetros ou 30 (trinta) polegadas podem possuir passarela em apenas um dos lados, devendo-se adotar o uso de plataformas móveis ou elevatórias para quaisquer intervenções e inspeções.

12.86.2 Os transportadores móveis articulados em que haja possibilidade de realização de quaisquer intervenções e inspeções a partir do solo ficam dispensados da exigência do item 12.86.

12.87 Os transportadores de materiais somente devem ser utilizados para o tipo e capacidade de carga para os quais foram projetados.

12.88 Os cabos de aço, correntes, eslingas, ganchos e outros elementos de suspensão ou tração e suas conexões devem ser adequados ao tipo de material e dimensionados para suportar os esforços solicitantes.

12.89 Nos transportadores contínuos de materiais que necessitem de parada durante o processo é proibida a reversão de movimento para esta finalidade.

12.90 É proibida a permanência e a circulação de pessoas sobre partes em movimento, ou que possam ficar em movimento, dos transportadores de materiais, quando não projetadas para essas finalidades.

12.90.1 Nas situações em que haja inviabilidade técnica do cumprimento do disposto no item 12.90 devem ser adotadas medidas que garantam a paralisação e o bloqueio dos movimentos de risco, conforme o disposto no item 12.123 e subitem 12.123.1.

12.90.2 A permanência e a circulação de pessoas sobre os transportadores contínuos devem ser realizadas por meio de passarelas com sistema de proteção contra quedas, conforme item 12.70.

☛**12.90.3** Item realocado e renumerado como 12.93.2 pela Portaria MTb 326/2018.

12.91 Os transportadores contínuos acessíveis aos trabalhadores devem dispor, ao longo de sua extensão, de dispositivos de parada de emergência, de modo que possam ser acionados em todas as posições de trabalho.

12.91.1. Os transportadores contínuos acessíveis aos trabalhadores ficam dispensados do cumprimento da exigência do item 12.91 se a análise de risco assim indicar.

☛**12.92** Os transportadores contínuos de correia devem possuir dispositivos que garantam a segurança em caso de falha durante sua operação normal e que interrompam seu funcionamento quando forem ultrapassados os limites de segurança, conforme especificado em projeto, e devem contemplar, no mínimo, as seguintes condições:

- Item com redação determinada pela Portaria MTb 98/2018.

a) desalinhamento anormal da correia; e

b) sobrecarga de materiais.

12.93. Durante o transporte de materiais suspensos devem ser adotadas medidas de segurança visando a garantir que não haja pessoas sob a carga.

12.93.1 As medidas de segurança previstas no item 12.93 devem priorizar a existência de áreas exclusivas para a circulação de cargas suspensas devidamente delimitadas e sinalizadas.

☛**12.93.2** É permitida a permanência e a circulação de pessoas sob os transportadores contínuos somente em locais protegidos que ofereçam resistência e dimensões adequadas contra quedas de materiais.

- Antigo Item 12.90.3 realocado pela Portaria MTb 326/2018.

12.93.2.1 No transporte de materiais por meio de teleférico dentro da unidade fabril, é permitida a circulação de pessoas, devendo ser adotadas medidas de segurança que garantam a não permanência de trabalhadores sob a carga.

- Subitem com redação determinada pela Portaria MTb 326/2018.

12.93.3 No transporte de materiais por meio de teleférico em área que não seja de propriedade ou domínio da empresa, fica dispensada a obrigação dos itens 12.93, 12.93.1 e 12.93.2, desde que garantida a sinalização de advertência e sem prejuízo da observância do disposto nas legislações pertinentes nas esferas federal, estadual e municipal.

- Subitem com redação determinada pela Portaria MTb 326/2018.

ASPECTOS ERGONÔMICOS

12.94 As máquinas e equipamentos devem ser projetados, construídos e mantidos com observância aos os seguintes aspectos:

a) atendimento da variabilidade das características antropométricas dos operadores;

b) respeito às exigências posturais, cognitivas, movimentos e esforços físicos demandados pelos operadores;

c) os componentes como monitores de vídeo, sinais e comandos, devem possibilitar a interação clara e precisa com o operador de forma a reduzir possibilidades de erros de interpretação ou retorno de informação;

d) os comandos e indicadores devem representar, sempre que possível, a direção do movimento e demais efeitos correspondentes;

e) os sistemas interativos, como ícones, símbolos e instruções devem ser coerentes em sua aparência e função;

f) favorecimento do desempenho e a confiabilidade das operações, com redução da probabilidade de falhas na operação;

g) redução da exigência de força, pressão, preensão, flexão, extensão ou torção dos segmentos corporais;

h) a iluminação deve ser adequada e ficar disponível em situações de emergência, quando exigido o ingresso em seu interior.

12.95 Os comandos das máquinas e equipamentos devem ser projetados, construídos e mantidos com observância aos seguintes aspectos:

a) localização e distância de forma a permitir manejo fácil e seguro;

b) instalação dos comandos mais utilizados em posições mais acessíveis ao operador;

c) visibilidade, identificação e sinalização que permita serem distinguíveis entre si;

d) instalação dos elementos de acionamento manual ou a pedal de forma a facilitar a execução da manobra levando em consideração as características biomecânicas e antropométricas dos operadores; e

e) garantia de manobras seguras e rápidas e proteção de forma a evitar movimentos involuntários.

12.96 As Máquinas e equipamentos devem ser projetados, construídos e operados levando em consideração a necessidade de adaptação das condições de trabalho às características psicofisiológicas dos trabalhadores e à natureza dos trabalhos a executar, oferecendo condições de conforto e segurança no trabalho, observado o disposto na NR-17.

12.97 Os assentos utilizados na operação de máquinas devem possuir estofamento e ser ajustáveis à natureza do trabalho executado, além do previsto no subitem 17.3.3 da NR-17.

12.98 Os postos de trabalho devem ser projetados para permitir a alternância de postura e a movimentação adequada dos segmentos corporais, garantindo espaço suficiente para operação dos controles nele instalados.

12.99 As superfícies dos postos de trabalho não devem possuir cantos vivos, superfícies ásperas, cortantes e quinas em ângulos agudos ou rebarbas nos pontos de contato com segmentos do corpo do operador, e os elementos de fixação, como pregos, rebites e parafusos, devem ser mantidos de forma a não acrescentar riscos à operação.

12.100 Os postos de trabalho das máquinas e equipamentos devem permitir o apoio integral das plantas dos pés no piso.

12.100.1 Deve ser fornecido apoio para os pés quando os pés do operador não alcançarem o piso, mesmo após a regulagem do assento.

12.101 As dimensões dos postos de trabalho das máquinas e equipamentos devem:

a) atender às características antropométricas e biomecânicas do operador, com respeito aos alcances dos segmentos corporais e da visão;

b) assegurar a postura adequada, de forma a garantir posições confortáveis dos segmentos corporais na posição de trabalho; e

c) evitar a flexão e a torção do tronco de forma a respeitar os ângulos e trajetórias naturais dos movimentos corpóreos, durante a execução das tarefas.

12.102 Os locais destinados ao manuseio de materiais em processos nas máquinas e equipamentos devem ter altura e ser posicionados de forma a garantir boas condições de postura, visualização, movimentação e operação.

12.103 Os locais de trabalho das máquinas e equipamentos devem possuir sistema de iluminação permanente que possibilite boa visibilidade dos detalhes do trabalho, para evitar zonas de sombra ou de penumbra e efeito estroboscópico.

12.103.1 A iluminação das partes internas das máquinas e equipamentos que requeiram operações de ajustes, inspeção, manutenção ou outras intervenções periódicas deve ser adequada e estar disponível em situações de emergência, quando for exigido o ingresso de pessoas, com observância, ainda das exigências específicas para áreas classificadas.

12.104 O ritmo de trabalho e a velocidade das máquinas e equipamentos devem ser compatíveis com a capacidade física dos operadores, de modo a evitar agravos à saúde.

12.105 O bocal de abastecimento do tanque de combustível e de outros materiais deve ser localizado, no máximo, a 1,50 m (um metro e cinquenta centímetros) acima do piso ou de uma plataforma de apoio para execução da tarefa.

RISCOS ADICIONAIS

12.106 Para fins de aplicação desta Norma, devem ser considerados os seguintes riscos adicionais:

a) substâncias perigosas quaisquer, sejam agentes biológicos ou agentes químicos em estado sólido, líquido ou gasoso, que apresentem riscos à saúde ou integridade física dos trabalhadores por meio de inalação, ingestão ou contato com a pele, olhos ou mucosas;

b) radiações ionizantes geradas pelas máquinas e equipamentos ou provenientes de substâncias radiativas por eles utilizadas, processadas ou produzidas;

c) radiações não ionizantes com potencial de causar danos à saúde ou integridade física dos trabalhadores;

d) vibrações;

e) ruído;

f) calor;

g) combustíveis, inflamáveis, explosivos e substâncias que reagem perigosamente; e

h) superfícies aquecidas acessíveis que apresentem risco de queimaduras causadas pelo contato com a pele.

12.107 Devem ser adotadas medidas de controle dos riscos adicionais provenientes da emissão ou liberação de agentes químicos, físicos e biológicos pelas máquinas e equipamentos, com prioridade à sua eliminação, redução de sua emissão ou liberação e redução da exposição dos trabalhadores, nessa ordem.

12.108 As máquinas e equipamentos que utilizem, processem ou produzam combustíveis, inflamáveis, explosivos ou substâncias que reagem perigosamente devem oferecer medidas de proteção contra sua emissão, liberação, combustão, explosão e reação acidentais, bem como a ocorrência de incêndio.

12.109 Devem ser adotadas medidas de proteção contra queimaduras causadas pelo contato da pele com superfícies aquecidas de máquinas e equipamentos, tais como a redução da temperatura superficial, isolação com materiais apropriados e barreiras, sempre que a temperatura da superfície for maior do que o limiar de queimaduras do material do qual é constituída, para um determinado período de contato.

12.110 Devem ser elaborados e aplicados procedimentos de segurança e permissão de trabalho para garantir a utilização segura de máquinas e equipamentos em trabalhos em espaços confinados.

MANUTENÇÃO, INSPEÇÃO, PREPARAÇÃO, AJUSTE, REPARO E LIMPEZA

12.111 As máquinas e equipamentos devem ser submetidos à manutenção preventiva e corretiva, na forma e periodicidade determinada pelo fabricante, conforme as normas técnicas oficiais nacionais vigentes e, na falta destas, as normas técnicas internacionais.

12.111.1 As manutenções preventivas com potencial de causar acidentes do trabalho devem ser objeto de planejamento e gerenciamento efetuado por profissional legalmente habilitado.

12.112 As manutenções preventivas e corretivas devem ser registradas em livro próprio, ficha ou sistema informatizado, com os seguintes dados:

a) cronograma de manutenção;

b) intervenções realizadas;

c) data da realização de cada intervenção;

d) serviço realizado;

e) peças reparadas ou substituídas;

f) condições de segurança do equipamento;

g) indicação conclusiva quanto às condições de segurança da máquina; e

h) nome do responsável pela execução das intervenções.

12.112.1 O registro das manutenções deve ficar disponível aos trabalhadores envolvidos na operação, manutenção e reparos, bem como à Comissão Interna de Prevenção de Acidentes – CIPA, ao Serviço de Segurança e Medicina do Trabalho – SESMT e à fiscalização do Ministério do Trabalho e Emprego.

12.113 A manutenção, inspeção, reparos, limpeza, ajuste e outras intervenções que se fizerem necessárias devem ser executadas por profissionais capacitados, qualificados ou legalmente habilitados, formalmente autorizados pelo empregador, com as máquinas e equipamentos parados e adoção dos seguintes procedimentos:

a) isolamento e descarga de todas as fontes de energia das máquinas e equipamentos, de modo visível ou facilmente identificável por meio dos dispositivos de comando;

b) bloqueio mecânico e elétrico na posição "desligado" ou "fechado" de todos os dispositivos de corte de fontes de energia, a fim de impedir a reenergização, e sinalização com cartão ou etiqueta de bloqueio contendo o horário e a data do bloqueio, o motivo da manutenção e o nome do responsável;

c) medidas que garantam que à jusante dos pontos de corte de energia não exista possibilidade de gerar risco de acidentes;

d) medidas adicionais de segurança, quando for realizada manutenção, inspeção e reparos de equipamentos ou máquinas sustentados somente por sistemas hidráulicos e pneumáticos; e

e) sistemas de retenção com trava mecânica, para evitar o movimento de retorno acidental de partes basculadas ou articuladas abertas das máquinas e equipamentos.

12.113.1 Para situações especiais de regulagem, ajuste, limpeza, pesquisa de defeitos e inconformidades, em que não seja possível o cumprimento das condições estabelecidas no item 12.113, e em outras situações que impliquem a redução do nível de segurança das máquinas e equipamentos e houver necessidade de acesso às zonas de perigo, deve ser possível selecionar um modo de operação que:

a) torne inoperante o modo de comando automático;

b) permita a realização dos serviços com o uso de dispositivo de acionamento de ação continuada associado à redução da velocidade, ou dispositivos de comando por movimento limitado;

c) impeça a mudança por trabalhadores não autorizados;

d) a seleção corresponda a um único modo de comando ou de funcionamento;

e) quando selecionado, tenha prioridade sobre todos os outros sistemas de comando, com exceção da parada de emergência; e

f) torne a seleção visível, clara e facilmente identificável.

12.114 manutenção de máquinas e equipamentos contemplará, quando indicado pelo fabricante, dentre outros itens, a realização de ensaios não destrutivos – END, nas estruturas e componentes submetidos a solicitações de força e cuja ruptura ou desgaste possa ocasionar acidentes.

12.114.1 Os ensaios não destrutivos – END, quando realizados, devem atender às normas técnicas oficiais nacionais vigentes e, na falta destas, normas técnicas internacionais.

12.115 Nas manutenções das máquinas e equipamentos, sempre que detectado qualquer defeito em peça ou componente que comprometa a segurança, deve ser providenciada sua reparação ou substituição imediata por outra peça ou componente original ou equivalente, de modo a garantir as mesmas características e condições seguras de uso.

SINALIZAÇÃO

12.116 As máquinas e equipamentos, bem como as instalações em que se encontram, devem possuir sinalização de segurança para advertir os trabalhadores e terceiros sobre os riscos a que estão expostos, as instruções de operação e manutenção e outras informações necessárias para garantir a integridade física e a saúde dos trabalhadores.

12.116.1 A sinalização de segurança compreende a utilização de cores, símbolos, inscrições, sinais luminosos ou sonoros, entre outras formas de comunicação de mesma eficácia.

12.116.2 A sinalização, inclusive cores, das máquinas e equipamentos utilizadas nos setores alimentícios, médico e farmacêutico deve respeitar a legislação sanitária vigente, sem prejuízo da segurança e saúde dos trabalhadores ou terceiros.

12.116.3 A sinalização de segurança deve ser adotada em todas as fases de utilização e vida útil das máquinas e equipamentos.

12.117 A sinalização de segurança deve:

a) ficar destacada na máquina ou equipamento;

b) ficar em localização claramente visível; e

c) ser de fácil compreensão.

12.118 Os símbolos, inscrições e sinais luminosos e sonoros devem seguir os padrões estabelecidos pelas normas técnicas nacionais vigentes e, na falta dessas, pelas normas técnicas internacionais.

12.119 As inscrições das máquinas e equipamentos devem:

a) ser escritas na língua portuguesa – Brasil; e

b) ser legíveis.

12.119.1 As inscrições devem indicar claramente o risco e a parte da máquina ou equipamento a que se referem, e não deve ser utilizada somente a inscrição de "perigo".

12.120 As inscrições e símbolos devem ser utilizados nas máquinas e equipamentos para indicar as suas especificações e limitações técnicas.

12.121 Devem ser adotados, sempre que necessário, sinais ativos de aviso ou de alerta, tais como sinais luminosos e sonoros intermitentes, que indiquem a iminência de um acontecimento perigoso, como a partida ou a velocidade excessiva de uma máquina, de modo que:

a) sejam emitidos antes que ocorra o acontecimento perigoso;

b) não sejam ambíguos;

c) sejam claramente compreendidos e distintos de todos os outros sinais utilizados; e

d) possam ser inequivocamente reconhecidos pelos trabalhadores.

12.122 *(Revogado pela Portaria MTb 1.110/2016.)*

12.123 As máquinas e equipamentos fabricados a partir da vigência desta Norma (24/12/2011) devem possuir em local visível as seguintes informações indeléveis:

- Item com redação determinada pela Portaria MTb 98/2018.

a) razão social, CNPJ e endereço do fabricante ou importador;

b) informação sobre tipo, modelo e capacidade;

c) número de série ou identificação, e ano de fabricação;

d) número de registro do fabricante/importador ou do profissional legalmente habilitado no CREA; e

- Alínea com redação determinada pela Portaria MTb 98/2018.

e) peso da máquina ou equipamento.

12.123.1 As máquinas e equipamentos fabricados antes da vigência desta Norma (24/12/2011) devem possuir em local visível as seguintes informações:

- Item com redação determinada pela Portaria MTb 98/2018.

a) informação sobre tipo, modelo e capacidade;

b) número de série ou identificação

12.124 Para advertir os trabalhadores sobre os possíveis perigos, devem ser instalados, se necessários, dispositivos indicadores de leitura qualitativa ou quantitativa ou de controle de segurança.

12.124.1 Os indicadores devem ser de fácil leitura e distinguíveis uns dos outros.

MANUAIS

12.125 As máquinas e equipamentos devem possuir manual de instruções fornecido pelo fabricante ou importador, com informações relativas à segurança em todas as fases de utilização.

12.126 Quando inexistente ou extraviado, o manual de máquinas ou equipamentos que apresentem riscos deve ser reconstituído pelo empregador ou pessoa por ele designada, sob a responsabilidade de profissional qualificado ou legalmente habilitado.

12.126.1 As microempresas e empresas de pequeno porte que não disponham de manual de instruções de máquinas e equipamentos fabricados antes de 24/6/2012 devem elaborar ficha de informação contendo os seguintes itens:

a) tipo, modelo e capacidade;

b) descrição da utilização prevista para a máquina ou equipamento;

c) indicação das medidas de segurança existentes;

d) instruções para utilização segura da máquina ou equipamento;

e) periodicidade e instruções quanto às inspeções e manutenção;

f) procedimentos a serem adotados em situações de emergência, quando aplicável.

12.126.1.1 A ficha de informação indicada no item 12.126.1 pode ser elaborada pelo empregador ou pessoa designada por este.

12.127 Os manuais devem:

a) ser escritos na língua portuguesa – Brasil, com caracteres de tipo e tamanho que possibilitem a melhor legibilidade possível, acompanhado das ilustrações explicativas;

b) ser objetivos, claros, sem ambiguidades e em linguagem de fácil compreensão;

c) ter sinais ou avisos referentes à segurança realçados; e

d) permanecer disponíveis a todos os usuários nos locais de trabalho.

12.128 Os manuais das máquinas e equipamentos fabricados ou importados a partir da vigência desta Norma devem conter, no mínimo, as seguintes informações:

a) razão social, CNPJ e endereço do fabricante ou importador;

b) tipo, modelo e capacidade;

c) número de série ou número de identificação e ano de fabricação;

d) normas observadas para o projeto e construção da máquina ou equipamento;

e) descrição detalhada da máquina ou equipamento e seus acessórios;

f) diagramas, inclusive circuitos elétricos, em especial a representação esquemática das funções de segurança;

g) definição da utilização prevista para a máquina ou equipamento;

h) riscos a que estão expostos os usuários, com as respectivas avaliações quantitativas de emissões geradas pela máquina ou equipamento em sua capacidade máxima de utilização;

i) definição das medidas de segurança existentes e daquelas a serem adotadas pelos usuários;

j) especificações e limitações técnicas para a sua utilização com segurança;

k) riscos que podem resultar de adulteração ou supressão de proteções e dispositivos de segurança;

l) riscos que podem resultar de utilizações diferentes daquelas previstas no projeto;

m) informações técnicas para subsidiar a elaboração dos procedimentos de trabalho e segurança durante todas as fases de utilização;

n) procedimentos e periodicidade para inspeções e manutenção;

o) procedimentos a serem adotados em situações de emergência;

p) indicação da vida útil da máquina ou equipamento e/ou dos componentes relacionados com a segurança.

12.129 Em caso de manuais reconstituídos, estes devem conter as informações previstas nas alíneas "b", "e", "g", "i", "j", "k", "m", "n" e "o" do item 12.128, bem como diagramas de sistemas de segurança e diagrama unifilar ou trifilar do sistema elétrico, conforme o caso.

12.129.1 No caso de máquinas e equipamentos cujos fabricantes não estão mais em atividade, a alínea "j" do item 12.128 poderá ser substituída pelo procedimento previsto no item 12.130, contemplados os limites da máquina.

PROCEDIMENTOS DE TRABALHO E SEGURANÇA

12.130 Devem ser elaborados procedimentos de trabalho e segurança específicos, padronizados, com descrição detalhada de cada tarefa, passo a passo, a partir da análise de risco.

12.130.1 Os procedimentos de trabalho e segurança não podem ser as únicas medidas de proteção adotadas para se prevenir acidentes, sendo considerados complementos e não substitutos das medidas de proteção coletivas necessárias para a garantia da segurança e saúde dos trabalhadores.

12.131 Ao inicio de cada turno de trabalho ou após nova preparação da máquina ou equipamento, o operador deve efetuar inspeção rotineira das condições de operacionalidade e segurança e, se constatadas anormalidades que afetem a segurança, as atividades devem ser interrompidas, com a comunicação ao superior hierárquico.

12.132 Os serviços que envolvam risco de acidentes de trabalho em máquinas e equipamentos, exceto operação, devem ser planejados e realizados em conformidade com os procedimentos de trabalho e segurança, sob supervisão e anuência expressa de profissional habilitado ou qualificado, desde que autorizados.

12.132.1 Os serviços que envolvam risco de acidentes de trabalho em máquinas e equipamentos, exceto operação, devem ser precedidos de ordens de serviço – OS – específicas, contendo, no mínimo:

a) a descrição do serviço;

b) a data e o local de realização;

c) o nome e a função dos trabalhadores; e

d) os responsáveis pelo serviço e pela emissão da OS, de acordo com os procedimentos de trabalho e segurança.

PROJETO, FABRICAÇÃO, IMPORTAÇÃO, VENDA, LOCAÇÃO, LEILÃO, CESSÃO A QUALQUER TÍTULO E EXPOSIÇÃO

12.132.2 As empresas que não possuem serviço próprio de manutenção de suas máquinas ficam desobrigadas de elaborar procedimentos de trabalho e segurança para essa finalidade.

12.133 O projeto deve levar em conta a segurança intrínseca da máquina ou equipamento durante as fases de construção, transporte, montagem, instalação, ajuste, operação, limpeza, manutenção, inspeção, desativação, desmonte e sucateamento por meio das referências técnicas indicadas nesta Norma, a serem observadas para garantir a saúde e a integridade física dos trabalhadores.

12.133.1 O projeto da máquina ou equipamento não deve permitir erros na montagem ou remontagem de determinadas peças ou elementos que possam gerar riscos durante seu funcionamento, especialmente quanto ao sentido de rotação ou deslocamento.

12.133.2 O projeto das máquinas ou equipamentos fabricados ou importados após a vigência desta Norma deve prever meios adequados para o seu levantamento, carregamento, instalação, remoção e transporte.

12.133.3 Devem ser previstos meios seguros para as atividades de instalação, remoção, desmonte ou transporte, mesmo que em partes, de máquinas e equipamentos fabricados ou importados antes da vigência desta Norma.

12.134 É proibida a fabricação, importação, comercialização, leilão, locação, cessão a qualquer título e exposição de máquinas e equipamentos que não atendam ao disposto nesta Norma.

CAPACITAÇÃO

12.135 A operação, manutenção, inspeção e demais intervenções em máquinas e equipamentos devem ser realizadas por trabalhadores habilitados, qualificados, capacitados ou autorizados para este fim.

12.136 Os trabalhadores envolvidos na operação, manutenção, inspeção e demais intervenções em máquinas e equipamentos devem receber capacitação providenciada pelo empregador e compatível com suas funções, que aborde os riscos a que estão expostos e as medidas de proteção existentes e necessárias, nos termos desta Norma, para a prevenção de acidentes e doenças.

12.137 *(Revogado pela Portaria MTPS 509/2016.)*

12.138 A capacitação deve:

a) ocorrer antes que o trabalhador assuma a sua função;

b) ser realizada sem ônus para o trabalhador;

c) ter carga horária mínima que garanta aos trabalhadores executarem suas atividades com segurança, sendo distribuída em no máximo oito horas diárias e realizada durante o horário normal de trabalho;

d) ter conteúdo programático conforme o estabelecido no Anexo II desta Norma; e

e) ser ministrada por trabalhadores ou profissionais qualificados para este fim, com supervisão de profissional legalmente habilitado que se responsabilizará pela adequação do conteúdo, forma, carga horária, qualificação dos instrutores e avaliação dos capacitados.

12.138.1 A capacitação dos trabalhadores de microempresas e empresas de pequeno porte poderá ser ministrada por trabalhador da própria empresa que tenha sido capacitado nos termos do item 12.138 em entidade oficial de ensino de educação profissional.

12.138.1.1 O empregador é responsável pela capacitação realizada nos termos do item 12.138.1.

12.138.1.2 A capacitação dos trabalhadores de microempresas e empresas de pequeno porte, prevista no item 12.138.1, deve contemplar o disposto no item 12.138, exceto a alínea "e".

12.138.2 É considerado capacitado o trabalhador de microempresa e empresa de pequeno porte que apresentar declaração ou certificado emitido por entidade oficial de ensino de educação profissional, desde que atenda o disposto no item 12.138.

12.139 O material didático escrito ou audiovisual utilizado no treinamento e o fornecido aos participantes, devem ser produzidos em linguagem adequada aos trabalhadores, e ser mantidos à disposição da fiscalização, assim como a lista de presença dos participantes ou certificado, currículo dos ministrantes e avaliação dos capacitados.

12.140 Considera-se trabalhador ou profissional qualificado aquele que comprovar conclusão de curso específico na área de atuação, reconhecido pelo sistema oficial de ensino, compatível com o curso a ser ministrado.

12.141 Considera-se profissional legalmente habilitado para a supervisão da capacitação aquele que comprovar conclusão de curso específico na área de atuação, compatível com o curso a ser ministrado, com registro no competente conselho de classe.

12.142 A capacitação só terá validade para o empregador que a realizou e nas condições estabelecidas pelo profissional legalmente habilitado responsável pela supervisão da capacitação, exceto quanto aos trabalhadores capacitados nos termos do item 12.138.2.

12.142.1 Fica dispensada a exigência do item 12.142 para os operadores de injetoras com curso de capacitação conforme o previsto no item 12.147 e seus subitens.

12.143 São considerados autorizados os trabalhadores qualificados, capacitados ou profissionais legalmente habilitados, com autorização dada por meio de documento formal do empregador.

12.143.1 Até a data da vigência desta Norma, será considerado capacitado o trabalhador que possuir comprovação por meio de registro na Carteira de Trabalho e Previdência Social – CTPS ou registro de empregado de pelo menos dois anos de experiência na atividade e que receba reciclagem conforme o previsto no item 12.144 desta Norma.

12.144 Deve ser realizada capacitação para reciclagem do trabalhador sempre que ocorrerem modificações significativas nas instalações e na operação de máquinas ou troca de métodos, processos e organização do trabalho.

12.144.1 O conteúdo programático da capacitação para reciclagem deve atender às necessidades da situação que a motivou, com carga horária mínima que garanta aos trabalhadores executarem suas atividades com segurança, sendo distribuída em no máximo oito horas diárias e realizada durante o horário normal de trabalho.

12.145 A função do trabalhador que opera e realiza intervenções em máquinas deve ser anotada no registro de empregado, consignado em livro, ficha ou sistema eletrônico e em sua Carteira de Trabalho e Previdência Social – CTPS.

12.146 Os operadores de máquinas autopropelidas devem portar cartão de identificação, com nome, função e fotografia em local visível, renovado com periodicidade máxima de um ano mediante exame médico, conforme disposições constantes das NR-7 e NR-12.

12.147 O curso de capacitação para operadores de máquinas injetoras deve possuir carga horária mínima de oito horas por tipo de máquina citada no Anexo IX desta Norma.

12.147.1 O curso de capacitação deve ser específico para o tipo máquina em que o operador irá exercer suas funções e atender ao seguinte conteúdo programático:

a) histórico da regulamentação de segurança sobre a máquina especificada;

b) descrição e funcionamento;

c) riscos na operação;

d) principais áreas de perigo;

e) medidas e dispositivos de segurança para evitar acidentes;

f) proteções – portas, e distâncias de segurança;

g) exigências mínimas de segurança previstas nesta Norma e na NR 10;

h) medidas de segurança para injetoras elétricas e hidráulicas de comando manual; e

i) demonstração prática dos perigos e dispositivos de segurança.

12.147.2 O instrutor do curso de capacitação para operadores de injetora deve, no mínimo, possuir:

a) formação técnica em nível médio;

b) conhecimento técnico de máquinas utilizadas na transformação de material plástico;

c) conhecimento da normatização técnica de segurança; e

d) capacitação específica de formação.

OUTROS REQUISITOS ESPECÍFICOS DE SEGURANÇA

12.148 As ferramentas e materiais utilizados nas intervenções em máquinas e equipamentos devem ser adequados às operações realizadas.

12.149 Os acessórios e ferramental utilizados pelas máquinas e equipamentos devem ser adequados às operações realizadas.

12.150 É proibido o porte de ferramentas manuais em bolsos ou locais não apropriados a essa finalidade.

12.151 As máquinas e equipamentos tracionados devem possuir sistemas de engate padronizado para reboque pelo sistema de tração, de modo a assegurar o acoplamento e desacoplamento fácil e seguro, bem como a impedir o desacoplamento acidental durante a utilização.

12.151.1 A indicação de uso dos sistemas de engate padronizado mencionados no item 12.151 deve ficar em local de fácil visualização e afixada em local próximo da conexão.

12.151.2 Os equipamentos tracionados, caso o peso da barra do reboque assim o exija, devem possuir dispositivo de apoio que possibilite a redução do esforço e a conexão segura ao sistema de tração.

12.151.3 A operação de engate deve ser feita em local apropriado e com o equipamento tracionado imobilizado de forma segura com calço ou similar.

12.152 Para fins de aplicação desta Norma, os Anexos contemplam obrigações, disposições especiais ou exceções que se aplicam a um determinado tipo de máquina ou equipamento, em caráter prioritário aos demais requisitos desta Norma, sem prejuízo ao disposto em Norma Regulamentadora específica.

12.152.1 Nas situações onde os itens dos Anexos conflitarem com os itens da parte geral da Norma, prevalecem os requisitos do anexo.

DISPOSIÇÕES FINAIS

☛ **12.153** O empregador deve manter inventário atualizado das máquinas e equipamentos com identificação por tipo, capacidade, sistemas de segurança e localização com representação esquemática, elaborado por profissional qualificado ou legalmente habilitado.

- Item com redação determinada pela Portaria MTb 98/2018.

12.153.1 As informações do inventário devem subsidiar as ações de gestão para aplicação desta Norma.

12.153.2 O item 12.153 não se aplica:

a) às microempresas e as empresas de pequeno porte, que ficam dispensadas da elaboração do inventário de máquinas e equipamentos;

b) a máquinas autopropelidas, automotrizes e máquinas e equipamentos estacionários utilizados em frentes de trabalho.

☛ *c)* as ferramentas manuais e ferramentas transportáveis.

- Alínea com redação determinada pela Portaria MTb 98/2018.

12.154 Toda a documentação referida nesta norma, inclusive o inventário previsto no item 12.153, deve ficar disponível para o SESMT, CIPA ou Comissão Interna de Prevenção de Acidentes na Mineração – CIPAMIN, sindicatos representantes da categoria profissional e fiscalização do Ministério do Trabalho e Emprego.

12.155 As máquinas autopropelidas agrícolas, florestais e de construção em aplicações agroflorestais e respectivos implementos devem atender ao disposto no Anexo XI desta Norma.

12.156 As máquinas autopropelidas não contempladas no item 12.155 devem atender ao disposto nos itens e subitens 12.1, 12.1.1, 12.2, 12.3, 12.4, 12.5, 12.22, 12.23, 12.38, 12.38.1, 12.47,

12.47.2, 12.48, 12.49, 12.52, 12.53, 12.54, 12.64, 12.64.3, 12.66, 12.77, 12.78, 12.94, 12.95, 12.96, 12.101, 12.105, 12.107, 12.108, 12.111, 12.112, 12.115, 12.116, 12.116.3, 12.117, 12.118, 12.121, 12.130, 12.130.1, 12.131, 12.132, 12.132.1, 12.133, 12.133.1, 12.133.2, 12.133.3, 12.134, 12.135, 12.136, 12.137, 12.138, 12.139, 12.140, 12.141, 12.142, 12.143, 12.144, 12.144.1, 12.145, 12.146, 12.151, 12.151.1, 12.151.2, 12.151.3 e itens e subitens 14, 14.1 e 14.2 do Anexo XI desta Norma.

[...]

- Deixamos de publicar os Anexos a esta NR.

(*DOU* 06.07.1978)

☛NR 13

CALDEIRAS, VASOS DE PRESSÃO, TUBULAÇÕES E TANQUES METÁLICOS DE ARMAZENAMENTO

- NR com redação determinada pela Portaria MTb 1.082/2018.

Sumário:

13.1 Introdução

13.1.1 Esta Norma Regulamentadora – NR estabelece requisitos mínimos para gestão da integridade estrutural de caldeiras a vapor, vasos de pressão, suas tubulações de interligação e tanques metálicos de armazenamento nos aspectos relacionados à instalação, inspeção, operação e manutenção, visando à segurança e à saúde dos trabalhadores.

13.1.2 O empregador é o responsável pela adoção das medidas determinadas nesta NR.

13.2 Campo de Aplicação

13.2.1 Esta NR deve ser aplicada aos seguintes equipamentos:

a) todos os equipamentos enquadrados como caldeiras conforme subitens 13.4.1.1 e 13.4.1.2;

b) vasos de pressão cujo produto P.V seja superior a 8 (oito), onde P é a pressão máxima de operação em kPa, em módulo, e V o seu volume interno em m^3;

c) vasos de pressão que contenham fluido da classe A, especificados na alínea "a" do subitem 13.5.1.2, independente das dimensões e do produto P.V;

d) recipientes móveis com P.V superior a 8 (oito) ou com fluido da classe A, especificado na alínea "a" do subitem 13.5.1.2.

e) tubulações ou sistemas de tubulação ligados a caldeiras ou vasos de pressão, categorizados, conforme subitens 13.4.1.2 e 13.5.1.2, que contenham fluidos de classe A ou B, conforme a alínea "a" do subitem 13.5.1.2 desta NR;

f) tanques metálicos de superfície para armazenamento e estocagem de produtos finais ou de matérias primas, não enterrados e com fundo apoiado sobre o solo, com diâmetro externo maior do que 3 m (três metros), capacidade nominal maior do que 20.000 L (vinte mil litros), e que contenham fluidos de classe A ou B, conforme a alínea "a" do subitem 13.5.1.2 desta NR.

13.2.2 Os equipamentos abaixo referenciados devem ser inspecionados sob a responsabilidade técnica de PH, considerando recomendações do fabricante, códigos e normas nacionais ou internacionais a eles relacionados, bem como submetidos a manutenção, ficando dispensados do cumprimento dos demais requisitos desta NR:

a) recipientes transportáveis, vasos de pressão destinados ao transporte de produtos, reservatórios portáteis de fluido comprimido e extintores de incêndio;

b) recipientes transportáveis de Gás Liquefeito de Petróleo – GLP – com volume interno menor do que 500 L (quinhentos litros) e certificados pelo INMETRO;

c) vasos de pressão destinados à ocupação humana;

d) vasos de pressão que façam parte de sistemas auxiliares de pacote de máquinas;

e) vasos de pressão sujeitos apenas à condição de vácuo inferior a 5 kPa (cinco quilopascais) em módulo, independente da classe do fluido contido;

f) dutos e seus componentes;

g) fornos e serpentinas para troca térmica;

h) tanques e recipientes de superfície para armazenamento e estocagem de fluidos não enquadrados em normas e códigos de projeto relativos a vasos de pressão e que não estejam enquadrados na alínea "f" do subitem 13.2.1 desta NR;

i) vasos de pressão com diâmetro interno inferior a 150 mm (cento e cinquenta milímetros) para fluidos das classes B, C e D, conforme especificado na alínea "a" do subitem 13.5.1.2, e cujo produto P.V seja superior a 8 (oito), onde P é a pressão máxima de operação em kPa, em módulo, e V o seu volume interno em m3;

j) trocadores de calor de placas corrugadas gaxetadas;

k) geradores de vapor não enquadrados em códigos de vasos de pressão;

l) tubos de sistemas de instrumentação com diâmetro nominal ≤ 12,7 mm (doze milímetros e sete décimos) e com fluidos das classes A ou B, conforme especificado na alínea "a" do subitem 13.5.1.2;

m) tubulações de redes públicas de distribuição de gás;

n) vasos de pressão fabricados em Plástico Reforçado de Fibra de Vidro – PRFV, contendo fluidos das classes A ou B, conforme especificado na alínea "a" do subitem 13.5.1.2, com volume interno maior do que 160 L (cento e sessenta litros) e pressão máxima de operação interna maior do que 50 kPa (cinquenta quilopascais);

o) vasos de pressão fabricados em PRFV, sujeitos à condição de vácuo, contendo fluidos das classes A ou B, conforme especificado na alínea "a" subitem 13.5.1.2, com volume interno maior do que 160 L (cento e sessenta litros) e vácuo maior do que 5 kPa (cinco quilopascais) e cujo produto P.V seja superior a 8 (oito), onde P é a pressão máxima de operação (vácuo) em kPa, em módulo, e V o seu volume interno em m^3.

13.3 Disposições Gerais

13.3.1 Constitui condição de Risco Grave e Iminente – RGI o não cumprimento de qualquer item previsto nesta NR que possa causar acidente ou doença relacionada ao trabalho, com lesão grave à integridade física do trabalhador, especialmente:

a) operação de equipamentos abrangidos por esta NR sem os dispositivos de segurança previstos conforme alínea "a" do subitem 13.4.1.3, alínea "a" do subitem 13.5.1.3 e subitens 13.6.1.2 e 13.7.1.2;

b) atraso na inspeção de segurança periódica de caldeiras;

c) bloqueio de dispositivos de segurança de caldeiras, vasos de pressão e tubulações, sem a devida justificativa técnica baseada em códigos, normas ou procedimentos formais de operação do equipamento;

d) ausência de dispositivo operacional de controle do nível de água de caldeira;

e) operação de equipamento enquadrado nesta NR com deterioração atestada por meio de recomendação de sua retirada de operação constante de parecer conclusivo em relatório de inspeção de segurança, de acordo com seu respectivo código de projeto ou de adequação ao uso;

f) operação de caldeira por trabalhador que não atenda aos requisitos estabelecidos no Anexo I desta NR, ou que não esteja sob supervisão, acompanhamento ou assistência específica de operador qualificado.

13.3.1.1 Por motivo de força maior e com justificativa formal do empregador, acompanhada por análise técnica e respectivas medidas de contingência para mitigação dos riscos, elaborada por Profissional Habilitado – PH ou por grupo multidisciplinar por ele coordenado, pode ocorrer postergação de até 6 (seis) meses do prazo previsto para a inspeção de segurança periódica da caldeira.

13.3.1.1.1 O empregador deve comunicar ao sindicato dos trabalhadores da categoria predominante do estabelecimento a justificativa formal para postergação da inspeção de segurança periódica da caldeira.

13.3.2 Para efeito desta NR, considera-se PH aquele que tem competência legal para o exercício da profissão de engenheiro nas atividades referentes a projeto de construção, acompanhamento da operação e da manutenção, inspeção e supervisão de inspeção de caldeiras, vasos de pressão, tubulações e tanques metálicos de armazenamento, em conformidade com a regulamentação profissional vigente no País.

13.3.2.1 O PH, definido no subitem 13.3.2, pode obter voluntariamente a certificação de suas competências profissionais através de um Organismo de Certificação de Pessoas – OPC acreditado pela Coordenação Geral de Acreditação do Instituto Nacional de Metrologia, Qualidade e Tecnologia – Cgcre/INMETRO, conforme estabelece o Anexo III desta NR.

13.3.3 Todos os reparos ou alterações em equipamentos abrangidos por esta NR devem respeitar os respectivos códigos de projeto e pós-construção e as prescrições do fabricante no que se refere a:

a) materiais;

b) procedimentos de execução;

c) procedimentos de controle de qualidade;

d) qualificação e certificação de pessoal.

13.3.3.1 Quando não for conhecido o código de projeto, deve ser respeitada a concepção original do vaso de pressão, caldeira, tubulação ou tanques metálicos de armazenamento, empregando-se os procedimentos de controle prescritos pelos códigos aplicáveis a esses equipamentos.

13.3.3.2 A critério do PH podem ser utilizadas tecnologias de cálculo ou procedimentos mais avançados, em substituição aos previstos pelos códigos de projeto.

13.3.3.3 Projetos de alteração ou reparo devem ser concebidos previamente nas seguintes situações:

a) sempre que as condições de projeto forem modificadas;

b) sempre que forem realizados reparos que possam comprometer a segurança.

13.3.3.4 Os projetos de alterações ou reparo devem:

a) ser concebidos ou aprovados por PH;

b) determinar materiais, procedimentos de execução, controle de qualidade e qualificação de pessoal;

c) ser divulgados para os empregados do estabelecimento que estão envolvidos com o equipamento.

13.3.3.5 Todas as intervenções que exijam mandrilamento ou soldagem em partes que operem sob pressão devem ser objeto de exames ou testes para controle da qualidade com parâmetros definidos pelo PH, de acordo com normas ou códigos aplicáveis.

13.3.4 Os sistemas de controle e segurança das caldeiras, dos vasos de pressão, das tubulações e dos tanques metálicos de armazenamento devem ser submetidos à manutenção preventiva ou preditiva.

13.3.5 O empregador deve garantir que os exames e testes em caldeiras, vasos de pressão, tubulações e tanques metálicos de armazenamento sejam executados em condições de segurança para seus executantes e demais trabalhadores envolvidos.

13.3.6 O empregador deve comunicar ao órgão regional do Ministério do Trabalho e ao sindicato da categoria profissional predominante do estabelecimento a ocorrência de vazamento, incêndio ou explosão envolvendo equipamentos abrangidos nesta NR que tenha como consequência uma das situações a seguir:

a) morte de trabalhador(es);

b) acidentes que implicaram em necessidade de internação hospitalar de trabalhador(es);

c) eventos de grande proporção.

13.3.6.1 A comunicação deve ser encaminhada até o segundo dia útil após a ocorrência e deve conter:

a) razão social do empregador, endereço, local, data e hora da ocorrência;

b) descrição da ocorrência;

c) nome e função da(s) vítima(s);

d) procedimentos de investigação adotados;

e) cópia do último relatório de inspeção de segurança do equipamento envolvido;

f) cópia da Comunicação de Acidente de Trabalho – CAT.

13.3.6.2 Na ocorrência de acidentes previstos no subitem 13.3.6, o empregador deve comunicar a representação sindical dos trabalhadores predominante do estabelecimento para compor uma comissão de investigação.

13.3.6.3 Os trabalhadores, com base em sua capacitação e experiência, devem interromper suas tarefas, exercendo o direito de recusa, sempre que constatarem evidências de riscos graves e iminentes para sua segurança e saúde ou de outras pessoas, comunicando imediatamente o fato a seu superior hierárquico.

13.3.6.3.1 É dever do empregador:

a) assegurar aos trabalhadores o direito de interromper suas atividades, exercendo o direito de recusa nas situações previstas no subitem 13.3.6.3, e em consonância com o subitem 9.6.3 da Norma Regulamentadora n.º 09 (NR-09);

b) diligenciar de imediato as medidas cabíveis para o controle dos riscos.

13.3.6.4 O empregador deve apresentar, quando exigida pela autoridade competente do órgão regional do Ministério do Trabalho, a documentação mencionada nos subitens 13.4.1.6, 13.5.1.6, 13.6.1.4 e 13.7.1.4.

13.3.7 É proibida a fabricação, importação, comercialização, leilão, locação, cessão a qualquer título, exposição e utilização de caldeiras e vasos de pressão sem a declaração do respectivo código de projeto em seu prontuário e sua indicação na placa de identificação.

13.4 Caldeiras

13.4.1 Disposições Gerais

13.4.1.1 Caldeiras a vapor são equipamentos destinados a produzir e acumular vapor sob pressão superior à atmosférica, utilizando qualquer fonte de energia, projetados conforme códigos pertinentes, excetuando- se refervedores e similares.

13.4.1.2 Para os propósitos desta NR, as caldeiras são classificadas em 2 (duas) categorias, conforme segue:

a) caldeiras da categoria A são aquelas cuja pressão de operação é igual ou superior a 1.960 kPa (19,98 kgf/cm^2), com volume superior a 100 L (cem litros);

b) caldeiras da categoria B são aquelas cuja a pressão de operação seja superior a 60 kPa (0,61 kgf/cm^2) e inferior a 1 960 kPa (19,98 kgf/cm2), volume interno superior a 100 L (cem litros) e o produto entre a pressão de operação em kPa e o volume interno em m^3 seja superior a 6 (seis).

13.4.1.3 As caldeiras devem ser dotadas dos seguintes itens:

a) válvula de segurança com pressão de abertura ajustada em valor igual ou inferior a Pressão Máxima de Trabalho Admissível – PMTA, considerados os requisitos do código de projeto relativos a aberturas escalonadas e tolerâncias de calibração;

b) instrumento que indique a pressão do vapor acumulado;

c) injetor ou sistema de alimentação de água independente do principal que evite o superaquecimento por alimentação deficiente, acima das temperaturas de projeto, de caldeiras de combustível sólido não atomizado ou com queima em suspensão;

d) sistema dedicado de drenagem rápida de água em caldeiras de recuperação de álcalis, com ações automáticas após acionamento pelo operador;

e) sistema automático de controle do nível de água com intertravamento que evite o superaquecimento por alimentação deficiente.

13.4.1.4 Toda caldeira deve ter afixada em seu corpo, em local de fácil acesso e bem visível, placa de identificação indelével com, no mínimo, as seguintes informações:

a) nome do fabricante;

b) número de ordem dado pelo fabricante da caldeira;

c) ano de fabricação;

d) pressão máxima de trabalho admissível;

e) pressão de teste hidrostático de fabricação;

f) capacidade de produção de vapor;

g) área de superfície de aquecimento;

h) código de projeto e ano de edição.

13.4.1.5 Além da placa de identificação, deve constar, em local visível, a categoria da caldeira, conforme definida no subitem 13.4.1.2 desta NR, e seu número ou código de identificação.

13.4.1.6 Toda caldeira deve possuir, no estabelecimento onde estiver instalada, a seguinte documentação devidamente atualizada:

a) Prontuário da caldeira, fornecido por seu fabricante, contendo as seguintes informações:

- código de projeto e ano de edição;
- especificação dos materiais;
- procedimentos utilizados na fabricação, montagem e inspeção final;
- metodologia para estabelecimento da PMTA;
- registros da execução do teste hidrostático de fabricação;
- conjunto de desenhos e demais dados necessários para o monitoramento da vida útil da caldeira;
- características funcionais;
- dados dos dispositivos de segurança;
- ano de fabricação;
- categoria da caldeira;

b) Registro de Segurança, em conformidade com o subitem 13.4.1.9;

c) projeto de instalação, em conformidade com o subitem 13.4.2.1;

d) projeto de alteração ou reparo, em conformidade com os subitens 13.3.3.3 e 13.3.3.4;

e) relatórios de inspeção de segurança, em conformidade com o subitem 13.4.4.16;

f) certificados de calibração dos dispositivos de segurança.

13.4.1.7 Quando inexistente ou extraviado, o prontuário da caldeira deve ser reconstituído pelo empregador, com responsabilidade técnica do fabricante ou de PH, sendo imprescindível a reconstituição das características funcionais, dos dados dos dispositivos de segurança e memória de cálculo da PMTA.

13.4.1.8 Quando a caldeira for vendida ou transferida de estabelecimento, os documentos mencionados nas alíneas "a", "d", e "e" do subitem 13.4.1.6 devem acompanhá-la.

13.4.1.9 O Registro de Segurança deve ser constituído por livro de páginas numeradas, pastas ou sistema informatizado do estabelecimento com segurança da informação onde serão registradas:

a) todas as ocorrências importantes capazes de influir nas condições de segurança da caldeira;

b) as ocorrências de inspeções de segurança inicial, periódica e extraordinária, devendo constar a condição operacional da caldeira, o nome legível e assinatura de PH e do operador de caldeira presente na ocasião da inspeção.

13.4.1.10 Caso a caldeira venha a ser considerada inadequada para uso, o Registro de Segurança deve conter tal informação e receber encerramento formal.

13.4.1.11 A documentação referida no subitem 13.4.1.6 deve estar sempre à disposição para consulta dos operadores, do pessoal de manutenção, de inspeção e das representações dos trabalhadores e do empregador na Comissão Interna de Prevenção de Acidentes – CIPA, devendo o empregador assegurar livre e pleno acesso a essa documentação, inclusive à representação sindical da categoria profissional predominante do estabelecimento, quando formalmente solicitado.

13.4.2 Instalação de caldeiras a vapor

13.4.2.1 A autoria do projeto de instalação de caldeiras a vapor, no que concerne ao atendimento desta NR, é de responsabilidade de PH, e deve obedecer aos aspectos de segurança, saúde e meio ambiente previstos nas Normas Regulamentadoras, convenções e disposições legais aplicáveis.

13.4.2.2 As caldeiras de qualquer estabelecimento devem ser instaladas em casa de caldeiras ou em local específico para tal fim, denominado área de caldeiras.

13.4.2.3 Quando a caldeira for instalada em ambiente aberto, a área de caldeiras deve satisfazer aos seguintes requisitos:

a) estar afastada de, no mínimo, 3,0 m (três metros) de:

- outras instalações do estabelecimento;
- de depósitos de combustíveis, excetuando-se reservatórios para partida com até 2 000 L (dois mil litros) de capacidade;
- do limite de propriedade de terceiros;
- do limite com as vias públicas;

b) dispor de pelo menos 2 (duas) saídas amplas, permanentemente desobstruídas, sinalizadas e dispostas em direções distintas;

c) dispor de acesso fácil e seguro, necessário à operação e à manutenção da caldeira, sendo que, para guarda-corpos vazados, os vãos devem ter dimensões que impeçam a queda de pessoas;

d) ter sistema de captação e lançamento dos gases e material particulado, provenientes da combustão, para fora da área de operação atendendo às normas ambientais vigentes;

e) dispor de iluminação conforme normas oficiais vigentes;

f) ter sistema de iluminação de emergência caso opere à noite.

13.4.2.4 Quando a caldeira estiver instalada em ambiente fechado, a casa de caldeiras deve satisfazer os seguintes requisitos:

a) constituir prédio separado, construído de material resistente ao fogo, podendo ter apenas uma parede adjacente a outras instalações do estabelecimento, porém com as outras paredes afastadas de, no mínimo, 3,0 m (três metros) de outras instalações, do limite de propriedade de terceiros, do limite com as vias públicas e de depósitos de combustíveis, excetuando-se reservatórios para partida com até 2.000 L (dois mil litros) de capacidade;

b) dispor de pelo menos 2 (duas) saídas amplas, permanentemente desobstruídas, sinalizadas e dispostas em direções distintas;

c) dispor de ventilação permanente com entradas de ar que não possam ser bloqueadas;

d) dispor de sensor para detecção de vazamento de gás quando se tratar de caldeira a combustível gasoso;

e) não ser utilizada para qualquer outra finalidade;

f) dispor de acesso fácil e seguro, necessário à operação e à manutenção da caldeira, sendo que, para guarda-corpos vazados, os vãos devem ter dimensões que impeçam a queda de pessoas;

g) ter sistema de captação e lançamento dos gases e material particulado, provenientes da combustão, para fora da área de operação, atendendo às normas ambientais vigentes;

h) dispor de iluminação conforme normas oficiais vigentes e ter sistema de iluminação de emergência.

13.4.2.5 Quando o estabelecimento não puder atender ao disposto nos subitens 13.4.2.3 e 13.4.2.4, deve ser elaborado projeto alternativo de instalação, com medidas complementares de segurança, que permitam a atenuação dos riscos, comunicando previamente à representação sindical dos trabalhadores predominante do estabelecimento.

13.4.2.6 As caldeiras classificadas na categoria A devem possuir painel de instrumentos instalados em sala de controle, construída segundo o que estabelecem as Normas Regulamentadoras aplicáveis.

13.4.3 Segurança na operação de caldeiras

13.4.3.1 Toda caldeira deve possuir manual de operação atualizado, em língua portuguesa, em local de fácil acesso aos operadores, contendo no mínimo:

a) procedimentos de partidas e paradas;

b) procedimentos e parâmetros operacionais de rotina;

c) procedimentos para situações de emergência;

d) procedimentos gerais de segurança, saúde e de preservação do meio ambiente.

13.4.3.2 Os instrumentos e controles de caldeiras devem ser mantidos calibrados e em boas condições operacionais.

13.4.3.2.1 A inibição provisória dos instrumentos e controles é permitida, desde que mantida a segurança operacional, e que esteja prevista nos procedimentos formais de operação e manutenção, ou com justificativa formalmente documentada, com prévia análise técnica e respectivas medidas de contingência para mitigação dos riscos elaborada pelo responsável técnico do processo, com anuência do PH.

13.4.3.3 A qualidade da água deve ser controlada e tratamentos devem ser implementados, quando necessários, para compatibilizar suas propriedades físico-químicas com os parâmetros de operação da caldeira definidos pelo fabricante.

13.4.3.4 Toda caldeira a vapor deve estar obrigatoriamente sob operação e controle de operador de caldeira.

13.4.3.5 É considerado operador de caldeira aquele que satisfizer o disposto no item "A" do Anexo I desta NR.

13.4.4 Inspeção de segurança de caldeiras.

13.4.4.1 As caldeiras devem ser submetidas a inspeções de segurança inicial, periódica e extraordinária.

13.4.4.2 A inspeção de segurança inicial deve ser feita em caldeiras novas, antes da entrada em funcionamento, no local definitivo de instalação, devendo compreender exame interno, seguido de teste de estanqueidade e exame externo.

13.4.4.3 As caldeiras devem obrigatoriamente ser submetidas a Teste Hidrostático – TH em sua fase de fabricação, com comprovação por meio de laudo assinado por PH, e ter o valor da pressão de teste afixado em sua placa de identificação.

13.4.4.3.1 Na falta de comprovação documental de que o Teste Hidrostático – TH tenha sido realizado na fase de fabricação, se aplicará o disposto a seguir:

a) para as caldeiras fabricadas ou importadas a partir da vigência da Portaria do MTE n.º 594, de 28 de abril de 2014, o TH deve ser feito durante a inspeção de segurança inicial;

b) para as caldeiras em operação antes da vigência da Portaria do MTE n.º 594, de 28 de abril de 2014, a execução do TH fica a critério do PH e, caso seja necessária, deve ser executada até a próxima inspeção de segurança periódica interna.

13.4.4.4 A inspeção de segurança periódica, constituída por exames interno e externo, deve ser executada nos seguintes prazos máximos:

a) 12 (doze) meses para caldeiras das categorias A e B;

b) 15 (quinze) meses para caldeiras de recuperação de álcalis de qualquer categoria;

c) 24 (vinte e quatro) meses para caldeiras da categoria A, desde que aos 12 (doze) meses sejam testadas as pressões de abertura das válvulas de segurança.

13.4.4.5 Estabelecimentos que possuam SPIE, conforme estabelecido no Anexo II, podem estender seus períodos entre inspeções de segurança, respeitando os seguintes prazos máximos:

a) 24 (vinte e quatro) meses para as caldeiras de recuperação de álcalis;

b) 24 (vinte e quatro) meses para as caldeiras da categoria B;

c) 30 (trinta) meses para caldeiras da categoria A.

13.4.4.6 O prazo de inspeção de segurança interna de caldeiras categoria A que atendam ao subitem 13.4.4.6.2 pode ser de até 48 (quarenta e oito) meses desde que disponham de barreira de proteção implementada por meio de Sistema Instrumentado de Segurança – SIS definido por estudos de confiabilidade, auditados por Organismo de Certificação de SPIE.

13.4.4.6.1 O empregador deve comunicar formalmente à representação sindical da categoria profissional predominante do estabelecimento a implementação dos novos prazos de inspeção de segurança destas caldeiras.

13.4.4.6.2 As caldeiras que operam de forma contínua podem ser consideradas com SIS quando todas as condições a seguir forem satisfeitas:

a) estiverem instaladas em estabelecimentos que possuam SPIE Certificado citado no Anexo II;

b) possuírem análise formal realizada por responsável técnico identificando os riscos que podem ser mitigados por funções instrumentadas de segurança e quantificando o nível de integridade de segurança (SIL) requerido para mitigar cada um dos riscos identificados, conforme normas internacionais;

c) disponham de SIS em conformidade com os subitens 13.4.4.6.3 a 13.4.4.6.6;

d) o SIS seja testado conforme estudo específico de confiabilidade das funções instrumentadas de segurança;

e) exista parecer técnico do PH e do responsável técnico sobre o SIS fundamentando a decisão de extensão de prazo;

f) atender ao que consta no subitem 13.4.3.3, quanto à qualidade da água;

g) exista controle de deterioração dos materiais que compõem as principais partes da caldeira.

13.4.4.6.3 As caldeiras devem dispor de SIS com projeto baseado em estudo de confiabilidade para este fim, que garanta execução segura da sequência de acendimento e o bloqueio automático dos combustíveis em casos de perda do controle de combustão ou da geração de vapor.

13.4.4.6.4 O proprietário deve comprovar, através de toda a documentação de projeto e de seu comissionamento, que o SIS da caldeira foi projetado, adquirido, instalado e testado adequadamente pelos responsáveis técnicos.

13.4.4.6.5 Alterações nas funções instrumentadas de segurança do SIS, sejam provisórias ou definitivas, devem ser registradas e aprovadas formalmente pelos responsáveis técnicos.

13.4.4.6.6 O proprietário deve comprovar, através de registros, que o SIS da caldeira é mantido adequadamente de acordo com procedimentos específicos definidos pelo fabricante ou seus responsáveis técnicos para a inspeção, testes e manutenção. Esses eventos devem ser executados e aprovados pelos responsáveis técnicos próprios ou contratados.

13.4.4.7 Os prazos de inspeção de segurança interna de caldeiras de categoria B que operem de forma contínua, a partir da publicação desta NR, com Sistema de Gerenciamento de Combustão – SGC podem ser estendidos para 30 (trinta) meses, se todas as condições a seguir forem satisfeitas:

a) as caldeiras devem dispor de SGC em conformidade com os subitens 13.4.4.7.1 a 13.4.4.7.7;

b) o SGC deve ser comissionado conforme projeto das funções instrumentadas de segurança, realizado pelo proprietário, com apoio do fabricante, com parecer formal de aceitação pelos responsáveis técnicos;

c) existência de projeto técnico do fabricante aprovado por responsável técnico sobre o SGC;

d) existência de controle periódico de deterioração dos materiais que compõem as principais partes da caldeira, capaz de garantir a extensão do prazo;

e) operação em automático, sem opção de operação em manual.

13.4.4.7.1 O proprietário deve comunicar ao Órgão Regional do Ministério do Trabalho e ao sindicato dos trabalhadores da categoria predominante do estabelecimento, até 30 (trinta) dias após o comissionamento da caldeira, o enquadramento com SGC.

13.4.4.7.2 As novas caldeiras categoria B com queima de combustíveis líquidos ou gasosos devem dispor de SGC definido no projeto pelo fabricante para este fim, que garanta a execução segura da sequência de acendimento e o bloqueio automático dos combustíveis em casos de perda do controle de combustão ou da geração de vapor, prevendo as seguintes funções de segurança:

a) proteção de nível baixo de água;

b) sequenciamento de purga e acendimento;

c) teste de estanqueidade de válvulas de bloqueio de combustível;

d) proteção de pressão alta ou baixa do combustível líquido ou gasoso;

e) proteção de falha de chama.

13.4.4.7.3 As novas caldeiras categoria B com queima de combustíveis sólidos devem dispor de SGC definido no projeto pelo fabricante para este fim, que garanta o controle automático do nível de água e da geração de vapor.

13.4.4.7.4 As novas caldeiras categoria B independente do combustível queimado devem possuir:

a) redundância de válvula de segurança;

b) descarga de fundo automática visando a redução de incrustações;

c) redundância de sistemas de segurança nos painéis de comando;

d) gerenciador com o registro dos alarmes ativos e inativos.

13.4.4.7.5 O proprietário deve comprovar, através de toda a documentação de projeto e de comissionamento, que o SGC da nova caldeira categoria B foi projetado, adquirido, instalado e testado adequadamente pelos responsáveis técnicos.

13.4.4.7.6 O proprietário deve comprovar, através de registros, que o SGC da caldeira categoria B é mantido adequadamente de acordo com procedimentos específicos definidos pelo fabricante para a inspeção, testes e manutenção. Esses eventos devem ser executados e aprovados pelos responsáveis técnicos próprios ou contratados e devem ser anotados no Registro de Segurança.

13.4.4.7.7 Alterações nas funções instrumentadas de segurança do SGC, sejam provisórias ou definitivas, devem ser registradas e aprovadas formalmente pelos responsáveis técnicos.

13.4.4.8 No máximo, ao completar 25 (vinte e cinco) anos de uso, na sua inspeção subsequente, as caldeiras devem ser submetidas a uma avaliação de integridade com maior abrangência para determinar a sua vida remanescente e novos prazos máximos para inspeção, caso ainda estejam em condições de uso.

13.4.4.9 As válvulas de segurança de caldeiras devem ser desmontadas, inspecionadas e calibradas com prazo adequado a sua manutenção, porém, não superior ao previsto para a inspeção de segurança periódica das caldeiras por elas protegidos, de acordo com os subitens 13.4.4.4 e 13.4.4.5.

13.4.4.9.1 As válvulas de segurança soldadas devem ser testadas no campo, com uma frequência compatível com o histórico operacional das mesmas, sendo estabelecidos como limites máximos para essas atividades os períodos de inspeção estabelecidos nos subitens 13.4.4.4 e 13.4.4.5.

13.4.4.9.2 As caldeiras com SIS, conforme subitem 13.4.4.6.2, devem ter as válvulas de segurança testadas na pressão de abertura a cada 12 (doze) meses;

13.4.4.10 As válvulas de segurança instaladas em caldeiras de categoria B devem ser testadas periodicamente conforme segue:

a) pelo menos 1 (uma) vez por mês, mediante acionamento manual da alavanca durante a operação de caldeiras sem tratamento de água conforme o subitem 13.4.3.3, exceto para aquelas que vaporizem fluido térmico;

b) as caldeiras que operem com água tratada devem ter a alavanca acionada manualmente quando condições anormais forem detectadas.

13.4.4.11 Adicionalmente aos testes prescritos nos subitens 13.4.4.9 e 13.4.4.10, as válvulas de segurança instaladas em caldeiras podem ser submetidas a testes de acumulação, a critério do PH.

13.4.4.12 A inspeção de segurança extraordinária deve ser feita nas seguintes oportunidades:

a) sempre que a caldeira for danificada por acidente ou outra ocorrência capaz de comprometer sua segurança;

b) quando a caldeira for submetida à alteração ou reparo importante capaz de alterar suas condições de segurança;

c) antes de a caldeira ser recolocada em funcionamento, quando permanecer inativa por mais de 6 (seis) meses;

d) quando houver mudança de local de instalação da caldeira.

13.4.4.13 A inspeção de segurança deve ser executada sob a responsabilidade técnica de PH.

13.4.4.14 Imediatamente após a inspeção da caldeira, deve ser anotada no seu Registro de Segurança a sua condição operacional, e, em até 60 (sessenta) dias, deve ser emitido o relatório, que passa a fazer parte da sua documentação, podendo este prazo ser estendido para 90 (noventa) dias em caso de parada geral de manutenção.

13.4.4.15 O empregador deve informar à representação sindical da categoria profissional predominante do estabelecimento, num prazo máximo de 30 (trinta) dias após o término da inspeção de segurança, a condição operacional da caldeira.

13.4.4.15.1 Mediante o recebimento de requisição formal, o empregador deve encaminhar à representação sindical predominante do estabelecimento, no prazo máximo de 10 (dez) dias após a sua elaboração, a cópia do relatório de inspeção.

13.4.4.15.2 A representação sindical da categoria profissional predominante do estabelecimento pode solicitar ao empregador que seja enviada de maneira regular cópia do relatório de inspeção de segurança da caldeira em prazo de 30 (trinta) dias após a sua elaboração, ficando o empregador desobrigado a atender os subitens 13.4.4.15 e 13.4.4.15.1.

13.4.4.16 O relatório de inspeção de segurança, mencionado na alínea "e" do subitem 13.4.1.6, deve ser elaborado em páginas numeradas contendo no mínimo:

a) dados constantes na placa de identificação da caldeira;

b) categoria da caldeira;

c) tipo da caldeira;

d) tipo de inspeção executada;

e) data de início e término da inspeção;

f) descrição das inspeções, exames e testes executados;

g) registros fotográficos do exame interno da caldeira;

h) resultado das inspeções e providências;

i) relação dos itens desta NR, relativos a caldeiras, que não estão sendo atendidos;

j) recomendações e providências necessárias;

k) parecer conclusivo quanto à integridade da caldeira até a próxima inspeção;

l) data prevista para a nova inspeção de segurança da caldeira;

m) nome legível, assinatura e número do registro no conselho profissional do PH e nome legível e assinatura de técnicos que participaram da inspeção.

13.4.4.16.1 O relatório de inspeção de segurança pode ser elaborado em sistema informatizado do estabelecimento com segurança da informação, ou em mídia eletrônica com utilização de assinatura digital, desde que a assinatura seja validada por uma Autoridade Certificadora – AC.

13.4.4.17 As recomendações decorrentes da inspeção devem ser registradas e implementadas pelo empregador, com a determinação de prazos e responsáveis pela execução.

13.4.4.18 Sempre que os resultados da inspeção determinarem alterações dos dados de projeto, a placa de identificação e a documentação do prontuário devem ser atualizadas.

13.5 Vasos de Pressão

13.5.1 Disposições Gerais

13.5.1.1 Vasos de pressão são equipamentos que contêm fluidos sob pressão interna ou externa, diferente da atmosférica.

13.5.1.2 Para efeito desta NR, os vasos de pressão são classificados em categorias segundo a classe de fluido e o potencial de risco.

a) os fluidos contidos nos vasos de pressão são classificados conforme descrito a seguir:

Classe A:

- fluidos inflamáveis;
- fluidos combustíveis com temperatura superior ou igual a 200 ºC (duzentos graus Celsius);
- fluidos tóxicos com limite de tolerância igual ou inferior a 20 ppm (vinte partes por milhão);
- hidrogênio;
- acetileno.

Classe B:

- fluidos combustíveis com temperatura inferior a 200 ºC (duzentos graus Celsius);
- fluidos tóxicos com limite de tolerância superior a 20 ppm (vinte partes por milhão).

Classe C:

- vapor de água, gases asfixiantes simples ou ar comprimido.

Classe D:

- outro fluido não enquadrado acima.

b) quando se tratar de mistura deve ser considerado para fins de classificação o fluido que apresentar maior risco aos trabalhadores e instalações, considerando-se sua toxicidade, inflamabilidade e concentração.

c) os vasos de pressão são classificados em grupos de potencial de risco em função do produto P.V, onde P é a pressão máxima de operação em MPa, em módulo, e V o seu volume em m³, conforme segue:

Grupo 1 – P.V ≤ 100
Grupo 2 – P.V < 100 e P.V ≤ 30 Grupo 3 – P.V < 30 e P.V ≤ 2,5 Grupo 4 – P.V < 2,5 e P.V ≤ 1 Grupo 5 – P.V < 1

d) a tabela a seguir classifica os vasos de pressão em categorias de acordo com os grupos de potencial de risco e a classe de fluido contido.

CATEGORIAS DE VASOS DE PRESSÃO

Classe de Fluído	Grupo de Potencial de Risco				
	1 P.V Š 100	2 P.V < 100 P.V Š 30	3 P.V < 30 P.V Š 2,5	4 P.V < 2,5 P.V Š 1	5 P.V < 1
	Categorias				
A – Fluidos inflamáveis, e fluidos combustíveis com temperatura igual ou superior a 200 °C – Tóxico com limite de tolerância ≤ 20 ppm – Hidrogênio – Acetileno	I	I	II	III	III
B – Fluidos combustíveis com temperatura menor que 200 °C – Fluidos tóxicos com limite de tolerância > 20 ppm	I	II	III	IV	IV
C – Vapor de água – Gases asfixiantes simples – Ar comprimido	I	II	III	IV	V
D – Outro fluido	II	III	IV	V	V

Notas:

a) considerar volume em m³ e pressão em MPa;

b) considerar 1 MPa correspondente a 10,197 kgf/cm².

13.5.1.3 Os vasos de pressão devem ser dotados dos seguintes itens:

a) válvula de segurança ou outro dispositivo de segurança com pressão de abertura ajustada em valor igual ou inferior à PMTA, instalado diretamente no vaso ou no sistema que o inclui, considerados os requisitos do código de projeto relativos a aberturas escalonadas e tolerâncias de calibração;

b) vasos de pressão submetidos a vácuo devem ser dotados de dispositivos de segurança ou outros meios previstos no projeto; se também submetidos à pressão positiva devem atender à alínea "a" deste subitem;

c) sistema de segurança que defina formalmente o(s) meio(s) para evitar o bloqueio inadvertido de dispositivos de segurança (Dispositivo Contra Bloqueio Inadvertido – DCBI), sendo que, na inexistência de tal sistema formalmente definido, deve ser utilizado no mínimo um dispositivo físico associado à sinalização de advertência;

d) instrumento que indique a pressão de operação, instalado diretamente no vaso ou no sistema que o contenha.

13.5.1.4 Todo vaso de pressão deve ter afixado em seu corpo, em local de fácil acesso e bem visível, placa de identificação indelével com, no mínimo, as seguintes informações:

a) fabricante;

b) número de identificação;

c) ano de fabricação;

d) pressão máxima de trabalho admissível;

e) pressão de teste hidrostático de fabricação;

f) código de projeto e ano de edição.

13.5.1.5 Além da placa de identificação, deve constar, em local visível, a categoria do vaso, conforme subitem 13.5.1.2, e seu número ou código de identificação.

13.5.1.6 Todo vaso de pressão deve possuir, no estabelecimento onde estiver instalado, a seguinte documentação devidamente atualizada:

a) prontuário do vaso de pressão a ser fornecido pelo fabricante, contendo as seguintes informações:

- código de projeto e ano de edição;
- especificação dos materiais;
- procedimentos utilizados na fabricação, montagem e inspeção final;
- metodologia para estabelecimento da PMTA;
- conjunto de desenhos e demais dados necessários para o monitoramento da sua vida útil;
- pressão máxima de operação;
- registros documentais do teste hidrostático;
- características funcionais, atualizadas pelo empregador, sempre que alteradas as originais;
- dados dos dispositivos de segurança, atualizados pelo empregador sempre que alterados os originais;
- ano de fabricação;
- categoria do vaso, atualizada pelo empregador sempre que alterada a original;

b) Registro de Segurança em conformidade com o subitem 13.5.1.8;

c) projeto de alteração ou reparo em conformidade com os subitens 13.3.3.3 e 13.3.3.4;

d) relatórios de inspeção em conformidade com o subitem 13.5.4.14;

e) certificados de calibração dos dispositivos de segurança, onde aplicável.

13.5.1.7 Quando inexistente ou extraviado, o prontuário do vaso de pressão deve ser reconstituído pelo empregador, com responsabilidade técnica do fabricante ou de PH, sendo imprescindível a reconstituição das premissas de projeto, dos dados dos dispositivos de segurança e da memória de cálculo da PMTA.

13.5.1.7.1 Vasos de pressão construídos sem códigos de projeto, instalados antes da publicação desta Norma, para os quais não seja possível a reconstituição da memória de cálculo por códigos reconhecidos, devem ter PMTA atribuída por PH a partir dos dados operacionais e serem submetidos a inspeções periódicas, conforme os prazos abaixo:

a) 01 ano, para inspeção de segurança periódica externa;

b) 03 anos, para inspeção de segurança periódica interna.

13.5.1.7.2 A empresa deve elaborar um Plano de Ação para realização de inspeção extraordinária especial de todos os vasos relacionados no subitem 13.5.1.7.1.

13.5.1.7.3 O prazo para implementação do projeto de alteração ou de reparo não deve ser superior à vida residual calculada quando da execução da inspeção extraordinária especial.

13.5.1.8 O Registro de Segurança deve ser constituído por livro de páginas numeradas, pastas ou sistema informatizado do estabelecimento com segurança da informação onde serão registradas:

a) todas as ocorrências importantes capazes de influir nas condições de segurança dos vasos de pressão;

b) as ocorrências de inspeções de segurança inicial, periódica e extraordinária, devendo constar a condição operacional do vaso, o nome legível e assinatura de PH no caso de registro em livro físico ou cópias impressas;

13.5.1.8.1 O empregador deve fornecer cópias impressas ou em mídia eletrônica de registros de segurança selecionadas pela representação sindical da categoria profissional predominante do estabelecimento, quando formalmente solicitadas.

13.5.1.9 A documentação referida no subitem 13.5.1.6 deve estar sempre à disposição para consulta dos operadores, do pessoal de manutenção, de inspeção e das representações dos trabalhadores e do empregador na CIPA, devendo o empregador assegurar livre e pleno acesso a essa documentação inclusive à representação sindical da categoria profissional predominante do estabelecimento, quando formalmente solicitado.

13.5.2 Instalação de vasos de pressão.

13.5.2.1 Todo vaso de pressão deve ser instalado de modo que todos os drenos, respiros, bocas de visita e indicadores de nível, pressão e temperatura, quando existentes, sejam facilmente acessíveis.

13.5.2.2 Quando os vasos de pressão forem instalados em ambientes fechados, a instalação deve satisfazer os seguintes requisitos:

a) dispor de pelo menos 2 (duas) saídas amplas, permanentemente desobstruídas, sinalizadas e dispostas em direções distintas;

b) dispor de acesso fácil e seguro para as atividades de manutenção, operação e inspeção, sendo que, para guarda-corpos vazados, os vãos devem ter dimensões que impeçam a queda de pessoas;

c) dispor de ventilação permanente com entradas de ar que não possam ser bloqueadas;

d) dispor de iluminação conforme normas oficiais vigentes;

e) possuir sistema de iluminação de emergência.

13.5.2.3 Quando o vaso de pressão for instalado em ambiente aberto, a instalação deve satisfazer as alíneas "a", "b", "d" e "e" do subitem 13.5.2.2.

13.5.2.4 A instalação de vasos de pressão deve obedecer aos aspectos de segurança, saúde e meio ambiente previstos nas Normas Regulamentadoras, convenções e disposições legais aplicáveis.

13.5.2.5 Quando o estabelecimento não puder atender ao disposto no subitem 13.5.2.2 ou 13.5.2.3, devem ser adotadas medidas formais complementares de segurança que permitam a atenuação dos riscos.

13.5.3 Segurança na operação de vasos de pressão.

13.5.3.1 Todo vaso de pressão enquadrado nas categorias I ou II deve possuir manual de operação próprio ou instruções de operação contidas no manual de operação de unidade onde estiver instalado, em língua portuguesa, em local de fácil acesso aos operadores, contendo no mínimo:

a) procedimentos de partidas e paradas;
b) procedimentos e parâmetros operacionais de rotina;
c) procedimentos para situações de emergência;
d) procedimentos gerais de segurança, saúde e de preservação do meio ambiente.

13.5.3.2 Os instrumentos e controles de vasos de pressão devem ser mantidos calibrados e em boas condições operacionais.

13.5.3.2.1 Poderá ocorrer a inibição provisória dos instrumentos e controles, desde que mantida a segurança operacional, e que esteja prevista nos procedimentos formais de operação e manutenção, ou com justificativa formalmente documentada, com prévia análise técnica e respectivas medidas de contingência para mitigação dos riscos, elaborada pelo responsável técnico do processo, com anuência do PH.

13.5.3.3 A operação de unidades de processo que possuam vasos de pressão de categorias I ou II deve ser efetuada por profissional capacitado conforme item "B" do Anexo I desta NR.

13.5.4 Inspeção de segurança de vasos de pressão.

13.5.4.1 Os vasos de pressão devem ser submetidos a inspeções de segurança inicial, periódica e extraordinária.

13.5.4.2 A inspeção de segurança inicial deve ser feita em vasos de pressão novos, antes de sua entrada em funcionamento, no local definitivo de instalação, devendo compreender exames externo e interno.

13.5.4.3 Os vasos de pressão devem obrigatoriamente ser submetidos a Teste Hidrostático – TH em sua fase de fabricação, com comprovação por meio de laudo assinado por PH, e ter o valor da pressão de teste afixado em sua placa de identificação.

13.5.4.3.1 Na falta de comprovação documental de que o Teste Hidrostático – TH tenha sido realizado na fase de fabricação, se aplicará o disposto a seguir:
a) para os vasos de pressão fabricados ou importados a partir da vigência da Portaria MTE n.º 594, de 28 de abril de 2014, o TH deve ser feito durante a inspeção de segurança inicial;
b) para os vasos de pressão em operação antes da vigência da Portaria MTE n.º 594, de 28 de abril de 2014, a execução do TH fica a critério do PH e, caso seja necessária à sua realização, o TH deve ser realizado até a próxima inspeção de segurança periódica interna.

13.5.4.4 Os vasos de pressão categorias IV ou V de fabricação em série, certificados pelo INMETRO, que possuam válvula de segurança calibrada de fábrica ficam dispensados da inspeção inicial, desde que instalados de acordo com as recomendações do fabricante.

13.5.4.4.1 Deve ser anotada no Registro de Segurança a data da instalação do vaso de pressão a partir da qual se inicia a contagem do prazo para a inspeção de segurança periódica.

13.5.4.5 A inspeção de segurança periódica, constituída por exames externo e interno, deve obedecer aos seguintes prazos máximos estabelecidos a seguir:
a) para estabelecimentos que não possuam SPIE, conforme citado no Anexo II:

Categoria do Vaso	Exame Externo	Exame Interno
I	1 ano	3 anos
II	2 anos	4 anos
III	3 anos	6 anos
IV	4 anos	8 anos
V	5 anos	10 anos

b) para estabelecimentos que possuam SPIE, conforme citado no Anexo II, consideradas as tolerâncias nele previstas:

Categoria do Vaso	Exame Externo	Exame Interno
I	3 anos	6 anos
II	4 anos	8 anos
III	5 anos	10 anos
IV	6 anos	12 anos
V	7 anos	a critério

13.5.4.6 Vasos de pressão que não permitam acesso visual para o exame interno ou externo por impossibilidade física devem ser submetidos alternativamente a outros exames não destrutivos e metodologias de avaliação da integridade, a critério do PH, baseados em normas e códigos aplicáveis à identificação de mecanismos de deterioração.

13.5.4.7 As empresas que possuam SPIE certificado conforme Anexo II desta Norma podem executar, em vasos de pressão de categorias I e II, uma INI, de acordo com a metodologia especificada na norma ABNT NBR 16455, desde que esta seja obrigatoriamente sucedida por um exame visual interno em um prazo máximo correspondente a 50 % (cinquenta por cento) do intervalo determinado na alínea "b" do subitem 13.5.4.5 desta Norma.

13.5.4.7.1 O intervalo correspondente ao prazo máximo do subitem 13.5.4.7 deve ser contado a partir da data de realização da INI.

13.5.4.8 Vasos de pressão com enchimento interno ou com catalisador podem ter a periodicidade de exame interno ampliada, de forma a coincidir com a época da substituição de enchimentos ou de catalisador, desde que esta ampliação seja precedida de estudos conduzidos por PH ou por grupo multidisciplinar por ele coordenado, baseados em normas e códigos aplicáveis, onde sejam implementadas tecnologias alternativas para a avaliação da sua integridade estrutural.

13.5.4.9 Vasos de pressão com temperatura de operação inferior a 0 ºC (zero graus Celsius) e que operem em condições nas quais a experiência mostre que não ocorre deterioração devem ser submetidos a exame interno a cada 20 (vinte) anos e exame externo a cada 2 (dois) anos.

13.5.4.10 As válvulas de segurança dos vasos de pressão devem ser desmontadas, inspecionadas e calibradas com prazo adequado à sua manutenção, porém, não superior ao previsto para a inspeção de segurança periódica interna dos vasos de pressão por elas protegidos.

13.5.4.11 A inspeção de segurança extraordinária deve ser feita nas seguintes oportunidades:
a) sempre que o vaso de pressão for danificado por acidente ou outra ocorrência que comprometa sua segurança;
b) quando o vaso de pressão for submetido a reparo ou alterações importantes, capazes de alterar sua condição de segurança;
c) antes do vaso de pressão ser recolocado em funcionamento, quando permanecer inativo por mais de 12 (doze) meses;
d) quando houver alteração do local de instalação do vaso de pressão, exceto para vasos móveis.

13.5.4.12 A inspeção de segurança deve ser executada sob a responsabilidade técnica de PH.

13.5.4.13 Imediatamente após a inspeção do vaso de pressão, deve ser anotada no Registro de Segurança a sua condição operacional, e, em até 60 (sessenta) dias, deve ser emitido o relatório, que passa a fazer parte da sua documentação, podendo este prazo ser estendido para 90 (noventa) dias em caso de parada geral de manutenção.

13.5.4.14 O relatório de inspeção de segurança, mencionado no item 13.5.1.6, alínea "d", deve ser elaborado em páginas numeradas, ou em sistema informatizado do estabelecimento com segurança de informação, no qual o PH esteja identificado como o responsável pela respectiva aprovação, e conter no mínimo:
a) identificação do vaso de pressão;
b) categoria do vaso de pressão;
c) fluidos de serviço;
d) tipo do vaso de pressão;
e) tipo de inspeção executada;

f) data de início e término da inspeção;

g) descrição das inspeções, exames e testes executados;

h) registro fotográfico das anomalias do exame interno do vaso de pressão;

i) resultado das inspeções e intervenções executadas;

j) recomendações e providências necessárias;

k) parecer conclusivo quanto a integridade do vaso de pressão até a próxima inspeção;

l) data prevista para a próxima inspeção de segurança;

m) nome legível, assinatura e número do registro no conselho profissional do PH e nome legível e assinatura de técnicos que participaram da inspeção.

13.5.4.14.1 O relatório de inspeção de segurança pode ser elaborado em sistema informatizado do estabelecimento com segurança da informação, ou em mídia eletrônica com utilização de assinatura digital, desde que a assinatura seja validada por uma AC.

13.5.4.15 O empregador deve disponibilizar aos trabalhadores acesso aos relatórios de inspeção de segurança armazenados em seu sistema informatizado.

13.5.4.16 Sempre que os resultados da inspeção determinarem alterações das condições de projeto, a placa de identificação e a documentação do prontuário devem ser atualizadas.

13.5.4.17 As recomendações decorrentes da inspeção devem ser implementadas pelo empregador, com a determinação de prazos e responsáveis pela sua execução.

13.6 Tubulações

13.6.1 Disposições Gerais

13.6.1.1 As empresas que possuem tubulações e sistemas de tubulações enquadradas nesta NR devem possuir um programa e um plano de inspeção que considere, no mínimo, as variáveis, condições e premissas descritas abaixo:

a) os fluidos transportados;

b) a pressão de trabalho;

c) a temperatura de trabalho;

d) os mecanismos de danos previsíveis;

e) as consequências para os trabalhadores, instalações e meio ambiente trazidas por possíveis falhas das tubulações.

13.6.1.2 As tubulações ou sistemas de tubulação devem possuir dispositivos de segurança conforme os critérios do código de projeto utilizado, ou em atendimento às recomendações de estudo de análises de cenários de falhas.

13.6.1.3 As tubulações ou sistemas de tubulação devem possuir indicador de pressão de operação, conforme definido no projeto de processo e instrumentação.

13.6.1.4 Todo estabelecimento que possua tubulações, sistemas de tubulação ou linhas deve ter a seguinte documentação devidamente atualizada:

a) especificações aplicáveis às tubulações ou sistemas, necessárias ao planejamento e execução da sua inspeção;

b) fluxograma de engenharia com a identificação da linha e seus acessórios;

c) projeto de alteração ou reparo em conformidade com os subitens 13.3.3.3 e 13.3.3.4;

d) relatórios de inspeção em conformidade com o subitem 13.6.3.9;

e) Registro de Segurança em conformidade com o subitem 13.6.1.4.1.

13.6.1.4.1 O Registro de Segurança deve ser constituído por um livro de páginas numeradas por estabelecimento ou sistema informatizado por estabelecimento com segurança da informação onde serão registradas ocorrências como vazamentos de grande proporção, incêndios ou explosões envolvendo tubulações abrangidas na alínea "e" do subitem 13.2.1 que tenham como consequência uma das situações a seguir:

a) influir nas condições de segurança das tubulações;

b) risco ao meio ambiente;

c) acidentes que implicaram em necessidade de internação hospitalar de trabalhador(es).

13.6.1.5 Os documentos referidos no subitem 13.6.1.4, quando inexistentes ou extraviados, devem ser reconstituídos pelo empregador, sob a responsabilidade técnica de um PH.

13.6.1.6 A documentação referida no subitem 13.6.1.4 deve estar sempre à disposição para fiscalização pela autoridade competente do Órgão Regional do Ministério do Trabalho, e para consulta pelos operadores, pessoal de manutenção, de inspeção e das representações dos trabalhadores e do empregador na CIPA, devendo, ainda, o empregador assegurar livre e pleno acesso a essa documentação à representação sindical da categoria profissional predominante do estabelecimento, quando formalmente solicitado.

13.6.2 Segurança na operação de tubulações

13.6.2.1 Os dispositivos de indicação de pressão da tubulação devem ser mantidos em boas condições operacionais.

13.6.2.2 As tubulações de vapor de água e seus acessórios devem ser mantidos em boas condições operacionais, de acordo com um plano de manutenção elaborado pelo estabelecimento.

13.6.2.3 As tubulações e sistemas de tubulação devem ser identificados conforme padronização formalmente instituída pelo estabelecimento, e sinalizadas conforme a Norma Regulamentadora n.º 26 (NR-26).

13.6.3 Inspeção de segurança de tubulações

13.6.3.1 Deve ser realizada inspeção de segurança inicial nas tubulações.

13.6.3.2 As tubulações devem ser submetidas à inspeção de segurança periódica.

13.6.3.3 Os intervalos de inspeção das tubulações devem atender aos prazos máximos da inspeção interna do vaso ou caldeira mais crítica a elas interligadas, podendo ser ampliados pelo programa de inspeção elaborado por PH, fundamentado tecnicamente com base em mecanismo de danos e na criticidade do sistema, contendo os intervalos entre estas inspeções e os exames que as compõem, desde que essa ampliação não ultrapasse o intervalo máximo de 100 % (cem por cento) sobre o prazo da inspeção interna, limitada a 10 (dez) anos.

13.6.3.4 Os intervalos de inspeção periódica da tubulação não podem exceder os prazos estabelecidos em seu programa de inspeção, consideradas as tolerâncias permitidas para as empresas com SPIE.

13.6.3.5 A critério do PH, o programa de inspeção pode ser elaborado por tubulação, por linha ou por sistema. No caso de programação por sistema, o intervalo a ser adotado deve ser correspondente ao da sua linha mais crítica.

13.6.3.6 As inspeções periódicas das tubulações devem ser constituídas de exames e análises definidas por PH, que permitam uma avaliação da sua integridade estrutural de acordo com normas e códigos aplicáveis.

13.6.3.6.1 No caso de risco à saúde e à integridade física dos trabalhadores envolvidos na execução da inspeção, a linha deve ser retirada de operação.

13.6.3.7 Deve ser executada inspeção extraordinária nas seguintes situações:

a) sempre que a tubulação for danificada por acidente ou outra ocorrência que comprometa a segurança dos trabalhadores;

b) quando a tubulação for submetida a reparo provisório ou alterações significativas, capazes de alterar sua capacidade de contenção de fluído;

c) antes da tubulação ser recolocada em funcionamento, quando permanecer inativa por mais de 24 (vinte e quatro) meses.

13.6.3.8 A inspeção periódica de tubulações deve ser executada sob a responsabilidade técnica de PH.

13.6.3.9 O relatório de inspeção de segurança, mencionado na alínea "d" do subitem 13.6.1.4, deve ser elaborado em páginas numeradas, contendo no mínimo:

a) identificação da(s) linha(s) ou sistema de tubulação;

b) fluidos de serviço da tubulação, e respectivas temperatura e pressão de operação;

c) tipo de inspeção executada;

d) data de início e de término da inspeção;

e) descrição das inspeções, exames e testes executados;

f) registro fotográfico, ou da localização das anomalias significativas detectadas no exame externo da tubulação;

g) resultado das inspeções e intervenções executadas;

h) recomendações e providências necessárias;

i) parecer conclusivo quanto à integridade da tubulação, do sistema de tubulação ou da linha até a próxima inspeção;

j) data prevista para a próxima inspeção de segurança;

k) nome legível, assinatura e número do registro no conselho profissional do PH e nome legível e assinatura de técnicos que participaram da inspeção.

13.6.3.9.1 O prazo para emissão desse relatório é de até 30 (trinta) dias para linhas individuais e de até 90 (noventa) dias para sistemas de tubulação.

13.6.3.9.2 O relatório de inspeção de segurança pode ser elaborado em sistema informatizado do estabelecimento com segurança da informação, ou em mídia eletrônica com utilização de assinatura digital, desde que a assinatura seja validada por uma AC.

13.6.3.10 As recomendações decorrentes da inspeção devem ser implementadas pelo empregador, com a determinação de prazos e responsáveis pela sua execução.

13.7 Tanques

13.7.1 Disposições Gerais

13.7.1.1 As empresas que possuem tanques metálicos de armazenamento e estocagem enquadrados nesta NR devem possuir um programa e um plano de inspeção que considere, no mínimo, as variáveis, condições e premissas descritas abaixo:

a) os fluidos armazenados;

b) condições operacionais;

c) os mecanismos de danos previsíveis;

d) as consequências para os trabalhadores, instalações e meio ambiente decorrentes de possíveis falhas nos tanques.

13.7.1.2 Os tanques devem possuir dispositivos de segurança contra sobrepressão e vácuo conforme os critérios do código de projeto utilizado, ou em atendimento às recomendações de estudo de análises de cenários de falhas.

13.7.1.3 Os tanques devem possuir instrumentação de controle conforme definido no projeto de processo e instrumentação.

13.7.1.4 Todo estabelecimento que possua tanques enquadrados nesta NR deve ter a seguinte documentação devidamente atualizada:

a) folhas de dados com as especificações dos tanques necessárias ao planejamento e execução da sua inspeção;

b) desenho geral;

c) projeto de alteração ou reparo em conformidade com os subitens 13.3.3.3 e 13.3.3.4;

d) relatórios de inspeção de segurança, em conformidade com o subitem 13.7.3.7;

e) Registro de Segurança em conformidade com o subitem 13.7.1.5.

13.7.1.5 O Registro de Segurança deve ser constituído por livro de páginas numeradas, pastas ou sistema informatizado do estabelecimento com segurança da informação onde devem ser registradas:

a) todas as ocorrências importantes capazes de influir nas condições de segurança dos tanques;

b) as ocorrências de inspeções de segurança inicial, periódica e extraordinária, devendo constar a condição operacional do tanque, o nome legível e assinatura do responsável técnico formalmente designado pelo empregador no caso de registro em livro físico ou cópias impressas.

13.7.1.6 Os documentos referidos no subitem 13.7.1.4, quando inexistentes ou extraviados, devem ser reconstituídos pelo empregador por um responsável técnico formalmente designado.

13.7.1.7 A documentação referida no subitem 13.7.1.4 deve estar sempre à disposição para fiscalização pela autoridade competente do Órgão Regional do Ministério do Trabalho, e para consulta pelos operadores, pessoal de manutenção, de inspeção e das representações dos trabalhadores e do empregador na CIPA, devendo, ainda, o empregador assegurar o livre e pleno acesso a essa documentação à representação sindical da categoria profissional predominante do estabelecimento, quando formalmente solicitado.

13.7.2 Segurança na operação de tanques

13.7.2.1 Os dispositivos contra sobrepressão e vácuo, e válvulas corta-chamas, quando aplicáveis, devem ser mantidos em boas condições operacionais, de acordo com um plano de manutenção elaborado pelo empregador.

13.7.2.2 A instrumentação de controle dos tanques deve ser mantida em boas condições operacionais, de acordo com um plano de manutenção elaborado pelo empregador.

13.7.2.3 Os tanques devem ser identificados conforme padronização formalmente instituída pelo empregador.

13.7.3 Inspeção de segurança de tanques

13.7.3.1 Deve ser realizada inspeção de segurança inicial nos tanques.

13.7.3.2 Os tanques devem ser submetidos à inspeção de segurança periódica.

13.7.3.3 Os intervalos de inspeção de segurança periódica dos tanques devem atender aos prazos estabelecidos em programa de inspeção formalmente instituído pelo empregador, não podendo esses prazos exceder aos estabelecidos na norma ABNT NBR 17505-2.

13.7.3.4 As inspeções de segurança periódicas dos tanques devem ser constituídas de exames e análises definidas por PH que permitam uma avaliação da sua integridade estrutural de acordo com normas e códigos aplicáveis.

13.7.3.5 Deve ser executada inspeção extraordinária nas seguintes situações:

a) sempre que o tanque for danificado por acidente ou outra ocorrência que comprometa a segurança dos trabalhadores;

b) quando o tanque for submetido a reparo provisório ou alterações significativas, capazes de alterar sua capacidade de contenção de fluído;

c) antes de o tanque ser recolocado em funcionamento, quando permanecer inativo por mais de 24 (vinte e quatro) meses;

d) quando houver alteração do local de instalação.

13.7.3.6 O relatório de inspeção de segurança, mencionado na alínea "d" do subitem 13.7.1.4 deve ser elaborado em páginas numeradas, contendo no mínimo:

a) identificação dos tanques;

b) fluidos armazenados nos tanques, e respectiva temperatura de operação;

c) tipo de inspeção executada;

d) data de início e de término da inspeção;

e) descrição das inspeções, exames e testes executados;

f) registro fotográfico, ou da localização das anomalias significativas detectadas nos exames internos e externos dos tanques;

g) resultado das inspeções e intervenções executadas;

h) recomendações e providências necessárias;

i) parecer conclusivo quanto à integridade dos tanques até a próxima inspeção;

j) data prevista para a próxima inspeção de segurança;

k) nome legível, assinatura e número do registro no conselho profissional do responsável técnico formalmente designado pelo empregador e nome legível e assinatura de técnicos que participaram da inspeção.

13.7.3.6.1 O prazo para emissão desse relatório é de até 90 (noventa) dias.

13.7.3.6.2 O relatório de inspeção de segurança pode ser elaborado em sistema informatizado do estabelecimento com segurança da informação, ou em mídia eletrônica com utilização de assinatura digital, desde que a assinatura seja validada por uma AC.

13.7.3.7 As recomendações decorrentes da inspeção devem ser implementadas pelo empregador, com a determinação de prazos e responsáveis pela sua execução.

13.8 Glossário

Abertura escalonada de válvulas de segurança – condição de calibração diferenciada da pressão de abertura de múltiplas válvulas de segurança, prevista no código de projeto do equipamento por elas protegido, onde podem ser estabelecidos valores de abertura acima da PMTA, consideradas as vazões necessárias para o alívio da sobrepressão em cenários distintos.

Acessório de tubulação – elementos integrantes de uma tubulação tais como válvulas, filtros de linha, flanges, suportes e conexões.

Adequação ao uso – estudo conceitual multidisciplinar de engenharia, baseado em códigos ou normas, como o API 579-1/ASME FFS-1 – Fitness – for – Service, usado para determinar se um equipamento com desgaste conhecido estará apto a operar com segurança por determinado tempo.

Adequação definitiva – para efeitos desta Norma, é o atendimento aos requisitos da inspeção extraordinária especial.

Alteração – mudança no projeto original do fabricante que promova alteração estrutural ou de parâmetros operacionais significativos definidos por PH, ou afete a capacidade de reter pressão ou possa comprometer a segurança de caldeiras, vasos de pressão e tubulações.

Autoridade Certificadora (AC) – entidade, pública ou privada, subordinada à hierarquia da ICP-Brasil, responsável por emitir, distribuir, renovar, revogar e gerenciar certificados digitais.

Avaliação ou inspeção de integridade – conjunto de estratégias e técnicas utilizadas na avaliação detalhada da condição física de um equipamento.

Caldeira de fluido térmico – caldeira utilizada para aquecimento de um fluido no estado líquido, chamado de fluido térmico, sem vaporizá-lo.

Caldeiras de recuperação de álcalis – caldeiras a vapor que utilizam como combustível principal o licor negro oriundo do processo de fabricação de celulose, realizando a recuperação de químicos e geração de energia.

Código de projeto – conjunto de normas e regras que estabelece os requisitos para o projeto, construção, montagem, controle de qualidade da fabricação e inspeção de equipamentos.

Códigos de pós-construção – compõe-se de normas ou recomendações práticas de avaliação da integridade estrutural de equipamentos durante a sua vida útil.

Comissionamento – conjunto de técnicas e procedimentos de engenharia aplicados de forma integrada à instalação ou parte dela, visando torná-la operacional de acordo com os requisitos especificados em projeto.

Componentes de duto – quaisquer elementos mecânicos pertencentes ao duto, compreendendo, mas não se limitando, aos seguintes: lançadores e recebedores de pigs e esferas de limpeza, válvulas, flanges, conexões padronizadas, conexões especiais, derivações tubulares, parafusos e juntas. Os tubos não são considerados componentes.

Construção – processo que inclui projeto, especificação de material, fabricação, inspeção, exame, teste e avaliação de conformidade de caldeiras, vasos de pressão e tubulações.

Controle da qualidade – conjunto de ações destinadas a verificar e atestar a conformidade de caldeiras, vasos de pressão e suas tubulações de interligação nas etapas de fabricação, montagem ou manutenção. As ações abrangem o acompanhamento da execução da soldagem, materiais utilizados e realização de exames e testes tais como: líquido penetrante, partículas magnéticas, ultrassom, visual, testes de pressão, radiografia, emissão acústica e correntes parasitas.

Demanda – condição ou evento perigoso que requer a atuação de uma Função Instrumentada de Segurança.

Dispositivo Contra Bloqueio Inadvertido – DCBI – meio utilizado para evitar que bloqueios inadvertidos impeçam a atuação de dispositivos de segurança.

Dispositivos de segurança – dispositivos ou componentes que protegem um equipamento contra sobrepressão manométrica, independente da ação do operador e de acionamento por fonte externa de energia.

Duto – tubulação projetada por códigos específicos, destinada à transferência de fluidos entre unidades industriais de estabelecimentos industriais distintos ou não, ocupando áreas de terceiros.

Empregador – empresa individual ou coletiva, que, assumindo os riscos da atividade econômica, admite, assalaria e dirige a prestação pessoal de serviços; equiparam-se ao empregador os profissionais liberais, as instituições de beneficência, as associações recreativas ou outras instituições sem fins lucrativos, que admitem trabalhadores como empregados.

Enchimento interno – materiais inseridos no interior dos vasos de pressão com finalidades específicas e período de vida útil determinado, tipo catalisador, recheio, peneira molecular, e carvão ativado. Bandejas e acessórios internos não configuram enchimento interno.

Especificação da tubulação – código alfanumérico que define a classe de pressão e os materiais dos tubos e acessórios das tubulações.

Estudo de confiabilidade para SIS – estudo que determina o Nível de Integridade de Segurança requerido da Função Instrumentada de Segurança e o cálculo de confiabilidade para sua adequação, conforme normas internacionais.

Exame – atividade conduzida por PH ou técnicos qualificados ou certificados, quando exigido por códigos ou normas, para avaliar se determinados produtos, processos ou serviços estão em conformidade com critérios especificados.

Exame externo – exame da superfície e de componentes externos de um equipamento, podendo ser realizado em operação, visando avaliar a sua integridade estrutural.

Exame interno – exame da superfície interna e de componentes internos de um equipamento, executado visualmente, com o emprego de ensaios e testes apropriados para avaliar sua integridade estrutural.

Fabricante – empresa responsável pela construção de caldeiras, vasos de pressão ou tubulações.

Fluxograma de engenharia (P&ID) – diagrama mostrando o fluxo do processo com os equipamentos, as tubulações e seus acessórios, e as malhas de controle de instrumentação.

Fluxograma de processo – diagrama de representação esquemática do processo de plantas industriais mostrando o percurso ou caminho percorrido pelos fluidos.

Força maior – todo acontecimento inevitável, em relação à vontade do empregador, e para a realização do qual este não concorreu, direta ou indiretamente. A imprevidência do empregador exclui a razão de força maior.

Função Instrumentada de Segurança – função implementada pelo SIS cujo objetivo é atingir ou manter o estado seguro do equipamento ou processo em relação a um evento perigoso específico.

Gerador de vapor – equipamentos destinados a produzir vapor sob pressão superior à atmosférica, sem acumulação e não enquadrados em códigos de vasos de pressão.

Inspeção de segurança extraordinária – inspeção executada devido a ocorrências que possam afetar a condição física do equipamento, tais como hibernação prolongada, mudança de locação, surgimento de deformações inesperadas, choques mecânicos de grande impacto ou vazamentos, entre outros, envolvendo caldeiras, vasos de pressão e tubulações, com abrangência definida por PH.

Inspeção de segurança inicial – inspeção executada no equipamento novo, montado no local definitivo de instalação e antes de sua entrada em operação.

Inspeção de segurança periódica – inspeção executada durante a vida útil de um equipamento, com critérios e periodicidades determinados por PH, respeitados os intervalos máximos estabelecidos nesta Norma.

Inspeção extraordinária especial – inspeção aplicada para vasos de pressão construídos sem código de projeto que compreende, impreterivelmente:

a) levantamento dimensional dos elementos de retenção de pressão que não possuem equação de projeto em códigos reconhecidos, como tampos nervurados, flanges, conexões, transições cônicas, entre outros;

b) caracterização de materiais de fabricação através de ensaios, ou admissão dos menores limites de resistência presentes nos códigos de projeto, para cada tipo de material/liga (aço ao carbono, aço inox etc.);

c) avaliação de integridade estrutural por metodologia complementar, análise de tensões, adequação ao uso ou similares, de acordo com critérios de aceitação de códigos internacionais de referência;

d) adoção de sobre-espessura de corrosão para os componentes avaliados, que permitam o monitoramento de vida residual;

e) dimensionamento de reforços estruturais, quando necessário, através da elaboração de projeto de alteração.

Instrumentos de monitoração ou de controle – dispositivos destinados à monitoração ou controle das variáveis operacionais dos equipamentos a partir da sala de controle ou do próprio equipamento.

Integridade estrutural – conjunto de propriedades e características físicas necessárias para que um equipamento ou item desempenhe com segurança e eficiência as funções para as quais foi projetado.

Linha – trecho de tubulação individualizado entre dois pontos definidos e que obedece a uma única especificação de materiais, produtos transportados, pressão e temperatura de projeto.

Manutenção preditiva – manutenção com ênfase na predição da falha e em ações baseadas na condição do equipamento para prevenir a falha ou degradação do mesmo.

Manutenção preventiva – manutenção executada a intervalos predeterminados ou de acordo com critérios prescritos, e destinada a reduzir a probabilidade de falha ou a degradação do funcionamento de um componente.

Máquinas de fluido – aquela que tem como função principal intercambiar energia com um fluido que as atravessa.

Mecanismos de danos – conjunto de fatores que causam degradação nos equipamentos e componentes.

Nível de Integridade de Segurança (SIL) – nível discreto (de um a quatro) usado para especificar os requisitos de integridade de segurança de uma função instrumentada de segurança alocada em um sistema instrumentado de segurança.

SIL	Probabilidade de falha na demanda	Fator de redução de risco (1/probabilidade de falha na demanda)
4	< 0,0001 (10-4)	> 10 000
3	≤ 0,0001 (10-4) a < 0,001 (10-3)	> 1 000 a ≤ 10 000
2	≤ 0,001 (10-3) a < 0,01 (10-2)	> 100 a ≤ 1 000
1	≤ 0,01 (10-2) a < 0,1 (10-1)	> 10 a ≤ 100

Operação contínua – operação da caldeira por mais de 95 % do tempo correspondente aos prazos estipulados no subitem 13.4.4.5 desta NR.

Pacote de máquina – conjunto de equipamentos e dispositivos composto pela máquina e seus sistemas auxiliares (vide sistemas auxiliares de máquinas).

Pessoal qualificado – profissional com conhecimentos e habilidades que permitam exercer determinadas tarefas, e certificado quando exigível por código ou norma.

Placa de identificação – placa contendo dados do equipamento de acordo com os requisitos estabelecidos nesta NR, fixada em local visível.

Plano de inspeção – descrição das atividades, incluindo os exames e testes a serem realizados, necessárias para avaliar as condições físicas de caldeiras, vasos de pressão e tubulações, considerando o histórico dos equipamentos e os mecanismos de danos previsíveis.

Plástico Reforçado por Fibra de Vidro (PRFV) – material compósito constituído de uma matriz polimérica (a resina sintética) reforçada pela fibra de vidro.

Prática profissional supervisionada – atividade na qual o trabalhador vai colocar na prática tudo o que aprendeu na teoria com a supervisão de um responsável.

Pressão máxima de operação – para fins de enquadramento e definição da categoria de vasos de pressão considera-se pressão máxima de operação a maior pressão que o equipamento pode operar em condições normais de processo, previstas no prontuário. Caso não exista esta definição no prontuário, deve ser considerada a PMTA.

Pressão Máxima de Trabalho Admissível (PMTA) – é o maior valor de pressão a que um equipamento pode ser submetido continuamente, de acordo com o código de projeto, a resistência dos materiais utilizados, as dimensões do equipamento e seus parâmetros operacionais.

Programa de inspeção – cronograma contendo, entre outros dados, as datas das inspeções de segurança periódicas a serem executadas.

Projeto de alteração – projeto elaborado por ocasião de alteração que implique em intervenção estrutural ou mudança de processo significativa em caldeiras, vasos de pressão e tubulações.

Projeto de reparo – projeto estabelecendo os procedimentos de execução e controle de reparos que possam comprometer a capacidade de retenção de pressão de caldeiras, vasos de pressão e tubulações.

Projeto alternativo de instalação – projeto concebido para minimizar os impactos de segurança para o trabalhador quando as instalações não estiverem atendendo a determinado item desta NR.

Projeto de instalação – projeto contendo o posicionamento dos equipamentos e sistemas de segurança dentro das instalações e, quando aplicável, os acessos aos acessórios dos mesmos (vents, drenos, instrumentos). Integra o projeto de instalação o inventário de válvulas de segurança com os respectivos DCBI e equipamentos protegidos.

Prontuário – conjunto de documentos e registros do projeto de construção, fabricação, montagem, inspeção e manutenção dos equipamentos.

Recipientes móveis – vasos de pressão que podem ser movidos dentro de uma instalação ou entre instalações e que não podem ser enquadrados como transportáveis.

Recipientes transportáveis – recipientes projetados e construídos para serem transportados pressurizados e em conformidade com normas e regulamentações específicas de recipientes transportáveis.

Registro de Segurança – registro da ocorrência de inspeções ou de anormalidades durante a operação de caldeiras e vasos de pressão, executado por PH ou por pessoal de operação, inspeção ou manutenção diretamente envolvido com o fato gerador da anotação.

Relatórios de inspeção de segurança – registro formal dos resultados das inspeções executadas nos equipamentos com laudo conclusivo.

Reparo – intervenção executada para correção de danos, defeitos ou avarias em equipamentos e seus componentes, visando restaurar a condição do projeto de construção.

Segurança da informação – conjunto de ações definido pelo empregador com a finalidade de manter a integridade, inviolabilidade, controle de acessos, disponibilidade, transferência e guarda dos dados eletrônicos.

Sistemas auxiliares de máquinas – conjunto de equipamentos e dispositivos auxiliares para fins de arrefecimento, lubrificação e selagem, integrantes de pacote de máquina.

Sistema de Gerenciamento da Combustão (SGC) – sistema que compreende os dispositivos de campo, o sistema lógico e os elementos de controle finais dedicados à segurança da combustão e a assistência do operador no início e na parada de caldeiras e para evitar erros durante a operação normal. Também conhecido como Burner Management System (BMS).

Sistema de iluminação de emergência – sistema destinado a prover a iluminação necessária ao acesso seguro a um equipamento ou instalação na inoperância dos sistemas principais destinados a tal fim.

Sistema de intertravamento de caldeira – sistema de gerenciamento das atividades de dois ou mais dispositivos ou instrumentos de proteção, monitorado por interface de segurança.

Sistema de tubulação – conjunto integrado de linhas e tubulações que exerce uma função de processo ou que foram agrupadas para fins de inspeção, com características técnicas e de processos semelhantes.

Sistema Instrumentado de Segurança (SIS) – sistema usado para implementar uma ou mais Funções Instrumentadas de Segurança, composto por um conjunto de iniciadores, executores da lógica e elementos finais.

SPIE – Serviço Próprio de Inspeção de Equipamentos.

Teste de estanqueidade – tipo de teste de pressão realizado com a finalidade de atestar a capacidade de retenção de fluido, sem vazamentos, em equipamentos, tubulações e suas conexões, antes de sua entrada ou reentrada em operação.

Teste hidrostático (TH) – tipo de teste de pressão com fluido incompressível, executado com o objetivo de avaliar a integridade estrutural dos equipamentos e o rearranjo de possíveis tensões residuais, de acordo com o código de projeto.

Tubulações – conjunto de linhas, incluindo seus acessórios, projetadas por códigos específicos, destinadas ao transporte de fluidos entre equipamentos de uma mesma unidade de uma empresa dotada de caldeiras ou vasos de pressão.

Unidades de processo – conjunto de equipamentos e interligações de uma unidade fabril destinada a transformar matérias primas em produtos.

Vasos de pressão – são reservatórios projetados para resistir com segurança a pressões internas diferentes da pressão atmosférica, ou submetidos à pressão externa, cumprindo assim a sua função básica no processo no qual estão inseridos; para efeitos desta NR, estão incluídos:

a) permutadores de calor, evaporadores e similares;

b) vasos de pressão ou partes sujeitas à chama direta que não estejam dentro do escopo de outras NR, nem do subitem 13.2.2 e alínea "a" do 13.2.1 desta NR;

c) vasos de pressão encamisados, incluindo refervedores e reatores;

d) autoclaves e caldeiras de fluido térmico.

Vida remanescente – estimativa do tempo restante de vida de um equipamento ou acessório, executada durante avaliações de sua integridade, em períodos pré-determinados.

Vida útil – tempo de vida estimado na fase de projeto para um equipamento ou acessório.

Volume – volume interno útil do vaso de pressão, excluindo o volume dos acessórios internos, de enchimentos ou de catalisadores.

[...]

- Deixamos de publicar os Anexos a esta NR.

(*DOU* 06.07.1978)

NR 14

FORNOS

- NR com redação determinada pela Portaria SSMT 12/1983.

14.1 Os fornos, para qualquer utilização, devem ser construídos solidamente, revestidos com material refratário, de forma que o calor radiante não ultrapasse os limites de tolerância estabelecidos pela Norma Regulamentadora – NR 15.

14.2 Os fornos devem ser instalados em locais adequados, oferecendo o máximo de segurança e conforto aos trabalhadores.

14.2.1 Os fornos devem ser instalados de forma a evitar acúmulo de gases nocivos e altas temperaturas em áreas vizinhas.

14.2.2 As escadas e plataformas dos fornos devem ser feitas de modo a garantir aos trabalhadores a execução segura de suas tarefas.

14.3 Os fornos que utilizarem combustíveis gasosos ou líquidos devem ter sistemas de proteção para:

a) não ocorrer explosão por falha da chama de aquecimento ou no acionamento do queimador;

b) evitar retrocesso da chama.

14.3.1 Os fornos devem ser dotados de chaminé, suficientemente dimensionada para a livre saída dos gases queimados, de acordo com normas técnicas oficiais sobre poluição do ar.

(*DOU* 06.07.1978)

NR 15

ATIVIDADES E OPERAÇÕES INSALUBRES

15.1 São consideradas atividades ou operações insalubres as que se desenvolvem:

15.1.1 Acima dos limites de tolerância previstos nos Anexos n.º 1, 2, 3, 5, 11 e 12;

15.1.2 *(Revogado pela Portaria MTE 3.751/1990.)*

15.1.3 Nas atividades mencionadas nos Anexos n.º 6, 13 e 14;

15.1.4 Comprovadas através de laudo de inspeção do local de trabalho, constantes dos Anexos n.º 7, 8, 9 e 10.

15.1.5 Entende-se por "Limite de Tolerância", para os fins desta Norma, a concentração ou intensidade máxima ou mínima, relacionada com a natureza e o tempo de exposição ao agente, que não causará dano à saúde do trabalhador, durante a sua vida laboral.

15.2 O exercício de trabalho em condições de insalubridade, de acordo com os subitens do item anterior, assegura ao trabalhador a percepção de adicional, incidente sobre o salário mínimo da região, equivalente a:

15.2.1 40% (quarenta por cento), para insalubridade de grau máximo;

15.2.2 20% (vinte por cento), para insalubridade de grau médio;

15.2.3 10% (dez por cento), para insalubridade de grau mínimo;

15.3 No caso de incidência de mais de um fator de insalubridade, será apenas considerado o de grau mais elevado, para efeito de acréscimo salarial, sendo vedada a percepção cumulativa.

15.4 A eliminação ou neutralização da insalubridade determinará a cessação do pagamento do adicional respectivo.

15.4.1 A eliminação ou neutralização da insalubridade deverá ocorrer:

a) com a adoção de medidas de ordem geral que conservem o ambiente de trabalho dentro dos limites de tolerância;

b) com a utilização de equipamento de proteção individual.

15.4.1.1 Cabe à autoridade regional competente em matéria de segurança e saúde do trabalhador, comprovada a insalubridade por laudo técnico de engenheiro de segurança do trabalho ou médico do trabalho, devidamente habilitado, fixar adicional devido aos empregados expostos à insalubridade quando impraticável sua eliminação ou neutralização.

15.4.1.2 A eliminação ou neutralização da insalubridade ficará caracterizada através de avaliação pericial por órgão competente, que comprove a inexistência de risco à saúde do trabalhador.

15.5 É facultado às empresas e aos sindicatos das categorias profissionais interessadas requererem ao Ministério do Trabalho, através das DRTs, a realização de perícia em estabelecimento ou setor deste, com o objetivo de caracterizar e classificar ou determinar atividade insalubre.

15.5.1 Nas perícias requeridas às Delegacias Regionais do Trabalho, desde que comprovada a insalubridade, o perito do Ministério do Trabalho indicará o adicional devido.

15.6 O perito descreverá no laudo a técnica e a aparelhagem utilizadas.

15.7 O disposto no item 15.5. não prejudica a ação fiscalizadora do MTb nem a realização ex-officio da perícia, quando solicitado pela Justiça, nas localidades onde não houver perito.

ANEXO N.º 1
LIMITES DE TOLERÂNCIA PARA RUÍDO CONTÍNUO OU INTERMITENTE

Nível de ruído dB (A)	Máxima exposição diária permissível
85	8 horas
86	7 horas
87	6 horas
88	5 horas
89	4 horas e 30 minutos
90	4 horas
91	3 horas e 30 minutos
92	3 horas
93	2 horas e 40 minutos
94	2 horas e 15 minutos
95	2 horas
96	1 hora e 45 minutos
98	1 hora e 15 minutos
100	1 hora
102	45 minutos
104	35 minutos
105	30 minutos
106	25 minutos
108	20 minutos
110	15 minutos
112	10 minutos
114	8 minutos
115	7 minutos

1. Entende-se por Ruído Contínuo ou Intermitente, para os fins de aplicação de Limites de Tolerância, o ruído que não seja ruído de impacto.
2. Os níveis de ruído contínuo ou intermitente devem ser medidos em decibéis (dB) com instrumento de nível de pressão sonora operando no circuito de compensação "A" e circuito de resposta lenta (SLOW). As leituras devem ser feitas próximas ao ouvido do trabalhador.
3. Os tempos de exposição aos níveis de ruído não devem exceder os limites de tolerância fixados no Quadro deste anexo.
4. Para os valores encontrados de nível de ruído intermediário será considerada a máxima exposição diária permissível relativa ao nível imediatamente mais elevado.
5. Não é permitida exposição a níveis de ruído acima de 115 dB(A) para indivíduos que não estejam adequadamente protegidos.
6. Se durante a jornada de trabalho ocorrerem dois ou mais períodos de exposição a ruído de diferentes níveis, devem ser considerados os seus efeitos combinados, de forma que, se a soma das seguintes frações:

$$\frac{C1}{T1} + \frac{C2}{T2} + \frac{C3}{T3} \text{ ——— } + \frac{Cn}{Tn}$$

exceder a unidade, a exposição estará acima do limite de tolerância. Na equação acima, Cn indica o tempo total que o trabalhador fica exposto a um nível de ruído específico, e Tn indica a máxima exposição diária permissível a este nível, segundo o Quadro deste Anexo.
7. As atividades ou operações que exponham os trabalhadores a níveis de ruído, contínuo ou intermitente, superiores a 115 dB(A), sem proteção adequada, oferecerão risco grave e iminente.

ANEXO N.º 2
LIMITES DE TOLERÂNCIA PARA RUÍDOS DE IMPACTO

1. Entende-se por ruído de impacto aquele que apresenta picos de energia acústica de duração inferior a 1 (um) segundo, a intervalos superiores a 1 (um) segundo.
2. Os níveis de impacto deverão ser avaliados em decibéis (dB), com medidor de nível de pressão sonora operando no circuito linear e circuito de resposta para impacto. As leituras devem ser feitas próximas ao ouvido do trabalhador. O limite de tolerância para ruído de impacto será de 130 dB (linear). Nos intervalos entre os picos, o ruído existente deverá ser avaliado como ruído contínuo.
3. Em caso de não se dispor de medidor do nível de pressão sonora com circuito de resposta para impacto, será válida a leitura feita no circuito de resposta rápida (FAST) e circuito de compensação "C". Neste caso, o limite de tolerância será de 120 dB(C).
4. As atividades ou operações que exponham os trabalhadores, sem proteção adequada, a níveis de ruído de impacto superiores a 140 dB(LINEAR), medidos no circuito de resposta para impacto, ou superiores a 130 dB(C), medidos no circuito de resposta rápida (FAST), oferecerão risco grave e iminente.

ANEXO N.º 3
LIMITES DE TOLERÂNCIA PARA EXPOSIÇÃO AO CALOR

1. A exposição ao calor deve ser avaliada através do "Índice de Bulbo Úmido Termômetro de Globo" – IBUTG definido pelas equações que se seguem:

Ambientes internos ou externos sem carga solar: IBUTG = 0,7 tbn + 0,3 tg

Ambientes externos com carga solar: IBUTG = 0,7 tbn + 0,1 tbs + 0,2 tg onde:
tbn = temperatura de bulbo úmido natural tg = temperatura de globo
tbs = temperatura de bulbo seco.

2. Os aparelhos que devem ser usados nesta avaliação são: termômetro de bulbo úmido natural, termômetro de globo e termômetro de mercúrio comum.

3. As medições devem ser efetuadas no local onde permanece o trabalhador, à altura da região do corpo mais atingida.

LIMITES DE TOLERÂNCIA PARA EXPOSIÇÃO AO CALOR, EM REGIME DE TRABALHO INTERMITENTE COM PERÍODOS DE DESCANSO NO PRÓPRIO LOCAL DE PRESTAÇÃO DE SERVIÇO

1. Em função do índice obtido, o regime de trabalho intermitente será definido no Quadro N.º 1.

QUADRO N.º 1

REGIME DE TRABALHO INTERMITENTE COM DESCANSO NO PRÓPRIO LOCAL DE TRABALHO (por hora)	TIPO DE ATIVIDADE		
	Leve	Moderada	Pesada
Trabalho contínuo	até 30,0	até 26,7	até 25,0
45 minutos trabalho 15 minutos descanso	30,1 a 30,6	26,8 a 28,0	25,1 a 25,9
30 minutos trabalho 30 minutos descanso	30,7 a 31,4	28,1 a 29,4	26,0 a 27,9
15 minutos trabalho 45 minutos descanso	31,5 a 32,2	29,5 a 31,1	28,0 a 30,0
Não é permitido o trabalho, sem a adoção de medidas adequadas de controle	acima de 32,2	acima de 31,1	acima de 30,0

2. Os períodos de descanso serão considerados tempo de serviço para todos os efeitos legais.
3. A determinação do tipo de atividade (Leve, Moderada ou Pesada) é feita consultando-se o Quadro n.º 3.

LIMITES DE TOLERÂNCIA PARA EXPOSIÇÃO AO CALOR, EM REGIME DE TRABALHO INTERMITENTE COM PERÍODO DE DESCANSO EM OUTRO LOCAL (LOCAL DE DESCANSO)

1. Para os fins deste item, considera-se como local de descanso ambiente termicamente mais ameno, com o trabalhador em repouso ou exercendo atividade leve.
2. Os limites de tolerância são dados segundo o Quadro n.º 2.

QUADRO N.º 2

M (Kcal/h)	MÁXIMO IBUTG
175	30,5
200	30,0
250	28,5
300	27,5
350	26,5
400	26,0
450	25,5
500	25,0

Onde: M é a taxa de metabolismo média ponderada para uma hora, determinada pela seguinte fórmula:

$$M = \frac{Mt \times Tt + Md \times Td}{60}$$

Sendo:

Mt – taxa de metabolismo no local de trabalho.

Tt – soma dos tempos, em minutos, em que se permanece no local de trabalho. Md – taxa de metabolismo no local de descanso.

Td – soma dos tempos, em minutos, em que se permanece no local de descanso.

IBUTG é o valor IBUTG médio ponderado para uma hora, determinado pela seguinte fórmula:

$$IBUTG = \frac{IBUTGt \times Tt + IBUTGd \times Td}{60}$$

Sendo:

IBUTGt = valor do IBUTG no local de trabalho. IBUTGd = valor do IBUTG no local de descanso.

Tt e Td = como anteriormente definidos.

Os tempos Tt e Td devem ser tomados no período mais desfavorável do ciclo de trabalho, sendo Tt + Td = 60 minutos corridos.

3. As taxas de metabolismo Mt e Md serão obtidas consultando-se o Quadro n.º 3.
4. Os períodos de descanso serão considerados tempo de serviço para todos os efeitos legais.

QUADRO N.º 3
Taxas de metabolismo por tipo de atividade

TIPO DE ATIVIDADE	Kcal/h
SENTADO EM REPOUSO	100
TRABALHO LEVE	
Sentado, movimentos moderados com braços e tronco (ex.: datilografia).	125
Sentado, movimentos moderados com braços e pernas (ex.: dirigir).	150
De pé, trabalho leve, em máquina ou bancada, principalmente com os braços.	150
TRABALHO MODERADO	
Sentado, movimentos vigorosos com braços e pernas.	180
De pé, trabalho leve em máquina ou bancada, com alguma movimentação.	175
De pé, trabalho moderado em máquina ou bancada, com alguma movimentação.	220
Em movimento, trabalho moderado de levantar ou empurrar.	300
TRABALHO PESADO	
Trabalho intermitente de levantar, empurrar ou arrastar pesos (ex.: remoção com pá).	440
Trabalho fatigante.	550

ANEXO N.º 4

(Revogado pela portaria MTPS 3.751/1990.)

ANEXO N.º 5
RADIAÇÕES IONIZANTES

- Anexo com redação determinada pela Portaria 1.084/2018

Nas atividades ou operações onde trabalhadores possam ser expostos a radiações ionizantes, os limites de tolerância, os princípios, as obrigações e controles básicos para a proteção do homem e do seu meio ambiente contra possíveis efeitos indevidos causados pela radiação ionizante, são os constantes da Norma CNEN-NE-3.01: "Diretrizes Básicas de Proteção Radiológica", de março de 2014, aprovada, em caráter experimental, pela Resolução CNEN n.º 164/2014, ou daquela que venha a substituí-la.

ANEXO N.º 6

- Deixamos de publicar o Anexo 6 a esta NR.

ANEXO N.º 7
RADIAÇÕES NÃO-IONIZANTES

1. Para os efeitos desta norma, são radiações não-ionizantes as microondas, ultravioletas e laser.
2. As operações ou atividades que exponham os trabalhadores às radiações não-ionizantes, sem a proteção adequada, serão consideradas insalubres, em decorrência de laudo de inspeção realizada no local de trabalho.
3. As atividades ou operações que exponham os trabalhadores às radiações da luz negra (ultravioleta na faixa – 400- 320 nanômetros) não serão consideradas insalubres.

ANEXO N.º 8
VIBRAÇÃO

SUMÁRIO:

1. Objetivos
2. Caracterização e classificação da insalubridade

1. Objetivos

1.1 Estabelecer critérios para caracterização da condição de trabalho insalubre decorrente da exposição às Vibrações de Mãos e Braços (VMB) e Vibrações de Corpo Inteiro (VCI).

1.2 Os procedimentos técnicos para a avaliação quantitativa das VCI e VMB são os estabelecidos nas Normas de Higiene Ocupacional da FUNDACENTRO.

2. Caracterização e classificação da insalubridade

2.1 Caracteriza-se a condição insalubre caso seja superado o limite de exposição ocupacional diária a VMB correspondente a um valor de aceleração resultante de exposição normalizada (aren) de 5 m/s2.

2.2 Caracteriza-se a condição insalubre caso sejam superados quaisquer dos limites de exposição ocupacional diária a VCI:

a) valor da aceleração resultante de exposição normalizada (aren) de 1,1 m/s2;

b) valor da dose de vibração resultante (VDVR) de 21,0 m/s1,75.

2.2.1 Para fins de caracterização da condição insalubre, o empregador deve comprovar a avaliação dos dois parâmetros acima descritos.

2.3 As situações de exposição a VMB e VCI superiores aos limites de exposição ocupacional são caracterizadas como insalubres em grau médio.

2.4 A avaliação quantitativa deve ser representativa da exposição, abrangendo aspectos organizacionais e ambientais que envolvam o trabalhador no exercício de suas funções.

2.5 A caracterização da exposição deve ser objeto de laudo técnico que contemple, no mínimo, os seguintes itens:

a) Objetivo e datas em que foram desenvolvidos os procedimentos;

b) Descrição e resultado da avaliação preliminar da exposição, realizada de acordo com o item 3 do Anexo 1 da NR-9 do MTE;

c) Metodologia e critérios empregados, inclusas a caracterização da exposição e representatividade da amostragem;

d) Instrumentais utilizados, bem como o registro dos certificados de calibração;

e) Dados obtidos e respectiva interpretação;

f) Circunstâncias específicas que envolveram a avaliação;

g) Descrição das medidas preventivas e corretivas eventualmente existentes e indicação das necessárias, bem como a comprovação de sua eficácia;

h) Conclusão.

ANEXO N.º 9
FRIO

1. As atividades ou operações executadas no interior de câmaras frigoríficas, ou em locais que apresentem condições similares, que exponham os trabalhadores ao frio, sem a proteção adequada, serão consideradas insalubres em decorrência de laudo de inspeção realizada no local de trabalho.

ANEXO N.º 10
UMIDADE

1. As atividades ou operações executadas em locais alagados ou encharcados, com umidade excessiva, capazes de produzir danos à saúde dos trabalhadores, serão consideradas insalubres em decorrência de laudo de inspeção realizada no local de trabalho.

ANEXO N.º 11
AGENTES QUÍMICOS CUJA INSALUBRIDADE É CARACTERIZADA POR LIMITE DE TOLERÂNCIA E INSPEÇÃO NO LOCAL DE TRABALHO

1. Nas atividades ou operações nas quais os trabalhadores ficam expostos a agentes químicos, a caracterização de insalubridade ocorrerá quando forem ultrapassados os limites de tolerância constantes do Quadro n. 1 deste Anexo.
2. Todos os valores fixados no Quadro n. 1 – Tabela de Limites de Tolerância são válidos para absorção apenas por via respiratória.
3. Todos os valores fixados no Quadro n. 1 como "Asfixiantes Simples" determinam que nos ambientes de trabalho, em presença destas substâncias, a concentração mínima de oxigênio deverá ser 18 (dezoito) por cento em volume. As situações nas quais a concentração de oxigênio estiver abaixo deste valor serão consideradas de risco grave e iminente.
4. Na coluna "VALOR TETO" estão assinalados os agentes químicos cujos limites de tolerância não podem ser ultrapassados em momento algum da jornada de trabalho.
5. Na coluna "ABSORÇÃO TAMBÉM PELA PELE" estão assinalados os agentes químicos que podem ser absorvidos, por via cutânea, e portanto exigindo na sua manipulação o uso da luvas adequadas, além do EPI necessário à proteção de outras partes do corpo.
6. A avaliação das concentrações dos agentes químicos através de métodos de amostragem instantânea, de leitura direta ou não, deverá ser feita pelo menos em 10 (dez) amostragens, para cada ponto – ao nível respiratório do trabalhador. Entre cada uma das amostragens deverá haver um intervalo de, no mínimo, 20 (vinte) minutos.
7. Cada uma das concentrações obtidas nas referidas amostragens não deverá ultrapassar os valores obtidos na equação que segue, sob pena de ser considerada situação de risco grave e iminente.

Valor máximo = L.T. x F. D. Onde:

L.T. = limite de tolerância para o agente químico, segundo o Quadro n.º 1.

F.D. = fator de desvio, segundo definido no Quadro n.º 2.

QUADRO N.º 2	
L.T. (pp, ou mg/m³)	F.D.
0 a 1	3
1 a 10	2
10 a 100	1,5
100 a 1000	1,25
acima de 1000	1,1

8. O limite de tolerância será considerado excedido quando a média aritmética das concentrações ultrapassar os valores fixados no Quadro n.º 1.
9. Para os agentes químicos que tenham "VALOR TETO" assinalado no Quadro n.º 1 (Tabela de Limites de Tolerância) considerar-se-á excedido o limite de tolerância, quando qualquer uma das concentrações obtidas nas amostragens ultrapassar os valores fixados no mesmo quadro.
10. Os limites de tolerância fixados no Quadro n.º 1 são válidos para jornadas de trabalho de até 48 (quarenta e oito) horas por semana, inclusive.

10.1 Para jornadas de trabalho que excedam as 48 (quarenta e oito) horas semanais dever-se-á cumprir o disposto no art. 60 da CLT.

QUADRO N.º 1
TABELA DE LIMITES DE TOLERÂNCIA

AGENTES QUÍMICOS	Valor teto	Absorção também p/pele	Até 48 horas/semana		Grau de insalubridade a ser considerado no caso de sua caracterização
			ppm*	mg/m3**	
Acetaldeído			78	140	máximo
Acetato de cellosolve		+	78	420	médio
Acetato de éter monoetílico de etileno glicol (vide acetado de cellsolve)			-	-	-
Acetato de etila			310	1090	mínimo
Acetato de 2-etóxi etila (vide acetato de cellosolve)			-	-	-
Acetileno			Axfixiante	simples	-
Acetona			780	1870	mínimo
Acetonitrila			30	55	máximo
Ácido acético			8	20	médio
Ácido cianídrico		+	8	9	máximo
Ácido clorídrico	+		4	5,5	máximo
Ácido crômico (névoa)			-	0,04	máximo
Ácido etanóico (vide ácido acético)			-	-	-
Ácido fluorídrico			2,5	1,5	máximo
Ácido fórmico			4	7	médio
Ácido metanóico (vide ácido fórmico)			-	-	-
Acrilato de metila		+	8	27	máximo
Acrilonitrila		+	16	35	máximo
Álcool isoamílico			78	280	mínimo
Álcool n-butílico	+	+	40	115	máximo
Álcool isobutílico			40	115	médio
Álcool sec-butílico (2-butanol)			115	350	médio
Álcool terc-butílico			78	235	médio
Álcool etílico			780	1480	mínimo
Álcool furfurílico		+	4	15,5	médio
Álcool metil amílico (vide metil isobutil carbinol)			-	-	-
Álcool metílico		+	156	200	máximo
Álcool n-propílico		+	156	390	médio
Álcool isopropílico		+	310	765	médio
Aldeído acético (vide acetaldeído)			-	-	-
Aldeído fórmico (vide formaldeído)			-	-	-
Amônia			20	14	médio
Anidro sulfuroso (vide dióxido de enxofre)			-	-	-
Anilina		+	4	15	máximo
Argônio			Asfixante	simples	-
Arsina (arsenamina)			0,04	0,16	máximo
Benzeno	*(Excluído pela Portaria SSST 03/1994.)*				
Brometo de etila			156	695	máximo
Brometo de metila		+	12	47	máximo
Bromo			0,08	0,6	máximo

AGENTES QUÍMICOS	Valor teto	Absorção também p/pele	Até 48 horas/semana		Grau de insalubridade a ser considerado no caso de sua caracterização
			ppm*	mg/m3**	
Bromoetano (vide brometo de etila)			-	-	
Bromofórmio		+	0,4	4	médio
Bromometano (vide brometo de metila)			-	-	
1,3 Butadieno			780	1720	médio
n-Butano			470	1090	médio
n-Butano (vide álcoo n-butílico)			-	-	
sec-Butanol (vide álcool sec-butílico)			-	-	
Butanona (vide metil etil cetona)			-	-	
1-Butanotiol (vide butil mercaptana)			-	-	
n-Butilamina	+	+	4	12	máximo
Butil cellosolve		+	39	190	médio
n-Butil mercaptana			0,4	1,2	médio
2-Butóxi etanol (vide butil cellosolve)			-	-	-
Cellosolve (vide 2-etóxi etanol)			-	-	
Chumbo			-	0,1	máximo
Cianeto de metila (vide acetonitrila)			-	-	
Cianeto de vinila (vide acrilonitrila)			-	-	-
Cianogênio			8	16	máximo
Ciclohexano			235	820	médio
Ciclohexanol			40	160	máximo
Ciclohexilamina		+	8	32	máximo
Cloreto de carbonila (vide fosgênio)			-	-	-
Cloreto de etila			780	2030	médio
Cloreto de fenila (vide cloro benzeno)			-	-	
Cloreto de metila			78	165	máximo
Cloreto de metileno			156	560	máximo
Cloreto de vinila	+		156	398	máximo
Cloreto de vinilideno			8	31	máximo
Cloro			0,8	2,3	máximo
Clorobenzeno			59	275	médio
Clorobromometano			156	820	máximo
Cloroetano (vide cloreto de etila)			-	-	
Cloroetílico (vide cloreto de vinila)			-	-	
Clorodifluometano (freon 22)			780	2730	mínimo
Clorofórmio			20	94	máximo
1-Cloro 1-nitropropano			16	78	máximo
Cloroprene		+	20	70	máximo
Cumeno		+	39	190	máximo
Decaborano		+	0,04	0,25	máximo
Demeton		+	0,008	0,08	máximo
Diamina (vide hidrazina)			-	-	-
Diborano			0,08	0,08	máximo
1,2-Dibramoetano		+	16	110	médio
o-Diclorobenzeno			39	235	máximo
Diclorodifluormetano (freon 12)	+		780	3860	mínimo
1,1 Dicloroetano			156	640	médio
1,2 Dicloroetano			39	156	máximo
1,1 Dicloroetileno (vide cloreto de vinilideno)			-	-	
1,2 Dicloroetileno			155	615	médio
Diclorometano (vide cloreto de metilino)			-	-	-
1,1 Dicloro-1-nitroetano	+		8	47	máximo
1,2 Dicloropropano			59	275	máximo
Diclorotetrafluoretano (freon 114)			780	5460	mínimo
Dietil amina			20	59	médio

AGENTES QUÍMICOS	Valor teto	Absorção também p/pele	Até 48 horas/semana		Grau de insalubridade a ser considerado no caso de sua caracterização
			ppm*	mg/m3**	
Dietil éter (vide éter etílico)			-	-	-
2,4 Diisocianato de tolueno (TDI)	+		0,016	0,11	máximo
Diisopropilamina		+	4	16	máximo
Dimetilacetamida		+	8	28	máximo
Dimetilamina			8	14	médio
Dimetiformamida			8	24	médio
I,I Dimetil hidrazina		+	0,4	0,8	máximo
Dióxido de carbono			3900	7020	mínimo
Dióxido de cloro			0,08	0,25	máximo
Dióxido de enxofre			4	10	máximo
Dióxido de nitrogênio	+		4	7	máximo
Dissulfeto de carbono		+	16	47	máximo
Estibina			0,08	0,4	máximo
Estireno			78	328	médio
Etanol (vide acetaldeído)			-	-	-
Etano			Asfixiante	simples	-
Etanol (vide etílico)			-	-	-
Etanotiol (vide etil mercaptana)			-	-	-
Éter decloroetílico		+	4	24	máximo
Éter etílico			310	940	médio
Éter monobutílico do etileno glicol (vide butil cellosolve			-	-	-
Éter monoetílico do etileno glicol (vide cellosolve)			-	-	-
Éter monometílico do etileno glicol (vide metil cellosolve)			-	-	-
Etilamina			8	14	máximo
Etilbenzeno			78	340	médio
Etileno			Asfixiante	simples	-
Etilenoimina		+	0,4	0,8	máximo
Etil mercaptana			0,4	0,8	médio
n-Etil morfolina		+	16	74	médio
2-Etoxietanol		+	78	290	médio
Fenol		+	4	15	máximo
Fluortriclorometano (freon 11)			780	4370	médio
Formaldeído (formol)	+		1,6	2,3	máximo
Fosfina (fosfamina)			0,23	0,3	máximo
Fosgênio			0,08	0,3	máximo
Freon 11 (vide flortriclorometano)			-	-	-
Freon 12 (vide diclorodiflormetano)			-	-	-
Freon 22 (vide clorodifluormetano)			-	-	-
Freon 113 (vide 1,1,2, tricloro-1,2,2-trifluoretano)			-	-	-
Freon 114 (vide declrorotetrafloretano)			-	-	-
Gás amoníaco (vide amônia)			-	-	-
Gás carbônico (vide dióxido de carbono			-	-	-
Gás cianídrico (vide ácido cianídrico)			-	-	-
Gás clorídrico (vide ácido clorídrico)			-	-	-
Gás sulfídrico			8	12	máximo
Hélio			Asfixiante	simples	-
Hidrazina		+	0,08	0,08	máximo
Hidreto de antimônio (vide estibina)			-	-	-
Hidrogênio			Asfixiante	simples	-
Isobutanol (vide álcool isobutílico)			-	-	-
Isopropilamina			4	9,5	médio
Isopropil benzeno (vide cumeno)			-	-	-
Mercúrio (todas as formas exceto orgânicas)			-	0,04	máximo
Metacrilato de metila			78	320	mínimo
Metano			Asfixiante	simples	-
Metanol (vide álcool metílico)			-	-	-
Metilamina			8	9,5	máximo
Metil cellosolve		+	20	60	máximo
Metil ciclohexanol			39	180	médio

AGENTES QUÍMICOS	Valor teto	Absorção também p/pele	Até 48 horas/semana		Grau de insalubridade a ser considerado no caso de sua caracterização
			ppm*	mg/m3**	
Metilclorofórmio			275	1480	médio
Metil demeton		+		0,4	máximo
metil etil cetona		+	155	460	médio
Metil isobutilcarbinol		+	20	78	máximo
Metil mercaptana (metanotiol)			0,4	0,8	médio
2-Metoxi etanol (vide metil cellosolve)			-	-	-
Monometil hidrazina	+	+	0,16	0,27	máximo
Monóxido de carbono			39	43	máximo
Negro de fumo(1)			-	3,5	máximo
Neônio			Asfixiante	simples	-
Níquel carbonila (níquel tetracarbonila)			0,04	0,28	máximo
Nitrato de n-propila			20	85	máximo
Nitroetano			78	245	médio
Nitrometano			78	195	máximo
1 - Nitropropano			20	70	médio
2 - Nitropropano			20	70	médio
Óxido de etileno			39	70	máximo
Óxido nítrico (NO)			20	23	máximo
Óxido nitroso (N2O)			Asfixiante	simples	
Ozona			0,08	0,16	máximo
Pentaborano			0,004	0,008	máximo
n-Pentano		+	470	1400	mínimo
Percloroetíleno			78	525	médio
Piridina			4	12	médio
n-propano			Asfixiante	simples	-
n-Propanol (vide álcool n-propílico)			-	-	-
iso-Propanol (vide álcool isopropílico)			-	-	-
Propanona (vide acetona)			-	-	-
Propileno			Asfixiante	simples	-
Propileno imina		+	1,6	4	máximo
Sulfato de dimetila	+	+	0,08	0,4	máximo
Sulfeto de hidrogênio (vide gás sulfídrico)			-		
Systox (vide demeton)			-	-	-
1,1,2,2,Tetrabromoetano			0,8	11	médio
Tetracloreto de carbono		+	8	50	máximo
Tetracloroetano		+	4	27	máximo
Tetracloroetileno (vide percloroetileno)			-		
Tetrahidrofurano			156	460	máximo
Tolueno (toluol)		+	78	290	médio
Tolueno-2,4-diisocianato (TDI) (vide 2,4 diisocianato de tolueno)			-	-	-
Tribromometano (vide bromofórmio)			-	-	-
Tricloreto de vinila (vide 1,1,2 tricloroetano)			-	-	-
1,1,1 Tricloroetano (vide metil clorofórmio)			-	-	
1,1,2 Tricloroetano		+	8	35	médio
Tricloroetileno			78	420	máximo
Triclorometano (vide clorofórmio)				-	-
1,2,3 Tricloropropano			40	235	máximo
1,1,2 Tricloro-1,2,2 trifluoretano (freon 113)			780	5930	médio
Trietilamina			20	78	máximo
Trifluormonobramometano			780	4760	médio
Vinibenzeno (vide estireno)			-	-	-
Xileno (xilol)			78	340	médio

* ppm – partes de vapor ou gás por milhão de partes de ar contaminado.

** mg/m3 – miligramas por metro cúbico de ar.

ANEXO N.º 12 LIMITES DE TOLERÂNCIA PARA POEIRAS MINERAIS

ASBESTO

1. O presente Anexo aplica-se a todas e quaisquer atividades nas quais os trabalhadores estão expostos ao asbesto no exercício do trabalho.

1.1. Entende-se por "asbesto", também denominado amianto, a forma fibrosa dos silicatos minerais pertencentes aos grupos de rochas metamórficas das serpentinas, isto é, a crisotila (asbesto branco), e dos anfibólios, isto é, a actinolita, a amosita (asbesto marrom), a antofilita, a crocidolita (asbesto azul), a tremolita ou qualquer mistura que contenha um ou vários destes minerais;

1.2. Entende-se por "exposição ao asbesto", a exposição no trabalho às fibras de asbesto respiráveis ou poeira de asbesto em suspensão no ar originada pelo asbesto ou por minerais, materiais ou produtos que contenham asbesto.

1.3. Entende-se por "fornecedor" de asbesto, o produtor e/ou distribuidor da matéria-prima "in natura".

2. Sempre que dois ou mais empregadores, embora cada um deles com personalidade jurídica própria, levem a cabo atividades em um mesmo local de trabalho, serão, para efeito de aplicação dos dispositivos legais previstos neste Anexo, solidariamente responsáveis contratante(s) e contratado(s).

2.1. Compete à(s) contratante(s) garantir os dispositivos legais previstos neste Anexo por parte do(s) contratado(s).

3. Cabe ao empregador elaborar normas de procedimento a serem adotadas em situações de emergência, informando os trabalhadores convenientemente, inclusive com treinamento específico.

3.1. Entende-se por "situações de emergência" qualquer evento não programado dentro do processo habitual de trabalho que implique o agravamento da exposição dos trabalhadores.

4. Fica proibida a utilização de qualquer tipo de asbesto do grupo anfibólio e dos produtos que contenham estas fibras.

4.1. A autoridade competente, após consulta prévia às organizações mais representativas de empregadores e de trabalhadores interessados, poderá autorizar o uso de anfibólios, desde que a substituição não seja exeqüível e sempre que sejam garantidas as medidas de proteção à saúde dos trabalhadores.

5. Fica proibida a pulverização (spray) de todas as formas do asbesto.

6. Fica proibido o trabalho de menores de dezoito anos em setores onde possa haver exposição à poeira de asbesto.

7. As empresas (públicas ou privadas) que produzem, utilizam ou comercializam fibras de asbesto e as responsáveis pela remoção de sistemas que contêm ou podem liberar fibras de asbesto para o ambiente deverão ter seus estabelecimentos cadastrados junto ao Ministério do Trabalho e da Previdência Social/Instituto Nacional de Seguridade Social, através de seu setor competente em matéria de segurança e saúde do trabalhador.

7.1. O referido cadastro será obtido mediante a apresentação do modelo Anexo I.

7.2. O número de cadastro obtido será obrigatoriamente apresentado quando da aquisição da matéria-prima junto ao fornecedor.

7.3. O fornecedor de asbesto só poderá entregar a matéria-prima a empresas cadastradas.

7.4. Os órgãos públicos responsáveis pela autorização da importação de fibras de asbesto só poderão fornecer a guia de importação a empresas cadastradas.

7.5. O cadastro deverá ser atualizado obrigatoriamente a cada 2 (dois) anos.

8. Antes de iniciar os trabalhos de remoção e/ou demolição, o empregador e/ou contratado, em conjunto com a representação dos trabalhadores, deverão elaborar um plano de trabalho onde sejam especificadas as medidas a serem tomadas, inclusive as destinadas a:

a) proporcionar toda proteção necessária aos trabalhadores;

b) limitar o desprendimento da poeira de asbesto no ar;

c) prever a eliminação dos resíduos que contenham asbesto.

9. Será de responsabilidade dos fornecedores de asbesto, assim como dos fabricantes e fornecedores de produtos contendo asbesto, a rotulagem adequada e suficiente, de maneira facilmente compreensível pelos trabalhadores e usuários interessados.

9.1. A rotulagem deverá conter, conforme modelo Anexo II:

- a letra minúscula "a" ocupando 40% (quarenta por cento) da área total da etiqueta;
- caracteres: "Atenção: contém amianto", "Respirar poeira de amianto é prejudicial à saúde" e "Evite risco: siga as instruções de uso".

9.2. A rotulagem deverá, sempre que possível, ser impressa no produto, em cor contrastante, de forma visível e legível.

10. Todos os produtos contendo asbesto deverão ser acompanhados de "instrução de uso" com, no mínimo, as seguintes informações: tipo de asbesto, risco à saúde e doenças relacionadas, medidas de controle e proteção adequada.

11. O empregador deverá realizar a avaliação ambiental de poeira de asbesto nos locais de trabalho, em intervalos não superiores a 6 (seis) meses.

11.1. Os registros das avaliações deverão ser mantidos por um período não inferior a 30 (trinta) anos.

11.2. Os representantes indicados pelos trabalhadores acompanharão o processo de avaliação ambiental.

11.3. Os trabalhadores e/ou seus representantes têm o direito de solicitar avaliação ambiental complementar nos locais de trabalho e/ou impugnar os resultados das avaliações junto à autoridade competente.

11.4. O empregador é obrigado a afixar o resultado dessas avaliações em quadro próprio de avisos para conhecimento dos trabalhadores.

12. O limite de tolerância para fibras respiráveis de asbesto crisotila é de 2,0 f/cm3.

12.1. Entende-se por "fibras respiráveis de asbesto" aquelas com diâmetro inferior a 3 micrômetros, comprimento maior que 5 micrômetros e relação entre comprimento e diâmetro superior a 3:1.

13. A avaliação ambiental será realizada pelo método do filtro de membrana, utilizando-se aumentos de 400 a 500x, com iluminação de contraste de fase.

13.1. Serão contadas as fibras respiráveis conforme subitem 12.1 independentemente de estarem ou não ligadas ou agregadas a outras partículas.

13.2. O método de avaliação a ser utilizado será definido pela ABNT/INMETRO.

13.3. Os laboratórios que realizarem análise de amostras ambientais de fibras dispersas no ar devem atestar a participação em programas de controle de qualidade laboratorial e sua aptidão para proceder às análises requeridas pelo método do filtro de membrana.

14. O empregador deverá fornecer gratuitamente toda vestimenta de trabalho que poderá ser contaminada por asbesto, não podendo esta ser utilizada fora dos locais de trabalho.

14.1. O empregador será responsável pela limpeza, manutenção e guarda da vestimenta de trabalho, bem como dos EPI utilizados pelo trabalhador.

14.2. A troca de vestimenta de trabalho será feita com freqüência mínima de duas vezes por semana.

15. O empregador deverá dispor de vestiário duplo para os trabalhadores expostos ao asbesto.

15.1. Entende-se por "vestiário duplo" a instalação que oferece uma área para guarda de roupa pessoal e outra, isolada, para guarda da vestimenta de trabalho, ambas com comunicação direta com a bateria de chuveiros.

15.2. As demais especificações de construção e instalação obedecerão às determinações das demais Normas Regulamentadoras.

16. Ao final de cada jornada diária de trabalho, o empregador deverá criar condições para troca de roupa e banho do trabalhador.

17. O empregador deverá eliminar os resíduos que contêm asbesto, de maneira que não se produza nenhum risco à saúde dos trabalhadores e da população em geral, de conformidade com as disposições legais previstas pelos órgãos competentes do meio ambiente e outros que porventura venham a regulamentar a matéria.

18. Todos os trabalhadores que desempenham ou tenham funções ligadas à exposição ocupacional ao asbesto serão submetidos a exames médicos previstos no subitem 7.1.3 da NR-7, sendo que por ocasião da admissão, demissão e anualmente devem ser realizados, obrigatoriamente, exames complementares, incluindo, além da avaliação clínica, telerradiografia de tórax e prova de função pulmonar (espirometria).

18.1. A técnica utilizada na realização das telerradiografias de tórax deverá obedecer ao padrão determinado pela Organização Internacional do Trabalho, especificado na Classificação Internacional de Radiografias de Pneumoconioses (OIT-1980).

18.2. As empresas ficam obrigadas a informar aos trabalhadores examinados, em formulário próprio, os resultados dos exames realizados.

19. Cabe ao empregador, após o término do contrato de trabalho envolvendo exposição ao asbesto, manter disponível a realização periódica de exames médicos de controle dos trabalhadores durante 30 (trinta) anos.

19.1 Estes exames deverão ser realizados com a seguinte periodicidade:

a) a cada 3 (três) anos para trabalhadores com período de exposição de 0 (zero) a 12 (doze) anos;

b) a cada 2 (dois) anos para trabalhadores com período de exposição de 12 (doze) a 20 (vinte) anos;

c) anual para trabalhadores com período de exposição superior a 20 (vinte) anos.

19.2. O trabalhador receberá, por ocasião da demissão e retornos posteriores, comunicação da data e local da próxima avaliação médica.

20. O empregador deve garantir informações e treinamento aos trabalhadores, com freqüência mínima anual, priorizando os riscos e as medidas de proteção e controle devido à exposição ao asbesto.

20.1. Os programas de prevenção já previstos em lei (curso da CIPA, SIPAT, etc.) devem conter informações específicas sobre os riscos de exposição ao asbesto.

21. Os prazos de notificações e os valores das infrações estão especificados no Anexo III.

22. As exigências contidas neste anexo entrarão em vigor em 180 (cento e oitenta dias) a contar da data de sua publicação, revogadas as disposições em contrário.

ANEXO I
MODELO DO CADASTRO DOS UTILIZADORES DO ASBESTO

I – IDENTIFICAÇÃO

Nome ____________________

Endereço: ____________________

Bairro: ____________________

Cidade: ____________________

Telefone: ____________________

CEP: ____________ CGC: ____________

Ramo de Atividade: ____________________

CNAE ____________________

II – DADOS DE PRODUÇÃO

1. Número de Trabalhadores

- Total: ____________________

  Menores: ____________________

  Mulheres: ____________________

- Em contato direto com o asbesto: ____________________

2. Procedência do asbesto

Nacional ☐

Importado ☐

Nome do(s) fornecedor(es)

____

____

____

3. Produtos Fabricados

Gênero de produto que contém asbesto	Utilização a que se destina

4. Observações: ____________________

____

____

NOTA: As declarações acima prestadas são de inteira responsabilidade da empresa, passíveis de verificação e eventuais penalidades facultadas pela lei.

___/___/___

____

Assinatura e carimbo

ANEXO II

- Deixamos de publicar a Figura deste anexo.

ANEXO III

Item e Subitem	Prazo	Infração
- 2.1	P_4	I_4
- 3	P_2	I_2
- 4	P_1	I_4
- 5	P_1	I_4
- 6	P_1	I_4
- 7, 7.2, 7.4	P_1	I_3
- 8	P_2	I_3
- 9, 9.1, 9.2	P_4	I_3
- 10	P_4	I_3
- 11, 11.1, 11.2 e 11.4	P_4	I_3
- 12	P_4	I_4
- 14, 14.1, 14.2	P_3	I_3
- 15	P_4	I_3
- 16	P_1	I_1
- 17	P_4	I_4
- 18, 18.2	P_3	I_2
- 19, 19.1	P_1	I_1
- 20, 20.1	P_1	I_1

MANGANÊS E SEUS COMPOSTOS

1. O limite de tolerância para as operações com manganês e seus compostos referente à extração, tratamento, moagem, transporte do minério, ou ainda a outras operações com exposição a poeiras do manganês ou de seus compostos é de até 5mg/m3 no ar, para jornada de até 8 (oito) horas por dia.

2. O limite de tolerância para as operações com manganês e seus compostos referente à metalurgia de minerais de manganês, fabricação de compostos de manganês, fabricação de baterias e pilhas secas, fabricação de vidros especiais e cerâmicas, fabricação e uso de eletrodos de solda, fabricação de produtos químicos, tintas e fertilizantes, ou ainda outras operações com exposição a fumos de manganês ou de seus compostos é de até 1mg/m3 no ar, para jornada de até 8 (oito) horas por dia.

3. Sempre que os limites de tolerância forem ultrapassados, as atividades e operações com o manganês e seus compostos serão consideradas como insalubres no grau máximo.

4. O pagamento do adicional de insalubridade por parte do empregador não o desobriga da adoção de medidas de prevenção e controle que visem minimizar os riscos dos ambientes de trabalho.

5. As avaliações de concentração ambiental e caracterização da insalubridade somente poderão ser realizadas por engenheiro de segurança do trabalho ou médico do trabalho conforme previsto no art. 195 da CLT.

6. As seguintes recomendações e medidas de prevenção de controle são indicadas para as operações com manganês e seus compostos, independentemente dos limites de tolerância terem sido ultrapassados ou não:

- Substituição de perfuração a seco por processos úmidos;
- Perfeita ventilação após detonações, antes de se reiniciarem os trabalhos;
- Ventilação adequada, durante os trabalhos, em áreas confinadas;
- Uso de equipamentos de proteção respiratória com filtros mecânicos para áreas contaminadas;
- Uso de equipamentos de proteção respiratórios com linha de ar mandado, para trabalhos, por pequenos períodos, em áreas altamente contaminadas;
- Uso de máscaras autônomas para casos especiais e treinamentos específicos;
- Rotatividade das atividades e turnos de trabalho para os perfuradores e outras atividades penosas;
- Controle da poeira em níveis abaixo dos permitidos.

7. As seguintes precauções de ordem médica e de higiene são de caráter obrigatório para todos os trabalhadores expostos às operações com manganês e seus compostos, independentemente dos limites de tolerância terem sido ultrapassados ou não:

- Exames médicos pré-admissionais e periódicos;
- Exames adicionais para as causas de absenteísmo prolongado, doença, acidentes ou outros casos;
- Não-admissão de empregado portador de lesões respiratórias orgânicas, de sistema nervoso central e disfunções sangüíneas para trabalhos em exposição ao manganês;
- Exames periódicos de acordo com os tipos de atividades de cada trabalhador, variando de períodos de 3 (três) a 6 (seis) meses para os trabalhos do subsolo e de 6 (seis) meses a anualmente para os trabalhadores de superfície;
- Análises biológicas de sangue;
- Afastamento imediato de pessoas com sintomas de intoxicação ou alterações neurológicas ou psicológicas;
- Banho obrigatório após a jornada de trabalho;
- Troca de roupas de passeio/serviço/passeio;
- Proibição de se tomarem refeições nos locais de trabalho.

SÍLICA LIVRE CRISTALIZADA

1. O limite de tolerância, expresso em milhões de partículas por decímetro cúbico, é dado pela seguinte fórmula:

$$L.T. = \frac{8,5}{\%\ quartzo + 10}\ mppdc^*$$

*mppdc (milhões de partículas por decímetro cúbico)

Esta fórmula é válida para amostras tomadas com impactador (impinger) no nível da zona respiratória e contadas pela técnica de campo claro. A percentagem de quartzo é a quantidade determinada através de amostras em suspensão aérea.

2. O limite de tolerância para poeira respirável, expresso em mg/m3, é dado pela seguinte fórmula:

$$L.T. = \frac{8}{\%\ quartzo + 2}\ mg/m^3$$

3. Tanto a concentração como a percentagem do quartzo, para a aplicação deste limite, devem ser determinadas a partir da porção que passa por um seletor com as características do Quadro n.º 1.

QUADRO N.º 1

Diâmetro Aerodinâmico (um) (esfera de densidade unitária)	% de passagem pelo seletor
menor ou igual a 2	90
2,5	75
3,5	50
5,0	25
10,0	0 (zero)

4. O limite de tolerância para poeira total (respirável e não – respirável), expresso em mg/m3, é dado pela seguinte fórmula:

$$L.T. = \frac{24}{\%\ quartzo + 3}\ mg/m3$$

5. Sempre será entendido que "Quartzo" significa sílica livre cristalizada.

6. Os limites de tolerância fixados no item 5 são válidos para jornadas de trabalho de até 48 (quarenta e oito) horas por semana, inclusive.

6.1. Para jornadas de trabalho que excedem a 48 (quarenta e oito) horas semanais, os limites deverão ser deduzidos, sendo estes valores fixados pela autoridade competente.

7. Fica proibido o processo de trabalho de jateamento que utilize areia seca ou úmida como abrasivo.

8. As máquinas e ferramentas utilizadas nos processos de corte e acabamento de rochas ornamentais devem ser dotadas de sistema de umidificação capaz de minimizar ou eliminar a geração de poeira decorrente de seu funcionamento.

ANEXO N.º 13
AGENTES QUÍMICOS

1. Relação das atividades e operações envolvendo agentes químicos, consideradas, insalubres em decorrência de inspeção realizada no local de trabalho. Excluam-se desta relação as atividades ou operações com os agentes químicos constantes dos Anexos 11 e 12.

ARSÊNICO

Insalubridade de grau máximo

Extração e manipulação de arsênico e preparação de seus compostos. Fabricação e preparação de tintas à base de arsênico.

Fabricação de produtos parasiticidas, inseticidas e raticidas contendo compostos de arsênico. Pintura a pistola com pigmentos de compostos de arsênico, em recintos limitados ou fechados. Preparação do Secret.

Produção de trióxido de arsênico.

Insalubridade de grau médio

Bronzeamento em negro e verde com compostos de arsênico.

Conservação e peles e plumas; depilação de peles à base de compostos de arsênico. Descoloração de vidros e cristais à base de compostos de arsênico.

Emprego de produtos parasiticidas, inseticidas e raticidas à base de compostos de arsênico.

Fabricação de cartas de jogar, papéis pintados e flores artificiais à base de compostos de arsênico. Metalurgia de minérios arsenicais (ouro, prata, chumbo, zinco, níquel, antimônio, cobalto e ferro). Operações de galvanotécnica à base de compostos de arsênico.

Pintura manual (pincel, rolo e escova) com pigmentos de compostos de arsênico em recintos limitados ou fechados, exceto com pincel capilar.

Insalubridade de grau mínimo

Empalhamento de animais à base de compostos de arsênico. Fabricação de tafetá *"sire"*.

Pintura a pistola ou manual com pigmentos de compostos de arsênico ao ar livre.

CARVÃO

Insalubridade de grau máximo

Trabalho permanente no subsolo em operações de corte, furação e desmonte, de carregamento no local de desmonte, em atividades de manobra, nos pontos de transferência de carga e de viradores.

Insalubridade de grau médio

Demais atividades permanentes do subsolo compreendendo serviços, tais como: operações de locomotiva, condutores, engatadores, bombeiros, madeireiros, trilheiros e eletricistas.

Insalubridade de grau mínimo

Atividades permanentes de superfícies nas operações a seco, com britadores, peneiras, classificadores, carga e descarga de silos, de transportadores de correia e de teleférreos.

CHUMBO

Insalubridade de grau máximo

Fabricação de compostos de chumbo, carbonato, arseniato, cromato mínio, litargírio e outros.

Fabricação de esmaltes, vernizes, cores, pigmentos, tintas, ungüentos, óleos, pastas, líquidos e pós à base de compostos de chumbo.

Fabricação e restauração de acumuladores, pilhas e baterias elétricas contendo compostos de chumbo. Fabricação e emprego de chumbo tetraetila e chumbo tetrametila.

Fundição e laminação de chumbo, de zinco velho cobre e latão.

Limpeza, raspagem e reparação de tanques de mistura, armazenamento e demais trabalhos com gasolina contendo chumbo tetraetila.

Pintura a pistola com pigmentos de compostos de chumbo em recintos limitados ou fechados. Vulcanização de borracha pelo litargírio ou outros compostos de chumbo.

Insalubridade de grau médio

Aplicação e emprego de esmaltes, vernizes, cores, pigmentos, tintas, ungüentos, óleos, pastas, líquidos e pós à base de compostos de chumbo.

Fabricação de porcelana com esmaltes de compostos de chumbo.

Pintura e decoração manual (pincel, rolo e escova) com pigmentos de compostos de chumbo (exceto pincel capilar), em recintos limitados ou fechados.

Tinturaria e estamparia com pigmentos à base de compostos de chumbo.

Insalubridade de grau mínimo

Pintura a pistola ou manual com pigmentos de compostos de chumbo ao ar livre.

CROMO

Insalubridade de grau máximo

Fabricação de cromatos e bicromatos.

Pintura a pistola com pigmentos de compostos de cromo, em recintos limitados ou fechados.

Insalubridade de grau médio

Cromagem eletrolítica dos metais.

Fabricação de palitos fosfóricos à base de compostos de cromo (preparação da pasta e trabalho nos secadores). Manipulação de cromatos e bicromatos.

Pintura manual com pigmentos de compostos de cromo em recintos limitados ou fechados (exceto pincel capilar). Preparação por processos fotomecânicos de clichês para impressão à base de compostos de cromo.

Tanagem a cromo.

FÓSFORO

Insalubridade de grau máximo

Extração e preparação de fósforo branco e seus compostos. Fabricação de defensivos fosforados e organofosforados.

Fabricação de projéteis incendiários, explosivos e gases asfixiantes à base de fósforo branco.

Insalubridade de grau médio

Emprego de defensivos organofosforados. Fabricação de bronze fosforado.

Fabricação de mechas fosforadas para lâmpadas de mineiros.

HIDROCARBONETOS E OUTROS COMPOSTOS DE CARBONO

Insalubridade de grau máximo

Destilação do alcatrão da hulha. Destilação do petróleo.

Manipulação de alcatrão, breu, betume, antraceno, óleos minerais, óleo queimado, parafina ou outras substâncias cancerígenas afins.

Fabricação de fenóis, cresóis, naftóis, nitroderivados, aminoderivados, derivados halogenados e outras substâncias tóxicas derivadas de hidrocarbonetos cíclicos.

Pintura a pistola com esmaltes, tintas, vernizes e solventes contendo hidrocarbonetos aromáticos.

Insalubridade de grau médio

Emprego de defensivos organoclorados: DDT (diclorodifeniltricloretano) DDD (diclorodifenildicloretano), metoxicloro (dimetoxidifeniltricloretano), BHC (hexacloreto de benzeno) e seus compostos e isômeros.

Emprego de defensivos derivados do ácido carbônico.

Emprego de aminoderivados de hidrocarbonetos aromáticos (homólogos da anilina). Emprego de cresol, naftaleno e derivados tóxicos.

Emprego de isocianatos na formação de poliuretanas (lacas de desmoldagem, lacas de dupla composição, lacas protetoras de madeira e metais, adesivos especiais e outros produtos à base de poliisocianetos e poliuretanas).

Emprego de produtos contendo hidrocarbonetos aromáticos como solventes ou em limpeza de peças.

Fabricação de artigos de borracha, de produtos para impermeabilização e de tecidos impermeáveis à base de hidrocarbonetos.

Fabricação de linóleos, celulóides, lacas, tintas, esmaltes, vernizes, solventes, colas, artefatos de ebonite, guta-percha, chapéus de palha e outros à base de hidrocarbonetos.

Limpeza de peças ou motores com óleo diesel aplicado sob pressão (nebulização).

Pintura a pincel com esmaltes, tintas e vernizes em solvente contendo hidrocarbonetos aromáticos.

MERCÚRIO

Insalubridade de grau máximo

Fabricação e manipulação de compostos orgânicos de mercúrio.

SILICATOS

Insalubridade de grau máximo

Operações que desprendam poeira de silicatos em trabalhos permanentes no subsolo, em minas e túneis (operações de corte, furação, desmonte, carregamentos e outras atividades exercidas no local do desmonte e britagem no subsolo).

Operações de extração, trituração e moagem de talco.

Fabricação de material refratário, como refratários para fôrmas, chaminés e cadinhos; recuperação de resíduos.

SUBSTÂNCIAS CANCERÍGENAS

Para as substâncias ou processos as seguir relacionados, não deve ser permitida nenhuma exposição ou contato, por qualquer via:

- 4 – amino difenil (p-xenilamina);
- Produção de Benzidina;
- Betanaftilamina;
- 4 – nitrodifenil,

Entende-se por nenhuma exposição ou contato significa hermetizar o processo ou operação, através dos melhores métodos praticáveis de engenharia, sendo que o trabalhador deve ser protegido adequadamente de modo a não permitir nenhum contato com o carcinogênico.

Sempre que os processos ou operações que envolvem as 4 (quatro) substâncias citadas não forem hermetizados, será considerada como situação de risco grave e iminente para o trabalhador, além de insalubridade de grau máximo.

Para o Benzeno, deve ser observado o disposto no anexo 13-A.

OPERAÇÕES DIVERSAS

Insalubridade de grau máximo

Operações com cádmio e seus compostos, extração, tratamento, preparação de ligas, fabricação e emprego de seus compostos, solda com cádmio, utilização em fotografia com luz ultravioleta, em fabricação de vidros, como antioxidante, em revestimentos metálicos, e outros produtos.

Operações com as seguintes substâncias:

- Éter bis (cloro-metílico)
- Benzopireno
- Berílio
- Cloreto de dimetil-carbamila
- 3,3' – dicloro-benzidina
- Dióxido de vinil ciclohexano
- Epicloridrina
- Hexametilfosforamida
- 4,4' – metileno bis (2-cloro anilina)
- 4,4' – metileno dianilina
- Nitrosaminas
- Propano sultone
- Betapropiolactona
- Tálio
- Produção de trióxido de amônio ustulação de sulfeto de níquel.

Insalubridade de grau médio

Aplicação a pistola de tintas de alumínio.

Fabricação de pós de alumínio (trituração e moagem). Fabricação de emetina e pulverização de ipeca.

Fabricação e manipulação de ácido oxálico, nítrico sulfúrico, bromídrico, fosfórico, pícrico. Metalização a pistola.

Operações com o timbó.

Operações com bagaço de cana nas fases de grande exposição à poeira.

Operações de galvanoplastia: douração, prateação, niquelagem, cromagem, zincagem, cobreagem, anodização de alumínio.

Telegrafia e radiotelegrafia, manipulação em aparelhos do tipo Morse e recepção de sinais em fones. Trabalhos com escórias de Thomás: remoção, trituração, moagem e acondicionamento.

Trabalho de retirada, raspagem a seco e queima de pinturas. Trabalhos na extração de sal (salinas).

Fabricação e manuseio de álcalis cáusticos.

(Revogado pela Portaria SSMT 12/1983.)

Insalubridade de grau mínimo

Fabricação e transporte de cal e cimento nas fases de grande exposição a poeiras.

Trabalhos de carregamento, descarregamento ou remoção de enxofre ou sulfitos em geral, em sacos ou a granel.

ANEXO N.º 13-A

BENZENO

1. O presente Anexo tem como objetivo regulamentar ações, atribuições e procedimentos de prevenção da exposição ocupacional ao benzeno, visando à proteção da saúde do trabalhador, visto tratar-se de um produto comprovadamente cancerígeno.

2. O presente Anexo se aplica a todas as empresas que produzem, transportam, armazenam, utilizam ou manipulam benzeno e suas misturas líquidas contendo 1% (um por cento) ou mais de volume e aquelas por elas contratadas, no que couber.

2.1. O presente Anexo não se aplica às atividades de armazenamento, transporte, distribuição, venda e uso de combustíveis derivados de petróleo.

3. Fica proibida a utilização do benzeno, a partir de 01 de janeiro de 1997, para qualquer emprego, exceto nas indústrias e laboratórios que:

a) o produzem;

b) o utilizem em processos de síntese química;

c) o empreguem em combustíveis derivados de petróleo;

d) o empreguem em trabalhos de análise ou investigação realizados em laboratório, quando não for possível sua substituição.

3.1. *(Revogado pela Portaria SIT 203/2011.)*

3.2. As empresas que utilizam benzeno em atividades que não as identificadas nas alíneas do item 3 e que apresentem inviabilidade técnica ou econômica de sua substituição deverão comprová-la quando da elaboração do Programa de Prevenção da Exposição Ocupacional ao Benzeno – PPEOB.

3.3. *(Revogado pela Portaria SIT 291/2011.)*

4. As empresas que produzem, transportam, armazenam, utilizam ou manipulam benzeno e suas misturas líquidas contendo 1% (um por cento) ou mais de volume devem cadastrar seus estabelecimentos no DSST.

4.1. Para o cadastramento previsto no item 4, a empresa deverá apresentar ao DSST as seguintes informações:

a) identificação da empresa (nome, endereço, CGC, ramo de atividade e Classificação Nacional de Atividade Econômica – CNAE);

b) número de trabalhadores por estabelecimento;

c) nome das empresas fornecedoras de benzeno, quando for o caso;

d) utilização a que se destina o benzeno;

e) quantidade média de processamento mensal;

f) documento-base do PPEOB.

4.1.1 Somente serão cadastradas as instalações concluídas e aptas a operar.

4.1.2 Para o cadastramento de empresas e instituições que utilizam benzeno apenas em seus laboratórios, processos de análise ou pesquisa, quando não for possível a sua substituição, a solicitação deve ser acompanhada de declaração assinada pelos responsáveis legal e técnico da empresa ou instituição, com justificativa sobre a inviabilidade da substituição.

4.1.2.1 O PPEOB do laboratório de empresas ou instituições enquadradas no subitem 4.1.2 deve ser mantido à disposição da fiscalização no local de trabalho, não sendo necessário o seu encaminhamento para o Departamento de Segurança e Saúde no Trabalho – DSST.

4.2. A comprovação de cadastramento deverá ser apresentada quando da aquisição do benzeno junto ao fornecedor.

4.3. As fornecedoras de benzeno só poderão comercializar o produto para empresas cadastradas.

4.4. As empresas constantes deverão manter, por 10 (dez) anos, uma relação atualizada das empresas por elas contratadas que atuem nas áreas incluídas na caracterização prevista no PPEOB, contendo:

- identificação da contratada;
- período de contratação;
- atividade desenvolvida;
- número de trabalhadores.

4.5. O cadastramento da empresa ou instituição poderá ser suspenso em caso de infração à legislação do benzeno, de acordo com os procedimentos previstos em portaria específica.

4.6. As alterações de instalações que impliquem modificação na utilização a que se destina o benzeno e a quantidade média de processamento mensal devem ser informadas ao DSST, para fins de atualização dos dados de cadastramento da empresa.

5. As empresas que produzem, transportam, armazenam, utilizam ou manipulam benzeno em suas misturas líquidas contendo 1% (um por cento) ou mais do volume devem apresentar ao DSST o documento-base do PPEOB, juntamente com as informações previstas no subitem 4.1.

5.1. *(Revogado pela Portaria SIT 203/ 2011.)*

5.2. O PPEOB, elaborado pela empresa, deve representar o mais elevado grau de compromisso de sua diretoria com os princípios e diretrizes da prevenção da exposição dos trabalhadores ao benzeno devendo:

a) ser formalizado através de ato administrativo oficial do ocupante do cargo gerencial mais elevado;

b) ter indicação de um responsável pelo Programa que responderá pelo mesmo junto aos órgãos públicos, às representações dos trabalhadores específicas para o benzeno e ao sindicato profissional da categoria.

5.3. No PPEOB deverão estar relacionados os empregados responsáveis pela sua execução, com suas respectivas atribuições e competências.

5.4. O conteúdo do PPEOB deve ser aquele estabelecido pela Norma Regulamentadora n.º 9 – Programa de Prevenção de Riscos Ambientais, com a redação dada pela Portaria n.º 25, de 29.12.94, acrescido de:

- caracterização das instalações contendo benzeno ou misturas que o contenham em concentração maior do que 1% (um por cento) em volume;
- avaliação das concentrações de benzeno para verificação da exposição ocupacional e vigilância do ambiente de trabalho segundo a Instrução Normativa – IN n.º 01;
- ações de vigilância à saúde dos trabalhadores próprios e de terceiros, segundo a Instrução Normativa – IN n.º 02;
- descrição do cumprimento das determinações da Portaria e acordos coletivos referentes ao benzeno;
- procedimentos para o arquivamento dos resultados de avaliações ambientais previstas na IN n.º 01 por 40 (quarenta) anos;
- adequação da proteção respiratória ao disposto na Instrução Normativa n.º 01, de 11.4.94;
- definição dos procedimentos operacionais de manutenção, atividades de apoio e medidas de organização do trabalho necessárias para a prevenção da exposição ocupacional ao benzeno. Nos procedimentos de manutenção deverão ser descritos os de caráter emergencial, rotineiros e preditivos, objetivando minimizar possíveis vazamentos ou emissões fugitivas;
- levantamento de todas as situações onde possam ocorrer concentrações elevadas de benzeno, com dados qualitativos e quantitativos que contribuam para a avaliação ocupacional dos trabalhadores;
- procedimentos para proteção coletiva e individual dos trabalhadores, do risco de exposição ao benzeno nas situações críticas verificadas no item anterior, através de medidas tais como: organização do trabalho, sinalização apropriada, isolamento de área, treinamento específico, ventilação apropriada, proteção respiratória adequada e proteção para evitar contato com a pele;
- descrição dos procedimentos usuais nas operações de drenagem, lavagem, purga de equipamentos, operação manual de válvulas, transferências, limpezas, controle de vazamentos, partidas e paradas de unidades que requeiram procedimentos rigorosos de controle de emanação de vapores e prevenção de contato direto do trabalhador com o benzeno;
- descrição dos procedimentos e recursos necessários para o controle da situação de emergência, até o retorno à normalidade;
- cronograma detalhado das mudanças que deverão ser realizadas na empresa para a prevenção da exposição ocupacional ao benzeno e a adequação ao Valor de Referência Tecnológico;
- exigências contratuais pertinentes, que visem adequar as atividades de empresas contratadas à observância do Programa de contratante;
- procedimentos específicos de proteção para o trabalho do menor de 18 (dezoito) anos, mulheres grávidas ou em período de amamentação.

6. Valor de Referência Tecnológico – VRT se refere à concentração de benzeno no ar considerada exeqüível do ponto de vista técnico, definido em processo de negociação tripartite. O VRT deve ser considerado como referência para os programas de melhoria contínua das condições dos ambientes de trabalho. O cumprimento do VRT é obrigatório e não exclui risco à saúde.

6.1. O princípio da melhoria contínua parte do reconhecimento de que o benzeno é uma substância comprovadamente carcinogênica, para a qual não existe limite seguro de exposição. Todos os esforços devem ser dispendidos continuamente no sentido de buscar a tecnologia mais adequada para evitar a exposição do trabalhador ao benzeno.

6.2. Para fins de aplicação deste Anexo, é definida uma categoria de VRT.

VRT-MPT que corresponde à concentração média de benzeno no ar ponderada pelo tempo, para uma jornada de trabalho de 8 (oito) horas, obtida na zona de respiração dos trabalhadores, individualmente ou de Grupos Homogêneos de Exposição – GHE, conforme definido na Instrução Normativa n.º 01.

6.2.1 Os valores Limites de Concentração – LC a serem utilizados na IN n.º 01, para o cálculo do Índice de Julgamento "I", são os VRT-MPT estabelecidos a seguir.

7. Os valores estabelecidos para os VRT-MPT são:

- 1,0 (um) ppm para as empresas abrangidas por este Anexo (com exceção das empresas siderúrgicas, as produtoras de álcool anidro e aquelas que deverão substituir o benzeno a partir de 1º.01.97).
- 2,5 (dois e meio) ppm para as empresas siderúrgicas.

7.1. O Fator de Conversão da concentração de benzeno de ppm para mg/m3 é: 1ppm = 3,19 mg/m3 nas condições de 25º C, 101 kPa ou 1 atm.

7.2. Os prazos de adequação das empresas aos referidos VRT-MPT serão acordados entre as representações de trabalhadores, empregadores e de governo.

7.3. Situações consideradas de maior risco ou atípicas devem ser obrigatoriamente avaliadas segundo critérios de julgamento profissional que devem estar especificados no relatório da avaliação.

7.4. As avaliações ambientais deverão seguir o disposto na Instrução Normativa n.º 01 "Avaliação das Concentrações de Benzeno em Ambientes de Trabalho".

8. Entende-se como Vigilância da Saúde o conjunto de ações e procedimentos que visam à detecção, o mais precocemente possível, de efeitos nocivos induzidos pelo benzeno à saúde dos trabalhadores.

8.1. Estas ações e procedimentos deverão seguir o disposto na Instrução Normativa n.º 02 sobre "Vigilância da Saúde dos Trabalhadores na Prevenção da Exposição Ocupacional ao Benzeno."

9. As empresas abrangidas pelo presente Anexo, e aquelas por elas contratadas quando couber, deverão garantir a constituição de representação específica dos trabalhadores para o benzeno objetivando a acompanhar a elaboração, implantação e desenvolvimento do Programa de Prevenção da Exposição Ocupacional ao Benzeno.

9.1. A organização, constituição, atribuições e treinamento desta representação serão acordadas entre as representações dos trabalhadores e empregadores.

10. Os trabalhadores das empresas abrangidas pelo presente Anexo, e aquelas por elas contratadas, com risco de exposição ao benzeno, deverão participar de treinamento sobre os cuidados e as medidas de prevenção.

11. As áreas, recipientes, equipamentos e pontos com risco de exposição ao benzeno deverão ser sinalizadas com os dizeres – "Perigo: Presença de Benzeno – Risco à Saúde" e o acesso a estas áreas deverá ser restringido às pessoas autorizadas.

12. A informação sobre os riscos do benzeno à saúde deve ser permanente, colocando-se à disposição dos trabalhadores uma "Ficha de Informações de Segurança sobre Benzeno", sempre atualizada.

13. Será de responsabilidade dos fornecedores de benzeno, assim como dos fabricantes e fornecedores de produtos contendo benzeno, a rotulagem adequada, destacando a ação cancerígena do produto, de maneira facilmente compreensível pelos trabalhadores e usuários, incluindo obrigatoriamente instrução de uso, riscos à saúde e doenças relacionadas, medidas de controle adequadas, em cores contrastantes, de forma legível e visível.

14. Quando da ocorrência de situações de emergência, situação anormal que pode resultar em uma imprevista liberação de benzeno que possa exceder o VRT-MPT, devem ser adotados os seguintes procedimentos:

a) após a ocorrência de emergência, deve-se assegurar que a área envolvida tenha retornado à condição anterior através de monitorizações sistemáticas. O tipo de monitorização deverá ser avaliado dependendo da situação envolvida;

b) caso haja dúvidas das condições das áreas, deve-se realizar uma bateria padronizada de avaliação ambiental nos locais e dos grupos homogêneos de exposição envolvidos nestas áreas;

c) o registro da emergência deve ser feito segundo o roteiro que se segue: – descrição da emergência – descrever as condições em que a emergência ocorreu indicando:

- atividade; local, data e hora da emergência;
- causas da emergência;
- planejamento feito para o retorno à situação normal;
- medidas para evitar reincidências;
- providências tomadas a respeito dos trabalhadores expostos.

15. Os dispositivos estabelecidos nos itens anteriores, decorrido o prazo para sua aplicação, são de autuação imediata, dispensando prévia notificação, enquadrando-se na categoria "I-4", prevista na NR-28.

Dispõe a Portaria 14/95:

"[...]

Art. 3º As empresas que produzem, transportam, utilizam ou manipulam benzeno e suas misturas líquidas contendo 1% (um por cento) ou mais de volume deverão, no prazo máximo de 90 (noventa) dias da data de publicação desta Portaria, ter seus estabelecimentos cadastrados junto à Secretaria de Segurança e Saúde no Trabalho do Ministério do Trabalho – SSST/MTb.

Art. 4º As empresas que produzem, transportam, armazenam, utilizam ou manipulam benzeno e suas misturas líquidas contendo 1% (um por cento) ou mais de volume deverão apresentar à SSST/MTb, no prazo máximo de 180 (cento e oitenta) dias, após a publicação desta Portaria, o Programa de Prevenção de Exposição Ocupacional ao Benzeno – PPEOB.

Parágrafo único. Ficam excluídas desta obrigatoriedade as empresas produtoras de álcool anidro e aquelas proibidas de utilizarem o benzeno".

OPERAÇÕES DIVERSAS

Insalubridade de grau máximo

Operações com cádmio e seus compostos:

- extração, tratamento, preparação de ligas, fabricação e emprego de seus compostos, solda com cádmio, utilização em fotografia com luz ultravioleta, em fabricação de vidros, como antioxidante em revestimentos metálicos, e outros produtos.

Operações com as seguintes substâncias:

- éterbis (cloro-metílico);
- benzopireno;
- berílio;
- cloreto de dimetil-carbamila;
- 3,3' – dicloro-benzidina;
- dióxido de venil ciclohexano;
- epicloridrina;
- hexametilfosforamida;
- 4,4'- metileno bis (2-cloro anilina);
- 4,4'- metileno dianilina;
- nitrosaminas;
- propano sultone;
- beta-propiolactona; e
- tálio.

PRODUÇÃO DE TRIÓXIDO DE AMÔNIO – USTULAÇÃO DE SULFETO DE NÍQUEL

Insalubridade de grau médio

- Aplicação a pistola de tintas de alumínio.

Fabricação de pós de alumínio (trituração e moagem). Fabricação de emetina e pulverização de ipeca.

Fabricação e manipulação de ácido oxálico, nítrico e sulfúrico, bromídrico, fosfórico, pícrico. Metalização a pistola.

Operações com bagaço de cana nas fases de grande exposição à poeira. Operações com o timbó.

Operações de galvanoplastia: douração, prateação, niquelagem, cromagem, zincagem, cobreagem, anodização de alumínio.

Telegrafia e radiotelegrafia, manipulação em aparelhos do tipo Morse e recepção de sinais em fones. Trabalhos com escórias de Thomas: remoção, trituração, moagem e acondicionamento.

Trabalho de retirada, raspagem a seco e queima de pinturas. Trabalhos na extração de sal (salinas).

FABRICAÇÃO E MANUSEIO DE ÁLCALIS CÁUSTICOS

Insalubridade de grau mínimo

Fabricação e transporte de cal e cimento nas fases de grande exposição à poeira.

Trabalhos de carregamento, descarregamento ou remoção de enxofre ou sulfitos em geral, em sacos ou granel.

AGENTES BIOLÓGICOS

(Revogado pela Portaria SSST 12/1979.)

ANEXO N.º 14
AGENTES BIOLÓGICOS

Relação das atividades que envolvem agentes biológicos, cuja insalubridade é caracterizada pela avaliação qualitativa.

Insalubridade de grau máximo

Trabalho ou operações, em contato permanente com:

- pacientes em isolamento por doenças infecto-contagiosas, bem como objetos de seu uso, não previamente esterilizados;
- carnes, glândulas, vísceras, sangue, ossos, couros, pêlos e dejeções de animais portadores de doenças infecto- contagiosas (carbunculose, brucelose, tuberculose);
- esgotos (galerias e tanques); e
- lixo urbano (coleta e industrialização).

Insalubridade de grau médio

Trabalhos e operações em contato permanente com pacientes, animais ou com material infecto-contagiante, em:

- hospitais, serviços de emergência, enfermarias, ambulatórios, postos de vacinação e outros estabelecimentos destinados aos cuidados da saúde humana (aplica-se unicamente ao pessoal que tenha contato com os pacientes, bem como aos que manuseiam objetos de uso desses pacientes, não previamente esterilizados);
- hospitais, ambulatórios, postos de vacinação e outros estabelecimentos destinados ao atendimento e tratamento de animais (aplica-se apenas ao pessoal que tenha contato com tais animais);
- contato em laboratórios, com animais destinados ao preparo de soro, vacinas e outros produtos;

– laboratórios de análise clínica e histopatologia (aplica-se tão-só ao pessoal técnico);

– gabinetes de autópsias, de anatomia e histoanatomopatologia (aplica-se somente ao pessoal técnico);

– cemitérios (exumação de corpos);

– estábulos e cavalariças; e

– resíduos de animais deteriorados.

GRAUS DE INSALUBRIDADE

Anexo	Atividades ou operações que exponham o trabalhador	Percentual
1	Níveis de ruído contínuo ou intermitente superiores aos limites de tolerância fixados no Quadro constante do Anexo 1 e no item 6 do mesmo Anexo.	20%
2	Níveis de ruído de impacto superiores aos limites de tolerância fixados nos itens 2 e 3 do Anexo 2.	20%
3	Exposição ao calor com valores de IBUTG, superiores aos limites de tolerância fixados nos Quadros 1 e 2.	20%
4	*(Revogado pela Portaria MTE 3.751/1990.)*	
5	Níveis de radiações ionizantes com radioatividade superior aos limites de tolerância fixados neste Anexo.	40%
6	Ar comprimido.	40%
7	Radiações não-ionizantes consideradas insalubres em decorrência de inspeção realizada no local de trabalho.	20%
8	Vibrações consideradas insalubres em decorrência de inspeção realizada no local de trabalho.	20%
9	Frio considerado insalubre em decorrência de inspeção realizada no local de trabalho.	20%
10	Umidade considerada insalubre em decorrência de inspeção realizada no local de trabalho.	20%
11	Agentes químicos cujas concentrações sejam superiores aos limites de tolerância fixados no Quadro 1.	10%, 20% e 40%
12	Poeiras minerais cujas concentrações sejam superiores aos limites de tolerância fixados neste Anexo.	40%
13	Atividades ou operações, envolvendo agentes químicos, consideradas insalubres em decorrência de inspeção realizada no local de trabalho.	10%, 20% e 40%
14	Agentes biológicos.	20% e 40%

(*DOU* 06.07.1978)

NR 16

ATIVIDADES E OPERAÇÕES PERIGOSAS

16.1 São consideradas atividades e operações perigosas as constantes dos Anexos desta Norma Regulamentadora – NR.

16.2 O exercício de trabalho em condições de periculosidade assegura ao trabalhador a percepção de adicional de 30% (trinta por cento), incidente sobre o salário, sem os acréscimos resultantes de gratificações, prêmios ou participação nos lucros da empresa.

16.2.1 O empregado poderá optar pelo adicional de insalubridade que porventura lhe seja devido.

16.3 É responsabilidade do empregador a caracterização ou a descaracterização da periculosidade, mediante laudo técnico elaborado por Médico do Trabalho ou Engenheiro de Segurança do Trabalho, nos termos do artigo 195 da CLT.

16.4 O disposto no item 16.3 não prejudica a ação fiscalizadora do Ministério do Trabalho nem a realização ex officio da perícia.

16.5 Para os fins desta Norma Regulamentadora – NR são consideradas atividades ou operações perigosas as executadas com explosivos sujeitos a:

a) degradação química ou autocatalítica;

b) ação de agentes exteriores, tais como, calor, umidade, faíscas, fogo, fenômenos sísmicos, choque e atritos.

16.6 As operações de transporte de inflamáveis líquidos ou gasosos liquefeitos, em quaisquer vasilhames e a granel, são consideradas em condições de periculosidade, exclusão para o transporte em pequenas quantidades, até o limite de 200 (duzentos) litros para os inflamáveis líquidos e 135 (cento e trinta e cinco) quilos para os inflamáveis gasosos liquefeitos.

16.6.1 As quantidades de inflamáveis, contidas nos tanques de consumo próprio dos veículos, não serão consideradas para efeito desta Norma.

16.7 Para efeito desta Norma Regulamentadora considera-se líquido combustível todo aquele que possua ponto de fulgor maior que 60ºC (sessenta graus Celsius) e menor ou igual a 93ºC (noventa e três graus Celsius).

16.8 Todas as áreas de risco previstas nesta NR devem ser delimitadas, sob responsabilidade do empregador.

ANEXO 1
ATIVIDADES E OPERAÇÕES PERIGOSAS COM EXPLOSIVOS

1. São consideradas atividades ou operações perigosas as enumeradas no Quadro n.º 1, seguinte:

QUADRO Nº 1

ATIVIDADES	ADICIONAL DE 30%
a) no armazenamento de explosivos	todos os trabalhadores nessa atividade ou que permaneçam na área de risco.
b) no transporte de explosivos	todos os trabalhadores nessa atividade
c) na operação de escorva dos cartuchos de explosivos	todos os trabalhadores nessa atividade
d) na operação de carregamento de explosivos	todos os trabalhadores nessa atividade
e) na detonação	todos os trabalhadores nessa atividade
f) na verificação de detonações falhadas	todos os trabalhadores nessa atividade
g) na queima e destruição de explosivos deteriorados	todos os trabalhadores nessa atividade
h) nas operações de manuseio de explosivos	todos os trabalhadores nessa atividade

2. O trabalhador, cuja atividade esteja enquadrada nas hipóteses acima discriminadas, faz jus ao adicional de 30% (trinta por cento) sobre o salário, sem os acréscimos resultantes de gratificações, prêmios ou participações nos lucros ou participações nos lucros da empresa, sendo-lhe ressalvado o direito de opção por adicional de insalubridade eventualmente devido.

3. São consideradas áreas de risco:

a) nos locais de armazenagem de pólvoras químicas, artifícios pirotécnicos e produtos químicos usados na fabricação de misturas explosivas ou de fogos de artifício, a área compreendida no Quadro n.º 2:

QUADRO Nº 2

QUANTIDADE ARMAZENADA EM QUILOS		FAIXA DE TERRENO DE TERRENO ATÉ A DISTÂNCIA MÁXIMA DE
	até 4.500	45 metros
mais de 4.500	até 45.000	90 metros
mais de 45.000	até 90.000	110 metros
mais de 90.000	até 225.000*	180 metros

* Quantidade máxima que não pode ser ultrapassada.

b) nos locais de armazenagem de explosivos iniciadores, a área compreendida no Quadro n.º 3:

QUADRO Nº 3

QUANTIDADE ARMAZENADA EM QUILOS			FAIXA DE TERRENO ATÉ A DISTÂNCIA MÁXIMA
até 20			75 metros
mais de	20	até 200	220 metros
mais de	200	até 900	300 metros
mais de	900	até 2.200	370 metros
mais de	2.200	até 4.500	460 metros
mais de	4.500	até 6.800	500 metros
mais de	6.800	até 9.000*	530 metros

* Quantidade máxima que não pode ser ultrapassada.

c) nos locais de armazenagem de explosivos de ruptura e pólvoras mecânicos (pólvora negra e pólvora chocolate ou parda), área de operação compreendida no Quadro n.º 4:

QUADRO Nº 4

QUANTIDADE EM QUILOS			FAIXA DE TERRENO ATÉ A DISTÂNCIA MÁXIMA DE
até 23			45 metros
mais de	23	até 45	75 metros
mais de	45	até 90	110 metros
mais de	90	até 135	160 metros
mais de	135	até 180	200 metros
mais de	180	até 225	220 metros
mais de	225	até 270	250 metros
mais de	270	até 300	265 metros
mais de	300	até 360	280 metros
mais de	360	até 400	300 metros
mais de	400	até 450	310 metros
mais de	450	até 680	345 metros
mais de	680	até 900	365 metros
mais de	900	até 1.300	405 metros
mais de	1.300	até 1.800	435 metros
mais de	1.800	até 2.200	460 metros
mais de	2.200	até 2.700	480 metros
mais de	2.700	até 3.100	490 metros
mais de	3.100	até 3.600	510 metros
mais de	3.600	até 4.000	520 metros
mais de	4.000	até 4.500	530 metros

QUANTIDADE EM QUILOS			FAIXA DE TERRENO ATÉ A DISTÂNCIA MÁXIMA DE
mais de	4.500	até 6.800	570 metros
mais de	6.800	até 9.000	620 metros
mais de	9.000	até 11.300	660 metros
mais de	11.300	até 13.600	700 metros
mais de	13.600	até 18.100	780 metros
mais de	18.100	até 22.600	860 metros
mais de	22.600	até 34.000	1.000 metros
mais de	34.000	até 45.300	1.100 metros
mais de	45.300	até 68.000	1.150 metros
mais de	68.000	até 90.700	1.250 metros
mais de	9.700	até 113.300	1.350 metros

d) quando se tratar de depósitos barricados ou entrincheirados, para o efeito da delimitação de área de risco, as distâncias previstas no Quadro n.º 4 podem ser reduzidas à metade.

e) será obrigatória a existência física de delimitação da área de risco, assim entendido qualquer obstáculo que impeça o ingresso de pessoas não autorizadas.

ANEXO 2
ATIVIDADES E OPERAÇÕES PERIGOSAS COM INFLAMÁVEIS

São consideradas atividades ou operações perigosas, conferindo aos trabalhadores que se dedicam a essas atividades ou operações, bem como aqueles que operam na área de risco adicional de 30 (trinta) por cento, as realizadas:

QUADRO Nº 3

a.	Na produção, transporte, processamento e armazenamento de gás liqüefeito.	Na produção, transporte, processamento e armazenamento de gás liqüefeito.
b.	No transporte e armazenagem de inflamáveis líquidos e gasosos liqüefeitos e de vasilhames vazios não-desgaseificados ou decantados.	Todos os trabalhadores da área de operação.
c.	Nos postos de reabastecimento de aeronaves.	Todos os trabalhadores nessas atividades ou que operam na área de risco.
d.	Nos locais de carregamento de navios-tanques, vagões-tanques e caminhões-tanques e enchimento de vasilhames, com inflamáveis líquidos ou gasosos liqüefeitos.	Todos os trabalhadores nessas atividades ou que operam na área de risco.
e.	Nos locais de descarga de navios-tanques, vagões-tanques e caminhões-tanques com inflamáveis líquidos ou gasosos liqüefeitos ou de vasilhames vazios não-desgaseificados ou decantados.	Todos os trabalhadores nessas atividades ou que operam na área de risco.
f.	Nos serviços de operações e manutenção de navios-tanque, vagões-tanques, caminhões--tanques, bombas e vasilhames, com inflamáveis líquidos ou gasosos liquefeitos, ou vazios não-desgaseificados ou decantados.	Todos os trabalhadores nessas atividades ou que operam na área de risco.
g.	Nas operações de desgaseificação, decantação e reparos de vasilhames não-desgaseificados ou decantados.	Todos os trabalhadores nessas atividades ou que operam na área de risco.
h.	Nas operações de testes de aparelhos de consumo do gás e seus equipamentos.	Todos os trabalhadores nessas atividades ou que operam na área de risco.
i.	No transporte de inflamáveis líquidos e gasosos liqüefeitos em caminhão-tanque.	Motorista e ajudantes.
j.	No transporte de vasilhames (em caminhões de carga), contendo inflamável líquido, em quantidade total igual ou superior a 200 litros, quando não observado o disposto nos subitens 4.1 e 4.2 deste anexo.	Motorista e ajudantes.
l.	No transporte de vasilhames (em carreta ou caminhão de carga), contendo inflamável gasoso e líquido, em quantidade total igual ou superior a 135 quilos.	Motorista e ajudantes.
m.	Nas operação em postos de serviço e bombas de abastecimento de inflamáveis líquidos.	Operador de bomba e trabalhadores que operam na área de risco.

2. Para os efeitos desta Norma Regulamentadora – NR entende-se como:

I. Serviços de operação e manutenção de embarcações, vagões-tanques, caminhões-tanques, bombas e vasilhames de inflamáveis:

a) atividades de inspeção, calibração, medição, contagem de estoque e colheita de amostra em tanques ou quaisquer vasilhames cheios;

b) serviços de vigilância, de arrumação de vasilhames vazios não-desgaseificados, de bombas propulsoras em recinto fechados e de superintendência;

c) atividades de manutenção, reparos, lavagem, pintura de embarcações, tanques, viaturas de abastecimento e de quaisquer vasilhames cheios de inflamáveis ou vazios, não desgaseificados;

d) atividades de desgaseificação e lavagem de embarcações, tanques, viaturas, bombas de abastecimento ou quaisquer vasilhames que tenham contido inflamáveis líquidos;

e) quaisquer outras atividades de manutenção ou operação, tais como: serviço de almoxarifado, de escritório, de laboratório de inspeção de segurança, de conferência de estoque, de ambulatório médico, de engenharia, de oficinas em geral, de caldeiras, de mecânica, de eletricidade, de soldagem, de enchimento, fechamento e arrumação de quaisquer vasilhames com substâncias consideradas inflamáveis, desde que essas atividades sejam executadas dentro de áreas consideradas perigosas, ad referendum do Ministério do Trabalho.

II. Serviços de operação e manutenção de embarcações, vagões-tanques, caminhões-tanques e vasilhames de inflamáveis gasosos liquefeitos:

a) atividades de inspeção nos pontos de vazamento eventual no sistema de depósito de distribuição e de medição de tanques pelos processos de escapamento direto;

b) serviços de superintendência;

c) atividades de manutenção das instalações da frota de caminhões-tanques, executadas dentro da área e em torno dos pontos de escapamento normais ou eventuais;

d) atividades de decantação, desgaseificação, lavagem, reparos, pinturas e areação de tanques, cilindros e botijões cheios de GLP;

e) quaisquer outras atividades de manutenção ou operações, executadas dentro das áreas consideradas perigosas pelo Ministério do Trabalho.

III. Armazenagem de inflamáveis líquidos, em tanques ou vasilhames:

a) quaisquer atividades executadas dentro da bacia de segurança dos tanques;

b) arrumação de tambores ou latas ou quaisquer outras atividades executadas dentro do prédio de armazenamento de inflamáveis ou em recintos abertos e com vasilhames cheios inflamáveis ou não-desgaseificados ou decantados.

IV. Armazenagem de inflamáveis gasosos liquefeitos, em tanques ou vasilhames:

a) arrumação de vasilhames ou quaisquer outras atividades executadas dentro do prédio de armazenamento de inflamáveis ou em recintos abertos e com vasilhames cheios de inflamáveis ou vazios não desgaseificados ou decantados.

V. Operações em postos de serviço e bombas de abastecimento de inflamáveis líquidos:

a) atividades ligadas diretamente ao abastecimento de viaturas com motor de explosão.

VI. Outras atividades, tais como: manutenção, lubrificação, lavagem de viaturas, mecânica, eletricidade, escritório de vendas e gerência, ad referendum do Ministério do Trabalho.

VII. Enchimento de quaisquer vasilhames (tambores, latas), com inflamáveis líquidos:

a) atividades de enchimento, fechamento e arrumação de latas ou caixas com latas.

VIII. Enchimento de quaisquer vasilhames (cilindros, botijões) com inflamáveis gasosos liquefeitos:

a) atividades de enchimento, pesagem, inspeção, estiva e arrumação de cilindros ou botijões cheios de GLP;

b) outras atividades executadas dentro da área considerada perigosa, ad referendum do Ministério do Trabalho.

3. São consideradas áreas de risco:

	ATIVIDADE	ÁREA DE RISCO
a.	Poços de petróleo em produção de gás.	Círculo com raio de 30 metros, no mínimo, com centro na boca do poço.
b.	Unidade de processamento das refinarias.	Faixa de 30 metros de largura, no mínimo, contornando a área de operação.
c.	Outros locais de refinaria onde se realizam operações com inflamáveis em estado de volatilização ou possibilidade de volatilização decorrente de falha ou defeito dos sistemas de segurança e fechamento das válvulas.	Faixa de 15 metros de largura, no mínimo, contornando a área de operação.
d.	Tanques de inflamáveis líquidos.	Toda a bacia de segurança.
e.	Tanques elevados de inflamáveis gasosos.	Círculo com raio de 3 metros com centro nos pontos de vazamento eventual (válvula registros, dispositivos de medição por escapamento, gaxetas).
f.	Carga e descarga de inflamáveis líquidos contidos em navios, chatas e batelões.	Afastamento de 15 metros da beira do cais, durante a operação, com extensão correspondente ao comprimento da embarcação.
g.	Abastecimento de aeronaves.	Toda a área de operação.
h.	Enchimento de vagões – tanques e caminhões – anques com inflamáveis líquidos.	Círculo com raio de 15 metros com centro nas bocas de enchimento dos tanques.
i.	Enchimento de vagões-tanques e caminhões-tanques inflamáveis gasosos liquefeitos.	Círculo com 7,5 metros centro nos pontos de vazamento eventual (válvula e registros).
j.	Enchimento de vasilhames com inflamáveis gasosos liquefeitos.	Círculos com raio de 15 metros com centro nos bicos de enchimentos.
l.	Enchimento de vasilhames com inflamáveis líquidos, em locais abertos.	Círculo com raio de 7,5 metros com centro nos bicos de enchimento.
m.	Enchimento de vasilhames com inflamáveis líquidos, em recinto fechado.	Toda a área interna do recinto.
n.	Manutenção de viaturas-tanques, bombas e vasilhames que contenham inflamável líquido.	Local de operação, acrescido de faixa de 7,5 metros de largura em torno dos seus pontos externos.

	ATIVIDADE	ÁREA DE RISCO
o.	Desgaseificação, decantação e reparos de vasilhames não desgaseificados ou decantados, utilizados no transporte de inflamáveis.	Local da operação, acrescido de faixa de 7,5 metros de largura em torno dos seus pontos externos.
p.	Testes em aparelhos de consumo de gás e seus equipamentos.	Local da operação, acrescido de faixa de 7,5 metros de largura em torno dos seus pontos extremos.
q.	Abastecimento de inflamáveis.	Toda a área de operação, abrangendo, no mínimo, círculo com raio de 7,5 metros com centro no ponto de abastecimento e o círculo com raio de 7,5 metros com centro na bomba de abastecimento da viatura e faixa de 7,5 metros de largura para ambos os lados da máquina.
r.	Armazenamento de vasilhames que contenham inflamáveis líquidos ou vazios não desgaseificados ou decantados, em locais abertos.	Faixa de 3 metros de largura em torno dos seus pontos externos.
s.	Armazenamento de vasilhames que contenham inflamáveis líquidos ou vazios não desgaseificados, ou decantados, em recinto fechado.	Toda a área interna do recinto.
t.	Carga e descarga de vasilhames contendo inflamáveis líquidos ou vasilhames vazios não desgaseificados ou decantados, transportados pôr navios, chatas ou batelões.	Afastamento de 3 metros da beira do cais, durante a operação, com extensão correspondente ao comprimento da embarcação.

4. Não caracterizam periculosidade, para fins de percepção de adicional:

4.1. o manuseio, a armazenagem e o transporte de líquidos inflamáveis em embalagens certificadas, simples, compostas ou combinadas, desde que obedecidos os limites consignados no Quadro I abaixo, independentemente do número total de embalagens manuseadas, armazenadas ou transportadas, sempre que obedecidas as Normas Regulamentadoras expedidas pelo Ministério do Trabalho e Emprego, a Norma NBR 11564/91 e a legislação sobre produtos perigosos relativa aos meios de transporte utilizados;

4.2. o manuseio, a armazenagem e o transporte de recipientes de até cinco litros, lacrados na fabricação, contendo líquidos inflamáveis, independentemente do número total de recipientes manuseados, armazenados ou transportados, sempre que obedecidas as Normas Regulamentadoras expedidas pelo Ministério do Trabalho e Emprego e a legislação sobre produtos perigosos relativa aos meios de transporte utilizados.

QUADRO I

CAPACIDADE MÁXIMA PARA EMBALAGENS DE LÍQUIDOS INFLAMÁVEIS				
Embalagem Combinada				
Embalagem interna	**Embalagem Externa**	**Grupo de Embalagens*I**	**Grupo de Embalagens*II**	**Grupo de Embalagens*III**
	Tambores de:			
	Metal	250 kg	400 kg	400 kg
	Plástico	250 kg	400 kg	400 kg
	Madeira Compensada	150 kg	400 kg	400 kg
	Fibra	75 kg	400 kg	400 kg

CAIXAS				
Recipientes de Vidro com mais de 5 e até 10 litros; Plástico com mais de 5 e até 30 litros; Metal com mais de 5 e até 40 litros.	Aço ou Alumínio	250 kg	400 kg	400 kg
	Madeira Natural ou compensada	150 kg	400 kg	400 kg
	Madeira Aglomerada	75 kg	400 kg	400 kg
	Papelão	75 kg	400 kg	400 kg
	Plástico Flexível	60 kg	60 kg	60 kg
	Plástico Rígido	150 kg	400 kg	400 kg

	Bombonas			
	Aço ou Alumínio	120 kg	120 kg	120 kg
	Plástico	120 kg	120 kg	120 kg

<table>
<tr><th colspan="4">Embalagens Simples</th></tr>
<tr><th></th><th>Grupo de Embalagens*I</th><th>Grupo de Embalagens*II</th><th>Grupo de Embalagens*III</th></tr>
<tr><th colspan="4">Tambores</th></tr>
<tr><td>Aço, tampa não removível</td><td>250L</td><td rowspan="8">450 L</td><td rowspan="8">450 L</td></tr>
<tr><td>Aço, tampa removível</td><td>250 L**</td></tr>
<tr><td>Alumínio, tampa não removível</td><td>250 L</td></tr>
<tr><td>Alumínio, tampa removível</td><td>250 L**</td></tr>
<tr><td>Outros metais, tampa não removível</td><td>250 L</td></tr>
<tr><td>Outros metais, tampa removível</td><td>250 L**</td></tr>
<tr><td>Plástico, tampa não removível</td><td>250 L**</td></tr>
<tr><td>Plástico, tampa removível</td><td>250 L**</td></tr>
<tr><th colspan="4">Bombonas</th></tr>
<tr><td>Aço, tampa não removível</td><td>60 L</td><td rowspan="8">60 L</td><td rowspan="8">60 L</td></tr>
<tr><td>Aço, tampa removível</td><td>60 L**</td></tr>
<tr><td>Alumínio, tampa não removível</td><td>60 L</td></tr>
<tr><td>Alumínio, tampa removível</td><td>60 L**</td></tr>
<tr><td>Outros metais, tampa não removível</td><td>60 L</td></tr>
<tr><td>Outros metais, tampa removível</td><td>60 L**</td></tr>
<tr><td>Plástico, tampa não removível</td><td>60 L</td></tr>
<tr><td>Plástico, tampa removível</td><td>60 L**</td></tr>
</table>

<table>
<tr><th colspan="4">Capacidade Máxima para Embalagens de Líquidos Inflamáveis</th></tr>
<tr><th colspan="4">Embalagens Compostas</th></tr>
<tr><th></th><th>Grupo de Embalagens*I</th><th>Grupo de Embalagens*II</th><th>Grupo de Embalagens*III</th></tr>
<tr><td>Plástico com tambor externo de aço ou alumínio</td><td>250 L</td><td>250 L</td><td>250 L</td></tr>
<tr><td>Plástico com tambor externo de fibra, plástico ou compensado</td><td>120 L</td><td>250 L</td><td>250 L</td></tr>
<tr><td>Plástico com engradado ou caixa externa de aço ou alumínio ou madeira externa ou caixa externa de compensado ou de cartão ou de plástico rígido</td><td>60 L</td><td>60 L</td><td>60 L</td></tr>
<tr><td>Vidro com tambor externo de aço, alumínio, fibra, compensado, plástico flexível ou em caixa de aço, alumínio, madeira, papelão ou compensado</td><td>60 L</td><td>60 L</td><td>60 L</td></tr>
</table>

* Conforme definições NBR 11564 – ABNT.

** Somente para substâncias com viscosidades maior que 200 mm^2/seg

ANEXO 3
ATIVIDADES E OPERAÇÕES PERIGOSAS COM EXPOSIÇÃO A ROUBOS OU OUTRAS ESPÉCIES DE VIOLÊNCIA FÍSICA NAS ATIVIDADES PROFISSIONAIS DE SEGURANÇA PESSOAL OU PATRIMONIAL

1. As atividades ou operações que impliquem em exposição dos profissionais de segurança pessoal ou patrimonial a roubos ou outras espécies de violência física são consideradas perigosas.

2. São considerados profissionais de segurança pessoal ou patrimonial os traba-lhadores que atendam a uma das seguintes condições:

a) empregados das empresas prestadoras de serviço nas atividades de segurança privada ou que integrem serviço orgânico de segurança privada, devidamente registradas e autorizadas pelo Ministério da Justiça, conforme lei 7102/1983 e suas alterações posteriores.

b) empregados que exercem a atividade de segurança patrimonial ou pessoal em instalações metroviárias, ferroviárias, portuárias, rodoviárias, aeroportuárias e de bens públicos, contratados diretamente pela administração pública direta ou indireta.

3. As atividades ou operações que expõem os empregados a roubos ou outras espécies de violência física, desde que atendida uma das condições do item 2, são as constantes do quadro abaixo:

ATIVIDADES OU OPERAÇÕES	DESCRIÇÃO
Vigilância patrimonial	Segurança patrimonial e/ou pessoal na preservação do patrimônio em estabelecimentos públicos ou privados e da incolumidade física de pessoas.
Segurança de eventos	Segurança patrimonial e/ou pessoal em espaços públicos ou privados, de uso comum do povo.
Segurança nos transportes coletivos	Segurança patrimonial e/ou pessoal nos transportes coletivos e em suas respectivas instalações.
Segurança ambiental e florestal	Segurança patrimonial e/ou pessoal em áreas de conservação de fauna, flora natural e de reflorestamento.
Transporte de valores	Segurança na execução do serviço de transporte de valores.
Escolta armada	Segurança no acompanhamento de qualquer tipo de carga ou de valores.
Segurança pessoal	Acompanhamento e proteção da integridade física de pessoa ou de grupos.
Supervisão/fiscalização Operacional	Supervisão e/ou fiscalização direta dos locais de trabalho para acompanhamento e orientação dos vigilantes.
Telemonitoramento / telecontrole	Execução de controle e/ou monitoramento de locais, através de sistemas eletrônicos de segurança.

ANEXO 4
ATIVIDADES E OPERAÇÕES PERIGOSAS COM ENERGIA ELÉTRICA

1. Têm direito ao adicional de periculosidade os trabalhadores:

a) que executam atividades ou operações em instalações ou equipamentos elétricos energizados em alta tensão;

b) que realizam atividades ou operações com trabalho em proximidade, conforme estabelece a NR-10;

c) que realizam atividades ou operações em instalações ou equipamentos elétricos energizados em baixa tensão no sistema elétrico de consumo – SEC, no caso de descumprimento do item 10.2.8 e seus subitens da NR10 – Segurança em Instalações e Serviços em Eletricidade;

d) das empresas que operam em instalações ou equipamentos integrantes do sistema elétrico de potência – SEP, bem como suas contratadas, em conformidade com as atividades e respectivas áreas de risco descritas no quadro I deste anexo.

2. Não é devido o pagamento do adicional nas seguintes situações:

a) nas atividades ou operações no sistema elétrico de consumo em instalações ou equipamentos elétricos desenergizados e liberados para o trabalho, sem possibilidade de energização acidental, conforme estabelece a NR-10;

b) nas atividades ou operações em instalações ou equipamentos elétricos alimentados por extrabaixa tensão;

c) nas atividades ou operações elementares realizadas em baixa tensão, tais como o uso de equipamentos elétricos energizados e os procedimentos de ligar e desligar circuitos elétricos, desde que os materiais e equipamentos elétricos estejam em conformidade com as normas técnicas oficiais estabelecidas pelos órgãos competentes e, na ausência ou omissão destas, as normas internacionais cabíveis.

3. O trabalho intermitente é equiparado à exposição permanente para fins de pagamento integral do adicional de periculosidade nos meses em que houver exposição, excluída a exposição eventual, assim considerado o caso fortuito ou que não faça parte da rotina.

4. Das atividades no sistema elétrico de potência – SEP.

4.1 Para os efeitos deste anexo entende-se como atividades de construção, operação e manutenção de redes de linhas aéreas ou subterrâneas de alta e baixa tensão integrantes do SEP:

a) Montagem, instalação, substituição, conservação, reparos, ensaios e testes de: verificação, inspeção, levantamento, supervisão e fiscalização; fusíveis, condutores, para-raios, postes, torres, chaves, muflas, isoladores, transformadores, capacitores, medidores, reguladores de tensão, religadores, seccionalizadores, carrier (onda portadora via linhas de transmissão), cruzetas, relé e braço de iluminação pública, aparelho de medição gráfica, bases de concreto ou alvenaria de torres, postes e estrutura de sustentação de redes e linhas aéreas e demais componentes das redes aéreas;

b) Corte e poda de árvores;

c) Ligações e cortes de consumidores;

d) Manobras aéreas e subterrâneas de redes e linhas;

e) Manobras em subestação;

f) Testes de curto em linhas de transmissão;

g) Manutenção de fontes de alimentação de sistemas de comunicação;

h) Leitura em consumidores de alta tensão;

i) Aferição em equipamentos de medição;

j) Medidas de resistências, lançamento e instalação de cabo contra-peso;

k) Medidas de campo eletromagnético, rádio, interferência e correntes induzidas;

l) Testes elétricos em instalações de terceiros em faixas de linhas de transmissão (oleodutos, gasodutos etc);

m) Pintura de estruturas e equipamentos;

n) Verificação, inspeção, inclusive aérea, fiscalização, levantamento de dados e supervisão de serviços técnicos;

o) Montagem, instalação, substituição, manutenção e reparos de: barramentos, transformadores, disjuntores, chaves e seccionadoras, condensadores, chaves a óleo, transformadores para instrumentos, cabos subterrâneos e subaquáticos, painéis, circuitos elétricos, contatos, muflas e isoladores e demais componentes de redes subterrâneas;

p) Construção civil, instalação, substituição e limpeza de: valas, bancos de dutos, dutos, condutos, canaletas, galerias, túneis, caixas ou poços de inspeção, câmaras;

q) Medição, verificação, ensaios, testes, inspeção, fiscalização, levantamento de dados e supervisões de serviços técnicos.

4.2 Para os efeitos deste anexo entende-se como atividades de construção, operação e manutenção nas usinas, unidades geradoras, subestações e cabinas de distribuição em operações, integrantes do SEP:

a) Montagem, desmontagem, operação e conservação de: medidores, relés, chaves, disjuntores e religadoras, caixas de controle, cabos de força, cabos de controle, barramentos, baterias e carregadores, transformadores, sistemas anti- incêndio e de resfriamento, bancos de capacitores, reatores, reguladores, equipamentos eletrônicos, eletromecânico e eletroeletrônicos, painéis, para-raios, áreas de circulação, estruturas-suporte e demais instalações e equipamentos elétricos;

b) Construção de: valas de dutos, canaletas, bases de equipamentos, estruturas, condutos e demais instalações;

c) Serviços de limpeza, pintura e sinalização de instalações e equipamentos elétricos;

d) Ensaios, testes, medições, supervisão, fiscalizações e levantamentos de circuitos e equipamentos elétricos, eletrônicos de telecomunicações e telecontrole.

QUADRO I

ATIVIDADES	ÁREAS DE RISCO
I. Atividades, constantes no item 4.1, de construção, operação e manutenção de redes de linhas aéreas ou subterrâneas de alta e baixa tensão integrantes do SEP, energizados ou desenergizados, mas com possibilidade de energização acidental ou por falha operacional.	a) Estruturas, condutores e equipamentos de linhas aéreas de transmissão, subtransmissão e distribuição, incluindo plataformas e cestos aéreos usados para execução dos trabalhos; b) Pátio e salas de operação de subestações; c) Cabines de distribuição; d) Estruturas, condutores e equipamentos de redes de tração elétrica, incluindo escadas, plataformas e cestos aéreos usados para execução dos trabalhos; e) Valas, bancos de dutos, canaletas, condutores, recintos internos de caixas, poços de inspeção, câmaras, galerias, túneis, estruturas terminais e aéreas de superfície correspondentes; f) Áreas submersas em rios, lagos e mares.
II. Atividades, constantes no item 4.2, de construção, operação e manutenção nas usinas, unidades geradoras, subestações e cabinas de distribuição em operações, integrantes do SEP, energizados ou desenergizados, mas com possibilidade de energização acidental ou por falha operacional.	a) Pontos de medição e cabinas de distribuição, inclusive de consumidores; b) Salas de controles, casa de máquinas, barragens de usinas e unidades geradoras; c) Pátios e salas de operações de subestações, inclusive consumidoras.
III. Atividades de inspeção, testes, ensaios, calibração, medição e reparos em equipamentos e materiais elétricos, eletrônicos, eletromecânicos e de segurança individual e coletiva em sistemas elétricos de potência de alta e baixa tensão.	a) Áreas das oficinas e laboratórios de testes e manutenção elétrica, eletrônica e eletromecânica onde são executados testes, ensaios, calibração e reparos de equipamentos energizados ou passíveis de energização acidental; b) Sala de controle e casas de máquinas de usinas e unidades geradoras; c) Pátios e salas de operação de subestações, inclusive consumidoras; d) Salas de ensaios elétricos de alta tensão; e) Sala de controle dos centros de operações.
IV. Atividades de treinamento em equipamentos ou instalações integrantes do SEP, energizadas ou desenergizadas, mas com possibilidade de energização acidental ou por falha operacional.	a) Todas as áreas descritas nos itens anteriores.

ANEXO 5
ATIVIDADES PERIGOSAS EM MOTOCICLETA

1. As atividades laborais com utilização de motocicleta ou motoneta no deslocamento de trabalhador em vias públicas são consideradas perigosas.

2. Não são consideradas perigosas, para efeito deste anexo:

a) a utilização de motocicleta ou motoneta exclusivamente no percurso da residência para o local de trabalho ou deste para aquela;

b) as atividades em veículos que não necessitem de emplacamento ou que não exijam carteira nacional de habilitação para conduzi-los;

c) as atividades em motocicleta ou motoneta em locais privados.

d) as atividades com uso de motocicleta ou motoneta de forma eventual, assim considerado o fortuito, ou o que, sendo habitual, dá-se por tempo extremamente reduzido.

(DOU 06.07.1978)

NR 17
ERGONOMIA

17.1 Esta Norma Regulamentadora visa a estabelecer parâmetros que permitam a adaptação das condições de trabalho às características psicofisiológicas dos trabalhadores, de modo a proporcionar um máximo de conforto, segurança e desempenho eficiente.

17.1.1 As condições de trabalho incluem aspectos relacionados ao levantamento, transporte e descarga de materiais, ao mobiliário, aos equipamentos e às condições ambientais do posto de trabalho e à própria organização do trabalho.

17.1.2 Para avaliar a adaptação das condições de trabalho às características psicofisiológicas dos trabalhadores, cabe ao empregador realizar a análise ergonômica do trabalho, devendo a mesma abordar, no mínimo, as condições de trabalho, conforme estabelecido nesta Norma Regulamentadora.

17.2 Levantamento, transporte e descarga individual de materiais.

17.2.1 Para efeito desta Norma Regulamentadora:

17.2.1.1 Transporte manual de cargas designa todo transporte no qual o peso da carga é suportado inteiramente por um só trabalhador, compreendendo o levantamento e a deposição da carga.

17.2.1.2 Transporte manual regular de cargas designa toda atividade realizada de maneira contínua ou que inclua, mesmo de forma descontínua, o transporte manual de cargas.

17.2.1.3 Trabalhador jovem designa todo trabalhador com idade inferior a dezoito anos e maior de quatorze anos.

17.2.2 Não deverá ser exigido nem admitido o transporte manual de cargas, por um trabalhador cujo peso seja suscetível de comprometer sua saúde ou sua segurança.

17.2.3 Todo trabalhador designado para o transporte manual regular de cargas, que não as leves, deve receber treinamento ou instruções satisfatórias quanto aos métodos de trabalho que deverá utilizar, com vistas a salvaguardar sua saúde e prevenir acidentes.

17.2.4 Com vistas a limitar ou facilitar o transporte manual de cargas deverão ser usados meios técnicos apropriados.

17.2.5 Quando mulheres e trabalhadores jovens forem designados para o transporte manual de cargas, o peso máximo destas cargas deverá ser nitidamente inferior àquele admitido para os homens, para não comprometer a sua saúde ou a sua segurança.

17.2.6 O transporte e a descarga de materiais feitos por impulsão ou tração de vagonetes sobre trilhos, carros de mão ou qualquer outro aparelho mecânico deverão ser executados de forma que o esforço físico realizado pelo trabalhador seja compatível com sua capacidade de força e não comprometa a sua saúde ou a sua segurança.

17.2.7 O trabalho de levantamento de material feito com equipamento mecânico de ação manual deverá ser executado de forma que o esforço físico realizado pelo trabalhador seja compatível com sua capacidade de força e não comprometa a sua saúde ou a sua segurança.

17.3 Mobiliário dos postos de trabalho.

17.3.1 Sempre que o trabalho puder ser executado na posição sentada, o posto de trabalho deve ser planejado ou adaptado para esta posição.

17.3.2 Para trabalho manual sentado ou que tenha de ser feito em pé, as bancadas, mesas, escrivaninhas e os painéis devem proporcionar ao trabalhador condições de boa postura, visualização e operação e devem atender aos seguintes requisitos mínimos:

a) ter altura e características da superfície de trabalho compatíveis com o tipo de atividade, com a distância requerida dos olhos ao campo de trabalho e com a altura do assento;

b) ter área de trabalho de fácil alcance e visualização pelo trabalhador;

c) ter características dimensionais que possibilitem posicionamento e movimentação adequados dos segmentos corporais.

17.3.2.1 Para trabalho que necessite também da utilização dos pés, além dos requisitos estabelecidos no subitem 17.3.2, os pedais e demais comandos para acionamento pelos pés devem ter posicionamento e dimensões que possibilitem fácil alcance, bem como ângulos adequados entre as diversas partes do corpo do trabalhador, em função das características e peculiaridades do trabalho a ser executado.

17.3.3 Os assentos utilizados nos postos de trabalho devem atender aos seguintes requisitos mínimos de conforto:

a) altura ajustável à estatura do trabalhador e à natureza da função exercida;

b) características de pouca ou nenhuma conformação na base do assento;

c) borda frontal arredondada;

d) encosto com forma levemente adaptada ao corpo para proteção da região lombar.

17.3.4 Para as atividades em que os trabalhos devam ser realizados sentados, a partir da análise ergonômica do trabalho, poderá ser exigido suporte para os pés, que se adapte ao comprimento da perna do trabalhador.

17.3.5 Para as atividades em que os trabalhos devam ser realizados de pé, devem ser colocados assentos para descanso em locais em que possam ser utilizados por todos os trabalhadores durante as pausas.

17.4 Equipamentos dos postos de trabalho.

17.4.1 Todos os equipamentos que compõem um posto de trabalho devem estar adequados às características psicofisiológicas dos trabalhadores e à natureza do trabalho a ser executado.

17.4.2 Nas atividades que envolvam leitura de documentos para digitação, datilografia ou mecanografia deve:

a) ser fornecido suporte adequado para documentos que possa ser ajustado proporcionando boa postura, visualização e operação, evitando movimentação freqüente do pescoço e fadiga visual;

b) ser utilizado documento de fácil legibilidade sempre que possível, sendo vedada a utilização do papel brilhante, ou de qualquer outro tipo que provoque ofuscamento.

17.4.3 Os equipamentos utilizados no processamento eletrônico de dados com terminais de vídeo devem observar o seguinte:

a) condições de mobilidade suficientes para permitir o ajuste da tela do equipamento à iluminação do ambiente, protegendo-a contra reflexos, e proporcionar corretos ângulos de visibilidade ao trabalhador;

b) o teclado deve ser independente e ter mobilidade, permitindo ao trabalhador ajustá-lo de acordo com as tarefas a serem executadas;

c) a tela, o teclado e o suporte para documentos devem ser colocados de maneira que as distâncias olho-tela, olho-teclado e olho-documento sejam aproximadamente iguais;

d) serem posicionados em superfícies de trabalho com altura ajustável.

17.4.3.1 Quando os equipamentos de processamento eletrônico de dados com terminais de vídeo forem utilizados eventualmente poderão ser dispensadas as exigências previstas no subitem 17.4.3, observada a natureza das tarefas executadas e levando-se em conta a análise ergonômica do trabalho.

17.5 Condições ambientais de trabalho.

17.5.1 As condições ambientais de trabalho devem estar adequadas às características psicofisiológicas dos trabalhadores e à natureza do trabalho a ser executado.

17.5.2 Nos locais de trabalho onde são executadas atividades que exijam solicitação intelectual e atenção constantes, tais como: salas de controle, laboratórios, escritórios, salas de desenvolvimento ou análise de projetos, dentre outros, são recomendadas as seguintes condições de conforto:

a) níveis de ruído de acordo com o estabelecido na NBR 10152, norma brasileira registrada no INMETRO;

b) índice de temperatura efetiva entre 20oC (vinte) e 23oC (vinte e três graus centígrados);

c) velocidade do ar não superior a 0,75m/s;

d) umidade relativa do ar não inferior a 40 (quarenta) por cento.

17.5.2.1 Para as atividades que possuam as características definidas no subitem 17.5.2, mas não apresentam equivalência ou correlação com aquelas relacionadas na NBR 10152, o nível de ruído aceitável para efeito de conforto será de até 65 dB (A) e a curva de avaliação de ruído (NC) de valor não superior a 60 dB.

17.5.2.2 Os parâmetros previstos no subitem 17.5.2 devem ser medidos nos postos de trabalho, sendo os níveis de ruído determinados próximos à zona auditiva e as demais variáveis na altura do tórax do trabalhador.

17.5.3 Em todos os locais de trabalho deve haver iluminação adequada, natural ou artificial, geral ou suplementar, apropriada à natureza da atividade.

17.5.3.1 A iluminação geral deve ser uniformemente distribuída e difusa.

17.5.3.2 A iluminação geral ou suplementar deve ser projetada e instalada de forma a evitar ofuscamento, reflexos incômodos, sombras e contrastes excessivos.

17.5.3.3 Os métodos de medição e os níveis mínimos de iluminamento a serem observados nos locais de trabalho são os estabelecidos na Norma de Higiene Ocupacional n.º 11 (NHO 11) da Fundacentro – Avaliação dos Níveis de Iluminamento em Ambientes de Trabalho Internos.

- Subitem com redação determinada pela Portaria MTb 876/2018.

17.5.3.4 *(Revogado pela Portaria MTb 876/2018.)*

17.5.3.5 *(Revogado pela Portaria MTb 876/2018.)*

17.6 Organização do trabalho.

17.6.1 A organização do trabalho deve ser adequada às características psicofisiológicas dos trabalhadores e à natureza do trabalho a ser executado.

17.6.2 A organização do trabalho, para efeito desta NR, deve levar em consideração, no mínimo:

a) as normas de produção;

b) o modo operatório;

c) a exigência de tempo;

d) a determinação do conteúdo de tempo;

e) o ritmo de trabalho;

f) o conteúdo das tarefas.

17.6.3 Nas atividades que exijam sobrecarga muscular estática ou dinâmica do pescoço, ombros, dorso e membros superiores e inferiores, e a partir da análise ergonômica do trabalho, deve ser observado o seguinte:

a) para efeito de remuneração e vantagens de qualquer espécie deve levar em consideração as repercussões sobre a saúde dos trabalhadores;

b) devem ser incluídas pausas para descanso;

c) quando do retorno do trabalho, após qualquer tipo de afastamento igual ou superior a 15 (quinze) dias, a exigência de produção deverá permitir um retorno gradativo aos níveis de produção vigentes na época anterior ao afastamento.

17.6.4 Nas atividades de processamento eletrônico de dados, deve-se, salvo o disposto em convenções e acordos coletivos de trabalho, observar o seguinte:

a) o empregador não deve promover qualquer sistema de avaliação dos trabalhadores envolvidos nas atividades de digitação, baseado no número individual de toques sobre o teclado, inclusive o automatizado, para efeito de remuneração e vantagens de qualquer espécie;

b) o número máximo de toques reais exigidos pelo empregador não deve ser superior a 8.000 por hora trabalhada, sendo considerado toque real, para efeito desta NR, cada movimento de pressão sobre o teclado;

c) o tempo efetivo de trabalho de entrada de dados não deve exceder o limite máximo de 5 (cinco) horas, sendo que, no período de tempo restante da jornada, o trabalhador poderá exercer outras atividades, observado o disposto no art. 468 da Consolidação das Leis do Trabalho, desde que não exijam movimentos repetitivos, nem esforço visual;

d) nas atividades de entrada de dados deve haver, no mínimo, uma pausa de 10 minutos para cada 50 minutos trabalhados, não deduzidos da jornada normal de trabalho;

e) quando do retorno ao trabalho, após qualquer tipo de afastamento igual ou superior a 15 (quinze) dias, a exigência de produção em relação ao número de toques deverá ser iniciado em níveis inferiores do máximo estabelecido na alínea "b" e ser ampliada progressivamente.

ANEXO I
TRABALHO DOS OPERADORES DE CHECKOUT

1. Objetivo e campo de aplicação

1.1. Esta Norma objetiva estabelecer parâmetros e diretrizes mínimas para adequação das condições de trabalho dos operadores de checkout, visando à prevenção dos problemas de saúde e segurança relacionados ao trabalho.

1.2. Esta Norma aplica-se aos empregadores que desenvolvam atividade comercial utilizando sistema de auto-serviço e checkout, como supermercados, hipermercados e comércio atacadista.

2. O posto de trabalho

2.1. Em relação ao mobiliário do checkout e às suas dimensões, incluindo distâncias e alturas, no posto de trabalho deve-se:

a) atender às características antropométricas de 90% dos trabalhadores, respeitando os alcances dos membros e da visão, ou seja, compatibilizando as áreas de visão com a manipulação;

b) assegurar a postura para o trabalho na posição sentada e em pé, e as posições confortáveis dos membros superiores e inferiores, nessas duas situações;

c) respeitar os ângulos limites e trajetórias naturais dos movimentos, durante a execução das tarefas, evitando a flexão e a torção do tronco;

d) garantir um espaço adequado para livre movimentação do operador e colocação da cadeira, a fim de permitir a alternância do trabalho na posição em pé com o trabalho na posição sentada;

e) manter uma cadeira de trabalho com assento e encosto para apoio lombar, com estofamento de densidade adequada, ajustáveis à estatura do trabalhador e à natureza da tarefa;

f) colocar apoio para os pés, independente da cadeira;

g) adotar, em cada posto de trabalho, sistema com esteira eletro-mecânica para facilitar a movimentação de mercadorias nos checkouts com comprimento de 2,70 metros ou mais;

h) disponibilizar sistema de comunicação com pessoal de apoio e supervisão;

i) manter mobiliário sem quinas vivas ou rebarbas, devendo os elementos de fixação (pregos, rebites, parafusos) ser mantidos de forma a não causar acidentes.

2.2. Em relação ao equipamento e às ferramentas utilizadas pelos operadores de checkout para o cumprimento de seu trabalho, deve-se:

a) escolhê-los de modo a favorecer os movimentos e ações próprias da função, sem exigência acentuada de força, pressão, preensão, flexão, extensão ou torção dos segmentos corporais;

b) posicioná-los no posto de trabalho dentro dos limites de alcance manual e visual do operador, permitindo a movimentação dos membros superiores e inferiores e respeitando a natureza da tarefa;

c) garantir proteção contra acidentes de natureza mecânica ou elétrica nos checkouts, com base no que está previsto nas normas regulamentadoras do MTE ou em outras normas nacionais, tecnicamente reconhecidas;

d) mantê-los em condições adequadas de funcionamento.

2.3. Em relação ao ambiente físico de trabalho e ao conjunto do posto de trabalho, deve-se:

a) manter as condições de iluminamento, ruído, conforto térmico, bem como a proteção contra outros fatores de risco químico e físico, de acordo com o previsto na NR-17 e outras normas regulamentadoras;

b) proteger os operadores de checkout contra correntes de ar, vento ou grandes variações climáticas, quando necessário;

c) utilizar superfícies opacas, que evitem reflexos incômodos no campo visual do trabalhador.

2.4. Na concepção do posto de trabalho do operador de checkout deve-se prever a possibilidade de fazer adequações ou ajustes localizados, exceto nos equipamentos fixos, considerando o conforto dos operadores.

3. A manipulação de mercadorias

3.1. O empregador deve envidar esforços a fim de que a manipulação de mercadorias não acarrete o uso de força muscular excessiva por parte dos operadores de checkout, por meio da adoção de um ou mais dos seguintes itens, cuja escolha fica a critério da empresa:

a) negociação do tamanho e volume das embalagens de mercadorias com fornecedores;

b) uso de equipamentos e instrumentos de tecnologia adequada;

c) formas alternativas de apresentação do código de barras da mercadoria ao leitor ótico, quando existente;

d) disponibilidade de pessoal auxiliar, quando necessário;

e) outras medidas que ajudem a reduzir a sobrecarga do operador na manipulação de mercadorias.

3.2. O empregador deve adotar mecanismos auxiliares sempre que, em função do grande volume ou excesso de peso das mercadorias, houver limitação para a execução manual das tarefas por parte dos operadores de checkout.

3.3. O empregador deve adotar medidas para evitar que a atividade de ensacamento de mercadorias se incorpore ao ciclo de trabalho ordinário e habitual dos operadores de checkout, tais como:

a) manter, no mínimo, um ensacador a cada três checkouts em funcionamento;

b) proporcionar condições que facilitem o ensacamento pelo cliente;

c) outras medidas que se destinem ao mesmo fim.

3.3.1. A escolha dentre as medidas relacionadas no item 3.3 é prerrogativa do empregador.

3.4. A pesagem de mercadorias pelo operador de checkout só poderá ocorrer quando os seguintes requisitos forem atendidos simultaneamente:

a) balança localizada frontalmente e próxima ao operador;

b) balança nivelada com a superfície do checkout;

c) continuidade entre as superfícies do checkout e da balança, admitindo-se até dois centímetros de descontinuidade em cada lado da balança;

d) teclado para digitação localizado a uma distância máxima de 45 centímetros da borda interna do checkout;

e) número máximo de oito dígitos para os códigos de mercadorias que sejam pesadas.

3.5. Para o atendimento no checkout, de pessoas idosas, gestantes, portadoras de deficiências ou que apresentem algum tipo de incapacidade momentânea, a empresa deve disponibilizar pessoal auxiliar, sempre que o operador de caixa solicitar.

4. A organização do trabalho

4.1. A disposição física e o número de checkouts em atividade (abertos) e de operadores devem ser compatíveis com o fluxo de clientes, de modo a adequar o ritmo de trabalho às características psicofisiológicas de cada operador, por meio da adoção de pelo menos um dos seguintes itens, cuja escolha fica a critério da empresa:

a) pessoas para apoio ou substituição, quando necessário;

b) filas únicas por grupos de checkouts;

c) caixas especiais (idosos, gestantes, deficientes, clientes com pequenas quantidades de mercadorias);

d) pausas durante a jornada de trabalho;

e) rodízio entre os operadores de checkouts com características diferentes;

f) outras medidas que ajudem a manter o movimento adequado de atendimento sem a sobrecarga do operador de checkout.

4.2. São garantidas saídas do posto de trabalho, mediante comunicação, a qualquer momento da jornada, para que os operadores atendam às suas necessidades fisiológicas, ressalvado o intervalo para refeição previsto na Consolidação das Leis do Trabalho.

4.3. É vedado promover, para efeitos de remuneração ou premiação de qualquer espécie, sistema de avaliação do desempenho com base no número de mercadorias ou compras por operador.

4.4. É atribuição do operador de checkout a verificação das mercadorias apresentadas, sendo-lhe vedada qualquer tarefa de segurança patrimonial.

5. Os aspectos psicossociais do trabalho

5.1. Todo trabalhador envolvido com o trabalho em checkout deve portar um dispositivo de identificação visível, com nome e/ou sobrenome, escolhido(s) pelo próprio trabalhador.

5.2. É vedado obrigar o trabalhador ao uso, permanente ou temporário, de vestimentas ou propagandas ou maquilagem temática, que causem constrangimento ou firam sua dignidade pessoal.

6. Informação e formação dos trabalhadores

6.1. Todos os trabalhadores envolvidos com o trabalho de operador de checkout devem receber treinamento, cujo objetivo é aumentar o conhecimento da relação entre o seu trabalho e a promoção à saúde.

6.2. O treinamento deve conter noções sobre prevenção e os fatores de risco para a saúde, decorrentes da modalidade de trabalho de operador de checkout, levando em consideração os aspectos relacionados a:

a) posto de trabalho;

b) manipulação de mercadorias;

c) organização do trabalho;

d) aspectos psicossociais do trabalho;

e) agravos à saúde mais encontrados entre operadores de checkout.

6.2.1. Cada trabalhador deve receber treinamento com duração mínima de duas horas, até o trigésimo dia da data da sua admissão, com reciclagem anual e com duração mínima de duas horas, ministrados durante sua jornada de trabalho.

6.3. Os trabalhadores devem ser informados com antecedência sobre mudanças que venham a ocorrer no processo de trabalho.

6.4. O treinamento deve incluir, obrigatoriamente, a disponibilização de material didático com os tópicos mencionados no item 6.2 e alíneas.

6.5. A forma do treinamento (contínuo ou intermitente, presencial ou à distância, por palestras, cursos ou audiovisual) fica a critério de cada empresa.

6.6. A elaboração do conteúdo técnico e avaliação dos resultados do treinamento devem contar com a participação de integrantes do Serviço Especializado em Segurança e Medicina do Trabalho e da Comissão Interna de Prevenção de Acidentes, quando houver, e do coordenador do Programa de Controle Médico de Saúde Ocupacional e dos responsáveis pela elaboração e implementação do Programa de Prevenção de Riscos Ambientais.

7. Disposições Transitórias

7.1. As obrigações previstas neste anexo serão exigidas após encerrados os seguintes prazos:

7.1.1. Para os subitens 1.1; 1.2; 3.2; 3.5; 4.2; 4.3 e 4.4, prazo de noventa dias.

7.1.2. Para os subitens 2.1 "h"; 2.2 "c" e "d"; 2.3 "a" e "b"; 3.1 e alíneas; 4.1 e alíneas; 5.1; 5.2; e 6.3, prazo de cento e oitenta dias.

7.1.3. Para Subitens 2.1 "e" e "f"; 3.3 "a", "b" e "c"; 3.3.1; 6.1; 6.2 e alíneas; 6.2.1; 6.4; 6.5 e 6.6, prazo de um ano.

7.1.4. Para os subitens 2.1 "a", "b", "c", "d", "g" e "i"; 2.2 "a" e "b"; 2.3 "c"; 2.4 e 3.4 e alíneas, prazos conforme o seguinte cronograma:

a) Janeiro de 2008 – todas as lojas novas ou que forem submetidas a reformas;

b) Até julho de 2009 – 15% das lojas;

c) Até dezembro de 2009 – 35% das lojas;

d) Até dezembro de 2010 – 65% das lojas;

e) Até dezembro de 2011 – todas as lojas.

ANEXO II TRABALHO EM TELEATENDIMENTO/ TELEMARKETING

1. O presente Anexo estabelece parâmetros mínimos para o trabalho em atividades de teleatendimento/telemarketing

NRs

nas diversas modalidades desse serviço, de modo a proporcionar um máximo de conforto, segurança, saúde e desempenho eficiente.

1.1. As disposições deste Anexo aplicam-se a todas as empresas que mantêm serviço de teleatendimento/telemarketing nas modalidades ativo ou receptivo em centrais de atendimento telefônico e/ou centrais de relacionamento com clientes (call centers), para prestação de serviços, informações e comercialização de produtos.

1.1.1. Entende-se como call center o ambiente de trabalho no qual a principal atividade é conduzida via telefone e/ou rádio com utilização simultânea de terminais de computador.

1.1.1.1. Este Anexo aplica-se, inclusive, a setores de empresas e postos de trabalho dedicados a esta atividade, além daquelas empresas especificamente voltadas para essa atividade-fim.

1.1.2. Entende-se como trabalho de teleatendimento/telemarketing aquele cuja comunicação com interlocutores clientes e usuários é realizada à distância por intermédio da voz e/ou mensagens eletrônicas, com a utilização simultânea de equipamentos de audição/escuta e fala telefônica e sistemas informatizados ou manuais de processamento de dados.

2. MOBILIÁRIO DO POSTO DE TRABALHO

2.1. Para trabalho manual sentado ou que tenha de ser feito em pé deve ser proporcionado ao trabalhador mobiliário que atenda aos itens 17.3.2, 17.3.3 e 17.3.4 e alíneas, da Norma Regulamentadora n.º 17 (NR 17) e que permita variações posturais, com ajustes de fácil acionamento, de modo a prover espaço suficiente para seu conforto, atendendo, no mínimo, aos seguintes parâmetros:

a) o monitor de vídeo e o teclado devem estar apoiados em superfícies com mecanismos de regulagem independentes;

b) será aceita superfície regulável única para teclado e monitor quando este for dotado de regulagem independente de, no mínimo, 26 (vinte e seis) centímetros no plano vertical;

c) a bancada sem material de consulta deve ter, no mínimo, profundidade de 75 (setenta e cinco) centímetros medidos a partir de sua borda frontal e largura de 90 (noventa) centímetros que proporcionem zonas de alcance manual de, no máximo, 65 (sessenta e cinco) centímetros de raio em cada lado, medidas centradas nos ombros do operador em posição de trabalho;

d) a bancada com material de consulta deve ter, no mínimo, profundidade de 90 (noventa) centímetros a partir de sua borda frontal e largura de 100 (cem) centímetros que proporcionem zonas de alcance manual de, no máximo, 65 (sessenta e cinco) centímetros de raio em cada lado, medidas centradas nos ombros do operador em posição de trabalho, para livre utilização e acesso de documentos;

e) o plano de trabalho deve ter bordas arredondadas;

f) as superfícies de trabalho devem ser reguláveis em altura em um intervalo mínimo de 13 (treze) centímetros, medidos de sua face superior, permitindo o apoio das plantas dos pés no piso;

g) o dispositivo de apontamento na tela (mouse) deve estar apoiado na mesma superfície do teclado, colocado em área de fácil alcance e com espaço suficiente para sua livre utilização;

h) o espaço sob a superfície de trabalho deve ter profundidade livre mínima de 45 (quarenta e cinco) centímetros ao nível dos joelhos e de 70 (setenta) centímetros ao nível dos pés, medidos de sua borda frontal;

i) nos casos em que os pés do operador não alcançarem o piso, mesmo após a regulagem do assento, deverá ser fornecido apoio para os pés que se adapte ao comprimento das pernas do trabalhador, permitindo o apoio das plantas dos pés, com inclinação ajustável e superfície revestida de material antiderrapante;

j) os assentos devem ser dotados de:

1. apoio em 05 (cinco) pés, com rodízios cuja resistência evite deslocamentos involuntários e que não comprometam a estabilidade do assento;
2. superfícies onde ocorre contato corporal estofadas e revestidas de material que permita a perspiração;
3. base estofada com material de densidade entre 40 (quarenta) a 50 (cinqüenta) kg/m3;
4. altura da superfície superior ajustável, em relação ao piso, entre 37 (trinta e sete) e 50 (cinquenta) centímetros, podendo ser adotados até 03 (três) tipos de cadeiras com alturas diferentes, de forma a atender as necessidades de todos os operadores;
5. profundidade útil de 38 (trinta e oito) a 46 (quarenta e seis) centímetros;
6. borda frontal arredondada;
7. características de pouca ou nenhuma conformação na base;
8. encosto ajustável em altura e em sentido antero-posterior, com forma levemente adaptada ao corpo para proteção da região lombar; largura de, no mínimo, 40 (quarenta) centímetros e, com relação aos encostos, de no mínimo, 30,5 (trinta vírgula cinco) centímetros;
9. apoio de braços regulável em altura de 20 (vinte) a 25 (vinte e cinco) centímetros a partir do assento, sendo que seu comprimento não deve interferir no movimento de aproximação da cadeira em relação à mesa, nem com os movimentos inerentes à execução da tarefa.

3. EQUIPAMENTOS DOS POSTOS DE TRABALHO

3.1. Devem ser fornecidos gratuitamente conjuntos de microfone e fone de ouvido (head-sets) individuais, que permitam ao operador a alternância do uso das orelhas ao longo da jornada de trabalho e que sejam substituídos sempre que apresentarem defeitos ou desgaste devido ao uso.

3.1.2. Alternativamente, poderá ser fornecido um head set para cada posto de atendimento, desde que as partes que permitam qualquer espécie de contágio ou risco à saúde sejam de uso individual.

3.1.3. Os *head-sets* devem:

a) ter garantidas pelo empregador a correta higienização e as condições operacionais recomendadas pelos fabricantes;

b) ser substituídos prontamente quando situações irregulares de funcionamento forem detectadas pelo operador;

c) ter seus dispositivos de operação e controles de fácil uso e alcance;

d) permitir ajuste individual da intensidade do nível sonoro e ser providos de sistema de proteção contra choques acústicos e ruídos indesejáveis de alta intensidade, garantindo o entendimento das mensagens.

3.2. O empregador deve garantir o correto funcionamento e a manutenção contínua dos equipamentos de comunicação, incluindo os conjuntos de *head-sets*, utilizando pessoal técnico familiarizado com as recomendações dos fabricantes.

3.3. Os monitores de vídeo devem proporcionar corretos ângulos de visão e ser posicionados frontalmente ao operador, devendo ser dotados de regulagem que permita o correto ajuste da tela à iluminação do ambiente, protegendo o trabalhador contra reflexos indesejáveis.

3.4. Toda introdução de novos métodos ou dispositivos tecnológicos que traga alterações sobre os modos operatórios dos trabalhadores deve ser alvo de análise ergonômica prévia, prevendo-se períodos e procedimentos adequados de capacitação e adaptação.

4. CONDIÇÕES AMBIENTAIS DE TRABALHO

4.1. Os locais de trabalho devem ser dotados de condições acústicas adequadas à comunicação telefônica, adotando-se medidas tais como o arranjo físico geral e dos postos de trabalho, pisos e paredes, isolamento acústico do ruído externo, tamanho, forma, revestimento e distribuição das divisórias entre os postos, com o fim de atender o disposto no item 17.5.2, alínea "a" da NR-17.

4.2. Os ambientes de trabalho devem atender ao disposto no subitem 17.5.2 da NR-17, obedecendo-se, no mínimo, aos seguintes parâmetros:

a) níveis de ruído de acordo com o estabelecido na NBR 10152, norma brasileira registrada no INMETRO, observando o nível de ruído aceitável para efeito de conforto de até 65 dB(A) e a curva de avaliação de ruído (NC) de valor não superior a 60 dB;

b) índice de temperatura efetiva entre 20º e 23ºC;

c) velocidade do ar não superior a 0,75 m/s;

d) umidade relativa do ar não inferior a 40% (quarenta por cento).

4.2.1. Devem ser implementados projetos adequados de climatização dos ambientes de trabalho que permitam distribuição homogênea das temperaturas e fluxos de ar utilizando, se necessário, controles locais e/ou setorizados da temperatura, velocidade e direção dos fluxos.

4.2.2. As empresas podem instalar higrômetros ou outros equipamentos que permitam ao trabalhador acompanhar a temperatura efetiva e a umidade do ar do ambiente de trabalho.

4.3. Para a prevenção da chamada "síndrome do edifício doente", devem ser atendidos:

a) o Regulamento Técnico do Ministério da Saúde sobre "Qualidade do Ar de Interiores em Ambientes Climatizados", com redação da Portaria MS n.º 3.523, de 28 de agosto de 1998 ou outra que a venha substituir;

b) os Padrões Referenciais de Qualidade do Ar Interior em ambientes climatizados artificialmente de uso público e coletivo, com redação dada pela Resolução RE n.º 9, de 16 de janeiro de 2003, da ANVISA – Agência Nacional de Vigilância Sanitária, ou outra que a venha substituir, à exceção dos parâmetros físicos de temperatura e umidade definidos no item 4.2 deste Anexo;

c) o disposto no item 9.3.5.1 da Norma Regulamentadora n.º 9 (NR 9).

4.3.1. A documentação prevista nas alíneas "a" e "b" deverá estar disponível à fiscalização do trabalho.

4.3.2. As instalações das centrais de ar condicionado, especialmente o plenum de mistura da casa de máquinas, não devem ser utilizadas para armazenamento de quaisquer materiais.

4.3.3. A descarga de água de condensado não poderá manter qualquer ligação com a rede de esgoto cloacal.

5. ORGANIZAÇÃO DO TRABALHO

5.1. A organização do trabalho deve ser feita de forma a não haver atividades aos domingos e feriados, seja total ou parcial, com exceção das empresas autorizadas previamente pelo Ministério do Trabalho e Emprego, conforme o previsto no Artigo 68, "*caput*", da CLT e das atividades previstas em lei.

5.1.1. Aos trabalhadores é assegurado, nos casos previamente autorizados, pelo menos um dia de repouso semanal remunerado coincidente com o domingo a cada mês, independentemente de metas, faltas e/ou produtividade.

5.1.2. As escalas de fins de semana e de feriados devem ser especificadas e informadas aos trabalhadores com a antecedência necessária, de conformidade com os Artigos 67, parágrafo único, e 386 da CLT, ou por intermédio de acordos ou convenções coletivas.

5.1.2.1. Os empregadores devem levar em consideração as necessidades dos operadores na elaboração das escalas laborais que acomodem necessidades especiais da vida familiar dos trabalhadores com dependentes sob seus cuidados, especialmente nutrizes, incluindo flexibilidade especial para trocas de horários e utilização das pausas.

5.1.3. A duração das jornadas de trabalho somente poderá prolongar-se além do limite previsto nos termos da lei em casos excepcionais, por motivo de força maior, necessidade imperiosa ou para a realização ou conclusão de serviços inadiáveis ou cuja inexecução possa acarretar prejuízo manifesto, conforme dispõe o Artigo 61 da CLT, realizando a comunicação à autoridade competente, prevista no §1º do mesmo artigo, no prazo de 10 (dez) dias.

5.1.3.1. Em caso de prorrogação do horário normal, será obrigatório um descanso mínimo de 15 (quinze) minutos antes do início do período extraordinário do trabalho, de acordo com o Artigo 384 da CLT.

5.2. O contingente de operadores deve ser dimensionado às demandas da produção no sentido de não gerar sobrecarga habitual ao trabalhador.

5.2.1. O contingente de operadores em cada estabelecimento deve ser suficiente para garantir que todos possam usufruir as pausas e intervalos previstos neste Anexo.

5.3. O tempo de trabalho em efetiva atividade de teleatendimento/telemarketing é de, no máximo, 06 (seis) horas diárias, nele incluídas as pausas, sem prejuízo da remuneração.

5.3.1. A prorrogação do tempo previsto no presente item só será admissível nos termos da legislação, sem prejuízo das pausas previstas neste Anexo, respeitado o limite de 36 (trinta e seis) horas semanais de tempo efetivo em atividade de teleatendimento/telemarketing.

5.3.2. Para o cálculo do tempo efetivo em atividade de teleatendimento/telemarketing devem ser computados os períodos em que o operador encontra-se no posto de trabalho, os intervalos entre os ciclos laborais e os deslocamentos para solução de questões relacionadas ao trabalho.

5.4. Para prevenir sobrecarga psíquica, muscular estática de pescoço, ombros, dorso e membros superiores, as empresas devem permitir a fruição de pausas de descanso e intervalos para repouso e alimentação aos trabalhadores.

5.4.1. As pausas deverão ser concedidas:

a) fora do posto de trabalho;

b) em 02 (dois) períodos de 10 (dez) minutos contínuos;

c) após os primeiros e antes dos últimos 60 (sessenta) minutos de trabalho em atividade de teleatendimento/telemarketing.

5.4.1.1. A instituição de pausas não prejudica o direito ao intervalo obrigatório para repouso e alimentação previsto no §1º do Artigo 71 da CLT.

5.4.2. O intervalo para repouso e alimentação para a atividade de teleatendimento/telemarketing deve ser de 20 (vinte) minutos.

5.4.3. Para tempos de trabalho efetivo de teleatendimento/telemarketing de até 04 (quatro) horas diárias, deve ser observada a concessão de 01 pausa de descanso contínua de 10 (dez) minutos.

5.4.4. As pausas para descanso devem ser consignadas em registro impresso ou eletrônico.

5.4.4.1. O registro eletrônico de pausas deve ser disponibilizado impresso para a fiscalização do trabalho no curso da inspeção, sempre que exigido.

5.4.4.2. Os trabalhadores devem ter acesso aos seus registros de pausas.

5.4.5. Devem ser garantidas pausas no trabalho imediatamente após operação onde haja ocorrido ameaças, abuso verbal, agressões ou que tenha sido especialmente desgastante, que permitam ao operador recuperar-se e socializar conflitos e dificuldades com colegas, supervisores ou profissionais de saúde ocupacional especialmente capacitados para tal acolhimento.

5.5. O tempo necessário para a atualização do conhecimento do operador e para o ajuste do posto de trabalho é considerado como parte da jornada normal.

5.6. A participação em quaisquer modalidades de atividade física, quando adotadas pela empresa, não é obrigatória, e a recusa do trabalhador em praticá-la não poderá ser utilizada para efeito de qualquer punição.

5.7. Com o fim de permitir a satisfação das necessidades fisiológicas, as empresas devem permitir que os operadores saiam de seus postos de trabalho a qualquer momento da jornada, sem repercussões sobre suas avaliações e remunerações.

5.8. Nos locais de trabalho deve ser permitida a alternância de postura pelo trabalhador, de acordo com suas conveniência e necessidade.

5.9. Os mecanismos de monitoramento da produtividade, tais como mensagens nos monitores de vídeo, sinais luminosos, cromáticos, sonoros, ou indicações do tempo utilizado nas ligações ou de filas de clientes em espera, não podem ser utilizados para aceleração do trabalho e, quando existentes, deverão estar disponíveis para consulta pelo operador, a seu critério.

5.10. Para fins de elaboração de programas preventivos devem ser considerados os seguintes aspectos da organização do trabalho:

a) compatibilização de metas com as condições de trabalho e tempo oferecidas;

b) monitoramento de desempenho;

c) repercussões sobre a saúde dos trabalhadores decorrentes de todo e qualquer sistema de avaliação para efeito de remuneração e vantagens de qualquer espécie;

d) pressões aumentadas de tempo em horários de maior demanda;

e) períodos para adaptação ao trabalho.

5.11. É vedado ao empregador:

a) exigir a observância estrita do script ou roteiro de atendimento;

b) imputar ao operador os períodos de tempo ou interrupções no trabalho não dependentes de sua conduta.

5.12. A utilização de procedimentos de monitoramento por escuta e gravação de ligações deve ocorrer somente mediante o conhecimento do operador.

5.13. É vedada a utilização de métodos que causem assédio moral, medo ou constrangimento, tais como:

a) estímulo abusivo à competição entre trabalhadores ou grupos/equipes de trabalho;

b) exigência de que os trabalhadores usem, de forma permanente ou temporária, adereços, acessórios, fantasias e vestimentas com o objetivo de punição, promoção e propaganda;

c) exposição pública das avaliações de desempenho dos operadores.

5.14. Com a finalidade de reduzir o estresse dos operadores, devem ser minimizados os conflitos e ambigüidades de papéis nas tarefas a executar, estabelecendo-se claramente as diretrizes quanto a ordens e instruções de diversos níveis hierárquicos, autonomia para resolução de problemas, autorização para transferência de chamadas e consultas necessárias a colegas e supervisores.

5.15. Os sistemas informatizados devem ser elaborados, implantados e atualizados contínua e suficientemente, de maneira a mitigar sobretarefas como a utilização constante de memória de curto prazo, utilização de anotações precárias, duplicidade e concomitância de anotações em papel e sistema informatizado.

5.16. As prescrições de diálogos de trabalho não devem exigir que o trabalhador forneça o sobrenome aos clientes, visando resguardar sua privacidade e segurança pessoal.

6. CAPACITAÇÃO DOS TRABALHADORES

6.1. Todos os trabalhadores de operação e de gestão devem receber capacitação que proporcione conhecer as formas de adoecimento relacionadas à sua atividade, suas causas, efeitos sobre a saúde e medidas de prevenção.

6.1.1. A capacitação deve envolver, também, obrigatoriamente os trabalhadores temporários.

6.1.2. A capacitação deve incluir, no mínimo, aos seguintes itens:

a) noções sobre os fatores de risco para a saúde em teleatendimento/telemarketing;

b) medidas de prevenção indicadas para a redução dos riscos relacionados ao trabalho;

c) informações sobre os sintomas de adoecimento que possam estar relacionados a atividade de teleatendimento/telemarketing, principalmente os que envolvem o sistema osteomuscular, a saúde mental, as funções vocais, auditivas e acuidade visual dos trabalhadores;

d) informações sobre a utilização correta dos mecanismos de ajuste do mobiliário e dos equipamentos dos postos de trabalho, incluindo orientação para alternância de orelhas no uso dos fones mono ou bi-auriculares e limpeza e substituição de tubos de voz;

e) duração de 04 (quatro) horas na admissão e reciclagem a cada 06 (seis) meses, independentemente de campanhas educativas que sejam promovidas pelos empregadores;

f) distribuição obrigatória de material didático impresso com o conteúdo apresentado;

g) realização durante a jornada de trabalho.

6.2. Os trabalhadores devem receber qualificação adicional à capacitação obrigatória referida no item anterior quando forem introduzidos novos fatores de risco decorrentes de métodos, equipamentos, tipos específicos de atendimento, mudanças gerenciais ou de procedimentos.

6.3. A elaboração do conteúdo técnico, a execução e a avaliação dos resultados dos procedimentos de capacitação devem contar com a participação de:

a) pessoal de organização e métodos responsável pela organização do trabalho na empresa, quando houver;

b) integrantes do Serviço Especializado em Segurança e Medicina do Trabalho, quando houver;

c) representantes dos trabalhadores na Comissão Interna de Prevenção de Acidentes, quando houver;

d) médico coordenador do Programa de Controle Médico de Saúde Ocupacional;

e) responsáveis pelo Programa de Prevenção de Riscos de Ambientais; representantes dos trabalhadores e outras entidades, quando previsto em acordos ou convenções coletivas de trabalho.

7. CONDIÇÕES SANITÁRIAS DE CONFORTO

7.1. Devem ser garantidas boas condições sanitárias e de conforto, incluindo sanitários permanentemente adequados ao uso e separados por sexo, local para lanche e armários individuais dotados de chave para guarda de pertences na jornada de trabalho.

7.2. Deve ser proporcionada a todos os trabalhadores disponibilidade irrestrita e próxima de água potável, atendendo à Norma Regulamentadora n.º 24 – NR 24.

7.3. As empresas devem manter ambientes confortáveis para descanso e recuperação durante as pausas, fora dos ambientes de trabalho, dimensionados em proporção adequada ao número de operadores usuários, onde estejam disponíveis assentos, facilidades de água potável, instalações sanitárias e lixeiras com tampa.

8. PROGRAMAS DE SAÚDE OCUPACIONAL E DE PREVENÇÃO DE RISCOS AMBIENTAIS

8.1. O Programa de Controle Médico de Saúde Ocupacional – PCMSO, além de atender à Norma Regulamentadora n.º 7 (NR 7), deve necessariamente reconhecer e registrar os riscos identificados na análise ergonômica.

8.1.1. O empregador deverá fornecer cópia dos Atestados de Saúde Ocupacional e cópia dos resultados dos demais exames.

8.2. O empregador deve implementar um programa de vigilância epidemiológica para detecção precoce de casos de doenças relacionadas ao trabalho comprovadas ou objeto de suspeita, que inclua procedimentos de vigilância passiva (processando a demanda espontânea de trabalhadores que procurem serviços médicos) e procedimentos de vigilância ativa, por intermédio de exames médicos dirigidos que incluam, além dos exames obrigatórios por norma, coleta de dados sobre sintomas referentes aos aparelhos psíquico, osteomuscular, vocal, visual e auditivo, analisados e apresentados com a utilização de ferramentas estatísticas e epidemiológicas.

8.2.1. No sentido de promover a saúde vocal dos trabalhadores, os empregadores devem implementar, entre outras medidas:

a) modelos de diálogos que favoreçam micropausas e evitem carga vocal intensiva do operador;

b) redução do ruído de fundo;

c) estímulo à ingestão freqüente de água potável fornecida gratuitamente aos operadores.

8.3. A notificação das doenças profissionais e das produzidas em virtude das condições especiais de trabalho, comprovadas ou objeto de suspeita, será obrigatória por meio da emissão de Comunicação de Acidente de Trabalho, na forma do Artigo 169 da CLT e da legislação vigente da Previdência Social.

8.4. As análises ergonômicas do trabalho devem contemplar, no mínimo, para atender à NR-17:

a) descrição das características dos postos de trabalho no que se refere ao mobiliário, utensílios, ferramentas, espaço físico para a execução do trabalho e condições de posicionamento e movimentação de segmentos corporais;

b) avaliação da organização do trabalho demonstrando:

1. trabalho real e trabalho prescrito;
2. descrição da produção em relação ao tempo alocado para as tarefas;
3. variações diárias, semanais e mensais da carga de atendimento, incluindo variações sazonais e intercorrências técnico-operacionais mais freqüentes;
4. número de ciclos de trabalho e sua descrição, incluindo trabalho em turnos e trabalho noturno;
5. ocorrência de pausas inter-ciclos;
6. explicitação das normas de produção, das exigências de tempo, da determinação do conteúdo de tempo, do ritmo de trabalho e do conteúdo das tarefas executadas;
7. histórico mensal de horas extras realizadas em cada ano;
8. explicitação da existência de sobrecargas estáticas ou dinâmicas do sistema osteomuscular;

c) relatório estatístico da incidência de queixas de agravos à saúde colhidas pela Medicina do Trabalho nos prontuários médicos;

d) relatórios de avaliações de satisfação no trabalho e clima organizacional, se realizadas no âmbito da empresa;

e) registro e análise de impressões e sugestões dos trabalhadores com relação aos aspectos dos itens anteriores;

f) recomendações ergonômicas expressas em planos e propostas claros e objetivos, com definição de datas de implantação.

8.4.1. As análises ergonômicas do trabalho deverão ser datadas, impressas, ter folhas numeradas e rubricadas e contemplar, obrigatoriamente, as seguintes etapas de execução:

a) explicitação da demanda do estudo;

b) análise das tarefas, atividades e situações de trabalho;

c) discussão e restituição dos resultados aos trabalhadores envolvidos;

d) recomendações ergonômicas específicas para os postos avaliados;

e) avaliação e revisão das intervenções efetuadas com a participação dos trabalhadores, supervisores e gerentes;

f) avaliação da eficiência das recomendações.

8.5. As ações e princípios do Programa de Prevenção de Riscos Ambientais – PPRA devem ser associados àqueles previstos na NR-17.

9. PESSOAS COM DEFICIÊNCIA

9.1. Para as pessoas com deficiência e aquelas cujas medidas antropométricas não sejam atendidas pelas especificações deste Anexo, o mobiliário dos postos de trabalho deve ser adaptado para atender às suas necessidades, e devem estar disponíveis ajudas técnicas necessárias em seu respectivo posto de trabalho para facilitar sua integração ao trabalho, levando em consideração as repercussões sobre a saúde destes trabalhadores.

9.2. As condições de trabalho, incluindo o acesso às instalações, mobiliário, equipamentos, condições ambientais, organização do trabalho, capacitação, condições sanitárias, programas de prevenção e cuidados para segurança pessoal devem levar em conta as necessidades dos trabalhadores com deficiência.

10. DISPOSIÇÕES TRANSITÓRIAS

10.1. As empresas que no momento da publicação da portaria de aprovação deste Anexo mantiverem com seus trabalhadores a contratação de jornada de 06 (seis) horas diárias, nelas contemplados e remunerados 15 (quinze) minutos de intervalo para repouso e alimentação, obrigar-se-ão somente à complementação de 05 (cinco) minutos, igualmente remunerados, de maneira a alcançar o total de 20 (vinte) minutos de pausas obrigatórias remuneradas, concedidos na forma dos itens 5.4.1 e 5.4.2.

10.2. O disposto no item 2 desta norma (MOBILIÁRIO DO POSTO DE TRABALHO) será implementado em um prazo para adaptação gradual de, no máximo, 05 (cinco) anos, sendo de 10% (dez por cento) no primeiro ano, 25% (vinte e cinco por cento) no segundo ano, 45% (quarenta e cinco) no terceiro ano, 75% (setenta e cinco por cento) no quarto ano e 100% (cem por cento) no quinto ano.

10.3. Será constituída comissão permanente para fins de acompanhamento da implementação, aplicação e revisão do presente Anexo.

10.4. O disposto nos itens 5.3 e seus subitens e 5.4 e seus subitens entrarão em vigor em 120 (cento e vinte) dias da data de publicação da portaria de aprovação deste Anexo, com exceção do item 5.4.4 que entrará em vigor em 180 (cento e oitenta) dias da publicação desta norma.

10.5. Ressalvado o disposto no item 10.2 e com exceção dos itens 5.3, 5.4, este anexo passa a vigorar no prazo de 90 (noventa) dias de sua publicação.

(DOU 06.07.1978)

NR 18

CONDIÇÕES E MEIO AMBIENTE DE TRABALHO NA INDÚSTRIA DA CONSTRUÇÃO

[...]

18.1 Objetivo e Campo de Aplicação

18.1.1 Esta Norma Regulamentadora – NR estabelece diretrizes de ordem administrativa, de planejamento e de organização, que objetivam a implementação de medidas de controle e sistemas preventivos de segurança nos processos, nas condições e no meio ambiente de trabalho na Indústria da Construção.

18.1.2 Consideram-se atividades da Indústria da Construção as constantes do Quadro I, Código da Atividade Específica, da NR 4 – Serviços Especializados em Engenharia de Segurança e em Medicina do Trabalho e as atividades e serviços de demolição, reparo, pintura, limpeza e manutenção de edifícios em geral, de qualquer número de pavimentos ou tipo de construção, inclusive manutenção de obras de urbanização e paisagismo.

18.1.3 É vedado o ingresso ou a permanência de trabalhadores no canteiro de obras, sem que estejam assegurados pelas medidas previstas nesta NR e compatíveis com a fase da obra.

18.1.4 A observância do estabelecido nesta NR não desobriga os empregadores do cumprimento das disposições relativas às condições e meio ambiente de trabalho, determinadas na legislação federal, estadual e/ou municipal, e em outras estabelecidas em negociações coletivas de trabalho.

[...]

(DOU 06.07.1978)

NR 19

EXPLOSIVOS

- NR com redação determinada pela Portaria SIT 228/2011.

19.1 Disposições Gerais

19.1.1 Para fins desta Norma, considera-se explosivo material ou substância que, quando iniciada, sofre decomposição muito rápida em produtos mais estáveis, com grande liberação de calor e desenvolvimento súbito de pressão.

19.1.2 As atividades de fabricação, utilização, importação, exportação, tráfego e comércio de explosivos devem obedecer ao disposto na legislação específica, em especial ao Regulamento para Fiscalização de Produtos Controlados (R-105) do Exército Brasileiro, aprovado pelo Decreto n.º 3.665, de 20 de novembro de 2000.

19.1.3 É proibida a fabricação de explosivos no perímetro urbano das cidades, vilas ou povoados.

19.1.4 As empresas devem manter, nas instalações de fabricação e armazenagem, quantidades máximas de explosivos de acordo com o Anexo II desta Norma.

19.1.4.1 As distâncias constantes do Anexo II poderão ser reduzidas à metade no caso de depósitos barricados.

19.1.5 O Programa de Prevenção de Riscos Ambientais – PPRA das empresas que fabricam ou utilizam explosivos deve contemplar, além do disposto na NR-9, a avaliação dos riscos de incêndio e explosão e a implementação das respectivas medidas de controle.

19.2 Fabricação de explosivos

19.2.1 A fabricação de explosivos somente é permitida às empresas portadoras de Título de Registro – TR emitido pelo Exército Brasileiro.

19.2.2 O terreno em que se achar instalado o conjunto de edificações das empresas de fabricação de explosivos deve ser provido de cerca adequada e de separação entre os locais de fabricação, armazenagem e administração.

19.2.2.1 As atividades em que explosivos sejam depositados em invólucros, tal como encartuchamento, devem ser efetuadas em locais isolados, não podendo ter em seu interior mais de quatro trabalhadores ao mesmo tempo.

19.2.3 Os locais de fabricação de explosivos devem ser:

a) mantidos em perfeito estado de conservação;

b) adequadamente arejados;

c) construídos com paredes e tetos de material incombustível e pisos antiestáticos;

d) dotados de equipamentos devidamente aterrados e, se necessárias, instalações elétricas especiais de segurança;

e) providos de sistemas de combate a incêndios de manejo simples, rápido e eficiente, dispondo de água em quantidade e com pressão suficiente aos fins a que se destina;

f) livres de materiais combustíveis ou inflamáveis.

19.2.4 No manuseio de explosivos, é proibido:

a) utilizar ferramentas ou utensílios que possam gerar centelha ou calor por atrito;

b) fumar ou praticar atos suscetível de produzir fogo ou centelha;

c) usar calçados cravejados com pregos ou peças metálicas externas;

d) manter objetos que não tenham relação direta com a atividade.

19.2.5 Nos locais de manuseio de explosivos, matérias primas que ofereçam risco de explosão devem permanecer nas quantidades mínimas possíveis, admitindo-se, no máximo, material para o trabalho de quatro horas.

19.3 Armazenamento de explosivos

19.3.1 Os depósitos de explosivos devem obedecer aos seguintes requisitos:

a) ser construídos de materiais incombustíveis, em terreno firme, seco, a salvo de inundações;

b) ser apropriadamente ventilados;

c) manter ocupação máxima de sessenta por cento da área, respeitando-se a altura máxima de empilhamento de dois metros e uma entre o teto e o topo do empilhamento;

d) ser dotados de sinalização externa adequada.

19.3.2 É proibida a armazenagem de:

a) acessórios iniciadores com explosivos, inclusive pólvoras ou acessórios explosivos em um mesmo depósito;

b) pólvoras em um mesmo depósito com outros explosivos;

c) fogos de artifício com pólvoras e outros explosivos em um mesmo depósito ou no balcão de estabelecimentos comerciais;

d) explosivos e acessórios em habitações, estábulos, silos, galpões, oficinas, lojas ou outras edificações não destinadas a esse uso específico.

19.4 Transporte de explosivos

19.4.1 O transporte terrestre de explosivos deve seguir a legislação pertinente ao transporte de produtos perigosos, em especial a emitida pelo Ministério dos Transportes; o transporte por via marítima, fluvial ou lacustre, as normas do Comando da Marinha; o transporte por via aérea, as normas do Comando da Aeronáutica.

19.4.2 Para o transporte de explosivos devem ser observadas as seguintes prescrições gerais:

a) o material a ser transportado deve estar devidamente acondicionado em embalagem regulamentar;

b) os serviços de embarque e desembarque devem ser assistidos por um fiscal da empresa transportadora, devidamente habilitado;

c) todos os equipamentos empregados nos serviços de carga, transporte e descarga devem ser rigorosamente verificados quanto às condições de segurança;

d) sinais de perigo, como bandeirolas vermelhas ou tabuletas de aviso, devem ser afixados em lugares visíveis do veículo de transporte;

e) o material deve ser disposto e fixado no veículo de modo a facilitar a inspeção e a segurança;

f) munições, pólvoras, explosivos, acessórios iniciadores e artifícios pirotécnicos devem ser transportados separadamente;

g) o material deve ser protegido contra a umidade e incidência direta dos raios solares;

h) é proibido bater, arrastar, rolar ou jogar os recipientes de explosivos;

i) antes de descarregar os materiais, o local previsto para armazená-los deve ser examinado;

j) é proibida a utilização de luzes não protegidas, fósforos, isqueiros, dispositivos e ferramentas capazes de produzir chama ou centelha nos locais de embarque, desembarque e no transporte;

k) salvo casos especiais, os serviços de carga e descarga de explosivos devem ser feitos durante o dia e com tempo bom;

l) quando houver necessidade de carregar ou descarregar explosivos durante a noite, somente será usada iluminação com lanternas e holofotes elétricos.

[...]

- Deixamos de publicar os Anexos a esta NR.

(DOU 06.07.1978)

NR 20

SEGURANÇA E SAÚDE NO TRABALHO COM INFLAMÁVEIS E COMBUSTÍVEIS

SUMÁRIO

20.1 Introdução

20.1.1 Esta Norma Regulamentadora – NR estabelece requisitos mínimos para a gestão da segurança e saúde no trabalho contra os fatores de risco de acidentes provenientes das atividades de extração, produção, armazenamento, transferência, manuseio e manipulação de inflamáveis e líquidos combustíveis.

20.2 Abrangência

20.2.1 Esta NR se aplica às atividades de:

a) extração, produção, armazenamento, transferência, manuseio e manipulação de inflamáveis, nas etapas de projeto, construção, montagem, operação, manutenção, inspeção e desativação da instalação;

b) extração, produção, armazenamento, transferência e manuseio de líquidos combustíveis, nas etapas de projeto, construção, montagem, operação, manutenção, inspeção e desativação da instalação.

20.2.2 Esta NR não se aplica:

a) às plataformas e instalações de apoio empregadas com a finalidade de exploração e produção de petróleo e gás do subsolo marinho, conforme definido no Anexo II, da Norma Regulamentadora 30 (Portaria SIT n.º 183, de 11 de maio de 2010);

b) às edificações residenciais unifamiliares.

20.3 Definições

20.3.1 Líquidos inflamáveis: são líquidos que possuem ponto de fulgor ≤ 60º C.

20.3.2 Gases inflamáveis: gases que inflamam com o ar a 20º C e a uma pressão padrão de 101,3 kPa.

20.3.3 Líquidos combustíveis: são líquidos com ponto de fulgor > 60º C e ≤ 93º C

20.4 Classificação das Instalações

20.4.1 Para efeito desta NR, as instalações são divididas em classes, conforme Tabela 1.

Tabela 1

Classe I
a) Quanto à atividade: a.1 – postos de serviço com inflamáveis e/ou líquidos combustíveis. a.2 – atividades de distribuição canalizada de gases inflamáveis em instalações com Pressão Máxima de Trabalho Admissível – PMTA limitada a 18,0 kgf/cm2. • Alínea com redação determinada pela Portaria MTb 860/2018.
b) Quanto à capacidade de armazenamento, de forma permanente e/ou transitória: b.1 – gases inflamáveis: acima de 2 ton até 60 ton; b.2 – líquidos inflamáveis e/ou combustíveis: acima de 10 m³ até 5.000 m³.

Classe II
a) Quanto à atividade: a.1 – engarrafadoras de gases inflamáveis; a.2 – atividades de transporte dutoviário de gases e líquidos inflamáveis e/ou combustíveis. a.3 – atividades de distribuição canalizada de gases inflamáveis em instalações com Pressão Máxima de Trabalho Admissível – PMTA acima de 18,0 kgf/cm2. • Alínea com redação determinada pela Portaria MTb 860/2018.
b) Quanto à capacidade de armazenamento, de forma permanente e/ou transitória: b.1 – gases inflamáveis: acima de 60 ton até 600 ton; b.2 – líquidos inflamáveis e/ou combustíveis: acima de 5.000 m³ até 50.000 m³.

Classe III
a) Quanto à atividade: a.1 – refinarias; a.2 – unidades de processamento de gás natural; a.3 – instalações petroquímicas; a.4 – usinas de fabricação de etanol e/ou unidades de fabricação de álcool.
b) Quanto à capacidade de armazenamento, de forma permanente e/ou transitória: b.1 – gases inflamáveis: acima de 600 ton; b.2 – líquidos inflamáveis e/ou combustíveis: acima de 50.000 m³.

20.4.1.1 Para critérios de classificação, o tipo de atividade enunciada possui prioridade sobre a capacidade de armazenamento.

20.4.1.2 Quando a capacidade de armazenamento da instalação se enquadrar em duas classes distintas, por armazenar líquidos inflamáveis e/ou combustíveis e gases inflamáveis, deve-se utilizar a classe de maior gradação.

20.4.2 Esta NR estabelece dois tipos de instalações que constituem exceções e estão definidas no Anexo I, não devendo ser aplicada a Tabela 1.

20.5 Projeto da Instalação

20.5.1 As instalações para extração, produção, armazenamento, transferência, manuseio e manipulação de inflamáveis e líquidos combustíveis devem ser projetadas considerando os aspectos de segurança, saúde e meio ambiente que impactem sobre a integridade física dos trabalhadores previstos nas Normas Regulamentadoras, normas técnicas nacionais e, na ausência ou omissão destas, nas normas internacionais, convenções e acordos coletivos, bem como nas demais regulamentações pertinentes em vigor.

20.5.2 No projeto das instalações classes II e III devem constar, no mínimo, e em língua portuguesa:

a) descrição das instalações e seus respectivos processos através do manual de operações;

b) planta geral de locação das instalações;

c) características e informações de segurança, saúde e meio ambiente relativas aos inflamáveis e líquidos combustíveis, constantes nas fichas com dados de segurança de produtos químicos, de matérias primas, materiais de consumo e produtos acabados;

d) fluxograma de processo;

e) especificação técnica dos equipamentos, máquinas e acessórios críticos em termos de segurança e saúde no trabalho estabelecidos pela análise de riscos;

f) plantas, desenhos e especificações técnicas dos sistemas de segurança da instalação;

NFs

g) identificação das áreas classificadas da instalação, para efeito de especificação dos equipamentos e instalações elétricas;

h) medidas intrínsecas de segurança identificadas na análise de riscos do projeto.

20.5.2.1 No projeto das instalações classe I deve constar o disposto nas alíneas "a", "b", "c", "f" e "g" do item 20.5.2.

20.5.2.2 No projeto, devem ser observadas as distâncias de segurança entre instalações, edificações, tanques, máquinas, equipamentos, áreas de movimentação e fluxo, vias de circulação interna, bem como dos limites da propriedade em relação a áreas circunvizinhas e vias públicas, estabelecidas em normas técnicas nacionais.

20.5.2.3 O projeto deve incluir o estabelecimento de mecanismos de controle para interromper e/ou reduzir uma possível cadeia de eventos decorrentes de vazamentos, incêndios ou explosões.

20.5.3 Os projetos das instalações existentes devem ser atualizados com a utilização de metodologias de análise de riscos para a identificação da necessidade de adoção de medidas de proteção complementares.

20.5.4 Todo sistema pressurizado deve possuir dispositivos de segurança definidos em normas técnicas nacionais e, na ausência ou omissão destas, em normas internacionais.

20.5.5 Modificações ou ampliações das instalações passíveis de afetar a segurança e a integridade física dos trabalhadores devem ser precedidas de projeto que contemple estudo de análise de riscos.

20.5.6 O projeto deve ser elaborado por profissional habilitado.

20.5.7 No processo de transferência, enchimento de recipientes ou de tanques, devem ser definidas em projeto as medidas preventivas para:

a) eliminar ou minimizar a emissão de vapores e gases inflamáveis;

b) controlar a geração, acúmulo e descarga de eletricidade estática.

20.6 Segurança na Construção e Montagem

20.6.1 A construção e montagem das instalações para extração, produção, armazenamento, transferência, manuseio e manipulação de inflamáveis e líquidos combustíveis devem observar as especificações previstas no projeto, bem como nas Normas Regulamentadoras e nas normas técnicas nacionais e, na ausência ou omissão destas, nas normas internacionais.

20.6.2 As inspeções e os testes realizados na fase de construção e montagem e no comissionamento devem ser documentados de acordo com o previsto nas Normas Regulamentadoras, nas normas técnicas nacionais e, na ausência ou omissão destas, nas normas internacionais, e nos manuais de fabricação dos equipamentos e máquinas.

20.6.3 Os equipamentos e as instalações devem ser identificados e sinalizados, de acordo com o previsto pelas Normas Regulamentadoras e normas técnicas nacionais.

20.7 Segurança Operacional

20.7.1 O empregador deve elaborar, documentar, implementar, divulgar e manter atualizados procedimentos operacionais que contemplem aspectos de segurança e saúde no trabalho, em conformidade com as especificações do projeto das instalações classes I, II e III e com as recomendações das análises de riscos.

20.7.1.1 Nas instalações industriais classes II e III, com unidades de processo, os procedimentos referidos no item 20.7.1 devem possuir instruções claras para o desenvolvimento de atividades em cada uma das seguintes fases:

a) pré-operação;

b) operação normal;

c) operação temporária;

d) operação em emergência;

e) parada normal;

f) parada de emergência;

g) operação pós-emergência.

20.7.2 Os procedimentos operacionais referidos no item 20.7.1 devem ser revisados e/ou atualizados, no máximo trienalmente para instalações classes I e II e quinquenalmente para instalações classe III ou em uma das seguintes situações:

a) recomendações decorrentes do sistema de gestão de mudanças;

b) recomendações decorrentes das análises de riscos;

c) modificações ou ampliações da instalação;

d) recomendações decorrentes das análises de acidentes e/ou incidentes nos trabalhos relacionados com inflamáveis e líquidos combustíveis;

e) solicitações da CIPA ou SESMT.

20.7.3 Nas operações de transferência de inflamáveis, enchimento de recipientes ou de tanques, devem ser adotados procedimentos para:

a) eliminar ou minimizar a emissão de vapores e gases inflamáveis;

b) controlar a geração, acúmulo e descarga de eletricidade estática.

20.7.4 No processo de transferência de inflamáveis e líquidos combustíveis, deve-se implementar medidas de controle operacional e/ou de engenharia das emissões fugitivas, emanadas durante a carga e descarga de tanques fixos e de veículos transportadores, para a eliminação ou minimização dessas emissões.

20.7.5 Na operação com inflamáveis e líquidos combustíveis, em instalações de processo contínuo de produção e de Classe III, o empregador deve dimensionar o efetivo de trabalhadores suficiente para a realização das tarefas operacionais com segurança.

20.7.5.1 Os critérios e parâmetros adotados para o dimensionamento do efetivo de trabalhadores devem estar documentados.

20.8 Manutenção e Inspeção das Instalações

20.8.1 As instalações classes I, II e III para extração, produção, armazenamento, transferência, manuseio e manipulação de inflamáveis e líquidos combustíveis devem possuir plano de inspeção e manutenção devidamente documentado.

20.8.2 O plano de inspeção e manutenção deve abranger, no mínimo:

a) equipamentos, máquinas, tubulações e acessórios, instrumentos;

b) tipos de intervenção;

c) procedimentos de inspeção e manutenção;

d) cronograma anual;

e) identificação dos responsáveis;

f) especialidade e capacitação do pessoal de inspeção e manutenção;

g) procedimentos específicos de segurança e saúde;

h) sistemas e equipamentos de proteção coletiva e individual.

20.8.3 Os planos devem ser periodicamente revisados e atualizados, considerando o previsto nas Normas Regulamentadoras, nas normas técnicas nacionais e, na ausência ou omissão destas, nas normas internacionais, nos manuais de inspeção, bem como nos manuais fornecidos pelos fabricantes.

20.8.3.1 Todos os manuais devem ser disponibilizados em língua portuguesa.

20.8.4 A fixação da periodicidade das inspeções e das intervenções de manutenção deve considerar:

a) o previsto nas Normas Regulamentadoras e normas técnicas nacionais e, na ausência ou omissão destas, nas normas internacionais;

b) as recomendações do fabricante, em especial dos itens críticos à segurança e saúde do trabalhador;

c) as recomendações dos relatórios de inspeções de segurança e de análise de acidentes e incidentes do trabalho, elaborados pela CIPA ou SESMT;

d) as recomendações decorrentes das análises de riscos;

e) a existência de condições ambientais agressivas.

20.8.5 O plano de inspeção e manutenção e suas respectivas atividades devem ser documentados em formulário próprio ou sistema informatizado.

20.8.6 As atividades de inspeção e manutenção devem ser realizadas por trabalhadores capacitados e com apropriada supervisão.

20.8.7 As recomendações decorrentes das inspeções e manutenções devem ser registradas e implementadas, com a determinação de prazos e de responsáveis pela execução.

20.8.7.1 A não implementação da recomendação no prazo definido deve ser justificada e documentada.

20.8.8 Deve ser elaborada permissão de trabalho para atividades não rotineiras de intervenção nos equipamentos, baseada em análise de risco, nos trabalhos:

a) que possam gerar chamas, calor, centelhas ou ainda que envolvam o seu uso;

b) em espaços confinados, conforme Norma Regulamentadora n.º 33;

c) envolvendo isolamento de equipamentos e bloqueio/etiquetagem;

d) em locais elevados com risco de queda;

e) com equipamentos elétricos, conforme Norma Regulamentadora n.º 10;

f) cujas boas práticas de segurança e saúde recomendem.

20.8.8.1 As atividades rotineiras de inspeção e manutenção devem ser precedidas de instrução de trabalho.

20.8.9 O planejamento e a execução de paradas para manutenção de uma instalação devem incorporar os aspectos relativos à segurança e saúde no trabalho.

20.9 Inspeção em Segurança e Saúde no Ambiente de Trabalho

20.9.1 As instalações classes I, II e III para extração, produção, armazenamento, transferência, manuseio e manipulação de inflamáveis e líquidos combustíveis devem ser periodicamente inspecionadas com enfoque na segurança e saúde no ambiente de trabalho.

20.9.2 Deve ser elaborado, em articulação com a CIPA, um cronograma de inspeções em segurança e saúde no ambiente de trabalho, de acordo com os riscos das atividades e operações desenvolvidas.

20.9.3 As inspeções devem ser documentadas e as respectivas recomendações implementadas, com estabelecimento de prazos e de responsáveis pela sua execução.

20.9.3.1 A não implementação da recomendação no prazo definido deve ser justificada e documentada.

20.9.4 Os relatórios de inspeção devem ficar disponíveis às autoridades competentes e aos trabalhadores.

20.10 Análise de Riscos

20.10.1 Nas instalações classes I, II e III, o empregador deve elaborar e documentar as análises de riscos das operações que envolvam processo ou processamento nas atividades de extração, produção, armazenamento, transferência, manuseio e manipulação de inflamáveis e de líquidos combustíveis.

20.10.2 As análises de riscos da instalação devem ser estruturadas com base em metodologias apropriadas, escolhidas em função dos propósitos da análise, das características e complexidade da instalação.

20.10.2.1 As análises de riscos devem ser coordenadas por profissional habilitado.

20.10.2.2 As análises de riscos devem ser elaboradas por equipe multidisciplinar, com conhecimento na aplicação das metodologias, dos riscos e da instalação, com participação de, no mínimo, um trabalhador com experiência na instalação, ou em parte desta, que é objeto da análise.

20.10.3 Nas instalações classe I, deve ser elaborada Análise Preliminar de Perigos/Riscos (APP/APR).

20.10.4 Nas instalações classes II e III, devem ser utilizadas metodologias de análise definidas pelo profissional habilitado, devendo a escolha levar em consideração os riscos, as características e complexidade da instalação.

20.10.4.1 O profissional habilitado deve fundamentar tecnicamente e registrar na própria análise a escolha da metodologia utilizada.

20.10.5 As análises de riscos devem ser revisadas:

a) na periodicidade estabelecida para as renovações da licença de operação da instalação;

b) no prazo recomendado pela própria análise;

c) caso ocorram modificações significativas no processo ou processamento;

d) por solicitação do SESMT ou da CIPA;

e) por recomendação decorrente da análise de acidentes ou incidentes relacionados ao processo ou processamento;

f) quando o histórico de acidentes e incidentes assim o exigir.

20.10.6 O empregador deve implementar as recomendações resultantes das análises de riscos, com definição de prazos e de responsáveis pela execução.

20.10.6.1 A não implementação das recomendações nos prazos definidos deve ser justificada e documentada.

20.10.7 As análises de riscos devem estar articuladas com o Programa de Prevenção de Riscos Ambientais (PPRA) da instalação.

20.11 Capacitação dos trabalhadores

20.11.1 Toda capacitação prevista nesta NR deve ser realizada a cargo e custo do empregador e durante o expediente normal da empresa.

20.11.1.1 Os critérios estabelecidos nos itens 20.11.2 a 20.11.9 encontram-se resumidos no Anexo II.

20.11.2 Os trabalhadores que laboram em instalações classes I, II ou III e não adentram na área ou local de extração, produção, armazenamento, transferência, manuseio e manipulação de inflamáveis e líquidos combustíveis devem receber informações sobre os perigos, riscos e sobre procedimentos para situações de emergências.

☛ **20.11.3** Os trabalhadores que laboram em instalações classes I, II ou III e adentram na área ou local de extração, produção, armazenamento, transferência, manuseio e manipulação de inflamáveis e líquidos combustíveis, mas não mantêm contato direto com o processo ou processamento, devem realizar o Curso de Integração sobre Inflamáveis e Combustíveis.

- Subitem com redação determinada pela Portaria MTb 860/2018.

20.11.4 Os trabalhadores que laboram em instalações classes I, II ou III, adentram na área ou local de extração, produção, armazenamento, transferência, manuseio e manipulação de inflamáveis e líquidos combustíveis e mantêm contato direto com o processo ou processamento, realizando atividades específicas, pontuais e de curta duração, devem realizar curso Básico.

20.11.5 Os trabalhadores que laboram em instalações classes I, II e III, adentram na área ou local de extração, produção, armazenamento, transferência, manuseio e manipulação de inflamáveis e líquidos combustíveis e mantêm contato direto com o processo ou processamento, realizando atividades de manutenção e inspeção, devem realizar curso Intermediário.

20.11.6 Os trabalhadores que laboram em instalações classe I, adentram na área ou local de extração, produção, armazenamento, transferência, manuseio e manipulação de inflamáveis e líquidos combustíveis e mantêm contato direto com o processo ou processamento, realizando atividades de operação e atendimento a emergências, devem realizar curso Intermediário.

20.11.7 Os trabalhadores que laboram em instalações classe II, adentram na área ou local de extração, produção, armazenamento, transferência, manuseio e manipulação de inflamáveis e líquidos combustíveis e mantêm contato direto com o processo ou processamento, realizando atividades de operação e atendimento a emergências, devem realizar curso Avançado I.

20.11.8 Os trabalhadores que laboram em instalações classe III, adentram na área ou local de extração, produção, armazenamento, transferência, manuseio e manipulação de inflamáveis e líquidos combustíveis e mantêm contato direto com o processo ou processamento, realizando atividades de operação e atendimento a emergências, devem realizar curso Avançado II.

20.11.9 Os profissionais de segurança e saúde no trabalho que laboram em instalações classes II e III, adentram na área ou local de extração, produção, armazenamento, transferência, manuseio e manipulação de inflamáveis e líquidos combustíveis e mantêm contato direto com o processo ou processamento devem realizar o curso Específico.

20.11.10 Os trabalhadores que realizaram o curso Básico, caso venham a necessitar do curso Intermediário, devem fazer complementação com carga horária de 8 horas, nos conteúdos estabelecidos pelos itens 6, 7 e 8 do curso Intermediário, incluindo a parte prática.

20.11.11 Os trabalhadores que realizaram o curso Intermediário, caso venham a necessitar do curso Avançado I, devem fazer complementação com carga horária de 8 horas, nos conteúdos estabelecidos pelos itens 9 e 10 do curso Avançado I, incluindo a parte prática.

20.11.12 Os trabalhadores que realizaram o curso Avançado I, caso venham a necessitar do curso Avançado II, devem fazer complementação com carga horária de 8 horas, no item 11 e 12 do curso Avançado II, incluindo a parte prática.

20.11.13 O trabalhador deve participar de curso de Atualização, cujo conteúdo será estabelecido pelo empregador e com a seguinte periodicidade:

a) curso Básico: a cada 3 anos com carga horária de 4 horas;
b) curso Intermediário: a cada 2 anos com carga horária de 4 horas;
c) cursos Avançado I e II: a cada ano com carga horária de 4 horas.

20.11.13.1 Deve ser realizado, de imediato, curso de Atualização para os trabalhadores envolvidos no processo ou processamento, onde:

a) ocorrer modificação significativa;
b) ocorrer morte de trabalhador;
c) ocorrerem ferimentos em decorrência de explosão e/ou queimaduras de 2º ou 3º grau, que implicaram em necessidade de internação hospitalar;
d) o histórico de acidentes e/ou incidentes assim o exigir.

☛ **20.11.14 Os instrutores da capacitação dos cursos de Integração sobre Inflamáveis e Combustíveis, Básico, Intermediário, Avançados I e II e Específico, devem ter proficiência no assunto.**

• Subitem com redação determinada pela Portaria MTb 860/2018.

20.11.15 Os cursos de Integração sobre Inflamáveis e Combustíveis, Básico e Intermediário, devem ter um responsável por sua organização técnica, devendo ser um dos instrutores.

• Subitem com redação determinada pela Portaria MTb 860/2018.

20.11.16 Os cursos Avançados I e II e Específico devem ter um profissional habilitado como responsável técnico.

☛ **20.11.17 Para os cursos de Integração sobre Inflamáveis e Combustíveis, Básico, Intermediário, Avançados I e II e Específico, a emissão do certificado se dará para os trabalhadores que, após avaliação, tenham obtido aproveitamento satisfatório.**

• Subitem com redação determinada pela Portaria MTb 860/2018.

20.11.17.1 O certificado deve conter o nome do trabalhador, conteúdo programático, carga horária, data, local, nome do(s) instrutor(es), nome e assinatura do responsável técnico ou do responsável pela organização técnica do curso.

20.11.17.2 O certificado deve ser fornecido ao trabalhador, mediante recibo, e uma cópia arquivada na empresa.

20.11.18 Os participantes da capacitação devem receber material didático, que pode ser em meio impresso, eletrônico ou similar.

20.11.19 O empregador deve estabelecer e manter sistema de identificação que permita conhecer a capacitação de cada trabalhador, cabendo a este a obrigação de utilização visível do meio identificador.

20.12 Prevenção e controle de vazamentos, derramamentos, incêndios, explosões e emissões fugitivas

20.12.1 O empregador deve elaborar plano que contemple a prevenção e controle de vazamentos, derramamentos, incêndios e explosões e, nos locais sujeitos à atividade de trabalhadores, a identificação das fontes de emissões fugitivas.

20.12.2 O plano deve contemplar todos os meios e ações necessárias para minimizar os riscos de ocorrência de vazamento, derramamento, incêndio e explosão, bem como para reduzir suas consequências em caso de falha nos sistemas de prevenção e controle.

20.12.2.1 Para emissões fugitivas, após a identificação das fontes nos locais sujeitos à atividade de trabalhadores, o plano deve incluir ações para minimização dos riscos, de acordo com viabilidade técnica.

20.12.3 O plano deve ser revisado:

a) por recomendações das inspeções de segurança e/ou da análise de riscos;
b) quando ocorrerem modificações significativas nas instalações;
c) quando da ocorrência de vazamentos, derramamentos, incêndios e/ou explosões.

20.12.4 Os sistemas de prevenção e controle devem ser adequados aos perigos/riscos dos inflamáveis e líquidos combustíveis.

20.12.5 Os tanques que armazenam líquidos inflamáveis e combustíveis devem possuir sistemas de contenção de vazamentos ou derramamentos, dimensionados e construídos de acordo com as normas técnicas nacionais.

20.12.5.1 No caso de bacias de contenção, é vedado o armazenamento de materiais, recipientes e similares em seu interior, exceto nas atividades de manutenção e inspeção.

20.13 Controle de fontes de ignição

20.13.1 Todas as instalações elétricas e equipamentos elétricos fixos, móveis e portáteis, equipamentos de comunicação, ferramentas e similares utilizados em áreas classificadas, assim como os equipamentos de controle de descargas atmosféricas, devem estar em conformidade com a Norma Regulamentadora n.º 10.

20.13.2 O empregador deve implementar medidas específicas para controle da geração, acúmulo e descarga de eletricidade estática em áreas sujeitas à existência de atmosferas inflamáveis.

20.13.3 Os trabalhos envolvendo o uso de equipamentos que possam gerar chamas, calor ou centelhas, nas áreas sujeitas à existência de atmosferas inflamáveis, devem ser precedidos de permissão de trabalho.

20.13.4 O empregador deve sinalizar a proibição do uso de fontes de ignição nas áreas sujeitas à existência de atmosferas inflamáveis.

20.13.5 Os veículos que circulem nas áreas sujeitas à existência de atmosferas inflamáveis devem possuir características apropriadas ao local e ser mantidos em perfeito estado de conservação.

20.14 Plano de Resposta a Emergências da Instalação

20.14.1 O empregador deve elaborar e implementar plano de resposta a emergências que contemple ações específicas a serem adotadas na ocorrência de vazamentos ou derramamentos de inflamáveis e líquidos combustíveis, incêndios ou explosões.

20.14.2 O plano de resposta a emergências das instalações classe I, II e III deve ser elaborado considerando as características e a complexidade da instalação e conter, no mínimo:

a) nome e função do(s) responsável(eis) técnico(s) pela elaboração e revisão do plano;
b) nome e função do responsável pelo gerenciamento, coordenação e implementação do plano;
c) designação dos integrantes da equipe de emergência, responsáveis pela execução de cada ação e seus respectivos substitutos;

d) estabelecimento dos possíveis cenários de emergências, com base nas análises de riscos;

e) descrição dos recursos necessários para resposta a cada cenário contemplado;

f) descrição dos meios de comunicação;

g) procedimentos de resposta à emergência para cada cenário contemplado;

h) procedimentos para comunicação e acionamento das autoridades públicas e desencadeamento da ajuda mútua, caso exista;

i) procedimentos para orientação de visitantes, quanto aos riscos existentes e como proceder em situações de emergência;

j) cronograma, metodologia e registros de realização de exercícios simulados.

20.14.3 Nos casos em que os resultados das análises de riscos indiquem a possibilidade de ocorrência de um acidente cujas consequências ultrapassem os limites da instalação, o empregador deve incorporar no plano de emergência ações que visem à proteção da comunidade circunvizinha, estabelecendo mecanismos de comunicação e alerta, de isolamento da área atingida e de acionamento das autoridades públicas.

20.14.4 O plano de resposta a emergências deve ser avaliado após a realização de exercícios simulados e/ou na ocorrência de situações reais, com o objetivo de testar a sua eficácia, detectar possíveis falhas e proceder aos ajustes necessários.

20.14.5 Os exercícios simulados devem ser realizados durante o horário de trabalho, com periodicidade, no mínimo, anual, podendo ser reduzida em função das falhas detectadas ou se assim recomendar a análise de riscos.

20.14.5.1 Os trabalhadores na empresa devem estar envolvidos nos exercícios simulados, que devem retratar, o mais fielmente possível, a rotina de trabalho.

20.14.5.2 O empregador deve estabelecer critérios para avaliação dos resultados dos exercícios simulados.

20.14.6 Os integrantes da equipe de resposta a emergências devem ser submetidos a exames médicos específicos para a função que irão desempenhar, conforme estabelece a Norma Regulamentadora n.º 7, incluindo os fatores de riscos psicossociais, com a emissão do respectivo atestado de saúde ocupacional.

20.14.7 A participação do trabalhador nas equipes de resposta a emergências é voluntária, salvo nos casos em que a natureza da função assim o determine.

20.15 Comunicação de Ocorrências

20.15.1 O empregador deve comunicar ao órgão regional do Ministério do Trabalho e Emprego e ao sindicato da categoria profissional predominante no estabelecimento a ocorrência de vazamento, incêndio ou explosão envolvendo inflamáveis e líquidos combustíveis que tenha como consequência qualquer das possibilidades a seguir:

a) morte de trabalhador(es);

b) ferimentos em decorrência de explosão e/ou queimaduras de 2º ou 3º grau, que implicaram em necessidade de internação hospitalar;

c) acionamento do plano de resposta a emergências que tenha requerido medidas de intervenção e controle.

20.15.1.1 A comunicação deve ser encaminhada até o segundo dia útil após a ocorrência e deve conter:

a) Nome da empresa, endereço, local, data e hora da ocorrência;

b) Descrição da ocorrência, incluindo informações sobre os inflamáveis, líquidos combustíveis e outros produtos envolvidos;

c) Nome e função da vítima;

d) Procedimentos de investigação adotados;

e) Consequências;

f) Medidas emergenciais adotadas.

20.15.1.2 A comunicação pode ser feita por ofício ou meio eletrônico ao sindicato da categoria profissional predominante no estabelecimento e ao setor de segurança e saúde do trabalho do órgão regional do Ministério do Trabalho e Emprego.

20.15.2 O empregador deve elaborar relatório de investigação e análise da ocorrência descrita no item 20.15.1, contendo as causas básicas e medidas preventivas adotadas, e mantê-lo no local de trabalho a disposição da autoridade competente, dos trabalhadores e seus representantes.

20.16 Contratante e Contratadas

20.16.1 A contratante e as contratadas são solidariamente responsáveis pelo cumprimento desta Norma Regulamentadora.

20.16.2 Das responsabilidades da Contratante.

20.16.2.1 Os requisitos de segurança e saúde no trabalho adotados para os empregados das contratadas devem ser, no mínimo, equivalentes aos aplicados para os empregados da contratante.

20.16.2.2 A empresa contratante, visando atender ao previsto nesta NR, deve verificar e avaliar o desempenho em segurança e saúde no trabalho nos serviços contratados.

20.16.2.3 Cabe à contratante informar às contratadas e a seus empregados os riscos existentes no ambiente de trabalho e as respectivas medidas de segurança e de resposta a emergências a serem adotadas.

20.16.3 Da Responsabilidade das Contratadas.

20.16.3.1 A empresa contratada deve cumprir os requisitos de segurança e saúde no trabalho especificados pela contratante, por esta e pelas demais Normas Regulamentadoras.

20.16.3.2 A empresa contratada deve assegurar a participação dos seus empregados nas capacitações em segurança e saúde no trabalho promovidas pela contratante, assim como deve providenciar outras capacitações específicas que se façam necessárias.

20.17 Tanque de líquidos inflamáveis no interior de edifícios

20.17.1 Os tanques para armazenamento de líquidos inflamáveis somente poderão ser instalados no interior dos edifícios sob a forma de tanque enterrado e destinados somente a óleo diesel.

20.17.2 Excetuam-se da aplicação do item 20.17.1 os tanques de superfície que armazenem óleo diesel destinados à alimentação de motores utilizados para a geração de energia elétrica em situações de emergência ou para o funcionamento das bombas de pressurização da rede de água para combate a incêndios, nos casos em que seja comprovada a impossibilidade de instalá-lo enterrado ou fora da projeção horizontal do edifício.

20.17.2.1 A instalação do tanque no interior do edifício deve ser precedida de Projeto e de Análise Preliminar de Perigos/Riscos (APP/APR), ambos elaborados por profissional habilitado, contemplando os aspectos de segurança, saúde e meio ambiente previstos nas Normas Regulamentadoras, normas técnicas nacionais e, na ausência ou omissão destas, nas normas internacionais, bem como nas demais regulamentações pertinentes, e deve obedecer aos seguintes critérios:

a) localizar-se no pavimento térreo, subsolo ou pilotis, em área exclusivamente destinada para tal fim;

b) deve dispor de sistema de contenção de vazamentos;

c) deve conter até 3 tanques separados entre si e do restante da edificação por paredes resistentes ao fogo por no mínimo 2 horas e porta do tipo corta-fogo;

d) possuir volume total de armazenagem de no máximo 3.000 litros, em cada tanque;

e) possuir aprovação pela autoridade competente;

f) os tanques devem ser metálicos;

g) possuir sistemas automáticos de detecção e combate a incêndios, bem como saídas de emergência dimensionadas conforme normas técnicas;

h) os tanques devem estar localizados de forma a não bloquear, em caso de emergência, o acesso às saídas de emergência e aos sistemas de segurança contra incêndio;

i) os tanques devem ser protegidos contra vibração, danos físicos e da proximidade de equipamentos ou dutos geradores de calor;

j) a estrutura da edificação deve ser protegida para suportar um eventual incêndio originado nos locais que abrigam os tanques;

k) devem ser adotadas as medidas necessárias para garantir a ventilação dos tanques para alívio de pressão, bem como para a operação segura de abastecimento e destinação dos gases produzidos pelos motores à combustão.

20.17.2.2 O responsável pela segurança do edifício deve designar responsável técnico pela instalação, operação, inspeção e manutenção, bem como pela supervisão dos procedimentos de segurança no processo de abastecimento do tanque.

20.17.2.3 Os trabalhadores envolvidos nas atividades de operação, inspeção, manutenção e abastecimento do tanque devem ser capacitados com curso Intermediário, conforme Anexo II.

20.17.3 Aplica-se para tanques enterrados o disposto no item 20.17.2.1, *caput*, alíneas "b", "e", "f", "g", "h", "i", "j" e "k", item 20.17.2.2 e 20.17.2.3, bem como o previsto nas normas técnicas nacionais e, na sua ausência ou omissão, nas normas técnicas internacionais.

20.18 Desativação da instalação

20.18.1 Cessadas as atividades da instalação, o empregador deve adotar os procedimentos necessários para a sua desativação.

20.18.2 No processo de desativação das instalações de extração, produção, armazenagem, transferência, manuseio e manipulação de inflamáveis e líquidos combustíveis, devem ser observados os aspectos de segurança, saúde e meio ambiente previstos nas Normas Regulamentadoras, normas técnicas nacionais e, na ausência ou omissão destas, nas normas internacionais, bem como nas demais regulamentações pertinentes em vigor.

20.19 Prontuário da Instalação

20.19.1 O Prontuário da instalação deve ser organizado, mantido e atualizado pelo empregador e constituído pela seguinte documentação:

a) Projeto da Instalação;

b) Procedimentos Operacionais;

c) Plano de Inspeção e Manutenção;

d) Análise de Riscos;

e) Plano de prevenção e controle de vazamentos, derramamentos, incêndios e explosões e identificação das fontes de emissões fugitivas;

f) Certificados de capacitação dos trabalhadores;

g) Análise de Acidentes;

h) Plano de Resposta a Emergências.

20.19.2 O Prontuário das instalações classe I devem conter um índice e ser constituído em documento único.

20.19.2.1 Os documentos do Prontuário das instalações classes II ou III podem estar separados, desde que seja mencionado no índice a localização destes na empresa e o respectivo responsável.

20.19.3 O Prontuário da Instalação deve estar disponível às autoridades competentes, bem como para consulta aos trabalhadores e seus representantes.

20.19.3.1 As análises de riscos devem estar disponíveis para consulta aos trabalhadores e seus representantes, exceto nos aspectos ou partes que envolvam informações comerciais confidenciais.

20.20 Disposições finais

20.20.1 Quando em uma atividade de extração, produção, armazenamento, manuseio e manipulação de inflamáveis e líquidos combustíveis for caracterizada situação de risco grave e iminente aos trabalhadores, o empregador deve adotar as medidas necessárias para a interrupção e a correção da situação.

20.20.2 Os trabalhadores, com base em sua capacitação e experiência, devem interromper suas tarefas, exercendo o direito de recusa, sempre que constatarem evidências de riscos graves e iminentes para sua segurança e saúde ou de outras pessoas, comunicando imediatamente o fato a seu superior hierárquico, que diligenciará as medidas cabíveis.

20.20.3 Os tanques, vasos e tubulações que armazenem/transportam inflamáveis e líquidos combustíveis devem ser identificados e sinalizados conforme a Norma Regulamentadora n.º 26.

20.20.4 Nas operações de soldagem e corte a quente com utilizações de gases inflamáveis, as mangueiras devem possuir mecanismos contra o retrocesso das chamas na saída do cilindro e chegada do maçarico.

ANEXO I DA NR-20 INSTALAÇÕES QUE CONSTITUEM EXCEÇÕES À APLICAÇÃO DO ITEM 20.4 (CLASSIFICAÇÃO DAS INSTALAÇÕES)

1. As instalações que desenvolvem atividades de manuseio, armazenamento, manipulação e transporte com gases inflamáveis acima de 1 ton até 2 ton e de líquidos inflamáveis e/ou combustíveis acima de 1 m³ até 10 m³ devem contemplar no Programa de Prevenção de Riscos Ambientais, além dos requisitos previstos na Norma Regulamentadora n.º 9:

a) o inventário e características dos inflamáveis e/ou líquidos combustíveis;

b) os riscos específicos relativos aos locais e atividades com inflamáveis e/ou líquidos combustíveis;

c) os procedimentos e planos de prevenção de acidentes com inflamáveis e/ou líquidos combustíveis;

d) as medidas para atuação em situação de emergência.

1.1 O empregador deve treinar, no mínimo, três trabalhadores da instalação que estejam diretamente envolvidos com inflamáveis e/ou líquidos combustíveis, em curso básico previsto no Anexo II.

2. As instalações varejistas e atacadistas que desenvolvem atividades de manuseio, armazenamento e transporte de recipientes de até 20 litros, fechados ou lacrados de fabricação, contendo líquidos inflamáveis e/ou combustíveis até o limite máximo de 5.000 m³ e de gases inflamáveis até o limite máximo de 600 toneladas, devem contemplar no Programa de Prevenção de Riscos Ambientais, além dos requisitos previstos na Norma Regulamentadora n.º 9:

a) o inventário e características dos inflamáveis e/ou líquidos combustíveis;

b) os riscos específicos relativos aos locais e atividades com inflamáveis e/ou líquidos combustíveis;

c) os procedimentos e planos de prevenção de acidentes com inflamáveis e/ou líquidos combustíveis;

d) as medidas para atuação em situação de emergência.

2.1 O empregador deve treinar trabalhadores da instalação que estejam diretamente envolvidos com inflamáveis, em curso Básico, na proporção definida na Tabela 2.

Tabela 2

Capacidade armazenada (gases inflamáveis e/ou líquidos inflamáveis e/ou combustíveis)	No de trabalhadores treinados
Acima de 1 ton até 5 ton e/ou acima de 1 m³ até 9 m³	mínimo 2
Acima de 5 ton até 10 ton e/ou acima de 9 m³ até 42 m³	mínimo 3
Acima de 10 ton até 20 ton e/ou acima de 42 m³ até 84 m³	mínimo 4
Para cada 20 ton e/ou 84 m³	mais 2 trabalhadores

2.2 Para efeitos dos itens 2 e 2.1 deste Anexo, será aceito curso de prevenção e combate a incêndios já realizado pelo trabalhador há até dois anos da data de publicação desta NR, desde que possua uma carga horária mínima de 6 horas, contemple no mínimo 80% do conteúdo programático do curso Básico previsto no Anexo II.

3. Aplica-se o disposto nos itens 2 e 2.1 deste Anexo para a instalação de armazenamento de recipientes de até 20 litros, fechados ou lacrados de fabricação, contendo líquidos inflamáveis e/ou combustíveis até o limite máximo 10.000 m^3 e de gases inflamáveis até o limite máximo 1.200 ton, desde que a instalação de armazenamento esteja separada por parede da instalação onde ocorre a fabricação, envase e embalagem do produto a ser armazenado.

3.1 A instalação de armazenamento de recipientes com volume total superior aos limites mencionados no item 3 deve elaborar análise de riscos, conforme disposto nos itens 20.10.2, 20.10.2.1, 20.10.2.2, 20.10.4, 20.10.4.1, 20.10.5, 20.10.6, 20.10.6.1 e 20.10.7 plano de resposta a emergências, conforme itens 20.14.1, 20.14.2, 20.14.4, 20.14.5, 20.14.5.1, 20.14.5.2, 20.14.6 e 20.14.7.

ANEXO II DA NR-20 CRITÉRIOS PARA CAPACITAÇÃO DOS TRABALHADORES E CONTEÚDO PROGRAMÁTICO

1) Critérios para Capacitação

a) Capacitação para os trabalhadores que adentram na área e NÃO mantêm contato direto com o processo ou processamento.

Instalação Classe I	Instalação Classe II	Instalação Classe III
Curso de Integração sobre Inflamáveis e Combustíveis (4 horas)	Curso de Integração sobre Inflamáveis e Combustíveis (4 horas)	Curso de Integração sobre Inflamáveis e Combustíveis (4 horas)

• Alínea com redação determinada pela Portaria MTb 860/2018.

b) Capacitação para os trabalhadores que adentram na área e mantêm contato direto com o processo ou processamento.

Classe/Atividade	Instalação Classe I	Instalação Classe II	Instalação Classe III
Específica, pontual e de curta duração	Curso Básico (8 horas)	Curso Básico (8 horas)	Curso Básico (8 horas)
Manutenção e inspeção	Curso Intermediário (16 horas)	Curso Intermediário (16 horas)	Curso Intermediário (16 horas)
Operação e atendimento a emergências	Curso Intermediário (16 horas)	Curso Avançado I (24 horas)	Curso Avançado II (32 horas)
Segurança e saúde no trabalho	-	Curso Específico (16 horas)	Curso Específico (16 horas)

c) Atualização

Curso Periodicidade Carga Horária

Básico	Trienal	4 horas
Intermediário	Bienal	4 horas
Avançados I e II	Anual	4 horas

2) Conteúdo programático

a) Curso de Integração sobre Inflamáveis e Combustíveis

• Alínea com redação determinada pela Portaria MTb 860/2018.

Carga horária: 4 horas

1. Inflamáveis: características, propriedades, perigos e riscos;
2. Controles coletivo e individual para trabalhos com inflamáveis;
3. Fontes de ignição e seu controle;
4. Procedimentos básicos em situações de emergência com inflamáveis.

b) Curso Básico Carga horária: 8 horas

I) Conteúdo programático teórico:

1. Inflamáveis: características, propriedades, perigos e riscos;
2. Controles coletivo e individual para trabalhos com inflamáveis;
3. Fontes de ignição e seu controle;
4. Proteção contra incêndio com inflamáveis;
5. Procedimentos básicos em situações de emergência com inflamáveis;

II) Conteúdo programático prático: Conhecimentos e utilização dos sistemas de segurança contra incêndio com inflamáveis.

c) Curso Intermediário Carga horária: 16 horas

I) Conteúdo programático teórico:

1. Inflamáveis: características, propriedades, perigos e riscos;
2. Controles coletivo e individual para trabalhos com inflamáveis;
3. Fontes de ignição e seu controle;
4. Proteção contra incêndio com inflamáveis;
5. Procedimentos em situações de emergência com inflamáveis;
6. Estudo da Norma Regulamentadora n.º 20;
7. Análise Preliminar de Perigos/Riscos: conceitos e exercícios práticos;
8. Permissão para Trabalho com Inflamáveis.

II) Conteúdo programático prático: Conhecimentos e utilização dos sistemas de segurança contra incêndio com inflamáveis.

d) Curso Avançado I Carga horária: 24 horas

I) Conteúdo programático teórico:

1. Inflamáveis: características, propriedades, perigos e riscos;
2. Controles coletivo e individual para trabalhos com inflamáveis;
3. Fontes de ignição e seu controle;
4. Proteção contra incêndio com inflamáveis;
5. Procedimentos em situações de emergência com inflamáveis;
6. Estudo da Norma Regulamentadora n.º 20;
7. Metodologias de Análise de Riscos: conceitos e exercícios práticos;
8. Permissão para Trabalho com Inflamáveis;
9. Acidentes com inflamáveis: análise de causas e medidas preventivas;
10. Planejamento de Resposta a emergências com Inflamáveis;

II) Conteúdo programático prático: Conhecimentos e utilização dos sistemas de segurança contra incêndio com inflamáveis.

e) Curso Avançado II Carga horária: 32 horas

I) Conteúdo programático teórico:

1. Inflamáveis: características, propriedades, perigos e riscos;
2. Controles coletivo e individual para trabalhos com inflamáveis;
3. Fontes de ignição e seu controle;
4. Proteção contra incêndio com inflamáveis;
5. Procedimentos em situações de emergência com inflamáveis;
6. Estudo da Norma Regulamentadora n.º 20;
7. Metodologias de Análise de Riscos: conceitos e exercícios práticos;
8. Permissão para Trabalho com Inflamáveis;

9. Acidentes com inflamáveis: análise de causas e medidas preventivas;
10. Planejamento de Resposta a emergências com Inflamáveis;
11. Noções básicas de segurança de processo da instalação;
12. Noções básicas de gestão de mudanças.

II) Conteúdo programático prático: Conhecimentos e utilização dos sistemas de segurança contra incêndio com inflamáveis.

f) Curso Específico Carga Horária: 16 horas

I) Conteúdo programático teórico:
- Estudo da Norma Regulamentadora n.º 20;
- Metodologias de Análise de Riscos: conceitos e exercícios práticos;
- Permissão para Trabalho com Inflamáveis;
- Acidentes com inflamáveis: análise de causas e medidas preventivas;
- Planejamento de Resposta a emergências com Inflamáveis;

GLOSSÁRIO

Áreas Classificadas – área na qual uma atmosfera explosiva está presente ou na qual é provável sua ocorrência a ponto de exigir precauções especiais para construção, instalação e utilização de equipamentos elétricos.

Armazenamento – retenção de uma quantidade de inflamáveis (líquidos e/ou gases) e líquidos combustíveis em uma instalação fixa, em depósitos, reservatórios de superfície, elevados ou subterrâneos. Retenção de uma quantidade de inflamáveis, envasados ou embalados, em depósitos ou armazéns.

Articulação entre análise de risco e PPRA – coerência, compatibilidade, harmonização no reconhecimento e consideração dos riscos comuns aos dois documentos.

Comissionamento – conjunto de técnicas e procedimentos de engenharia aplicados de forma integrada à instalação ou parte dela, visando torná-la operacional de acordo com os requisitos especificados em projeto.

Coordenação – ação de assumir responsabilidade técnica.

Distância de segurança – Distância mínima livre, medida no plano horizontal para que, em caso de acidentes (incêndios, explosões), os danos sejam minimizados.

Edificações residenciais unifamiliares – Edificações destinadas exclusivamente ao uso residencial, constituídas de uma única unidade residencial.

Edifício – construção com pavimentos, cuja finalidade é abrigar atividades humanas, classificada pelo tipo de utilização em comercial, de serviços, cultural, etc.

Emissões fugitivas – Liberações de gás ou vapor inflamável que ocorrem de maneira contínua ou intermitente durante as operações normais dos equipamentos. Incluem liberações em selos ou gaxetas de bombas, engaxetamento de válvulas, vedações de flanges, selos de compressores, drenos de processos.

Envasado – líquido ou gás inflamável acondicionado em recipiente, podendo ser ou não lacrado.

Exercícios simulados – Exercícios práticos de simulação mais realista possível de um cenário de acidente, durante o qual é testada a eficiência do plano de respostas a emergências, com foco nos procedimentos, na capacitação da equipe, na funcionalidade das instalações e dos equipamentos, dentre outros aspectos.

Fechado – Produto fechado no processo de envasamento, de maneira estanque, para que não venha a apresentar vazamentos nas condições normais de manuseio, armazenamento ou transporte, assim como sob condições decorrentes de variações de temperatura, umidade ou pressão ou sob os efeitos de choques e vibrações.

Fluxograma de processo – É um documento contendo, em representação gráfica, o balanço de material e de energia dos fluxos de matérias-primas, produtos, subprodutos e rejeitos de um determinado processo de produção.

Instalação – Unidade de extração, produção, armazenamento, transferência, manuseio e manipulação de inflamáveis (líquidos e gases) e líquidos combustíveis, em caráter permanente ou transitório, incluindo todos os equipamentos, máquinas, estruturas, tubulações, tanques, edificações, depósitos, terminais e outros necessários para o seu funcionamento.

Lacrado – Produto que possui selo e/ou lacre de garantia de qualidade e/ou de inviolabilidade.

Manipulação – Ato ou efeito de manipular. Preparação ou operação manual com inflamáveis, com finalidade de misturar ou fracionar os produtos. Considera-se que há manipulação quando ocorre o contato direto do produto com o ambiente.

Manuseio – Atividade de movimentação de inflamáveis contidos em recipientes, tanques portáteis, tambores, bombonas, vasilhames, caixas, latas, frascos e similares. Ato de manusear o produto envasado, embalado ou lacrado.

Meio identificador – Sistema de identificação definido pela empresa como, por exemplo, crachá, botton, adesivo no crachá ou no capacete, na vestimenta de trabalho ou similares.

Metodologias de análises de risco – Constitui-se em um conjunto de métodos e técnicas que, aplicados a operações que envolvam processo ou processamento, identificam os cenários hipotéticos de ocorrências indesejadas (acidentes), as possibilidades de danos, efeitos e consequências.

Exemplos de algumas metodologias:

a) Análise Preliminar de Perigos/Riscos (APP/APR);

b) "What-if (E SE)";

c) Análise de Riscos e Operabilidade (HAZOP);

d) Análise de Modos e Efeitos de Falhas (FMEA/FMECA);

e) Análise por Árvore de Falhas (AAF);

f) Análise por Árvore de Eventos (AAE);

g) Análise Quantitativa de Riscos (AQR).

MODIFICAÇÕES OU AMPLIAÇÕES DAS INSTALAÇÕES – QUALQUER ALTERAÇÃO DE INSTALAÇÃO INDUSTRIAL QUE:

I – altere a tecnologia de processo ou processamento empregada;

II – altere as condições de segurança da instalação industrial;

III – adapte fisicamente instalações e/ou equipamentos de plantas industriais existentes provenientes de outros segmentos produtivos;

IV – aumente a capacidade de processamento de quaisquer insumos;

V – aumente a capacidade de armazenamento de insumos ou de produtos;

VI – altere o perfil de produção ou a qualidade final dos produtos.

Planta geral de locação – planta que apresenta a localização da instalação no interior do terreno, indicando as distâncias entre os limites do terreno e um ponto inicial da instalação.

Posto de serviço – Instalação onde se exerce a atividade de fornecimento varejista de inflamáveis (líquidos e gases) e líquidos combustíveis.

Procedimentos operacionais – Conjunto de instruções claras e suficientes para o desenvolvimento das atividades operacionais de uma instalação, considerando os aspectos de segurança, saúde e meio ambiente que impactem sobre a integridade física dos trabalhadores.

☛ **Processo contínuo de produção** – Sistema de produção que opera ininterruptamente durante as 24 horas do dia, por meio do trabalho em turnos de revezamento, isto é, a unidade de produção tem continuidade operacional durante todo o ano. Paradas na unidade de produção para manutenção ou emergência não caracterizam paralisação da continuidade operacional.

- Item com redação determinada pela Portaria MTb 860/2018.

Processo ou processamento – Sequência integrada de operações. A sequência pode ser inclusive de operações físicas e/ou químicas. A sequência pode envolver, mas não se limita à preparação, separação, purificação ou mudança de estado, conteúdo de energia ou composição.

Proficiência – Competência, aptidão, capacitação e habilidade aliadas à experiência.

Profissional habilitado – Profissional com atribuições legais para a atividade a ser desempenhada e que assume a responsabilidade técnica, tendo registro no conselho profissional de classe.

Prontuário da Instalação – Sistema organizado de forma a conter uma memória dinâmica das informações técnicas pertinentes às instalações, geradas desde a fase de projeto, operação, inspeção e manutenção, que registra, em meio físico ou eletrônico, todo o histórico da instalação ou contém indicações suficientes para a obtenção deste histórico.

Recipiente – Receptáculo projetado e construído para armazenar produtos inflamáveis (líquidos e gases) e líquidos combustíveis conforme normas técnicas.

Riscos psicossociais – Influência na saúde mental dos trabalhadores, provocada pelas tensões da vida diária, pressão do trabalho e outros fatores adversos.

Separada por parede – Instalação de armazenamento localizada na instalação de fabricação, mas separada desta por parede de alvenaria. Instalação de armazenamento localizada em outra instalação e/ou edificação.

Sistema de Gestão de Mudanças – Processo contínuo e sistemático que assegura que as mudanças permanentes ou temporárias sejam avaliadas e gerenciadas de forma que os riscos advindos destas alterações permaneçam em níveis aceitáveis e controlados.

Trabalhadores capacitados – Trabalhadores que possuam qualificação e treinamento necessários à realização das atividades previstas nos procedimentos operacionais.

Transferência – Atividade de movimentação de inflamáveis entre recipientes, tais como tanques, vasos, tambores, bombonas e similares, por meio de tubulações.

Unidade de processo – Organização produtora que alcança o objetivo para o qual se destina através do processamento e/ou transformação de materiais/substância.

ANEXO III DA NR-20

DIRETRIZES E REQUISITOS MÍNIMOS PARA UTILIZAÇÃO DA MODALIDADE DE ENSINO À DISTÂNCIA E SEMIPRESENCIAL PARA AS CAPACITAÇÕES PREVISTAS NA NORMA REGULAMENTADORA N.º 20 – SEGURANÇA E SAÚDE NO TRABALHO COM INFLAMÁVEIS E COMBUSTÍVEIS

SUMÁRIO:

1. Objetivo

1.1 Estabelecer diretrizes e requisitos mínimos para utilização da modalidade de ensino à distância e semipresencial para as capacitações previstas na NR-20, disciplinando tanto aspectos relativos à estruturação pedagógica, quanto exigências relacionadas às condições operacionais, tecnológicas e administrativas necessárias para uso adequado desta modalidade de ensino.

2. Disposições gerais

2.1 O empregador que optar pela realização das capacitações previstas na NR-20 por meio das modalidades de ensino a distância ou semipresencial poderá desenvolver toda a capacitação ou contratar empresa ou instituição especializada que a oferte, devendo em ambos os casos observar os requisitos constantes desse Anexo e da NR-20.

2.1.1 A empresa ou instituição especializada que oferte as capacitações previstas na NR-20 na modalidade de ensino à distância e semipresencial deve atender aos requisitos constantes deste Anexo e da NR-20 para que seus certificados sejam reconhecidos pelo Ministério do Trabalho – MTb.

2.2 O empregador, que optar pela aquisição de serviços de empresa ou instituição especializada, deve fazer constar na documentação que formaliza a prestação de serviços a obrigatoriedade pelo prestador de serviço do atendimento aos requisitos previstos neste Anexo e nos itens relativos à capacitação previstos na NR-20.

2.3 Os cursos Básico, Intermediário, Avançado I e Avançado II, cujos conteúdos estão elencados no Anexo II da NR-20, não poderão utilizar-se exclusivamente da modalidade de ensino à distância em razão da previsão expressa no Anexo II da NR-20 de conteúdo programático prático como uma das etapas da capacitação.

2.4 As capacitações que utilizam ensino a distância ou semipresencial devem ser estruturadas com a mesma duração definida para as respectivas capacitações na modalidade presencial.

2.5 A elaboração do conteúdo programático deve abranger os tópicos de aprendizagem requeridos, bem como respeitar a carga horária estabelecida para todos os conteúdos.

2.6 As atividades práticas obrigatórias devem respeitar as orientações previstas nas NR-20 e estar descritas no Projeto Pedagógico do curso.

3. Estruturação pedagógica

3.1 Sempre que a modalidade de ensino à distância ou semipresencial for utilizada, será obrigatória a elaboração de projeto pedagógico que deve conter:

a) objetivo geral da capacitação;
b) princípios e conceitos para a proteção da segurança e da saúde dos trabalhadores, definidos na NR-20;
c) estratégia pedagógica da capacitação, incluindo abordagem quanto à parte teórica e prática, quando houver;
d) indicação do responsável técnico pela capacitação, observando o disposto nos itens 20.11.15 e 20.11.16 da NR-20;
e) relação de instrutores;
f) infraestrutura operacional de apoio e controle;
g) conteúdo programático teórico e prático, quando houver;
h) objetivo de cada módulo;
i) carga horária;
j) estimativa de tempo mínimo de dedicação diária ao curso;
k) prazo máximo para conclusão da capacitação;
l) público alvo;
m) material didático;
n) instrumentos para potencialização do aprendizado;
o) avaliação de aprendizagem;

3.2 O projeto pedagógico do curso deverá ser validado a cada 2 (dois) anos ou quando houver mudança na NR, procedendo a sua revisão, caso necessário.

4. Requisitos operacionais e administrativos

4.1 O empregador, independente de ter desenvolvido ou adquirido a capacitação junto à empresa especializada, deve manter o projeto pedagógico disponível para a fiscalização, para a representação sindical da categoria no estabelecimento e para a Comissão Interna de Prevenção de Acidentes – CIPA.

4.1.1 A empresa ou instituição especializada deve disponibilizar aos contratantes o projeto pedagógico.

4.2 Deve ser disponibilizado aos empregados todo o material didático necessário para participar da capacitação, conforme item 20.11.18 da NR-20.

4.3 Devem ser disponibilizados recursos necessários e ambiente exclusivo, que favoreça a concentração e a absorção do conhecimento pelo empregado, para a realização da capacitação.

4.4 A capacitação deve ser realizada no horário de trabalho, sendo que casos de exceção devem respeitar a Legislação Trabalhista vigente, observando-se o item 20.11.1 da NR-20.

4.4.1 O período de realização do curso deve ser exclusivamente utilizado para tal fim para que não seja concomitante com o exercício das atividades diárias de trabalho.

4.5 Deve ser mantido canal de comunicação para esclarecimento de dúvidas, possibilitando a solução das mesmas, devendo tal canal estar operacional durante o período de realização do curso.

4.6 A verificação de aprendizagem deve ser realizada de acordo com a estratégia pedagógica adotada para a capacitação, estabelecendo a classificação com o conceito satisfatório ou insatisfatório.

4.6.1 A avaliação da aprendizagem se dará pela aplicação da prova no formato presencial, obtendo, dessa forma, o registro da assinatura do empregado, ou pelo formato digital, exigindo a sua identificação e senha individual.

4.6.2 Quando a avaliação da aprendizagem for online, devem ser preservadas condições de rastreabilidade que garantam a confiabilidade do processo.

4.6.3 O processo de avaliação da aprendizagem deve contemplar situações práticas que representem a rotina laboral do empregado para a adequada tomada de decisões com vistas à prevenção de acidentes e doenças relacionadas ao trabalho.

4.7 Após o término do curso, as empresas devem registrar a realização do mesmo, mantendo o resultado das avaliações de aprendizagem e informações sobre acesso dos participantes (logs).

4.7.1 O histórico do registro de acesso dos participantes (logs) deve ser mantido pelo prazo mínimo de 2 (dois) anos após o término da validade do curso.

5. Requisitos tecnológicos

5.1 Somente serão válidas as capacitações realizadas na modalidade de ensino à distância ou semipresencial que sejam executadas em um Ambiente Virtual de Aprendizagem apropriado à gestão, transmissão do conhecimento e à aprendizagem do conteúdo.

GLOSSÁRIO

Ambiente exclusivo: Espaço físico distinto do posto de trabalho que disponibilize ao empregado os recursos tecnológicos necessários à execução do curso e condições de conforto adequadas para a aprendizagem.

Ambiente Virtual de Aprendizagem (AVA): Espaço virtual de aprendizagem que oferece condições para interações (síncrona e assíncrona) permanentes entre seus usuários. Pode ser traduzida como sendo uma "sala de aula" acessada via web. Permite integrar múltiplas mídias, linguagens e recursos, apresentar informações de maneira organizada, desenvolver interações entre pessoas e objetos de conhecimento, elaborar e socializar produções, tendo em vista atingir determinados objetivos.

Avaliação de Aprendizagem: Visa aferir o conhecimento adquirido pelo empregado e o respectivo grau de assimilação após a realização da capacitação.

EAD: Segundo Decreto n.º 5622/2005, caracteriza-se a Educação a Distância como modalidade educacional na qual a mediação didático-pedagógica nos processos de ensino e aprendizagem ocorre com a utilização de meios e tecnologias de informação e comunicação, com estudantes e professores desenvolvendo atividades educativas em lugares ou tempos diversos.

Ensino semipresencial: Conjugação de atividades presenciais obrigatórias com outras atividades educacionais que podem ser realizadas sem a presença física do aluno em sala de aula, utilizando recursos didáticos com suporte da tecnologia, de material impresso e/ou de outros meios de comunicação.

Projeto pedagógico: Instrumento de concepção do processo ensino/aprendizagem. Nele deve-se registrar o objetivo da aprendizagem, a estratégia pedagógica escolhida para a formação e capacitação dos empregados, bem como todas as informações que estejam envolvidas no processo.

Instrumentos para potencialização do aprendizado: Recursos, ferramentas, dinâmicas e tecnologias de comunicação que tenham como objetivo tornar mais eficaz o processo de ensino-aprendizagem.

Log: registro informatizado de acesso ao sistema. Ex.: log de acesso: registro de acessos; login: registro de entrada; logoff: registro de saída.

(*DOU* 06.07.1978)

NR 21

TRABALHOS A CÉU ABERTO

21.1. Nos trabalhos realizados a céu aberto, é obrigatória a existência de abrigos, ainda que rústicos, capazes de proteger os trabalhadores contra intempéries.

21.2. Serão exigidas medidas especiais que protejam os trabalhadores contra a insolação excessiva, o calor, o frio, a umidade e os ventos inconvenientes.

21.3. Aos trabalhadores que residirem no local do trabalho, deverão ser oferecidos alojamentos que apresentem adequadas condições sanitárias.

21.4. Para os trabalhos realizados em regiões pantanosas ou alagadiças, serão imperativas as medidas de profilaxia de endemias, de acordo com as normas de saúde pública.

21.5. Os locais de trabalho deverão ser mantidos em condições sanitárias compatíveis com o gênero de atividade.

21.6. Quando o empregador fornecer ao empregado moradia para si e sua família, esta deverá possuir condições sanitárias adequadas.

21.6.1. É vedada, em qualquer hipótese, a moradia coletiva da família.

21.7. A moradia deverá ter:

a) capacidade dimensionada de acordo com o número de moradores;

b) ventilação e luz direta suficiente;

c) as paredes caiadas e os pisos construídos de material impermeável.

21.8. As casas de moradia serão construídas em locais arejados, livres de vegetação e afastadas no mínimo 50,00m (cinquenta metros) dos depósitos de feno ou estercos, currais, estábulos, pocilgas e quaisquer viveiros de criação.

21.9. As portas, janelas e frestas deverão ter dispositivos capazes de mantê-las fechadas, quando necessário.

21.10. O poço de água será protegido contra a contaminação.

21.11. A cobertura será sempre feita de material impermeável, imputrecível, não combustível.

21.12. Toda moradia disporá de, pelo menos, um dormitório, uma cozinha e um compartimento sanitário.

21.13. As fossas negras deverão estar, no mínimo, 15,00m (quinze metros) do poço; 10,00m (dez metros) da casa, em lugar livre de enchentes e à jusante do poço.

21.14. Os locais destinados às privadas serão arejados, com ventilação abundante, mantidos limpos, em boas condições sanitárias e devidamente protegidos contra a proliferação de insetos, ratos, animais e pragas.

21.15. (*Revogado pela Portaria MTE nº 2.037/1999.*)

21.16. (*Revogado pela Portaria MTE nº 2.037/1999.*)

21.17. (*Revogado pela Portaria MTE nº 2.037/1999.*)

21.18. (*Revogado pela Portaria MTE nº 2.037/1999.*)

21.19. *(Revogado pela Portaria MTE nº 2.037/1999.)*

21.20. *(Revogado pela Portaria MTE nº 2.037/1999.)*

21.21. *(Revogado pela Portaria MTE nº 2.037/1999.)*

21.22. *(Revogado pela Portaria MTE nº 2.037/1999.)*

(DOU 06.07.1978)

NR 22

SEGURANÇA E SAÚDE OCUPACIONAL NA MINERAÇÃO

ÍNDICE GERAL

22.1 Objetivo

22.2 Campos de Aplicação

22.3 Das Responsabilidades da Empresa e do Permissionário de Lavra Garimpeira

22.4 Das Responsabilidades dos Trabalhadores

22.5 Dos Direitos dos Trabalhadores

22.6 Organização dos Locais de Trabalho

22.7 Circulação, Transporte de Pessoas e Materiais

22.8 Transportadores Contínuos através de Correias

22.9 Superfícies de Trabalho

22.10 Escadas

22.11 Máquinas, Equipamentos, Ferramentas e Instalações

22.12 Equipamentos de Guindar

22.13 Cabos, Correntes e Polias

22.14 Estabilidade de Maciços

22.15 Aberturas Subterrâneas

22.16 Tratamento e Revestimentos de Aberturas Subterrâneas

22.17 Proteção contra Poeira Mineral

22.18 Sistemas de Comunicação

22.19 Sinalização de Áreas de Trabalho e de Circulação

22.20 Instalações Elétricas

22.21 Operações com Explosivos e Acessórios

22.22 Lavra com Dragas Flutuantes

22.23 Desmonte Hidráulico

22.24 Ventilação em Atividades Subterrâneas

22.25 Beneficiamento

22.26 Deposição de Estéril, Rejeitos e Produtos

22.27 Iluminação

22.28 Proteção contra Incêndios e Explosões Acidentais

22.29 Prevenção de Explosão de Poeiras Inflamáveis em Minas Subterrâneas de Carvão

22.30 Proteção contra Inundações

22.31 Equipamentos Radioativos

22.32 Operações de Emergência

22.33 Vias e saídas de Emergência

22.34 Paralisação e Retomada de Atividades nas Minas

22.35 Informação, Qualificação e Treinamento

22.36 Comissão Interna de Prevenção de Acidentes na Mineração – CIPAMIN

22.37 Disposições Gerais

22.1 Objetivo

22.1.1 Esta Norma Regulamentadora tem por objetivo disciplinar os preceitos a serem observados na organização e no ambiente de trabalho, de forma a tornar compatível o planejamento e o desenvolvimento da atividade mineira com a busca permanente da segurança e saúde dos trabalhadores.

22.2 Campos de Aplicação

22.2.1 Esta norma se aplica a:

a) minerações subterrâneas;

b) minerações a céu aberto;

c) garimpos, no que couber;

d) beneficiamentos minerais e

e) pesquisa mineral

[...]

(DOU 06.07.1978)

NR 23

PROTEÇÃO CONTRA INCÊNDIOS

- NR com redação determinada pela Portaria SIT 221/2011.

23.1 Todos os empregadores devem adotar medidas de prevenção de incêndios, em conformidade com a legislação estadual e as normas técnicas aplicáveis.

23.1.1 O empregador deve providenciar para todos os trabalhadores informações sobre:

a) utilização dos equipamentos de combate ao incêndio;

b) procedimentos para evacuação dos locais de trabalho com segurança;

c) dispositivos de alarme existentes.

23.2 Os locais de trabalho deverão dispor de saídas, em número suficiente e dispostas de modo que aqueles que se encontrem nesses locais possam abandoná-los com rapidez e segurança, em caso de emergência.

23.3 As aberturas, saídas e vias de passagem devem ser claramente assinaladas por meio de placas ou sinais luminosos, indicando a direção da saída.

23.4 Nenhuma saída de emergência deverá ser fechada à chave ou presa durante a jornada de trabalho.

23.5 As saídas de emergência podem ser equipadas com dispositivos de travamento que permitam fácil abertura do interior do estabelecimento.

23.5.1 Os poços e monta-cargas respectivos, nas construções de mais de 2 (dois) pavimentos, devem ser inteiramente de material resistente ao fogo.

(DOU 06.07.1978)

NR 24

CONDIÇÕES SANITÁRIAS E DE CONFORTO NOS LOCAIS DE TRABALHO

24.1 Instalações sanitárias.

24.1.1 Denomina-se, para fins de aplicação da presente NR, a expressão:

a) aparelho sanitário: o equipamento ou as peças destinadas ao uso de água para fins higiênicos ou a receber águas servidas (banheira, mictório, bebedouro, lavatório, vaso sanitário e outros);

b) gabinete sanitário: também denominado de latrina, retrete, patente, cafoto, sentina, privada, WC, o local destinado a fins higiênicos e dejeções;

c) banheiro: o conjunto de peças ou equipamentos que compõem determinada unidade e destinado ao asseio corporal.

24.1.2 As áreas destinadas aos sanitários deverão atender às dimensões mínimas essenciais. O órgão regional competente em Segurança e Medicina do Trabalho poderá, à vista de perícia local, exigir alterações de metragem que atendam ao mínimo de conforto exigível. É considerada satisfatória a metragem de 1 metro quadrado, para cada sanitário, por 20 operários em atividade.

24.1.2.1 As instalações sanitárias deverão ser separadas por sexo.

24.1.3 Os locais onde se encontrarem instalações sanitárias deverão ser submetidos a processo permanente de higienização, de sorte que sejam mantidos limpos e desprovidos de quaisquer odores, durante toda a jornada de trabalho.

24.1.4 Os vasos sanitários deverão ser sifonados e possuir caixa de descarga automática externa de ferro fundido, material plástico ou fibrocimento.

24.1.5 Os chuveiros poderão ser de metal ou de plástico, e deverão ser comandados por registros de metal a meia altura na parede;

24.1.6 O mictório deverá ser de porcelana vitrificada ou de outro material equivalente, liso e impermeável, provido de

NRs

aparelho de descarga provocada ou automática, de fácil escoamento e limpeza, podendo apresentar a conformação do tipo calha ou cuba.

24.1.6.1 No mictório do tipo calha, de uso coletivo, cada segmento, no mínimo de 0,60m, corresponderá a um mictório do tipo cuba.

24.1.7 Os lavatórios poderão ser formados por calhas revestidas com materiais impermeáveis e laváveis, possuindo torneiras de metal, tipo comum, espaçadas de 0,60m, devendo haver disposição de 1 (uma) torneira para cada grupo de 20 (vinte) trabalhadores.

24.1.8 Será exigido, no conjunto de instalações sanitárias, um lavatório para cada 10 (dez) trabalhadores nas atividades ou operações insalubres, ou nos trabalhos com exposição a substâncias tóxicas, irritantes, infectantes, alergizantes, poeiras ou substâncias que provoquem sujidade.

24.1.8.1 O disposto no item 24.1.8 deverá também ser aplicado próximo aos locais de atividades.

24.1.9 O lavatório deverá ser provido de material para a limpeza, enxugo ou secagem das mãos, proibindo-se o uso de toalhas coletivas.

24.1.10 Deverá haver canalização com tomada d'água, exclusivamente para uso contra incêndio.

24.1.11 Os banheiros, dotados de chuveiros, deverão:

a) ser mantidos em estado de conservação, asseio e higiene;

b) ser instalados em local adequado;

c) dispor de água quente, a critério da autoridade competente em matéria de Segurança e Medicina do Trabalho;

d) ter portas de acesso que impeçam o devassamento, ou ser construídos de modo a manter o resguardo conveniente;

e) ter piso e paredes revestidos de material resistente, liso, impermeável e lavável.

24.1.12 Será exigido 1 um chuveiro para cada 10 (dez) trabalhadores nas atividades ou operações insalubres, ou nos trabalhos com exposição a substâncias tóxicas, irritantes, infectantes, alergizantes, poeiras ou substâncias que provoquem sujidade, e nos casos em que estejam expostos a calor intenso.

24.1.13 Não serão permitidos aparelhos sanitários que apresentem defeitos ou soluções de continuidade que possam acarretar infiltrações ou acidentes.

24.1.14 Quando os estabelecimentos dispuserem de instalações de privadas ou mictórios anexos às diversas seções fabris, devem os respectivos equipamentos ser computados para efeito das proporções estabelecidas na presente Norma.

24.1.15 Nas indústrias de gêneros alimentícios ou congêneres, o isolamento das privadas deverá ser o mais rigoroso possível, a fim de evitar poluição ou contaminação dos locais de trabalho.

24.1.16 Nas regiões onde não haja serviço de esgoto, deverá ser assegurado aos empregados um serviço de privadas, seja por meio de fossas adequadas, seja por outro processo que não afete a saúde pública, mantidas as exigências legais.

24.1.17 Nos estabelecimentos comerciais, bancários, securitários, de escritório e afins, poderá a autoridade local competente em matéria de Segurança e Medicina do Trabalho, em decisão fundamentada, submetida à homologação do Delegado Regional do Trabalho, dispensar ou reduzir o número de mictórios e de chuveiros estabelecidos nesta Norma.

24.1.18 As paredes dos sanitários deverão ser construídas em alvenaria de tijolo comum ou de concreto e revestidas com material impermeável e lavável.

24.1.19 Os pisos deverão ser impermeáveis, laváveis, de acabamento liso, inclinado para os ralos de escoamento providos de sifões hidráulicos. Deverão também impedir a entrada de umidade e emanações no banheiro, e não apresentar ressaltos e saliências.

24.1.20 A cobertura das instalações sanitárias deverá ter estrutura de madeira ou metálica, e as telhas poderão ser de barro ou de fibrocimento.

24.1.20.1 Deverão ser colocadas telhas translúcidas, para melhorar a iluminação natural, e telhas de ventilação de 4 em 4 metros.

24.1.21 As janelas das instalações sanitárias deverão ter caixilhos fixos, inclinados de 45º, com vidros inclinados de 45º, com vidros incolores e translúcidos, totalizando uma área correspondente a 1/8 da área do piso.

24.1.21.1 A parte inferior do caixilho deverá se situar, no mínimo, à altura de 1,50 m a partir do piso.

24.1.22 Os locais destinados às instalações sanitárias serão providos de uma rede de iluminação, cuja fiação deverá ser protegida por eletrodutos.

24.1.23 Com o objetivo de manter um iluminamento mínimo de 100 lux, deverão ser instaladas lâmpadas incandescentes de 100 W/8,00 m^2 de área com pé-direito de 3,00m máximo, ou outro tipo de luminária que produza o mesmo efeito.

24.1.24 A rede hidráulica será abastecida por caixa d'água elevada, a qual deverá ter altura suficiente para permitir bom funcionamento nas tomadas de água e contar com reserva para combate a incêndio de acordo com posturas locais.

24.1.24.1 Serão previstos 60 litros diários de água por trabalhador para o consumo nas instalações sanitárias.

24.1.25 As instalações sanitárias deverão dispor de água canalizada e esgotos ligados à rede geral ou à fossa séptica, com interposição de sifões hidráulicos.

24.1.25.1 Não poderão se comunicar diretamente com os locais de trabalho nem com os locais destinados às refeições.

24.1.25.2 Serão mantidas em estado de asseio e higiene.

24.1.25.3 No caso de se situarem fora do corpo do estabelecimento, a comunicação com os locais de trabalho deve fazer-se por passagens cobertas.

24.1.26 Os gabinetes sanitários deverão:

a) ser instalados em compartimentos individuais, separados;

b) ser ventilados para o exterior;

c) ter paredes divisórias com altura mínima de 2,10m e seu bordo inferior não poderá situar-se a mais de 0,15 m acima do pavimento;

d) ser dotados de portas independentes, providas de fecho que impeçam o devassamento;

e) ser mantidos em estado de asseio e higiene;

f) possuir recipientes com tampa, para guarda de papéis servidos, quando não ligados diretamente à rede ou quando sejam destinados às mulheres.

24.1.26.1 Cada grupo de gabinete sanitário deve ser instalado em local independente, dotado de antecâmara.

24.1.27 É proibido o envolvimento das bacias ou vasos sanitários com quaisquer materiais (caixas) de madeira, blocos de cimento e outros.

24.2 Vestiários.

24.2.1 Em todos os estabelecimentos industriais e naqueles em que a atividade exija troca de roupas, ou seja, imposto o uso de uniforme ou guarda-pó, haverá local apropriado para vestiário dotado de armários individuais, observada a separação de sexos.

24.2.2 A localização do vestiário, respeitada a determinação da autoridade regional competente em Segurança e Medicina do Trabalho, levará em conta a conveniência do estabelecimento.

24.2.3 A área de um vestiário será dimensionada em função de um mínimo de 1,50 m^2 para 1 trabalhador.

24.2.4 As paredes dos vestiários deverão ser construídas em alvenaria de tijolo comum ou de concreto, e revestidas com material impermeável e lavável.

24.2.5 Os pisos deverão ser impermeáveis, laváveis e de acabamento liso, inclinados para os ralos de escoamento providos de sifões hidráulicos. Deverão também impedir a entrada de umidade e emanações no vestiário e não apresentar ressaltos e saliências.

24.2.6 A cobertura dos vestiários deverá ter estrutura de madeira ou metálica, e as telhas poderão ser de barro ou de fibrocimento.

24.2.6.1 Deverão ser colocadas telhas translúcidas para melhorar a iluminação natural.

24.2.7 As janelas dos vestiários deverão ter caixilhos fixos inclinados de 45º, com vidros incolores e translúcidos, totalizando uma área correspondente a 1/8 da área do piso.

24.2.7.1 A parte inferior do caixilho deverá se situar, no mínimo, à altura de 1,50 a partir do piso.

24.2.8 Os locais destinados às instalações de vestiários serão providos de uma rede de iluminação, cuja fiação deverá ser protegida por eletrodutos.

24.2.9 Com objetivo de manter um iluminamento mínimo de 100 lux, deverão ser instaladas lâmpadas incandescentes de 100 W/ 8,00 m^2 de área com pé-direito de 3.00 m, ou outro tipo de luminária que produza o mesmo efeito.

24.2.10 Os armários, de aço, madeira, ou outro material de limpeza, deverão ser essencialmente individuais.

24.2.10.1 Deverão possuir aberturas para ventilação ou portas teladas podendo também ser sobrepostos.

24.2.10.2 Deverão ser pintados com tintas laváveis, ou revestidos com fórmica, se for o caso.

24.2.11 Nas atividades e operações insalubres, bem como nas atividades incompatíveis com o asseio corporal, que exponham os empregados a poeiras e produtos graxos e oleosos, os armários serão de compartimentos duplos.

24.2.12 Os armários de compartimentos duplos terão as seguintes dimensões mínimas:

a) 1,20m (um metro e vinte centímetros) de altura por 0,30m (trinta centímetros) de largura e 0,40m (quarenta centímetros) de profundidade, com separação ou prateleira, de modo que um compartimento, com a altura de 0,80m (oitenta centímetros), se destine a abrigar a roupa de uso comum e o outro compartimento, com altura de 0,40m (quarenta centímetros) a guardar a roupa de trabalho; ou

b) 0,80m (oitenta centímetros) de altura por 0,50m (cinquenta centímetros) de largura e 0,40m (quarenta centímetros) de profundidade, com divisão no sentido vertical, de forma que os compartimentos, com largura de 0,25m (vinte e cinco centímetros), estabeleçam, rigorosamente, o isolamento das roupas de uso comum e de trabalho.

24.2.13 Os armários de um só compartimento terão as dimensões mínimas de 0,80m (oitenta centímetros) de altura por 0,30m (trinta centímetros) de largura e 0,40m (quarenta centímetros) de profundidade.

24.2.14 Nas atividades comerciais, bancárias, securitárias, de escritório e afins, nas quais não haja troca de roupa, não será o vestiário exigido, admitindo-se gavetas, escaninhos ou cabides, onde possam os empregados guardar ou pendurar seus pertences.

24.2.15 Em casos especiais, poderá a autoridade local competente em matéria de segurança e medicina do trabalho, em decisão fundamentada submetida à homologação do MTb, dispensar a exigência de armários individuais para determinadas atividades.

24.2.16 É proibida a utilização do vestiário para quaisquer outros fins, ainda em caráter provisório, não sendo permitido, sob pena de autuação, que roupas e pertences dos empregados se encontrem fora dos respectivos armários.

24.3 Refeitórios.

24.3.1 Nos estabelecimentos em que trabalhem mais de 300 (trezentos) operários, é obrigatória a existência de refeitório, não sendo permitido aos trabalhadores tomarem suas refeições em outro local do estabelecimento.

24.3.2 O refeitório a que se refere o item 24.3.1 obedecerá aos seguintes requisitos:

a) área de 1,00m^2 (um metro quadrado) por usuário, abrigando, de cada vez, 1/3 (um terço) do total de empregados por turno de trabalho, sendo este turno o que tem maior número de empregados;

b) a circulação principal deverá ter a largura mínima de 75 cm, e a circulação entre bancos e banco/parede deverá ter a largura mínima de 55 cm.

24.3.3 Os refeitórios serão providos de uma rede de iluminação, cuja fiação deverá ser protegida por eletrodutos.

24.3.4 Deverão ser instaladas lâmpadas incandescentes de 150 W/6,00 m^2 de área com pé direito de 3,00 m máximo ou outro tipo de luminária que produza o mesmo efeito.

24.3.5 O piso será impermeável, revestido de cerâmica, plástico ou outro material lavável.

24.3.6 A cobertura deverá ter estrutura de madeira ou metálica e as telhas poderão ser de barro ou fibrocimento.

24.3.7 O teto poderá ser de laje de concreto, estuque, madeira ou outro material adequado.

24.3.8 Paredes revestidas com material liso, resistente e impermeável, até a altura de 1,50m (um metro e cinquenta centímetros).

24.3.9 Ventilação e iluminação de acordo com as normas fixadas na legislação federal, estadual ou municipal.

24.3.10 Água potável, em condições higiênicas, fornecida por meio de copos individuais, ou bebedouros de jato inclinado e guarda-protetora, proibindo-se sua instalação em pias e lavatórios, e o uso de copos coletivos.

24.3.11 Lavatórios individuais ou coletivos e pias instalados nas proximidades do refeitório, ou nele próprio, em número suficiente, a critério da autoridade competente em matéria de Segurança e Medicina do Trabalho.

24.3.12 Mesas providas de tampo liso e de material impermeável, bancos ou cadeiras, mantidos permanentemente limpos.

24.3.13 O refeitório deverá ser instalado em local apropriado, não se comunicando diretamente com os locais de trabalho, instalações sanitárias e locais insalubres ou perigosos.

24.3.14 É proibida, ainda que em caráter provisório, a utilização do refeitório para depósito, bem como para quaisquer outros fins.

24.3.15 Nos estabelecimentos em que trabalhem mais de 30 (trinta) até 300 (trezentos) empregados, embora não seja exigido o refeitório, deverão ser asseguradas aos trabalhadores condições suficientes de conforto para a ocasião das refeições.

24.3.15.1 As condições de conforto de que trata o item 24.3.15 deverão preencher os seguintes requisitos mínimos:

a) local adequado, fora da área de trabalho;

b) piso lavável;

c) limpeza, arejamento e boa iluminação;

d) mesas e assentos em número correspondente ao de usuários;

e) lavatórios e pias instalados nas proximidades ou no próprio local;

f) fornecimento de água potável aos empregados;

g) estufa, fogão ou similar, para aquecer as refeições.

24.3.15.2 Nos estabelecimentos e frentes de trabalho com menos de 30 (trinta) trabalhadores deverão, a critério da autoridade competente, em matéria de Segurança e Medicina do Trabalho, ser asseguradas aos trabalhadores condições suficientes de conforto para as refeições em local que atenda aos requisitos de limpeza, arejamento, iluminação e fornecimento de água potável.

24.3.15.3 Ficam dispensados das exigências desta NR:

a) estabelecimentos comerciais bancários e atividades afins que interrompem suas atividades por 2 (duas) horas, no período destinado às refeições;

b) estabelecimentos industriais localizados em cidades do interior, quando a empresa mantiver vila operária ou residirem, seus operários, nas proximidades, permitindo refeições nas próprias residências.

24.3.15.4 Em casos excepcionais, considerando condições especiais de duração, natureza do trabalho, exigüidade de área, peculiaridades locais e tipo de participação no PAT, poderá a autoridade competente em matéria de segurança e medicina no trabalho dispensar as exigências dos subitens 24.3.1 e 24.3.15.2, submetendo sua decisão à homologação do Delegado Regional do Trabalho.

• Subitem com redação determinada pela Portaria SSST 13/1993.

24.3.15.5 Nos estabelecimentos em que trabalhem 30 (trinta) ou menos trabalhadores, poderão, a critério da autoridade competente, em matéria de Segurança e Medicina do Trabalho, ser permitidas às refeições nos locais de trabalho, seguindo as condições seguintes:

a) respeitar dispositivos legais relativos à segurança e medicina do trabalho;

b) haver interrupção das atividades do estabelecimento, nos períodos destinados às refeições;

c) não se tratar de atividades insalubres, perigosas ou incompatíveis com o asseio corporal.

24.4 Cozinhas.

24.4.1 Deverão ficar adjacentes aos refeitórios e com ligação para os mesmos, através de aberturas por onde serão servidas as refeições.

24.4.2 As áreas previstas para cozinha e depósito de gêneros alimentícios deverão ser de 35% (trinta e cinco por cento) e 20% (vinte por cento) respectivamente, da área do refeitório.

24.4.3 Deverão ter pé-direito de 3,00 (três) no mínimo.

24.4.4 As paredes das cozinhas serão construídas em alvenaria de tijolo comum, em concreto ou em madeira, com revestimento de material liso, resistente e impermeável – lavável em toda a extensão.

24.4.5 Pisos-idênticos ao item 24.2.5.

24.4.6 As portas deverão ser metálicas ou de madeira, medindo no mínimo 1,00 metro por 2,10 metros.

24.4.7 As janelas deverão ser de madeira ou de ferro, de 60 cm x 60 cm, no mínimo.

24.4.7.1 As aberturas, além de garantir suficiente aeração, devem ser protegidas com telas, podendo ser melhorada a ventilação através de exaustores ou coifas.

24.4.8 Pintura – idêntico ao item 24.5.17.

24.4.9 A rede de iluminação terá sua fiação protegida por eletrodutos.

24.4.10 Deverão ser instaladas lâmpadas incandescentes de 150 W/4,00m^2 com pé-direito de 3,0 m máximo, ou outro tipo de luminária que produza o mesmo efeito.

24.4.11 Lavatório dotado de água corrente para uso dos funcionários do serviço de alimentação e dispondo de sabão e toalhas.

24.4.12 Tratamento de lixo, de acordo com as normas locais do Serviço de Saúde Pública.

24.4.13 É indispensável que os funcionários da cozinha encarregados de manipular gêneros, refeições e utensílios, disponham de sanitário e vestiário próprios, cujo uso seja vedado aos comensais e que não se comunique com a cozinha.

24.5 Alojamento.

24.5.1 Conceituação.

24.5.1.1 Alojamento é o local destinado ao repouso dos operários.

24.5.2 Características gerais.

24.5.2.1 A capacidade máxima de cada dormitório será de 100 (cem) operários.

24.5.2.2 Os dormitórios deverão ter áreas mínimas dimensionadas de acordo com os módulos (camas/armários) adotados e capazes de atender ao efeito a ser alojado, conforme o Quadro I.

Nº de Operários	tipos de cama e área respectiva (m^2)	área de circulação lateral à cama (m^2)	área de armário lateral à cama (m^2)	área total (m^2)
1	simples 1,9 x 0,7 = 1,33	1,45 x 0,6 = 0,87	0,6 x 0,45 = 0,27	2,47
2	dupla 1,9 x 0,7 = 1,33	1,45 x 0,6 = 0,87	0,6 x 0,45 = 0,27	2,47

Serão permitidas o máximo de 2 (duas) camas na mesma vertical.

24.5.3 Os alojamentos deverão ser localizados em áreas que permitam atender não só às exigências construtivas como também evitar o devassamento aos prédios vizinhos.

24.5.4 Os alojamentos deverão ter um pavimento, podendo ter, no máximo, dois pisos quando a área disponível para a construção for insuficiente.

24.5.5 Os alojamentos deverão ter área de circulação interna, nos dormitórios, com a largura mínima de 1,00 metro.

24.5.6 O pé-direito dos alojamentos deverá obedecer às seguintes dimensões mínimas.

a) 2,6m para camas simples;

b) 3,0m para camas duplas.

24.5.7 As paredes dos alojamentos poderão ser construídas em alvenaria de tijolo comum, em concreto ou em madeira.

24.5.8 Os pisos dos alojamentos deverão ser impermeáveis, laváveis e de acabamento áspero. Deverão impedir a entrada de umidade e emanações no alojamento. Não deverão apresentar ressaltos e saliências, sendo o acabamento compatível com as condições mínimas de conforto térmico e higiene.

24.5.9 A cobertura dos alojamentos deverá ter estrutura de madeira ou metálica, as telhas poderão ser de barro ou de fibrocimento, e não haverá forro.

24.5.9.1 O ponto do telhado deverá ser de 1:4, independentemente do tipo de telha usada.

24.5.10 As portas dos alojamentos deverão ser metálicas ou de madeira, abrindo para fora, medindo no mínimo 1,00m x 2,10m para cada 100 operários.

24.5.11 Existindo corredor, este terá, no mínimo, uma porta em cada extremidade, abrindo para fora.

24.5.12 As janelas dos alojamentos deverão ser de madeira ou de ferro, de 60cm x 60cm, no mínimo.

24.5.12.1 A parte inferior do caixilho deverá se situar, no mínimo, no plano da cama superior (caso de camas duplas) e à altura de 1,60 do piso no caso de camas simples.

24.5.13 A ligação do alojamento com o sanitário será feita através de portas, com mínimo de 0,80 m x 2,10 m.

24.5.14 Todo alojamento será provido de uma rede de iluminação, cuja fiação deverá ser protegida por eletrodutos.

24.5.15 Deverá ser mantido um iluminamento mínimo de 100 lux, podendo ser instaladas lâmpadas incandescentes de 100W/8,00 m^2 de área com pé-direito de 3 (três) metros máximo, ou outro tipo de luminária que produza o mesmo efeito.

24.5.16 Nos alojamentos deverão ser instalados bebedouros de acordo com o item 24.6.1.

24.5.17 As pinturas das paredes, portas e janelas, móveis e utensílios, deverão obedecer ao seguinte:

a) alvenaria – tinta de base plástica;

b) ferro – tinta a óleo;

c) madeira – tinta especial retardante à ação do fogo.

24.5.18 As camas poderão ser de estrutura metálica ou de madeira, oferecendo perfeita rigidez.

24.5.19 A altura livre das camas duplas deverá ser de, no mínimo, 1,10m contados do nível superior do colchão da cama de baixo, ao nível inferior da longarina da cama de cima.

24.5.19.1 As camas superiores deverão ter proteção lateral e altura livre, mínima, de 1,10 m do teto do alojamento.

24.5.19.2 O acesso à cama superior deverá ser fixo e parte integrante da estrutura da mesma.

24.5.19.3 Os estrados das camas superiores deverão ser fechados na parte inferior.

24.5.20 Deverão ser colocadas caixas metálicas com areia, para serem usadas como cinzeiros.

24.5.21 Os armários dos alojamentos poderão ser de aço ou de madeira, individuais, e deverão ter as seguintes dimensões mínimas: 0,60m de frente x 0,45m de fundo x 0,90m de altura.

24.5.22 No caso de alojamentos com dois pisos deverá haver, no mínimo, duas escadas de saída, guardada a proporcionalidade de 1,0m de largura para cada 100 operários;

24.5.23 Escadas e corredores coletivos principais terão largura mínima de 1,20m (um metro e vinte centímetros), podendo os secundários ter 0,80m.

24.5.23.1 Estes vaos poderão dar para prisma externo descoberto, devendo este prisma ter área não menor que 9m^2 e dimensão linear mínima de 2,00 m.

24.5.23.2 Os valores enumerados no item são aplicáveis ao caso de edificações que tenham altura máxima de 6,00m (seis metros) entre a laje do teto mais alto e o piso mais baixo.

24.5.24 No caso em que a vertical Vm entre o teto mais alto e o piso mais baixo for superior a 6,00 m, a área do prisma, em metros quadrados, será dada pela expressão V2/4 (o quadrado do valor V em metros dividido por quatro), respeitando-se, também, o mínimo linear de 2,00m para uma dimensão do prisma.

24.5.25 Não será permitido ventilação em dormitório, feita somente de modo indireto.

24.5.26 Os corredores dos alojamentos com mais de 10 metros de comprimento terão vãos para o exterior com área não-inferior a 1/8 (um oitavo) do respectivo piso.

24.5.27 Nos alojamentos deverão ser obedecidas as seguintes instruções gerais de uso:

a) todo quarto ou instalação deverá ser conservado limpo e todos eles serão pulverizados de 30 em 30 dias;

b) os sanitários deverão ser desinfetados diariamente;

c) o lixo deverá ser retirado diariamente e depositado em local adequado;

d) é proibida, nos dormitórios, a instalação para eletrodomésticos e o uso de fogareiro ou similares.

24.5.28 É vedada a permanência de pessoas com moléstias infectocontagiosas.

24.5.29 As instalações sanitárias, além de atender às exigências do item 24.1, deverão fazer parte integrante do alojamento ou estar localizadas a uma distância máxima de 50,00 (cinqüenta metros) do mesmo.

24.5.30 O pé-direito das instalações sanitárias será, no mínimo, igual ao do alojamento onde for contíguo sendo permitidos rebaixos para as instalações hidráulicas de, no máximo, 0,40m (quarenta centímetros).

24.6 Condições de higiene e conforto por ocasião das refeições.

- Item com redação determinada pela Portaria 13/1993.

24.6.1 As empresas urbanas e rurais, que possuam empregados regidos pela Consolidação das Leis do Trabalho – CLT, e os órgãos governamentais devem oferecer a seus empregados e servidores condições de conforto e higiene que garantam refeições adequadas por ocasião dos intervalos previstos na jornada de trabalho.

- Subitem com redação determinada pela Portaria 13/1993.

24.6.1.1 A empresa que contratar terceiros para a prestação de serviços em seus estabelecimentos deve estender aos trabalhadores da contratada as mesmas condições de higiene e conforto oferecidas aos seus próprios empregados.

- Subitem com redação determinada pela Portaria 13/1993.

24.6.2 A empresa deverá orientar os trabalhadores sobre a importância das refeições adequadas e hábitos alimentares saudáveis.

- Subitem com redação determinada pela Portaria 13/1993.

24.6.3 Na hipótese de o trabalhador trazer a própria alimentação, a empresa deve garantir condições de conservação e higiene adequadas e os meios para o aquecimento em local próximo ao destinado às refeições.

- Subitem com redação determinada pela Portaria 13/1993.

24.6.3.1 Aos trabalhadores rurais e aos ocupados em frentes de trabalho devem ser oferecidos dispositivos térmicos que atendam ao disposto neste item, em número suficiente para todos os usuários.

- Subitem com redação determinada pela Portaria 13/1993.

24.6.3.2 Os recipientes ou marmitas utilizados pelos trabalhadores deverão ser fornecidos pelas empresas, devendo atender às exigências de higiene e conservação e ser adequados aos equipamentos de aquecimento disponíveis.

- Subitem com redação determinada pela Portaria 13/1993.

24.6.4 Caberá à Comissão Interna de Prevenção de Acidentes – CIPA, à Comissão Interna de Prevenção de Acidentes do Trabalho Rural – CIPATR, ao Serviço Especializado em Segurança e Medicina do Trabalho – SESMT e ao Serviço Especializado em Prevenção de Acidentes do Trabalho Rural – SEPATR, quando houver, promoverem a divulgação e zelar pela observância desta Norma.

- Subitem com redação determinada pela Portaria 13/1993.

24.6.5 Os sindicatos de trabalhadores, que tiverem conhecimento de irregularidades quanto ao cumprimento desta Norma, poderão denunciá-las ao Ministério do Trabalho e solicitar a fiscalização dos respectivos órgãos regionais.

- Subitem com redação determinada pela Portaria 13/1993.

24.6.6 As empresas que concedem o benefício da alimentação aos seus empregados poderão inscrever-se no Programa de Alimentação do Trabalhador – PAT, do Ministério do Trabalho, obedecendo aos dispositivos legais que tratam da matéria.

- Subitem com redação determinada pela Portaria 13/1993.

24.7 Disposições gerais.

- Item com redação determinada pela Portaria 13/1993.

24.7.1 Em todos os locais de trabalho deverá ser fornecida aos trabalhadores água potável, em condições higiênicas, sendo proibido o uso de recipientes coletivos. Onde houver rede de abastecimento de água, deverão existir bebedouros de jato inclinado e guarda protetora, proibida sua instalação em pias ou lavatórios, e na proporção de 1 (um) bebedouro para cada 50 (cinqüenta) empregados.

24.7.1.1 As empresas devem garantir, nos locais de trabalho, suprimento de água potável e fresca em quantidade superior a 1/4 (um quarto) de litro (250ml) por hora/homem trabalho.

24.7.1.2 Quando não for possível obter água potável corrente, essa deverá ser fornecida em recipientes portáteis hermeticamente fechados de material adequado e construídos de maneira a permitir fácil limpeza.

24.7.2 A água não-potável para uso no local de trabalho ficará separada e deve ser afixado aviso de advertência da sua não- potabilidade.

24.7.3 Os poços e as fontes de água potável serão protegidos contra a contaminação.

24.7.4 Nas operações em que se empregam dispositivos que sejam levados à boca, somente serão permitidos os de uso estritamente individual, substituindo, sempre que for possível, por outros de processos mecânicos.

24.7.5 Os locais de trabalho serão mantidos em estado de higiene compatível com o gênero de atividade. O serviço de limpeza será realizado, sempre que possível, fora do horário de trabalho e por processo que reduza ao mínimo o levantamento de poeiras.

24.7.6 Deverão os responsáveis pelos estabelecimentos industriais dar aos resíduos destino e tratamento que os tornem inócuos aos empregados e à coletividade.

(*DOU* 06.07.1978)

NR 25
RESÍDUOS INDUSTRIAIS

25.1 Entende-se como resíduos industriais aqueles provenientes dos processos industriais, na forma sólida, líquida ou gasosa ou combinação dessas, e que por suas características físicas, químicas ou microbiológicas não se assemelham aos resíduos domésticos, como cinzas, lodos, óleos, materiais alcalinos ou ácidos, escórias, poeiras, borras, substâncias lixiviadas e aqueles gerados em equipamentos e instalações de controle de poluição, bem como demais efluentes líquidos e emissões gasosas contaminantes atmosféricos.

25.2 A empresa deve buscar a redução da geração de resíduos por meio da adoção das melhores práticas tecnológicas e organizacionais disponíveis.

25.3 Os resíduos industriais devem ter destino adequado sendo proibido o lançamento ou a liberação no ambiente de trabalho de quaisquer contaminantes que possam comprometer a segurança e saúde dos trabalhadores.

- Item com redação determinada pela Portaria SIT 253/2011.

25.3.1 As medidas, métodos, equipamentos ou dispositivos de controle do lançamento ou liberação dos contaminantes gasosos, líquidos e sólidos devem ser submetidos ao exame e à aprovação dos órgãos competentes.

25.3.2 Os resíduos líquidos e sólidos produzidos por processos e operações industriais devem ser adequadamente coletados, acondicionados, armazenados, transportados, tratados e encaminhados à adequada disposição final pela empresa.

25.3.2.1 Em cada uma das etapas citadas no subitem 25.3.2 a empresa deve desenvolver ações de controle, de forma a evitar risco à segurança e saúde dos trabalhadores.

25.3.3 Os resíduos sólidos e líquidos de alta toxicidade e periculosidade devem ser dispostos com o conhecimento, aquiescência e auxílio de entidades especializadas/públicas e no campo de sua competência.

- Subitem com redação determinada pela Portaria SIT 253/2011.

25.3.3.1 Os rejeitos radioativos devem ser dispostos conforme legislação específica da Comissão Nacional de Energia Nuclear – CNEN.

- Subitem com redação determinada pela Portaria SIT 253/2011.

25.3.3.2 Os resíduos de risco biológico devem ser dispostos conforme previsto nas legislações sanitária e ambiental.

- Subitem com redação determinada pela Portaria SIT 253/2011.

25.4 *(Revogado pela Portaria SIT 253/2011.)*

25.5 Os trabalhadores envolvidos em atividades de coleta, manipulação, acondicionamento, armazenamento, transporte, tratamento e disposição de resíduos devem ser capacitados pela empresa, de forma continuada, sobre os riscos envolvidos e as medidas de controle e eliminação adequadas.

- Item com redação determinada pela Portaria SIT 253/2011.

(*DOU* 06.07.1978)

NR 26
SINALIZAÇÃO DE SEGURANÇA

26.1 Cor na segurança do trabalho

- Item com redação determinada pela Portaria MTE 229/2011.

26.1.1 Devem ser adotadas cores para segurança em estabelecimentos ou locais de trabalho, a fim de indicar e advertir acerca dos riscos existentes.

- Item com redação determinada pela Portaria MTE 229/2011.

26.1.2 As cores utilizadas nos locais de trabalho para identificar os equipamentos de segurança, delimitar áreas, identificar tubulações empregadas para a condução de líquidos e gases e advertir contra riscos, devem atender ao disposto nas normas técnicas oficiais.

- Item com redação determinada pela Portaria MTE 229/2011.

26.1.3 A utilização de cores não dispensa o emprego de outras formas de prevenção de acidentes.

- Item com redação determinada pela Portaria MTE 229/2011.

26.1.4 O uso de cores deve ser o mais reduzido possível, a fim de não ocasionar distração, confusão e fadiga ao trabalhador.

- Item com redação determinada pela Portaria MTE 229/2011.

26.2 Classificação, Rotulagem Preventiva e Ficha com Dados de Segurança de Produto Químico

- Item com redação determinada pela Portaria MTE 229/2011.

26.2.1 O produto químico utilizado no local de trabalho deve ser classificado quanto aos perigos para a segurança e a saúde dos trabalhadores de acordo com os critérios estabelecidos pelo Sistema Globalmente Harmonizado de Classificação e Rotulagem de Produtos Químicos (GHS), da Organização das Nações Unidas.

- Item com redação determinada pela Portaria MTE 229/2011.

26.2.1.2 A classificação de substâncias perigosas deve ser baseada em lista de classificação harmonizada ou com a realização de ensaios exigidos pelo processo de classificação.

- Item com redação determinada pela Portaria MTE 229/2011.

26.2.1.2.1 Na ausência de lista nacional de classificação harmonizada de substâncias perigosas pode ser utilizada lista internacional.

- Item com redação determinada pela Portaria MTE 229/2011.

26.2.1.3 Os aspectos relativos à classificação devem atender ao disposto em norma técnica oficial vigente.

- Item com redação determinada pela Portaria MTE 229/2011.

26.2.2 A rotulagem preventiva do produto químico classificado como perigoso a segurança e saúde dos trabalhadores deve utilizar procedimentos definidos pelo Sistema Globalmente Harmonizado de Classificação e Rotulagem de Produtos Químicos (GHS), da Organização das Nações Unidas.

- Item com redação determinada pela Portaria MTE 229/2011.

26.2.2.1 A rotulagem preventiva é um conjunto de elementos com informações escritas, impressas ou gráficas, relativas a um produto químico, que deve ser afixada, impressa ou anexada à embalagem que contém o produto.

- Item com redação determinada pela Portaria MTE 229/2011.

26.2.2.2 A rotulagem preventiva deve conter os seguintes elementos:

- Item com redação determinada pela Portaria MTE 229/2011.

a) identificação e composição do produto químico;
b) pictograma(s) de perigo;
c) palavra de advertência;
d) frase(s) de perigo;

e) frase(s) de precaução;

f) informações suplementares.

26.2.2.3 Os aspectos relativos à rotulagem preventiva devem atender ao disposto em norma técnica oficial vigente.

- Item com redação determinada pela Portaria MTE 229/2011.

26.2.2.4 O produto químico não classificado como perigoso a segurança e saúde dos trabalhadores conforme o GHS deve dispor de rotulagem preventiva simplificada que contenha, no mínimo, a indicação do nome, a informação de que se trata de produto não classificado como perigoso e recomendações de precaução.

- Item com redação determinada pela Portaria MTE 229/2011.

26.2.2.5 Os produtos notificados ou registrados como Saneantes na ANVISA estão dispensados do cumprimento das obrigações de rotulagem preventiva estabelecidas pelos itens 26.2.2, 26.2.2.1, 26.2.2.2 e 26.2.2.3 da NR-26.

- Item com redação determinada pela Portaria MTE 704/2015.

26.2.3 O fabricante ou, no caso de importação, o fornecedor no mercado nacional deve elaborar e tornar disponível ficha com dados de segurança do produto químico para todo produto químico classificado como perigoso.

- Item com redação determinada pela Portaria MTE 229/2011.

26.2.3.1 O formato e conteúdo da ficha com dados de segurança do produto químico devem seguir o estabelecido pelo Sistema Globalmente Harmonizado de Classificação e Rotulagem de Produtos Químicos (GHS), da Organização das Nações Unidas.

- Item com redação determinada pela Portaria MTE 229/2011.

26.2.3.1.1 No caso de mistura deve ser explicitado na ficha com dados de segurança o nome e a concentração, ou faixa de concentração, das substâncias que:

- Item com redação determinada pela Portaria MTE 229/2011.

a) representam perigo para a saúde dos trabalhadores, se estiverem presentes em concentração igual ou superior aos valores de corte/limites de concentração estabelecidos pelo GHS para cada classe/categoria de perigo; e

b) possuam limite de exposição ocupacional estabelecidos.

26.2.3.2 Os aspectos relativos à ficha com dados de segurança devem atender ao disposto em norma técnica oficial vigente.

- Item com redação determinada pela Portaria MTE 229/2011.

26.2.3.3 O disposto no item 26.2.3 se aplica também a produto químico não classificado como perigoso, mas cujos usos previstos ou recomendados derem origem a riscos a segurança e saúde dos trabalhadores.

- Item com redação determinada pela Portaria MTE 229/2011.

26.2.3.4 O empregador deve assegurar o acesso dos trabalhadores às fichas com dados de segurança dos produtos químicos que utilizam no local de trabalho.

- Item com redação determinada pela Portaria MTE 229/2011.

26.2.4 Os trabalhadores devem receber treinamento:

- Item com redação determinada pela Portaria MTE 229/2011.

a) para compreender a rotulagem preventiva e a ficha com dados de segurança do produto químico.

b) sobre os perigos, riscos, medidas preventivas para o uso seguro e procedimentos para atuação em situações de emergência com o produto químico.

(*DOU* 06.07.1978)

NR 28

FISCALIZAÇÃO E PENALIDADES

28.1 FISCALIZAÇÃO.

28.1.1 A fiscalização do cumprimento das disposições legais e/ou regulamentares sobre segurança e saúde do trabalhador será efetuada obedecendo ao disposto nos Decretos n.º 55.841, de 15/03/65, e n.º 97.995, de 26/07/89, no Título VII da CLT e no § 3º do art. 6º da Lei n.º 7.855, de 24/10/89 e nesta Norma Regulamentadora.

28.1.2 Aos processos resultantes da ação fiscalizadora é facultado anexar quaisquer documentos, quer de pormenorização de fatos circunstanciais, quer comprobatórios, podendo, no exercício das funções de inspeção do trabalho, o agente de inspeção do trabalho usar de todos os meios, inclusive audiovisuais, necessários à comprovação da infração.

28.1.3 O agente da inspeção do trabalho deverá lavrar o respectivo auto de infração à vista de descumprimento dos preceitos legais e/ou regulamentares contidos nas Normas Regulamentadoras urbanas e rurais, considerando o critério da dupla visita, elencados no Decreto n.º 55.841, de 15/03/65, no Título VII da CLT e no § 3º do art. 6º da Lei n.º 7.855, de 24/10/89.

28.1.4 O agente da inspeção do trabalho, com base em critérios técnicos, poderá notificar os empregadores concedendo prazos para a correção das irregularidades encontradas.

28.1.4.1 O prazo para cumprimento dos itens notificados deverá ser limitado a, no máximo, 60 (sessenta) dias.

28.1.4.2 A autoridade regional competente, diante de solicitação escrita do notificado, acompanhada de exposição de motivos relevantes, apresentada no prazo de 10 dias do recebimento da notificação, poderá prorrogar por 120 (cento e vinte) dias, contados da data do Termo de Notificação, o prazo para seu cumprimento.

28.1.4.3 A concessão de prazos superiores a 120 (cento e vinte) dias fica condicionada à prévia negociação entre o notificado e o sindicato representante da categoria dos empregados, com a presença da autoridade regional competente.

28.1.4.4 A empresa poderá recorrer ou solicitar prorrogação de prazo de cada item notificado até no máximo 10 (dez) dias a contar da data de emissão da notificação.

28.1.5 Poderão ainda os agentes da inspeção do trabalho lavrar auto de infração pelo descumprimento dos preceitos legais e/ou regulamentares sobre segurança e saúde do trabalhador, à vista de laudo técnico emitido por engenheiro de segurança do trabalho ou médico do trabalho, devidamente habilitado.

28.2 EMBARGO OU INTERDIÇÃO.

28.2.1 Quando o agente da inspeção do trabalho constatar situação de grave e iminente risco à saúde e/ou integridade física do trabalhador, com base em critérios técnicos, deverá propor de imediato à autoridade regional competente a interdição do estabelecimento, setor de serviço, máquina ou equipamento, ou o embargo parcial ou total da obra, determinando as medidas que deverão ser adotadas para a correção das situações de risco.

28.2.2 A autoridade regional competente, à vista de novo laudo técnico do agente da inspeção do trabalho, procederá à suspensão ou não da interdição ou embargo.

28.2.3 A autoridade regional competente, à vista de relatório circunstanciado, elaborado por agente da inspeção do trabalho que comprove o descumprimento reiterado das disposições legais e/ou regulamentares sobre segurança e saúde do trabalhador, poderá convocar representante legal da empresa para apurar o motivo da irregularidade e propor solução para corrigir as situações que estejam em desacordo com exigências legais.

28.2.3.1 Entende-se por descumprimento reiterado a lavratura do auto de infração por 3 (três) vezes no tocante ao descumprimento do mesmo item de norma regulamentadora ou a negligência do empregador em cumprir as disposições legais e/ou regulamentares sobre segurança e saúde do trabalhador, violando-as reiteradamente, deixando de atender às advertências, intimações ou sanções e sob reiterada ação fiscal por parte dos agentes da inspeção do trabalho.

28.3 PENALIDADES.

28.3.1. As infrações aos preceitos legais e/ou regulamentadores sobre segurança e saúde do trabalhador terão as penalidades aplicadas conforme o disposto no quadro de gradação de multas (Anexo I), obedecendo às infrações previstas no quadro de classificação das infrações (Anexo II) desta Norma.

28.3.2 Em caso de reincidência, embaraço ou resistência à fiscalização, emprego de artifício ou simulação com o objetivo de fraudar a lei, a multa será aplicada na forma do art. 201, parágrafo único, da CLT, conforme os seguintes valores estabelecidos:

VALOR DA MULTA (em UFIR)	
Segurança do Trabalho	Medicina do Trabalho
6.304	3.782

[...]

• Deixamos de publicar os anexos a esta NR.

(*DOU* 06.07.1978)

NR 29

NORMA REGULAMENTADORA DE SEGURANÇA E SAÚDE NO TRABALHO PORTUÁRIO

29.1 Disposições Iniciais

29.1.1 Objetivo

Regular a proteção obrigatória contra acidentes e doenças profissionais, facilitar os primeiros socorros a acidentados e alcançar as melhores condições possíveis de segurança e saúde aos trabalhadores portuários.

29.1.2 Aplicabilidade

As disposições contidas nesta NR aplicam-se aos trabalhadores portuários em operações tanto a bordo como em terra, assim como aos demais trabalhadores que exerçam atividades nos portos organizados e instalações portuárias de uso privativo e retroportuárias, situadas dentro ou fora da área do porto organizado.

29.1.3 Definições.

Para os fins desta Norma Regulamentadora, considera-se:

a) Terminal Retroportuário

É o terminal situado em zona contígua à de porto organizado ou instalação portuária, compreendida no perímetro de cinco quilômetros dos limites da zona primária, demarcada pela autoridade aduaneira local, no qual são executados os serviços de operação, sob controle aduaneiro, com carga de importação e exportação, embarcados em contêiner, reboque ou semireboque.

b) Zona Primária

É a área alfandegada para a movimentação ou armazenagem de cargas destinadas ou provenientes do transporte aquaviário.

c) Tomador de Serviço

É toda pessoa jurídica de direito público ou privado que, não sendo operador portuário ou empregador, requisite trabalhador portuário avulso.

d) Pessoa Responsável

É aquela designada por operadores portuários, empregadores, tomadores de serviço, comandantes de embarcações, Órgão Gestor de Mão-de-Obra – OGMO, sindicatos de classe, fornecedores de equipamentos mecânicos e outros, conforme o caso, para assegurar o cumprimento de uma ou mais tarefas específicas e que possuam suficientes conhecimentos e experiência, com a necessária autoridade para o exercício dessas funções.

29.1.4 Competências

29.1.4.1 Compete aos operadores portuários, empregadores, tomadores de serviço e OGMO, conforme o caso:

a) cumprir e fazer cumprir esta NR no que tange à prevenção de riscos de acidentes do trabalho e doenças profissionais nos serviços portuários;

b) fornecer instalações, equipamentos, maquinários e acessórios em bom estado e condições de segurança, responsabilizando-se pelo correto uso;

c) cumprir e fazer cumprir a norma de segurança e saúde no trabalho portuário e as demais Normas Regulamentadoras expedidas pela Portaria MTb n.º 3.214/78 e alterações posteriores;

• Alínea com redação determinada pela Portaria MTE 1.895/2013.

d) fazer a gestão dos riscos à segurança e à saúde do trabalhador portuário, de acordo com as recomendações técnicas do SESSTP e aquelas sugeridas e aprovadas pela CPATP, em consonância com os subitens 29.2.1.3, alíneas "a" e "b", e 29.2.2.2, respectivamente.

• Alínea acrescentada pela Portaria MTE 1.895/2013.

29.1.4.2 Compete ao OGMO ou ao empregador:

a) proporcionar a todos os trabalhadores formação sobre segurança, saúde e higiene ocupacional no trabalho portuário, conforme o previsto nesta NR;

b) responsabilizar-se pela compra, manutenção, distribuição, higienização, treinamento e zelo pelo uso correto dos equipamentos de proteção individual – EPI e equipamentos de proteção coletiva – EPC, observado o disposto na NR-6;

c) elaborar e implementar o Programa de Prevenção de Riscos Ambientais – PPRA – no ambiente de trabalho portuário, observado o disposto na NR-9;

d) elaborar e implementar o Programa de Controle Médico de Saúde Ocupacional – PCMSO, abrangendo todos os trabalhadores portuários, observado o disposto na NR-7.

29.1.4.3 Compete aos trabalhadores:

a) cumprir a presente NR bem como as demais disposições legais de segurança e saúde do trabalhador;

b) informar ao responsável pela operação de que esteja participando as avarias ou deficiências observadas que possam constituir risco para o trabalhador ou para a operação;

c) utilizar corretamente os dispositivos de segurança, EPI e EPC, que lhes sejam fornecidos, bem como as instalações que lhes forem destinadas.

29.1.4.4 Compete às administrações portuárias, dentro dos limites da área do porto organizado, zelar para que os serviços se realizem com regularidade, eficiência, segurança e respeito ao meio ambiente.

29.1.5 Instruções Preventivas de Riscos nas Operações Portuárias.

29.1.5.1 Para adequar os equipamentos e acessórios necessários à manipulação das cargas, os operadores portuários, empregadores ou tomadores de serviço, deverão obter com a devida antecedência o seguinte:

a) peso dos volumes, unidades de carga e suas dimensões;

b) tipo e classe do carregamento a manipular;

c) características específicas das cargas perigosas a serem movimentadas ou em trânsito.

29.1.6 Plano de Controle de Emergência – PCE e Plano de Ajuda Mútua – PAM.

29.1.6.1 Cabe à administração do porto, ao OGMO e aos empregadores a elaboração do PCE, contendo ações coordenadas a serem seguidas nas situações descritas neste subitem e compor com outras organizações o PAM.

29.1.6.2 Devem ser previstos os recursos necessários, bem como linhas de atuação conjunta e organizada, sendo objeto dos planos as seguintes situações:

a) incêndio ou explosão;

b) vazamento de produtos perigosos;

c) queda de homem ao mar;

d) condições adversas de tempo que afetem a segurança das operações portuárias;

e) poluição ou acidente ambiental;

f) socorro a acidentados.

29.1.6.3 No PCE e no PAM, deve constar o estabelecimento de uma periodicidade de treinamentos simulados, cabendo aos trabalhadores indicados comporem as equipes e efetiva participação.

[...]

• Deixamos de publicar os anexos a esta NR.

(*DOU* 29.12.1997)

NR 30
SEGURANÇA E SAÚDE NO TRABALHO AQUAVIÁRIO

30.1 Objetivo

30.1.1 Esta norma regulamentadora tem como objetivo a proteção e a regulamentação das condições de segurança e saúde dos trabalhadores aquaviários.

30.1.1.1 Para outras categorias de trabalhadores que realizem trabalhos a bordo de embarcações a regulamentação das condições de segurança e saúde dos trabalhadores se dará na forma especificada nos Anexos a esta norma.

30.2 Aplicabilidade

30.2.1 Esta norma aplica-se aos trabalhadores das embarcações comerciais, de bandeira nacional, bem como às de bandeiras estrangeiras, no limite do disposto na Convenção da OIT n.º 147 – Normas Mínimas para Marinha Mercante, utilizadas no transporte de mercadorias ou de passageiros, inclusive naquelas embarcações utilizadas na prestação de serviços.

30.2.1.1 O disposto nesta NR aplica-se, no que couber, às embarcações abaixo de 500 AB, consideradas as características físicas da embarcação, sua finalidade e área de operação.

30.2.1.2 Esta norma aplica-se na forma estabelecida em seus Anexos, aos trabalhadores das embarcações artesanais, comerciais e industriais de pesca, das embarcações e plataformas destinadas à exploração e produção de petróleo, das embarcações específicas para a realização do trabalho submerso e de embarcações e plataformas destinadas a outras atividades.

30.2.2 A observância desta Norma Regulamentadora não desobriga as empresas do cumprimento de outras disposições legais com relação à matéria e ainda daquelas oriundas de convenções, acordos e contratos coletivos de trabalho.

30.2.3 Às embarcações classificadas de acordo com a Convenção Solas, cujas normas de segurança são auditadas pelas sociedades classificadoras, não se aplicarem as NR-10, 13 e 23.

30.2.3.1 Às plataformas e os navios plataforma não se aplica o disposto no subitem anterior.

30.2.3.2 Para as embarcações descritas no subitem 30.2.3, são exigidas a apresentação dos certificados de classe.

30.3 Competências

30.3.1 Dos armadores e seus prepostos

30.3.1.1 Cabe aos armadores e seus prepostos:

a) cumprir e fazer cumprir o disposto nesta NR, bem como a observância do contido no item 1.7 da NR 01 – Disposições Gerais e das demais disposições legais de segurança e saúde no trabalho;

b) disponibilizar aos trabalhadores as normas de segurança e saúde no trabalho vigentes, publicações e material instrucional em matéria de segurança e saúde, bem estar e vida a bordo;

c) responsabilizar-se por todos os custos relacionados a implementação do PCMSO;

d) disponibilizar, sempre que solicitado pelas representações patronais ou de trabalhadores, as estatísticas de acidentes e doenças relacionadas ao trabalho.

30.3.2 Dos trabalhadores

30.3.2.1 Cabe aos trabalhadores:

a) cumprir as disposições da presente NR, bem como a observância do contido no item 1.8 da NR 01 – Disposições Gerais e das demais disposições legais de segurança e saúde no trabalho;

b) informar ao oficial de serviço ou a qualquer membro do GSTB, conforme estabelecido em 30.4, as avarias ou deficiências observadas que possam constituir risco para o trabalhador ou para a embarcação;

c) utilizar corretamente os dispositivos e equipamentos de segurança e estar familiarizado com as instalações, sistemas de segurança e compartimentos de bordo.

30.4 Grupo de Segurança e Saúde no Trabalho a Bordo das Embarcações – GSSTB

30.4.1 É obrigatória a constituição de GSSTB a bordo das embarcações de bandeira nacional com, no mínimo, 100 de arqueação bruta(AB).

30.4.1-A As embarcações de bandeira estrangeira que forem operar por mais de 90 dias em águas jurisdicionais brasileiras e com trabalhadores brasileiros a bordo aplica-se o disposto no item 30.4.1.

30.4.1.1 A Comissão Interna de Prevenção de Acidentes (CIPA) das empresas de navegação marítima/fluvial deve ser constituída pelos empregados envolvidos nas atividades de cada estabelecimento da empresa e por marítimos empregados, efetivamente trabalhando nas embarcações da empresa, eleitos na forma estabelecida pela Norma Regulamentadora n.º 5 (NR 5), obedecendo-se as regras abaixo definidas:

a) o total de empregados existentes em cada estabelecimento da empresa deve determinar o número de seus representantes, de acordo com o Quadro I da NR 5;

b) os marítimos devem ser representados na CIPA do estabelecimento sede da empresa, por um membro titular para cada dez embarcações da empresa, ou fração, e de um suplente para cada vinte embarcações da empresa, ou fração.

30.4.1.2 Os marítimos titulares e suplentes devem ser eleitos em votação em separado para comporem a CIPA, tendo todos os direitos assegurados pela NR 5.

30.4.1.3 A participação dos marítimos eleitos nas reuniões da CIPA fica condicionada à presença da embarcação onde ele está lotado no município onde a empresa tem estabelecimento, no dia da reunião, desde que razões operacionais não impeçam sua saída de bordo.

30.4.1.3.1 As despesas decorrentes da participação do marítimo eleito nas reuniões da CIPA são responsabilidade da empresa.

30.4.1.4 Observado o item 30.4.1.3, a empresa deve adequar as datas das reuniões da CIPA de modo a permitir a presença dos marítimos a no mínimo duas reuniões durante cada ano de seu mandato.

- Subitem com redação determinada pela Portaria MTE 2.062/2014.

30.4.1.4.1 No caso do representante dos marítimos estar em trânsito pelo estabelecimento da empresa em virtude de início ou término de férias ou de afastamento legal, a data da reunião da CIPA deve ser alterada, para permitir a sua participação.

30.4.1.4.2 No caso previsto no subitem 30.4.1.4.1, deve-se alterar a data de contagem do início das férias ou do afastamento legal, ou do regresso do marítimo para bordo devido ao fim das férias ou do afastamento legal, correspondente ao número de dias necessários à sua participação na reunião da CIPA.

30.4.1.5 A administração de bordo deve adequar o regime de serviço a bordo para que o representante dos marítimos possa participar das reuniões da CIPA sem prejuízo de suas horas de repouso.

30.4.1.6 Os cipeiros marítimos eleitos, titulares e suplentes, devem participar da reunião mensal do GSSTB quando estiverem embarcados.

30.4.2 Obrigam-se ao cumprimento da presente norma as empresas privadas ou públicas e órgãos da administração direta ou indireta.

30.4.3 O GSSTB, funcionará sob orientação e apoio técnico dos serviços especializados em engenharia de segurança e em medicina do trabalho, observando o disposto na NR-04.

30.4.4 A constituição do GSSTB não gera estabilidade aos seus membros, em razão das peculiaridades inerentes à atividade a bordo das embarcações mercantes.

30.4.5 Da composição

30.4.5.1 O Grupo de Segurança e Saúde do Trabalho a Bordo – GSSTB fica sob a responsabilidade do comandante da embarcação e deve ser integrado pelos seguintes tripulantes:

– Encarregado da segurança;
– Chefe de máquinas;

NRs

- Representante da seção de convés;
- Responsável pela seção de saúde, se existente;
- Representante da guarnição de máquinas.

• Subitem com redação determinada pela Portaria MTE 2.062/2014.

30.4.5.1.1 Caso a embarcação não disponha dos tripulantes acima mencionados, os integrantes poderão ser substituídos por outros tripulantes com funções assemelhadas.

• Subitem com redação determinada pela Portaria MTE 2.062/2014.

30.4.5.2 O comandante da embarcação poderá convocar outro qualquer membro da tripulação.

30.4.5.3 Quando a lotação da embarcação for composta de registro em rol portuário, o GSSTB será constituído por um representante de cada categoria de aquaviários da lotação do rol, sendo, no mínimo, 01 (um) GSSTB para cada 05 (cinco) embarcações ou fração existentes na empresa.

• Subitem com redação determinada pela Portaria MTE 2.062/2014.

30.4.6 Das finalidades do GSSTB:

a) manter procedimentos que visem à preservação da segurança e saúde no trabalho e do meio ambiente, procurando atuar de forma preventiva;

b) agregar esforços de toda a tripulação para que a embarcação possa ser considerada local seguro de trabalho;

c) contribuir para a melhoria das condições de trabalho e de bem-estar a bordo;

d) recomendar modificações e receber sugestões técnicas que visem a garantia de segurança dos trabalhos realizados a bordo;

e) investigar, analisar e discutir as causas de acidentes do trabalho a bordo, divulgando o seu resultado;

f) adotar providências para que as empresas mantenham à disposição do GSSTB informações, normas e recomendações atualizadas em matéria de prevenção de acidentes, doenças relacionadas ao trabalho, enfermidades infecto-contagiosas e outras de caráter médico-social;

g) zelar para que todos a bordo recebam e usem equipamentos de proteção individual e coletiva para controle das condições de risco.

30.4.7 Das atribuições

30.4.7.1 Cabe ao GSSTB:

a) zelar pelo cumprimento a bordo das normas vigentes de segurança, saúde no trabalho e preservação do meio ambiente;

b) avaliar se as medidas existentes a bordo para prevenção de acidentes e doenças relacionadas ao trabalho são satisfatórias;

c) sugerir procedimentos que contemplem medidas de segurança do trabalho, especialmente quando se tratar de atividades que envolvam risco;

d) verificar o correto funcionamento dos sistemas e equipamentos de segurança e de salvatagem;

e) investigar, analisar e divulgar os acidentes ocorridos a bordo, com ou sem afastamento, fazendo as recomendações necessárias para evitar a possível repetição dos mesmos;

f) preencher o quadro estatístico de acordo com o modelo constante no Quadro I anexo e elaborar relatório encaminhando-os ao empregador;

g) participar do planejamento para a execução dos exercícios regulamentares de segurança, tais como abandono, combate a incêndio, resgate em ambientes confinados, prevenção a poluição e emergências em geral, avaliando os resultados e propondo medidas corretivas;

h) promover, a bordo, palestras e debates de caráter educativo, assim como a distribuição publicações e/ou recursos audiovisuais relacionados com os propósitos do grupo;

i) identificar as necessidades de treinamento sobre segurança, saúde do trabalho e preservação do meio ambiente;

j) quando da ocorrência de acidente de trabalho o GSSTB deve zelar pela emissão da CAT e escrituração de termo de ocorrência no diário de bordo.

30.4.8 Das reuniões

30.4.8.1 O GSSTB reunir-se-á, em sessão ordinária, de caráter obrigatório, pelo menos uma vez a cada trinta dias.

30.4.8.2 Em sessão extraordinária:

a) por iniciativa do comandante da embarcação;

b) por solicitação escrita da maioria dos componentes do GSSTB ao comandante da embarcação;

c) quando da ocorrência de acidente de trabalho, tendo como conseqüência óbito ou lesão grave do acidentado;

d) na ocorrência de incidente, práticas ou procedimentos que possam gerar riscos ao trabalho a bordo.

30.4.8.3 Serão consideradas de efetivo trabalho as horas destinadas ao cumprimento das atribuições do GSSTB que devem ser realizadas durante a jornada de trabalho.

30.4.8.4 O comandante tomará as providências para proporcionar aos membros do GSSTB, os meios necessários ao desempenho de suas funções e ao cumprimento das deliberações do grupo.

30.4.8.5 Ao final de cada reunião será elaborada uma ata referente às questões discutidas.

30.4.8.5.1 As atas das reuniões ficarão arquivadas a bordo, sendo extraídas cópias para o envio à direção da empresa ou quando houver, diretamente ao Serviço Especializado em Engenharia de Segurança e em Medicina do Trabalho – SESMT.

30.4.8.6 Anualmente, sempre que compatível com a movimentação da embarcação, o GSSTB reunir-se-á a bordo com representantes do SESMT da empresa, em porto nacional escolhido por esta, para acompanhamento, monitoração e avaliação das atividades do referido grupo.

30.4.8.7 Quando o empregador não for obrigado a manter o SESMT, deverá recorrer aos serviços profissionais de uma assessoria especializada em segurança e medicina do trabalho para avaliação anual das atividades do GSSTB.

30.4.9 Das comunicações e providências

30.4.9.1 Cabe ao comandante da embarcação:

a) comunicar e divulgar as normas que a tripulação deve conhecer e cumprir em matéria de segurança e saúde no trabalho a bordo e preservação do meio ambiente;

b) dar conhecimento à tripulação das sanções legais que poderão advir do descumprimento das Normas Regulamentadoras, no que tange ao trabalho a bordo;

c) encaminhar à empresa as atas das reuniões do GSSTB solicitando o atendimento para os itens que não puderam ser resolvidos com os recursos de bordo.

30.4.9.2 Cabe ao armador e seus prepostos:

a) analisar as propostas do grupo, implementando-as sempre que se mostrarem adequadas e exeqüíveis e, em qualquer caso, informar ao GSSTB sua decisão fundamentada;

b) quando do transporte de substâncias perigosas, assegurar que o comandante da embarcação tenha conhecimento das medidas de segurança que deverão ser tomadas;

c) promover os meios necessários para o cumprimento das atribuições do GSSTB previstas nos itens 30.7 e 30.8.

30.5 Do Programa de Controle Medico de Saúde Ocupacional – PCMSO

30.5.1 As empresas ficam obrigadas a elaborar Programa de Controle Médico de Saúde Ocupacional – PCMSO, com o objetivo de promover e preservar a saúde de seus empregados, conforme disposto na NR 07 e observado o disposto no Quadro II – Padrões Mínimos dos Exames Médicos.

30.5.2 Para cada exame médico realizado, o médico emitirá o Atestado de Saúde Ocupacional – ASO, em três vias.

30.5.2.1 A primeira via do ASO deve ser mantida a bordo da embarcação em que o trabalhador estiver prestando serviço.

30.5.2.2 A segunda via do ASO deve ser obrigatoriamente entregue ao trabalhador, mediante recibo nas outras duas vias.

30.5.2.3 A terceira via do ASO deve ser mantida na empresa em terra.

30.5.3 Caso o prazo de validade do exame médico expire no decorrer de uma travessia, fica prorrogado até a data da escala da embarcação em porto onde hajam as condições necessárias para realização desses exames, observado o prazo máximo de quarenta e cinco dias.

30.5.4 Para os trabalhadores aquaviários do grupo marítimos que operam embarcações classificadas para navegação em mar aberto e apoio marítimo, devem ser adotados os padrões médicos e o modelo de Certificado Médico (Health Certificate – Convenção Internacional sobre Padrões de Instrução, Certificação e Serviço de Quarto para Marítimos – STCW) estabelecidos no QUADRO III desta NR, sem prejuízo da elaboração do Atestado de Saúde Ocupacional (ASO), conforme a Norma Regulamentadora n.º 07 e disposições da NR 30 sobre o tema.

- Subitem com redação determinada pela Portaria MTE 2.062/2014.

30.6 Da Alimentação

30.6.1 Toda embarcação comercial deve ter a bordo o aprovisionamento de víveres e água potável, devendo ser observado: o número de tripulantes, a duração, a natureza da viagem e as situações de emergência.

30.6.1.1 Deverá ser garantido um cardápio balanceado, cujo teor nutritivo atenda às exigências calóricas necessárias às condições de saúde e conforto dos trabalhadores, adequadas ao tipo de atividade e que assegure o bem estar a bordo.

30.7 Higiene e Conforto a Bordo

30.7.1 Os corredores e a disposição dos camarotes, refeitórios e salas de recreação, devem garantir uma adequada segurança e proteção contra as intempéries e condições da navegação, bem como isolamento do calor, do frio, do ruído excessivo e das emanações provenientes de outras partes da embarcação.

30.7.1.1 Ao longo do convés a embarcação deverá possuir uma via de segurança para passagem dos tripulantes.

30.7.2 As tubulações de vapor, de descarga de gases e outras semelhantes, não devem passar pelas acomodações da tripulação nem pelos corredores que levem a elas. Quando essas, por motivos técnicos, passarem por tais corredores, devem estar isoladas e protegidas.

30.7.3 Toda embarcação deve estar provida de um sistema de ventilação adequado que deve ser regulado para manter o ar em condições satisfatórias, de modo suficiente a atender quaisquer condições atmosféricas.

30.7.4 Toda embarcação, à exceção daquelas destinadas exclusivamente à navegação nos trópicos, deve estar provida de um sistema de calefação adequado para o alojamento da tripulação. Os radiadores e demais equipamentos de calefação devem estar instalados de modo a evitar perigo ou desconforto para os ocupantes dos alojamentos.

30.7.5 Todos os locais destinados à tripulação devem ser bem iluminados.

30.7.5.1 Quando não for possível obter luz natural suficiente, deve ser instalado um sistema de iluminação artificial.

30.7.5.2 Nos camarotes, cada beliche deve estar provido de uma lâmpada elétrica, individual.

30.7.6 Cada camarote deve estar provido de uma mesa ou de uma escrivaninha, um espelho, pequenos armários para os artigos usados no asseio pessoal, uma estante para livros e cabides para pendurar roupas, bem como de um armário individual e um cesto de lixo. Todo mobiliário deverá ser de material liso e resistente, que não se deforme pela corrosão.

30.7.7 Nos casos de prévia utilização de qualquer acomodação por tripulante portador de doença infecto-contagiosa, o local deverá ser submetido a uma desinfecção minuciosa.

30.7.8 Os membros da tripulação devem dispor de camas individuais.

30.7.9 As camas devem estar colocadas a uma distância uma da outra de modo a que se permita o acesso a uma delas sem passar por cima da outra.

30.7.9.1 A cama superior deve ser provida de escada fixa para acesso à mesma.

30.7.10 É vedada a sobreposição de mais de duas camas.

30.7.11 É vedada a sobreposição de camas ao longo do costado da embarcação, quando esta sobreposição impedir a ventilação e iluminação natural proporcionada por uma vigia.

30.7.12 As camas não devem estar dispostas a menos de 30 cm do piso.

30.7.13 Os colchões utilizados devem ter, no mínimo, densidade 26 e espessura de 10 cm, mantidos em perfeito estado de higiene e conservação.

30.7.14 O fornecimento, conservação e higienização da roupa de cama serão por conta do empregador.

30.7.15 As dimensões internas de uma cama não devem ser inferiores a 1,90 metros por 0,80 metros.

30.7.16 Na embarcação onde a aplicação dos subitens 30.7.1 e 30.8.4, gere modificações estruturais incompatíveis tecnicamente com as áreas disponíveis, ou reformas capazes de influenciar na segurança da embarcação, deve ser apresentado pelo armador projeto técnico alternativo para aprovação da autoridade competente.

30.8 Dos Salões de Refeições e Locais de Recreio.

30.8.1 Os pisos e anteparas não devem apresentar irregularidades e devem ser mantidos em perfeito estado de conservação.

30.8.1.1 Os pisos devem ser de material antiderrapante.

30.8.2 As mesas e cadeiras devem ser de material resistente à umidade, de fácil limpeza e estar em perfeitas condições de uso.

30.8.2.1 As cadeiras devem possuir dispositivos para fixação ao piso.

30.8.3 Os salões de refeições e os locais de recreio devem ter iluminação, ventilação e temperatura adequadas.

30.8.4 Nas embarcações maiores que 3000 AB, devem ser instaladas salas de lazer, com mobiliário próprio.

30.8.4.1 Nas embarcações menores que as previstas no subitem 30.8.4, o refeitório pode ser utilizado como sala de lazer.

30.9 Da Cozinha

30.9.1 A captação de fumaças, vapores e odores deve ser feita mediante a utilização de um sistema de exaustão.

30.9.2 As garrafas de GLP, bem como suas conexões devem ser certificadas e armazenadas fora do recinto da cozinha, em local sinalizado, protegido e ventilado.

30.10 Das Instalações Sanitárias

30.10.1 As instalações sanitárias devem obedecer aos seguintes requisitos:

a) os pisos devem ser de material antiderrapante, impermeável, de fácil limpeza e devem estar providos de um sistema de drenagem;

b) os locais devem ser devidamente iluminados, arejados e, quando necessário, aquecidos;

c) as pias devem ter o necessário abastecimento de água doce, quente e fria;

d) os vasos sanitários devem ter pressão de descarga suficiente, permitindo seu funcionamento a qualquer momento e o seu controle de modo individual e, quando necessário, dispor de ducha higiênica próxima;

e) quando houver vários vasos sanitários instalados num mesmo local os mesmos devem estar separados por meio de divisórias que garantam a privacidade dos usuários;

f) as instalações sanitárias devem ser mantidas em permanente estado de conservação e limpeza.

30.11 Dos Locais para Lavagem e Secagem de Roupas e Guarda de Roupas de Trabalho.

30.11.1 Todas as embarcações de um mínimo de 500 AB devem ter facilidades para lavagem e secagem de roupas de trabalho.

30.11.2 As instalações para a lavagem de roupas devem ter abastecimento de água doce.

30.11.3 Deve haver local devidamente arejado e de fácil acesso para guardar as roupas de trabalho.

30.12 Da Proteção à Saúde

30.12.1 A enfermaria, quando existente, deve reunir condições quanto a sua capacidade, área, instalações de água quente e fria, drenagem de líquidos e resíduos.

30.12.1 A enfermaria deve dispor de meios e materiais adequados para o cumprimento de sua finalidade.

30.13 Segurança nos Trabalhos de Limpeza e Manutenção das Embarcações.

30.13.1 Na limpeza de tanques de carga, óleo, lastro ou de espaços confinados é obrigatório:

a) vistoria prévia do local por tripulante habilitado, com atenção especial ao monitoramento dos percentuais de oxigênio, contaminantes e de explosividade da mistura no ambiente, em conformidade com as normas vigentes;

b) uso de ventilador, exaustor ou de ambos para a eliminação de gases e vapores, antes de permitir a entrada de pessoas, a fim de manter uma atmosfera segura durante a realização dos trabalhos;

c) trabalho realizado em dupla, portando o executante um cabo guia que possibilite o seu resgate, pelo observador;

d) uso de aparelhos de iluminação e acessórios cujas especificações sejam adequadas à área classificada;

e) proibição de fumar ou portar objetos que produzam chamas, centelhas ou faíscas;

f) uso de equipamentos de ar mandado ou autônomo de pressão positiva, em ambientes com deficiência de oxigênio ou impregnados por gases e vapores tóxicos;

g) depositar em recipientes apropriados, estopas e trapos usados, com óleo, graxa, solventes ou similares para terem destinação adequada.

30.13.2 A execução de serviços em espaços confinados somente deve ser realizado após vistoria e emissão da respectiva Permissão de Trabalho pelo comandante da embarcação ou seu preposto.

30.13.3 Não são permitidos trabalhos simultâneos de reparo e manutenção com as operações de carga e descarga, quando prejudiquem a saúde e a integridade física dos trabalhadores.

30.13.4 Os tripulantes não poderão realizar trabalhos em andaimes, estruturas altas e em costado sem a observância das medidas de segurança devidas.

30.14 Disposições Complementares.

30.14.1 As normas relativas à segurança e saúde no trabalho são regulamentadas quanto à sua abrangência, aplicação e condições de trabalho, na forma de anexos a esta norma, nas seguintes atividades:

- exploração e produção de petróleo em plataformas e navios-plataforma marítimos;
- pesca industrial e comercial;
- pesca artesanal;
- trabalho submerso;
- outras atividades realizadas a bordo de embarcações e plataformas.

[...]

• Deixamos de publicar os Anexos e Quadros a esta NR.

(*DOU* 09.12.2002)

NR 31

SEGURANÇA E SAÚDE NO TRABALHO NA AGRICULTURA, PECUÁRIA SILVICULTURA, EXPLORAÇÃO FLORESTAL E AQUICULTURA

31.1 Objetivo

31.1.1 Esta Norma Regulamentadora tem por objetivo estabelecer os preceitos a serem observados na organização e no ambiente de trabalho, de forma a tornar compatível o planejamento e o desenvolvimento das atividades da agricultura, pecuária, silvicultura, exploração florestal e aqüicultura com a segurança e saúde e meio ambiente do trabalho.

31.2 Campos de Aplicação

31.2.1 Esta Norma Regulamentadora se aplica a quaisquer atividades da agricultura, pecuária, silvicultura, exploração florestal e aqüicultura, verificadas as formas de relações de trabalho e emprego e o local das atividades.

31.2.2 Esta Norma Regulamentadora também se aplica às atividades de exploração industrial desenvolvidas em estabelecimentos agrários.

31.3 Disposições Gerais – Obrigações e Competências – Das Responsabilidades

31.3.1 Compete à Secretaria de Inspeção do Trabalho – SIT, através do Departamento de Segurança e Saúde no Trabalho – DSST, definir, coordenar, orientar e implementar a política nacional em segurança e saúde no trabalho rural para:

a) identificar os principais problemas de segurança e saúde do setor, estabelecendo as prioridades de ação, desenvolvendo os métodos efetivos de controle dos riscos e de melhoria das condições de trabalho;

b) avaliar periodicamente os resultados da ação;

c) prescrever medidas de prevenção dos riscos no setor observado os avanços tecnológicos, os conhecimentos em matéria de segurança e saúde e os preceitos aqui definidos;

d) avaliar permanentemente os impactos das atividades rurais no meio ambiente de trabalho;

☛ *e)* elaborar recomendações técnicas para os empregadores e empregados e para trabalhadores autônomos observados os usos e costumes regionais;

• Alínea com redação determinada pela Portaria MTb 1.086/2018.

f) definir máquinas e equipamentos cujos riscos de operação justifiquem estudos e procedimentos para alteração de suas características de fabricação ou de concepção;

☛ *g)* criar um banco de dados com base nas informações disponíveis sobre acidentes, doenças e meio ambiente de trabalho, dentre outros, disponibilizando para as bancadas da Comissão Permanente Nacional Rural – CPNR, quando solicitado.

• Alínea com redação determinada pela Portaria MTb 1.086/2018.

31.3.1.1 Compete ainda à SIT, através do DSST, coordenar, orientar e supervisionar as atividades preventivas desenvolvidas pelos órgãos regionais do MTE e realizar com a participação dos trabalhadores e empregadores, a Campanha Nacional de Prevenção de Acidentes do Trabalho Rural – CANPATR e implementar o Programa de Alimentação do Trabalhador – PAT.

31.3.2 A SIT é o órgão competente para executar, através das Delegacias Regionais do Trabalho – DRT, as atividades definidas na política nacional de segurança e saúde no trabalho, bem como as ações de fiscalização.

31.3.3 Cabe ao empregador rural ou equiparado:

☛ *a)* garantir adequadas condições de trabalho, higiene e conforto, definidas nesta Norma Regulamentadora, para todos os trabalhadores, segundo as especificidades de cada atividade e as características de cada região, desde que não acarrete riscos à saúde e segurança do trabalhador;

• Alínea com redação determinada pela Portaria MTb 1.086/2018.

b) realizar avaliações dos riscos para a segurança e saúde dos trabalhadores e, com base nos resultados, adotar medidas de prevenção e proteção para garantir que todas as atividades, lugares de trabalho, máquinas, equipamentos, ferramentas e processos produtivos sejam seguros e em conformidade com as normas de segurança e saúde;

c) promover melhorias nos ambientes e nas condições de trabalho, de forma a preservar o nível de segurança e saúde dos trabalhadores;

d) cumprir e fazer cumprir as disposições legais e regulamentares sobre segurança e saúde no trabalho;

e) analisar, com a participação da Comissão Interna de Prevenção de Acidentes no Trabalho Rural – CIPATR, as causas dos acidentes e das doenças decorrentes do trabalho, buscando prevenir e eliminar as possibilidades de novas ocorrências;

f) assegurar a divulgação de direitos, deveres e obrigações que os trabalhadores devam conhecer em matéria de segurança e saúde no trabalho;

g) adotar os procedimentos necessários quando da ocorrência de acidentes e doenças do trabalho;

h) assegurar que se forneça aos trabalhadores instruções compreensíveis em matéria de segurança e saúde, bem como toda orientação e supervisão necessárias ao trabalho seguro;

i) garantir que os trabalhadores, através da CIPATR, participem das discussões sobre o controle dos riscos presentes nos ambientes de trabalho;

j) informar aos trabalhadores:
1. os riscos decorrentes do trabalho e as medidas de proteção implantadas, inclusive em relação a novas tecnologias adotadas pelo empregador;
2. os resultados dos exames médicos e complementares a que foram submetidos, quando realizados por serviço médico contratado pelo empregador;
3. os resultados das avaliações ambientais realizadas nos locais de trabalho.

k) permitir que representante dos trabalhadores, legalmente constituído, acompanhe a fiscalização dos preceitos legais e regulamentares sobre segurança e saúde no trabalho;

l) adotar medidas de avaliação e gestão dos riscos com a seguinte ordem de prioridade:
1. eliminação dos riscos;
2. controle de riscos na fonte;
3. redução do risco ao mínimo através da introdução de medidas técnicas ou organizacionais e de práticas seguras inclusive através de capacitação;
4. adoção de medidas de proteção pessoal, sem ônus para o trabalhador, de forma a complementar ou caso ainda persistam temporariamente fatores de risco.

31.3.3.1 Responderão solidariamente pela aplicação desta Norma Regulamentadora as empresas, empregadores, cooperativas de produção ou parceiros rurais que se congreguem para desenvolver tarefas, ou que constituam grupo econômico.

31.3.3.2 Sempre que haja dois ou mais empregadores rurais ou trabalhadores autônomos que exerçam suas atividades em um mesmo local, estes deverão colaborar na aplicação das prescrições sobre segurança e saúde.

31.3.4 Cabe ao trabalhador:

a) cumprir as determinações sobre as formas seguras de desenvolver suas atividades, especialmente quanto às Ordens de Serviço para esse fim;

b) adotar as medidas de proteção determinadas pelo empregador, em conformidade com esta Norma Regulamentadora, sob pena de constituir ato faltoso a recusa injustificada;

c) submeter-se aos exames médicos previstos nesta Norma Regulamentadora;

d) colaborar com a empresa na aplicação desta Norma Regulamentadora.

31.3.5 São direitos dos trabalhadores:

a) ambientes de trabalho, seguros e saudáveis, em conformidade com o disposto nesta Norma Regulamentadora;

b) ser consultados, através de seus representantes na CIPATR, sobre as medidas de prevenção que serão adotadas pelo empregador;

c) escolher sua representação em matéria de segurança e saúde no trabalho;

d) quando houver motivos para considerar que exista grave e iminente risco para sua segurança e saúde, ou de terceiros, informar imediatamente ao seu superior hierárquico, ou membro da CIPATR ou diretamente ao empregador, para que sejam tomadas as medidas de correção adequadas, interrompendo o trabalho se necessário;

e) receber instruções em matéria de segurança e saúde, bem como orientação para atuar no processo de implementação das medidas de prevenção que serão adotadas pelo empregador.

31.4 Comissões Permanentes de Segurança e Saúde no Trabalho Rural

31.4.1 A instância nacional encarregada das questões de segurança e saúde no trabalho rural, estabelecidas nesta Norma Regulamentadora será a Comissão Permanente Nacional Rural – CPNR, instituída pela Portaria SIT/MTE n.º 18, de 30 de maio de 2001.

31.4.2 Fica criada a Comissão Permanente Regional Rural – CPRR, no âmbito de cada Delegacia Regional do Trabalho.

31.4.3 A Comissão Permanente Regional Rural – CPRR terá as seguintes atribuições:

a) estudar e propor medidas para o controle e a melhoria das condições e dos ambientes de trabalho rural;

b) realizar estudos, com base nos dados de acidentes e doenças decorrentes do trabalho rural, visando estimular iniciativas de aperfeiçoamento técnico de processos de concepção e produção de máquinas, equipamentos e ferramentas;

c) propor e participar de Campanhas de Prevenção de Acidentes no Trabalho Rural;

d) incentivar estudos e debates visando o aperfeiçoamento permanente desta Norma Regulamentadora e de procedimentos no trabalho rural;

e) encaminhar as suas propostas à CPNR;

f) apresentar, à CPNR, propostas de adequação ao texto desta Norma Regulamentadora;

g) encaminhar à CPNR, para estudo e avaliação, proposta de cronograma para gradativa implementação de itens desta Norma Regulamentadora que não impliquem grave e iminente risco, atendendo às peculiaridades e dificuldades regionais.

31.4.4 A CPRR terá a seguinte composição paritária mínima:

a) três representantes do governo;

b) três representantes dos trabalhadores;

c) três representantes dos empregadores.

31.4.4.1 Os representantes dos trabalhadores e dos empregadores, bem como os seus suplentes, serão indicados por suas entidades representativas.

31.4.4.2 Os representantes titulares e suplentes serão designados pela autoridade regional competente do Ministério do Trabalho e Emprego.

31.4.5 A coordenação da CPRR será exercida por um dos representantes titulares da Delegacia Regional do Trabalho.

☛ 31.5 Programa de Gestão de Segurança, Saúde e Meio Ambiente do Trabalho Rural – PGSSMATR

- Item com redação determinada pela Portaria MTb 1.086/2018.

31.5.1 Os empregadores rurais ou equiparados devem elaborar e implementar o PGSSMATR, através de ações de segurança e saúde que visem a prevenção de acidentes e doenças decorrentes do trabalho na unidade de produção rural, atendendo a seguinte ordem de prioridade:

- Subitem com redação determinada pela Portaria MTb 1.086/2018.

a) eliminação de riscos através da substituição ou adequação dos processos produtivos, máquinas e equipamentos;

b) adoção de medidas de proteção coletiva para controle dos riscos na fonte;

c) adoção de medidas de proteção pessoal.

31.5.1.1 As ações de segurança e saúde devem contemplar os seguintes aspectos:

a) melhoria das condições e do meio ambiente de trabalho;

b) promoção da saúde e da integridade física dos trabalhadores rurais;

c) campanhas educativas de prevenção de acidentes e doenças decorrentes do trabalho.

31.5.1.2 As ações de melhoria das condições e meio ambiente de trabalho devem abranger os aspectos relacionados a:

a) riscos químicos, físicos, mecânicos e biológicos;

b) investigação e análise dos acidentes e das situações de trabalho que os geraram;

c) organização do trabalho;

31.5.1.3 As ações de preservação da saúde ocupacional dos trabalhadores, prevenção e controle dos agravos decorrentes do trabalho, devem ser planejadas e implementadas com base na identificação dos riscos e custeadas pelo empregador rural ou equiparado.

31.5.1.3.1 O empregador rural ou equiparado deve garantir a realização de exames médicos, obedecendo aos prazos e periodicidade previstos nas alíneas abaixo:

a) exame médico admissional, que deve ser realizado antes que o trabalhador assuma suas atividades;

b) exame médico periódico, que deve ser realizado anualmente, salvo o disposto em acordo ou convenção coletiva de trabalho, resguardado o critério médico;

c) exame médico de retorno ao trabalho, que deve ser realizado no primeiro dia do retorno à atividade do trabalhador ausente por período superior a trinta dias devido a qualquer doença ou acidente;

d) exame médico de mudança de função, que deve ser realizado antes da data do início do exercício na nova função, desde que haja a exposição do trabalhador a risco específico diferente daquele a que estava exposto;

e) exame médico demissional, que deve ser realizado até a data da homologação, desde que o último exame médico ocupacional tenha sido realizado há mais de noventa dias, salvo o disposto em acordo ou convenção coletiva de trabalho, resguardado o critério médico.

31.5.1.3.2 Os exames médicos compreendem a avaliação clínica e exames complementares, quando necessários em função dos riscos a que o trabalhador estiver exposto.

31.5.1.3.3 Para cada exame médico deve ser emitido um Atestado de Saúde Ocupacional – ASO, em duas vias, contendo no mínimo:

- Item com redação determinada pela Portaria MTb 1.086/2018.

a) nome completo do trabalhador, um número de documento oficial de identificação e sua função;

- Alínea com redação determinada pela Portaria MTb 1.086/2018.

b) os riscos ocupacionais a que está exposto;

c) indicação dos procedimentos médicos a que foi submetido e a data em que foram realizados;

d) definição de apto ou inapto para a função específica que o trabalhador vai exercer, exerce ou exerceu;

e) data, nome, número de inscrição no Conselho Regional de Medicina e assinatura do médico que realizou o exame.

31.5.1.3.4 A primeira via do ASO deverá ficar arquivada no estabelecimento, à disposição da fiscalização e a segunda será obrigatoriamente entregue ao trabalhador, mediante recibo na primeira via.

31.5.1.3.5 Outras ações de saúde no trabalho devem ser planejadas e executadas, levando-se em consideração as necessidades e peculiaridades.

31.5.1.3.6 Todo estabelecimento rural, deverá estar equipado com material necessário à prestação de primeiros socorros, considerando-se as características da atividade desenvolvida.

31.5.1.3.7 Sempre que no estabelecimento rural houver dez ou mais trabalhadores o material referido no subitem anterior ficará sob cuidado da pessoa treinada para esse fim.

31.5.1.3.8 O empregador deve garantir remoção do acidentado em caso de urgência, sem ônus para o trabalhador.

31.5.1.3.9 Deve ser possibilitado o acesso dos trabalhadores aos órgãos de saúde com fins a:

a) prevenção e a profilaxia de doenças endêmicas;

b) aplicação de vacina antitetânica.

31.5.1.3.10 Em casos de acidentes com animais peçonhentos, após os procedimentos de primeiros socorros, o trabalhador acidentado deve ser encaminhado imediatamente à unidade de saúde mais próxima do local.

31.5.1.3.11 Quando constatada a ocorrência ou agravamento de doenças ocupacionais, através dos exames médicos, ou sendo verificadas alterações em indicador biológico com significado clínico, mesmo sem sintomatologia, caberá ao empregador rural ou equiparado, mediante orientação formal, através de laudo ou atestado do médico encarregado dos exames:

a) emitir a Comunicação de Acidentes do Trabalho – CAT;

b) afastar o trabalhador da exposição ao risco, ou do trabalho;

c) encaminhar o trabalhador à previdência social para estabelecimento de nexo causal, avaliação de incapacidade e definição da conduta previdenciária em relação ao trabalho.

31.6 Serviço Especializado em Segurança e Saúde no Trabalho Rural – SESTR

31.6.1 O SESTR, composto por profissionais especializados, consiste em um serviço destinado ao desenvolvimento de ações técnicas, integradas às práticas de gestão de segurança, saúde e meio ambiente de trabalho, para tornar o ambiente de trabalho compatível com a promoção da segurança e saúde e a preservação da integridade física do trabalhador rural.

31.6.2 São atribuições do SESTR:

a) assessorar tecnicamente os empregadores e trabalhadores;

b) promover e desenvolver atividades educativas em saúde e segurança para todos os trabalhadores;

c) identificar e avaliar os riscos para a segurança e saúde dos trabalhadores em todas as fases do processo de produção, com a participação dos envolvidos;

d) indicar medidas de eliminação, controle ou redução dos riscos, priorizando a proteção coletiva;

e) monitorar periodicamente a eficácia das medidas adotadas;

f) analisar as causas dos agravos relacionados ao trabalho e indicar as medidas corretivas e preventivas pertinentes;

g) participar dos processos de concepção e alterações dos postos de trabalho, escolha de equipamentos, tecnologias, métodos de produção e organização do trabalho, para promover a adaptação do trabalho ao homem;

h) intervir imediatamente nas condições de trabalho que estejam associadas a graves e iminentes riscos para a segurança e saúde dos trabalhadores;

i) estar integrado com a CIPATR, valendo-se, ao máximo, de suas observações, além de apoiá-la, treiná-la e atendê-la nas suas necessidades e solicitações;

j) manter registros atualizados referentes aos monitoramentos e avaliações das condições de trabalho, indicadores de saúde dos trabalhadores, acidentes e doenças do trabalho e ações desenvolvidas pelo SESTR.

- Alínea com redação determinada pela Portaria MTb 1.086/2018.

31.6.3 Cabe aos empregadores rurais ou equiparados proporcionar os meios e recursos necessários para o cumprimento dos objetivos e atribuições dos SESTR.

31.6.3.1 Os empregadores rurais ou equiparados devem constituir uma das seguintes modalidades de SESTR:

a) Próprio – quando os profissionais especializados mantiverem vínculo empregatício;

b) Externo – quando o empregador rural ou equiparado contar com consultoria externa dos profissionais especializados;

c) Coletivo – quando um segmento empresarial ou econômico coletivizar a contratação dos profissionais especializados.

31.6.4 O SESTR deverá ser composto pelos seguintes profissionais legalmente habilitados:

a) de nível superior:

1. Engenheiro de Segurança do Trabalho;
2. Médico do Trabalho;
3. Enfermeiro do Trabalho.

b) de nível médio:

1. Técnico de Segurança do Trabalho
2. Auxiliar ou Técnico de Enfermagem do Trabalho

- Alínea com redação determinada pela Portaria MTb 1.086/2018.

31.6.4.1 A inclusão de outros profissionais especializados será estabelecida de acordo com as recomendações do SESTR ou estabelecida em acordo ou convenção coletiva.

- Subitem com redação determinada pela Portaria MTb 1.086/2018.

31.6.5 O dimensionamento do SESTR vincula-se ao número de empregados contratados por prazo indeterminado.

31.6.5.1 Sempre que um empregador rural ou equiparado proceder à contratação de trabalhadores, por prazo determinado, que atinja o número mínimo exigido nesta Norma Regulamentadora para a constituição de SESTR, deve contratar SESTR Próprio, Externo ou Coletivo durante o período de vigência da contratação.

31.6.6 O estabelecimento com mais de 10 (dez) até 50 (cinquenta) empregados fica dispensado de constituir SESTR, desde que o empregador rural ou preposto tenha capacitação sobre prevenção de acidentes e doenças relacionadas ao trabalho, necessária ao cumprimento dos objetivos desta Norma Regulamentadora.

- Subitem com redação determinada pela Portaria MTb 1.086/2018.

31.6.6.1 O não atendimento ao disposto no subitem 31.6.6 obriga o empregador rural ou equiparado a contratar um técnico de segurança do trabalho ou SESTR Externo, observado o disposto no subitem 31.6.12 desta NR.

31.6.6.2 A capacitação prevista no subitem 31.6.6 deve atender, no que couber, ao conteúdo estabelecido no subitem 31.7.20.1 desta Norma Regulamentadora.

31.6.7 Será obrigatória a constituição de SESTR, Próprio ou Externo, para os estabelecimentos com mais de cinqüenta empregados.

31.6.8 Do SESTR Externo

31.6.8.1 Para fins de credenciamento junto a unidade regional do Ministério do Trabalho e Emprego, o SESTR Externo deverá:

a) ser organizado por instituição ou possuir personalidade jurídica própria;

b) exercer exclusivamente atividades de prestação de serviços em segurança e saúde no trabalho;

c) apresentar a relação dos profissionais que compõem o SESTR.

31.6.8.2 O SESTR Externo deverá comunicar à autoridade regional competente do MTE no prazo de quinze dias da data da efetivação do contrato, a identificação dos empregadores rurais ou equiparados para os quais prestará serviços.

31.6.8.3 A autoridade regional competente do MTE, no prazo de 30 (trinta) dias, avaliará, sem prejuízo dos serviços, neste período, a compatibilidade entre a capacidade instalada e o número de contratados.

- Subitem com redação determinada pela Portaria MTb 1.086/2018.

31.6.8.4 O SESTR Externo poderá ser descredenciado pela autoridade regional do MTE competente sempre que os serviços não atenderem aos critérios estabelecidos nesta Norma Regulamentadora.

- Subitem com redação determinada pela Portaria MTb 1.086/2018

31.6.8.5 Os empregadores rurais ou equiparados que contratarem SESTR Externo devem manter à disposição da fiscalização, em todos os seus estabelecimentos, documento atualizado comprobatório da contratação do referido serviço.

31.6.9 Do SESTR Coletivo

31.6.9.1 Os empregadores rurais ou equiparados, que sejam obrigados a constituir SESTR Próprio ou Externo, poderão optar pelo SESTR Coletivo, desde que estabelecido em acordos ou convenções coletivos de trabalho e se configure uma das seguintes situações:

a) vários empregadores rurais ou equiparados instalados em um mesmo estabelecimento;

b) empregadores rurais ou equiparados, que possuam estabelecimentos que distem entre si menos de cem quilômetros;

c) vários estabelecimentos sob controle acionário de um mesmo grupo econômico, que distem entre si menos de cem quilômetros;

d) consórcio de empregadores e cooperativas de produção.

31.6.9.2 A autoridade regional competente do MTE, credenciará o SESTR Coletivo, que deverá apresentar:

- Subitem com redação determinada pela Portaria MTb 1.086/2018.

a) a comprovação do disposto no subitem 31.6.9.1;

b) a relação dos profissionais que compõem o serviço, mediante comprovação da habilitação requerida.

31.6.9.3 O SESTR Coletivo poderá ser descredenciado pela autoridade regional competente do MTE sempre que não atender aos critérios estabelecidos nesta Norma Regulamentadora.

- Subitem com redação determinada pela Portaria MTb 1.086/2018.

31.6.9.4 Responderão solidariamente pelo SESTR Coletivo todos os seus integrantes.

31.6.10 As empresas que mantiverem atividades agrícolas e industriais, interligadas no mesmo espaço físico e obrigados a constituir SESTR e serviço equivalente previsto na Consolidação das Leis do Trabalho – CLT, poderão constituir apenas um desses Serviços, considerando o somatório do número de empregados, desde que estabelecido em convenção ou acordo coletivo.

31.6.11 O dimensionamento do SESTR Próprio ou Coletivo obedecerá ao disposto no Quadro I desta Norma Regulamentadora.

Quadro I

Nº de Trabalhadores	Profissionais Legalmente Habilitados				
	Eng. Seg.	**Méd. Trab.**	**Téc. Seg.**	**Enf. Trab.**	**Aux. ou Tec. Enf.**
51 a 150	-	-	1	-	-
151 a 300	-	-	1	-	1
301 a 500	-	1	2	-	1
501 a 1000	1	1	2	1	1
Acima de 1000	1	1	3	1	2

Quadro com redação determinada pela Portaria MTb 1.086/2018.

31.6.12 O empregador rural ou equiparado deve contratar os profissionais constantes no Quadro I, em jornada de trabalho compatível com a necessidade de elaboração e implementação das ações de gestão em segurança, saúde e meio ambiente do trabalho rural.

31.6.13 O SESTR Externo dever ter a seguinte composição mínima:

☛Quadro II

Nº de Trabalhadores	Profissionais Legalmente Habilitados				
	Eng. Seg.	**Méd. Trab.**	**Téc. Seg.**	**Enf. Trab.**	**Aux. ou Tec. Enf.**
Até 500	1	1	2	1	1
500 1000	1	1	3	1	2
Acima de 1000	2	2	4	2	3

Quadro com redação determinada pela Portaria MTb 1.086/2018.

31.7 Comissão Interna de Prevenção de Acidentes do Trabalho Rural – CIPATR

31.7.1 A CIPATR tem como objetivo a prevenção de acidentes e doenças relacionados ao trabalho, de modo a tornar compatível permanentemente o trabalho com a preservação da vida do trabalhador.

31.7.2 O empregador rural ou equiparado que mantenha vinte ou mais empregados contra-tados por prazo indeterminado, fica obrigado a manter em funcionamento, por estabelecimento, uma CIPATR. (C = 131.065-8/I3)

31.7.2.1 Nos estabelecimentos com número de onze a dezenove empregados, nos períodos de safra ou de elevada concentração de empregados por prazo determinado, a assistência em matéria de segurança e saúde no trabalho será garantida pelo empregador diretamente ou através de preposto ou de profissional por ele contratado, conforme previsto nos subitens 31.6.6 e 31.6.6.1 desta Norma Regulamentadora.

31.7.3 A CIPATR será composta por representantes indicados pelo empregador e representantes eleitos pelos empregados de forma paritária, de acordo com a seguinte proporção mínima:

Nº de Trabalhadores / Nº de Membros	20 a 32	36 a 70	71 a 100	101 a 500	501 a 1000	Acima de 1000
Representantes dos trabalhadores	1	2	3	4	5	6
Representantes do empregador	1	2	3	4	5	6

31.7.4 Os membros da representação dos empregados na CIPATR serão eleitos em escrutínio secreto.

31.7.5 Os candidatos votados e não eleitos deverão ser relacionados na ata de eleição, em ordem decrescente de votos, possibilitando a posse como membros da CIPATR em caso de vacância.

31.7.5.1 O coordenador da CIPATR será escolhido pela representação do empregador, no primeiro ano do mandato, e pela representação dos trabalhadores, no segundo ano do mandato, dentre seus membros.

☛**31.7.6** O mandato dos membros eleitos da CIPATR terá duração de 2 (dois) anos, permitida uma reeleição.

- Subitem com redação determinada pela Portaria MTb 1.086/2018.

31.7.7 Organizada a CIPATR, as atas de eleição e posse e o calendário das reuniões devem ser mantidas no estabelecimento à disposição da fiscalização do trabalho.

31.7.8 A CIPATR não poderá ter seu número de representantes reduzido, bem como, não poderá ser desativada pelo empregador antes do término do mandato de seus membros, ainda que haja redução do número de empregados, exceto no caso de encerramento das atividades do estabelecimento.

31.7.8.1 Os casos em que ocorra redução do número de empregados, por mudanças na atividade econômica, devem ser encaminhados à Delegacia Regional do Trabalho, que decidirá sobre a redução ou não da quantidade de membros da CIPATR.

31.7.8.2 Nas Unidades da Federação com Comissão Permanente Regional Rural – CPRR em funcionamento esta será ouvida antes da decisão referida no subitem 31.7.8.1 desta Norma Regulamentadora.

31.7.9 A CIPATR terá por atribuição:

a) acompanhar a implementação das medidas de prevenção necessárias, bem como da avaliação das prioridades de ação nos locais de trabalho;

b) identificar as situações de riscos para a segurança e saúde dos trabalhadores, nas instalações ou áreas de atividades do estabelecimento rural, comunicando-as ao empregador para as devidas providências;

c) divulgar aos trabalhadores informações relativas à segurança e saúde no trabalho;

d) participar, com o SESTR, quando houver, das discussões promovidas pelo empregador, para avaliar os impactos de alterações nos ambientes e processos de trabalho relacionados à segurança e saúde dos trabalhadores, inclusive quanto à introdução de novas tecnologias e alterações nos métodos, condições e processos de produção;

e) interromper, informando ao SESTR, quando houver, ou ao empregador rural ou equiparado, o funcionamento de máquina ou setor onde considere haver risco grave e iminente à segurança e saúde dos trabalhadores;

f) colaborar no desenvolvimento e implementação das ações da Gestão de Segurança, Saúde e Meio Ambiente de Trabalho Rural;

g) participar, em conjunto com o SESTR, quando houver, ou com o empregador, da análise das causas das doenças e acidentes de trabalho e propor medidas de solução dos problemas encontrados;

h) requisitar à empresa cópia das CAT emitidas;

i) divulgar e zelar pela observância desta Norma Regulamentadora;

j) propor atividades que visem despertar o interesse dos trabalhadores pelos assuntos de prevenção de acidentes de trabalho, inclusive a semana interna de prevenção de acidentes no trabalho rural;

k) propor ao empregador a realização de cursos e treinamentos que julgar necessários para os trabalhadores, visando a melhoria das condições de segurança e saúde no trabalho;

l) elaborar o calendário anual de reuniões ordinárias;

m) convocar, com conhecimento do empregador, trabalhadores para prestar informações por ocasião dos estudos dos acidentes de trabalho.

n) encaminhar ao empregador, ao SESTR e às entidades de classe as recomendações aprovadas, bem como acompanhar as respectivas execuções;

o) constituir grupos de trabalho para o estudo das causas dos acidentes de trabalho rural;

31.7.9.1 No exercício das atribuições elencadas no subitem 31.7.11, a CIPATR contemplará os empregados contratados por prazo determinado e indeterminado.

31.7.10 Cabe ao empregador rural ou equiparado:

a) convocar as reuniões ordinárias e extraordinárias da CIPATR;

b) conceder aos componentes da CIPATR os meios necessários ao desempenho de suas atribuições;

c) estudar as recomendações e determinar a adoção das medidas necessárias, mantendo a CIPATR informada;

d) promover para todos os membros da CIPATR, em horário de expediente normal do estabelecimento rural, treinamento sobre prevenção de acidentes de trabalho previsto no subitem 31.7.20.1 desta Norma Regulamentadora.

31.7.11 Cabe aos trabalhadores indicar à CIPATR situações de risco e apresentar sugestões para a melhoria das condições de trabalho.

☛ **31.7.12** A CIPATR reunir-se-á bimestralmente, de forma ordinária, em local apropriado e em horário normal de expediente, obedecendo ao calendário anual.

- Subitem com redação determinada pela Portaria MTb 1.086/2018.

31.7.13 Em caso de acidentes com consequências de maior gravidade ou prejuízo de grande monta, a CIPATR se reunirá em caráter extraordinário, com a presença do responsável pelo setor em que ocorreu o acidente, no máximo até cinco dias úteis após a ocorrência.

- Subitem com redação determinada pela Portaria MTb 1.086/2018.

31.7.14 Quando o empregador rural ou equiparado contratar empreiteiras, a CIPATR da empresa contratante deve, em conjunto com a contratada, definir mecanismos de integração e participação de todos os trabalhadores em relação às decisões da referida comissão.

☛ **31.7.15** Os membros eleitos pelos empregados da CIPATR não poderão sofrer despedida arbitrária, entendendo-se como tal a que não se fundar em motivo disciplinar, técnico, econômico ou financeiro.

- Subitem com redação determinada pela Portaria MTb 1.086/2018.

31.7.16 Do Processo Eleitoral

31.7.16.1 A eleição para o novo mandato da CIPATR deverá ser convocada pelo empregador, pelo menos quarenta e cinco dias antes do término do mandato e realizada com antecedência mínima de 30 dias do término do mandato.

31.7.16.2 O processo eleitoral observará as seguintes condições:

a) divulgação de edital, em locais de fácil acesso e visualização, por todos os empregados do estabelecimento, no prazo mínimo de quarenta e cinco dias antes do término do mandato em curso;

☛ *b)* comunicação do início do processo eleitoral ao sindicato dos empregados por meio do envio de cópia do edital de convocação, em no mínimo 40 (quarenta) dias antes da eleição;

- Alínea com redação determinada pela Portaria MTb 1.086/2018.

c) inscrição e eleição individual, sendo que o período mínimo para inscrição será de quinze dias;

d) liberdade de inscrição para todos os empregados do estabelecimento, independentemente de setores ou locais de trabalho, com fornecimento de comprovante;

e) garantia de emprego para todos os inscritos até a eleição;

f) realização da eleição no prazo mínimo de trinta dias antes do término do mandato da CIPATR, quando houver;

g) realização de eleição em dia normal de trabalho, respeitando os horários de turnos e em horário que possibilite a participação da maioria dos empregados;

h) voto secreto;

i) apuração dos votos imediatamente após o término da eleição, em horário normal de trabalho, com acompanhamento de um representante dos empregados e um do empregador;

j) guarda, pelo empregador, de todos os documentos relativos à eleição, por um período mínimo de cinco anos.

31.7.16.3 Havendo participação inferior a cinqüenta por cento dos empregados na votação, não haverá a apuração dos votos e deverá ser organizada outra votação que ocorrerá no prazo máximo de dez dias.

31.7.16.4 As denúncias sobre o processo eleitoral devem ser encaminhadas à Delegacia Regional do Trabalho, até trinta dias após a divulgação do resultado da eleição.

31.7.16.4.1 O processo eleitoral é passível de anulação quando do descumprimento de qualquer das alíneas do subitem 31.7.16.2 desta Norma Regulamentadora.

31.7.16.4.2 Compete à Delegacia Regional do Trabalho, confirmadas irregularidades no processo eleitoral, determinar a sua correção ou proceder à anulação quando for o caso.

31.7.16.4.3 Em caso de anulação, o empregador rural ou equiparado, deve iniciar novo processo eleitoral no prazo de quinze dias, a contar da data de ciência da decisão da Delegacia Regional do Trabalho, garantidas as inscrições anteriores.

31.7.16.4.4 Sempre que houver denuncia formal de irregularidades no processo eleitoral, deve ser mantida a CIPATR anterior, quando houver, até a decisão da Delegacia Regional do Trabalho

31.7.16.4.5 Cabe à Delegacia Regional do Trabalho informar ao empregador rural ou equiparado sobre a existência de denuncia de irregularidade na eleição da CIPATR.

31.7.16.4.6 Em caso de anulação da eleição, deve ser mantida a CIPATR anterior, quando houver, até a complementação do processo eleitoral.

31.7.17 A posse dos membros da CIPATR se dará no primeiro dia útil após o término do mandato anterior.

31.7.17.1 Em caso de primeiro mandato a posse será realizada no prazo máximo de quarenta e cinco dias após a eleição.

31.7.18 Assumirão a condição de membros, os candidatos mais votados.

31.7.19 Em caso de empate, assumirá aquele que tiver maior tempo de serviço no estabelecimento.

31.7.20 Do Treinamento

31.7.20.1 O empregador rural ou equiparado deverá promover treinamento em segurança e saúde no trabalho para os membros da CIPATR antes da posse, de acordo com o conteúdo mínimo:

a) noções de organização, funcionamento, importância e atuação da CIPATR;

b) estudo das condições de trabalho com análise dos riscos originados do processo produtivo no campo, bem como medidas de controle (por exemplo, nos temas agrotóxicos, máquinas e equipamentos, riscos com eletricidade, animais peçonhentos, ferramentas, silos e armazéns, transporte de trabalhadores, fatores climáticos e topográficos, áreas de vivência, ergonomia e organização do trabalho);

c) caracterização e estudo de acidentes ou doenças do trabalho, metodologia de investigação e análise;

d) noções de primeiros socorros;

e) noções de prevenção de DST, AIDS e dependências químicas;

f) noções sobre legislação trabalhista e previdenciária relativa à Segurança e Saúde no Trabalho;

g) noções sobre prevenção e combate a incêndios;

h) princípios gerais de higiene no trabalho;

i) relações humanas no trabalho;

j) proteção de máquinas equipamentos;

k) noções de ergonomia.

31.7.20.2 O empregador rural ou equiparado deve promover o treinamento previsto no subitem 31.7.20.1 desta Norma Regulamentadora para os empregados mais votados e não eleitos, limitado ao número de membros eleitos da CIPATR.

☛**31.7.20.3** O treinamento para os membros da CIPATR terá carga horária mínima de 20 (vinte) horas, distribuídas em no máximo 8 (oito) horas diárias observando o limite legal de jornada diária e semanal e abordando os principais riscos a que estão expostos os trabalhadores em cada atividade que desenvolver.

- Subitem com redação determinada pela Portaria MTb 1.086/2018.

31.8 Agrotóxicos, Adjuvantes e Produtos Afins

31.8.1 Para fins desta norma são considerados:

a) trabalhadores em exposição direta, os que manipulam os agrotóxicos, adjuvantes e produtos afins, em qualquer uma das etapas de armazenamento, transporte, preparo, aplicação, descarte, e descontaminação de equipamentos e vestimentas;

b) trabalhadores em exposição indireta, os que não manipulam diretamente os agrotóxicos, adjuvantes e produtos afins, mas circulam e desempenham suas atividade de trabalho em áreas vizinhas aos locais onde se faz a manipulação dos agrotóxicos em qualquer uma das etapas de armazenamento, transporte, preparo, aplicação e descarte, e descontaminação de equipamentos e vestimentas, e ou ainda os que desempenham atividades de trabalho em áreas recém-tratadas.

31.8.2 É vedada a manipulação de quaisquer agrotóxicos, adjuvantes e produtos afins que não estejam registrados e autorizados pelos órgãos governamentais competentes.

31.8.3 É vedada a manipulação de quaisquer agrotóxicos, adjuvantes e produtos afins por menores de dezoito anos, maiores de sessenta anos e por gestantes.

☛**31.8.3.1** O empregador rural ou equiparado afastará a gestante das atividades com exposição direta ou indireta a agrotóxicos, adjuvantes e produtos afins imediatamente após ser informado da gestação.

- Subitem com redação determinada pela Portaria MTb 1.086/2018.

31.8.4 É vedada a manipulação de quaisquer agrotóxico, adjuvantes e produtos afins, nos ambientes de trabalho, em desacordo com a receita e as indicações do rótulo e bula, previstos em legislação vigente.

31.8.5 É vedado o trabalho em áreas recém-tratadas, antes do término do intervalo de reentrada estabelecido nos rótulos dos produtos, salvo com o uso de equipamento de proteção recomendado.

31.8.6 É vedada a entrada e permanência de qualquer pessoa na área a ser tratada durante a pulverização aérea.

☛**31.8.7** O empregador rural ou equiparado, deve fornecer instruções suficientes aos que manipulam agrotóxicos, adjuvantes e produtos afins, e aos que desenvolvam qualquer atividade em áreas onde possa haver exposição direta ou indireta a esses produtos, garantindo os requisitos de segurança previstos nesta norma.

- Subitem com redação determinada pela Portaria MTb 1.086/2018.

31.8.8 O empregador rural ou equiparado, deve proporcionar capacitação sobre prevenção de acidentes com agrotóxicos, adjuvantes e produtos afins a todos os trabalhadores expostos diretamente.

- Subitem com redação determinada pela Portaria MTb 1.086/2018.

31.8.8.1 A capacitação prevista nesta norma deve ser proporcionada aos trabalhadores em exposição direta mediante programa, com carga horária mínima de 20 (vinte) horas, observando o limite legal de jornada diária e semanal, com o seguinte conteúdo mínimo:

- Subitem com redação determinada pela Portaria MTb 1.086/2018.

a) conhecimento das formas de exposição direta e indireta aos agrotóxicos, adjuvantes e produtos afins;

- Alínea com redação determinada pela Portaria MTb 1.086/2018.

b) conhecimento de sinais e sintomas de intoxicação e medidas de primeiros socorros;

c) rotulagem e sinalização de segurança;

d) medidas higiênicas durante e após o trabalho;

e) uso de vestimentas e equipamentos de proteção pessoal;

f) limpeza e manutenção das roupas, vestimentas e equipamentos de proteção pessoal.

31.8.8.2 O programa de capacitação deve ser desenvolvido a partir de materiais escritos ou audiovisuais e apresentado em linguagem adequada aos trabalhadores e assegurada a atualização de conhecimentos para os trabalhadores já capacitados.

☛**31.8.8.3** Ser ministrado por órgãos e serviços oficiais de extensão rural, instituições de ensino de nível médio e superior em ciências agrárias, Serviço Nacional de Aprendizagem Rural – SENAR, pelo SESTR do empregador rural ou equiparado. Demais entidades tais como: sindicatos, associações de produtores rurais, associação de profissionais, cooperativas de produção agropecuária ou florestal e profissionais qualificados para este fim, desde que sob a supervisão de profissional habilitado que se responsabilizará pela adequação do conteúdo, forma, carga horária, qualificação dos instrutores e avaliação dos discentes.

- Subitem com redação determinada pela Portaria MTb 1.086/2018.

31.8.8.4 O empregador rural ou equiparado deve complementar ou realizar novo programa quando comprovada a insuficiência da capacitação proporcionada ao trabalhador, devendo a carga horária ser de, no mínimo, 8 (oito) horas no caso de complementação e de 16 (dezesseis) horas no caso de novo programa de capacitação.

- Subitem com redação determinada pela Portaria MTb 1.086/2018.

31.8.9 O empregador rural ou equiparado, deve adotar, no mínimo, as seguintes medidas:

a) fornecer equipamentos de proteção individual e vestimentas adequadas aos riscos, que não propiciem desconforto térmico prejudicial ao trabalhador;

b) fornecer os equipamentos de proteção individual e vestimentas de trabalho em perfeitas condições de uso e devidamente higienizados, responsabilizando-se pela descontaminação dos mesmos ao final de cada jornada de trabalho, e substituindo-os sempre que necessário;

c) orientar quanto ao uso correto dos dispositivos de proteção;

d) disponibilizar um local adequado para a guarda da roupa de uso pessoal;

e) fornecer água, sabão e toalhas para higiene pessoal;

f) garantir que nenhum dispositivo de proteção ou vestimenta contaminada seja levado para fora do ambiente de trabalho;

g) garantir que nenhum dispositivo ou vestimenta de proteção seja reutilizado antes da devida descontaminação;

h) vedar o uso de roupas pessoais quando da aplicação de agrotóxicos.

31.8.10 O empregador rural ou equiparado deve disponibilizar a todos os trabalhadores informações sobre o uso de agrotóxicos, adjuvantes e produtos afins no estabelecimento, abordando os seguintes aspectos:

- Subitem com redação determinada pela Portaria MTb 1.086/2018.

a) área tratada: descrição das características gerais da área da localização, e do tipo de aplicação a ser feita, incluindo o equipamento a ser utilizado;
b) nome comercial do produto utilizado;
c) classificação toxicológica;
d) data e hora da aplicação;
e) intervalo de reentrada;
f) intervalo de segurança/período de carência;
g) medidas de proteção necessárias aos trabalhadores em exposição direta e indireta;
h) medidas a serem adotadas em caso de intoxicação.

31.8.10.1 O empregador rural ou equiparado deve sinalizar as áreas tratadas, informando o período de reentrada.

31.8.11 O trabalhador que apresentar sintomas de intoxicação deve ser imediatamente afastado das atividades e transportado para atendimento médico, juntamente com as informações contidas nos rótulos e bulas dos agrotóxicos aos quais tenha sido exposto.

31.8.12 Os equipamentos de aplicação dos agrotóxicos, adjuvantes e produtos afins, devem ser:

a) mantidos em perfeito estado de conservação e funcionamento;
b) inspecionados antes de cada aplicação;
c) utilizados para a finalidade indicada;
d) operados dentro dos limites, especificações e orientações técnicas.

31.8.13 A conservação, manutenção, limpeza e utilização dos equipamentos só poderão ser realizadas por pessoas previamente treinadas e protegidas.

31.8.13.1 A limpeza dos equipamentos será executada de forma a não contaminar poços, rios, córregos e quaisquer outras coleções de água.

31.8.14 Os produtos devem ser mantidos em suas embalagens originais, com seus rótulos e bulas.

31.8.15 É vedada a reutilização, para qualquer fim, das embalagens vazias de agrotóxicos, adjuvantes e produtos afins, cuja destinação final deve atender à legislação vigente.

31.8.16 É vedada a armazenagem de agrotóxicos, adjuvantes e produtos afins a céu aberto.

31.8.17 As edificações destinadas ao armazenamento de agrotóxicos, adjuvantes e produtos afins devem:

a) ter paredes e cobertura resistentes;
b) ter acesso restrito aos trabalhadores devidamente capacitados a manusear os referidos produtos
c) possuir ventilação, comunicando-se exclusivamente com o exterior e dotada de proteção que não permita o acesso de animais;
d) ter afixadas placas ou cartazes com símbolos de perigo;
e) estar situadas a mais de trinta metros das habitações e locais onde são conservados ou consumidos alimentos, medicamentos ou outros materiais, e de fontes de água;
f) possibilitar limpeza e descontaminação.

31.8.18 O armazenamento deve obedecer, as normas da legislação vigente, as especificações do fabricante constantes dos rótulos e bulas, e as seguintes recomendações básicas:

a) as embalagens devem ser colocadas sobre estrados, evitando contato com o piso, com as pilhas estáveis e afastadas das paredes e do teto;
b) os produtos inflamáveis serão mantidos em local ventilado, protegido contra centelhas e outras fontes de combustão.

31.8.19 Os agrotóxicos, adjuvantes e produtos afins devem ser transportados em recipientes rotulados, resistentes e hermeticamente fechados.

31.8.19.1 É vedado transportar agrotóxicos, adjuvantes e produtos afins, em um mesmo compartimento que contenha alimentos, rações, forragens, utensílios de uso pessoal e doméstico.

31.8.19.2 Os veículos utilizados para transporte de agrotóxicos, adjuvantes e produtos afins, devem ser higienizados e descontaminados, sempre que forem destinados para outros fins.

31.8.19.3 É vedada a lavagem de veículos transportadores de agrotóxicos, adjuvantes e produtos afins em coleções de água.

- Subitem com redação determinada pela Portaria MTb 1.086/2018.

31.8.19.4 É vedado transportar simultaneamente trabalhadores e agrotóxicos, adjuvantes e produtos afins em veículos que não possuam compartimentos estanques projetados para tal fim.

- Subitem com redação determinada pela Portaria MTb 1.086/2018.

31.9 Meio Ambiente e Resíduos

31.9.1 Os resíduos provenientes dos processos produtivos devem ser eliminados dos locais de trabalho, segundo métodos e procedimentos adequados que não provoquem contaminação ambiental.

31.9.2 As emissões de resíduos para o meio ambiente devem estar de acordo com a legislação em vigor sobre a matéria.

31.9.3 Os resíduos sólidos ou líquidos de alta toxicidade, periculosidade, alto risco biológico e os resíduos radioativos deverão ser dispostos com o conhecimento e a orientação dos órgãos competentes e mantidos sob monitoramento.

31.9.4 Nos processos de compostagem de dejetos de origem animal, deve-se evitar que a fermentação excessiva provoque incêndios no local.

31.10 Ergonomia

31.10.1 O empregador rural ou equiparado deve adotar princípios ergonômicos que visem a adaptação das condições de trabalho às características psicofisiológicas dos trabalhadores, de modo a proporcionar melhorias nas condições de conforto e segurança no trabalho.

31.10.2 É vedado o levantamento e o transporte manual de carga com peso suscetível de comprometer a saúde do trabalhador.

31.10.3 Todo trabalhador designado para o transporte manual regular de cargas deve receber treinamento ou instruções quanto aos métodos de trabalho que deverá utilizar, com vistas a salvaguardar sua saúde e prevenir acidentes.

31.10.4 O transporte e a descarga de materiais feitos por impulsão ou tração de vagonetes sobre trilhos, carros de mão ou qualquer outro aparelho mecânico deverão ser executados de forma que o esforço físico realizado pelo trabalhador seja compatível com sua saúde, segurança e capacidade de força.

31.10.5 Todas as máquinas, equipamentos, implementos, mobiliários e ferramentas devem proporcionar ao trabalhador condições de boa postura, visualização, movimentação e operação.

31.10.6 Nas operações que necessitem também da utilização dos pés, os pedais e outros comandos devem ter posicionamento e dimensões que possibilitem fácil alcance e ângulos adequados entre as diversas partes do corpo do trabalhador, em função das características e peculiaridades do trabalho a ser executado.

31.10.7 Para as atividades que forem realizadas necessariamente em pé, devem ser garantidas pausas para descanso.

31.10.8 A organização do trabalho deve ser adequada às características psicofisiológicas dos trabalhadores e à natureza do trabalho a ser executado.

31.10.9 Nas atividades que exijam sobrecarga muscular estática ou dinâmica devem ser incluídas pausas para descanso e outras medidas que preservem a saúde do trabalhador.

31.11 Ferramentas Manuais

31.11.1 O empregador deve disponibilizar, gratuitamente, ferramentas adequadas ao trabalho e às características físicas do trabalhador, substituindo-as sempre que necessário.

NFs

31.11.2 As ferramentas devem ser:

a) seguras e eficientes;

b) utilizadas exclusivamente para os fins a que se destinam;

c) mantidas em perfeito estado de uso.

31.11.3 Os cabos das ferramentas devem permitir boa aderência em qualquer situação de manuseio, possuir formato que favoreça a adaptação à mão do trabalhador, e ser fixados de forma a não se soltar acidentalmente da lâmina.

31.11.4 As ferramentas de corte devem ser:

a) guardadas e transportadas em bainha;

b) mantidas afiadas.

31.12 Segurança no Trabalho em Máquinas e Implementos Agrícolas

31.12.1 As máquinas e implementos devem ser utilizados segundo as especificações técnicas do fabricante e dentro dos limites operacionais e restrições por ele indicados, e operados por trabalhadores capacitados, qualificados ou habilitados para tais funções.

31.12.2 As proteções, dispositivos e sistemas de segurança previstos nesta Norma devem integrar as máquinas desde a sua fabricação, não podendo ser considerados itens opcionais para quaisquer fins.

31.12.3 Os procedimentos de segurança e permissão de trabalho, quando necessários, devem ser elaborados e aplicados para garantir de forma segura o acesso, acionamento, inspeção, manutenção ou quaisquer outras intervenções em máquinas e implementos.

31.12.4 É vedado o transporte de pessoas em máquinas autopropelidas e nos seus implementos.

31.12.4.1 Excetuam-se da vedação do subitem 31.12.4 as máquinas autopropelidas e seus implementos que possuam postos de trabalhos projetados para este fim pelo fabricante ou por profissional habilitado, conforme disposto nesta Norma.

31.12.5 É vedada a adaptação de máquinas forrageiras tracionadas e equipadas com sistema de autoalimentação para sistema de alimentação manual.

DISPOSITIVOS DE PARTIDA, ACIONAMENTO E PARADA

31.12.6 Os dispositivos de partida, acionamento e parada das máquinas estacionárias e dos equipamentos estacionários devem ser projetados, selecionados e instalados de modo que:

a) não se localizem em suas zonas perigosas;

b) impeçam acionamento ou desligamento involuntário pelo operador ou por qualquer outra forma acidental;

c) não acarretem riscos adicionais;

d) não possam ser burlados; e

e) possam ser acionados ou desligados em caso de emergência por outra pessoa que não seja o operador.

31.12.7 Os comandos de partida ou acionamento das máquinas estacionárias devem possuir dispositivos que impeçam seu funcionamento automático ao serem energizadas.

31.12.8 Nas paradas temporárias ou prolongadas das máquinas autopropelidas, o operador deve colocar os controles em posição neutra ou de estacionamento, acionar os freios e adotar todas as medidas necessárias para eliminar riscos provenientes de deslocamento ou movimentação de implementos ou de sistemas da máquina operada.

31.12.9 As máquinas cujo acionamento por pessoas não autorizadas possa oferecer risco à saúde ou integridade física de qualquer pessoa devem possuir sistema ou, no caso de máquinas autopropelidas, chave de ignição, para o bloqueio de seus dispositivos de acionamento.

SISTEMAS DE SEGURANÇA EM MÁQUINAS E IMPLEMENTOS

31.12.10 As zonas de perigo das máquinas e implementos devem possuir sistemas de segurança, caracterizados por proteções fixas, móveis e dispositivos de segurança interligados ou não, que garantam a proteção à saúde e à integridade física dos trabalhadores.

31.12.11 A adoção de sistemas de segurança, em especial nas zonas de operação que apresentem perigo, deve considerar as características técnicas da máquina e do processo de trabalho e as medidas e alternativas técnicas existentes, de modo a atingir o nível necessário de segurança previsto nesta Norma.

31.12.11.1 Os componentes funcionais das áreas de processo e trabalho das máquinas autopropelidas e implementos, que necessitem ficar expostos para correta operação, devem ser protegidos adequadamente até a extensão máxima possível, de forma a permitir a funcionalidade operacional a que se destinam, atendendo às normas técnicas vigentes e às exceções constantes do Quadro II do Anexo IV desta Norma.

31.12.12 Cabe ao empregador rural ou equiparado manter os sistemas de segurança em perfeito estado de conservação e funcionamento, sendo a retirada ou neutralização total ou parcial destes sistemas que coloquem em risco a integridade física dos trabalhadores considerada risco grave e iminente.

31.12.13 Para fins de aplicação desta Norma, considera-se proteção o elemento especificamente utilizado para prover segurança por meio de barreira física, podendo ser:

a) proteção fixa, que deve ser mantida em sua posição de maneira permanente ou por meio de elementos de fixação que só permitam sua remoção ou abertura com o uso de ferramentas específicas; e

b) proteção móvel, que pode ser aberta sem o uso de ferramentas, geralmente ligada por elementos mecânicos à estrutura da máquina ou a um elemento fixo próximo, e deve se associar a dispositivos de intertravamento.

31.12.14 Para fins de aplicação desta Norma, consideram-se dispositivos de segurança os componentes que, por si só ou interligados ou associados a proteções, reduzam os riscos de acidentes e de outros agravos à saúde, sendo classificados em:

a) comandos elétricos ou interfaces de segurança: dispositivos responsáveis por realizar o monitoramento, que verificam a interligação, posição e funcionamento de outros dispositivos do sistema e impedem a ocorrência de falha que provoque a perda da função de segurança, como relés de segurança, controladores configuráveis de segurança e controlador lógico programável – CLP de segurança;

b) dispositivos de intertravamento: chaves de segurança eletromecânicas, com ação e ruptura positiva, magnéticas e eletrônicas codificadas, optoeletrônicas, sensores indutivos de segurança e outros dispositivos de segurança que possuem a finalidade de impedir o funcionamento de elementos da máquina sob condições específicas;

c) sensores de segurança: dispositivos detectores de presença mecânicos e não mecânicos, que atuam quando uma pessoa ou parte do seu corpo adentra a zona de perigo de uma máquina ou equipamento, enviando um sinal para interromper ou impedir o início de funções perigosas, como cortinas de luz, detectores de presença optoeletrônicos, laser de múltiplos feixes, barreiras óticas, monitores de área, ou scanners, batentes, tapetes e sensores de posição;

d) válvulas e blocos de segurança ou sistemas pneumáticos e hidráulicos de mesma eficácia;

e) dispositivos mecânicos, como: dispositivos de retenção, limitadores, separadores, empurradores, inibidores, defletores e retráteis; e

f) dispositivos de validação: dispositivos suplementares de comando operados manualmente, que, quando aplicados de modo permanente, habilitam o dispositivo de acionamento, como chaves seletoras bloqueáveis e dispositivos bloqueáveis.

31.12.14.1 As máquinas autopropelidas podem possuir dispositivo de intertravamento mecânico de atuação simples e não monitorado para proteção do compartimento do motor.

31.12.15 As proteções devem ser projetadas e construídas de modo a atender aos seguintes requisitos de segurança:

a) cumprir suas funções apropriadamente durante a vida útil da máquina ou possibilitar a reposição de partes deterioradas ou danificadas;

b) ser constituídas de materiais resistentes e adequados à contenção de projeção de peças, materiais e partículas;

c) fixação firme e garantia de estabilidade e resistência mecânica compatíveis com os esforços requeridos;

d) não criar pontos de esmagamento ou agarramento com partes da máquina ou com outras proteções;

e) não possuir extremidades e arestas cortantes ou outras saliências perigosas;

f) resistir às condições ambientais do local onde estão instaladas;

g) impedir que possam ser burladas;

h) proporcionar condições de higiene e limpeza;

i) impedir o acesso à zona de perigo;

j) ter seus dispositivos de intertravamento utilizados para bloqueio de funções perigosas das máquinas protegidos adequadamente contra sujidade, poeiras e corrosão, se necessário;

k) ter ação positiva, ou seja, atuação de modo positivo;

l) não acarretar riscos adicionais; e

m) possuir dimensões conforme previsto no Item A do Anexo II desta Norma.

31.12.15.1 Quando a proteção for confeccionada com material descontínuo, devem ser observadas as distâncias de segurança para impedir o acesso às zonas de perigo, conforme previsto no Item A do Anexo II desta Norma.

31.12.16 Os componentes relacionados aos sistemas de segurança e comandos de acionamento e parada das máquinas estacionárias, inclusive de emergência, devem garantir a manutenção do estado seguro da máquina quando ocorrerem flutuações no nível de energia além dos limites considerados no projeto, incluindo o corte e restabelecimento do fornecimento de energia.

31.12.17 A proteção deve ser móvel quando o acesso a uma zona de perigo for requerido uma ou mais vezes por turno de trabalho, observando-se que:

a) a proteção deve ser associada a um dispositivo de intertravamento quando sua abertura não possibilitar o acesso à zona de perigo antes da eliminação do risco; e

b) a proteção deve ser associada a um dispositivo de intertravamento com bloqueio quando sua abertura possibilitar o acesso à zona de perigo antes da eliminação do risco.

31.12.17.1 Para as máquinas autopropelidas e seus implementos, a proteção deve ser móvel quando o acesso a uma zona de perigo for requerido mais de uma vez por turno de trabalho.

31.12.18 As máquinas e implementos dotados de proteções móveis associadas a dispositivos de intertravamento devem:

a) operar somente quando as proteções estiverem fechadas;

b) paralisar suas funções perigosas quando as proteções forem abertas durante a operação; e

c) garantir que o fechamento das proteções por si só não possa dar inicio às funções perigosas.

31.12.18.1 As máquinas autopropelidas ficam dispensadas do atendimento das alíneas "a" e "b" do subitem 31.12.18 para acesso em operações de manutenção e inspeção, desde que realizadas por trabalhador capacitado ou qualificado.

31.12.19 Os dispositivos de intertravamento com bloqueio associados às proteções móveis das máquinas e implementos devem:

a) permitir a operação somente enquanto a proteção estiver fechada e bloqueada;

b) manter a proteção fechada e bloqueada até que tenha sido eliminado o risco de lesão devido às funções perigosas da máquina ou do equipamento; e

c) garantir que o fechamento e bloqueio da proteção por si só não possa dar inicio às funções perigosas da máquina ou do equipamento.

31.12.19.1 As máquinas autopropelidas ficam dispensadas do atendimento das alíneas "a" e "b" do subitem 31.12.19 para acesso em operações de manutenção e inspeção, desde que realizadas por trabalhador capacitado ou qualificado.

31.12.20 As transmissões de força e os componentes móveis a elas interligados, acessíveis ou expostos, devem ser protegidos por meio de proteções fixas ou móveis com dispositivos de intertravamento, que impeçam o acesso por todos os lados, ressalvado o disposto no subitem 31.12.11.1 e as exceções previstas no Quadro II do Anexo IV desta Norma.

31.12.21 Quando utilizadas proteções móveis para o enclausuramento de transmissões de força que possuam inércia, devem ser utilizados dispositivos de intertravamento com bloqueio.

31.12.22 O eixo cardã deve possuir proteção adequada, em perfeito estado de conservação em toda a sua extensão, fixada na tomada de força da máquina desde a cruzeta até o acoplamento do implemento ou equipamento.

31.12.23 As máquinas e implementos que ofereçam risco de ruptura de suas partes, projeção de peças ou material em processamento devem possuir proteções que garantam a saúde e a segurança dos trabalhadores, salvo as exceções constantes dos Quadros I e II do Anexo IV desta Norma.

31.12.23.1 As roçadoras devem possuir dispositivos de proteção contra o arremesso de materiais sólidos.

31.12.24 As máquinas de cortar, picar, triturar, moer, desfibrar e similares devem possuir sistemas de segurança que impossibilitem o contato do operador ou demais pessoas com suas zonas de perigo.

31.12.25 Nas proteções distantes de máquinas estacionárias, em que haja possibilidade de alguma pessoa ficar na zona de perigo, devem ser adotadas medidas adicionais de proteção coletiva para impedir a partida da máquina, enquanto houver a presença de pessoas nesta zona.

31.12.26 As aberturas para alimentação de máquinas ou implementos que estiverem situadas ao nível do ponto de apoio do operador ou abaixo dele, devem possuir proteção que impeça a queda de pessoas em seu interior.

31.12.27 Quando as características da máquina ou implemento exigirem que as proteções sejam utilizadas também como meio de acesso, estas devem atender aos requisitos de resistência e segurança adequados a ambas as finalidades.

31.12.28 O fundo dos degraus ou da escada deve possuir proteção – espelho, sempre que uma parte saliente do pé ou da mão do trabalhador possa contatar uma zona perigosa.

31.12.29 As baterias devem atender aos seguintes requisitos mínimos de segurança:

a) localização de modo que sua manutenção e troca possam ser realizadas facilmente a partir do solo ou de uma plataforma de apoio;

b) constituição e fixação de forma a não haver deslocamento acidental, e

c) proteção do terminal positivo, a fim de prevenir contato acidental e curto-circuito.

31.12.30 As máquinas autopropelidas fabricadas a partir de maio de 2008, sob a égide da redação da NR 31 dada pela Portaria nº 86, de 3 de março de 2005, devem possuir faróis, lanternas traseiras de posição, buzina, espelho retrovisor e sinal sonoro automático de ré acoplado ao sistema de transmissão, salvo as exceções previstas no Quadro I do Anexo IV desta Norma.

31.12.30.1 As máquinas autopropelidas fabricadas antes de maio de 2008 devem possuir faróis e buzina.

31.12.31 As máquinas autopropelidas devem possuir Estrutura de Proteção na Capotagem – EPC e cinto de segurança, exceto as constantes do Quadro I do Anexo IV desta Norma, que devem ser utilizadas em conformidade com as especificações e recomendações indicadas nos manuais do fabricante.

31.12.31.1 As máquinas autopropelidas fabricadas antes de maio de 2008 ficam excluídas da obrigação do subitem 31.12.31, desde que utilizadas conforme as recomendações operacionais do fabricante, em especial quanto a limites de declividade, velocidade, carga e aplicação.

31.12.32 Para as máquinas autopropelidas fabricadas a partir de maio de 2008, deve ser consultado o Quadro III do Anexo IV desta Norma para verificação da disponibilidade técnica de EPC.

31.12.33 A EPC deve:

a) ser adquirida do fabricante ou revenda autorizada;

b) ser instalada conforme as recomendações do fabricante; e

c) atender aos requisitos de segurança estabelecidos pelas normas técnicas vigentes.

31.12.34 As máquinas autopropelidas que durante sua operação ofereçam riscos de queda de objetos sobre o posto de trabalho devem possuir de Estrutura de Proteção contra Queda de Objetos – EPCO.

31.12.35 Na tomada de potência – TDP dos tratores agrícolas deve ser instalada uma proteção que cubra a parte superior e as laterais, conforme Figura 1 do Anexo IV desta Norma.

31.12.36 As máquinas e implementos tracionados devem possuir sistemas de engate para reboque pelo sistema de tração, de modo a assegurar o acoplamento e desacoplamento fácil e seguro, bem como a impedir o desacoplamento acidental durante a utilização.

31.12.36.1 A indicação de uso dos sistemas de engate mencionados no subitem 31.12.36 deve ficar em local de fácil visualização e afixada em local próximo da conexão.

31.12.36.2 Os implementos tracionados, caso o peso da barra do reboque assim exija, devem possuir dispositivo de apoio que possibilite a redução do esforço e a conexão segura ao sistema de tração.

31.12.36.3 A operação de engate deve ser feita em local apropriado e com o equipamento tracionado imobilizado de forma segura com calço ou similar.

31.12.37 É vedado o trabalho de máquinas e implementos acionados por motores de combustão interna em locais fechados sem ventilação, salvo quando for assegurada a eliminação de gases.

31.12.38 As motosserras devem dispor dos seguintes dispositivos de segurança:

a) freio manual ou automático de corrente;

b) pino pega-corrente;

c) protetor da mão direita;

d) protetor da mão esquerda; e

e) trava de segurança do acelerador.

31.12.38.1 Motopodas e similares devem dispor dos dispositivos do *caput*, quando couber.

31.12.39 Os empregadores ou equiparados devem promover, a todos os operadores de motosserra, motopoda e similares, treinamento para utilização segura da máquina, com carga horária mínima de oito horas e conforme conteúdo programático relativo à utilização constante do manual de instruções.

MEIOS DE ACESSO

31.12.40 As máquinas, equipamentos e implementos devem dispor de acessos permanentemente fixados e seguros a todos os seus pontos de operação, abastecimento, inserção de matérias-primas e retirada de produtos trabalhados, preparação, manutenção e de intervenção constante.

31.12.41 Consideram-se meios de acesso elevadores, rampas, passarelas, plataformas ou escadas de degraus.

31.12.41.1 Na impossibilidade técnica de adoção dos meios previstos no subitem 31.12.41, poderá ser utilizada escada fixa tipo marinheiro.

31.12.41.2 As máquinas autopropelidas e implementos com impossibilidade técnica de adoção dos meios de acesso dispostos no subitem 31.12.41, onde a presença do trabalhador seja necessária para inspeção e manutenção e que não sejam acessíveis desde o solo devem possuir meios de apoio como manípulos ou corrimãos, barras, apoio para os pés ou degraus com superfície antiderrapante, que garantam ao operador manter contato de apoio em três pontos durante todo o tempo de acesso, de modo a torná-lo seguro, conforme o item 31.12.60 desta Norma.

31.12.41.2.1 Deve-se utilizar uma forma de acesso seguro indicada no manual de operação, nas situações em que não sejam aplicáveis os meios previstos no subitem 31.12.41.2.

31.12.42 Os locais ou postos de trabalho acima do nível do solo em que haja acesso de trabalhadores para comando ou quaisquer outras intervenções habituais nas máquinas e implementos, como operação, abastecimento, manutenção, preparação e inspeção, devem possuir plataformas de trabalho estáveis e seguras.

31.12.42.1 Na impossibilidade técnica de aplicação do previsto no subitem 31.12.42, é permitida a utilização de plataformas móveis ou elevatórias.

31.12.42.1.1 As plataformas móveis devem ser estáveis, de modo a não permitir sua movimentação ou tombamento durante a realização do trabalho.

31.12.43 Devem ser fornecidos meios de acesso se a altura do solo ou do piso ao posto de operação das máquinas for maior que 0,55 m (cinquenta e cinco centímetros).

31.12.44 Em máquinas autopropelidas da indústria de construção com aplicação agroflorestal, os meios de acesso devem ser fornecidos se a altura do solo ao posto de operação for maior que 0,60 m (sessenta centímetros).

31.12.45 Em colhedoras de arroz, colhedoras equipadas com esteiras e outras colhedoras equipadas com sistema de autonivelamento, os meios de acesso devem ser fornecidos se a altura do solo ao posto de operação for maior que 0,70 m (setenta centímetros).

31.12.46 Nas máquinas, equipamentos e implementos os meios de acesso permanentes devem ser localizados e instalados de modo a prevenir riscos de acidente e facilitar sua utilização pelos trabalhadores.

31.12.47 Os meios de acesso de máquinas, exceto escada fixa do tipo marinheiro e elevador, devem possuir sistema de proteção contra quedas com as seguintes características:

a) ser dimensionados, construídos e fixados de modo seguro e resistente, de forma a suportar os esforços solicitantes;

b) ser constituídos de material resistente a intempéries e corrosão;

c) possuir travessão superior de 1,10 m (um metro e dez centímetros) a 1,20 m (um metro e vinte centímetros) de altura em relação ao piso ao longo de toda a extensão, em ambos os lados;

d) o travessão superior não deve possuir superfície plana, a fim de evitar a colocação de objetos;

e) possuir rodapé de, no mínimo, 0,20 m (vinte centímetros) de altura e travessão intermediário a 0,70 m (setenta centímetros) de altura em relação ao piso, localizado entre o rodapé e o travessão superior.

31.12.47.1 Havendo risco de queda de objetos e materiais, o vão entre o rodapé e o travessão superior do guarda corpo deve receber proteção fixa, integral e resistente

31.12.47.1.1 A proteção mencionada no subitem 31.12.47.1 pode ser constituída de tela resistente, desde que sua malha não permita a passagem de qualquer objeto ou material que possa causar lesões aos trabalhadores.

31.12.47.2 Para o sistema de proteção contra quedas em plataformas utilizadas em operações de abastecimento ou que acumulam sujidades, é permitida a adoção das dimensões da Figura 5 do Anexo III desta Norma.

31.12.48 O emprego dos meios de acesso de máquinas estacionárias deve considerar o ângulo de lance conforme Figura 1 do Anexo III desta Norma.

31.12.49 As passarelas, plataformas, rampas e escadas de degraus devem propiciar condições seguras de trabalho, circulação, movimentação e manuseio de materiais e:

a) ser dimensionadas, construídas e fixadas de modo seguro e resistente, de forma a suportar os esforços solicitantes e movimentação segura do trabalhador;

b) ter pisos e degraus constituídos de materiais ou revestimentos antiderrapantes;

c) ser mantidas desobstruídas; e

d) ser localizadas e instaladas de modo a prevenir riscos de queda, escorregamento, tropeçamento e dispêndio excessivo de esforços físicos pelos trabalhadores ao utilizá-las.

31.12.50 As rampas com inclinação entre 10º (dez) e 20º (vinte) graus em relação ao plano horizontal devem possuir peças transversais horizontais fixadas de modo seguro, para impedir escorregamento, distanciadas entre si 0,40 m (quarenta centímetros) em toda sua extensão.

31.12.50.1 É proibida a construção de rampas com inclinação superior a 20º (vinte) graus em relação ao piso.

31.12.51 As passarelas, plataformas e rampas devem ter as seguintes características:

a) largura útil mínima de 0,60 m (sessenta centímetros) para máquinas, exceto para as autopropelidas e implementos que devem atender a largura mínima determinada conforme norma técnica específica;

b) meios de drenagem, se necessário; e

c) não possuir rodapé no vão de acesso.

31.12.52 Em máquinas estacionárias as escadas de degraus com espelho devem ter:

a) largura mínima de 0,60 m (sessenta centímetros);

b) degraus com profundidade mínima de 0,20 m (vinte centímetros);

c) degraus e lances uniformes, nivelados e sem saliências;

d) altura entre os degraus de 0,20 m (vinte centímetros) a 0,25 m (vinte e cinco centímetros); e

e) plataforma de descanso de 0,60m (sessenta centímetros) a 0,80m (oitenta centímetros) de largura e comprimento a intervalos de, no máximo, 3,00 m (três metros) de altura.

31.12.53 Em máquinas estacionárias as escadas de degraus sem espelho devem ter:

a) largura mínima de 0,60 m (sessenta centímetros);

b) degraus com profundidade mínima de 0,15 m (quinze centímetros);

c) degraus e lances uniformes, nivelados e sem saliências;

d) altura máxima entre os degraus de 0,25 m (vinte e cinco centímetros);

e) plataforma de descanso com 0,60m (sessenta centímetros) a 0,80 m (oitenta centímetros) de largura e comprimento a intervalos de, no máximo, 3,00 m (três metros) de altura;

f) projeção mínima de 0,01 m (dez milímetros) de um degrau sobre o outro; e

g) degraus com profundidade que atendam à fórmula: 600≤ g +2h ≤ 660 (dimensões em milímetros), conforme Figura 2 do Anexo III desta Norma.

31.12.54 Em máquinas estacionárias as escadas fixas do tipo marinheiro devem ter:

a) dimensão, construção e fixação seguras e resistentes, de forma a suportar os esforços solicitantes;

b) constituição de materiais ou revestimentos resistentes a intempéries e corrosão, caso estejam expostas em ambiente externo ou corrosivo;

c) gaiolas de proteção, caso possuam altura superior a 3,50 m (três metros e meio), instaladas a partir de 2,0 m (dois metros) do piso, ultrapassando a plataforma de descanso ou o piso superior em pelo menos de 1,10 m (um metro e dez centímetros) a 1,20 m (um metro e vinte centímetros);

d) corrimão ou continuação dos montantes da escada ultrapassando a plataforma de descanso ou o piso superior de 1,10 m (um metro e dez centímetros) a 1,20 m (um metro e vinte centímetros);

e) largura de 0,40 m (quarenta centímetros) a 0,60 m (sessenta centímetros), conforme Figura 3 do Anexo III desta Norma;

f) altura total máxima de 10,00 m (dez metros), se for de um único lance;

g) altura máxima de 6,00 m (seis metros) entre duas plataformas de descanso, se for de múltiplos lances, construídas em lances consecutivos com eixos paralelos, distanciados no mínimo em 0,70 m (setenta centímetros), conforme Figura 3 do Anexo III desta Norma.

h) espaçamento entre barras de 0,25 m (vinte e cinco centímetros) a 0,30 m (trinta centímetros), conforme Figura 3 do Anexo III desta Norma;

i) espaçamento entre o piso da máquina ou da edificação e a primeira barra não superior a 0,55 m (cinqüenta e cinco centímetros), conforme Figura 3 do Anexo III desta Norma;

j) distância em relação à estrutura em que é fixada de, no mínimo, 0,15 m (quinze centímetros), conforme Figura 4 do Anexo III desta Norma;

k) barras de 0,025m (vinte e cinco milímetros) a 0,038 m (trinta e oito milímetros) de diâmetro ou espessura; e

l) barras com superfícies, formas ou ranhuras a fim de prevenir deslizamentos.

31.12.54.1 As gaiolas de proteção devem possuir:

a) diâmetro de 0,65m (sessenta e cinco centímetros) a 0,80 m (oitenta centímetros), conforme Figura 4 do Anexo III desta Norma; e

b) vãos entre grades protetoras de, no máximo, 0,30 m (trinta centímetros), conforme Figura 3 do Anexo III desta Norma.

31.12.55 Os meios de acesso das máquinas autopropelidas e imple mentos devem possuir as seguintes características:

a) ser dimensionados, construídos e fixados de modo seguro e resistente, de forma a suportar os esforços solicitantes;

b) ser constituídos de material resistente a intempéries e corrosão; e

c) o travessão superior não deve ter superfície plana, a fim de evitar a colocação de objetos.

31.12.56 A direção não pode ser considerada manípulo de apoio.

31.12.57 Os pneus, cubos, rodas e para-lamas não são considerados degraus para acesso aos postos de trabalho.

31.12.58 Os para-lamas podem ser considerados degraus para acesso desde que projetados para esse fim.

31.12.59 Em máquinas de esteira, as sapatas e a superfície de apoio das esteiras podem ser utilizadas como degraus de acesso desde que projetados para esse fim e se for garantido ao operador apoio em três pontos de contato durante todo tempo de acesso.

31.12.60 As máquinas autopropelidas e implementos devem ser dotados de corrimãos ou manipulos – pega-mãos, em um ou ambos os lados dos meios de acesso que ofereçam risco de queda ou acesso às áreas de perigo, que devem possuir:

a) projeto de forma que o operador possa manter contato de apoio em três pontos durante todo o tempo de acesso;

b) largura da seção transversal entre 0,025m (vinte e cinco milímetros) e 0,038 m (trinta e oito milímetros);

c) extremidade inferior em pelo menos um corrimão ou manípulo localizada no máximo a 1600 mm (um mil e seiscentos milímetros) da superfície do solo;

d) espaço livre mínimo de 0,050m (cinqüenta milímetros) entre o corrimão ou manípulo e as partes adjacentes para acesso da mão, exceto nos pontos de fixação;

e) um manípulo instalado do último degrau superior do meio de acesso a uma altura de 0,85 m (oitenta e cinco centímetros) a 1,10 m (um metro e dez centímetros); e

f) manípulo com comprimento mínimo de 0,15 m (quinze centímetros).

31.12.60.1 Os pontos de apoio para mãos devem ficar a pelo menos 0,30 m (trinta centímetros) de qualquer elemento de articulação.

31.12.61 As escadas usadas no acesso ao posto de operação das máquinas autopropelidas e implementos devem atender a um dos seguintes requisitos:

a) a inclinação a deve ser entre 70º (setenta graus) e 90° (noventa graus) em relação à horizontal conforme Figura 2 do Anexo III desta Norma; ou

b) no caso de inclinação a menor que 70° (setenta graus), as dimensões dos degraus d evem atender à equação (2B + G) ≤ 700 mm, onde B é a distância vertical, em mm, e G a distância horizontal, em mm, entre degraus, permanecendo as dimensões restantes conforme Figura 6 do Anexo III desta Norma.

31.12.61.1 Os degraus devem possuir:

a) superfície antiderrapante;

b) batentes verticais em ambos os lados;

c) projeção de modo a minimizar o acúmulo de água e de sujidades, nas condições normais de trabalho;

d) altura do primeiro degrau alcançada com os maiores pneus indicados para a máquina;

e) espaço livre adequado na região posterior, quando utilizado sem espelho, de forma a proporcionar um apoio seguro para os pés;

f) dimensões conforme a Figura 6 do Anexo III desta Norma;

g) altura do primeiro deles em relação ao solo de até 700mm (setecentos milímetros) para colhedoras de arroz ou colhedoras equipadas com esteiras e outras colhedoras equipadas com sistema de autonivelamento; e

h) altura do primeiro deles em relação ao solo de até 600mm (seiscentos milímetros) para máquinas autopropelidas da indústria da construção com aplicação agroflorestal.

31.12.61.2 A conexão entre o primeiro degrau e o segundo degrau pode ser articulada.

31.12.61.3 Não deve haver riscos de corte, esmagamento ou movimento incontrolável para o operador na movimentação de meios de acesso móveis.

31.12.62 As plataformas de máquinas autopropelidas e implementos que apresentem risco de queda de trabalhadores devem ser acessados por degraus e possuir sistema de proteção contra quedas conforme as dimensões da Figura 5 do Anexo III desta Norma.

31.12.63 A plataforma de operação ou piso de trabalho das máquinas autopropelidas e implementos deve:

a) ser plana, nivelada e fixada de modo seguro e resistente;

b) possuir superfície antiderrapante;

c) possuir meios de drenagem, se necessário;

d) ser contínua, exceto para tratores denominados "acavalados", em que poderá ser de dois níveis; e

e) não possuir rodapé no vão de entrada da plataforma.

31.12.63.1 Os meios de acesso móveis ou retráteis das plataformas e cabines, para fins de transporte, devem possuir sistema para limitação do vão de acesso.

31.12.64 As máquinas estacionárias, autopropelidas e implementos, fabricadas antes da vigência desta Norma e que possuam plataforma de trabalho, devem possuir escada de acesso e proteção contra quedas, sendo consideradas regulares desde que dimensionadas conforme normas vigentes à época de sua fabricação.

31.12.65 O bocal de abastecimento do tanque de combustível e de outros materiais deve ser localizado, no máximo, a 1,5 m (um metro e cinqüenta centímetros) acima do ponto de apoio do operador.

31.12.65.1 Caso não seja possível atender ao disposto no subitem 31.12.65 para as operações de abastecimento de combustível e de outros materiais, nas máquinas autopropelidas deve ser instalado degrau de acesso com manípulos que garantam três pontos de contato durante toda a tarefa.

31.12.65.2 Caso não seja possível atender ao disposto no subitem 31.12.65 para as operações de abastecimento de combustível das máquinas autopropelidas que possuam o tanque localizado na parte traseira ou lateral, poderá ser utilizada plataforma ou escada externa que servirá de apoio para execução segura da tarefa.

31.12.65.3 Para máquinas autopropelidas e implementos fabricados antes da vigência desta Norma poderá ser utilizada plataforma ou escada externa que servirá de apoio para execução segura da tarefa.

OPERAÇÃO E MANUTENÇÃO

31.12.66 As atividades de manutenção e ajuste devem ser feitas por trabalhadores qualificados ou capacitados, com as máquinas paradas e observância das recomendações constantes dos manuais ou instruções de operação e manutenção seguras.

31.12.67 É vedada a execução de serviços de limpeza, lubrificação, abastecimento e ajuste com as máquinas e implementos em funcionamento, salvo se o movimento for indispensável à realização dessas operações, em que devem ser tomadas medidas especiais de treinamento, proteção e sinalização contra acidentes de trabalho, e atendido o subitem 31.12.68, no que couber.

31.12.68 Para situações especiais de manutenção em que houver necessidade de acesso às áreas de risco, os serviços deverão ser realizados com o uso de dispositivo de comando de ação continuada e baixa velocidade ou dispositivo de comando por movimento limitado – passo a passo, selecionados em dispositivo de validação.

31.12.69 Excetuam-se do cumprimento do subitem 31.12.68 as máquinas autopropelidas e seus implementos que devem atender aos procedimentos de segurança e os requisitos indicados no manual do fabricante.

31.12.70 As proteções fixas que podem ser removidas só podem ser retiradas para execução de limpeza, lubrificação, reparo e ajuste, e ao fim dos quais, devem ser obrigatoriamente recolocadas.

31.12.71 Os serviços e substituições de baterias devem ser realizados conforme as orientações constantes do manual de operação.

31.12.72 Nas atividades de montagem e desmontagem de pneumáticos das rodas, que ofereçam riscos de acidentes, devem ser observadas as recomendações do fabricante e as seguintes condições:

a) os pneumáticos devem ser completamente despressurizados, removendo o núcleo da válvula de calibragem antes da desmontagem e de qualquer intervenção que possa acarretar acidentes; e

b) o enchimento de pneumáticos só poderá ser executado dentro de dispositivo de clausura ou gaiola adequadamente dimensionada, até que seja alcançada uma pressão suficiente para forçar o talão sobre o aro e criar uma vedação pneumática.

TRANSPORTADORES

31.12.73 As correias transportadoras devem possuir:

a) sistema de frenagem ao longo dos trechos em que haja acesso de trabalhadores;

b) dispositivo que interrompa seu acionamento quando necessário;

c) partida precedida de sinal sonoro audível em toda a área de operação que indique seu acionamento;

d) sistema de proteção contra quedas de materiais, quando oferecer risco de acidentes aos trabalhadores que operem ou circulem em seu entorno;

NRs

e) sistemas e passarelas que permitam que os trabalhos de manutenção sejam desenvolvidos de forma segura;

f) passarelas com sistema de proteção contra queda ao longo de toda a extensão elevada onde possa haver circulação de trabalhadores; e

g) sistema de travamento para ser utilizado nos serviços de manutenção.

31.12.73.1 Excetuam-se da obrigação do subitem 31.12.73 as correias transportadoras instaladas em máquinas autopropelidas, implementos e em esteiras móveis para carga e descarga.

CAPACITAÇÃO

31.12.74 O empregador rural ou equiparado se responsabilizará pela capacitação dos trabalhadores visando ao manuseio e à operação segura de máquinas e implementos, de forma compatível com suas funções e atividades.

31.12.75 A capacitação deve:

a) ocorrer antes que o trabalhador assuma a função;

b) ser providenciada pelo empregador ou equiparado, sem ônus para o empregado;

c) respeitar o limite diário da jornada de trabalho; e

d) ser ministrada pelo Serviço Especializado em Segurança e Saúde no Trabalho do empregador rural ou equiparado, fabricantes, por órgãos e serviços oficiais de extensão rural, instituições de ensino de nível médio e superior em ciências agrárias, Serviço Nacional de Aprendizagem Rural – SENAR, entidades sindicais, associações de produtores rurais, associação de profissionais, cooperativas de produção agropecuária ou florestal e profissionais qualificados para este fim, com supervisão de profissional habilitado que se responsabilizará pela adequação do conteúdo, forma, carga horária, qualificação dos instrutores e avaliação dos discentes.

31.12.76 O programa deve abranger partes teórica e prática, com o seguinte conteúdo mínimo:

a) descrição e identificação dos riscos associados com cada máquina e as proteções específicas contra cada risco;

b) funcionamento das proteções; como e por que devem ser usadas;

c) como, por quem e em que circunstâncias pode ser removida uma proteção;

d) o que fazer se uma proteção é danificada ou perde sua função, deixando de garantir uma segurança adequada;

e) princípios de segurança na utilização da máquina;

f) segurança para riscos mecânicos, elétricos e outros relevantes;

g) procedimento de trabalho seguro;

h) ordem ou permissão de trabalho; e

i) sistema de bloqueio de funcionamento das máquinas e implementos durante a inspeção e manutenção.

31.12.77 A capacitação de operadores de máquinas autopropelidas e implementos deve atender ao programa de capacitação em etapas teórica e prática, carga horária mínima de vinte e quatro horas distribuídas em no máximo oito horas diárias, com respeito à jornada diária de trabalho ao seguinte conteúdo programático:

a) legislação de segurança e saúde no trabalho e noções de legislação de trânsito;

b) identificação das fontes geradoras dos riscos à integridade física e à saúde do trabalhador;

c) noções sobre acidentes e doenças decorrentes da exposição aos riscos existentes na máquina e implementos;

d) medidas de controle dos riscos: Equipamento Proteção Coletiva e Equipamento de Proteção Individual;

e) operação da máquina e implementos com segurança;

f) inspeção, regulagem e manutenção com segurança;

g) sinalização de segurança;

h) procedimentos em situação de emergência; e

i) noções sobre prestação de primeiros socorros.

31.12.78 A parte prática da capacitação pode ser realizada na máquina que o trabalhador irá operar e deve ter carga horária mínima de doze horas, ser supervisionada e documentada.

31.12.78.1 O material didático escrito ou audiovisual utilizado no treinamento deve ser produzido na língua portuguesa – Brasil, e em linguagem adequada aos trabalhadores.

31.12.79 Será também considerado capacitado o trabalhador que possuir comprovação, por meio de registro, na Carteira de Trabalho e Previdência Social – CTPS ou no registro de empregado, de pelo menos dois anos de experiência na atividade, até a data de publicação desta norma, e que participou da reciclagem prevista no subitem 31.12.80.1.

31.12.80 Deve ser realizada capacitação para reciclagem do trabalhador sempre que ocorrerem modificações significativas nas instalações e na operação de máquinas e implementos ou troca de métodos, processos e organização do trabalho.

31.12.80.1 O conteúdo programático da reciclagem deve atender às necessidades da situação que a motivou, com carga horária mínima de quatro horas que garanta aos trabalhadores executarem suas atividades com segurança, com respeito ao limite diário da jornada de trabalho.

31.12.81 Os operadores de máquinas e implementos devem ser maiores de dezoito anos, salvo na condição de aprendiz, nos termos da legislação vigente.

31.12.82 Os operadores de máquinas autopropelidas e implementos devem portar cartão de identificação, com o nome, função e fotografia.

MANUAIS

31.12.83 Os manuais das máquinas e implementos devem ser mantidos no estabelecimento, em originais ou cópias, e deve o empregador dar conhecimento aos operadores do seu conteúdo e disponibilizá-lo aos trabalhadores sempre que necessário.

31.12.84 As máquinas e implementos devem possuir manual de instruções fornecido pelo fabricante ou importador, com informações relativas à segurança nas fases de transporte, montagem, instalação, ajuste, operação, limpeza, manutenção, inspeção, desativação e desmonte.

31.12.84.1 Os manuais devem:

a) ser escritos na língua portuguesa – Brasil, com caracteres de tipo e tamanho que possibilitem a melhor legibilidade possível, acompanhado das ilustrações explicativas;

b) ser objetivos, claros, sem ambigüidades e em linguagem de fácil compreensão;

c) ter sinais ou avisos referentes à segurança realçados; e

d) permanecer disponíveis a todos os usuários nos locais de trabalho.

31.12.84.2 Os manuais das máquinas e implementos fabricados no Brasil devem conter, no mínimo, as seguintes informações:

a) razão social, endereço do fabricante ou importador, e CNPJ quando houver;

b) tipo e modelo;

c) número de série ou de identificação, e ano de fabricação;

d) descrição detalhada da máquina ou equipamento e seus acessórios;

e) diagramas, inclusive circuitos elétricos, em particular a representação esquemática das funções de segurança, no que couber, para máquinas estacionárias.

f) definição da utilização prevista para a máquina ou equipamento;

g) riscos a que estão expostos os usuários;

h) definição das medidas de segurança existentes e aquelas a serem adotadas pelos usuários;

i) especificações e limitações técnicas para a sua utilização com segurança, incluindo o critérios de declividade de trabalho para máquinas e implementos, no que couber;

j) riscos que poderiam resultar de adulteração ou supressão de proteções e dispositivos de segurança;

k) riscos que poderiam resultar de utilizações diferentes daquelas previstas no projeto;

l) procedimentos para utilização da máquina ou equipamento com segurança;

m) procedimentos e periodicidade para inspeções e manutenção; e

n) procedimentos básicos a serem adotados em situações de emergência.

31.13 Secadores

31.13.1 Os secadores devem possuir revestimentos com material refratário e anteparos adequados de forma a não gerar riscos à segurança e saúde dos trabalhadores.

31.13.2 Para evitar incêndios nos secadores o empregador rural ou equiparado deverá garantir a:

a) limpeza das colunas e condutos de injeção e tomada de ar quente;

b) verificação da regulagem do queimador, quando existente;

c) verificação do sistema elétrico de aquecimento, quando existente.

31.13.2.1 Os filtros de ar dos secadores devem ser mantidos limpos.

31.13.3 Os secadores alimentados por combustíveis gasosos ou líquidos devem ter sistema de proteção para:

a) não ocorrer explosão por falha da chama de aquecimento ou no acionamento do queimador;

b) evitar retrocesso da chama.

31.14 Silos

31.14.1 Os silos devem ser adequadamente dimensionados e construídos em solo com resistência compatível às cargas de trabalho.

31.14.2 As escadas e as plataformas dos silos devem ser construídas de modo a garantir aos trabalhadores o desenvolvimento de suas atividades em condições seguras.

31.14.3 O revestimento interno dos silos deve ter características que impeçam o acumulo de grãos, poeiras e a formação de barreiras.

31.14.4 É obrigatória a prevenção dos riscos de explosões, incêndios, acidentes mecânicos, asfixia e dos decorrentes da exposição a agentes químicos, físicos e biológicos em todas as fases da operação do silo.

31.14.5 Não deve ser permitida a entrada de trabalhadores no silo durante a sua operação, se não houver meios seguros de saída ou resgate.

31.14.6 Nos silos hermeticamente fechados, só será permitida a entrada de trabalhadores após renovação do ar ou com proteção respiratória adequada.

31.14.7 Antes da entrada de trabalhadores na fase de abertura dos silos deve ser medida a concentração de oxigênio e o limite de explosividade relacionado ao tipo de material estocado.

31.14.8 Os trabalhos no interior dos silos devem obedecer aos seguintes critérios:

a) realizados com no mínimo dois trabalhadores, devendo um deles permanecer no exterior;

b) com a utilização de cinto de segurança e cabo vida.

31.14.9 Devem ser previstos e controlados os riscos de combustão espontânea e explosões no projeto construtivo, na operação e manutenção.

31.14.10 O empregador rural ou equiparado deve manter à disposição da fiscalização do trabalho a comprovação dos monitoramentos e controles relativos à operação dos silos.

31.14.11 Os elevadores e sistemas de alimentação dos silos devem ser projetados e operados de forma a evitar o acúmulo de poeiras, em especial nos pontos onde seja possível a geração de centelhas por eletricidade estática.

31.14.12 Todas as instalações elétricas e de iluminação no interior dos silos devem ser apropriados à área classificada.

31.14.13 Serviços de manutenção por processos de soldagem, operações de corte ou que gerem eletricidade estática devem ser precedidas de uma permissão especial onde serão analisados os riscos e os controles necessários.

31.14.14 Nos intervalos de operação dos silos o empregador rural ou equiparado deve providenciar a sua adequada limpeza para remoção de poeiras.

31.14.15 As pilhas de materiais armazenados deverão ser dispostas de forma que não ofereçam riscos de acidentes.

31.15 Acessos e Vias de Circulação

31.15.1 Devem ser garantidos todas as vias de acesso e de circulação internos do estabelecimento em condições adequadas para os trabalhadores e veículos.

31.15.2 Medidas especiais de proteção da circulação de veículos e trabalhadores nas vias devem ser tomadas nas circunstâncias de chuvas que gerem alagamento e escorregamento.

31.15.3 As vias de acesso e de circulação internos do estabelecimento devem ser sinalizadas de forma visível durante o dia e a noite.

31.15.4 As laterais das vias de acesso e de circulação internos do estabelecimento devem ser protegidas com barreiras que impeçam a queda de veículos.

31.16 Transporte de Trabalhadores

☛ **31.16.1 O transporte coletivo de trabalhadores deve observar os seguintes requisitos:**

- Subitem com redação determinada pela Portaria MTb 1.086/2018.

a) possuir autorização emitida pela autoridade de trânsito competente;

b) transportar todos os passageiros sentados;

c) ser conduzido por motorista habilitado e devidamente identificado;

☛ ***d)* possuir compartimento resistente e fixo para a guarda das ferramentas e materiais, separado dos passageiros;**

- Alínea com redação determinada pela Portaria MTb 1.086/2018.

***e)* possuir em local visível todas as instruções de segurança cabíveis aos passageiros durante o transporte conforme legislações pertinentes.**

- Alínea com redação determinada pela Portaria MTb 1.086/2018.

31.16.2 O transporte de trabalhadores em veículos adaptados somente ocorrerá em situações excepcionais, mediante autorização prévia da autoridade competente em matéria de trânsito, devendo o veículo apresentar as seguintes condições mínimas de segurança:

- Subitem com redação determinada pela Portaria MTb 1.086/2018.

a) escada para acesso, com corrimão, posicionada em local de fácil visualização pelo motorista;

b) carroceria com cobertura, barras de apoio para as mãos, proteção lateral rígida, com dois metros e dez centímetros de altura livre, de material de boa qualidade e resistência estrutural que evite o esmagamento e a projeção de pessoas em caso de acidente com o veículo;

c) cabina e carroceria com sistemas de ventilação, garantida a comunicação entre o motorista e os passageiros;

d) assentos revestidos de espuma, com encosto e cinto de segurança;

☛ ***e)* compartimento para materiais e ferramentas, mantido fechado e separado dos passageiros;**

- Alínea com redação determinada pela Portaria MTb 1.086/2018.

***f)* possuir em local visível todas as instruções de segurança cabíveis aos passageiros durante o transporte conforme legislações pertinentes.**

- Alínea com redação determinada pela Portaria MTb 1.086/2018.

31.17 Transporte de cargas

31.17.1 O método de carregamento e descarregamento de caminhões deve ser compatível com o tipo de carroceria utilizado, devendo ser observadas condições de segurança durante toda a operação.

31.17.2 As escadas ou rampas utilizadas pelos trabalhadores, para carregamento e descarregamento de caminhões, devem garantir condições de segurança e evitar esforços físicos excessivos.

31.17.3 Nos caminhões graneleiros abertos deve ser proibido que os trabalhadores subam sobre a carga em descarregamento.

31.18 Trabalho com Animais

31.18.1 O empregador rural ou equiparado deve garantir:

a) imunização, quando necessária, dos trabalhadores em contato com os animais;

b) medidas de segurança quanto à manipulação e eliminação de secreções, excreções e restos de animais, incluindo a limpeza e desinfecção das instalações contaminadas;

c) fornecimento de desinfetantes e de água suficientes para a adequada higienização dos locais de trabalho.

31.18.2 Em todas as etapas dos processos de trabalhos com animais devem ser disponibilizadas aos trabalhadores informações sobre:

a) formas corretas e locais adequados de aproximação, contato e imobilização;

b) maneiras de higienização pessoal e do ambiente;

c) reconhecimento e precauções relativas a doenças transmissíveis.

31.18.3 É proibida a reutilização de águas utilizadas no trato com animais, para uso humano.

31.18.4 No transporte com tração animal devem ser utilizados animais adestrados e treinados por trabalhador preparado para este fim.

31.19 Fatores Climáticos e Topográficos

31.19.1 O empregador rural ou equiparado deve:

a) orientar os seus empregados quanto aos procedimentos a serem adotados na ocorrência de condições climáticas desfavoráveis;

b) interromper as atividades na ocorrência de condições climáticas que comprometam a segurança do trabalhador;

c) organizar o trabalho de forma que as atividades que exijam maior esforço físico, quando possível, sejam desenvolvidas no período da manhã ou no final da tarde.

31.19.2 O empregador rural ou equiparado deve adotar medidas de proteção, para minimizar os impactos sobre a segurança e saúde do trabalhador, nas atividades em terrenos acidentados.

31.20 Medidas de Proteção Pessoal

31.20.1 É obrigatório o fornecimento aos trabalhadores, gratuitamente, de equipamentos de proteção individual (EPI), nas seguintes circunstâncias:

a) sempre que as medidas de proteção coletiva forem tecnicamente comprovadas inviáveis ou quando não oferecerem completa proteção contra os riscos decorrentes do trabalho;

b) enquanto as medidas de proteção coletiva estiverem sendo implantadas;

c) para atender situações de emergência.

31.20.1.1 Os equipamentos de proteção individual devem ser adequados aos riscos e mantidos em perfeito estado de conservação e funcionamento.

31.20.1.2 O empregador deve exigir que os trabalhadores utilizem os EPIs.

31.20.1.3 Cabe ao empregador orientar o empregado sobre o uso do EPI.

31.20.2 O empregador rural ou equiparado, de acordo com as necessidades de cada atividade, deve fornecer aos trabalhadores os seguintes equipamentos de proteção individual:

a) proteção da cabeça, olhos e face:

1. capacete contra impactos provenientes de queda ou projeção de objetos;
2. chapéu ou outra proteção contra o sol, chuva e salpicos
3. protetores impermeáveis e resistentes para trabalhos com produtos químicos;
4. protetores faciais contra lesões ocasionadas por partículas, respingos, vapores de produtos químicos e radiações luminosas intensas;
5. óculos contra lesões provenientes do impacto de partículas, ou de objetos pontiagudos ou cortantes e de respingos.

b) óculos contra irritação e outras lesões:

1. óculos de proteção contra radiações não ionizantes;
2. óculos contra a ação da poeira e do pólen;
3. óculos contra a ação de líquidos agressivos.

c) proteção auditiva:

1. protetores auriculares para as atividades com níveis de ruído prejudiciais à saúde.

d) proteção das vias respiratórias:

1. respiradores com filtros mecânicos para trabalhos com exposição a poeira orgânica;
2. respiradores com filtros químicos, para trabalhos com produtos químicos;
3. respiradores com filtros combinados, químicos e mecânicos, para atividades em que haja emanação de gases e poeiras tóxicas;
4. aparelhos de isolamento, autônomos ou de adução de ar para locais de trabalho onde haja redução do teor de oxigênio.

e) proteção dos membros superiores;

1. luvas e mangas de proteção contra lesões ou doenças provocadas por:

   1.1. materiais ou objetos escoriantes ou vegetais, abrasivos, cortantes ou perfurantes;

   1.2. produtos químicos tóxicos, irritantes, alergênicos, corrosivos, cáusticos ou solventes;

   1.3. materiais ou objetos aquecidos;

   1.4. operações com equipamentos elétricos;

   1.5. tratos com animais, suas vísceras e de detritos e na possibilidade de transmissão de doenças decorrentes de produtos infecciosos ou parasitários;

   1.6. picadas de animais peçonhentos;

f) proteção dos membros inferiores:

1. botas impermeáveis e antiderrapantes para trabalhos em terrenos úmidos, lamacentos, encharcados ou com dejetos de animais;
2. botas com biqueira reforçada para trabalhos em que haja perigo de queda de materiais, objetos pesados e pisões de animais;
3. botas com solado reforçado, onde haja risco de perfuração;
4. botas com cano longo ou botina com perneira, onde exista a presença de animais peçonhentos;
5. perneiras em atividades onde haja perigo de lesões provocadas por materiais ou objetos cortantes, escoriantes ou perfurantes;
6. calçados impermeáveis e resistentes em trabalhos com produtos químicos;
7. calçados fechados para as demais atividades.

g) proteção do corpo inteiro nos trabalhos que haja perigo de lesões provocadas por agentes de origem térmica, biológica, mecânica, meteorológica e química:

1. aventais;
2. jaquetas e capas;
3. macacões;
4. coletes ou faixas de sinalização;
5. roupas especiais para atividades específicas (apicultura e outras).

h) proteção contra quedas com diferença de nível:

1. cintos de segurança para trabalhos acima de dois metros, quando houver risco de queda.

31.20.3 Cabe ao trabalhador usar os equipamentos de proteção individual indicados para as finalidades a que se destinarem e zelar pela sua conservação.

31.20.4 O Ministério do Trabalho e Emprego poderá determinar o uso de outros equipamentos de proteção individual, quando julgar necessário.

31.21 Edificações Rurais

31.21.1 As estruturas das edificações rurais tais como armazéns, silos e depósitos devem ser projetadas, executadas e mantidas para suportar as cargas permanentes e móveis a que se destinam.

31.21.2 Os pisos dos locais de trabalho internos às edificações não devem apresentar defeitos que prejudiquem a circulação de trabalhadores ou a movimentação de materiais.

31.21.3 As aberturas nos pisos e nas paredes devem ser protegidas de forma que impeçam a queda de trabalhadores ou de materiais.

31.21.4 Nas escadas, rampas, corredores e outras áreas destinadas à circulação de trabalhadores e à movimentação de materiais, que ofereçam risco de escorregamento, devem ser empregados materiais ou processos antiderrapantes.

31.21.5 As escadas, rampas, corredores e outras áreas destinadas à circulação de trabalhadores e à movimentação de materiais, devem dispor de proteção contra o risco de queda.

31.21.6 As escadas ou rampas fixas, que sejam dotadas de paredes laterais, devem dispor de corrimão em toda a extensão.

31.21.7 As coberturas dos locais de trabalho devem assegurar proteção contra as intempéries.

31.21.8 As edificações rurais devem:

a) proporcionar proteção contra a umidade;

b) ser projetadas e construídas de modo a evitar insolação excessiva ou falta de insolação;

c) possuir ventilação e iluminação adequadas às atividades laborais a que se destinam;

d) ser submetidas a processo constante de limpeza e desinfecção, para que se neutralize a ação nociva de agentes patogênicos;

e) ser dotadas de sistema de saneamento básico, destinado à coleta das águas servidas na limpeza e na desinfecção, para que se evite a contaminação do meio ambiente.

31.21.9 Os galpões e demais edificações destinados ao beneficiamento, ao armazenamento de grãos e à criação de animais devem possuir sistema de ventilação.

31.21.10 As edificações rurais devem garantir permanentemente segurança e saúde dos que nela trabalham ou residem.

31.22 Instalações Elétricas

31.22.1 Todas as partes das instalações elétricas devem ser projetadas, executadas e mantidas de modo que seja possível prevenir, por meios seguros, os perigos de choque elétrico e outros tipos de acidentes.

31.22.2 Os componentes das instalações elétricas devem ser protegidos por material isolante.

31.22.3 Toda instalação ou peça condutora que esteja em local acessível a contatos e que não faça parte dos circuitos elétricos deve ser aterrada.

31.22.4 As instalações elétricas que estejam em contato com a água devem ser blindadas, estanques e aterradas.

31.22.5 As ferramentas utilizadas em trabalhos em redes energizadas devem ser isoladas.

31.22.6 As edificações devem ser protegidas contra descargas elétricas atmosféricas.

31.22.7 As cercas elétricas devem ser instaladas de acordo com as instruções fornecidas pelo fabricante.

31.23 Áreas de Vivência

31.23.1 O empregador rural ou equiparado deve disponibilizar aos trabalhadores áreas de vivência compostas de:

a) instalações sanitárias;

b) locais para refeição;

c) alojamentos, quando houver permanência de trabalhadores no estabelecimento nos períodos entre as jornadas de trabalho;

d) local adequado para preparo de alimentos;

e) lavanderias.

31.23.1.1 O cumprimento do disposto nas alíneas "d" e "e" do subitem 31.23.1 somente é obrigatório nos casos onde houver trabalhadores alojados.

31.23.2 As áreas de vivência devem atender aos seguintes requisitos:

a) condições adequadas de conservação, asseio e higiene;

b) paredes de alvenaria, madeira ou material equivalente;

c) piso cimentado, de madeira ou de material equivalente;

d) cobertura que proteja contra as intempéries;

e) iluminação e ventilação adequadas.

31.23.2.1 É vedada a utilização das áreas de vivência para fins diversos daqueles a que se destinam.

31.23.3 Instalações Sanitárias

31.23.3.1 As instalações sanitárias devem ser constituídas de:

a) lavatório na proporção de uma unidade para cada grupo de vinte trabalhadores ou fração;

b) vaso sanitário na proporção de uma unidade para cada grupo de vinte trabalhadores ou fração;

c) mictório na proporção de uma unidade para cada grupo de dez trabalhadores ou fração;

d) chuveiro na proporção de uma unidade para cada grupo de dez trabalhadores ou fração.

31.23.3.1.1 No mictório tipo calha, cada segmento de sessenta centímetros deve corresponder a um mictório tipo cuba.

31.23.3.2 As instalações sanitárias devem:

a) ter portas de acesso que impeçam o devassamento e ser construídas de modo a manter o resguardo conveniente;

b) ser separadas por sexo;

c) estar situadas em locais de fácil e seguro acesso;

d) dispor de água limpa e papel higiênico;

e) estar ligadas a sistema de esgoto, fossa séptica ou sistema equivalente;

f) possuir recipiente para coleta de lixo.

31.23.3.3 A água para banho deve ser disponibilizada em conformidade com os usos e costumes da região ou na forma estabelecida em convenção ou acordo coletivo.

31.23.3.4 Nas frentes de trabalho, devem ser disponibilizadas instalações sanitárias fixas ou móveis compostas de vasos sanitários e lavatórios, na proporção de um conjunto para cada grupo de quarenta trabalhadores ou fração, atendidos os requisitos do item 31.23.3.2, sendo permitida a utilização de fossa seca.

31.23.4 Locais para refeição

31.23.4.1 Os locais para refeição devem atender aos seguintes requisitos:

a) boas condições de higiene e conforto;

b) capacidade para atender a todos os trabalhadores;

c) água limpa para higienização;

d) mesas com tampos lisos e laváveis;

e) assentos em número suficiente;

f) água potável, em condições higiênicas;

g) depósitos de lixo, com tampas.

31.23.4.2 Em todo estabelecimento rural deve haver local ou recipiente para a guarda e conservação de refeições, em condições higiênicas, independentemente do número de trabalhadores.

31.23.4.3 Nas frentes de trabalho devem ser disponibilizados abrigos, fixos ou moveis, que protejam os trabalhadores contra as intempéries, durante as refeições.

31.23.5 Alojamentos

31.23.5.1 Os alojamentos devem:

a) ter camas com colchão, separadas por no mínimo um metro, sendo permitido o uso de beliches, limitados a duas camas na mesma vertical, com espaço livre mínimo de cento e dez centímetros acima do colchão;

b) ter armários individuais para guarda de objetos pessoais;

c) ter portas e janelas capazes de oferecer boas condições de vedação e segurança;

d) ter recipientes para coleta de lixo;

e) ser separados por sexo.

31.23.5.2 O empregador rural ou equiparado deve proibir a utilização de fogões, fogareiros ou similares no interior dos alojamentos.

31.23.5.3 O empregador deve fornecer roupas de cama adequadas às condições climáticas locais.

31.23.5.4 As camas poderão ser substituídas por redes, de acordo com o costume local, obedecendo o espaçamento mínimo de um metro entre as mesmas.

31.23.5.5 É vedada a permanência de pessoas com doenças infectocontagiosas no interior do alojamento.

31.23.6 Locais para preparo de refeições

31.23.6.1 Os locais para preparo de refeições devem ser dotados de lavatórios, sistema de coleta de lixo e instalações sanitárias exclusivas para o pessoal que manipula alimentos.

31.23.6.2 Os locais para preparo de refeições não podem ter ligação direta com os alojamentos.

31.23.7 Lavanderias

31.23.7.1 As lavanderias devem ser instaladas em local coberto, ventilado e adequado para que os trabalhadores alojados possam cuidar das roupas de uso pessoal.

31.23.7.2 As lavanderias devem ser dotadas de tanques individuais ou coletivos e água limpa.

31.23.8 Devem ser garantidas aos trabalhadores das empresas contratadas para a prestação de serviços as mesmas condições de higiene conforto e alimentação oferecidas aos empregados da contratante.

31.23.9 O empregador rural ou equiparado deve disponibilizar água potável e fresca em quantidade suficiente nos locais de trabalho.

31.23.10 A água potável deve ser disponibilizada em condições higiênicas, sendo proibida a utilização de copos coletivos.

31.23.11 Moradias

31.23.11.1 Sempre que o empregador rural ou equiparado fornecer aos trabalhadores moradias familiares estas deverão possuir:

a) capacidade dimensionada para uma família;

b) paredes construídas em alvenaria ou madeira;

c) pisos de material resistente e lavável;

d) condições sanitárias adequadas;

e) ventilação e iluminação suficientes;

f) cobertura capaz de proporcionar proteção contra intempéries;

g) poço ou caixa de água protegido contra contaminação;

h) fossas sépticas, quando não houver rede de esgoto, afastadas da casa e do poço de água, em lugar livre de enchentes e a jusante do poço.

31.23.11.2 As moradias familiares devem ser construídas em local arejado e afastadas, no mínimo, cinqüenta metros de construções destinadas a outros fins.

31.23.11.3 É vedada, em qualquer hipótese, a moradia coletiva de famílias.

[...]

- Deixamos de publicar os Anexos e Glossário a esta NR.

(DOU 04.03.2005)

NR 32

SEGURANÇA E SAÚDE NO TRABALHO EM SERVIÇOS DE SAÚDE

32.1 Do objetivo e campo de aplicação

32.1.1 Esta Norma Regulamentadora – NR tem por finalidade estabelecer as diretrizes básicas para a implementação de medidas de proteção à segurança e à saúde dos trabalhadores dos serviços de saúde, bem como daqueles que exercem atividades de promoção e assistência à saúde em geral.

32.1.2 Para fins de aplicação desta NR entende-se por serviços de saúde qualquer edificação destinada à prestação de assistência à saúde da população, e todas as ações de promoção, recuperação, assistência, pesquisa e ensino em saúde em qualquer nível de complexidade.

[...]

(DOU 16.11.2005)

NR 33

SEGURANÇA E SAÚDE NOS TRABALHOS EM ESPAÇOS CONFINADOS

33.1 Objetivo e Definição

33.1.1 Esta Norma tem como objetivo estabelecer os requisitos mínimos para identificação de espaços confinados e o reconhecimento, avaliação, monitoramento e controle dos riscos existentes, de forma a garantir permanentemente a segurança e saúde dos trabalhadores que interagem direta ou indiretamente nestes espaços.

33.1.2 Espaço Confinado é qualquer área ou ambiente não projetado para ocupação humana contínua, que possua meios limitados de entrada e saída, cuja ventilação existente é insuficiente para remover contaminantes ou onde possa existir a deficiência ou enriquecimento de oxigênio.

33.2 Das Responsabilidades

33.2.1 Cabe ao Empregador:

a) indicar formalmente o responsável técnico pelo cumprimento desta norma;

b) identificar os espaços confinados existentes no estabelecimento;

c) identificar os riscos específicos de cada espaço confinado;

d) implementar a gestão em segurança e saúde no trabalho em espaços confinados, por medidas técnicas de prevenção, administrativas, pessoais e de emergência e salvamento, de forma a garantir permanentemente ambientes com condições adequadas de trabalho;

e) garantir a capacitação continuada dos trabalhadores sobre os riscos, as medidas de controle, de emergência e salvamento em espaços confinados;

f) garantir que o acesso ao espaço confinado somente ocorra após a emissão, por escrito, da Permissão de Entrada e Trabalho, conforme modelo constante no anexo II desta NR;

g) fornecer às empresas contratadas informações sobre os riscos nas áreas onde desenvolverão suas atividades e exigir a capacitação de seus trabalhadores;

h) acompanhar a implementação das medidas de segurança e saúde dos trabalhadores das empresas contratadas provendo os meios e condições para que eles possam atuar em conformidade com esta NR;

i) interromper todo e qualquer tipo de trabalho em caso de suspeição de condição de risco grave e iminente, procedendo ao imediato abandono do local; e

j) garantir informações atualizadas sobre os riscos e medidas de controle antes de cada acesso aos espaços confinados.

33.2.2 Cabe aos Trabalhadores:

a) colaborar com a empresa no cumprimento desta NR;

b) utilizar adequadamente os meios e equipamentos fornecidos pela empresa;

c) comunicar ao Vigia e ao Supervisor de Entrada as situações de risco para sua segurança e saúde ou de terceiros, que sejam do seu conhecimento; e

d) cumprir os procedimentos e orientações recebidos nos treinamentos com relação aos espaços confinados.

33.3 Gestão de segurança e saúde nos trabalhos em espaços confinados

33.3.1 A gestão de segurança e saúde deve ser planejada, programada, implementada e avaliada, incluindo medidas técnicas de prevenção, medidas administrativas e medidas pessoais e capacitação para trabalho em espaços confinados.

33.3.2 Medidas técnicas de prevenção:

a) identificar, isolar e sinalizar os espaços confinados para evitar a entrada de pessoas não autorizadas;

b) antecipar e reconhecer os riscos nos espaços confinados;

c) proceder à avaliação e controle dos riscos físicos, químicos, biológicos, ergonômicos e mecânicos;

d) prever a implantação de travas, bloqueios, alívio, lacre e etiquetagem;

e) implementar medidas necessárias para eliminação ou controle dos riscos atmosféricos em espaços confinados;

f) avaliar a atmosfera nos espaços confinados, antes da entrada de trabalhadores, para verificar se o seu interior é seguro;

g) manter condições atmosféricas aceitáveis na entrada e durante toda a realização dos trabalhos, monitorando, ventilando, purgando, lavando ou inertizando o espaço confinado.

h) monitorar continuamente a atmosfera nos espaços confinados nas áreas onde os trabalhadores autorizados estiverem desempenhando as suas tarefas, para verificar se as condições de acesso e permanência são seguras;

i) proibir a ventilação com oxigênio puro;

j) testar os equipamentos de medição antes de cada utilização; e

k) utilizar equipamento de leitura direta, intrinsecamente seguro, provido de alarme, calibrado e protegido contra emissões eletromagnéticas ou interferências de radiofreqüência.

33.3.2.1 Os equipamentos fixos e portáteis, inclusive os de comunicação e de movimentação vertical e horizontal, devem ser adequados aos riscos dos espaços confinados;

33.3.2.2 Em áreas classificadas os equipamentos devem estar certificados ou possuir documento contemplado no âmbito do Sistema Brasileiro de Avaliação da Conformidade – INMETRO.

33.3.2.3 As avaliações atmosféricas iniciais devem ser realizadas fora do espaço confinado.

33.3.2.4 Adotar medidas para eliminar ou controlar os riscos de incêndio ou explosão em trabalhos a quente, tais como solda, aquecimento, esmerilhamento, corte ou outros que liberem chama aberta, faíscas ou calor.

33.3.2.5 Adotar medidas para eliminar ou controlar os riscos de inundação, soterramento, engolfamento, incêndio, choques elétricos, eletricidade estática, queimaduras, quedas, escorregamentos, impactos, esmagamentos, amputações e outros que possam afetar a segurança e saúde dos trabalhadores.

33.3.3 Medidas administrativas:

a) manter cadastro atualizado de todos os espaços confinados, inclusive dos desativados, e respectivos riscos;

b) definir medidas para isolar, sinalizar, controlar ou eliminar os riscos do espaço confinado;

c) manter sinalização permanente junto à entrada do espaço confinado, conforme o Anexo I da presente norma;

d) implementar procedimento para trabalho em espaço confinado;

e) adaptar o modelo de Permissão de Entrada e Trabalho, previsto no Anexo II desta NR, às peculiaridades da empresa e dos seus espaços confinados;

f) preencher, assinar e datar, em três vias, a Permissão de Entrada e Trabalho antes do ingresso de trabalhadores em espaços confinados;

g) possuir um sistema de controle que permita a rastreabilidade da Permissão de Entrada e Trabalho;

h) entregar para um dos trabalhadores autorizados e ao Vigia cópia da Permissão de Entrada e Trabalho;

i) encerrar a Permissão de Entrada e Trabalho quando as operações forem completadas, quando ocorrer uma condição não prevista ou quando houver pausa ou interrupção dos trabalhos;

j) manter arquivados os procedimentos e Permissões de Entrada e Trabalho por cinco anos;

k) disponibilizar os procedimentos e Permissão de Entrada e Trabalho para o conhecimento dos trabalhadores autorizados, seus representantes e fiscalização do trabalho;

l) designar as pessoas que participarão das operações de entrada, identificando os deveres de cada trabalhador e providenciando a capacitação requerida;

m) estabelecer procedimentos de supervisão dos trabalhos no exterior e no interior dos espaços confinados;

n) assegurar que o acesso ao espaço confinado somente seja iniciado com acompanhamento e autorização de supervisão capacitada;

o) garantir que todos os trabalhadores sejam informados dos riscos e medidas de controle existentes no local de trabalho; e

p) implementar um Programa de Proteção Respiratória de acordo com a análise de risco, considerando o local, a complexidade e o tipo de trabalho a ser desenvolvido.

33.3.3.1 A Permissão de Entrada e Trabalho é válida somente para cada entrada.

33.3.3.2 Nos estabelecimentos onde houver espaços confinados devem ser observadas, de forma complementar a presente NR, os seguintes atos normativos: NBR 14606 – Postos de Serviço – Entrada em Espaço Confinado; e NBR 14787 – Espaço Confinado – Prevenção de Acidentes, Procedimentos e Medidas de Proteção, bem como suas alterações posteriores.

33.3.3.3 O procedimento para trabalho deve contemplar, no mínimo: objetivo, campo de aplicação, base técnica, responsabilidades, competências, preparação, emissão, uso e cancelamento da Permissão de Entrada e Trabalho, capacitação para os trabalhadores, análise de risco e medidas de controle.

33.3.3.4 Os procedimentos para trabalho em espaços confinados e a Permissão de Entrada e Trabalho devem ser avaliados no mínimo uma vez ao ano e revisados sempre que houver alteração dos riscos, com a participação do Serviço Especializado em Segurança e Medicina do Trabalho – SESMT e da Comissão Interna de Prevenção de Acidentes – CIPA.

33.3.3.5 Os procedimentos de entrada em espaços confinados devem ser revistos quando da ocorrência de qualquer uma das circunstâncias abaixo:

a) entrada não autorizada num espaço confinado;

b) identificação de riscos não descritos na Permissão de Entrada e Trabalho;

c) acidente, incidente ou condição não prevista durante a entrada;

d) qualquer mudança na atividade desenvolvida ou na configuração do espaço confinado;

e) solicitação do SESMT ou da CIPA; e

f) identificação de condição de trabalho mais segura.

33.3.4 Medidas Pessoais

33.3.4.1 Todo trabalhador designado para trabalhos em espaços confinados deve ser submetido a exames médicos específicos para a função que irá desempenhar, conforme estabelecem as NRs 07 e 31, incluindo os fatores de riscos psicossociais com a emissão do respectivo Atestado de Saúde Ocupacional – ASO.

33.3.4.2 Capacitar todos os trabalhadores envolvidos, direta ou indiretamente com os espaços confinados, sobre seus direitos, deveres, riscos e medidas de controle, conforme previsto no item 33.3.5.

33.3.4.3 O número de trabalhadores envolvidos na execução dos trabalhos em espaços confinados deve ser determinado conforme a análise de risco.

33.3.4.4 É vedada a realização de qualquer trabalho em espaços confinados de forma individual ou isolada.

33.3.4.5 O Supervisor de Entrada deve desempenhar as seguintes funções:

a) emitir a Permissão de Entrada e Trabalho antes do início das atividades;

b) executar os testes, conferir os equipamentos e os procedimentos contidos na Permissão de Entrada e Trabalho;

c) assegurar que os serviços de emergência e salvamento estejam disponíveis e que os meios para acioná-los estejam operantes;

d) cancelar os procedimentos de entrada e trabalho quando necessário; e

e) encerrar a Permissão de Entrada e Trabalho após o término dos serviços.

33.3.4.6 O Supervisor de Entrada pode desempenhar a função de Vigia.

33.3.4.7 O Vigia deve desempenhar as seguintes funções:

a) manter continuamente a contagem precisa do número de trabalhadores autorizados no espaço confinado e assegurar que todos saiam ao término da atividade;

b) permanecer fora do espaço confinado, junto à entrada, em contato permanente com os trabalhadores autorizados;

c) adotar os procedimentos de emergência, acionando a equipe de salvamento, pública ou privada, quando necessário;

d) operar os movimentadores de pessoas; e

e) ordenar o abandono do espaço confinado sempre que reconhecer algum sinal de alarme, perigo, sintoma, queixa, condição proibida, acidente, situação não prevista ou quando não puder desempenhar efetivamente suas tarefas, nem ser substituído por outro Vigia.

33.3.4.8 O Vigia não poderá realizar outras tarefas que possam comprometer o dever principal que é o de monitorar e proteger os trabalhadores autorizados;

33.3.4.9 Cabe ao empregador fornecer e garantir que todos os trabalhadores que adentrarem em espaços confinados disponham de todos os equipamentos para controle de riscos, previstos na Permissão de Entrada e Trabalho.

33.3.4.10 Em caso de existência de Atmosfera Imediatamente Perigosa à Vida ou à Saúde – Atmosfera IPVS –, o espaço confinado somente pode ser adentrado com a utilização de máscara autônoma de demanda com pressão positiva ou com respirador de linha de ar comprimido com cilindro auxiliar para escape.

33.3.5 Capacitação para trabalhos em espaços confinados

33.3.5.1 É vedada a designação para trabalhos em espaços confinados sem a prévia capacitação do trabalhador.

33.3.5.2 O empregador deve desenvolver e implantar programas de capacitação sempre que ocorrer qualquer das seguintes situações:

a) mudança nos procedimentos, condições ou operações de trabalho;

b) algum evento que indique a necessidade de novo treinamento; e

c) quando houver uma razão para acreditar que existam desvios na utilização ou nos procedimentos de entrada nos espaços confinados ou que os conhecimentos não sejam adequados.

33.3.5.3 Todos os trabalhadores autorizados, Vigias e Supervisores de Entrada devem receber capacitação periódica a cada 12 meses, com carga horária mínima de 8 horas.

- Subitem com redação determinada pela Portaria MTE 1.409/2012.

33.3.5.4 A capacitação inicial dos trabalhadores autorizados e Vigias deve ter carga horária mínima de dezesseis horas, ser realizada dentro do horário de trabalho, com conteúdo programático de:

- Subitem com redação determinada pela Portaria MTE 1.409/2012.

a) definições;

b) reconhecimento, avaliação e controle de riscos;

c) funcionamento de equipamentos utilizados;

d) procedimentos e utilização da Permissão de Entrada e Trabalho; e

e) noções de resgate e primeiros socorros.

33.3.5.5 A capacitação dos Supervisores de Entrada deve ser realizada dentro do horário de trabalho, com conteúdo programático estabelecido no subitem 33.3.5.4, acrescido de:

a) identificação dos espaços confinados;

b) critérios de indicação e uso de equipamentos para controle de riscos;

c) conhecimentos sobre práticas seguras em espaços confinados;

d) legislação de segurança e saúde no trabalho;

e) programa de proteção respiratória;

f) área classificada; e

g) operações de salvamento.

33.3.5.6 Todos os Supervisores de Entrada devem receber capacitação específica, com carga horária mínima de quarenta horas para a capacitação inicial.

- Subitem com redação determinada pela Portaria MTE 1.409/2012.

33.3.5.7 Os instrutores designados pelo responsável técnico, devem possuir comprovada proficiência no assunto.

33.3.5.8 Ao término do treinamento deve-se emitir um certificado contendo o nome do trabalhador, conteúdo programático, carga horária, a especificação do tipo de trabalho e espaço confinado, data e local de realização do treinamento, com as assinaturas dos instrutores e do responsável técnico.

33.3.5.8.1 Uma cópia do certificado deve ser entregue ao trabalhador e a outra cópia deve ser arquivada na empresa.

33.4 Emergência e Salvamento

33.4.1 O empregador deve elaborar e implementar procedimentos de emergência e resgate adequados aos espaços confinados incluindo, no mínimo:

a) descrição dos possíveis cenários de acidentes, obtidos a partir da Análise de Riscos;

b) descrição das medidas de salvamento e primeiros socorros a serem executadas em caso de emergência;

c) seleção e técnicas de utilização dos equipamentos de comunicação, iluminação de emergência, busca, resgate, primeiros socorros e transporte de vítimas;

d) acionamento de equipe responsável, pública ou privada, pela execução das medidas de resgate e primeiros socorros para cada serviço a ser realizado; e

e) exercício simulado anual de salvamento nos possíveis cenários de acidentes em espaços confinados.

33.4.2 O pessoal responsável pela execução das medidas de salvamento deve possuir aptidão física e mental compatível com a atividade a desempenhar.

33.4.3 A capacitação da equipe de salvamento deve contemplar todos os possíveis cenários de acidentes identificados na análise de risco.

33.5 Disposições Gerais

33.5.1 O empregador deve garantir que os trabalhadores possam interromper suas atividades e abandonar o local de trabalho, sempre que suspeitarem da existência de risco grave e iminente para sua segurança e saúde ou a de terceiros.

33.5.2 São solidariamente responsáveis pelo cumprimento desta NR os contratantes e contratados.

33.5.3 É vedada a entrada e a realização de qualquer trabalho em espaços confinados sem a emissão da Permissão de Entrada e Trabalho.

[...]

- Deixamos de publicar os Anexos e Quadros a esta NR.

(*DOU* 27.12.2006)

NR 34

CONDIÇÕES E MEIO AMBIENTE DE TRABALHO NA INDÚSTRIA DA CONSTRUÇÃO, REPARAÇÃO E DESMONTE NAVAL

- Título com redação determinada pela Portaria MTb 790/2017.

[...]

34.1 Objetivo e Campo de Aplicação

34.1.1 Esta Norma Regulamentadora – NR estabelece os requisitos mínimos e as medidas de proteção à segurança, à saúde e ao meio ambiente de trabalho nas atividades da indústria de construção, reparação e desmonte naval.

- Subitem com redação determinada pela Portaria MTb 790/2017.

34.1.2 Consideram-se atividades da indústria da construção e reparação naval todas aquelas desenvolvidas no âmbito das instalações empregadas para este fim ou nas próprias embarcações e estruturas, tais como navios, barcos, lanchas, plataformas fixas ou flutuantes, dentre outras.

34.1.3 A observância do estabelecido nesta NR não desobriga os empregadores do cumprimento das disposições contidas nas demais Normas Regulamentadoras, aprovadas pela Portaria 3.214/78, de 8 de junho de 1978.

[...]

(*DOU* 21.01.2011)

NR 35

TRABALHO EM ALTURA

35.1. Objetivo e Campo de Aplicação

35.1.1 Esta Norma estabelece os requisitos mínimos e as medidas de proteção para o trabalho em altura, envolvendo o planejamento, a organização e a execução, de forma a garantir a segurança e a saúde dos trabalhadores envolvidos direta ou indiretamente com esta atividade.

35.1.2 Considera-se trabalho em altura toda atividade executada acima de 2,00 m (dois metros) do nível inferior, onde haja risco de queda.

35.1.3 Esta norma se complementa com as normas técnicas oficiais estabelecidas pelos Órgãos competentes e, na ausência ou omissão dessas, com as normas internacionais aplicáveis.

[...]

(*DOU* 27.03.2012)

NR 36

EMPRESAS DE ABATE E PROCESSAMENTO DE CARNES E DERIVADOS

36.1 Objetivos

33.1.1 O objetivo desta Norma é estabelecer os requisitos mínimos para a avaliação, controle e monitoramento dos riscos existentes nas atividades desenvolvidas na indústria de abate e processamento de carnes e derivados destinados ao consumo humano, de forma a garantir permanentemente a segurança, a saúde e a qualidade de vida no trabalho, sem prejuízo da observância do disposto nas demais Normas Regulamentadoras – NR do Ministério do Trabalho e Emprego.

[...]

(*DOU* 19.04.2013)

NR 37

SEGURANÇA E SAÚDE EM PLATAFORMAS DE PETRÓLEO

[...]

37.1 Objetivo e Campo de Aplicação

37.1.1 Esta Norma Regulamentadora – NR estabelece os requisitos mínimos de segurança, saúde e condições de vivência no trabalho a bordo de plataformas de petróleo em operação nas Águas Jurisdicionais Brasileiras – AJB.

37.1.2 A observância desta NR não desobriga as empresas do cumprimento de outras disposições legais com relação à matéria de segurança e saúde no trabalho e ainda daquelas oriundas de contratos de trabalho, acordos de trabalho e convenções coletivas de trabalho, conforme a Consolidação das Leis do Trabalho – CLT.

37.1.3 Plataformas estrangeiras com previsão de operação temporária, de até seis meses, em AJB, e que não tenham suas instalações adequadas aos requisitos desta NR, devem atender às regras estabelecidas em convenções internacionais e ser certificadas e mantida em classe por sociedade classificadora, reconhecida pela Autoridade Marítima brasileira, com delegação de competência para tal.

37.1.3.1 A operação temporária dessas plataformas não pode pôr em risco a segurança e a saúde dos trabalhadores, especialmente no que diz respeito aos riscos graves e iminentes, conforme estabelecidos na NR-03 (Embargo ou Interdição).

37.1.3.2 Os intervalos entre dois períodos consecutivos das operações temporárias destas plataformas devem ser superiores a 3 (três) meses.

[...]

(*DOU* 21.12.2018)